D1433707

Geiriadur yr Academi

The
Welsh Academy
English-Welsh
Dictionary

Geiriadur yr Academi

The Welsh Academy English-Welsh Dictionary

Bruce Griffiths
Dafydd Glyn Jones

GWASG PRIFYSGOL CYMRU, CAERDYDD
UNIVERSITY OF WALES PRESS, CARDIFF
1995

First published 1995
Second impression 1995
Third impression with minor emendations 1997
Fourth impression with minor emendations and appendix 2000
Fifth impression with minor emendations and revised appendix 2003
Sixth impression 2006

British Library Cataloguing in Publication Data

A catalogue record for this book is available from the British Library.

ISBN 0-7083-1186-5

Jacket design by Olwen Fowler, The Beacon Studio
Typeset by Create Publishing Services Ltd., Bath, Avon
Printed in Great Britain by CPI Bath Press

CONTENTS

	Page
RHAGAIR	vi
PREFACE	vii
HOW TO USE THIS DICTIONARY	ix
ACKNOWLEDGEMENTS	xiii
ABBREVIATIONS AND FIELD MARKERS USED IN THE DICTIONARY	xv
THE MORPHOLOGY OF THE WELSH LANGUAGE	xx
SELECT BIBLIOGRAPHY	lxxx
ENGLISH–WELSH DICTIONARY	1
APPENDIX – EMENDATIONS AND ADDITIONS TO THE FIRST EDITION	1711

RHAGAIR

Fel yr *Académie française* cychwynnodd yr Academi Gymreig yn nhrafodaethau ychydig o lenorion a gyfarfu'n ffurfiol am y tro cyntaf yn Aberystwyth ar 3 Ebrill 1959. Yno penderfynasant sefydlu Academi Gymreig yn cynnwys pedwar ar hugain o aelodau, gwŷr a gwragedd a oedd wedi gwneud cyfraniadau teilwng i lenyddiaeth Gymraeg ac a oedd yn barod i hyrwyddo ei datblygiad drwy gyfarfod yn flynyddol i drin materion llenyddol a thrwy chwilio pob modd o gefnogi a chydnabod cyflawniadau llenyddol. Bu llawer tro yn hanes yr Academi oddi ar hynny, ac un o'r troeon mwyaf arbennig, efallai, oedd cefnogi sefydlu chwaer-gangen, megis, i hyrwyddo llenyddiaeth Eingl-Gymreig.

Penderfynodd yr *Académie française* yn gynnar yn ei hanes mai un o'i dibenion fyddai perffeithio'r iaith Ffrangeg ac mai un ffordd o wneud hynny fyddai llunio geiriadur. Nid oedd diben felly ym meddyliau sefydlwyr yr Academi Gymreig, a phan ddadleuodd Dr Bruce Griffiths gyda chefnogaeth gref Mr Dafydd Glyn Jones, mewn cyfarfod ym 1974, y dylai'r Academi ymgymryd ar unwaith â llunio geiriadur Saesneg-Cymraeg, bu peth petruso. Wedi'r cwbl, mae llunio geiriadur o unrhyw fath yn orchwyl enfawr a chostus, a Chyngor Celfyddydau Cymru oedd ein hunig gefnogydd ariannol ar y pryd. Sut bynnag, bu brwdfrydedd Dr Griffiths a'i barodrwydd i ymgymryd â'r olygyddiaeth ac addewid Mr Meic Stephens a'r Athro Richard Griffiths am gefnogaeth Cyngor Celfyddydau Cymru'n ddigon i ddarbwyllo'r Academi i wynebu'r sialens, ac fel ei chadeirydd ar y pryd yr wyf i'n hynod falch ei bod wedi gwneud hynny. Mae'n dipyn o wyrth fod y Gymraeg wedi goroesi dros gynifer o ganrifoedd a bod ei rhagolygon ar ddiwedd yr ugeinfed ganrif yn oleuach ar un olwg nag yr oeddynt ar ddechrau'r ganrif, yn enwedig gan ei bod wedi gorfod byw am y pared, megis, â'r Saesneg, un o brif ieithoedd y byd gydag argoelion y bydd cyn hir yn brif iaith iddo.

Nid oes raid i ddyn ymddiddori mewn geiriaduraeth er mwyn gwybod fod yr iaith Saesneg yn newid yn ddi-baid ac yn ychwanegu at ei geirfa yn gyson, gyda'r canlyniad fod ei hadnoddau mynegiant bron yn ddi-ben-draw. Pan fo ieithoedd mawr fel Almaeneg a Ffrangeg yn benthyca geiriau o'r Saesneg, nid yw'n rhyfedd fod iaith fach fel y Gymraeg yn gwneud hynny, ac oni all y Gymraeg fod yn gyfrwng cyfathrebu llawn cystal â'r Saesneg ym mhob cylch o fywyd, y mae perygl iddi fynd yn fratiaith a rhoi esgus i'r rhai sy'n teimlo'n israddd wrth ei siarad ei gollwng dros gof. Yn yr amgylchiadau hyn rhaid i siaradwyr yr iaith yn ogystal â'i dysgwyr fod yn ymwybodol o'i holl gyfoeth anferth, ac nid oes dwywaith na fyddant hwy'n croesawu'n frwdfrydig y geiriadur hwn, oblegid ni chyflwynwyd y cyfoeth hwnnw erioed o'r blaen mor helaeth nac erioed mor glir.

Cymerodd y geiriadur hwn fwy o amser i'w lunio nag a fwriadwyd ond y mae hefyd yn llawer helaethach nag y gobeithiwyd. Y mae'r golygydd, Dr Bruce Griffiths, a'r golygydd cyswllt, Mr Dafydd Glyn Jones, wedi treulio rhan fawr o'u hoes yn cyflawni gwaith anodd dros ben. Nid gormod yw dweud fod ar yr Academi Gymreig ddyled iddynt na ellir dychmygu heb sôn am fesur ei maint.

J. E. Caerwyn Williams
Llywydd yr Academi Gymreig

PREFACE

Like its more famous prototype, *l'Académie française*, yr Academi Gymreig, the Welsh Academy, had its origins in the discussions of a group of literati who met formally for the first time in Aberystwyth on 3 April 1959. There they decided to establish a Welsh Academy comprising twenty-four members judged to have made worthy contributions to Welsh literature and pledged to make every effort to promote its development by coming together annually to discuss literary matters and to examine every means of promoting and rewarding literary achievement. The Welsh Academy has come a long way since then, most notably perhaps by supporting the formation of a sister academy devoted to the cultivation of Anglo-Welsh literature.

L'Académie française decided at an early stage that one of its purposes should be to perfect the French language and that to do so it was necessary to prepare a dictionary. No such purpose engaged the minds of the founders of the Welsh Academy, and when in 1974 Dr Bruce Griffiths, with the strong backing of Mr Dafydd Glyn Jones, made an eloquent plea that it should make the compilation of an English-Welsh dictionary one of its priorities, there were some misgivings. After all, the compilation of a dictionary is no small matter and the Academy was then entirely dependent on the Welsh Arts Council for financial support. However, Dr Griffiths's enthusiasm and willingness to undertake the editorship and the promise of support made by Mr Meic Stephens and Professor Richard Griffiths on behalf of the Welsh Arts Council persuaded the Academy to welcome the challenge, and as its chairman at the time I am extremely proud that it did.

That the Welsh language has survived over so many centuries and that its prospects at the end of the twentieth century are in many ways brighter than they were at its beginning is something of a miracle, especially since it has had to live next door, as it were, to English, a language which is recognized as a world language and is rapidly becoming *the* world language.

One does not need to be interested in lexicography to know that English is constantly changing and that it is continually adding to its vocabulary, with the result that its resources are virtually unparalleled. When major languages like German and French are borrowing words from English, it is no wonder that a neighbouring language like Welsh should do so. Unless Welsh can offer a means of communication adequate to compete with English in every sphere of life, its speakers will be under pressure to borrow more and more words from English and will end up speaking a patois with the feeling of linguistic inferiority which has given some Welshmen the excuse to abandon their native tongue.

In these circumstances native speakers as well as learners of Welsh have to be fully aware of the immense resources of the language, and they will welcome this dictionary, for never before have these resources been so extensively explored and so clearly presented.

The compilation of the dictionary has taken much longer than was envisaged but its scope has also far exceeded what was ever hoped. Its editor, Dr Bruce Griffiths, and its associate editor, Mr Dafydd Glyn Jones, have devoted a large part of a lifetime to the completion of an extremely difficult task. To them both the Welsh Academy owes a debt which can scarcely be imagined, much less measured.

J. E. Caerwyn Williams
President of Yr Academi Gymreig

NOTE TO THE FIFTH IMPRESSION

I have taken this opportunity to add to the Select Bibliography of dictionaries, grammars and manuals, to include a list of useful websites, and to enlarge the Appendix of Emendations and Additions.

B.G.
Bangor, 2003

HOW TO USE THIS DICTIONARY

This dictionary is based, with the kind permission of Messrs Harrap, on the English-French half of their *Shorter English and French Dictionary* (1975 and subsequent revisions) and in the main has adopted the format and conventions of that work, with necessary adaptations. The scope of the vocabulary has been immensely increased after consulting many other standard general dictionaries, British and American, as well as many specialized works of reference. As a rule, British spellings of English words are used throughout, following those used in the 1976 and subsequent editions of the *Concise Oxford English Dictionary*. In the case of words having the alternative suffixes **-ise/-ize, -isation/-ization,** the spellings **-ize, -ization** have been used throughout.

American users should take note of the following differences in spelling:
(a) the use of **-our** where American usage has **-or** (e.g. **colour, American color**).
(b) the use of **-re** where American usage has **-er** (e.g. **theatre, American theater**).
(c) the doubling of **-l-** before a vowel in an ending, regardless of accentuation (e.g. **woollen,** American **woolen; travelling,** American **traveling**).
(d) the single **-l-** before a final syllable beginning with a consonant, where American usage has **-ll-** (e.g. **skilful,** American **skillful; enrolment,** American **enrollment**).
(e) the use of **-c-** in certain words where American usage has **-s-** (e.g. **defence,** American **defense**).
(f) the use of **ae, oe** in certain words where American usage has **e** (e.g. **aesthete,** American **esthete; oedema,** American **edema**).

The spelling of Welsh words follows, as a rule, that adopted in *Geiriadur Prifysgol Cymru*, supplemented by *Spurrell's English-Welsh Dictionary* (1937), *Y Geiriadur Mawr* (1958 and subsequent editions.) and the *Geiriadur Termau* (1973), following the principles laid down in *Orgraff yr Iaith Gymraeg* (1928).

Form of entries: Each entry is introduced by a headword in **bold type**; when this is repeated in the entry in exactly the same form, it is replaced by the swung dash or tilde, ~, though plural nouns and inflected forms of verbs are printed in full. If in some senses it is written with a capital letter, then this is indicated by the capital letter and a tilde, e.g. **crown** n. coron (-au) *f* **the C~**, y Goron. Conversely, a proper noun or adjective, if used with a lower-case letter in some senses, is repeated with a lower-case letter. An asterisk * indicates that the form following it is a neologism; a bracketed asterisk (*) indicates a neologistic sense of the form following it. Headwords written thus: **elliptic[al]** should be taken to read **elliptic/elliptical,** alternative spellings with exactly the same sense.

Adverbs in **-ly** are listed in their alphabetical order. The vast majority of adverbs in Welsh are formed simply by writing yn + soft mutation + adjective, thus: **brave** *a.* dewr, gwrol, eofn. **bravely** *adv.* yn ddewr *&c.*: the *&c.* is an instruction to refer back to the adjective, implying that a full entry would read yn ddewr, yn wrol, yn eofn, *or* yn ddewr/wrol/eofn. N.B. when the adverb qualifies a verb, participle or verbal noun, lenition (the soft mutation) does not occur, thus: **gradually decreasing,** yn graddol leihau *or* yn lleihau'n raddol.

Nouns ending in **-ization** are often linked with the corresponding verb ending in **-ize** in a single entry, since such nouns, indicating a process and having verbal force, are best translated by a verb-noun in Welsh e.g. **politicization** *n.*, **politicize** *v.* gwleidyddoli.

Hyphenated words, and loose compounds (i.e. without hyphen) are normally listed under the headword forming the first element e.g. **orange** *n.* is followed by **~ -peel** *n.*, **~ -squash** *n.*

Completely fused compounds (i.e. written as one word) will be found in alphabetical order. However this principle has not been adhered to in the case of compounds beginning with a prefix which has no independent existence as a word (e.g. **pre-, ex-, un-**), and in some other cases of highly productive headwords (e.g. **over-, sea-**). As no two English dictionaries seem to agree whether or not any given compound is hyphenated, and as American usage tends to omit the hyphen and write hyphenated compounds as single words, all users of this dictionary should be prepared to look for a compound in any one of these possible forms, either following the headword or in strict alphabetical order. In the case of names of plants, birds, fishes &c. of the type **field maple, mountain fern** &c., see under **maple, fern** &c.

Phrasal verbs are similarly treated. The simple verb is dealt with first, followed by the compound verb and any noun formed from the compound verb, e.g. **break, break down, break-down** *n.* However **breaking, broken, broken-down** &c. will be found in strict alphabetical order.

Punctuation: Within the sub-headings (**1., 2.** *(a) (b)* &c.) indicating different senses of a word, a comma is taken to separate virtual synonyms, while a semi-colon indicates a different shade of meaning. An example shown in brackets e.g. **to arouse (envy)**, achosi/peri (cenfigen) does not necessarily imply that the verbs **achosi, peri** can be used in no other context. The stroke **/** is used in two ways: (i) to separate interchangeable synonyms: thus achosi/peri (cenfigen) is the equivalent of writing achosi cenfigen *or* peri cenfigen; (ii) to separate, in the English text, a selection of possible objects of a verb thus: **to gather nuts/berries**, the stroke will then be found in the corresponding Welsh text, thus: casglu cnau/mwyar.

Abbreviations and field markers: As this is a translating, not in principle a defining dictionary, the greatest attention should be paid to the abbreviations and other field markers. The abbreviations immediately following the headword of course refer back to the headword, and not necessarily to the Welsh words that follow. Thus a headword may be marked as being, *in English*, *F*: (familiar), *P*: (popular, slangy), *Hum*: or *Joc*: (humorous, jocular), *Pej*: (pejorative), *Dial*: (dialectal), *Lit*: (literary), *A*: (archaic), and so on. While every effort has been made to supply a translation in the same linguistic register, it may be the case that, of some archaic or slangy expression, the Welsh equivalent is not itself archaic or slangy. Where necessary to distinguish between homographs, and in many other cases, virtual synonyms in English are given, e.g. for **row, 1.** *n. (= line)* . . . **2.** *n. (= outing in a boat)*, or the sense is indicated by indicating a typical object (of a verb) or a typical noun (after an adjective) thus for **row, 3.** *v.t.* **to ~ a boat; long** *a.* hir(-ion); *(hair, gown)*: llaes. Otherwise, the sense will be made clear by illustrative phrases or sentences.

Dialect and colloquialisms: While a printed dictionary is necessarily, in the first place, a dictionary of the written language, and cannot teach anyone the spoken language, nevertheless, as far as is possible, every attempt has been made to include colloquial words and expressions in both English and Welsh. Most users of a bilingual dictionary want to know 'How do you say . . . in Welsh?' We have striven to introduce the learner of Welsh to as much as possible of the wealth of Welsh vocabulary and idiom. In particular, no dictionary of Welsh can realistically afford to ignore the wealth of vocabulary and idioms in the spoken and written dialects. In Welsh, dialects do not have the lowly status of dialects in English. Welsh with some dialectal features will be found as the medium of dialogue in modern plays and novels, and in light poetry. The learner of Welsh living in the North will learn that the standard word for **milk** is llaeth, but will need to know that in the North llefrith is widely used. The greater mobility of Welsh speakers, and the influence of the media, have made it more difficult to delineate dialect areas very exactly. The geographic distribution of dialect words and phrases has been approximately indicated thus: *N*: North Wales; *S*: South Wales, indicating words widely distributed in the respective areas: *N.W*: North-West, approx. = Gwynedd; *N.E*: North-East, approx. = Clwyd; *M.W*: Mid-Wales = Merioneth and Montgomeryshire; *S.W*: South-West = Dyfed; *S.E*: South-East = Glamorgan, Gwent and Brecknock. The *lexical* differences between the dialects of North and Mid-Wales are in fact not numerous; many or most words shown as North-Western may indeed be current throughout the rest of the North. The Southern region is larger and more populous, and the majority of Welsh-speakers live there, thus the lexical differences between the Southern dialects are more numerous. The differences between all the varieties of spoken Welsh concern only a tiny proportion of the vocabulary; the differences have often been exaggerated, usually out of sheer ignorance or hostility.

English forms ending in -ing: These have been separately listed when they are purely adjectival (**a charming girl**) or are concrete nouns (**a lofty building, a great gathering**) but not as a rule when participial, i.e. having a verbal force (**a girl gathering berries; a bird singing on a branch**); nor when it is a verbal noun having the same force as an infinitive (**building a house is costly = to build a house is costly**). When the **-ing** form is participial, the equivalent construction in Welsh is yn + verb-noun, thus: **a girl is gathering berries**, mae geneth yn casglu mwyar. When the **-ing** form is a verbal noun, the equivalent in Welsh is the verb-noun, thus: **building a house is costly**, mae adeiladu tŷ yn ddrud *or* peth drud yw adeiladu tŷ *or Lit*: drud yw adeiladu tŷ. In sentences of the type, **shouting loudly, the crowd rushed by**, the **-ing** is to be translated by tan/gan + soft mutation + verb-noun or, less usually, by yn + verb-noun: tan/gan weiddi'n uchel, rhuthrodd y dyrfa heibio *or* yn gweiddi'n uchel . . . If the **-ing** form implies a condition, as in **arriving early, you'll be surer of a seat**, then the Welsh equivalent would be, os cyrhaeddwch yn gynnar . . . *or* o gyrraedd yn gynnar . . . *or* trwy/gan gyrraedd yn gynnar . . . The **-ing** form with a negative is best rendered by heb + soft mutation + verb-noun, e.g., **not knowing where she was**, heb wybod pa le yr oedd hi *or* gan na wyddai . . . *or* a hithau heb wybod . . .

Past participles: We have not as a rule listed past participles (such as **fainted, cried, &c.**) except when they are adjectival (e.g. **burnt, painted, &c.**). Welsh verbs generally have a corresponding form, consisting of the verb-stem + edig, e.g., **burnt**, llosgedig; **painted**, paentiedig. N.B. the Welsh forms cannot be used to form any compound tenses nor used to convey the passive voice. Thus, **she has fainted**, mae hi wedi llewygu; **the house was burned**, llosgwyd y tŷ *or* cafodd y tŷ ei losgi. When a past participle heads a sentence, it must be preceded by yn + soft mutation: **frightened, she screamed**, yn ddychrynedig, fe sgrechodd *or* (more naturally) fe sgrechodd mewn dychryn; or it should be rendered by an adverbial phrase: **deeply impressed, he returned**, tan argraff ddofn, aeth yn ôl. A passive construction using a past participle + **by** is best translated by an active construction: **pursued by the hounds, the fox disappeared**, a'r cŵn yn ei hela, diflannodd y llwynog.

Genders, feminines, plurals: Each noun is followed by its plural, if any, in brackets, and by its gender. If the plural is formed simply by adding a suffix, then this is indicated thus: **mother** *n.* mam(-au) *f*, to be read as mam, *plural* mamau. Otherwise the plural is written out in full, thus: **house** *n.* tŷ (tai) *m*, **cow** *n.* buwch (buchod *or* gwartheg *or* da) *f*. Many nouns have more than one plural, some formed by suffixes, others by internal vowel or other changes, thus: **pan** *n.* padell(-i, -au, *Lit*: pedyll) *f*. In the case of entries printed thus: **frying-pan** *n.* padell(-i, -au) *(f)* ffrio, this is to be read as equivalent to: padell ffrio, *plural* padelli ffrio *or* padellau ffrio. In the case of compounds where the feminine noun causes the second component to mutate, the entry is presented thus: **milking-stool** *n.* stôl *(f)* odro (stolion godro). Otherwise, for convenience, the gender is placed after the plural of the noun. Strictly speaking, however, gender differentiation operates only in the singular. Mutable feminine nouns mutate after the definite article in the singular, but not in the plural, thus: **the mother**, y fam; **the mothers**, y mamau. Singular feminine nouns are followed by the feminine form of the adjective (if any) and by the lenited form of any mutable adjective, thus: **a good mother**, mam dda; **a green dress**, gwisg werdd; but in the plural the adjectives do not lenite, and there are no plural forms of the feminine singular adjective. Instead, the singular or plural masculine form is used, thus: **good mothers**, mamau da; **the good mothers**, y mamau da; **green dresses**, gwisgoedd gwyrdd/gwyrddion. In short, feminine plural nouns behave exactly as if they were masculine singular nouns. The only exceptions to this rule are **pobl(-oedd)** *f* people, which lenites both in the singular and plural, thus: **the people**, y bobl; **the peoples**, y bobloedd, and **low people,** y boblach. Note that all plural nouns govern a singular verb.

All plural forms of adjectives are listed, but many adjectives are invariable and even in the case of those that have plurals, the use of the singular form with a plural noun is widely accepted as normal.

Nouns which may be of either gender are listed thus: **edge** *n.* ymyl(-on) *mf.* If we have thought a noun was more usually feminine, then it has been entered thus: **side** *n.* ochr(-au) *fm.* Nouns denoting human beings and other animates, and which may be of either gender depending on sex, are listed thus: **Venetian n.** Fenisiad (Fenisiaid) *m&f.* Names of languages are usually of the feminine gender, thus: **(the) Welsh (language)** is Cymraeg *f*, y Gymraeg. However,if the name of the language is qualified in any way, as by an adjective or otherwise, then it becomes masculine, thus: **good English**, Saesneg da. This rule applies to all names of languages and is indicated thus: **French** *n. Ling:* Ffrangeg *f, m.* The genders of

Welsh place-names have been given where ascertainable, based on the gender of the core component, thus: names beginning with Tre- are feminine and those beginning with Glyn- are masculine. To a large extent the question is academic, since all mutable adjectives lenite after all place-names as if they were all feminine; the distinction of gender can be clearly determined only by whether one says hwn or hon, hwnnw or honno – **this/that** – after the name, and whether the sense calls for an article before the name: y Bala hwnnw, y Ganada honno. Similarly, adjectives lenite after personal names, whether masculine or feminine, e.g. **Llywelyn the Great**, Llywelyn Fawr. (However, in the North, braf tends not to lenite, and bach is often not lenited after a feminine noun.)

Nouns ending in -wr/ydd in Welsh, corresponding generally to nouns in **-or/-er** in English, are always masculine, even when referring to women; likewise nouns such as meddyg, **doctor**, plentyn, **child** and so on. However, nouns in -ydd may have a corresponding feminine form in -yddes, plural -yddesau. Likewise for every noun ending in -wr there may be a corresponding feminine form in -wraig, plural -wragedd. While some are very commonly used, others are much less so, and some exist only in principle. They have been listed where considered to be in use. The plural forms in -wragedd are little used in practice, the masculine or neuter plural -wyr being far more usual; we have often not listed them, but the plural form can easily be made if really necessary. However, it must be reiterated, gender is a *grammatical* classification, not an indicator of sex; it is misleading and unfortunate that the labels *masculine* and *feminine* have to be used, according to tradition. It would be just as logical to classify nouns as red nouns and green nouns, or as round nouns and square nouns. There is no reason why nouns ending in -wr, -ydd should not refer equally well to a woman as to a man. To avoid repetition, a colon (:) is used to separate noun forms which are synonymous and which share the same plural and the same gender, e.g., peiriannwr: peiriannydd (peirianwyr) *m.*

Stress marks: In polysyllables in Welsh the main stress falls as a rule on the last syllable but one. If one or more syllables are suffixed, the rule still applies, i.e. the stress will automatically move forward to the last syllable but one, e.g. ffenestr, plural ffenestri. In this dictionary exceptions to the rule are indicated by a thin vertical line | before the stressed vowel, e.g. caraf|an, p|aragraff, |ambiwlans, ff|yrbilo. The line thus shown does not form part of the usual spelling of the word and is not repeated in the entry. Many such words conform to the general rule in the plural, e.g. ac|ademi (academïau), t|estament (testam|entau). This vertical marker is not used where the stress is already normally indicated either by the circumflex, e.g. in achlân, or by the grave accent, e.g. carafàn. In general, borrowed words keep their original stress pattern.

ACKNOWLEDGEMENTS

The editor is happy to record his debts of gratitude to all those who have have contributed to the compilation of this dictionary. Above all I am indebted to my friend and colleague Mr Dafydd Glyn Jones of the Department of Welsh at the University of Wales, Bangor, who with me drew up the original memorandum submitted to the Welsh Academy urging the creation of this dictionary. He made substantial contributions to the original text and devoted the best part of nine years to the Herculean task of sub-editing the entire text, making innumerable emendations and corrections, drawing on his thorough and wide knowledge of both literary and spoken Welsh. He personally undertook much retyping and keyboarding of the computer database. His conviction of the value of the dictionary and his moral support have been unwavering, and I am grateful to the Professors and Department of Welsh at Bangor for enabling Mr Jones to make his invaluable contribution to this work.

Thanks are due to Yr Academi Gymreig and its Executive Committee for giving the project its aegis, and then to the Arts Council of Wales for agreeing to finance the project over a long period of years, and especially to Meic Stephens and Professor Richard Griffiths; to the British Academy for grants to employ assistants and also for enabling me to devote one year's leave of absence to the dictionary; to the Welsh Office, and to successive Secretaries of State for Wales, for financing the latter years of the project, and especially to Sir Wyn Roberts, Dr R. H. Jones and John Walter Jones at the Welsh Office. I am grateful to the Principal (now Vice-Chancellor), Registrar and Council of the University of Wales, Bangor, for kindly agreeing to provide offices to house the project and meeting overhead expenses and readily providing much practical help and encouragement. I especially thank Eric Wyn Jones, of the College's Computer Laboratory, for dealing with every aspect of the computer database, writing the software for it, and dealing with all the problems that arose.

I am grateful to the University of Wales Press, and to Dr Gareth Bevan, Editor of *Geiriadur Prifysgol Cymru* (the University of Wales Dictionary), for permission to consult the archive of hitherto unpublished material held by the Dictionary; to the Welsh Folk Museum at St Fagans, the then Curator, Trefor Owen, to Vincent Phillips, and other members of the staff, for permission to consult their archive of unpublished sources of information on the dialects of Wales; to the Linguistic Research Group at the University of Wales, Cardiff, and especially to Dr Ceinwen Thomas and Professor Glyn Jones, for much valuable information on Welsh dialects; and to Professor Alan Thomas of the Department of Linguistics, University of Wales, Bangor, for his ready and invaluable assistance in the field of Welsh dialectology. Thanks are due also to the Translation Office of Gwynedd County Council, and to the Welsh College of Librarianship.

I am deeply grateful to all those who laboured to compile the text to be edited: in the first place to Dr Paul Birt, at first the only editorial assistant, who worked manfully on the project for six years, followed by Karen Liljenberg, Robat Trefor, Anita Jones, Tim Webb, Robin Chapman, Delyth Prys and Enid Jones (née Mathias).

I also thank those who worked on a survey of the vocabulary of modern literary Welsh: Dr Iestyn Daniel, Eleri Ann Jones, Rosemary Lloyd, Catrin Parry, Christopher O'Donovan, and Bryn Rowlands.

I am grateful to those who read through portions of the text and offered emendations or made other contributions: the late Revd Euros Bowen, Dr Geraint Bowen, Cyril P. Cule, Lynn Davies, Professor Pennar Davies, Iwan Edgar, Gwilym Ll. Edwards, Dr Twm Elias, the Revd Owen E. Evans, the late Sir Idris Foster, Dr Llŷr Gruffydd, Professor R. Geraint Gruffydd, Eleri Gwyndaf, Robin Gwyndaf, the late H. J. Hughes, J. Elwyn Hughes, Emyr Humphreys, Dafydd Ifans, Branwen Jarvis, the late Professor

Bedwyr Lewis Jones, Dewi Jones, Professor Glyn Jones, the Revd J. Gwilym Jones, Luned Bebb Jones, the late R. E. Jones, R. Gerallt Jones, Professor R. M. Jones, Dr Robert Owen Jones, Professor W. Gareth Jones, the late D. Myrddin Lloyd, the late Dr D. Tecwyn Lloyd, Siân Megan, E. G. Millward, Dyfnallt Morgan, Professor D. Ll. Morgan, Eleri Morgan, Dr Prys Morgan, the late Professor T. J. Morgan, Dr Delyth Morris, D. Orwig, Owain Owain, the late Gwenlyn Parry, the late Sir Thomas Parry, Vincent Phillips, Brinley Rees, the late Mati Rees, W. H. Reese, Selyf Roberts, Tomos Roberts, the late W. H. Roberts, Olwen Samuel, the late Dr John Sykes, Professor Alan Thomas, Beth Thomas, Dr Ceinwen Thomas, Professor Gwyn Thomas, Peter Wyn Thomas, Dr David Thorne, Ann Wiliam, Dr Aled Rhys Wiliam, Dr Urien Wiliam, the late Alun Llywelyn-Williams, Professor Gwyn Williams, Professor Gruffydd Aled Williams, Professor J. E. Caerwyn Williams, Dr John Ll. Williams, Selwyn Williams, the late Professor Stephen J. Williams, and many others.

I thank those who typed the text for their painstaking work: Ann Corkett, Madge Hughes, Carolyn Jones, Maureen Jones, Val Price and especially Sandra Shone. I also thank the staff of the University of Wales Press and in particular Susan Jenkins and the Press's director, Ned Thomas, and Robat Trefor who, with others, undertook a massive proof-reading programme.

I must thank the successive secretaries of Yr Academi Gymreig for their patient assistance: Gwerfyl Pierce Jones, Gwynn ap Gwilym, Ann Beynon, Siân Ithel, Marion Arthur, Dafydd Rogers; and the members of the Academi's Dictionary panel: Professor J. E. Caerwyn Williams (Chairman), Prof. D. Ellis Evans, Prof. D. Simon Evans, the late Prof. Bedwyr Lewis Jones, Dafydd Glyn Jones, Prof. R. M. Jones, Dr Prys Morgan, Prof. Bryn Roberts, Meic Stephens, Dr Ceinwen Thomas.

Finally, I am grateful to the many members of the general public who in writing or by word of mouth made some contribution to this work. In readiness for future editions, constructive criticisms, emendations and suggestions may be sent to me, Dr Bruce Griffiths, c/o University of Wales Press, 6 Gwennyth Street, Cathays, Cardiff CF24 4YD. If a reply is requested, a stamped addressed envelope should be enclosed: otherwise I thank all such contributors in anticipation.

Bruce Griffiths
Bangor 1995

ABBREVIATIONS AND FIELD MARKERS USED IN THE DICTIONARY

a., adj.	*Adjective*
A:	*Archaism; ancient; in former use*
Abs.	*Absolutely, absolute use*
Ac:	*Acoustics*
acc.	*Accusative*
Adm:	*Administration*
adv.	*Adverb, adverbial*
Adv.phr.	*Adverbial phrase*
Aer:	*Aeronautics*
Agr:	*Agriculture*
A.Hist:	*Ancient history*
Alg:	*Algebra*
	Algae
Amph:	*Amphibia*
Anat:	*Anatomy*
Anglo-W:	*Anglo-Welsh*
Ann:	*Annelida*
Ant:	*Antiquity, -ies*
Anthr:	*Anthropology*
Ap:	*Apiculture*
approx.	*Approximately*
Ar:	*Arithmetic*
Arach:	*Arachnida*
Arb:	*Arboriculture*
Arch:	*Architecture*
Archeol:	*Archaeology*
Arm:	*Armour*
	Arms
Art:	*Art*
Artil:	*Artillery*
Astr:	*Astronomy*
Astrol:	*Astrology*
Atom.Ph:	*Atomic physics*
attrib.	*Attributive*
Austr:	*Australia; Australian*
Aut:	*Automobilism*
aux:	*Auxiliary*
Av:	*Aviation*
B:	*Biblical; Bible*
Bac:	*Bacteriology*
Bak:	*Baking*
Ball:	*Ballistics*
Bank:	*Banking*
	Baseball
B.Hist:	*Bible History*
Bib:	*Bibliography*
Bill:	*Billiards*
Bio-Ch:	*Biochemistry*
Biol:	*Biology*
Bookb:	*Bookbinding*
Book-k:	*Book-keeping*
Bootm:	*Bootmaking*
Bot:	*Botany*
	Bowls
Box:	*Boxing*
Breed:	*Breeding*
Brew:	*Brewing*
Brickm:	*Brickmaking*
card.a.	*Cardinal adjective*
	Cards
Carp:	*Carpentry*
Cav.	*Cavalry*
Cer:	*Ceramics*
Cf.	*Refer to*
Ch:	*Chemistry*
Chr:	*Chronology*
Cin:	*Cinematography*
Civ:	*Civilisation*
Civ.E:	*Civil Engineering*
Cl:	*Classical*
Clockm:	*Clock and watch making*
Cmptr:	*Computer studies*
Coel:	*Coelenterata*
cogn.acc	*Cognate accusative*
Coll:	*Collective*
Com:	*Commerce*
comb.fm:	*Combining form*
Comest:	*Comestibles*
comp.	*Comparative*
Conc:	*Concrete*

Conch:	*Conchology*
condit.	*Conditional*
conj.	*Conjunction*
conj.like	*Conjugated like*
Const:	*Construction*
Coop:	*Cooperage*
Corr:	*Correspondence*
Cost:	*Costume, clothing*
cp.	*Compare*
Cr:	*Cricket*
Crust:	*Crustacea*
Cryst:	*Crystallography*
Cu:	*Culinary; cuisine*
Cust:	*Customs*
Cy;	*Cycles; cycling*
Danc:	*Dancing*
dat.	*Dative*
def.	*Definite*
def.	*Defective*
dem.	*Demonstrative*
Dent:	*Dentistry*
Dial:	*Dialect*
dim:	*Diminutive*
Dipl:	*Diplomacy*
Dist:	*Distilling*
Dom.Ec:	*Domestic Economy*
Draw:	*Drawing*
Dressm:	*Dressmaking*
Dy:	*Dyeing*
E.	*East*
E:	*Engineering*
Ecc:	*Ecclesiastical*
Echin:	*Echinodermata*
Ecol:	*Ecology*
e.g.	*For example*
El:	*Electricity; electrical*
El.-Ch:	*Electro-Chemistry*
El.E:	*Electrical engineering*
Eng.	*English; England*
Eng. Hist.	*English history*
Eng. Lit.	*English literature*
Eng. Pl.n.	*English place-name*
Engr:	*Engraving*
Ent:	*Entomology*
epith.	*Epithet (adjective)*
Equit:	*Equitation*
esp.	*Especially*
etc.	*Et cetera*
Eth:	*Ethics*
Ethn:	*Ethnology*
excl.	*Exclamation; exclamative*

Exp:	*Explosives*
f.	*Feminine*
F:	*Familiar, colloquial*
Farr:	*Farriery*
Fb:	*Football*
Fenc:	*Fencing*
	Ferns
Fin:	*Finance*
Fish:	*Fishing*
For:	*Forestry*
Fort:	*Fortification*
Fr.	*French; France*
fu.	*Future*
	Fuel
Fung:	*Fungi*
Furn:	*Furniture*
	Games
Gasm:	*Gasmaking*
Geog:	*Geography*
Geol:	*Geology*
Geom:	*Geometry*
ger.	*Gerund*
Glassm:	*Glassmaking*
Gr.	*Greek*
Gr.Alph:	*Greek Alphabet*
Gr.Ant:	*Greek Antiquity*
Gr.Civ:	*Greek Civilization*
Gram:	*Grammar*
	Gramophones
Gym:	*Gymnastics*
Hairdr:	*Hairdressing*
Harn:	*Harness*
Hebrew Alph:	*Hebrew Alphabet*
Her:	*Heraldry*
Hist:	*History; historical*
Hor:	*Horology*
Hort:	*Horticulture*
Hum:	*Humorous*
Husb:	*Husbandry*
Hyd:	*Hydraulics; hydrostatics*
i.	*Intransitive*
I.C.E:	*Internal Combustion Engines*
Ich:	*Ichthyology*
imp.	*Imperative*
impers.	*Impersonal*
ind.	*Indicative*
Ind:	*Industry*
indef.	*Indefinite*
ind.t.	*Indirectly transitive*

inf.	*Infinitive*
Ins:	*Insurance*
int.	*Interjection*
interr.	*Interrogative*
inv.	*Invariable*
Irish myth.	*Irish mythology*
Irish Pl.n.	*Irish place-name*
Iron:	*Ironical*
Jew.	*Jewish*
Joc:	*Jocular*
Join:	*Joinery*
Journ:	*Journalism*
Jur:	*Jurisprudence: law*
	Knitting
Lap:	*Lapidary Arts*
Laund:	*Laundering*
Leath:	*Leatherwork*
Lib:	*Library studies*
Ling:	*Linguistics*
Lit:	*Literary use; literature; literary*
Lith:	*Lithography*
Locksm:	*Locksmithery*
Log:	*Logic*
Lt.	*Latin*
m	*Masculine*
Magn:	*Magnetism*
Mapm:	*Mapmaking*
Mch:	*Machines*
Meas:	*Weights and Measures*
Mec:	*Mechanics*
Mec.E:	*Mechanical Engineering*
Med:	*Medicine*
Mediev:	*Medieval*
Metall:	*Metallurgy*
Metalw:	*Metalworking*
Metaph:	*Metaphysics*
Meteor:	*Meteorology*
Mil:	*Military*
Mill:	*Milling*
Min:	*Mining and quarrying*
Miner:	*Mineralogy*
M.Ins:	*Maritime insurance*
Moham:	*Mohammedan*
Moll:	*Molluscs*
Moss:	*Mosses and lichens*
Mount:	*Mountaineering*
Mth:	*Mathematics*
Mus:	*Music*
mut.	*Mutation*
M.W:	*Mid Wales*
Myr:	*Myriapods*
Myth:	*Myth and legend, mythology*
n.	*noun*
N.	*North*
N.Am:	*North America*
N.Arch:	*Naval Architecture*
Nat.Hist:	*Natural History*
Nau:	*Nautical*
Nav:	*Navigation*
	Navy
N.E:	*North East Wales*
Needlew:	*Needlework*
neg.	*Negative*
neut.	*Neuter*
nom.	*Nominative*
Num:	*Numismatics*
num.a.	*Numeral adjective*
N.W.	*North West Wales*
O:	*Obsolescent*
Obst:	*Obstetrics*
Oc:	*Oceanography*
occ.	*Occasionally*
Onomat:	*Onomatopoeia*
Opt:	*Optics*
Orn:	*Ornithology*
Ost:	*Ostreiculture*
p.	*Participle*
P.	*Popular; slang*
Paint:	*Painting trade*
Pal:	*Paleography*
Paleont:	*Paleontology*
Paperm:	*Papermaking*
Parl:	*Parliament*
Pat:	*Patagonian Welsh*
Path:	*Pathology*
p.d.	*Past descriptive; imperfect tense*
Pej:	*Pejorative*
Perf.	*Perfect*
pers.	*Person; personal*
Ph:	*Physics*
Pharm:	*Pharmacy*
Ph.Geog:	*Physical Geography*
Phil:	*Philosophy*
Phot:	*Photography*
Phot.Engr:	*Photo-engraving; process work*
phr.	*Phrase*
Physiol:	*Physiology*
Pisc:	*Pisciculture*

pl.	*Plural*
Pl.n.	*Place-name*
Plumb:	*Plumbing*
P.N:	*Public notices*
Poet:	*Poetical*
Pol:	*Politics*
Pol.Ec:	*Political Economy*
poss.	*Possessive*
Post:	*Postal Service*
p.p.	*Past participle*
pr.	*Present*
pred.	*Predicate; predicative*
pref.	*Prefix*
Prehist:	*Prehistory*
prep.	*Preposition*
prep.phr.	*Prepositional phrase*
Pr.n.	*Proper name*
pron.	*Pronoun*
Pros:	*Prosody*
Prot:	*Protozoa*
Prov:	*Proverb*
pr.p.	*Present participle*
Psy:	*Psychology*
Publ:	*Publishing*
Pyr:	*Pyrotechnics*
Qu:	*Quarrying*
q.v.	*See this word*
Rac:	*Racing*
Rad.A:	*Radioactivity*
Rail:	*Railways*
R.C.Ch:	*Roman Catholic Church*
rel.	*Relative*
Rel:	*Religion(s)*
Rel.H:	*Religious History*
Rept:	*Reptiles*
Rh:	*Rhetoric*
rhn.	*Rhywun = Someone*
rhth.	*Rhywbeth = Something*
rn.	*Rywun = Someone*
	Rockets
Rom.	*Roman*
Ropem:	*Ropemaking*
Row:	*Rowing*
rth.	*Rywbeth = Something*
R.T.M.	*Registered trademark*
S.	*South*
S.a.	*See also*
Sch:	*Schools and Universities*
Scot:	*Scottish*
Scot. Hist.	*Scottish history*
Scot.Pl.n.	*Scottish place-name*
	Scouting
Sculp:	*Sculpture*
S.E.	*South-East Wales*
Ser:	*Sericulture*
sg.	*Singular*
Sm.a.	*Small arms*
s.o.	*Someone*
Soapm:	*Soapmaking*
Sociol:	*Sociology*
Sp:	*Sport*
Spong:	*Sponges*
St.Exch:	*Stock Exchange*
sth.	*Something*
Stonew:	*Stoneworking*
sub.	*Subjunctive*
suff.	*Suffix*
Sug.-R	*Sugar-Refining*
sup.	*Superlative*
Surg:	*Surgery*
Surv:	*Surveying*
S.W.	*South-West Wales*
Swim:	*Swimming*
Tail:	*Tailoring*
Tan:	*Tanning*
Tchn:	*Technical*
Ten:	*Tennis*
Tex:	*Textiles*
Tg:	*Telegraphy*
Th:	*Theatre*
Theol:	*Theology*
thg.	*Thing*
Tls:	*Tools*
Toil:	*Toilet; make-up*
Town.P:	*Town-Planning*
Tp:	*Telephony*
tr.	*Transitive*
Trans:	*Transport*
Trig:	*Trigonometry*
	Turf
T.V:	*Television*
Typ:	*Typography*
Typewr:	*Typewriting*
U.S:	*United States*
usu.	*Usually*
v.	*Verb*
V:	*Vulgar; not in polite use*
Veh:	*Vehicles*
Ven:	*Venery*
Vet:	*Veterinary science*
v.i.	*Intransitive verb*
v.ind.t.	*Verb indirectly transitive*
Vit:	*Viticulture*

vn.	*verbnoun*
Voc:	*Vocative*
v.pr.	*Pronominal verb*
v.t.	*Transitive verb*
W.	*(i) West (ii) Welsh*
W. Hist.	*Welsh history*
W. Lit.	*Welsh literature*
W. Pl.n.	*Welsh place-name*
Wine-m:	*Winemaking*
Wr:	*Wrestling*
W.Tel:	*Wireless Telephony and Telegraphy*
W.Tg:	*Wireless Telegraphy*
W.Tp:	*Wireless Telephony*
	X Rays
Y:	*Yachting*
Z:	*Zoology*
*	*Neologism*
(*)	*Neological use*
[ ]	*Enclose optional letter or word*

The vertical line | in a Welsh word indicates that the main stress falls on the vowel following it.

THE MORPHOLOGY OF THE WELSH LANGUAGE

Orthography and pronunciation

A dictionary of the written language cannot teach pronunciation accurately, but fortunately the orthography of Welsh is, with some exceptions, broadly phonemic, i.e. as a rule one letter or combination of letters (ch, ll, rh, ng) represents one phoneme. By following the rules of orthography, Welsh words may be pronounced at sight, giving a standardized pronunciation intelligible to all educated Welsh speakers. Of course, as with speakers in every other language, including English, ordinary Welsh speakers do not speak as if they were carefully reading from a book. The learner is advised to listen to Welsh radio and television broadcasts, to practise conversation with a good native speaker and to invest in one of the many courses available on record and cassette.

Consonants

class	*letter*	*symbol/phonetic definition*	*approximate pronunciation*
plosives			
	b as in byd	[b] weakly voiced bilabial	as **b** in **book**, **abbot**
	d as in darn	[d] weakly voiced dental or alveolar	as **d** in **dog**, **adder**
	g as in gwyn	[g] weakly voiced palatal or velar	as **g** in **gag**, **ago**
	p as in peth	[p^{h}] voiceless bilabial	as **p** in **pit**, **open**
	t as in tad	[t^{h}] voiceless dental or alveolar	as **t** in **town**, **pity**
	c as in cwm	[k^{h}] voiceless palatal or velar	as **c** in **cat**, **bacon**
fricatives			
	f as in fel, haf	[v] weakly voiced labiodental	as **f** in **of**, as **v** in **even**
	dd as in bedd, ddoe	[ð] weakly voiced dental or alveolar	as **th** in **then**, **breathe**
	ff, ph as in corff, (ei) phen	[f] voiceless labiodental	as **ff** in **off**, as **ph** in **hyphen**
	th as in ethol	[θ] voiceless alveolar or dental	as th in **breath**, **theatre**
	ch as in bach, chwyn	[X] voiceless velar	as **ch** in Scots **loch**, German **Bach**
	h as in heno	[h] voiceless glottal	as **h** in **hot**, **aha**
sibilants			
	s as in Sais	[s] voiceless alveolar	as **s** in **hiss**, **sit**
	si or sh as in siarad, stwnsh	[ʃ] voiceless palatal	as **sh** in **sham**, **mesh**

affricates			
	j as in joch	[dʒ] weakly voiced alveo-palatal	as **j** in **judge, ajar**
	tsi or tsh as in tsieni, cratsh	[tʃ] voiceless alveo-palatal	as **ch** in **church**
nasals			
	m as in mam	[m] voiced bilabial	as **m** in **mummy**
	n as in nain	[n] voiced alveolar or dental velar	**as n** in **nanny**
	ng as in llong	[ŋ] voiced velar	as **ng** in **song, singer**
	ng as in Bangor, dangos	[ŋg] voiced velar + voiced velar plosive	as **ng** in **bingo**
laterals			
	l as in lol	[l] voiced lateral, clear	as **l** in **lily**; not as in **look**
	ll as in llall	[ɬ] fortis voiceless lateral fricative	**hl**
trills or taps			
	r as in erw	[r] voiced alveolar tap or trill	as **r** in Scots pronunciation of **rip**, **dry**
	rh as in rhaid	[r̥] voiceless alveolar fricative	**hr**
semiconsonants			
	i as in iawn, hercian	[j] voiced palatal	as **y** in **yes, youth**
	w as in gwan, galwad	[w] voiced bilabial	as **w** in **went**

Voiceless allophones of l, r, occur regularly after voiceless consonants p, t, c, ff, th, ch, and of i after h, e.g. in ei hiaith. The sound of ll, as in llall, Llanbedr, &c. has no equivalent in English, but a lenis voiceless allophone faintly resembling it occurs in English in the pronunciation of l after the voiceless consonants p, t, c, in words such as **atlas**, **please**, **clean**; if these words are whispered loudly, with practice it should be possible to isolate the voiceless sound of l; this, pronounced more strongly, would approximate to the sound of Welsh ll. Similarly, the sound of Welsh rh may be produced by practising and isolating the voiceless allophone of r after p, t, c, th, f in the Scots pronunciation of **tree**, **thrill**, **crag**, &c.

The plosives b, d, g and fricatives f, dd are weakly voiced, especially so at the ends of words; if the following word begins with h-, then b, d, g are almost voiceless. Thus, ei thad hi is pronounced as i thati; ei mab hi as i mapi; ei cheg hi as i checi. The conjunctions ac and nac are always pronounced as if ag, nag before vowels. In many Southern forms of Welsh b, d, g are voiceless even between vowels; thus blota for blodau, popi for pobi, acor for agor, &c. Essentially the contrast between p, t, c on the one hand, and b, d, g on the other, is that p, t, c are followed by aspiration [h]. The clusters gwl-, gwr-, gwn- before a vowel (e.g. in gwlad, gwraig, gwneud, &c.), should be pronounced as lip-rounded gl-, gr-, gn-; i.e. gwlad, gwraig, gwneud are monosyllables accented on -ad, -aig, -eud.

Vowels

Front

i as in chwim, pigyn	[i]	short, very close	as **i** in **Fifi**, **pique**
i as in tir î as in pîn, sgîl	[i:]	long, very close	as **ee** in **sleet**, **i** in **machine**
e as in het	[ɛ]	short, half open	as **e** in **pet**
e as in hen ê as in llên	[e:]	long, half close	as **ê** in **fête**

Central

a as in cam	[a]	short, very open	as **a** in Northern English **bath, hat**
a as in tad â as in tân	[a:]	long, very open	as **aa** in **kraal, Saar**
y as in hynaf, yn, yr, y	[ə]	short, half open	approx. as **u** in **but**
y as in bryn u as in munud i in some recent borrowings e.g. bin)	[ɨ] or [I]	short, very close	as **i** in **sinner, bin**
y as in byd ŷ as in tŷ u as in sul û as in bûm	[ɨ:] or [I:]	long, very close	as **i** in **bin** but longer, rather like French **u** in **mur**

Back

w as in cwm	[u]	short, very close	as **oo** in **look**
w as in mwg ŵ as in cŵn	[u:]	long, very close	as **oo** in **boot**
o as in ffon	[ɔ]	short, very open	as **o** in **hot**
o as in oll ô as in sôn	[o:]	long, fairly close	as **o** in **bored**

It will be seen from the above that y represents two different sounds:

1. It is pronounced [I] or [ɨ] in monosyllables, e.g. (short) bryn, byr, byw, cyrn, ffyrch, gwyn; [I:] or [ɨ:] (long) bys, dydd, sydd; and (always short) in the final syllable of polysyllables, e.g. awydd, blodyn, ceffyl, emyn, mynydd. The prefixes cyd-, cyn- always correctly retain the sound [I] or [i:].

2. In the non-final positions in polysyllables, y is pronounced as the 'obscure' central vowel [ə], e.g. bryniau, dynion, tynnu, ymylon.

3. Exceptions to these rules are:
(a) monosyllables pronounced with [ə], the definite articles y, yr, the particle and preposition yn, the relative particle y, yr, the possessive adjectives fy, dy, the particle myn (in oaths), syr and ys = **it is;**

(b) gyda is always pronounced as [gIda]; i gyd is always pronounced [i gi:d].

(c) y is also pronounced [I] or [ɨ], even when non-final, if it precedes a vowel, e.g. in lletya;

(d) -yw- follows the rule as in byw [bIu], llyw [ɬIu], but bywyd [bəuId], llywydd [ɬəuIð]. But it is often pronounced [Iu] in the penult, e.g. amrywio, amrywiaeth, distrywio, llywio; so also gwywo, gwywedig;

(e) the rule does not apply to the dipthong wy [uI] whose pronunciation does not change in words such as cwyn, cwyno, cwynwr, mwyn, mwynach, rhwym, rhwymo, &c.; gwyrdd [gwIrð] should follow the rule, but the plural gwyrddion is usually pronounced [gwIrðjɔn]

(f) sylw is pronounced [sIlu], but sylwi, sylwedydd, &c. observe the rule: [səlwi], [səlwedIð];

(g) Southern speakers tend to pronounce y as [I] or [i] in all positions, and scarcely to distinguish between y and u. Throughout Wales u is pronounced as [i] in ugain, deugain, union, rhywun, cynnull, bugail, cuddio, trueni; y is generally pronounced [i] in dilyn, disgybl, disgyn, diwyg, diwygio, diwygiwr, dychymyg (final syllable), esgyn, gilydd, gyda, llewyg, llewys, meddyg, menyg, plisgyn, tebyg, amryw, rhywbeth, rhywun, rhywsut, rhywle, rhywfath, cyw, yw, ydyw, efengyl, gwylio, dryw, cyfryw, ystryw, distryw, benyw, rhelyw, llwyni. This tends to be the case when the vowel in the preceding syllable is i, when y is preceded or followed by -g-, or when y is followed by w. In words derived from Greek, e.g. Syria, synagog, and in the numerous technical terms borrowed from Greek, y should be pronounced as in bryn, llyn etc., in all positions.

The English vowel sounds can only be approximations: in particular the long English vowels shown are in reality diphthongs, combinations of two vowels, rather than single pure vowels. Thus **fête** is [feit] and **boot** is [buwt]. This diphthongization must be avoided in Welsh.

Diphthongs

These are combinations of two simple vowels pronounced rapidly under one stress:

ai as in tai, saith	[ai]	approx. as **ai** in **Shanghai**
au as in cau	[aI]	mostly pronounced as above
âi as in câi, hwyrhâi	[a:i]	as above but longer, as **igh** in **sigh**
ae as in cae, maen au as in traul âu as in dramâu	[a:ɨ] or [a:I]	mostly pronounced as âi
aw as in hawl	[au]	as **ow** in **cow**
aw as in braw, glaw	[a:u]	as above but longer
ei as in ceir, cei	[ei]	as **ei** in **weighty**
eu as in creu, dweud ey as in teyrn, lleyg	[ɵɨ], [eI], [əɨ] or [əI]	as **ei** in **weight**
ew as in mewn, Dewi	[ɛu]	eh-oo: Dewi is pronounced as if **dare we**
ew as in llew	[ɛ:u]	as above, but longer
oe as in poeni, oeri oi as in troi	[ɔi]	ɑo **oi** in **oily**
ou as in cyffrous, clou	[ɔI] or [ɔɨ]	much as above
ôi as in deffrôi	[o:i]	as above, but longer, as **oy** in **toy**
oe as in ddoe, poen, oer öy as in bröydd, glöyn	[ɔ:ɨ], [o:I], [ɔ:ɨ] or [ɔ:I]	
ow as in down, rhown	[ɔu]	oh-oo, as **ow** in **bowling, slowly**
iw, yw as in rhiw, yw	[iu]	approx. as **ee-oo** pronounced rapidly
uw as in Duw	[ɨu][Iu]	Mostly pronounced as **iw**, except in the North where the distinctive pronunciation is [Iu] or [ɨu]
yw (in non-final syllables of polysyllables) as in Hywel, bywyd, llywodraeth	[əu]	more or less as **ow** in **bowling, slowly**

wy represents two sounds:

1. *(a)* the semi-consonant w + y [wi] or [wI] as in Gwyn, gwyrdd, gwynt, chwyn, chwyrn, where it approximates to **wi in with**;

(b) wy or wŷ, as in gwych, gwyllt, gwŷr, gwŷs, chwys, chwyth is pronounced as above, but the second vowel is longer [wi:] or [wI:] or [wí:], somewhat like **wee** especially in the South.

2. as a genuine diphthong or combination of two vowels
(a) short [ui] or [uI] only in polysyllables (cwyno, llwyddo, wybren, wylo, wyneb, cydwybod, gwybod, arwydd, morwyn, gwanwyn, cannwyll, cadwyn, aswy, Conwy, galwyn, gwyliau, gwenwyn, synnwyr, egwyddor, nodwydd, annwyd, tywydd, celwydd, arwyr, enwyn, palmwydd, pinwydd, myrtwydd, &c.) approximates to English **oo-ee** pronounced rapidly. This diphthong tends either to be reduced to a single vowel, e.g. gwbod for gwybod, annwd for annwyd, morwn for morwyn, &c. or to be replaced by [wi] or [wI] e.g. arwydd is often pronounced as if ar-widd.
(b) long [u:ɨ] or [u:i] or [u:I] in monosyllables e.g. ŵyn, mwyn, twyn, cwyr, llwyr, hwy, mwy, llwy, trwy, &c.

Although the rule is that wy in polysyllables such as gwynnaf, gwyntoedd, gwyrddion, chwynnu, gwyrthiau, celwyddog, chwythiadau, tywyllwch, &c. is to be pronounced as a diphthong containing the neutral vowel or schwa thus [wə] like **wo** in **wonder**, in practice the pronunciation is [wi] or [wI] as **wi** in **winner**, following the pronunciation in gwyrdd, gwynt, gwyrth, chwyn, chwyth, &c. This is almost invariably so in the South, where there is a strong tendency to give y the 'clear' pronunciation [i] in all positions. In the endings -wy, -wyd, -wydd, -wyf, -wyl, -wyll, -wym, -wyn (except gwyn and its compounds), -wynt (except gwynt and its compounds), -wyr (except compounds of gwŷr), -wys, -wysg, -wystr, -wyt, -wyth, the -wy is a true diphthong [ui] or [uI] not [wi]. The possessive adjective ei is correctly pronounced as if i; the possessive adjective eu is correctly pronounced as if u.

As is the case in many languages, including English, ordinary spoken Welsh differs from the standard speech used in the media, in the pulpit and in formal lectures &c. The learner would be well advised to acquire one or other of the varieties of spoken Welsh, Southern or Northern, but to avoid mixing features of more than one.

No detailed phonology of the dialects of Welsh is furnished here, but some major features are indicated. Northerners do not distinguish between short and half-long vowels in the penult: tonau and tonnau are both pronounced short. Northerners distinguish the sounds of i [i] and u, y [I] or [ɨ].

In much of the North, and in the South-East, -e, -ae, -ai in final syllables are replaced by -a, thus bora for bore, atab for ateb, perffath for perffaith, &c., except in 'learned' words (coleg, anthem, &c.); elsewhere the pronunciation is [ɛ]. Many Southern dialects do not have the phoneme [h], thus: 'eddi' for heddiw, arn for haearn, &c., and rh is replaced by r. In the South initial chw- is often reduced to hw- or w-; hence hware or ware for chwarae, &c.; -is is often pronounced -ish; mish for mis, ishta or ishte for eistedd, &c. Many Southern speakers have kept the older diphthong -ou for -au, e.g. (h)oul for haul, dou or doi for dau, clou or cloi for clau, &c.

In the South-East voiced consonants (b, d, g) become voiceless (p, t, c) even between vowels; popi for pobi, blota for blodau, (h)wpo for hwbio, &c. Where the Northern Welsh and the standard language have verb-endings in -io, -ian and noun endings in -iad, Southern Welsh has endings in -o, -an, -ad respectively, thus: pwno for pwnio, pwnad for pwniad, &c. Neither can be said to be more 'correct' than the other, but in this dictionary, to save space, only the standard forms in -io, -iad have been listed, except in the cases of words characteristic of the South. In the South, the 3rd person singular of the past or historic tense is -ws instead of -odd, e.g. cwplws for cwblhaodd.

In the North mi is used as a particle before all inflected forms of the verb, in the South fe is so used. In this dictionary mi has been used before the first person singular and plural, and fe before all other persons.

In the Welsh text we have sought to vary the style to match the register of the English, from the highly literary to the very colloquial, from for example, nid yw/ydyw efe to 'dydi 'o ddim or 'dyw e' ddim.

A comprehensive presentation of the Welsh dialects will be found in Thomas, B., and Thomas, P. W., *Cymraeg, Cymrâg, Cymrêg . . . Cyflwyno'r Tafodieithoedd* (Caerdydd, Gwasg Taf, 1989), and see also Thomas, Alan R., *The Linguistic Geography of Wales* (Cardiff, University of Wales Press, 1973).

Quantity of vowels

A. Vowels may be short, long or medium. In many cases long vowels are distinguished by the circumflex e.g. in tŷ, cânt, bûm, siâp, &c., but not always, and the following indications will be useful: in polysyllables, the main accent falls as a rule on the penultimate (last but one) syllable, which may be long or short; all other syllables in the word will be short (unless otherwise indicated by a circumflex).

B. The vowel is long in:

1. **Open monosyllables**

In open monosyllables (i.e. ending in a vowel) the vowel is as a rule long, thus: da, lle, tri, to, du, llw, &c. This includes words ending in -f which tends to be very faintly pronounced if at all: tre(f), ca(f), go(f), &c. A few monosyllables are always unaccented: the definite articles y, yr; the prepositions yn, ym, yng; the possessives fy, **my**; dy, **thy**; a, ac, **and**; a = **that**; pa = **what**. These can scarcely occur in isolation and in practice the vowel is short; while y, yr, pa may be stressed by emphasis, the others can scarcely be stressed, unlike English **my**.

2. **Closed monosyllables (i.e. ending in a consonant)**

(a) syllables ending in -b, e.g. mab, neb, pab, pob, tyb, &c.; except hwb, heb, and borrowings such as bib, nib, cob, lob, slob, ffab, cab, dab, lab, tab, wab, &c.; heb follows the rule and is long in the South, but short in the North;

(b) syllables ending in -d, e.g. tad, gwlad, bod, rhod, llid, cred, hud, rhwd, hyd, &c.; except nid, nad, ar dỳd, bòd (= **buzzard**), and borrowings from English e.g. dad, ffad, pad, sad, led, cid, nòd, ròd, òd, hwd, mwd (= mud), &c.;

(c) syllables ending in -g, e.g. brag, nâg, rheg, gwig, pig, crog, grug, rhyg, mwg, og; except rhag, ag, nag (= **than**) and borrowings from English: bag, ffag, gag, nag, sbrag, slag, stag, tag, wag, ffeg, meg, peg, ig, wig, còg, ffog, grog, jog, hog, log, nog, prog, slog, wog; jwg, mwg, plwg, rỳg, tỳg; and èg (name of the letter g);

(d) syllables ending in -f, as haf, llef, rhif, cof, &c.; except borrowings from English, e.g. sbif, laf, &c.; and èf (name of the letter f);

(e) syllables ending in -dd e.g. gradd, bedd, rhodd, cudd, ffydd, &c.; except èdd (name of the digraph dd);

(f) syllables ending in -ff, e.g. rhaff, cloff, cyff, hoff, &c.; except caff, haff, piff, stiff, off, toff, wff, clwff, pwff, mwff, rwff, stwff, hwff; and èff (name of the digraph ff);

(g) syllables ending in -th, e.g. cath, peth, rhith, croth, crwth, syth, &c.; except bèth, hèth, Beth, Seth, ffroth, broth, myth, èth (name of the digraph th); byth may be long or short;

(h) syllables ending in -ch, e.g. bach, strach, llech, coch, gwich, rhych, trwch, &c.; except àch, pach, hàch, llach, fflach, och, soch, joch; and èch (name of the digraph ch);

(i) syllables ending in -s, e.g. cas, nes (= **nearer**), clôs, nos, mis, us, pys, &c.; except os, nas, nis, nes (= **until**), pes, ys, bws, clos, pàs, sws, g(i)as, ffrès, màs, piws, sbriws, was, bos, còs, gès, ffỳs, ffws; and ès (name of the letter s).

C. The length of the vowel varies in:

(a) syllables ending in -ll, e.g. llall, pell, coll, pill, hyll, &c.; the vowel is generally long in the South, short in the North; holl, oll are always pronounced long;

(b) syllables ending in -l, -n, -r;

(i) -il, -ul, -in, -un, -ir, -ur are long, e.g. hil, cul, min, llun, tir, cur, &c.; except bil, dril, ffril, Wil, swil, dul, pin, prin, tun; cnul can be long or short;

(ii) syllables ending in -al, -el, -ol, -wl, -yl, -an, -en, -wn, -yn, -ar, -er, -or, -wr, -yr may be short or long: Welsh orthography distinguishes all long syllables in this class by the circumflex; except in dyn, hen, which are long despite not being so marked; tynn, ynn, gyrr, syrr, are short; pryn, cryn may be long or short.

D. The vowel is short in:

(a) syllables ending in -p, -t, -c, -ng, -sh, -j, e.g. hap, clep, cip, at, het, ffit, pot, crwt, llac, clec, broc, tric,

(s) some forms of verbs:
(i) the first person of the past tense of adnabod, canfod, gwybod: adnabûm, canfûm, gwybûm;
(ii) of verbs ending in -hau, -au: the forms of the present and imperfect tenses, and all the imperative forms, also the contracted forms of bwyta and difa; for the forms of bwyta, difa, para, gwella, see 'Verb-nouns classified by ending, -a';
(iii) of the verb gadael, the forms gadawn, gadewch;
of the verb dileu, the forms dilewn, dilewch;
of the verb cyfleu, the forms cyflewn, cyflewch;
of the verb dyheu, the forms dyhewn, dyhewch;
of verbs conjugated like troi:
in the Present tense of datroi, the forms datrôf, datr|oi, datr|own, datr|owch, datrônt;
the Imperfect tense forms datr|own, datr|oit, datrôi, datr|oem, datr|oech, datr|oynt;
the Past tense forms datr|ois, datr|oist, datr|oes/datr|odd, Impersonal: datr|oed;
the Present Subjunctive forms datr|oech, datr|o, datrôm, datr|och, datrônt, datr|oer;
the Imperative forms: datr|o, datr|oed, datr|own, datr|owch, datr|oent, datr|oer;
Similarly, the comparable forms of deffro (1st person present: deffroaf/deffrôf, otherwise like troi, datroi), of cyffr|oi (1st person present: cyffroaf), of parat|oi (1st person present: paratoaf), of crynh|oi (1st person present: crynhof or crynhoaf), and of datgl|oi (1st person present: datglôf or datgloaf);

(t) compound forms of pe = **if**: petawn, petait, petai, petaem, petaech, petaent.

Length of the vowel in the stressed penult

The vowel may be long, medium or short.

1. The vowel is long when followed by the vowel of the following syllables, thus: nesaodd, bröydd, lletya, duach, düwch, dianc, eang, deon, paratoad, dyhead, parhawyd, llwon, &c.

2. The vowel is medium when followed by b, d, g, f, ff, th, ch, e.g. in gobaith, tadau, tegan, gofal, meddal, hoffus, pethau, achos; many such are formed from naturally 'long' monosyllables e.g. tân, pl. tanau; peth, pl. pethau; canu from cân; gwenu from gwên. Few if any Northerners use a medium vowel in this position, using a short vowel instead, and not all Southerners observe the distinction.

3. *(a)* The vowel is short when followed by more than one consonant e.g. barnu, candryll, cystal, gwacsaw, morfa, pentref, plentyn, &c.;

(b) The vowel is short before p, t, c, m, ng, ll, s, j, sh/si, e.g. epil, ateb, tecaf, cymod, llongau, cyllell, prysur, swejen, mosiwns &c;

(c) all diphthongs in this position are short, e.g. heulwen, heuais, lleisiau, euraid, neiaint, haearn, gloywon, teneuon, &c.

Mutations

In certain grammatical and phonological contexts, the initial consonants p, t, c, b, d, g, ll, m, rh mutate, i.e. are replaced by other consonants as indicated in the following table, which uses examples after dy = **your**, fy = **my** and ei = **her**:

consonant	*radical*	*soft*	*nasal*	*aspirate*
p	pen	(dy) ben	(fy) mhen	(ei) phen (hi)
t	tad	(dy) dad	(fy) nhad	(ei) thad (hi)
c	ci	(dy) gi	(fy) nghi	(ei) chi (hi)

				NO CHANGE
b	bys	(dy) fys	(fy) mys	(ei) bys (hi)
d	dant	(dy) ddant	(fy) nant	(ei) dant (hi)
g	gardd	(dy) ardd	(fy) ngardd	(ei) gardd (hi)
			NO CHANGE	
ll	llaw	(dy) law	(fy) llaw	(ei) llaw (hi)
m	mam	(dy) fam	(fy) mam	(ei) mam (hi)
rh	rhaw	(dy) raw	(fy) rhaw	(ei) rhaw (hi)

Observations

In the *aspirate* column ei = **her**; (ei = **his** is followed by the soft mutation or lenition).

In the North, initial m, n have an aspirate mutation thus: ei mham (hi), **her mother**; ei nhain (hi), **her grandmother**, usual in spoken Welsh and sometimes found in writing, but not regarded as standard.

Initial tsi in borrowed words such as tsiaen, tsiopen, tsipsen, mutate to j; ei jaen, **his chain**; dwy jopen, **two chops**, siop jips, **chip shop**; after ei (= **her**), tsi mutates to si, thus: ei siaen hi, **her chain**: after fy, tsi mutates to nhi or nj, thus: fy njaen/nhiaen i, **my chain**; fy njipsen/nhipsen i, **my chip**; such mutations are not regarded as standard.

Note that in the soft mutation of g the consonant simply disappears. It is not usual to mutate recent borrowings beginning with g, such as gamblo, garej, gêm, gêr, gerbocs, giali, gias, gini, gliw, golff, &c.; but older borrowings such as gwn, glasiad mutate regularly.

Rules governing the use of the mutations

A. The soft mutation or lenition

1. Nouns

(*a*) A feminine singular noun lenites after the definite article; cath, y gath; gafr, yr afr; pobl, y bobl; dafad, y ddafad. N.B. ll, rh do not mutate: y llaw, y rhaw, except in the case of adjectives used as a noun: y lwyd. Plural feminine nouns do not mutate, except the plural of pobl: pobloedd, y bobloedd, (and the collective noun, poblach: y boblach, **the plebs**); neither does y tair, **the three**, mutate; but y pedair, **the four**, may mutate: y bedair;

(*b*) all nouns lenite after the prepositions am, ar, at, dan, dros, drwy, heb, i, o, tan, tros, trwy, wrth, gan, hyd, and their compounds, e.g,. am geiniog, ar gam, at beswch, dan ganu, dros ben, drwy wyrth, o bant i bentan &c.; except i mi, i ti, i mewn, i maes;

(*c*) all nouns lenite after the possessive adjectives dy (**thy, your**) and ei (**his**); dy ferch di, **your daughter**; ei fab ef, **his son**; and after the corresponding infixed forms 'th, 'i, 'w used after the prepositions i, o; i'th gartref (**to your home**), o'i ardd (**from his garden**), i'w dŷ (**to his house**); i'th dŷ dithau (**to your house too**);

(*d*) all predicate nouns lenite after the predicative yn: mae'n drueni, **it's a pity**; mae'n arddwr medrus, **he's a skilful gardener**. Nouns beginning with ll, rh do not mutate: mae hwn yn lle da, **this is a good place**; mae hon yn rhaff gref, **this is a strong rope**. Verb-nouns do not mutate after yn;

(*e*) after the inflected (personal) forms of a verb, all indefinite objects, singular or plural, lenite: gwelodd gyfle da, **she saw a good opportunity**; cawsom fargeinion, **we had bargains**. N.B. There is no mutation after the verb-noun (infinitive) form, normally the form listed in the dictionary, nor after the impersonal forms used to convey a passive sense: gweld pethau, **to see things**; ceir bargeinion, **bargains are to be had**; ni welir dim, **nothing is to be seen**; but fawr is always mutated even here; ni chafwyd fawr ddim, **very little was found**. Bod sometimes mutates to fod even after the impersonal form when it means **that**, e.g. dywedwyd fod storm ar ddod, **it was said that a storm was on the way**;

(*f*) nouns lenite after an adjective: hen wraig, **an old lady**; unig fab, **only son**; annwyl fam, **dear mother**;

gau broffwyd, **false prophet**; rhyw ddydd, **some day**; unrhyw fore, **any morning**; amryw bethau, **various things**; pa ddiwrnod, **what day**; sut beth, **what sort of thing**; y cyfryw drosedd, **such an offence**; pa fath bris, **what sort of price**; y naill ferch, **either of two girls**; ychydig win, **a little wine**; yr holl drafferth, **all the bother**; ambell ddarn, **an occasional bit**; y fath ddewis, **such a choice**; aml dro, **many a time**; y prif ddiben, **the main purpose** &c.;

(*g*) lenition occurs after certain numerals: un: feminine nouns beginning with a mutable consonant (not ll or rh) mutate: un gath, un ddafad, but un llaw, un rhaw. Both dau and dwy are mutated after y, and both are followed by the soft mutation: y ddau gae, **the two fields**; y ddwy law, **the two hands**; y ddwy ryd, **the two fords**; except dau cymaint, **twice as much**; dau canmlwydd, **two hundred years**. Saith, wyth, may be followed by the soft mutation of p, t, c, ll, rh: saith geiniog, wyth geiniog, saith bunt, wyth bunt, saith law, wyth rosyn &c., or more usually by the radical (unmutated) form: saith pen, wyth tŷ, etc.;

(*h*) all nouns lenite after the ordinal ail, **second**: yr ail fab, **the second son**; yr ail ferch, **the second daughter**; feminine nouns lenite after trydedd, pedwaredd, pumed, chweched, seithfed, wythfed, nawfed, degfed, unfed ar ddeg, &c: y drydedd bennod, y bedwaredd waith, y bumed dorth &c.; cyntaf usually follows the noun; when it precedes it does not mutate the noun, e.g. y peth cyntaf *or* y cyntaf peth, **the first thing**;

(*i*) ordinal adjectives used as nouns, referring to feminine nouns, lenite after the article: y gyntaf, y drydedd, y bedwaredd, y bumed, y ddegfed, y ddeuddegfed, y bymthegfed, y ddeunawfed, y ddeugeinfed, y ganfed, y filfed &c.;

(*j*) any noun or verb-noun used as an attributive, i.e., as if it were an adjective, lenites after a feminine noun: llwy de, **a teaspoon**; gefel bedoli, **pincers**; gardd lysiau, **kitchen garden**. N.B. There is no mutation in the plural: llwyau te, gefeiliau pedoli. When the relation between the two nouns is possessive or partitive, there is no mutation: merch meddyg, **a doctor's daughter**; cost benthyca, **the cost of borrowing**; cyfadran gwyddorau, **faculty of sciences**; ymyl gwisg, **the hem of a dress**. However there are many borderline cases in which it would be equally plausible to mutate or not to mutate;

(*k*) a noun lenites in apposition, even with a masculine noun or proper name: Arthur Frenin, **King Arthur**; Ioan Fedyddiwr, **John the Baptist**; Mair Forwyn, **the Virgin Mary**; ni ddynion, **we men**; a minnau, deithiwr blin, **and I, weary traveller**;

(*l*) nouns lenite when used vocatively, i.e. to address someone or something, or in interjections, and after o! och! wae! **woe, alas!** hei! **hey!** Gyfeillion! **Friends!** Foneddigesau! **Ladies!** tyrd yma, gythraul! **come here, damn you!** bechod! **shame!** o drueni! **alas!** O Gymru! **O Wales!** och fi! **woe is me!** gwae Gymru! **alas for Wales!**;

(*m*) any noun lenites when used adverbially, in the singular or plural, indicating time or extent: bûm wrthi ddydd a nos, **I worked day and night**; gwelais hi dridiau'n ôl, **I saw her three days ago**; ganllath o gopa'r mynydd, **a hundred yards from the hilltop**;

(*n*) lenition occurs after the conjunction neu, **or**: mab neu ferch, **a boy or girl**; bod neu beidio â bod, **to be or not to be**. It is less usual to mutate an imperative form, e.g. gwerthwch neu r[h]owch y llyfrau i rywun, **sell or give the books to someone**;

(*o*) lenition occurs after the demonstratives: wele, **behold**; dyma, **here is**; dyna, **there is**; dacw, **there is**; wele wyrth, **behold a miracle**; dyna welliant, **that's better**; dyma lanast, **here's a mess**; dacw dafarn, **there's a pub**;

(*p*) nouns or verb-nouns, subject or object of a verb, lenite when separated from the verb by an intervening element, e.g., an adverb, adverbial phrase, an inflected preposition, &c.; e.g. contrast the following pairs: mae tref yno: mae yno dref; yr oedd cariad gennyf: yr oedd gennyf gariad; gwelwyd tyrfa o'i chwmpas: gwelwyd o'i chwmpas dyrfa. Thus the very common expressions: mae 'na, 'roedd 'na, fe fydd 'na, mae 'ma, bu 'ma, oes 'ma, oes 'na, &c. are always followed by the soft mutation;

(*q*) ni mutates the noun rhaid: ni raid iti fynd, **you don't have to go**;

(*r*) lenition occurs after forms of bod, if yn is omitted: nid wyf ramadegydd, **I'm no grammarian**; Dafydd sydd frenin, **David is king**.

2. Adjectives
(*a*) an adjective lenites after a feminine singular noun or pronoun: mam dda, **a good mother**; pobl fawr, **bigwigs**; neuadd lawn, **a full hall**; gwisg rad, **a cheap dress**; un bert yw hi, **she's a pretty one**; rhywun dda, **some good woman/girl**. N.B. no mutation in the plural: mamau da, gwisgoedd rhad, neuaddau llawn &c. But pobl is usually followed by a mutated plural adjective in phrases such as pobl wynion, **white people**, pobl dduon, **black people**, &c.;

(*b*) an adjective lenites after the predicative particle yn: mae'r bwyd yn dda, **the food is good**; 'roedd y tŷ'n wag, **the house was empty**; bydd y gost yn o fawr, **the cost will be quite high**. Rh, ll, do not mutate: 'roedd ei hwyneb yn llwyd, **her face was pale**; mae'r car yn rhad, **the car is cheap**. Adverbs are formed identically: gwerthu'n rhad, **to sell cheaply**; gweithio'n dda, **to work well**;

(*c*) an adjective lenites in the equative degree, after mor, cyn: mor ddewr *or* cyn ddewred, **as brave**; cyn dlysed *or* mor dlws, **as pretty**; except that rh, ll do not mutate: mor rhad *or* cyn rhated, **as cheap**; mor llawn *or* cyn llawned, **as full**. Also after gan, **since, as**; gan fwyned (*or* gan mor fwyn) oedd y cwmni, **as the company was so pleasant**;

(*d*) an adjective lenites in the equative degree, in exclamations: deced yw hi! **how fair she is!**

(*e*) an adjective lenites after the adverbs go, **quite**; lled, **fairly**; rhy, **too**; reit, **quite**; pur, **quite**; hollol, llwyr, cwbl, **wholly**; braidd yn, **rather**; mor, **so**; gweddol, **fairly**; go fawr, **quite big**; lled dda, **fairly good**; rhy beryglus, **too risky**; reit ddel, **quite pretty**; hollol wirion, **quite silly**; cwbl gelwyddog, **wholly deceitful**; braidd yn ddrud, **rather dear**; gweddol foddhaol, **fairly adequate**; mor gynnar, **so early**;

(*f*) an adjective qualifying another adjective normally follows it and is mutated: drud ryfeddol, **surprisingly dear**; oer ddychrynllyd, **frightfully cold**, &c.;

(*g*) the second instance of a duplicated adjective lenites: cwsg tawel dawel, **very quiet sleep**; cyflwr gwaeth waeth, **a worsening condition**; gwellwell, **ever better**; mwyfwy, **ever greater**;

(*h*) an adjective lenites when following the article and before a singular feminine noun: y dawel nos, **the still night**; y decaf ferch, **the fairest maid**; y lwyd wawr, **the grey dawn** (this construction is highly literary);

(*i*) an adjective lenites when standing for a feminine singular noun, after the definite article: o'r peli, y werdd sydd agosaf, **of the balls, the green is nearest**; ymhlith gwiwerod, mae'r lwyd yn drech na'r goch, **amongst squirrels, the grey is stronger than the red**; yr orau o wledydd y byd, **the best country in the world**;

(*j*) an adjective in the superlative degree lenites when used adverbially: pan welais i hi ddiwethaf, **when last I saw her**; galw yno gyntaf, **call there first**; gweithiwn orau y gallwn, **I worked as hard as I could**;

(*k*) an adjective in the superlative degree lenites after po, **the more**: gorau po gyntaf, **the sooner the better**; po fwya'r hwyl, mwya'r sŵn, **the more fun, the more noise**;

(*l*) ni mutates the adjectives gwiw, gwaeth: ni wiw i mi gwyno *or* nid gwiw i mi gwyno, **I dare not complain**; ni waeth iddi fynd, **she might as well go** (contrast nid gwaeth angau na gwarth, **death is no worse than dishonour**);

(*m*) an adjective lenites after forms of bod, when yn is omitted: byddwch lawen! **rejoice!** byddwch wych! **farewell!** nid wyf deilwng, **I am not worthy**; os wyt barod, **if you are ready**; and always after sydd: dyna sydd orau, **that's best**.

3. Verbs
(*a*) verbs lenite after the interrogative particle a: a glywsoch chi? **have you heard? a wrthododd hi? did she refuse?** a ddaw ef? **will he come?** a lwyddwn ni? **shall we succeed?** a ryddhawyd hi? **was she freed?** a also = **whether, if**, introducing indirect questions: os gwn i a ddaw hi? **I wonder whether she will come?**;

(*b*) verbs beginning with g, b, d, ll, m, rh, lenite after oni: oni welwch chwi? **don't you see?** oni fethodd? **didn't it fail?** oni roddwyd ef? **wasn't it given?** oni leddir ef? **won't he be killed?** oni ddaliwyd hi? **wasn't she caught?** oni frathwyd ef? **wasn't he bitten?** (N.B. oni is followed by the aspirate mutation of p, t, c; see below in section C.);

(*c*) verbs lenite after the relative pronoun a = **which, that, who, whom**: y tŷ a brynais, **the house (that) I bought**; y llythyr a ddaeth ddoe, **the letter that came yesterday**; y croeso a geir, **the welcome (that is) to be had**; also after pwy a, **who,** pa beth a, **what,** in questions: pwy a wnaeth hyn? **who did this?** pa beth a barodd hyn? **what caused this?** pwy a welsoch chi? **whom did you see?** (Contrast: pwy a'ch gwelodd chi? **who saw you?**) Note that sentences of the form, y dyn a frathodd y ci are ambiguous, meaning either, **the man whom the dog bit** or **(it was) the man who bit the dog**; the first sense would be clearly conveyed by *either* y dyn y brathodd y ci ef *or* y dyn a frathwyd gan y ci;

(*d*) verbs lenite after the conjunction pan, **when**: pan gyrhaeddais, **when I arrived**; after [hyd] oni = **until,** verbs beginning with b, d, g, ll, m, rh lenite: gwell aros oni ddaw, **better wait till it comes** (N.B. oni is followed by the aspirate mutation of p, t, c.);

(*e*) forms of bod may mutate after tra, **while**: tra fo gobaith, **while there's hope**; tra fydd hi'n gyfleus, **while it's convenient**. However tra bo, tra bu, tra bydd &c. are equally usual; tra in this sense does not mutate other verbs;

(*f*) verbs begining with b, d, g, ll, m, rh, lenite after ni, **not**, na, **that . . . not**: ni frathwyd mohonof, **I wasn't bitten**; ni ddywedodd hi ddim, **she didn't say**; ni allem weld, **we couldn't see**; ni laddwyd ef, **he wasn't killed**; ni ryddheir hwy, **they will not be freed**; gwn na ddaw hi, **I know she won't come**, &c.; na also introduces a negative command: na ladd, **thou shalt not kill**; (N.B. ni, na, are followed by the aspirate mutation of p, t, c.);

(*g*) verbs lenite after the particles mi, fe: fe ganodd hi, **she sang**; mi wyddwn i, **I knew**. These particles are often omitted in speech, but the mutation remains: they are often omitted when in parenthesis: honno, greda'i/debygwn i/goelia'i, yw'r orau, **that one, I think, is the best** (N.B. these particles are not used in negative constructions, nor before imperative forms).

B. The nasal mutation

1. Nasal mutation occurs after fy, **my**; fy nghoes, **my leg**; fy nhŷ, **my house**; fy mhoen, **my pain**; fy nrws, **my door**.

2. Nasal mutation occurs after yn, **in**: yn nannedd y gwynt, **in the teeth of the gale**;
yn + p, b becomes ym + mh, m: ym Mharis, **in Paris**; ym Merlin, **in Berlin**;
yn + m becomes ym + m: ym Milan, **in Milan**; ym Mair, **in Mary**;
yn + c, g, becomes yng + ngh, ng: yng Nghaer, **in Chester**; yng ngardd Eden, **in the Garden of Eden**; yng Ngwenno, **in Gwenno**; yng Nghymraeg y Beibl, **in the Welsh of the Bible**; the apparent exception, yn Gymraeg, **in Welsh**, stands for yn y Gymraeg;
With titles of books, periodicals, &c. non-mutation is tolerated.
Before figures denoting years, yn or ym is written yn/ym 1900, depending on whether one says ym mil naw cant or yn un fil naw cant. **In 1000** is yn y flwyddyn mil; **in 2000**, yn y flwyddyn dwy fil; in dates before the year 1000, yn follows the rules set out above. N.B. Do not confuse this use of yn with its use before predicate nouns, e.g. **he is a good father**, mae ef yn dad da; **she is a good mother**, mae hi'n fam dda; **this was a loss**, bu hyn yn golled (soft mutation, not nasal).

3. Nasal mutation occurs after the numerals pum, saith, wyth, naw, deng, deuddeng, pymtheng, deunaw, ugain, deugain, trigain, can, hanner can, dau can, tri chan, &c., before blynedd, blwydd, diwrnod: pum niwrnod, **five days**; wyth mlynedd, **eight years**; saith mlwydd oed, **seven years old**.

C. The aspirate mutation

1. Aspirate mutation occurs after ei = **her**, and the infixed pronoun forms 'i, 'w: ei chariad, **her love**; ei phen, **her head**; i'w thŷ, **to her house**; o'i theulu, **of her family**. N.B. when 'i represents the object (masculine or feminine) of the verb, there is no mutation: y llanc a'i carodd hi, **the youth who loved her**; y bobl a'i prynodd ef, **the people who bought it**.

2. Aspirate mutation occurs after tri, chwe: tri phen, **three headings**; chwe chae, **six fields**.

3. Aspirate mutation occurs after â, gyda, **with**: tua, **towards**; â phleser, **with pleasure**; gyda thosturi, **pityingly**; tua chartref, tua thre, **homewards**.

4. Aspirate mutation occurs after the conjunctions â, **as**; a, **and**; oni, **until**; na, **than/or**; o, **if**; cyn boethed â thân, **as hot as fire**; ci a chath, **cat and dog**; hyd oni pheidio, **until it cease**; mwy na phentref, **more than a village**; o cherwch fi, **if you love me**.

5. Aspirate mutation occurs after ni, na: ni chysgais i, **I didn't sleep**; er na pheidiodd hi, **though she didn't stop**; na chig na thorth, **neither meat nor loaf**.

6. Aspirate mutation occurs after tra = **very**: tra phoblog, **very populous**; tra chywir, **very correct**. N.B. do not confuse with the conjunction tra = **while**, which does not cause mutation, except the occasional soft mutation of forms of bod.

7. Aspirate mutation occurs after a = **and** in the case of the prepositions and adverbs gan, gyda, ger, dros, tros, drwy, trwy, drosodd, trosodd, dan, tan, draw: a chan, a chyda, **and with**; a cher, **and near**; drosodd a throsodd, **over and over**; yma a thraw, **here and there**; a thrwy dwyll, **and by trickery**; a than ganu, **and a-singing**.

8. Wedi/wedyn, = **afterwards**, sometimes change to chwedi, chwedyn, after na, **nor**, a = **and**: na chynt na chwedyn, **neither before nor after**; a chwedi hynny, **and thereupon**.

D. Aspiration of vowels

h is prefixed to words beginning with a vowel:

1.(*a*) aspiration occurs after ei = **her**: ei harian, **her money**; after the corresponding infixed pronouns 'i, 'w: o'i hachos hi, **because of her**; i'w hochr hi, **to her side**;

(*b*) aspiration occurs after the infixed object pronoun, 'i, both masculine and feminine: fe'i hanafwyd ef, **he was wounded**; ac a'i hanfonodd hi, **and sent her**; pwy a'i hofna ef/hi? **who will fear him/her?**

(*c*) aspiration occurs after ein/'n, **our**, eu/'u/'w, **their**: ein hoes ni, **our lifetime**; eu hawydd hwy, **their desire**; i'n hachub ni, **to rescue us**; o'u heiddo hwy, **of theirs, of their property**; i'w herlyn, **to prosecute them**;

(*d*) aspiration occurs after the infixed first person pronoun 'm: o'm hachos i, **because of me**; a'm hachubodd i, **who saved me**.

2. In numbers compounded with ugain, ugain is aspirated after ar: un ar hugain, **twenty-one**; unfed ar hugain, **twenty-first** &c.

A checklist of words causing mutation and of some not causing mutation

Word	*Part of speech*	*Meaning*	*Mutation*
a	rel. pron.	**who, whom, that, which**	soft
a	interr. particle		soft
a	conj.	**and**	spirant
â	prep.	**with**	spirant
â	conj.	**as**	spirant

ail	ordinal adj.	**second**	soft
am	prep.	**about; for; at**	soft
ambell	adj.	**an occasional**	soft
aml	adj. (before n.)	**many a**	soft
amryfal	adj. (before n.)	**various, sundry**	soft
amryw	adj. (before n.)	**various, some**	soft
annwyl	adj. (before n.)	**dear**	soft
ar	prep.	**on, upon**	soft: prefixes h- to ugain
at	prep.	**for; to, toward**	soft
brith	adj. (before n.),	**faint**	soft
brith-	prefix (before vn.)	**faintly, partly**	soft
cam	adj. (before n.)	**wrong, false**	soft
cam-	prefix	**mis-, falsely**	soft
can	numeral	**hundred**	nasal mut. of blwydd, blynedd & occ. diwrnod
canfed	ordinal adj.	**hundredth**	soft mut. of fem. nouns
cas	adj. (before n.)	**hateful**	soft
'co = dacw	demonstrative adv.	**there is / are**	soft
coeg	adj. (before n.)	**false,**	soft
coeg-	prefix	**false, pseudo-**	soft
cryn	adj. (before n.)	**a considerable, quite a**	soft
cwbl	adv. (before adj.)	**wholly**	soft
cwta	adj. (before n.)	**brief**	soft
cyd-	prefix	**co-**	soft
cyfryw	adj. (before n.)	**such**	soft
cymaint	adj. (before n.)	**as/so great**	none
'cw = dacw	demonstrative adv.	**there is / are**	soft
cyn	adv.	**as**	soft, except of ll- and rh- which do not mutate
cyn	prep.	**before**	none
cyn-	prefix	**former, ex-**	soft
cyntaf	ordinal (usually follows n.)	**first**	1. before masc. noun: none, **the first thing**, y cyntaf peth. 2. before fem. noun: soft, y gyntaf wraig, **the first wife**
cystal	adj. (before n.)	**as good as**	none
chwarter	noun & adv.	**quarter**	none
chwe	numeral	**six**	spirant. N.B. **six years**, chwe blynedd; **six years old**, chwe blwydd oed

chweched	ordinal	**sixth**	soft of fem. nouns
dacw	demonstrative adv.	**behold! there is/are**	soft
dan	prep.	**beneath**	soft
darn-	prefix	**partly-**	soft
dau	numeral	**two**	soft except occ. of can: **two hundred yards**, dau canllath; dau itself is mutated after the article y, 'r
degfed	ordinal adj.	**tenth**	soft mut. of fem. nouns: mutates after the articles y, 'r: y ddegfed bennod
deng	numeral	**ten**	1. nasal mut. of blwydd, blynedd & occ. diwrnod. 2. also N.B. **ten times**, dengwaith
deuddegfed	ordinal adj.	**twelfth**	soft mut. of fem. nouns
deuddeng	numeral	**twelve**	1. nasal mut. of blwydd, blynedd & occ. diwrnod. 2. also N.B. **twelve times**, deuddengwaith
deugain	numeral	**forty**	nasal mut. of blwydd, blynedd and occ. diwrnod
deugeinfed	ordinal adj.	**fortieth**	soft mut. of fem. nouns
deunaw	numeral	**eighteen**	nasal mut. of blwydd, blynedd & occ. diwrnod
deunawfed	ordinal adj.	**eighteenth**	soft mut. of fem. nouns
digon	adv. (before adj.)	**enough**	none: **good enough**, digon da
droo/troo	prep.	**over, for, on behalf of**	soft
drwy/trwy	prep.	**through, by**	soft
dwy	fem. numeral	**two**	before fem. nouns: soft: mutates after the articles y, 'r: **the two girls**, y ddwy ferch
dy	possessive adj.	**thy, your**	soft
dyma	demonstrative adv.	**here is/are**	soft
dyna	demonstrative adv.	**there is/are**	soft
efallai	adv.	**perhaps**	mutates bod to fod
efo	prep.	**with**	none
ei ... (hi)	poss. adj. fem.	**her**	1. spirant. 2. prefixes h- to a vowel
ei ... (ef)	poss. adj. m.	**his**	soft

eich	poss. adj.	**your**	none
eilfed	num. adj.	**second**	soft
ein	poss. adj.	**our**	prefixes h- to a vowel
eithaf	adv. (before adj.)	**quite**	none, e.g. eithaf da
er	prep.	**despite**	none
erbyn	prep.	**by, against**	none
ers	prep	**since**	none
eu	poss. adj.	**their**	prefixes h- to vowels
y fath	adjectival noun	**such**	soft
fawr	adv. in neg. sentence	**hardly, little**	1. soft: **hardly any**, fawr ddim. 2. No mut. of comp. adj.: **hardly better**, fawr gwell
fe	preverbal particle		soft
fel	adv.	**like**	none
fesul	prep.	**by, in**	none
fy	poss. adj.	**my**	nasal
y ffasiwn	adjectival noun	**such**	soft
ffug	adj. (before adj.)	**fake, pseudo-**	soft
gan	prep.	**with; by**	soft; except gan mwyaf = **mostly**
gau	adj. (before n.)	**false, pseudo-**	soft
ger	prep.	**near, by**	none
go	adv. (before adj.)	**quite**	soft; go itself mutates regularly after yn, ’n
gorau	adj. (before n.)	**best**	none; or soft, esp. of a fem. noun
goruchaf	adj. (before n.)	**highest**	none; or soft, esp. of a fem. noun
gwaeth	adj. (before n.)	**worse**	none
gwaethaf	adj. (before n.)	**worst**	none; or soft, esp. of a fem. noun
gwahanol	adj. (before n.)	**various**	soft
gweddol	adv. (before adj.)	**quite**	soft
gwell	adj. (before n.)	**better**	none
gwir	adj. (before n.)	**true**	soft
gwirioneddol	adv. (before adj.)	**really**	soft
gyda	prep.	**with**	spirant
hanner	noun	**half**	none

heb	prep.	**without**	soft
hen	adj. (before n.)	**old**	soft
holl	adj. (before n.)	**whole, all**	soft
hollol	adv. (before adj.)	**wholly**	soft
hybarch	adj.	**very reverend**	soft
hyd	prep. prep	**up to, till** **along**	soft (but after ar hyd, none)
i	prep.	**to**	soft except: i mi or imi, i ti or iti
'i = ei			
is- isel-	prefix prefix	**sub-** **low-**	soft soft
llai	adj. (before n.) adv. (before adj.)	**less, lesser**	none
llawer	adj. (before n.)	**many a**	none
llawn	adj. (before n.)	1. **complete, full** 2. **full of**	soft: **full growth**, llawn dwf. no mut.
llawn	adv.	**quite**	none; or soft: **quite as good**, llawn cystal
lled lled-	adv. (before adj.) prefix	**fairly, quite** **semi-**	soft soft
lleiaf	adj.	**least**	none; or soft, esp. of a fem. noun
llwyr	adv. (before v., adj.)	**wholly**	soft
'm	1. = fy 2. infixed personal pron.	**my**	none prefixes h- to vowels
megis	prep.	**like**	none
mi	preverbal particle		soft
mil	numeral	**thousand**	usu. foll. by o + soft mut.
milfed	ordinal adj.	**thousandth**	soft mut. of fem. nouns
miliynfed	ordinal adj.	**millionth**	soft mut. of fem. nouns
mo	contraction of dim o	**none of**	soft
mor	adv.	**so**	soft, but not of ll-, rh-. mor itself is never mutated
mwy	adj. (before n.) adv. (before adj.)	**more**	none
mwyaf	adj.	**most**	none; or soft, esp. of a fem. noun
mynych	adj. (before n.)	**frequent**	soft
'n	= yn		

na	negative particle	**do not**	1. spirant mut. of p-, t-, c- 2. Otherwise soft mut.
na	conj.	**than**	spirant
na	negative rel. pron.	**who/which/that/ whom . . . not**	1. spirant mut. of p-, t-, c-. 2. Otherwise soft mut.
naill	adj. (before n.)	**the one (of two)**	soft
nas	neg. rel. pron.	**that . . . not**	none
naw	numeral	**nine**	nasal mut. of blwydd, blynedd & occ. diwrnod
nawfed	ordinal adj.	**ninth**	soft mut. of fem. nouns
nemor	1. adj. (before n.) 2. adv. before comp. adj.	**scarcely a** **scarcely**	soft none
nes	conj.	**until**	none
neu	conj.	**or**	soft, but not always in imperative
newydd	adj. & adv.	**newly, just**	soft
ni	neg. preverbal particle	**not**	1. spirant of p-, t-, c- 2. Otherwise soft
nis	neg. preverbal particle	**not**	none
o[1]	prep.	**of, from**	soft
o[2] = os	conj.	**if**	spirant
o[3]	int.	**oh!**	soft
odid	adv.	**scarcely a, nary a**	soft
ofer	adj. (before n.)	**worthless**	soft
ôl-	pref.	**rear**	soft
oni[1]	neg. interrogative particle		1. spirant mut. of p-, t-, c-. 2. soft mut. otherwise, but forms of the verb bod beginning with b- may remain unmutated.
oni[2]	conj.	**until**	as for oni[1]
onis	neg. interr. particle		none
os	conj.	**if**	none
pa (fath/ryw/sut)	interr. particle	**what (sort of)**	soft
pan	conj.	**when**	soft
parchus	adj. (before n.)	**reverend**	soft
pe	conj.	**if**	none
pedair	fem. numeral conj.	**four**	1. none; **the four girls**, y pedair merch. 2. before adjs.: soft: **four big girls**, pedair fawr

pedwar	masc. numeral	**four**	none
pedwaredd	fem. ordinal	**fourth**	soft; and itself mutates after the articles y, 'r.
pedwerydd	masc. ordinal adj.	**fourth**	none
pennaf	adj. (before noun)	**chief**	none; or soft, esp. of a fem. noun
perffaith	adv. before adj. adj. before noun	**perfectly** **perfect**	soft soft
pes	conj.	**if**	none
po	particle before superlative adj.	**the (more, better, &c.)**	soft
pob	adj.	**every**	none
prif	adj.	**main**	soft
prin	adv.	**scarcely**	soft
pum	numeral	**five**	1. nasal mut. of blwydd, blynedd & occ. diwrnod. 2. soft mut. of fem. adjs. representing nouns: **five fine women**, pum wych.
pumed	fem. ordinal adj.	**fifth**	soft mut. of fem. nouns, and itself mutates after the articles y, 'r.
pur	adv. (before adj.)	**quite**	soft
pwy (a)	interr. pron.	**who/whom . . . ?**	soft (even if a is omitted)
pymtheg	numeral	**fifteen**	none; but see pymtheng
pymthegfed	fem. ordinal	**fifteenth**	soft mut. of fem. nouns, and itself mutates after y, 'r.
pymtheng	num. adj.	**fifteen**	1. nasal mut. of blwydd, blynedd, & occ. diwrnod. 2. soft mut. of gwaith, in pymthengwaith.
'r	def. article (after & before vowels)	**the**	see y, yr
reit	adv. (before adj.)	**quite**	soft
rhag	prep.	**from**	none
rhy	adv.	**too**	soft
rhyw	adj. (before n. & adj.)	**some**	soft
saith	num. adj.	**seven**	1. nasal mut. of blwydd, blynedd & occ. diwrnod. 2. occ. soft mut. of cant, ceiniog, punt, pwys.
sawl	adj. (before n.)	**many**	none
seithfed	fem. ordinal adj.	**seventh**	soft mut. of fem. noun

sut	interr. pron.	**what**	soft mut. of noun
sut (y)	interr. adv.	**how**	none
sydd (yn)	rel. verb form	**that is**	soft mut. of adj. and of noun even if yn is omitted, but no mut. of vn.
tair	fem. num. adj.	**three**	1. none, nor does it mutate after y, 'r. 2. soft mut. of adjs. representing nouns: **the three fat girls**, y tair dew.
tan	prep.	**under, until**	soft
tra	conj.	**while**	none
tra	adv.	**very**	spirant
tri	masc. num. adj.	**three**	spirant
trigain	num. adj.	**sixty**	nasal mut. of blwydd, blynedd, occ. diwrnod.
trigeinfed	ordinal adj.	**sixtieth**	soft mut. of fem. nouns
tros/dros	prep.	**over, on behalf of**	soft
trwy/drwy	prep.	**through, by**	soft
trydedd	fem. ordinal adj.	**third**	soft, and itself mutates after y, 'r.
trydydd	masc. ordinal adj.	**third**	none
tua	prep.	**about, towards**	1. spirant. 2. tuag before vowels
'th	infixed pers. pron.	**you, your**	soft
'u	infixed pers. pron.	**them, their**	prefixes h- to vowels
uchel	adj.	**high**	soft
ugain	num. adj.	**twenty**	nasal mut. of blwydd, blynedd & occ. diwrnod
ugeinfed	num. ordinal	**twentieth**	soft mut. of fem. nouns
un	num. adj.	**one**	1. soft mut. of fem. nouns, except ll-, rh-. 2. soft mut. of fem. adjs. (inc. ll-, rh-). 3. nasal mut. of blwydd, blynedd in composite numerals.
un	adj.	1. **the same, identical**	soft mut. of fem. nouns except ll-, rh-.
		2. **similar**	soft mut. of masc. & fem. nouns inc. ll-, rh-.
un	fem. noun	**one**	soft mut. of adjs. inc. ll-, rh-.
unfed	fem. ordinal adj.	**-first**	soft mut. of fem. nouns
unig	adj. (before noun)	**only**	soft

unrhyw	adj.	**any, the same**	soft
uwch-	pref.	**senior, upper**	soft
'w (= eu)	infixed pers. pron.	**them, their**	prefixes h- to vowels
'w (= ei masc.)	infixed masc. pers. pron.	**him, his, its**	soft
'w (= ei fem.)	infixed fem. pers. pron.	**her, it, its**	1. spirant. 2. prefixes h- to vowels.
wedi	prep.	**after**	none
wele	int.	**behold, see**	soft
wrth	prep.	**by, while**	soft
wyth	num. adj.	**eight**	1. nasal mut. of blwydd, blynedd & occ. diwrnod. 2. soft mut. of cant, ceiniog, punt, pwys.
wythfed	ordinal adj.	**eighth**	soft mut. of fem. nouns
y	def. article	**the**	1. soft mut. of fem. sing. nouns (except ll-, rh-) 2. soft mut. of adjs. before a fem. noun (inc. ll-, rh-) even if the noun is only implied.
ychydig	adj.	**a little, few**	1. soft mut. of nouns. 2. does not mutate adjs.
yn, 'n	predicative particle linking forms of bod with n./adj.		soft (except of ll-, rh-): yn dda, yn llawn, yn rhydd
yn	prep. (should not be abbreviated to 'n)	**in**	nasal mut.: yn Nolgellau
ym, yng	prep. (forms of yn)	**in**	ym Mangor, yng Nghaer
yn, 'n	particle before verbnoun	**a-**	none: yn mynd, yn caru. The slipshod omission of the masc. infixed pronoun. ei, 'i, in sentences such as Beth wyt ti'n [ei] weld? is misleading: the soft mut. is retained but is not due to yn, 'n.
ynteu	interrogative conj.	**or**	none in sentences such as te ynteu coffi? The soft mut. in teisen ynteu beth? is due to the omission of pa before beth.
yr, 'r	def. article (before and after vowels)	**the**	see y.

The above is intended only as a summary. A useful bilingual manual dealing with the mutations is D. Geraint Lewis, *Y Treigladur* (Gwasg Gomer, 1993), and see also D. Thorne, *Taclo'r Treigladau* (Gwasg Gomer, 1997).

Adjectives

The vast majority of adjectives are invariable insofar as they have no feminine or plural forms. Where such forms exist, they are indicated thus: **green** *a.* gwyrdd (*f.* gwerdd, *pl.* gwyrddion) or, where there is no feminine form, thus: **shining** *a.* gloyw (-on).

1. Adjectives beginning with the mutable consonants p, t, c, b, d, g, ll, rh, m, mutate after a feminine noun, but these forms are not uniquely feminine forms and are thus not indicated.

2. Feminine forms are given in their radical, i.e. unmutated form. In practice, most can scarcely occur in the radical form, since they normally follow a feminine noun and must mutate if they begin with p, t, c, b, d, g, ll, rh, m, or if, less usually, they occur in a predicate position e.g. in a sentence of the type: **the river is deep**, mae'r afon yn ddofn. The radical form of the feminine adjective may occur in sentences of the very unusual form: **deep is the river**, dofn yw'r afon.

3. In the predicate position, in any case, it is now more usual to find the masculine form, e.g. **the river is dried-up**, mae'r afon yn sych/hysb, is more usual than, mae'r afon yn sech/hesb.

4. The feminine forms have no distinct plural or comparative forms.

5. Feminine forms in fairly common use are: brith *f* braith and two classes of adjectives

(a) containing w which changes to o:
brwnt *f* bront; crwm *f* crom; crwn *f* cron; cwta *f* cota; dwfn *f* dofn; llwm *f* llom; tlws *f* tlos; trwm *f* trom;
as crwm: amgrwm, argrwm, cefngrwm, ceugrwm, cynghrwm, deugeugrwm, gochrwm, gogrwm, gwargrwm;
as crwn: amgrwn, argrwn, cyfrgrwn, hirgrwn, pengrwn, talgrwn;
as llwm: bonllwm, cefnllwm, croenllwm, lledlwm, noethlwm;
as tlws: meindlws, mindlws;
as trwm: amdrwm, bondrwm, hirdrwm, hwyrdrwm, pendrwm;

(b) containing y which changes to e:

brych *f* brech; bychan *f* bechan; byr *f* ber; crych *f* crech; cryf *f* cref; cryg *f* creg; ffyrf *f* fferf; gwlyb *f* gwleb; gwyn *f* gwen; gwyrdd *f* gwerdd; hysb *f* hesb; llym *f* llem; melyn *f* melen; sych *f* sech; syml *f* seml; syth *f* seth.
as gwyn: bolwyn, bronwyn, claerwyn, disgleirwyn, glaswyn, gorwyn, llaethwyn, llathrwyn, lledwyn, llwydwyn, melynwyn (*f* melenwen/melynwen), penwyn, tinwyn, torwyn &c.;
as gwyrdd: bytholwyrdd, bythwyrdd, glaswyrdd, lledwyrdd, llwydwyrdd, melynwyrdd (*f* melenwyrdd/melynwerdd) &c.: the *f* of gwyrddlas is gwerddlas;
as llym: aflym, awchlym, blaenllym, minlym, minllym;
as melyn: cochfelyn, glasfelyn, gwalltfelyn, gwyrddfelyn (*f* gwerddfelen/gwyrddfelen), llwydfelyn, penfelyn, pigfelyn &c.and compounds beginning with melyn, e.g. melynfrig *f* melenfrig; melynlas *f* melenlas; melynlliw *f* melenlliw; melynllwyd *f* melenllwyd; melynr[h]udd *f* melenr[h]udd; melynwallt *f* melenwallt; melynwawr *f* melenwawr; melynwyn, *f* melenwen/melynwen; melynwyrdd *f* melenwerdd/melynwerdd.

Plural forms

Most adjectives have no plural forms. The commonest exceptions are:

1. Those which form a plural by adding *either* -ion, e.g. annoeth(-ion), blin(-ion), blith(-ion), brith(-ion), caeth(-ion), caled(-ion, celyd), coch(-ion), crin(-ion), cul(-ion), cyfrin(-ion), dewr(-ion), dirgel(-ion), doeth(-ion), dwys(-ion), glew(-ion), gwael(-ion), gwych(-ion), gwyllt(-ion), hir(-ion), hwyr(-ion), ir(-ion), llawn(-ion), llwyd(-ion), mawr(-ion), mud(-ion), poeth(-ion), rhudd(-ion), sur(-ion), tew(-ion), tyn(-ion), traws(-ion), trist(-ion), uchel(-ion), ynfyd(-ion) and their compounds, *or* -on, e.g. budr(-on), croyw(-on), chwerw(-on), du(-on), gloyw(-on), gloywddu(-on), gweddw(-on), gwelw(-on), hoyw(-on), meddw(-on), tryloyw(-on) and their compounds.

2. Those which change an internal vowel, e.g. amddifad (amddifaid), arall (eraill), balch (beilch, beilchion), banw (beinw), buan (buain), bychan (bychain), byddar (byddair), cadarn (cedyrn), cyfan (cyfain), garw (geirw, geirwon), hardd (heirdd, heirddion), hwn (hyn), ieuanc (ieuainc), ifanc (ifainc, ifync), llydan (llydain), marw (meirw, meirwon), truan (truain), ysgafn (ysgeifn).

3. Those which change an internal vowel and add *either* -ion, e.g. balch (beilchion), bras (breision), cain (ceinion), cam (ceimion), claf (cleifion), crwn (crynion), dall (deillion), dwfn (dyfnion), ffals (ffeilsion), glas (gleision), gwag (gweigion), gwan (gweinion), hallt (heilltion), hirfaith (hirfeithion), llwm (llymion), main (meinion), maith (meithion), tlawd (tlodion), trwm (trymion); *or* -on, e.g. brau (breuon), pwdr (pydron), tenau (teneuon); mân has an occasional plural manion, e.g. manion bethau, **trifles**. In the case of adjectives containing y, the sound of y changes from the 'clear' (high frontal) vowel sound to the 'obscure' central vowel sound, as in tyn(-ion), though the spelling remains unchanged.

4.*(a)* Many common adjectives have no plural, e.g. aeddfed, aml, annwyl, anodd, araf, bach, briw, byw, call, cas, cau, coeg, crog, chwim, chwith, da, dig, drwg, dwys, ffiaidd, gau, glân, gwâr, gwir, hagr, hawdd, hen, hoff, iach, llawen, llon, llesg, llosg, llwyr, mad, mwll, onest, pur, pŵl, rhad, rhwydd, sâl, serth, sicr, siriol, siŵr, sobr, syn, tal, teg, tywyll &c.;

(b) comparative forms have no plural; nor do feminine forms;

(c) adjectives ending in -adwy, -aid, -aidd, -gar, -in, -lyd, -llyd have no plural;

(d) some adjectives ending in -ig, -og, -ol, -us can add -ion to form plural nouns, e.g. caredigion, cyfoethogion, nefolion, anffodusion, but otherwise have no plural;

(e) compound adjectives formed from a noun plus adjective have no plural, e.g. hirben, prydlon, unless the adjective comes last and has a plural in its simple form, thus: claerwyn(-ion), pengrwn (pengrynion).

(f) adjectives beginning with hy- have no plural, e.g. hyfryd, hyglyw, hynaws, hynod (*the n.pl. form* = hynodion, **curiosities**);

(g) adjectives beginning with di- have no plural, e.g. dieffaith, di-nam, dinod, &c.;

(h) nouns used as attributes have no plural, e.g. gwydr, pren.

5. Many plural forms as listed above are going out of use, even in the written language, and are replaced by the singular form: this is the rule in the spoken language. The plurals of adjectives of colour are still used (cochion, duon, gleision, gwynion, llwydion, &c.) and those of a few very common adjectives, breision, brithion, budron, bychain, byrion, ceimion, crynion, culion, cyfain, dyfnion, eraill, geirwon, gloywon, gweigion, gwylltion, gwyrddion, hirion, hyn, ifainc, ifync, llyfnion, mawrion, meinion, meithion, poethion, surion, sychion, teneuon, tewion, trymion, ysgeifn, are in varying degrees of currency. Other plurals are poetic or used as nouns (cleifion, deillion).

6. Pobl, though a feminine singular noun, is followed by a plural adjective: pobl dduon, **black people**; pobl wynion, **white people**. Thus also arian: arian gwynion, **silver coins**; arian sychion, **hard cash**.

7. After plural feminine nouns, adjectives do not mutate: afon ddofn, **a deep river**; afonydd dyfnion, **deep rivers.**

8. In the predicate position, the singular form is more usual than the plural: **their faces were pale**, yr oedd eu hwynebau yn welw, is as acceptable as, yr oedd eu hwynebau yn welwon.

Comparative forms

There are three degrees of comparison, the equative, the comparative and the superlative, formed by adding endings to the stem of the positive form. The equative is formed by adding -ed, the comparative by adding -ach, the superlative by adding -af, thus: cas, **nasty**; cased, **as nasty**; casach, **nastier**; casaf, **nastiest**.

Where the positive ends in -b, -d, -g, -dl, -dn, -dr, -gr, these are replaced by their voiceless equivalents, p, -t, -c, -tl, -tn, -tr, -cr, before the comparative endings. Occasionally there is a change of vowel in the stem, and sometimes -n and -r are doubled.

Examples:

positive	*equative*	*comparative*	*superlative*
amlwg	amlyced	amlycach	amlycaf
ardderchog	ardderchoced	ardderchocach	ardderchocaf
brau	breued	breuach	breuaf
budr	butred	butrach	butraf
byr	byrred	byrrach	byrraf
caredig	carediced	caredicach	caredicaf
cas	cased	casach	casaf
crwm	crymed	crymach	crymaf
crwn	cryned	crynach	crynaf
cryf	cryfed	cryfach	cryfaf
cwta	cwteued	cwteuach	cwteuaf
dewr	dewred	dewrach	dewraf
diog	dioced	diocach	diocaf
distadl	distatled	distatlach	distatlaf
glân	glaned	glanach	glanaf
grymus	grymused	grymusach	grymusaf
gwag	gwaced	gwacach	gwacaf
gwlyb	gwlyped	gwlypach	gwlypaf
gwydn	gwytned	gwytnach	gwytnaf
gwyn	gwynned	gwynnach	gwynnaf
hagr	hacred	hacrach	hacraf
huawdl	huotled	huotlach	huotlaf
hyfryd	hyfryted	hyfrytach	hyfrytaf
llawn	llawned	llawnach	llawnaf
llon	llonned	llonnach	llonnaf
llwm	llymed	llymach	llymaf
melys	melysed	melysach	melysaf
mwynaidd	mwyneiddied	mwyneiddiach	mwyneiddiaf
pêr	pered	perach	peraf
peraidd	pereiddied	pereiddiach	pereiddiaf
prin	prinned	prinnach	prinnaf
pur	pured	purach	puraf
pwysig	pwysiced	pwysicach	pwysicaf
rhad	rhated	rhatach	rhataf
siriol	sirioled	siriolach	siriolaf
tebyg	tebyced	tebycach	tebycaf
teg	teced	tecach	tecaf
tlawd	tloted	tlotach	tlotaf
tlws	tlysed	tlysach	tlysaf
truenus	truenused	truenusach	truenusaf
trwm	trymed	trymach	trymaf
tyn[n]	tynned	tynnach	tynnaf
ysgafn	ysgafned	ysgafnach	ysgafnaf

Some borrowings add -ied, -iach, -iaf, especially in the North: e.g. braf, brafied, brafiach, brafiaf; so also neis, ffres, cŵl, crand, nobl.

Periphrastic comparison

Many adjectives, especially those of more than two syllables, are usually compared by inserting mor (= **as**), mwy (= **more**), mwyaf (= **most**), llai (= **less**), lleiaf (= **least**) before the adjective; mor is followed by the soft mutation (but not of rh, ll):

brawdol	mor frawdol	mwy brawdol	mwyaf brawdol
cyndyn	mor gyndyn	mwy cyndyn	mwyaf cyndyn
gwarthus	mor warthus	mwy gwarthus	mwyaf gwarthus.
llwfr	mor llwfr	mwy llwfr	mwyaf llwfr
rhesymol	mor rhesymol	mwy rhesymol	mwyaf rhesymol
llesol	mor llesol	llai llesol	lleiaf llesol
rhydd	mor rhydd	llai rhydd	lleiaf rhydd

This method may be used to compare any adjective, except the irregular ones listed below.

Irregular comparison

positive	*equative*	*comparative*	*superlative*
agos	nesed	nes	nesaf
(less correctly:	agosed	agosach	agosaf)
bach, bychan	lleied	llai	lleiaf
	occ: bychaned		
buan	buaned	buanach	buanaf
cynnar	cynted	cynt	cyntaf
da	cystal	gwell	gorau
drwg	cynddrwg	gwaeth	gwaethaf
occ: (in sense of **naughty**)	dryced	drycach	drycaf
hawdd	hawsed	haws	hawsaf
(less correctly:	hawdded	hawddach	hawddaf)
anodd	anhawsed	anos	anhawsaf
(less correctly:	anodded	anoddach	anoddaf)
hen	hyned	hŷn	hynaf
		(less correctly: hynach)	
hir	cyhyd	hwy	hwyaf
(less correctly:	hired	hirach	hiraf)
ieuanc	ieuanged	iau/ieuangach	ieuaf/ieuangaf
ifanc	ifenged/ifanged	ifengach	ifengaf
isel	ised	is	isaf
llydan	lleted/cyfled	lletach	lletaf
mawr	cymaint	mwy	mwyaf
uchel	uched/cyfuwch	uwch	uchaf
gwerthfawr	gwerthfawroced	gwerthfawrocach	gwerthfawrocaf

Defective comparison

(* = possible form)

clodfawr	*[clodfored]	clodforach, **renowned**	clodforaf, **most renowned**
		trech, **stronger**	trechaf, **strongest**
amgen		amgenach, **better, alternative**	
			eithaf, **extremest, furthest, ultimate**

Comparative forms formed from nouns
(* = possible form)

noun	*equative*	*comparative*	*superlative*
blaen, **front**			blaenaf, **foremost**
dewis, **choice**		dewisach, **preferred, preferable**	
diolch, **thanks**		diolchach, **more grateful**	
diwedd, **end**			diwethaf, **last**
elw, **profit**		elwach, **better off**	
lles, **benefit**		llesach, **more beneficial**	
ôl, **back**			olaf, **final**
pen, **end, head**			pennaf, **chief, supreme**
rhagor, **more**	*[rhagored]	rhagorach, **superior**	rhagoraf, **supreme, most excellent**
rhaid, **necessity**	rheitied, **as necessary/ urgent**	rheitiach, **more necessary/ urgent**	rheitiaf, **most necessary/ urgent**

Observations

Cyn, mor, used with the equative forms, must not be preceded by yn.

The equative forms given are as a rule preceded by cyn + soft mutation (except of ll, rh), thus: cyn wynned, cyn ddued, *but* cyn rhated, cyn lleied.

Alternatively, use mor + soft mutation (except of ll, rh) + positive form, thus: mor wyn, mor ddu, *but* mor rhad, mor llawn.

Cyn cannot precede cynddrwg, cymaint, cystal, cyfled, cyfuwch, cyhyd; but cyn gynted is usual.

After mor/cyn + adjective, **as** is translated by â + spirant mutation of p, t, c, and by ag before a vowel: **as bright as silver**, cyn loywed ag arian; **as white as snow**, cyn wynned â'r eira *or* mor wyn â'r eira; **as heavy as lead**, cyn drymed â phlwm *or* mor drwm â phlwm; **as big as a cat**, cymaint â chath *or* mor fawr â chath.

Comparative forms of adjectives have no feminine or plural forms (except, in some cases, as plural nouns, e.g. y goreuon, **the best ones**). Comparative forms of adjectives also function as comparative forms of adverbs: rhedai cyn gyflymed ag a allai, *or* rhedai cyn gyflymed ag y gallai, **she ran as quickly as she could**; mae'r trên hwn cyn gyflymed â'r llall, **this train is as rapid as the other**.

Than is translated by na + spirant mutation of p, t, c, and by nag before a vowel: gwannach na chath fach, **weaker than a kitten**; gwell nag aur, **better than gold**.

Where English uses the comparative degree in sentences such as **the better man of two**, Welsh always uses the superlative: y dyn gorau o'r ddau *or* y gorau o'r ddau ddyn.

Equative and Comparative forms may precede the noun: cystal dyn, gwell lle, dewrach gŵr, sicrach gafael &c. without mutation of the noun. The superlative form may precede the noun, sometimes without mutation: cyntaf peth, gorau gŵr, eithaf peth; sometimes with the soft mutation: y decaf fro, gwaelaf ŵr.

In English, sentences of the type, **the higher the mountain, the better the view**, use two coupled comparative adjectives; in Welsh, the verb construction is po + soft mutation + superlative + subjunctive mood of verb: po uchaf y bo'r mynydd, gorau oll fydd yr olygfa; *or* uchaf yn y byd y bo'r mynydd, gorau'n y byd fydd yr olygfa; **the scarcer the food, the dearer it is**, po brinnaf y bo'r bwyd, drutaf yw *or* prinnaf yn y byd y bo'r bwyd, drutaf yn y byd yw; **the sooner she goes, the better**, gorau po gyntaf yr êl/elo hi; **the more, the better**, gorau po fwyaf; **all the better**, gorau oll.

Sentences containing superlatives of the type, **she is the prettiest girl in the village**, must be emphatic: hi yw'r ferch dlysaf yn y pentref *or* y ferch dlysaf yn y pentref yw hon, *not* mae hi y ferch dlysaf yn y pentref, which is quite incorrect and unnatural. Thus, **I know she is the prettiest girl**, is to be translated as gwn mai hi yw'r dlysaf, *not* gwn ei bod hi'r dlysaf.

The superlative forms are not used in Welsh to translate **a most agreeable day, a most difficult task**, &c. which should be translated diwrnod dymunol iawn *or* diwrnod tra dymunol *or* diwrnod dymunol dros ben; tasg anodd iawn *or* tasg dra anodd *or* tasg gyda'r anhawsaf.

In sentences of the type **she is more silly than wicked**, the most natural translation is: gwirion yw hi yn hytrach na drwg, *although* mae hi'n fwy gwirion nag y mae hi'n ddrwg is also possible; **he is more wicked than he is foolish**, mae e'n fwy drwg nag yw'n wirion (*not* mae'n waeth nag yw'n wirion).

The position of adjectives

In Welsh, adjectives, with some common exceptions, normally follow the noun. If there is more than one, then the order is the reverse of that in English, thus: **a pretty little blue flower**, blodyn glas bychan tlws. In poetry or for rhetorical effect, almost any adjective *may* precede the noun; in that case it lenites the noun, thus: O hyfryd ddydd! **O lovely day!** However, comparative forms do not lenite a following noun.

1. Adjectives which always precede the noun.

(a) The definite articles y, yr, 'r before a singular feminine noun lenite it, thus: **mother,** mam; **the mother,** y fam; **town,** tref; **the town,** y dref; but ll, rh do not lenite, thus: **the spade,** y rhaw, **the hand,** y llaw; y llechen, **the slate**

(b) The possessive adjectives fy, **my**; dy, **thy/your**; ei, **his/her**; ein, **our**; eich, **your**; eu, **their**. Fy is followed by the nasal mutation, thus: **head,** pen; **my head,** fy mhen; dy is followed by the soft mutation, as is ei = **his**: **thy/your head,** dy ben; **his head,** ei ben. Ei = **her**, is followed by the spirant mutation of p, t, c (and, in Northern Welsh of m, n): **her head,** ei phen; **her father,** ei thad; **her leg,** ei choes; **her grandmother,** ei nhain; **her mother,** ei mham. (The last two mutations are not regarded as standard). Ein, eich, eu are followed by the radical form of the noun, except that after ein, eu, h- is prefixed to vowels: ein hiaith, **our language**; eu henwau, **their names**; so also ei **(=her)** prefixes h- to vowels: ei hafal, **her apple**; ei afal, **his apple**;

(c) The cardinal numbers, un, dau/dwy, tri/tair, pedwar/pedair &c.;

(d) The ordinal adjectives unfed, ail, eilfed, trydydd/trydedd, pedwerydd/pedwaredd, pumed, chweched &c., except that cyntaf, **first**, olaf, **last**, may precede or follow: y peth cyntaf or less usually y cyntaf peth, y peth olaf *or* yr olaf peth;

(e) Ill, **every one of,** in the set expressions ill dau/dwy, **both of them**; hwy ill tri/tair, **the three of them**; and y naill = **either one of,** followed by the soft mutation: yn y naill dŷ ar ôl y llall, **in one house after another**;

(f) Rhyw, **some, a certain** and its compounds unrhyw, **any**; amryw, **various**; cyfryw, **such, all,** followed by the soft mutation; cyfryw itself is not lenited before a feminine noun: y cyfryw ddyn, **such a man;** y cyfryw wraig, **such a woman;**

(g) The interrogative adjectives pa? **what? which?** (pa) sut? pa fath? **what sort of?** all + soft mutation, and (pa) sawl? **(how) many?** e.g. pa lyfr? **what book?** pa fath (o) beth? **what sort of thing?** pa sawl tro? **how many times?**

(h) Pob, **every/each**; prif, **main**; sawl, **many, so many**; ambell, **an occasional**; cryn, **considerable, much**; yr holl, **the whole, all the**; nemor, **a few, hardly any**; rhai, **some** (before plural nouns only); prif, ambell, cryn, yr holl, nemor, are followed by the soft mutation, thus: ambell beth, cryn dipyn, yr holl bobl, nemor ddim, y prif ddyn, *but* rhai pethau, **some things**;

(i) Y fath and the colloquial y ffasiwn, y rotsiwn, all meaning **such a, of the sort**, are all followed by the soft mutation: y fath lanast, **such a mess**; y ffasiwn/rotsiwn lol, **such nonsense**; *also* hoff ddewis, **favourite**; fy newis beth, fy hoff beth, **my favourite thing**;

(j) English borrowings such as the intensives rêl, blydi, bali &c. These lenite feminine nouns, e.g. y bali ddynes 'ma, **this bally woman**.

2. Adjectives which may precede or follow the noun.

(a) All comparative forms of adjectives *may* precede the noun, thus: **a better place,** lle gwell *or* gwell lle; **a surer grasp**, sicrach gafael *or* gafael sicrach; **more urgent things**, rheitiach pethau *or* pethau rheitiach; **better methods**, amgenach dulliau *or* dulliau amgenach; **a superior runner**, trech rhedwr *or* rhedwr trech; **the main thing**, y pennaf peth *or* y peth pennaf; **as good a chance**, cystal cyfle *or* cyfle cystal; **a higher grade**, gradd uwch *or* uwch gradd, **quite a good house**, eithaf tŷ *or* tŷ eithaf;

(b) In some titles, adjectives that normally follow the noun precede it: **the Privy Council**, y Cyfrin Gyngor; **the High Court**, yr Uchel Lys; **the Very Reverend Father**, yr Hybarch Dad; **the Honourable**

Member, yr Anrhydeddus Aelod; **the Supreme Court**, y Goruchaf Lys; **Her Most Excellent Majesty**, Ei Hardderchocaf Fawrhydi;

(c) Some adjectives vary in meaning according to position: hen, **old**, may precede or follow in this sense, but before the noun it is also used as an intensive, either affectionate or pejorative according to context, tone of voice &c., without necessarily meaning **old**, e.g. hen blentyn bach annwyl, **a dear little child**; hen genawes fach, **a little minx**; hen ŵr bach, **an old man**; gŵr hen, **a really old man**; if hen is modified, it must follow: gwraig hen iawn, **a very old lady**. Cam before a noun = **mistaken, wrong** e.g. cam farn, **a misjudgement**; after the noun it = **crooked**: ffon gam, **a crooked stick**. Gwir before the noun = **real, genuine, true**, e.g. y gwir Dduw, **the true God**; gwir enghraifft, **a genuine example**; after the noun, gwir = **veracious, truthful**: stori wir, **a true story**. Glân before the noun = **holy**, e.g. glân briodas, **holy matrimony**; after the noun it = **clean**, e.g. dŵr glân, **clean water**. Unig before the noun = **only, sole**: yr unig beth, **the sole thing**; after the noun it = **lonely**: lle unig, **a lonely place**. Diweddar before the noun = **late, deceased**; after the noun = **recent**. Aml before the noun = **many a**; or with a plural noun = **numerous**: aml dro, **many a time**; aml bechodau, **numerous sins**; aml un, **many a one**; after the noun it = **frequent**: ymweliadau aml, **frequent visits**. Eithaf = **not bad, quite good**, may precede or follow the noun, e.g. eithaf peth, **not a bad thing**; when it follows its other meaning is **furthest, most extreme**: terfyn eithaf, **the furthest limit**. Cwta before a noun = **scarce a, nary a**: cwta flwyddyn (*or* blwyddyn gwta) sydd ers hynny, **it's scarcely a year since**; after a noun it often = **cut short, curtailed, tailless**: gwallt cwta, **short hair**; mochyn cwta, **guinea-pig**. Prin before a noun = **faint**: prin gof, **a faint memory**; after the noun, it = **scarce, rare**: enghraifft brin, **a rare example**. Cynifer before a noun = **as many, so many**: cynifer gwaith, **as many times**; after the noun it = **even-numbered**: deilen gynifer, **four-leaved clover**; rhif cynifer, **even number**. Hoff before a noun = **favourite, preferred**: fy hoff lyfr, **my favourite book**; after the noun = **beloved**: cyfaill hoff, **a dear friend**. Cas before a noun = **most detested**: fy nghas beth, **my bête noire**; after the noun it = **disagreeable, nasty**. Annwyl, **dear, beloved**, may precede or follow the noun. At the start of a letter it usually precedes; otherwise it more usually follows. Cyffelyb, **similar**, may precede or follow the noun: cyffelyb bethau *or* pethau cyffelyb, **suchlike things, things of the sort**. Mân before a plural noun = **minor, petty**: mân bethau or manion = **trifles**; after the noun = **very small, tiny**: plant mân, **toddlers**. Brith before a noun = **partial, imperfect**: brith gof, **a hazy recollection**; after the noun = **speckled, variegated**: bara brith, **currant bread**; siaced fraith, **coat of many colours**. Union before a noun = **the very**: yr union beth, **the very thing**; after a noun = **direct**: ffordd union, **a direct route**. Pen before a noun = **chief**: pen blaenor, **chief deacon**; after the noun = **end**: e.g. y tŷ pen, **the end house**;

(d) While all other adjectives usually follow the noun, some will be found to precede in certain clichés and set expressions, e.g. o dragwyddol bwys, **of eternal importance**; parchedig ŵr, **reverend gentleman**; hybarch Dad, **most/very Reverend Father**; drwg lygad, **evil eye**; o barchus goffadwriaeth, **of blessed memory**; rhad ras, **free grace**; rhydd ewyllys, **free will**; achubol ras, **saving grace**; cyfyng gyngor, **dilemma**; rheitiach peth, **more urgent/necessary thing**; caeëdig ddôr, **closed door**; aneirif lu'r merthyron, **the numberless host of martyrs**; dewisol ganiadau, **selected poems**; gloywach nen, **brighter sky**; meithion oriau, **long hours**; tyner lais, **a tender voice**; haeddiannol wobr, **deserved reward**; poeth offrwm, **burnt offering**; hyfryd fore, **joyful morn**; annwyl gariadus Gymry, **dearly beloved Welsh people**; unig-anedig fab, **only-begotten son**; Hollalluog Dduw, **Almighty God**; er mawr syndod imi, **to my great surprise**; mae mawr angen, **there is a great need**; yr anfarwol fardd, **the immortal bard**; yr enwog Ddaniel Owen, **the celebrated Daniel Owen**; taer angen, **dire need**; dwfn fyfyrdod, **deep meditation**.

Comparative adjectives rheitiach, amgenach, gorau, gwell &c. do not lenite the noun but adjectives in the positive degree, as in the above examples, lenite the noun.

Position of modifiers of adjectives and adverbs

Adverbs are formed thus: yn + soft mutation + adjective. Hence da, **good**; yn dda, **well**. There is thus no formal distinction between an adjective in a predicate position, e.g. mae hi'n dda, **she is good**, and an adverb, e.g. mae hi'n gweithio'n dda, **she works well**.

1. Modifiers may follow the adjective/adverb: iawn = **very**, always follows, thus: da iawn, **very good**; yn

dda iawn, **very well**. Modifiers such as ofnadwy, cynddeiriog, odiaeth, dychrynllyd, trybeilig &c. *either* follow and are lenited, thus: mawr ofnadwy/ddychrynllyd/gynddeiriog/drybeilig, **awfully big**, *or* may precede, thus: ofnadwy [o] fawr, cynddeiriog [o] fawr &c.

2. Tra, **very**, always precedes and is followed by the spirant mutation of p, t, c, thus: tra mawr, **very big**; tra drud, **very dear**; tra pharod, **very ready**; tra charedig, **very kind**; yn dra charedig, **very obligingly**; tra thadol, **very fatherly**; yn dra thadol, **in a very fatherly manner**.

3. Eithaf, **quite**; digon, **enough**; hen ddigon, **quite . . . enough**; llawer, **much**; chwarter, **a quarter**; hanner, **half** precede the adjective: eithaf parchus, **quite respectable**; llawer gwell, **much better**; digon boddhaol, **satisfactory enough**; hen ddigon glân, **quite clean enough**; hanner call, **half crazy**.

4. Note position with comparative adjectives/adverbs: llawer llai *or* llai o lawer, **much smaller**; nid yw fawr gwell, **it is little better**; rhywfaint pellach, **somewhat further**; y gorau o ddigon, **by far the best, much the best**; mae beth yn fwy, **it is somewhat bigger**; mae dipyn yn llai, **it is a bit smaller**; cymaint gwaeth, **so much worse**; mwy cyfoethog, **more wealthy**; mwyaf anhapus; **most unhappy**; llai parod, **less ready**; lleiaf ufudd, **least obedient**.

5. Go, reit, **quite**; rhy, **too**; lled, **quite**; braidd yn, **fairly**; mor, **so**; cyn, **as** always precede and lenite the adjective: **quite skilful**, go fedrus; **quite cheeky**, reit ddigywilydd; **too dear**, rhy ddrud; **quite easily**, yn o hawdd; **too quickly**, yn rhy gyflym; **quite suddenly**, yn reit sydyn; **fairly satisfactory**, lled foddhaol; **rather lazy**, braidd yn ddiog *or* diog braidd; **so loving**, mor gariadus; **as white**, cyn wynned, mor wyn.

6. Other adjectives acting as modifiers of an adjective precede and lenite it, forming as it were a compound adjective/adverb: rhannol wir, **partly true**; perffaith lân, **perfectly clean**; cwbl wallus, **wholly wrong**; pur wallus, **quite faulty**; gweddol rugl, **fairly fluent**; gwir barchedig, **right reverend**; aruthrol bert, **terribly pretty**; difrifol wael, **seriously ill**; hollol gywir, **wholly right**; holl-bresennol, **all-pervading**; gwirioneddol lesol, **really beneficial**; anhraethol ddiflas, **unspeakably boring**; anhygoel wych, **incredibly fine**; eithriadol ddiddorol, **exceptionally interesting**; rhyfeddol ddewr, **wonderfully brave**; llwyr ddibynnol, **completely dependent**; llawn gystal/cystal, **fully as good**.

Adjectives and nouns denoting nationality

(a) Note that in correct Welsh it is usual to distinguish between a very general sense of the adjective, and a strictly linguistic one, thus: oen Cymreig, **Welsh lamb**, llyfr Cymreig, **a book of Welsh interest** (which might be in any language), as distinct from llyfr Cymraeg, **a book in Welsh** (which might be on any topic under the sun); similarly, **the French temperament**, yr anian Ffrengig *or* anian y Ffrancwyr, but **a French poem**, cerdd Ffrangeg; **English ways**, dulliau Seisnig, but **an English dictionary**, geiriadur Saesneg.

(b) In translating expressions such as **the Welsh people**, it is very unidiomatic to say pobl Gymraeg/Gymreig; one says simply Cymry *or* pobl Cymru; likewise **English people** is simply Saeson *or* pobl Lloegr; **French people**, Ffrancwyr *or* pobl Ffrainc. In expressions such as **an English gentleman**, the usual construction is bonheddwr o Sais; **a French doctor**, meddyg o Ffrancwr; **Italian ladies**, Eidalesau, boneddigesau o'r Eidal; **Welsh ladies**, Cymryesau, Cymraesau, boneddigesau o Gymru and so on.

(c) In talking of products or institutions peculiar to a country, it is more idiomatic to use the name of the country than the adjective, thus: **French wines**, gwinoedd Ffrainc; **a French wine**, gwin o Ffrainc *or* gwin Ffrengig; **the Canadian parliament**, senedd Canada; **a Canadian parliament** (i.e. one of the provincial legislatures), un o seneddau Canada. This is especially so when there is only one of the nouns in question at any one time, thus: **the American President**, Arlywydd America; **Arabian oil**, olew Arabia; **the Spanish fleet**, llynges Sbaen.

Prepositions

A. Simple prepositions

1. These consist of a single word. Most cause mutation:
the soft mutation after am, ar, at, dan, dros, drwy, heb, i, o, trwy, tan, gan, hyd, tros, wrth;
the aspirate mutation after a, â, tua, gyda; the nasal mutation after yn.
There is no mutation after cyn, er, ger, mewn, rhag, rhwng, wedi.

2. Some conjugate, i.e. have personal forms, like verbs, when followed by a pronoun.

(a) The first conjugation

ar: sing. 1. arnaf (fi) 2. arnat (ti) 3 *m* arno (ef), *f* arni (hi)
pl. 1. arnom (ni) 2. arnoch (chwi) 3. arnynt (hwy)
Adverbial form: arnodd, **on, over**
Like ar: oddi ar.

at: sing. 1. ataf (fi) 2. atat (ti) 3. ato (ef), ati (hi)
pl. 1. atom (ni) 2. atoch (chwi) 3. atynt (hwy)
Like at: tuag at, hyd at

tan: sing. 1. tanaf (fi) 2. tanat (ti) 3. tano (ef), tani (hi)
pl. 1. tanom (ni) 2. tanoch (chwi) 3. tanynt (hwy)
Adverbial form: tanodd, **underneath**
Like tan: dan (danaf fi &c., with adverbial form danodd); am (amdanaf fi &c.); oddi tan (oddi tanaf &c.); also in popular Northern Welsh, rownd, with forms rownda'i, rowndat ti, rowndo fo, rowndi hi; rowndon ni, rowndoch chi, rowndyn nhw.

(b) The second conjugation

er: sing. 1. erof (fi) 2. erot (ti) 3. erddo (ef), erddi (hi)
pl. 1. erom (ni) 2. eroch (chwi) 3. erddynt (hwy)

heb: sing. 1. hebof (fi) 2. hebot (ti) 3. hebddo (ef), hebddi (hi)
pl. 1. hebom (ni) 2. heboch (chwi) 3. hebddynt (hwy)
Adverbial form: heibio, **past**

o: sing. 1. ohonof (fi) 2. ohonot (ti) 3. ohono (ef), ohoni (hi)
pl. 1. ohonom (ni) 2. ohonoch (chwi) 3. ohonynt (hwy)

rhag: sing. 1. rhagof (fi) 2. rhagot (ti) 3. rhagddo (ef), rhagddi (hi)
pl. 1. rhagom (ni) 2. rhagoch (chwi) 3. rhagddynt (hwy)

rhwng: sing. 1. rhyngof (fi) 2. rhyngot (ti) 3. rhyngddo (ef), rhyngddi (hi)
pl. 1. rhyngom (ni) 2. rhyngoch (chwi) 3. rhyngddynt (hwy)
Like rhwng: cydrhwng (cydrhyngof fi &c.)
tros: sing. 1. trosof (fi) 2. trosot (ti) 3. trosto (ef), trosti (hi)
pl. 1. trosom (ni) 2. trosoch (chwi) 3. trostynt (hwy)
Adverbial form: trosodd, **over**
Like tros: dros (drosof fi &c.)

trwy: sing. 1. trwof (fi) 2. trwot (ti) 3. trwyddo (ef), trwyddi (hi)
pl. 1. trwom (ni) 2. trwoch (chwi) 3. trwyddynt (hwy)
Adverbial form: trwodd, **through**
Like trwy: drwy (drwof fi &c.).

yn: sing. 1. ynof (fi) 2. ynot (ti) 3. ynddo (ef), ynddi (hi)
pl. 1. ynom (ni) 2. ynoch (chwi) 3. ynddynt (hwy)

(c) The third conjugation

gan: sing. 1. gennyf (fi) 2. gennyt (ti) 3. ganddo (ef), ganddi (hi)
pl. 1. gennym (ni) 2. gennych (chwi) 3. ganddynt (hwy)
N.B. the forms ganddom, ganddoch are totally inadmissible

wrth: sing. 1. wrthyf (fi) 2. wrthyt (ti) 3. wrtho (ef), wrthi (hi)
pl. 1. wrthym (ni) 2. wrthych (chwi) 3. wrthynt (hwy)
Like wrth: oddi wrth.

(d) The preposition i is in a class by itself

sing. 1. imi *or* i mi 2. iti *or* i ti 3. iddo (ef), iddi (hi)
pl. 1. inni *or* i ni 2. ichwi *or* i chwi 3. iddynt (hwy)
The forms i mi, i ti &c. are more emphatic. In the South i fi is usual for i mi. In poetry occur the forms:
sing. 1. im 2. it; pl. 1. in. 2. iwch/ich.

(e) The forms of â

sing. 1. â mi 2. â thi 3. ag ef, â hi
pl. 1. â ni 2. â chwi 3. â hwy
Like â: gyda(g), ynghyd â/ag, tua(g).

(f) Invariable prepositions

cyn (**before**), efo (**with**), erbyn (**by**), ers (**since**), fel (**like**), fesul (**by**), ger (**near**), gerfydd (**by**), hyd (**till**), is (**below**), llwrw (**in the direction of**), megis (**such as**), mewn (**in**), namyn (**less, minus**), nes (**till**), uwch (**above**), wedi (**after**), ŵysg (**after, along**)

B. Compound prepositions

1. Where the second element is a simple preposition it conjugates accordingly. Examples: ynghyd â/ag (**together with**), yn ogystal â/ag (**as well as**), heibio i (**beyond, past**), oddi wrth (**from**), oddi tan (**underneath**), gyfarwyneb â/ag, gyferbyn â/ag, (**opposite**), y tu draw i (**beyond**), y tu hwnt i, (**beyond**), gogyfer â/ag , parth â/ag (**towards**), y tu mewn i (**inside**), y tu allan i (**outside**), ar wahân i (**apart from**).

2. *(a)* compounds of a simple preposition and a noun:
ar fedr, ar fin, ar dỳd (**about to**), gerllaw (**near**), islaw (**beneath**), oddieithr, oddigerth (**except**), uwchlaw (**above**), yn anad (**more than**), heblaw (**besides**), ymhen (**at the end of**) are invariable and followed by nouns or by the simple independent pronouns;

(b) in other compounds of a preposition and a noun governing a pronoun, the noun must be preceded by the appropriate possessive adjective. Thus, **on top of me** becomes ar fy mhen (i), literally, **on my head**: am ben (**upon, in addition to**)

sing.	1. am fy mhen (i)	pl.	1. am ein pennau (ni)
	2. am dy ben (di)		2. am eich pen/pennau (chwi)
	3. am ei ben (ef)		3. am eu pennau (hwy)
	am ei phen (hi)		

ar ben (**on top of**):

sing.	1. ar fy mhen (i)	pl.	1. ar ein pennau (ni)
	2. ar dy ben (di)		2. ar eich pen/pennau (chwi)
	3. ar ei ben (ef)		3. ar eu pennau (hwy)
	ar ei phen (hi)		

ar bwys (**near**)

sing.	1. ar fy mhwys (i)	pl.	1. ar ein pwys (ni)
	2. ar dy bwys (di)		2. ar eich pwys (chwi)
	3. ar ei bwys (ef)		3. ar eu pwys (hwy)
	ar ei phwys (hi)		

ar draws (**across**)

sing.	1. ar fy nhraws (i)	pl.	1. ar ein traws (ni)
	2. ar dy draws (di)		2. ar eich traws (chwi)
	3. ar ei draws (ef)		3. ar eu traws (hwy)
	ar ei thraws (hi)		

ar gefn (**astride**)

sing.	1. ar fy nghefn (i)	pl.	1. ar ein cefnau (ni)
	2. ar dy gefn (di)		2. ar eich cefn/cefnau (chwi)
	3. ar ei gefn (ef)		3. ar eu cefnau (hwy)
	ar ei chefn (hi)		

ar gownt (**on account of**)

sing.	1. ar fy nghownt (i)	pl.	1. ar ein cownt (ni)
	2. ar dy gownt (di)		2. ar eich cownt (chwi)
	3. ar ei gownt (ef)		3. ar eu cownt (hwy)
	ar ei chownt (hi)		

ar gyfer (**in preparation for**)

sing.	1. ar fy nghyfer (i)	pl.	1. ar ein cyfer (ni)
	2. ar dy gyfer (di)		2. ar eich cyfer (chwi)
	3. ar ei gyfer (ef)		3. ar eu cyfer (hwy)
	ar ei chyfer (hi)		

ar gyfrif (**on account of**)

sing.	1. ar fy nghyfrif (i)	pl.	1. ar ein cyfrif (ni)
	2. ar dy gyfrif (di)		2. ar eich cyfrif (chwi)
	3. ar ei gyfrif (ef)		3. ar eu cyfrif (hwy)
	ar ei chyfrif (hi)		

ar gyfyl (**near**)

sing.	1. ar fy nghyfyl (i)	pl.	1. ar ein cyfyl (ni)
	2. ar dy gyfyl (di)		2. ar eich cyfyl (chwi)
	3. ar ei gyfyl (ef)		3. ar eu cyfyl (hwy)
	ar ei chyfyl (hi)		

ar hyd (**along**)

sing.	1. ar fy hyd (i)	pl.	1. ar ein hyd (ni)
	2. ar dy hyd (di)		2. ar eich hyd (chwi)
	3. ar ei hyd (ef) *or* ar hyd-ddo		3. ar eu hyd (hwy) *or* ar hyd-ddynt
	ar ei hyd (hi) *or* ar hyd-ddi		

ar ochr (**on the side of**)

sing.	1. ar f'ochr (i)	pl.	1. ar ein hochr (ni)
	2. ar d'ochr (di)		2. ar eich ochr (chwi)
	3. ar ei ochr (ef)		3. ar eu hochr (hwy)
	ar ei hochr (hi)		

ar ôl (**after**)

sing.	1. ar f'ôl (i)	pl.	1. ar ein hôl/holau (ni)
	2. ar d'ôl (di)		2. ar eich ôl/olau (chwi)
	3. ar ei ôl (ef)		3. ar eu hôl/holau (hwy)
	ar ei hôl (hi)		

ar uchaf (**upon**)

sing.	1. ar f'uchaf (i)	pl.	1. ar ein huchaf (ni)
	2. ar d' uchaf (di)		2. ar eich uchaf (chwi)
	3. ar ei uchaf (ef)		3. ar eu huchaf (hwy)
	ar ei huchaf (hi)		

ar warthaf (**upon**)

sing.	1. ar fy ngwarthaf (i)	pl.	1. ar ein gwarthaf (ni)
	2. ar dy warthaf (di)		2.ar eich gwarthaf (chwi)
	3. ar ei warthaf (ef)		3. ar eu gwarthaf (hwy)
	ar ei gwarthaf (hi)		

ar ymyl (**on the edge**)

sing.	3. ar ei ymyl (ef), ar ei hymyl (hi)	pl.	3. ar eu hymylon (hwy)

dros ben (**over**)

sing.	1. dros fy mhen (i)	pl.	1. dros ein pennau (ni)
	2. dros dy ben (di)		2. dros eich pen/pennau (chwi)
	3. dros ei ben (ef)		3. dros eu pennau (hwy)
	dros ei phen (hi)		

Like dros ben: tros ben

er gwaethaf (**despite**)

sing.	1. er fy ngwaethaf (i)	pl.	1. er ein gwaethaf (ni)
	2. er dy waethaf (di)		2. er eich gwaethaf (chwi)
	3. er ei waethaf (ef)		3. er eu gwaethaf (hwy)
	er ei gwaethaf (hi)		

er mwyn (**for the sake of**)

sing.	1. er fy mwyn (i)	pl.	er ein mwyn (ni)
	2. er dy fwyn (di)		er eich mwyn (chwi)
	3. er ei fwyn (ef)		er eu mwyn (hwy)
	er ei mwyn (hi)		

gerbron (**in the presence of**)

sing.	1. ger fy mron (i)	pl.	1. ger ein bron (ni)
	2. ger dy fron (di)		2. ger eich bron (chwi)
	3. ger ei fron (ef)		3. ger eu bron (hwy)
	ger ei bron (hi)		

gerllaw (**near**)

sing.	1. ger fy llaw (i)	pl.	1. ger ein llaw (ni)
	2. ger dy law (di)		2. ger eich llaw (chwi)
	3. ger ei law (ef)		3. ger eu llaw (hwy)
	ger ei llaw (hi)		

i blith (**into the midst of**)

sing: 3. i'w blith (ef), i'w phlith (hi) are possible, referring to collective nouns such as llu, gwerin, pobl, byddin &c.

pl. 1. i'n plith (ni) 2. i'ch plith (chwi) 3. i'w plith (hwy)

i fysg (**into the midst of**)

sing. 3. i'w fysg (ef), i'w mysg (hi) are possible, referring to collective nouns such as llu, gwerin, pobl, byddin &c.

pl. 1. i'n mysg (ni) 2. i'ch mysg (chwi) 3. i'w mysg (hwy)

i ganol (**into the middle of**)

	sing.		pl.
	1. i'm canol (i)		1. i'n canol (ni)
	2. i'th ganol (di)		2. i'ch canol (chwi)
	3. i'w ganol (ef)		3. i'w canol (hwy)
	i'w chanol (hi)		

is gil (**behind**)

	sing.		pl.
	1. is fy nghil (i)		1. is ein cil (ni)
	2. is dy gil (di)		2. is eich cil (chwi)
	3. is ei gil (ef)		3. is eu cil (hwy)
	is ei chil (hi)		

islaw (**beneath**)

	sing.		pl.
	1. is fy llaw (i)		1. is ein llaw (ni)
	2. is dy law (di)		2. is eich llaw (chwi)
	3. is ei law (ef)		3. is eu llaw (hwy)
	is ei llaw (hi)		

o achos (**because of**)

	sing.		pl.
	1. o'm hachos (i)		1. o'n hachos (ni)
	2. o'th achos (di)		2. o'ch achos (chwi)
	3. o'i achos (ef)		3. o'u hachos (hwy)
	o'i hachos (hi)		

o amgylch (**around**)

	sing.		pl.
	1. o'm hamgylch (i)		1. o'n hamgylch (ni)
	2. o'th amgylch (di)		2. o'ch amgylch (chwi)
	3. o'i amgylch (ef)		3. o'u hamgylch (hwy)
	o'i hamgylch (hi)		

o blaid (**in favour of**)

	sing.		pl.
	1. o'm plaid (i)		1. o'n plaid (ni)
	2. o'th blaid (di)		2. o'ch plaid (chwi)
	3. o'i blaid (ef)		3. o'u plaid (hwy)
	o'i phlaid (hi)		

oblegid (**because of**)

	sing.		pl.
	1. o'm plegid (i)		1. o'n plegid (ni)
	2. o'th blegid (di)		2. o'ch plegid (chwi)
	3. o'i blegid (ef)		3. o'u plegid (hwy)
	o'i phlegid (hi)		

o blith (**from among**)

sing. 3. o'i blith (ef), o'i phlith (hi) are possible, referring to collective nouns such as llu, gwerin, pobl, byddin &c.

pl. 1. o'n plith (ni) 2. o'ch plith (chwi) 3. o'u plith (hwy)

oddeutu (**about**)

sing.	1. o'm deutu (i)	pl.	1. o'n deutu (ni)
	2. o'th ddeutu (di)		2. o'ch deutu (chwi)
	3. o'i ddeutu (ef)		3. o'u deutu (hwy)
	o'i deutu (hi)		

o fewn (**within**)

sing.	1. o'm mewn (i)	pl.	1. o'n mewn (ni)
	2. o'th fewn (di)		2. o'ch mewn (chwi)
	3. o'i fewn (ef)		3. o'u mewn (hwy)
	o'i mewn (hi)		

o flaen (**before**)

sing.	1. o'm blaen (i)	pl.	1. o'n blaen/blaenau (ni)
	2. o'th flaen (di)		2. o'ch blaen/blaenau (chwi)
	3. o'i flaen (ef)		3. o'u blaen/blaenau (hwy)
	o'i blaen (hi)		

o fysg (**from among**)

sing. 3. o'i fysg (ef), o'i mysg (hi) are possible, referring to collective nouns such as llu, gwerin, pobl, byddin &c.

pl. 1. o'n mysg (ni) 2. o'ch mysg (chwi) 3. o'u mysg (hwy)

o ganol (**into the middle of**)

sing.	1. o'm canol (i)	pl.	1. o'n canol (ni)
	2. o'th ganol (di)		2. o'ch canol (chwi)
	3. o'i ganol (ef)		3. o'u canol (hwy)
	o'i chanol (hi)		

o gwmpas (**around**)

sing.	1. o'm cwmpas (i)	pl.	1. o'n cwmpas (ni)
	2. o'th gwmpas (di)		2. o'ch cwmpas (chwi)
	3. o'i gwmpas (ef)		3. o'u cwmpas (hwy)
	o'i chwmpas (hi)		

o gylch (**around**)

sing.	1. o'm cylch (i)	pl.	1. o'n cylch (ni)
	2. o'th gylch (di)		2. o'ch cylch (chwi)
	3. o'i gylch (ef)		3. o'u cylch (hwy)
	o'i chylch (hi)		

oherwydd (**because of**)

sing.	1. o'm herwydd (i)	pl.	1. o'n herwydd (ni)
	2. o'th herwydd (di)		2. o'ch herwydd (chwi)
	3. o'i herwydd (ef)		3. o'u herwydd (hwy)
	o'i herwydd (hi)		

o ran (**as regards, for my &c. part**).

sing.	1. o'm rhan (i)	pl.	1. o'n rhan (ni)
	2. o'th ran (di)		2. o'ch rhan (chwi)
	3. o'i ran (ef)		3. o'u rhan (hwy)
	o'i rhan (hi)		

rhag bron (**in front of**)

sing.	1. rhag fy mron (i)	pl.	1. rhag ein bron (ni)
	2. rhag dy fron (di)		2. rhag eich bron (chwi)
	3. rhag ei fron (ef)		3. rhag eu bron (hwy)
	rhag ei bron (hi)		

uwchben (**above**)

sing.	1. uwch fy mhen (i) 2. uwch dy ben (di) 3. uwch ei ben (ef) uwch ei phen (hi)	pl.	1. uwch ein pennau (ni) 2. uwch eich pen/pennau (chwi) 3. uwch eu pennau (hwy)

wrth ymyl (**near**)

sing.	1. wrth f'ymyl (i) 2. wrth d'ymyl (di) 3. wrth ei ymyl (ef) wrth ei hymyl (hi)	pl.	1. wrth ein hymyl/hymylau (ni) 2. wrth eich ymyl/ymylau (chwi) 3. wrth eu hymyl/hymylau (hwy)

ymhlith (**among**)

sing. 3. yn ei blith (ef), yn ei phlith (hi) are possible, referring to collective nouns such as llu, gwerin, pobl, byddin &c.

pl. 1. yn ein plith (ni) 2. yn eich plith (chwi) 3. yn eu plith (hwy)

ymysg (**among**)

sing. 3. yn ei fysg (ef), yn ei mysg (hi) are possible, referring to collective nouns such as llu, gwerin, pobl, byddin &.

pl. 1. yn ein mysg (ni) 2. yn eich mysg (chwi) 3. yn eu mysg (hwy)

yn erbyn (**against**)

sing.	1. yn f'erbyn (i) 2. yn d'erbyn (di) 3. yn ei erbyn (ef) yn ei herbyn (hi)	pl.	1. yn ein herbyn (ni) 2. yn eich erbyn (chwi) 3. yn eu herbyn (hwy)

yn herwydd (**according to**)

sing.	1. yn fy herwydd (i) 2. yn dy herwydd (di) 3. yn ei herwydd (ef) yn ei herwydd (hi)	pl.	1. yn ein herwydd (ni) 2. yn eich herwydd (chwi) 3. yn eu herwydd (hwy)

yn lle (**instead of**)

sing.	1. yn fy lle (i) 2. yn dy le (di) 3. yn ei le (ef) yn ei lle (hi)	pl.	1. yn ein lle (ni) 2. yn eich lle (chwi) 3. yn eu lle (hwy)

yn ôl (**according to**)

sing.	1. yn f'ôl (i) 2. yn d'ôl (di) 3. yn ei ôl (ef) yn ei hôl (hi)	pl.	1. yn ein hôl/holau (ni) 2. yn eich ôl/olau (chwi) 3. yn eu hôl/holau (hwy)

yn wysg (**following**)

sing.	1. yn f'wysg (i) 2. yn d'wysg (di) 3. yn ei wysg (ef) yn ei hwysg (hi)	pl.	1. yn ein hwysg (ni) 2. yn eich wysg (chwi) 3. yn eu hwysg (hwy)

yn ymyl (**near**)

sing.	1. yn f'ymyl (i) 2. yn d'ymyl (di) 3. yn ei ymyl (ef) yn ei hymyl (hi)	pl.	1. yn ein hymyl (ni) 2. yn eich ymyl (chwi) 3. yn eu hymyl (hwy)

ynghanol **(in the middle of)**

sing.	1. yn fy nghanol (i)	pl.	1. yn ein canol (ni)
	2. yn dy ganol (di)		2. yn eich canol (chwi)
	3. yn ei ganol (ef)		3. yn eu canol (hwy)
	yn ei chanol (hi)		

yng nghyfer **(rashly** – in the expression siarad yn eich cyfer, **to speak rashly)**

sing.	1. yn fy nghyfer (i)	pl.	1. yn ein cyfer (ni)
	2. yn dy gyfer (di)		2. yn eich cyfer (chwi)
	3. yn ei gyfer (ef)		3. yn eu cyfer (hwy)
	yn ei chyfer (hi)		

ynghylch **(about, concerning)**

sing.	1. yn fy nghylch (i)	pl.	1. yn ein cylch (ni)
	2. yn dy gylch (di)		2. yn eich cylch (chwi)
	3. yn ei gylch (ef)		3. yn eu cylch (hwy)
	yn ei chylch (hi)		

yng ngŵydd **(in the presence of)**

sing.	1. yn fy ngŵydd (i)	pl.	1. yn ein gŵydd (ni)
	2. yn dy ŵydd (di)		2. yn eich gŵydd (chwi)
	3. yn ei ŵydd (ef)		3. yn eu gŵydd (hwy)
	yn ei gŵydd (hi)		

Expressions containing a verb-noun, such as ac eithrio **(excepting)**, o gofio, gan gynnwys, ac ystyried, a chofio **(considering)**, have conjugated forms analogous to those of compounded prepositions when governing pronouns, for example:

ac eithrio

sing.	1. a'm heithrio (i)	pl.	1. a'n heithrio (ni)
	2. a'th eithrio (di)		2. a'ch eithrio (chwi)
	3. a'i eithrio (ef)		3. a'u heithrio (hwy)
	a'i heithrio (hi)		

Verbs

Identifying the stem of a verb

In this dictionary, the only form usually listed of any verb is the verb-noun (vn.). To conjugate the verb, the stem to which the appropriate endings are suffixed must be known. The conjugations of very irregular verbs are given in full elsewhere. The majority of verbs are conjugated like gwenu and canu.

1. The largest class is of verb-nouns ending in a vowel: -a, -i, -io, -o, -u.
To find the stem, drop the final vowel: thus, of difetha, the stem is difeth-; of torri, torr-; of gweithio, gweithi-; of teimlo, teiml-; of magu, mag-. Any stem in -i drops -i before another -i: fe weithi di, **you'll work**. Exceptions are verbs such as sgio, ffrio, trio, &c.: 2nd persons singular, present tense, sgii, ffrii, trii, &c. In the case of verbs having -a- in the stem, this will change to -e-, as in the case of canu. Exceptions to this general rule will be found under the appropriate ending below. Most verb-nouns in -an, -ian drop the -an and are conjugated regularly.

2. Verb-nouns ending in a consonant may be divided into three classes:

(a) those which are also the stem, to which the regular endings are attached, e.g. achub: achubaf, achubi, achub/achuba &c.;

(b) others drop the ending, like the verbs in -io, -o;

(c) others form the stem irregularly.

Verb-nouns (vns.) classified by ending, including exceptions to category 1

-a: most drop the -a to form the stem, e.g. difetha: difethaf; hala, halaf. A few may insert -i- in the stem: benthyca: benthyc(i)af; dala: dal(i)af, deli, deil; dal(i)wn, dal(i)wch, dal(i)ant, &c.; hela: hel(i)af, heli, hel(i)a; hel(i)wn, hel(i)wch, hel(i)ant; so also herwhela;
some have contracted endings: coffa: coffâf; atgoffa: atgoffâf; gwreica: gwreicâf; lladrata: lladratâf; chwiwladrata: chwiwladratâf; marchnata: marchnatâf;
bwyta: bwytâf, bwyt|ei, bwyty; bwyt|awn, bwyt|ewch, bwytânt; Impers. bwyt|eir;
difa has forms like bwyta: difâf, dif|ei, difâ; dif|awn, dif|ewch, difânt; Impers.: difeir; Imperfect: difawn, &c.; Impers.: difeid; Past: difeais, difeaist, difaodd; difasom, &c.; Impers.: difawyd; but its forms are rare in the literary language, having been replaced by the construction with bod; in speech its forms have been regularized, e.g. mi ddifa'i, fe ddifi di, &c.;
cryffa: cryffâf, cryff|ei; cryffâ; cryff|awn, cryff|ewch, cryffânt, &c.;
para; parhaf, parh|ei, pery; parh|awn, parh|ewch, parhânt, &c.;
Many verbs in -ta, e.g. pysgota, cardota, mercheta, have no conjugated forms in the literary language, but such may be found in the spoken language;
cwpla, a Southern form of cwblhau, conjugates regularly, like gwenu, e.g. fe gwpla'i, fe gwpli di, fe gwpliff e/hi, &c.

-ach: ceintach, conach, grwgnach, llamsach, tolach, ymgyfeillach: the vn. is the stem; bregl(i)ach, cyfeddach, clindarddach: only the vns. are in use.

-ad: to form the stem, most drop the ending, e.g. brefad, caead, cuddiad, dringad, gwatsiad, gweitiad, gweryrad, gwingad, pistyllad, pingad/pyngad, twtsiad, wylad; gwylad is a dialect form of gwylio; dwad is a familiar form of dod, dyfod; bugunad, clindarddiad have only the vn.; siarad, dirnad, add endings to the vn.: siarad, siaredi, sieryd, &c., dirnadaf, dirnedi, dirnad, &c.

-add: lladd and its compounds, brigladd, darnladd, cydladd, ymladd/ymlâdd, all add endings to the vn.: lladdaf, lleddi, lladd, &c.;
gwadd is a contracted form of gwahodd: gwahoddaf, gwahoddi, gwahodd, &c.

-ae: chwarae, ymchwarae, gwarchae: add endings to the vn.

-aedd: cyrraedd has the stem cyrhaedd-: cyrhaeddaf, cyrhaeddi, cyrraidd, cyrhaeddwn, &c.

-ael: gafael: gafaelaf, gafaeli, gafael, &c.; so also atafael, dadafael, ymafael;
dyrchafael, arddyrchafael, ymrafael: drop -ael, add endings: dyrchafaf, dyrchefi, dyrchaif; dyrchafwn, dyrchefwch, dyrchafant, &c.;
gadael, ymadael have the stems gadaw-, ymadaw-: gadawaf, gadewi, gedy; gad|awn, gad|ewch, gadawant, &c.;
cael, caffael are irregular: see the section on irregular verbs.

-aeth: gwastrodaeth, marchogaeth, ymyrraeth drop -aeth; gwastrodaf, gwastrodi, gwastroda, &c.; marchogaf, marchogi, marchoga, &c.; ymyrraf, ymyrri, ymyrra, &c.

-ang: damsang: add endings: damsangaf, damsengi, damsang, &c.

-ail: adail: old form of adeilio: adeiliaf, adeili, adail, &c.;
arail: old form of areilio: areiliaf, areili, arail, &c.

-ain: arwain and compounds camarwain, cyfarwain, cylcharwain, rhagarwain have stems arweini- &c.: arweiniaf, arweini, arwain, &c.;
atsain: stem atseini-: atseiniaf, atseini, atsain, &c.;
cywain: stem cyweini-: cyweiniaf, cyweini, cywain, &c.;
olrhain: stem olrheini-: olrheiniaf, olrheini, olrhain, &c.;
llefain and compounds crochlefain, dolefain, drop the -ain: llefaf, llefi, llef, &c.; diasbedain, only the vn. is now in use;

rhechain = rhechu, rhechian: rhechaf, rhechi, rhech(a), &c.;
rhochain = rhochian: rhochiaf, rhochi, rhoch(a), &c.;
sgrechain = sgrechian: sgrech(i)af, sgrechi, sgrech(i)a, &c.;
wylofain = wylo: wylaf, wyli, ŵyl/wyla, &c.;
ymrain: ymreaf, ymrëi, ymrea; ymrëwn, ymrëwch, ymreant, &c.;
ochain, ubain: only the vns. are in use.

-air: cellwair: cellweiriaf, cellweiri, cellwair/cellweiria, &c.;
cyniwair: cyniweiriaf, cyniweiri, cyniwair/cyniweiria, &c.

-ais: goglais: gogleisiaf, gogleisi, goglais/gogleisia, &c.

-aith: dadlaith: dadleithiaf, dadleithi, dadlaith, &c. but only the vn. is in common use;
ymdaith = ymdeithio: ymdeithiaf, ymdeithi, ymdaith/ymdeithia, &c.

-al: atal adds -iaf: ataliaf, ateli, eteil/etyl/atalia; ataliwn, ataliwch, ataliant; so also camatal, cyfatal, llwyrymatal, ymatal;
dial, ymddial: add -af, &c.: dialaf, dieli, dial, &c.;
cynnal has the stem cynhali-: cynhaliaf, cynheli, cynnal; cynhaliwn, cynheliwch, cynhaliant, &c.;
mwngial, myngial, sisial: add -af, &c.;
mwmial, swnial, tincial: drop -al and add -af, &c.

-all: deall/dyall: add -af, &c.: deallaf, deelli, deall; deallwn, deellwch, deallant so also camddeall.

-allt: tywallt: add -af, &c. tywalltaf, tywellti, tywallt, &c. so also: ymdywallt;
dallt is an incorrect Northern form of deall.

-an: most verbs drop the -an and are then conjugated like gwenu or canu; exceptions are: cyhwfan/cwhwfan, cwynfan, darogan, datgan, ehedfan, hedfan, griddfan, yngan, ymddiddan, whose vn. is also the stem.

-anc: dianc: stem dihang-: dihangaf, dihengi, dianc; dihangwn, dihengwch, dihangant, &c.

-ar: clegar, clochdar, cyfarpar, darpar, gwasgar, gwatwar, trydar, ysgar: the vn. is the stem.

-arch: cyfarch, llongyfarch, moesgyfarch: conjugated like erchi: the vn. is the stem; cyfarchaf, cyferchi, cyfeirch; cyfarchwn, cyferchwch, cyfarchant.

-ardd: gwahardd: stem gwahardd-: gwaharddaf, gwaherddi, gwahardd, &c.

-arth: cyfarth: stem cyfarth-: cyfarthaf, cyferthi, cyfarth; cyfarthwn, cyferthwch, cyfarthant.

-as: lluddias: lluddiaf, lluddi, lludd/lluddia, &c.

-au: cau has the stem cae-: caeaf, caei, cae; caewn, caewch, caeant, &c.; Imperfect: caewn, &c.; Past: caeais, &c.; Pluperfect: caeaswn, &c.; Imperative: 1. - 2. cau 3. caeed; pl. 1. caewn 2. caewch 3.caeent; so also amgáu;
dechrau (stem dechreu-); cynnau (cyneu-), dadlau (dadleu-), gwrthddadlau (gwrthddadleu-), hau (heu-), maddau (maddeu-); gwau/gweu (gwe-) conjugate regularly. Eisiau is not a verb but a noun. The idiom is mae eisiau arnaf, *not* yr wyf eisiau.

-áu: verbs accented on the final syllable have contracted forms like nesáu. See the section on contracted verb-forms, where nesáu is given in full. Like nesáu are: agosáu, arwyddocáu, brasáu, bywiocáu, caniatáu, casáu, coffáu, cwpláu/cwpla, dwysáu, esmwytháu, gwacáu, gwastatáu, iacháu, llacáu, llesáu, llesgáu, nacáu, tecáu, tristáu, ymdecáu, ymfrasáu, ymnesáu, ymwacáu and all verbs ending in -hau; exception, amgáu; see above, under cau.

-aw: darllaw: the vn. is the stem: darllawaf, darllewi, darllaw; darllawn, darllewch, darllawant. &c.

-awdd: gwawdd is a dialect form of gwahodd.

-e: chware, gware are dialect forms of chwarae.

-eb: ateb, cyfateb, ymateb: the vn. is the stem: atebaf, atebi, etyb, &c.

-ed: most, such as clywed, cerdded, gweled, synied, tybied, &c., drop the -ed and conjugate like canu: clywaf, clywi, clyw; clywn, clywch, clywant, &c.;
gwelaf, gweli, gwêl; gwelwn, gwelwch, gwelant, &c.;
cerddaf, cerddi, cerdd; cerddwn, cerddwch, cerddant, &c.;
exceptions: amgyffred, arbed, darymred, dynwared, ymddiried whose vn. is the stem.

-edd: gorwedd: gorweddaf, gorweddi, gorwedd; gorweddwn, gorweddwch, gorweddant, &c.;
ymhŵedd: only the vn. is in use.

-ef: addef, cyfaddef, dioddef, goddef: the vn. is the stem;
addef: addefaf, addefi, eddyf; addefwn, addefwch, addefant, &c.; so also cyfaddef;

dioddef: dioddefaf, dioddefi, dioddef, &c.; so also cyd-ddioddef, goddef, ymoddef.

-eg: rhedeg, stem rhed-: rhedaf, rhedi, rhed; rhedwn, rhedwch, rhedant, &c.; so also cyfredeg, cylchredeg;
ehedeg, stem ehed-: ehedaf, ehedi, eh|ed; ehedwn, ehedwch, ehedant, &c.

-el: arddel, damsiel, diarddel, diwel, dychwel, dymchwel, gochel, ymochel, ymogel: the vn. is the stem, e.g. dychwelaf, dychweli, dychwel, &c.; arddel also has forms based on the stem arddelw- e.g. arddelwaf, arddelwi, arddeilw; arddelwn, arddelwch, arddelwant, &c.;
hel has the stem hel(i)- : hel(i)af, heli, hel/hela; hel(i)wn, hel(i)wch, hel(i)ant, &c., so also ymhél;
caffel, another form of caffael, cael: see the section on irregular verbs;
gadel, ymadel: forms of gadael, ymadael, see under -ael.

-eld: gweld has the stem gwel-, gwelaf, gweli, gwêl; gwelwn, gwelwch, gwelant, &c., so also anghydweld, cyd-weld, ymw|eld.

-ell: cymell has the stem cymhell-: cymhellaf, cymhelli, cymell; cymhellwn, cymhellwch, cymhellant, &c.; so also argymell, dirgymell, ymgymell.

-en: crechwen, darllen, camddarllen, damsgen: the vn. is the stem, e.g. darllenaf, darlleni, darllen; darllenwn, darllenwch, darllenant, &c.;
gorffen has the stem gorffenn- in stressed syllables, e.g. gorffennaf, gorffenni, gorffennwn, gorffennwch, gorffennant, but gorffen- in unstressed syllables; thus the forms of the past tense are: gorffennais, gorffennaist, gorffennodd, gorffenasom, gorffenasoch, gorffenasant; and of the pluperfect are: gorffenaswn, &c.

-er: adfer, arfer, camarfer, dadmer, ymarfer: the vn. is the stem, e.g. arferaf, arferi, arfer; arferwn, arferwch, arferant, &c.

-erch: annerch: stem anerch-: anerchaf, anerchi, annerch; anerchwn, anerchwch, anerchant, &c.; so also ymannerch.

-es: goddiwes, gorddiwes, ymoddiwes, ymorddiwes, archaic forms of goddiweddyd, goddiweddu, with stem go(r)ddiwedd-, e.g. go(r)ddiweddaf, go(r)ddiweddi, go(r)ddiwedd, &c.

-est: bloddest: the vn. is the stem, but even the vn. is rare.

-eud: dweud is a contracted form of the literary dywedyd; see under section on irregular verbs; so also croes-ddweud, gwrth-ddweud, ail-ddweud;
gwneud is a contracted form of the (now mainly literary) gwneuthur; so also ail-wn|eud, dadwn|eud, ymwn|eud; see under the section on irregular verbs.

-hau: mwynhau, &c.: see the section on verbs with contracted forms.

-i: in this large class, most verbs form their stem by dropping the -i, e.g. torri: torraf, torri, tyr; torrwn, torrwch, torrant, &c.; Imperfect: torrwn, &c.; Past: torrais, &c., torasom, torasoch, torasant; Pluperfect: toraswn, &c.;
rhoddi also has contracted forms: see in the section on contracted verb-forms; for verb-nouns in -oi see the same section;
erchi: stem arch-: archaf, erchi, eirch/arch; archwn, erchwch, archant; Past: erchais, erchaist, archodd, &c.;
tewi: stem taw-: tawaf, tewi, tau; tawn, tewch, tawant, &c.; so also: distewi: stem distaw-: distawaf, distewi, distawa; dist|awn, dist|ewch, distawant, &c.;
llenwi: stem llanw-: llanwaf, llenwi, lleinw; llanwn, llenwch, llanwant, &c.; so also: ail-lenwi, adlenwi, cyflenwi, gorlenwi, ymlenwi, trylenwi;
peri: stem par-: paraf, peri, pair; parwn, perwch, parant, &c.;
gweini: stem gweinydd-: gweinyddaf, gweinyddi, gweinydda, &c.; so also adweini, cofweini;
argoeli: stem argoeli-: argoeliaf, argoeli, argoelia, &c.; so also coelio;
gweiddi: stem gwaedd-: gwaeddaf, gweiddi, gwaedd; gwaeddwn, gwaeddwch, gwaeddant, &c.; so also crochweiddi;
deori: stem dehor-: dehoraf, dehori, deor; dehorwn, dehorwch, dehorant, &c.;
sengi: stem sang-: sangaf, sengi, sang(a); sangwn, sengwch, sangant, &c.;
pesgi: stem pasg-: pasgaf, pesgi, pasg(a); pasgwn, pesgwch, pasgant, &c.;
seci: stem sac-: sacaf, seci, saca; sacwn, secwch, sacant, &c.;
geni has the stem gan- but is used only in the vn. and the impersonal forms: see under section on irregular verbs; so also adeni, ail-eni. As a transitive verb, **to give birth**, it can, especially

in speech, be conjugated regularly like canu, e.g. fe anodd hi blentyn, **she gave birth to a child.**

-id: newid, amnewid, cyfnewid, erlid, ymlid: add -iaf, &c. to the vn.; e.g. newidiaf, newidi, newid; newidiwn, newidiwch, newidiant, &c.

-if: cyfrif, camgyfrif, amcangyfrif: add -af, &c. to the vn.: cyfrifaf, cyfrifi, cyfrif(a) &c.

-ig: aredig: stem ardd-: arddaf, erddi, ardd; arddwn, erddwch, arddant, impers: erddir; Imperfect: arddwn, &c.; Past: erddais, erddaist, arddodd; arddasom, arddasoch, arddasant; Pluperfect: arddaswn, &c.; Subjunctive: arddwyf, erddych, arddo; arddom, arddoch, arddont;
cynnig: cynigiaf, cynigi, cynnig; cynigiwn, cynigiwch, cynigiant, &c.

-il: ymbil: ymbiliaf, ymbili, ymbil; ymbiliwn, ymbiliwch, ymbiliant, &c.

-in: trin, ymdr|in, add -iaf: triniaf, trini, trin; triniwn, triniwch, triniant; Impers. trinnir; Imperfect Impers. trinnid;
meithrin: add -af: meithrinaf, meithrini, meithrin, &c.;
chwerthin: stem chwardd- chwarddaf, chwerddi, chwardd; chwarddwn, chwerddwch, chwarddant, &c.; spoken forms: chwertha(f), chwerthi, chwerthiff/chwerthith; chwerthwn, chwerthwch, chwerthant.

-is: dewis: add -af: dewisaf, dewisi, dewis, &c.

-iw: edliw, ymliw, cyfymliw: add -iaf: edliwiaf, edliwi, edliw, &c.

-o: nearly all verbs ending in -o, -io, simply drop the -o and are conjugated like gwenu. Exceptions are:

1. verbs with a stem in -aw:
(a) addo: addawaf, addewi, eddy/addawa; add|awn, add|ewch, addawant, Impers.: addewir; Imperfect: add|awn, addawit, &c.; Past: addewais, addewaist, addawodd; addawsom, addawsoch, addawsant, Impers.: addawyd; Pluperfect: addawswn, &c; gaddo is an incorrect form of the above;

(b) ymado is another form of ymadael, stem ymadaw-; see under -ael;

(c) taro, stem t(a)raw-:
Present: t(a)rawaf, t(a)rewi, tery; t(a)r|awn, t(a)r|ewch, t(a)r|awant; Impers.: t(a)rewid;
Past: t(a)rewais, t(a)rewaist, t(a)rawodd; t(a)rawsom, t(a)rawsoch, t(a)rawsant, Impers.: t(a)rawyd;
Pluperfect: t(a)rawswn, &c.; Impers.: t(a)rawsid;
Subjunctive: t(a)rawyf, t(a)rewych, t(a)rawo, &c.; Impers.: t(a)rawer;
Imperative: 1. -, 2. taro/t(a)rawa, 3. t(a)rawed; pl. 1. t(a)r|awn, 2. t(a)r|ewch, 3. t(a)rawent; so also ymdaro, cyd-daro.

2. *(a)* cyffro = cyffroi: stem cyffro-:
Present: cyffroaf, cyffr|oi, cyffry; cyffr|own, cyffr|owch, cyffrônt, Impers.: cyffr|oir,
Imperfect: cyffr|own, cyffr|oit, cyffr|oi; cyffr|oem, cyffr|oech, cyffr|oent, Impers.: cyffr|oid;
Past: cyffr|ois, cyffr|oist, cyffr|odd; cyffroesom, cyffroesoch, cyffroesant, Impers.: cyffrowyd;
Pluperfect: cyffroeswn, &c., Impers.: cyffroesid;
Subjunctive: cyffrowyf, cyffr|oech, cyffr|o; cyffrôm, cyffrôch, cyffrônt;
Imperative: 1. -, 2. cyffro, 3. cyffr|oed; pl. 1. cyffr|own, 2. cyffr|owch, 3. cyffr|oent;

(b) deffro, stem deffro-:
Present: deffroaf, deffr|oi, deffry; deffr|own, deffr|owch, deffrônt, Impers.: deffr|oir;
Imperfect: deffr|own, deffr|oit, deffroai; deffr|oem, deffr|oech, deffr|oent, Impers.: deffr|oid;
Past: deffr|ois, deffr|oist, deffr|oes/deffr|odd; deffroesom, deffroesoch, deffroesant, Impers.: deffrowyd;
Pluperfect: deffroeswn, &c., Impers.: deffroesid;
Subjunctive: deffrowyf, deffr|oych, deffrô; deffrôm, deffrôch, deffrônt, Impers.: deffr|oer;
Imperative: 1. -, 2. deffro, 3. deffr|oed; pl. 1. deffr|own, 2. deffr|owch, 3. deffr|oent.

-od: for the forms of bod, adnabod, canfod, cydfod, cydnabod, cyfarfod, darfod, darganfod, dod, dyfod, gorfod, gwybod, hanfod, ymgydfod, ymgydnabod, ymgyfarfod, see the section on irregular verbs;

gosod: add -af: gosodaf, gosodi, gesyd, &c.; so also camosod, gwrthosod, isosod, ymosod;
datod: add -af: datodaf, datodi, detyd, &c.; so also ymddatod;
gwrthod: add -af: gwrthodaf, gwrthodi, gwrthyd, &c. so also ymwrthod;
trafod: add -af: trafodaf, trafodi, trafod(a), &c.; so also cyd-drafod;
darbod: add -af: darbodaf, darbodi, darbod(a), &c.; so also rhagddarbod;
dannod: stem danod-: danodaf, danodi, dannod; danodwn, danodwch, danodant, &c.;
dygymod: *either* dygymyddaf, dygymyddi, dygymydd; dygymyddwn, dygymyddwch, dygymyddant, &c. *or* dygymodaf, dygymodi, dygymod; dygymodwn, dygymodwch, dygymodant, &c.;
gwarchod: *either* (like cadw) gwarchadwaf, gwarchedwi, gwarcheidw; gwarchadwn, gwarchedwch, gwarchadwant, &c. *or* gwarchodaf, gwarchodi, gwerchyd; gwarchodwn, gwarchodwch, gwarchodant, &c.;
rhagod: add -af: rhagodaf, rhagodi, rhagod, &c.

-odd: adrodd is conjugated like rhoddi: adroddaf, adroddi, edrydd, &c.; so also ailadrodd, cydadrodd;
diffodd: add -af: diffoddaf, diffoddi, diffydd, &c.;
gwahodd: add -af: gwahoddaf, gwahoddi, gwah|odd, &c.

-og: annog: stem anog-: anogaf, anogi, ennyg; anogwn, anogwch, anogant, &c., so also ymannog;
ysgog, more usually ysgogi, with stem ysgog-: ysgogaf, ysgogi, ysgog(a), &c.

-oi: see section on verbs with contracted forms.

-ol: ethol: add -af: etholaf, etholi, ethol, &c.; so also adethol, cyfethol, dethol, didol, canmol, eiriol, ymeiriol;
deol has the stem dehol-: deholaf, deholi, deol; deholwn, deholwch,deholant, &c.; so also ymddeol;
ymorol has either the older paradigm like that of galw: ymoralwaf, ymorelwi, ymoreilw; ymoralwn, ymorelwch, ymoralwant, &c.; or the modern regular paradigm: ymorolaf, ymoreli, ymorol(a); ymorolwn, ymorolwch, ymorolant, &c.;
(h)ôl, nôl (as in mynd i (h)ôl/nôl rhth) are not verb-nouns.

-olch: ymolch = ymolchi is regularly conjugated like golchi: ymolchaf, ymolchi, but the 3rd person is ymolch/ymolcha.

-on: anfon: add -af: anfonaf, anfoni, enfyn, &c.; so also danfon;
sôn: add -iaf: soniaf, soni, sôn; soniwn, soniwch, soniant, &c.; so also ymson;
ymryson: add -af: ymrysonaf, ymrysoni, ymryson, &c.

-or: agor: add -af: agoraf, agori, egyr; agorwn, agorwch, agorant, &c.; so also ail-agor, cilagor, ymagor;
esgor: add -af: esgoraf, esgori, esgor, &c.; so also hepgor;
dygyfor: add -iaf: but is hardly used other than in the vn. and 3rd person dygyfor;
cogor has only the vn;
deor has the stem de(h)-: de(h)oraf, de(h)ori, deor; de(h)orwn, de(h)orwch, de(h)orant, &c.

-orth: cymorth: cymhorthaf, cymhorthi, cymorth; cymhorthwn, cymhorthwch, cymhorthant, &c.

-os: aros has the stem arhos-: arhosaf, arhosi, erys; arhoswn, arhoswch, arhosant, &c.; so also cyfaros, hirymaros, ymaros;
dangos: dangosaf, dangosi, dengys; dangoswn, dangoswch, dangosant, &c.; so also arddangos;
annos: anosaf, anosi, annos; anoswn, anoswch, anosant, &c.

-osg: diosg: diosgaf, diosgi, diosg, &c.; so also ymddiosg.

-ub: achub: achubaf, achubi, achub, &c.; so also ymachub.

-ud: symud: symudaf, symudi, symud, &c.; so also ymsymud;
machlud: machludaf, machludi, machlud, &c., but scarcely used other than in the 3rd pers. and vn;
For dweud and gwneud, see the section on irregular verbs.

-ull: cynnull: cynullaf, cynulli, cynnull; cynullwn, cynullwch, cynullant, &c.; so also atgynnull, cydgynnull, ymgynnull.

-un: arofun: arofunaf, arofuni, arofun, &c.; so also darofun, gwarafun.

-ur: gwneuthur = gwneud; see the section on irregular verbs; so also dadwneuthur, ymwneuthur; mesur: mesuraf, mesuri, mesur, &c.;
murmur: murmuraf, murmuri, murmur, &c.

-w: galw: galwaf, gelwi, geilw; galwn, galwch, galwant, &c.; so also adalw;
cadw: cadwaf, cedwi, ceidw; cadwn, cedwch, cadwant, &c.; so also ymgadw;
llanw: llanwaf, llenwi, lleinw; llanwn, llenwch, llanwant, &c.; so also llenwi, gorlenwi, ymlenwi;
bwrw: stem bwri-: bwriaf, bwri, bwrw; bwriwn, bwriwch, bwriant, Impers.: bwrir, &c.; so also ymfwrw;
marw: no inflected forms in the literary language, but has some regularly inflected forms in speech: see under the section on defective verbs.

-wch: peswch: stem pesych-: pesychaf, pesychi, peswch; pesychwn, pesychwch, pesychant, &c.;
diolwch: archaic form of diolch.

-wd: cwrcwd: stem cyrcyd-: cyrcydaf, cyrcydi, cwrcwd, cyrcydwn, &c.;
sibrwd: stem sibryd-: sibrydaf, sibrydi, sibrwd, sibrydwn, &c.;
siffrwd: stem siffryd-: siffrydaf, siffrydi, siffrwd, siffrydwn, &c.

-wng: gostwng: stem gostyng-: gostyngaf, gostyngi, gostwng, gostyngwn, &c.; so also ymollwng, ymollyngaf, &c.;
hebrwng: stem hebryng-: hebryngaf, hebryngi, hebrwng, hebryngwn, &c.; so also cynhebrwng.

-wl: timpwl, tinpwl: only the vn. is in use.

-wn: gogrwn: stem gogryn-: gogrynaf, gogryni, gogrwn, gogrynwn, &c.

-wrdd: cwrdd: stem cwrdd-: cwrddaf, cwrddi, cwrdd, &c.;
cyffwrdd: stem cyffyrdd-: cyffyrddaf, cyffyrddi, cyffwrdd, cyffyrddwn, &c.; so also gorgyffwrdd, ymgyffwrdd;
dadwrdd: stem dadyrdd-: dadyrddaf, dadyrddi, dadwrdd, dadyrddwn, &c., but only the vn. is in common use.

-wth: bygwth: stem bygythi-: bygythiaf, bygythi, bygwth, bygythiwn, &c.

-wy: dodwy: stem dodwy-: dodwyaf, dodwyi, dodwy, dodwywn, &c.;
tramwy: stem tramwy-: tramwyaf, tramwyi, tramwy, &c.

-wydd: digwydd: stem digwydd-: as an impersonal verb, = **to befall**, it has only third person forms (see section on defective verbs); as a personal verb it has a full, regular paradigm, e.g. digwyddais fynd yno, **I happened to go there**.

-wyl: disgwyl: stem disgwyli-: disgwyliaf, disgwyli, disgwyl, &c.

-wyll: crybwyll: stem crybwyll-: crybwyllaf, crybwylli, crybwyll, &c.

-wyn: achwyn: stem achwyn-: achwynaf, achwyni, achwyn, &c.;
dirwyn: stem dirwyn-: dirwynaf, dirwyni, dirwyn, &c.;
dwyn has two paradigms:
1. in the literary sense **to bear, bring**, it has the stem dyg-: Present/Future: dygaf, dygi, dwg; dygwn, dygwch, dygant, Impers.: dygir; Imperfect: dygwn, &c.; Past: dygais, dygaist, dug, dygasom, &c., Impers.: ducpwyd, dycpwyd, dugwyd; Pluperfect: dygaswn, &c., Impers.: dygasid/dygesid; Subjunctive: dygwyf, dygech, dyco/dygo, &c., Impers.: dyger; Imperative: 1. - 2. dwg, 3. dyged; pl. 1. dygwn, 2. dygwch, 3. dygent; Impers.: dyger;
2. In its common sense of **to steal**, it has a regular conjugation with the stem dwyn-: dwynaf, dwyni, dwyn/dwyniff/dwynith, &c.; Like dwyn are camymddwyn, cyd-ddwyn, cydymddwyn, cyfrddwyn, ymddwyn.

-wys: arllwys: stem arllwys-: arllwysaf, arllwysi, arllwys, &c.;
gorffwys: stem gorffwys-: gorffwysaf, gorffwysi, gorffwys, &c.;
cynnwys: stem cynhwys-: cynhwysaf, cynhwysi, cynnwys, cynhwyswn, &c.;
tywys: see -ys below.

-ych: edrych: stem edrych-: edrychaf, edrychi, edrych, &c.; so also cipedrych, ciledrych;
chwennych: stem chwenych-: chwenychaf, chwenychi, chwennych, chwenychwn, &c.

-yd: ysgwyd: stem ysgydw-: ysgydwaf, ysgydwi, ysgwyd; ysgydwn, ysgydwch, ysgydwant, Impers.: ysgydwir, &c.; so also ymysgwyd;

All other verbs whose vns. end in -yd, drop it in their paradigms;
agoryd is another form of agor; see under -or;
cymryd, stem cymer-: cymeraf, cymeri, cymer, &c.; so also camgymryd, ymgymryd;
cwrddyd is another form of cwrdd; see under -wrdd;
cyrhaeddyd is another form of cyrraedd; see under -aedd;
diferyd is another form of diferu: diferaf, diferi, difera, &c.;
diffryd, stem differ-: differaf, differi, diffryd, differwn, &c.;
dihatryd or dihatru, stem dihatr-: dihatraf, dihetri, dihatra; dihatrwn, dihetrwch, dihatrant, &c.;
dihengyd: another form of dianc: see under -anc;
diwelyd: another form of diwel; see under -el;
dwgyd: a popular form of dwyn; see under -wyn;
dychwelyd: stem dychwel-: dychwelaf, dychweli, dychwel, &c.;
dymchwelyd: another form of dymchwel; see under -el;
dywedyd: a more literary form of dweud; so also gwrthddywedyd; see under -eud;
edfryd: a more literary form of adfer; see under -er;
edrychyd: a dialect form of edrych; see under -ych;
gafaelyd: another form of gafael; see under -ael;
glynyd: a dialect form of glynu: glynaf, glyni, glŷn, &c.;
gochelyd: another form of gochel; see under -el;
goddiweddyd: stem goddiwedd-: goddiweddaf, goddiweddi, goddiwedd, &c.;
helcyd: only vn. in use;
hercyd: stem herc-: hercaf, herci, herc(a), but only the vn. is in common use;
moelyd: dialect form of ymchwelyd;
syflyd: stem syfl-: syflaf, syfli, syfl, &c.;
taflyd: dialect form of taflu: taflaf, tefli, teifl, taflwn, teflwch, taflant;
ymaelyd, ymaflyd: correctly conjugated like gafael: ymafaelaf, ymafaeli, ymafael, &c. but has also forms with the stem ymafl- ymaflaf, ymefli, ymafla, &c.;
ymchwelyd: stem ymchwel-: ymchwelaf, ymchweli, ymchwel, &c.;
ymgymryd: like cymryd;
ymochelyd, ymog(e)lyd like ymochel;
ymyrryd stem ymyrr-: ymyrraf, ymyrri, ymyrra, &c., otherwise like gyrru;
ysgwyd: stem ysgydw-: ysgydwaf, ysgydwi, ysgwyd; ysgydwn, ysgydwch, ysgydwant, &c.; so also ymysgwyd.

-yf: deisyf, stem deisyf-: deisyfaf, deisyfi, deisyf, &c.

-yg: benthyg; another form of benthyca, with stem benthyc(i)- *or* benthyg(i)-: benthyc(i)af, benthyci, benthyg; benthyc(i)wn, benthyc(i)wch, benthycant;
benffyg is a dialect form of benthyg.

-yll: sefyll: stem saf-: safaf, sefi, saif; safwn, sefwch, safant, &c.; Imperfect: safwn, &c. Past: sefais, sefaist, safodd; safasom, safasoch, safasant, &c.; Imperative: 1. -, 2. saf, 3. safed; pl. 1. safwn, 2. safwch, 3. safent; so also camsefyll, cydsefyll, gwrthsefyll.

-yn: the vn. is the stem of some verbs:
1. canlyn: canlynaf, canlyni, canlyn, &c.; so also cydganlyn;
dilyn: dilynaf, dilyni, dilyn, &c., Impers.: dilynir, dilynid;
dychryn: dychrynaf, dychryni, dychryn, &c., Impers.: dychrynir;
erlyn: erlynaf, erlyni, erlyn, &c., Impers.: erlynir;
gogryn: gogrynaf, gogryni, gogryn, &c.;
gwecryn: a dialect form of gogryn;
perthyn: perthynaf, perthyni, perthyn, &c.;

2. derbyn: stem derbyni- or derbynn-, derbyniaf/derbynnaf, derbyn(n)i, derbyn; derbyn(i)wn, derbyn(i)wch, derbyniant/derbynnant, Impers.: derbynnir; Imperfect: derbyniwn, &c., Impers.: derbynnid; Past: derbyniais, &c., Impers.: derbyniwyd; Pluperfect: derbyniaswn, &c.;
erfyn: stem erfyni- or erfynn- erfyniaf/erfynnaf, erfyn(n)i, erfyn; erfyniwn/erfynnwn, erfyniwch/erfynnwch, erfyniant/erfynnant, Impers.: erfynnir; Imperf: erfyniwn, &c., Impers.: erfynnid;

3. Others double the n after a stressed syllable:
cychwyn: cychwynnaf, cychwynni, cychwyn, cychwynnwn, &c.;
amddiffyn: amddiffynnaf, amddiffynni, amddiffyn, amddiffynnwn, &c.;
disgyn: disgynnaf, disgynni, disgyn, disgynnwn, &c.;
ennyn: enynnaf, enynni, ennyn, enynnwn, &c.;
esgyn: esgynnaf, esgynni, esgyn, esgynnwn, &c.; so also goresgyn;
estyn: estynnaf, estynni, estyn, estynnwn, &c.; so also ymestyn;
gofyn: gofynnaf, gofynni, gofyn, gofynnwn, &c.; so also ymofyn;
gorchymyn: gorchmynnaf, gorchmynni, gorchymyn, gorchmynnwn, &c.

-ynd: mynd: see the section on irregular verbs.

-yng: hustyng: only the vn. of this archaic verb was in use.

-ys: ciprys: ciprysaf, ciprysi, ciprys, &c.; so also ymgiprys;
datrys: datrysaf, datrysi, detrys, datryswn, datryswch, &c.;
tywys: tywysaf, tywysi, tywys, &c.

-yw: byw has only the vn. in the literary language, its paradigm being supplied by bod. In the spoken language it has a full regular paradigm with the stem bywi-: see under the section on defective verbs; so also ail-fyw, cyd-fyw.

The verbal system

A comprehensive treatment of the verbal system, including full conjugations of all irregular verbs, will be found in the indispensible, bilingual *Y Llyfr Berfau: A Check-list of Welsh Verbs* by D. Geraint Lewis (Llandysul, Gwasg Gomer, 1995) and see also: *234 Welsh Verbs: Standard Literary Forms* by K. Klingebiel (Belmont, Mass: 1994).

As in many other languages, verbs in Welsh are conjugated or inflected to show person, number, tense and mood. Some are defective (dylwn, **I ought**) and others have no inflected forms at all e.g. byw, marw, pysgota (at least in the literary language). Most verbs are conjugated like gwenu, canu, glanhau or troi, whose paradigms are set out below, but many have minor irregularities. The inflected forms of verbs are in normal daily use and every learner will have to learn to recognize and eventually use them to avoid seeming an unnatural speaker. Fortunately, mastery of the word bod, **to be**, obviates any immediate need to master the paradigm of every single verb, since it is normally used to construct a periphrastic paradigm of nearly every other verb. In all the paradigms listed below, for convenience only, radical forms are given, i.e. not prefixed by mi, fe, which mutate forms beginning with mutable consonants. A comprehensive discussion of the verb bod will be found in the article on **be** in the dictionary.

Bod

I. Indicative Mood

Present Tense.

	sing.	pl.
	1. (yr) wyf (i), (yr) ydwyf (i)	1. (yr) ŷm, (yr) ydym (ni)
	2. (yr) wyt (ti)	2. (yr) ŷch, (yr) ydych (chwi)
	3. (y) mae (ef/hi)	3. (y) maent (hwy)
3rd person forms: in some questions and answers and in negative statements:	yw, ydyw	ŷnt, ydynt
in some questions and in relative clauses:	sydd	sydd
in indefinite questions and answers:	oes	oes
in emphatic clauses:	mai, S: taw	mai, S: taw

Impersonal: ydys.

Habitual Present and Future Tense.

sing.	1. byddaf (i), **I (usually) am** *or* **I shall be**	pl.	1. byddwn (ni)
	2. byddi (di)		2. byddwch (chwi)
	3. bydd (ef/hi)		3. byddant (hwy)

Impersonal: byddir, byddys.

Imperfect Tense. (**I was, I used to be &c.**).

sing.	1. (yr) oeddwn (i)	pl.	1. (yr) oeddem (ni)
	2. (yr) oeddit (ti)		2. (yr) oeddech (chwi)
	3. (yr) oedd (ef/hi), occ: ydoedd		3. (yr) oeddynt (hwy)

Impersonal: oeddid.

Habitual Imperfect Tense (**I used to be, I would be**) and Conditional Tense (**I would be**).

sing.	1. byddwn (i)	pl.	1. byddem (ni)
	2. byddit (ti)		2. byddech (chwi)
	3. byddai (ef/hi)		3. byddent (hwy)

Impersonal: byddid.

Past Tense (**I was, I have been**).

sing.	1. bûm (i)	pl.	1. buom (ni)
	2. buost (ti)		2. buoch (chwi)
	3. bu (ef/hi)		3. buont (hwy)

Impersonal: buwyd.

Pluperfect and Conditional Tense (**I had been, I would be**).

sing.	1. buaswn (i)	pl.	1. buasem (ni)
	2. buasit (ti)		2. buasech (chwi)
	3. buasai (ef/hi)		3. buasent (hwy)

Impersonal: buasid.

II. Subjunctive Mood

Present Tense (**(that) I be**).

sing.	1. bwyf/byddwyf (i)	pl.	1. bôm/byddom (ni)
	2. bych/byddych/byddech (di)		2. boch/byddoch (chwi)
	3. bo/byddo (ef/hi)		3. bônt/byddont (hwy)

Impersonal: bydder.

Imperfect Tense (**(that) I were**).

sing.	1. bawn/byddwn (i)	pl.	1. baem/byddem (ni)
	2. bait/byddit (ti)		2. baech/byddech (chwi)
	3. bai/byddai (ef/hi)		3. baent/byddent (hwy)

Impersonal: byddid.

This tense is used mainly after pe = **if**, in hypothetical conditional clauses of the type **if I were the king of France**, pe bawn i'n frenin Ffrainc; combined with pe, bod has the following forms:

sing.	1. petawn (i)	pl.	1. petaem (ni)
	2. petait (ti)		2. petaech (chwi)
	3. petai (ef/hi)		3. petaent (hwy)

III. Imperative Mood

sing.	1. –	pl.	1. byddwn (ni)
	2. bydd (di)		2. byddwch (chwi)
	3. bydded/boed/bid (ef/hi)		3. byddent (hwy)

Impersonal: bydder.

Observations
For oeddit, oeddynt, byddit, buasit, bait, petait, petai, one will often hear and see oeddet, oeddent, byddet, buaset, baet, petaet, petae, which are regarded as less correct.

The impersonal forms are used to form impersonal statements of the type buwyd yn gloddesta, **there was feasting**, comparable to English, **one**, French, *on*, German, *man*, Italian, *si*, Spanish, *se*.

As there is no Passive Voice in Welsh, the impersonal forms are also used to convey a passive sense, e.g. **it will be seen**, byddys yn ei weld, **I am/shall be seen**, gwelir fi; **she used to be seen**, gwelid hi; **he was seen**, gwelwyd ef. Although the past impersonal form (e.g. gwelwyd) is still used in speech, the other impersonal forms are now almost purely literary. The most usual method of conveying a passive sense is now by using the forms of the verb cael + possessive adjective + verb-noun, thus: **I am being followed**, 'rwyf yn cael fy nilyn; **she was seen**, fe gafodd ei gweld; **we'll be caught**, fe gawn ein dal; **we won't be paid**, ni chawn ni mo'n talu; **she won't be believed**, ni chaiff hi mo'i chredu (mo = dim o).

In literary usage, ydwyt occurs as the 2nd person singular of the present tense.

Bod is used to form the periphrastic paradigm of any other verb, thus e.g. canu.

A. With yn + verb-noun:
Present Tense: yr wyf &c. yn canu, **I am singing**.
Future Tense: byddaf &c. yn canu, **I shall be singing**. Habitual Present, **I (usually) sing**.
Imperfect Tense: yr oeddwn &c. yn canu, **I was singing**.
Habitual Imperfect Tense and Conditional Tense: byddwn &c. yn canu, **I used to sing, I would sing, I would be singing**.
Past Continuative Tense: bûm &c. yn canu, **I have been singing, I remained singing, I did sing, I sang once.**
Pluperfect and Conditional Tense: buaswn &c. yn canu, **I had been singing, I would be singing, I would sing**.
Conditional Tense after pe: pe bawn &c. yn canu, **if I were singing, if I were to sing**.
Present Subjunctive: fel y bwyf &c. yn canu, **so that I sing, so that I be singing**.

B. With wedi + verb-noun.
Future Perfect Tense: byddaf &c. wedi canu, **I shall have sung**.
Present Perfect Tense: yr wyf &c. wedi canu, **I have sung**.
Pluperfect Tense: yr oeddwn &c. wedi canu, **I had sung**.
Habitual Pluperfect and Conditional Perfect Tense: byddwn &c. wedi canu, **I used to have sung, I would have sung**.
Pluperfect and Conditional Perfect Tense: buaswn &c. wedi canu, **I had sung, I would have sung**.
Present Subjunctive: fel y bwyf &c. wedi canu, **so that I may have sung**
Imperfect Subjunctive: after pe: pe bawn &c. wedi canu, **if I had sung**.

C. With wedi bod yn + verb-noun:
e.g. yr wyf (&c.) wedi bod yn canu, **I have been singing**, and similarly using the other tenses.

D. With heb + verb-noun, an alternative way of expressing the negative:
e.g. yr wyf heb ganu ers tro, **I have not sung for a while**, and similarly using the other tenses.

E. With newydd + verb-noun, translating **just, newly**:
e.g. yr wyf &c. newydd ganu, **I have just sung**, and similarly using the other tenses.

F. With newydd fod yn + verb-noun:
e.g. yr wyf newydd fod yn canu, **I have just been singing**, and thus in the other tenses.

G. Bod may be constructed with ar + verb-noun, ar fin + verb-noun, am + verb-noun, ar fedr + verb-noun, and yn mynd i + verb-noun, to convey the sense **about**:
e.g. yr wyf ar fynd *or* yr wyf am fynd, **I'm about to go**; bu ar fedr llwyddo, **he was about to succeed** or **he almost succeeded**; yr oeddech ar fin cwympo, **you were about to fall**.

H. Forms of the verb gwneud **(to do)** are often used, especially in the North, to construct a Future Tense and a Past Definite Tense: e.g. mi wna' i fynd, **I shall go**; mi wnaeth dderbyn, **he/she accepted**; this is especially done in the case of verbs whose Past Tense forms are cumbersome or old-fashioned, e.g. mi wnaethon nhw aros, **they did stay**, instead of fe arosasant. Other tenses of gwneud are less often used.
I. The Past Tense of any verb may always be constructed by using bu i + subject + verb-noun: e.g. bu imi edifarhau, **I repented**; bu iddynt ganiatáu'r cais, **they permitted the application**. Similarly, any Future Tense may be constructed with bydd i + subject + verb-noun, e.g. bydd iddo ailfeddwl, **he'll think again**; gobeithio y bydd inni lwyddo, **here's hoping we succeed**. In the literary language darfu i **(it befell)** + subject + verb-noun is used to construct a Past Tense: this construction is much used in Northern Welsh, e.g. mi ddaru' mi fynd, **I went, I did go**; mi ddaru nhw gytuno, **they did agree**.

Compounds of bod:

1. canfod, **to perceive**.
Present: canfyddaf, canfyddi, cenfydd; canfyddwn; canfyddwch; canfyddant;
Impers.: canfyddir.
Imperfect: canfyddwn, canfyddit, canfyddai; canfyddem, canfyddech, canfyddent;
Impers.: canfyddid.
Past: canfûm, canfuost, canfu; canfuom, canfuoch, canfuant;
Impers.: canfuwyd.
Pluperfect: canfuaswn, canfuasit, canfuasai; canfuasem, canfuasech, canfuasant;
Impers.: canfuesid.
Present Subjunctive: canfyddwyf, canfyddych, canfyddo; canfyddom, canfyddoch, canfyddont; Impers.: canfydder.
Imperative: 2. cenfydd, 3. canfydded; pl. 1. canfyddwn, 2. canfyddwch, 3. canfyddent;
Impers.: canfydder.
Like canfod, are darganfod, **to discover**, darganfyddaf &c.; cydfod, **to coexist**, cydfyddaf &c.; ymgydfod, **to agree**, ymgydfyddaf &c.

2. darfod, **to finish, befall**.
Present: darfyddaf, darfyddi, derfydd; darfyddwn, darfyddwch, darfyddant;
Impers.: darfyddir.
Imperfect & Conditional: darfyddwn &c.; Impers.: darfyddid.
Past: darfûm &c.; Impers.: darfuwyd. Pluperfect & Conditional Perfect. darfuaswn &c.; Impers.: darfuesid.
Present Subjunctive: darfyddwyf &c.; Impers.: darfydder.
Imperative: 1. 2. derfydd, 3. darfydded &c.; Impers.: darfydder.

3. cyfarfod â, **to meet**.
Present: cyfarfyddaf, cyfarfyddi, cyferfydd; cyfarfyddwn, cyfarfyddwch, cyfarfyddant;
Impers.: cyfarfyddir.
Imperfect: cyfarfyddwn &c.; Impers.: cyfarfyddid.
Past: cyfarfûm &c.; Impers.: cyfarfuwyd.
Pluperfect: cyfarfuaswn &c.; Impers.: cyfarfuesid.
Present Subjunctive: cyfarfyddwyf &c.; Impers.: cyfarfydder.
Imperative: 1. 2. cyferfydd, 3. cyfarfydded &c.; Impers.: cyfarfydder;
Like cyfarfod: ymgyfarfod, ailgyfarfod.

4. gorfod
(a) **to have to, to be obliged to** (do not confuse with gorfodi, **to oblige**). Now used only in the 3rd person, mainly in the literary language:
Present & Future: gorfydd.
Imperfect: gorfyddai. Past: gorfu. Pluperfect: gorfuasai.

Present Subjunctive: gorfyddo.
(b) In the now rare literary sense, **to prevail, overcome**, gorfod ar is fully conjugated like canfod;
Present: gorfyddaf, gorfyddi, gorfydd &c.; Impers.: gorfyddir.
Imperfect: gorfyddwn &c.; Impers.: gorfyddid.
Past: gorfûm, &c.; Impers.: gorfuwyd.
Pluperfect: gorfuaswn &c.; Impers.: gorfuesid.
Imperative: 1. 2. gorfydd, 3. gorfydded &c.; Impers.: gorfydder.
Present Subjunctive: gorfyddwyf &c.; Impers.: gorfydder.

5. gwybod, **to know (a thing)**
Future: gwybyddaf, gwybyddi, gwybydd; gwybyddwn, gwybyddwch, gwybyddant;
Impers.: gwybyddir. Little used in speech, this tense is replaced by byddaf yn gwybod &c.
Present: gwn, gwyddost, gŵyr; gwyddom, gwyddoch, gwyddant; Impers.: gwyddys.
Imperfect: gwyddwn, gwyddit, gwyddai; gwyddem, gwyddech, gwyddent; Impers.: gwyddid.
Past: gwybûm, gwybuost, gwybu; gwybuom, gwybuoch, gwybuont/gwybuant; Impers.: gwybuwyd.
Pluperfect: gwybuaswn, gwybuasit, gwybuasai; gwybuasem, gwybuasech, gwybuasent;
Impers.: gwybuesid.
Present Subjunctive: *either* gwypwyf, gwypych, gwypo; gwypom, gwypoch, gwypont;
Impers.: gwyper
or gwybyddwyf, gwybyddych, gwybyddo; gwybyddom, gwybyddoch, gwybyddont;
Impers.: gwybydder.
Imperfect Subjunctive: *either* gwypwn, gwypit, gwypai; gwypem, gwypech, gwypent;
Impers.: gwypid
or gwybyddwn, gwybyddit, gwybyddai; gwybyddem, gwybyddech, gwybyddent;
Impers.: gwybyddid.
Imperative: 1. 2. gwybydd 3. gwyped, gwybydded; pl. 1. gwybyddwn
2. gwybyddwch 3. gwypent, gwybyddent; Impers.: gwybydder.

6. adnabod, **to know, recognize**.
Present: 1. adwaen, adwen, 2. adwaenost, adweini, 3. edwyn; pl. 1. adwaenom, adwaenwn, 2. adwaenoch, adwaenwch, 3. adwaenant
Impers.: adwaenir, adweinir.
Future: adnabyddaf, adnabyddi, adnebydd; adnabyddwn, adnabyddwch, adnabyddant;
Impers.: adnabyddir.
Imperfect: adwaenwn, adweinit, adwaenai; adwaenem, adwaenech, adwaenent;
Impers.: adwaenid, adweinid.
Past: adnabûm, adnabuost, adnabu; adnabuom, adnabuoch, adnabuont;
Impers.: adnabuwyd.
Pluperfect: adnabuaswn, adnabuasit, adnabuasai; adnabuasem, adnabuasech, adnabuasent; Impers.: adnabuasid.
Present Subjunctive: *either* adnapwyf, adnepych, adnapo; adnapom, adnapoch, adnapont;
Impers.: adnaper.
or adnabyddwyf, adnabyddych, adnabyddo; adnabyddom, adnabyddoch, adnabyddont;
Impers.: adnabydder.
Imperfect Subjunctive: *either* adnapwn, adnapit, adnapai; adnapem, adnapech, adnapent;
Impers.: adnapid
or adnabyddwn, adnabyddit, adnabyddai; adnabyddem, adnabyddech, adnabyddent;
Impers.: adnabyddid.
Imperative: 1. –, 2. adnebydd, 3. adnabydded; pl. 1. adnabyddwn, 2. adnabyddwch, 3. adnabyddent;
Impers.: adnabydder.

These forms have largely fallen into disuse in speech and have there been replaced by periphrastic constructions using bod, e.g. yr oeddwn yn adnabod for adwaenwn, or by a 'regular' paradigm, following that of canu, constructed on the stem adnab- thus:

Future: (ad)naba(i), (ad)nabi, (ad)nabith/(ad)nabiff; (ad)nabwn, (ad)nabwch, (ad)naban' *or* 'nabydda(f), 'nabyddi, 'nabyddiff/'nabyddith; 'nabyddan, 'nabyddwch, 'nabyddan, *or* mi fydda 'i'n 'nabod, &c.
Present: 'rwy'n (ad)nabod &c.
Imperfect: 'roeddwn/byddwn &c. yn (ad)nabod;
Imperfect & Conditional: (ad)nabwn, (ad)nabet, (ad)nabai; (ad)nabem, (ad)nabech, (ad)naben(t) *or* byddwn/buaswn &c. yn (ad)nabod
or 'nabyddwn, 'nabyddet, 'nabyddai; 'nabyddem, 'nabyddech, 'nabydden.
Past: 'nabyddais, 'nabyddaist, 'nabyddodd; 'nabyddsom, 'nabyddsoch, 'nabyddson
or 'nabais, 'nabaist, 'nabodd, 'nabsom, 'nabsoch. 'nabson.
Pluperfect: 'roeddwn/'rown i wedi (ad)nabod &c.
The periphrastic forms are acceptable in speech and writing; the others are not regarded as correct.

7. cydnabod, **to recognize**
Present: cydnabyddaf, cydnabyddi, cydnebydd; cydnabyddwn, cydnabyddwch, cydnabyddant; Impers.: cydnabyddir.
Imperfect: cydnabyddwn &c.; Impers.: cydnabyddid.
Past: cydnabûm &c.; Impers.: cydnabuwyd.
Pluperfect: cydnabuaswn &c.; Impers.: cydnabuesid.
Present Subjunctive: cydnabyddwyf &c.; Impers.: cydnabydder.
Imperative: 1. 2. cydnebydd, 3. cydnabydded pl. cydnabyddwn,
cydnabyddwch, cydnabyddent; Impers.: cydnabydder.
Like cydnabod: ymgydnabod.

8. hanfod, **to originate**, now has only the verb-noun, the 3rd person Past, hanfu, and the 3rd person Imperfect, hanoedd, having been replaced by a regularly inflected verb hanu.

Other irregular verbs

1. mynd, **to go**
Present: af, ei, â/aiff; awn, ewch, ânt; Impers.: eir.
Imperfect: awn, ait, âi; aem, aech, aent; Impers.: eid.
Past: euthum, aethost, aeth; aethom, aethoch, aethant; Impers.: aethpwyd, aed;
(in spoken Welsh euthum has been replaced by es, eis; etho'i occurs in the South).
Pluperfect and conditional: aethwn, aethit, aethai; aethem, aethech, aethent; or elswn, elsit, elsai; elsem, elsech, elsent; Impers.: aethid, elsid.
Present Subjunctive: elwyf, elych, êl/elo; elom, eloch, elont; Impers.: eler.
Imperfect Subjunctive: elwn, elit, elai; elem, elech, elent; Impers.: elid.
Imperative: 1. -, 2. dos, 3. aed, eled; pl. 1. awn, ewch, aent/elent; Impers.: aer, eler.
(In the second person, cer', cer'wch are forms widely used in popular speech, and in the North doswch occurs as well as ewch). Like mynd: cyd-fynd, **to agree**.

2. gwneud, gwneuthur, **to do, make**.
Though conjugated almost exactly like mynd, the forms of gwneud are given in full for the sake of convenience:
Present: gwnaf, gwnei, gwna/gwnaiff; gwnawn, gwnewch, gwnânt;
Impers.: gwneir.
Imperfect: gwnawn, gwnait, gwnâi; gwnaem, gwnaech, gwnaent;
Impers.: gwneid.
Past: gwneuthum, gwnaethost, gwnaeth; gwnaethom, gwnaethoch, gwnaethant;
Impers.: gwnaethpwyd, gwnawd.
(In popular speech gwneuthum has been replaced by gwnes, gwneis; gwnetho'i occurs in the South: for gwnaethost, gwnêst is often heard).
Pluperfect: gwnaethwn, gwnaethit, gwnaethai; gwnaethem, gwnaethech, gwnaethent
or gwnelswn, gwnelsit, gwnelsai; gwnelsem, gwnelsech, gwnelsent;

Impers.: gwnaethid, gwnelsid.
Present Subjunctive: gwnelwyf, gwnelych, gwnêl/gwnelo; gwnelom, gwneloch, gwnelont
Impers.: gwneler.
Imperfect Subjunctive: gwnelwn, gwnelit, gwnelai; gwnelem, gwnelech, gwnelent;
Impers.: gwnelid.
Imperative: 1. -, 2. gwna, 3. gwnaed/gwneled; pl. gwnawn, gwnewch, gwnaent/gwnelent;
Impers.: gwnaer, gwneler.
N.B. gwn- is pronounced gn- with lip-rounding: gwneud, gwnewch, gwneir &c. are monosyllables, there being no stress on gwn-.
Like gwneud: its compounds ailwneud, **to repeat**; gorwneud, **to overdo**; ymwneud, **to concern**; dadwneud, **to undo**.
N.B. dweud, **to say**, is conjugated regularly like canu, with the stem dywed-: dywedaf, dywedi, dywaid/dywed; dywedwn, dywedwch, dywedant, &c.; so also croes-ddweud, gwrth-ddweud, ail-ddweud.

2. dod, dyfod, **to come**. Its form resembles most of mynd, but it has some contracted forms, more usual in speech:
Present: deuaf, deui, daw; deuwn, deuwch, deuant; Impers.: deuir;
or dof, doi, daw; down, dewch/dowch, dônt; Impers.: doir.
Imperfect: deuwn, deuit, deuai; deuem, deuech, deuent; Impers.: deuid
or down, doit, doi; doem, doech, doent; Impers.: doid.
Past: deuthum, daethost, daeth; daethom, daethoch, daethant/daethont;
Impers.: daethpwyd, deuwyd, doed.
In more popular speech deuthum has been replaced by des, deis, dois, and daethost by dêst.
Pluperfect: daethwn, daethit, daethai; daethem, daethech, daethent;
Impers.: daethid.
Present Subjunctive: delwyf, delych, dêl/delo; delom, deloch, delont;
Impers.: deler.
Imperfect Subjunctive: delwn, delit, delai; delem, delech, delent;
Impers.: delid.
Imperative: 1. -, 2. N: tyrd, S: dere, 3. deued/doed/deled; pl. 1. deuwn/down, 2. deuwch/dowch/dewch, 3. deuent, doent, delent; Impers.: deuer, doer, deler.

3. cael, **to get, be allowed.**
Present: caf, cei, caiff; cawn, cewch, cânt; Impers.: ceir.
Imperfect: cawn, cait, câi; caem, caech, caent; Impers.: caed.
Past: cefais, cefaist, cafodd, cawsom, cawsoch, cawsant; Impers.: cafwyd, caed.
(In popular speech 1. ces 2. cêst 3. cadd, cath, S: cas).
Pluperfect: cawswn, cawsit, cawsai; cawsem, cawsech, cawsent; Impers.: cawsid.
Present Subjunctive: caffwyf, ceffych, caffo; caffom, caffoch, caffont; Impers.: caffer, caer.
Imperfect Subjunctive: caffwn, caffit, caffai; caffem, caffech, caffent; *or* cawn &c. as in the Imperfect Indicative; Impers.: ceffid;
Imperative: 1. - 2. - 3. caffed, caed pl. 1. - 2. - 3. caffent, caent; Impers.: caffer, caer.
N.B. cael has no second person imperative: to fill this gap, mynna, mynnwch (from mynnu, **insist on**) or estyn, estynnwch (from estyn, **to pass, extend**) or dos/ewch i nôl or dos/ewch i moyn (**go to fetch**) are used. See under **get** in the dictionary. This verb is commonly used to express the passive voice in the construction cael + possessive adjective + verb-noun, e.g. cael eich caru, **to be loved**; cafodd ei ddilyn, **he was followed**; pe cawsai ei ladd, **if he had been killed**; distinguish carefully between this and the other construction without the possessive adjective: cafodd ddilyn, **he was allowed to follow**: pe cawsai ladd, **if he had been allowed to kill**.

Defective verbs

1. dichon, **it is possible, it may be**; has only the 3rd person sing. of the Present Indicative; e.g. dichon ei bod hi'n gywir, **it may be that she is right**; dichon iddo lwyddo, **it may be he succeeded.**

2. dylwn, **I ought**, has no verb-noun. It has two tenses: Imperfect: dylwn, dylit, dylai; dylem, dylech, dylent, with a present sense; Impers; dylid.
Pluperfect: dylaswn, dylasit, dylasai; dylasem, dylasech, dylasent;
Impers.: dylesid, with the sense **I ought to have** &c.
In popular speech the tenses are used interchangeably.

3. ebr, ebe, eb, **says, quoth**: these 3rd person forms are the only forms, used to introduce quoted words of a speaker.

4. meddaf, **I say, say I**, has no verb-noun. It has two tenses:
Present: meddaf, meddi, medd; meddwn, meddwch, meddant; Impers.: meddir.
Imperfect: meddwn, meddit, meddai; meddem, meddech, meddent; Impers.: meddid.
These are used to introduce quoted words of a speaker.

5. hwde, pl. hwdiwch, **here you are, take this**, in the South hwre, hwriwch; there are no other forms.
6. moes, pl. moeswch, **give me**, occurring only in the literary language. There are no other forms.

7. geni, **to be born**, has only the verb-noun and the impersonal forms:
Present: genir, Imperfect: genid; Past: ganwyd/ganed; Pluperfect: ganesid/ganasid;
Present Subjunctive: ganer; Imperfect Subjunctive: genid.

8. marw, **to die**, has only the verb-noun in the literary language, its tenses being supplied by bod + yn, e.g. Present: yr wyf yn marw &c.; Imperfect: yr oeddwn yn marw &c.; Future: byddaf farw &c.; Past: bûm farw &c.; Pluperfect: buaswn farw &c.; Conditional: byddwn farw &c.; note that yn is omitted after forms of bod beginning with b. However, in speech marw has the following paradigm:
Future: marwa(f), marwi, marwiff/marwith; marwn, marwch, marwan(t);
Present: 'rwy'n marw &c.; Imperfect: 'roeddwn i'n marw &c.
Conditional: marwn, marwet, marwai; marwem, marwech, marwen'
Past: (occ. marwais), (occ. marwaist), marwodd; buom farw, buoch farw, marwon'
Pluperfect: 'roeddwn i wedi marw &c. The periphrastic forms are acceptable, the other forms are not regarded as correct.

9. byw, **to live**, has only the verb-noun in the literary language, its other tenses being supplied by bod + fyw:
Future: byddaf fyw or byddaf yn byw &c.
Present: yr wyf yn byw;
Imperfect: yr oeddwn yn byw;
Conditional and Habitual: byddwn yn byw.
Past: bûm yn byw &c.
Pluperfect, and Conditional: buaswn yn byw &c.
Imperative: 1. 2. bydd fyw. 3. bydded fyw, pl. 1. byddwn fyw 2. byddwch fyw 3. byddent fyw.
However, in speech byw has a regular paradigm.
Future: bywiaf, bywi, bywith/bywiff; bywiwn, bywiwch, bywian'
Present: 'rwy'n byw &c.
Imperfect: 'roeddwn i'n byw &c.
Habitual Imperfect: byddwn yn byw &c.
Conditional: bywiwn, bywiet, bywiai; bywiem, bywiech, bywien'.
Pluperfect: 'roeddwn wedi byw &c.
Imperative: 1. -, 2. byw/bywia, 3. bywied; pl. 1. bywiwn, 2. bywiwch, 3. bywien(t).
The periphrastic forms are standard; the others are not regarded as correct.

10. piau, **own, owns**, has only Present and Future 3rd person piau (always pron. pia).
Imperfect 3rd person: pioedd.
Other forms are supplied by 3rd person forms of bod + piau/biau: they are not regarded as correct.
Future: bydd piau fi or fi fydd piau/biau, bydd piau di or ti fydd piau/biau.

Present: fi piau/biau or piau fi, less correctly fi sydd piau/biau &c.
Imperfect: oedd piau/biau fi or fi oedd piau &c. or fi biodd &c.
Conditional: fi fyddai piau/biau or byddai piau/biau fi &c.
Past: fi fu piau/biau or bu piau/biau fi &c.
Pluperfect: fi oedd wedi piau.
Conditional: fi fuasai wedi piau &c.

11. darfod i, **to befall**: in this sense, darfod is used only in the 3rd person:
Future: derfydd; Imperfect and Conditional: darfyddai;
Past: darfu; Pluperfect: darfuasai. The only form in common use is darfu, used as an auxiliary of verbs whose Past forms are cumbersome or little-used: a ddarfu iddynt hwy aros?
F: ddaru nhw aros? for the literary a arosasant?
In its other meaning **to finish**, darfod has a complete paradigm following that of bod.

12. digwydd i, **to befall**; only used in the 3rd person:
Present and Future: digwydd; Imperfect & Conditional: digwyddai;
Past: digwyddodd; Pluperfect & Conditional: digwyddasai;
Present Subjunctive: digwyddo. Used thus: digwyddodd imi ei weld, **I happened to see him**.

13. tycio, **to avail**, has only the verb-noun and 3rd person forms:
Present and Future: tycia; Imperfect & Conditional: tyciai;
Past: tyciodd; Pluperfect & Conditional: tyciasai.
Present Subjunctive: tycio.
The verb is mainly used in negative statements and in questions: ni thyciai imi achwyn, **it was vain for me to complain**; a dycia ei gyfoeth iddo? **will his wealth be of avail to him?**

14. gweddu i, **to befit**; in this sense, has only the verb-noun and the 3rd person forms:
Present & Future: gwedda;
Imperfect & Conditional: gweddai; Present Subjunctive: gweddo.
The Past: gweddodd and Pluperfect & Conditional: gweddasai are rare.

The regular verb

Here we give model paradigms of gwenu, **to smile**, whose stem, gwen-, does not alter and of canu, **to sing**, whose stem, can-, alters to cen- like most traditional verbs with -a- in the stem; see observation 5.

gwenu, **to smile**, stem gwen-
I. Indicative
Present & Future: gwenaf, gweni, gwena; gwenwn, gwenwch, gwenant; Impers.: gwenir.
Imperfect & Conditional: gwenwn, gwenit, gwenai; gwenem, gwenech, gwenent; Impers.: gwenid.
Past: gwenais, gwenaist, gwenodd; gwenasom, gwenasoch, gwenasant; Impers.: gwenwyd.
Pluperfect & Conditional Perfect: gwenaswn, gwenasit, gwenasai; gwenasem, gwenasech, gwenasent; Impers.: gwenasid.
II. Subjunctive
Present: gwenwyf, gwenych, gweno; gwenom, gwenoch, gwenont; Impers.: gwener.
Imperfect: identical with the Imperfect of the Indicative.
III. Imperative: 1. -, 2. gwena, 3. gwened; pl. 1. gwenwn, 2. gwenwch, 3. gwenent; Impers.: gwener.

canu, **to sing**, stem can-
I. Indicative
Present & Future: canaf, ceni, cân; canwn, cenwch, canant; Impers.: cenir.
Imperfect & Conditional: canwn, canit, canai; canem, canech, canent; Impers.: cenid.
Past: cenais, cenaist, canodd; canasom, canasoch, canasant; Impers.: canwyd.

Pluperfect & Conditional Perfect: canaswn, canasit, canasai; canasem, canasech, canasent;
Impers.: canasid, canesid.
II. Subjunctive
Present: canwyf, cenych, cano; canom, canoch, canont; Impres.: cenir.
Imperfect: identical with the Imperfect of the Indicative.
III. Imperative: 1. -, 2. cân, *F*: cana, 3. caned; pl. 1. canwn, 2. cenwch, *F*: canwch, 3. canent; Impers.: caner.
Verbs whose stem ends in -nn- or -rr-, e.g. torri **to cut**, tynnu **to draw**, keep the -rr- /-nn- in a stressed syllable, normally the penultimate, but change to -n-/-r- respectively in unstressed syllables, as a rule in some Past and Pluperfect forms, here italicized, thus torri, **to cut**:
I Indicative
Present and Future: torraf, torri, tyr; torrwn, torrwch, torrant; Impers: torrir.
Imperfect and Conditional: torrwn, torrit, torrai; torrem, torrech, torrent: Impers: torrid.
Past: torrais, torraist, torrodd; *torasom*, *torasoch*, *torasant*; Impers: torrwyd.
Pluperfect and Conditional Perfect: *toraswn*, *torasit*, *torasai*; *torasem*, *torasech*, *torasent*; Impers. *torasid.*
II Subjunctive
Present: torrwyf, torrych, torro; torrom, torroch, torront; Impers: torrer.
Imperfect: as Indicative Imperfect.
III Imperative: l.- 2. tor 3.torred; pl. 1. torrwn 2. torrwch 3. torrent.

Verbs whose stem ends in -nn- follow the same rule: thus tynnu, **to draw**:
I Indicative
Present and Future: tynnaf, tynni, tyn; tynnwn, tynnwch, tynnant; Impers: tynnir.
Imperfect and Conditional: tynnwn, tynnit, tynnai; tynnem, tynnech, tynnent; Impers; tynnid.
Past: tynnais, tynnaist, tynnodd; *tynasom*, *tynasoch*, *tynasant*; Impers: tynnwyd;
Pluperfect: *tynaswn*, *tynasit*, *tynasai*; *tynasem*, *tynasech*, *tynasent*; Impers: *tynasid*
II Subjunctive
Present: tynnwyf, tynnych, tynno; tynnom, tynnoch, tynnont; Impers: tynner.
Imperfect: as Indicative Imperfect.
III Imperative: 1.- 2. tyn 3.tynned pl. 1. tynnwn 2. tynnwch 3. tynnent; Impers: tynner.
So also: gorffen.
Exceptions: darllen, camddarllen, crechwen, damsgen, whose stem ends in a single -n.

Observations

Most verbs follow one of these paradigms, adding the appropriate endings to the stem, usually found by dropping the ending of the verb-noun. The stem of verbs ending in -io, -ian, -ial, retain the -i- as part of the stem, e.g. hwylio, hwyliaf &c.; so do dal: daliaf, hel: heliaf, atal: ataliaf and son: soniaf. Some verbs have stems not ascertainable from the verb-noun. Many verbs are irregular in the 3rd person singular of the Present and Future Tense; a regular ending in this person is -a, e.g. hwylia, but many such forms are bogus, found only in the written language, never having existed in speech. There, the inflected Present Tense has been almost wholly replaced by the periphrastic tense formed with bod; 'rwyf yn canu &c. and mi fyddai'n canu &c. have replaced canaf &c., forms now used, in speech, mainly as a Future Tense. The 3rd person singular of this Future Tense, in speech, ends regularly in -iff (S.) & in -ith (N.), forms often used in novels and plays. The Subjunctive is now little used.

1. The 3rd person plural ending in -nt, though still so written, has long lost the final -t, never pronounced in normal speech; to the literary forms, gwenant hwy, canant hwy, correspond the spoken forms fe/mi wenan nhw, fe/mi ganan nhw.

2. The ending -it in the Imperfect and Pluperfect tenses is now purely literary, being replaced in speech by -et: mi/fe wenet, mi/fe ganet for the literary gwenit, canit.

3. In verbs whose stem ends in -aw, -ew, -el, -oe, -yw, the plural endings -asom, -asoch, asant are

reduced to -som, -soch, -sant, e.g. gadael: gadawsom &c.; taro: t(a)rawsom &c.; cael: cawsom &c.; rhewi: rhewsant &c.; gweld: gwelsom &c.; dychwelyd: dychwel(a)sant &c.; talu: tal(a)sant &c.; clywed: clywsoch &c.; troi: troesom &c.; rhoi: rhoesom &c.; cloi: cloesant &c. So also in the Pluperfect -asem, -asech, -asent.

4. For the 3rd person singular Past ending -odd, many Southern speakers use -ws: gwelws for gwelodd, collws for collodd &c.

5. The paradigm of canu shows its stem varying between can- and cen- depending on the ending. Stems containing -a- change to -e- when the ending is -i, -wch, -ir, -id, -ais, -aist, -ych, e.g. caru: caraf, ceri, câr, carwn, cerwch, carant; rhannu: rhennir, rhennid; talu: talaf, teli, tâl, talwn, telwch, talant; gwrando: gwrandawaf, gwrandewi, &c.; gadael: gadawaf, gadewi &c. The same change is seen in the Pluperfect Impersonal ending; canu: canesid; gallu: gallesid. In familiar speech the tendency is to keep the -a- unaltered throughout.

6. Present indicative: forms of the 3rd person singular.
The forms listed as those of the Present and Future Tense are, in speech, used mainly as future forms. There the ending of the 3rd person is regularly formed by adding the endings -iff (in the South) or -ith (in the North), thus caniff/canith. In speech and often in writing, the Present Tense is the periphrastic tense composed of the present tense of bod + yn + verb-noun: mae hi'n canu. The forms in -iff, -ith, though regarded with disfavour by grammarians, will often be found in plays and novels. In the literary language the 3rd person is variously formed.

(a) In many verbs it is of the same form as the stem; canu: cân; caru: câr; credu: cred; gweled: gwêl; rhedeg: rhed; cwympo: cwymp; gwadu: gwad; malu: mâl; deall: deall; brathu: brath;

(b) verbs formed from a noun or adjective add -a- to the stem as in:

noun or adjective	*verb-noun*	*3rd person*
addurn, **ornament**	addurno, **to adorn**	addurna
bach, **hook**	bachu, **to hook**	bacha
coch, **red**	cochi, **to redden**	cocha
du, **black**	duo, **to blacken**	dua

and very many other verbs, probably the majority, as this practice has spread to verbs not formed from a noun or adjective. Often, in the literary language, it has supplanted older forms, and is the ending used in newly-formed verbs. Nevertheless, most of these more recent forms are bogus, never having had any genuine existence in spoken Welsh.

(c) Verbs like glanh|au, accented on the final syllable, have a 3rd person ending in -ha, accented on the final syllable: glanhau: glanha (*F*: glanheuiff, glanheuith); mwynhau: mwynha (*F.* mwynheuiff, mwynheuith) &c.

(d) Verbs like nesáu, iacháu, agosáu, &c., accented on the final syllable, form a 3rd person accented on the final syllable: nesáu: nesâ; iacháu: iachâ; caniatáu: caniatâ &c. Exceptions are bwyta: bwyty; para, parhau: pery.

Again, these endings have been replaced in familiar speech by remodelled forms in -iff, -ith: neseiff, neseuith; bwytiff, bwytith; caniateiff, caniateith &c.

(e) Especially in the literary language, a limited number of verbs preserve a 3rd person form in which the vowel of the stem is changed:

verb-noun	*singular forms of 1st, 2nd, 3rd persons*
peri, **to cause**	paraf, peri, pair
sefyll, **to stand**	safaf, sefi, saif
cael, **to get**	caf, cei, caiff

mynd, **to go**	af, ei, aiff
dyrchafu, **to raise**	dyrchafaf, dyrchefi, dyrchaif
taflu, **to throw**	taflaf, tefli, teifl
dal/dala, **to catch**	daliaf, deli, deil
galw, **to call**	galwaf, gelwi, geilw
archu, **to order**	archaf, erchi, eirch
gallu, **to be able**	gallaf, gelli, geill/gall
ymaflyd, **to wrestle**	ymaflaf, ymefli, ymeifl
cadw, **to keep**	cadwaf, cedwi, ceidw
llanw/llenwi, **to fill**	llanwaf, llenwi, lleinw
gwasgaru, **to scatter**	gwasgaraf, gwasgeri, gwesgyr
bwyta, **to eat**	bwytâf, bwytëi, bwyty
para/parhau, **to last**	parhaf, parheui, pery
chwarae, **to play**	chwaraeaf, chwareui, chwery
cwnnu, **to rise**	cwnnaf, cwnni, cwnn
ateb, **to answer**	atebaf, atebi, etyb
hollti, **to split**	holltaf, hollti, hyllt
colli, **to lose**	collaf, colli, cyll
dodi, **to set, put**	dodaf, dodi, dyd
rhoddi, **to give**	rhoddaf, rhoddi, rhydd
rhoi, **to give**	rhôf, rhôi, rhy *or* dyry
ffoi, **to flee**	ffoaf, ffoi, ffy
troi, **to turn**	troaf, troi, try
deffro, **to awaken**	deffroaf, deffr|oi, deffry
golchi, **to wash**	golchaf, golchi, gylch
torri, **to cut, break**	torraf, torri, tyr
codi, **to-arise**	codaf, codi, cwyd
cyfodi, **to arise**	cyfodaf, cyfodi, cyfyd
cyffr|oi, **to arouse**	cyffroaf, cyffr|oi, cyffry
cloi, **to lock**	cloaf, cloi, cly
agor, **to open**	agoraf, agori, egyr
dangos, **to show**	dangosaf, dangosi, dengys
adrodd, **to recite**	adroddaf, adroddi, edrydd
diffodd, **to extinguish**	diffoddaf, diffoddi, diffydd
datr|oi, **to avert**	datroaf, datr|oi, detry
atal, **to restrain**	ataliaf, ateli, etyl/eteil
gosod, **to set**	gosodaf, gosodi, gesyd
ymosod, **to attack**	ymosodaf, ymosodi, ymesyd
anfon, **to send**	anfonaf, anfoni, enfyn
danfon, **to deliver**	danfonaf, danfoni, denfyn
aros, **to stay**	arhosaf, arhosi, erys
datod, **to untie**	datodaf, datodi, detyd
gadael, **to leave**	gadawaf, gadewi, gedy
ymadael, **to leave**	ymadawaf, ymadewi, ymedy
taro, **to strike**	t(a)rawaf, t(a)rewi, tery
gwrando, **to listen**	gwrandawaf, gwrandewi, gwrendy
tewi, **to fall silent**	tawaf, tewi, tau
gwaredu, **to rescue**	gwaredaf, gwaredi, gweryd
peidio, **to cease**	peidiaf, peidi, paid
neidio, **to leap**	neidiaf, neidi, naid
treiddio, **to penetrate**	treiddiaf, treiddi, traidd
ymdreiddio, **to penetrate**	ymdreiddiaf, ymdreiddi, ymdr|aidd
ceisio, **to seek**	ceisiaf, ceisi, cais
meiddio/beiddio, **to dare**	meiddiaf, meiddi, maidd; beiddiaf, beiddi, baidd

llusgo, **to drag**	llusgaf, llusgi, llusg
cysgu, **to sleep**	cysgaf, cysgi, cwsg
llosgi, **to burn**	llosgaf, llosgi, llysg
llyncu, **to swallow**	llyncaf, llynci, llwnc
dwyn, **to bring; take**	dygaf, dygi, dwg
tyngu, **to swear**	tyngaf, tyngi, twng
boddi, **to drown**	boddaf, boddi, bawdd
holi, **to ask**	holaf, holi, hawl
nofio, **to swim**	nofiaf, nofi, nawf
soddi, **to sink**	soddaf, soddi, sawdd
pori, **to graze**	poraf, pori, pawr
moli, **to praise**	molaf, moli, mawl
profi, **to test**	profaf, profi, prawf
toddi, **to melt**	toddaf, toddi, tawdd
tolio, **to stint**	tolaf, toli, tawl

In the following examples, the pronunciation of y changes from the 'obscure' sound [ə] to the 'clear' sound [i or I] in the 3rd person:

crynu, **to tremble**	crynaf, cryni, crŷn
cyrchu, **to seek**	cyrchaf, cyrchi, cyrch
dysgu, **to learn, teach**	dysgaf, dysgi, dysg
dilyn, **to follow**	dilynaf, dilyni, dilyn
dyrnu, **to thrash**	dyrnaf, dyrni, dyrn
edrych, **to look**	edrychaf, edrychi, edrych
esgyn, **to ascend**	esgynnaf, esgynni, esgyn
derbyn, **to accept**	derbyniaf, derbyni, derbyn
disgyn, **to descend**	disgynnaf, disgynni, disgyn
glynu, **to stick**	glynaf, glyni, glŷn
ymlynu, **to adhere**	ymlynaf, ymlyni, ymlŷn
gwlychu, **to wet**	gwlychaf, gwlychi, gwlych
gofyn, **to ask**	gofynnaf, gofynni, gofyn
mynnu, **to insist**	mynnaf, mynni, myn
llyfu, **to lick**	llyfaf, llyfi, llyf
plygu, **to bend**	plygaf, plygi, plyg
prynu, **to buy**	prynaf, pryni, prŷn
syflyd, **to budge**	syflaf, syfli, syfl
sychu, **to dry**	sychaf, sychi, sych
syrthio, **to fall**	syrthiaf, syrthi, syrth
tynnu, **to draw**	tynnaf, tynni, tyn(n)
tybio, **to suppose**	tybiaf, tybi, tyb
yfed, **to drink**	yfaf, yfi, yf
chwenychu, **to desire**	chwenychaf, chwenychi, chwennych
cynnu, **to light**	cynnaf, cynni, cynn

Few of the above forms have any currency; geill/gall is still used as a true Present/Future in both the spoken and the written language: deil, saif, pery, aiff, caiff are used in a Future sense in speech. The others have been replaced by the periphrastic Present, and by regular forms in -iff, -ith for the Future, e.g. atebiff/atebith for etyb, arhosiff/arhosith for erys, &c.

Formation of the imperative

(a) The 2nd sing. Imperative is often the same as the 3rd sing. Present Indicative, e.g. dysg, cred, cân, gad, gwêl, dychwel, gwerth &c.;

(b) If the 3rd sing. of the Present Indicative ends in -a, then so does the 2nd sing. Imperative: gwena, gweddïa, gwaedda &c.;
(c) If the 3rd sing. Present Indicative shows the vowel-change called affection, then the 2nd sing. Imperative keeps the stem-vowel unchanged:

3rd sing. Indicative	2nd sing. Imperative
deil	dal
saif	saf
ceidw	cadw
etyb	ateb
tyr	tor
deffry	deffro
dengys	dangos
gwrendy	gwrando
tau	taw

(d) if the 3rd sing. Indicative shows the vowel-change called mutation, then so does the 2nd sing. Imperative, e.g. paid, cais, prawf, dysg, plyg, yf, tyn, pryn, myn, dilyn, gofyn &c.;

(e) in the familiar style the 2nd sing. Imperative has been remodelled with a regular stem and an ending in ia: peidia, ceisia, profa, dysga, plyga, yfa, tynna, pryna, mynna, dilyna, gofynna &c. but paid, yf, tyn, gofyn are still in use.

Verbs with contracted forms

Verbs whose stems end in -o- or -a- have some contracted forms, e.g. trof, for troaf, mwynhaf, for mwynhaaf; in the case of verbs like troi, the uncontracted forms often still subsist alongside the contracted forms.

1. troi, **to turn**
I. Indicative.
Present: trof, troi, try; trown, trowch, trônt; Impers.: troir
Imperfect: trown, troit, trôi; troem, troech, troent; Impers.: troid
Past: trois, troist, troes/trodd; troesom, troesoch, troesant; Impers.: trowyd/troed.
Pluperfect: troeswn, troesit, troesai; troesem, troesech, troesent; Impers.: troesid.
II. Subjunctive
Present: trowyf, troech, tro; trôm, troch, trônt; Impers.: troer.
Imperfect: as in the Indicative.
III. Imperative: 1. -, 2. tro, 3. troed; pl. 1. trown, 2. trowch, 3. troent; Impers.: troer.
Verbs like troi: amdr|oi, datr|oi, camdr|oi, cildr|oi, cogrdr|oi, cyfrdr|oi, cylchdr|oi, chwyldr|oi, datr|oi, geirdr|oi, gwrthdr|oi, gwyrdr|oi, nydd-dr|oi, tindr|oi, tyndr|oi, ymdr|oi.
rhoi, **to give**, is conjugated throughout like troi, but there is also a paradigm of uncontracted regular forms of rhoddi; the 3rd sing. pres. indic. is rhydd, rhy or dyry; the 3rd sing. past is rhoes/ rhoddes/ rhoddodd; the 2nd sing. imper. is rho or dyro.
Like rhoi: ymr|oi; like rhoddi: adrodd and ail-adrodd; with 3rd sing. present indic. edrydd; 2nd sing. imper. adrodd.
Other contracted verbs: cnoi (cnoaf or cnof), amgn|oi, atgn|oi, cilgn|oi, crasgn|oi, ailgnoi; cloi (cloaf or clof), datgl|oi; ffoi (ffoaf; 3rd sing. past: ffoes/ffodd), deffro (deffroaf), cyffr|oi (cyffroaf), parat|oi (paratoaf, paratôf), crynhoi (crynhoaf, crynhôf), cydgrynh|oi (cydgrynhoaf), ymgrynh|oi (ymgrynhoaf), ymbarat|oi (ymbaratoaf), osg|oi (osgoaf).
The stress is on the final syllable of the verb-noun, the Present and Imperfect Indicative forms, the sing. forms of the Past tense, the 2nd and 3rd sing. and all plural forms of the Present Subjunctive, and the Imperative.
2. verbs whose sterm ends in -ha, *e.g.* mwynhau, **to enjoy**

I. Indicative Present: mwynhaf, mwynhei, mwynha; mwynhawn, mwynhewch, mwynhânt; Impers mwynheir.
Imperfect: mwynhawn, mwynhait, mwynhâi; mwynhaem, mwynhaech, mwynhaent; Impers.: mwynheid.
Past: mwynheais, mwynheaist, mwynhaodd; mwynhasom, mwynhasoch, mwynhasant; Impers.: mwynhawyd.
Pluperfect: mwynhaswn, mwynhasit, mwynhasai; mwynhasem, mwynhasech, mwynhasent; Impers.: mwynhasid.
II. Subjunctive Present: mwynhawyf, mwynheych, mwynhao; mwynhaom, mwynhaoch, mwynhaont; Impers.: mwynhaer.
Imperfect: as in the Indicative.
III. Imperative: 1. -, 2. mwynha, 3. mwynhaed; pl. 1. mwynhawn, 2. mwynhewch, 3. mwynhaent; Impers.: mwynhaer.
Like mwynhau: all verbs in -hau (except hau, **to sow**, stem he(u)-),
e.g. cryfhau, cwblhau, lleihau, ufuddhau, glanhau, pellhau, gwanhau &c.; also gwella (stem gwellha-), para (stem parha-).

3. all verbs ending in stressed -au, e.g. nesáu, whose paradigm is given for convenience:
nesáu, **to draw near**:
I. Indicative Present:
nesâf, nes|ei, nesâ; nes|awn, nes|ewch, nesânt; Impers.: nes|eir
Imperfect: nes|awn, nes|ait, nesâi; nes|aem, nes|aech, nes|aent; Impers.: nes|eid.
Past: neseais, neseaist, nesaodd; nesasom, nesasoch, nesasant; Impers.: nesawyd.
Pluperfect: nesaswn, nesasit, nesasai; nesasem, nesasech, nesasent; Impers.: nesasid.
II. Subjunctive Present: nesawyf, nes|eych, nesao; nesaom, nesaoch, nesaont; Impers.: nes|aer.
Imperfect: as in the Indicative.
III. Imperative: 1. -, 2. nesâ, 3. nes|aed; pl. 1. nes|awn, 2. nes|ewch, 3. nes|aent; Impers.: nes|aer.
(N.B. there is also nesu, **to draw near**, conjugated like canu).
Like nesáu are all verbs in accented -áu: agosáu, arwyddocáu, brasáu, bywiocáu, caniatáu, casáu, coffáu, cwpláu/cwpla, dwysáu, esmwytháu, gwacáu, gwastatáu, iacháu, llacáu, llesáu, llesgáu, nacáu, tecáu, tristáu, ymdecáu, ymfrasáu, ymnesáu, ymwacáu.;
(N.B. cau (stem cae-), amgáu (stem amgae-), cynnau (stem cynneu-), dadlau (stem dadleu-), dechrau (stem dechreu-), gwrthddadlau (stem gwrthddadleu-), hau (stem heu-), gwau/gweu (stem gwe-), maddau (stem maddeu-) do not come into this sub-class, being conjugated like canu.)
Of paratoi the 3rd person sing. of the indicative & 2nd pers. Imperative is paratoa; of crynhoi, crynhoa.
For the forms of bwyta, difa, para, gwella, see 'Verb-nouns classified by ending, -a'.

4. verbs whose stem ends in -aw, -ew, -yw contract the endings -wn, -wch of e.g. gadael, **stem gadaw-**, the form gadaw-wn contracts to gad|awn, gadew-wch contracts to gad|ewch; of tewi, stem taw-, the form tew-wch contracts to tewch; of clywed, stem clyw-, the forms clyw-wn, clyw-wch contract to clywn, clywch; like tewi, are rhewi, sylwi, berwi, gloywi, gwelwi, chwerwi, llenwi, delwi, enwi, cyflenwi, meddwi &c.

The verb-nouns dil|eu (stem dile-), cyfl|eu (stem cyfle-), dyh|eu (stem dyhe-), being contracted forms, are accented on the final syllable.

5. gadael, **to quit, to leave behind**, is regularly conjugated like canu, with some contracted forms:
I. Present Indicative: gadawaf, gadewi, gedy; gad|awn, gad|ewch, gadawant; Impers.: gadewir.
Imperfect: gad|awn, gadawit, gadawai; gadawem, gadawech, gadawent; Impers.: gadewid.
Past: gadewais, gadewaist, gadawodd; gadawsom, gadawsoch, gadawsant; Impers.: gadawyd.
Pluperfect: gadawswn, gadawsit, gadawsai; gadawsem, gadawsech, gadawsent; Impers.: gadawsid.
II. Present Subjunctive: gadawyf, gadewych, gadawo; gadawom, gadawoch, gadawont; Impers.: gadawer.
Imperfect: as in the Indicative.
III. Imperative: 1. -, 2. gad, 3. gadawed; pl. 1. gad|awn, 2. gadewch, 3. gadawent; Impers.: gadawer.
The forms of gadael have been confused with those of another regular verb gadu, gad(a)el, **to let, allow.**

Standard grammars erroneously state or imply that the forms of gadel are rare or obsolete, but they are in fact in common use, often wrongly felt to be 'incorrect' forms of gadael.

gadu, gad(a)el, **to allow**.
I. Indicative:
Present: gadaf, gedi, gad; gadwn, gadwch/gedwch, gadant; Impers.: gedir.
Imperfect: gadwn, gadit, gadai; gadem, gadech, gadent; Impers.: gedid.
Past: gedais, gedaist, gadodd; gadasom, gadasoch, gadasant; Impers.: gadwyd.
Pluperfect: gadaswn, gadasit, gadasai; gadasem, gadasech, gadasent; Impers.: gadesid.
II. Subjunctive: Present: gadwyf, gedych, gado; gadom, gadoch, gadont; Impers.: gader.
Imperfect: as in the Indicative.
Imperative: 1. -, 2. gad, 3. gaded; pl. 1. gadwn, 2. gedwch/gadwch, 3. gadent; Impers.: gader.
Spoken Welsh has maintained the distinction between the two verbs, and it is more correct to write, as well as to say, gedwch/gadwch iddi fynd, **let her go**, than the literary gad|ewch iddi fynd; gedwch/gadwch lonydd iddo, **leave him/it alone** is more correct than the literary gad|ewch lonydd iddo. In exhortations such as **let's go,** gadwch/gedwch inni fynd, **let them wait**, gadwch iddynt aros, **let's let them go**, gadwn iddynt fynd, *not* gadawn iddynt fynd.

gadu, gad(a)el, **to allow**, has a negative nadu, **to refuse**, **deny permission**, also in common use in the North, conjugated like gadu, gad(a)el, thus nadaf, nedi, nad; nadwn, nadwch, nadant &c.

SELECT BIBLIOGRAPHY

Dictionaries

The most comprehensive historical dictionary of Welsh is *Geiriadur Prifysgol Cymru: A Dictionary of the Welsh Language* (Caerdydd, 1950–2002) (4 vols, Welsh–English only).

Other useful dictionaries and glossaries

Anwyl, J. Bodvan, *Spurrell's English–Welsh/Welsh–English Dictionary* (Carmarthen, 1916 and subsequent editions). Though long out of print it is still a most useful dictionary; the 11th edition (1937) is the best.

Awbery, Gwenllian, *Blodau'r Maes a'r Ardd*, Llyfrau Llafar Gwlad (Llanrwst, 1995) (popular names of wild and cultivated plants).

Brown, Duncan *et al., Enwau Anifeiliaid Asgwrn-Cefn* (Cymdeithas Edward Llwyd, 1994) (English, Welsh and Latin names of vertebrates).

Idem *et al, Planhigion Blodeuol, Rhedyn a Choed Conwydd* (Cymdeithas Edward Llwyd, 2003) (English, Welsh and Latin names of plants).

Cownie, A. Rh. and Roberts W. G., *A Dictionary of Welsh and English Idiomatic Phrases* (Cardiff, 2001).

Davies, Cennard, *Torri'r Garw: Idioms for Welsh Learners based on the Verb-noun* (Llandysul, 1996).

Idem, *Y Geiriau Bach: Idioms for Welsh learners* (Llandysul, 1987).

Davies, Dafydd and Jones, Arthur, *Enwau Cymraeg ar Blanhigion: Welsh Names of Plants* (Caerdydd/ Cardiff, 1995).

Davies, Elwyn, *Rhestr o Enwau Lleoedd: A Gazetteer of Welsh Place-Names* (Caerdydd/Cardiff, 1967, re-issued 1989).

Edwards, Peter H., *Adar Awstralia (Birds of Australia: a list of names in the Welsh language)* (P. H. Edwards, P.O. Box 85, Batlow, NSW 2730, Australia, 1999).

Edwards, R. J., *Termau Amaeth* (Bangor, 1991) (agricultural terms).

Evans, H. Meurig, *The Modern Welsh Dictionary: Y Geiriadur Cyfoes* (Swansea, 1992).

Evans, H. M., and Thomas, W. O., *Y Geiriadur Mawr* (Llandysul, 1st edn 1958).

Gair i Gall . . . The Acen Dictionary for Learners (Caerdydd/Cardiff, 1993) (lists mutated forms).

Garrod, Neil, *Termau Cyfrifeg* (Caerdydd, 1992) (accountancy terms).

Geirfa Cyngor a Phwyllgor: Saesneg–Cymraeg: Word List for Committee and Council: English–Welsh (Caerfyrddin/Carmarthen, *c.*1993).

Griffiths, D. C., *Termau Adeiladu* (Llangefni, 1993) (building terms).

Griffiths, Hefin and Wiliam, Mary, *Geiriadur Termau Cyfrifiadureg: Dictionary of Computer Terms* (MEU Cymru, 1992).

Harry, G. Ivor, *Geiriadur o Enwau Blodau Gwyllt* (Caerfyrddin, 1934) (names of wild flowers, English– Welsh).
Hayes, D. P. H., *Planhigion Cymru a'r Byd* (Kirkby in Ashfield, Notts, 1995) (flora of the world: Welsh, English and Latin names).
Jones, Ceri, *Dweud eich Dweud: Geiriadur o Idiomau Cymraeg* (Llandysul, 2001) (a Welsh–English dictionary of Welsh idioms).
Jones, D. R. and E. Ll., *Geirfa Cyfathrebu* (Bangor, n.d) (media and communication terms).
Jones, Huw, *Cydymaith Byd Amaeth* (Llanrwst, 1999–2001) (4 vols.: agricultural terms).
Jones, Linda, *Termau Trin Gwallt / Hairdressing Terms* (Pwllheli, 2001).
King, Gareth, *The Pocket Modern Welsh Dictionary* (Oxford, 2000).
Lewis, D. Geraint, *Termau Llywodraeth Leol, A Glossary of Welsh Local Government Terms* (Llandysul, 1996).
Lewis, Edwin C., *Teach Yourself Welsh Dictionary* (London, 1992).
Léwis, Robyn, *Geiriadur y Gyfraith: The Legal Dictionary* (Llandysul, 1992).
Idem, *Geiriadur y Gyfraith etc. . . . Atodlyfr Cyntaf: First Supplement* (Llandysul, 1996).
Idem, *Geiriadur Newydd y Gyfraith: The New Legal Dictionary (English–Welsh)* (Llandysul, 2003).
Lockwood, Stephen J. (ed.), *Geirfa Gwarchod Natur Morol a Physgodfeydd/A Glossary of Marine Nature Conservation and Fisheries* (Bangor, 2001).
McNeir, Clive Leo (gol.), *Cynulliad Cenedlaethol Cymru: Geiriadur Terminoleg Trefniadaeth: National Assembly for Wales Dictionary of Procedural Terms* (Caerdydd/Cardiff, 1999).
Prys, Delyth, *Geirfa Gwaith Plant: Child Care Terms* (Caerdydd, 1993).
Idem, *Termau Bydwreigiaeth: Midwifery Terms* (Bangor, 1999).
Idem, *Termau Addysg y Cynulliad: Dictionary of Education Terms for the National Assembly of Wales* (Caerdydd/ Cardiff, 2000) (on the Welsh Language Board's website).
Idem, *Termau Cyllid y Cynulliad: Dictionary of Finance Terms for the National Assembly of Wales* (Caerdydd/ Cardiff, 2000) (on the Welsh Language Board's website; also published in printed form as *Geirfa Adrannau'r Llywodraeth: Government Departments' Glossary*).
Idem, *Termau Gwaith a Gofal Cymdeithasol: Social Work and Social Care Terms* (CCETSW, 2000).
Idem, *Termau Hybu Iechyd: Terms for Health Promotion* (Bangor, 2000).
Idem, *Termau Iechyd Meddwl Plant a Phobl Ifanc: Child and Adolescent Mental Health Terms* (Bangor, 2002).
Idem, *Termau Asiantaeth yr Amgylchedd Cymru/Environment Agency Wales Terms* (Bangor, 2002).
Idem and Jones, J. P. M., *Termau Deddfwriaeth Priffyrdd: Highways Legislation Terms* (Caerdydd/Cardiff, 1998).
Idem and Jones, J. P. M., *Y Termiadur Ysgol: Standardized terminology for the schools of Wales. English Welsh/ Welsh–English: Y Termiadur Ysgol: Termau wedi'u safoni ar gyfer ysgolion Cymru. Cymraeg–Saesneg/ Saesneg–Cymraeg* (Bangor, 1998).
Pŵer Niwclear – Geirfa o Dermau Technegol: Nuclear Power – Glossary of Technical Terms (Awdurdod Ynni Atomig/ United Kingdom Atomic Energy Authority, 1979).
Rhys, David, *Llawlyfr Technoleg* (Caerdydd, 1993) (technological terms).
Richards, Melville, *Welsh Administrative and Territorial Units* (Cardiff, University of Wales Press, 1969).
Roberts, Gwerfyl and Prys, Delyth, *Termau Nyrsio a Bydwreigiaeth: An English–Welsh Dictionary of Nursing and Midwifery Terms* (Bangor, 1997).
Termau Amaethyddiaeth a Milfeddygaeth (Caerdydd, 1994) (agricultural and veterinary terms).
Williams, Lowri and Prys, Delyth, *Anabledd ac Iaith: Canllawiau Defnyddio Terminoleg Anabledd: Disability and Language: Guidelines for the Use of Disability Terms* (Anabledd Cymru/Disability Wales, 2001).
Thorne, David A. *et al.*, Collins Spurrell *Welsh Dictionary* (London, 1991).
Williams, J. L., *Geiriadur Termau: Dictionary of Terms* (Caerdydd/Cardiff, 1973).
Williams, J. Ll. and Griffiths, B., *Geiriadur Termau Archaeoleg: A Dictionary of Archaeological Terms in English and Welsh* (Caerdydd/Cardiff, 1999).
Y Thesawrws Cymraeg (Abertawe, 1993) (a thesaurus of synonyms and antonyms).

Grammars and manuals

Anwyl, E., *A Welsh Grammar for Schools: Part I: Accidence; Part II: Syntax* (London, 1907) (though long out of print and old-fashioned in orthography, this is still highly useful).
Bowen, John T., and Jones, T. J. Rhys, *Teach Yourself Welsh* (London, English UP, 1960).
Cyflwyno'r Iaith Lenyddol (Y Bontfaen, 1978), compiled by Uned Iaith Genedlaethol Cymru (a useful guide to the literary language).
Davies, Cennard, *Lluniau Llafar: Idioms for Welsh Learners* (Llandysul, 1980).

Idem, *Y Geiriau Bach: Idioms for Welsh Learners* (Llandysul, 1987).
Evans, J. J., *Gramadeg Cymraeg* (Llandysul, 1946 and subsequent editions).
Gramadeg Cymraeg Cyfoes: Contemporary Welsh Grammar (Y Bontfaen/Cowbridge, 1976), compiled by Uned Iaith Genedlaethol Cymru.
Hughes, J. Elwyn, *Canllawiau Iaith a Chymorth Sillafu* (Bethesda, 1984) (a useful guide to spelling).
Jones, Morgan D., *Cywiriadur Cymraeg* (Llandysul, 1965) (a guide to correct Welsh).
Idem, *A Guide to Correct Welsh* (Llandysul, 1976).
King, Gareth, *Modern Welsh: A Comprehensive Grammar* (London and New York, 1993) (a grammar of South-Western Welsh).
Klingebiel, Kathryn, *234 Welsh Verbs: Standard Literary Forms* (Belmont, Mass., 1994).
Lewis, D. Geraint, *Y Treigladur: A Check-list of Welsh Mutations* (Llandysul, 1993).
Idem, *Geiriadur Gomer i'r Ifanc* (Llandysul, 1994) (excellent defining Welsh–Welsh dictionary with minimum English equivalents. Not just for the young!).
Idem, *Y Llyfr Berfau: A Check-list of Welsh Verbs* (Llandysul, 1995).
Idem, *Y Geiriau Lletchwith* (Llandysul), 1997 (a check-list of irregular words and spelling).
Idem, *Pa Arddodiad?* (Llandysul, 2000) (on the correct use of prepositions).
Morris-Jones, J., *An Elementary Welsh Grammar* (Oxford, 1921).
Idem, *Welsh Syntax: An Unfinished Draft* (Cardiff, 1931).
Idem *et al.*, *Orgraff yr Iaith Gymraeg* (Caerdydd, 1928 and subsequent editions) (the standard authority on the orthography).
Prys, Delyth, Jones, J. P. M. and ap Emlyn, Hedd, *Llyfryddiaeth Geiriaduron Termau* (Prifysgol Cymru, 1995) (a bibliography of glossaries).
Smith, A. S. D. ('Caradar'), *Welsh Made Easy* (Wrexham, published in three parts, 1923, 1926, 1928, and reprinted) (old-fashioned, but deals with the spoken as well as the literary language, and generations of learners have sworn by it).
Thomas, Peter Wynn, *Gramadeg y Gymraeg* (Caerdydd, Gwasg 1996).
Thorne, David A., *A Comprehensive Welsh Grammar* (Oxford, 1993).
Idem, *Gramadeg Cymraeg* (Llandysul, 1996).
Idem, *Taclo'r Treigladau* (Llandysul, 1997) (on the mutations).
Wiliam, U., *A Short Welsh Grammar* (Llandybie, 1960).
Williams, Stephen J., *Elfennau Gramadeg Cymraeg* (Caerdydd, 1959).
Idem, *A Welsh Grammar* (Cardiff, 1980). Archive.

Useful Websites

Welsh Language Board: *www.bwrdd-yr-iaith.org.uk* (a number of term lists are available in the Publications section).

Equal Opportunities Commission: *www.eoc.org.uk* (includes the following documents at various locations: *Advertising Jobs in Welsh: Guidelines*, *A Standard Glossary of Welsh Terms in the Field of Equal Opportunity*, *Translating Equality: Equality Terms at your Fingertips*)

The Association of Welsh Translators and Interpreters (Cymdeithas Cyfieithwyr Cymru): *www. welshtranslators. org.uk* (a number of vocabulary lists are available in the Resources section).

Department for Work and Pensions: *www.dwp.gov.uk/otherlanguages/index.htm* (a glossary includes titles for the Department's own schemes).

Welsh-termau-cymraeg: *www.jiscmail.ac.uk/lists/welsh-termau-cymraeg.html* (discussion of Welsh language technical terminology and vocabulary).

S4C: *http://www.s4c.co.uk/producers/ Geirfa S4C Glossary.*

Sgiliaith, publications library: *http://www.sgiliaith.ac.uk/eng/publications/index.php* includes the following: *Glossary of Terms* (Word Processing and Text Processing), *Customer Care Terms English-Welsh*, *Management Terms English-Welsh.*

University of Lampeter Department of Welsh Welsh-English / English/Welsh On-line Dictionary: *http://www.e-addysg.com/ geiriadur//*

A

A, a[1] *n.* [y llythyren] A, a (âu) *f*; **(the car gets him) from A to B,** (mae'r car yn mynd ag ef) o'r naill le i'r llall, o le i le, o A i B; **A1,** campus, p|enigamp: penig|amp, tan gamp, gwych, ardderchog, rhagorol, godidog, *N: F:* siort orau. **A battery** *n. El:* batri(-s) (*m*) A. **A-bomb** *n.* bom(-iau) atomig *mf,* bom atom. **A-frame** *n. Const:* adeilad(-au) (*m*) ffrâm A. **A-horizon** *n. Geol:* haen(-au) uchaf *f.* **A.I.D.** *n. Med: (acronym of Artificial Insemination by Donor):* S.A.R. *m (acronym of Semenu Artiffisial gan Roddwr).* **A-level** *n. Sch:* Tystysgrif(-au) (*f*) Addysg Uwch, *F:* lefel(-au) (*f*) A. **A-line** *attrib. Cost:* fflêr *f.* **a.m.** *n.* a.m., y bore. **A.O.B.** *abbr. Adm: (acronym of Any Other Business):* U.F.A. *(acronym of Unrhyw Fater Arall).* **A-O.K.** = **A1.**

a-[2] *pref.* **(they went away) a-singing,** (aethant) dan ganu, gan ganu; **they were a-running,** 'roeddynt yn rhedeg; **to go a-hunting,** mynd i hela.

a[3], **an** *indef.art. There is no indefinite article in Welsh, hence it is not translated except in such cases as the following:* **1.** *(as distributive):* y, yr; **ten pence a pound,** deg ceiniog y pwys; **three times a week,** tair gwaith yr wythnos; **a hundred miles an hour,** can milltir yr awr. **2.** *(= the same):* y, yr [un]; **one at a time,** un ar y tro, un ar [yr] unwaith; **they were all of a size,** yr oeddynt i gyd o'r un faint. **3.** *(after neg.):* yr un; **I didn't hear a thing,** ni chlywais i'r un dim; **there wasn't a soul there,** nid oedd yr un enaid yno; nid oedd neb yno; **there isn't a thing left,** nid oes [un] dim ar ôl. **4. in a bed,** mewn gwely; **in bed,** yn y gwely; **in a chapel,** mewn capel; **in chapel,** yn y capel; **in a church,** mewn eglwys; **in church,** yn yr eglwys; **in a hospital,** mewn ysbyty; **in hospital,** yn yr ysbyty; **in a gaol/prison,** mewn carchar; **in gaol/prison,** yn y carchar; **in a school,** mewn ysgol; **in school,** yn yr ysgol. **5.** *When translating, care must sometimes be taken to convey the indefiniteness of a noun;* **a Shakespeare play,** drama gan Shakespeare, un o ddramâu Shakespeare; **a friend of mine,** cyfaill imi, un o'm cyfeillion.

a[4] *Lt.prep.* ***a capella*** *Mus:* **1.** *a.* digyfeiliant, ***a capella.*** **2.** *adv.* yn ddigyfeiliant, heb gyfeiliant. ***a fortiori*** *a. & adv.* gyda chryfach rheswm. ***a priori*** *a. & adv.* o'r achos i'r effaith, oddi wrth yr achos at yr effaith. ***a posteriori*** *a. & adv.* o'r effaith i'r achos, oddi wrth yr effaith at yr achos.

à[5] *Fr.prep.* ***à la carte*** *a. & adv.* ar y fwydlen, yn ôl eich dewis. ***à la mode*** *a.* **1.** ffasiynol, yn y ffasiwn. **2.** *Cu:* mewn gwin; *U.S:* gyda hufen iâ. ***à la page*** *a.* diweddar, ffasiynol, ***à terre*** *adv. Th:* ar lawr.

aa *n. Geol:* aa *m.*

aalii *n. Bot:* aalii *m.*

aardvark *n. Z:* baedd(-od) (*m*) daear, grugarth (grugeirth) *f.*

aardwolf *n. Z:* blaidd (bleiddiaid) (*m*) daear, daearflaidd (daearfleiddiaid) *m.*

Aaron *Pr.n.m. B:* Aaron. **~'s beard** *n. Bot: (Hypericum calycinum):* rhosyn (*m*) Saron, eurinllys blodeufawr *m,* dail (*pl*) brenig. **~'s rod** *n. Bot: (Verbascum thapsus):* pannog melyn *m.*

Aaronic *a. B:* Aaronaidd; **~ Blessing,** Bendith (*f*) Aaron.

aasvogel *n. Orn:* = **vulture.**

ab *Lt.prep.* ***ab extra*** *adv.* o'r tu allan, oddi allan. ***ab initio*** *adv.* o'r dechrau, o'r dechreuad, o'r cychwyn. ***ab intra*** *adv.* o'r tu mewn. ***ab origine*** *adv.* o'r cychwyn.

aba *n. Cost:* abaia (abaiâu) *mf.*

abac *n.* = **nomogram.**

abaca *n. Bot:* abaca *m,* cywarch (*m*) Manila.

aback *adv. (a) Nau:* **to be ~,** bod yn nannedd y gwynt; *(b)* **to be taken ~,** synnu, cael eich synnu/syfrdanu, bod yn syn/syfrdan, mynd yn syn, methu â gwybod beth i'w wneud/ddweud; **to take s.o. ~,** syfrdanu rhn, synnu rhn.

abacterial *a.* anfacterol.

abactinal *a. Z:* gwrtheneuol.

abacus *n. (a) Mth:* |abacws (abacysau, |abaci) *m,* ffrâm (*f*) gyfrif (fframiau cyfrif), bord (*f*) gyfrif (bordydd cyfrif); *(b) Arch:* abacws.

Abaddon *n. B:* Abadon *m.*

abaft *adv. & prep. Nau:* **1.** *adv. (adv. of place):* yn y pen ôl, yn y tu ôl; *(adv. of motion):* i'r tu ôl, i'r pen ôl. **2.** *prep.* **~ the mast,** y tu ôl i'r hwylbren, y tu cefn i'r hwylbren.

abalone *n. Moll:* clust (*f*) fôr (clustiau môr), *N. W: occ:* cragen (*f*) gasgliad (cregyn casgliad).

abampere *n. El.Meas:* abamper(-au) *m.*

abandon[1] *n.* afiaith *m,* ymollwng *vn;* **with gay ~,** yn afieithus, gydag afiaith, yn ysgafala, yn hapus braf, yn ysgafngalon (*pronounced* ng-g), yn rhwydd braf, *S.E: F:* yn hai diofal.

abandon[2] *v.t.* gadael (rhth), rhoi'r gorau (i rth), mynd a gadael (rhth), ymadael (â rhth), cefnu (ar rth), troi cefn (ar rth), rhoi (rhth) heibio, *Lit:* cyfradael (rhth); **to ~ one's car,** gadael eich car [ar ôl]; **to ~ office,** ymddiswyddo, rhoi'r gorau i swydd; **to ~ oneself to despair,** ymollwng i anobaith, ildio i anobaith, syrthio i anobaith, anobeithio'n llwyr, ymr|oi i anobaith; **to ~ an attempt/plan,** rhoi'r gorau iddi, rhoi'r ffidil yn y to, *S.E: occ:* rhoi'r delyn yn y llwyn; **to ~ one's post,** gadael eich safle; *Archeol:* **to ~ a site,** gadael safle, cefnu ar safle; **to ~ ship,** gadael y llong; **~ ship!** pawb o'r llong!

abandoned *a.* **1.** *(= deserted): (dwelling):* unig, gwag (gweigion), anghyfannedd; *(pers., car, ship, post):* gadawedig, wedi ei adael *&c; Jur:* gadawedig; *Geog:* **~ meander,** ystumllyn(-noedd) *m.* **2.** *(= wild, dissolute):* ofer, afradlon, afrad, penchwiban, penrhydd; *(= wicked):* llygredig, anfoesol; **an ~ young woman,** gwraig ifanc lac ei moesau.

abandonee *n. Jur:* gadawedig(-ion) *m&f.*

abandoner *n.* gad|aw-wr (~-wyr) *m,* gad|aw-wraig *f.*

abandoning *vn.* **1.** = **abandon 2. 2.** *Jur:* gadawaeth *f,* gadawiad *m.* **3.** *(= self-surrender):* ymildiad *m,* ildiad *m.*

abandonment *n.* **1.** gadawiad *m,* gadael *vn; Theol:* ymollyngiad *m;* **rain led to the ~ of the game,** rhoddwyd y gorau i'r gêm oherwydd y glaw; *S.a.* **abandon**[2]. **2.** = **abandon**[1]. **~ value,** gwerth (*m*) hepgor.

abase *v.t.* darostwng, diraddio, iselh|au, iselu; **to ~ oneself,** ymostwng, ymddarostwng, ymgreinio.

abasement *n.* darostyngiad *m,* diraddiad *m,* iselhad *m; vn.* = **abase; self-~,** hunanddarostyngiad *m,* ymddarostyngiad *m,* ymostyngiad *m,* ymgreinio *vn.*

abash *v.t.* codi cywilydd (ar rn), cywilyddio (rhn); **nothing can ~ him,** nid oes dim yn codi cywilydd arno; **no whit abashed,** heb unrhyw gywilydd, yn hollol ddigywilydd; **to be abashed (at sth),** cywilyddio, swilio, mynd yn swil, teimlo cywilydd/swildod (oherwydd rhth).

abashment *n.* cywilydd *m,* swildod *m.*

abashed *a.* swil, wedi swilio; *See* **abash.**

abask *adv.* yn torheulo, *S:* yn bolaheulo.

abate *v.t.&i.* **1.** *v.t. (= reduce, weaken):* lleih|au, gwanh|au, gwanychu; *(work):* arafu; *(prices):* gostwng; *(a storm):* gostegu, tawelu; *Jur: (i)* **to ~ an abuse,** atal cam; *(ii) (= annul):* dirymu, diddymu. **2.** *v.i.* gwanhau, *occ:* gwanio; *(of storm &c):* gostegu, tawelu, ymdawelu, arafu, peidio; *Jur: (of writ, appeal):* methu, peidio; *(of wages, rent):* gostwng, colli gwerth; *(of epidemic):* cilio, gwanhau, peidio, dod i ben; *(of floods):* cilio, treio, distyll[u], mynd i lawr, gostwng; *(of courage):* lleihau, gwanhau, gwanio.

abatement *n.* **1.** *S.a.* **abate**; *(a) (= weakening):* lleihad *m*, gwanychiad *m*, gwanhad *m*; *(of storm):* gostegiad *m*; *(b) Jur: (= abolition):* dilead *m*, dirymiad *m*; **~ of nuisance,** diddymiad (*m*) niwsans; **the Noise A~ Society,** y Gymdeithas (*f*) er Atal Sŵn. **2.** *(= discount):* gostyngiad(-au) *m*. **~ notice** *n.* rhybudd(-ion) (*m*) diddymiad.

abater *n.* lleihäwr (lleihawyr) *m*, gostyngwr (gostyngwyr) *m*.

abatis *n. Mil:* abatis(-au) *m*, cledrfur(-iau) *m*.

abatised *a. Mil:* abatisog, cledrfuriog.

abator *n. Jur:* = **abater**.

abattis *n.* = **abatis**.

abattoir *n.* ll|add-dy (~-dai) *m*, *N.W: occ:* tŷ (tai) (*m*) lladd.

abaxial *a. Biol: Bot:* allechelinol.

abaya, abba[1] *n.* = **aba**.

Abba[2] *Pr.n. B:* Abba *m*; **~, Father,** Abba, Dad.

abbacy *n.* abadaeth(-au) *f*.

Abbasid *Pr.n. Hist:* Abasiad (Abasiaid) *m*.

abbatial *a.* abadaidd, abadol.

abbé *n.* ***abbé(-s)*** *m*.

abbess *n.f.* abades(-au).

Abbevillian *a. Archeol:* Abbevilaidd.

abbey *n.* & *attrib.* **1.** *n.* abaty (abatai) *m*. **2.** *attrib.* **~ church,** eglwys(-i) abadol *f*; **~ demesne, ~ land,** tir (*m*) abaty (tiroedd abatai), abatir(-oedd) *m*. **A~ Cwm-hir** *W.Pl.n.* Abaty Cwm-hir. **A~ Dore** *Eng.Pl.n.* Abaty Deur/Dour.

abbot *n.* abad(-au) *m*; **~'s habit,** abadwisg(-oedd) *f*, gwisg (*f*) abad (gwisgoedd abad/abadau), abid (*f*) abad (abidau abad/abadau); **A~ of Misrule,** Abad Anghyfraith/Anhrefn; **A~ of Unreason,** Abad Afreswm.

abbotcy, abbotship *n.* abadaeth(-au) *f*.

abbreviate[1] *v.t.* talfyrru, byrh|au, cwtogi.

abbreviate[2]**, abbreviated** *a.* talfyredig, cryno, byrrach; *Lib:* **abbreviated catalogue entry,** cofnod(-ion) (*m*) catalog talfyredig.

abbreviation *n.* **1.** *Typ:* byrfodd(-au) *m*. **2.** *(= abbreviated version):* talfyriad(-au) *m*, crynodeb(-au) *m*. **~ mark** *n.* talfyrnod(-au) *m*.

abbreviator *a.* talfyrrwr (talfyrwyr) *m*.

ABC *n.* yr wyddor *f*, *F:* yr abiéc *mf*; **simple as ~,** hawdd fel baw/dŵr/abiéc, mor hawdd â phoeri, mor hawdd â thynnu llaw dros wyneb, *S:* hawdd fel cwympo oddi ar ben tŷ; *Geol:* **~ soil,** pridd ABC; **he doesn't know the ~ of the subject,** nid yw'n gwybod y peth cyntaf/lleiaf am y pwnc; nid yw'n gwybod dim oll am y pwnc.

abdicable *a.* ildiadwy, gollyngadwy.

abdicate *v.t.&i.* **1.** *v.t.* ymwrthod (â rhth), rhoi'r gorau (i rth), ymddeol (o rth); gollwng, ildio (rhth); **to ~ responsibility for sth,** gwrthod bod yn gyfrifol am rth, gwrthod mynd yn gyfrifol dros rth, ymddihatru o ofal rhth; **to ~ the throne,** ymwrthod â'r goron/orsedd, ildio'r goron/orsedd, ymddeol o'r orsedd/frenhiniaeth, ymddiorseddu. **2.** *v.i.* ymddeol, rhoi'r gorau iddi.

abdication *n.* ymddeoliad(-au) *m* (o rth), ymwrthodiad(-au) *m* (â rhth); *(of monarch):* ymddiorseddiad(-au) *m*; *S.a.* **abdicate**; *Hist:* **the A~ Crisis,** Helynt yr Ymddiorseddiad.

abdicator *n.* ymwrthodwr (ymwrthodwyr) *m* (â rhth), ymddeolwr (ymddeolwyr) *m* (o rth); *(of throne):* ymddiorseddwr (ymddiorseddwyr) *m*.

abdomen *n. Med:* |abdomen (abdomenau) *m*, tor(-rau) *f*, cest(-iau) *f*, rhumen(-au) *f*, *N: F:* bol(-iau) *m*, *S: F:* bola (boliau) *m*.

abdominal *a. Med:* abdomenol, torrol, rhumenol; **~ cavity,** ceudod(-au) abdomenol *m*, ceudod yr |abdomen; **~ muscle,** cyhyr (*m*) yr abdomen (cyhyrau'r abdomen); **~ pains,** *N:* poen (*mf*) yn y bol, *S:* bola tost *m*.

abdominally *adv.* trwy'r |abdomen, yn yr abdomen, yn abdomenol *&c*.

abdominocentesis *n. Med:* rhumen-wacâd *m*, abdominosentesis *m*.

abdominous *a.* boliog, corffog, cestog.

abduce *v.t.* = **abduct 2.**

abducent *n. Anat:* abdwsent. **~ nerve** *n.* nerf(-au) (*fm*) abdwsent.

abducent *a. Anat:* **~ muscle,** = **abductor 2.**

abduct *v.t.* **1.** cipio, herwgipio, dwyn [ymaith]; *Jur:* llathruddo, herwgipio. **2.** *Surg:* tynnu (rhth) ymaith.

abduction *n.* **1.** dynladrad(-au) *m*; *Jur:* llathrudd(-iadau) *m*; *vn.* = **abduct**. **2.** *Log:* adwythiad(-au) *m*.

abductor *n.* & *a.* **1.** *n.* cipiwr (cipwyr) *m*, herwgipiwr (herwgipwyr) *m*; *Jur:* llathruddwr (llathruddwyr) *m*. **2.** *a. Anat:* **~ muscle,** cyhyryn (cyhyrau) tyniadol *m*, cyhyryn abdwsent.

abeam *adv. Nau: Av:* ar yr ystlys; **~ of us,** ar ein cyfer, y naill ochr inni, ar un ochr inni, ar ein hystlys, gyferbyn â ni.

abecedarian *a.* **1.** *(a) (= simple):* elfennol, syml, fel abiéc; *(b) (= ignorant):* anwybodus; *(c) (= in alphabetical order):* yn nhrefn yr wyddor, abiecol. **2.** *n.* dysgwr (dysgwyr) *m*, d|ysgwraig (dysgwragedd) *f*.

abed *adv.* yn y gwely; **they are all ~,** maen' nhw i gyd yn eu gwlâu.

abele *n. Bot:* aethnen wen (aethwydd gwynion) *f*, poplysen wen (poplys gwynion) *f*, peisgwyn *m*.

Abelian *a. Mth:* Abelaidd; **~ ring,** cylch(-oedd) Abelaidd *m*.

abelmosk *n. Bot:* |abelmwsg *m*.

abendlied *n. Mus:* ***abendlied(-er)*** *f*.

Aber *W.Pl.n.* **~ village,** Abergwyngregyn *mf* (*pronounced* ng-g), *Lit: occ:* Aber (*mf*) Garth Celyn; **~ Lake,** Llyn (*m*) Anafon; **~ Falls,** Rhaeadr Fawr *f*.

Aberavon *W.Pl.n.* Aberafan *mf*.

Aberayron *W.Pl.n.* Aberaeron *mf*.

Aberbeeg *W.Pl.n.* Aber-big *mf*.

Abercastle *W.Pl.n.* Abercastell *mf*.

Aberconway *W.Pl.n.* Aberconwy *mf*.

Abercrave *W.Pl.n.* Aber-craf *mf*.

Aberdare *W.Pl.n.* Aberdâr *mf*.

aberdevine *n.* = **siskin**.

Aberdonian *a.* & *n.* **1.** *a.* o Aberdeen, Aberdonaidd. **2.** *n.* rhn (rhai) o Aberdeen, brodor(-ion) (*m*) o Aberdeen, Aberdoniad (Aberdoniaid) *m&f*.

Aberdovey *W.Pl.n.* Aberdyfi *mf*.

Aberffraw Point *W.Pl.n.* Y Braich Llwyd *m*.

Abergavenny *W.Pl.n.* Y Fenni *f*, *occ:* Abergafenni *mf*.

Aberglaslyn Pass *W.Pl.n.* Y Gymwynas *f*, Bwlch (*m*) Aberglaslyn.

Aberkenfig *W.Pl.n.* Abercynffig *mf*.

Abermule *W.Pl.n.* Aber-miwl *mf*.

aberrance, aberrancy *n.* cyfeiliornad(-au) *m*.

aberrant *a.* & *n.* **1.** *a.* afreolaidd, cyfeiliornus, cyfeiliorn, ar gyfeiliorn, annormal, anarferol; *Biol:* gwyrol; **~ species,** rhywogaeth wyrol *f*. **2.** *n.* *(a)* cyfeiliornwr (cyfeiliornwyr) *m*; *(b) Biol:* grŵp (grwpiau) annormal/gwyrol *m*.

aberrantly *adv.* yn afreolaidd *&c*.

aberrated *a.* = **aberrant**.

aberration *n.* **1.** *(a) (of conduct, ship):* cyfeiliornad(-au) *m*, crwydrad(-au) *m*, gwyriad(-au) *m*; *(b)* **mental ~,** dryswch (*m*) meddwl. **2.** *Astr: Mth: Opt:* egwyriant (egwyriannau) *m*. **3.** *Biol:* eithriad(-au) *mf*, datblygiad(-au) annormal *m*.

aberrational *a.* gwyriadol.

Aberthaw *W.Pl.n.* Aberddawan *mf*.

Abertillery *W.Pl.n.* Abertyleri: Aberteleri *mf*.

Aberwheeler *W.Pl.n.* Aberchwiler *mf*.

abet *v.t.* **1. to ~ s.o. in a crime,** annog rhn i droseddu, *N.W: F:* cynnwys rhn i droseddu; *Jur:* **to aid and ~ s.o.,** helpu ac ategu rhn. **2.** *(= encourage):* cefnogi, annog (rhn).

abetter *n.* = **abettor**.

abetting *vn. Jur:* **aiding and ~,** anogaeth *f* [i droseddu].

abettor *n.* anogwr (anogwyr) *m*, cefnogwr (cefnogwyr) *m*, ategwr (ategwyr) *m*, cyd-droseddwr (~-droseddwyr) *m*.

abeyance *n.* diffyg *m*, dirymedd *m*; **law in ~,** deddf (*f*) ddirym, deddf anarferedig, deddf heb fod mewn grym; **a matter [held] in ~,** pwnc heb ei benderfynu; **the custom fell into ~,** peidiodd/pallodd yr arfer; **an estate in ~,** olyniaeth wag *f*, ystad (*f*) heb berchennog; **work in ~,** gwaith ar ei hanner, gwaith heb ei orffen.

abeyant *a.* di-rym, dirym, heb fod mewn grym; *(custom):* anarferedig, palledig.

abfarad *n. El.Meas:* abffarad(-au) *m*.

abhenry *n. El.Meas:* abhenri (abhenrïau) *m*.

abhor *v.t.* casáu (rhth) â chas perffaith, ffieiddio (rhth, at rth); **she abhors waste,** mae'n gas ganddi wastraff; mae gwastraff yn gas/atgas ganddi; **nature abhors a vacuum,** cas gan natur le gwag.

abhorred *a.* ffiaidd, atgas.

abhorrence *n.* ffi|eidd-dod *m*, atgasedd *m*, atgasrwydd *m*, cas *m*, casineb *m* (**of sth,** tuag at rth).

abhorrent *a.* **1.** ffiaidd, atgas, gwrthun, *Lit:* esgymun (**to s.o.,** gan rn) *N: F:* 'sglyfaethus, *S:* distumog, dienaid. **2.** *(= contrary):* croes, dieithr (**to/from sth,** i rth); anghyson (â rhth); anarferol.
abhorrently *adv.* yn ffiaidd *&c.*
abhorrer *n.* ffieiddiwr (ffieiddwyr) *m*, ffi|eiddwraig *f*; *Rel: Hist:* **Abhorrers and Petitioners,** Ffieiddwyr a Deisyfwyr.
abidance *n.* **1.** *(= continuance):* parhad *m.* **2.** *(= dwelling):* trigiant *m.* **3.** ~ **by the rules,** ymlyniad (*m*) wrth y rheolau, ymlynu (*vn*) wrth y rheolau.
abide *v.t.&i.* **1.** *v.i.* *(a) (= to last):* parh|au, para, aros; *(b)* **to ~ by a promise,** cadw addewid, cywiro addewid, dal at addewid, dal at eich gair; **to ~ by a decision,** glynu wrth benderfyniad, dal at benderfyniad; **to ~ by the rules,** ufuddh|au i'r rheolau, cadw'r rheolau, cadw at y rheolau, ymddwyn yn ôl y rheolau, cydymffurfio â'r rheolau; **to ~ by the judges' decision,** derbyn barn y beirniaid; *(c) A: & Lit: (= dwell):* trigo, byw, aros, preswylio, trigiannu; *Lit:* **A~ with Me,** Trig gyda Mi. **2.** *v.t.* *(a)* **to ~ a test,** cael prawf, mynd trwy brawf; *(b) (= wait):* aros (am rth), disgwyl (rhth, am rth), *S:* erfyn (rhth); *(c) (= stand, suffer):* dioddef, goddef; **I can't ~ him,** alla' i mo'i ddioddef; dda gen i mohono; *S:* 'does gyda fi gynnig iddo fe; *S.W: F: occ:* alla' i mo'i hari[n] e; *N.W: M.W: occ:* fedra' i mo'i aros o.
abider *n.* arhoswr (arhoswyr) *m*, trigiannydd (trigianwyr) *m.*
abiding *a.* arhosol, parhaol, parh|aus, bythol, tros byth, disyflyd, diysgog; *B:* **an ~ city,** dinas barhaus *f*; **an ~ faith,** ffydd ddisyflyd/ddiysgog *f.*
abidingly *adv.* yn barhaol, tros byth, yn ddisyflyd *&c.*
abigail *n.* morwyn(-ion, morynion) *f.*
ability *n.* *(a)* gallu(-oedd) *m*, medr(-au) *m*; **(he worked) to the best of his ~,** (gweithiodd) hyd eithaf ei allu, orau y gallai, ei orau glas; *(b) (= intelligence, talent):* dawn (doniau) *f*, medr, medrusrwydd *m*, crebwyll *m*; **a man of great ~,** dyn galluog iawn; *(c) Jur: (= competency):* cymhwyster (cymwysterau) *m.* ~ **grouping** *vn. Sch:* grwpio yn ôl gallu.
abiogenesis *n.* ymgenhedliad *m.*
abiogenesist *n.* = **abiogenist**.
abiogenetic *a.* ymgenhedlol.
abiogenetically *adv.* yn ymgenhedlol.
abiogenic *a.* anfiogenig.
abiogenically *adv.* yn anfiogenig.
abiogenist *n.* ymgenhedlwr (ymgenhedlwyr) *m.*
abiological *a.* anfiolegol, anfywydegol.
abiologically *adv.* yn anfiolegol *&c.*
abiotic *a.* anfiotig.
abiotically *adv.* yn anfiotig.
abirritant *a. & n.* = **emollient 1, 2.**
abirritate *v.t.* = **soothe.**
abirritation *n. vn.* = **abirritate**.
abject *a.* **1.** *(= miserable):* truenus, gresynus; ~ **poverty,** dygn dlodi, tlodi truenus. **2.** *(= vile):* ffiaidd, gwael, distadl, isel, gwarthus, gwaradwyddus; **an ~ liar,** celwyddgi ffiaidd; *(= servile):* gwasaidd, taeogaidd; **an ~ apology,** ymddiheuriad llaes/gwasaidd. **3.** *(= utter, total):* llwyr; ~ **terror,** arswyd llwyr.
abjection *n.* = **abjectness**.
abjectly *adv.* **1.** yn ddistadl *&c.* **2.** yn ffiaidd *&c*; yn wasaidd, yn llaes *&c.* **3.** yn llwyr.
abjectness *n.* **1.** *(= misery, degradation):* trueni *m*, truenusrwydd *m*, distadledd *m*, dinodedd *m.* **2.** *(= vileness):* ffi|eidd-dod *m*, gwarth *m*, gwarthusrwydd *m.* **3.** *(of apology):* llaester *m*, gwas|eidd-dra *m.*
abjuration *n.* ymwadiad(-au) *m*, ymwrthodiad(-au) *m*, ymwadu *vn*, ymwrthod *vn* (**of sth,** â rhth); diofryd *m* (ar rth); *Rel.Hist:* **Oath of A~,** Llw Ymwadiad.
abjuratory *a.* ymwadol, ymwrthodol (**of sth,** â rhth).
abjure *v.t.* gwadu (rhth); ymwadu, ymwrthod (â rhth); *Lit:* rhoi diofryd (ar rth), ymddiofrydu (â rhth).
abjurer *n.* ymwadwr (ymwadwyr) *m*, ymw|adwraig *f*, ymwrthodwr (ymwrthodwyr) *m*, ymwrth|odwraig *f* (**of sth,** â rhth).
Abkhaz *Pr.n.* **1.** *Ethn:* Abcasiad (Abcasiaid) *m&f.* **2.** *Ling:* Abcaseg *f*, *m.*
Abkhazia *Pr.n. Geog:* Abcasia *f.*
Abkhazian *a. Ethn:* Abcasaidd.
ablactate *v.t.* diddyfnu.
ablactation *n.* diddyfniad *m*, diddyfnu *vn.*
ablate *v.t. Med:* abladu (rhth), torri (rhth) allan, tynnu (rhth).
ablatio placentae *n. Med:* brych-waedlif *m*, torfrych *m.*
ablation *n.* **1.** *Surg:* abladiad(-au) *m*, abladu *vn.* **2.** *Ph: Geol:* erydiad(-au) *m*, erydu *vn.* ~ **till** *n. Geog:* til (*m*) abladiad.
ablative *a. & n. Gram:* **1.** *a.* abladol. **2.** *n.* abladol(-ion) *m*, y cyflwr abladol *m*; ~ **absolute,** abladol digyswllt/annibynnol.
ablatively *adv.* yn abladol.
ablator *n. Surg:* abladwr (abladwyr) *m.*
ablaut *n. Ling:* gwyriad(-au) *m*, ablawt(-iau) *m.*
ablaze *adv. & pred.a.* ar dân, yn wenfflam, yn fflam dân, yn dân golau, yn danbaid, *Lit:* yngh|lynn, yn eirias, yn oddaith, yn wynias; **to be ~,** fflamio, ffaglu, bod ar dân, bod yn dân golau; **~ with light,** yn oleuni i gyd; **~ with anger,** yn danbaid gan lid, yn gandryll [ulw], yn llidiog, *F:* yn dân gwyllt, *S:* yn grac tân, yn grac chwilboeth, *S.W:* yn tampan; *S.a.* **angry**.
able *a.* **1.** (*a*) galluog, atebol, cymwys, abl, *F:* abal; **to be ~ (to do sth),** gallu, medru (gwneud rhth); **better ~ to do sth,** mewn gwell lle i wneud rhth, galluocach/cymhwysach i wneud rhth; *(b) (= competent, skilled):* deheuig, atebol, medrus, amcanus, dawnus, cymwys, *S:* dechau, *N:* dethau, *N.W: occ:* ffetus; *F:* **ready, willing and ~,** parod, bodlon ac abl; **an ~ craftsman,** crefftwr da ei law, crefftwr medrus/gloyw *&c*, *N: F: occ:* dyn gloyw, *S:* crefftwr dechau; *Nau:* **~ seaman,** *See* **seaman**; *(c) Jur:* cymwys. **2.** *(work &c):* celfydd, crefftus, deheuig, cymen, gofalus, *N:* dethau, *S:* dechau. **~-bodied** *a.* cadarn o gorff, cydnerth, atebol, cryf, abl, *N:* 'tebol, durol; *Mil:* atebol i wasanaeth. **~-minded** *a.* deallus, peniog, hirben, galluog, dawnus.
ablegate *n. Ecc:* cennad (cenhadon) *m.*
ablet *n. Ich:* gwyniad (gwyniaid) *m*, gorwyniad (gorwyniaid) *m.*
abloom *adv.* mewn blodau, yn flodau, yn flodeuog; **a plant ~,** planhigyn yn ei flodau.
abluent *a. & n.* = **detergent 1, 2.**
ablush *adv.* yn gwrido, yn cochi, gwridog.
abluted *a.* ymolchedig, puredig.
ablution *n.usu.pl.* **1.** ymolchiad(-au) *m*; *Mil:* **to perform ablutions,** ymolchi. **2.** *Rel:* pureiddiad(-au) *m*, pureiddio *vn*, puredigaeth(-au) *f*, golchiad(-au) *m*, puro *vn*, golchi *vn.* **3.** *(= building):* ymolchdy (ymolchdai) *m*, ymolchfa (ymolchf|eydd) *f.*
ablutionary *a.* ymolchiadol; *Rel:* puredigaethol, golchiadol.
ably *adv.* yn alluog, yn fedrus *&c.*
abnegate *v.t.* gwadu (rhth), ymwadu (â rhth), *Lit:* rhoi diofryd (ar rth).
abnegation *n.* *(a)* ymwadiad(-au) *m*, ymwrthodiad(-au) *m*, ymwadu *vn*, ymwrthod *vn* (**of sth,** â rhth); *(b)* **[self-]~,** hunanymwadiad *m*, hunanymwadu *vn*; *(= self-sacrifice):* hunanaberth *m.*
abnegator *n.* ymwadwr (ymwadwyr) *m*, ymwrthodwr (ymwrthodwyr) *m.*
abnormal *a.* **1.** *(= unusual):* anarferol, anghyffredin, annormal, abnormal; ~ **psychology,** = **psychopathology**; *(= exceptional):* eithriadol; *(= irregular):* afreolaidd; *Gram:* ~ **sentence,** brawddeg annormal. **2.** *(= deformed):* annormal, abnormal, anffurfiedig, afluniaidd, â nam.
abnormality *n.* **1.** anarferoldeb *m*, annormaledd(-au) *m*, annormalaeth(-au) *f*, abnormalaeth(-au) *f*, abnormaledd(-au) *m*, annormalrwydd(-au) *m*, abnormalrwydd(-au) *m*; *(= exception):* eithriad(-au) *fm.* **2.** *(= deformity):* anffurfiad(-au) *m*, annormaledd, nam(-au) *m* (**of sth,** ar rth).
abnormally *adv.* yn anarferol; yn annormal *&c.*
abnormity *n.* **1.** = **abnormality**. **2.** *(= monster):* anghenfil (angenfilod) *m.*
abo *a. & n. F:* = **aboriginal, aborigine.**
aboard *adv. & prep.* **1.** ar fwrdd llong, ar long; **to go ~ [ship],** mynd ar long, esgyn i long, *occ:* byrddio [llong]; **all ~!** pawb ar y llong! pawb arni! pawb ar y bwrdd! **to take goods ~ [ship],** llwytho [llong]. **2.** ~ **a bus,** ~ **a train,** ar fws, ar drên.
abode *n.* **1.** *(= home):* cartref(-i) *m*; **place of ~,** *Lit:* preswylfod(-au) *m*, preswylfa (preswylf|eydd) *f*, annedd (anheddau) *f*, trigfa (trigf|eydd) *f*, trigfan(-nau) *f*, trigle(-oedd) *m*, *A: or Hum:* trigias *m*; **of no fixed ~,** digartref, heb gartref sefydlog; **to make one's ~ (somewhere),** gwneud eich cartref, cartrefu, ymgartrefu (yn rhywle). **2.** *(= sojourn, wait):* arhosiad (arosiadau) *m.*

abohm *n. El.Meas:* abohm(-au) *m.*
aboil *a.* **1.** *(= boiling):* ar ferw, ar y berw, yn berwi, berwedig, yn ferw, yn grychias. **2.** *(= excited, stirred up):* yn ferw [gwyllt].
abolish *v.t.* **1.** *(law &c):* dil|eu, diddymu, dirymu. **2. to ~ (poverty),** dileu, lladd (tlodi); cael gwared (ar dlodi, â thlodi); cael ymadael (â thlodi).
abolishable *a.* dileadwy, diddymadwy, dirymadwy.
abolished *a.* diddymedig, dirymedig.
abolisher *n.* dilëwr (dilewyr) *m,* diddymwr (diddymwyr) *m.*
abolishment *n.* = **abolition.**
abolition *n.* dilead(-au) *m,* diddymiad(-au) *m,* dirymiad(-au) *m, vn.* = **abolish.**
abolitionary *a.* diddymol.
abolitionism *n.* diddymiaeth *f.*
abolitionist *n.* diddymwr: diddymydd (diddymwyr) *m.*
abomasal *a. Vet:* abomasaidd.
abomasum *n. Vet:* abomaswm (abomasa) *m.*
abominable *a.* **1.** *(= disgusting):* ffiaidd, atgas, erchyll, gwrthun, cyfoglyd, *N: F:* 'sglyfaethus, *Lit:* anfad; **the A~ Snowman,** y Dyn Eira Dychrynllyd *m,* Bwgan(-od) *(m)* yr Eira, ieti (ietïod, ietïaid) *m.* **2.** *F: in weakened sense (= awful):* ofnadwy, dychrynllyd.
abominably *adv.* **1.** yn ffiaidd *&c; F:* **~ poor,** yn druenus/sobr/affwysol o dlawd; **~ cold,** dychrynllyd o oer, oer gynddeiriog, ofnadwy o oer, cythreulig o oer, *S.W: F:* rhyfedd o oer.
abominate *v.t.* ffieiddio (rhth, at rth), casáu (rhth); **I ~ lies,** mae'n gas gennyf gelwyddau; mae celwyddau'n gas gennyf.
abomination *n.* **1.** *(= hatred):* ffi|eidd-dod(-au) *m,* ffieiddiad(-au) *m,* atgasedd *m* **(of sth,** o/at rth, tuag at rth). **2.** *(= sth abominable):* ffieiddbeth(-au) *m,* ffi|eidd-dra *m; B:* **~ of desolation,** ffieidd-dra anghyfaneddol.
abominator *n.* ffieiddiwr (ffieiddwyr) *m,* casäwr (casawyr) *m.*
aboral *a. Z:* alleneuol.
aborally *adv.* yn alleneuol.
aboriginal *a. & n.* **1.** *a. (a) (= native):* brodorol, gwreiddiol, cynfrodorol; *(b) (= primitive):* cyntefig. **2.** *n.* = **aborigine.**
aboriginality *n.* **1.** brodoroldeb *m,* cynfrodoroldeb *m.* **2.** *(= primitiveness):* cyntefigrwydd *m.*
aboriginally *adv.* yn frodorol *&c.*
aborigine *n. (a) (pers.):* brodor(-ion) *m,* cynfrodor(-ion) *m; (b) usu.pl. (plants):* planhigion brodorol; *(animals):* anifeiliaid brodorol.
aborning *adv. & pred.a. U.S:* wrth gael eich geni; **a resolution that died ~,** cynnig a fu farw wrth gael ei eni.
abort[1] *n. Mil: Cmptr: Av: &c:* erthyliad(-au) *m,* terfyniad(-au) *m;* **launch ~,** erthyl-lansiad(-au) *m.*
abort[2] *v.t.&i.* **1.** *v.i. (a) Biol:* erthylu; *Vet: occ:* picio; *(b) (of a project):* methu, aflwyddo, terfynu'n ofer, terfynu'n rhy gynnar; **their plans aborted,** aeth eu cynlluniau i'r gwellt. **2.** *v.t. (a)* **to ~ a woman,** rhoi erthyliad i wraig; **to ~ a baby,** erthylu baban; *(b) Fig: (mission):* atal (perwyl) ar ei hanner, terfynu (perwyl) cyn pryd; **to ~ a space-flight,** rhoi terfyn cynnar ar daith i'r gofod.
aborted *a.* **1. an ~ baby,** erthyl(-od) *m,* erthyles(-au) *f;* **an ~ calf,** llo(-i,-eau) *(m)* erthyl. **2.** *Biol:* erthylaidd, erthylus, erthyledig, anaeddfed, heb gyrraedd llawn dwf.
aborter *n.* = **abortionist.**
aborticide *n.* **1.** *(= destruction of foetus):* erthyl-laddiad(-au) *m.* **2.** *(drug):* erthyl-leiddiad (~-leiddiaid) *m.*
abortifacient *a. & n.* **1.** *a.* erthylbair. **2.** *n. (= drug):* cyffur(-iau) *(m)* erthylu, cyffur erthylbair.
abortion *n.* **1.** *(= induced miscarriage):* erthyliad(-au) *m;* **complete ~,** erthyliad cyflawn; **contagious ~,** erthyliad heintus, pla *(m)* erthylu, *occ:* clwy *(m)* picio; **criminal ~,** erthyliad troseddol; **habitual ~,** erthyliad cyson/arferol; **incomplete ~,** erthyliad anghyflawn; **inevitable ~,** erthyliad anochel; **missed ~,** erthyliad a fethwyd, meth-erthyliad(-au) *m;* **recurrent ~,** erthylu *(vn)* cylchol; **septic ~,** erthyliad madreddol/septig; **therapeutic ~,** erthyliad triniaethol/therapiwtig; **threatened ~,** erthyliad bygythiedig; **tubal ~,** erthyliad pibennol. **2.** *(a) F: (= sth aborted):* erthyl(-od) *m,* erthylyn (erthylod) *m,* erthylbeth(-au) *m; (b) (= aborted work):* erthylwaith (erthylweithiau) *m.*
abortionist *n.* erthylwr (erthylwyr) *m,* erthylydd(-ion) *m,* erth|ylwraig (erthylwragedd) *f.*
abortive *a.* **1.** *Med:* erthylaidd, erthylus, erthylog, erthyl, erthyledig. **2.** *Fig: (= too early):* annhymig, rhy gynnar, cyn pryd, cynamserol; *(= unsuccessful):* ofer, aflwyddiannus, seithug, di-fudd.
abortively *adv.* **1.** *(= too early):* yn rhy gynnar, cyn pryd. **2.** *(= unsuccessfully):* yn ofer *&c.*
abortiveness *n.* aflwyddiant *m,* methiant *m.*
aboulia *n.* diffyg *(m)* ewyllys.
aboulic *a.* diewyllys.
abound *v.i.* **1. to ~ in sth,** bod yn llawn o rth; **(a river) abounding (in fish),** (afon) yn heigio, yn gyforiog, yn heidio, yn dryfrith, yn fyw, *F:* yn berwi (gan/o bysgod). **2.** *abs.* bod yn niferus, bod yn gyffredin; **examples ~,** mae sawl enghraifft; mae digonedd o enghreifftiau; mae enghreifftiau lu; mae faint a fynner o enghreifftiau.
abounding *a.* llawn, heigiog, heidiog, cyforiog **(in sth,** o rth); *Lit:* **Grace A~,** Helaethrwydd o Ras.
about *adv. & prep.* **1.** *(= around):* o amgylch (rhth), o bobtu (i rth), o gylch (rhth), oddeutu (rhth), o gwmpas (rhth), *S: F:* biti, boiti, obeutu, amboutu (rhth); **~ us,** o'n cwmpas, o'n hamgylch, o bobtu inni, o'n pobtu, o ddeutu inni, o'n deutu; **to lie ~,** gorweddian, clertian; *(of pers.):* **to hang ~,** sefyllian, tin-droi, loetran; **I haven't a penny ~ me,** nid oes gennyf yr un geiniog arnaf; **we must have our wits ~ us,** rhaid inni fod yn effro; **he wrapped his coat ~ him,** lapiodd ei gôt amdano. **2.** *(= here and there):* **he's up and ~,** mae ar ei draed eto; **to be out and ~,** mentro allan, codi allan; **out and ~ with X,** ar grwydr gydag X, ar hyd y fan/lle gydag X; **there is a rumour ~,** mae si ar led; **to put a story ~,** taenu stori, rhoi si ar led; **to go ~,** mynd amgylch ogylch; **man ~ town,** cymdeithaswr (cymdeithaswyr) *m;* **dotted ~ the fields,** yma ac acw yn y caeau, ar wasgar hyd y caeau; **(to leave papers) lying ~,** (gadael papurau) dros bob man, ar hyd y lle; **(to follow s.o.) ~,** (dilyn rhn) o gwmpas, i bob man, o fan i fan. **3.** *(= facing the other way): (a) v.i.* **he turned ~,** trôdd yn ei unfan; trôdd ar ei sawdl; trôdd y ffordd arall; *(b) v.t.* **to turn sth ~,** troi rhth y tu chwith; *Mil:* **~ turn! ~ face!** ar eich sawdl, trowch! **the wrong way ~,** y tu ôl ymlaen, y tu chwith, o chwith; **the right way ~,** yn iawn, y ffordd iawn, yn gywir; *Nau:* **ready ~!** barod i wyro! *S.a.* **right-about! to bring (sth) ~,** peri, achosi (rhth); **how did it come ~?** sut y bu hi? sut y digwyddodd hi? *S.a.* **go ~ 1.** *(b),* **put about 3, tack**[2]. **4.** *(= in turn):* **(they kept watch) turn and turn ~,** (buont yn gwarchod) bob yn ail, bob un yn ei dro, bawb yn ei dro. **5.** *(= roughly, approximately):* tua + *spirant mut.*; oddeutu, o gwmpas; rhyw + *soft mut.*, yn agos i + *soft mut.*; *S: F:* obiti, obeutu, amboutu (rhth); **~ two dozen,** tua dau ddwsin, oddeutu dau ddwsin, rhyw ddau ddwsin, yn agos i ddau ddwsin, *N: F:* ar draws y ddau ddwsin, *S:* biti ddou ddwsin; **~ Christmas time,** tua'r Nadolig, o gwmpas y Nadolig, dros y Nadolig; **it's ~ time,** *(i)* mae hi bron yn bryd; *(ii) Iron:* mae'n hen bryd; mae'n hwyr glas; mae'n llawn bryd; **I've had [just] ~ enough of this,** 'rwyf wedi cael hen ddigon ar hyn; 'rwyf wedi hen flino/alaru ar hyn; 'rwyf wedi cael llond bol/bola o hyn; **~ that time,** tua'r adeg honno; **that's ~ right,** *(= the right amount):* mae hynna'n o agos; rhywbeth fel yna; dyna ddigon, fwy neu lai; **she's ~ my age,** mae hi tua'r un oed â mi, *N:* mae hi at f'oed i. **6.** *(= concerning):* yngh|ylch (rhth), ynglŷn â + *spirant mut.*, am + *soft mut.*; **(there is sth strange) ~ him,** (mae rhth yn rhyfedd) ynddo, o'i gwmpas, yn ei gylch; **what can I do ~ it?** beth a allaf i ei wneud yn ei gylch (*not* amdano)? **we'll have to do sth ~ John,** bydd raid inni wneud rhth ynglŷn â John (*not* am John); **(to enquire) ~ sth,** (holi) ynghylch rhth, ynglŷn â rhth; **to speak ~ sth,** siarad/sôn am rth, trafod rhth; **what is she talking ~?** am beth mae hi'n sôn (*not* beth mae hi'n sôn am)? **much ado ~ nothing,** llawer o helynt/ffwdan ynghylch dim, *N:* llawer o fyd ynghylch dim; **I heard ~ her,** clywais sôn amdani; **(to be uneasy) ~ sth,** (poeni) ynghylch rhth, o achos rhth, oherwydd rhth; **mind what you're ~,** bydd(-wch) yn ofalus; cymer(-wch) bwyll; **what's it all ~?** am beth y mae'r sôn? beth sydd dan sylw? **what are they ~** *(= doing)*? beth maen' nhw'n ei wneud? **you haven't been long ~ it,** fuost ti (fuoch chi) ddim yn hir wrthi; **while you're ~ it,** tra byddi di (byddwch chi) wrthi; **what ~? ~ what?** am beth? ynghylch [pa] beth? **to send s.o. ~ his business,** cael gwared â rhn, hel rhn ymaith; *F:* **~ that car I saw,** wyddost ti (wyddoch chi)'r car 'na a welais i; a sôn am y car a welais i; gyda golwg ar y car a welais i; ynglŷn â'r car 'na a welais i; **what ~ some food?** beth am [dipyn/damaid o] fwyd?

what ~ going out? beth am fynd allan? beth petaem ni'n mynd allan? 7. *(usu. with parts of the body):* am (rth), o gylch (rhth), o amgylch (rhth), *F:* am dan (rth); *N.B.* am *has pronominal forms: sing.* 1. amdanaf, 2. amdanat, 3. amdano, amdani; *pl.* 1. amdanom, 2. amdanoch, 3. amdanynt; **he had a rope ~ his waist,** 'roedd ganddo raff am ei ganol; **she had a scarf ~ her head,** 'roedd ganddi sgarff am ei phen. 8. *(= on the point of):* ~ **to go,** ar fynd, ar fin mynd, ar fedr mynd, *S: F:* biti mynd/fynd; *S.W: occ:* ar 'nelfa i fynd, *N.W: occ:* ar dŷd mynd, ar ddŷd mynd; **what was she ~ to say?** beth oedd hi'n mynd i'w ddweud? **~-face** *n. & v.t. U.S:* = **about-turn.** **~-faced, ~-facing** *a. U.S:* yn wynebu'n ôl, wedi troi'n ôl. **~-ship** *v.i. Nau:* = **tack² 2.** **~-sledge** *n. Tls:* gordd fawr (gyrdd mawrion) *f.* **~-turn¹** *n. Mil: &c:* tro(-eon) *(m)* ar y sawdl. **~-turn²** *v.i.* troi ar eich sawdl; *Fig:* troi ar/yn eich carn.

above I. *adv. & prep.* 1. **[directly]** ~, uwchb|en (rhth), uwchl|aw (rhth), dros (rth), yn uwch (na rhth), dros ben (rhth), *N.W:* wrth ben (rhth), *N.E:* o du uchaf, od uchaf (i rth), *S.E: occ: Lit:* od uwch (rhth), gor|uwch (rhth); *S:* F: acha rhth; **(the water reached) ~ my knees,** (daeth y dŵr) dros fy mhennau gliniau, yn uwch na fy mhennau gliniau; **~ me,** uwch fy mhen i; **~ you,** uwch dy ben (uwch eich pennau); **~ him,** uwch ei ben; **~ her,** uwch ei phen; **~ us,** uwch ein pennau; **~ them,** uwch eu pennau; **~ all,** uwchlaw popeth, yn anad dim; **he'll never rise ~ his station,** nid aiff byth uwch bawd sawdl; *Fig:* **it's all ~ board,** mae'n hollol deg; mae'n hollol agored; **~ ground,** *(= alive):* yn fyw, ar dir y [rhai] byw; **a mountain rises ~ the lake,** mae mynydd yn codi uwchlaw'r llyn; **his voice was heard ~ the din,** clywid ei lais uwchlaw'r twrw. 2. *Fig: (= more than):* **(he lived there) for ~ a year,** (bu'n byw yno) am dros flwyddyn, am fwy na blwyddyn, am flwyddyn a mwy; **~ all others,** yn anad neb, uwchlaw pawb. 3. *(= beyond):* **it's all ~ my head,** mae'r cyfan y tu hwnt i mi; **to live ~ one's means,** byw yn afrad/afradlon, byw uwchlaw'ch moddion; **~ criticism,** y tu hwnt i feirniadaeth; **he is ~ lying,** ni allai ddweud celwydd dros ei grogi; mae ef uwchlaw dweud celwydd; **~ oneself,** *(i) (= elated):* wrth eich bodd, uwchben eich digon, wedi cael modd i fyw; *(ii) (= smug, conceited):* hunanfodlon, ffroenuchel; **he's ~ me in rank,** mae uwch fy mhen i; mae'n uwch na mi o ran swydd/gradd/rheng; mae'n uwch ei safle na mi. II. *adv.* uwchlaw, uwchben, uchod, *Lit:* fry; **the sky ~,** y nef uwchben; **heavens ~!** o'r nefoedd! [y] nefoedd wen! [y] nefoedd fawr! [y] nefoedd annwyl! nefoedd yr adar! nefoedd drugaredd! *occ:* nen annwyl! *S.a.* **heaven; a voice from ~,** llais oddi uchod, *Lit:* llais oddi fry; **the powers ~,** yr awdurdodau, y rhai mewn awdurdod; **the flat ~,** y fflat uwchben. **~-board** *pred.a.* teg, [g]onest, agored. **~-mentioned, ~-named** *a.* uchod, a enwyd/grybwyllwyd uchod; *Jur:* rhagddywededig.

Abra *n. Metalw:* ~ **file,** ffeil(-iau) *(f)* Abra; ~ **frame,** ffrâm (fframiau) *(f)* Abra.

abracadabra *n. & int.* abracadabra *(m).*

abrachia *n. Med:* diffyg *(m)* breichiau.

abradable *a.* treuliadwy.

abradant *a.* = **abrasive 1.**

abrade *v.t.&i.* 1. *v.t. (a)* treulio, rhwbio, *occ:* [y]sgraffinio, *N:* gwisgo, *S:* rhwto, *S: F:* wero; *(b) Tchn:* rhuglio, rhathu; *Geog:* [y]sgrafellu; *(c) (skin):* [y]sgriffio, crafu, *occ:* [y]sgraffinio, *S.W:* 'sgathru. 2. *v.i.* treulio, *N:* gwisgo, *S:* wero.

abraded *a.* 1. treuliedig, [y]sgraffiniedig, [y]sgriffiedig, [y]sgrafelledig; *Archeol: Geog:* [y]sgrafellog. 2. *(skin):* crafedig, *occ:* [y]sgraffiniedig, [y]sgriffiedig, wedi cael crafiad.

abrader *n.* crafwr (crafwyr) *m,* [y]sgrafellwr ([y]sgrafellwyr) *m,* [y]sgrafell(-i) *f,* [y]sgraffiniwr ([y]sgraffinwyr) *m,* rhathell(-au) *f.*

Abraham *Pr.n.m. B:* |Abraham; **to sham ~,** cymryd arnoch fod yn wael. **~-man** *n.m. Hist:* Abrahamiad (Abrahamiaid). **~'s Bosom** *W.Pl.n.* Bae*(m)*'r Henborth.

abranchial, abranchiate *a. Z:* didagell.

abrasion *n.* 1. *vn.* = **abrade**; rhathiad(-au) *m,* rhugliad(-au) *m,* rhasgl[i]ad(-au) *m.* 2. *(a) Med:* crafiad(-au) *m, occ:* [y]sgraffiniad(-au) *m,* [y]sgriffiad(-au) *m, S.W:* 'sgathrad(-au) *f;* **minor abrasions,** mân [y]sgriffiadau; *(b) (of metal, leather, rock &c):* ôl (olion) *(m)* traul, ôl treulio, ôl crafu, ôl [y]sgraffinio, crafiad, [y]sgraffiniad, [y]sgythriad(-au) *m; Geog:* [y]sgraffelliad(-au) *m; Needlew:* [y]sgathru *vn; Archeol:* [y]sgrafelliad(-au) *m,* [y]sgriffiad *m.*

abrasive *a. & n.* 1. *a. Tchn:* [y]sgraffiniol, treuliol, [y]sgriffiol, ffrithiol, [y]sgrafellog; **~ action,** arwaith *(m)* [y]sgraffinydd; **~ faults,** beiau [y]sgraffinydd; **~ grades,** graddau [y]sgraffinydd; **~ material,** defnydd [y]sgrafellog *m;* **~ paper,** papur *(m)* [y]sgraffinydd; **~ powder,** powdwr ffrithiol *m.* 2. *a. Fig: (criticism &c):* crafog, brathog, gerwin, garw (geirwon). 3. *n.* treulydd(-ion) *m,* ffrithydd(-ion) *m,* rhasglydd(-ion) *m,* [y]sgrafellydd(-ion) *m,* rhwtiwr (rhwtwyr) *m; Metalw:* [y]sgraffinydd(-ion) *m.*

abrasively *a.* yn grafog *&c.*

abrasiveness *n.* natur grafog *f,* crafogrwydd *m;* **I was surprised at the ~ of his remarks,** mi synnais mor grafog oedd ei sylwadau.

abreact *v.t. Psy:* gwrthadweithio.

abreaction *n. Psy:* gwrthadwaith (gwrthadweithiau) *m.*

abreactive *a.* gwrthadweithiol.

abreast *adv.* ochr yn ochr, yn gyfochrol, yn gyfochrog, *Lit:* yn gyfystlys **(of/with sth,** â rhth); **to walk two ~,** cerdded fesul dau; **to keep ~ of the news,** dilyn y newyddion; **to keep ~ of research,** cyd-gerdded ag ymchwil, dal yn gyfwastad/gyfuwch ag ymchwil; **to keep s.o. ~ of the news,** rhoi'r newydd diweddaraf i rn.

abri *n. Archeol:* lloches(-au) *f,* cysgodfan(-nau) *mf,* lloches tan glogwyn, lloches cysgod clogwyn.

abridge *v.t.* 1. *(= condense):* crynh|oi, talfyrru. 2. *(= curtail):* cwtogi, lleih|au, *occ:* cwtio, cwteuo, cwtanu (rhth); cyfyngu (ar rth).

abridged *a.* cryno, talfyredig.

abridgement *n.* 1. *vn.* = **abridge 1**; crynhoad (crynoadau) *m,* talfyriad(-au) *m,* byrhad *(m)* **(of sth,** o rth); *(= curtailment):* cwtogiad(-au) *m,* cyfyngiad(-au) *m,* lleihad(-au) *m,* gostyngiad(-au) *m* (ar rth). 2. *(= résumé):* talfyriad, crynhoad, crynodeb(-au) *m.*

abridger *n.* talfyrrwr (talfyrwyr) *m,* crynhöwr (crynhowyr) *m.*

abroach *adv. & pred.a.* **the cask is ~,** mae'r gasgen ar agor; mae'r gasgen wedi ei hagor; mae dwsel ar y gasgen.

abroad *adv. & n.* 1. *adv. (a)* dramor, dros y môr; **to go ~,** mynd dros y môr/dŵr, mynd dramor, mynd i wlad estron, *occ:* mynd i'r gwledydd pell; **(to live) ~,** (byw) dros y môr/dŵr, dramor, mewn gwlad estron; *(b) (= publicly, generally):* ar led, ar goedd; **there is a rumour ~,** mae si/sôn ar led; mae si ar gerdded; **scattered ~,** ar wasgar, gwasgaredig, ar daen; **to spread a story ~,** taenu/lledaenu stori, rhoi stori ar led; *Lit:* **to spread the noise ~ (that ...),** hysbysebu, cyhoeddi (bod ...), dweud ar goedd (fod ...). 2. *n.* tramor *m,* gwlad (gwledydd) estron *f;* **from ~,** oddi tramor, o wlad estron, *F:* o'r gwledydd pell.

abrogable *a.* dileadwy, diddymadwy, dirymadwy.

abrogate *v.t.* dil|eu, diddymu, dirymu.

abrogation *n.* 1. *vn.* = **abrogate.** 2. diddymiad(-au) *m,* dirymiad(-au) *m,* dilead(-au) *m.*

abrogative *a.* diddymol, dirymol.

abrogator *n.* diddymwr (diddymwyr) *m,* dirymwr (dirymwyr) *m.*

abrupt¹ *a.* 1. *(pers., tone):* swta, cwta, di-serch, anserchus, sychlyd, diswta, *S.W:* diserch. 2. *(movement):* sydyn, annisgwyl, brysiog, dirybudd, ffwr-bwt, ffwl-bwt, *Lit:* disyfyd, disymwth; *Mus:* **~ cadence,** diweddeb(-au) swta *f,* diweddeb annisgwyl. 3. *(= steep):* serth(-ion), syth(-ion), llethrog, clogwynog. 4. *Bot:* cwta. 5. *Geol:* brig.

abrupt² *v.t.* torri (rhth) yn swta.

abruption *n.* toriad(-au) swta *m; vn.* = **abrupt².**

abruptio placentae *n. Med:* = ***ablatio placentae.***

abruptly *adv.* 1. *(= brusquely):* yn swta, *F:* yn ffwr-bwt, yn ffwl-bwt, yn gwta. 2. *(= suddenly):* yn sydyn, yn ddirybudd *&c, F:* chwap, chwipyn. 3. *(= steeply):* yn syth, yn serth; **to rise ~,** codi'n syth; **(the cliff dropped) ~,** (yr oedd y clogwyn yn disgyn) ar ei ben, yn bendramwnwgl.

abruptness *n.* 1. *(of voice):* tôn swta *f,* ffordd swta *f* [o siarad]. 2. *(of movement):* sydynrwydd *m,* brys *m.* 3. *(= steepness):* serthedd *m,* serthni *m.*

abscess *n.* casgliad(-au) *m,* crawniad(-au) *m,* cornwyd(-ydd) *m, N: F: occ:* byddiged *f;* **to develop into an ~,** crawni, *N:* casglu, *S:* crynh|oi; **~ of the tooth,** y ddannoedd *(f)* waed.

abscessed *a.* wedi casglu, crawniog, crawnllyd, cornwydlyd.

abscisic *a.* absisig.

abscisin *n. Bio-Ch:* absisin *m.*
abscissa *n. Mth:* absisa (absisâu) *f,* trychell(-i,-au) *f.*
abscission *n.* torri *vn, occ:* trychu *vn,* toriad(-au) *m,* trychiad(-au) *m; Bot:* absisedd(-au) *m,* ymwahaniad(-au) *m,* ymwahanu *vn.* **~ layer** *n.* haenen(-nau) absisaidd *f,* haenen fwrw (haenennau bwrw).
abscond *v.i.* dianc, dihengyd, ffoi, *N: F:* dengid, rhedeg i ffwrdd, cymryd/gwn|eud y goes, ei bachu hi, ei heglu hi, *S:* rhedeg bant.
absconder *n.* dihangwr: dihangydd (dihangwyr) *m,* dih|angwraig *f,* ffôwr (ffowyr) *m,* ffôwraig *f,* ffoadur(-iaid) *m,* ffoadures(-au) *f.*
absconding[1] *a.* ar ffo, a ddihangodd, sy'n dianc.
absconding[2] *n.* dihangiad (diangiadau) *m.*
abseil[1] *n. Mount:* abseiliad(-au) *m,* abseil(-iau) *m.*
abseil[2] *v.i. Mount:* abseilio, abseilu.
absence *n.* **1.** absenoldeb *m, Lit:* absen *mf*; **leave of ~,** rhyddhad (*m*) o'ch gwaith, caniatâd (*m*) i fod yn absennol, cennad (*mf*) absenoldeb; **to obtain leave of ~,** *F:* cael colli; **~ with leave,** absenoldeb gyda chaniatâd; *Prov:* **~ makes the heart grow fonder,** mwyna' byth y man ni bôm; man gwyn man draw; **in his ~,** yn ei absenoldeb, ac yntau'n absennol. **2.** *(= lack):* diffyg *m,* absenoldeb; **in the ~ of any proof,** yn niffyg unrhyw brawf. **3.** *(of mind):* anghofrwydd *m,* pellter (*m*) meddwl.
absent[1] **1.** *(a)* absennol (**from sth,** o rth); *Mil:* **~ without leave,** absennol heb ganiatâd; **~ owner,** perchennog (perch[e]nogion) absennol *m; (b) (= lacking):* absennol, diffygiol, ar goll. **2.** = **absent-minded**. **~-minded** *a.* anghofus, difeddwl, â'ch meddwl ymhell, pell eich meddwl. **~-mindedly** *adv.* yn anghofus *&c.* **~-mindedness** *n.* = **absence 3.**
absent[2] *v.pr.* **to ~ oneself (from somewhere),** peidio â mynd (i le), peidio â mynychu (lle), sefyll/cadw draw (o le), mynd yn absennol (o le), *Lit: occ:* eich absenoli'ch hun (o le); *Lit:* **~ thee from felicity awhile,** ymwâd â gwynfyd dro.
absentee *a. & n.* **1.** *a.* absennol; **~ landlord,** landlord absennol. **2.** *n.* absenolyn (absenolion) *m,* absenolwr (absenolwyr) *m,* un (rhai) absennol.
absenteeism *n.* absenoliaeth *f; Sch:* colli (*vn*) ysgol, cadw (*vn*) draw o'r ysgol; *(from work):* colli gwaith.
absenteeist *n.* absenolydd (absenolwyr) *m.*
absenter *n.* = **absentee 2.**
absently *adv.* yn anghofus, yn ddifeddwl.
absinth[e] *n.* **1.** *Bot:* y wermod *f.* **2.** *(drink):* absinth *m.*
absinthism *n. Med:* absinthiaeth *f.*
absolute *a. & n.* I. *a.* **1.** *(a) (= total, complete):* llwyr, diamod; *(in technical senses):* |absoliwt; *Av:* **~ ceiling,** uchder absoliwt *m;* **~ scale of temperature,** graddfa (*f*) dymheredd absoliwt; **~ space,** gofod absoliwt *m;* **~ spectrum,** sbectrwm absoliwt *m;* **~ humidity,** lleithder absoliwt *m; Pol:* **~ majority,** mwyafrif llwyr *m; Mth:* **~ value,** gwerth absoliwt *m;* **~ zero,** sero absoliwt/diamod *m; Cmptr:* **~ address,** cyfeiriad absoliwt *m;* **~ code,** côd absoliwt *m; Ch:* **~ alcohol,** alcohol pur *m; Astr:* **~ magnitude,** maintioli safonol *m.* **2.** *(= unrestricted):* diamod, diamodol, absoliwt, llwyr, llwyr a hollol; **~ failure,** methiant llwyr/hollol; **~ freedom,** rhyddid llwyr/perffaith/diamod/dilyffethair, perffaith ryddid; *Jur:* **a case of ~ necessity,** achos o reidrwydd llwyr; *Jur:* **~ discharge,** rhyddhad diamod *m; Jur:* **~ liability,** atebolrwydd absoliwt *m;* **~ offence,** tramgwydd(-au) absoliwt *m;* **~ owner,** perchen diamod/llwyr *m* (**of sth,** ar rth); *Aut:* **~ peak hour,** brig-awr (~-oriau) hollol *f;* **~ title, title ~,** teitl(-au) absoliwt *m;* **decree ~,** archddyfarniad(-au) absoliwt *m;* **~ term,** term(-au) annibynnol/absoliwt *m; Mus:* **~ music,** cerddoriaeth absoliwt *f; Mus:* **~ pitch,** traw cynhenid *m; Gram:* **ablative ~,** abladol digyswllt/annibynnol *m;* **genitive ~,** genidol digyswllt/annibynnol *m;* **~ phrase,** ymadrodd(-ion) annibynnol *m;* **~ flexion,** rhediad(-au) annibynnol *m; (b) (= authoritarian):* awdurdodus, unbenaethol, *occ:* caeth; **~ control,** rheolaeth gaeth *f;* **~ rule,** llywodraeth gaeth/unbenaethol *f;* **~ ruler,** unben(-nau) *m; (c)* **it's an ~ scandal,** mae'n warth o beth; mae'n gwbl warthus; mae'n gywilydd i'r byd mawr; **he's an ~ idiot,** mae'n hollol dwp; mae'n dwpsyn hollol. II. *n. Phil:* **the A~,** y Diamod *m,* yr Absoliwt *m.*
absolutely *adv.* **1.** *(= wholly):* yn llwyr, yn hollol, yn gwbl, yn gyfan gwbl, yn gyfan oll; **to refuse ~,** gwrthod yn lân, gwrthod dros eich crogi; **to fail ~,** methu'n llwyr/lân/glir/deg, *S. W: occ:* ffaelu'n ffeier; **~ exhausted,** wedi blino'n lân, wedi ymlâdd; **~ nothing,** dim oll, dim o gwbl, *S:* dim yw dim; **smoking is ~ forbidden,** gwaherddir ysmygu'n llwyr; llwyr waherddir ysmygu. **2.** *(= without restriction):* yn ddiamod, yn ddilyffethair; *Gram:* **(a verb used) ~,** (berf a ddefnyddir) ar ei phen ei hun, yn ddiamod, yn gyflawn. **3.** *int.* yn hollol! *S:* yn gwmws! yn gywir!
absoluteness *n.* **1.** llwyrni *m,* diamodrwydd *m.* **2.** = **absolutism.**
absolution *n. Rel:* maddeuant (*m*) pechodau, gollyngdod *m; Ecc:* **A~ of the Dead,** Gwasanaeth Gollyngdod y Meirw.
absolutism *n.* **1.** *Pol:* absoliwtiaeth *f,* unbennaeth *f.* **2.** *Phil: Theol:* diamodaeth *f.*
absolutist *n. & attrib.* **1.** *n.* diamodwr: diamodydd (diamodwyr) *m,* absoliwtydd(-ion) *m.* **2.** *attrib. Pol:* absoliwtaidd, unbenaethol; *Phil: Theol:* diamod, |absoliwt, absoliwtaidd.
absolutistic *a.* diamodol.
absolutize *v.t.* diamodoli.
absolve *v.t.* **1.** *(a)* **to ~ s.o. from sin,** gollwng/rhyddh|au rhn oddi wrth bechod, maddau pechod i rn; *(b)* **to ~ s.o. from blame,** difeio rhn, dieuogi rhn, rhyddhau rhn oddi wrth fai; **he was absolved from all blame,** difeiwyd ef yn llwyr.
absolver *n.* gollyngwr (gollyngwyr) *m,* difeiwr (difeiwyr) *m.*
absorb *v.t.* **1.** *(a) (liquid):* sugno, sychu, llyncu; *Ch: Ph:* amsugno; *(b) (sound):* lleddfu, lleih|au, tawelu, distewi; *(shock):* esmwytho, clustogi; *(c) (knowledge):* llyncu, deall, amgyffred, derbyn; **to ~ the contents of a book,** cymryd i mewn gynnwys llyfr; **I was absorbing the atmosphere,** 'roeddwn yn ymdeimlo â'r awyrgylch; **I tried to ~ what was going on,** ceisiais ddirnad/amgyffred yr hyn a oedd yn digwydd; *(d) (a firm, society):* llyncu, meddiannu, cynnwys, corffori, ymgorffori; *(e) (immigrants):* derbyn, cymathu; *(of newcomer):* **to be absorbed,** cael eich derbyn, *occ:* ennill eich plwy, plwyfo. **2.** *(= occupy, interest):* diddori (rhn), mynd â bryd (rhn), mynd â holl sylw (rhn); **to become absorbed in sth,** ymgolli yn rhth; **he became absorbed in history,** aeth hanes â'i holl fryd; ymddiddorodd fwyfwy mewn hanes; **he was absorbed in his work,** 'roedd ei holl sylw ar ei waith; 'roedd wedi ymgolli yn ei waith; **to listen to sth with absorbed interest,** gwrando'n astud ar rth, gwrando ar rth yn llawn diddordeb.
absorbability *n.* natur amsugnadwy *f,* amsugnadwyedd *m.*
absorbable *a.* amsugnadwy.
absorbance *n.* = **absorbency.**
absorbed *a. (= interested):* llawn diddordeb, wedi ymgolli, ymgolledig (**by sth,** yn rhth); *abs.* astud.
absorbedly *adv.* yn astud, yn llawn diddordeb.
absorbedness *n.* astudrwydd *m;* **his ~ in the book was evident,** yr oedd yn amlwg wedi ymgolli yn y llyfr.
absorbency *n.* gallu amsugnol *m,* amsugnedd *m.*
absorbent *a. & n.* **1.** *a.* sy'n sychu, sy'n sugno; *Ch: Ph:* amsugnol; *U.S:* **~ cotton,** wadin *m,* gwlân (*m*) cotwm; **~ paper,** papur (*m*) sugno; *Tex:* **~ fabric,** ffabrig (*m*) sugno; **shock-~,** siocleddfol. **2.** *n.* sychwr (sychwyr) *m,* sugnwr (sugnwyr) *m,* amsugnydd(-ion) *m,* amsugnwr (amsugnwyr) *m.*
absorber *n.* **1.** *Ch: Ph: (of liquid):* = **absorbent 2. 2.** *(of sound):* tawelwr (tawelwyr) *m, F:* peth(-au) (*m*) mygu/lladd sŵn; **shock ~,** siocleddfydd (siocleddfwyr) *m.*
absorbing *a. (= interesting):* diddorol, hynod ddiddorol, cyfareddol.
absorbingly *adv.* yn ddiddorol *&c.*
absorptance *n. Ph:* ffactor (*m*) amsugnad.
absorption *n.* **1.** *Ch: Ph:* amsugnad(-au) *m;* **~ coefficient,** cyfernod(-au) (*m*) amsugno; **Law of A~,** Deddf Amsugnad; **~ spectrum,** sbectrwm (*m*) amsugno. **2.** *(= interest):* diddordeb dwfn/llwyr *m,* ymgolli *vn* (**in sth,** yn rhth); *Com:* amsugnad, amsugno *vn.*
absorptional, absorptive *a.* amsugnol; **~ power,** grym amsugnol *m.*
absorptiveness, absorptivity *n.* amsugnedd *m,* grym amsugnol *m.*
absquatulate *v.i. Joc:* ei gwadnu hi, ei g'leuo hi, ei bachu hi, ei baglu hi, ei heglu hi, cymryd y goes.
abstain *v.i.* **1.** ymwrthod (**from sth,** â rhth); **to ~ from drink,** ymwrthod â diod; **to ~ from doing sth,** ymatal/ymgadw rhag gwneud rhth, peidio â gwneud rhth. **2.** *Pol:* ymatal, atal eich pleidlais, peidio â phleidleisio.
abstainer *n.* ymwrthodwr (ymwrthodwyr) *m,* ymwrth|odwraig *f* (**from sth,** â rhth); *(from drink):* dirwestwr (dirwestwyr) *m,*

dirw|estwraig (dirwestwragedd) *f*; **total ~,** llwyrymwrthodwr (llwyrymwrthodwyr) *m*, llwyrymwrth|odwraig *f*.
abstaining *a.* ymwrthodol; *(from drink):* llwyrymwrthodol, dirwestol.
abstemious *a.* cymedrol, sobr; **an ~ meal,** pryd syml/cynnil/darbodus.
abstemiously *adv.* yn gymedrol *&c.*
abstemiousness *n.* cymedroldeb *m*, cymedrolder *m*, sobrwydd *m*.
abstention *n.* **1.** ymataliad(-au) *m*, ymatal *vn* **(from sth,** rhag rhth), ymwrthodiad(-au) *m*, ymwrthod *vn* (â rhth); *F:* **there were five abstentions,** yr oedd pump yn ymatal. **2. ~ from voting,** atal (*vn*) pleidlais.
abstentionist *n.* ymataliwr: ymatalydd (ymatalwyr) *m*.
abstentious *a.* ymatalgar.
absterge *v.t.* **1.** *Med:* = **purge**[2]. **2.** = **wipe**[2]
abstergent *a. & n.* **1.** *a.* glanhaol; *Med:* carthol. **2.** *n.* glanhäwr (glanhawyr) *m*; *Med:* carthwr (carthwyr) *m*.
abstersion *n.* **1.** glanhad *m*, glanh|au *vn.* **2.** *Med:* carthiad(-au) *m*, carthu *vn.*
abstinence, abstinency *n.* **1.** ymwrthod *vn*, ymwrthodiad *m*; **(from sth,** â rhth); ymatal *vn*, ymataliad *m* (rhag rhth); **total ~,** llwyrymwrthod *vn*, llwyrymwrthodiad *m* (â rhth); *(from drink):* dirwest *m*, sobrwydd *m*. **2.** *(= chastity):* diweirdeb *m*. **3.** *vn.* = **abstain, abstention**.
abstinent *a.* cymedrol, sobr, ymatalgar.
abstinently *adv.* yn gymedrol *&c.*
abstract[1] *a. & n.* **1.** *a.* haniaethol; **~ art,** celfyddyd haniaethol *f*; **~ design,** cynllun(-iau) haniaethol *m*; **~ music,** cerddoriaeth haniaethol *f*; **~ noun,** enw(-au) haniaethol *m*; **~ term,** term(-au) haniaethol *m*; **~ social class,** dosbarth cymdeithasol haniaethol *m*; *(= theoretical):* damcaniaethol. **2.** *n.* haniaeth(-au) *f*; **in the ~,** o ran haniaeth, fel haniaeth, yn haniaethol.
abstract[2] *n.* **1.** *(= summary):* crynodeb(-au) *m*, crynhoad (crynoadau) *m*; *Jur:* **an ~ of title,** crynodeb hawliau [perch[e]nogaeth]; *Archives:* crynhoad teitl; **~ of accounts,** crynodeb o'r cyfrifon; *Lib:* **~ card,** cerdyn (*m*) crynodeb. **2.** *Art:* darlun(-iau) haniaethol *m*; *Sculpt:* cerflun(-iau) haniaethol *m*.
abstract[3] *v.t.* **1.** *(= steal, remove):* dwyn, dwgyd, lladrata, symud, cymryd (rhth); mynd (â rhth) **(from s.o.,** oddi ar rn; **from somewhere,** o rywle). **2.** *(water &c):* tynnu. **3.** *Ch: Ind:* echdynnu, didynnu (rhth); tynnu (rhth) allan. **4.** *Phil:* haniaethu.
abstractable *a.* **1.** *(= stealable):* lladradadwy. **2.** *Ch: Ind:* echdynadwy, didynadwy.
abstracted *a.* **1.** *(= absent-minded):* difeddwl; **he was ~,** 'roedd ei feddwl ymh|ell; 'roedd yn bell ei feddwl. **2.** *(= removed, withdrawn):* gwahanedig, echdynedig. **3.** *(thesis &c):* crynodedig. **4.** *Phil:* haniaethadwy
abstractedly *adv.* yn ddifeddwl, â'ch meddwl ymh|ell, yn synfyfyriol, yn bensyniol.
abstractedness *n.* pellter (*m*) meddwl, diffyg (*m*) sylw, synfyfyrdod *m*, pensyndod *m*.
abstracter *n.* **1.** *(= thief):* lleidr (lladron) *m*. **2.** *Ch: Ind:* echdynnwr (echdynwyr) *m*. **3.** *(= epitomizer):* crynodebwr (crynodebwyr) *m*, crynhöwr (crynhowyr) *m*. **4.** *Phil:* haniaethwr: haniaethydd (haniaethwyr) *m*.
abstracting *vn.* crynodebu; **~ journal,** cylchgrawn (cylchgronau) (*m*) crynodebu; **~ service,** gwasanaeth (*m*) crynodebu; *Jur:* **the ~ presents,** y presenolion a grynhöir.
abstraction *n.* **1.** *(a) (= theft):* lladrad(-au) *m*, lladrata *vn*; *(b) Ind: Ch:* echdyniad(-au) *m*, echdynnu *vn*, didyniad(-au) *m*, didynnu *vn*; *(of water &c):* tyniad *m*. **2.** *(a) Phil: (process):* haniaethu *vn*; **an act of ~,** haniaethiad(-au) *m*; *(b) (= idea &c):* haniaeth(-au) *f*. **3.** *(= distraction):* pellter (*m*) meddwl, synfyfyrdod *m*, synfyfyrion *pl*, pensyndod *m*; **in a moment of ~,** mewn munud synfyfyriol/d[d]ifeddwl. **4.** *Art:* gwaith (gweithiau) haniaethol *m*.
abstractional *a.* haniaethol.
abstractionism *n.* haniaetholdeb *m*.
abstractionist *n.* haniaethwr: haniaethydd (haniaethwyr) *m*.
abstractive *a.* = **abstractional**.
abstractly *adv.* **1.** = **absently**. **2.** *Phil: Art:* yn haniaethol.
abstractness *n.* natur haniaethol *f*, haniaetholdeb *m*; **the ~ of the argument made it hard to follow,** anodd oedd dilyn y ddadl gan mor haniaethol oedd.
abstractor *n.* = **abstracter**.
abstriction *n.* *Bot:* ymddatodiad(-au) *m*, ymddatod *vn.*
abstruse *a.* astrus, dyrys, cymhleth.
abstrusely *adv.* yn astrus *&c.*
abstruseness *n.* astrusi *m*, cymhlethdod *m*, anhawster *m*.
absurd *a. & n.* **1.** *a.* afresymol, hurt, gwirion, dwl; *Phil: Th: &c:* abswrd; **it's ~!** mae'n hurt! mae'n hollol ynfyd! 'does dim synnwyr yn y peth! mae'n wirion bost! **2.** *n.* afreswm *m*, yr afresymol *m*, yr abswrd *m*, y disynnwyr *m*; **theatre of the ~,** theatr (*f*) [yr] afreswm, theatr y disynnwyr, theatr y di-sens.
absurdism *n.* abswrdiaeth *f*.
absurdist *n. & attrib.* **1.** *n.* abswrdydd (abswrdwyr) *m*. **2.** *attrib.* abswrdaidd.
absurdity *n.* *(a) (= irrationality):* hurtrwydd *m*, hurtwch *m*, gwiriondeb(-au) *m*, diffyg (*m*) synnwyr, diffyg rheswm, afresymoldeb(-au) *m*; *(b) (= foolishness):* digrifwch *m*, hurtrwydd, gwiriondeb *m*, gwrthuni *m*.
absurdly *adv.* yn afresymol *&c*; **it's ~ expensive,** mae'n afresymol o ddrud; **it's ~ easy,** mae'n chwerthinllyd o hawdd; **he was ~ dressed,** 'roedd wedi'i wisgo'n wirion/hurt.
absurdness *n.* = **absurdity**.
abubble *pred.a.* yn ferw, yn grychias.
abuilding *pred.a.* **it was long ~,** buwyd yn hir yn ei godi.
abulia *n.* = **aboulia**.
abulic *a.* = **aboulic**.
abundance *n.* **1.** *(a)* digonedd *m*, toreth *f*, amlder *m*, helaethrwydd *m*, llawnder *m*, cyflawnder *m*, *S.W:* hafog *m*, *F:* llond (*m*) gwlad, peth (*m*) myrdd, peth wmbredd **(of sth,** o rth); **in ~,** yn helaeth; **there was food in ~,** 'roedd digonedd o fwyd; **~ of the heart,** llawnder calon; *(b)* **to live in ~,** byw'n fras. **2.** *Biol: &c: (of species &c):* helaethrwydd, amlder; *Mth: Ph:* llaweredd *m*. **3.** *Cards:* galwad (*f*) naw tric.
abundant *a.* niferus, toreithiog, helaeth, *occ:* aml, *S.W: occ:* di-wedd; *Mth:* **~ number,** rhif toreithiog; **~ time,** digonedd o amser, hen ddigon o amser; **~ in corn,** toreithiog o ŷd.
abundantly *adv.* **1.** yn doreithiog *&c.* **2. (it is) ~ clear,** (mae'n) berffaith amlwg, gwbl amlwg, hen ddigon clir.
abusable *a.* camddefnyddiadwy.
abuse[1] *n.* **1.** *(a) (= misuse):* camddefnydd(-iau) *m* **(of sth,** o rth), camarfer(-iadau) *m* (ar rth); **~ of alcohol,** camddefnydd o alcohol; *(= ill-treatment):* camdriniaeth *f* (o rth), cam-drin (rhth); **[sexual] ~ of children,** cam-drin plant [yn rhywiol]; *(b) (= injustice):* cam *m*, anghyfiawnder *m*; *pl.* **abuses,** drwg arferion; **to remedy an ~,** cywiro cam, unioni cam. **2.** *Jur: (= rape):* trais *m* **(of s.o.,** ar rn). **3.** *(= insults):* enllib *m*, enllibion *pl*, tafod drwg *m*, gair sur *m*, geiriau surion *pl*, anfri *m*, *Lit: occ:* aneiriau *pl*, drygeiriau *pl*, absen(-nau) *mf*; **a term of ~,** sarhad *m*, sen *m*, anfri *m*, *Jur:* **vulgar ~,** anfri aflednais
abuse[2] *v.t.* **1.** *(= misuse):* camddefnyddio, camarfer, cam-drin; **a much abused word,** gair a gamddefnyddir yn aml; **to ~ (s.o.'s trust),** manteisio ar, cymryd mantais ar (ffydd rhn). **2.** *(= ill-treat):* cam-drin, *N.W:* hambygio, *S.W: occ:* drelo; *(= seduce):* denu, hudo, *Lit: occ:* llathruddo; *Jur: (= rape):* treisio. **3.** *(= insult):* tafodi, dwrdio, enllibio, difenwi, dilorni, sarh|au, cablu, rhegi (rhn); rhoi tafod drwg, rhoi pryd o dafod (i rn); cega (ar rn), *V:* diawlio (rhn), *Lit:* bwrw sen (ar rn); athrodi, absennu (rhn), *N: F:* blagardio, bacstandio, bacstrelio, llygindio, piwsio, sgrasio (rhn); rhefru/arthio (ar rn); *S.W: occ:* drelo (rhn); *Jur:* difrïo (rhn).
abuser *n.* **1.** *(= misuser):* camddefnyddiwr (camddefnyddwyr) *m*; *(of hospitality, trust):* manteisiwr (manteiswyr) *m* **(of sth,** ar rth). **2.** camdriniwr (camdrinwyr) *m*; *S.a.* **seducer, rapist. 3.** *(= insulter):* tafodwr (tafodwyr) *m*, taf|odwraig (tafodwragedd) *f*, dilornwr (dilornwyr) *m*, dil|ornwraig *f*, *Lit:* enllibiwr (enllibwyr) *m*, enll|ibwraig *f*, athrodwr (athrodwyr) *m*, athr|odwraig *f*, difrïwr (difriwyr) *m*, *F:* cegwr (cegwyr) *m*, *V:* diawliwr (diawlwyr) *m*, di|awlwraig *f*, *N: F:* blag[i]ard(-s) *m&f*, blag[i]ardiwr (blagardwyr) *m*, blag[i]|ardwraig *f*, piwsiwr (piwswyr) *m*.
abusive *a.* **1.** *Gram: (usage &c):* anghywir. **2.** *(= insulting):* difrïol, dilornus, difenwol, enllibus, sarh|aus, drwg/brwnt eich tafod, tafotrwg, amharchus, *N: F:* blagarllyd, blagardlyd,

blagardus; *Jur:* ~ **language,** iaith ddifrïol *f;* ~ **behaviour,** ymddygiad difrïol *m.*
abusively *adv.* **1.** *Gram: (= incorrectly):* ar gam, yn anghywir. **2.** *(= insultingly):* yn ddifrïol *&c.*
abusiveness *n.* natur ddifrïol/sarh|aus *f,* geiriau difrïol/sarhaus *pl,* sen *f,* enllib *m,* difenwi *vn.*
abut *v.i.&t.* **1.** *v.i. (= be next to):* **to ~ on/against (sth),** ffinio, bod am y ffin, cyffwrdd (â rhth); cyffinio (â rhth, ar rth); ymylu (ar rth); **our fields ~,** mae ein caeau am y terfyn â'i gilydd; mae ein caeau'n terfynu â'i gilydd; mae ein meysydd yn ffinio y naill a'r llall; **his garden abuts mine,** mae ei ardd am y clawdd â f'un i; **his field abuts mine,** mae ei gae am y terfyn â f'un i. **2.** *v.i. Const: Civ.E: (= lean on):* pwyso (yn erbyn rhth, ar rth). **3.** *v.t. Carp: (= set together):* cyfosod, gosod.
abutilon *n. Bot:* ab|wtilon (abwtilonau) *m,* hocysen (hocys) *(f)* yr India.
abutment *n. (a) Carp:* cyfosodiad(-au) *m,* cyfosod *vn; (b) Arch: (= support):* pentan(-au) *m,* cynhaliad (cynaliadau) *m,* ategwaith (ategweithiau) *m.*
abuttals *n.pl.* ffiniau, terfynau, cyffiniau.
abutter *n. Jur:* cymydog (cymdogion) cyfagos *m,* cyffiniwr (cyffinwyr) *m,* cyffinydd(-ion) *m.*
abutting *a.* cyffiniol, sy'n ffinio **(sth, on sth,** ar rth, â rhth); yn ymylu (ar rth); yn cyffwrdd, am y pared, am y clawdd (â rhth); y drws nesaf (i rth); nesaf (at rth); ~ **joint,** cymal(-au) cyfosodol/cyfosod *m;* ~ **surface,** wyneb(-au) cyfosodol/cyfosod *m.*
abuzz *a.* gwyllt; **(the town was) ~ with excitement,** ('roedd y dref) yn gyffro i gyd, yn ferw gwyllt, mewn cynnwrf, yn fyw gan gynnwrf.
abvolt *n. El.Meas:* abfolt(-iau) *fm.*
abysmal *a. (a) (= deep, bottomless):* dwfn *(f.* dofn, *pl.* dyfnion), diwaelod, affwysol; *(b) (ignorance):* llwyr, dybryd, affwysol; *(c) F: (= no good):* ofnadwy, difrifol, affwysol, trychinebus, alaethus, truenus, *N: F:* trybeilig, coch, pig, sobor, *S.W: F:* ombeidus.
abysmally *adv.* yn ofnadwy *&c.*
abyss *n.* **1.** *(= chasm, gulf):* affwys(-au) *m,* dyfnder(-oedd) *m,* dibyn(-nau) *m, N:* dyfnjwn *m, S.W:* dwnsiwn *m; Fig:* ~ **of despair,** affwys anobaith. **2.** *(= gap):* [g]agendor(-au) *mf,* hafn(-au) *f.*
abyssal *a. Geol:* gwaelodol, dyfnderol, affwysol; ~ **deposits,** gwaddodion/dyddodion affwys.
Abyssinia *Pr.n. Geog:* Abysinia *f,* Ethiopia *f.*
Abyssinian *a. & n.* **1.** *a.* Abysinaidd, Ethiopaidd; *Z:* ~ **cat,** cath(-od) *(f)* Ethiopia, cath Ethiopaidd; *(in language):* Abysineg; **the ~ government,** llywodraeth Abysinia/Ethiopia; **she's ~,** Abysiniad/Ethiopiad yw hi; un o Abysinia/Ethiopia yw hi. **2.** *n. (a) Ethn:* Ethiop(-iaid) *m&f,* Abysiniad (Abysiniaid) *m&f; (b) Ling:* Abysineg *f, m.*
acacia *n. Bot:* acasia(-s, acasiâu) *f,* draenen (drain) *(f)* yr Aifft; **false ~,** *(Robinia pseudoacacia):* pren(-nau) *(m)* locust, coeden (coed) *(f)* locust, lindyswydden (lindyswydd) *f.*
academe *n.* coleg(-au) *m,* prifysgol(-ion) *f,* athrofa (athrof|eydd) *f; Fig:* **the groves of ~,** llennyrch academia; **in the groves of ~,** uwchben yr academig dost.
academia *n.* academia *f,* y byd academaidd *m.*
academic *a. & n.* **1.** *a. (a) Phil: Art:* academaidd, academig; *(b)* **of purely ~ interest,** o ddiddordeb academaidd yn unig; *(c) (referring to institution):* academaidd, colegol, athrofaol. **2.** *n.* academydd(-ion) *m,* academwr (academwyr) *m,* gŵr (gwŷr) academaidd *m,* gwr|aig (gwragedd) academaidd *f,* acad|emwraig (academwragedd) *f.*
academical *a. & n.pl.* **1.** *a.* academaidd, academig. **2.** *n.pl.* **academicals,** gwisg(-oedd) academaidd *f.*
academically *adv.* yn academaidd; ~ **orientated,** â gogwydd academaidd, â thuedd academaidd.
academician *n.* academwr: academydd (academwyr) *m,* acad|emwraig (academwragedd) *f;* **Royal A~,** Aelod(-au) *(m)* o'r Academi Frenhinol.
academicism, academism *n.* academiaeth *f.*
academy *n.* **1.** *(= learned society):* ac|ademi (academïau) *f;* **the British A~,** yr Academi Brydeinig; **the Royal A~ of Arts,** Academi Frenhinol y Celfyddydau; **the Royal Cambrian A~,** yr Academi Frenhinol Gymreig; **the Welsh A~,** yr Academi Gymreig. **2.** *(= educational institution):* academi, athrofa (athrof|eydd) *f.*
Acadian *a. & n.* **1.** *a.* Acadaidd. **2.** *n.* Acadiad (Acadiaid) *m&f.*
acanthaceous, acanthine *a. Bot:* acanthaidd.
acanthocephalan *a. & n. Z:* **1.** *a.* dreinben. **2.** *n.* dreinben(-iaid) *m.*
acanthoid *a.* dreinaidd.
acanthopterygian *a. & n. Ich:* **1.** *a.* dreinasgellog. **2.** *n.* dreinasgellog(-ion) *m.*
acanthous *a.* = **spiny.**
acanthus *n.* **1.** *Bot:* acanthws (acanthi) *m,* troed *(m)* yr arth. **2.** *Gr.Arch:* acanthws (acanthi) *m.*
acardiac *a. Med:* heb galon.
acari *n. Arach:* gwiddonyn (gwiddon) *m.*
acariasis *n. Med:* acariasis *m,* haint *(mf)* y gwiddon.
acaricide *n.* gwiddonladdwr (gwiddonladdwyr) *m.*
acarid *a. & n. Ent:* **1.** *a.* gwiddonol. **2.** *n.* gwiddonyn (gwiddon) *m.*
acaroid *a. Ent:* gwiddonaidd; ~ **gum/resin,** resin acaraidd *m.*
acarology *n.* gwiddoneg *f.*
acarophobia *n. Path:* ofn *(m)* gwiddon.
acarpellous *a. Bot:* digarpel.
acarpous *a.* diffrwyth.
acarus *n. Ent:* gwiddonyn (gwiddon) *m,* trogen (trogod) *f.*
acatalectic *a. & n. Pros:* **1.** *a.* cyflawn. **2.** *n.* llinell gyflawn (llinellau cyflawn) *f.*
acaudal *a. Z:* digynffon, di-gwt, cwta *(f.* cota).
acaulescence *n. Bot:* digoesedd *m.*
acaulescent, acauline, acaulose, acaulous *a. Bot:* digoes.
Accadian *a.* = **Akkadian.**
accede *v.i.* **1. to ~ to a post,** dod i swydd; **to ~ to the throne,** dod i'r orsedd, esgyn i'r orsedd. **2.** *(= agree):* cytuno, cydsynio **(to sth,** â rhth); **to ~ to a party,** ymuno â phlaid; **to ~ to a demand,** ildio i gais, caniatáu cais.
accelerando *adv. Mus:* gan gyflymu.
accelerant *n. Ch:* = **catalyst.**
accelerate *v.i.&t.* **1.** *v.i.* cyflymu, prysuro, mynd yn gyflymach, mynd yn gynt, *N: F:* codi sbid, magu [g]wib. **2.** *v.t. (car):* cyflymu, [y]sbarduno; *(process):* cyflymu, prysuro.
accelerated *a.* cyflym, cyflymedig, cyflymach, cynt, wedi'i gyflymu; *Cu:* ~ **freeze drying,** sychrewi *(vn)* cyflym, rhewsychu *(vn)* cyflym.
accelerating[1] *a.* cyflymol, yn cyflymu; *(= increasing):* cynyddol.
accelerating[2] *vn.* = **accelerate;** **an ~ device,** dyfais *(f)* gyflymu (dyfeisiau cyflymu).
acceleration *n.* cyflymiad(-au) *m,* cyflymu *vn; Ph:* ~ **due to gravity,** cyflymiad disgyrchiant; *Econ:* ~ **principle,** egwyddor *(f)* cyflymiad; *Aut:* ~ **lane,** lôn *(f)* gyflymu (lonydd cyflymu).
accelerative *a.* cyflymol.
accelerator *n.* **1.** *(of car):* cyflymydd(-ion) *m, F:* [y]sbardun(-au) *m.* **2.** *Anat: Z: Ph: Cmptr:* cyflymydd.
accelerometer *n. Av:* mesurydd(-ion) *(m)* cyflymu.
accent[1] *n.* **1.** *(a)* acen(-ion) *f, Pej:* llediaith (lledieithoedd) *f;* **he speaks Welsh with an English ~,** mae llediaith Seisnig ar ei Gymraeg; **acute ~,** acen ddyrchafedig (acenion dyrchafedig); **circumflex ~,** acen grom (acenion crwm), hirnod(-au) *m, F:* to(-[e]au) bach *m;* **grave ~,** acen ddisgynedig (acenion disgynedig); **pitch ~,** acen draw (acenion traw); **raised ~,** acen ddyrchafedig; **raising ~,** acen esgynedig; **stress ~,** acen bwys (acenion pwys); *(b)* **(he spoke) in broken accents,** (siaradai)'n glapiog/garbwl/doredig, gan faglu ar draws ei eiriau. **2.** *(= emphasis):* pwyslais (pwysleisiau) *m.* ~ **mark** *n.* acennod (acenodau) *m.*
accent[2] *v.t.* acennu.
accented *a.* acennog; ~ **word,** acennair (aceneiriau) *m,* gair (geiriau) *(m)* acennog; *Mus:* ~ **passing note,** nodyn (nodau) *(m)* camu acennog.
accentless *a.* diacen.
accentor *n. Orn:* = **hedge-sparrow; Alpine ~,** *(Prunella collaris):* llwyd(-iaid) *(m)* y mynydd.
accentual *a.* acennog.
accentually *adv.* yn acennog.
accentuate *v.t. (a) (word):* acennu; *(b) (colour, difference &c):* pwysleisio, cryfh|au, dwysáu, amlygu (rhth); rhoi pwyslais (ar rth).
accentuated *a.* **1.** *(word):* acennog. **2.** *(colour, difference &c):* dwysach, cryfach, eglurach, amlycach, pwysleisiedig.

accentuation *n.* aceniad(-au) *m*, acennu *vn.*
accept *v.t. (a)* derbyn, cymryd, cymeryd; *(b)* = **admit 1.** *(c).*
acceptability *n.* derbynioldeb *m.*
acceptable *a.* derbyniol, derbyniadwy, cymeradwy.
acceptableness *n.* derbynioldeb *m.*
acceptably *adv.* yn dderbyniol *&c.*
acceptance *n. (a)* derbyniad(-au) *m*; **the story found ~,** derbyniwyd y stori; cafodd y stori dderbyniad; **he obtained ~ to a college,** cafodd ei dderbyn gan goleg; cafodd le mewn coleg; (*not* cafodd i mewn i goleg); **without ~ [of persons],** yn ddi-dderbyn-wyneb; *Econ:* cydnabyddeb(-au) *f*; **note of ~,** cydnabyddeb; **Houses of A~,** Tai Cydnabyddebau; *Com:* **to present a bill for ~,** cyflwyno bil i'w dderbyn; *Fin:* **~ for honour,** derbyniad/cytuniad (*m*) i anrhydeddu; *(b) (= contentment, resignation):* ymostyngiad *m*, ymfodloni *vn*; **(the play ends on a note) of ~,** (daw'r ddrama i ben ar nodyn) ymostyngar (*pronounced* ng-g), o ymostwng i'r drefn. **~ bank, ~ house** *n. Com:* banc(-iau) (*m*) derbyn, tŷ (tai) (*m*) derbyn/derbyniadau. **~ gap** *n. Aut:* bwlch (bylchau) (*m*) derbyniad. **~ sampling** *vn.* samplu derbyniadau. **~ testing** *vn. Cmptr:* profi derbyniad.
acceptant *a. & n.* **1.** *a.* derbyngar (*pronounced* ng-g). **2.** *n.* **A~,** *Theol:* Derbyniwr (Derbynwyr) *m.*
acceptation *n.* **1.** *(= meaning):* ystyr(-on) *f*; **in the full ~ of the word,** yng ngwir ystyr y gair. **2.** = **acceptance. 3.** = **belief.**
accepted *a.* arferol, cyffredin, derbyniedig, safonol; **contrary to ~ opinion,** yn groes i'r farn gyffredin; **the ~ custom,** yr arfer cyffredin/gyffredin; **the ~ opinion is that ...,** derbynnir yn gyffredinol fod ....
acceptedly *adv.* yn arferol *&c.*
accepter *n.* derbyniwr (derbynwyr) *m*, derbynnydd (derbynyddion) *m.*
acceptingly *adv.* yn dderbyngar (*pronounced* ng-g).
acceptingness *n.* derbyngarwch *m* (*pronounced* ng-g).
acceptive *a.* **1.** = **receptive. 2.** = **acceptable.**
acceptor *n. Com:* = **accepter. ~ atom** *n. Ph:* atom (*f*) dderbyn (atomau derbyn). **~ impurity** *n. El.E:* amhuredd (amhureddau) (*m*) derbyn.
access *n.* **1.** mynediad(-au) *m*; **means of ~,** mynedfa (mynedf|eydd) *f* (**to sth,** i rth), *F:* ffordd (at rth); **a place difficult of ~,** lle anhygyrch, lle anodd mynd ato; **right of ~,** *(to place):* hawl(-iau) (*f*) mynediad/mynd (i le); *P.N:* **no entry except for ~,** mynediad yn unig; *Archives:* **closed ~,** mynediad caeëdig; **open ~,** mynediad agored; **restricted ~,** mynediad cyfyngedig; **a door that gives ~ to a room,** drws sy'n arwain i ystafell; **to obtain ~ to s.o.,** cael mynd at rn; *Jur:* **~ to a child,** hawl gweld plentyn, hawl ymw|eld â phlentyn, cennad (*m*)/caniatâd (*m*) i fynd at blentyn; **to have ~ to resources,** cael defnyddio adnoddau. **2.** *(of fever, anger):* ymosodiad(-au) *m*, hwrdd (hyrddiau) *mf*, pwl (pyliau) *m*. **3.** *Cmptr:* defnydd *m*, mynediad, cyrchiad *m*, cyrchu *vn*; **direct ~,** cyrchu uniongyrchol; **serial ~,** cyrchu cyfresol; **random ~,** hapgyrch(-oedd) *m*, hapgyrchu *vn*; **multi-~,** amlfynediad; **fast ~,** buangyrch (*pronounced* ng-g). **~ agreement** *n.* cytundeb(-au) (*m*) mynediad. **A~ card** *n. Bank:* cerdyn (cardiau) (*m*) *Access.* **~ control** *n. Aut:* cyfyngiad (*m*) mynediad. **~ driveway** *n.* ffordd (*f*) fynediad (ffyrdd mynediad), mynedfa (*f*) gerbydau mynedf|eydd cerbydau. **~ point** *n.* mynediad(-au) *m*. **~ privilege** *n.* cyrchfraint (cyrchfreintiau) *f*. **~ road** *n.* ffordd fynediad. **~ right** = **right of access. ~ time** *n. Cmptr:* amser (*m*) cyrchu, amser mynediad.
accessarily *adv. Jur:* yn affeithiol, yn gyfrannog.
accessariness *n. Jur:* affaith *m*, cyfranogaeth *f.*
accessary *n. Jur:* = **accessory 3.**
accessibility *n.* hygyrchedd *m.*
accessible *a.* **an ~ place,** lle y gellir mynd ato, lle hawdd ei gyrraedd, lle o fewn cyrraedd, lle hygyrch; **an ~ man,** dyn hawdd mynd ato, dyn hawdd siarad ag ef, dyn croesawgar; **(knowledge) ~ to everyone,** (gwybodaeth) ar gael i bawb, o fewn cyrraedd pawb; **~ to pity,** tosturiol; **to be readily ~,** bod wrth law.
accessibleness *n.* hygyrchedd *m.*
accessibly *adv.* yn hygyrch.
accession[1] *n.* **1.** *(of light, air):* mewnlifiad *m*; **~ of funds from abroad,** cyrhaeddiad (*m*) arian oddi tramor. **2.** *(a) Jur: &c: (= increase):* ychwanegiad(-au) *m*, cynnydd *m*; *Archives: Lib: &c:* derbynyn (derbynion, derbyniadau) *m*; *(b) (to treaty):* cydsyniad(-au) *m*, cytuniad(-au) *m* (**to sth,** â rhth); *(c) (= joining):* ymuniad(-au) *m*, ymuno *vn* (**to sth,** â rhth). **3.** *(a)* **~ to manhood,** dyfodiad (*m*) i lawn oed, dyfod (*vn*) yn ŵr, cyrraedd (*vn*) oed/oedran gŵr; *(b)* **~ to power,** dyfodiad i rym; **~ (to the throne),** esgyniad *m*, esgyn *vn* (i'r orsedd). **A~ Service** *n. Ecc:* Gwasanaeth (*m*) Esgyniad i'r Orsedd. **~ date** *n. Lib:* dyddiad(-au) (*m*) derbyn. **~ number** *n. Lib:* rhif(-au) (*m*) derbyn. **~ order** *n. Lib:* trefn (*f*) dderbyn. **~ stamp** *n. Lib:* stamp(-iau) (*m*) derbyn.
accession[2] *v.t. Lib: Archives:* cofnodi/rhestru derbynion, derbyn, derbynodi.
accessional *a.* ychwanegiadol.
accessioning *vn.* = **accession[2].**
accessorial *a.* ategol; *(to act/crime):* cyfrannog, cyfranogol (yn rhth).
accessorize *v.t.* ategoli, atodoli, atodynnu.
accessory *a., n. & pred.a.* **1.** *a.* ategol, atodol, ychwanegol; *Anat:* **~ bone,** asgwrn (esgyrn) atodol *m*; *Bot:* **~ bud,** blaguryn (blagur) atodol *m*; **~ fruit,** ffug ffrwyth(-au) *m*; *Anat:* **~ nerve,** nerf(-au) ategol/atodol *fm*; *Phot:* **~ shoe,** clip(-iau) (*m*) atodion; *Sch:* **~ subject,** pwnc (pynciau) atodol *m*. **2.** *n.* ychwanegiad(-au) *m*, atodyn (atodion) *m*, ategolyn (ategolion) *m*; *Cost:* cyfwisg(-oedd) *f*. **3.** *(a) n.* **~ to a crime,** cefnogwr: cefnogydd (cefnogwyr) *m*, affeithiwr: affeithydd (affeithwyr) *m*; **~ after the fact,** affeithiwr wedi'r weithred; **~ before the fact,** affeithiwr rhag y weithred; *(b) pred.a.* cefnogol (**to sth,** i rth); cyfranogol (o rth, yn rhth); affeithiol.
acciaccatura *n. Mus:* ***acciaccatura (acciaccature)*** *m.*
accidence *n.* **1.** *Gram:* ffurfiant *m*. **2.** *Theol:* nodweddaeth *f.*
accident *n.* **1.** *(a) (= any unexpected event):* damwain (damweiniau) *f*; **it was no ~ she was there,** nid damwain oedd ei bod hi yno; *(b) (= mishap):* damwain, anffawd (anffodion) *f*, drwg (drygau) *m*, aflwydd(-au,-ion) *m*, *S:* an[h]ap(-on) *fm*, *S.W: occ:* ansiawns *f*; **by ~,** ar ddamwain, drwy ddamwain, drwy hap a damwain; **a car ~,** damwain car, *N: occ:* clec(-iau) *f*; **accidents will happen,** mae damweiniau'n digwydd; **a chapter of accidents,** rhes o ddamweiniau, un ddamwain ar ôl y llall; **a bad ~,** damwain gas, *N.W: occ:* damwain fawr; **to have an ~,** cael damwain/an[h]ap, *S: F:* cael drwg. **~-prone** *a.* tueddol i gael damwain/damweiniau. **2.** *Phil: Theol:* arwedd(-au) *f*, nodwedd(-ion) *f*; **fallacy of ~,** gwall (*m*) nodwedd.
accidental *a. & n.* **1.** *a. (a)* damweiniol, ar ddamwain, ar siawns, hap a damwain, *S: F:* hwp-di-hap; *Aut:* **~ analysis,** dadansoddi (*vn*) damweiniau; *Jur:* **~ death,** marwolaeth ddamweiniol (marwolaethau damweiniol) *f*, marwolaeth drwy ddamwain; *Phil:* **~ definition,** diffiniad(-au) nodweddol *m*; *Lib:* **~ variation,** amrywiad(-au) damweiniol *m*; *(b) (= incidental):* digwyddol, digwyddiadol, arweddol. **2.** *n. Mus:* hapnod(-au) *m.*
accidentally *adv.* ar ddamwain, drwy ddamwain, yn ddamweiniol, ar siawns, ar hap, ar antur, *S:* ar ddigwydd; *Hum:* **~ on purpose,** ar ddamwain o fwriad, drwy ddamwain drwy fwriad, ar ddamwain fwriadol, yn fwriadol anfwriadol.
accidentalness *n.* damweinioldeb *m.*
accidie *n.* diflastod *m*, syrthni *m*, llesgedd *m.*
accipiter *n. Orn:* = **hawk[1] 1.**
accipitral, accipitrine *a. & n. Orn:* **1.** *a.* hebogaidd. **2.** *n.* = **hawk[1] 1.**
acclaim[1] *n.* canmoliaeth *f*, cymeradwyaeth *f.*
acclaim[2] *v.t. (a) (= praise):* canmol, cymeradwyo, croesawu, clodfori; **to be universally acclaimed,** bod wrth fodd calon pawb, cael clod gan bawb; *(b) (= greet):* cyfarch; *S.a.* **proclaim.**
acclaimer *n.* cyfarchwr: cyfarchydd (cyfarchwyr) *m*, cyf|archwraig *f.*
acclamation *n.* bonllef(-au) *f*, banllef(-au) *f*; **carried by ~,** cariwyd drwy fanllef.
acclamatory *a.* cyfarchol.
acclimate *v.t. U.S:* = **acclimatize.**
acclimation *n. U.S:* = **acclimatization.**
acclimatization *n.* cynefiniad *m*, cynefino *vn*, addasiad *m*, addasu *vn*, *occ:* hinsoddiad *m*, hinsoddi *vn*; **self-~,** ymgynefiniad *m*, ymgynefino *vn* (**to sth,** â rhth); ymaddasiad *m*, ymaddasu (i rth).
acclimatize *v.t.* **1.** *(plant &c):* cynefino, *occ:* hinsoddi; *Biol:* ymaddasu. **2. to become acclimatized (to sth),** arfer, ymarfer,

cynefino, ymgynefino (â rhth); *occ: (of plant, animal):* ymhinsoddi.
acclimatized *a.* cynefin (**to sth,** â rhth).
acclimatizer *n.* cynefinwr (cynefinwyr) *m.*
acclivitous *a.* serth, llethrog.
acclivity *n.* rhiw(-iau) *f,* dringfa (dringf|eydd, dringfâu) *f,* tynnu (*vn*) i fyny, codiad(-au) *m,* esgyniad(-au) *m, Lit:* esgynfa (esgynf|eydd) *f, N:* [g]allt ([g]elltydd) *f,* clip(-iau) *m, S:* tyle(-au) *mf,* rhipyn(-nau) *m, S.W: occ:* gorifyny *m.*
accolade *n.* **1.** *(a) (= dubbing of knight):* |acolad (acoladau) *m; (b) Fig: (= honour):* anrhydedd(-au) *m; (= prize):* gwobr(-au) *f.* **2.** *Mus: Typ:* cyplysnod(-au) *m,* bach(-au) *m.* **3.** *Arch:* acolad.
accommodate *v.t.* **1.** *(a) (= adjust, adapt):* addasu, cyfaddasu, cymhwyso, cynefino; **to ~ oneself to sth,** ymgynefino, dod i arfer/ddygymod (â rhth), ymaddasu (i rth); *Biol:* ymgymhwyso (i rth); *(b) (= conciliate):* **to ~ two parties,** cymodi dwy garfan. **2.** *(a) (= please):* boddh|au, bodloni, plesio; **(to do sth) to ~ s.o.,** (gwneud rhth) er mwyn rhn, o ran cymwynas â rhn, o ran gwasanaeth i rn, i foddhau rhn; *(b)* **to ~ s.o. (with sth),** cyflenwi/diwallu rhn (â rhth), darparu rhth (ar gyfer rhn, i rn); **to ~ s.o. with a loan,** rhoi benthyciad i rn, benthyca arian i rn. **3.** *(= lodge):* lletya, derbyn; *(= contain):* cynnwys; **(a restaurant) that can ~ 100 people,** (tŷ bwyta) â lle i gant o bobl, a all gynnwys cant o bobl. **4.** *Sch:* **to ~ classes,** cymryd dosbarthiadau.
accommodated *a.* wedi'i gymhwyso.
accommodating *a.* **1.** caredig, cymwynasgar, gwasanaethgar, parod eich cymwynas, *N: F:* clên, *S:* piwr. **2.** *Pej: (morals, religion &c):* cymodlon, hyblyg, ystwyth.
accommodatingly *adv.* **1.** yn gymwynasgar *&c.* **2.** yn gymodlon.
accommodation *n.* **1.** *(a) (= adjustment, adaptation):* cymhwysiad (cymwysiadau) *m,* cymhwyso *vn,* addasiad(-au) *m,* addasu *vn* (**to sth,** i rth); cyfaddasiad(-au) *m,* cyfaddasu *vn* (at rth); cysoniad(-au) *m,* cysoni *vn* (â rhth); *Biol: &c: (lens):* ymgymhwysiad (ymgymwysiadau) *m,* ymgymwysiadu *vn; (b) (= compromise):* cymod(-au) *m,* dealltwriaeth(-au) *f;* **to come to an ~,** cymodi, dod i ddealltwriaeth, dod i delerau, cytuno, cydsynio. **2.** *(= convenience):* hwylustod *m;* **for your ~,** er hwylustod i chwi. **3.** *(a) (= lodging):* llety *m,* lle *m,* lle i fyw, trigfan, preswylfa *f,* preswyl *m;* **~ for the elderly,** lleoedd/llefydd preswyl (*pl*) hen bobl, preswyl henoed, preswyl i'r henoed; **sheltered ~,** llety amnodd; **school ~,** lleoedd/llefydd (*pl*) dysgu; **other buildings or ~,** adeiladau ac ystafelloedd eraill; *(b)* **there is ~ in this hotel for 100 people,** mae lle yn y gwesty hwn i gant o bobl; *(c) Fin: (of money):* benthyciad(-au) *m.* **4.** *attrib.* cyfl|eus, hwylus, er hwylustod. **~ address** *n.* cyfeiriad(-au) (*m*) cyfleus, cyfeiriad er hwylustod. **~ bill** *n. Fin:* bil(-iau) (*m*) er hwylustod, bil gwarantedig. **~ bridge** *n. Agr:* pont (*f*) wasanaeth (pontydd gwasanaeth), pont gennad (pontydd cennad). **~ charge** *n.* pris(-iau) (*m*) llety, tâl (taliadau) (*m*) lletya. **~ ladder** *n. Nau:* ysgol fach (ysgolion bach) *f.* **~ land** *n. Constr:* tir(-oedd) (*m*) er hwylustod. **~ lens** *n.* lens(-ys) (*f*) ymgymhwyso. **~ paper** *n.* papur(-au) (*m*) er hwylustod. **~ road** *n.* ffordd (*f*) fynediad (ffyrdd mynediad), *M. W:* ffordd gennad (ffyrdd cennad). **~ train** *n. U.S:* trên (trenau) (*mf*) pob gorsaf, trên gwasanaeth.
accommodational *a.* addasiadol, ymaddasiadol.
accommodative *a.* = **accommodating**.
accommodativeness *n.* cymwynasgarwch *m.*
accommodator *n.* **1.** cymwynaswr (cymwynaswyr) *m.* **2.** *(in lodging):* lletŷwr (lletywyr) *m.* **3.** *U.S:* gwas (gweision) (*m*) dros dro, morwyn(-ion, morynion) (*f*) dros dro.
accompanied *a.* **1. ~ by s.o.,** yng nghwmni rhn, gyda rhn. **2.** *Mus:* â chyfeiliant; **~ by John,** a John yn cyfeilio.
accompanier *n.* hebryngwr: hebryngydd (hebryngwyr) *m,* danfonwr: danfonydd (danfonwyr) *m,* hebr|yngwraig *f,* danf|onwraig *f.*
accompaniment *n.* *(a) (= appendage):* atodiad(-au) *m,* ychwanegiad(-au) *m; Cu: pl.* **accompaniments,** cyfwydydd; *(b) Mus:* cyfeiliant (cyfeiliannau) *m.*
accompanist *n.* cyfeilydd(-ion) *m,* cyfeilyddes(-au) *f.*
accompany *v.t.* **1.** *(= go with):* mynd (gyda rhn, efo rhn), dod (gyda rhn, efo rhn), mynd yn gwmni (i rn); danfon, hebrwng (rhn); cyd-deithio (â rhn); *(on foot):* cydgerdded (â rhn); **(he went home) accompanied by John,** (aeth adref) a John yn gwmni iddo, a John i'w ganlyn, a John gydag ef, yng nghwmni John. **2.** *(a)* **he accompanied these words with a smile,** gwenodd wrth ddweud y geiriau hyn; *(b)* **(fever) accompanied by delirium,** (twymyn) a dryswch i'w chanlyn, gyda dryswch, yn gysylltiedig â dryswch. **3.** *Mus:* **to ~ s.o. on the piano,** cyfeilio i rn ar y piano.
accompanying *a.* yn gwmni (i rn), i ganlyn (rhn), gyda + *spirant mut.,* â + *spirant mut.,* hebryngol; **a quarrel with all the ~ bitterness,** ffrae yn ei holl chwerwedd; ffrae a'r holl chwerwedd sydd i'w chanlyn; **the ~ letter explains all,** mae'r llythyr amgaeëdig yn egluro'r cwbl.
accomplice *n.* cynorthwywr: cynorthwy-ydd (cynorthwywyr) *m,* cynorth|wywraig *f; Jur:* acwmplydd(-ion) *m,* cydleidr (cydladron) *m,* cyd-droseddwr (~-droseddwyr) *m,* affeithiwr (affeithwyr) *m;* **he was an ~ to the crime,** yr oedd ganddo ran yn y trosedd; yr oedd yn gyfrannog yn y trosedd.
accomplish *v.t.* cyflawni, cwblh|au (rhth); dwyn (rhth) i ben; **to ~ an object,** llwyddo mewn amcan, cyrraedd nod, mynd â'r maen i'r wal, dwyn y maen i'r wal.
accomplishable *a.* cyflawnadwy.
accomplished *a.* **1.** *(task):* cyflawn, cyflawnedig, perffeithiedig. **2.** *(pers.):* medrus, dawnus, doniog, perffaith, *Lit: occ:* hyfedr; **he's an ~ pianist,** mae'n bianydd medrus; *F:* mae'n chwip o ganwr piano.
accomplisher *n.* cyflawnwr: cyflawnydd (cyflawnwyr) *m,* cyfl|awnwraig *f.*
accomplishment *n.* **1.** *(of task):* cyflawniad(-au) *m,* cyflawni *vn,* cwblhad *m,* cwblh|au *vn;* **it is difficult of ~,** mae'n anodd ei gyflawni. **2.** *usu.pl.* *(= skill, mastery):* medr(-au) *m,* medrusrwydd *m,* dawn (doniau) *f;* **she has many accomplishments,** mae hi'n ddawnus iawn; mae hi'n amryddawn iawn; **a man of many accomplishments,** gŵr aml ei ddoniau, gŵr o aml ddoniau. **3.** *(= feat):* camp(-au) *f.*
accord[1] *n.* **1.** *(a) (= harmony):* cytundeb *m,* cytgord *m,* unfrydedd *m;* **with one ~,** fel un gŵr, yn unfryd, yn unfrydol, yn gytûn; **in ~ with s.o.,** yn unol â rhn; *(b) Lit: & U.S: (= agreement):* cytundeb(-au) *m.* **2. she did it of her own ~,** fe'i gwnaeth ohoni'i hun; fe'i gwnaeth o'i gwirfodd.
accord[2] *v.i.&t.* **1.** *v.i.* *(= tally):* cytuno, cytgordio, taro, cyd-daro, cydweddu, cyd-fynd, cydsynio (**with sth,** â rhth); **2.** *v.t.* *(= grant, give):* caniatáu, rhoi, rhoddi (**sth to s.o.,** rhth i rn); **to be accorded sth,** cael rhth; **he was accorded a welcome,** rhoddwyd croeso iddo; cafodd groeso.
accordance *n.* **1.** cydweddiad(-au) *m, occ:* cytuniaeth(-au) *f; vns.* = **accord[2] 1**; **in ~ with our instructions,** yn unol â'n cyfarwyddiadau; **a statement in ~ with the truth,** datganiad yn gyson/gydnaws/gytûn/gydwedd/cydweddu â'r gwirionedd. **2.** *(of a privilege):* caniatâd *m.* **3.** *Geog:* **~ of summit levels,** cyfuchedd (*m*) copaon.
accordant *a.* cytûn, cyson, cydwedd, cydweddol, cytgordiol, cydnaws (**with sth,** â rhth); *Geog:* cyfuwch.
accordantly *adv.* yn gytûn *&c.*
according *adv. used in:* **1.** *conj.phr.* **~ to how it is done,** gan ddibynnu ar sut y'i gwneir, yn ôl fel y'i gwneir, yn ôl y dull o'i wneud; **~ as he is rich or poor,** gan ddibynnu ar ba un ai cyfoethog ai tlawd ydyw. **2.** *prep.phr.* *(a)* **~ to instructions,** yn ôl y cyfarwyddiadau; **~ to age,** yn ôl oed/oedran; **~ to one's fancy,** yn ôl eich ffansi; **(everything is going) ~ to plan,** (mae popeth yn mynd) yn ôl y disgwyl, *F:* fel y cloc; *(b)* **~ to him,** meddai ef, chwedl yntau, yn ei ôl ef, ys dywed ef, *S: occ:* mynte fe; **the Gospel ~ to Mark,** yr Efengyl yn ôl Marc; **we must live ~ to our means,** rhaid byw o fewn ein hincwm; rhaid llunio'r wadn fel y bo'r troed.
accordingly *adv.* **1.** *(a)* **to act ~,** gweithredu yn gyfatebol; *(b)* **~ as,** = **according as. 2.** *(= therefore):* felly, o ganlyniad; **~, I wrote to him,** gan hynny, ysgrifennais ato; ysgrifennais ato, felly.
accordion *n.* acordion(-au, acordiynau) *m, F:* cordion(-au) *m,* cordial(-au,-s) *m;* **piano-~,** piano-acordion(-au) *m.* **~ door** *n.* drws (drysau) pletiog *m.* **~ player** *n.* = **accordionist. ~-pleated** *a.* acordion-bletiog. **~ pleats/pleating** *n. Dressm:* pletiau acordion, pletio (*vn*) acordion.
accordionist *n.* canwr (canwyr) (*m*) acordion, chwaraewr (chwaraewyr) (*m*) acordion, chwar|aewraig (*f*) acordion,

dyn(-ion) (*m*) canu acordion, merch(-ed) (*f*) canu acordion; acordionydd(-ion) *m*.

accost¹ *n.* cyfarchiad (cyfarchion) *m*.

accost² *v.t.* **to ~ s.o.,** mynd at rn, cyfarch rhn, *occ:* byrddio (rhn); *(of prostitute):* llithio, denu.

accouchement *n.* = **labour¹ 4.**

accoucheur *n.* = **obstetrician.**

accoucheuse *n.f.* = **midwife.**

account¹ *n.* **1. to cast an ~,** gwn|eud cyfrif, bwrw cyfrif. **2.** *(a) Com: Fin:* cyfrif(-on) *m*, *F:* cownt(-iau) *m*; **in ~ with s.o.,** mewn cyfrif gyda rhn; **to buy sth on ~,** prynu rhth ar gyfrif; **to pay ten pounds on ~,** talu decpunt o ernes; **(to pay sth) on ~,** (talu rhth) yn ernes, fel ernes, dros dro; **on/for ~ of s.o.,** i gyfrif rhn; **money of ~,** arian cyfrif; **appropriation ~,** cyfrif dosbarthu; **bank ~,** cyfrif banc; **blocked ~,** cyfrif gwaharddedig; **budget ~,** cyfrif cyllidol; **current ~,** cyfrif cyfredol, cyfrif treigl; **debit ~,** cyfrif dyledion; **deposit ~,** cyfrif cadw, cyfrif adnau; **expense ~,** cyfrif treuliau; **joint ~,** cydgyfrif(-on) *m*, cyfrif ar y cyd; **national ~,** cyfrif gwladol; **payee ~,** cyfrif taledig/taledigion; **savings ~,** cyfrif cynilion; **suspense ~,** cyfrif crog, cyfrif dros dro; **trading ~,** cyfrif masnachu; **to settle/square an ~,** *(i) Com:* setlo cyfrif, talu bil, clirio dyled, talu dyled; *(ii) F:* setlo pethau (**with s.o.,** gyda rhn), talu'r pwyth [yn ôl] (i rn), *N.W: occ:* talu hen gownt; **to keep the accounts,** cadw'r cyfrifon; **to open an ~,** agor cyfrif; **statement of ~,** cyfriflen(-ni) *f*, adroddiad(-au) (*m*) banc, *F:* llythyr(-au) (*m*) banc; **to balance accounts,** mantoli cyfrifon, cydbwyso cyfrifon; **~ payable,** gweddill taladwy *m*, cyfrif taladwy; **~ receivable,** cyfrif dyledus i'r banc; *(b)* **~ of expenses,** cyfrif treuliau; *(c)* **to find one's ~ in sth,** cael mantais (*f*) o rth, gweld mantais yn rhth, elwa ar rth; **to turn/put sth to ~,** defnyddio rhth, manteisio/elwa ar rth, cael elw o rth, troi rhth yn elw; **to turn everything to ~,** troi pob dŵr i'r felin; *(d)* **to call s.o. to ~,** galw rhn i gyfrif (**for sth,** am rth); **to bring s.o. to ~,** dwyn rhn i gyfrif, dwyn cost ar rn; **to give ~ to sth,** rhoi cyfrif dros rth, ateb dros rth; **he gave a good ~ of himself,** rhoes gyfrif da ohono'i hun; cafodd hwyl arni; **he has gone to his ~,** *F:* mae wedi mynd i'w aped. **3.** *(a) (= importance):* pwys *m*, pwysigrwydd *m*; **of no ~, of small/little ~,** dibwys, digyfrif, di-nod, di-gownt; **of some ~,** o ryw bwys; **of considerable ~,** o gryn bwys; **to take sth into ~, to take ~ of sth,** ystyried rhth, cymryd rhth i ystyriaeth; **taking everything into ~,** rhwng pob peth, ac ystyried popeth, a chymryd popeth at ei gilydd; **to hold s.o. in ~,** parchu rhn; **on ~ of his contribution,** ar gyfrif/bwys/gorn ei gyfraniad; **to leave sth out of ~, to take no ~ of sth,** anwybyddu rhth, diystyru rhth; **to make much/great ~ of sth,** rhoi llawer o bwys ar rth; **she is held in ~; she is of some ~,** fe'i perchir hi; mae'n cael ei pharchu; mae hi'n uchel ei pharch; mae cryn barch iddi; *(b)* **on ~ of sth,** o achos rhth, oherwydd rhth, ar gyfrif rhth, ar bwys rhth, ar gorn rhth, oblegid rhth; **on my ~,** o'm hachos i, ar fy nghyfrif i, ar fy mhwys i, ar fy nghorn i, ar fy nghownt i; **(I did it) on ~ of you,** (fe'i gwnes) o'ch herwydd chwi, o'ch plegid chwi, o'ch achos chwi; **on no ~ will I go,** nid af ar unrhyw gyfrif; nid af ar gyfrif yn y byd; **on every ~,** ar bob cyfrif; **I was worried on her ~,** 'roedd arnaf ofn amdani/drosti hi; 'roeddwn i'n poeni yn ei chylch hi; *(c)* **(he acted) on his own ~,** (gweithredodd) ohono'i hun, ar ei liwt ei hun; **he set up in business on his own ~,** ymsefydlodd mewn busnes ar ei liwt ei hun. **4.** *(= report, narrative):* adroddiad(-au) *m*, hanes(-ion) *m*, cyfrif(-on) *m*, *S.W: occ:* copinod(-au) *m*; **to give an ~ of sth,** adrodd hanes rhth, rhoi cyfrif o rth, rhoi adroddiad am/ar rth, dweud hanes rhth, disgrifio rhth; **by his own ~,** yn ôl ei air/eiriau ei hun; **by all accounts,** yn ôl pob sôn, ym marn pawb; **by their ~,** chwedl hwythau, meddant hwy, *S: occ:* mynten' nhw. **~-book** *n.* cyfriflyfr(-au) *m*, llyfr (*m*) cyfrif (llyfrau cyfrifon), llyfr cyfrifon, *F:* llyfr cownt, llyfr cowntiau. **~-card** *n.* cerdyn (cardiau) (*m*) cyfrif, carden (*f*) gyfrif (cardiau cyfrif). **~-day** *n. St.Exch:* diwrnod(-iau) (*m*) setlo, dydd (*m*) cyfrif. **~-executive** *n. Com:* gweinyddwr (*m*) cyfrif (gweinyddwyr cyfrifon). **~-holder** *n.* daliedydd (*m*) cyfrif (daliedyddion cyfrifon).

account² *v.t.&ind.t.* **1.** *v.t.* **to ~ s.o. guilty,** barnu/ystyried rhn yn euog; **to ~ s.o. wise,** cyfrif rhn yn ddoeth. **2.** *(a)* **to ~ (for sth),** rhoi cyfrif (am/o rth); egluro, esbonio (rhth); **I can't ~ for it,** ni allaf roi cyfrif amdano; ni allaf mo'i egluro; **reasons which ~ for the mistake,** rhesymau dros y camgymeriad; **there is no accounting for taste,** pawb at y peth y bo; pawb â'i chwaeth; *(after accident &c):* **three people have still not been accounted for,** ni wyddys eto dynged tri o bobl; mae tri o bobl yn dal ar goll; mae tri o hyd heb unrhyw hanes ohonynt; *(b) F: (= kill):* **to ~ for s.o.,** gwn|eud am rn.

accountability *n.* cyfrifoldeb *m*, atebolrwydd *m*.

accountable *a.* cyfrifol, atebol; **to be ~ to s.o.,** bod yn *atebol i rn*; **to be ~ for sth,** bod yn gyfrifol am/dros rth.

accountableness *n.* = **accountability.**

accountably *adv.* yn gyfrifol *&c.*

accountancy *n.* cyfrifyddiaeth *f*, cyfrifeg *f*, gwaith (*m*) cyfrifydd; **~ and budgeting,** cyfrifyddiaeth a chyllid.

accountant *n.* cyfrifydd(-ion, cyfrifwyr) *m*; **chartered ~,** cyfrifydd breiniol, cyfrifydd siartredig; **turf ~,** = **bookmaker 2.**

accountantship *n.* swydd (*f*) cyfrifydd (swyddi cyfrifyddion), cyfrifyddiaeth(-au) *f*.

accounting *vn.* cadw cyfrifon, cyfrifyddu, cyfrifeg f. **~ equation** *n.* hafaliad(-au) (*m*) cyfrifyddu. **~ period** *n.* cyfnod(-au) (*m*) cyfrifyddu. **~ principle** *n.* egwyddor gyfrifyddol (egwyddorion cyfrifyddol) *f*. **A~ Standards Committee** *n.* Pwyllgor (*m*) Safonau Cyfrifeg.

accoutre *v.t.* gwisgo, addurno, dilladu; *Mil:* arfogi, taclu, *A:* seirchio; **to ~ oneself,** ymdaclu.

accoutred *a.* harneisiog, *A:* seirchiog; *Mil:* **he was accoutred with a sword,** yr oedd wedi'i wisgo â chleddyf; yr oedd yn gleddyfog; yr oedd yn gwisgo cleddyf; 'roedd yn arfog â chleddyf.

accoutrements *n.pl.* **1.** *(of horse):* harnais (harneisiau) *m*, *A:* seirch *pl.* **2.** *Mil:* offer *pl*, taclau *pl.*

accredit *v.t.* **1.** *(= gain belief for):* ennill coel/cred (ar rth); gwarantu, cadarnh|au, cefnogi, achredu (rhth); rhoi bri (ar rth). **2.** *Dipl:* **to ~ s.o. to a government,** achredu rhn i lywodraeth. **3.** *(= attribute):* priodoli (**sth to s.o.,** rhth i rn). **4.** *(= authorize):* awdurdodi; *(= certify):* ardystio.

accreditable *a.* **1.** credadwy, gwarantadwy. **2.** achredadwy. **3.** priodoladwy. **4.** awdurdodadwy. **5.** ardystiadwy.

accreditation *n.* **1.** achrediad(-au) *m*, awdurdod *m*, trwydded(-au) *f*. **2.** *vn.* = **accredit.**

accredited *a.* *(a) (= authorized, licensed):* awdurdodedig, trwyddedig; *Dipl:* achrededig; *(cattle &c):* ardystiedig, achrededig, gwarantedig; *(b) (= belief &c):* derbyniedig, arferol, confensiynol, uniongred (*pronounced* ng-g).

accrescent *a. Bot:* cynyddol, prifiol.

accrete¹ *v.t.&i.* **1.** *v.t.* casglu, crynh|oi, hel, cytyfu. **2.** *v.i.* cytyfu, ymgasglu, ymgrynh|oi, ymdoddi, tyfu'n un, cyd-dyfu.

accrete² *a* cytyfol.

accretion *n.* **1.** *Bot: &c:* cytyfiant (cytyfiannau) *m*; *Astr:* **interstellar ~,** ymgasgliad(-au) rhyngserol *m*. **2.** *Jur: &c: (= addition):* ychwanegiad(-au) *m*. **3.** *Geog:* croniant (croniannau) *m*.

accretionary, accretive *a.* ymgasglol, ychwanegiadol, crynhöol.

accruable *a.* casgladwy, crynhoadwy, crynoadwy

accrual *n.* twf *m*, cynnydd *m* (**of sth,** yn rhth); *Econ:* **accruals adjustment,** cymhwysiad (*m*) croniadau; *Com:* **~ accounting,** cyfrifeg (*f*) croniadau, cyfrifeg groniadol.

accrue *v.i.* **1.** *(= come from):* deillio; **the money accrued to him,** daeth yr arian yn eiddo iddo ef; daeth yr arian iddo. **2.** *(of interest &c):* deillio (**from sth,** o rth); *abs.* crynh|oi, cynyddu, tyfu; *Econ:* cronni.

accrued *a. (interest):* crynoëdig, cronedig.

accrument *n.* = **accrual.**

acculturate *v.t.* **1.** *(= assimilate):* addasu, goddiwylliannu. **2.** *(= acquire new culture):* mabwysiadu diwylliant newydd, ymaddasu, ymgynefino, ymgymathu.

acculturated *a.* cymathedig.

acculturation *n.* mabwysiadu (*vn*) diwylliant, ymddiwylliannu *vn*; *S.a.* **acculturate.**

acculturational, acculturative *a.* goddiwylliannol, ymaddasol, ymgynefinol, ymgymathol.

accumulate *v.t.&i.* **1.** *v.t.* casglu, cronni, hel, crynh|oi, cywain, pentyrru, *S.W: occ:* crugywain, *N.W: occ:* stuo. **2.** *v.i.* casglu, ymgasglu, cronni, hel, crynhoi, ymgrynh|oi; *Aut:* **accumulating count,** rhifiad(-au) cynyddol *m*; **accumulating counter,** rhifydd(-ion) cynyddol *m*; **accumulating total,** swm (symiau) cynyddol *m*.

accumulated *a.* cronedig; **~ interest,** llog cronedig *m*; *Cmptr:* **~ errors,** gwallau cronedig; **his ~ debts,** ei holl ddyledion, swm ei

ddyledion; *Geog:* ~ **information field,** maes (*m*) gwybodaeth gronedig; ~ **temperature,** tymheredd (tymereddau) cronedig *m*.
accumulation *n.* **1.** casgliad(-au) *m*, crynhoad (crynoadau) *m*, llwyth(-i) *m*, croniad(-au) *m*, pentwr (pentyrrau) *m*; **capital ~,** cronnedd/croniad (*m*) cyfalaf; *Biol:* **substance ~ in tissue,** sylwedd (*m*) yn ymgasglu mewn meinwe. **2.** *vn.* = **accumulate.**
accumulative *a.* **1.** *(= increasing):* cynyddol, yn cynyddu; *Ph: Mth:* cronnol. **2.** *(= acquisitive):* caffaelgar, barus, meddiangar (*pronounced* ng-g).
accumulatively *adv.* yn gynyddol.
accumulativeness *n.* caffaelgarwch *m*, meddiangarwch *m* (*pronounced* ng-g).
accumulator *n.* **1.** *(pers.):* casglwr (casglwyr) *m*, crynhöwr (crynhowyr) *m*. **2.** *Mec.E: El:* cronnwr (cronwyr) *m*, cronadur(-on) *m*, *F:* batri(-s) *m*. **3.** *Turf:* ~ **[bet],** bet gynyddol (betiau cynyddol) *f*.
accuracy *n.* cywirdeb *m*, manylder *m*, manyldra *m*, manwl gywirdeb *m*; *Cmptr:* ~ **control character,** nod(-au) (*m*) rheoli cywirdeb.
accurate *a.* cywir, iawn, manwl, manwl gywir, union, cyfewin; **to be strictly ~,** a bod yn hollol fanwl, a bod yn fanwl gywir.
accurately *adv.* yn gywir, yn fanwl, yn fanwl gywir.
accurateness *n.* = **accuracy.**
accursed *a.* melltigedig, dieflig, cythreulig, *Lit:* melltigaid; *F:* **this ~ place,** y lle felltith 'ma, y lle gythraul 'ma.
accursedly *adv.* yn felltigedig *&c.*
accursedness *n.* melltigedigrwydd *m*.
accusal, accusation *n.* cyhuddiad(-au) *m*.
accusatival *a.* gwrthrychol.
accusativally *adv.* yn wrthrychol.
accusative *a.* & *n.* *Gram:* ~ **[case],** [cyflwr] gwrthrychol (*m*).
accusatorial, accusatory *a.* cyhuddgar, cyhuddol.
accuse *v.t.* cyhuddo (rhn), estyn bys (at rn); **to ~ s.o. falsely,** camgyhuddo rhn, cyhuddo rhn ar gam.
accused *a.* & *n.* **1.** *a.* cyhuddedig. **2.** *n.* *Jur:* **the ~,** y cyhuddedig(-ion) *m*, y gyhuddedig (y cyhuddedigion) *f*.
accuser *n.* cyhuddwr (cyhuddwyr) *m*, cyh|uddwraig (cyhudd-wragedd) *f*.
accusing *a.* cyhuddol, cyhuddgar.
accusingly *adv.* yn gyhuddol *&c.*
accustom *v.t.* **to ~ s.o. to sth,** gwn|eud rhn yn gynefin â rhth, cynefino/cyfarwyddo rhn â rhth; **to ~ oneself,** ymgynefino, dygymod, arfer, dod i arfer, dod yn gynefin, dod yn gydnabyddus (**to sth,** â rhth).
accustomation *n.* *vn.* = **accustom.**
accustomed *a.* **1.** cyfarwydd, cynefin, cydnabyddus (**to sth,** â rhth); **I am ~ to getting up early,** yr wyf wedi arfer â chodi'n gynnar; *N.W: occ:* yr wyf ar fy nghynefin â chodi'n gynnar; **to get ~ (to sth),** ymgynefino, arfer, dygymod (â rhth). **2.** *(= habitual):* arferol.
accustomedness *n.* cynefindra *m*, cynefinder *m* (**to sth,** â rhth).
ace *n.* **1.** *(a) Cards: &c:* âs (asau) *fm*; *F:* **(she has) an ~ up her sleeve,** *U.S:* **an ~ in a hole,** (mae ganddi) gerdyn/garden arall wrth gefn; **he has played his ~,** mae wedi chwarae ei gerdyn gorau; *(b) Ten:* âs-bwynt(-iau) *m*. **2.** *(pers.):* campwr (campwyr) *m*, pencampwr (pencampwyr) *m*, *N: F:* giamstar(-s) *m*, giamblar(-s) *m* (**at sth,** ar rth); **a flying ~,** archbeilot(-iaid) *m*; *attrib.* ~ **reporter,** gohebydd di-ail *m*, pen-gohebydd; *F:* **she's an ~ on the piano,** mae hi'n ddi-ail/ddiguro ar y piano; *F:* **Gwyn is ~,** Gwyn yw'r gorau. **3. within an ~ of falling,** o fewn [y] dim i syrthio, o fewn trwch y blewyn i syrthio.
acedia *n.* = **accidie.**
Aceldama *Pr.n.* *B:* Maes (*m*) y Gwaed.
acellular *a.* *Biol:* anghellog.
acentric *a.* diganol.
acephalous *a.* di-ben, pengoll (*pronounced* ng-g).
acerate *a.* = **acerose.**
acerbate[1] *a.* = **acerbic.**
acerbate[2] *v.t.* egru, suro, chwerwi.
acerbic *a.* egr, sur(-ion), chwerw(-on).
acerbically *adv.* yn egr *&c.*
acerbity *n.* egrwch *m*, chwerwedd *m*, chwerwder *m*, surni *m*.
acerola *n.* *Bot:* aserola (aserolâu) *f*.
acerose *a.* *Bot:* pigfain, blaenllym (*f.* blaenllem, *pl.* blaenllymion), nodwyddaidd.
acervate *a.* *Bot:* clystyrog, pentyrrog.
acervately *adv.* yn glystyrog, yn glwstwr, yn glystyrau.
acescence *n.* egriad *m*, egru *vn.*
acescent *a.* egraidd.
acetabular *a.* *Anat: A:* aset|abwlaidd, creuol.
acetabularia *n.* *Algae:* asetabwlaria *m*.
acetabuloplasty *n.* *Surg:* creuffurfiad(-au) *m*.
acetabulum *n.* *Anat: Z:* aset|abwlwm (aset|abwla) *m*, crau (creuau) *m*, soced(-i,-au) *fm*.
acetal *n.* *Ch:* |asetal (asetalau) *m*.
acetaldehyde *n.* *Ch:* aset|aldehyd *m*.
acetamide *n.* *Ch:* as|etamid *m*.
acetaminophen *n.* *Ch:* asetam|inoffen *m*.
acetanilide *n.* *Ch:* aset|anilid *m*.
acetate *n.* *Ch:* |asetyn (asetynnau, asetion) *m*, |asetad (asetadau) *m*; *Tex:* ~ **rayon,** reon/rayon (*m*) asetad.
acetated *a.* *Ch:* asetadaidd.
acetic *a.* *Ch:* asetig.
acetification *n.* *Ch:* aseteiddio.
acetifier *n.* *Ch:* aseteiddiwr (aseteiddwyr) *m*.
acetify *v.t.&i.* *Ch:* aseteiddio.
acetoacetic *a.* *Ch:* asetoasetig.
acetonaemia *n.* *Med: Vet:* asidedd (*m*) gwaed, asetonemia *m*, clwyf melys *m*.
acetone *n.* *Ch:* |aseton *m*.
acetonic *a.* *Ch:* asetonig.
acetous *a.* finegraidd, fel finegr, tebyg i finegr.
acetum *n.* **1.** *Ch:* asetwm *m*. **2.** = **vinegar.**
acetyl *n.* *Ch:* asetyl *m*.
acetylate *v.t.*, **acetylation** *n.* asetyleiddio, asetyladu.
acetylative *a.* *Ch:* asetyleiddiol.
acetylcholine *m.* *Ch:* asetylcolin *m*.
acetylcholynic *a.* *Ch:* asetylcolinig.
acetylene *n.* *Ch:* as|etylen *m*; *Metalw:* ~ **welding,** weldio asetylen.
acetylenic *a.* *Ch:* asetylenig.
acetylide *n.* *Ch:* as|etylid (asetylidau) *m*.
acetylsalicylate *n.* *Ch: Pharm:* asetylsalisylad(-au) *m*.
acetylsalicylic *a.* *Ch: Pharm:* asetylsalisylig.
acey-deucey *n.* = **backgammon.**
Achaea *Pl.n.* *Gr.Hist:* Achaia.
Achaean *a.* & *n.* **1.** *a.* Achaiaidd. **2.** *n.* Achaiad (Achaiaid) *m&f*.
achalasia *n.* *Med:* acalasia *m*, angwringhelliad *m*.
ache[1] *n.* poen(-au) *mf*, cur *m*, dolur(-iau) *m*, *occ:* gwayw (gwewyr) *m*, gwŷn (gwyniau) *m*, gloes(-au) *f*; **aches and pains,** poenau; **stomach ~,** poen yn y bol/cylla, *S:* bola tost *m*; *S.a.* **headache, toothache.**
ache[2] *v.i.* **1.** *N:* brifo, *occ:* bynafyd, *S:* anafu, gwn|eud dolur; **my head is aching,** mae fy mhen i'n brifo; mae gen i gur yn fy mhen; *S: occ:* mae cur yn fy mhen i; *S:* mae pen tost 'da fi; mae mhen i'n dost; **it makes my head ~,** mae'n codi cur pen arnaf; mae'n rhoi pen tost i mi; **I'm aching all over,** 'rwy'n boenau byw/drosof; 'rwy'n boenau i gyd; *S:* 'rw' i'n dost i gyd; **it makes my heart ~,** mae'n loes calon i mi; mae'n loes/ddolur i'm calon. **2.** *F:* **he was aching to join in the fight,** 'roedd yn ysu am gael rhan yn yr ymladd.
achene *n.* *Bot:* achen(-au) *m*, dincodyn (dincod) *m*.
achenial *a.* *Bot:* achenol, dincodol.
Acheulian *a.* & *n.* *Archeol:* **1.** *a.* Acheulaidd. **2.** *n.* y diwylliant Acheulaidd *m*.
achievable *a.* cyraeddadwy.
achieve *v.t.* **1.** *(feat, task):* cyflawni; **to ~ a life's dream,** gwireddu breuddwyd oes. **2. to ~ an honour,** ennill anrhydedd; **to ~ a reputation,** cael enw da, ennill bri. **3. to ~ a goal,** cyrraedd nod, llwyddo mewn amcan, mynd â'r maen i'r wal; **to ~ a victory,** ennill buddugoliaeth, trechu, bod yn drech, bod yn fuddugol; **to ~ the impossible,** cyflawni'r amhosibl; **he will never ~ anything,** ni ddaw i ddim; *F:* fydd e/o byth uwch bawd sawdl; wnaiff e/o dim byd ohoni; *Rel: Sociol:* **achieved role,** rôl a gyrhaeddwyd/gyflawnwyd; *Sociol:* **achieved status,** statws a gyflawnwyd.
achievement *n.* **1.** *(of project &c):* cyflawniad(-au) *m*, cyflawni *vn.* **2.** *(= exploit):* camp(-au) *f*, gorchest(-ion) *f*; *Sch:* &c

cyrhaeddiad (cyraeddiadau) *m.* **3.** *Lib:* ~ **reading,** darllen bwriadus.
achiever *n.* cyflawnwr: cyflawnydd (cyflawnwyr) *m,* cyfl|awnwraig *f.*
Achilles *Pr.n.m.* Echel, Achil, Achiles; *Fig:* ~ **heel,** gwendid *m,* man gwan *m.* ~ **tendon** *n.* gwäellen: gweyllen (*f*) ffêr (gweyll fferau)
achiness *n.* poenusrwydd *m,* teimlad poenus/dolurus *m,* poenau *pl.*
aching *a.* poenus, dolurus, *occ:* poenedig, *S:* tost; **an ~ heart,** calon friw.
achiral *a.* anghirol.
achlamydate *a. Z:* difantell.
achlamydeous *a. Bot:* diamlen.
achlorhydria *n. Med:* aclorhydria *m,* diffyg (*m*) asid, anasidedd *m.*
achlorhydric *a. Med:* aclorhydrig.
achondrite *n. Geol:* acondrit(-au) *m.*
achondritic *a. Geol:* acondritig.
achondroplasia *n. Med:* acondroplasia *m,* diffyg (*m*) madruddyn.
achondroplastic *a. Med:* acondroplastig.
achromat *n. Phot:* lens(-ys) acromatig *f,* |acromat (acromatiau) *m.*
achromatic *a.* **1.** acromatig, di-liw. **2.** *Mus:* = **diatonic.**
achromatically *adv.* yn acromatig *&c.*
achromaticity *n.* = **achromatism.**
achromatin *n. Biol:* acr|omatin *m.*
achromation *n.* acromatedd *m.*
achromatism *n.* arcomatiaeth *f.*
achromatize *v.t.* diliwio.
achromic *a.* di-liw.
achy *a.* = **aching.**
acicle *n.* **1.** *Bot:* saethflewyn (saethflew) *m.* **2.** *Miner:* nodwydd(-au) *f.*
acicula *n. Z:* as|icwla (asicwlâu) *mf.*
acicular, aciculate *a. Z:* as|icwlaidd.
aciculwm *n. Z:* as|icwlwm (as|icwla) *m.*
acid *a.* & *n.* **1.** *a.* *(a)* asid, asidaidd, asidig; *Comest:* ~ **drop,** losinen (losin) sur *f*; *(b) (remark &c):* egr, brathog, sur. **2.** *n.* asid(-au) *m*; **dilute ~,** asid gwanhäedig/gwan; **concentrated ~,** asid cryf/crynodedig. **~-fast** *a. Bact: &c:* gwrthasidaidd. **~ soil** *n.* pridd (*m*) asid/asidaidd. **~ test** *n.* **1.** *Ch:* prawf (profion) (*m*) asid; *Com:* ~ **test [quick] ratio,** cymhareb sydyn *f.* **2.** *Fig:* y prawf eithaf/terfynol *m.*
acidhead *n. F:* pen(-nau) (*m*) asid, drygiwr (drygwyr) *m,* cyffurgi (cyffurgwn) *m.*
acidic *a.* asidig, asidaidd.
acidification *n.* asideiddio *vn,* asidio *vn.*
acidified *a.* asidedig, asidaidd.
acidifier *n.* asidiwr (asidwyr) *m.*
acidify *v.t.&i.* asideiddio, asidio, egru.
acidimeter *n.* as|idimedr (asidimedrau) *m.*
acidimetry *n.* asidimetreg *f.*
acidity *n.* **1.** *Ch:* asidedd(-au) *m,* asidrwydd *m.* **2.** *(of remark, &c):* surni *m,* egrwch: ecrwch *m.*
acidly *adv.* yn sur, yn egr.
acidness *n.* = **acidity.**
acidophile *a.* & *n.* **1.** *a.* asidgar. **2.** *n.* asidgarwr (asidgarwyr) *m.*
acidophilic *a.* asidgar.
acidophilus milk *n.* llaeth asid|offilus *m.*
acidosis *n.* asidosis *m.*
acidulate *v.t.* = **acidify.**
acidulated *a.* asidaidd, asidedig.
acidulation *n.* = **acidify.**
acidulent, acidulous *a.* egr, sur(-ion), *lit: occ:* chwiblaidd.
aciduric *a. Bact:* asidwrig.
acierate *v.t.* **to ~ iron,** troi haearn yn ddur.
aciform *a.* fel nodwydd, pigfain, blaenllym (*f.* blaenllem, *pl.* blaenllymion).
acinaciform *a. Bot:* crymgleddog, crwm (*f.* crom, *pl.* crymion).
acinar *a. Anat:* asinig.
acinariform *a. Bot:* grawnsypiog, clystyrog.
acinic, acinose, acinous *a.* asinig.
acinus *n. Anat: Bot:* asinws (asini) *m.*
ack-ack *n. Mil: Th:* ac-ac *m.*
ackee *n. Bot: (Blighia sapida):* **1.** *(tree):* coeden (coed) (*f*) aci. **2.** *(fruit):* aci (aciau) *m.*
Ackley *W.Pl.n.* Bryncyndraeth *m.*
acknowledge *v.t.* **1.** *(a)* cydnabod; **he was acknowledged as king,** 'roedd yn cael ei gydnabod yn frenin; **to ~ sth as a fact,** cydnabod/derbyn rhth yn/fel ffaith; *(b) (= own):* cydnabod, arddel; **he acknowledged his son,** arddelodd ei fab. **2.** *(= recognize, allow, admit):* cydnabod, addef, cyfaddef; **he acknowledged his mistake,** syrthiodd ar ei fai; cydnabu ei fai; **he acknowledged himself beaten,** cydnabu iddo gael ei guro; **to ~ receipt of a letter,** cydnabod derbyn llythyr.
acknowledgeable *a.* **1.** cydnabyddadwy. **2.** arddeladwy, addefadwy.
acknowledged *a.* cydnabyddedig, addefedig; *(child):* arddeledig.
acknowledgement *n.* **1.** *(a)* cydnabyddiaeth *f*; *Jur:* ~ **for production,** cydnabyddiaeth ar gyfer dangos, cydnabyddiaeth er mwyn dangos; *Com:* ~ **of receipt,** derbynneb (derbynebau) *f*; *(b) (= admission):* cyfaddefiad(-au) *m,* addefiad(-au) *m.* **2.** *pl. (= thanks):* diolchiadau *pl* **(for sth,** am rth).
aclinic *a.* aclinig.
acme *n. Lit:* acme *m,* pinacl *m,* uchafbwynt *m,* brig *m,* copa *mf.* ~ **thread** *n. Metalw:* edau (edafedd) (*f*) acme.
acne *n. Med:* acne *m,* plorynnod *pl, N:* plorod *pl, S:* tosau *pl, Lit: occ:* llinorod *pl,* cructardd *m,* cructarddiad *m.*
acned *a.* plorynnog, *N:* plorog, yn blorod drosoch/byw, yn blorod i gyd, *S:* yn dosau i gyd, *Lit:* llinorog.
acnodal *a. Mth:* acnodol.
acnode *n. Mth:* acnod(-au) *m.*
acock *a.* & *adv. (ears):* ar godi.
acol *n. Cards:* acol *m.*
acolyte *n.* *(a) Ecc:* gwas (*m*) offeiriad (gweision offeiriaid); |acolit (acolitiaid): |acolyt (acolytiaid) *m*; *(b) (= follower)* canlynwr (canlynwyr) *m*; *(c) (= beginner):* dechreuwr (dechreuwyr) *m.*
Aconbury *Eng.Pl.n.* Caer (*f*) Rhain.
aconite *n.* **1.** *Bot: (Aconitum):* llysiau(*pl*)'r blaidd, |aconit *m,* cwfl (*m*) y mynach, cwcwll (*m*) y mynach, bl|eidd-dag *m*; **winter ~,** *(Eranthis hiemalis):* bleidd-dag y gaeaf, aconit y gaeaf. **2.** *Pharm:* aconit *m.*
aconitic *a. Pharm:* aconitig.
aconitine *n. Pharm:* ac|onitin *m.*
aconitum *n.* = **aconite.**
acorn *n. Bot:* mesen (mes) *f*; **to gather acorns,** mesa, casglu/hel mes; **full of acorns,** mesog. **~-cup** *n. N:* cwpan (*f*) mesen (cwpanau mes), *S:* croth (*f*) mesen (crothau mes). **~-shell** *n. Moll:* crau (creuau) (*m*) môr, cragen (*f*) fes (cregyn mes), mes-gragen (~-gregyn) *f.* **~-squash** *n. Bot:* mes-bompiwn (~-bompiynau) *m.* **~-tube** *n.* *mesdiwb(-iau) *m.* **~-worm** *n. Z:* mes-lyng[h]yren (~-lyngyr) *f.*
acosmism *n. Theol:* acosmaeth *f.*
acotyledon *n. Bot:* acotyledon(-au) *m.*
acotyledonous *a. Bot:* acotyledonaidd.
acouchi *n. Z:* acwshi (acwshïod) *m.*
acoustic *a.* acwstig, *occ:* clybodol, clybodig; *Mus:* ~ **bass,** bas(-au) acwstig *m*; ~ **tile,** teilsen (teils) acwstig *f*; *Cmptr:* ~ **coupler,** cyplydd(-ion) acwstig *m.*
acoustical *a.* = **acoustic.**
acoustically *adv.* yn acwstig, yn glybodol.
acoustician *n.* acwstegwr: acwstegydd (acwstegwyr) *m.*
acoustics *n.pl. (with sg. or pl. const.):* acwsteg *f, occ:* clybodeg *f.*
acquaint *v.t.* **1. to ~ s.o. with sth,** gwn|eud rhn yn gyfarwydd â rhth, gwneud rhth yn hysbys i rn, hysbysu rhn o rth, mynegi rhth i rn; **to ~ s.o. with the facts,** dangos y ffeithiau i rn, dweud y ffeithiau wrth rn; **to ~ s.o. with a danger,** rhybuddio rhn o berygl. **2. to be acquainted with s.o.,** adnabod rhn, bod yn gyfarwydd/gynefin/gydnabyddus â rhn, *N: F:* bod yn gybyddus â rhn; **to become acquainted with s.o.,** dod i adnabod rhn, dod yn gydnabyddus â rhn; **I am acquainted with the facts,** mae'r ffeithiau'n hysbys i mi.
acquaintance *n.* **1.** *(a) (= knowledge of, familiarity with):* adnabyddiaeth *f* **(with sth,** o rth); cydnabyddiaeth *f,* cynefindra *m,* cyfar|wydd-dra *m, N: F:* cybyddiaeth *f* (â rhth); *(b)* **to make s.o.'s ~,** cyfarfod rhn, dod i adnabod rhn; **I have the honour of his ~,** mae imi'r anrhydedd o'i adnabod; **he**

improves upon ~, mae'n well o'i adnabod. **2.** *(pers.)*: cydnabod *m*; **an ~ of mine,** un o'm cydnabod, cydnabod imi.
acquaintanceship *n.* = **acquaintance 1.**
acquest *n.* = **acquisition.**
acquiesce *v.i.* **to ~ (in sth),** cytuno, cyd-fynd, cydsynio, cydymddwyn (â rhth); derbyn, goddef (rhth); bodloni (ar rth); ildio, plygu, ufuddh|au (i rth); **to ~ in a request,** derbyn cais, ildio i gais.
acquiescence *n.* cydsyniad *m*, cydweithrediad *m* **(in sth,** â rhth); uf|udd-dod *m* (i rth); *S.a.* **acquiesce.**
acquiescent *a.* cydsyniol **(in sth,** â rhth); ufudd (i rth); goddefgar, goddefol (o rth).
acquiescently *adv.* yn gydsyniol *&c.*
acquirable *a.* caffaeladwy.
acquire *v.t.* cael (rhth), cael gafael (ar rth), dod i feddiant (rhth), *Lit: occ:* caffael (rhth); **to ~ a habit,** magu arfer; **to ~ a bad habit,** cael/codi cast; **to ~ the habit,** mynd i'r arfer; **to ~ a talent,** meithrin dawn; **to ~ a taste for sth,** magu chwaeth at rth, cael blas ar rth; **to ~ a language,** dysgu iaith; **to ~ experience,** ennill profiad, cael profiad; **to ~ a skill,** ennill medr.
acquired *a.* caffaeledig, caffael, a geir/geid/gafwyd; **tomatoes are an ~ taste,** rhaid dysgu hoffi tomatos; mater o arfer yw hoffi tomatos; **an ~ language,** ail iaith; **~ characteristics,** nodweddion caffael.
acquirement *n.* = **attainment.**
acquirer *n.* caffaelwr (caffaelwyr) *m*, meddiannwr (meddianwyr) *m*, derbyniwr (derbynwyr) *m*, derb|ynwraig (derbynwragedd) *f*; *Jur:* **~ of stolen property,** derbyniwr eiddo lladrad.
acquisition *n.* **1.** *vn.* = **acquire. 2.** caffaeliad(-au) *m*; *Lib:* derbyniad(-au) *m*.
acquisitional *a.* caffaeliadol.
acquisitive *a.* caffaelgar, meddiangar (*pronounced* ng-g), cribddeilgar, barus, crafangog, bachog; **the ~ society,** y gymdeithas feddiangar.
acquisitively *adv.* yn gaffaelgar *&c.*
acquisitiveness *n.* caffaelgarwch *m*, meddiangarwch *m* (*pronounced* ng-g), rhaib *m*.
acquit *v.t.* **1. to ~ a debt,** talu dyled. **2.** *Jur:* rhyddfarnu, dieuogi, difeio; **to ~ s.o.,** *F:* cael rhn yn ddieuog. **3.** *(a)* **to ~ oneself of a task,** cyflawni tasg; *(b)* **he acquitted himself well,** rhoes gyfrif da ohono'i hun; gwnaeth ei ran yn dda.
acquittal *n.* **1.** *Jur:* rhyddfarn(-au) *f*, rhyddfarniad(-au) *m*, dieuogiad(-au) *m*. **2.** *(of duty)*: cyflawniad *m*, cyflawni *vn*, perfformiad *m*, perfformio *vn*.
acquittance *n.* *Com:* derbynneb (derbynebau, derbynebion) *f*; *Archives:* rhyddhad (*m*) o ddyled.
acquitted *a.* *Jur:* rhyddfarnedig; **the acquitted person,** y rhyddfarnedig.
acquitter *n.* dieuogwr (dieuogwyr) *m*.
acrasin *n.* |acrasin *m*.
acre *n.* *Meas:* erw(-au) *f*, cyfair (cyfeiriau) *f*, acer(-i) *f*, *S.W: M.W:* cyfer(-i) *f*; **God's ~,** erw Duw. **~-foot** *n.* *Meas:* erw-droedfedd(-i) *f*. **~-inch** *n.* *Meas:* erw-fodfedd(-i) *f*.
Acre *Pr.n.* *Geog:* Acrys *f*.
acreage *n.* erwau *pl*, aceri *pl*, cyferi *pl*, nifer (*mf*) erwau/aceri/cyferi, aceredd *m*, arwynebedd *m*, maintioli *m*, maint *m*; **what is your ~?** sawl acer *&c* sydd gennych?
acred *a.* ag erwau *&c.*
acrid *a.* **1.** *(smoke)*: pigog, llosgol; *(taste)*: siarp, brathog, *Lit: occ:* llymsur(-ion), tost, llymdost. **2.** *(humour, criticism)*: brathog, deifiol, pigog.
acridine *n.* *Ch:* |acridin *m*.
acridity *n.* pigogrwydd *m*, llymdoster *m*.
acridly *adv.* yn bigog *&c.*
acridness *n.* = **acridity.**
acriflavine *n.* acrifflafin *m*.
acrilan *n.* *R.t.m.* |acrilan *m*.
acrimonious *a.* bustlaidd, chwerw(-on).
acrimoniously *adv.* yn fustlaidd *&c.*
acrimoniousness, acrimony *n.* bustl *m*, drwgdeimlad *m*, chwerwedd *m*.
acritical *a.* annifrifol, heb fod yn ddifrifol.
acrobat *n.* |acrobat (acrobatiaid) *m&f*.
acrobatic *a. & n.pl.* **1.** *a.* acrobatig; **~ feat,** camp(-au) [acrobatig] *f*. **2.** *n.pl.* campau, acrobateg *f*.
acrobatically *adv.* yn acrobatig.
acrobatism *n.* acrobatiaeth *f*.
acrocarpous *a.* *Bot:* blaenffrwythol.
acrocentric *a. & n.* **1.** *a.* acrosentrig. **2.** *n.* acrosentrig(-ion) *m*.
acrocyanosis *n.* *Med:* acrosyanosis *m*, bysedd gleision *pl*.
acrodont *a.* *Anat: Z:* acrodontaidd.
acrodrome, acrodromous *a.* blaenredol.
acrogen *n.* *Bot:* |acrogen (acrogenau) *m*.
acrogenic, acrogenous *a.* *Bot:* acrogenig.
acrolein *n.* *Ch:* acrolëin *m*.
acrolith *n.* |acrolith (acrolithau) *m*.
acromegalic *a.* *Med:* acromegalig.
acromegaly *n.* *Med:* acrom|egaledd *m*, acrom|egali *m*.
acromion *n.* *Anat:* acromion (acromia) *m*.
acronychal *a.* *Astr:* machludol.
acronym *n.* llythrenw(-au) *m*, |acronym (acronymau) *m*.
acronymic *a.* llythrenwol, acronymig.
acronymically *adv.* yn llythrenwol, yn acronymig.
acropetal *a.* esgynnol.
acropetally *adv.* at i fyny, yn esgynnol.
acrophobia *a.* *Med:* acroffobia *m*, ofn (*m*) uchder.
acropolis *n.* caer(-au, ceyrydd) *f*, uchelgaer(-au) *f*, acr|opolis (acropolisau) *f*.
acrosclerosis *n.* *Med:* acrosglerosis *m*.
acrospire *n.* *Bot:* blaen (*m*) eginyn (blaenau egin).
across *prep. & adv.* **1.** *prep.* ar draws (rhth), dros (rth), tros (rth), *S:* yn groes (i rth); **with his arms folded ~ his chest,** â'i freichiau wedi eu croesi ar draws ei frest; **to walk ~ a street,** croesi stryd, cerdded ar draws stryd; **to swim ~ a river,** nofio ar draws afon; **to go ~ a bridge,** croesi pont, mynd dros bont; **to come ~ sth,** dod o hyd i rth, cael hyd i rth, dod ar draws rhth; **to run ~ s.o.,** taro ar rn, dod ar draws rhn; **he is broad ~ the shoulders,** mae ganddo ysgwyddau llydain; mae'n ysgwyddog; mae'n llydan ar draws ei war/ysgwyddau; **(she waited) ~ the road,** (arhosodd hi) ar draws y ffordd, yr ochr draw i'r ffordd, dros y ffordd; **the house ~ the road,** y tŷ dros y ffordd, y tŷ gyferbyn; **countries ~ the sea,** gwledydd tramor, gwledydd dros y môr; **(they spoke to one another) ~ the table,** (siaradasant â'i gilydd) ar draws y bwrdd, o bobtu'r bwrdd, dros y bwrdd. **2.** *adv.* *(a)* drosodd; *S:* yn groes; **to come ~,** dod draw, dod drosodd; **by now the ferry is ~,** bellach mae'r fferi yr ochr draw; *(=find)*: *(of message &c)*: **to come ~,** cael effaith, dod drosodd; **to get/put sth ~ to s.o.,** cyfl|eu rhth i rn, rhoi rhth ar ddeall i rn, cael gan rn ddeall rhth; *F:* **to come ~ with the money,** talu'r arian; **(the police persuaded him) to come ~,** (perswadiodd yr heddlu ef) i siarad, i agor ei geg; *(b)* *Meas:* ar draws; **the path is a yard ~,** mae'r llwybr yn llathen ar ei draws; **the marsh is a mile ~,** mae'r gors yn filltir ar ei thraws; *(c)* *(in crossword)*: ar draws. **~ the board** *a. & adv.* **1.** *a.* cyffredinol, hollgynhwysfawr; trwyddo/trwyddi/trwyddynt draw, o gwr i gwr, o un pen i'r llall, o ben bwygilydd; **an ~ the board wage increase,** codiad cyflog i bawb; **~ the board cuts,** toriadau cyffredinol, toriadau ym mhobman. **2.** *adv.* yn gyffredinol, drwyddo/drwyddi/drwyddynt draw.
acrostic[al] **1.** *a.* acrostig. **2.** *n.* acrostig(-au,-ion) *m*.
acrostically *adv.* yn acrostig.
acroter *n.* *Arch:* |acroter (acroterau) *m*.
acrotic *a.* *Med:* acrotig, diguriad.
acrotism *n.* *Med:* diffyg (*m*) curiad, acrotedd *m*.
acryl *n.* *Ch:* acryl *m*.
acrylate *n.* *Ch:* |acrylad *m*.
acrylic *a. & n.* *Ch: Art:* **1.** *a.* acrylig; *Metalw:* **~ resin,** resin(-au) acrylig *m*. **2.** *n.* acrylig(-au) *m*.
acrylonitrile *n.* *Ch:* acrylonitril *m*.
acrylyl *n.* acrylyl *m*.
act[1] *n.* **1.** *(= deed, action)*: gweithred(-oedd) *f*; **an ~ of mercy,** gweithred o drugaredd, gweithred drugarog (gweithredoedd trugarog); *Jur:* **~ or default,** gweithred neu ddiffyg; **an ~ of faith,** gweithred o ffydd; *Jur:* **I deliver this as my ~ and deed,** cyflwynaf hyn fel fy nogfen a'm gweithred; **the ~ of walking,** cerdded, y weithred o gerdded; **an ~ of folly,** ffolineb(-au) *m*, gwiriondeb(-au) *m*, peth(-au) ffôl/twp/gwirion *m*; **in the very ~ of turning,** wrth droi, yn y weithred o droi; **to catch s.o. in the ~,** dal rhn wrthi, dal rhn ar ei weithred, dal rhn ar y gamfa; **~ of God,** gweithred gan Dduw; *Ins: Jur:* trychineb(-au) naturiol *mf*; *B:* **the Acts of the Apostles,** Actau'r Apostolion; **the Acts,**

yr Actau. 2. *(= law)*: deddf(-au) *f*; **the A~ of Union,** y Ddeddf Uno; **~ of Parliament,** deddf Seneddol; **Adoption A~,** Deddf Mabwysiadu; **Consumer Credit A~,** Deddf Credyd Defnyddwyr; **Consumer Protection Department A~,** Deddf Adran Gwarchod Defnyddwyr; **Criminal Law A~,** Deddf Troseddwyr; **Enclosure A~,** Deddf Cau Tir; **Fair Trading Office A~,** Deddf Swyddfa Masnachu Teg; **Food and Drugs A~,** Deddf Bwyd a Chyffuriau; **Prices A~,** Deddf Prisiau; **Race Relations A~,** Deddf Cysylltiadau/Cydberthynas Hiliol; **Riot A~,** Deddf Terfysg; *F:* **to read the Riot A~,** gosod y ddeddf i lawr, dweud sut mae'i deall hi, dweud faint sydd tan Sul; **Sale of Goods A~,** Deddf Gwerthu Nwyddau; **Supply of Goods A~,** Deddf Cyflenwi Nwyddau; **Tithe Commutation A~,** Deddf Cyfnewid y Degwm; **Trade Descriptions A~,** Deddf Disgrifiadau Masnach; **Unsolicited Goods and Services A~,** Deddf Nwyddau a Gwasanaethau Dieisiau/Di-alw-amdanynt; **Weights and Measures A~,** Deddf Pwysau a Mesurau. 3. *Th: &c: (a) (= part of a play)*: act(-au) *f*; **a three ~ play,** drama dair act; *(b) (= turn, item)*: perfformiad(-au) *m*, act(-au); **knockabout ~,** act golbio (actau colbio); **to put on an ~,** gwneud ati, cymryd arnoch, smalio, cogio, *S:* jocan; **to get in on the ~,** cymryd eich rhan, chwarae eich rhan (yn rhth); achub cyfle, dal ar gyfle, manteisio ar gyfle; **to let s.o. in on the ~,** rhoi cyfle i rn; *F:* **we can't get our ~ together,** 'does yma fawr o lun arni; *N:* 'rydan ni'n ddi-lun ofnadwy; *S:* 'does dim siâp ar bethe 'da ni; *F:* **we must get our ~ together,** rhaid inni gael tipyn o siâp arni; rhaid inni hel ein meddyliau; rhaid inni gael popeth yn barod; rhaid inni benderfynu beth i'w ddweud. **~-drop** *n. Th:* llen *(f)* gwymp (llenni cwymp). **~-tune** *n. Mus:* ***entre' acte(-s)*** *m.*

act² *v.t.&i.* **1.** *v.t. (a) (play, rôle)*: chwarae, actio; **to ~ a part,** chwarae rhan; **to ~ Hamlet,** chwarae rhan Hamlet; **to ~ the fool,** chwarae'r ffŵl, chwarae'r bili ffŵl, *N.W: occ:* chwarae mwnci [pen] pric; **to ~ out a fantasy,** actio ffantasi; *(b) (= pretend)*: **to ~ a part,** cymryd arnoch, cogio, esgus, smalio; **to ~ (fear),** cogio, smalio (bod ofn arnoch, bod yn ofnus, bod ag ofn); cymryd arnoch (fod ofn arnoch, fod yn ofnus, fod ag ofn); *abs.* **he was only acting,** cymryd arno yr oedd; cogio yr oedd; esgus yr oedd; gwneud ati yr oedd; *(c) Lit: (= conduct oneself)*: **to ~ the part of gentleman,** ymddwyn fel gŵr bonheddig, ymddwyn yn fonheddig; *F:* **~ your age!** paid (peidiwch) â bod yn blentynnaidd! **2.** *v.i. (a)* gweithredu, gwneud rhth; **it's time to ~,** mae'n bryd gwneud rhth; **he didn't know how to ~,** ni wyddai beth i'w wneud; **to ~ up to one's principles,** gwneud yn ôl eich egwyddorion, gweithredu'n unol â'ch egwyddorion, byw'ch proffes; **to ~ prudently,** troedio'n bwyllog; **I acted for the best,** mi wneuthum fy ngorau; **to ~ for s.o.,** cynrychioli rhn, gweithredu ar ran rhn; **to ~ as secretary,** gweithredu fel ysgrifennydd, **to ~ on advice,** gweithredu yn ôl cyngor; **to ~ upon a letter,** gweithredu ar sail llythyr; *(b)* **the police refused to ~,** gwrthododd yr heddlu ymyrryd; gwrthododd yr heddlu wneud dim; **the pump refuses to ~,** nid yw'r pwmp yn gweithio; **the engine acts as a brake,** mae'r peiriant yn gweithio/gweithredu fel brêc; *(c) (= affect)*: effeithio, cael effaith (**on sth,** ar rth); **to ~ on the brain,** cael effaith ar yr ymennydd; **acid that acts on metals,** asid sy'n bwyta/erydu meteloedd; *(d) Th: Cin:* actio; *(e)* **to ~ up,** rhoi trafferth, peri trafferth, gwneud ati; **the car's acting up,** mae rhth yn bod ar y car; mae rhyw gam-hwyl ar y car.

actable *a.* actadwy.

Actaeon shell *n. Conch: (Actaeon tornatilis)*: cragen *(f)* gasgen (cregyn casgen), cragen Actaeon.

actin *n. Bio-Ch:* actin *m.*

acting¹ *a.* gweithredol, dros dro; **quick-~,** cyflym, *F:* sydyn; **slow-~,** araf.

acting² *vn.* = **act²**; **to go in for ~,** mynd yn actor/actores. **~ area** *n. Th:* cylch *(m)* chwarae. **~ edition** *n.* argraffiad(-au) *(m)* llwyfan. **~ out behaviour** *n. Sch:* ymddygiad negyddol *m*, tynnu(*vn*)'n groes. **~ time** *n. Th:* hyd *(m)* perfformiad.

actinia *n. Z:* actinia (actiniâu) *mf*, môr-an|emoni (~-anemonïau) *m.*

actinian *a. & n.* **1.** *a.* actinaidd, môr-anemonïaidd. **2.** *n.* = **actinia.**

actinic *a.* actinig. **actinically** *adv.* yn actinig.

actinide *n. Ch:* |actinid (actinidau) *m.*

actiniform *a.* pelydrol, rheiddiol.

actinism *n.* actinedd *m.*

actinium *n. Ch:* actiniwm *m*; **the ~ series,** yr actinidau *pl.*

actinogram *n.* act|inogram (actinogramau) *m.*

actinograph *n.* act|inograff (actinograffau) *m.*

actinography *n.* actinograffeg *f.*

actinoid *a.* pelydrol, rheiddiol.

actinolite *n. Miner:* act|inolit (actinolitau) *m*, rheiddfaen (rheiddfeini) *m.*

actinomere *n. Z:* = **antimere**

actinometer *n. Ph: Phot:* actinomedr(-au) *m.*

actinometric *a.* actinometrig.

actinometry *n.* actinometreg *f.*

actinomorphic, actinomorphous *a. Bot:* actinomorffig.

actinomycetal *a. Bact:* actinomysetaidd.

actinomycete *n. Bact:* actinomyset(-au) *m.*

actinomycetous *a. Bact:* actinomysetaidd.

actinomycin *n.* actinomysin *m.*

actinomycosis *n. Med:* actinomycosis *m*; *Vet:* gên fawr *f.*

actinomycotic *a.* actinomycotig.

actinon *n. Ch:* actinon *m.*

actinopod *n. Z:* act|inopod (actinopodau) *m.*

actinouranium *n. Ch:* actino-wraniwm *m.*

actinozoan *a. & n.* **1.** *a.* actinosoaidd. **2.** *n.* actinosoad (actinosoaid) *m&f.*

action *n.* **1.** *(= process of acting)*: gweithrediad(-au) *m*; *(of remedy &c)*: effaith (effeithiau) *f*; *Th:* symud *vn*; **to take ~,** gweithredu, gwn|eud rhth; **to suit the ~ to the word,** gwneud yn ogystal â dweud, gwneud yn ôl eich gair, cysoni gweithred â gair; **to bring/call sth into ~,** rhoi rhth ar waith, peri i rth weithredu, dod â rhth i rym; **to come into ~,** dechrau gweithredu, dechrau gweithio, dod i rym, dod ar waith; **to bring the law into ~,** dod â'r gyfraith iddi, rhoi'r gyfraith mewn gweithrediad; **industrial ~,** gweithredu diwydiannol; **man of ~,** gweithredwr (gweithredwyr) *m*, dyn(-ion) egnïol *m*; **sphere of ~,** maes (meysydd) *(m)* gweithredu, cylch(-oedd) *(m)* gweithredu; **to go into ~,** mynd ati, ymr|oi iddi, bwrw iddi; *S.a.* **6.** *below*; **to put a plan into ~,** gweithredu cynllun, rhoi cynllun ar waith; *Ch:* **~ of acid on copper,** effaith asid ar gopor; **mode of ~,** dull gweithredu, sut mae'n gweithio; **under the ~ of sth,** o dan effaith rhth; *(of machine)*: **in ~,** ar waith; **out of ~,** wedi torri, heb fod yn gweithio, allan ohoni, anweithredol; **to put sth out of ~,** atal rhth rhag gweithio, llonyddu rhth; **~ stations!** *(a) Nau:* pawb i'w le! *(b) F: N:* styria (styriwch) hi! *S:* siapa (siapwch) hi! *F:* **let's have some ~!** gafaelwch ynddi! *S:* siapwch hi! *N:* styriwch hi! **2.** *(= thing done)*: gweithred(-oedd) *f*; *S.a.* **act¹ 1**; *Theol: (mass)*: gweithred. **3.** *Th:* gweithredu *vn*, gweithrediadau *pl*, digwyddiadau *pl*; **the ~ takes place in a wood,** digwydd y cyfan mewn coedwig. **4.** *(a) (= movement of watch, machine)*: symudiad(-au) *m*, gweithrediad(-au) *m*; *(b) (of piano &c)*: arwaith (arweithiau) *m*, gweithiad(-au) *m*. **5.** *Jur:* achos(-ion) *m*, **to bring an ~ (against s.o.),** dwyn achos, dod ag achos (yn erbyn rhn); rhoi cyfraith (ar rn); **civil ~,** achos(-ion) sifil *m*, cyngaws(-au) *m*; **~ for damages,** achos i hawlio iawndal. **6.** *Mil: &c:* ymladd(-au,-oedd) *m*, ymladd *vn*, brwydr(-au) *f*, brwydro *vn*; **to go into ~,** mynd i ymladd, mynd i ryfel, mynd i'r frwydr, *Lit:* mynd i'r gad/drin; **ready for ~,** parod i ymladd, parod i'r gad; **(to send troops) into ~,** (gyrru milwyr) i ymladd, i frwydro, i'r gad; **he saw ~ on the Somme,** bu'n ymladd ar y Somme; gwelodd frwydro/ymladd ar y Somme; **(he was killed) in ~,** (lladdwyd ef) mewn brwydr, yn y drin, ar faes y gad; **his illness will keep him out of ~ for a month,** bydd ei salwch yn ei gadw rhag gwneud dim am fis; **(a film full) of ~,** (llun) llawn mynd, llawn digwyddiadau, cynhyrfus. **7.** *Ph:* arwaith (arweithiau) *m*. **8.** *Mth:* effaith. **~ man** *n.* gwrol ryfelwr (~ ryfelwyr) *m*. **~ group** *n.* grŵp (grwpiau) *(m)* gweithredu. **~-packed** *a.* llawn mynd/digwydd/antur, cynhyrfus. **~ painting 1.** *vn.* peintio/paentio arweithiol. **2.** *n.* paentiad(-au) arweithiol *m*. **~ potential** *n. El: Ph:* potensial *(m)* gweithredu. **~ research** *n. Sociol:* ymchwil *(f)* weithredu. **~ song** *n.* cân (caneuon) actol *f*. **~ space** *n. Geog:* gofod *(m)* gweithredu. **~ station** *n.* safle(-oedd) *(m)* ymladd. **~ switch** *n. Cmptr:* switsh(-is) *(m)* gweithredu.

actionable *a. Jur:* enllibus, athrodus, cyfreithiadwy, agored i gyfraith.

actionably *adv.* yn enllibus *&c.*

actionless *a.* diddigwydd, disymud; *Ch:* = **inert.**

activate *v.t.* **1.** *(machinery &c):* cychwyn, ysgogi. **2.** *Atom.Ph:* actifadu. **3. to ~ sewage,** awyru carthion. **4.** *Ch: (carbon &c):* actifadu, egnioli. **5.** *(= accelerate):* cyflymu, prysuro. **6.** *(society, spy-ring, contracts &c):* bywiogi, deffro, dihuno, symbylu. **7.** *U.S: Mil:* = **mobilize**.

activated *a. Ch: (= energized):* egnïoledig; *(sludge):* awyredig.

activation *n.* cychwyn *vn*, cychwyniad(-au) *m*, bywiogi *vn*, deffro *vn*, deffroad(-au) *m*, ysgogi *vn*, ysgogiad(-au) *m*; *Ch: Ind:* awyriad(-au) *m*; *Ph:* actifiant (actifiannau) *m*.

activator *n.* **1.** cychwynnwr (cychwynwyr) *m*, ysgogydd (ysgogwyr) *m*; *Ph:* actifadydd(-ion) *m*; **reaction ~**, actifadydd adwaith. **2.** *Ch:* = **catalyst**.

active[1] *a.* **1.** *(a) (pers., life):* gweithgar, prysur, llawn mynd; *(= fit):* hoyw(-on), heini, sionc; *(mind, imagination):* effro, bywiog, byw; **an ~ demand,** galw cryf/taer; *Geog:* **~ erosion,** erydu (*vn*) gweithredol; **an ~ volcano,** llosgfynydd byw. **2.** *a. & n. Gram:* **the ~ [voice],** y stad weithredol *f.* **3.** *(a) (rôle &c):* gweithredol; **to take an ~ part in sth,** chwarae rhan weithredol yn rhth; *Jur: Adm:* **it is under ~ consideration,** mae'r peth dan ystyriaeth weithredol; mae'n cael ei ystyried o ddifrif; *(b) Mil:* **on ~ service,** ar wasanaeth gweithredol, *F:* yn y gad, mewn rhyfel; **killed on ~ service,** lladdwyd mewn brwydr; **he saw ~ service in France,** bu'n ymladd yn Ffrainc; bu yn y brwydro yn Ffrainc; gwelodd frwydro yn Ffrainc; *Mil:* **~ list,** rhestr weithredol *f*; *(c) Path:* **~ immunity,** imiwnedd gweithredol/actif *m*; *Bio-Ch:* **~ transport,** symudiad gweithredol *m*, cludiant actif *m*; **~ disease,** clefyd actif *m*; **~ poison,** gwenwyn cyflym *m*; **~ population,** poblogaeth (*f*) o oed gwaith; *El:* **~ cell,** cell fyw (celloedd byw) *f*; *Metalw:* **~ flux,** fflycs(-ys) gweithredol *m*; *Atom.Ph:* ymbelydrol; *(c) Cmptr:* actif, gweithredol.

actively *adv.* yn weithredol *&c.*

activeness *n.* gweithgarwch *m*, prysurdeb *m*.

activism *n.* gweithredaeth *f*, actifiaeth *f*.

activist *n. & attrib. Pol:* **1.** *n.* gweithredydd: gweithredwr (gweithredwyr) *m*, gweithr|edwraig (gweithredwragedd) *f*, selog(-ion) *m*, aelod(-au) gweithredol *m*, actifydd(-ion) *m*. **2.** *attrib.* gweithredol, selog.

activity *n.* **1.** *(= busyness):* gweithgarwch *m*, prysurdeb *m*, mynd a dod *vn.* **2.** *(= pursuit):* gweithgaredd *m*; **his numerous activities don't allow him much leisure,** nid yw ei weithgareddau niferus yn caniatáu llawer o hamdden iddo; **human ~,** gweithgareddau (*pl*) dyn. **3.** *Ph: Cmptr: Biol:* actifedd(-au) *m*; **enzyme ~,** actifedd ensymig. **~ coefficient** *n.* cyfernod(-au) (*m*) actifedd. **~ group** *n.* grŵp (grwpiau) (*m*) gweithgarwch.

actomyosin *n.* actomyosin *m*.

Acton *W.Pl.n.* Gwaunyterfyn *f*, *A:* Actun *m*.

actor *n.* actiwr (actwyr) *m*, actor(-ion) *m*, chwaraewr (chwaraewyr) *m*. **~-manager** *n.* actor-reolwr (~-reolwyr) *m*. **~-proof** *a.* actorol.

actorish *a.* actoraidd.

actress *nf.* actores(-au,-i).

actual *a.* **1.** gwir, gwirioneddol, go iawn, *occ:* diriaethol; gwir *can precede n. + soft mut.*; **in ~ fact,** mewn gwirionedd; y ffaith amdani ...; **to take an ~ case,** a chymryd achos pendant/gwirioneddol, a chymryd achos go iawn; **the ~ figures,** yr union ffigurau, y gwir ffigurau; **the ~ place,** yr union le; *Theol:* **~ grace,** gras gweithredol/gweithiol *m*; *Theol:* **~ sin,** pechod(-au) gweithredol/gweithiol *m*; *Eth: Metaph:* gweithredol, dirfodol; *Cmptr:* **~ instruction,** cyfarwyddyd gwirioneddol *m*; **~ parameter,** paramedr(-au) gwirioneddol *m*. **2.** *(= present):* presennol, ar hyn o bryd; **in the ~ situation,** yn y sefyllfa sydd ohoni.

actualism *n. Phil:* gwirioneddaeth *f*.

actualist *n. & attrib. Phil:* **1.** *n.* gwirioneddwr (gwirioneddwyr) *m*. **2.** *attrib.* gwirioneddaidd.

actualistic *a. Phil:* gwirioneddaidd.

actuality *n.* **1.** *(= reality):* gwirionedd *m*, ffaith *f*, ffeithiau *pl*, diriaeth *f*, realedd *m*, re|aliti *m*, yr hyn sydd *m*, pethau (*pl*) fel y maent, digwyddiadau go iawn *pl*; **a play that lacks ~,** drama afreal. **2.** *(= the present):* y presennol *m*, y byd (*m*) sydd ohoni, hyn o fyd.

actualization *n.* gwireddiad(-au) *m*, sylweddoliad(-au) *m*; *vns.* = **actualize.**

actualize *v.t.* **1.** *(= realize):* gwireddu, sylweddoli, diriaethu. **2. to ~ a scene,** darlunio golygfa. **3.** *Theol:* cyflawni, sylweddu.

actually *adv.* **1.** *(a)* mewn gwirionedd, yn wir, a dweud y gwir, wir, mewn difrif; **~, (I rather like it),** a dweud y gwir, a bod yn onest (yr wyf braidd yn hoff ohono); **I know that, ~,** mi wn i hynny, fel mae'n digwydd; *(b)* **he ~ swore,** aeth mor bell â rhegi; fe regodd, hyd yn oed; fe regodd, do yn wir; **he ~ said good morning to me,** dywedodd bore da wrthyf er mawr syndod i mi. **2.** *occ: (= at present):* ar hyn o bryd.

actuals *n.pl. Fin: Econ:* dirdrafodion.

actuarial *a.* actiwaraidd.

actuarially *adv.* yn actiwaraidd.

actuary *n.* |actiwari (actiwarïaid) *m&f*.

actuate[1] *v.t.* **1.** *(machine &c):* cychwyn (rhth), rhoi (rhth) ar waith. **2.** *(= motivate):* ysgogi, symbylu, cymell.

actuate[2] *a.* blaenllym (*f.* blaenllem, *pl.* blaenllymion).

actuation *n.* cychwyniad(-au) *m*, ysgogiad(-au) *m*; *S.a.* **actuate**.

actuator *n.* cychwynnwr: cychwynnydd (cychwynwyr) *m*, ysgogwr: ysgogydd (ysgogwyr) *m*.

acuity *n.* craffter *m*.

aculeate *a.* pigog, colynnog.

acumen *n.* craffter *m*, treiddgarwch *m*.

acuminate[1] *a. Bot:* blaenllym (*f.* blaenllem, *pl.* blaenllymion), pigfain.

acuminate[2] *v.t.*, **acumination** *n.* blaenllymu, pigfeinio.

acupuncture[1] *n.* nodwyddo *vn*, nodwyddiad(-au) *m*, aciwbigo *vn*, aciwbigiad(-au) *m*.

acupuncture[2] *v.t.* nodwyddo, aciwbigo.

acupuncturist *n.* nodwyddwr (nodwyddwyr) *m*, nod|wyddwraig (nodwyddwragedd) *f*, aciwbigwr (aciwbigwyr) *m*, aciwb|igwraig *f*.

acutance *n. Phot:* miniogrwydd *m*.

acute *a.* **1.** *(a) (= tapering):* llym (*f.* llem, *pl.* llymion), main (meinion); **~ angle,** ongl fain, ongl lem; *(b) Gram: (accent):* dyrchafedig. **2.** *(a) (sound):* main; *(pain, remorse):* enbyd, llym, tost, brathog, dwysbigog, ingol; *(embarrassment, distress):* dwys, dirfawr; *(b) (disease):* gwyllt(-ion), tost; *(crisis):* difrifol, enbyd, dybryd, tost; **an ~ illness,** salwch â chwrs penodol. **3.** *(a)* **an ~ ear,** clust fain; **~ sight,** golwg craff *m*, llygad craff *m*, llygaid craff *pl.* **~-angled** *a. Geom:* ag ongl lem, ag onglau llymion.

acutely *adv.* **1.** *(= intensely):* yn enbyd *&c*; **~ aware,** tra/hynod ymwybodol, poenus/ingol o ymwybodol. **2.** *(= shrewdly):* yn graff *&c.*

acuteness *n.* **1.** *(of angle):* llymdra *m*, meinder *m*, meindra *m*. **2.** *(of sound):* meinder, meindra, treiddgarwch *m*; *(of pain, remorse):* tostrwydd *m*, dwyster *m*. **3.** *(of sight):* craffter *m*, treiddgarwch; *(of hearing):* meinder, meindra; *(of crisis):* enbydrwydd *m*; *(of feeling):* dwyster.

acyclic *a. Ch:* anghylchol, aliffatig; *Bot:* anghylchol.

acyl *a.* asyl.

acylate *v.t.&i.* asyleiddio.

acylation *n.* asyleiddiad *m*.

ad[1] *n. F:* = **advertisement**. **~-man** *n.* dyn(-ion) (*m*) hysbysebu, hysbysebwr (hysbysebwyr) *m*. **~-mass** *n.* gwerin (*f*) y gwario.

ad[2] *Lt.prep.* ***ad eundem gradum*** *adv. Sch:* i'r un radd. ***ad hoc*** *a. & adv.* i'r diben, am y tro, arbennig, unswydd, neilltuol. ***ad hominem*** **1.** *a.* personol. **2.** *adv.* yn bersonol. ***ad idem*** *adv.* yn gytûn. ***ad infinitum*** *adv.* yn ddi-ben-draw, heb ddiwedd, hyd dragwyddoldeb. ***ad interim*** *adv.* dros dro. ***ad lib***[1] **1.** *a.* byrfyfyr. **2.** *adv.* faint a fynnir. ***ad-lib***[2] *v.i.* siarad yn fyrfyfyr, adlibio. ***ad lib***[3] *n.* ad-lib(-iau) *m*. ***ad libitum*** *adv.* faint a fynnir, yn ddiwarafun. ***ad nauseam*** *adv.* hyd at syrffed. ***ad personam*** *adv.* yn bersonol. ***ad rem*** **1.** *a.* perthnasol. **2.** *adv.* yn berthnasol. ***ad valorem*** *a. Com: Ind:* **~ *valorem* duty,** treth (*f*) ar werth, treth yn ôl gwerth. ***ad verbum*** *adv.* = **verbatim**.

adactylous *a. Z:* difysedd, heb fysedd.

adage *n.* dihareb (diarhebion) *f*, gwireb(-au,-ion) *f*, dywediad(-au) *m*, hen air (hen eiriau) *m*.

adagio *a., adv. & n. Mus:* **1.** *a.* araf. **2.** *adv.* yn araf. **3.** *n.* darn(-au) araf *m*, ***adagio(-s)*** *m*.

Adam *Pr.n.m.* Adda; **~'s ale** *n.* cwrw (*m*) Adda, gwin (*m*) yr ych, gwin yr hen Gymro; **the old ~,** yr hen Adda, yr hen bechod; **I don't know him from ~,** wn i ddim ar y ddaear pwy ydyw; fyddwn i ddim yn ei adnabod pe bawn yn taro fy nhrwyn ynddo; *S.W:* 'dwyf i ddim yn ei adnabod o'r nawfed ach. **~'s apple** *n.* afal(-au) (*m*) breuant, afal freuant (afalau breuant). **~'s needle** *n. Bot: (Yucca filamentosa):* nodwydd (*f*) Adda. **~ and Eve** *n. Bot:* cwfl (*m*) y mynach, pidyn (*m*) y gog, Adda ac Efa.

adamance, adamancy *n.* caledwch *m*, penderfyniad *m*, penderfynoldeb *m*, diysgogrwydd *m*.

adamant *a. & n.* **1.** *a.* caled, di-ildio, diysgog, di-sigl, di-syfl, penderfynol, pendant, sicr, di-droi; **she is ~ (that she will not go),** mae hi'n benderfynol, mae hi'n bendant, mae hi'n mynnu, mae hi'n sicr (nad aiff hi ddim); **he was ~,** 'doedd dim troi arno. **2.** *n. Miner:* |adamant (adamantau) *m*.

adamantine *a.* **1. ~ courage,** dewrder di-ildio. **2.** *Miner:* **~ spar,** grisfaen adamantaidd *m*.

adamantinoma *n. Med:* adamantinoma(-ta) *m*.

adamantly *adv.* yn benderfynol *&c.*

Adamic, Adamical *a.* Adamaidd.

Adamite *n.* **1.** plentyn (plant) (*m*) Adda. **2.** = **nudist**.

adapt *v.t.* **1.** addasu, cyfaddasu, cymhwyso. **2. to ~ oneself,** *abs.* **to ~ to sth,** dygymod, ymgynefino (â rhth); ymaddasu (i rth).

adaptability *n.* cymhwysedd *m*, cyfaddaster *m*, cymhwyster *m*, hyblygrwydd *m*, cymwysoldeb *m*, gallu (*m*) i ymgyfaddasu; *(of pers.):* dawn (*f*) ymgyfaddasu, parodrwydd (*m*) i ymgyfaddasu; **its ~ for the stage was obvious,** yr oedd yn amlwg y gellid ei haddasu ar gyfer y llwyfan.

adaptable *a.* **1.** cymwysadwy, addasadwy. **2.** *(pers.):* hyblyg, parod i newid, ystwyth.

adaptableness *n.* = **adaptability**.

adaptation *n.* cyfaddasiad(-au) *m*, addasiad(-au) *m*; *vn.* = **adapt**; *Biol:* ymaddasiad(-au) *m*.

adaptational *a.* addasiadol, cyfaddasiadol.

adaptationally *adv.* yn addasiadol *&c.*

adapted *a.* addas, cyfaddas, addasedig, cyfaddasedig, wedi ei addasu/gyfaddasu; **~ from the novel,** cyfaddaswyd o'r nofel.

adaptedness *n.* cymhwyster *m*, addasrwydd *m* **(to sth,** i rth).

adapter *n.* addaswr: addasydd (addaswyr) *m*, cyfaddaswr: cyfaddasydd (cyfaddaswyr) *m*, cymhwyswr: cymhwysydd (cymhwyswyr) *m*.

adaption *n.* = **adaptation**.

adaptive *a.* **1.** *Biol:* ymaddasol, ymgymhwysol, ymgynefinol, addasol. **2.** *Lib:* **~ mnemonic,** cofweiniad addasedig *m*.

adaptively *adv.* yn ymaddasol *&c.*

adaptiveness, adaptivity *n.* ymaddasolrwydd *m*, cymwysoldeb *m*.

adaptor *n.* = **adapter**.

adaxial *a.* adechelin, adechelinol.

add *v.i., v.t.& v.ind.t.* **1.** *v.i. Mth:* adio, ychwanegu; *F:* **she can't ~,** fedr hi ddim adio. **2.** *v.t. (a)* **to ~ sth to sth,** ychwanegu rhth at rth, rhoi/dodi rhth ar ben rhth, *or occ:* ym mhen rhth, at rth, *occ:* atodi rhth i rth; **added to which ...,** ar ben hynny ..., at hynny ..., ym mhen hynny ..., yn ogystal â hynny ...; **to ~ s.o. to a committee,** cyfethol rhn ar bwyllgor; **to ~ to my work,** ar ben fy ngwaith; **to ~ to one's house,** codi estyniad at eich tŷ, *F:* rhoi darn yn y tŷ; **to ~ to one's collection,** ychwanegu at eich casgliad, cynyddu'ch casgliad; **to ~ to my distress,** i ychwanegu at fy ngofid, er gofid ychwanegol imi, gan ddwysáu fy ngofid; **this news adds to our joy,** mae'r newydd hwn yn ychwanegu at ein llawenydd; **to ~ insult to injury,** rhoi halen ar y briw, rhoi sarhad ym mhen anaf, *N.W:* ar ôl tynnu'r llygaid, crafu'r tyllau; **to ~ sth in,** cynnwys rhth; **to ~ sth to a document,** rhoi rhth yn atodiad i ddogfen, atodi rhth i ddogfen; *(b)* **"thanks", he added,** "diolch", ychwanegodd; "diolch", meddai wedyn. **2.** *Mth: (a)* **to ~ six to eight,** ychwanegu chwech at wyth, *F:* adio chwech ac wyth; **to ~ [up, together] ten numbers,** adio/symio/cyfrif/cyfansymio deg o rifau; gwneud cyfanswm o ddeg o rifau; *(b) (passive use):* **to ~ up to sth,** *(i)* **these figures ~ up to fifty,** hanner cant yw cyfanswm y rhifau hyn; mae'r rhifau hyn yn adio'n hanner cant; *(ii) Fig:* **these difficulties added up to defeat,** gyda'i gilydd, golygodd yr anawsterau hyn golli'r rhyfel; **it just doesn't ~ up,** nid yw'n gwneud synnwyr; nid oes dim synnwyr ynddo; **to ~ up correctly,** adio'n gywir, gwneud cyfanswm cywir. **3.** *Carp: Needlew:* cysylltu, cyfrodeddu. **~-on** *n. Cmptr: &c:* ychwanegiad(-au) *m*, ychwanegyn (ychwanegion) *m*.

addable, addible *a.* ychwanegadwy.

addax *n. Z:* adacs(-od) *m*.

added *a.* ychwanegol, atodol; **with ~ vitamins,** gyda fitaminau ychwanegol, gyda fitaminau wedi'u hychwanegu; *Mus* **~ note,** nodyn (nodau) atodol *m*; *Mus:* **~ sixth,** chweched(-au) atodol *m*; *Mus:* **value [note] ~,** [nodyn] hyd atodol *m*; *Log:* **~ determinants,** penderfyniadau ychwanegol; **value ~ tax,** treth (*f*) ar werth, treth adwerth.

addend *n. Cmptr:* adend(-au) *m*.

addendum *n.* atodiad(-au) *m* **(to sth,** i rth), ychwanegiad(-au) *m* (i/at rth).

adder[1] *n.* ychwanegwr (ychwanegwyr) *m*; *Mth:* adiwr (adwyr) *m*, adydd(-ion) *m*; *Cmptr:* **full-~,** adydd cyflawn; **half-~,** hanner adydd.

adder[2] *n. Rept:* gwiber(-od,-oedd) *f*. **~'s meat** *n. Bot:* = **stitchwort (greater)**. **~'s tongue** *n. (Ophioglossum):* tafod (*m*) y neidr; **least ~'s tongue,** cordafod (*m*) y neidr.

addict[1] *n. (a)* dibynnwr (dibynwyr) *m*, dib|ynwraig *f* **(to sth,** ar rth); caeth(-ion) *m*, caethes(-au) *f* (i rth); **drug ~,** rhn caeth i gyffuriau; *(b) F: (= fan):* addolwr (addolwyr) *m*, add|olwraig *f* **(of sth,** o rth); ffanatig(-ion) *m&f*; un selog (selogion) *m&f* (dros rth); *(weakened sense):* un (rhai) garw (*m*) (am rth), un arw (rhai garw) (*f*) (am rth).

addict[2] *v.t.* **to ~ s.o. to sth,** caethiwo rhn i rth, gwn|eud rhn yn gaeth i rth.

addicted *a.* caeth, dibynnol, llwyrddibynnol; **to be addicted to sth,** bod yn gaeth i rth, bod yn ddibynnol ar rth, mynd dan ddylanwad rhth, dibynnu ar rth.

addiction *n.* caethiwed *m*, caethineb *m* **(to sth,** i rth); dibyniaeth *f*, llwyrddibyniaeth *f* (ar rth); dibyniad *m*, ymroad *m* (i rth); **drug ~,** dibyniaeth ar gyffuriau.

addictive *a.* caethiwus, diollwng.

adding *vn.* = **add**. **~ machine** *n* peiriant (peiriannau) (*m*) cyfrif/adio.

addition *n.* **1.** *(a)* ychwanegiad(-au) *m*; **additions to the staff,** penodiadau newydd i'r staff, ychwanegiadau i'r staff *or* at y staff; **in ~,** hefyd, yn ychwanegol; **in ~ (to sth),** yn ogystal (â rhth), yn ychwanegol (at rth), ar ben (rhth), ym mhen (rhth); **in ~ to that remark,** ar ben y sylw hwnnw, yn ogystal â'r sylw hwnnw; *Lib:* **additions list,** rhestr (*f*) ychwanegiadau; **(to pay sth) in ~,** (talu rhth) dros ben, yn ychwanegol; *(b) (to document):* atodiad(-au) *m*; *(c) Const:* estyniad(-au) *m*; *(d) Mth:* adiad(-au) *m*, symiad(-au) *m*, cyfansymiad(-au) *m*, *F:* adio *vn*; sym(-iau,-s) (*f*) adio; **can you do additions?** fedri di adio? fedri di wneud syms adio? **~ reaction,** adwaith (*m*) adio. **2.** *vn.* = **add**.

additional *a.* ychwanegol, atodol, dros ben; **~ pieces,** ychwanegion, darnau ychwanegol.

additionally *adv.* yn ychwanegol **(to sth,** at rth), yn ogystal (â rhth); hefyd.

additive *a. & n.* **1.** *a.* ychwanegol, atodol; *Mth:* adiol; *Mth:* **~ identity,** unfathiant adiol *m*; **~ inverse,** gwrthdro adiol *m*; *Th:* **~ lighting,** golau ychwanegol *m*. **2.** *n* ychwanegyn (ychwanegion) *m*. **colour ~,** ychwanegyn lliw.

additively *adv.* yn ychwanegol *&c.*

additivity *n.* ychwanegoldeb *m*.

addle[1] *a.* = **addled**. **~-brain, ~-pate** *n.* hurtyn(-nod) *m*, hurten(-nod) *f*, twpsyn (twpsod, twps) *m*, twpsen(-nod) *f*, *N:* pen (*m*) dafad (pennau defaid); *S.a.* **fool**[1], **idiot**. **~-brained, ~-headed, ~-pated** *a.* penwan, penwag, hurt, twp, dryslyd, moplyd.

addle[2] *v.t.&i.* **1.** *v.t. (a) (egg):* pydru (ŵy), troi (ŵy) yn glwc/glonc; *(b) F: (= confuse):* drysu, moedro, mopio, cymysgu, hurtio. **2.** *v.i. (of egg):* mynd yn ddrwg/glwc/glonc, pydru.

addled *a. (a) (egg):* pwdr, wedi pydru, gorllyd, gwag, *S:* clwc, *N:* clonc; **an ~ egg,** *N:* cloncwy(-au) *m*; *Hist:* **the A~ Parliament,** y Senedd Glwc; *(b) (brain):* dryslyd, moplyd.

address[1] *n.* **1.** *(= skill):* deheurwydd *m*, medr *m*, medrusrwydd *m*. **2.** *(a) (on letter &c):* cyfeiriad(-au) *m*, *N: F:* drecsiwn (drecsiynau) *m*; **of no ~,** heb gartref hysbys; **of no fixed ~,** heb gartref sefydlog; **home ~,** cyfeiriad cartref; *S.a.* **accommodation**; *(b) Cmptr:* **base ~,** cyfeiriad (*m*) bas; **3.** *A: & Lit:* **to pay one's addresses to a girl,** canlyn merch. **4.** *(= speech):* anerchiad(-au) *m*, araith (areithiau) *f*. **5. form of ~,** teitl(-au) *m*, dull(-iau) (*m*) o gyfarch (rhn), cyfarchiad *m*; *Archives:* **illuminated ~,** cyfarchiad goliwiedig. **~ book** *n.* llyfr(-au) (*m*) cyfeiriadau. **~ generation** *n. Cmptr:* cynhyrchu (*vn*) cyfeiriad. **~ modification** *n. Cmptr:* addasu (*vn*) cyfeiriad.

address² *v.t.* **1.** *(a)* **to ~ a letter to s.o.,** cyfeirio llythyr at rn; *(b)* **to ~ a letter,** rhoi cyfeiriad ar lythyr, cyfeirio llythyr, *N: F:* rhoi drecsiwn ar lythyr; **2.** *(a)* **to ~ criticism to s.o.,** anelu/cyfeirio beirniadaeth at rn; *(b)* **to ~ s.o.,** cyfarch rhn; **he addressed me as "Professor",** galwodd "Athro" arnaf; fe'm cyfarchodd fel "Athro"; galwodd fi yn "Athro"; *(c)* **to ~ a meeting,** annerch cyfarfod; *(d) Cmptr:* cyfeirio; **addressing mode,** modd *(m)* cyfeirio. **3.** *Golf:* **to ~ the ball,** anelu am y bêl, cyfarch y bêl, cynnig y bêl. **4.** *O:* **to ~ oneself to a task,** bwrw ati/iddi, mynd ati, ymr|oi ati, gafael ynddi, ymroddi i waith, wynebu gwaith, ymosod ar waith.

addressable *a.* cyfeiriadwy.

addressed *a.* cyfeiriedig; **self-~,** hunangyfeiriedig *(pronounced* ng-g); **a stamped-~ envelope,** amlen gyfeiriedig stampiedig, amlen â chyfeiriad a stamp.

addressee *n.* derbynnydd (derbynwyr, derbynyddion) *m.*

addresser *n.* cyfeiriwr (cyfeirwyr) *m,* cyf|eirwraig *f.*

addressograph *n. R.t.m.* peiriant (peiriannau) *(m)* cyfeirio, cyfeirydd(-ion) *m.*

adduce *v.t.* **1.** *(= bring forward): Jur:* **to ~ proof,** dangos prawf, dwyn prawf; **to ~ a witness,** cyflwyno tyst. **2.** *(= cite):* **to ~ evidence,** dyfynnu/crybwyll/nodi tystiolaeth.

adducent *a. Anat:* atynnol.

adducer *n.* dangoswr (dangoswyr) *m,* dang|oswraig *f,* cyflwynwr (cyflwynwyr) *m,* cyfl|wynwraig *f,* dyfynnwr (dyfynwyr) *m,* dyf|ynwraig *f.*

adducible *a.* dangosadwy, cyflwynadwy, dyfynadwy.

adduct¹ *v.t.* atynnu (rhth).

adduct² *n. Ch:* adwythiad(-au) *m.*

adduction *n.* **1.** *Anat:* atyniad(-au) *m.* **2.** cyflwyniad(-au) *m,* dangosiad(-au) *m,* dyfyniad(-au) *m; vn.* = **adduce.**

adductive *a. Anat:* atynnol.

adductor *n. Anat:* atynnwr (atynwyr) *m.*

ademption *n. Jur:* difuddiant *m,* difuddiad *m.*

adenalgia *n. Path:* chwarenboen *mf.*

adenectomy *n. Surg:* aden|ectomi (adenectomïau) *m.*

adenine *n. Bio-Ch:* adenin *m.*

adenitis *n. Med:* chwarennwst *m,* adenitis *m.*

adenoacanthoma *n. Med:* adenoacanthoma *m.*

adenocarcinoma *n. Path:* adenocarsinoma(-ta) *m,* canser *(m)* chwarren (canserau chwarennau).

adenocarcinomatous *a. Path:* adenocarsinomaidd.

adenofibroma *n. Med:* adenoffibroma *m.*

adenohypophyseal *a. Anat:* adenohypoffysiol.

adenohypophysis *n. Anat:* adenohyp|offysis (adenohypoffysisau) *m.*

adenoidal *a.* **1.** *Med:* adenoidaidd, lymffatig. **2.** *F:* trwynol.

adenoids *n.pl. Med:* adenoidau.

adenolymphoma *n. Med:* adenolymffoma *m.*

adenoma *n. Med:* adenoma(-ta, adenomâu) *m,* chwydd(-i) *m,* tyfiant (tyfiannau) *m.*

adenomatosis *n. Med:* adenomatedd(-au) *m.*

adenomatous *a. Med:* chwyddol, tyfiannol.

adenomyoma *n. Med:* adenomyoma *m.*

adenosine *n. Ch:* ad|enosin *m.*

adenoviral *a. Med:* adenofirol.

adenovirus *n. Med:* adenofirws (adenofirysau) *m.*

adenyl *n.* adenyl *m.*

adenylic *a. Ch:* adenylig.

adept *a. & n.* **1.** *a.* deheuig, medrus, dethau, *S:* deche, *Lit:* hyfedr; **to be ~ at doing sth,** bod yn ddeheuig/fedrus yn gwneud rhth, bod â llaw at rth. **2.** *n. (= expert):* arbenigwr (arbenigwyr) *m,* arben|igwraig *f. F:* hen law(-iau) *m&f,* giamstar(-s) *m,* giamblar(-s) *m* **(at sth,** ar rth).

adeptly *adv.* yn ddeheuig *&c;* fel hen law.

adeptness *n.* deheurwydd *m,* medrusrwydd *m.*

adequacy *n.* digonolrwydd *m,* digonoldeb *m.*

adequate *a. (a) (= sufficient):* digon, digonol **(for sth,** i rth, ar gyfer rhth); **an ~ supply,** cyflenwad digonol, digon [o gyflenwad]; **(a room) of ~ size,** (ystafell) ddigon mawr, eithaf mawr, ddigonol ei maint; **to make ~ provision for sth,** darparu'n iawn ar gyfer rhth, ymorol yn iawn am rth; *(b) (= suited):* digon cymwys, atebol, digon galluog; **I can find nobody ~ to the task,** ni allaf gael hyd i neb sy'n gymwys i'r gwaith.

adequately *adv.* yn ddigonol *&c.*

adequateness *n.* = **adequacy.**

adevism *n. Theol:* adefistiaeth *f.*

adhere *v.i. (of thg):* glynu, *occ:* adlynu, ymlynu **(to sth,** wrth rth); *(of pers.): (a)* **to ~ to a party,** glynu/ymlynu wrth blaid; *(b)* **to ~ to a promise,** dal at addewid, cadw addewid, *Lit:* cywiro addewid.

adherence *n.* ymlyniad **(to sth,** wrth rth); *vn.* = **adhere;** *(= loyalty):* ffyddlondeb *m,* teyrngarwch *m (pronounced* ng-g) (i rth).

adherend *n.* glynwr (glynwyr) *m.*

adherent *a. & n.* **1.** *a. (a)* glynol, adlynol, ymlynol, sy'n glynu **(to sth,** wrth rth); *(to a party &c):* pleidiol, teyrngar *(pronounced* ng-g), ffyddlon (i rth); *(b) Nat.Hist:* adlynol (wrth rth). **2.** *n. (= follower):* cefnogwr: cefnogydd (cefnogwyr) *m,* cefn|ogwraig *f,* dilynwr: dilynydd (dilynwyr) *m,* dil|ynwraig *f,* pleidiwr (pleidwyr) *m,* pl|eidwraig *f; Theol:* ymlynwr: ymlynydd (ymlynwyr) *m,* gwrandäwr (gwrandawyr) *m.*

adherently *adv.* yn lynol *&c.*

adhesion *n.* **1.** ymlyniad *m,* glyniad *m,* adlyniad *m,* glynu *vn,* ymlynu *vn* **(to sth,** wrth rth); *(= loyalty):* ymlyniad *m* (wrth rth), cefnogaeth *f* (i rth); **to give one's ~ to sth,** mynegi cefnogaeth i rth, mynegi ymlyniad wrth rth. **2.** *Mec: Med: Surg: Bot:* adlyniad(-au). **3.** = **adhesive 3.**

adhesional *a.* glyniadol, ymlyniadol, adlyniadol.

adhesive *a. & n.* **1.** *a. (tape &c):* gludiog, glynol, adlynol, ymlynol; **self-~,** hunanadlynol; *Lib:* **~ binding,** rhwymiad gludiog *m;* **~ tape,** tâp *(m)* glynu, tâp gludiog. **2.** *Mec:* **~ capacity,** gallu ymlynol *m;* **~ cells,** celloedd adlynol; **~ power,** adlyniad *m.* **3.** *n.* glud(-iau) *m,* adlyn(-ion) *m,* gludydd(-ion) *m; Metalw:* **impact ~,** glud ardrawol.

adhesively *adv.* yn ludiog *&c.*

adhesiveness *n.* gludiogrwydd *m,* adlynoldeb *m,* glynoldeb *m.*

adhibit *v.t.* = **admit, apply.**

adhibition *n.* = **admittance, application.**

adiabatic *a. & n. Ph: Ch:* **1.** *a.* adiabatig. **2.** *n.* adiabatig(-ion) *m.*

adiabatically *adv.* yn adiabatig.

adiantum *n. Bot:* = **maidenhair.**

adiaphora *n. Rel:* adi|affora *m.*

adiaphorism *m. Rel:* adiafforaeth *f.*

adiaphoristic *a. Theol: Med:* adiafforistig.

adiaphorous *a. Med:* diddrwg-d[d]idda.

adieu *int.& n. A: & Lit:* **1.** *int.* da bot (boch)! ffarwél! bydd(-wch) wych! yn iach! dan dy fendith (eich bendith)! **2.** *n.* **to bid s.o. ~,** canu'n iach i rn, ffarwelio â rhn.

adipic *a. Ch:* adipig.

adipocere *n.* brasgwyr *m.*

adipose *a. & n.* **1.** *a.* brasterog, brasterol, blonegog; **~ tissue,** meinwe(-oedd) *(f)* bloneg, meinwe flonegog (meinweoedd blonegog). **2.** *n.* braster *m,* bloneg *m.*

adiposity *n.* bloneg *m,* tewder *m,* tewdra *m,* blonegogrwydd *m.*

adit *n. Min:* mynedfa (mynedf|eydd) *f; Geog:* ceuffordd (ceuffyrdd) *f.*

adjacency *n.* cyfagosrwydd *m.*

adjacent *a.* agos, cyfagos **(to sth,** i/at rth); gerll|aw, *N:* wrth/yn ymyl (rhth), *S:* ar bwys (rhth); **~ rooms,** ystafelloedd cyfagos, ystafelloedd nesaf at ei gilydd; *Carp:* **~ faces,** wynebau cyfagos; *Mth:* **~ angles,** onglau cyfagos; **the church stands ~ to the station,** saif yr eglwys wrth ymyl *or* ar bwys yr orsaf.

adjacently *adv.* yn gyfagos, gerll|aw, wrth ymyl, ar bwys.

adjectival *a. Gram:* ansoddeiriol.

adjectivally *adv. Gram:* yn ansoddeiriol; fel ansoddair.

adjective *n. Gram:* ansoddair (ansoddeiriau) *m.*

adjectively *a.* = **adjectivally.**

adjoin *v.t.&i.* bod yn agos, bod yn gyfagos (i/at rth); **(the two houses) ~,** (mae'r ddau dŷ) am y clawdd â'i gilydd, am y pared â'i gilydd, yn cyffwrdd â'i gilydd, y drws nesaf i'w gilydd; **the two gardens ~,** mae'r ddwy ardd am y terfyn â'i gilydd.

adjoined, adjoining *a.* cyfagos; *(territories):* cyffiniol, cydffiniol; *Mth:* cydiedig.

adjoint *n. Mth:* atgyd(-ion) *m.*

adjourn *v.t.&i.* **1.** *v.t.* torri, gohirio, oedi. **2.** *v.i. (a)* **the meeting adjourned at two o'clock,** torrodd y cyfarfod am ddau o'r gloch; *(b) (of pers.):* **to ~ to the drawing-room,** ymneilltuo i'r parlwr.

adjourned *a.* gohiriedig.
adjournment *n.* gohiriad(-au) *m,* oediad(-au) *m; S.a.* **adjourn;** *Parl: (of the House):* gohiriad(-au) *m,* seibiad(-au) *m,* egwyliad(-au) *m.* **~ debate** *n. Parl:* dadl (*f*) ohirio (dadleuon gohirio).
adjudge *v.t.* **1. to ~ a dispute,** dyfarnu mewn dadl, torri dadl. **2.** *pred.* **to ~ s.o. guilty,** dyfarnu/barnu/cael rhn yn euog; **to ~ a prize to s.o.,** dyfarnu gwobr i rn; *Jur:* **to ~ damages,** dyfarnu iawndal.
adjudicate *v.t.&i.* **1.** *Jur: &c:* dyfarnu; **to ~ a claim,** dyfarnu hawliad. **2.** *(in competition):* beirniadu.
adjudication *n.* **1.** *Jur:* dyfarniad(-au) *m.* **2.** *(in competition):* beirniadaeth(-au) *f.* **~ officer** *n.* swyddog(-ion) (*m*) dyfarnu.
adjudicative *a.* dyfarnol.
adjudicator *n.* **1.** *Jur:* dyfarnwr (dyfarnwyr) *m.* **2.** *(in competition):* beirniad (beirniaid) *m.*
adjudicatory *a.* **1.** *Jur:* dyfarnol. **2.** *(in competition):* beirniadol; **~ remarks,** sylwadau wrth feirniadu.
adjugate *a. Myth:* atgydiol.
adjunct[1] *a. (pers.):* cynorthwyol, dirprwyol; *(thg):* atodol, ychwanegol.
adjunct[2] *n.* **1.** *(a) (pers.):* dirprwy(-on) *m; (b) (thg):* atodiad(-au) *m,* ateg(-ion) *f,* ategiad(-au) *m,* ychwanegiad(-au) *m.* **2.** *Gram:* cyflenwad(-au) *m.*
adjunctive *a.* atodol, atodiadol; *Gram:* cyflenwadol.
adjunctly *adv.* yn atodol *&c.*
adjuration *n.* anogaeth(-au) *f,* siars(-au) *f.*
adjuratory *a.* anogol.
adjure *v.t.* **1.** *(= charge):* siarsio, annog, cymell (rhn); rhoi siars (i rn). **2.** *(= beg, plead with):* ymbil, erfyn (ar rn).
adjust *v.t.* **1.** *(a dispute):* torri. **2.** *(a)* **to ~ oneself,** ymaddasu **(to sth,** i rth, ar gyfer rhth), ymgynefino (â rhth); *(b) (= correct): (watch, pressure, engine):* cywiro; **to ~ a compass,** cywiro cwmpawd; *(balance &c):* cywiro, unioni, cymhwyso, sythu, iawnh|au (rhth); gosod (rhth) yn iawn; *Fin:* **to ~ prices,** newid/addasu/cymhwyso prisiau; *Chess:* **to ~ a piece,** cyffwrdd â darn; *Carp: Mth:* cymhwyso; *(c)* **to ~ a hat,** sythu/unioni het, gosod/rhoi/dodi het yn iawn; **please ~ your dress before leaving,** gofalwch gau'ch dillad cyn mynd allan. **3.** *abs.* ymaddasu, dygymod.
adjustability *n.* natur gywiradwy/addasadwy/gymwysadwy *f;* **I could see its ~,** gallwn weld bod modd ei addasu; **I doubt its ~,** 'rwy'n amau a ellir ei addasu.
adjustable *a. (a) (dispute):* toradwy, cymodadwy; *(b) Mec.E.* newidiadwy, altradwy, cywiradwy, cymwysadwy, addasadwy; *Tls:* **~ spanner,** sbaner(-i) cymwysadwy *m.*
adjusted *a.* addasedig, cywiredig, wedi'i addasu/gymhwyso; **figures ~ for seasonal variations,** ffigyrau a gywiriwyd gan ystyried amrywiadau tymhorol; *Psy:* **|well-|~,** ymaddasedig, cytbwys, wedi ymaddasu'n dda/iawn; **ill-~,** anghyfaddas, yn/wedi methu ag ymaddasu.
adjuster *n.* unionwr (unionwyr) *m,* cywirwr (cywirwyr) *m,* gosodwr (gosodwyr) *m,* addaswr (addaswyr) *m; M.Ins:* **loss ~,** aseswr (aseswyr) (*m*) colledion.
adjusting *vn.* cywiriad *m,* cysoniad *m,* cymhwysiad *m; S.a.* **adjust; ~ mechanism,** peirianwaith (*m*) cymhwyso; **~ screw,** sgriw (*f*) gywiro (sgriwiau cywiro), sgriw gymhwyso (sgriwiau cymhwyso).
adjustive *a.* cywirol, addasol, unionol, cymhwysol.
adjustment *n.* **1.** *(of dispute &c):* = **settlement. 2.** *(of instrument &c):* cywiriad(-au) *m,* cysoniad(-au) *m,* cymhwysiad (cymwysiadau) *m,* addasiad(-au) *m; (of balance):* unioniad(-au) *m;* **(seasonal) ~,** addasiad, cywiriad, cymhwysiad (tymhorol, yn ôl tymor); *Mth:* cymhwysiad; *(of pers.):* **~ (to circumstances),** ymgynefiniad *m,* ymgynefino *vn* (ag amgylchiadau); ymaddasiad *m,* ymaddasu *vn* (i amgylchiadau); *Eth:* cyfaddasiad *m,* cymhwysiad *m; (of radio):* **fine ~,** manwl gywiriad *m;* **out of ~,** anghywir, allan ohoni; *(= alteration):* newid(-iadau) *m,* newidiad(-au) *m; Carp: &c:* cyweirio *vn,* cyweiriad(-au) *m,* cymhwysiad.
adjustmental *a.* addasiadol, cywiriadol.
adjutage *n.* ceg(-au) *f.*
adjutancy *n.* dirprwyaeth(-au) *f.*
adjutant *n.* **1.** *Mil: &c:* dirprwy(-on) *m;* **~ general,** dirprwy gadfridog(-ion) *m.* **2.** *Orn:* **~ |bird|,** ciconia(*m*)'r India (ciconiaid yr India).
adjuvant *a. & n.* **1.** *a.* cynorthwyol. **2.** *n.* cymorth (cymhorthion) *m.*
Adlerian *a. & n. Psy:* **1.** *a.* Adleraidd. **2.** Adleriad (Adleriaid) *m&f.*
adman *n. F:* = **ad-man.**
admass *n.* = **ad-mass.**
admeasure *v.t.* = **apportion.**
admeasurement *n.* = **apportionment.**
admin *n. F:* = **administration.**
administer *v.t. (a)* **to ~ a country,** gweinyddu gwlad; **to ~ justice,** gweinyddu cyfiawnder; *(b)* **to ~ the last sacraments,** gweini'r sagrafennau olaf, *A:* rhoi olew ac angen; **to ~ an oath to s.o.,** rhoddi llw i rn; **to ~ punishment to s.o.,** cosbi rhn.
administrable *a.* gweinyddadwy.
administrant *n.* gweinyddwr (gweinyddwyr) *m,* gwein|yddwraig (gweinyddwragedd) *f.*
administrate *v.t.* = **administer.**
administration *n.* **1.** gweinyddiaeth(-au) *f,* gweinyddiad *m,* gweinyddu *vn;* **the ~ of justice,** gweinyddu/gweinyddiad cyfiawnder; *Hist:* **letters of ~,** llythyrau gweinyddu. **2.** *esp. U.S:* **the A~,** y Llywodraeth *f,* y Corff Gweinyddol *m.*
administrational *a.* gweinyddol.
administrative *a.* gweinyddol.
administrator *n.* gweinyddwr (gweinyddwyr) *m;* **~ of estate,** gweinyddwr (*m*) ystad (gweinyddwyr ystadau).
administratorship *n.* gweinyddiaeth(-au) *f.*
administratrix *n.f.* gwein|yddwraig (gweinyddwragedd).
admirability *n.* rhagoroldeb *m.*
admirable *a.* cymeradwy, *occ:* edmygadwy; *(= splendid):* rhagorol, campus, godidog, rhyfeddol o dda, p|enigamp: penig|amp, ardderchog, gwych, ysblennydd, clodwiw.
admirableness *n.* = **admirability.**
admirably *adv.* yn rhyfeddol, i'w ryfeddu, yn dda dros ben, yn gampus *&c.*
admiral *n.* **1.** llyngesydd(-ion, llyngeswyr) *m;* **A~ Nelson,** y Llyngesydd Nelson; **A~ of the Fleet,** Prif Lyngesydd(-ion) *m, occ:* Penllyngeswr: Penllyngesydd (Penllyngeswyr) *m;* **vice-~,** is-lyngesydd(-ion) *m;* **rear-~,** ôl-lyngesydd(-ion) *m.* **2.** *Ent:* **red ~,** mantell goch (mentyll cochion) *f,* coch(-ion,-iaid) (*m*) yr eirin; **white ~,** mantell wen (mentyll gwynion) *f.*
admiralship *n.* llyngesyddiaeth(-au) *f.*
admiralty *n.* **1.** *(a)* **the A~,** y Morlys *m;* **First Lord of the A~,** Prif Arglwydd y Morlys; *(b)* **Court of A~,** Llys(-oedd) (*m*) y Morlys; **~ mile,** = **nautical mile. 2.** *Geog:* **the A~ Islands,** Ynysoedd y Morlys. **3.** *Metalw:* **~ gunmetal,** gwnfetel (*m*) y Morlys.
admiration *n.* edmygedd *m* **(of s.o.,** o rn, tuag at rn); **to be struck with ~ for sth,** rhyfeddu at rth; **he is the ~ of everyone,** ef yw testun edmygedd pawb; **mutual ~,** cydedmygedd *m,* cydedmygu *vn,* edmygu'r naill y llall.
admire *v.t.* edmygu; **he forgot to ~ her dress,** anghofiodd ganmol ei gwisg.
admirer *n.* edmygwr: edmygydd (edmygwyr) *m,* edm|ygwraig *f.*
admiring *a.* llawn edmygedd, edmygol, edmygus.
admiringly *adv.* yn edmygus, yn llawn edmygedd, ag edmygedd.
admissibility *n.* derbynioldeb *m.*
admissible *a.* derbyniol; *Jur: Mth:* derbyniadwy.
admissibly *adv.* yn dderbyniol *&c.*
admission *n.* **1.** *(= admittance):* mynediad(-au) *m;* **~ free,** mynediad am ddim. **2.** *(= acknowledgement):* cyffes(-ion) *f,* cyfaddefiad(-au) *m,* addefiad(-au) *m,* cydnabyddiad(-au) *m;* **by his own ~,** yn ôl ei gyfaddefiad/gyffes ei hun, ar ei gyffes ei hun; **~ of evidence,** derbyn (*vn*) tystiolaeth. **3.** *Mch: I.C.E:* derbyniad *m,* chwistrelliad *m; Hist:* admisiwn (admisiynau) *m.* **~ pipe** *n.* pibell (*f*) dderbyn (pibelli derbyn).
admissive *a.* addefol, cyfaddefol.
admit *v.t.&ind.t.* **1.** *v.t. (a)* **to ~ s.o. to somewhere,** derbyn rhn i rywle, gadael i rn fynd i mewn i rywle; (*not* gadael rhn i mewn = **to leave s.o. inside**); **"~ bearer",** "hawl mynediad"; **children not admitted,** gwaherddir plant; ni chaiff plant fynd i mewn; dim mynediad i blant; **to ~ s.o. to one's friendship,** derbyn rhn yn gyfaill; **he was admitted to hospital,** derbyniwyd ef i'r ysbyty; *(b)* **the windows do not ~ enough air,** nid yw'r ffenestri'n

gollwng digon o awyr i mewn; *(c)* **a harbour that admits large ships,** porthladd â lle i longau mawr, porthladd sy'n derbyn llongau mawr; *(d) (= concede):* cyfaddef, addef, cydnabod, derbyn; **it must be admitted that . . .,** rhaid cyfaddef bod . . .; **he admitted his guilt,** syrthiodd ar ei fai; **I ~ that I was wrong,** 'rwy'n cyfaddef fy mod ar fai; **I had to ~ to myself that . . .,** bu'n rhaid imi addef bod . . .; *Jur:* **to ~ a claim,** caniatáu hawliad, derbyn hawliad. **2.** *v.ind.t.* **his conduct admits of no excuse,** nid oes esgus dros ei ymddygiad; **it admits of no doubt,** nid oes lle i amheuaeth.

admittance *n.* **1.** mynediad(-au) *m*; **to gain ~ to a place,** cael mynd [i mewn] i le; **he was refused ~,** ni chafodd fynd i mewn; **no ~,** dim mynediad; *S.a.* **admission 1. 2.** *El:* derbyniant (derbyniannau) *m.*

admitted *a.* derbyniedig, addefedig, cydnabyddedig; **an ~ truth,** gwirionedd diamau; **an ~ thief,** lleidr cydnabyddedig.

admittedly *adv.* yn ddiamau, yn ddiau, yn ddi-au, 'does dim dau, 'does dim dwywaith, rhaid cyfaddef.

admix *v.t.&i.* **1.** *v.t.* cymysgu. **2.** *v.i.* ymgymysgu, cymysgu.

admixture *n.* **1.** *(= mixture):* cymysgedd(-au) *m*, cymysgfa (cymysgf|eydd) *f*, cymysgiad(-au) *m.* **2.** *(= addition):* ychwanegiad(-au) *m*; **water with an ~ of alcohol,** dŵr yn gymysg ag alcohol, dŵr ac ynddo alcohol, dŵr yn cynnwys alcohol.

admonish *v.t.* **1.** *(a)* rhybuddio, ceryddu, cystwyo; *(b)* **to ~ (s.o. to do sth),** annog, cymell, siarsio (rhn i wneud rhth). **2.** *A:* = **warn.**

admonisher *n.* rhybuddiwr (rhybuddwyr) *m*, ceryddwr (ceryddwyr) *m*, cystwywr (cystwywyr) *m*, siarsiwr (siarswyr) *m.*

admonishing *a.* rhybuddiol, siarsiol, ceryddol, cystwyol.

admonishingly *adv.* yn rhybuddiol *&c.*

admonishment, admonition *n.* **1.** rhybudd(-ion) *m*, cerydd(-on) *m.* **2.** *Ecc:* anogaeth *f*, gofeio *vn*, siarsio *vn*; *Hist:* **Admonition to Parliament,** Cerydd i'r Senedd.

admonitorily *adv.* yn rhybuddiol.

admonitory *a.* rhybuddiol.

adnate *a. Bot: Z:* ymlynol, adnawd.

adnation *n. Bot: Z:* ymlyniad *m.*

adnexa *n.pl. Anat:* rhithbilennau.

adnexal *a. Anat:* rhithbilennol.

ado *n.* helynt(-ion) *f*, trafferth(-ion) *f*, ffwdan *f*, cynnwrf *m*, *N:* byd *m*, bydau *pl*, *S.W:* helger: hergel *mf*; **without further ~,** ar unwaith, heb ragor o lol, yn ddiymdr|oi, heb hel dail; **much ~ about nothing,** llawer o ffwdan/helynt ynghylch dim, *N:* llawer o fyd ynghylch dim; **to make much ~ about sth,** ffwdanu ynghylch rhth, gwneud môr a mynydd o rth, gwneud tŵr melin ac eglwys o rth.

adobe *n.* **1.** *Geol:* clai *m*, adobe *m.* **2.** *Const: (= brick):* bricsen *(f)* glai (brics clai). **~ flat** *n. Geog:* gwastadedd(-au) *(m)* clai.

adolescence *n.* llencyndod *m*, glasoed *m*, glaslencyndod *m.*

adolescent *a. & n.* **1.** *a.* *(a)* llencynnaidd, adolesent, glaslencynnaidd, llencynnol; *Lib:* **~ library,** llyfrgell(-oedd) *(f)* pobl ifanc; *(b) Pej: (= immature):* anaeddfed, llencynnaidd. **2.** *n.* llencyn (llanciau) *m*, llanc(-iau) *m*, glaslanc(-iau) *m*, llances(-i) *f*, glaslances(-i) *f*, llafn(-au) *m*, llefnyn (llafnau) *m*, llafnes(-au,-i) *f*, *N: occ:* hoglanc(-iau) *m*, hoglances(-i) *f*, llefren (llefrod) *f*, *S:* lodes(-i) *f*; rhn yn ei arddegau cynnar.

adolescently *adv.* yn llencynnaidd.

adonic *a. & n. Pros:* **1.** *a.* adonig. **2.** *n.* adonig(-ion) *f.*

Adonis *n. Pr.n.m. Myth:* Adonis; **he's a real ~,** mae'n llanc/ŵr golygus. **~ blue** *n.* **1.** *Ent:* glesyn *(m)* Adonis. **2.** *Bot: (Adonis annua):* llygad *(m)* y goediar gwanwynol.

adonize *v.i. F:* ymbincio, ymharddu.

adopt *v.t.* **1.** *(child):* mabwysiadu; **to ~ s.o. as a son,** mabwysiadu rhn yn fab. **2.** *(a) (policy):* dilyn, mabwysiadu; **to ~ a career,** dewis gyrfa; **the course to ~,** y cwrs i'w ddewis/ddilyn; *Pol:* **to ~ a candidate,** dewis/mabwysiadu ymgeisydd; **to ~ an uncompromising attitude,** cymryd agwedd ddi-ildio; *(b) (minutes of meeting):* derbyn.

adoptability *n.* natur fabwysiadwy *f*, mabwysiadwyedd *m*; **I am not convinced of its ~,** nid wy'n argyhoeddedig y gellir ei fabwysiadu.

adoptable *a. (child):* mabwysiadwy; *(plan, candidate &c):* mabwysiadwy, dewisadwy.

adopted *a.* mabwysiedig, wedi'i fabwysiadu.

adoptee *n. Jur:* plentyn (plant) mabwysiedig *m*, mabwysiedig(-ion) *m&f*, *F:* plentyn wedi ei fagu (plant wedi eu magu).

adopter *n.* mabwysiadwr (mabwysiadwyr) *m*, mabwys|iadwraig *f.*

adoption *n.* **1.** *(of child, custom):* mabwysiad *m*, mabwysiadu *vn*; **I am Welsh by ~,** 'rwy'n Gymro/Gymraes trwy fabwysiad. **2.** *(of plan, career &c):* dewis *m*, dewisiad(-au) *m.* **~ act** *n.* deddf *(f)* fabwysiadu (deddfau mabwysiadu). **~ meeting** *n.* cyfarfod(-ydd) *(m)* mabwysiadu. **~ order** *n.* gorchymyn (gorchmynion) *(m)* mabwysiadu. **~ society** *n.* cymdeithas *(f)* fabwysiadu (cymdeithasau mabwysiadu).

adoptionism *n. Theol:* mabwysiadaeth *f.*

adoptionist *n. Theol:* mabwysiadaethwr (mabwysiadaethwyr) *m.*

adoptive *a.* mabwysiadol, mabwysiol; **~ parents,** rhieni mabwysiol, rhieni sy'n mabwysiadu.

adoptively *adv.* yn fabwysiadol, trwy fabwysiad.

adorability *n.* anwyldeb *m*, anwylder *m*, serchusrwydd *m*, swyn *m.*

adorable *a.* **1.** *(pers.):* annwyl, serchus, hoffus, swynol. **2.** *(thg):* swynol.

adorableness *n.* = **adorability.**

adorably *adv.* **1.** yn annwyl *&c.* **2. (she was) ~ (dressed),** ('roedd hi wedi ei gwisgo'n) swynol, ddigon o ryfeddod.

adoration *n.* **1.** *Rel:* addoliad(-au) *m*, addoli *vn.* **2.** *(= love):* serch *m*, traserch *m* **(of/for s.o.,** tuag at rn).

adore *v.t.* **1.** *(= worship):* addoli; *(= revere):* parchu (rhth), dangos parch (at rth). **2.** *(= love):* *(a) (pers.):* addoli (rhn); ffoli, gwirioni, *N:* mopio, dotio, *S:* dwli (ar rn); *Lit:* ymserchu (yn rhn); *(b) (thg):* ffoli, gwirioni, mopio, dotio, dwli (ar rth).

adored *a.* hoff, cu.

adorer *n.* **1.** *Rel:* addolwr (addolwyr) *m*, add|olwraig (addolwragedd) *f.* **2.** *(= suitor):* addolwr, carwr (carwyr) *m.*

adoring *a.* addolgar, llawn addoliad; *(in weakened sense):* edmygol, edmygus.

adorn *v.t.* addurno.

adornment *n.* addurn(-au,-iadau) *m.*

adown *adv. & prep. Poet:* ar i lawr, ar i waered.

adoze *a. & adv.* yngh|wsg.

Adpar Hill *W.Pl.n.* Bryn *(m)* Dioddef.

adrenal *a. & n.* **1.** *a.* uwcharennol, adrenal; **the ~ gland,** y chwarren adrenal *f*; **~ cortex/medulla,** cortecs *(m)* y chwarren adrenal, medwla*(f)*'r chwarren adrenal. **2.** *n.* chwarren(-nau) adrenal/uwcharennol *f.*

adrenalectomy *n. Surg:* adrenal|ectomi (adrenalectomïau) *m.*

adrenalin[e] *n. Bio-Ch:* adr|enalin *m.*

adrenally *adv.* yn uwcharennol, yn adrenal.

adrenergic *a. Med:* adrenergaidd.

adrenocortical *a. Anat:* adrenocortigol.

adrenocorticosteroid *n. Pharm:* adrenocorticosteroid(-au) *m.*

adrenocorticotrophic *a. Bio-Ch:* adrenocorticotroffig.

adrenocorticotrophin *n. Bio-Ch:* adrenocorticotroffin *m.*

adrenogenital *a. Med:* cenhedlol-adrenal.

adret *n. Geog:* llethr(-au) heulog *f*, tu heulog *m*, llygad *(m)* haul.

Adrianople *Pr.n. Geog:* Caer *(f)* Adrian.

Adriatic *Pr.n. Geog:* **the A~,** Môr *(m)* Adria, yr Adriatig *m.*

adrift *adv. Nau:* gyda'r llif, yn nofio; *(of ship):* **to run ~,** mynd gyda'r llif; **to break ~,** torri'n rhydd, ymryddh|au; **to turn a vessel ~,** gollwng llong yn rhydd; *Fig:* **to turn s.o. ~,** gadael rhn ar y clwt; *F:* **(we're) all ~,** ('rydym) ar gyfeiliorn, ar ddisberod, ar goll; **to cut oneself ~ from s.o.,** torri cysylltiad â rhn, ymwahanu oddi wrth rn; *F:* **to come ~,** *(of rope &c):* datod, dod yn rhydd, ymryddhau, ymddatod; *(of plan &c):* methu, mynd i'r gwellt, mynd yn ffliwt.

adrogation *n. Theol:* adrogaeth *m.*

adroit *a.* deheuig, medrus, *N:* dethau, *S:* dechau.

adroitly *adv.* yn ddeheuig *&c.*

adroitness *n.* deheurwydd *m*, medrusrwydd *m.*

adscititious *a.* ychwanegiadol, mabwysiedig.

adscript *a.* ôl-ysgrifenedig.

adscription *n.* = **ascription.**

adsorb *v.t. Ch:* arsugno.

adsorbable *a. Ch:* arsugnadwy.

adsorbance *n. Ch:* arsugnedd *m.*

adsorbate *n. Ch:* arsugnyn(-nau) *m.*

adsorbent *a. & n. Ch:* **1.** *a.* arsugnol. **2.** *n.* arsugnydd(-ion) *m.*

adsorption *n. Ch:* arsugniad *m*, arsugno *vn.*

adsorptive *a. Ch:* arsugnol.

adsum *v.i. int.* presennol! yma!

adularia *n. Miner:* adwlaria *m.*

adulate *v.t.* gwenieithio (i rn), seboni (rhn), ffalsio (ar rn), gorganmol (rhn), cynffonna (i rn), *Lit:* truthio (i rn).

adulation *n.* gweniaith *f*, gorganmoliaeth *f*; *vn.* = **adulate**.

adulator *n.* gwenieithiwr (gwenieithwyr) *m*, sebonwr (sebonwyr) *m.*

adulatory *a.* gwenieithus, gorganmoliaethus, cynffongar (*pronounced* ng-g), *Lit:* truthgar.

Adullamite *n. Pol:* Adulamiad (Adulamiaid) *m&f.*

adult *a. & n.* **1.** *a. (a) (= fully grown):* mewn oed; *(= mature):* aeddfed; **an ~ lion,** llew(-od) (*m*) llawn dwf; *(b) (for adults):* [i] oedolion; **A~ Training Centre,** Canolfan Hyfforddi Oedolion; *Biol:* **~ form of the parasite,** oedolyn (*m*) y paras[e]it, paras[e]it llawn dwf. **2.** *n.* oedolyn (oedolion) *m*; *pl.* **adults,** pobl *(f or pl)* mewn oed, rhai mewn oed.

adulterant *a. & n.* **1.** *a.* difwynol. **2.** *n.* difwynwr (difwynwyr) *m.*

adulterate[1] *a.* **1.** = **adulterous. 2.** = **adulterated.**

adulterate[2] *v.t.* difwyno, amhuro, llygru; *(= dilute):* glastwreiddio, teneuo, gwanh|au, torri.

adulterated *a.* difwynedig, amhur, cymysg; *(= diluted):* glastwraidd, tenau, teneuedig, gwanhäedig, gwan.

adulteration *n.* difwyniad(-au) *m*, amhuriad(-au) *m*, llygriad(-au) *m*; *vn.* = **adulterate**.

adulterator *n.* difwynwr (difwynwyr) *m*; *(of milk):* teneuwr (teneuwyr) *m.*

adulterer *n.* godinebwr (godinebwyr) *m.*

adulteress *nf.* godin|ebwraig (godinebwragedd).

adulterine *a. Jur:* **1.** *(= illegitimate):* anghyfreithlon, a enir/enid/aned/anwyd o odineb; **~ child,** plentyn (plant) (*m*) godineb. **2.** *(= adulterous):* godinebus.

adulterous *a.* godinebus.

adulterously *adv.* yn odinebus.

adultery *n.* godineb(-au) *m*; **to commit ~,** godinebu.

adulthood *n.* oed (*m*) gŵr/gwr|aig, oedran (*m*) gŵr/gwraig; *occ:* oedolaeth *f*; **to reach ~,** tyfu'n ŵr, tyfu'n wraig, cyrraedd oed gŵr/gwraig, cyrraedd eich llawn dwf *(m).*

adultlike *a.* fel oedolyn; *(= mature):* aeddfed.

adultly *adv.* fel oedolyn, fel rhywun mewn oed.

adultness *n.* oedolaeth *f*; *(= maturity):* aeddfedrwydd *m.*

adumbral *a.* cysgodol.

adumbrate *v.t.* **1.** *(= sketch):* amlinellu, braslunio, brasgynllunio. **2.** *(= foreshadow):* awgrymu, rhagfynegi, rhagargoeli.

adumbration *n.* **1.** *(= sketch):* braslun(-iau) *m*, amlinelliad(-au) *m*, brasgynllun(-iau) *m.* **2.** *(= sign):* arwydd(-ion) *m*, arwyddlun(-iau) *m.* **3.** *(= foreshadowing):* rhagarwydd(-ion) *m*, rhagargoel(-ion) *m.*

adumbrative *a.* **1.** amlinellol, brasgynlluniol. **2.** awgrymog, rhagfynegol, rhagargoelus.

adumbratively *adv.* **1.** yn amlinellol *&c.* **2.** yn awgrymog *&c.*

adunc, aduncous *a.* bachog, crafangog.

advance[1] *n.* **1.** *(a)* symudiad(-au) (*m*) yml|aen; **to make an ~ towards sth,** symud ymlaen, dynesu (at rth); *Fig:* gwneud cynnydd (*m*); *(b)* **in ~,** *(i) (= ahead in place):* ar y blaen; **they are in ~ of us,** maent ar y blaen inni; *(ii) (= ahead in time):* o flaen llaw, ymlaen llaw; **in ~ of the others,** cyn y lleill, o flaen y lleill; **in ~ of them,** o'u blaenau; **in ~ of me,** o'm blaen; **to arrive in ~,** cyrraedd o flaen llaw; **to arrive in ~ of s.o.,** achub y blaen ar rn, cyrraedd o flaen rhn; **it was in ~ of its time,** yr oedd o flaen ei oes; **to pay in ~,** talu o flaen llaw; **to go in ~ of s.o.,** mynd o flaen rhn, *Lit: occ:* rhagflaenu/blaenori rhn; **in ~ of requirements,** o flaen y galw, o flaen yr angen, cyn y bo galw, cyn y bo angen; *Th: &c:* **(to book a ticket) in ~,** (codi tocyn) ymlaen llaw, o flaen llaw. **2.** *(= advancement):* cynnydd *m*, twf *m*, tyfiant *m*, datblygiad(-au) *m*, cam(-au) (*m*) ymlaen, gwelliant (gwelliannau) *m*; **great advances in science,** datblygiadau mawr mewn gwyddoniaeth; **it's an ~,** mae'n gam ymlaen. **3. to make advances to s.o.,** gwneud cynigion/awgrymiadau i rn, cynnig rhth i rn, mynd i erfyn ar rn, mynd ar ofyn rhn, byrddio rhn; *F:* **to make [amorous] advances to s.o.,** ceisio denu rhn, fflyrtian â rhn. **4.** *Com: Fin: (a)* blaenswm (blaensymiau) *m*, echwyn(-ion) *m*; *(= loan):* benthyciad(-au) *m*; **advances on securities,** benthyciad[-au] (*m*) ar sail eiddo; *(b) (= rise in price):* codiad(-au) *m*; *(at auction):* **any ~?** unrhyw gynnig arall? **any ~ on ten pounds?** rhywbeth gwell na deg punt? unrhyw godiad ar ddeg punt? **5.** *attrib.* **~ factory,** ffatri barod (ffatrïoedd parod); *Mil:* **~ guard,** blaengad *f* (*pronounced* ng-g), blaencad *f*, blaen (*m*) byddin, byddin flaen (byddinoedd blaen) *f*; **~ booking,** rhagarchebu tocynnau, archebu tocynnau ymlaen llaw; *Lib:* **~ copy,** blaengopi (blaengopïau) *m* (*pronounced* ng-g); *Com:* **A~ Corporation Tax,** Blaen-dreth (*f*) Gorfforaeth; **~ direction,** blaenarwydd(-ion) *m*; *Aut:* **~ direction sign,** blaenarwydd cyfeiriad; *Th:* **~ manager,** rhagdrefnydd(-ion) *m*; **~ notice,** rhagrybudd(-ion) *m*, rhybudd(-ion) cynnar *m*; *Mil:* **~ party,** blaenllu(-oedd) *m.* **~ payment,** ernes(-au) *f*, blaendal(-iadau) *m*, blaenswm (blaensymiau) *m*; *(of salary): N: F:* sist(-iau) *f*, *S: F:* dro(-s) *f.*

advance[2] *v.t.&i.* I. *v.t.* **1.** *(a) (foot, chess-man &c):* symud (rhth) yml|aen, gwthio (rhth) ymlaen; *(b)* **to ~ a date,** dwyn dyddiad yn nes, dwyn dyddiad yn ei flaen, dwyn dyddiad ymlaen, dod â dyddiad ymlaen; **to ~ the date of a conference,** pennu dyddiad cynt i gynhadledd; *I.C.E:* **to ~ the ignition,** cyflymu'r taniad, blaenu'r taniad; *(c) (= propose):* cynnig, cyflwyno (rhth); dod (â rhth) ymlaen; gosod (rhth) gerbr|on; *(= mention):* crybwyll (rhth), sôn (am rth); **to ~ an argument,** cynnig dadl, dod â dadl ymlaen, cyflwyno dadl. **2.** *(a) (sciences &c):* hyrwyddo, hybu (rhth); creu cynnydd (yn rhth); **to ~ a frontier,** ymestyn ffin, gwthio ffin yn ei hôl; *(b) (= promote):* dyrchafu; *(c) (= accelerate):* cyflymu. **3. to ~ the price of sth,** codi pris rhth. **4. to ~ s.o. money,** talu arian o flaen llaw i rn, blaendalu rhn, blaendalu arian i rn; *(= lend):* benthyca arian, rhoi benthyg arian (i rn). II. *v.i.* **1.** symud ymlaen, mynd ymlaen, mynd yn eich blaen; cerdded ymlaen; dynesu, nesáu (**towards sth,** at rth, tua rhth, tuag at rth); *Fenc:* blaenu; **he advanced on me,** dynesodd ataf; daeth [yn nes] ataf; **to ~ two paces,** mynd ddau gam ymlaen; *int.* **~!** ymlaen! **2.** *(a) (in age):* heneiddio, mynd yn hŷn; *(in studies &c):* dod ymlaen, gwella, gwn|eud cynnydd; **the work is advancing,** mae'r gwaith yn mynd yn ei flaen; *Lit:* mae'r gwaith yn mynd rhagddo; **(the season is) advancing,** (mae'r tymor yn) cerdded ymlaen, mynd yn ei flaen, *Lit:* mynd rhagddo; *(b) (of officer &c)* cael dyrchafiad. **3.** *(of prices, shares &c):* codi, cynyddu.

advanced *a.* **1.** *(a) (= far forward):* ymh|ell ar y blaen; *(civilization):* datblygedig; **an ~ technique,** techneg ddatblygedig; *(ideas, opinions):* o flaen yr oes, blaengar (*pronounced* ng-g); **an ~ country,** gwlad ddatblygedig/uwchddatblygedig; *(b) Sch:* **~ degree,** gradd(-au) uwch *f*; *Sch:* **A~ Level,** Lefel Uwch *f*, Lefel A; **how many A~ Levels have you got?** sawl pwnc Lefel A sydd gen ti? **~ studies,** uwchefrydiau; **~ students,** myfyrwyr uwch/uwchradd; **~ mathematics,** mathemateg uwch/uwchraddol; *Sch: (of work):* **to be too ~ for s.o.,** bod yn rhy anodd i rn; *Cmptr:* **~ disk filing system,** system (*f*) ddisg-ffeilio uwch. **2.** *(a)* **the night is far ~,** mae'n hwyr yn y nos; mae'r nos wedi cerdded ymhell; **(he was up) until an ~ hour,** ('roedd ef ar ei draed) tan berfeddion y nos, hyd oriau mân y bore; **the season is ~,** mae'n hwyr yn y tymor; mae'n ddiwedd y tymor; mae hi'n ben tymor; mae'r tymor ar fin dod i ben; *(b)* **at an ~ age,** mewn oed mawr, mewn gwth o oedran; **the work is well advanced,** mae'r gwaith yn mynd rhagddo'n dda; **the house was in an ~ state of disrepair,** 'roedd y tŷ wedi hen fynd â'i ben iddo; 'roedd y tŷ yn dra adfeiliedig; 'roedd y tŷ'n prysur ddadfeilio; **3. the ~ cost of living,** y codiad yng nghostau byw.

advancement *n.* **1.** *(= promotion): (i) (of pers.):* dyrchafiad(-au) *m*, dyrchafu *vn*; *(ii) (of cause &c):* hyrwyddiad *m*, hyrwyddo *vn.* **2.** *(= progress):* twf *m*, tyfiant *m*, cynnydd *m*, datblygiad *m*; **economic ~,** datblygiad economaidd.

advancing *a. (years, age):* cynyddol; **with ~ age,** wrth heneiddio, wrth fynd yn hŷn.

advantage[1] *n. (a)* mantais (manteision) *f*, *occ:* lles *m*, budd *m*, elw *m*, goruchafiaeth *f*, rhagoriaeth *f*; **to gain an ~ (over s.o.),** cael mantais, ennill mantais (ar rn), trechu (rhn); cael y trechaf, cael y gorau, cael y llaw uchaf/drechaf (ar rn); bod yn well, bod yn drech (na rhn); **to take s.o. at ~,** dal rhn ar ei wendid, dal rhn ar ei anfantais, dal rhn ar y gamfa; **you have the ~ of me,** mae gennych fantais arnaf; **I gained little ~ from it,** ni chefais lawer o fudd ohono; **you will find it to your ~ to . . . ,** fe fydd o fudd i chwi . . . ; fe fydd o fantais ichwi . . . ; fe dâl ichwi . . . ; fe fyddwch ar eich mantais o . . . ; **you might with ~ go there,** fe dalai ichwi fynd yno; **to take ~ (of sth),** manteisio, elwa, cymryd mantais (ar rth); **he turns everything to his own ~,** mae'n troi pob dŵr i'w felin ei hun; mae'n troi'r fantol i'w fantais ei hun; **(it turned out) to everyone's ~,** (diweddodd) er lles pawb, er budd i bawb; **to show sth off to ~,** dangos rhth ar ei orau; **she showed to great ~,** fe ymddangosodd hi ar ei gorau; **to execute an order to the best ~,** gweithredu gorchymyn orau y gellir; *Econ:* **principle of comparative ~,** egwyddor (*f*) mantais gymharol; *Econ:* **non-monetary advantages,** manteision anariannol; *(b) Ph:* **mechanical ~,** mantais fecanyddol; *(c) Ten:* mantais; **~ in/out,** mantais mewn/allan.

advantage² *v.t.* ffafrio (rhn), rhoi mantais (i rn).

advantageous *a.* manteisiol, o fantais, buddiol, llesol, o les, daionus, defnyddiol **(to s.o.,** i rn).

advantageously *adv.* yn fanteisiol *&c.*

advantageousness *n.* buddioldeb *m*, defnyddioldeb *m*, manteisioldeb *m*.

advect *v.t.&i. Ph:* llorfudo.

advection *n. Ph:* llorfudiad *m*, llorfudo *vn*; *Geog:* llorfudiant *m*. **~ fog** *n.* niwl llorfudol *m*.

advective *a. Ph:* llorfudol.

advenae *n.pl.* estroniaid.

advent *n.* **1.** *Ecc: (a)* **A~,** yr Adfent *m*, y Dyfodiad *m*, *occ:* Grawys (*f*) Aeaf, Grawys (*m*) Gaeaf, Grawys (*mf*) Elias; **A~ Sunday,** Sul (*m*) y Dyfodiad; *(b)* **the second A~,** yr Ailddyfodiad *m*. **2.** *(= start):* dyfodiad(-au) *m*, dyfod *vn*, dechreuad(-au) *m*; **at the ~ of summer,** ar ddechrau'r haf, pan ddaw'r haf; **the ~ of the motor car,** dyfodiad y modur.

Adventism *n. Rel.Hist:* Adfentyddiaeth *f*.

Adventist *n. Rel.Hist:* Adfentydd(-ion) *m*; **Second ~,** Ailadfentydd(-ion) *m*; **Seventh-Day ~,** Adfentydd y Seithfed Dydd.

adventitia *n. Physiol:* ambilen(-nau) *f*.

adventitial *a. Physiol:* ambilennol.

adventitious *a.* **1.** *(= fortuitous):* damweiniol, arddyfodol, digwyddol, digwyddiadol, ar siawns, ar hap. **2.** *Bot:* **~ root,** adwreiddyn (adwreiddiau) *m*, gwreiddyn (gwreiddiau) (*m*) dŵad. **3.** *Jur:* cyfochrog, oddi wrth ddieithryn.

adventitiously *adv.* yn ddamweiniol, ar ddamwain, ar siawns, ar hap.

adventitiousness *n.* damweinioldeb *m*, digwyddoldeb *m*.

adventive *a. & n. Bot: Z:* **1.** *a.* oddi tramor, dieithr, newydd-ddyfod, estron; *Geog:* **~ cone,** côn (conau) parasitig *m*. **2.** *n.* dieithryn (dieithriaid) *m*, newydd-ddyfodiad (~-ddyfodiaid) *m&f*, estron(-iaid) *m*, estrones(-au) *f*.

adventively *adv.* oddi tramor.

adventure¹ *n. (a)* antur(-iau) *f*, anturiaeth(-au) *f*; **a life of ~,** bywyd anturus, bywyd llawn antur, bywyd o anturiaethau; **~ story,** stori (storïau) anturus *f*, stori antur; *(b) Com: (= speculation):* menter (mentrau) *f*, mentr(-au) *f*. **~ playground** *n. Sch:* cae(-au) (*m*) antur. **~ training** *n.* hyfforddiant (*m*) antur.

adventure² *v.t., v.i.& pr.* **1.** *v.t.* mentro, peryglu. **2.** *v.i.& pr.* **to ~ [oneself],** mentro, anturio.

adventurer *n.* **1.** anturiwr (anturwyr) *m*, anturiaethwr (anturiaethwyr) *m*. **2.** *(= speculator):* mentrwr (mentrwyr) *m*, *Pej:* sgemiwr (sgemwyr) *m*. **3.** *(= mercenary):* milwr (milwyr) (*m*) hur, milwr cyflog[edig].

adventuresome *a.* = **adventurous.**

adventuresomeness *n.* mentrusrwydd *m*.

adventuress *nf.* antures(-au), s|iawnswraig (siawnswragedd), sg|emwraig (sgemwragedd).

adventurism *n.* rhyfygaeth *f*.

adventurist *n. & attrib.* **1.** *n.* rhyfygwr (rhyfygwyr) *m*, rhyf|ygwraig *f*. **2.** *attrib.* rhyfygaidd.

adventuristic *a.* rhyfygaidd.

adventurous *a.* anturus, anturiaethus, mentrus, beiddgar, eofn, hyf.

adventurously *adv.* yn anturus *&c.*

adventurousness *n.* menter *f*, mentrusrwydd *m*, beiddgarwch *m*.

adverb *n. Gram:* adferf(-au) *fm*.

adverbial *a. & n. Gram:* **1.** *a.* adferfol. **2.** *n.* adferfol(-ion) *m*.

adverbially *adv.* yn adferfol.

adversaria *n.pl.* nodiadau.

adversary *n.* gwrthwynebydd: gwrthwynebwr (gwrthwynebwyr) *m*.

adversative *a. & n. Gram:* **1.** *a.* gwrthwynebol. **2.** *n.* cysylltair (cysyllteiriau) gwrthwynebol *m*.

adverse *a.* croes, gwrthwynebus, adfydus, anffafriol, niweidiol, andwyol, gelyniaethus; *P.N:* **~ camber,** camber croes *m*; **~ fortune,** anlwc *f*; **~ circumstances,** amgylchiadau croes/anffafriol, adfyd *m*; **~ wind,** croeswynt(-oedd) *m*, gwrthwynt(-oedd) *m*, gwynt(-oedd) anffafriol *m*; **~ weather conditions,** tywydd gwael; **to have an ~ effect on sth,** amharu ar rth, niweidio/andwyo rhth; **an ~ influence,** dylanwad drwg/anfuddiol, dylanwad er gwaeth; *Jur:* **~ witness,** tyst(-ion) gelyniaethus *m*; *Jur:* **~ possession,** meddiant gwrthgefn *m*.

adversely *adv. (a)* **to act ~ to s.o.,** gwneud yn groes i ewyllys rhn; *(b)* **to influence s.o. ~,** cael dylanwad niweidiol/andwyol ar rn; dylanwadu ar rn er gwaeth; **to report ~ (on s.o.),** rhoi adroddiad anffafriol (am/ar rn).

adverseness *n.* croesineb *m*, anffafrioldeb *m*, niweidioldeb *m*.

adversity *n.* adfyd *m*, helbul(-on) *m*, trallod(-au,-ion) *m*, gofid(-iau) *m*; *Lit:* **sweet are the uses of ~,** adfyd a ddaw â dysg yn ei law.

advert¹ *n.* = **advertisement.**

advert² *v.t.&i.* **1.** *v.t.* **to ~ s.o. to sth,** tynnu sylw rhn at rth. **2.** *v.i.* **to ~ to sth,** cyfeirio at rth, crybwyll rhth, sôn am rth.

advertence, advertency *n.* astudrwydd *m*.

advertent *a.* craff, astud.

advertently *adv.* yn graff *&c.*

advertise *v.t.&i.* **1.** *A:* = **notify, warn. 2.** *(a) (= announce):* cyhoeddi (rhth), rhoi gwybod (am rth), gwn|eud (rhth) yn hysbys; **you needn't ~ the fact,** taw piau hi; dim gair wrth neb; *(b)* **the advertised time of departure,** yr amser ymadael a gyhoeddwyd; *(c) Com: (a product):* hysbysebu.

advertisement *n.* hysbyseb(-ion) *f*; **classified advertisements,** mân hysbysebion; *Rel:* **Book of Advertisements,** Llyfr yr Hysbysebion. **~ curtain** *n. Th:* llen (*f*) hysbyseb (llenni hysbysebion).

advertiser *n.* hysbysebwr (hysbysebwyr) *m*.

advertising *vn.* hysbysebu, cyhoeddusrwydd *m*, hysbysrwydd *m*; *S.a.* **advertise; informative ~,** hysbysebu er gwybodaeth; **persuasive ~,** hysbysebu er perswâd. **~ agency** *n.* asiantaeth(-au) (*f*) hysbysebu. **~ agent** *n.* swyddog(-ion) (*m*) hysbysebu, asiant(-iaid) (*m*) hysbysebu. **~ media** *n.pl.* cyfryngau hysbysebu.

advice *n.* **1.** cyngor *m*; **pieces of ~,** cynghorion *pl*; **to take s.o.'s ~,** dilyn/derbyn cyngor rhn; **to seek s.o.'s ~,** ymgynghori â rhn, gofyn/ceisio cyngor rhn; **on s.o.'s ~,** ar gyngor rhn, yn ôl cyngor rhn, yn unol â chyngor rhn; **to take medical ~,** gweld y meddyg; *Jur:* **~ on evidence,** cyngor ynghylch tystiolaeth. **2.** *(= information):* newydd(-ion) *m*, neges(-au) *f*, hysbysiad(-au) *m*. **~ note** *n. Com:* nodyn (nodion) (*m*) hysbysu. **~ notice** *n.* hysbysnod(-au) *m*.

advisability *n.* doethineb *m*, callineb *m*, buddioldeb *m*; **to consider the ~ of sth,** ystyried ai doeth a fyddai rhth.

advisable *a.* doeth, call, buddiol; **the most ~ thing,** y peth doethaf/callaf, y rheitiaf peth.

advisableness *n.* = **advisability.**

advisably *adv.* yn ddoeth.

advise *v.t.&i.* **I.** *v.t.* **1.** *(a)* **to ~ s.o. to do sth,** cynghori rhn i wneud rhth; **I strongly ~ you to go,** 'rwy'n pwyso arnat i fynd; 'rwy'n dy gynghori'n daer i fynd; **what do you ~ me to do?** beth yw dy gyngor di? *(b)* **to ~ a course of action,** cymeradwyo/argymell dull o weithredu. **2. to ~ s.o. of sth,** hysbysu/rhybuddio rhn o rth, dweud wrth rn am rth. **II.** *v.i. O:* **to ~ with s.o.,** ymgynghori/cwnsela â rhn.

advised *a. (a) (action):* bwriadol, pwrpasol, ystyriol, pwyllog; *(b)* **ill-~,** annoeth, disynnwyr; **well-~,** doeth, call, synhwyrol, synhwyrgall, pwyllog; **you would be well-~ to listen,** byddai'n ddoeth ichi wrando.

advisedly *adv.* **1.** yn fwriadol, o fwriad. **2.** ar ôl ystyriaeth, yn ystyriol, yn bwyllog.

advisement *n. U.S:* ystyriaeth *f*.

adviser, advisor *n.* cynghorwr (cynghorwyr) *m*, ymgynghorwr (ymgynghorwyr) *m*.

advisory *a.* ymgynghorol, cynghorol; **in an ~ capacity,** fel cynghorwr, yn ymgynghorol; *Ind:* **A~, Conciliation and**

Arbitration Service, y Gwasanaeth Cynghori, Cymodi a Chyflafareddu; ~ **service,** gwasanaeth ymgynghorol.
advocaat *n.* adfocât *m.*
advocacy *n.* **1.** *(= function of advocate):* dadleuwriaeth *f,* adfocatiaeth *f.* **2.** *(of cause):* dadleuon *pl,* dadleuaeth *f,* eiriolaeth *f* **(of sth,** dros rth); **he was known for his ~ of home rule,** yr oedd yn enwog am bleidio ymreolaeth; yr oedd yn enwog am ei dadleuon dros ymreolaeth.
advocate[1] *n.* **1.** *Jur: Scot:* dadleuwr (dadleuwyr) *m,* |adfocad (adfocadau) *m,* llysddadleuwr (llysddadleuwyr) *m* **(for sth,** dros rth); *Hist:* tafodog(-ion) *m; Fin: &c:* hyrwyddwr (hyrwyddwyr) *m,* dadleuwr; **solicitor-~,** cyfreithiwr-adfocad (cyfreithwyr-adfocadau) *m;* **the Lord A~,** yr Arglwydd Adfocad. **2. devil's ~,** *(i) Ecc:* dadleuydd (dadleuwyr) *(m)* y diafol; *(ii) F:* **let me be the devil's ~,** gadwch i mi roi'r ochr arall; gadwch i mi roi'r dadleuon yn erbyn. **3.** *Ecc:* eiriolwr (eiriolwyr) *m.*
advocate[2] *v.t.* dadlau (dros rth); pleidio, ffafrio, cefnogi, siarad o blaid, argymell (rhth).
advocateship *n.* = **advocacy 1.**
advocation *n. Jur:* atalwad(-au) *f,* atalw *vn.*
advocative *a.* = **advocatory.**
advocator *n.* = **advocate**[2].
advocatory *a.* cefnogol, pleidiol **(of sth,** i rth).
advowee *n. Ecc:* glwysfuddiwr (glwysfuddwyr) *m.*
advowry *n. Hist:* adfowri (adfowrïau) *m.*
advowson *n. Ecc:* hawl(-iau) *(f)* enwebu, adfowswn (adfowsynau) *f,* glwysnawddogaeth *f.*
adynamia *n. Med:* gwendid *m,* llesgedd *m.*
adynamic *a. Med:* gwan (gweinion), llesg, diegni, diynni.
adytum *n.* = **sanctum.**
adze *n. Tls:* neddau (neddyfau) *f,* neddyf(-au) *f,* bwyell gam (bwyeill cam) *f.*
aecial *a. Bot:* esiol.
aecidial *a. Bot:* esidiol.
aecidium *n. Bot:* esidiwm (esidia) *m.*
aeciospore *n. Bot:* |esiosbor (esiosborau) *m.*
aecium *n. Bot:* esiwm (esia) *m.*
aedes *n. Ent:* mosgito(*m*)'r dwymyn (mosgitos y dwymyn).
aedicule *n. Arch:* **1.** *(= small building):* adeilad bychan (adeiladau bychain) *m.* **2.** = **shrine.**
aedile *n. Rom.Ant:* adeilior(-ion) *m.*
aedine *a. Ent:* aëdaidd.
Aegean *a. & n.* **1.** *a.* Egeaidd, Aegeaidd. **2.** *n.* **The A~ [Sea],** Y Môr Egeaidd *m.*
aegerite *n. Miner:* |egerit *m.*
aegis *n.* nawdd *m.*
Aeneas *Pr.n.m.* Aeneas, Eneas.
Aeneid *Pr.n. Lt.Lit:* yr Aenëis *f.*
Aeneolithic *a.* Eneolithig.
aeneous *a.* o liw efydd, efyddliw.
aeolian *a. & n.* **1.** *a.* eolaidd: aeolaidd: aiolaidd; *Mus:* ~ **harp,** telyn(-au) eolaidd *f; Mus:* ~ **mode,** y modd eolaidd *m; Min:* ~ **erosion,** erydiad *(m)* gan wynt, erydiad eolaidd. **2.** *n.* Eoliad (Eoliaid) *m&f.*
Aeolic *a. & n. Ling:* **1.** *a.* Aeolig: Aiolig: Eolig. **2.** *n.* Aeoleg: Aioleg: Eoleg *f, m.*
aeolipile *n. Mec:* agerbelen(-ni) *f.*
aeolotropic *a. Ph:* eolotropig.
aeolotropism, aeolotropy *n. Ph:* eolotropedd *m.*
aeon *n.* oes(-au,-oedd) *f,* tragwyddoldeb(-au) *m,* aeon(-au) *m;* **for what seemed like an ~,** am hydoedd, am allan o hydion, am oes.
aeonian *a.* tragwyddol, oesol.
aepyornis *n. Orn:* epyornis(-au,-iaid) *m.*
aerate *v.t.* **1.** *(a) (= ventilate):* awyru; *(b) Physiol: (blood):* = **oxygenate. 2.** *(water):* nwyeiddio, nwyo.
aerated *a.* awyredig, awyrog, llawn awyr, llawn gwynt; ~ **water,** *F:* dŵr a gwynt.
aeration *n. (a)* awyriad *m; (b)* ocsigeneiddiad *m,* ocsigeniad *m; (c)* nwyeiddiad *m; vn.* = **aerate.**
aerator *n.* awyrydd(-ion) *m.*
aerenchyma *n. Bot:* aerencyma *m.*
aerial *a. & n.* **1.** *a.* yn yr awyr, o'r awyr, atmosfferig; *Ph:* awyrol; *Bot:* ~ **root,** gwreiddyn (gwreiddiau) *(m)* yn yr awyr; *U.S:* ~ **ladder,** ysgol(-ion) estynnol *f;* ~ **photograph,** ff|otograff (ffotograffau) *(m)* o'r awyr, awyrlun(-iau) *m;* ~ **photography,** tynnu *(vn)* lluniau o'r awyr; *Art:* ~ **perspective,** persbectif atmosfferig; ~ **railway,** rheilffordd grog (rheilffyrdd crog) *f;* ~ **ropeway,** rhaffordd (rhaffyrdd) *(f)* awyr; ~ **view,** awyrlun(-iau) *m,* llun(-iau) *(m)* o'r awyr; **an ~ view of Cardiff,** llun Caerdydd o'r awyr; ~ **warfare,** rhyfel *(m)* yn yr awyr; *(b) Fig: (= ethereal, insubstantial):* awyrol, ysgafn (ysgeifn), disylwedd, ansylweddol, rhithiol. **2.** *n. W.Tel:* erial(-au) *mf.*
aerialist *n. U.S:* awyrgampwr (awyrgampwyr) *m.*
aeriality *n.* awyroldeb *m.*
aerie *n.* = **eyrie.**
aeriform *a.* awyrol, disylwedd.
aerily *adv.* = **eerily.**
aero- *pref.* **~-club** *n. Av:* clwb (clybiau) *(m)* hedfan. **~-elastic** *a.* ero-elastig. **~-elastician** *n.* ero-elastigwr (~-elastigwyr) *m.* **~-elasticity** *n.* ero-elastigrwydd *m.* **~-engine** *n.* peiriant (peiriannau) *(m)* awyren, motor(-au) *(m)* awyren.
aeroballistic *a.* erobalistig.
aeroballistics *n.pl. (with sg. const.)* erobalisteg *f.*
aerobatic *a. & n.pl.* **1.** *a.* erobatig. **2.** *n.pl. (usu. with sg. const.) Av:* campau *(pl)* hedfan, erobateg *f.*
aerobe *n. Biol:* erob(-au) *m.*
aerobee *n. Rockets:* aerwenynen (aerwenyn) *f.*
aerobic *a. & n.pl.* **1.** *a.* erobig. **2.** *n.pl. (usu. with sg. const):* erobeg *f.*
aerobically *a.* yn erobig.
aerobiological *a.* erobiolegol.
aerobiologically *adv.* yn erobiolegol.
aerobiology *n. Biol:* erobioleg *f.*
aerobiont *n.* = **aerobe.**
aerobiosis *n. Biol:* erobiosis *m.*
aerobiotic *a. Biol:* erobiotig.
aerobiotically *adv. Biol:* yn erobiotig.
aerobium *n.* = **aerobe.**
aerodonetics *n.pl.* gwyddor *(f)* gleidio.
aerodrome *n.* maes (meysydd) *(m)* awyr, maes glanio, awyrenfa (awyrenf|eydd) *f,* |erodrom(-s, erodromau) *f.*
aerodynamic[al] *a.* erodynamig.
aerodynamically *adv.* yn erodynamig.
aerodynamicist *n.* erodynamegwr: erodynamegydd (erodynamegwyr) *m.*
aerodynamics *n.pl.* erodynameg *f.*
aerodyne *n. Av:* awyren(-nau) *f.*
aeroembolism *n. Med:* ero-emboledd(-au) *m.*
aerofoil *n.* aerwyneb(-au) *m,* aerffoil(-iau) *m,* |eroffoil (eroffoiliau) *m.*
aerogel *n. Ph:* |erogel (erogeliau) *m.*
aerogramme *n.* |erogram (erogramau) *m.*
aerograph *n.* chwistrell(-au) *(f)* awyr, |erograff (erograffau) *m.*
aerographer *n. U.S:* erograffwr: erograffydd (erograffwyr) *m.*
aerographic *a. U.S:* erograffig.
aerography *n. U.S:* erograffeg *f.*
aerolit, aerolith *n.* awyrfaen (awyrfeini) *m.*
aerolitic *a.* awyrfeinig.
aerological *a.* awyregol.
aerologist *n.* awyregwr: awyregydd (awyregwyr) *m.*
aerology *n.* awyreg *f.*
aeromagnetic *a.* eromagnetig.
aeromancy *n.* awyrgoeliaeth *f.*
aeromarine *a.* awyrforol.
aeromechanic *a. & n.* **1.** *a.* eromecanyddol, eromecanig. **2.** *n.* eromecanydd(-ion) *m,* eromecanig(-ion) *m.*
aeromechanics *n.pl.* eromecaneg *f.*
aeromedical *a.* eromeddygol.
aeromedicine *n.* eromeddygaeth *f.*
aerometeorograph *n.* eromete|orograff (erometeorograffau) *m.*
aerometer *n.* aerfesurydd(-ion) *m.*
aerometry *n.* aerfesureg *f.*
aeromodelling *vn.* modelu awyrennau, gwn|eud awyrennau bach.
aeronaut *n.* awyrennwr (awyrenwyr) *m.*
aeronautic[al] *a.* awyrennol, awyrenegol.
aeronautically *adv.* yn awyrennol, yn awyrenegol.
aeronautics *n.pl.* awyrenneg *f,* eronoteg *f.*
aeroneurosis *n. Med:* eroniwrosis *m.*
aeronomer *n.* = **aeronomist.**

aeronomic[al] *a.* eronomig.
aeronomically *adv.* yn eronomig.
aeronomics *n.pl.* eronomeg *f.*
aeronomist *n.* eronomegwr: eronomegydd (eronomegwyr) *m.*
aeronomy *n.* eronomeg *f.*
aeropause *n.* aerffin *f.*
aerophagia, aerophagy *n. Psy:* llyncu (*vn*) awyr.
aerophobia *n. Psy:* ofn (*m*) awyr.
aerophyte *n. Biol:* |eroffyt (eroffytau) *m.*
aeroplane *n.* awyren(-nau) *f, Lit: occ:* awyrblan(-au) *m, F:* llong(-au) (*f*) awyr, |eroplen: eroplên(-s) *f.*
aeropulse, aeroresonator *n.* awyren(-nau) (*f*) jet.
aerosol *n.* |erosol (erosolau) *m,* chwistrell(-au,-i) *f.* **~ spray** *n.* chwistrell erosol.
aerosolization *n.* erosoliad *m,* erosoli *vn.*
aerosolize *v.t.* erosoli.
aerospace *a. & n.* **1.** *a.* awyrofodol, aerofodol. **2.** *n.* awyrofod *m.* aerofod *m;* **~ industry,** diwydiant (*m*) aerofod.
aerospatial *a.* awyrofodol, aerofodol.
aerosphere *n.* |atmosffer (atmosfferau) *m.*
aerostat *n.* awyrlong(-au) *f.*
aerostatics *n.pl.* erostateg *f.*
aerotechnical *a.* erotechnegol.
aerotechnics *n.pl.* erotechneg *f.*
aerotherapeutics *n.pl.* erotherapiwteg *f,* triniaeth (*f*) awyr.
aerothermodynamics *n.pl. (usu. with sg. const.):* erothermo-dynameg *f.*
aeruginous *a.* gwyrddrydlyd, fel gwyrddrwd, fel f|erdigris.
aery *a.* = **eerie**.
Aesculapian *a.* meddygol, Esgwlapaidd.
aeshna *n. Ent:* **blue ~,** gwas (gweision) (*m*) neidr yr Alban; **brown ~,** gwas neidr brown; **common ~,** gwas neidr glas; **Norfolk ~,** gwas neidr Norffolc; **scarce ~,** gwas neidr tramor; **southern ~,** gwas neidr llachar.
Aesop *Pr.n.m.* Esop; **~'s Fables,** Chwedlau Esop.
Aesopian *a.* Esopaidd.
aesthesia *n. Physiol:* teimlad *m,* hydeimledd *m.*
aesthete *n.* esthetydd(-ion) *m,* esthetwr (esthetwyr) *m,* ceingarwr (ceingarwyr) *m* (*pronounced* ng-g), esthet(-iaid) *m&f.*
aesthetic[al] *a.* **1.** esthetaidd, esthetig; *Art:* **~ distance,** pellter esthetaidd *m.* **2.** *(= in good taste):* cain, chwaethus.
aesthetically *adv.* yn esthetaidd; **~ pleasing,** cain (ceinion).
aesthetician *n.* esthetegwr: esthetegydd (esthetegwyr) *m,* esthet|egwraig *f.*
aestheticism *n.* esthetiaeth *f.*
aesthetics *n.pl.* estheteg *f.*
aestival *a.* hafol.
aestivate *v.i.* **1.** bwrw'r haf, hafota. **2.** *Z:* hafgysgu.
aestivation *n.* **1.** bwrw(*vn*)'r haf, hafota *vn.* **2.** *Bot:* cynflodeuad *m,* estifaeth *f.* **3.** *Z:* cwsg (*m*) haf, hafgwsg *m,* hafgysgu *vn.*
aether *n.* aether *m.*
aetiological *a.* achosegol.
aetiologist *n.* achosegwr: achosegydd (achosegwyr) *m.*
aetiology *n.* achoseg *f,* achosiaeth *f,* etioleg *f.*
afar *adv. & n. Lit:* ymh|ell, draw, yn y pellter; **from ~,** o bell, o hirbell; **~ off,** yn y pellter.
affability *n.* rhadlonrwydd *m,* hynawsedd *m,* hoffuster *m,* hoffusrwydd *m,* agosatrwydd *m, N: F:* clenrwydd *m.*
affable *a.* rhadlon, hynaws, cyfeillgar, hoffus, agos[-]atoch, *N: F:* clên, *N.W: occ:* nobl, *S: F:* ffein, piwr.
affableness *n.* = **affability**.
affably *adv.* yn rhadlon *&c.*
affair *n. (a) (= concern, matter, business):* mater(-ion) *m,* busnes *m, F:* peth(-au) *m;* **(that's) my ~,** mater i mi, peth i mi, fy musnes i (yw hynny); **he must put his affairs in order,** rhaid iddo roi trefn ar ei bethau; **in the present state of affairs,** fel y mae pethau, fel y mae hi, dan yr amgylchiadau presennol, yn y sefyllfa sydd ohoni; **an ~ of honour,** mater o anrhydedd; *F:* **that's a nice state of affairs!** wel dyna lanast! *(b)* **affairs of state,** materion gwladol; **current affairs,** materion cyfoes, pynciau'r dydd; **foreign affairs,** materion tramor; **world affairs,** materion y byd, hynt [a helynt] y byd, newyddion y byd; *(c)* **[love] ~,** carwriaeth(-au) *f;* **to carry on an ~, to have an ~,** caru ar y slei; *(d) (= case, dispute, scandal &c):* achos(-ion) *m,* helynt(-ion) *f;* **the Dreyfus A~,** Helynt Dreyfus; **what a ghastly ~!** am helynt ofnadwy! dyna sgandal! dyna warth o beth!
affect[1] *v.t. (= pretend):* ffugio, cogio, smalio (rhth); ymhonni (bod yn rhth); cymryd arnoch (fod yn rhth); **to ~ ignorance,** bwrw dieithr, cymryd arnoch nad ydych yn gwybod, *N: occ:* peidio â chymryd arnoch; **he affected indifference,** cymerodd arno fod yn ddifater; ffugiodd/cogiodd/smaliodd ddifaterwch; ffugiodd *&c* [ei] fod yn ddifater; **he affects to be very godly,** mae'n ei roi/osod ei hun yn dduwiol iawn.
affect[2] *v.t.* **1.** *(= have an effect on):* effeithio, cael effaith (ar rth); cyffwrdd (rhth); **to ~ sth adversely,** amharu, *occ:* mennu (ar rth); niweidio (rhth); gwn|eud niwed (i rth); **all this work is affecting my health,** mae'r holl waith yma'n dweud ar fy iechyd; **this affects me personally,** mae a wnelo hyn â mi; **that does not ~ the matter,** nid oes a wnelo hynny ddim â'r peth; ni wna hynny unrhyw wahaniaeth i'r peth; *Med:* **to ~ an organ,** effeithio/ymosod ar organ, heintio organ. **2.** *(of animals): (= frequent):* mynychu. **3.** *Gram:* affeithio.
affect[3] *n. Psy: (= emotion, passion):* teimlad(-au) *m,* nwyd(-au) *f,* affaith (affeithiau) *m,* effaith (effeithiau) *f.*
affectability *n.* effeithiadwyedd *m,* natur effeithiadwy *f; Gram:* affeithiadwyedd *m,* natur affeithiadwy.
affectable *a.* effeithiadwy; *Gram:* affeithiadwy.
affectation *n.* **1.** *(of indifference, interest):* ymhoniad *m,* ymhonni *vn,* rhith(-iau) *m,* ymagweddiad *m.* **2.** *(= pretentiousness):* mursendod *m,* rhodres *m,* ffug *m,* lol *f,* ffuantwch *m, S:* clemau *pl, occ:* maldod *m.*
affected[1] *a.* **1.** *(a) (pers., style):* mursennaidd, ymhongar (*pronounced* ng-g), coeg, ffuantus, *S: occ:* maldodus; **to be ~,** bod yn fursen, bod yn rêl cysêt; **~ ways,** rhodres *m, S:* clemau *pl;* **an ~ person,** mursen(-nod) *f,* coegyn(-nod) *m,* coegen(-nod) *f; (b) (= pretended):* ffug, ffuantus; **an ~ smile,** *F: occ:* gwên ci marw.
affected[2] *a. (a)* **well-~ towards s.o.,** ffafriol tuag at rn; **ill-~ towards s.o.,** anffafriol tuag at rn; *(b)* **~ by sth,** dan effaith rhth; **~ with a disease,** claf gan glefyd; **the lung is ~,** mae'r ysgyfaint yn amharedig; mae amhariad ar yr ysgyfaint; *(c) (= emotionally):* dan deimlad; **to be much ~ by sth,** teimlo rhth i'r byw; *(d) Gram:* affeithiedig, ag affeithiad.
affectedly *adv.* yn fursennaidd *&c.*
affectedness *n.* = **affectation 1**.
affecting *a.* teimladwy, cyffr|ous, cynhyrfiol, gwefreiddiol, sy'n cyffwrdd â'r teimladau.
affectingly *adv.* yn gyffr|ous *&c.*
affection *n.* **1.** hoffter *m* **(for s.o.,** o rn), *occ:* serch *m* (tuag at rn); **to gain s.o.'s ~,** ennill hoffter/serch rhn; **mutual ~,** hoffter o'r ddeutu; **to feel ~ for s.o.,** teimlo'n annwyl tuag at rn, teimlo'n hoff o rn; **he is held in great ~,** hoffir ef yn fawr. **2.** = **illness, infection**. **3.** *Psy: (= feeling):* teimlad(-au) *m.* **4.** *Gram:* affeithiad(-au) *m.*
affectional *a.* teimladol.
affectionally *adv. Psy:* yn deimladol.
affectionate *a.* **1.** *(pers., greeting):* annwyl, serchog, cariadus, caruaidd, serchus, *Lit:* cu; *Corr:* **your ~ son,** eich annwyl fab. **2.** *(portrayal, satire):* caredig.
affectionately *adv.* **1.** yn annwyl *&c; Corr:* **yours ~,** yn bur; yn gu; cofion cynnes. **2.** yn garedig.
affectionless *a.* dideimlad.
affective *a.* affeithiol: *Lit:* **the A~ Fallacy,** y Camsyniad (*m*) Effaith; *Sociol:* **~ neutrality,** niwtralrwydd (*m*) teimlad; *Psy:* **~ disorder,** anhwylder emosiynol *m.*
affectively *adv.* yn affeithiol.
affectiveness, affectivity *n.* affeithioldeb *m.*
affectless *a.* dideimlad.
affectlessly *adv.* yn ddideimlad, heb deimlad.
affectlessness *n.* dideimladrwydd *m.*
affenpinscher *n. Z:* affenpinsier(-i,-s) *m.*
afferent *a.* afferol, atygol, mewngludol (*pronounced* ng-g).
afferently *adv.* yn afferol *&c.*
affiance *v.t.* dyweddïo.
affianced *a. & n.* **1.** *a.* wedi dyweddïo, dyweddïedig. **2.** *n.* dyweddi (dyweddïon, dyweddïau) *m&f,* darpar ŵr (~ wŷr) *m,* darpar wr|aig (~ wragedd) *f.*
affiant *n. U.S: Jur:* affidafidwr (affidafidwyr) *m.*
affiche *n.* rhybudd(-ion) *m.*

affidavit *n. Jur:* affidafid(-ion,-au) *m*; **corrective ~,** affidafid cywiro, affidafid unioni.
affiliate[1] *v.t.&i. (a) (= adopt as member):* mabwysiadu; derbyn (rhn) yn aelod; *(b)* **to ~ (oneself) to a society,** ymgysylltu â chymdeithas; *(c) Jur:* tadogi.
affiliate[2] *n.* cysylltiedig(-ion) *m&f* **(of sth,** â rhth).
affiliated *a.* cysylltiedig, cyswllt; **~ membership,** aelodaeth gyswllt *f.*
affiliation *n.* **1.** cysylltiad(-au) *m* **(to sth,** â rhth). **2.** *Jur:* tadogaeth *f.* **~ order** *n.* gorchymyn (gorchmynion) *(m)* tadogaeth. **A~ Proceedings Act** *n.* Deddf Achosion Tadogaeth.
affine *a. & n.* **1.** *a. Mth:* affiniol. **2.** *n.* affin(-iau) *m.*
affined *a.* perthynol (i rth), cysylltiedig (â rhth).
affinely *adv.* yn affiniol.
affinitive *a.* cystlynol.
affinity *n. (a) (= relationship):* cyswllt (cysylltiadau) *m*, cysylltiad(-au) *m*; cydnawsedd *m*, cydweddoldeb *m* **(with sth,** â rhth); *(b) (= resemblance):* tebygrwydd *m* **(with sth,** i rth); *(c) Ch:* **~ for a body,** affinedd(-au) *(m)* â chorff; *(d) (= relationship):* perthynas *f*, cyfathrach *f*, cystlynedd *m*; *Sociol:* affinedd *m*; *Ecc:* **table of kindred and ~,** tabl cyfeillach a chyfathrach.
affirm *v.t.* **1.** datgan, cadarnh|au; **to ~ that sth is true,** cadarnhau gwirionedd rhth. **2.** *Jur:* dwys-haeru.
affirmable *a.* cadarnhadwy.
affirmant *n.* = **affirmer.**
affirmation *n.* **1.** datganiad(-au) *m*, cadarnhad *m* **(of sth,** o rth); datgan *vn*, cadarnh|au *vn*; *(b) (of judgement &c):* ategiad(-au) *m*, ateg(-iadau) *m* **(of sth,** o rth); ategu *vn* (rhth).
affirmative *a. & n.* **1.** *a.* cadarnhaol. **2.** *n.* **to reply in the ~,** ateb yn gadarnhaol; dweud "ie"; *Gram:* **a verb in the ~,** berf gadarnhaol (berfau cadarnhaol) *f.*
affirmatively *adv.* yn gadarnhaol.
affirmatory *a* = **affirmative 1.**
affirmer *n.* **1.** datganwr (datganwyr) *m*, cadarnhäwr (cadarnhawyr) *m.* **2.** *Jur:* dwys-haerwr (~-haerwyr) *m.*
affix[1] *n.* ychwanegiad(-au) *m* **(of/to sth,** o/at rth); atodiad(-au) *m* (i rth); *Gram:* ôl-ddodiad (~-ddodiaid) *m.*
affix[2] *v.t.* gosod, dodi, rhoi **(sth on sth,** rhth ar rth); glynu (rhth yn rhth); rhoi (rhth) yn sownd (yn rhth); cysylltu (rhth â rhth); atodi (rhth i rth); **to ~ a seal to a letter,** gosod sêl ar lythyr; *(= nail):* hoelio (rhth yn rhth); *(= tie):* rhwymo, clymu (rhth wrth rth).
affixable *a.* gosodadwy, atodadwy.
affixation *n. vn.* = **affix**[2].
affixed *a.* atodedig, gosodedig, ategol, cysylltiedig; *Gram:* **~ pronoun,** rhagenw(-au) *(m)* ôl.
affixer *n.* atodwr (atodwyr) *m*, gosodwr (gosodwyr) *m.*
affixture *n.* **1.** *vn.* = **affix**[2]. **2.** atodiad(-au) *m.*
afflation *n.* anadliad(-au) *m.*
afflatus *n.* **1.** *(= breath):* anadl(-iadau) *f*; **~ *divinus*,** anadl Iôr, yr anadl ddwyfol. **2.** *(= inspiration &c):* ysbrydoliaeth *f*, awen *f.*
afflict *v.t.* blino, poeni, poenydio, cystuddio, trallodi; **to be afflicted by a disease,** dioddef gan afiechyd; **he was afflicted by rheumatism,** 'roedd y crydcymalau arno.
afflicted *a. & n.* **1.** *a.* cystuddiedig, dioddefus, trallodus. **2.** *n.* y cystuddiedig(-ion) *m*, y gystuddiedig *f*, y dioddefus(-ion) *m*, y ddioddefus *f*, y trallodus(-ion) *m*, y drallodus *f.*
affliction *n.* cystudd(-iau) *m*, trallod(-ion) *m*, gofid(-iau) *m*, gloes(-au) *f*, profedigaeth(-au) *f*, blinder(-au) *m.*
afflictive *a.* cystuddiol, blin(-ion), blinderus, blinderog, poenus.
afflictively *adv.* yn gystuddiol *&c.*
affluence *n.* **1.** = **afflux. 2.** *(= abundance):* digonedd *m*, llawnder *m*, helaethrwydd *m*; *(= wealth):* cyfoeth *m*, golud(-oedd) *m*, goludlonedd *m*; **to live in ~,** byw'n fras.
affluency *n.* = **affluence.**
affluent[1] *a.* **1.** *(= abundant):* llifeiriog. **2.** *(= rich, wealthy):* cefnog, cyfoethog, goludog; **he is in ~ circumstances,** mae'n dda ei fyd; mae'n dda arno; mae ganddo ddigon wrth gefn; **the ~ society,** y gymdeithas gefnog/oludog/oludlawn *f*, y byd bras *m.*
affluent[2] *n. Geog:* llednant (llednentydd) *f.*
affluently *adv.* **1.** yn llifeiriog. **2.** yn oludog *&c.*
afflux *n.* llif *m*, llifeiriant *m.*
afforce *v.t. Jur: &c:* cryfh|au.
afford *v.t.* **1.** *(usu. with can):* fforddio, *S.W: occ:* ffwrdo; **I can't ~ it,** ni allaf mo'i fforddio; **a gift he could ill ~,** rhodd na allai ond prin ei fforddio; **I can't ~ to wait,** ni allaf aros; **can he ~ the time?** a oes ganddo ddigon o amser? **I can't ~ to go,** ni allaf fforddio mynd. **2.** *Lit:* rhoi, rhoddi, darparu; **the house affords three bedrooms,** mae tair ystafell wely yn y tŷ; **the trees afforded us very little shelter,** ni roddai'r coed ond ychydig iawn o gysgod i ni; **to ~ s.o. an opportunity,** rhoi/cynnig cyfle i rn; **it affords me great pleasure to be here,** pleser o'r mwyaf imi yw bod yma.
affordable *a.* fforddiadwy.
afforest, afforestate *v.t.* fforestu, coedwigo (rhth); plannu (rhth) â choed; troi (rhth) yn goedwig/fforest.
afforestation *n. vn.* = **afforest**; coedwigiad *m*, coedwigaeth *m*, fforestiad *m.* **~ map** *n.* map(-iau) *(m)* coedwigo.
affranchise *v.t.* rhyddh|au.
affranchisement *n.* rhyddhad *m*, rhyddh|au *vn.*
affray *n.* cynnwrf *m*, cythrwfl *m*, ysgarmes(-au,-oedd) *f*, ymrafael(-ion) *m*, terfysg (-oedd) *m*, ymladdfa (ymladdf|eydd) *f*, ffrwgwd (ffrygydau) *mf*, *N.W: F:* ffrigwd *mf*, cwffas: cwffast: cwffans *f*; *Jur:* affräe (affraeau, affraeon) *f*; **to cause an ~,** codi helynt, codi twrw, codi cynnwrf; *Jur:* gwneuthur affräe.
affreightment *vn.* hurio, affretio.
affricate *n. Phon:* affrithiolyn (affrithiolion) *m.*
affrication *n. Phon:* affrithiad(-au) *m*, affrithio *vn.*
affricative *a. Phon:* affrithiol.
affright *v.t. A:* = **frighten.**
affrighted *a. A:* = **afraid, frightened.**
affront[1] *n.* amarch *m* **(to s.o.,** i rn), sarhad *m* (ar rn); **to offer an ~ to s.o.,** = **affront**[2].
affront[2] *v.t* tramgwyddo, sarh|au (rhn); pechu (yn erbyn rhn); *N: F:* pechu (rhn).
affronted *a.* dig, dicllon.
affusion *n.* taenelliad(-au) *m*, arllwysiad(-au) *m*, tywalltiad(-au) *m*, taenellu *vn*, arllwys *vn*, tywallt *vn.*
Afghan *a. & n.* **1.** *a.* Affgan, Affganaidd; **the ~ government,** llywodraeth |Affganistan; **~ hound,** ci (cŵn) Affgan *m*; *(in language):* Affganeg. **2.** *n. (a) Ethn:* Affganiad (Affganiaid) *m&f*; *(b) Ling:* Affganeg *f*, *m.* **3.** *n. Tex:* carthen(-ni) *f.*
Afghani *a. & n.* = **Afghan.**
Afghanistan *Pr.n. Geog:* |Affganistan *f.*
afibrinogenaemia *n. Med:* affibrinogenemia *m.*
aficionada *n*, ***aficionado*** *n.* = **devotee.**
afield *adv. (a) Lit:* allan, i maes, yn y maes; *(labourer):* yn y meysydd, yn y caeau; *(warrior):* yn y frwydr, ar gyrch; **to go ~,** mynd i'r gad; *(b)* **to go far ~,** mynd ymh|ell; **they came from far ~,** daethant o bell.
afire *adv. & pred.a. Lit:* ar dân.
aflame *adv. & a. Lit:* yn fflam, yn fflamau, yn wenfflam, yn danbaid, yn eirias; **~ with colours,** yn fflam o liwiau; **to set sth ~,** gyrru rhth yn wenfflam, rhoi rhth ar dân.
aflatoxin *n. Ch:* afflatocsin *m.*
afloat *adv. & a.* **1.** *(a)* ar y dŵr, ar wyneb y dŵr, yn nofio, *Lit:* ar nawf; **to set a ship ~,** nofio/lansio llong, bwrw llong i'r dŵr. *(of ship, F: of pers.):* **to be ~,** nofio; **to keep the ship ~,** cadw'r llong uwchlaw'r dŵr; **I managed to remain ~,** llwyddais i aros ar yr wyneb; **to keep a company ~,** cynnal cwmni, cadw cwmni i fynd; **service ~,** gwasanaeth ar y bwrdd; **to serve ~,** gwasanaethu ar y môr; **to be ~ in space,** nofio yn y gofod; *(b)* **(the deck was) ~,** ('roedd y dec) dan ddŵr, yn nofio. **2.** *(rumour &c):* ar led, ar gerdded, ar daen.
aflutter *adv. & pred.a.* yn gynnwrf i gyd, wedi cynhyrfu, mewn ffwdan, *N:* mewn ffrwcs.
afocal *a.* diffocws.
afoot *adv.* ar droed; **(a plan is) ~,** (mae cynllun) ar droed, ar gerdded, ar y gweill, ar fynd, yn yr arfaeth, yn y gwynt, *M. W: occ:* ar gêt; **there's something ~,** mae rhywbeth ar droed; mae sŵn ym mrig y morwydd.
afore *adv. & prep.* **1.** *adv.* ar y blaen. **2.** *prep.* o flaen (rhth). **3.** *A: & Dial:* = **before.**
aforementioned, aforenamed, aforesaid *a.* dywededig, rhagddywededig, rhag-grybwylledig, uchod, a enwyd eisoes, a enwyd uchod.
aforethought *Jur:* **with malice ~,** â drwgfwriad.
aforetime *a. & adv.* **1.** *a.* cynt. **2.** *adv.* gynt.

afoul *adv.* **1.** yn g[y]lymau, ynghl|wm. **2. to run ~ of sth,** mynd ynghlwm â rhth, mynd yn groes i rth.

afraid *a.* **1.** ofnus, ag ofn, mewn ofn, dychrynedig; **to be ~ of s.o.,** ofni rhn, bod ag ofn rhn, *F: occ:* bod ofn rhn; **I am ~,** mae gen i ofn; mae arnaf i ofn; *N: occ:* 'rydw i ofn; **I am ~ of him,** mae arnaf i ei ofn ef; **I'm ~ of her,** mae arnaf i ei hofn hi; **don't be ~,** paid (peidiwch) ag ofni, *Lit:* nac ofna (nac ofnwch); **I'm ~ for her,** mae gen i ofn drosti; **I'm not ~ of his going,** nid oes arnaf ddim ofn iddo fynd; **to make s.o. ~,** codi ofn ar rn, *S: F:* rhoi ofon i rn, hala ofon ar rn. **2.** *(= regretful):* **I'm ~ to say,** mae'n ddrwg gen i ddweud; **I'm ~ (I don't know),** mae arnaf ofn, mae'n ddrwg gen i (na wn i ddim); **she's gone, I'm ~,** mae hi wedi mynd, mae arnaf ofn; mae arnaf ofn ei bod hi wedi mynd; mae'n beryg ei bod hi wedi mynd; mae hi wedi mynd, beryg; **it's going to rain - yes I'm ~ so,** mae hi am law - ydi, beryg.

afreet *n. Myth:* ellyll(-on) *m*, ellylles(-au) *f*.

afresh *adv.* o'r newydd, drach|efn, eilwaith, *Lit:* eilchwyl; **to start ~,** ailgychwyn, ailddechrau.

Africa *Pr.n. Geog:* |Affrica *f*, *Lit:* yr Affrig *f*.

African *a. & n.* **1.** *a.* Affricanaidd; *Z:* **~ elephant,** eliffant(-od) *(m)* |Affrica; *Bot:* **~ violet,** fioled(-au) *(f)* Affrica; *Carp:* **~ woods,** coed *(pl)* Affrig. **2.** *n.* Affricanwr (Affricanwyr) *m*, Affricanes(-au) *f*, Affricaniad (Affricaniaid) *m&f*.

Africander *n. Husb:* Affricander(-iaid) *m*.

Africanism *n.* **1.** Affricaniaeth *f*. **2.** *Ling:* Affricaneb(-ion) *f*.

Africanist *n.* Affricanydd(-ion) *m*.

Africanization *n.*, **Africanize** *v.t.* Affricaneiddio.

Africanness *n.* Affricanedd *m*, Affricaneiddiwch *m*, Affricanrwydd *m*.

Afrikaans *a. & n.* **1.** *a.* Affricaneg, Afrikaans. **2.** *n. Ling:* Affricaneg *f,m*, Afrikaans *f, m*.

Afrikander *n.* = **Africander**.

Afrikaner *a. & n.* **1.** *a.* Affricaneraidd. **2.** *n.* Affricaner(-iaid) *m&f*.

afrit *n.* = **afreet**.

Afro[-]. *a. & comb.fm.* Affro[-]; *Hairdr:* **~ comb,** crib(-au) *(m)* Affro; **~ style,** steil(-s) *(f)* Affro. **~-American 1.** *a.* Affro-Americanaidd. **2.** *n.* Affro-Americanwr (~-Americanwyr) *m*, Affro-Americanes(-au) *f*, Affro-Americaniad (~-Americaniaid) *m&f*. **~-Asiatic 1.** *a.* Affro-Asiaidd. **2.** *n.* Affro-Asiad (~-Asiaid) *m&f*. **~-Caribbean 1.** *a.* Affro-Caribïaidd. **2.** *n.* Affro-Caribïad (~-Caribïaid) *m&f*.

afrormosia *n.* **1.** *Bot:* coeden (coed) *(f)* affrormosia. **2.** *Carp:* affrormosia *m*.

aft *adv. Nau: Av:* wrth y starn, yn y tu ôl; **fore and ~,** o'r naill ben i'r llall, ar ei hyd; *S.a.* **fore**; **~ of the mast,** y tu ôl i'r hwylbren.

after *adv., prep., conj. & a.* I. *adv.* wedyn, wedi hynny, ar ôl hynny, yn ddiweddarach, oddi ar hynny; **he was ill for months ~,** yr oedd yn sâl am fisoedd ar ôl hynny; **soon ~,** yn fuan wedyn, cyn pen dim wedyn, ymh|en fawr o dro, *N: F:* toc; **long ~,** ymh|ell wedyn, ymhen yr hir a'r hwyr, ymhen y rhawg, *occ:* toc a da; **a week ~,** wythnos yn ddiweddarach; **the week ~,** yr wythnos wedyn; **the day ~,** y diwrnod wedyn, trannoeth; *adv.* drannoeth; **the morning ~,** y bore wedyn, bore trannoeth; **ever ~,** byth wedyn, byth ar ôl hynny, byth wedi hynny, byth oddi ar hynny, byth mwy. II. *prep.* **1.** *(place):* ar ôl; **to run ~ s.o.,** rhedeg ar ôl rhn; **to walk ~ s.o.,** dilyn rhn, canlyn rhn, cerdded ar ôl rhn, cerdded y tu ôl i rn; **they ran ~ us,** rhedasant ar ein holau ni; **close the door ~ you,** cau'r drws ar dy ôl (caewch y drws ar eich olau); **(the police are) ~ him,** (mae'r heddlu) ar ei ôl, ar ei drywydd; **what is she ~?** beth sydd arni ei eisiau? am beth mae hi'n chwilio? ar ôl beth y mae hi? **I see what you're ~,** mi welaf beth sydd gen ti (gennych chi); **look out, he's ~ you,** gwylia, mae e amdanat ti (gwyliwch, mae e amdanoch chi); **they're ~ my blood,** maen' nhw am fy ngwaed i; **to ask ~ s.o.,** holi am rn, holi yngh|ylch rhn; **to ask ~ s.o.'s health,** holi sut y mae rhn. **2.** *(time):* ar ôl, *occ:* wedi; **to speak ~ s.o.,** siarad ar ôl rhn, siarad wedi i rn arall siarad; **~ three days,** ar ôl tri diwrnod, wedi tridiau, ar ôl tridiau; **~ all,** wedi'r cwbl, wedi'r cyfan, yn y diwedd; **~ all is said and done,** wedi'r cwbl, yn y pen draw; **it is ~ four [o'clock],** mae hi wedi pedwar [o'r gloch]; mae hi wedi troi pedwar [o'r gloch]; **it's just ~ two o'clock,** mae hi newydd droi dau o'r gloch; *U.S:* **twenty ~ six,** ugain munud wedi chwech; **he read page ~ page,** darllenodd y naill dudalen ar ôl y llall; darllenodd dudalennau bwy gilydd; **~ hours,** yn hwyr, ar ôl oriau; **time ~ time,** dro ar ôl tro, droeon; **the day ~ the battle,** drannoeth y frwydr, y diwrnod wedi'r frwydr, y diwrnod ar ôl y frwydr, *Poet:* drannoeth y gad/drin; **the day ~ tomorrow,** trennydd; *adv.* drennydd; **day ~ day,** ddydd ar ôl dydd, am ddyddiau bwygilydd, y naill ddydd ar ôl y llall; **night ~ night,** noson ar ôl noson. **3.** *(order):* **~ him!** ar ei ôl e/o! **~ you with the salt,** ar d'ôl di (ar eich ôl chi) gyda'r halen; **I put Milton ~ Dante,** mae'n well gennyf Dante na Milton; 'rwy'n rhoi Milton yn ail i Dante. **4.** *(manner):* **a man ~ my own heart,** dyn wrth fodd fy nghalon; **a landscape ~ Turner,** tirlun yn null Turner; **she takes ~ her mother,** mae hi'n tynnu ar ôl ei mam; **she was named ~ her mother,** enwyd hi ar ôl ei mam; *F:* **~ a fashion,** rywsut-rywsut, rywsut neu'i gilydd, ryw lun, rywfodd-rywfodd. **5.** *Irish: Dial:* **I'm ~ going,** 'rwyf am fynd; 'rwyf ar fynd. III. *conj.* *(a)* ar ôl i + *soft mut.* + *n. or pron.* + *soft mut.* + *vn.* **I came ~ he had gone,** deuthum ar ôl iddo fynd; *(b)* **~ I had seen her, I went,** ar ôl [imi] ei gweld, mi adewais. IV. *a.* *(a)* *(in time):* dilynol, canlynol; **in ~ years,** *(i)* *(future):* yn y blynyddoedd i ddod; *(ii)* *(past):* yn y blynyddoedd a oedd i ddod; **~ ages,** yr oesau i ddod, yr oesau a fydd, yr oesau a ddaw; **~ days** *(i)* *(future):* yn y dyfodol, yn y dyddiau a ddaw; *(ii)* *(past):* yn y dyddiau a oedd i ddod, yn y dyddiau dilynol; *(b)* *Nau: &c:* ôl; *or* ôl- + *soft mut. preceding noun.* **~-cabin** *n. Nau:* caban(-au) ôl *m*, ôl-gaban(-au) *m*. **~-care** *n.* ôl-ofal *m*, gofal pellach *m*. **~-damp** *n. Min:* tanchwa *m*. **~-deck** *n. Nau:* dec(-iau) ôl *m*, ôl-ddec(-iau) *m*. **~-dinner** *a.* ar ôl cinio; **an ~-dinner speaker,** siaradwr mewn ciniawau. **~-effect** *n.* ôl-effaith (~-effeithiau) *f*. **~-heat** *n. Ph:* ôl-wres *m*, ôl-dwymiad *m*. **~-hold** *n. Nau:* howld(-iau) ôl *f*. **~-image** *n. Physiol:* ôl-deimlad(-au) *m*, ôl-ddelwedd(-au) *f*. **~-life** *n.* *(i)* *(= life after death):* y byd *(m)* a ddaw, y bywyd tragwyddol *m*; *(ii)* *(= later part of life):* **(he became an artist) in ~-life,** (aeth yn artist) yn nes ymlaen yn ei oes, yn ddiweddarach yn ei yrfa. **~-pains** *n.pl. Obst:* ôl-wewyr *m*, ôl-boenau *pl*. **~-piece** *n. Th:* ôl-chwarae *vn*. **~-sensation** *n. Phil:* ôl-deimlad(-au) *m*. **~-shave** *n.* sent(-iau) *(m)* eillio, persawr(-au) *(m)* eillio. **~-taste** *n.* adflas *m*, *S: occ:* cwt *m*. **~-tax** *a.* ar ôl trethu. **~-treatment** *n.* ôl-driniaeth(-au) *f*, ôl-drin *vn*. **~-war** *a.* wedi rhyfel, ar ôl rhyfel. **~-wit** *n.* ôl-ffraethineb *m*, ffraethineb hwyr *m*. **~-world** *n.* y byd *(m)* a ddaw, y bywyd tragwyddol *m*, y tu draw *(m)* i'r bedd, y tu hwnt i'r llen.

afterbirth *n.* brych *m*, garw *m*, *S.W:* *(of cow):* briw *m*, *Lit:* adysgar *m*.

afterbody *n.* ôl-gorff (~-gyrff) *m*.

afterbrain *n. Anat:* ôl-ymennydd (~-ymenyddiau) *m*.

afterburner *n. Av: Veh:* ôl-losgwr (~-losgwyr) *m*, aildwymwr (aildwymwyr) *m*.

afterburning *vn.* ôl-losgi, aildwymo.

aftercrop *n.* adladd *m*, adlodd(-ion) *m*.

afterglow *n.* ôl-dywyniad(-au) *m*, ôl-dywyn *m*, golewy[r]ch *m*.

afterlight *n.* = **hindsight**.

aftermath *n.* **1.** *Agr:* adladd *m*, adlodd(-ion) *m*, *N.W: occ:* egras *m*. **2.** *Fig:* canlyniad(-au) *m*, adladd; **in the ~ of war,** yn sgîl y rhyfel.

aftermost *a. Nau:* ôl, olaf, pellaf yn ôl, agosaf i'r starn.

afternoon *n., a. & adv.* **1.** *n.* prynh|awn (prynhawniau) *m*, *N: F:* pnawn(-iau) *m*, *S: occ:* diwetydd *m*, *Lit:* prydn|awn (prydnawniau) *m*, *occ:* prynhawngwaith *m* *(pronounced* ng-g); **this ~,** y prynhawn 'ma, prynhawn heddiw, *N.E:* heddiw'r prynhawn; **in the ~,** yn ystod y prynhawn; **yesterday ~,** prynhawn ddoe; **Tuesday ~,** prynhawn [dydd] Mawrth; **at two in the ~,** am ddau o'r gloch y prynhawn; **good ~!** prynhawn da! **~ tea,** te*(m)*'r prynhawn; **~ service,** oedfa*(f)*'r prynhawn. **2.** *a.* prynhawnol. **3.** *adv. esp. U.S:* **afternoons,** yn y prynhawn[-iau], bob prynhawn.

afterpiece *n. Th:* ôl-chwarae(-on) *m*.

afters *n.pl. F:* pwdin *m*, teisen *f*, cacen *f*, peth(-au) melys *m*; **what's for ~?** beth sy'n bwdin? oes 'na deisen/gacen? beth sydd 'na i ddilyn?

aftershaft *n. Orn:* adbluen (adblu) *f*, adblufyn (adblu) *m*.

aftershock *n.* ôl-gryndod(-au) *m*; *Geog:* ôl-gryniad(-au) *m*.

afterthought *n.* ôl-ystyriaeth(-au) *f*, ailfeddwl (ailfeddyliau) *m*, ôl-feddwl (~-feddyliau) *m*; **he did it as an ~,** fe'i gwnaeth ar ôl ystyried.

aftertime *n.* y dyfodol *m*.

afterwards *adv.* wedyn, wedi hynny, ar ôl hynny, yn

ddiweddarch, *S: F:* wedi 'ny; **and ~,** a chwedyn; **long ~,** ymhell ar ôl hynny, ymhen yr hwyr a'r rhawg.

afterword *n.* = **epilogue.**

again *adv. with verb often rendered by the pref.* ail- *or* ad-/at- + *soft mut.*; **to begin ~,** ailddechrau; **to do ~,** ail-wn|eud; **to get up ~,** ailgodi; **to rise ~,** atgyfodi. **1.** *(a)* eto, drach|efn, eilwaith; **once ~,** unwaith eto, unwaith yn rhagor; **~ and ~, time and ~,** drachefn a thrachefn, drosodd a throsodd, drosodd a thro, sawl gwaith, dro ar ôl tro, drosodd a thro, droeon; **now and ~,** yn awr ac yn y man, yn awr ac eilwaith, ambell waith, ambell dro, ar dro, weithiau, o bryd i'w gilydd, o bryd i bryd, rŵan ac yn y man, ar adegau; **never ~,** byth eto, byth mwy; **as much ~,** cymaint eto, dau gymaint, cymaint ddwywaith, dwywaith gymaint, cymaint wedyn; **half as much ~,** mwy o'r hanner, hanner cymaint eto; **he is as old ~ as Gwen,** mae'n ddwywaith oed Gwen; *(b) (= back):* yn ôl; **to send sth back ~,** dychwelyd rhth, anfon rhth yn ei ôl; **to come ~,** galw heibio eto; **do come ~!** paid (peidiwch) â bod yn ddieithr! cofia (cofiwch) alw eto! *(c)* **come ~?** beth ddywedaist ti (ddywedsoch chi)? **what is your name ~?** beth yw d'enw di (eich enw chi) eto? *(d) Lit: (intensive):* **the blow made his ears ring ~,** cafodd fonclust a wnaeth i'w glustiau atseinio; **the loaded table groaned ~,** griddfanai'r bwrdd dan ei lwyth. **2.** *(a) (= moreover, besides):* **~, (I am not sure . . .),** ac eto, ond wedyn, (nid wyf yn siŵr . . .); *(b)* **[then] ~, [and] ~,** ac wedyn, ond wedyn, eto i gyd, ar y llaw arall; **I might, and ~ I might not,** efallai y gwnawn i, ac efallai na wnawn i ddim.

against *prep.* **1.** *(a)* yn erbyn; **~ me,** yn f'erbyn i; **~ them,** yn eu herbyn hwy; **to fight ~ s.o.,** ymladd yn erbyn rhn; **to fight man ~ man,** ymladd gŵr a gŵr, ymladd gŵr i ŵr; **to go ~ the law,** mynd yn groes i'r gyfraith; **(there's no law) ~ it,** (nid oes yr un ddeddf) yn ei erbyn, yn ei wahardd; **things are ~ us,** mae pethau yn ein herbyn ni; **(he did it) ~ his will,** (fe'i gwnaeth) o'i anfodd, yn anfodlon; **it was very much ~ his will that he came here,** tros ei grogi y daeth yma; **I'm ~ it being done,** 'rwyf yn erbyn ei wneud; **~ the grain,** croes i'r graen, *adv.* yn groes i'r graen; **~ the tide,** yn erbyn y llif, yn groes i'r llif; **it was a race ~ time,** cacl a chael oedd hi; **he has sth ~ me,** mae ganddo rywbeth yn f'erbyn i; *N.W:* mae ganddo ddant i mi; mae ganddo ddant yn f'erbyn i; *S.W:* mae 'da fe ryw hit arnaf i; **to brush a hat ~ the nap,** brwsio het o chwith; *(b)* **to warn s.o. ~ sth,** rhybuddio rhn rhag rhth; **protected ~ the cold,** diogel rhag yr oerfel; *(c)* **to come up ~ difficulties,** cwrdd ag anawsterau, cael anawsterau; **to run ~ a wall,** mynd yn erbyn clawdd, mynd i'r wal, *M.W: F:* mynd yn bwtsh i wal, mynd yn bwcs i wal, *S.W:* mynd yn glatsh i wal; **to run up ~ s.o.,** taro ar rn, digwydd cwrdd â rhn, cwrdd â rhn ar ddamwain, *N.W: occ:* dod i abwyd rhn; **we're up ~ it,** mae hi'n galed arnom; mae hi'n anodd inni; mae hi'n fain arnom; *(d)* **(to lean) ~ a wall,** (pwyso) ar wal, yn erbyn wal; **to place sth ~ a wall,** rhoi rhth i bwyso ar wal; *(e)* **to go ~ nature,** mynd yn groes i natur; **to go ~ a rule,** mynd yn groes i reol; **~ the tide,** yn groes i'r llif/llanw, yn erbyn y llif/llanw; *(f)* **(a cross is placed) ~ each name,** (rhoddir croes) gyferbyn/gogyfer â phob enw, wrth ymyl pob enw; **to check sth ~ a list,** edrych/gwirio rhth yn ôl rhestr, *F:* ticio rhth ar restr. **2. my rights [as] ~ the Government,** fy hawliau mewn perthynas â'r Llywodraeth. **3. (to stand out) ~ a background,** (sefyll allan) yn erbyn cefndir, ar gefndir. **4. to make preparations ~ s.o.'s return,** paratoi ar gyfer dychweliad rhn. **5. (three deaths this year) as ~ thirty last year,** (tair marwolaeth eleni) o'u cymharu â deg ar hugain y llynedd, *S.W: occ:* i ateb deg ar hugain y llynedd.

agama *n. Rept:* agama(-od) *m.*

agamete *n. Biol:* agamet(-au) *m.*

agami *n. Orn:* agami (agamïod, agamïaid) *m.*

agamic *a. Biol:* agamig, anweddog.

agamically *adv.* yn agamig.

agammaglobulinaemia *n.* agamaglobwlinemia *m.*

agamogenesis *n. Biol:* agamog|enesis *m.*

agamogenetic *a. Biol:* agamogenetig.

agamospermy *n. Biol:* agamosbermedd *m.*

agamous *a. Biol:* diryw.

agapanthus *n. Bot:* lili(*f*)'r Affrig (liliau'r Affrig).

agape[1] *adv.* yn gegrwth, yn gegagored, yn safnrwth; **to stand ~,** rhythu, sefyll yn gegrwth; **with eyes ~,** yn llygadrythu, yn llygadrwth.

agape[2] *n.* **1.** *Ecc:* cariadwledd(-oedd) *f.* **2.** *Theol:* |agape *f.*

agar *n. Bio-Ch:* agar(-au) *m.*

agar-agar *n. Bio-Ch:* agar-agar *m.*

agaric *n. Fung:* madarch *m,* |agarig (agarigau) *m, F:* bwyd (*m*) ellyllon, bwyd y barcud, *N.W:* caws (*m*) neidr, *S.E: occ:* bwyd (*m*) nadredd; **clouded ~,** *(Clitocybe nebularis):* cap(-iau) (*m*) niwl; **bug ~, fly ~,** *(Amanita muscaria):* amanita'r gwybed/pryfed; **royal ~,** *(A. caesarea):* caws (*m*) Cesar; **velvet-stemmed ~,** *(Flammulina velutipes):* coes felfed *f,* amanita'r gaeaf. **verdigris ~,** *(Stropharia aeruginosa):* madarch gwyrddlas *m.*

agaricaceous *a.* madarchaidd, agarigaidd.

agate *n. Miner:* agat(-au) *m.* **~ line** *n. Typ:* llinell(-au) (*f*) agat.

agateware *n. Cer:* agatwar *m.*

agathism *n. Phil:* agathistiaeth *f.*

agathist *n. & attrib. Phil:* **1.** *n.* |agathist (agathistiaid) *m&f.* **2.** *attrib.* agathistaidd, agathistig.

agathistic *a. Phil:* agathistaidd, agathistig.

agatize *v.t.* agateiddio.

agave *n. Bot:* agafe(-au) *mf.*

agaze *pred.a.* yn syllu.

agba *n. Carp:* agba *m.*

age[1] *n.* **1.** *(a) (of pers.):* oed *m,* oedran *m;* **middle ~,** canol (*m*) oed; **in his middle ~,** yn ei ganol oed; **of uncertain ~,** rhwng dau oed; **to be twenty years of ~,** bod yn ugain mlwydd oed; **about twenty years of ~,** o gwmpas yr ugain oed, tua'r ugain oed, oddeutu'r ugain oed; **what ~ is he?** faint yw ei oed? beth yw ei oed? *S:* beth yw ei oedran? *F: occ:* faint wnaiff e? **she doesn't look her ~,** mae hi'n cadw'i hoed yn dda; **she's nearing the ~ of fifty,** mae hi'n gwasgu/gyrru ar ei hanner cant; mae hi'n tynnu at ei hanner cant; **(she might be) any ~,** (fe allai hi fod) yn unrhyw oed, o unrhyw oedran; *F:* **be your ~!** paid (peidiwch) â bod yn blentynnaidd! **at that ~,** yn yr oed hwnnw; **at her ~,** yn ei hoed hi; **to come of ~,** cyrraedd llawn oed, dod i oedran, dyfod i oed; *Jur:* **~ of consent,** oedran cydsynio; **to be over ~ to do sth,** bod yn rhy hen i wneud rhth; **he's under ~,** mae'n rhy ifanc; mae dan oed; **to be of an ~ to marry,** bod mewn oed i briodi, bod yn ddigon hen i briodi; **(he has a son) of your ~,** (mae ganddo fab) yr un oed â thi, dy oed di; **they are of an ~,** maent yr un oed [â'i gilydd]; maent o'r un oedran; maent yn gyfoedion; *Sociol:* **~-and-area hypothesis,** damcaniaeth (*f*) ardal ac oed; *(b)* **old ~,** henaint *m;* **a great ~,** gwth (*m*) o oedran, henaint mawr; **~ before beauty!** henaint o flaen harddwch! **the house is falling to pieces with ~,** mae'r tŷ'n mynd a'i ben iddo gan henaint; **a ripe old ~,** oedran teg, henaint teg; **2.** *(a). (= period, epoch):* oes(-au,-oedd) *f,* adeg(-au) *f,* cyfnod(-au) *m,* amser(-au,-oedd) *m;* **from ~ to ~,** o oes i oes; **the ~ we live in,** yr oes yr ydym yn byw ynddi, yr oes sydd ohoni, yr oes bresennol; **in our ~,** yn ein dyddiau ni; **this day and ~,** y dyddiau hyn, yr oes hon, *Lit:* y dwthwn hwn; *Archeol: Lit:* **heroic ~,** oes arwrol; **the nuclear ~,** yr oes niwclear; **the prehistoric ~,** yr oes gynhanesyddol, oesau cynnanes, y cynfyd *m, F:* oes yr arth a'r blaidd; **the Bronze A~,** yr Oes Efydd, Oes y Pres; **the Elizabethan A~,** Oes Elisabeth; **the Ice A~,** Oes yr Iâ, Oes y Rhew; **the Iron A~,** yr Oes Haearn, Oes yr Haearn; **the Stone A~,** Oes y Cerrig; **the Middle Ages,** yr Oesoedd/Oesau Canol, y Canol Oesoedd; *Myth:* **the Golden A~,** yr Oes Aur, yr Oes Euraid, y Cyfnod Araul; **the A~ of Faith,** Oes Ffydd/Cred, Oesoedd Ffydd/Cred; **the A~ of Reason,** Oes Rheswm; *(b)* **(I haven't seen him) in ages,** (nid wyf wedi ei weld) ers oesoedd, ers hydoedd, ers cantoedd, ers peth amser, ers allan o hydion, ers allanodion, ers tipyn, ers wn i ddim pa oes, *S.W: occ:* ers cetyn, ers prydoedd, *N.W:* ers talwm, *occ:* ers pobiad, *F:* ers oes mul, *S:* ers lawer dydd, *S: occ:* ers achau; **(I waited) ages,** (bûm yn aros) am oesoedd, am hydoedd, *occ:* am y rhawg ar hugain. **~-concern** *n.* gofal (*m*) am yr henoed; **A~ Concern Wales,** Cyngor (*m*) Henoed Cymru. **~-group** *n. Adm: Mil:* grŵp (grwpiau) (*m*) oedran. **~-hardening** *vn. Metall:* oesgaledu. **~-long** *a.* oesol. **~-mate** *n. U.S:* cyfoed(-ion) *m.* **~-old** *a.* oesol, hynafol. **A~-related Widow's Pension** *n.* Pensiwn (*m*) Gweddw (Pensiynau Gweddwon) yn ôl Oedran. **~-ring** *n. Bot:* cylch(-au) (*m*) oed. **~-structure** *n. Geog:* adeiledd(-au) (*m*) oedran.

age[2] *v.i.&t.* **1.** *v.i.* heneiddio, mynd yn hŷn, mynd yn hen, mynd i oed, tynnu ymlaen, *F:* mynd ar eich hen sodlau, *S.W: F:* bwrw 'mlaen; **she has aged terribly,** mae hi wedi heneiddio['n arw/enbyd]; mae hi wedi torri'n arw. **2.** *v.t.* *(a)* heneiddio (rhn), gwn|eud (rhn) yn hŷn, *S: occ:* hala (rhn) yn hŷn; *(b) Ind: &c: (wine):* aeddfedu. **3.** *(= determine age):* pennu oed (rhth).

aged *a.* **1.** hen, mewn oed, oedrannus, mewn gwth o oedran; **an ~ man,** hen ŵr *m*, henwr (henwyr) *m*, hynafgwr (hynafgwyr) *m*, hen ddyn(-ion) *m*; **an ~ woman,** gwraig oedrannus *f*, hen wraig; **~ sick,** claf (cleifion) oedrannus *m*, yr henoed (*m*) claf, henglaf (hengleifion) *m* (*pronounced* ng-g); *n.pl.* **the ~,** yr henoed, yr hen bobl, yr hen, yr oedrannus. **2.** *(a)* **~ two,** dwyflwydd oed; **~ three,** teirblwydd oed, tair oed; **~ four,** pedair [blwydd] oed; **~ five,** pum mlwydd oed, pump oed; **~ ten,** dengmlwydd oed, deg oed; **~ twenty,** ugain [mlwydd] oed; **~ forty,** deugain [mlwydd] oed; **~ fifty,** hanner canmlwydd oed, hanner cant oed; **~ a hundred,** canmlwydd oed, cant oed; *(b)* **I found him greatly ~,** fe'i cefais wedi heneiddio'n fawr.

agedness *n.* henaint *m*; golwg henaidd *f* (ar rn).

ageing[1] *a.* **1.** *(intransitive):* yn heneiddio, yn mynd yn hen, yn mynd yn hŷn, yn tynnu ymlaen, *S. W: F: occ:* yn bwrw 'mlaen, yn clatsio ymlaen; **an ~ population,** poblogaeth sy'n heneiddio. **2.** *(transitive):* sy'n heneiddio, heneiddiol.

ageing[2] *vn.* **1.** heneiddio. **2.** *(determine age):* pennu oed.

ageism *n.* oedraniaeth *f*, rhagfarn (*f*) oed.

ageist *n.* & *a.* **1.** *n.* oedraniaethwr: oedraniaethydd (oedraniaethwyr) *m*. **2.** oedraniaethol.

ageless *a.* **1.** *(= ever young):* bythol, dihenaint, *Fig:* bytholwyrdd. **2.** *(= eternal):* oesol, bythol, tragwyddol, digyfnewid. **3.** *(= of no discernible age):* heb oed, dioedran.

agelessly *adv.* yn fythol *&c.*

agelessness *n.* bytholrwydd *m*.

agency *n.* **1.** *(a)* gweithrediad(-au) *m*, effaith (effeithiau) *f*, gwaith *m*; **through the ~ of water,** trwy effaith dŵr; *(b) (= mediacy):* cyfrwng *m*, cyfryngiad *m*; **through s.o.'s ~,** trwy gyfrwng rhn; *Econ:* cyfryngaeth *f*; *Adm:* cyfryngiad. **2.** *Com:* swyddfa (swyddf|eydd) *f*, asiantaeth(-au) *f*, gweithredfa (gweithredf|eydd) *f*; **advertising ~,** asiantaeth hysbysebu; **Employment Services A~,** Swyddfa'r Gwasanaeth Cyflogi; **outside agencies,** cyrff/gwasanaethau allanol; *Lib:* **~ power,** pŵer (*m*) asiantaeth; **travel ~,** swyddfa deithio (swyddfeydd teithio); **estate ~,** swyddfa gwerthu tai/eiddo; *Pol:* **A~ for International Development,** y Gorfforaeth (*f*) Ddatblygu Ryngwladol.

agenda *n.pl.* agenda (agendâu) *f*, rhaglen(-ni) *f*, materion (*pl*) i'w trafod; **to set the ~,** gosod yr agenda, pennu'r agenda.

agendaless *a.* heb agenda.

agendum *n.* agendwm (agenda) *m*.

agene *n. Ch:* agen *m*.

agenesis *n. Med:* diffyg (*m*) datblygiad, ag|enesis *m*.

agenize *v.t. Ch:* ageneiddio.

agent *n.* **1.** *(a)* gweithredwr: gweithredydd (gweithredwyr) *m* (**for s.o.,** ar ran rhn); **free ~,** rhyddweithredwr (rhyddweithredwyr) *m*; **he's a free ~,** mae'n rhydd i weithredu fel y myn[n]; **secret ~,** ysbïwr (ysbïwyr) *m*, ysbïwraig (ysbiwragedd) *f*, cudd-swyddog(-ion) *m*, cudd-weithredwr (~-weithredwyr) *m*; *(b) Com: &c:* cynrychiolwr: cynrychiolydd (cynrychiolwyr) *m*, *occ:* asiant(-iaid) *m*; **sole ~,** unig gynrychiolydd; **advertising ~,** swyddog(-ion) (*m*) hysbysebu, asiant hysbysebu; *Pol:* **election ~,** cynrychiolydd etholiadol; **forwarding ~,** blaenyrrwr (blaenyrwyr) *m*; **press ~,** swyddog(-ion) (*m*) cyhoeddusrwydd, swyddog y wasg; **estate ~,** gwerthwr (gwerthwyr) (*m*) tai/eiddo, gwerthwr tir a thai; **travel ~,** trefnydd (trefnwyr) (*m*) teithiau; **land ~,** *(i) (= steward):* stiward(-iaid) (*m*) tir; *(ii) (= auctioneer):* gwerthwr tir/tiroedd; **law ~,** = **solicitor**; *(c) Ch: Laund: Geol: &c:* cyfrwng (cyfryngau) *m*; **drying ~,** cyfrwng sychu; **liquefying ~,** cyfrwng hylifoli; **anti-corrosion ~,** cyfrwng gwrth-gyrydiad; **anti-redeposition ~,** cyfrwng gwrth-ailddyddodi. **~ general** *n. Dipl:* prif gynrychiolydd (~ gynrychiolwyr). **~ *provocateur*** *n.* cudd-gynhyrfwr (~-gynhyrfwyr) *m*.

agentry *n.* = **agency**.

ageratum *n. Bot:* ageratwm (agerata) *m*.

agger *n. Archeol:* sarn(-au) *f*.

aggiornamento *n.* diweddariad(-au) *m*, diweddaru *vn*.

agglomerate[1] *a.* & *n.* **1.** *a.* casgledig. **2.** *n. Geog:* llosg-garnedd(-au) *f*, athyriad(-au) *m*.

agglomerate[2] *v.t.&i.* **1.** *v.t.* **to ~ (sth),** cydgasglu, casglu, cynnull, crugio, pentyrru (rhth); casglu (rhth) yn bentwr/gruglwyth/grugyn; hel (rhth) ynghyd mewn pentwr *&c.* **2.** *v.i. (of people):* ymgasglu, ymgynnull, cynnull ynghyd; *Geog:* athyrru.

agglomeration *n.* **1.** cydgasgliad(-au) *m*, pentwr (pentyrrau) *m*, cruglwyth(-i) *m*, carnedd(-au,-i) *f*, crugyn(-nau) *m*, casgliad(-au) *m*, crynhoad (crynoadau) *m*; *(of people):* tyrfa(-oedd) *f*, cynulliad(-au) *m*, *S:* crugyn *m*, twr (tyrrau) *m*. **2.** *Geog: Lib:* athyriad(-au) *m*.

agglomerative *a.* pentyrrol, cydgasglol.

agglutinability *n.* cyflynoldeb *m*.

agglutinant *a.* & *n.* **1.** *a.* cyflynol, cyfludiol. **2.** *n.* cyflynwr: cyflynydd (cyflynwyr) *m*, cyfludiwr: cyfludydd (cyfludwyr) *m*.

agglutinate[1] *a.* cyflynedig, cyfludedig.

agglutinate[2] *v.t.&i.* **1.** *v.t.* *(a)* glynu/gludio (rhth) ynghyd, cyflynu/cyfludio (rhth); *(b) Ling:* cyflynu. **2.** *v.i.* cyflynu.

agglutinated *a.* cyflynedig, cyfludedig.

agglutination *n.* *(a)* cyflyniad(-au) *m*, cyfludiad(-au) *m*, gludiad(-au) *m*; *vn.* = **agglutinate**[2]; *(b) Ling:* cyflyniad *m*.

agglutinative *a.* *(a)* gludiog, glynol, cyfludiol, cyflynol; *(b) Ling:* cyflynol.

agglutinin *n. Bio-Ch:* cyfludydd(-ion) *m*.

agglutinogen *n. Bio-Ch:* aglwt|inogen (aglwtinogenau) *m*.

agglutinogenic *a. Bio-Ch:* aglwtinogenig.

aggradation *n. Geog: Ph:* adraddiant (adraddiannau) *m*.

aggrade *v.t.&i. Geog: Ph:* adraddio.

aggrandize *v.t.* **1.** *(= increase):* mawrh|au, cynyddu (rhth); ychwanegu (at rth); *(= elevate):* dyrchafu, tra-dyrchafu; *(= strengthen):* cryfh|au; *(= enrich):* cyfoethogi; **to ~ oneself,** ymddyrchafu. **2.** *(= overdo, exaggerate):* gor-wn|eud, goreuro, goraddurno.

aggrandizement *n.* *(= increase):* dyrchafiad *m*, mawrhad *m*, mwyhad *m*; **self-~,** ymddyrchafu *vn*, hunanfawrhad *m*; *vn.* = **aggrandize**.

aggrandizer *n.* dyrchafwr (dyrchafwyr) *m*, mawrygwr (mawrygwyr) *m*; **self-~,** ymddyrchafwr (ymddyrchafwyr) *m*.

aggravate *v.t.* **1.** *(a) (= make worse):* gwaethygu, difrifoli (rhth); gwn|eud (rhth) yn waeth; *(situation):* dwysáu, gwaethygu; *(b) (= augment):* ychwanegu (at rth); **to ~ an injury,** *Sp: &c:* gwaethygu anaf, gwneud anaf yn waeth; *Fig:* rhoi halen ar y briw. **2.** *F:* = **exasperate**.

aggravated *a. Jur:* **~ assault,** ymosodiad(-au) difrifolach *m*.

aggravating *a.* **1.** gwaethygol. **2.** *F:* = **exasperating**.

aggravatingly *adv.* = **exasperatingly**.

aggravation *n.* **1.** *(= worsening):* gwaethygiad(-au) *m*, gwaethygu *vn*; *S.a.* **aggravate**. **2.** = **exasperation**.

aggregate[1] *a.* & *n.* **1.** *a.* *(a)* cydgasgledig, cyfansymiol, gyda'i gilydd, rhwng popeth; **for an ~ period of three years,** am gyfnod o dair blynedd gyda'i gilydd, am gyfanswm o dair blynedd; *Ind:* **~ output,** cynnyrch cyflawn *m*, cynnyrch yn ei grynswth, crynswth (*m*) y cynnyrch; *Mth:* cyfanredol; **~ score,** y sgôr gyda'i gilydd; *(b) Bot:* cydgasglol, ymgasglol; *Geog:* cydrisialog. **2.** *n.* *(a) (= total):* cyfanswm (cyfansymiau) *m*, crynswth *m*; cyfangorff *m* (*pronounced* ng-g); *Mth: Econ:* cyfanred(-au) *m*; **in the ~,** fel cyfangorff, gyda'i gilydd, mewn crynswth, mewn cydgasgliad, yn gyfanredol; *Fb:* **(we won 4-3) on ~,** (enillasom o bedair i dair) gyda'i gilydd, rhwng y ddwy gêm; *(b) (= assemblage of materials):* cydgasgliad(-au) *m*; *Geog:* clobynfaen (clobynfeini) *m*, agreg(-au,-iadau) *f*; *Aut:* agreg; *(c) Civ.E: Constr:* cerrig mân *pl*, gro *m*, graean *m*.

aggregate[2] **1.** *v.t.* *(a)* cydgasglu, cydgrynh|oi, crynh|oi, cyfuno, cyfansymio (rhth); casglu/hel (rhth) ynghyd, casglu/hel (rhth) at ei gilydd; *(b)* **to ~ s.o. to a society,** uno/cyfuno rhn â chymdeithas. **2.** *v.i.* *(a) (= total):* **the armies aggregated 20,000 men,** cyfanswm y byddinoedd oedd ugain mil o wŷr; 'roedd y byddinoedd yn ugain mil o wŷr yn eu crynswth; *(b) (= form a whole):* ymgasglu, ymgrynh|oi, ymdyrru; *(c) Geog:* agregu.

aggregately *adv.* gyda'i gilydd, mewn crynswth.

aggregation *n.* **1.** *(of objects):* cydgasgliad(-au) *m*, cydgrynhoad (cydgrynoadau) *m*; *(of numbers):* cyfanswm (cyfansymiau) *m*, cyfanrif(-au) *m*; *Econ:* cyfanrediad(-au) *m*. **2.** *Ph:* agreg(-au) *f*; *Mth:* cyfanred(-au) *m*.

aggress *v.i.* ymosod (**on s.o.,** ar rn).

aggression *n.* **1.** *(= attack):* ymosodiad(-au) *m*, trais *m*, ymosod *vn*; *Hist:* rhyfelgyrch(-oedd) *m*, treisgyrch(-oedd) *m*; **non-~,** anymosodedd *m*; **non-~ pact,** cytundeb(-au) (*m*) anymosod. **2.**

(*= hostility*): rhyfelgarwch *m*, ymladdgarwch *m*; *Psy:* ymosodedd *m*, ymladdgaredd *m*.

aggressive *a.* *(a)* ymosodol, ymladdgar; *Bot:* **~ fungus,** ffwng (ffyngoedd) ffyrnig *m*; **to assume the ~,** dechrau ymosod, troi i ymosod, *F:* troi'r tu min; *(b) U.S:* = **energetic, forceful.**

aggressively *adv.* yn ymosodol *&c.*

aggressiveness, aggressivity *n.* natur ymosodol *f*, ymddygiad ymosodol *m*, ymosodoldeb *m*; *(of country)*: rhyfelgarwch *m*, ymladdgarwch *m*, treisgarwch *m*.

aggressor *n.* ymosodwr (ymosodwyr) *m*; *Hist:* treisiwr (treiswyr) *m*, treisgyrchwr (treisgyrchwyr) *m*. **~ nation,** cenedl dreisiol (cenhedloedd treisiol) *f*; **Germany was believed to be the ~ nation,** credid mai'r Almaen a wnaeth y trais.

aggrieve *v.t.* peri galar/loes/gofid/trallod (i rn), trallodi (rhn).

aggrieved *a.* dig, dicllon; *Jur:* tramgwyddedig; **any person who may consider himself ~ may appeal,** y neb sy'n tybio iddo gael cam, caiff apelio; **he was very ~,** *F:* fe deimlodd i'r byw; fe gymerodd ato'n arw.

aggrievedly *adv.* yn ddig *&c.*

aggro *n. F:* (*= aggression, aggravation*): helynt *f*, twrw *m*, stŵr *m*, *S:* mwstwr *m*; **there was some ~,** fe aeth hi'n daro; bu codi dyrnau.

aghast *a.* mewn dychryn, syn, syfrdan, wedi synnu, wedi syfrdanu; **to be/stand ~ at sth,** arswydo at rth.

agile *a.* heini, sionc, gwisgi, hoenus, hoyw(-on), *Lit: occ:* chwim, buan, ysgafndroed, chwimwth; **he has an ~ brain,** mae'n chwim ei feddwl; *S:* mae meddwl clou gyda fe.

agilely *adv.* yn heini *&c.*

agility *n.* sioncrwydd *m*, hoywder *m*, chwimder *m*, ystwythder *m*; **~ exercises,** ymarferion ystwytho.

agin *prep. F:* = **against.**

aging *a.* = **ageing.**

agio *n. Fin:* tâl (taliadau) (*m*) cyfnewid arian, ***agio(-s)*** *m*.

agiotage *n. Fin:* ***agiotage*** *m*, cyfnewid (*vn*) arian, trafod (*vn*) stoc.

agist *v.t.* porfelu, porfela, tacio.

agisted *a.* **~ sheep,** defaid cadw, *M.W:* defaid tro, *S.W:* defaid tac.

agistment *n. Agr:* porfelaeth *f*, treth (*f*) ar borfa, treth borfelaeth.

agitate *v.t.&i.* **1.** *v.t.* *(a) (water &c)*: corddi, aflonyddu, cyffr|oi, cynhyrfu; *(b) (feelings &c)*: corddi, cynhyrfu, cyffroi, cythryblu, cythruddo. **2.** *v.i.* **to ~ for sth,** ymgyrchu dros rth, galw am rth, cynhyrfu o blaid rhth, creu/codi stŵr o blaid rhth.

agitated *a.* *(a) (water &c)*: aflonydd; *(b) (feelings &c)*: cynhyrfus, cythryblus, cyffr|ous, yn gyffro i gyd, yn gynnwrf i gyd, aflonydd; *(pers.)*: ffwdanus, ffwdanllyd, *N.W: F:* ffrwcslyd; **(he was) very ~,** ('roedd) yn fawr ei ffwdan, fel gafr ar d'ranau, ar bigau drain.

agitatedly *adv.* yn gynhyrfus *&c*, *F:* ar bigau drain, fel gafr ar d'ranau, *N.W: F:* yn ffrwcslyd, mewn ffrwcs.

agitating *a.* cynhyrfiol, yn creu cynnwrf.

agitation *n.* **1.** *(a) (of water &c)*: cynnwrf *m*, cynhyrfiad *m*, symudiad *m*, corddiad *m*, corddi *vn*; **(the sea was) in ~,** ('roedd y môr) yn corddi, yn gythryblus, yn berwi, yn ferw; *(b) Laund:* **mechanical ~,** cynnwrf mecanyddol; **maximum ~,** y cynnwrf hwyaf; **medium ~,** cynnwrf cymedrol; **minimum ~,** y cynnwrf byrraf. **2.** *(a) (of mind &c)*: cynnwrf, cyffro *m*, aflonyddwch *m*; *(b) Pol:* (*= unrest*): terfysg *m*, cythrwfl *m*, stŵr *m*, mwstwr *m*, helbul(-on) *m*; (*= campaigning*): ymgyrchu *vn*, ymgyrch(-oedd) *mf*. **3.** *(of question)*: gwyntyllu *vn*, gwyntylliad *m*.

agitational, agitative *a.* **1.** cynyrfiadol. **2.** (*= campaigning*): ymgyrchol.

agitato *a. & adv. Mus:* yn aflonydd, yn gynhyrfus.

agitator *n.* **1.** *(pers.)*: cynhyrfwr (cynhyrfwyr) *m*, cynh|yrfwraig *f*, cyffröwr (cyffrowyr) *m*, cyffrowraig (cyffrowragedd) *f*, aflonyddwr (aflonyddwyr) *m*, aflon|yddwraig *f*, tyrfwr (tyrfwyr) *m*, t|yrfwraig (tyrfwragedd) *f*, codwr (codwyr) (*m*) helynt, c|odwraig (*f*) helynt. **2.** *Ind:* corddwr (corddwyr) *m*, cymysgwr (cymysgwyr) *m*, siglwr (siglwyr) *m*; *Laund:* cynhyrfydd (cynyrfyddion) *m*, tyrfell(-au) *f*; **central ~,** cynhyrfydd canolog; *Metalw:* tarfwr (tarfwyr) *m*.

agitprop *a. & attrib.* ***agitprop*** *m*.

aglare *a.* = **glaring.**

agleam *a.* = **gleaming**[1].

aglet *n. Cost:* blaen (*m*) carrai (blaenau careiau).

aglitter *a.* = **glittering.**

aglossa *n. Amph:* llyffant (llyffaint) didafod *m*.

aglow *adv.* **1.** *(of embers &c)*: yn goch, yn boeth, yn dwym; **to be all ~ with colour,** disgleirio'n lliwgar, pelydru lliw, tanbeidio lliw; **with eyes ~,** â llygaid yn pefrio. **2.** *(pers.)*: **~ with health,** gwridog iach, yng ngwrid iechyd; **I was all ~,** 'roeddwn i'n gynnes/dwym [i gyd/drwof].

aglycon[e] *n. Ch:* |aglycon (aglyconau) *m*.

agma *n. Phon: Typ:* agma *f*, eng *f*.

agminate[d] *a.* clystyrog, cydgasgledig.

agnail *n. S:* ewinbil(-ion,-iau) *m*, ffelwm *m*, *S.W:* wimbil *m*, ffalwm *m*, *N:* [e]winor *f*, wingar *f*, ewingas *m (both pronounced* ng-g), *M.W:* bystwn *m*, *Lit: occ:* ewinwasg *fm*, gwlithen *f*.

agnate *a. & n.* **1.** *a.* agnodol. **2.** *n.* agnawd (agnodion) *mf*.

agnatha *n.pl. Z:* agnatha.

agnatic *a.* agnodol.

agnatically *adv.* yn agnodol.

agnation *n.* agnodiad *m*.

agniology *n. Theol:* anwybodeg *f*.

agnomen *n. Rom.Ant:* adenw(-au) *m*.

agnostic *a. & n.* **1.** *a.* agnostig, amheuol. **2.** *n.* agnostig: agnostic(-iaid) *m&f*, amheuwr (amheuwyr) *m*, amh|euwraig *f*.

agnosticism *n.* agnostigiaeth: agnosticiaeth *f*.

agnus castus *n. Bot:* gwarchlys *m*.

Agnus Dei *n.* **1.** *B:* Oen (*m*) Duw. **2.** *R.C.Ch:* ***Agnus Dei*** *m*.

ago *adv.* yn ôl; **ten years ~,** deng mlynedd yn ôl; **a little while ~,** gynnau, ychydig [bach] yn ôl, ychydig [amser] yn ôl, dro bach yn ôl, yn ddiweddar, *S.W:* gynnau fach, *S:* ers cetyn bach; **four years ~ today,** pedair blynedd i heddiw, *S.W:* pedair blynedd ar gefen heddi; **long ~,** amser maith yn ôl, ers amser, ers talm, ers tro byd, *S:* ers llawer dydd, 'slawer dydd, *N:* ers talwm; **not long ~,** ychydig yn ôl, yn ddiweddar; **she went long ~,** mae hi wedi hen fynd; mae hi wedi mynd ers tro; **how long ~ is it since they came?** [pa] faint sydd er pan ddaethant? **as long ~ as 1840,** cyn belled yn ôl â 1840, mor bell yn ôl â 1840; **so long ~,** ers cymaint o amser, er[s] cyd o amser; **that was so long ~,** mae cymaint oddi ar hynny; ers talwm oedd hynny; **I knew her long ~,** 'roeddwn i'n ei hadnabod ers talwm; **no longer ~ than yesterday,** ddoe ddiwethaf yn y byd.

agog *adv. & a.* **all ~,** mewn cyffro, ar bigau drain, ar binnau, fel gafr ar d'ranau; **the whole town was ~,** 'roedd y dref yn ferw/gyffro i gyd; **they were all ~ to hear the news,** 'roeddynt yn ysu am gael clywed y newydd.

agon *n.* ymryson(-au) *m*, cystadleuaeth (cystadl[eu]aethau) *f*, ymrysonfa (ymrysonf|eydd) *f*.

agonal *a.* ingol, gloesol.

agonic *a. Geog:* agonig.

agonist *n.* **1.** = **competitor. 2.** *Anat:* tynhäwr (tynhawyr) *m*.

agonsitic[al] *a.* ymosodol.

agonistically *adv.* yn ymosodol.

Agonizants *n.pl. Theol:* Agoniaid, Ingwyr.

agonize *v.t.&i.* **1.** *v.t.* (*= torture*): arteithio, dirdynnu, dirboeni, poenydio. **2.** *v.i.* *(a)* (*= be in agony*): dioddef arteithiau; *(b)* (*= worry*): ymboeni, poeni, *N.W: occ:* poenhydio **(over sth,** yngh|ylch rhth).

agonized *a.* ingol, arteithiedig, gwewyrus; **~ screams,** sgrechiadau rhywun mewn poen, sgrechiadau dirdynnol; **I was ~ at the thought that ...,** 'roeddwn mewn gwewyr/ing wrth feddwl ....

agonizing *a. (pain, fear)*: arteithiol, dirdynnol, ingol; *(situation, decision, dilemma &c)*: ingol.

agonizingly *adv.* yn arteithiol *&c*; **~ slow,** poenus o araf.

agony *n.* **1.** artaith (arteithiau) *f*, gwewyr *m*, poen(-au) *mf*, pang(-f|eydd) *m*, ing(-oedd) *m*. *Lit: occ:* dirboen(-au) *f*, gloes(-au) *f*; *Theol:* dioddefaint *m*; **mental ~,** gwewyr meddwl; **in an ~ of indecision,** mewn gwewyr ansicrwydd; **in an ~ of fear,** mewn ofn arteithiol; **to suffer agonies,** dioddef arteithiau/ingoedd/pangfeydd, dioddef yn enbyd/angerddol; **to put/pile/turn on the ~,** gor-ddweud stori, gwneud môr a mynydd o rth. **2. [death] ~,** gloes angau, ing angau, gwasgfa (gwasgf|eydd) *f* angau. **~ aunt** *n. Journ: F:* modryb (*f*) ofidiau (modrabedd gofidiau). **~ column** *n. Journ: F:* colofn(-au) (*f*) negesi.

agora *n. Gr.Ant:* marchnadfa(-oedd) *f*.

agoraphobia *n. Psy:* agoraffobia *m*, ofn (*m*) yr agored.

agoraphobiac *n.* agoraffobiad (agoraffobiaid) *m&f*.

agoraphobic *a.* agoraffobig.

agouti *n. Z:* agwti (agwtïod) *m*.

agraffe *n. Surg: &c:* clasb(-iau) *m*.

agranulocyte *n. Path:* agr|anwlosyt (agranwlosytau) *m.*
agranulocytosis *n. Med:* agranwlosytosis *m.*
agrapha *n.pl. Rel:* agraffa.
agraphia *n. Med:* agraffia *m*, anallu (*m*) i ysgrifennu.
agraphic *a. Med:* agraffig, analluog i ysgrifennu.
agrarian *a. & n.* **1.** *a.* amaethyddol, *occ:* amaethol; **~ discontent,** anesmwythyd (*m*) cefn gwlad, anniddigrwydd (*m*) cefn gwlad, *F:* helyntion (*pl*) y tir; **~ movements,** mudiadau cefn gwlad, mudiadau amaethol; **~ society,** cymdeithas amaethol *f*; **the A~ Revolution,** y Chwyldro Amaethyddol. **2.** *n. Pol:* agrariad (agrariaid) *m&f.*
agrarianism *n.* agrariaeth *f.*
agree I. *v.t.&i.* **1.** *v.t.&i.* cytuno (**with sth,** â rhth, ar rth); cyd-weld, cyd-fynd, cydolygu, cydsynio (â rhth); **to ~ to a condition,** derbyn amod, cytuno ar amod; **to ~ to a request,** derbyn cais, cytuno â chais; **to ~ to do sth,** cytuno i wneud rhth; **I ~ that he was mistaken,** yr wyf yn cydnabod/cytuno ei fod yn methu; **unless otherwise agreed,** oni chytunir yn wahanol; **[that is] agreed!** cytuno! **to ~ to differ/disagree,** cytuno i anghytuno; **I can't ~ with people gambling,** ni allaf ddygymod/gyd-fynd â phobl yn betio. **2.** *v.i.* **I quite ~,** yr wyf yn cytuno'n hollol; **"she's right!" he agreed,** "mae hi'n iawn!" meddai/cytunodd. **3.** *v.i.* *(of thgs) (a)* cytgordio, cytuno, bod yn gytûn, bod yn gyson; **that doesn't ~ with what he said,** nid yw hynny'n gyson â'r hyn a ddywedodd; *(b) Gram:* cytuno; *(c)* **the heat does not ~ with him,** nid yw'r gwres yn dygymod ag ef; nid yw ef yn dygymod â'r gwres; *S:* 'dyw'r gwres ddim yn cytuno ag e; *N: occ:* dydi'r gwres ddim yn gwneud ag o. II. *v.t.* **to ~ prices,** cytuno ar brisiau; *Book-k:* **to ~ books,** cysoni'r/cytgordio'r cyfrifon.
agreeability *n.* hyfrydwch *m*, hynawsedd *m*, dymunoldeb *m.*
agreeable *a.* **1.** *(a)* dymunol, hyfryd, braf; **an ~ sensation,** teimlad braf; *(pers.):* dymunol, hynaws, hawddgar, rhadlon, hyfryd, *N.W: occ:* nobl; *(b)* **if that's ~ to them,** os yw hynny'n iawn/dderbyniol ganddynt. **2.** *pred.* bodlon, parod; **to be ~ to do sth,** cytuno i wneud rhth, bod yn fodlon gwneud rhth, bod yn barod i wneud rhth; **I am [quite] ~,** 'rwy'n [berffaith] fodlon; 'rwy'n cytuno; 'rwy'n [ddigon] bodlon.
agreeableness *n.* **1.** *(of pers.):* hynawsedd *m*, rhadlondeb *m*, hawddgarwch *m*, dymunoldeb *m.* **2.** *(of thg):* hyfrydwch *m*, dymunoldeb. **3.** *(= willingness)*; parodrwydd (*m*) i gytuno, bodlonrwydd *m.*
agreeably *adv.* **1.** yn ddymunol; **I was ~ surprised,** fe'm siomwyd ar yr ochr orau; 'roeddwn i wedi fy synnu'n braf; cefais syndod braf. **2.** *(= consonant with):* yn unol, yn gyson, yn gytûn (â rhth).
agreed *a.* **1.** *(pers.):* cytûn, unfryd, o'r un farn, unfarn; **we are all ~,** yr ydym yn gytûn/unfryd/unfarn; yr ydym yn unfryd unfarn. **2.** *(price, policy &c):* a gytunwyd, y cytunwyd arno, cytunedig, cytûn.
agreement *n.* **1.** *Com: Jur: &c: (document):* cytundeb(-au) *m*, *occ:* cytuniad(-au) *m*, amod(-au) *mf*; **an ~ to do sth,** cytundeb i wneud rhth; *Jur:* **subject to ~,** yn amodol ar gytundeb; *Archives:* **crew ~,** cytundeb y criw; **tenancy ~,** cytundeb tenantiaeth; **to enter into an ~ with s.o., to conclude an ~ with s.o.,** gwn|eud cytundeb â rhn, *occ:* gwneud amod â rhn. **2.** *(a) (= accord):* cytundeb *m*, cydsyniad *m* (**on/about sth,** yngh|ylch rhth); **(~) to a request,** (cytundeb) â chais, ar gais; **to be in ~ (with) s.o.,** cytuno, cyd-weld, bod yn gytûn (â rhn); **to reach an ~,** dod i gytundeb; *Com:* **as per ~,** fel [ag] y cytunwyd, yn unol â'r cytundeb; **by mutual ~,** trwy gytundeb o'r ddeutu; *Pol:* cydweulediad *m*; **heads of ~,** pennau cytundeb; *(b) (= informal understanding):* dealltwriaeth(-au) *f.* **3.** *Gram: &c: (= conformity):* cytundeb.
agrémen[t]s *n.pl.* addurnau, mwynderau.
agrestic *a.* gwledig, gwladaidd.
agribusiness *n. U.S:* y fasnach (*f*) amaeth.
agricultural *a.* amaethyddol; **~ worker,** gweithiwr (gweithwyr) amaethyddol *m*, gwas (*m*) fferm (gweision fferm/ffermydd); **~ college,** coleg(-au) (*m*) amaethyddol; **~ show,** sioe(-au) amaethyddol *f*, *N.W: occ:* pr[e]imin(-au) *m*, *S.W: occ:* mownti(-s) *m*; *Jur:* **~ holding,** daliad(-au) (*m*) amaethyddol; **~ over-exploitation,** gorgynhyrchu (*vn*) amaethyddol; **~ tenancy,** tenantiaeth(-au) amaethyddol *f*; **the A~ Mortgage Corporation,** y Gorfforaeth (*f*) Morgeisiau Amaethyddol; *Pol:* **the ~ revolution,** y chwyldro amaethyddol *m*; **~ produce,** cynnyrch amaethyddol *m*; *Archeol:* **transhumant ~ society,** cymdeithas drawstrefol amaethyddol *f.*
agriculturalist *n.* amaethwr (amaethwyr) *m.*
agriculturally *adv.* yn amaethyddol.
agriculture *n.* amaethyddiaeth *f*, amaethu *vn*, *Lit:* amaeth *f*; *Archeol:* **garden ~,** amaethu gerddi; **pioneer ~,** amaethu arloesol; **slash and burn ~,** amaethu hac a llosgi, amaethu torri a llosgi; **spade ~,** amaethu rhaw bâl. *Adm:* **the Ministry of A~,** y Weinyddiaeth (*f*) Amaeth.
agriculturist *n.* amaethwr (amaethwyr) *m.*
agrimony *n. Bot:* **1. common ~,** *(Agrimonia eupatoria):* llysiau(*pl*)'r dryw, llysiau'r fuddai, *A: Lit:* trydon *f*, cwlyn (*m*) y mêl, cychwlyn *m*, tryw *m*, caliwlyn (*m*) y mêl, y felysig *f*, blaen (*m*) y conyn ar y mêl; **fragrant ~,** *(A. procera):* llysiau'r dryw peraroglus. **2. hemp ~,** *(Eupatorium cannabinum):* bydon chwerw *f*, byddon chwerw *f*, cywarch (*m*) dŵr, llysiau (*pl*) Mair Fadlen, bedwen chwerw *f*, cywarch gwyllt.
agrion *n. Ent:* agrion(-au) *f*; **bonded ~,** agrion wych; **demoiselle ~,** agrion dywyll.
agriot *n. Bot:* ceiriosen sur (ceirios surion) *f.*
agro- *comb.fm.* agro-, amaeth-. **~-chemical** *a.* agrocemegol. **~-forestry** *n.* coedwigaeth amaethyddol *f*, amaethgoedwigaeth *f.* **~-industrial** *a.* agroddiwydiannol.
agrobiologic[al] *a.* agrobiolegol.
agrobiologically *adv.* yn agrobiolegol.
agrobiologist *n.* agrobiolegwr: agrobiolegydd (agrobiolegwyr) *m.*
agrobiology *n.* agrobioleg *f.*
agrologic[al] *a.* priddegol.
agrologically *adv.* yn briddegol.
agrologist *n.* priddegwr: priddegydd (priddegwyr) *m.*
agrology *n.* priddeg *f*, gwyddor (*f*) pridd.
agronomic[al] *a.* agronomegol.
agronomically *adv.* yn agronomegol.
agronomist *n.* agronomegwr: agronomegydd (agronomegwyr) *m.*
agronomy *n.* agronomeg *f.*
agrostis *n. Bot:* maeswellt *m*; *S.a.* **bent**[3].
agrostology *n. Bot:* glaswelltteg *f*, gweireg *f.*
aground *adv. Nau:* ar lawr, ar y creigiau, ar dir, yn sownd, ar sarn, ar gefnen; **to go ~,** mynd ar lawr, mynd ar y creigiau *&c*; **the ship ran ~,** aeth y llong ar lawr; trawodd y llong ar lawr; **to run a ship ~,** hwylio llong ar graig.
ague *n. Med: A:* y cryd *m*, y ddurton *f*, y cryd crynu, yr acses/acsys *mf*; **a fit of ~,** crynfa(*f*)'r cryd, hwrdd (*mf*) o'r cryd, *N. W:* crynu'r acsys; **burning ~,** cryd poeth; **dumb ~,** cryd mud, yr acsys fud; **quartan ~,** cryd y pedwerydd dydd, cryd cwartan; **quotidian ~,** cryd beunyddiol; **intermittent ~, tertian ~,** cryd tridiau, teirthon *f*, y deirthon *f*, *S. W: occ:* y ddritod *f*, cryd y wrach.
agued *a.* crynedig, a'r cryd arnoch.
aguish *a.* crydol, crynol, crynedig.
aguishly *adv.* yn grydol *&c.*
ah *int.* a!
aha *int.* aha!
Ahasuerus *Pr.n.m. B:* Ahasferus.
ahead *adv.* **1.** *Nau: (a)* **to be ~,** bod ar y blaen (**of sth,** i rth); **breakers ~!** tonnau o'n blaen! **the ship was right ~,** 'roedd y llong yn syth o'n blaenau; **to go ~,** mynd yml|aen; **full speed ~!** ymlaen ar frys! *occ:* tân arni! traed dani! **wind ~,** gwynt o'ch blaen, gwynt o flaen y llong. **2.** *(a)* ymlaen; **to go ~,** mynd yn eich blaen, mynd ymlaen, mynd rhagoch; **to get ~,** *(= succeed):* llwyddo, dod ymlaen; **he is determined to get ~,** mae ef yn benderfynol o ddod yn ei flaen; **to draw ~ of s.o.,** mynd heibio i rn, achub y blaen ar rn, goddiweddyd rhn; **to be ~ of the bunch,** bod ar y blaen i bawb arall; **~ of s.o.,** o flaen rhn; **~ of us,** o'n blaenau ni; **he was two hours ~ of the others,** 'roedd ddwy awr o flaen y lleill; **he is ~ of his time,** mae o flaen ei oes; **~ of time,** *(i) (clock):* yn ennill, yn fuan, ar y blaen; *(ii) (= early):* cyn pryd, o flaen yr amser; **to get ~ of s.o.,** mynd heibio i rn; **to look ~,** edrych i'r dyfodol, edrych ymlaen; **looking ~,** ac edrych yn ein blaenau; **how far ~ (should one book a ticket)?** erbyn pa bryd, faint o flaen llaw (y dylid sicrhau tocyn)? *Sch:* **to plan ~,** cynllunio at y dyfodol; *(b)* **they went straight ~,**

aethant yn syth yn eu blaenau; *Lit:* aethant rhagddynt; **go ~!** dal(-iwch) ati! dal(-iwch) ymlaen! yn dy flaen â thi (yn eich blaenau â chi)! ymlaen â thi (chi)! *P.N:* **diversion ~,** gwyriad o'ch blaen.

ahem *int.* hm! ahem!

ahimsa *n. Rel:* ahimsa *m.*

ahistoric[al] *a.* anhanesyddol.

ahoy *int.* ho! ahoi! **ship ~!** ho'r llong!

ai *n. Z:* äi(-od) *m*, diogyn(-nod) *(m)* tribys.

aid[1] *n.* **1.** *Lit:* cymorth (cymhorthau, cymhorthion) *m*, *F:* help *m*, *Lit: occ:* cynhorthwy (cynorthwyon) *m*; **with the ~ of s.o.,** trwy gymorth rhn, gyda chymorth rhn; **(to go) to s.o.'s ~,** (mynd) i helpu rn, i gynorthwyo rhn, i roi help llaw i rn; **in ~ of sth,** at rth, er budd rhth; **(a collection) in ~ of a charity,** (casgliad) at elusen, er budd elusen; *F:* **what's this in ~ of?** i beth mae hyn yn dda? beth yw diben hyn? beth a dâl peth fel hyn? beth yw ystyr hyn? **mutual ~,** cydgymorth *m*; **legal ~,** cymorth cyfreithiol; *Hist:* **[tax] ~,** cymhorthdreth(-i) *f*; **first ~,** ymgeledd *m*, cymorth cyntaf *m*; **to give first ~ to s.o.,** ymgeleddu rhn, rhoi ymgeledd i rn; **medical ~,** gofal meddygol *m.* **2. hearing-~, deaf-~,** cymorth (cymhorthion) *(m)* clywed; *Sch:* **audiovisual aids,** cymhorthion clyweledol; **study aids,** cymhorthion astudio; *Swim:* cymhorthion. **3.** *(pers.):* cynorthwywr (cynorthwywyr) *m* cynorth|wywraig *f*, *F:* helpwr (helpwyr) *m*, h|elpwraig *f.* **4.** *Hist: (= tax):* cymhorthdreth *f*; **gracious ~,** cymhorthdreth wirfoddol.

aid[2] *v.t.* **1.** cynorthwyo, helpu (rhn); rhoi cymorth (i rn); rhoi ymgeledd (i rn); cynnal breichiau (rhn). **2.** *Jur:* **to ~ and abet,** cynorthwyo ac ategu, helpu ac ategu.

Aidan *Pr.n.m.* Aeddan.

aided *a.* noddedig, cynorthwyedig; **~ by my wife,** gyda chymorth fy ngwraig; **ably ~ by his friend,** gyda chymorth parod/dawnus/abl ei gyfaill; **state-~,** noddedig gan y wladwriaeth, gyda chymorth/nawdd y wladwriaeth; **grant-~,** cymorthdaledig, gyda chymhorthdal/grant, yn derbyn cymhorthdal/grant.

aide-de-camp *n.* , cynorthwywr *(m)* swyddog (cynorthwywyr swyddogion), cadweinydd(-ion) *m*, ***aide(-s)****(m)***-de-camp** *m.*

aide-memoire *n.* cymorth (cymhorthion) *(m)* cof, memorandwm (memoranda) *m.*

aider *n.* = **helper;** *S.a.* **first.**

aiding *vn. Jur:* **~ and abetting,** cynorthwyo ac ategu.

AIDS *n. Med: (acronym of Acquired Immune Deficiency Syndrome):* AID *(acronym of Afiechyd Imiwnedd Diffygiol).*

aigrette *n.* **1.** *Orn:* = **egret. 2.** *(= tuft):* tusw(-au) *m*, siobyn(-nau) *m*, twffyn (twffiau) *m.* **3.** *(of gems):* tusw. **4.** *Bot:* ffrwythflew *pl.*

aiguille *n.* **1.** *Geog: Mount:* pigyn(-nau) *m*, nodwydd(-au) *f.* **2.** *Tls:* mynawyd(-au) *m.*

aiguillette *n. Cost:* pwyntil(-au) *m.*

aikido *n.* aicido *m.*

ail *v.t.&i.* **1.** *v.t. A:* **what ails you?** beth sy'n bod arnat ti (arnoch chi)? beth sydd arnat ti (arnoch chi)? beth yw'r gŵyn? **2.** *v.i.* dioddef, dihoeni, clafychu.

ailanthic *a. Bot:* ailanthig.

ailanthus *n. Bot:* ailanthws (ailanthi) *f*, coeden (coed) *(f)* y nefoedd.

aileron *n. Av:* isadain (isadenydd) *f*, adeinig(-ion) *f.*

ailing *a.* **1.** *(= ill):* claf, gwael, *N:* yn cwyno, *S:* tost, *S: F:* simpil, tlawd, clwc, clwca, *S.W: occ:* carpus, achwyngar *(pronounced* ng-g), *N: F:* cwla, ciami, gwantan, sâl, gwachul. **2.** *(economy &c):* afiach, gwael.

ailment *n.* cŵyn (cwynion) *f*, anhwylder(-au) *m*, anhwyldeb(-au) *m*, afiechyd(-on) *m*, clefyd(-au) *m*, salwch *m*, *N.W: occ:* adwyth *m*, cam-hwyl(-iau) *mf.*

Ailuredian *a. Hist:* Alffredaidd.

ailurophile *n.* cathgarwr (cathgarwyr) *m*, cathg|arwraig *f*, *F:* cathmon (cathmyn) *m*, cathmones(-au) *f.*

ailurophilia *n.* hoffter *(m)* o gathod, cathgarwch *m.*

ailurophilic *a.* cathgar, hoff o gathod.

ailurophobe *n.* cathgasäwr (cathgasawyr) *m*, cathgasäwraig *f.*

ailurophobia *n.* ofn *(m)* cathod.

ailurophobic *a.* yn ofni cathod, ag ofn cathod.

aim[1] *n.* **1.** *(a) (action):* aneliad(-au) *m*, *occ:* annel: annêl *mf*; **to take ~ at sth,** anelu at rth, *occ:* unioni am rth; *(b) (= target):* nod (nodau) *mf*; **to miss one's ~,** methu'r nod. **2.** *(= purpose):* amcan(-ion) *m*, bwriad(-au) *m*, pwrpas(-au) *m*, nod; **with the ~ of doing sth,** gyda'r bwriad o wneud rhth, er mwyn gwneud rhth; *Sch:* **aims and objectives,** nodau ac amcanion, amcanion cyffredinol ac amcanion penodol.

aim[2] *v.t.&i.* **1.** *v.t. (a)* anelu; **to ~ a stone at s.o.,** anelu carreg at rn; **to ~ a bow,** anelu bwa, rhoi bwa ar annel; *(b)* **to ~ a remark at s.o.,** anelu/cyfeirio sylw at rn. **2.** *v.i. (a)* **to ~ at s.o.,** anelu at rn, *occ:* unioni am rn; *(b)* **to ~ (to do sth),** bwriadu, amcanu, pwrpasu, *N.W: occ:* darofun, pwrpasa, *N.W: F:* 'pasa, *S.W: occ:* arofun (gwneud rhth); **what are you aiming at?** beth yw dy fwriad di (eich bwriad chi)? beth sydd gen ti (gennych chi) mewn golwg? *F:* **I ~ to go,** 'rwy'n bwriadu mynd; mae'n fwriad gennyf fynd.

aimless *a.* diamcan, dibwrpas, *N.E: occ:* di-âm.

aimlessly *adv.* yn ddiamcan *&c.*

aimlessness *n.* diffyg *(m)* amcan; *(of remarks &c):* gwasgarogrwydd *m.*

Ainu *a. & n.* **1.** *a.* Ainŵaidd; *(in language):* Ainŵeg. **2.** *n. (a) Ethn:* Ainw (Ainŵaid) *m&f*; *(b) Ling:* Ainw *f,m*, Ainŵeg *f, m.*

air[1] *n.* I. *(a)* awyr *f*, aer *m*; *(in balloon, tyre):* gwynt *m*; **a breath of ~,** chwa(-on) *(f)* o wynt, awel(-on) iach *f*; **to go out for a breath of ~,** mynd allan am gegaid/gegiad o wynt; *Tchn:* **compressed ~,** aer cywasgedig, awyr gywasgedig; **fresh ~,** awyr iach; **foul ~,** awyr afiach; *Meteor:* **light airs,** awelon ysgafn; **in the open ~,** yn yr awyr agored; *F:* **to live on fresh ~,** byw ar y gwynt, byw ar drugaredd a gwynt y dwyrain; *F:* **he was walking on ~,** 'roedd uwch ben ei ddigon; 'roedd wrth ei fodd; 'roedd wedi cael modd i fyw; *Biol: &c:* **residual ~,** aer gweddilliol; **tidal ~,** aer cyfnewid, awyr gyfnewid; **the birds of the ~,** ehediaid y nef, adar y nefoedd; **to carry goods by ~,** cludo nwyddau mewn awyren; **it's all in the ~,** mae'r cyfan yn amhendant; nid oes dim wedi ei drefnu eto; mae'r cyfan yn y gwynt; **to go up in the ~,** *(i) (of balloon &c):* codi i'r gwynt; *(ii) (after explosion):* ffrwydro, chwalu'n yfflon; *F: (= go wild):* gwylltio; *F:* **it's all hot ~,** dim ond malu awyr yw; **(to vanish) into thin ~,** (diflannu) oddi ar wyneb daear, na ŵyr neb i ble; **castles in the ~,** breuddwyd gwrach [yn ôl ei hewyllys]; **to build castles in the ~,** breuddwydio'n ofer, breuddwydio wrth ewyllys, codi cestyll; *Mil:* **their left flank was in the ~,** 'roedd eu hystlys chwith yn agored; *(b) W.Tel: F:* **on the ~,** ar yr awyr, wrthi'n darlledu, ar y radio. II. *Mus:* alaw(-on) *f*, cainc (ceinciau) *f*, tôn (tonau) *f*; **an ~ with variations,** alaw ag amrywiadau. III. *(= appearance):* golwg *f*, trem *f*; **he has an ~ of respectability,** mae golwg barchus arno, **he has an ~ about him,** mae golwg rhywun o bwys arno; mae rhywbeth o'i gwmpas; mae rhywbeth yn ei osgo/ystum; **to give oneself airs,** rhodresa, torsythu, ei lordio hi, bod yn ŵr mawr, bod yn wr|aig fawr, cymryd arnoch fod yn rhywun, eich gosod eich hun, *N:* llancio, *M.W: occ:* hel cysêt; **to put on airs with s.o.,** nawddogi rhn, bod yn nawddoglyd tuag at rn, *occ:* bod yn fawr wrth rn; **to carry sth off with an ~,** gwn|eud rhth yn hyderus/eofn, *S.E: occ:* gwneud rhth yn syw; *Pej:* **airs and graces,** rhodres *f*, cwafers *pl*, *S:* clemau *pl*; **she gives herself airs and graces,** mae hi'n cymryd arni fod yn wraig fawr; *S:* mae rhyw hen gleme gyda hi. **~ alert** *n. Mil: U.S:* rhybudd(-ion) *(m)* awyr, rhybudd cyrch[-oedd] awyr. **~ attack** *n.* ymosodiad(-au) *(m)* o'r awyr, cyrch(-au,-oedd) *(m)* o'r awyr. **~ bag** *n.* bag(-iau) *(m)* awyr. **~ balloon** *n.* balŵn(-s, balwnau) *m.* **~ base** *n.* gorsaf(-oedd) *(f)* awyr, gorsaf awyrennau, canolfan(-nau) *(mf)* llu awyr. **~-bed** *n.* matres *(fm)* [g]wynt/awyr/aer (matresi gwynt *&c*), gwely(-au) *(m)* gwynt/awyr/aer. **~-bell** *n.* cloch (clychau) *(f)* awyr. **~-bends** *n.pl.* = **aeroembolism. ~-bladder** *n.* pledren *(f)* wynt/awyr/aer (pledrenni gwynt *&c*), pledren nofio, swigen *(f)* wynt/awyr/aer (swigod gwynt *&c*); *Biol: (of fish):* chwysigen (chwysigod) *(f)* aer, *Lit: occ:* nawf (nofion) *m.* **~ brake** *n.* brâc (braciau) *(m)* awyr, brêc(-s, breciau) *(m)* awyr. **~-brick** *n.* bricsen (brics) *(f)* awyru, bricsen dyllog (brics tyllog). **~-bridge** *n.* **1.** *(= aerial link):* cysylltiad(-au) *(m)* awyr. **2.** *(ladder):* grisiau *(pl)* awyren. **~-bus** *n.* bŷs (bysus) *(m)* awyr, awyren *(f)* deithwyr (awyrennau teithwyr). **~-cell** *n.* cell(-oedd) *(f)* awyr/aer. **~-chamber** *n.* **1.** *(in torpedo &c):* tanc(-iau) *(m)* awyr/aer, siambr(-au) *(f)* awyr/aer. **2.** *(in pump):* gwagell(-au,-oedd) *f.* **~-channel** *n.* **1.** pibell *(f)* wynt (pibelli gwynt). **2.** *Min:* twll (tyllau) *(m)* aer, ffordd *(f)* wynt (ffyrdd gwynt). **A~ Chief Marshal** *n.* Prif Farsial(-iaid) *(m)* yr Awyrlu. **~-coach** *n. Aer:* coetsh(-is) *(f)* awyr. **~-cock** *n.* falf(-iau) *(f)* awyr/aer. **A~ Commodore** *n.* C|omodor/Comodôr (Comodoriaid) *(m)* yr

Awyrlu. **~-compressor** *n.* cywasgwr (cywasgwyr) *(m)* awyr/aer, *N: F:* injan(-s) *(f)* aer. **~-condition** *v.t.* tymheru. **~-conditioned** *a.* tymeredig, tymherus. **~-conditioner** *n.* tymherwr (tymherwyr) *m,* peiriant (peiriannau) *(m)* tymheru. **~-conditioning** *n.* system *(f)* dymheru (systemau tymheru), tymherwr (tymherwyr) *m,* tymheru *vn* [awyr]. **~-conveyance** *n.* cludiant *(m)* mewn awyren, awyrgludiant *m.* **~-cool** *v.t.* awyr-oeri, aer-oeri (rhth); oeri (rhth) ag awyr/aer. **~-cooled** *a.* awyr-oer, aer-oer, awyr-oeredig, aer-oeredig. **~-cooler** *n.* oerydd(-ion) *(m)* awyr/aer, awyr-oerwr (~-oerwyr) *m,* aer-oerwr (~-oerwyr) *m.* **~-corridor** *n.* c|oridor (coridorau) *(m)* hedfan, coridor awyr. **~-cover** *n. Av:* amddiffyniad *(m)* o'r awyr, amddiffyn *(vn)* o'r awyr. **~-curtain** *n.* llen(-ni) *(f)* awyr/aer. **~-cushion** *n.* clustog *(f)* wynt/awyr/aer (clustogau gwynt *&c).* **~-cylinder** *n.* silindr(-au) *(m)* awyr/aer. **~-display** *n.* sioe(-au) *(f)* hedfan. **~-drill** *n.* dril(-iau) *(m)* awyr/aer. **~-drop¹** *n.* **1.** *(of supplies &c):* gollyngiad(-au) *(m)* o awyren. **2.** *(of parachutist):* disgynfa (disgynf|eydd) *f.* **~-drop²** *v.t.* gollwng (rhth) o awyren. **~-dry¹** *a.* awyr-sych(-ion). **~-dry²** *v.t.* sychu (rhth) ag awyr/aer, awyrsychu (rhth). **~-duct** *n.* peipen (peipiau) *(f)* awyr/aer, cwndid(-au) *(m)* awyr/aer. **~-engine** *n.* motor(-au) *(m)* awyr/aer. **~ ferry** *n.* **1.** *(aeroplane):* awyren *(f)* gludo (awyrennau cludo). **2.** *(service):* fferi (fferïau) *(f)* awyr. **~ filter** *n.* hidlwr (hidlwyr) *(m)* awyr/aer. **~ force** *n.* llu(-oedd) *(m)* awyr, awyrlu(-oedd) *m.* **~-gap** *n. El:* bwlch (bylchau) *(m)* awyr/aer. **~-gauge** *n.* mesurydd(-ion) *(m)* awyr/aer. **~-harden** *v.t.* aergaledu. **~-hole** *n.* twll (tyllau) *(m)* gwynt/awyr/aer/anadlu. **~ hostess** *n.* stiwardes(-au) *f* [awyr]. **~-inlet, ~-intake** *n.* twll (tyllau) *(m)* aer/awyr, mewndwll (mewndyllau) *(m)* awyr/aer. **~-jacket** *n.* = **life-jacket**. **~-lane** *n.* = **airway**. **~ letter** *n.* llythyr(-au,-on) *(m)* awyr. **~-letter form** *n.* ffurflen(-ni) *(f)* llythyr awyr. **~-mail¹** *n.* post *(m)* awyr. **~-mail²** *v.t.* anfon/postio (rhth) gydag awyren. **A~ Marshal** *n.* Marsial(-iaid) *(m)* yr Awyrlu. **~-mass** *n. Meteor:* màs (masau) *(m)* awyr. **~-mattress** *n.* = **air-bed**. **~ mechanic** *n.* mecanig(-ion) *(m)* awyrennau. **~ mile** *n.* milltir(-oedd) *(f)* hedfan. **~-minded** *a.* awyrfrydig, hoff o awyrennau. **~-mindedness** *n.* awyrfrydedd *m,* hoffter *(m)* o awyrennau. **A~ Ministry** *n. Adm:* Gweinyddiaeth *(f)* yr Awyr, y Weinyddiaeth Awyr. **A~ Officer** *n.* Swyddog(-ion) *(m)* Awyr. **~-passage** *n.* **1.** *Aer: (= journey):* taith (teithiau) *(f)* mewn awyren. **2.** *Mec.E:* cwndid(-au) *(m)* awyr/aer. **3.** *pl. Anat:* pibellau gwynt/awyr/anadlu. **~-pilot** *n.* peilot *(m)* awyren (peilotiaid awyrennau). **~-piracy** *n.* awyrladrad *m,* awyrladrata *vn.* **~-pirate** *n.* awyr-leidr (~-ladron) *m.* **~-pistol** *n.* pistol(-au) *(m)* aer/awyr. **~-plant** *n. Bot:* = **epiphyte**. **~ pocket** *n.* twll (tyllau) *(m)* awyr, poced(-i) *(f)* awyr. **~-police** *n.* heddlu(-oedd) *(m)* awyr. **~-pollution** *n.* difwyniad *(m)* awyr, difwyno*(vn)*'r awyr. **~-port** *n. Nau:* twll (tyllau) *(m)* awyru; *S.a.* **airport**. **~ power** *n. Mil:* grym awyrennol *m.* **~-pressure** *n.* pwysedd(-au) *(m)* awyr/aer, awyrbwysedd(-au) *m,* gwasgedd(-au) *(m)* awyr/aer, *F:* pwysau *(m or pl)* awyr/aer. **~ pump** *n.* pwmp (pympiau) *(m)* awyr/aer. **~ raid** *n.* cyrch(-au,-oedd) *(m)* bomio, cyrch awyr, ymosodiad(-au) *(m)* o'r awyr. **~ raid shelter** *n.* lloches(-au) *(f)* rhag bomio/bomiau, lloches cyrch awyr. **~-resistance** *n.* gwrthiant *(m)* [yr] awyr. **~ rifle** *n.* = **airgun**. **~-right** *n.* hawl(-iau) *(f)* i'r awyr. **~-ring** *n.* clustog *(f)* wynt (clustogau gwynt), clustog awyr/aer, cylchen(-nau) *(f)* awyr/aer. **~-route** *n.* llwybr(-au) *(m)* awyr/hedfan. **~-sac** *n. Anat:* coden(-nau) *(f)* awyr/aer, alfeolws (alfeoli) *m.* **~-scoop** *n.* llyncwr (llyncwyr) *(m)* awyr. **~-sea rescue** *n,* achub *(vn)* o'r môr ac o'r awyr, achub awyr a môr. **~-shaft** *n. Min:* ffordd (ffyrdd) *(f)* aer, twll (tyllau) *(m)* aer. **~-show** *n.* = **air-display**. **~-sock** *n.* hosan *(f)* wynt (hosanau gwynt). **~ speed** *n.* cyflymder(-au) *(m)* yn yr awyr, cyflymder hedfan. **~-stream** *n. Phon:* ffrwd (ffrydiau) *(f)* anadl, dylif(-au) *(m)* anadl. **~-strike** *n.* **1.** *Mil:* ymosodiad(-au) *(m)* o'r awyr, ymosodiad ag awyren/awyrennau, cyrch(-au,-oedd) *(m)* awyr. **2.** *Ind: (refusal to work):* streic(-iau) *(f)* awyr. **~ survey** *n.* arolwg (arolygon) *(m)* [o'r] awyr, arolwg o awyren. **~ terminal** *n.* gorsaf(-oedd) *(f)* awyr. **~-to-air** *a.* o awyren i awyren. **~-to-ground** *a.* o'r awyr i'r ddaear, o awyren i'r ddaear. **~-track** *n.* trac(-iau) *(m)* awyr. **~ transport** *n.* cludiant awyrennol *m,* cludiant awyr. **~ travel** *n.* hedfan *vn,* teithio *(vn)* mewn awyren[-nau], teithio drwy'r awyr. **~-tube** *n. Cy:* tiwb(-iau) *(m)* gwynt/aer. **~-valve** *n.* falf(-iau) *(f)* awyr/aer. **~-vent** *n.* twll (tyllau) *(m)* awyr/aer. **~ Vice-Marshal** *n.* Is-Farsial(-iaid) *(m)* yr Awyrlu. **~-waves** *n.pl.* tonnau awyr.

air² *v.t.&i.* **1.** *v.t. (a) (clothes):* caledu, sychu, *N:* eirio, *S:* tempru, *S: occ:* crimpo, crasu; *(b)* **to ~ a grievance,** gwyntyllu/lleisio cŵyn; *(a topic):* gwyntyllu (rhth), codi (rhth) i'r gwynt; *(c) (an opinion):* mynegi, lleisio, gwyntyllu (barn); dweud (barn) ar goedd; **she is always airing her knowledge,** mae hi'n dangos ei gwybodaeth byth a hefyd; **he aired similar criticisms,** cafwyd beirniadaethau tebyg ganddo yntau; *(d)* **to ~ oneself,** mynd am dro i'r awyr iach, mynd am gegaid o wynt. **2.** *v.i. (of room &c):* awyru, sychu.

airborne *a.* **1.** *(dust &c):* yn yr awyr, hedegog. **2.** *(a) (aircraft, balloon &c):* yn hedfan, hedegog; **to become ~,** codi i'r awyr, esgyn, cael gwynt dan adain; *(b) Mil: (troops &c):* yn yr awyr, mewn awyren, awyrgludedig; **an ~ attack,** ymosodiad(-au) *(m)* o'r awyr; **~ division,** adran(-nau) awyrennol *f;* **~ radar,** radar *(m)* awyren; *(c) (bird):* ar adenydd, yn hedfan, hedegog, ar yr adain.

airbrush *n. Paint: Phot:* chwistrell *(f)* baent (chwistrellau paent).

airburst *n.* ffrwydrad(-au) *(m)* [yn yr] awyr.

aircraft *n.* awyren(-nau) *f, F: occ:* llong(-au) *(f)* awyr. **~-carrier** *n.* llong(-au) *(f)* awyrennau, cludydd(-ion) *(m)* awyrennau.

aircraftman *n.m.* *awyrluyddwr (awyrluyddwyr); **leading ~,** *uwch-awyrluyddwr (~-awyrluyddwyr).

aircraftwoman *n.f.* *awyrluyddes(-au).

aircrew *n. Av:* criw(-iau) *(m)* awyr.

airdrome *n. U.S:* = **aerodrome**.

airdrop¹ *n.* dadlwythiad(-au) *(m)* o'r awyr.

airdrop² *v.t.* dadlwytho *(vn)* o'r awyr.

aired *a.* sych(-ion), ffres, *S:* cras, *S.W:* caled, *N:* eiri, eirin, eiring.

Airedale terrier *n.* daeargi (daeargwn) *(m)* Airedale, ci (cŵn) *(m)* Airedale.

airer *n.* hors *(f)* ddillad (horsys dillad), peth(-au) *(m)* sychu/eirio/crasu.

airfield *n.* maes (meysydd) *(m)* awyr, maes glanio.

airflow *n.* llif *(m)* awyr; *attrib. U.S: Aut:* **~ body,** corff (cyrff) erodynamig *m.*

airfoil *n. (= wing):* adain (adenydd) *f,* asgell (esgyll) *f; (= blade):* llafn(-au) *m.*

airframe *n.* corff *(m)* awyren (cyrff awyrennau).

airfreight¹ *n.* awyrgludiant *m.*

airfreight² *v.t.* awyrgludo (rhth), cludo (rhth) mewn awyren.

airglow *n. Meteor:* llewy[r]ch *(m)* awyr.

airgraph *n. R.t.m.* microlythyr(-au,-on) *m.*

airgun *n.* gwn (gynnau) *(m)* aer/awyr, *N.W: F:* gwn slygs.

airhead *n. Mil:* troedle(-oedd) *m.*

airily *adv.* yn ysgafn *&c; See* **airy**; **to promise sth ~,** addo rhth dros ysgwydd, addo rhth yn iach.

airiness *n.* **1.** *(of building):* awyrogrwydd *m,* natur awyrog *f.* **2.** *(= flippancy):* dihidrwydd *m,* ysgafnder *m,* llonder *m,* diofalwch *m,* ysgafalwch *m.*

airing *n.* = **air²**. **~ cupboard** *n.* cwpwrdd (cypyrddau) *(m)* sychu/eirio/tempru/crasu *&c.* **~ rack** *n.* rhesel *(f)* grasu (rheseli crasu/sychu/tempru *&c).*

airless *a.* **1.** *(= stuffy):* diawyr, di-wynt, diawel, myglyd, mwll, trymaidd, clòs, *N.W: occ:* mwygl, gwygyl. **2.** *(= calm):* diawel, llonydd.

airlessly *adv.* yn ddiawyr *&c.*

airlessness *n.* **1.** *(= stuffiness):* myllni *m,* trymder *m,* diffyg *(m)* awyr, closrwydd *m.* **2.** *(= calm):* llonyddwch *m.*

airlift¹ *n.* cludiad(-au) *(m)* awyr, awyrgludiad(-au) *m,* awyrglud(-iadau) *m.*

airlift² *v.t.* awyrgludo (rhth), cludo (rhth) mewn awyren.

airline *n.* cwmni (cwmnïau) *(m)* awyrennau, cwmni hedfan.

airliner *n.* awyren *(f)* deithwyr (awyrennau teithwyr).

airlock *n.* **1.** *Civ.E:* siambr(-au) aerglos *f,* siambr gaead (siambrau caead). **2.** *(= trapped air):* trap(-iau) *(m)* awyr/aer.

airman *n.m.* awyrennwr (awyrenwyr); **basic ~** = **aircraftman**.

airmanship *n.* awyrenwriaeth *f.*

airmiss *n. Av:* **there was an ~,** bu bron i ddwy awyren wrthdaro.

airmobile *a. Mil:* awyrsymudol, awyrgludedig.

airpark *n.* = **airport**.

airplane *n. U.S:* awyren(-nau) *f.*

airport *m. Av:* awyrborth (awyrbyrth) *f,* maes (meysydd) *(m)* awyr.

airpost *n.* = **airmail.**
airscrew *n. Aer:* propelor(-au) *m.*
airship *n.* awyrlong(-au) *f*; *S.a.* **aeroplane.**
airsick *a.* sâl awyr.
airsickness *n.* salwch (*m*) awyr.
airspace *n.* gofod (*m*) awyr, awyrle *m.*
airstream *n.* = **airflow.**
airstrip *n.* glanfa (glanf|eydd) *f*, maes (meysydd) (*m*) glanio, llain (*f*) lanio (lleiniau glanio).
airtight *a.* seliedig, aerdyn[n], aerglos.
airtightness *n.* aerglosrwydd *m.*
airwave *n. W.Tel:* ton(-nau) (*f*) awyr.
airway *n.* **1.** *Av:* llwybr(-au) (*m*) hedfan. **2.** *Min:* = **air-shaft.**
airwoman *n.f.* awyr|enwraig (awyrenwragedd).
airworthiness *n.* addasrwydd (*m*) i hedfan.
airworthy *a.* addas i hedfan.
airy *a.* **1.** *(= well-aired): (room &c):* agored i'r awyr, yn cael digon o awyr, *S:* temprus; *(hill, meadow):* awelog. **2.** *Poet:* awyrol, awyrog, yn yr awyr. **3.** *(material &c):* ysgafn, main (meinion), tenau; *(= immaterial):* ansylweddol, disylwedd; *(manner, conduct):* ysgafala, ysgafn, didaro, ysgafnfryd, diofal, dihidio, *F:* ffwrdd â hi, iach, *Lit: occ:* awyrol; *(promises):* ofer, dros ysgwydd, ar draws ysgwydd, didaro, heb fod o ddifrif.
airy-fairy *a.* **1.** *(= delicate):* ysgafn, ansylweddol, disylwedd, fel gwawn, fel pluen, fel plufyn, gwawnaidd. **2.** *Pej: (= fanciful):* penchwiban, gwirion, gwacsaw, anymarferol, hanner-pan.
aisle *n.* **1.** *Ecc: Arch:* eil(-iau) *f*, ystlys(-au) (*f*) eglwys, alai: ale(-on) *f*, llwybr(-au) *m.* **2.** *(in bus, cinema &c):* eil; *F:* **down the ~,** i lawr yr ochr, i lawr y canol *(as case may be)*; *F:* **to walk down the ~,** *(to marry)*; cerdded at yr allor; *F:* **they were rolling in the aisles,** 'roeddynt yn rowlio chwerthin; *N: F:* 'roedden' nhw'n g'lana' chwerthin.
aisled *a.* ystlysog, aleog, eiliog, asgellog.
ait *n. Geog:* ynys(-oedd) *f.*
aitch *n.* [y llythyren] aitsh *f*; **to drop one's aitches,** gollwng yr aitsh.
aitchbone *n. Cu:* asgwrn (*m*) y dynïen.
ajar *pred.a. & adv.* **1.** *pred.a.* cilagored. **2.** *adv.* yn gilagored.
Ajax *Pr.n.m.* Aias.
ajutage *n.* = **adjutage.**
akimbo *adv.* **with arms ~,** â'r dwylo ar y cluniau, â'r elinoedd ar led, *S: occ:* â'r dwylo ar y wast.
akin *adv. & pred.a.* **1.** *(= related):* perthynol, yn perthyn (**to s.o.,** i rn); **~ (to s.o.),** yn perthyn (i rn); o'r un teulu, o'r un tylwyth, o'r un waedoliaeth, o'r un llinach (â rhn). **2.** *(= resembling):* tebyg; **a feeling ~ to fear,** teimlad tebyg i ofn; **~ to sth,** o'r un natur â rhth; **trades closely ~,** crefftau tebyg iawn i'w gilydd, crefftau cytras.
Akkadian *a. & n.* **1.** *a.* Acadaidd; *(in language):* Acadeg. **2.** *n. (a) Ethn:* Acadiad (Acadiaid) *m&f*; *(b) Ling:* Acadeg *f, m.*
akuavit *n.* acwafit *m.*
ala *n. Orn: Bot:* adain (adenydd) *f*, asgell (esgyll) *f.*
Alabaman *a. & n.* **1.** *a.* Alabamaidd. **2.** *n.* Alabamiad (Alabamiaid) *m&f.*
alabaster *a. & n.* **1.** *a.* alabastr, alabastraidd. **2.** *n.* alabastr *m*, maen gwyn *m*, *S.E: occ:* alibastar *m.*
alabastrine *a.* alabastraidd.
alabastron *n. Arch:* alabastron (alabastra) *m.*
alack *int. A:* **~-a-day!** och fi! gwae fi!
alacrity *n.* bywiogrwydd *m*, hoen *m*, sioncrwydd *m*, parodrwydd *m*; **(he accepted) with ~,** (derbyniodd) yn llawen, ar ei ben, ar unwaith, gydag awch, yn ddiymdr|oi.
Aladdin *Pr.n.m.* Aladin; **~'s cave,** ogof (*f*) Aladin.
alameda *n.* rhodfa (rhodf|eydd) *f.*
alamo *n. Bot:* = **cottonwood.**
alamode *n. Tex:* sidan (*m*) sglein, |alamod *m.*
alanine *n. Ch:* |alanin *m.*
alanyl *n. Ch:* |alanyl *m.*
alar *a.* adeiniol.
alarm[1] *n.* **1.** *(= warning):* rhybudd(-ion) (*m*) o berygl; **false ~,** camrybudd(-ion) *m*; **to give the ~ to s.o.,** rhybuddio rhn, rhoi rhybudd i rn; **to raise/give/sound the ~,** seinio rhybudd, canu larwm; **to take the ~,** dychryn; *Th: A:* **alarms and excursions,** dychrynf|eydd *pl*, miri (*m*) a mwstwr *m*, helbulon *pl*, helyntion *pl.* **2.** *(= state of fear):* braw *m*, dychryn *m*; **false ~,** braw/dychryn di-sail/diachos. **3.** *(device):* **burglar ~,** larwm (larymau) (*mf*) lladron; **fire ~,** larwm tân/dân, rhybudd (*m*) tân, cloch (*f*) dân (clychau tân). **~ bell** *n.* cloch (*f*) rybudd (clychau rhybudd), cloch (*f*) larwm. **~ clock** *n.* cloc(-iau) (*m*) larwm. **~ gun** *n.* gwn (gynnau) (*m*) rhybudd. **~ signal** *n.* rhybudd(-ion) (*m*) perygl. **~ thermometer** *n.* thermomedr(-au) (*m*) rhybuddio.
alarm[2] *v.t.* **1.** *(= alert):* rhybuddio (rhn), rhoi rhybudd (i rn). **2.** *(= frighten):* dychryn, dychrynu, brawychu (rhn); codi braw/ofn (ar rn); *S.W:* hala ofon (ar rn); **to be alarmed at sth,** dychryn/arswydo wrth weld rhth; **don't be alarmed,** paid (peidiwch) â dychryn; *F:* paid (peidiwch) â bod ag ofn.
alarming *a.* brawychus, bygythiol.
alarmingly *adv.* yn frawychus *&c.*
alarmism *n.* codi (*vn*) bwganod.
alarmist *n. & attrib.* **1.** *n.* codwr (codwyr) (*m*) bwganod, proffwyd(-i) (*m*) braw, proffwyd peryglon, dychrynwr (dychrynwyr) *m.* **2.** *attrib.* brawychol; **I don't want to sound/be ~,** 'does arna' i ddim eisiau codi bwganod; **~ reports,** adroddiadau creu dychryn.
alarum *n.* = **alarm**[1]**, alarm clock.**
alas *int.* **1.** *(= unfortunately):* ysywaeth, gwaetha'r modd. **2.** **~ and alack!** och fi! gwae fi! druan ohonof!
Alaska **1.** *Pr.n. Geog:* Alasga *f.* **2.** *n. Cu:* **baked a~,** alasga(-s) (*mf*) pob/bob (alasgas pob).
Alaskan *a. & n.* **1.** *a.* Alasgaidd, [o] Alasga. **2.** *n.* Alasgiad (Alasgiaid) *m&f.*
alastrim *n. Med:* = **smallpox.**
alate *a.* asgellog, adeiniog.
alation *n. Orn:* adeiniad(-au) *m.*
alb *n. Ecc: Cost:* gwenwisg(-oedd) *f*, alb(-au) *m.*
albacore *n. Ich:* |albacor (albacoriaid) *m.*
Alban *a. & n. Rom.Hist:* **1.** *a.* Albaidd. **2.** *n.* Albiad (Albiaid) *m&f.*
Albania *Pr.n. Geog:* Albania *f.*
Albanian *a. & n.* **1.** *a.* Albaniaidd; **the ~ government,** llywodraeth Albania; **she's ~,** Albaniad yw hi; un o Albania yw hi; *(in language):* Albaneg. **2.** *n. (a) Ethn:* Albaniad (Albaniaid) *m&f*; *(b) Ling:* Albaneg *f, m.*
albata *n. Miner:* albata *m*, arian (*m*) yr Almaen.
albatross *n. Orn:* |albatros (albatrosod, albatrosiaid) *m*, *A: or Lit:* gwas (gweision) (*m*) y weilgi; *Golf:* albatros *m.*
albedo *n. Ph:* albedo(-au) *m.*
albeit *conj. Lit:* er, serch; **a brilliant ~ slipshod writer,** llenor disglair er ei flered/flerwch, llenor disglair, serch ei fod yn esgeulus; **~ unwillingly,** er o anfodd.
Alberbury *Eng.Pl.n.* Llanfihangel(*f*)-yng-Ngheintun.
albert *n. Cost:* **~ [chain],** giard(-s,-iau) *f.*
Alberti bass *n. Mus:* bas(-au) (*m*) Alberti.
albertite *n. Miner:* |albertit *m.*
albescence *n.* gwelwedd *m*, llwydwynder *m.*
albescent *a.* gwelw(-on), yn gwynnu, llwydwyn (*f.* llwydwen, *pl.* llwydwynion).
Albigenses *n.pl. Rel.Hist:* Albigensiaid.
Albigensian *a. & n. Rel.Hist:* **1.** *a.* Albigensaidd; **the ~ Crusade,** y Groesgad Albigensaidd, y Groesgad yn erbyn yr Albigensiaid. **2.** *n.* Albigensiad (Albigensiaid) *m&f.*
Albigensianism *n. Rel.Hist:* Albigensiaeth *f.*
albinic *a.* albinaidd.
albinism *n. Med:* albinedd *m.*
albino *a. & n.* **1.** *a.* gwyn (*f.* gwen, *pl.* gwynion), albinaidd, albino. **~ negro,** negro gwyn. **2.** *n.* albino(-s,-aid) *m&f.*
albinotic *a.* albinaidd.
Albion *Pr.n. Poet:* Yr Ynys (*f*) Wen, Y Wen Ynys; **perfidious ~,** Lloegr fradwrus/fradog *f.*
albite *n. Ch:* albit *m*, ffelsbar gwyn *m.*
alborada *n. Mus:* gwawrgan(-euon) *f*, alborada(-s) *f.*
album *n.* **1.** albwm (albymau) *m*; **photograph ~,** albwm lluniau/ffotograffau; **stamp ~,** albwm stampiau, llyfr(-au) (*m*) [cadw] stampiau. **2.** *Rec:* albwm, record(-iau) hir *f.*
Albumblatt *n. Mus:* ***Albumblatt (Albumblätter)*** *m.*
albumen *n. Biol:* **1.** *(= white of egg):* gwynnwy *m* [ŵy], gwyn (*m*) ŵy. **2.** = **albumin.** **3.** *Bot:* |albwmen *m.*
albumenize *v.t.* albwmeneiddio.
albumin *n. Biol: Ch:* |albwmin (albwminau) *m.*

albuminate *n. Bio-Ch:* alb|wminad (albwminadau) *m.*
albuminoid *a.* & *n. Bio-Ch:* **1.** *a.* albwminaidd. **2.** *n.* alb|wminoid (albwminoidau) *m.*
albuminous *a. Ch:* albwminaidd.
albuminuria *n. Med:* albwminwria *m.*
albuminuric *a. Med:* albwminwrig.
albumose *n. U.S:* = **proteose.**
alburnum *n.* gwynnin *m,* pren meddal *m.*
alcaic *a.* & *n. Pros:* **1.** *a.* alcäig. **2.** *n.* alcäig(-ion) *f.*
alcaide *n.* llywodraethwr (llywodraethwyr) *m.*
alcalde *n.* ynad(-on) *m.*
alcaptonuria *n.* alcaptonwria *m.*
alcayde *n.* = **alcaide.**
alcazar *n.* palas(-au) *m,* caer(-au, ceyrydd) *f.*
alchemic[al] *a.* alcemegol.
alchemically *adv.* yn alcemegol.
alchemist *n.* alcemydd(-ion) *m.*
alchemistic[al] *a.* = **alchemic.**
alchemize *v.t.* trawsffurfio.
alchemy *n.* alcemeg *f,* |alcemi *m.*
alcohol *n.* **1.** *Ch:* |alcohol *m;* **primary ~,** alcohol cynradd; **secondary ~,** alcohol eilradd; **tertiary ~,** alcohol trydyddol. **2.** *(= alcoholic drink):* alcohol *m,* gwirod(-ydd) *mf,* diod feddwol (diodydd meddwol) *f,* diod gadarn (diodydd cadarn) *f, S.W: occ:* peth *(m)* yfed; **he was under the influence of ~,** *F:* 'roedd yn ei ddiod; *S.W:* 'roedd yn ei freci; *N: F:* 'roedd o wedi'i dal hi; **~ abuse,** camddefnyddio *(vn)* alcohol, camddefnydd *(m)* ar/o alcohol.
alcoholic *a.* & *n.* **1.** *a.* alcoholaidd, *occ:* gwirodol, meddwol; **~ drink,** diod gadarn (diodydd cadarn) *f,* diod feddwol (diodydd meddwol). **2.** *n. (pers.):* alcoholig(-ion) *m&f;* **Alcoholics Anonymous,** Alcoholigion Anhysbys.
alcoholically *adv.* yn alcoholaidd *&c.*
alcoholism *n.* alcoholiaeth *f.*
alcoholization *n.,* **alcoholize** *v.t.* alcoholeiddio.
alcoholometer *n.* alcoholomedr(-au) *m,* mesurydd(-ion) *(m)* |alcohol.
alcoholometry *n.* alcoholometreg *f.*
Alcoran *n. Rel:* y Corán *m.*
alcove *n.* cilfach(-au) *f,* alcof(-au) *mf.*
alcoved *a.* cilfachog.
alcyonarian *n. Z:* cwrel(-au) meddal *m.*
Aldebaran *Pr.n. Astr:* Llygad *(m)* y Tarw.
aldehyde *n. Ch:* |aldehyd (aldehydau) *m.*
aldehydic *a. Ch:* aldehydig.
alder *n. Bot: (Alnus glutinosa):* gwernen (gwern, gwerni) *f, S.E: occ:* coeden *(f)* glocs (coed clocs), pren(-nau) *(m)* clocs; **full of alders,** gwernog; **grey ~,** *(A. incana):* gwernen lwyd (gwern llwydion); **green ~,** *(A. viridis):* gwernen werdd (gwern gwyrddion); **black ~, ~ buckthorn,** *(Frangula alnus):* breuwydden (breuwydd) *f,* rhafnwydden (rhafnwydd) *f,* draenen (drain) *(f)* y bwch. **~-fly** *n. Ent:* pryf(-ed) *(m)* y wernen, brych(-od) *(m)* y gro, gwernbryf(-ed) *m.* **~-grove** *n.* gwernllwyn(-i) *m,* llwyn(-i) *(m)* gwern. **~-moth** *n. Ent:* gwyfyn(-od) *(m)* y wern, gwyfyn y gwerni.
alderman *n.m.* henadur(-iaid), *A:* |aldramon (|aldramyn).
aldermanic *a.* henadurol.
aldermanry, aldermanship *n.* henaduriaeth(-au) *f.*
alderwoman *n.f.* henadures(-au).
aldol *n. Ch:* aldol *m.*
aldolase *n. Ch:* |aldolas *m.*
aldolization *n.* aldoleiddio *vn.*
aldose *n. Ch:* aldos(-au) *m.*
aldosterone *n. Bio-Ch:* ald|osteron *m.*
aldosteronism *n. Med:* aldosteronedd *m.*
aldoxim *n. Ch:* aldocsim(-au) *m.*
aldrin *n. Ch:* aldrin *m.*
ale *n.* **1.** cwrw(-au, cyrfau) *m;* **brown ~,** cwrw llwyd, cwrw coch; **pale ~,** cwrw golau; **light ~,** cwrw ysgafn; **strong ~,** cwrw cadarn, cwrw cryf; **mild ~,** cwrw mwyn; **mulled ~,** cwrw brwd; **lamb ~,** cwrw oen; *S.a.* **Adam, ginger-ale.** **~-wife** *n. A:* taf|arnwraig (tafarnwragedd) *f,* gwr|aig *(f)* tŷ tafarn (gwragedd tai tafarnau); *S.a.* **alewife.**
aleatoric, aleatory *a.* **1.** damweiniol, amodol; *Jur:* hap-amodol. **2.** *Mus:* aleatorig.
Alec *Pr.n.m. F:* **a smart a~,** llanc(-iau) clyfar *m,* hollwybodusyn *m;* **smart ~** *attrib.* hollwybodus, hollwybodol, clyfar-clyfar.
alecost *n. Bot:* llysiau *(pl)* Mair Fadlen, ystlys *(f)* Mair, y dditain leiaf *f.*
alee *adv. Nau:* dan y gwynt, rhag y gwynt, yng nghysgod y gwynt; **to put the helm ~,** troi'r llyw gyferbyn â'r gwynt.
alegar *n.* cwrw sur *m,* alegr *m.*
alehoof *n. Bot:* = **ground ivy.**
alehouse *n.* = **tavern.**
Alemannic *a.* & *n.* **1.** *a.* Alemannaidd; *(in language):* Alemanneg. **2.** *n.* Alemanneg *f, m.*
alembic *n.* distyllydd(-ion) *m,* distyll-lestr(-i) *m,* distyllbair (distyllbeiriau) *m,* distyllyr(-on) *m.*
aleph *n. Hebrew Alph:* [y llythyren] aleff *f.*
aleph-null *n. Mth:* aleff-nwl *m.*
alert[1] *a.* & *n.* **1.** *a. (a) (= watchful):* effro, esgud, gwyliadwrus; *(b) (= sprightly):* bywiog, sionc. **2.** *n.* rhybudd(-ion) *m,* larwm *mf;* **on the ~,** ar wyliadwriaeth, yn wyliadwrus, yn gwylio **(for sth,** am rth); **(to keep s.o.) on the ~,** (cadw rhn) yn effro, ar flaenau'i draed, ar ddi-hun; **I was on the ~,** 'roeddwn â llygad ar f'ysgwydd; **to be on the ~ against attack,** gwylio rhag ymosodiad.
alert[2] *v.t.* **1.** rhybuddio **(s.o. to sth,** rhn rhag rhth). **2. to ~ troops,** rhoi milwyr ar eu gwyliadwriaeth. **3.** *Sch:* deffro.
alerting *vn.* = **alert**[2]; *Lib:* **~ service,** gwasanaeth(-au) *(m)* rhybuddio.
alertly *adv.* yn effro *&c.*
alertness *n.* **1.** *(= watchfulness):* effröwch *m,* effrogarwch *m.* **2.** *(= sprightliness):* bywiogrwydd *m,* esgudrwydd *m,* sioncrwydd *m.*
aleurone *n.* alewron *m.* **~ layer** *n. Biol:* haenen *(f)* alewron.
aleuronic *a.* alewronig.
Aleut *a.* & *n.* **1.** *a.* Alewtaidd; *(in language):* Alewteg. **2.** *n. (a) Ethn:* Alewt(-iaid) *m&f; (b) Ling:* Alewteg *f, m.*
alevin *n.* silodyn (silod) *(m)* eog.
alewife *n. Ich:* *coegbennog (coegbenwaig) *m.*
Alexander *Pr.n.m.* Alecsander; **~ the Great,** Alecsander Fawr. **~'s foot** *n. Bot: (Anacydus pyrethrum):* pelydr *(m)* Ysb|aen.
alexanders *n. Bot:* dulys *f,* perllys *(m)* y meirch, *A: or Lit:* alisander *m,* alisantr *m,* elisandyr *m.*
Alexandrian *a.* & *n.* **1.** *a.* Alecsandraidd. **2.** *n.* Alecsandriad (Alecsandriaid) *m&f.*
alexandrine *a.* & *n. Pros:* **1.** *a.* alecsandraidd, deuddecban. **2.** *n.* **~ [line],** alecsandrin(-au) *f; (measure):* y mesur deuddecban *m.*
alexandrite *n. Miner:* alecsandrit *m.*
alexia *n. Med:* alecsia *m,* anallu *(vn)* i ddarllen.
alexin[e] *n. Bio-Ch:* alecsin(-au) *m.*
alexipharmic *a.* & *n.* **1.** *a.* gwrthwenwynol. **2.** *n.* gwrthwenwyn(-au) *m.*
alfalfa *n. Bot:* alffalffa *m,* maglys *m.*
alfilaria *n. Bot:* = **stork's bill.**
Alfred *Pr.n.m.* Alffred, *A:* Aelfryd; *Hist:* **~ and the cakes,** Alffred a'r torthau; *Fung:* **King ~'s cakes** *n.* = **cramp ball.**
alfresco *a.* & *adv.* [yn yr] awyr agored.
alga *n. Bot:* alga (algâu) *m.*
algal *a.* algaidd.
algarroba *n.* = **carob, mesquit[e].**
algebra *n.* |algebra (algebrâu) *mf, occ:* algebreg *f,* alsoddeg *f;* **Boolean ~,** algebra Boole.
algebraic *a.* algebraidd, alsoddaidd.
algebraically *adv.* yn algebraidd; drwy/ag |algebra.
algebraist *n.* algebrydd(-ion) *m.*
Algeria *Pr.n. Geog:* Algeria *f.*
Algerian, Algerine *a.* & *n.* **1.** *a.* Algeraidd; **the ~ government,** llywodraeth Algeria; **she's ~,** Algeriad yw hi; un o Algeria yw hi. **2.** *n.* Algeriad (Algeriaid) *m&f.*
algerine *n. Tex:* gwlanen resog *f,* |aljerin *m.*
algicidal *a.* algaladdol.
algicide *n.* algaladdwr (algaladdwyr) *m,* algaleiddiad (algaleiddiaid) *m.*
algid *a.* rhynllyd.
algidity *n.* rhyndod *m.*
algin *n. Ch:* algin *m.*
alginate *n. Ch:* |alginad (alginadau) *m.*

alginic *a.* alginig.
algivorous *a.* alga-ysol.
algoid *a.* = **algal.**
algol *n. Cmptr:* algol *m.*
algolagnia *n. Psy:* algolagnia *m.*
algolagnic *a. Psy:* algolagnig.
algolagnist *n. Psy:* algolagnydd(-ion) *m.*
algological *a.* algolegol.
algologically *adv.* yn algolegol.
algologist *n.* algolegwr: algolegydd (algolegwyr) *m.*
algology *n.* algoleg *f.*
algometer *n.* algomedr(-au) *m.*
algometric[al] *a.* algometrig.
algometry *n.* algometreg *f.*
Algonkian, Algonquian, Algonquin *a. & n.* **1.** *a.* Algonciaidd, *(in language):* Algonceg. **2.** *n. (a) Ethn:* Algonciad (Algonciaid) *m&f*; *(b) Ling:* Algonceg *f, m.*
algophobia *n.* ofn (*m*) poen.
algor *n. Med:* rhyndod *m*, oerfel *m.*
algorism, algorithm *n. Mth:* |algorithm (algorithmau) *m*; **Euclid's ~,** algorithm Ewclid.
algorithmic *a. Mth:* algorithmig.
alhambresque *a. Arch:* alhambraidd.
alias *adv. & n.* **1.** *adv.* nid amgen, a elwir hefyd, arallenwedig, neu fel arall, alias, a lysenwir; **John Jones, ~ Hugh Jones,** John Jones, a elwir hefyd Hugh Jones. **2.** *n.* enw arall (enwau eraill) *m*, alias(-au) *m*, arallenw(-au) *m.*
alibi *n. Jur:* |alibi (alibiäu) *m*; **to establish/prove an ~,** profi alibi.
alible *a.* maethlon.
Alice *Pr.n.f.* Alys; **~ in Wonderland,** Alys yng Ngwlad Hud.
alicyclic *a. Ch:* alisyclig.
alidade *n. Surv:* |alidad (alidadau) *m.*
alien *a. & n.* **1.** *a.* estron, dieithr, estronol, anghyfiaith, *Lit: occ:* aliwn; **(an action) entirely ~ to her character,** (gweithred) hollol anghydnaws â'i chymeriad, hollol groes i'w chymeriad; **it's ~ to me,** mae'n ddieithr i mi; mae'n anghyfarwydd i mi; 'rwy'n anghynefin ag ef. **2.** *n.* estron(-iaid) *m&f*, estrones(-au) *f*, *Lit: occ:* aliwn(-s) *m*; *(plant):* estron; **enemy ~,** estron-elyn(-ion) *m*; **resident ~,** estron(-iaid) preswyl/trigiannol; **undesirable ~,** estron annymunol/annerbyniol; *S.a.* **wool.**
alienability *n. Jur:* natur aralladwy *f.*
alienable *a. Jur:* trosglwyddadwy, aralladwy.
alienage *n. Jur:* estroniaeth *f.*
alienate *v.t.* **1.** *Jur:* arallu, trosgwlyddo, estroniaethu. **2.** *(= estrange):* dieithrio, estroneiddio, estroni; **to ~ s.o. from his friends,** gwahanu/pellh|au rhn oddi wrth ei gyfeillion; **to become alienated, to ~ oneself,** ymddieithrio, ymbellh|au, *F:* mynd yn ddieithr. **3.** *(= offend):* **to ~ (a friend),** pechu yn erbyn (cyfaill); digio, tramgwyddo, (cyfaill); codi gwrychyn (cyfaill).
alienation *n.* **1.** *Jur:* aralliad(-au) *m*, arallu *vn*, estroniaethu *vn.* **2.** *(= disaffection):* estroneiddiad *m*, estroneiddio *vn*, dieithriad *m*, dieithrio *vn*, ymddieithro *vn*, ymddieithriad *m*, ymddieithrwch *m*, ymbellhad *m*; **3. mental ~,** dryswch (*m*) meddwl, gorffwylledd *m*, amhwylledd *m.* **~ effect** *n. Th:* effaith (*f*) dieithrio.
alienator *n.* **1.** *Jur:* *arallwr (arallwyr) (*m*) eiddo, trosglwyddwr (trosglwyddwyr) *m.* **2.** *(= offender):* tramgwyddwr (tramgwyddwyr) *m*, digiwr (digwyr) *m.*
alienee *n. Jur:* arallai (aralleion) *m&f*, trosglwyddai (trosglwyddeion) *m&f.*
alienism *n.* **1.** = **alienage. 2.** *Med:* meddygaeth (*f*) y meddwl, amhwyllyddiaeth *f.*
alienist *n. Med:* meddyg(-on) (*m*) y meddwl, amhwyllydd(-ion) *m.*
alienly *adv.* yn ddieithr *&c.*
alienness *n.* estroneiddiwch *m*, dieithrwch *m*, estronoldeb *m.*
alienor *n. Jur:* = **alienator 1.**
aliform *a.* ar ffurf adain, adeinffurf.
alight[1] *v.i.* **1.** *(from horse, vehicle):* disgyn, dod i lawr; *(from boat):* glanio. **2.** *(of bird, plane):* glanio.
alight[2] *a.* **1.** *(= on fire):* ar dân, yn fflamio, yn wenfflam, *S: occ:* ar gynn, *Lit: occ:* yngh|ynn; **to catch ~,** mynd ar dân, cynnau, tanio, goleuo; **to set (sth) ~,** rhoi (rhth) ar dân; cynnau, tanio, *occ:* ffaglu (rhth). **2.** *(= bright):* yn olau, yn loyw; **eyes ~ with mischief,** llygaid yn pefrio o/gan ddireidi.
align *v.t.* **1.** *(a) (= line up):* **to ~ sth,** gosod/rhoi/trefnu/dodi rhth yn/mewn rhes *or* ar linell; **to ~ troops,** trefnu milwyr mewn rhes/rheng, rhencio milwyr, *A:* dullio milwyr; *(b) Mec.E:* llinellu, cyfunioni, unioni, sythu; *Needlew: Carp: Geog:* alinio; **to ~ sth on sth,** gosod rhth yn union ar gyfer rhth; *Cmptr:* **~ left/right,** alino i'r chwith/dde; *abs.* **the side of the door should ~ with the side of the window,** fe ddylai ymyl y ffenest ddarllen gydag ymyl y drws. **2. to ~ oneself,** ymrencio, ffurfio rheng, ffurfio rhes; *(= side with):* ochri, ymochri, ymgyfuno **(with s.o.,** â rhn); pleidio, cymryd plaid (rhn).
aligned *a.* **1.** cyfunion, cyflin **(with s.o.,** i rn); yn ochri (â/gyda rhn), ymlyniedol, ymochrol; **non-~,** amhleidiol, anymochrol.
aligner *n.* cyfunionwr (cyfunionwyr) *m*, unionwr (unionwyr) *m*, sythwr (sythwyr) *m.*
alignment *n.* **1.** cyfliniad(-au) *m*, cyfunioniad(-au) *m*, llinelliad(-au) *m*; *Lib:* cyfunionedd *m*; *Carp: Geog: Needlew:* aliniad(-au) *m*; *Sp:* llun iant *m*; *Archeol:* rhesaid (rheseidiau) *f*; **stone ~,** rhesaid (*f*) gerrig (rheseidiau cerrig); **out of ~,** anunion, cam (ceimion), anghyflin, *F:* allan ohoni, *occ:* allan o'i gyfeiriad; **in ~ (with sth),** cyflin (â rhth), *occ:* yng nghyfeiriad (rhth); *Fin:* **~ of currencies,** cyfliniad ariannau. **2.** *Pol:* ymochredd *m*, ymochri *vn*, ymbleidio *vn.*
alike *a. & adv.* **1.** *a.* tebyg, cyffelyb, yr un fath, yr un ffunud; **they are exactly ~,** maent yn union yr un fath â'i gilydd; maent yr un ffunud â'i gilydd; **you are all ~!** 'rydych chi i gyd yr un fath/peth! **2.** *adv.* yn debyg, yn gyffelyb, yr un fath; **to treat everyone ~,** trin pawb yr un fath; **summer and winter ~,** haf a gaeaf yn ddiwahân; haf a gaeaf fel ei gilydd; boed haf, boed aeaf; **share and share ~,** rhannu'n gyfartal/deg.
alikeness *n.* tebygrwydd *m.*
aliment[1] *n.* **1.** bwyd(-ydd) *m*, lluniaeth *m*, maeth(-ion) *m*, *Lit:* ymborth *m.* **2.** *Scot.Jur:* = **alimony.**
aliment[2] *v.t. Scot.Jur:* cynnal.
alimental *a.* maethol, ymborthol, lluniaethol.
alimentally *adv.* o ran maeth/ymborth/lluniaeth; yn faethol *&c.*
alimentary *a.* **1.** *(= nourishing):* maethlon. **2.** *Anat:* **~ canal,** pibell (*f*) faeth (pibelli maeth), pibell fwyd (pibelli bwyd), llwybr (*m*) yr ymborth (llwybrau'r ymborth), llwybr treulio.
alimentation *n.* **1.** maethiad *m*, porthiant *m*, bwydo *vn.* **2.** *Geog:* croniad (*m*) eira.
alimentative *a.* = **alimental.**
alimony *n. Jur:* cyfran(-nau) (*f*) ysgar, cynhaliaeth *f*, |alimoni (alimonïau) *m.*
aline *v.t.* = **align.**
aliped *a. & n. Z:* **1.** *a.* troedadeiniog. **2.** *n.* troedadeiniog(-ion) *m&f*, anifail (anifeiliaid) troedadeiniog *m.*
aliphatic *a.* blonegol, aliffatig.
aliquant *a. Mth:* anghynifer, anghydrif.
aliquot *a. & n.* **1.** *Mth: (a) a.* cydrifol; **~ part,** cyfran gydrifol (cyfrannau cydrifol) *f*; *(b) n.* cydrif(-au) *m*, cyfnifer(-oedd) *m.* **2.** *n. Ch:* |alicwot *m.*
alison *n. Bot:* alyswm *m*; **hoary ~,** *(Berteroa incana):* alyswm gwyn; **golden ~,** *(Alyssum saxatile):* alyswm aur; **mountain ~,** *(A. montanum):* alyswm y mynydd, cydllin (*m*) y mynydd; **small ~,** *(A. alyssoides):* alyswm bach; **sweet ~,** *(Lobularia maritima):* alyswm pêr, eira (*m*) mynydd; *S.a.* **alyssum.**
alive *pred.a.* **1.** *(= living):* byw; **half ~,** lledfyw, hanner byw, *S: occ:* madfyw; **~ and well, ~ and kicking,** byw ac iach, *occ:* iach lawen; **to be still ~,** dal ar dir y [rhai] byw, dal yn fyw; **to come ~ again,** codi o farw'n fyw, dod o farw'n fyw, atgyfodi; **he was burned ~,** cafodd ei losgi'n fyw; **(he was misjudged) when ~,** (cafodd ei gamfarnu) yn ystod ei oes, tra 'roedd yn fyw; *O: F:* **man ~!** ddyn byw! ddyn glân! **the best man ~,** y dyn gorau'n fyw, y dyn gorau yn y byd; **(he was better) than any man ~,** ('roedd yn well) na neb, nag undyn byw; **to keep sth ~,** cynnal bywyd rhth, cadw rhth yn fyw; **to keep a memory ~,** cadw cof yn fyw; **to keep a conversation ~,** cynnal sgwrs, cadw sgwrs i/ar fynd. **2.** *(= conscious):* **to be ~ to sth,** bod yn effro i rth, bod yn ymwybodol o rth, sylweddoli rhth; **I am ~ to the fact that . . .,** nid wyf heb wybod bod/mai . . .; nid wyf na wn i bod/mai . . . . **3.** *(= lively):* bywiog, llawn bywyd, effro, sionc; **to look ~,** brysio, gafael ynddi, *S:* ei siapo hi, *N:* styrio; **look ~!** gafael(-wch) ynddi! *S:* siapa (siapwch) hi! *N: F:* styria (styriwch)! **4. (the cheese was) ~ with maggots,** ('roedd y caws) yn fyw o gynrhon, yn gynrhon byw, yn gynrhonog, *F:* yn berwi o/gan

gynrhon, yn dryfrith o gynrhon; **the town was ~ with rumours,** 'roedd y dref yn ferw o/gan sibrydion. **5.** *El: esp. U.S:* byw.

aliyah *n.* alïa(-s,-u) *f.*

alizarin *n.* alisarin *m.*

alkahest *n. Ch:* |alcahest *m.*

alkakengi *n. Bot:* suranen godog (suran codog) *f.*

alkalescence *n. Ch:* lledalcalinedd *m.*

alkalescent *a. Ch:* lledalcalinaidd, goalcalinaidd.

alkali *n.* **1.** *Ch:* |alcali (alcalïau) *m*; **~ metal,** metel(-oedd) alcalïaidd *m.* **2.** *Bot:* = **saltwort.**

alkalify *v.t.&i.* alcaleiddio.

alkalimeter *n.* alcalimedr(-au) *m.*

alkalimetry *n.* alcalimetreg *f.*

alkaline *a. Ch:* alcalïaidd, |alcalin, alcalinaidd; **~ earth metal,** metel(-oedd) mwynol alcalïaidd *m.*

alkalinity *n. Ch:* alcalinedd *m.*

alkalinization *n.*, **alkalinize** *v.t.* alcalineiddio.

alkaloid *a. & n. Ch:* **1.** *a.* alcaloidaidd. **2.** *n.* |alcaloid (alcaloidau) *m.*

alkaloidal *a.* = **alkaloid 1.**

alkalosis *n. Med:* alcalosis *m.*

alkane *n.* alcan(-au) *m*, p|araffin (paraffinau) *m.*

alkanet *n. Bot:* llysiau(*pl*)'r gwrid, tafod (*m*) yr ych lliwiol; **evergreen ~,** tafod yr ych anwyw; **bastard ~,** grawn (*pl*) y llew, maenhad (*m*) yr âr.

alkaptonuria *n. Med:* alcaptonwria *m.*

alkene *n. Ch:* alcen(-au) *m.*

alkoxy *a. Ch:* alcocsi.

alkyd *attrib. Ch:* alcyd.

alkyl *attrib. Ch:* alcyl.

alkylate *v.t.*, **alkylation** *n.* alcyleiddio.

alkylic *a. Ch:* alcylig.

alkyne *n. Ch:* alcyn(-au) *m.*

all *a., pron. & adv.* **1.** *a.* *(a) before a proper n. or* **~ the** *before an (usually) uncountable n. = the whole of:* cyfan, oll, *F:* i gyd *(always pronounced as if* i gîd*) or* holl + *soft mut. preceding n.* **~ Wales,** Cymru gyfan, *Lit: occ:* Cymru oll, Cymru benbaladr, Cymru achlân; **in ~ Wales,** ledled Cymru, trwy Gymru oll, trwy Gymru benbaladr; **~ the bread,** y bara i gyd, y cyfan/cwbl o'r bara; **~ her property,** ei holl eiddo, ei heiddo i gyd, y cyfan/cwbl o'i heiddo; **~ his wealth,** ei gyfoeth i gyd, ei holl gyfoeth, *occ:* yr oll/cyfan/cwbl o'i gyfoeth; **she's ~ woman,** mae hi'n ferch o'i thraed i'w chorun; **with ~ haste/speed,** ar frys, ar fyrder, ar hast, gyda phob cyflymdra, cyn gynted ag y gellir; **~ this grumbling,** yr holl achwyn 'ma; **~ hell was let loose,** fe aeth hi'n ddiawl o le; fe aeth hi'n holics gwyllt; fe fu cythraul o le; fe aeth hi'n uffern; **(he spent) ~ his life (there),** (treuliodd) y cyfan/cwbl o'i oes, oes gyfan, ei oes i gyd, ei oes yn gyfan (yno); **~ my life I have waited,** yr wyf wedi bod yn disgwyl trwy gydol fy oes; **(she worked) ~ day,** (bu'n gweithio) drwy'r dydd, drwy gydol y dydd, am ddiwrnod cyfan; **~ night,** drwy gydol y nos, ar hyd y nos; **~ summer,** yr haf i gyd; *adv.* trwy gydol yr haf; **at ~ hours,** bob awr o'r dydd a'r nos; **~ the way,** yr holl ffordd, bob cam; **~ August,** Awst ar ei hyd, Awst yn gyfan, y cyfan o fis Awst; *adv.* trwy gydol Awst; **~ the time that I was walking,** tra oeddwn yn cerdded; **~ his life,** ar hyd ei oes, trwy/drwy gydol ei oes; **(he complained) ~ the way,** ('roedd yn achwyn) yr holl ffordd, trwy gydol y daith, bob cam o'r ffordd; **to go ~ the way,** mynd i'r pen draw, mynd i'r eithaf; **~ my time,** fy holl amser, y cyfan o'm hamser, f'amser i gyd; **for ~ time,** am byth [bythoedd]; **~ the time/while (she was lying),** trwy gydol yr amser, drwy'r adeg, o'r cychwyn ('roedd hi'n dweud celwydd); **she's not as pretty as ~ that,** nid yw hi cyn ddeled â hynny; nid yw hi mor bert â hynny; **~ that is (true),** mae hynny oll, mae hynny i gyd, mae'r cyfan/cwbl o hynny (yn wir); **and ~ that,** ac yn y blaen, ac felly ymlaen, *F:* ac ati [hi], a phethau felly, *N.W: F:* a ballu; **~ this is (obvious),** mae hyn oll, mae hyn i gyd, mae'r cyfan/cwbl o hyn (yn amlwg); **for ~ that,** er hynny i gyd, er hynny oll; **~ people,** pawb, pob un; **you, of ~ people!** ti, o bawb! *Lib:* **~ published,** oll a gyhoeddwyd; **~ my doubts,** fy holl amheuon, fy holl amheuaeth; **~ the world,** yr holl fyd, y byd i gyd, y byd yn grwn, yr hollfyd *m*; **~ the world and his wife,** y byd a'r betws; **~ human life is there,** mae holl fywyd dyn yno; **(I wouldn't do it) for ~ the world,** (ni wnawn i mohono) er dim, ar unrhyw gyfrif, ar gyfrif yn y byd, dros fy nghrogi, am bensiwn, am holl aur Per|iw; **she looked for ~ the world like a princess,** 'roedd hi'n union/gymwys fel tywysoges; **(I wouldn't go there) for ~ the tea in China,** (nid awn i yno) am bris yn y byd, am holl aur Per|iw; **~ her kindness,** ei holl garedigrwydd; **~ the wisdom of the ages,** holl ddoethineb yr oesoedd; **with ~ my heart,** â'm holl galon, â'm holl fryd; **~ work and no play makes Jack a dull boy,** (*)gwaith heb ŵyl wna Huw'n ddi-hwyl; **in ~ modesty,** gyda phob gwyleidd-dra; **they took it ~,** (cymerasant) y cwbl/cyfan ohono, ef i gyd, ef yn gyfan gwbl; **it's ~ Lombard Street to a China orange (that they'll fail),** mi rof fy mhen i'w dorri (mai methu fydd eu hanes nhw); mae'n fwy na thebyg, mae pob tebyg, mae pob tebygrwydd, mae'n hollol sicr (y methan' nhw); **he knows it ~,** mae'n gwybod y cyfan/cwbl; mae'n gwybod popeth; *(b) before sg. (usually) uncountable n. = every instance of:* pob *before n; A:* **~ hail!** hawddamor! henffych well! **~ pleasure must be paid for,** rhaid talu am bob pleser; *B:* **~ flesh is grass,** pob cnawd sydd wellt; **~ sin is hateful,** mae pob pechod yn ffiaidd; **beyond ~ doubt, beyond ~ question,** y tu hwnt i bob amheuaeth; **we wished them ~ happiness,** dymunasom bob dedwyddwch iddynt; **~ good luck,** pob lwc dda; pob rhwyddineb; popeth o'r gorau; *F:* **as ~ get-out,** fel yr andros, fel wn i ddim be'; **we've lost ~ hope,** 'rydym wedi colli pob gobaith; **it's beyond ~ belief,** mae'n hollol anhygoel; **it's against ~ common sense,** mae'n groes i bob synnwyr cyffredin; **in ~ probability,** yn ôl pob tebyg, yn ôl pob golwg; **in ~ sincerity,** yn hollol ddidwyll, yn hollol ddiffuant, heb air o gelwydd; **he denied ~ intention to steal,** gwadodd bob bwriad i ladrata; gwadodd unrhyw fwriad i ladrata; **to deny ~ connection,** gwadu pob cysylltiad, gwadu unrhyw gysylltiad; **~ kind/manner of things,** pob math[-au] o bethau; **I couldn't in ~ conscience accept the gift,** ni allwn dderbyn y rhodd â chydwybod glir; ni allwn ar gydwybod dderbyn y rhodd; **~ discussion was vain,** yr oedd pob trafod yn ofer; **~ resistance will be crushed,** fe sethrir ar bob gwrthsafiad; **~ talking is forbidden,** gwaherddir pob siarad; *(c) with pl.n. (= every):* pob + *sg.n. or pl.n.* + i gyd; **~ crows are black,** mae pob brân yn ddu; mae brain i gyd yn ddu; **~ men,** pob dyn, dynion i gyd, *Lit: occ:* dynion oll; **~ things,** pob peth, popeth, pob dim; **to be ~ things to ~ men,** bod yn bopeth i bawb; **~ the others,** *(= people):* pawb arall, y lleill i gyd; *(= things):* pob dim arall, popeth arall, y lleill i gyd; **to know ~ the answers,** gwybod yr ateb i bopeth; **~ rights reserved,** cedwir pob hawl; **at ~ hours,** ar unrhyw adeg, bob amser, ar unrhyw awr o'r dydd neu'r nos; **at ~ times,** bob adeg; *Aut:* **~ traffic,** pob cerbyd; **~ non-motorway traffic,** cerbydau heblaw rhai'r draffordd; **in ~ weathers,** ar bob tywydd, ym mhob tywydd; **he comes home at ~ hours,** daw adref bob awr o'r dydd a'r nos; **at ~ costs,** costied a gostio, ni waeth beth fo'r gost; **~ sorts of people,** pob math ar/o bobl, pobl o bob math; **~ shapes and sizes,** pob lliw a llun; **~ the best [wishes]!** pob hwyl! pob lwc! hwyl fawr! **by ~ means,** *(i) (= in every possible way):* ym mhob dull a modd; *(ii) int. (= certainly):* ar bob cyfrif; **to ~ intents and purposes,** i bob diben, i bob pwrpas; **on ~ fours,** ar eich pedwar; **(that is) on ~ fours (with the other instance),** (mae hynny) yr un fath yn union, ar yr un tir/gwastad (â'r achos arall); (mae hynny'n) cyfateb i'r dim, cyfateb yn union (i'r achos arall); **firing on ~ cylinders,** yn tanio ar bob silindr; **~ these,** y rhai hyn i gyd, pob un o'r rhai hyn, *Lit:* y rhai hyn oll, *F:* y rhain i gyd; **~ those,** y rhai yna i gyd, pob un o'r rhai yna, *Lit:* y rhai hynny oll; *F:* y rheina i gyd; **these are ~ mine,** myfi biau'r rhain i gyd; *Lit:* myfi biau y rhai hyn oll; **~ my children,** pob un o'm plant, fy mhlant i gyd. **2.** *pron. (a) (= everyone):* pawb *m*, pob un *m*; **we ~,** ni i gyd, pawb ohonom, pob un ohonom, *Lit:* nyni oll; **you ~,** chi i gyd, pawb ohonoch, pob un ohonoch, *Lit:* chwychwi oll; **the applicants were ~ women,** merched oedd yr ymgeiswyr i gyd; merch oedd pob ymgeisydd; **and so say ~ of us,** a dyna farn pawb ohonom; a dyna ein barn ni oll; **~ for one, one for ~,** pawb dros bob un, a phob un dros bawb; **~ [those] whom we saw,** pob un a welsom, pawb a welsom; **one and ~, ~ and sundry,** un ac oll, pawb oll ac un, a phawb a phob un, *occ:* pawb bod ag un; **almost ~,** pawb bron, bron bawb; **they were almost ~ Welshmen,** Cymry oeddynt bron i gyd; Cymry oedd bron bob un ohonynt; **two goals ~,** dwy gôl i bob un, dwy gôl yr un; **ten people in ~,** deg o bobl i gyd, deg o bobl rhwng pawb; **~ together now!** gyda'n gilydd! efo'n gilydd! *S.a.* **aboard**; *(b) (= everything):* y cyfan *m*, y cwbl *m*, pob dim *m*, pob peth *m*, popeth *m*; **once and for ~, for good and ~,** unwaith ac am byth; **that's ~,** dyna'r cyfan, dyna'r cwbl, dyna i gyd; **above ~,** uwchlaw popeth, yn anad dim; **~ is not lost,** ni chollwyd y cwbl/cyfan; ni chollwyd popeth; ni chollwyd pob dim; **he lost his ~,** collodd y cyfan/cwbl a oedd ganddo; collodd ei holl eiddo; **~ but,** popeth ond; **careful in ~,** gofalus ym mhopeth; **(you could see ~) but the church,** (fe welech bopeth) ond yr eglwys, ac eithrio'r eglwys, ar wahân i'r eglwys; **when ~ is said and done,** wedi'r cwbl, wedi'r cyfan, yn y pen draw; **it's ~ in a day's work,** mae'n rhan o'r gwaith; **it's ~ in the mind,** dychymyg yw'r cyfan; **it's ~ or none, it's ~ or nothing,** y cwbl neu ddim; *F:* watsh aur neu glun bren yw hi; **it's ~ nonsense; it's ~ my eye and Betty Martin,** lol/dwli yw'r cyfan; **we were ~ but drowned,** bu ond y dim inni foddi; bu agos inni foddi; bu bron inni foddi; *N. W: occ:* mi fuom ni drws nesa i foddi; *S: occ:* fu dim a dim rhynto ni a boddi; **I ~ but fell,** bu bron imi gwympo; bu ond y dim imi gwympo; **they were ~ but unknown,** 'roeddent bron yn anhysbys; 'roeddent agos â bod yn anhysbys; prin y gwyddai neb amdanynt; **~ told,** i gyd, rhwng y cyfan, rhwng popeth, a chyfri'r cyfan; **it's ~ of ten miles there,** mae'n ddeng milltir lawn yno; mae'n llawn ddeng milltir yno; **he was ~ of six feet,** yr oedd yn llawn ddwylath; **he was crushed by a rock - ~ twenty tons of it,** mathrwyd ef gan graig - ugain tunnell ohoni; **I had a visit from my cousins - ~ ten of them,** daeth fy neg cefnder i'm gweld - pob un ohonynt; daeth pob un o'm deg cefnder i'm gweld; **~ ten of them were killed,** lladdwyd y deg ohonynt; lladdwyd pob un o'r deg; **it was ~ I could do not to laugh,** bu bron i mi â chwerthin; bu ond y dim i mi chwerthin; 'roeddwn i bron â marw eisiau chwerthin; cymaint ag a allwn ei wneud oedd peidio â chwerthin; hynny a allwn ei wneud oedd peidio â chwerthin; **I've walked ~ of two miles,** 'rwyf wedi cerdded dwy filltir gyfan; **(he thinks he's) ~ in ~ (to the business),** (mae'n credu ei fod) yn hanfodol, yn hollbwysig (i'r busnes); **in ~, ~ in all,** at ei gilydd, a chymryd popeth at ei gilydd, rhwng popeth; **they were ~ in ~ to each other,** 'roeddent yn bopeth i'w gilydd; 'roeddent yn golygu'r cyfan i'w gilydd; **it's ~ over,** mae popeth ar ben; mae'r cyfan drosodd; **they are ~ one,** nid oes wahaniaeth rhyngddynt; maent yr un fath â'i gilydd i gyd; **that's ~ very fine/well, but . . .,** purion, ond . . .; popeth yn iawn, ond . . .; digon hawdd dweud, ond . . .; **~ is well that ends well,** mae popeth yn dda a ddiweddo'n dda; diboen os da y dibenna; **for ~ he may say,** beth bynnag a ddywedo; ni waeth beth a ddywedo; **for ~ I know,** am a wn i; **for ~ I care,** o'm rhan i, petai wahaniaeth gen i; **and ~,** ac yn y blaen, a phopeth, a phob dim, *F:* ac ati [hi]; *int.* **dash it ~!** *N:* dacia/daria fo unwaith! *S:* daro fe! *V:* **damn ~,** diawl o ddim, cythraul o ddim, affliw o ddim; **six cars in ~,** chwe char gyda'i gilydd, cyfanswm o chwe char, chwe char i gyd; **did you speak at ~?** a siaradsoch chi o gwbl? **most of ~,** yn anad dim, uwchlaw popeth, yn bennaf oll, **if she comes at ~,** os daw hi o gwbl; **nothing at ~,** dim byd o gwbl, dim o gwbl, dim affliw o ddim, dim oll, dim yw dim; **(he'll not come today,) if at ~,** (ni ddaw heddiw,) os daw byth, os daw o gwbl; **not at ~,** dim o gwbl; **the best of ~ (would be . . .),** y peth gorau oll, y peth gorau un (a fyddai . . .); **what I like most of ~,** yr hyn sydd orau gennyf; **when I was happiest of ~,** pan oeddwn hapusaf; **if you are at ~ anxious,** os ydych yn bryderus o gwbl; **if there's any wind at ~,** os oes y gwynt lleiaf, os oes y mymryn lleiaf o wynt. **3.** *adv. (= wholly):* i gyd, yn gyfan gwbl, yn llwyr, yn hollol; **she was dressed ~ in white,** 'roedd hi mewn gwyn o'i thraed i'w chorun; 'roedd wedi ei gwisgo mewn gwyn i gyd; 'roedd hi mewn gwyn drosti; **they were ~ dressed in black,** 'roeddynt yn eu du i gyd; **(the wall is) ~ white,** (mae'r pared) yn wyn i gyd, yn wyn drosto; **(the floor was) ~ covered in mud,** ('roedd y llawr) yn llaid i gyd, yn llaid drosto; **I went ~ round the town,** euthum o gwmpas y dref i gyd; **I'm ~ the better (for seeing you),** 'rwyf yn well o'r hanner, 'rwyf yn well byth, (o'ch gweld chi); **~ the more for us,** cymaint â hynny'n fwy i ni; mwya'n y byd i ni; **~ the more reason to go,** rheswm ychwanegol dros fynd, rheswm cryfach dros fynd, mwya'n y byd o reswm dros fynd; **they were ~ smiles,** 'roeddent yn wên i gyd; **~ at once,** *(i) (= suddenly):* mewn chwinciad, ar amrantiad, ar unwaith, yn sydyn, yn y fan a'r lle, *F:* chwap, chwipyn, yn sydyn reit, *Lit:* yn ebrwydd, yn ddisymwth; **they've gone ~ folksy,** maen' nhw wedi mynd yn werinol ar y naw; **he was ~ over me,** 'roedd yn fy llyfu i; **~ too soon,** yn llawer rhy fuan, yn rhy fuan o lawer; **to be ~ too evident,** bod yn rhy amlwg o lawer; **to be ~ alone,** bod ar eich pen eich hun bach, bod yn hollol/gwbl unig, bod yn hollol/gwbl ar eich pen eich hun; **she is ~ ears,** mae hi'n glustiau i gyd; mae hi'n glustiau fyw; **it's ~ the rage, it's ~ go,** dyna'r ffasiwn; dyna sy'n ffasiynol; dyna sy'n mynd â hi; dyna yw pob dim; dyna piau hi; dyna i gyd sydd i'w weld/glywed/gael; **I'm ~ impatience (to go),** 'rwyf yn ysu, 'rwyf ar dân (o eisiau mynd); *S. W:* dwi'n gwyndasu (eise mynd); **he's not ~ bad,** nid yw'n ddrwg i gyd; nid yw'n gwbl ddrwg; **it's not at ~ bad,** mae'n eithaf da; mae'n o lew; mae'n bur dda; 'dyw e ddim yn ddrwg o gwbl; **~ the better for me,** gorau oll i mi; gorau i gyd i mi; **~ the worse for you,** gwaethaf oll i ti; **he's not ~ there,** nid yw yna i gyd; nid yw'n llawn llathen; mae braidd yn ddiniwed; mae rhyw goll ynddo; *N. W:* 'dydi o ddim adra i gyd; **she's ~ there,** mae hi yna i gyd; mae hi'n graff; mae hi'n llawn llathen; nid yw'n un i dorri cnau gweigion; **I'm ~ for it,** 'rwyf yn hollol o'i blaid; **that's what it's ~ about,** dyna hanfod y peth; **what's this ~ about?** beth yw ystyr peth fel hyn? beth a dâl peth fel hyn? beth sy'n bod? beth sydd dan sylw? **~ at sea,** dryslyd, mewn dryswch, wedi drysu'n lân, ar goll yn lân, yn llwyr ar gyfeiliorn; **~ in,** *(= tired):* wedi ymlâdd, wedi blino, blinedig, lluddedig, wedi diffygio; **to go ~ out,** gwneud eich gorau glas, rhoi pob gewin ar waith, gweithio nerth deng ewin; **the car went ~ out,** aeth y car nerth ei olwynion; **the horse went ~ out,** aeth y ceffyl nerth ei garnau; **~ right,** iawn, hollol iawn; **is everything ~ right?** a yw popeth yn iawn? **(that's the man) ~ right,** (dyna'r dyn) heb amheuaeth, yn sicr, 'does dim dwywaith, *M. W:* siŵr ddigon, ddigon reit; **(you'd better go!) - ~ right!** (gwell iti fynd!) - iawn! o'r gorau! mi wnaf! *Lit: occ:* purion! **are you ~ right for money?** a oes gen ti ddigon o arian? **he'll be punished ~ the same,** fe'i cosbir er hynny; **is it ~ right for me to go?** a gaf i fynd? **if it's ~ the same to you,** os nad oes wahaniaeth gennych chi, *F:* os nad oes ots gennych chi, os yw'n iawn gennych chi; **~ in one piece,** yn un darn, yn gyfan, yn gyfan gwbl; *F:* **she's a bit of ~ right,** mae hi'n citha' pis[h]yn; **~ the same,** yr un fath, serch hynny, fodd bynnag, p'run bynnag; **it's ~ the same to me,** ni waeth gen i ddim; nid yw wahaniaeth gen i; *S:* man a man gyda fi; *F:* waeth gen i; *Iron:* **~ well and good!** purion! ardderchog! **everything ~ in good time,** popeth yn ei dro, popeth yn ei bryd; **he was ~ of a tremble,** 'roedd yn gryndod i gyd; 'roedd yn crynu trwyddo; 'roedd yn crynu ar ei hyd; **I don't have ~ that much,** nid oes gennyf gymaint â hynny; **we're not ~ that much older,** nid ydym gymaint â hynny'n hŷn; **you knew ~ along,** fe wyddet o'r cychwyn; fe wyddet drwy'r adeg; **it's ~ up with us,** mae hi ar ben arnom; mae hi wedi canu arnom; *S:* mae hi wedi pobi/cwpla arnom ni; *F:* mae'n ddominô arnom ni; **(to search) ~ over a place,** (chwilio) ym mhobman, ym mhob twll a chornel, ar hyd ac ar draws, ar led; **(the clothes were) ~ over the place,** ('roedd y dillad) dros bob man, ar hyd ac ar draws y lle; **(that's Gwyn) ~ over,** (dyna Gwyn) i'r dim/blewyn, yn union, drwyddo draw, yn ei nerth; **a quarrel ~ over a few shillings,** ffrae dim ond o achos ychydig sylltau. **~-absorbing** *a.* diddorol, cyfareddol. **~ along** *adv.* drwy'r adeg, ar hyd yr amser, drwy gydol yr amser, *N. W: occ:* ar hyd y bedlan, ar hyd y beit. **~-American** *a. (= wholly American):* hollol/cwbl Americanaidd; *(= best in America):* gorau yn America. **~-around** *a.* = **all round**. **~-bone** *n. Bot:* y serenllys mawr *m.* **~-bountiful** *a.* hael, haelionus, hollhaelionus. **~-burnt** *n. Rocketry:* llwyrlosgiad *m.* **~-but** *adv.* = **almost**. **~-clear** *n.* caniad *(m)* diogelwch. **~-conquering** *a.* hollfuddugol. **~-consuming** *a.* hollddiafäol, hollysol. **~-day** *a.* drwy'r dydd, drwy gydol y dydd. **~-devouring** *a.* ysol, hollysol. **~-electric** *a.* cwbl drydanol, â thrydan ym mhob man, *F:* letrig drwyddo/drwyddi. **~-embracing** *a.* hollgynhwysfawr, hollgynhwysol, cyffredinol. **~-essential** *a.* hollbwysig, cwbl angenrheidiol, hanfodol, anhepgor, anhepgoradwy, anhepgorol. **~-fired** *a. U.S: P:* = **damned, utter**[1]. **~-fives** *n.pl.* dominôs. **~-flying** *a. Av:* hollsymudol. **A~ Fools' Day** *n.* Diwrnod *(m)* Ffŵl Ebrill, *A: or Lit:* Gŵyl *(f)* yr Holl Ynfydion. **~-fours** *n.pl. (but sing. in const.): Cards:* chwarae *(m)* seithbwynt. **~-good** *n. Bot:* llys *(m)* y gwrda, sawdl *(m)* y crydd, llysiau*(pl)*'r meudwy. **~ hail** *int. A: Lit:* hawddamor; henffych well. **A~ Hallows' Day** *n.* Gŵyl *(f)* yr Holl Saint, Calangaeaf *m (pronounced* ng-g), *F:* Glangaeaf *m (pronounced* ng-g). **~-heal** *n. Bot:* yr holliach *m, N.W:* y fyddigad *f.* **~-healing** *a.* holliachaol. **~-important** *a.* hollbwysig. **~-in** *a.* cynhwysfawr, hollgynhwysfawr, sy'n cynnwys popeth; **~-in wrestling,** ymaflyd (*vn*) rhydd, rhydd-ymaflyd *vn.* **~-inclusive** *a.* hollgynhwysfawr, hollgynhwysol. **~-inclusiveness** *n.* hollgynwysoldeb *m.* **~-interval** *a. Mus:* pob cyfwng; **~-interval series,** rhes(-i) (*f*) pob cyfwng. **~-knowing** *a.* hollwybodus, hollwybodol. **~-mains** *a. El:* cyhoeddus [i gyd], hollgyhoeddus. **~-merciful** *a.* trugarog, holldrugarog. **~-metal** *a.* metel drwyddo/drwyddi, o fetel i gyd. **~-night** *a.* drwy'r nos, drwy gydol y nos, dros nos; *Aut:* **~-night parking,** parcio (*m*) drwy'r nos. **~-out 1.** *a.* **~-out effort,** ymdrech galed *f,* ymdrech deg; **to make an ~-out effort,** gwneud eich gorau glas, gweithio nerth deng ewin. **2.** *adv. (without hyphen):* yn llwyr, yn gyfan gwbl, *S.W: occ:* yn garamedd; **to go ~ out for sth,** gwneud eich gorau glas i gael rhth. **~-over** *a. & adv.* dros bob man; *Lib:* **~-over style,** addurn (*m*) clawr cyflawn. **~-overish** *a. F:* symol; *See* **poorly.** **~-pervading, ~-pervasive** *a.* hydreiddiol, hollbresennol. **~-powerful** *a.* hollalluog. **~-purpose** *a.* hollddefnyddiol, sy'n ateb pob diben, at bob pwrpas/diben. **~-red** *a.* yn goch i gyd; *Aut:* holl-goch. **~-righteous** *a.* hollgyfiawn. **~-round 1.** *a. (= general):* **an ~-round success,** llwyddiant cyffredinol; **an ~-round player,** chwaraewr crwn/amryddawn/amlochrog; **an ~-round actor,** actor amryddawn. **2.** *adv.* o gwmpas, o amgylch, ar bob llaw, ar bob ochr, ar bob tu; **to stand drinks ~ round,** prynu diod i bawb; **to be good ~ round,** bod yn amryddawn, bod yn grwn eich doniau, bod yn dda ym mhopeth, medru gwneud popeth. **3.** *prep. (a)* o gwmpas, o amgylch, o gylch; *(b)* **~ round the year, ~ the year round,** drwy gydol y flwyddyn, drwy'r flwyddyn gron gyfan. **~-rounder** *n.* dyn(-ion) crwn *m,* dyn amryddawn, merch(-ed) amryddawn *f.* **A~ Saints' Day** *n.* = **All Hallows' Day.** **~-seed** *n. Bot:* gorhadog *m.* **~-seeing** *a.* sy'n gweld popeth, hollweledol. **~-singing** *a.* yn ganeuon i gyd. **~-sorts** *n. Comest:* cymysgedd *m;* **liquorice ~-sorts,** l|icoris cymysg *m or inv.* **A~ Souls' Day** *n.* Gŵyl (*f*) y Meirw, Gŵyl yr Holl Eneidiau, Dygwyl (*fm*) y Meirw. **A~ Souls College** *n.* Coleg (*m*) yr Holl Eneidiau. **~ square** *a. Golf:* sgwâr. **~-star** *a.* serennog; **~-star performance,** perfformiad (*m*) y sêr i gyd, perfformiad yr hoelion wyth; **an ~-star cast,** cast llawn sêr, cast o'r holl sêr, cast serennog. **~-sufficient, ~-sufficing** *a.* digonol, hollddigonol. **~-time** *a. F:* **it reached an ~-time low,** fe blymiodd i'r dyfnderoedd eithaf; fe grafodd waelod y gasgen; fe drawodd y gwaelod; **~-time high,** yr uchaf erioed, yr uchder mwyaf erioed; **an ~-time great,** un o fawrion yr oesoedd; **an ~-time record,** record safadwy/barhaol/ddiguro. **~-up** *a.* **~-up weight,** pwysau cyfan *pl,* cyfanswm (*m*) pwysau. **~-weather** *a.* at bob tywydd. **~-wise** *a.* doeth, hollwybodus.

alla breve *a. & adv. Mus:* ***alla breve.***

alla cappella *adv. Mus:* ***alla cappella.***

Allah *Pr.n.m. Rel:* Duw, Allah.

allanite *n. Miner:* |alanit *m.*

allantoic *a.* alantöig.

allantois *n. Anat: Z:* alantöis(-au, alantöidau) *m.*

allargando *a. & adv. Mus:* ***allargando.***

allay *v.t. (a) (pain):* lliniaru, lleddfu, *occ:* llaesu; *(storm, anger):* gostegu, tawelu, llonyddu; *(fear, suspicion):* tawelu, gostegu, esmwytho, llonyddu; *(thirst):* torri; *(hunger):* diwallu.

allegation *n.* honiad(-au) *m,* haeriad(-au) *m,* cyhuddiad(-au) *m.*

allege *v.t.* honni, haeru, hawlio; **the words were alleged to have been spoken by . . . ,** honnid i'r geiriau gael eu llefaru gan . . . ; **he was alleged to be dead,** 'roedd wedi marw, meddid; honnid ei fod wedi marw.

alleged *a.* honedig, tybiedig; **the ~ offence,** y trosedd honedig; **the ~ thief,** y lleidr tybiedig.

allegedly *adv.* yn ôl y sôn, yn ôl pob tebyg.

allegiance *n.* **1.** teyrngarwch *m* (*pronounced* ng-g), ffyddlondeb *m,* uf|udd-dod *m* (**to s.o.,** i rn); *Hist:* gwrogaeth *f,* dyledogaeth *f; Pol:* **to pay ~ to a party,** bod yn deyrngar/ffyddlon/gefnogol i blaid, arddel plaid; **to renounce one's ~ to a party,** peidio â chefnogi plaid, cefnu ar blaid. **2.** **oath of ~,** llw(-on) (*m*) teyrngarwch/gwrogaeth; **to take an oath of ~,** talu llw teyrngarwch/gwrogaeth, gwrogi, gwrogaethu.

allegiant *a.* teyrngar (*pronounced* ng-g).

allegorical *a.* alegorïaidd, alegorig, alegoraidd; *(loosely):* damhegol, trosiadol.

allegorically *adv.* yn alegorïaidd *&c;* ar ffurf |alegori.

allegoricalness *n.* natur alegorïaidd *&c f.*

allegorist *n.* alegorïwr (alegorïwyr) *m; (loosely):* damhegwr (damhegwyr) *m.*

allegorization *n.* alegoreiddio *vn,* alegorïa *vn; (loosely):* damhegaeth *f,* damhegu *vn.*

allegorize *v.i.&t.* **1.** *v.i.* alegoreiddio, alegorïa, siarad mewn |alegori; *(loosely):* damhegu, siarad ar ddameg/ddamhegion, arallegu. **2.** *v.t.* alegoreiddio (rhth), troi (rhth) yn alegori, gwneud alegori (o rth).

allegorizer *n.* = **allegorist.**

allegory *n.* |alegori (alegorïau) *f, Lit: occ:* aralleg(-au,-ion) *f; (loosely):* dameg (damhegion) *f.*

allegretto *adv. & n. Mus:* **1.** *adv.* ***allegretto,*** yn weddol fywiog. **2.** *n.* darn(-au) gweddol fywiog *m,* ***allegretto(-s)*** *m,* alegreto(-s) *m.*

allegro *adv. & n.* **1.** *adv. Mus:* ***allegro,*** yn fywiog, yn hoenus. **2.** *n. Mus:* darn(-au) bywiog *m,* ***allegro(-s)*** *m,* alegro(-s) *m.*

allele *n.* alel(-au) *m.*

allelic *a.* alelig, alelomorffig.

allelism *n.* aleledd(-au) *m.*

allelomorph *n.* al|elomorff (alelomorffau) *m;* **multiple ~,** alelomorff lluosrif.

allelomorphic *a.* alelomorffig.

allelomorphism *n.* alelomorffedd *m.*

alleluia *int.& n.* aleliwia (aleliwiâu) *f.*

allemande *n. Mus:* ***allemande(-s)*** *f.*

Allen screw *n. Metalw: &c:* sgriw(-iau) (*f*) Allen.

allergen *n. Mus:* alergen(-au) *m.*

allergenic *a.* alergenig.

allergic *a.* alergol, alergaidd, gwrthnysig, gwrthnaws; **I am ~ to fish,** *(i) F: (= acutely dislike):* ni allaf ddioddef pysgod; mae pysgod yn troi arnaf; mae pysgod yn wrthnaws imi; ni dda gennyf mo bysgod; mae pysgod yn fy ngwneud i'n sâl; *(ii) (= fish causes allergy):* mae pysgod yn codi gwrthni/gwrthuni arnaf; 'rwyf yn alergaidd i bysgod.

allergist *n.* alergydd(-ion) *m.*

allergy *n.* alergedd(-au) *m.*

allethrin *n. Ch:* |alethrin *m.*

alleviate *v.t.* lliniaru, lleddfu, esmwytho, lleih|au, *Lit: occ:* llaesu; **to ~ thirst,** torri syched.

alleviation *n.* **1.** = **alleviative 2. 2.** *vn.* = **alleviate.**

alleviative *a. & n.* **1.** *a.* lliniarus, esmwythaol. **2.** *n.* lliniarydd(-ion) *m,* esmwythydd(-ion) *m,* lleddfwr (lleddfwyr) *m.*

alleviator *n.* = **alleviative 2.**

alleviatory *a.* = **alleviative 1.**

alley[1] *n.* **1.** *(a) (in park &c):* lôn (lonydd) *f,* llwybr(-au) *m,* alai(-au,-on) *f,* ala: ale: ali (alïau) *f, S:* gwyli: gyli(-s) *m; (b) (in town):* stryd (*f*) gefn (strydoedd cefn); *F:* **it's up/down my ~,** mae yn fy lein i; mae'n un o'm pethau i; *(c)* **bowling ~,** ala/ale/ali (*f*) fowlio (alïau bowlio). **~ cat** *n.* cath (*f*) grwydr (cathod crwydr).

alley[2] *n. (= playing marble):* ali (*f*) bop (alis pop), to (*m*) ali.

alleyway *n.* = **alley**[1].

alliaceous *a. Bot:* garllegaidd.

alliance *n.* **1.** cynghrair (cynghreiriau) *mf;* **to enter into an ~ (with s.o.),** cynghreirio, ymgynghreirio (â rhn); *Hist:* **the Triple A~,** y Cynghrair Triphlyg; **the Grand A~,** y Cynghrair Mawr; **the Holy A~,** y Cynghrair Sanctaidd; **an unholy ~,** cynghrair anfad; *Pol:* **the Liberal-Social Democratic A~,** Cynghrair y Rhyddfrydwyr a'r Democratiaid Cymdeithasol; *Pol:* **A~ for Progress,** Cynghrair er Cynnydd. **2.** **~ by marriage,** cystlynedd *m,* cystlwn *m,* cystlynu *vn.* **3.** *Bot: (= group of orders):* dosbarth(-au,-iadau) *m.*

allied *a.* **1.** *Mil: Pol:* cynghreiriol, mewn cynghrair (**to s.o.,** â rhn); *Hist:* **A~ forces,** lluoedd y Cynghreiriaid; **the A~ landings,** glaniadau'r Cynghreiriaid. **2.** *(= akin):* perthynol, cysylltiedig; **history and ~ subjects,** hanes a'r pynciau sy'n perthyn iddo.

alligator *n. Rept:* aligator(-od,-iaid) *m,* caiman(-od) *m.* **~ clip** *n.* clip(-iau) (*m*) danheddog. **~ jaws** *n.pl. Carp:* safnau danheddog. **~ pear** *n. Bot:* = **avocado.** **~ snapper, ~ tortoise** *n. Rept:* = **snapping turtle.**

Allington *W.Pl.n.* Trefalun *f.*
alliterate *v.t.&i.* **1.** cytseinio, cyseinio, cyflythrennu **(with sth,** â rhth). **2.** *(in Welsh strict metre poetry):* cynganeddu.
alliteration *n.* **1.** cyflythreniad *m*, cyseinedd *m*, cytseinedd *m*. **2.** *(in Welsh strict metre poetry):* cynghanedd (cynganeddion) *f.*
alliterative *a.* **1.** cyflythrennol, cyflythrennog, cyseiniol, cytseiniol. **2.** *(Welsh strict metre poetry):* cynganeddol.
alliteratively *adv.* **1.** yn gyflythrennol *&c.* **2.** yn gynganeddol; ar gynghanedd.
allium *n. Bot:* garllegyn (garlleg) *m*, garllegen (garlleg) *f.*
allocable *a.* dosbarthadwy, rhanadwy.
allocatable *a.* ar gael, dosranadwy, dyranadwy, neilltuadwy, dosbarthadwy, gosodadwy.
allocate *v.t. (a) (= distribute, share out):* rhannu, dosbarthu, dosrannu, dogni; *Fin:* dyrannu, dygyfl|eu; **to ~ the available seats,** rhannu'r seddau sydd ar gael, *occ:* gosod y seddau; **to ~ duties,** gosod/pennu/nodi dyletswyddau; *(b) (= assign, earmark):* clustnodi, neilltuo, pennu; **to ~ funds,** clustnodi arian.
allocatee *n. Adm:* derbyniwr (derbynwyr) *m.*
allocation *n.* **1.** *vn.* = **allocate. 2.** *(a)* rhaniad(-au) *m*, dosraniad(-au) *m*, dosbarthiad(-au) *m*; *Fin:* dyraniad(-au) *m*; *(b) (= sum or thing):* cyfran(-nau) *f*, dogn(-au) *m*, dognedd *m*, dogniad(-au) *m.*
allocator *n.* dosbarthwr (dosbarthwyr) *m*, dosrannwr (dosranwyr) *m*, dyrannwr (dyranwyr) *m*; *(of duties &c):* pennwr (penwyr) *m.*
allocatur *n. (a) Fin:* tystysgrif *(f)* dreuliau (tystysgrifau treuliau); *(b) Jur:* al|locatwr (alocatwriau) *m.*
allocution *n.* anerchiad(-au) *m*, araith (areithiau) *f.*
allodial *a. Hist:* rhyddfeddiannol.
allodialism *n. Hist:* rhyddfeddiannaeth *f.*
allodialist *n. Hist:* rhyddfeddiannwr (rhyddfeddianwyr) *m.*
allodially *adv. Hist:* yn rhyddfeddiannol.
allodium *n.* tir(-oedd) breiniol *m*, rhyddfeddiant (rhyddfeddiannau) *m.*
alloeroticism, alloerotism *n. Psy:* serch *(m)* at arall.
allogamous *a. Bot:* croesffrwythlonol.
allogamy *n. Bot:* croesffrwythloni *vn.*
allogeneic *a.* alogenëig.
allograft *n.* alo-impiad(-au) *m.*
allograph *n.* |alograff (alograffau) *m.*
allographic *a.* alograffig.
allomerism *n. Ch:* alomeredd(-au) *m.*
allomerous *a. Ch:* alomeraidd.
allometric *a.* alometrig; *Geog:* **~ growth,** twf alometrig *m.*
allometry *n.* alometreg *f.*
allomorph *n. Cryst: Ling:* |alomorff (alomorffau) *m*, allforff(-au) *m.*
allomorpheme *n. Ling:* alomorffem(-au) *m*, allforffem(-au) *m.*
allomorphemic *a. Ling:* alomorffemaidd, allforffemaidd.
allomorphic *a. Cryst: Ling:* alomorffig.
allomorphism *n. Cryst: Ling:* alomorffedd(-au) *m.*
allomorphous *a. Cryst: Ling:* alomorffus.
allonge *n. Com:* atodiad(-au) *m*, estynneb (estynebau) *m.*
allonym *n.* ffugenw(-au) *m.*
allopath *n. Med:* |alopath (alopathiaid) *m.*
allopathic *a. Med:* alopathig.
allopathically *adv.* yn alopathig.
allopathy *n. Med:* alopatheg *f.*
allopatric *a. Biol:* alopatrig, ar wahân.
allopatrically *adv. Biol:* ar wahân, yn alopatrig.
allopatry *n. Biol:* alopatredd *m.*
allophane *n. Miner:* |aloffan *m.*
allophone *n. Ling:* |aloffon (aloffonau) *m*, allffon(-au) *m.*
allophonic *a. Ling:* aloffonig, allffonig.
alloplasm *n. Biol:* |aloplasm *m.*
alloplasmic *a. Biol:* aloplasmig.
allopolyploid *a. & n.* **1.** *a. Biol:* alopolyploid. **2.** *n. Biol:* alopolyploid(-au) *m.*
allopolyploidy *n.* alopolyploidedd *m.*
allopurinol *n. Ch:* alop|wrinol *m.*
allosteric *a.* alosterig.
allosterically *adv.* yn alosterig.
allot *v.t.* **1. to ~ sth to (s.o.),** neilltuo/pennu/gosod rhth (ar gyfer rhn *or* i rn); **in the allotted time,** o fewn yr amser a roddir; o fewn yr amser penodedig. **2.** *(= distribution):* dosbarthu, dosrannu, rhannu; *Fin: &c:* alotio.
allotetraploid *a.* alot|etraploid.
allotheism *n. Rel:* alldduwiaeth *f*, addoli *(vn)* duwiau dieithr.
allotment *n.* **1.** *(a) (= portion, allowance):* cyfran(-nau) *f*; *Fin: Jur:* rhandaliad(-au) *m*, alotiad(-au) *m*; **letter of ~,** llythyr(-au,-on) alotiad; *(b) (= allotting):* dosbarthiad(-au) *m*, dosraniad(-au) *m*; *S.a.* **allot 2. 2.** *(= small plot of land):* llain (lleiniau) *f*, darn(-au) *(m)* o dir, clwt (clytiau) *(m)* o dir, gardd (gerddi) *(f)* ar osod, rhandir(-oedd) *m*, *F:* [a]lotment(-s) *fm*; **the allotments,** *N.W: occ:* cae *(m)* pawb. **~ note** *n. Mil:* nodyn (nodion) *(m)* anfon arian.
allotransplant[1] *n.* allimpiad(-au) *m.*
allotransplant[2] *v.t.* allimpio.
allotransplantation *n.* allimpiad(-au) *m*; *vn.* = **allotransplant[2]**.
allotrope *n.* |alotrop (alotropau) *m.*
allotropic *a.* alotropig, alotropaidd.
allotropically *adv.* yn alotropig *&c.*
allotropy *n.* alotropedd *m*, alotropaeth *f*, al|otropi *m.*
allotted *a.* a bennir/bennid/bennwyd; penodol, penodedig.
allottee *n. Fin:* derbyniwr (derbynwyr) *m* [rhandaliad], cyfrandderbyniwr (cyfrandderbynwyr) *m.*
allotter *n.* = **allocator**.
allotype *n.* |aloteip (aloteipiau) *m.*
allotypic *a.* alotypig.
allotypically *adv.* yn alotypig.
allotypy *n.* alotypedd *m.*
allow *v.t.* **1.** *(a) (= admit):* cydnabod, addef, cyfaddef, derbyn, *F: occ:* lwfio; **to ~ sth to be true, to ~ that sth is true,** cydnabod gwirionedd rhth, *occ:* rhoi bod rhth yn wir; *(b)* **to ~ a request,** derbyn cais, caniatáu cais. **2.** *(a) (= permit):* caniatáu; *(= tolerate):* goddef; **not to ~ s.o. sth,** nacáu/gwrthod/nadu rhth i rn; **to ~ s.o. sth,** caniatáu rhth i rn; **to ~ s.o. to do sth,** caniatáu/gadael i rn wneud rhth (*not* caniatáu *&c* rhn i wneud rhth); **not to ~ s.o. to do sth,** nacáu/gwrthod/nadu i rn wneud rhth; **to be allowed to do sth,** cael gwneud rhth; **he's not allowed to go,** ni chaiff fynd; ni chaniateir iddo fynd; **I was not allowed to go,** ni chaniatawyd/adawyd imi fynd; ni chefais fynd; **~ me to tell you,** gad imi ddweud wrthyt ti; **no parking allowed,** ni chaniateir parcio; gwaherddir parcio; **to ~ s.o. in,** gadael i rn ddod i mewn, gollwng rhn i mewn (*not* gadael rhn i mewn = **to leave s.o. inside**); **to ~ an item of expenditure,** caniatáu eitem o wariant; *(b)* **to ~ sth to be lost,** gadael i rth fynd ar goll; **I allowed myself to be deceived by her,** gadewais iddi fy nhwyllo; **he allowed himself to be led,** fe adawodd iddo'i hun gael ei dywys; fe gymerodd ei dywys; *(c) ind.t.* **(a tone) which allowed of no reply,** (tinc llais) na chaniatâi ateb, na roddai le i ateb, na oddefai ateb; **it allows of no delay,** mae'n gofyn y brys mwyaf; nid yw'n caniatáu unrhyw oedi. **3.** *(a)* **to ~ s.o. £100 a year,** rhoi lwfans o ganpunt y flwyddyn i rn, lwfio canpunt y flwyddyn i rn; **to ~ a debtor time to pay,** caniatáu/lwfio amser i ddyledwr dalu; *(b) Fin: Com:* **to ~ s.o. a discount,** caniatáu/rhoi/lwfio gostyngiad i rn; *(c) ind.t.* **to ~ for sth,** ystyried (rhth); darparu/lwfio (ar gyfer rhth), gwn|eud lwfans (ar gyfer rhth); **to ~ for rising costs,** rhagweld costau cynyddol; **to ~ so much for wastage,** lwfio ar gyfer hyn a hyn o wastraff; **allowing for the weather,** gan/o/ac ystyried y tywydd.
allowable *a. (a)* derbyniol, derbyniadwy, caniatadwy, caniataol, goddefadwy, goddefol; *(b) Fin: (expenses &c):* cyfreithlon.
allowableness *n.* derbynioldeb *m*, cyfreithlondeb *m.*
allowably *adv.* yn dderbyniol *&c.*
allowance[1] *n. (of money):* lwfans(-iau,-au) *m*, *U.S: (= pocket money):* arian *(m)* poced, *N:* pres *(m)* poced; *Adm:* **attendance ~,** lwfans gweini; *Mil:* **field ~,** lwfans maes y gad; **mess ~,** lwfans prydau; **breakdown ~,** lwfans colli iechyd; *Fin:* **free depreciation ~,** lwfans dibrisiad diamod; **initial ~,** lwfans cychwynnol; **investment ~,** lwfans buddsoddi; **mileage ~,** lwfans milltiroedd, lwfans teithio [yn ôl y filltir]; *(of food):* **recommended daily ~,** lwfans *(m)* beunyddiol argymelledig; **subsistence ~,** lwfans ymgynnal; **acting ~,** lwfans gwaith dros dro; **entertainment ~,** lwfans croesawu; **marriage ~,** lwfans gŵr priod; **tax ~,** lwfans trethi; **travelling ~,** lwfans teithio; **family ~,** lwfans teulu; **to put s.o. on short ~, to keep s.o. at short ~,** cadw rhn wrth fin y gyllell, codi'r rhesel/rhastl ar rn, codi rhesel/

rhastl rhn; *Turf:* **weight ~,** lwfans pwysau; **to make allowances for sth,** ystyried rhth, cymryd rhth i ystyriaeth, lwfio ar gyfer rhth; **you must make allowances for him,** rhaid i chi faddau iddo.

allowance² *v.t.* lwfio.

allowedly *adv.* = **admittedly**.

alloxan *n. Ch:* alocsan *m.*

alloy¹ *n.* **1.** cymysgedd(-au) *m; Metall:* aloi(-au,-on) *m;* **aluminium ~,** aloi alwminiwn; **bronze ~,** aloi efydd. **2.** *Lit:* **happiness without ~,** llawenydd digymysg; **~ oxide paper** *n.* papur (*m*) ocsid alwminiwm. **~ steel** *n.* dur (*m*) aloi.

alloy² *v.t.* **1.** cymysgu; *Lit:* **nothing happened to ~ our happiness,** ni ddaeth dim i darfu ar ein llawenydd. **2.** *Metall:* cymysgu aloi.

allseed *n. Bot:* **1.** *(Radiola linoides):* gorhadog *m.* **2.** *(Chenopodium polyspermum):* troed (*m*) yr ŵydd lluos-hadog. 3. **four-leaved ~,** *(Polycarpon tetraphyllum):* gorhiliog *m.*

allspice *n. Bot: Cu:* pupur (*m*) Jamaica, pupur y Caribî, pimento sych *m.*

allude *v.ind.t.* **to ~ to sth,** crybwyll rhth, cyfeirio at rth.

allure¹ *n.* atyniad(-au) *m,* hudoliaeth(-au) *f,* cyfaredd(-au) *f,* swyn(-ion) *m.*

allure² *v.t.* denu, hudo, atynnu, hud-ddenu, llygad-dynnu, *Lit:* llithio.

allurement *n.* = **allure¹**.

alluring *a.* hudolus, dengar (*pronounced* ng-g), deniadol, swynol, cyfareddol.

alluringly *adv.* yn hudolus *&c.*

allusion *n.* cyfeiriad(-au) *m* **(to sth,** at rth).

allusive *a.* awgrymog, awgrymiadol, anuniongyrchol (*pronounced* ng-g), *occ:* awgrymus; *Lit:* cyfeiriadol.

allusively *adv.* yn awgrymog *&c; Lit:* yn gyfeiriadol.

allusiveness *n.* awgrymusedd *m,* awgrymiadaeth *f; Lit:* cyfeiriadaeth *f.*

alluvial *a. & n.* **1.** *a. Geol:* llifwaddodol, gwaddodol; **~ deposits,** dyddodion llifwaddod, llifwaddodion; **~ fan,** bwa (*m*) llifwaddod; **~ plain,** gwastatir (*m*) llifwaddod. **2.** *n.* = **alluvium.**

alluvion *n.* **1.** *Geol: (a) (= action of water):* llifolchiad *m; (b)* = **alluvium. 2.** *Jur:* tir(-oedd) (*m*) gwaddod, gwaddotir(-oedd) *m.*

alluvium *n. Geol:* llifwaddod(-ion) *m.*

ally¹ *n.* cynghreiriad (cynghreiriaid) *m&f;* **an ~ in crime,** cyd-droseddwr (~-droseddwyr) *m,* cyd-dros|eddwraig *f;* **to become allies (with s.o.),** ymgynghreirio, cynghreirio, ffurfio cynghrair, mynd i gynghrair (â rhn).

ally² *v.t.&i.* **1.** *v.t. (a)* cyfuno; **he allied caution with skill,** cyfunai bwyll â medr; *Hist: (by marriage):* cystlwn, cystlynu, uno [trwy briodas]; *(b)* **to be allied to sth,** perthyn i rth; **jazz is allied to folk-music,** mae perthynas rhwng jas a chanu gwerin. **2.** *v.i.* ymgyfuno; *Mil: Pol:* ymgynghreirio.

ally³ *n. (= marble):* ali (*f*) bop (alis pop), to(-eau) (*m*) ali.

allyl *attrib. Ch:* alyl.

allylic *a. Ch:* alylig.

Alma Mater *n.* yr alma mater *f,* eich hen goleg *m.*

almagest *n. Hist:* serlyfr(-au) *m.*

almain *n. Mus:* almain *m.*

almanac[k] *n.* **1.** |almanac (almanaciau) *m, Lit: occ:* ams|eroni (amseroniau) *m;* **compiler of almanacs,** almanaciwr (almanacwyr) *m.* **2.** *(= yearbook):* blwyddiadur(-on) *m,* blwyddlyfr(-au) *m.*

almandine *n. Miner:* almwnt *m,* alman *f.*

almandite *n. Miner:* |almandit *m.*

almightiness *n.* hollalluogrwydd *m,* hollalluedd *m,* gallu diderfyn *m.*

almighty *a. & n.* **1.** *a. (a)* hollalluog; **A~ God,** Hollalluog Dduw *m; int.* **God ~!** Dduw mawr! Duw'r nefoedd! *(b) F:* **they're making an ~ row,** maen' nhw'n cadw sŵn ofnadwy/aruthrol; maen' nhw'n gwneud andros o sŵn. **2.** *n.* **the A~,** yr Hollalluog *m.*

almond *n. (a)* almon: almwn(-au) *mf,* cneuen (cnau) (*f*) almon/almwn, *A: or Lit:* cneuen Roegaidd (cnau Groegaidd); **bitter ~,** almon chwerw; **sweet ~,** almon melys/felys (almonau melys); **sugared ~,** siwgwr-almon(-au) *m;* **burnt ~,** almon l[l]osg (almonau llosg); **shelled (almonds),** (almonau) heb fasgl, wedi eu plicio, heb blisgyn, o'r fasgl, o'r plisgyn; **ground almonds,** almonau mâl, almonau wedi'u malu, almonau mân, briwsion (*pl*) almon, blawd (*m*) almon; *(b)* **~ [tree],** almonwydden (almonwydd) *f,* coeden (coed) (*f*) almon, *B:* pren(-nau) (*m*) almon. **~ essence** *n. Cu:* rhinflas (*m*) almon. **~-eyed** *a.* â llygaid hirgrwn. **~ oil** *n. Cu:* olew (*m*) almon.

almoner *n.* elusennwr (elusenwyr) *m,* almonydd(-ion) *m,* almonwr (almonwyr) *m,* amner(-iaid) *m,* amnerydd(-ion); **lady ~,** elus|enwraig (elusenwragedd) *f,* alm|onwraig (almonwragedd) *f.*

almonry *n.* elusenfa (elusenf|eydd) *f.*

almost *adv.* **1.** *(before n., a., adv., prep.):* bron, *occ:* agos; **~ everyone,** bron bawb, pawb bron; **~ dead,** bron yn farw, yn farw bron, agos yn farw; **~ always,** bron bob amser; **it is ~ noon,** mae hi bron yn ganol dydd; *N.W:* mae hi jest/dest yn ganol dydd; **it's ~ time to go,** mae hi bron yn bryd mynd; **~ as much again,** bron cymaint eto; **~ nothing,** bron ddim, dim bron, y nesaf peth i ddim. **2.** *(before verb):* bron [â], braidd [na], prin [na], *N: F:* jest â, dest â; *S.W:* biti; **he ~ tripped,** bu bron iddo faglu; bron na faglodd; braidd na faglodd; bu ef bron â baglu; bu ond y dim iddo faglu; bu ef o fewn y dim i faglu; bu agos iddo faglu; *Lit:* prin na faglodd; bu ef ymr|on baglu, *N.W:* mi fuo jest/dest iddo fo faglu; **she ~ didn't come,** bu hi bron â pheidio â dod; bron na ddaeth hi ddim; bu bron iddi beidio â dod; **I'm ~ freezing,** 'rwyf i bron â rhewi/rhynnu.

alms *n.* elusen(-nau) *f,* cardod(-au) *mf;* **to ask [for] ~,** cardota, elusenna, gofyn cardod; **to give ~ to s.o.,** rhoi cardod i rn. **~ box** *n.* blwch (blychau) (*m*) elusen, cist(-iau) (*f*) elusen, elusengist(-iau) *f* (*pronounced* ng-g). **~ deed** *n.* elusendod(-au) *m,* elusenwaith (elusenweithiau) *m.* **~-giving¹** *a.* elusengar (*pronounced* ng-g). **~-giving²** *vn.* elusengarwch *m* (*pronounced* ng-g), elusendod *m,* rhoi elusen.

almshouse *n.* elusendy (elusendai) *m,* tŷ (tai) (*m*) elusen.

almsman *n.* elusennwr (elusenwyr) *m.*

alnico *n. R.t.m.* |alnico *m.*

alodial *a.* = **allodial.**

alodium *n.* = **allodium.**

aloe *n.* **1.** *Bot:* pren(-nau) (*m*) alwys, aloewydden (aloewydd) *f,* elwydden (elwydd) *f;* **golden ~,** *(Agave americana):* blodyn (blodau) (*m*) canmlwydd. **2.** *pl. (usu. with sg.const.) Pharm:* **aloes,** alwys: alws *m.*

aloetic *a.* alwsaidd, elywig.

aloft *adv.* fry, i fyny, yn uchel, yn yr awyr, *S:* [i] lan.

alogical *a.* anrhesymegol, diresymeg.

alogically *adv.* yn anrhesymegol *&c.*

aloha *int.* aloha!

aloin *n. Pharm:* aloin *m.*

alone *a.* **1.** *(= solitary):* unig, ar eich pen eich hun; **he lives all ~,** mae'n byw ar ei ben ei hun; *F:* mae'n byw ar ei ben ei hun bach; **we are not ~ in thinking that . . .,** nid ni'n unig sy'n meddwl fod . . .; **(I did it) all ~,** (fe'i gwnes) ar fy mhen fy hun, *occ:* wrthyf fy hun; *B:* **man does not live by bread ~,** nid ar fara yn unig y bydd byw dyn; **with that charm which was his ~,** yn ei ffordd fach arbennig ei hun; gyda'r swyn a oedd yn eiddo iddo ef yn unig; *F:* **she wants to go it ~,** mae hi am fentro'i phen; mae hi am fynd ar ei liwt ei hun. **2.** *(a)* **to leave/let sth ~,** gadael llonydd i rth; **leave them ~!** gad(-ewch) lonydd iddynt! gad(-ewch) iddynt fod! *Prov:* **leave/let well ~,** na ddeffro'r ci sy'n cysgu; *(b) conj.* **let ~,** heb sôn am . . ., *Lit:* chwaethach . . ., llai fyth . . .; **(there were six in the car,) let ~ the dogs,** ('roedd chwech yn y car,) heb sôn am y cŵn, a'r cŵn ar ben hynny. **3.** *adv.* yn unig, dim ond; **she ~ (can help me),** hyhi'n unig, dim ond y hi (a all fy helpu).

aloneness *n.* unigrwydd *m.*

along *prep. & adv.* **1.** *prep.* ar hyd; **~ it,** ar h|yd-ddo *or* ar h|yd-ddi; **~ them,** ar h|yd-ddynt; **to walk ~ the shore,** cerdded [ar] hyd y traeth, cerdded o un pen i'r traeth i'r llall; **all ~ the way,** yr holl ffordd, bob cam o'r ffordd; **this is the street he came ~,** dyma'r stryd y daeth ar hyd-ddi; **to sail ~ the coast,** hwylio gyda'r glannau, dilyn y lan; *(b)* **(trees) ~ the river,** (coed) o bobtu'r afon, ar lannau'r afon, gyda'r afon. **2.** *adv.* yml|aen; **to move ~,** symud yn eich blaen, symud ymlaen; *F:* **to get ~,** dod ymlaen; **to get ~ well with s.o.,** cyd-dynnu'n dda gyda rhn, dod/tynnu ymlaen yn dda gyda rhn, *occ:* tynnu trwy rn yn dda; **come ~ with me boys,** dewch gyda mi, fechgyn; *S:* dewch gen i fechgyn; *F:* **come ~ now!** *S:* dere (dewch) 'nawr! *N:* tyrd (dowch) 'rŵan! *P:* **get ~ with you!** *(expressing incredulity):* 'choelia i fawr! cer(-wch) o 'ma! dos (ewch) i grafu! taw (tewch) â sôn! *U.S:* ~

about four o'clock, tua phedwar o'r gloch; **the night was far ~,** 'roedd hi'n hwyr [yn] y nos; 'roedd y nos yn tynnu tua'i therfyn; 'roedd y nos wedi cerdded ymhell; *(b)* **(I knew that) all ~,** (mi wyddwn i hynny) erioed, o'r cychwyn [cyntaf], drwy'r adeg, drwy gydol yr amser; *(c) F:* = **with; bring a tent ~ with you,** dewch â phabell gyda chi.

alongshore *adv.* ar hyd y traeth, gyda'r lan, ar hyd y lan, gan y lan.

alongside *adv. & prep. Nau:* ochr yn ochr, yn gyfochr, yn gyfochrog (â rhth); gerll|aw, yn ymyl, ar bwys, wrth ochr, gydag ochr (rhth); **to come ~,** dod ochr yn ochr, dod at yr ochr; **to go ~ a wall,** mynd gyda'r clawdd, mynd gan y clawdd.

aloof *adv. & a.* **1.** *adv.* **to keep ~ (from sth),** cadw/sefyll draw, ymbellh|au (oddi wrth rth); cadw (rhth) o hyd braich; **to stand ~,** mynd/sefyll o'r neilltu, ymddieithrio, cadw draw, cadw o hyd braich. **2.** *a.* ar wahân, pell; *Pej:* oeraidd, ffroenuchel, *F:* sych.

aloofly *adv.* yn ffroenuchel.

aloofness *n.* pellter *m*, arwahanrwydd *m*, ffroenuchelder *m*.

alopecia *n. Med:* moelni *m*, alopesia *m*; **~ areata,** clwy(*m*)'r llwynog, lledfoelni *m*; **~ totalis,** moelni llwyr.

alopecic *a. Med:* moel, penfoel.

aloud *adv.* yn uchel, yn glywadwy, *Lit:* yn hyglyw; **an evil which cries ~ for remedy,** cam sy'n galw['n groch] am ei unioni; **to read ~,** darllen yn uchel.

alow *adv.* = **below.**

alp *n. Geog: (a)* alp(-au) *m*; *(= high pasture):* porfa (porf|eydd) (*f*) ar fynydd, hafodlas(-au) *f*, ffridd(-oedd) *f*; *(b)* **the Alps,** yr Alpau, *A:* Mynydd (*m*) Mynnau; **the Swiss Alps,** Alpau'r Swistir.

alpaca *n.* **1.** *Z:* alpaca(-od) *m*. **2.** *Tex:* alpaca; **~ wool,** gwlân (*m*) [yr] alpaca.

alpenglow *n. Meteor:* *alplewy[r]ch *m*.

alpenhorn *n. Mus:* corn (cyrn) (*m*) yr Alpau, alpgorn (alpgyrn) *m*.

alpenrose *n. Bot: (Rhododendron ferrugineum):* alprosyn(-nau, alprosod) *m*; **hairy ~,** *(R. hirsutum):* alprosyn blewog; **dwarf ~,** *(Rhodothamus chamaecistus):* alprosyn bychan.

alpenstock *n.* ffon (ffyn) (*f*) amgorn, ffon ddringo (ffyn dringo).

alpestrine *a.* = **alpine, subalpine.**

alpha *n. & a. Gr.Alph:* alffa *f*; **~ and omega,** alffa ac omega, y dechrau a'r diwedd; *Gram:* **~ privative,** alffa nacaol. **~-adrenergic** *a.* alffa-adrenergig. **~-helix** *n.* alffa-helics(-au) *m*. **~ globulin** *n.* alffa-gl|obwlin *m*. **~ iron** *n. Miner:* fferrit *m*. **~ particle** *n. Ph:* gronyn(-nau) (*m*) alffa. **~ ray** *n. Ph:* pelydryn (pelydrau) (*m*) alffa. **~ receptor** *n.* derbynnydd (derbynwyr) (*m*) alffa. **~ rhythm** *n. Physiol:* rhythm (*m*) alffa.

alphabet *n.* gwyddor(-au) *f*; **the ~,** yr wyddor, yr abiéc *mf*; **the International Phonetic A~,** yr Wyddor Seinegol Gydwladol.

alphabetical *a.* yn nhrefn yr wyddor, yn ôl trefn yr wyddor, gwyddorol, alffabetaidd, alffabetig; **~ arrangement,** trefn (*f*) yr wyddor; *Lib:* **~ catalogue,** catalog (*m*) trefn yr wyddor; **~ notation,** nodiant (*m*) trefn yr wyddor; **~ subject catalogue,** catalog testunol trefn yr wyddor.

alphabetically *adv.* yn nhrefn yr wyddor, yn wyddorol.

alphabetico *comb.fm.* **~-classed catalogue** *n. Lib:* catalog (*m*) dosbarthol trefn yr wyddor; **~-direct catalogue** *n. Lib:* catalog uniongyrchol trefn yr wyddor.

alphabetization *n.* gwyddoroli *vn*, alffabeteiddio *vn*.

alphabetize *v.t.* gosod (rhth) yn nhrefn yr wyddor; gwyddoroli, alffabeteiddio (rhth).

alphabetizer *n.* gwyddorolwr (gwyddorolwyr) *m*, alffabeteiddiwr (alffabeteiddwyr) *m*.

alphamerical *a. Mth:* alffamerig; *Lib:* alffa-rifol.

alphanumerical *a. Mth:* alffaniwmerig; *Lib:* **~ indexing,** mynegeio alffa-rifol, mynegeio llythyren-a-rhif.

alphanumerically *adv. Mth:* yn alffaniwmerig.

alpine *a. Geog:* alpaidd; *(in names of plants):* alpaidd, mynyddig, y mynydd; **~ climbing,** dringo'r Alpau, dringo yn yr Alpau; **~ flowers,** blodau mynyddig/alpaidd, blodau'r mynydd; **~ pasture,** porfa (porf|eydd) (*f*) alpaidd; **~ range,** cadwyn(-i) (*f*) alpaidd. **~ sedge** *n. Bot:* hesgen ddu (hesg duon) *f*.

alpinism *n.* dringo (*vn*) yn yr Alpau, dringo'r Alpau.

already *adv. (= by now):* eisoes, yn barod, erbyn hyn; *(= by then):* erbyn hynny, eisoes, yn barod; *N: occ:* esys, *S: F:* ishws.

Alsace *Pr.n. Geog:* Alsás *f*.

Alsatian *a. & n.* **1.** *a.* Alsasaidd, o Alsás; **a~ [dog],** bleiddgi (bleiddgwn) *m*, ci (cŵn) (*m*) Alsás, *F:* ci blaidd. **2.** *n. (pers.):* Alsasiad (Alsasiaid) *m&f*.

alsike clover *n. Bot: (Trifolium hybridum):* meillionen fawr (meillion mawr) *f*.

alsinaceous *a. Bot:* alsinaidd.

also *adv.* hefyd, yn ogystal, ar ben hynny, at hynny; **you ~,** tithau; **he/it ~,** yntau; **she/it ~,** hithau; **I ~,** minnau; **we ~,** ninnau; **you/ye ~,** chwithau, *F:* chithau; **they ~,** hwythau, *F:* nhwtha, nhwthe; **I have ~ seen him,** 'rwyf innau wedi'i weld; 'rwyf i wedi'i weld hefyd; **David ~ came,** daeth Dafydd yntau; daeth Dafydd hefyd; **(the children) ~ (knew),** (gwyddai'r plant) hwythau, hefyd, yn ogystal; **not only . . . but ~,** nid yn unig . . . ond hefyd; *Turf:* **an ~ ran,** rhedwr arall (rhedwyr eraill) *m*; *F:* un o'r gweiniaid, un o'r cloffion.

alt *a. & n. Mus:* **1.** *a.* uchel. **2.** *n.* **in ~,** yn yr wythfed uwch *m*. **~ horn** *n.* corn (cyrn) (*m*) alto.

Altaic *a. & n. Ling:* **1.** *a.* Altäig. **2.** *n.* Altäeg *f, m*.

altar *n.* allor(-au) *f*; **he laid his ambitions on the ~,** aberthodd ei uchelgais; **to lead s.o. to the ~,** priodi rhn, tywys/arwain rhn at yr allor. **~ boy** *n.* allorwr (allorwyr) *m*, gwas (gweision) (*m*) allor, allorwas (allorweision) *m*. **~ call** *n.* galwad(-au) (*f*) at yr allor. **~ cloth** *n.* lliain (llieiniau) (*m*) allor, allorlen(-ni) *f*. **~ piece** *n.* allorlun(-iau) *m*. **~ place** *n.* allorfa (allorf|eydd) *f*. **~ stone** *n.* allorfaen (allorfeini) *m*. **~ table** *n.* bwrdd (*m*) allor (byrddau allorau).

altarage *n.* allordal(-iadau) *m*, offrwm (offrymau) *m*.

altarwise *a.* allorol, allorwedd.

altazimuth *n. Astr:* alt|asimwth (altasimwthau) *m*.

alter *v.t.&i.* **1.** *v.t.* newid, *F:* altro; *Jur:* **~, amend or repeal,** newid, diwygio neu ddiddymu; *Dressm:* **to ~ a skirt,** altro sgert; **that alters the case,** mae hynny'n newid pethau; *Nau:* **to ~ course,** newid cwrs/hynt. **2.** *v.i.* newid, *F:* altro.

alter ego *n.* hunan arall *m*.

alterability *n.* natur newidiadwy *f*; **its ~ was an advantage,** yr oedd y ffaith y gellid ei newid yn fantais; **I doubt its ~,** 'rwy'n amau a ellir ei newid.

alterable *a.* newidiadwy.

alterably *n. adv.* yn newidiadwy.

alteration *n.* **1.** *vn.* = **alter. 2.** newid(-iadau) *m*, *F:* altrad(-au) *m*, altrasiwn (altrasiynau) *mf*; **to make an ~ to a dress,** altro/ailwnïo/ail-wn|eud gwisg; *Needlew:* **~ line,** llinell(-au) (*f*) newid.

alterative *a. & n. Med:* **1.** *a.* newidiol, llesol. **2.** *n.* newidiwr (newidwyr) *m*.

altercate *v.i.* ymryson, ymrafael, cweryla, ffraeo, taeru.

altercation *n.* ymrafael(-ion) *m*, cweryl(-on) *m*, ffrae(-au,-on) *f*, ffrwgwd (ffrygydau) *m*, *F:* twrw *m*, *S:* cwmpo *(vn)* mas.

altered *a.* newidiedig; a newidir/newidid/newidiwyd.

alterer *n.* newidiwr (newidwyr) *m*, new|idwraig *f*.

alternant *a. & n.* **1.** *a.* = **alternating. 2.** *n. Ling:* eiledeb(-au) *f*.

alternate¹ *a.* **1.** bob yn ail, ar yn ail, am yn ail, *Lit:* bob yn eilwers; *Tchn:* eiledol; **on ~ Wednesdays,** bob yn ail ddydd Mercher; **the ~ action of sun and rain,** effaith gwynt a glaw bob yn ail; **on ~ days,** bob yn eilddydd, bob yn ail ddiwrnod; **trees planted in ~ rows,** coed a blannwyd bob yn ail res. **2.** *Geom: Bot:* **~ angles,** onglau eiledol, pob yn ail ongl; **~ leaves,** dail bob yn ail ochr. **3.** *Pros:* **~ rime,** odl(-au) (*f*) bob yn ail linell. **4.** *Aut:* **~ system,** system(-au) eiledol *f*.

alternate² *v.t.&i.* **1.** *v.i.* dod/digwydd bob yn ail (**with sth,** â rhth); **day alternates with night,** daw'r dydd bob yn ail â'r nos. **2.** *v.t.* gwn|eud (rhth) bob yn ail; eiledu, aryneilio (rhth); **to ~ threats and promises,** bygwth ac addo bob yn ail, bygwth bob yn ail ag addo.

alternate³ *n. U.S:* dirprwy(-on) *m*.

alternately *adv.* bob yn ail, *Lit:* bob [yn] eilwers.

alternating *a.* bob yn ail; *El:* eiledol; *El.E:* **~ current,** cerrynt (cerhyntau) tonnog/eiledol *m*; *Mec.E:* **~ movement,** symudiad(-au) (*m*) yn ôl ac ymlaen, symudiad ôl a gwrthol.

alternation *n.* **1.** *(of movement):* symudiad(-au) (*m*) bob yn ail. **2.** *(= interchange):* newid(-iadau) (*m*) bob yn ail, eilededd(-au) *m*; *Bot: Z:* **~ of generations,** eiledyedd cenedlaethau; *Geog:* **the ~ of day and night,** dyfodiad (*m*) dydd a nos bob yn ail; *Ling:* **vowel ~,** eiledydd llafariaid.

alternative *a. & n.* **1.** *a.* arall (eraill); gwahanol *(before noun with soft mut.)*; dewisol; *(with implication of superiority):* amgen, amgenach; *Jur:* ~ **dwelling,** cartref cyfatebol *m*, annedd gyfatebol *f*; *Lib:* ~ **locations,** lleoliadau eraill; **an ~ route,** ffordd arall (ffyrdd eraill) *f*; *Gram:* ~ **pronoun,** rhagenw(-au) neillog; ~ **policy,** polisi arall (polisïau eraill) *m*, *occ:* polisi wrth gefn; **the A~ Society,** y Gymdeithas Amgen; *Ph:* ~ **hypothesis,** rhagdybiaeth arall *f*; **the ~ press,** y wasg amgen *f*; **A~ Technology,** y Dechnoleg Amgen *f*; *Pol:* ~ **vote,** ailbleidlais *f*, pleidlais neillog *f*. **2.** *n.* dewis arall (dewisiadau eraill) *m*; *Log:* neillog(-ion) *m*; eilediw(-ion) *m*; *Gram:* neillog(-ion) *m*; **there is no ~,** 'does dim dewis arall; **I have no ~ but to go,** nid oes imi ddewis ond mynd; **the ~ of a fine or a month in prison,** y dewis rhwng dirwy a mis o garchar.

alternatively *adv.* fel dewis arall, neu, neu ynteu, yn lle hynny; *(= on the other hand):* ar y llaw arall.

alternativo *n. Mus:* ***alternativo (alternativi)*** *m.*

alternator *n.* eiliadur(-on) *m*, peiriant (peiriannau) (*m*) eiliadu.

althea *n. Bot:* = **hollyhock, rose of Sharon.**

altho', although *conj.* **1.** er + *vn.*, *Lit:* serch + *vn. or occ:* er y + *inflected verb form:* ~ **not,** er na + *soft mut. of* b, d, g, ll, rh, *and spirant mut. of* p, t, c; er nad *before vowels; followed by inflected verb form: (the omission of the verb is uncommon in Welsh)*; ~ **[she is] beautiful, she is not happy,** er ei bod yn hardd, nid yw hi'n hapus; er ei harddwch nid yw'n hapus; *Lit:* er ei hardded, nid yw'n hapus; ~ **he is not poor,** er nad yw'n dlawd, *Lit:* serch nad yw'n dlawd; *(with past tense):* er i + *soft mut.* + *n./pr. or*, er y *(er yr before vowel)* + *inflected verb form:* ~ **I know,** er y gwn i, er imi wybod, *Lit:* er gwybod ohonof; ~ **I saw the house,** er imi weld y tŷ; ~ **many of them stayed,** er i lawer ohonynt aros; ~ **she knew the answer,** er y gwyddai hi'r ateb; ~ **I did not see the house,** er na welais i mo'r tŷ, er imi beidio â gweld y tŷ; **(he carried it) ~ it was heavy,** (fe'i cariodd) er ei fod yn drwm, *Lit:* er trymed oedd, er ei drymed; *Lit:* ~ **he lost interest,** er colli ohono ei ddiddordeb; ~ **the prize will be so great,** er cymaint a fydd y wobr, er mor fawr a fydd y wobr. **2.** *Lit: (= even if):* pe + *imperfect tense:* ~ **I speak with the tongues of men and angels,** pe llefarwn â thafodau dynion ac angylion; *S.a.* **though 1.**

altimeter *n. Av: &c:* mesurydd(-ion) (*m*) uchder, |altimedr (altimedrau) *m.*

altimetry *n.* altimetreg *f.*

altiplanation *n. Geog:* uwchwastadiant *m.*

altiplano *n. Geog:* altiplano *m.*

altissimo *a. & n. Mus:* **1.** *a.* tra uchel. **2.** *n.* **in ~,** yn dra uchel, yn uchel iawn.

altitude *n. Geog: Astr:* uchder(-au) *m*, uchelder(-au) *m*, uchdwr *m.* ~ **recorder** *n.* = **altimeter.** ~ **sickness** *n.* salwch (*m*) pen mynydd.

altitudinal, altitudinous *a.* uchderol.

alto *n. Mus:* **1.** *attrib.* alto; ~ **clef,** cleff(-iau) (*m*) alto. **2.** *(a) (male voice):* alto(-s) *m*, canwr (cantorion) (*m*) alto; *(voice):* llais (lleisiau) (*m*) alto; *(b) (female voice):* contralto(-s) *f*, alto(-s) *f.*

altocumulus *n. Meteor:* cwmwl (cymylau) uchel *m*, altoc|wmwlws (altoc|wmwli) *m.*

altogether *adv. & n.* **1.** *adv. (a) (= wholly):* yn gwbl, yn hollol, yn gyfan gwbl, yn llwyr, i gyd *(usu. pronounced as if* i gîd); **to change sth ~,** newid rhth yn llwyr; **it's ~ out of the question,** mae'n gwbl/hollol amhosibl; **(it's) ~ (too dear),** (mae'n rhy ddrud) o dipyn, o bell ffordd, o lawer; *(b) (= on the whole):* ar y cyfan, at ei gilydd, rhwng popeth, drwodd a thro; **(taking things) ~, (taken) ~,** (a chymryd popeth) yn ei grynswth, yn ei gyfanrwydd, gyda'i gilydd; *(c)* **how much ~?** pa faint yw'r cyfan gyda'i gilydd? beth yw'r cyfanswm? faint i gyd? *(d) Th:* **~, please!** gyda'n gilydd! **2.** *n. F:* noethder *m*, noethlymundod *m*, noethni *m*; **he was in the ~,** 'roedd yn noethlymun [groen]; *S: F:* 'roedd e'n borcyn [jac]; 'doedd dim pilyn amdano fe.

alto-relievo *n.* ***alto-relievo(-s)*** *m*, cerfwedd(-au) uchel *f.*

alto-stratus *n. Meteor:* altostratws (altostrati) *m.*

altricial *a. Orn:* porthol.

altruism *n.* anhunanoldeb *m*, allgaredd *m*, allgarwch *m.*

altruist *n.* un (rhai) anhunanol *m&f*, allgarwr (allgarwyr) *m*, allg|arwraig *f.*

altruistic *a.* anhunanol, *occ:* allgarol, allgar.

altruistically *adv.* yn anhunanol *&c.*

alula *n. Orn:* aden ledryw (adenydd lledryw) *f*, *bysblu *pl.*

alular *a. Orn:* *bysblufol, *bysbluol.

alum *n. Ch:* alwm *m*, alm *m.*

alumina *n. Miner:* al|wmina *m.*

aluminate *n. Ch: Miner:* al|wminad (alwminadau) *m.*

aluminiferous *a. Geol:* alwminifferaidd.

aluminium *n. Ch:* alwminiwm (alwminiymau) *m.* ~ **alloy** *n.* aloi (*m*) alwminiwm. ~ **foil** *n.* papur arian *m*, ffoil (*m*) alwminiwm.

aluminization *n.*, **aluminize** *v.t.* alwmineiddio.

aluminosilicate *n. Ch:* alwminos|ilicad (alwminosilicadau) *m.*

aluminothermics, aluminothermy *n. Metall:* alwminothermeg *f.*

aluminous *a.* alwmaidd, alwminaidd, alymaidd.

aluminum *n. U.S:* alwminiwm *m.*

alumna *n.f. Sch: (of school):* cynddisgybles(-au); *(of college, university):* cyn fyf|yrwraig (cynfyfyrwragedd) *f.*

alumnus *n.m. Sch: (of school):* cynddisgybl(-ion) *m*; *(of college, university):* cynfyfyriwr (cynfyfyrwyr) *m.*

alumroot, alumstone *n. Bot:* gwr|aidd (*m*) alwm.

alunite *n. Miner:* |alwnit *m.*

alveo-palatal *a. Phon:* gorfan-daflodol.

alveola *n. Anat:* gorfant (gorfannau) *m.*

alveolar *a. & n.* **1.** *a. Anat:* gorfannol, alfeolaidd; ~ **arch,** gorfant (gorfannau) *m*; ~ **ridge,** trum (*f*) gorfant. **2.** *n. Phon:* sain orfannol (seiniau gorfannol) *f*, gorfannol (gorfanolion) *f.*

alveolarly *adv.* yn orfannol *&c.*

alveolate *a.* alfeolog, cellog, crwybrol, rhwyllog.

alveolation *n.* crwybr(-au) *m.*

alveole, alveolus *n. Anat: Z:* alfeolws (alfeoli) *m*; *(of honeycomb, lung &c):* cell(-oedd) *f*; *(= socket):* soced(-au,-i) *fm*; *Phon:* gorfant (gorfannau) *m.*

always *adv.* **1.** *(= at all times):* bob amser, yn wastad, yn wastadol, o hyd, bob adeg; **nearly ~, almost ~,** bron bob amser; **the office is ~ open,** mae'r swyddfa ar agor bob amser; mae'r swyddfa'n wastad ar agor; **you can ~ ask,** ni waeth i chi ofyn ddim; fe ellwch yn wastad ofyn; **there's ~ the alternative,** mae'r dewis arall yn aros o hyd. **2.** *(= repeatedly):* byth a beunydd, byth a hefyd, o hyd ac o hyd, dragywydd, dragwyddol; **she is ~ complaining,** mae hi'n cwyno o hyd; mae hi'n cwyno byth a hefyd; **I ~ used to come here (as a boy),** (yn fachgen) arferwn ddod yma, byddwn yn arfer dod yma.

Alyce clover *n. Bot:* meillionen (meillion) (*f*) Alys.

alyssum *n. Bot: (Alyssum):* eira(*m*)'r mynydd, alyswm *m*; **Alpine ~,** *(A. alpestre):* alyswm yr Alpau; **diffuse ~,** *(A. diffusum):* alyswm ymdaenol; **Italian ~,** *(A. argenteum):* alyswm ariannaidd; **mountain ~,** *(A. montanum):* alyswm y mynydd, cydllin (*m*) y mynydd; **Pyrenean ~,** *(A. pyrenaicum):* alyswm y Pyreneau; **sweet ~,** *(Lobularia maritima):* eira mynydd, alyswm pêr; **Wulfen's ~,** *(A. wulfenianum):* alyswm Wulfen; *S.a.* **alison.**

am *v. See* **be.**

amadavat *n. Orn:* amadaf|at (amadafatiaid) *m.*

amadou *n. Fung: Surg:* |amadw *m.*

amah *n.* = **wet-nurse, maidservant.**

amain *adv. A: & Poet:* gyda nerth, yn nerthol, yn egnïol, yn rymus, â'r holl egni, nerth bôn braich; **he cried out ~,** gwaeddodd nerth [esgyrn] ei ben.

Amalekite *a. & n. B:* **1.** *a.* Amalecaidd. **2.** *n.* Amaleciad (Amaleciaid) *m&f.*

amalgam *n.* **1.** cyfuniad(-au) *m*, aruniad(-au) *m.* **2.** *Ch: Miner:* amalgam(-au) *m.*

amalgamable *a.* cyfunadwy, arunadwy.

amalgamate *v.t.&i.* **1.** *v.t.* uno, cyfuno, aruno. **2.** *v.i.* uno, ymgyfuno, aruno, dod ynghyd, mynd yn un, ymdoddi.

amalgamated *a.* unedig, cyfun, cyfunedig, arunedig.

amalgamation *n.* **1.** uniad(-au) *m*, cyfuniad(-au) *m*, aruniad(-au) *m.* **2.** *vn.* = **amalgamate.**

amalgamative *a.* cyfunol, arunol.

amalgamator *n.* cyfunwr (cyfunwyr) *m*, arunwr (arunwyr) *m.*

amanita *m. Fung:* amanita (amanitâu) *m*; **spring ~,** amanita'r gwanwyn.

amanitin *n. Bio-Ch:* amanitin *m.*

amantadine *n. Pharm:* am|antadin *m.*

amanuensis *n.* ysgrifennydd (ysgrifenyddion) *m*, ysgrifenyddes(-au) *f*, ***amanuensis*** *m.*

amaranth *n.* **1.** *Bot: Poet:* |amaranth (amaranthau) *m*, blodeuyn (blodau) (*m*) amor, fflŵr (*m*) melfed, fflowr (*m*) melfed. **2.** **common ~,** *(Amaranthus retroflexius):* amaranth, chwyn (*pl*) y moch; **globe ~,** llysiau(*pl*)'r eiddigedd; **green ~,** *(A. hybridus):*

amaranth gwyrdd; **white ~,** *(A. albus):* amaranth gwyn; *S.a.* **love lies bleeding.**
amaranthaceous *a. Bot:* amaranthaidd.
amaranthine *a.* **1.** amaranthaidd. **2.** *Lit: (= immortal, undying):* anfarwol, anllygredig, dilwgr, anwyw, bythol, bytholwyrdd.
amarine *n. Ch:* |amarin *m*, b|ensolin *m.*
amaryllid, amaryllis *n. Bot:* amarylid(-au) *m*, amarylis(-au) *m.*
amass *v.t.&i.* **1.** *v.t.* casglu, cronni, pentyrru, crynh|oi, *occ:* crugio, *N:* hel. **2.** *v.i.* ymgasglu, ymgrynh|oi; **a crowd had amassed,** yr oedd tyrfa wedi hel at ei gilydd; yr oedd tyrfa wedi ymgasglu.
amasser *n.* cronnwr (cronwyr) *m*, casglwr (casglwyr) *m*, crynhöwr (crynhowyr) *m.*
amassment *n.* croniad(-au) *m*, crynhoad (crynoadau) *m*; *vn.* = **amass.**
amateur *n.* & *attrib.* **1.** *n.* |amatur (amaturiaid) *m&f*; **radio ~,** darlledwr (darlledwyr) *(m)* cartref, darlledwr amatur, amatur radio. **2.** *attrib.* amatur (*not* amaturaidd, **= amateurish**); **~ dramatics,** actio (*vn*) amatur, y theatr amatur *f*; **~ theatre,** theatr amatur.
amateurish *a. Pej:* amaturaidd, annehau, anneheuig, di-glem.
amateurishly *adv.* yn amaturaidd *&c.*
amateurishness *n.* amaturedd *m*, amaturiaeth *f*, anneheurwydd *m.*
amateurism *n.* amaturiaeth *f.*
amative *a.* cariadus, cariadlon, serchus, serchog, caruaidd.
amatively *adv.* yn gariadus *&c.*
amativeness *n.* sercho[w]grwydd *m.*
amatol *n. Ch:* |amatol *m.*
amatory *a.* carwriaethol; **~ adventures,** helyntion caru; **an ~ poem,** cân serch.
amaurosis *n. Med:* amawrosis *m*, dallineb *m.*
amaurotic *a. Med:* amawrotig.
amaze *v.t.* rhyfeddu, synnu, syfrdanu (rhn); peri syndod (i rn); **his courage amazes me,** 'rwy'n synnu/rhyfeddu at ei ddewrder.
amazed *a.* wedi synnu, syn, syfrdan; **I was ~ to hear,** 'roeddwn i'n synnu clywed; 'roedd yn syn gennyf glywed; mi synnais glywed.
amazement *n.* syndod *m*, rhyfeddod *m*, syfrdandod *m*; **much to my ~,** er mawr ryfeddod imi; er fy mawr syndod; **to listen in ~,** gwrando'n syn/syfrdan.
amazing *a.* rhyfeddol, syfrdanol.
amazingly *adv.* **1.** *(qualifying adjective or adverb):* yn rhyfeddol; **(he's doing) ~ well,** (mae'n gwneud) yn rhyfeddol o dda, yn rhyfedd o dda, yn dda ryfeddol, yn dda i'w ryfeddu. **2.** *(qualifying clause):* yn rhyfedd, er mawr ryfeddod, fel y mae hi ryfeddaf.
Amazon *n.f.* & *Pr.n.* **1.** *n.f. Myth:* |Amason (Amasoniaid). **2.** *Pr.n. Geog:* yr |Amazon *f*, yr |Amason *f.*
Amazonian *a.* Amasonaidd.
amazonite, amazonstone *n. Miner:* amasonit *m*, amasonfaen *m.*
ambary *n. Bot: Tex:* |ambari *m.*
ambassador *n.* llysgennad (llysgenhadon) *m*; *Pol:* **roving ~, ~-at-large,** llysgennad crwydr/crwydrol, llysgennad ar grwydr.
ambassadorial *a.* llysgenhadol.
ambassadorship *n.* swydd *(f)* llysgennad, llysgenhadaeth (llysgenadaethau) *f.*
ambassadress *n.f.* llysgenhades (llysgenadesau).
ambatch *n. Bot:* coeden (coed) *(f)* ambatsh.
amber[1] *a. (colour):* ambr, melyn, melyngoch (*pronounced* ng-g); *Adm:* **~ light,** golau melyn *m.* **~ gambler** *n. F:* mentrwr (mentrwyr) *(m)* ar y melyn. **~ snail** *n. Moll: N:* malwen felen (malwod melyn) *f*, *S:* malwoden felen (malwod melyn) *f.*
amber[2] *n.* ambr *m*, *A: or Lit:* gwefr *m*; **~ beads,** gleiniau gwefr.
ambergris *n.* |ambergris *m.*
amberjack *n. Ich:* gwengyn (gwangod) melyn mawr *m.*
amberoid *n.* ambroid *m.*
ambidexterity *n.* *deuddeheurwydd *m.*
ambidext[e]rous *a.* *deuddehau, *deuddeheuig, â dwy law dde.
ambidext[e]rously *adv.* yn *ddeuddeheuig *&c.*
ambience *n.* awyrgylch *m*, naws *f*, natur *f*; *Sociol:* cylch *(m)* cysylltiadau.
ambient *a.* amgylchol, amgylchynol, amredol, cwmpasol; *Aut:* **~ noise level,** graddfa *(f)* sŵn amgylchynol.
ambiguity *n.* amwysedd(-au) *m*, amwyster(-au) *m*; *Jur:* **latent ~,** amwysedd cudd; **patent ~,** amwysedd amlwg.
ambiguous *a.* amwys.
ambiguously *adv.* yn amwys.
ambiguousness *n.* = **ambiguity.**
ambisexual *a.* = **bisexual.**
ambisexuality *n.* = **bisexuality.**
ambit *n.* cwmpasiad(-au) *m*, cwmpas(-oedd) *m*, cwmpasgylch(-oedd) *m*, terfyngylch(-oedd) *m* (*pronounced* ng-g), hyd *(m)* a lled *m*; *Jur:* **within the ~ of the act,** o fewn cwmpasiad y ddeddf.
ambitendency *n. Psy:* *deudueddiad(-au) *m.*
ambition *n.* uchelgais (uchelgeisiau) *mf.*
ambitionless *a.* diuchelgais.
ambitious *a.* **1.** uchelgeisiol; **to be ~ of power,** trachwantu am rym. **2. to be ~ to do sth,** bod yn awyddus/chwannog i wneud rhth.
ambitiously *adv.* yn uchelgeisiol.
ambitiousness *n.* uchelgais *mf.*
ambivalence *n.* **1.** *(of statement &c):* amwysedd(-au) *m*, amwyster(-au) *m. Psy:* deuoliaeth *(f)* teimlad/agwedd, dau feddwl, dwy agwedd, ansicrwydd *m.*
ambivalent *a.* amwys.
ambivalently *adv.* yn amwys.
ambiversion *n. Psy:* deublygrwydd *m.*
ambivert *n.* rhn (rhai) deublyg/cytbwys *m.*
amble[1] *n.* **1.** *Equit:* rhygyng *m*, rhygyngiad *m.* **2.** *(of pers.):* cerdded *vn*, cerddediad *m*; **to go for an ~,** mynd am dro; **he came at an easy ~,** daeth yn hamddenol; daeth ling-di-long; *N: F:* daeth o dow i dow.
amble[2] *v.i.* **1.** *Equit:* rhygyngu, tuthio, mynd rygyng; **2.** *F: (of pers.):* cerdded, mynd yn hamddenol, *N.W: F:* mynd dow-dow, mynd o dow i dow, mynd linc-di-lonc.
ambler *n. Equit:* rhygyngfarch (rhygyngfeirch) *m*, march (meirch) rhygyngog *m.*
Ambleston *W.Pl.n.* Treamlod *f.*
ambling *a. Equit:* rhygyngog; *(= leisurely):* hamddenol.
amblygonite *n. Miner:* ambl|ygonit *m.*
amblyopia *n. Med:* amblyopia *m*, pylni(*m*)'r golwg.
ambo *n. Rel.Hist:* darllenfa (darllenf|eydd) *f.*
amboceptor *n. Bio-Ch:* deudderbynnydd (deudderbynyddion) *m.*
Amboinan, Amboinese *a.* & *n.* **1.** *a.* Amboinaidd. **2.** *n.* Amboiniad (Amboiniaid) *m&f.*
amboyna *n. Carp:* amboina *m.*
ambroid *n.* = **amberoid.**
Ambrose *Pr.n.m.* Emrys.
ambrosia *n.* **1.** ambrosia *m*, bara *(m)* angylion. **2.** *Ap:* bara gwenyn. **3.** *Bot:* ambrosia (ambrosiâu) *m.* **~ beetle** *n. Ent:* chwilen (chwilod) *(f)* ambrosia.
ambrosial *a.* ambrosaidd, pêr, peraidd, nefolaidd.
ambrosially *adv.* yn ambrosaidd *&c.*
Ambrosian *a.* Ambrosaidd; *Mus:* **~ chant,** siant(-iau) Ambrosaidd *mf*, *Theol.* **rite,** defod *(f)* Emrys, defod Ambrosaidd.
Ambrosius Aurelianus *Pr.n.m. Hist:* Emrys Wledig.
ambrotype *n. A: Phot:* |ambroteip (ambroteipiau) *m.*
ambry *n.* |ambari (ambarïau) *m*, |almari (almarïau) *m.*
ambs-ace *n. Games:* dau un *m*, dwbl un *m.*
ambulacral *a. Anat: Z:* ambwlacrol.
ambulacrum *n. Anat: Z:* ambwlacrwm (ambwlacra) *m.*
ambulance *n.* |ambiwlans (ambiwlansys, ambiwlansiau) *m*, cerbyd(-au) *(m)* cleifion; **flying ~,** awyren *(f)* gleifion (awyrennau cleifion). **~ chaser** *n. U.S:* heliwr (helwyr) *(m)* cleifion. **~ chasing** *vn. U.S:* hela cleifion. **~ ship** *n.* llong *(f)* gleifion (llongau cleifion). **~ train** *n.* trên (trenau) *(mf)* cleifion; **St. John's A~ Brigade,** Brigâd Ambiwlans Sant Ioan.
ambulant *a.* = **ambulatory 1.**
ambulate *v.i.* cerdded.
ambulation *n.* cerddediad *m.*
ambulatorily *adv.* yn grwydrol *&c.*
ambulatory[1] *a.* **1.** *(= walking):* **~ power,** y gallu i gerdded; **an ~ life,** bywyd o gerdded, bywyd crwydrol. **2.** *(= moving, moveable):* symudol, symudadwy. **3.** *(= able to walk):* yn gallu cerdded.
ambulatory[2] *n.* rhodfa (rhodf|eydd) *f*, cerddedfa (cerddedf|eydd) *f.*
ambury *n.* = **anbury.**

ambuscade = **ambush** [1,2].
ambuscader *n.* = **ambusher**.
ambush[1] *n.* rhagod(-au) *m*, rhagodfa (rhagodf|eydd) *f*, cyfragod(-au) *m*, magl(-au) *f*, cudd-ymosodiad(-au) *m*, *A:* bwysmant: bwysment(-au) *m*; **to set an ~ for s.o.**, gosod rhagod ar gyfer rhn; **to lie in ~ (for s.o.)**, cuddio/llechu i ymosod (ar rn); **to fall into an ~**, syrthio i fagl.
ambush[2] *v.t.* ymosod (ar rn), cudd-ymosod (ar rn), dallgipio (rhn); *Lit:* rhagod, rhagodi (rhn); gosod rhagod (ar gyfer rhn).
ambusher *n.* dallgipiwr (dallgipwyr) *m*, ymosodwr (ymosodwyr) *m*, rhagodwr (rhagodwyr) *m*, cudd-ymosodwr: cudd-ymosodydd (~-ymosodwyr) *m*.
amelcorn *n. Bot:* gwenith (*m*) Ffrainc.
ameliorate *v.t.&i.* gwella, lleddfu.
amelioration *n.* **1.** gwellhad *m*, gwelliant *m*. **2.** gwella *vn.*
ameliorative *a.* gwellhaol.
ameliorator *n.* gwellhäwr (gwellhawyr) *m*.
amelioratory *a.* gwellhaol.
amen *int.& n.* **1.** *int.* am|en. **2.** *n.* amen(-iau) *f*; **to say ~ to sth**, amenio rhth, dweud amen wrth rth. **~ cadence** *n.* diweddeb(-au) (*f*) eglwys/eglwysig, diweddeb amen. **~ corner** *n.* cornel (*f*) y porthwyr, cornel yr amenwyr.
amenability *n.* parodrwydd *m* (**to do sth,** i wneud rhth); uf|udd-dod *m*, natur ufudd *f*, ewyllysgarwch *m*.
amenable *a.* **1.** *Jur:* (*= answerable*): atebol, cyfrifol (**to sth,** i rth); **~ to a fine,** agored i'ch dirwyo, dirwyadwy. **2.** parod, bodlon, ewyllysgar, hydrin, ufudd; **~ to discipline,** disgybladwy, ufudd i ddisgyblaeth; **he's very ~,** mae'n hawdd iawn ei drin; **if they're ~,** os ydynt yn barod, os ydynt yn fodlon; **~ to suggestions,** agored i awgrymiadau; **~ to reason,** atebol i reswm, parod i wrando ar reswm.
amenableness *n.* = **amenability**.
amenably *adv.* yn barod *&c.*
amend *v.t.&i.* **1.** *v.t.* *(a)* gwella, cywiro, diwygio, newid; *(b)* **he has amended his ways,** mae wedi dod at ei goed; mae wedi cael diwygiad; *N: F: occ:* mae wedi dod at ei strapiau. **2.** *v.i.* gwella, diwygio, ymddiwygio, dod at eich coed, dod at eich strapiau.
amendable *a.* cywiradwy, newidiadwy, diwygiadwy.
amendatory *a.* cywirol, diwygiol.
amended *a.* diwygiedig, cywiredig.
amender *n.* cywir[i]wr (cywirwyr) *m*, diwygiwr (diwygwyr) *m*.
amending *a.* gwellhaol, diwygiol, cywirol.
amendment *n.* *(a)* cywiriad(-au) *m*, newid(-iadau) *m*, newidiad(-au) *m*, diwygiad(-au) *m*; *(b) Pol: &c: (to resolution):* gwelliant (gwelliannau) *m*.
amends *n.pl.* iawn *m*; **to make ~ (for sth),** gwneud iawn, talu iawn (am rth).
amenity *n.* **1.** *(of place):* hyfrydwch *m*, dymunoldeb *m*, mwyniant *m*; **visual ~,** prydferthwch *m*, harddwch *m*. **2.** *(of pers.):* hynawsedd *m*, dymunoldeb *m*. **3.** *pl.* *(a) (= civilities):* cwrteisi *m*, syberwyd *m*; *(b) (= pleasant things):* pethau dymunol *pl*, mwyniannau *pl*, amwynderau *pl*; **educational amenities,** adnoddau/darpariaethau addysgol; **modern amenities,** mwynderau modern; **the amenities of life,** mwynderau bywyd.
amenorrhoea *n. Med:* diffyg (*m*) mislif, amenorh|ea *m*.
amenorrhoeic *a. Med:* amenorhëig.
ament[1] *n.* = **imbecile**.
ament[2] *n. Bot:* = **catkin**.
amentaceous *a. Bot:* cenawog.
amentia *n. Med:* = **imbecility**.
amentiferous *a.* cenawog.
amentiform *a. Bot:* cenawaidd.
Amerasian *a. & n.* **1.** *a.* Amerasiaidd. **2.** *n.* Amerasiad (Amerasiaid) *m&f*.
amerce *v.t. Jur:* dirwyo, amersu.
amercement *n. Jur:* dirwy(-on) *f*, amersiad(-au) *m*.
amerciable *a.* dirwyadwy, amersiadwy.
America *Pr.n. Geog:* Am|erica *f*, *Lit:* yr Amerig *f*, *F:* y Meric[i]a; **Central ~,** Canolbarth (*m*) America; **Latin ~,** America Ladin/Ladinaidd; **Middle ~,** America Ganol; **North ~,** Gogledd (*m*) America; **South ~,** De (*m*) America, Deheudir (*m*) America. **The United States of ~,** Unol Daleithiau'r America.
American *a. & n.* **1.** *a.* Americanaidd, [o] Am|erica, yr Americanwyr, o'r Amerig; **~ Indian,** Indiad (Indiaid) (*m&f*) America; *Ling:* **~ English,** Saesneg America; **the ~ President,** Arlywydd America; **the ~ Senate,** Senedd America; *Hist:* **the ~ War of Independence,** Rhyfel Annibyniaeth America; *Hist:* **the ~ Revolution,** Chwyldro America, y Chwyldro Americanaidd; *Hist:* **the ~ Civil War,** Rhyfel Cartref America; **she's ~,** Americanes yw hi; *Civ.E:* **~ devil,** tarw (teirw) (*m*) dur, tarw tryfal; *Mus:* **~ organ,** organ(-au) Americanaidd *f*, harmoniwm (harmonia) *f*. **2.** *n.* *(a)* Americanwr (Americanwyr) m, Americaniad (Americaniaid) *m&f*, Americanes(-au) *f*; *(b) Ling:* Americaneg *f,m*, Saesneg *(f, m)* America.
Americana *n.pl.* Americana, pethau Am|erica, pethau Americanaidd.
Americanism *n.* **1.** Americaniaeth *f*, Americaneiddiwch *m*. **2.** *Ling:* ymadrodd(-ion) Americanaidd *m*, ymadrodd yr Americanwyr, Americaneb(-ion) *f*.
Americanist *n.* Americanydd(-ion) *m*.
Americanization *n.*, **Americanize** *v.t.* Americaneiddio.
Americanness *n.* Americanrwydd *m*, Americaniaeth *f*, Americaneiddiwch *m*.
americium *n. Ph:* americiwm *m*.
Amerind, Amerindian *a. & n.* **1.** *a.* Amerindiaidd. **2.** *n.* Amerindiad (Amerindiaid) *m&f*.
Amerindic *a.* Amerindiaidd.
amethopterin *n.* ameth|opterin *m*.
amethyst *n. Miner:* |amethyst (amethystau) *m*.
amethystine *a.* amethystaidd.
ametropia *n. Med:* ametropia *m*.
ametropic *a. Med:* ametropig.
Amharic *a. & n.* **1.** *a.* Amharig; *(in language):* Amhareg. **2.** *n. Ling:* Amhareg *f, m*.
amiability *n.* dymunoldeb *m*, hoffusrwydd *m*, hoffuster *m*, hynawsedd *m*, hawddgarwch *m*, *N: F:* clenrwydd *m*, *Lit: occ:* hygaredd *m*.
amiable *a.* dymunol, hoffus, hynaws, hawddgar, caredig, *occ:* serchog, serchus, *N: F:* clên, *S.W: F:* jicôs, piwr, *Lit:* cyweithas, hygar.
amiableness *n.* = **amiability**.
amiably *adv.* yn ddymunol *&c.*
amianthus *n. Miner:* amianthws *m*.
amic *a. Ch:* amig.
amicability *n.* caredigrwydd *m*; *S.a.* **amiability**.
amicable *a.* cyfeillgar; *S.a.* **amiable**; *Jur:* **~ settlement,** cytundeb(-au) cyfeillgar *m*.
amicableness *n.* = **amicability**.
amicably *adv.* yn gyfeillgar.
amice *n. Ecc: Cost:* amis(-[i]au) *m*.
amicus curiae *n. Jur:* cyfaill (*m*) i'r llys.
amid *prep.* ymhl|ith, ym|ysg, yng nghanol.
amidase *n. Ch:* |amidas (amidasau) *m*.
amide *n. Ch:* amid(-au) *m*.
amidic *a. Ch:* amidig.
amidin *n. Ch:* |amidin *m*.
amido *pref.* amido-.
amidogen *n. Ch:* am|idogen (amidogenau) *m*.
amidol *n. R.t.m. Ch:* |amidol *m*.
amidone *n. Ch:* |amidon *m*.
amidships *adv. Nau:* tua chanol y llong, tua'r canol, yn y canol.
amidst *prep.* = **amid**.
amination *n. Ch:* amineiddiad *m*.
amine *n. Ch:* amin(-au) *m*.
aminice *a. Ch:* aminig.
amino- *comb.fm.* amino-. **~ acid** *n.* amino-asid(-au) *m*, asid(-au) (*m*) amino. **~ nitrogen** *n.* amino-nitrogen *m*. **~ resin** *n.* amino-resin(-au) *m*.
aminoaciduria *n. Med:* aminoasidwria *m*.
aminobenzoic *a. Ch:* aminobensöig.
aminophenol *n. Ch:* aminoffenol(-au) *m*.
aminophyline *n. Pharm:* aminoffylin *m*.
aminoplastic *n. Ch:* aminoplastig(-au) *m*.
aminopyrine *n. Pharm:* aminopyrin *m*.
aminosalicylic *a. Ch:* aminosalisylig.
aminotransferase *n. Bio-Ch:* trans|aminas *m*.
aminotriazole *n. Ch:* aminotrïasol *n.*
amir *n.* = **emir**.
amirate *n.* = **emirate**.
Amish *a. & n. Rel:* **1.** *a.* Amish. **2.** *n.* Amish(-iaid) *m&f*.

amiss *adv. & pred.a.* **1.** *(= wrongly):* ar gam, o chwith, yn anghywir; **to judge ~,** camfarnu, camgymryd, camsynio; **to take sth ~,** digio wrth rth, cymryd rhth o chwith, cymryd rhth yn groes. **2.** *(= out of order):* o'i le; **sth is ~,** mae rhth o'i le; mae rhth yn bod; mae rhyw ddrwg yn y caws; **it wouldn't come ~,** byddai'n dderbyniol; ni fyddai'n ddrwg o beth; byddai'n dda ei gael; byddai croeso iddo; ni fyddwn yn ei wrthod; byddai'n ddi-fai peth.
amitosis *n. Biol:* amitosis *m.*
amitotic *a. Biol:* amitotig.
amitotically *adv.* yn amitotig.
amitriptyline *n. Pharm:* amitr|iptylin *m.*
amitrole *n. Ch:* |amitrol *m.*
amity *n.* cyfeillgarwch *m.*
Ammanford *W.Pl.n.* Rhydaman *f.*
ammeter *n.* amedr(-au) *m.*
ammine *n. Ch:* = **ammoniate**[1].
ammino *a. Ch:* |ammino.
ammo *n. F:* = **ammunition.**
ammocoete *n. Ich:* |amoset (amosetau, amosetiaid) *m.*
ammonal *n. Exp:* |amonal.
ammonia *n. Ch:* amonia *m.*
ammoniac[1] *n. Ch:* amoniac *m.*
ammoniac[2], **ammoniacal** *a. Ch:* amonaidd; **sal ~,** sal amoniac *m.*
ammoniate[1] *n. Ch:* amoniad(-au) *m,* ammin *m.*
ammoniate[2] *v.t. Ch:* amoniadu.
ammoniated *a.* amoniadedig.
ammoniation *n. Ch:* amoniadu *vn.*
ammonic *a.* = **ammoniac.**
ammonification *n. Ch:* amoneiddio *vn.*
ammonifier *n. Ch:* amoneiddiwr (amoneiddwyr) *m.*
ammonify *v.t. Ch:* amoneiddio.
ammonite[1] *n. Paleont:* |amonit (amonitau) *m.*
Ammonite[2] *a. & n. B:* **1.** *a.* Ammonaidd. **2.** *n.* Ammoniad (Ammoniaid) *m&f;* **Ammonites** *n.pl. occ:* meibion Ammon.
ammonitic *a. Paleont:* amonitig.
ammonium *n. Ch:* amoniwm *m.*
ammonization *n.,* **ammonize** *v.t. Ch:* amoneiddio.
ammonize *v.t.* amoneiddio.
ammonoid *n.* = **ammonite**[2].
ammonolysis *n.* amon|olysis *m.*
ammunition[1] *n.* **1.** *(in general):* ffrwydron *(pl)* rhyfel, *Lit:* cad-ddarpar *m;* *(= bullets):* bwledi *pl;* *(= cartridges):* cetris *pl;* *(= shells):* pelenni *pl,* sieliau *pl,* siels *pl.* **2.** *Fig. (for argument, campaign):* arfau *pl,* arfogaeth *f,* bwledi *pl.*
ammunition[2] *v.t.* **to ~ s.o.,** cyflenwi rhn ag arfau/ffrwydron.
amnesia *n. Med:* amnesia *m,* coll *(m)* cof, anghofrwydd *m.*
amnesiac *n. Med:* amnesiad (amnesiaid) *m&f.*
amnesic *a. Med:* anghofus.
amnestic *a.* = **amnesic.**
amnesty[1] *n.* amnest(-au) *m,* maddeuant cyffredinol *m,* pardwn (pardynau) cyffredinol *m,* anghofraith (anghofreithiau) *f;* **A~ International,** Amnest Cydwladol.
amnesty[2] *v.t.* maddau (i rn), rhoi pardwn (i rn), amnestu/amnestïo (rhn).
amniocentesis *n. Med:* amniosentesis(-au) *m,* pigiad(-au) brychbilennol *m.*
amnion *n. Anat:* amnion(-au, amnia) *m,* brychbilen(-ni) *f.*
amnionic *a. Anat:* amnionig, brychbilennol.
amniote *a. & n. Anat:* **1.** *a.* amniotig. **2.** *n.* amniot(-au) *m.*
amniotic *a.* amniotig.
amobarbitol *n. Pharm:* amob|arbitol *m.*
amoeba *n. Z:* ameba(-s, amebâu) *m.*
amoebaean *a. Pros:* *eilwersol.
amoeban *a.* = **amoebic.**
amoebiasis *n. Med:* amebïasis *m.*
amoebic *a. Z:* amebig, amebaidd.
amoebocyte *n. Physiol:* am|ebosyt (amebosytau) *m.*
amoeboid *a. Z:* amebaidd.
amok *adv.* **to run ~,** rhedeg yn wyllt, rhedeg yn benwyllt, rhedeg fel peth gwyllt.
amole *n. Bot:* sebonwreiddyn *m,* seb|onwraidd *m.*
among, amongst *prep.* ymhl|ith, ym|ysg, yng nghanol; **~ us,** yn ein plith, yn ein mysg; **to come ~ friends,** dod i blith cyfeillion; **from ~ others,** o blith eraill; **from ~ you,** o'ch plith chwi; **from ~ them,** o'u plith hwy; **~ ourselves,** ym mhlith ein gilydd, rhyngom a'n gilydd; **he's one ~ a thousand,** mae'n un o fil; **she's ~ the prettiest,** mae hi gyda'r harddaf; **it's common ~ young people,** mae'n gyffredin gan bobl ifanc; **talk ~ yourselves,** siaradwch ym mysg eich gilydd; **the money was divided ~ his brothers,** rhannwyd yr arian rhwng ei frodyr.
amontilado *n. Bev:* amontilado(-s) *m.*
amoral *a.* difoeseg, amoral.
amoralism, amorality *n.* difoesegedd *m,* difoesegaeth *f,* amoraliaeth *f.*
amorally *adv.* yn ddifoeseg, yn amoral.
amoretto *n. Art:* amoreto (amoreti) *m.*
amorino *n. Art:* amorino (amorini) *m.*
amorist *n.* carwr (carwyr) *m,* rhamantwr (rhamantwyr) *m.*
amoristic *a.* carwriaethol.
Amorite *Pr.n. B:* Amoriad (Amoriaid) *m&f.*
amoroso *adv. & n.* **1.** *adv. Mus:* yn gariadus. **2.** *n. Bev:* amoroso(-s) *m.*
amorous *a.* cariadus, cariadlon, serchog, serchus, caruaidd; **she is ~ of him,** mae hi'n ei garu; **~ verse,** canu *(vn)* serch.
amorously *adv.* yn gariadus *&c.*
amorousness *n.* cariadusrwydd *m,* sercho[w]grwydd *m,* carueiddiwch *m.*
amorphia, amorphism *n.* anffurfedd *m,* amorffedd *m.*
amorphous *a.* **1.** *Biol: Ch:* di-ffurf, amorffaidd. **2.** *(= shapeless):* di-ffurf, di-lun, afluniaidd, *F:* di-siâp; *(= uncertain, vague):* amhendant, niwlog, amwys.
amorphously *adv.* yn ddi-ffurf *&c.*
amorphousness *n.* **1.** *Biol: &c:* = **amorphism. 2.** diffyg *(m)* ffurf; *(= vagueness):* amhendantrwydd *m,* niwl[i]ogrwydd *m,* amwysedd *m.*
amortizable *a.* **1.** *Fin:* amorteiddiadwy, dileadwy. **2.** *Jur:* aralladwy.
amortization *n.* **1.** *(of assets):* amorteiddio *vn,* amorteiddiad(-au) *m,* amorteisiad(-au) *m;* *(of debts):* dilead(-au) *m.* **2.** *Jur:* aralliad(-au) *m.*
amortize *v.t.* **1.** *Fin:* amorteiddio, dil|eu. **2.** *Jur:* arallu.
amount[1] *n.* **1.** *Com:* swm (symiau) *m;* **have you the right ~?** a yw'r union swm/arian gennych? **total ~,** cyfanswm (cyfansymiau) *m;* **up to the ~ of 100,** hyd at uchafswm o 100. **2.** *(a)* maint *m,* swm; **a small ~,** ychydig *m,* ychydig bach, tipyn *m,* tipyn bach; **a great ~,** llawer(-oedd) *m,* llawer iawn, swm, cryn swm, *F:* peth wmbredd *m,* peth myrdd *m,* llond *(m)* gwlad; **to pay in small amounts,** talu fesul tipyn/ychydig; **in amounts of 15,** fesul 15; *(b)* **a certain ~ of cheese,** rhywfaint *(m)* o gaws, peth *(m)* caws; **a certain ~ of time,** peth amser, hyn a hyn o amser; **he did a great ~ of work,** fe wnaeth lwyth/lawer/swrn o waith; **he has any ~ of money,** mae ganddo fwy na digon o arian; mae ganddo ddigonedd o arian; mae ganddo faint a fynnir o arian; **any ~ of people saw it,** fe welodd llawer y peth; fe welodd sawl un y peth; **no ~ of money would induce me to go,** nid awn i dros fy nghrogi; nid awn i er dim yn y byd; awn i ddim am bensiwn; **no ~ of persuasion would work,** ni thyciai unrhyw berswâd; ofer oedd pob perswâd.
amount[2] *v.t.* **1.** *(of money &c):* dod, dyfod **(to sth,** yn rhth); **it amounts to ten pounds,** mae'n dod yn ddeg punt; **I don't know what my debts ~ to,** ni wn i ba faint yw fy nyledion; ni wn i faint fy nyledion. **2.** *(= equal):* **these conditions ~ to a refusal,** mae'r amodau hyn cystal â gwrthodiad; mae'r amodau hyn yn gyfystyr â gwrthodiad; **it amounts to the same thing in the end,** i'r un fan/peth y mae'n dod yn y diwedd; *S:* brawd mogu yw tagu; *S. W:* man a man a sianco; **this amounts to saying . . .,** mae hyn cystal â dweud; mae hyn yr un peth â dweud . . .; *F:* **he'll never ~ to much,** ni fydd byth uwch bawd sawdl; ni ddaw dim ohono.
amour *n.* carwriaeth(-au) *f,* helynt(-ion) *(f)* caru. ***~-propre*** *n.* hunan-barch *m.* ***~ courtois*** *n. Lit:* serch cwrtais *m.*
amp *n. El.Meas: F:* amp(-au) *m.*
ampelopsis *n. Bot:* ampelopsis(-au) *m.*
amperage *n. El.Meas:* amperedd(-au) *m.*
ampere *n. El.Meas:* amper(-au) *m.* **~-hour** *n.* amper-awr (~-oriau) *f.* **~-second** *n.* amper-eiliad(-au) *m.* **~-turn** *n.* tro(-eon) *(m)* amper, amper-dro(-eon) *m.*
ampersand *n. Typ:* |ampersand (ampersandau) *m.*
amphetamine *n. Pharm:* amff|etamin (amffetaminau) *m.*

amphiarthrosis *n. Anat:* amffiarthrosis *m.*
amphiaster *n. Bot:* amffiaster(-au, amffiastrau) *m.*
amphibia *n.pl. Z:* amffibia.
amphibian *a. & n. Z:* **1.** *a.* amffibiaidd. **2.** *n.* amffibiad (amffibiaid) *m&f*, dwyelfeniad (dwyelfeniaid) *m&f.*
amphibiology *n. Z:* amffibioleg *f.*
amphibiotic *a. Z:* amffibiotig.
amphibious *a.* **1.** *Z:* amffibiaidd. **2.** *Mil:* **~ forces,** lluoedd tir a môr; **~ attack,** ymosodiad(-au) *(m)* o'r tir a'r môr; **~ craft,** cerbyd(-au) *(m)* tir a môr, cerbyd amffibiaidd.
amphibiously *adv.* **1.** yn amffibiaidd *&c.* **2.** *Mil:* ar dir a môr.
amphibiousness *n.* amffibieiddiwch *m.*
amphibole *n. Miner:* |amffibol (amffibolau) *m.*
amphibolic[1] *a. Miner:* amffibolig.
amphibolic[2] *a.* = **ambiguous.**
amphibolite *n. Geol:* amff|ibolit (amffibolitau) *m.*
amphibolitic *a. Geol:* amffibolitig.
amphibology *n.* amwysedd(-au) *m*; *S.a.* **pun.**
amphibolous *a.* amwys.
amphiboly *n.* amwysedd *m*, ymadrodd mwys *m*; *S.a.* **pun.**
amphibrach *n. Pros:* corfan(-nau) amgyrch *m.*
amphichroic, amphichromatic *a.* deuliw, amfficröig.
amphicoelous *a.* deugafnog, deubantiog.
amphictyon *n. Gr.Ant:* cynrychiolydd (cynrychiolwyr) *m.*
amphictyonic *a. Gr.Ant:* cynrychioliadol.
amphictyony *n. Gr.Ant:* cynghrair (cynghreiriau) *mf*; *Rel:* amff|ictyoni *m.*
amphidiploid *n. Bot:* amffidiploid(-au) *m.*
amphigamous *a. Bot:* amffigamaidd.
amphigouri *n.* rwdl-mi-ri *mf*, lol-mi-lol *f.*
amphimacer *n. Pros:* corfan(-nau) amgytbwys *m.*
amphimictic *a.* amffimictig, rhywiol.
amphimictically *adv.* yn rhywiol.
amphimixis *n. Biol:* amffimicsis *m.*
amphioxus *n. Tch:* = **lancelet.**
amphiploid *a. & n.* **1.** *a.* amffiploidaidd. **2.** *n.* |amffiploid (amffiploidau) *m.*
amphiploidy *n.* amffiploidedd *m.*
amphipod *a. & n. Z:* **1.** *a.* deudroediog, dwydroediog. **2.** *n.* deudroediad (deudroediaid) *m&f.*
amphiprostyle *a. Arch:* amffiprostylaidd.
amphisbaena *n. Myth: Rept:* amwibon(-iaid) *m.*
amphisbaenic *a. Myth: Rept:* amwibonaidd.
amphistylar *a. Arch:* amffistylaidd.
amphitheatre *n. Arch: Th:* amchwaraefa (amchwaraef|eydd) *f*, amffitheatr(-au) *f*; **civic ~,** amffitheatr ddinesig (amffitheatrau dinesig); **military ~,** amffitheatr filwrol (amffitheatrau milwrol).
amphitheatric[al] *a.* amffitheatraidd, amffitheatrig.
amphitheatrically *adv.* yn amffitheatraidd *&c.*
amphithecium *n. Bot:* amffithesiwm (amffithesia) *m.*
amphitricha *n.pl. Bact:* amff|itrica.
amphitrichate, amphitrichous *a.* amff|itricaidd.
amphitropous *a.* amffitropaidd.
amphiuma *n. Rept:* amffiwma (amffiwmâu,-id) *m.*
amphora *n.* |amffora (amfforâu) *f*, llestr(-i) *(m)* gwin, diodlestr(-i) *m.*
amphoric *a.* amfforig.
amphoteric *a. Ch:* amffoterig.
amphotericin *n. Pharm:* amffot|erisin (amffoterisinau) *m.*
amphotericism *n. Ch:* amffoteredd *m.*
ampicilin *n. Pharm:* ampisilin *m.*
ample *a.* **1.** *(clothing &c):* helaeth, mawr(-ion); *(build):* corffog; *(bosom):* mawr. **2.** *(= enough):* digonol; *(reward):* hael; **~ time,** amser digonol, digonedd o amser, hen ddigon o amser; **to make ~ apologies,** ymddiheuro'n llaes.
ampleness *n.* **1.** *(of size):* llawnder *m*, helaethder *m*, helaethrwydd *m.* **2.** *(= sufficiency):* digonedd *m*, digonolrwydd *m.*
amplexicaul *a. Bot:* paladrgofleidiol, ambaladrog.
amplexis *n. Z:* cofleidiad(-au) *m.*
ampliative *a. Log: Mth:* helaethol; **~ propositions,** gosodiadau helaethol.
amplidyne *n. El.Eng:* |amplidein (amplideinau) *m.*
amplification *n.* **1.** *(= augmentation):* helaethiad(-au) *m*, mwyhad(-au) *m*; *vn.* = **amplify 1; he added details in ~ of his report,** ychwanegodd fanylion i helaethu ei adroddiad. **2.** *Ph: El: (of sound &c):* chwyddiad *m*, chwyddo *vn*, mwyhau *vn*, mwyhad; *vn.* = **amplify 2.**
amplified *a.* mwy, llawnach, ehangach, helaethach, a fwyhawyd/ helaethwyd, wedi ei fwyh|au/helaethu.
amplifier *n.* **1.** *Phot:* chwyddwr (chwyddwyr) *m*, mwyhäwr (mwyhawyr) *m.* **2.** *Ph: El: T.V:* mwyhäwr sŵn/sain, chwyddleisydd(-ion) *m*, seinchwyddwr (seinchwyddwyr) *m.* **3.** *F: (= loudspeaker):* corn (cyrn) *(m)* siarad.
amplify *v.t.* **1.** *(= expand):* helaethu, ehangu, helaethu (rhth); ymhelaethu (ar rth). **2.** *Ph:* chwyddo, mwyh|au; *T.V:* chwyddleisio, seinchwyddo.
amplitude *n.* **1.** *(of space &c):* llawnder(-au) *m*, digonedd *m*, amlder(-au) *m*, cyfoeth *m*, helaethrwydd *m*, ehangder (eangderau) *m.* **2.** *(a) Astr:* cylchran(-nau) *f*; *(b) Phot:* osgled(-au) *m*; *(c) Mth:* arg(-iau) *m*; *(d) Mus:* osgled, arg. **~ envelope** *n. El.E: Mus:* chwyddamlen(-ni) *f.* **~ modulation** *n. W.Tel:* modylu *(vn)* osgledau.
amply *adv.* yn helaeth *&c*; **he was ~ rewarded,** fe'i gwobrwywyd yn hael.
ampoule *n. Med:* ampwl (ampylau) *m*, ffiol(-au) *f.*
ampulla *n.* **1.** *Ecc: Rom.Ant:* costrel(-i,-au) *f.* **2.** *Anat:* |ampwla (ampwlâu) *f.*
ampullaceal, ampullaceous, ampullar *a.* costrelaidd, ampwlaidd.
amputate *v.t.* torri (rhth) [ymaith], trychu; **he had a leg amputated,** cafodd dorri coes i ffwrdd.
amputation *n.* **1.** trychiad(-au) *m.* **2.** trychu *vn*; **the ~ of a leg,** torri *(vn)* coes i ffwrdd.
amputator *n.* trychwr (trychwyr) *m.*
amputee *n.* trychedig(-ion) *m&f.*
Amroth *W.Pl.n. A:* Llanrhath *f.*
amuck *adv.* = **amok.**
amulet *n.* swynogl(-au) *f*, |amwled (amwledau) *m.*
amuse *v.t.* diddanu, difyrru; **to ~ oneself,** ymddifyrru, eich difyrru'ch hun, cael hwyl; **I was amused at/by it all,** yr oeddwn i'n gweld y cyfan yn ddoniol/ddigrif.
amused *a.* wedi eich cosi (gan rth); **I am not ~,** ni welaf i ddim byd yn ddigrif.
amusedly *adv.* gyda difyrrwch.
amusement *n.* **1.** *(= amused feeling):* difyrrwch *m*, diddanwch *m*, hwyl *f*; **for ~,** o ran difyrrwch, o ran hwyl; **to their great ~,** er mawr ddifyrrwch iddynt; **he did it for his own ~,** fe'i gwnaeth i'w ddifyrru ei hun. **2.** *(= amusing thing):* peth difyr *m (pl.* pethau difyr, difyrion); **amusements** *pl.* peiriannau chwarae. **~ arcade** *n.* arcêd *(f)* ddifyrion (arcedau difyrion), ala/ale *(f)* ddifyrion (aleiau difyrion). **~ park** *n.* parc(-iau) *(m)* difyrion, parc pleserau.
amuser *n.* diddanwr (diddanwyr) *m*, difyrrwr (difyrwyr) *m*; didd|anwraig *f*, dif|yrwraig *f.*
amusing *a.* digrif, doniol, difyr, difyrrus, gogleisiol, [y]smala, llawn hwyl, *S.W:* dismol; *Iron:* **how ~!** am hwyl! am ddigrif! dyna ddigrif! digrif iawn! am ddoniol! dyna ddoniol! doniol iawn! digrif ar y naw!
amusingly *adv.* yn ddigrif *&c.*
amusingness *n.* donioldeb *m*, digrifwch *m.*
amusive *a.* = **amusing.**
amydaloid[al] *a.* = **amygdaloid[al].**
amygdala *n. Anat: &c:* am|ygdala (amygdalâu) *mf.*
amygdalate *a.* almonaidd.
amygdale *n. Geol:* amygdal(-au) *m.*
amygdalin *n. Bio-Ch:* am|ygdalin *m.*
amygdaline *a.* amygdalaidd.
amygdaloid[al] *a. Geol:* amygdaloidaidd.
amygdule *n.* = **amygdale.**
amyl *n. Ch:* amyl *m.* **~ acetate** *n. Ch: Cu:* asetad *(m)* amyl, amyl-asetad *m.* **~ alcohol** *n. Ch:* |alcohol *(m)* amyl, amyl-alcohol *m.*
amylaceous *a.* = **starchy 1.**
amylase *n.* |amylas (amylasau) *m*; **salivary ~,** amylas poerol.
amylene *n. Ch:* |amylin (amylinau) *m.*
amyloid *n. & a. Path:* **1.** *n.* |amyloid *m.* **2.** *a.* amyloidaidd.
amyloidal *a. Path:* amyloidaidd.
amyloidosis *n. Path:* amyloidosis *m.*
amylolysis *n. Bio-Ch:* amyl|olysis *m.*

amylolytic *a. Bio-Ch:* amylolytig.
amylopectin *n. Ch:* amylopectin *m.*
amylopsin *n. Bio-Ch:* amylopsin *m.*
amylose *m. Ch:* |amylos *m.*
amylum *n.* = **starch.**
amyoplasia *n. Med:* amyoplasia *m.*
amyotonia *n. Med:* amyotonia *m.*
amytal *n. Pharm:* |amytal *m.*
an *indef.art. See* **a**[3].
ana[1] *n.pl. (= anecdotes):* straeon, hanesion.
ana[2] *adv. Pharm:* o bob un.
anabaena *n. Algae:* anabena (anabenâu) *mf.*
anabantid *a. & n. Ich:* **1.** *a.* anabantaidd. **2.** *n.* anabantiad (anabantiaid) *m.*
anabaptism *n. Rel:* ailfedyddiaeth *f.*
anabaptist *a. & n. Rel:* **1.** *a.* ailfedyddiol. **2.** *n.* ailfedyddiwr (ailfedyddwyr) *m*, ailfed|yddwraig (ailfedyddwragedd) *f.*
anabaptistical *a. Rel.* ailfedyddiol.
anabaptize *v.t. Rel:* ailfedyddio.
anabas *n. Ich:* |anabas (anabasod) *m.*
anabasis *n. Mil:* ymdaith (ymdeithiau) *f.*
anabatic *a. Meteor:* esgynnol; *Geog:* anabatig.
anabiosis *n.* adfywiad *m.*
anabiotic *a.* adfywiol.
anabolic *a. Bio-Ch:* anabolig.
anabolism *n.* anaboledd *m*, anabolaeth *f.*
anabranch *n. Geog:* isgangen (isganghennau) *f.*
anacardiaceous *a. Bot:* anacardiaidd.
anachronic *a.* anac[h]ronig.
anachronism *n* anac[h]roniaeth(-au) *f*, camamseriad(-au) *m*, camamseru *vn*; **the House of Lords is an ~,** anac[h]roniaeth yw Tŷ'r Arglwyddi; **this story contains a serious ~,** mae camamseru/camamseriad drwg yn y stori hon.
anachronistic *a.* anac[h]ronig, anac[h]ronistig, camamserol.
anachronistically *adv.* yn anac[h]ronistig.
anachronous *a.* anac[h]ronig.
anaclisis *n. Psy:* anaclisis *m.*
anaclitic *a. Psy:* anaclitig.
anacoluthia *n. Gram:* annilyniad *m.*
anacoluthic *a. Gram:* annilynol.
anacoluthically *adv. Gram:* yn annilynol.
anacoluthon *n.* annilyneb(-au,-ion) *f.*
anaconda *n. Z:* anaconda(-od,-s) *f*, neidr (*f*) wasgu (nadroedd gwasgu).
Anacreontic *a. & n.* **1.** *a.* Anacreonaidd. **2.** *n.* cerdd(-i) Anacreonaidd *f.*
anacrusis *n. Pros:* sillaf ddiacen (sillafau diacen) *f*; *Mus:* anacrwsis(-au, anacrwses) *m.*
anadem *n. Cost: Poet:* coronbleth(-au) *f.*
anadiplosis *n. Rhet.* ailadroddiad *m.*
anadromous *a.* esgynnol.
anaemia *n. Med:* anemia *m*, *F:* diffyg (*m*) gwaed, gwaed tenau *m*; **Addisonian ~,** anemia Addison; **pernicious ~,** anemia dinistriol/ gwyllt; **sickle cell ~,** anemia crymangell (*pronounced* ng-g).
anaemic *a.* **1.** *Med:* anemaidd, anemig, di-waed, â diffyg gwaed, â gwaed tenau, tenau eich gwaed; **she looks ~,** mae golwg lwydaidd/welw/lwyd arni. **2.** *Fig: (style &c):* di-liw, llwydaidd.
anaemically *adv.* yn anemaidd *&c.*
anaerobe *n. Bac:* |anerob (anerobau) *m.*
anaerobic *a. Bac:* anerobig.
anaerobically *adv. Bac:* yn anerobig.
anaerobiont *n.* = **anaerobe.**
anaerobiosis *n. Bac:* anerobiosis *m.*
anaerobiotic *a. Bac:* anerobiotig.
anaerobium *n.* = **anaerobe.**
anaesthesia *n.* anesthesia *m.*
anaesthesin *n. Ch:* anesthesin *m.*
anaesthesiologist *n.* anesthesiolegydd(-ion) *m.*
anaesthesiology *n.* anesthesioleg *f.*
anaesthetic *a. & n.* **1.** *a.* anesthetig; **~ agent,** anesthetydd(-ion) *m.* **2.** *n.* anesthetig(-ion) *m.*
anaesthetically *adv.* yn anesthetig.
anaesthetist *n.* anesthetydd(-ion) *m.*
anaesthetization *n.*, **anaesthetize** *v.t.* anestheteiddio, anesthetigo.
anaglyph *n.* |anaglyff (anaglyffau) *m.*
anaglyphic *a.* anaglyffig.
anagnorisis *n. Th:* darganfyddiad(-au) *m*, datgeliad(-au) *m*, datguddiad(-au) *m.*
anagoge *n. Rel:* anagoge *m*, cyfrinddehongliad *m*, cyfrinddehongli *vn.*
anagogic *a. Rel:* anagogaidd, deongliadol, cyfrinddeongliadol.
anagogically *adv. Rel:* yn ddeongliadol *&c.*
anagogy *n.* = **anagoge.**
anagram[1] *n.* |anagram (anagramau) *m.*
anagram[2] *v.t.* anagramu.
anagrammatic[al] *a.* anagramaidd.
anagrammatically *adv.* yn anagramaidd.
anagrammatization *n.*, **anagrammatize** *v.t.* anagramu.
anal *a. Anat:* rhefrol; **~ canal,** pibell refrol (pibellau rhefrol) *f.*
analcime *n.* = **analcite.**
analcimic *a. Miner:* analsitig.
analcite *n. Miner:* |analsit *m.*
analectic *a.* detholedig.
analects *n.pl.* detholion, pigion, lloffion [llenyddol], lloffion llên.
analemma *n. Astr:* analema(-ta) *m.*
analemmatic *a. Astr:* analematig.
analeptic *a. & n. Med:* **1.** *a.* cryfhaol. **2.** *n.* cryfhäwr (cryfhawyr) *m.*
analgesia *n. Med:* analgesia *m*, diffyg (*m*) teimlad, dideimladrwydd *m*, merwindod *m*, merwinedd *m*, poenliniaru *vn*, poenliniaredd *m*, lliniaru (*vn*) poen.
analgesic, analgetic *a. & n. Med:* **1.** *a.* analgesaidd, poenliniarol, merwinol, sy'n lladd/lliniaru poen. **2.** *n.* cyffur(-iau) (*m*) lladd poen, poenladdwr (poenladdwyr) *m*, poenliniarydd(-ion) *m*, *F:* peth(-au) (*m*) at ladd poen.
anality *n. Psy:* rhefroldeb *m.*
anally *adv.* trwy'r rhefr.
analog *n. (a) U.S:* = **analogue**; *(b) Cmptr:* |analog.
analogic[al] *a.* cydweddol, cydweddiadol.
analogically *adv.* yn gydweddol *&c*; trwy gydweddiad.
analogist *n.* damhegwr (damhegwyr) *m.*
analogize *v.t.* damhegu.
analogous *a.* digon tebyg (**to sth,** i rth), cydwedd, cydweddol (â rhth), cyfatebol (i rth), yn cyfateb (i rth); *Biol: &c:* analogaidd.
analogously *adv.* yn gydwedd *&c.*
analogousness *n.* tebygrwydd *m*, cyfatebiaeth *f* (**to sth,** i rth); cydweddoldeb *m* (â rhth).
analogue *n. & attrib.* **1.** *n. (a)* cyfatebiaeth(-au) *f*, cydwedd(-au) *mf*; **the fish's gill is the ~ for the human lung,** mae tagell y pysgodyn yn cyfateb i ysgyfaint dyn; *(b) Mth:* |analog (analogau) *m.* **2.** *attrib.* **~ computer,** cyfrifiadur (*m*) analog; **~ to digital converter,** trosydd(-ion) analog-digidol *m.*
analogy *n.* cyfatebiaeth(-au) *f*, tebygrwydd *m* (**to/with sth,** i rth); cydweddiad(-au) *m* (â rhth). **on the ~ of sth, by ~ with sth,** trwy gydweddiad â rhth; *Theol:* **~ of being,** cydweddiad bod; **a false ~,** camgydweddiad(-au) *m.* **~ test** *n.* prawf (profion) (*m*) cyfatebiaeth.
analphabetic *a.* **1.** anwyddorol, diwyddor. **2.** = **illiterate.**
analphabetism *n.* anllythrennedd *m*, anllythrenogrwydd *m.*
analysability *n.* natur ddadansoddadwy *f*; **I doubt its ~,** 'rwy'n amau a ellir ei ddadansoddi.
analysable *a.* dadansoddadwy.
analysand *n. Psy:* seicdreiddiedig(-ion) *m&f*, claf (cleifion) (*m*) dan seicdreiddiad.
analysation *n.* = **analysis.**
analyse *v.t.* **1.** *esp. Ch: Mth: Gram: &c:* dadansoddi, dadelfennu. **2.** *Psy:* seicdreiddio, dadansoddi; *S.a.* **psychoanalyse.**
analyser *n.* dadansoddwr (dadansoddwyr) *m*, dadans|oddwraig *f*; *Ph: &c:* dadansoddydd(-ion) *m*; **auto-~,** dadansoddydd awtomatig.
analysis *n.* dadansoddiad(-au) *m*, dadelfeniad(-au) *m*; *vn.* = **analyse**; *Gram:* **clause ~,** dadansoddi cymalau; *Ph: &c:* **aggregate ~,** dadansoddiad cyfanredol; **~ of variance,** dadansoddiad amrywiant; *Archeol:* **petrological ~,** dadansoddiad petrolegol; *Psy:* = **psychoanalysis**; *Ch:* **quantitive ~,** dadansoddiad meintiol/mesurol; **factor ~,** dadansoddiad ffactorau. **~ *situs*** *n.* topoleg *f.*
analyst *n.* **1.** dadansoddwr (dadansoddwyr) *m*, dadans|oddwraig *f*; **Public A~,** Dadansoddwr Cyhoeddus. **2.** *Psy:* seicdreiddiwr (seicdreiddwyr) *m.*

analytic[al] *a.* dadansoddol, dadelfennol, analytig; *Ph:* ~ **continuation,** parhad dadansoddol; *Mus:* ~ **notes,** nodiadau dadansoddol; *Sociol:* ~ **sampling,** samplu dadansoddol; ~ **theories,** theorïau dadansoddol.
analytically *adv.* yn ddadansoddol *&c*; drwy ddadansoddiad.
analytics *n.pl.* dadansoddeg *f.*
anamnesis *n.* atgofio *vn,* atgofion *pl.*
anamnestic *a.* atgofiol.
anamnestically *adv.* yn atgofiol.
anamorphic *a.* anamorffig.
anamorphoscope *n. Phot:* anam|orffosgop (anamorffosgopau) *m.*
anamorphosis *n. Phot: &c:* anamorffosis(-au) *m.*
anandrous *a. Bot:* difriger, heb friger.
ananthous *a. Bot:* diflodau, heb flodyn.
anapaest *n. Pros:* corfan(-nau) crych dyrchafedig *m,* |anapaist (anapaistau) *f.*
anapaestic *a. Pros:* crych dyrchafedig, anapaistig.
anaphase *n. Biol:* |anaffas (anaffasau) *m.*
anaphasic *a. Biol:* anaffasig.
anaphora *n. Rhet:* ailadroddiad *m,* ailadrodd *vn.*
anaphoric *a.* ailadroddol.
anaphrodisia *n.* anaffrodisia *m,* diffyg (*m*) nwyd.
anaphrodisiac *a. & n.* **1.** *a.* anaffrodisaidd. **2.** *n.* anaffrodisiad (anaffrodisiaid) *m.*
anaphylactic *a. Med:* goradweithiol, anaffylactig.
anaphylactically *adv.* yn oradweithiol *&c.*
anaphylaxis *n. Med:* anaffylacsis *m,* goradwaith (goradweithiau) *m.*
anaplasia *n. Med:* anaplasia *m.*
anaplasmosis *n. Vet:* anaplasmosis *m.*
anaplastic *a. Med:* anaplastig, di-ffurf.
anaplasty *n. Surg:* llawdriniaeth blastig *f.*
anaptotic *a. Ling:* anaptotig.
anarchic[al] *a.* anarchaidd.
anarchism *n.* anarchiaeth *f.*
anarchist *n.* anarchydd (anarchwyr) *m.*
anarchistic *a.* anarchaidd; *Hist:* anarchyddol.
anarchize *v.t.* drysu, anhrefnu.
anarcho-syndicalism *n.* anarcho-syndicaliaeth *f.*
anarcho-syndicalist *a. & n.* **1.** *a.* anarcho-syndicalaidd. **2.** *n.* anarcho-syndicalydd(-ion) *m.*
anarchy *n.* anarchiaeth *f,* anhrefn *f.*
anarthria *n. Med:* methu (*m*) â geirio, anarthria *m.*
anarthrous *a.* **1.** *Z:* digymal, anghymalog. **2.** *Gr.Gram:* heb y fannod.
anasarca *n. Path:* anasarca *m.*
anasarcous *a. Path:* anasarcaidd.
anastatic *a.* anastatig; *Lib:* ~ **edition,** argraffiad anastatig *m.*
anastigmat *n. Opt: Phot:* anastigmat(-au) *m.*
anastigmatic *a. Opt: Phot:* anastigmatig.
anastomose *v.t.* cysylltu.
anastomosis *n. Bot: Anat: Surg:* anastomosis(-au, anastomoses) *m,* cysylltiad(-au) *m,* cyduniad(-au) *m.*
anastomotic *a.* cysylltiol, anastomotig.
anastrophe *n. Rh:* gwrthdroad(-au) *m.*
anatase *n. Miner:* |anatas *m.*
anathema *n.* **1.** *Ecc: (= curse):* esgymundod: ysgymundod(-au) *m,* an|athema (anathemata, anathemâu) *m,* melltith(-ion) *f.* **2.** *F:* casbeth(-au) *m,* esgymunbeth: ysgymunbeth(-au) *m;* **(his name is) ~,** (mae ei enw) dan gabl, yn anathema, yn gas, yn esgymun/ysgymun; **public speaking is ~ to him,** mae'n gas ganddo areithio; mae areithio yn gasbeth ganddo.
anathematize *v.t.* *(a)* *(= excommunicate):* esgymuno, ysgymuno, anathemeiddio; *(b)* *(= curse):* melltithio, anathemeiddio.
Anatolian *a. & n.* **1.** *a.* Anatolaidd; **he's ~,** Anatoliad ydyw; un o Anatolia ydyw; **the ~ mountains,** mynyddoedd Anatolia. **2.** *n.* *(a) Ethn:* Anatoliad (Anatoliaid) *m&f;* *(b) Ling:* Anatoleg *f, m.*
anatomic[al] *a.* anatomaidd, anatomegol, anatomyddol.
anatomically *adv.* yn anatomaidd *&c.*
anatomist *n.* **1.** *(= dissector):* difyniwr (difynwyr) *m,* anatomydd(-ion) *m.* **2.** *Fig:* *(= analyst):* dadansoddwr (dadansoddwyr) *m,* dadans|oddwraig *f.*
anatomize *v.t.* difynio, difynu, anatomeiddio; *(loosely):* dadelfennu, dadansoddi.
anatomy *n.* **1.** *(= dissection):* difyniad(-au) *m,* difynio *vn,* difynu *vn,* difyniaeth *f.* **2.** *(as science):* anatomeg *f.* **3.** *Hum:* *(= body):* corff (cyrff) *m,* an|atomi (anatomïau) *m.* **4.** *Joc: Fig:* *(= analysis):* dadansoddiad(-au) *m,* disgrifiad(-au) *m,* dadelfeniad(-au) *m.*
anatoxin *n. Path:* anatocsin(-au) *m.*
anatropous *a. Bot:* penisaf, anatropaidd.
anbury *n. Vet:* dafaden waedlyd (dafadennau gwaedlyd) *f.*
ancestor *n.* hynafiad (hynafiaid) *m&f,* cyndad(-au) *m,* cyndaid (cyndeidiau) *m,* hendad(-au) *m.* ~ **worship** *n.* addoli (*vn*) cyndadau, addoli hynafiaid.
ancestral *a.* cyndadol, cyndeidiol, teuluol; *Biol:* hynafiadol; ~ **traits,** nodweddion eich hynafiaid, nodweddion hynafiadol, nodweddion llinach; **his ~ home,** cartref ei hynafiaid/gyndeidiau/gyndadau, hen gartref ei deulu, hendref ei deulu; **an ~ memory,** cof etifeddol, atgof cenedlaethau.
ancestrally *adv.* ~ **related,** yn perthyn trwy hynafiaid.
ancestress *n.f.* cynfam(-au), henfam(-au).
ancestry *n.* **1.** *(= descent):* tras(-au) *f,* llinach(-au) *f,* tylwyth(-au) *m,* ach(-au) *f,* gwehelyth(-au) *mf.* **2.** *Coll:* *(= ancestors):* hynafiaid *pl,* cyndadau *pl,* cyndeidiau *pl.*
anchor[1] *n.* *(a) Nau: &c:* angor(-au,-ion) *m;* **grappling ~,** angor bachu; *S.a.* **bower[2], kedge[1], sheet-anchor; stand by to ~!** at yr angor! saf (sefwch) wrth yr angor! **to let go, to drop, to cast (the ~),** bwrw, gollwng (angor); **to come to ~,** bwrw angor, angori; **to lie/ride at ~,** gorwedd/bod wrth angor; **to weigh ~,** codi angor; **foul ~,** angor wedi ei ddal, angor yn sownd. **~ bracket** *n. Carp:* braced(-i) (*mf*) angori/angor. ~ **buoy** *n. Nau:* bwi(-au) (*m*) ar angor. **~-ice** *n.* = **ground-ice.** ~ **light** *n. Nau:* golau (goleuadau) (*m*) angori. **~ man** *n.* **1.** *T.V:* cysylltwr (cysylltwyr) *m.* **2.** *Sp:* dyn(-ion) olaf *m,* angorwr (angorwyr) *m.* **~-plate** *n.* plât (platiau) (*m*) angori. **~-ring** *n.* dolen (*f*) angor (dolenni angorau/angorion). **~-stock** *n.* croesfar (*m*) angor (croesfarrau angorau/angorion). **~-tie** *n. Const:* pwyth(-au) (*m*) haearn. **~-watch** *n. Nau:* gwylfa (gwylf|eydd) (*f*) angori.
anchor[2] *v.t.&i.* angori.
anchorage *n.* **1.** *Nau:* *(= anchoring ground):* angorfa (angorf|eydd) *f;* **to leave the ~,** codi angor, hwylio. **2.** *(= fee):* tâl (taliadau) (*m*) angori, angordreth(-i) *f.*
anchored *a.* wedi angori, wrth angor, angoredig; yn sownd; **firmly ~,** diysgog, cadarn, disyfl.
anchoress *n.f. Rel:* meudwyes(-au), *A:* ancres(-au).
anchoring *vn.* angori. **~-gear** *n.* offer (*pl*) angori, taclau (*pl*) angori. **~-ground, ~-place** *n.* angorfa (angorf|eydd) *f.*
anchorite *n. Rel:* meudwy(-aid,-od) *m,* *A:* ancr(-iaid) *m;* *W.Lit:* **The Book of the A~,** Llyfr Ancr Llanddewibrefi, Llyfr yr Ancr.
anchoritic *a. Rel:* meudwyaidd, meudwyol.
anchoritically *adv. Rel:* yn feudwyaidd.
anchorless *a.* diangor, heb angor.
anchoveta *n. Ich:* corfrwyniad (corfrwyniaid) *m.*
anchovy *n. Ich: Cu:* brwyniad (brwyniaid) *m,* môr-frwyniad (~-frwyniaid) *m;* *Cu:* |ansiofi *m.* ~ **essence** *n.* rhinflas (*m*) ansiofi. ~ **paste** *n.* pâst (*m*) ansiofi. ~ **pear** *n.* gellygen (gellyg) (*f*) y Caribî, peren (pêrs) (*f*) y Caribî.
anchylose *v.i.* anystwytho, cydasio, mynd yn anystwyth.
anchylosis *n. Med:* anystwythder *m,* cydasiad *m,* ancylosis *m.*
ancien régime *n. Hist:* yr hen drefn *f,* yr hen oruchwyliaeth *f.*
ancient *a. & n.pl.* **1.** *a.* *(a)* hynafol, hen *(with comp. forms* hyned, hŷn, hynaf); **a family of ~ descent,** teulu o dras hynafol, hen wehelyth; ~ **and modern,** hen a newydd; *Jur:* ~ **lights,** hen hawliau goleuni; ~ **monument,** henebyn (henebion) *m,* heneb(-au,-ion) *f;* *(pers., thg):* hen hen, hen iawn; *(b)* ~ **Rome,** yr hen Rufain *f,* Rhufain yr henfyd, hen ddinas Rhufain, Rhufain gynt; ~ **Britain,** Prydain fore *f;* ~ **Briton,** Brython(-iaid) *m,* Brythones(-au) *f,* *Lit: occ:* Brytaniad (Brytaniaid) *m&f;* ~ **Greece,** Groeg yr henfyd, Groeg glasurol *f,* hen wlad Groeg, Groeg gynt. **the ~ world,** yr hen fyd *m,* yr henfyd *m;* ~ **history,** *(i) Hist:* hanes yr henfyd; *(ii) F:* **that's ~ history,** hen hanes yw hynny. ~ **king** *n. Bot:* *(Saxifraga florulenta):* tormaen blodeuog *m.* **2.** *n.pl.* **the Ancients,** y Cyndadau, dynion yr henfyd, pobl *(f or pl)* yr henfyd; *Lit:* **the Dispute of the**

Ancients and Moderns, Dadl yr Hen a'r Newydd; *B:* **the A~ of Days,** yr Hen Ddihenydd *m.*
anciently *adv. (= long ago):* gynt, ers talwm, ers llawer dydd, yn yr oes o'r blaen, yn y gorffennol, *F: Joc:* yn oes yr arth a'r blaidd.
ancientness *n.* hynafiaeth *f,* hynafrwydd *m.*
ancillary *a. & n.* **1.** *a.* cynorthwyol, ategol, atodol; *Jur:* **~ relief,** llareiddiad ategol *m;* **~ staff,** staff atodol *m;* **~ workers,** gweithwyr cynorthwyol. **2.** *n.* cynorthwywr (cynorthwywyr) *m,* cynorth|wywraig (cynorthwywragedd) *f; Sch:* cynhorthwy *m.*
ancipital, ancipitous *a. Z:* deufin, deufiniog.
ancon *n.* **1.** *Arch:* ancon(-au) *m.* **2.** *Anat:* = **elbow**.
ancylostomiasis *n. Med:* ancylostomiasis *m.*
and *conj.* a + *spirant mut. of* p, t, c; ac (*pronounced* ag *before vowels and* mor, fel, felly, megis, mae, mwyach, mai, meddaf, fe, mi, ni, na). **1.** *(a) (connecting words):* **cat ~ dog,** ci a chath; **town ~ country,** gwlad a thref; **land ~ sea,** tir a môr; **salt ~ pepper,** pupur a halen; **the house ~ garden,** y tŷ a'r ardd *(N.B. repetition of article)*; **his mother ~ father,** ei fam a'i dad *(N.B. repetition of pronoun)*; **to come ~ go,** mynd a dod; **to ~ fro,** yn ôl a blaen; **~ also,** a hefyd (*not* ac hefyd); *Fin:* **&c. ~ Co.,** a'r Cwmni, a'i Gwmni, a'i Chwmni; *(b) (with numerals):* **five ~ twenty,** pump ar hugain; **one hundred ~ twenty,** chwe ugain, cant ac ugain; **four ~ a half,** pedwar a hanner; *(c)* **carriage ~ pair,** cerbyd(-au) *(m)* â dau geffyl; **(to walk) two ~ two,** (cerdded) fesul dau, bob yn ddau, yn ddeuoedd, yn ddau a dau; **now ~ then,** 'nawr ac eilwaith, 'nawr ac yn y man, bob hyn a hyn, o bryd i'w gilydd; *(d) (after* **without***):* na + *spirant mut. of* p, t, c; **he came without paper ~ pencil,** daeth heb bapur na phensel; daeth heb na phapur na phensel; *(e) (repetition):* **for miles ~ miles,** am filltiroedd a milltiroedd, am filltiroedd ar filltiroedd, am filltiroedd ar ben milltiroedd, am filltiroedd bwygilydd; **better ~ better,** gwellwell; *adv.* [yn] wellwell; **worse ~ worse,** gwaethwaeth; *adv.* [yn] waethwaeth; **bigger ~ bigger, greater ~ greater,** mwyfwy; *adv.* [yn] fwyfwy; **fewer ~ fewer, less ~ less,** llai a llai, lleilai, *adv.* lai a llai, yn lleilai; **to sink deeper ~ deeper,** suddo'n ddyfnach ddyfnach, suddo'n ddyfnach o hyd; **I knocked ~ knocked,** mi gurais ac mi gurais; mi gurais drosodd a throsodd; **I ran ~ ran,** mi redais ac mi redais; mi redais heb stopio; **nice ~ warm,** cynnes braf, *S:* twym neis; **good ~ hot,** chwilboeth; **good ~ dead,** yn hollol farw, yn farw gorn, yn farw gelain gegoer; **come ~ see me,** tyrd (dewch) i 'ngweld i; **I'll try ~ do it,** mi geisiaf i ei wneud; **it was raining good ~ hard,** yr oedd yn glawio o ddifrif; *(f)* **~ so on, ~ so forth,** ac yn y blaen, ac felly ymlaen; **there are poets ~ poets,** mae rhai beirdd yn well na'i gilydd; mae rhagor rhwng beirdd a beirdd; mae beirdd a beirdd; **we beat them, ~ how!** fe'u curasom ni nhw, o do! fe'u curasom ni nhw, do wir! fe'u curasom o ddifrif! **she's pretty, ~ how!** mae hi'n ddel, ond ydyw hi! mae hi'n bert, ydi'n wir! *Cmptr:* **AND, AC; AND circuit,** cylched(-au) *(f)* AC; **AND element,** elfen(-nau) *(f)* AC; **AND gate,** adwy(-on) *(f)* AC; **AND operation,** gweithrediad(-au) *(m)* AC. **2.** *(linking clauses):* *(a)* **he could read ~ write,** gallai ddarllen ac ysgrifennu; *when both verbs are inflected in English, in Welsh the second need not be inflected:* **he got up ~ left,** cododd ac ymadael; *(b)* **move ~ I shoot,** os symudi di mi saethaf i; symud di, mi saethaf innau; *(c)* **go ~ look for it,** dos (ewch) i chwilio amdano; **I went ~ saw him,** euthum i'w weld; *(d)* **~ not,** heb; *(= rather than): Lit:* rhagor; **why is it red ~ not yellow?** paham y mae'n goch ac nid yn felyn? *Lit:* paham y mae'n goch rhagor melyn? **to look for sth ~ not find it,** chwilio am rth heb ei gael; **he could walk for miles ~ not get tired,** gallai gerdded am filltiroedd heb flino; **A ~/or B,** A a/neu B. **3.** *n.* **without ifs and ands,** heb os nac oni bai.
Andalusia *Pr.n. Geog:* Andalwsia *f.*
Andalusian *a. & n.* **1.** *a.* Andalwsaidd. **2.** *n.* Andalwsiad (Andalwsiaid) *m&f.*
andalusite *n. Miner:* andalwsit *m.*
andamento *n. Mus:* andamento(-s) *m.*
andante *adv. & n. Mus:* **1.** *adv.* ***andante.*** **2.** *n.* andante(-s) *m.*
andantino *adv. & n. Mus:* **1.** *adv.* ***andantino.*** **2.** *n.* andantino(-s) *m.*
Andean *a. Geog:* Andeaidd.
Andes *Pr.n. Geog:* yr Andes *pl.*
andesine *n. Miner:* |andesin *m.*
andesite *n. Geol:* |andesit *m.*
andesitic *a. Geol:* andesitig.
andiron *n.* haearn (heyrn) *(m)* aelwyd, *A: or Lit:* brigwn (brigynau) *m,* gobed(-au) *m.*
Andorra *Pr.n. Geog:* Andorra *f.*
Andorran *a. & n.* **1.** *a.* Andorraidd. **2.** *n.* Andoriad (Andoriaid) *m&f.*
andradite *n. Miner:* |andradit *m.*
andraea *n. Bot:* **rock ~,** creiglymyn *m.*
andrase *n. Bio-Ch:* andras(-au) *m.*
Andrew *Pr.n.m.* Andreas; **St. ~'s Day,** Gŵyl *(f)* Andreas.
androecium *n. Bot:* andresiwm (andresia) *m,* brigerau *pl.*
androgen *n. Biol:* |androgen (androgenau) *m.*
androgenic *a. Biol:* androgenig.
androgyne *n.* |androgyn (androgyniaid) *m&f,* gwrfenyw(-od,-iaid) *m&f,* bod(-au) deuryw *m.*
androgynous *a.* androgynaidd, gwrfenywaidd.
androgyny *n.* androgynedd *m,* gwrfenywdod *m.*
android *n.* android(-au) *m.*
andromeda *n. & Pr.n.* **1.** *n. Bot:* **marsh ~,** rhosmair gwyllt *m,* rhosmari gwyllt *m.* **2.** *Pr.n. Astr:* Andr|omeda *f.*
androsterone *n.* andr|osteron *m.*
anecdota *n.pl.* pethau heb eu cyhoeddi.
anecdotage *n. Joc:* *henwendid *m.*
anecdotal *a.* anecdotaidd.
anecdotalist *n.* = **anecdotist.**
anecdotally *adv.* yn anecdotaidd.
anecdote *n.* hanesyn (hanesion) *m,* chwedl(-au) *f,* stori (storïau, straeon) *f,* |anecdot (anecdotau) *mf.*
anecdotic *a.* anecdotaidd.
anecdotically *adv.* yn anecdotaidd.
anecdotist *n.* chwedleuwr (chwedleuwyr) *m,* adroddwyr (adroddwyr) *(m)* straeon, *N: occ:* deudwr(-s, deudwyr) *(m)* straeon.
anechoic *a.* diadlais, dieco.
anemia *n.* = **anaemia**.
anemogram *n.* an|emogram (anemogramau) *m.*
anemograph *n. Meteor:* an|emograff (anemograffau) *m.*
anemographic *a.* anemograffig.
anemometer *n. Meteor:* anemomedr(-au) *m,* mesurydd(-ion) *(m)* gwynt.
anemometrical *a. Meteor:* anemometrig.
anemometry *n. Meteor:* anemometreg *f.*
anemone *n. Bot:* **wood ~,** *(Anemone nemorosa):* blodyn *(m)* y gwynt (blodau'r gwynt), llysiau*(pl)*'r gwynt, rhosyn(-nau) bach *(m)* y gwynt, an|emone (anemoneau) *m,* an|emoni (anemonïau) *m, Lit: occ:* gwyntai *m,* brithogen *(f)* y goedwig, bara*(m)*'r gog; **blue ~,** *(A. apennina):* blodyn glas y gwynt; **Monte Baldo ~,** *(A. baldensis):* blodyn gwynt Monte Baldo; **narcissus ~,** *(A. narcissiflora):* blodyn gwynt gylfinog; **yellow ~,** *(A. ranunculoides):* blodyn melyn y gwynt; *S.a.* **sea anemone 1. ~ fish** *n. Ich:* pysgodyn (pysgod) *(m)* yr anemoni.
anemophilous *a.* anemoffilaidd.
anemophily *n.* anemoffiledd *m.*
anemoscope *n.* an|emosgop (anemosgopau) *m.*
anent *prep. A: or Joc:* yngh|ylch (rhth), ynglŷn (â rhth), gyda golwg (ar rth), mewn perthynas (â rhth), parthed (rhth).
anergic *a.* **1.** diegni. **2.** *Immunology:* anergig.
anergy *n.* **1.** diffyg *(m)* egni. **2.** *Immunology:* anergedd *m.*
aneroid *a. & n.* **1.** *a. Ph:* aneroid; **~ barometer,** baromedr(-au) aneroid *m.* **2.** *n.* |aneroid (aneroidau) *m.*
anesthesia *n.* anesthesia *m.*
anestrous *a. & n.* = **anoestrous.**
anethole *n. Ch:* |anethol *m.*
aneuploid *a. & n.* **1.** *a.* |anewploid. **2.** *n.* |anewploid (anewploidau) *m.*
aneuploidy *n.* anewploidedd *m.*
aneurin *n. Ch:* anewrin *m,* thïamin *m.*
aneurism *n. Med:* ymlediad(-au) *m;* **aortic ~,** ymlediad aortaidd/aortig; **arteriosclerotic ~,** ymlediad arteriosglerotig; **arteriovenous ~,** ymlediad rhydweli-wythiennol/rhydwythiennol; **cardiac ~,** ymlediad yn y galon; **cerebral ~,** ymlediad yn yr ymennydd; **dissecting ~,** ymlediad dyrannol; **saccular ~,** ymlediad sachennol.
aneurismal *a. Med:* ymledol.

aneurysm *n.* = **aneurism.**
aneurysmal *a.* = **aneurismal.**
anew *adv.* **1.** *(= a second time):* eilwaith, drach|efn, unwaith eto; **to begin ~,** ailddechrau, ailgychwyn. **2.** *(= in a new way):* o'r newydd, yn wahanol; **to create sth ~,** creu rhth o'r newydd.
anfractuosity *n.* **1.** *(= sinuousness):* troellogrwydd *m,* troeon *pl.* **2.** *Med:* **the anfractuosities of the brain,** rhychau'r ymennydd.
anfractuous *a.* troellog; *(brain):* rhychog.
angary *n. Pol: Jur:* |angari *m (pronounced* ng-g).
angel *n.* **1.** *(a)* angel (angylion) *m,* angyles(-au) *f;* **the ~ of death,** angel angau; **attendant ~,** angel cynhorthwy; **guardian ~,** angel gwarcheidiol; **on the side of the angels,** o blaid y cyfiawn, o blaid cyfiawnder, o blaid yr angylion, ar du'r angylion; **she's an ~,** mae hi'n werth y byd; mae hi'n angyles; *F:* **be an ~,** bydd yn gariad bach; *F:* **an ~ passes,** mae hi'n ugain munud i'r awr *or* mae hi'n ugain munud wedi'r awr; *Lit:* **fools rush in where angels fear to tread,** rhy fyrbwyll a dyr ei wddf; wedi neidio, rhy hwyr peidio; *(b) Th: &c:* cefnogwr (cefnogwyr) ariannol *m,* noddwr (noddwyr) *m;* *(c) (= gold coin):* angel aur; *(d) Cu:* **angels on horseback,** wystrys a bacwn ar dôst. **~ cake** *n. Cu:* teisen wen (teisennau gwynion) *f.* **~-fish, ~-shark** *n. Ich:* maelgi (maelgwn) *m.* **~ food** *n. Cu:* = **angel cake.**
angelic *a.* angylaidd.
angelica *n.* **1.** *Cu:* ang|elica *m.* **2.** *Bot:* **wild ~,** llysiau(*pl*)'r angel, talfedel *f;* **garden ~,** llysiau'r angel pêr. **~ tree** *n. Bot: (Aralia spinosa):* aralia ddreiniog (araliâu dreiniog) *f.*
angelical *a.* angylaidd.
angelically *adv.* yn angylaidd.
angelolatry *n.* angel-addoliad *m,* addoli (*vn*) angylion.
angelology *n.* angyleg *f.*
angelus *n. Ecc:* |angelws *m (pronounced* ng-g).
anger[1] *n.* dicter *m,* gwylltineb *m,* ffyrnigrwydd *m,* llid *m,* dig *m,* digofaint *m, S:* natur *f, Poet:* bâr *m.*
anger[2] *v.t.* digio, gwylltio, ffyrnigo (rhn); *S:* hala (rhn) yn grac, hala (rhn) mas o natur; *Lit:* cythruddo, llidio (rhn).
angered *a.* = **angry.**
Angevin[e] *a. & n.* **1.** *a.* Angywaidd, [o] Angyw, [o] Aensio; **the ~ dynasty,** brenhinllin Angyw; **the ~ Kings,** y Brenhinoedd Angywaidd, yr Angywiaid. **2.** *n.* Angywiad (Angywiaid) *m&f.*
angiitis *n. Med:* llestrwst *m,* angiïtis *m (pronounced* ng-g).
angina *n. Med:* **1.** *(of throat):* llid *(m)* y gwddf, y fynyglog *f,* yr ysbinagl *m.* **2. ~ pectoris,** gwayw*(m)*'r galon/frest, cur dwyfronnol *m,* angina *m (pronounced* ng-g). **3. abdominal ~,** cur ymysgarol.
anginal, anginose *a. Med:* gwewyrol.
angiocardiographic *a. Med:* angiocardiograffig *(pronounced* ng-g).
angiocardiography *n. Med:* angiocardiograffeg *f (pronounced* ng-g).
angiocarpic, angiocarpous *a. Bot:* angiocarpaidd *(pronounced* ng-g).
angiocarpy *n. Bot:* angiocarpedd *m (pronounced* ng-g).
angiography *n. Med:* angiograffeg *f (pronounced* ng-g).
angiology *n. Med:* angioleg *f (pronounced* ng-g).
angioma *n. Path:* angioma(-ta) *m (pronounced* ng-g).
angiomatous *a. Path:* angiomataidd *(pronounced* ng-g).
angioneurotic *a. Med:* angioniwrotig *(pronounced* ng-g).
angiosarcoma *n. Med:* angiosarcoma(-ta) *m (pronounced* ng-g).
angiospasm *n. Med:* angiosbasm(-au) *m (pronounced* ng-g), llestrwrwst (llestrwrystau) *m.*
angiosperm *n. Bot:* *cibhadog(-ion) *m,* |angiosberm (angiosbermau) *m (pronounced* ng-g), planhigyn (planhigion) blodeuog *m.*
angiospermous *a. Bot:* blodeuog.
angiotensin *n. Bio-Ch:* angiotensin(-au) *m (pronounced* ng-g).
angiotensinase *n. Bio-Ch:* angiot|ensinas (angiotensinasau) *m (pronounced* ng-g).
angle[1] *n. (a) Mth:* ongl(-au) *f;* **acute ~,** ongl fain (onglau meinion), ongl lem (onglau llymion); **adjacent ~,** ongl gyfagos (onglau cyfagos); **alternate ~,** ongl eiledol; **clearance ~,** ongl glirio (onglau clirio); **complementary ~,** ongl gyflenwol (onglau cyflenwol); **contact ~,** ongl gyffwrdd (onglau cyffwrdd); **corresponding ~,** ongl gyfatebol (onglau cyfatebol); **exterior ~,** ongl allanol; **glancing ~,** ongl arwyneb; **hour ~,** ongl awr; **included ~,** ongl gynwysedig (onglau cynwysedig); **interior ~,** ongl fewnol (onglau mewnol); **obtuse ~,** ongl aflem (onglau aflymion); **opposite ~,** ongl gyferbyn (onglau cyferbyn); **reflex ~,** ongl atblyg; **right ~,** ongl gywir (onglau cywir), ongl sgwâr; **straight ~,** ongl unionsyth; **subtended ~,** ongl a gynhelir, ongl gynnal (onglau cynnal); **supplementary ~,** ongl atodol; **vertically opposite ~,** ongl groesfertigol (onglau croesfertigol); **at an ~,** ar ongl, ar ogwydd, ar osgo, ar oleddf; **at an ~ of 60 degrees,** ar ongl trigain gradd; **the house stands at an ~ to the street,** mae'r tŷ'n sefyll ar osgo i'r stryd; **~ of contact,** ongl gyffwrdd (onglau cyffwrdd); *Opt: Mth:* **~ of incidence,** ongl drawiad/daro (onglau trawiad/taro); **~ of grazing incidence,** ongl brin drawiad (onglau prin drawiad); *Artil: Ball:* **~ of deflection/deviation,** ongl wyriad (onglau gwyriad), ongl wyro (onglau gwyro); **~ of depression,** ongl ostwng (onglau gostwng); **~ of elevation/altitude,** ongl godi (onglau codi); *Mil: Av:* **dropping ~,** ongl ollwng (onglau gollwng); *Av: &c:* **~ of attack, leading ~,** ongl ymosod; **~ of obliquity,** ongl ogwydd (onglau gogwydd); **~ of projection,** ongl daflunio (onglau taflunio); **~ of reflection,** ongl adlewyrchu; **~ of refraction,** ongl blygiant (onglau plygiant); **~ of rotation,** ongl gylchdro/gylchdr|oi (onglau cylchdro/cylchdr|oi); *T.V:* **~ of view,** ongl weld (onglau gweld); *Phot:* **wide-~ lens,** lens *(f)* olwg eang (lensys golwg eang); *(b) (= corner, nook):* congl(-au) *f,* cornel(-i,-au) *fm,* cilfach(-au) *f;* *(c) (= standpoint, slant):* safbwynt(-iau) *m;* **from every ~,** o bob safbwynt; *F:* **what's your ~ on this?** sut y gweli di hwn? **~ bar** *n. Const:* bar(-rau) onglog *m.* **~ box plate** *n. Metalw:* plât (platiau) *(m)* ongl bocs. **~ brace** *n. Tls:* carn(-au) tro onglog *m.* **~ bracket** *n. Const:* braced(-i) onglog *mf,* braced ongl. **~-iron** *n.* haearn (heyrn) *(m)* ongl. **~ plate** *n. Metalw: &c:* plât (platiau) *(m)* ongl/onglog. **~ section** *n.* croestoriad(-au) onglog *m.* **~-shot** *n. Cin:* saethiad(-au) *(m)* ar ogwydd.
angle[2] *v.t.&i.* **1.** ongli. **2. to ~ a story,** gogwyddo stori, rhoi gogwydd ar stori.
angle[3] *v.i.* pysgota, genweirio; *F:* **to ~ for compliments,** ceisio/gwahodd canmoliaeth, chwilio/pysgota am ganmoliaeth, *N.W:* naddu/cynio am gael eich canmol.
Angle[4] *n. Hist:* Angliad (Angliaid, Eingl) *m&f* (Angliad, Angliaid *pronounced* ng-g); **the Angles and Saxons,** yr Eingl a'r Saeson.
angled *a.* **1.** onglog. **2. a story ~ to interest the French,** stori â gogwydd i ddiddori'r Ffrancwyr.
angler *n.* **1.** pysgotwr (pysgotwyr) *m,* genweiriwr (genweirwyr) *m.* **2.** *Ich:* **~[-fish],** môr-lyffant(-od, ~-lyffaint) *m,* cythraul (cythreuliaid) *(m)* môr.
Anglesey *Pr.n. W.Geog:* Môn *f,* Ynys *(f)* Môn, Sir *(f)* Fôn, *Joc:* gwlad *(f)* y medra', *Lit: occ:* yr Ynys Dywyll; **an ~ man,** un (rhai) o [Sir] Fôn, *Lit:* Monwysyn (Monwys, Monwyson) *m, Joc:* un o foch Môn, *occ: Joc: (on mainland):* Moniar(-s) *m,* un o wŷr y medra'; **~ Bank** *W. Pln:* Y Traeth Gwyllt *m.*
anglesite *n. Miner:* |anglesit *m (pronounced* ng-g).
angleworm *n.* = **earthworm.**
Anglian *a. & n.* **1.** *a.* Angliaidd *(pronounced* ng-g). **2.** *n. (a) Ethn:* = **Angle[4]**; *(b) Ling:* Angleg *f,m (pronounced* ng-g).
Anglican *a. & n. Ecc:* **1.** *a.* Anglicanaidd *(pronounced* ng-g); **the ~ Church,** yr Eglwys Anglicanaidd *f,* Eglwys Loegr; *Mus:* **~ chart,** siant(-iau) Anglicanaidd *f,* salm-dôn (~-donau) Anglicanaidd *f;* **the ~ Communion,** y Cymundeb Anglicanaidd *m.* **2.** *n.* Anglicaniad (Anglicaniaid) *m&f,* Anglicanwr (Anglicanwyr) *m,* Anglicanes(-au) *f (all pronounced* ng-g); *F:* Eglwyswr (Eglwyswyr) *m,* Egl|wyswraig (Eglwyswragedd) *f.*
Anglicanism *n. Ecc:* Anglicaniaeth *f (pronounced* ng-g).
anglice *Lt.adv.* yn Saesneg.
Anglicism *m. (= English idiom)* priod-ddull(-iau) *(m)* Seisnig/Seisnigaidd, ymadrodd(-ion) *(m)* Seisnig/Seisnigaidd.
Anglicization *n.* **1.** Seisnigiad(-au) *m.* **2.** *(action):* Seisnigo *vn,* Seisnigeiddio *vn.*
Anglicist *n.* Saesnegwr (Saesnegwyr) *m,* Saesn|egwraig *f.*
Anglicize *v.t.* Seisnigo, Seisnigeiddio.
Anglicized *a.* Seisnigaidd, Seisnig, Seisnigedig; **to become ~,** ymseisnigo.
angling *vn.* = **angle[3].**
Anglist *n.* = **Anglicist.**
Anglo- *Pref.* Eingl-, Anglo- *(pronounced* ng-g) *usu. with soft mut.* **~-American 1.** *a.* Eingl-Americanaidd. **2.** *n.* Eingl-

Americaniad (~-Americaniaid) *m&f*, Eingl-Americanwr (~-Americanwyr) *m*, Eingl-Americanes(-au) *f*. **~-Catholic** *Ecc:* **1.** *a.* Anglo-Gatholig, Anglo-Gatholigaidd. **2.** *n.* Anglo-Gatholig(-ion) *m&f*. **~-Catholicism** *n. Ecc:* Anglo-Gatholigiaeth *f*. **~-French 1.** *a.* Eingl-Ffrengig; *Hist:* **the ~-French Wars,** Rhyfeloedd Ffrainc a Lloegr. **2.** *n. Ling:* Eingl-Ffrangeg *f, m*. **~-Indian 1.** *a.* Eingl-Indiaidd. **2.** *n. (i) Ethn:* Eingl-Indiad (~-Indiaid) *m&f*; *(ii) Ling:* Saesneg *(f, m)* yr India. **~-Irish 1.** *a.* Eingl-Wyddelig; **the ~-Irish Agreement,** y Cytundeb Eingl-Wyddelig. **2.** *n. (i) Ethn:* Eingl-Wyddel(-od) *m*, Eingl-Wyddeles(-au) *f*; *(ii) Ling:* Saesneg *(f, m)* Iwerddon. **~-Israelism** *n. Theol:* Anglo-Israeliaeth *f*. **~-Norman 1.** *a.* Eingl-Normanaidd; *(in language):* Eingl-Normaneg. **2.** *n. (a) Ethn:* Eingl-Norman(-iaid) *m*, Eingl-Normanes(-au) *f*; *(b) Ling:* Eingl-Normaneg *f, m*. **~-Saxon 1.** *a.* Eingl-Sacsonaidd, Eingl-Sacson, Eingl-Seisnig; **the ~-Saxon Chronicle,** y Cronicl *(m)* Eingl-Seisnig, Cronicl y Saeson; *(in language):* Eingl-Sacsoneg, Anglo-Sacsoneg. **2.** *n. (a) Ethn:* Eingl-Sacsoniad (~-Sacsoniaid) *m&f*, Eingl-Sacsones(-au) *f*, Eingl-Sais (~-Saeson) *m*; *(b) Ling:* Hen Saesneg *f,m*, Eingl-Sacsoneg *f,m*, Anglo-Sacsoneg *f, m*. **~-Welsh 1.** *a.* Eingl-Gymr|eig, di-Gymr|aeg; *(author):* Eingl-Gymreig. **2.** *pl.* Eingl-Gymry, Cymry di-Gymraeg, Cymry Saesneg. **~-Welshman** *n.* Eingl-Gymro (~-Gymry) *m*, Cymro (Cymry) di-Gymraeg *m*, Cymro (Cymry) *(m)* Saesneg. **~-Welshwoman** *n.f.* Eingl-Gymr|aes (~-Gymryesau), Cymraes ddi-Gymraeg (Cymryesau di-Gymraeg), Cymraes (Cymryesau) Saesneg.

anglomania *n.* Sais-addoliad *m*, Seis-addoliaeth *f*; *W.Hist: Pej:* Dic-Siôn-Dafyddiaeth *f*.

anglomaniac *n.* Sais-addolwr (~-addolwyr) *m*, Sais-add|olwraig *f*; *W.Hist: Pej:* Dic Siôn Dafydd(-ion) *m*, un o dylwyth Dic Siôn Dafydd; *attrib.* Dic-Siôn-Dafyddol.

anglophile *n.* seisgarwr (seisgarwyr) *m*, seisg|arwraig *f*.

anglophilia *n.* seisgaredd *m*, seisgarwch *m*.

anglophiliac, anglophilic *a.* seisgar, seisgarol.

anglophilism, anglophily *n.* = **anglophilia**.

anglophobe *n.* Sais-gasäwr (~-gasawyr) *m*, rhn gwrth-Seisnig, casäwr (casawyr) *(m)* Saeson.

anglophobia *n.* gwrth-Seisnigrwydd *m*.

anglophobic *a.* gwrth-Seisnig.

anglophone *a. & n.* **1.** *a.* Saesneg. **2.** *n.* siaradwr (siaradwyr) *(m)* Saesneg, siar|adwraig *(f)* Saesneg, *F:* Sais (Saeson) *m*, Saesnes(-au) *f*.

Angola *Pr.n. Geog:* Angola *f (pronounced* ng-g).

Angolan *a. & n.* **1.** *a.* Angolaidd, [o] Angola *(pronounced* ng-g); **the ~ government,** llywodraeth Angola; **he's ~,** Angoliad ydyw; un o Angola ydyw. **2.** *n.* Angoliad (Angoliaid) *m&f (pronounced* ng-g).

angora *a. & n.* **1.** *a.* angora *(pronounced* ng-g), hirflew. **2.** *n. Tex:* angora *m*.

angostura *n. Pharm: &c:* angostwra *m (pronounced* ng-g). **~ bitters** *n.pl. R.t.m:* chwerwon angostwra.

angrily *adv.* yn ddig *&c.*

angriness *n.* = **anger**.

angry *a. (a)* dig, dicllon, llidiog, cynddeiriog, ffyrnig, *N.W:* blin, milain, *S: F:* crac, ynfyd, *S.W:* mas o natur, wedi mynd i natur; **an ~ letter,** llythyr dig/dicllon; **~ young man,** gŵr ifanc dicllon (gwŷr ifainc dicllon); **to be ~ with s.o.,** bod yn ddig wrth rn, *S.W:* gweld chwith ar rn, bod yn llawn at rn, *S: F:* bod yn grac 'da rhn, *N.W: occ:* bod yn stowt wrth rn; **he was ~ at being kept waiting,** yr oedd yn ddig am iddo orfod disgwyl; **to make (s.o.) ~,** digio, gwylltio, *Lit:* llidio, cythruddo, ffyrnigo, codi gwrychyn (rhn), *N:* gyrru (rhn) yn gac[l]wn ulw/gwyllt, *S:* hala (rhn) yn grac/ynfyd/gudyll, hala (rhn) mas o natur; **to get ~,** gwylltio, digio, mynd yn gandryll, mynd yn gudyll gwyllt, mynd o'ch cof [yn lân, yn ulw], *Lit:* cythruddo, ffyrnigo, ymhyllio, *N.W: F:* myllio, cael y gwyllt, *S:* mynd yn grac [tân], mynd yn ynfyd grac; *(b)* **there was an ~ scene,** fe aeth hi'n ffrae; fe aeth hi'n hyll; *(c)* **an ~ sea,** môr cythryblus/cynhyrfus/gwyllt/brochus; **an ~ sky,** awyr stormus/fygythiol/guchiog; *Med:* **an ~ sore,** dolur llidiog.

angst *n.* ing(-oedd) *m*, angst *m*, euogrwydd *m*, edifeirwch *m*.

angstrom *n. Ph: Meas:* angstrom(-au) *m*.

anguilliform *a.* llysywennaidd.

anguine *a.* neidraidd.

anguish[1] *n.* gofid(-iau) *m*, ing(-oedd) *m*, gloes(-au) *f*, gwewyr *(m)* meddwl, poen *(mf)* meddwl.

anguish[2] *v.t.&i.* **1.** *v.t.* dirdynnu (rhn), peri gloes (i rn). **2.** *v.i.* gofidio, dioddef gwewyr *&c.*

anguished *a.* gofidus, ingol, mewn gofid *&c.*

angular *a.* **1.** *Ph:* onglog; **~ deformation,** anffurfiad onglog *m*; **~ displacement,** dadleoliad onglog *m*; **~ distance,** pellter onglog *m*; **~ frequency,** amledd onglog *m*; **~ magnification,** chwyddhad onglog *m*; **~ momentum,** momentwm onglog *m*; *Tchn:* **~ perspective,** persbectif(-au) onglog *m*; **~ speed/velocity,** buanedd/cyflymder onglog *m*; *Metalw: &c:* **~ thread,** edau onglog *m*. **2.** *(face, body):* esgyrnog, onglog; *(rock &c):* conglog, onglog, cornelog.

angularity *n.* **1.** *Ph:* onglogrwydd *m*. **2.** *(of face, build):* golwg esgyrnog *f* (ar rth); esgyrnogrwydd *m*; *(of rock):* onglogrwydd *m*, conglogrwydd *m*.

angularly *adv.* **1.** *Ph:* yn onglog. **2.** yn esgyrnog; yn gonglog.

angulate[1] *a.* **1.** *Bot:* onglog. **2.** *Her:* cornelog.

angulate[2] *v.t.&i.* ongli.

angulation *n.* ongliad(-au) *m*, ongli *vn.*

angwantibo *n. Z:* poto(-aid) aur *m*.

anharmonic *a. & n.* **1.** *a.* anharmonaidd, anharmonig. **2.** *n.* anharmonig(-ion,-au) *m*.

anhedral *a.* anhedrol.

anhinga *n. Orn: (= darter):* gwibiwr (gwibwyr) *m*.

anhydrate *n. Ch:* anhydrad(-au) *m*.

anhydride *n. Ch:* anhydrid(-au) *m*.

anhydrite *n. Miner:* anhydrit *m*.

anhydrous *a. Ch:* anhydrus.

ani *n. Orn:* ani (anïaid) *m*.

aniconig *a.* aneiconig.

anicot *n.* argae(-au) *m*.

anil *n. Bot:* coeden (coed) *(f)* |indigo, coeden anil.

anile *a.* musgrell.

aniline *n. Ch: Dy:* anilin *m*.

anilingus, anilinctus *n.* llyfu *(vn)* rhefr.

anility *n.* musgrellni *m*.

anima *n. Psy:* |anima *f*. **~ mundi** *n.* enaid *(m)* y bydysawd, y bydenaid *m*.

animadversion *n.* beirniadaeth(-au) *f*, beirniadu *vn.*

animadvert *v.t.* **to ~ on sth,** beirniadu rhth, gweld bai ar rth.

animal *n. & a.* **1.** *n. (a)* anifail (anifeiliaid) *m*, bwystfil(-od) *m*, creadur(-iaid) *m*, *A: Lit:* milyn (milod) *m*; **young ~,** llwdn (llydnod) *m*, *N: occ:* cyw(-ion) *m*; *F:* **there's no such ~,** 'does dim o'r fath beth yn bod; **~ husbandry,** magu *(vn)* anifeiliaid; *(b) (= brutish pers.):* bwystfil [o ddyn], anifail [o ddyn]. **2.** *a. (a)* anifeilaidd, *occ:* anifeilig, anifeilol, bwystfilaidd; *Needlew:* **~ fibres,** ff[e]ibrau anifail; *Carp:* **~ glue,** glud *(m)* anifail; **~ heat,** gwres *(m)* y corff, gwres corfforol; **the A~ Kingdom,** Teyrnas *(f)* yr Anifeiliaid; *Lit:* **A~ Farm,** Fferm yr Anifeiliaid; **~ feeding stuffs,** porthiant *(m)* anifeiliaid, defnyddiau porthi anifeiliaid, bwydydd anifeiliaid; **~ life,** bywyd *(m)* anifeiliaid, **magnetism,** *(a)* cyfaredd *f*, swyngyfaredd *f (pronounced* ng-g), atyniad *m*; *(b)* = **hypnotism**; **~ pole,** pegwn anifeilaidd *m*; **~ spirits,** nwyf *m*, asbri *m*, arial *m*; **~ starch,** = **glycogen**.

animalcular *a.* milionol.

animalcule, animalculum *n.* milionyn (milionos) *m*.

animalism *n.* **1.** *Phil:* anifeiliaeth *f*. **2.** *(= sensuousness):* cnawdolrwydd *m*, trythyllwch *m*, anifeilrwydd *m*.

animalist *n. Phil: Art:* anifeilydd(-ion) *m*.

animalistic *a.* anifeilaidd, anifeilyddol.

animality *n.* anifeilrwydd *m*.

animalization *n.*, **animalize** *v.t.* **1.** anifeileiddio, bwystfileiddio. **2.** *(= sensualize):* cnawdoli.

animally *adv.* yn anifeilaidd *&c.*

animalness *n.* anifeiligrwydd *m*, anifeileiddiwch *m*, anifeil|eidd-dra *m*.

animate[1] *a.* byw, bywiog; **to become ~,** ymfywiogi, deffro, ymysgwyd.

animate[2] *n. Gram: &c:* bywiolyn (bywiolion) *m*.

animate[3] *v.t.* **1.** *(a) (pers., party &c):* bywiogi, bywh|au, bywiocáu, adfywio, sirioli; *(b) (= motivate):* ysgogi, *occ:* cynhyrfu; *(= encourage):* annog; *(c) T.V:* animeiddio, bywddarlunio.

animated *a.* **1.** bywiog, sionc, siriol, llawn symud, llawn bywyd, prysur; *(discussion):* brwd; **to become ~,** bywiogi, sioncio,

sirioli, cynhyrfu. **2. ~ cartoon,** cartŵn byw/symud, cartŵn bywluniedig.
animatedly *adv.* yn fywiog *&c.*
animately *adv.* yn fyw.
animateness *n.* bywiogrwydd *m*, bywyd *m.*
animation *n.* **1.** *(= vivacity):* bywiogrwydd *m*, sioncrwydd *m*, brwdfrydedd *m.* **2.** *(= stimulation):* ysgogiad *m*, ysgogi *vn.* **3.** *Cin: T.V:* animeiddiad(-au) *m*, bywddarlun(-iau) *m*; *(action):* animeiddio, bywddarlunio.
animatism *n. Theol:* animatiaeth *f.*
animato *a. & adv. Mus:* yn fywiog, ***animato.***
animator *n. Cin:* bywddarluniwr: bywddarlunydd (bywddarlunwyr) *m.*
animé *n.* |anime (animeau) *m.*
animism *n. Phil: Theol:* animistiaeth *f.*
animist *a. & n.* **1.** *a.* animistaidd. **2.** *n.* animistiad (animistiaid) *m&f.*
animistic *a.* = **animist 1.**
animosity *n.* drwgdeimlad *m*, casineb *m*, atgasedd *m*, gelyniaeth *f* **(towards s.o.,** tuag at rn); *abs.* cynnen *f.*
animus *n.* **1.** *(= spirit):* ysbryd *m.* **2.** = **animosity. 3.** *Psy:* |animws *m.*
anion *n. Ph:* anion(-au) *m.*
anionic *a. Ph:* anionig.
anise *n. Bot: (Pimpinella anisum):* anis *m*; **star ~,** *(Illicium anisatum):* coeden (coed) *(f)* anis.
aniseed *n.* had *(m)* anis. **~ toadstool** *n. Fung:* caws *(m)* anis.
aniseikonia *n. Opt:* aniseiconia *m.*
aniseikonic *a. Opt:* aniseiconig.
anisette *n.* anisét *m.*
anisogamic, anisogamous *a.* anisogamig.
anisogamy *n.* anisogamedd *m.*
anisole *n. Ch:* |anisol *m.*
anisomerous *a. Bot:* anisomeraidd.
anisometric *a.* anghyfartal, anghymesur.
anisometropia *n.* anisometropia *m.*
anisometropic *a.* anisometropig.
anisotropic *a. El:* anisotropig.
anisotropism, anisotropy *n. El:* anisotropedd *m.*
Anjou *Pr.n. Geog:* Angyw *f*, Aensio *f.*
ankerite *n. Miner:* |ankerit *m.*
ankh *n. Archeol:* anc(-au) *f.*
ankle *n. N:* ffêr (fferau) *f*, migwrn (migyrnau) *m*, *S.W: occ:* pigwrn (pigyrnau) *m*, *S: occ:* swrn (syrnau) *m.* **~-deep** *a. & adv.* hyd at y fferau. **~-bone** *n.* asgwrn *(m)* ffêr (esgyrn ffêr/fferau). **~-joint** *n.* cymal *(m)* ffêr (cymalau fferau). **~-length** *a.* hyd at y fferau, llaes. **~-sock** *n.* hosan fach (hosanau bychain) *f.* **~-strap** *n.* strap *(fm)* ffêr (strapiau fferau).
anklet *n.* **1.** fferled(-au) *f.* **2.** *Mil:* socas(-au) *f.* **3.** *U.S:* = **ankle-sock.**
anklewarmers *n.pl. Cost:* socasau.
ankylosaur *n. Paleont:* anc|ylosor (ancylosoriaid) *m.*
ankylose *v.t.&i. Med:* ymasio.
ankylosing *a. Med:* asiol, ymasiol.
ankylosis *n. Med:* gorymasiad *m*, gorymasio *vn.*
ankylotic *a. Med:* ancylotig.
anlace *n.* bidogan(-au) *f.*
anna *n. Num:* anna (annâu) *mf.*
annal *n.* blwyddnod(-ion) *m*, blwyddnodyn (blwyddnodion) *m*; *S.a.* **annals.**
annalist *n.* croniclwr (croniclwyr) *m.*
annalistic *a.* croniclaidd.
annals *n.usu.pl. (a) (= annual records):* blwyddnodion, *A:* aniales: yniales; *(b) (= history):* cronicl(-au) *m*, *A:* brut(-iau) *m*; *Fig:* **in the ~ of the school,** yn hanes yr ysgol; **this will go into the ~ [of history],** fe â hyn i'r llyfrau hanes.
Annam *Pr.n. Geog:* Annam *f.*
Annamese, Annamite *a. & n.* **1.** *a.* Annamaidd. **2.** *n.* Annamiad (Annamiaid) *m&f.*
annate *n.* anawd (anodau) *m*, blaenffrwyth *m.*
annates *n.pl. Ecc:* blaenffrwythau.
annatto *n.* **1.** *Bot:* coeden (coed) *(f)* anato. **2.** *Dy:* anato *m.*
Anne *Pr.n.f.* Ann, Anna; *F:* **Queen Anne is dead,** hen hanes yw hynna.

anneal *v.t.* tymheru, caledu, anelio.
annealing *vn.* tymheriad *m*, calediad *m*, aneiliad *m*; *S.a.* **anneal. ~ furnace** *n.* ffwrnais *(f)* anelio (ffwrneisiau anelio).
annelid *n. Nat.Hist:* |anelid (anelidau) *m.*
annelidan *a. Nat.Hist:* anelidaidd.
annex[1] *v.t.* **1.** *(= attach):* ychwanegu, atodi **(sth to sth,** rhth at/i rth). **2.** *Pol:* cyfeddiannu; **to ~ a state to a country,** cydio talaith wrth wlad, cysylltu talaith â gwlad, atodi talaith at wlad.
annex[2] *n.* = **annexe.**
annexation *n.* cyfeddiannaeth *f*, cyfeddiant *m*; *vn.* = **annex[1].**
annexational *a.* cyfeddiannol.
annexationist *n.* cyfeddiannwr (cyfeddianwyr) *m.*
annexe *n.* **1.** *(to document):* atodiad(-au) *m*, ychwanegiad(-au) *m*, helaethiad(-au) *m*, ehangiad (eangiadau) *m.* **2.** *Const:* rhandy (rhandai) *m.*
annexed *a. (document):* atodol.
annihilate *v.t.* difodi, dil|eu, dinistrio, distrywio, difa.
annihilation *n.* difodiad *m*, dilead *m*, difodiant *m*; *vn.* = **annihilate.**
annihilationism *n.* difodiaeth *f.*
annihilative *a.* = **annihilatory.**
annihilator *n.* difodwr (difodwyr) *m*, dilëwr (dilewyr) *m*, dinistriwr (dinistrwyr) *m.*
annihilatory *a.* difaol, dileol, dinistriol.
anniversary *n.* pen *(m)* blwydd (pennau blwydd/blwyddi), pen-blwydd(-i) *m*; **wedding ~,** pen blwydd priodas; **25th wedding ~,** pen blwydd priodas yn bump ar hugain, pum mlynedd ar hugain o briodas; **silver wedding ~,** priodas(-au) *(f)* arian; *S.a.* **diamond, golden** *&c.*
Anno Domini *Lt.phr. & n.* **1.** *Lt.phr. (abbr. A.D.)* Oed Crist *(abbr.* O.C.); **in 1934 A.D.,** ym 1934 [o] Oed Crist. **2.** *n. F:* henaint *m*, pwysau*(pl)*'r blynyddoedd; **I'm not ill, it's just ~ ~,** nid gwael mohonof, heneiddio'r wyf; **~ ~ has left its mark,** mae'r blynyddoedd wedi gadael eu hôl.
anno hegirae *adv. Moslem Rel:* ym mlwyddyn yr ymfudiad.
annotate *v.t. Lib:* anodi; **to ~ a book,** gwn|eud nodiadau ar lyfr.
annotated *a.* gyda nodiadau, anodiadol, gyda sylwadau; **heavily ~,** gyda llawer o nodiadau; *Lib:* **~ edition,** argraffiad anodiadol, argraffiad gyda nodiadau.
annotation *n.* **1.** *n.* nodiad(-au) *m*, nodiadau *pl*; *Lib:* anodiad(-au) *m.* **2.** *vn.* = **annotate.**
annotative *a.* gyda nodiadau, nodiadol, annodiadol.
annotator *n.* esboniwr (esbonwyr) *m*, nodiedydd(-ion) *m*, lluniwr (llunwyr) *(m)* nodiadau.
announce *v.t. (a)* cyhoeddi, datgan (rhth); dweud (rhth) ar goedd; *(b) (= introduce):* cyflwyno.
announcement *n.* cyhoeddiad(-au); *(in paper &c):* hysbyseb(-ion) *f*, hysbysiad(-au) *m.*
announcer *n.* cyflwynydd(-ion) *m*, cyflwynwr (cyflwynwyr) *m*, cyhoeddwr (cyhoeddwyr) *m*, cyfl|wynwraig (cyflwynwragedd) *f*, cyh|oeddwraig (cyhoeddwragedd) *f.*
annoy *v.t. (a) (= vex):* cythruddo, gwylltio, cynddeiriogi; **he annoys me,** mae'n dân ar fy nghroen; mae'n codi fy ngwrychyn; *(b) (= inconvenience):* tarfu, aflonyddu (ar rn); *(c) (= molest):* plagio (rhn); tarfu, aflonyddu (ar rn).
annoyance *n.* **1.** *(= annoyed feeling):* dicter *m*, annifyrrwch *m*, anfodlonrwydd *m*; **a look of ~,** golwg ddig. **2.** *(= nuisance):* pla (plâu) *m*, bwrn (byrnau) *m*, peth(-au) diflas *m*, melltith(-ion) *f*, blinder(-au) *m.*
annoyed *a.* dig, gwyllt, cynddeiriog, blin, *N: occ:* milain, stowt, *S:* crac **(by sth,** oherwydd rhth; **with/at sth,** wrth rth).
annoyer *n.* plagiwr (plagwyr) *m*, blinwr (blinwyr) *m*, cythruddwr (cythruddwyr) *m*, tarfwr (tarfwyr) *m.*
annoying *a.* plagus, diflas, blin, annifyr, pryfoclyd; *(= inconvenient):* anhwylus; **the ~ thing is . . .,** y drwg yw . . .; y peth diflas yw . . .; yr hyn sy'n eich gwylltio yw . . .; yr aflwydd yw . . . .
annoyingly *adv.* **1.** yn blagus *&c.* **2.** *(qualifying a clause):* **~, she didn't turn up,** er dicter/annifyrrwch [imi, inni, i bawb *&c*], ddaeth hi ddim.
annual *a. & n.* **1.** *a. (a) (= recurring every year):* blynyddol; **(he has an) ~ (salary of £10,000),** (mae'n ennill 10,000) y flwyddyn, mewn blwyddyn, yn flynyddol; **~ report,** adroddiad(-au) blynyddol *m*; *(b) (= lasting one year only):* unflwydd; *Bot:* **~ ring,** cylch(-oedd) blynyddol *m.* **2.** *n. (a) Bot:* blodyn (blodau) unflwydd *m*, unflwyddiad (unflwyddiaid) *m*;

hardy ~, blodyn unflwydd caled; *S.a.* **hardy**; *(b) Publ: (i)* blwyddlyfr(-au) *m*, blwyddiadur(-on) *m*; **children's ~**, llyfr(-au) mawr blynyddol *m*; **The Superted A~, 1995,** Llyfr Mawr Superted, 1995; *(ii) Lib: Archives:* blwyddolyn (blwyddolion) *m*.
annually *adv.* yn flynyddol, bob blwyddyn.
annuitant *n.* pensiynwr (pensiynwyr) *m*, pens|iynwraig *f*, derbynnydd (derbynyddion) *(m)* blwydd-dâl.
annuity *n.* blwydd-dâl (~-daliadau) *m*; **deferred ~,** blwydd-dâl gohiriedig.
annul *v.t. Jur:* dirymu, diddymu.
annular *a.* modrwyol, cylchog; *Ph: &c:* |anwlar.
annularity *n.* cylchogrwydd *m*.
annularly *adv.* yn gylchog *&c.*
annulate *a. Bot: Z:* cylchog, |anwlawd, modrwywedd.
annulation *n.* modrwyad(-au) *m*, cylchiad(-au) *m*.
annulet *n.* modrwyig(-au) *f*, modrwyen(-nau) *f*, cylchig(-au) *m*, cylchyn(-au) *m*, cylchrwy(-au) *m*.
annulled *a.* dirym.
annulling *a.* dirymol.
annulment *n.* **1.** dirymiad(-au) *m*, diddymiad(-au) *m*. **2.** *vn.* = **annul**.
annulus *n. Mth: Biol:* |anwlws (|anwli) *m*, cylch(-au) *m*, modrwy(-au) *f*.
annunciate *v.t.* cyhoeddi, darogan, rhagfynegi.
annunciation *n. Ecc:* **1.** cyfarchiad *m* [Gabriel], cyfarch *(vn)* hysbysol. **2.** *(feast):* Gŵyl *(f)* Fair. **3.** *Art:* cyfarchiad, cyfarch *(vn)* Mair.
annunciator *n.* cyhoeddwr (cyhoeddwyr) *m*, daroganwr (daroganwyr) *m*, rhagfynegwr (rhagfynegwyr) *m*.
annunciatory *a.* cyhoeddol, daroganol, rhagfynegol.
anoa *n. Z:* anoa(-id) *m*.
anodal *a. El:* anodol.
anodally *adv.* yn anodol.
anode *n. El:* anod(-au) *m*.
anodic *a. El:* anodig.
anodically *adv.* yn anodig.
anodization *n.*, **anodize** *v.t.* anodeiddio.
anodontia *n. Med:* anodontedd *m*.
anodyne *a. & n.* **1.** *a. Med:* esmwythaol, lleddfol, lliniarol; *(remarks &c):* diddrwg-d[d]idda, diniwed. **2.** *n.* esmwythydd(-ion) *m*, lliniarydd(-ion) *m*.
anoesis *n. Psy:* anoesis(-au) *m*.
anoestrous *a. & n.* **1.** *a.* anestrous. **2.** *n.* anestrous *m*.
anoetic *a. Psy:* anoetig.
anoint *v.t.* eneinio, iro; **to ~ s.o. king,** eneinio rhn yn frenin.
anointed *a.* eneiniog; **the Lord's A~,** Eneiniog yr Arglwydd.
anointer *n.* eneiniwr (eneinwyr) *m*.
anointing *vn.*, **anointment** *n.* eneiniad(-au) *m*, eneinio.
anomalistic[al] *a.* afreolaidd.
anomalous *a.* afreolaidd, anrheolaidd, eithriadol, anarferol, anghyson, anhafal, anomalaidd.
anomalously *adv.* yn afreolaidd *&c.*
anomalousness *n.* afreoleiddiwch *m*, anomaledd *m*.
anomalure *n. Z:* an|omalwr (anomalwriaid) *m*.
anomaly *n.* anomaledd(-au) *m*, gwyriad(-au) *m*, eithriad(-au) *fm*, anghysondeb(-au) *m*, anghysonder(-au) *m*, achos(-ion) anrheolaidd *m*.
anomic *a.* anomig, anhrefnus, di-drefn.
anomie, anomy *n.* |anomi *m*, anhrefn *f*, anghyfraith *f*.
Anomoean *n. Rel.Hist:* Anomead (Anomeaid) *m&f*.
anon[1] *adv. A: & Hum:* yn y man, gyda hyn, maes o law, *N: F:* toc; **ever and ~,** yn awr ac yn y man, bob hyn a hyn, *S. W:* yn awr ac eilwaith.
anon[2] *a.* = **anonymous.**
anonaceous *a. Bot:* anonaidd.
anonym *n.* ffugenw(-au) *m*.
anonymity *n.* anhysbysrwydd *m*, anhysbysedd *m*; **I prefer ~,** gwell gennyf fod yn anhysbys.
anonymous *a.* dienw, anhysbys; *Lib:* **~ classic,** clasur gan awdur anhysbys; *(= characterless):* digymeriad.
anonymously *adv.* yn ddienw.
anonymousness *n.* anhysbysrwydd *m*.
anopheles *n. Ent:* an|offeles (anoffelesau) *mf*, mosgito(-s,-d) *(m)* anoffeles.
anopheline *a. Z:* an|offelaidd.
anorak *n. Cost:* |anorac(-s, anorac[i]au) *mf*.
anorchidism *n. Med:* diffyg *(m)* ceilliau, digeilledd *m*.
anorectic, anoretic *a. Med:* diarchwaeth, anorectig.
anorexia *n. Med:* anorecsia *m*; **~ nervosa,** anorecsia nerfol, *F:* y clefyd *(m)* llwgu.
anorexigenic *a. Med:* anorecsigenig.
anorthite *n. Miner:* anorthit *m*.
anorthitic *a. Geol:* anorthitig.
anorthosite *n. Geol:* an|orthosit *m*.
anosmia *n. Med:* anosmia *m*, anallu *(m)* ogleuo.
anosmic *a. Med:* anosmig.
another *a. & pron.* **1.** *(= additional):* arall, eto, ychwanegol; **~ five hours went by,** aeth pum awr arall heibio; **~ piece of cake,** darn arall o deisen; **in ~ ten years,** ymhen deng mlynedd eto; **without ~ word,** heb ddweud gair yn rhagor; **yet ~ problem,** problem eto fyth; **tomorrow is ~ day,** yfory a ddaw; gŵr dieithr yw yfory. **2.** *(= a similar):* ail + *soft mut.*; **he's ~ Dickens,** mae'n ail Ddickens; **and you're ~,** tithau hefyd! 'rwyt ti'n un arall! 'rwyt tithau'n un arall! **3.** *(= different):* arall, gwahanol, *occ:* amgen; **she took the dress back to the shop and bought ~,** fe aeth â'r wisg yn ôl i'r siop a phrynodd un arall/wahanol; **(that is) quite ~ matter,** peth hollol wahanol, peth arall hollol (yw hynny); **~ time,** rywbryd arall/eto, rywdro arall/eto; **let's do it ~ way,** gwnawn y peth fel arall; **tell me ~!** choelia' i fawr! cer(-wch) o 'na! **(when shall we see) ~ such?** (pryd y gwelwn ni) un arall o'i fath/bath, ei debyg/thebyg, ei gyffelyb/chyffelyb? *Lit:* **she loves ~,** mae hi'n caru rhywun arall; **she now has ~ husband,** mae ganddi ŵr newydd bellach. **4.** *(a)* **science is one thing, art is ~,** un peth yw gwyddoniaeth, peth arall/amgen/gwahanol yw celfyddyd; *(b)* **one way or ~,** rywsut neu'i gilydd, ryw ffordd neu'i gilydd; **taking one thing with ~,** rhwng popeth, erbyn ystyried, at ei gilydd; **what with one thing and ~,** rhwng y naill beth a'r llall; *(c) (reciprocal):* y naill . . ., y llall; *B:* **love one ~,** cerwch eich gilydd; **we saw one ~,** gwelsom ein gilydd; **they gave one ~ presents,** rhoesant anrhegion y naill i'r llall; rhoesant anrhegion i'w gilydd.
anovulant *a. & n.* **1.** *a.* anofylol. **2.** *n.* anofylydd(-ion) *m*.
anovular *a.* an|ofwlar.
anovulatory *a.* anofylol.
anoxemia *n. Med:* anocsemia *m*.
anoxia *n.* anocsia *m*, diffyg *(m)* |ocsigen.
anoxic *a.* anocsig.
anserine *a.* fel gŵydd, gwyddaidd.
answer[1] *n.* *(a)* ateb(-ion) *m*; **she made no ~,** nid atebodd hi ddim; **he knows all the answers,** fe ŵyr yr ateb i bopeth; *F:* **he's the ~ to a maiden's prayer,** mae'n ateb i weddi unrhyw ferch; *Corr:* **in ~ to your letter,** i ateb eich llythyr; *(b) Cmptr:* **~ mode,** modd *(m)* ateb; *(c) Mus: (in counterpoint):* ateb; **approximate ~,** ateb bras; **inverted ~,** ateb wyneb i waered, ateb gwrthdro; **real ~,** ateb real; **tonal ~,** ateb cyweiraidd/tonaidd. **~ book** *n. Sch:* llyfr(-au) *(m)* ateb. **~ print** **1.** *a.* brysbrint(-iau) *m.* **2.** *v.t.* brysbrintio.
answer[2] *v.t.&i.* **1.** *(a)* ateb; **to ~ back,** ateb (rhn) yn ôl, *S. W: occ:* coethi yn ôl (ar rn); **prone to ~ back,** parod eich ateb; *(of dog):* **he answers to the name of Carlo,** mae'n ateb i'r enw Carlo; Carlo yw ei enw; *(b)* **to ~ a letter,** ateb llythyr; **the question is not easy to ~,** nid yw'r cwestiwn yn un hawdd ei ateb; nid oes ateb hawdd i'r cwestiwn; *(c)* **to ~ the door,** mynd at y drws, agor y drws; **to ~ the telephone,** ateb y ffôn, codi'r ffôn; *(d) (of ship):* **to ~ the helm,** dilyn y llyw, ymateb i'r llyw; *(e) Jur:* **to ~ a charge,** ateb cyhuddiad; *(f)* **to ~ [to] a description,** cyfateb i ddisgrifiad; *(g)* **to ~ a prayer,** gwrando ar weddi, gwrando gweddi, ateb gweddi. **2. to ~ the purpose,** ateb y diben, gwn|eud y tro; **this will ~ my purpose,** fe wnaiff hyn y tro i mi. **3. to ~ for s.o.,** ateb dros rn; **I can ~ for his honesty,** gallaf dystio i'w onestrwydd; **she has a lot to ~ for,** mae ganddi lawer i ateb drosto. **4.** *T.V:* **~ print** *v.t.* brysbrintio.
answerability *n.* cyfrifoldeb *m*, atebolrwydd *m*.
answerable *a.* **1.** *(= accountable):* cyfrifol, atebol **(to s.o. for sth,** i rn am rth); *(b) (question &c):* atebadwy; **the question is not ~,** ni ellir ateb y cwestiwn; nid oes ateb i'r cwestiwn.
answering *a. & vn.* **1.** *a.* *(a)* **an ~ shout,** gwaedd fel ateb, gwaedd yn ateb, gwaedd yn ôl; *(b) (= corresponding):* cyfatebol; **s.o. ~ that description,** rhn yn cyfateb i'r disgrifiad hwnnw. **2.** *vn.* ~

machine *n.* peiriant (peiriannau) (*m*) ateb. **~ service** *n. Tp:* gwasanaeth (*m*) ateb.
ant *n.* morgrugyn (morgrug) *m*, *S: occ:* myrionen (myrion) *f*; *F:* **he's got ants in his pants,** mae fel petai llyngyr arno; mae fel petai wedi ei weindio; mae ganddo gynrhon yn ei din. **~-bear** *n.* morgrugarth (morgrugeirth) *f*. **~-bird** *n. Orn:* aderyn (adar) (*m*) y morgrug. **~-cow** *n.* = **aphid**. **~-lion** *n. Ent:* *morgruglew(-od) *m*.
anta *n. Arch:* pilastr(-au) *m*, ystlysbost (ystlysbyst) *m*, anta (antâu, antae) *m*.
antacid *a. & n. Med:* **1.** *a.* antasidig, gwrthasidig **2.** *n.* antasid(-au) *m*, gwrthasid(-au) *m*.
antagonism *n.* gelyniaeth *f*; *Sociol:* gwrthwynebiaeth *f*.
antagonist *n.* gwrthwynebydd (gwrthwynebwyr) *m*.
antagonistic *a.* **1.** gelyniaethus, gwrthwynebol (**to s.o.,** i rn). **2.** *Anat: (muscle):* gwrthweithiol.
antagonistically *adv.* yn elyniaethus *&c*.
antagonize *v.t.* cythruddo, codi gwrychyn, digio, gelyniaethu (rhn); pechu (yn erbyn rhn); gwn|eud gelyn (o rn); *F:* tynnu (rhn) yn eich pen; tynnu blewyn o drwyn (rhn); sathru ar gyrn (rhn); **to ~ people,** ennyn gwrthwynebiad pobl, troi pobl yn eich erbyn.
Antarctic *a. & n.* **1.** *a.* Antarctig. **2.** *n.* **the ~,** yr Antarctig *f*.
Antarctica *Pr.n. Geog:* Ant|arctica *f*.
ante[1] *n. Cards:* ernes(-au) *f*.
ante[2] *v.i. Cards:* talu ernes; *abs.* talu.
ante-[3] *pref.* cyn-, rhag-. **~-bellum** *a. U.S:* cyn y rhyfel. **~-chapel** *n. Ecc:* rhag-gapel(-i) *m*. **~-communion** *n. Ecc:* cyn-gymun *m*. **~-dated** *a. Lib:* rhagddyddiedig. **~-meridiem** *adv. (abbr.a.m.)*, [yn] y bore, cyn canol dydd. **~-mortem** *a. & adv.* cyn marwolaeth, cyn marw. **~-post** *a. Rac:* cyn rhifo. **~-room** *n.* rhagystafell(-oedd) *f*.
anteater *n. Z:* morgrugysor(-ion) *m*, bwytäwr (bwytawyr) (*m*) morgrug; **scaly ~,** = **pangolin**.
antecede *v.t.* blaenori, rhagflaenu.
antecedence *n.* **1.** blaenoriaeth *f*. **2.** *Astr:* rhagflaeniad(-au) *m*.
antecedent *a. & n.* **1.** *a.* blaenorol, rhagflaenol; *Sociol: Geog:* rhagosodol. **2.** *n. (a) Gram:* rhagflaenydd(-ion) *m*; *Log: Mth:* rhagosodiad(-au) *m*; *(b) Mus:* rhagalaw(-on) *f*; *(c) (pers.):* rhagflaenydd, rhagflaeniad(-au) *m&f*, blaenydd(-ion) *m*; *(d) pl.* **antecedents,** *(i) (= past):* gorffennol *m*, hanes *m*; *(ii) (= forbears):* hynafiaid, cyndeidiau, cyndadau, rhagflaenwyr.
antecedental *a. Geog:* rhagosodol.
antecedently *adv.* yn flaenorol *&c*.
antecessor *n.* = **predecessor**.
antechamber *n.* **1.** rhagystafell(-oedd) *f*. **2.** *I.C.E:* rhagsiambr(-au) *f*.
antechoir *n. Ecc: Arch:* rhag-gôr (~-gorau) *m*.
antedate[1] *n.* rhagddyddiad(-au) *m*.
antedate[2] *v.t.* **1.** *(document):* rhagddyddio. **2.** *(event):* blaenori, rhagflaenu, bod o flaen, bod cyn (rhth); **this book antedates his conversion by two years,** y mae'r llyfr hwn yn rhagflaenu ei dröedigaeth o ddwy flynedd; y mae'r llyfr hwn ddwy flynedd cyn ei dröedigaeth.
antediluvian *a. & n.* **1.** *a. (a)* cynddilywaidd, cynddylifol; *(b) F:* hen ffasiwn, hen ddihenydd. **2.** *n.* dyn(-ion) (*m*) y cynfyd.
antefix *n. Arch:* rhagosodyn (rhagosodion) *m*.
antefixal *a. Arch:* rhagosodol.
antelope *n. Z:* gafrewig(-od) *f*, |antelop (antelopiaid) *m*.
antemeridian *a.* boreol, yn y bore.
antemundane *a.* cynfydol, cyn y byd.
antenatal *a.* cynenedigol, cyn geni, cynesgorol; **~ clinic,** clinig cyn geni.
antenna *n.* **1.** *Ent: Crust:* teimlydd(-ion) *m*, teimlyr(-au) *m*, antena(-e, antenâu) *f*; *Moll: (of snail &c)* corn (cyrn) *m*. **2.** *W.Tel: T.V:* antena, erial(-au) *mf*.
antennal, antennary *a.* teimlyddol.
antennule *n.* antennyn (antenynnau) *m*.
antenuptial *a.* cynbriodasol, cyn priodi.
antependium *n. Ecc: Furn:* allorlen(-ni) *mf*.
antepenultimate *a. & n.* **1.** *a.* olaf ond dau/dwy; *(syllable):* cynobennol, rhagobennol. **2.** *n.* rhagoben(-nau) *m*.
anteprandial *a.* cyn cinio.
anterior *a. & n.* **1.** *a.* blaenorol, blaenaf, o'r blaen, cynt; *Biol:* anterior. **2.** *n.* **~ [end],** pen(-nau) blaen *m*; **~ root,** nerfwreiddyn (*m*) blaen.
anteriority *n.* blaenoriaeth *f*, blaenafiaeth *f*.
anteriorly *adv.* yn flaenorol, o'r blaen, yngh|ynt.
antetype *n.* = **prototype**.
anthelion *n. Meteor:* ci (cŵn) (*m*) haul.
anthelmintic, anthelminthic *a. & n. Pharm:* **1.** *a.* gwrthlyng[h]yrol, rhag llyngyr, anthelmint[h]ig, lladd llyngyr. **2.** *n.* moddion gwrthlyng[h]yrol *pl or m*, ffisig(-au) gwrthlyng[h]yrol *m*, *F:* ffisig lladd llyngyr.
anthem *n.* anthem(-au) *f*.
anthemion *n. Arch:* *blodaddurn(-au) *m*.
anther *n. Bot:* anther(-au,-i) *m*, brigell(-au) *f*.
antheral *a. Bot:* antherol, brigellol.
antheridial *a. Bot:* antheridaidd.
antheridium *n. Bot:* antheridiwm (antheridia) *m*.
antherozoid *n. Bot:* anth|erosoid (antherosoidau) *m*.
anthesis *n. Bot:* blodeuo *vn*, blodeuad(-au) *m*.
anthill *n.* twmpath(-au) (*m*) morgrug, *occ:* tocyn(-nau) (*m*) morgrug.
anthocyan, anthocyanin *n. Bio-Ch:* anthos|yanin (anthosyaninau) *m*.
anthodium *n. Bot:* fflurben(-nau) *m*.
anthologist *n.* detholwr: detholydd (detholwyr) *m*, golygydd (*m*) blodeugerdd (golygyddion blodeugerddi).
anthologize *v.t.* dethol (rhth), llunio blodeugerdd (o rth).
anthologizer *n.* = **anthologist**.
anthology *n.* blodeugerdd(-i) *f*, detholiad(-au) *m*, antholeg(-au) *f*.
Anthony *Pr.n.m.* Antwn, *A:* Anhun; *Med:* **St. ~'s fire,** tân (*m*) Iddwf; *(erroneously):* tân Iddew.
anthophagous *a.* sy'n bwyta blodau, blodysol.
anthophagy *n.* bwyta (*vn*) blodau.
anthophore *n. Bot:* |anthoffor (anthofforau) *m*.
anthoxanthin *n. Bot:* anthocsanthin(-au) *m*.
anthozoan *a. & n. Z:* **1.** *a.* anthosoaidd, blodeufilaidd. **2.** *n.* anthosoad (anthosoaid) *m&f*, blodeufil(-od) *m*.
anthracene *n. Ch:* |anthrasen *m*.
anthracite *n. Miner:* glo (*m*) carreg, glo caled.
anthracitic *a. Miner:* anthrasitig.
anthracnose *a. Bot: Path:* |anthracnos (anthracnosau) *m*.
anthracoid *a.* **1.** *(= like anthrax):* anthracsaidd. **2.** *(= like coal):* gloaidd, carbonaidd.
anthranilic *a. Ch:* anthranilig.
anthraquinone *n. Ch:* anthracwinon *m*.
anthrax *n. Vet: Med:* y clwyf du *m*, clefyd (*m*) y ddueg, anthracs *m*.
anthropic[al] *a.* dynol.
anthropocentric *a.* dyn-ganolog, dyn-greiddiol, anthroposentrig.
anthropocentrically *adv.* yn ddyn-ganolog *&c*.
anthropocentricity *n.* dyn-greiddioldeb *m*, dyn-ganologrwydd *m*.
anthropogenesis *n.* anthropogeneg *f*.
anthropogenetic *a.* anthropogenetig.
anthropogenic *a.* anthropogenig.
anthropogeny *n.* anthropogeneg *f*.
anthropographic *a.* anthropograffig.
anthropography *n.* anthropograffeg *f*.
anthropoid *a. & n.* **1.** *a. (ape):* dynaidd; *F: (man):* mwncïaidd, fel epa, epäaidd. **2.** *n. Z:* epa(-od) *m*, anthropoid(-iaid) *m*.
anthropological *a.* anthropolegol.
anthropologically *n.* yn anthropolegol.
anthropologist *n.* anthropolegwr: anthropolegydd (anthropolegwyr) *m*.
anthropology *n.* anthropoleg *f*.
anthropometric[al] *a.* anthropometrig.
anthropometrically *adv.* yn anthropometrig.
anthropometry *n.* anthropometreg *f*.
anthropomorphic *a.* dynweddol, dynffurf, anthropomorffig, anthropomorffaidd.
anthropomorphically *adv.* yn ddynweddol *&c*.
anthropomorphism *n.* dynweddiant *m*, anthropomorff[i]aeth *f*.
anthropomorphist *n.* dynweddwr (dynweddwyr) *m*, anthropomorffydd(-ion) *m*.
anthropomorphize *v.t.* dynweddu.
anthropomorphous *a.* = **anthropomorphic**.
anthropopathic *a.* anthropopathig.

anthropopathism *n.* anthropopathiaeth *f.*
anthropophagous *a.* canibalaidd.
anthropophagus *n.* c|anibal (canibaliaid) *m&f.*
anthropophagy *n.* canibaliaeth *f.*
anthroposophical *a.* anthroposoffydol.
anthroposophy *n. Phil:* anthrop|osoffi *m.*
anti[1] *n.* gwrthwynebydd: gwrthwynebwr (gwrthwynebwyr) *m*; *F:* **the antis,** y lleill, yr ochr arall, y rhai yn erbyn.
anti[2] *prep.* yn erbyn.
anti-[3] *pref.* gwrth- + *soft mut.* **~-academic** *a.* gwrthacademaidd. **~-academism** *n.* gwrthacademiaeth *f.* **~-aircraft** *a.* gwrthawyrennol. **~-alcoholic** *a.* gwrthalcoholaidd. **~-alcoholism** *n.* gwrthalcoholiaeth *f.* **~-American 1.** *a.* gwrth-Americanaidd. **2.** *n.* gwrth-Americanwr (~-Americanwyr) *m*, gwrth-Americanes(-au) *f.* **~-Americanism, ~-Americanness** *n.* gwrth-Americaniaeth *f.* **~-anxiety** *a.* esmwythaol, lleddfol. **~-aristocratic** *a.* gwrtharistocrataidd. **~-atomic** *a.* gwrthatomig. **~-authoritarian 1.** *a.* gwrthawdurdodol, gwrthawdurdodaidd. **2.** *n.* gwrthawdurdodwr (gwrthawdurdodwyr) *m*, gwrthawdurd|odwraig *f.* **~-authoritarianism** *n.* gwrthawdurdodaeth *f.* **~-bonding** *a. Biol: &c:* gwrthfondio. **~-bourgeois 1.** *a.* gwrthfwrdeisaidd. **2.** *n.* gwrthfwrdeisiwr: gwrthfwrdeisydd (gwrthfwrdeiswyr) *m.* **~-British** *a.* gwrth-Brydeinig. **~-Britishness** *n.* gwrth-Brydeiniaeth, gwrth-Brydeinigrwydd. **~-Britisher** *n.* gwrth-Brydeiniwr (~-Brydeinwyr), gwrth-Bryd|einwraig (~-Brydeinwragedd) *f.* **~-caking agent** *n. Cu:* cyfrwng (*m*) gwrthdalpio. **~-corrosion** *a.* gwrthgyrydiad. **~-dazzle** *a.* gwrthlachar, gwrthddallu. **~-emetic** *Med:* **1.** *a.* gwrthgyfog, gwrthgyfogol, rhag cyfogi. **2.** *n.* gwrthgyfoglyn(-nau) *m*, moddion gwrthgyfogol *pl or m*, ffisig(-au) gwrthgyfogol *m*, gwrthgyfogydd(-ion) *m.* **~-English** *a.* gwrth-Seisnig. **~-Englishman** *n.m.* gwrth-Sais (~-Saeson). **~-Englishness** *n.* gwrth-Seisnigrwydd *m.* **~-Englishwoman** *n.f.* gwrth-Saesnes(-au). **~-episcopal** *a.* gwrthesgobol. **~-establishment** *a.* gwrthsefydliadol. **~-flu** *a.* rhag ffliw, gwrth-ffliw. **~-French** *a.* gwrth-Ffrengig. **~-Frenchness** *n.* gwrth-Ffrengigrwydd *m.* **~-Frenchman** *n.m.* gwrth-Ffrancwr (~-Ffrancwyr). **~-Frenchwoman** *n.f.* gwrth-Ffrances(-au). **~-friction** *Mec.E:* **1.** *a.* gwrthffrithiant, gwrthffrithiol. **2.** *n.* *(a)* gwrthffrithiwr (gwrthffrithwyr) *m*; *(b)* gwrthffrithiant *m*; **~ grease,** saim (*m*) gwrthffrithiant; **~ metal,** metel(-au,-ocdd) gwrthffrithiant *m.* **~-g** *a.* gwrthgyflymu, gwrthgyflymiad. **~-German 1.** *a.* gwrth-Almaenaidd, gwrth-Almaenig. **2.** *n.* gwrth-Almaenwr (~-Almaenwyr) *m*, gwrth-Almaenes(-au) *f.* **~-Germanism, ~-Germanness** *n.* gwrth-Almaeniaeth, gwrth-Almaenigrwydd *m.* **~-glare** *a. Aut:* gwrthlachar, gwrthddallu; **~ screen,** sgrîn wrthddallu. **~-hero** *n.m. Lit:* gwrtharwr (gwrtharwyr) *m.* **~-heroic** *a. Lit:* gwrtharwrol. **~-heroine** *n.f.* gwrtharwres(-au). **~-icer** *n. Av:* gwrthrewydd(-ion) *m*, gwrthrew *m.* **~-icing 1.** *n.* gwrthrewi *vn*, gwrthrew *m.* **2.** *attrib.* gwrthrewol. **~-immigration** *a.* gwrthfewnfudiad. **~-imperialism** *n.* gwrthimperialaeth *f.* **~-imperialist 1.** *a.* gwrthimperialaidd. **2.** *n.* gwrthimperialydd (gwrthimperialwyr) *m.* **~-inflammatory** *a. Med:* gwrthlidiol. **~-inflationary** *n. Pol: Econ:* gwrthchwyddiannol, gwrthchwyddiant, atal chwyddiant. **~-intellectual 1.** *a.* gwrthddeallusol. **2.** *n.* gwrthddeallusyn (gwrthddeallusion) *m*, gwrthddeallusen *f.* **~-intellectualism** *n.* gwrthddeallusiaeth *f.* **~-intellectually** *adv.* yn wrthddeallusol. **~-Irish** *a.* gwrth-Wyddelig. **~-Irishman** *n.m.* gwrth-Wyddel(-od) *f.* **~-Irishwoman** *n.f.* gwrth-Wyddeles(-au). **~-Irishness** *n.* gwrth-Wyddeligrwydd *m.* **~-Italian 1.** *a.* gwrth-Eidalaidd. **2.** gwrth-Eidalwr (~-Eidalwyr) *m*, gwrth-Eidales(-au) *f.* **~-Italianism** *n.* gwrth-Eidalaeth *f.* **~-Jewish** *a.* gwrth-Iddewig. **~-Jewishness** *n.* gwrth-Iddew[i]aeth *f.* **~-knock** *a. I.C.E:* gwrthgnocio. **~-Marcionite** *a.* gwrth-Farcionaidd; *Hist:* **the ~-Marcionite Prologues,** y Prologau gwrth-Farcionaidd. **~-missile** *a.* gwrthdaflegrau, gwrthdaflegrol, rhag taflegrau. **~-mist** *a.* gwrthager. **~-moth** *a.* gwrthwyfyn[-nod]. **~-Nazi 1.** *a.* gwrth-Natsïaidd, gwrth-Nazïaidd. **2.** *n.* gwrth-Natsi (~-Natsïaid) *m&f*, gwrth-Nazi (~-Nazïaid) *m&f.* **~-Nazism** *n.* gwrth-Natsïaeth *f*, gwrth-Nazïaeth *f.* **~-novel** *n. Lit:* gwrthnofel(-au) *f.* **~-novelist** *n. Lit:* gwrthnofelydd (gwrthnofelwyr) *m*, gwrthnofelyddes(-au) *f.* **~-pollution** *a.* gwrthlygriad, gwrthlygredd, rhag llygredd, yn erbyn llygredd. **~-poverty** *a.* gwrthdlodi, yn erbyn tlodi. **~-Protestant 1.** *a.* gwrth-Brotestannaidd. **2.** *n.* gwrth-Brotestant (~-Brotestaniaid) *m.* **~-Protestantism** *n.* gwrth-Brotestaniaeth *f.* **~-rabic** *a.*, **~-rabies** *attrib. Med: Vet:* gwrthgynddeiriog, gwrthgynddaredd. **~-rachitic** *a. Med:* gwrthrachitig, gwrthlechol, rhag y llechau. **~-racism** *n.* gwrth-hiliaeth *f.* **~-racist 1.** *a.* gwrth-hiliol. **2.** *n.* gwrth-hilydd(-ion) *m.* **~-radar** *a. Mil: Nav: Av:* gwrthradar. **~-redeposition** *n.* gwrthailddyddodi. **~-Russian 1.** *a.* gwrth-Rwsiaidd. **2.** *n.* gwrth-Rwsiad (~-Rwsiaid) *m&f.* **~-Russianism, ~-Rusianness** *n.* gwrth-Rwsiaeth *f.* **~-Scot** *n.* gwrth-Albanwr (~-Albanwyr) *m*, gwrth-Albanes(-au) *f*, gwrth-Sgotyn (~-Sgotiaid) *m*, gwrth-Sgotes(-au) *f.* **~-Scottish** *a.* gwrth-Sgotaidd, gwrth-Albanaidd. **~-Scottishness** *n.* gwrth-Sgotiaeth *f*, gwrth-Albanaeth *f.* **~-Semite** *n.* gwrth-Semitydd(-ion) *m*, gwrth-Semitiad (~-Semitiaid) *m&f.* **~-Semitic** *n.* gwrth-Semitaidd, gwrth-Semitig; *(loosely):* gwrth-Iddewig. **~-Semitism** *n.* gwrth-Semitiaeth *f*; *(loosely):* gwrth-Iddew[i]aeth *f.* **~-skidding** *attrib. Aut:* atal sglefrio, gwrthsglefrio. **~-slip** *a.* gwrthlithr, rhag llithro. **~-Soviet** *a.* gwrth-Sofietaidd. **~-Sovietism** *n.* gwrth-Sofietaeth *f.* **~-Spanish** *a.* gwrth-Sbaenaidd. **~-Spaniard** *n.* gwrth-Sbaenwr (~-Sbaenwyr) *m*, gwrth-Sbaenes(-au) *f.* **~-splash** *a.* atal tasgu. **~-submarine** *a. Nav:* gwrth-long-danfor; **~-submarine warfare,** rhyfel yn erbyn llongau tanfor. **~-tank** *a. Mil:* gwrthdanciau, rhag tanciau, atal tanciau. **~-theft** *a.* gwrthladrata, atal lladrad, rhag lladron. **~-trades** *n.pl. Meteor:* gwrthwyntoedd trafnid, gwrthwyntoedd cyson. **~-union** *a.* gwrthundebol. **~-unionist 1.** *a.* gwrthundebol; *Hist: (in N. Ireland, U.S.):* gwrthunoliaethol. **2.** *n.* gwrthundebwr (gwrthundebwyr) *m*, gwrthund|ebwraig *f*; *Hist: (in N. Ireland & U.S.):* gwrthunoliaethwr (gwrthunoliaethwyr) *m*, gwrthunol|iaethwraig *f.* **~-urbanism** *n. Sociol:* gwrthdrefoliaeth *f.* **~-utopia** *n.* gwrthiwtopia *f.* **~-utopian 1.** *a.* gwrthiwtopaidd. **2.** *n.* gwrthiwtopiad (gwrthiwtopiaid) *m&f.* **~-war** *a.* yn erbyn rhyfel. **~-Welsh** *a.* gwrth-Gymr|eig; **the ~-Welsh brigade,** *coll.* **the ~-Welsh** tylwyth (*m*) Dic Siôn Dafydd; *See foll.*; **~-Welshman** *n.m.* gwrth-Gymro (~-Gymry), gwrth-Gymreigiwr (~-Gymreigwyr); *(if a Welshman himself):* Dic Siôn Dafydd(-iaid,-ion). **~-Welshness** *n.* gwrth-Gymreigrwydd *m*, gwrth-Gymreictod *m*; *(on the part of Welshmen):* Dic-Siôn-Dafyddiaeth *f.* **~ Welshwoman** *n.f.* gwrth-Gymr|aes(-au), gwrth-Gymreiges(-au). **~-Zionism** *n.* gwrth-Seioniaeth *f.* **~-Zionist 1.** *a.* gwrth-Seionaidd. **2.** *n.* gwrth-Seionydd(-ion) *m.*
antiarrhythmia *n. Med:* gwrthafreolaeth *f.*
antiarrhythmic *a. Med:* gwrthafreolaidd.
antiar *n.* **1.** *Bot:* coeden (coed) (*f*) |antiar.
antiauxin *n. Bio-Ch:* gwrthawcsin(-au) *m.*
antibacterial *a. Med:* gwrthfacterol.
antiballistic *a.* gwrthfalistig.
antibaryon *n. Ph:* gwrthfaryon(-au) *m.*
antibiblical *a.* gwrthfeiblaidd.
antibiosis *n. Biol:* gwrthfiosis(-au) *m.*
antibiotic *a. & n.* **1.** *a.* gwrthfiotig, antibiotig. **2.** *n.* gwrthfiotig(-au,-ion) *m*, antibiotig(-au,-ion) *m.*
antibiotically *adv.* yn wrthfiotig.
antibody *n. Physiol:* gwrthgorffyn(-nau) *m*, gwrthgorff (gwrthgyrff) *m.*
antic *a. & n.* **1.** *a. Art:* **~ work,** gwaith antig *m.* **2.** *n. usu.pl.* ystumiau *pl*, castiau *pl*, campau *pl*, *N: F:* giamocs *pl*, lolian *vn.*
anticancer[ous] *a.* gwrthganser, gwrthgancr, gwrthganserol.
anticatalyst *n. Ch:* gwrthgatalydd(-ion) *m.*
anticathode *n. El:* gwrthgathod(-au) *m.*
anticatholic *a. & n.* **1.** *a.* gwrth-Gatholig, gwrth-Babyddol. **2.** *n.* gwrth-Gatholig(-ion) *m&f*, gwrth-Babydd(-ion) *m*, gwrth-Babyddes(-au) *f.*
antichlor *n. Ch:* |anticlor (anticlorau) *m.*
antichloristic *a. Ch:* anticloraidd.
anticholinergic *a. Bio-Ch:* gwrthgolinergig.
Antichrist *n.* Anghrist(-iau) *m.*
antichristian *a.* gwrth-Gristnogol.
anticipant *a. & n.* **1.** *a.* = **anticipative**. **2.** *n.* = **anticipator**.
anticipatable *a.* rhagweladwy.
anticipate *v.t.* **1.** *(= to do sth before due time):* gwn|eud *(&c)* rhth cyn pryd; **to ~ a pleasure,** blasu pleser yml|aen llaw, rhagflasu

pleser; **to ~ income,** gwario incwm rhag blaen, gwario incwm cyn pryd. **2.** *(= forestall):* achub y blaen (ar rn), rhagflaenu (rhn); **to ~ s.o.'s desires,** rhag|weld dymuniadau rhn. **3.** *(= foresee):* rhagweld; *(= expect):* disgwyl, rhagddisgwyl; **it was better than we anticipated,** cawsom ein siomi o'r ochr orau.
anticipated *a.* disgwyliedig; **it was better than ~,** yr oedd yn well na'r disgwyl/disgwyliad.
anticipation *n.* **1.** *(= doing sth before due time):* rhagflaenu *vn,* rhagflaenori *vn; Corr:* **(thanking you) in ~,** (gan ddiolch ichwi) o flaen llaw, yml|aen llaw; *Mus:* **note of ~,** rhagdrawiad(-au) *m.* **2.** *(= foresight):* rhagwelediad *m.* **3.** *(= expectation):* disgwyliad(-au) *m,* disgwyl *vn,* disgwylgarwch *m.*
anticipative *a.* **1.** *(= forestalling):* rhagflaenorol. **2.** *(= expectant):* disgwylgar.
anticipatively *adv.* yn ddisgwylgar *&c.*
anticipator *n.* **1.** *(= precursor):* rhagflaenydd: rhagflaenwr (rhagflaenwyr) *m.*
anticipatory *a.* **1.** rhagflaenorol; *Gram:* rhagflaenol. **2.** *(= expectant):* disgwylgar; *(= hopeful):* gobeithiol.
anticlassical *a.* gwrthglasurol.
anticlassically *adv.* yn wrthglasurol.
anticlassicist *n.* gwrthglasurydd(-ion) *m.*
anticlerical *a. & n.* **1.** *a.* gwrthglerigol, gwrtheglwysig. **2.** *n.* gwrthglerigwr (gwrthglerigwyr) *m.*
anticlericalism *n.* gwrthglerigiaeth *f.*
anticlericalist *n.* = **anticlerical 2.**
anticlimactical *a.* gwrthglimactig, siomedig.
anticlimactically *adv.* yn wrthglimactig *&c.*
anticlimax *n.* **1.** *Rh:* gwanhad *m,* gostyngiad(-au) *m,* disgynneb (disgynebau) *f,* gwrthesgynfa (gwrthesgynf|eydd) *f,* gwrthesgynneb (gwrthesgynebau) *f.* **2.** *F:* siom *m,* gwrthgleimacs(-au) *m;* **it was rather an ~,** yr oedd braidd yn siomedig; fflat braidd ydoedd; tipyn o ddisgynneb ydoedd.
anticlinal *a. Geog:* anticlinol, gwrthorweddol.
anticline *n. Geog:* anticlin (anticlinau) *m,* anticlein (anticleiniau) *m.*
anticlinorium *n. Geog:* anticlinoriwm (anticlinoria) *m.*
anticlockwise *adv. & pred.a.* o chwith, yn groes i'r cloc, gwrthglocwedd.
anticoagulant *a. & n. Med:* **1.** *a.* gwrthgeulol. **2.** *n.* gwrthgeulydd(-ion) *m.*
anticodon *n. Bio-Ch:* anticodon(-au) *m.*
anticolonialism *n. Pol:* gwrthwladychiaeth *f,* gwrthimperialaeth *f,* gwrthdrefedigaethedd *m.*
anticolonialist *a. & n. Pol:* **1.** *a.* gwrthwladychol, gwrthymerodrol, gwrthimperialaidd, gwrthdrefedigaethol. **2.** *n.* gwrthwladychwr (gwrthwladychwyr) *m,* gwrthimperialydd (-ion) *m,* gwrthdrefedigaethydd (gwrthdrefedigaethwyr) *m.*
anticommunism *n. Pol:* gwrthgomiwnyddiaeth *f.*
anticommunist *a. & n.* **1.** *a.* gwrthgomiwnyddol. **2.** *n.* gwrthgomiwnydd(-ion) *m,* gwrthgomiwnyddes(-au) *f.*
anticonservatism *n. Pol:* gwrthgeidwadaeth *f.*
anticonservative *a. & n.* **1.** *a.* gwrthgeidwadol. **2.** *n.* gwrthgeidwadwr (gwrthgeidwadwyr) *m,* gwrthgeidw|adwraig *f,* gwrthgeidwades *f.*
anticonstitutional *a.* gwrthgyfansoddiadol.
anticonstitutionally *adv.* yn wrthgyfansoddiadol.
anticonvulsant, anticonvulsive *a. & n.* gwrthgyffylsiwn *(m).*
anticorrosive *a. & n.* **1.** *a.* gwrthrwd, gwrthrydol, gwrthgyrydol, [i] atal rhwd, rhag rhwd. **2.** *n.* gwrthgyrydwr (gwrthgyrydwyr) *m, F:* peth(-au) *(m)* rhag rhydu.
anticyclone *n.* gwrthgylchwynt(-oedd) *m,* antiseiclon(-au) *m,* gwrthdrowynt(-oedd) *m.*
anticyclonic *a.* antiseiclonaidd, antiseiclonig.
antidemocrat *n.* gwrthddemocrat(-iaid) *m&f.*
antidemocratic[al] *a.* gwrthddemocrataidd.
antidemocratically *adv.* yn wrthddemocrataidd.
antidepressant, antidepressive *a. & n. Med:* **1.** *a.* gwrthiselder; *F:* codi calon, rhag y felan. **2.** *n.* gwrthiselydd(-ion) *m,* cyffur(-iau) *(m)* iselder, *F:* moddion *(pl or m)* codi calon, ffisig(-au) *(m)* codi calon, rhywbeth rhag y felan, rhywbeth i erlid y felan.
antiderivative *n. Mth:* integryn(-nau) amhendant *m.*
antidiabetic *a. & n. Med:* **1.** *a.* gwrthddiabetig, *F:* rhag clefyd siwgwr. **2.** *n.* gwrthddiabetig(-ion) *m.*
antidiarrheal *a.* gwrthryddni.
antidiphtheritic *a.* gwrthddifftheria, rhag difftheria.
antidisestablishmentarian *a. & n.* **1.** *a.* gwrthddatgysylltiol. **2.** *n.* gwrthddatgysylltwr (gwrthddatgysylltwyr) *m,* gwrthddatgys|ylltwraig (gwrthddatgysylltwragedd) *f.*
antidisestablishmentarianism *n.* gwrthddatgysylltiadaeth *f.*
antidiuretic *a. & n.* **1.** *a.* gwrthdroethol. **2.** *n.* moddion gwrthdroethol *pl or m,* ffisig(-au) gwrthdroethol *m.*
antidotal *a.* gwrthwenwynol.
antidotally *adv.* yn wrthwenwynol.
antidote *n.* gwrthwenwyn(-au) *m,* gwrthgyffur(-iau) *m.*
antidromic *a.* **1.** *Physiol:* gwrthredol. **2.** *Bot:* *croesglwm.
antielectron *n.* gwrthelectron(-au) *m.*
antienzyme *n. Bio-Ch:* gwrthensym(-au) *m.*
antifading *a. W.Tel: T.V:* gwrthwanhad.
antifascism *n. Pol:* gwrthffasg[i]aeth *f.*
antifascist *a. & n. Pol:* **1.** *a.* gwrthffasgaidd. **2.** *n.* gwrthffasgydd(-ion, gwrthffasgwyr) *m.*
antifebrile *a. Med:* gwrthdwymynol.
antifederalism *n. Pol:* gwrthffederaliaeth *f.*
antifederalist *n. Pol:* gwrthffederalwr: gwrthffederalydd (gwrthffederalwyr) *m.*
antifeminism *n.* gwrthffeminyddiaeth *f,* gwrthffeministiaeth *f.*
antifeminist *a. & n.* **1.** *a.* gwrthffeminyddol, gwrthffeministaidd. **2.** *n.* gwrthffeminydd(-ion) *m,* gwrthffeminist(-iaid) *m&f.*
antifouling *a. & n. Nau:* **~ paint,** paent *(m)* gwrthffowlio, paent rhag crach.
antifreeze *n. Aut:* gwrthrewydd(-ion) *m.*
antifungal *a.* gwrthffyngol.
antigen *n. Med:* |antigen (antigenau) *f.*
antigenic *a. Med:* antigenig.
antigenically *adv. Med:* yn antigenig.
antigenicity *n. Med:* antigenigrwydd *m,* antigenigedd *m.*
antiglobulin *n. Bio-Ch:* gwrthgl|obwlin *m.*
antigovernment *a.* gwrthlywodraeth, yn erbyn y llywodraeth.
antigravity *a. & n.* **1.** *a.* gwrthddisgyrchol. **2.** *n.* gwrthddisgyrchiant *m.*
Antigua *Pr.n. Geog:* Antigwa *f.*
Antiguan *a. & n.* **1.** *a.* Antigwaidd; **he's ~,** un o Antigwa ydyw. **2.** *n.* Antigwad (Antigwaid) *m&f.*
antihaemophilic *a. Med:* gwrth-hemoffilig.
antihalation *n. Phot:* gwrthniwlio *vn.*
antihelix *n. Anat:* gwrthdroell(-au) *f.*
antihelminthic *a. & n. Med:* **1.** *a.* gwrthlyng[h]yrol; *F:* lladd llyngyr. **2.** *n.* gwrthlyng[h]yrydd(-ion) *m, F:* ffisig(-au) *(m)* lladd llyngyr, moddion *(pl or m)* lladd llyngyr.
antihistamine *n. Med: Pharm:* gwrth-h|istamin (~-histaminau) *m.*
antihistaminic *a.* gwrth-histaminig.
antihuman *a.* gwrthddynol.
antihumanism *n.* gwrthddyneiddiaeth *f.*
antihumanist *a. & n.* **1.** *a.* gwrthddyneiddiol. **2.** *n.* gwrthddyneiddiwr (gwrthddyneiddwyr) *m.*
antihypertensive *a. & n. Med:* **1.** *a.* gwrthorbwysol. **2.** *n.* moddion gwrthorbwysol *pl or m,* ffisig(-au) gwrthorbwysol *m.*
antihypotensive *a. & n. Med:* **1.** *a.* gwrthisbwysol. **2.** *n.* moddion gwrthisbwysol *pl or m,* ffisig(-au) gwrthisbwysol *m.*
antiketogenesis *n. Med:* gwrthgetog|enesis *m.*
antiketogenic *a. Med:* gwrthgetogenig.
antilegomena *n.pl. B: Hist:* antileg|omena *pl.*
antileukemic *a. Med:* gwrthlewcemig.
Antillean *a.* Caribïaidd, o'r Caribî.
Antilles *Pr.n. Geog:* Ynysoedd *(pl)* y Caribî; **The French ~,** Ynysoedd Ffrengig y Caribî.
antilog *n. Mth: F:* |antilog (antilogau) *m.*
antilogarithm *n. Mth:* antil|ogarithm (antilogarithmau) *m,* gwrthl|ogarithm (gwrthlogarithmau) *m.*
antilogism *n. Log:* gwrthebiad(-au) *m.*
antilogous *a. Rh:* gwrthebol, gwrthddywedol, croesddywedol.
antilogy *n. Rh:* gwrthddywediad(-au) *m,* croesddywediad(-au) *m.*
antilymphocyte *n.* gwrthl|ymffosyt (gwrthlymffosytau) *m.*
antilymphocytic *n.* gwrthlymffosytig.
antimacassar *n.* antimacasar(-au,-s) *mf.*
antimagnetic *a. El: Ph:* gwrthfagnetig.
antimalarial *a. Med:* gwrthfalariaidd, rhag malaria.
antimasque *n. Th: Hist:* gwrthfasc(-iau) *m.*

antimatter *a.* & *n.* **1.** *a. Ph:* gwrthfaterol. **2.** *n.* gwrthfater *m.*
antimere *n. Z:* = antimer(-an) *m.*
antimeson *n. Ph:* gwrthfeson(-au) *m.*
antimetabole *n. Rh:* gwrthnewid(-iadau) *m.*
antimetabolite *n.* gwrthfet|abolit (gwrthfetabolitau) *m.*
antimicrobial *a. Bact: Med:* gwrthf[e]icrobaidd.
antimilitarism *n.* gwrthfilitariaeth *f.*
antimilitarist *n.* gwrthfilitarydd(-ion) *m.*
antimilitaristic *a.* gwrthfilitaraidd.
antimilitary *a.* gwrthfilwrol.
antimitotic *a.* & *n.* **1.** *a.* gwrthfitotig. **2.** *n.* gwrthfitotig(-ion) *m.*
antimonarchic[al] *a. Pol:* gwrthfrenhinol.
antimonarchism *n. Pol:* gwrthfrenhiniaeth *f.*
antimonarchist *a.* & *n. Pol:* **1.** *a.* gwrthfrenhinol. **2.** *n.* gwrthfrenhinwr (gwrthfrenhinwyr) *m*, gwrthfrenh|inwraig (gwrthfreninwragedd) *f.*
antimonial, antimonic, antimonious *a. Ch:* antimonig.
antimonite *n. Ch:* ant|imonit *m.*
antimonsoon *n. Meteor:* gwrthfonsŵn *m.*
antimony *n. Ch:* ant|imoni *m.*
antimonyl *n. Ch:* ant|imonyl *m.*
antimycin *n. Ch:* antimysin *m.*
antinational *a.* gwrthgenedlaethol, gwrthgenhedlig.
antinationalist *a.* & *n.* **1.** *a.* gwrthgenedlaethol, gwrthgenedlaetholgar. **2.** *n.* gwrthgenedlaetholwr (gwrthgenedlaetholwyr) *m*, gwrthgenedlaeth|olwraig *f.*
antinationalization *attrib.* gwrthwladoli.
antineuralgic *a.* & *n. Pharm:* **1.** *a.* gwrthniwralgaidd, rhag niwralgia. **2.** *n.* moddion gwrthniwralgaidd *pl or m*, ffisig(-au) gwrthniwralgaidd *m.*
antineutrino *n. Ph:* gwrthniwtrino(-s) *m.*
antineutron *n. Ph:* gwrthniwtron(-au) *m.*
anting *vn. Orn:* morgrug[i]o.
antinodal *a.* antinodaidd.
antinode *n. Ph:* |antinod (antinodau) *m.*
antinomian *a.* & *n. Rel.Hist:* **1.** *a.* antinomaidd, gwrthddeddfol. **2.** *n.* antinomiad (antinomiaid) *m&f.*
antinomianism *n. Rel.Hist:* antinomiaeth *f.*
antinomy *n.* gwrthebiaeth(-au) *f*, gwrthddywediad(-au) *m*, croes-ddweud *vn*, gwrth-ddweud *vn.*
antinuclear *a.* gwrthniwclear.
antinucleon *n. Ph:* gwrthniwcleon(-au) *m.*
Antiochene *a.* & *n.* **1.** *a.* Antiochaidd, o Antioch. **2.** *n.* Antiochiad (Antiochiaid) *m&f.*
antioxidant *a.* & *n.* **1.** *a.* gwrthocsidiol. **2.** *n.* gwrthocsidydd(-ion) *m.*
antioxygen *n. Ch:* gwrth|ocsigen *m.*
antipapal *a. Ecc: Hist:* gwrth-Babaidd, gwrth-Babol, gwrth-Babyddol.
antiparallel *a. Ph: Mth:* gwrthb|aralel.
antiparasitic *a.* gwrthbarasitig.
antiparliamentarian *a.* & *n.* **1.** *a.* gwrthseneddol. **2.** *n.* gwrthseneddwr (gwrthseneddwyr) *m.*
antiparliamentarianism *n.* gwrthseneddoliaeth *f.*
antiparliamentary *a.* gwrthseneddol.
antiparticle *n. Ph:* gwrthronyn(-nau) *m.*
antipasto *n. Cu:* = ***hors d'oeuvre.***
antipathetic[al] *a.* gwrthwynebus.
antipathetically *adv.* yn wrthwynebus.
antipathic *a.* anghydnaws.
antipathy *n.* gwrthnawsedd(-au) *m*, gelyniaeth *f*; *Sch:* adwaith *m.*
antipatriotic *a.* anwlatgar, anwlatgarol, gwrthwlatgar, gwrthwlatgarol.
antiperiodic *a.* & *n. Pharm:* **1.** *a.* gwrthysbeidiol. **2.** *n.* moddion gwrthysbeidiol *pl or m*, ffisig(-au) gwrthysbeidiol *m.*
antiperistalsis *n. Physiol:* gwrthwringhelliad *m*, gwrthberistalsis *m.*
antiperistaltic *a. Physiol:* gwrthwringhellol, gwrthberistalsis.
antipersonnel *a.* gwrthbersonél, yn erbyn pobl, lladd pobl.
antiperspirant *a.* & *n.* **1.** *a.* gwrthchwys, gwrthchwysol. **2.** *n.* gwrthchwyswr (gwrthchwyswyr) *m.*
antiphase *a.* gwrthwedd.
antiphlogistic *a.* & *n. Pharm:* **1.** *a.* gwrthlidiol, gwrthenynnol. **2.** *n.* gwrthlidydd(-ion) *m.*
antiphon *n. Ecc: Mus:* atepgan(-euon) *f*, |antiffon (antiffonau) *mf.*
antiphonal *a.* & *n. Ecc: Mus:* **1.** *a.* antiffonïaidd, atepganiadol. **2.** *n.* = **antiphonary.**
antiphonally *adv.* yn antiffonïaidd, mewn ateb.
antiphonary *n. Ecc: Mus:* ant|iffonari (antiffonarïau) *m.*
antiphonic *a.* = **antiphonal 1.**
antiphony *n.* atepganu *vn*, ant|iffoni (antiffonïau) *m.*
antiphrasis *n.* gwrthair (gwrtheiriau) *m*, |eironi (eironïau) *m.*
antipodal *a. Geog:* cyferbwyntiol.
antipode *n.* cyferbwynt(-iau) *m*, |antipod (antipodau) *m.*
antipodean *a.* **1.** *Geog:* cyferbwyntiol. **2.** *(a)* antipodead (antipodeaid) *m&f*; *(b) F:* = **Australian.**
antipodes *n.pl. Geog:* **1.** cyferbwyntiau, *F:* pellafoedd byd, eithafoedd byd. **2. the A~,** Awstralia a Seland Newydd.
antipoetic *a.* gwrthfarddonol.
antipoison *n.* gwrthwenwyn(-au) *m.*
antipope *n. Hist:* gwrth-Bab(-au) *m.*
antiprelatic *a.* gwrthbreladaidd.
antiproton *n. Ph:* gwrthbroton(-au) *m*, antiproton(-au) *m.*
antipsychotic *a.* gwrthseicotig.
antipyretic *a.* & *n. Med:* **1.** *a.* gwrthdwymynol. **2.** *n.* cyffur(-iau) gwrthdwymynol *m*, moddion gwrthdwymynol *pl or m*, ffisig(-au) gwrthdwymynol *m.*
antipyrine *n. Pharm:* antipyrin *m.*
antiquarian *a.* & *n.* **1.** *a.* hynafiaethol; ~ **bookseller,** gwerthwr (gwerthwyr) *(m)* hen lyfrau, gwerthwr llyfrau hynafol. **2.** *n.* = **antiquary;** ~ **society,** cymdeithas *(f)* hynafiaethwyr.
antiquarianism *n.* hynafiaethgarwch *m*, hynafiaetheg *f.*
antiquary *n.* hynafiaethydd: hynafiaethwr (hynafiaethwyr) *m.*
antiquate *v.t.* hynafiaethu, heneiddio (rhth); troi (rhth) yn hynafiaeth.
antiquated *a.* hen, henaidd, hen ffasiwn, hynafol, ar ôl yr oes, hynaflyd.
antiquatedness *n.* heneiddrwydd *m*, hen|eidd-dra *m*, hynafrwydd *m*, hynafiaeth *f*; golwg hynafol *f* (ar rth).
antique[1] *a.* & *n.* **1.** *a.* hynafol, hen ffasiwn. **2.** *n.* hen beth(-au) *m*, peth(-au) hen ffasiwn *m*, henbeth(-au) *m*, hynafolyn (hynafolion) *m.* ~ **cymbals** *n.pl. Mus:* symbalau Groeg. ~ **dealer** *n.* gwerthwr (gwerthwyr) *(m)* hen bethau. ~ **paper** *a. Lib:* papur *(m)* wyneb garw. ~ **shop** *n.* siop(-au) *(f)* hen bethau.
antique[2] *v.t.* **to ~ sth,** peri i rth edrych yn hen [ffasiwn], heneiddio [golwg] rhth, ffug-heneiddio rhth.
antiqued *a.* ffug-hen, heneiddiedig.
antiquity *n. (a) (= great age):* hynafiaeth *f*, hynafoldeb *m*; *(b) Hist:* y cynfyd *m*, y cynoesoedd *pl*, yr oesoedd cynnar *pl*; **Celtic ~,** y cynfyd Celtaidd; *(Greek or later):* yr henfyd *m*, yr hen fyd *m*; *(c) pl. (= classical remains):* hynafiaethau, henebau, henebion.
antiracial *a.* gwrth-hiliol.
antiracially *adv.* yn wrth-hiliol.
antiradical *a.* & *n.* **1.** *a.* gwrthradicalaidd. **2.** *n.* gwrthr|adical (gwrthradicaliaid) *m&f.*
antiradicalism *n.* gwrthradicaliaeth *f.*
antireform, antireforming *a.* gwrthddiwygiadol.
antireligious *a.* gwrthgrefyddol.
antiremonstrant *a.* & *n. Rel.Hist:* **1.** *a.* gwrth-Arminaidd. **2.** *n.* gwrth-Arminiad (~-Arminiaid) *m&f.*
antirepublican *a.* & *n. Pol:* **1.** *a.* gwrthweriniaethol. **2.** *n.* gwrthweriniaethwr (gwrthweriniaethwyr) *m*, gwrthwerini|aethwraig *f.*
antirepublicanism *n.* gwrthweriniaetholdeb *m.*
antirevisionist *a.* & *n. Pol:* **1.** *a.* gwrthadolygiadol. **2.** *n.* gwrthadolygiadwr (gwrthadolygiadwyr) *m*, gwrthadolygi|adwraig *f.*
antirevolutionary *a.* & *n. Pol:* **1.** *a.* gwrthchwyldroadol. **2.** *n.* gwrthchwyldröwr (gwrthchwyldrowyr) *m*, gwrthchwyldrowraig *f.*
antirheumatic *a.* & *n. Pharm:* **1.** *a.* gwrthwynegol, rhag y gwynegon, rhag y crud cymalau. **2.** *n.* moddion gwrthwynegol *pl or m*, ffisig(-au) gwrthwynegon *m*, ffisig cryd cymalau.
antiroyalist *a.* & *n. Pol:* **1.** *a.* gwrthfrenhinol. **2.** *n.* gwrthfrenhinwr (gwrthfrenhinwyr) *m*, gwrthfrenh|inwraig (gwrthfreninwragedd) *f.*
antirrhinum *n. Bot:* trwyn *(m)* y llo [mwyaf], pen *(m)* ci bach.

antisabbatarian *a.* & *n.* **1.** *a.* gwrthsabathyddol. **2.** *n.* gwrthsabathydd(-ion) *m.*
antiscorbutic *a.* & *n. Pharm:* **1.** *a.* gwrthlygol, rhag y llwg. **2.** *n.* moddion gwrthlygol *pl or m*, ffisig(-au) gwrthlygol *m.*
antisepsis *n. Med:* gwrth-heintio *vn.*
antiseptic *Med:* **1.** *a.* gwrth-heintiol, antiseptig. **2.** *n.* antiseptig(-ion) *m*, gwrth-heintiwr (~-heintwyr) *m*, gwrth-haint *m.*
antiseptically *adv.* yn wrth-heintiol *&c.*
antisepticize *v.t.* gwrth-heintio.
antiserum *n. Med:* gwrthserwm (gwrthserymau) *m.*
antislavery *attrib.* gwrthgaethwasiaeth *f.*
antismog *a.* gwrthfwrllwch.
antisocial *a.* anghymdeithasol, gwrthgymdeithasol.
antisocialist *a.* & *n. Pol:* **1.** *a.* gwrthsosialaidd. **2.** *n.* gwrthsosialydd (gwrthsosialwyr) *m.*
antispark *a.* atal gwreichion.
antispasmodic *a.* & *n. Pharm:* **1.** *a.* gwrthddirdynnol, rhag plyciau, gwrthblyciol, gwrthsbasmodig. **2.** *n.* moddion gwrthddirdynnol/gwrthblyciol *pl or m*, ffisig(-au) gwrthblyciol/gwrthddirdynnol *m.*
antistatic *a.* gwrthstatig.
antistrophe *n.* **1.** *Gr.Th:* antistroffe(-au) *f*, atepgan(-euon) *f.* **2.** *Rh: Pros:* gwrthdro(-eon) *m.*
antistrophic *a.* **1.** *Gr.Th:* atepganiadol, antistroffig. **2.** *Rh: Pros:* gwrthdröol.
antistrophically *adv.* **1.** yn atepganiadol *&c.* **2.** yn wrthdröol.
antisymmetric *a.* gwrthgymesur.
antisymmetrically *adv.* yn wrthgymesur.
antisymmetry *n.* gwrthgymesuredd(-au) *m.*
antitetanic *a.* & *n. Med: Pharm:* **1.** *a.* gwrthdetanig, rhag t|etanws. **2.** *n.* moddion gwrthdetanig *pl or m*, ffisig(-au) gwrthdetanig *m*, ffisig/moddion rhag tetanws.
antitheism *n.* gwrthdduwiaeth *f*, anffyddiaeth *f*, anghrefydd *f.*
antitheist *n.* anffyddiwr (anffyddwyr) *m*, anff|yddwraig *f.*
antithelmintic, antithelminthic *a.* & *n.* = **anthelmintic, anthelminthic.**
antithesis *n.* **1.** *(= contrast):* gwrthgyferbyniad(-au) *m*, cyferbyniaeth(-au) *f.* **2.** *(= the opposite):* y gwrthwyneb *m* **(of/ to sth,** i rth). **3.** *Rh:* gwrthosodiad(-au) *m*, croesosodiad(-au) *m*, gwrthgyferbyniad(-au) *m*, cyferbyniaeth(-au) *f*, ant|ithesis (ant|itheses) *m.*
antithetic[al] *a.* gwrthgyferbyniol, cyferbyniol, cyferbynnol.
antithetically *adv.* yn wrthgyferbyniol *&c*; i'r gwrthwyneb.
antitoxic *a. Med:* gwrthwenwynig, gwrthwenwynol.
antitoxin *n. Med:* gwrthwenwyn(-au) *m.*
antitragus *n. Anat:* gwrthdragws (gwrthdragi) *m.*
antitrinitarian *a.* & *n. Theol:* **1.** *a.* gwrth-Drindodol. **2.** *n.* gwrth-Drindodwr (~-Drindodwyr) *m.*
antitrinitarianism *n. Theol:* gwrth-Drindodaeth *f.*
antitrust *a. U.S:* gwrthglymblaid, gwrthglymbleidiol.
antitruster *n. U.S:* gwrthglymbleidiwr (gwrthglymbleidwyr) *m.*
antitubercular, antituberculous *a. Med:* gwrthdwbercwlaidd.
antitumor[al] *a. Med:* gwrthdyfiant, gwrthdyfiannol.
antitussive *a.* & *n. Med:* **1.** *a.* gwrthbesychol, atal peswch, rhag peswch. **2.** *n.* moddion gwrthbesychol *pl or m*, ffisig(-au) gwrthbesychol *m*, *F:* moddion/ffisig rhag peswch.
antitype *n.* gwrthlun(-iau) *m*, gwrthgysgod(-ion) *m.*
antitypical *a.* gwrthluniol, gwrthgysgodol.
antivenereal *a. Med:* gwrthwenerol.
antivenin *n. Med:* gwrthwenwyn(-au) *m.*
antiviral *a. Bac: Med:* gwrthfirysol, gwrthfirol.
antivirus *n. Bac: Med:* gwrthfirws (gwrthfirysau) *m.*
antivitamin *n. Bio-Ch:* gwrthf|itamin (gwrthfitaminau) *m.*
antivivisection *attrib.* gwrthfywddyraniad, gwrthfywddifyniad. *S.a.* **antivivisectionist.**
antivivisectionism *n.* gwrthwynebiad *(m)* i fywddifyniad/ fywddyraniad *m*, gwrthfywddifyniadaeth *f*, gwrthfywddyraniadaeth *f.*
antivivsectionist *n.* & *attrib.* **1.** *n.* gwrthwynebwr: gwrthwynebydd (gwrthwynebwyr) *(m)* bywddifyniaeth/ bywddyraniad, gwrthfywddifynwr (gwrthfywddifynwyr) *m*, gwrthfywddif|ynwraig *f.* **2.** *attrib.* gwrthfywddifyniadol, gwrthfywddyraniadol.
antiwhite *a.* yn erbyn gwynion, yn erbyn pobl wynion.
antiwhitism *n.* gelyniaeth *(f)* at bobl wynion.
antiworld *n.* gwrthfyd(-oedd) *m.*
antler *n.* corn (cyrn) *(m)* carw, *A:* rhaidd (rheiddiau) *f.* ~ **moth** *n. Ent:* gwyfyn(-nod) *(m)* corn carw.
antlered *a.* corniog, â chyrn.
Antonian *a.* Antonaidd.
Antonine *a.* **the ~ Wall,** Mur *(m)* Antwn.
antonomasia *n. Rh:* lledenwad *m*, arallenwad *m.*
Antony *Pr.n.m.* = **Anthony.**
antonym *n.* gwrthwyneb(-au) *m*, gwrthenw(-au) *m*, gwrthwynebair (gwrthwynebeiriau) *m*, cyferbyniad(-au) *m*, gair (geiriau) gwrthwyneb/croes *m* **(of sth,** i rth).
antonymic, antonymous *a.* gwrthenwol.
antonymy *n.* gwrthenwi *vn*, gwrthenwad *m.*
antral *a. Med:* ceudodol.
antre *n. Poet:* ogof(-âu,-|eydd) *f.*
antrorse *a. Bot: Z:* uwchdröedig.
antrorsely *adv. Bot: Z:* at i fyny.
antrum *n. Med:* ceudod(-au) *m.*
anuclear *a.* aniwclear.
anuran *a.* = **anurous.**
anuria *n. Med:* carchar *(m)* dŵr, anwria *m*, diffyg *(m)* troeth.
anuric *a. Med:* anwrig.
anurous *a.* digynffon, heb gynffon, heb gwt, cwta (*f.* cota).
anus *n. Anat:* rhefr(-au) *m*, anws(-au) *m.*
anvil *n. Metalw: Anat:* einion(-au) *f*, eingion(-au) *f*, engan(-au) *f*; **bickern ~,** eingion gyriog (eingionau cyriog); *Carp:* **saw setting ~,** eingion gosod llif. **~-bed, ~-block** *n.* cyff *(m)* eingion (cyffion eingionau). **~ bickern** *n. Metalw:* pig(-au) *(fm)* eingion, corn (cyrn) *(m)* eingion. **~ hardie hole** *n.* twll *(m)* offer. **A~ Head** *W.Pl.n.* Trwyn *(m)* y Galen Ddu. **~ punch hole** *n.* twll *(m)* pwnsh. **~ horns** *n.pl. Metalw:* heyrn sgrôl.
anvilbird *n. Orn:* = **tinkerbird.**
anxiety *n.* **1.** *(= worry):* pryder(-on) *m*, poen(-au) *(mf)* meddwl, gwewyr *(m or pl)* meddwl, gofid(-iau) *m*, poendod(-au) *m.* **2.** *(= eagerness):* awydd *m* **(to do sth,** gwn|eud rhth).
anxious *a.* **1.** *(= worried):* pryderus, poenus, ar bigau drain, *S.E:* 'nafus; **to be ~ about sth,** poeni/pryderu ynghylch rhth, poeni/ pryderu am rth. **2.** *(= worrying):* blin, poenus, trallodus, ingol, pryderus; **a day of ~ moment,** dydd o brysur bwyso. **3.** *(= eager):* awyddus, awchus, chwannog, parod iawn; **to be ~ for sth,** dyh|eu am rth; **not very ~ to speak,** amharod iawn i siarad; **I'm ~ for him to succeed,** 'rwy'n awyddus iawn iddo lwyddo.
anxiously *adv.* **1.** *(= worriedly):* yn bryderus *&c*, ar bigau drain. **2.** *(= eagerly):* yn awyddus, yn awchus.
anxiousness *n.* = **anxiety.**
any *a., pron.* & *adv.* I. *a.* **1.** *(= some[one]: in interr. and hypothetical sentences):* unrhyw + *soft mut. preceding n; often not translated unless emphatic*; **is there ~ milk?** a oes llaeth? a oes yna laeth? *(stressed):* oes 'na beth llaeth? **is there ~ more milk?** a oes rhagor o laeth? **is there ~ left?** a oes 'na beth ar ôl? a oes 'na rywfaint ar ôl? *(of countable objects):* oes 'na rai ar ôl? **is there ~ hope?** a oes gobaith? *(stressed):* a oes unrhyw obaith? **is there ~ woman (who would say so)?** a oes yr un ferch, a oes unrhyw ferch (a ddywedai hynny)? **if there were ~ chance,** petai unrhyw gyfle, petai 'na gyfle; **(he knows French) if ~ man does,** (mae'n medru Ffrangeg) os medr rhywun, os medr unrhyw un, os medr neb; **if ~ one of them should see him,** petai unrhyw un ohonynt yn ei weld; **if it's in ~ way inconvenient,** os yw'n anghyfleus o gwbl; **in ~ village of ~ importance,** ym mhob pentref o unrhyw bwys; **(there's little) if ~,** (ychydig sydd) os oes dim, os oes peth; **(there are few) if ~,** (ychydig sydd) os oes unrhyw un, os oes unrhyw rai. **2.** *(a)* **not ~,** ni[d] ... unrhyw, ni[d] dim un, ni[d] ... yr un; **he hasn't ~ cause to complain,** nid oes ganddo unrhyw achos cwyno; nid oes ganddo'r un achos cwyno; nid oes ganddo ddim achos cwyno; **I can't see ~,** ni allaf weld yr un; ni allaf weld unrhyw un; **he hasn't ~ more money,** nid oes ganddo ddim rhagor o arian; *(pers):* ni[d] ... neb, ni[d] ... undyn; **I don't owe ~ man a penny,** nid oes arnaf yr un geiniog i neb/undyn; **(he writes better Welsh) than ~ man alive,** (mae'n ysgrifennu gwell Cymraeg) nag undyn byw, na neb byw; **(I don't think that) ~ (of them have arrived),** (nid wyf yn credu bod) neb, yr un (ohonynt wedi cyrraedd); *(b) (with implied negation):* **he is forbidden to do ~ work,** ni chaiff wneud unrhyw waith; ni chaiff wneud gwaith o unrhyw fath; *P.N:* **no parking at ~ time,** dim parcio o gwbl; **it is difficult to find ~**

explanation, mae'n anodd canfod unrhyw reswm. **3.** *(a) (= no matter which):* unrhyw; **he can come ~ time he likes,** caiff ddod unrhyw bryd a fynno; caiff ddod pryd bynnag y mynno; **~ of us,** unrhyw un ohonom; **there was ~ amount of food,** yr oedd faint a fynnid o fwyd; 'roedd llond gwlad o fwyd; 'roedd peth wmbredd o fwyd; **there are ~ number of reasons,** mae faint a fynnir o resymau; mae nifer o resymau; **~ doctor will say so,** fe ddywed unrhyw feddyg hynny; **choose ~ two prizes,** dewiswch unrhyw ddwy wobr; **(that can happen) at ~ time,** (gall hynny ddigwydd) ar unrhyw adeg, ar unrhyw bryd; *F:* **~ old thing,** unrhyw beth, rhywbeth-rhywbeth; **~ but she would have refused,** byddai unrhyw un heblaw hi wedi gwrthod; byddai pawb ond hi wedi gwrthod; *(b) (= every):* unrhyw, pob; **~ pupil (who forgets his books),** unrhyw ddisgybl, pob disgybl (sy'n anghofio'i lyfrau); **at ~ hour (of the day),** ar unrhyw adeg, ar unrhyw awr, bob awr (o'r dydd); **at ~ rate, in ~ case,** beth bynnag, pa'r un bynnag, *S.W:* 'ta beth, 'ta p'un. II. *pron. (a)* **(he has no money) and no hope of ~,** (nid oes ganddo arian) na gobaith ei gael, na gobaith cael unrhyw arian, na gobaith cael dim; *(b)* **there's no sugar here; is there ~ in the cupboard?** 'does dim siwgwr yma, oes peth yn y cwpwrdd? **is/are there ~ more?** a oes rhagor/ychwaneg? **there are some books here; do we want ~?** mae llyfrau yma; a oes arnom eisiau rhai? **I won't say ~ more,** ni ddywedaf ragor. III. *adv. (a)* **~ better,** *(i) (in questions):* **are they ~ better?** a ydyn' nhw rywfaint yn well? **~ more tea?** a oes 'na ragor/ychwaneg o de? *(ii) (after neg.):* **they aren't ~ better,** nid ydynt ddim [mymryn/tamaid] gwell; **I can't speak ~ more plainly,** ni allaf ddweud yn gliriach; **I can't go ~ further,** ni allaf fynd ddim pellach; **I don't see him ~ more/longer,** ni fyddaf yn ei weld bellach/mwyach; **we shan't see her like ~ more,** ni welwn ei thebyg eto; *F:* **~ old how,** rywsut-rywsut, ni waeth sut; *(b) U.S: F:* **that didn't help us ~,** ni helpodd hynny ddim arnom; ni fu hynny'n help yn y byd inni; *(c)* **I didn't see it ~ more than you,** ni welais i mohono mwy na thithau.

anybody *n. & pron. Note: in examples where one of the forms is preferred, the word has been printed in full.* **1.** *(= someone, in hypothetical and interr. sentences):* rhywun *m*; *(with implied negation):* neb *m*; **is there ~ over there?** a oes rhywun acw? **does ~ dare to disagree?** a oes rhywun a faidd anghytuno? **(ask) ~ you like,** (gofynnwch) i unrhyw un, i bwy bynnag a fynnoch; *F:* **is he ~?** a yw'n rhywun o bwys? **is this ~'s?** a yw hwn/hon/hyn yn perthyn i rywun? a yw hwn/hon/hyn yn eiddo i rywun? pwy biau hwn/hon/hyn? **you'd better not tell ~,** gwell iti beidio â dweud wrth neb; **I couldn't see ~,** ni allwn weld neb; *F:* **~ in? ~ at home?** oes yma bobol? **he'll never be ~,** ni fydd byth yn neb; *F:* nid aiff byth uwch bawd sawdl; **I won't mention it to ~,** ni soniaf wrth neb; **I haven't met ~ else,** nid wyf wedi cyfarfod neb arall; **she's not just ~,** nid rhywun-rhywun mohoni; mae hi'n rhywun o bwys. **2.** *(= no matter who):* unrhyw un, rhywun, pawb, pwy bynnag; **~ will tell you so,** fe ddywed pawb wrthyt; fe ddywed unrhyw un wrthyt; **~ would think him mad,** fe gredai rhywun ei fod yn wallgof; fe gredech ei fod yn wallgof; **~ but me,** unrhyw un ond fi; **~ who had seen him at that time,** pwy bynnag a'i gwelsai bryd hynny; *Lit:* y neb a'i gwelsai bryd hynny; **I would challenge ~ to . . .,** mi heriwn i rywun i . . .; **it was ~'s (match, game, race &c),** fe allai unrhyw un ennill (y gêm, y ras *&c*); **it's ~'s guess!** dyn a ŵyr!

anyhow *adv. & conj.* **1.** *adv. F:* **(to do sth) [all] ~,** (gwneud rhth) rywsut rywsut, unrhyw sut, *S.W:* hwp-di-hap; **things are going all ~,** mae pethau'n llanast; mae pethau'n flêr; *N: occ:* mae hi'n siop siafins; *F:* **you look all ~,** mae golwg bethma arnat ti; **the room looks all ~,** mae golwg ar yr ystafell; *N:* mae'r ystafell ar gychwyn; mae'r ystafell bob sut; *S:* mae'r ystafell yn anniben. **2.** *conj. (= at any rate):* beth bynnag, pa un bynnag, p'un bynnag [am hynny], *S:* ta beth, ta p'un i; **~ it's too late now,** mae'n rhy hwyr 'nawr beth bynnag.

anyone *n.* = **anybody**.

anyplace *adv. U.S:* = **anywhere**.

anyroad *adv.* = **anyhow**.

anything *pron. & n.* **1.** *(= something, in interr. and hypothetical sentences):* rhywbeth *m*; *with implied negation:* dim *m*; **can I do ~ for you?** a gaf i eich helpu? **if ~ (it's too large),** os rhywbeth, os yr un (mae'n rhy fawr); **as good as ~,** cystal â dim; **if ~ should happen to her,** petai rhywbeth yn digwydd iddi; **~ else, sir?** rhywbeth arall, syr? **does he see ~ of his mother?** a fydd yn gweld ei fam o gwbl? a fydd yn gweld tipyn/rhywfaint ar ei fam? **is [there] ~ the matter?** oes rhywbeth yn bod? **2.** *(= in negative sentences):* **not ~,** ni[d] . . . dim; *emphatic* ni[d] . . . yr un dim; ni[d] . . . dim byd; **he doesn't do ~,** nid yw'n gwneud dim; **without doing ~,** heb wneud dim, heb wneud unrhyw beth; **hardly ~,** bron ddim, dim bron, *Lit:* nemor ddim; **haven't you ~ for a cold?** oes gen ti ddim byd at annwyd? **3.** *(= no matter which):* unrhyw beth *m*, popeth *m*; **he eats ~,** mae'n bwyta popeth, mae'n bwyta unrhyw beth; **~ (will do),** (fe wna) rhywbeth, unrhyw beth (y tro); **I enjoy ~ French,** byddaf yn mwynhau unrhyw beth Ffrengig; **she would do ~ to help,** fe wnâi hi unrhyw beth i helpu; **he's ~ but stupid,** mae'n bopeth ond twp; **~ she can do, Mary can do better,** beth bynnag a all hi ei wneud, gall Mair ei wneud yn well. **4.** *adv.phr. (intensive):* o ddifrif; **(to work) like ~,** (gweithio) fel wn i ddim beth, fel lladd nadroedd; **he ran like ~,** rhedodd nerth ei draed; **it was raining like ~,** 'roedd hi'n glawio hen wragedd a ffyn; 'roedd hi'n bwrw/glawio fel o grwc; 'roedd hi'n pistyllio; 'roedd hi'n bwrw glaw o ddifrif; *N.W:* 'roedd hi'n tresio/stido bwrw; *S:* 'roedd hi'n diwel [y glaw]; 'roedd hi'n sgubo'r glaw.

anyway *adv. & conj.* = **anyhow 2.**

anywhere *adv.* **1.** *(a)* [yn] rhywle, rywle, *occ:* yn unrhyw le, yn unrhyw fan; **can you see it ~?** weli di (welwch chi) ef yn rhywle? **~ else,** rhywle arall; **are we going ~?** ydym ni'n mynd i rywle? **it's miles from ~,** mae'n bell o bob man; **(I don't remember a house) ~ near the place,** (nid wyf i'n cofio tŷ) yn agos i'r lle, ar gyfyl y lle, yn unman/unlle yno; **has she ~ near finished?** ydi hi rywle'n agos at orffen? *(b)* **~ will do,** fe wna unrhyw le y tro; **leave it ~ that's convenient,** gad(-ewch) ef ble bynnag sy'n gyfleus; **(I would know him) ~,** (byddwn yn ei adnabod) yn unrhyw le, yn unrhyw fan, *F:* ym mhig y frân. **2. not ~,** ni[d] . . . yn unman, ni[d] . . . yn unlle, *N.W: occ:* nid[d] . . . yn lle'n y byd; **I can't find it ~,** 'rwyf yn methu cael hyd iddo yn unman; **she's not ~ to be found,** 'does dim golwg ohoni yn unman; 'dyw hi ddim ar gael yn unlle; *N.W: occ:* 'does dim ôl ohoni yn lle'n byd; **it's not just ~,** nid rhywle-rhywle mohono.

anywise *adv. (also,* **in ~***):* **1.** *A: (= in some way):* rywsut, rywfodd [neu'i gilydd]. **2.** *(= in any way):* mewn unrhyw fodd, o gwbl; **if he has in ~ offended them,** os bu iddo bechu yn eu herbyn mewn unrhyw fodd.

aorist *n. Gram:* [amser] gorffennol penodol *m*.

aoristic *a. Gram:* gorffennol penodol.

aorta *n. Anat:* aorta (aortâu) *f*.

aortal, aortic *a. Anat:* aortaidd, aortig; [yr] aorta; **~ arch,** bwa (bwâu) aortig *m*.

aortographic *a. Med:* aortograffig.

aortography *n. Med:* aortograffeg *f*.

aoudad *n. Z:* awdad(-iaid) *m*.

apace *adv. Lit:* yn gyflym, yn fuan, yn chwim.

Apache *n.* **1.** *Ethn:* Apatshi(-aid) *m&f*. **2.** *(= ruffian): F:* h|wligan (hwliganiaid) *m*, llabwst (llabystiaid) *m*.

apagoge *n. Log:* apagoge *m*.

apanage *n.* **1.** *(a) Hist: Jur: (= provision for maintenance):* cyfran(-nau) *f*, cynhysgaeth *f*, cynhaliaeth *f*, apanaeth(-au) *f*; *(b) (= subsidiary title):* isdeitl(-au) *m*. **2.** *Fig: (= attribute):* priodoledd(-au) *m*.

apareunia *n. Med:* aparewnia *m*.

apart *adv.* **1.** *(= aside):* ar wahân **(from sth,** i rth); **the tree stands ~ from the house,** saif y goeden ar wahân i'r tŷ; **to live ~ from the world,** byw ymh|ell o'r byd, byw o'r neilltu; **(she is in a class) ~,** (mae hi mewn dosbarth) ar wahân, ar ei phen ei hun; **to set sth ~,** neilltuo rhth, rhoi/dodi rhth o'r neilltu, rhoi/dodi rhth ar wahân. **2.** *(= separated):* **to get two things ~,** gwahanu dau beth; **to keep things ~,** cadw pethau ar wahân; **to move ~,** ymwahanu, mynd ar wahân; **(he was standing with his legs) wide ~,** (safai â'i goesau) ar led, *F:* ar gamfa/gamdda led; **it's difficult to tell them ~,** mae'n anodd dweud y gwahaniaeth rhyngddynt; mae'n anodd gwahaniaethu rhyngddynt; **to take (a machine) ~,** datod, datgymalu (peiriant); tynnu (peiriant) yn ddarnau mân; tynnu (peiriant) oddi wrth ei gilydd; **to come ~,** ymddatod, datod, dod yn ddarnau; **my dress is coming ~,** mae fy ngwisg yn datod; **I'll take him ~!** mi 'i mala' i e'n/o'n dipiau! mi 'i tynna' i e'n/o'n bedwar aelod a phen! mi hoelia' i 'i groen e/o ar y pared! mi tynna' i e'n/o'n ddarnau! **the critics took his play ~,** tynnodd y beirniaid ei ddrama'n gareiau; **the dish came**

~ **in my hands,** torrodd y ddysgl yn fy nwylo. **3.** *(a) (= distant):* **(they're a mile)** ~, (maent filltir) oddi wrth ei gilydd, y naill oddi wrth y llall; *(b) (= without considering):* ~ **from sth,** ar wahân i rth, heb|law am rth, ac eithrio rhth; **(there is nobody there)** ~ **from him,** (nid oes neb yno) ond efe, heblaw amdano fe; **but joking** ~**. . .,** ond [a bod] o ddifrif . . . .
apartheid *n. Pol:* apartheid *m.*
apartment *n.* **1.** *(= room):* ystafell(-oedd) *f.* **2.** *U.S: (= flat):* fflat(-iau) *f,* rhandy (rhandai) *m.* ~ **block** *n.* bloc(-iau) *(m)* fflatiau. ~ **hotel** *n.* gwesty(-au, gwestai) *(m)* fflatiau.
apartness *n.* arwahanrwydd *m.*
apatetic *a. Z:* cuddliwiol.
apathetic *a.* difater, didaro, dihidio, di-hid, difraw, apathetig.
apathetically *adv.* yn ddifater *&c.*
apathy *n.* **1.** difaterwch *m,* difrawder *m,* dihidrwydd *m.* **2.** *Theol:* anhyboenedd *m,* apatheia *m.*
apatite *n. Ch:* |apatit *m.*
ape[1] *n.* **1.** *Z:* epa(-od) *m, A:* âb (abau, abiaid) *m; F:* **to go** ~, colli arnoch eich hun, mynd yn lloerig, gwylltio, mynd ohoni'n lân, *N.W: F:* cael y gwyllt, myllio, cael mŷll. **2.** *F:* = **aper. 3.** *F:* **you big** ~! y mwnci mawr! y bwbach! y llabwst!
ape[2] *v.t.* dynwared, efelychu, gwatwar.
apeak *adv. & pred.a. Nau:* ar godi, yn codi, ar i fyny; **with anchor** ~, gan lusgo'r angor.
apectometer *n.* apectomedr(-au) *m.*
apelike *a.* fel epa, epaol.
apellant *n.* apeliwr (apelwyr) *m,* ap|elwraig *f.*
apeman *n.* epa-ddyn(-ion) *m.*
Apennines (the) *Pr.n.pl. Geog:* yr Apenninau.
apepsia *n. Med:* diffyg *(m)* treuliad, diffyg traul.
aper *n.* dynwaredwr (dynwaredwyr) *m,* dynwar|edwraig *f,* efelychwr (efelychwyr) *m,* efel|ychwraig *f,* gwatwarwr (gwatwarwyr) *m,* gwat|warwraig *f.*
aperçu *n.* arolwg (arolygon) *m* **(of sth,** ar rth).
aperient *a. & n. Med:* **1.** *a.* rhyddhaol, carthol. **2.** *n.* moddion rhyddhaol *pl or m,* ffisig(-au) rhyddhaol *m, Lit: occ:* carthlyn(-nau) *m, N: F:* ffisig gweithio, *S:* moddion gweithio.
aperiodic *a. Med:* anghyson, afreolaidd, anghyfnodol; *Ph: &c:* digyfnod.
aperiodically *adv. Med:* yn anghyson *&c.*
aperiodicity *n. Med:* anghysondeb *m,* afreol|eidd-dra *m.*
aperitif *n.* ***aperitif(-s)*** *m,* diod(-ydd) *(f)* archwaeth.
aperture *n.* *(a)* agen(-nau) *f,* agoriad(-au) *m,* twll (tyllau) *m,* agorfa (agorf|eydd) *f;* *(b) Phot:* agorfa; **to set the** ~, lledu/culhau'r agorfa; *(c) Lib:* ffenestr(-i) *f;* ~ **card,** cerdyn ffenestrog *m;* **relative** ~, agorfa gymharol (agorfeydd cymharol). ~ **ratio** *n.* cymhareb (cymarebau) *(f)* agorfa.
apery *n.* **1.** = **mimicry. 2.** *(= ape-house):* tŷ (tai) *(m)* epaod.
apetalous *a. Bot:* dibetal, amhetalog.
apetaly *n. Bot:* diffyg *(m)* petalau, dibetaledd *m.*
apex *n.* *(a) (of triangle):* apig(-au) *f,* pig (pigau) *fm;* *(of mountain):* copa(-on, copâu) *f,* crib(-au) *f,* brig(-au) *m,* pen(-nau) *m;* *(b) (of career &c):* uchafbwynt(-iau) *m,* brig.
aphaeresis *n. Ling:* blaendoriad *m,* sillgolliad *m.*
aphaeretic *a.* blaendorrol, sillgollol.
aphagia *n. Path:* methu *(vn)* llyncu, affagia *m.*
aphanite *n. Geol:* |affanit (affanitau) *m.*
aphanitic *a. Geol:* affanitig.
aphasia *n. Med:* mudandod *m,* diffyg *(m)* lleferydd, affasia *m.*
aphasiac, aphasic *a. & n. Med:* **1.** *a.* mud(-ion), dileferydd, affasig. **2.** *n.* mudan(-od) *m,* mudanes(-au) *f,* affasig(-ion) *m&f.*
aphelion *n. Astr:* haulbellafiant (haulbellafiannau) *m,* pellafbwynt(-iau) *m,* affelion(-au) *m.*
apheresis *n.* = **aphaeresis.**
aphesis *n. Ling:* blaendoriad *(m)* llafariad, affesis *m,* sillgolliad *m.*
aphetic *a. Ling:* blaendorrol, sillgollol.
aphetically *adv. Ling:* yn flaendorrol *&c.*
aphicide *n.* lladdwr (lladdwyr) *(m)* llyslau *&c,* peth(-au) *(m)* lladd llyslau *&c; See* **aphis.**
aphid *n.* = **aphis.**
aphidian *a. & n. Ent:* **1.** *a.* llysleuol. **2.** *n.* = **aphis.**
aphis *n. Ent:* pryf glas (pryfed gleision) *m,* llysleuen (llyslau) *f,* buwch (gwartheg) *(f)* y morgrug, lleuen (llau) *(f)* planhigion, pryf(-ed) gwyrdd *m,* cleren werdd (clêr gwyrdd) *f;* **woolly** ~, llysleuen wlanog (llyslau gwlanog).
apholate *n.* |affolad *m.*
aphonia *n. Med:* colli *(vn)* llais.
aphonic *a. Med:* di-lais, mud(-ion).
aphony *n.* = **aphonia.**
aphoria *n.* afforia *m.*
aphorism *n.* gwireb(-au) *f,* doethair (doetheiriau) *m.*
aphorist *n.* gwirebwr (gwirebwyr) *m.*
aphoristic *a.* gwirebol.
aphoristically *adv.* yn wirebol.
aphorize *v.i.* gwirebu.
aphotic *a.* diolau.
aphrodisiac *a. & n.* **1.** *a.* affrodisaidd. **2.** *n.* affrodisiad (affrodisiaid) *m.*
aphtha *n. Med: Vet:* gân *f,* llindag(-au) *m.*
aphthous *a. Med:* ~ **ulcer,** dolur *(m)* y geg (doluriau'r geg); *Vet:* ~ **fever,** = **foot and mouth disease.**
aphyllous *a. Bot:* di-ddail.
aphylly *n. Bot:* diffyg *(m)* dail.
apian, apiarian *a.* gwenynol.
apiarist *n.* gwenynwr (gwenynwyr) *m,* gwen|ynwraig (gwenynwragedd) *f.*
apiary *n.* gwenynfa (gwenynf|eydd) *f.*
apical *a.* brigol, apigol.
apically *adv.* yn apigol, ar y brig.
apices *n.pl. See* **apex.**
apiculate *a. Bot:* pigfain, blaenfain.
apicultural *a.* gwenynyddol.
apiculture *n.* cadw *(vn)* gwenyn, gwenynyddiaeth *f,* gwenyna *vn,* gwenynu *vn.*
apiculturist *n.* gwenynwr (gwenynwyr) *m,* gwen|ynwraig (gwenynwragedd) *f.*
apiece *adv.* yr un, *S:* bobo un; **they were given a penny** ~, cawsant geiniog yr un; *S:* fe gawson nhw bobo [i] geiniog.
apish *a.* **1.** fel epa, epaol. **2.** *(= imitative):* dynwaredol, gwatwarol; *(= silly):* mwncïaidd, fel mwnci, hurt.
apishly *adv.* fel epa *&c.*
apishness *n.* cast(-iau) gwirion *m,* chwarae gwirion *m,* mwncieiddiwch *m, N: F:* giamocs *pl, S:* hen ddwli *m.*
apivorous *a. Z:* gwenynysol.
aplacental *a. Z:* heb frych, di-frych.
aplanat *n. Opt:* |aplanat (aplanatau) *m.*
aplanatic *a. Opt:* aplanatig.
aplanospore *n. Bot:* apl|anosbor (aplanosborau) *m.*
aplasia *n. Path:* aplasia *m.*
aplastic *a. Path:* aplastig.
aplenty *a. & adv.* digon; **time** ~, digonedd o amser, hen ddigon o amser.
aplite *n. Geol:* aplit *m.*
aplitic *a. Geol:* aplitig.
aplomb *n.* hunanfeddiant *m.*
apnea, apnoea *n. Med:* diffyg *(m)* anadl.
apocalypse *n.* datguddiad(-au) *m,* ap|ocalyps (apocalypsau) *m.*
apocalyptic[al] *a.* datguddiadol, apocalyptaidd.
apocalyptically *adv.* yn ddatguddiadol *&c.*
apocalypticism, apocalyptism *n.* datguddiadaeth *f,* apocalyptiaeth *f.*
apocalyptist *n.* datguddiwr (datguddwyr) *m,* apocalyptydd(-ion) *m.*
apocarp *n. Bot:* |apocarp (apocarpau) *m.*
apocarpous *a. Bot:* apocarpaidd, apocarpog.
apocarpy *n. Bot:* apocarpedd *m.*
apochromat *n. Opt:* apocromat(-au) *m.*
apochromatic *a. Opt:* apocromatig.
apochromatism *n. Opt:* apocromatedd *m.*
apocope *n. Ling:* ôl-doriad(-au) *m,* ôl-drychiad(-au) *m, A:* llosgyrndor *m,* llosgyrndrwch *m.*
apocrine *a. Physiol:* apocrinaidd.
Apocrypha *n. B:* yr Ap|ocryffa *m.*
apocryphal *a.* ap|ocryffaidd, anghanonaidd, annilys, amh|eus, ffug.
apocryphally *adv.* yn apocryffaidd *&c.*
apocynaceous *a. Bot:* llawrigaidd.
apocynthion *n. Space-travel:* lloerbellafiad(-au) *m.*
apodal *a. Z:* apodaidd, di-droed.
apodan, apode *n. Z:* apod(-au) *m,* didroediad (didroediaid) *m&f.*

apodeictic *a. Log:* apodeïctig.
apodeictically *adv.* yn apodeïctig.
apodosis *n. Gram:* canlyniad(-au) *m*, cymal(-au) canlyniadol *m.*
apoenzyme *n. Bio-Ch:* apo-ensym(-au) *m.*
apogamic, apogamous *a. Bot:* apogamig.
apogamy *n. Bot:* apogamedd *m.*
apogeal, apogean *a. Astr:* apogeaidd, pellafbwyntiol; **~ tide,** llanw apogeaidd *m.*
apogee *n.* **1.** *Astr:* pellafbwynt(-iau) *m*, |apoge (apogeau) *m.* **2.** *Fig: (= climax):* uchafbwynt(-iau) *m*, anterth(-au,-oedd) *m*, brig *m.*
apogeotropic *a. Bot:* apogeotropig.
apogeotropism *n. Bot:* apogeotropedd *m.*
apolaustic *a.* plesergar.
apolitical *a.* anwleidyddol, amholiticaidd.
apolitically *adv.* yn anwleidyddol *&c.*
Apollinarianism *n. Rel:* Apolinariaeth *f.*
Apollinaris *Pr.n.m. Rel:* Apolinaris.
Apollo *Pr.n.m.* **1.** *Myth:* Apolon. **2.** *F:* **he's a real ~,** mae'n ŵr hardd.
Apollonian *a.* Apolonaidd.
Apollyon *Pr.n.m. B:* Ap|olyon *m*, angel *(m)* y pydew diwaelod.
apologetic *a. & n.pl.* **1.** *a. (= sorry):* ymesgusodol, ymddiheurol; **he was quite ~,** dywedodd ei bod hi'n ddrwg iawn ganddo; ymddiheurodd yn llaes; fe syrthiodd ar ei fai. **2.** *a. (book &c):* cyfiawnhaol, amddiffynnol, diffyniadol, apologetig. **3.** *n.pl.* = **apologetics.**
apologetically *adv.* **1.** *(as apology):* yn ymddiheurol. **2.** *(as apologia):* yn ddiffyniadol, ar ffurf amddiffyniad.
apologetics *n.pl.* diffyniaeth *f*, apologiaeth *f*, apologeteg *f.*
apologia *n.* diffyniad(-au) *m*, amddiffyniad(-au) *m*, apoleg(-au) *f*, apologia (apologiâu) *f.*
apologist *n.* diffynnydd (diffynwyr) *m*, apolegydd(-ion) *m*, apolegwr (apolegwyr) *m.*
apologize *v.t.* ymddiheuro, ymesgusodi, dweud ei bod yn ddrwg gennych; **to ~ profusely,** ymddiheuro'n llaes; **to ~ to s.o. for sth,** ymddiheuro i rn am rth; **I ~ for keeping you,** mae'n ddrwg gennyf eich cadw; maddeuwch imi am eich cadw.
apologizer *n.* ymddiheurwr (ymddiheurwyr) *m*, ymddih|eurwraig *f*, ymesgusodwr (ymesgusodwyr) *m*, ymesgus|odwraig *f.*
apologue *n.* moeswers(-i) *f*, dameg (damhegion) *f.*
apology *n.* **1.** *(a) (= regret):* ymddiheuriad(-au) *m*; **to make an ~,** ymddiheuro; **to be profuse in one's apologies,** ymddiheuro'n llaes; **I owe them an ~,** rhaid imi ymddiheuro iddynt; *(b) F:* **an ~ for a dinner,** esgus *(m)* o ginio. **2.** *(= defence):* diffyniad(-au) *m*, cyfiawnhad *m*, amddiffyniad(-au) *m*; *Hist:* **A~ of the Commons,** Cyfiawnhad y Senedd.
apolune *n. Astr:* lloerbellafiad(-au) *m.*
apomict *n. Biol:* |apomict (apomictau) *m.*
apomictic *a. Biol:* apomictig.
apomictically *adv. Biol:* yn apomictig.
apomixis *n. Biol:* apomicsis *m.*
apomorphine *n. Pharm:* apomorffin *m.*
aponeurosis *n. Anat:* aponiwrosis(-au) *m.*
aponeurotic *a. Anat:* aponiwrotig.
apopemptic *a. & n.* **1.** *a.* ymadawol, ffarweliol. **2.** *n. (speech):* araith (arcithiau) *(f)* ffarwelio, araith ffarwél, cân (caneuon) *(f)* ffarwelio, cân ffarwél.
apophthegm *n.* dihareb (diarhebion) *f*, gwireb(-au) *f*, doethair (doetheiriau) *m.*
apophthegmatic *a.* diarhebol, gwirebol.
apophthegmatize *v.i.* diarhebu, gwirebu, siarad ar ddiarhebion.
apophylite *n. Miner:* apoffylit *m.*
apophyseal *a. Anat:* cambylaidd.
apophysis *n. Anat:* cambwl (cambylau) *m.*
apoplectic *a.* **1.** *Med:* parlysol, apoplectaidd; **~ fit,** strôc (strociau) *f.* **2.** *F:* = **angry.**
apoplectically *adv.* yn barlysol *&c.*
apoplexy *n. Med:* y parlys mud *m*, apoplecsi *m*, trawiad parlysol *m*; **heat ~,** trawiad *(m)* haul.
aport *adv. Nau:* tua'r chwith, at y chwith.
aposelene *n.* = **apolune.**
aposematic *a. Z:* rhybuddiol; **~ colouration,** lliw(-iau) *(m)* rhybuddio.
aposematically *adv. Z:* yn rhybuddiol.
aposiopesis *n. Rh:* ymataliaith *f*, ymatal *vn.*
aposiopetic *a. Rh:* ymataliol.
apospory *n. Bot:* aposboredd *m.*
apostasy *n.* gwrthgiliad(-au) *m*, ap|ostasi (apostasïau) *m.*
apostate *a. & n.* **1.** *a.* gwrthgiliol. **2.** *n.* gwrthgiliwr (gwrthgilwyr) *m*, apostat(-iaid) *m.*
apostatical *a.* gwrthgiliol.
apostatize *v.i.* gwrthgilio.
apostil, apostille *n.* ymylnodyn (ymylnodiadau) *m.*
apostle *n.* apostol(-ion) *m*; **the Apostles' Creed,** Credo*(mf)*'r Apostolion; **the Acts of the Apostles,** Actau'r Apostolion. **~ spoon** *n.* llwy(-au) *(f)* apostol.
apostleship, apostolate *n.* apostol[i]aeth(-au) *f*, apostolawd(-au) *m.*
apostolic[al] *a.* apostolaidd, apostolig; **the A~ Church,** yr Eglwys Apostolaidd *f*, yr Eglwys Fore; *(as denomination):* yr Eglwys Apostolig; **the A~ Church Order,** y Drefn Eglwys Apostolig; **the A~ Constitutions,** y Cyfansoddiadau/Gosodiadau Apostolaidd; **A~ Delegate,** Anfonog(-ion) Apostolig *m*, Cennad (Cenhadon) Apostolig *m*; **the A~ Fathers,** y Tadau Apostolaidd; **the A~ See,** yr Esgobaeth Apostolaidd *f*; **the ~ succession,** yr olyniaeth apostolaidd *f.*
apostolically *adv.* yn apostolaidd, yn apostolig.
apostolicity *n.* apostoligrwydd *m.*
apostrophe *n.* **1.** *Gram:* collnod(-au) *m*, sillgoll(-au) *f.* **2.** *Rh:* cyfarchiad(-au) *m.*
apostrophic *a. Rh:* cyfarchol, cyfarchiadol.
apostrophize *v.t.* **1.** *Rh:* cyfarch. **2.** *Typ:* **to ~ a word,** rhoi collnod mewn gair, collnodi gair.
apothecary *n. A:* ap|othecari (apothecarïaid) *m.*
apothecial *a. Bot:* apothecol.
apothecium *n. Bot:* apothesiwm (apothesia) *m.*
apothegm *n.* = **apophthegm.**
apothem *n. Geom:* |apothem (apothemau) *m.*
apotheosis *n.* dwyfoliad(-au) *m*, canoneiddiad(-au) *m*, apotheosis *m*; *vn.* = **apotheosize.**
apotheosize *v.t.* dwyfoli, canoneiddio.
apotropaic *a.* gwrthfelltithiol, apotropäig.
apotropaically *adv.* yn wrthfelltithiol *&c.*
apoyando *n. Mus:* ***apoyando*** *m.*
appal *v.t.* brawychu, dychryn (rhn); codi arswyd/braw/dychryn (ar rn).
Appalachian *a. & n.pl.* **1.** *a. Geog:* Appalachaidd. **2.** *n.pl.* **the Appalachians,** yr Appalachiaid.
appalling *a.* arswydus, brawychus, echrydus, dychrynllyd, ofnadwy, enbyd, enbydus.
appallingly *adv.* yn ofnadwy *&c*; **~ stupid,** yn ofnadwy o dwp.
appanage *n.* = **apanage.**
apparat *n. Pol:* peirianwaith *m.*
apparatchik *n. Pol:* aparatshic(-iaid) *m&f.*
apparatus *n.* **1.** *(a)* offer *pl*, cyfarpar *m*, aparatws *m*; *Sp: &c: Gym:* **improvised ~,** offer arbar/arpar; **manufactured ~,** offer parod; **portable ~,** offer cludol; *(b) (of government &c):* peirianwaith *m.* **2.** *Sch:* **critical ~, ~ criticus,** nodiadau *(pl)* testun, nodiadau testunol.
apparel[1] *n.* dillad *pl (occ. with double pl.* dilladau), gwisgoedd *pl*, *Lit:* diwyg *m.*
apparel[2] *v.t. Lit:* addurno, gwisgo.
apparent *a.* **1.** *(= seeming):* ymddangosiadol; *Ph: &c:* ymddangosol; **in spite of his ~ poverty,** er gwaetha'r olwg dlawd arno; *Geog:* **~ movement,** symudiad ymddangosol *m*; *Astr:* **~ time,** amser heulol *m*, amser haul. **2.** *(= obvious):* amlwg, eglur, gweladwy; *S.a.* **heir.**
apparently *adv.* **1.** *(= seemingly):* yn ôl pob golwg, yn ôl pob ymddangosiad, yn ymddangosiadol; **this is ~ true,** ymddengys [fod] hyn yn wir. **2.** *(= obviously):* yn amlwg *&c.*
apparentness *n.* amlygrwydd *m.*
apparition *n.* **1.** *(= appearance):* ymddangosiad(-au) *m.* **2.** *(= ghost):* drychiolaeth(-au) *f*, rhith(-iau) *m*, ysbryd(-ion) *m*, *F:* bwgan(-od) *m.*
apparitional *a.* drychiolaethol, rhithiol.
apparitor *n. Jur: Hist:* ap|aritor (aparitoriaid, aparitorion) *m.*
appassionato *adv. Mus:* yn angerddol.
appeal[1] *n.* **1.** *(a) Jur: &c:* apêl (apeliadau) *f*, apeliad(-au) *m*; **Court of A~,** Llys(-oedd) *(m)* Apêl; **Supreme Court of A~,**

Uchel-lys(-oedd) *(m)* Apêl; **Court of Criminal ~,** Llys Apêl Troseddol; **to lodge an ~,** cyflwyno apêl; **to make an ~ (to s.o.'s generosity),** gwneud apêl, apelio (at garedigrwydd rhn); *(b) (for calm, help):* galwad(-au) *f*, apêl. **2.** *(= attraction):* atyniad(-au) *m*, apêl, swyn(-ion) *m*, cyfaredd(-au,-ion) *f*, hudoliaeth *f*.

appeal[2] *v.i.* **1.** *Jur: &c:* apelio **(to sth,** at rth); **to ~ to the law,** galw ar y gyfraith, apelio at y gyfraith. **2.** *(= ask):* **to ~ to s.o. for sth,** apelio at rn am rth, *Lit:* erfyn/ymbil ar rn am rth; **to ~ for a cause,** apelio dros achos. **3.** *(please):* apelio (at rn); plesio, boddh|au, bodloni, denu, swyno (rhn); **the plan appeals to me,** mae'r cynllun yn apelio ataf; *F:* mae'r cynllun at fy nant.

appealable *a.* apeliadwy.

appealer *n.* apeliwr (apelwyr) *m*, ap|elwraig *f*.

appealing *a.* **1.** *(= pleading):* erfyniol, erfyngar *(pronounced* ng-g), ymbilgar, apeliadol. **2.** *(= attractive):* atyniadol, deniadol, dengar *(pronounced* ng-g), apelgar, swynol, hudol.

appealingly *adv.* **1.** *(= pleadingly):* yn erfyniol *&c.* **2.** *(= attractively):* yn atyniadol *&c.*

appear *v.i.* **1.** *(= become visible):* ymddangos, dod i'r golwg, *N: F:* dod i'r fei, *S: F:* dod ar glawr. **2.** *(a) (= present oneself):* ymddangos; *Jur:* **to ~ for s.o.,** ymddangos ar ran rhn, ymddangos dros rn, pledio achos rhn; *(b) (of actor):* **to ~ on the stage,** ymddangos ar y llwyfan; *(= come on stage):* dod ar y llwyfan, dod i'r llwyfan; *(= perform):* perfformio; *F:* **that was when I appeared on the scene,** dyna'r pryd y cyrhaeddais i; *(c) (of book):* ymddangos, dod o'r wasg. **3.** *(a) (= seem):* ymddangos, bod fel petai; *the Anglicisms N:* edrych yn + *adj.*, *S: occ:* disgwyl *(usu. pronounced* dishgwl) yn + *adj. are in common use*; **he appeared sad,** 'roedd golwg drist arno; 'roedd fel petai'n drist; 'roedd i'w weld yn drist; *N: F:* 'roedd yn edrych yn drist; *S: occ:* 'roedd yn disgwyl yn drist; **he appeared to hesitate,** gwnaeth fel petai'n petruso; edrychai fel petai'n petruso; **he appears to have a lot of friends,** mae fel petai ganddo lawer o ffrindiau; ymddengys fod llawer o ffrindiau ganddo; **so it appears; so it would ~,** felly y mae hi'n ymddangos; felly'r ymddengys; **it appears not,** nid felly y mae yn ôl pob golwg; ymddengys nad felly y mae; **she made it ~ that she didn't know,** cymerodd arni na wyddai hi ddim; rhoes yr argraff na wyddai hi ddim; *(b) (= be clear):* **as will presently ~,** fel y gwelir gyda hyn; fel y daw'n eglur yn y man.

appearance *n.* **1.** *(in public):* ymddangosiad(-au) *m*; **to make an ~,** ymddangos; **he put in an ~,** dangosodd ei wyneb; *Th:* **the first ~ of an actress,** ymddangosiad cyntaf actores, cychwyniad *(m)* actores. **2.** *(= look, aspect):* golwg *f* **(of sth/s.o.,** ar rth/rn), *S.E: occ:* trawiad *m*; *Needlew:* edrychiad *m*, golwg; **at first ~,** ar yr olwg gyntaf; *Prov:* **don't judge by appearances,** nid wrth ei big y mae prynu cyffylog; **to/by all appearances,** yn ôl pob golwg, i bob golwg; **for the sake of appearances,** er mwyn cadw parch/wyneb/parchusrwydd; **to keep up appearances,** cadw wyneb.

appeasable *a.* cymodadwy, cymodol, dyhuddadwy, trugarog.

appease *v.t.* *(a) (= placate):* tawelu (rhn), tawelu llid (rhn), cymodi (â rhn); *B:* datr|oi llid (rhn), dyhuddo (rhn); *Hist: Pol:* dyhuddo. *(b)* **to ~ hunger,** torri newyn.

appeasement *n.* **1.** *vn.* = **appease. 2.** *Hist: Pol:* dyhuddiad *m*, dyhuddiaeth *f*.

appeaser *n.* dyhuddwr (dyhuddwyr) *m*.

appellant *a. & n. Jur:* **1.** *a.* apeliol, apelyddol; **A~ Lords,** Arglwyddi Apelyddol. **2.** *n.* apeliwr (apelwyr) *m*, ap|elwraig *f*, apelydd(-ion) *m*.

appellate *a. Jur:* apeliadol; **~ jurisdiction,** awdurdod *(m)* apeliadau.

appellation *n.* enw(-au) *m*, teitl(-au) *m* **(of s.o.,** ar rn).

appellative *a. & n. Gram:* **1.** *a.* enwol, cyffredin. **2.** *n.* enw(-au) cyffredin *m*.

appellatively *adv.* yn enwol, fel enw.

appellee *n. Jur:* cyhuddedig(-ion) *m&f*; *U.S:* atebydd(-ion, atebwyr) *m*.

append *v.t.* **1.** *(a) (= add):* atodi **(sth to sth,** rhth wrth rth), ychwanegu (rhth at rth), ôl-ddodi (rhth wrth rth); *(b)* **to ~ one's signature to a document,** torri'ch enw ar ddogfen, llofnodi dogfen. **2.** *(= hang):* crogi, hongian (rhth ar rth).

appendage *n.* **1.** atodiad(-au) *m*, ychwanegiad(-au) *m*, atodyn (atodion) *m*. **2.** *Anat: Nat.Hist:* atodyn.

appendant *a. & n.* **1.** *a.* atodol. **2.** *n.* atodiad(-au) *m*.

appendectomy *n. Surg:* tynnu(*vn*)'r/codi(*vn*)'r coluddyn crog, apend|ectomi (apendectomïau) *m*, *F:* tynnu'r/codi'r pendics.

appended *a.* **1.** atodol, atodedig. **2.** crog, ynghrog.

appendicectomy *n.* = **appendectomy.**

appendicitis *n. Med:* llid *(m)* y pendics, llid y coluddyn crog, *Lit: occ:* atodiadwst *f*, *F:* [y] pendics *m*, *N.W: O:* cwlwm *(m)* ar y perfedd.

appendicular *a.* atodol; *Biol:* **~ skeleton,** [y]sgerbwd ([y]sgerbydau) atodol *m*.

appendix *n.* **1.** *Anat:* coluddyn (coluddion) crog *m*, *F:* pendics(-iau) *m*. **2.** *(of book &c):* atodiad(-au) *m*.

apperceive *v.t.* cyfarganfod.

apperception *n.* cyfarganfod *vn*, cyfarganfyddiad(-au) *m*.

apperceptive *a.* cyarganfodol.

appertain *v.t. Adm: & Lit:* **1.** *(= belong):* perthyn, bod yn eiddo **(to sth,** i rth). **2.** *(= be appropriate):* gweddu, bod yn addas, bod yn briodol (i rth).

appetence, appetency *n.* **1.** *Psy:* dyhead(-au) *m*, awydd *m* **(for sth,** am rth); *(= tendency):* tuedd(-iadau) *f*, tueddiad(-au) *m* (at rth). **2.** *Ch:* cydweddiaeth *f*.

appetent *a.* awyddus; tueddol.

appetite *n.* *(a) (for food):* chwant *(m)* bwyd, awydd *(m)* bwyd; archwaeth *m* **(for sth,** am rth); *F:* stumog *f* (i rth); **he has a good ~,** mae'n fwytwr da; *F:* mae'n gladdwr; *N: occ:* mae'n stumongar/smongar *(both pronounced* ng-g); mae'n stumgar; **to eat with an ~,** bwyta'n awchus, bwyta gydag awch, *F:* claddu'ch bwyd; **loss of ~,** diffyg *(m)* archwaeth; **to whet s.o.'s ~,** *(i) (for food):* codi awydd bwyd ar rn; *(ii) Fig:* codi blys ar rn; **~ depressant,** gostyngydd *(m)* archwaeth, diarchwaethyn *m*; **~ stimulant,** archwaethyn *m*; **he spoilt his ~,** difethodd ei archwaeth; *(b) (for revenge &c):* awydd, ysfa (ysf|eydd) *f*, blys(-iau) *m*, chwant(-au) *m* **(for sth,** am rth).

appetitive *a.* archwaethol; *Z:* **~ behaviour,** ymddygiad dyheadol.

appetizer *n.* *(a) (= food &c):* bwyd(-ydd) *(m)* archwaeth, bwyd i godi blys, blasyn(-nau) *m*; *(b)* **a walk is a good ~,** mae tro yn codi awydd bwyd; mae tro yn dda i godi stumog.

appetizing *a.* blasus, *occ:* archwaethus, stumogus.

appetizingly *adv.* yn flasus *&c.*

Appian *a.* Appiaidd; **the ~ Way,** Ffordd Appius.

applaud *v.t.&i.* **1.** *v.t.* cymeradwyo; **to be applauded,** cael cymeradwyaeth. **2.** *v.i.* *(a) (= approve):* cymeradwyo, canmol; *(b) Th:* curo dwylo.

applaudable *a.* canmoladwy.

applaudably *adv.* yn ganmoladwy.

applauder *n.* cymeradwywr (cymeradwywyr) *m*, cymerad|wywraig *f*, canmolwr (canmolwyr) *m*, canm|olwraig *f*.

applause *n.* **1.** cymeradwyaeth *f*; *(= clapping):* curo *(vn)* dwylo; **to meet ~, to be greeted with ~,** cael/derbyn cymeradwyaeth. **2.** *(= praise):* cymeradwyaeth, clod(-ydd) *m*, canmoliaeth *f*.

apple *n. Hort:* **1.** *(a)* afal(-au, *F:* 'fala, 'fale) *m*, **baked ~,** afal pob, afal trwy'i groen, *N:* afal yn y popty; **bittersweet ~,** afal minswyn; **cat-head ~,** afal pen y gŵr, afal pryd y gŵr, afal pen cath; **cider-~,** afal seidr; **cooking ~,** afal coginio, afal pobi, *N: F:* afal cwcio, *S:* afal cwcan, afal digoni; **crab-~,** afal sur [bach] (afalau surion [bach]), *occ:* crabysyn (crabas) *m*, *S: occ:* crabotsyn (crabots) *m*; **dessert ~, eating ~,** afal bwyta, afal pêr, afal melys; **nonpareil ~,** afal y marchog, afal digymar; **pigeon's bill ~,** afal pig y golomen; **stewed apples,** *N:* stiw *(m)* afalau, afalau wedi'u stiwio; **St. James' ~,** afal Awst; **summer ~,** afal cynnar; **winter ~,** afal cadw; **~ of discord,** afal anghytgord; **~ of Sodom,** afal Sodom. **2.** *Anat:* **~ of the eye,** cannwyll *(f)* y llygad (canhwyllau'r llygaid), *Lit: occ:* mablygad (mablygaid) *m*; **she's the ~ of my eye,** mae hi'n werth y byd i mi; hi yw cannwyll fy llygad. **Adam's ~,** afal breuant/freuant. **3.** *Bot:* **love-~,** = **tomato; oak-~,** afal derw/deri, derw-afal(-au) *m*, *F:* marblen *(f)* goed (marblis coed); **potato-~,** afal tatws/tato; **thorn-~,** afal dreiniog, afal y diafol (afalau'r diafol), *Lit: occ:* afal meiwyn, dalen *(f)* meiwyn. **~ blight** *n. Ent:* lleuen (llau) *(f)* afalau. **~ blossom** *n.* blodyn (blodau) *(m)* [pren] afalau, blodyn afallen, *A:* afallflawd *m*. **~ brandy** *n.* brandi *(m)* afalau. **~-butter** *n. Cu:* jam *(m)* afalau. **~-cheeked** *a.* bochgoch. **~-cart** *n.* = **applecart. ~ core** *n.* calon *(f)* afal (calonnau afalau), cnewyllyn *(m)* afal (cnewyll afalau), bol *(m)* afal (boliau afalau), canol *(m)* afal (canolau afalau), craidd *(m)* afal (creiddiau afalau), *F: occ:*

sbâr (*m*) afal (sbarion afalau), stwmp (*m*) afal (stympiau afalau). ~ **corer** *n.* digreiddiwr (*m*) afal (digreiddwyr afalau), peth(-au) (*m*) tynnu craidd afal. ~ **dumpling** *n. Cu:* twmplen(-ni) (*f*) afalau. ~**-green** *a. & n.* gwyrdd (*m*) afal, melynwyrdd (*f.* melynwerdd, *pl.* melynwyrddion), gwyrddfelyn (*f.* gwyrddfelen, *pl.* gwyrddfelynion). ~ **maggot** *n. Ent:* pryf(-ed) (*m*) afalau, cynrhonyn (cynrhon) (*m*) afalau. ~ **pie** *n. Cu:* teisen(-nau) (*f*) afal/afalau, cacen(-nau,-ni) (*f*) afalau, pastai (pasteiod) (*f*) afalau; *often, less accurately:* tarten(-ni) (*f*) afal/afalau; ~**-pie bed,** gwely (*m*) soldiwr; **in ~-pie order,** fel pin mewn papur, mewn trefn berffaith, yn ddestlus, yn daclus. ~**-polisher** *n. U.S: F:* = **toady**[1]. ~ **sauce** *n.* **1.** *Cu:* sôs/saws (*m*) afalau. **2.** *F:* = **flattery, nonsense**. ~ **tart** *n. Cu:* tarten(-ni) (*f*) afalau. ~**-tree** *n.* coeden (coed) (*f*) afalau, *S: occ:* colfen(-ni) (*f*) afalau, *Lit:* pren(-nau) (*m*) afalau, *Lit: occ:* afallen(-nau) *f.*

applecart *n. N:* trol(-iau) (*f*) afalau, *S:* cart (certi, ceirt) (*m*) afalau, cert(-i, ceirt) (*f*) afalau; **to upset the ~,** *N:* troi'r drol, *S:* towlu'r drol, diwel y cart, bwrw'r cart.

applehead *n.* pen crwn (pennau crynion) *m.*

applejack *n.* brandi (*m*) afalau.

appliance *n.* dyfais (dyfeisiau) *f*, teclyn (taclau) *m*, offeryn (offer) *m*, peiriant (peiriannau) *m*, *F:* peth(-au) *m*; **cleaning ~,** dyfais lanh|au (dyfeisiau glanh|au); **kitchen ~,** *(i) (utensil):* teclyn/offeryn cegin, dyfais gegin (dyfeisiadau cegin); *(ii)* peiriant cegin; **laundry appliances,** peiriannau golchwaith. ~ **centre** *n.* canolfan(-nau) (*mf*) offer.

applicability *n.* cymhwyster *m*, addaster *m*, perthnasedd *m*, cymhwysedd *m* (**to sth,** i rth).

applicable *a.* **1.** *(paint, ointment &c):* dodadwy, gosodadwy, rhoddadwy, defnyddiadwy; **the paint is easily ~,** mae'r paent yn hawdd ei ddefnyddio/roi/ddodi; **2.** *(= relevant).* cymwys, addas, perthnasol (**to sth,** i rth); *(ruling):* cymwysadwy; **not ~,** amherthnasol.

applicably *adv.* yn gymwys.

applicant *n.* **1.** *(for post &c):* ymgeisydd (ymgeiswyr) *m.* **2.** *Jur:* ceisydd(-ion) *m.*

application *n.* **1.** *(a) (= of paint, ointment &c):* taenu *vn*, rhoi *vn*, dodi *vn*, gosod *vn* (rhth ar rth); defnyddio *vn* (rhth), defnydd *m* (ar rth); ~ **of the brake,** gwasgu(*vn*)'r brâc, pwysau (*pl*) ar y brâc; *Pharm:* **for external ~,** at ddefnydd allanol, i'w roi ar y croen; *(b) (= layer of paint):* haen(-au) *f*, haenen(-nau) *f*, côt (cotiau) *f*; *Pharm: (= ointment):* eli (elïau, elïoedd) *m*, *Lit. occ:* ennaint (eneiniau) *m*; *(c) (of principle, theory &c):* cymhwysiad (cymwysiadau) *m*; cymhwyso *vn*; **the industrial applications of an invention,** defnydd diwydiannol dyfais, defnydd diwydiannol ar ddyfais, posibiliadau (*pl*) defnyddio dyfais mewn diwydiant; *Cmptr: &c:* ~ **package,** pecyn(-nau) (*m*) cymhwyso; **applications programmer,** rhaglennwr (rhaglenwyr) (*m*) cymwysiadau. **2.** *(= assiduity):* ymroddiad *m*, ymroad *m* (**to sth,** i rth); dyfalwch *m*, diwydrwydd *m*, sêl *f*, dycnwch *m*, dyfalbarhad *m* (gyda rhth). **3.** *(= request):* cais (ceisiadau) *m*; **to make an ~ for sth,** ceisio/ymgeisio am rth; **to make an ~ to s.o.,** anfon cais at rn; **samples are sent on ~,** anfonir samplau ar gais; *Archives:* **originating ~,** cais cychwynnol. ~ **form** *n.* ffurflen (*f*) gais (ffurflenni cais), *occ:* ceislen(-ni) *f.*

applicative *a.* = **applicable, applicatory**.

applicatively *adv.* yn gymwys *&c.*

applicator *n. Pharm: Com:* taenwr (taenwyr) *m*, dodwr (dodwyr) *m.*

applicatory *a.* **1.** taenol. **2.** cymhwysol.

applied *a.* **1.** *(studies &c):* cymhwysol, cymwysedig, cymwys. **2.** *(materials):* gosod; *Needlew:* ~ **facing,** wynebyn gosod; ~ **shapes,** ffurfiau gosod.

applier *n.* **1.** *(of paint, ointment &c)* taenwr (taenwyr) *m*, peth(-au) (*m*) rhoi (rhth). **2.** *(of ruling &c):* cymhwyswr (cymhwyswyr) *m.*

appliqué[1] *n. Dressm:* ***appliqué*** *m*, addurn(-iadau) gosod *m.*

appliqué[2] *v.t.* addurno (rhth) ag ***appliqué.***

apply *v.t.&i.* **1.** *(a) (= set, put):* rhoi, dodi, gosod (**sth to sth,** rhth ar rth); **to ~ a poultice,** rhoi/dodi powltis; **to ~ the brake,** gwasgu'r brâc, bracio, brecio; *(paint, ointment &c):* taenu, dodi, rhoi; *(b) (= put into practice):* gweithredu, defnyddio (rhth); rhoi (rhth) ar waith; rhoi (rhth) mewn grym; *Mth: Ph:* cymhwyso (rhth); **to ~ a theory,** gweithredu damcaniaeth, rhoi damcaniaeth mewn grym, rhoi damcaniaeth ar waith; **this principle can be applied to all poems,** gellir cymhwyso'r egwyddor hon at bob cerdd; *(c) (= be relevant):* **this applies to my case,** mae a wnelo hyn â f'achos i; mae hyn yn berthnasol/berthynol i'm hachos i; mae hyn yn wir yn f'achos i; **this applies with particular force to ...,** mae hyn yn arbennig o wir am ...; **(the rule) applies to all adults,** (mae'r rheol) yn cynnwys pawb mewn oed, yn cyfeirio at bawb mewn oed. **2. to ~ one's mind to sth,** rhoi eich meddwl ar rth, canolbwyntio'r meddwl ar rth; **to ~ oneself to sth,** ymr|oi i wn|eud rhth; **he applied himself to the work,** ymroes i'r gwaith; dygnodd arni; bwriodd ymlaen â'r gwaith; gweithiodd yn ddygn. **3.** *(a)* **to ~ to s.o. for sth,** ceisio rhth gan rn, gwneud cais i rn am rth, mynd ar ofyn rhn am rth; **to ~ (for a post),** cynnig, ymgeisio, ymgynnig, gwneud cais (am swydd); *(b)* ~ **(within),** holwch, ymholwch, holer, ymholer (y tu mewn). **4.** *Mth: Ph:* **X is applied to Y,** gweithredir X ar Y.

appoggiatura *n. Mus:* ***appoggiatura (appoggiature)*** *m*, gogwyddnod(-au) *m.*

appoint *v.t.* **1. to ~ (s.o. [to be] manager),** penodi, *F:* apwyntio (rhn yn rheolwr); **to ~ a committee,** penodi pwyllgor; **to ~ s.o. to do sth,** penodi rhn i wneud rhth; **to ~ s.o. to a post,** penodi rhn i swydd. **2.** *(a) (= fix):* **to ~ a date,** pennu dyddiad, trefnu dyddiad; **to ~ a meeting place,** pennu/trefnu man cyfarfod; *(b)* **to ~ that sth be done,** trefnu y dylid gwneud rhth.

appointed *a.* **1.** *(a) (= arranged):* a drefnwyd, a bennwyd, penodedig, penodol; *(b) (to a post):* a benodwyd/apwyntiedig, penodedig, apwyntiedig; *(c) (= authorized):* penodedig, swyddogol. **2. a well-~ house,** tŷ â phob cyfleuster.

appointee *n.* penodedig(-ion) *m&f.*

appointer *n. Jur:* penodwr: penodydd (penodwyr) *m.*

appointive *a.* penodiadol.

appointment *n.* **1.** *(for meeting, business):* trefniad(-au) *m*, cyfarfod(-ydd) *m*, cyhoeddiad(-au) *m*, *Lit: & A:* oed(-au) *m*, *F:* apwyntment(-s) *m*, pwyntmant(-s) *m*, *F:* points *m or pl*; **to make an ~ for three o'clock,** trefnu cyfarfod am dri o'r gloch, gwneud oed ar gyfer tri o'r gloch; **to break an ~,** torri cyhoeddiad; **to see a doctor by ~,** trefnu i weld meddyg, ymweld â meddyg trwy drefniad. **2.** *(a) (= to a post):* penodiad(-au) *m*, apwyntiad(-au) *m*, penodi *vn*, apwyntio *vn*; *Journ:* **"Appointments Vacant",** "Swyddi Gweigion". **3.** *usu.pl. (of house): N:* dodrefn *pl*, *S:* celfi *pl*; *(of car &c):* gosodion *pl*, addurnau *pl.* ~ **card,** cerdyn (cardiau) (*m*) apwyntiad.

apportion *v.t.* rhannu, cyfrannu, dosbarthu, *Jur:* dosrannu.

apportioner *n.* dosrannwr (dosranwyr) *m*, rhannwr (rhanwyr) *m*, dosbarthwr (dosbarthwyr) *m.*

apportionment *n.* rhaniad(-au) *m*, dosbarthiad(-au) *m*, *Jur:* dosraniad(-au) *m*; *vn.* = **apportion**.

apposable *a.* atodadwy.

appose *v.t.* atodi; **to ~ one's signature to a document,** llofnodi dogfen, torri enw ar ddogfen.

apposite *a.* addas, priodol, cyfaddas, cymwys; **an ~ remark,** gair yn ei bryd, gair yn ei le.

appositely *adv.* yn addas *&c*; i'r dim.

appositeness *n.* addasrwydd *m*, addaster *m*, cyfaddasrwydd *m*, cyfaddaster *m*, priodoldeb *m.*

apposition *n. Gram: &c:* cyfosodiad(-au) *m*; **words in ~,** geiriau cyfosod.

appositional *a. Gram:* cyfosod, cyfosodol.

appositionally *adv.* yn gyfosod *&c.*

appositive *a. & n.* **1.** *a.* cyfosod, cyfosodol. **2.** *n.* gair (geiriau) cyfosod *m.*

appositively *adv.* yn gyfosodol.

appraisable *a.* prisiadwy.

appraisal *n. (a) (= evaluation):* prisiad(-au) *m*, amcangyfrif(-on) *m* (*pronounced* ng-g) [o werth rhth]; *(b) (= appreciation):* gwerthfawrogiad; **self-~,** hunanfeirniadaeth *f.*

appraise *v.t.* *(a) (= evaluate):* prisio (rhth), amcangyfrif (*pronounced* ng-g) (rhth), gosod gwerth (ar rth); *(b) (= weigh up):* cloriannu (rhth), mesur hyd a lled (rhth), ystyried gwerth (rhth).

appraisement *n.* = **appraisal**.

appraiser *n.* prisiwr (priswyr) *m*, beirniad (beirniaid) *m.*

appraising *a.* ystyriol.

appraisingly *adv.* yn ystyriol.

appreciable *a.* sylweddol.

appreciably *adv.* yn sylweddol; **this is ~ larger,** mae hyn dipyn yn fwy, mae hyn yn fwy o gryn dipyn.

appreciate *v.t.&i.* **1.** *v.t.* *(a) (= estimate worth of sth):* prisio (rhth), amcangyfrif (*pronounced* ng-g) gwerth (rhth), barnu/canfod/dirnad gwerth (rhth); *(b) (= esteem):* gwerthfawrogi; **he was never appreciated at his true worth,** ni welodd neb ei wir werth; ni werthfawrogwyd mohono erioed yn iawn; **his words were greatly appreciated,** plesiodd ei eiriau'n fawr; **he doesn't ~ it,** nid yw ddim balchach ohono; **she won't ~ my going to see her,** ni fydd hi ddim balchach o'm gweld i; **I ~ her having done this,** 'rwy'n ddiolchgar iddi am wneud hyn; *(c) (= understand):* **I fully ~ [the fact] that ...,** 'rwy'n sylweddoli'n llawn fod ...; **as you will ~ ...;** fel y sylweddolwch ...; **2.** *Fin:* *(a) v.t.* codi/cynyddu gwerth; *(b) v.i. (of goods &c):* codi mewn gwerth, codi mewn pris.

appreciation *n.* **1.** *(of value, kindness &c):* gwerthfawrogiad(-au) *m.* **2.** *Fin:* cynnydd *m* [mewn gwerth], codiad *m* [mewn pris], adbrisiant (adbrisiannau) *m.*

appreciative, appreciatory *a.* gwerthfawrogol; **a few ~ words,** ychydig eiriau o werthfawrogiad; **to be ~ of music,** gwerthfawrogi cerddoriaeth.

appreciatively *adv.* yn werthfawrogol.

appreciativeness *n.* gwerthfawrogiad *m.*

appreciator *n.* gwerthfawrogwr (gwerthfawrogwyr) *m.*

appreciatory *a.* gwerthfawrogol.

apprehend *v.t.* **1.** *Jur:* restio, dal. **2.** *(a) (= perceive):* synhwyro, sylwi: *(b) (= understand):* deall, dirnad, amgyffred. **3.** *A: & Lit: (= to fear):* ofni (rhth), disgwyl (rhth) yn ofnus, pryderu (rhag rhth).

apprehensibility *n.* dirnadwyaeth *f,* natur ddirnadwy *f &c.*

apprehensible *a.* dirnadwy, dirnadadwy, synwyradwy, dealladwy, amgyffredadwy.

apprehensibly *adv.* yn ddirnadwy *&c.*

apprehension *n.* **1.** *Jur:* restiad(-au) *m,* restio *vn.* **2.** *(a) (= perception):* amgyffred *m,* amgyffrediad(-au) *m;* *(b) (= understanding):* dirnadaeth *f,* dealltwriaeth *f.* **3.** *(= anxiety):* pryder(-on) *m,* ofn(-au) *m.*

apprehensive *a.* **1.** *(= perceptive):* dirnadol, amgyffredol. **2.** *(= fearful):* ofnus, pryderus; **to be ~ for s.o.,** ofni/pryderu ynghylch rhn.

apprehensively *adv.* **1.** yn ddirnadol. **2.** yn ofnus *&c.*

apprehensiveness *n.* = **apprehension.**

apprentice[1] *n. & attrib.* **1.** *n.* prentis(-iaid) *m.* **2.** *attrib.* prentis; **~ poet,** egin fardd (egin feirdd) *m,* prentis o fardd; *W.Lit.Hist:* disgybl(-ion) *m;* **~ work,** gwaith (*m*) prentis, *Lit:* prentiswaith *m.*

apprentice[2] *v.t.* **to ~ s.o. to s.o.** , prentisio rhn i rn, anfon rhn yn brentis at rn; **he was apprenticed to a tailor,** aeth yn brentis i deiliwr.

apprenticeship *n.* prentisiaeth(-au) *f;* **to serve an ~,** bwrw prentisiaeth, *S.W: occ:* taflu prentisiaeth.

apprenticing *vn.* prentisio, prentisiad(-au) *m.*

appressed *a. Bot:* cywasgedig, cywasg.

apprise *v.t. Lit:* **to ~ s.o. of sth,** dweud rhth wrth rn, sôn am rth wrth rn, hysbysu rhn o rth, rhybuddio rhn yngh|ylch rhth, rhoi gwybod i rn am rth; **to be apprised of sth,** gwybod rhth, bod yn ymwybodol o rth.

appro *n. F: Com:* **on ~,** ar brawf.

approach[1] *n.* **1.** *(a) (of spring, death &c):* dyfodiad *m,* dynesiad *m,* nesâd *m; Lit:* **a man easy of ~,** gŵr hawdd mynd ato; *(b) (= method):* triniaeth(-au) *f,* dull(-iau) (*m*) o drin rhth, ffordd (ffyrdd) (*f*) o fynd ati, agwedd(-au) (*f*) (at rth); *Sch:* dull (*m*) dysgu, patrwm (*m*) o weithredu; **his ~ to the problem,** ei ddull o drin y broblem, ei driniaeth o'r broblem; *(c)* **to make approaches to s.o.,** gwneud cynigion i rn, mynd at rn. **2.** *(of town &c):* cwr (cyrion) *m,* cyffiniau *pl;* ffordd (ffyrdd) *f* **(of/to sth,** at rth). **3. it is an ~ to perfection,** mae'n agos at berffeithrwydd; **4.** *Aut: Geog:* dynesfa (dynesf|eydd) *f.* **~ distance** *n. Aut:* pellter (*m*) dynesu. **~ road** *n.* ffordd (*f*) ddynesu (ffyrdd dynesu). **~ shot** *n. Golf:* trawiad(-au) (*m*) dynesu/cyrchu. **~ term** *n. Lib:* term (*m*) chwilio.

approach[2] *v.i.&t.* **1.** *v.i.* dynesu, nesu, nesáu, agosáu, dod/mynd yn nes; **Christmas is approaching,** mae'r Nadolig yn dod/nesáu; *Golf:* dynesu, cyrchu, agosáu. **2.** *v.t.* *(a)* dod/mynd yn nes, dynesu/nesu (at rth); **(we are) approaching London,** (yr ydym) yn nesáu/dynesu/nesu at Lundain, yn cyrraedd Llundain, ar gyrraedd Llundain; **it is approaching five o'clock,** mae hi'n gyrru ar bump o'r gloch; mae hi bron yn bump o'r gloch; mae hi ar fin bod yn bump o'r gloch; mae hi'n tynnu am bump [o'r gloch]; **the wind was approaching gale force,** 'roedd y gwynt yn codi at nerth tymestl; **a feeling approaching relief,** teimlad agos i ollyngdod, teimlad tebyg iawn i ollyngdod, teimlad yn ymylu ar ollyngdod; *(b)* **to ~ s.o.,** mynd at rn, *N: occ:* byrddio rhn; **to ~ s.o. on the subject of wages,** mynd i'r afael â rhn, mynd i ben rhn (ynglŷn â chyflog); **he's a difficult man to ~,** mae'n ŵr anodd mynd ato; *(c)* **to ~ a topic,** mynd i'r afael â phwnc, mynd o gwmpas pwnc, ymdrin â phwnc, ymosod ar bwnc, dod at bwnc.

approachability *n.* **1.** *(of place):* hygyrchedd *m.* **2.** *(of pers.):* agosatrwydd *n.*

approachable *a.* **1.** *(place):* hawdd mynd ato, *Lit:* hygyrch; **2.** *(pers.):* agos-atoch, hawdd sgwrsio/siarad â chi; **she is very ~,** mae hi'n agos-atoch; mae hi'n hawdd mynd ati; mae hi'n hawdd sgwrsio/siarad â hi.

approaching *a.* *(a) (= imminent):* agos, nesaol, dynesol; **his ~ death,** ei farwolaeth agos; **he was aware of his ~ death,** gwyddai ei fod ar farw; *(b)* **(he saw the) ~ (car),** (gwelodd y car) a oedd yn dod i'w gwrdd, a oedd yn dod tuag ato, a oedd yn dynesu *&c;* *(c) (= resembling):* tebyg (i rth); **with sth ~ relief,** gyda rhth tebyg i ryddhad.

approbate *v.t. U.S:* = **approve.**

approbation *n.* *(a) (= approval):* cymeradwyaeth *f* **(of sth,** o rth), bodlonrwydd *m* (ar rth, gyda rhth); *(b) (= agreement):* cydsyniad *m,* cytundeb *m* (â rhth).

approbatory *a.* cymeradwyol, llawn cymeradwyaeth.

appropriable *a.* neilltuadwy, meddianadwy.

appropriate[1] *a.* priodol, addas, cyfaddas, cymwys, gweddus, sy'n gweddu **(to sth,** i rth); **to make payment as ~,** talu fel y bo'n briodol; **an ~ remark,** sylw yn llygad ei le, sylw sy'n taro i'r dim; *Hist:* **~ tithes,** degymau adfedd.

appropriate[2] *v.t.* **1.** *(a) (= take possession of):* meddiannu (rhth); cymryd meddiant (o rth, ar rth); *Lit:* adfeddu, *Jur:* cyfeddu (thth); *(b) (= filch):* dwyn, lladrata, *N: F:* bachu, dwgyd, *Lit:* trawsfeddiannu. **2.** *(= earmark):* neilltuo, clustnodi, pennu **(sth to/for a purpose,** rhth ar gyfer rhth).

appropriated *a.* **~ tithe,** degwm (*m*) adfeddedig.

appropriately *adv.* yn briodol *&c.*

appropriateness *n.* priodoldeb *m,* addasrwydd *m,* gwedduster *m,* cymhwyster *m,* cyfaddasrwydd *m.*

appropriation *n.* **1.** *vn.* = **appropriate**[2]; cyfeddiant *m,* adfeddiant *m; Ecc:* **~ of tithes,** adfeddiad (*m*) degymau. **2.** *Fin: (money earmarked):* neilltuad(-au) (*m*) arian, cyllid(-au) *m;* **~ account,** cyfrif (*m*) dosbarthu.

appropriative *a.* meddiannol, *Lit:* adfeddol; *Jur:* cyfeddol.

appropriator *n.* **1.** meddiannwr (meddianwyr) *m, Lit:* adfeddwr (adfeddwyr) *m, Jur:* cyfeddwr (cyfeddwyr) *m.* **2.** *(= filcher):* lleidr (lladron) *m, N: F:* bachwr(-s, bachwyr) *m,* progiwr (progwyr) *m, Lit:* trawsfeddiannwr (trawsfeddianwyr) *m.*

approvable *a.* cymeradwy, derbyniol.

approvably *adv.* yn gymeradwy *&c.*

approval *n.* **1.** cymeradwyaeth *f;* **to meet with ~,** cael croeso (*m*), cael derbyniad (*m*), bod yn dderbyniol; **I hope it meets with their ~,** gobeithio eu bod yn fodlon arno. **2.** *Adm: (= ratification):* cymeradwyaeth, cadarnhad *m,* sêl (*f*) bendith, *occ:* dilysiant *m;* **we have his ~ of the idea,** yr ydym wedi cael sêl ei fendith ar y syniad. **3.** *(a) Com:* **goods on ~,** nwyddau ar brawf, nwyddau i'w cymeradwyo; *Lib:* **~ copy,** copi ar brawf; *(b) Philately:* **stamp approvals,** stampiau i'w dewis.

approve[1] *v.t.&i.* **1.** *v.t. (= accept):* cymeradwyo, cadarnh|au, derbyn (rhth); rhoi sêl bendith (ar rth). **2.** *v.i.* **to ~ (of sth),** cymeradwyo (rhth), cydsynio (â rhth); **I don't ~ of his friends,** [ni] dda gennyf mo'i ffrindiau; **to ~ of s.o.'s choice,** croesawu dewis rhn; **I ~ of his going there,** mae'n dda gennyf ei fod yn mynd yno; 'rwy'n falch ei fod yn mynd yno.

approve[2] *v.t.* **1.** *Jur:* gwella (rhth), cynyddu gwerth (rhth). **2.** *Hist:* aprofi.

approved *a.* cymeradwy, cymeradwyedig, cydnabyddedig, awdurdodedig; *Sch: A:* **~ school,** ysgol(-ion) (*f*) warchod (ysgolion gwarchod), ysgol gymeradwyedig (ysgolion cymeradwyedig), *F:* ysgol plant drwg; *Soc.Adm:* **~ societies,**

cymdeithasau cydnabyddedig, ~ **social worker,** gweithiwr cymdeithasol awdurdodedig, gweithiwr cymdeithasol wedi ei gymeradwyo.
approvement *n. Jur:* amgaead(-au) *m*, amgáu *vn.*
approver *n.* **1.** cymeradwywr (cymeradwywyr) *m*, cymerad|wywraig *f.* **2.** *Jur:* = **accomplice, informer**. **3.** *Hist:* trwyddedwr (trwyddedwyr) *m.*
approving *a.* cymeradwyol, llawn cymeradwyaeth.
approvingly *adv.* yn gymeradwyol, dan gymeradwyo *&c*, gyda chymeradwyaeth.
approximal *a. Anat:* cyfagos, cyffyrddol.
approximate[1] *a.* bras + *soft mut. before n.*; agos, lledgywir, go-gywir, lled agos, brasgywir; **an ~ guess,** bras amcan *m.*
approximate[2] *v.t.&i.* **1.** *v.t.* **to ~ a case to another,** cymharu dau achos, dod â dau achos at ei gilydd. **2.** *v.i.* dod yn agos (**to sth,** at/i rth), dynesu (at rth); **this approximates to the truth,** daw hyn yn agos at y gwir; *Mth: &c:* brasamcanu; *Log:* affinio.
approximately *adv.* yn fras, [yn] fwy neu lai; *(before a. or num.):* rhyw + *soft mut.*, tua + *spirant mut.*, oddeutu; **~ a hundred,** rhyw gant, tua chant, oddeutu cant, *S:* biti gant.
approximation *n.* **1.** *(= a drawing near):* dynesiad(-au) *m* (**to sth,** at rth, i rth); **an ~ to the truth,** rhth agos at y gwir, lledwirionedd(-au) *m.* **2.** *(= estimate):* bras amcan(-ion) *m*, lledamcan(-ion) *m*, amcangyfrif(-on) *m* (*pronounced* ng-g).
approximative *a.* = **approximate**.
approximatively *adv.* = **approximately**.
approximativeness *n.* brasgywirdeb *m*, lledgywirdeb *m.*
appurtenance *n.* **1.** *Jur:* hawl berthynol (hawliau perthynol) *f*; **with all appurtenances,** a phopeth sy'n perthyn. **2.** *pl.* atodion.
appurtenant *a.* atodol, perthynol (**to sth,** i rth).
apractic *a. Med:* apractig, apracsig.
apraxia *n. Med:* apracsia *m.*
apraxic *a.* = **apractic**.
après-ski *a.* ar ôl sgïo, wedi sgïo.
apricot *n.* **1.** *Bot: (fruit):* bricyllen (bricyll) *f*, |apricot (apricotau) *f*; ~ **|tree|,** coeden (*f*) fricyll (coed bricyll), bricyllwydden (bricyllwydd) *f.* **2.** *(colour):* lliw (*m*) bricyll.
April *n.* Ebrill *m*; **in ~,** yn Ebrill, fis Ebrill, ym mis Ebrill; *Prov:* **March slays, ~ flays,** Mawrth a ladd, Ebrill a fling. **~ fool** *n.* ffŵl (ffyliaid) (*m*) Ebrill; **~ Fool's Day,** Diwrnod (*m*) Ffŵl Ebrill. **~ shower** *n.* cawod(-ydd) (*f*) Ebrill.
apriorism, apriority *n. Phil:* aprioriaeth(-au) *f.*
apron *n.* **1.** *Cost:* ffedog(-au) *f*, *occ:* arffedog(-au) *f*, *N.W:* barclod(-iau) *m*, brat(-iau) *m*; **coarse ~,** ffedog fras (ffedogau breision), *N.W:* barclod bras (barclodiau breision); **cookery ~,** ffedog goginio. **2.** *(in various technical senses):* ffedog; *(of airfield):* palmant (palmentydd) *m.* **~ stage** *n. Th:* llwyfan(-nau) (*mf*) ffedog/barclod. **~-string** *n.* llinyn(-nau) (*m*) ffedog; **to be tied to s.o.'s ~-strings,** bod ynghlwm wrth linyn ffedog rhn.
apronful *n.* llond (*m*) ffedog, ffedogaid (ffedogeidiau) *f*, *N.W:* llond barclod, barclodiad: barclodaid (barclodeidiau) *m.*
apropos *a.* **1.** *(= timely, pertinent):* priodol, perthnasol, amserol. **2.** *prep.phr.* **~ of sth,** yngh|ylch rhth, ynglŷn â rhth, mewn cysylltiad â rhth, yng nghyswllt rhth, *Lit:* parthed rhth.
apse *n. Ecc.Arch:* talcen crwn (talcenni crynion) *m*, crongafell(-au) *f* (*pronounced* ng-g), cromfan(-nau) *mf*, aps(-au) *m.*
apsidal *a.* **1.** *Ecc.Arch:* cromfannol. **2.** *Astr:* eithafbwyntiol.
apsis *n. Astr:* eithafbwynt(-iau) *m.*
apt *a.* **1.** *(= fitting):* addas, priodol, cymwys, iawn. **2.** *(= inclined):* tueddol, chwannog, â thuedd (**to sth,** i rth); **he is ~ to forget,** mae'n tueddu i anghofio; mae'n hawdd ganddo anghofio. **3.** *(a) (= quick to learn):* cyflym, peniog, parod, deallus, galluog; *(b) (= skilful):* deh|euig, medrus, amcanus, *Lit:* llawdde, dehau, *F:* dechau, dethau, *N.W: occ:* ffetus.
aptera *n.pl. Ent:* anadeiniogion.
apteral *a. Arch:* apterol, digolofnau.
apterous *a. Ent:* anadeiniog, diesgyll, diadenydd.
apterygial *a. Biol: Bot:* esgyllog.
apteryx *n. Z: Orn:* apterycs(-od) *m.*
aptitude *n.* **1.** *(= fitness):* cymhwyster *m*, addasrwydd *m.* **2.** *(= ability):* cymhwyster (cymwysterau) *m*, dawn (doniau) *f*, gallu(-oedd) *m*, talent(-au) *f.* **3.** *(= propensity):* tuedd(-iadau) *f*, tueddiad(-au) *m*, tueddfryd(-iau) *m*, *N.W.occ:* asgen *f.*
aptitudinal *a.* cymwysterol.
aptitudinally *adv.* o ran cymhwyster, yn gymwysterol.
aptly *adv.* yn addas *&c.*
aptness *n.* **1.** *(= fittingness):* priodoldeb *m*, addasrwydd *m*, cymhwyster *m*, (**for sth,** i rth). **2.** *(= tendency):* tuedd *f*, tueddiad(-au) *m* (**to sth,** i rth).
apyrase *n. Bio-Ch:* |apyras (apyrasau) *m.*
aqua *n. Ch: Pharm:* ~ *fortis*, ***aqua fortis*** *m*, asid nitrig *m*, *A:* dŵr cadarn *m*; **~ pura,** dŵr pur *m*; **~ regia,** ***aqua regia*** *m*; **~ vitae,** ***aqua vitae*** *m*, |alcohol *m*, gwirod(-ydd) *f.*
aquacade *n.* sioe(-au) (*f*) nofio.
aqualung *n.* tanc(-iau) (*m*) anadlu.
aqualunger *n.* nofiwr (nofwyr) tanddwr *m*, n|ofwraig danddwr (nofwragedd tanddwr) *f.*
aquamarine *a. & n.* **1.** *a.* glaswyrdd (*f.* glaswerdd, *pl.* glaswyrddion), gwyrddlas (*f.* gwerddlas, *pl.* gwyrddleision). **2.** *n. Miner:* morlasfaen (morlasfeini) *m.*
aquanaut *n.* nofiwr (nofwyr) tanddwr *m*, plymiwr (plymwyr) tanddwr *m.*
aquanautics *n.pl.* nofio (*vn*) tanddwr, plymio (*vn*) tanddwr.
aquaplane[1] *n. Sp:* estyllen (*f*) ddŵr (estyll[od] dŵr).
aquaplane[2] *v.i. Sp:* sglefrio ar ddŵr.
aquarelle *n. Art:* dyfrlliw(-iau) *m.*
aquarellist *n.* dyfrlliwiwr (dyfrlliw-wyr) *m*, dyfrlliwydd(-ion) *m.*
Aquarian *n. Astrol:* Dyfrydd(-ion) *m.*
aquarist *n.* ceidwad (*m*) pysgoty (ceidwaid pysgotai).
aquarium *n.* pysgoty (pysgotai) *m*, acwariwm (acwaria) *m*, sŵ (*f*) fôr/môr (sŵau môr).
Aquarius *Pr.n. Astr:* y Dyfrwr *m*, y Cariwr (*m*) Dŵr.
aquatic *a. & n.* **1.** *a. (plant life):* dyfrdrig, [y] dŵr, dyfrol; *Th:* **~ acts,** campau dŵr; *Biol:* **~ feeders,** bwytawyr dyfrol. **2.** *a. (= watery):* dyfrllyd. **3.** *n.pl.* **~ sports,** mabolgampau dŵr.
aquatint[1] *n. Engr:* |acwatint (acwatintau) *m.*
aquatint[2] *v.t.* acwatintio, dyfrliwio.
aquatinter, aquatintist *n. Engr:* acwatintiwr (acwatintwyr) *m.*
aquavit *n. Bev:* |acwafit *m.*
aqueduct *n.* **1.** *Const:* dyfrbont(-ydd) *f*, traphont (*f*) ddŵr (traphontydd dŵr). **2.** *Anat:* camlas (camlesi) *f.*
aqueous *a.* dyfriol, dyfrllyd; **~ humour,** gwlybwr (*m*) [y] llygad; *Ph: &c:* gwlybwr dyfriol; *Pharm:* **~ solution,** toddiant dyfrllyd *m.*
aqueously *adv.* yn ddyfrllyd, gyda dŵr.
aquicultural *a.* dyframaethol.
aquiculture *n.* amaethu (*vn*) dŵr, dyframaeth *f.*
aquifer *n. Geol:* dyfrhaen(-au) *f.*
aquiferous *a. Geol:* dyfrllyd, dyfrgludol.
aquilegia *n. Bot:* = **columbine**.
aquiline *a.* eryraidd.
aquilinity *n.* eryreiddiwch *m.*
Aquinas *a.* **Saint Thomas ~,** Sant Tomos o Acwin.
Aquitaine *Pr.n. Geog:* Acwitania *f.*
aquiver *a.* yn crynu, crynedig.
aquosity *n.* dyfrllydrwydd *m*, natur ddyfrllyd *f.*
Ara *Pr.n. Astr:* yr Allor *f.*
Arab *a. & n.* **1.** *Ethn: (a) a.* Arabaidd; *Pol:* **the ~ League,** y Cynghrair/Gynghrair Arabaidd *mf*; *(b) n.* Arab(-iaid) *m*, Arabes(-au) *f.* **2.** *n. (horse):* ceffyl(-au) (*m*) Arab, arabfarch (arabfeirch) *m*; *S.a.* **street-arab**.
arabesque *n. Arch: Danc:* arabésg (arabesgau) *mf*, ***arabesque(-s)*** *m.*
Arabia *Pr.n. Geog:* Arabia *f*; **~ Deserta,** Arabia Anial, Anialwch (*m*) Arabia; **~ Felix,** Arabia Doreithiog; **~ Petraea,** Arabia Garegog.
Arabian *a. & n.* **1.** *a.* Arabaidd; *Lit:* **The ~ Nights,** Y Mil Noswaith (*f*) ac Un; **The ~ Gulf,** Geneufor (*m*) Arabia. **2.** *n.* = **Arab 1.** *(b).*
Arabic *a. & n.* **1.** *a.* Arabaidd, Arabig; **gum ~,** gwm Arabaidd/Arabig *m*, gwm Arabia; *(in language):* Arabeg. **2.** *n. Ling:* Arabeg *f,m*; **~ scholar,** Arabegwr: Arabegydd (Arabegwyr) *m.*
Arabicize *v.t.* Arabeiddio.
arabinose *n. Bio-Ch:* ar|abinos *m.*
arabinoside *n. Bio-Ch:* arab|inosid (arabinosidau) *m.*
arabis *n. Bot:* = **rock-cress**.
Arabist *n.* Arabegwr (Arabegwyr) *m*, Arab|egwraig *f*, Arabydd(-ion) *m.*
Arabize *v.t.* Arabeiddio.

arable *a. & n.* **1.** *a.* âr; ~ **land,** tir âr, *occ:* tir llafur, tir coch; ~ **farming,** ffermio tir âr. **2.** *n.* tir âr *m.*
Araby *n.* = **Arabia.**
araceous *a. Bot:* arymaidd.
arachnid *n. Z:* arachnid(-au) *m.*
arachnidan *a. & n.* **1.** *a.* arac[h]nidaidd. **2.** *n.* arac[h]nid(-au) *m.*
arachnoid *a. & n. Bot: Anat:* **1.** *a.* arac[h]noidaidd, arac[h]noid, gweol. **2.** *n.* arac[h]noid(-au) *m,* copwe(-oedd) *f.*
arachnology *n.* arac[h]noleg *f.*
Aragonese *a. & n.* **1.** *a.* Aragonaidd. **2.** *n.* Aragoniad (Aragoniaid) *m&f.*
aragonite *n. Miner:* ar|agonit *m.*
aragonitic *a. Miner:* aragonitig.
aralia *n. Bot:* aralia (araliâu) *m.*
araliaceous *a. Bot:* araliaidd.
Aramaean *a. & n. B.Hist:* **1.** *a.* Arameaidd. **2.** *n.* Aramead (Arameaid) *m&f.*
Aramaic *a. & n. B.Hist:* **1.** *a.* Arameaidd; *(in language):* Aramaeg. **2.** *n. Ling:* Aramaeg *f, m.*
Aramaism *n. B.Hist:* Aramaegeb(-au,-ion) *f.*
araneid *n.* copyn(-nod) *m,* corryn (corynnod) *m.*
araneidal *a.* copynnaidd, corynnaidd.
araneidan *a. & n.* = **araneid, araneidal.**
araneology *n.* araneoleg *f.*
arapaima *n. Ich:* arapaima(-od) *m.*
araponga *n. Orn:* aderyn (adar) *(m)* y gloch.
araroba *n.* **1.** *Bot:* coeden (coed) *(f)* araroba. **2.** *Pharm:* araroba *m.*
Araucanian **1.** *a.* Arawcanaidd; *(in language):* Arawcaneg. **2.** *n.* *(a) Ethn:* Arawcaniad (Arawcaniaid) *m&f*; *(b) Ling:* Arawcaneg *f, m.*
araucaria *n. Bot:* coeden (coed) *(f)* arawcaria.
Arawak *n.* |Arawac (Arawaciaid) *m&f.*
Arawakan *a. & n.* **1.** *a.* Arawacaidd; *(in language):* Arawaceg. **2.** *n. Ling:* Arawaceg *f, m.*
arbalest *n.* bwa (bwâu) *(m)* croes, croesfwa (croesfwâu) *m, A:* albrast(-iau) *m,* arblast(-iau) *m.*
arbalester *n.* arblastiwr (arblastwyr) *m.*
arbiter *n.* **1.** *Jur: &c:* canolwr (canolwyr) *m,* dyddiwr (dyddwyr) *m,* cyflafareddwr (cyflafareddwyr) *m,* cymrodeddwr (cymrodeddwyr) *m.* **2.** *(critic, judge, of taste):* beirniad (beirniaid) *m,* safonwr (safonwyr) *m;* ~ ***elegantiarum,*** beirniad chwaeth.
arbitrage[1] *n. Fin:* |arbitrais *m.*
arbitrage[2] *v.i. Fin:* arbitreisio.
arbitrageur *n. Fin:* arbitreisiwr (arbitreiswyr) *m.*
arbitral *a.* cyflafareddol, *Lit: or A:* athrywynol.
arbitrament *n.* dyfarniad(-au) *m.*
arbitrarily *adv.* yn fympwyol *&c;* wrth fympwy, yn ôl mympwy.
arbitrariness *n.* **1.** *(= capriciousness):* mympwyoldeb *m.* **2.** *(= oppressiveness):* gormesoldeb *m,* gormes *f.*
arbitrary *a.* **1.** *(= capricious):* mympwyol. **2.** *(= oppressive):* gormesol.
arbitrate *v.i.* **1.** dyddio, cyflafareddu, cymrodeddu, canoli, *Lit: or A:* athrywynu. **2.** *(= decide, give verdict):* barnu, dyfarnu, penderfynu.
arbitration *n.* cyflafareddiad(-au) *m,* cyflafareddu *vn; S.a.* **arbitrate; to go to ~,** mynd at ganolwr, mynd gerbron canolwr; **court of ~,** llys *(m)* cyflafareddu; *Com:* ~ **of exchange,** pennu *(vn)* cyfnewidiad. ~ **clause** *n.* cymal(-au) *(m)* cyflafareddu. ~ **service** *n.* gwasanaeth(-au) *(m)* cymodi.
arbitrational, arbitrative *a.* = **arbitral.**
arbitrator *n.* dyddiwr (dyddwyr) *m,* dyfarnwr (dyfarnwyr) *m,* canolwr (canolwyr) *m,* cymrodeddwr (cymrodeddwyr) *m,* cyflafareddwr (cyflafareddwyr) *m.*
arbitratrix *n.f.* d|yddwraig (dyddwragedd), cyflafar|eddwraig, can|olwraig.
arbitress *n.f.* **1.** *(= mistress):* meistres(-i) *f,* arglwyddes(-au) *f.* **2.** *(= female arbitrer):* d|yddwraig (dyddwragedd) *f.*
arblast *n.* = **arbalest.**
arbor[1] *n. U.S:* = **arbour. A~ Day** *n. U.S:* Diwrnod *(m)* Plannu Coed.
arbor[2] *n. Mec.E:* echel(-au,-ydd) *f,* gwerthyd(-au,-on) *f.* ~ **chuck** *n.* crafanc *(f)* echel/gwerthyd (crafangau echelau/echelydd/gwerthydau/gwerthydon).
arbor vitae *n. Bot: (Thuja):* pren(-nau) *(m)* bywyd.
arboraceous *a.* fel coeden, fel coed, coedaidd.
arboreal *a.* **1.** *(= tree-like):* coed[i]ol, fel coeden, coedaidd. **2.** *(= tree-dwelling):* prendrig, coedwigol; ~ **creatures,** creaduriaid y goedwig, creaduriaid sy'n byw mewn coed.
arboreally *adv.* yn goed[i]ol *&c,* fel coeden.
arboreous *a.* **1.** *(= wooded):* coediog. **2.** = **arboreal.**
arborescence *n.* coediogrwydd *m,* cangenogrwydd *m.*
arborescent *a.* **1.** *(= tree-like):* coediog, coed[i]ol, fel coeden; *(= having a woody stem):* colfennog. **2.** *Arch: &c: (= branched):* canghennog.
arborescently *adv.* yn goed[i]ol, fel coeden.
arboretum *n.* coedardd (coederddi) *f,* gardd *(f)* goed (gerddi coed), coedfa (coedf|eydd) *f.*
arboriculture *n.* tyfu *(vn)* coed, coedyddiaeth *f.*
arboriculturist, arborist *n.* tyfwr (tyfwyr) *(m)* coed.
arborization *n. Ch: Anat:* cangheniad (cangeniadau) *m,* ymgangheniad (ymgangeniadau) *m.*
arborize *v.i. Ch: Anat:* canghennu, ymganghennu.
arbour *n.* deildy (deildai) *m.*
arbovirus *n. Bac:* arbofirws (arbofirysau) *m.*
arbutus *n. Bot:* llwyn(-i) *(m)* mefus, coeden *(f)* fefus (coed mefus), coeden syfi, arbwtws *m.*
arc[1] *n.* **1.** *(a) (= part of a circle):* cylchran(-nau) *f,* crymlin(-iau) *f; Mth: Carp:* arc(-au) *m;* ~ **of contact,** arc cyffwrdd/cyswllt; *Fb:* **corner ~,** arc y gornel; **the ball described an ~ through the air,** ehedodd y bêl ar ŵyr drwy'r awyr. **2.** *El:* **electric ~,** arc(-au) *(m)* trydan; **~-braze** *v.t.* arc-sodro. **~-brazing** *vn.* arc-sodrad(-au) *m, vn.* = **~-braze.** ~ **lamp** *n.* arc-lamp(-au) *f; Th:* arc trydan; ~ **light** *n.* golau (goleuadau) *(m)* arc, arc-olau (~-oleuadau) *m.* **~-boutant** *n. Arch:* = **flying buttress ~ cosecant** *n. Mth:* arc-cosecant (~-cosecannau) *m.* ~ **cosine** *n. Mth:* arc-cosin(-au) *m.* ~ **cotangent** *n. Mth:* arc-cotangiad(-au) *m.* ~ **secant** *n. Mth:* arc-secant(-au) *m.* ~ **sine** *n. Mth:* arcsin(-au) *m.* ~ **tangent** *n. Mth:* arcdangiad(-au) *m,* gwrthdangiad(-au) *m.* **~-weld** *v.t.* arc-asio, arc-weldio.
arc[2] *v.i.* **1.** *(of ball, rocket &c):* gwyro, ehedeg/hedfan ar ŵyr, gwn|eud bwa. **2.** *(of dynamo &c):* gwreichioni, arcio. **3.** *T.V:* lledgylchu.
arcade *n.* **1.** rhodfa (rhodf|eydd) *(f)* dan do, arcêd (arcedau) *f,* ala: ale(-iau) *f,* pendist(-iau) *m,* bwâu *pl;* **amusement ~,** ala/ale ddifyrion/chwaraeon (aleiau difyrion/chwaraeon), arcêd ddifyrion/chwaraeon (arcedau difyrion/chwaraeon); **shopping ~,** ale siopau, oriel(-au) *(f)* siopau, arcêd siopau. **2.** *Arch:* arcêd.
arcaded *a.* bwaog, pendistiog, ag arcedau.
Arcadia *Pr.n. A: Geog: & Lit:* Arcadia *f.*
Arcadian *a. & n.* **1.** *a.* *(a)* Arcadaidd, [o] Arcadia; *(b) Fig:* gwledig, bugeiliol. **2.** *n.* Arcadiad (Arcadiaid) *m&f.*
Arcadic *a. & n.* **1.** *a.* Arcadaidd; *(in language):* Arcadeg. **2.** *n. Ling:* Arcadeg *f, m.*
arcading *n.* arcedau *pl,* pendistiau *pl.*
Arcady *Pr.n. A: Geog:* Arcadia *f.*
arcana *n.pl.* dirgelion, dirgeledigaethau, cyfrinion, cyfrin bethau.
arcane *a.* dirgel, cyfrin, cudd, cêl.
arcanum *n.* cyfrinach(-au) *f,* dirgelwch (dirgelion) *m.*
arcature *n. Arch:* bwâu bychain *pl,* bwâu deillion, |arcatur (arcaturau) *m.*
arch[1] *n.* **1.** *Arch: Const:* bwa (bwâu) *m,* bwa maen (bwâu maen/meini); **basket ~, three-centred ~,** bwa dolen; **camber ~,** bwa camber; **centre ~,** prif fwa, bwa canol; **chancel ~,** bwa cangell; **circular ~,** bwa cylchog; **elliptical ~,** bwa eliptigol; **equilateral ~,** bwa hafalochrog/cyfochrog; **four-centred ~,** bwa pedwar canolbwynt; **horseshoe ~,** bwa pedol; **lancet ~,** bwa fflaim/lansed; **memorial/monumental ~,** porth (pyrth) coffa *m;* **ogee ~,** bwa pigfain; **round ~,** bwa crwn (bwâu crynion); **segmental ~,** bwa crwm (bwâu crymion); **semi-circular ~,** bwa hanner-crwn; **squinch ~,** cilfwa (cilfwâu) *m;* **stone ~,** bwa maen; **trefoil ~,** bwa teirdalen; **triumphal ~,** porth (pyrth) *(m)* gorchest; **Tudor ~,** bwa Tuduraidd. **2.** *Ecc: Hist:* **Court of Arches,** Llys *(m)* y Bwâu; **Dean of Arches,** Deon *(m)* y Bwâu. **3.** *Anat: (of eybrows):* ysgafell(-au) *f;* **orbital arches,** bwâu'r llygaid; ~ **of the instep,** pont *(f)* [y] troed (pontydd y traed), mwnwgl *(m)* [y] troed (mynyglau'r traed); **fallen arches,** traed fflat-wadn. ~

border *n. Th:* borden (*f*) fwa (bordenni bwa). **~ form** *n. Mus:* ffurf(-iau) (*f*) bwa. **~-stone** *n. Arch:* = **keystone**.

arch² *v.t.&i.* **1.** *v.t.* *(a) (= cover with arch):* pontio (rhth), rhoi bwa (ar rth, ar draws rhth), *Lit: occ:* rhychwantu (rhth); *(b) (= raise):* codi, crymu; **to ~ one's back,** crymu'r cefn, gwn|eud gwar/cefn, *occ:* cefngrymu (*pronounced* ng-g); *Gym:* pontio. **2.** *v.i. (= rise):* codi, ymgodi, crymu.

arch³ *a. (= roguish):* pryfoclyd, coeglyd, ysmala, cellweirus, direidus, rogus.

arch-⁴ *a. & pref.* arch- + *soft mut.*, *occ:* carn- + *soft mut.*; heb ail, heb debyg. **~-enemy** *n.* carn-elyn(-ion) *m*, archelyn(-ion) *m*, pen-gelyn(-ion) *m*, gelyn glas/pennaf; **~-fiend** *n.* **1.** diafol(-iaid) *m*, archgythraul (archgythreuliaid) *m*, carn-ellyll(-on) *m*. **2. the A~-fiend,** *(= the Devil):* y Diafol *m*, *Lit: occ:* yr Anras. **~-flamen** *n. Rom.Ant:* archoffeiriad (archoffeiriaid) *m*. **~-liar** *n.* pen-celwyddgi (~-celwyddgwn) *m*, rhaffwr (rhaffwyr) (*m*) celwyddau, archgelwyddgi (archgelwyddgwn) *m*, palwr (palwyr) (*m*) celwyddau, celwyddgi heb ei ail/debyg (celwyddgwn heb eu hail/tebyg). **~-traitor** *n.* carn-fradwr (~-fradwyr) *m*, archfradwr (archfradwyr) *m*. **~-thief** *n.* carn-lleidr (~-lladron) *m*.

Archaean *a. Geol:* Archeaidd.

archaeological *a.* archeolegol.

archaeologically *adv.* yn archeolegol.

archaeologist *n.* archeolegydd: archeolegwr (archeolegwyr) *m*, archeol|egwraig *f*.

archaeologize *v.i.* archeolegu.

archaeology *n.* archeoleg *f*.

archaeomagnetic *a.* archeomagnetig.

archaeomagnetism *n.* archeomagnetedd *m*.

archaeopteryx *n. Orn:* arche|opterycs (archeopterycsiaid) *m*.

archaeornis *n. Orn:* archeornis(-iaid) *m*.

Archaeozoic *a. & n. Geol:* **1.** *a.* Archeosoaidd. **2.** *n.* yr Oes Archeosoaidd *f*.

archaic *a.* hynafol, hynafaidd; *Pej:* hynaflyd.

archaically *adv.* yn hynafol *&c.*

archaism *n.* **1.** *(idiom):* ymadrodd(-ion) hynafol *m*, hynafiaith (hynafieithoedd) *f*; *Rel:* hynafoliad *m*. **2.** *(quality):* hynafiaeth *f*, hynafiaethrwydd *m*, hynafolrwydd *m*.

archaist *n.* **1.** hynafeiddiwr (hynafeiddwyr) *m*. **2.** = **antiquary**.

archaistic *a.* hynafaidd, hynafol.

archaize *v.t.* gwn|eud (rhth) yn hynafol, hynafoli (rhth).

archaizing *a.* **~ style,** arddull hynafol/hynafaidd.

archangel *n.* **1.** archangel (archangylion) *m*. **2.** *Bot:* **yellow ~,** *(Lamiastrum galeobdolon):* marddanhadlen felen (marddanadl melyn) *f*, eurddanhadlen (eurddanadl) *f*.

archangelic *a.* archangylaidd.

archbishop *n.* archesgob(-ion) *m*.

archbishopric *n.* archesgobaeth(-au) *f*.

archcriminal *n.* archdroseddwr (archdroseddwyr) *m*, pen-troseddwr (~-troseddwyr) *m*.

archdeacon *n.* archddiacon(-iaid) *m*.

archdeaconate, archdeaconry, archdeaconship *n.* archddiaconiaeth(-au) *f*.

archdiocese *n.* = **archbishopric**.

archdruid *n.* archdderwydd(-on) *m*.

archdruidess *n.f.* archdderwyddes(-au) *f*.

archdruidic[al] *a.* archdderwyddol.

archducal *a.* archddugol.

archduchess *n.f.* archdduges(-au).

archduchy *n.* archddugiaeth(-au) *f*.

archduke *n.* archddug(-iaid) *m*.

archdukedom *n.* = **archduchy**.

Archean *a.* Archeaidd.

arched *a.* **1.** *Arch:* bwaog; **~ squall,** sgôl fwaog (sgoliau bwaog) *f*. **2.** *(back &c):* cefngrwm (*f.* cefngrom, *pl.* cefngrymion) (*pronounced* ng-g), crwm (*f.* crom, *pl.* crymion).

archegonial *a. Bot:* archegoniol.

archegoniate *a. Bot:* archegoniog.

archegonium *n. Bot:* archegoniwm (archegonia) *m*.

Archenfield *Eng.Pl.n.* Erging: Ergyng *f*.

archenteric *a. Biol:* archenterig.

archenteron *n. Biol:* archenteron (archentera) *m*.

archer *n.* **1.** saethwr (saethwyr) *m*, s|aethwraig (saethwragedd) *f*, saethyddes(-au) *f*, saethydd(-ion) *m*, bwasaethwr (bwasaethwyr) *m*, bwas|aethwraig (bwasaethwragedd) *f*; **mounted ~,** saethwr-farchog (saethwyr-farchogion) *m*. **2.** *Astr:* **the A~,** y Saethydd *m*. **~-fish** *n. Ich:* pysgodyn (*m*) saethwr (pysgod saethwyr).

archery *n.* saethyddiaeth *f*, saethwriaeth *f*, saethu (*vn*) â bwa; **~ contest,** gornest(-au) (*f*) saethu.

archespore, archesporium *n. Biol:* archesbor(-au) *m*.

archesporial *a. Biol:* archesborol.

archetypal *a.* **1.** cynddelwaidd, archdeipaidd. **2.** *F: (= very typical):* clasurol, perffaith; arch- + *soft mut. before n.*; [tra] nodweddiadol, cynrychioliadol; *Pej:* rhonc; **an ~ farmer,** enghraifft glasurol (*f*) o ffarmwr, ffarmwr os bu un erioed; **an ~ Tory,** arch-Dori (~-Doriaid) *m*, Tori (Toriaid) rhonc *m*.

archetypally *adv.* yn gynddelwaidd *&c*; yn anad dim, uwchl|aw popeth.

archetype *n.* **1.** cynddelw(-au) *f*, cynffurf(-iau) *f*, archdeip(-iau) *m*. **2.** *F:* enghraifft glasurol (enghreifftiau clasurol) *f*.

archetypical *a.* = **archetypal**.

archetypically *adv.* = **archetypally**.

archicarp *n. Bot:* |archicarp (archicarpau) *m*.

archidiaconal *a.* archddiaconaidd, archddiaconol.

archidiaconate *n.* archddiaconiaeth(-au) *f*.

archiepiscopacy *n.* archesgobaeth(-au) *f*.

archiepiscopal *a.* archesgobol.

archiepiscopally *adv.* yn archesgobol.

archiepiscopate *n.* **archiepiscopacy**.

archil *n. Dy:* archil *m*, orchil *m*.

archimandrite *n. Ecc:* archimandriad (archimandriaid) *m*.

Archimedean *a.* Archimedeaidd; *Ph:* **~ screw,** troell(-au) (*f*) Archimedes.

archipelagic *a.* ynysforol.

archipelago *n. Geog:* ynysfor(-oedd) *m*, archipelago *m*.

archiplasm *n. Biol:* archblasm *m*.

architect *n.* pensaer (penseiri) *m*; *(of scheme &c):* dyfeisydd (dyfeiswyr) *m*; *Lit:* **he is the ~ of his own fate,** efe yw meistr ei dynged ei hun. **~-designed** *a.* a gynlluniwyd gan bensaer, o waith pensaer, o gynllun pensaer.

architectonic *a.* pensaernïol; *(= systematic):* cyfundrefnol.

architectonically *adv.* yn bensaernïol *&c*; o ran pensaernïaeth.

architectonics *n.pl.* **1.** *Phil:* cyfundrefneg *f*, adeileg *f*. **2.** = **architecture**.

architectural *a.* pensaernïol; **~ assistant,** pensaer (penseiri) cynorthwyol *m*.

architecturally *adv.* yn bensaernïol; o ran pensaernïaeth.

architecture *n.* pensaernïaeth *f*; *Cmptr:* saernïaeth *f*, **machine ~,** saernïaeth (*f*) peiriant.

architrave *n. Arch:* **1.** *(= main beam):* prif drawst(-iau) *m*, pendrawst(-iau) *m*. **2.** *(= moulding around door &c):* |architraf (architrafau) *m*, amhiniog(-au) *m*, fframwaith *m*, archdraf(-au) *m*.

archival *a.* archifol.

archive¹ *n.usu.pl.* archif(-au) *f*; *(= repository):* archifdy (archifdai) *m*. **~ group** *n.* grŵp (grwpiau) archifol *m*. **~ record** *n.* *Cmptr:* cofnod(-ion) archifol *m*. **~ tape** *n.* tâp (tapiau) archifol *m*.

archive² *v.t.* archifo(rhth), rhoi (rhth) mewn archif; *Cmptr:* **archiving system,** system(-au) (*f*) archifo.

archivist *n.* archifydd(-ion, archifwyr) *m*.

archivolt *n. Arch:* moltas (molteisi) *m*.

archly *adv.* yn goeglyd.

archness *n.* coegni *m*, [y]smaldod *m*, direidi *m*, |eironi *m*.

archon *n. Gr.Ant:* prifynad(-on) *m*.

archonship *n.* prifynadaeth(-au) *f*.

archoplasm *n. Biol:* archblasm *m*.

archpriest *n.* archoffeiriad (archoffeiriaid) *m*.

archpriestess *n.f.* archoffeiriades(-au) *f*.

archway *n.* porth (pyrth) bwaog *m*.

arcing *vn. T.V:* lledgylchu.

arco *a. & adv. Mus:* gyda'r bwa, *arco*.

arcograph *n. Surv:* |arcograff (arcograffau) *m*.

Arctic *a. & n.* **1.** *a.* Arctig; **the ~ Ocean,** Cefnfor (*m*) yr Arctig; **the ~ Circle,** Cylch (*m*) y Gogledd, y Gogleddgylch *m*, y Cylch Arctig; *Geog:* **~ air,** awyr/aer arctig *f*. **2.** *n.* **the ~,** yr Arctig *m*.

arctically *adv.* yn arctig.

Arcturus *Pr.n. Astr:* Arctwrws *m*.

arcuate[d] *a.* bwaog.
arcuately *adv.* yn fwaog.
arcus senilis *n. Med:* cylch (*m*) henaint, bwa (*m*) henaint.
ard *n. Archeol:* aradr ddi-wadn (erydr di-wadn) *f*, gwŷdd (gwyddion) *m*.
Arddleen *W.Pl.n.* Yr Ardd-lin *f*.
ardency *n.* = **ardour**.
ardent *a.* **1.** *(heat &c):* poeth, brwd; ~ **spirits,** gwirodydd poethion/brwd. **2.** *(= zealous):* brwd, brwdfrydig, eiddgar, selog, tanbaid, taer, angerddol.
ardently *adv.* yn frwd *&c*.
ardour *n.* brwdfrydedd *m*, sêl *f*, angerdd *m*, eiddgarwch *m*, taerineb *m*, brwdaniaeth *f*, tanbeidrwydd *m*, *Lit:* aidd *m*.
arduous *a.* **1.** *(= strenuous):* llafurus, blinderus, blin, *Lit:* llafurfawr; ~ **work,** lladdfa (lladdf|eydd) *f*, caledwaith *m*. **2.** *A: or Lit: (= steep):* serth(-ion), syth(-ion).
arduously *adv.* yn llafurus *&c*; ag ymdrech.
arduousness *n.* natur lafurus *f*, llafurusrwydd *m*, blinder *m*, anhawster *m*, caledwch *m*.
are[1] *v. See* **be**.
are[2] *n. Metric Meas:* âr (arau) *mf*.
area *n.* **1.** *(= extent):* arwynebedd(-au) *m*, maint *m*; *Carp: &c:* wynebedd(-au) *m*; ~ **of triangle,** arwynebedd triongl. **2.** *(a) (= district):* ardal(-oedd) *f*, cylch(-oedd) *m*, cyffiniau *pl*, rhandir(-oedd) *m*, parth(-au) *f*; **in the Bangor ~,** ym Mangor a'r cylch, yn ardal Bangor, yng nghyffiniau Bangor, yn ochrau Bangor, tua Bangor, yn nhueddau Bangor, yng nghymdogaeth Bangor, ym mharthau Bangor; **mining ~,** ardal(-oedd) y glo, ardal lofaol (ardaloedd glofaol); *Geog:* **catchment ~,** dalgylch(-oedd) *m* (*not* talgylch); **assisted ~,** ardal gynorthwyedig; **built-up ~,** ardal adeiledig; **central care ~,** ardal gofalon canolog; **clearance ~,** ardal [i'w] chwalu, ardal i'w chlirio; **depressed ~,** ardal ddirwasgedig (ardaloedd dirwasgedig); **deprived ~,** ardal amddifad/ddifreintiedig; **development ~,** ardal ddatblygu (ardaloedd datblygu); **general improvement ~,** ardal gwelliannau cyffredinol; **housing action ~,** ardal weithredu (ardaloedd gweithredu) ar dai; **intermediate/grey ~,** ardal lwyd (ardaloedd llwydion); **pilot ~,** ardal arbrofol; **postal ~,** ardal bost (ardaloedd post); **special development ~,** ardal ddatblygu (ardaloedd datblygu) arbennig; **sterling ~,** ardal sterling, ardal y bunt; **suburban ~,** maestref(-i) *f*; *(b) Adm:* dosbarth(-au,-iadau) *m*, rhanbarth(-au) *m*; ~ **co-ordinating committee,** pwyllgor cyd-drefnu rhanbarthol; **A ~ Development Officer,** Swyddog(-ion) (*m*) Datblygu Rhanbarthol; ~ **office,** swyddfa (*f*) ranbarth (swyddf|eydd rhanbarth); **A ~ Health Authority,** Awdurdod (*m*) Iechyd Rhanbarthol, **A~ Review Committee,** Pwyllgor (*m*) Adolygu Rhanbarthol; *Sociol:* ~ **sampling,** samplu (*vn*) lleol; ~ **of service,** maes (*m*) profiad, cylch (*m*) gwasanaeth; *(c) (= space set aside for purpose):* llecyn(-nau) *m*, man(-nau) *mf*, lle(-fydd,-oedd) *m*, llain (lleiniau) *f*; **landing ~,** glanfa (glanf|eydd) *f*; **loading ~,** lle llwytho; **parking ~,** maes (meysydd) (*m*) parcio, lle parcio, llain barcio (lleiniau parcio); **reception ~,** man croeso, derbynfa (derbynf|eydd) *f*; **storage ~,** storfa (storf|eydd) *f*. **3.** *(e.g. on skin, material = patch, part of sth):* llecyn(-nau) *m*, clwtyn: clwt (clytiau) *m*, darn(-au) *m*, rhan(-nau) *f*; **an ~ of scorched grass,** clwt o laswellt coch. **5.** *Cmptr:* adran(-nau) *f*. ~ **centre** *n. Adm:* canolfan r[h]anbarth[ol] (canolfannau rhanbarthol) *mf*. ~ **code** *n. U.S: Tp:* côd (codau) (*m*) ardal. ~ **teacher** *n. Sch:* athro (athrawon) (*m*) bro, athrawes (*f*) fro (athrawesau bro). ~ **team** *n. Pol:* tîm (timau) (*m*) rhanbarth.
areal *a.* arwynebaidd, arwyneb; *Geol:* ~ **differentiation,** gwahaniaethiad (*m*) arwynebedd.
areaway *n.* cowt(-iau) *m*, cowrt(-iau) *m*.
areca *n. Bot:* ~ **nut,** cneuen (cnau) (*f*) areca; ~ **palm [tree],** coeden (coed) (*f*) areca.
arecoline *n. Pharm:* ar|ecolin *m*.
areg *n.pl. Geog:* twyni.
arena *n. (a)* ymrysonfa (ymrysonf|eydd) *f*, man(-nau) (*mf*) ymryson, arena (arenâu) *f*; *(b) (of activity &c):* maes (meysydd) *m*; **the political ~,** y byd gwleidyddol *m*, byd gwleidyddiaeth; **the ~ of the war,** maes y frwydr.
arenaceous *a.* **1.** *Geol: (= sandy):* tywodlyd, tywodol, fel tywod. **2.** *Bot:* yn tyfu mewn tywod, tyw|od-drig; ~ **plant,** planhigyn tywod.
arenicolous *a. Z:* tyw|od-drig, tywodol.
arenite *n. Geol:* tywodfaen (tywodfeini) *m*.
aren't *abbr. (a)* = **are not**; *See* **be**; *(b)* ~ **I?** = **am I not?** *See* **be**.
areocentric *a. Astr:* Mawrth-ganolog.
areola *n. Anat:* areola (areolâu) *mf*.
areolar *a. Anat:* areolaidd; ~ **tissue,** meinwe areolaidd *f*.
areolate, areolated *a.* areolog.
areolation *n.* areoliad(-au) *m*.
areole *n.* = **areola**.
areometer *n.* areomedr(-au) *m*.
Areopagite *n.* Areopagiad (Areopagiaid) *m*.
Areopagitic *a.* Areopagaidd.
arête *n. Geog:* crib(-au) *f*, trum(-iau) *f*, esgair (esgeiriau) *f*.
arethusa *n. Bot:* = **orchid (bog)**.
argala *n. Orn:* = **adjutant bird**.
argali *n. Z:* argali (argalïaid) *m*.
argent *a. & n. Her: & Poet:* **1.** *a.* arian, ariannaidd. **2.** *n.* arian *m*.
argentic *a.* ariannaidd.
argentiferous *a.* arianddwyn.
Argentina *Pr.n. Geog:* [yr] Ariannin *f*.
argentine[1] *a. & n.* **1.** *a. (= silvery):* ariannaidd, [fel] arian; *(= whitish):* cannaid. **2.** *n. (a) Ich:* brwyniad (brwyniaid) (*m*) arian; **larger ~,** *(Argentina silus):* pysgodyn (pysgod) (*m*) arian mawr; **lesser ~,** *(A. sphyraena):* pysgodyn arian bach; **Sheppy ~,** = **pearl-side**; *(b) Th:* ariannin *m*.
Argentine[2] *a. & n.* **1.** *a. Geog:* Archentaidd, [yr] Ariannin; **the ~ government,** llywodraeth Ariannin; **the ~ [Republic],** [yr] Ariannin *f*. **2.** *n.* Archentwr (Archentwyr) *m*, Arch|entwraig (Archentwragedd) *f*.
Argentinian *a. & n.* = **Argentine**[2]; **he's ~,** Archentwr ydyw; un o'r Ariannin ydyw.
argentite *n. Miner:* ariannit *m*.
argentous *a. Ch:* ariannus.
argil *n.* clai *m*, priddglai *m*.
argillaceous *a.* cleiog, priddgleiog.
argillite *n. Geol:* cleifaen (cleifeini) *m*.
arginase *n. Bio-Ch:* |arginas *m*.
arginine *n. Bio-Ch:* |arginin *m*.
Argive *a. & n.* = **Greek**.
argle-bargle *n. & v.i.* = **argy-bargy**.
argol *n. Ch:* argol *m*.
argon *n. Ch:* argon *m*.
Argonaut *n.* **1.** *Gr.Myth:* |Argonawt (Argonawtiaid) *m*, Argoforwr (Argoforwyr) *m*, Argolongwr (Argolongwyr) *m*. **2.** *Moll:* cragen (*f*) Bedr (cregyn Pedr).
Argonautic *a. Gr.Myth:* Argonawtaidd, Argoforwrol.
argosy *n.* **1.** *(= fleet):* llynges(-au) *f*. **2.** *(ship):* llong (*f*) drysor (llongau trysor), llong fasnach (llongau masnach).
argot *n.* slang *mf*.
arguable *a.* **1.** *(= credible):* credadwy, dadleuadwy. **2.** *(= dubious):* dadleuol, amh|eus.
arguably *adv.* yn ddadleuadwy; **this is ~ the best book,** gellir dadlau mai hwn yw'r llyfr gorau.
argue *v.t.&i.* **1.** *v.t. (a) (= indicate):* dangos, profi; **his action argues him to be a coward,** dengys ei weithred ei fod yn llwfr; yn ôl a wnaeth ef, llwfrgi yw; *(b) (= discuss):* **to ~ a question,** trin/trafod pwnc; **to ~ a case,** dadlau/pledio/pleidio achos; **to ~ the toss,** amau'r dyfarniad; *abs.* taeru; **to ~ the impossibility of sth,** dal/dadlau/honni fod rhth yn amhosibl. **2.** *v.i. (a)* **to ~ against sth,** dadlau yn erbyn rhth, gwrthddadlau rhth, gwrthwynebu rhth; **to ~ in favour of sth,** dadlau dros rth, dadlau o blaid rhth, pleidio rhth; **to ~ from the facts,** dadlau ar sail y ffeithiau; **all this argues in his favour,** mae hyn i gyd o'i blaid; *(b) (i) (= discuss, debate):* dadlau, dal pen rheswm, trin a thrafod, taeru, *(ii)* = **quarrel**[2]; **to ~ about politics,** dadlau ynghylch gwleidyddiaeth; **(they are always) arguing with one another,** (maent byth a hefyd) yn taeru, yng ngyddfau ei gilydd, ym mhennau ei gilydd.
argued *a.* honedig; **a well-~ case,** achos a dadleuon da drosto.
arguer *n.* dadleuwr (dadleuwyr) *m*, dadl|euwraig (dadleuwragedd) *f*.
argufier *n.* cecryn(-nod) *m*, cecren(-nod) *f*, taerwr (taerwyr) *m*.
argufy *v.i.* taeru, ymdaeru, ymgecru.

argument *n.* **1.** *(a) (= reasoning):* dadl(-euon) *f*, rheswm (rhesymau) *m* **(for sth,** dros rth); *(= line of reasoning):* ymresymiad(-au) *m*, ymresymu *vn*; **counter ~,** gwrthddadl(-euon) *f*; **to follow s.o.'s [line of] ~,** dilyn ymresymiad rhn; **that's another ~ for banning him,** dyna reswm arall dros ei ddiarddel; **for argument's sake,** er enghraifft, er mwyn cael enghraifft, er mwyn dadl; *(b) Theol: Phil:* **the ~ from design,** y ddadl ar sail cynllun. **2.** *(i) (= discussion, debate):* dadl, trafodaeth(-au) *f*; *(ii) (= dispute):* ffrae(-on) *f*, cweryl(-on) *m*; **to get the best of an ~,** ennill dadl, cael y llaw uchaf mewn dadl; **(to obey) without ~,** (ufuddh|au) yn ddirwgnach, heb ddadl. **3.** *Lit: (= synopsis):* crynodeb(-au) *m*. **4.** *Mth: Cmptr: (amplitude):* arg(-iau) *m*.

argumentation *n.* **1.** *(= reasoning):* ymresymiad(-au) *m*, ymresymu *vn*. **2.** *(= discussion):* trafodaeth(-au) *f*, trafod *vn*, ymdrafod *vn*.

argumentative *a.* cecrus, dadleugar, *Lit:* cynhennus, ymrysongar (*pronounced* ng-g); **an ~ person,** cecryn(-nod) *m*, cecren(-nod) *f*.

argumentatively *adv.* yn gecrus *&c.*

argumentativeness *n.* cecrusrwydd *m*, dadleugarwch *m*, ymrysongarwch *m* (*pronounced* ng-g).

argumentum *n.* dadl(-euon) *f* **(for sth,** dros rth).

Argus *Pr.n.m.* **1.** *Myth:* Argws. **2.** *Fig:* **a~,** gwarchodwr (gwarchodwyr) *m*; *(in newspaper title):* Gwyliwr *m*, Gwyliedydd *m*. **3.** *Ent:* argws(-iaid) *m*: **a~, brown ~,** argws glas *m*; **Scotch ~,** argws yr Alban, modrwyog (*m*) yr Alban. **~-eyed** *a.* llygatgraff, â llygaid fel barcud; *(= watchful):* gwyliadwrus. **~ pheasant** *n. Orn:* ffesant(-od, ffesynt) llygadog *m*. **~ shell** *n. Moll:* cragen lygadog (cregyn llygadog) *f*.

argy-bargy *n.* taeru *vn*, ymdaeru *vn*, malu (*vn*) awyr, cega.

argyle, argyll *attrib.* losinog.

argyrol *R.t.m. Pharm:* argyrol *m*.

arhythmic *a. Mus:* arhythmig, di-rythm.

aria *n. Mus:* unawd(-au) *m*, aria (ariâu) *f*.

Arian *a. & n. Rel.Hist:* **1.** *a.* Ariaidd, Ariadaidd. **2.** *n.* Ariad (Ariaid) *m&f*.

Arianism *n. Rel.Hist:* Ariaeth *f*, Ariadaeth *f*.

Arianize *v.t.* Arieiddio, Ariadeiddio.

ariboflavinosis *n. Path:* aribofflafinosis *m*.

arid *a.* **1.** *(= dry):* sych(-ion), cras, crin(-ion), crinsych(-ion), anial, diffaith; **~ land,** crindir(-oedd) *m*, crastir(-oedd) *m*; **~ zone,** tir(-oedd) (*m*) cras. **2.** *(= boring):* anniddorol, diflas, sych, llwm, syrffedus.

aridity, aridness *n.* **1.** *(= dryness):* sychder *m*, crinder *m*. **2.** *(= boringness):* sychder, diflastod *m*.

Aries *Pr.n. Astr:* yr Hwrdd *m*.

arietine *a.* hyrddol.

arietta *n. Mus:* canig(-au,-ion) *f*, arieta (arietâu) *f*.

aright *adv. A: & Lit:* yn iawn, yn gywir; **to set sth ~,** unioni rhth, cywiro cam; **if I remember ~,** os da y cofiaf.

aril *n. Bot:* aril(-[i]au) *m*.

arillate[d] *a. Bot:* arilog, ariliog.

arilled *a. Bot:* aril[i]og.

arioso *n. Mus:* arioso (ariosi) *m*.

arise *v.i.* **1.** *(a) Lit:* codi, ymgodi, cyfodi, ymddangos, *S: F:* cwnnu; **a prophet arose,** ymddangosodd proffwyd; *(b) B: Ecc:* **to ~ from the dead,** atgyfodi, codi o farw'n fyw. **2.** *(of thg): (a)* codi, digwydd, dod, ymgodi; **a storm arose,** cododd storm; daeth yn storm; **should the occasion ~,** os daw'r cyfle; os digwydd y cyfle; **if difficulties ~,** os ceir anawsterau; **if the need arises,** os bydd rhaid; **when the need arises,** pan fo angen; *(b) (= result, emanate):* codi, deillio **(from sth,** o rth); **(obligations) arising from a clause,** (ymrwymiadau)'n codi o gymal, sy'n ddibynnol ar gymal.

arista *n. Bot:* = **awn.**

aristate *a. Bot:* coliog.

aristocracy *n.* **1.** *Coll:* pendefigaeth(-au) *f*, bonedd *m*, pendefigion *pl*, uchelwyr *pl*, aristocratiaid *pl*, *F:* pobl fawr *f*, byddigions *pl*; *Archeol:* **warrior ~,** pendefigaeth filwrol. **2.** *(= aristocratic rule):* aristocratiaeth(-au) *f*, pendefigaeth(-au) *f*.

aristocrat *n.* pendefig(-ion) *m*, pendefiges(-au) *f*, |aristocrat (aristocratiaid) *m&f*, uchelwr (uchelwyr) *m*, uch|elwraig (uchelwragedd) *f*.

aristocratic *a.* pendefigaidd, uchelwrol, aristocrataidd, bonheddig.

aristocratically *adv.* yn bendefigaidd *&c.*

Aristophanes *Pr.n.m.* Aristoffanes.

Aristophanian *a.* Aristoffanaidd.

Aristotelian *a. & n.* **1.** *a.* Aristotelaidd. **2.** *n.* Aristoteliad (Aristoteliaid) *m&f*.

Aristotelianism *n. Phil:* Aristoteliaeth *f*.

Aristotle *Pr.n.m.* Aristotlys, Aristoteles.

arithmetic *n.* rhifyddeg *f*; **clock ~,** rhifyddeg cloc; **commercial ~,** rhifyddeg masnach; *Cmptr:* **double length ~,** rhifyddeg hyd dwbl; **double precision ~,** rhifyddeg tra-chywiredd dwbl; **floating point ~,** rhifyddeg pwynt arnawf; **mechanical ~,** rhifyddeg fecanyddol; **mental ~,** rhifyddeg pen, *F:* [gwn|eud] syms yn eich pen; **modular ~,** rhifyddeg fodylaidd. **~-logic unit (ALU)** *n. Cmptr:* uned (*f*) rifyddeg-resymeg (unedau rhifyddeg-resymeg). **~ overflow** *n.* gorlif(-oedd) rhifyddol *m*. **~ shift** *n.* syfliad(-au) rhifyddol *m*.

arithmetical *a.* rhifyddol.

arithmetically *adv.* yn rhifyddol.

arithmetician *n.* rhifyddwr (rhifyddwyr) *m*, rhif|yddwraig (rhifyddwragedd) *f*.

ark *n.* **1.** arch (eirch) *f*; **Noah's ~,** arch Noa; *F:* **it looks as if it came from the ~,** mae cyn hyned â'r dilyw; mae fel rhth o arch Noa; mae'n hen ddihenydd. **2.** *B:* **the A~ of the Covenant,** Arch y Cyfamod. **~-shell** *n. Moll: (Arca tetragona):* cragen (*f*) arch (cregyn eirch).

Arkansas oilstone *n.* carreg (cerrig) (*f*) hogi Arkansas.

arkose *n. Miner:* arcos *m*.

arm¹ *n.* **1.** *Anat: (a)* braich (breichiau) *f*; **upper ~,** bôn (*m*) braich (bonion breichiau); **(she was carrying the child) in her arms,** (yr oedd hi'n cario'r plentyn) yn ei breichiau, yn ei chôl; **under his ~,** dan ei gesail; **(they walked) ~ in ~,** (cerddasant) fraich ym mraich, ym mreichiau ei gilydd; **she took my ~,** cydiodd yn fy mraich; **(to welcome s.o.) with open arms,** (croesawu rhn) â/gyda breichiau agored, yn galonnog; *Fenc:* **fighting ~,** braich ymladd; *Gym:* **arms sideways,** breichiau ar led; *Gym:* **arms upwards,** breichiau i fyny; **to keep s.o. at ~'s length,** cadw rhn [ar/o] hyd braich; *F:* **a shot in the ~,** symbyliad(-au) *m*, hwb (hybiau) *f*; **a child in arms,** plentyn (plant) (*m*) magu; *S.a.* **forcarm¹**; *(b) Adm: (= subdivision):* cangen (canghennau) *f*, isadran(-nau) *f*; *(c)* **the long ~ of the law,** gafael (*f*) y gyfraith; **an ~ of the law,** cynrychiolydd (cynrychiolwyr) (*m*) y gyfraith, gwas (gweision) (*m*) y gyfraith. **2.** *(of sweater &c):* llawes (llewys) *f*; *(of chair, lever):* braich; *(of river):* cangen (canghennau) *f*; *(of the sea):* cainc (ceinciau) *f*, morgainc (morgeinciau) *f*. **3.** *Cmptr:* **[disk] ~,** braich disg. **~ jumping** *vn. Gym:* braichneidio. **~ ladder** *n. Gym:* ysgol (*f*) fraich (ysgolion breichiau). **~-twisting** *vn.* troi braich/breichiau. **~ walking** *vn. Gym:* braichgerdded. **~-wrestling** *vn.* ymaflyd breichiau.

arm² *n.* **1.** *(= weapon) (a) usu.pl.* erfyn (arfau) *m*, arf(-au) *mf*; **side arms,** arfau ystlys; **small arms,** mân arfau; **arms control,** rheolaeth (*f*) arfau; **the arms race,** y ras (*f*) arfau, y ras arfogi; **to take up arms, to rise up in arms,** ymarfogi, arfogi, codi arfau; **under/in arms,** arfog; **to bear/carry arms,** dwyn arfau; **to lay down arms,** ildio, ymostwng, gostwng arfau; **to arms!** i'r gad! i ryfel! **a call to arms,** galwad (*f*) i ryfel, galwad i'r gad, gwŷs (*f*) i'r gad; **force of arms,** grym (*m*) arfau; *Fig:* **to be up in arms (about sth),** bod yn ddig, bod yn ddicllon, bod yn gynddeiriog, codi gwrychyn, cythruddo, gwylltio (yngh|ylch rhth); *(b) Mil: (= branch of service):* adran(-nau) *f*, cangen (canghennau) *f*. **2.** *Her:* arfau *pl*, arfbais (arfbeisiau) *f*, pais (peisiau) (*f*) arfau; *S.a.* **coat¹**; **arms angulate,** arfau cornelog; **arms barry,** arfau bariog/barrog; **arms bendy,** arfau bendi/bendiog; **arms bordered,** arfau bordredig; **arms castellated/invected,** arfau bylchog; **arms erased,** arfau rasyd; **arms paly,** arfau palisiog; **arms party,** arfau parthedig; **arms saltire,** arfau sawtyr/sawter; **arms trebled,** arfau tridyblyg; **double arms,** arfau dwbl; **award of arms,** dyfarniad(-au) (*m*) arfbais; **grant of arms,** grant(-iau) (*m*) arfbais.

arm³ *v.t.&i.* **1.** *v.t.* *(a)* arfogi; **to ~ oneself,** ymarfogi; *(= prepare oneself):* ymbarat|oi **(for sth,** ar gyfer rhth); *(= provide oneself):* mynd **(with sth,** â rhth); cydio, gafael (yn rhth); **he armed himself with a stick,** aeth â ffon; cydiodd/gafaelodd mewn ffon; cymerodd ffon i'w amddiffyn ei hun; **she went armed with a testimonial,** fe aeth â thystlythyr ganddi; *(b) (= reinforce):* cryfh|au, atgyfnerthu; **to ~ lead with wax,** cwyro plwm. **2.** *v.i.* **1.** ymarfogi. **2.** *Danc:* breichio.

armada *n. Hist:* armada (armadâu) *f*, arflynges(-oedd) *f*, llynges (*f*) ryfel (llyngesau rhyfel); **the Spanish A~,** Armada Sbaen; **the Invincible A~,** yr Armada/Arflynges Anorchfygol.

armadillo *n.* **1.** *Z:* armadilo(-d,-s) *m*, *Lit: occ:* armellog(-iaid) *m*. **2.** *Crust:* = **woodlouse.**

Armageddon *Pr.n. (a) B: Lit:* Armagedon *m*; *(b) Fig:* y frwydr olaf *f*.

Armagnac *n. Bev:* Armagnac *m*.

armament *n.* **1.** arfogaeth(-au) *f*, arfau *pl* [rhyfel], offer (*pl*) rhyfel. **2.** *(= forces):* llu(-oedd) arfog *m*.

armamentarium *n. Med:* arfogaeth(-au) *f*.

armaria *n. Lib:* armaria *m*, llyfrgell (*f*) mynachlog.

armarius *n. Lib:* armariws *m*, llyfrgellydd (llyfrgellwyr) (*m*) mynachlog.

armature *n.* **1.** *Biol: &c: (= protective covering):* arfogaeth(-au) *f*. **2.** *El:* |armatwr (armatyrau) *m*, craidd (creiddiau) *m*; **~ winding,** dirwyniad(-au) (*m*) armatwr. **3.** *(= framework):* ffrâm (fframiau) *f*, fframwaith (fframweithiau) *m*.

armband *n.* rhwymyn (*m*) braich (rhwymynnau breichiau).

armchair *n. & attrib.* **1.** *n.* cadair (*f*) freichiau (cadeiriau breichiau), *occ:* cadair ddwyfraich (cadeiriau dwyfraich), *S.W: occ:* stôl (*f*) gadair (stolion cadair). **2.** *attrib.* **~ general,** cadfridog (*m*) cadair freichiau; **~ lawyer,** cyfreithiwr (*m*) pen pentan.

armed[1] *a.* arfog; **~ with a sword,** cleddyfog; **~ to the teeth,** yn llawnarfog, mewn llawn arfogaeth; **~ forces,** lluoedd arfog; **~ men,** gwŷr arfog, arfogion.

armed[2] *a.* breichiog, â breichiau; **long-~,** hirfraich; **short-~,** byrfraich; **one-~,** unfraich; **one-~ bandit,** lleidr (lladron) unfraich *m*.

Armenia *Pr.n. Geog:* Armenia *f*.

Armenian *a. & n.* **1.** *a.* Armenaidd; **the ~ government,** llywodraeth Armenia; **she's ~,** Armeniad yw hi; *(in language):* Armeneg. **2.** *n. (a) Ethn:* Armeniad (Armeniaid) *m&f*; *(b) Ling:* Armeneg *f*, *m*.

armful *n.* coflaid (cofleidiau) *f*, ceseilaid (ceseileidiau) *f*, *N:* hafflaid (haffleidiau) *f*, *S.E:* breichaid (brecheidiau) *f*, *S:* llond (*m*) côl.

armhole *n.* twll (*m*) braich (tyllau breichiau), twll llawes (tyllau llewys).

armiger *n.* yswain (ysweiniaid) *m*.

armigeral, armigerous *a.* ysweiniol, arfog.

armillary *a.* cylchrwyol.

Arminian *a. & n. Rel.Hist:* **1.** *a.* Arminaidd. **2.** *n.* Arminiad (Arminiaid) *m&f*, Armin(-iaid) *m&f*.

Arminianism *n. Rel.Hist:* Arminiaeth *f*.

armistice *n.* cadoediad(-au) *m*.

armless *a.* di-fraich, heb fraich, difreichiau, heb freichiau.

armlet *n.* **1.** *(= band):* breichled(-au) *f*, breichrwy(-au) *f*, rhwymyn (*m*) braich (rhwymynnau breichiau); *Archeol:* **incised ~,** breichrwy endoredig/riciog (breichrwyau endoredig/rhiciog); **massive bronze ~,** breichrwy efydd enfawr; **pennanular ~,** breichrwy fylchgron (breichrwyau bylchgrwn); **sheet gold ~,** breichrwy eurlen; **spiral snake ~,** breichrwy neidr droellog. **2.** *(of sea):* cainc (ceinciau) *f*, cangell(-au) *f*, culfor(-oedd) *m*.

armoire *n. Furn:* = **cupboard, clothes-press, wardrobe.**

armor *a. & v.t. U.S:* = **armour**[2].

armoria *n. Lib:* llyfr (*m*) arfau.

armorial *a. & n.* **1.** *a.* arfbeisiol, herodrol; **~ bearing,** arfbais (arfbeisiau) *f*; *Lib:* **~ binding,** rhwymiad (*m*) arfbais. **2.** *n.* arfbeislyfr(-au) *m*, llyfr(-au) (*m*) arfbeisiau, llyfr arfau.

Armorica *Pr.n. Geog:* Llydaw *f*.

Armorican *a. & n.* = **Breton.**

armorist *n.* herodraethwr (herodraethwyr) *m*.

armory[1] *n.* herodraeth *f*.

armory[2] *n. U.S:* = **armoury.**

armour[1] *n.* **1.** *Hist: (of knight):* arfwisg(-oedd) *f*, arfogaeth *f*, *F:* **a suit of ~,** arfwisg, *occ:* dillad (*pl*) haearn; **coat of ~,** pais (*f*) ddur (peisiau dur); **in full ~,** mewn llawn arfogaeth. **2.** *Mil: (of tank &c):* arfogaeth. **~-bearer** *n.* yswain (ysweiniaid) *m*, cludwr (cludwyr) (*m*) arfau, *B:* arweinyddion (*m*) arfau. **~-belt** *n. N.Arch:* gwregys(-au) (*m*) dur [arfogedig], tordres (*f*) ddur (tordresi dur) [arfogedig]. **~-bright** *a.* arfloyw. **~-clad** *a. (man):* arfogedig, mewn arfwisg; *(man, tank):* durblatiog, durblat. **~-piercing** *a.* platdorrol. **~-plate** *n.* plât (platiau) (*m*) dur, durblat(-iau) *m*. **~-plated** *a.* durol, [mewn] dur, arfogedig, [mewn] plât dur, mewn durblat.

armour[2] *v.t. (man):* arfwisgo; *(ship &c):* durblatio (rhth), gorchuddio (rhth) â durblat, gorchuddio (rhth) â phlatiau dur; *(glass):* gwydnu, caledu.

armoured *a.* **1.** = **armour-clad; ~ car,** car (ceir) durblat/durblatiog; *(loosely):* cerbyd(-au) arfog/arfogedig *m*; *(glass):* gwydn, caled. **2.** *Mil:* **~ division,** adran(-nau) arfog[edig] *f*. **3.** *Carp:* **~ ply,** pren haengaled *m* (*pronounced* ng-g). **4.** *Metalw: &c:* **~ hose,** arfbib(-au) *f*.

armourer *n.* arfogwr (arfogwyr) *m*, gof(-aint) (*m*) arfau.

armoury *n.* **1.** *Mil:* arfdy (arfdai) *m*, [y]stordy ([y]stordai) (*m*) arfau. **2.** *Fig: (of resources &c):* stôr (storiau) *m*, storfa (storf|eydd) *f*.

armpit *n.* cesail (ceseiliau) *f*.

armrest *n. Aut: &c:* braich (breichiau) *mf*.

arms *n.pl See* **arm**[2].

army *n.* **1.** byddin(-oedd) *f*; **Land A~,** Byddin y Tir, y Fyddin Dir; **to join the ~,** ymuno â'r fyddin, *F:* listio (yn y fyddin); **standing ~, regular ~,** byddin barhaol (byddinoedd parhaol), byddin sefydlog; **the Territorial A~,** Byddin y Tiriogaethwyr, y Fyddin Diriogaethol; **the Salvation A~,** Byddin (*f*) yr Iachawdwriaeth. **2.** *(= throng, multitude):* llu(-oedd) *m*, haid (heidiau) *f*, byddin, *N: F:* fflyd(-oedd) *f*. **~ ant** *n. Ent:* morgrugyn (morgrug) heidiol *m*. **~ corps** *n.* corfflu(-oedd) (*m*) byddin. **~ list** *n.* rhestr(-au) (*f*) byddin.

armyworm *n. Ent:* lindysyn (lindys) heidiol *m*.

arnica *n. Bot:* |arnica *m*.

aroid *a. Bot:* = **araceous.**

aroma *n.* sawr(-au) *m*, persawr(-au) *m*, perarogl: peraroglau (perarogleuon) *m*, *S:* gwynt da *m*, *N:* oglau da; *Ch:* aroma (aromâu) *m*.

aromatherapist *n.* aromatherapydd(-ion) *m*.

aromatherapy *n.* aromath|erapi *m*.

aromatic *a. & n.* **1.** *a.* sawrus, pêr, persawrus, peraroglus, melysber, balmaidd; *Ch:* aromatig. **2.** *n.* persawr(-au) *m*; *Bot:* planhigyn (planhigion) persawrus *m*.

aromatically *adv.* yn bêr *&c*.

aromaticity *n.* persawrusrwydd *m*.

aromaticness *n.* = **aroma.**

aromatization *n. Ch:* aromateiddio *vn*, aromateiddiad(-au) *m*.

aromatize *v.t.* **1.** persawru, perarogleuo, perarogli. **2.** *Ch:* aromateiddio.

around *adv. & prep.* **1.** *adv. (a)* o gwmpas, o amgylch, o bobtu, *Lit:* oddeutu, *S:* oboitu, [am]biti; *(= near):* gerll|aw, *N:* wrth ymyl, yn ymyl, *S:* ar bwys; *S.a.* **about; all ~,** amgylch ogylch, ar bob ochr, ar bob tu, ar bob llaw; *(b)* **to wander ~,** crwydro o gwmpas *&c*; **to stand ~,** sefyllian, loetran; *(c) F:* **he's now able to get ~ again,** mae'n codi allan eto; *(d)* **this sort of car has been ~ for years,** mae'r math hwn o gar ar gael ers blynyddoedd; *F:* **she's been ~,** mae hi wedi gweld tipyn; mae hi wedi gweld y byd. **2.** *prep. (a)* o gwmpas (rhth), o amgylch (rhth), o bobtu (rhth); *(esp. with parts of the body):* am + *soft mut.* **his arms were ~ her neck,** 'roedd ei freichiau am ei gwddf; **he wrapped a coat ~ him,** lapiodd gôt amdano; **the people ~ him,** y bobl o'i amgylch/gwmpas, y bobl nesaf ato, y bobl agosaf ato; *(b)* **to travel ~ the country,** teithio'r wlad, teithio o gwmpas, teithio o amgylch y wlad; **~ the place,** ar hyd y lle, o gwmpas y lle; **~ Bangor,** yng nghyffiniau Bangor, o gwmpas Bangor, o amgylch Bangor, yng nghylch Bangor, ym Mangor a'r cylch; *(c)* **~ four o'clock,** tua phedwar o'r gloch, o gwmpas pedwar o'r gloch, *S:* biti bedwar o'r gloch, *S.W:* marce pedwar. **~-the-clock 1.** *a.* parhaol, di-baid; **an ~-the-clock search,** ymchwil bedair-awr-ar-hugain, ymchwil dydd a nos. **2.** *adv.* trwy gydol yr amser, yn ddi-baid, yn barhaol.

arousal *n.* cynnwrf: cynhyrfiad (cynhyrfiadau) *m*.

arouse *v.t.* **1.** *(from sleep):* deffro, dihuno. **2.** *(passions &c):* cynhyrfu, cyffr|oi, ysgogi; **to ~ interest,** codi/creu/meithrin/ennyn diddordeb.

aroused *a.* cynhyrfus, mewn cynnwrf.

arow *adv.* mewn rhes.

arpeggio *n. Mus:* arpegio(-s) *m*, ***arpeggio (arpeggi)*** *m*; **~ 6/4 chord,** cord 6/4 arpegio; **~ notes,** nodau arpegio.

arquebus *n.* |arcwebws (arcwebysau) *m*.

arrack *n. Dist:* arac *mf.*

arraign *v.t.* **1.** *(a) Jur:* areinio (rhn), dwyn (rhn) i gyfrif, dwyn (rhn) o flaen llys; **he was arraigned in court,** cafodd ei ddwyn o flaen ei well; *(b) (= accuse):* cyhuddo, ditio. **2.** *Fig: (= attack):* ymosod, lladd (ar rn); beirniadu (rhn) yn llym.

arraignment *n.* **1.** *Jur: (a)* areiniad(-au) *m*, areinio *vn*, areinment *m*; *(b) (= accusation):* cyhuddiad(-au) *m*, ditiad(-au) *m*. **2.** *Fig: (= attack, criticism):* ymosodiad(-au) *m*, beirniadaeth(-au) *f*; ymosod *vn*, beirniadu *vn*.

arrange *v.t.* **1.** *(a) (= put in order):* trefnu (rhth), gosod/dodi/rhoi (rhth) mewn trefn; **to ~ things,** trefnu pethau, dodi/rhoi pethau yn eu trefn; **to ~ one's affairs,** rhoi trefn ar eich pethau; *(b) (= adapt):* addasu, cymhwyso; *Mus:* **a piece arranged for the piano,** darn wedi'i addasu ar gyfer y piano. **2. to ~ a marriage,** trefnu priodas; **to ~ a meal,** hwylio pryd o fwyd; **to ~ to do sth,** trefnu gwneud rhth, parat|oi ar gyfer gwneud rhth, hwylio i wneud rhth; **(to ~ a time) for sth,** (pennu amser) i rth, ar gyfer rhth; **everything is arranged,** mae popeth wedi'i drefnu; mae popeth mewn trefn; mae popeth yn barod; **it was arranged that . . . ,** trefnwyd bod . . . . **3.** *(= settle argument):* torri dadl, cymodi, dyhuddo. **4.** *(= tidy):* tacluso, cymhennu, *N:* twtio, *S:* cymoni.

arrangement *n.* **1.** *(a) (= preparation):* trefniad(-au) *m*, paratoad(-au) *m*; **to make arrangements (for sth),** trefnu, parat|oi (ar gyfer rhth); **flower ~,** trefnu (*vn*) blodau; **a flower ~,** trefniad blodau; *(b) (= order, disposition):* trefn *f* **(of sth,** rhth, ar rth), cyfuniad(-au) *(m)* (o rth); *(c) Mus:* **~ (for the piano),** trefniant (trefniannau) *m*, addasiad(-au) *m* (ar gyfer y piano). **2.** *(= settling of difference):* cymodiad(-au) *m*, dyhuddiad(-au) *m*; *Com.* **price by ~,** pris trwy gytundeb; *Com:* **to come to an ~ with s.o.,** dod i gytundeb/ddealltwriaeth â rhn.

arranger *n.* trefnwr (trefnwyr) *m*, trefnydd(-ion) *m*, tr|efnwraig (trefnwragedd) *f*.

arrant *a. Pej:* rhonc; **an ~ traitor,** carn-fradwr (~-fradwyr) *m*; **~ nonsense,** lol *(f)* botes maip, dwli hollol *m*, malu *(m)* awyr glân.

arrantly *adv.* yn rhonc.

arras *n. A:* murlen(-ni) *f*, brithlen(-ni) *f*, t|apestri (tapestrïau, tapestrïoedd) *m*.

array[1] *n.* **1.** *(a) Mil:* trefn *f*, mwstwr *m*, rhengoedd *pl*, rhesi *pl*; **in close ~,** mewn rhengoedd agos; **in battle ~,** mewn trefn brwydro/brwydr, mewn cadres; **in fine ~,** mewn trefn odidog, yn dyrfa ysblennydd; *(b) (= display):* sioe(-au) *f*, arddangosfa (arddangosf|eydd) *f*; *(= large collection):* casgliad(-au) *m*; **a fine ~ of books,** casgliad godidog o lyfrau; *(c) (of figures):* rhes(-i) *f*, matrics(-au) *m*; *Cmptr:* aräe (araeau) *mf*. **2.** *Lit: Poet:* addurn(-au) *m*, addurniad(-au) *m*, gogoniant (gogoniannau) *m*, ysblander(-au) *m*, gwychder(-au) *m*. **3.** *Jur: (= jury members):* y rheithgor *m*, y rheithwyr *pl*; **Commission of A ,** Comisiwn *(m)* Aräe

array[2] *v.t.* **1.** *(a) Mil: &c: (= arrange):* gosod (rhth) mewn trefn, rhencio, mwstro, trefnu (rhth). *(b) Jur:* rhestru, panelu. **2.** *Lit: (= adorn):* addurno, gwisgo.

arrayal *n.* = **array**[1],[2].

arrayer *n.* trefnwr (trefnwyr) *m*, tr|efnwraig *f*, *Jur: Hist:* Comisiynydd (Comisiynwyr) *(m)* Aräe.

arrearage *n.* ôl-ddyledaeth *f*; *S.a.* **arrears.**

arrears *n.pl.* ôl-ddyled *f*, ôl-ddyledion *pl*; **payment in ~,** ôl-daliad(-au) *m*; **~ of rent, rent ~,** rhent(-i) dyledus *m*; **~ of contributions,** ôl-ddyled cyfraniadau; **in ~,** mewn ôl-ddyled, mewn dyled; **to work one week in ~,** gweithio wythnos ar ei hôl hi; **to get/fall into ~ with the rent,** mynd i ddyled gyda'r rhent; **~ of wages,** cyflog dyledus *m*.

arrest[1] *n.* **1.** *(a)* [a]restiad(-au) *m*, rest(-iadau) *m*, ar|est (arestiadau) *m*; **an ~ was made last night,** [a]restiwyd rhn neithiwr; **you're all under ~!** 'rwy'n eich [a]restio chi i gyd! **(they are) under ~,** (maen' nhw) wedi'u restio/harestio, dan [a]restiad; **wrongful ~,** cam[a]restiad(-au) *m*, [a]restio (*vn*) ar gam; **house ~,** [a]restiad *(m)* tŷ; **he's under house ~,** cyfyngir ef i'w dŷ/gartref; *S.a.* **warrant**[1] **3. 2.** *(= stoppage):* ataliad(-au) *m*, atalfa (atalf|eydd) *f*; **cardiac ~,** ataliad ar y galon.

arrest[2] *v.t.* **1.** *(a) (= stop):* atal, rhwystro, *F:* stopio; *(b) Jur:* **to ~ judgement,** atal/gohirio dedfryd. **2.** *(a) (on charge):* restio, arestio (rhn); *N: F:* cymryd (rhn) i fyny; **arresting officer,** heddwas (heddweision) [a]restiol *m*, [a]restiwr ([a]restwyr) *m*; *(b) Scot: Nau:* **to ~ a debtor,** atafaelu/atal dyledwr. **3. to ~ s.o.'s attention,** dal/dala/hoelio/tynnu/taro sylw rhn.

arrestable *a. Jur:* arestiadwy, restiadwy.

arrestant *n. Ent:* atalydd(-ion) *m*.

arrestation *n.* ataliad(-au) *m*, atal *vn*, atalfa (atalf|eydd) *f*.

arrested *a. (= halted):* ataliedig; *(on charge):* restiedig.

arrestee *n. Scot.Jur:* restiedig(-ion) *m&f*, dyledwr (dyledwyr) *m*, dyl|edwraig (dyledwragedd) *f*.

arrester *n.* **1.** *Jur: (a)* [a]restiwr ([a]restwyr) *m*; *(b) Scot:* atafaelwr (atafaelwyr) *m*. **2.** *(= stopper):* ataliwr (atalwyr) *m*, atalydd(-ion) *m*, *F:* blocyn (blociau) *(m)* sa' draw. **~ gear** *n. Nau: Av:* gwifrau *(pl)* atal, offer *(pl)* atal. **~ hook** *n.* bachyn (bachau) *(m)* atal, bach(-au) *(m)* atal.

arresting[1] *a.* **1.** *(= interesting):* trawiadol, hynod, sy'n tynnu/hoelio sylw, diddorol. **2.** *Jur:* **~ officer,** [a]restiwr ([a]restwyr) *m*.

arresting[2] *vn. (a) Jur:* [a]restiad *m*, [a]restio; *(b) Mec.E:* atal, ataliad(-au) *m*.

arrestingly *adv.* yn drawiadol *&c.*

arrestment *n. Jur:* [a]restiad(-au) *m*.

arrestor *n.* = **arrester.**

arrhythmia *n. Med:* afreol|eidd-dra *m*, arhythmia *m*.

arrhythmic[al] *a. Med:* afreolaidd, arhythmig.

arrhythmically *adv.* yn afreolaidd *&c.*

arris[1] *n. Arch:* ymyl [main/fain] (ymylon [main]) *mf*, rhimyn(-nau) *m*.

arris[2] *v.t. Arch:* arisio, rhimynnu.

arrival *n.* **1.** *(a)* cyrhaeddiad (cyraeddiadau) *m*, dyfodiad(-au) *m*, cyrraedd *vn*, dyfod *vn*; **on ~,** wrth gyrraedd; **it was broken on ~,** yr oedd wedi torri pan gyrhaeddodd; **the ~ of the train will be five minutes late,** bydd y trên bum munud yn hwyr yn cyrraedd; **time of ~,** amser cyrraedd; *(b) Nau: (of ship):* glaniad(-au) *m*; **on ~,** wrth lanio; *(c) Trans:* **arrivals and departures,** (trenau/bysiau/awyrennau *&c*) yn cyrraedd a chychwyn, yn cyrraedd a gadael. **2.** *(pers.):* dyfodiad (dyfodiaid) *m&f*; **a new ~,** *(i)* newydd-ddyfodiad (~-ddyfodiaid) *m&f*, rhn (rhai) newydd gyrraedd; *(ii) (= baby):* baban(-od) newydd-anedig *m*, babi(-s) newydd *m*.

arrive *v.i.* **1.** cyrraedd; **to ~ on the scene,** dod/cyrraedd yn annisgwyl, dod i'r fan, *N: F:* dod i'r fei; **the day arrived when . . . ,** daeth y diwrnod pan . . . ; *O:* **to ~ at the age of sixty,** cyrraedd trigain oed; **to ~ at a decision,** dod i benderfyniad; **to ~ at a price,** dod i bris, penderfynu ar bris, gosod/pennu pris, cytuno ar bris. **2.** *(= succeed):* llwyddo.

arrivé *n.* rhn (rhai) llwyddiannus, rhn wedi llwyddo, llwyddwr (llwyddwyr) *m*.

arriver *n.* cyrhaeddwr (cyrhaeddwyr) *m*, cyrh|aeddwraig *f*.

arrivisme *n.* ***arrivisme*** *m*.

arriviste *n.* ***arriviste(-s)*** *m&f*, dringwr (dringwyr) cymdeithasol *m*, dr|ingwraig gymdeithasol *f*, uchelgeisiwr (uchelgeiswyr) *m*.

arroba *n. Meas:* aroba (arobâu) *mf*.

arrogance *n.* traha *m*, trahauster *m*, balchder *m*, haerllugrwydd *m*, rhodres *m*, rhyfyg *m*, mawrdra *m*, *F:* mawredd *m*.

arrogant *a.* trah|aus, balch, haerllug, rhodresgar, mawreddog, ffroenuchel, penuchel, gwarsyth.

arrogantly *adv.* yn drah|aus *&c.*

arrogate *v.t.* **1.** *(= claim falsely):* hawlio (rhth) ar gam, honni hawl (i/ar rth). **2.** *(= attribute):* **to ~ sth to s.o.,** cambriodoli rhth i rn.

arrogation *n.* hawl ddi-sail (hawliau di-sail) *f*, hawlio (*vn*) di-sail.

arrondissement *n. Fr.Adm:* ardal(-oedd) *f*.

arrow[1] *n.* saeth(-au) *f*; **spinning ~,** saeth droi (saethau troi); **to shoot an ~, to let fly an ~,** gollwng/saethu saeth; *Lit:* **the arrows of calumny,** saethau enllib; **as swift as an ~,** cyn gyflymed â saeth, fel saeth; *Archeol:* **barbed and tanged ~,** saeth tafod ac adfach; **chisel-ended ~,** saeth ben cŷn; **leaf-shaped ~,** saeth ffurf deilen, saeth ddeilffurf; **petit tranchet ~,** saeth ***petit tranchet***; **transverse ~,** saeth drawslin. **~ diagram** *n. Mth: Ph:* diagram(-au) *(m)* saeth. **~-like** *a.* fel saeth, blaenllym (*f.* blaenllem, *pl.* blaenllymion). **~-poison frog** *n. Amph:* llyffant(-od, llyffaint) gwenwynig *m*. **~ straightener** *n. Archeol:* sythwr (sythwyr) *(m)* saethau. **~-wood** *n. Bot:* coeden (coed) *(f)* saethau. **~-worm** *n. Z:* saethlyng[h]yren (saethlyngyr) *f*.

arrow[2] *v.t.* nodi/dangos (rhth) â saeth[-au].

Arrow[3] *Pr.n. W.Geog:* **River ~,** Afon Arwy *f*.

arrowgrass *n. Bot:* *(Triglochin):* saethbennig *m*; **marsh ~,** *(T. palustris):* saethbennig y gors; **sea ~,** *(T. maritima):* saethbennig arfor, saethbennig y morfa.
arrowhead *n.* **1.** pen (*m*) saeth (pennau saethau), blaen (*m*) saeth (blaenau saethau); *Needlew:* **~ tacks,** taciau pen saeth. **2.** *Bot:* *(Sagittaria sagittifolia):* saethlys *m*.
arrowing *n. & vn.* **1.** *n.* saethau *pl*, arwyddion (*pl*) saethau. **2.** *vn.* nodi â saethau.
arrowloop *n. Fort:* agen(-au) (*f*) saethu.
arrowroot *n.* **1.** *Bot:* s|aethwraidd *m*, maranta *m*. **2.** *Cu:* blawd (*m*) saethwraidd, blawd (*m*) maranta, |arorwt *m*.
arrowstitch *n.* pwyth(-au) (*m*) saeth.
arrowy *a.* saethog.
arroyo *n. Geog:* ***arroyo(-s)*** *m*, ceunant (ceunentydd) sych *m*, sychnant (sychnentydd) *f*.
ars poetica *Lt.phr.* cerdd (*f*) dafod.
arse[1] *n. V:* tin(-au) *f*, pen ôl (penolau) *m*; **~ over tip,** tin dros ben. **~-licker** *n.* crafwr (crafwyr) (*m*) tin/tinau, llyfwr (llyfwyr) (*m*) tin/tinau. **~-licking** *vn.* crafu tin/tinau, llyfu tin/tinau. **~-smart** *n. Bot:* y dinboeth *f*, y bengoch *f* (*pronounced* ng-g), elinog goch *f*, llysiau(*pl*)'r din.
arse[2] *v.i. V:* **to ~ about,** tin-droi, stwnna, ffidlan, piltran; *(= fool around):* chwarae'r bili-ffŵl.
-arsed *a.* **big/fat ~,** tindrwm (*f.* tindrom, *pl.* tindrymion), tindew, tinfawr, bontinog; **bare-~,** tinnoeth(-ion), tinllwm (*f.* tinllom, *pl.* tinllymion).
arsehole *n. V:* twll (*m*) tin (tyllau tinau).
arsenal *n.* **1.** *(= arms store):* arfdy (arfdai) *m*, [y]stordy ([y]stordai) (*m*) arfau. **2.** *(= weaponry):* arfau *pl.* **3.** *Geog:* |arsenal (arsenalau) *m*.
arsenate *n. Ch:* |arsenad (arsenadau) *m*.
arsenic *a. & n.* **1.** *a.* arsenaidd, |arsenig. **2.** *n.* arsenig *m*, *A:* eurbibau *pl*; **white ~, flowers of ~,** gwynlliw *m*; **yellow ~,** eurlliw *m*.
arsenical *a. & n.pl.* **1.** *a. Ch:* arsenaidd, arsenigol. **2.** *n.pl.* cyffuriau arsenaidd.
arsenide *n. Ch:* |arsenid (arsenidau) *m*.
arsen[i]ous *a. Ch:* arsenaidd.
arsenite *n. Ch:* |arsenit (arsenitau) *m*.
arseniuret *n. Ch:* = **arsenide**.
arsenopyrite *n. Miner:* arsenopyrit *m*.
arsine *n. Ch:* arsin(-au) *m*.
arsis *n.* **1.** *Pros:* sillaf ddiacen (sillafau diacen) *f.* **2.** *Mus:* = **upbeat**.
arson *n.* llosgi *vn* [bwriadol].
arsonist *n.* llosgwr (llosgwyr) *m*.
arsonous *a.* llosg-garol; *Jur:* arsonaidd.
arsphenamine *n. Pharm:* arsff|enamin *m*.
art[1] *v. A: & B: See* **be**.
art[2] *n.* **1.** celfyddyd(-au) *f*; *the fictitious form* celf(-au) *f is in occ. use*; *(a)* **the fine arts,** y celfyddydau cain; **work of ~,** celfyddydwaith (celfyddydweithiau) *m*, celfyddwaith (celfyddweithiau) *m*, gwaith (gweithiau) (*m*) celfyddyd; **to turn sth into an ~-form,** troi rhth yn gelfyddyd; **~ for art's sake,** celfyddyd er mwyn celfyddyd; **the Arts Council of Great Britain,** Cyngor Celfyddydau Prydain Fawr; **the Welsh Arts Council,** Cyngor Celfyddydau Cymru; **the Arts Council,** Cyngor y Celfyddydau; *Archeol:* **cave ~,** celfyddyd yr ogofâu; **mobility ~,** celfyddyd gludadwy; **parietal ~,** celfyddyd barwydol; **rock shelter ~,** celfyddyd y llochesau; *(b) Sch:* **the liberal arts,** y celfyddydau breiniol; **the faculty of arts,** cyfadran (*f*) y celfyddydau; **an arts student,** myfyriwr (myfyrwyr) (*m*) yn y celfyddydau, myf|yrwraig (myfyrwragedd) (*f*) yn y celfyddydau; *S.a.* **bachelor 2, master**[1] **2**; *(c)* **arts and crafts,** celfyddyd a chrefft; *less correctly:* celf a chrefft; *(d) (= science, skill):* gwyddor(-au) *f*, techneg(-au) *f*, crefft(-au) *f*; **the ~ of war,** crefft/techneg/gwyddor rhyfel, y grefft filwrol; **the black ~,** y gelfyddyd ddu, dewindabaeth *f*, dewiniaeth ddu *f*; **the noble ~,** paffio *vn*, bocsio *vn*; *F:* **he's got idling down to a fine ~,** mae diogi yn grefft ganddo; mae wedi gwneud diogi yn grefft; mae wedi gwneud crefft o ddiogi; **state of the ~ equipment,** yr offer diweddaraf, yr offer mwyaf modern, yr offer mwyaf crefftus. **2.** *(a) (= skill, cunning):* deheurwydd *m*, medr(-au) *m*, ystryw(-iau) *f*, sgilgarwch *m*; **to use every ~,** defnyddio pob dyfais (*f*), rhoi pob ystryw/medr ar waith; *(b) Jur:* **to have ~ and part (in sth),** bod yn gyfrannog (yn rhth, o rth); **I had no ~ or part in it,** nid oedd a wnelwyf i ddim ag ef: nid oedd imi unrhyw ran ohono. **~ critic** *n.* beirniad (beirniaid) (*m*) celfyddyd. **~ exhibition** *n.* arddangosfa (*f*) gelfyddyd (arddangosf|eydd celfyddyd). **~ gallery** *n.* oriel (*f*) gelfyddyd (orielau celfyddyd), oriel ddarluniau (orielau darluniau). **~-historical** *a.* **~-historical method,** dull hanes celfyddyd. **~-paper** *n.* papur llyfn *m*, papur sglein. **~ school** *n.* ysgol (*f*) gelfyddyd (ysgolion celfyddyd). **~ songs** *n.pl. Sch:* caneuon celfydd. **~ union** *n.* lotri (lotrïau) *f.*
artefact *n.* |arteffact (arteffactau) *m*, gwaith (gweithiau) (*m*) llaw, gwneuthurbeth(-au) *m*.
artel *n.* artel(-au) *mf.*
artemis shell *n. Conch:* **rayed ~ ~,** *(Dosinia exoleta):* |artemis resog (artemisiau rhesog) *f*; **smooth ~,** *(D. lupinus):* artemis lefn (artemisiau llyfn).
artemisia *n. Bot:* artemisia (artemisiâu) *mf*; *S.a.* **wormwood, sagebrush**.
arterial *a. & n.* **1.** *a. Anat:* rhedwelïol; **~ sclerosis,** = **arteriosclerosis. 2.** *n.* **~ [highway],** priffordd (priffyrdd) *f*; **~ road,** ffordd brifwythiennol (ffyrdd prifwythiennol) *f.*
arterialization *n.*, **arterialize** *v.t.* prifforddi.
arterially *adv.* yn rhedwelïol.
arteriogram *n.* art|eriogram (arteriogramau) *m*.
arteriographic *a. Med:* arteriograffig.
arteriography *n. Med:* arteriograffeg *f.*
arteriolar *a. Anat:* rhedweliynnol.
arteriole *n. Anat:* rhedwelïyn(-nau) *m*, mân-redweli (~-redwelïau) *f.*
arteriosclerosis *n. Med:* arteriosglerosis *m*, caledu(*vn*)'r rhedwelïau, sglerosis rhedwelïol *m*.
arteriosclerotic *a.* arteriosglerotig.
arteriovenous *a. Med:* rhedweli-wythiennol, rhydwythiennol.
arteritis *n. Med:* llid (*m*) y rhedwelïau, arteritis *m*, rhedwelïwst *m*.
artery *n.* **1.** *Anat:* rhedweli (rhedwelïau) *f*, rhydweli (rhydwelïau) *f*, gwythïen fawr (gwythiennau mawrion) *f*, |arteri (arterïau) *f*; **iliolumbar ~,** rhedweli iliolymbar; **kidney ~,** rhedweli arennol. **2.** *(= main road):* priffordd (priffyrdd) *f.* **3.** *Geog:* *(of communication):* prif wythïen (~ wythiennau) *f.*
artesian *a.* artesiaidd; **~ well,** ffynnon (ffynhonnau) artesiaidd *f.*
artful *a.* **1.** *(= cunning):* cyfrwys, ystrywgar, henffel, sgilgar; **as ~ as a monkey,** cyfrwys fel llwynog/cadno. **2.** *(= skilful):* medrus, deh|euig, dehau, amcanus, *S: F:* dechau, *N: F:* dethau. **artfully** *adv.* yn gyfrwys *&c.*
artfulness *n.* **1.** *(= cunning):* cyfrwyster *m*, cyfrwystra *m*, henffelni *m*, sgilgarwch *m*, ystrywgarwch *m*. **2.** *(= skill):* medr *m*, medrusrwydd *m*, deheurwydd *m*, clyfrwch *m*.
arthralgia *n. Med:* arthralgia *m*, cymalwst *f*, cymalgur *m*.
arthralgic *a. Med:* arthralgaidd.
arthritic *a. & n. Med:* **1.** *a.* arthritig. **2.** *n.* arthritig(-ion) *m&f.*
arthritically *adv.* yn arthritig.
arthritis *n. Med:* llid (*m*) y cymalau, cymalwst *f*, arthritis *m*, *S:* gwynegon *pl*, *S.W:* gwynie *pl.*
arthritism *n. Med:* arthritiaeth *f.*
arthrodesis *n. Med:* cymalglymiad *m*, cymalglymu *vn.*
arthrodia *n. Z:* cymal(-au) *m*.
arthrodial membranes *n.pl. Z:* meinweoedd arthrodol.
arthrogenous *a. Bot:* arthrogenaidd.
arthrography *n. Radiol:* arthrograffaeth *f*, arthrograffeg *f.*
arthromere *n. Ent: Anat:* |arthromer (arthromerau) *m*.
arthropathy *n. Med:* cymalwst *f.*
arthroplasty *n. Med:* cymalffurfiad *m*.
arthropod *n. Z:* |arthropod (arthropodau) *m*, cymalog(-ion) *m*.
arthropodal, arthropodan, arthropodous *a. Z:* arthropodaidd.
arthroscopy *n. Med:* cymalsyllu *vn.*
arthrosis *n. Med:* arthrosis *m*.
arthrospore *n. Bac: Fung:* |arthrosbor (arthrosborau) *m*.
arthrosporic, arthrosporous *a. Bac: Fung:* arthrosborig.
Arthur *Pr.n.m.* Arthur; **King ~,** y Brenin Arthur, *occ:* Arthur Frenin. **~'s Seat** *Scot.Pl.n.* Din Eiddyn *m*. **~'s Stone** *W.Pl.n.* Maen Ceti *m*.
Arthuret *Eng.Pl.n.* Arfderydd *f.*
Arthurian *a. Lit: Hist:* Arthuraidd; **the ~ legend,** chwedl (*f*) Arthur.
artic *n. F:* = **articulated lorry**.

artichoke *n.* **1. globe ~,** *(a) Bot:* marchysgallen (marchysgall) *f,* marchysgallen y gerddi, lludwlys, lludlys *m; (b) Cu:* glôb-artisiog *m;* **wild ~, = thistle (milk, carline). 2. Jerusalem ~,** *(a) Bot:* gellygen (gellyg) *(f)* y ddaear, heulflodyn (heulflodau) oddfog *m; (b) Cu:* artisiog Jerwsalem. **3. Chinese/Japanese ~,** *(Stachys tuberifera):* briwlys oddfog *m.*

article¹ *n.* **1.** *(a) (of contract &c): Com: Jur:* erthygl(-au) *f; (= clause):* cymal(-au) *m; (= section):* adran(-nau) *f;* **articles of agreement,** erthyglau cytundeb; **articles of apprenticeship,** cytundeb *(m)* prentisiaeth, amodau prentisiaeth; **articles of clerkship,** amodau/erthyglau clerciaeth; **articles of government,** erthyglau llywodraeth; **articles of association,** erthyglau cwmni; *Econ:* **articles of partnership,** erthyglau partneriaeth; **articles of war,** cyfraith *(f)* ryfel, cyfraith filwrol, cymalau *(pl)* rhyfel; *(b)* **~ of faith,** erthygl ffydd; **articles of faith,** bannau ffydd; *Ecc:* **the Thirty-Nine Articles,** y Deugain Namyn Un Erthygl; *(c) Jur:* pen(-nau) *(m)* cyhuddiad. **2.** *Journ: &c:* erthygl(-au) *f,* ysgrif(-au) *f,* llith(-iau) *f;* **leading ~,** ysgrif olygyddol (ysgrifau golygyddol) *f; S.a.* **leader 3. 3.** *(= object, thing):* peth(-au) *m,* teclyn (taclau) *m,* eitem(-au) *f, Lit:* gwrthrych(-au) *m; Com:* nwydd(-au) *m; F:* **this is the genuine ~,** dyma'r gwir beth; dyma'r peth go iawn; mae hwn yn un go iawn; **an ~ of clothing,** dilledyn (dillad) *m, S:* pilyn(-nau) *m; Econ:* **articles of ostentation,** nwyddau rhodres. **4.** *Gram:* bannod(-au) *f;* **definite ~,** bannod benodol/bendant. **indefinite ~,** bannod amhenodol/amhendant.

article² *v.t.* prentisio, erthyglu.

articled *a.* **~ clerk,** clerc(-od) erthyglog/erthygledig *m,* clerc mewn erthyglau, *F: Joc:* cyw *(m)* twrnai (cywion twrneiod).

articulable *a. (word):* ynganadwy.

articulacy *n.* = **articulateness.**

articular *a. Anat:* cymalol; **~ rheumatism,** cryd *(m)* cymalau, cymalwst *f.*

articulate¹ *a. & n.* **1.** *a. (= jointed):* cymalog; *(speech):* croyw, eglur, clir, rhugl, llafar; **most ~,** tra llafar. **2.** *n.* cymalog(-ion) *m.*

articulate² *v.t.&i.* **1.** *Anat:* **to ~ a skeleton,** cysylltu ysgerbwd; **(a bone) that articulates, that is articulated (with another),** (asgwrn) sy'n cysylltu, yn ymgysylltu (ag un arall). **2.** *(= enunciate):* geirio, ynganu, cynanu, llefaru; *abs.* torri geiriau; *Mus: (voice):* cynanu; *(instrument):* seinio; *Sch:* mynegi, disgrifio, diffinio. **to ~ experience,** rhoi llafar/llais i brofiad.

articulated *a. (skeleton, lorry &c):* cymalog; **clearly-~,** *(words &c):* croyw, eglur.

articulately *adv.* yn groyw *&c;* heb flewyn ar dafod.

articulateness *n.* croywder *m,* llithrigrwydd *m,* llafaredd *m.*

articulation *n.* **1.** *Nat.Hist: Mec.E:* cymal(-au) *m; Geog:* **point of ~,** pwynt(-iau) *(m)* cymal. **2.** *Phon:* ynganiad(-au) *m,* cynaniad(-au) *m,* ynganu *vn,* cynanu *vn; Sociol:* mynegiad *m; Mus: (of voice):* ynganiad eglur; *(of instrument):* canu glân *vn.*

articulative *a.* = **articulatory.**

articulator *n.* ynganwr (ynganwyr) *m,* cynanwr (cynanwyr) *m.*

articulatory *a.* ynganiadol, cynaniadol.

artifact *n.* = **artefact.**

artifactual *a.* arteffactaidd.

artifice *n.* **1.** *(= ruse):* dyfais (dyfeisiau) *f,* ystryw(-iau) *mf,* tric(-iau) *m,* dichell(-ion) *f.* **2.** *(= skill):* deheurwydd *m,* medrusrwydd *m,* clyfrwch *m,* gallu *m,* sgilgarwch *m.*

artificer *n.* **1.** *(= skilled worker):* crefftwr (crefftwyr) *m.* **2.** *Mil:* technegwr (technegwyr) *m; (= armourer):* arfogwr (arfogwyr) *m; (= mechanic):* mecanydd(-ion) *m.*

artificial *a.* **1.** gwn|eud, gwneuthuredig, artiffisial, *N: F:* smalio, cogio; ffug + *soft mut. before n.; or after n.; (limb, teeth &c): N:* gosod, *S:* dodi; *Log:* **~ classification,** dosbarthiad gwneud *m;* **~ flower,** blodyn (blodau) gwneud *m; Geog:* **~ harbour,** porthladd(-oedd) gwneud *m;* **~ limb,** aelod(-au) gosod/dodi *m; Med:* **~ respiration,** anadlu *(vn)* artiffisial/adferol, cymorth-anadlu *vn;* **~ teeth,** dannedd gosod/dodi; **~ wood,** pren gwneud *m;* **~ manure,** gwrtaith cemegol/gwneud *m; Astr: &c:* **~ horizon,** gorwel(-ion) ffug *m; Cmptr:* **~ language,** iaith wneud (ieithoedd gwneud) *f; Mus:* **~ harmonies,** cyseiniau gwneud *pl; Mus:* **~ harmony,** h|armoni (harmonïau) gwneud *m; Cmptr:* **~ intelligence,** deallusrwydd artiffisial *m; Carp:* **~ seasoning,** sychu *(vn)* mewn odyn; **~ silk,** sidan gwneud/artiffisial/ffug *m;* **~ insemination,** ffrwythloni/semenu/hadu/cyfebru *(vn)* artiffisial; *(of cow) F:* tarw *(m)* potel. **2.** *(sentiment &c):* ffug, ffugiol, ffugiedig, gwneud, artiffisial, annidwyll, annaturiol, *N: F:* smalio, cogio.

artificiality *n.* **1.** *(of product &c):* ffugioldeb *m,* natur artiffisial *f,* artiffisialrwydd *m.* **2.** *(of character):* diffyg *(m)* naturioldeb, annidwylledd *m,* ffalster *m.*

artificially *adv.* yn artiffisial.

artificialness *n.* = **artificiality.**

artillery *n.* canonau *pl,* gynnau mawr[-ion] *pl, Lit:* magnelau *pl,* magnelaeth *f;* **~ range,** maes *(m)* tanio.

artilleryman *n.* magnelwr (magnelwyr) *m.*

artily *adv.* yn goeg-artistig.

artiness *n.* coeg-artistiaeth *f.*

artiodactyl *a. & n.* **1.** *a.* = **artiodactylous. 2.** *n.* anifail (anifeiliaid) cyfnifer-fyseddog *m.*

artiodactylous *a. Z:* cyfnifer-fyseddog.

artisan *n.* crefftwr (crefftwyr) *m,* gŵr (gwŷr) wrth grefft, gweithiwr (gweithwyr) medrus *m.*

artisanal *a.* crefftwrol.

artist *n.* *(a)* artist(-iaid) *m&f; (b) (esp. painter):* arlunydd (arlunwyr) *m,* arl|unwraig (arlunwragedd) *f.* **~'s fungus** *n. Fung: (Ganoderma applanatum):* paled *(m)* y peintiwr. **Artists' Valley** *W.Pl.n.* Cwm *(m)* Einion.

artiste *n. Th:* perfformiwr (perfformwyr) *m,* perff|ormwraig (perfformwragedd) *f,* artist(-iaid) *m&f.*

artistic *a.* **1.** *(a) (= skilful):* celfydd, cywrain, crefftus, celfyddgar, artistig; *(b) (= tasteful):* chwaethus, artistig. **2.** *(= pertaining to art):* celfyddydol, artistig.

artistically *adv.* yn gelfydd *&c.*

artistry *n.* celfyddyd *f,* celfyddwaith *m,* celfyddydwaith *m,* cywreinrwydd *m,* cywreinwaith *m,* artistwaith *m,* artistiaeth *f.*

artless *a.* **1.** *(= unskilled):* anghelfydd, anfedrus, digelfyddyd. **2.** *(= simple):* syml, naturiol, di-lol, dirodres, digymell. **3.** *(= guileless):* diniwed, didichell, didwyll.

artlessly *adv.* **1.** *(= without skill):* yn anghelfydd *&c.* **2.** *(= simply):* yn syml *&c.* **3.** *(= without guile):* yn ddiniwed *&c.*

artlessness *n.* **1.** *(= lack of art):* diffyg *(m)* celfyddyd, anfedrusrwydd *m.* **2.** *(= naturalness):* symlrwydd *m,* naturioldeb *m.* **2.** *(= naivety):* diniweidrwydd *m,* didwylledd *m.*

artmobile *n.* fan *(f)* gelfyddyd (faniau celfyddyd).

artwork *n.* celfwaith *m,* celfyddydwaith *m.*

arty *a. F:* **~[-crafty],** ffug-artistig, coeg-artistig, (*) celf-a-chrefftus, celfyddydlyd.

arum *n. Bot:* **~ lily,** lili *(f)*'r grog (lilïau'r grog), lili'r fynwent, *occ:* lili'r Neil, lili ddrewllyd (lilïau drewllyd).

arundinaceous *a. Bot:* cawnaidd.

Aryan *a. & n.* **1.** *a.* Aryaidd; *Rel:* **the Four Aryan Truths,** Pedwar Gwirionedd yr Arya; *(in language):* Aryeg. **2.** *n. (a) Ethn:* Aryad (Aryaid) *m&f; (b) Ling:* Aryeg *f, m.*

Aryanize *v.t.* Aryeiddio.

aryl *n. Ch:* aryl(-au) *m.*

arytenoid *a. & n. Anat:* **1.** *a.* ar|ytenoid. **2.** *n.* ar|ytenoid (arytenoidau) *m.*

as¹ *adv., conj. & rel.pron.* I. *adv.* **1.** *(in principal clause of comparison)* mor + *soft mut. or* cyn + *soft mut. (except of* ll, rh*)* + *equative form of a.;* **quite ~ tall,** llawn mor dal, llawn cyn daled; **twice ~ tall,** dwywaith cyn daled, dwywaith talach; **I am ~ tall as her,** 'rwyf cyn daled â hi; 'rwyf mor dal â hi; **~ good,** cystal; **twice ~ good,** dwywaith gwell, *Lit: occ:* deuwell; **~ bad,** cynddrwg; **~ big, ~ much,** cymaint; **twice ~ much,** dau cymaint; **~ much again,** cymaint wedyn/eto/arall; **~ high,** cyfuwch; **~ broad,** cyfled; **~ happy ~ Larry,** cyn llonned â'r gog; **~ long,** cyhyd; **~ soon,** gynted, cyn gynted; **~ many,** cynifer; **~ easy as playing,** cyn hawsed â chwarae; **~ well,** gystal; *(= in addition):* yn ogystal; **~ far as I know,** hyd y gwn i, am a wn i; **just ~ good,** llawn cystal; **quite ~ much,** llawn cymaint; **half ~ good,** hanner cystal; **half ~ much,** hanner cymaint; **he was ~ deaf as a post,** 'roedd yn fyddar bost; 'roedd yn fyddar fel pared. **2. I shall help you ~ much/far ~ I can,** mi'ch helpaf i chi gymaint/gyhyd ag a allaf; **~ far as I can see,** cyhyd ag a welaf i, hyd y gwelaf i; **(I arrived) ~ soon as I could,** (cyrhaeddais) cyn gynted ag y gallwn, gynted fyth ag a allwn; **~ recently as yesterday,** ddoe ddiwethaf [yn y byd]; ~ **recently as last year,** mor ddiweddar â'r llynedd; ~ **soon as he awoke,** gydag iddo ddeffro, gydag y deffrôdd, cyn gynted ag y deffrôdd; **do it ~ best you can,** gwnewch ef orau y gellwch. **4.** ~ **for that,** ~ **to that,** ~ **regards that,** o ran hynny, gyda golwg ar hynny, yngh|ylch hynny, *Lit:* parthed hynny; ~ **for me,** o'm rhan i; ~ **for you,** o'th ran di (o'ch rhan chi); ~ **for him,** o'i ran ef; ~ **for her,** o'i rhan hi; ~ **for us,** o'n rhan ni; ~ **for them,** o'u rhan hwy; *(disjunctive use):* ~ **for me, I went home,** euthum innau adref; *(similarly):* ~ **for you,** a thithau (a chwithau); ~ **for him,** ac yntau; ~ **for her,** a hithau; ~ **for us,** a ninnau; ~ **for them,** a hwythau; **(to question s.o.)** ~ **to his motives,** (holi rhn) ynghylch ei amcanion, ynglŷn â'i amcanion, *Lit:* parthed ei amcanion. II. *conj. & adv. (in subordinate clause):* **1.** *(a) (degree):* â + *spirant mut.*; *(before vowel):* ag; **he is as tall ~ me,** mae ef cyn daled â mi; **I am as tall ~ him,** 'rwyf i cyn daled ag ef; **as light as a feather,** cyn ysgafned â phluen; **he is as generous ~ he is wealthy,** mae mor hael ag ydyw o gefnog; mae'n hael yn ogystal â bod yn gefnog; **by day as well ~ by night,** ddydd a nos, yn ystod y dydd yn ogystal ag yn y nos; *(b) (in similes):* fel; â + *spirant mut.*; **as white as a sheet,** cyn wynned â'r galchen, gwyn fel y galchen. **2.** *(concessive):* er + *equative adj., or* er mor + *adj.*; ~ **big ~ Cardiff is ...,** er mor fawr yw Caerdydd ..., *Lit:* er cymaint yw Caerdydd ...; ~ **much ~ I like him,** er cymaint yr wyf yn ei hoffi, er mor hoff yr ydw i ohono; **be that ~ it may,** bid hynny fel y bo; boed hynny fel y bo; boed fel y bo am hynny; sut bynnag; bid a fo am hynny; **try ~ he might,** er pob ymdrech ar ei ran, er cymaint a ymdrechai; ~ **long as you agree,** cyhyd â'ch bod yn cytuno; *S.a.* **much 4. 3.** *(manner):* fel; *occ:* megis; **do ~ you like,** gwnewch fel y mynnwch/mynnoch; **pronounce the "a" ~ in "father",** yngenwch yr "a" fel yn "tad"; ~ **if,** ~ **though,** fel pe; ~ **if/though I cared,** fel petawn i'n malio; fel peltai o bwys gen i; ~ **often happens,** fel sy'n digwydd yn aml; fel a ddigwydd yn aml; **A is to B ~ C is to D,** mae A i B fel y mae C i D; **according ~ we decide,** yn ôl a benderfynwn; ~ **it were,** fel petai, megis; ~ **if I were,** fel petawn, fel pe bawn; ~ **if he knew,** fel pe gwyddai, fel petai'n gwybod; **leave it ~ it is,** gadwch iddo fod fel y mae; **to be sold ~ is,** i'w werthu fel y mae; ~ **described,** yn ôl y disgrifiad; *Mil:* ~ **you were!** fel yr oeddech chi! ~ **mentioned,** fel y crybwyllwyd; ~ **predicted,** fel y daroganwyd; **Mrs Owen, Miss Jones ~ was,** Mrs Owen, gynt Miss Jones; **it happened ~ I told you,** digwyddodd fel y dywedais wrthyt; ~ **it is, we must ...,** fel y mae hi, rhaid inni ...; *S.a.* **go[2] 2, 3.** *(e),* **so I. 1, though I. 3;** *(b)* **as ... so,** fel/megis ... [felly]; ~ **a man lives, so shall he die,** fel/megis y bydd dyn fyw, felly y bydd ef farw; *Prov:* ~ **parents act, so will the children,** fel y crafa'r iâr y piga'r cyw; *(c) O: (in oaths):* ~ **I live (I saw it happen),** cyn wired â 'mod i'n fyw, ar fy mheth mawr i, ar fy myw (mi welais y peth yn digwydd); **(he'll keep the secret,)** ~ **I am an honest man,** (fe geidw'r gyfrinach,) cymerwch fy ngair, coeliwch chi fi; **well ~ I live, it's Gwen!** 'dawn i byth o'r fan, dacw Gwen! *(d) (introducing a complement):* **to consider s.o. ~ a friend,** ystyried/cyfrif rhn yn gyfaill, edrych ar rn fel/megis cyfaill; **I had him ~ a teacher,** bu'n athro arnaf; cefais ef yn athro; **I used to go there ~ a child,** byddwn yn mynd yno'n blentyn; **to act ~ secretary,** *(i)* gweithredu fel ysgrifennydd, bod yn ysgrifennydd; *(ii) (= take place of):* cymryd lle ysgrifennydd; **to dress ~ a bishop,** gwisgo fel esgob; **to send sth ~ a present,** anfon rhth yn anrheg; ~ **a rule,** fel rheol, fel arfer; ~ **per usual,** yn ôl yr arfer; *Th:* **X ~ Hamlet,** X yn chwarae rhan Hamlet, X yn rhan Hamlet, X fel Hamlet; **in my capacity ~ magistrate,** yn rhinwedd fy swydd fel ynad; **my rights ~ a father,** fy hawliau fel tad; **he was dressed ~ a pirate,** 'roedd wedi ei wisgo fel môr-leidr; **I received 100 pounds ~ compensation for the accident,** derbyniais ganpunt yn iawn am y ddamwain; *(e)* **they rose ~ one man,** codasant fel un gŵr. **4.** *(time):* *(a)* fel y/yr; pan + *soft mut.*; wrth + *soft mut.*; tra; ~ **I was opening the door,** fel yr oeddwn yn agor y drws; tra oeddwn yn agor y drws; wrth imi agor y drws; **(he went out) just ~ I came in,** (aeth allan) wrth imi ddod i mewn, fel y deuwn i mewn, a minnau'n dod i mewn; **one day ~ I was working,** un diwrnod a minnau'n gweithio; **(they were killed) ~ they lay asleep,** (lladdwyd hwy) tra oeddynt yn cysgu, tra eu bod yn cysgu, tra cysgent, a hwythau'n cysgu; *(b)* ~ **and when required,** yn ôl y galw, fel y bo'r galw; **(he grew sillier) ~ he grew older,** (aeth yn wirionach) wrth iddo heneiddio, fel yr heneiddiai. **5.** *(reason):* gan; + *soft mut.*, + *vn*; ~ ... **not,** gan ... na + *soft mut.*; ~ **you are ready,** gan dy fod (gan eich bod) yn barod; ~ **time is up,** gan fod yr amser ar ben; ~ **she isn't here,** gan nad yw hi yma; ~ **it has rained,** gan iddi lawio; ~ **it didn't rain,** gan na lawiodd; gan na fu iddi lawio; ~ **I couldn't see her,** gan na welwn i mohoni; ~ **there is no light,** gan nad oes golau. **6.** *(result):* fel ag i + *soft mut.* + *vn*, yn y fath fodd ag i + *soft mut.* + *vn*; **he arranged everything so ~ to please everyone,** trefnodd bopeth fel ag i blesio pawb; **he is not so silly ~ to believe that,** nid yw mor wirion ag i goelio hynny; nid yw mor wirion â choelio hynny; nid yw'n ddigon gwirion i goelio hynny; **be so good ~ to come,** bydd(-wch) cystal â dod; *S.a.* **so I, 4. 7.** *(purpose):* *(a)* **so ~ to do sth,** er mwyn gwneud rhth; fel ag i wneud rhth; **to make a row so ~ to annoy the neighbours,** gwneud twrw er mwyn gwylltio'r cymdogion. *(b)* **(he should speak) so ~ to be understood,** (dylai siarad) fel bod/bo modd ei ddeall, fel y gellir ei ddeall, *Lit:* modd y gellir ei ddeall. **8. (mother is well,)** ~ **are the children,** (mae mam yn iawn,) a'r plant hefyd, a'r plant yr un modd, ac felly'r plant, fel y mae'r plant. III. *rel.pron.* fel; **beasts such ~ the tiger,** creaduriaid fel/megis y teigr; **he was Welsh, ~ they noticed from his accent,** Cymro oedd ef, fel y sylwasant ar ei acen; **we had the same problem ~ you had,** cawsom yr un broblem ag a gawsoch chwithau; ~ **from now,** ~ **of now,** o hyn allan, o hyn ymlaen, o heddiw allan/mas/ymlaen; o'r munud hwn, o'r funud hon; *(= at present):* ar hyn o bryd; ~ **of tomorrow,** ar ôl yfory, o yfory allan/mas/ymlaen, gan gychwyn yfory; ~ **yet,** hyd yn hyn, hyd yma.

as[2] *n.* Num: as(-au) *mf.*

asafoetida *n. Bot: Pharm:* asiffeta *m*, *F:* baw (*m*) diawl, *A: or Lit:* y drewgi *m*, cig (*m*) Iddew.

Asaph *Pr.n.m.* Asa, Asaff. **St. ~** *W.Pl.n.* Llanelwy *f.*

asarabacca *n. Bot:* cyfoglys *m*, llysiau(*pl*)'r cyfog, gwrthbwys *m*, gwrthlys *m*, alan(-non) *m*, carn (*m*) ebol y gerddi.

asbestos *n.* asbestos *m*, *A:* ystinos *m*; *Th:* llen (*f*) dân (llenni tân).

asbestosis *n. Med:* asbestosis *m.*

ascariasis *n. Med:* asgariasis *m.*

ascarid, ascaris *n. Ann:* llyng[h]yren gron (llyngyr crynion) *f.*

ascend *v.i.&t.* **1.** *v.i.* *(a)* esgyn, codi, ymgodi; *Ecc:* **He ascended into Heaven,** Efe a esgynnodd i'r Nefoedd; *(b) (of genealogy):* mynd yn ôl. **2.** *v.t.* *(a)* **to ~ to the throne,** esgyn i'r orsedd; *(b)* **to ~ a mountain,** dringo mynydd; *(c)* **to ~ a river,** *N:* mynd i fyny afon, *S:* mynd lan afon.

ascendable *a.* esgynadwy, dringadwy.

ascendance, ascendancy *n. Lit:* goruchafiaeth *f*; **to gain ~ over s.o.,** ennill goruchafiaeth dros rn, cael dylanwad ar rn; *Ir.Hist:* **the [Protestant] A~,** yr Oruchafiaeth [Brotestannaidd], y Bendefigaeth [Brotestannaidd] *f*; **an A~ family,** un o deuluoedd yr Oruchafiaeth.

ascendant *a. & n.* **1.** *a.* *(a) Astrol: Mth: &c:* esgynnol; *(b) Bot: (plant):* dringol, [sy'n] dringo. **2.** *n.* *(a) Astr: Astrol:* esgynnydd (esgynyddion) *m*; **to be in the ~,** codi, ymgodi, esgyn, ymddyrchafu, bod yn yr oruchafiaeth, bod yn drech, llywodraethu, bod mewn bri, bod ar y brig; **her star/planet is in the ~,** mae hi ar y brig; *(b) Jur:* cyndad(-au) *m.*

ascendency *n.* = **ascendancy.**

ascendent *a.* = **ascendant.**

ascender *n.* **1.** esgynnwr (esgynwyr) *m*, esg|ynwraig *f*, dringwr (dringwyr) *m*, dr|ingwraig *f*. **2.** *Typ:* esgynnydd (esgynyddion) *m*; ~ **and descender,** esgynnydd a disgynnydd.

ascending *a.* **1.** *Astrol: Mth: Mus: Geog:* esgynnol; ~ **order,** trefn esgynnol *f*. **2.** *(a)* **steeply ~,** serth; *(b) (plant):* dringol. **3.** *Genealogy:* ~ **line,** llinach(-au) *f.*

ascension *n.* **1.** esgyniad(-au) *m*, esgynfa (esgynf|eydd) *f*, esgyn *vn*, dringo *vn*; *Astr:* **Right A~,** Esgyniad Cywir. **2.** *Ecc:* Esgyniad *m*, Dyrchafael *m*; **A~ Day,** y Dyrchafael. **A~ Island** *Pr.n. Geog:* Ynys (*f*) y Dyrchafael. **A~ Thursday** *n.* Dydd (*m*) Iau Dyrchafael, Difiau (*m*) Dyrchafael.

ascensional *a.* esgynfaol, esgyniadol.

Ascensiontide *n. Ecc:* Gŵyl (*f*) y Dyrchafael.

ascensive *a.* esgynnol, esgyniadol, esgynfaol.

ascent *n.* **1.** *(a) (of mountain &c):* esgyniad(-au) *m*, esgyn *vn*, dringo *vn*, dringfa (dringf|eydd) *f*, esgynfa (esgynf|eydd) *f*; **the ~ of Snowdon,** dringo'r Wyddfa, mynd i ben yr Wyddfa; **the first ~ of Everest,** y tro cyntaf y dringwyd Everest; *(b) Mec.E: (of piston &c):* codiad(-au) *m*. **2.** *(= rising slope):* dringfa, goleddf(-au) *m*, llethr(-au) *f*, ochr(-au) *f*, esgynfa, gorifyny *m*. **3.** *Jur:* **line of ~,** llinach(-au) *f*, ach(-au) *f*, gwehelyth *mf*.

ascertain *v.t.* cael gwybod, canfod; *(= inquire):* holi; *(= check):* edrych, gwirio, gweld; **I went to ~ whether she was there,** euthum i edrych/weld a oedd hi yno.

ascertainable *a.* canfyddadwy, gwybyddadwy, gwiriadwy; **as far as is ~,** hyd y gwyddys, hyd y gellir casglu.

ascertainment *n.* gwybyddiad *m*, canfyddiad *m*, gwybod *vn*, canfod *vn*.

ascesis *n.* asgetigiaeth *f*, hunanddisgyblaeth *f*.

ascetic *a.* & *n.* **1.** *a.* asgetaidd, asgetig, ymgosbol, hunanymwadol, ymwadol; **~ theology,** diwinyddiaeth asgetaidd/asgetig *f*. **2.** *n.* asgetig(-ion) *m&f*, ymgosbwr (ymgosbwyr) *m*, hunanymwadwr (hunanymwadwyr) *m*.

ascetical *a.* = **ascetic 1.**

ascetically *adv.* yn asgetaidd *&c*.

asceticism *n.* asgetigiaeth *f*, asgetiaeth *f*, ymgosbaeth *f*.

ascidian *a.* & *n.* *Z:* **1.** *a.* asgidiaidd. **2.** *n.* chwistrell (*f*) fôr (chwistrelli môr).

ascidium *n.* *Bot:* piser(-i) *m*.

ASCII code *n.* *Cmptr:* côd (*m*) ASCII.

ascites *n.* *Med:* asgites *m*, dropsi(*m*)'r bol.

ascitic *a.* *Med:* asgitig.

Asclepiad *n.* *Pros:* Asglepiad(-au) *mf*.

asclepiadaceous *a.* *Bot:* asglepiadaidd.

ascocarp *n.* *Fung:* |asgocarp (asgocarpau).

ascocarpous *a.* *Fung:* asgocarpaidd.

ascogonium *n.* *Fung:* asgogoniwm (asgogonia) *m*.

ascomycete *n.* *Fung:* asgomysét (asgomysetau) *m*.

ascomycetous *a.* *Fung:* asgomysetaidd.

ascorbate *n.* *Ch:* |asgorbad (asgorbadau) *m*.

ascorbic *a.* *Ch:* asgorbig.

ascospore *n.* *Fung:* |asgosbor (asgosborau) *m*.

ascosporic *a.* *Fung:* asgosborig.

ascot *n.* *Cost:* crafat(-iau) *m*.

ascribable *a.* priodoladwy (**to sth,** i rth).

ascribe *v.t.* **1.** priodoli (**sth to s.o.,** rhth i rn), tadogi (rhth ar rn); *Sociol:* **ascribed status,** statws (*m*) a bennwyd. **2. to ~ glory to God,** gogoneddu Duw.

ascription *n.* **1.** priodoliad(-au) *m*, priodoli *vn*. **2.** *Rel:* gogoneddiad(-au) *m*, mawlwers(-i) *f*.

ascriptive *a.* priodolus.

ascus *n.* *Fung:* asgws (asgi) *m*.

asdic *n.* *Navy:* asdic *m*.

aseity *n.* *Theol:* asëyddiaeth *f*, asedod *m*.

asepsis *n.* *Med:* asepsis *m*.

aseptic *a.* *Med:* aseptig.

aseptically *adv.* *Med:* yn aseptig.

asexual *a.* *Biol:* di-ryw, anrhywiol; **~ generation, ~ reproduction,** atgynhyrchu (*vn*) anrhywiol.

asexuality *n.* *Biol:* anrhywioldeb.

asexually *adv.* *Biol:* yn ddi-ryw *&c*.

ash[1] *n.* *Bot:* onnen (onn, ynn) *f*, onwydden (onwydd) *f*; **white ~,** onnen bêr (ynn pêr); *S.a.* **mountain ash. ~ grove** *n.* llwyn (*m*) onn (llwyni ynn). **~ key** *n.* allwedd(-au) (*f*) Mair. **~ plant** *n.* glasbren(-nau) *m*, ffon (*f*) onnen (ffyn ynn).

ash[2] *n.* **1.** *(usu.pl.)* lludw *m*; *(of cigar, cigarette):* llwch *m*; *(of fire):* lludw, *S: occ:* llydy *m*; **to burn/reduce sth to ashes, to lay sth in ashes,** llosgi rhth yn ulw/lludw; *Lit:* **to rake over the ashes of the past,** cribinio lludw'r gorffennol, codi hen grachen, crafu hen asgwrn; *Lit:* **to turn to ashes in one's mouth,** troi'n lludw yn eich genau, troi'n ddiflas, troi'n siom chwerw. **2.** *(a)* *(of the dead):* llwch, lludw; *Ecc:* **ashes to ashes, dust to dust,** lludw i'r lludw, pridd i'r pridd; *(b)* *Cr:* **the Ashes,** y Llwch. **~-bin** *n.* = **dustbin. ~-blond** *a.* â gwallt melynwyn; **he's an ~-blond,** gwallt melynwyn sydd ganddo. **~ blonde** *n.* merch(-ed) (*f*) â gwallt melynwyn. **~-box** *n.* tun(-iau) (*m*) lludw. **~-can** *n.* *U.S:* = **dustbin. ~-cloud** *n.* cwmwl (cymylau) (*m*) lludw. **~-coloured, ~-grey** *a.* llwyd fel lludw, lludlyd. **~ heap** *n.* tomen (*f*) ludw (tomenni lludw). **~ hole, ~ pit** *n.* twll (tyllau) (*m*) lludw; *(under grate):* uffern(-au) *f*. **A~ Wednesday** *n.* *Ecc:* Dydd Mercher (*m*) [y] Lludw.

ashamed *a.* **1.** mewn cywilydd, â chywilydd, wedi cywilyddio; **to be ~ (of sth),** cywilyddio (dros rth, o achos rhth), teimlo cywilydd (o rth), bod â chywilydd (o rth), *F: occ:* bod gywilydd (o rth); **I am ~ of it,** mae arnaf/gennyf gywilydd ohono; **you should be ~ of yourselves!** rhag cywilydd ichi! rhag eich cywilydd! **to make s.o. feel ~,** codi cywilydd ar rn, cywilyddio rhn, gwaradwyddo rhn. **2.** *(= proud):* balch; **he was too ~ to beg,** 'roedd yn rhy falch i gardota.

ashamedly *adv.* mewn cywilydd.

ashen[1] *a.* *(= pertaining to ash[1]):* onennaidd.

ashen[2] *a.* *Lit:* *(= pale):* llwydaidd, llwydwyn (*f.* llwydwen, *pl.* llwydwynion), gwelw(-on). **~-faced** *a.* ag wyneb fel y galchen, cyn llwyted â chalchen, cyn llwyted â lludw, cyn llwyted â llymru, *S: occ:* ag wyneb fel lledrith.

Asheston *W.Pl.n.* Trefaser *f*.

ashet *n.* plât (platiau) *m*.

Ashkenazi *n.* *Jew.Rel:* Ashcenasi(-m) *m&f*.

Ashkenazic *a.* *Jew.Rel:* Ashcenasig.

ashlar *n.* *Const: Arch:* *(a)* maen (meini) (*m*) nadd, carreg (cerrig) (*f*) nadd; *(b)* *(= facing):* gwaith (*m*) cerrig, ashlar *m*.

ashlaring *n.* *Const: Arch:* estyll (*pl*) croglofft.

ashless *a.* diludw.

ashore *adv.* *Nau:* **1.** *(= on shore):* ar y lan, ar lan y môr, ar y glannau; *(= to shore):* i'r lan; **to go ~,** glanio, mynd i'r lan; **to set s.o. ~,** glanio rhn, disgyn/gosod rhn ar y lan. **2.** *(of ship):* **to run ~,** mynd [yn sownd] ar y lan.

ashpan *n.* padell (*f*) ludw (pedyll/padelli lludw).

ashpit *n.* twll (tyllau) (*m*) lludw.

ashram *n.* *Rel:* meudwyfa(-oedd) *f*.

ashtray *n.* blwch (blychau) (*m*) llwch, llestr(-i) (*m*) llwch, soser (*f*) lwch (soseri llwch).

ashy *a.* **1.** *(= covered with ashes):* yn lludw i gyd, llychlyd. **2.** = **ashen.**

Asia *Pr.n.* *Geog:* Asia *f*; **~ Minor,** Asia Leiaf.

Asian, Asiatic *a.* & *n.* **1.** *a.* Asiaidd, [o] Asia; **~ flu,** ffliw(*m*)'r Asia. **2.** *n.* Asiad (Asiaid) *m&f*.

aside *adv., prep.phr.* & *n.* **1.** *adv.* draw, o'r neillltu, heibio, ar wahân, i'r ochr, ar un ochr, naill ochr; **to draw/pull a curtain ~,** tynnu llen i un ochr, agor llen; **to stand ~,** sefyll o'r neillltu, sefyll draw; **to step ~,** camu i'r naill ochr, camu i un ochr, camu i'r ochr; **(to take s.o) ~,** (mynd â rhn) o'r neillltu, ar wahân, naill ochr; **to put sth ~,** rhoi rhth o'r neillltu, rhoi rhth heibio, *N:* cadw rhth; **to turn ~ (from sth),** troi draw (rhag rhth); **putting that ~,** ar wahân i hynny, ac eithrio hynny, a diystyru hynny, ac anghofio hynny; **to put sth ~ for a rainy day,** cadw rhth ar gyfer diwrnod glawog, *S:* dodi rhth naill ochr erbyn taro. **2.** *prep.phr.* *U.S:* *(a)* **~ from my own welfare,** ar wahân i'm lles fy hun; *(b)* **~ from being frightened (I was unhurt),** ('roeddwn yn ddianaf) dim ond fy mod wedi dychryn, ac eithrio 'mod i wedi dychryn. **3.** *n.* *Th:* neilleb(-au) *f*; **he referred to it in an ~,** cyfeiriodd at y peth wrth fynd heibio.

asigmatic *a.* *Gram:* asigmatig.

asinine *a.* *(a)* *(= related to ass):* asynnaidd, mulaidd; *(b)* *(= stupid):* asynnaidd, twp, gwirion, hurt, ffôl, pendafadaidd, *N:* dwl.

asininely *adv.* yn asynnaidd *&c*.

asinity *n.* asyneiddiwch *m*, muleiddiwch *m*, twpdra *m*, gwiriondeb *m*, ynfydrwydd *m*, hurtrwydd *m*, ffolineb *m*, dylni *m*, *S:* dwli *m*, dwlni *m*.

ask *v.t.&i.* **1.** *(= inquire):* **to ~ s.o. sth,** gofyn rhth i rn; holi rhn ynghylch rhth; **I asked him his name,** gofynnais iddo beth oedd ei enw; **to ~ the time,** gofyn/holi faint yw hi o'r gloch; **to ~ s.o. a question,** gofyn cwestiwn i rn (*not* holi cwestiwn); **I'll ~ whether she's there,** mi holaf i a yw hi yna (*not* os yw hi yna); **I've often asked myself whether she was right,** yn aml mi feddyliais tybed a oedd hi'n gywir; (*not* os oedd hi'n gywir); *F:* **~ me another!** 'rwyt ti'n ('rydych chi'n) holi! 'does gen i'r un syniad/glem! *S.W:* 'does dim amcan/clem 'da fi! 'does dim llefeleth 'da fi! **if you ~ me,** yn fy marn i, o'm rhan i, i'm tyb i. **2.** *(a)* **to ~ a favour of s.o., to ~ s.o. a favour,** gofyn ffafr/cymwynas gan rn, *Lit:* ceisio ffafr/cymwynas oddi ar law rhn; **if it isn't asking too much,** os nad yw'n ormod gen ti (gennych chi); *B:* **~, and it shall be given you,** ceisiwch a chwi a gewch; **to ~ s.o.'s permission,** gofyn caniatâd rhn; **to ~ for the moon,** disgwyl gormod, gofyn yr amhosibl; *(b)* **to ~ five pounds for sth,** gofyn/codi pumpunt am rth, *S: occ:* dala pumpunt am rth, *N: occ:* dal pumpunt am rth. **3.** *(= request)* *(a)* **to ~ to do sth,** gofyn am gael gwneud rhth; **he asked to be excused,** gofynnodd a gâi ei esgusodi;

gofynnodd am gael ei esgusodi; **she asked to be admitted,** gofynnodd a gâi ddod i mewn; *(b)* **to ~ s.o. to do sth,** gofyn i rn wneud rhth (*not* gofyn i rn i wneud rhth). **4. to ~ about sth,** holi ynghylch rhth, holi am rth; **he asked me about them,** holodd fi yn eu cylch; gofynnodd eu hanes i mi; holodd fi ynghylch eu hanes; **to ~ after/about s.o.,** gofyn/holi am rn, gofyn/holi hynt rhn. **5.** *(a)* **to ~ for s.o.,** gofyn am gael gweld rhn, gofyn am gael siarad â rhn; **I asked for the manager,** gofynnais am gael gweld y rheolwr; *(b)* **to ~ for sth,** gofyn am rth; **to ~ s.o. for sth to eat,** gofyn i rn am rth i'w fwyta, gofyn am rth i'w fwyta gan rn; **to ~ for sth back,** gofyn am gael rhth yn ei ôl; **to be asking for trouble,** gofyn am helynt, *F:* gofyn amdani, ei gwahodd hi; *F:* **he's asking for it!** mae'n gofyn amdani! *N.W: F: occ:* mae o'n magu cweir/cwrbitsh! *S: occ:* mae e'n macsu am gosb! mae e'n macsu amdani! *F:* **he's been asking for it,** fe gafodd ei haeddiant; eitha' gwaith iddo; eitha gwaith ag o; eitha' cast iddo; 'roedd yn gofyn amdani. **6.** *Ecc: (a) A:* **to ~ the banns,** cyhoeddi'r gostegion; *(b)* **this is the first time of asking,** dyma'r waith gyntaf o'u gofyn. **7.** *(= invite):* gwahodd, gwahôdd, *F:* gwâdd, gwawdd; **to ~ s.o. to lunch,** gwahodd rhn i ginio; **to ~ s.o. in,** gwahodd rhn i mewn, gofyn i rn fynd/ddod i mewn; (*not* gofyn rhn i mewn); **I was asked,** gofynnwyd imi (*not* cefais fy ngofyn); **to ~ s.o. back,** gwahodd rhn yn [ei] ôl.

askance *adv. (= sideways):* o gil y llygad, yn gam, ar gilwg; **to look ~ (at sth),** edrych yn ddrwgdybus/amh|eus/gam (ar rth); amau, drwgdybio, anghymeradwyo (rhth); cilwgu (ar rth).

askari *n. Mil:* asgari (asgarïaid) *m.*

asker *n.* gofynnwr (gofynwyr) *m*, gof|ynwraig *f*, holwr (holwyr) *m*, h|olwraig (holwragedd) *f.*

askew *adv.* ar dro, yn gam, *occ:* ar ŵyr, ar wyredd, *F:* yn sgi-wiff, ar sgiw, *S: F:* acha wew, acha wewc, acha slant; *Carp:* ar letraws.

askewness *n.* camedd *m.*

asking *vn.* **it's ours for the ~,** fe'i cawn ond inni ofyn amdano; **the ~ price,** y pris a ofynnir **(of/for sth,** am rth).

aslant *adv. & prep.* **1.** *adv.* ar osgo, ar ochr, yn wyrgam, ar letraws, ar ogwydd, ar oleddf, ar slent. **2.** *prep.* ar letraws.

asleep *pred.a.* **1.** yngh|wsg, yn cysgu, *Lit:* yn huno, *S:* cwsg; **to be ~,** cysgu; **to be fast ~,** cysgu'n drwm, *F:* cysgu'n sownd; **to fall ~,** mynd i gysgu, syrthio i gysgu; **half ~,** rhwng cwsg ac effro. **2. my foot is ~,** mae fy nhroed yn cysgu; *S:* mae fy nhroed yn gwsg.

aslope *adv. & pred.a.* ar oleddf.

asocial *a.* anghymdeithasol.

asp *n. Rept:* gwiber(-od) *f*, asb(-iaid) *f.*

aparaginase *n. Bio-Ch:* asb|araginas *m.*

asparagine *n. Bio-Ch:* asb|aragin *m.*

asparagus *n. Hort:* merllys(-iau) *m*; *Cu:* asb|aragws *m*, *A: or Lit:* gwillon *m*, ll|udwlys *m*; **Bath ~,** *(Ornithogalum pyrenaicum):* seren (*f*) Fethlehem hir. **~ beetle** *n. Ent:* chwilen (chwilod) (*f*) y merllys. **~ fern** *n. Bot: (Asparagus sprengeri):* merllys rhedynog *m.* **~ tips** *n.pl. Cu:* blaenau merllys/asbaragws, blagur merllys/asbaragws.

aspartase *n. Bio-Ch:* asbartas *m.*

aspartate *n.* asbartad(-au) *m.*

aspartic *a. Bio-Ch:* asbartig.

aspartokinase *n. Bio-Ch:* asbartocinas *m.*

aspect *n.* **1.** *(= view):* wynebwedd(-au) *f*, gwedd(-au) *f*; *(of house):* **to have a northern ~,** wynebu'r gogledd, wynebu tua'r gogledd. **2.** *(a) (= look):* golwg (golygon) *f*, gwedd; **a man of pleasant ~,** gŵr dymunol yr olwg, gŵr â golwg/gwedd ddymunol arno, gŵr dymunol ei wedd; *(b) (= facet of topic):* agwedd(-au) *f*, gwedd; **all the aspects of a subject,** pob agwedd ar bwnc; **to see sth in its true ~,** gweld rhth fel y mae mewn gwirionedd. **3.** *Gram: Astrol:* agwedd. **~ card** *n.* cerdyn (cardiau) (*m*) agwedd. **~ ratio** *n. Av:* meinhad *m*, cymhareb (*f*) agwedd. **~ system** *n.* system(-au) (*f*) agwedd.

aspectual *a.* agweddol.

aspen *a. & n.* **1.** *a.* fel aethnen. **2.** *n. Bot:* aethnen(-ni,-nau) *f*, *occ:* crydaethnen(-ni,-nau) *f*; **to shake like an ~,** crynu fel deilen, crynu fel yr aethnen. **~ leaves** *n.pl.* dail aethnen, *F:* tafodau'r merched.

asperges *n. Ecc:* taenelliad *m*, taenellu *vn.*

aspergillosis *n. Vet:* asbergilosis *m.*

aspergillum *n. Ecc:* ysgeintell(-au) *f.*

aspergillus *n. Fung:* asb|ergilws (asbergili) *m.*

asperity *n.* **1.** *(of temper, climate):* llymder *m*, gerwinder *m*, gerwindeb *m*; **to speak with ~,** siarad yn llym. **2.** *(= rough excrescence):* garwedd(-au) *m.*

aspermia *n. Med:* diffyg (*m*) had.

asperse *v.t.* lladd (ar rn); athrodi, difrïo, enllibio, absennu (rhn).

aspersion *n.* **1.** *(= sprinkling):* taenelliad(-au) *m*, ysgeintiad(-au) *m*, taenellu *vn*, ysgeintio *vn.* **2.** *(= calumny):* anfri *m*, sen(-nau) *f*, athrod(-ion) *m*, anair (aneiriau) *m*, drygair (drygeiriau) *m*, enllib(-ion) *m*, cabl(-au) *m*; **to cast aspersions on s.o.,** lladd ar rn, taflu at rn, *Lit:* bwrw sen ar rn, *N: F:* taflu weips at rn, *occ:* slimio rhn.

aspersorium *n. Ecc:* **1.** llestr(-i) (*m*) dŵr swyn. **2.** = **aspergillum.**

asphalt[1] *n.* asffalt *m*; *(often loosely):* col-tar *m*; **the ~ jungle,** dryswig (*f*) y ddinas.

asphalt[2] *v.t.* asffaltio, coltario.

asphaltic *a.* asffaltig.

asphaltite *n. Miner:* |asffaltit *m.*

aspheric[al] *a. Opt:* asfferig.

asphodel *n. Bot:* cilgain *f*, y gilgain *f*, |asffodel *m*; **bog ~,** llafn (*m*) y bladur, gwayw(*m*)'r brenin; **Scottish ~,** cilgain yr Alban.

asphyxia *n.* mygu *vn*, myctod *m*, asffycsia *m*, *S:* mogfa *f*; **to die of ~,** tagu/mygu i farwolaeth.

asphyxiant *a. & n.* **1.** *a.* mygol, tagol. **2.** *n.* mygwr (mygwyr) *m*, tagwr (tagwyr) *m.*

asphyxiate *v.t.&i.* mygu, tagu, *S:* mogi.

asphyxiating *a.* myglyd, taglyd, mygol, tagol.

asphyxiation *n.* = **asphyxia.**

asphyxiator *n.* mygwr (mygwyr) *m*, tagwr (tagwyr) *m.*

aspic[1] *n. Cu:* asbig *m.*

aspic[2] *n.* = **asp.**

aspidistra *n. Bot:* asbidistra(-s, asbidistrâu) *f.*

aspirant *a. & n.* **1.** *a.* = **aspiring. 2.** *n.* ymgeisydd (ymgeiswyr) *m* **(to/after sth,** am rth); *Theol:* dyhëydd: dyhëwr (dyhewyr) *m.*

aspirate[1] *a. & n. Ling:* **1.** *a.* anadlol, *occ:* chwyrn; **the ~ h,** yr anadliad caled *m*; *W. mut.:* **~ mutation,** treiglad llaes *m.* **2.** *n.* llythyren (llythyrennau) anadlol *f*, sain (seiniau) anadlol *m.*

aspirate[2] *v.t.* **1.** *Ling:* anadlu; *W.Gram: (= cause aspirate mut.):* llaesu (rhth), treiglo (rhth) yn llaes, achosi/peri treiglad llaes (yn rhth). **2.** *Med:* allsugno; **aspirating filter,** hidlydd(-ion) (*m*) allsugno.

aspirated *a. Phon:* anadlog; *S.a.* **aspirate[1].**

aspiration *n.* **1.** *Med: &c:* allsugnad(-au) *m*, allsugno *vn*; *Phon:* anadliad [caled] *m*; *(= spirant mutation):* treiglad(-au) llaes *m*, treiglo(*vn*)'n llaes, llaesiad(-au) *m*, llaesu *vn.* **2.** *(= ambition, desire):* dyhead(-au) *m*, uchelgais (uchelgeisiau) *m*; *Pol:* **legitimate aspirations,** dyheadau cyfreithlon.

aspirator *n. Ph: Med:* allsugnydd(-ion) *m*, pwmp (pympiau) (*m*) allsugno.

aspiratory *a. Ph: Med:* allsugnol.

aspire *v.i.* **to ~ to/after sth,** dyh|eu am rth; **he aspires to be president,** ei uchelgais yw bod yn arlywydd.

aspirer *n.* = **aspirant 2.**

aspirin *n. Pharm:* asbrin(-s) *m.*

aspring *a.* awyddus, uchelgeisiol, llawn dyhead **(after sth,** am rth).

asquint *adv.* yn llygatgam, o gil y llygad, yn groes.

ass[1] *n.* **1.** asyn(-nod) *m*; **she-~,** asen(-nod) *f*; *often less correctly,* mul(-od) *m*, mules(-au) *f.* **2.** *F: (= fool):* asyn *S:* mwlsyn(-nod) *m*; *S.a.* **fool[1].**

ass[2] *n. V:* = **arse[1].**

ass[3] *v.i.* = **arse[2].**

assagai *n.* = **assegai.**

assai adv. Mus: iawn; **~ *adagio*,** [yn] araf iawn.

assail *v.t.* *(a)* ymosod (ar rn), *Lit:* dwyn cyrch/rhuthr (ar rn); *(b)* **to ~ s.o. with questions,** pledu rhn â chwestiynau, holi a stilio rhn; **he was assailed with doubts,** daeth amheuon i ymosod arno; daeth amheuon i'w boeni.

assailable *a.* ymosodadwy.

assailant *n.* ymosodwr (ymosodwyr) *m*, ymos|odwraig *f.*

Assam *Pr.n. Geog:* Asám *f.*

Assamese *a. & n.* **1.** *a.* Asamaidd; **he's ~,** un o Asám ydyw. **2.** *n.* Asamiad (Asamiaid) *m&f.*

assart[1] *n.* asart(-au) *m.*

assart[2] *v.t.* asartio.

assassin *n.* **1.** llofrudd(-ion) *m*, lleiddiad (lleiddiaid) *m&f*, *occ:* bradlofrudd(-ion) *m.* **2.** *Hist:* asasin(-iaid) *m.* ~ **bug** *n. Ent:* chwilen lofruddiog (chwilod llofruddiog) *f.* ~ **fly** *n. Ent:* = **robber fly.**
assassinate *v.t.* lladd, llofruddio, bradlofruddio.
assassination *n.* llofruddiad(-au) *m*, bradlofruddiad(-au) *m*, lladd *vn*, llofruddio *vn*.
assassinator *n.* = **assassin.**
assault[1] *n.* ymosodiad(-au) *m*, ymosod *vn*; **to take/carry a town by ~,** meddiannu tref trwy ymosod/ymosodiad; *Fenc:* ~ **of/at arms,** ymosod ag arfau; *Jur:* ~ **and battery,** ymosodiad a churo/tharo; **common ~,** ymosodiad syml/cyffredin; **aggravated ~,** ymosodiad difrifol; **indecent ~,** ymosodiad anweddus; **criminal ~,** ymosodiad troseddol. ~ **course** *n.* cwrs (cyrsiau) (*m*) ymosod. ~ **craft** *n.* llong(-au) (*f*) ymosod.
assault[2] *v.t.* ymosod (ar rn); **he was assaulted,** ymosodwyd arno.
assaulter *n.* ymosodwr (ymosodwyr) *m*, ymos|odwraig *f.*
assaultive *a.* ymosodol.
assaultively *adv.* yn ymosodol.
assaultiveness *n.* ymosodoldeb *m.*
assay[1] *n. Metall: &c:* prawf (profion) *m.* ~ **mark** *n.* nod(-au) (*m*) prawf. ~ **office** *n. Adm:* swyddfa (*f*) brofion (swyddf|eydd profion).
assay[2] *v.t.* profi (rhth), rhoi prawf (ar rth).
assayable *a.* profadwy.
assegai *n.* gwaywffon (gwaywffyn) *f*, picell(-au) *f*, |asegai(-s) *m.*
assemblage *n.* **1.** (= *fitting together*): cydosodiad(-au) *m*, cydosod *vn*, cyfosodiad(-au) *m*, cyfosod *vn.* **2.** *(a) (of people):* cynulliad(-au) *m*, ymgynulliad(-au) *m*; *(b) (of things):* casgliad(-au) *m.* **3.** *Art:* cydosodiad.
assemblagist *n. Art:* cydosodwr (cydosodwyr) *m*, cydos|odwraig *f.*
assemble *v.t.&i.* **1.** *v.t.* *(a) (people):* galw/casglu (pobl) ynghyd; cynnull (pobl) [ynghyd]; *(b) (objects): (i) (= collect):* crynh|oi (pethau), casglu (pethau) [ynghyd], *N:* hel (pethau) at ei gilydd; *(ii) (= fit together):* cydosod, cyfosod, adeiladu (pethau); gosod (pethau) [ynghyd]. **2.** *v.i.* ymgynnull, ymgasglu, ymdyrru, dod ynghyd, ymgrynh|oi. ~ **editing** *vn. T.V:* golygu cynyddol.
assembler *n.* cyfosodwr (cyfosodwyr) *m*, cyfos|odwraig *f*, cydosodwr, (cydosodwyr) *m*, cydos|odwraig *f*, adeiladwr (adeiladwyr) *m*, cydosodydd(-ion) *m.*
assembling *vn.* **1.** (= *gathering*): cynulliad(-au) *m*, ymgynulliad(-au) *m*, cynnull, casglu, galw ynghyd. **2.** (= *putting together*): cydosodiad *m*, cyfosodiad *m*, cydosod *vn*, cyfosod *vn.*
assembly *n* **1.** (= *gathering*): *(of people):* cynulliad(-au) *m*, cynulleidfa(-oedd) *f*, ymgynulliad(-au) *m*; *esp. Rel:* cymanfa(-oedd) *f*; *(of things):* casgliad(-au) *m*, crynhoad (crynoadau) *m*; **place of ~,** man(-nau) (*mf*) ymgynnull, ymgynullfan(-nau) *mf*, cynullfan(-nau) *mf*; **house of ~,** cynullty (cynulltai) *m*; *Jur:* **unlawful ~,** cynulliad anghyfreithlon; *Sch:* **morning ~,** cyfarfod(-ydd) boreol *m*; *Rel:* **Assemblies of God,** Cynulliadau Duw; **General A~,** Cymanfa Gyffredin[ol] *f*; **Constituent A~,** Cynulliad Cyfansoddol; ~ **of freemen** cynulliad rhyddfreinwyr. **2.** *Pol: &c:* cynulliad. **3.** *Ind: &c:* (= *putting together*): cydosodiad(-au) *m*, cydosod *vn*, cyfosod *vn*, adeiladu *vn*; *Metalw:* ~ **drawing,** lluniadu (*vn*) cydosod. ~ **hall** *n.* neuadd (*f*) gynnull (neuaddau cynnull). ~ **language** *n. Cmptr:* iaith (*f*) gydosod (ieithoedd cydosod). ~ **line** *n.* rhes (*f*) gydosod (rhesi cydosod). ~ **mark** *n.* arwydd(-ion) (*m*) cydosod. ~ **plant,** ~ **shop** *n.* cydosodfa (cydosodf|eydd) *f*, gwaith (gweithfeydd) (*m*) cydosod. ~ **rooms** *n.pl.* ystafelloedd cynnull.
assemblyman *n.m.* **1.** *Pol:* aelod(-au) cynulliad, cynulliadwr (cynulliadwyr). **2.** *Rel:* cymanfäwr (cymanfawyr).
assemblywoman *n.f.* cynulli|adwraig (cynulliadwragedd) *f.*
assent[1] *n.* cydsyniad(-au) *m*; **by common ~,** trwy gydsyniad pawb.
assent[2] *v.i.* *(a)* **to ~ to sth,** cydsynio â rhth, caniatáu rhth; *(b) (= admit):* cydnabod; **to ~ to the truth of sth,** cydnabod gwirionedd rhth; *S.a.* **nod**[2] **1.**
assentation *n.* = **assent**[1].
assenter *n.* = **assentor.**
assentient *a.* & *n.* **1.** *a.* cydsyniol. **2.** *n.* = **assentor.**
assentor *n.* cydsyniwr (cydsynwyr) *m.*
Asser *Pr.n.m.* Aser.
assert *v.t.* **1.** *(a) (= vindicate claim for sth):* **to ~ one's rights,** mynnu'ch hawliau, mynnu cydnabod eich hawliau; arddel eich hawliau; *(b)* **to ~ oneself,** mynnu cydnabyddiaeth, mynnu eich cydnabod, bod yn bendant, eich gwthio'ch hun; **he asserted his authority on the meeting,** rhoes stamp ei awdurdod ar y cyfarfod. **2.** *(= affirm):* taeru, haeru, mynnu, dal, datgan, *Lit:* maentumio; **they asserted their innocence,** haerasant eu bod yn ddieuog.
assertion *n.* **1.** *(of rights):* arddeliad(-au) *m*, arddel *vn.* **2.** *(= affirmation):* honiad(-au) *m*, haeriad(-au) *m*, maentumiad(-au) *m*; **to make an ~,** haeru/honni rhth; *S.a.* **self-assertion.**
assertive *a.* **1.** *(= domineering):* trah|aus, ymwthgar, haerllug. **2.** *(= firm):* pendant, di-droi'n-ôl, disyflyd, di-ildio.
assertively *adv.* yn drah|aus *&c.*
assertiveness *n.* **1.** *(= pushiness):* haerllugrwydd *m*, trahauster *m*, ymwthgarwch *m.* **2.** *(= firmness):* pendantrwydd *m.*
assertor *n.* honnwr (honwyr) *m*, haerwr (haerwyr) *m.*
assertoric *a.* datganiadol; *Log:* ~ **proposition,** gosodiad(-au) datganiadol *m.*
asses *n.pl. See* **as**[2], **ass**[1].
assess *v.t.* **1.** *(a)* **to ~ tax,** gosod/pennu treth; *Jur:* **to ~ the damages,** pennu/asesu iawndal; *(b) (= estimate value):* gosod gwerth (ar rth); nodi gwerth, prisio, mesur gwerth, amcangyfrif *(pronounced* ng-g) gwerth, *N: F: occ:* clandro gwerth (rhth); *(moral value &c):* barnu gwerth, mesur gwerth, tafoli gwerth, asesu gwerth (rhth); *(c)* **to ~ a man's character,** barnu gwerth cymeriad dyn, barnu sut un yw dyn. **2. to ~ a loan on s.o.,** gosod/gorfodi benthyciad ar rn. **3.** *Adm:* **to ~ s.o. in/at so much,** gosod/pennu treth o hyn a hyn ar rn. **4.** *(a)* **to ~ a property [for taxation],** gosod/pennu treth ar eiddo, gosod/pennu gwerth trethadwy eiddo, asesu eiddo ar gyfer ei drethu, trethu eiddo; *(b)* **if we ~ this statement at its true worth,** os edrychwn ar y datganiad yn ei iawn liw; os barnwn wir werth y datganiad.
assessable *a.* **1.** *(value):* mesuradwy, asesadwy. **2.** *(property):* trethadwy.
assessed *a. (taxes):* uniongyrchol *(pronounced* ng-g).
assessment *n.* **1.** *(a) (of taxes):* asesiad(-au) *m*, arfarniad(-au) *m*, trethiad(-au) *m*; **notice of ~,** hysbysiad (*m*) o'r dreth; *Jur:* ~ **of damages,** asesiad iawndal; *(b) (= evaluation):* asesiad, asesu *vn*, barn(-au) *f*; *Sch:* **continuous ~,** asesiad/asesu parh|aus; **what is your ~ of him?** beth yw dy farn (eich barn) amdano? **2.** *(= estimated amount):* amcangyfrif(-on) *m*, amcangyfrifiad(-au) *m (both pronounced* ng-g), asesiad(-au) *m*, mesur(-on) (*m*) gwerth; *Pol:* ~ **of contributions,** asesu cyfraniadau; ~ **of need,** asesu angen, mesur angen. ~ **centre** *n.* canolfan(-au) (*mf*) asesu.
assessor *n.* **1.** *Jur:* aseswr (aseswyr) *m*, cyfeisteddwr (cyfeisteddwyr) *m.* **2.** *(of taxes):* aseswr, trethwr (trethwyr) *m*; *Ins:* aseswr, amcangyfrifwr: amcangyfrifydd (amcangyfrifwyr) *m (pronounced* ng-g). **3.** *(of character &c):* barnwr (barnwyr) *m.*
asset *n.* **1.** *(= good quality).* mantais (manteision) *f*, rhinwedd(-au) *f*, caffaeliad(-au) *m*; **his knowledge of French is a great ~ to him,** mae ei wybodaeth o Ffrangeg o fudd mawr iddo. **2.** *(a) Fin: &c:* ased(-au,-ion) *m*; **current ~,** ased cyfredol; **earning ~,** ased enillol; **eligible reserve assets,** asedion cadw cymwys; **fixed ~,** ased sefydlog; **floating ~,** ased cylchredol/arnofol; **frozen asset, illiquid ~,** ased caeth/clo; **intangible ~,** ased anniriaethol; **liquid assets,** asedau/asedion rhyddion/hylifol, asedion rhyddion; **tangible ~,** ased diriaethol; **wasting ~,** ased darfodol; *(b) usu.pl. Jur: &c: (= possession):* eiddo *m*, meddiannau *pl*, asedau/asedion *pl*; **real assets,** asedau/asedion gwirioneddol/anghyffro.
asseverate *v.t.* tyngu, taeru (rhth); datgan (rhth) ar lw.
asseveration *n.* datganiad(-au) *m*; *(= oath):* llw(-on) *m.*
asseverative *a.* datganiadol.
assibilant *a. Ling:* sisiol.
assibilate *v.t. Phon:* ffrithioli, sisio.
assibilation *n.* sisiad(-au) *m*; *vn.* = **assibilate.**
assiduity *n.* diwydrwydd *m*, dycnwch *m*, dyfalwch *m*, gweithgarwch *m*, ymroddiad *m*, llwyrymroddiad *m*, dyfalbarhad *m.*
assiduous *a.* dyfal, dygn, diwyd, gweithgar, ymroddedig, selog, cydwybodol.
assiduously *adv.* yn ddyfal *&c.*
assiduousness *n.* = **assiduity.**

assign[1] *n. Jur:* aseinî (aseiniäid) *m&f.*
assign[2] *v.t.* **1.** *(a)* neilltuo, dosrannu (rhth); rhoi (rhth) yn gyfran **(to s.o.,** i rn); pennu (rhth) (ar gyfer rhn); *Ph:* **to ~ particle to cell,** neilltuo gronyn i gell; *(b)* **to ~ a reason for sth,** pennu rheswm dros rth; **to ~ a meaning to a word,** priodoli ystyr i air, pennu ystyr gair; **an object assigned to a certain use,** peth a neilltuwyd i bwrpas arbennig; *(c)* **to ~ a time and place,** pennu/trefnu amser a lle; **to ~ a salary to an office,** pennu cyflog ar gyfer swydd; *(= date):* **to ~ sth to the tenth century,** priodoli rhth i'r ddegfed ganrif, gosod rhth yn y ddegfed ganrif; *(d)* **to ~ a task to s.o.,** gosod rhth yn waith i rn, pennu gorchwyl i rn, pennu gorchwyl ar gyfer rhn. **2.** *Jur: (property):* trosglwyddo, aseinio; *(solicitor &c):* pennu, neilltuo.
assignability *n. (of property):* natur drosglwyddadwy *f,* trosglwyddadwyedd *m; (of reason):* natur benadwy *f.*
assignable *a.* **1.** *(reason &c):* priodoladwy; **this is ~ to the fact that ...,** mae hyn i'w briodoli i'r ffaith fod ...; *(b) (date):* penadwy. **2.** *Jur: (property):* trosglwyddadwy, aseiniadwy.
assignat *n. Fr.Hist: Num:* arian *(m)* papur, nodyn (nodau) *(m)* papur, ***assignat(-s)*** *m.*
assignation *n.* **1.** *(a) (= distribution):* neilltuad *m,* dosbarthiad *m,* dosraniad *m,* neilltuo *vn,* dosbarthu *vn,* dosrannu *vn; (b) (= attribution):* priodoliad *m,* priodoli *vn; (= dating):* dyddiad *m,* dyddio *vn.* **2.** *Jur: (= transference):* trosglwyddiad(-au) *m,* aseiniad(-au) *m,* aseinio *vn,* trosglwyddo *vn; Mth: Ph:* trosglwyddiant (trosglwyddiannau) *m;* **deed of ~,** aseiniad(-au) *m.* **3.** *(a) (of time &c):* trefniad *m,* trefnu *vn,* pennu *vn; (b) (= tryst):* oed(-au) *m.* **~ house** *n.* = **brothel.**
assignee *n. Jur: (a)* aseinî (aseiniäid) *m&f; (b) (= proxy):* dirprwy(-on) *m,* cynrychiolydd (cynrychiolwyr) *m.*
assignment *n.* **1.** *(a)* = **assignation 1, 2;** *(b) (= allocation):* neilltuad *m,* dosbarthiad *m,* dosraniad *m,* pennu *vn,* neilltuo *vn,* dosbarthu *vn,* dosrannu *vn;* **~ (to a post),** penodiad *m,* penodi *vn; (of reasons):* priodoliad *m,* priodoli *vn.* **2.** *Sch: U.S: (= task):* gorchwyl(-ion) *m,* tasg(-au) *f,* dyletswydd(-au) *f; (= essay):* traethawd (traethodau) *m; (= mission):* cenhadaeth (cenadaethau) *f.* **3.** *Aut:* trosglwyddiad(-au) *m.* **~ curve** *n.* cromlin *(f)* drosgwlyddo (cromliniau trosglwyddo).
assignor *n. Jur:* aseiniwr (aseinwyr) *m,* trosglwyddwr (trosglwyddwyr) *m.*
assimilability *n.* **1.** natur dreuliadwy *f,* hydreuledd *m,* natur ddysgadwy *f,* natur gymathadwy *f.* **2.** natur gyffelybadwy *&c.*
assimilable *a.* **1.** *(food &c):* treuliadwy; *(knowledge):* dysgadwy, amgyffredadwy; *(people):* cymathadwy. **2.** *(= comparable):* cyffelybadwy, cydweddadwy, cymaradwy, tebygadwy.
assimilate[1] *v.t.&i.* **1.** *v.t.* *(a) (= make alike):* cym[h]athu, cydweddu; **to ~ the laws of two countries,** cym[h]athu cyfreithiau dwy wlad, gwn|eud cyfreithiau dwy wlad yn debyg i'w gilydd; *(b) (food):* treulio; **to ~ knowledge,** derbyn/dysgu/amgyffred gwybodaeth; **to ~ foreigners,** cym[h]athu tramorwyr. **2.** *v.i. (a)* **to ~ to/with sth,** ymdebygu i rth; *(b) Phon: (of consonants):* ymdebygu, cydweddu, ymgym[h]athu; *(c)* **in this country foreigners find it difficult to ~,** mae'n anodd cym[h]athu dieithriaid yn y wlad hon; mae dieithriaid yn cael trafferth ymaddasu/ymdoddi/plwyfo yn y wlad hon; nid yw'n hawdd i ddieithriaid ennill eu plwyf yn y wlad hon.
assimilate[2] *n.* cymathedig(-ion) *m&f.*
assimilating *a.* cymhathol.
assimilation *n.* **1.** *(= making alike):* cym[h]athiad (cymathiadau) *m,* cymathu *vn; Ling:* **progressive ~,** cym[h]athiad blaen; **regressive ~,** cym[h]athiad ôl; *(= comparison):* cymhariaeth (cymariaethau) *f,* cymharu *vn.* **2.** *(of food):* cym[h]athiad, cym[h]athu; *(of facts &c):* amgyffrediad(-au) *m,* amgyffred *vn.*
assimilationism *n.* cymathiadaeth *f.*
assimilationist *a. & n.* **1.** *a.* cymathiadol. **2.** *n.* cymathiadwr (cymathiadwyr) *m,* cymathi|adwraig *f.*
assimilative, assimilatory *a.* cymathol.
assimilator *n.* cymathwr (cymathwyr) *m.*
assist[1] *v.t.&i.* **1.** *v.t.* cynorthwyo (rhn), rhoi cymorth (i rn), *F:* helpu (rhn); **to ~ s.o. in doing sth,** cynorthwyo rhn i wneud rhth. **2.** *v.i. (a) (= take part):* cymryd rhan; *(b) (= be present):* bod yn bresennol.
assist[2] *n.* cymorth (cymhorthion) *m,* cynhorthwy (cynorthwyon) *m.*
assistance *n.* **1.** cymorth *m, F:* help *m, Lit:* cynhorthwy *m;* **to come to s.o.'s ~,** cynorthwyo rhn, dod i gynorthwyo rhn, *F:* dod i helpu rhn; *(= rescue):* dod i achub rhn; **with the ~ of sth,** gyda chymorth/help rhth; **to be of ~ to s.o.,** bod yn gymorth/help i rn; **2.** *Adm:* **National A~,** *usu:* Nawdd Cymdeithasol *m, preferably:* Cymorth Gwladol; *Pol:* **Public A~,** Cymorth Cyhoeddus.
assistant *a. & n.* **1.** *a.* cynorthwyol, *occ:* cymhorthwyol, cymhorthol; *Th: &c:* **~ director,** isgyfarwyddwr (isgyfarwyddwyr) *m,* cyfarwyddwr (cyfarwyddwyr) cynorthwyol *(m);* **~ librarian,** llyfrgellydd (llyfrgellwyr) cynorthwyol *m;* **~ manager,** rheolwr (rheolwyr) cynorthwyol *m;* **~ master,** athro (athrawon) *m;* **~ mistress,** athrawes(-au) *f; U.S:* **~ professor,** isddarlithydd (isddarlithwyr) *m,* isddarl|ithwraig *f; U.S:* **~ professorship,** isddarlithyddiaeth(-au) *f; Th:* **~ stage-manager,** isoruchwyliwr (isoruchwylwyr) *(m)* llwyfan, isoruch|wylwraig *(f)* llwyfan. **2.** *n. (a)* cynorthwywr: cynorth|wy-ydd (cynorthwywyr) *m,* cynorth|wywraig (cynorthwywragedd) *f, Lit: occ:* cymhorthwr (cymhorthwyr) *m; (b) (in shop):* dyn(-ion) *(m)* siop, merch(-ed) *(f)* siop; **shop assistants** *pl,* gweision siop[-au], gweithwyr siop[-au]; *(c)* **nursery ~,** gweinyddes *(f)* feithrin (gweinyddesau meithrin).
assistantship *n. Sch:* isddarlithyddiaeth(-au) *f.*
assisted *a.* cynorthwyedig; *Sch:* **assisted places scheme,** cynllun *(m)* noddi disgyblion.
assize *n.* **1.** *Jur: (usu.pl.)* **[court of] assizes, ~ court,** brawdlys(-oedd) *mf, F:* [a]seisus *pl;* **rent of ~,** rhent *(m)* aséis. **2.** *Jur: Hist:* **~ of ale,** aséis cwrw; **~ of arms,** aséis arfau; **~ of bread,** aséis bara.
associability *n.* natur gysylltiadwy *f,* cysylltiadwyedd *m.*
associable *a.* cysylltiadwy.
associate[1] *a. & n.* **1.** *a.* cysylltiol, cyfrannog, ar y cyd; *(of academy &c):* **~ member,** aelod(-au) gohebol *m,* aelod cyswllt; *Sch: U.S:* **~ professor,** darlithydd (darlithwyr) *(m)* cyswllt; *Sch: U.S:* **~ professorship,** darlithyddiaeth gyswllt (darlithyddiaethau cyswllt) *f;* **~ status,** statws cysylltiol. **2.** *n. (a) (in business):* cyfrannog (cyfranogion) *m,* partner(-iaid) *m,* partneres(-au) *f;* **~ in crime,** cyd-droseddwr (~-droseddwyr) *m,* cyd-dros|eddwraig *f,* **~ in a plot,** cydgynllwyniwr (cydgynllwynwyr) *m,* cydgynll|wynwraig *f; W.Tel:* **programme ~,** cyd-ymgymerwr (~-ymgymerwyr) *(m)* rhaglenni; *(b) (= acquaintance):* **one of my associates,** un o'm cydnabod.
associate[2] *v.t.&i.* **1.** *v.t.* **to ~ sth with sth/s.o.,** cysylltu rhth â rhth/rhn; **to ~ oneself with an opinion,** ategu barn, cefnogi barn, ymgysylltu â barn; **to be associated with s.o. in doing sth,** gwn|eud rhth ar y cyd â rhn, ymuno â rhn i wneud rhth; **to be associated in a plot,** bod yn gyfrannog o gynllwyn. **2.** *v.i. (a)* **to ~ with s.o.,** cyfeillachu â rhn, cymdeithasu â rhn, ymwn|eud â rhn, ymgysylltu â rhn; *(b)* **to ~ with s.o. in doing sth,** gwneud rhth ar y cyd â rhn.
associated *a.* cysylltiedig, cysylltiol, mewn cysylltiad **(with sth,** â rhth); *Com:* **~ company,** cwmni cysylltiedig *m; Mth: Ph:* **~ norm,** norm cysylltiol *m.*
associateship *n.* **1.** *Com:* partneriaeth(-au) *f.* **2.** *Sch: U.S:* cyd-ddarlithyddiaeth(-au) *f.*
association *n.* **1.** *(a) (= connection):* cysylltiad(-au) *m; Biol: &c:* uniad(-au) *m;* **a land full of historic associations,** gwlad lawn o gysylltiadau hanesyddol, gwlad gyforiog o hanes; *Lib:* **~ copy,** copi *(m)* cyswllt; *(b) (= relationship)* cysylltiad, *occ:* cyfeillach *f,* cymdeithasiad(-au) *m,* perthynas *f,* **(with s.o.,** â rhn); *Biol:* cydberthynas *f;* **~ of ideas,** cymdeithasiad syniadau; **ecological ~,** cydgymuned(-au) ecolegol *f;* **he learnt the language through long ~ with the natives,** dysgodd yr iaith trwy hir ymgydnabod â'r brodorion; **in ~ with s.o.,** ar y cyd â rhn, mewn cysylltiad â rhn. *(c) Biol:* **~ centre,** canolfan gydgysylltiol (canolfannau cydgysylltiol) *mf;* **2.** *(a) (= society):* cymdeithas(-au) *f; esp. Rel:* cymdeithasfa(-oedd) *f; (of Presbyterian Church of Wales, formerly of Welsh Calvinistic Methodists):* y Gymdeithasfa, *F:* y Sasiwn *f;* **employers' ~,** cymdeithas y cyflogwyr; *Sch:* **parents-teacher ~,** cymdeithas rhieni ac athrawon; **Young Men's Christian A~,** Cymdeithas Gristnogol y Gwŷr Ifainc; **Young Women's Christian A~,** Cymdeithas Gristnogol y Merched Ifainc; **the Football A~,** y Gymdeithas Bêl-droed; **the**

Automobile A~, Cymdeithas y Modurwyr. *(b)* **~ football,** y bêl gron *f*, pêl-droed *m*.
associational *a.* cysylltiadol.
associationism *n. Phil:* cysylltiaeth *f*.
associative *a.* cysylltiadol, cymdeithasiadol; *Mth: Ph:* **A~ Law,** Deddf Gysylltiadol (Deddfau Cysylltiadol) *f*; *Cmptr:* **~ memory,** cof(-au) cysylltiadol *m*; **~ store,** stôr gysylltiadol (storau cysylltiadol) *f*.
associatively *adv.* yn gysylltiadol *&c.*
assonance *n. Pros:* cyseinedd(-au) *f*.
assonant|al| *a. Pros:* cyseiniol.
assonate *v.i. Pros:* cyseinio.
assort *v.t.&i.* **1.** *v.t.* *(a)* *(= match):* **to ~ colours,** cydweddu/paru lliwiau; *(b)* *(= sort):* dosbarthu, dosrannu. **2.** *v.i.* **to ~ well (with sth),** mynd yn dda, cyd-fynd yn dda, cydweddu (â rhth).
assortative *a. Nat.Hist:* cydweddol.
assorted *a.* **1. well-~,** cymharus, cydwedd, cydweddol; **ill-~,** anghymharus, anghydmarus, anghydweddol; **they are well-~,** maent yn gweddu'n dda i'w gilydd. **2.** *(= mixed):* cymysg, amrywiol, amryfal, amryfath; *(sweets):* cymysg.
assorter *n.* dosbarthwr (dosbarthwyr) *m*, dosb|arthwraig *f*, dosrannwr (dosranwyr) *m*, dosr|anwraig *f*.
assortive *a.* cydweddol.
assortment *n.* cymysgfa(-oedd, cymysgfâu) *f*, cymysgedd(-au) *mf*; *(of tools &c):* casgliad(-au) *m*, set(-iau) *f*; *Biol:* **independent ~ of genes,** rhydd-ddosraniad (*m*) y genynnau, dosraniad (*m*) genynnol ar antur.
assuage *v.t.* **1.** *(= ease):* esmwytho, esmwyth|au, lleddfu, lliniaru, llaesu. **2.** *(= satisfy):* bodloni, digoni; **to ~ thrist,** torri syched.
assuagement *n.* lleddfiad *m*, esmwythâd *m*; *vn.* = **assuage.**
assuager *n.* esmwythäwr (esmwythawyr) *m*, lleddfwr (lleddfwyr) *m*, lliniarwr (lliniarwyr) *m*.
assuaging, assuasive *a.* esmwythaol, lleddfol, lliniarol.
assumability *n.* natur gymeradwy *f*, natur dybiadwy/ragdybiadwy *f*, tybiadwyedd *m*, rhagdybiadwyedd *m*.
assumable *a.* cymeradwy; *(supposition):* tybiadwy, rhagdybiadwy.
assumably *adv.* yn gymeradwy, yn dybiadwy *&c.*
assume *v.t.* **1.** cymryd (rhth) arnoch; **to ~ an air of indifference,** cymryd arnoch fod yn ddidaro, esgus/smalio bod yn ddidaro; **to ~ a pose,** cymryd agwedd, ymagweddu; *(of model):* sefyll mewn ystum; **to ~ a disguise,** gwisgo cuddwisg, rhoi cuddwisg amdanoch, rhithio'ch gwedd, dieithrio'ch gwedd/golwg, newid eich gwedd, ymddieithrio, ymrithio; **the disease assumes many forms,** mae llawer ffurf ar y clefyd; *Theol:* **to ~ flesh,** ymgnawdoli, gwisgo cnawd; **he assumed the proportions of a giant,** tyfodd i faintioli cawr; aeth yn gymaint â chawr; **the spirit assumed the form of a girl,** ymrithiodd yr ysbryd yn eneth; ymrithiodd yr ysbryd fel geneth; ymrithiodd yr ysbryd ar ffurf geneth. **2.** *(= take on, accept):* derbyn (rhth), ymgymryd (â rhth), mynd yn gyfrifol (am/dros rth), cymryd gofal (rhth), cymryd gofalaeth (rhth), ysgwyddo (rhth); **he assumed the responsibility,** ysgwyddodd y ddyletswydd; cymerodd y ddyletswydd arno; **to ~ power, to ~ authority,** cymryd/meddiannu awdurdod, dod i rym; **to ~ a name,** cymryd/mabwysiadu enw newydd/arall; *(for deception):* cymryd ffugenw, mynd dan ffugenw; *Com:* **to ~ all risks,** derbyn pob perygl. **3.** *Jur:* **to ~ ownership of sth,** cymryd meddiant o/ar rth, meddiannu rhth, mynd yn berchennog ar rth. **4.** *(= pretend):* honni, ffugio, cogio, esgus, smalio (rhth); cymryd (rhth) arnoch; **he assumed ignorance,** cymerodd arno na wyddai; bwriodd ddieithr; ffugiodd/cogiodd/smaliodd/honnodd anwybodaeth. **5.** *(= suppose):* tybio, rhagdybio, bwrw, credu (rhth); cymryd (rhth) yn ganiataol; **I ~ that he will come,** 'rwy'n cymryd/bwrw y daw; **he was assumed to be wealthy,** tybid/credid ei fod yn gefnog; **assuming that ...;** a bwrw bod ...; a chaniatáu bod ...; **let us ~ that ...;** cymerwn fod ...; bwriwn fod ...; gadewch inni fwrw bod ...; **to ~ the worst,** disgwyl y gwaethaf, tybio'r gwaethaf.
assumed *a.* **1.** *(= false):* ffug; **under an assumed name,** dan ffugenw, dan enw ffug; **(she spoke) with ~ unconcern,** (llefarai) gyda golwg ddidaro arni, gan smalio/gogio/esgus bod yn ddidaro. **2.** *(= supposed):* tybiedig, rhagdybiedig.
assuming *a.* ymhongar (*pronounced* ng-g), hunandybus, hyf, tybgar, rhodresgar, digywilydd, haerllug.
assumpsit *n. Jur:* aswmpsit(-au) *m*.
assumption *n.* **1.** *Ecc:* *(of Mary):* dyrchafael (*m*) Mair, dyrchafiad (*m*) Mair, esgyniad (*m*) Mair; **Feast of the A~,** Gŵyl (*f*) Fair yn Awst, Dygwyl (*f*) Fair Gyntaf, Gŵyl Dyrchafael Mair. **2.** *(= assuming): occ:* cymeriad *m*, derbyniad *m*, cymryd *vn*, derbyn *vn*; **~ of flesh,** ymgnawdoliad *m*, ymgnawdoli *vn*, gwisgiad (*m*) cnawd, gwisgo (*vn*) cnawd; **~ of office,** derbyn swydd, cychwyn (*vn*) ar swydd, cychwyniad (*m*) ar swydd. **3.** *(= affectation):* ymhoniad(-au) *m*, ymhongarwch *m* (*pronounced* ng-g), ymagweddiad(-au) *m*, rhodres *m*, hunandyb *m*, rhith(-iau) *m*, esgus(-ion) *m*. **4.** *(a)* *(= supposition):* tyb(-iau) *mf*, tybiaeth(-au) *f*, rhagdyb(-iau) *f*, rhagdybiaeth(-au) *f*; **I'm going on the ~ that ...,** 'rwy'n tybio/cymryd bod ...; *(b)* *Phil: Log:* *(= postulate):* cynosodiad(-au) *m*, bwriant (bwriannau) *m*.
Assumptionists *n.pl. Rel:* Dyrchafiaid.
assumptive *a.* **1.** tybiaethol, rhagdybiaethol. **2.** = **assuming.**
assurable *a.* yswiriadwy, aswiriadwy.
assurance *n.* **1.** *(a)* *(= certainty):* sicrwydd *m*; **I have every ~ that he will come,** 'rwy'n berffaith hyderus y daw; 'rwy'n credu hyd sicrwydd y daw; 'rwy'n bendant y daw; *(b)* *(= promise):* sicrhad *m*, addewid(-ion) *mf*, sicrwydd; *(c)* *(= affirmation):* sicrhad; **2.** *Ins:* yswiriant (yswiriannau) *m*, aswiriant (aswiriannau) *m*; **life ~,** yswiriant bywyd; **endowment ~,** yswiriant gwaddol; **term ~,** yswiriant cyfnod/tymor. **3.** *(a)* *(= confidence):* hyder *m*, hunanhyder *m*, sicrwydd, pendantrwydd *m*; **to answer with ~,** ateb yn hyderus; *(b)* *(= boldness):* ehofnder *m*, ehofndra *m*.
assure *v.t.* *(a)* *(= make safe)* diogelu, sicrh|au; *Ins:* yswirio, aswirio; *(b)* *(= ensure):* sicrhau; *(c)* **to ~ s.o. that ...;** sicrhau rhn fod ...; **I assured him of the truth of the story,** fe'i sicrheais fod y stori'n wir; **you may rest assured that ...,** gellwch fod yn sicr fod ...; ; **(it's true), I ~ you,** (mae'n wir), coeliwch [chi] fi, credwch [chi] fi, cymerwch fy ngair, ar fy ngair, ar fy llw.
assured *a. & n.* **1.** *a.* *(a)* *(= certain):* sicr, pendant; *(b)* *(= confident):* hyderus, talog; *(c)* *Ins:* yswiriedig, aswiriedig, wedi'ch yswirio/aswirio. **2.** *n. Ins:* aswiriedig(-ion) *m&f*, yswiriedig(-ion) *m&f*.
assuredly *adv.* yn sicr, yn bendant, yn ddiau, mae'n siŵr, yn ddi-os, yn ddiamau, heb os nac oni bai, yn bendifaddau, yn ddilys ddigon
assuredness *n.* **1.** sicrwydd *m*. **2.** *(= confidence):* hyder *m*.
assurer, assuror *n. Ins:* aswiriwr (aswirwyr) *m*, yswiriwr (yswirwyr) *m*.
Assyria *Pr.n. A.Geog:* Asyria *f*.
Assyrian *a. & n.* **1.** *a.* Asyriaidd; *(in language):* Asyrieg. **2.** *n.* *(a)* Asyriad (Asyriaid) *m&f*; *(b)* *Ling:* Asyrieg *f*, *m*.
Assyriological *a.* Asyriolegol.
Assyriologist *n.* Asyriolegwr: Asyriolegydd (Asyriolegwyr) *m*.
Assyriology *n.* Asyrioleg *f*
astable *a.* ansefydlog, an-sad, ansad.
astarboard *adv. Nau:* i'r dde, ar y dde, ar y llaw dde; **~ of us,** i'r dde inni, ar y llaw dde inni.
astatic *a.* symudol, ansefydlog, astatig.
astatically *adv.* yn symudol *&c.*
astaticism *n.* symudoldeb *m*, ansefydlogrwydd *m*, astatigrwydd *m*.
astatine *n. Ch:* astatîn *m*.
aster *n. Bot:* serenllys(-iau) *m*, sêr-flodyn (~-flodau) *m*; *(= Michaelmas Daisy):* ffarwel (*m*) haf; **China ~,** *(Callistephus hortense)*; seren (sêr) (*f*) Tsieina; **goldilocks ~,** *(Aster dinosyris):* gold (*m*) y môr; **sea ~,** *(A. tripolium):* serenllys (*m*) y morfa.
asteria *n.* serenem(-au) *mf*, serenfaen (serenfeini) *m*.
asteriated *a.* serennog.
asterisk *n. & v.t.* **1.** *n.* serennig (serenigion) *f*, seren (sêr) *f*. **2.** *v.t.* nodi (rhth) â seren/serennig, serennu (rhth).
asterism *n.* **1.** *Astr:* cytser(-au) *m*, clwstwr (clystyrau) (*m*) sêr, seroliaeth(-au) *f*. **2.** *Typ:* sêr *pl*, serenigion *pl*.
astern *adv. & prep.phr. Nau: Av:* **1.** *adv.* ym mhen ôl (llong), y tu ôl (i long); **~ of us,** y tu ôl inni, o'n hôl; **to have the wind ~,** bod â'r gwynt o'r [tu] cefn; **full speed ~!** yn ôl ar frys! *S:* yn ôl, glou! **2.** *prep.phr.* **~ of a ship,** y tu ôl i long, y tu cefn i long.
asteroid *a. & n.* **1.** *a.* fel seren, ar ffurf seren, serenffurf. **2.** *n.* *(a)*

Astr: planeden(-nau) *f*, goseren (goser) *f*, mân blaned(-au) *f*, |asteroid (asteroidau) *m*; *(b) Z:* seren (*f*) fôr (sêr môr).
asteroidal *a. Astr:* planedennol, asteroidaidd.
asthenia *n. Med:* asthenia *m*, gwendid *m*, eiddilwch *m*, musgrellni *m*, llesgedd *m*, nychdod *m*.
asthenic *a.* **1.** *Med:* gwan (gweiniaid, gweinion), musgrell, eiddil, llesg, asthenaidd, asthenig, *N:* gwantan. **2.** *(= lean, long-limbed):* heglog, hirgoes, main (meinion), asthenaidd, asthenig.
asthenosphere *n. Geol:* asth|enosffer (asthenosfferau) *f*.
asthma *n. Med:* asthma *m*, diffyg (*m*) anadl, caethiwed (*m*) ar y gwynt, caethni *m*, caethdra *m*, *N:* mygdod *m*, myctod *m*, mygni *m*, *S:* mogfa *f*, y fogfa *f*, *S.W:* y fogfan *f*, *S.E:* mogiant *m*; **he has ~,** mae ei frest yn gaeth; mae asthma (*&c*) arno.
asthmatic *a. & n.* **1.** *a.* asthmatig, myglyd, caeth eich anadl/gwynt; **he's ~,** mae'n gaeth ei anadl/wynt; mae asthma (*&c*) arno. **2.** *n.* asthmatig(-ion) *m&f*.
asthmatically *adv.* yn fyglyd *&c*.
astigmatic *a. Opt:* astigmatig.
astigmatically *adv. Opt:* yn astigmatig.
astigmatism *n. Opt:* astigmatedd(-au) *m*.
astilbe *n. Bot:* astilbe(-au) *m*.
astir *adv. & pred.a.* **1.** *(= in motion):* yn symud, ar fynd, ar gerdded, yn ferw; **to set things ~,** cychwyn pethau, rhoi pethau ar gychwyn, cynhyrfu pethau. **2.** *(= risen):* ar eich traed, wedi codi; **she was ~ early,** 'roedd hi wedi codi'n gynnar; 'roedd hi ar ei thraed yn gynnar. **3.** *(= agitated):* yn gynhyrfus, yn gyffro i gyd, yn gynnwrf i gyd.
astonish *v.t.* synnu, syfrdanu (rhn); peri syndod/syfrdandod (i rn); **he astonishes me,** mae'n fy synnu i; **I am astonished,** mae'n syn/rhyfedd gen i; 'rwy'n synnu; 'rwy'n rhyfeddu; mae'n syndod/rhyfeddod imi; **he looked astonished,** 'roedd golwg syn/syfrdan arno; 'roedd golwg wedi synnu arno; **(I'm astonished) at him, at his success,** ('rwy'n synnu/rhyfeddu) ato, at ei lwyddiant; **(I'm astonished) that she went,** ('rwy'n synnu/rhyfeddu) iddi fynd, ei bod hi wedi mynd; **(they were astonished) [that] I hadn't gone,** ('roeddent yn synnu) nad oeddwn wedi mynd, na fu imi fynd.
astonished *a.* syn, syfrdan, yn/wedi synnu, yn/wedi syfrdanu; *S.a.* **astonish.**
astonishedly *adv.* yn syn *&c*.
astonishing *a.* rhyfeddol, syfrdanol, syn; **it's ~,** mae'n rhyfeddod, mae'n syndod, mae'n syn *&c*.
astonishingly *adv.* yn rhyfeddol *&c*; **~ enough,** yn rhyfedd ddigon, trwy ryw ryfeddod, trwy ryw ryfedd wyrth, er mawr ryfeddod; **she's ~ fit,** mae hi'n heini i'w ryfeddu.
astonishment *n.* syndod *m*, syfrdandod *m*, rhyfeddod *m*; **to my great ~,** er mawr ryfeddod imi; **a look of ~,** golwg syn/syfrdan; **a look of blank ~,** golwg hollol syn/syfrdan; **I fell back in ~,** synnais ar fy hyd.
astound *v.t.* = **astonish.**
astounding *a.* = **astonishing.**
astoundingly *adv.* = **astonishingly.**
astraddle *adv. & pred.a.* ar gefn (rhth), â'r ddwy goes ar led, â'r afl ar led, *N: F:* ar gamfa/gamdda led.
astragal *n. Arch:* addurngylch(-oedd) *m* (*pronounced* ng-g), bar (*m*) gwydriad.
astragalus *n.* **1.** *Anat:* asgwrn (*m*) ffêr (esgyrn fferau), migwrn (migyrnau) *m*. **2.** *Bot:* llaethwyg *m*, geub|erwraidd *m*.
astrakhan *n. Cost: Tex:* astracán *m*.
astral *a.* **1.** *Astr:* serol. **2.** *Psychics:* **~ plane,** gwastad serol *m*; **~ body,** corff (cyrff) serol *m*; **~ projection,** allanoliad serol *m*, allanoli (*vn*) serol.
astrally *adv.* yn serol.
astray *adv. & pred.a.* ar gyfeiliorn, ar grwydr, ar ddisberod, ar goll; **to go ~,** mynd ar gyfeiliorn, cyfeiliorni, colli'r ffordd, crwydro; *(of object):* mynd ar goll, mynd i'w golli; **to lead s.o. ~,** mynd â rhn ar gyfeiliorn, camarwain rhn, arwain rhn ar gyfeiliorn.
astrict *v.t.* rhwymo.
astride *adv. & pred.a.* ar gefn (rhth), ag un goes bob ochr (i rth); *Gym: &c:* ar led; **to sit ~ sth,** eistedd â'r coesau o boptu i rth, *N.W: F:* gaflio rhth, gafl-ledu rhth, *M.W:* eistedd ar fforchog rhth.
astringe *v.t.* rhwymo.
astringency *n.* egrwch *m*.
astringent *a. & n.* **1.** *a. Med:* *(= constipating):* rhwymol, cyfrwymol; *(= styptic):* tynhaol, styptig, crebachol, crychol; **~ lotion,** trwyth(-i) tynhaol *m*, trwyth tynh|au; *Th:* cyffur (*m*) wyneb. **2.** *(a) (taste):* egr, sur(-ion); *(b) Fig: (criticism &c):* deifiol, llym (*f.* llem, *pl.* llymion), egr. **2.** *n. Med:* styptig(-ion) *m*; *(constipating):* ffisig(-au) (*m*) rhwymo, moddion *(pl or m)* rhwymo.
astringently *adv.* yn egr *&c*; yn ddeifiol *&c*.
astrobiological *a.* astrobiolegol, sêr-fywydegol.
astrobiologist *n.* astrobiolegwr: astrobiolegydd (astrobiolegwyr) *m*, sêr-fywydegwr: sêr-fywydegydd (~-fywydegwyr) *m*.
astrobiology *n.* astrobioleg *f*, sêr-fywydeg *f*.
astrobotany *n.* astrobotaneg *f*, sêr-lysieueg *f*.
astrocompass *n.* sêr-gwmpawd(-au) *m*.
astrocyte *n.* |astrosyt (astrosytau) *m*.
astrocytic *a.* astrosytig.
astrocytoma *n.* astrosytoma (astrosytomâu) *m*.
astrodome, astrohatch *n. Av:* sêr-gromen(-nau) *f*.
astrolabe *n.* |astrolab (astrolabau) *m*.
astrolatry *n. Theol:* sêr-addoliaeth *f*.
astrologer *n.* astrolegwr (astrolegwyr) *m*, astrolegydd(-ion) *m*, astrol|egwraig (astrolegwragedd) *f*, sêr-ddewin(-iaid) *m*, sêr-ddewines(-au) *f*.
astrological *a.* astrolegol, sêr-ddewinol.
astrologically *adv.* yn astrolegol *&c*.
astrology *n.* astroleg *f*, sêr-ddewiniaeth *f*, *A:* strwla *f*.
astro-mythology *n. Theol:* sêr-fytholeg *f*.
astronaut *n.* gofodwr (gofodwyr) *m*, gof|odwraig (gofodwragedd) *f*, gofod-deithiwr (~-deithwyr) *m*, |astronawt (astronawtiaid) *m*, |astronot (astronotiaiad) *m*.
astronautical *a.* astronotegol, gofod-deithiol, astronawtaidd.
astronautically *adv.* yn astronotegol *&c*.
astronautics *n.pl.* astronawteg: astronoteg *f*, gofod-deithio *vn*, teithio(*vn*)'r gofod, sêr-forlywio *vn*.
astronavigation *n.* sêr-lywio *vn*.
astronomer *n.* seryddwr (seryddwyr) *m*, ser|yddwraig (seryddwragedd) *f*.
astronomic[al] *a. (a)* seryddol, astronomaidd, astronomegol; *(b) F: (= immense):* aruthrol, astronomaidd.
astronomically *adv. (a)* yn seryddol *&c*; *(b) F.* yn aruthrol *&c*.
astronomy *n.* seryddiaeth *f*, astronomeg *f*.
astrophotography *n.* astroffotograffeg *f*.
astrophysical *a.* astroffisegol.
astrophysicist *n.* astroffisegwr: astroffisegydd (astroffisegwyr) *m*.
astrophysics *n.pl.* astroffiseg *f*.
astrosphere *n.* |astrosffer (astrosfferau) *m*.
astute *n.* craff, hirben, hengall (*pronounced* ng-g), sylwgar, llygadog, *N: occ:* ffel, henffel, *M.W: occ:* cip, *S.W: occ:* glew.
astutely *adv.* yn graff *&c*.
astuteness *n.* craffter *m*, sylwgarwch *m*, *N:* ffelder *m*, ffeldra *m*.
astylar *a. Arch:* digolofn, heb golofnau.
asunder *adv. Lit:* **1.** *(= parted, afar):* ar wahân, pell oddi wrth eich gilydd; **to put people ~,** gwahanu pobl; *Ecc:* **let no man put ~,** na wahaned dyn. **2. to tear sth ~,** rhwygo rhth yn ddau/ddwy, rhwygo rhth yn ei hanner; **to break ~,** *(a) v.t.&i.* torri'n ddau/ddwy, chwalu'n ddau/ddwy; *(b) v.i.* ymchwalu, ymrwygo; **to come ~,** torri'n dipiau, dod oddi wrth ei gilydd.
aswarm *a.* yn heidio, heidiog, heidiol.
asyllabic *a. Pros:* ansillafog.
asylum *n.* **1.** *(a) Hist:* noddfa (nodd|eydd) *f*, lloches(-au) *f*; *(b)* **political ~,** lloches wleidyddol, noddfa wleidyddol; **to afford s.o. ~,** llochesu rhn, cynnig noddfa/lloches i rn; *Theol:* **right of ~,** hawl noddfa. **2. [lunatic] ~,** gwallgofdy (gwallgofdai) *m*, *F:* seilam(-s) *mf*.
asymmetric[al] *a.* anghymesur; *Geog:* **~ fold,** plyg(-ion) anghymesur *m*.
asymmetrically *adv.* yn anghymesur.
asymmetry *n.* anghymesuredd(-au) *m*.
asymptomatic *a.* ansymptomatig, asymptomatig.
asymptote *n. Mth:* asymptot (asymptotau) *m*.
asymptotic[al] *a. Mth:* asymptotig.
asymptotically *adv.* yn asymptotig.
asynapsis *n. Biol:* asynapsis(-au) *m*.
asynchronism *n.* anghydamseredd *m*, asyncronedd *m*.

asynchronous *a.* anghydamserol, anghyfamserol; *Ph:* anghydamseredig, ansyncronaidd.
asynchronously *adv.* yn anghydamserol *&c.*
asynchrony *m.* anghydamseredd *m.*
asyndetic *a. Rh:* digysylltiad; *Lib:* heb groesgyfeiriad.
asyndetically *adv.* heb gysylltiad.
asyndeton *n. Rh:* digyswllt *m.*
asyntactic *a.* anghystrawennol.
asystole *n.* asystole *m*, ataliad (*m*) y galon.
at *prep.* **1.** *(position): usu:* yn + *nasal mut.*; ~ **the centre,** yn y canol; ~ **Oxford,** yn Rhydychen; ~ **Bristol,** ym Mryste; ~ **Bala,** yn y Bala; ~ **the centre of the room,** ynghanol yr ystafell, yng nghanol yr ystafell, ar ganol yr ystafell; ~ **the centre of things,** yn ei chanol hi; ~ **the top,** yn y pen [uchaf], yn y rhan uchaf, *occ: (of profession &c):* ar y brig; ~ **the end,** yn y pen; ~ **the end of sth,** ym mhen rhth; ~ **the top of sth,** ar ben rhth; ~ **the bottom,** yn y gwaelod, ar y gwaelod, yn y rhan isaf; ~ **church,** yn yr eglwys; ~ **work,** yn y gwaith; **she's ~ work,** mae hi yn ei gwaith; mae hi wrth ei gwaith; ~ **the door,** yn y drws, wrth y drws, *occ:* ar ben y drws; ~ **the gates,** wrth y pyrth; ~ **school,** yn yr ysgol; ~ **chapel,** yn y capel; **out ~ the elbows,** â thyllau yn y penelinoedd, carpiog, racsiog; **he came in ~ the window,** daeth i mewn drwy'r ffenestr; **to sit ~ the window,** eistedd wrth/yn y ffenestr; ~ **the table,** *N:* wrth y bwrdd, *S:* wrth y ford; ~ **fault,** ar fai; ~ **a disadvantage,** dan anfantais; ~ **his heels,** wrth ei sodlau; ~ **heart,** yn eich calon, yn y bôn; **sick ~ heart,** claf o'r galon, calon-glaf; **glad ~ heart,** llawen/llon eich calon, â chalon lawen; ~ **my side,** wrth fy ochr, wrth f'ymyl; ~ **s.o.'s mercy,** ar drugaredd rhn; **a horse ~ stud,** stalwyn mewn gre; ~ **play,** wrthi'n chwarae, ar ganol chwarae, yn chwarae; ~ **ease,** ~ **rest,** yn gorffwys; ~ **one's ease,** wrth eich pwysau, yn hamddenol; ~ **a distance,** yn y pellter; **(to keep s.o.) ~ a distance, ~ arm's length,** (cadw rhn) [o] hyd braich; ~ **a standstill,** yn sefyll yn stond, yn ddisymud, yn llonydd; ~ **sea,** ar y môr; *Fig:* **all ~ sea,** wedi drysu'n llwyr, wedi drysu'n lân; ~ **daggers drawn,** yn benben; ~ **home,** gartref, yn y tŷ; ~ **the fireside,** wrth y tân, wrth y lle tân, o flaen y tân, wrth y pentan; ~ **dinner,** yn ciniawa, wrth y bwrdd [cinio], uwch ben cinio, wrth y ford [ginio], ar ginio; *S.a.* **at 2** *below*; ~ **hand,** gerll|aw, wrth law, yn agos, wrth ymyl; ~ **the butcher's,** yn y siop gig (*not* yn y cigydd); ~ **the baker's,** yn y siop fara (*not* yn y pobydd); ~ **my brother's,** yn nhŷ fy mrawd; ~ **the doctor's,** yn lle'r meddyg (*not* yn y meddyg); ~ **the controls,** ~ **the wheel,** wrth y llyw; ~ **one's discretion,** fel y gwelwch chi orau; ~ **one's best,** ar eich gorau; ~ **one's worst,** ar eich gwaethaf; *F:* **Cardiff is where it's ~,** Caerdydd piau hi; Caerdydd yw'r lle; Caerdydd yw'r fan; yng Nghaerdydd y mae popeth yn digwydd; *U.S.F:* **where are we ~?** sut mae hi arnom ni? faint yw hi o'r gloch? ~ **the age of sixty,** yn drigain oed; ~ **that age,** yn yr oed hwnnw, yn yr oedran hwnnw; ~ **that, she got up and left,** ar hynny, cododd a mynd. **2.** *(time): usu:* am + *soft mut.*; ar + *soft mut.*; ~ **six o'clock,** am chwech o'r gloch, *F:* am chwech; ~ **midnight,** am hanner nos; ~ **midday,** am hanner dydd, ganol dydd; ~ **present,** ~ **this time,** ar hyn o bryd; ~ **all hours,** ar bob adeg, [ar] bob awr; ~ **breakfast[-time],** adeg brecwast; ~ **dinner[-time],** adeg cinio, adeg ciniawa; ~ **that time,** bryd hynny, yr adeg honno; ~ **a time when I was busy,** ar adeg pan oeddwn yn brysur; ~ **the same time,** ar yr un adeg, ar yr un pryd; ~ **Easter,** adeg y Pasg; ~ **Christmas,** adeg y Nadolig; ~ **night,** gyda'r nos, yn ystod y nos, gefn nos, liw nos; **two ~ a time,** bob yn ddau/ddwy, dau/dwy ar y tro, fesul dau/dwy, yn ddeuoedd; ~ **full speed,** ar wib, ar garlam; *(of horse):* nerth y carnau, nerth ei garnau; *(of runner):* nerth eich traed; *(of car):* nerth ei olwynion; ~ **a trot,** ar duth, ar drot; ~ **a run,** dan redeg, ar redeg; ~ **once,** ar unwaith; ~ **length,** *(= eventually):* o'r diwedd, ym mhen yr hir a'r hwyr, ymhen y rhawg; *(= lengthily):* am hir, am yn hir, yn faith, yn hirfaith, am amser maith; ~ **the weekend,** dros y Sul, [i] fwrw'r Sul; ~ **the beginning,** ar y dechrau/cychwyn; ~ **the first,** ar y cyntaf; ~ **the end,** ~ **the last,** yn y diwedd, ar y terfyn; ~ **last,** o'r diwedd; ~ **long last,** o hir ddiwedd, ymhen hir a hwyr, ymhen yr hwyr a'r rhawg, ymhen y rhawg [ar hugain]; ~ **short notice,** ar rybudd byr, ar fyr rybudd; **by five o'clock ~ the latest,** erbyn pump o'r gloch fan bellaf; ~ **the earliest,** fan gyntaf, fan gynharaf. **3.** *(price):* **apples ~ twenty pence a pound,** afalau am ugain ceiniog y pwys; ~ **a low price,** yn rhad, am bris rhad. **4.** ~ **my request,** ar fy nghais; ~ **all events,** pa un bynnag, beth bynnag [am hynny], *S.W: F:* 'ta beth [am hynny], 'ta p'un; ~ **least,** o leiaf; **not ~ all,** ddim o gwbl, ddim sut yn y byd; ~ **the least,** ar y lleiaf, fan leiaf, *S:* man lleiaf; ~ **most,** ar y mwyaf, fan bellaf, *S:* man pellaf. **5. he's good ~ telling stories,** mae'n un da am ddweud stori; **she's swift at repartee,** mae hi'n barod ei hateb; **good ~ mathematics,** da mewn mathemateg; **to play ~ fighting,** chwarae ymladd, cogio/smalio/esgus ymladd. **6.** *(a)* **to look ~ sth,** edrych ar rth, gwylio rhth, *S: occ:* disgwyl (*pronounced* dishgwl) ar rth; **to be surprised ~ sth,** synnu/rhyfeddu at rth; **to be surprised ~ seeing s.o.,** synnu wrth weld rhn, synnu gweld rhn; **to be annoyed ~ sth,** gwylltio/digio wrth rn; **I was annoyed ~ the delay,** 'roeddwn yn ddig o achos yr oedi; **to be impatient ~ sth,** bod yn ddiamynedd â rhth; **to catch/clutch ~ sth,** cydio/gafael yn rhth; **to snatch ~ sth,** cipio rhth, cythru i rth; **to get ~ sth,** mynd at rth (*not* cael at rth); **whom are you getting ~?** pwy sydd o dani? **she's always getting ~ me,** mae hi yn fy mhen i o hyd; mae hi â'i llach arnaf i o hyd; **to rush ~ s.o.,** rhuthro at/ar rn; **to arrive ~ the hotel,** cyrraedd y gwesty; **to arrive ~ a conclusion,** dod i gasgliad; **to pick ~ sth,** pigo rhth; **to aim ~ s.o.,** anelu am/at rn; **to shoot/fire ~ s.o.,** saethu at rn, tanio ar rn; *F:* **what is she driving ~?** beth sydd ganddi dan sylw? *(b)* **to laugh ~ s.o.,** chwerthin am ben rhn; **to swear ~ s.o.,** rhegi/diawlio rhn, rhegi ar rn; **to guess ~ sth,** dyfalu ynghylch rhth; **to grumble ~ sth,** achwyn/cwyno am rth; **to hint ~ sth,** taflu awgrym am rth, awgrymu rhth, cyfeirio at rth; *(c)* **she's busily ~ work,** mae hi'n gweithio'n brysur; mae hi'n brysur wrth ei gwaith; **to be ~ sth,** bod yn brysur yn gwneud rhth; bod wrthi'n brysur; **to keep s.o. ~ it,** cadw rhn wrthi, cadw trwyn rhn ar y maen; *F:* **the baby's ~ it again!** mae'r babi wrthi eto! dyna'r babi wrthi eto! **while we are ~ it, why not ...?** tra 'rydym ni wrthi, beth am ...? beth am ... dan un? *F:* **stick ~ it!** dal(-iwch) ati! **he won't stick ~ any work,** ni wnaiff ddim dal ati gydag unrhyw waith; **to peg away ~ sth,** dygnu arni, pydru arni, dygnu ymlaen â rhth; **(he's an author and a poor one) ~ that!** (awdur yw ef ac un gwael) hefyd, o ran hynny, ar ben hynny! **(let's leave it) ~ that,** (gadawn ni hi) fel'na, fel y mae; *(d) F:* **to be on ~ s.o.,** mynd i ben rhn, plagio rhn; **she's always ~ him,** mae hi yn ei ben byth a hefyd; *Mil:* ~ **them!** amdanyn' nhw! atyn' nhw! ymlaen! yn eu herbyn nhw! i'r afael â nhw! i'r gad! *(to dog):* ~ **him!** ar ei ôl o/e! dal o/e! dalia fo/fe! amdano fo/fe! **~-grade** *n. Aut:* ar-radd *f.* **~-home** *n.* derbyniad(-au) *m*, diwrnod(-iau) agored *m.* **~-symbol** *n.* symbol (*m*) am.
atactic *a. Ch:* atactig.
ataman *n.* |ataman (atamaniaid) *m.*
ataractic *a. & n.* **1.** *a.* digyffro; *(drug):* llonyddol, tawelol. **2.** *n. Pharm:* tawelyn (tawelion) *m.*
ataraxia *n.* anghyffro *m*, llonyddwch *m*, ataracsia *m.*
ataraxic *a. & n.* = **ataractic.**
ataraxy *n.* = **ataraxia.**
atavism *n.* atafiaeth *f*, atafistiaeth *f.*
atavist *n.* |atafist (atafistiaid) *m&f.*
atavistic *a.* atafiaethol, atafistaidd, cyndadol, cyndeidiol.
atavistically *adv.* yn atafiaethol *&c.*
ataxia *n. Med:* = **ataxy.**
ataxic *a. Med:* afreolus, direol.
ataxy *n. Med:* atacsia *m*; **locomotor ~,** atacsia symudiadau.
ate *See* **eat 2.**
atebrin *n. R.t.m. Pharm:* |atebrin *m.*
atelectasis *n. Med:* anymchwyddiad(-au) *m*, atal|ectasis *m.*
atelier *n. Art:* stiwdio(-au,-s) *f*, gweithdy (gweithdai) *m.*
Athanasian *a.* Athanasaidd; **the ~ Creed,** Credo (*m*) Athanasiws.
atheism *n.* anffyddiaeth *f*, atheistiaeth *f*, annuwiaeth *f*, didduwiaeth *f*, anghred *f.*
atheist *n.* anffyddiwr (anffyddwyr) *m*, anff|yddwraig (anffyddwragedd) *f*, anghredadun(-ion) *m*, anghrediniwr (anghredinwyr) *m*, anghred|inwraig *f*, atheist(-iaid) *m&f.*
atheistic[al] *a.* anffyddiol, anghrediniol, atheistaidd, didduw, anghred, *Lit: occ:* annuw.
atheistically *adv.* yn anffyddiol *&c.*
atheling *n. Hist:* edling(-od) *m.*
athematic *a. Mus: Gram:* athematig.
athenaeum *n.* darllenfa (darllenf|eydd) *f.*
Athenian *a. & n.* **1.** *a.* Athenaidd, [o] Athen. **2.** *n.* Atheniad (Atheniaid) *m&f.*
Athens *Pr.n. Geog:* Athen *f.*

atherogenesis *n.* atherog|enesis *m.*
atherogenic *a.* atherogenig.
atheroma *n. Med:* atheroma (atheromâu) *m.*
atheromatosis *n. Path:* atheromatosis *m.*
atheromatous *a. Path:* atheromataidd.
atherosclerosis *n. Path:* atherosglerosis *m.*
atherosclerotic *a. Path:* atherosglerotig.
athetosis *n. Med:* athetosis *m.*
athirst *pred.a. Lit:* **1.** = **thirsty**. **2.** *(for revenge &c):* awchus, awyddus (**for sth,** am rth).
athlete *n.* mabolgampwr (mabolgampwyr) *m,* mabolg|ampwraig (mabolgampwragedd) *f,* campwr (campwyr) *m,* c|ampwraig (campwragedd) *f,* athletwr (athletwyr) *m,* athl|etwraig (athletwragedd) *f.* **~'s foot** *n. Med:* tarwden (*f*) y traed, derwreinyn (*m*) y traed.
athletic *a. & n.pl.* **1.** *a.* mabolgampaidd, athletaidd; **~ club,** clwb (clybiau) (*m*) athletwyr; **~ meeting,** mabolgampau *pl; Med: F:* **~ heart,** calon (*f*) rhedwr; *(=fit-looking):* heini, ystwyth, *N: F:* 'tebol. **2.** *n.pl.* **athletics,** mabolgampau, *occ:* athletau.
athletically *adv.* yn athletaidd *&c.*
athleticism *n.* mabolgampaeth *f,* athletiaeth *f.*
athodyd *n.* = **ramjet.**
athrocyte *n. Biol:* |athrosyt (athrosytau) *m.*
athrocytosis *n. Biol:* athrosytosis *m.*
athwart *adv. & prep.* ar draws, ar letraws, ar letgroes.
athwartship *a. & adv.* ar draws.
atilt *a. & adv.* = **tilted.**
atingle *a. & adv.* = **tingling.**
Atiscross *W.Pl.n.* Croes (*f*) Ati.
atishoo *int.* tisiw!
Atlantean¹ *a.* **1.** *(= gigantic):* cawraidd. **2.** *(of Atlantis):* Atlantaidd.
Atlantean² *n.* Atlantiad (Atlantiaid) *m&f.*
atlantes *n.pl. Arch:* atlantes.
Atlantic *a. & n.* **1.** *a.* Atlantaidd, Atlantig; **the ~ Ocean,** *See* **2** below; **~ waters,** dyfroedd yr Iwerydd/Atlantig; *Pol:* **~ Charter,** Siarter (*f*) Iwerydd; **~ College,** Coleg (*m*) Iwerydd. **2.** *n.* yr Iwerydd *m,* Môr (*m*) Iwerydd, yr Atlantig *m;* **the South ~,** De(*m*)'r Iwerydd.
Atlanticism *n. Pol:* Atlantigiaeth *f.*
Atlanticist *n. Pol:* Atlantigydd(-ion) *m.*
Atlantis *Pr.n. Myth:* Atlantis *f.*
atlantosaurus *n.* atl|antosor (atlantosoriaid) *m.*
atlas *n.* atlas(-au) *m,* llyfr(-au) (*m*) mapiau; **globe ~,** atlas glôb, glôb-atlas(-au) *m.*
atmometer *n.* atmomedr(-au) *m.*
atmosphere *n.* awyrgylch(-oedd) *m; Ph: Meteor:* |atmosffer (atmosfferau) *m.*
atmosphered *a.* awyrgylchog.
atmospheric *a. & n.pl.* **1.** *a. Ph:* atmosfferaidd, atmosfferig; *(place):* llawn awyrgylch, ag awyrgylch, atgofus; **~ cleanliness,** glendid atmosfferig *m;* **~ pollution,** amhuriad atmosfferig *m,* llygru(*vn*)'r awyr, gwenwyno(*vn*)'r awyr; **~ pressure,** pwysedd/gwasgedd atmosfferig *m.* **2.** *n.pl. W.Tel: &c:* **atmospherics,** ymyriadau [atmosfferaidd] *pl,* ymyrraeth *f.*
atmospherically *adv.* yn atmosfferaidd.
atmospherium *n. Opt:* atmosfferiwm (atmosfferia) *m.*
atoll *n. Geog:* cylchynys(-oedd) *f,* atol(-au) *f.*
atom *n.* **1.** *Ph:* atom(-au) *fm.* **2. not an ~ (of truth),** dim mymryn (*m*), dim gronyn (*m*), dim tamaid (*m*), dim rhithyn (*m*) (o wirionedd); **smashed to atoms,** wedi malu'n yfflon/deilchion/dipiau/ysgyrion/chwilfriw, *F:* wedi malu'n racs [mân], *S.W: F:* wedi malu'n racs jibidêrs. **~ bomb** *n.* bom(-iau) (*mf*) atom, bom atomig. **~-smasher** *n. Ph: F:* cyflymydd(-ion) atomig *m.*
atomic *a. & n.pl.* **1.** *a.* atomaidd, atomig; **the ~ age,** oes (*f*) yr atom, yr oes atomig; **the ~ bomb,** bom (*mf*) atom, bom atomig; **~ energy,** ynni(*m*)'r atom, ynni atomig; **the A~ Energy Authority,** yr Awdurdod (*m*) Ynni Atomig; **~ mass,** màs (masau) atomig *m;* **mean relative ~ mass,** màs atomig cymharol cymedrig; **relative ~ mass,** màs atomig cymharol; **~ power station,** pwerdy (pwerdai) atomig *m, F:* atomfa (atomf|eydd) *f;* **~ pile,** adweithydd(-ion) atomig *m; Ph:* **~ number,** rhif(-au) atomaidd/atomig *m;* **~ structure,** adeiledd (*m*) yr atom, adeiledd atomig; **the ~ theory,** *(i) Ph:* y ddamcaniaeth atomaidd *f; (ii) Phil:* atomiaeth *f;* **2.** *n.pl.* **atomics,** atomeg *f.*
atomically *adv.* yn atomaidd *&c.*
atomicity *n.* atomedd *m.*
atomism *n. Phil: Psy:* atomiaeth *f.*
atomist *n. Phil:* atomydd(-ion) *m.*
atomistic *a. Phil: Atom.Ph:* atomyddol.
atomistically *adv.* yn atomyddol.
atomistics *n.pl.* atomyddeg *f.*
atomization *n.* atomeiddio *vn,* atomeiddiad(-au) *m,* atomiad(-au) *m.*
atomize *v.t.* atomeiddio.
atomizer *n.* atomeiddiwr (atomeiddwyr) *m,* chwistrell(-au) *f,* atomadur(-on) *m.*
atonable *a.* maddeuadwy, dileadwy.
atonal *a. Mus:* digywair, annhonol.
atonalism *n. Mus:* digyweiriaeth *f.*
atonalist *n. Mus:* digyweirydd(-ion) *m.*
atonalistic *a. Mus:* digyweiraidd.
atonality *n.* digyweiredd *m.*
atonally *adv. Mus:* yn ddigywair *&c.*
atone *v.i.* **to ~ for sth,** gwn|eud/talu iawn am rth.
atoned *a.* y gwnaed iawn amdano, ag iawn wedi ei wneud amdano.
atonement *n.* iawn *m,* cymod *m;* **to do sth in ~ for a sin,** gwneud rhth yn iawn am bechod; *Theol:* **the Doctrine of A~,** Athrawiaeth yr Iawn; **to make ~ for sth,** gwneud iawn/cymod am rth; *Jew.Rel:* **Day of A~,** Dydd y Cymod.
atonia *n. Med:* atonedd *m.*
atonic *a.* **1.** *Med: (muscle &c):* llipa, atonig. **2.** *Pros: Gram:* diacen.
atonicity, atony *n.* **1.** *Med:* eiddilwch *m,* gwendid *m.* **2.** *Pros:* diffyg (*m*) acen, diacenedd *m.*
atop *prep.* **~ of sth,** ar ben (rhth), *occ:* ar frig (rhth); **~ a mountain,** ar ben mynydd, ar gopa mynydd.
atopic *a. Med:* atopig.
atopy *n. Med:* atopedd(-au) *m.*
atrabiliar, atrabilious *a.* **1.** *(= gloomy, surly):* sarrug, cuchiog, *N: F:* blin, piwis; *(= melancholy):* pendrist, pruddglwyfus. **2.** = **hypochondriac.**
atrabiliousness *n.* sarugrwydd *m,* piwisrwydd *m,* pruddglwyf *m.*
atrazine *n.* |atrasin *m.*
atremble *adv. & prep.a.* yn grynedig, yn crynu, yn gryndod.
atresia *n. Med:* atresia *m.*
atrial *a. Anat:* awriglaidd, atrïaidd, cynteddol.
atrioventricular *a. Anat:* atriofentriglol.
atrip *a.* = **aweigh.**
atrium *n. Arch: Hist:* **1.** rhagneuadd(-au) *f,* cyntedd(-au,-oedd) *m,* atriwm (atria) *m.* **2.** *Anat:* atriwm (atria) *m,* siambr (*f*) y galon (siambrau'r galon), cyntedd (*m*) y galon (cynteddau'r galon), awrigl(-au) *m.*
atrocious *a.* **1.** *(= cruel):* erchyll, echryslon, anfad; **~ pain,** poen(-au) arteithiol *fm.* **2.** *F: (= awful, bad):* ofnadwy, difrifol, dychrynllyd, gwael iawn, melltigedig, alaethus, *N: F:* trybeilig, *S.W: F:* ombeidus, enbydus; **~ handwriting,** ysgrifen fel traed brain.
atrociously *adv.* yn erchyll *&c.*
atrociousness *n.* **1.** *(= cruelty):* erchyllter(-au) *m,* creulondeb(-au) *m,* creulonder(-au) *m,* anfadrwydd *m,* ysgelerder(-au) *m.* **2.** *(= badness):* ansawdd ofnadwy *&c f,* safon ofnadwy *&c, N: F:* trybeiligrwydd *m.*
atrocity *n.* echryslonder(-au) *m,* erchyllwaith *m,* anfadwaith *m,* erchyllter(-au) *m,* erchylltra *m,* ysgelerder (-au) *m,* gweithred(-oedd) anfad *f.*
atrophic *a.* atroffig.
atrophied *a.* gwywedig, crablyd, crebachlyd, darfodedig, wedi gwywo, wedi crebachu, wedi edwino.
atrophy¹ *n.* gwywiad(-au) *m,* edwiniad(-au) *m,* crebachiad(-au) *m.*
atrophy² *v.i.* gwywo, edwino, crebachu, crabio.
atropine *n. Pharm:* |atropin *m.*
atropism *n. Med:* atropedd *m.*
attaboy *int.* da was! da 'ngwas i!
attach *v.t.&i.* **1.** *v.t. (a) (= affix):* cysylltu (**sth to sth,** rhth wrth rth, rhth â rhth), clymu (rhth yn rhth, rhth i rth, rhth wrth rth), glynu (rhth yn rhth, rhth wrth rth), cydio/bachu (rhth yn rhth), ychwanegu (rhth at rth), rhoi (rhth) yn sownd (yn rhth); **to ~ a**

document, atodi dogfen; *Mil:* **to ~ an officer to a regiment,** atodi swyddog i gatrawd, cysylltu swyddog â chatrawd; *(b) Jur: (= arrest):* [a]restio (rhn); *(= distrain):* atafaelu (rhth); *(c)* **to ~ credence to sth,** rhoi coel ar rth, coelio/credu rhth; **to ~ importance to sth,** rhoi pwys ar rth; **to ~ significance to sth,** rhoi ystyr i rth, priodoli ystyr i rth; **to ~ blame to s.o.,** gweld bai ar rn, rhoi'r bai ar rn; *(d)* **to ~ oneself to a party,** glynu/ymlynu wrth blaid, ymgysylltu â phlaid. **2.** *v.i.* ymgysylltu, bod yn gysylltiedig (**to sth,** â rhth); bod yn sownd (yn rhth), glynu (yn rhth); **(the blame) which attaches to a crime,** (y bai) a gysylltir â throsedd, sy'n dilyn trosedd.

attachable *a.* **1.** cysylltiadwy, atodadwy. **2.** *Jur:* atafaeladwy, [a]restiadwy.

attaché *n. Dipl: &c:* ***attaché(-s)*** *m*, swyddog(-ion) *m*; **press ~,** swyddog y wasg. **~ case** *n.* bag(-iau) (*m*) dogfennau.

attached *a. (a) (= affixed):* cysylltiedig (**to sth,** â rhth), ynghl|wm (wrth rth), yn sownd (yn rhth), atodedig (i rth), cydunedig (â rhth); *(pers.):* **~ to a department,** yn rhan o adran, cysylltiedig ag adran, atodedig i adran; *(ship &c):* **~ to a fleet,** yn rhan o lynges, atodedig i lynges; **a salary ~ to a post,** cyflog a delir mewn swydd; *(b) (= fond):* **to be deeply ~ to s.o.,** bod yn hoff iawn o rn; *(c)* **a shirt with collar ~,** crys a choler yn sownd [ynddo], crys a choler arno, crys coler sownd.

attachment *n.* **1.** *(a)* cysylltiad(-au) *m*, cydiad(-au) *m*, atodiad(-au) *m*, ychwanegiad(-au) *m*; *Cmptr:* ymgysylltiad(-au) *m*; *S.a.* **attach**; *(b) (= link):* cydfan(-nau) *m*, dolen(-nau) *f*, cyplysiad(-au) *m*; **~ constriction,** cydfan main; *Metalw: &c:* **capillary ~,** atodiad(-au) (*m*) capilari; **~ spindle,** cydfan/atodyn (*m*) gwerthyd; **point of ~,** cydfanbwynt(-iau) *m*. **2.** *(= accessory):* atodiad(-au) *m*, atodyn (atodion) *m*, ategolyn (ategolion) *m*, *F:* darn(-au) *m*; *Needlew:* **binding ~,** atodyn beindio, beindell *f*. **3.** *(= affection):* ymlyniad *m* (**to s.o.,** wrth rn); hoffter *m* (o rn); cariad *m*, serch *m* (tuag at rn). **4.** *Jur: (a)* atafael *vn*, atafaeliad(-au) *m*; **~ of earnings,** atafael enillion; **~ order,** atafaeleb(-au) *f*, gorchymyn (gorchmynion) (*m*) atafael; **foreign ~,** atafael estron *vn*; *(b) (= arrest):* [a]restio *vn*, [a]restiad(-au) *m*.

attack[1] *n.* **1.** *(a)* ymosod *vn*, ymosodiad(-au) *m*, *Lit:* cyrch(-au, -oedd) *m*; **he came under ~,** ymosodwyd arno; **to make an ~ on s.o.,** ymosod ar rn; *Mil:* **surprise ~,** ymosodiad dirybudd/annisgwyl; **to rush to the ~,** rhuthro i ymosod; **to return to the ~,** ailymosod; *(b) Fenc:* **~ on the blade,** ymosod ar y llafn; **~ with edge,** ymosod â'r min; **compound ~,** ymosod cyfun; **false ~,** ymosod ffug; **frontal ~,** ymosod blaen; **point ~,** ymosod â'r pwynt; **simple ~,** ymosod syml; **wing ~,** ymosod asgell. **2.** *Med:* pwl (pyliau) *m*, trawiad(-au) *m*, ymosodiad(-au) *m*, *occ:* chwiw(-iau) *f*; **an ~ of the blues,** pwl o'r felan; **heart ~,** trawiad/ymosodiad ar y galon, *F:* pwl ar y galon.

attack[2] *v.t.* ymosod (ar rn), *A: or Lit: Mil:* dwyn cyrch (ar rn); **I was attacked,** ymosodwyd arnaf, *Fig: (= criticize):* lladd (ar rn), beirniadu (rhn); *Fig:* **I am being attacked,** mae lladd arnaf; **he was attacked,** ymosodwyd arno; *Fig:* cafodd ei feirniadu, daeth dan y lach, bu lladd arno, lladdwyd arno.

attacker *n.* ymosodwr (ymosodwyr) *m*, ymos|odwraig (ymosodwragedd) *f*.

attacking *a.* ymosodol, yn ymosod, i ymosod; **the ~ forces,** lluoedd yr ymosodwyr.

attain *v.t.&i.* cyrraedd (rhth, *occ:* at rth), ennill (rhth); **to ~ knowledge,** ennill gwybodaeth; **to ~ one's majority,** cyrraedd eich llawn oed, cyrraedd oedran llawn, dod i lawn oed; **he attained a good degree,** enillodd radd dda.

attainability *n.* natur gyraeddadwy/enilladwy *f*, *occ:* hygyrchedd *m*; **I was convinced of the ~ of the aim,** yr oeddwn yn argyhoeddedig y gellid cyrraedd y nod.

attainable *a.* cyraeddadwy, o fewn cyrraedd, *Lit: occ:* hygyrch.

attainableness *n.* = **attainability**.

attainder *n. Jur:* atentiad(-au) *m*, adendriad(-au) *m*.

attainment *n.* **1.** *vn.* = **attain**; **for the ~ of his purpose,** er mwyn cyrraedd ei nod. **2.** *(often in pl.):* cyrhaeddiad (cyraeddiadau) *m*.

attaint *v.t.* **1.** *Jur:* atentio, adendro. **2.** = **taint**[2], **infect**.

attar *n.* **~ of roses,** persawr (*m*) rhosynnau.

attempt[1] *n.* **1.** ymdrech(-ion) *mf*, ymgais (ymgeisiau) *mf*, cais (ceisiadau) *m*, cynnig (cynigion) *m*; **to make an ~ at doing sth,** ceisio gwneud rhth, rhoi cynnig ar wneud rhth, gwneud ymgais/ymdrech i wneud rhth; **he made a good ~ at it,** rhoes gynnig da arni; **no ~ will be made to interfere,** ni cheisir ymyrryd; **at the first ~,** ar y cynnig cyntaf; **or perish in the ~,** neu farw ar y cynnig, neu farw yn yr ymgais; **to make a second ~ at sth,** rhoi ail gynnig ar rth, *S.W: F: occ:* cymryd ail hêt ati; **to give up the ~,** rhoi'r gorau iddi, *F:* rhoi'r ffidil yn y to. **2. an ~ on s.o.'s life,** ymosodiad(-au) (*m*) ar fywyd rhn, cais/ymgais i ladd rhn.

attempt[2] *v.t. (a).* **to ~ to do sth,** ceisio gwneud rhth, ymdrechu i wneud rhth; **he attempted to get up,** ceisiodd godi; gwnaeth ymdrech i godi; *(b)* **to ~ resistance,** ceisio gwrthsefyll, cynnig gwrthsefyll; **to ~ a smile,** ceisio gwenu; **to ~ the impossible,** ceisio gwneud yr amhosibl, ceisio gwneud peth amhosibl.

attemptable *a.* posibl, dichonol, dichonadwy.

attempted *a.* **~ murder,** ymgais i lofruddio, ceisio (*vn*) llofruddio; **~ theft,** ymgais i ladrata, ceisio lladrata; **~ suicide,** ymgais i'ch lladd eich hun, ceisio'ch lladd eich hun.

attend *v.t.&ind.t.* **1.** *v.ind.t. (a) (= give heed):* **to ~ to sth,** rhoi sylw i rth, *occ:* edrych at rth; *(b)* **to ~ to s.o.,** gwrando ar rn, rhoi sylw i rn; **I shall ~ to you in a minute,** mi ddof atat (atoch) ymhen munud; mi fyddaf gyda thi (chi) ymhen munud; **are you being attended to?** wyt ti'n (ydych chi'n) cael sylw? *(c)* **to ~ to sth,** rhoi sylw i rth, gofalu am rth, cymryd gofal o rth, ymorol am rth, *N.W: occ:* sowtio am rth; **to ~ (to one's studies),** canlyn arni, edrych ati, dygnu ymlaen (gyda'ch astudiaethau); **to ~ to one's affairs,** mynd ynghylch eich pethau, gwn|eud rhth ynghylch eich pethau, ymorol am eich pethau. **2.** *v.t. (of doctor):* **to ~ a patient,** ymweld â chlaf, gofalu am glaf, trin claf, gweini ar glaf, *F:* tendio claf, tendio ar glaf. **3.** *v.t.&ind.t. Lit: (a)* **to ~ s.o., to ~ on/upon s.o.,** *(= serve):* gwasanaethu rhn, gweini ar rn; *(= answer call):* ateb galwad rhn; **to ~ a prince,** bod yng ngwasanaeth tywysog; *(b) (= accompany):* dilyn, canlyn; **an action attended by serious results,** gweithred yn dwyn canlyniadau difrifol yn ei sgîl; **success attended my efforts,** yr oedd f'ymdrechion yn llwyddiannus; **a method attended by great difficulties,** dull ac anawsterau mawr yn ei ganlyn, dull yn golygu anawsterau mawr. **4.** *v.t.* **to ~ church,** mynychu'r eglwys, mynd i'r eglwys, bod yn yr eglwys; **to ~ a committee,** mynd i bwyllgor, bod mewn pwyllgor; **to ~ committees,** pwyllgora; **to ~ conferences,** cynadledda; **to ~ chapel,** mynd i'r capel, capela; **to ~ an eisteddfod,** mynd i'r eisteddfod; **to ~ eisteddfodau,** eisteddfota; **the lectures are well attended,** mae mynd mawr ar y darlithoedd; mae llawer yn dod i'r darlithoedd; mae llawer yn mynychu'r darlithoedd; **to ~ a course of instruction,** dilyn/canlyn cwrs o hyfforddiant.

attendance *n.* **1.** *(a) (in hotel, shop).* gwasanaeth *m*; *(b) (of doctor):* **~ on s.o.,** ymweliadau (*pl*) â rhn, gofal (*m*) dros rn; *(c)* **to be in ~ on/upon a king,** *(= serve):* bod yng ngwasanaeth brenin; *(= escort):* bod yng ngosgordd brenin; *F:* **to dance ~ on s.o.,** rhoi tendans/tendars i rn, *N.W:* dandwn/tinpwl rhn, *occ:* dawnsio tendans i rn. **2.** *(at a meeting &c):* presenoldeb *m*; **in ~,** yn bresennol; **regular ~,** selogrwydd *m*, presenoldeb rheolaidd *m*, mynychu (*vn*) rheolaidd; **school ~,** presenoldeb yn yr ysgol; **[school] ~ officer,** swyddog(-ion) (*m*) presenoldeb plant ysgol, *F:* plisman (plismyn) (*m*) plant, dyn(-ion) (*m*) hel plant i'r ysgol, *N.W: occ:* sgŵl bôrd(-s) *m*. **3.** *(= people present):* cynulliad(-au) *m*, cynulleidfa(-oedd) *f*; **attendances are down,** mae llai o bobl yn dod; **~ figures,** ffigurau presenoldeb, niferoedd mynychwyr. **~ allowance** *n.* lwfans(-iau) (*m*) gweini. **~ centre** *m. Jur:* canolfan (*mf*) presenoli/bresenoli (canolfannau presenoli).

attendant *a. & n.* **1.** *a. Lit:* **~ on s.o.,** sy'n dilyn/canlyn rhn; **~ on sth,** ynglŷn â rhth, yn dilyn/canlyn rhth; **war and its ~ horrors,** rhyfel a'r erchyllterau a ddaw yn ei sgîl; *(b) (= present):* presennol; **~ crowd,** cynulleidfa(-oedd) *f*. **2.** *n. (a) Adm:* gweinydd(-ion) *m*; *(in shop &c):* gwasanaethydd(-ion) *m*, gwasanaethyddes(-au) *f*, gwasanaethes(-au) *f*, gwasanaethwr (gwasanaethwyr) *m*; *(in museum &c):* gofalwr (gofalwyr) *m*, gof|alwraig (gofalwragedd) *f*; *(in theatre &c):* ystlyswr (ystlyswyr) *m*, ystl|yswraig (ystlyswragedd) *f*, hebryngwr (hebryngwyr) *m*, hebr|yngwraig (hebryngwragedd) *f*; *(in laboratory):* cynorthwywr (cynorthwywyr) *m*, cynorth|wywraig *f*; **medical ~,** meddyg(-on) *m*; *(b) (usu.pl.): (= retinue, followers):* dilynwr (dilynwyr) *m*, dil|ynwraig *f*, canlynwr (canlynwyr) *m*, canl|ynwraig *f*; *(of prince &c):*

gosgordd *f, Lit: occ:* rhwter(-i) *m; (in shop):* staff *m*, gwasanaethwyr *pl.*

attending *a.* presennol; **physician ~ in a case,** meddyg sy'n trin achos.

attention *n.* **1.** *(a)* sylw *m*; **to give one's ~ to sth,** rhoi sylw i rth; **~ to detail,** manwl gywirdeb *m*; **revision of ~,** gwrtholi sylw; **he turned his ~ to the document,** troes ei sylw at y ddogfen; *Com:* **for the ~ of Mr. A,** i gael sylw Mr. A, ar gyfer sylw Mr. A; **to pay ~ to sth,** dal sylw ar rth, rhoi/talu sylw i rth; **~, children!** daliwch sylw, blant! gwrandewch, blant! **to call/attract/draw s.o.'s ~ to sth,** tynnu/galw sylw rhn at rth; **to catch s.o.'s ~,** dal sylw rhn; **to engage/hold s.o.'s ~,** hoelio sylw rhn; **to bring sth to s.o.'s ~,** dwyn rhth i sylw rhn; **to attract ~,** tynnu sylw, tynnu llygad; **she was all ~,** 'roedd hi'n glustiau i gyd; *(b) (= care):* gofal *m*, sylw; **the patient needed constant ~,** 'roedd angen gofal parhaus ar y claf. **2.** *(often in pl.):* sylw, gofal; *O:* **to pay one's attentions to a girl,** canlyn merch. **3.** *Mil:* astudrwydd *m*; *int.* astud! ymsytha (ymsythwch)! **to come to ~,** ymsythu; **to stand at/to ~,** sefyll yn syth/unionsyth. **~ line** *n. Corr:* llinell(-au) *(f)* sylw. **~ span** *n. Psy:* rhychwant(-au) *(m)* sylw.

attentive *a.* **1.** *(= listening):* astud, s|ylwgar. **2. ~ to sth,** gofalus o rth; **~ (to s.o.),** gwasanaethol, gwasanaethgar (i rn); **to be very ~ to s.o.,** ymorol am rn, ymorol ynghylch rhn; **he was very ~ to her all evening,** rhoddodd lawer o sylw iddi drwy'r gyda'r nos.

attentively *adv.* yn astud *&c.*

attentiveness *n.* **1.** sylw *m*, sylwgarwch *m*, astudrwydd *m*. **2.** *(= anxiousness to please):* gwasanaethgarwch *m*.

attenuant *a. Med:* teneuol.

attenuate[1] *a. (= slender):* main (meinion); *(= rarefied):* main, tenau; *(= tapering):* pigfain.

attenuate[2] *v.t.&i.* **1.** *v.t. (a) (= rarefy, dilute):* teneuo; *(b) (= weaken):* gwanh|au. **2.** *v.i. (= get thinner, get rarer):* teneuo.

attenuated *a.* tenau, gwanhaëdig, teneuach, gwannach.

attenuation *n.* gwanhad *m*, teneuad *m*, gwanh|au *vn*, teneuo *vn*.

attenuator *n.* gwanhäwr (gwanhawyr) *m*, gwanhadur(-on) *m*.

attest *v.t.&i. v.t.* **1.** *(a)* **to ~ a fact,** cadarnh|au ffaith, tystio i ffaith; *(b) Jur: Vet:* tystio, ardystio. **2.** *v.i.* **to ~ to sth,** *(= be a witness):* bod yn dyst i rth, tystio i rth; *Jur: (= administer oath):* gweinyddu llw (i rn).

attestant *a. & n.* **1.** *a.* tystiol, sy'n tystio. **2.** *n.* tyst(-ion) *m*.

attestation *n.* **1.** *Jur: (a)* tystiolaeth(-au) *f*, ardystiad(-au) *m*; *(b) (= confirmation):* cadarnhad *m*. **2.** *(= administration of oath):* gweinyddu *(vn)* llw, gweinyddiad *(m)* llw.

attested *a.* **1.** sicr, pendant, hysbys, gwarantedig, profedig, diamheuaeth; **well-~,** cadarn, sicr, profedig; **a well-~ fact,** ffaith dra phendant *&c*, ffaith a thystiolaeth gadarn/dda iddi. **2.** *Vet:* ardystiedig.

attestor *n.* **1.** tyst(-ion) *m*. **2.** *Jur: Vet:* tystiwr (tystwyr) *m*, ardystiwr (ardystwyr) *m*.

attic[1] *n.* croglofft(-ydd) *f*, atig(-au) *f*, taflod(-au,-ydd) *f*, giarat (giaretydd) *f*, *Lit:* nennawr(-au) *f*, *occ:* coglofft(-ydd) *f*. **~ storey** *n. Arch:* nenlofft(-ydd) *f*, llawr (lloriau) *(m)* atig.

Attic[2] *a. & n.* **1.** *a. (= of Athens):* Athenaidd; *(of Attica):* Aticaidd, Atig; *Lit:* **~ salt,** ffraethineb *m*, arabedd *m*; *Arch:* **~ order,** y dull Aticaidd *m*, dull *(m)* |Atica; *Arch:* **~ base,** bas(-au) *(m)* Atica. **2.** *n. Ling:* Groeg *(f, m)* Atica, Aticeg *f, m*.

Attica *Pr.n. Geog:* |Atica *f*.

Atticism *n.* Atigiaeth(-au) *f*; *Ling:* Aticair (Aticeiriau) *m*.

attire[1] *n.* **1.** gwisg(-oedd) *f*, dillad *pl*, *Lit:* diwyg *m*. **2.** *Her: Ven:* cyrn *(pl)* carw.

attire[2] *v.t. Lit: (usu. passive or reflexive):* gwisgo, dilladu.

attitude *n.* **1.** *(a) (= posture):* ystum(-iau) *mf*, osgo *m*; *Rel:* ymddygiad *m*; **to strike an ~,** *(i) (= adopt posture):* gwn|eud osgo/ystum; *(ii) Fig:* ymagweddu; **to strike a patriotic ~,** ymagweddu'n wlatgar, cymryd agwedd wlatgar; *(b)* **~ of mind,** agwedd(-au) *(f)* meddwl, ymagwedd(-au) *f*, ymarweddiad(-au) *m*, meddylfryd *m*, ymagweddiad(-au) *m*, osgo, dull(-iau) *(m)* o feddwl; **to take up an ~,** ymagweddu; **he maintained a firm ~,** safodd yn gadarn; nid ildiodd ronyn. **2.** *Av: (of aeroplane, missile):* osgo; **landing ~,** osgo glanio; **steep ~,** osgo dringo. **3.** *Geog: (of rocks):* osgo.

attitudinal *a.* agweddol; *Sociol:* **~ aspects,** agweddau goddrychol.

attitudinize *v.i.* ymagweddu, ymhonni, mursennu.

attitudinizer *n.* ymhonnwr (ymhonwyr) *m*, ymh|onwraig *f*, ymagweddwr (ymagweddwyr) *m*, ymagw|eddwraig *f*, mursennwr (mursenwyr) *m*, mursen(-nod) *f*.

atto- *pref.* ato-.

attometre *n. Meas:* atometr(-au) *m*.

attorn *v.i. Jur: Hist:* atr|oi, atwrnio.

attorney *n. Jur:* **1.** *A:* atwrnai (atwrneiod) *m*, *F:* twrnai (twrneiod) *m*; **~ at law,** atwrnai yng nghyfraith; **letter/power/warrant of ~,** pŵer *(m)* atwrnai; **2.** *U.S:* **= solicitor**; *U.S:* **district ~,** erlynydd(-ion, erlynwyr) sirol *m*. **3. A~ General,** Twrnai/Atwrnai Gwladol, Twrnai/Atwrnai Cyffredinol.

attorneyship *n. Jur: Hist:* atwrneiaeth(-au) *f*.

attract *v.t.* **1.** denu, tynnu, *occ:* atynnu; **to ~ attention,** denu/tynnu sylw; *Jur:* **the crime attracts a penalty,** mae'r trosedd yn dwyn cosb yn ei sgîl. **2.** *(= allure):* hudo, denu, atynnu, swyno, hud-ddenu, *Lit:* llithio.

attractability *n.* atyniadwyedd *m*.

attractable *a.* atyniadwy.

attractant *a. & n. Biol:* **1.** *a.* atynnol. **2.** *n.* atynnwr (atynwyr) *m*.

attracted *a.* atynedig.

attractile *a. Ph:* atynnol.

attraction *n.* **1.** *Ph: &c: (of magnet &c):* atyniad *m*, atynnu *vn*. **2.** *(usu.pl.): (a)* atyniad(-au) *m*, atynfa (atynf|eydd) *f*; *(b)* = **attractiveness.**

attractive *a.* **1.** *Ph: (force &c):* atynnol. **2.** *(= charming):* atyniadol, deniadol, swynol, dengar *(pronounced* ng-g), hudolus, apelgar; *(= handsome):* golygus; *S.a.* **pretty**[1].

attractively *adv.* yn atyniadol *&c.*

attractiveness *n.* atyniad *m*, swyn *m*, cyfaredd *f*, apêl *f*, dengarwch *m (pronounced* ng-g).

attractivity *n. Ph:* atynoldeb *m*.

attractor *n.* atynnwr (atynwyr) *m*.

attributable *a.* priodoladwy, cyfrifadwy **(to sth,** i rth); **this is ~ to the war,** mae hyn i'w briodoli i'r rhyfel; *F:* ar y rhyfel y mae'r bai am hyn.

attribute[1] *n.* **1.** *(= quality):* nodwedd(-ion) *f*, priodoledd(-au) *m*, teithi *pl*, priodoliaeth(-au) *f*, *Theol:* **intercommunication of attributes,** cydgyfnewidiad *(m)* priodoleddau, cydgyfranogiad *(m)* priodoleddau; **transfer of ~,** trosglwyddiad *(m)* priodoleddau; *Geog:* **attributes and variates,** priodoleddau ac amryweddau; **2.** *(= symbol):* arwydd(-ion) *mf*. **3.** *(a) Log:* hanfod(-ion) *m*, priodoledd; *(b) Gram:* ansoddair (ansoddeiriau) *m*.

attribute[2] *v.t.* priodoli, cyfrif **(sth to s.o.,** rhth i rn); tadogi (rhth ar rn); **(a comedy) attributed to Shakespeare,** (comedi) a dadogir ar Shakespeare, a briodolir i Shakespeare.

attributed *a.* priodoledig; *Lib:* **~ author,** awdur priodoledig *m*.

attributer *n.* priodolwr: priodolydd (priodolwyr) *m*.

attribution *n.* **1.** *vn.* = **attribute**[2]. **2.** priodoliad(-au) *m*.

attributive *a. & n. Gram:* **1.** *a.* ansoddeiriol; **~ adjective,** ansoddair (ansoddeiriau) disgrifiadol *m*. **2.** *n.* ansoddair (ansoddeiriau) *m*.

attributively *adv.* yn ansoddeiriol, fel ansoddair.

attrited *a.* treuliedig, athreuliedig.

attrition *n.* **1.** athreuliad *m*; **war of ~,** rhyfel athreuliol *m*. **2.** *Theol:* edifeirwch *m*, rhagedifeirwch *m*, lledifeirwch *m*, atrisiwn *m*.

attritional *a.* athreuliol.

attune *v.t.* **1.** *Mus:* cyweirio, tiwnio. **2.** *(= harmonize):* cydweddu, cymhwyso; **to be attuned to sth,** bod mewn cytgord â rhth, bod ar yr un donfedd â rhth.

attunmenet *n.* cyweiriad *m*, cyweirio *vn*.

atwitter *a.* yn trydar, yn switio.

atypical *a.* annodweddiadol.

atypicality *n.* natur annodweddiadol *f*, annodweddiadoldeb *m*.

atypically *adv.* yn annodweddiadol.

au *Fr.prep.* **~ *fait*** *a.* cyfarwydd, hyddysg. **~ *fond*** *adv.* yn y gwr|aidd, yn y bôn, yn y gwaelod. **~ *gratin*** *a. Cu:* ***au gratin,*** â chaws. **~ *pair [girl]*** *n.* ***au pair(-s)*** *f*. **~ *revoir*** *int.& n.* **= farewell, goodbye.**

aubade *n. Mus:* gwawrgan(-au,-euon) *f*, ***aubade(-s)*** *f*.

aubergine *n. Bot: Cu:* wylys(-iau) *m*, ***aubergine(-s)*** *m*, planhigyn (planhigion) *(m)* wy.

aubretia, aubrietia *n. Bot:* ***aubretia(-s)*** *m*.

auction[1] *n.* arwerthiant (arwerthiannau) *m*, *F:* ocsiwn (ocsiynau) *f*, *S.W: occ:* acsiwn (acsiynau) *f*; **Dutch ~,** ocsiwn o chwith. ~

bridge *n. Cards:* **bridge** (*m*) ocsiwn. ~ **room** *n.* ystafell(-oedd) (*f*) arwerthu/ocsiwn.

auction² *v.t.* arwerthu (rhth), gwerthu (rhth) mewn ocsiwn, rhoi (rhth) ar ocsiwn, *occ:* rhoi ocsiwn (ar rth).

auctioneer¹ *n.* arwerthwr (arwerthwyr) *m*, *occ:* ocsiynwr: ocsiynydd (ocsiynwyr) *m*, *F:* ocsiwnïer: ocsiwnïar *m*.

auctioneer² *v.t.* = **auction²**.

auctorial *a.* = **authorial**.

audacious *a.* **1.** *(= daring):* mentrus, anturus, beiddgar, eofn, rhyfygus. **2.** *Pej: (= impudent):* digywilydd, wynebgaled, eofn, hyf(-ion), hy(-fion), haerllug, *N: F:* powld, *S: F:* ewn.

audaciously *adv.* yn fentrus *&c.*

audaciousness, audacity *n.* **1.** beiddgarwch *m*, menter *f*, mentrusrwydd *m*, rhyfyg *m*. **2.** *Pej: (= shamelessness):* digywilydd-dra *m*, hyfdra *m*, wynebgaledwch *m*, ehofnder *m*, ehofndra *m*, haerllugrwydd *m*; **what ~!** dyna ddigywilydd! am ddigywilydd! *&c.*

audibility *n.* hyglywedd *m*, clywadwyedd *m*.

audible *a.* **1.** clywadwy, *Lit:* hyglyw; **above the ~ range,** uwchlaw clyw; **he was scarcely ~,** prin y gellid ei glywed. **2.** *(= clear):* eglur, clir.

audibly *adv.* yn glywadwy *&c.*

audience *n.* **1.** *(with king, pope &c):* gwrandawiad(-au) *m*, cyfweliad(-au) *m*, ymglyw(-iadau) *f*; *Rel:* **pontifical ~,** derbyniad esgobol *m*; *Ecc:* **Court of A~,** Llys (*m*) Gwrandawiad. **2.** *(at meeting &c):* cynulleidfa(-oedd) *f*; *(= spectators):* gwylwyr *pl*; *(= listeners):* gwrandawyr *pl*. ~ **participation** *n. Th:* cyfranogiad (*m*) cynulleidfa, cymryd (*vn*) rhan gan gynulleidfa.

audient *a.* sy'n clywed.

audile *a. & n. Psychics:* **1.** clywadwy, clywedig. **2.** *n.* clywedog(-ion) *m&f*.

audio *T.V: &c:* **1.** *a.* clywedol. **2.** *n.* sain (seiniau) *f*. ~ **frequency** *n.* seinamledd(-au) *m*. **~-lingual** *a.* clywlafar. **~-tape** *n.* tâp (tapiau) (*m*) sain. **~-typing** *vn.* clywdeipio. **~-typist** *n.* clywdeipydd(-ion) *m*, clywdeipyddes(-au) *f*. **~-visual 1.** *a.* clyweledol, clyweled; **~-visual aids,** cymhorthion/cyfarpar clyweled; **~-visual materials,** defnyddiau clyweled. **2.** *n.pl.* cyfarpar clyweled.

audiogram *n.* |awdiogram (awdiogramau) *m*.

audiological *a.* clywedegol.

audiologist *n.* clywedegwr: clywedegydd (clywedegwyr) *m*, awdiolegwr: awdiolegydd (awdiolegwyr) *m*.

audiology *n.* clywedeg *f*; ~ **clinic,** clinig (*m*) clyw.

audiometer *n.* awdiomedr(-au) *m*.

audiometric *a.* awdiometrig.

audiometry *n.* awdiometreg *f*; ~ **tests,** profion clyw.

audiophile *n.* awdiogarwr (awdiogarwyr) *m*.

audit¹ *n.* archwiliad(-au) *m*. **A~ Office** *n. Adm:* Swyddfa (*f*) Archwiliadau. ~ **trail** *n. Cmptr:* trywydd (*m*) archwiliad.

audit² *v.t.* archwilio.

auditable *a.* archwiliadwy.

audited *a.* archwiliedig; ~ **account,** cyfrifon archwiliedig.

audition¹ *n.* **1.** *(= sense of hearing):* y clyw *m*. **2.** *Th: &c: (test):* clyweliad(-au) *m*, praw-wrandawiad(-au) *m*.

audition² *v.t.* rhoi clyweliad (i rn), clyweld (rhn).

auditive *a.* = **auditory 1**.

auditor *n.* **1.** *Fin:* archwiliwr: archwilydd (archwilwyr) *m*. **2.** *U.S: (= listener):* gwrandäwr (gwrandawyr) *m*.

auditorium *n.* **1.** *Th:* yr ystafell(-oedd) *f*, neuadd(-au) *f*, awditoriwm (awditoria) *m*, llawr (*m*) y neuadd. **2.** *Ecc: (of convents):* parlwr (parlyrau) *m*. **3.** *(= lecture-hall):* darlithfa (darlithf|eydd) *f*.

auditory *a. & n.* **1.** *a.* clywedol, clybodig, clybodol; ~ **capsule,** cwpan (*mf*) y clyw; ~ **discrimination,** gwahaniaethu (*vn*) yn ôl clyw; ~ **meatus,** cyntedd (*m*) y glust; ~ **memory,** cof (*m*) y clyw; ~ **nerve,** nerf (*fm*) y clyw; ~ **organ,** organ (*f*) y clyw; ~ **retention,** cadw (*vn*) yn y clyw; ~ **training,** hyfforddiant (*m*) y clyw, hyfforddi'r clyw. **2.** *n.* = **auditorium**.

Augean *a. Gr.Myth:* Awgeaidd; ~ **stables,** stablau Awgeas.

augend *n. Mth:* awgend(-au) *m*.

auger¹ *n. Tls:* taradr(-au, terydr) *m*, ebill(-iau,-ion) *m*; ~ **bit,** ebill taradr. ~ **shell** *n. Conch:* cragen (*f*) daradr (cregyn taradr).

auger² *v.t.* tyllu, ebillio.

aught *n. A: & Lit:* = **anything; for ~ I know,** am a wn i.

augite *n. Miner:* awgit *m*.

augitic *a. Miner:* awgitig.

augment¹ *n. Gram:* rhaglafariad (rhaglafariaid) *f*.

augment² *v.t.&i.* **1.** *v.t.* helaethu, cynyddu, ehangu, estyn, lledu, chwyddo (rhth): ychwanegu (at rth); *Mus:* estyn; **to ~ a salary,** codi cyflog. **2.** *v.i.* tyfu, cynyddu, helaethu, ymestyn, ymledu.

augmentable *a.* cynyddadwy, helaethadwy, estynadwy, lledadwy.

augmentation *n.* ychwanegiad(-au) *m* (at rth); cynnydd *m*, codiad(-au) *m* (yn rhth); helaethiad(-au) *m*, estyniad(-au) *m* (o/ar rth); *Mus: (in fugue):* estyniad, mwyhad *m*.

augmentative *a.* dwysäol, cryfhaol, mwyhaol, cynyddol; *Gram:* cryfhaol.

augmented *a.* estynedig; *Mus:* ~ **sixth chord,** cord(-iau) (*m*) chweched estynedig; ~ **matrix,** matrics(-au) estynedig *m*.

augmenter, augmentor *n.* ychwanegwr (ychwanegwyr) *m* (at rth); cynyddwr (cynyddwyr) *m*, estynnwr (estynwyr) *m* (rhth); *Mth: Ph:* ychwanegydd(-ion) *m*.

augur¹ *n. Rom.Ant:* daroganwr (daroganwyr) *m*.

augur² *v.t.&i. Lit:* argoeli, darogan; **to ~ well,** argoeli'n dda; **to ~ ill,** argoeli'n ddrwg, *occ:* darogan gwae.

augurship *n.* swydd (*f*) daroganwr.

augury *n.* **1.** *(= portent):* argoel(-ion) *f*, rhagargoel(-ion) *f*, darogan(-au) *mf*; *Rom.Ant:* adargoel(-ion) *f*. **2.** *(= divination):* dewiniaeth *f*; *Rom.Ant:* adarddewiniaeth *f*, adargoeliaeth *f*.

august¹ *a.* urddasol, mawreddog.

August² *n.* [mis] Awst *m*; **in ~,** yn Awst, ym mis Awst, fis Awst; **[on] the first of ~,** [ar] y cyntaf o Awst, ar galan Awst; ~ **downpour,** lli (*m*) Awst, *M.W:* lli coch Awst; *S.W:* storom (*f*) Awst.

Augustan *a. & n.* **1.** *a.* Awgwstaidd; **the ~ Age,** *(i) Rom.Ant:* Oes (*f*) Awgwstws; *(ii) Eng.Lit:* yr Oes Awgwstaidd. **2.** *n. Lit:* awdur(-on) Awgwstaidd *m*, Awgwstiad (Awgwstiaid) *m&f*.

Augustanism *n. Lit:* Awgwstaniaeth *f*, Awgwstiaeth *f*.

Augustine *Pr.n.m.* Awstin; **Saint ~,** *(i) (of Hippo):* Awstin Sant; *(ii) (of Canterbury):* Awstin Fynach.

Augustinian *a. & n. Rel.Hist:* **1.** *a.* Awstinaidd; *Ecc:* **the A~ Friars,** yr Awstiniaid, Brodyr Sant Awstin; **the ~ Order,** Urdd Sant Awstin. **2.** *n.* Awstiniad (Awstiniaid) *m*.

Augustinianism, Augustinism *n. Rel.Hist:* Awstiniaeth *f*.

augustly *adv.* yn urddasol *&c.*

augustness *n.* urddas *m*, mawredd *m*.

Augustus *Pr.n.m.* Awgwstws.

auk *n. Orn:* carfil(-od) *m*; **little ~,** carfil bach, gwalch (gweilch) (*m*) y penwaig; **great ~,** carfil mawr; **black-billed ~,** carfil gylfinddu.

auklet *n.* cyw (*m*) carfil (cywion carfil/carfilod).

auld *a. Scot:* = **old; ~ lang syne,** yr hen ddyddiau gynt, ers talwm, 'slawer dydd; **A~ Reekie,** Caeredin *f*; **the A~ Alliance,** yr Hen Gynghrair *mf*.

aulic *a.* llysol, y llys.

aulos *n. Mus:* awlos (awloi) *m*.

aumbry *n.* = **ambry**.

aunt *n.f.* **1.** modryb(-edd, modrabedd), *F:* anti(-s); *S: F: occ: (esp. = senior aunt):* bodo, bopa, boba, *N: F: occ:* dodo, *M.W: F: occ:* bodo, fodo; **great ~,** hen fodryb; **a maiden ~,** modryb ddi-briod; *S.a.* **agony**. **2.** ~ **Sally,** *(a) (game):* cocyn (*m*) hitio, cocyn anêl, cocyn anelu, *N.W:* jac (*m*) anêl; *(b) Fig: (= object of derision):* cyff (*m*) gwawd, cocyn hitio, *Lit: occ:* cyff clêr.

auntie, aunty *n.f.* = **aunt 1**.

auntlike, auntly *a.* modrybaidd.

aura *n.* **1.** *Med:* argoel(-ion) *f*, rhagarwydd(-ion) *m*. **2.** *(a) (= nimbus):* gwawl *m*; *(b) Fig: (= atmosphere):* awyrgylch(-oedd) *m*, rhin *mf*, naws *f*; **it has an ~ about it,** mae rhyw rin yn ei gylch. **3.** *Psy: Psychics:* awra (awrâu) *mf*.

aural¹ *a.* clywedol; *Med:* clustol; ~ **surgeon,** llawfeddyg(-on) (*m*) y glust, clustfeddyg(-on) *m*; *Sch:* ~ **examination,** prawf (profion) (*m*) gwrando; *Mus:* ~ **work,** sain (*f*) glust.

aural² *a.* *(= pertaining to aura):* rhiniol, awraidd.

aurally *adv.* trwy'r glust, â'r glust, â'r clyw.

aureate *a.* euraid, euraidd.

aureola, aureole¹ *n. Art: & Astr:* corongylch(-oedd) *m* (*pronounced* ng-g), eurgylch(-oedd) *m*, lleugylch(-oedd) *m*.

aureole² *v.t.* eurgylchu.

aureomycin *n. Pharm:* awreomysin *m*.

aureus *n. Num: Hist:* euryn(-nau) *m*, darn(-au) aur *m*, awrëws (awrëi) *m*.
auric *a. Ch:* *eurig.
auricle *n.* **1.** *(of ear):* godre(*m*)'r glust (godreon y glust), *Lit: occ:* clusten(-nau) *f.* **2.** *Anat: (of heart):* awrigl: awricl(-au) *m*, cyntedd (*m*) y galon, clustgell(-odd) *f*, clust (*f*) y galon (clustiau'r galon).
auricula *n.* **1.** *Bot: (Primula):* briallu (*pl*) Non. **2.** *Moll:* clusten(-nau) *f.*
auricular *a.* **1.** *(of the ear):* clywedol, clustiol, trwy'r glust, â'r glust; ~ **confession,** clust-gyffes *f*, cyffes gudd/ddirgel *f*; ~ **feather,** pluen (*f*) y glust (plu'r glust), plufyn (pluf) (*m*) y glust; ~ **witness,** clust-dyst(-ion) *m.* **2.** *Anat: (of the auricle):* awriglaidd, clustennol.
auricularly *adv.* â'r glust, trwy'r glust, wrth wrando.
auriculate *a.* clustennog, clustiog.
auriculoventricular *a. Anat:* awriglofentriglol.
auriferous *a.* eurddwyn, eurog.
auriform *a.* clustffurf.
Auriga *Pr.n. Astr:* y Cerbydwr *m.*
Aurignacian *a. Archeol:* Aurignacaidd.
auriscope *n. Med:* clustsyllydd (clustsyllwyr) *m.*
aurist *n.* clustfeddyg(-on) *m*, meddyg(-on) y glust.
aurochs *n. Z: Hist:* bual(-od) mawr *m*, ych(-en) hirgorn *m.*
Aurora 1. *Pr.n.f. Myth:* Gwawr, Gwawrddydd. **2.** *Astr:* awrora (awrorâu) *m*; ~ **borealis,** gwawl (*m*) y Gogledd, goleuni(*m*)'r Gogledd, *S.W:* ffagl (*f*) yr arth, *S.E:* goleufer *m*; ~ **australis,** gwawl (*m*) y De, goleuni'r De.
auroral, aurorean *a.* awroraid.
aurous *a. Ch:* *eurus.
auscultate *v.t. Med:* gwrando, clustfeinio (ar rth), *F:* cornio (rhth).
auscultation *n.* clustfeiniad(-au) *m*, *F:* corniad(-au) *m*; *vn.* = **auscultate.**
auscultatory *a.* gwrandawol, clustfeiniol.
ausforming *vn. Metall:* awsffurfio.
auslander *n.* dieithryn (dieithriaid) *m*, estron(-iaid) *m.*
auspex *n. Rom.Rel:* = **augur.**
auspices *n.pl.* **1. favourable ~,** argoelion da. **2. under the ~ of the United Nations,** dan nawdd (*m*) y Cenhedloedd Unedig.
auspicious *a.* **1.** *(= favourable):* addawol, ffafriol, sy'n argoeli'n dda, gobeithiol. **2.** *(= prosperous):* llewyrchus, ffyniannus; *(occasion):* pwysig, o bwys, aruchel.
auspiciously *adv.* yn addawol *&c.*
auspiciousness *n.* natur addawol *f*, ffafrioldeb *m*, argoelion da *pl*; *(of occasion):* pwysigrwydd *m*, arucheledd *m.*
Aussie *a. & n.* = **Australian.**
Aust Point *Eng.Pl.n.* Penrhyn (*m*) Awstin.
austenite *n. Metall:* |awstenit (awstenitiau) *m.*
austenitic *a. Metall:* awstenitig.
austere *a.* **1.** *(= plain, simple):* moel, diaddurn, llym (*f.* llem, *pl.* llymion), syml, plaen. **2.** *(= strict):* llym, sychlyd, sobr.
austerely *adv.* yn foel *&c.*
austereness *n.* **1.** *(= plainness):* moelni *m*, moelder *m*, moeledd *m*, llymder *m*, symledd *m*, diffyg (*m*) addurn, plaender *m*, plaendra *m*, sobrwydd *m.* **2.** *(of pers.):* llymder, sobrwydd.
austerity *n.* **1.** = **austereness. 2.** *Pol.Econ:* cynildeb *m*, llymder *m*, darbodaeth *f*; **the Age of A~,** Oes y Llymder; **a period of ~,** *occ:* hirlwm *m*; *attrib.* ~ **budget,** cyllideb ddarbodus *f.*
Austin *Pr.n.m.* Awstin; *Ecc:* **the ~ Friars,** yr Awstiniaid.
austral *a.* deheuol.
Australasia *Pr.n. Geog:* Awstralasia *f.*
Australasian *a. & n.* **1.** *a.* Awstralasiaidd. **2.** *n.* Awstralasiad (Awstralasiaid) *m&f.*
Australia *Pr.n. Geog:* Awstralia *f.*
Australian *a. & n.* **1.** *a.* Awstralaidd; **the ~ parliament,** senedd Awstralia; **she's ~,** Awstraliad yw hi; un o Awstralia yw hi; ~ **bear,** coala(-id) *m.* **2.** *n. (a)* Awstraliad (Awstraliaid) *m&f*; *(b) Ling:* Saesneg (*f, m*) Awstralia, Awstraleg *f, m.*
Australianism *n.* **1.** Awstraliaeth *f*, Awstraleiddiwch *m.* **2.** *Ling:* Awstralair (Awstraleiriau) *m*, Awstraleb(-ion) *f.*
Australianize *v.t.* Awstraleiddio.
australite *n. Miner:* |awstralit (awstralitau) *m.*
Australoid *a. & n.* **1.** *a.* Awstraloidaidd. **2.** *n.* |Awstraloid (Awstraloidiaid) *m&f.*
Australopithecine *a. & n. Archeol:* **1.** *a.* Awstralopithesinaidd. **2.** *n.* Awstralop|ithesin (Awstralopithesiniaid) *m.*
Australorp *n. Orn: Husb:* |Awstralorp (Awstralorpiaid) *f.*
Austrasia *Pr.n. Hist:* Awstrasia *f.*
Austrasian *a. & n. Hist:* **1.** *a.* Awstrasiaidd. **2.** *n.* Awstrasiad (Awstrasiaid) *m&f.*
Austria *Pr.n. Geog:* Awstria *f.*
Austrian *a. & n.* **1.** *a.* Awstriaidd; **the ~ parliament,** senedd Awstria; **Hitler was ~,** Awstriad oedd Hitler; un o Awstria oedd Hitler. **2.** *n. (a) Ethn:* Awstriad (Awstriaid) *m&f*; *(b) Ling:* Awstreg *f,m*, Almaeneg (*f, m*) Awstria.
Austro-Asiatic *a. & n. Ling:* **1.** *a.* Awstro-Asiaidd. **2.** *n.* Awstro-Asieg *f, m.*
Austro-Hungarian *a. & n. Hist:* **1.** *a.* Awstro-Hwngaraidd, (*pronounced* ng-g); **the ~-~ Empire,** Ymerodraeth Awstria-Hwngari. **2.** *n.* Awstro-Hwngariad (~-Hwngariaid) *m&f.*
Austronesia *Pr.n. Geog:* Awstronesia *f.*
Austronesian *a. & n.* **1.** *a.* Awstronesaidd. **2.** *n.* Awstronesiad (Awstronesiaid) *m&f.*
autacoid *n. Physiol:* |awtacoid (awtacoidau) *m.*
autacoidal *a.* awtacoidol.
autarchic[al] 1. *(= autocratic):* *a.* unbenaethol. **2.** *(= self-governing):* annibynnol, hunanlywodraethol, ymreolus.
autarchy *n.* **1.** *(= autocracy):* unbennaeth (unbenaethau) *f*, awtarch[i]aeth *f.* **2.** *(= self-rule):* ymreolaeth *f.*
autarkic[al] *a.* hunanddigonol, hunangynhaliol (*pronounced* ng-g), ymreolus.
autarky *n.* hunangynhaliaeth *f* (*pronounced* ng-g), awtarciaeth(-au) *f.*
autecological *a.* awtecolegol.
autecology *n.* awtecoleg *f.*
auter *n. Cin:* cyfarwyddwr (cyfarwyddwyr) *m.*
authentic *a.* dilys, gwir, diledryw, o'r iawn ryw, gwirioneddol, go iawn; *Mus:* ~ **mode,** modd(-au) sylfaenol *m.*
authentically *adv.* yn ddilys *&c.*
authenticate *v.t.* dilysu, gwirio.
authenticated *a.* dilysedig, dilys.
authentication *n.* dilysu *vn*, dilysiad(-au) *m*, gwirio *vn*, gwiriad(-au) *m.*
authenticator *n.* dilyswr: dilysydd (dilyswyr) *m.*
authenticity *n.* dilysrwydd *m*; **of doubtful ~,** hytrach yn annilys, ag amheuaeth ynghylch ei ddilysrwydd.
authigenic *a. Geog:* awthigenig.
author *n.* awdur(-on) *m*, awdures(-au) *f.*
authoress *n.f.* awdures(-au).
authorial *a.* awdurol.
authoritarian *a. & n.* **1.** *a.* awdurdodaidd, awdurdodyddol, awdurdodus. **2.** *n.* awdurdodydd (awdurdodwyr) *m*, awdurd|odwraig *f.*
authoritarianism *n.* awdurdodyddiaeth *f.*
authoritative *a.* awdurdodol; **I had it from an ~ source,** fe'i cefais o le da.
authoritatively *adv.* yn awdurdodol; gydag awdurdod.
authoritativeness *n.* **1.** *(= reliability):* sicrwydd *m*, awdurdod *m.* **2.** *(of voice):* tôn awdurdodol *f*, awdurdod.
authority *n.* **1.** awdurdod *m*; **to have/exercise ~ over s.o.,** meddu awdurdod ar rn, bod mewn awdurdod dros rn; **who is in ~ here?** pwy sy'n ben yma? pwy sydd mewn awdurdod yma? **2.** *(= authorization):* awdurdod, hawl *f*; **to have ~ to act,** meddu hawl i weithredu; **give s.o. ~ to do sth,** awdurdodi rhn i wneud rhth; **he did it on his own ~,** fe'i gwnaeth ohono'i hun; **(to act) on s.o.'s ~,** (gweithredu) yn enw rhn, ar ran rhn. **3.** *(pers., = expert):* *(a)* awdurdod(-au) *m*, arbenigwr (arbenigwyr) *m*, arben|igwraig *f* **(on sth,** ar rth); *(b)* **to have sth on good ~,** cael [gwybod] rhth o lygad y ffynnon; **it comes on good ~,** daw o le sicr; daw o le da; mae lle sicr i'w gredu. **4.** *Adm:* awdurdod(-au) *m*; *Pol:* **appropriate ~,** awdurdod priodol; **central ~,** awdurdod canolog; **delegated ~,** awdurdod dirprwyedig; **joint ~,** cyd-awdurdod(-au) *m*; **local ~,** awdurdod lleol; **public ~,** awdurdod cyhoeddus; **health ~,** awdurdod iechyd; **the Independent Television A~,** yr Awdurdod Teledu Annibynnol.
authorization *n.* **1.** *(action):* awdurdodi *vn*, awdurdodiad(-au) *m.* **2.** *n.* hawl *f*, awdurdod *m*; **to give s.o. ~ to do sth,** awdurdodi rhn i wneud rhth, rhoi hawl/awdurdod i rn wneud rhth.

authorize *v.t.* awdurdodi (rhn, rhth), caniatáu (rhth), rhoi awdurdod/hawl (i rn).
authorized *a.* awdurdodedig; *Ecc:* **the A~ Version,** y Cyfieithiad Awdurdodedig *m*; *Econ:* **~ clerk/dealer,** clerc *(m)*/deliwr *(m)* awdurdodedig; **~ fuel,** tanwydd awdurdodedig; **~ officer,** swyddog awdurdodedig.
authorizer *n.* awdurdodydd (awdurdodwyr) *m.*
authorship *n.* awduraeth *f*; **to establish the ~ of a book,** darganfod pwy oedd awdur llyfr.
autism *n. Med:* awtistiaeth *f.*
autistic *a.* awtistig.
auto[1] *n. U.S: F:* car (ceir) *m.*
auto-[2] *pref.* hunan-, awto-. **~-cycle** *n.* beic(iau) *(m)* peiriant, awto-seicl(-au) *m.*
auto-da-fé *n. Rel.Hist:* ***auto(-s)-da-fé m.***
autoantibody *n.* hunanwrthgorff (hunanwrthgyrff) *m.*
autobahn *n.* traffordd (traffyrdd) *f*, modurffordd (modurffyrdd) *f.*
autobiographer *n.* hunangofiannydd: hunangofiannwr (hunangofianwyr) *m*, hunangof|ianwraig *f (all pronounced* ng-g).
autobiographic[al] *a.* hunangofiannol (*pronounced* ng-g).
autobiographically *adv.* yn hunangofiannol (*pronounced* ng-g).
autobiography *n.* hunangofiant (hunangofiannau) *m* (*pronounced* ng-g).
autobus *n. U.S:* bỳs (bysus) *m.*
autocade *n. U.S:* modurgad(-au) *mf.*
autocatalysis *n.* awtocat|alysis *m*, hunangat|alysis *m.*
autocatalytic *a.* hunangatalytig, awtocatalytig.
autocephalous *a. Ecc:* hunanbenaethol, annibynnol.
autochanger *n.* hunan-newidiwr (~-newidwyr) *m.*
autochthon *n.* cynfrodor(-ion) *m.*
autochthonism *n.* cynhenidrwydd *m.*
autochthonous *a.* **1.** cynfrodorol, cynhenid. **2.** *Geol:* cynhenid.
autochthonously *adv.* yn gynfrodorol, yn gynhenid.
autoclave[1] *n. Ch: Ind:* |awtoclaf (awtoclafau) *m.*
autoclave[2] *v.t.* awtoclafio.
autocode *n. Cmptr:* awto-côd (~-codau) *m.*
autocorrelation *n.* ymgydberthyniad *m.*
autocracy *n.* unbennaeth (unbenaethau) *f*, awtocratiaeth(-au) *f*, teyrnlywodraeth(-au) *f.*
autocrat *n.* teyrn(-edd) *m*, unben(-iaid) *m*, unbennes (unbenesau) *f*, |awtocrat (awtocratiaid) *m.*
autocratic[al] *a.* teyrnaidd, unbennaidd, unbenaethol, gormesol, awdurdodus, awtocratig.
autocratically *adv.* yn deyrnaidd *&c*; fel teyrn.
autocratrix *n.f.* unbennes (unbenesau).
autocross *n. Sp:* ras *(f)* foduron (rasys moduron), ras ar draws gwlad.
autocue *n. T.V:* |awtociw (awtoclwiau) *m*, teleweinydd(-ion) *m*
autodidact *n.* dyn(-ion) hunanddysgedig *m*, merch(-ed) hunanddysgedig *f*; *pl.* hunanddysgedigion.
autodidactic *a.* hunanaddysgol.
autodigestion *n.* = **autolysis.**
autodigestive *a.* awtolytig.
autodyne *n. El:* |awtodein (awtodeiniau) *m.*
autoecious *a. Biol:* unfandrig.
autoecism *n. Biol:* unfandrigiant *m.*
autoerotic *a.* hunanerotig.
autoerotism, autoeroticism *n.* hunanerotiaeth *f.*
autogamous *a.* hunanffrwythlonol.
autogamy *n. Bot:* hunanffrwythloni *vn.*
autogenesis *n.* = **abiogenesis.**
autogenetic *a.* = **abiogenetic.**
autogenic, autogenous *a.* hunangenedledig (*pronounced* ng-g).
autogenously *adv.* yn hunangenedledig (*pronounced* ng-g).
autogiro *n. Av:* = **autogyro.**
autograft[1] *n.* hunanimpiad(-au) *m.*
autograft[2] *v.t.* hunanimpio.
autograph[1] *n. & a.* **1.** *n.* llofnod(-au,-ion) *m*; **~ album,** llyfr(-au) *(m)* llofnodion. **2.** *a.* llawysgrif; **~ letter of Byron,** llythyr yn llawysgrifen Byron.
autograph[2] *v.t.* torri'ch enw (ar rth), llofnodi (rhth).
autographed *a.* llofnodedig, wedi ei lofnodi, â llofnod, yn dwyn llofnod.
autographic[al] *a.* llofnodol.
autogyro *n. Av:* awtogyro(-s) *m.*
autoharp *n. Mus:* awtodelyn(-au) *f*, telyn *(f)* ddodi (telynau dodi).
autohypnosis *n.* hunanhypnosis *m.*
autohypnotic *a.* hunanhypnotig.
autoignition *n.* hunandaniad *m*, hunandanio *vn.*
autoimmune *a.* hunanimíwn.
autoimmunity *n.* hunanimiwnedd *m*, awtoimiwnedd *m.*
autoimmunization *n.* hunanimiwneiddio *vn*, hunanimiwneiddiad(-au) *m.*
autoinfection *n. Med:* hunanheintiad(-au) *m*, hunanheintio *vn.*
autoinoculation *n. Med:* hunanfrechiad(-au) *m*, hunanfrechu *vn.*
autointoxication *n.* hunanfeddwi *vn*, hunanfeddwdod *m* (*pronounced* hunanf|edd-dod).
autokinetic *a.* ymsymudol, hunansymudol.
autolithography *n.* awtolithograffeg *f.*
autoloading *a.* ymlwythol, hunanlwythol.
autologous *a.* o'r un unigolyn.
autolysate *n.* awt|olysat *m.*
autolysin *n.* awt|olysin *m.*
autolysis *n.* awt|olysis *m.*
autolytic *a.* awtolytig.
automaker *n.* gwneuthurwr (gwneuthurwyr) *(m)* ceir.
automanipulation *n.* hunanchwarae *vn.*
automanipulative *a.* hunanchwaraeol.
automat *n.* |awtomat (awtomatau) *m*, peiriant (peiriannau) *(m)* gwerthu.
automatable *a.* awtomeiddiadwy.
automate *v.t.* awtomeiddio.
automated *a.* awtomataidd.
automatic[1] *a. & n.* **1.** *a. (a)* awtomatig, otomatig, *occ:* hunanreolus; *Ph:* hunanysgogol; *Lib:* **~ abstracting,** crynodebu awtomatig; *Metalw:* **~ centre punch,** pwnsh(-is) *(m)* canoli awtomatig; *Carp: &c:* **~ cut off,** torbwynt(-iau) awtomatig *m*; **~ feed,** porthiant (porthiannau) awtomatig *m*; *Lib:* **~ indexing,** mynegeio awtomatig; *Cmptr:* **~ wrap-around,** amlap(-iau) awtomatig *m*; *(b) (= unthinking):* peiriannol, difeddwl, heb feddwl, heb ystyried, diarwybod, diymwybod. **2.** *n. Sm.a:* dryll(-iau) otomatig *m*, gwn (gynnau) otomatig *m.*
automatically *adv.* **1.** yn awtomatig *&c*; ohonof fy hun, ohonot dy hun *&c.* **2.** yn beiriannol, heb feddwl *&c.*
automaticity *n.* awtomatigrwydd *m.*
automatics *n.pl.* awtomateg *f.*
automation *n.* awtomateiddio *vn*, awtomasiwn *m.*
automatism *n.* awtomatiaeth *f.*
automatist *n.* awtomatydd(-ion) *m.*
automatization *n.* = **automation.**
automaton *n.* awt|omaton (awt|omata) *m.*
automobile *a. & n.* **1.** *a. (a) U.S:* modurol; *(b)* = **automotive 1. 2.** *n.* car (ceir) *m*, modur(-on) *m*; **~ components,** cydrannau moduron; **the A~ Association,** Cymdeithas y Modurwyr; **the Royal A~ Club,** Clwb Brenhinol y Modurwyr.
automobilist *n.* modurwr (modurwyr) *m*, mod|urwraig (modurwragedd) *f.*
automorphic *a.* awtomorffig.
automorphism *n.* awtomorffedd(-au) *m.*
automotive *a.* **1.** *(= self-propelled):* hunansymudol, ymsymudol, hunanyredig. **2.** *U.S: (= pertaining to cars):* modurol.
autonomic *a. & n.pl.* **1.** *a.* awtonomig, hunanreolus, ymreolus; **~ nervous system,** cyfundrefn nerfol awtonomig *f.* **2.** *n.pl.* awtonomeg *f.* **autonomically** *adv.* yn awtonomig *&c.*
autonomist *n.* ymreolwr (ymreolwyr) *m*, ymr|eolwraig *f.*
autonomous *a.* ymreolus, ymreolaethol, awtonomaidd, hunanlywodraethol.
autonomously *adv.* yn ymreolus *&c.*
autonomy *n. Pol:* ymreolaeth *f*, hunanlywodraeth *f*, awtonomiaeth *f*, ymlywodraeth *f*, annibyniaeth *f.*
autonym *n. Publ:* hunanwaith (hunanweithiau) *m.*
autophyte *n.* |awtoffyt (awtoffytau) *m.*
autophytic *a.* awtoffytig. **autophytically** *adv.* yn awtoffytig.
autopilot *n.* awtopeilot(-iaid) *m.*
autoplastic *a.* awtoplastig.

autoplastically *adv.* yn awtoplastig.
autoplasty *n. Surg:* awtoplastia *m.*
autopolyploid *n.* awtop|olyploid (awtopolyploidau) *m.*
autopsy[1] *n.* awtopsia (awtopsiâu) *m*, difyniad(-au) *m*, awtopsi (awtopsïau) *m.*
autopsy[2] *v.t.* cynnal awtopsia (ar rth), difynnu (rhth).
autoradiogram, autoradiograph *n.* awtor|adiograff (awtoradiograffau) *m.*
autoradiographic *a.* awtoradiograffig.
autoradiography *n.* awtoradiograffeg *f.*
autoregression *n. Psy:* ymatchweliad(-au) *m.*
autoregressive *a. Psy:* ymatchwelaidd.
autorotate *v.i.* ymdroelli.
autorotation *n.* ymdroelliad(-au) *m*, ymdroelli *vn.*
autorotational *a.* ymdroellol.
autoroute *n.* = **motorway**.
autosexing *a.* hunanrywiol.
autosomal *a.* awtosomaidd.
autosomally *adv.* yn awtosomaidd.
autosome *n.* |awtosom (awtosomau) *m.*
autostability *n.* hunansadrwydd *m.*
autostrada *n.* traffordd (traffyrdd) *f*, modurffordd (modurffyrdd) *f.*
autosuggest *v.t.* hunangyflyru (*pronounced* ng-g).
autosuggestion *n.* hunangyflyriad *m*, hunangyflyru *vn (both pronounced* ng-g)
autotelic *a.* hunanddibennol.
autotetraploid *a.* & *n.* **1.** *a.* awtotetraploidaidd. **2.** *n.* awtot|etraploid (awtotetraploidau) *m.*
autotetraploidy *n.* awtotetraploidedd *m.*
autotimer *n.* awtoamserydd(-ion) *m.*
autotomic *a.* hunandoriadol.
autotomize *v.t.&i.* hunandorri.
autotomous *a.* = **autotomic**.
autotomy *n.* hunandoriad *m*, hunandorri *vn.*
autotoxaemia *n.* hunanfeddwdod *m* (*pronounced* hunanf|edd-dod).
autotoxic *a.* hunanwenwynol.
autotoxin *n.* hunanwenwyn(-au) *m.*
autotransformer *n. El:* awtonewidydd(-ion) *m.*
autotransplant *n.* & *v.t.* = **autograft**[1],[2].
autotransplantation *n.* hunanimpiad(-au) *m*, hunanimpio *vn.*
autotroph *n.* hunanborthwr (hunanborthwyr) *m.*
autotrophic *a.* awtotroffig, hunanborthol.
autotrophically *adv.* yn hunanborthol *&c.*
autotrophy *n.* hunanborthi *vn*, hunanborthiant *m.*
autotruck *n. U.S:* lori (loriau) *f.*
autotype *n.* |awtoteip (awtoteipiau) *m.*
autumn *n.* hydref(-au) *m*; **in ~,** yn yr hydref; **~ leaves,** dail yr hydref; **an ~ evening,** noson o hydref; **an ~ gale,** *Poet:* hydrefwynt(-oedd) *m.* **~ crocus** *n. Bot:* saffrwm (*m*) yr hydref, saffrwm noethflodeuog, *N: F: occ:* Jac noethlymun *m.*
autumnal *a.* hydrefol; **~ equinox,** cyhydnos (*f*) yr hydref.
autunite *n. Miner:* |autunit *m.*
Auvergne *Pr.n. Geog:* Afarn *f.*
auxanometer *n.* mesurydd(-ion) (*m*) tyfiant, twf-fesurydd(-ion) *m.*
auxesis *n. Biol:* cynnydd *m*, twf *m*, ymhelaethiad *m.*
auxetic *a. Biol:* cynyddol, tyfiannol, ymhelaethol.
auxetically *adv. Biol:* yn gynyddol *&c.*
auxiliary *a.* & *n.* **1.** *a. (a)* cynorthwyol, ategol, atodol, ychwanegol; **~ nurse,** nyrs gynorthwyol (nyrsus cynorthwyol) *f*; *Ph: Mth:* **~ circle,** cylch(-au,-oedd) ategol *m*; *Gram:* **~ pronoun,** rhagenw(-au) ategol *m*; **~ company,** cwmni (cwmnïau) cynorthwyol *m*; *Metalw:* **~ view,** golwg (golygon) ategol *mf*; **~ equation,** hafaliad(-au) ategol *m*; *Aut:* **~ lane,** lôn (lonydd) ategol *f*; *(b) Mus:* tonnog; **~ chord,** cord(-iau) tonnog/ategol *m*; **lower ~ note,** isnodyn (isnodau) tonnog/ategol *m*; **upper ~ note,** uwchnodyn (uwchnodau) tonnog/ategol *m.* **2.** *n. (a) Mil:* ategwr (ategwyr) *m*, milwr (milwyr) cynorthwyol *m*; **nursing ~,** = **auxiliary nurse**; *(b) Gram:* berf gynorthwyol (berfau cynorthwyol) *f*; *(c) Ling:* iaith (ieithoedd) ategol *f.*
auxin *n.* awcsin(-au) *m.*
auxinic *a.* awcsinig.
auxinically *adv.* yn awcsinig.
auxochrom *n. Ch:* |awcsocrom (awcsocromau) *m.*
auxotroph *n. Bot:* |awcsotroff (awcsotroffiaid) *m.*
auxotrophic *a. Bot:* awcsotroffig.
auxotrophy *n. Bot:* awcsotroffedd *m.*
avadavat *n. Orn:* = **amadavat**.
avail[1] *n. Lit:* mantais *f*, budd *m*, lles *m*, llesâd *m*; **of no ~,** ofer, di-fudd, seithug, dibwrpas; **it is of no ~,** ni thycia ddim; mae'n ofer; ni thâl; nid yw o fantais *&c*; ni waeth heb; **it was of little ~ to me,** nid oedd o [fawr] fudd/les/werth i mi; nid oeddwn [fawr] ddim elwach arno.
avail[2] *v.t.&i.* **1.** *Lit:* tycio, talu, bod o fudd (i rn); **what avails it to wait?** pa werth aros? pa fudd a ddaw o aros? pa beth a dâl aros? **2. to ~ oneself of sth,** manteisio/elwa ar rth, defnyddio rhth; **to ~ oneself of an opportunity,** dal ar gyfle, achub cyfle, cipio cyfle.
availability *n.* **1.** natur gaffaeladwy *f*, caffaeladwyedd *m*, *occ:* argaeledd *m*, caffaeledd *m*; **I doubt its ~,** 'rwy'n amau a yw ar gael; **to ensure the ~ of funds,** gofalu bod arian ar gael; **depending on ~,** a bwrw ei fod (*&c*) ar gael. **2.** *(= validity):* dilysrwydd *m.*
available *a.* **1.** ar gael, *Lit: occ:* caffaeladwy; **to make oneself ~ for s.o.,** gofalu/trefnu eich bod ar gael i rn; **to make sth ~ for/to s.o.,** darparu rhth ar gyfer rhn, trefnu bod rhth ar gael i rn; **to try every ~ means,** ceisio ym mhob ffordd bosibl, ceisio ym mhob dull a modd; **with all ~ speed,** gyda phob brys posibl, gynted fyth ag y gellir; **he is not ~ just now,** nid yw'n rhydd ar hyn o bryd; **~ time,** amser rhydd; **he is not ~ for comment,** ni all/fyn[n] wneud unrhyw sylw. **2.** *(ticket &c):* mewn grym, defnyddiadwy, dilys; **period for which ticket is ~,** cyfnod dilysrwydd tocyn. **3.** *Geog:* **~ relief,** tirwedd leol *f.*
availableness *n.* = **availability**.
availably *adv.* yn gaffaeladwy.
avalanche[1] *n.* **1.** cwymp(-au,-iadau,-fleydd) (*m*) eira, |afalans (afalansiau) *mf*, eirlithriad(-au) *m.* **2.** *Fig: (of requests &c):* fflyd(-oedd) *f*, llif(-oedd) *m.*
avalanche[2] *v.i.* ymdywallt, cwympo, syrthio, dymchwel; **we were avalanched with requests,** yr oedd ceisiadau'n dymchwel am ein pennau; daeth llif o geisiadau i mewn; boddwyd ni gan lif o geisiadau.
Aval[l]on, *Pr.n. Myth:* [Ynys] Afallon/Afallach *f.*
avant-garde *n.* & *attrib.* **1.** *n.* ***avant-garde*** *mf.* **2.** *attrib.* arloesol, tra modern, ***avant-garde***.
avant-gardism *n.* tra-moderniaeth *f*, afangardiaeth *f* (*pronounced* ng-g), ***avant-gardisme*** *m.*
avant-gardist *n.* tra-modernydd: tra-modernwr (~-modernwyr), tra-moderniad (~-moderniaid) *m*, afangardydd (afangardwyr) *m* (*pronounced* ng-g), ***avant-gardiste(s)*** *m.*
avarice *n.* cyb|ydd-dod *m*, ariangarwch *m* (*pronounced* ng-g), trachwant *m*, rhaib *f*, crintachrwydd *m*, bariaeth *f.*
avaricious *a.* cybyddlyd, ariangar (*pronounced* ng-g), trachwantus, barus, rheibus, caffaelgar, cribddeilgar.
avariciously *adv.* yn gybyddlyd *&c.*
avariciousness *n.* = **avarice**.
avast *int. Nau:* dal(-iwch) arni! rho'r (rhowch y) gorau iddi!
avatar *n. Rel: &c:* ymgnawdoliad(-au) *m.*
avaunt *int.* ymaith!
Ave Maria *n.* Henffych Fair *f*, Afe (*f*) Maria; *Mus:* Afe(-au) *f.*
avenaceous *a. Bot:* ceirchaidd.
avenge *v.t.* **to ~ s.o.,** dial cam rhn; **to ~ an insult,** dial [am] sarhad; **his death will be avenged,** bydd dial am ei farwolaeth; **to be avenged on s.o., to ~ oneself on s.o.,** dial ar rn, *Lit:* ymddial ar rn, *F:* talu'r pwyth yn ôl i rn, talu'r hen chwech yn ôl i rn.
avenger *n.* dialydd(-ion) *m*, dialwr (dialwyr) *m*, di|alwraig *f.*
avenging *a.* dialgar; **an ~ act,** gweithred o ddial.
avens *n.* **1.** *Bot:* **water ~,** *(Geum rivale):* mapgoll (*f*) glan y dŵr, llysiau (*pl*) f'anwylyd; **wood ~,** *(G. urbanum):* mapgoll, y bendigeidlys *m*, llysiau Bened, *M.W:* dail (*pl*) llygad ysgyfarnog. **2. mountain ~,** *(Dryas octopetala):* derig *f.*
aventail *n.* = **ventail**.
aventurine *a.* & *n.* **1.** *a.* pefriol. **2.** *n. Miner:* af|entwrin *m.*
avenue *n. (a) (= wooded road):* lôn (*f*) goed (lonydd coed), coedlan(-nau) *f*, rhodfa (*f*) goed (rhodf|eydd coed); *(b) (loosely, = any road):* ffordd (ffyrdd) *f*, heol(-ydd) *f*, rhodfa (rhodf|eydd) *f*; **to explore every ~,** chwilio pob ffordd, chwilio pob dull a modd, mynd i lawr pob llwybr: *(c) Fig:* **~ of escape,**

adwy (*f*) ddianc (adwyon dianc), dihangfa (diangf|eydd) *f*, ffordd ymwared.

aver *v.t.* **1.** *(= assert):* haeru, honni, datgan, dweud. **2.** *Jur: (= prove):* profi, gwirio, gwireddu.

average[1] *n.* **1.** *Mth: Econ:* cyfartaledd(-au) *m*, *occ:* cymedr(-au) *m*; **on [the] ~,** ar gyfartaledd; **better than the ~,** gwell na'r cyffredin; *Ph: &c:* **moving ~,** cyfartaledd newidiol; *Econ: &c:* **national ~,** cyfartaledd gwladol. **2.** *Ins:* niwed (niweidiau) *m*, colled(-ion) *f*; **~ adjustment,** pennu (*vn*) cyfrifoldeb am golledion.

average[2] *a.* **1.** *F: (= ordinary):* cyffredin, cymedrol, normal, canolig; **the ~ Welshman,** y Cymro cyffredin; **a man of ~ ability,** dyn o allu cyffredin/canolig/cymedrol, dyn cyffredin (*&c*) ei allu; **~ speed,** cyflymder (*m*) ar gyfartaledd, cyfartaledd(-au) (*m*) cyflymder; *Fb:* **goal ~,** cyfartaledd goliau; **~ earnings,** cyfartaledd enillion, enillion ar gyfartaledd; *Geog:* **~ rainfall,** glawiad (*m*) ar gyfartaledd, cyfartaledd glawiad; **~ temperature,** tymheredd (*m*) ar gyfartaledd. **2.** *Mth: Econ:* cyfartalaidd, cyfartaleddol, cyfartalog, normal, cymedraidd; *Com:* **~ outgoing quality,** ansawdd allanion cyfartalog; **~ sampling number,** nifer (*mf*) samplu cyfartalog.

average[3] *v.t.&i.* **1.** *v.t.* *(= take an average):* cyfartaleddu. **2.** *v.i.* *(a)* **to ~ [up to] so much,** cyrraedd/cynhyrchu cyfartaledd o hyn a hyn, cyfartaleddu'n hyn a hyn, dod yn hyn a hyn ar gyfartaledd; *(b)* **to ~ eight hours' work a day,** gweithio wyth awr yn y dydd ar gyfartaledd.

averagely *adv.* **1.** yn gyffredin *&c*. **2.** *Mth:* yn gyfartalaidd *&c*.

averageness *n.* cyffredinedd *m*, cyfartaleiddiwch *m*.

averment *n.* **1.** *(= statement):* datganiad(-au) *m*, *Jur:* honiad(-au) *m*, haeriad(-au) *m*. **2.** *Jur: (= proof of allegation):* prawf (profion) *m*, gwiriad(-au) *m*, gwireddiad(-au) *m*.

Averr[h]oism *n.* *Phil: Hist:* Averroaeth *f*.

Averr[h]oist *n.* *Phil: Hist:* Averröydd(-ion) *m*.

Averr[h]oistic *a.* Averröyddol.

averse *a.* gwrthwynebol, gwrthwynebus, gelyniaethus, annhueddol, anchwannog, annhueddus (**to sth,** i rth); yn erbyn (rhth); **I'm ~ to admitting it,** mae'n gas gennyf ei gyfaddef; 'rwyf yn amharod i'w gyfaddef; 'rwyf yn gyndyn o'i gyfaddef; **he's not ~ to a pint of beer,** ni fydd yn gwrthod peint o gwrw; ni fydd yn troi trwyn ar beint o gwrw; *S: occ.* 'dyw e ddim yn groes i beint o gwrw.

aversely *adv.* yn wrthwynebol.

averseness *n.* gwrthwynebiad *m*, amharodrwydd *m*, cyndynrwydd *m*, anchwanogrwydd *m*, annhuedd *f*.

aversion *n.* **1.** *(= dislike):* atgasedd *m*, atgasrwydd *m*, *occ:* annhuedd *m* (**to sth,** tuag at rth); gwrthwynebiad *m* (i rth); anhoffter *m*, drwgleictod *m* (o rth); gwrthnawsedd *m* (i rth); **to have an ~ to s.o.,** methu â dioddef rhn, *N: F:* drwgleicio rhn; **to take/conceive an ~ for sth,** dechrau casáu rhth, rhoi cas ar rth, cymryd yn erbyn rhth. **2.** *(= thg disliked):* casbeth(-au) *m*, gwrthodbeth(-au) *m*; *F:* **my pet ~,** fy mhrif gasbeth i, y casaf peth gen i. **~ therapy** *n.* th|erapi (*m*) atgasedd, therapi anghymhellol.

aversive *a.* anghymhellol.

aversively *adv.* yn anghymhellol.

avert *v.t.* **1.** *(= turn aside):* **to ~ one's eyes,** troi'ch llygaid heibio, edrych draw, *Lit:* troi'ch golygon heibio (**from sth,** rhag rhth). **2.** *(= ward off):* troi (rhth) heibio; **the danger was averted,** osgöwyd y perygl; aed heibio i'r perygl.

Avestan, Avestic *a. & n.* *Ling:* **1.** *a.* Afestaidd. **2.** *n.* Afesteg *f*, *m*.

avian *a.* adaraidd, adarol; *Husb:* dofednol.

aviarist *n.* ceidwad (*m*) adardy (ceidwaid adardai), ceidwad sŵ adar.

aviary *n.* tŷ (tai) (*m*) adar, adardy (adardai) *m*, sŵ(-au) (*f*) adar.

aviate *v.i.* hedfan.

aviation *n.* hedfan *vn*, awyrennu *vn*; **~ industry,** diwydiant (*m*) awyrennau.

aviator *n.* awyrennwr (awyrenwyr) *m*, hedfanwr (hedfanwyr) *m*, ehedwr (ehedwyr) *m*, peilot(-iaid) *m*.

aviatress, aviatrix *n.f.* awyr|enwraig (awyrenwragedd).

aviculture *n.* magu (*vn*) adar, cadw (*vn*) adar.

aviculturist *n.* magwr (magwyr) (*m*) adar.

avid *a.* awchus, eiddgar, awyddus (**for sth,** am rth); **an ~ reader,** darllenwr awchus/brwd/brwdfrydig/selog.

avidin *n.* *Bio-Ch:* |afidin *m*.

avidity *n.* awch *m*, eiddgarwch *m*, sêl *f*, awydd *m*, dyhead *m*, aidd *m* (**for sth,** am rth).

avidly *adv.* yn awchus *&c*; gydag awch/eiddgarwch/aidd.

avidness *n.* = **avidity**.

avifauna *n.pl.* adar.

avifaunal *a.* adarol.

avigation *n.* awyrlywio *vn*.

avionic *a. & n.pl.* **1.** *a.* afionig. **2.** *n.pl.* **avionics,** afioneg *f*.

avirulent *a.* diwenwyn.

avitaminosis *n.* *Med:* diffyg (*m*) fitaminau, afitaminosis *m*.

avitaminotic *a.* *Med:* afitaminotig.

avizandum *n.* *Scot.Jur:* ystyriaeth(-au) *f*.

avocado *n.* *Bot:* **1.** *(fruit):* afocado(-s) *m*. **2.** *(tree):* coeden (coed) (*f*) afocado.

avocation *n.* **1.** *(= vocation):* galwedigaeth(-au) *f*. **2.** *(= pastime):* difyrrwch *m*, hobi (hobïau) *m*.

avocational *a.* galwedigaethol.

avocationally *adv.* yn alwedigaethol, o ran galwedigeth.

avocet *n.* *Orn:* pig(-au) (*f*) mynawyd, cambig(-au) *mf*.

avoid *v.t.* **1.** osg|oi (rhth), gochel (rhth, rhag rhth), gochelyd (rhag rhth); **to ~ doing sth,** osgoi gwneud rhth; **to ~ notice,** osgoi sylw; **I couldn't ~ speaking to him,** ni allwn ond siarad ag ef; nid oedd gennyf ddewis ond siarad ag ef. **2.** *Jur: (= render void):* dirymu.

avoidable *a.* gocheladwy, osgoadwy.

avoidably *adv.* yn ocheladwy *&c*; heb eisiau.

avoidance *n.* **1.** osgoad(-au) *m*, gocheliad(-au) *m*, osg|oi *vn*, gochel *vn*, gochelyd *vn*; **tax ~,** osgoi (*vn*) [talu] treth. **2.** *Jur:* dirymiad(-au) *m*, dirymu *vn*.

avoider *n.* osgöwr (osgowyr) *m*, gochelwr (gochelwyr) *m*, osgöwraig *f*, gochelwraig *f*.

avoirdupois *n.* ***avoirdupois*** *m*, pwysau Prydeinig *m*, hirbwys(-i) *m*, cywirbwys(-i) *m*.

avouch *v.t.* = **avow, confess, confirm, guarantee[2]**.

avouchment *n.* = **avowal**.

avow *v.t.* addef, cyfaddef.

avowal *n.* addefiad(-au) *m*, cyfaddefiad(-au) *m*, cyffes(-ion) *f*.

avowed *a.* addefedig, cyffesedig.

avowedly *adv.* yn addefedig; ar eich cyffes.

avower *n.* addefwr (addefwyr) *m*, cyfaddefwr (cyfaddefwyr) *m*, add|efwraig *f*, cyfadd|efwraig *f*.

avulse *v.t.* rhwygo (rhth), torri (rhth) ymaith.

avulsion *n.* rhwygiad(-au) *m*, rhwygo *vn*.

avuncular, avunculate *a.* ewythrol, ewythraidd.

avuncularly *adv.* fel ewythr, yn ewythrol.

avunculocal residence *n.* trigfa(*f*)'r ewythr.

await *v.t.* disgwyl (rhth, am rth, wrth rth), aros (rhth, am rth); **parcels awaiting delivery,** parseli'n aros i'w danfon; **(the fate) that awaits him,** (y dynged) sydd o'i flaen, sy'n ei aros, a ddaw i'w ran.

awake[1] *v.t.&i.* **1.** *v.i.* deffro, dihuno; *Fig:* **to ~ to a danger,** sylweddoli perygl, dod yn ymwybodol o berygl. **2.** *v.t.* deffro, dihuno; **to ~ curiosity,** deffro/codi/peri/ennyn chwilfrydedd; **to ~ suspicions,** codi/peri amheuon.

awake[2] *pred.a.* **1.** effro, di-hun, ar ddi-hun; **to stay ~,** aros yn effro, cadw'n effro, aros/cadw ar ddi-hun; **to keep s.o. ~,** cadw rhn yn effro, cadw rhn ar ddi-hun; **wide ~,** *(i)* hollol/cwbl effro, hollol/cwbl/llwyr ar ddi-hun; *(ii) Fig: (= shrewd):* craff, esgud, effro. **2.** *Fig: (= conscious):* **to be ~ to danger,** bod yn effro i berygl, bod yn ymwybodol o berygl.

awaken *v.t.&i.* = **awake[1]**; **(to ~ s.o.) to a danger,** (rhybuddio rhn) o berygl, yngh|ylch perygl.

awakener *n.* deffröwr (deffrowyr) *m*, deffröwraig *f*, dihunwr (dihunwyr) *m*, dih|unwraig *f*.

awakening[1] *a.* sy'n deffro/dihuno/dechrau, deffr|ous, deffroadol dihunol, dechreuol.

awakening[2] *n.* deffroad(-au) *m*, dihuniad(-au) *m*, deffro *vn*, dihuno *vn*; *S.a.* **rude**.

award[1] *n.* **1.** *Jur:* dyfarniad(-au) *m*; **to make an ~,** rhoi dyfarniad. **2.** *(a) Jur: (of damages):* dyfarndal(-iadau) *m*; *(b) Sch: &c: (= prize):* gwobr(-au) *f*, *occ:* gwobrwy(-au,-on) *m*. **awards students** *n.pl.* myfyrwyr noddedig. **awards committee** *n.* pwyllgor(-au) (*m*) dyfarnu.

award[2] *v.t.* dyfarnu; **to ~ s.o. a prize,** dyfarnu gwobr i rn, gwobrwyo rhn.

awardable *a.* dyfarnadwy.
awardee *n. Jur:* iawndaledig(-ion) *m&f.*
awarder *n.* dyfarnwr (dyfarnwyr) *m*, dyf|arnwraig *f.*
awarding *vn. Sch:* ~ **body,** dyfarnwyr *pl*, pwyllgor(-au) (*m*) dyfarnu.
aware *a.* ymwybodol; **to be ~ of sth,** bod yn ymwybodol o rth, gwybod am rth; **to become ~ of sth,** dod yn gyfarwydd â rhth, dod yn ymwybodol o rth, dod i wybod rhth; **not that I am ~ of,** ddim hyd y gwn i, ddim am a wn i, ddim i mi wybod; **I became ~ of a smell of burning,** dechreuais glywed aroglau llosgi; **I am ~ of the circumstances,** mi wn am yr amgylchiadau.
awareness *n.* ymwybyddiaeth *f*, ymwybod *m*, ymdeimlad *m*, ymdeimledd *m*, arwybod *m*, ymwybodolrwydd *m*.
awash *adv.* **1.** *(= on the surface):* ar wyneb y dŵr, ar yr wyneb. **2.** *(= drifting):* yn nofio, *occ:* yn arnofio. **3.** *(= flooded):* dan y dŵr; **the place was ~,** 'roedd y lle'n un llyn; 'roedd y lle'n nofio.
away *adv.* **1.** ymaith, *N:* i ffwrdd, *S:* bant; **~ from me,** oddi wrthyf; **~ from thee/you,** oddi wrthyt; **~ from him,** oddi wrtho; **~ from her,** oddi wrthi; **~ from us,** oddi wrthym; **~ from you,** oddi wrthych; **from them,** oddi wrthynt; **to go ~,** mynd [ymaith *&c*]; **to run ~,** rhedeg i ffwrdd, rhedeg ymaith, ffoi, *S:* rhedeg bant; *S.a.* **beat; to get ~,** dianc; **to take sth ~,** mynd â rhth ymaith *&c*; **to get ~ with sth,** osg|oi cosb am rth, mynd yn ddi-gosb am rth; **to get ~ with it,** mynd yn groeniach, peidio â chael eich dal/cosbi; **the ball rolled ~,** rowliodd y bêl draw; **he put his book ~,** rhoes ei lyfr heibio; *N:* cadwodd ei lyfr; **to put sth/money ~,** cynilo arian; *(of snow):* **to melt ~,** toddi, *M.W:* meirioli, *N:* dadmer, *S:* dadlaith, dadledd; *(of sound):* **to fade/die ~,** diflannu, cilio; **to fritter money ~,** gwastraffu/afradu arian, *S:* bratu arian; **to do/make ~ with sth,** cael gwared â rhth *or* ar rth; **to do ~ with s.o.,** lladd rhn; **to do ~ with oneself,** eich lladd eich hun, gwn|eud amdanoch eich hun, gwneud eich diwedd eich hun. **2.** *(elliptical):* **~ with you!** i ffwrdd â thi (chi)! bant â thi (chi)! *Lit:* ymaith â thi (chwi)! **~ with it! take it ~!** dos (ewch) ag ef ymaith! **I ordered him ~,** dywedais wrtho am fynd; **I must ~,** rhaid imi fynd; *F:* **well ~,** *(i) (of speaker):* yn yr hwyl, wedi mynd i hwyl; *(ii) (= drunk):* meddw; *(iii) (= asleep):* yn cysgu'n sownd. **3.** *(continuousness):* **to work ~,** dal i weithio, dal ati, *F:* pydru/dygnu arni; **to sing ~,** morio canu, canu'n braf; **to hammer ~,** curo'n ddi-baid; **they were eating ~, and suddenly . . .,** 'roeddynt wrthi'n bwyta, ac yn sydyn . . .; *S.W:* 'roeddynt yn bwyta bant/gered, ac yn sydyn . . .. **4.** *(without delay):* **(to do sth) right/straight ~,** (gwneud rhth) ar unwaith, yn ddiymdr|oi, yn ddi-oed, *N: occ:* yn syth bin. **5.** *(distant) (a)* ymh|ell, yn bell, draw; **far ~,** ymhell i ffwrdd, yn bell i ffwrdd, yn y pellter, draw ymhell, ymhell draw; **the town is five miles ~ from the motorway,** mae'r dref bum milltir [i ffwrdd] oddi wrth y draffordd; **(a house stood) half a mile ~,** (safai tŷ) hanner milltir oddi yno, hanner milltir draw; **(we are five miles) ~ from the town,** ('rydym bum milltir) o'r dref, y tu allan/fas i'r dref; **three fields ~ from the house,** led tri chae o'r tŷ; **this is far and ~ the best,** hwn yw'r gorau o bell ffordd; *S.W:* hwn yw'r gorau o hewl; **that is far and ~ better,** mae hynny'n well o lawer; mae hynny'n well o bell ffordd; *(b)* **to hold sth ~ from sth,** dal rhth yn bell oddi wrth rth; **(he turned his face ~) from the scene,** (trodd ei wyneb draw) oddi wrth yr olygfa, rhag yr olygfa; *(c)* **~ from home,** oddi cartref, *S.W: occ:* ar gerdded; **when he is ~,** pan na fydd gartref, *N:* pan fydd i ffwrdd, *S:* pan fydd bant; **to stay ~ from somewhere,** peidio â mynd i rywle, peidio â mynychu rhywle, aros/cadw/sefyll draw/bant o rywle; **stay ~!** saf (sefwch) draw! paid (peidiwch) â dod yma! *(d) a. Sp:* **~ match,** gêm (*f*) oddi cartref; **to play ~,** chwarae oddi cartref; **an ~ win,** buddugoliaeth oddi cartref; **6.** *(time):* **(I knew him) ~ back in 1950,** (adwaenwn ef) mor bell yn ôl â 1950, draw 'nôl ym 1950.
awe[1] *n.* arswyd *m*, parchedig ofn *m*; **to strike s.o. with ~,** *(i) (of thg):* codi arswyd ar rn; *(ii) (of pers.):* ennyn parch (*m*) yn rhn, llanw rhn â pharchedig ofn; **to stand in ~ of s.o.,** bod yn llawn parchedig ofn tuag at rn. **~-inspiring** *a.* arswydus, aruthrol, syfrdanol, arswydol, arswydlon, urddasol, arddunol. **~-stricken, ~-struck** *a.* syfrdan, syn, llawn arswyd, llawn parchedig ofn, llawn braw.
awe[2] *v.t. (of thg):* codi arswyd (ar rn); *(of pers.):* ennyn parch (yn rhn).
aweary *a. Poet:* = **weary**[1].
aweather *adv. Nau:* tua'r gwynt, at y gwynt.
awed *a.* = **awe-stricken.**
aweigh *adv. Nau:* yn rhydd, ynghrog; **anchors ~!** cod(-wch) yr angor!
awesome *a.* = **awe-inspiring.**
awesomely *a.* yn arswydus *&c.*
awesomeness *n.* arswyd *m*, arswydlonedd *m*, aruthredd *m*, arddunedd *m*.
awful *a.* **1.** *(= frightening):* ofnadwy, dychrynllyd, arswydus, arswydlon, brawychus, dybryd, *Lit:* erch. **2.** *F: (as intensive):* ofnadwy, difrifol, cythreulig, affwysol, garw, melltigedig, *N.W: F:* sobor, trybeilig, ofnatsan; **what ~ weather!** am dywydd ofnadwy! **~ weather,** tywydd garw/mawr *m*; **an ~ row,** cythraul o dwrw; **it's an ~ pity,** mae'n drueni mawr.
awfully *adv.* **1.** yn ofnadwy *&c.* **2.** *F: (as intensive):* **I'm ~ sorry,** mae'n ddrwg iawn gen i; mae'n flin ofnadwy gen i; **~ funny,** ofnadwy o ddigrif, digrif iawn, digrif [y] tu hwnt, tu hwnt o ddigrif; **~ good,** da ofnadwy, *N: F:* da drybeilig *&c*; **thanks ~,** diolch yn fawr iawn, diolch o galon, mawr ddiolch, can diolch, diolch yn ofnadwy, *occ: Joc:* diolch yn dew, diolch yn dalpiau.
awfulness *n.* **1.** = **awesomeness. 2.** *F: (= badness):* cochni *m*, natur affwysol *&c f*, *N:* trybeiligrwydd *m*; **the ~ of his singing is hard to describe,** anodd disgrifio mor goch oedd ei ganu.
awheel *adv. & pred.a.* ar olwynion, ar gefn beic.
awhile *adv. Lit:* am ychydig [amser], am dipyn [o amser], *Lit:* dro.
awkward *a.* **1.** *(= clumsy):* lletchwith, anfedrus, di-lun, afrosgo, trwsgl, trwstan, annehau, anneheuig, *N.E:* ysgafnrwth, *N.W: occ:* annosbarthus, annechau, *S.E: occ:* clemog, *S.W: occ:* sgrongol, siagal; **to be ~ with one's hands,** bod yn lletchwith/drwsgl â'ch dwylo; *Mil: F:* **the ~ squad,** y criw di-glem *m*; **an ~ sentence,** brawddeg anystwyth/drwsgl; **the ~ age,** yr oed chwithig/lletchwith/di-glem *m*. **2.** *(= ill at ease):* annifyr, chwithig; **an ~ silence,** distawrwydd annifyr; **to feel ~ about sth,** teimlo'n annifyr/chwithig ynghylch rhth. **3.** *(= vexing, difficult):* **an ~ situation,** sefyllfa annymunol/anodd/chwithig; **it'll be ~ if she's not there,** fe fydd yn chwith/anodd oni fydd hi yno; **that could be ~,** fe allai hynny fod yn anodd. **4.** *(= difficult to use, to deal with):* anhylaw, anhwylus, anhydrin; **an ~ tool,** teclyn anhylaw, teclyn anodd ei drin; **an ~ customer,** un anodd ei drin (*f.* ei thrin); *(of pers.):* **to be ~,** tynnu'n groes.
awkwardly *adv.* **1.** *(= clumsily):* yn afrosgo *&c.* **2.** *(= embarrassedly):* yn chwithig *&c.* **3. (to be) ~ situated,** (bod) mewn lle annifyr/anodd, mewn sefyllfa annifyr, mewn caethgyfle, mewn tipyn o drafferth, *N: F:* mewn strach, mewn stryffig, *N.W: occ:* mewn sactisiwn.
awkwardness *n.* **1.** *(= clumsiness):* trwsgleiddiwch *m*, lletchwithdod *m*, trwstaneiddiwch *m*, bwnglerwch *m* (*pronounced* ng-g), anfedrusrwydd *m*, anneheurwydd *m*, *N: occ:* dilunwch *m*. **2.** *(= embarrassment):* chwithigrwydd *m*, embaras *m*, annifyrrwch *m*, annifyrdod *m*. **3.** *(of situation):* anhawster *m*, chwithigrwydd *m*.
awl *n. Tls:* mynawyd(-au) *m*, pegol *m*, *S.E:* branol *m*, bradol *m*. **~-shaped** *a.* pigfain (pigfeinion).
awlwort *n. Bot: (Subularia aquatica):* mynawydlys dyfrdrig *m*.
awn *n. N:* col(-ion) *m*, *S:* cola (colion) *m*.
awned *a.* coliog.
awning *n.* cynfas(-au) *m*, cysgodlen(-ni) *f.* **~ deck** *n.* dec(-iau) (*m*) cysgodi.
awnless *a.* di-gol, digola.
awoke, awoken *p.p. See* **awake**[2].
awry *adv. & pred.a.* o chwith, yn gam.
axe[1] *U.S: also* **ax** *n.* **1.** bwyell: bwyall (bwyeill, bwyelli) *f*, *M.W: occ:* hatsiad *m*, hatsiar *m*; **he has an ~ to grind,** mae ganddo gyllell i'w hogi; *Archeol:* **cast flanged ~,** bwyell gantel/gantelog fwrw (bwyeill cantel/cantelog bwrw); **core ~,** bwyell graidd (bwyeill craidd); **double ~,** bwyell ddeufin (bwyeill deufin); **facetted ~,** bwyell ffasedog; **flaked ~,** bwyell nadd; **flanged ~,** bwyell gantel/gantelog (bwyeill cantel/cantelog); **hand-~,** bwyell law (bwyeill llaw), llawfwyell (llawfwyeill) *f*; **perforated ~,** bwyell drydoll (bwyeill trydwll); **polished flint ~,** fflintfwyell gaboledig (fflintfwyeill caboledig) *f*; **polished stone ~,** maenfwyell gaboledig (maenfwyeill caboledig) *f*; **shaft-hole ~,** bwyell dwll coes (bwyeill twll coes); **socketed ~,** bwyell greuog (bwyeill creuog); **thick-butted ~,** bwyell fondew (bwyeill bondew); **thin-butted ~,** bwyell fonfain (bwyeill bonfain);

tranchet ~, bwyell dafell (bwyeill tafell); **trunnion ~**, bwyell gnapiog (bwyeill cnapiog); **war ~**, bwyell ryfel (bwyeill rhyfel), cadfwyell (cadfwyeill) *f*; **winged ~**, bwyeill adeiniog; **winged flanged ~**, bwyell gantel (bwyeill cantel) adeiniog; *S.a.* **battle-axe, ice-axe, pole-axe**. **2.** *F: (= cuts, economies):* cwtogiad(-au) *m*, cwtogi *vn*; **under the ~**, dan y fwyell. **~-breaker** *n. Bot: (Notelaea longifolia):* coeden galed (coed caled) *f*. **~-hammer** *n. Archeol:* bwyellforthwyl (bwyeillforthwylion) *m*. **~-sharpening flake** *n. Archeol:* naddyn (*m*) hogi bwyell (naddion hogi bwyeill). **~-stroke** *n.* ergyd(-ion) (*fm*) bwyell, bwyellod(-au) *f*.

axe² *v.t.* **1.** bwyellu, torri (rhth) â bwyell. **2.** *Adm: F:* **to ~ expenditure,** torri/cwtogi ar wario; **to ~ a scheme,** dil|eu cynllun. **3. to ~ a number of workers,** cael gwared ar nifer o weithwyr, diswyddo nifer o weithwyr.

axel *n. Skating:* axel(-s) *mf*.

axeman *n.m.* bwyellwr (bwyellwyr), cymynwr (cymynwyr).

axenic *a.* acsenig.

axenically *adv.* yn acsenig.

axial *a.* echelinol, echelog; **~ plane,** plân echelinol *m*.

axiality *n.* echelinedd *m*.

axially *adv.* yn echelog *&c*; ar hyd yr echelin.

axil *n. Bot:* cesail (ceseiliau) *f*.

axile *a. Bot:* echelin, echelinol.

axilla *n. Anat: Orn:* cesail (ceseiliau) *f*.

axillar *n. Orn:* pluen (*f*) cesail (plu cesail), plufyn (*m*) cesail (plu cesail/ceseiliau).

axillary *a. & n.* **1.** *a.* ceseiliol, ceseilaidd. **2.** *n.* = **axillar**.

axiological *a. Phil:* gwerthegol.

axiologically *adv. Phil:* yn werthegol.

axiology *n. Phil:* gwertheg *f*.

axiom *n.* gwireb(-au,-ion) *f*, acsiom(-au) *m*, egwyddor(-ion) *f*; *Geom:* gwirionedd(-au) *m*.

axiomatic[al] *a.* gwirebol, acsiomatig; *(= evident):* amlwg, hunanamlwg.

axiomatically *adv. (a)* yn acsiomatig; *(b)* yn amlwg.

axis *n.* **1.** echel(-au,-i,-ydd) *f*, echelin(-au) *f*; *(bone):* acsis *m*; **~ of fold,** echel/echelin plyg; **~ of reference,** echel leoli (echelau lleoli); *Mth:* **coordinate axes,** echelinau cyfesurynnol; **horizontal ~**, echelin lorwedd; **major ~**, yr echel hwyaf; **minor ~**, yr echel leiaf; **polar ~**, echelin begynol; **vertical ~**, echelin fertigol; **X-~**, echelin X/ecs; **Y-~**, echelin Y; *Opt:* **~ of vision,** echel gweledyad; **scan ~**, echelin radiodrydanol. **2.** *Hist:* **the Rome-Berlin A~**, Echel Rhufain-Berlin; **the A~ Powers,** Galluoedd yr Echel, Pwerau'r Echel; *Fig:* **the ~ of European trade,** canolfan(-nau) (*mf*) masnach Ewrop. **~ cylinder** *n.* silindr(-au) (*mf*) echel.

axisymmetric[al] *a.* echelgymesur.

axisymmetry *n.* echelgymesuredd *m*.

axle *n.* echel(-au,-i,-ydd) *f*, *occ:* gwerthyd(-au,-on) *f*, ecstro(-eon) *fm*, *S: occ:* ecstri (ecstrïau) *mf*; **to fit sth with an ~**, echelu rhth; **live ~**, echel dro (echelau tro), echel rydd (echelau rhyddion); **dead ~**, echel lonydd (echelau llonydd); **driving ~**, echel yrru (echelau gyrru); **front ~**, echel flaen (echelau blaen); **back/rear ~**, echel ôl. **~-arm** *n.* gwerthyd(-oedd) *f*, coes (*f*) echel (coesau echelydd). **~-box** *n.* cist (*f*) echel (cistiau echelydd). **~-cap** *n.* caead (*m*) echel (caeadau echelydd). **~-pin** *n.* limpin(-nau) *m*, gwarbin(-nau) *m*. **~-shaft** *n.* hanner (*m*) echel (haneri echel/echelydd). **~-tree** *n.* = **axle**.

axolotl *n. Rept:* acsolotl(-od,-aid) *m*.

axon *n. Anat:* acson(-au) *m*.

axonal *a. Anat:* acsonig.

axone = **axon**.

axonic *a.* = **axonal**.

axonometric *a.* acsonometrig.

axonotmesis *n. Med:* acsonotmesis *m*.

axoplasm *n. Biol:* |acsoplasm *m*.

axoplasmic *a. Biol:* acsoplasmig.

Axton *W.Pl.n.* Acstyn *m*.

ay¹, aye, *adv., Int.& n.* **1.** *adv. & int.* ie, *N.W:* ia. **2.** *n. (in voting):* **ayes and noes,** y pleidleisiau o blaid ac yn erbyn; y rhai o blaid ac yn erbyn; **the ayes have it,** aeth y bleidlais dros y cynnig; y cadarnhaol piau hi; **forty ayes and twenty noes,** deugain drosto ac ugain yn ei erbyn.

ay² *adv. Scot:* **for ~**, am byth, hyd byth.

Ayatollah *n.* Aiatola(-s) *m*.

aye-aye *n. Z:* ai-ai(-od) *m*.

Ayr *Scot.Pl.n. A:* Aeron *f*; **water of ~ stone,** carreg (cerrig) (*f*) Aeron.

ayre *n. Mus: ayre(-s) f*.

Ayrshire *Pr.n. Scot.Geog:* Swydd (*f*) Aeron.

azalea *n. Bot:* asalea(-s, asaleâu) *m*, eilgorros *pl*; **yellow ~**, rhododendron melyn *m*.

azathioprine *n.* asathïoprin *m*.

azeotrope *n. Biol: &c:* aseotrop *m*.

azide *n. Ch:* azid(-au) *m*.

azido *a. Ch:* azido.

Azilian *a. & n. Archeol:* **1.** *a.* Azilaidd. **2.** *n.* y cyfnod Azilaidd *m*.

azimuth *n. Astr: Surv:* |asimwth (asimythau) *m*. **~ circle** *n.* cylch (*m*) yr |asimwth; **~ compass** *n.* cwmpawd (*m*) |asimwth.

azimuthal *a. Astr: Surv:* asimwthol.

azine *n. Ch:* asin(-au) *m*.

azo- *comb.fm.* aso-; **~-dye,** lliwur(-au) (*m*) aso.

azoic *a. Geol:* difywyd.

azole *n.* asol(-au) *m*.

azonal *a. Geol:* anhaenol.

azonic *a.* afleol, cyffredinol, gwasgaredig.

Azores (the) *Pr.n.pl. Geog:* Yr Asores.

Azorian *a. & n.* **1.** *a.* Asoraidd, o'r Asores. **2.** *n.* Asoriad (Asoriaid) *m&f*.

azotic *a. Ch:* nitrig.

azotize *v.t. Ch:* asoteiddio.

azotobacter *n.* asotobacter(-au) *m*.

azoturia *n. Med:* asotwria *m*.

Aztec *a. & n. Ethn: Hist:* **1.** *a.* Astecaidd; *(in language):* Astec. **2.** *n. (a)* Astec(-iaid) *m&f*, *(b) Ling:* Astec *f*, *m*.

Aztecan *a.* Astecaidd.

azure *a. & n.* **1.** *a.* asur, asuraidd, glas. **2.** *n.* asur *m*, glas *m*.

azurite *n. Miner:* asurfaen (asurfeini) *m*.

azygos *n.* asygos *m*.

azygotic *a. Biol:* asygotig.

azygous *a.* sengl.

B

B, b *n.* **1.** [y llythyren] B, b *f (pronounced* bi, *pl.* bïau); *although f. names of letters are not mutated;* **this b,** y bi hon; **two b's,** dwy bi. **B.C.** *abbr. (= Before Christ):* C.C. (= Cyn Crist). **B.O.** *n. F: (= body odour):* oglau (*m*) chwys. **2.** *Mus:* **B flat,** B fflat.

baa[1] *n.* bê *f*, brefiad(-au) *m; int.* mê.

baa[2] *v.i.* brefu.

Baal *n. Rel.H:* Baal(-im) *m.*

Baalism *n. Rel.H:* Baalaeth *f.*

Baalist *n. Rel.H:* Baalydd(-ion) *m.*

baba *n. Cu:* baba(-s) *m.*

babacoote *n. Z:* lemwr(-iaid) gwlanog *m.*

babassu *n. Bot:* coeden (*f*) f|abasw (coed b|abasw).

Babbitt[1] *n. Metalw:* **~ metal,** metel: metal (*m*) Babbitt.

babbitt[2] *v.t. Metalw:* babitio.

Babbitt[3] *n. Lit:* Babbitt(-iaid) *m.*

Babbittry *n. Lit:* Babbittiaeth *f.*

babble[1] *n.* **1.** *(a) (= empty talk):* prebl[i]an *vn*, brebl[i]an *vn*, clebran *vn*, bregliach *vn*, prepian *vn*, baldordd *m*, gwag-siarad *vn*, siaradach *m*, clebar: cleber *mf;* **a ~ of voices,** baldordd lleisiau, dwndwr (*m*) lleisiau, dadwrdd (*m*) lleisiau. **2.** *(of stream):* murmur *vn*, sisial ganu *vn.* **3.** *Tp:* ymyrraeth *f*, ymyriadau *pl.*

babble[2] *v.t.&i.* **1.** *(a)* clebran, prebl[i]an, prepian, gwag-siarad, *Lit:* baldorddan, baldorddi, *N: F: occ:* paldaruo, bambaruo, bregliach, bragaldio siarad, siarad yn r|ibidi-res, siarad fel melin bupur, siarad fel injian hogi, *S: F:* balban, cleber, malu, *S.W: occ:* bagaldian, *M.W:* brygaldian; *(b) (of stream):* murmur, sisial ganu. **2. to ~ out a secret,** gollwng y gath o'r cwd, gollwng cyfrinach, clepian.

babblement *n.* = **babble**[1].

babbler *n.* **1.** preblyn(-nod) *m*, preblen(-nod) *f*, clebryn(-nod) *m*, clebren(-nod) *f*, clebrwr (clebrwyr) *m*, baldorddwr (baldorddwyr) *m*, bald|orddwraig *f*, *N: F: occ:* rwdlyn(-nod) *m*, rwdlen(-nod) *f*, paldarüwr (paldaruwyr) *m*, paldaruwraig *f.* **2.** *(esp. of secrets):* clepiwr (clepwyr) *m*, cl|epwraig *f*, clepgi (clepgwn) *m*, clapiast (clapieist) *f*, straegi (straegwn) *m*, clep *f*, hen glep *f*, ceg(-au) *f*, ceg fawr (cegau mawrion), hen geg, hen brep *m&f*, prepiwr (prepwyr) *m*, pr|epwraig *f.* **3.** *Orn:* clebryn(-nod) *m*, preblyn(-nod) *m.*

babbling *a. & vn.* **1.** *a. (a) (= prattling):* clebrus, baldorddus, cleberddus, parablus; *(b) (stream):* murmurog, sisialog. **2.** *vn. (a)* = **babble**[2]; *(b)* = **baby talk** *(b).*

babe *n.* baban(-od) *m*, babi(-s) *m*, *Lit:* maban *m*, mebyn *m;* **~ in arms,** baban/babi ar fraich ei fam; *F:* **he's just a ~ in arms,** mae'n dal yn ei glytiau; **the babes in the wood,** y plantos yn y goedwig.

Babel *Pr.n. & n.* **1.** *Pr.n.* **the Tower of ~,** Tŵr (*m*) Babel. **2.** *n.* **~ of talk,** babel *f*, dwndwr *m*, dadwrdd *m.*

babesia *n. Bact:* babesia(-s, babesiâu) *m.*

babesiasis *n. Path:* babesiasis *m.*

babies' breath *n. Bot: (Gypsophila paniculata):* calchlys paniglog *m.*

babiroussa *n. Z:* babirwsa(-id) *m.*

Babism *n. Theol:* Babiaeth *f.*

Babist *n. Theol:* Babiad (Babiaid) *m&f.*

baboon *n.* **1.** babŵn(-s, babwniaid) *m*, *Lit: occ:* ciab(-au,-iaid) *m;* **olive ~,** babŵn melynwyrdd. **2.** *F:* **you big ~!** y mwnci mawr! *m.*

Babu *n. & attrib.* **1.** *n.* Babŵ(-aid) *m.* **2.** *attrib.* **~ English,** Saesneg Babŵ.

babul *n. Bot:* coeden (*f*) fabwl (coed babwl), mimosa ddreiniog (mimosâu/mimosas dreiniog) *f.*

babushka *n. Cost:* pensgarff(-iau) *mf.*

baby[1] *n. & attrib.* **1.** *n.* baban(-od) *m*, *F:* babi(-s) *m*, *Lit: occ:* maban *m*, mebyn *m; (in baby talk):* ba-bach *m;* **cry ~,** hen fabi clwt, babi mam, babi mawr, babi swci mami, *occ:* babi dail, *N.E:* lwbi labi *m;* **the ~ of the family,** bach (*m*) y nyth, tin (*m*) y nyth, y cyw melyn olaf *m;* **I've known him from a ~,** 'rwy'n ei adnabod ers pan oedd yn ei glytiau; **to throw the ~ out with the bathwater,** taflu'r llo a chadw'r brych, cadw'r brych a lluchio'r babi; **I was left holding the ~,** gadawyd fi yn dal y babi; *F:* **that's your ~,** rhyngot ti a'th botes. **2.** *attrib. (a) (= of baby):* **~ face,** wyneb (*m*) babi, wyneb babïaidd; **~ talk,** *(i)* siarad (*vn*) babi, siarad babïaidd/babanaidd; *(ii) (of baby):* bregliach *vn*, prebl[i]an *vn; (b) (= small):* bach: bychan (*f.* bechan, *pl.* bychain); **a ~ boy,** bachgen bach; **a ~ girl,** geneth fach; **~ brother,** brawd bach (brodyr bach/bychain); **~ sister,** chwaer fach (chwiorydd bach/bychain); **~ grand piano,** piano(-s) (*mf*) cyngerdd bach; *(c) (used for the young of animals):* bach, bychan; **~ ostrich,** estrys bach/bychan, cyw(-ion) (*m*) estrys; **~ elephant,** eliffant bach/bychan, llo(-i) (*m*) eliffant. **~-bouncer** *n. R.t.m:* sbonciwr (*m*) babi (sboncwyr babis). **~-buggy** *n.* **1.** = **push-chair**. **2.** *U.S:* = **pram.** **~-car** *n.* car (ceir) bach *m.* **~-carriage** *n. U.S:* = **pram.** **~-faced** *a.* ag wyneb babi/babïaidd. **~-farm** *n.* gwarchodfa (*f*) blant (gwarchodf|eydd plant), meithrinfa (*f*) blant (meithrinf|eydd plant). **~-farmer** *n.* gwarchodwr (gwarchodwyr) (*m*) plant, meithrinwr (meithrinwyr) (*m*) plant. **~-farming** *vn.* gwarchod/meithrin plant. **~-jumper** *n.* = **baby-bouncer**. **~'s breath** *n.* = **babies' breath**. **~-sit** *v.t.&i. N:* gwarchod, *S:* carco. **~-sitter** *n.* gwarchodwr (gwarchodwyr) *m* [plant], gwarch|odwraig (gwarchodwragedd) *f* [plant]. **~-snatcher** *n.* cipiwr (*m*) babi/babis (cipwyr babis), c|ipwraig (*f*) babi/babis (cipwragedd babis). **~-snatching** *vn.* cipio babi/babis. **~-walker** *n.* ffrâm (*f*) gerdded (fframiau cerdded).

baby[2] *v.t.* babïo, maldodi, mwytho (rhn); trin (rhn) fel babi; *N:* tinpwl, dandlwn, dandwn, *S.W:* tolach (rhn).

babygro *n. Cost: R.t.m.* dilledyn (dillad) (*m*) ***babygro***.

babyhood *n.* babandod *m.*

babying[1] *vn.* maldod *m*, mwythau *pl*, triniaeth ofalus *f*, *S:* carc *m; S.a.* **baby**[2].

babying[2] *a.* maldodus.

babyish *a.* babïaidd, babanaidd, babanllyd.

babyishly *adv.* yn fabïaidd *&c.*

babyishness *n.* babïeiddiwch *m*, babaneiddiwch *m.*

Babylon *Pr.n. Geog:* B|abilon *f.*

Babylonia *Pr.n. Geog: Hist:* Babilonia *f.*

Babylonian *a. & n.* **1.** *a.* Babilonaidd; *(in language):* Babiloneg. **2.** *n. (a) Ethn:* Babiloniad (Babiloniaid) *m&f; (b) Ling:* Babiloneg *f*, *m.*

Babylonish *a.* Babilonaidd.

baccalaureate *n.* bagloriaeth(-au) *f.*

baccarat *n. Cards:* bacarát *m.*

baccate *a. Bot:* aeronog.

Bacchanal *a. & n.* **1.** *a.* Bacchig, Bacchanalaidd. **2.** *n.* Bacchanaliad (Bacchanaliaid) *m&f.*

Bacchanalia *Pr.n.pl.* Bacchanalia.

Bacchanalian *a.* Bacchanalaidd.

Bacchant *a. & n.* **1.** *a.* Bacchantaidd. **2.** *n.* Bacchant(-iaid) *m.*

Bacchante *n.f.* Bacchantes(-au).

Bacchantic *a.* Bacchantaidd.

Bacchic *a.* Bacchig.

Bacchus *Pr.n.m. Myth:* Bacchws.

bacciferous *a.* aeronog.

bacciform *a.* aeronaidd.

baccivorous *a.* aeronysol.

bachelor *n.* **1.** *(a) (= unmarried man):* dyn(-ion) sengl *m*, dyn di-briod, *F:* hen lanc(-iau) *m*, *S. W: occ:* hen fab (~ feibion) *m*; **Knight B~**, Marchog Wyry[f] (Marchogion Gwyry[f]) *m*; *(b) attrib.* **~ uncle,** ewythr di-briod/sengl; **~ flat,** fflat(-iau) sengl *f*; **~ girl,** merch ddi-briod (merched di-briod) *f*, merch sengl; **~ seal,** morlo(-i) sengl *m*. **2.** *Sch:* baglor(-iaid) *m*, baglores(-au) *f*; **B~ of Arts,** Baglor yn y Celfyddydau; **B~ of Divinity,** Baglor mewn Diwinyddiaeth; **B~ of Law,** Baglor yn y Gyfraith; **B~ of Medicine,** Baglor mewn Meddygaeth; **B~ of Music,** Baglor mewn Cerddoriaeth; **B~ of Science,** Baglor yn y Gwyddorau, Baglor mewn Gwyddoniaeth. **~'s buttons** *n. Bot:* botwm (*m*) gŵr ifanc, botwm hen lanc, botwm Llundain.

bachelorhood *n.* **1.** *(= state of being unmarried):* henlencyndod *m*, henlancyddiaeth *f*, cyflwr di-briod *m*. **2.** *Sch:* bagloriaeth(-au) *f*.

bacillariophyta *n.* = **diatom**.

bacillary *a. Biol:* basilaidd.

bacilliform *a.* rodennaidd.

bacillus *n. Bac:* basilws (basili) *m*.

bacitracin *n. Bac:* basitrasin *m*.

back[1] *n., a. & adv.* I. *n.* **1.** *(of pers. or animal):* cefn(-au) *m*; **to lie on one's ~,** gorwedd ar wastad eich cefn; **he's on his ~,** mae'n wael yn ei wely; **I haven't a rag to my ~,** 'does gen i ddim cerpyn ar fy nghefn; **to turn one's ~ (on s.o.),** troi'ch cefn, cefnu, *occ:* troi'ch gwegil (ar rn); **when s.o.'s ~ is turned,** wedi cael cefn rhn; **behind s.o.'s ~,** yng nghefn rhn; **(I was glad) to see the ~ of him,** ('roeddwn yn falch) o gael gwared ag ef *or* arno, o'i weld yn mynd, o gael ei gefn; **to s.o.'s ~,** yng nghefn rhn, y tu ôl i gefn rhn, yn wrthgefn i rn, *Lit:* yng ngwrthol rhn; **he went there behind my ~,** aeth yno heb i mi wybod; aeth yno'n wrthgefn i mi; **at s.o.'s ~,** wrth gefn rhn, y tu ôl i rn; **to get/set/put s.o.'s ~ up,** digio/gwylltio rhn, codi gwrychyn rhn, *N: occ:* codi'r gwyllt ar rn; **the cat set up its ~,** cododd y gath ei gwrychyn; **to put one's ~ into sth,** bwrw iddi, gafael ynddi, ymr|oi ati; **put your ~ into it!** gweithia'n (gweithiwch yn) galetach! *N: F:* ceirch iddi! tân arni! *S:* siapa (siapwch) hi! **to break one's ~,** torri'ch cefn; **to make a ~,** *(at leapfrog):* gwneud/plygu cefn, plygu; **~ to ~,** cefngefn (*pronounced* ng-g), cefn wrth gefn, cefn yng nghefn; **to break the ~ of work,** torri cefn y gwaith; **we will have broken the ~ of the work by lunchtime,** mi fyddwn wedi'i chefnu hi erbyn cinio; **~ to front,** y tu ôl ymlaen; **with one's ~ to the wall,** mewn twll, mewn congl, mewn caethgyfle, mewn cyfyngder; **to pat s.o. on the ~,** curo cefn rhn; **the small of the ~,** y meingefn *m* (*pronounced* ng-g). **2.** *(= reverse side, rear):* cefn, tu (*m*) cefn, tu ôl, ochr arall *f*; *(of textile):* tu chwith; *Fin:* **bills as per ~,** biliau fel ar y tu ôl; *(of axe, knife, sword):* gwegil(-iau) *m*; **the ~ of the hand,** cefn y llaw; **I know it like the ~ of my hand,** 'rwy'n ei adnabod fel cefn fy llaw; **to talk through the ~ of one's neck,** malu awyr, siarad lol, siarad ar eich cyfer, siarad trwy'ch het &c; *See* **nonsense**; **the ~ of a hill,** yr ochr draw i fryn, y tu draw i fryn, **the ~ of the knee,** camedd (*m*) y gar; **the ~ of the neck,** gwegil(-iau) *m*, gwar(-rau) *mf*; **the ~ of a pew,** cefngor(-au) *m* (*pronounced* ng-g); **the ~ (of a page),** cefn, tu ôl, tu arall, tu chwith, ochr arall (dalen); **there is sth at the ~ of it,** mae yna rth y tu ôl iddo. **3.** *(= rear end):* cefn, pen draw *m*, pen pellaf; **the ~ of a book,** *(i)* rhan ôl (*f*) llyfr, cefn llyfr; *(ii) (= spine):* meingefn; **the ~ of a car,** cefn car, *S. W:* gwt (*m*) car; **the ~ of a hall,** cefn neuadd, tu ôl neuadd, pen draw/pellaf neuadd; **at the very ~ of the hall,** yng nghefn un y neuadd, ym mhen pella'r neuadd, ym mhen draw'r neuadd; **to sit at the ~,** eistedd yn y cefn; **(the dress fastens) at the ~,** (mae'r wisg yn cau) yn y cefn, yn y tu ôl; **the ~ of beyond,** pen draw'r byd, *N. W:* lle dinabman/dinad-man; **an idea at the ~ of my mind,** syniad yng nghefn fy meddwl. **4.** *(of a house &c):* y cefn, *S: F:* y bac *m*; **~ to ~ houses,** tai cefngefn. **5.** *Fb:* cefnwr (cefnwyr) *m*, olwr (olwyr) *m*; **full ~,** cefnwr (cefnwyr) *m*; **half ~,** hanerwr (hanerwyr) *m*; **three-quarter ~,** trichwarterwr (trichwarterwyr) *m*. II. *a.* cefn, ôl; **~ axle,** echel(-au,-ydd) ôl *f*; **~ door,** drws (drysau) cefn *m*, *S:* drws y bac; **through the ~ door,** drwy ddrws y cefn, drwy'r drws cefn; **~ kitchen,** cegin gefn (ceginau cefn) *f*, cegin fach (ceginau bach); *N. W: occ: (= lean-to kitchen):* cegin groes (ceginau croes), briws *m*; **~ room,** ystafell gefn (ystafelloedd cefn) *f*; **~ seat,** sedd gefn/ôl (seddau cefn/ôl); *F:* **to take a ~ seat,** *(a) (literally):* eistedd yn y cefn; *(b) Fig:* cilio i'r cefndir, ildio'r lle blaenaf, cymryd sedd ôl; **~ street,** stryd gefn (strydoedd cefn) *f*; **~ garden,** gardd gefn (gerddi cefn) *f*; **~ gear,** gêr(-s, geriau) *(mf)* ôl; **~ tooth,** cilddant (cilddannedd) *m*, dant (dannedd) ôl *m*; **I'd give my ~ teeth for it,** mi rown i'r byd amdano; **I'm fed up to the ~ teeth with it,** 'rydw i wedi cael llond bol/bola arno. III. *adv.* yn ôl, *with pronominal forms:* yn f'ôl, yn d'ôl, yn ei ôl, yn ei hôl, yn ein holau, yn eich olau, yn eu holau; **to come ~,** dod yn ôl, dod yn eich ôl, dychwelyd; **to bring sth ~,** dod â rhth yn ei ôl, dychwelyd rhth; *(= restore):* adfer rhth; **to turn ~,** troi'n ôl; **to answer ~,** ateb yn ôl; **to pay ~,** talu'n ôl, ad-dalu; **to hit ~,** taro'n ôl; **to hang ~,** cadw draw, aros draw, sefyll draw, petruso, sefyll yn eich unfan, llusgo'ch traed, dal yn ôl, aros yn ôl, peidio â dod ymlaen; **to give sth ~,** rhoi rhth yn ei ôl; **to get one's own ~,** talu'n ôl, dial, talu'r pwyth [yn ôl], talu'r hen bwyth [yn ôl], dwyn yr echwyn adref, talu'r pwyth adref, talu hen sgôr/gownt; **to cast one's mind ~ to sth,** dwyn rhth i gof; **to go ~ upon one's word,** torri'ch gair; **to go ~ on s.o.,** gwerthu rhn, cefnu ar rn; **~ and forth,** yn ôl a blaen, yn ôl ac ymlaen, *occ:* yn ôl a gwrthol; **far ~,** ymh|ell yn ôl; **a while ~,** ers tipyn yn ôl, dro'n ôl, *F:* sbel yn ôl; **when will she be ~?** pryd y bydd hi yn ei hôl? **I'll be ~,** mi fyddaf yn f'ôl; mi ddof yn f'ôl; **to go ~ home,** mynd adref, *S:* mynd yn ôl gartre, mynd yn ôl tua thre; **to get ~ on your feet,** ailgodi, codi ar eich traed unwaith eto. **~-answer** *n.* ateb (*m*) yn ôl, ateb(-ion) digywilydd *m*. **~-band** *n.* cefndres(-i) *f*, cefnrhaff(-au) *f*, carwden(-ni) *f*, *S. W: occ:* batsien *f*. **~-batten** *n. Th:* astell (*f*) gefn (estyll cefn). **~-bench** *n. Parl:* mainc (meinciau) ôl *f*, mainc gefn (meinciau cefn). **~-bencher** *n. Parl:* aelod(-au) cyffredin *m*, meinciwr (meincwyr) (*m*) ôl, aelod mainc gefn/ôl (aelodau meinciau cefn/ôl); *pl.* gwŷr y meinciau cefn/ôl. **~-boiler** *n.* boiler(-i) ôl *m*. **~-breaking** *a.* llafurus; **this is ~-breaking work,** mae'r gwaith yma'n lladdfa (*f*); mae'r gwaith yma'n ddigon i dorri/ysigo cefn dyn. **~-burner** *n.* tân (tanau) ôl *m*; *Fig:* **to put sth on the ~-burner,** gohirio rhth. **~-chain** *n.* = **back-band**. **~-chat** *n.* digywilydd-dra *m*, ateb digywilydd *m*, atebion digywilydd *pl.* **~-cloth** *n.* cefnlen(-ni) *f*, llen(-ni) ôl *f*. **~-comb** *v.t.* cribo (rhth) yn ei ôl, ôl-gribo (rhth). **~ country** *n.* cefn (*m*) gwlad, cefnwlad *f*. **~ cover** *n. Bookb:* clawr (cloriau) ôl/cefn *m*. **~-crawl** *n.* = **back-stroke 3**. **~-cross** *n. Breed:* ôl-groesiad(-au) *m*. **~-current** *n.* adlif(-oedd) *m*, gwrthlif(-oedd) *m*, gwrthgerrynt (gwrthgerhyntau) *m*. **~ curtain** *n.* = **back-cloth**. **~-date** *v.t.* ôl-ddyddio. **~-dated** *a.* ôl-ddyddiedig. **~-door** *attrib.* drws cefn. **~-draught** *n.* ôl-awel(-on) *f*, ôl-ddrafft(-iau) *m*. **~-drop** *n.* = **back-cloth**. **~-end** *n.* **1.** *(of car &c):* pen(-nau) ôl *m*, *V:* tin(-au) *f*. **2.** *(of autumn):* diwedd (*m*) yr hydref. **~-file** *n. Lib:* ôl-ffeil(-iau) *f*. **~-fill[1]** *a.* adlenwad(-au) *m*. **~-fill[2]** *v.t.* adlenwi, ail-lenwi. **~-fire[1]** *n.* ôl-daniad(-au) *m*. **~-fire[2]** *v.t.* ôl-danio, tanio'n ôl. **~-formation** *n.* adffurf(-iau) *f*, adffurfiant (adffurfiannau) *m*, ôl-ffurf(-iau) *f*, ôl-ffurfiant (~-ffurfiannau) *m*; *(action):* adffurfio *vn*, ôl-ffurfio *vn*. **~-galling** *n. Vet:* cefnrhydi *m*. **~-hand[-ed]** *a.* **1.** **~-hand[-ed] blow,** *(i) (= blow delivered with back of hand):* cefn (*m*) llaw; *Sp:* trawiad(-au) gwrthlaw *m*; *(ii) (= indirect or unexpected blow):* ergyd l[l]awchwith (ergydion llawchwith) *fm*, **~-handed compliment,** canmoliaeth ddeufiniog *f*; **~-handed invitation,** gwahoddiad (*m*) dros ysgwydd. **2.** **~-handed writing,** llawysgrifen yn gogwyddo i'r chwith, llawysgrifen yn gwyro'n ei hôl. **~-hander** *n.* **1.** = **~-hand[-ed] blow**. **2.** *(= tip, bribe):* cildwrn: cil-dwrn (cildyrnau) *m*, *occ:* llwgrwobrwy(-on) *f*; **someone's getting a ~-hander,** mae rhn yn leinio'i boced; *N: occ:* mae aur yn llenwi mwy na dant. **~-heel[1]** *v.i. Fb:* ôl-sodli. **~-heel[2]** *n. Fb:* sawdl (sodlau) *f*. **~[-inner] margin** *n. Lib:* ymyl fewnol/mewnol (ymylon mewnol) *fm*. **~-iron** *n. Tls:* haearn (heyrn) ôl *m*. **~-light** *n. T.V:* golau (goleuadau) ôl *m*. **~-lighting** *vn. T.V:* goleuo ôl, ôl-oleuo. **~-marker** *n. Sp:* pencampwr (pencampwyr) *m*, penc|ampwraig (pencampwragedd) *f*. **~-number** *n.* **1.** *(of periodical &c):* ôl-rifyn(-nau) *m*. **2.** *Fig:* **he's a ~-number,** mae wedi cael/gweld ei ddydd; mae wedi gweld ei ddyddiau gwell/gorau; mae ar ôl yr oes; mae'n hen ffasiwn. **~-order** *n.* ôl-archeb(-ion) *f*. **~ passage** *n. F:* twll (tyllau) (*m*) pen ôl, *S: occ:* ffordd (*f*) bridd (ffyrdd pridd). **~ pay** *n.* cyflog dyledus *m*, ôl-gyflog *m*. **~-pedal** *v.t.* **1.** *Cy:* pedlo'n ôl. **2.** *Fig:* troi ar/yn eich carn. **~ premises** *n.pl.* cefn *m*, cefnau, lle(-oedd) (*m*) cefn. **~ pressure** *n.* ôl-bwysedd *m*, ôl-wasgedd *m*. **~-projection** *n.* ôl-dafluniad(-au) *m*; *(action):* ôl-daflunio *vn.* **~-rest** *n.* peth(-au) (*m*) cynnal cefn, cynhalydd (*m*) cefn (cynalyddion cefnau). **~-room** *attrib.* **~-room boys,** bechgyn yr ystafell gefn, gwyddonwyr. **~-scattering** *vn. Ph:* ôl-wasgaru, ôl-wasgariad(-au) *m*. **~-scratcher** *n*. **1.** *(literally):* peth(-au) (*m*) crafu cefn, crafwr (*m*) cefn (crafwyr cefnau). **2.** *Fig: (= toady):* crafwr [cefn], gwenieithwr (gwenieithwyr) *m*, gwen|ieithwraig *f*, sebonwr (sebonwyr) *m*, seb|onwraig *f*, *V:* crafwr tin (crafwyr tinau), llyfwr (*m*) tin (llyfwyr tinau), tinlyfwr (tinlyfwyr) *m*. **~-scratching[1]** *vn*. crafu cefn, gweniaith *f*, sebon *m*, *V:* llyfu/crafu tin. **~-scratching[2]** *a*. gwenieithus, sebonllyd, gwên-deg. **~-seat** *attrib*. **~-seat driver,** gyrrwr (gyrwyr) (*m*) sedd gefn/ôl, g|yrwraig (*f*) sedd gefn/ôl. **~-set** *n*. gwrthlif(-oedd) *m*. **~-shop** *n*. siop (*f*) gefn (siopau cefn), cefn (*m*) siop (cefnau siopau). **~-slang** *n*. slang (*m*) o chwith, ôl-slang *m*. **~-space** *v.t. Typ:* ôl-fysellu, ôl-ofodi. **~-spacer** *n. Typ:* ôl-fysell(-au) *f*, oledell(-au) *f*. **~-spine** *n. Bookb:* cefn(-au) *m*, meingefn(-au) *m*. **~-stairs** *n.pl*. = **backstairs**. **~-stick** *n. Bookb: &c:* ffon (*f*) wasgu (ffyn gwasgu). **~-stitch[1]** *n*. pwyth(-au) ôl *m*, ôl-bwyth(-au) *m*. **~-stitch[2]** *v.t*. ôl-bwytho. **~-straight** *n. Sp:* trac(-iau) syth ôl *m*. **~-strapped** *a. Nau:* mewn caethgyfle. **~-street** *attrib*. stryd gefn, anghyfreithlon. **~-stroke** *n*. **1.** ôl-drawiad(-au) *m*. **2.** *I.C.E: (of piston):* dychweliad(-au) *m*. **3.** *Swim:* nofio (*vn*) ar y cefn. **~-sword** *n*. cleddyf(-au) unfin *m*. **~-talk** *n. U.S: F:* = **back-answer**. **~-to-nature** *attrib*. yn ôl at natur. **~-up** *n*. *(a) (= support):* cefnogaeth *f*, cymorth (cymhorthion) (*m*) wrth gefn; *(b) U.S: (of cars &c):* tagfa (tagf|eydd) *f*; *(c) attrib*. **~-up light,** golau (goleuadau) (*m*) bacio/bagio; *S.a.* **backup**. **~ vowel** *n. Phon:* llafariad (llafariaid) ôl *f*. **~-wash** *n*. adlif(-oedd) *m*, adlifiad(-au) *m*.

back[2] *v.t.&i.* I. *v.t.* **1.** *(a) (= put a back on):* rhoi cefn (ar rth), cefnu (rhth); *(b) Sp:* **to ~ a horse,** betio ar geffyl; *(c)* **to ~ s.o.,** *(= support):* cefnogi, pleidio (rhn); bod yn gefn (i rn); *Fin:* gwarantu (rhn). **2.** *(a)* **to ~ a car,** gyrru car yn ei ôl, gyrru car wysg ei gefn, *F:* bacio/bagio car; **to ~ a horse,** tywys ceffyl wysg ei gefn, *F:* bacio/bagio ceffyl; *(b) Nau:* **to ~ the oars,** *(i)* rhwyfo'n ôl; *(ii) (= stop):* codi'r rhwyfau. **3. the hills that ~ the town,** y bryniau sydd y tu ôl/cefn i'r dref. II. *v.i.* **1.** *(= move backwards):* mynd yn eich ôl, mynd wysg eich cefn, *F:* bacio/bagio; **to ~ and fill,** mynd yn ôl a blaen, bwhwman; *Nau: (of wind):* gwyro'n ôl, gwrthwyro. **2.** *(= to have one's back towards sth):* **the house backs onto the road,** mae'r tŷ â'i gefn at y ffordd; **the houses ~ on each other,** mae'r tai yn gefngefn (*pronounced* ng-g); mae'r tai'n cefnu ar ei gilydd; mae'r tai gefn wrth gefn. **~ away** *v.i.* camu'n ôl, cilio. **~ down** *v.i.* **1.** *(= descend backwards):* dod i lawr wysg eich cefn. **2.** *(in argument):* syrthio ar eich bai, ildio, addef eich camgymeriad, troi yn eich cogwrn, troi yn eich carn, tynnu'n ôl. **~ off** *v.i.* cilio, sefyll draw; *int.* **~ off!** saf (sefwch) draw! **~ out** *v.i.* **1.** *(of car &c):* dod allan/mas wysg eich cefn. **2.** *F: (from a deal):* torri ymrwymiad (i rth), tynnu'n ôl (o rth); **to ~ out from an argument,** osg|oi dadl. **~ up 1.** *v.t.* cefnogi, ategu; **to ~ up a threat with force,** ategu bygythiad â grym; **to ~ up a lake,** cronni llyn. **2.** *v.i.* **the cars backed up,** baciodd/bagiodd y ceir.

backache *n*. poen(-au) (*fm*) yn y cefn, *occ:* gwayw (gwewyr) (*m*) yn y cefn.

backarrow *n. Cmptr:* saeth(-au) (*f*) yn ôl.

backbearing *n*. ôl-gyfeiriad(-au) *m*.

backbite *v.t.* lladd (ar rn), torri pen (rhn), *N.W: occ:* torri (ar rn), rhempio (rhn); *Lit:* athrodi, enllibio, absennu (rhn).

backbiter *n*. enllibiwr (enllibwyr) *m*, enll|ibwraig *f*, athrodwr (athrodwyr) *m*, athr|odwraig *f*, absennwr (absenwyr) *m*.

backbiting *a. & vn.* **1.** *a*. enllibus, athrodus. **2.** *vn*. = **backbite**; enllibion (*pl*) yng nghefn rhn.

backblocks *n.pl*. cefn (*m*) gwlad.

backboard *n*. bwrdd (byrddau) (*m*) cefn.

backbone *n*. **1.** asgwrn (*m*) cefn (esgyrn cefnau), *occ:* colofn (*f*) y cefn; **my ~,** asgwrn fy nghefn, fy asgwrn cefn; **he is the society's ~,** ef yw asgwrn cefn y gymdeithas; **to the ~,** i'r carn. **2.** *U.S: (of book):* meingefn(-au) *m* (*pronounced* ng-g).

backboneless *a*. di-asgwrn-cefn.

backed *a*. **1. ~ on to sth,** â chefn at rth, yn cefnu ar rth. **2.** *(a)* â chefn; *(axe, saw &c):* gwegilog; *(b)* **broad-~,** â chefn llydan, cefn llydan, cefnllydan; **broken-~,** cefndwn, cefnysig; **straight-~,** cefnsyth; *S.a.* **hunchbacked, saddle-backed**. **3.** *Sp:* **a heavily ~ horse,** ceffyl a chryn fetio/arian arno.

backend processor *n. Cmptr:* ôl-brosesydd(-ion) *m*.

backer *n*. **1.** *Sp: esp. Rac:* betiwr (betwyr) *m* (**of sth,** ar rth). **2.** *Com: (of a bill):* gwarantwr: gwarantydd (gwarantwyr) *m*. **3.** *(= supporter):* cefnogwr: cefnogydd (cefnogwyr) *m*, cefn|ogwraig *f*.

backfall *n. Wr:* codwm (codymau) (*m*) cefn.

backfill[1] *n. Agr:* ôl-lenwad(-au) *m*.

backfill[2] *v.t.* ôl-lenwi, ôl-lanw.

backflow *n*. ôl-lifiad(-au) *m*.

backgammon *n*. tabler: y dabler *f*, tawlbwrdd *m*, taplas *f*, ffristial: ffristiol *m*, chwarae (*vn*) carw.

background *n. & attrib.* **1.** *n*. cefndir(-oedd) *m*; **against a ~,** ar gefndir; **to keep oneself in the ~,** aros yn y cefndir, sefyll o'r neilltu, sefyll draw. **2.** *attrib*. cefndir, cefndirol; **~ assumptions,** tybiaethau diarwybod; **~ information,** gwybodaeth (*f*) o'r cefndir, gwybodaeth gefndir/gefndirol; **~ music,** miwsig (*m*) cefndir, cerddoriaeth (*f*) gefndir; **~ process,** proses (*f*) gefndir (prosesau cefndir); **~ processing,** prosesu cefndir; *Metalw:* **~ punch,** pwnsh(-is) (*m*) cefndir.

backhand *n. Ten:* trawiad(-au) gwrthlaw *m*.

backhander *n*. = **back-hander**.

backhouse *n*. tŷ (tai) bach (*m*) allan.

backing *n*. **1.** *(a)* = **back[2]**; *(b) (= support):* cefnogaeth *f*. **2.** *(of wall):* ateg(-ion) *f*, cynhaliad (cynaliadau) *m*, cefn(-au) *m*. **3.** *(of wind):* gwrthwyriad *m*, gwrthwyro *vn*. **4.** *Lib: Cmptr:* **~ store,** storfa (storf|eydd) (*f*) wrth gefn, storfa gynorthwyol (storfeydd cynorthwyol) *f*; *Cmptr:* **~ store control unit,** uned (*f*) reoli storfa gynorthwyol. **5.** *Th:* **~ [flat],** fflat (*mf*) celu/gelu (fflatiau celu). **6.** *Needlew:* cefnyn(-nau) *m*. **7.** *Mus:* cyfeiliant *m*. **~-board** *n. Metalw:* bwrdd (byrddau) (*m*) cefnu. **~-hammer** *n. Metalw:* morthwyl(-ion) (*m*) cefnu. **~ off** *vn. Metalw:* cefnu.

backland *n. Geog:* cefnwlad (cefnwledydd) *f*.

backlash *n*. adlach(-iau) *f*.

backless *a*. di-gefn, heb gefn.

backlist *n. Publ:* ôl-restr(-au) *f*.

backlit *a. Phot:* ôl-oleuedig.

backlog[1] *n*. ôl-groniad(-au) *m*, llwyth (*m*) wrth gefn, llwyth wedi hel/cronni; **I have a ~ of work,** mae gennyf lwyth o waith yn aros i'w wneud.

backlog[2] *v.t.&i.* ôl-gronni, ôl-grynh|oi, pentyrru.

backmost *a*. pellaf yn ôl.

backmutation *n. Biol:* ôl-fwtantiad(-au) *m*, ôl-gellwyriad(-au) *m*.

backpack[1] *n*. gwarbac(-iau) *m*.

backpack[2] *v.t.&i.* **1.** *v.t.* cario (rhth) ar eich cefn/gwar. **2.** *v.i.* heicio, ffawdheglu, gwarbacio.

backpacker *n*. heiciwr (heicwyr) *m*, h|eicwraig *f*, ffawdheglwr (ffawdheglwyr) *m*, ffawdh|eglwraig *f*, gwarbaciwr (gwarbacwyr) *m*, gwarb|acwraig *f*.

backplate *n*. cefnblat(-iau) *m*.

backroom *n*. = **back-room**.

backsaw *n. Tls:* llif wegilog (llifiau gwegilog) *f*, llif gefn (llifiau cefn).

backsheesh *n*. = **baksheesh**.

backshore *n. Geog:* cefndraeth(-au) *m*.

backside *n*. pen-ôl (penolau) *m*, *V:* tin (tinau) *mf*, *S:* part-ôl *m*.

backsight *n*. **1.** *Sm.a:* anelwr (anelwyr) ôl *m*. **2.** *Surv:* ôl-edrychiad(-au) *m*, ôl-olwg (~-olygon) *f*.

backslap *v.t.&i.* curo cefn (rhn).

backslapper *n*. curwr (*m*) cefn (curwyr cefnau).

backslapping *a*. calonnog, calonogol.

backslash *n. Cmptr:* slaes(-au) ôl *f*.

backslide *v.i.* gwrthgilio, syrthio'n ôl, llithro'n ôl.

backslider *n*. gwrthgiliwr (gwrthgilwyr) *m*, gwrthg|ilwraig *f*.

backsliding *vn*. gwrthgiliad(-au) *m*, gwrthgilio.

backslope *n*. cefnlethr(-au) *f*.

backspin *n. Sp:* ôl-sbin(-iau) *mf*, troelli (*vn*) o dan y bêl.

backspring *n. Nau:* ôl-raff(-au) *f*.

backstage *n. & adv.* **1.** *n*. cefn (*m*) llwyfan. **2.** *adv*. yng nghefn y llwyfan, y tu cefn i'r llwyfan.

backstairs *n.pl. & a.* **1.** *n.pl. N:* grisiau cefn, *M.W:* staer (*f*) gefn, *S:* staerau cefn. **2.** *a. Fig:* cudd, dirgel; *Pej:* dan din, llechwraidd; **(he got the job) by the backstairs,** (cafodd y swydd) trwy'r drws cefn, trwy ddirgel ffyrdd; **~ influence,** dylanwad cudd.

backstay *n*. **1.** *Nau:* ôl-raff(-au) *f*, ôl-stae(-s) *mf*. **2.** *Mec: &c:* ateg(-ion) (*f*) ôl.

backstop *n. Sp:* stop(-iau) ôl *m*, ôl-stop(-iau) *m*.

backstretch *n. Sp:* = **back-straight.**
backswept *a.* **1.** *(hair &c):* ôl-[y]sgubedig, wedi ei [y]sgubo'n ôl. **2.** *(lines of car, boat &c):* ôl-ogwyddol, ôl-[y]sgubedig.
backswimmer *n. Ent:* = **water-boatman.**
backswing *n. Sp:* ôl-swing(-iau) *f*, gwrthswing(-iau) *f*.
backtalk *n. U.S:* = **back-chat.**
backtrack *v.i.* **1.** *(= go back):* mynd yn ôl [dros yr un peth]. **2.** *Fig:* troi yn eich carn, troi yn eich cogwrn, cilio, gwrthgilio, newid safiad, ailfeddwl.
backtracker *n.* gwrthgiliwr (gwrthgilwyr) *m*.
backtracking *a.* gwrthgiliol.
backup *n. & attrib.* **1.** *n. (a)* rhn/rhth wrth gefn, ateg(-ion) *f*, cefnogaeth *f*; *(b) Cmptr:* ategiad(-au) *m*; **~ copy,** copi (copïau) (*m*) cadw. **2.** *attrib.* wrth gefn, ategol, cefnogol. **3.** *U.S: (= traffic jam):* tagfa (tagf|eydd) *f*.
backveld *n.* cefn (*m*) gwlad.
backwall *n.* cefnfur(-iau) *m*.
backward *a. & adv.* **1.** *a. (a) (= towards back):* ôl + *soft mut., before n*; yn ôl, at yn ôl, ar yn ôl, *N:* wysg y cefn, *S:* llwrw'r cefn, *Lit:* drach y cefn; **a ~ glance,** cip yn ôl, cip dros ysgwydd; **a ~ movement,** symudiad yn ôl, ôl-symudiad(-au) *m*; *Cmptr:* **~ chaining,** cadwyno'n ôl; *(b) (= slow, retarded):* araf [eich meddwl], ar ei hôl hi; **a ~ child,** plentyn araf [ei feddwl], plentyn sydd ar ei hôl hi; **~ harvest,** cynhaeaf hwyr, cynhaeaf ar ei hôl hi; *(c) (= reluctant):* **~ in doing sth,** araf i wneud rhth, araf yn gwneud rhth, cyndyn o wneud rhth, amharod/hwyrfrydig i wneud rhth; *Joc:* **~ in coming forward,** ar ôl o ddod ymlaen, amharod i ddod ymlaen; *(d) (= primitive):* annatblygedig, llai datblygedig, cyntefig. **2.** *adv.* = **backwards.**
backwardation *n. St.Exch:* gohirdal(-iadau) *m*.
backwardness *n.* **1.** *(in learning &c):* arafwch *m*; *(of harvest):* diweddarwch *m*, hwyrni *m*. **2.** *(= reluctance):* **~ (in doing sth),** arafwch (*m*) (yn gwneud rhth); cyndynrwydd *m*, amharodrwydd *m*, hwyrfrydedd *m* (i wneud rhth). **3.** *(= primitiveness):* cyntefigrwydd *m*, arafwch *m*.
backwards *adv.* yn wysg eich cefn, tuag at yn ôl, ar yn ôl, tuag yn ôl, *S: occ:* llwrw eich cefn, *Lit: occ:* yn eich gwrthol, i'ch gwrthol; **to bend/lean/fall over ~ to please s.o.,** gwn|eud popeth dan haul i blesio rhn; **to fall ~,** syrthio'n ôl, syrthio'n wysg eich cefn, syrthio ar wastad eich cefn; **to flow ~,** llifo o chwith; **to spell sth ~,** sillafu rhth o chwith; **to walk ~,** cerdded wysg eich cefn; **to reckon ~ to a date,** cyfrif yn ôl hyd at ddyddiad; **~ and forwards,** yn ôl a blaen, yn ôl ac ymlaen, *occ:* [yn] ôl a gwrthol.
backwash *n.* **1.** *(of water):* crychddwr *m*, adlif(-oedd) *m*, adlifiad(-au) *m*; *(of air):* adlif. **2.** *(= repercussion):* ôl-effaith (~-effeithiau) *f*, adlach(-iau) *f*, adladd *m*.
backwasting *vn. Geog:* ôl-ddarfodiant *m*.
backwater[1] *n.* **1.** *(= still water):* merddwr (merddyfroedd) *m*, merllyn(-nau -noedd) *m*. **2.** *(= creek):* mernant (mernentydd) *fm*, cilddwr (cilddyfroedd) *m*. **3.** = **backwash.** **4.** *(place):* lle(-oedd) marwaidd *m*, lle ar ôl yr oes.
backwater[2] *v.i. Row:* rhwyfo'n ôl, codi'r rhwyfau.
backwood *a. & n.pl.* **1.** *a.* gwledig, gwladaidd, gwyllt, anniwylliedig. **2.** *n.pl. (a) Geog:* gwylltgoed, coedwigoedd, fforestydd, gwylltir *m*, gwylltiroedd *pl*; *(b) (= remote countryside):* cefn (*m*) gwlad, perfeddion (*pl*) gwlad, *occ:* bol (*m*) gwlad.
backwoodsman *n.m.* **1.** *U.S: (= forester):* coedwigwr (coedwigwyr). **2.** *(= countryman):* gwladwr (gwladwyr), dyn(-ion) o gefn gwlad, *F: Pej:* dyn yn syth o din y fuwch, *N: F: occ:* josgyn(-s); **backwoodsmen,** pobl (*f or pl*) o gefn gwlad. **3.** *Pol:* (*)cefngwladwr (cefngwladwyr) *m* (*pronounced* ng-g).
backyard *n.* iard (*f*) gefn (iardiau/ierdydd cefn).
bacon *n.* cig (*m*) moch, bacwn *m*; **flitch of ~,** hanerob(-au) *f*, *F:* 'nerob(-au) *f*; **home-cured ~,** cig moch cartref; **rindless ~,** cig moch digrawen/digrofen/di-groen, *N: occ:* cig moch didonnen; **short back ~,** bacwn byr, cig moch cefn; **smoked ~,** bacwn mwg, cig moch wedi'i gochi; **streaky ~,** bacwn brith/rhesog, *N.W: occ:* brithgig *m*, *S.E: occ:* cig brith; **sweet cure ~,** bacwn melys; **~ and potatoes,** *S.W:* cig (*m*) ar wyneb tato, ffest (*f*) y cybydd; *Fig:* **to bring home the ~,** llwyddo, dychwelyd yn llwyddiannus; **to save one's ~,** achub eich croen, dianc yn ddianaf/groeniach/groengyfan (*the last pronounced* ng-g). **~ beetle** *n. Ent:* chwilen (*f*) facwn (chwilod bacwn). **~ rind** *n.* croen (*m*) bacwn, *S:* crofen(-nau) *f*, *N:* crawen(-nau) *f*, tonnen *f*.
baconer *n.* mochyn (moch) (*m*) bacwn.
Baconian *a. & n.* **1.** *a.* Baconaidd. **2.** *n.* Baconiad (Baconiaid) *m&f*.
bacter[a]emia *n. Med:* bacteremia *m*.
bacter[a]emic *a. Med:* bacteremig.
bacteria *n.pl.* bacteria.
bacterial *a.* bacterol.
bacterially *adv.* yn facterol.
bactericidal *a.* bacterleiddiol.
bactericidally *adv.* yn facterleiddiol.
bactericide *n.* bacterleiddiad (bacterleiddiaid) *m*.
bacterin *n.* b|acterin (bacterinau) *m*.
bacteriochlorophyll *n.* bacteriocl|oroffyl *m*.
bacteriocin *n.* bact|eriosin (bacteriosinau) *m*.
bacteriologic[al] *a.* bacteriolegol.
bacteriologically *adv.* yn facteriolegol.
bacteriologist *n.* bacteriolegwr: bacteriolegydd (bacteriolegwyr) *m*.
bacteriology *n.* bacterioleg *f*.
bacteriolysis *n.* bacteri|olysis *m*.
bacteriolytic *a.* bacteriolytig.
bacteriophage *n.* bact|erioffag (bacterioffagau) *m*, bacteryswr (bacteryswyr) *m*.
bacteriophagic, bacteriophagous *a.* bacterioffagaidd, bacterysol.
bacteriophagy *n.* bacterysiant *m*, bacterioffagedd *m*.
bacteriophyta *n.pl. Nat.Hist:* bacterysolion, bacterioffyta.
bacteriostasis *n.* bacterataliant *m*.
bacteriostat *n.* bacteratalydd(-ion) *m*.
bacteriostatic *a.* bacterataliol, bacteriostatig.
bacteriostatically *adv.* yn facterataliol.
bacterium *n.* bacteriwm (bacteria) *m*.
bacteriuria *n. Med:* bacteriwria *m*.
bacterization *n.* bactereiddiad *m*, bactereiddio *vn*.
bacterize *v.t.* bactereiddio.
bacteroid *a. & n.* **1.** *a.* bacteraidd, b|acteroid. **2.** *n.* b|acteroid (bacteroidau) *m*.
Bactrian *a.* Bactriaidd; **~ camel,** camel(-od) (*m*) dau grwbi, camel dau grwmp.
baculiform, baculine *a.* gwialennol.
bad *a., n. & adv.* **I.** *a. in most senses:* drwg, *with comp. forms:* cynddrwg, gwaeth, gwaethaf; *S.a.* **worse, worst.** **1.** *(a) (= of poor quality):* drwg, gwael, tila, diwerth, *N:* sâl, *S: F:* tlawd, simpil, *N. F: occ:* coch, symol, pig, tryheilig, *N.W: occ:* codog; **not ~,** eithaf da, go lew, pur dda, di-fai, gweddol, gweddol dda, lled dda, *S: F:* dim yn ffôl, *S.W: F:* yn oilyn; **neither good nor ~,** diddrwg d[d]idda; **from ~ to worse,** o ddrwg i waeth; *int.* **too ~!** hen dro! bechod! trueni! **~ air,** awyr afiach; **~ coin, ~ money,** [darn] arian drwg/ffug/diwerth; *Com: &c:* **a ~ debt,** drwgddyled(-ion) *f*, dyled ddrwg (dyledion drwg) *f*, **a ~ egg,** ŵy drwg, *N:* ŵy clonc, *S:* ŵy clwc; **~ food,** bwyd gwael; *Th:* **a ~ house,** tŷ gwael; **to get a ~ press,** cael cyhoeddusrwydd gwael, ei chael hi gan y wasg/papurau; **a ~ job, ~ work,** gwaith gwael/sâl; **to make a ~ job (of sth),** gwneud gwaith gwael (ar rth), gwneud llanast (*m*)/cawl (*m*)/cawlach (*m*)/*F:* stomp (*f*)/'smonaeth (*f*) (o rth); **to give sth up for a ~ job,** rhoi'r ffidil yn y to, rhoi'r gorau i rth mewn anobaith; *Nau:* **~ holding ground,** gwaelod diafael; **~ light,** golau gwael; **~ meat,** cig drwg; **to go ~,** *(of food &c):* mynd yn ddrwg, difetha, *S.W:* hwmo; *(of milk):* troi, suro; *(of beer):* suro, egru; *(of butter):* troi, drewi, *N.W: occ:* egru; **it wouldn't be a ~ idea,** byddai'n eitha' syniad; **it wouldn't be a ~ thing,** ni fyddai'n ddrwg o beth; **~ taste,** diffyg (*m*) chwaeth; **it's in ~ taste,** mae'n ddi-chwaeth; **a ~ joke,** jôc ddi-chwaeth; **~ manners,** anghwrteisi *m*, anfoesgarwch *m*, diffyg (*m*) cwrteisi/moesgarwch; **~ form,** peth anfoesgar *m*, anfoesgarwch; **with ~ grace,** yn amharod, yn anfodlon, o'ch anfodd, gan rwgnach, yn sur, yn anfoddog, yn anraslon, yn ddi-ddiolch, gyda diolch bach; *(b) (= incorrect):* anghywir, gwallus, gwael, sâl; **~ Welsh,** Cymraeg bratiog/gwallus/gwael/clapiog, *S: F:* Cymraeg cerrig calch, Cymraeg ceffylau; *(= inaccurate): Sp:* **a ~ shot,** ergyd wael (ergydion gwael); **he's ~ at lying,** un gwael yw am ddweud celwydd; *(c) (= unfortunate, unfavourable):* annifyr, annymunol, anffodus, difrifol, enbyd; **I had a ~ time of it,** mi gefais i drafferth/fyd/helynt; mi fûm i

mewn byd; fe fu hi'n arw arnaf; *N.W: F:* mi fûm i mewn strach (*mf*)/stryffig *m*; **it's a ~ business; it's a ~ job,** hen helynt annymunol yw hi; mae'n drueni; mae'n helynt/bechod o beth; mae'n warth o beth; mae'n warthus; **he's in a ~ way,** mae hi'n ddrwg/enbyd arno; mae'n o ddrwg arno; mae ef mewn trafferth[-ion]; mae mewn helynt[-ion]; *(as regards health):* mae hi'n ddrwg arno; mae'n wael iawn; mae'n ddifrifol wael; mae'n cwyno'n ddifrifol; *N:* mae o'n gwla iawn; **he'll come to a ~ end,** ni ddaw dim da ohono; fe'i caiff hi ryw ddydd; fe fydd yn mynd i'w grogi ryw ddydd; **to view sth in a ~ light,** gweld rhth mewn golau anffafriol; **he has a ~ name,** mae enw drwg iddo; mae ganddo enw drwg; mae gair drwg iddo; **to put a ~ construction on sth,** dehongli rhth yn anffafriol, dehongli rhth er gwaeth, cymryd rhth yn groes, gweld ystyr annymunol i rth; **to take sth in ~ part,** digio/pwdu/ffromi/sorri o achos rhth; **~ luck,** anlwc *fm*, anffawd *f*, an[h]ap *mf*; **~ luck!** hen dro! bechod! trueni! druan ohonot ti (ohonoch chi) *&c*! *(d) Jur: (= invalid):* **a ~ claim,** hawliad di-sail; **a ~ voting-paper,** papur pleidleisio dirym; **this is ~ law,** ystumio'r gyfraith yw hyn; **this is ~ history,** ystumio hanes yw hyn; *(e)* **a word taken in a ~ sense,** gair a ddehonglir mewn ystyr anffafriol. **2.** *(a) (= wicked, immoral):* drwg, anfoesol, anonest, *Lit:* drygionus, pechadurus, anfad, ysgeler; **a ~ man,** dyn drwg, *F:* cenau drwg, cnaf [drwg], cythraul [drwg], *Lit:* adyn; **to lead/live a ~ life,** byw bywyd drygionus/pechadurus, byw bywyd o ddrygioni; **~ spirit,** ysbryd(-ion) aflan *m*, cythraul (cythreuliaid) *m*; **~ language,** iaith anweddus, iaith fras; **to call s.o. ~ names,** galw enwau drwg/difrïol ar rn, difenwi/difrïo rhn; *F:* **he's a ~ lot; he's a ~ egg,** un drwg ydyw; dyn drwg/diwerth ydyw; *occ:* mae'n cadw cwrs drwg; *N.W: F:* hen jero drwg ydi o; **he isn't as ~ as he looks,** mae'n well na'i olwg; mae'n well na'r olwg sydd arno; nid yw cynddrwg â'i olwg; **to keep ~ company,** troi ym mysg pobl ddrwg, ymhel â ffrindiau drwg, cadw cwmni drwg; **~ blood,** drwgdeimlad *m*; **there's ~ blood between them,** mae hi'n ddrwg rhyngddynt; mae ganddynt ddant i'w gilydd; 'does dim Cymraeg rhyngddynt; 'does dim da rhyngddynt; **~ intent,** drwgfwriad(-au) *m*, malais *m*; **~ faith,** anonestrwydd *m*, anniffuantrwydd *m*, rhagrith *m*; **in ~ faith,** yn ffuantus, yn anonest; **to go from ~ to worse,** mynd o ddrwg i waeth; os drwg cynt, gwaeth wedyn; *S: Iron:* mynd o dafarn i dwlc; *(b) (= unpleasant):* drwg, cas, annymunol; **~ breath,** anadl d[d]rwg *fm*, oglau (*m*) ar wynt rhn, *S:* gwynt drwg *m*; *S.W:* anadl drom/trwm; **a ~ cold,** annwyd trwm, annwyd mawr; **I have a ~ cold,** 'rwy'n un swp o annwyd; **a ~ headache,** *N:* cur pen ofnadwy, *S:* pen tost ofnadwy, gwayw yn y pen; **~ humour,** hwyl ddrwg *f*, hwyliau drwg *pl*, *N:* tymer flin/groes/biwis *f*; **~ news,** newydd drwg *m*, newyddion drwg *pl*; **to be in ~ odour with s.o.,** bod dan wg rhn; **I'm in ~ odour with them,** 'rwyf wedi pechu yn eu herbyn; **a ~ smell,** drewdod *m*, drewi *vn*, *Lit:* drygsawr *m*, *N:* oglau drwg *m*, *N.W: occ:* archfa *f*; **~ spirits,** iseldra/iselder (*m*) ysbryd, *F:* y felan *f*, *S.W: F:* y falen *f*; **a ~ taste,** blas drwg/cas; **~ temper,** tymer ddrwg *f*, *S:* natur *f*; **to get into a ~ temper,** colli'ch tymer, *N:* gwylltio, *N: F:* myllio (= ymhyllio), *S.W:* mynd i natur; **he's in a ~ temper,** mae o ynddi; mae o ynddyn' nhw; **~ weather,** tywydd mawr/gwael/garw *m*; **the weather was too ~,** 'roedd hi'n ormod o dywydd; **they're on ~ terms,** mae hi'n ddrwg rhyngddynt; 'does dim Cymraeg rhyngddynt; 'does dim da rhyngddynt; *N.W: occ:* mae hi'n amgen na da rhyngddynt; **to do s.o. a ~ turn,** gwneud tro gwael/sâl â rhn, *N.W: occ:* gwneud tro fflemp/ffadin/Wesla â rhn; **it was very ~ of you to . . .,** 'roeddech chi ar gam/fai yn . . ., 'doedd gennych chi ddim hawl i . . ., **[it's really] too ~!** hen dro! bechod! trueni! piti garw! gresyn o beth! **it's too ~ of him!** rhag cywilydd iddo! rhag ei gywilydd! *(c) (= serious):* mawr, difrifol, dybryd, enbyd; **a ~ accident,** damwain ddifrifol; *(= injurious):* drwg, niweidiol, peryglus, andwyol, aflesol; **it's ~ for the health,** mae'n ddrwg/andwyol i'r iechyd; nid yw'n gwneud unrhyw les i'r iechyd; **smoking is ~ for you,** mae ysmygu'n ddrwg ichi; mae ysmygu'n gwneud drwg ichi; *(d) F: (= ill):* gwael, sâl, drwg eich iechyd, *N:* gwantan, yn cwyno, *N: F:* cwla, llegach, ciami; **he's very ~ today,** gwan iawn ydi o heddiw; mae o'n wantan iawn heddiw; **she has a ~ leg,** mae ganddi goes ddrwg; mae hi'n cwyno efo'i choes; mae ei choes hi'n ddrwg; **my ~ leg,** fy nghoes ddrwg, fy nghoes wan; **I'm not so ~ today,** 'rwy'n eithaf [da] heddiw; *N:* 'rydw i'n o lew heddiw; *S.W:* 'rw i'n weddol bach heddi; **a ~ tooth,** dant drwg/poenus; **I've a ~ tooth,** mae'r ddanno[e]dd (*f*) arnaf i; *P:* **she took ~; she was taken ~,** trawyd hi'n wael; fe aeth hi'n wael; cafodd bwl o waeledd; *(e) (= sorry):* **to feel ~ (about sth),** teimlo'n flin (dros rth), teimlo'n annifyr/chwith (ynghylch rhth); *(= remorseful):* teimlo'n edifar (dros rth). II. *n.* *(a)* drwg (drygau) *m*; **to take the ~ with the good,** derbyn y drwg gyda'r da; *(b)* **to go to the ~,** mynd ar gyfeiliorn, mynd i'ch crogi, mynd yn fforffed, *N.W: F: occ:* mynd i'r ddrâg; *(c)* **I'm 100 pounds to the ~,** 'rwyf ganpunt ar fy ngholled. III. *adv. U.S:* = **badly**. **~-looking** *a.* **he's not ~-looking,** mae'n eithaf golygus; *N:* mae'n ddigon del; *N: F:* mae o'n eitha' pis[h]yn. **~-mouth** *v.t. U.S:* lladd (ar rn). **~-tempered** *a.* drwg eich tymer, croes, afrywiog, *N:* blin, *S:* naturus.

badderlocks *n.pl. Bot: U.S:* gwymon (*m*) bwyta.

baddie *n.* dyn(-ion) drwg *m*, *Lit:* dihiryn (dihirod) *m*, adyn(-od) *m*, gwalch (gweilch) *m*.

baddish *a.* gweddol ddrwg, gweddol wael *&c*; braidd yn ddrwg, drwg braidd *&c*.

baddy *n.* = **baddie**.

badge *n.* **1.** bathodyn(-nau) *m*. **2.** *Fig: (= mark, sign):* arwydd(-ion) *mf*, nod (nodau) *mf*; **~ reader** *n. Cmptr:* darllenydd (darllenwyr) (*m*) bathodynnau.

badger[1] *n. Z:* mochyn (moch) (*m*) daear, broch(-od) *m*, *N: occ:* pry(-fed) llwyd *m*, mochyn gwyllt, *S.E: occ:* mochyn bychan, mochyn y coed; **female ~,** daearhwch (daearhychod) *f*. **~-baiting** *vn.* baetio brochod *&c*. **~ in the bag** *n. (game): W.Lit:* broch yng nghod.

badger[2] *v.t.* **1.** baetio. **2.** *Fig: (= pester):* plagio, poenydio; **she's always badgering me,** *N: occ:* mae hi yn fy mhen i o hyd; **to ~ s.o. into doing sth,** plagio/procio rhn i wneud rhth; **to ~ s.o. for sth,** swnian ar rn am rth, plagio rhn i gael rhth.

badgering *a. & vn.* **1.** *a.* taer, erfyniol, *F:* plagus. **2.** *vn. See* **badger**[2].

badinage *n.* herian *vn*, cellwair *vn*, [y]smaldod *m*, *F:* pryfocio *vn*, *occ:* plefio *vn*.

badland *a. & n.pl. Geog:* **1.** *a.* garwdirol. **2.** *n.pl.* garwdiroedd.

badly *adv.* (*comp.* **worse, worst**). **1.** yn wael; **~ dressed,** wedi'ch gwisgo'n wael/aflêr; **to do ~,** gwneud yn wael; **to come off ~,** cael y gwaethaf ohoni, dod allan ohoni'n wael, cael cawell, cael ail, diweddu'n wael, diweddu'n anfoddhaol; **I came off ~ in that affair,** deuthum allan ohoni ar fy ngholled; **things are going** *or* **turning out ~,** mae pethau'n mynd yn wael; mae pethau'n mynd ar i waered; **he took the news very ~,** cafodd gryn ysgytwad gan y newydd; rhoes y newydd gryn ysgytwad iddo. **2.** *(= seriously):* yn ddifrifol, yn dost, yn enbyd, yn arw: **~ injured,** wedi'ch clwyfo'n dost/ddifrifol; **~ disabled,** methedig iawn; **the ~ disabled,** pobl fethedig iawn; **~ beaten,** wedi'ch trechu'n llwyr/lân. **3.** *(= very much):* yn fawr, yn ddirfawr, *N:* yn arw; **it ~ needs painting,** mae mawr/dirfawr angen paentio arno; *N:* mae o angen ei baentio'n arw; **I ~ want to go there,** 'rwy'n ysu/dyh[e]u am gael mynd yno; mae'n rhaid imi gael mynd yno; mae arnaf awydd cryf mynd yno; **I was ~ mistaken,** 'roeddwn ymhell iawn ohoni; mi wneuthum gamgymeriad mawr iawn; *N: F:* 'roeddwn i allan ohoni'n racs. **4. I feel ~ about it,** mae'n edifar gennyf o'i herwydd. **~ off** *a.* anghenus, tlawd, mewn cyni, heb lawer wrth gefn; **he is ~ off,** mae hi'n fain/gyfyng/dyn[n] arno; *N: occ:* mae hi'n dop arno; **~ off for clothes,** mewn mawr angen dillad, heb ddigon o ddillad, yn brin o ddillad.

badminton *n.* b[a]dminton *m*.

badness *n.* **1.** *(= bad quality):* gwaelder *m*, safon wael *&c f*, cyflwr gwael *&c m*, natur wael *&c f*; *(of weather):* gerwinder *m*. **2.** *(moral):* drygioni *m*, *Lit:* anfadrwydd *m*, ysgelerder *m*.

baffle[1] *v.t.* drysu (rhn), creu penbleth (i rn); **I'm baffled,** mae y tu hwnt i mi; mae'n ddirgelwch i mi; 'does gen i ddim syniad/clem; 'rwy'n methu â deall; 'rwyf yn y niwl; 'rwyf mewn penbleth lwyr.

baffle[2] *n.* baffl(-au) *m*. **~-board** *n.* bwrdd (byrddau) (*m*) distewi. **~-plate** *n.* baffl(-au) *m*. **~-wall** *n.* mur(-iau) (*m*) distewi.

baffled *a.* dryslyd, mewn penbleth, mewn dryswch; *S.a.* **baffle**[1].

bafflement *n.* dryswch *m*, penbleth *f*.

baffler *n.* **1.** *(pers.):* dryswr (dryswyr) *m*. **2.** *(= problem):* pos (posau) *m*, peth(-au) astrus *m*, dryswch *m*, penbleth(-au) *fm*, *Lit:* dyrysbwnc (dyrysbynciau) *m*.

baffling *a.* **1.** astrus, annealladwy; **it's very ~,** mae'n ddirgelwch llwyr. **2.** *Nau:* **~ winds,** gwyntoedd cyfnewidiol.
bafflingly *adv.* yn astrus *&c*; er dryswch.
baffy *n. Golf:* baffi(-s) *m.*
bag[1] *n.* **1.** bag(-iau) *m, occ:* cwd (cydau) *m,* cwdyn (cydau) *m,* cod(-au) *f; B: S.W: occ:* ffetan(-au) *f;* **paper ~,** bag papur, cwd papur, cwdyn papur; **travelling ~,** pac(-iau) *m,* bag teithio, *Lit: occ:* ysgrepan(-au) *f;* **a ~ of bones,** [y]sgerbwd ([y]sgerbydau) *m;* **to pack one's bags,** hel eich pac; **~ and baggage,** *Lit:* y cipyn a'r capan, cwd a chasgl; **he was thrown out ~ and baggage,** fe'i taflwyd allan a'i holl bethau i'w ganlyn; **there are bags [of it],** mae digonedd *(m), F:* mae llond *(m)* gwlad, mae peth wmbredd *(m)* [ohono]; **he has bags of money,** mae'n graig o arian; **the whole ~ of tricks,** y cyfan *m,* y cwbl *m, F:* yr holl sioe *f;* **a mixed ~,** cymysgedd *m,* cybolfa *f, S: occ:* cwdyn saint; **in the bottom of the ~,** yng ngwaelod y sach, yng ngwaelod y gasgen; **it's in the ~,** mae'n sicr; **we have it in the ~,** mae hi gennym ni; **to let the cat out of the ~,** gollwng y gath o'r cwd. **2.** *(a) Nat.Hist:* coden(-nau) *f;* **poison ~,** coden wenwyn (codennau gwenwyn); **tear ~,** coden ddagrau (codennau dagrau); *(b) Husb: (= udder):* pwrs (pyrsiau) *m,* cadair (cadeiriau) *f,* piw(-iau) *m; (c)* **bags under the eyes,** bagiau dan y llygaid; **bags at the knees,** bagiau yn y pennau gliniau; *(d) Med:* **~ of waters,** swigen *(f)* ddŵr (swigod dŵr); **the ~ of water has ruptured,** mae'r dŵr wedi torri. *(e) V:* gast (geist) *f;* **you old ~!** yr hen ast iti! **3.** *(a) Ven:* helfa *f,* dalfa *f; (b)* = **bagful; a ~ of flour,** bag[i]aid/cydaid *&c* o flawd. **4.** *pl. P:* = **trousers. ~-pocket** *n. Needlew:* poced *(f)* gwdyn (pocedi cwdyn). **~-sleeve** *n.* llawes lac (llewys llac) *f,* llawes foliog (llewys boliog).
bag[2] *v.t.&i.* **1.** *v.t. (a)* **to ~ [up] sth,** rhoi (rhth) mewn bag *&c;* bagio, *occ:* sachu (rhth); *(b) Ven:* dal, lladd; *(c) F: (= snatch):* dwyn, dwgyd, cipio, bachu; **bags [me] that!** fi biau hwnna! **bags me first go!** fi gaiff fynd yn gyntaf! fi i fynd yn gyntaf! *(d) Th:* bagio. **2.** *v.i. (of garment, sail &c):* bolio, bochio, hongian yn llac; **his trousers were bagging,** 'roedd bagiau yn ei drowsus.
bag[3] *v.t. Agr:* **to ~ wheat,** medi gwenith, crymanu gwenith.
bagasse *n. Ind:* siwrwd *(m)* siwgwr.
bagatelle *n.* **1.** *(= trifle):* peth(-au) dibwys *m.* **2.** *(game):* bagatél *m.* **3.** *Mus:* ***bagatelle(-s)*** *m,* bagatél (bagatelau) *m.*
bagel *n. Cu:* bagel(-au) *m,* modrwy *(f)* fara (modrwyau bara).
bagful *n.* bag[i]aid (bageidiau) *m,* llond *(m)* bag, *occ:* cydaid (cydeidiau) *m,* llond cwd/cwdyn; **three bagfuls, three bags full,** tri llond bag *&c.*
baggage *n.* **1.** paciau *pl.* **2.** *F:* **a saucy ~,** *N: F:* sopen ddigywilydd *f, S:* merch(-ed) ewn *f.* **~ car** *n.* cerbyd(-au) *(m)* paciau. **~ man** *n. Th:* dyn (-ion) *(m)* paciau. **~ room** *n.* storfa (storf[e]ydd) *(f)* paciau. *S.a.* **bag[1].**
baggily *adv.* yn fagiog, yn llac *&c*
bagginess *n.* llacrwydd *m,* boliogrwydd *m,* bagiogrwydd *m.*
bagging *vn.* & *n.* **1.** *vn. See* **bag[2].** **2.** *n. Tex:* sachlïain (sachlieiniau) *m.*
baggy *a.* llac, di-siâp, boliog, bagiog; **~ cheeks,** bochau llaes; **~ trousers,** trowsus llac/di-siâp.
bagman *n.m. A: F:* trafaeliwr (trafaelwyr), trafeiliwr (trafeilwyr), pedler(-iaid).
bagnio *n.* = **prison, brothel.**
bagpipe *n.* pibgod(-au) *f,* bagbib(-au) *f,* brochbib(-au) *f;* **~ music,** cerddoriaeth pibgod.
bagpiper *n.* bagbibydd(-ion) *m.*
baguet, baguette *n.* **1.** *Arch: Lap:* bagét (bageti) *m.* **2.** *Cu:* ffon *(f)* fara (ffyn bara).
bagwig *n.* bagwig(-iau) *m.*
bagworm *n. Ent:* pryf(-ed) *(m)* coden.
bah *int.* pach! twt! lol botes!
Baha'i *n.* & *attrib.* **1.** *n.* Bahaiad (Bahaiaid) *m&f.* **2.** *attrib.* Bahaiaidd, y Baha'i.
Bahaism *n. Rel:* Bahaiaeth *f.*
Bahaist *n. Rel:* Bahaiad (Bahaiaid) *m&f.*
Bahama *Pr.n. Geog:* **The ~ Islands, The Bahamas,** Ynysoedd *(pl)* Bahama, Y Bahamas.
Bahaman *a.* & *n.* **1.** *a.* Bahamaidd; **the ~ government,** llywodraeth y Bahamas; **she's ~,** Bahamiad yw hi; un o'r Bahamas yw hi. **2.** *n.* Bahamiad (Bahamiaid) *m&f.*
baht *n. Num:* baht(-iau) *m.*
bail[1] *n. Jur:* **1.** *(pers.):* mechnïwr (mechnïwyr) *m,* mechnïydd *a* (mechniyddion) *m;* mechni (mechnïon) *m,* meichiau (meichiafon) *m, A: or Lit:* mach (meichiau) *m;* **to go ~, to put in ~, to stand ~ (for s.o.),** mynd yn feichiau (dros rn), mechnïo (rhn), dal meichiau/mechnïaeth (ar ran rhn *or* dros rn). **2.** *(money):* mechnïaeth *f;* **to refuse ~,** gwrthod mechnïaeth; **to grant ~,** caniatáu mechnïaeth; **to be [out] on ~,** bod [yn rhydd] ar fechnïaeth; **to forfeit/jump one's ~,** torri mechnïaeth; **to surrender to one's ~,** ildio i fechnïaeth. **~-bond** *n. Jur:* machrwym(-au) *m.* **~-hostel** *n.* hostel *(f)* fechnïaeth (hosteli mechnïaeth).
bail[2] *v.t.* **to ~ s.o. [out],** *(a) Jur:* mechnïo rhn, rhoi mechnïaeth dros rn; **bailed at court,** mechnïwyd gan y llys; *(b) Fig: F:* achub rhn, achub croen rhn.
bail[3] *n.* **1.** *Husb: (i) (in stable):* cledren (cledrau) *f,* bar(-rau) *m; (ii) (= milking-shed):* sied *(f)* odro symudol (siediau godro ~). **2.** *Cr:* cat: caten (catiau) *f.* **3.** *Fort:* rhagfur(-iau) *m.* **4.** *(on typewriter):* bar(-rau) *m.*
bail[4] *v.t.&i.* **1.** *v.t. (= scoop out water):* disbyddu, *N: F:* 'byddu, 'sbydu, *Lit:* disbyddu, dihysbyddu; **to ~ a boat [out],** disbyddu cwch, gwagio/taflu dŵr o gwch. **2.** *v.i.* **to ~ out,** *(from aeroplane):* neidio allan.
bailable *a. Jur:* mechniadwy.
bailee *n. Jur: (a)* derbyniwr (derbynwyr) *(m)* mechnïaeth; *(b) (= trustee):* derbynnydd: derbyniwr (derbynwyr) *(m)* nwyddau.
bailer *n.* *(a) (thg):* dysgl(-au) *(f)* 'sbyddu/'sbydu, 'sbydwr ('sbydwyr) *m,* 'sbyddwr ('sbyddwyr) *m;* *(b) (pers.):* disbyddwr (disbyddwyr) *m,* gwacäwr (gwacawyr) *m, N.W: F:* 'sbyddwr, 'sbydwr.
bailey[1] *n.* *(= outer wall of castle):* beili (beilïau) *m,* gwrthglawdd (gwrthgloddiau) *m,* rhagfur(-iau) *m; (= courtyard of castle):* clos(-ydd) *m,* cowrt(-iau) *m;* **motte and ~,** mwnt a beili, tomen a beili; *Jur:* **the Old B~,** yr Hen Feili *m.*
Bailey[2] *Pr.n.* **~ bridge,** pont(-ydd) *(f)* Bailey.
bailie *n. Scot:* ynad(-on) *m,* ustus(-iaid) *m.*
bailiff *n.* **1.** beili (beilïaid, beilïod) *m;* **~ in eyre,** beili cylch. **2.** *(of estate):* stiward(-iaid) *m,* beili; **farm ~,** hwsmon (hwsmyn) *m,* pen-gwas (~-gweision) *m, S.W:* beili heind(-s) *m; S.a.* **water-bailiff.**
bailiffship *n.* beilïaeth (beiliaethau) *f.*
bailiwick *n.* beilïaeth (beiliaethau) *f.*
bailment *n. Jur:* **1.** *(of prisoner):* mechnïad (mechniadau) *m.* **2.** *(of goods):* trosglwyddiad(-au) *m.*
bailor *n. Jur:* trosglwyddwr (trosglwyddwyr) *m.*
bailsman *n.* mechnïwr (mechnïwyr) *m.*
bain-marie *n.* ***bain-marie (bains-marie)*** *m.*
bairn *n.* = **child.**
bait[1] *n.* **1.** abwyd(-au,-ydd) *m, occ:* llith(-iau) *m,* baet *m;* **to nibble at the ~,** deintio'r abwyd. **2.** *O: (= fodder):* porthiant *m,* bwyd *m, N:* ebran *m, S:* gogor *fm.*
bait[2] **1.** *v.t.* baetio; *F:* **to ~ s.o.,** herian/pryfocio rhn, tynnu ar rn. **2.** *O: (= feed):* bwydo (rhth), rhoi ebran/bwyd (i rth), *occ:* porthi, ebrannu (rhth). **3. to ~ a hook with a worm,** *N:* rhoi pry genwair yn abwyd ar fachyn, *S:* dodi mwydyn ar fachyn [fel abwyd].
baiter *n.* baetiwr (baetwyr) *m,* b[a]etwraig *f,* poenydiwr (poenydwyr) *m,* poen[y]dwraig *f,* pryfociwr (pryfocwyr) *m,* pryf[o]cwraig *f.*
baiting *vn.* **~-house** *n. A:* ebrandy (ebrandai) *m.*
baiza *n. Num:* baisa (baisâu) *m.*
baize *n.* lliain gwlanog *m,* brethyn [cedenog] *m,* baeas *m;* **green ~,** baeas gwyrdd, lliain gwyrdd, brethyn gwyrdd; **a ~ [covered] door,** drws baeas [gwyrdd].
Bajocian *a. Geol:* Bajosaidd.
bake[1] *n.* **1.** = **batch[1] 1. 2.** *U.S: (= party):* parti (partïon) *(m)* bwyd pob.
bake[2] *v.t.&i.* **1.** *v.t. (bread):* pobi, crasu, *S.W: occ:* ffwrna, *M.W: occ:* ffyrna, *S: occ:* ffwrno, ffyrno; *(meat, potatoes):* pobi, rhostio, *S: occ:* digoni; **to ~ outside,** pobi allan; *(cake):* crasu; (pobi *denotes the whole process of bread-making*; crasu *specifically denotes the action of the oven*); **to ~ blind,** pobi'n/crasu'n wag; *(bricks, earth, pottery):* crasu. **2.** *v.i.* pobi, crasu; *F:* **we are baking in the heat,** 'rym ni'n pobi/crasu yn y gwres; *N.W: occ:* 'rydym ni'n persio yn y gwres.
baked *a. (i) (bread &c):* pob; **~ bread,** bara *(m)* wedi ei grasu,

bara pob; ~ **bean,** ffeuen bob (ffa pob) *f*; ~ **potato,** taten bob (tatws/tato pob) *f*; *S.a.* **alaska, apple**; *(ii) (earth &c)*: cras, wedi ei grasu; **earth ~ by the sun,** daear yn gras gan haul; *N. W: occ:* daear wedi'i phersio yn yr haul; *S.a.* **half-baked.**

bakehouse *n.* popty (poptai, popt|ai) *m* (*also* = **oven** *in N*), *Lit: occ:* crasty (crastai) *m*, *occ:* tŷ (*m*) popty (tai poptai/popty), *N: F:* becws (becysiau) *m*.

bakelite *n. R.t.m:* b|akelit *m*.

baker *n.* pobydd(-ion) *m*, p|obwraig (pobwragedd) *f*, craswr (craswyr) *m*; **to got to the ~'s,** mynd i'r becws, mynd i'r siop fara, mynd i nôl/mofyn torth (*not* mynd i'r pobydd). **~'s brat** *n. Ent:* = **fire-brat.** **~'s dozen** *n.* tri/tair ar ddeg, dwsin ac un dros ben, dwsin gwehydd, *M. W:* dwsin ac un yn feindin. **~-legged** *a.* glingam (*pronounced* ng-g). **~'s man** *n.m.* gwas (gweision) pobydd. **~'s shop** *n.* siop (*f*) fara (siopau bara). **~'s wife** *n.* pobwraig. **~'s yeast** *n.* burum (*m*) pobi/crasu.

bakery *n.* **1.** = **bakehouse. 2.** *(shop)*: siop (*f*) fara (siopau bara).

bakeshop *n.* = **bakery 2.**

bakestone *n.* **1.** *Cu:* maen (meini) *m*, llechfaen (llechfeini) *m*, llech (*f*) bobi (llechi pobi), llech grasu (llechi crasu), gradell(-au) *f*, planc(-au) *m*, *S.E:* llechwan: llychwan *f*; *S.a.* **bread**[1]. **2.** *(= cakes)*: picau/pice (*pl*) ar y maen, pice ar y llychwan, pice bach.

baking[1] *a.* crasboeth.

baking[2] *vn., attrib. & n.* **1.** *vn. & attrib.* pobi, crasu. **2.** *n.* = **batch**[1] **1. 3.** *attrib.* ~ **apple,** afal(-au) (*m*) pobi; ~ **pear,** gellygen (*f*) bobi (gellyg pobi). **~-dish** *n.* dysgl (*f*) bobi (dysglau pobi). **~ hot** *a.* crasboeth, chwilboeth, eiriasboeth. **~-pan** *n.* padell (*f*) bobi, *M. W:* mit(-au) (*m*) pobi. **~-powder** *n.* powdwr (*m*) codi. **B~-Section** *n. Mil:* yr Adran (*f*) Bobi. **~-set** *n.* set (*f*) bobi (setiau pobi). **~-sheet** *n.* silff (*f*) bobi (silffoedd pobi). **~-soda** *n.* soda (*m*) pobi. **~-tin** *n.* tun(-iau) (*m*) pobi/crasu. **~-trough** *n.* noe(-au) *f*, cafn(-au) (*m*) tylino.

baklava *n. Cu:* b|aclafa *m*.

baksheesh *n.* = **alms, gratuity.**

Bala *W.Pl.n.* Y Bala *m*; ~ **Lake,** Llyn (*m*) Tegid, *F:* Llyn y Bala.

Balaclava *Pr.n. Geog:* Balaclafa *m*. ~ **helmet** *n. F: Cost:* cap Balaclafa, balaclafa(-s) *m*.

balaenoptera *n.pl. Z:* balen|optera.

balalaika *n. Mus:* balalaica(-s, balalaicâu) *m*.

balance[1] *n.* **1.** *(= weighing device)*: clorian(-nau) *f*, *Lit:* mantol(-[i]au) *f*, *S:* tafol(-au,-ion) *f*, **beam ~,** clorian drawst (cloriannau trawst), mantol drawst (mantol[i]au trawst); **Roman ~,** tafol Rufeinig (tafolau Rhufeinig), clorian Rufeinig (cloriannau Rhufeinig); **spring ~,** tafol sbring, *F:* stiliard *m*, stiliwns: stiliers: stilians *pl*; **precision ~,** clorian fanwl (cloriannau manwl); **to turn the ~,** troi'r fantol; **to be/hang in the ~,** bod yn y fantol; **to weigh sth in the ~,** mantoli/cloriannu/pwyso rhth, pwyso a mesur rhth. **2.** *(= equilibrium)*: cydbwysedd *m*, cydbwysiad *m*, sadrwydd *m*, *F:* balans *m*; **checks and balances,** rhwystrau a gwrthbwysau; **to keep your ~,** sefyll yn syth, cadw'ch cydbwysedd, peidio â simsanu/gwegian, *F:* cadw'ch balans; **to lose your ~,** simsanu, colli'ch cydbwysedd, gwegian, *F:* colli'ch balans; **to recover your ~,** adennill eich cydbwysedd, sadio, ailsadio, *F:* cael eich balans; **off ~, out of ~,** anghytbwys, ansad, simsan, gweglyd; *(clock &c)*: allan ohoni, *N: occ:* cloff; **to throw s.o. off his ~,** peri i rn wegian/simsanu; *Fig:* taflu/bwrw rhn oddi ar ei echel; **~ of mind,** pwyll *m*; **a mind of its ~,** meddwl simsan *m*; **when the ~ of his mind was affected,** pan nad oedd yn ei iawn bwyll; **to hold the ~,** dal y ddysgl yn wastad, dal y fantol; *Hist:* **~ of power,** cydbwysedd (*m*) grym; **~ of terror,** cydbwysedd (*m*) braw. **3.** *Com: Fin: (= what is left)*: gweddill *m*; **~ in hand,** arian (*m*) mewn llaw; **to pay the ~,** talu'r gweddill; **~ carried forward,** arian a ddygir ymlaen; **~ due,** dyled(-ion) *f*, arian dyledus, gweddill dyledus; **Sterling balances,** daliannau Sterling, gweddillau Sterling; **~ of payments,** mantol daliadau, cydbwysedd taliadau, mantolen (*f*) daliadau; **~ of trade,** mantolen fasnach; **to strike a ~ (between people),** dal y ddysgl yn wastad, dal y fantol (rhwng pobl); **the ~ of nature,** cydbwysedd natur; *Mth:* **equal ~,** cymantoledd *m*; **on ~,** at ei gilydd, rhwng pob dim, rhwng popeth. **~-beam** *n.* honglath(-au) *f*, trawst(-iau) (*m*) mantoli, mantol (*f*) drawst (mantol[i]au trawst). **~-fish** *n. Ich:* morgi (morgwn) (*m*) pen morthwyl, morthwylben(-nau) *m*. **~-line** *n. Needlew:* llinell (*f*) gydbwysedd (llinellau cydbwysedd). **~-mark** *n. Needlew:* marc(-iau) (*m*) cydbwysedd. **~-point** *n. Needlew:* pwynt(-iau) (*m*) cydbwysedd. **~-reef** *n. Nau:* rîff (riffiau) (*m*) sadio. **~-room** *n.* ystafell (*f*) dafoli (ystafelloedd tafoli). **~-sheet** *n. Com:* mantolen(-ni) *f*. **~-spring** *n.* sbring(-iau) (*m*) rheoli. **treble ~-bar** *n.* estyllen (*f*) gydbwyso drebl (estyllod cydbwyso trebl). **~-weight** *n.* gwrthbwys(-au) *m*. **~-wheel** *n. Clockm: Needlew: &c:* olwyn (*f*) reoli (olwynion rheoli), olwyn gydbwysedd (olwynion cydbwysedd), olwyn gydadfer (olwynion cydadfer).

balance[2] *v.t.&i.* **1.** *v.t.* *(a) (= weigh, measure)*: mantoli, cloriannu, tafoli, pwyso a mesur, mesur a phwyso; *(b)* **to ~ sth on sth,** rhoi/dodi rhth i sefyll ar ben rhth; **to ~ opposing forces,** cydbwyso/cyfantoli grymoedd cyferbyniol; **to ~ oneself on one foot,** sefyll [yn stond, yn syth] ar un droed, *F:* balansio ar un droed; **can you ~ a stick on the end of your nose?** a fedri di ddal ffon [yn syth] ar flaen dy drwyn? *(c) (= make equal)*: gwrthbwyso, cyfantoli, cyfartalu, mantoli; *Biol: Ch: &c:* cydbwyso; **one thing balances another,** mae un peth yn gwrthbwyso'r llall; mae un peth yn gwn|eud iawn am y llall; mae un peth yn gyfartal â'r llall; mae'r naill yn cydbwyso'r llall; *(d) Com: Fin:* mantoli; *Book-k:* **to ~ the books,** mantoli'r cyfrifon; **to ~ the budget,** mantoli'r gyllideb. **2.** *v.i.* *(a) (of scales)*: bod yn gytbwys; *(of accounts)*: **to ~ out,** dod yn gyfartal/gytbwys; **to ~ against sth,** cyfateb yn union i rth; *(b) (= waver)*: simsanu, petruso, cloffi [rhwng dau feddwl], bwhwman.

balanced *a.* **1.** cytbwys; *(mind &c)*: cytbwys, sad, pwyllog; *Biol:* sefydlog; *Med: (diet)*: cytbwys, amryfath; **a ~ economy,** economi gytbwys/cytbwys; **a ~ flue,** simnai gytbwys; **finely ~,** union gytbwys, ar fin y gyllell; **ill-~,** anghytbwys, simsan, ansad, gweglyd; **well-~,** cytbwys; *(mind)*: sad, pwyllog; *Mus:* **~ swell pedal,** chwyddbedal(-au) cytbwys *m*. **2.** *(account, budget)*: mantoledig.

balancer *n.* **1.** *(= counterweight)*: gwrthbwys(-au) *m*. **2.** *Ent:* gwrthbwysydd(-ion) *m*. **3.** *(pers.)*: cydbwyswr (cydbwyswyr) *m*, cydb|wyswraig *f*.

balancing[1] *a.* **1.** *(a) (= swinging)*: siglog, yn siglo; *(b) (= hesitant)*: siglog, sigledig, petrus, simsan. **2.** *(a) (power)*: cydbwysol; *Econ:* **~ allowance,** cyfran (*f*) gydbwyso (cyfrannau cydbwyso); **~ item,** eitem (*f*) fantoli (eitemau mantoli); *(b) (spring, aerial)*: cydadferol, cydbwysol.

balancing[2] *vn.* **1.** *(= hesitation)*: petruster *m*, cloffi, petruso. **2.** = **balance**[2]. **~ act** *n.* act (*f*) falansio (actau balansio). **~ aerial** *n. W.Tel:* erial gydadfer/cydadfer (erialau cydadfer) *mf*. **~ pole** *n.* polyn (polion) (*m*) balansio/sadio/gwrthbwyso.

balanitis *n. Med:* balanitis *m*.

Balante *n.* **1.** *Ethn:* Balantiad (Balantiaid) *m&f*. **2.** *Ling:* Balanteg *f*, *m*.

balas *n. Miner:* balas(-au) *m*.

balata *n.* **1.** *Bot: (tree)*: pren(-nau) (*m*) b|alata, coeden (*f*) f|alata (coed b|alata). **2.** *(juice)*: b|alata *m*.

balboa *n. Num:* balboa (balboâu) *m*.

balbriggan *n. Tex:* balbrigan *m*.

balconied *a.* **a ~ house,** tŷ ac iddo f|alconi, tŷ â balconi.

balcony *n. Arch:* b|alconi (balconïau) *m*, *Lit: occ:* balcon(-au) *m*; *Th:* **~ front spot,** sbot(-iau) (*m*) ffrynt balconi.

bald *a.* **1.** *(i)* moel(-ion), *occ:* penfoel, pen moel; **to go ~ at the front,** moeli ar eich talcen, *N. W: occ:* noethi ar yr ael; **he is as ~ as a coot,** *N: F:* mae o fel swigen mochyn; **a ~ patch, a ~ spot,** *(of ground &c)*: llecyn moel/llwm; *(of head)*: corun moel; **he has ~ spots on his head,** *N. W:* mae ganddo laciau moel ar ei ben; *Orn:* **~ eagle,** eryr(-od) moel *m*, eryr penfoel, eryr penwyn; *Bot:* **~ cypress,** cypreswydden foel (cypreswydd moel) *f*; *(ii) (= smooth)*: llyfn (*f.* llefn, *pl.* llyfnion), moel; *Aut:* **a ~ tyre,** teiar llyfn/moel. **2.** *(style &c)*: *Pej:* llwm (*f.* llom, *pl.* llymion), tlodaidd, moel, tlawd (tlodion), diaddurn. **3. a ~ horse,** ceffyl bâl, ceffyl bân. **~-head** *n.* **1.** dyn(-ion) (*m*) pen moel, penmoelyn (penmoeliaid) *m*, rhn (rhai) penfoel, *N. W: occ: Joc:* pen(-nau) (*m*) sglefr. **2.** *U.S: Orn:* chwiwell benfoel (chwiwellau penfoel) *f*. **~-headed** *a.* penfoel, pen moel, moel; *F:* **to go at it ~-headed,** cythru iddi, cythru i rth, mynd ati'n fyrbwyll, rhuthro [i wn|eud] rhth, rhuthro at rth, mynd ati fel hwch i haidd. **~-pate** *n.* = **bald-head.**

baldachin, baldachino *n. Arch:* b|aldacin (baldacinau) *m*, gortho(-au) *m*, nenlen(-ni) *f*.

balderdash *n.* = **nonsense.**

balding *a.* sy'n moeli, sy'n mynd yn foel.
baldish *a.* moelaidd, braidd yn foel.
baldmoney *n. Bot:* ffenigl (*m*) Elen Luyddog, amranwen (*f*) Elen Luyddog.
baldness *n.* **1.** *(a)* moelni *m*, moeledd *m*; *(b) (of mountain &c):* moelni, llymder *m*, llymdra *m*. **2.** *(of style):* moelni, llymder, llymdra; diffyg (*m*) addurn.
baldric *n. A:* bawdring(-au) *f*, gwregys(-au) lletraws *m*. **~wise** *adv.* ar letraws, ar letgroes.
baldy *n. F: or Joc:* pen moel *m*, *N.W: occ:* pen sglefr.
bale[1] *n. Com:* swp (sypiau) *m*, bwndel(-i) *m*, bwrn (byrnau, byrn) *m*; **~ of hay,** belen (*f*) wair (bêls/beliau gwair), bwrn gwair; *Agr:* **big ~,** caseg (*f*) wair (cesyg gwair); **bales of cloth,** bwndeli o frethyn. **~ loader** *n.* codwr (codwyr) (*m*) byrnau.
bale[2] *v.t.* bwndelu, sypio, sypynnu, byrnio, byrnu.
bale[3] *v.t.* = **bail**[4].
Balearic *a. Geog:* **The ~ Islands,** Ynysoedd Baleares, Yr Ynysoedd Balearaidd.
baleen *n.* asgwrn (esgyrn) (*m*) morfil, *F:* walbon *m*. **~-whale** *n. Z:* morfil(-od) (*m*) walbon.
balefire *n.* = **bonfire**.
baleful *a. Lit:* adwythig, anfad.
balefully *adv.* yn adwythig.
balefulness *n.* adwythigrwydd *m*.
baler *n.* **1.** byrnwr (byrnwyr) *m*, sypynnwr (sypynwyr) *m*. **2.** = **bailer**.
Bali *Pr.n. Geog:* Bali *m*.
balibuntal *n. Cost:* het (*f*) wellt (hetiau gwellt).
Balinese *a. & n.* **1.** *a.* Balïaidd; *(in language):* Balïeg; **she's ~,** un o Bali yw hi; Balïad yw hi. **2.** *n. (i) Ethn:* Balïad (Balïaid) *m&f*; *(ii) Ling:* Balïeg *f*, *m*.
balk[1] *n.* **1.** *Agr:* grwn (grynnau) *m*, trum(-iau) *f*, malc(-iau) *m*, balc(-iau) *m*. **2.** *(a) (= obstacle):* maen (meini) (*m*) tramgwydd, rhwystr(-au) *m*; *(b) Bill:* cae(-au) bach *m*, llain fach (lleiniau bach) *f*. **3.** *Carp: Const:* trawst bras (trawstiau breision) *m*. **4.** *Baseball:* balc(-iau) *f*.
balk[2] *v.t.&i.* **1.** *v.t.* *(a)* rhwystro, llesteirio, atal, *Lit:* lluddias; **to ~ s.o.'s plans,** rhwystro cynlluniau rhn; **to ~ s.o. of his prey,** atal rhn rhag dal ei brae, nadu i rn gael ei brae; *(b) (= obstruct):* sefyll yn ffordd (rhn); *(c) (topic, obligation),* osg|oi; *(chance):* gwrthod. **2.** *v.i. (of horse): N:* nogio, *S:* jibo, *occ:* bwco; **to ~ at sth,** petruso, nogio, jibo (o flaen rhth); cilio (rhag rhth).
balk[3] *v.i. Baseball:* balcio.
Balkan *a. & n.pl.* **1.** *a.* Balcanaidd; **the ~ Peninsula,** Gorynys (*f*) y Balcanau. **2.** *n.pl.* **the Balkans,** y Balcanau.
Balkanization *n.*, **Balkanize** *v.t.* Balcaneiddio.
Balkanizing *a.* Balcaneiddiol.
balker *n.* **1.** *(= obstructor):* rhwystrwr (rhwystrwyr) *m*, rh|wystrwraig *f*. **2.** *(= refuser):* gwrthodwr (gwrthodwyr) *m*, gwrth|odwraig *f*, nogiwr (nogwyr) *m*, n|ogwraig *f*. **3.** *Baseball:* balciwr (balcwyr) *m*.
balkiness *n.* ystyfnigrwydd *m*, cyndynrwydd *m*.
balkline *n. Bill:* balclinell(-au) *f*.
balky *a. (horse): N:* noglyd, *S:* jibog.
ball[1] *n.* **1.** *(a)* pêl (peli, *S: occ:* pelau) *f*, pelen(-ni) *f*; *(of wool, string):* pellen(-ni,-nau) *f*; **a ~ of wool,** pellen o edafedd, *occ:* pellen weu (pellenni gweu); **~ of cheese,** cosyn *m*; **to wind wool into a ~,** dirwyn edafedd; **sweet ~,** pellen bêr (pellenni pêr) *f*; *Meteor:* **~ of fire, ~ of lightning,** pelen o dân, pelen fellt; *Fig:* **he's no ~ of fire,** 'does fawr o dân/fynd ynddo; un di-ffrwt yw ef; *N.W:* mae o fel brechdan; mae o fel breuddwyd; mae o fel cadach/clwt; *Fig:* **she's a real ~ of fire,** mae tipyn o dân/fynd ynddi hi; un fywiog yw hi; mae hi'n llawn mynd; *Cr:* bowliad(-au) *m*; **dead ~,** pêl farw (peli marw); **a good length ~,** bowliad hyd da; **a short length ~,** bowliad hyd byr; *Cr:* **no ~,** dim bowliad; *Ten: Cr:* **to knock the balls about,** clecian y peli; **dropped ~,** pêl gwymp (peli cwymp), pêl a ollyngwyd; **gamester ~,** pêl dyllog (peli tyllog); **held ~,** daliad(-au) *m*; **jump ~,** cydnaid (cydneidiau) *f*; **lost ~,** *Golf:* pêl goll (peli coll), pêl ar goll; **provisional ~,** pêl dros dro; **he's on the ~,** mae'n effro fel y gog; mae yna i gyd; mae o gwmpas ei bethau; *N:* mae o'n 'sgut; **to keep one's eye on the ~,** cadw'ch llygad ar y bêl; *F:* **to keep the ~ rolling,** dal ati, dal iddi, cynnal y sgwrs, cadw pethau i fynd; **to start/set the ~ rolling,** ei chychwyn hi, cychwyn pethau, bwrw iddi, dechrau [trafodaeth *&c*], gyrru'r cwch i'r dŵr; **the ~ is in your court,** eich tro chi yw hi; chi piau symud; chi ddylai symud nesaf; **you have the ~ at your feet,** mae gen ti gyfle gwych; **~ out of play, = offside;** *F:* **to play ~,** *(= co-operate):* cydweithredu; *(b) (of ball-bearing):* traul (treuliau) *f*, pelen draul (peli traul); *(c)* **~ and socket joint,** cymal(-au) (*m*) pelen a soced; *(d) V: pl.* **balls,** *(= testicles):* ceilliau, *F:* cerrig, *N.W: occ:* eirin, arennau; *(expletive):* daria! go daria las! drapia! go drapia las! [go] damia! daro! go daro! drapo! diawl! uffarn dân! *S.W:* yffach! *(= nonsense): N:* lol! lol botes! lol i gyd! **a load of balls,** llwyth o lol; **balls to you, Jack!** twll dy din di, Ffaro! (*pl*, twll eich tinau chi); **balls-up** *n.* llanast *m*, stomp *f*, cawl *m*, cawlach *m*, cawdel *m*, clamwri *m*, poitsh *m*, 'smonaeth *f*, traed (*pl*) moch, siop (*f*) siafins, *V:* cachfa *f*, *S.W:* cabótsh *m*. **2. to walk on the ~ of the foot,** cerdded ar belen y droed; **the ~ of the hand, the ~ of the thumb,** bôn (*m*) y fawd, tor (*f*) y fawd/llaw; **the ~ of the eye,** pelen (*f*) y llygad. **3. meat-~,** pelen gig (pelenni cig). **4.** *U.S:* **~ [game], = baseball. ~-bearing** *n.* traul (treuliau) *f*, pelen (*f*) draul (peli traul), pêl-feryn(-nau) *m*. **~-boy** *n. Ten:* codwr (codwyr) (*m*) peli. **~-carrier** *n. Fb:* y dyn â'r bêl, blaenwr (blaenwyr) *m*. **~-cartridge** *n.* cetrisen (cetris) *f*. **~-castor** *n. Carp:* castor(-au) (*m*) pêl. **~-catch** *n. Carp:* clicied (*f*) bêl (cliciedau pêl). **~-clay** *n. Geol:* caolin *m*, pibglai *m*. **~-cock** *n.* tap(-iau) (*m*) pelen. **~-control** *n. Sp:* rheolaeth (*f*) ar y bêl. **~-flower** *n. Arch:* pêl-flodyn (~-flodau) *m*, cronell (cronellau, cronelli) *f*. **~-hawk** *n. Sp:* pêl-gipiwr (~-gipwyr) *m*. **~-head stake** *n.* bonyn (bonion) pengrwn *m* (*pronounced* ng-g). **~-park** *n.* parc(-iau) (*m*) chwarae pêl; *Fig:* **in the ~-park,** rhywle o'i chwmpas hi, rhywle yn agos ati; **not in the right ~-park,** pell ohoni, heb fod ynddi hi. **~-pen** *n.* beiro(-s) *mf*. **~-pein/pane/pene hammer** *n. Tls:* morthwyl(-ion) (*m*) wyneb crwn. **~-planting** *vn. For:* plannu, coedwigo. **~-player** *n.* pelwr (pelwyr) *m*, chwaraewr (*m*) pêl (chwaraewyr peli). **~-point** *a.* blaengrwn (*f.* blaengron, *pl.* blaengrynion) (*pronounced* ng-g); **~-point pen, = ball-pen. ~-shaped** *a.* fel pêl, fel pelen, crwn (*f.* cron, *pl.* crynion), pengrwn (*f.* pengron, *pl.* pengrynion). **~-valve** *n.* pêl-falf(-iau) *f*.
ball[2] *v.t.&i.* **1.** *v.t.* *(a)* gwn|eud pêl/pelen/pellen (o rth); gwasgu (rhth) yn bêl *&c*; troi (rhth) yn bêl *&c*, *Lit:* pellenu, pelenu (rhth); *(b) F: (= muddle):* **to get balled up,** drysu'n lân; **he balled up the whole thing,** fe wnaeth draed moch o'r cwbl; fe'i cawliodd hi'n lân; *(c) V: U.S:* cnuchio, dyrnu, dobio, chwarae. **2.** *v.i.* mynd yn bêl, mynd yn belen, mynd yn bellen.
ball[3] *n. Danc:* dawns(-iau,-f|eydd) *f*; *F:* **to have a ~,** cael hwyl (*f*); **to give a ~,** cynnal dawns; **the belle of the ~,** merch berta'r ddawns, y ddela yn y ddawns.
ballabilli *n. Danc:* balabili *m*.
ballad *n. Mus: Lit:* baled(-i) *f*, *occ:* dyri (dyrïau) *f*; **to sing a ~,** canu baled, *occ:* dyrïo. **~-monger** *n.* baledwr (baledwyr) *m*. **~ opera** *n.* opera (*f*) faled/faledi (operâu baled/baledi). **~ sheet** *n.* taflen (*f*) faled (taflenni baledi). **~ singer** *n.* baledwr (baledwyr) *m*, canwr (canwyr) (*m*) baledi; *S.a.* **balladeer**. **~ singing** *vn.* canu baled/baledi *&c*, *occ:* canu pen ffair. **~ stanza** *n.* pennill (penillion) (*m*) baled.
ballade *n. Lit:* balâd (baladau) *f*, ***ballade(-s)*** *f*.
balladeer *n.* baledwr (baledwyr) *m*, canwr (canwyr) (*m*) baledi, cantor(-ion) (*m*) pen heol, cantor pen ffair, cantor baledi.
balladic *a.* baledol.
balladist *n.* = **balladeer**.
balladry *n. Lit:* baledi *pl*.
ballast *n.* **1.** *(a) Nau: Aer: El: Rail:* balast *m*; **a ship in ~ [trim],** llong heb lwyth; **to take in ~,** codi balast; *(b) F: (= experience, stability):* sadrwydd *m*, cadernid *m*, gwaelod *m*; **to have ~,** bod yn gadarn; **lacking in ~,** chwit-chwat, chwim-chwam, simsan, anwadal, heb waelod. **2.** *Civ.E: Rail:* graean *pl*, gro *m*, cerrig *pl*, cerrig mân, caregos *pl*, balast *m*. **B~ Bank** *W.Pl.n.* Y Cei (*m*) Balast. **~-resistor** *n. El:* gwrthydd(-ion) (*m*) balast.
ballast *v.t.* **1.** *Nau: Aer:* **to ~ a ship,** balastio llong *&c*, llwytho llong *&c* â balast. **2.** *Civ.E:* graeanu, balastio (rhth); gosod graean (ar rth).
ballerina *n.* d|awnswraig (*f*) fale (dawnswragedd bale), dawnswraig ***ballet***, balerina(-s) *f*; **prima ~,** prif ddawnswraig, prif falerina.
ballet *n.* bale *m*, ***ballet*** *m*. **~-chorus** *n.* dawnsgor(-au) (*m*) bale. **~-dancer** *n.* d|awnswraig (*f*) fale (dawnswragedd bale).

dawnsiwr (*m*) bale (dawnswyr bale). **~-master** *n.m.* cyfarwyddwr (cyfarwyddwyr) bale. **~-mistress** *n.f.* meistres(-i) (*f*) bale. **~-shoe** *n.* esgid (*f*) fale (esgidiau bale). **~-skirt** *n.* sgert (*f*) fale (sgertiau bale).
balletic *a.* baletig.
balletomane *n.* balegarwr (balegarwyr) *m*, baleg|arwraig *f.*
balletomania *n.* balegarwch *m.*
Ballingham *Eng.Pl.n.* Llanfuddwalan *f.*
ballista *n. Hist:* blif(-iau) *m*, c|atapwlt (catapyltiau) *m*, balista (balistâu) *m.*
ballistic *a.* balistig.
ballistically *adv.* yn falistig.
ballistics *n.* balisteg *f.*
ballistocardiogram *n.* balistoc|ardiogram (balistocardiogramau) *m.*
ballistocardiograph *n.* balistoc|ardiograff (balistocardiograffau) *m.*
ballistocardiography *n.* balistocardiograffeg *f.*
ballon *n. Danc:* balon *m.*
ballonet *n. Aer:* baloned(-au) *m.*
ballonné m. *Danc:* **ballonné** *m.*
balloon¹ *n. & attrib.* **1.** *(a) Aer:* balŵn(-s, balwnau) *mf*; *Mil: Met:* **sounding ~,** balŵn archwilio; *Geog:* **pilot ~,** balŵn profi/brofi (balwnau profi); *F:* **when the ~ goes up,** pan aiff hi'n sgrech; *(b)* **[toy] ~,** swigen (swigod) *f*, balŵn. **2.** *attrib.* boliog, llawn, swigog, crwn (*f.* cron, *pl.* crynion). **~ flask** *n. Ch:* ffiol gron (ffiolau crynion) *f.* **~ glass** *n.* gwydr(-au) (*m*) brandi. **~ instalment** *n. Fin:* taliad(-au) chwyddedig *m.* **~ sail** *n. Nau:* hwyl foliog (hwyliau boliog) *f.* **~ sleeve** *n. Cost:* llawes lawn (llewys llawn) *f*, llawes foliog (llewys boliog). **~ tyre** *n.* teiar(-s) meddal *m.* **~ vine** *n. Bot:* sebonwydden (sebonwydd) swigog *f.*
balloon² *v.i.&t.* **1.** *v.i.* chwyddo, bolio, bochio, llenwi, balwnio, mynd fel balŵn. **2.** *v.i. F:* (*= go up in a balloon*): hedfan/esgyn mewn balŵn, balwnio. **3.** *v.t. Fb:* **to ~ a ball,** cicio pêl i'r awyr.
ballooner *n.* balwn[i]wr (balwnwyr) *m*, ball|wnwraig *f*, balwnydd(-ion) *m.*
ballooning *vn.* hedfan mewn balŵn, balwnio.
balloonist *n.* = **ballooner.**
ballot¹ *n.* **1.** *Hist:* **~[-ball],** pelen (*f*) bleidlais (pelenni pleidlais). **2.** *Pol:* pleidlais ddirgel (pleidleisiau dirgel) *f*, pleidlais gudd (pleidleisiau cudd), *Lit: occ:* tugel(-ion) *m*; **to vote by ~,** pleidleisio'n ddirgel; **to hold/take a ~,** cymryd/cynnal pleidlais. **3.** *Parl:* (*= drawing of lots*): **to hold a ~,** tynnu tocyn. **~-box** *n.* cist (*f*) bleidleisio (cistiau pleidleisio), blwch (blychau) (*m*) pleidleisio. **~-paper** *n.* papur(-au) (*m*) pleidleisio.
ballot² *v.i.&t.* **1.** *v.i.* *(a)* pleidleisio'n ddirgel; *(b) Parl:* tynnu tocyn; **2.** *v.t. F:* **to ~ s.o.,** holi barn rhn.
balloter *n.* pleidleisiwr (pleidleiswyr) *m*, pleidl|eiswraig *f.*
ballottement *n. Med:* palfalu *vn*, palfaliad(-au) *m.*
ballrace *n. Cr: Metalw: Carp: &c:* pelres(-i) *f.*
ballroom *n.* ystafell (*f*) ddawnsio (ystafelloedd dawnsio), neuadd (*f*) ddawns (neuaddau dawns), dawnsfa (dawnsfâu, dawnsf|eydd) *f.*
balls up *n. v:* **to balls (sth) up,** gwn|eud cawl (o rth), bwnglera (*pronounced* ng-g) (rhth), gwneud llanast/smonaeth *&c* (o rth), *S:* bwlffacan (rhth) *S.W:* gwneud cabótsh (o rth).
bally *a. & adv.* = **bloody 2.**
ballyhoo¹ *n.* cyhoeddusrwydd *m*, *F:* cybôl *m*, balihŵ *m.*
ballyhoo² *v.t. F:* hwrjo.
ballyrag *v.t.* baliragio.
balm *n.* **1.** balm(-au) *m*; **oil of ~,** balm-olew *m*; *B:* **is there no ~ in Gilead?** onid oes driagl yn Gilead? **2.** *Bot:* **bastard ~,** (*Melittis melissophyllum*): gwenynog wengoch *f* (*pronounced* ng-g), gwenynog lasgoch a gwyn, gwenynllys fawr *f*; **field ~,** (*Calamintha nepeta*): erbin bach *m*; **~ of Gilead, ~ of Mecca,** balm Gilead, poplysen (poplys) (*f*) Gilead; **lemon ~,** balm lemon; **Western ~,** coeden (*f*) falm y Gorllewin; **Abraham's ~,** dail bendigaid *pl*; *S.a.* **bee-balm. ~-cricket** *n. Ent:* = **cicada. ~-gentle, ~ mint** *n.* (*Melissa officinalis*): gwenynddail *m*, gwenynllys *f*, y wenynllys fân *f*, llysiau(*pl*)'r gwenyn. **~-tree** *n.* balmwydden (balmwydd) *f*, coeden (*f*) falm (coed balm).
balmacaan *n. Cost:* côt (*f*) falmacân (cotiau balmacân).
balmily *adv.* **1.** yn falmaidd. **2.** *F:* = **crazily.**
balminess *n.* **1.** mwynder *m*, tynerwch *m*, hyfrydwch *m*, balmeiddiwch *m*, balm|eidd-dra *m.* **2.** *F:* = **craziness.**
balmoral *n. Cost:* **1.** (*shoe*): esgid falmoral (esgidiau balmoral) *f.* **2.** (*cap*): bonet glas (boneti gleision) *m.* **3.** (*petticoat*): pais wlanen (peisiau gwlanen) *f.*
balmy *a.* **1.** balmaidd, pêr, pereiddiol. **2.** *F:* = **crazy.**
balneal *a.* baddonol.
balneology *n.* baddoneg *f.*
balneotherapy *n.* badd-driniaeth *f.*
baloney *n. P:* = **nonsense.**
balsa *n.* **1.** *Bot:* coeden (*f*) falsa (coed balsa). **2.** *Carp:* balsa *m.*
balsam *n.* **1.** = **balm. 2.** *Bot:* **Himalayan/Indian ~,** ffromlys chwarennog *m*, Jac (*m*) y neidiwr; **orange ~,** ffromlys oren; **small ~, yellow ~,** ffromlys bach; **touch-me-not ~,** (*Impatiens noli-me-tangere*): ffromlys melyn [gwyllt]; **wild ~,** ffromlys. **~ apple** *n. Bot:* balmafal(-au) *m.* **~ fir** *n.* pinwydden falmaidd/bêr (pinwydd balmaidd/pêr) *f.* **~ poplar** *n. Bot:* poplysen falmaidd (poplys balmaidd) *f.* **~ spruce** *n. Bot:* sbriwsen las (sbriws gleision) *f.*
balsamic *a.* balsamaidd, balmaidd.
balsamiferous *a.* balsamog.
balsamine *n. Bot:* mintys (*m*) [berwr] y dŵr, mintys y meirch.
Balti *n. Ling:* Baltïeg *f*, *m.*
Baltic *a. & Pr.n.* **1.** *a.* Baltig. **2.** *Pr.n.* Môr (*m*) Llychlyn, Y Môr Baltig, Y Baltig *m.*
baltimore *n. Orn:* drudwen (drudwy) (*f*) Baltimore.
Baltimore chop *n. Baseball:* trawiad(-au) (*m*) Baltimore.
Balto-Slavic *a. & n.* **1.** *a.* Balto-Slafig; (*in language*): Balto-Slafeg. **2.** *n.* Balto-Slafeg *f*, *m.*
Baluchi *a. & n.* **1.** *a.* Balwtsi. **2.** *n.* *(i) Ethn:* Balwtsi (Balwtsïaid) *m&f.* *(ii) Ling:* Balwtsi *f*, *m.*
baluster *n.* balwstr(-au) *m*, b|alwstrad (balwstradau) *m*, colofnres(-i) *f.* **~ piece** *n. Th:* fflat (*f*) ganllaw (fflatiau canllaw).
balustraded *a.* colofnresog.
Bambara *a. & n.* **1.** *a.* Bambaraidd; (*in language*): Bambareg. **2.** *n.* *(i) Ethn:* Bambariad (Bambariaid) *m&f.* *(ii) Ling:* Bambareg *f*, *m.*
bamboo *n.* bambŵ(-au) *m*; **the B~ Curtain,** y Llen (*f*) Fambŵ.
bamboozle *v.t.* = **deceive.**
bamboozlement *n. F:* = **deceit.**
bamboozler *n.* = **deceiver.**
Bamborough Castle *Eng.Pl.n.* Dinwarwy *m.*
ban¹ *n.* **1.** (*= prohibition*): gwaharddiad(-au) *m.* **2.** *(a) Hist:* (*sentence of outlawry*): alltudiad(-au) *m*; *(b) Ecc:* esgymundod: ysgymundod(-au) *m*, esgymuniad: ysgymuniad(-au) *m*; **under the ~ of public opinion,** dan gabl, dan lach y farn gyhoeddus.
ban² *v.t.* gwahardd; **he was banned from the club,** fe'i gwaharddwyd rhag mynd i'r clwb; fe'i gwaharddwyd o'r clwb; **he was banned from driving for one year,** fe'i gwaharddwyd rhag gyrru am flwyddyn; *S.a.* **bomb¹.**
ban³ *n. Num:* ban(-i) *m.*
banal *a.* *(a)* cyffredin, ystrydebol; *(b)* (*= dull*): diflas, anniddorol, dilewy[r]ch, marwaidd, di-liw, digymeriad, diddrwg-d[d]idda.
banality *n.* **1.** cyffredinedd *m.* **2.** (*single instance*): ystrydeb(-au) *f.*
banally *adv.* yn gyffredin, yn ystrydebol *&c.*
banana *n.* banana(-s) *f.* **~ boat** *n.* cwch (cychod) (*m*) banana. **~ oil** *n.* = **nonsense. ~ plantation** *n.* planhigfa (*f*) fananas (planhigf|eydd bananas). **~ plug** *n. El:* plwg (plygiau) (*m*) banana. **~ republic** *n.* gwlad (*f*) fananas (gwledydd bananas), gweriniaeth (*f*) fananas (gweriniaethau bananas). **~ seat** *n.* sedd (*f*) fanana (seddau banana). **~ split** *n. Cu:* banana(-s) hollt *f.* **~ tree** *n.* coeden (*f*) fananas (coed bananas).
banausic *a.* (*= mechanical*): peiriannol; (*= materialistic*): materolaidd; (*= utilitarian*): iwtilitaraidd.
Banbury *Eng.Pl.n.* Banbri: Bambri *m.*
banc, banco *n. Jur:* ***in banc, in banco,*** ar y fainc.
band¹ *n.* **1.** *(a)* rhwymyn(-nau) *m*, band(-iau) *m*, (*= strap &c*): cengl(-au) *f*, strap(-iau) *mf*, strapen (strapiau) *f*; **crêpe ~,** (*around arm*): rhwymyn galar, rhwymyn du; **elastic ~,** dolen(-nau) (*f*) lastig; **hat-~,** band het (bandiau hetiau), r[h]uban (*m*) het (r[h]ubanau hetiau); *S.a.* **back-band, neck-band, waistband**; *Nau:* (*in Merchant Navy*): streipiau *pl*; *(b)* (*of colour &c*): cylch(-oedd) *m*, rhesen (rhesi) *f*; *(c) Opt:* **bands of the spectrum,** cylchoedd y sbectrwm; *(d) W.Tel:* **frequency ~,** amrediad (*m*) amledd (amrediadau amleddau). **2.** *Mec.E:*

strap, strapen; *Ind:* **endless ~,** belt(-iau) diddiwedd, belt cludo. **3.** *pl.* **bands,** *Ecc: Cost:* llabedau. **~-brake** *n. Mec:* brêc (breciau) (*m*) strap, brâc (braciau) (*m*) strap. **~-clutch** *n. Mec:* strapgydiwr (strapgydwyr) *m.* **~ conveyor** *n. Mec:* belt(-iau) (*m*) cludo. **~ nipper** *n. Metal:* niper(-i) (*m*) bandio. **~ pulley** *n. Mec:* pwli (pwlïau) (*m*) strap. **~ razor** *n.* rasel(-i) (*f*) stribyn, bandrasel(-i) *f.* **~-saw** *n. Tls:* cylchlif(-iau) *f.* **~ spectrum** *n.* sbectrwm (sbectra) cylchog *m.* **~-wheel** *n. Mec.E:* olwyn (*f*) drawsyrru (olwynion trawsyrru).

band² *v.t.* **1.** *(= tie):* rhwymo (rhth); clymu (rhth) [â rhwymyn]; rhoi rhwymyn/cylch (am rth); cylchu, rhwymynnu (rhth). **2.** *(= mark with stripe):* cylchu.

band³ *n.* **1.** *(= gang):* criw(-iau) *m,* mintai (minteiau, minteioedd) *f,* cwmni (cwmnïau, cwmnïoedd) *m,* nifer(-oedd) *mf, Lit:* bagad(-au) *mf;* **a ~ of robbers,** criw o ladron; **the B~ of Hope,** y Gobeithlu *m.* **2.** *(musical):* seindorf (seindorf|eydd) *f, F:* band(-iau) *m;* **percussion ~,** seindorf daro (seindorfeydd taro), band taro; **brass ~,** seindorf bres (seindyrf pres), band pres; **silver ~,** seindorf arian, band arian; **brass and reed ~,** band pres a phibell; **the members of the ~,** y cerddorion, aelodau'r band; **one-man ~,** band un dyn. **~ shell** *n. Th: Arch:* llwyfan(-nau) (*mf*) cefn cragen. **~-wagon** *n. U.S:* bandwagen(-ni) *f;* **to jump on the ~-wagon,** dilyn y ffasiwn, mynd i ganlyn y llif, neidio ar y drol.

band⁴ *v.i.* **to ~ together,** dod at eich gilydd, ymuno â'ch gilydd, dod ynghyd, ymuno'n/ymgasglu'n/ymffurfio'n griw.

bandage¹ *m.* *(a) esp. Med: (= dressing):* rhwymyn(-nau) *m,* clwt (clytiau) *m,* cadach(-au) *m,* bandais (bandeisiau) *m;* *(b) (for blindfolding):* mwgwd (mygydau) *m, S.W: occ:* bwmbwrdd *m.*

bandage² *v.t.* rhoi rhwymyn/clwt (ar rth); rhwymo, rhwymynnu (rhth).

bandanna *n. Cost:* bandana(-s) *f,* hances(-i) ffansi *f.*

bandbox *n.* bocs(-ys) (*m*) hetiau, bambocs(-ys) *m;* **to look as if one had just stepped out of a ~,** edrych fel pin mewn papur.

bandeau *n.* **1.** rhuban(-nau) *m,* ysnoden(-ni) *f.* **2.** = **brassière.**

banded *a.* rhesog; *Geog:* bandog.

banderilla *n.* banderila(-s, banderilâu) *m.*

banderillero *n.* banderilero(-s) *m.*

banderol[e] *n.* **1.** banerig(-au) *f.* **2.** *Arch:* r[h]uban(-nau) nadd *m,* rhwymyn(-nau) nadd *m.*

bandicoot *n. Z:* bandicŵt (bandicwtiaid) *m.*

banding *n.* & *vn.* **1.** *n.* bandin *m.* **2.** *vn.* **~ wheel** *n.* olwyn (*f*) fandio (olwynion bandio).

bandit *n.* bandit(-iaid) *m,* lleidr (lladron) *m, Lit:* ysbeiliwr (ysbeilwyr) *m,* gwylliad (gwylliaid) *m;* **one-armed ~,** lleidr (lladron) unfraich *m.*

banditry *n.* **1.** *Coll:* = **bandits. 2.** *(= brigandage):* ysbeilio *vn,* ysbeiliadau *pl,* banditiaeth *f.*

bandleader, bandmaster *n.* arweinydd (*m*) band (arweinyddion bandiau).

bandog *n.* *(= chained dog).* cadwyngi (cadwyngwn) *m* (*pronounced* ng-g); *(= mastiff): N: F:* bongi (bongwn) *m* (*pronounced* ng-g), costowci (costowcwn) *m.*

bandoleer, bandolier *n.* gwregys(-au) (*m*) ysgwydd, bandolîr (bandolir[i]au) *m.*

bandore *n. Mus:* bandôr (bandorau) *m.*

bandsman *n.m.* aelod(-au) band, dyn (dynion) band, band[i]wr (bandwyr), *F: occ:* bander: bandar(-s).

bandstand *n.* bandstand(-iau) *mf,* llwyfan(-nau) (*mf*) band, safle(-oedd) (*m*) band, cerddfa(-oedd) *f.*

bandwidth *n. T.V:* ystod(-au) *f.*

bandy¹ *v.t.* *(a) (ball &c):* curo/taro/bwrw/taflu (pêl &c) yn ôl ac ymlaen; *(b)* **to ~ s.o.'s name about,** cymryd enw rhn yn ofer; *(c)* **to ~ words (with s.o.),** cael ffrae, cyfnewid geiriau (â rhn).

bandy² *a.* **~ legs,** coesau cam/ceimion, *occ:* garrau ceimion, *N: F:* coesau dal mochyn, coesau bachau crochan, coesau joci moch, *S: F:* coesau clêr. **~-legged** *a.* â choesau cam/ceimion, *Lit:* coesgam, *occ:* bongam (*pronounced* ng-g), bergam.

bandy³ *n. Games:* bando *m,* bandi *m.* **~-stick** *n.* ffon (*f*) fando (ffyn bando), ffon groca (ffyn crwca).

bane *n.* **1.** melltith(-ion) *f,* pla (plâu) *m,* adwyth(-au) *m;* **he is the ~ of my life,** mae'n bla ar f'enaid i. **2.** *A:* = **poison.**

baneberry *n. Bot: (Actaea spicata):* llysiau (*pl*) Cristoffis, llysiau Cristoffer.

baneful *a.* gwenwynig, gwenwynllyd, marwol, angheuol, dinistriol, niweidiol, andwyol, melltithiol, adwythig.

banefully *adv.* yn wenwynig *&c.*

banefulness *n.* gwenwynigrwydd *m,* gwenwynoldeb *m,* adwythigrwydd *m.*

bang¹ *n.* **1.** *(= blow):* trawiad(-au) *m,* ergyd(-ion) *fm,* cnoc(-iau) *fm,* dyrnod(-iau) *m;* **I received a ~ on the head,** cefais glec/ddyrnod yn fy mhen; *(= sound):* clep(-iau) *f,* clec(-iau) *f, occ:* clap(-iau) *mf,* crec(-iau) *f,* dul(-iau) *m;* *(= detonation):* clec, taniad(-au) *m;* **to go off with a ~,** clecian, ffrwydro, tanio'n glec, chwythu'n glec, tanio â chlec; *Av:* **double ~,** clec ddwbl; *Astr: Ph:* **the Big B~,** y Glec Fawr; **the party went with a ~,** bu'r parti'n llwyddiant ysgubol; **to get a ~ (out of sth),** cael gwefr (*f*) (o rth); **to start off with a ~,** cychwyn gyda chlec. **2.** *F: (= copulation):* **to give a girl a ~,** mynd ar gefn merch.

bang² *v.i.&t.* **1.** *v.i.* *(a)* **to ~ at/on the door,** curo wrth y drws, curo yn y drws, cnocio'r drws; **to ~ on a table with one's fist,** dyrnu bwrdd/bord, curo bwrdd/bord â'ch dwrn; *(b) (of door):* clepian; **the door banged shut,** caeodd y drws yn glep; **to ~ away,** *(a) (at a job):* dyrnu ymlaen, dygnu arni, dygnu wrthi, *S:* clatsio bant; *(b) (= attack persistently):* ymosod, lladd (ar rn); dyrnu (rhn); **to ~ on about sth,** rhygnu ar yr un tant, rhygnu ymlaen am rth *or* ynghylch rhth. **2.** *v.t.* dyrnu, curo, pwyo; **to ~ sth on sth else,** taro rhth ar rth arall, *N: occ:* sodro rhth ar rth arall; **to ~ a door,** cau drws yn glep, rhoi clep ar ddrws, clepian drws; **to ~ down a lid,** cau caead yn glep; **to ~ prisoners up,** cau'r drws ar garcharorion.

bang³ *int.* clec; **to go ~,** clecian, rhoi/gwn|eud clec, tanio, ffrwydro, *occ:* chwythu; **~ went my hopes,** dyna ben/ddiwedd/derfyn ar fy ngobeithion; **~ goes a fiver,** dyna bumpunt o golled; dyna bumpunt i ganlyn y gwynt; **he crashed ~ into the wall,** aeth yn glec i'r clawdd; aeth ar ei ben i'r clawdd; *N: F:* aeth yn bwtsh/bwcs i'r clawdd; **~ in the middle,** yn y canol un; **I got him ~ to rights,** fe'i deliais ef wrthi; **it's ~ up to date,** mae'n gwbl gyfoes. **~ off** *adv.phr.* ar unwaith, yn syth, chwipyn, chwap, *S.W: F:* clatsh. **~ on** *adv.phr.* i'r dim; **it's ~ on,** dyna fe i'r dim, dyna'r union beth. **~ up** *a. F:* tan gamp, campus, gwych.

bang⁴ *n. Hairdr:* eddi/edi (*pl*) gwallt, bargod(-ion) *m.*

bang⁵ *v.t. Hairdr:* cropio (gwallt), torri bargod (ar wallt).

banger *n. P:* **1.** *(= sausage):* sosej(-is) *f.* **2.** *Pyr:* clecar(-s) *mf.* **3.** *Aut:* **an old ~,** hen racsyn/recsyn (~ racs) *m, N:* hen siandri(-s) *f,* hen sgrag/sgragyn (sgrags) *m.* **~ race** *n.* ras(-ys) (*f*) malu ceir.

banging¹ *a.* cleciog.

banging² *vn.* *(a)* sŵn (*m*) dyrnu/taro/curo/clecian; *(b)* = **bang¹**; ffrwydrad(-au) *m,* taniad(-au) *m,* clec(-iau) *f.*

bangle *n.* breichled(-au) *f.*

Bangor on Dee *W.Pl.n.* Bangor (*f*) Is-coed.

bangtail *n.* ceffyl(-au) cwta *m.*

banish *v.t.* **1.** alltudio, diarddel, deol. **2. to ~ fear,** cael gwared ag/ar ofn, erlid ofn, bwrw ofn heibio.

banished *a.* alltud, alltudiedig, deol|edig, ar herw.

banisher *n.* alltudiwr (alltudwyr) *m,* allt|udwraig *f,* diarddelwr (diarddelwyr) *m,* diardd|elwraig *f,* deholwr (deholwyr) *m,* deh|olwraig *f.*

banishment *n.* **1.** *vn.* = **banish. 2.** alltudiaeth(-au) *f,* diarddeliad(-au) *m,* deoliad(-au) *m.*

banister *n.usu.pl.* ffon (ffyn) (*f*) canllaw, canllaw(-iau) *mf.*

banjo *n. Mus:* banjo: banjô(-s) *m.*

banjoist *n. Mus:* chwaraewr (*m*) banjo *&c* (chwaraewyr banjos *&c*), chwar|aewraig (*f*) banjo *&c,* banjöwr (banjöwyr) *m.*

bank¹ *n.* **1.** *(a) (i) (= slope):* llethr(-au) *f,* ochr(-au) *f,* llechwedd(-au,-i) *f, occ:* bron(-nydd) *f, S:* tyle(-au) *m, N:* gallt (gelltydd) *f;* *(ii) (= hillock):* bryncyn(-nau) *m,* cefnen(-nau) *f,* *N:* poncyn (ponciau) *m,* poncen (ponciau) *f,* ponc(-iau) *f,* boncen (bonciau) *f,* bonc(-au) *f, S:* banc(-iau, bencydd) *m,* bancyn: bencyn (bencydd) *m, S.W: occ:* gwalcen(-nau) *f;* *Civ.E: Rail:* arglawdd (argloddiau) *m, F:* ochr; **a ~ of flowers,** gwely(-au) (*m*) blodau, *S:* pâm (pamau) (*m*) blodau; *(b) (in river, sea):* cefnen *f,* cefn(-au) *m,* traethell(-au) *f;* **mud ~,** poncen laid (ponciau llaid); **the Banks of Newfoundland,** Traethellau'r Tir Newydd; *(c) (i) (= dyke):* clawdd (cloddiau) *m,* gwrthglawdd (gwrthgloddiau) *m,* gorglawdd (gorgloddiau) *m,* arglawdd (argloddiau) *m, N.W:* cob(-iau) *m;* *(of snow):* lluwch(-f|eydd,-ion) *m;* *(of cloud):* pentwr (pentyrrau) *m.* **banks of cloud,** *S.W:* cymylau (*pl*) mynyddau. **2.** *(of river, lake &c):* glan(-nau, *occ:* glennydd) *f;* **hollow ~, undercut ~,** ceulan(-nau) *f,* torlan(-nau) *f.* **3.** *Av:* gogwyddiad(-

au) *m*. **~-line** *n. Fish:* cefnen(-nau) *f*, bachau (*pl*) nos. **~-riding** *vn. (= skateboarding):* bancreidio. **~ shot** *n.* **1.** *Bill:* ergyd (*f*) glustog (ergydion clustog). **2.** *Basketball:* trawiad(-au) (*m*) bwrdd cefn.

bank² *v.t.&i.* **1.** *v.t. (a)* **to ~ a river,** codi cloddiau o bobtu i afon; *(b)* **to ~ up,** *(earth, snow &c):* pentyrru, twmpathu; *Civ.E:* **to ~ a road,** goleddfu ffordd; **a banked corner,** tro/cornel ar oleddf; *(c)* **to ~ up a fire,** anhuddo/enhuddo/cau tân, *N.W:* huddo/dihuddo/rhyddo tân, *S:* nyddo/nyddu tân, *S.W:* stwmo tân, *S.E:* culo tân; *(d) Bill:* **to ~ a ball,** taro pêl i'r glustog. **2.** *v.i. (a) (of clouds, mist &c):* casglu, ymgasglu, crynh|oi, ymgrynh|oi, tewychu; *(b) (of snow):* lluwchio, pentyrru, mynd yn bentwr, mynd yn lluwch. **3.** *v.i. Av: Ski:* gogwyddo, goleddfu.

bank³ *n.* **1.** *Com: Fin: (a)* banc(-iau) *m*, *Lit: occ:* ariandy (ariandai) *m*; **branch ~,** cangen (canghennau) (*f*) banc; **central ~,** banc canolog, canolfanc(-iau) *m*; **clearing ~,** banc clirio; **commercial ~,** banc masnachol; **co-operative ~,** banc cydweithredol; **reserve ~,** banc cronfa/cadw; **issuing ~,** banc dyroddi; **joint stock ~,** banc cydgyfalaf; **merchant ~,** banc masnachol; **savings ~,** banc cynilo, banc cynilion; **trustee savings ~,** banc cynilion ymddiriedol; **the B~ of England,** Banc Lloegr; **it's as safe as the ~ of England,** mae cyn sowndied â chloch y Bala; mae'n arian sicr. **2.** *Cards:* **to break the ~,** torri'r banc. **3.** *(= store):* banc, cronfa (cronf|eydd) *f*; **bottle ~,** banc poteli; *Med:* **blood ~,** banc gwaed; **eye ~,** banc llygaid. **~ acceptance** *n.* drafft(-iau) (*m*) derbyn banc. **~ account** *n.* cyfrif(-on) (*m*) banc. **~ annuities** *n.* = **consols.** **~-bill** *n.* = **bank-draft.** **~-book** *n.* llyfr(-au) (*m*) banc, paslyfr(-au) *m*. **~ charges** *n.pl.* codiannau banc, treuliau banc. **~ clerk** *n.* clerc(-od) (*m*) banc. **~ discount** *n.* gostyngiad(-au) (*m*) banc. **~ draft** *n.* drafft(-iau) (*m*) banc. **~ holiday** *n.* gŵyl (gwyliau) (*f*) banc, gŵyl y banc. **~ manager** *n.* rheolwr (*m*) banc (rheolwyr banciau). **~ messenger** *n.* negesydd(-ion) (*m*) banc. **~ minimum lending rate** *n.* cyfradd (*f*) benthyca isafol, benthycradd isafol *f*. **~ money** *n.* cyfnewidion (*pl*) banc. **~-paper** *n.* **1.** = **banknote. 2.** papur (*m*) banc. **~-passbook** *n.* paslyfr(-au) (*m*) banc. **~-rate** *n.* cyfradd(-au) (*f*) banc; **~ rate of exchange,** cyfradd newid banc; **~ rate of return,** cyfradd adennill banc. **~-return** *n.* adroddiad(-au) (*m*) banc, mantolen(-ni) (*f*) banc. **~-reserve** *n.* cronfa (*f*) banc (cronf|eydd banciau). **~-statement** *n.* cyfriflen(-ni) *f*, mantolen (*f*) cyfrif (mantolenni cyfrifon), datganiad(-au) (*m*) cyfrif. **~-transfer** *n.* trosglwyddiad(-au) (*m*) banc.

bank⁴ *v.t.&i. Fin:* **1.** *(a) v.t. (money):* bancio (arian), rhoi (arian) yn y banc; *(b) v.i.* **to ~ with s.o.,** bancio gyda rhn. **2.** *Gaming: v.i.* bod â gofal y banc, bancio, bod yn fancer. **3.** *v.i.* **to ~ on sth,** dibynnu ar rth, *F:* bancio ar rth.

bank⁵ *n.* **1.** *(of oars, seats, typewriter keys, switches, lights):* rhes(-i) *f*, rhenc: rheng (rhengoedd) *f*, rhesaid (rheseidiau) *f*, banc(-iau) *m*. **2.** *Mus: (of organ):* allweddell(-au) *f*, stopiau *pl*.

bank⁶ *v.t. (= arrange in banks):* rhencio, rhesu, trefnu.

bankable *a. Fin: (of result &c):* banciadwy, dibynadwy, sicr; **a ~ actor,** actor sy'n sicr o ddwyn elw, actor banciadwy.

banked *a.* **1.** *Civ.E:* **~ edge of road,** ymyl ffordd ar oleddf. **2. ~ clouds,** rhenc o gymylau, cymylau yn rhenc, cymylau rhenciog; **~ snow,** lluwch o eira, eira'n lluwch, eira lluwchiog.

banker¹ *n.* **1.** *Fin: Gaming:* bancer(-iaid) *m*, *Lit: occ:* banc[i]wr (bancwyr) *m*, *F: occ:* dyn(-ion) (*m*) banc. **2.** *Fb.Pools:* gêm (gemau) sicr *f*, bancer(-s) *m*. **~'s bill** *n.* bil(-iau) (*m*) cyfnewid tramor. **~'s draft** *n.* drafft(-iau) (*m*) banc. **~'s order** *n.* archeb(-ion) (*f*) banc, gorchymyn (gorchmynion) (*m*) banc.

banker² *n. Fish:* bancer(-iaid) *m*.

banker³ *n.* = **workbench.**

banket *n. Geol:* banced *m*.

bankful *n. Geog:* cyforlan(-nau) *f*; **near-~,** gogyforlan(-nau) *f*; **over-~,** gorgyforlan(-nau) *f*.

banking *vn.* **1.** *See* **bank²,⁴**; *Fin:* bancio. **2.** *Fish:* pysgota [o'r lan, ar draethellau].

banknote *n.* papur (*m*) punt/doler *&c* (papurau punnoedd/doleri *&c*).

bankroll¹ *n. U.S: (a) (of notes):* rholyn (rholiau) *m* [o ddoleri/bunnoedd] *&c*. *(b) (= funds):* arian *m*.

bankroll² *v.t.* noddi, ariannu (rhth); cefnogi (rhth) yn ariannol.

bankroller *n.* talwr (talwyr) *m* [am rth], cyllidwr (cyllidwyr) *m*, ariannwr (arianwyr) *m*.

bankrupt¹ *a. & n.* **1.** *a. (a) Fin: Com:* toredig, wedi torri, wedi methdalu; **to go ~,** torri, *Lit:* mynd yn fethdalwr, methdalu; **the business has gone ~,** fe aeth y busnes yn fethiant; fe fethodd y busnes; fe dorrodd y busnes; *F:* mae'r hwch wedi mynd trwy'r siop; mae'r busnes wedi mynd â'i ben iddo; mae'r busnes wedi torri['n glec]; mae'r busnes wedi mynd i'r clawdd/wal; *S.W: V:* mae'r busnes wedi mynd i Dre-din; **he knew what he was doing when he went ~,** *N.W: occ:* torri'n gall a wnaeth o; **to adjudge/adjudicate s.o. ~,** dyfarnu rhn yn fethdalwr; *(b) Fig:* amddifad (o rth), diffygiol (mewn rhth), hysb (*f.* hesb, *pl.* hysbion) (o rth); **the government is morally ~,** mae'r llywodraeth yn amddifad o bob moesoldeb; mae'r llywodraeth wedi methu'n foesol; **~ of/in intelligence,** cwbl anneallus; **~ in thanks,** cwbl anniolchgar, yn methu diolch, hysb o ddiolchiadau. **2.** *n. Jur:* methdalwr (methdalwyr) *m*, methd|alwraig *f*, *F:* colledwr (colledwyr) *m*, *occ:* bancrafft(-iaid) *m*; *Jur:* **undischarged ~,** methdalwr heb ei ryddh|au (methdalwyr heb eu rhyddhau); *Fig:* **a moral ~,** rhn amddifad o bob synnwyr moesol.

bankrupt² *v.t.* **1.** *Jur:* dyfarnu (rhn) yn fethdalwr. **2.** *Fin: Com:* peri/achosi (i rth) dorri/fethu; **it bankrupted the company,** fe dorrodd y cwmni o'i achos; fe yrrodd y cwmni i'r wal.

bankruptcy *n.* **1.** *Fin: Com: Jur:* methdaliad(-au) *m*, methdalwriaeth(-au) *f*. **2.** *Fig: (= total lack of sth):* amddifadrwydd *m*, diffyg *m*, diffygiolrwydd *m*; **the moral ~ of the regime,** diffyg moesoldeb llwyr y drefn, methdaliad moesol y drefn.

banksia *n. Bot:* bancsia(-s) *m*.

bankside *n.* glan(-nau, glennydd) (*f*) afon/afonydd.

banksman *n. Min:* banc[i]wr (bancwyr) *m*, arolygwr (arolygwyr) (*m*) pen pwll.

banned *a.* gwaharddedig.

banner *n. & attrib.* **1.** *n.* baner(-i,-au) *f*, fflag(-iau) *f*, *Lit:* lluman(-au) *m*; **to join/follow s.o's ~,** ymuno ag achos rhn. **2.** *attrib. U.S:* amlwg. **~-bearing** *a.* banerog. **~-headline** *n. Typ:* pennawd bras (penawdau breision) *m*.

bannered *a.* banerog.

banneret *n.* banred(-au) *m*, marchog(-ion) (*m*) banred.

bannerol *n.* = **banderol[e].**

bannock *n. Cu:* **1.** *(a) (with oat flour):* bara (*m*) ceirch; *(b) (with barley flour):* bara haidd, bara barlys, *S.W:* bara tenau; *(c) U.S:* bara (*m*) corn.

banns *n.pl. Ecc:* gostegion; **to call/publish/ask the ~, to put up the ~,** cyhoeddi'r gostegion, *S:* dodi'r alwad mas; **to forbid the ~,** gwahardd y briodas.

banquet¹ *n.* gwledd(-oedd,-au) *f*, gloddest(-au) *mf*; **wedding ~,** gwledd briodas, neithior(-au) *f*. **~-house** *n.* gwl|edd-dy (~-dai) *m*. **~-room** *n.* = **banqueting hall.**

banquet² *v.t.&i.* **1.** *v.t.* **to ~ s.o.,** rhoi gwledd i rn. **2.** *v.i.* gwledda, gloddesta.

banqueter *n.* gwleddwr (gwleddwyr) *m*, gwl|eddwraig (gwleddwragedd) *f*, gloddestwr (gloddestwyr) *m*, glodd|estwraig *f*.

banqueting *vn.* gwledda. **~ hall** *n.* neuadd (*f*) wledda (neuaddau gwledda).

banquette *n.* **1.** *(a) Mil:* ysgafell(-au) (*f*) saethu; *(b) U.S:* = **pavement, footbridge. 2.** *U.S: Furn: (= upholstered seat):* mainc (meinciau) esmwyth *f*, mainc glustogog (meinciau clustogog).

banshee *n. Myth:* cyhyraeth: cyheuraeth(-od) *mf*; **to howl/wail like a ~,** oernadu fel cath.

bansticle *n.* = **stickleback.**

bant *v.i. O:* colli pwysau, teneuo.

bantam *n. & a.* **1.** *n.* bantam(-iau,-iaid) *m&f*; *(cock):* ceiliog(-od) (*m*) bantam, ceiliog dandi; *(hen):* iâr fantam (ieir bantam) *f*, iâr ddandi, *N:* iâr ddandan (ieir dandi). **2.** *a.* = **small, light⁴.**

bantamweight *n. Box:* pwysau (*pl*) bantam; *(boxer):* paffiwr (paffwyr) (*m*) pwysau bantam.

banteng *N: Z:* banteng(-od,-iaid) *m*.

banter¹ *n.* cellwair *m*, herian *m*, [y]smaldod *m*, tynnu (*vn*) coes, direidi *m*, *S: occ:* cym[h]ŵedd *m*, *N.W: occ:* 'myrraeth *f*; **by way of ~,** o ran hwyl, o ran direidi, *N.W:* o ran 'myrraeth, *S: occ:* o gym[h]ŵedd.

banter² *v.i.* cellwair, pryfocio, herian, tynnu coes, *N:* smalio, *occ:* plefio, plefian, *S: occ:* cym[h]ŵedd.

banterer *n.* heriwr (herwyr) *m*, pryfociwr (pryfocwyr) *m*, pryf|ocwraig *f*, tynnwr (tynwyr) (*m*) coes.

bantering *a.* cellweirus, pryfoclyd, herllyd.
banteringly *adv.* yn gellweirus *&c.*
banting *vn.* = **bant**.
bantling *n.* = **child**.
Bantu *a.* & *n.* **1.** *a.* Bantŵaidd, Bantw. **2.** *n.* *(i) Ethn:* Bantw (Bantŵaid) *m&f*; *(ii) Ling:* Bantw *f, m.*
Bantustan *n. Pol:* Bantwst|an (Bantwstanau) *mf.*
banxring *n. Z:* bancsring(-iaid,-od) *m*, chwistlen *(f)* goed (chwistlod coed).
banyan *n. Bot:* banian(-au) *f*, coeden *(f)* fanian (coed banian), coeden ffigys India, ffigyswydden (ffigyswydd) *(f)* yr India.
banzai *n. int.* bansái!
baobab *n. Bot:* baobab(-au) *f*, coeden *(f)* faobab (coed baobab).
bap *n. Cu:* torthen(-ni,-nau) *f*, wicsen gron (wics crynion) *f*, wicsen blaen (wics plaen), *S.W:* cwgen(-ni,-nod, cwcs, cwgod) *f.*
baptisia *n. Bot: U.S:* baptisia (-s) *m*, |indigo gwyllt *m.*
baptism *n.* **1.** bedydd(-iadau) *m*; **~ of blood,** bedydd gwaed; **~ of fire,** bedydd tân; **to receive ~,** cael bedydd, derbyn bedydd, cael eich bedyddio. **2. B~,** *(a) (sect):* y Bedyddwyr *pl*; *(b) (creed):* Bedyddiaeth *f.*
baptismal *a.* bedyddiol; **~ font,** bedyddfaen (bedyddfeini) *m*; **~ name,** enw(-au) *(m)* bedydd; **~ vow,** adduned(-au) *(f)* bedydd.
baptismally *adv.* yn fedyddiol.
Baptist *n.* & *attrib.* **1.** *n.* Bedyddiwr (Bedyddwyr) *m*, Bed|yddwraig (Bedyddwragedd) *f*, *F: occ:* Batus *m&f*; **John the ~,** Ioan Fedyddiwr; **General ~,** Rhyddgymunwr (Rhyddgymunwyr) *m*, Bedyddiwr Cyffredinol; **Particular ~,** Bedyddiwr Neilltuol; **Scotch ~,** Bedyddiwr Albanaidd, *F:* Bedyddiwr Bara Caws, Batus Bach; **Strict ~,** Caethgymunwr (Caethgymunwyr) *m*, Bedyddiwr Caeth. **2.** *attrib.* **a ~ church,** eglwys y Bedyddwyr, *occ:* eglwys Fedyddiedig, *F:* capel Batus.
baptistery, baptistry *n.* bedyddfa (bedyddf|eydd, bedyddfâu) *f*, bedyddfan(-nau) *mf.*
baptize *v.t.* bedyddio.
baptized *a.* bedyddiedig, bedyddiol.
baptizer *n.* bedyddiwr (bedyddwyr) *m.*
bar[1] *n.* **1.** *(a) (in most senses):* bar(-iau,-rau) *m*; **chime bars,** clochfarrau; **cutter-~,** bar torri; **feed-bars,** barrau porthi; **folding bars,** barrau plygu; *Carp:* **lengthening ~,** bar ymestyn; **merchant bars,** barrau marsiant; *Gym:* **parallel bars,** barrau cyflin; **horizontal bars,** barrau llorwedd; **wall bars,** barrau wal/mur; *Typ:* **space-~,** bar gofod/gofodi; *Tls:* **tommy-~,** tomi-bar(-rau) *m*, twmfar(-rau) *m*; **behind bars,** y tu ôl i'r barrau, yn y carchar; *(b) (of salt): N:* calen(-nau,-ni) *f*, *N.W: occ:* torth(-au) *f*, *S.W:* carreg (cerrig) *f*, *S:* bar; *(c) (of soap):* calen, talp(-iau) *m*; *(d) (in river, harbour):* **across the ~,** dros y bar. **2.** *(a) (= obstacle, barrier):* rhwystr(-au) *m*, atalfa (atalf|eydd) *f*; **to be a ~ to sth,** atal rhth, sefyll yn ffordd rhth, bod yn rhwystr i rth, rhwystro rhth; **colour ~,** gwaharddiad *(m)* lliw; **efficiency ~,** atalbwynt(-iau) *m*, bar cyflog; *(b) Jur:* gwrth-hawl (~-hawliau) *f*, gwrthble(-on) *m.* **3.** *Jur:* *(a) (of the accused):* bar(-rau) *m*; **the prisoner at the ~,** y carcharor wrth y bar; **to appear at the ~,** ymddangos o flaen y bar; **the ~ of history,** bar hanes; **at the ~ of public opinion,** wrth far y farn gyhoeddus, ym marn *(f)* y wlad; *(b) (i) (of advocates):* bar *m*; **to read for the ~,** astudio ar gyfer y bar; **to be called to the ~,** cael eich galw i'r bar; **to be called within the ~,** cael eich galw o fewn y bar; **the outer ~,** y bar allanol; *(ii) (the profession):* y bar *m*, bargyfreithwyr *pl*; **the B~ Council,** Cyngor y Bar; *Parl:* **the B~ of the House,** Bar y Tŷ. **4.** *(= counter):* bar(-rau) *m*; *(= tavern):* bar, tafarn(-au) *f in N., m in S.*; **milk ~,** bar llaeth, tafarn *(f)* laeth (tafarnau llaeth); **snack ~,** bar byrbryd, snacbar(-rau) *m.* **5.** *(a) (= cancellation):* bar(-rau) *m*, llinell(-au) *f*; *(b) Mus:* **~[-line], double ~,** deufar(-rau) *f.* **6.** *Meteor: Meas:* bar(-rau) *m.* **~ bell** *n. Th:* cloch *(f)* y bar (clychau barrau); *S.a.* **barbell. ~ billiards** *n.* biliards *(pl)* bar, biliards bach. **~ car** *n. Rail:* cerbyd(-au) *(m)* bar. **~ chart** *n.* siart(-iau) *(mf)* bar. **~-code** *n.* côd (codau) *(m)* bar; **~-code reader,** darllenydd(-ion) *(m)* côd bar. **~-coded** *a.* **~-coded label,** label(-i) *(m)* côd bar. **~ graph** *n.* graff(-iau) *(m)* bar. **~ iron** *n.* barrau *(pl)* haearn, haearn *(m)* barrau. **~-line** *n.* **1.** *Mus:* llinell *(f)* bar (llinellau bar), deufar(-rau) *m.* **2.** *Cmptr:* barlinell(-au) *f.* **~-line graph** *n.* = **bar graph. ~ person** *n.* = **barman, barmaid. ~ pilot** *n.* peilot(-iaid) *(m)* bar. **~-point** *n.* gwahanbwynt(-iau) *m.* **~ sinister** *n. Her:* bar(-rau) [o] chwith *m*, bar aswy. **~-snack** *n.* byrbryd(-au) *m.* **~-soap** *n.* sebon *(m)* calen, talpiau *(pl)* sebon. **~-tack** *n. Needlew:* tac(-iau) *(m)* cynnal. **~-tracery** *n. Arch:* rhwyllwaith barrog *m.* **~ wisdom** *n.* doethineb *(m)* tŷ tafarn, doethineb pot peint, doethineb potwyr/llymeitwyr.
bar[2] *v.t.* **1.** *(door &c):* bario, bolltio (drws); rhoi bar/bollt (ar ddrws). **2.** *(a) (= obstruct):* cau; **to ~ a road,** cau ffordd; **to ~ s.o.'s way,** atal rhn, rhwystro rhn, sefyll yn ffordd rhn; *(b)* = **debar. 3.** *(= forbid):* gwahardd; **to ~ a motion,** rhwystro cynnig; **to ~ s.o. from a place,** gwahardd rhn o le. **4.** *(= mark with stripes):* gwneud llinell[-au] (ar rth, ar draws rhth). **5.** *F:* *(= disapprove of sth):* **I ~ such talk,** ni allaf ddioddef siarad o'r fath; *(= except):* eithrio.
bar[3] *prep.* ac eithrio, gan eithrio, oddieithr, oni bai am + *soft mut.*; **~ none,** heb eithriad, heb eithrio'r un, yn ddieithriad, yn anad dim, yn anad neb, yn anad yr un; **barring accidents,** oni bai bod rhywbeth yn mynd o'i le; **barring an election,** oni bai bod etholiad; **it's all over ~ the shouting,** mae popeth ar ben i bob diben.
bar[4] *n. Ich: (Sciaena aquila):* bar(-iaid) *m.*
barathea *n. Tex:* barathea *m*, brethyn main *m.*
barb[1] *n.* **1.** *(a) (of arrow, fish-hook):* adfach(-au) *m*; *(b) Fig: (= wounding comment):* brath(-au) *m*, brathiad(-au) *m*, crafiad(-au) *m*, sylw(-adau) brathog/crafog *m*, *N: F:* weipen (weips) *f*, pulsen (puls) *f.* **2.** *(a) Ich: Vet:* barfan(-au) *f*, saethflewyn (saethflew) *m*; *Bot:* col(-ion) *m*, cola (colion) *m*; *(b) (of feather):* saethflewyn (saethflew) *m.* **3.** *Cost:* gyddfliain (gyddflieiniau) *m*, tagell(-au, tegyll) *f.*
barb[2] *v.t.* **1.** *(= to place barbs on sth):* adfachu (rhth), gosod adfach (ar rth). **2.** *(= trim):* tocio, barbio, torri.
barb[3] *n.* **1.** *Z:* ceffyl(-au) *(m)* B|arbari. **2.** *Orn:* colomen(-nod) *(f)* Barbari.
Barbadian *a.* & *n.* **1.** *a.* Barbadaidd, [o] Farbados; **the ~ government,** llywodraeth Barbados; **she's ~,** un o Farbados yw hi. **2.** *n.* Barbadiad (Barbadiaid) *m&f.*
Barbaresque *a. Ethn:* Berberaidd.
barbarian *a.* & *n.* **1.** *a.* barbaraidd, anwar, anwaraidd. **2.** *n.* barbariad (barbariaid) *m&f*, anwariad (anwariaid) *m&f*, anwar(-iaid) *m&f*, anwarddyn(-ion) *m.*
barbaric *a.* = **barbarian 1.**
barbarically *adv.* yn farbaraidd *&c.*
barbarism *n.* **1.** *Gram: Ling:* estronair (estroneiriau) *m.* **2.** *(= barbarous condition):* barbariaeth *f*, anwaredd *m*, anwarineb *m*, anwar|eidd-dra *m*, barbareiddiwch *m*, barbar|eidd-dra *m*, barbarwch *m.*
barbarity *n.* creulondeb(-au) *m*, creulonder(-au) *m*, barbareiddiwch *m*; *S.a.* **barbarism 2.**
barbarization *n.*, **barbarize** *v.t.&i.* barbareiddo, anwareiddio.
barbarous *a.* barbaraidd, anwaraidd.
barbarously *adv.* yn farbaraidd *&c.*
barbarousness *n.* barbareiddiwch *m*, anwarineb *m*; *S.a.* **barbarism 2.**
Barbary *Pr.n. Geog:* B|arbari *f.* **~ ape** *n. Z:* epa(-od) *(m)* Barbari. **~ coast** *n. F: U.S:* ardal(-oedd) *f* golau coch.
barbastelle *n. Z:* barbastél (barbastelod, barbasteliaid) *m.*
barbate *a.* **1.** *Bot:* coliog, saethflewog. **2.** *Z:* barfog.
barbecue[1] *n.* b|arbeciw (barbeciwiau) *m.*
barbecue[2] *v.t.* barbeciwio.
barbecuer *n.* barbeciwiwr (barbec|iw-wyr) *m.*
barbed *a.* adfachog, bachog, pigog; **~ wire,** weiren bigog; *Fig:* crafog, miniog, brathog. **~ wire plant** *n. Bot:* **cocklebur (spiny).**
barbedness *n.* miniogrwydd *m*, bachogrwydd *m.*
barbel *n.* **1.** *Ich:* barfogyn (barfogion) *m.* **2.** *(= filaments):* barfan(-au) *f*, barf(-au) *f.*
barbell *n. Gym:* barbwysau *m.*
barbellate *a. Bot:* saethflewog.
barber *n.* barbwr (barbwyr) *m*, barber(-iaid) *m*, dyn(-ion) *(m)* torri gwallt; **to do the work of a ~,** barbro; **the ~'s,** siop *(f)* y barbwr, lle *(m)* torri gwallt; **to go to the ~'s,** mynd i siop y barbwr, mynd i dorri'ch gwallt (*not* mynd i'r barbwr); **at the ~'s,** yn siop y barbwr, yn y lle torri gwallt (*not* yn y barbwr). **~'s Hill** *W.Pl.n.* Moel *(f)* y Geraint. **~'s itch** *n.* clwy *(m)* rasel. **~'s pole** *n.* polyn (polion) *(m)* barbwr.
barberry *n. Bot:* **1.** *(tree):* pren(-nau) *(m)* melyn, eurddraenen (eurddrain) *f*, ysbinys *m*, ysbin *m*, draenen (drain) *(f)* ysbinys,

ysbinwydden (ysbinwydd) *f*; **greater ~,** *(Berberis glaucocarpa):* yr eurddraenen fwyaf (yr eurddrain mwyaf). **2.** *(fruit):* criafolen (criafol) (*f*) pren melyn.
barbershop *n. U.S:* siop(-au) (*f*) barbwr; **~ singing,** canu h|armoni clos, canu siop barbwr.
barbet *n.* **1.** *Orn:* barfednyn (barfednod) *m*, barfedn(-od) *m*, aderyn (adar) barfog *m.* **2.** *(poodle):* barbet(-iaid) *m.*
barbette *n.* **1.** *Artil:* llwyfan(-nau) (*mf*) saethu, tomen(-ni) (*f*) saethu. **2.** *Nav: (on warship):* tarian(-au) *f*, barbet(-au) *m.*
barbican *n. Fort:* b|arbican (barbicanau) *m*, rhagfur(-iau) *m.*
barbicel *n.* adfachigyn (adfachigau) *m.*
barbital *n. U.S: Pharm:* b|arbiton *m.*
barbitone *n. Pharm:* b|arbiton *m.*
barbiturate *n. Pharm:* barb|itwrad (barbitwradau) *m.*
barbituric *a. Pharm:* barbitwrig.
barbola *n. Art:* **~ work,** gwaith (*m*) barbola.
barbule *n.* deintell(-au) *f*, adfachyn (adfachau) *m.*
barcarole *n. Mus:* barcarôl (barcarolau) *m.*
barchan *n. Geog:* barchan(-au) *m.*
bard[1] *n.* bardd (beirdd) *m*, *Lit: occ:* prydydd(-ion) *m*, prydyddes(-au) *f*, barddes(-au) *f*; **the bards,** *Joc: Pej:* y glêr *f*; **chair/chaired ~,** bardd cadair, bardd cadeiriol, cadeirfardd (cadeirfeirdd) *m*, prifardd (prifeirdd) [cadeiriol] *m*; **the chaired ~,** bardd y gadair; **crown/crowned ~,** bardd coron, bardd coronog, coronfardd (coronfeirdd) *m*, prifardd coronog; **the crowned ~,** bardd y goron; **domestic ~,** bardd teulu; **court ~,** bardd llys; **herald ~,** arwyddfardd (arwyddfeirdd) *m*; **itinerant ~,** clerwr (clerwyr) *m*; **local ~,** bardd gwlad; **the Assembly of Bards of the Island of Britain,** Gorsedd (*f*) Beirdd Ynys Prydain, *F:* yr Orsedd *f*; **the Bard of Avon,** Bardd yr Afon.
bard[2] *n.* **1.** *Arm:* marchwisg(-oedd) *f.* **2.** *Cu:* cig (*m*) moch.
bard[3] *v.t.* **1.** *Arm:* **to ~ a horse,** gwisgo march. **2.** *Cu:* gorchuddio (rth) â chig moch, rhoi/dodi cig moch (ar rth).
bardic *a.* barddol; *W.Lit:* **~ alphabet,** coelbren (*m*) y beirdd; **the ~ order,** urdd y beirdd; **~ grammar,** gramadeg(-au) barddol *m*, *Lit: occ:* dwned(-au) *m.*
bardism *n.* barddas *f*, barddoni *vn.*
bardolater *n.* bardd-addolwr (~-addolwyr) *m.*
bardolatry *n.* bardd-addoliaeth *f.*
Bardsey *W.Pl.n.* [Ynys] Enlli *f.* **~ Sound** *W.Pl.n.* Swnt (*m*) Enlli.
bare[1] *a.* **1.** *(a) (= uncovered, naked):* noeth(-ion), *Lit: occ:* noethlwm (*f.* noethlom, *pl.* noethlymion); *F:* **as ~ as the back of my hand,** [yn] noethlymun groen, *S: F:* (yn) noeth borcyn, yn borcyn jac; *El:* **~ wire,** gwifren noeth; **to lay ~,** noethi, dinoethi; **to lay ~ a secret,** datgelu cyfrinach; **to the ~ bones,** hyd at yr asgwrn; *(b) (countryside, room &c):* moel(-ion), llwm (*f.* llom, *pl.* llymion), noethlwm; **~ countryside,** gwlad anial/lom/foel; **a ~ tree,** coeden heb ddail; **to become ~,** llymh|au, moeli; **to make ~,** llymhau; *Nau:* **under ~ poles,** heb hwyliau; **on the ~ ground,** ar y ddaear galed; **on ~ boards,** ar lawr caled; **the ~ bones of a story,** esgyrn sychion stori; **a ~ outline,** braslun moel; **a ~ floor,** llawr digarped; *Th:* **~ stage,** llwyfan moel; **a ~ wall,** pared moel/llwm; *(c) (cupboard &c):* gwag (gweigion), llwm. **2.** *(= meagre, thin, scanty):* main (meinion), tenau; **a ~ living,** bywoliaeth fain; **to earn a ~ living,** byw'n fain, crafu byw; **a ~ majority,** mwyafrif main; **the ~ minimum,** y mymryn lleiaf; **a ~ chance,** posibilrwydd bychan; **the ~ thought scares me,** mae dim ond meddwl amdano yn fy nychryn i; **it's a ~ possibility,** o'r braidd y mae'n bosibl; *Lit:* **with a ~ bodkin,** â dim ond dager fach. **3. ~ of sth,** moel o rth, amddifad o rth, heb rth. **~-arsed** *a. V:* tin-noeth, tinllwm (*f.* tinllom, *pl.* tinllymion), *A:* bonllwm (*f.* bonllom, *pl.* bonllymion). **~-backed** *a.* cefnllwm, cefn-noeth; *(horse):* heb gyfrwy, digyfrwy. **~-bottomed** *a.* = **~-arsed.** **~-breasted, ~-chested** *a.* bron-noeth, bronnoeth. **~-faced** *a.* = **barefaced.** **~-handed 1.** *(= without gloves):* heb fenig, â dyrnau noeth. **2.** *(= without weapons):* â dyrnau noeth, heb arfau, yn ddi-arf. **~-headed** *a.* pennoeth. **~-legged** *a.* coesnoeth.
bare[2] *v.t.* noethi, dinoethi; **to ~ one's head,** tynnu'ch het/hat; **to ~ one's teeth,** dangos eich dannedd.
bareback *a. & adv.* **1.** *a.* digyfrwy, heb gyfrwy. **2.** *adv.* yn ddigyfrwy, heb gyfrwy; **to ride ~,** *S.W:* marchogaeth yn llymesg, marchogaeth bagalabówt.
bareboned *a.* esgyrnog, esgyrnoeth.
Barebones *attrib. Hist* **the ~ Parliament,** Senedd y Saint.
barefaced *a.* **1.** *(= without beard):* di-farf, difarf; **2.** *(a) (= without mask):* heb fasg. *(b) (= brazen):* digywilydd, haerllug, wynebgaled, eofn, *S:* ewn, *F:* powld; **he's totally ~,** mae ganddo wyneb fel pres; mae o mor ddigywilydd â thalcen tarw/tas; mae o mor ddigywilydd â charreg filltir; **a ~ lie,** celwydd noeth, celwydd golau dydd.
barefacedly *adv.* yn ddigywilydd *&c.*
barefacedness *n.* digywil|ydd-dra *m*, haerllugrwydd *m*, wynebgaledwch *m*, wyneb *m*, ehofnder *m*, ehofndra *m*, *S:* ewndra *m.*
barefoot, barefooted *a.* troednoeth, traednoeth, *A: or Lit:* diarchen, diarchenad.
barège *n. Tex:* ***barège*** *m.*
bareheadedness *n.* noethni (*m*) pen, pen-noethni *m.*
bareknuckle, bareknuckled *a. & adv.* **1.** â dyrnau noeth. **2.** *Fig:* **a ~ polemic,** dadl ddiarbed; **he fought ~ in parliament for his beliefs,** ymladdodd nerth deng ewin yn y senedd dros ei ddaliadau.
barely *adv.* **1.** *(= in a bare manner):* yn foel. **2.** *(= hardly, scarcely):* prin, o'r braidd; **he is ~ twenty-five years of age,** prin bump ar hugain oed ydyw; **I ~ know him,** prin ei adnabod yr wyf i; o'r braidd yr wyf yn ei adnabod; nid wyf ond prin yn ei adnabod.
bareness *n.* **1.** *(= nakedness):* noethni *m.* **2.** *(= bleakness):* llymder *m*, noethder *m*, moelni *m.*
barfly *n.* llymeitiwr (llymeitwyr) *m*, slotiwr (slotwyr) *m.*
bargain[1] *n.* bargen (bargeinion) *f*; **to strike/drive a ~,** taro bargen, dod i delerau, cytuno ar delerau; **to drive a hard ~,** bargeinio'n galed, taro bargen galed; **to make a good ~,** taro bargen dda; **(to make the best) of a bad ~,** (gwneud y gorau) o'r gwaethaf, o fargen wael; **to get the best of the ~,** cael y gorau o'r fargen, *N: F:* cael y tu gorau i'r frechdan; **to have a ~ of sth,** cael bargen ar rth; **a forced ~,** bargen gymell; **into the ~,** yn ogystal, ar ben hynny, yn y fargen; **s.o. with a nose for a ~,** *F:* rhn 'sgut am fargen, rhn garw amdani, ci â'i drwyn wrth y ddaear. **~ basement** *n.* adran (*f*) fargeinion (adrannau bargeinion). **~ counter** *n.* cownter(-i) (*m*) bargeinion. **~-hunter** *n.* heliwr (helwyr) *(m)* bargeinion, h|elwraig *(f)* bargeinion. **~ price** *n.* pris(-iau) (*m*) bargen, pris rhad, *F:* pris baw, pris brechdan. **~ sale** *n.* sêl (*f*) fargeinion (sêls bargeinion).
bargain[2] *v.i.&t.* **1.** *v.i.* bargeinio, *occ:* bargenna (**with s.o.** â rhn); **I didn't ~ for that,** nid oeddwn i'n disgwyl hynny; *N: F:* mi gefais i ail; **he got more than he bargained for,** cafodd fwy nag y bargeiniodd/disgwyliai amdano; cafodd fwy na'r disgwyl; *N: F:* cafodd ail. **2.** *v.t.* **to ~ sth away,** gwerthu rhth mewn bargen.
bargainer *n.* bargeiniwr (bargeinwyr) *m*, barg|einwraig (bargeinwragedd) *f.*
bargaining *vn.* bargeinio; **collective ~,** cydfargeinio.
barge[1] *n. (a) (on canal):* cwch (cychod) (*m*) camlas, bad(-au) (*m*) camlas, cwch glo, bad glo; *(b) Navy:* **admiral's ~,** cwch/bad llyngesydd; *(c)* **state ~,** rhwyflong frenhinol (rhwyflongau brenhinol) *f.* **~-board** *n. Const:* ymyl(-on) (*mf*) bondo, astell (*f*) dywydd (estyll tywydd), aden (*f*) dywydd (adenydd tywydd). **~-pole** *n.* polyn (*m*) bad/cwch (polion badau/cychod); **I wouldn't touch it with a ~-pole,** wnawn i ddim byd ag ef; chyffyrddwn i mohono â pholyn lein; edrychwn i ddim arno drwy gwilsyn *or* drwy das wair.
barge[2] *v.t.&i.* **1.** *v.t. U.S:* cludo (rhth) mewn cwch/bad. **2.** *v.i.* **to ~ against sth,** *F:* mynd yn bwt/bwcs/bwtsh yn erbyn rhth, *S:* bwrw'n glatsh yn erbyn rhth; **to ~ into a room,** ymwthio/rhuthro i ystafell [fel bwmbeili]. **3.** *Rugby Fb: Basketball: &c:* hyrddio.
barge[3] *n. Rugby Fb: Basketball: &c:* hyrddiad(-au) *m*;
bargee *n.* cychwr (cychwyr) *m*, badwr (badwyr) *m*, *Lit:* ysgraffwr (ysgraffwyr) *m*; **to swear like a ~,** rhegi fel cath/meinar.
bargeman *n. U.S:* = **bargee.**
bargemaster *n.* perchennog (*m*) cwch/bad (perchenogion cychod/badau).
barhop *v.i.* crwydro/cerdded tafarnau, *N:* hel tafarnau.
bariatrician *n.* bariatregydd: bariatregwr (bariatregwyr) *m.*
bariatrics *n.pl.* bariatreg *f.*
baric *a. Ph:* barig.
barilla *n.* **1.** *Bot:* = **saltwort.** **2.** *Com: Ch:* barila *m.*
barite *n. Miner:* = **barytes.**
baritonal *a. Mus:* baritonaidd.
baritone *n. & a.* **1.** *n. (a) (voice):* b|ariton (baritonau) *m*; *(b)*

(singer): b|ariton (baritoniaid, baritonwyr) *m*. **2.** *a*. bariton. **~ clef** *n*. allwedd(-au) (*f*) bariton, cleff(-iau) (*m*) bariton.

barium *n*. *Ch*: bariwm *m*. **~ meal** *n*. uwd (*m*) bariwm.

bark[1] *n*. *(of tree)*: rhisgl(-au) *m*, rhisglyn (rhisglau) *m*, rhisg(-au) *m*, rhisgyn (rhisgau) *m*, *S*: pil(-ion) *m*. **~-beetle** *n*. *Ent*: chwilen (*f*) risgl (chwilod rhisgl). **~-louse** *n*. *Ent*: lleuen (*f*) risgl (llau rhisgl). **~-pit** *n*. pydew(-au) (*m*) barcio.

bark[2] *v.t.* *(a)* *(a tree)*: dirisglo, rhisglo, pilio; *(b)* *F*: **to ~ one's shins,** crafu'ch crimogau.

bark[3] *n*. *(of dog &c)*: cyfarthiad(-au) *m*, cyfarth *vn*, *N.W*: *occ*: coethi *vn*; **to give a ~,** rhoi cyfarthiad, cyfarth; **his ~ is worse than his bite,** mae ei gyfarth yn waeth na'i frathiad; gwaeth ei gyfarth na'i frath; mae mwy o dwrw nag o daro ynddo; mae'r gair garwaf ymlaenaf ganddo.

bark[4] *v.i.&t.* *(of dog)*: cyfarth, *N.W*: *occ*: coethi (**at s.o.,** ar rn); **this dog is barking at me,** mae'r ci 'ma'n fy nghyfarth i; mae'r ci 'ma'n cyfarth arna' i; *Fig*: **to ~ at s.o.,** *(= speak roughly)*: arthio ar rn; **to ~ up the wrong tree,** cwyno yn y man anghywir, mynd ar ôl 'sgwarnog, mynd ar y trywydd anghywir, cyfarth gwâl arall, bod mewn cae arall; **you're barking up the wrong tree,** 'dwyt ti ddim yn pori yn y cae iawn.

bark[5] *n*. = **ship**[1], **boat**[1].

barkbug *n*. *Ent*: pryf(-ed) (*m*) rhisgl.

barkeeper *n*. = **barman**.

barkentine *n*. *Nau*: barcentîn (barcentinau) *mf*.

barker *n*. **1.** *(= dog)*: cyfarthwr (cyfarthwyr) *m*, cyf|arthwraig *f*. **2.** *(= tout, salesman)*: gwaeddwr (gwaeddwyr) *m*. **3.** *(= tanner)*: barcer(-iaid) *m*.

barkery *n*. barcty (barctai) *m*.

barking[1] *a*. cyfarthog, cyfarthgar, cyfarthlyd.

barking[2] *vn*. = **bark**[3].

barky *a*. rhisglaidd, rhisglog.

barley *n*. haidd *m* (*pl. occ*: heiddiau), *S*: barlys *m*; **to gather/beg ~,** heidda; **a grain of ~,** gronyn (*m*) haidd, heidden *f*, heiddyn *m*, barlysyn *m*; **bear ~,** heiddyd *m*; **bearded ~,** haidd coliog, *S*: haidd cola; **early ripening ~,** haidd cynnar, haidd pen y bâl; **long-eared ~,** haidd hirdywys; **malting ~,** haidd bragu; **naked ~,** haidd digroen, haidd moel; **pearl ~,** haidd perlog/gwyn; **polystichous ~,** haidd garw, haidd coliog; **pot ~,** haidd potes, haidd crochan; **sea ~,** haidd y môr, heiddwellt (*m*) y morfa; **square-eared ~,** haidd conglog, haidd bendigaid; **two-rowed ~,** haidd merlys, *N*: haidd hen ffasiwn, haidd rhywiog; **mouse ~, wall ~,** *(Hordeum murinum)*: heiddwellt y cloddiau, haidd gwyllt; **wood ~,** *(Hordelymus europaeus)*: heiddwellt y coed. **~ beer** *n*. cwrw (*m*) haidd/barlys, heiddgwrw *m*. **~ bread** *n*. bara (*m*) haidd, bara barlys, *occ*: bara coch. **~ broth** *n*. cawl (*m*) haidd/brag. **~ grass** *n*. *(Hordeum)*: heiddwellt *m*. **~ meadow grass** *n*. *(H. secalinum)*: heiddwellt y weirglodd, heiddwellt y maes, heiddwellt y gweunydd. **~ malt** *n*. heiddfrag *m*. **~ meal** *n*. blawd (*m*) haidd, heiddflawd *m*. **~ mow** *n*. cowlas (*m*) haidd, ysgafn (*m*) o haidd, mwdwl (*m*) barlys. **~ seeds** *n.pl.* hadau haidd. **~ sugar** *n*. siwgwr (*m*) barlys. **~ water** *n*. dŵr haidd/barlys, *Lit*: *occ*: heiddlyn *m*, h|eidd-ddwr *m*.

Barley Bill *W.Pl.n.* Craig (*f*) Llan-giwg.

barleycorn *n*. heidden *f*; **John B~** *Pr.n.m.* *Fig*: Siôn Heidden.

barlow *n*. cyllell (cyllyll) (*f*) Barlow.

barm *n*. burum *m*, berem *m*, berman *m*, eples *m*; **brewer's ~,** burum gwlyb, *S*: berem cwrw, *S.W*: *occ*: berem macsu, berem diod, *S.E*: *occ*: berman berweddu, berman tafarn; **German ~,** burum sych.

barmaid *n.f.* barforwyn(-ion, barforynion).

barman *n.m.* barman: barmon (barmyn), *Lit*: bargeidwad (bargeidwaid).

barmecidal *a*. siomedig, twyllodrus.

barmecide *n*. gwledd(-oedd) siomedig *f*.

bar mitzvah *n*. *Jew.Rel*: bar mitsfa *m*.

Barmouth *W.Pl.n.* Abermaw *mf*, *F*: Y Bermo *f*.

barmy *a*. **1.** *(= foaming)*: burmaidd, burumaidd, burymog, ewynnog. **2.** *F*: = **crazy**.

barn[1] *n*. *(a)* [y]sgubor(-iau) *f*, tŷ (*m*) gwair (tai gwair), *S*: helm(-au) *f*, sied (*f*) wair (siediau gwair); **Dutch ~,** sied wair, helm; **tithe ~,** [y]sgubor ddegwm ([y]sguboriau degwm); *(b)* *U.S*: = **cowshed, stable**. **~ dance** *n*. *(a)* *Danc*: dawns (*f*) werin (dawnsfeydd/dawnsiau gwerin), dawns [y]sgubor; *(b)* *(occasion)*: twmpath(-au) (*m*) dawns. **~ door**[1] *n*. **1.** drws (*m*) [y]sgubor (drysau [y]sgubor/[y]sguboriau); **he couldn't hit a ~ door,** allai o ddim hitio talcen tŷ; *N.E*: fedrai o ddim saethu tas mewn entri; **wide as a ~ door,** llydan fel talcen tŷ. **2.** *Cin*: *Th*: clawr (*m*) lamp (cloriau lampau). **~-door**[2] *v.t.* *Cin*: *Th*: clorio. **~ drying** *vn*. sychu dan do. **~ lot** *n*. = **barnyard**. **~ owl** *n*. *Orn*: tylluan wen (tylluanod gwynion) *f*, tylluan ysgubor, aderyn (adar) (*m*) corff. **~ raising** *vn*. cymorth codi [y]sgubor.

barn[2] *n*. *Ph*: *Meas*: barn(-au) *m*.

Barnabite *n*. *Ecc*: Barnabiad (Barnabiaid) *m&f*.

Barnaby *Pr.n.m.* B|arnabas.

barnacle[1] *n*. **1.** *Orn*: gŵydd (*f*) fôr (gwyddau môr), gwyran (gwyrain) *f*. **2.** *(a)* *Crust*: cragen (*f*) long (cregyn llong), *N.W*: *occ*: cragen (*f*) grachod (cregyn crachod); **goose ~,** *(Lepas fascicularis syn. l. anitifera)*: gwyran, caglau (*pl*) môr, cragen long; *(b)* *F*: *(pers.)*: gelen: gele: geloden (gelod) *f*.

barnacle[2] *n*. *Harn*: gefail/gefel (*f*) drwyn (gefeiliau trwynau), ffroenwasg (ffroenweisg) *f*.

barney *n*. *F*: = **quarrel**[2].

barnstorm *v.i.* **1.** *U.S*: *Pol*: ymgyrchu, areithio, brygowthan. **2.** *Th*: mynd ar daith. **3.** *Av*: *U.S*: hedfan ar draws gwlad.

barnstormer *n*. **1.** *U.S*: *Pol*: *Pej*: brygowthwr (brygowthwyr) *m*. **2.** *Th*: *Pej*: actor(-ion) crwydrol *m*, actor pen ffair, actor cefn trol, actor pen pastwn. **3.** *U.S*: *Av*: peilot(-iaid) (*m*) traws gwlad.

barnstorming *a*. *(a)* *(style)*: brygowthaidd, brygowthlyd; *(b)* **a ~ life,** bywyd actor crwydrol *&c*.

barnyard *n*. cadlas(-au, cadlesydd) *f*, ydlan(-nau) *f*, *N.W*: *occ*: gardd (gerddi) (*f*) ŷd; **~ humour,** hiwmor llofft stabal, hiwmor tomen dail.

barogram *n*. b|arogram (barogramau) *m*.

barograph *n*. b|arograff (barograffau) *m*.

barometer *n*. baromedr(-au) *m*, *F*: cloc(-iau) (*m*) tywydd, gwydr(-au) (*m*) tywydd.

barometric *a*. barometrig; *Geog*: **~ gradient,** graddiant barometrig *m*; **~ tendency,** tuedd (*f*) farometrig (tueddiadau barometrig).

barometrically *adv*. yn ôl y baromedr, yn farometrig.

barometry *n*. barometreg *f*.

baron *n*. **1.** *(= lord)*: barwn(-iaid) *m*, *Lit*: brëyr (brehyrion, brehyriaid, brehyrau) *m*. **2.** *(of beef)*: tumon(-au) (*m*) eidion, cyfrwy(-au) (*m*) eidion, syrlwyn(-i) dwbl *m*.

baronage *n*. **1.** *Coll*. *(= barons)*: barwniaid *pl*, barwniaeth *f*. **2.** *(= list of barons)*: rhestr(-au) (*f*) o farwniaid, barwniadur(-on) *m*.

baroness *n.f.* barwnes(-au), *A*: brehyres (breyresau).

baronet *n*. barwnig(-ion) *m*, *A*: brehyrig (breyrigion) *m*.

baronetage *n*. **1.** *Coll*: *(= baronets)*: barwnigion *pl*, barwigiaeth *f*. **2.** *(= list of baronets)*: rhestr(-au) (*f*) o farwnigion, barwnigiadur(-on) *m*.

baronetcy *n*. barwnig[i]aeth(-au) *f*, urdd (*f*) barwnig.

baronial *a*. barwnaidd, barwnol, *A*: brehyraidd, brehyrol.

barony *n*. barwniaeth(-au) *f*, urdd (*f*) barwn, *A*: or *Lit*: brehyriaeth(-au) *f*.

baroque *a*. & *n*. **1.** *a*. baróc. **2.** *n*. baróc *m*.

baroquely *adv*. yn faróc, mewn arddull faróc.

baroreceptor *n*. *Anat*: barodderbynnydd (barodderbynyddion) *m*.

baroscope *n*. *Ph*: b|arosgop (barosgopau) *m*.

barouche *n*. *Veh*: ***barouche(-s)*** *m*, *A*: or *Lit*: rhythgerbyd(-au) *m*.

barque *n*. = **ship**[1], **boat**[1].

barquentine *n*. *Nau*: barcentîn (barcentinau) *mf*.

barrack[1] *n.usu.pl.* **1.** barics, *Lit*: *occ*: gwersyllty (gwrsylltai) *m*, lluest(-au) *m*, lluesty (lluestai) *m*; **confined to barracks,** caeth/cyfyngedig i'r barics. **2.** *Pej*: *F*: *(= large building)*: *Lit*: ehangle(-oedd) *m*, *F*: honglaid (*m*) o le, *S.W*: gorest (*m*) o le. **~ bag** *n*. bag(-iau) (*m*) cynfas. **~-room** *attrib.* aflan, budr, brwnt, bras; **~-room language,** iaith fras *f*, araith fras *f*; **~-room lawyer,** twrnai (twrneiod) (*m*) barics.

barrack[2] *v.t.&i.* **1.** *v.t.* *Mil*: gosod (milwyr) mewn gwersyll/barics, lluestu/baricso (milwyr); **the regiment was barracked at X,** 'roedd y gatrawd mewn gwersyll yn X. **2.** *v.t.&i.* *(= heckle)* heclo, hwtio, hwtian (rhn); gweiddi ar draws (rhn).

barracker *n*. heclwr (heclwyr) *m*, hwtiwr (hwtwyr) *m*, h|wtwraig *f*.

barracoon *n*. *Hist*: corlan(-nau) (*f*) i gaethion.

barracuda *n*. *Ich*: baracwda(-id,-s) *m*.

barrage[1] *n.* **1.** *Hyd.E:* *(= dam):* argae(-au) *m,* cob(-iau) *m,* bared(-au) *m.* **2.** *Mil:* tanio *vn,* pledu *vn,* taniad(-au) *m;* **anti-aircraft ~,** tanio gwrth-awyren[nau]. **3.** *F:* **a ~ of questions,** cawod *(f)* o gwestiynau, hwrdd *(m)* o gwestiynau. **~ balloon** *n.* balŵn(-s, balwnau) *(fm)* amddiffyn.

barrage[2] *v.t. Artil:* tanio, saethu.

barramunda, barramundi *n. Ich:* baramwnda(-aid,-od) *m,* baramwndi (baramwndïod, baramwndïaid) *m.*

barranca *n.* = **ravine.**

barrator *n.* cyfreithgi (cyfreithgwn) *m.*

barratrous *a.* **1.** *(= litigious):* cyfreithgar. **2.** *(= fraudulent):* twyllodrus.

barratry *n.* **1.** cyfreithgarwch *m.* **2.** *(= fraudulence):* twyll *m,* b|aratri *m.*

barre *n. Ballet:* bar(-rau) *m.*

barred *a.* **1.** *(= striped):* rhesog; *(= crossed out):* dileëdig, croeslinellog. **2.** *(window, door):* barrog, bariedig. **3.** = **banned.**

barrel[1] *n.* **1.** casgen(-ni) *f,* baril(-au) *mf; (for pig food): S: S.W:* stond *m;* **biscuit ~,** baril bisgedi/bisgis; **to scrape the ~,** crafu'r gasgen; **to pay on the ~,** talu arian parod, talu ar law, *S:* talu ar ben bord; **I've got them over a ~,** maen' nhw ar fy nhrugaredd i; maen' nhw ar gledr fy llaw i. **2.** *(of gun, pers. &c):* baril; **double-~ gun,** gwn/dryll *(m)* dau/dwy faril (gynnau/drylliau dau/dwy faril), gwn *&c* dwbwl baril; *(of feather, pipe, key, syringe &c):* chwibol(-au) *f; (of capstan, watch):* silindr(-au) *mf.* **3.** *Meas:* = **barrelful; it's a ~ of laughs/laughter,** mae'n hwyl anfarwol; **he's a ~ of laughs,** mae'n ddigrif y tu hwnt. **4.** *(of horse):* bol(-iau) *m,* tor(-rau) *f.* **~-bellied** *a.* boliog, torrog, [â] bol casgen. **~-chair** *n.* cadair *(f)* gasgen (cadeiriau casgen). **~-chested** *a.* cestog. **~-head** *n.* pen *(m)* casgen (pennau casgenni). **~-organ** *n.* organ *(f)* dro (organau tro), organ faril (organau baril). **~-organist** *n.* dyn(-ion) *(m)* organ dro. **~-printer** *n.* celwrn-argraffydd(-ion) *m.* **~-roll** *n. Av:* rhôl *(f)* gasgen (rholiau casgen). **~-roof** *n. Arch:* to(-eau) *(m)* baril. **~-vault** *n. Arch:* fowt *(f)* faril (fowtiau baril).

barrel[2] *v.t.&i.* **1.** *v.t.* casgennu, barilo (rhth); pacio (rhth) mewn casgen/baril. **2.** *v.i. U.S:* **to ~ along,** powlio mynd, sgrialu mynd, taranu mynd, chwyrlïo mynd.

barrelful *n.* **1.** casgennaid (casgeneidiau) *f,* llond *(m)* casgen, barilaid (barileidiau) *mf,* llond baril. **2.** *Fig: (= good deal):* llawer(-oedd) *m,* peth wmbredd *m,* llond gwlad.

barrelhouse *n. U.S:* tŷ *(m)* tafarn (tai tafarnau).

barrelled *a.* **1.** *(= in a barrel):* mewn casgen/baril. **2.** *(= like barrel):* casgennaidd, barilaidd.

barren *a. & n.* **1.** *a. (a) (= sterile): (land, soil &c):* anffrwythlon, diffrwyth, diffaith; **a ~ landscape,** tirwedd anial/lom; *(female animal):* anffrwythlon, anghyfeb, gwag; *(woman):* amhlantadwy, *S.W: occ:* diflad; **a ~ cow,** buwch hesb (buchod hesbion), myswynog(-ydd) *f,* byswynog(-ydd) *f,* swynog(-ydd) *f; (b) (= unproductive):* hysb *(f.* hesb, *pl.* hysbion); **a mind ~ of ideas,** meddwl hysb o syniadau. **2.** *n.usu.pl. U.S:* diffeithdir(-oedd) *m,* anialdir(-oedd) *m,* diffaith (diffeithydd) *m.*

barrener *n.* = **barren cow.**

barrenly *adv.* yn ddiffaith *&c.*

barrenness *n.* **1.** *(a) (of land &c):* diffrwythder *m,* diffeithder *m,* diffeithdra *m,* diffrwythdra *m; (b) (of female animal):* anghyfebrwydd *m,* anffrwythlondeb *m,* diffrwythder, diffrwythdra; **2.** *Fig:* llymder *m,* llymdra *m,* moelni *m.*

barrenwort *n. Bot:* [yr] anhiliog *m.*

barret *n. Cost:* capan(-au) *m.*

barrette *n. Cost:* clip(-iau) *(m)* gwallt, clesbyn (clasbiau) *(m)* gwallt.

barricade[1] *n.* b|aricad (baricadau) *m,* baricêd (baricedau) *m,* gwrthglawdd (gwrthgloddiau) *m.*

barricade[2] *v.t.&i.* baricadu, baricedio; **to ~ oneself in,** codi baricêd/b|aricad o'ch blaen.

barrier *n.* **1.** *(= obstacle):* rhwystr(-au,-on) *m,* atalfa (atalf|eydd) *f,* gwahanfur(-iau) *m;* **sound ~,** mur *(m)* sain, gwahanfur sain; **a ~ to progress,** rhwystr i gynnydd. **2.** *(= fence, rail &c):* bariau/barrau *pl,* ffens(-ys) *f,* atalfa, gwahanfur, *S: F: occ:* bariets *m, S.W: occ:* bariwns; **customs ~,** tollborth (tollbyrth) *m,* tollfa (tollfâu, tollf|eydd) *f.* **~ beach** *n. Geog:* bardraeth(-au) *m.* **~ reef** *n. Geog:* barriff(-iau) *m;* **The Great B~ Reef,** Y Barriff Mawr *m.*

barring *prep.* = **bar**[3].

barrio *n. U.S:* barrio(-s) *m.*

barrister *n.* bargyfreithiwr (bargyfreithwyr) *m,* bargyfr|eithwraig *f;* **a ~ of ten years' standing,** bargyfreithiwr ers deng mlynedd.

barroom *n.* bar(-rau) *m.*

barrow[1] *n. (a) (= wheelbarrow): N: S.W:* berfa (berfâu, *occ:* berféi) *f, S: S.W:* whilber(-i) *f;* **dung-~,** carthglwyd(-i,-au) *f;* **to wheel a ~,** *N:* gwthio/gyrru/powlio berfa, *S:* hala whilber; *(b) (= truck with two wheels for fruit, luggage &c):* trol(-iau) *f,* tryc(-iau) *m,* berfa drol (berfâu trol). **~-boy** *n.* gwerthwr (gwerthwyr) *(m)* ffrwythau a llysiau, hogyn (hogiau) *(m)* berfa drol.

barrow[2] *n. Archeol:* beddrod(-au) *m,* crug(-iau) *m,* gwyddgrug(-iau) *f,* carnedd(-au,-i) *f,* bedd(-au) *m,* tomen(-ni,-nydd) *f.*

barrowful, barrowload *n. N:* llond *(m)* berfa, berfáid: berfâd (berfeidiau) *f, S:* llond whilber, whilberaid (whilbereidiau) *f.*

barry[1] *a. Her:* barrog, bariog.

Barry[2] *W.Pl.n.* Y Barri *m.* **~ Island** *W.Pl.n.* Ynys *(f)* y Barri.

bartender *n.* = **barman, barmaid.**

barter[1] *n.* cyfnewid *mf.*

barter[2] *v.t.* cyfnewid, *N:* ffeirio, *S:* trwco (**sth for sth,** rhth am rth arall).

barterer *n.* cyfnewidiwr (cyfnewidwyr) *m,* cyfnew|idwraig *f, N:* ffeiriwr (ffeirwyr) *m, S:* trwcwr (trwcwyr) *m.*

Bartholomew *Pr.n.m.* Bartholom|eus, B|artlemi; *Hist:* **the Massacre of St. ~,** Cyflafan *(f)* Bartlemi.

bartizan *n. Arch:* tyred(-au) *m.*

bartizaned *a. Arch:* tyredog.

barton[1] *n.* bartwn (bartynau) *m.*

Barton[2] *W.Pl.n.* Bertwn *m.*

bartsia *n. Bot:* **Alpine ~,** *(Bartsia alpina):* gorudd *(m)* y mynydd; **red ~,** *(Odontites verna):* gorudd, gwaedlys *(m)* bychan, coch *(m)* y llawr, *F:* llanc swil *m;* **yellow ~,** *(Parentucellia viscosa):* gorudd melyn.

Baruch *Pr.n.m. B:* Baruch.

barware *n.* offer *(pl)* bar, celfi *(pl)* bar.

baryl *n. Ph: Meas:* baryl(-au) *m.*

baryon *n. Ph:* baryon(-au) *m.*

baryonic *a. Ph:* baryonig.

barysphere *n. Geol:* b|arysffer (barysfferau) *m.*

baryta *n. Ch:* baryta *m.*

barytes *n. Min:* grisial trwm *m,* barytes *m.*

barytic *a. Ch:* barytig.

barytone *n. Gr.Gram:* trymsain (trymseiniau) *f.*

basal *a. & n.* **1.** *a.* sylfaenol, gwaelodol; *Geog:* **infra-~,** iswaelodol; **~ body,** gronyn(-nau) gwaelodol *m;* **~ cell,** cell waelodol (celloedd gwaelodol) *f;* **B~ Metabolic Rate (BMR),** Cyfradd *(f)* Metabolaeth Waelodol (CMW); **~ metabolism,** metaboledd gwaelodol *m,* metabolaeth waelodol *f.* **2.** *n.* basal(-au) *m.* **~-sapping** *vn. Geog:* gwaelod-danseilio.

basally *adv.* yn sylfaenol, yn waelodol, yn y bôn.

basalt *n. Geol:* basalt *m,* pilergraig *f.*

basaltic *a. Geol:* basaltaidd, basaltig.

Baschurch *Eng.Pl.n.* Eglwysau *(pl)* Basa.

bascule *n.* siglaethan(-au) *f,* gwrthbwys(-au) *m.* **~ bridge** *n.* pont *(f)* wrthbwys (pontydd gwrthbwys), pont siglog.

base[1] *n.* **1.** *(a) Mil: Navy: Av:* gorsaf(-oedd) *f,* canolfan(-nau) *mf,* safle(-oedd) *m;* **home ~,** man(-nau) *(m)* cychwyn, safle(-oedd) *(m)* cychwyn, cartref(-i) *m,* man sefydlog; *(b) Geom: (of triangle &c):* sail (seiliau) *f; (of pyramid):* sylfaen (sylfeini) *f; Mth:* bôn (bonau) *m;* **~ angles,** onglau sail; **arithmetic ~ five,** rhifyddeg bôn pump; **in ~ five,** yn y bôn pump; *Lib:* **~ of notation,** sylfaen nodiant; *(c) Ch:* bas (basau) *m; (d) Baseball:* safle(-oedd) *m,* bas (basau) *m;* **to get to first ~,** cymryd y cam cyntaf; *U.S:* **off ~,** = **mistaken, unawares;** *(e) Cmptr: (data):* cronfa (cronf|eydd) *f.* **2.** *(a) (= bottom):* gwaelod(-ion) *m,* tu isaf *m,* pen(-nau) isaf *m, (esp. of pillar, tree &c):* gwaelod, bôn (bonau, bonion) *m,* gwadn(-au) *fm,* troed (traed) *m in N, f in S; (= foundation):* sail (seiliau) *f,* sylfaen (sylfeini) *f; (of lamp &c):* gwaelod, gwadn, troed; *(of finger):* bôn; *(of type):* troed; *(of haystack):* stôl *f.* **3.** *Gram: Ling:* gwreiddyn (gwr|aidd, gwreiddiau) *m,* bôn (bonau) *m.* **4.** *attrib.* gwaelod, gwaelodol, sylfaenol. **~-burner** *n.* stôf (stofiau) *(f)* hopren/hopran. **~-camp** *n.* gwersyll(-oedd,-au) *(m)* cychwyn, gwersyll cyntaf. **~-component** *n. Ling:* cyfundrefn waelodol *f.* **~-hit** *n. Baseball:* trawiad(-au) *(m)* adref. **~-map** *n.* map(-iau) sylfaenol *m.* **~-pair**

n. Ch: pâr (parau) *(m)* basau. **~-path** *n. Baseball:* llwybr(-au) sylfaenol *m.* **~ pay** *n.* cyflog(-au) sylfaenol *m.* **~-strength** *n. Ch:* cryfder *(m)* bas.

base² *v.t.* **1.** seilio, sylfaenu; **to ~ oneself (on sth),** pwyso, dibynnu, eich seilio'ch hun (ar rth). **2.** *(= locate):* lleoli, sefydlu; **a regiment based in Cardiff,** catrawd â'i lleoliad/chanolfan yng Nghaerdydd.

base³ *a.* **1.** *(a) (= lowly):* isel, iselradd, distadl; *(b) (= illegitimate):* anghyfreithlon. **2.** *(= despicable):* cywilyddus, gwarthus, gwael, sâl, salw, iselwael, taeog, taeogaidd, annheilwng, ffiaidd, budr, bawaidd, *F:* cachgïaidd, dan din, *S:* brwnt, *Lit:* anwiw; **a ~ fellow,** adyn(-od) *m,* dihiryn (dihirod) *m,* cnaf(-on) *m,* taeog(-ion) *m, N.W:* dyn(-ion) diffaith *m;* **~ fellows,** taclau drwg, cnafon *&c;* **~ motives,** cymhellion annheilwng; **a ~ traitor,** carn-fradwr (~-fradwyr) *m;* **a ~ trick,** hen dro gwael, hen dro salw, *N: F:* hen dro ffadin. **3.** *(= of little value):* **~ coinage,** arian drwg *m;* **~ metal,** metal(-au) cyffredin/diwerth *m.* **~-born** *a. (= low born):* isel-ach, iselradd; *(= illegitimate):* anghyfreithlon. **~-minded** *a.* iselfryd, taeogaidd.

baseball *n.* pêl *(f)* fas, basbel *f (both m when referring to game), N.W: O:* pasbol *m.*

baseboard *n. Carp:* = **skirting-board.**

based *a.* **1.** seiliedig **(on sth,** ar rth), *occ:* yn deillio (o rth); **~ on fact,** seiliedig ar y gwir, a sylfaenwyd ar wirionedd, â sylfaen o wirionedd; **the film was ~ on a book,** 'roedd y llun wedi ei seilio ar lyfr. **2.** *(= located):* lleoledig; **a business ~ at Cardiff,** busnes â'i ganolfan/leoliad yng Nghaerdydd; **the regiment was ~ at Brecon,** 'roedd y gatrawd â'i chanolfan yn Aberhonddu.

baseless *a.* di-sail, heb sail, heb sylfaen.

baselevel *n. Geog:* lefel(-au) isaf *f,* gwaelodfa (gwaelodf|eydd) *f.*

baseline *n.* **1.** *Surv:* llinell(-au) isaf *f,* llinell sylfaenol, llinell sylfaen, gwaelodlin(-au) *f,* baslin(-au) *f.* **2.** *Ten:* baslinell(-au) *f,* llinell fas (llinellau bas). **~ data** *n.* data sylfaenol *m.*

baseload *n.* llwyth(-i) sylfaenol *m,* baslwyth(-i) *m.*

basely *adv.* **1. ~ born** = **base-born. 2. he was ~ betrayed,** bradychwyd ef yn gywilyddus; **to act ~,** gweithredu'n gywilyddus.

baseman *n.* baswr (baswyr) *m.*

basement *n.* **1.** = **base¹ 2. 2.** *(= lowest storey):* islawr (isloriau) *m,* baslawr (basloriau) *m, F:* seler(-i,-ydd) *f.* **3.** *U.S:* = **toilet, washroom. ~ membrane** *n. Anat:* pilen waelodol (pilennau gwaelodol) *f.*

baseness *n.* **1.** *(of condition):* distadledd *m; (= illegitimacy):* anghyfreithlondeb *m.* **2.** *(of conduct):* taeogrwydd *m,* salwedd *m,* gwarth *m,* gwarthusrwydd *m,* cywilydd *m*

basenji *n.* basenji(-s) *m,* ci (cŵn) *(m)* basenji.

bash¹ *n.* **1.** *(a) F:* clec(-iau) *f,* celpen *f,* clewten (clewtiau) *f, S:* clatsien *f, N:* swaden *f,* walden *f,* lempen *f, N.W: occ:* pancan *f,* cwrban *f,* tatsh(-is) *mf,* tatsian *f, S.W:* whiret *m;* **to have a ~ at sth,** rhoi cynnig *(m)* ar rth; *(b)* = **dent¹. 2.** *F:* parti(-s, partïon) *m.*

bash² *v.t. F:* = **beat², dent², hit²; to ~ one's head against a wall,** bwrw'ch pen yn erbyn wal; **to ~ in a hat,** rhoi tolc mewn het, tolcio het.

Bashan *Pr.n. Geog: B:* Basan *f.*

bashaw *n.* = **pasha.**

basher *n.* colbiwr(-s, colbwyr) *m,* waldiwr(-s, waldwyr) *m,* dobiwr(-s, dobwyr) *m,* ffustiwr(-s, ffustwyr) *m.*

bashful *a.* swil, gwylaidd, *Lit: occ:* gŵyl.

bashfully *adv.* yn swil, yn wylaidd.

bashfulness *n.* swildod *m,* gwyl|eidd-dra *m, S.W:* gwylni *m.*

bashi-bazouk *n. Mil: Hist:* bashi-basŵc (~-baswciaid) *m.*

bashing *n.* = **beating² 2.**

basic¹ *a.* **1.** sylfaenol, *occ:* gwaelodol; *(= elementary):* elfennol, syml; *Lib:* **~ analysis,** dadansoddiad cychwynnol *m; Aut:* **~ capacity,** cynhwysedd sylfaenol *m;* **B~ English,** Saesneg Sylfaenol *m; Geog:* **~ industry,** diwydiant (diwydiannau) sylfaenol *m; Sch:* **~ number,** rhif sylfaenol *m; Cu:* **~ recipe,** rysáit sylfaenol *f; Mus:* **~ set,** rhesnodau sylfaenol *pl,* set(-iau) sylfaenol *f;* **~ size,** maint (meintiau) sylfaenol *m;* **~ source,** ffynhonnell (ffynonellau) sylfaenol *f;* **~ stock,** stoc(-iau) sylfaenol *fm; Mil:* **~ training,** hyfforddiant sylfaenol *m;* **~ vocabulary,** geirfa(-oedd) sylfaenol *f;* **~ rate,** cyfradd(-au) sylfaenol *f;* **~ wage,** cyflog(-au) sylfaenol *m.* **2.** *Ch: Geol: Metalw:* basig; **~ rock,** craig fasig (creigiau basig) *f;* **~ slag,** basig slag *m,* slag basig *m; Metall:* **~ process,** proses fasig (prosesau basig) *f.*

BASIC² *n. Cmptr:* BASIC *f, m.*

basically *adv.* yn sylfaenol, yn y bôn, yn y gwr|aidd, yn yr hanfod.

basicity *n. Ch: Metall:* basigedd *m,* basigrwydd *m,* basedd *m.*

basidial *a. Fung:* basidaidd.

basidiomycete *n. Fung:* basidiomyset(-au) *m.*

basidiomycetous *a. Fung:* basidiomysetaidd.

basidiospore *n. Fung:* bas|idiosbor (basidiosborau) *m.*

basidiosporous *a. Fung:* basidiosboraidd.

basidium *n. Fung:* basidiwm (basidia) *m.*

basification *n.,* **basify** *v.t.* baseiddio.

basil *n. Bot: (Ocymum):* brenhinllys *m,* basil *m;* **bush/lesser ~,** *(O. minimum):* brenhinllys bychan; **cow/field ~,** *(Vaccaria pyramidata):* sebonllys *(m)* y maes, brenhinllys gwyllt; **garden/sweet ~,** *(O. basilicum):* brenhinllys dof, brenhinllys y gerddi; **stone ~, wild ~,** *(Clinopodium vulgare):* brenhinllys gwyllt; **~ thyme** *n. Bot: (Acinos arvensis):* brenhinllys y maes.

basilar, basilary *a.* gwaelodol; *Anat:* **~ membrane,** pilen waelodol (pilennau gwaelodol) *f.*

Basilian *a. & n. Ecc.Hist:* **1.** *a.* Basilaidd. **2.** *n.* Basiliad (Basiliaid) *m&f.*

basilic *a. Anat:* basilig.

basilica *n.* bas|ilica(-s, basilicâu) *m.*

basilican *a.* basilicaidd; **~ posture,** ystum fasilicaidd *f,* safle basilicaidd *m.*

basilisk *n.* **1.** brenhinsarff (brenhinseirff) *f,* ceiliog(-od) *(m)* neidr, sarff gribog (seirff cribog) *f,* b|asilisg (basilisgiaid) *m.* **2.** *Rept:* b|asilisg (basilisgiaid) *m.*

basin *n.* **1.** *(a)* dysgl(-au) *f,* basn(-au) *m,* powlen(-ni) *f,* cawg(-iau) *m, N:* cawgen (cawgiau) *f, S:* cewgyn: cawgyn (cawgiau) *m, S.W: O:* ffiol(-au) *f; (b)* **wash-~,** basn ymolchi. **2.** *Geog: (a) (of river):* basn(-au) *m;* **rock ~,** basn craig, creicafn(-au) *m;* **tectonic ~,** basn tectonig; **~ and range country,** tir *(m)* basn a chadwyn; *(b) (= hollow):* pantle(-oedd) *m,* pannwl (panylau) *m,* panyledd(-au) *m,* haenbant(-iau) *m;* **~ of reception,** basn derbyn; *(c) (= harbour):* porthladd(-oedd) naturiol *m; (d) Nav:* doc(-iau) *m.*

basinal, basined *a.* dysglog, pantiog.

basinet *n.* basned(-au) *f.*

basinful *n.* basnaid (basneidiau) *m,* dysglaid (dysgleidiau) *f,* powlaid (powleidiau) *f,* llond *(m)* basn, llond dysgl *&c;* **I've had a ~ of that,** 'rwyf wedi cael llond bol ohono/arno.

Basingwerk *W.Pl.n.* Dinas *(m)* Basing.

basipetal *a.* basipetalaidd, bôn-gyrchol.

basipetally *adv.* tuag at y bôn, yn fôn-gyrchol.

basis *n.* sail (seiliau) *f,* sylfaen (sylfeini) *f;* **on a linguistic ~,** ar dir ieithyddol; **on a voluntary ~,** yn wirfoddol; **on a regular ~,** yn rheolaidd.

bask *v.i.* **1.** torheulo, *S:* bolaheulo, *S.E:* hinoni, *S.W: occ:* torden. **2.** *Fig:* ymhyfrydu, ymddigrifo.

basket *n.* basged(-i) *f, occ:* cawell (cewyll) *m, Lit: occ:* gwyntell(-i,-au) *f, S.W: occ:* fflasged(-i) *f,* wintell(-i,-au) *f,* ceintell(-i,-au) *f,* sgipyn *m,* lip(-iau) *f, S: occ:* fflasg(-iau) *f;* **clothes ~,** basged ddillad (basgedi dillad), *S: occ:* fflasg ddillad (fflasgiau dillad); **crockery ~,** basged lestri (basgedi llestri), *S:* fflasg lestri (fflasgiau llestri); **fisherman's ~,** cawell (cewyll) *m, N.W: occ:* crwth (crythau) *(m)* pysgotwr; **hawker's ~,** *N.W:* siop wen (siopau gwynion) *f;* **wastepaper ~,** basged [y]sbwriel, *S: occ:* fflasg. **~-ball** *n.* pêl *(f)* fasged (peli basged); *(game):* pêl[-]fasged, rhwydo *(vn)* pêl. **~-case** *n. Med:* claf (cleifion) diaelodau *m.* **~-chair** *n.* cadair *(f)* wiail (cadeiriau gwiail). **~ clause** *n.* cymal(-au) cynhwysfawr *m.* **~ fern** *n. Bot:* **1.** = **male fern. 2.** *(in S.America):* rhedynen (rhedyn) *(f)* y fasged. **~ fish** *n.* seren *(f)* fôr (sêr môr). **~ flower** *n. Bot: (Centamerea Americana):* cramennog *(f)* Am|erica. **~ furniture** *n. Coll: N:* dodrefn *(pl)* gwiail, *S:* celfi *(pl)* gwiail. **~-handle arch** *n. Arch:* bwa (bwâu) *(m)* dolen basged. **~ hilt** *n. Fenc:* carn(-au) rhwyllog *m.* **~ hilted sword** *n. Fenc:* cleddyf(-au) rhwyllog *m.* **~ maker** *n.* basgedwr (basgedwyr) *m,* basg|edwraig (basgedwragedd) *f, S.W: occ:* gwyntellwr (gwyntellwyr) *m.* **~-of-gold** *n. Bot:* alyswm melyn *m.* **~ shell** *n. Conch: (Corbula gibba):* cragen rwyllog (cregyn rhwyllog) *f,* cawell (cewyll) *(m)* môr. **~ star** *n. Echin:* seren rwyllog (sêr rhwyllog) *f.* **~ weave** *n. Tex:* gwead *(m)* basged.

basketful *n.* basgedaid (basgedeidiau) *f*, llond (*m*) basged, *Lit: occ:* gwyntellaid (gwyntelleidiau) *f*.
basketry, basketwork *n.* basgedwaith *m*, gwaith (*m*) basged, gwieilwaith *m*, gwn|eud (*vn*) basgedi, *occ:* gwaith (*m*) lip.
basking *a. Ich:* ~ **shark,** *See* **shark**[1].
bas mitzvah *n. Jew.Rel:* bas mitsfa *m*.
basophil *n.* basgarwr (basgarwyr) *m*, b|asoffil (basoffiliau) *m*.
basophilia *n.* basgaredd *m*.
basophilic *a.* basoffilig, basgarol.
Basque[1] *a. & n.* **1.** *a.* Basg, Basgaidd; **the ~ Country,** Gwlad (*f*) y Basg/Basgiaid; **the ~ government,** llywodraeth Gwlad y Basg; **he's ~,** Basgiad yw ef; *(in language):* Basg, Basgeg. **2.** *n. (a) Ethn:* Basg(-iaid) *m&f*, Basgiad (Basgiaid) *m&f*, Basges(-i) *f*, Basgwr (Basgwyr) *m*; *(b) Ling:* Basg *f, m*, Basgeg *f, m*.
basque[2] *n. Cost:* basg(-au) *m*.
bas-relief *n.* basgerfiad(-au), basgerflun(-iau) *m*.
bass[1] *n. Ich:* draenogiad (draenogiaid) *m*, draenog(-od) (*m*) y môr, *occ:* pysgodyn (pysgod) garw *m*; **black ~,** draenog/draenogiad du; **stone ~, = perch (sea).**
bass[2] **1. = bast. 2. = basswood.**
bass[3] *n. & a.* **1.** *n. (a) (voice):* bas *m*, *Lit:* isalaw *f*; **to sing the ~,** canu'r bas; **acoustic ~,** bas acwstig; **Alberti ~,** bas Alberti; **double ~,** dwbl bas(-au) *m*, basgrwth (basgrythau) *m*; **figured/thorough ~,** bas rhifoledig/rhifolog; *(b) (singer):* baswr (baswyr, *F:* baswrs) *m*. **2.** *a.* bas. **~-bar** *n.* basfar(-rau) *m*. **~ clarinet** *n.* clarinét (clarinetau) (*m*) bas, isglarinét (isglarinetau) *m*. **~ clarinetist** *n.* bas-glarinetydd (~-glarinetwyr) *m*. **~ clef** *n.* allwedd(-au) (*f*) y bas, cleff (*m*) y bas. **~ horn** *n.* corn (cyrn) (*m*) bas; **~ horn player,** canwr (canwyr) (*m*) corn bas. **~ trombonist** *n.* bas-drombonydd (~-drombonwyr) *m*. **~ viol** *n.* feiol fas (feiolau bas) *f*. **~ violin** *n.* feiol|in fas (feiolinau bas) *f*.
basset[1] *n. Geol: Min:* brigiad(-au) *m*.
basset[2] *v.i. Geol:* brigo.
basset-horn *n. Mus:* corn (cyrn) (*m*) baset; **~-~ player,** canwr (canwyr) (*m*) corn baset.
basset-hound *n.* ci (cŵn) (*m*) baset.
bassinet *n. Furn: Veh:* b|asined (basinedau) *m*.
bassist *n. Mus:* chwaraewr (chwaraewyr) dwbl bas *m*, basydd(-ion) *m*.
basso *n. Mus:* baswr (baswyr) *m*. **~ *ostinato*** *n.* bas grwndwal, bas sylfaen, ***basso ostinato*** *m*. **~ *profundo*** *n.* ***basso profundo(-s)*** *m*. **~ *rilievo*** *n.* **= bas-relief**[2].
bassoon *n.* baswn (basynau, baswnau) *m*, *Lit: & A:* soddbib(-au) *m*; **contra ~, double ~,** isfaswn (isfaswnau) *m*, baswn bas, baswn dwbl.
bassoonist *n.* baswnydd (baswnwyr) *m*, *Lit: & A:* soddbibydd(-ion) *m*; **contra ~, double ~,** canwr (canwyr) (*m*) baswn dwbl.
basswood *n. Bot:* gwaglwyfen (gwaglwyf) *f*.
bast *n. Carp:* plisgyn *m*, rhisgl *m*.
bastard *n. & a.* **1.** *n.* bastard(-iaid) *m*, plentyn (plant) anghyfreithlon *m*, *Lit:* plentyn gordderch, cyswynfab (cyswynfeibion) *m*, *F:* plentyn siawns, *N: occ:* plentyn llwyn a pherth, plentyn pen domen, plentyn risg, cyw(-ion) (*m*) horddach, plentyn y cloddiau, plentyn perth, cyw tin clawdd, *S: occ:* plentyn trwy'r llwyn, plentyn trwy'r clawdd, plentyn cariad/serch, plentyn anllad, plentyn golau leuad, plentyn y gwair, *S.W: occ:* plentyn gorddech, plentyn bôn y clawdd, *S.E: occ:* plentyn trwy'r berth; **~ daughter,** merch(-ed) anghyfreithlon *f*; **~ son,** mab (meibion) anghyfreithlon *m*, mab llwyn a pherth; **a mother of several bastards,** *N: occ:* iâr (*f*) dodwy allan, *S.W:* cath (*f*) mis Mai. **2.** *(= objectionable pers.):* cythraul (cythreuliaid) *m*, bastard(-iaid) *m*, diawl(-iaid) *m*, uffern ('ffernols) *m*; **he's a ~,** hen ddiawl yw ef; cythraul mewn croen ydyw; **you ~!** yr hen ddiawl iti! y cythraul iti! yr uffern iti! yr hen elach drwg iti! **3.** *a.* **~ Welsh,** Cymraeg amhur/llygredig/clapiog, bratiaith (*f*) o Gymraeg, *S: F:* Cymraeg cerrig calch, Cymraeg ceffylau; *Hist:* **~ feudalism,** ffug ffiwdaliaeth *f*, ffiwdaliaeth lwgr. **~ balm** *n. See* **balm. ~ cut** *n. Metalw:* toriad(-au) (*m*) bastard. **~ cut file** *n. Tls:* ffeil (*f*) fastard (ffeiliau bastard). **~ title** *n. Lib:* rhagdeitl(-au) *m*. **~ toadflax** *n. Bot: See* **toadflax. ~ wine** *n. Hist:* gwin (*m*) berw, gwin (*m*) bastard. **~ wing** *n. Orn: Anat:* coegadain (coegadenydd) *f*.
bastardization *n.*, **bastardize** *v.t.* **1.** bastardeiddio, amhuro, llygru. **2.** *(of child):* anghyfreithloni.
bastardy *n.* bastardiaeth(-au) *f*, anghyfreithlondeb *m*.
baste[1] *v.t.* **1.** *Needlew:* brasbwytho, tacio (rth); rhoi hirbwyth a brasbwyth, rhedeg edau (ar rth).
baste[2] *v.t.* **1.** *Cu:* seimio, ireiddio, brasteru, bastio, iro (rhth); rhoi saim/braster (ar rth); *S.E:* seimu (rhth). **2.** *F: (= thrash*[2]*):* curo, ffusto, ffonodio, pastynnu *&c.*
baster[1] *n. Needlew:* brasbwythwr (brasbwythwyr) *m*, taciwr (tacwyr) *m*.
baster[2] *n. Cu:* seimiwr (seimwyr) *m*.
bastide *n. Geog:* bastid(-au) *m*, tref gaerog (trefi caerog) *f*.
bastil|l|e *n. Hist:* **= fortress, prison. B~ day** *n.* diwrnod (*m*) y Bastille.
bastinado[1] *n.* **1.** bastinado *m*, ffonodiad(-au) *m*, ffonodio *vn.* **2.** *(= cane):* cansen(-ni, cans) *f*, ffon (ffyn) *f*.
bastinado[2] *v.t.* ffonodio.
basting[1] *vn. & n.* **1.** *vn.* **= baste**[1]. **2.** *n.* brasbwythiad(-au) *m*, brasbwythau *pl.* **~ stitch** *n.* brasbwyth(-au) *m*, tac(-iau) *m*. **~ thread** *n.* edau (*f*) frasbwytho, edau dacio, *occ:* edau gowni.
basting[2] *vn. & n. Cu:* **1.** *vn.* **= baste**[2]. **2.** *n. (= fat):* saim (seimiau) *m*, braster(-au) *m*.
bastion *n.* **1.** *Fort:* bastiwn (bastiynau) *m*; *Fig:* caer (ceyrydd) *f*, cadarnle(-oedd) *m*. **2.** *Fig:* **(he was) a ~ of the society,** (yr oedd) yn gefn mawr i'r gymdeithas, yn dŵr o nerth i'r gymdeithas, yn un o bileri'r achos, yn un o golofnau'r gymdeithas.
bastioned *a. Fort:* bastiynog.
Basuto *a. & n.* **1.** *a.* Baswto. **2.** *n. (a) Ethn:* Baswtiad (Baswtiaid) *m&f*, Baswto(-s) *m&f*; *(b) Ling:* Baswto *f, m*.
Basutoland *n.* Gwlad (*f*) y Baswto, Lesotho *f*.
bat[1] *n. Z:* ystlum(-od) *m*, *occ:* ystlumyn (ystlumod) *m*, *S.W:* ystlumyn bacwn; **long-eared ~,** ystlum clustiog; **blind as a ~,** dall bost; **like a ~ out of hell,** fel cath o dân, fel cath i gythraul; **he's bats; he has bats in the belfry,** nid yw'n llawn llathen; mae rhyw goll arno; *N:* 'dydi o ddim hanner call; *S.W:* mae'n hanner call a dwl; 'dyw e ddim yn eitha clatsh. **bats-in-the-belfry** *n.pl. Bot:* clychlys (*m*) dyn|ad-ddail, clychlys danadl.
bat[2] *n. Sp:* **1.** bat(-iau) *mf*, *occ:* pat(-iau) *mf*; **off one's own ~,** o'ch pen a'ch pastwn eich hun, ar eich liwt eich hun; **right off the ~,** ar unwaith, chwap, chwipyn, *N:* yn syth bin. **2. = batsman.**
bat[3] *v.i.* **1.** *Sp:* batio. **2.** *F:* **to ~ around,** gwibio o gwmpas, gwibio mynd.
bat[4] *n.* **1.** *F:* **(he went off) at the hell of a ~,** (fe aeth) ar wib, ar frys uffernol, fel cath i gythraul. **2. = spree**[1].
bat[5] *v.t. (an eyelid):* [y]smicio; **she did not ~ an eyelid,** ni chyffrôdd hi ddim; **without batting an eyelid,** heb gyffr|oi dim, heb droi blewyn.
batato *n. Hort:* taten felys (tato/tatws melys) *f*.
Batavia *Pr.n. Geog:* Batafia *f*.
Batavian *a. & n.* **1.** *a.* Batafaidd. **2.** *n.* Batafiad (Batafiaid) *m&f*.
batboy *n.* batlanc(-iau) *m*.
batch[1] *n.* **1.** *(of loaves):* pobiad(-au) *m*, crasiad(-au) *m*, *S: M.W:* ffyrnaid (ffyrneidiau) *f*, *N.W:* saith o fara, *S.W:* lloriaid *m*. **2.** *(of people, thgs):* casgliad(-au) *m*, llwyth(-i) *m*; *(of thgs):* swp (sypiau) *m*, sypyn(-nau) *m*, swrn (syrnau) *m*, set(-iau) *f*, *N: F:* haldiaid *m*, hatsiaid *f*; *Cmptr:* swp. **~ baking** *vn.* brasbobi, brasgrasu. **~ loaf** *n. S.W:* cwgen(-ni,-nod) *f*, batsien(-ni) *f*. **~ processing** *vn.* swp-brosesu. **~ service** *n. Cmptr:* swp-wasanaeth(-au) *m*.
batch[2] *v.t.* **1.** crynh|oi, sypynnu. **2.** *Cmptr:* swp-brosesu.
batcher *n.* **1.** crynhöwr (crynhowyr) *m*, sypynnwr (sypynwyr) *m*. **2.** *Cmptr:* swp-broseswr (~-broseswyr) *m*.
bate[1] *v.t.* atal; **with bated breath,** gan ddal eich anadl.
bate[2] *v.i. (of falcon):* cynhyrfu, ffrwcsio.
bate[3] *n. F:* **= rage**[1].
bateau *n. U.S:* cwch (cychod) fflat *m*.
bateleur *n. Orn:* eryr(-od) cwta *m*.
Batesian mimicry *n.* dynwarediad(-au) Batesaidd *m*, tebygrwydd Batesaidd *m*.
batfish *n. Ich:* môr-ystlum(-od) *m*, ystlum(-od) (*m*) môr.
batfowl *v.i.* adara nos, nos-adara.
bath[1] *n.* **1.** *(washing):* bath(-s) *m*, golchiad(-au) *m*, ymolchiad(-au) *m*, *Lit:* baddon(-au) *m*; **to have a ~,** cael bath, mynd i'r bath, ymolchi drosoch; **the Order of the B~,** Urdd y Baddon. **2.** *(= tub): Lit:* baddon(-au) *m*, *F:* twb: twbyn (tybiau) *m*, bath(-s) *m*, *S:* twba *m*; *(place):* baddondy (baddondai) *m*, b|add-dy (~-dai) *m*, ymolchfa (ymolchf|eydd) *f*; **swimming ~,** pwll (pyllau) (*m*) nofio; **shower ~,** bath cawod, cawodfath(-au)

m, baddon cawod. **3.** *(liquid):* golch(-ion) *m*. **4.** *U.S:* = **bathe¹**. **~-cube** *n.* ciwb(-iau) (*m*) ymolchi. **~-heater** *n.* twymydd (*m*) baddon (twymyddion baddonau). **~-mat** *n.* mat (*m*) baddon (matiau baddonau). **~ salts** *n.pl.* halwynau ymolchi. **~ sheet** *n.* cynfas(-au) (*f*) ymolchi. **~-towel** *n.* lliain mawr (llieiniau mawr) *m*, tywel(-au,-i) (*m*) baddon/bath. **~-tub** *n.* twb: twba: twbyn (tybiau) (*m*) ymolchi, celwrn (celyrnau) *m*, *N:* twb sinc, *S.W:* twba 'molchyd, twba mawr; *attrib.* **~-tub gin,** jin twb sinc. **~-wrap** *n.* gŵn (gynau) (*m*) ymolchi.

bath² *v.i.&t.* **1.** *v.i.* cael bath, mynd i'r bath, bathio, batho, baddo, ymolchi drosoch. **2.** *v.t.* bathio (rhn), rhoi bath/baddon (i rn), rhoi (rhn) yn y bath, *occ:* baddo (rhn).

Bath³ *Eng.Pl.n.* Bath *f*, *Lit:* Caerfaddon *f*, Baddon *f*. **~ brick** *n.* bricsen (brics) (*f*) Bath, carreg (cerrig) (*f*) Bath. **~ bun** *n.* *Comest: N:* bynsen (byns) (*f*) Bath, *S:* bynen (byns) (*f*) Bath. **~ chair** *n.* cadair (cadeiriau) (*f*) olwyn. **~ Oliver** *n.* *Comest:* bisgeden (bisgedi) (*f*) Oliver, *S:* bisgïen (bisgis) (*f*) Oliver. *S.a.* **asparagus**. **~ stone** *n.* *Const:* carreg (*f*) nadd.

bath⁴ *n.* *Meas: B:* bath *m*.

bathe¹ *n.* ymdrochfa (ymdrochf|eydd) *f*, trochiad(-au) *m*, trochfa (trochf|eydd) *f*; **come for a ~,** dewch i ymdrochi/'drochi.

bathe² *v.t.&i.* **1.** *v.t.* trochi, golchi, ymolchi; **to ~ one's face,** golchi'ch wyneb, ymolchi'ch wyneb; **a face bathed in tears,** wyneb yn foddfa o ddagrau; **bathed in light,** yn fôr o oleuni. **2.** *v.i.* ymdrochi, *N: F:* 'drochi.

bather *n.* **1.** ymdrochwr (ymdrochwyr) *m*, ymdr|ochwraig (ymdrochwragedd) *f*. **2.** *pl.* *Cost:* trôns (tronsiau) (*m*) nofio/ymdrochi.

bathetic *a.* bathetig.

bathetically *adv.* yn fathetig.

bathinette *n.* bath(-s) (*m*) babi.

bathing *vn.* = **bathe²**. **~ beauty, ~ belle** *n.* n|ofwraig bert (nofwragedd pert) *f*. **~-cap** *n.* *Cost:* cap(-iau) (*m*) nofio. **~-costume** *n.* siwt(-iau) (*f*) nofio/ymdrochi. **~-hut** *n.* cwt (cytiau) (*m*) ymdrochi. **~-machine** *n.* cerbyd(-au) (*m*) ymdrochi. **~-place** *n.* ymdrochle(-oedd) *m*, lle(-oedd) (*m*) ymdrochi. **~-pool** *n.* pwll (pyllau) (*m*) nofio. **~-resort** *n.* lle(-oedd) (*m*) ymdrochi. **~-suit** *n.* *Cost:* siwt(-iau) (*f*) nofio/ymdrochi. **~-trunks** *n.pl.* trywsus(-au) (*m*) ymdrochi/nofio.

batholith *n.* *Geol:* b|atholith (batholithau) *m*.

batholithic *a.* *Geol:* batholithig.

bathometer *n.* bathomedr(-au) *m*.

Bathonian *a.* & *n.* **1.** *a.* Baddonaidd. **2.** *n.* Baddoniad (Baddoniaid) *m&f*.

bathos *n.* bathos *m*, disgynneb *f*, affwysedd *m*.

bathotic *a.* = **bathetic**.

bathrobe *n.* **1.** = **bath-wrap**. **2.** *U.S:* = **dressing-gown**.

bathroom *n.* ystafell(-oedd) (*f*) ymolchi, *F:* bathrwm(-s) *f*, *Lit: occ:* baddondy (baddondai) *m*.

Bathsheba *Pr.n.f.* *B:* Bathseba.

bathtubful *n.* llond (*m*) twb/twba, llond bath/baddon, baddonaid (baddoneidiau) *m*.

bathwater *n.* dŵr (*m*) bath; *S.a.* **baby¹**.

bathyal *a.* bathyal, dyfnforol, y dyfnfor.

bathygraph *n.* *Geog:* b|athygraff (bathygraffau) *m*.

bathymeter *n.* bathymedr(-au) *m*.

bathymetric[al] *a.* bathymetrig.

bathymetrically *adv.* yn fathymetrig.

bathymetry *n.* bathymetreg *m*.

bathypelagic *a.* dyfnforol.

bathyscaphe *n.* b|athysgaff (bathysgaffau) *m*.

bathysphere *n.* b|athysffer (bathysfferau) *m*.

batik *n.* *Tex:* batic *m*.

bating *prep.* *U.S:* = **excepting**.

batiste *n.* *Tex:* lliain main *m*, camrig *m*.

batman¹ *n.m.* *Mil:* batmon (batmyn), batwas (batweision).

Batman² *Pr.n.m.* *Cin: T.V:* Ystlumddyn.

bat mitzvah *n.* = ***bas mitzvah***.

baton *n.* ffon (ffyn) *f*, baton(-au) *m*. **~ round** *n.* bwled(-i) (*m*) rwber.

batrachian *a.* & *n.* *Biol:* **1.** *a.* batrachaidd, llyffantaidd. **2.** *n.* batrachiad (batrachiaid) *m&f*.

batrachotoxin *n.* batrachwenwyn(-au) *m*.

bats *pred.a.* = **crazy**.

batsman *n.m.* *Sp:* batiwr (batwyr).

batsmanship *n.* *Sp:* deheurwydd (*m*) â bat/phat, medr (*m*) fel batiwr, batio *vn* [da], trin (*vn*) bat [yn dda].

battalion *n.* *Mil:* bataliwn (bataliynau) *mf*; *Prov:* **God is for the big battalions,** mae Duw o blaid y lluoedd mawrion.

battel *n.usu.pl.* bil(-iau) (*m*) bwyd.

battement *n.* *Danc:* ***battement(-s)*** *m*.

batten¹ *n.* estyllen: astell (estyll) *f*, stribed(-i) *f*, *N.W:* *occ:* baten (batins) *f*.

batten² *v.i.* *Lit:* ymborthi, pesgi, byw'n fras, magu bloneg, tewychu, tewh|au, ymbesgi, prifio, pwyntio (**on sth,** ar rth); **to ~ on others,** byw'n fras ar gefnau pobl eraill; **to ~ on the fat of the land,** pesgi ar dda'r wlad.

batten³ *v.t.* (*= to strengthen with battens*): astellu, estyllu; *Nau:* **to ~ down the hatches,** cau'r hatsys [yn sownd], *F:* batno'r hatsys.

Battenberg cake *n.* *Cu:* teisen(-nau) (*f*) Battenberg, *N.W: M.W:* teisen ffenest.

batter¹ *n.* **1.** *Cu:* cytew *m*; **coating ~,** cytew caenu; **French ~,** cytew Ffrengig; **fritter ~,** cytew miod; **pouring ~,** cytew tenau. **2.** *Typ:* tolc(-iau) *m*.

batter² *v.t.&i.* **1.** *v.t.* *(a)* curo, dyrnu, pwyo, *N: F:* dobio, colbio, waldio, *occ:* golchi, *S:* bwrw, wado, colbo, ffusto; *(b)* (*= dent*): tolcio. **2.** *v.i.* **to ~ at the door,** curo ar/wrth y drws, dyrnu'r drws. **~ about** *v.t.* cam-drin, dyrnu *&c*. **~ down** *v.t.* bwrw (rth) i lawr, dymchwel (rhth). **~ in** *v.t.* *(door &c):* malu, torri.

batter³ *n.* *Civ.E:* (*= slope*): goleddf(-au) *m*.

batter⁴ *v.t.&i.* *Civ.E:* goleddfu.

batter⁵ *n.* *Sp:* batiwr (batwyr) *m*.

battered *a.* **1.** curedig; *(face):* cleisiog, curedig, wedi ei guro; *(car, saucepan &c):* tolciog; **a ~ old hat,** hen het dolciog, *N.W: F:* siagan (*f*) o het, *S: F:* het siwpsog, het siwps; **~ baby,** baban wedi ei gam-drin, baban cleisiog. **~ wives,** gwragedd sy'n cael eu curo, gwragedd cleisiog. **2.** *Cu:* (*= in batter*): mewn cytew.

batterie *n.* *Danc:* ***batterie*** *mf*, curo (*vn*) coesau.

battering *vn.* & *n.* **1.** *vn.* = **batter²**; **to take a ~,** cael eich curo, cael eich dyrnu *&c*. **2.** *n.* curfa (curf|eydd) *f &c*; *See* **beating**. **~-ram** *n.* dyrnhwrdd (dyrnhyrddod) *m*, hwrdd (hyrddod) (*m*) rhyfel, hyrddyr(-au) *m*, pen (*m*) hwrdd (pennau hyrddod), hwrddbeiriant (hwrddbeiriannau) *m*.

battery *n.* **1.** *Jur:* curfa (curf|eydd) *f*; **assault and ~,** ymosod a churo *vn*. **2.** *Artil:* magnelfa (magnelf|eydd) *f*. **3.** (*= set, series*): *(a)* set(-iau) *f*, cyfres(-i) *f*, rhes(-i) *f*. *(b)* *El:* **[storage] ~,** batri(-s) *m*. *(c)* *Husb:* cewyll *pl*. **4.** *Baseball:* batri *m*. **~-hen** *a.* iâr gaeth (ieir caeth) *f*, iâr fatri (ieir batri). **~-operated** *a.* yn gweithio ar fatri.

battily *adv.* = **crazily**.

battiness *n.* *F:* = **craziness**.

batting *vn.* & *n.* **1.** *vn.* batio. **2.** *n.* *Tex:* batin *m*.

battle¹ *n.* brwydr(-au) *f*, *Lit:* cad (cadau) *f*, ymladdfa (ymladdf|eydd) *f*; *Fig:* *(of wits &c):* gornest(-au) *f*, cystadleuaeth(-au, cystadlaethau) *f*; **a ~ of wits,** *(i)* gornest ystrywiau; *(ii) (competition):* gornest am y craffaf; **pitched ~,** brwydr/cad ar faes, brwydr lawn, brwydr benben; **~ royal,** ymladdfa gyffredinol *f*, brwydr aruthrol, *Lit:* cadgamlan *f*; **it became a ~ royal,** fe aeth yn daro; *F:* fe aeth yn gwffas; **in ~ array/order,** mewn cadres, mewn trefn brwydr/brwydro; **to march to ~,** cychwyn i'r frwydr; **in the front of ~,** ar flaen y gad; **to do/join/fight a ~,** brwydro, ymladd brwydr; **to engage in ~, to give ~, to offer ~,** ymosod, dechrau brwydr/brwydro/ymladd, *Lit: occ:* rhoddi cad; **to win a ~,** ennill brwydr, ennill y maes, cario'r maes, trechu, gorchfygu; **that's half the ~,** deuparth gwaith [yw] ei ddechrau; dyna hanner y frwydr; **to fight s.o.'s battles,** ymladd ar ran rhn. **~-axe** *n.* **1.** bwyell (*f*) ryfel (bwyeill rhyfel), cadfwyell (cadfwyeill) *f*, *A:* enilleg *f*, bwyell enilleg. **2.** *F:* **[old] ~-axe,** (*= quarrelsome woman*): hen sguthan(-od) *f*, hen arthes(-au) *f*, sarffes *f*, gwr|aig (*f*) Ffaro, tyrcen *f*, *N.W: occ:* hen styrmant *f*, rêl twrnai(*m*)'r bais, hen sgerbydes *f*. **~-cruiser** *n.* *Nau:* cadgriwser(-s) *f*, criwser (*f*) ryfel (criwsers rhyfel). **~-cry** *n.* bloedd (*f*) ryfel (bloeddiau/bloeddiadau rhyfel), *Lit:* cadlef(-au) *f*, rhyfelgri (rhyfelgrïau) *mf*, cadfloedd(-iau) *f*, *A:* gawr (gewri, goriau) *f*. **~-dress** *n.* gwisg (*f*) ryfel (gwisgoedd rhyfel), cadwisg(-oedd) *f*. **~-fatigue** *n.* blinder (*m*) brwydro/ymladd, lludded (*m*) brwydro/ymladd. **~-field** *n.* maes (meysydd) (*m*) cad, maes brwydr, *Lit:* cadfa (cadf|eydd) *f*, cadfaes (cadfeysydd) *m*, cadfan(-nau) *mf*; **the ~-field,** maes y gad. **~-front** *n.* blaen (*m*) y gad (blaenau cadau), ffrynt(-iau) *mf.* **~-ground** *n.* = **battle-field.** **~-group** *n.* uned (*f*) frwydro (unedau brwydro). **~-line, ~-order** *n.* trefn (*f*) brwydr, trefn y gad, cadres(-i) *f.* **~-scarred** *a.* â chreithiau brwydro [arnoch], creithiog gan frwydro, yn dwyn creithiau'r frwydr.

battle² *v.i.* brwydro, ymladd; **to ~ on,** brwydro ymlaen, dygnu arni, dal ati, *N.W:* pydru ymlaen.

Battle³ *W.Pl.n.* Y Batel *m.*

battledore *n.* **1.** *(a) Laund: A:* golchbren(-ni,-nau) *mf*, golchffon (golchffyn) *f*, *N:* mopren(-ni) *f*; *(b) Bak:* rhaw (*f*) bobi (rhawiau pobi), *N.W:* sbodol(-au) *f*, *S:* rhawlech(-i,-au) *f.* **2.** *(= racket): Sp:* r[h]aced(-i) *f*; **to play at ~ and shuttlecock,** chwarae rhaced a gwennol.

battlefield *n.* = **battle-field.**

battlement *n.usu.pl.* *(a) Fort: (= crenelation):* murfwlch (murfylchau) *m*, gwalc(-iau) *f*; *(b) (= parapet):* murganllaw(-iau) *mf*, bylchfur(-iau) *m.*

battlemented *a. Fort: (wall):* gwalciog, murfylchog; *(fort):* caerog, bylchfuriog.

battler *n.* brwydrwr (brwydrwyr) *m*, br|wydrwraig *f*, ymladdwr (ymladdwyr) *m*, yml|addwraig *f.*

battleship *n.* llong (*f*) ryfel (llongau rhyfel), *Lit: occ:* cadlong(-au) *f.*

battlewagon *n. Mil: F:* men (*f*) ryfel (menni rhyfel).

battleworthy *a.* cadarn (cedyrn), parod/addas/atebol [i ryfela, i frwydro], parod i'r gad.

battling *a.* ymladdgar, brwydrol.

battu *a. Danc:* curedig, ***battu.***

battue *n.* **1.** *(= beating): (a) Ven:* ***battue*** *mf*, curo *vn*; *(b) (= shooting party):* helwyr *pl*, saethwyr *pl.* **2.** *F: (= massacre):* lladdfa (lladdf|eydd) *f.*

batty¹ *a. U.S: Z:* ystlumaidd.

batty² = **crazy.**

batwing *n. Cost:* **~ sleeve,** llawes (llewys) (*f*) ystlum.

batwoman *n.f. Mil:* batforwyn(-ion, batforynion).

bauble *n.* **1. jester's ~,** ffon (*f*) ffŵl (ffyn ffyliaid). **2.** *(= worthless thing):* oferbeth(-au) *m*, tegan(-au) *m*; *Coll:* trugareddau *pl*, taclau *pl*, trangwls *pl* (*pronounced* ng-g).

baud *n. Tg: Meas: Cmptr:* ***baud(-au)*** *m*; **~ rate,** cyfradd(-au) (*f*) ***baud.***

baulk¹,² *n.* & *v.t.* = **balk¹,².**

bauxite *n. Miner:* bocsit *m*, bauxit *m.*

bauxitic *a. Miner:* bocsitig, bauxitig.

Bavaria *Pr.n. Geog:* Bafaria *f.*

Bavarian *a.* & *n.* **1.** *a.* Bafaraidd; *Cu:* **~ cream,** hufen (*m*) Bafaria; **the ~ government,** llywodraeth Bafaria; **she's ~,** Bafariad yw hi. **2.** *n.* Bafariad (Bafariaid) *m&f.*

bawbee *n. A: Num:* dimai (dimeiau) *f.*

bawd *n. A: (= procuress):* puteinfeistres(-i) *f.*

bawdily *adv.* yn anweddus *&c.*

bawdiness *n.* anwedduster *m*, anweddustra *m*, bryntni *m*, budredd *m*, budreddi *m*, aflendid *m*, *Lit:* anlladrwydd *m*, maswedd *m*, serthedd *m*, trythyllwch *m.*

bawdry *n.* = **bawdiness.**

bawdy *a.* anweddus, aflan, cwrs, *Lit:* masweddus, serth, anllad, trythyll, aflednais, *F:* coch, *N: F:* budr, powld, *S: F:* brwnt, bowld; **~ talk,** siarad bras/cwrs, *N:* araith fudr/fras. **~-house** *n.* = **brothel.**

bawl¹ *n. U.S:* = **outcry.**

bawl² *v.t.&i.* gweiddi, bloeddio, *F:* prygowthan, brygowthan, rhefru (**at s.o.,** ar rn), *N: F:* arthio (ar rn), *S.W:* boichen; **to ~ s.o. out,** gweiddi *&c* ar rn, *N:* dweud y drefn wrth rn, cega ar rn, rhempio rhn, *S:* rhoi llond pen i rn, rhoi pryd o dafod i rn, *occ:* sgegan ar rn, *S.W:* diarhebu rhn.

bawler *n.* bloeddiwr (bloeddwyr) *m*, bl|oeddwraig *f*, rhefrwr (rhefrwyr) *m*, rh|efrwraig *f*, arthiwr (arthwyr) *n*, |arthwraig *f*, ceg fawr (cegau mawrion) *f*, llefwr (llefwyr) *m.*

bay¹ *n. Bot: (Laurus nobilis):* **sweet ~,** llawryf(-au,-oedd) *m*, llawrwydden (llawrwydd) *f.* **~ antler** *n. Ven:* ail osgl(-au) *m.* **~ laurel** *n.* = **bay¹.** **~ leaf** *n. Bot: Cu:* deilen (dail) (*f*) llawryf, deilen bae, deilen y cwrw. **~ rum** *n. Hairdr:* bae-rým *m.* **~ tree** *n.* llawrwydden, *occ:* pren (*m*) y gerwyn (prennau'r gerwyn), diodwydden (diodwydd) *f*, *S.W:* arel *m*; *B:* **like the green ~ tree,** fel y llawryf gwyrdd. **~ wreath** *n.* llawryf(-au,-oedd,-on) *m*, torch (*f*) lawryf (torchau llawryf), coronbleth(-au,-i) *f.*

bay² *n. Geog:* bae(-au) *m*, *occ:* cilfach (*f*) fôr (cilfachau môr), porth (pyrth) *f*, geneufor(-oedd) *m*; **Cardigan B~,** Bae Ceredigion; **Colwyn B~,** Bae Colwyn; **cut-off ~,** cilfae(-au) *m*; **the B~ of Biscay,** Bae Gwasgwyn, Môr Gwasgwyn, Bae Vizcaya. **the B~ of Herrings,** Porth (*f*) yr Ysgadan. **~-head beach** *n.* cildraeth(-au) *m.* **~-salt** *n.* halen (*m*) bae, halen bras/llwyd/gwinau. **B~ State** *Pr.n. U.S: (= Massachusetts):* Talaith (*f*) y Bae. **B~ Stater** *n.* brodor(-ion) (*m*) o Dalaith y Bae.

bay³ *n. Arch:* cilfach(-au) *f*, rhaniad(-au) *m*, bae(-au) *m*; *(esp. of barn):* cowlas(-au) *mf*, golau (goleuau) *m*, duad(-au) *m*, *M.W:* cwpl (cyplau) *m*, wisgen(-ni) *f*; **loading ~,** cilfach lwytho (cilfachau llwytho); **parking ~,** cilfach barcio (cilfachau parcio); *S.a.* **sick-bay.** **~ guide** *n. Lib:* arwydd(-ion) (*m*) cowlas. **~ window** *n.* **1.** ffenestr (*f*) fae (ffenestri bae). **2.** *F:* = **paunch¹.**

bay⁴ *n. (= bark³):* cyfarth *vn*, cyfarthiad(-au) *m*, udo *vn*, ubain *vn*; **to bring s.o. to ~,** cornelu rhn, dod ar warthaf rhn; **at ~,** dan warchae, mewn lle cyfyng, â'ch cefn yn erbyn y clawdd, wedi'ch cornelu; *Ven:* ar eich cyfarth; **to stand at ~,** herio ymosodiad, troi ar eich ymlidwyr; *Ven:* rhoi cyfarth; **to hold/keep s.o. at ~,** cadw rhn draw; **to break away from ~,** torri'n rhydd; *Ven:* torri cyfarth.

bay⁵ *v.t.&i.* cyfarth, udo, ubain (ar rth); *N.W: occ:* coethi (rhth); *S:* wben, wban (ar rth); **to ~ the moon,** udo ar y lleuad.

bay⁶ *a.* & *n.* **1.** *a.* gwinau (*occ:* gwineuon), melyn, rhuddgoch, cochddu, melyngoch (*pronounced* ng-g), melynddu; **dapple ~,** brithfelyn (*f.* brithfelen, *pl.* brithfelynion); **light ~,** castanlliw. **2.** *n.* ceffyl(-au) gwinau *m*, march (meirch) gwinau *m*, caseg winau (cesyg gwinau) *f.*

bayadère *n.* **1.** *Danc:* d|awnswraig (dawnswragedd) *f.* **2.** *Tex:* ***bayadère*** *m.*

bayberry *n. Bot:* **1.** *(of bay tree):* aeronen (aeron) (*f*) llawryf. **2.** *(= wax-myrtle):* gwerwydden (gwerwydd) *f*; *(fruit):* aeronen werog (aeron gwerog). **3.** *(Eugenia aeris): (tree):* baewydden (baewydd) *f*; *(fruit):* aeronen fae (aeron bae).

Bayesian *a.* Bayesaidd.

baying¹ *a.* = **barking¹.**

baying² *vn.* = **bay⁴,⁵.**

bayonet¹ *n.* **1.** *Mil:* bidog(-au) *mf*, *S.W:* b|aginet(-s) *m*; **to fix bayonets,** gosod bidogau. **2.** *Bot:* **Spanish ~,** bidog Sbaen. **~ cap** *n. El:* cap(-iau) (*m*) bidog. **~ charge** *n.* cyrch(-oedd,-au) (*m*) â bidog. **~ frog,** *n.* gwain (*f*) bidog (gweiniau bidogau). **~ holder** *n. El:* soced(-i) (*fm*) bidog. **~-joint** *n.* cymal(-au) (*m*) bidog. **~ plug** *n. El:* plwg (plygiau) (*m*) bidog. **~ socket** *n.* = **bayonet holder.**

bayonet² *v.t.&i.* bidogi (rhn), trywanu (rhn) [â bidog].

bayoneteer *n.* bidogwr (bidogwyr) *m.*

Bayonne *Pr.n. Geog:* Baewn *m.*

bayonnet[t]ing *vn.* bidogi, bidogiad(-au) *m.*

bayou *n. U.S: (a)* mernant (mernentydd) *f*; *(b) (= ox-bow lake):* ystumllyn(-nau,-noedd) *m.*

Bayvil *W.Pl.n.* Y Beifil *m.*

baywood *n. Carp:* coed (*m*) bae, pren (*m*) bae.

bazaar *n.* *(a) (= marketplace):* marchnadfa(-oedd, marchnadf|eydd) *f*, marchnad(-oedd) *f*; *(b) (= shop &c):* basâr (basarau) *m*; *(c) (= fair):* ffair (ffeiriau) (*f*) nwyddau, ffair sborion, *O:* nodachfa (nodachf|eydd) *f.*

bazooka *n. Artil:* baswca(-s) *m.*

bdelium *n.* **1.** *Bot:* bdeliwm (bdelia) *f*, coeden (*f*) fdeliwm (coed bdeliwm). **2.** *(gum):* bdeliwm *m.*

be *v.i.* bod; *(for details of the forms and construction of* bod*, consult a reference grammar).* A. *Present tense questions and answers are introduced by these forms: sing.* **1.** *Lit:* wyf, ydwyf *F:* ydw, *S:* w, odw; **2.** wyt, *Lit:* ydwyt; **3.** yw, ydyw, *F:* ydi, ydy, *S:* odi; *pl.* **1.** *Lit:* ydym, ŷm, *F:* ydyn, yden, *N.W:* ydan, *S:* ŷn, odyn; **2.** *Lit:* ydych, *Lit: S:* ŷch, *F:* ydech, *S:* odych, *N.W:* ydach; **3.** *Lit:* ydynt, ŷnt, *F:* ydyn', yden', *S:* ŷn', odyn'; **is she here?** a yw/ydyw hi yma? [a] ydi hi yma? **yes, she is,** ydyw/ydi/odi, y mae hi; **no, she isn't,** nac ydyw/ydi *&c*, nid yw hi yma. B. **1.** mae *introduces unemphatic positive statements; it precedes both singular and plural subjects of the verb, but not* hwy, nhw, hwythau, *F:* nhwtha/nhwthe; maent *can precede only* hwy, hwythau, *F:* nhw, nhwtha/nhwthe; *N.B.* mae, maent *do not mutate and cannot be preceded by the particles* fe, mi; *the preceding conjunction* and *is always expressed as* ac *before* *personal forms of* bod; **Mary is here,** mae Mair yma; **Mary and Hugh are here,** mae Mair a Huw yma; **this is good,** mae hwn yn dda; **the children are going,** mae'r plant yn mynd; **there is a ghost in this house,** mae ysbryd yn y tŷ yma; *but* **they are at school,** maent hwy (*F:* maen' nhw) yn yr ysgol; **they too are going,** maent hwythau yn mynd; *F:* maen' nhwythau yn mynd. **2.** mae, maent *are also used in emphatic statements and questions introduced by a verb-noun, adverb or adverbial phrase*; **this is where she is,** yma y mae hi; **gardening, that's what he's doing,** garddio y mae ef; **it's not in London that she lives,** nid yn Llundain y mae'n byw; **is it the Army he's in, or the Navy?** ai yn y Fyddin y mae ef, ynteu yn y Llynges (*not* a yw ef yn y Fyddin, neu yn y Llynges)? **if it's fishing he is,** os pysgota y mae ef. **3.** mae, maent *are used in questions introduced by* sut, pa le, ble, paham, pam, pa fodd, pa bryd *&c, and* pwy *(= whom)*; **how does one lock this door?** sut mae cloi'r drws 'ma? **why do they do it?** paham maen' nhw'n ei wneud? *also* paham eu bod nhw'n ei wneud? **where is she?** ble [y] mae hi? **whom do people blame?** pwy [y] mae pobl yn ei feio? ar bwy [y] mae pobl yn gweld bai? **who/whom do they say has won?** pwy maen' nhw'n ddweud sydd wedi ennill? **when do the pubs close?** pa bryd [y] mae'r tafarnau'n cau? **4.** yw, ydyw *(N: F:* ydi, *S: F:* odi); ŷnt, ydynt *(N: F:* ydyn', *S: F:* odyn'); yw, ydyw *precede singular and plural subjects, but not* hwy, hwythau, *F:* nhw, nhwythau; ŷnt, ydynt *can precede only* hwy, hwythau, *F:* nhw, nhwythau; *they are used:* I. *(a) in negative statements with definite subjects*; **the book isn't on the desk,** nid yw'r llyfr ar y ddesg; *F:* 'dyw'r llyfr ddim ar y ddesg; **Mary isn't going,** nid yw Mair yn mynd; *F:* 'dyw Mair ddim yn mynd; **they're not working,** nid ydynt hwy'n gweithio, *F:* 'dydyn nhw ddim yn gweithio; *(b) in negative generalizations with an indefinite subject representing a class, or an uncountable subject*; **gold is not cheap,** nid yw aur yn rhad; **cats aren't strong,** nid yw cathod yn gryf. II. *(a) in questions with a definite subject*; **is the tea ready?** a ydyw'r/yw'r te'n barod? *F:* ydi'r/odi'r te'n barod? **aren't they silly?** onid (*F:* on'd) ydyn' nhw'n wirion? *(b) between* pwy *and a pronoun or definite noun complement*; **who is she?** pwy yw hi? pwy ydi hi? **who is that man?** pwy yw'r gŵr acw? *(c) in questions with a definite subject representing a class, or an uncountable subject*; **is gold cheap?** a yw/ydyw aur yn rhad? **what time is it?** [pa] faint yw hi o'r gloch? **is a lion easy to tame?** a yw llew yn hawdd ei ddofi? **are lions easy to tame?** a yw llewod yn hawdd eu dofi? III. *in a conditional sentence after* os = **if**; **if she's right,** os yw hi'n iawn; **if they are there,** os ydyn' nhw yno; **if the car is for sale,** os yw'r car ar werth; **if money is scarce,** os yw arian yn brin. IV. *occasionally after* pan = **when**; **when it's too late,** pan fydd hi'n rhy hwyr, pan yw hi'n rhy hwyr, *Lit:* pan fo hi'n rhy hwyr, *F:* pan mae hi'n rhy hwyr. V. *in a negative relative clause, corresponding to* sydd *in an affirmative relative clause*; **that's the man who's never late,** dyna'r dyn nad yw byth yn hwyr; *F:* dyna'r dyn sydd byth yn hwyr (*not* sydd ddim byth yn hwyr). VI. *as copula between the complement and the subject, especially in emphatic sentences, and to specify nationality, profession &c*; **it's good to hear he succeeded,** da yw clywed iddo lwyddo; **it's nice to ~ here,** da yw bod yma; **you are the next,** chi yw'r/ydyw'r nesaf; *also* chi sydd nesaf; **they are the best,** hwy yw'r gorau/goreuon; **(who is this in the photo?) - it's me,** (pwy yw hwn yn y llun?) - fi yw ef, *N:* fi ydi o; **fools, that's what they are,** ffyliaid ydyn' nhw; **they're not Welsh,** nid Cymry ydyn' nhw; nid Cymry mohonyn' nhw; (*not* dydyn nhw ddim yn Gymraeg); **she is English,** Saesnes yw/ydi hi (*not* mae hi'n Saesneg); **they're a clever lot,** rhai peniog ydyn' nhw; **he's a quarryman,** chwarelwr yw ef; **poets are prophets,** proffwydi yw beirdd. C. oes = **there is, there are** + *indefinite subject* (*not followed by* yn + *predicate*); *in speech it is almost always followed by* yna ('na), yma ('ma) + *soft mutation.* **1.** *(a)* **there's no-one here,** nid oes neb yma; *F:* 'does 'na neb yma; **he has no money,** nid oes ganddo [ddim] arian; *F:* 'does dim arian gydag e; **there are no men working here,** nid oes dynion yn gweithio yma; *F:* 'does 'na ddim dynion yn gweithio yma; **there are none left,** nid oes dim un ar ôl; *F:* 'does dim un ar ôl; **2.** *in a question after* a, onid (on'd), *indefinite subject:* **is there anyone at home?** [a] oes yma bobol? [a] oes 'na rywun gartref? **isn't there a difference!** on'd oes yna wahaniaeth! **3.** *in a negative relative clause with an indefinite subject:* **(here's a house) where no-one lives,** (dyma dŷ) nad oes neb yn byw ynddo, lle nad oes neb yn byw. **4.** *in a conditional clause with an indefinite subject:* **if there's any left,** os oes rhywfaint/peth/un ar ôl; **if there's none left,** os nad oes dim ar ôl, os nad oes un ar ôl, *Lit:* onid oes dim ar ôl. D. sydd, *F:* sy' = **who is, who are, which is, that is** *&c.* **1.** *in a sentence where the subject is emphasized:* **it's Harry who's to blame,** Harri sydd ar fai; **it's Mary who won,** Mair a enillodd; **if it's Glyn who's speaking,** *Lit:* os Glyn sy'n siarad, *F:* os mai Glyn sy'n siarad, *S:* os taw Glyn sy'n siarad; **if it's not Glyn who's speaking,** os nad Glyn sy'n siarad; **it's me that is right,** fi sy'n iawn; **that's the best thing,** dyna sydd orau. **2.** *in a relative clause where the relative pronoun refers to the subject:* **he's a man who likes walking,** mae'n ddyn sy'n hoffi cerdded; dyn sy'n hoffi cerdded yw ef. **3.** *after* pwy (= **who is?**), [pa] faint (= **how much**), pa beth (= **what**), pa + *noun,* sut + *noun when followed by vn.* + *adjective,* yn + *vn. or an adverb or adverbial phrase:* **who is right?** pwy sy'n iawn? **who [is it that] is talking?** pwy sy'n siarad? **what's up? what [is it that] is wrong?** [pa] beth sy'n bod? **which train [is it that] goes to Rhyl?** pa drên sy'n mynd i'r Rhyl? **what sort of a house is it you have?** pa fath o dŷ sydd gennyt ti (gennych chi)? sut dŷ sydd gennyt ti (gennych chi)? *in the negative* nad *replaces* sydd: **who isn't content?** pwy nad yw'n fodlon? *F: (less correctly):* pwy sydd ddim yn fodlon? *(incorrectly):* pwy na sydd yn fodlon? E. mai, *S:* taw = **that... is, that ... are**; *N.B.* mai, taw *never mutate*; mai, taw *follow verbs of saying, knowing, hearing, fearing &c and conjunctions such as* gan, wrth (= **since, because**) er (= **though**), dichon, efallai, hwyrach (= **perhaps**), diau, diamau (= **doubtless**) *&c in speech usually after* os (= if), *and introduce emphatic noun clauses*; *(they cannot precede a finite form of the verb)*; **I know [that it is] he [who] did it,** gwn mai efe a'i gwnaeth; **I heard it was the Irish who won,** clywais mai'r Gwyddelod a enillodd; **since that is so,** gan mai/taw felly y mae hi; **though that would be best,** er mai hynny a fyddai orau; **(no doubt) you are right,** (diau, mae'n siŵr) mai/taw chi sy'n iawn; **if that is what you wish,** os mai/taw dyna yw eich dymuniad, os mai/taw dyna a fynnwch; *in negative clauses* nad *replaces* mai, taw: **I know it wasn't he who did it,** mi wn nad efe a'i gwnaeth; **if that's not right,** os nad yw hynny'n iawn. F. *The use of the particle* y, yr *before forms of* bod: **1.** *(a)* yr *precedes: (i) the present forms: sing.* **1.** wyf, ydwyf; **2.** wyt, ydwyt; *pl.* **1.** ŷm, ydym; **2.** ŷch, ydych; *(impersonal):* ydys; *(ii) the imperfect forms: sing.* **1.** oeddwn; **2.** oeddit/oeddet; **3.** oedd; *pl.* **1.** oeddem; **2.** oeddech; **3.** oeddent/oeddynt; *(impersonal):* oeddid; *(b)* y *precedes* mae, maent, *F:* maen'. **2.** *in emphatic sentences beginning with vn. or adv.* y/yr *precede forms of* bod; *in speech* y/yr *are often omitted*; **reading is what I was doing,** darllen yr oeddwn i; **here is where the spring is,** yma y mae'r ffynnon; **we'll be stuck here,** yma y byddwn ni. **3.** *however if the emphasized word is a complement (a noun or adjective), then the particles are not inserted;* **he is French,** Ffrancwr yw ef; *N.B.* **he is not French,** nid Ffrancwr mohono; **she is not German,** nid Almaenes mohoni; **John is not a teacher,** nid athro mo John. G. *the relative pronoun* a + *soft mut. with forms of* bod. **1.** a *cannot precede* sydd, *but may precede the 3rd person in the other tenses*; **who was the man who was speaking?** pwy oedd y dyn a oedd yn annerch? **the man who'll ~ leading,** y dyn a fydd yn arwain; **a girl who's been on holiday,** merch a fu ar ei gwyliau; *in speech, and often in writing,* a *is omitted, but the soft mut.* remains. **2.** a *cannot precede* yw, ydyw, ŷnt, ydynt, ydys, *nor precede the corresponding forms in other tenses, e.g.* fyddai, oedd, fu, fuasai, fo, fydd *i.e. in emphatic sentences where the complement comes first:* **they are thieves,** lladron ydyn' nhw; **it was nice to see them,** braf oedd cael eu gweld nhw. *For the forms and construction of* be *consult a reference grammar.* **1.** *(a)* **Mary is pretty,** merch bert yw Mair; mae Mair yn bert. *for repeated actions or general truths the iterative present /future should be used:* **I am [usually] never ill,** ni fyddaf byth yn wael; **I go to work every morning,** byddaf yn mynd i'r gwaith bob bore; *Prov:* **seeing is believing,** a wêl a gred; **it is nothing to me,** nid yw o bwys i mi; **yours is a fine house,** tŷ braf yw eich tŷ chi; mae eich tŷ chi'n dŷ braf; **as soon as you are ready,** cyn gynted ag y byddwch (*not* ydych) yn barod; **isn't he lucky?** *N:* on'd ydi o'n lwcus? *S:* on'd yw e'n lwcus? **(he's lucky) isn't he?** (mae'n lwcus) *N:* on'd ydi o? *S:*

on'd yw e? *N:* (un lwcus ydi o) yntê? *S:* (un lwcus yw e) yntefe, ontefe? *(b)* **his father is a doctor,** meddyg yw ei dad ef; **he's English; he's an Englishman,** Sais yw ef, Sais ydyw; mae'n Sais (*not* mae'n Saesneg); **she's English; she's an Englishwoman,** Saesnes yw hi; mae hi'n Saesnes (*not* mae hi'n Saesneg); *similarly with all other adjs and nouns denoting nationality*; **if I were you,** petawn i yn eich lle chi, petawn i yn eich esgidiau chi; **Miss X that was,** Miss X oedd hi gynt; *(c) Prov:* **unity is strength,** mewn undeb y mae nerth; cadarnach yr edau yn gyfrodedd nag yn ungor; **three and two are five,** tri a dau'n bump; **you would ~ as well to go,** fe dalai [yn well] i chi fynd; cystal i chi fynd. **2.** *(a)* **he was a long time reaching the shore,** bu'n hir yn cyrraedd y lan; **don't ~ long,** paid (peidiwch) â bod yn hir; **I don't know where I am,** wn i ddim ble'r ydw i; **here I am,** dyma fi; **there you are,** dyna ti (chi); **so you are back again,** dyma chi yn [eich] ôl eto; *(b)* **how are you?** sut yr wyt ti (ydych chi)? *F:* sut mae hi? *N:* s'mâi? *S:* shwmâi? *(c)* **how much is that?** faint yw hynna? **how far is it from here to London?** pa mor bell yw hi i Lundain? faint sydd oddi yma i Lundain? gwaith faint sydd oddi yma i Lundain? **it is a mile from here,** mae'n filltir oddi yma; mae gwaith milltir oddi yma; milltir yw hi oddi yma; *(d) (time):* **what time is it?** faint yw hi o'r gloch (*not* beth yw'r amser?): **when is the concert?** am faint [o'r gloch] y bydd y cyngerdd? pryd y mae'r cyngerdd? **tomorrow is Friday,** dydd Gwener yw hi yfory. **3.** *(a)* **I am afraid,** mae arnaf ofn; **I am ashamed of it,** mae arnaf gywilydd ohono; mae gen i gywilydd ohono; **I am hungry,** mae arnaf eisiau/chwant bwyd; **I am thirsty,** mae arnaf syched; **I am sorry for her,** mae'n ddrwg gen i drosti; mae'n flin gen i drosti; **I am glad,** mae'n dda gennyf; **I am sleepy,** mae arnaf eisiau cysgu; **~ of good courage!** byddwch yn ddewr! *(b)* **he is twenty years old,** mae'n ugain mlwydd oed; **the wall is six foot high,** mae'r mur yn chwe throedfedd o uchder/uchdwr. **4.** *(a) (= exist, occur, remain):* **to ~ or not to ~,** bod neu beidio â bod; **oh, to ~ in England,** o, na bawn yn Lloegr; o, am fod yn Lloegr; o, am gael bod yn Lloegr; **God is,** mae Duw yn bod; **what will ~ will ~,** yr hyn a fydd a fydd; *F:* be' sy' i fod, sy' i fod; **the time of steel ships was not yet,** ni ddaethai cyfnod y llongau dur eto; nid oedd yn adeg y llongau dur eto; **(the prettiest girl) that ever was,** (y ferch bertaf/dlysaf) a fu erioed, a fu ar wyneb y ddaear, a droediodd ddaear, a wisgodd esgid erioed; **I wish I had been there,** trueni na fuaswn yno; fe fyddai'n dda gennyf pe buaswn yno; **that may ~ so,** gall hynny fod; dichon hynny; dichon; efallai mai felly y mae hi; **so ~ it! ~ it so!** purion! bydded/boed/bid felly! o'r gorau! **well I'll ~!** 'dawn i byth o'r fan! 'tawn i'n marw! 'tawn i'n llwgu! **leave it as it is!** gad(-ewch) ef fel y mae! **leave it ~!** gad(-ewch) iddo fod! gad(-ewch) lonydd iddo! **however that may ~; ~ that as it may,** bid a fo am hynny; sut bynnag y bo; sut bynnag am hynny; boed hynny fel y bo; boed fel y bo am hynny; **wherever it may ~,** lle bynnag y bo; **how is it that ...?** sut [y] mae'n bod mai ...? **how is it you didn't say sth?** sut na fuasech wedi dweud rhth? *(b) impers.* **there is, there are,** [y] mae [yna]; **there's a man in the house,** mae dyn yn y tŷ; mae yna ddyn yn y tŷ; **there'll be dancing,** fe fydd yna ddawnsio; *(c)* **what is there to see?** beth sydd yna i'w weld? **will there ~ dancing?** a fydd yna ddawnsio? **5.** *(= go, come):* **are you for Bristol?** ydych chi'n mynd i Fryste? ar y ffordd i Fryste yr ydych chi? **I'll ~ off,** mi af i; rhaid i mi fynd; rhaid imi ei throi hi; rhaid imi ei chychwyn hi; **I've been to see her,** mi fûm yn ei gweld hi; mi fûm i'w gweld hi; **she is from Canada,** mae hi'n dod o Ganada; un o Ganada yw hi; o Ganada mae hi'n dod; **has he been there?** a ydyw wedi bod yno? a fu ef yno? **she has just been here,** mae hi newydd fod yma; **I've been in every room,** 'rwyf wedi bod ym mhob ystafell; **you've been [and gone] and moved my books,** 'rwyt ti wedi bod yn symud fy llyfrau i; **(he was in there) like a flash,** (fe aeth i mewn) chwap, fel fflach; **where have you been?** [i] ble buoch chi? o ble daethoch chi? **~ off!** g'leuwch hi! heglwch hi! *N:* [i] ffwrdd â chi! *S:* bant â chi! **has anyone been?** a fu rhn yma? a fu rhn heibio? **someone's been at the food,** mae rhn wedi bod yn y bwyd; mae rhn wedi bod ar ôl y bwyd. **6.** *Impers.* **it is six o'clock,** mae hi'n chwech o'r gloch; **it is late,** mae hi'n hwyr; **it is fine,** mae hi'n braf; **it's easy to see,** [mae'n] hawdd gweld (*not* i weld); **it's hard to remember,** [mae'n] anodd cofio (*not* i gofio); **it's a pity it's so dark,** mae'n drueni ei bod hi mor dywyll; trueni ei bod hi mor dywyll; *(N.B. the impersonal* it *is always* hi *in Welsh):* **it is said that ...,** fe ddywedir ...; *(in emphatic sentences):* **it's me that's right,** fi sy'n iawn; **it is for you to go,** eich lle chi yw mynd; chi a ddylai fynd; **it is for you to decide,** chi biau penderfynu; chi sydd i benderfynu; **what is it?** *(a) (= what's the matter?):* beth sydd? beth sy'n bod? *(b) (= what is this thing?):* beth yw hwn? **who is this in the picture? - it's me,** pwy yw hwn yn y llun? - fi [ydyw]; **who's that at the door? - it's me,** pwy sydd wrth y drws? - fi [sydd yma]; **is it me, or is it hot in here?** ai fi sydd, ynteu a ydi hi'n boeth yma? **stop it Willie! - it's Tommy!** paid Wili! - Tomi sydd! *after* pe = *if: sing.* **1.** pet|awn, **2.** pet|aet, pet|ait. **3.** pet|ai; *pl.* **1.** pet|aem, **2.** pet|aech, **3.** pet|aent; **as it were,** fel petai; **were it only to please me,** petai ond er fy mwyn i; **were it not for my illness,** oni bai am fy salwch, pe na bai am fy salwch; **had it not been for the rain,** oni bai am y glaw, pe na bai am y glaw; *F:* **well, if it isn't Glyn!** wel, Glyn o bawb! **7.** *(a) (auxiliary uses):* **I am doing sth,** 'rwyf [wrthi] yn gwneud rhth; **I was doing sth,** 'roeddwn [wrthi] yn gwneud rhth; **I used to ~ glad to see her,** mi fyddwn yn falch o'i gweld; *S.a.* **use[2]** **4.** **they're always laughing,** maen' nhw'n wastad yn chwerthin; **I've just been reading,** 'rwyf newydd fod yn darllen; **the house is building; the house is being built,** mae'r tŷ'n codi; *(b)* **the sun is set,** mae'r haul wedi machlud; **she is gone,** mae hi wedi mynd; *(c) (forming passive voice): use impersonal forms or construction with* cael: *(i)* **he was killed,** lladdwyd ef; cafodd ei ladd; **he is respected by all,** perchir ef gan bawb; caiff ei barchu gan bawb; **he is allowed to go out,** mae'n cael mynd allan; caiff fynd allan; **he was laughed at,** bu chwerthin am ei ben; *(ii)* **he is to ~ pitied,** rhaid ei bitïo; mae'n biti/drueni drosto; **the house is to ~ let,** fe osodir y tŷ; mae'r tŷ ar osod; mae'r tŷ i'w osod; mae'r tŷ i gael ei osod; **how is it to ~ done?** sut y gellir ei wneud? *Lit:* pa fodd y'i gwneir? **what is to ~ done?** pa beth a wnawn ni? pa beth a wneir? *(d) (denoting futurity):* **I am to see him tomorrow,** 'rwyf i fod i'w weld ef yfory; **he was never to see them again,** ni châi eu gweled byth wedyn/mwy; nid oedd i'w gweld byth wedyn; **it was not to be found,** nid oedd ar gael; nid oedd modd dod o hyd iddo; **I was to have come,** 'roeddwn i fod i ddod; *(e) (necessity, duty):* **you are to ~ there tomorrow,** rhaid i chi fod yno yfory. **8.** *(a)* **the bride to ~,** y ddarpar wr|aig *f*; *S.a.* **has been; the powers that ~,** yr awdurdodau, y rhai sydd mewn grym, y pwerau sydd ohoni; *(b)* **to ~ for sth,** bod o blaid rhth, bod dros rth; *(c) (= belong):* **the battle is not to the strong,** *B:* nid yw rhyfel yn eiddo y cedyrn; **the house is theirs,** mae'r tŷ yn eiddo iddyn nhw; nhw biau'r tŷ; eu heiddo nhw yw'r tŷ; **~ mine, darling!** prioda/cymer fi, fy nghariad! *S.a.* **belong. 9.** *(elliptical):* **are you happy? - I am,** a ydych chi'n hapus? -ydwyf [yr ydwyf], *F:* ydw [mi 'rydw i], ydw i; **is she right? - yes, she is,** a yw hi'n iawn? - ydyw, y mae; *(in perfect tense):* **is your book published? - it is,** a gyhoeddwyd eich llyfr chi? - do, fe'i cyhoeddwyd. **10.** **what is he about?** *(= doing):* pa beth y mae'n ei wneud? **~ quick about it,** brysia (brysiwch). **~-all** *n.* hanfod(-ion) *m*; **the ~-all and end-all of sth,** holl hanfod a diben rhth.

beach[1] *n.* traeth(-au) *m*, glan *(f)* môr (glannau moroedd), *occ:* marian(-au) *m*, traethell(-au) *f*, morlan(-nau) *f*; **the ~,** glan y môr; **raised ~,** cyfordraeth(-au) *m*; **storm ~,** stormdraeth(-au) *m*. **~-ball** *n.* pêl (peli) ysgafn *f*, pêl lan môr (peli glan môr). **~-boy** *n. U.S:* llanc(-iau) *(m)* glan môr. **~-break** *n. U.S:* beisdon(-nau) *f*, moryn(-nau) *m*. **~-buggy** *n.* cerbyd(-au) *(m)* traeth, car (ceir) *(m)* traeth. **~-bum** *n. U.S:* crwydryn (crwydriaid) *(m)* glan môr. **~-comb** *v.i. N:* progio, cribinio, *S.W:* gwreca. **~-flea** *n. U.S:* = **sand-hopper, sandfly. ~-grass** *n. U.S:* = **marram, couch-grass (sand). ~-guard** *n. coll.* gwarchodwyr *(pl)* traeth. **~-head** *n.* troedle(-oedd) *m*. **~-hut** *n.* cwt (cytiau) *(m)* glan môr, caban(-au) *(m)* glan môr, cwt newid. **~-master** *n.* swyddog(-ion) *(m)* glanio. **~-pea** *n. Bot: U.S:* ytbysen (ytbys) arfor *f*. **~-plum** *n Bot: U.S:* eirinen (eirin) arfor *f*. **~-wagon** *n. U.S:* = **station wagon.**

beach[2] *v.t.&i.* **1.** *v.t.* **to ~ a ship,** dod â llong i dir, dod â llong i'r lan, tirio/glanio llong. **2.** *v.i.* glanio, tirio, dod i dir, dod i'r lan.

beachcomber *n.* **1.** *(= roller 3):* moryn(-nau) *m*. **2.** *(= scavenger):* chwilotwr (chwilotwyr) *(m)* glan môr, heliwr (helwyr) *(m)* broc môr, *N.W:* progiwr (progwyr) *m*.

beachfront *n.* glan *(f)* môr (glannau moroedd).

beaching *n.* graean *pl*, gro *m*.

beach-la-mar *n. Ling:* besh-la-mar *m, f.*

beachwear *n.* dillad (*pl*) glan môr, dillad traeth.

beacon[1] *n.* **1.** *(a) (of fire): Hist: A:* coelcerth(-i) *f*, ffagl(-au) *f*, begwn(-s, begynau) *m*; *(b) (= station or structure for above):* begwn, goleufa (goleuf[l]eydd) *f*, goleudwr (goleudyrau) *m*, ban(-nau) (*m*) golau; *(c) (= lighthouse):* goleudy (goleudai) *m*; *(d) (= radio transmitter):* tywysydd(-ion) *m* [radio]. **2.** *Nau: Av:* [**-light**], golau (goleuadau) *m*; *Adm:* **Belisha ~,** golau croesi. **3. the Brecon Beacons** *Pr.n.pl. W.Geog:* Bannau Brycheiniog, y Bannau, *F: occ:* y Begwns. **B~ Rocks** *W.Pl.n.* Ynysoedd y Gwylanod.

beacon[2] *v.t. Nau: Av:* goleuo.

beaconage *n.* toll (*f*) oleuo (tollau goleuo).

bead[1] *n.* **1.** *(for prayers):* glain (gleiniau) *m*, pader(-au) *m*; **to tell beads,** cyfrif paderau, padera; **he is at his beads,** y mae ar ei weddi. **2.** *(a) (decorative):* glain, *N: F:* mwclen (mwclis) *f*, *occ:* niclen (niclis) *f*; **a string of beads,** cadwyn(-i) (*f*) o fwclis; *the incorrect form* cadwen (cadwyni) *is in common use*; *Lit: occ:* gleindorch(-au) *f*, gleinllinyn(-nau) *m*; **interlocking beads,** gleiniau cydio; *(b) (= drop):* diferyn (diferion) *m*, dafn(-au) *m*, defnyn(-nau) *m*; *(c) (= small bubble in wine):* bwrlwm (byrlymau) *m*; *(d) Arch: Join:* **~ trimming,** trimin (*m*) glain, addurn (*m*) glain. **3.** *(of tyre):* rhimyn(-nau) *m*. **4.** *(of gun):* anelwr (anelwyr) *m*; **to draw a ~ on s.o.,** anelu at rn. **~-roll** *n.* rhes(-i) *f*.

bead[2] *v.t.&i.* **1.** *v.t.* *(a) (= adorn with beads):* addurno (rhth) â gleiniau; *(b) Join:* gleinio. **2.** *v.i.* *(of liquids):* byrlymu.

beaded *a.* **1.** gleiniog; **his brow was ~ with sweat,** 'roedd ei dalcen yn fyrlymau o chwys; 'roedd ei dalcen yn perlio gan chwys. **2. ~ tyre,** teiar rhimynnog *m*, teiar â rhimyn.

beadhouse *n.* betws (betysau) *m*.

beading *n.* **1.** gleiniad *m*, gleinwaith *m*; **~ needle,** nodwydd(-au) (*f*) gleinwaith. **2.** *(of tyre):* rhimyn(-nau) *m*.

beadle *n.* **1.** *(of parish):* bedel(-iaid) *m*, plwyfwas (plwyfweision) *m*; *Hist:* rhingyll(-iaid) *m*. **2.** *(of university):* brysgyllwr (brysgyllwyr) *m*.

beadledom *n. Pej:* ymyrgarwch *m*.

beadleship *n.* bedeliaeth(-au) *f*, swydd (*f*) bedel *&c*.

beadrim *attrib.* glainymyl.

beadsman *n.m.* paderwr (paderwyr), paderydd(-ion), gweddïwr (gweddiwyr) tâl, bedman (bedmyn) *m*.

beadwork *n.* gleinwaith *m*, gwaith (*m*) mwclis.

beady *a.* **1.** *(eyes):* treiddgar, fel mwclis, gleiniog, bychan (*f.* bechan, *pl.* bychain). **2.** *(wine):* byrlymus. **3.** = **beaded**. **~-eyed** *a.* â llygaid treiddgar, â llygaid bychain.

beagle *n.* corhelgi (corhelgwn) *m*, corfytheiad (corfytheiaid, corfythéid) *m*, beglgi (beglgwn) *m*.

beagling *vn.* hela ysgyfarnogod.

beak[1] *n.* **1.** *(a) (of bird):* pig (pigau) *mf*, *occ:* gylfin(-au) *f*; *(b) (of teapot &c):* pig; *(c) F: (= nose):* trwyn(-au) *m*, pig. **~-sedge** *n. Bot: See* **sedge**.

beak[2] *n. F: (a) (= chairman of bench):* cadeirydd (*m*) y fainc; **to appear before the ~,** mynd o flaen eich gwell, *N.E. occ:* mynd o dan y cloc; *(b)* = **headmaster**.

beaked *a.* **1.** *(animal, bird, cap):* â phig; **a ~ cap,** cap pig, cap â phig. **2.** *(nose):* bwaog, eryraidd, crwb.

beaker *n.* bicer(-i) *m*, diodlestr(-i) *m*; *Archeol:* **the B~ Folk,** *n.pl.* Pobl y Biceri/Diodlestri.

beakerful *a.* llond (*m*) bicer, biceraid (bicereidiau) *m*.

beaky *a.* = **beaked**.

beam[1] *n.* **1.** *(a) Carp: Const:* trawst(-iau) *m*, distyn (distiau) *m*, dist(-iau) *m*, *Lit: occ:* swmer(-au) *m*, ceibr(-au) *m*, ceibren(-ni,-nau) *f*; *B:* **the ~ that is in thine own eye,** y trawst sydd yn dy lygad dy hun; **eaves ~,** llogail (*m*) bargod (llogeiliau bargodion); **hammer-~,** trawst gordd; **reversed ~,** trawst o chwith; **ridge-~, roof-~,** nenbren(-nau,-ni) *m*; **side-~,** *(of roof)* tulath(-au) *f*; *S.a.* **cross-beam, tie-beam**; *(b) (of balance):* trawst, honglath(-au) *f*, carfan(-au) *f*; *(c) (of plough):* arnodd(-au) *f*; *(d) (= lever in engine):* trostlath(-au) *f*, paladr (pelydr) *m*; *(e) (of anchor):* paladr; *(f)* **cloth ~, weaver's ~,** carfan(-au) *f*. **2.** *(a) N.Arch: (cross-timber of ship):* trawst; **on the starboard ~,** ar y [llaw] dde, ar yr ochr dde; **on the weather ~,** o gyfeiriad y gwynt; *(b) (= breadth of ship):* lled *m*; **broad in the ~,** *(i)* llydan [ar ei draws/thraws] (llydain [ar eu traws]); *(ii) Fig: (pers.):* tindrwm (*f.* tindrom, *pl.* tindrymion), tinllydan (tinllydain). **3.** *(of light):* pelydryn (pelydr, pelydrau) *m*; *(of lighthouse, headlight):* goleuni *m*; *F:* **we're not on the same ~,** nid ydym yn yr un byd/cae; nid ydym ar yr un donfedd; **he's off ~,** mae ar gyfeiliorn; mae'n methu'n arw; mae ymh|ell ohoni; **on the ~,** ynddi hi, ar y cwrs cywir, ar y trywydd; *T.V:* **electron ~,** pelydr (*m*) electronau. **4.** *(= smile):* gwên (gwenau) *f*. **~ aerial** *n.* erial cyfeiriol/gyfeiriol (erialau cyfeiriol) *mf*. **~ angle** *n.* ongl (*f*) baladr (onglau paladr). **~-compass** *n. Geom:* llathgwmpas(-au) *m*; *Carp: N.W: occ:* cyffylog(-od) *m*. **~ end** *n.* **1.** *Nau:* pen (*m*) trawst (pennau trawstiau). **2. she's on her ~-ends,** *(of ship):* mae hi bron â throi drosodd; mae hi'n gorwedd ar ei hochr; *Fig:* **he's on his ~-ends,** mae hi wedi dod i'r pen arno; mae wedi dod i ben ei dennyn; mae hi wedi mynd yn glem/fain/gyfyng arno; 'does ganddo'r un ddimai ar ei elw. **~ hole** *n. Ph:* twll (*m*) pelydryn (tyllau pelydrau). **~ rider** *n. Aer:* dilynwr (dilynwyr) (*m*) pelydryn. **~ riding** *vn. Aer:* dilyn pelydryn. **~ saddle** *n. Gym:* cyfrwy(-au) (*m*) trawst. **~ system** *n. W.Tg:* system(-au) (*f*) seiniad[-au]. **~ tree** *n. Bot:* cerddinen wyllt (cerddin gwyllt) *f*.

beam[2] *v.t.&i.* **1.** *v.t.* *(a) (= shine):* tywynnu, *occ:* pelydru; **to ~ a light on sth,** tywynnu golau ar rth, anelu golau ar rth, taflu/bwrw golau ar rth; *(b)* **to ~ a programme,** darlledu/anelu rhaglen; **to be beamed in on sth,** anelu at rth. **2.** *v.i.* *(a) (of sun &c):* tywynnu, *occ:* pelydru, llewy[r]chu; *(b) (= smile):* gwenu, gwenu'n braf; **he was beaming broadly,** 'roedd yn wên o glust i glust; 'roedd yn gwenu fel giât.

beaming *a.* *(sun):* disglair, tywynnol; *(face, pers.):* siriol, gwengar (*pronounced* ng-g), yn wên o glust i glust, yn wên i gyd.

beamy *a.* *(a) (= massive):* anferth, trwm (*f.* trom, *pl.* trymion). *(b) (ship):* llydan (llydain).

bean[1] *n.* ffeuen (ffa) *f*; *occ:* ffäen: ffafen (ffa) *f*; **aduki ~,** ffeuen adwci; **baked ~,** ffeuen bob (ffa pob); **black ~,** ffeuen ddu (ffa duon); **black-eyed ~, cow ~, oea ~,** ffeuen lygatddu (ffa llygatddu); **broad ~, Windsor ~, fava ~,** ffeuen lydan (ffa llydain), ffeuen felen (ffa melyn); **buck ~,** ffeuen (*f*) y gors (ffa'r corsydd); **butter-~,** ffeuen wen (ffa gwynion), ffeuen ymenyn; **flageolet ~, French ~,** ffeuen Ffrengig; **haricot ~,** ffeuen Ffrengig, ffeuen wen (ffa gwynion); **kidney ~,** ffeuen Ffrengig, *S: F:* cidnabensen (cidnabêns) *f*; **mung ~,** ffeuen fwng (ffa mwng); **navy ~,** = **broad ~**; **pinto ~,** ffeuen binto (ffa pinto), ffeuen binc (ffa pinc); **red kidney ~,** ffeuen goch (ffa cochion); **runner ~,** ffeuen ddringo (ffa dringo), ffeuen goch (ffa cochion), *S: F:* cidnabensen; **soya ~,** ffeuen soia; **yellow ~,** ffeuen felen (ffa melyn); *F:* **(I haven't) a ~,** ('does gen i) yr un ffeuen, ddim ffadan beni, yr un ddimai goch y delyn, ddim dimai ar f'elw, *S:* ('does gyda fi) ddim clincen; **to give s.o. his beans,** ei rhoi hi i rn, dweud y drefn wrth rn, rhoi pryd o dafod i rn; *F:* **(he was) full of beans,** ('roedd) yn llawn mynd, ar ei lawn hwyl, mewn hwyliau garw, yn yr hwyl, yn llawn afiaith; *F:* **to spill the beans,** gollwng y gath o'r cwd, *S.W:* bwrw'ch bola berfedd; *F:* **old ~,** yr hen gyfaill, yr hen ddyn, yr hen frawd, yr hen law, yr hen goes; *F:* **he knows how many beans make five,** fe ŵyr beth yw beth; nid yw'n un i dorri cnau gweigion; *Prov:* **every ~ has its black,** heb ei fai heb ei eni. **2.** *(of coffee):* gronyn(-nau, grawn) *m*. **3.** *F:* = **head[1]**. **~-bag** *n. Furn:* bag(-iau) (*m*) ffa. **~-curd** *n. Cu:* ceulion (*pl*) ffa. **~-pod** *n.* coden (codau) (*f*) ffa, *S:* masgl(-au) (*f*) ffa. **~-sprout** *n. Cu:* eginyn (*m*) ffeuen (egin ffa). **~-tree** *n. Bot:* coeden (coed) (*f*) ffa. **~ trefoil** *n. Bot:* drewgoed *pl*, y ddrewgoed *f*.

bean[2] *v.t. F:* = **hit[2]**.

beanfeast *n.* gwledd(-oedd) *f*, gloddest(-au) *mf*, *N: F:* sgram(-s) *f*, *S.W:* ffest(-ys) *f*.

beano *n. F:* = **beanfeast**.

beanpole *n.* **1.** *Hort:* polyn (polion) (*m*) ffa. **2.** *F: (= lanky pers.):* llyng[h]yryn (llyng[h]yrod) *m*, llyng[h]yren (llyng[h]yrod) *f*, *N.W:* cengl(-au) *f*, sgliffyn *m*, sgliffan *f*, sgryfinllan *f*, sgrawt(-iau) *m*, stringan *f*, slingyn *m*, slingen *f*, slimin *mf*, *S:* sloshin: slashyn *m*, slasien *f*, sgregyn *m*, sgonsiyn *m*, sgonsien *f*, *S.W:* sgaran *m*, *S.E:* sgeran *m*; **like a ~,** fel crychydd [glas], fel haul ar bost, fel sgimbren, *N:* fel polyn lein, fel cangen haf, fel llinyn trôns.

beanstalk *n.* coeden (coed) (*f*) ffa, coesyn (coesau) (*m*) ffa, callodryn (callod) (*m*) ffa; **Jack and the ~,** Jac a'r Goeden Ffa.

bear[1] *n.* **1.** *(a) Z:* arth (eirth) *f* (*N.B. f not m*); **the three bears,** y tair arth (*not* y tri arth); **he-~,** arth wryw (eirth gwryw) *f*; **she-~,**

arthes(-au) *f*; **young ~, ~ cub,** cenau (cenawon) (*m*) arth, arth fach/bach (eirth bach); **grizzly ~,** arth lwyd (eirth llwydion), arth fraith (eirth brithion); **koala ~,** coala(-od, coaläid) *m*; **sun ~,** arth Malaia; **polar ~,** arth wen (eirth gwynion), arth y gogledd; **teddy ~,** tedi-bêr(-s) *m*, arth fach (eirth bach); *F:* **he's like a ~ with a sore head,** mae fel arth a'i phawen mewn trap; *S.W: F:* mae croen ei din ar ei dalcen; **what a ~ he is!** dyna arth o ddyn! dyna ddyn garw/blin/piwis/anfoesgar! *Prov:* **to sell the bear's skin before catching it,** bwyta'r ŵy cyn ei ddodwy; *(b) Astr:* **the Great B~,** yr Arth Fawr, yr Arad *f*, yr Haeddel [Fawr] *f*, *F:* y Sosban *f*, *occ:* Jac (*m*) a'i Wagen, *N.W:* Sêr (*pl*) Llong; **the Little B~,** yr Arth Fechan, yr Haeddel Fach. **2.** *St.Exch:* gostyngwr (gostyngwyr) *m*, hapwerthwr (hapwerthwyr) *m*. **~-baiting** *vn.* baetio arth/eirth. **~-fight** *n.* ymladdfa (ymladdf|eydd) *f*, [y]sgarmes(-oedd) *f*, cythrwfl *m*, stŵr *m*, terfysg(-oedd) *m*, *Lit: occ:* cadgamlan *f*, *N:* cwffas[t] *f*, ffatri *f*, *S: occ:* rali gocsen *f*, *S.W:* randibŵ *m*. **~-garden** *n.* **1.** arthfa (arthf|eydd) *f*, pydew(-au) (*m*) eirth. **2.** *Fig:* llanast[r](-au) *m*, cadgamlan *f*, siop (*f*) siafins, traed (*pl*) moch; **this place is like a ~-garden,** *N:* mae'r lle 'ma ar gychwyn; mae'r lle 'ma fel tŷ Jeroboam; *V:* mae'r lle 'ma a'i din am ei ben; *S: F:* mae'r lle 'ma'n siang-di-fang; **to turn the place into a ~-garden,** gwneud llanast *&c* mewn lle, tynnu'r lle'n racs, troi'r lle a'i din am ei ben. **~ garlic** *n. Bot:* garllegen (garlleg) (*f*) yr arth. **~-grass** *n. Bot:* arthwellt *m*. **~-hug** *n.* cofleidiad(-au) *m*; **he gave her a ~-hug,** fe'i gwasgodd hi'n dyn[n] ato. **~ leader** *n.* **1.** *(literally):* dyn (*m*) arth (dynion eirth). **2.** *Sch: Hist: (= travelling tutor):* tiwtor(-iaid) teithiol *m*. **~ market** *n.* *St.Exch:* marchnad ostyngol (marchnadoedd gostyngol) *f*. **~ pit** *n.* pydew(-au) (*m*) eirth. **~'s breach** *n. Bot:* troed (*m*) yr arth, braich (*f*) yr arth. **~'s ear** *n. Bot:* clust (*f*) yr arth, g|olchwraidd: g|orchwraidd *f*. **~'s foot** *n. Bot:* crafanc (*f*) yr arth [werdd], |elebor: |elebwr *m*, tafol (*m*) y môr, llun (*m*) troed yr arth.

bear[2] *v.t.&i. St.Exch:* **1.** *v.t.* **to ~ the market,** gostwng y farchnad. **2.** *v.i.* gostwng.

bear[3] *v.t.&i.* **1.** *v.t.* *(a) (= carry):* dod/mynd (â rhth), *Lit:* dwyn (rhth), dyfod (â rhth), cludo (rhth), *F:* cario (rhth); **to ~ arms, a name, a signature, a date,** dwyn arfau, enw, llofnod, dyddiad; **this paper bears your signature,** mae eich llofnod ar y papur hwn; **the love she bore him,** ei chariad tuag ato; **he bears a charmed life,** ni all dim ei gyffwrdd; mae rhagluniaeth yn ei warchod; **to ~ oneself well,** ymddwyn/ymarweddu yn dda/ glodwiw; **she bears a good character,** mae enw/gair da iddi; **to ~ a good character,** meddu ar enw da, bod ag enw da; **to ~ a grudge/resentment,** dal dig (**towards s.o.,** tuag at rn), *occ:* dal gwg/cilwg (tuag at rn), cnoi cil ar wermod; **to ~ ill-will,** ewyllysio'n ddrwg (i rn), dal drwgdeimlad (at rn); **to ~ a good will,** ewyllysio'n dda (i rn); **to ~ malice,** coleddu malais (at rn); **to ~ a resemblance to sth,** bod yn debyg i rth, ymdebygu i rth; **to ~ witness,** dwyn tystiolaeth, tystio, tystiolaethu (i rth); **to ~ false witness,** dwyn camdystiolaeth; **it bears a relation to sth; it bears on sth,** mae a wnelo â rhth; **it bears no relation to this matter,** nid oes a wnelo ddim â'r mater hwn; mae'n amherthnasol i'r mater hwn; **to ~ a meaning,** dwyn ystyr; **to ~ s.o.'s name,** dwyn enw rhn; **to ~ sth away,** cludo/cario/dwyn rhth ymaith; **to ~ a hand,** rhoi help llaw, estyn cymorth; *(b) (= hold, support):* dal, dwyn, cynnal, *S:* dala. **to ~ the cost,** dwyn y gost, dwyn y draul, cwrdd â'r gost, bod yn gyfrifol am dalu; **to ~ a part,** chwarae rhan, cymryd rhan; **to ~ a weight,** dal/cynnal pwysau; **the argument does not ~ any weight,** nid yw'r ddadl yn dal dŵr; **to ~ office,** dal swydd, llenwi swydd; **to ~ sth in mind,** cofio rhth, cadw rhth mewn cof, peidio ag anghofio rhth; **bearing in mind ...,** a chofio ..., o gofio ...; *(= endure, tolerate):* dal, dioddef, goddef, *S: F:* sefyll; **to ~ the penalty of/ for sth,** dwyn/dioddef y gosb am rth; **I can't ~ it any longer,** ni allaf ei ddioddef ddim mwy; **I can't ~ him,** alla' i mo'i ddioddef e; dda gen i mohono; *S: F:* 'does 'da fi gynnig iddo fe; *S.W: occ:* alla' i mo'i harin e; **it won't ~ repeating,** ni wiw ei ailadrodd; **it will ~ examination,** fel ddeil ei archwilio; **to ~ with s.o,** cydymdd|wyn â rhn, maddau i rn, goddef rhn; **if you will ~ with me,** os byddwch yn amyneddgar â mi, os maddeuwch i mi; **to ~ the blame,** cymryd y bai, dwyn y bai; **to ~ the penalty of one's misdeeds,** talu am eich pechodau; *(c) (= carry):* cludo, cario; **he was borne away by the current,** cludwyd ef ymaith gan y llif; **it was borne in on me ...,** deuthum i weld/sylweddoli/ deall/gredu ..., fe wawriodd arnaf ...; *(d)* **to bring all one's strength to ~ on sth,** pwyso â'ch holl nerth ar rth; **to bring one's mind to ~ on sth,** rhoi'ch holl sylw i rth; **to bring a gun/telescope to ~ on sth,** cyfeirio, anelu dryll/telesgop at rth; **to ~ hard/ heavily on s.o.,** pwyso'n drwm ar rn; **that doesn't ~ on the question,** nid oes a wnelo hynny ddim â'r mater; nid yw hynny'n dwyn perthynas â'r mater; **to ~ on a lever,** pwyso ar lifer; *(e) Nau:* **the island bears North-West,** mae'r ynys yn gorwedd/sefyll i'r Gogledd-Orllewin. *(f) (= give birth to):* **to ~ a child,** geni plentyn, esgor ar blentyn, *Lit: occ:* ymdd|wyn ar blentyn, dwyn plentyn; **to ~ a colt,** bwrw ebol; **to ~ a calf,** bwrw llo; **she has borne him two sons,** mae hi wedi rhoi dau fab iddo; **to ~ interest,** dwyn llog; **to ~ fruit,** dwyn ffrwyth, ffrwytho; **a cow on the point of bearing a calf,** buwch yn dywyddu, *S:* **buwch bron halu;** *See* **born** *(a)*. **~ away** *v.t.* dwyn (rhth) ymaith, mynd (â rhth) ymaith; **to ~ away a prize,** cipio/ennill gwobr, mynd â gwobr. **~ down 1.** *v.t. (= overcome):* llorio, trechu, gwastrodi; **to ~ down all resistance,** torri/chwalu pob gwrthsafiad; **2.** *v.i.* **to ~ down on/upon s.o.,** *(= approach):* mynd/dod am/at rn, anelu am rn, *N.W: occ:* byrddio rhn; **to ~ down on an enemy,** rhuthro ar elyn; **to ~ down hard on s.o.,** gwasgu'n/pwyso'n galed ar rn. **~ off 1.** *v.t.* = **bear away. 2.** *v.i. Nau:* **to ~ off from the land,** ymbellh|au o'r tir, gadael y tir, hwylio draw o'r tir. **~ out** *v.t.* **1. to ~ out a body,** mynd â chorff allan/mas, dwyn/cludo/cario corff allan/mas. **2. to ~ out a claim,** cadarnh|au/ategu/cyfiawnh|au honiad; **to ~ s.o. out,** cadarnhau geiriau rhn. **~ up 1.** *v.t. (= support):* cynnal. **2.** *v.i.* **to ~ up against pain,** dioddef/goddef poen; **to ~ up against/under misfortune,** ymwroli dan faich anffodion, dal/dwyn baich anffodion yn wrol; **bearing up!** dal i fynd! dal i gredu!

bearability *n.* natur oddefadwy *f*, goddefadwyedd *m*; **this explained the ~ of the pain,** yr oedd hyn yn esbonio sut y gellid goddef y boen.

bearable *a.* goddefadwy, dioddefadwy.

bearably *adv.* yn oddefadwy *&c*.

bearberry *n. Bot:* **1.** *(Arctostaphylos uva-ursi):* mefusen (mefus) (*f*) yr arth, llusen (llus) (*f*) yr arth. **2.** *(Vaccinium macrocarpum):* llugaeronen (llugaeron) (*f*) yr arth. **3.** = **cascara buckthorn. 4.** *(Ilex decidua):* celynnen ddeilgwymp (celyn deilgwymp) *f*.

beard[1] *n.* *(a)* barf(-au) *f*, *F:* locsyn (locs, locsys) *m*, locsen (locs, locsys) *f*, wisgers *pl*; **to sport a ~,** gwisgo barf; **to sprout a ~,** [dechrau] tyfu barf, glasu barf; *Th:* **cross-over ~,** barf groesi (barfau croesi); *Bot:* **old man's ~,** *(Clematis vitalba):* barf yr hen ŵr, cudd (*m*) y coed, dringiedydd *m*; *(b) (of goat, fish):* cudyn(-nau) *m*; *(c) (of corn):* *N:* col(-ion) *m*, *S:* cola (colion) *m*; *(d) (of arrow, spear):* adfach(-au) *m*. **~-grass** *n. Bot:* **annual ~-grass,** *(Polypogon monspeliensis):* barfwellt blynyddol; **perennial ~-grass,** *(Agropogon littoralis):* barfwellt bythol. **~-tongue** *n. Bot:* = **pentstemon.**

beard[2] *v.t.* **1.** barfu (rhn), rhoi barf (i rn). **2.** *(= accost):* herio (rhn), mynd i ben (rhn), byrddio (rhn), *N: F:* bordio (rhn), mynd i'r afael (â rhn), mynd i'r wig (â rhn); **to ~ the lion in his den,** cipio cneuen o wâl y blaidd.

bearded *a.* **1.** barfog, â barf, *F:* â locsyn; **a black-~ man,** dyn â barf ddu, dyn du ei farf, dyn [â] locsyn du. **2.** *(goat, fish):* cudynnog. **3.** *Bot:* **~ ear,** tywysen goliog (tywysennau coliog) *f*. **4.** *(arrow, spear &c):* adfachog.

beardedness *n.* barfogrwydd *m*; golwg farfog (*f*) (ar rn).

beardie *n.* dyn(-ion) barfog *m*, barfogyn (barfogion) *m*, dyn locsyn.

beardless *a.* di-farf, heb farf, di-flew, *Lit:* difarf, diflew.

bearer *n.* **1.** *(of load &c):* cludwr (cludwyr) *m*, cl|udwraig *f*, cludydd(-ion) *m*, *F:* cariwr(-s) *m*; **standard-~,** cludwr baner, banerwr (banerwyr) *m*; *Hist:* llumanwr: llumanydd (llumanwyr) *m*; *(b) (of a cheque, passport)*; cludwr, daliedydd(-ion) *m*, daliwr (dalwyr) *m*, dygiedydd(-ion) *m*; **investment in ~ form,** buddsoddiad sy'n daladwy i'r daliwr; *S.a.* **admit. 2. the tree is a good ~,** mae'r goeden yn dwyn ffrwyth yn dda; mae'r goeden yn dda am ddwyn ffrwyth. **3.** *(= support):* cynhaliwr (cynhalwyr) *m*, cynh|alwraig *f*, cynhalydd (cynalyddion) *m*. **~ cheque** *n. Bank:* siec(-iau) (*f*) dygiedydd. **~ securities** *n.pl. Fin:* gwarannau dygiedydd.

bearing[1] *a.* **1.** *Const: (surface &c):* cynhaliol, *F:* traul; **~ axle,** echel (*f*) draul (echelydd traul); **~ metal,** metel(-au,-oedd) (*m*) traul; ~ **plates,** platiau traul; ~ **surface,** arwyneb(-au) (*m*) traul. **2.** *(a) (soil):* ffrwythlon; *(b)* **interest-~ capital,** cyfalaf sy'n dwyn llog, cyfalaf sy'n dodwy; *(c) Ch:* **lead-~,** yn cynnwys plwm, plym-gynhwysol, plymddwyn.

bearing[2] *vn. & n.* **1.** *(a) vn. (= bear[3]):* cludiad *m*, cludo, dygiad *m*, dwyn; *(b) n. (= deportment):* osgo *m*, ymarweddiad *m*, ymddygiad *m*, *N.W: occ:* gosodiad *m*, *S.E:* trawiad *m*; **poise and ~,** osgo ac ymarweddiad. **2.** *(a) vn.* **beyond all ~,** hollol annioddefol; *(b) n. (= supporting surface): (of beam &c):* cynhaliad (cynheiliaid) *m*, cynhalydd (cynalyddion) *m*; **a beam that takes its ~ on sth,** trawst sy'n gorffwys ar rth; *S.a.* **armorial;** *(c) n. Mec.E:* **ball-~,** pelen (*f*) draul (pelenni traul), beryn(-nau) *m*, pêl-feryn(-nau) *m*; *pl.* **ball-bearings,** treuliau; **roller ~,** rholferyn(-nau) *m*; **thrust ~,** gwthferyn(-nau) *m*; **big-end ~,** beryn y pen mawr; *(d) n. Nau: Surv: Geog:* cyfeiriant (cyfeiriannau) *m*, cyfeirbwynt(-iau) *m*, atgyfeiriad(-au) *m*; *F:* **to take one's bearings,** edrych ble 'rydych chi; **to lose one's bearings,** colli'r ffordd, methu â gweld ble 'rydych chi, drysu'n lân; **I had completely lost my bearings,** 'roeddwn i ar goll yn lân; 'roeddwn i yn y niwl; 'roedd hi wedi mynd yn nos arnaf; *(e) n. (of question, argument):* perwyl *m*, perthynas *f*, cysylltiad *m*; **I hadn't grasped the ~ of his words,** nid oeddwn wedi deall perwyl ei eiriau; **to examine a question in all its bearings,** craffu ar bob agwedd (*f*) ar fater. **3.** *vn. (a)* **a tree in full ~,** coeden yn dwyn ffrwythau; *(b) (of a child):* esgoriad *m*, esgor (ar rth). **~-line** *n. Geog:* cyfeirlin(-au,-iau) *f*. **~-rein** *n. Harn:* ffrwyn(-au) (*f*) atal.

bearish *a.* **1.** *(a) (= like a bear):* arthaidd; *(b) (= uncouth):* arthaidd, garw (geirwon), sarrug. **2.** *(a) St.Exch:* disgynnol, gostyngol, ar i lawr.

bearishly *adv.* yn arthaidd, yn sarrug *&c.*

bearishness *n.* = **surliness.**

bearskin *n.* **1.** croen (*m*) arth (crwyn eirth). **2.** *Mil: Cost:* cap (*m*) croen arth (capiau crwyn eirth).

bearward *n.* arthgeidwad (arthgeidwaid) *m*.

beast *n.* **1.** *(= animal):* bwystfil(-od) *m*, anifail (anifeiliaid) *m*, creadur(-iaid) *m*; ~ **of prey,** anifail ysglyfaethus, ysglyfaethwr (ysglyfaethwyr) *m*; ~ **of burden,** anifail pwn; **brute ~,** anifail direswm; **beasts of the field,** anifeiliaid y maes; **man and ~,** dyn ac anifail. **2.** *Husb: (a)* anifail; *(b) usu.pl. (= cattle): N:* gwartheg *pl*, *S:* da *pl*. **3.** *F: Pej:* anifail, mochyn (moch) *m*, cythraul (cythreuliaid) *m*; **you ~!,** y cythraul iti! y mochyn gen ti! **to make a ~ of oneself,** gwneud mochyn ohonoch eich hun. **~ epic** *n. Lit:* anifeilgerdd(-i) *f*. **~ fable** *n. Lit:* chwedl(-au) (*f*) am anifeiliaid.

beastings *n.pl.* = **beestings.**

beastliness *n.* **1.** *(= cruelty):* creulondeb *m*, creulonder *m*, bwystfileiddiwch *m*, bwystfil|eidd-dra *m*, *N:* bryntni *m*. **2.** *(= filthiness):* ffi|eidd-dra *m*, mochyneiddiwch *m*.

beastly *a. & adv.* **1.** *a. (a)* bwystfilaidd, anifeilaidd, mochynnaidd, ciaidd; *(b) F: (= nasty):* ffiaidd, annifyr, cas, annymunol, ofnadwy, cythreulig, *N:* trybeilig, sobor; **what ~ weather!** dyma ichi dywydd ofnadwy! **he was absolutely ~ to me,** 'roedd yn hollol ffiaidd tuag ataf; **you and your ~ books!** ti a dy lyfrau gynllwyn/felltith/gythraul/gebyst *&c*! **2.** *adv.* **it's ~ cold,** mae hi'n gythreulig *&c* o oer; mae'n oer drybeilig; mae'n ddigon oer i rewi cathod; mae'n ddigon oer i sythu brain.

beat[1] *n.* **1.** *(= pulsation):* curiad(-au) *m*, *S.E:* trawiad(-au) *m*; *Mus:* **down ~,** curiad i lawr; **four beats in a bar,** pedwar curiad yn y bar; *Mus:* **preparatory ~,** blaenguriad(-au) *m* (*pronounced* ng-g); *Mus:* **~ up,** curiad i fyny. **2.** *Ph:* curiad. **3.** *(of policeman &c):* rownd(-iau) *f*, rhodfa (rhodf|eydd) *f*, cylchdaith (cylchdeithiau) *f*, rhawd(-au) *f*; **a policeman on his ~,** plismon ar ei rawd; **it's off my ~,** mae y tu hwnt i'm maes i. **4.** *Ven:* maes (meysydd) (*m*) hela, tir(-oedd) (*m*) hela, heldir(-oedd) *m*. **5.** *U.S: (a) F:* = **dead-beat. 2.** *(b)* = **beatnik. 6.** *attrib.* bitnicaidd; **the ~ generation,** cenhedlaeth (*f*) y bitniciaid; ~ **poet,** bardd (beirdd) (*m*) bitnic, bitnicfardd (bitnicfeirdd) *m*. **~ duty** *n.* dyletswydd rodio. **~ frequency** *n. Mus: Ph:* amledd(-au) (*m*) curiadau. **~ group** *n. Mus:* grŵp (grwpiau) (*m*) roc. **~ music** *n.* miwsig (*m*) roc.

beat[2] *v.t.&i.* **1.** *v.t.* curo, taro, cnocio, dyrnu, pannu, pwyo, *N: F:* colbio, dobio, maeddu, cledro, waldio, ffustio, *occ:* golchi, slanu, leinio, labio, *S: F:* bwrw, colbo, ffusto, baeddu, clatsio, wado, lab[i]o, lam[i]o, pamo, paldro, lach[i]o, hemo, wab[i]o, pwn[i]o, pilbo, *S.E:* clingo, dellto, ffliwo; **to ~ s.o. with a stick,** ffonodio rhn; **(to ~ s.o.) black and blue,** (curo rhn) nes ei fod yn gleisiau i gyd, nes ei fod yn las drosto, nes ei fod yn ddu-las; **to ~ s.o. with a club,** pastynnu rhn; **to ~ with fists,** dyrnu, dyrnodio; **to ~ the air,** curo'r awyr; **to ~ one's breast,** curo'ch bron; **to ~ time,** curo amser, cadw amser, *S. W: occ:* chwarae'r amser; **to ~ out a rhythm,** curo rhythm; **to ~ a drum,** curo drwm, canu drwm; **to ~ at a door,** curo wrth/ar ddrws; **a bird beating its wings,** aderyn yn curo'i adenydd; *Ven:* **to ~ a wood [for game],** curo coed; **to ~ the bounds,** cerdded y terfynau, curo'r terfynau; **to ~ [out] a path,** torri llwybr; *A:* **to ~ an alarm,** seinio larwm, seinio rhybudd; *A:* **to ~ a charge,** seinio ymosodiad; *Mil:* **to ~ to arms,** tabyrddu i'r gad; *Mil:* **to ~ the retreat,** tabyrddu'r enciliad, seinio'r drwm i encilio; **to ~ a retreat,** *(i) Mil:* encilio; *(ii) F:* ffoi, cilio, dianc; **to ~ it,** *F:* ei gwadnu hi, ei baglu hi, ei bachu hi, ei heglu hi, ei g'leuo hi, ei gloywi hi, *N:* ei gwalcio hi, ei chychwyn hi, ei miglo hi, cymryd y goes, hel eich traed, rhoi traed yn y tir, *S: S.W:* ei gwân hi; **to ~ about the bush,** curo'r twmpath, curo o gwmpas y twmpathau, hel dail, tin-droi, gogr-droi, dili-dalio; **not to ~ about the bush,** heb hel dail, a dod at y pwynt, a dweud y gwir yn blaen, a siarad yn blwmp ac yn blaen, a siarad heb flewyn ar dafod, *S. W:* a siarad yn doc ac yn blaen. **2.** *v.t. (= defeat):* curo, trechu, gorchfygu, *S:* maeddu, ffusto, wado; **to ~ s.o. hollow,** curo rhn yn llwyr/racs, llorio rhn, sychu'r llawr â rhn, *S.E:* maeddu rhn o heol, *S. W:* rhoi sychad i rn, rhoi crasfa i rn; **that beats everything! that beats the band!** dyna'r orau eto! dyna goron ar y cyfan! *S. W:* dyna'i chapso hi! **it beats me!** wn i ddim! 'does gen i'r un syniad! dyn a ŵyr! **can you ~ it?** welsoch chi erioed y fath beth? **you can't ~ it,** 'does dim curo *&c* arno; **he ~ me home,** yr oedd adref o'm blaen; **he ~ me to it,** achubodd y blaen arnaf; *(b)* **to ~ a record,** torri record; *(c) U.S: P: (= deceive):* twyllo; **to ~ the customs,** twyllo'r tollau; *(= avoid):* **to ~ the rap,** osg|oi'r gosb. **3.** *v.i. (a) (of wings, heart &c):* curo; *(b) Nau:* tacio. **~ about** *v.i.* **to ~ about the bush for an excuse,** chwilio am esgus. **~ back** *v.t.* **to ~ back flames,** curo/gyrru fflamau yn eu holau. **~ down 1.** *v.t.* curo (rhth) i lawr; **the rain has beaten down the corn,** *N:* mae'r ŷd wedi ei orwedd gan y glaw; *S: occ:* mae'r glaw wedi garro'r llafur; *(b)* **to ~ down the price of sth,** tynnu pris rhth i lawr, bargeinio am bris is ar rth, curo pris rhth i lawr; **to ~ s.o. down,** cael pris is gan rn. **2.** *v.i. (of sun &c):* tywynnu['n gryf], taro['n gryf/danbaid]. **~ in** *v.t.* **to ~ in a door,** torri drws, malu drws. **~ off** *v.t.* **to ~ off an attack,** gwthio ymosodiad yn ei ôl. **~ out** *v.t.* **1.** *(a)* **to ~ out a path,** torri llwybr; *(b)* **to ~ out iron,** curo/morthwylio/gyrru haearn. **2. to ~ s.o.'s brains out,** dyrnu pen rhn. **~ up 1.** *v.t. (a)* **to ~ up eggs,** curo wyau; *(b) Ven:* **to ~ up partridges,** codi petris; **to ~ up customers,** hel[a] cwsmeriaid; *(c) F:* **to ~ s.o. up,** rhoi curfa (*f*) i rn, *N:* rhoi cweir (*f*) i rn; *S.a.* **beat[2] 1.** *(a)*; *(d) F:* **to ~ it up,** mynd ar sbri, byw'n wyllt. **2.** *v.i. Nau:* **to ~ up,** tacio tua'r tir.

beat[3] *a. P:* = **beaten; you have me ~,** 'rwy'n rhoi'r gorau iddi; dyna fy llorio i; 'rwyt ti wedi fy nghuro i *&c.*

beatable *a.* curadwy, trechadwy, gorchfygadwy.

beaten *a.* **1. a ~ track,** llwybr sathredig; *Lit:* **The B~ Track,** *(play by J.O.Francis):* Ffordd yr Holl Ddaear; **off the ~ track,** diarffordd, didramwy, dinad-man, dinab-man, disathr, anghysbell. **2.** *(metal):* curedig, gyredig, morthwyledig, gyr, wedi ei guro, wedi ei forthwylio; **~ gold,** aur morthwyliedig; **~ metalwork,** gwaith (*m*) morthwyl; **weather-~,** curedig gan dywydd, ac ôl tywydd [arnoch], hindreuliedig. **3.** *(= defeated):* curedig, trechedig, gorchfygedig, wedi'ch curo *&c.*

beater *n.* **1.** *(pers.):* curwr (curwyr) *m*, c|urwraig *f*. **2.** *(instrument):* curwr, curydd(-ion) *m*, chwip(-iau) *f*, peth(-au) (*m*) curo, peiriant (peiriannau) (*m*) curo, pren(-nau) (*m*) taro; **~ of churn,** *N.W:* asgell (esgyll) (*f*) corddwr, *S:* llwy(-au) *f*.

beatific *a.* gwynfydedig; *Theol:* **the B~ Vision,** y Weledigaeth Wynfydedig *f*.

beatifically *adv.* yn wynfydedig.

beatification *n. Ecc:* gwynfydiad(-au) *m*, gwynfydoliad(-au) *m*, gwynfydoliant *m*; *S.a. foll.*

beatify *v.t.* gwynfydu, gwynfydoli, gwynfydedigo.

beating[1] *a.* yn curo; *(heart): occ:* dychlamol, yn dychlamu.

beating[2] *vn. & n.* **1.** *vn. (a) (of wings, heart &c):* curiad(-au) *m*, curo; **it takes some ~,** mae'n anodd ei guro; ni chewch mo'i well; mae yna waith curo arno; mae hi'n gamp ei guro; *(b) Tchn:* curo, morthwylio, dyrnu, gyrru. **2.** *n. (= thrashing):*

curfa (curfâu) *f*, côt (cotiau) *f*, *N:* cweir(-iau) *mf*, *occ:* golchfa (golchf|eydd) *f*, sgwrfa (sgwrf|eydd) *f*, stîd (stidau) *f*, leiniad(-au) *mf*, tres(-i) *f*, tresiad(-au) *m*, stwyad(-au) *m*, cwrban *f*, cwrbitsh *m*, cwrbins *m*, harnais *mf*, crwst *m*, *N.E: occ:* hŵs *m*, *S: F:* cot (cotiau) *f*, coten *f*, cosfa (cosf|eydd) *f*, crasfa (crasf|eydd) *f*, hemad *m*, hem *m*, wadad *m*, golchad *m*, colbad *m*, panfa (panf|eydd) *f*, *S.E:* lastig *m*, shwmeindod *m*, ocwm *f*, lardad *m*, pamad *m*, lachiad *f*, *S.W: occ:* constrowlad *m*, gwrysgen *f*, lloriad *m*.

beatitude *n.* **1.** *(= beatific state):* gwynfyd *m*, gwynfydedigrwydd *m*. **2.** *pl. B:* **the Beatitudes,** y Gwynfydau.

beatnik *n.* bitnic(-iaid,-s) *m&f*.

beau *n.* **1.** *Hist:* ***beau(-x)*** *m*, dandi(-s, dandïaid, dandïod) *m*, pefryn(-nod) *m*; *Pej:* coegyn(-nod) *m*. **2.** *U.S:* = **suitor**. ~ ***geste*** *n.* gweithred fawrfrydig *f*. ~ **ideal** *n.* math delfrydol *m*. ~ ***monde*** *n.* y byd ffasiynol *m*.

Beaufort *W.Pl.n.* Cendl *m*.

Beaumaris *W.Pl.n.* Biwmares *f*, *F: occ:* Bliwmares *f*.

Beaupre *W.Pl.n.* Y Bewpyr *m*. ~ **Chapel** *W.Pl.n.* Llanfair *(f)* o'r Bewpyr.

beauteous *a.* = **beautiful**.

beauteously *adv.* = **beautifully**.

beauteousness *n.* = **beauty**[1].

beautician *n.* **1.** harddwr (harddwyr) *m*, h|arddwraig *f*, prydferthwr (prydferthwyr) *m*, prydf|erthwraig *f*. **2.** ~**'s,** *(place):* parlwr (parlyrau) *(m)* harddu/prydferthu.

beautification *n.* = **beautify**.

beautifier *n.* = **beautician**.

beautiful *a. & n.* **1.** hardd (heirdd), teg, prydferth, tlws (*f.* tlos, *pl.* tlysion); *(pers. only):* golygus, glandeg, prydweddol; *S:* hyfryd, teg, glân pert, *N: F:* del, *Lit:* mirain, telediw, cain (ceinion); **the ~ people,** y bobl brydferth *f or pl.*. **2.** *a. F: (= impressive, charming):* gwych, ardderchog, hyfryd, rhagorol, gogoneddus, bendigedig; *int.* **[that's] ~!** bendigedig! i'r dim! **3.** *n.* **the ~,** yr hardd *m*, y cain *m*, y prydferth *m*.

beautifully *adv.* **1.** yn hardd *&c.* **2.** yn wych *&c*; **it was ~ warm,** 'roedd yn hyfryd [o] gynnes; **(it fits) ~,** (mae'n ffitio) i'r dim, yn berffaith, i'r blewyn.

beautifulness *n.* = **beauty**[1].

beautify *v.t.* harddu, tecáu, prydferthu.

beauty *n.* **1.** *(a)* harddwch *m*, tegwch *m*, glendid *m*, prydferthwch *m*, ceinder(-au) *m*, tlysni *m*, tlysineb *m*, mireinder(-au) *m*, pertrwydd *m*, gogoniant (gogoniannau) *m*; **the ~ of it is ...,** gogoniant y peth yw ...; **that's the ~ of it,** dyna ogoniant y peth; *Prov:* **~ is in the eye of the beholder,** gwyn y gwêl y frân ei chyw; **she was in the flower of her ~,** yr oedd hi ar ei thecaf; yr oedd hi yn ei holl ogoniant; *(b) pl.* **beauties,** ceinion, ceinderau; **the beauties of nature,** ceinion/gogoniannau natur, holl brydferthwch natur. **2.** *(a) (= beautiful woman):* merch hardd (merched heirdd) *f*, *Lit:* rhiain (rhianedd) *f*; **the Sleeping B~,** y Rhiain Gwsg, y Dywysoges Hir ei Chwsg; *Joc:* **wake up, sleeping ~,** deffro'r/dihuna'r cysgadur *(m)*; **she was a ~ in her day,** 'roedd hi'n brydferth/hardd iawn yn ei dydd; **B~ and the Beast,** y Brydferth a'r Bwystfil; *(b) (= excellent specimen):* **there's a ~!** dyna un braf! dyna un ardderchog! *(of fish, fruit &c): N: F:* s[g]laffen (sglaffins) *f*, clamp(-iau) *m*; *(of flower &c):* **isn't it a ~?** onid ydyw'n hardd *&c*? **it's a ~,** mae'n fendigedig; *P:* **he fetched him a ~ on the chin,** fe roddodd andros/glamp/goblyn o ddyrnod iddo ar ei ên. **~ aid** *n.* cymorth (cymhorthion) *(m)* harddwch. **~ bush** *n. Bot:* gwyddfid *(m)* Tsieina. **~ competition, ~ contest** *n.* cystadleuaeth(-au, cystadlaethau) *(f)* harddwch, cystadleuaeth pwy yw'r bertaf, cystadleuaeth am y bertaf. **~ cream** *n.* hufen(-nau) *(m)* harddu. **~ parlour** *n.* parlwr (parlyrau) prydferthu/harddu. **~ preparations** *n.pl.* coluron. **~ queen** *n.* brenhines (breninesau) *(f)* harddwch. **~ salon, ~ shop** = **beauty parlour**. **~ sleep** *n.* **I must get my ~ sleep,** rhaid i mi gael noson dda o gwsg. **~ spot** *n.* **1.** *(on face):* smotyn (smotiau) *(m)* harddwch. **2.** *(place):* man(-nau) prydferth *m*. **~ treatment** *n.* triniaeth(-au) *(f)* harddu, coluro *vn.*

beaux arts *n.pl.* celfyddydau cain.

Beaveley *W.Pl.n.* Abercynfor *f*.

beaver[1] *n.* **1.** *(animal):* afanc(-od, efync) *m*, llostlydan(-od, llostlydain) *m*; **to work like a ~,** *See* **beaver**[2]; *F:* **an eager ~,** un brwd/brwdfrydig/diwyd/selog, selogyn (selogion) *m*, *N.W: occ:* slanwr(-s) *m*. **2.** *(fur, imitation fur):* befar: befer *m*. **~ cloth** *n. Tex:* brethyn *(m)* befar. **~ hat** *n.* het(-iau) *(f)* befar, *S. W: occ:* het flew (hetiau blew). **~ lamb** *n. (fur):* befar/befer. **B~ Pool** *W.Pl.n.* Llyn *(m)* yr Afanc. **~ rat** *Z:* llygoden (llygod) *(f)* afanc eurdorrog.

beaver[2] *v.i.* **to ~ away,** gweithio'n galed, slafio, dygnu arni, pydru arni, mynd ati fel lladd nadredd, gweithio fel blac, *N. W: occ:* slanu gweithio, *S: occ:* hemo arni.

beaver[3] *n. Arm: (of helmet): (a)* barflen(-ni) *f*; *(b)* = **visor**.

beaverboard *n.* = **fibreboard.**

bebeerine *n. Pharm:* bebeërin *m*.

bebop *n.* = **bop**.

bebopper *n.* = **bopper**.

bebung *n. Mus:* ***bebung*** *m*.

becalm *v.t.* tawelu, gostegu, llonyddu; **to be becalmed,** methu hwylio, methu symud, aros yn llonydd.

became *v. See* **become**.

because *conj. & prep.* **1.** *conj.* oherwydd bod/mai, o achos bod/mai, gan fod/mai, am fod/mai, *Lit:* oblegid bod/mai, *Lit: A:* gwaith, *S: F:* wath (= waith/gwaith); oherwydd *&c are followed by* bod/mai + *clause*; *when introducing a negative clause* oherwydd *&c are followed by* na + *soft mut. of* b, d, g, *spirant mut. of* p, t, c, nad *before vowels + conjugated verb form*; gwaith, *F:* wath *can be followed by* mae, *neg.* nid, + *verb form*; **I am/was eating because I am/was hungry,** yr wyf/oeddwn i'n bwyta oherwydd bod arnaf eisiau bwyd; oherwydd *&c are followed by* i + *soft mut.* + *subject* + *vn.*; **(he arrived late) ~ he had missed the train,** (cyrhaeddodd yn hwyr) oherwydd iddo golli'r trên, oherwydd ei fod wedi colli'r trên; **(he arrived in time) ~ he hadn't missed the train,** (cyrhaeddodd mewn pryd) oherwydd na chollodd y trên, oherwydd na fu iddo golli'r trên; **(I took it) ~ I was so hungry,** (fe'i cymerais) am fy mod mor newynog, *Lit: occ:* gan mor newynog oeddwn; **(they are collected) ~ they are so scarce,** (fe'u cesglir) am/oherwydd eu bod mor brin, *Lit: occ:* gan eu prinned; **(I can't afford one) ~ it's so expensive,** (ni allaf fforddio'r un) am/oherwydd ei fod mor ddrud, *Lit: occ:* gan mor ddrud ydyw, gan ei ddruted. **2.** *prep. phr.* oherwydd, o achos, oblegid; *(N.B.* gan, am, canys, gwaith *&c cannot be used as prep.phr.)*; **~ of sth,** oherwydd rhth, o achos rhth, oblegid rhth; *pronominal construction: sing.* **1.** o'm hachos i, **2.** o'th achos di. **3.** o'i achos ef, o'i hachos hi; *pl.* **1.** o'n hachos ni, **2.** o'ch achos chwi, **3.** o'u hachos hwy; *Lit: sing.* **1.** o'm herwydd i, **2.** o'th herwydd di, **3.** o'i herwydd ef/hi; *pl.* **1.** o'n herwydd ni, **2.** o'ch herwydd chwi, **3.** o'u herwydd hwy; *also sing.* **1.** o'm plegid i, **2.** o'th blegid di, **3.** o'i blegid ef, o'i phlegid hi; *pl.* **1.** o'n plegid ni, **2.** o'ch plegid chwi, **3.** o'u plegid hwy.

Béchamel *Pr.n. Cu:* **~ sauce,** ymenyn *(m)* toddi, saws *(m)* Béchamel.

bechance *v.i.* = **befall**.

bêche-de-mer *n.* **1.** *Coel:* = **trepang**. **2.** *Ling:* = **beach-la-mar**.

beck[1] *n. (= brook):* nant (nentydd) *f*, afonig(-au) *f*, cornant (cornentydd) *f*, *S. W:* gofer(-ydd) *m*.

beck[2] *n. (= gesture):* amnaid (amneidiau) *f*, arwydd(-ion) *mf*; **to be at one's ~ and call,** bod ar/at alwad rhn, bod yn was bach i rn, bod yn gi bach i rn, tendio ar rn [yn barh|aus], *N: F:* rhoi tendans i rn, dawnsio tendans ar rn, bod yn bric pwdin i rn, bod yn gi rhedeg i rn.

becket *n. Nau:* cleifis(-iau) *m*. **~ bend** *n.* = **sheet-bend**.

beckon *v.t.&i.* **to ~ (s.o.),** galw (rhn) [ag arwydd]; gwn|eud amnaid, amneidio (ar rn); *F:* codi bys, camu bys (ar rn); *Lit:* **new lands ~,** mae tiroedd newydd yn eich gwahodd; **to ~ (s.o. over),** amneidio, gwneud amnaid (ar rn iddo ddod draw).

becloud *v.t.* cymylu.

become *v.i.&t.* **1.** *v.i.* mynd (yn rhth), dod (yn rhth); *occ:* datblygu('n rhth); *(a)* **to ~ great,** mynd/dod yn fawr; **to ~ king,** mynd/dod yn frenin; **they became more friendly,** aethant/daethant yn fwy cyfeillgar; **to ~ old,** heneiddio, **to ~ thin,** teneuo; **to ~ famous,** ymenwogi; **to ~ cold,** oeri; **to ~ warm,** cynhesu, twymo; **to ~ hot,** poethi; **to ~ fat,** tewychu, tewh|au, pesgi; **to ~ accustomed (to sth),** dod yn gyfarwydd, dod yn gynefin, cynefino, cyfarwyddo, ymgyfarwyddo, ymgynefino, dygymod, arfer (â rhth); **to ~ interested in sth,** ymddiddori yn rhth, magu diddordeb yn rhth; **to ~ suspicious of s.o.,** dechrau amau rhn, mynd yn amheus o rn; **the murmurs became louder,**

cynyddodd y sibrydion; **to ~ known,** *(of pers.):* mynd/dod yn adnabyddus; *(of fact):* mynd/dod yn hysbys; *(b)* **what has ~ of X?** pa beth a ddaeth o X? beth a ddigwyddodd i X? beth yw hanes X? **what will become of him?** pa beth a ddaw ohono? **2.** *v.t. (= suit):* gweddu (i rn), bod yn gymwys/weddus/addas (i rn); **a hat that does not ~ him,** het nad yw'n gweddu iddo; *S.a.* **ill** III. **2.**

becoming *a.* **1.** gweddus, addas, cymwys (i rth); teilwng (o rth); **~ to the occasion,** addas i'r achlysur. **2.** *(dress &c):* sy'n gweddu'n dda.

becomingly *adv.* **1.** yn weddus *&c*, fel y dylai fod. **2. a woman ~ dressed,** merch wedi ei gwisgo'n ddeniadol.

bed[1] *n.* **1.** *Furn:* gwely(-au, gwlâu) *m*; **air-~,** gwely aer/awyr/gwynt, matres(-i) *(f)* aer/awyr, matres wynt (matresi gwynt); **~ of ease,** gwely anwes; **~ of state,** gwely dangos, gwely ystâd; **box-~,** gwely bocs/cwpwrdd/wensgod/wensgot; **camp-~,** gwely cynfas/plygu; **chaff ~,** gwely peiswyn/manus; **double ~,** gwely dwbl; **feather ~,** gwely plu; **folding ~,** gwely plygu; **press ~,** gwely codi, cistwely(-au) *m*; **four poster ~,** gwely pedwar postyn; **improvised ~,** *N:* gwely gwylmabsant, *F:* gwely gwynabsant/gwnabsant/glabsant, *N.W:* gwely clatsh, *S:* gwely r[h]ebel/rheblyn/rhablyn; **sick-~,** gwely cystudd, gwely claf, clafwely(-au) *m*; **single ~,** gwely sengl/bach/bychan; **spare ~,** gwely llofft bach, gwely sbâr; **truckle-~, trundle-~,** gwely treigl, gwely trol, gwely trolbad; **twin beds,** gwelyau gefell, pâr *(m)* o welyau; **wainscot ~,** gwely wensgod/wensgot, *S.W:* gwely cwpwrdd; **water ~,** gwely dŵr; *S.a.* **apple pie**; **~ and board,** gwely a phrydau [bwyd]; **to give ~ and board to s.o.,** lletya rhn, rhoi bwyd a llety i rn; **to have enough for one's ~ and board,** bod â digon i godi'r glicied; *Jur:* **separation from ~ and board,** ymwahaniad â bwrdd a gwely; **to sleep in separate beds,** cysgu ar wahân; **to be brought to ~ of a boy,** esgor ar fab, geni mab; **she's been brought to ~,** mae hi wedi cael ei gwely; *S.E:* mae hi wedi mynd trwy ei gwelyfod; **to be in ~,** *(i)* bod yn y gwely; *(ii) (through illness):* bod yn orwe[i]ddiog, cadw'r gwely; **to go to ~,** mynd i'r gwely, noswylio, troi am y gwely, *F:* mynd i glwydo, mynd i gae'r hun, mynd i'r cae/lle sgwâr, mynd i'r capel gwyn, mynd i gadw, *N.W:* mynd i'r c[i]ando, ei hel hi am y gwely *&c*, *occ:* mynd am y cwthwal, *S.E:* mynd am y sgimbren, *S.W:* mynd i gae'r nos, mynd i'r wâl, mynd i'r cwat, mynd i'r cwm pluf; **to ~!** am y gwely 'na! **~ of sickness,** gwely salwch, gwely cystudd; **to get into ~,** mynd i'r gwely; **to get out of ~,** codi [o'r gwely]; **to make the ~,** taenu/cyweirio/trin/gwneud y gwely; *Prov:* **as you make your ~, so you must lie on it,** fel y gwnaethoch y cawl, yfwch ef; wedi cyweirio'r gwely'n galed, rhaid ichwi orwedd ynddo; **to put a child to ~,** rhoi plentyn yn y gwely; **to take to ~,** mynd i'r gwely; **to keep to one's ~,** aros yn y gwely, aros yn orwe[i]ddiog, cadw'r gwely; **~ and breakfast,** gwely a brecwast; **he got out of ~ on the wrong side,** mae o ar gefn ei gythraul heddiw; mae'n flin fel cacwn heddiw; *S.E:* mae croen ei din ar ei dalcen e; *(b)* = **bedstead**; *(c)* **spring ~,** gwely sbring. **2.** *(a) (of river, oysters):* gwely(-au) *m*; *Hort:* gwely, cefn(-au) *m*, *S:* pâm (pamau) *m*, cnot(-iau) *m*; **a ~ of lettuce,** *S:* cnotyn *(m)* o letus, *occ:* clot *(m)* o letus; **life isn't all a bed of roses,** nid yw bywyd yn fêl i gyd; nid cwpwrdd cornel yw bywyd; *(b) Geol:* gwely, haen(-au) *f*, haenen(-ni) *f*; *Geog:* **backset ~,** gwely cefn-haen; **bottom set ~,** gwely is-haen; **foreset ~,** gwely blaen-haen; **topset ~,** gwely uwch-haen; **the Lower Cambrian B~,** y Gwely Coch, y Gwely Cambriaidd Isaf; **the Middle Cambrian B~,** y Gwely Glas, y Gwely Cambriaidd Canol; **the Upper Cambrian B~,** y Gwely Gwyrddlas, y Gwely Cambriaidd Uchaf; **~ of sand,** tywoden(-ni) *f*, torlan *(f)* dywod (torlannau tywod); *S.a.* **coal-bed**; **a ~ of concrete,** gwely/haen o goncrit; **a ~ of slate,** tew(-iau) *m*; *(c) (of engine):* gwely. *(d) Typ:* gwasg *f*; **(the paper has gone) to ~,** (mae'r papur wedi mynd) i'r wasg, i'w wely. **~ board** *n. Furn:* estyllen *(f)* wely (estyll gwely). **~-cover** *n.* gorchudd *(m)* gwely (gorchuddion gwelyau), carthen(- ni,-nau) *f*, cwrlid(-au) *m*, gwrthban(-nau) *m*, brycan(-au) *mf*, cwrpan(-nau) *m*. **~-frame** *n.* ffrâm *(f)* gwely (fframiau gwelyau). **~-hangings** *n.pl.* llenni gwely. **~-head** *n.* pen *(m)* gwely (pennau gwelyau), *S.W:* alsen *f*. **~-linen** *n.* dillad *(pl)* gwely, dillad gwlâu, cynfasau *pl*. **~-quilt** *n.* cwrlid(-au) *m*, cwilt(-iau) *m*. **~-rest** *n.* **1.** *(= repose):* gorffwys *(m)* [yn y gwely]. **2.** *(fitting):* astell *(f)* wely (estyll gwely). **~-rock** *n. (a) Geol:* creigwely *m*; **underlying ~-rock,** creigwely gwaelodol; *(b) Fig:* gwaelod *m*, sylfaen *f*, sail *f*; **to get down to [the] ~-rock,** mynd at y seiliau/sylfeini, mynd i galon/graidd rhth; **~-rock price,** y pris isaf un *m*. **~-settee** *n.* soffa *(f)* gysgu (soffas cysgu), gwely soffa. **~-sitting-room,** *F:* **~-sitter, ~-sit** *n.* fflat(-iau) *(f)* un ystafell, ystafell *(f)* fyw a chysgu (ystafelloedd byw a chysgu). **~-table** *n. N:* bwrdd (byrddau) *(m)* erchwyn, *S:* bord(-ydd) *(f)* erchwyn. **~-warmer** *n.* cynheswr *(m)* gwely (cynheswyr gwelyau), twymwr *(m)* gwely (twymwyr gwelyau), padell *(f)* dwymo (padelli/pedyll twymo), peth(-au) *(m)* twymo gwely. **~-wetter** *n.* gwlychwr *(m)* gwely (gwlychwyr gwelyau). **~-wetting** *vn. Med:* gwlychu'r gwely.

bed[2] **1.** *v.t. (a)* rhoi (rhth) yn y gwely, *Lit: occ:* gwelyo, gwelya (rhth); *F:* **to ~ s.o.,** mynd â rhn i'r gwely; **to ~ [down, up] a horse,** rhoi ceffyl yn y stabl, taenu gwellt dan draed ceffyl, rhoi gwasarn/llaesodr i geffylau, *M.W: occ:* sadio ceffylau; *(b)* **to ~ out plants,** gosod planhigion mewn gwely; **to ~ [in] seedlings,** ailblannu/ailosod planhigion ieuainc; *(c) Const:* **to ~ a beam,** gosod trawst yn sownd, sadio trawst; *(stone):* gosod, sadio; *(d)* **to ~ [in] a mould,** gosod/daearu mo[w]ld [mewn tywod]. **2.** *v.i. (a) (of pers.):* **to ~ down,** mynd i gysgu, mynd i'r gwely, cyweirio'ch gwely, gwn[eud eich gwely; *(of animal):* mynd i'r wâl, mynd i orwedd; *(b) (of foundations, bridge &c):* sadio.

bedabble *v.t.* = **bespatter.**

bedaub *v.t.* **1.** = **daub**[2]. **2.** = **bedizen.**

bedazzle *v.t.* = **dazzle**[2].

bedazzlement *n.* dallineb *m*, dryswch *m*; *vn.* = **dazzle**[2].

bedbug *n. Ent:* pycsen (pỳcs) *f*.

bedchamber *n. A:* = **bedroom**. *Hist:* **Gentleman of the B~,** Bonheddwr (Bonheddwyr) *(m)* y Siambr Wely; **Lady of the B~,** Boneddiges *(f)* y Siambr Wely (Boneddigesau'r Siambr Wely).

bedclothes *n.pl.* dillad gwely, dillad gwlâu.

beddable *a. F:* gwelyadwy; **she's ~,** byddai'n werth mynd â hi i'r gwely.

bedder *n.* **1.** = **bedmaker**. **2.** *Hort: (= bedding plant):* planhigyn (planhigion) *(m)* gwely.

bedding[1] *a. Geog:* haenol.

bedding[2] *vn. & n.* **1.** *vn.* = **bed**[2]; *Geog:* gwelyo; **~ out plants,** planhigion i'w plannu allan; **~ roses,** rhosod/rhosynnau ar gyfer y gwely blodau. **2.** *n. (a)* = **bed-linen**; *(b) Husb:* gwellt *(m)* gwely, gwelltach *m*, *Lit:* gwasarn(-au) *m*, llaesodr *f*; *(c) (of boiler &c):* gwely(-au) *m*; *(d) Geog:* haenau *pl*; **current ~,** croes-haenu; **false ~,** ffug haenu. **~ plane** *n.* plân *(m)* haenu.

Beddmanarch Bay *Pr.n. W.Geog:* Traeth *(m)* y Gribyn.

Bede *Pr.n.m.* Beda; **the Venerable ~,** Beda Ddoeth.

bedeck *v.t. Lit:* addurno, harddu, prydferthu; **to ~ oneself,** ymbincio, ymdecáu, ymwychu.

bedeguar *n. Bot:* pincas(-au) *(m)* Robin.

bedel *n. Sch:* brysgyllwr (brysgyllwyr) *m*.

bedevil *v.t.* **1.** = **bewitch. 2.** *(= trouble):* plagio, drysu (rhth); aflonyddu, tarfu (ar rth); *V:* chware'r diawl (â rhth).

bedevilment = **bewitchment**.

bedew *v.t. Lit:* gwlitho.

bedewed *a.* gwlithog.

bedfast *a.* = **bedridden.**

bedfellow *n.* cywely(-au,-aid) *m&f*, cywelyes(-au) *f*, cydgysgwr (cydgysgwyr) *m*, gwelyfwr (gwelyfwyr) *m*; **they make strange bedfellows,** maen' nhw'n gymheiriaid anghymarus; maen' nhw'n bâr od.

Bedford *Eng.Pl.n.* Rhydwely *f*. **~ cord** *n. Tex:* defnydd *(m)* rib.

bedight[1] *v.t.* addurno.

bedight[2] *p.p. A:* addurnedig.

bedim *v.t.* = **dim**[3].

Bedivere *Pr.n.m.* Bedwyr.

bedizen *v.t. Pej:* gwisgo/taclu (rhth) yn goegwych.

bedizenment *n.* coegwychder *m*.

bedjacket *n. Cost:* siaced *(f)* wely (siacedi gwely).

bedlam *Pr.n. & n.* **1.** *Pr.n. Hist: (corrupt. of Bethlehem):* Ysbyty *(m)* Mair o Fethlehem, Bedlam: Bedlem *fm*. **2.** *n. (a)* = **madhouse**; *(b) Lit:* = **uproar**; **[all] ~ broke out,** dyna hi'n fedlam gwyllt; fe aeth hi'n draed moch; fe aeth yn siop siafins. **~-like** *a.* bedlemaidd, bedlemllyd.

Bedlamite *n.* Bedlemydd(-ion) *m*, Bedlemes(-au,-i) *f*.

bedmaker *n. Sch:* gwelywr (gwelywyr) *m*, cyweiriwr (cyweirwyr)

(*m*) gwelyau, dyn(-ion) (*m*) gwn|eud gwelyau, merch(-ed) (*f*) gwneud gwelyau.
bedmate *n.* = **bedfellow**.
Bedouin *a.* & *n.* **1.** *a.* Bedwynaidd, Bedowinaidd, Bedawaidd, Bedowaidd. **2.** *n.* Bedwyn(-iaid) *m&f*, Bedowin(-iaid) *m&f*, Bedawiad (Bedawiaid) *m&f*.
bedpan *n. Hyg:* padell (*f*) wely (padelli/pedyll gwelyau).
bedplate *n. Mec.E:* plât (platiau) isaf *m*.
bedpost *n.* post/postyn (pyst) (*m*) gwely; **my shirt is on the ~,** mae fy nghrys ar bost y gwely; *F:* **between you, me and the ~,** yn hollol gyfrinachol, rhyngot ti a mi a'r gwely.
bedraggle *v.t.* caglu, diblo, difwyno, *N: occ:* tiblo, *S:* trochi.
bedraggled *a.* caglog, diblog, gwlyb domen; aflêr, anniben; *N.W:* yn derrig [o faw &c].
bedrail *n.* cledren (*f*) gwely (cledrau gwelyau).
bedrest *n.* gorffwys (*m*) mewn gwely.
bedridden *a.* gorwe[i]ddiog, caeth i'r gwely.
bedrock *n.* = **bed-rock**.
bedroll *n.* rholyn (rholiau) (*m*) gwely.
bedroom *n.* ystafell (*f*) wely (ystafelloedd gwely), *S.W: occ:* rŵm (*f*) wely (rwmydd gwely), *N:* llofft(-ydd) *f*; *N: (on ground floor only):* siambar(-au, siamberi, siamberydd) *f*; **spare ~,** ystafell wely sbâr, *S:* rŵm wely sbâr, *N:* llofft sbâr, llofft fach/bach. **~ comedy** *n. Th:* comedi (*f*) lofftydd (comedïau llofftydd). **~ eyes** *n.* llygaid awgrymog *pl*, llygaid tyrd i'r gwely. **~ farce** *n. Th:* ffârs (*f*) lofftydd (ffarsiau llofftydd). **~ suburb** *n.* maestref(-i) (*f*) noswylio.
bedroomed *a.* **a three-~ house,** tŷ tair llofft, tŷ tair ystafell wely.
bedside *n.* erchwyn(-nau,-ion) *m in N*, *f in S*; **at s.o.'s ~,** wrth erchwyn gwely rhn; **he has a good ~ manner,** fe ŵyr sut i drafod ei gleifion; mae'n un da wrth erchwyn gwely.
bedsock *n. Cost:* hosan (*f*) wely (hosanau gwely).
bedsonia *n. Bot:* bedsonia(-s, bedsoniâu) *m*.
bedsore *n.* dolur(-iau) (*m*) gwely, briw(-iau) (*m*) gorwedd/gorwe[i]ddiog.
bedspread *n.* cwrlid(-au) *m*, gorchudd(-ion) (*m*) gwely.
bedspring *n.* sbring(-s) (*mf*) gwely.
bedstead *n.* gwely(-au, gwlâu) *m*, ffrâm (*f*) wely (fframiau gwely), coed (*pl*) gwely, *occ:* carfan(-au) (*mf*) gwely; **folding ~,** gwely codi, gwely adain; **iron ~,** gwely haearn, haearn (*m*) gwely; **flying ~,** gwely hedegog; **wooden ~,** gwely pren.
bedstraw *n.* **1.** gwellt (*m*) gwely. **2.** *Bot: (Galium):* briwydd *f*, *occ:* gwendon *f*, gw|enwlydd *f*; **coniferous ~,** *(G. triflorum):* briwydd y pinwydd; **cushion ~,** *(G. saxosum):* briwydd glustogog; **fen ~,** *(G. uliginosum):* briwydd y fign; **heath ~,** *(G. saxatile):* briwydd wen, briwydd y rhostir, gwendon lefn, gwenwlydd lefn; **hedge ~,** *(G. mollugo):* briwydd wen; **lady's ~,** *(G. verum):* briwydd felen, brigau(*pl*)'r twynau, llysiau(*pl*)'r cywair, ceulion *pl*, cywair (*m*) y llaeth, y felynllys *f*; **limestone ~,** *(G. sterneri):* briwydd y garreg galch; **marsh ~,** *(G. palustre):* briwydd y gors; **northern ~,** *(G. boreale):* briwydd fynyddig, briwydd y Gogledd; **reddish ~,** *(G. rubrum):* briwydd goch; **slender ~,** *(G. pumilum):* briwydd fain; **slender marsh ~,** *(G. debile):* briwydd fain y gors; **Swiss ~,** *(G. helveticum):* briwydd y Swistir; **wall ~,** *(G. parisiense):* briwydd y mur; **wood ~,** *(G. sylvaticum):* briwydd y coed. **~ hawkmoth** *n. Ent:* gwalchwyfyn(-od) (*m*) y friwydd.
bedticking *n.* ticin *m*.
bedtime *n.* amser (*m*) gwely; **it is ~,** mae'n bryd mynd i'r gwely; mae'n bryd noswylio; *F: N.W:* mae'n bryd mynd i'r cae sgwâr; mae'n bryd mynd i'r c[i]ando; mae'n bryd troi am y c[i]ando; mae'n amser clwydo; *S.W:* mae'n bryd mynd i gae'r nos; mae'n bryd mynd i'r cwm pluf; **it's past your ~,** fe ddylet ti fod yn dy wely; mae'n hen bryd i ti fod yn dy wely.
bedung *v.t.* teilo.
bedward[s] *adv.* i'r gwely, am y gwely.
bedways *n.pl. Metalw:* cledrau turn.
bee[1] *n.* **1.** gwenynen (gwenyn) *f*; **abounding in bees,** gwenynog, llawn gwenyn; **August/Lammas ~,** gwenynen Awst; **hive bees,** gwenyn cadw, gwenyn cwch; **worker ~,** gwenynen weithgar, gw|eithwraig (gweithwragedd) *f*; *F:* **he has a ~ in his bonnet,** mae ganddo chwilen yn ei ben; **as busy as a ~,** mor ddiwyd â'r wenynen; *S.a.* **busy**; *F:* **it's the bees' knees,** mae'n b|enigamp; chewch chi mo'i well; *S.a.* **bumble-bee, honey-bee, queen-bee. 2.** *U.S:* = **meeting, conference**; *S.a.* **spelling-bee. ~-balm** *n. Bot: (Monarda didyma):* balm (*m*) y gwenyn. **~-beetle** *n. Ent:* chwilen (chwilod) (*f*) gwenyn. **~-bread** *n. Ap:* bwyd (*m*) gwenyn, bara (*m*) gwenyn. **~ dance** *n.* dawns (*f*) y gwenyn. **~-eater** *n. Orn:* gwenynysor(-ion) *m*, gwenynyswr (gwenynyswyr) *m*. **~-fly** *n. Ent:* gwenynbryf(-ed) *m*. **~-glue** *n. Ap:* glud (*m*) gwenyn. **~-hive** *n.* = **beehive. ~-house** *n.* tŷ (tai) (*m*) gwenyn. **~-keeper** *n.* gwenynwr (gwenynwyr) *m*, gwen|ynwraig (gwenynwragedd) *f*. **~-keeping** *vn.* gwenynyddiaeth *f*, cadw gwenyn, gwenyna. **~-killer** *n. Ent:* pryf(-ed) (*m*) lladd gwenyn, gwenynleiddiad (gwenynleiddiaid) *m*. **~-line** *n.* llwybr(-au) (*m*) tarw; **to make a ~-line for sth,** mynd yn sth am rth, mynd fel saeth am rth, anelu'n syth am rth, ei gwn|eud hi'n syth am rth. **~-louse** *n. Ent:* lleuen (*f*) y gwenyn (llau'r gwenyn). **~-master** *n.* gwenynwr (gwenynwyr) *m*. **~-orchid, ~-orchis** *n. Bot: (Ophrys apifera):* tegeirian(-au) gwenynog *m*.
bee[2] *n. Nau:* chwerfan(-au) *f*.
bee[3] *n.* [y llythyren] B, b *f*.
beech *n. Bot:* ffawydden (ffawydd) *f*; **copper ~,** ffawydden goprog (ffawydd coprog); **roble ~,** ffawydden dderwin (ffawydd derwin); **southern ~,** ffawydden ddeheuol (ffawydd deheuol); **~ wood furniture,** celfi (*pl*) [o bren] ffawydd. **~-grove** *n.* llwyn(-i) (*m*) [o] ffawydd, llwyn ffawyddog; **~-marten** *n. Z:* bele(*m*)'r graig (belawon y graig). **~-mast** *n.* cnau (*pl*) ffawydd, mes (*pl*) ffawydd. **~-nut** *n.* cneuen (cnau) (*f*) ffawydd, mesen (mes) (*f*) ffawydd.
beechen *a.* ffawydd, ffawyddog.
beechwood *n.* coed(-ydd) (*m*) ffawydd, coedwig(-oedd) (*f*) ffawydd.
beef *n. (no pl.) Cu:* cig (*m*) eidion, *F:* bîff *m*; **bully ~, corned ~,** bîff tun, corn-bîff *m*; **roast ~,** eidion rhost, bîff rhost; **salt ~,** cig eidion hallt, bîff hallt; *F:* **he has plenty of ~,** mae'n ddigon cydnerth; mae'n gyhyrog; mae'n gryf fel ceffyl/arth; *N:* mae'n ddigon atebol/durol; **to put some ~ into it,** rhoi egni yn rhth, rhoi nerth bôn braich yn rhth, *N.W: occ:* rhoi ceirch iddo/iddi. **~ extract** *n.* rhin (*f*) cig eidion, trwyth (*m*) cig eidion. **~ olives** *n.pl.* olifau eidion. **~ suet** *n.* siwet/siwed (*m*) eidion, siwet/siwed bîff. **~ tea** *n.* trwyth (*m*) eidion, te (*m*) bîff, te cig eidion, *S.E:* ffrwyth (*m*) cig eidion. **~-wood** *n. Carp:* coed (*m*) eidion, coed bîff.
beefburger *n. Cu:* eidionyn (eidionod) *m*, bîff-byrgyr(-s) *mf*.
beefcake *n. F:* sioe (*f*) gyhyrau, darlun(-iau) cyhyrog *m*.
beefeater *n.* gwarchodwr (gwarchodwyr) (*m*) Tŵr Llundain, iwmon (iwmyn) (*m*) y gard, halbardiwr (halbardwyr) *m*.
beefiness *n.* cyhyrogrwydd *m*, gewynogrwydd *m*.
beefsteak *n.* golwyth(-on) (*m*) cig eidion, *F:* stecen (stêcs) *f*. **~ fungus** *n. Fung:* tafod (*m*) bustach, cig (*m*) coch y dderwen.
beefy *a.* cyhyrog, cydnerth, cadarn, gewynnog, *N: F:* durol, 'tebol.
beehive *n. Ap:* cwch (cychod) (*m*) gwenyn, *S.W: occ: (made of straw):* costen (*f*) wenyn (costenni gwenyn), *S: occ:* llestr(-i) (*m*) gwenyn, cwb (cybiau) (*m*) gwenyn. **~ hairdo** *n.* gwallt (*m*) cwch gwenyn. **~ house** *n. Archeol:* tŷ (tai) (*m*) cwch gwenyn.
been *p.p. See* **be**.
beep[1] *n. (of car horn):* hwtiad(-au) *m*, *F:* bib-bib *m*; *(of satellite):* bîp *m*.
beep[2] *v.i. (of car horn):* canu [corn], hwtian, bib-bibian, canu bib-bib; *(of satellite):* bipian.
beeper *n. U.S:* bipiwr (bipwyr) *m*.
beer *n.* cwrw(-au, cyrfau) *m*, *S.E: occ:* tablen *f*; **bottled ~,** cwrw potel; **draught ~,** cwrw casgen; **ginger-~,** cwrw sinsir, diod (*f*) sinsir, sinsir-bîr *m*, sinsir-pop *m*, jinjibïar *m*; **herb ~,** *N:* diod (*f*) ddail, *S:* diod fain, *S.E:* diod lysiau; **home-brewed ~,** cwrw (*m*) cartref; **mild home-brewed ~,** *S.W:* tablen, sioncen *f*; *(very mild):* whilben *f*; **nettle ~,** cwrw danadl, diod dail poethion; **small ~,** cwrw bach/gwan, *N.W: S:* diod fain; *Fig:* pethau dibwys/tila *pl*, *N.W: occ:* sbarblis *pl*, bribliwns *pl*; **table ~,** tablen, *S.W:* diod ail, diod ganol; **to order a ~,** *N:* codi peint, *S:* [h]ôl peint; **to think no small ~ of oneself,** meddwl yn fawr/uchel ohonoch eich hun, bod â meddwl mawr/uchel ohonoch eich hun, *N: F:* bod yn ben bach; *F:* **life is not all ~ and skittles,** nid yw bywyd yn fêl i gyd. **~-barrel** *n.* casgen (*f*) gwrw (casgenni cwrw). **~-engine** *n.* pwmp (pympiau) (*m*) cwrw. **~ garden** *n.* gardd (*f*) gwrw (gerddi cwrw), gardd yfed, gardd tafarn (gerddi tafarnau). **~-glass** *n.* gwydryn (gwydrau) (*m*) cwrw. **~ hall** *n.* neuadd (*f*) gwrw (neuaddau cwrw). **~-house** *n.* tŷ (*m*)

tafarn (tai tafarnau), tafarn(-au) *m ins.*, *f in N.*, tŷ (tai) (*m*) cwrw. **~-mat** *n.* mat(-iau) (*m*) cwrw. **~-money** *n.* arian (*m*) cwrw, pres (*m*) cwrw, *F:* pres peint. **~-parlour** *n.* = **beer-house**.

beery *a.* alcoholaidd, *F:* potlyd; **he looks ~,** mae golwg cwrw arno; **a ~ voice,** llais potiwr.

beestings *n.pl.* llaeth tor, *Lit: occ:* cynllaeth *m*, *N:* llaeth newydd/brith/melyn, llaeth llo bach, *S.W:* llaeth torro, llaeth newyddol.

Beeston *Eng.Pl.n. (in Cheshire):* Y Felallt *f.*

beeswax *n.* cŵyr (*m*) gwenyn, cŵyr melyn.

beeswing *n.* cen *m* [ar win], pilen *f* [ar win].

beeswinged *a.* cennog.

beet *n.* betysen (betys) *f*, *A: or Lit:* melged *m*; **sea ~,** betysen arfor, betysen wyllt (betys gwyllt), melged arfor; **sugar ~,** betysen felys (betys melys), betysen siwgwr. **~ armyworm** *n. Ent:* lindysyn (lindys) (*m*) y betys. **~ fly** *n. Ent:* pryf(-ed) (*m*) y betys. **~ leafhopper** *n. Ent:* sboncyn(-nod) (*n*) dail betys. **~ sugar** *n.* siwgwr (*m*) betys.

beetle[1] *n.* **1.** *(= mallet):* gordd (*f*) bren (gyrdd pren); **three-man ~,** gordd dri dyn. **2.** *Laund:* golchbren(-nau) *mf*, golchffon (golchffyn) *f*, *N:* mopren(-ni) *f*, colbren(-ni) *m*. **~ brain** *n.* twpsyn (twpsod) *m*, penbwl (penbyliaid) *m*, *N.W:* pen (*m*) dafad (pennau defaid); *S.a.* **fool**[1].

beetle[2] *n. Ent:* chwilen (chwilod) *f*. **~-crushers** *n.pl. F:* **1.** *(= feet):* traed mawr, traed fel llongau. **2.** *(= boots):* esgidiau mawrion, esgidiau hoelion mawr.

beetle[3] *a.* **~ brows;** aeliau cuchiog/gwgus/trwchus **~-browed,** aelwgus, aelguchiog, ag aeliau cuchiog/gwgus, cuchiog eich aeliau, cilwgus, gwgus, cuchiog.

beetle[4] *v.i. (= project*[2]*):* bargodi, ymestyn allan, taflu drosodd.

beetle[5] *v.t. (= pound):* pwyo/curo (rhth) â gordd; dyrnu, *Lit:* gorddio (rhth).

beetle[6] *v.i. F:* **to ~ off,** ei gwadnu hi, ei heglu hi, ei bachu hi, cymryd y goes *&c*; *See* **beat**[2] **1.**

beetling *a. (rock):* bargodol; *(eyebrows):* cibog, cuchiog.

beetroot *n.* betysen [goch] (betys [cochion]) *f*, *F:* bitrwden (bitrwd) *f*, bitrwtsen (bitrwt) *f*; **as red as a ~,** cyn goched â gwaed, *S.W: occ:* mor goch â seger; **to go as red as a ~,** cochi, gwrido; **he went as red as a ~,** fe gochodd at ei glustiau.

beezer *n. F:* = **nose**[1], **geezer**.

befall *v.t.&i.* digwydd, *Lit:* bod, dod, darfod (i rn); **it so befell that …,** felly y bu/digwyddodd fod …; **misfortune befell him,** daeth/digwyddodd an[h]ap i'w ran; bu iddo gael an[h]ap; darfu iddo gael an[h]ap.

befit *v.t. A:* gweddu, bod yn addas/gymwys/briodol (i rth).

befitting *a.* addas, gweddus, cymwys, priodol.

befittingly *adv.* yn addas *&c*.

befog *v.t.* = **fog**[2].

befool *v.t.* = **fool**[2].

before *adv., prep. & conj.* **1.** *adv. (a) (in space):* ar y blaen, yn gyntaf; **to go on ~,** mynd yn gyntaf, cerdded/mynd ar y blaen, rhagflaenu; **there were trees ~ and behind,** yr oedd coed o'r tu blaen ac o'r tu ôl; **(this page and) the one ~,** (y tudalen hwn a'r) tudalen o'i flaen, a'r tudalen blaenorol; *(b) (in time):* o'r blaen, gynt, yngh|ynt; **as ~,** fel o'r blaen, megis o'r blaen, fel cynt, megis cynt; **two days ~,** deuddydd/ddeuddydd cyn hynny, deuddydd/ddeuddydd ynghynt; **the day ~,** y diwrnod cynt; **the evening ~,** y noson cynt; **the year ~,** y flwyddyn cynt; **~ and after,** cynt a chwedyn; **to look ~ and after,** edrych yml|aen ac yn ôl; **neither ~ nor since,** na chynt na chwedyn; **I have seen him ~,** 'rwyf wedi ei weld o'r blaen; **I have never seen him ~,** ni welais i mohono erioed o'r blaen (*not* byth o'r blaen); **neither ~ nor after,** na chynt na chwedyn. **2.** *prep. (a) (place):* o flaen (rhth, rhn), *with pronominal forms: sing.* **1.** o'm blaen i, **2.** o'th flaen di, **3.** *m.* o'i flaen ef, *f.* o'i blaen hi; *pl.* **1.** o'n blaen[-au] ni, **2.** o'ch blaen[-au] chwi, **3.** o'u blaen[-au] hwy; *Lit: occ:* gerbr|on (rhth, rhn); *with pronominal forms: (= in the presence of): sing.* **1.** ger fy mron i, **2.** ger dy fron di, **3.** *m.* ger ei fron ef, *f.* ger ei bron hi; *pl.* **1.** ger ein bron ni, **2.** ger eich bron chwi, **3.** ger eu bron hwy; yng ngŵydd (rhn), *with pronominal forms: sing:* **1.** yn fy ngŵydd i, **2.** yn dy ŵydd di, **3.** *m.* yn ei ŵydd ef, *f.* yn ei gŵydd hi; *pl.* **1.** yn ein gŵydd ni, **2.** yn eich gŵydd chwi, **3.** yn eu gŵydd hwy; **~ your very eyes,** o'ch blaen, o flaen eich llygaid, dan eich trwynau; **(she said it) ~ me,** (fe'i dywedodd) yn fy ngŵydd i, o'm blaen i; *S.a.* **wind**[1] 1; *(b) (in time):* cyn, o flaen; **B~ Christ, B.C.**, Cyn Crist, C.C. *Geog:* **B~ the Present,** Cyn y Presennol; **~ long,** cyn [bo] hir, gyda hyn, ymhen tipyn, *F:* maes o law, *N:* toc; **(it ought to have been done) ~ now,** (dylai fod wedi ei wneud) cyn hyn, bellach, ers tro; **(to arrive) an hour ~ the time,** (cyrraedd) awr yn gynnar, awr cyn pryd; **we are ~ our time,** yr ydym ni o flaen ein pryd; **he was born ~ his time,** fe'i ganed o flaen ei oes; **they're putting electricity in the house, and not ~ time,** maent yn rhoi trydan yn y tŷ, a hen bryd hefyd; **the night ~ last,** echnos *f*; **the day ~ yesterday,** echdoe *m*; **the week ~ last,** yr wythnos cyn yr wythnos [d]diwethaf; **the night ~ Christmas,** noswyl y Nadolig; **~ answering,** cyn ateb; *Fin:* **redemption ~ due date,** adbrynu cyn pryd; *(c) (preference, order):* **~ all else,** o flaen popeth, yn anad dim, uwchlaw popeth; **ladies ~ gentlemen,** merched o flaen y gwŷr. **3.** *conj. (a) Lit:* cyn + y[r] + *verb*, cyn + i + *subject* + *soft mut.* + *vn.*, cyn + *verb noun*, *Lit:* cyn + *vn.* + o + *soft mut.* + *subject*, *occ: cyn* + *subjunctive*; **~ we go …,** cyn inni fynd, cyn mynd, *Lit:* cyn myned ohonom, cyn [yr] elom; **(it'll be long) ~ we see her again,** (bydd yn hir) cyn inni ei gweld eto, cyn y gwelwn ni hi eto; **it was not long ~ she turned up,** ni bu'n hir cyn iddi gyrraedd; *(b) (= rather than):* **I will die (~ I yield),** byddaf farw (cyn yr ildiaf, cyn ildio, yn hytrach nag ildio); byddai'n well gennyf farw nag ildio; *(c)* **~ I forget, (they expect you this evening),** cyn imi anghofio, rhag ofn imi anghofio, (maent yn eich disgwyl heno).

beforehand *adv.* yml|aen llaw, o flaen llaw, yn gynt, yngh|ynt; **(you ought to have told me) ~,** (dylsech fod wedi dweud wrthyf) yn gynt, cyn hyn; **he's ~ with the rent,** *(i) (= pays beforehand):* mae'n talu'r rhent ymlaen llaw; *Lit:* mae'n blaendalu'r rhent; *(ii) (= has rent-money in hand):* mae arian rhent ganddo'n barod; **to come an hour ~,** dod awr yn gynnar, dod awr o flaen llaw; **(I must tell you) ~,** (rhaid imi ddweud wrthych) ar y dechrau, cyn cychwyn.

beforehandedness *n.* cynharwch *m*.

befoul *v.t.* = **foul**[2].

befriend *v.t.* bod/mynd/dod yn gyfaill (i rn); *(= help):* helpu, cynorthwyo (rhn); bod yn gefn (i rn); gwn|eud cymwynas (â rhn).

befriender *n.* cyfaill (cyfeillion) (**of s.o.,** i rn), cymwynaswr (cymwynaswyr) (â rhn), noddwr (noddwyr) (rhn).

befuddle *v.t.* **1.** *(= confuse):* drysu, moedro, mwydro. **2.** *(= make drunk):* meddwi.

befuddled *a.* **1.** *(= confused):* dryslyd, wedi moedro/mwydro. **2.** *(= drunk):* meddw, chwil.

befuddlement *n.* **1.** *(= confusion):* dryswch *m*, penbleth *fm*. **2.** *(= drunkenness):* meddwdod *m* (*pronounced* m|edd-dod).

beg *v.t.&i.* **1.** cardota, hel cardod, gofyn cardod, ymofyn cardod, *Lit: occ:* deisyf elusen; **to ~ (for sth),** crefu/ymbil, *F:* begera, begio, begian, *N.W: occ:* glewa (am rth); **to ~ one's bread,** cardota am fara; *int. (to dog):* **~!** beg! begia! **these jobs go begging,** dyma swyddi nad oes ar neb eu heisiau; ni fyn[n] neb mo'r swyddi hyn. **2. to ~ a favour of s.o.,** mynd ar ofyn rhn, ceisio/erfyn/deisyf/gofyn cymwynas gan rn *or* oddi ar law rhn (*not* oddi wrth rn); **to ~ leave to go,** gofyn caniatâd i fynd; **to ~ [of] s.o. to do sth,** crefu ar rn i wneud rhth, *Lit:* deisyf/erfyn/ymbil/ymbilio ar rn i wneud rhth, gofyn yn daer i rn wneud rhth, *S.W: occ:* ymhŵedd ar rn i wneud rhth; **I ~ to differ,** rhaid i mi anghytuno; mae arnaf ofn na allaf gytuno; *Com:* **I ~ to inform you that …,** dymunaf eich hysbysu …; *Com:* **we ~ to hand a cheque for …,** da gennym amgáu/anfon siec am …; *int.* **I ~ [of] you!** os gweli'n dda (os gwelwch yn dda)! er mwyn Duw! er mwyn popeth! da ti (chi)! neno'r Tad! neno'r annwyl! **to ~ the question,** haeru rhth cyn ei brofi, rhagdybio'r casgliad/ateb; **I ~ your pardon?** mae'n ddrwg/flin gen i? *F:* begio'ch pardwn? **~ off 1.** *v.t.* **to ~ s.o. off,** achub cam rhn, crefu am faddeuant i rn. **2.** *v.i.* ymesgusodi [rhag gwneud rhth], gwneud esgus i beidio â gwneud rhth, *N: F:* nogio, *S: F:* nadu.

begad *int.* diawch, mynd diain i, ar fy ngair, ar f'enaid i, nen' Tad *&c*.

began *v. See* **begin**.

Begelly *W.Pl.n.* Begeli *m*.

beget *v.t.* **1.** cenhedlu, epilio; *B:* **Abraham begat Isaac,** Abraham a genhedlodd Isaac; **to ~ a child on a woman,** tadogi plentyn ar wraig. **2.** *O: (= cause*[2]*):* cenhedlu, peri, creu, ennyn, codi (rhth); esgor (ar rth).

begetter *n.* **1.** *(of children):* tad(-au) *m*, cenhedlwr (cenhedlwyr) *m*, epiliwr (epilwyr) *m*. **2.** *Fig:* cenhedlwr, cychwynnydd: cychwynnwr (cychwynwyr) *m*, crëwr (crewyr) *m*, enynnwr (enynwyr) *m*. **3.** *(= cause):* achos(-ion) *m*; **a ~ of strife,** corddwr (corddwyr) *m*, *S: F:* pwt (*m*) y gynnen.

beggar[1] *n.* **1.** **~[-man],** cardotyn (cardotwyr) *m*, cardotwr (cardotwyr) *m*, beger(-iaid) *m*; **~[-woman],** cardotes(-i,-au) *f*, card|otwraig (cardotwragedd) *f*, begeres(-au) *f*; *A:* **a sturdy ~,** cardotyn holliach, *Lit: occ:* clipan(-od) *m*, clipanes(-i,-au) *f*; *Prov:* **beggars cannot be choosers,** ni wiw edrych dannedd march rhodd; nid y derbyniwr a biau dewis; ni wiw i dlotyn wrthod dim; *F:* rhaid iti gymryd beth 'rwyt ti'n ei gael; *S.a.* **horseback. 2.** *F: (= fellow):* pegor(-iaid) *m*, boi(-s) *m*, dyn(-ion) *m*, cenau (cenawon) *m*, cono(-s) *m*, cibi(-s) *m*; **a funny little ~,** dyn bach rhyfedd, hen begor bach rhyfedd; **a silly ~,** *N:* penbwl (penbyliaid, pennau byliaid) *m*, *S:* twpsyn (twpsod) *m*; *S.a.* **fool; poor ~,** truan (trueiniaid) *m*; *int.* druan ohono! druan bach! *N:* y creadur bach! **lucky ~,** cenau (cenawon) lwcus. **~'s lice** *n. Bot:* = **cleavers. ~'s ticks** *n. Bot:* = **bur-marigold, tick-trefoil, beggarweed.**

beggar[2] *v.t.* **1. to ~ (s.o.),** tlodi (rhn), rhoi (rhn) ar y clwt, amddifadu (rhn) o rth. **2.** *O:* **it beggars description,** mae y tu hwnt i eiriau. **~ my neighbour** *n. Cards:* curo'ch cymydog, cipio'r cwbl.

beggarliness *n.* tlodi *m*, trueni *m*, truenusrwydd *m*; *(of wage):* crintachrwydd *m*.

beggarly *a.* truenus, tlodaidd, tlawd, begerllyd, begeraidd, cardotlyd; **a ~ wage,** cyflog truenus/crintachlyd/crintach, *F:* cyflog mwnci am dorri cnau.

beggarweed *n. Bot: (Desmodium purpureum):* (*)pys (*pl*) trogod.

beggary *n.* tlodi *m*, *Lit:* cardoteiaeth *f*, angenoctid *m*; **to be reduced to ~,** mynd ar y clwt, cael eich rhoi ar y clwt, *S.W:* gorfod mynd i Dre-din.

begging[1] *a.* cardodol, cardotlyd.

begging[2] *vn.* = **beg. ~ bowl** *n.* ffiol (*f*) gardod (ffiolau cardod).

Beghard *n. Rel.Hist:* Begard(-iaid) *m&f*.

begin *v.t.&i.* dechrau, cychwyn (rhth *or* ar rth); **to ~ to do sth, to ~ doing sth,** dechrau/cychwyn gwneud rhth, dechrau arni; **to ~ at the beginning,** a dechrau yn y dechrau, a dechrau o'r dechrau, a dechrau yn y dechreuad, *N.W: occ:* i ddechrau cychwyn; **he began life as a butcher,** dechreuodd ei yrfa/fyd yn gigydd; **to ~ by doing sth,** cychwyn trwy/gan wneud rhth; **before winter begins,** cyn y daw'r gaeaf, cyn dechrau'r gaeaf; **he is beginning to talk,** *(of child):* mae'n dechrau siarad; mae'n dod i siarad; mae'n dechrau torri geiriau; **to ~ to boil,** dechrau berwi, codi i'r berw; **to ~ to rain,** dechrau glawio, pigo bwrw, taflu dagrau, taflu dafnau; **the play begins with a prologue,** mae'r ddrama'n agor â phrolog; **to ~ with,** yn gyntaf oll, yn gyntaf peth, i ddechrau, *N.W: occ:* i ddechrau cychwyn; **to ~ with, I thought he was wrong,** ar y dechrau/cychwyn, tybiais/tybiwn ei fod yn anghywir; **to ~ with sth,** dechrau â/gyda rhth; **he/it doesn't ~ to compare with X,** mae X yn frenin iddo/wrtho; mae'n bell o fod fel X; nid yw hafal i X; nid yw yn yr un cae ag X; *(of pers. only):* nid yw'n dod i esgidiau X; **to ~ again,** ailddechrau, ailgychwyn; *Prov:* **well begun is half done,** deuparth gwaith [yw] ei ddechrau; deuparth pryd, ymdrwsio; *Prov:* **charity begins at home,** nes penelin nag arddwrn; nes imi fy nghrys na'm pais; nesaf i bawb ei nesaf; nid hael ond hael gartref.

beginner *n.* **1.** *(= originator):* cychwynnwr: cychwynnydd (cychwynwyr) *m*, cych|wynwraig *f*, dechreuwr: dechreuydd (dechreuwyr) *m*, dechr|euwraig *f*. **2.** *(= novice):* dechreuwr, dechreuwraig, dysgwr (dysgwyr) *m*, d|ysgwraig *f*, prentis(-iaid) *m*, newyddian(-iaid) *m&f*; *Th:* prentis (*m*) actor; *Golf:* glas olffiwr (glas olffwyr) *m*; **~'s luck,** lwc (*f*) mwnci, lwc bwngler, lwc mwngrel, ffliwcen *f*; **~'s play,** drama (dramâu) (*f*) dechreuwr; **~'s Welsh,** Cymraeg i ddechreuwyr.

beginning[1] *a.* dechreuol, cychwynnol.

beginning[2] *vn. & n.* dechrau, cychwyn; dechreuad(-au) *m*, cychwyniad(-au) *m*, dechrau (dechreuoedd, dechreuon) *m*; **in the ~,** ar y dechrau, ar y cychwyn, *B:* yn y dechreuad; **from the very ~,** o'r dechrau cyntaf, o'r cychwyn cyntaf, o'r dechrau un; **from the ~ to the end,** o'r dechrau hyd y diwedd, o ben bwygilydd; **to make a ~,** dechrau arni, cychwyn arni; **a fresh ~,** dechreuad(-au) o'r newydd, ailddechrau, ailgychwyn, ailgychwyniad(-au) *m*, ailddechreuad(-au) *m*.

begird *v.t.* = **gird**[1].

begone *v.imp. Lit:* ymaith!

begonia *n. Bot:* begonia(-s) *m*, clust (*mf*) y mochyn.

begorra *int.* myn diain! nen' Tad! neno'r Tad!

begotten *a.* cenedledig; **only ~,** unig-anedig.

begrime *v.t.* duo, *Lit:* pardduo, llychwino, difwyno, *N:* baeddu, *N.E:* dwyno, *S:* bryntu, trochi.

begrudge *v.t.* **1. to ~ doing sth,** gwarafun gwneud rhth. **2. to ~ s.o. sth,** gwarafun/gomedd rhth i rn, *N: F:* grinjan rhth i rn.

begrudger *n.* gwarafunwr (gwarafunwyr) *m*, gwaraf|unwraig *f*, gomeddwr (gomeddwyr) *m*, gom|eddwraig *f*.

begrudgingly *adv.* = **grudgingly.**

Beguildy *W.Pl.n.* Bugeildy *m*.

beguile *v.t. Lit:* **1.** = **deceive, delude, charm**[2]; *B:* **the serpent beguiled me,** y sarff a'm twyllodd; **to ~ s.o. with a promise,** hudo rhn ag addewid. **2.** *(= while away):* difyrru; **to ~ the day,** difyrru'r dydd.

beguilement *n.* = **deception, charm**[1,2].

beguiler *n.* = **deceiver, charmer.**

beguiling *a.* hudolus, dengar (*pronounced* ng-g).

beguilingly *adv.* yn hudolus *&c*.

Beguin *n. Rel:* = **Beghard.**

beguine[1] *n. Danc:* ***beguine(-s)*** *f*.

Beguine[2] *n. Rel:* Begines(-i,-au) *f*, Begin(-iaid) *f*.

begum *n.f.* begwm(-iaid), tywysoges(-au,-i), arglwyddes(-au,-i).

begun *v. See* **begin.** *Prov:* **well ~ is half done,** deuparth gwaith [yw] ei ddechrau.

behalf *n.* **1. on ~ of s.o.,** ar ran rhn, dros rn; *personal forms: sing.* **1.** ar fy rhan i, **2.** ar dy ran di, **3.** *m.* ar ei ran ef, *f.* ar ei rhan hi; *pl.* **1.** ar ein rhan ni, **2.** ar eich rhan chwi, **3.** ar eu rhan hwy. *pronominal forms: sing.* **1.** drosof i, 2 drosot ti, **3.** *m.* drosto ef, *f.* drosti hi; *pl.* **1.** drosom ni, **2.** drosoch chwi, **3.** drostynt hwy. **2.** *(i)* **(to plead) on s.o.'s ~,** (pledio) ar ran rhn, dros rn, achos rhn; *(ii)* **(to plead) in s.o.'s ~,** (pledio) yn lle rhn, yn enw rhn. **3. (don't be uneasy) on my ~,** (paid (peidiwch) â phoeni) o'm hachos i, *Lit:* o'm plegid i, o'm herwydd i; (*for personal forms of* achos *&c See* **because**).

behave *v.i. (usu. with adv.):* ymddwyn, *Lit: occ:* ymarweddu, *F:* bihafio, byhafio; **to ~ well,** ymddwyn yn dda, bod yn dda, *Lit:* iawn ymddwyn; bihafio, byhafio; **to ~ well to/towards s.o.,** trin rhn yn iawn, gwn|eud yn iawn â rhn; *(to child):* **~ yourself!** *F:* bydd yn blentyn da! **to ~ badly,** camymddwyn, bod yn ddrwg, *F:* cambihafio.

-behaved *a. (with adv. prefixed):* **well-~,** da, ufudd, diddig, moesgar, *N.W: occ:* manesol; **ill-~, badly-~,** drwg, afreolus, anystywallt, anfoesgar.

behaver *n.* ymddygwr (ymddygwyr) *m*, ymdd|ygwraig *f*.

behaviour *n.* ymddygiad(-au) *m* **(to/towards s.o.,** tuag at rn); *Lit:* ymarweddiad *m*; **to be on one's best ~,** ymddwyn orau y medroch, bod ar eich gorau; *Psy:* **deviant ~,** gŵyr-ymddygiad *m*; *Psy:* **initial ~,** cyn-ymddygiad *m*; **respondent ~,** ymddygiad ymatebol. **~ pattern** *n.* patrwm (patrymau) (*m*) ymddygiad. **~ therapy** *n.* th|erapi (*m*) ymddygiad.

behavioural *a.* ymddygiadol; **~ science,** gwyddor (*f*) ymddygiad; **~ problems,** problemau ymddygiad; *Sociol:* **~ response,** ymateb ymddygiadol *m*; **~ scientist,** gwyddonydd (gwyddonwyr) (*m*) ymddygiad.

behaviourally *adv.* yn ymddygiadol; o ran ymddygiad.

behaviourism *n. Psy:* ymddygiadaeth *f*.

behaviourist *n. & attrib.* **1.** *n.* ymddygiadwr (ymddygiadwyr) *m*; *Sociol:* **applied behaviourists,** ymddygiadwyr cymhwysol. **2.** *attrib.* = **behaviouristic.**

behaviouristic *a.* ymddygiadol.

behead *v.t.* torri pen (rhn); dienyddio, *Lit: A:* torfynyglu (rhn).

beheaded *a.* di-ben, heb ben, pengoll (*pronounced* ng-g); *Geog:* **~ stream,** ffrwd bengoll (ffrydiau pengoll) *f*.

beheld *v. See* **behold.**

behemoth *n. B:* behemoth(-iaid) *m*.

behemothic *a.* behemothaidd, anferthol, anferth, cawraidd.

behest *n. Lit:* gorchymyn (gorchmynion) *m*, cais (ceisiadau) *m*, arch (eirchion) *f*, archiad(-au) *m*; **at s.o.'s ~,** ar gais rhn, ar/trwy orchymyn rhn.

behind *adv., prep. & n.* **1.** *adv.* ar ôl, [yn] y tu ôl, [yn] y tu cefn, yn y cefn; **(to attack s.o.) from ~,** (ymosod ar rn) o'r tu ôl, o'r cefn, yn ei wrthol; **to come ~,** dod ar ôl; dilyn, canlyn; **to ride ~,** *(=*

pillion): marchogaeth is gil rhn; **to stay/remain ~,** aros ar ôl; **to be ~ (with one's work),** bod ar ôl, bod yn hwyr, bod ar ei hôl hi, bod yn ôl (gyda'ch gwaith); *Sp:* **they are only three points ~,** o dri phwynt yn unig y maen' nhw ar ei hôl hi. **2.** *prep. (a)* y tu ôl (i rth), y tu cefn (i rth); **he hid ~ it,** ymguddiodd y tu ôl iddo; **to walk/follow close ~ s.o.,** bod/dilyn wrth sodlau/gwt rhn; **~ s.o.'s back,** yng nghefn rhn, *occ:* yn wrthgefn i rn; **what is ~ all this?** beth sydd wrth wraidd hyn oll? beth sydd y tu ôl i hyn i gyd? **to be ~ s.o.,** *(= support):* cefnogi rhn, bod yn gefnogol i rn, bod yn gefn i rn; **to put a thought ~ one,** gollwng rhth dros gof, bwrw rhth o'ch meddwl, bwrw rhth yn angof, anghofio rhth; **~ the scenes,** *(i) Th:* yn y cefn; *(ii) Fig: a.* cudd, cyfrinachol, tawel/distaw bach, dirgel, yn y dirgel; **it's all ~ me now,** mae'r cyfan yn y gorffennol; 'rwyf wedi cefnu ar y cyfan; 'rwyf wedi troi fy nghefn ar y cyfan erbyn hyn; *(b) (= late):* yn hwyr, yn ddiweddar, ar ôl, ar ei hôl hi; **~ the times,** ar ôl yr oes; **a country [far] ~ its neighbours,** gwlad sydd [ymhell] ar ôl ei chymdogion; *S.a.* **time**[1] **4, 6. 3.** *n. (= backside): F:* pen ôl (penolau) *m*, *P: V:* tin(-au) *mf*, *S.W:* part ôl (partolau) *m*, *N.W: occ:* timpan(-nau) *f*.

behindhand *adv. & prep.* yn hwyr, yn ddiweddar, ar ei hôl hi, ar ôl yr amser; **to be ~ (with the rent),** bod yn hwyr, bod ar ei hôl hi (gyda'r rhent); **he is not ~ in generosity,** nid yw'n brin o haelioni.

behold *v.t. Lit:* **1.** gweld, gweled, canfod. **2.** *imp. B:* wele, gwêl (gwelwch).

beholden *a.* dyledus; dan ddyled **(to s.o.,** i rn).

beholder *n.* canfyddwr (canfyddwyr) *m*, gwyliwr (gwylwyr) *m*, edrychwr (edrychwyr) *m*, sylwedydd(-ion) *m*; *(= witness):* tyst(-ion) *m*; *(= eye-witness):* llygad-dyst(-ion) *m*; *See* **beauty 1.**

behoof *n. A:* **to/for/on s.o.'s ~,** er budd/lles/mantais i rn; **for one's own ~,** er eich budd eich hun.

behove *v.t. impers.* **1.** *(= be incumbent):* **it behoves him to go,** dylai ef fynd; ei le ef yw mynd; mae dan rwymedigaeth i fynd; mae'n ddyledus arno fynd. **2.** = **befit.**

beige *n. & a.* **1.** *n. Tex:* **beige** *m*, gwlanen grai *f*, brethyn gwlanog *m*. **2.** *n. & a. (colour):* lliw gwlanen, llwydfelyn (*f.* llwydfelen, *pl.* llwydfelynion).

beigy *a.* llwydfelyn, llwydfelynaidd.

being[1] *a.* **for the time ~,** am y tro.

being[2] *n.* **1.** *(= existence):* bodlaeth *f*, bod *m*; **to come into ~,** dod i fod, dod i fodolaeth, ymffurfio; **to bring a plan into ~,** sylweddoli cynllun. **2.** *(a)* enaid *m*; **my whole ~ revolts at the idea,** mae fy holl enaid yn gwrthryfela yn erbyn y peth; *(b) (= creature):* bod(-au) *m*.

Beja *n.* **1.** *Ethn:* Beja(-id) *m&f*. **2.** *Ling:* Bejäeg *f*, *m*.

bejewelled *a.* gemog; **she was very much ~,** 'roedd hi'n emau drosti; 'roedd hi'n emau i gyd.

bel *n. Ph: Ac:* bel(-au) *m*.

belabour *v.t. O:* = **beat**[2]; **to ~ a point,** trafod/gwyntyllu pwnc i ormodedd *or* yn ormodol, gor-wn|eud/gorbwysleisio pwynt.

belated *a.* **1.** *(= overtaken by darkness):* a ddaliwyd gan y nos. **2.** *(= late):* hwyr, hwyrol, rhy hwyr, diweddar, rhy ddiweddar.

belatedly *adv.* yn [rhy] hwyr, yn [rhy] ddiweddar.

belatedness *n.* hwyrni *m*, diweddarwch *m*.

belaud *v.t. A:* = **laud**[2].

belay[1] *n. Nau:* ceirsiad(-au) *m*; *Mount:* belai(-au) *m*, (*)hoelen (hoelion) (*f*) angori; **indirect ~,** belai anunion; **running ~,** belai rhedeg; **sling ~,** belai sling.

belay[2] *v.t.* **1.** *Nau:* sicrh|au, clymu (rhth); gwn|eud (rhth) yn sownd; *N.W: occ:* ceirsio (rhth); *int. Nau: (= enough!):* digon! stop!

belaying *vn.* **~-cleat** *n. Nau:* cleten (*f*) geirsio (cletiau ceirsio). **~-pin** *n. Nau:* pin(-nau) (*mf*) ceirsio.

belch[1] *n. Lit:* bytheiriad(-au) *m*, *F:* toriad(-au) (*m*) gwynt; *(= outpour):* chwydiad(-au) *m*, chwydfa (chwydfâu, chwydf|eydd) *f*.

belch[2] *v.i.&t.* **1.** *v.i. Lit:* bytheirio, *F:* torri gwynt, *S.W: F: occ:* bwlcan, cyllegu, pecial. **2.** *v.t. (flames &c):* chwydu, poeri.

beldam[e] *n.f.* = **hag, virago.**

beleaguer *v.t.* = **besiege, surround**[2]**, harass.**

beleaguered *a.* dan warchae, gwarchaeëdig.

belemnite *n. Paleont:* belemnit(-au) *m*.

belemnitic *a.* belemnitig.

belfry *n.* clochdy (clochdai) *m*, clochdwr (clochdyrau) *m*; *S.a.* **bat**[1].

belga *n. Num: O:* belga (belgâu) *mf*.

Belgian *a. & n.* **1.** *a.* Belgaidd; **the ~ goverment,** llywodraeth [Gwlad] Belg; **she's ~,** Belgiad yw hi; un o Wlad Belg yw hi; **~ endive,** = **chicory**; **~ hare,** cwningen Felgaidd (cwningod Belgaidd) *f*. **2.** *n.* Belgiad (Belgiaid) *m&f*.

Belgic *a.* Belgig, Belgaidd.

Belgium *Pr.n. Geog:* Belg *f*, Gwlad (*f*) Belg.

Belgravia *Eng.Pl.n.* Belgrafia *f*.

Belgravian *a. & n.* **1.** *a.* Belgrafaidd. **2.** *n.* Belgrafiad (Belgrafiaid) *m&f*.

Belial *Pr.n.m. B:* Belial, y Diafol, Satan.

belie *v.t. (= contradict):* gwrth-ddweud; *(= misrepresent):* camliwio (rhth), rhoi camargraff (o rth); *(= disguise):* cuddio; **to ~ a proverb,** gwrthbrofi dihareb; **it belied my expectations,** fe'm siomodd; **his smile belied his true feelings,** yr oedd ei wên yn cuddio'i deimladau.

belief *n.* **1.** cred(-au) *f*, credo(-au) *f*; *(usu. ill-founded):* coel(-ion) *f*; **~ in ghosts,** cred mewn ysbrydion; **~ in God,** cred yn Nuw; **beyond ~,** anhygoel, anghredadwy; **to the best of my ~,** am [a] wn i, hyd y gwn i, *S:* ar [a] wn i; **it is my ~ that . . .,** fy nghred i yw . . .; **2.** *(= trust):* ffydd *f*, hyder *m*, ymddiried *m*, ymddiriedaeth *f* **(in sth,** yn rhth).

belier *n. (a) (= contradictor):* gwrthbrofwr (gwrthbrofwyr) *m*, gwrthddywedwr (gwrthddywedwyr) *m*. *(b) (of hope &c):* siomwr (siomwyr) *m*.

believability *n.* hygrededd *m*.

believable *a.* credadwy.

believably *adv.* **1. a story ~ told,** stori a adroddir yn gredadwy. **2. it is (~) an advantage,** (gellir credu, dichon, o bosibl) ei bod yn fantais.

believe *v.t.&i.* **1.** *v.t. (a)* credu, coelio (rhth); rhoi coel (ar rth); *Lit: B:* credu, coelio (i rth); **the house was believed to be haunted,** coelid/credid bod bwgan yn y tŷ; **I ~ not,** credaf nad yw/ydyw; credaf nad felly y mae; nac ydyw, gredaf i; **I ~ so,** credaf mai felly y mae; ydyw, 'rwyf i'n credu; ydyw, gredaf i; *N:* felly 'rwy'n credu; *S:* 'rwyf i'n credu [hyn]; *Prov:* **seeing is believing,** a wêl a gred; gweld a bair gredu; pe gwelid fe gredid; **to make s.o. ~ that . . .,** peri/achosi/gwneud i rn gredu bod . . .; *F:* **don't you ~ it!** choelia' i fawr! paid â chymryd dy siomi (peidiwch â chymryd eich siomi)! **I can well ~ it,** nid wy'n amau dim; hawdd y gallaf gredu; **~ you me,** cred di (credwch chi) fi; **he's for it (~ you me),** fe'i caiff hi (yn siŵr/sicr/saff i chi), *N.W: occ:* mi'i ceith hi (yn dawel iawn); **~ it or not,** cred(-wch) neu beidio; *(b)* **if he is to be believed,** os oes coel arno, os gellir ei gredu/goelio. **2.** *v.i. (a)* **to ~ in God,** credu yn Nuw, *Lit: occ:* credu i Dduw; *Rel:* **I ~ in God the Father,** credaf yn Nuw Dad; credaf yn Nuw'r Tad; **to ~ in one god,** credu mewn un duw; *(b)* **to ~ in s.o.'s word,** rhoi coel ar air rhn, credu/coelio gair rhn, credu/coelio yng ngair rhn; **I don't ~ in doctors,** nid oes gennyf ffydd mewn doctoriaid; **he believes in changes,** mae o blaid newidiadau. **3. to make ~ to do sth,** cymryd arnoch wneud rhth; cogio/smalio/esgus gwneud rhth; *S.a.* **make-believe.**

believer *n.* **1.** *Rel:* credadun(-ion, credinwyr) *m*, crediniwr (credinwyr) *m*, cred|inwraig *f*, credwr (credwyr) *m*, cr|edwraig *f*, *occ:* ffyddiwr (ffyddwyr), ff|yddwraig; **to be a ~ in sth,** credu yn/mewn rhth, *Lit: occ:* credu i rth. **2.** *(= partisan):* credwr **(in sth,** yn rhth).

belike *adv. A:* = **probably.**

Belisha *Pr.n. See* **beacon**[5].

belittle *v.t.* bychanu, dibrisio, dilorni (rhn); lladd (ar rn); *occ:* rhoi gair bach (i rn); **to ~ oneself,** bod yn ddibris ohonoch eich hun, eich bychanu'ch hun *&c*.

belittlement *n.* bychaniad *m*, dibristod *m*, dirmyg *m*, dilorniad *m*; *vn.* = **belittle.**

belittler *n.* bychanwr (bychanwyr) *m*, dirmygwr (dirmygwyr) *m*, dilornwr (dilornwyr) *m*, difriŵr (difriwyr) *m*.

bell[1] *n.* **1.** cloch (clychau, *Poet:* clych) *f*; **church ~,** cloch yr eglwys (clychau'r eglwys), cloch wasanaeth (clychau gwasanaeth), cloch y llan (clychau'r llan); **a small ~,** *occ:* clochen(-ni) *f*; *(= sanctus bell):* cloch fach (clychau bach), cloch alw (clychau galw); **sacring ~,** cloch aberth, cloch offeren; *Med: &c:* **night-bell,** cloch nos; *S.a.* **alarm**[1]; **a chime of bells,** rhes (*f*) o glychau; **there's a ring at the ~; there's the ~,** dyna'r gloch yn canu; *F:* **pull**

the other one, it's got bells on, choelia' i fawr! dyna ddigon o dy herian di! dos i dynnu coes rhywun arall! dos i grafu! cer' i grafu! *N.W: occ:* dos i grafu dy fol efo [g]winedd dy draed! **to ring a ~,** canu cloch; **to bear/carry away the ~,** dwyn y bêl, cario'r bêl, ennill; *F:* **this rings a ~,** mae hyn yn canu cloch; mae hyn yn taro tant; mae hyn yn deffro rhyw atgof; *S.a.* **Canterbury, sound**[6] 1 *(a)* 1 *(a)*; **~, book and candle,** cloch, llyfr a channwyll; **the dinner ~,** y gloch ginio; *S.a.* **bar-bell, passing-bell; sound as a ~,** *(of health)*: cyn iached â'r gneuen; cyn sowndied â chloch y Bala; *(of thg)* mor solet â charreg; **clear as a ~,** clir fel cloch; *Nau:* **to strike the bells,** canu'r clychau, taro'r clychau, canu'r awr, dweud faint o'r gloch [yw hi]; **six bells,** chwech [ergyd] ar y gloch; **to strike eight bells,** taro wyth cloch; **2.** *Bot:* cloch (clychau) *f*, cwpan(-au) *mf*. **3.** *Const:* gwefl(-au) *f*. **~-animal, ~-animalcule** *n. Z:* clochfilyn (clochfilod) *m*. **~-apple** *n. Bot:* clochafal(-au) *m*. **~-bird** *n. Z:* aderyn (*m*) cloch (adar cloch). **~-boat** *n.* clochfad(-au) *m*, cwch (*m*) cloch (cychod clychau). **~-bottomed** *a.* â godre[-on] llydan. **~-bottoms** *n.pl. Cost: N:* trowsus(-au) (*m*) llongwr, *S:* trwser(-i) (*m*) morwr. **~-boy** *n. U.S:* gwas (*m*) y gloch (gweision clychau), clochwas (clochweision) *m*. **~-buoy** *n. Nau:* bwi (*m*) cloch (bwiau clychau). **~-cot, ~-cote** *n.* cwt (cytiau) (*m*) clychau. **~-crank** *n.* camdro(-eon) (*m*) cloch. **~-flower** *n. Bot:* clychlys *m*, clychau (*pl*) Llundain; **Adria ~-flower,** *(Campanula portenschlagiana)*: clychlys Adria; **clustered ~-flower,** *(C. geometra)*: clychlys clystyrog, clychlys sypddail; **creeping ~-flower,** *(C. rapunculoides)*: clychlys ymlusgol/llusg; **giant ~-flower,** *(C. latifolia)*: clychlys mawr; **ivy-leaved ~-flower,** *(Wahlenbergia hederacea)*: clychlys eiddewddail; **nettle-leaved ~-flower,** *(C. trachelium)*: clychlys danhadlaidd; **peach-leaved ~-flower,** *(C. persicifolia)*: clychlys peatus-ddail; **rampion ~-flower,** *(C. rapunculus)*: clychlys erfin, clychlys bwytadwy; **spreading ~-flower,** *(C. patula)*: clychlys ymledol; **trailing ~-flower,** *(C. poscharskyana)*: clychlys ymlusgol. **~-founder** *n.* bwriwr (bwrwyr) (*m*) clychau, lluniwr (llunwyr) (*m*) clychau, gof(-aint) (*m*) clychau. **~-founding** *vn.* bwrw/llunio clychau. **~-foundry** *n.* ffowndri (*f*) glychau (ffowndrïau clychau), gwaith (gweithiau) (*m*) clychau, t|odd-dy (~-dai) (*m*) clychau. **~-glass** *n.* clochwydr(-au) *m*. **~-handle** *n.* **1.** = **bell-pull. 2.** *(of handbell)*: coes (*mf*) cloch (coesau clychau). **~-hanger** *n.* crogwr (crogwyr) (*m*) clychau. **~-harp** *n.* telyn(-au) sigl *f*, telyn glychsain (telynau clychsain) *f*. **~-jar** *n.* clochwydr(-au) *m*, clochen(-nau,-ni) *f*. **~-metal** *n.* metel (*m*) clychau. **~-mouth** *n.* safn(-au) *f*, ymagoriad(-au) *m*. **~-mouthed** *a.* llydan, cegrwth, safnrhwth. **~-pull** *n.* llinyn (*m*) cloch (llinynnau clychau). **~-punch** *n.* pwnsh(-is) (*m*) clychog. **~-push** *n.* botwm (*m*) cloch (botymau clychau). **~-ringer** *n.* canwr (canwyr) (*m*) clychau, clochyrrwr (clochyrwyr) *m*, clochydd(-ion) *m*, (clochydd *also* = **sexton**). **~-ringing** *vn.* canu clychau, clochyddiaeth *f*. **~-rope** *n.* rhaff (*f*) cloch (rhaffau clychau). **~-shaped** *a.* ar ffurf/lun cloch, fel cloch, clychaidd. **~-tent** *n.* pabell (*f*) gloch (pebyll cloch), tent (*f*) gloch (tenti cloch). **~-tower** *n.* clochdwr (clochdyrau) *m*, clochdy (clochdai) *m*. **~-wether** *n.* maharen (meheryn) (*m*) y gloch, dafad (defaid) (*f*) y gloch, llwdn (llydnod) (*m*) y gloch. **bells of Ireland** *n.pl. Bot: (Mollucella laevis)*: balm (*m*) Molwca, clychau (*pl*) Iwerddon.

bell[2] *v.t.&i.* **1.** *v.t.* **to ~ a cat,** rhoi cloch ar gath, rhoi cloch am wddf cath. **2.** *v.i.* *(of skirt &c)*: bochio [allan], bolio; *(of brick &c)*: gweflio.

bell[3] *(of stag)*: bref(-au,-iadau) *f*, rhuad(-au) *m*, bugunad(-au) *m*.

bell[4] *v.i.* brefu, rhuo, peuo, bugunad, *S.W:* boechain.

belladonna *n.* **1.** *Bot:* = **deadly nightshade. 2.** *Pharm:* beladonna *m*. **~ lily** *n. Bot:* lili (liliau) (*f*) beladonna.

bellbine *n. Bot:* = **bindweed (larger)**.

bellcote *n. Arch:* = **bell-cot**.

belle *n.f. Lit:* meinwen, meinir, rhiain (rhianedd); **the ~ of the ball,** y bertaf oll, y brydferthaf oll, yr harddaf oll, merch berta'r ddawns, y ddela'n y ddawns.

Belleek *n. Cer:* tsieni (*m*) Belleek.

belles-letters *n.pl. Lit:* llenyddiaeth gain *f*.

belletrist *a.* llenor(-ion) cain *m*.

belletristic *a.* llenyddol gain, ceinlenyddol.

bellflower *n.* = **bell-flower**.

bellhop *n. U.S:* = **bell-boy**.

bellicose *a.* rhyfelgar, ymladdgar, ymrafaelgar; *S.a.* **quarrelsome**.

bellicosely *adv.* yn rhyfelgar *&c*.

bellicoseness, bellicosity *n.* rhyfelgarwch *m*, ymladdgarwch *m*, ymrafaelgarwch *m*, cwerylgarwch *m*.

-bellied *a.* **big-~,** boliog, bolfawr, cestog, torrog; **grey-~,** torllwyd(-ion); **red-~,** torgoch(-ion); **tight-~,** tordyn[n] (tordynion); **yellow-~,** = **cowardly**. **white-~,** torwyn(-ion), bolwyn(-ion).

belligerence, belligerency *n.* rhyfelgarwch *m*.

belligerent *a.* & *n.* **1.** *a.* *(a)* (= *warlike, aggressive*): rhyfelgar, cwerylgar, ymrafaelgar, ymrafaelus, rhyfelwrol, ymosodol; *(b)* (= *involved in war*): ymladdol, mewn rhyfel. **2.** *n.* cydryfelwr (cydryfelwyr) *m*.

bellman *n. Hist:* crïwr (criwyr) *m*.

Bellona *Pr.n.f. Myth:* Aerfen.

bellow[1] *n.* *(a)* *(of bull)*: rhu(-adau) *m*, rhuad(-au) *m*, bugunad(-au) *m*, peuad(-au) *m*, *S.W:* bwgwnad(-au) *m*, boechad(-au) *m*, boech(-au) *m*, mygynad(-au) *m*; *(b)* (= *shout*): gwaedd(-au) *f*, bloedd(-iau,-iadau) *f*.

bellow[2] *v.i.&t.* **1.** *v.i.* (= *of bull*): rhuo, *S: occ:* bwgwnad, bygylad, bugunad, *S.W: occ:* boichen, boechen, bolgen, *S.E:* bygelad, bychad, *N.W:* peuo, puo, byrgloddi, *M.W: N: occ:* beichio; **(a baby) bellowing with rage,** *N.W: occ:* (baban) yn hornio crïo, yn strancio. **2.** *v.t.* **to ~ out a song,** bloeddio/rhuo/crochlefain/crochleisio cân, bloeddio *&c* canu, canu ar dop eich llais.

bellows *n.pl.* megin(-au) *f*; **nozzle of a ~,** trwyn (*m*) megin; *Mus:* **double blast foot ~,** megin droed chwyth ddwbl; **foot ~,** megin droed (meginau troed).

bellwort *n. Bot:* clychlys melyn *m*, cloch felen (clychau melyn) *f*.

belly[1] *n.* **1.** *(a)* *N:* bol(-iau) *m*, *S:* bola (boliau) *m*, cylla(-on, -oedd) *m*, cest(-au) *f*, *N.W: occ: F:* cratsh: catsh *m*, ceudod (-au) *mf*, bos *m*, cetog(-au) *f*, ceubal(-au) *m*; *(b)* *(of animal)*: bol, bola, tor(-rau) *f*. **2.** *(a)* *(of pot)*: bol, bola, tor; *(b)* *Mus:* bol, bola. **3.** *Nau:* bol, bola. **4.** *Typ:* blaen *m*. **~-ache**[1] *n. N:* poen (*m*) yn y bol, *S:* bola tost *m*, *A:* bolwst *m*. **~-ache**[2] *v.i. P:* cwyno, achwyn, tuchan, *F: S:* conan, conach, ceintachu, cwynfana, *N.W: occ:* cyrnewian, cnewian, swnian. **~-acher** *n.* cwynwr (cwynwyr) *m*, c|wynwraig *f*, achwynwr (achwynwyr) *m*, ach|wynwraig *f*, *N:* swnyn *m*, swnen *f*. **~-band** *n.* tordres(-i) *f*, cengl(-au) *f*, torgengl(-au) *f*. **~-button** *n. F:* = **navel**. **~-dance**[1] *n.* bolddawns(-iau) *f*. **~-dance**[2] *v.i.* bolddawnsio. **~-dancer** *n.* bolddawnsferch(-ed) *f*, boldd|awnswraig (bolddawnswragedd) *f*. **~-flop**[1] *n. Swim: F:* cwymp(-au) (*m*) [ar y] bol/bola, bolgwymp(-au) *m*; **to do a ~-flop,** cwympo ar eich bol/bola. **~-flop**[2] *v.i.* cwympo bol/bola, bolgwympo. **~-land** *v.t.&i. Av:* glanio ar y bol/bola, bol-lanio. **~-landing** *vn. Av:* bol-laniad(-au) *m*. **~-laugh** *n.* chwerthiniad (-au) dwfn/calonnog *m*, chwerthiniad o'r bol. **~-pork** *n. Cu:* bol/bola (*m*) mochyn.

belly[2] *v.t.&i. Nau:* **1.** *v.t.* *(of wind)*: **to ~ [out] sails,** chwyddo/llenwi/bolio hwyliau. **2.** *v.i.* *(of sail)*: chwyddo, llenwi, bolio, bochio.

bellyacher *n.* = **belly-acher**.

bellyaching *a.* cwynfanllyd, achwyngar (*pronounced* ng-g), tuchanllyd, ceintachlyd.

bellyful *n.* **1.** llond (*m*) bol/bola, boliaid (boleidiau) *m*, *N:* boliad (boleidiau) *m*, *Lit: & S: occ:* gwala *f*; *Fig:* **I've had a ~ of it,** 'rwyf wedi cael llond bol ohono; 'rwyf wedi cael llond fy mol ohono; 'rwyf wedi cael hen ddigon ohono; 'rwyf wedi 'laru arno; 'rwyf wedi cael fy ngwala ohono; **to have a ~,** *(of drink)*: *N: F:* cael cratsiad (*m*). cael llwyth (*m*); **we had a good ~,** fe gawsom ein gwala a'n gweddill. **2.** *(of piglets &c)*: torraid (toreidiau) *f*, torllwyth(-au) *m*.

Bellymoor *Eng.Pl.n.* Bolros *f*.

belong *v.i.* **1.** perthyn (**to s.o.,** i rn); **this book belongs to me,** mae'r llyfr yma'n perthyn i mi; fi biau'r llyfr yma; fy llyfr i yw hwn; *Lit:* myfi biau'r llyfr hwn; f'eiddo i yw'r llyfr hwn; **it belongs to me to decide,** fi biau benderfynu; fi sydd i benderfynu; **that belongs to my duties,** mae'n rhan o'm dyletswyddau. **2.** (= *be appropriate*): gweddu, bod yn addas/gymwys (**to sth,** i rth); **a telephone belongs in every home,** dylai fod ffôn ym mhob cartref; **a man of his ability belongs in teaching,** dylai dyn o'i allu ef fod yn dysgu; yn dysgu mae lle dyn o'i allu ef; *U.S:* **cheese belongs with salad,** mae caws yn mynd gyda salad. **3.** (= *to be connected*): **to ~ to a society,** bod yn aelod o gymdeithas, perthyn i gymdeithas; **I ~ here,** *(= I come from here)*: un oddi yma ydw' i; *(= I should be here)*: dyma fy lle i; **put it back where it belongs,** rho(-wch) ef yn ôl yn ei le.

belonging *n.* 1. **a sense of ~,** ymdeimlad o berthyn. 2. *pl.* **belongings,** eiddo *m*, meddiannau, pethau, trugareddau.

Belorussia *Pr.n. Geog:* Belorwsia *f.*

Belorussian *a.* & *n.* 1. *a.* Belorwsiaidd; *(in language)*: Belorwseg; **she's ~,** Belorwsiad yw hi. 2. *n.* *(a) Ethn:* Belorwsiad (Belorwsiaid) *m&f*; *(b) Ling:* Belorwseg *f, m.*

beloved *p.p.* & *pred.* & *n.* 1. *p.p.* & *pred.* annwyl, hoff, a gerir, *Lit:* cu (**of s.o.,** gan rn); **dearly ~ brethren,** annwyl gariadus frodyr. 2. *n.* cariad(-on) *m&f*, anwylyd *m&f*; **dearly ~,** annwylgaredig(-ion).

below *adv.* & *prep.* 1. *adv.* *(a)* tanodd, danodd, oddi tanodd, isl|aw, isod, *Lit:* obry; **down ~,** islaw; **here ~,** *(= on earth)*: ar y ddaear, *B:* ar y llawr; **from ~,** oddi tanodd, oddi isod; *Nau:* **all hands ~,** pawb dan y dec; *S.a.* **down³ I. 2;** *(b) Jur:* **the court ~,** y llys isod; *(c)* **the sentence quoted ~,** y frawddeg a ddyfynnir isod. 2. *prep.* *(a)* tan/dan + *soft mut. with pronominal forms:* 1. tanaf/danaf i, 2. tanat/danat ti, 3. *m.* tano/dano ef, *f.* tani/dani hi; *pl.* 1. tanom/danom ni, 2. tanoch/danoch chwi, 3. tanynt/danynt hwy; oddi tan + *soft mut.*: **~ me,** tanaf/danaf i, oddi tanaf i; **on the table and ~ it,** ar y bwrdd ac oddi tano, *S:* ar y ford ac oddi tani; *S.a.* **belt¹** I; *(b)* **~ the average,** islaw'r cyffredin, yn is na'r cyffredin, islaw'r cyfartaledd; **pressure ~ normal,** pwysedd islaw'r cyffredin, pwysedd is na'r arfer. *(c)* **~ the surface,** dan yr wyneb; *Th:* **~-stage,** y pethau dan y llwyfan; *(d)* **to be ~ s.o.,** *(in rank)*: bod dan rn, bod yn is na rhn.

belt¹ *n.* 1. *Lit:* gwregys(-au) *m*, *occ:* cengl(-au) *f*, *F:* belt(-iau) *m in N*, *f in S*; **[waist] ~,** *Lit: occ:* gwasgrwym(-au) *m*; **chastity ~,** gwregys diweirdeb; *S.a.* **half-belt, lifebelt**; *Box:* **to hold the ~,** bod yn bencampwr, dal y belt; **to get sth under one's ~,** *(food)*: cael boliaid o rth, cael eich gwala o rth; *Fig:* cael gafael ar rth; **with five years' experience under your ~,** a phum mlynedd o brofiad i'ch enw *or* ar eich cyfrif; *Box:* **a blow below the ~,** *(literally)*: ergyd/trawiad isel, trawiad dan y canol/wasg/belt, trawiad i ddyn yn ei wendid; **to hit s.o. below the ~,** taro dyn yn ei wendid; *Fig:* **to pull in the ~, to tighten the ~,** tynh|au'ch gwregys, *Fig:* codi'r rhastl; *Geog:* **the Great B~,** y Gwregys Mawr; *Av: Aut:* **seat-~,** gwregys diogelwch/sedd; *Astr:* **Orion's B~,** Llathen (*f*) Fair, Llathen Teiliwr, y Tri Brenin *pl*, y Groes Fendigaid *f*; *Bot:* **sea ~,** gwregysau'r môr; *Archeol:* **~ hook,** bach(-au) (*m*) gwregys; **~ fastner,** caewr (*m*) gwregys (caewyr gwregysau); **~ pulley ring,** cylch chwerfan gwregys. 2. *Mec.E:* strap(-iau) *mf*, strapen (strapiau) *f*; **conveyor ~,** belt symudol, belt cludo, cludfelt(-iau) *m*, *Ind:* **endless ~,** belt diddiwedd; **assembly ~,** belt cydosod. 3. *(of hills)*: rhes(-i) *f*, cadwyn(-i) *f*; *(of land)*: llain (lleiniau) *f*, strimyn(-nau) *m*; *(= region)*: rhanbarth(-au) *m*, ardal(-oedd) *f*, cylchfa(-oedd) *f*; **coal ~,** ardal lofaol (ardaloedd glofaol); **cotton ~,** ardal gotwm (ardaloedd cotwm); **shelter ~,** llain gysgodi (lleiniau cysgodi); *Astr:* **the belts of Jupiter,** gwregysau Iau, **trade-wind ~,** cylchfa'r gwyntoedd cyson; **standard-time ~,** rhanbarth amser safonol; *Adm:* **green ~,** llain las (lleiniau gleision) *f*, tir(-oedd) glas *m*. 4. *F:* *(a)* = **clout¹ 2;** *(b)* **a ~ of brandy,** joch(-iau) (*m*) o frandi. **~ coupling** *n.* cyplad(-au) (*m*) belt. **~-driven** *a.* a yrrir/weithir gan strapen, strap-yredig. **~ pulley** *n.* pwli (pwlïau) (*m*) belt, chwerfan (*f*) felt (chwarfanau belt).

belt² *v.t.&i.* 1. *v.t.* gwregysu (rhth); rhwymo, clymu (rhth) â gwregys/belt. 2. *v.t.* *(= surround)*: amgylchynu [â gwregys]. 3. *v.i.* *F:* **to ~ along,** rhuthro, mynd fel mellten, mynd fel cath i gythraul, *N.W:* sgrialu mynd, pydru mynd, mynd fel ffluwch, mynd ar ffluwch, taranu mynd, gyrru fel Jehu, mynd ar sgri/sgrîn *S:* ufferno hi, mynd fel y mêl, pelto. 4. *F:* = **hit²**; **to ~ out a song,** bloeddio cân. **~ up** *v.i.* 1. *Aut:* rhoi'ch gwregys/belt [amdanoch]. 2. *F:* **~ up!** cau dy geg (caewch eich cegau)! *S:* cau dy ben (caewch eich pennau)!

Beltane *n.* Calan (*m*) Mai.

belted *a.* gwregysog; â gwregys/belt amdanoch; *(= banded)*: rhesog.

belting *n.* 1. *(a)* *(= belts)*: beltiau *pl*, strapiau *pl*, gwregysau *pl*, cenglau *pl*; *(b) Tex:* defnydd (*m*) beltiau &c. 2. *Mec.E:* *(= transmission)*: trawsyriant *m*. 3. *F:* = **clout¹ 3, beating² 2.**

beltless *a.* diwregys, heb wregys, heb felt.

beltway *n. U.S:* = **ring road.**

beluga *n.* 1. *Ich:* belwga(-od,-id) *m*, stwrsiwn gwyn (stwrsiwns gwynion) *m*. 2. *Z:* **~ whale,** morfil gwyn (morfilod gwynion) *m*.

belvedere *n. Arch:* b|elfedir (belfedirau) *m*, tyred(-i,-au) *m*.

bema *n.* 1. *Gr.Ant.* llwyfan(-nau) *mf*. 2. *Ecc: Arch:* seintwar(-au) *f*, cangell (canghellau) *f*.

Bemba *a.* & *n.* 1. *a.* Bembaidd; **she's ~,** Bemba yw hi. 2. *n.* *(i) Ethn:* Bemba(-id) *m&f*; *(ii) Ling:* Bembeg: Bemb|aeg *f, m.*

bemean *v.t. Lit:* **to ~ oneself,** ymddarostwng.

bemire *v.t. Lit:* = **soil².**

bemired *a.* sownd [mewn llaid].

bemoan *v.t.* cwyno, cwynfan, wylofain, galaru, ocheneidio (o achos rhth); *A:* cwyno (rhth).

bemuse *v.t.* syfrdanu, drysu, hurtio, *S.W: occ:* swrddanu.

bemused *a.* syn, syfrdan, dryslyd, hurt, wedi drysu.

bemusedly *adv.* yn ddryslyd.

bemusment *n.* dryswch *m*, penbleth *fm*.

Ben¹ *Pr.n.m.* Ben, B|enjamin, Benja, Benni, Benji.

ben² *n. Geog: Scot:* copa(-on, copâu) *fm*, ban(-nau) *mf*.

ben³ *n. Bot:* ben *m*; **oil of ~,** olew (*m*) ben. **~ nut** *n.* cneuen (*f*) fen (cnau ben).

bench¹ *n.* 1. *(a)* mainc (meinciau) *f*, *S: S.W:* ffwrwm(-au) *f*, ffwrm (ffyrmau) *f*, sgiw(-iau) *f*; **the well of a ~,** cafn (*m*) mainc (cafnau meinciau); *Parl:* **the Treasury B~,** Mainc Flaen (*f*) y Llywodraeth, Mainc y Gweinidogion, Mainc y Trysorlys; **back ~,** mainc gefn (meinciau cefn), mainc ôl; **front ~,** mainc flaen (meinciau blaen); **cross ~,** mainc groes (meinciau croes); *Jur:* **the Judge's ~,** Mainc y Barnwr; *Jur:* **the ~,** *(i)* yr ynadon *pl*, y fainc; **to come up before the ~,** dod o flaen y fainc, dod o flaen eich gwell; *(ii)* *(= the judges)*: y barnwyr *pl*, y fainc; *(b) Jur:* **Queen's ~,** Mainc y Frenhines; **King's ~,** Mainc y Brenin; 2. *Mec.E:* **testing-~,** mainc arbrofi. 3. *Civ.E:* gwar(-rau) *mf*, ysgafell(-au) *f*, cantel(-i) *f*. **~-drilling machine** *n. Metalw:* peiriant (*m*) drilio ar fainc. **~-holdfast** *n.* dalbren(-nau) *m*. **~-mark** *n. Surv:* meincnod(-au) *m*; hicyn (hiciau) *m*; *Cmptr:* meincfesuriad(-au) *m*. **~-rib** *n.* asen (*f*) mainc (asennau meinciau). **~-seat** *n. Aut:* sedd lydan (seddau llydain) *f*, sedd ar draws. **~-shears** *n.* g|ilotin (gilotinau) (*m*) mainc. **~-show** *n.* sioe(-au) (*f*) arddangos. **~-stop** *n. Carp:* rhagod(-ion) *m*. **~-test** *n. Mec.E:* prawf (profion) (*m*) mainc, prawf ar fainc. **~-tools** *n.pl.* offer mainc. **~ warrant** *n. Jur:* gwarant(-au) (*m*) barnwr, gwarant o'r fainc.

bench² *v.t.* 1. **to ~ a dog,** arddangos ci [mewn sioe]. 2. *Const:* **to ~ out the ground,** parat|oi'r sylfeini. 3. *Sp: U.S:* **to ~ a player,** tynnu chwaraewr o'r cae.

bencher *n.* meinciwr (meincwyr) *m*; *Jur:* **Benchers of the Inns of Court,** Meincwyr Neuaddau'r Frawdlys, Meincwyr Ysbytai'r Frawdlys. **back-~,** meinciwr ôl, aelod(-au) (*m*) mainc gefn/ôl, aelod cyffredin; *S.a.* **back¹. cross-~,** croesfeinciwr (croesfeincwyr) *m*; **front-~,** meinciwr blaen; *S.a.* **front¹.**

benchwork *n.* gwaith (*m*) mainc, meincwaith *m*.

bend¹ *n. Nau:* cwlwm (c[y]lymau) *m*; **fisherman's ~,** cwlwm pysgotwr, cwlwm angor; **sheet-~,** cwlwm hwylraff.

bend² *n. Her:* bend(-au) *m*; **~ sinister,** bend aswy, bend o chwith.

bend³ *n.* 1. *(a)* *(of body, in pipe &c)*: plyg (plygion) *m*, plygiad(-au) *m*; *occ:* plygiant (plygiannau) *m*; *Tchn: occ:* camedd(-au) *m*; *Gym:* **forward ~,** plyg ymlaen; **backward ~,** plyg yn ôl; **full knees ~,** gliniau'n blyg i'r eithaf; **half knees ~,** gliniau'n blyg i'r hanner; *(b)* *(in road, river)*: tro(-adau) *m*, troad(-au) *m*, trofa (trofâu, trof|eydd) *f*; *(in river)*: dolen(-nau) *f*, ystum(-iau) *mf*; **to take a ~,** troi cornel (*f*), mynd rownd tro; *S.a.* **hairpin**; *P.N:* **bends for three miles,** troadau am dair milltir; *Mec.E:* **expansion ~,** plygiant *m*; **U-bend,** *(i) Plumb:* peipen (*f*) bedol (peipiau pedol), peipen U, pibell (*f*) bedol (pibellau pedol), pibell U; *(ii) Aut:* *(on road)*: tro(-eon) (*m*) pedol, tro U; **arms ~,** beichiau'n blyg; **~ of the foot,** *(= instep)*: camedd (*m*) y troed; **the ~ of the knees,** camedd y gar; *P:* **to go round the ~,** drysu, hurtio, colli'ch pwyll, mynd o'ch cof, colli arni, mynd yn wallgof; **he's round the ~,** *(= mad)*: mae'n drysu; 'dyw e ddim yn llawn llathen; 'dyw e ddim hanner call; *N.W:* mae o'n eu cael nhw; **to drive s.o. round the ~,** gwylltio rhn, gyrru rhn yn wallgof, *S: F:* hala rhn yn benwan/grac; *F:* **to go on the ~,** mynd ar sbri, mynd ar y criws, *S: occ:* mynd am derm. 2. *Med: F:* **the bends,** parlys (*m*) môr.

bend⁴ *v.t.&i.* 1. plygu; **to ~ the rules,** plygu'r rheolau, gwyrdr|oi'r rheolau; **to ~ over backwards,** plygu wysg eich cefn, *Fig:*

gwn|eud eich gorau glas; ~ **down,** plygu drosodd, gwyro ymlaen; **the tree was bent down by the weight of the fruit,** 'roedd y goeden yn plygu dan bwysau'r ffrwythau; 'roedd y goeden yn pyngad gan ffrwythau; **to ~ one's head over a book,** plygu pen dros lyfr, pengrymu (*pronounced* ng-g) uwchben llyfr; **to ~ to s.o.'s will,** plygu i ewyllys rhn, ildio/ymostwng/ufuddh|au i rn; **better ~ than break,** gwell plygu na thorri; gwell y wialen a blygo nag a dorro; **the road bends to the right,** mae'r ffordd yn troi/gwyro i'r dde; **to ~** *(= stoop)* **beneath a burden,** crymu dan faich, bod yn eich cwman dan faich; **to ~ beneath the weight of sth,** plygu/ysigo dan bwysau rhth; **to ~ the knee,** plygu glin; *F:* **to ~ the elbow,** codi'r bys bach, llymeitian, yfed ei hochor hi, potio, slotian; *F:* **(to catch s.o.) bending,** (dal rhn) heb yn wybod iddo, yn ddiarwybod, ar awr wan, yn ei wendid, ar y gamfa, ar ei anfantais; *F:* **to ~ s.o.'s ear about sth,** ei dweud hi wrth rn am rth. **2.** *(a) v.t.* **to ~ sth out of shape,** plygu/ystumio/camu rhth; *(b) v.i.* **to ~ under a strain,** *(of wood, iron &c):* ysigo/plygu/camu dan straen. **3.** *(= tauten):* tynh|au. **4.** *(= direct): (a)* **to ~ one's steps towards a place,** cyfeirio'ch camau tuag at le, ymlwybro i le; *(b) Lit:* **to ~ one's gaze on sth,** syllu/craffu ar rth, cyfeirio'ch golygon at rth. **5.** *Nau: (= tie):* clymu (rhth i rth); rhoi (rhth) yn sownd (yn rhth); **~ back** *v.t.* **1.** plygu (rhth) yn ôl. **2.** *(= reflect):* adlewyrchu.

bended *a. Lit:* **on ~ knee, on one's ~ knees,** ar eich gliniau, ar eich deulin.

bender *n.* **1.** *(pers.): Metalw: &c:* plygwr (plygwyr) *m.* **2.** *Mec.E:* plygydd(-ion) *m.* **3.** *U.S: P:* **(to go) on a ~,** *F:* (mynd) ar y cwrw, ar y criws, am sesiwn fawr, ar sbri, am noson fawr, ar eich term.

bending *vn. & n.* **1.** *vn.* = **bend².** **2.** *n.* plygiant (plygiannau) *m.* **~ moment** *n.* symudiad (*m*) plygu. **~ strength** *n. Mec:* cryfder (*m*) plygu.

bendy *a.* **1.** *(= pliable):* ystwyth, hyblyg, plygadwy; **~ toy** *n.* dol (*f*) blygu (doliau plygu); **~ bus,** bŷs (bysus) cymalog. **2.** *(= winding):* troellog, trof|aus. **3.** *Her:* bendi, bendiog.

beneath ***adv. & prep.*** **1.** *adv.* oddi tanodd, isl|aw, isod, *Lit: occ:* obry; **from ~,** oddi tanodd, oddi isod, oddi waered. **2.** *prep.* tan, dan, oddi tan *(See below for pronominal forms),* islaw, *Lit: occ:* is (rhth), y tu isaf (i rth) yr ochr isaf (i rth); **it is ~ him to complain,** mae'n rhy falch i gwyno; mae cwyno islaw ei urddas; nid yw'n ymostwng i gwyno; **he is ~ contempt,** mae'n rhy wrthun i'w grybwyll; *S.a.* **marry².**

Benedict *Pr.n.m.* Bened.

Benedictine *a. & n. Ecc:* **1.** *a.* Benedictaidd. **2.** *n.* Benedictiad (Benedictiaid) *m.*

benedictine² *n. (liqueur):* benedictin *m.*

benediction *n.* bendith(-ion,-iau) *f*; *(action):* bendithiad(-au) *m,* bendithio *vn*; *(= at meals):* y fendith, gras (*m*) bwyd.

benedictory *a.* bendithiol.

benefaction *n.* **1.** *(= good deed):* cymwynas(-au) *f.* **2.** *(= a gift):* anrheg(-ion) *f,* rhodd(-ion) *f.*

benefactor *n.* cymwynaswr (cymwynaswyr) *m.*

benefactress *n.* cymwyn|aswraig (cymwynaswragedd) *f.*

benefic *a.* llesol.

benefice¹ *n. Ecc:* bywoliaeth(-au) *f.*

benefice² *v.t.* **to ~ s.o.,** rhoi bywoliaeth i rn.

beneficed *a. Ecc:* **~ clergyman,** clerigwr mewn bywoliaeth, clerigwr a chanddo fywoliaeth.

beneficence *n.* cymwynasgarwch *m,* haelioni *m,* caredigrwydd *m.*

beneficent *a.* **1.** *(= kind):* cymwynasgar, caredig, hael, daionus. **2.** er lles, er daioni; *S.a.* **beneficial¹**

beneficently *adv.* **1.** yn gymwynasgar *&c.* **2.** yn llesol *&c.*

beneficial *a.* **1.** buddiol, llesol, sy'n gwn|eud lles, manteisiol. **2.** *Jur: (owner, occupant, interest):* llesiannol.

beneficially *adv.* yn fuddiol *&c*; er lles, er daioni, er y gorau.

beneficiary *a. & n.* **1.** *a.* = **feudatory.** **2.** *n. (a) Jur:* buddiolwr (buddiolwyr) *m,* cymyndderbyniwr: cymyndderbynnydd (cymyndderbynwyr) *m*; **the only ~ of this deed was X,** X oedd yr unig un ar ei fantais o'r weithred hon; *(b) Ecc:* deiliad (*m*) bywoliaeth (deiliaid bywoliaethau), person(-iaid) *m.*

benefit¹ *n.* **1.** budd(-ion,-iau) *m,* elw(-au) *m,* lles *m,* daioni *m*; **to derive/reap ~ from sth,** manteisio ar rth, elwa ar rth, cael elw/budd o rth, bod ar eich ennill o rth; *Jur:* **~ of the doubt,** mantais yr amheuaeth; **~ of clergy,** braint (*f*) clerigwyr; *F:* **this will confer a ~ on many,** bydd hyn yn fendith i lawer. **2.** *Adm:* budd-dâl (~-daliadau) *m,* b|udd-dal (~-daliadau); **invalidity ~,** budd-dâl anabledd; **maternity ~,** budd-dâl mamolaeth; **medical ~,** budd-dâl meddygol; **retirement ~,** budd-dâl ymddeol; **selective ~,** budd-dâl dethol; **sickness ~,** budd-dâl salwch/gwaeledd; **supplementary ~,** budd-dâl atodol; **unemployment ~,** budd-dâl diweithdra; **uniform ~,** budd-dâl unffurf; **universal ~,** budd-dâl cyffredinol. **~-club, ~ society** *n.* clwb (clybiau) (*m*) claf/cleifion, clwb lles. **~ concert** *n.* budd-gyngerdd (~-gyngherddau) *mf.* **~-cost ratio** *n.* cymhareb (cymarebau) (*f*) budd-cost. **~ performance** *n. Th:* budd-berfformiad(-au) *m.* **~ year** *n. Adm:* blwyddyn (blynyddoedd) (*f*) derbyn budd.

benefit² *v.t.&i.* **1.** *v.t.* gwn|eud lles, bod o fudd, bod o les, bod o fantais (i rn); *Lit: occ:* llesáu, llesh|au, llesu (rhn). **2.** *v.i.* **to ~ by/from sth,** manteisio/elwa oherwydd rhth, bod ar eich elw/ennill oherwydd rhth, cael mantais/elw/budd o rth; **you would ~ by exercise,** fe wnâi ymarfer les ichi.

benefitter *n.* manteisiwr (manteiswyr) *m* **(from sth,** ar rth), un (rhai) sy'n elwa (ar rth).

Benelux *Pr.n. Pol:* B|enelwcs *f.*

Benet *n. R.C.Ch:* Benediad (Benediaid) *m.*

benevolence *n.* **1.** *(= goodwill):* rhadlonrwydd *m,* caredigrwydd *m,* cymwynasgarwch *m,* ewyllys da *m,* ewyllysgarwch *m,* haelioni *m.* **2.** *(= kind act):* cymwynas(-au) *f* **(to s.o.,** â rhn); *(= gift):* rhodd(-ion) *f.* **3.** *Hist: (= forced loan):* benthyciad(-au) gorfodol *m,* rhodd(-ion) *m* [dan orfod]; **~ tax** *n.* treth wirfoddol (trethi gwirfoddol) *f.*

benevolent *a.* **1.** *(= kindly):* rhadlon, caredig, cymwynasgar, haelfrydig, haelionus, ewyllysgar, llawn ewyllys da, *N: F:* clên **(to s.o.,** wrth rn); **~ despot,** unben(-iaid) tadol/goleuedig *m*; **to be ~ to s.o.,** gwn|eud cymwynas â rhn, bod yn garedig wrth rn. **2.** *(charitable):* elusengar (*pronounced* ng-g). **~ fund** *n.* cronfa (*f*) les (cronf|eydd lles). **~ society** *n.* cymdeithas fuddiannol (cymdeithasau buddiannol) *f.*

benevolently *adv.* yn rhadlon *&c.*

benevolentness *n.* = **benevolence 1, 2.**

Bengal *Pr.n. Geog:* Bengâl *f* (*pronounced* ng-g). **~ light** *n.* tân gwyllt *m,* tân glas, tân Bengâl.

Bengali *a. & n.* **1.** a. Bengalaidd (*pronounced* ng-g); *(in language):* Bengaleg; **she's ~,** Bengaliad yw hi; un o Fengâl yw hi. **2.** *n. (a)* Bengaliad (Bengaliaid) *m&f*; *(b) Ling:* Bengaleg *f, m.*

bengaline *n. Tex:* b|engalin *m* (*pronounced* ng-g).

benighted *a.* **1.** a ddaliwyd/oddiweddwyd gan y nos, mewn tywyllwch. **2.** = **ignorant.**

benightedly *adv.* yn anwybodus.

benign *a. (a)* mwyn(-ion), rhadlon, hynaws, tirion, tyner, addfwyn, hawddgar, *Lit:* llarïaidd, llariaidd; *(climate):* mwyn, tyner; *(b) Med:* diniwed.

benignancy *n.* = **benignity.**

benignant *a.* = **benign** *(a).*

benignantly *adv.* = **benignly.**

benignity *n.* **1.** *(= kindness):* rhadlonrwydd *m,* rhadlondeb *m,* caredigrwydd *m,* mwynder *m,* tiriondeb *m.* **2.** *(of climate):* mwynder, tiriondeb.

benignly *adv.* yn fwyn *&c.*

benison *n. A: or Lit:* bendith(-ion) *f.*

Benjamin¹ *Pr.n.m.* B|enjamin, *F:* Benja; **the ~ of the family,** y cyw melyn olaf *m,* tin (*m*) y nyth.

benjamin² *n. Bot:* perlwyn(-i) *m,* perystor *m,* benswyn *m,* benwydden (benwydd) *f.*

benne *n.* = **sesame.**

bennet *n. Bot:* **herb ~,** = **avens (wood).**

benni *n.* = **benne.**

bent¹ *n.* tuedd *f,* tueddiad *m,* gogwydd *m,* tueddfryd *m,* tyniad *m,* *N.W: occ:* asgen *f* **(for sth,** at rth); greddf *f*; **to have a ~ towards sth,** tueddu at rth, gogwyddo at rth, *Lit:* tueddbennu at rth; **to follow one's ~,** dilyn eich greddf; **to the top of one's ~,** hyd at fodd eich calon.

bent² *a.* **1.** *(a) (= stooping):* cefngrwm (*f.* cefngrom, *pl.* cefngrymion) (*pronounced* ng-g), yn eich cwman, *occ:* plygedig; *(back):* crwm (*f.* crom, *pl.* crymion); *(b) (= crooked):* cam (ceimion), *occ:* crwca, ystumiedig, plygedig; **to become ~,** plygu; *(of man):* crymu, cwmanu, mynd i'ch cwman, magu gwar; *(of rod, spring):* camu; **~ as a banana,** cam fel piso mochyn. **2.** *(= determined):* penderfynol **(on sth,** o rth);

he is ~ on seeing me, mae'n benderfynol o'm gweld; mae'n mynnu fy ngweld; **he's ~ on gain,** mae'n un bachog/garw/esgud am arian; **they were ~ on destruction,** yr oeddent â'u bryd ar ddinistrio; yr oeddynt yn benderfynol o greu dinistr. **3. homeward ~,** ar eich ffordd adref. **4.** *F:* = **dishonest, homosexual, perverted.**

bent³ ~-grass *n. Bot: (Agrostis):* cawnen (cawn) *f*, maeswellt *m*; **black ~-grass,** *(A. vulgaris):* maeswellt mawr; **bristle ~-grass,** *(A. setacea):* maeswellt gwrychog; **brown ~-grass,** *(A. canina):* maeswellt y cŵn, cawnen goch; **common ~-grass,** *(A. tenuis):* maeswellt cyffredin, maeswellt adfain, cawnen benddu, cawn pensidan; **creeping ~-grass,** *(A. stolonifera):* maeswellt gwyn/rhedegog; **giant ~-grass,** *(A. gigantea):* maeswellt mawr; **loose silky ~,** *(Apera spica-venti):* maeswellt sidanaidd; **dense silky ~,** *(Apera interrupta):* maeswellt sidanaidd trwchus.

benthal *a.* = **benthic.**

Benthamism *n.* Benthamiaeth *f.*

Benthamite *n.* Benthamiad (Benthamiaid) *m&f.*

benthic *a.* dyfnforol, dyfnderol, benthig.

benthon *n.* **1.** *(= bottom of lake, ocean):* gwaelod(-ion) *m*, eigion(-au) *m.* **2.** *(creatures, plants):* gwaelodfilod *pl*, eigionfilod *pl*, benthos *m.*

benthonic *a.* = **benthic.**

benthos *n.* = **benthon.**

bentonite *n.* b|entonit *m.*

bentonitic *a.* bentonitig.

bentwood *n. Carp:* pren plyg *m.*

benumb *v.t.* gwn|eud (rhth) yn ddideimlad; fferru, marweiddio, merwino, *N.W: occ:* cyffio (rhth); *(= paralyse):* parlysu.

benumbed *a.* fferllyd, merwin, dideimlad.

benzaldehyde *n. Ch:* bens|aldehyd *m.*

benzanthracene *n. Ch:* bensanthrasen *m.*

benzedrine *n. R.t.m:* b|ensedrin *m.*

benzene *n. Ch:* bensen *m.* **~ ring** *n.* cylch(-au,-oedd) *(m)* bensen.

benzenoid *a. Ch:* bensenaidd.

benzidine *n. Ch:* b|ensidin *m.*

benzimidazole *n. Ch:* bensimidasol *m.*

benzine *n. Ch:* bensin *m.*

benzoate *n. Ch:* bensoad(-au) *m.*

benzocaine *n. Pharm:* b|ensocen *m.*

benzofuran *n.* bensoffiwran *m.*

benzoic *a. Ch:* bensoaidd, bensöig.

benzoin *n.* **[gum] ~,** bensoin *m.*

benzol[e] *n. Ch:* bensol *m.*

benzoline *n. Ch:* b|ensolin *m*, bensen *m.*

benzophenone *n. Ch:* bensoffenon *m.*

benzopyrene *n. Ch:* bensopyren *m.*

benzoyl *n. Ch:* bensoil *m.*

benzpyrene *n.* = **benzopyrene.**

benzyl *n. Ch:* bensyl *m.*

benzylic *a. Ch:* bensylig.

beplaster *v.t.* plastro.

bequeath *v.t. Jur:* **to ~ sth to s.o.,** gadael rhth i rhn [mewn ewyllys], cymynnu/cymynroddi rhth i rn, gwaddoli rhn â rhth; **(ideas) bequeathed to us (by the 19th century),** (syniadau) a drosglwyddwyd/waddolwyd inni, a etifeddasom (gan y 19eg ganrif).

bequeathal *a.* cymynroddiad(-au) *m*, cymynrodd(-ion) *f*, cymyniad(-au) *m.*

bequest *n. Jur:* cymynrodd(-ion) *f*; *(in museum &c):* rhodd(-ion) *f.*

berate *v.t.* = **scold².**

Berber *a. & n.* **1.** *a.* Berberaidd; *(in language):* Berbereg. **2.** *n. (a) Ethn:* Berber(-iaid) *m&f*; *(b) Ling:* Berbereg *f, m.*

berberine *n.* b|erberin *m.*

berberis *n. Bot:* = **barberry.**

berceuse *n. Mus:* hwiangerdd(-i) *f* *(pronounced* ng-g), *berceuse(-s) f.*

bereave *v.t.* **1. to ~ s.o. of sth,** amddifadu rhn o rth; **indignation had bereft him of speech,** ni allai siarad gan ddicter. **2. an accident bereaved him of his father,** collodd ei dad mewn damwain; amddifadwyd ef o'i dad mewn damwain.

bereaved *a. & n.pl.* **1.** *a.* amddifad, galarus, profedigaethus. **2.** *n.pl.* galarwyr, teulu*(m)*'r ymadawedig.

bereavement *n.* galar(-au) *m*, profedigaeth(-au) *f*, gloes *f.*

bereft *a.* amddifad **(of sth,** o rth), *occ:* gweddw.

Berenice *Pr.n.f.* Bernis. **~'s Hair** *n. Astr:* Gwallt *(m)* Bernis.

beret *n.* beret(-s,-i) *m*, capan(-au) *m.*

berg *n. U.S:* = **iceberg.**

bergamasque *n. Mus:* b|ergamasg (bergamasgau) *f.*

bergamot *n. Bot: (orange, lemon, pear):* b|ergamot (bergamotau) *m.* **~ mint** *n. Bot: (a) (Mentha citrata):* mint lemonaidd *m*; *(b) (= M. aquatica):* mint *(m)* y dŵr.

bergander *n. Orn:* llwynogwydd(-au) *f.*

bergschrund *n. Geol: Mount:* hollt(-au) *f*, agen(-nau) *f*, ***bergschrund*** *m.*

Bergsonian *a. & n. Phil:* **1.** *a.* Bergsonaidd. **2.** *n.* Bergsoniad (Bergsoniaid) *m&f.*

Bergsonism *n. Phil:* Bergsoniaeth *f.*

bergwind *n. Geog:* bergwynt(-oedd) *m.*

bergylt *n. Ich:* hadog(-iaid) *(m)* Norwy.

beribboned *a.* rhubanog.

beriberi *n. Med:* beriberi *m.*

Berkeleian *a. & n. Phil:* **1.** *a.* Berkeleyaidd. **2.** *n.* Berkeleyad (Berkeleyaid) *m&f.*

Berkeleianism *n. Phil:* Berkeleyaeth *f.*

berkelium *n. Ch:* berceliwm: berkeliwm *m.*

Berlin¹ *Pl.n.* Berl|in *f.* **~ Airlift (the)** *n. Hist:* Awyrgludiad *(m)* Berlin. **~ black** *n.* blacin *(m)* haearn, fernais *(m)* haearn. **~ gloves** *n.pl. Cost:* menyg gwau. **~ iron** *n.* haearn *(m)* bwrw. **~ Wall (the)** *n.* Mur *(m)* Berlin, Wal *(f)* Berlin. **~ wool** *n. Tex:* edafedd *(m)* t|apestri.

berlin², berline *n. Veh:* berl|in (berlinau) *m.*

Berliner *n.* Berliniad (Berliniaid) *m&f.*

berm *n. Civ.E: (= path):* llwybr(-au) *m*, troedffordd (troedffyrdd) *f*; *(= ledge):* ysgafell(-au) *f*, cantel(-i) *m*; *Archeol:* godre(-on) *m.*

Bermuda *Pr.n. Geog:* **the ~ Islands, the Bermudas,** Ynysoedd *(pl)* Bermwda. **~ grass** *n. Bot:* glaswellt *(m)* Bermwda. **~ shorts** *n.pl. Cost:* trowsus(-au) *(m)* Bermwda.

Bermudan *a. & n.* **1.** *a.* Bermwdaidd; **the ~ landscape,** tirwedd Bermwda; **she's ~,** Bermwdiad yw hi; un o Fermwda yw hi. **2.** *n.* Bermwdiad (Bermwdiaid) *m&f.*

Bernardine *a. & n.* = **Cistercian.**

Bernicia *Pl.n. Hist:* Brynaich *f.*

Bernician *n. & attrib. Hist:* **1.** (rhai o Frynaich), **the Bernicians,** Y Brynaich. **2.** *attrib.* o Frynaich.

berried *a.* **1.** *Bot:* llawn aeron/mwyar, aeronog, mwyarog. **2.** *(fish):* wyog, llawn wyau.

Berriew *W.Pl.n.* Aberriw *mf.*

berry¹ *n.* **1.** *Bot:* mwyaren (mwyar) *f*, aeronen (aeron) *f.* **2.** *(in fish):* ŵy (wyau) *m*; **lobster in ~,** cimwch (cimychiaid) wyog *m.*

berry² *v.i.* **1.** *(of shrub):* hadu, dwyn aeron. **2.** *(= collect berries):* casglu mwyar/aeron, mwyara.

berserk *n. & a.* **1.** *n. (Norse warrior):* milwr gwyllt (milwyr gwylltion) *m.* **2.** *a.* **to go ~,** mynd yn wyllt, colli arnoch eich hun, *N:* cael [y] gwylt, myllio, *N.W: occ:* mynd fel yr arth wyllt o'r coed; *S.a.* **angry.**

Bersham *W.Pl.n.* Y Bers *m.*

berth¹ *n.* **1.** *Nau: (= space): (a)* lle(-oedd) *(m)* i symud; **to give a ship a wide ~,** osg|oi llong, rhoi digon o le i long; **to give s.o. a wide ~,** osgoi rhn, peidio â mynd ar gyfyl rhn, cadw hyd braich oddi wrth rn, mynd yn ddigon pell oddi wrth rn, sefyll draw rhag rhn *or* oddi wrth rn; *(b)* **[anchoring] ~,** angorfa (angorfe|ydd) *f*, angorle(-oedd) *m*, angoriad(-au) *m*, docfa (docfâu, docf|eydd) *f*; **a ship at ~,** llong wrth angorfa. **2.** *Nau: Rail: (= bed):* gwely(-au) *m.* **3.** *(= job):* swydd(-i) *f*, gwaith *m*, lle(-oedd) *m*; *F:* **to find a ~,** *N.W:* cael bachiad; *F:* **to find a soft ~,** cael lle braf, cael gwaith hawdd, dal y slac yn dyn[n].

berth² *v.t.&i.* **1.** *Nau:* angori. **2.** *(= to sleep):* cysgu.

berthage *n.* tâl (taliadau) *(m)* angori.

Berwick [upon Tweed] *Eng.Pl.n.* Caerferwig *f*, Berwig *f.*

beryl *n. Miner:* beryl(-au) *m.*

berylline *a.* berylaidd.

beryllium *n. Ch:* beryliwm *m.*

beseech *v.t. Lit:* **1.** deisyf, erfyn, ymbil, crefu, *S: occ:* ymhŵedd, *Lit: occ:* atolwg (ar rn) **(s.o. to do sth,** ar rn i wneud rhth, *Lit:* ar i rn wneud rhth). **2. to ~ s.o.'s pardon,** ymbil am faddeuant rhn.

beseeching *a.* erfyniol, erfyngar (*pronounced* ng-g), ymbilgar, llawn erfyniad.
beseechingly *adv.* yn erfyniol *&c.*
beseem *v.t.* *(impers.)*: *Lit:* gweddu, bod yn weddaidd, bod yn addas (i rn); **it would ill ~ me to go,** ni weddai imi fynd; ni wiw imi fynd.
beseeming *a.* gweddus, addas.
beset *v.t.* *Lit:* **1.** *Mil:* amgylchynu (rhn), gwarchae (ar rn), cau (am rn). **2.** *(of misfortunes)*: ymosod (ar rn); **~ with dangers,** yng nghanol peryglon, a pheryglon ar bob tu; **areas ~ by unemployment,** ardaloedd lle mae diweithdra'n rhemp.
besetting *a.* **~ sin,** pechod cyson *m*, pechod parod, temtasiwn cyson/gyson (temtasiynau cyson) *mf.*
beside *prep.* ger (rhth), gerll|aw (rhth), wrth (rth), *N:* wrth ymyl (rhth), yn ymyl (rhth), *S:* ar bwys (rhth); *with personal constructions as follows:* gerllaw: *sing.* **1.** ger fy llaw i, **2.** ger dy law di, **3.** *m.* ger ei law ef, *f.* ger ei llaw hi; *pl.* **1.** ger ein llaw ni, **2.** ger eich llaw chwi, **3.** ger eu llaw hwy; wrth ymyl: *sing.* **1.** wrth f'ymyl i, **2.** wrth d'ymyl di, **3.** *m.* wrth ei ymyl ef, *f.* wrth ei hymyl hi; *pl.* **1.** wrth ein hymyl ni, **2.** wrth eich ymyl chwi, **3.** wrth eu hymyl hwy; wrth: *sing.* **1.** wrthyf i, **2.** wrthyt ti, **3.** *m.* wrtho ef, *f.* wrthi hi; *pl.* **1.** wrthym ni, **2.** wrthych chwi, **3.** wrthynt hwy; ar bwys: *sing.* **1.** ar fy mhwys i, **2.** ar dy bwys di, **3.** *m.* ar ei bwys ef, *f.* ar ei phwys hi; *pl.* **1.** ar ein pwys ni, **2.** ar eich pwys chwi, **3.** ar eu pwys hwy; **~ the seaside,** ar lan y môr; **~ the fire,** o flaen y tân, wrth y tân, ar bwys y tân; *B:* **~ the still waters,** gerllaw y dyfroedd tawel; **there is no one to sit ~ him,** nid oes neb yn debyg iddo; mae ef heb ei ail; mae ef yn ddihafal/ddigymar/ddi-ail; **~ him, Gwenallt is the better poet,** o'i gymharu ag ef, Gwenallt yw'r bardd gorau. **2.** *(a)* **~ the question, ~ the point,** amherthnasol; *(b)* **to be ~ oneself,** *(= angry)*: bod o'ch cof, bod yn ynfyd [wallgof], bod yn benwan; *S.a.* **angry; she was ~ herself with joy,** 'roedd hi wrth ei bodd; 'roedd hi ar ben ei digon; 'roedd hi wedi gwirioni gan lawenydd; 'roedd hi wedi cael modd i fyw.
besides *adv. & prep.* **1.** *adv.* *(a)* yn ogystal, at hynny, ar ben hynny, yn ychwanegol; **nothing ~,** dim arall, dim rhagor; *(b)* **(it is too late), ~ (I'm tired),** (mae'n rhy hwyr), a beth bynnag, a pha un bynnag, p'un bynnag, p'run bynnag, *S: F:* 'ta beth, 'ta p'un [i], ('rwyf wedi blino). **2.** *prep.* hebl|aw (rhth); heblaw am + *soft mut.*; **others ~ him,** eraill heblaw [amdano] ef, eraill heb sôn amdano ef; **~ being wrong,** heblaw bod yn anghywir, yn ogystal â bod yn anghywir; **(we were four) ~ David,** (roeddem ni'n bedwar) heb gyfrif Dafydd, ar wahân i Dafydd; **who else ~?** pwy arall?
besiege *v.t.* gwarchae (ar rth).
besieged *a. & n.* **1.** *a.* dan warchae, gwarchaeëdig. **2.** *n.* **the ~,** y rhai dan warchae.
besieger *n.* gwarchaewr (gwarchaewyr) *m*, gwarchäwr (gwarchawyr) *m.*
beslaver *v.t.* = **slaver²**.
beslobber *v.t.* = **slobber²**.
besmear *v.t.* = **smear²**.
besmirch *v.t.* *O:* baeddu, pardduo, *Lit:* llychwino.
besom¹ *n.* **1.** *(= broom)*: ysgubell(-au) *f*, ysgub(-au) *f.* **2.** *(term of abuse for woman)*: hoeden gas (hoedennod cas) *f*, hen sguthan(-od) *f*, maeden(-nod) *f*, *N.E: occ:* hen ladi dost.
besom² *v.t.* ysgubo.
besot *v.t.* **1.** meddwi. **2.** = **infatuate**.
besotted *a.* **1.** = **drunk**. **2.** = **infatuated**.
besought *p.p.* *See* **beseech**.
bespatter *v.t.* difwyno, caglu, *N:* diblo, strempio, *S. W:* sbathru, *occ:* sgitan, sgotian; **bespattered with mud,** yn llaid i gyd, *N: occ:* yn drybola o fwd, yn chwdrel ulw, *S:* yn llacs i gyd.
bespeak *v.t.* **1.** *(= order)*: archebu, erchi, *F:* ordro; *(= reserve)*: cadw, neilltuo. **2.** *(= show)*: dangos, arwyddo; **his conversation bespeaks a man of wit,** dengys ei sgwrs ei fod yn ddyn ffraeth; mae'n un ffraeth yn ôl ei sgwrs. **3.** *Poet:* *(= address)*: annerch, cyfarch.
bespeckle *v.t.* britho, brychu, [y]smotio, *Lit:* tryfritho.
bespeckled *a.* brith (*f* braith, *pl.* brithion) **(with sth,** o rth).
bespectacled *a.* mewn sbectol, yn gwisgo sbectol, â sbectol, sbectolog.
bespoke *a.* **1.** *(a)* **~ garment,** gwisg wedi'i harchebu, gwisg ar archeb, gwisg wrth fesur; **2.** *(b)* **~ tailor,** teiliwr (*m*) wrth fesur.
besprinkle *v.t.* = **sprinkle²**.
Bess *Pr.n.f.* *F:* Bess, Bes[s]i, Beth, Bethan, Beti, Betsan, Betsi; *A:* **Brown ~,** dryll(-iau) hir *m*, mwsged(-i) *mf*; *Hist: F:* **Good Queen ~,** *A:* Sidanen; **in the days of Good Queen ~,** [yn y dyddiau gynt] pan oedd Bess yn teyrnasu.
Bessarabia *Pr.n.* *Geog:* Besarabia *f.*
Bessarabian *a. & n.* **1.** *a.* Besarabaidd. **2.** *n.* Besarabiad (Besarabiaid) *m&f.*
best¹ *a., n. & adv.* **1.** *(a)* *a. & n.* gorau (goreuon); **the ~ of all, the very ~,** *m.* y gorau un, y gorau oll, y gorau i gyd; *f.* yr orau un, yr orau oll, yr orau i gyd; *pl.* y goreuon oll *&c*; **~ man [at the wedding],** gwas (gweision) (*m*) priodas; **(we drank) of the ~,** (fe yfasom) o'r ddiod orau, o'r diodydd gorau; **we drank of his ~,** yfasom o'i ddiod orau; **in one's ~ clothes,** yn eich dillad gorau, yn eich dillad parch, yn eich dillad dydd Sul, yn eich brethyn dydd Sul, *S: F:* yn eich carpau gorau, yn eich pilyn gorau; **~ shoes,** esgidiau gorau, *S. W: occ:* esgidiau gras; **one's ~ girl,** eich cariad; **~ end of neck,** pen gorau'r gwddf; **(he can sing) with the ~,** (mae'n medru canu) gystal â neb, gyda'r goreuon; **it turned out for the ~ in the end,** 'roedd popeth o'r gorau yn y diwedd; **it's all for the ~,** dyna'r peth gorau; **to act for the ~,** gwn|eud yr hyn sy'n ymddangos orau; **to put one's ~ foot forward,** rhoi'r droed orau ymlaen; gwneud eich gorau glas; **the ~ of the matter, the ~ of it (is that...),** y peth gorau, y rhan orau o'r mater (yw fod...); **the ~ part of the way/year,** y rhan fwyaf/orau o'r ffordd/flwyddyn; **(to know) what is ~ (for s.o.),** (gwybod) beth sydd o les, beth sydd orau (i rn); **it would be ~ to ...; the ~ plan would be ...,** y peth gorau fyddai ...; y peth callaf fyddai ...; buasai'n well ...; gwell fyddai ...; **to do one's ~, to do the ~ one can,** gwneud eich gorau glas, gwneud y gorau a ellwch, *N. W: occ:* gwneud eich egni; **to do one's ~ for s.o.,** gwneud eich gorau glas dros rn *or* er mwyn rhn, *N. W: occ:* gwneud eich gorau tuag at rn; **I did my ~ to comfort her,** gwneuthum fy ngorau glas i'w chysuro; **she looked at her ~,** yr oedd hi ar ei gorau/harddaf; **to get/have the ~ of it, to get/have the ~ of the bargain, to come off ~,** dod allan ohoni ar eich ennill, cael y gorau o'r fargen; *S.a.* **beat²; to make the ~ of sth,** bodloni ar rth, bod yn fodlon ar rth, gwneud y gorau o rth, dygymod â rhth, gwneud yn fawr o rth; **to give s.o. ~,** ildio i rn, cydnabod bod rhn yn well; **to make the ~ of a bad job/bargain,** gwneud y gorau o'r hyn sydd gennych, gwneud y gorau o'r gwaethaf, *N. W: occ:* dal blawd wyneb; **at the ~ of times,** ar y gorau; *S.a.* **foot¹, next** I. **2, second; at [the] ~ it's a poor piece of work,** ar y gorau gwaith gwael yw; **to sell at ~,** gwerthu ar y pris gorau; *Com:* **~ before...,** ar ei orau cyn...; **(to do sth) to the ~ of one's ability,** (gwneud rhth) orau y gellwch, hyd eithaf eich gallu, *occ:* hynny fedr eich bywyd chi; **to the ~ of my belief,** am a wn i, hyd y gwn i, hyd y gallaf i gofio, hyd y cofiaf i, *S:* ar a wn i. **2.** *adv.* orau; *(a)* **she does it [the] ~,** hi sydd yn ei wneud orau; **(I comforted her) as ~ I could,** (cysurais hi) orau y gallwn i, hyd eithaf fy ngallu; **do it as ~ you can,** gwnewch ef orau y gellwch; **you had ~ go now,** gwell ichi fynd yn awr; **it is ~ ignored,** gwell ei anwybyddu; **you know ~,** chi a ŵyr orau; **do as you think ~,** gwnewch fel y tybiwch/gwelwch orau; **~ of all,** yn well na dim; *(b)* **the ~-dressed man,** y dyn mwyaf trwsiadus, y dyn wedi'i wisgo orau; **the ~-known book,** y llyfr mwyaf adnabyddus. **~-seller** *n.* **1.** *(book)*: *F:* ***best-seller(-s)*** *m*, y llyfr(-au) sy'n gwerthu orau, llyfr llwyddiannus, llyfr a mynd arno, llyfr a chip arno, *archwerthwr (archwerthwyr) *m*; **it's a ~-seller,** mae'n gwerthu fel pys/slecs; mae'n mynd fel dŵr; *N. W:* mae'n gwerthu fel fflamia; **the best-sellers,** y gwerthwyr gorau. **2.** *(author)*: awdur(-on) llwyddiannus *m.*
best² *v.t.* curo (rhn), gwn|eud yn well (na rhn), achub y blaen (ar rn), trechu (rhn); *See* **beat²; she can ~ him in swimming,** fe fedr hi nofio'n well/gynt nag ef; fe fedr hi ei guro/drechu ar nofio.
bestial *a.* bwystfilaidd, anifeilaidd.
bestiality *n.* **1.** bwystfil|eidd-dra *m*, bwystfileiddiwch *m.* **2.** *Jur:* bwbechni *m*, milgydiad *m*, milgydiaeth *f*, bwystfilgydiaeth *f.*
bestialize *v.t.* bwystfileiddio.
bestially *adv.* yn fwystfilaidd *&c.*
bestiary *a.* *Lit:* bwystawr (bwystoriau) *m.*
bestir *v.pr.* **to ~ oneself,** ystwyrian, ymystwyrian, ymysgwyd, *F:* styrio; **~ yourself,** *N: F:* styria dy goed (styriwch eich coed); styria hi; *S: F:* siapa hi (siapwch hi).
bestow *v.t.* *Lit:* cyflwyno, rhoi **(sth upon s.o.,** rhth i rn); **to ~ a**

medal on s.o., cyflwyno medal i rn, arwisgo rhn â medal; **to ~ one's affection on s.o.,** rhoi cariad/serch ar rn, ymserchu/ymhoffi yn rhn; **to ~ approval on sth,** rhoi sêl bendith ar rth.

bestowal *n.* cyflwyniad(-au) *m*, rhodd(-ion) *f*, rhoddiad(-au) *m*, anrheg(-ion) *f*.

bestraddle *v.t.* = **bestride.**

bestrew *v.t.* = **strew.**

bestrewn *a.* = **strewn.**

bestride *v.t.* **1.** *(a) (a horse):* eistedd ar gefn ceffyl, marchogaeth ceffyl; *(b) (= stand astride &c):* sefyll â'r coesau ar led, *N:* sefyll ar gamdda/gamfa led (dros rth); rhychwantu (rhth); *Lit:* **he doth ~ the narrow world,** y mae'n rhychwantu'r byd bach cul. **2.** *(a) (= stride over sth):* camu, brasgamu (dros rth); *(b) (= go on horseback):* mynd ar gefn ceffyl.

bet[1] *n.* bet(-iau) *f*, *Lit:* cyngwystl(-on,-au,-i) *mf*; **each way ~,** bet bob ffordd; **to make/lay a ~,** betio, dodi/rhoi/gosod bet, mentro arian (**on sth,** ar rth); **to take [up] a ~,** derbyn bet; **your best ~,** *(= course of action):* y peth gorau/callaf ichi.

bet[2] *v.t.* betio, mentro, *N:* dal, *S:* dala, *Lit:* cyngwystlo, chwarae hap; **I'll ~ a pound with you,** mi ddaliaf i bunt â thi; mi rof i bunt i lawr; mi fetia'/fentra' i bunt â thi; mi fetia' i ti bunt; **I ~ you can't do sth,** *N:* camp i ti wneud rhth; **to ~ ten to one that...,** betio deg i un fod...; **I ~ they've missed the train,** mi fentra'/fetia' i eu bod wedi colli'r trên; maen' nhw wedi colli'r trên, mi wranta'; *S.W:* dala' i eu bod nhw wedi colli'r trên; *S.E:* maen' nhw wedi colli'r trên, feginta; *F:* **you can ~ your life,** gellwch chi fentro'ch pen/bywyd; gellwch roi'ch pen i dorri; *F:* **you ~!** wrth gwrs! siŵr iawn [i chi]! siŵr [i] Dduw! gelli (gellwch) fentro! *S:* gwl|ei! **did you take the money? - you ~ I did,** (gymeraist ti'r arian)? - do siŵr, *S:* do gwlei! **I ~ you didn't,** mi fetia' i na wnest ti ddim; **(she agreed) - I ~ she did,** (fe gytunodd hi) - do siŵr! nid wy'n amau dim! nid wy'n synnu dim! *N: F:* do mi wn! do mwn! **to ~ one's bottom dollar, to ~ one's life,** mentro'ch bywyd/einioes, mentro'ch ceiniog olaf, rhoi'ch pen i dorri; **he ~ me I couldn't do it,** heriodd ef fi i'w wneud; **~ you (I will),** (mi wnaf) siŵr iawn, gelli (gellwch) fentro; **I'll ~ you anything you like,** mi fetia' i faint fynnoch chi; mi rown i fy mhen i dorri.

beta *n. & a. Gr.Alph:* beta *f.* **~-blocker** *n. Med:* beta-atalydd(-ion) *m.* **~ decay** *n.* dirywiad *(m)* beta, trawsffurfiad *(m)* beta. **~ particle** *n.* gronyn(-nau) *(m)* beta. **~ circuit** *n.* cylched(-au) *(m)* beta. **~ ray** *n.* pelydryn (pelydrau) *(m)* beta.

betaine *n. Bio-Ch:* betäin *m.*

betake *v.pr.* **to ~ oneself to a place,** mynd i rywle.

betatron *a. Ph:* b|etatron (betatronau) *m.*

bête noire *n.* casbeth(-au) *m*; *(pers.):* gelyn(-ion) *m*, archelyn(-ion) *m*, bwgan(-od) *m*.

betel *n.* betel *m.* **~ nut** *n.* cneuen *(f)* fetel (cnau betel), cneuen Areca.

Bethany *Pr.n. B.Hist:* Bethania *f.*

Bethel *n. F: (= chapel):* capel(-i) *m.*

bethink *v.pr.* **1. to ~ oneself of sth,** *(= bring to mind):* meddwl, cofio (am rth); dwyn (rhth) i gof. **2.** *(= resolve):* penderfynu.

bethought *v. See* **bethink.**

betide *v.i.&t. A: & Lit:* **1.** *v.i.* **whate'er ~,** beth bynnag a ddigwyddo, doed a ddelo. **2.** *v.t.* **woe ~ him,** *O:* gwae ef.

betimes *adv. Lit:* = **early** II.

betoken *v.t. Lit:* **1.** *(= signify):* arwyddo (rhth), bod yn arwydd (o rth), tystio (i rth). **2.** *(= presage):* argoeli.

betony *n. Bot:* **[wood] ~,** *(Stachys officinalis):* cribau *(pl)* San Ffraid, danhogen (dannog) *(f)* y coed, y feddyges lwyd *f*, llysiau *(pl)* dwyfog; **water ~,** *(Scrophularia aquatica):* gwrnerth *(m)* y dŵr, danhogen y dŵr, y benddu *f*.

betook *v. See* **betake.**

betray *v.t.* **1.** bradychu. **2. to ~ s.o. into error,** camarwain rhn, arwain rhn ar gyfeiliorn. **3.** *(= reveal):* dangos, datgelu, datguddio, *occ:* bradychu.

betrayal *n.* **1.** *(a) vn.* = **betray 1,** bradychiad(-au) *m*; *(b)* brad(-au) *m.* **2.** *(= revelation): (a) vn.* = **betray 3**; *(b)* datguddiad(-au) *m*, datgeliad(-au) *m*.

betrayer *n.* bradwr (bradwyr) *m*, bradychwr (bradychwyr) *m*, brad|ychwraig *f*.

betroth *v.t. A: Lit:* dyweddïo **(to s.o.,** â rhn, i rn).

betrothal *n.* dyweddïad (dyweddiadau) *m*, dyweddïo *vn*, dyweddi (dyweddïau) *f*.

betrothed *n.* dyweddi (dyweddïon, dyweddïau) *m&f*.

better[1] *a., n. & adv.* **1.** *a. & n.* gwell *(may precede or follow noun)*; *occ:* amgen, amgenach, rhagorach; *(of two things):* gorau (goreuon); **~ and ~,** gwellwell; *int.* **~ and ~!** gwell byth! **the ~ the day, the ~ the deed,** gorau bo'r diwrnod, gorau bo'r gwaith; **to get ~ and ~,** mynd/dod yn wellwell, gwella fwyfwy; **the ~ of the two,** y gorau o'r ddau; **he's far ~ than his brother,** mae'n llawer gwell na'i frawd; mae'n well o lawer na'i frawd; *F:* mae'n frenin i'w frawd; **the fewer the ~,** gorau po leiaf; **he's little ~ than a thief,** nid yw'n llawer gwell na lleidr; nid yw fawr gwell/amgen na lleidr; **she's no ~ than she should be,** mae hi'n ddigon llac ei moesau; **it's seen ~ days,** mae wedi gweld dyddiau gwell; **he's seen ~ days,** fe fu hi'n well arno; **against one's ~ judgement,** o'ch anfodd, yn anfoddog, yn groes i'r graen; *(at games):* **you are ~ than I,** *F:* 'rwyt ti'n fwy o giamstar na mi; **~ feelings,** cydwybod *f*; **my ~ half,** y wr|aig *(f)* acw; **for the ~ part of the day,** am y rhan fwyaf/orau o'r dydd, yn ystod y rhan fwyaf o'r dydd; *Prov:* **discretion is the ~ part of valour,** gwell mi giliais nag efe a laddwyd; iachaf ei groen, croen llwfrgi; **the respect due to your betters,** y parch dyledus i'ch gwell; **a ~-class area,** ardal ddethol; **a ~ class of people,** pobl fwy dethol; **I have ~ things to do,** mae gennyf amgenach/reitiach pethau i'w gwneud; *S.W:* mae gen i ddrutach gwaith i'w wneud; **I'd hoped for ~ things,** 'roeddwn wedi gobeithio am well; *Prov:* **~ late than never,** gwell rhywbryd na byth; gwell hwyr na hwyrach; *Prov:* **~ the devil you know than the devil you don't know,** gwell y drwg a wyddys na'r drwg na wyddys; *S.a.* **half 1, world 1. 2.** *a.* **that's ~!** dyna well! dyna welliant! **all the ~, so much the ~,** gorau oll, *occ:* gorau yn y byd; **he thinks ~ of her now,** mae ganddo fwy o feddwl ohoni yn awr; **to think ~ of/than [doing] sth,** ailfeddwl ynghylch rhth, ailystyried rhth, newid eich meddwl ynghylch rhth, pwyllo/ymbwyllo cyn gwneud rhth; **to marry for ~ or for worse,** priodi er gwell neu er gwaeth; **to do sth for ~ or for worse,** gwneud rhth doed a ddelo; **to get ~,** gwella; *(after illness):* gwella, *N: F:* mendio, *occ:* criwtio; **to make ~,** gwella; **I'll make it ~!** *(to crying child): N.W:* mi ro' i eli iti! **a change for the ~,** newid *(m)* er gwell, gwelliant (gwelliannau) *m*; **to get the ~ of s.o.,** *(i)* curo/trechu rhn, cael y gorau/trechaf ar rn, *N.E: occ:* cael masgl ar rn; *(ii) (= to cheat):* twyllo/gwneud rhn, *occ:* cafflo rhn; **his anger got the ~ of him,** aeth ei wylltineb yn drech nag ef; **(to be [all] the ~) for doing sth,** (teimlo'n well) ar ôl gwneud rhth, o wneud rhth; *S.a.* **all** I. **3; to go one ~ than s.o.,** mynd gam ymhellach na rhn, gwneud cynnig gwell na rhn; **it is ~ that it should be so; ~ so,** mae'n well ei bod hi felly; gwell ei bod felly; gorau oll mai felly y mae. **3.** *adv. (a)* yn well; *occ:* yn amgen, yn amgenach; **~ and ~,** yn wellwell, yn well ac yn well, yn well byth; **I know that ~ than you,** mi wn i hynny'n well na chi; **he should know ~,** dylai wybod yn well; dylai wybod gwell; **I can understand it all the ~ because...,** gallaf ei ddeall gymaint â hynny'n well oherwydd...; **you had ~ stay,** mae'n well ichi aros; gwell ichi aros; **you had ~ not stay,** mae'n well ichi beidio ag aros; **the ~ I know her, the more I like her,** po fwyaf yr wyf i'n dod i'w hadnabod, mwyaf yn y byd 'rwy'n ei hoffi; **~ off,** gwell eich byd, mwy cysurus, cyfoethocach; **I'm ~ off,** mae'n well arna' i; *S.a.* **late** II. **1;** *(b)* **~-dressed,** wedi'ch gwisgo'n well, mwy trwsiadus, gwell eich trwsiad; **~-known,** mwy adnabyddus/hysbys.

better[2] *v.t.&i.* **1.** *v.t.* gwella; *(a)* **your work was good, I hope you will ~ it,** 'roedd eich gwaith yn dda, gobeithio y byddwch yn gwn|eud yn well byth; **to ~ oneself,** gwella'ch cyflwr/stad, codi yn y byd, dod ymlaen yn y byd; *(b) (= surpass):* trechu, curo (rhn); gwneud yn well (na rhn). **2.** *v.i.* gwella, mynd/dod yn well.

better[3] *n.* betiwr (betwyr) *m.*

betterment *n.* **1.** gwelliant (gwelliannau) *m*, gwellhad *m*, gwella *vn.* **2.** *(= higher value):* cynnydd *(m)* mewn gwerth, gwerth uwch *m*.

betting *vn.* betio *&c*; **I'm not a ~ man,** nid wyf yn un am fetio; **the ~ ran high,** 'roedd cryn fetio; fe fetiwyd cryn arian; **what's the ~?** *(= likelihood):* pa faint fentrwch/fetiwch chi? pa faint o fet? **~-shop** *n.* siop *(f)* fetio (siopau betio).

Bettisfield *W.Pl.n.* Llys *(m)* Bedydd.

bettong *n. Z:* betong(-iaid) *m.*

betulaceous *a. Bot:* bedwennaidd.

between *prep. adv. & n.* **1.** *prep.* rhwng, *with pronominal forms: sing.* **1.** rhyngof i, **2.** rhyngot ti, **3.** *m.* rhyngddo ef, *f.* rhyngddi hi; *pl.* **1.** rhyngom ni, **2.** rhyngoch chwi, **3.** rhyngddynt hwy; *F: S.W:* rhwnt, rhint, *Lit:* cydrh|wng; *(the* dd *of the pronominal forms of* rhwng *is frequently pronounced as* th*)*; *S.a.* **among; ~ two fields,** rhwng dau gae; **~ you, me and the gatepost/doorpost/bedpost,** rhyngot ti a mi a'r pared/wal, a siarad yn [hollol] gyfrinachol; **you must choose ~ them,** rhaid iti ddewis rhyngddynt; **to read ~ the lines,** darllen rhwng y llinellau; *Th:* **~ the acts,** rhwng yr actau; **there is no love lost ~ them,** 'does fawr o Gymraeg rhyngddynt; *occ:* nid oes dim ond y fet rhyngddynt; *S.a.* **devil[1] 1, fire[1] 4, stool[1] 1; from ~ sth,** oddi rhwng rhth, o blith rhth; **~ ourselves,** rhyngot ti (rhyngoch chi) a mi/minnau; **there isn't much choice ~ them,** 'does fawr o ddewis rhyngddynt; **we bought it ~ us,** fe'i prynasom rhyngom. **2.** *adv.* yn y canol, i'r canol; **(he separated them by rushing) ~,** (fe'u gwahanodd drwy ruthro) rhyngddynt, i'w plith, i'w canol; **they are few and far ~,** maent yn brin iawn; *S.a.* **far-between, go-between. ~-decks** *Nau:* **1.** *adv.* rhwng deulawr, rhwng y deciau/byrddau. **2.** *n.* tanfwrdd (tanfyrddau) *m.* **~-maid** *n.* morwyn ganol (mor[w]ynion canol) *f.* **~-season** *n.* ysbaid (ysbeidiau) *(f)* rhwng dau dymor, cyfnod(-au) *(m)* rhwng dau dymor, tymor (tymhorau) canol *m.* **~-season prices,** prisiau rhad/gostyngol. **~-time[s], ~ while[s]** *adv.* **1. in ~-time[s],** yn y cyfamser. **2.** *(= from time to time):* o bryd i'w gilydd, o dro i dro, 'nawr ac yn y man, 'nawr ac eilwaith, ambell dro, ambell waith.

betwixt *prep. & adv.* **1.** *prep.* rhwng *(for personal forms see* **between**), *Lit:* cydrh|wng; *Prov:* **there's many a slip ~ cup and lip,** mae aml drol yn troi cyn cyrraedd yr ardd; mae aml lwyth wedi troi yn y porth. **2.** *adv. F:* **~ and between,** rhwng y ddau, heb fod y naill beth na'r llall.

bevatron *n. Ph:* b|efatron (befatronau) *m.*

bevel[1] *n.* **1.** ongl(-au) *(f)* ar osgo, pefel (peflau) *m,* befel (beflau) *m, Lit: occ:* osgongl(-au) *f*; **sharpening ~,** pefel hogi/minio. **~ edge** *n.* ymyl(-on) *(mf)* pefel/befel. **~-edged chisel,** gaing *(f)* befel (geingiau befel), cŷn (cynion) *(m)* pefel. **~ gear** *n.* gêr *(m)* pefel. **~ joint** *n.* uniad(-au) peflog *m.* **~ rule, ~ square** *n.* sgwâr *(m)* pefel. **~ wheel** *n.* olwyn *(f)* befel (olwynion pefel), olwyn beflog (olwynion peflog) *f.*

bevel[2] *v.t.&i.* **1.** *v.t.* torri (rhth) ar osgo, peflu/pefelu (rhth). **2.** *v.i.* mynd ar osgo, peflu, pefelu.

bevelled *a.* peflog, beflog, ar osgo, ar oleddf.

beveller *n.* peflwr (peflwyr) *m.*

bevelling *vn. & n.* **1.** *vn.* = **bevel[2]**. **2.** *n.* pefliad(-au) *m,* pefel (peflau) *m,* befel (beflau) *m.*

beverage *n.* diod(-ydd) *f.*

bevy *n.* **1.** *(of birds):* haid (heidiau) *f, occ:* iares(-iau) *f*; *(of girls):* haid. **2.** *Ven: (of roe-deer):* gyr(-roedd) *m,* haid.

bewail *v.t. Lit:* galaru, cwynfan (dros rth).

bewailing *vn. & n.* = **bewail, wail[1],[2], wailing.**

beware *v.ind.t. & Poet: v.t.* gochel, gochelyd, gwylio, bod yn ofalus, *S:* gwachel, *N: F:* tendio **(of sth,** rhag rhth); **to ~ of s.o.,** amau/drwgdybio rhn, gochel/gwylio rhag rhn; *int:* **~!** gochel(-wch)! cymer(-wch) ofal! *S: F:* [g]wachla ([g]wachlwch)! **~ lest you fall,** gofalwch rhag ofn ichi gwympo; *N: F:* tendiwch chi syrthio; **you should ~ of flatterers,** dylech chi ochel rhag cynffonwyr; **~ of the dog,** *Lit:* gochelwch y ci; *N: F:* tendiwch y ci; **~ of pickpockets,** gocheler/gochelwch rhag lladron.

bewilder *v.t.* drysu, pensyfrdanu, penddaru (rhn); peri penbleth (i rn); *N:* mwydro, moedro (rhn).

bewildered *a.* dryslyd, ffwndrus, mewn dryswch, mewn penbleth, wedi'ch drysu; **he had a ~ look,** 'roedd golwg ddryslyd arno.

bewildering *a.* dryslyd, digon i'ch drysu, pensyfrdanol, penddarol.

bewilderingly *adv.* yn ddryslyd.

bewilderment *n.* dryswch *m,* penbleth *fm,* pensyfrdandod *m,* penddardod *m,* drysni *m.*

bewitch *v.t.* **1.** *(= put a spell on):* rheibio, witsio. **2.** *(= charm):* hudo, denu, hud-ddenu, llygad-dynnu, swyno, cyfareddu.

bewitched *a.* **1.** wedi'ch rheibio/witsio. **2.** dan gyfaredd; swynedig, swyn, hud.

bewitchingly *adv.* yn hudolus *&c.*

bewitchment *n.* = **enchantment.**

bey *n.* llywodraethwr (llywodraethwyr) *m.*

beylic *n.* talaith (taleithiau) *f.*

beyond *adv., prep. & n.* **1.** *adv.* [y] tu hwnt, [y] tu draw, ymhellach draw. **2.** *prep. (a)* y tu hwnt (i rth), y tu draw (i rth), heibio (i rth); **~ the pale,** *(i) Hist:* y tu hwnt i'r ffin; *(ii) Fig:* dan wahardd, yn esgymun, yn annerbyniol, wedi'ch esgymuno; **they are ~ the pale!** maen' nhw y tu hwnt! *S.a.* **reach[1] 2;** *(b)* **to stay ~ one's time,** aros yn rhy hir, aros dros eich amser; **~ a certain date,** ar ôl dyddiad arbennig; *(c) (= surpassing):* **~ all praise,** uwchl|aw pob clod, y tu hwnt/draw i bob clod; dihafal, digymar, di-ail; **to succeed ~ one's hopes,** cael eich siomi ar yr ochr orau, llwyddo'n well na'r disgwyl, llwyddo y tu hwnt i bob gobaith; **to go ~ one's authority,** camddefnyddio'ch awdurdod; **~ one's expectations,** gwell na'ch disgwyliad, y tu hwnt/draw i'ch disgwyliad; **(this work is) ~ me,** (mae'r gwaith hwn) yn drech na mi, y tu hwnt i mi, yn ormod i mi; **this book is ~ me,** ni allaf i ddeall y llyfr hwn; ni allaf wneud pen na chynffon o'r llyfr hwn; ni allaf wneud na rhych na rhawn o'r llyfr hwn; **it's ~ me (why she loves him),** ni wn i ddim, ni wela' i ddim (paham y mae hi'n ei garu); *S.a.* **control[1] 1, power 1; it's ~ argument,** mae'n ddi-ddadl; **~ doubt,** yn ddiamau, yn ddiamheuaeth, heb os nac oni bai, y tu hwnt i bob amheuaeth; **it's ~ doubt,** nid oes dim dwywaith; *S:* nid oes dim dau; **it's ~ belief,** mae'n anhygoel/anghredadwy; *S.a.* **measure[1] 3, question[1]. 2. that is [going] ~ a joke,** nid yw hynna'n ddigrif o gwbl; mae hynna'n warth o beth; dyna fynd yn rhy bell; dyna fynd dros ben llestri; *(= except):* **he has nothing ~ his wage,** nid oes ganddo ddim ond/heblaw ei gyflog; **3.** *n.* **the ~,** y byd *(m)* a ddaw, y tu draw/hwnt *(m)* i'r llen; *Fig: B:* ochr (f) draw'r Iorddonen; *F:* **at the back of ~,** ym mhen draw'r byd.

bezant *n. Num: Her:* besawnt (besawns) *m.*

bezel *n.* **1.** *Lap: Tls:* = **bevel[1]**. **2.** *Clockm:* cantel(-au) *m.*

bezique *n. Cards:* besîc *m.*

bezoar *n. Vet:* b|esoar (besoarau) *m.*

bhang *n. Bot:* cywarch *(m)* yr India.

bharal *n. Z:* bharal(-iaid) *m.*

Bhutan *Pr.n. Geog:* Bhwtan *f.*

Bhutani *a. & n.* **1.** *a.* Bhwtanaidd. **2.** *n.* Bhwtaniad (Bhwtaniaid) *m&f.*

bi- *comb.fm.* dau-, deu-, dwy-. **bi-bivalent** *a.* deudd|eufalent. **bi-dentate** *a. Nat.Hist:* deuddanheddog, deuddant. **bi-weekly** *a., adv. & n.* **1.** *(= fortnightly): (a) a.* pythefnosol, pob pythefnos; *(b) adv.* bob pythefnos. **2.** *(= twice weekly): (a) a.* dwywaith yr wythnos; *(b) adv.* ddwywaith yr wythnos. **3.** *n. Journ:* pythefnosolyn (pythefnosolion) *m.* **bi-yearly** *a. adv. & n.* **1.** *(= every two years): (a) a.* dwyflynyddol; *(b) adv.* bob dwy flynedd, bob yn ail flwyddyn. **2.** *(= twice a year): (a) a.* chwemisol, dwywaith y flwyddyn; *(b) adv.* bob chwemis, ddwywaith y flwyddyn, yn chwemisol.

Biafra *Pr.n. Geog:* Biaffra *f.*

Biafran *a. & n.* **1.** *a.* Biaffraidd; **the ~ war,** rhyfel Biaffra; **she's ~,** Biaffrad yw hi; un o Fiaffra yw hi. **2.** *n.* Biaffrad (Biaffraid) *m&f.*

biannual *a. & n.* **1.** *a.* hanner blynyddol, chwemisol. **2.** *n. Bot:* = **biennial 2.**

biannually *adv.* dwywaith/ddwywaith y flwyddyn, bob chwemis.

biannulate *a. Z:* dwyresog, dwyfodrwyog.

bias[1] *n.* **1.** *Needlew:* osgo *m,* bias(-au) *m*; **true ~,** gwir fias; **on the ~,** ar osgo, ar letraws. **2.** *Bowls: (a) (of the bowl):* ochr drom (ochrau trymion) *f,* gogwydd(-ion) *m*; *(b) (of track):* gogwyddiad(-au) *m,* osgo *m,* osgöedd *m.* **3.** *(a) (= prejudice):* rhagfarn(-au) *f*; *(b) (= inclination):* gogwydd(-ion) *m,* tuedd(-iadau) *f,* tueddiad(-au) *m,* tueddfryd *m.* **4.** *El: Ph:* bias(-au) *m*; **grid ~,** grid-bias *m.* **5.** *Lib:* **phase ~,** pwyslais *(m)* gwedd. **~ binding** *n.* rhwymiad(-au) *(m)* bias, beindin *(m)* bias. **~ extension** *n.* estyniad(-au) *(m)* bias. **~ facing** *n.* wynebyn *(m)* bias, ffesin *(m)* bias. **~ seams** *n.pl.* gwniadau/semau bias.

bias[2] *v.t.* **1.** *Bowls:* gogwyddo, goleddfu. **2.** *(= prejudice 2):* creu rhagfarn (yn rhn), tueddu (rhn) **(towards sth,** o blaid rhth, at rth). **3.** *Mth: Ph:* biasu.

biased *a.* **1.** rhagfarnllyd, unochrog, gwyrdueddol, unllygeidiog, pleidiol, partïol. **2.** *Ph:* biasedig.

biathlon *n.* biathlon(-au) *m.*

biauricular *a. Anat:* dwyglustennol.

biauriculate *a. Biol:* dwyglustiog.

biaxial *a. El: Cryst:* dwy echel, dwyechelinol.

bib[1] *n.* bib(-iau) *mf, Lit:* bronlliain (bronllieiniau) *m*; *F:* **in his best ~ and tucker,** yn ei ddillad gorau, yn ei ddillad parch.

bib[2] [pout] *n. Ich: (Gadus luscus):* codyn llwyd (cod llwydion) *m.*
bibasic *a. Ch:* deufasig.
bibber *n.* yfwr (yfwyr) *m,* |yfwraig *f.*
bibcock *n. Plumb:* bibdap(-iau) *m.*
bibelot *n.* cywreinbeth(-au) *m.*
Bible *n.* Beibl(-au) *m.* **~ Belt** *n.* Ardal (*f*) y Beibl. **~ Christians** *n.pl.* y Beibl Gristionogion. **~ class** *n.* dosbarth(-iadau) Beiblaidd *m.* **~ oath** *n.* llw(-on) (*f*) ar Feibl; **I'll take my ~ oath,** mi gymerwn fy llw ar y Beibl. **~ paper** *n.* papur (*m*) Beibl. **~ Society (the)** *Pr.n.* y Feibl Gymdeithas *f,* y Gymdeithas Feiblau, Cymdeithas y Beiblau; **the British and Foreign ~ Society** *Pr.n.* y Gymdeithas Feiblaidd Frytanaidd a Thramor. **~ thumper** *n.* dyrnwr (dyrnwyr) (*m*) y Beibl. **~ thumping** *vn.* dyrnu'r Beibl.
Biblical *a.* Beiblaidd.
Biblicist *n.* Beiblydd(-ion) *m.*
bibliofilm *n.* llyfrlun(-iau) *m.*
bibliographer *n.* llyfryddiaethwr (llyfryddiaethwyr) *m,* llyfryddwr (llyfryddwyr) *m,* llyfr|yddwraig *f.*
bibliographic[al] *a.* llyfryddiaethol, llyfryddol.
bibliography *n.* llyfryddiaeth(-au) *f;* **~ of bibliographies,** llyfryddiaeth o lyfryddiaethau.
bibliolater *n.* **1.** *(of books):* llyfr-addolwr (~-addolwyr) *m.* **2.** *(of Bible):* Beibl-addolwr (~-addolwyr) *m.*
bibliolatrous *a.* **1.** llyfr-addolgar. **2.** Beibl-addolgar.
bibliolatry *n.* **1.** llyfr-addoliaeth *f.* **2.** Beibl-addoliaeth *f.*
bibliomania *n.* llyfrgarwch *m,* llyfr-addoliaeth *f.*
bibliomaniac *n.* llyfr-addolwr (~-addolwyr) *m.*
bibliophile *n.* llyfrgarwr (llyfrgarwyr) *m,* llyfrg|arwraig *f,* llyfrbryf(-ed) *m.*
bibliopole *n.* llyfrwerthwr (llyfrwerthwyr) *m.*
bibliopoly *n.* gwerthu (*vn*) llyfrau.
bibliotheca *n. Lib:* bibliotheca (bibliothecâu) *m.*
bibliotherapy *n. Lib:* biblioth|erapi *m.*
biblist *n.* beiblydd(-ion) *m.*
bibulous *a. Lit:* diotgar, diotlyd.
bibulously *adv.* yn ddiotgar *&c.*
bibulousness *n.* diotgarwch.
bicameral *a.* dwysiambr, dwysiambraidd, deusiambraidd.
bicameralism *n.* dwysiambraeth *f.*
bicapsular *a.* dwygodennog.
bicarbide *n. Ch:* bicarbid(-au) *m.*
bicarbonate *n.* bic|arbonad (bicarbonadau) *m.* **~ of soda** *Cu:* soda (*m*) pobi; *Med:* bicarbonad soda *m, F:* c|abinet soda *m,* c|i|abi *m* [soda].
bicarburetted *a. Ch:* bicarbwredig.
bice *n. Dy: Ind:* bis *m,* lliw *m;* **green ~,** gwyrdd (*m*) cobalt, lliw (*m*) gwyrdd; **blue ~,** lliw glas, glas (*m*) cobalt.
bicellular *a.* dwygellog.
bicentenary, bicentennial *a. & n.* **1.** *a.* deucanmlynyddol, deucanmlwyddol, bob dwy ganrif. **2.** *n.* deucanmlwyddiant (deucanmlwyddiannau) *m.*
bicentric *a.* deuganolog, deugreiddiol.
bicentricity *n.* deuganologrwydd *m.*
bicephalous *a.* [â] dau ben, deuben.
biceps *n. Anat:* cyhyryn (cyhyrau) deuben *m;* **~ muscles,** cyhyrau deuben, *F:* bôn (*m*) braich.
bichloride *n. Ch:* biclorid(-au) *m.*
bichromate *n.* bicromad(-au) *m.*
bichromated *a.* bicromedig.
bichrome *a.* bicrom.
bicimal *a. & n. Mth:* **1.** *a.* deuol. **2.** *n.* deuolyn (deuolion) *m.*
bicipital *a.* deuben.
bick *n. Metalw: &c:* einion (*f*) big (einionau pig).
bicker *v.i.* **1.** cecru, ymgecru, ymdderu, cynhenna, ffraeo, cweryla, mân gweryla, *S.W:* cecran, bigitan. **2.** *Lit: (of streams):* sisial, murmur.
bickerer *n.* cecryn(-nod) *m,* cecrwr (cecrwyr) *m,* cecren(-nod) *f, Lit:* cynhennwr (cynhenwyr) *m.*
bickering[1] *a.* **1.** cecrus, ffraegar, *Lit:* cynhennus, cynhenllyd, ymrysongar (*pronounced* ng-g). **2.** *O: (of stream):* sisialog, murmuraidd.
bickering[2] *vn. & n.* **1.** *vn.* cecru *&c; See* **bicker. 2.** *n.* cynnen (cynhennau) *f,* ymrafael(-ion) *m,* cweryl(-on) *m,* ffrae(-on,-au) *f.*
bickern *n. See* **anvil.**
bicollateral *a.* deugyfraidd.
bicoloured *a. Bot:* deuliw.
biconcave *a.* deugafnog, deugeugrwm.
biconvex *a.* deugrwm, deuamgrwm.
bicorn, bicornicate *a.* deugorniog.
bicuspid *a. & n. Dent:* **1.** *a.* deubwynt. **2.** *n.* cilddant (cilddannedd) blaen *m.*
bicycle[1] *n.* beic(-iau,-s) *m, Lit: occ:* beisicl: beisigl(-au) *m.* **~-clip** *n.* clip(-iau) (*m*) beic. **~-rickshaw** *n.* beic-ricsio(-s) *m.* **~-track** *n.* lôn (*f*) feiciau (lonydd beiciau).
bicycle[2] *v.i.* mynd ar gefn beic, beicio, seiclo.
bid[1] *n.* cynnig (cynigion) *m, occ:* cynigiad(-au) *m;* **a ~ for power,** cais (ceisiadau) (*m*) am rym/awdurdod; *(at bridge):* galwad(-au) *f,* cynnig; **to raise the ~,** cynnig yn uwch, gwn|eud cynnig uwch; **no ~!** dim cynnig!
bid[2] *v.t.&i.* **1.** *O:* gorchymyn, erchi, peri (**s.o. to do sth,** i rn wneud rhth); dweud (wrth rn am wneud rhth); **~ him come in,** dywedwch wrtho am ddod i mewn; *Lit:* **do as you are ~,** gwnewch fel y dywedir wrthych; gwnewch fel y gorchmynnir ichi wneud. **2.** *O: (a)* **to ~ s.o. to dinner,** gwahodd rhn i ginio; *(b)* **to ~ s.o. welcome,** rhoi croeso i rn, croesawu rhn; **to ~ s.o. good day,** cyfarch gwell i rn, dweud dydd da wrth rn; **to ~ farewell to s.o.,** canu'n iach i rn, ffarwelio â rhn, dweud ffarwel wrth rn; *S.a.* **defiance;** *(c)* **the weather bids fair; the weather bids to be fine,** mae'r tywydd yn argoeli'n dda; mae hi'n addo tywydd braf; **she bids fair to do well,** mae pob argoel y gwnaiff hi'n dda. **3.** *(a) (at auction sale):* **to ~ for sth,** gwneud cynnig am rth, cynnig [pris] am rth, codi ar rth; **to ~ up the prices,** cynnig gwell prisiau; **the firm decided to ~ on the new bridge,** penderfynodd y cwmni gynnig pris am godi'r bont newydd; *(b) Cards:* **to ~ three diamonds,** cynnig tri deimwnt.
biddable *a.* **1.** ufudd. **2.** *Cards:* cynigiadwy, galwadwy.
bidden *a.* **a ~ guest,** gŵr (gwŷr) (*m*) gwadd, gwestai (gwesteion) *m.*
bidder *n.* **1.** cynigiwr (cynigwyr) *m,* cynigydd(-ion) *m.* **2.** *(to marriage &c):* gwahoddwr (gwahoddwyr) *m.*
bidding *n.* **1.** gorchymyn (gorchmynion) *m, Lit: occ:* arch (eirchion) *f,* archiad(-au) *m;* **to be at s.o.'s ~,** bod ar alwad rhn, *F:* bod yn was bach i rn, bod yn gi bach i rn; **to do s.o.'s ~,** gwneud fel y gorchmynnwyd ichwi gan rn, ufuddh|au i rn, *F:* bod yn was bach i rn, bod yn gi bach i rn. **2.** *O: (= invitation):* gwahoddiad(-au) *m.* **3.** *(at auction, bridge &c):* cynigion *pl;* **the ~ is closed,** dim rhagor o gynigion.
bide *v.t.&i.* **to ~ one's time,** aros eich cyfle.
bidet *n. Hyg:* ***bidet(-s)*** *m.*
biennale *n.* arddangosfa (arddangosf|eydd) eilflwydd *f.*
biennial *a. & n.* **1.** *a.* bob dwy flynedd, eilflwydd, dwyflynyddol; **~ plant,** planhigyn (planhigion) eilflwydd; **~ flower,** blodyn (blodau) eilflwydd. **2.** *Bot:* eilflwyddiad (eilflwyddiaid) *m.*
biennially *adv.* bob dwy flynedd, bob yn eilflwydd.
bier *n.* elor(-au) *f.*
biface *n.* deuwynebyn (deuwynebion) *m*
bifacial *a.* dauwynebog, deuwynebog.
biff[1] *n. P:* cnoc(-iadau) *fm,* dyrnod(-iau) *mf,* clusten(-ni,-nod) *f,* clewten(-nod) *f, N: occ:* clec *f,* tatsh(-is), tatsian (tatshis) *m,* laban *f,* cwrban *f,* clowten *f,* lempan *f,* waldan *f, S:* pompad(-au) *m,* posen *f,* coten *f.*
biff[2] *v.t. P:* taro, dyrnu, *N: occ:* tatshan, laban, colbio, waldio, dobio, *S:* wado, bwrw (rhn); rhoi pompad (i rn).
bifid *a. Bot:* deuholltog.
bifilar *a.* deuedafeddog; *Ph:* **~ suspension,** croglin (*f*) ddwbl (crogliniau dwbl).
biflagellate *a. Biol:* deufflangellog.
bifocal *a. & n.pl. Opt:* **1.** *a.* deuffocol, deuffocal. **2.** *n.pl.* **bifocals, ~ spectacles,** gwydrau deuffocol *pl,* sbectol ddeuffocol *f, F:* sbectol ddwy olwg.
bifoliate *a. Bot:* dwyddalen, dwyddalennog.
biforate *a.* deudyllog.
biform, biformed *a.* dwyffurf.
bifurcate[1] *a.* dwyfforchog, fforchog.
bifurcate[2] *v.t.&i.* **1.** *v.t.* hollti/rhannu (rhth) yn ddau/ddwy, fforchogi. **2.** *v.i.* hollti, ymhollti, fforchi'n ddau/ddwy, ymwahanu, ymfforchi, fforchogi.
bifurcated *a.* fforchog, dwyfforchog.
bifurcation *n.* **1.** *vn.* = **bifurcate[2]. 2.** fforchiad(-au) *m,* fforchogedd(-au) *m.*

big *a. & adv.* **1.** *a.* *(a)* mawr(-ion); **as ~,** cymaint; **bigger,** mwy; **biggest,** mwyaf; **the bigger of the two,** y mwyaf o'r ddau/ddwy; **the bigger the better,** gorau po fwyaf; **bigger and bigger,** mwyfwy; **to get/grow ~,** mynd/dod yn fawr/fwy; tyfu, prifio; **to get too ~ for one's boots/breeches,** mynd yn fwy na llond eich esgidiau, mynd yn fawreddog, mynd yn llanc mawr; **the B~ Three,** y Tri Mawr, y Tri Phwysig; **Mister ~,** y ceffyl blaen *m*, y pen-dyn *m*; **a ~ girl,** geneth fawr (genethod mawrion); *F:* pladres *f*, slasen *f*, clompen *f* [o ferch]; **a ~ man,** *(i) (physically):* dyn mawr; paladr *m*, palff *m* [o ddyn]; *(ii) (= important man):* gŵr mawr, dyn pwysig, dyn o bwys; **the ~ idea,** y bwriad *m*, y cynllun *m*; *int.* **what's the ~ idea?** beth yw ystyr peth fel hyn? beth ydi dy feddwl di? beth wyt ti'n feddwl wyt ti'n ei wneud? **he has ~ ideas,** mae'n anelu'n uchel; mae'n uchelgeisiol; mae am wneud [tŵr,] melin ac eglwys; mae ganddo fwriadau/gynlluniau mawr; **~ money,** arian mawr; **~ words,** *(= boastful words):* geiriau bostfawr; **~ talk,** brolio *vn*; **a pop star who is ~ in Paris,** seren bop ar y brig ym Mharis; **in a ~ way,** ar raddfa eang/helaeth, o ddifrif; **my ~ moment,** fy munud fawr; **that's ~ of you,** 'rwyt ti'n ('rydych chi'n) garedig/hael iawn; dyna hael/garedig; **~ brother,** brawd mawr/hŷn; **~ Brother is watching you,** mae'r Brawd Mawr yn dy wylio di; **~ sister,** chwaer fawr/hŷn; *(b)* **~ with child,** beichiog; *(of animal):* torrog, llawn, cyfeb; **~ with calf,** cyflo; **~ with foal,** cyfeb; **~ with lamb,** cyfoen; *(c) occ:* bras (breision); **a ~ drop,** *(of water &c):* dafn/defnyn bras; **a ~ hole,** *(in sieve &c):* twll bras *m*, clamp *(m)* o dwll; **a ~ letter,** llythyren fras (llythrennau breision) *f*; **a ~ lump/nugget,** *(of coal &c):* clap bras *m*; **~ print,** print bras *m*. **2.** *adv. F:* **to talk ~,** brolio, *N:* siarad ar eich cyfer, *S:* siarad yn eich cyfer; **to come/go over ~,** cael cryn effaith, cael effaith fawr; **to think ~,** anelu'n uchel, bod yn uchelgeisiol, meddwl ar raddfa fawr. **3.** *Agr:* **~ bale,** caseg *(f)* wair (cesyg gwair); *Astr:* **the B~ Bang,** y Glec Fawr *f*; *Hort:* **~ bud,** clefyd *(m)* y blagur mawr[-ion]; **~ bug = bigwig; ~ business,** byd *(m)* masnach; **~ chief/daddy, = bigwig; ~ deal** *int.* diolch bach! **~ dipper,** *(i)* **= switchback;** *(ii)* **= Great Bear;** *I.C.E:* **~ end,** pen mawr (pennau mawrion) *m*; **~ fish,** dyn(-ion) pwysig *m*; **~ game,** anifeiliaid mawr, helfilod mawr; **~ gun,** *(i)* gwn mawr (gynnau mawrion), *(ii)* **= bigwig; ~ house** *(i) (= manor):* plas(-au) *m*, plasty (plastai) *m*; *(ii)* **= prison; ~ name,** rhn enwog (enwogion) *m*, enwogyn (enwogion) *m*, enw(-au) mawr *m*, hoelen (hoelion) *(f)* wyth; **~ noise, ~ pot = bigwig; the B~ Smoke,** Llundain *f*; **~ stick policy,** cyfraith *(f)* y pastwn, polisi pastwn praff; **talk soft and carry a ~ stick,** bid arafaidd d'ateb, bid parod dy bastwn; **~ stiff,** llabwst mawr (llabystiaid mawrion) *m*; **~ time,** y brig *m*; **to hit the ~ time,** cyrraedd y brig; **a-~ time writer,** awdur tra llwyddiannus; **~ top,** pabell fawr (pebyll mawrion) *f*, prif babell (prif bebyll) *f*; *U.S:* **~ tree, = sequoia; ~ wheel,** *(i)* olwyn fawr (olwynion mawrion) *f*; *(ii)* **= bigwig. ~-bellied** *a.* boliog, *occ:* cestog; *(= pregnant):* torrog. **~-breasted** *a.* bronnog. **~ boned** *a.* ag esgyrn mawrion, cydnerth, esgyrnfawr. **~-bottomed** *a.* tinfawr, tindrwm *(f.* tindrom, *pl.* tindrymion). **big-head** *n. F:* dyn(-ion) mawreddog *m*, merch fawreddog (merched mawreddog) *f &c*, fi fawr *m*, llanc(-iau) *m*, llances(-au,-i) *f*, jarff(-od) *m*, jarffyn (jarffod) *m*, jarffen(-nod) *f*, jarffes(-au,-i) *f*, *S:* dyn(-ion) gwraidd, merch wraidd (merched gwraidd) *f*, ffrwmpyn *m*, ffrwmpen *f*, *N:* pen(-nau) bach *m*, *occ:* hen ddynyn garw *m*, hogsiad balch *m*; *(woman):* peunes *(f)* o ddynes, chwistlen fach *f*, dynes (merched) lartsh *f*. **~-headed** *a.* mawreddog, balch, ymffrostgar, hunandybus, penfalch, yn eich meddwl eich hun, *S.W: occ:* dirfalch, *N:* lartsh, *S.E: occ:* gwraidd. **~-headedness** *n.* **= conceit. ~-hearted** *a.* rhadlon, calonnog, â chalon fawr. **~-heartedness** *n.* rhadlonrwydd *m*, rhadlondeb *m*, calonogrwydd *m*, haelioni *(m)* calon. **~-mouthed** *a.* cegog, cegfawr.

bigamist *n. Jur:* b|igamydd (bigamyddion) *m*; *(man):* dwywreigiwr (dwywreigwyr) *m*, dwywreigydd(-ion) *m*.

bigamous *a. (man):* dwywreigiog; *(woman):* dwyweddog.

bigamy *n. (= having two wives):* dwywreiciaeth: dwywreigiaeth *f*; *(= having two husbands):* deuwriaeth *f*.

bigger, biggest *a. See* **big.**

biggish *a.* gweddol fawr, eithaf mawr, go fawr, lled fawr.

bighorn *a. Z:* dafad (defaid) hirgorn *f*.

bight *n.* **1.** *Nau: (= loop of rope):* dolen(-nau,-ni) *f*; **to hook the ~,** bachu, mynd yn ddryslyd. **2.** *Geog:* geneufor(-oedd) *m*; **the Great Australian B~,** Geneufor Mawr Awstralia.

bigness *n.* maint *m*, maintioli *m*, *occ:* mawrder *m*, mawrdra *m*, praffter *m*.

bigot *n.* dallbleidiwr (dallbleidwyr) *m*, dyn(-ion) rhagfarnllyd/cul/culfarn *m*.

bigoted *a.* dallbleidiol, rhagfarnllyd, cul, culfarn.

bigotry *n.* rhagfarn *f*, culfarn *f*, culni *m*, dallbleidiaeth *f*.

bigwig *n.* dyn(-ion) pwysig *m*, gŵr (gwŷr) mawr *m*, pwysigyn (pwysigion) *m*; *Coll: Pej:* crachach *pl.*

Bihari *a. & n.* **1.** *a.* Biharaidd; *(in language):* Bihari. **2.** *n.* *(i) Ethn:* Bihari(-aid) *m&f*; *(ii) Ling:* Bihari *f*, *m*.

bijou *n. & a.* **1.** *n.* gem(-au) *m*. **2.** *a.* twt, destlus, del, *N.W: occ:* smêc.

bike[1] *n. F:* beic(-iau,-s) *m*.

bike[2] *v.i.* beicio.

bikini *n. Cost:* bicini(-s) *m*.

bilabial *a. & n. Ling:* **1.** *a.* dwywefusol. **2.** *n.* sain ddwywefusol (seiniau dwywefusol) *f*.

bilateral *a.* dwyochrog, dwyochrol, cyfartal; **~ agreement,** cytundeb dwyblaid *m*, cytundeb dwyochrog; **~ cleavage,** ymraniad cyfartal *m*; **~ descent,** llinach *(f)* ar y ddwy ochr; **~ symmetry,** cymesuredd dwyochrol *m*; **~ trade,** masnach ddwyffordd *f*.

bilateralism *n.* dwyochredd *m*; *Econ:* masnach ddwyffordd *f*.

bilaterally *adv.* ar y ddwy ochr, o'r ddwy ochr, o'r naill du [a'r llall], o'r ddau du, o'r ddeutu; **~ symmetrical,** dwyochrog/dwyochrol gymesur.

bilberry *n. Bot: (Vaccinium myrtillus):* llusen (llus) *f*, *S: pl.* llusi duon bach; **bog ~, great ~, northern ~,** *(V. uliginosum):* llusen fawr (llus/llusi mawrion). **~ plant** *n.* coeden *(f)* lus (coed llus), *occ:* lluswydden (lluswydd) *f*.

bilberrying *vn.* **to go ~,** casglu llus, llusa, *N:* hel llus, *S:* crynh|oi llusi.

bilbo *n.* hergledd(-yfau) *m*.

bilboes *n.pl.* hualau.

bilboquet *n. Games:* cwpan *(mf)* â phêl.

bile *n.* **1.** *Physiol:* bustl *m*, *Lit: occ:* geri *m*, *F:* beil *m*; **full of ~,** bustlog. **2.** *Fig:* bustl, beil, piwisrwydd *m*; *F:* **to stir s.o.'s ~,** digio rhn, gwylltio rhn, codi beil rhn. **~ acid** *n.* asid bustlog *m*. **~-duct** *n.* dwythell *(f)* y bustl. **~ pigment** *n.* pigment *(m)* y bustl (pigmentau'r bustl). **~ salts** *n.pl.* halwynau bustl. **~ stone** *n. Med:* carreg *(f)* fustl (cerrig bustl).

bilge[1] *n.* **1.** *Nau:* gwaelodion *(pl)* llong, pwll (pyllau) *(m)* 'sbydu. **2.** *Fig:* **= nonsense, rubbish. ~-keel** *n.* cêl (celiau) *(m)* sadio, cilbren(-nau) *(m)* sadio. **~-pump** *n.* pwmp (pympiau) *(m)* 'sbydu. **~-rat** *n.* llygoden *(f)* long (llygod llong/llongau). **~-water** *n.* **1.** *Nau:* dŵr *(m)* twll sbydu, dŵr gwaelodion. **2.** merddwr *m*, *N:* dŵr budr, *S:* dŵr brwnt.

bilge[2] *v.t.* dryllio, tolcio.

bilharzia *n.* **1.** *Z:* bilharzia(-s,-id) *mf*. **2.** *Path:* bilharziasis *m*, bilharzia *m*.

bilharziarsis *n. Path:* bilharziasis *m*.

biliary *a. Physiol:* bustlaidd, bustlog.

bilinear *a. Mth:* deulinol, dwylinellol.

bilingual *a. & n.* **1.** *a.* dwyieithog. **2.** *n.* rhn (rhai) dwyieithiog *m*.

bilingualism *n.* **1.** dwyieithogrwydd *m*, dwyieithrwydd *m*, dwyieithedd *m*. **2.** *(= study of ~):* dwyieitheg *f*.

bilinguality *n.* **= bilingualism 1.**

bilingually *adv.* mewn dwy iaith, yn ddwyieithog.

bilinguist *n.* rhn (rhai) dwyieithog *m*.

bilious *a.* *(a)* bustlaidd; *(b)* **= peevish.**

biliously *adv.* *(a)* yn fustlaidd; *(b)* **= peevishly.**

biliousness *n.* **1.** *Med:* bustledd *m*, y geri *m*. **2. = peevishness.**

bilirubin *n. Bio-Ch:* bilirwbin *m*.

biliverdin *n. Bio-Ch:* biliferdin *m*.

bilk *v.t. F:* **1.** *(= cheat):* twyllo (rhn), dianc heb dalu (rhn), *occ:* cafflo (rhn), *N.W: occ:* rogio (rhn); **to ~ a debt,** osg|oi talu dyled; **he has bilked us of money,** mae wedi ei gwadnu hi heb dalu inni. **2.** *(= give s.o. the slip):* osgoi (rhn).

bilker *n.* twyllwr (twyllwyr) *m*, *occ:* caffiwr (caffiwyr) *m*, *N.W: occ:* rogiwr (rogwyr) *m*.

bill[1] *n. Arm:* gwaywfwyell (gwaywfwyeill) *f*, halbard: halberd(-au) *f*; **hedging-~,** cryman(-au) *(m)* cau, *S:* cryman perthi, *occ:* cryman pen ffon, gwyddyf(-au) *m*, gwddi (gwddïau) *m*;

reaping-~, cryman llyfn, cryman medi, cryman taro; **pruning-~**, bilwg(-au) *m*.

bill² *n.* **1.** = **beak¹**. *S.a.* **crane's bill, heron's bill, razorbill, scissor-bill**. **2.** *Geog:* = **headland**. **3.** *(of anchor fluke):* pigyn(-nau) *m*.

bill³ *v.i.* *(of birds):* pig-gusanu; *F:* *(of pers.):* **to ~ and coo**, cusanu a chŵan, anwesu'ch gilydd.

bill⁴ *n.* **1.** *Com:* bil(-iau) *m*; **to make out a ~**, ysgrifennu bil, gwn|eud bil; **to draw (s.o.) up a stiff ~**, *F:* codi crocbris (ar rn); **to fill the ~**, ateb y diben, gwneud y tro i'r dim; **~ of complaint**, bil achwyn/achwyniad; **~ of costs**, bil costau. **2.** *(a)* **~ of divorce**, bil ysgar; **~ of exchange**, bil cyfnewid; *Hist:* **bills of mortality**, biliau marwolaeth; **~ of indictment**, bil ditio, bil ditiad; **Treasury B~**, Bil Trysorlys; **eligible trade ~**, bil masnach gymwys; **receipted ~**, bil taledig/derbynebedig; **bills and vouchers**, derbynebion; **~ of quantities**, rhestr *(f)* feintiau (rhestrau meintiau); *(b)* *U.S:* = **banknote**. **3.** poster(-i) *m*; *P.N:* **stick no bills**, dim posteri; *Th:* **[play] ~**, poster, hysbyseb(-ion) *f*, hysbyslen(-ni) *f* [theatr]; **to top the ~**, bod ar ben y rhaglen *(f)*; *S.a.* **fly-bill, handbill**. **4.** *(a)* **~ of fare**, bwydlen(-ni) *f*; *Nau:* **~ of landing**, bil llwytho, derbynneb *(f)* lwytho (derbynebau/derbynebion llwytho); **a clean ~ of health**, tystysgrif(-au) *(f)* iechyd; **the doctor gave me a clean ~ of health**, dywedodd y meddyg fy mod yn holliach; **a foul ~ of health**, tystysgrif afiechyd; **~ of sale**, bil gwerthiant. **5.** *Parl:* mesur(-au) seneddol *m*; **~ of rights**, mesur iawnderau; **land ~**, mesur tir; **passage of a ~**, hynt *(f)* mesur; **to promote a ~**, cyflwyno mesur; *S.a.* **attainder**. **6.** *Jur:* cyhuddiad(-au) *m*; *(of Grand Jury):* **to find a true ~ against s.o.**, cael gwir achos i'w ateb, cael cyhuddiad/achos dilys i'w ateb. **~-book** *n.* llyfr(-au) *(m)* biliau. **~-broker** *n.* brocer(-iaid) *(m)* biliau. **~-inspector** *n.* arolygwr (arolygwyr) *(m)* biliau.

bill⁵ *v.t.* **1.** *(= to charge s.o.):* anfon bil (at rn). **2.** *(= announce):* cyhoeddi, hysbysebu, enwi; **he is billed to appear**, mae i fod i ymddangos.

Bill⁶ *Pr.n.m.* Wil, *occ:* Bil, Bila, Bili, Bilo.

billabong *n.* mernant (mernentydd) *f*, merllyn(-nau,-noedd) *m*.

billboard *n.* bwrdd (byrddau) *(m)* poster. **~ pass** *n.* *Th:* pas(-au) *(m)* biliau.

billbug *n.* *Ent:* gwiddonyn (gwiddon) *m*.

billet¹ *n.* **1.** *Mil:* *(a)* *(= order):* gorchymyn (gorchmynion) *(m)* lletya; *(b)* *(= lodging):* llety(-au) *m*, biled(-au) *m*, *Lit:* lluesty (lluestai) *(m)*; *A:* dofreth: dofraeth *mf*; *O:* **every bullet has its ~**, mae i bob saeth ei nod; *F:* *(= job):* swydd(-i) *f*, gwaith *m*, lle(-oedd) *m*; **a soft/cushy ~**, gwaith hawdd/braf, swydd gysurus, *S:* gwaith dala'r slac yn dyn[n].

billet² *v.t.&i.* **1.** *v.t.* *Mil:* **to ~ troops on s.o.**, lluestu/biledu/lleyta milwyr gyda rhn, *Lit:* *A:* dofreithio milwyr gyda rhn; **2.** *v.i.* *Mil:* lleyta, cael llety, lluestu.

billet³ *n.* **1.** *(= log):* plocyn (plociau) *m*. **2.** *Metall:* bar(-rau) *m*, biled(-au,-i) *m*; **~ of gold**, clamp(-iau) *(m)* o aur. **3.** *Arch:* **~ moulding**, mo[w]ldin *(m)* biled, pillrigol(-au) *f*, pilladdurn(-au) *m*. **4.** *Her:* pelthyll *m*, pelthyllen *f*.

billet-doux *n.* llythyr(-au,-on) *(m)* caru.

billfish *n.* *Ich:* = **marlin, spearfish**.

billfold *n.* waled(-i) *f*.

billhead *n.* papur(-au) *(m)* bil, pennawd (penawdau) *(m)* bil.

billhook *n.* *Tls:* bilwg(-au) *m*.

billiards *n.pl.* biliards *(the sg. is used as a comb.fm.)*; **bar ~**, biliards bar, biliards bach. **~-ball** *n.* pêl *(f)* filiards (peli biliards). **~-cloth** *n.* lliain (llieiniau) *(m)* biliards. **~-cue** *n.* ffon *(f)* filiards (ffyn biliards), ciw(-iau) *(m)* biliards. **~-marker** *n.* marciwr (marcwyr) *(m)* biliards. **~-table** *n.* *N:* bwrdd (byrddau) *(m)* biliards, *S:* bord *(f)* filiards (bordydd biliards).

billing *vn.* bilio.

Billingsgate *Eng.Pl.n.* & *n.* **1.** *Eng.Pl.n.* *A:* Porth *(m)* Beli. **2.** *n.* *F:* iaith fras *f*, iaith goch, iaith front, iaith fudr, rhegf|eydd *pl*, rhegi *vn*.

billion *n.* biliwn (biliynau) *f*, milfiliwn (milfiliynau) *f*.

billionaire *n.* biliwnydd(-ion) *m*, biliwnêr(-s) *m*.

billionairess *n.f.* biliwnyddes(-au), biliwneres(-au).

billionth *a.* & *n.* **1.** *a.* biliynfed. **2.** *n.* biliynfed(-au) *mf*.

billon *n.* *Num:* bilon(-au) *m*.

billow¹ *n.* ton(-nau) *f*, *N:* moryn(-nau) *m*, *A:* *Poet:* gwaneg (gwenyg) *f*.

billow² *v.i.* *(of the sea):* dygyfor, ymdonni, tonni, codi'n donnau mawr, ymchwyddo, *A:* *Poet:* gwanegu; *(of clouds, flames &c):* llifo, byrlymu; **the smoke billowed over the fields**, llifodd y mwg yn donnau dros y caeau.

billowiness *n.* tonogrwydd *m*.

billowy *a.* tonnog, ymchwyddus; *F:* **she has a ~ figure**, mae hi'n llond ei chroen; mae hi'n siapus.

billposter *n.* glynwr (glynwyr) *(m)* posteri.

billposting *vn.* glynu posteri.

billsticker *n.* = **billposter**.

billsticking *vn.* = **billposting**.

Billy¹ *Pr.n.m.* Wil, Wili, Bil, Bila, Bili, Bilo.

billy² *n.* **~[-can]**, tun(-iau) *(m)* berwi dŵr, tecell(-i) *m*, stên *(f)* dê (steniau tê). **~-club** *n.* pastwn (pastynau) *m*. **~-goat** *n.* bwch *(m)* gafr (bychod geifr). **~-oh** *n.* **like ~-oh**, hynny a ellir, fel wn-i-ddim-be', fel yr andros; **to rain like ~-oh**, bwrw glaw fel o grwc, arllwys y glaw, *N:* stido/tresio bwrw, *S:* diwel y glaw; **to run like ~-oh**, rhedeg nerth eich traed; **to work like ~-oh**, gweithio nerth deng ewin; **to fight like ~-oh**, ymladd hyd at waed.

bilobate, bilobed *a.* dwylabedog.

bilocation *n.* deuleoliad *m*.

bilocular *a.* dwygellog.

biltong *n.* cig(-oedd) sych *m*.

bimanous *a.* *Z:* dwylawog.

bimanual *a.* a wneir â dwy law.

bimbette *n.* = **bimbo** *(b)*.

bimbo *n.* *P:* *(a)* *(male):* boi(-s) *m*, creadur(-iaid) *m*, pegor(-iaid) *m*, cono(-s) *m*, *S:* bachan *m*; *(b)* *(fem.):* bimbo(-s) *f*, llefren (llefrod) *f*, cywen(-nod) *fm*, pis[h]yn (pishis) *f*.

bimestrial *a.* deufisol.

bimetallic *a.* deufetelaidd, deufetel.

bimetallism *n.* deufeteliaeth *f*.

bimetallist *n.* deufetelwr (deufetelwyr) *m*.

bimillenary, bimillennial *n.* dwyfilflwyddiant (dwyfilflwyddiannau) *m*.

bimolecular *a.* deufolecylaidd.

bimonthly *a.*, *adv.* & *n.* **1.** *a.* deufisol. **2.** *adv.* yn ddeufisol, bob dau fis, bob deufis, bob yn ddeufis. **3.** *n.* deufisolyn (deufisolion) *m*.

bin *n.* bin(-iau) *mf*, cist(-iau) *f*, *F:* tun(-iau) *m*, *S:* *occ:* twba (twbâu) *m*; **litter-~**, bin [y]sbwriel, tun [y]sbwriel, twba [y]sbwriel; **corn ~**, ytgist(-iau) *f*, cist ŷd, celwrn (celyrnau) *m*; **flour ~**, cist flawd, *S.W:* *occ:* garnesh *(f)* flawd; **wine ~**, gwingist(-iau) *f*, gwingell(-oedd) *f* *(both pronounced* ng-g); *Const:* **cement ~**, cist sment; *S.a.* **dustbin**. **~-bag, ~-liner** *n.* sach(-au) *(mf)* [y]sbwriel.

binary *a.* & *n.* **1.** *a.* *Mth:* &c: deuaidd, deuol; *Mus:* dwyran; **~ arithmetic**, rhifyddeg ddeuaidd *f*; *Mth:* **the ~ scale**, y raddfa ddeuaidd *f*; **~-to-decimal conversion**, trawsnewid(-iadau) *(m)* deuaidd-i-ddegol; *Ch:* **~ compound**, cyfansoddyn (cyfansoddion) deuaidd *m*; **~ fission**, ymholltiad(-au) deuol *m*, ymhollti *(vn)* deuol; *Mus:* *Ar:* **~ form**, ffurf ddeuaidd (ffurfiau deuaidd) *f*, ffurf ddwyran (ffurfiau dwyran); **~ measure**, mesur dwyran; *Lib:* **~ notation**, nodiant (nodiannau) deuaidd *m*; **~ number**, rhif(-au) deuaidd *m*; **~ number system**, system rifol ddeuaidd *f*; **~ numeral**, rhifolyn (rhifolion) deuaidd *m*; *Mth:* **~ operation**, gweithrediad(-au) deuaidd *m*; **~ point**, pwynt(-iau) deuaidd *m*; *Astr:* **~ system**, cyfundrefn ddeuaidd (cyfundrefnau deuaidd) *f*. **2.** *n.* *Astr:* seren ddwbl (sêr dwbl) *f*.

binate *a.* dwyran, cydweddog, paredig.

binately *adv.* yn barau, fesul dau.

bination *n.* **1.** *Bot:* cydweddogrwydd *m*, paredigrwydd *m*. **2.** *Theol:* binadiaeth *f*.

binaural *a.* **1.** *(hearing):* dwyglustiog. **2.** *(recording):* deuseiniol.

binaurally *adv.* **1.** â dwyglust. **2.** yn ddeuseiniol.

bind¹ *n.* **1.** *Mus:* clwm (clymau) *m*. **2.** *F:* *(thg):* trafferth(-ion) *f*, *N:* *occ:* dormach(-au) *mf*; *U.S:* **in a ~**, mewn trafferth, mewn picil *(m)*, mewn helynt *(f)*; *(pers.):* rhn (rhai) diflas/trafferthus/poenus; **it's an awful ~**, mae'n beth diflas; mae'n drafferthus; mae'n drafferth; hen drafferth/helynt ydyw; *S:* mae'n ddigon i'ch danto; mae'n slafus; **he's a ~**, poen o ddyn ydyw; mae'n bigyn yn y glust; *S.W:* mae'n tynnu'ch clustiau chi.

bind² *v.t.&i.* **1.** *v.t.* *(= tie fast):* clymu, rhwymo (rhth) [yn sownd], *occ:* cyfrwymo; **to ~ a prisoner**, rhwymo/clymu carcharor; **to ~ s.o.'s hands**, rhwymo/clymu dwylo rhn; **to ~ s.o. hand and foot**, rhwymo rhn draed a dwylo; **he was bound by a spell**, rhwymwyd/clymwyd/daliwyd ef gan swyn; *S.a.* **spell-bound; to be bound to s.o. by gratitude,** bod yn rhwymedig i rn gan ddiolchgarwch; **to ~ a bargain,** cadarnh|au/selio bargen; **(food) that binds the bowels,** (bwyd) sy'n eich rhwymo, sy'n eich gwn|eud yn rhwym. **2.** *v.t.* *(a)* **to ~ [up] a wound,** rhwymo anaf, rhoi rhwymyn ar anaf; *(b)* **to ~ a fillet about s.o.'s head,** rhwymo/clymu ysnoden am ben rhn; *(c)* **to ~ (the edge of a carpet),** rhwymo, *F:* beindio (ymyl carped), *S.W:* *occ:* rhoi incil (ar ymyl carped). **3.** *v.t.* *(a)* **to ~ [up] a sheaf,** clymu/rhwymo ysgub, *S.W:* stacanu stac. *(b)* *(a book):* rhwymo; *Const:* **to ~ [a wall],** pwytho wal, rhoi pwyth mewn wal. *(c)* *v.t.&i.* *(of cement):* caledu; *(d)* *v.i.* *(of machine parts &c):* cloi, cyffio, cydio, glynu. **4.** *v.t.* *(= oblige):* gorfodi, rhwymo; **to ~ s.o. to obedience,** gorfodi rhn i ufuddhau, rhoi gorfod ar rn i ufuddhau; **to ~ s.o. apprentice (with s.o.),** prentisio rhn (i rn); **to ~ oneself to do sth,** ymrwymo i wneud rhth. **5.** *v.i.* *F:* = **grumble²**. **~ down** *v.t.* **to ~ s.o. down,** cymell/clymu/rhwymo rhn i wneud rhth, peri/ymorol bod rhn yn gwneud rhth, dal rhn at ei air. **~ over** *v.t.* *Jur:* rhwymo (rhn) i gadw'r heddwch.

binder *n.* **1.** *(pers.):* *(a)* *Husb:* *&c:* clymwr (clymwyr) *m,* rhwymwr (rhwymwyr) *m;* *(b)* = **bookbinder**. **2.** *(thg):* *(a)* *Husb:* peiriant (peiriannau) *(m)* rhwymo, *F:* beindar(-s) *m;* **~ twine,** cortyn *(m)* beindar; *(b)* *(= band, truss &c):* rhwym(-au) *m,* rhwymyn(-nau) *m,* cengl(-au) *f;* *(c)* *(for newspapers &c):* clawr rhydd (cloriau rhyddion) *m,* cas(-ys) *(m)* cadw; *(d)* *Civ.E:* *(= cement):* glynwr (glynwyr) *m,* cyflynydd(-ion) *m;* *(e)* *Const:* *(= bondstone):* pwyth(-au) *m.*

bindery *n.* rhwymfa (rhwymf|eydd) *f,* ystafell *(f)* rwymo (ystafelloedd rhwymo), adran *(f)* rwymo (adrannau rhwymo).

binding¹ *a.* **1.** *Const:* glynol, cyflynol. **2.** *(agreement):* cyfrwymol, gorfodol, sy'n dal/rhwymo. **3.** *Med:* rhwymol. **~ energy** *n.* *Ph:* egni (egnïon) clymu *m.*

binding² *vn.* & *n.* **1.** *vn.* = **bind²**; *Theol:* **~ and loosing,** rhwymo a rhyddh|au. **2.** *n.* *(a)* *(= truss &c):* rhwymyn(-nau) *m,* rhwym(-au) *m;* *(b)* *(of book):* rhwymiad(-au) *m;* **half-~,** rhwymiad hanner; **quarter-~,** rhwymiad chwarter; *(c)* *Dressm:* beindin *m,* incil *m,* tâp *m;* **bias ~,** rhwymiad/beindin bias. **~ book** *n.* llyfr(-au) *(m)* rhwymiadau. **~ copy** *n.* copi *(m)* i'w rwymo (copïau i'w rhwymo), copi rhwymo. **~ record** *n.* cofnod(-ion) *(m)* rhwymo. **~ slip** *n.* taflen *(f)* rwymo (taflenni rhwymo).

bindweed *n.* *Bot:* **field ~,** *(Convolvulus arvensis):* cwlwm *(m)* y cythraul, taglys *m,* cwlwm [y] coed, cwlwm y gwŷdd, ladi wen *f,* y gynghafog fechan *f,* perfedd *(m)* y cythraul, *V:* perfedd y diawl; **black ~,** *(Bilderdykia convulvulus):* taglys yr ŷd, ydtag *m;* **copse ~,** *(B. dumetorum):* perthlys *m,* taglys y berth; **great/large ~,** *(Calystegia sylvatica):* cynghafog fawr, taglys mawr; **hairy ~,** *(Calystegia pulchra):* taglys blewog; **hedge ~, larger ~,** *(Calystegia sepium):* boled *(f)* Olwen, clych *(pl)* y perthi, tagwydd *pl,* gwden *(f)* y coed, cloffrwym *(m)* y cythraul, cloffrwym y mwci, glas *(m)* y cynhaeaf; **sea ~,** *(Calystegia soldanella):* carn *(m)* ebol y môr, cynghafog arfor, ebolgarn *(m)* y môr.

bine *n.* *Bot:* coes(-au) *f,* coesyn(-nau) *m,* coesen (coesau) *f;* *S.a.* **woodbine.**

binge *n.* *P:* sbri *fm;* **to go on the ~,** mynd am/ar sbri, *S:* mynd ar y criws, mynd ar y cwrw, *N:* mynd i botio.

bingo *n.* & *int.* bingo *m* *(pronounced* ng-g). **~ hall** *n.* neuadd *(f)* fingo (neuaddau bingo).

binitarian *a.* & *n.* *Theol:* **1.** *a.* deudodaidd. **2.** *n.* deudodwr (deudodwyr) *m.*

binitarianism *n.* *Theol:* deudodaeth *f.*

binnacle *n.* *Nau:* binacl(-au) *m.*

binocular *a.* & *n.pl.* **1.** *a.* *Opt:* deulygadog. **2.** *n.pl.* **binoculars,** [y]sbienddrych(-au) *m* [dau lygad], [y]sbienddrych [dwbl], bin|ocwlars *pl,* *F:* sb[i]englas(-au) *m* *(pronounced* ng-g).

binomial *a.* & *n.* *Mth:* **1.** *a.* binomaidd; **the ~ theorem,** theorem Newton. **2.** *n.* binomial(-au) *m.*

binominal *a.* **~ nomenclature,** enwi *(vn)* deuenwol.

bint *n.* *F:* = **girl, woman.**

binturong *n.* *Z:* b|intwrong (bintwrongiaid) *m.*

binuclear, binucleate, binucleated *a.* deugnewyllol.

bio- *comb.fm.* bio-, byw-. **~-assay¹** *n.* bio-brawf (biobrofion) *m.* **~-assay²** *v.t.* biobrofi. **~-box** *n.* bwth *(m)* taflunydd (bythod/bythau taflunwyr). **~-pic** *n.* *Cin:* bywgrafflun(-iau) *m.*

bioastronautics *n.* gofodfeddygaeth *f.*

biocatalyst *n.* biocatalydd(-ion) *m.*

biocellate *a.* dwyloerennog, deulygedynnog.

biochemic[al] *a.* & *n.* biocemegol.

biochemist *n.* biocemegwr: biocemegydd (biocemegwyr) *m.*

biochemistry *n.* biocemeg *f.*

biochore *n.* bïocor (biocorau) *m.*

biocide *n.* bywleiddiad (bywleiddiaid) *m.*

bioclimatology *n.* biohinsoddeg *f.*

biocoenology *n.* cydgymunedeg *f.*

biocoenosis *n.* cydgymuned *f.*

biocoenotic *a.* cydgymunedol.

biocycle *n.* bio-gylch (biogylchoedd) *m.*

biodegradability *n.* natur bydradwy *f,* pydradwyedd *m.*

biodegradable *a.* pydradwy.

biodegrade *v.i.*, **biodegradation** *n.* pydru.

biodynamic *a.* & *n.pl.* **1.** *a.* biodynamig. **2.** *n.pl.* **biodynamics,** biodynameg *f.*

biodynamical *a.* = **biodynamic 1.**

bioenergetic *a.* & *n.pl.* **1.** *a.* bioegnïol. **2.** *n.pl.* **bioenergetics,** bioegnïeg *f.*

bioengineer *n.* biobeiriannwr: biobeiriannydd (biobeirianwyr) *m.*

bioengineering *n.* biobeirianneg *f.*

bioethical *a.* biofoesegol.

bioethics *n.* biofoeseg *f.*

biofeedback *n.* bioadborth *m,* bioadborthi *vn.*

biogen *n.* bïogen *m.*

biogenesis *n.* *Biol:* biog|enesis *m,* bywenedigaeth *f.*

biogenetic *a.* biogenetig.

biogenic *a.* biogenig.

biogeographical *a.* bioddaearyddol.

biogeography *n.* bioddaearyddiaeth *f.*

biograph *n.* taflunydd(-ion, taflunwyr) *m.*

biographer *n.* cofiannydd (cofianwyr) *m,* cofiannwr (cofianwyr) *m,* bywgraffydd(-ion) *m.*

biographic[al], *a.* bywgraffiadol, bywgraffyddol, cofiannol; *Lib:* **~ dictionary,** bywgraffiadur(-on) *m.*

biographically *adv.* yn fywgraffyddol *&c.*

biography *n.* cofiant (cofiannau) *m,* bywgraffiad(-au) *m.*

bioherm *n.* cwrelgraig (cwrelgreigiau) *f.*

biokinetics *n.* biocineteg *f.*

biologic[al] *a.* biolegol, *occ:* bywydegol.

biologist *n.* biolegwr: biolegydd (biolegwyr) *m, occ:* bywydegwr: bywydegydd (bywydegwyr) *m.*

biology *n.* bioleg *f, occ:* bywydeg *f.*

bioluminescence *n.* bywoleuni *m,* bywdywynnu *vn,* bio-ymoleuedd *f.*

bioluminescent *a.* bywolau, bywdywynnol, bio-ymoleuol.

biolysis *n.* ymddatod *vn,* ymddatodiad *m,* bi|olysis *m.*

biolytic *a.* ymddatodol, biolytig.

biomass *n.* bio-màs *m.*

biomathematics *n.pl.* biomathemateg *f.*

biome *n.* bïom (biomau) *m.*

biomechanics *n.pl.* biomecaneg *f.*

biometric[al] *a.* biometrig.

biometrician *n.* biometregwr: biometregydd (biometregwyr) *m.*

biometrics, biometry *n.* biometreg *f.*

biomorph *n.* bywaddurn(-au) *m.*

bionic *a.* & *n.pl.* **1.** *a.* bionig. **2.** *n.pl.* **bionics,** bioneg *f.*

bionomics *n.* bionomeg *f,* ecoleg *f.*

bionomist *n.* bionomegwr: bionomegydd (bionomegwyr) *m.*

biophysical *a.* bioffisegol.

biophysicist *n.* bioffisegwr: bioffisegydd (bioffisegwyr) *m.*

biophysics *n.pl.* bioffiseg *f.*

bioplasm *n.* bioplasm *m,* pr|otoplasm *m.*

bioplasmic *a.* bioplasmig.

biopoiesis *n.* biopoiesis *m.*

biopolymer *n.* biop|olymer (biopolymerau) *m.*

biopsy *n.* biopsi (biopsïau) *m.*

biorhythm *n.* bio-rhythm(-au) *m.*

biorhythmic *a.* biorhythmig.

biosatellite *n.* bioloeren(-nau) *f.*

bioscope *n.* taflunydd(-ion, taflunwyr) *m.*

bioscopy *n.* archwiliad(-au) *m.*

biosome *n.* bïosom (biosomau) *m.*

biosphere *n.* bïosffer (biosfferau) *m.*

biostatic *a. & n.pl.* **1.** *a.* biostatig. **2.** *n.pl.* **biostatics,** biostateg *f.*
biostrome *n. Geol:* bio-haen(-au) *f.*
biosynthesis *n.* bios|ynthesis *m.*
biota *n.* biota *m,* bywyd *m.*
biotechnological *a.* biotechnolegol.
biotechnologist *n.* biotechnolegwr: biotechnolegydd (biotechnolegwyr) *m.*
biotechnology *n.* biotechnoleg *f.*
biotherapy *n. Med:* bioth|erapi *m.*
biotic *a.* biotig, bywydol, byw.
biotin *n. Bio-Ch:* bïotin *m.*
biotite *n. Ch:* bïotit *m.*
biotitic *a.* biotitig.
biotope *n.* bïotop (biotopau) *m.*
biotransformation *n.* biodrawsffurfiant (biodrawsffurfiannau) *m.*
biotron *n.* bïotron (biotronau) *m.*
biotype *n.* bïoteip (bioteipiau) *m.*
biotypic *a.* biotypig.
biovular *a.* deuwyol.
bipack *n.* deubac(-iau) *m.*
biparental *a.* deu-rieiniol.
biparietal *a. Anat:* dwybarwydennol.
biparous *a.* **1.** *Z:* gefeillddwyn. **2.** *Bot:* dwyganghennog.
bipartisan *a.* dwyblaid, dwybleidiol.
bipartisanism, bipartisanship *n.* dwybleidiaeth *f.*
bipartite *a.* **1.** dwyran; *Mth: Ph:* dwyrannol. **2.** *Pol:* **~ talks,** trafodaethau dwyblaid.
bipartitely *adv.* yn ddwyran *&c.*
bipartition *n.* deuraniad *m,* dwyraniad *m.*
biped *a. & n.* **1.** *a.* deudroed, deudroediog. **2.** *n.* deudroediog(-ion) *m&f,* creadur(-iaid) deudroed *m.*
bipedal *a.* = **biped 2.**
bipetalous *a. Bot:* deubetalog.
biphase *a. El.E:* deuwedd.
biphenyl *n. Ch:* biffenyl *m.*
bipinnate *a. Bot:* dwyasgellog.
biplane *n.* awyren ddwbl (awyrennau dwbl) *f.*
bipod *n. Mil:* gafl(-au) *f,* fforch(-au, ffyrch) *f.*
bipolar *a.* deubegwn, deubegynol.
bipolarity *n. Pol:* deubegynedd *m.*
bipolarization *n.* deubegyniad(-au) *m,* deubegynu *vn.*
bipolarize *v.t.* deubegynu.
bipropellant *n.* tanwydd dwbl *m.*
biquadrate *n. Mth:* deugwadrad(-au) *m,* pedrysawdd (pedrysoddau) *m.*
biquadratic *a. Mth:* deugwadratig.
birch[1] *n.* **1.** *Bot:* bedwen (bedw) *f;* **downy ~,** *(Betula pubescens):* bedwen gyffredin (bedw cyffredin); **dwarf ~,** *(B. nana):* corfedwen (corfedw) *f;* **lady ~, silver ~,** bedwen arian. **2. ~[-rod]** *n.* gwialen *(f)* fedw (gwialenni bedw). **~ grove** *n.* b|edwlwyn (bedwlwyni) *m,* llwyn(-i) *(m)* bedw.
birch[2] *v.t.* curo/chwipio (rhn) â gwialen [fedw]; rhoi'r wialen [fedw] (i rn); *Lit: occ:* gwialenodio, ffonodio (rhn).
bird *n.* **1.** *(a)* aderyn (adar) *m, F:* 'deryn (adar) *m, Poet: occ:* edn(-ain,-od) *m;* **hen ~,** iâr (ieir) *f;* **cock ~,** ceiliog(-od) *m;* **song ~,** aderyn cân/canu; **~ of prey,** aderyn ysglyfaethus; **young ~,** aderyn bach, cyw *(m)* aderyn (cywion adar); **birds of passage,** adar treigl/crwydr, *N.W: occ:* adar dieithr; **small birds,** adar mân; **bird of Paradise,** aderyn Paradwys, ceiliog y gwynt; *(hen):* iâr wynt (ieir gwynt); **the birds of Heaven,** adar y Nefoedd, *occ:* ehediaid y Nefoedd; **a ~ of ill omen,** aderyn anlwc; *F:* **a little ~ told me,** *N: F:* rhyw frân wen a ddywedodd wrthyf i; mi glywais gan y frân wen; *S:* 'deryn bach a ddywedodd wrthyf; **to give s.o. the ~,** *(i) (= dismiss):* anfon rhn ar y ffordd, dweud wrth rn am hel ei bac, *N.W: occ:* rhoi'r hwi i rn; *(ii) (= hiss, hoot):* hwtio rhn, chwibanu ar rn; **to get the ~,** *(i)* cael eich gwrthod, cael eich anfon/hel ymaith, *N.W: occ:* cael yr hwi; *(ii)* cael eich hwtian *&c; Prov:* **the early ~ catches the worm,** y ci a gerddo a gaiff; y ci a aiff a gaiff; y cyntaf i'r felin gaiff falu; *Prov:* **birds of a feather flock together,** adar o'r unlliw a hedant/dynnant i'r unlle; tebyg at ei debyg; *F:* **that's strictly for the birds,** nid yw'n werth dim; **the ~ is flown,** fe ddihangodd y carcharor; mae'r aderyn wedi hedfan/ffoi; **a ~ in the hand is worth two in the bush,** gwell aderyn mewn llaw na dau mewn llwyn; gwell dryw mewn llaw na gŵydd ar ei hadain; gwell un hwde na dau addo; *N:* mae aderyn to mewn llaw yn well na ffesant ar adain; gwell un "hwda" na dau "mi gei"; **to kill two birds with one stone,** lladd dau aderyn ag un ergyd, lladd dwy frân ag un ergyd; **to do sth like a ~,** *(= easily):* gwneud rhth yn ddiymdrech/hawdd, gwneud rhth dan ganu; *(b) Cu:* ffowlyn (ffowls) *m.* **2.** *P: (= chap):* aderyn [brith] *m,* cono *m;* **who's that old ~?** pwy yw'r hen gono yna? pwy yw'r hen fachgen yna? **he's a rare ~,** *S.W:* un broc yw e; mae e'n dipyn o dderyn; mae e'n dipyn o hadyn. **3.** *P: (= girl): N:* l[l]efren (l[l]efrod) *f,* hogan ('gennod) *f, occ:* fodan (fodins) *f, S:* croten(-ni), crotes(-i) *f, S.W:* rhoces(-i) *f.* **~-bath** *n.* bath(-s) *(m)* adar, pwll (pyllau) *(m)* adar, *Lit:* baddon(-au) *(m)* adar. **~-brain** *n.* twpsyn (twpsod) *m,* pen *(m)* dafad (pennau defaid), *N.W: occ:* tali-ho(-s) *m&f; S.a.* **fool**[1]. **~-brained** *a.* twp, penchwiban. **~-cage** *n.* cawell (cewyll) *(m)* adar, caets[h](-is) *(m)* adar. **~-call** *n.* **1.** galwad *(f)* aderyn (galwadau adar), cân *(f)* aderyn (caneuon adar). **2.** *(hunter's instrument):* chwiban(-au) *(f)* dal adar. **~-catcher** *n.* adarwr (adarwyr) *m,* heliwr (helwyr) *(m)* adar, dyn(-ion) *(m)* dal adar. **~-catching** *vn.* adara, dal adar. **~-cherry** *n. Bot:* ceiriosen (ceirios) *(f)* yr aderyn/adar, rhuddwernen(-ni, rhuddwern) *f,* llyngwren (llyngwr) *f (pronounced* ng-g). **~-dog** *n.* ci (cŵn) *(m)* dal adar, ci adara. **~-fancier** *n.* adarwr (adarwyr) *m,* dyn(-ion) *(m)* adar, adargarwr (adargarwyr) *m.* **~-pepper** *n. Bot:* pupryn *(m)* yr adar (puprynnau'r adar). **~ observatory** *n.* gwylfa (gwylf|eydd) *(f)* adar, lle(-oedd,-fydd) *(m)* gwylio adar. **B~ Rock** *W.Pl.n.* Craig *(f)* Aderyn. **B~ Rocks** *W.Pl.n.* Ynys *(f)* yr Adar. **~-sanctuary** *n.* gwarchodfa (gwarchodf|eydd) *(f)* adar. **~-scarer** *n.* tarfwr (tarfwyr) *(m)* adar, clapiau *(pl)* adar. **~'s eye** *n.* **1.** *Bot:* llygad *(m)* y goediar, llygad aderyn. **2. ~'s eye view,** golwg *(f)* oddi uchod, trem *(m)* o'r awyr, arolwg (arolygon) *(m)* **(of sth,** ar rth). **~'s eye maple** *n. Bot:* masarnen fraith (masarn brithion) *f,* crychfasarnen (crychfasarn) *f.* **~'s eye primrose** *n. Bot: (Primula farienosa):* briallu blodiog *pl.* **~'s eye speedwell** *n. Bot:* = **speedwell (germander). ~'s foot** *n. Bot:* **1.** *(Ornithopus):* troed *(mf)* aderyn. **2.** *(Cheilanthes radiata):* rhedynen resog (rhedyn rhesog) *f.* **3.** *See* **~'s foot trefoil. ~'s foot fenugreek** *n. Bot: (Trifolium ornithopodioides):* groegwyran *(m)* troed aderyn, ff|enigrig *(m)* troed aderyn. **~'s foot trefoil** *n. Bot: (Lotus corniculatus):* pysen (pys) *(f)* ceirw, ffa *(pl)* ieir, ewinedd *(pl)* y gath, ystlys *(f)* y waun, bacwn ac ŵy *m;* **large ~'s foot trefoil,** *(L. uliginosus):* pys ceirw mwyaf; **narrow-leaved ~'s foot trefoil,** *(L. tenuis):* pys ceirw eiddilaidd. **~'s nest**[1] *n.* **1.** *Orn:* nyth *(mf)* aderyn (nythod adar); *Cu:* **~'s nest soup,** cawl nyth gwennol. **2.** *Bot: (a) (= wild carrot):* moronen (moron) *(f)* y maes; *(b) (fern):* rhedynen (rhedyn) *(f)* nyth aderyn; *(c)* **yellow ~'s nest,** cyd-dwf *m,* cytwf *m; (d) Fung:* nyth *(mf)* aderyn. **~'s nest orchid** *n. Bot:* tegeirian(-au) *(m)* nyth aderyn. **~'s-nest**[2] *v.i.* rheibio/tynnu/ysbeilio/hel nythod [adar]. **~'s nester** *n.* rheibiwr (rheibwyr) *(m)* nythod [adar]. **~-spider** *n. Arach: N:* copyn(-nod) *(m)* dal adar, copyn adarysol, corryn (corynnod) *(m)* dala adar, corryn adarysol. **~-strike** *n. Av: &c:* trawiad(-au) *(m)* aderyn/adar. **~-table** *n.* bwrdd (byrddau) *(m)* adar, *S:* bord(-ydd) *(f)* adar. **~-watch** *v.i.* gwylio adar, adarydda. **~-watcher** *n.* gwyliwr (gwylwyr) *(m)* adar, g|wylwraig *(f)* adar, adarydd(-ion) *m.* **~-watching** *vn. See* **bird-watch.**
birder *n.* **1.** = **bird-catcher. 2.** = **bird-watcher.**
birdie[1] *n. Golf:* byrdi(-s) *m.*
birdie[2] *v.i. Golf:* cael byrdi.
birdie[3] *n. (= little bird):* aderyn (adar) bach *m, F:* 'deryn (adar) bach *m;* **watch the ~!** edrych(-wch) ar y gwcw!
birdland *n.* gwlad *(f)* yr adar.
birdless *a.* diaderyn, diadar, heb aderyn/adar.
birdlike *a.* fel aderyn, tebyg i aderyn, aderynnaidd.
birdlime *n. & v.t.* **1.** *n.* glud *(m)* adar. **2.** *v.t.* gludio adar, dal adar â glud.
birdman *n.* **1.** = **fowler. 2.** = **ornithologist. 3.** = **airman.**
birdwoman *n.* = **airwoman.**
birefringence *n. Ph:* deublygiant *m.*
birefringent *a. Ph:* deublygol.
bireme *n.* llong ddwyrwyf (llongau dwyrwyf) *f,* dwyrwyflong *f.*
biretta *n. Ecc: Cost:* bireta(-s) *m,* capan(-au) *m.*
Birkenhead *Eng.Pl.n.* Penbedw *m, occ:* Penybircwy *m.*
biro *n.* beiro(-s) *mf.*

birth *n.* **1.** genedigaeth(-au) *f,* geni *vn;* **date of ~,** dyddiad (*m*) geni; **breech ~,** genedigaeth o chwith; **Caesarean ~,** genedigaeth Gesaraidd; **home ~,** geni yn y cartref, geni gartref; **induced ~,** geni cyflymedig, genedigaeth gyflymedig (genedigaethau cyflymedig); **premature ~,** genedigaeth cyn pryd, genedigaeth gynamserol (genedigaethau cynamserol); *S.a.* **stillbirth**; **blind from ~,** dall o'ch geni/genedigaeth; **to give ~ to a child,** rhoi genedigaeth i blentyn, geni plentyn, esgor ar blentyn, dwyn plentyn i'r byd; **to give ~ to a poem,** creu/cynhyrchu cerdd; **births, deaths and marriages,** geni (*vn*), priodi (*vn*) a marw (*vn*); **Welsh by ~,** yn enedigol o Gymru, a aned yng Nghymru, Cymro/Cymraes o ran eich geni, Cymro/Cymraes o ran genedigaeth; **of high/noble ~,** yn uchelwr o'ch geni, o dras uchel, o uchel ach; **by right of ~,** drwy hawl genedigaeth; *(of idea &c):* tarddiad *m,* cychwyn *m.* **2.** *(of animals):* genedigaeth; **to give ~ to sth,** bwrw rhth, dod â rhth; **the cow has given ~ to a calf,** mae'r fuwch wedi dod â llo; mae'r fuwch wedi bwrw llo; **the cow is about to give ~,** mae'r fuwch yn dywyddu/[h]alu. **~ certificate** *n.* tystysgrif (*f*) [g]eni (tystysgrifau geni). **~ control** *n.* atal (*vn*) cenhedlu. **~ parents** *n.pl.* rhieni naturiol, rhieni go iawn. **~ pill** *n.* pilsen (pils) (*f*) atal cenhedlu. **~ rate** *n.* nifer(-oedd) (*mf*) [y] genedigaethau, cyfradd(-au) (*f*) genedigaethau; **a high ~ rate,** llawer o enedigaethau, llawer yn cael eu geni; **crude ~ rate,** cyfradd genedigaethau seml/grai; **a falling ~ rate,** cwymp (*f*) yng ngraddfa'r genedigaethau, *F:* llai yn cael eu geni; **a rising ~ rate,** cynnydd (*m*) yng ngraddfa'r genedigaethau, *F:* mwy yn cael eu geni. **~ weight** *n.* pwysau (*m or pl*) geni.

birthday *n.* pen-blwydd (penblwyddi) *m,* pen (*m*) blwydd (pennau blwydd); *occ:* dydd(-iau) (*m*) pen blwydd, diwrnod(-iau) (*m*) pen blwydd; **her ~,** ei phen blwydd, pen ei blwydd. **she has just celebrated her 80th ~,** mae hi newydd ddathlu ei phen-blwydd yn bedwar ugain oed; *F:* **in one's ~ suit/clothes,** *N:* yn noethlymun [groen], *S:* yn borcyn [jac], heb bilyn amdanoch.

birthmagic *n. Ecc:* genedigaeth-gyfaredd *f.*

birthmark *n.* man(-nau) (*m*) geni.

birthnight *n.* noson (*f*) eich geni.

birthplace *n.* man(-nau) (*m*) eich geni, man eich genedigaeth, y fan lle ganwyd chi.

birthright *n.* genedigaeth-fraint *f.*

birthroot *n. Bot: (Trillium):* *esg|orwraidd *m or pl.*

birthwort *n. Bot: (Aristolochia clematitis):* esgorllys bychan *m,* afal (*m*) y ddaear.

bis *adv.* = **twice.**

Biscay *Pr.n. Geog:* Biscaia *f,* Vizcaya *f;* **the Bay of ~,** Bae (*m*) Gwasgwyn, Bae Vizcaya, Môr Gwasgwyn.

Biscayan *a. & n.* **1.** *a.* Biscaiaidd. **2.** *n.* Biscaiad (Biscaiaid) *m&f.*

biscuit *n. & a.* **1.** *n. N:* bisgeden (bisgedi) *f, S:* bisgïen (bisgis) *f, S.W:* bisgisen (bisgis) *f; U.S:* = **scone; ship's ~,** bisgeden galed (bisgedi caled), bisgïen galed (bisgis caled), bisgeden/bisgïen llongwr; **digestive biscuits,** bisgedi gwenith trwyddo; **fancy biscuits,** bisgedi melys/blasus; **shortbread biscuits,** teisennau cri, *N: occ:* teisennau Berffro; *P:* **he takes the ~,** welais i mo'i debyg; welais i neb tebyg iddo; *occ:* welais i'r un ato; **that takes the ~!** dyna'r orau eto! dyna goron arni! dyna goroni'r cwbl/cyfan! *S.W: occ:* dyna roi'r copsi arni! **2.** *a. & n.* brown golau *m,* bisgedliw *m.* **~-like** *a.* bisgedaidd, bisgïaidd, fel bisgeden/bisgïen. **~-ware** *n. Cer:* bisgedwar *m,* crochenwaith (*m*) anwydrog, crochenwaith un crasiad.

biscuity *a.* = **biscuit-like.**

bise *n. Meteor:* gogleddwynt *m.*

bisect *v.t.&i.* **1.** *v.t.* rhannu (rhth) yn ddwy, haneru (rhth), hollti (rhth) yn ddwy, torri (rhth) yn ei hanner; *Carp: Mth: &c:* dwyrannu. **2.** *v.i.* fforchio, fforchogi, ymrannu'n ddwy.

bisection *n.* rhaniad(-au) *m* (yn ddau *or* yn ddwy ran), dwyraniad(-au) *m.*

bisectional *a.* dwyrannol, hanerol.

bisectionally *adv.* yn ddwyrannol.

bisector *n.* dwyrannydd (dwyranyddion) *m,* hanerydd(-ion) *m.*

biserrate *a. Bot:* deuddanheddog.

bisexual *a. & n. Bot:* **1.** *a.* deuryw, deurywiog, deurywiol. **2.** *n.* deurywiad (deurywiaid) *m&f.*

bisexualism, bisexuality *n. Bot: &c:* deurywioldeb *m.*

bisexually *adv.* yn ddeurywiol.

bish *n. P:* = **mistake**[1].

bishop *n.* esgob(-ion, *A:* esgyb) *m;* **~ elect,** darpar esgob(-ion) *m;* **suffragan ~,** esgob cynorthwyol, rhagesgob(-ion) *m,* s|wffragan (swffraganiaid) *m.* **B~ and Clerks** *W.Pl.n.* Y Cerrig *pl.* **~'s cap** *n. Bot:* = **mitrewort. B~'s Castle** *Eng.Pl.n.* Trefesgob *f.* **~'s mitre** *n. Ent:* pryf(-ed) meitrog *m.* **~'s weed** *n. Bot:* **1.** = **goutweed. 2.** *(Ammi majus):* esgoblys *m.*

bishopbird *n. Orn:* gwehydd(-ion) esgobol *m,* aderyn (adar) esgobol *m.*

bishopland *n.* tir (*m*) esgob (tiroedd esgob/esgobion).

bishopless *a.* diesgob, heb esgob.

bishopric *n.* esgobaeth(-au) *f.*

Bishopston *W.Pl.n.* Llandeilo Ferwallt *f.*

Bishton *W.Pl.n.* Trefesgob *f,* Llangadwaladr (*f*) Tre Esgob, Bistwn *m.*

bisk *n.* = **bisque**[3].

bismuth *n. Ch:* bismwth *m.*

bismuthal *a. Ch:* bismythol.

bismuthic *a. Ch:* bismwthig, bismythig.

bismuthinite *n. Ch:* bism|ythinit *m.*

bismuthous *a. Ch:* bismythaidd.

bison *n.* bual (buail) *m,* ych gwyllt (ychen gwylltion) *m.*

bisque[1] *n. Sp:* bisg(-au) *m.*

bisque[2] *n. Cer:* crochenwaith anwydrog *m,* bisg *m.*

bisque[3] *n. Cu:* cawl *m.*

bissextile *a. & n.* **a ~ [year],** blwyddyn (blynyddoedd) naid *f.*

bistable *a. & n. Ph: Cmptr:* **1.** *a.* deusad. **2.** *n.* deusad(-au) *m.*

bistort *n. Bot: (Polygonum bistorta):* llysiau(*pl*)'r neidr, neidrlys *m;* **Alpine ~,** *(P. viviparum):* neidrlys y mynydd; **amphibious ~,** *(P. amphibium):* y g|anwraidd goch *f,* pengoch *m (pronounced* ng-g), y feidiog rudd *f,* y feidiog goch.

bistoury *n. Surg:* fflaim (ffleimiau) *f.*

bistre[1] *n. & a. n.* brown tywyll (*m*), bistr (*m*).

Bistre[2] *W.Pl.n.* Croesesgob *f.*

bistro *n.* bistro(-s,-au) *m.*

bisulphate *n. Ch:* deusylffad(-au) *m.*

bisulphide *n. Ch:* deusylffid(-au) *m.*

bisulphite *n. Ch:* deusylffit(-au) *m.*

bisymmetric[al] *a. Bot:* deugymesur.

bisymmetrically *adv. Bot:* yn ddeugymesur.

bisymmetry *n. Bot:* deugymesuredd *m.*

bit[1] *n.* **1.** *Harn:* genfa (genfâu, genf|eydd) *f,* haearn (*m*) ffrwyn (heyrn ffrwynau); **curb-~,** ffrwyn fer (ffrwynau byrion) *f,* genfa; **to champ the ~,** *(of horse):* cnoi'r enfa; *(of pers.):* ysu, awchu, (am wneud rhth); **to take the ~ between one's teeth,** brathu'r enfa, gwasgu'r enfa, rhedeg yn wyllt, mynd â'r ffrwyn ar eich gwar; *S.a.* **bridle-bit. 2.** *(a) (of drill &c):* ebill(-iau,-ion) *m,* blaen(-au) *m;* **auger ~,** ebill taradr; **countersink ~,** ebill gwrthsoddi; **dowel ~,** ebill hoelbren, ebill dowel; **expansive ~,** ebill ymledol; **twist ~,** ebill tro; *S.a.* **centre-bit**[1]**, spoon-bit;** *(b) Tls:* **copper ~, soldering-~,** haearn (heyrn) (*m*) sodro; **hatchet ~,** haearn sodro bwyell; **pencil ~,** haearn sodro pensel; **straight ~,** haearn sodro syth; *(c) (of tongs &c):* gefel (gefeiliau) *f; (d) (of key, plane):* llafn(-au) *m,* haearn (heyrn) *m.* **3.** *Mus:* crwcddarn(-au) *m.*

bit[2] *n.* **1.** *(a) (of bread, cheese &c):* darn(-au) *m,* tipyn (tipiau) *m,* pis[h]yn (pis[h]iau, pis[h]is, pis[h]ys) *m,* tamaid (tameidiau) *m,* tameidyn (tameidiau) *m,* mymryn(-nau) *m,* cilcyn(-nos) *m, Lit:* dernyn(-nau) *m, S:* ticyn(-nau) *m,* bribsyn (bribys) *m; F:* **to have a ~ of sth to eat,** cael tamaid i'w fwyta; *(b)* **a ~ of wood,** darn o bren, pwt (pytiau) (*m*) o bren, coedyn (coed) *m,* cat/cetyn (catiau) o bren; **a ~ of paper,** darn/pis[h]yn o bapur; *(of string):* darn, pwt; **a ~ of straw,** *(i) (= one stalk):* gwelltyn *m; (ii)* tipyn o wellt; *(of light, fire, hope):* llygedyn *m;* **a ~ of song/poetry,** pwt o gân/gerdd, pill(-ion,-iau) (*m*) o gân/gerdd; **there's a ~ of hope,** mae peth (*m*) gobaith; *F:* **she's a ~ of all right; she's a nice ~ of stuff,** mae hi'n bis[h]yn bert/ddel/handi; mae hi'n eithaf pis[h]yn; *O:* **I did my ~,** mi wnes i fy rhan; *(c) F: (= coin):* pis[h]yn, darn(-au) *m* [o arian &c]; **twopenny ~, two pence ~,** pis[h]yn dwy geiniog; **threepenny ~,** pis[h]yn tair; **sixpenny ~,** pis[h]yn chwech; **tenpenny ~** pis[h]yn deg ceiniog; **fifty pence ~,** pis[h]yn hanner can ceiniog, pis[h]yn hanner cant. **2.** *(a)* **a ~ (of sth),** tipyn, ychydig *m,* tamaid [bach], rhywfaint *m,* peth *m,* mymryn, gronyn *m, S:* ticyn, bribsyn, *M.W:* blewyn *m* (o rth); **a tiny little ~,** y mymryn lleiaf, tamaid bach

bach, *N.W: occ:* gron bach, 'ron bach *m;* **he's a ~ deaf,** mae ef braidd yn fyddar; mae ef yn fyddar braidd; mae ef dipyn/fymryn/ychydig yn fyddar; **it's a ~ too much,** mae fymryn yn ormod; mae'n ormod braidd; **he is a ~ of a thief,** tipyn o leidr yw ef; **wait a ~!** aros di (arhoswch chi)! dal(-iwch) arni! aros eiliad/funud/damaid bach! **not a ~ better,** dim mymryn/tamaid/blewyn gwell; *F:* **a good ~ older,** tipyn yn hŷn, hŷn o dipyn, *N: F:* hŷn o sbel; sbel yn hŷn; **~ by ~,** o dipyn i beth, o dipyn i dipyn, fesul tipyn, bob yn dipyn; **not a ~ [of it]!** dim o'r fath beth! dim o gwbl! *S: F:* dim shwd beth! *N: F:* dim ffasiwn beth! **it's not a ~ of use,** nid yw damaid o werth; *N: F:* 'dydi o'n d[d]a i ddim; **every ~ as good as this,** cystal bob tamaid/tipyn â hwn; **a ~ of luck,** peth ffodus *m,* tipyn o lwc, *S:* bach o lwc; **a ~ of news,** newydd(-ion) *m,* hanes(-ion) *m; (b) (= broken fragment): usu.pl.* darn mân, tipyn, ynflyn (yfflon) *m,* ysgyryn (ysgyrion) *m,* cyrbibyn (cyrbibion, crybibion), maluryn (malurion); *(of glass, pottery):* talch: telchyn (teilchion) *m, S.W: occ:* clechdyr(-ion), *Lit:* dryll(-iau) *m; F:* **after the accident he was picked up in bits,** ar ôl y ddamwain cafodd ei godi'n ddarnau mân; **(to smash) sth to bits,** (torri/malu rhth) yn deilchion, yn gandryll, yn ysgyrion, yn ddarnau mân, yn ulw, yn chwilfriw, *S.W:* yn friwbwns, yn yfflon, yn sgythion, yn gaton, yn glechdirion, yn racs jibydêrs, *N.W:* yn gyrbibion ulw, yn dipiau mân, yn racs mân; **(to rip/tear/pull sth) to bits,** (tynnu rhth) yn gareiau, yn gyrbibion, yn ddarnau mân, yn dipiau; **bits and pieces, bits and bobs,** mân betheuach, manion bethau, trugareddau, tameidiach, *S.W: occ:* haliwns, *N: Pej:* hen gelfi/gelwi, 'nialwch *m.* **~ part** *n. Th: Cin:* mân ran(-nau) *f; pl.* **~ parts,** manion. **~ player** *n. Th: Cin:* actor(-ion) mân rannau, actor manion, actores (*f*) fân rannau (actoresau mân rannau), actores fanion (actoresau manion).

bit[3] *v. See* **bite[2], bitten.**

bit[4] *n. Cmptr:* bit(-iau) *m,* digid(-au) deuaidd *m,* did(-au) *m;* **carry ~,** did cario; **least significant ~,** y did lleiaf arwyddocaol; **most significant ~,** y did mwyaf arwyddocaol; **sign ~,** did arwydd; **top ~,** did uchaf. **~ density** *n.* dwysedd(-au) (*m*) did. **~ position** *n.* safle(-oedd) (*m*) did. **~ string** *n.* llinyn(-nau) (*m*) didau.

bitch[1] *n.* **1.** gast (geist) *f;* **greyhound ~,** miliast (milicist) *f;* **corgi ~,** corgast (corgeist) *f;* **otter ~,** dyfrast (dyfreist) *f;* **wolf ~,** bleiddast (bleiddeist) *f,* bleiddiast (bleiddieist) *f;* **~ in heat,** gast gynh|aig (geist cynh|aig), gast yn cynheica, *S:* gast boeth (geist poeth[-ion]), gast dwym (geist twym), gast yn hela cŵn, gast yn cwna/cyna. **2.** *P: (woman):* gast, cnawes(-au) *f, N:* sarffes(-au) *f,* jaden(-nod) *f,* pïoden: piogen (pïod) *f,* sguthan(-od) *f, S:* sbleden(-nod) *f,* **you ~!** yr hen ast iti! y sguthan! *V:* **you son of a ~!** y cythraul iti! y diawl! *N:* yr uffern!

bitch[2] *v.t.&i.* **1.** *v.t.* difetha; *F:* **she bitched up the whole business,** fe ddifethodd hi'r cwbl; fe wnaeth lanast o'r holl beth; *S.W:* fe wnaeth hi gawdel/glamwri o'r holl beth. **2.** *v.i.* **to ~ about s.o.,** achwyn, cwyno (am rn); lladd (ar rn); bod yn filain/gas (am rn).

bitchily *adv.* yn sbeitlyd.

bitchiness *n.* sbeit *f,* malais *m,* mileindra *m,* gwenwyn *m,* cenfigen *f.*

bitchy *a.* sbeitlyd, maleisus, milain, cas, cenfigennus, gwenwynllyd.

bite[1] *n.* **1.** *(a)* brath(-au) *m,* brathiad(-au) *m, S:* cnoad(-au) *m; S.a.* **bark[3], cherry 1; to put the ~ on s.o.,** cael arian o groen rhn, gwasgu/pwyso ar rn am arian; **his criticism lacks ~,** 'does dim min (*m*)/awch (*m*), ar ei feirniadaeth; nid yw ei feirniadaeth yn brathu; *(b) Fish:* **got a ~?** gefaist ti fachiad? ydyn' nhw'n codi i'r abwyd? ydyn' nhw'n brathu? ydyn' nhw'n cymryd y bach? wyt ti'n cael gafael? **2.** *(of insect):* pigiad(-au) *m; S.a.* **frostbite, flea-bite. 3.** *(a) F: (= sth to eat):* tamaid (tameidiau) *m, occ:* cegaid (cegeidiau) *f;* **I haven't had a ~ all day,** chefais i 'run tamaid [i'w fwyta] drwy'r dydd; **without ~ or sup,** heb fwyd na diod; *(of apple):* brathiad, *S.W:* hansh(-ys) *f.* **4.** *(a) Tls: (of file &c):* brathiad; *(b) (of sauce, taste &c):* awch *m,* egrwydd *m,* blas egr *m,* brath, *N.W: occ:* gwawch *f.*

bite[2] *v.t.* **1.** *N:* brathu, *S:* cnoi; *(of insect):* pigo; *S.a.* **biter; to ~ one's lips,** cnoi'ch gwefusau; **to ~ one's nails,** cnoi'ch ewinedd; **to ~ the dust,** llyfu'r llawr/llwch; cwympo [mewn brwydr]; **to ~ the bullet,** gwasgu'ch dannedd; **sth to ~ on,** rhth i gnoi cil arno; rhth i roi'ch dannedd ynddo; *(of fish):* brathu, llyncu'r abwyd; *Fig:* **(I tried to sell him a car but) he wouldn't ~,** (ceisiais werthu car iddo ond) ni fynnai mohono, ni lyncai'r abwyd; **to ~ the hand that feeds you,** brathu'r llaw sy'n eich bwydo; *Prov:* **once bitten twice shy,** cas gan gath y ci a'i bratho; **I was bitten with a desire to go,** yr oeddwn ar dân o eisiau mynd; yr oeddwn bron â marw o eisiau mynd; *S:* yr oeddwn bron bwrw fy mogail o eisiau mynd; yr oeddwn yn gwyn[d]asu o eisiau mynd; *F:* **what's biting you?** beth sy'n dy boeni di? beth sy'n dy gnoi di? **2. the wind bites,** mae'r gwynt yn gafael/cydio; **frost bites the leaves,** mae'r barrug yn deifio'r/cochi'r/rhuddo'r dail; **pepper bites the tongue,** mae pupur yn llosgi'r tafod; **acid bites into the metal,** mae asid yn tyllu'r metel. **~ back** *v.t.* **to ~ back a retort,** brathu'ch tafod rhag ateb. **~ off** *v.t.* cnoi/brathu (rhth) ymaith; *F:* **to ~ s.o.'s head off,** neidio i ben rhn, cythru i rn, dwrdio/tafodi/cymhennu rhn, rhoi pryd o dafod i rn, cega ar rn, *N:* arthio ar rn, cipio rhn; **he's bitten off more than he can chew,** fe gymerodd ormod o gegaid; fe gymerodd gegaid na all mo'i llyncu. **3.** *(= hold):* cydio; **the rails had frozen, and the wheels couldn't ~,** 'roedd y cledrau wedi rhewi ac ni allai'r olwynion gydio.

biter *n.* **1.** brathwr (brathwyr) *m,* br|athwraig *f, S:* cnöwr (cnowyr) *m,* cnowraig *f.* **2.** *(= sharper): Prov:* **the ~ bit,** twyllo twyllwr; hiced a ladd hoced; *N:* mae mistar ar Mistar Mostyn.

Bithynia *Pr.n. Geog:* Bithynia *f.*

Bithynian *a. & n.* **1.** *a.* Bithynaidd. **2.** *n.* Bithyniad (Bithyniaid) *m&f.*

biting *a.* brathog, brathlyd; **a ~ dog,** ci brathog *m,* brathgi (brathgwn) *m,* brathwr (brathwyr) *m; (cold):* deifiol, garw, ysgethrin, sy'n gafael; *(wind):* main/egr/deifiol, sy'n gafael. *(wit &c):* brathog, deifiol, miniog, crafog, pigog, llym (*f.* llem, *pl.* llymion), gwawdlym (*f.* gwawdlem, *pl.* gwawdlymion).

bitingly *adv.* yn frathog *&c.*

bitless *a.* heb enfa, dienfa.

bitonal *a.* deugywair.

bitonality *a.* deugyweiriaeth *f.*

bitstock *n. Tls:* carn(-au) (*m*) tro.

bitt *n.* postyn (pyst) *m.*

bittacle *n.* = **binnacle.**

bitten *p.p. See* **bite[2]**; brathedig, cnöedig; **once ~ twice shy,** a losgodd ei fysedd a ochel y tân; cas gan gath y ci a'i bratho; **frost-~,** ewinrhewllyd; *S.a.* **frostbitten; hard-~** gwydn, croengaled (*pronounced* ng-g).

bitter *a. & n.* **1.** *a.* chwerw(-on), *occ:* chwerwaidd, bustlaidd, *S.E: occ:* gwerw; **extremely ~,** chwerwdost; **to grow ~,** chwerwi; *(wind):* main, llym, gerwin, oerllyd, milain; *(enemy):* glas; *(conflict):* chwerw, tost; **~ beer,** cwrw chwerw/melyn; **~ cold,** oerni *m,* ocrfel *m;* **it's ~ cold,** mae hi'n gafael/filain o oer; *S.a.* **bitterly;** *Geog:* **~ lake,** llyn(-noedd) chwerw *m;* **~ wind,** gwynt rhewllyd *m,* rhewynt(-oedd) *m;* **~ as wormwood,** mor chwerw â'r wermod, mor chwerw â bustl, *N.W: occ:* cyn sured â'r ficws; **~ enemies,** gelynion glas/marwol/pennaf; **~ experience,** profiad chwerw *m;* **~ hatred,** casineb chwerw/tost *m;* **~ remorse,** edifeirwch chwerw/tost *m;* **to the ~ end,** hyd y diwedd un, hyd yr eithaf, i'r pen, *S.W: occ:* hyd y pen pymtheg. *S.a.* **pill; to be ~ against sth,** gwrthwynebu rhth yn chwyrn, bod yn filain yn erbyn rhth. **2.** *n. (a)* = **bitter beer;** *(b) pl.* **bitters,** chwerwon, diodydd chwerwon, diodydd wermod; **orange bitters,** chwerwon oren; *(c)* **to take the ~ with the sweet,** mynd trwy'r gwych a'r gwachul, llyncu'r chwerw gyda'r melys. **~-apple** *n. Bot:* chwerwafal(-au) *m.* **~-cress** *n. Bot: (Cardamine):* berwr chwerw *m,* hydyf chwerw *m,* chwerw *m;* **Alpine ~-cress,** *(C. bellidifolia):* hydyf y mynydd; **asarum-leaved ~-cress** *(C. asarifolia):* hydyf dail sinsir; **coral-root ~-cress,** *(C. bulbifera):* hydyf oddfynnog; **drooping ~-cress,** *(C. enneaphyllos):* berwr chwerw pendrwm, hydyf pendrwm; **hairy ~-cress,** *(C. hirsuta):* hydyf blewog, berwr chwerw blewog, berwr y meysydd; **ivy-leaved ~-cress,** *(C. plumieri):* hydyf eiddewddail; **Kitaibel's ~-cress,** *(C. kitaibelli):* hydyf Kitaibel; **large ~-cress,** *(C. amara):* hydyf mawr, berwr chwerw mawr; **mignonette-leaved ~-cress,** *(C. resedifolia):* hydyf dail melengu (*pronounced* ng-g); **narrow-leaved ~-cress,** *(C. impatiens):* berwr chwerw culddail; **radish-leaved ~-cress,** *(C. raphanifolia):* hydyf dail rhuddygl; **seven leaflet ~-cress,** *(C. heptaphylla):* hydyf seithnalen; **trifoliate ~-cress,** *(C. trifolia):* hydyf teirdalen; **wavy wood ~-cress,** *(C. flexuosa):* hydyf y coed, hydyf chwerw, chwerw'r coed. **~-gourd** *n. Bot:*

chwerwafal(-au) *m.* **~-sweet 1.** *a.* chwerwfelys, melys a chwerw, melyschwerw, melys brudd, melys dost. *S.a.* **apple. 2.** *n. Bot:* = **nightshade (woody). ~-vetch** *n. Bot:* pysen (pys) (*f*) y garanod, pysen y coed, pysen gnapwreiddiog y coed. **~ wood vetch** *n. Bot: (Vicia orobus):* pysen y coed. **~-wort** *n. Bot:* crwynllys chwerw *m.*

bitterbrush *n. Bot: (Purshia tridentata):* llwyn(-i) chwerw *m.*

bitterish *a.* chwerwaidd, braidd yn chwerw, chwerw braidd, go chwerw, lled chwerw.

bitterling *n. Ich:* pysgodyn (pysgod) chwerw *m.*

bitterly *adv.* **1.** yn chwerw *&c.* **2.** *(= extremely, deeply):* tra *(before a. + spirant mut.)*, iawn; *(after a.)*, enbyd, difrifol, ofnadwy; *(after verb):* yn enbyd, yn ddifrifol, yn arw, yn fawr; **it was ~ cold,** 'roedd hi'n enbyd/ofnadwy/ddifrifol/ddychrynllyd/gafael/ysgethrin/filain o oer; 'roedd hi'n oer ddychrynllyd/ddifrifol/ofnadwy; 'roedd hi'n ddigon oer i rewi brain/cathod/llyffantod; *F:* 'roedd hi'n gythreulig o oer; **to feel ~ ashamed,** cywilyddio'n arw/fawr/enbyd; **to regret ~,** gofidio'n arw/fawr/enbyd; **to be ~ disappointed,** cael eich siomi'n arw/fawr/enbyd; **to feel sth ~,** teimlo rhth i'r byw, teimlo rhth yn arw.

bittern[1] *n. Orn:* aderyn (adar) (*m*) y bwn, *occ:* bwmp (*m*) y gors, bwm (*m*) y gors, tabwrdd (*m*) y baw, buddai *m*, crëyr (crehyrod) brych *m*; **little ~,** aderyn y bwn lleiaf, bwmp lleiaf, bwn bach.

bittern[2] *n. Dist:* dŵr chwerw *m.*

bitterness *a. (a) (of taste):* chwerwedd *m*, chw|erwder *m* (*usu.pronounced* chwerder), egrwch *m*; *(b) (of weather)*; gerwinder *m*, oerni *m*, llymder *m*, egrwch; *(c) (= hate, acrimony):* casineb *m*, atgasrwydd *m*, atgasedd *m*, chwerwedd, chwerwder, egrwch.

bitternut *n. Bot:* cneuen chwerw (cnau chwerw) *f.*

bitterwood *n. Bot: Pharm:* coed chwerw *m*, pren chwerw *m.*

bitts *n.pl. Nau:* pyst clymu, clymbyst.

bitty *a.* tameidiog, pytiog.

bitumen *n.* b|itwmen *m*, *Lit: occ:* pŷg *m*, daearbyg *m.*

bituminization *n.* bitwmineiddio *vn*, bitwmineiddiad *m.*

bituminize *v.t.* bitwmineiddio.

bituminoid *a.* bitwminaidd.

bituminous *a.* bitwminaidd; **~ coal,** glo (*m*) pŷg, pyglo *m*, *S: F:* glo meddal, glo rhwym.

bivalency *n. Ch:* deuf|alensi *m.*

bivalent *a. Ch:* deufalent.

bivalve *a. & n.* **1.** *a.* = **bivalved. 2.** *n. Moll:* cragen ddeuglawr (cregyn deuglawr) *f*, cragen ddeuddarn (cregyn deuddarn), deugloriog(-ion) *m*, dwygragennog (dwygragenogion) *f*, dwyfalf(-au) *f*, dwygragennyn (dwygragenion) *m.*

bivalved, bivalvular *a.* **1.** *Moll:* deuglawr, deugloriog, deuddarn, dwygragennog, dwyfalf. **2.** *Biol:* dwyfalfog.

bivouac[1] *n. Mil:* gwersyll(-oedd) *m*, gwersyllfa (gwersyllf|eydd) *f*, lluesty (lluestai) *m.*

bivouac[2] *v.i.* gwersyllu, lluestu.

bivvy *n.* = **bivouac, tent**[1].

bizarre *a.* rhyfedd, rhyfeddol, hynod, od, bisâr, ***bizarre***.

bizarrely *adv.* yn rhyfedd *&c.*

bizarreness, bizarrerie *n.* hynodrwydd *m*, odrwydd *m.*

blaasop *n. Ich:* = **puffer fish.**

blab[1] *n. F:* clepgi (clepgwn) *m*, clapgi (clapgwn) *m*, ceg fawr (cegau mawrion) *f*, clebryn(-nod) *m*, prepiwr (prepwyr) *m*, hen brep(-s,-iaid) *m*, clepast: clepgast (clep[g]eist) *f*, clebren(-nod) *f*, *N.W:* chwidlwr (chwidlwyr) *m*, *occ:* chw|idlwraig (chwidlwragedd) *f.*

blab[2] *v.i.&t. F:* **1.** *v.i.* clepian, clebran, cario clecs, taenu clecs, taenu cleber, *S:* clapan, clapian, *N:* prepian, cario straeon, *occ:* chwidlo. **2.** *v.t.* **to ~ out a secret,** gollwng y gath o'r cwd; **don't ~,** taw piau hi; cau ceg amdani; *N.W: occ:* bydd(-wch) yn bant gaead.

blabber-mouth *n.* = **blab**[1].

black[1] *a. & n.* I. *a.* **1.** *(a)* du(-on); **shiny ~, jet ~,** gloywddu(-on), duloyw(-on); **all ~,** purddu(-on); **dense ~,** dudew; **to go/turn ~,** duo, mynd yn ddu, troi'n ddu; **to make ~,** duo; *(= soil):* pardduo, baeddu, difwyno, *S.W:* trochi; **blue-~,** du las, dulas (duleision), glasddu(-on); **pitch[y] ~,** pygddu(-on), *F:* du bitsh; **(the night was as ~) as pitch,** ('roedd y nos yn dywyll) fel y fagddu, *F:* fel bol buwch [ddu], *N: occ:* fel cadwen; *Prov:* **the pot calling the kettle ~; the kettle calling the saucepan ~,** "tinddu" medd y frân wrth yr wylan; y diawl yn gweld bai ar bechod; y sosban yn galw'r tegell yn ddu; **(as ~) as ebony, as the ace of spades, as coal, as ink** *&c*, (cyn ddued) â'r fran, â glo, â'r morlo, â'r pentan, â chadwyn y simdde, â blacan, â'r simdde, â chrochan, â muchudd; (du) fel malwen, fel mawnen, fel y radell, fel cath ddu yn y nos, *N.W:* fel ladipopty; (mor ddu) â dyn glo; **(as ~) as the night,** (mor dywyll) â'r fagddu, â bol buwch [ddu]; (cyn ddued) â'r fagddu *&c*; **raven ~,** gloywddu; **(he was) ~ (in the face with anger),** ('roedd ei wyneb) yn biws, yn ddu las (gan lid); **to look ~,** edrych yn ddu/sarrug/gas/gibog/guchiog/guchlyd/filain/fygythiol *&c*; cuchio, gwgu, ffromi, edrych dan eich sgafell (**at s.o.,** ar rn); **things look ~,** mae golwg go ddu ar bethau; mae hi'n edrych yn ddu iawn; **he looked as ~ as thunder,** 'roedd golwg gynddeiriog arno; *See* **angry; a ~ look, ~ looks,** gwg *m*, cuwch *m*; **he is not so ~ as he is painted,** nid yw cynddrwg ag a ddywedir; mae'n well na'r sôn amdano; **he is in a ~ mood,** mae hwyliau drwg arno; mae mewn hwyliau drwg; mae hwyl ddrwg arno; mae yn yr hwyl ddrwg; **~ eye,** llygad du (llygaid duon) *m*, *occ:* llygad ddu (llygaid duon) *f*, llygad cleisiog/gleisiog (llygaid cleisiog); *(b) (= negroid):* du, croenddu, negroaidd; **~ people,** pobl (*f & pl*) dduon; **the ~ race,** yr hil ddu/groenddu *f*, y bobloedd dduon *pl*; **~ woman,** gwr|aig ddu (gwragedd duon) *f*, menyw ddu (menywod duon) *f*, dynes ddu *f* (merched duon), negröes(-au) *f*, *F:* blaces(-au) *f*, blacen (blacs) *f*; **~ man,** dyn du (dynion duon) *m*, negro(-aid) *m*, *F:* blac(-s) *m*; **the All-Blacks** *n.pl. Sp:* y Crysau Duon *(also* = **Blackshirts)**; *(c) (= dirty):* du, yn faw i gyd, pyglyd, *N:* budr(-on), *S:* brwnt (bryntion), *S.W: occ:* bowlyd; **(his hands were) ~,** ('roedd ei ddwylo'n) ddu[-on], faw i gyd, *N:* fudron, *S:* frwnt, *S.W:* barddu blac, fowlyd. **2.** *Fig: (a) (= deep, intense):* dwfn, llwyr, dybryd, eithaf; **~ despair,** anobaith du/dwfn; **~ tidings,** newyddion trist; **~ ingratitude,** anniolchgarwch llwyr; *(b) (= villainous):* drwg, anfad, ysgeler, drygionus; **~ deeds,** anfadwaith *m*, drygioni *m*; **a ~ heart,** calon ddu/ysgeler/ddrygionus; *Ind:* **to declare goods ~,** rhoi gwaharddiad ar nwyddau, gwahardd nwyddau; *(c) Lit:* **~ comedy,** comedi ddu (comedïau duon) *f*; **~ humour,** cellwair du *m*, hiwmor du *m*, digrifwch tywyll *m*. II. *n.* du *m.* **1.** *(a)* **ivory ~,** du |ifori; **bone ~,** du esgyrn, golosg (*m*) esgyrn; **lamp ~,** du'r lamp, du'r efail, *S.W: occ:* lamlac *m*; **carbon ~,** parddu, du carbon; **Brunswick ~,** lacr du *m.* **2.** *(a)* **to be in ~, to wear ~,** gwisgo du, bod mewn du, bod yn eich du; *(b)* **agreement in ~ and white,** cytundeb ar ddu a gwyn; **~ and white artist,** arlunydd pin ac inc; *(c) Fin:* **to be in the ~,** bod yn y du, bod yn glir o ddyled; *(d) Snooker: &c:* y bêl ddu *f*, y ddu *f*; *(e) Th:* y barclod *m*; *(f) Husb: (= smut, fungus):* cawod ddu *f*; *(g) Typ:* smotyn du (smotiau duon) *m.* **3.** = **negro, negress. 4. ~ and blue,** du las, dulas; *(= bruised):* cleisiog, dan eich cleisiau, yn gleisiau i gyd; **to beat s.o. ~ and blue,** cleisio rhn, curo rhn nes ei fod yn ddu las, curo rhn nes ei fod yn gleisiau i gyd. **B~ and Tans** *Pr.n.pl. Hist:* y Duon Brith, y Milwyr Du a Melyn; **he was a ~ and Tan,** 'roedd ef yn un o'r Duon Brith; **a ~ and tan,** *(beer):* du-a-melyn(-ion) *m.* **B~ Arch (The)** *W.Pl.n.* Y Bwa Du *m.* **~ art (the)** *n.* y gelfyddyd ddu *f*, dewiniaeth ddu *f*, dewindabaeth *f.* **~-backed** *a.* cefnddu. **~-band ironstone** *n. Geol:* haearnfaen *m.* **B~ Bart** *Pr.n.m. Hist:* Barti Ddu. **~-beetle** *n.* chwilen ddu (chwilod duon) *f.* **~-beaked** *a.* pigddu. **~ belt** *n.* **1.** *Geog: U.S:* y rhanbarth du *m*, rhanbarth y duon, ardal (*f*) y duon, yr ardaloedd (*pl*) duon. **2.** *Judo:* gwregys du (gwregysau duon) *m*; **he was a ~ belt,** yr oedd yn enillydd gwregys du. **~-billed** *a.* pigddu. **~ body** *n. Ph:* corff du (cyrff duon) *m*; **~ body radiation,** pelydredd cyflawn *m.* **~ book** *n.* llyfr du (llyfrau duon) *m*; **I'm in his ~ books,** 'rwyf i wedi pechu yn ei erbyn; 'rwyf i wedi ei ddigio; 'dwyf i ddim yn y llyfrau; *W.Lit:* **the B~ Book of Carmarthen,** Llyfr Du Caerfyrddin; **the B~ Book of Chirk,** y Llyfr Du o'r Waun; *Hist:* **the B~ Book of the Household,** Llyfr Du Cyfrifon y Llys. **~ bottom** *n. Danc:* (*)y dinddu. **~-bottomed** *a.* tinddu. **~ box** *n. Av:* blwch du (blychau duon) *m.* **~ bread** *n.* bara du *m*, bara rhyg. **B~ Bridge** *W.Pl.n.* Y Bont Ddu *f.* **B~ Brook** *W.Pl.n.* Yr Afon Ddu. **~-browed** *a.* aelddu, ag aeliau duon. **~ bryony** *n. Bot: See* **bryony. ~ cherry** *n. Bot:* ceiriosen ddu (ceirios du) *f.* **~-coat** *attrib.* â chot ddu; **~-coat worker,** clercod(-od) *m.* **B~ Country (the)** *Pr.n. Geog:* yr Ardal Ddu *f.* **~ damp** *n. Min:* = **choke-damp. B~ Death (the)** *n. Hist:* y Pla Du *m*, y Marw Du *m.*

~ diamond *n.* deimwnt du *m*, glo *m.* **~ disease** *n. Vet:* clefyd du *m.* **~ dog** *n. Fig:* iselder (*m*) ysbryd, hwyliau drwg *pl*, hwyl ddrwg *f*, *F:* y felan *f*, *S.W:* y falen *f*, *N.W: occ:* isel ysbryd *m.* **~ dogwood** *n. Bot:* breuwydden (breuwydd) *f*, rhafnwydden (rhafnwydd) *f.* **~ draught** *n. Med:* triog (*m*) rŷm, jolop *m.* **~ earth** *n.* pridd du *m.* **~ edging** *vn. T.V: Cin:* amlinellu du. **~ eye** *n. (a) (colour of iris):* llygad du (llygaid duon) *m*, llygad ddu (llygaid duon) *f*; *(b) (bruised):* llygad d[d]u, llygad cleisiog/gleisiog. **~-eyed** *a.* llygatddu, llygeitu. **~-eyed Susan** *n. Bot:* Siwsi lygatddu *f*, dyddgu *f.* **~-face** *n.* **1.** *Husb:* dafad wynepddu (defaid wynepddu) *f.* **2.** *Th:* blacin *m.* **~-faced** *a.* wynepddu. **~-figured** *a. Arch:* ffigur du. **~-footed** *a.* troetddu. **B~ Forest (the)** *Pr.n. Geog:* y Goedwig Ddu. **~ friar** *n.* brawd du (brodyr duon) *m.* **~ frost** *n. N:* barrug du *m*, *S:* llwydrew du *m.* **~ game** *n.* = **grouse[1] (black).** **~ grass** *n.* porfa ddu *m*, y benddu *f*, cynffonwellt du *m.* **~-haired** *a.* gwalltddu, duwallt, [â] gwallt du, pryd tywyll, pryd du. **~-headed** *a.* penddu. **~-hearted** *a.* bradwrus, ysgeler, anfad, drygionus, calon ddu, calon dywyll. **B~ Hill** *W.Pl.n.* Bryn Du *m.* **~ hole** *n.* **1.** *Astr:* twll du (tyllau duon) *m.* **2.** *Mil:* carchar(-au) *m.* **3.** *Hist:* **the B~ Hole of Calcutta,** Twll Du Calcutta. **~ horehound** *n. Bot: See* **horehound.** **~ ice** *n.* glasrew *m*, *N:* rhew du *m*, *S:* iâ du *m*, *S.W:* stania *m*; **~ ice has formed on the roads overnight,** mae hi wedi glasrewi ar y ffyrdd er neithiwr. **~ knot** *n. Hort:* y gainc ddu *f.* **B~ Ladders (the)** *Pr.n.pl. W.Geog:* Yr Ysgolion Duon. **~ leopard** *n. Z:* panther(-od,-iaid) *m.* **~ letter** *n.* llythyren ddu *f*, llythyren othig; *Ecc:* **B~-Letter Days,** Dyddiadau Llythyren Ddu. **~ light** *n.* goleuni du *m.* **~ lung** *n. Med: Min:* clefyd (*m*) y llwch, *S:* y dwst *m*, y niwmo *m.* **~ magic** *n.* dewiniaeth ddu *f*, y gelfyddyd ddu *f*, drwg gyfaredd *f*, dewindabaeth *f.* **B~ Maria** *n.* fan ddu (faniau duon) *f*, fan yr heddlu (faniau'r heddlu). **~ mark** *n.* **1.** ôl du (olion duon) *m*, marc du (marciau duon) *m.* **2.** *Fig:* marc du. **~ market** *n.* marchnad ddu *f.* **~ marketeer** *n.* budrelwr (budrelwyr) *m*, marchnatwr du (marchnatwyr duon) *m*, un o wŷr y farchnad ddu. **B~ Mass** *n.* Offeren Ddu (Offerennau Duon) *f.* **~ measles** *n. Med:* y frech ddu *f.* **~ monk** *n. Rel:* mynach du (mynachod/mynaich duon) *m*, Benedictiad (Benedictiaid) *m.* **B~ Mountain (the)** *W.Pl.n.* y Mynydd Du *m.* **B~ Mountains (the)** *W.Pl.n.* y Mynydd Du *m.* **~-mouthed** *a.* cegddu. **B~ Muslim** *n. Pol:* Moslem Du (Moslemiaid Duon) *m.* **~ nationalism** *n.* cenedlaetholdeb croenddu *m.* **~ nationalist** *n.* cenedlaetholwr (cenedlaetholwyr) croenddu *m*, cenedlaeth|olwraig groenddu (cenedlaetholwragedd croenddu) *f.* **~ palmer** *n. Fish:* pluen ddu (plu duon) *f*, corff (*m*) paun. **~ pea** *n.* ffugbysen ddu (ffugbys duon) *f*, pysen ddu(*f*)'r coed (pys duon y coed). **B~ Point** *W.Pl.n.* Y Trwyn Du *m.* **B~ Pope** *n. Rel.H:* Pab Du (Pabau Duon) *m.* **B~ Power** *n. Pol:* Grym (*m*) [y] Duon. **B~ Prince (the)** *n. Hist:* y Tywysog Du *m.* **~ pudding** *n.* pwdin(-au) (*m*) gwaed, *occ:* gwaedogen(-nau) *f*, *S.W:* poten (*f*) waed (potenni gwaed). **B~ Rock** *Pr.n. W.Geog:* y Greigddu *f*; **B~ Rock Sands,** Traeth (*m*) y Greigddu. **B~ Rod** *n. Pol:* y Wialen Ddu *f.* **~ rot** *n. Fung:* pydredd du *m.* **~ rubric** *n. Ecc:* rhuddell ddu (rhuddellau duon) *f.* **~ rust** *n. Husb:* y gawod ddu *f.* **~ saltwort** *n. Bot: (Glaux maritima):* glas (*m*) yr heli, h|el-lys *m.* **B~ Sash** *n. Pol:* y Gwregys Du *m.* **~ scab** *n. Hort:* crach duon *pl*, y grachen ddu *f.* **B~ Sea (the)** *Pr.n. Geog:* y Môr Du *m.* **~ sheep** *n.* **1.** dafad ddu (defaid duon) *f.* **2.** *Fig: (= shady character):* aderyn brith (adar brith) *m*, *occ:* aderyn du (adar duon) *m*; **the ~ sheep of the family,** dafad ddu'r teulu; *Prov:* **there's a ~ sheep in every family,** mae llwdn piblyd yng nghorlan pawb. **~ spot** *n.* **1.** man(-nau) (*m*) peryglus; *P.N:* **accident ~ spot,** man drwg (*m*) am ddamweiniau. **2.** *Hort: &c:* smotyn du (smotiau duon) *m.* **~-tailed** *a.* cynffonddu, tinddu. **~ tongue** *n. Vet:* tafod du *m.* **~ tracker** *n. Aus:* olrheiniwr (olrheinwyr) *m.* **~ velvet** *n. Comest:* melfed du *m.* **~ wash** *n. Art:* golch du *m*, haenen (*f*) graffit. **B~ Watch (the)** *n. Mil:* y Gwarchodlu Du *m.* **~-water [fever]** *n. Med:* twymyn (*f*) y dŵr/troeth du. **~ widow** *n. Arach: Ich:* gweddw ddu (gweddwon duon) *f.*

black[2] *v.t.&i.* I. *v.t.* **1.** duo; **to ~ boots,** rhoi blacin ar esgidiau; *F:* **to ~ s.o.'s eye,** rhoi llygad du/ddu i rn. **2. to ~ sth out,** dil|eu rhth, rhoi llinell drwy rth; *Th: &c: (= darken):* **to ~ out,** diffodd y golau/goleuni; **to ~ out a house,** tywyllu tŷ. **3.** *Ind:* rhoi (rhth) dan wahardd, gosod/cyhoeddi gwaharddiad (ar rth), boicotio (rhth). II. *v.i.* **to ~ out,** llewygu *&c*; *See* **faint[3]**; **I blacked out,** fe aeth hi'n nos arnaf.

blackamoor *n.* dyn du (dynion duon) *m*, *F:* blac(-s) *m*; *(woman):* blaces(-au) *f*, blacen (blacs) *f.*

blackball *v.t.* gwrthod, esgymuno, gwrthwynebu.

blackballer *n.* gwrthodwr (gwrthodwyr) *m*, gwrthwynebwr: gwrthwynebydd. (gwrthwynebwyr) *m.*

blackbean *n. Bot:* ffeuen ddu (ffa duon) *f*, ffäen ddu (ffa duon) *f.*

blackberry *n. Bot:* mwyaren ddu (mwyar duon) *f*, *N.E:* mafonen ddu (mafon duon) *f*, *S:* mwyaren (mwyar) *f*; **to gather blackberries,** hel/casglu mwyar duon, *occ:* mwyara; **plentiful as blackberries,** cyn amled â'r glaswellt, rhif y gwlith. **~ bush** *n.* llwyn(-i) (*m*) mwyar, coeden (*f*) fwyar duon (coed mwyar duon).

blackberrying *vn.* mwyara.

blackbird *n.* **1.** *Orn:* aderyn du [pigfelen/pigfelyn]; *(male):* aderyn du (adar duon) *m*, ceiliog(-od) (*m*) mwyalch; *(female):* mwyalchen (mwyeilch, mwyalchod) *f*, iâr (*f*) fwyalchen (ieir mwyeilch); **moor ~,** *See* **ring ouzel.** **2.** *Hist:* caethwas du (caethweision duon) *m.*

blackbirder *n.* caethfasnachwr (caethfasnachwyr) *m*, masnachwr (masnachwyr) (*m*) caethweision.

blackbirding *vn.* caethgludo, caethfasnachu, y gaethfasnach *f.*

blackboard *n.* bwrdd du (byrddau du[-on]) *m*; **the ~ jungle,** y jyngl addysgol *f*, bedlam (*mf*) y byrddau duon.

blackboy *n. Bot:* coeden (*f*) flacen (coed blacs).

blackbuck *n. Z:* bwch du (bychod duon) *m.*

blackbutt *n. Bot:* coeden fonddu (coed bonddu) *m.*

blackcap *n. Orn:* penlöyn(-nod) *m*, cap du *m*, telor(-ion,-iaid) [bach] penddu *m*, penddu *m*, lleian benddu (lleianod penddu) *f*, Twm Penddu *m*, penddu'r brwyn, *S.W: occ:* cric (*m*) y berth, Besi benddu *f*, *N.W: occ:* smocell gresgin *m.*

blackcock *n. Orn:* = **grouse[1] (black).**

blackcurrant *n. Bot:* cyransen/cyrensen/cwrensen ddu (cyrains/cyrens/cwrens duon) *f.*

blacken *v.t.&i.* **1.** *v.t.* duo (rhth), gwn|eud (rhth) yn ddu, *N.W: occ:* huddo (rhth); **to ~ s.o.'s character,** pardduo rhn, rhoi anair i rn. **2.** *v.i.* duo, mynd yn ddu, troi'n ddu, tywyllu.

blackener *n.* düwr (duwyr) *m*, parddüwr (pardduwyr) *m.*

blackface *n. Th: Lith:* wynebddu(-on) *m.*

blackfellow *n.* dyn du (dynion duon) *m.*

blackfish *n. Ich:* pysgodyn du (pysgod duon) *m.*

blackfly *n. Ent:* pryf du (pryfed duon) *m*, gwybedyn du (gwybed duon) *m*, *S:* cleren ddu (clêr duon) *f.*

blackguard[1] *n. Lit:* dihiryn (dihirod) *m*, cnaf(-on) *m*, adyn(-od) *m*, *F:* blag[i]ard(-s) *m*, cythraul (cythreuliaid) drwg *m.*

blackguard[2] *v.t.* difrïo, tafodi (rhn); *Lit:* bwrw sen (ar rn); sennu (rhn); *N: F:* cega/arthio/rhefru (ar rn); sgrasio/blag[i]ardio, *V:* diawlio (rhn).

blackguardly *a. (a) Lit: (= villainous):* cnafaidd, diffaith, ysgeler, anfad; *(b) (= abusive):* blagardus, blagardaidd, blagardlyd, cegog.

blackhead *n.* **1.** *Orn: (= scaup):* hwyaden benddu (hwyaid penddu) *f.* **2.** *(on face):* penddüyn(-nod) *m*, *N:* draenen (drain) (*f*) wyneb, draenen ddu (drain duon) *f*; *N.B. in the N.* penddüyn = **boil[1]**. **3.** *Vet:* y penddu *m.*

blackheart *n.* **1.** *Hort:* duo *vn*; *(of potatoes):* canol du *m*, calon ddu *f.* **2.** *Bot: (cherry):* ceiriosen ddu (ceirios duon) *f.* **3.** *Metalw:* haearn bwrw hydrin *m.*

blacking *n.* cŵyr (*m*) esgidiau, blacin *m.* **~ plant** *n. Bot:* hocys (*m*) Tsieina.

blackish *a.* duaidd, tywyll, go ddu, braidd yn ddu, lled ddu.

blackjack[1] *n.* **1.** *Min: Cards:* blacjac *m.* **2.** *(= cosh):* pastwn (pastynau) *m.* **3.** *Bot: U.S:* derwen ddiffrwyth (derw diffrwyth) *f.* **4.** *(= tankard):* tancard(-au) (*m*) lledr.

blackjack[2] *v.t.* pastynu.

blacklead[1] *n.* graffit *m*, *F:* blac-led *m.*

blacklead[2] *v.t.* blacledio.

blackleg[1] *n. Ind: F:* bradwr(-s, bradwyr) *m*, *S:* blacleg(-s) *m.*

blackleg[2] *v.i. Ind:* bradychu['ch cydweithwyr], gweithio yn lle streicwyr, blaclegio, bod yn fradwr.

blackleg[3] *n. Vet:* y clwy du *m*, y fwren ddu *f*, y chwarren ddu *f*, y clwy byr *m*, y dolur byr *m*, y chwarter du *m*, y blaened *f*, y blaned *f.*

blacklist *v.t.* gwahardd, esgymuno, ysgymuno, *Lit:* diofrydu; *Lib:* cosbrestru.
blacklisted *a.* dan waharddiad, dan gabl, gwaharddedig, esgymun, ysgymun.
blackly *adv.* yn ddu, yn guchiog, yn ffromllyd, yn sarrug, dan eich [y]sgafell, dan eich cuwch.
blackmail[1] *n.* blacmel *m*, *Lit: occ:* bygythbris *m*.
blackmail[2] *v.t.* blacmelio.
blackmailer *n.* blacmeliwr (blacmelwyr) *m*.
Blackmill *W.Pl.n.* Melin (*f*) Ifan Ddu.
blackness *n.* *(a)* düwch *m*, lliw du *m*; *(of the night):* tywyllwch *m*, düwch; *(b) (= negritude):* negroeiddiwch *m*.
blackout *n.* **1.** *Civil Defence:* tywyllu *vn*, llwyrddüwch *m*, *F:* blacowt: blac-owt *m*. **2.** *(= failure of electricity):* diffoddiad(-au) *m*, diffodd *vn*, toriad(-au) (*m*) trydan, pall(-iadau) (*m*) trydan. **3.** *Physiol:* llewyg(-on) *m*, *F:* blacowt(-s) *m*.
Blackpill *W.Pl.n.* Dulais *m*.
blackpoll *n.* *Orn:* telor(-ion,-iaid) penddu *m*.
blackquarter *n.* *Vet:* = **blackleg**[3].
blackseed *n.* = **medick (black)**.
blackshirt *n.* crys du (crysau duon) *m*, ffasgydd (ffasgwyr) *m*.
blacksmith *n.* gof(-aint) *m*, *occ:* gof du; **~'s hearth,** tân (*m*) gof.
blacksnake *n.* *Rept:* neidr ddu (nadroedd duon) *f*.
blackthorn *n.* **1.** *Bot:* draenen ddu (drain duon) *f*, *N.W: occ:* perthen (perthi) *f*. **2.** **~ [cudgel],** ffon (*f*) ddraenen ddu (ffyn drain duon). **~ winter** *n.* yr hirlwm *m*.
blacktop *n.* *Civ.E: U.S:* wyneb du *m*.
blackwash *v.t.* *U.S:* dinoethi, datgelu.
blackwater *n.* = **black-water**.
blackwood[1] *n.* *Bot:* pren du (prennau duon) *m*, coeden ddu (coed duon) *f*.
Blackwood[2] *W.Pl.n.* Y Coed Duon *pl*.
bladder *n.* *(a) Anat: &c:* pledren(-ni,-nau) *f*; *S.a.* **air-bladder, gall-bladder; swim ~,** pledren nofio; *Vet:* **water-~,** chwysigen (*f*) ddŵr (chwysigod dŵr). **~ campion, ~ catchfly** *n.* *Bot:* llysiau(*pl*)'r poer, codrwth *m*, gludlys [cyffredin] *m*, menig (*pl*) y gog, gelyn (*m*) y clêr. **~ fern** *n.* *Bot:* rhedynen godog (rhedyn codog) *f*; **brittle ~ fern,** rhedynen frau (rhedyn brau). **~ herb** *n.* *Bot:* ceiriosen (ceirios) (*f*) y gaeaf. **~ senna** *n.* *Bot:* senna codog *m*.
bladderless *a.* dibledren, heb bledren.
bladderlike *a.* fel pledren, pledrennaidd.
bladdernose *n.* *Z:* morlo(-i) cwflog *m*.
bladdernut *n.* *Bot:* cneuen godog (cnau codog) *f*, *A:* dagrau (*pl*) Adda.
bladderseed *n.* *Bot:* *codoglys *m*.
bladderworm *n.* *Ann:* llyng[h]yren godog (llyngyr codog) *f*.
bladderwort *n.* *Bot:* *(Utricularia):* chwysig|enwraidd *pl*, chwysigenddail *pl*; **greater ~** *(U. vulgaris):* chwysigenwraidd cyffredin, chwysigenddail cyffredin; **intermediate ~,** *(U. intermedia):* chwysigenddail *&c* canolig; **lesser ~,** *(U. minor):* y chwysigenddail *&c* lleiaf.
bladderwrack *n.* *Algae:* gwymon codog *m*.
bladdery *a.* pledrennog.
blade *n.* **1.** *(of grass):* glaswelltyn (glaswellt) *m*, blewyn (*m*) gwellt, gwelltyn (gwellt) *m*, gweiryn (gwair) *m*; **corn in the ~,** ŷd yn yr hosan (*f*), ŷd yn yr egin/eginyn (*m*). **2.** *(a) (of knife, sword &c):* llafn(-au) *m*; **backed ~,** llafn gwegilog; **strangulated ~,** llafn gyddfain; **truncated ~,** llafn cwta; *Fenc:* **to take the ~,** *(prise de fer):* cymryd y llafn; *(b) (= sword):* *F:* cleddau (cleddyfau) *m*, cleddyf(-au) *m*, *Lit:* cledd(-yfau) *m*; *(= young man):* llafn: llefnyn (llafnau) *m*; *F:* **he's a regular ~,** mae ef yn dipyn o lanc; mae'n llefnyn. **3.** *(of oar, propellor, bat, spade, turbine &c):* llafn, palf(-au) *f*, pâl (palau) *f*; *(of fan):* asgell (esgyll) *f*, llafn. **4.** *(of tongue):* llafn, fflat *m*. **5.** *Anat: (of shoulder):* palfais (palfeisiau) *f*. **~-bone** *n.* **1.** *Anat:* asgwrn (*m*) palfais (esgyrn palfeisiau). **2.** *Cu:* sbawd (sbodau) *f*. **~ core** *n.* craidd (*m*) llafnau. **~ technique** *n.* *Archeol:* techneg (*f*) llunio llafnau.
bladed *a.* *(a) (machine &c):* llafnog, â llafn; *(b) (propellor &c):* llafnog, palfog; **three-~ propellor,** propelor/sgriw tair palf.
bladefish *n.* *Ich:* r[h]uban(-au) (*m*) môr.
bladeless *a.* **1.** di-lafn, heb lafn; **2.** heb balf, di-bâl, heb bâl.
bladelet *n.* llefnyn (llefnynnau) *m*; **backed ~,** llefnyn gwegilog.
bladelike *a.* fel llafn, llafnaidd, palfaidd.
blaeberry *n.* = **bilberry**.
Blaenavon *W.Pl.n.* Blaenafon *m*.
blague *n.* = **humbug, claptrap**.
blagueur *n.* rwdlyn(-nod) *m*.
blah[-blah] *n.* **1.** cleber: clebar *mf*, rwdl *mf*, rwtsh-ratsh *m*, baldordd *m*, brebliach *m*, blerwm-blerwm *m*. **2.** *U.S:* **the blahs,** y felan *f*.
blain *n.* **1.** = **blister**[1], **pustule. 2.** *esp. Vet:* y bothell *f*, llyffantwst *m*, clwy(*m*)'r llyffant, llyffant (*m*) tafod, tafodwst *m*.
Blaina *W.Pl.n.* Y Blaenau *pl*.
blamable *a.* = **blameworthy**.
blamableness *n.* beiusrwydd *m*.
blamably *adv.* yn feius.
blame[1] *n.* **1.** *(= condemnation):* bai *m*, *Lit:* dannod *m*, danod[i]aeth *mf*, danodiad *m*, edliwiad *m*. **2.** *(= responsibility):* bai, cyfrifoldeb *m*; **the ~ is mine,** arnaf i y mae'r bai; myfi sy'n gyfrifol; fy mai i ydyw; myfi sydd ar fai; **to lay/put/cast the ~ for sth upon s.o.,** rhoi bai am rth ar rn; **to bear/get the ~ for sth,** cael y bai am rth, *N.W: occ:* cael drwg am rth.
blame[2] *v.t.* beio; **to ~ s.o. (for sth),** beio rhn, rhoi'r bai ar rn, bwrw'r bai ar rn, gweld bai ar rn (am rth); **I don't ~ you,** ni welaf i ddim bai arnoch chi; **~ it on him,** rhowch y bai arno ef; **he is to ~,** ef sydd ar fai.
blamed *a. & adv.* **1.** *a.* beius, ar fai. **2.** *a. & adv.* *U.S:* = **damned**.
blameful *a.* ar fai, beius.
blamefully *adv.* yn feius.
blameless *a.* diniwed, difai, di-fai, difeius, dieuog.
blamelessly *adv.* yn ddi-fai *&c*; heb fai.
blamelessness *n.* difeiedd *m*, dieuogrwydd *m*, diniweidrwydd *m*.
blameworthy *a.* ar fai, beius.
blanch *v.t.&i.* **1.** *v.t.* *(a) (celery &c):* gwynnu; *(almonds):* hifio, masglu, gwynnu; *(meat &c by scalding):* sgaldio, sgaldanu, gwynnu; *(b) Poet: (of illness &c):* gwelwi; *(c)* **to ~ over** = **whitewash**[2]. **2.** *v.i.* *(a) (of hair &c):* gwynnu, britho, mynd yn wyn; *(b) (of pers.):* gwelwi, gwynlasu, glaswynnu, mynd fel y galchen, mynd yn welw/llwydwelw.
blanched *a.* *(almonds &c):* can, wedi ei (*&c*) wynnu.
blancher *n.* gwynnwr (gwynwyr) *m*, cannwr (canwyr) *m*.
blancmange *n.* ***blancmange(-s)*** *m*, jeli gwyn (jelïau gwynion) *m*, blom|onj (blomonjis) *m*, blwm|onj (blwmonjis) *m*.
blanco[1] *n.* *Mil:* past gwyn *m*, blanco *m*.
blanco[2] *v.t.* *Mil:* gwynnu.
bland *a.* **1.** *(pers., speech):* *(= amiable):* mwyn, mwynaidd, tyner, tirion, *F:* clên, *Lit:* llariaidd, llarïaidd, hygar, mwyndeg, llednais; *(= smooth):* llyfn (*f.* llefn, *pl.* llyfnion), esmwyth, digyffro; *Iron: Pej:* neis-neis, gwên-deg, siwgraidd, gwên-blês, gwên-plês. **2.** *(air, food, drink):* diddrwg-d[d]idda, diafael, di-ffrwt, di-awch, merfaidd, di-flas, merllyd, merf; *Cu:* **~ diet,** d[e]iet tyner/meddal/lleddfol *m*, cwrs (*m*) bwyd esmwyth/lleddfol.
blandish *v.t.* gwenieithio, seboni, cocsio (rhn); dwyn perswâd (ar rn); *N.W: occ:* gwerthu blawd/lledod/sebon (i rn).
blandisher *n.* gwenieithiwr (gwenieithwyr) *m*, gwen|ieithwraig *f* sebonwr (sebonwyr) *m*, seb|onwraig *f*.
blandishment *n.* gweniaith *f*, gwên deg *f*, geiriau teg *f*, perswâd *m*; *(usu.pl):* perswadio/cocsio/seboni *vn*.
blandly *adv.* yn fwyn *&c*.
blandness *n.* **1.** *(a) (= amiability):* addfwynder *m*, mwynder *m*, hynawsedd *m*, tynerwch *m*, llari|eidd-dra *m*, *F:* clenrwydd *m*; *(b) (smoothness of manner):* llyfndra *m*, lledneisrwydd *m*. **2.** *(of climate):* mwynder *m*, addfwynder *m*; *(of diet, taste):* merf|eidd-dra *m*, merfdra *m*, diffyg (*m*) blas, diflasrwydd *m*, diflastod *m*.
blank[1] *a.* **1.** *(a)* gwag (gweigion), *occ:* gweilydd, gweili; *Cmptr:* **~ disk,** disg [g]wag (disgiau gweigion) *mf*; **~ paper,** papur gwag *m*; **~ page,** tudalen wag (tudalennau gweigion) *f*, tudalen gwag (tudalennau gwag/gweigion) *m*, tudalen gweili (tudalennau gweili) *m*, tudalen weili (tudalennau gweili) *f*; **~ leaf,** dalen wag (dalennau gweigion) *f*, dalen weili (dalennau gweili); *(b)* **~ cheque,** siec wag (sieciau gweigion) *f*; **to give s.o. a ~ cheque to do sth,** gadael i rn wneud y peth a fyn[n]/fynno, rhoi rhyddid llwyr i rn wneud yr hyn a fyn[n]/fynno, rhoi penrhyddid i rn; *Cmptr:* **~-fill** *(i) v.t.* gwag lenwi; *(ii) n.* gwag lenwad(-au) *m*; *Com: Fin:* **~ transfer,** trosglwyddiad penagored *m*; *(c)* **~ space,**

lle gwag (lleoedd gweigion) *m*; *Typ:* gofod *m*, bwlch (bylchau) *m*; *(d)* **~ verse,** mesur diodl *m*, mesur moel; *S.a.* **cartridge. 2.** *(a)* **~ existence,** bodolaeth wag *f*, bywyd gwag *m*; **~ wall,** *(featureless):* mur diaddurn/gwag/moel *m*; *Arch: (= without openings):* mur di-fwlch; **~ window,** ffenestr wag (ffenestri gweigion) *f*; *(b)* **to look ~,** edrych yn syn/ddi-glem; **a ~ look,** golwg ddifynegiant/wag *f*; **my mind was ~,** 'roedd fy meddwl yn wag; 'roedd pall ar fy nghof; *(c)* **~ astonishment,** syndod llwyr *m*; **~ despair,** anobaith llwyr *m*; **~ impossibility,** peth cwbl amhosibl *m*.

blank² *n.* **1.** *(a) U.S: (= form¹ 3. (b)):* ffurflen(-ni) *f*; *(= blank space):* lle gwag (lleoedd gweigion) *m*, bwlch (bylchau) *m*; **to leave a ~,** gadael bwlch; *(in one's memory):* bwlch; **my mind has gone a complete ~,** ni allaf gofio dim; 'does gennyf mo'r syniad lleiaf; 'does gennyf yr un clem; mae fy nghof/meddwl wedi pallu'n llwyr; *(b)* **to fire off a ~ [shot],** tanio cetrisen wag; *(c) (of target):* llygad *m*, gwyn *m*; *S.a.* **point-blank**; *(d) Dominoes:* **double ~,** blanc dwbl *m*; *(e) Cmptr:* gwacter(-au) *m*. **2.** *(in lottery &c):* tocyn gwag (tocynnau gweigion) *m*; *S.a.* **draw² 3. 3.** *(a) Mint:* blanc(-iau) *m*, darn gwag (darnau gweigion) *m*; *(b) Metalw:* blanc; **domed ~,** blanc crymdro; *(key):* allwedd wag (allweddi gweigion) *f*; **4.** *Archeol:* brasffurf(-iau) *f*.

blank³ *v.t.* **~ off,** cuddio, sgrinio.

blanket¹ *n.* **1.** *(a)* blanced(-i) *f*, *N:* planced(-i) *f*, *Lit: occ:* gwrthban(-nau) *m*, *S: occ:* carthen(-ni) *f*; *F:* **a wet ~,** Jeremeia(-s) *m*, wyneb(-au) *(m)* ffidil, cadach(-au) gwlyb *m*, rhn (rhai) wyneplaes *m*, *S.W:* rhn sychbrin; *F:* **he was born on the wrong side of the ~,** plentyn siawns yw ef; plentyn llwyn a pherth yw ef; *(b) (= native dress):* hugan(-au) *f*. **2.** *(a) Typ: (= press):* blanced(-i) *f*; *(b) (of snow &c):* mantell *(f)* o eira, trwch *(m)* o eira, caenen *(f)* o eira, blanced o eira. **3.** *attrib.* cynhwysfawr, cyffredinol, hollgynhwysfawr; **~ agreement,** cytundeb cynhwysfawr *m*; **~ coverage,** sylw cynhwysfawr *m*; **~ order,** gorchymyn cyffredinol *m*. **~ bath** *n.* bath(-s) *(m)* mewn blanced. **~ flower** *n. Bot:* ***gaillardia*** *m*, carthen *(f)* wely. **~ roller** *n. Lib:* rholyn atredol *m*. **~ stitch** *n. Needlew:* pwyth(-au) *(m)* blanced.

blanket² *v.t.* **1.** *(i) (bed &c):* gorchuddio, blancedu (rhth); rhoi gorchudd/blanced (ar rth); *(ii) Fig:* gorchuddio (rhth), cadw (rhth) yn dawel. **2.** *Nau:* **to ~ another vessel,** mynd â'r gwynt o hwyliau llong arall, cysgodi llong arall.

blanketed *a.* dan orchudd, dan flanced; **(streets) ~ with snow,** (strydoedd) yn drwch o eira, dan orchudd/haen/gaenen o eira.

Blanketeers *n.pl. Hist:* Blancedwyr.

blanketing *n.* **1.** *(= blankets)*; blancedi *pl.* **2.** *Tex: Com:* brethyn *(m)* blancedi.

blanketless *a.* diflanced, heb flanced, diorchudd.

blankly *adv.* **1. to look ~ at s.o.,** *(a) (surprisedly):* edrych yn syn/hurt ar rn; *(b) (emptily):* edrych yn ddifynegiant/wag ar rn. **2. (to deny sth) ~,** (gwadu rhth) yn llwyr, ar ei ben.

blankness *n.* **1.** *(= puzzled look):* dryswch *m*, golwg ddryslyd *f* (ar rn); *(= lack of expression):* golwg wag/ddifynegiant *f* (ar rn). **2.** *(of mind):* gwacter *m* [meddwl].

blanquette *n. Cu:* **~ [of veal],** cig *(m)* llo mewn sôs gwyn.

blare¹ *n.* *(a) (of trumpet):* utganiad(-au) *m*; *(b) (any noise):* twrw *m*, sŵn aflafar *m*, sŵn croch.

blare² *v.i.&t.* **1.** *v.i. (of trumpet):* seinio, canu, utganu. *(b)* **the radio is blaring away,** mae'r radio'n cadw sŵn; mae'r radio'n gwn|eud twrw; mae'r radio'n rhuo. **2.** *v.t.&i. (of pers.):* bloeddio, rhuo, gweiddi, arthio, crochleisio, crochlefain, rhefru; **the band blared [out] a tune,** seiniodd/utganodd y band dôn.

blaring *a.* aflafar, swnllyd, croch.

blarney¹ *n.* **1.** dawn *(f)* siarad, dawn dweud, huodledd *m*, tafod llithrig *m*. **2.** *F: (= nonsense)*; malu *(vn)* awyr, cocsio *vn*, *N:* rwdl *mf*, lol *f*, lolian *vn*, rwdl[i]an *vn*.

blarney² *v.t.&i.* **1.** *v.t.&i. F:* gwenieithio, seboni (rhn); *N.W: occ:* gwerthu lledod/blawd/sebon (i rn); ffalsio (ar rn); *S:* cocsio, rhico, llio (rhn). **2.** *v.i.* lolian, rwdlian, cocsio, seboni *&c*.

blasé *a.* ***blasé,*** wedi syrffedu, wedi diflasu, wedi alaru, difraw, didaro.

blaspheme *v.t.&i.* cablu.

blasphemer *n.* cablwr (cablwyr) *m*, cableddwr (cableddwyr) *m*.

blasphemous *a.* cableddus.

blasphemously *adv.* yn gableddus.

blasphemousness *n.* cabledd *m*.

blasphemy *n.* cabledd(-au) *m*.

blast¹ *n.* **1.** *(a) (of wind):* chwa(-on,-oedd) *f*, chwyth(-iadau) *m*, hwrdd (hyrddiau) *m*, chwythiad(-au) *m*, chwythad(-au) *m*, *S.W: occ:* cwthwm (cythymau) *m*; **a ~ of steam,** chwythiad o ager, ffrwd (ffrydiau) *(f)* o ager. **2. a ~ on a whistle,** chwibaniad(-au) *m*; **a ~ on a siren,** caniad *(m)* corn (caniadau corn/cyrn); *Nau:* **to sound a ~,** canu corn; **a ~ on a trumpet,** caniad *(m)* utgorn, utganiad(-au) *m*. **3.** *Metalw: (= draught):* tynfa *f*, gwynt *m*, llif *(m)* aer, chwythiad; **to be in ~,** bod yngh|ynn, tynnu; **(to work) at full ~,** (gweithio) eich gorau glas, ar eich eithaf, ar eithaf eich egni, ar eithaf eich gallu, hynny fedrwch chi, nerth deng ewin, *F:* fel lladd nadroedd; *S.a.* **sandblast. 4.** *(a) Ball:* taniad(-au) *m*; *(b) Min: &c:* ffrwydr[i]ad(-au) *m*, taniad, *S:* fflachad(-au) *f*; *(= charge of explosive):* pelen(-ni) *f*. **5.** *(on plants = blight):* rhwd *m*, mallter *m*, malltod *m*, cawod *f*. **~-action** *n. Bot:* gwaith *(m)* pelydru. **~-effect** *n. Mil:* effaith *(f)* taniad. **~-engine** *n. Ind:* peiriant *(m)* chwythu, chwythwr (chwythwyr) *m*. **~-furnace** *n.* ffwrnais (ffwrneisi, ffwrneisiau) *(f)* chwyth. **~-hole** *n. Min:* twll (tyllau) *(m)* tanio. **~ injury** *n. Med:* niwed (niweidiau) *(m)* ffrwydr[i]ad. **~-off** *n. Aer:* tanio *vn*, taniad(-au) *m*; **we have ~-off,** dyma hi'n codi. **~-pipe** *n. Metall: Av: Aer:* pibell(-i,-au) *(f)* chwythu, tröwr (trowyr) *(m)* gwynt. **~-screen** *n. Av:* sgrîn *(f)* wynt (sgriniau gwynt).

blast² *v.t.&i.* **1.** *v.t. (a) (= explode): Min: S: N:* tanio, saethu, chwythu, *S: occ:* gweithio, *Lit:* ffrwydro; *Biol: Ch: &c: (= blow air on sth):* chwythellu; **to ~ a rock,** saethu craig, chwythu craig; **to ~ out trees,** saethu coed; *(b) (= scorch, blight):* llosgi, deifio, serio, mallu; *(= ruin):* difetha, dinistrio; **to ~ s.o.'s hopes,** difa/difetha/chwalu/chwilfriwio gobeithion rhn; *(c) (of lighthouse):* taro; *(d) int.* **~ [it]!** *N:* daria [fo]! go draps las! damia [fo]! dacia [fo]! *S:* [go] dam[i]o fe, wfft iddo fe! yn boeth y bo fe! daro! drato fe! deico fe! **2.** *v.i.* **to ~ off,** tanio, codi.

blasted *a.* **1. a ~ heath,** rhostir diffaith *m*; *(tree):* melltendrawedig, wedi ei tharo gan fellten; *(= withered):* crin, deifiedig. **2.** *P:* **= damned.**

blastema *n. Biol:* blastema(-ta, blastemâu) *m*.

blastematic, blastemic *a.* blastemig.

blaster *n.* **1.** *Min:* taniwr (tanwyr) *m*, *S: occ:* siotsman (siotsmyn) *m*. **2.** *(weapon):* taniwr (tanwyr) *m*.

blasting *vn.* **1. = blast²**; taniad(-au) *m*, ffrwydr[i]ad(-au) *m*; *P.N:* **'~ in progress,'** "taniadau". **2.** *W.Tel:* bloeddio *vn*, bloeddiadau *pl.* **~ off** *vn.* taniad(-au) *m*, tanio. **~ powder** *n. Min:* powdwr du *(m)*, powdwr tanio.

blastochore *n. Bot:* bl|astocor (blastocorau) *m*.

blastochyle *n. Z:* bl|astocyl *m*.

blastocoel *n. Z:* bl|astosel (blastoselau) *m*.

blastocoelic *a.* bl|astoselig.

blastocyst *n. Z:* bl|astosyst (blastosystau) *m*.

blastoderm *n. Biol:* bl|astoderm (blastodermau) *m*.

blastodermic *a. Biol:* blastodermig.

blastodisc *n. Z:* bl|astodisg (blastodisgiau) *m*.

blastogenesis *n. Biol:* blastog|enesis *m*, *egingenhedliad(-au) *m* *(pronounced* ng-g).

blastogenic *a. Biol:* blastogenig.

blastomere *n. Biol:* bl|astomer (blastomerau) *m*.

blastomeric *a. Biol:* blastomerig.

blastophor *n. Biol:* bl|astoffor (blastofforau) *m*.

blastopore *n. Biol:* bl|astopor (blastoporau) *m*.

blastosphere *n. Biol:* bl|astosffer (blastosfferau) *m*.

blastula *n. Biol:* bl|astwla (blastwlâu) *m*, eginyn(-nau) *m*.

blastular *a. Biol:* blastwlaidd.

blastulation *n. Z:* blastwliad *m*.

blatancy *n.* *(a) (= shamelessness):* haerllugrwydd *m*, digywil|ydd-dra *m*, wynebgaledwch, *S.W:* ewndra *m*; *(b) (= obviousness):* amlygrwydd *m*, noethni *m*.

blatant *a.* **1.** *(= shameless):* digywilydd, haerllug, eofn, hyf, wynebgaled, talgryf, *S.W:* ewn. **2.** *(injustice &c):* amlwg, agored, trawiadol; *(lie):* noeth.

blatantly *adv.* yn ddigywilydd *&c*; yn amlwg.

blather *v. & n.* **= blether¹,².**

blatherskite *n.* malwr (malwyr) *(m)* awyr.

blaubok *n. Z:* blawboc(-iaid) *m*, bwch glas (bychod gleision) *m*.

blaze¹ *n.* **1.** *(a) (of fire):* coelcerth(-i) *f*, tanllwyth(-i) *m*, ffagl(-au) *f, Lit:* goddaith (goddeithiau) *m, occ:* holwy *m*; **a ~ of fire,** ffagl dân, *S:* ffagl fflwch, *N:* eirias (*m*) o dân, tân eirias *m*, *S. W: occ:* ranshyn (*m*) o dân; **in a ~,** yn fflamau, ar dân, yn ffagl, yn wenfflam; **to set sth in a ~,** ffaglu/fflamio rhth, rhoi rhth ar dân, rhoi rhth yn wenfflam; **to burst [out] into a ~,** mynd yn wenfflam, ffaglu, fflamio, mynd ar dân, tanbeidio, ymfflamychu; **in the ~ of day,** gefn dydd golau, yng ngwres y dydd, yng nghanol y dydd; *(b)* **a ~ of anger,** ffrwydr[i]ad (*m*) o lid. **2.** *(of sun, jewels):* tywyniad(-au) *m*, pelydriad(-au) *m*, llewy[r]ch *m*; **to end in a ~ of glory,** darfod yn ogoneddus, darfod mewn gogoniant; **a ~ of publicity,** cyhoeddusrwydd tanbaid/llachar *m*. **3.** *pl. F: (a)* **go to blazes!** dos (ewch) i'r diawl! dos i gythraul! i'r diawl â thi (chi)! dos/cer (ewch) i grafu! *(b)* **what the blazes!** beth goblyn! beth gebyst! beth gynllwyn! beth gythgam! *V:* beth ddiawl! beth gythraul! beth uffern! *Iron:* **like blazes, I will,** gwnaf, o ddiawl! **to go like blazes,** mynd fel fflamiau, mynd fel cath ar dân, mynd fel Jehu, mynd nerth eich traed/olwynion *&c*, taranu mynd, mynd fel cath i gythraul, sgrialu mynd, pydru mynd, *S:* sgathru. **~ orange** *a. & n.* oren tanbaid *m*.

blaze² *v.i. (a) (of fire &c):* fflamio, ffaglu, *Lit:* tanbeidio, goddeithio; *(of sun, colours):* fflamio, tywynnu, pelydru, llewy[r]chu; *(of jewels, metals):* disgleirio, gwreichioni, caneitio, pefrio; *(b) (of pers.):* **to ~ with anger,** fflamio, ffaglu, gwylltio'n lân, cynddeiriogi, mynd yn fflam dân, mynd yn gaclwm wyllt/ulw, *S. W:* bod yn wyllt gacwn, bod yn benwan, bod yn ynfyd [grac], *Lit:* llidio, ffyrnigo, brochi; **"never," he blazed,** "byth," meddai'n danbaid; *See* **anger¹**, **angry**. **~ away** *v.i.* **1.** *(of fire):* llosgi'n wyllt, llosgi'n wenfflam; *(of light, sun):* tywynnu'n gryf. **2. to ~ away** *(= shoot)* **at the enemy,** tanio'n ddibaid/wyllt *&c* ar y gelyn. **~ down** *v.t.* tywynnu, tanbeidio. **~ out** *v.i.* **1.** *(a) (of fire):* ffaglu, cynnau, fflamio; *(b) (of the sun):* tywynnu [yn sydyn]; *(c) (of pers.):* ymfflamychu, dechrau fflamio, siarad yn danbaid; **to ~ out (at s.o.),** rhuo, bloeddio, arthio (ar rn). **~ up** *v.i.* **1.** *(of fire):* cynnau, fflamio, ffaglu, tanbeidio. **2.** *(of pers.):* fflamio, cynddeiriogi, ffyrnigo, gwylltio, ymfflamychu, mynd o'ch cof, *S. W:* colli natur, mynd yn grac, mynd yn benwan, *N.E:* gwyniasu, *N. W:* colli'ch limpin, cael gwyllt, myllio.

blaze³ *n.* **1.** *(on face of horse, ox):* seren (sêr) *f*. **2.** *(on tree):* **~ [mark],** ysgythrad(-au) *m*, hicyn (hiciau) *m*, hic(-iau) *m*, rhicyn (rhiciau) *m*, rhic(-iau) *m*; *Surv:* arwyddnod(-au) *mf*.

blaze⁴ *v.t. (a tree):* ysgythru, hicio, rhicio; **to ~ a trail through a forest,** *(a)* nodi/torri llwybr drwy fforest; *(b)* **to ~ a trail,** *Fig: (= pioneer):* arloesi, torri llwybr, torri cwys newydd, dangos y ffordd, *F:* ledio'r ffordd.

blaze⁵ *v.t. (= publicize):* taenu, cyhoeddi; **to ~ a rumour abroad,** taenu si ar led.

blazer *n. Cost: Sp:* blaser(-s,-i,-au) *mf*.

blazing *a. (a) (= on fire):* ar dân, yn fflamio, yn wenfflam, yn eirias; *(b) (fire, sun, light):* tanbaid; **~ hot,** chwilboeth, eirias, eiriasboeth, gwynias; **a ~ fire,** tanllwyth (*m*) o dân, coelcerth (*f*) o dân, *occ:* holwy (*m*) o dân, *S. W:* ranshyn (*m*) o dân; *(eyes):* tanbaid; *(quarrel):* gwyllt, tanbaid; **they had a ~ row,** fe aeth yn ffrae wyllt rhyngddynt; ffraeasant yn benben; *(c) Ven:* **~ scent,** trywydd poeth/trwm/ffres *m*; *(d) Bot:* **~ star,** seren danbaid *f*.

blazon¹ *n. Her: (a) (= coat of arms):* arfbais (arfbeisiau) *f*, arfau *pl*, *A:* blesawnt (blesawns) *m*; *(b) (= heraldic description):* disgrifiad(-au) herodrol *m*; *(c) (= record of virtues):* cofnod(-ion) *m*.

blazon² *v.t.* **1.** *Her: (= describe, interpret):* egluro arwyddion (arfbais); *(= paint):* tynnu arfau, peintio arwyddion (arfbais). **2.** *(= adorn):* addurno, gwychu, harddu [ag arwyddion herodrol]. **3.** *(= exalt virtues &c):* mawrygu, clodfori, moli (rhth); canu clodydd (rhth); canmol (rhth) i'r cymylau/entrychion; *S. W: occ:* rhico (rhth) i'r cymylau. **4. to ~ sth forth/out,** cyhoeddi, datgan (rhth); taenu (rhth) ar led.

blazoner *n.* **~ of arms,** eirfydd(-ion) *m*.

blazonry *n.* herodraeth *f*.

bleach¹ *n.* cannydd (canyddion) *m*, dŵr (dyfroedd) (*m*) cannu.

bleach² *v.t.&i.* gwynnu, cannu, diliwio; **to ~ the hair,** lliwio gwallt yn wyn. **~-out process** *n. Phot:* proses (*f*) gannu.

bleached *a.* can, wedi ei gannu, wedi ei wynnu; *Tex:* **half-bleached,** hanner-gwyn, hanner-can.

bleacher *n.* **1.** cannwr (canwyr) *m*, cannydd (canyddion) *m*. **2.** *pl. Sp: U.S: (= benches):* mainc (meinciau) *f*, ffwrwm (ffyrymau) *m*.

bleaching *vn. See* **bleach²**. **~ agent** *n.* cannydd (canyddion) *m*. **~ powder** *n.* powdwr (powdrau) (*m*) cannu. **~ solution** *n.* dŵr (*m*) cannu, toddiant (*m*) cannu.

bleak¹ *n. Ich:* gorwyniad (gorwyniaid) *m*, glasbysgodyn (glasbysgod) *m*.

bleak² *a.* **1.** *(land):* anial, llwm (*f.* llom, *pl.* llymion), noeth(-ion), noethlwm (*f.* noethlom, *pl.* noethlymion), digysgod, moel, oerwag (oerweigion). **2.** *(weather):* oer, gerwin, llwm; *(wind):* oer, main, llym (*f.* llem, *pl.* llymion). **3. ~ prospects,** rhagolygon llwm/digalon; **the prospects are ~,** tywyll yw'r rhagolwg/rhagolygon; *F:* mae hi'n ddiolwg iawn; **a ~ smile,** gŵen ddigalon/drist.

bleakly *adv.* yn llwm; yn drist, yn ddigalon *&c*.

bleakness *n. (a) (of land &c):* noethni *m*, llymder *m*, llymdra *m*, moelni *m*, anialwch *m*, noethlymder *m*, noethlymdra *m*; *(b) (of weather &c):* oerni *m*, gerwindeb *m*, gerwinder *m*. *(c) (of prospects, smile):* digalondid *m*.

blear¹ *a.* = **bleary**.

blear² *v.t.&i.* **1.** *v.t. (= blunt):* pylu. **2.** *v.i. (of eyes):* moli, casglu môl, *N. W:* moelio.

blearily *adv.* yn folog, yn folglafaidd.

bleariness *n.* mologrwydd *m*.

bleary *a.* **1.** *(eyes):* molog, molglafaidd. **2.** *(outline):* aneglur, niwlog, amhendant. **~-eyed** *a.* â llygaid molog/molglafaidd, llygatgoch.

bleat¹ *n.* bref(-au) *f*, brefiad(-au) *m*.

bleat² *v.i.* **1.** brefu, *S. W: occ:* broefad. **2.** *F:* = **complain**.

bleater *n.* brefwr (brefwyr) *m*, br|efwraig *f*.

bleating¹ *a.* brefog, yn brefu.

bleating² *n.* = **bleat¹,²**.

bleatingly *adv.* gan frefu, dan frefu, yn brefu.

bleb *n.* **1.** *(in glass):* chwysigen(-nod, chwysigod) *f*, pothell(-au) *f*, *F:* swigen (swigod) *f*. **2.** *(on skin):* pothell(-au).

blebby *a.* pothellog.

bled *a. Typ:* **~ off illustration,** darlun(-iau) tawdd *m*, darlun heb dalar.

bleed¹ *n.* **1.** *F:* gwaed *m*, gwaedlif(-oedd) *m*, gwaedlin: gwaedling *m*, gwaedu *vn*; *(of vine &c):* diferion *pl*, dafnau *pl*; *Surg:* gwaediad(-au) *m*. **2.** *(of gas &c):* gollyngiad(-au) *m*, gollwng *vn*.

bleed² *v.t.&i.* **1.** *v.t. (a)* gwaedu; *Aut:* **to ~ a brake,** gollwng aer o frêc/frâc, gwaedu brêc/brâc; **to ~ s.o. for money,** cael arian o groen rhn; **to ~ oneself white to pay,** talu â'ch gwaed, gwario hyd at y ddimai olaf i dalu, blingo'r gath at ei chynffon i dalu; **to s.o. white,** gwaedu rhn yn wyn, gwaedu rhn hyd at y diferyn/defnyn olaf, *S. W:* hala pob ceiniog i dalu; *(b) Typ:* **to ~ an illustration,** estyn/toddi darlun. **2.** *v.i. (a)* gwaedu, colli gwaed; **my heart bleeds for her,** mae fy nghalon i'n gwaedu drosti; *(b) (of tree &c):* diferu, gollwng, gwaedu; *(of dye):* colli lliw; *(c) Civ.E: &c: (of rivetted joints; of water, gas &c):* gollwng, diferu, nawsio. **~ nipple, ~ valve** *n.* falf (*f*) ollwng (falfiau gollwng).

bleeder *n.* **1.** gwaedwr (gwaedwyr) *m*, gw|aedwraig (gwaedwragedd) *f*. **2.** *V:* cythraul (cythreuliaid) *m*, diawl(-iaid) *m*.

bleeding¹ *a.* **1.** gwaedlyd, clwyfus. **2.** *P:* = **bloody¹ 2. ~ heart** *n. Bot: &c:* calon waedlyd *f*, calon glwyfus. **~ nun** *n. Bot:* = **cyclamen, sowbread**.

bleeding² *vn.* gwaedu.

bleep¹ *n.* bib(-au) *m*; *F:* **not a ~,** dim ebwch (*m*), dim siw na miw.

bleep² *v.i.* bipian.

bleeper *n.* bipiwr (bipwyr) *m*.

bleeping¹ *a.* biplyd; **a ~ sound,** sŵn bipian.

bleeping² *n.* = **bleep¹,²**.

blemish¹ *n.* **1.** *(= defect):* nam(-au) *m* **(in sth,** ar rth), diffyg(-ion) *m* (yn rhth), *Lit:* mefl(-au) *m* (ar rth). **2.** *(= stain, mark):* brycheuyn (brychau) *m*, staen(-iau) *m*; **without ~,** di-fefl, difrycheulyd, di-nam, difreg, dilychwin, dihalog, di-staen.

blemish² *v.t.* llychwino, difetha, staenio.

blemisher *n.* staeniwr (staenwyr) *m*, llychwinwr (llychwinwyr) *m*.

blench *v.i.* gwingo, *M. W:* chwitho.

blend[1] *n.* cymysgedd(-au) *mf*, cymysgfa(-oedd) *f*, cyfuniad(-au) *m*; *Needlew:* cydweddiad(-au) *m*, blend(-iau) *m*.

blend[2] *v.t.&i.* **1.** *v.t.* **to ~ (sth with sth)**, cymysgu, cyfuno (rhth â rhth); *Cu:* cymysgu, blendio (rhth â rhth). **2.** *v.i.* ymgymysgu, cymysgu, ymdoddi; *Biol:* cymhlithio; *Needlew:* blendio, cydweddu; **their voices ~ well,** mae eu lleisiau'n ymdoddi'n dda i'w gilydd; **(these colours do not) ~ well,** (nid yw'r lliwiau hyn) yn cytuno â'i gilydd, yn gweddu i'w gilydd, yn mynd yn dda gyda'i gilydd.

blende *n. Min:* blend *m*.

blended *a.* cymysg, cymysgedig; **~ food,** bwyd cymysg *m*, bwyd mysgol; *Needlew:* **~ fabric,** ffabrig cymysg *m*; *Jur:* **~ inheritance,** etifeddiaeth gymhlith (etifeddiaethau cymhlith) *f*.

blending *n.* cymysgiad(-au) *m*; *(of qualities &c):* cyfuniad(-au) *m*.

blennioid *a. Ich:* bleniïaidd.

blennorrhagia *n. Med:* gwynred *m*, y gwynion *pl*.

blennorrhoea *n. Med:* llyslif *f*, blenorhea *m*.

blenny *n. Ich:* llyfrothen (llyfrothod) *f*, siani (sianïaid) *f*; **Arctic ~,** llyfrothen yr Arctig; **black-faced ~,** llyfrothen benddu'r Gogledd (llyfrothod penddu'r ~); **butterfly ~,** llyfrothen adeiniog; **common ~, Montagu's ~,** llyfrothen benddu, siani; **snake ~,** llyfrothen fain (llyfrothod meinion); **tompot ~,** tompot(-iaid) *m*; **viviparous ~,** = **eel-pout**; **Yarrell's ~,** llyfrothen Yarrell.

blepharitis *n. Med:* llid (*m*) yr amrannau, bleffaritis *m*, amrantwst: amrannwst *m*; **ciliary ~, marginal ~,** llid yr amranflew.

blesbock, blesbuck *n. Z:* bwch (bychod) serennog *m*, blesboc(-iaid) *m*.

blesmol *n. Z:* blesmol(-iaid) *m*.

bless *v.t.* **1.** *(= consecrate):* cysegru, sancteiddio. **2.** *(a)* **God ~ you!** bendith Duw arnat (arnoch)! Duw a'th fendithio (a'ch bendithio)! *(b) (= after sneezing):* rhad arnat ti (arnoch chi)! bendith y Tad! *S: A:* bendith y mamau! **3. to be blessed/blest with sth,** cael eich bendithio â rhth; **I haven't a penny to ~ myself with,** 'does gen i yr un geiniog ar f'elw; *S:* 'does dim clincen gyda fi; 'sdim dime goch 'da fi. **4. to ~ oneself,** *(= make sign of the cross):* ymgroesi, gwn|eud arwydd y groes, *A:* ymswyno; **I blessed my stars,** 'roeddwn i'n diolch i'r drefn; 'roeddwn i'n diolch i drefn rhagluniaeth; 'roeddwn i'n diolch i'r nefoedd; **~ me! ~ my soul! well, I'm blest!** wel, 'dawn i byth o'r fan! wel, ar f'enaid i! *N.W:* wel, 'tawn i'n glem! *S:* hawyr bach! myn asen i! myn brain i! *F:* **I'll be blest if I know,** wn i yn y byd mawr; wn i ar wyneb y ddaear; 'does gen i ddim syniad; *S:* 'does dim clem gyda fi.

blessed *a.* *(a)* bendigedig, cysegredig, *Lit: occ:* bendigaid, bendigol, dedwydd; *B:* **~ are the poor in spirit,** gwyn eu byd y tlodion yn yr ysbryd; **~ are they that mourn,** gwyn eu byd y rhai sydd yn galaru; **~ are the meek,** gwyn eu byd y rhai addfwyn; **~ are they which do hunger and thirst after righteousness,** gwyn eu byd y rhai sydd arnynt newyn a syched am gyfiawnder; **~ are the merciful,** gwyn eu byd y rhai trugarogion; **~ are the pure in heart,** gwyn eu byd y rhai pur o galon; **~ are the peacemakers,** gwyn eu byd y tangnefeddwyr; **the B~ Virgin [Mary],** y Fendigaid Forwyn [Fair]; *A:* Mair Wyry Fendigedig, y Wynfydedig Wyry Fair; **the B~ Trinity,** y Drindod Sanctaidd; **the ~ sacrament,** y sagrafen gysegredig/fendigaid/fendigedig; **~ be Thy name,** bendithier Dy enw; *(b) R.C.Ch:* **the B~ Martyrs,** y Merthyron Gwynfydedig; *(c) W.Myth:* **Brân the B~,** Bendigeidfran *m*; **Cadwallader the B~,** Cadwaladr Fendigaid. *(d) P: (intensive):* **what a ~ nuisance!** am andros/ufflwn/goblyn/uffach o beth diflas! *N:* hen dro! bechod! **I'm ~ if I know!** wn i ddim ar wyneb y ddaear! wn i yn y byd mawr! **what a ~ relief!** dyna ryddhad hyfryd! **~ ignorance,** dedwydd anwybodaeth; **the whole ~ day,** o fore gwyn tan nos; **that ~ boy!** y bachgen goblyn/gynllwyn 'na! *V:* y bachgen gythraul 'na! *S: V:* y crwt diawl 'na!

blessedly *adv.* yn fendigedig.

blessedness *n.* dedwyddwch *m*, bendigeidrwydd *m*, bendigedigrwydd *m*, gwynfyd *m*, gwynfydedigrwydd *m*; *Joc:* **single ~,** bywyd (*m*) braf hen lanc/ferch, dedwyddwch y di-briod.

blesser *n.* bendithiwr (bendithwyr) *m*, bend|ithwraig *f*.

blessing *n.* bendith(-ion,-iau) *f*, *occ:* bendithiad(-au) *m*; **to give/pronounce the ~,** rhoi'r fendith, dweud y fendith; **to ask a ~,** *(at a meal):* gofyn bendith; **with the ~ of God,** drwy ras Duw, drwy/dan fendith Duw; **a ~ in disguise,** bendith gudd (bendithion cudd); **what a ~ it is you didn't get caught in the rain,** dyna fendith na chawsoch eich dal yn y glaw; **~ upon you!** Duw a'th fendithio (a'ch bendithio)! bendith [Duw] arnat (arnoch)! rhad [Duw] arnat (arnoch)! **to count one's blessings,** cyfri'ch bendithion; **full of ~,** llawn bendithion, bendithiol, bendithlon.

blest *a. & n.* **1.** *a.* = **blessed** *(a)*. **2.** *n. F:* y gwynfydedig *pl*, y seintiau *pl*; *Myth:* **the Isles of the B~,** yr Ynysoedd Dedwydd.

blether[1] *n.* gwag-siarad *m*, malu (*vn*) awyr, cleber *mf*; *S.a.* **nonsense**.

blether[2] *v.i.* clebran, gwag-siarad, malu awyr, *S:* siarad/whilia dwli, *N:* ponsio, poitshio, poitshian, paldaruo, ffaldyruo, lolian, rwdl[i]an.

bletherskate *n.* = **blatherskite**.

Bletherston *W.Pl.n.* Trefelen *f*.

Blethva *W.Pl.n.* Bleddfach *m*.

blew *v. See* **blow**[2] **4.**

blewits *n. Fung:* **field ~,** coes las (coesau gleision) (*f*) y maes; **wood ~,** coes las y coed.

blight[1] *n.* **1.** *(a)* malltod(-au) *m*, mallter *m*, clwy *m*, cawod *f*, *N: occ:* y gawod lwyd *f*, llwydni *m*; *(on potatoes):* clwy (*m*) tatws; *(= smut):* penddu *m*; *(b) (by wind, sun):* deifiad(-au) *m*, cochni *m*. **2.** *Ent:* = **aphid**. *S.a.* **apple blight**. **3.** *(= malignant influence):* aflwydd(-au,-ion) *m*, difethdod *m*, difethiad *m*, pla (plâu) *m*, melltith(-ion) *f*; **planning ~,** malltod y cynllunwyr/cynllunio.

blight[2] *v.t.* **1.** *(plants): (of fungus):* mallu, heintio; *(of sun, wind):* deifio, rhuddo, cochi, crino, gwywo. **2.** *(= spoil &c):* difetha, andwyo, diffeithio, difrodi (rhth); amharu (ar rth); **to ~ s.o.'s hopes,** difetha gobeithion rhn.

blightbird *n. Orn:* aderyn (adar) llygadwyn *m*.

blighted *a. (plant):* mallus, wedi llwydo, a malltod arno; *(by wind, sun):* coch(-ion), crin(-ion), gwywedig; *(hopes):* difethedig, gwyw.

blighter *n. P:* **1.** cenau (cenawon) *m*, cnaf(-on) *m*; **you ~!** y cenau iti! **2.** *O: Joc: (= fellow):* bachgen (bechgyn) *m*, boi(-s) *m*, cono(-s) *m*, *N.W: occ:* co' (cofis) *m*, cofi(-s) *m*, *S:* bachan *m*; **poor ~!** truan (trueiniaid) [bach]! *N:* creadur(-iaid) *m*! **you lucky ~!** y cena' lwcus iti! *S.W:* yr hen jaran!

blighty *n. Mil: F: A:* **1.** yr hen wlad *f*, y famwlad *f*. **2. ~ [wound],** anaf(-iadau) (*m*) mynd adre; **home on a ~,** adre wedi'ch clwyfo.

blimey *int. P:* **[cor] ~!** mawredd mawr! brensiach y brain! 'tawn i'n marw! 'dawn i byth o'r fan! *N:* 'rargian! 'ragorol! 'rargoledig! iesgwn! iesgyrn Dafydd! iesgob! *S:* yffach gwyllt!

blimp *n.* **1.** *Aer:* awyrlong fach (awyrlongau bach) *f*, blimp(-iau) *m*. **2.** *Cin: U.S:* gorchudd(-ion) gwrthsain *m*. **3. Colonel B~,** Blimp(-iaid) *m*, Blimpyn (Blimpiaid, Blimpod) *m*, Tori (Toriaid) rhonc *m*.

Blimpish *a.* Blimpiyd, Blimpaidd.

Blimpishness *n.* ceidwadaeth ronc *f*, Toriaeth ronc *f*, rhoncrwydd *m*, archgeidwadaeth *f*, arch-Doriaeth *f*, Blimpaeth *f*, Blimpeiddiwch *m*.

blind[1] *a.* **1.** dall (deillion), *N.W: occ:* tywyll; **~ from birth,** dall o'ch geni; **half ~,** hanner-dall, *Lit:* cibddall, coegddall; **~ people, the ~,** y deillion *pl*; *Prov:* **in the country of the ~ the one-eyed man is king,** tywysog unllygeidiog yng ngwlad y deillion; **the North Wales Society for the B~,** Cymdeithas Deillion Gogledd Cymru; *Physiol:* **~ spot,** man(-nau) dall *m*, dallbwynt(-iau) *m*; *Vet:* **~ staggers,** y ddera *f*, y gysb *f*, y bendro *f*; *Prov:* **none so ~ as those who will not see,** dallaf o bawb na fyn[n] weld; nid oes neb mor ddall â'r sawl na fyn[n] weld; *Prov:* **the ~ leading the ~,** y dall yn tywys y dall; *Lit: A:* pan dywyso y dall y llall y digwyddant ill dau yn y clawdd; pan dywyso y dall ddall arall y ddau a ddigwydd i'r pwll; **(he is) as ~ as a bat/mole,** (mae ef) yn ddall bost, mor ddall â'r nos, mor ddall â'r garreg, mor ddall â thwrch daear, mor ddall â'r wadd, mor ddall â'r wal; *F:* **to turn a ~ eye to sth,** cau llygad ar rth, anwybyddu rhth, esgus/cogio/smalio peidio â gweld rhth; cymryd arnoch beidio â gweld rhth; **[in] ~ man's holiday,** rhwng dau olau, yn y cyfnos; **on a ~ impulse,** yn [hollol] fyrbwyll; *S.a.* **colour-blind, day-blind, stone-blind** *&c*; *(b)* **he's ~ to it,** ni wêl ef mohono; nid yw'n ei weld; mae'n ddall iddo; *(c)* **to go at a thing ~,** mynd yn ddall i rth, rhuthro'n fyrbwyll i rth; *(d) F:* **she didn't take a ~ bit of**

notice, chymerodd hi mo'r sylw lleiaf; chymerodd hi ddim mymryn o sylw; **not a ~ bit!** dim o gwbl! dim mymryn! *S.a.* **drunk**[1] **1. 2.** *(= hidden):* cudd, cuddiedig; **a ~ corner,** cornel ddall (corneli dall) *f*; **a ~ date,** oed dall *m*, *N.W:* points dall *m*; **a ~ ditch,** ffos gudd (ffosydd cudd) *f*; *Needlew:* **~ hemming,** hemio cudd. **3. ~ alley,** lôn bengaead (lonydd pengaead) *f* (*pronounced* ng-g), lôn bengoll (lonydd pengoll) (*pronounced* ng-g); **~ path,** llwybr(-au) pengaead *m*, heol bengaead (heolydd pengaead) *f*; *Fig:* **to go down a ~ alley,** dilyn trywydd ofer; **~-alley job/occupation,** swydd(-i) (*f*) heb ddyfodol, swydd bengaead (swyddi pengaead); *Anat:* **~ gut,** coluddyn pengaead *m*, coluddyn dall. **4. ~ coal,** glo mud/byddar *m*. **5.** *Arch:* **~ area,** lle(-oedd) clir *m*. **~ embossed** *a. Bookb:* boglynnog gwag. **~ stamped decoration** *n. Bookb:* gwasgaddurn(-iadau) gwag *m*. **~ stamping** *n. Bookb:* gwasgaddurno (*vn*) gwag. **~-man's buff** *n. Games:* **to play ~-man's buff,** chwarae mwgwd yr ieir, chwarae mwgwd y dall, *S.W:* chwarae bwmbwr[dd], chwarae bwbach dallan, chwarae mamgu ddall. **~-stitch** *v.t.&i. Needlew:* dallbwytho.

blind[2] *v.t.* **1.** dallu; **to ~ s.o. with science,** dallu rhn â gwybodaeth. **2.** *(a) Civ.E: Rail:* tywodi; *(b) Min:* coedio, *N.E:* ffetlo.

blind[3] *n.* **1.** llen dywyll (llenni tywyll) *f*, cysgodlen(-ni) *f*, *F:* bleind(-s) *m*; *(of window):* **roller ~,** llen roler (llenni rholer); **Venetian ~,** llen Fenis, llen ddelltog (llenni delltog), llen stribedi; **vertical ~,** llen stribed. **2.** *Fig: (= cover):* sgrîn (sgriniau) *f*, gorchudd(-ion) *m*; *(= deception):* twyll *m*; **her story was just a ~,** twyll oedd ei stori hi. **3.** *P:* **to go on a ~,** mynd ar sbri, mynd i botio, *S:* mynd ar y criws, mynd ar y cnap. **4.** *Typ: Bookb:* llinell wag (llinellau gweigion) *f*.

blind[4] *v.i. V:* **to eff and ~,** rhegi a rhwygo, sincio a damio, diawlio ac ufferneiddio.

blindage *n. Mil:* sgriniau *pl*, gorchuddion *pl*.

blinded *a.* **1.** dalledig, wedi'ch dallu. **2.** *(window):* dan len dywyll, â bleind.

blinder *n.* **1.** *Th:* dallydd (dallwyr) *m*. **2.** = **blind**[3] **3. 3.** *pl. U.S:* = **blinkers.**

blindfish *n. Ich:* pysgodyn (pysgod) dall *m*.

blindfold[1] *a. & adv.* **1.** dan fwgwd, â mwgwd am/dros eich llygaid, *S.W:* â bwmbwrdd dros y llygaid; **I could find it ~,** gallwn ddod o hyd iddo yn y tywyllwch. **2.** *(= recklessly):* yn ddall, yn fyrbwyll, yn wyllt, yn ddiofal, yn ddi-hid.

blindfold[2] *v.t.* rhoi mwgwd dros lygaid rhn, mygydu rhn, cuddio llygaid rhn.

blindfold[3] *n.* mwgwd (mygydau) *m* [dros y llygaid], *S.W:* bwmbwrdd *m*.

blindfolded *a. & adv.* = **blindfold**[1].

blinding[1] *a.* llachar, digon i'ch dallu, *occ:* dallol; **a ~ headache,** gwayw (*m*) yn y pen, *N:* cur pen ofnadwy *m*, *S:* pen tost ofnadwy *m*.

blinding[2] *n.* **1.** *Civ.E: (of sand &c):* haen(-au) (*f*) o dywod, tywod (*m*) llenwi. **2.** *Const:* gorchudd (*m*) concrid.

blindingly *adv.* yn llachar, yn ddigon i'ch dallu; **~ obvious,** digon amlwg i'ch dallu.

blindly *adv.* yn ddall *&c*.

blindness *n.* dallineb *m*, *occ:* dellni *m*, *Lit: occ:* delli *m*; **colour-~,** lliwddallineb *m*; **night-~,** dallineb nos, nosddallineb *m*; **word-~,** geirddallineb *m*.

blindstorey *n. Arch:* oriel dywyll (orielau tywyll) *f*.

blindworm *n. Rept: N:* neidr (*f*) ddefaid (nadroedd defaid), *S:* slorwm *m*.

blini *n. Cu:* crempog (*f*) furum (crempogau burum).

blink[1] *n.* **1.** amrantiad(-au) *m*, [y]smiciad(-au) *m*, *S.W: occ:* clipad(-au) *m*, clipod(-au) *f*; *P:* **on the ~,** yn methu, wedi torri/methu, ar dorri/fethu. **2.** *(= gleam):* llygedyn (*m*) o olau, pelydryn (*m*) o olau, [y]smiciad.

blink[2] *v.i.&t.* **1.** *v.i. (a)* amrantu, [y]smicio llygad, *S.W: occ:* clipio/clipian llygad; *(b) (of light):* fflachio. **2.** *v.t.* **to ~ facts,** anwybyddu ffeithiau, cau llyga[i]d ar ffeithiau; **to ~ at fault,** anwybyddu bai, diystyru bai, cau llygaid ar fai.

blinker *n. Aer:* golau (goleuadau) (*m*) rhybudd, [y]smiciwr (ysmicwyr) *m*.

blinkers *n.pl. Harn:* ffrwyn ddall (ffrwynau dall) *f*, ffrwyn dywyll (ffrwynau tywyll), *M.W: occ:* masg(-iau) *m*; *F: (of pers.):* **he goes about in ~,** mae'n ddall i bopeth.

blinking[1] *a.* **1.** *(a) (eyes):* sy'n [y]smicio; [y]smiciog; *(b) (light &c):* ysbeidiol, [y]smiciog. **2.** *P:* = **bloody**[2].

blinking[2] *vn.* **1.** = **blink**[1],[2]. **2. ~ of a fact,** amharodrwydd (*m*) i dderbyn ffaith, cau llyga[i]d ar ffaith.

blinkingly *adv.* yn [y]smiciog.

blinks *n. Bot:* gwlyddyn (gwlydd) (*m*) y ffynnon, dyfrwlyddyn (dyfrwlydd) (*m*) y ffynnon.

blintz[e] *n. Cu:* = **pancake.**

blip[1] *n. (of light):* [y]smotyn ([y]smotiau) *m*; *(of sound):* [y]smic(-iau) *m*, bib(-iau) *m*.

blip[2] *v.t.&.i.* [y]smicio, bipian.

bliss *n. Lit:* dedwyddwch *m*, gwynfyd *m*, dedwyddyd *m*; *Prov:* **ignorance is ~,** melys pob anwybod; mewn anwybod y mae nef.

blissful *a.* **1.** *(= happy):* dedwydd, gwynfydedig, llon, hapus, ysgafala. **2.** *(= luxurious):* braf, moethus.

blissfully *adv.* yn ddedwydd *&c*; **~ happy,** yn ddedwydd iawn, yn fendigedig/wynfydedig o hapus; **~ ignorant,** yn anwybodus braf, yn hapus anwybodus.

blissfulness *n.* dedwyddwch *m*, gwynfyd *m*.

blister[1] *n. (a) (on skin):* pothell(-i,-au) *f*, plistryn(-nau) *m*, chwysigen(-nau,-nod,-ni, chwysigod), *N: F:* swigen (swigod) *f*; **water ~,** pothell (*f*) ddŵr, chwydalen (chwydalau) *f*, *N:* swigen (*f*) ddŵr (swigod dŵr), *S.W:* whidalen *f*, whidel(-s) *f*; **red/blood ~,** pothell waed, (pothelli/pothellau gwaed), chwysigen waed (chwysigod gwaed), *N:* swigen waed (swigod gwaed); *(b) (on paint, glass):* chwysigen, *F:* swigen, chwyddi *m*, chwydd *m*, pothell; *(c) Med:* **~ plaster,** chwysigl(-au) *f*, chwysiglydd(-ion) *m*, plastr(-au) (*m*) pothellu. **~ beetle** *n.* = **Spanish fly. ~ copper** *n.* copr pothellog *m*. **~ gas** *n.* nwy (*m*) pothellau. **~ pack** *n. Com:* pac(-iau) pothellog *m*. **~ plaster** *n. Med:* = **blister**[1] *(c)*. **~ rust** *n. Bot:* rhwd pothellog *m*. **~ steel** *n.* dur pothellog *m*.

blister[2] *v.t.&i.* **1.** *v.t. Lit: (a)* pothellu, chwysigennu (rhth); codi pothelli/pothellau/chwysigod (ar rth); *S.W: occ:* chwydalu (rhth); *(b) Med:* dodi/rhoi chwysiglydd (ar rn); *(c) Fig: (= criticize harshly):* deifio. **2.** *v.i.* codi'n bothelli/bothellau/chwysigod/swigod; **one's hands soon ~,** buan y daw swigod/pothelli ar eich dwylo; *(of paint):* clochi, chwyddo'n swigod, codi'n swigod/bothelli/bothellau.

blistered *a.* pothellog, chwysigennog, llawn pothelli/pothellau/chwysigod/swigod.

blistering[1] *n.* = **blister**[2]; chwysigeniad(-au) *m*, pothelliad(-au) *m*;

blistering[2] *a.* deifiol; **~ heat,** gwres deifiol/eiriasboeth/chwilboeth.

blistery *a.* = **blistered.**

blithe *a.* **1.** *Poet: (= cheerful):* siriol, llawen, llon, sionc, hoenus, afieithus. **2.** *(= careless, casual):* ysgafala, diofal, difeddwl, iach.

blithely *adv.* yn siriol *&c*.

blitheness *n.* **1.** sirioldeb *m*, llonder *m*, afiaith *m*, hoen *f*. **2.** diofalwch *m*, ysgafalwch *m*.

blithering *a. F:* **~ idiot,** *S:* mwlsyn(-nod) dwl *m*, twpsyn(-nod) dwl *m*, twpsyn uffach, *N:* lembo(-s) gwirion *m*; *S.a.* **fool**[1].

blithesome *a.* = **blithe.**

blithesomely *adv.* = **blithely.**

blithesomeness *n.* = **blitheness.**

blitz[1] *n.* **1.** *F: Mil:* blits(-iaid) *m*, ***blitz*** *m*, cyrch(-oedd) (*m*) awyr, bomio *vn*; **during the ~,** yn ystod y bomio. **2.** *F: (= attack):* ymosodiad(-au) *m*.

blitz[2] *v.t.* bomio, pledu; **the house was blitzed,** cafodd y tŷ ei fomio; chwalwyd y tŷ gan fom.

blizzard *n.* storm(-ydd) (*f*) eira, *occ:* lluwchwynt(-oedd) *m*; **to blow a ~,** lluwchio.

bloat[1] *v.t.* chwyddo, bolio, gorlenwi.

bloat[2] *n. Vet:* bol/bola chwyddedig *m*, chwydd *m*, tordyn *m*, chwydd y boten, clwy(*m*)'r boten.

bloat[3] *v.t.* **to ~ a herring,** halltu/cochi pennog.

bloated *a.* chwyddedig, wedi chwyddo, wedi ymchwyddo; **a ~ face,** *N.W:* wyneb ffoglyd; **a ~ capitalist,** cyfalafwr blonegog/glwth/boliog.

bloater *n.* pennog: penogyn (penwaig) hallt/sych/coch *m*, [y]sgadenyn sych ([y]sgadan sychion) *m*, [y]sgadenyn ([y]sgadan) hallt *m*, [y]sgadenyn ([y]sgadan) coch.

blob[1] *n.* **1.** *(= a spot):* [y]smotyn ([y]smotiau) *m*, blotyn (blotiau) *m*. **2.** *(= drop):* diferyn (diferion) *m*; *Sp:* **to score a ~,** sgorio dim.

blob[2] *v.i.* diferyd, blotio.

blobby *a.* blotiog.

bloc *n.* *Pol:* bloc(-iau) *m*, cyfuniad(-au) *m*, clymblaid (clymbleidiau) *f*.

block[1] *n.* **1.** *(a) (of wood, metal &c):* bloc(-iau) *m*, blocyn (blociau) *m*, plocyn (plociau) *m*; *(= undressed lump of rock):* talp(-iau) *m*; *(of slate):* clwt (clytiau) *m*, *N.W: occ:* luro(-s) *m*; *Lit: (of wood):* cyff(-ion) *m*, cyffyn (cyffiau) *m*; *Geol:* **erratic ~,** maen (meini) *(m)* dyfod/crwydr; *Geog:* **perched ~,** crogfaen (crogfeini) *m*; **stumbling-~,** maen tramgwydd, maen rhwystr, *occ:* cocyn *(m)* rhwystr; *Aut: Av:* **engine ~,** bloc peiriant/motor; **building blocks,** blociau adeiladu, *Fig:* meini, conglfeini; *S.a.* **chip**[1] **1, hat-block** *&c*; *(b)* **chopping-~,** plocyn torri/derbyn; **anvil ~,** cyff ein[g]ion (cyffion ein[g]ionau); **on the ~,** ar ocsiwn; *Hist:* **(to perish) on the ~,** (marw) dan y fwyell, ar y plocyn; **he went to the ~,** cafodd ei ddienyddio; torrwyd ei ben; **to put one's head on the ~,** mentro'ch pen, rhoi'ch pen i'w dorri, rhoi'ch pen yn y dorch; *(c)* **[mounting-]~, horse-~,** esgynfaen (esgynfeini) *m*, carreg *(f)* farch (cerrig march), *S.W: occ:* horsblog(-s) *m*, horsbins *m*, *N: occ:* [g]orsin[g] *f*, horsin[g] *f*; *Metalw:* **chipping-~,** bloc/plocyn asglodi/naddu; **screwing-~,** bloc/plocyn sgriwio; **scribing-~,** medrydd(-ion) *(m)* arwyneb; *(d) (= chock):* blocyn, bloc, plocyn, gaing (geingiau) *f*, lletem(-au) *f*, strocen (strociau) *f*; *(e)* **brake-~,** bloc brêc/brâc (blociau breciau/braciau); *(f) P: (= head):* penglog(-au) *mf* (*pronounced* ng-g), *S: F:* clopa *fm*, *N: F:* pennog *m*. **2.** *(a) (of flats &c):* bloc; *U.S:* **(he lives) two blocks (from us),** (mae'n byw) o fewn dwy stryd, o fewn dau floc (i ni); *Sch:* **school ~,** adeilad *(m)* ysgol; **office ~,** bloc swyddfeydd; *(b) (of land):* rhandir(-oedd) *m*, llain (lleiniau) *f*, clwt (clytiau) *(m)* o dir; *(c) Fin:* **a ~ of shares,** bloc o gyfranddaliadau. **3.** *(a)* = **blockage**; **to put the blocks on sth,** atal/rhwystro rhth; *(b) Cr:* bloc; *(c) Psych:* atalnwyd(-au) *m*, bloc; **a mental ~,** bloc meddyliol. **4.** *Rail:* bloc, adran(-nau) *f*. **5.** *Engr:* bloc. **6.** *E: (= pulley-block):* **~ and tackle,** pwli *(m)* a rhaff, pwli a tsiaen *(f)*; **V ~ and clamps,** pwli V a chlampiau; **7.** *Cmptr:* bloc. **~-book**[1] *n.* llyfr(-au) *(m)* bloc, bloclyfr(-au) *m*. **~-book**[2], **~-booking** *vn.* bloclogi. **~-buster** *n.* **1.** *Mil:* bom(-iau) anferth *mf*, bloc-chwalwr (~-chwalwyr) *m*. **2.** *Fig:* **a ~-buster of a play,** corwynt o ddrama, drama ysgubol. **~ capital** *n.* *Typ:* priflythyren floc (priflythrennau bloc) *f*. **~-chain** *n.* *Mec.E: (on bicycle):* cadwyn gyswllt (cadwyni/cadwynau cyswllt) *f*. **~ chart** *n.* *Cmptr:* siart *(mf)* bloc/floc (siartiau bloc). **~ diagram** *n.* bloclun(-iau) *m*, diagram(-au) *(m)* bloc, blocddiagram(-au) *m*. **~ field** *n.* *Geog:* cludair (cludeiriau) *f*. **~ form** *n.* *Mus:* ffurf(-iau) *f* blociau. **~ grant** *n.* grant(-iau) *(m)* bloc. **~ heater** *n.* stôr-dwymwr (~-dwymwyr) *m*. **~ lava** *n.* *Geol:* bloc-lafa *m*. **~ letter** *n.* = **block capital**. **~-maker** *n.* blociwr (blocwyr) *m*. **~ mountain** *n.* *Geog:* blocfynydd(-oedd) *m*. **~ move** *n.* *Cmptr:* symudiad(-au) *(m)* bloc. **~ paragraph** *n.* *Cmptr:* p|aragraff (paragraffau) *(m)* ochr. **~ plane** *n.* *Carp:* plaen(-iau) *(m)* bloc, blocblaen(-iau) *m*. **~-practice** *n.* *Ed:* ymarfer *(m)* crynswth/cyfnod. **~-printing** *vn.* argraffu/printio â blociau, blocargraffu, blocbrintio. **~ release** *n.* cwrs (cyrsiau) *(m)* cyfnod byr. **~ scree** *n.* *Geol:* sgri *(m)* bloc. **~-screwing** *vn.* *Metalw:* blocsgriwio. **~-scribing** *vn.* *Metalw:* blocsgrifellu. **~ section** *n.* *Rail:* hyd(-oedd) *(m)* bloc, adran *(f)* floc (adrannau bloc). **~-ship** *n.* llong *(f)* flocio (llongau blocio). **~-signal** *n.* *Rail:* arwydd *(m)* bloc (arwyddion bloc), signal *(m)* bloc (signalau blociau). **~-structured language** *n.* *Cmptr:* iaith floc-adeiledig (ieithoedd bloc-adeiledig) *f*. **~ system** *n.* *Rail:* system *(f)* flociau/adrannau. **~ tin** *n.* *Metalw:* tun pur *m*, tun blociau, blociau tun. **~ train** *n.* *Rail:* blocdren(-au) *mf*. **~ type** *n.* = **block letter**. **~ vote** *n.* blocbleidlais (blocbleidleisiau) *f*, pleidlais *(f)* floc (pleidleisiau bloc). **~-walling** *n.* *Const:* mur(-iau) *(m)* blociau.

block[2] *v.t.* **1.** *(= impede):* rhwystro, atal, *Lit:* llesteirio, lluddias; *(= close):* cau, llenwi, *F:* blocio; *(sink &c):* cau, tagu, blocio; **to ~ traffic,** atal/rhwystro trafnidiaeth; **to ~ s.o.'s way,** sefyll yn ffordd rhn; *P.N:* **road blocked,** rhwystr/atalfa ar y ffordd; **to ~ progress,** atal cynnydd; **to ~ a wheel,** cloi olwyn, *N.W:* strocio olwyn, rhoi strocan mewn olwyn; **to ~ the entrance to a cave,** cau/llenwi ceg ogof; *Rail:* **to ~ a line,** blocio/cau lein; *Med:* **to ~ a nerve,** merwino nerf; *Cmptr:* **blocking factor,** ffactor(-au) *(m)* blocio. **2.** *Games: (a) Cr:* **to ~ the ball,** blocio'r bêl; *(b) Dominoes:* **to ~ the game,** atal y gêm; *(c) Fb:* rhwystro rhn, sefyll yn ffordd rhn. **3.** *Bookb:* boglynnu, gwasgnodi, *F:* blocio. **4.** *Th:* bras-actio. **~ in** *v.t.* **1.** *(= fill in):* llenwi. **2.** *(= sketch):* = **block out 2.** **~ off** *v.t.* **the police have blocked off all streets,** mae'r heddlu wedi cau pob stryd; **snow has blocked off traffic,** mae eira wedi atal y drafnidiaeth. **~ out** *v.t.* **1.** *(of censor):* dil|eu; *Phot:* gorchuddio/cuddio (rhan o rth), dileu (rhan o rth). **2.** *(= rough out):* braslunio, amlinellu (rhth); llunio (rhth) yn fras. **3. to ~ out light,** cau goleuni allan, atal goleuni. **~ up** *v.t. (gap):* cau, llenwi, blocio; *(sink &c):* cau, tagu, blocio.

blockade[1] *n.* gwarchae(-au,-oedd) *m*, blocâd (blocadau) *m*, blocêd (blocedau) *m*, gwarchaead(-au) *m*, gwarchâd (gwarchadau) *m*; **(sea/naval) ~,** môr-warchae(-au,-oedd) *m*; **to run a ~,** torri gwarchae; **to raise a ~,** codi gwarchae; **naval ~,** gwarchae llyngesol, gwarchae o'r môr. **~-runner** *n.* torrwr (torwyr) *(m)* gwarchae. **~-running** *vn.* torri gwarchae.

blockade[2] *v.t.* gwarchae (ar rth), rhoi gwarchae (ar rth), rhoi blocêd (ar rth), blocedio (rhth).

blockader *n.* gwarchaewr (gwarchaewyr) *m*.

blockage *n.* rhwystr(-au) *m*, atalfa (atalf|eydd) *f*.

blockboard *n.* blocfwrdd *m*.

blocked *a.* **1.** caeëdig, ar gau; *(sink &c):* tagedig, blociedig, wedi'i dagu; **~ entrance,** mynedfa gaeëdig (mynedf|eydd caeëdig) *f*. **2.** *Danc:* **~ shoe,** esgid flaensyth (esgidiau blaensyth) *f*, esgid floc (esgidiau bloc).

blocker *n.* blociwr (blocwyr) *m*, caewr (caewyr) *m*, ataliwr (atalwyr) *m*, atalydd(-ion) *m*.

blockhead *n.* twpsyn (twps, twpsod) *m*, twpsen(-nod) *f*, penbwl (penbyliaid) *m*, hurtyn(-nod) *m*, *S.W:* brebast(-iaid,-od) *m*, clwpa(-od) *m*, *S:* ionc(-s) *m*, iolo(-s) *m*, iolyn (iolod) *m*, iolen (iolod) *f*, ioncyn (ioncod) *m*, ioncen (ioncod) *f*, delffyn (delffod) *m*, delff(-od,-iaid) *m*, mwlsyn (mwlsod) *m*, clwbyn *m*, *N:* pen *(m)* dafad (pennau defaid), hulpyn (hulpod) *m*, hulbost *m*, jolpyn (jolpod) *m*, pen meipen (pennau maip), pen rwdan (pennau rwdins), pen swejen (pennau swêj), pen ŵy (pennau wyau), crinc(-od) *m*, crinci(-s) *m*, lobjoryn *m*, pen swejan, penci (pencwn) *m*, hen benglog(-au) *mf* (*pronounced* ng-g); *N.W: occ:* blocyn *m*; *S.a.* **fool**[1].

blockheaded *a.* pengaled (*pronounced* ng-g), pendew, twp, penbylaidd, penbwl, dwl, hurt, delffaidd, pendafadaidd, *occ:* penglogaidd (*pronounced* ng-g).

blockheadedness *n.* pengaledwch *m* (*pronounced* ng-g), twpdra *m*.

blockhouse *n.* *Mil:* blocws (blocysau) *m*, blocdy (blocdai) *m*.

blocking *n.* = **block**[2].

blockish *a.* **1.** fel plocyn, plocynnaidd. **2.** = **blockheaded**.

blockishness *n.* pengaledwch *m* (*pronounced* ng-g).

blocklaying *vn.* *Const:* gosod blociau.

blockwalling *n.* mur(-iau) *(m)* blociau.

bloke *n.* *P:* bachgen (bechgyn) *m*, boi(-s) *m*, brawd (brodyr) *m*, *S:* bachan *m*, *N.W:* co' (cofis) *m*, cofi(-s) *m*.

blond *a.* & *n.* **1.** *a.* golau [o bryd], pryd golau, [â] gwallt golau, penfelyn (*f.* penfelen, *pl.* penfelynion), *occ:* pen golau, *Lit:* goleubryd, goleuwallt, melynwallt; **ash ~,** melynwyn (*f.* melynwen, *pl.* melynwynion); **strawberry ~,** melynbinc, pincfelyn (*f.* pincfelen, *pl.* pincfelynion); *Needlew:* **~ lace,** lês olau *f*. **2.** *F: n.* dyn(-ion) *(m)* gwallt/pryd golau, *occ:* blondyn (blondiaid) *m*.

blonde *a.* & *n.* **1.** *a.* *See* **blond 1**; **a ~ bombshell,** clecar *(f)* o flonden (clecars o flondiaid), blonden danbaid (blondiaid tanbaid), blonden syfrdanol, slasen benfelen (slasenod penfelyn) *f*. **2.** *n.f.* merch bryd golau (merched pryd golau), merch benfelen (merched penfelyn), *Lit:* merch oleubryd (merched goleubryd), merch felynwallt (merched melynwallt), *F:* blonden (blondiaid); **a dumb ~,** twpsen benfelen (twpsennod penfelyn), blonden dwp (blondiaid twp); **a smashing/gorgeous ~,** merch deg oleuwallt/oleubryd (merched teg goleuwallt/goleubryd), merch hardd bryd golau (merched heirdd pryd golau), slasen benfelen; **a strawberry ~,** blonden bincfelen (blondiaid pincfelyn), merch â gwallt pincfelyn/melynbinc.

blondness *n.* *(of pers.):* pryd golau *m*; *(of hair):* melynwch *m*.

blood[1] *n.* **1.** gwaed *m*; **to shed/spill ~,** colli/tywallt/arllwys gwaed; **to draw ~,** tynnu gwaed; **to flog s.o. till one draws ~,** fflangellu rhn nes y bo'n gwaedu; *F:* **he's out for my ~,** mae ef am fy ngwaed i; *Prov:* **one can't get ~ out of a stone,** ni ellir tynnu gwaed o garreg; nid hawdd tynnu mêr o bost; nid hawdd tynnu mêl o faen; *Prov:* **~ is thicker than water,** tewach gwaed na dŵr; mae gwaed yn dewach na dŵr; nes penelin nag arddwrn; cynt y twyma gwaed na dŵr; **it makes my ~ boil,** mae'n gwneud i'm gwaed ferwi; mae'n fy ngwylltio i; mae'n codi fy ngwrychyn i; *S:* mae'n fy hala i'n grac [tân]; mae'n fy hala i'n wynad; **his ~ boiled; his ~ was up,** 'roedd ei waed yn berwi; **his ~ ran cold,** fferrodd ei waed; aeth ei waed i rewi; rhewodd ei waed; **covered in ~,** gwaedlyd, yn waed i gyd, *N: occ:* yn waed yr ael; *Rel:* **B~ and Wounds Theology,** Diwinyddiaeth (*f*) Gwaed ac Archoll; *Lit:* **B~ Wedding,** Priodas Waed; **there is bad/ill ~ between them,** mae drwgdeimlad rhyngddynt; mae gwaed drwg rhyngddynt; mae'n ddrwg rhyngddynt; **it stirs up bad ~,** mae'n codi cynnen/drwgdeimlad; **to infuse new ~ into sth,** adfywio, adfer, adnewyddu, bywiocáu (rhth); rhoi gwaed newydd (yn rhth); *Med:* **he has high ~ pressure,** mae pwysedd ei waed yn uchel; *S.a.* **flesh², pressure 1**; *(b) (= kindred):* **they are near in ~,** maent yn perthyn yn agos; maent yn agos o waed; **it runs in the ~,** mae'n rhedeg yn y gwaed/teulu; **it's in her ~,** mae yn ei gwaed hi; **the call of the ~,** grym (*m*) perthynas; *(c) (= birth, race):* gwaedoliaeth *f*; **the royal ~, the ~ royal,** y teulu brenhinol *m*; **a prince of the ~,** tywysog o waed; **to be of the ~,** bod [yn uchelwr *&c*] o waed/frîd; **blue ~,** gwaed brenhinoedd, gwaed brenhinol/uchelwrol, gwaed [yr] uchelwyr, gwaed da; *Prov:* **~ will tell,** anodd tynnu dyn oddi ar ei dylwyth. **2.** *(a) A:* **= dandy, fop**; *(b) F:* **young ~,** llefnyn/llafn ifanc (llafnau ifainc) *m*; *(of political party):* aelod(-au) ifanc *m*; *Coll:* gwaed ifanc *m*. **~-accusation** *n.* gwaedgyhuddiad(-au) *m*. **~-and-thunder** *attrib.* ias a chyffro, gwaed a tharanau, brawychus, melodramataidd, melodramatig. **~-avenger** *n.* dialydd(-ion) (*m*) gwaed. **~ bank** *n.* banc(-iau) (*m*) gwaed. **~-bath** *n.* **1.** *(= massacre):* cyflafan(-au) *f*, lladdfa (lladdf|eydd) *f*. **2.** *Theol:* gwaed-drochiad(-au) *m*. **~-blister** *n. Med:* pothell (*f*) waed (pothellau gwaed), *N:* chwysigen (*f*) waed (chwysigod gwaed), *N: F:* swigen (*f*) waed (swigod gwaed). **~-boiling** *vn.* gwaed-ferwi. **~-brain barrier** *n. Anat:* gwahanfur (*m*) gwaed-ymennydd. **~-brother** *n.* **1.** *(by birth):* brawd (brodyr) cyfan *m*, brawd o'r un gwaed, brawd unwaed. **2.** *(through rite):* brawd gwaed, brawd trwy ddefod. **~-cell** *n. Med:* cell (*f*) waed (celloedd gwaed), gwaetgell(-oedd) *f*; **white ~-cells,** celloedd gwynion y gwaed. **~-clot¹** *n.* ceulad(-au) (*m*) gwaed, tolchen (*f*) waed (tolchenni gwaed), *occ:* torthen (*f*) waed (torthenni gwaed), *F:* clot(-iau) (*m*) gwaed. **~-clot²** *v.t.&i.* gwaedgeulo, ceulo, tolchi, torthennu. **~-coloured** *a.* gwaedliw, gwaetgoch, lliw gwaed. **~ corpuscle** *n. Med:* corffilyn(-nau, corffilion, corffilod) (*m*) gwaed; **red ~ corpuscles,** corffilod coch y gwaed. **~ count** *n. Med:* cyfrifiad(-au) (*m*) gwaed. **~-covenant** *n.* cyfamod(-au) (*m*) gwaed. **~-curdling** *a.* iasoer, erchyll, dychrynllyd, brawychus, digon i fferru'r gwaed, *Lit:* echrydus, echryslon, erch; **it was ~-curdling,** 'roedd yn ddigon i fferru'ch/oeri'ch gwaed. **~ donor** *n. Med:* rhoddwr (rhoddwyr) (*m*) gwaed. **~-dry** *v.i.* gwaed-sychu. **~ feud** *n. Hist:* galanas(-au) *fm*, galanas waed (galanasau gwaed) *f*, cynnen (*f*) waed (cynhennau gwaed). **~ group** *n.* grŵp (grwpiau) (*m*) gwaed. **~-grouping** *vn. Med:* grwpio gwaed. **~-guilt, ~-guiltiness** *n.* gwaed-euogrwydd *m*. **~-guilty** *a.* gwaed-euog. **~-heat** *n.* gwres (*m*) gwaed, naws (*f*) gwaed. **~ horse** *n.* ceffyl(-au) (*m*) p|edigri, ceffyl o waed pur, *Lit: occ:* ceffyl tryryw. **~-letting** *vn.* **1.** *Med:* gwaedu, gollwng/tynnu gwaed. **2.** *Fig:* arllwys/tywallt/gollwng gwaed. **~-lust** *n.* chwant (*m*) am waed. **~-money** *n. Hist:* gwaedbris(-iau) *m*, arian (*m*) gwaed. **~-oath** *n.* gwaedlw(-on) *m*. **~ orange** *n. Hort:* oren (*fm*) [g] waed (orennau gwaed), oren [g]waedlyd (orennau gwaedlyd). **~-plasma** *n. Anat:* plasma (*m*) gwaed. **~-platelet** *n. Anat:* thr|ombosyt (thrombosytau) *m*, platen (*f*) waed (platennau gwaed). **~-poisoning** *n. & vn. Med:* gwenwyno (*vn*) gwaed, gwenwyn (*m*) gwaed, gwenwyniad (*m*) gwaed. **~ pressure** *n. Med:* pwysedd(-au) (*m*) gwaed, *F:* pwysau (*m*) gwaed. **~-price** *n. Theol:* gwaedbris(-iau) *m*. **~ pudding** *n. Cu:* pwdin(-au) (*m*) gwaed; *S.a.* **pudding**. **~ rain** *n.* glaw (*m*) gwaed. **~-red** *a.* gwaetgoch, coch fel gwaed, gwaedrudd. **~ relation** *n.* perthynas(-au, perthnasau) (*m&f*) o/trwy waed; **he's a full ~ relation to me,** mae'n perthyn i mi o waed coch cyfan. **~ relationship** *n.* perthynas (*f*) drwy waed. **~ relative** *n.* **= blood relation**. **~ ritual** *n.* gwaed-ddefod(-au) *f*. **~-sausage** *n. Cu:* pwdin(-au) (*m*) gwaed; *S.a.* **pudding (black)**. **~-serum** *n. Anat:* serwm (*m*) gwaed. **~-soul** *n. Theol:* gwaed-enaid (~-eneidiau) *m*. **~-space** *n.* gwagle(-oedd) (*m*) gwaed. **~ sport** *n.* helfa *f*, helwriaeth *f*; **~ sports,** hela (*vn*) anifeiliaid. **~-sprinkling** *vn.* taenellu gwaed, gwaed-daenelliad *m*. **~-stain** *n.* [y]smotyn ([y]smotiau) (*m*) gwaed, ôl (olion) (*m*) gwaed, staen(-iau) (*m*) gwaed. **~-stained** *a.* gwaedlyd, a gwaed arnoch *&c*, yn waed i gyd, ag olion gwaed. **~ sugar** *n. Bio-Ch:* glwcos (*m*) gwaed, siwgwr (*m*) gwaed. **~-tax** *n.* treth (*f*) waed (trethi gwaed). **~ test** *n. Med:* prawf (profion) (*m*) gwaed. **~ transfusion** *n.* **1.** *(action):* trallwyso (*vn*) gwaed. **2.** trallwysiad(-au) (*m*) gwaed. **~ type** *n.* **= blood group**. **~-typing** *n. Med:* **= blood-grouping**. **~-vengeance** *n.* dialedd (*m*) gwaed. **~-vessel** *n.* llestr(-i) (*m*) gwaed, pibell (*f*) waed (pibellau gwaed), *Lit:* gwaedlestr(-i) *m*; *F:* **he nearly burst a ~-vessel,** fe aeth o'i gof yn lân; fe aeth yn gynddeiriog; *S.a.* **angry**. **~-warrant** *n.* gwaed-warant(-au) *f*. **~-worm** *n.* **1.** *Ent:* cynrhonyn coch (cynrhon cochion) *m*. **2.** *Ann: Fish:* mwydyn coch (mwydod cochion) *m*. **~-wort** *n. Bot:* gwaedlys *f*, canclwm *m*, y ganhewin *f*, berwr (*m*) yr ieir, y glymog *f*.

blood² *v.t.* *(a) Ven:* **to ~ a hound,** rhoi blas gwaed i gi; *(b) Ven: (= daub with blood):* rhoi gwaed (ar rn), dwbio (rhn) â gwaed; *(c) Mil:* **to ~ the troops,** rhoi bedydd gwaed i'r milwyr.

-blooded *a.* **cold-~,** *(animal):* [â] gwaed oer; *(murder):* mewn gwaed oer; **full-~,** *(a) (= purebred):* o waed [coch cyfan], diledryw; *(b) (= vigorous):* grymus, egnïol, llawn ynni; *(c) (= sensuous):* blysig, nwydus, nwydlawn; *(d) (= ruddy)*; gwridog, gwritgoch; **hot-~,** â gwaed poeth/twym, twymwaed, twym eich gwaed; *Fig:* poethlyd, gwyllt, gwaedwyllt, gwresog, tanbaid, nwydus, nwydwyllt; **warm-~,** â gwaed cynnes/twym, cynnes/twym eich gwaed.

bloodfin *n. Ich: (Apyocharax rubripinnis):* pysgodyn (pysgod) (*m*) asgell goch.

bloodhound *n.* **1.** gwaetgi (gwaetgwn) *m*; **~ bitch,** gwaedast (gwaedeist) *f*. **2. = detective**.

bloodied *a.* **= bloody¹**.

bloodily *adv.* yn waedlyd *&c*.

bloodiness *n.* **1.** *(= bloody condition):* natur waedlyd *f*, cyflwr gwaedlyd *m*; **the ~ of the battle was beyond description,** amhosibl darlunio pa mor waedlyd oedd y frwydr. **2.** *Fig: (= awfulness):* erchyllter *m*, erchylltra *m*.

bloodless *a.* **1.** heb waed, di-waed; *(= pale):* gwelw(-on), llwyd(-ion). **2.** *Fig:* **~ revolution,** chwyldro di-drais *m*; **a ~ victory,** buddugoliaeth ddi-waed, buddugoliaeth heb golli/dywallt gwaed.

bloodlessly *adv.* heb golli gwaed.

bloodlessness *n.* **1.** diffyg (*m*) gwaed; *(= paleness):* gwelwder *m*. **2.** *(of coup &c):* diffyg (*m*) trais; **the new government stressed the ~ of the revolution,** pwysleisiai'r llywodraeth newydd fod y chwyldro'n un di-drais.

bloodlike *a.* fel gwaed.

bloodmobile *n.* cerbyd(-au) (*m*) gwaed.

bloodroot *n.* **1. = tormentil**. **2.** *N.Am: Bot:* gw|aedwraidd *pl*.

bloodshed *n.* tywallt (*vn*) gwaed.

bloodshot *a.* gwaetgoch, gwaedlyd, llawn gwaed, coch gan waed.

bloodstock *n.* ceffylau (*pl*) o waed pur, ceffylau o frîd, ceffylau rhywiog/tryryw, gwaedfeirch *pl*.

bloodstone *n. Lap:* gwaedfaen (gwaedfeini) *m*.

bloodstream *n.* llif (*m*) gwaed.

bloodsucker *n.* sugnwr (sugnwyr) (*m*) gwaed; *S.a.* **leech**.

bloodthirstily *adv.* yn waetgar *&c*.

bloodthirstiness *n.* creulondeb *m*, mileindra *m*, gwaetgarwch *m*, gwaedfrydedd *m*, awch (*f*) am waed, syched (*m*) am waed.

bloodthirsty *a.* gwaetgar, sychedig/awchus am waed, llofruddiog.

bloody¹ *a. & adv.* **1.** gwaedlyd, â gwaed arnoch; *(eye):* gwaetgoch; *(tyrant &c):* gwaetgar; *Hist:* **B~ Mary,** Mari Waedlyd; **the B~ Assize,** y Frawdlys Waedlyd; **B~ Sunday,** Sul y Gwaed. **2.** *F: (a) a. (intensive):* diawl, diawledig, cythraul, *N:* uffern, cebyst, cythgam, *S:* uffach, yffach, cythrwm, *occ:* blydi *(precedes n.)*; **a ~ liar,** diawl(-iaid) celwyddog *m*; **some ~ man,** rhyw gythraul, rhyw ddiawl; **that ~ boy!** *N:* yr hogyn uffern 'na! y diawl hogyn 'na! *S:* y bachan cythrwm 'na! **you ~ fool!** y twpsyn diawl! y diawl gwirion! *N: occ:* y lembo uffern! **in a ~ mess,** mewn cythraul o lanast; **it looks ~ awful,** mae golwg y diawl arno; **it tastes ~ awful,** mae ei flas yn ddiawledig/ uffernol; **stop that ~ row!** rhowch y gorau i'r twrw uffern 'na! **~ hell!** uffern dân! uffern ddiawl! myn uffern i! myn diawl! *S:*

uffach [y] cols! *(b) adv.* diawledig, cythreulig, uffernol; **it's ~ hot,** *S:* mae'n dwym uffernol; mae'n gythraul o dwym; mae'n dwym ar y diawl; *N:* mae hi'n boeth ar y diawl; mae hi'n boeth ddiawledig/gythreulig; **not ~ likely!** dim peryg! dim diawl o beryg! *N:* dim ffiars o beryg! **the ~ thing,** y blydi peth 'na. **B~ Henry** *n. Echin: (Henricia irregularis):* seren waetgoch (sêr gwaetgoch) *f.* **~-minded** *a. P: (a) (= difficult):* annifyr, anodd eich trin, ystyfnig, penstiff, anystywallt; *(b) (= cruel):* creulon, ciaidd, anfad, cas. **~-mindedness** *n. P: (a) (= obstructiveness):* ystyfnigrwydd *m*, penstiffni *m*, natur groes *f*, croesineb *m*; *(b) (= cruelty &c):* creulondeb *m*, casineb *m*, ci|eidd-dra *m*, natur anfad *f*, anfadrwydd *m*, diawlineb *m*, cythreuldeb *m*.

bloody² *v.t.* gwn|eud (rhth) yn waedlyd, tynnu gwaed (o rth); **to ~ s.o.'s nose,** rhoi trwyn gwaedlyd/coch i rn, tynnu gwaed o drwyn rhn.

bloom¹ *n.* **1.** blodeuyn: blodyn (blodau) *m*; **to burst into ~,** blodeuo, dwyn blodau; **a tree in ~,** coeden yn ei blodau; **a flower in ~,** blodyn wedi agor, blodyn agored; *F:* **in the ~ of youth,** ym mlodau'ch ieuenctid, ym mlodau'ch dyddiau; **water-~,** llafanog: llyfanog *m*, slafan *mf*, *Lit:* yslafan *mf*. **2.** *(on plum &c):* gwawr *f*, glasbaill *m*; *(on peach):* manflew *pl*; **to take the ~ off sth,** pylu rhth, mynd â'r sglein oddi ar rth.

bloom² *v.i.* **1.** *(a)* blodeuo; *(b) Fig: (= flourish):* ffynnu. **2.** *Phot:* pylu.

bloom³ *n. Metall:* clamp(-iau) *(m)* o haearn bwrw, blŵm (blymau) *m*, haearn pwdl *m*, bar(-rau,-iau) *(m)* o haearn.

bloomer *n. P:* camgymeriad(-au) *m*, camsyniad(-au) *m*; **I made a ~,** mi gefais gaff gwag.

bloomers *n.pl. A: Cost:* blwmers: blwmars: blwmyrs.

blooming *a.* **1.** *(a) (tree):* blodeuog; *(b) (= flourishing):* ffyniannus. **2.** *P:* = **bloody¹**.

bloomingly *adv.* **1.** yn flodeuog. **2.** yn ffyniannus.

bloomless *a.* diflodau, diflodeuad.

blooper *n. U.S:* = **mistake¹**.

Blorenge *W.Pl.n.* Blorens *m*.

blossom¹ *n.* blodyn: blodeuyn (blodau) *m*; **a tree in ~,** coeden *(f)* yn ei blodau, coeden flodeuog. **full of ~,** blodeuog.

blossom² *v.i.* blodeuo; **to ~ out (into sth),** *Fig:* blodeuo, aeddfedu, datblygu, prifio, tyfu, dod (yn rhth).

blossoming *vn.* blodeuo, blodeuad *m*.

blossomless *a.* diflodau, diflodeuad.

blossomy *a.* blodeuog.

blot¹ *n. (a) (of ink):* ôl (olion) *m*, blot(-iau) *m*, blotyn (blotiau) *m*; *(b) (= disgrace):* staen(-iau) *m*, *Lit: occ:* mefl(-au) *m*; **a ~ on the landscape,** dolur *(m)* llygad.

blot² *v.t.&i.* **1.** *v.t. (= stain):* duo, staenio, blotio; *Fig:* **to ~ one's copybook,** pechu, torri'ch cymeriad, colli'ch c|arictor, gwneud sôn amdanoch, dwyn anfri arnoch eich hun, difetha'ch enw da, blotio'ch llyfr, *V:* cachu yn y seiat, cachu ar y fondid. **2.** *v.t.&i. (= dry):* sychu, blotio. **~ out** *v.t.* **1.** *(= obliterate):* dil|eu; *(= destroy):* distrywio, difa. **2.** *(of fog):* cuddio, gorchuddio.

blotch¹ *n.* blot(-iau) *m*, blotyn (blotiau) *m*; *(on skin):* cochni *m*, blotyn coch, *N.W: occ:* lloeren(-nau) *f*.

blotch² *v.t.* cochi (rhth), gwn|eud blotiau cochion (ar rth).

blotchiness *n. (of skin):* cochni *m*.

blotchy *a.* cochlyd, blotiog.

blotless *a.* di-staen, difrychau.

blotted *a.* **1.** blotiog. **2.** *(= dried):* sych(-ion).

blotter *n.* blotiwr (blotwyr) *m*, sychwr (sychwyr) *m*, pad(-iau) *(m)* blotio; **hand ~,** blotiwr *(m)* llaw.

blotting *vn.* = **blot²**. **~-book** *n.* llyfr(-au) *(m)* blotio. **~-case** *n.* cas(-ys) *(m)* blotio. **~-pad** *n.* pad(-iau) *(m)* blotio. **~-paper** *n.* papur(-au) *(m)* blotio, papur sugno.

blotto *a. P:* = **drunk 1.**

blouse¹ *n. Cost:* **1.** blows(-ys, -iau), *mf*. **2.** *Mil: U.S:* siaced(-i) *f*, crysbais (crysbeisiau) *mf*.

blouse² *v.t. Needlew:* blowsio.

blouson *n. Cost:* blowson(-au) *f*.

blow¹ *n.* **1.** *(of wind):* chwyth[i]ad(-au) *m*, chwa(-on,-oedd) *f*, pwff (pyffiau) *m*, cawod(-ydd) *f*, hwrdd (hyrdd[i]au) *mf*, *S.W:* cwthwm (cythymau) *m*; **to go for a good ~,** mynd i gael awyr iach. **2.** *(on horn &c):* caniad(-au) *m*, chwyth[i]ad, *N.W: occ:* ebwch *m*; **every morning he has a ~ at his trumpet,** bob bore mae'n canu/chwythu ei drwmped; **give your nose a good ~,** chwytha dy drwyn yn iawn. **3.** = **fly-blow**.

blow² *v.i.&t.* I. *v.i.* chwythu. **1.** *(a) (of wind):* **it is blowing [hard];** mae'r gwynt yn chwythu ['n galed]; mae hi'n codi'n wynt mawr; *N.W: occ:* mae hi'n sgowlio; **it is blowing a gale,** mae hi'n codi'n/chwythu'n storm; **it is blowing great guns,** *N:* mae hi'n dywydd mawr; *N.W: occ:* mae hi'n sgowlio'n hegar; **it is blowing up for rain,** mae glaw yn y gwynt; *N:* mae hi'n hel/magu am law; mae golwg glaw arni; *S:* mae'n macsu'r glaw; mae'n macsu am law; *S.a.* **wind¹ 1;** *Prov:* **~ high, ~ low,** chwythed hynny a chwytho; doed a ddelo; doed a ddêl; beth bynnag a ddaw/ddêl/ddelo; hindda, hinddrwg; hindda neu ddrycin; *S.a.* **fresh** I. **5, hot¹ 1;** *(b) pred.* **the door blew open,** chwythodd y drws yn agored; chwythwyd y drws ar agor [gan y gwynt]; chwythodd y drws ar agor. **2.** *F: (of pers.):* **to ~ like a grampus,** chwythu fel tarw, *N.W:* peuo fel tarw, dyhefod fel ci, *S.W:* llyfedu fel ci. **3.** *(of lamp, fuse):* chwythu. **4.** *(= of horn &c):* canu, *occ:* utganu; **the horn blew,** canodd y corn. **5.** *F:* **I'll have to ~,** rhaid imi fynd; rhaid imi ei throi hi. II. *v.t.* chwythu, gyrru, hyrddio. **1. the wind blows the rain against the windows,** mae'r gwynt yn chwythu'r/gyrru'r glaw yn erbyn y ffenestri; *F:* **to ~ s.o. a kiss,** chwythu/chwifio/taflu cusan at rn; *(b)* **to ~ [up] a fire,** megino tân; *(c)* **to ~ one's nose,** chwythu'ch trwyn; **to ~ a trumpet,** chwythu/canu trwmped; *F:* **to ~ hot and cold,** chwythu'n boeth/dwym ac yn oer, bod yn anwadal/oriog, bod heddiw fel y gog ac yfory fel y tarw; *F:* **to ~ one's trumpet,** eich brolio'ch hun, canu'ch clodydd eich hun, bod yn uchel eich cloch, ymffrostio, *N.W:* siarad ar eich cyfer, *S.W:* siarad yn eich cyfer, eich rhico'ch hun; *F:* **to ~ one's top,** gwylltio'n lân/ulw, colli'ch tymer, mynd ar gefn eich ceffyl, *S.W:* mynd i natur, mynd mas natur, *N.W:* mynd i dop y caetsh; myllio (= ymhyllio), cael [y] gwyllt, cael mŷll; *S.a.* **angry; it's enough to ~ your mind,** mae'n syfrdanol; mae'n ddigon i'ch syfrdanu; *(d)* **to ~ air into sth,** chwythu gwynt i mewn i rth; *Mec:* **to ~ a boiler,** gwagio bwyler; *Nau:* **to ~ the tanks of a submarine,** gwagio tanciau llong danfor; **to ~ bubbles,** chwythu/gwn|eud swigod; **to ~ glass,** chwythu gwydr; **to ~ the gaff,** gollwng y gath o'r cwd; *(e) Cmptr:* **to ~ an eprom,** chwythu eprom. **2. to ~ a horse,** goryrru/gyrru ceffyl. **3.** *El:* **to ~ a fuse,** chwythu/llosgi ffiws. **4.** *(of fly):* chwythu (ar gig), dodwy wyau (mewn cig &c); *S.a.* **fly-blown. 5.** *P:* **~ the money! the money be blowed!** arian, o ddiawl! i'r diawl â'r arian! i gythraul â'r arian! naw wfft i'r arian! yn boeth bo'r arian! *S: occ:* pwff â'r arian! **~ the expense!** costied a gostio! **you be blowed!** dos/cer' i grafu! dos/cer' i'r diawl! **~ you, Jack!** *V:* twll dy din di, Ffaro! *N.W:* cacha Prins, mae Mot yn methu! **I'll be blowed if I'll do it!** wna' i mohono dros fy nghrogi; wna' i mohono tawn i'n marw; **~ me (if it isn't growing),** (mae'n tyfu) 'dawn i byth o'r fan, 'tawn i'n marw; **well, I'm blowed!** *N:* yr argoel fawr! yr argian fawr! argoledig! ar f'enaid i! brensiach! Nefoedd! nefi! *S:* wel myn brain i! daro! jiw, jiw! **~ it!** *N:* damia! go damia! go daria! daria fo! go draps las! go dacia/dacio fo! *S:* damo fe! damo shwd beth! drato fe! **6.** *P: (= spend):* gwario, *S:* hala. **7.** *(spy):* dinoethi; **his cover has been blown,** cafodd ei ddinoethi; **you've been blown,** 'rwyt ti wedi cael dy weld. **~ away 1.** *v.t.* chwythu (rhth) ymaith; **(to ~ leaves) away** (chwythu dail) i bob man, ar hyd y lle, o gwmpas. **2.** *v.i.* mynd gyda'r gwynt, mynd i ganlyn y gwynt; **the leaves blew away,** aeth y dail i ganlyn y gwynt; aeth y dail gyda'r gwynt, aeth y gwynt â'r dail. **~ down 1.** *v.t.* chwythu (rhth) i lawr; *(with explosive):* dymchwel rhth. **2.** *v.i.* **the tower blew down in a storm,** chwalwyd y tŵr gan storm; cwympodd/syrthiodd y tŵr mewn storm; chwythodd storm y tŵr i lawr. **~ in 1.** *v.t. (of wind):* **to ~ in a window,** chwythu ffenestr i mewn. **2.** *v.i. (a)* **the wind blows in at the window,** mae'r gwynt yn chwythu drwy'r ffenestr; daw'r gwynt drwy'r ffenestr; *(b) F: (of pers.):* dod i mewn, taro heibio, galw heibio, *N:* picio i mewn, galw ar ei hald. **~ off 1.** *v.t. (a) (of wind):* dwyn/cludo/chwythu (rhth) ymaith; **the wind has blown his hat off,** mae ei het wedi mynd i ganlyn y gwynt; mae'r gwynt wedi chwythu ei het oddi am ei ben; mae'r gwynt wedi mynd â'i het; mae'r gwynt wedi cipio'i het; *(b) Mch:* **to ~ off steam,** gollwng ager/stêm; *S.a:* **steam¹ 2. 2.** *v.i.* mynd gyda'r gwynt, mynd i ganlyn y gwynt; **his hat blew off,** aeth ei het i ganlyn y gwynt. **~ out 1.** *v.t. (a) (candle &c):* diffodd (cannwyll &c), chwythu (ar gannwyll &c); **the storm will ~ itself out,** fe fydd y storm yn gostegu; fe chwytha'r storm ei phlwc; *(b)* **to ~ out one's cheeks,** llenwi'ch bochau allan/mas; *(c)* **to ~ out air,** *(from gas-pipes &c):*

chwythu, gyrru gwynt allan; **to ~ out a boiler,** gwagio boeler; **to ~ one's brains out,** saethu'ch pen yn dipiau. **2.** *v.i. (a) (of candle &c):* diffodd; *(b) Aut: (of tyre, gas &c):* ffrwydro, chwythu; *(c) El: (of fuse):* chwythu, toddi; *(d)* **the paper blew (out of the window),** aeth y papur i ganlyn y gwynt, chwythodd y papur allan, aeth y papur gyda'r gwynt (trwy'r ffenestr). **~ over 1.** *v.t.* = **blow down. 2.** *v.i. (a)* **the (storm has) blown over,** (mae'r storm wedi) gostegu/tawelu, mynd heibio, chwythu ei phlwc, *N.W: occ:* hwylio i lawr; **the scandal soon blew over,** anghofiwyd yr helynt cyn pen fawr o dro; buan yr aeth yr helynt yn angof; *(b) (of crops):* gorwedd. **~ up 1.** *v.i. (a) (of mine &c):* ffrwydro, tanio; chwythu [i fyny]; *(b) Nau: (of wind):* codi; **it's blowing up for a gale,** mae storm yn y gwynt; *N:* mae hi'n hel am storm; *S:* mae hi'n macsu am storom; mae'n magu storom. **2.** *v.t. (a)* ffrwydro, tanio, saethu (rhth); chwythu (rhth) [i fyny]; *(b) (tyre):* llenwi (teiar) [ag aer, â gwynt, ag awyr], rhoi gwynt mewn (teiar); *F:* **blown up with pride,** mawreddog, chwyddedig, rhodresgar, *N.W: F:* lartsh, llond eich clos; *(c) (= exaggerate):* gwneud môr a mynydd (o rth), chwyddo (rhth), rhoi gormod o bwys (ar rth); **the thing has been blown up out of all proportion,** gwnaed môr a mynydd o'r peth; rhoddwyd gormod o sylw i'r peth o lawer; cafodd y peth ormod o sylw o lawer; gwnaed llawer gormod o ffwdan o'r peth; **to ~ up a photograph,** chwyddo/mwyh|au ffotograff; *(d) F: (= tell off):* ceryddu (rhn), *S:* rhoi pryd o dafod (i rn), rhoi llond pen (i rn), *N:* dweud y drefn (wrth rn), ei rhoi hi (i rn). **~-ball** *n.* = **blowball. ~-cock** *n. Mch:* tap(-iau) *(m)* gwagio/gollwng. **~-gun** *n.* chwythbib(-au) *f.* **~-hard** *a.* = **boastful. ~-hole** *n.* **1.** twll (tyllau) *(m)* chwythu, chwythdwll (chwythdyllau) *m.* **2.** *Geol:* mordwll (mordyllau) *m.* **~-off** *attrib.* **1.** *Hyg:* **~-off pipe,** pibell(-au,-i) *(f)* awyru. **2.** *Mch:* **~-off cock,** tap(-iau) *(m)* gollwng/gwagio. **3. ~-off valve,** falf *(f)* ollwng/wagio (falfiau gollwng/gwagio). **~-out** *n.* **1.** *P: (=* **feed[1] 1** *(d)):* boliaid (boleidiau) *m, S:* llond *(m)* bola, *N:* llond bol, boliad (boleidiau) *m,* sgram(-s) *f.* **2.** *(of tyre):* clec(-iadau) *f,* ffrwydrad(-au) *m; (of fuse):* toddiad(-au) *m,* clec; *(of oil-well):* ffrwydrad. **3.** *Geog: (in dunes):* chwythbant(-iau) *m,* chwythfwlch (chwythfylchau) *m.* **~-up** *n. Phot:* chwyddlun(-iau) *m.*

blow[3] *n. A: (in the phr.):* **a bush in full ~,** llwyn yn ei flodau.

blow[4] *v.i. (of flower):* blodeuo.

blow[5] *n.* **1.** ergyd(-ion,-iau) *fm,* trawiad(-au) *m; (with fist): Lit:* dyrnod(-[i]au) *mf,* cernod(-iau) *f,* bonclust(-[i]au) *m, F:* clusten(-nau,-ni) *f, S:* clatsien (clatsis) *f,* cledren *f,* cleren *f, S.W:* lach *f,* bolsen *f, occ:* pompad *m,* posen *f,* lab: laben *f,* whiret: whired *mf,* coten *f, N:* walden *f,* lempen *f,* celpen *f,* clempen *f, occ:* tatsh: tatsian (tatsis) *f,* cletsen: cletsh (cletsis) *f; (with stick):* ergyd â ffon, *Lit:* ffonnod (ffonodiau) *f;* **at the first ~,** ar yr ergyd gyntaf; **(to do sth) at a [single] ~,** (gwneud rhth) ag un ergyd, ar unwaith, ar untro, *F:* chwap; **to deal/strike a ~,** taro; rhoi ergyd, taro ergyd, *occ:* ergydio; **to strike a ~ for freedom,** taro dros ryddid; **without striking a ~,** heb un ergyd, heb ymladd, heb daro; **a ~ by ~ account,** adroddiad(-au) manwl/di-fwlch, adroddiad cam wrth gam, adroddiad fesul ergyd; *S.a.* **fetch[3]** 5; **to come to blows,** mynd yn daro, [dechrau] ymladd, mynd i bennau'ch gilydd; **they came to blows,** fe aeth yn daro/ymladdfa rhyngddynt; fe aeth hi'n godi dyrnau; *N.W:* fe aeth yn gwffas[t] *(m)* rhyngddyn' nhw; **blows fell thick and fast,** aeth yn daro gwyllt; *S.W:* fe aeth yn uffern bach; *Box:* **knock-out ~,** ergyd derfynol/loriol/farwol (ergydion terfynol/lloriol/marwol), ergyd glec (ergydion clec), *N.W: F:* y farwol *f; Prov:* **the first ~ is half the battle,** y cam cyntaf yw'r cam gorau; mae'r ergyd gyntaf yn werth dwy; **a ~ to s.o.'s credit,** ergyd i enw da rhn; **it came as a crushing ~ to us,** bu'n ergyd drom inni. **2.** *Tchn:* **blows** *n.pl.* jobiau; **uphand blows,** jobiau ysgeifn.

blowback *n.* ôl-ffrwydrad(-au) *m; (in mine):* tanchwa(-oedd) *f.*

blowball *n. Bot: F:* cloc(-iau) *(m)* dant y llew.

blower *n.* **1.** *(a) (of glass &c):* chwythwr (chwythwyr) *m; Th:* chwythydd(-ion) *m; (b) (of horn &c):* canwr (canwyr) *m,* chwythwr; *(c) F:* = **telephone; to get on the ~,** rhoi tinc/tonc ar y ffôn, rhoi caniad; **2.** *(a) (of chimney):* chwythwr, jac *(m)* [y] mwg; *(b) Ind: &c:* chwythwr, chwythiadur(-on) *m,* chwythydd; **motorized ~,** peiriant (peiriannau) *(m)* chwythu, chwythydd peiriannol.

blowfish *n. Ich:* = **puffer[3]**.

blowfly *n. Ent: S:* cleren (clêr) *(f)* chwythu, *N:* pryf(-ed) *(m)* chwythu.

blowgun *n.* = **blowpipe.**

blowiness *n.* tywydd gwyntog *m,* gwyntogrwydd *m,* awelogrwydd *m.*

blowlamp *n.* lamp *(f)* losgi (lampau llosgi), chwythlamp(-au) *f.*

blown[1] *a.* **1. wind-~,** chwythedig [gan wynt]; *Geog:* **~ sand,** tywod *(m)* chwyth; **~ soil,** chwythbridd *m,* pridd *(m)* chwyth. **2.** *(= breathless):* dianadl. **3.** *(tin of food):* chwyddedig. **4. [-up],** *(by explosive):* ffrwydredig. **5. ~-up,** *(with pride; photograph):* chwyddedig; *See* **blow up.**

blown[2] *a.* **a full-~/fully-~ flower,** blodyn ar ei lawn dwf, blodyn llawn dwf.

blowpipe *n.* chwythbib(-au) *f.*

blowtorch *n.* = **blowlamp.**

blowtube *n. Glassm:* chwythdiwb(-iau) *m.*

blowy *a.* gwyntog, chwythlyd, awelog.

blowzily *adv.* yn slebogaidd *&c.*

blowziness *n.* golwg slebogaidd *f &c* **(of s.o.,** ar rn).

blowzy *a.* **1.** *(= red-faced):* bochgoch, wynebgoch. **2.** *(= untidy):* slebogaidd, aflêr, anniben.

blub *v.i.* = **blubber[3]**.

blubber[1] *n.* braster *(m)* morfil, bloneg *(m)* morfil.

blubber[2] *attrib.* **~ lip,** gwefl(-au) *f.* **~-lipped** *a.* gweflog, *Lit:* gweflfawr, gwefldew.

blubber[3] *v.i.&t.* **1.** *v.i.* beichio wylo, wylo'n hidl, beichio crïo, *N:* igian wylo, igian crïo, nadu, cnadu, *S:* llefain, *S.W:* gwewlan, gweflan. **2.** *v.t.* **to ~ out sth,** dweud rhth yn/trwy eich dagrau, dweud rhth gan/dan lefain/wylo.

blubberer *n. Pej:* babi(-s) *(m)* mam, babi mawr, *S:* babi loshin, bapa *(m&f)* mami, *N:* babi swc, babi swci mami, *N.E: occ:* lwbi-labi(-s) *m.*

blubbering *a.* wylofus, mewn dagrau, dagreuol, dagreullyd.

blubberingly *adv.* yn wylofus *&c;* mewn dagrau.

blubbery *a.* **1.** *(= fat):* brasterog, blonegog; *(= swollen):* chwyddedig. **2.** = **blubbering.**

bluchers *n.pl. Cost:* bliwshiars.

bludgeon[1] *n.* pastwn (pastynau) *m.*

bludgeon[2] *v.t.* pastynu, ffonodio (rhn); curo, *S:* bwrw (rhn) â phastwn; *F:* **he was bludgeoned into doing it,** cafodd ei orfodi i'w wneud.

bludgeoner *n.* pastynnwr (pastynwyr) *m.*

blue[1] *a. & n.* I. *a. (a)* glas (gleision); **to go ~,** mynd yn las, glasu, *S.W: occ:* glasdduo; **the B~ Ribbon/Riband,** y Rhuban Glas *m; F:* **~ water, the ~ sea,** y môr agored *m,* y cefnfor *m, Lit: occ:* y glasfor *m,* y lasdon *f,* y weilgi *f,* yr eigion *m;* **(you may talk) till you are ~ in the face, till all's ~,** (gelli siarad) faint fynni di, tan ddydd Sul y Pys, nes dy fod yn biws, nes dy fod yn ddu las dy wyneb; **he cursed till the air was ~,** *N:* mi regodd nes 'roedd yr awyr yn glasu; *S.a.* **black[1] I. 1; what the ~ blazes are you doing?** beth gythraul/ddiawl wyt ti'n ei wneud? *(b)* = **sad;** *(c) F:* = **indecent.** II. *n.* **1.** glas (gleision) *m;* **Cambridge ~,** glas golau, glas Caergrawnt; **indigo ~, China ~,** glas yr India, glas lliwio; **navy ~,** glas y llynges, glas tywyll; **Oxford ~,** glas tywyll, glas Rhydychen; **Prussian ~,** glas Prwsia; **sea ~,** glas môr; **steel/steely ~,** glas dur; **the ~ [sky],** y ffurfafen *f,* yr wybren *f,* yr awyr las *f;* **(to come) out of the ~,** (dod/disgyn) yn ddirybudd, yn annisgwyl, fel huddygl i botes, fel barcud ar gyw, *S.W: occ:* fel tropas i gawl; *S.a.* **bolt[1] 2. 2.** *(a) Pol:* **a true ~,** Tori (Toriaid) rhonc *m,* Tori i'r carn; *(b) Sp: Sch:* **to win/get one's ~,** cael eich dewis; *(c)* **Oxford/Cambridge ~,** glesyn (gleision) *(m)* Rhydychen/Caergrawnt, glasen (gleision) *(f)* Rhydychen/Caergrawnt. **3. [washing-]~,** lliw glas *m,* bag glas *m.* **4.** *pl. (a)* **the blues,** y felan *f, occ:* y felan ddu, *S.W:* y falen *f;* **to have a fit of the ~,** cael pwl o iselder [ysbryd], bod dan/yn y felan; *(b) Mus:* **blues** *m or pl,* melangan(-au,-eon) *f (pronounced* ng-g); **~ music,** miwsig y felan, canu*(vn)*'r felan; **~ song,** cân (caneuon) *(f)* y felan, melangan; *Mus:* **to sing the blues,** canu'r felan/*blues,* melanganu *(pronounced* ng-g). **5.** *Bill:* y las *f,* y bêl las *f.* **6.** *Ent:* glesyn (gleision) *m;* **Adonis ~,** glesyn Adonis; **chalkhill ~,** glesyn y calchfaen; **common ~,** glesyn cyffredin; **holly ~,** glesyn yr eiddew; **large ~,** glesyn mawr; **long-tailed ~,** glesyn cynffon hir; **mazarine ~,** glesyn m|asarin; **short-tailed ~,** glesyn cynffon fer; **silver-studded ~,** glesyn serennog; **small ~,** glesyn bach. **~ baby** *n. Med:* baban glas (babanod gleision) *m.* **~ back**

n. Orn: = **fieldfare**. ~ **bag** *n. Laund:* bag glas *m*, lliw glas *m*. ~**-bird** *n.* = **bluebird**. ~**-black** *a.* glasddu(-on), du las, dulas (duleision), glas tywyll. ~ **blood** *n.* gwaed (*m*) brenhinoedd, gwaed brenhinol, gwaed [yr] uchelwyr, gwaed uchelwrol, gwaed da. ~ **bonnet** *n.* **1.** *Cost:* cap glas (capiau gleision) *m*. **2.** = **Scotsman. B~ Book** *n. Pol:* Llyfr Glas (Llyfrau Gleision). ~ **bug** *n. Ent:* chwilen las (chwilod gleision) *f*. ~ **butcher** *n. Bot:* = **orchis (early purple)**. ~**-chip** *attrib.* rhagorol, p|enigamp: penig|amp, di-ail, dihafal. ~**-coat** *attrib.* côt las. ~**-collar** *attrib.* coler las. ~ **devils** *n.* **1.** y felan *f*. **2.** *(= **delirium tremens**): N: F:* y bliws *pl*, yr horws *m*, *S: F:* yr orors *pl*. ~ **ear disease** *n. Vet:* clefyd (*m*) clustiau gleision. ~**-eyed** *a.* **1.** llygadlas, llygatlas, [â] llygaid gleision. **2.** *F: (= innocent):* diniwed; **mother's ~-eyed boy, a ~-eyed boy,** ffefryn(-nau) (*m*) mam, bachgen gwyn (*m*) ei fam. ~**-eyed grass** *n. Bot:* glaswellt llygadlas *m*. ~**-eyed Mary** *n. Bot:* Mari lygadlas *f*. ~ **fit** *n. P: N:* **to have a ~ fit,** cael gwasgfa, cael ffit las/binc/biws; *S:* cael haint (*f*), *S. W:* pango; **I had a ~ fit when she walked into the room,** bu bron imi â chael gwasgfa pan ddaeth hi i'r ystafell; *S:* bûm i bron â chael haint pan ddaeth hi i'r ystafell. ~ **funk** *n.* arswyd *m*, dychryn *m*, braw *m*; **I was in a ~ funk,** 'roedd arna' i ofn ar fy hyd; *V:* 'roedd arna' i ofn drwy fy nhin. ~ **grass** *n. Bot:* glaswellt glas *m*; *U.S:* **the B~ Grass Country,** Gwlad y Glaswellt Glas; **B~ Grass music,** (*) canu'r Tir Glas. ~**-green** *a.* glaswyrdd (*f.* glaswerdd, *pl.* gl: swyrddion), gwyrddlas (gwyrddleision). ~**-green algae** *n.* llyfanog: llafanog *m*, [y]slafan werddlas *f*. ~**-green clitocybe** *n. Fung:* = **aniseed toadstool**. ~**-grey** *a.* glaslwyd(-ion), llwydlas, llwytlas. ~ **ground** *n. Miner:* pridd glas *m*. ~ **gum** *n.* = **eucalyptus**. ~**-jacket** *n.* morwr (morwyr) *m*. ~ **jeans** *n.pl. Cost:* jîns glas. ~ **john** *n. Miner:* fflŵorsbar glas *m*. ~ **leg** *n. Fung:* = **field blewits. B~ Mantle** *n. Her:* y Fantell Las *f*. ~ **metal** *n. Civ.E:* metlin glas *m*. ~ **moon** *n.* **once in a ~ moon,** unwaith yn y pedwar amser. ~ **mould** *n.* llwydni *m*. ~ **murder** *n.* **to scream ~ murder,** sgrechian/gweiddi nerth eich pen, sgrechian/gweiddi mwrdwr. ~ **pencil[1]** *n.* pensel las (pensils/pensilau glas) *f*; *Fig:* sensoriaeth *f*. ~**-pencil[2]** *v.t.* rhoi pensel las (drwy rth); *(= censor):* sensro (rhth). ~ **Peter** *n. Nau:* fflag las (fflagiau gleision) *f*. ~ **pill** *n. Pharm:* glasbelen(-ni) *f*, pilsen las (pils gleision) *f*. ~ **pointer** *n. Ich:* macaw glas (macawod gleision) *m*. ~ **racer** *n. Rept:* neidr las (nadroedd gleision) *f*. ~ **rock** *n. Orn:* = **rock-dove**. ~ **shark** *n. Ich:* morgi glas (morgwn gleision) *m*, siarc glas (siarcod gleision) *m*. ~ **streak** *n. F: (a) (= sth very fast):* mellten wib (mellt gwib) *f*; *(b)* **to talk a ~ streak,** siarad pymtheg i'r dwsin, siarad fel melin bupur/glep, siarad fel pwll y môr. ~ **tit,** ~ **titmouse** *n. Orn:* titw (*m*) tomos las (titŵd tomos gleision), [y]swidw fach las ([y]swidwod bach glas) *f*, [y]swigw(-od) *f*, glas (gleision) bach (*m*) y wal, glas y pared, glesyn(-od) bach (*m*) y pared, pela(-on) glas bach *m*, gwas (gweision) (*m*) y dryw, cap (*m*) y lleian. ~ **vitriol** *n. Ch:* sylffad (*m*) copr. ~ **whale** *n. Z:* morfil glas (morfilod gleision) *m*.

blue[2] *v.t.* **1.** *(a)* glasu (rhth), lliwio (rhth) yn las; *Laund:* rhoi bag/lliw glas yn y golch; *(b)* **blued spectacles,** sbectol las (sbectols gleision) *f*. **2.** *F:* **to ~ (one's money),** gwastraffu, difetha, afradu, *S:* bradu (eich arian).

Bluebeard *Pr.n.m.* Barflas, Glasfarf.

bluebell *n. Bot:* **1.** bwtsiasen (bwtsias) (*f*) y gog, croeso (*m*) haf, blodyn (*m*) y gog (blodau'r gog), cenhinen (cennin) (*f*) y brain, glas (*m*) y llwyn, cloch las (clychau gleision) *f*, blodyn y brain (blodau'r brain), botasen (*f*) y gog; *pl.* clychau'r gog, bacsau'r brain, cennin y gog, botais y gog, hosanau'r gog, *S.W:* hosanau'r brain, hosanau'r gwcw. **2.** *Scot: (= campanula):* clychlys *m*.

blueberry *n. Bot: U.S:* = **bilberry**.

bluebird *n. Orn:* robin las *f*, aderyn glas (adar gleision) *m*; *Fig:* **to seek the ~,** ceisio gwynfyd.

bluebottle *n.* **1.** *Bot: (= cornflour):* penlas (*m*) yr ŷd. **2.** *Ent: S:* cleren las (clêr gleision) *f*, cleren chwythu, *N:* pryf(-ed) glas *m*, pryf chwythu, pryfyn (pryfed) chwyth *m*. **3.** *P: Joc: (= policeman):* côt las (cotiau gleision) *f*.

bluebush *n. Bot:* glaslwyn(-i) *m*.

bluecap *n.* **1.** *Ich:* gleisiad (gleisiaid) *m*. **2.** *Orn:* = **blue titmouse**. **3.** = **blue bonnet**.

bluefish *n. Ich:* pysgodyn glas (pysgod gleision) *m*.

bluegill *n. Ich:* tagell las (tegyll gleision) *f*.

blueness *n.* **1.** glesni *m*. **2.** *(of jokes &c):* cochni *m*, anweddustra *m*.

bluenose *n. U.S:* p|iwritan (piwritaniad) *m*.

blueprint[1] *n.* glasbrint(-iau) *m*, glaslun(-iau) *m*.

blueprint[2] *v.t. U.S:* glaslunio, glasbrintio.

bluestocking *n.* ysgolheiges(-au) *f*.

bluestone *n. Geol: Ch:* carreg las *f*.

bluet *n. Bot: (Houstonia cerulea):* gwreiddrudd las *f*.

bluethroat *n. Orn:* bronlas (bronleision) *f*.

bluetongue *n. Rept:* tafod glas (tafodau gleision) *m*.

blueweed *n. Bot:* **1.** *(Echium vulgare):* = **bugloss (viper's)**. **2.** *(Helianthus ciliaris):* chwyn glas *m or pl*.

bluey *a.* glasaidd.

bluff[1] *a. & n.* **1.** *a. (a) (= steep):* serth, syth; *(b) (pers.):* di-lol, hwyliog, calonnog, wyneb plaen; *Hist:* ~ **King Hal,** Harri Hwyliog; **a straightforward ~ man,** dyn heb flewyn ar ei dafod. **2.** *n.* clogwyn(-i) *m*, dibyn(-nau) *m*.

bluff[2] *n.* blŷff *m*; **to call s.o.'s ~,** *(= at poker):* herio rhn i roi'i gardiau ar y bwrdd, herio rhn i ddangos ei gardiau, dal her â rhn, galw blŷff rhn; *(= accept challenge):* derbyn her rhn; *(b) (in general):* honiadau ffug *pl*, bygythion gwag *pl*, blŷff *m*, blyffio *vn*.

bluff[3] *v.t. Cards: & F:* blyffio, esgus, smalio, cogio, cymryd arnoch.

bluffer *n.* blyffiwr (blyffwyr) *m*, smaliwr (smalwyr) *m*, cogiwr (cogwyr) *m*.

bluffly *adv.* yn ddi-lol *&c*.

bluffness *n. (a) (= heartiness)*; hwyliogrwydd *m*, calonogrwydd *m*; *(b) (= plain manner):* plaendra *m*, dull di-lol *m*.

bluish *a.* glasaidd, go las, braidd yn las, glas braidd, â gwawr las, lledlas, gwelwlas; ~ **red,** glasgoch(-ion); ~ **green,** gwyrddlas (*f.* gwerddlas, *pl.* gwyrddleision); ~ **black,** glasddu(-on); ~ **brown,** glaslwyd(-ion); ~ **yellow,** glasfelyn (*f.* glasfelen, *pl.* glasfelynion); ~ **white,** glaswyn (*f.* glaswen *pl*, glaswynion); ~ **grey,** glaslwyd(-ion), llwydlas (llwydleision).

bluishness *n.* golesni *m*, gwelwlesni *m*, gwawr las *f*.

blunder[1] *n.* camgymeriad(-au) *m*, camsyniad(-au) *m*, cam gwag (camau gweigion) *m*, caff gwag (caffiau gweigion) *m*.

blunder[2] *v.t.&i.* **1.** gwn|eud camgymeriad *&c*, cymryd cam gam, bwnglera *(pronounced* ng-g). **2.** **to ~ against/into sth,** taro/bwrw yn erbyn rhth, mynd yn bwtsh/bwcs i rth; **to ~ one's way along,** baglu mynd, hercian mynd, ymbalfalu mynd; **to ~ upon the truth,** baglu ar draws y gwirionedd, taro ar y gwirionedd; **he managed to ~ through,** llwyddodd i fwrw drwyddi rywsut; fe ddaeth i'r lan rywsut neu'i gilydd; llwyddodd i fwnglera drwyddi.

blunderbuss *n.* gwn byr (gynnau byrion) *m*, rhythwn (rhythynnau) *m*.

blunderer *n.* un lletchwith *&c*; *See* **blundering**; bwnglerwr (bwnglerwyr) *m*, bwngl|erwraig *f*, bwngler(-iaid) *m*, bwngleres(-au) *f (all pronounced* ng-g)

blunderhead *n.* = **dunderhead**.

blundering *a.* trwsgl, trwstan, bwngleraidd (*pronounced* ng-g), blêr, lletchwith, llawchwith, anneheuig, annehau, annethau.

blunderingly *adv.* yn drwsgl *&c*.

blunge *v.t. Cer:* cymysgu (rhth) â dŵr.

blunt[1] *a.* **1.** *(= not sharp):* pŵl, di-awch, heb fin, di-fin, heb awch, *Lit: occ:* aflym (*f.* aflem, *pl.* aflymion); *Geom:* ~ **angle,** ongl aflem *f*; **a ~ instrument,** erfyn di-awch; *(= without a point):* pŵl, heb flaen, di-flaen, trwynbwl. **2.** *(pers.):* plaen, swta, di-lol, di-dderbyn-wyneb, ffwr-bwt, di-flewyn-ar-dafod, heb flewyn ar dafod, dis|eremoni, *S:* swrth; **the ~ fact,** y ffaith greulon *f*, y caswir *m*, y gwir cas *m*.

blunt[2] *v.t.* dylu, pylu (rhth); gwn|eud (rhth) yn bŵl; **to ~ a pencil,** torri/treulio blaen pensel; **to ~ the palate,** diflasu'r/syrffedu'r daflod.

bluntly *adv.* **(to say sth) ~,** (dweud rhth) yn blwmp ac yn blaen, yn swta, yn ddi-lol, heb flewyn ar eich tafod, heb hel dail, heb din-droi; **to put it ~,** a dweud y gwir yn blaen.

bluntness *n.* **1.** *(of razor &c):* pylni *m*, aflymder *m*, aflymdra *m*, *S:* diffyg (*m*) awch, *N:* diffyg min. **2.** *(of pers.):* dull swta *&c m*, siarad swta *&c m*, diffyg (*m*) lol, plaendra (*m*) ymadrodd.

bluntwitted *a.* hurt, dwl, twp, pendew.

blur[1] *n.* **1.** *(= spot &c):* [y]smotyn ([y]smotiau) *m*, brych(-au) *m*, staen(-iau) *m*, brycheuyn (brychau) *m*. **2.** *(= indistinct effect):*

peth(-au) aneglur *m*, aneglurder *m*, aneglurdeb *m*; *(in photo &c)*: niwl(-oedd) *m*, niwlen(-ni) *f*. **everything became a ~,** aeth popeth yn niwl/aneglur; **a ~ of voices,** lleisiau aneglur *pl*, cymysgedd (*m*) o leisiau; **his memory was a ~,** brithgof oedd ganddo; niwlog oedd ei gof; *(b) (on mirror)*: niwl, ager *m*, *N.W*: anger *m* (*pronounced* ng-g). **3.** *(= dimness)*: dylni *m*, pylni *m*.

blur² *v.t.&i.* **1.** *v.t.* *(a) (= smear)*: staenio; *(b) (= make indistinct)*: pylu, dylu, *S: occ*: pwlo; *(of mist &c)*: niwl[i]o, cymylu, tywyllu; **tears blurred her eyes,** ni allai weld yn iawn gan ddagrau; **mist blurred the view,** yr oedd niwl yn cuddio'r olygfa; **rain blurred the windows,** tywyllai glaw y ffenestri. **2.** *v.i.* niwl[i]o, mynd yn aneglur, pylu, *S: occ*: pwlo. **~ out** *v.t.* gorchuddio, dil|eu, niwl[i]o.

blurb *n. Publ*: broliant (broliannau) *m*.

blurred, blurry *a.* aneglur; *(view, picture)*: aneglur, niwl[i]og; **a ~ memory,** brithgof(-ion) *m*.

blurt *v.t.* **to ~ out a secret, to ~ sth out,** bradychu cyfrinach, gollwng y gath o'r cwd, *N.W: occ*: gollwng eich tafod; **"I did it," he blurted,** "Fi wnaeth," meddai'n wyllt.

blush¹ *n.* **1.** *A*: golwg *mf*, cipolwg *mf*; *O*: **at the first ~,** ar yr olwg gyntaf, ar y gipolwg gyntaf; *Poet*: **in the first ~ of youth,** yn eich glasoed, ym mlodau eich ieuenctid. **2.** *(of modesty &c)*: gwrid *m*, cochni *m*; **to put s.o. to the ~,** codi cywilydd ar rn, cywilyddio rhn; **the first ~ of dawn,** glas (*m*) y wawr, toriad (*m*) y wawr. **~-making** *a.* digon i godi cywilydd arnoch.

blush² *v.i.* **1.** gwrido, cochi; **to ~ for shame,** gwrido rhag cywilydd, gwrido gan/o gywilydd; **to make s.o. ~,** peri i rhn wrido. **2. I blushed for you,** 'roedd arnaf gywilydd drosoch chi; 'roeddwn yn gwrido o'ch achos; **to ~ to the roots of one's hair,** gwrido at fôn eich gwallt, gwrido [hyd] at y clustiau, cochi at y clustiau, cochi fel tân.

blusher *n.* **1.** *Toil*: powdwr (powdrau) (*m*) gwrido. **2.** *Fung*: amanita gwridog *m*. **3.** *(pers.)*: gwridwr (gwridwyr) *m*, gwr|idwraig *f*, cochwr (cochwyr) *m*, c|ochwraig *f*.

blushful *a.* gwritgar, gwridog.

blushing *a.* **1.** *(= modest)*: swil, gwylaidd; **the ~ bride,** y briodferch swil *f*. **2.** *(flowers &c)*: gwridog, gwritgoch.

blushingly *adv.* yn swil, yn wridog *&c*.

blushless *a.* di-wrid.

bluster¹ *(a) (of storm)*: dwndwr *m*, dadwrdd *m*, stŵr *m*, rhu *m*, trybestod *m*, broch *m*, rhyferthwy *m*; *(b) (= threat)*: brygowthan *vn*, bygythion gwag *pl*, rhefru *vn*, gwagfygythion *pl*, arthio *vn*, cega *vn*, *Lit*: bocsach *m*, bocsachu *vn*.

bluster² *v.i.* *(a) (of wind)*: rhuo, chwythu'n arw, *Lit*: trystio, brochi; *(b) (of pers.)*: dadwrdd, bygwth yn swnllyd *&c*, chwythu bygythion, dwndro, *N*: taflu/lluchio/bwrw cylchau, brygowthan, arthio, *Lit*: bocsachu; **to ~ out threats,** chwythu bygythion.

blusterer *n.* bygythiwr (bygythwyr) *m*, arthiwr (arthwyr) *m*, dwndrwr (dwndrwyr) *m*, brygowthwr (brygowthwyr) *m*, chwythwr (chwythwyr) (*m*) bygythion.

blustering *a.* *(a) (wind)*: gwyllt, stormus; *(weather)*: gwyntog, *Lit*: trystiog, brochus, brochlyd, trystfawr, tymhestlog, *F*: sgowliog; *(b) (pers.)*: bostfawr, cegfawr, uchel eich cloch, llawn bygythion, bygythiol, *Lit*: brochus, bocsachus.

blusteringly *adv.* yn fygythiol *&c*.

blustery *a.* = **blustering** *(a)*.

bo¹ *int.* bo, bw; **she wouldn't say ~ to a goose,** mae arni ofn ei chysgod; mae hi'n rhy swil i ddweud na bw na be; ddywed hi ddim bw wrth gath fach.

bo² *n. Bot*: **bo-tree,** ffigyswydden (ffigyswydd) (*f*) yr India.

boa *n.* **1.** *Rept*: boa(-od) *f*; **~ constrictor,** neidr (*f*) wasgu (nadroedd gwasgu). **2.** *Cost*: **feather ~,** bwa (bwâu) pluog *m*, *N.W: occ*: cath(-od) *f*; **fur ~,** bwa blewog.

Boadicea *Pr.n.f.* Buddug.

Boanerges *Pr.n.m.* Mab y Daran, Boanerges.

boar *n.* baedd(-od) *m*; **~'s flesh,** cig (*m*) baedd, baeddgig *m*; **~ for breeding,** baedd cenfaint. **wild ~,** baedd gwyllt, baedd [o'r] coed; **to seek a ~,** *(of sow)*: llawdio, gofyn baedd; **a sow wanting a ~,** hwch lodig (hychod llodig) *f*; *S.a.* **head¹ 1.**

board¹ *n.* **1.** *(= piece of wood)*: bwrdd (byrddau) *m*, astell (estyll) *f*, estyllen (estyllod) *f*, bordyn (bordiau) *m*, *S*: borden (bordau) *f*; *Cu*: bwrdd, pren(-nau) *m*; **across the ~,** cyffredinol, drwodd draw, o ben bwygilydd, *S.W*: pentigili; *S.a.* **across**; **art ~,** bwrdd arlunio; **backing-~** bwrdd cefnu; **~ and easel,** bwrdd ac isl; **Bristol ~,** pasbord (*m*) Bryste; **burial ~,** astell gladdu (estyll claddu), estyllen gladdu (estyllod claddu); **canvas ~,** bwrdd cynfas; **colour and shape sorting ~,** bwrdd dosbarthu lliw a llun; **compo ~,** cywasgfwrdd (cywasgfyrddau) *m*; **cover ~,** bwrdd clawr; **cutting-~,** bwrdd torri; **drawing-~,** bwrdd tynnu llun, bwrdd lluniadu; **dust ~,** bwrdd llwch; **geometrical inset ~,** bwrdd dosbarthu pegiau; **insulating-~,** bwrdd ynysu; **ironing-~,** *N*: bwrdd smwddio, *S*: bord stilo; **modelling-~,** bwrdd modelu; **number ~,** bwrdd rhifo; **planing-~,** bwrdd plaenio; **salting-~,** bwrdd halltu, *S*: bord garreg (bordydd carreg); **shooting-~,** bwrdd plaenio; **skirt ~,** bwrdd sgert; **skirting-~,** sgertin(-s) *mf*; **soffit ~,** estyllen/astell fondo (estyll/estyllod bondo); **sounding-~,** seinfwrdd (seinfyrddau) *m*; **turnover ~,** bwrdd dymchwel; *S.a.* **diving-board, knife-board** *&c*; *(b)* **[notice-]~,** bwrdd hysbysu, hysbysfwrdd (hysbysfyrddau) *m*, bwrdd arwyddion, arwyddfwrdd (arwyddfyrddau) *m*; **display ~,** bwrdd arddangos; *Sch*: *(= blackboard)*: bwrdd du (byrddau duon); *Sp*: **telegraph ~,** bwrdd t|elegraff, hysbysfwrdd; *Aut*: *Av*: **fascia-~, instrument-~,** panel(-i) (*m*) deialau; *S.a.* **bargeboard, breadboard, chalkboard, cheeseboard, chopping-board, dashboard, fibreboard, mortarboard, pasteboard, pastry board, pegboard, signboard, sleeve-board** *&c*; *(c) n.pl. Th*: **the boards,** y llwyfan *mf*, y byrddau, y 'styllod; *(d) (= cardboard)*: pasbord *m*, cardbord *m*; *Bookb*: *(= cover)*: clawr (cloriau) *m*. **2.** *(a) (= table)*: *N*: bwrdd (byrddau) *m*, *S*: bord(-ydd) *f*; *A*: **at ~,** *N*: wrth y bwrdd, *S*: wrth y ford; *(b) (= food)*: prydau *pl* [bwyd], bwyd *m*, ymborth *m*, lluniaeth *m*; **bed and ~,** gwely a phrydau bwyd; **~ and lodging [and] residence,** bwyd a llety; **full ~ and lodging,** llety a phob pryd bwyd; **partial ~,** llety rhannol, llety a rhai prydau; **to pay for one's ~,** talu am eich prydau; *(c)* **[gaming-]~,** bwrdd/bord gamblo; **to sweep the ~ clean,** ennill y cyfan, clirio'r bwrdd/ford; *(d) Chess*: clawr (cloriau) (*m*) gwyddbwyll, bwrdd gwyddbwyll, bord wyddbwyll (bordydd gwyddbwyll). **3.** *(a)* **~ of enquiry,** bwrdd ymholi; **~ of control,** bwrdd rheoli; **~ of examiners,** bwrdd arholwyr; *(b)* **~ of health,** bwrdd iechyd; **local ~ of health,** bwrdd iechyd lleol; **B~ of Commissioners in Lunacy,** Bwrdd Comisiynwyr Gwallgofrwydd; **~ of education,** bwrdd addysg; **~ of guardians,** bwrdd gwarcheidwaid; **B~ of Trade,** Bwrdd Masnach; *U.S*: **~ of trade,** siambr (*f*) fasnach (siambrau masnach); **the National Coal B~,** y Bwrdd Glo Cenedlaethol; *Hist*: **the Central Welsh B~,** Bwrdd Canol Cymru; **Welsh Tourist B~,** Bwrdd Croeso Cymru; **local government ~,** bwrdd llywodraeth leol; **the Nature Conservancy B~,** Bwrdd Gwarchodaeth Natur; **the B~ of Celtic Studies,** Bwrdd Gwybodau Celtaidd; **school ~,** bwrdd ysgol; **school ~ officer,** *F*: plismon/plisman (plismyn) (*m*) plant, *N*: dyn(-ion) (*m*) hel plant i'r ysgol, *N.W: occ*: sgŵl bôrd(-s) *m*; *(c) Com*: **~ of directors,** bwrdd cyfarwyddwyr; **~ of managers,** bwrdd rheolwyr; **~ meeting,** cyfarfod(-ydd) (*m*) cyfarwyddwyr, cyfarfod bwrdd. **4.** *Nau*: *(a) (= side of ship)*: ochr (*f*) llong (ochrau llongau); **on ~ [ship],** ar long; **to take goods on ~,** derbyn nwyddau ar long; **to go on ~,** mynd ar long, *occ*: esgyn i long; **to go by the ~,** *(i) Nau*: mynd dros y cwr/bwrdd, syrthio/cwympo i'r môr; *(ii) Fig*: mynd yn angof; **the rules went by the ~,** anghofiwyd y rheolau; esgeuluswyd y rheolau; aeth y rheolau i'w crogi; **to let sth go by the ~,** esgeuluso rhth, gadael i rth fynd i'w grogi; **above ~,** teg, gonest, agored, yn yr amlwg, ar goedd, ar gyhoedd, yn deg; *(b) Nau*: *(= distance sailed in one tack)*: taciad(-au) *m*; **to make a good ~,** hwylio'n syth; **to make a ~, to make boards,** hwylio'n igam-ogam, tacio, gwneud tac. **~ foot** *n. Meas*: troedfedd giwbig (troedfeddi ciwbig). **~-game** *n.* *N*: gêm (*f*) fwrdd (gemau bwrdd), chwarae(-on) (*m*) bwrdd, *S*: gêm ford (gemau bord), chwarae bord. **~ measure** *n. Meas*: mesur ciwbig *m*. **~-light** *n. Th*: golau(*m*)'r bwrdd. **~-rule** *n.* mesurydd(-ion) (*m*) coed. **~ school** *n. A*: ysgol (*f*) fwrdd (ysgolion bwrdd). **~ wages** *n.pl.* tâl (*m*) bwyd; **to be on ~ wages,** cael tâl bwyd.

board² *v.t.&i.* **1.** *v.t.* *(a)* coedio (rhth), gosod/dodi/rhoi estyll/planciau/bordiau (ar rth), *Lit: occ*: byrddio, astellu (rhth); *(b) Bookb*: **to ~ a book,** clorio llyfr, rhoi clawr/cloriau am lyfr, *N*: casio llyfr. **2.** *v.t.&i.* *(= lodge²)*: lletya; **to ~ together,** cydletya. **3.** *v.t.* *Nau*: **to ~ a ship,** mynd ar long, mynd ar fwrdd llong, byrddio llong; *(= go alongside)*: dynesu (at long); **to ~ a train/bus/ship &c,** mynd ar drên/fws/long, mynd i drên/fws/long. **~**

out 1. *v.t.* rhoi (rhn) mewn llety, lletya (rhn) allan/mas; *(children):* rhoi (plant) mewn cartref maeth, *A:* rhoi plant ar faeth. **2.** *v.i.* lletya allan/mas. ~ **over** *v.t.* toi (rhth) ag estyll/estyllod, gorchuddio (rhth) ag estyll/estyllod, bordio (rhth). ~ **up** *v.t.* cau (rhth) ag estyllod/estyll, cau rhth â choed *&c*; coedio, bordio, estyllu (rhth).
boarded *a.* bordiog, astyllog, estyllog; ~ **up** *a.* ~ **up houses,** tai â'u ffenestri dan goed.
boarder *n.* lletŷwr (lletywyr) *m*, lletywraig (lletywragedd) *f*; *Sch:* disgybl(-ion) *(m)* preswyl, byrddiwr (byrddwyr) *m*.
boarding *n.* **1.** = **board²**. **2.** *Coll: (= boards):* coed *pl*, bordiau *pl*, estyllod *pl*, estyll *pl*, planciau *pl*. ~ **education** *n.* addysg *(f)* breswyl. ~**-house** *n.* llety(-au) *m*. ~**-school** *n.* ysgol *(f)* breswyl (ysgolion preswyl). ~**-stations** *n.pl.* safleoedd byrddio.
boardroom *n.* ystafell(-oedd) *(f)* bwrdd.
boardsailer, boardsailor *n.* = **sailboarder**.
boardsailing *vn.* = **sailboarding**.
boardwalk *n.* **1.** llwybr(-au) *(m)* bordiau/estyllod. **2.** = **promenade**.
boarfish *n. Ich:* baedd(-od) *(m)* môr.
boarhound *n.* baeddgi (baeddgwn) *m*.
boarish *a.* fel baedd.
boast¹ *n.* ymffrost *m*, bost(-iau) *f*, brolio *vn*, brol(-iau) *mf*; **to make a ~ (of sth),** ymffrostio (yn rhth, o achos rhth, yngh|ylch rhth).
boast² *v.i.&t.* **1.** *v.i.* ymffrostio, brolio, bostio, bocsachu, *S:* bragaldian, *N.W:* canu'ch corn eich hun, *occ:* chwythu; **to ~ of/about sth,** ymffrostio *&c* yn/yngh|ylch rhth; **he boasts of his wealth,** mae'n ymffrostio yn ei gyfoeth; **that's nothing to ~ of,** 'dyw hynny'n ddim i fod yn falch ohono. **2.** *v.t.* **the school boasts a fine library,** gall yr ysgol ymfalchïo mewn llyfrgell wych; mae gan yr ysgol lyfrgell dan gamp; mae'r ysgol yn meddu ar lyfrgell wych.
boaster *n.* ymffrostiwr (ymffrostwyr) *m*, ymffr|ostwraig *f*, bostiwr (bostwyr) *m*, b|ostwraig *f*, broliwr (brolwyr) *m*, br|olwraig *f*, brolgi (brolgwn) *m*, *N.W: occ:* chwythwr (chwythwyr) *m*.
boastful *a.* ymffrostgar, brolgar, broliog, bostfawr, bostus, balch, bocsachus.
boastfully *adv.* yn ymffrostgar *&c*; mewn ymffrost.
boastfulness *n.* ymffrost *m*, rhodres *m*, brolio *vn*, brol *fm*, brolgarwch *m*, bostfawredd *m*; *S.a.* **boast¹**.
boasting¹ *a.* = **boastful**.
boasting² *n.* ymffrost *m*; *S.a.* **boast¹,²**.
boastingly *adv.* = **boastfully**.
boat¹ *n.* **1.** *Nau: (= small and open):* bad(-au) *m*, *N: S.W:* cwch (cychod, *S:* cychau) *m*, *Lit: occ:* ysgraff(-au) *f*; *(large, covered, = ship):* llong(-au) *f*; **plank-built ~,** bad/cwch 'styllod; **rowing-~,** bad/cwch rhwyfo; **sailing-~,** bad/cwch hwylio; **skin ~,** bad/cwch croen, cwrwgl (cyryglau) *m*; **in a ~,** mewn cwch, ar long, mewn llong; **ship's ~,** cwch llong, *S:* bad llong; *S.a.* **ferryboat, fishing-boat, mail-boat** *&c*; **pleasure-~,** llong *(f)* bleser (llongau pleser), pleserlong(-au) *f*; **to go by ~,** mynd ar gwch/long; *F:* **(we are all) in the same ~,** ('rydym i gyd) yn yr un cwch/bad, yn wynebu'r un perygl, *occ:* yn yr un crochan; **to burn one's boats,** llosgi'ch cychod, croesi'r wal ddiadlam; *F:* **to push the ~ out,** dathlu; **to take to the boats,** dianc yn y cychod/badau; *Fig:* **to miss the ~,** colli cyfle, bod yn rhy rhwyr, bod ar ei hôl hi; *Fig:* **you've missed the ~,** 'rwyt ti ('rydych chi) ar ôl y ffair; 'rwyt ti ar ei hôl hi; *F:* **to rock the ~,** creu helynt, siglo'r cwch/bad. **2.** *(for gravy):* **sauce-~,** dysgl(-au) *(f)* saws, jwg (jygiau) *(mf)* saws, llestr(-i) *(m)* saws. ~**-bill** *n. Orn:* badbig(-au) *f*, badylfin(-od) *fm*. ~**-builder** *n.* saer (seiri) *(m)* cychod/badau. ~**-deck** *n.* bwrdd (byrddau) *(m)* cychod, bwrdd badau. ~**-drill** *n.* ymarfer *(vn or f)* lansio cychod/badau. ~**-hook** *n. Nau:* polyn (polion) *(m)* cwch, *N.W: occ:* bwtog(-i) *m*. ~**-house** *n.* tŷ *(m)* cwch (tai cychod), *N:* cwt *(m)* cwch (cytiau cychod). ~**-keeper** *n.* huriwr (hurwyr) *(m)* cychod, ceidwad (ceidwaid) *(m)* cychod. ~ **people** *n.* pobl *(f or pl)* y cychod. ~ **race** *n.* ras *(f)* gychod (rasys cychod), *Lit:* rhedfa *(f)* gychod (rhedf|eydd cychod). ~**-shed** *n.* = **boat-house**. ~**-train** *n. Rail:* trên (trenau) *(mf)* llong. ~**-truck** *n. Th:* tryc(-iau) *(m)* llwyfan. ~**-yard** *n.* iard *(f)* gychod (iardiau/ierdydd cychod).
boat² *v.i.&t.* **1.** *v.i.* mynd mewn cwch/bad, rhwyfo; **to go boating,** mynd mewn cwch/bad, mynd i rwyfo. **2.** *v.t.* **to ~ oars,** tynnu'r rhwyfau i mewn.
boatel *n.* = **botel**.
boater *n. Cost:* het *(f)* wellt (hetiau gwellt).
boatful *n.* **1.** llond *(m)* cwch, llond bad, cychaid (cycheidiau) *m*, badaid (badeidiau) *m*. **2.** *(of gravy &c):* llond jwg/dysgl, dysglaid (dysgleidiau) *f*, jygaid (jygeidiau) *mf*.
boating *n.* = **boat²**. ~**-club** *n.* clwb (clybiau) *(m)* cychod/badau.
boatload *n.* = **boatful 1.**
boatman *n.m.* **1.** *N:* cychwr (cychwyr), *S:* badwr (badwyr), *Lit: occ:* ysgraffwr (ysgraffwyr). **2.** *(= hirer):* huriwr (hurwyr) cychod/badau, dyn(-ion) cychod/badau.
boatswain *n. Nau:* (*F:* **bos'n, bosun**): bosn(-s) *m*, *Lit: occ:* badfeistr(-i) *m*; ~**'s mate,** is-fosn(-s) *m*, *F:* mêt(-s) *(m)* bosn; ~**'s chair/cradle,** cadair (cadeiriau) *(f)* bosn.
Boaz *Pr.n.m. B:* Boas.
bob¹ *n.* **1.** *(a) Mec: &c: (= a weight):* bob(-iau) *m*, pwys(-au) *m*; *(= kite-tail):* cynffon *(f)* barcut/barcutan (cynffonnau barcutiaid/barcutanod), *S:* cwt *(f)* barcut (cytau/cwtau barcutiaid/barcutanod); *(b) Fish:* corcyn (cyrc) *m*, fflôt (fflotiau) *m*. **2.** *(a)* ~ **of hair,** cudyn(-nau) *(m)* o wallt, *Lit: occ:* llyweth(-au) *f*; *(b) (= short cut):* toriad byr *m*, bob *m*; *(c) (= horse's docked tail):* *N:* cynffon fer/gota (cynffonnau byrion/cwta) *f*, *S:* cwtyn (cytau/cwtau) *m*, *occ:* cynffon doc (cynffonnau toc). **3.** *U.S:* ~**-sled¹**, ~**-sleigh¹** *n.* bobsled(-iau) *f*, sled(-iau) *(f)* rasio. ~**-sled²**, ~**-sleigh²**, *v.i.* bobsledio, rasio slediau. ~**-wig** *n.* wig(-iau) *(m)* cwta.
bob² *v.t.* **1.** *(hair):* byrh|au, cwt|au, *N:* cwteuo, *S:* cwtanu. **2. to ~ a horse's tail,** tocio/cwteuo cynffon ceffyl, *S:* cwtanu cwt ceffyl.
bob³ *v.i.* **1. to ~ up and down,** *N:* siglo i fyny ac i lawr, *S:* siglo lan a lawr. **2. to ~ (to s.o.), to ~ a curtsey,** moesymgrymu, *F:* cyrtsïo, *N.W: occ:* gostwng garrau (i rn). **3. to ~ for apples,** dowcio/towcio am afalau. **4. to ~ for eels,** dal llyswennod â llwgwn. ~ **cherry** *n.* clwstwr (clystyrau) *(m)* o geirios, ceirios dwbl *pl*, pâr (parau) *(m)* o geirios, *occ:* cwplws (cyplysau) *(m)* o geirios. ~ **down** *v.i.* gostwng eich pen. ~ **under** *v.i.* *(of float):* plymio, mynd o dan dŵr, *N:* dowcio, towcio. ~ **up** *v.i.* dod i'r wyneb; *Fig:* dod i'r amlwg, dod i'r golwg, *N:* dod i'r fei, *S:* dod ar glawr.
bob⁴ *n.* **1.** *(= jerk¹):* plwc (plyciau) *m*. **2.** *(= curtsey):* moesymgrymiad(-au) *m*. **3.** *Bellringing:* bob(-iau) *m*.
Bob⁵ *Pr.n.m. & n.m.* **1.** *Pr.n.m.* Bob, Bobi, Robin, Rob; **and ~'s your uncle!** a dyna ti (chi) i'r dim! **2. b~** *n.m. F: (at Eton):* **dry ~,** cricedwr (cricedwyr); **wet ~,** rhwyfwr (rhwyfwyr).
bob⁶ *n. inv. F: (= shilling):* sylltyn: swlltyn: swllt (sylltau) *m*, *N.W: occ:* hog *m*; **five ~,** coron(-au) *f*; **ten ~,** chweugain (chweugeiniau) *m*; **ten-~ note,** papur(-au) *(m)* chweugain; ~ **a job,** swlltyn am swydd.
bobbed *a.* cwta.
bobbie *n. Orn:* = **dipper**.
bobbin *n.* **1.** *Tex: El:* bobin(-au) *m*. **2.** *Th:* rhedegydd(-ion) *m*. ~**-case** *n.* cas(-ys) *(m)* bobin. ~**-frame** *n.* ffrâm *(f)* ddirwyn (fframau dirwyn). ~**-lace** *n.* les *(f)* bobin. ~**-winder** *n.* dirwynwr (dirwynwyr) *(m)* bobin.
bobbinet *n. Tex:* bobinét *m*.
bobbing¹ *a.* siglog.
bobbing² *vn.* **1.** siglo, sigliad(-au) *m*, ymsymud, ymsymudiad(-au) *m*. **2.** *(in water):* dowcio/towcio, plymio.
bobble *n. Cost:* pelen(-ni) *f*.
Bobby *Pr.n. & n.* **1.** *Pr.n.m.* Bobi, Bob, Robin. **2. b~** *n. F: (= policeman):* *N.W: occ:* slobyn *m*; *S.a.* **policeman**. ~ **calf** *n.* llo gwlyb (lloi gwlybion) *m*. ~**-dazzler** *n. S:* cliper(-s) *m*. ~**-pin** *n. U.S:* clip(-iau) *(m)* gwallt. ~ **sock** *n. F: R.t.m:* hosan (hosanau byrion) *f*, hosan fach (hosanau bach) *f*. ~**-soxer** *n.* bobisocsyr(-s) *f*.
bobcat *n. Z:* bobgath(-od) *f*, cath gota (cathod cwta) *f*, lyncs(-od) cwta *m*.
boblet *n.* car (ceir) llusg bach *m*, car llusg i ddau.
bobolink *n. Z:* b|oboline (bobolincod) *m*.
bobstay *n. Nau:* rhaff(-au) *(f)* bolsbrid, bobstae(-s) *mf*.
bobtail *a. & n.* **1.** *a.* = **bobtailed**. **2.** *n. (horse):* ceffyl(-au) cwta *m*, *S.W:* ceffyl cynffon doc; *(dog):* ci (cŵn) cwta *m*; *S.a.* **ragtag**.
bobtailed *a.* cwta, *N:* â chynffon gota, *S:* â chwt cwta, â chynffon doc.

bobwhite *n. Orn:* sofliar (soflieir) *(f)* Virginia.
bocage *n. Geog:* **bocage** *m*, coetir(-oedd) *m.*
Boche *n.* Almaenwr (Almaenwyr) *m, F:* Jerman: Jyrman(-s) *m*, Jeri(-s) *m.*
bock *n.* **~ [beer],** cwrw *(m)* boc.
bocking *n. Tex:* bocin *m.*
bod *n. Pej:* **an odd ~,** creadur(-iaid) rhyfedd *m.*
bode *n. v.t.&i.* argoeli; **to ~ well/ill,** argoeli'n dda/ddrwg.
bodeful *a.* argoelus.
bodega *n. U.S:* siop *(f)* win (siopau gwin), gwindy (gwindai) *m.*
bodement *n.* argoel(-ion) *f.*
bodice *n.* bodis(-iau) *m*, corff *(m)* pais; **back ~,** bodis cefn; **front ~,** bodis blaen. **~ back** *n.* cefn *(m)* bodis. **~ block** *n.* bloc *(m)* y bodis. **~ front** *n.* blaen *(m)* y bodis.
bodied *a.* **big-~, strong-~,** cydnerth, cryf o gorff, nerthol, cadarn (cedyrn), *N: F:* 'tebol, durol; **able-~,** cadarn o gorff, cydnerth, atebol, cryf, abl, *N: F:* 'tebol, durol; *Mil:* atebol i wasanaeth; **full-~,** cadarn; **slender-~,** main (meinion).
bodiless *a.* ansylweddol, anghorfforol, di-gorff, heb gorff.
bodily *a. & adv.* **1.** *a.* corfforol, *occ:* corffol; **to go about in ~ fear,** mynd gan ofni am eich croen. **2.** *adv. (= in one piece): (a)* yn gyfan gwbl, yn llwyr, yn hollol, yn ei gorffolaeth, yn gorfforol, *S.W:* yn grwn; *(b) (= all together):* **they resigned ~,** bu iddynt ymddiswyddo fel cyfangorff, fel un gŵr.
boding *n.* = **foreboding.**
bodkin *n.* **1.** *Needlew: &c:* nodwydd(-au) *(f)* sachau, botgyn(-au) *m*, nodwydd fras (nodwyddau breision); **ball-pointed ~,** botgyn pengrwn *(pronounced* ng-g); **bent ~,** botgyn cam; *(of saddler, printer):* mynawyd(-au) *m.* **2.** *A: (= dagger):* dag[e]r(-au) *f.*
Bodleian *a.* **the ~ Library,** Llyfrgell *(f)* Bodley.
Bodorgan Head *Pr.n. W.Geog:* Pen*(m)*-y-Parc.
body[1] *n.* **1.** corff (cyrff) *m*; *(a)* **human ~,** corff dyn, corff dynol; **to belong to s.o. ~ and soul,** perthyn i rn gorff ac enaid; perthyn i rn yn llwyr; **in a ~,** ar y cyd, gyda'ch gilydd, fel cyfangorff *(pronounced* ng-g); **to keep ~ and soul together,** cadw corff ac enaid ynghyd; *S.a.* **sound**[6] **I. 1;** *(b)* **[dead] ~,** corff [marw], *occ:* celain (celanedd) *f*, *occ: Joc:* corffyn (cyrff) *m*, corpws (corpysau) *m*; *(of animal):* burgyn(-od) *m*; **over my dead ~!** dros fy nghrogi! *(c) (= strength):* nerth *m*, cryfder *m*, swmp *m*; **to give ~ to a wine,** cryfh|au gwin; *(of wine):* **to acquire ~,** cryfhau; *(d) (= substance): (of paper, cloth &c):* swmp, sylwedd *m*, trwch *m.* **2.** *(a) (= collection of people):* corff (cyrff) *m*; **~ corporate,** corfforaeth(-au) *f*, corff corfforaethol; **the ~ politic,** y wladwriaeth *f*; *(b) (= number):* nifer(-oedd) *fm*, nifer fawr/mawr, llu(-oedd) *m*, twr (tyrrau) *m*; *(= crowd):* torf(-|eydd) *f*, tyrfa(-oedd) *f*, mintai (minteioedd) *f*; **a little ~ of disciples,** nifer fechan o ddisgyblion, mintai fach o ddisgyblion; **to come in a ~,** dod yn llu, dod yn dorf, dod yn dyrfa; *(c) Jur:* **a strong ~ of evidence,** corff mawr o dystiolaeth, tystiolaeth gref *f*; **a ~ of laws,** casgliad *(m)* o gyfreithiau, corff o gyfreithiau. **3.** *F: (= pers.):* dyn(-ion) *m*, benyw(-od) *f*; *(a)* **a very decent old ~,** hen greadur clên *m*, hen fachgen clên/iawn *m*, *N.W: occ:* hen fachgen nobl iawn, hen beth clyfar ofnadwy, *S.W:* bachan talïaidd *m*, *S:* menyw fach dalïaidd; **a nice old ~,** *S.W:* hen garan *f*, *S:* menyw fach dalïaidd *f*; **a queer ~,** creadur(-iaid) od *m*, *S.W:* bachan broc *m.* **4.** *(= main part): (a)* corff, prif ran(-nau) *f*; *(of church): (= nave):* corff; *(of aeroplane):* corff, cas *m*, ffrâm *f*; **the ~ of a speech,** swm a sylwedd araith; *(b) Veh:* corff; *Lib:* **~ of entry,** disgrifiad(-au) *m.* **5.** *Astr: Ch: Ph:* corff, gwrthrych(-au) *m*; **heavenly ~,** corff nefol. **6.** *Mus: (of instrument):* corff. **~-blow** *n.* **1.** *Box:* ergyd(-ion) *(fm)* i'r corff. **2.** *F:* ergyd drom (ergydion trymion). **~-builder** *n. (a) Veh: Aut:* corffluniwr (corfflunwyr) *m*; *(b) Gym:* teclyn (taclau) *(m)* meithrin corff, corff-feithrinydd(-ion) *m*, cryfhâwr (cryfhâwyr) *m*; *(c) (pers.):* corff-feithrinwr (~-feithrinwyr) *m*; *(d) (= nutritious food):* bwyd(-ydd) maethlon *m.* **~-building** *vn.* magu cyhyrau, cryfh|au'r corff, ymgryfh|au; **~-building foods,** bwydydd prifio/tyfu/prifiant. **~ cavity** *n. Biol:* ceudod *(m)* y corff (ceudodau'r corff). **~-cell** *n. Biol:* corffgell(-oedd) *f*, cell(-oedd) somatig *f.* **~-centred cubic** *n.* ciwbig *(m)* corff-ganolog. **~-clearance** *n. Metalw:* cliriad *(m)* dril. **~-colour** *n.* lliw afloyw *m*; *Art:* **gouache** *m.* **~-fluids** *n.pl.* hylifau'r corff. **~ language** *n.* iaith *(f)* y corff, iaith gorfforol. **~ language** *n.* iaith *(f)* y corff, iaith gorfforol. **~-linen** *n.* dillad isaf *pl.* **~ odour** *n. N:* oglau *(m)* chwys, *S:* gwynt *(m)* chwys. **~-scissors** *n. Wr:* siswrn *(m)* am gorff. **~-servant** *n.* gwas (gweision) *(m)* gweini. **~-shop** *n.* gweithdy (gweithdai) *(m)* [cyrff] ceir. **~-snatcher** *n.* lleidr (lladron) *(m)* cyrff, cipiwr (cipwyr) *(m)* cyrff, corff-gipiwr (~-gipwyr) *m.* **~-snatching** *vn.* lladrata/dwyn/cipio cyrff. **~-stocking** *n. Cost:* trywsanau *pl.*
body[2] *v.t.* **to ~ sth forth,** rhoi sylwedd i rth.
bodycheck[1] *n. Sp:* corffrwystr(-au) *m.*
bodycheck[2] *v.t.&i. Sp:* corffrwystro.
bodyguard *n.* **1.** amddiffynnwr (amddiffynwyr) *m*, gwarchodwr (gwarchodwyr) [personol] *(m)*, corff-warchodwr (~-warchodwyr) *m.* **2.** *Coll:* amddiffynwyr *pl*, gwarchodwyr *pl*, gwarchodlu(-oedd) *m.*
bodyline *a. Cr:* **~ bowling,** bowlio at y corff.
bodywork *n. Aut:* corff (cyrff) *m.*
bodyworker *n. Ind:* corffluniwr (corfflunwyr) *m.*
Boeotian[1] *a. & n.* **1.** *a.* Boeotaidd, Boiotaidd. **2.** *n.* Boeotiad (Boeotiaid) *m&f*, Boiotiad (Boiotiaid) *m&f.*
boeotian[2] *a. & n.* **1.** *a.* twp. **2.** *n.* twpsyn (twps, twpsod) *m.*
Boer *a. & n.* **1.** *a.* Boeraidd; **the B~ War,** Rhyfel *(m)* De Affrica, y Rhyfel yn erbyn y Boeriaid, *F:* Rhyfel Transvaal. **2.** *n.* Böer (Boeriaid) *m&f.*
boffin *n. F:* gwyddonydd (gwyddonwyr) *m*, *F:* 'sglaig (= ysgolhaig) ('sgleigion) *m.*
bog[1] *n.* **1.** cors(-ydd) *f*, *occ:* corsle(-oedd) *m*, siglen(-nydd) *f*, tonnen (tonenni, tonennau) *f*, gwern(-i) *f*, mignen(-ni) *f*, mignwern(-i) *f*; **blanket ~,** gorgors(-ydd) *f*, mignen; **peat ~,** mawnog(-ydd) *f*, mawndir(-oedd) *m*, siglen *(f)* fawn (siglennydd mawn), gwaun *(f)* fawn (gweunydd mawn); **raised ~,** cyforgors(-ydd) *f*, siglen. **2.** *F:* **= lavatory.** **~ asphodel** *n. Bot: (Narthecium ossifragum):* llafn *(m)* y bladur, gwayw*(m)*'r brenin. **~-bean** *n. Bot: (Meneanthes trifoliata):* ffeuen/ffâen *(f)* y gors (ffa'r gors), ffeuen y ffosydd, meillionen (meillion) *(f)* y gors. **~ berry** *n. Bot: (Oxycoccus palustris):* llugaeronen (llugaeron) *f*, *N.W: occ:* pupysen (pupys) *(f)* y brain, ceiriosen (ceirios) *(f)* y waun. **~ moss** *n. Bot: (Sphagnum):* mwsogl *(m)* y gors, migwyn *m.* **~ myrtle** *n. Bot: (Myrica gale):* helygen *(f)* Mair, gwyrddling *m*, madywydd *m*, *N.W: occ:* gwrli[d] *m*, bwrli *m.* **~ oak** *n. Bot:* derw*(pl)*'r corsydd. **~ orchid** *n. Bot: (Malaxis paludosa):* tegeirian (m) y gors (tegeirianau'r gors), gef|ell-lys *(m)* y gors. **~ rosemary** *n. Bot: (Andromeda polifolia):* rhosmari gwyllt *m.* **rush** *n. Bot: (Schoenus nigricans):* corsfrwynen ddu (corsfrwyn duon) *f*; **brown ~ rush,** corsfrwynen rudd (corsfrwyn rhuddion). **~ sedge** *n. Bot: See* **sedge.** **~ spavin** *n. Vet:* sbafen *(f)* ddŵr. **~-trotter** *n. Pej:* Gwyddel(-od) *m*, *F:* Padi(-s) *m.* **~ violet** *n. Bot: (Pinguicula vulgaris):* toddiad *m.*
bog[2] *v.i. (a)* **to get bogged [down],** mynd i gors, mynd yn sownd mewn cors; *(b) Fig:* **to be bogged down in work,** bod at eich clustiau mewn gwaith.
bogey[1] *n.* **1.** bwgan(-od) *m*, bwbach(-od) *m*, bwci (bwcïod) *m*, bwci-bo(-s), *S.W: occ:* bwci bal *m*, *N.W: occ:* bolól *m*, bo-bo *m.* **~-man** *n.* bwgan, bwci-bo, bolól, *N.W: occ:* jac *(m)* y bwgan, y dyn *(m)* sach, bo-bo *m*, bw-bw *m.* **2.** *Golf:* bogi *m*, y safon *f*; **to play against ~,** chwarae yn erbyn y safon.
bogey[2] *v.i. Golf:* cael bogi.
bogginess *n.* natur gorslyd *f*, corsiogrwydd *m.*
boggle *v.i. (a) (= be startled at sth):* arswydo (wrth rth), synnu (at rth); **the mind boggles at the idea,** mae dyn yn arswydo wrth feddwl am y peth; **the imagination boggles,** anodd dychmygu'r fath beth; *(b) (= hesitate):* petruso/gwrthod gwn|eud rhth, *N: F:* nogio rhag gwneud rhth, *S:* jibo rhag gwneud rhth.
boggy *a.* corslyd, corsiog, siglennog; **~ land,** corstir(-oedd) *m*, tir(-oedd) *(m)* cors, tir corslyd.
bogie *n. Rail:* bogi(-s, bogïau) *m.*
bogle *n.* = **bogey**[1] **1.**
Bogomil *n. Rel.Hist:* B|ogomil (Bogomiliaid) *m&f.*
bogus *a.* ffug *(may follow n. or precede n. + soft mut.)*, *Lit: occ:* gau *(may follow n. or precede n. with soft mut.)*; *Com:* **~ company,** ffug-gwmni, cwmni ffug.
bogy *n.* = **bogey**[1] **1.**
Bohemia *Pr.n. Geog:* Bohemia *f.*
Bohemian[1] *a. & n.* **1.** *a.* Bohemaidd; *Geog:* **the ~ mountains,** mynyddoedd Bohemia; *Hist:* **the ~ Brethren,** Brodyr Bohemia; **she was ~,** un o Fohemia oedd hi. **2.** *n.* Bohemiad (Bohemiaid) *m&f.*

bohemian² *a. & n.* **1.** *a.* bohemaidd. **2.** *n.* bohemiad (bohemiaid) *m&f.*
bohemianism *n.* bohemiaeth *f.*
boil¹ *n. Med:* casgliad(-au) *m, S:* cornwyd(-ydd) *m, N:* penddüyn (-nod) *m, M.W:* glöyn(-nau) *f, S.W: occ:* clewyn(-nau,-nod) *m;* **gathering of a ~,** crawnu, casglu.
boil² *n.* **1.** berw *m;* **to come to the ~,** dod i'r berw, berwi, codi [i'r] berw; **at the ~,** ar y berw, ar ferw, ar ferwi; **to bring sth to the ~,** codi rhth i'r berw; **to go off the ~,** mynd oddi ar y berw, peidio â berwi; **below the ~,** tan y berw, bron â berwi; **the kettle is on the ~,** mae'r tecell yn berwi. **2.** *(= swirl of water):* chwyrlïad (chwyrliadau) *m,* bwrlwm (byrlymau) *m,* crychdon(-nau) *f,* crychni *m.*
boil³ *v.t.&i.* berwi; *(violently): N.W: S.W: occ:* barferwi, berwi'n grychias; **the kettle is starting to ~,** mae'r tecell yn dechrau berwi, *S.E:* mae'r tecil yn dechrau brwdu/brwtu; **to ~ sth slightly,** lledferwi rhth, *N:* rhoi ias o ferw ar rth; **to keep the pot boiling,** cadw'r crochan i ferwi; **it won't ~,** 'does dim berwi arno; ni wnaiff ddim berwi; *S.a:* **blood¹ 1. ~ away** *v.i. (i) (= keep boiling):* dal i ferwi, berwi'n grych/grychias, berwi'n glychau, *Lit:* crychferwi, *S.W:* barferwi, *S:* berwi'n grychiau; *(ii) (= boil dry):* berwi'n sych. **~ down 1.** *v.t.* berwi (rhth) i lawr; *F: (= condense):* crynh|oi; **his argument boils down to this,** dyma yw hanfod ei ddadl; dyma yw ei ddadl yn gryno; dyma yw ei ddadl yn y bôn; **what it boils down to is that he does not want to help,** yn fyr, ar fyr, mewn byr eiriau (ni fyn[n] helpu). **~ over** *v.i.* berwi drosodd, *S: occ:* berwi'n groes, *Lit:* gorferwi; *F:* **to ~ over with rage,** berwi/corddi gan ddicter; *See* **angry; the situation was about to ~ over,** 'roedd pethau ar fin mynd dros ben llestri. **~ up 1.** *v.i. (i) (of lava &c):* codi'n ferw, corddi; *(ii)* **trouble is boiling up,** mae helynt ynddi; mae helynt yn corddi; *S:* mae hi'n macsu am helynt. **2.** *v.t. (= bring to the boil):* berwi (rhth), codi (rhth) i'r berw.
boiled *a.* **~ water,** dŵr berwedig, dŵr wedi ei ferwi, dŵr berw; **~ egg,** ŵy wedi ei ferwi; **~ shirt,** crys(-au) *(m)* startsh; **~ sweets,** melysion berwi.
boiler *n.* **1.** *(pers.):* berwr (berwyr) *m.* **2.** boeler(-i,-ydd) *m,* bwyler(-i,-ydd) *m, Lit: occ:* berwedydd(-ion) *m; Dom.Ec:* **range ~,** boeler cegin; **double ~,** ***bain(-s)-marie*** *m,* sosban ddwbl (sosbenni dwbl) *f. S.a.* **back¹. 3.** *Cu:* hen ffowlyn (~ ffowls) *m,* hen iâr (~ ieir) *f.* **~-deck** *n. Nau:* bwrdd isaf *m.* **~-house** *n. Ind:* boelerdy (boelerdai) *m,* cwt (cytiau) *(m)* boeler. **~-maker** *n.* berwedyddwr (berwedyddwyr) *m,* gwneuthurwr (gwneuthurwyr) *(m)* boelerau. **~-man** *n.* taniwr (tanwyr) *m,* boelerwr (boelerwyr) *m.* **~-plate** *n.* haearn *(m)* boeler. **~-room** *n.* = **boiler-house. ~-suit** *n. Ind:* dillad glas *pl,* gwisg(-oedd) *(f)* taniwr, siwt(-iau) *(f)* taniwr. **~-tube 1.** *(= fire-tube):* pibell *(f)* dân (pibelli tân). **2.** *(= water-tube):* pibell ddŵr (pibelli dŵr).
boiling¹ *a.* berwedig, *Lit: occ:* brwd; **~ hot,** berwedig, chwilboeth, crychias, eiriasboeth; **I'm ~,** 'rwy'n berwi; **~ with rage,** yn berwi o ddicter, yn corddi gan ddicter, cynddeiriog, gwyllt.
boiling² *vn.* **1.** berwi, berwad(-au) *m.* **2.** *P:* **the whole ~,** y cyfan *m,* y cwbl *m,* yr holl sioe *f.* **~-point** *n.* pwynt(-iau) *(m)* berwi, b|erwbwynt (berwbwyntiau) *m.*
boisterous *a. (pers.):* hwyliog, llawn hwyl, llawn miri, llawn mynd, hoenus; *Pej:* swnllyd, afreolus, *S:* diwahardd; **~ shouts,** bloeddio swnllyd; *(wind, sea &c):* terfysglyd, brochus, brochlyd; *(weather):* gwyntog.
boisterously *adv.* yn hwyliog *&c,* yn swnllyd *&c,* yn dymhestlog *&c.*
boisterousness *n. (of party &c):* hwyliogrwydd *m,* hwyl *f,* miri *m; (of wind &c):* rhyferthwy *m,* brochusrwydd *m.*
bolas *n.* bolas(-au) *m.*
bold *a.* **1.** *(= adventurous):* beiddgar, mentrus, di-ofn, eofn, anturus, hyderus, di-fraw; **over-~,** rhyfygus; **a ~ stroke,** ergyd fentrus; **~ to act,** parod i weithredu['n eofn]; **to make ~ with s.o.,** mynd yn hyf ar rn, mynd yn eofn ar rn, manteisio ar rn; **to be/ make [so] ~ [as] to do sth,** mentro gwneud rhth, beiddio gwneud rhth, bod mor hyf â gwneud rhth; **if I may be so ~ as to ask. . .,** os caf i fod mor hyf â gofyn. . .; **to put a ~ face on the matter,** rhoi'r wyneb gorau ar y peth, *N.W: occ:* dal blawd wyneb; **2.** *(= impudent):* digywilydd, hyf, haerllug, *Lit:* ymwthgar, *S.W:* eger, *F:* ewn, *occ:* echon, ffit, *N:* talog, wynebgaled, talgryf (*f.* talgref, *pl.* talgryfion), *F:* powld; **as ~ as brass,** cwbl ddigywilydd, haerllug, ag wyneb fel pres, *N.W: occ:* mor ddigywilydd â wagen gynta'r rŷn *or* â tharw *or* â thalcen tas. **3.** *(= prominent):* amlwg; *(= steep):* syth, serth; **a ~ cliff,** rhyddallt (rhyddelltydd) *f,* serthallt (serthelltydd) *f; S.a.* **type¹** 2; *Art: (style &c):* beiddgar, eofn; **in ~ relief,** yn sefyll allan, trawiadol, amlwg, eglur. **~-faced** *a.* **1.** = **bold 2. 2.** *Typ:* du(-on), wynebddu(-on).
boldly *adv.* **1.** yn feiddgar *&c.* **2.** yn ddigywilydd *&c.*
boldness *n.* **1.** beiddgarwch *m,* ehofndra *m,* hyder *m,* mentrusrwydd *m,* rhyfyg *m.* **2.** *(= impudence):* digywil|ydd-dra *m,* haerllugrwydd *m,* hyfdra *m,* hyfder *m,* ehofndra *m,* rhyfyg *m.* **3.** *Geog: (= steepness):* serthni *m,* serthedd *m.*
bole *n.* bôn: bonyn (bonion) *m,* boncyff(-ion) *m.*
bolection *n. Arch:* bolecsiwn (bolecsiynau) *m.*
bolero *n. Danc: Cost:* bolero(-s,-au) *m.*
bolete, boletus *n. Fung:* boled(-au) *m,* cap(-iau) tyllog *m;* **bay ~,** *(Boletus badius):* boled gwinau/cleisiog; **bitter ~,** *(Tylopilus felleus):* boled chwerw; **brown birch ~,** *(Leccinum scabrum):* boled brown y bedw; **devil's ~,** *(B. satanas):* boled y cythraul; **larch ~,** *(Suillus grevillei):* boled y llarwydd; **orange birch ~,** *(L. versipelle):* boled melyngoch y bedw; **peppery ~,** *(B. pieratus):* boled poeth; **red-cracked ~,** *(B. chrysenteron):* boled craciog coch; **yellow-cracking ~,** *(L. crocipodium):* boled craciog melyn.
bolide *n.* seren wib (sêr gwib) *f,* maen (meini) *(m)* mellt, pelen *(f)* dân (pelenni tân).
bolivar *n. Num:* b|olifar (bolifarau) *mf.*
Bolivia *Pr.n. Geog:* Bolifia *f.*
Bolivian *a. & n.* **1.** *a.* Bolifiaidd; **the ~ government,** llywodraeth Bolifia; **she's ~,** un o Bolifia yw hi. **2.** *n.* Bolifiad (Bolifiaid) *m&f.*
boll *n. Bot:* hadlestr(-i) *m,* cwpan(-au) *mf.* **~-weevil** *n. Ent:* pryf(-ed) *(m)* cotwm. **~-worm** *n. Ent:* gwyfyn(-od) *(m)* cotwm.
bollard *n.* **1.** *Nau:* postyn (pyst) *m,* clymbost (clymbyst) *m.* **2.** *(a) (on traffic island):* postyn, bolard(-iau) *m; (b) (for closing roads):* atalbost (atalbyst) *m,* bolard.
bollix *v.t. V:* drysu (rhth), gwneud stomp/llanast (o rth).
bollocks *n.pl. See* **ball¹.**
bolograph *n. Ph:* b|olograff (bolograffau) *m.*
bolometer *n. Ph:* bolomedr(-au) *m.*
bolometric *a. Ph:* bolometrig.
boloney *n. F:* = **nonsense.**
Bolshevik *a. & n.* **1.** *a.* Bolsiefaidd, Bolsieficaidd. **2.** *n.* B|olsiefic (Bolsieficiaid) *m&f.*
Bolshevism *n.* Bolsiefaeth *f,* Bolsieficiaeth *f.*
Bolshevist *a. & n.* = **Bolshevik.**
Bolshevistic *a.* Bolsieficaidd, Bolsiefaidd.
Bolshevization *n.,* **Bolshevize** *v.t.* Bolsiefeiddio.
Bolshie, Bolshy *a. & n.* **1.** *a.* anodd eich trin, anhydrin, gwrthryfelgar, anystywallt, penstiff, ystyfnig, bolshi; **he's feeling a bit ~,** mae'n tynnu'n groes; mae'n codi dani; *S.W:* mae croen ei din ar ei dalcen e. **2.** *n. F:* Bolshi(-s) *m&f.*
bolson *n.* bolson(-au) *m.*
bolster¹ *n.* **1.** *(= underpillow):* gobennydd (gobenyddiau, gobenyddion) *m.* **2.** *(= chisel):* cŷn bras (cynion breision) *m,* cŷn brasollt, brasholltwr (brasholltwyr) *m.* **3.** *(a) Mec.E:* = **bearing;** *(b) Metalw:* = **die¹ 3, matrix. 4.** *Const: (= beam):* swmer(-au) *m.* **~ case** *n.* gorchudd(-ion) *(m)* gobennydd, cas(-ys) *(m)* gobennydd, *N.W: occ:* tudded(-i) *m.*
bolster² *v.t.* **1. to ~ s.o. up,** clustogi rhn, rhoi clustog dan rn. **2.** *Fig:* **to ~ (sth) up,** ategu, cynnal, cryfh|au, atgyfnerthu (rhth).
bolsterer *n.* clustogwr (clustogwyr) *m.*
bolt¹ *n.* **1.** *A: (of crossbow):* bollt(-[i]au) *f,* bollten(-ni) *f,* cwarel(-au,-i) *m; Prov:* **a fool's ~ is soon shot,** ni chêl ynfyd ei feddwl; buan y saetha ynfyd ei follt. **2.** *(of lightning):* taranfollt(-[i]au) *f, N:* mellten (mellt) *f, S:* llucheden (lluched) *f, occ:* bollten *f,* bollt(-iau) *f,* tân (tanau) *(m)* mellt; **it was like a ~ from the blue,** 'roedd y peth yn hollol annisgwyl; fe ddaeth fel taranfollt. **3.** *(a)* **[sliding] ~,** bollt, bollten(-ni) *f;* **to shoot bolts,** cau bolltiau; *(b) Sm.a:* **rifle-~,** bollt/bollten reiffl. **4.** *Mec.E:* bollt(-[i]au) *f,* bollten (bollt[i]au) *f, N:* powlten (powltiau) *f;* **main ~,** bollten allwedd, bollt agoriad, bollt agor; **barrel ~,** barilfollt(-iau) *f;* **cask-head ~,** bollten wrthsoddi (bolltiau gwrthsoddi); **cheese-head ~,** bollten ben cosyn (bolltiau pen cosyn); **coach ~,** bollten goets[h] (bolltiau coets[h]), bollten wagen, powlten fras (powltiau bras); **expansion ~,** bollten ymestyn; **carriage ~,**

bollten fras (bolltiau breision); **grub ~,** bollten ddigopa (bolltiau digopa); **hexagonal ~,** bollten ben h|ecsagon (bolltiau pen hecsagon); **rag ~,** bollten fachog (bolltiau bachog); **round head ~,** bollt bengron (bolltiau pengrwn) (*pronounced* ng-g); **square head ~,** bollten bensgwar (bolltiau pensgwar); *S.a.* **eye-bolt, kingbolt, ringbolt, screw-bolt** *&c.* **5.** *(a) (= length of cloth):* hyd(-oedd,-au) *m,* bolltaid (bollteidiau) *f,* rholyn (rholiau) *m; (b) (= bundle of straw &c):* sypyn(-nau) *m,* bwndel(-i) *m,* potel(-i) *f.* **~-cutter** *n. Metalw:* torrwr (torwyr) (*m*) bolltiau. **~-head** *n.* pen (*m*) bollt/bollten (pennau bolltiau). **~-lever** *n. Sm.a.* bolltlifer (bolltlifrau) *m.* **~-rope** *n. Nau:* rhaff (*f*) odre (rhaffau godre). **~-tongs** *n.pl. Metalw:* gefail (*f*) folltiau (gefeiliau bolltiau).

bolt² *v.i.&t.* **1.** *v.i. (a) F:* ei baglu hi, ei gwadnu hi, ei heglu hi, ei gloywi hi, ei bachu hi, *N:* cymryd y goes, rhoi traed yn y tir, ei g'leuo hi, *S:* ei gwanu hi, ei gwân hi, codi'ch cwt, *S.E:* cwnnu'ch cwt; *(of game):* **to ~ from cover,** saethu allan; **to ~ out,** rhuthro allan, cythru allan *&c; (b) (of horse):* rhusio, rhuthro [ymaith], dianc, cymryd y goes. **2.** *v.t.* **to ~ one's food,** llowcio bwyd, claddu bwyd, *S:* bolgian bwyd, *N:* sglaffio/slaffio bwyd, llyncu rhth fel gwylan, cofftio rhth, cythru bwyta. **3.** *v.t. (a)* **to ~ a door,** bolltio drws, rhoi bollt ar ddrws, cau/cloi drws â bollten; *(b) (= fit bolts):* bolltio (rhth), rhoi bollt[-iau] (ar rth); **to ~ s.o. in,** rhoi rhn dan glo, cloi/cau rhn i mewn, bolltio drws ar rn; **to ~ s.o. out,** cau/cloi rhn allan, bolltio drws rhag rhn, rhoi drws clo i rn.

bolt³ *adv.* **~ upright,** yn unionsyth, yn syth, yn gefnsyth, yn syth fel brwynen, *N.W:* yn syth bin, cyn sythed/unioned â saeth, yn syth bin fel llath bren.

bolt⁴ *n. F:* **to make a ~ for sth,** rhuthro am rth, cythru i rth; **to make a ~ for it,** ceisio dianc, cymryd y goes *&c; See* **bolt² 1.** **~-hole** *n.* twll (tyllau) (*m*) ymwared, llechfa (llechfâu, llechf|eydd) *f,* llechfan(-nau) *mf,* cuddfan(-nau) *mf,* lloches(-au,-i) *f,* noddfa (noddf|eydd) *f,* lle(-oedd) (*m*) ymochel. **2.** *Fig:* dihangfa(-oedd) *f,* llwybr(-au) (*m*) ymwared, adwy (*f*) ddianc (adwyon dianc); *F:* **to arrange oneself a ~-hole,** paratoi llwybr ymwared.

bolt⁵ *v.t. (= sift): Mill:* gogrwn, gogrynu, nithio, *N:* gogro, gogru, *S:* gwagro, gwegru; *(wheat):* peillio.

bolted¹ *a. (door &c):* bolltog, bolltiog, bolltiedig, wedi'i folltio; **~ joint,** uniad bolltiog *m.*

bolted² *a. Mill:* nithiedig.

bolter¹ *n. (horse):* rhusiwr (rhuswyr) *m,* rh|uswraig *f.*

bolter² *n. Mch: (= sifter):* peilliwr (peillwyr) *m.*

bolter³ *n. (of food):* llowciwr (llowcwyr) *m,* ll|owcwraig *f,* claddwr (claddwyr) *m,* cl|addwraig *f.*

boltless *a.* di-follt, heb follten.

boltlike *a.* bolltaidd, fel bollt.

bolus *n.* bolsen(-nau) *f,* bolws (bolysau) *m.*

bomb¹ *n.* bom(-iau) *mf;* **depth-~,** bom tanddwr/danddwr (bomiau tanddwr); **delayed-action ~,** bom hwyrdanio, bom tanio'n hwyr; **flying ~,** bom hedegog; **glide[r]-~,** bom gleidio; **H-~,** bom hydrogen, bom H; **incendiary ~,** bom tân/dân (bomiau tân), bom llosgi/losgi (bomiau llosgi); **smoke-~,** bom mwg/mygu; **tear-gas ~,** bom dagrau; **to release a ~,** gollwng bom; **ban the ~,** *(i) int.* ymaith â'r bom! *(ii) attrib.* gwrth-arfau-niwclear; *F:* **to go like a ~,** *Fig:* mynd fel bom, mynd yn ardderchog; *F:* **to make a ~,** *(= a lot of money):* gwneud ffortiwn, gwneud arian fel y mwg. **~-aimer** *n. Av:* bom-anelwr (~-anelwyr) *m.* **~-bay** *n.* howld (*f*) fomiau (howldiau bomiau). **~-carrier** *n. Av:* bom-gludwr (~-gludwyr) *m.* **~-clearance** *n.* = **bomb-disposal.** **~-crater** *n. Mil:* twll (*m*) bom (tyllau bomiau). **~-disposal** *n.* clirio (*vn*) bomiau, difa (*vn*) bomiau; **~-disposal expert,** arbenigwr difa bomiau, difäwr (difawyr) (*m*) bomiau; **~-disposal squad,** criw(-iau) (*m*) difa/clirio bomiau. **~-happy** *a. F:* = **shell-shocked.** **~-load** *n.* llwyth(-i) (*m*) bomiau. **~-proof** *a.* diogel rhag bomiau. **~-rack** *n.* rhesel (*f*) fomiau (rheseli bomiau), rhastl (*f*) fomiau (rhastlau bomiau). **~-release** *n. Av:* gollyngwr (gollyngwyr) (*m*) bomiau. **~-scare** *n.* bygythiad (bygythion) (*m*) bom. **~-sight** *n. Av:* anelydd(-ion) (*m*) bomiau. **~-site** *n.* lle(-oedd) bomiedig *m,* man(-nau) bomiedig *m,* lle wedi ei fomio (lleoedd wedi eu bomio). **~-thrower** *n.* taflwr (taflwyr) (*m*) bomiau.

bomb² *v.t.* **1.** *esp. Av:* bomio. **2.** *F: U.S:* methu, bod yn fethiant, mynd i'r gwellt. **~ out** *v.t.* **1. the family was bombed out,** collodd y teulu eu cartref o achos bom/bomio; chwalwyd cartref y teulu gan fom; bomiwyd cartref y teulu. **2. the factory was bombed out,** chwalwyd y ffatri gan fomio. **to ~ up** *v.i. Av:* llwytho [â bomiau], cymryd llwyth o fomiau.

bombacaceous *a. Bot:* bomb|acacaidd.

bombard¹ *v.t.* **1.** *Mil: Navy:* magnelu, bombardio, peledu, *Lit:* tân-belennu. **2.** *Fig:* **we were bombarded with requests,** cawsom ein peledu â cheisiadau; yr oedd ceisiadau'n dymchwel am ein pennau.

bombard² *n.* **1.** *Hist: Mil: (= arquebus):* bwmbart(-iau) *m,* magnel(-au) *f.* **2.** *Mus:* bombard(-iau) *m.*

bombardier *n.* **1.** *A: & Artil: (in Brit.):* magnelwr (magnelwyr) *m.* **2.** *U.S: Mil: Av:* anelwr (anelwyr) (*m*) bomiau, bom-anelwr (~-anelwyr) *m.* **3.** *Ent:* **~ [beetle],** chwilen (*f*) danio (chwilod tanio), chwilen (*f*) gnec (chwilod cnec), cneciwr (cnecwyr) *m.*

bombardment *n.* **1.** *vn.* = **bombard¹.** **2.** magneliad(-au) *m,* bombardiad(-au) *m,* pelediad(-au) *m; Ph:* **~ of the electrons,** pelediad yr electronau.

bombardon *n. Mus:* b|ombardon (bombardonau) *m.*

bombasine *n. Tex:* b|ombasin *m.*

bombast *n.* iaith chwyddedig *f,* brygowthan *vn,* chwyddiaith *f.*

bombastic *a.* chwyddedig, rhwysgfawr, bombastig.

bombastically *adv.* yn chwyddedig *&c.*

Bombay duck *n. Ich: Cu:* b|ymalo(-s) *m.*

bombazine *n.* = bombasine.

bombed *a.* bomiedig; **~-out,** digartref o achos bomio, â'ch cartref wedi ei fomio; **a-~ out family,** teulu wedi colli ei gartref yn y bomio.

bomber *n.* **1.** *(pers.):* bomiwr (bomwyr) *m.* **2.** *Av: (aircraft):* awyren (*f*) fomio (awyrennau bomio). **B~ Command** *n.* Rheolaeth (*f*) Awyrennau Bomio.

bombilate, bombinate *v.i.* = **buzz², hum².**

bombora *n. Geog:* bombora (bomborâu) *m.*

bombshell *n. (a) A:* = **shell¹ 4;** *(b) Fig:* taranfollt(-au) *mf;* **the letter came like a ~,** daeth y llythyr fel taranfollt. *S.a.* **blonde.**

bombycid *n. Ent:* b|ombysid (bombysidau) *m.*

bombyx *n. Ent:* pryf(-ed) (*m*) sidan, sidanbryf(-ed) *m.*

bon *Fr.a.* **~-~** *n.* ***bon-bon(-s)*** *m.* **~-*chrétien*** *n. Hort:* calon gywir *f.* **~ *mot*** *n.* ffraetheb(-ion) *f.* **~ *vivant*** *n.* ***bon vivant(-s)*** *m.* **~ *viveur*** *n.* ***bon viveur(-s)*** *m.*

bona *Lt.a.* **~ *fide*** *a. & adv.* ***bona fide,*** o ddifrif, dilys, go iawn, diffuant, gonest, gwirioneddol. **~ *fides*** *n.* diffuantrwydd *m,* [g]onestrwydd *m.* **~ *vacantia*** *n.pl. Jur:* nwyddau diberchennog.

bonanza *n. & attrib.* **1.** *n. U.S: (a) (= prosperity):* ffyniant *m,* llwyddiant *m,* llewy[r]ch *m; (b) Min: (= a rich vein):* gwythïen gyfoethog (gwythiennau cyfoethog) *f;* **2.** *attrib. F:* llwyddiannus, ffyniannus, llewyrchus.

Bonapartism *n. Hist:* Bonapartiaeth *f.*

Bonapartist *n. & attrib. Hist:* **1.** *n.* Bonapartiad (Bonapartiaid) *m&f.* **2.** *attrib.* Bonapartaidd.

bonce *n. P:* pen(-nau) *m,* penglog(-au) *f* (*pronounced* ng-g), clopa (clopâu) *f, N.W:* pennog *m,* c|oconet *m.*

bond¹ *n.* **1.** *A: (= shackle):* rhwymyn (rhwymau) *m,* cadwyn(-au,-i) *f,* hual(-au) *m,* gefyn(-nau) *m,* llyffethair (llyffetheiriau) *f,* cloffrwym(-au) *m.* **2.** *(a)* rhwymyn, cwlwm (c[y]lymau) *m;* **the bonds of holy matrimony,** rhwymau glân briodas; **~ relationship,** perthynas glòs *f; (b) Const:* **[system of] ~,** dull (*m*) clymu; **[old] English ~,** y dull Seisnig, dull y Saeson; *(c) (= join):* asiad(-au) *m.* **3.** *(a) (= contract):* ymrwymiad(-au) *m,* cytundeb(-au) *m,* cyfamod(-au) *m;* **to enter into a ~ to do sth,** ymrwymo i wneud rhth; **his word is his ~,** mae'n un â'i air; cystal ei air â'i addewid; *(b) Fin:* ysgrifrwym(-au) *m,* bond(-iau) *m;* **Treasury Bonds,** Bondiau'r Trysorlys; **administration ~,** bond gweinyddu; **bastardy ~,** bond (*m*) bastardiaeth/tadogaeth; **bearer ~,** bond cludydd; **defence ~,** bond amddiffyn; **drawn ~,** bond tynnu; **registered ~,** bond cofnodedig; **savings ~,** bond cynilo/cynilion; **government ~,** bond llywodraeth; **premium ~,** bond premiwn; **irredeemable ~,** bond diddyddiad, bond diatbryn; *(c) Jur:* ysgrifrwym, amod(-au) (*mf*) i dalu, ymrwymiad; **~ for debt,** bond am ddyled; **~ for performance of covenant,** bond gweithredu cyfamod; **~ for quiet possession,** bond meddiant didramgwydd. **4.** *Com:* tollfa (tollf|eydd) *f,* storfa(*f*)'r doll/dollfa (storf|eydd y doll/dollfa); **to take goods out of ~,** rhyddh|au nwyddau o'r dollfa. **5.** *Ph:* bond(-iau) *m.* **~ dissociation energy** *n. Ph:* egni (*m*) daduno bond. ~ **energy term** *n. Ph:* term (*m*) egni bond. ~ **note** *n. Cost:* ysgrifrwym, nodyn (nodau) (*m*) amod. ~ **paper** *n.* papur (*m*) bond, papur ysgrifennu. ~ **service** *n. Hist:* taeogwasanaeth *m.* ~**-store** *n. Cust:* storfa(*f*)'r doll/dollfa (storf|eydd y doll/dollfa). ~**-strength** *n. Ph:* cryfder (*m*) bond. ~**-timber** *n.pl.* coed cyfnerthu. ~**-washing** *n. Fin:* golchi (*vn*) bondiau.

bond² *v.t.* **1.** *Const: (a) (stones):* clymu, rhwymo, pwytho; *(b) (wall):* coedio; *(c) Biol:* rhwymo, bondio. **2.** *Com:* storio (rhth) mewn tollfa. **3.** *Needlew:* bondio.

bondage *n.* **1.** caethiwed *m*, caethwasanaeth *m*; **to be in ~ to s.o.,** bod yn gaeth i rn, bod dan iau rhn. **2.** *Hist:* taeogaeth *f.*

bonded *a.* **1.** rhwymedig, clymedig, asiedig (**to sth,** i rth); yn sownd (yn rhth). **2.** *Com:* ~ **goods,** nwyddau rhwymdoll; ~ **warehouse,** storfa(*f*)'r tollau (storf|eydd y tollau); *Needlew:* ~ **fabric,** ffabrig (*m*) bond.

bondholder *n. Fin:* perchennog (perchenogion) (*m*) bondiau, bond-ddaliwr (~-ddalwyr) *m.*

bondmaid *n.f.* caethes(-au), caethforwyn(-ion, caethforynion).

bondman *n.m. (a) Hist: (= serf):* taeog(-ion); *(b) (= slave):* caeth(-ion).

bondservant *n.* caeth(-ion) *m*, caethwas (caethweision) *m*, caethes(-au) *f*, caethforwyn(-ion, caethforynion) *f.*

bondsman *n.m.* **1.** = **bondman. 2.** *Jur:* gwarantwr (gwarantwyr) *m*; **to be ~ for s.o.,** mynd/bod yn feichiau dros rn, gwarantu rhn.

bondstone *n. Const:* carreg (*f*) bwytho (cerrig pwytho), pwyth(-au,-i) (*m*) drwy'r mur.

bone¹ *n.* **1.** asgwrn (esgyrn) *m*; **small bones,** mân esgyrn; **small fish bones,** blew pysgodyn; *S.a.* **ankle-bone, backbone, breastbone, cheek-bone, whalebone** *&c*; **a horse with plenty of ~,** ceffyl cyhyrog; *Archeol:* **food bones,** esgyrn ymborth; *Prov:* **hard words break no bones,** ni thorrir asgwrn gan air caled; *F:* **he is [nothing but] a bag of bones; he is all skin and bones,** nid yw'n ddim ond croen ar yr asgwrn/esgyrn; mae'i esgyrn bron trwy'i groen; dim ond croen ac asgwrn/esgyrn yw e; **he won't make old bones,** fydd e ddim byw'n hir; wnaiff o ddim hen ŵr; **I feel it in my bones,** 'rwyf yn ei deimlo ym mêr fy esgyrn; **every ~ in my body was aching,** 'roedd pob migwrn ac asgwrn yn brifo gennyf; **he makes no bones about doing sth,** nid yw'n petruso dim cyn gwneud rhth; **without making any bones about it,** yn ddi-lol, heb hel dail, heb din-droi, heb unrhyw lol, yn ddibetrus; **I made no bones,** wnes i ddim lol; wnes i lol yn y byd; **no bones broken, I hope,** 'dych chi ddim gwaeth, gobeithio; 'dydych chi ddim wedi'ch brifo, gobeithio; *S:* 'dych chi ddim wedi cael dolur, gobeithio; **to work one's fingers to the ~,** gweithio hyd at yr asgwrn, gweithio'ch bysedd yn bytiau; **the breast-~,** clwyd (*f*) y ddwyfron; ~ **of contention,** asgwrn cynnen; **the bare bones of sth,** esgyrn sychion rhth; **I've got a ~ to pick with you,** mae gen i asgwrn i'w grafu gyda thi; **frozen to the ~,** wedi rhewi hyd at fêr eich esgyrn; **bred in the ~,** yn y gwaed; *Prov:* **what is bred in the ~ will not/never out of the flesh,** hysbys y dengys y dyn o ba radd y bo'i wreiddyn; anodd tynnu dyn oddi ar ei dylwyth, fel y crafa'r iar y piga'r cyw; **near the ~,** amh|eus, di-chwaeth, *N.W: occ:* agos i'r drafel; **dry as a ~,** sych grimp, sych fel asgwrn, sych fel 'sglodyn/pric; *S.a.* **chill³ 1. 2.** *pl. (a) (of the dead):* esgyrn, gweddillion marw; *(b) F: (i)* = **dice¹**; *(ii)* = **dominoes**; *(c) Mus:* = **castanets.** ~**-black** *n.* golosg(-ion) (*m*) esgyrn, du (*m*) esgyrn. ~ **china** *n.* tsieni (*m*) esgyrn. ~**-dry** *a.* sych fel carthen, sych grimp, sych gorcyn, sych fel corcyn, sych fel asgwrn, crinsych, crimp. ~ **idle** *a.* = **bone lazy.** ~**-lace** *n.* llinwe *f*, ysnoden (*f*) lin. ~ **lazy** *a.* diog fel ffwlbart, diog fel pentan, diog fel mastiff, rhy ddiog i ddim, *S:* pwdr, *M.W: occ:* diog fel celffaint; **(he's) ~ lazy,** (mae'n) ddiog fel ffwlbart; *N:* cenau diog, hen gostog diog, hen rabwst diog, lleban diog (ydi o); *S:* hen bwdryn (yw e); rodni (yw e). ~**-marrow** *n. Cu:* mêr (*m*) esgyrn. ~**-meal** *n.* blawd (*m*) esgyrn. ~**-seeking** *a. Med:* esgyrngyrchol (*pronounced* ng-g). ~**-setter** *n.* meddyg(-on) (*m*) esgyrn. ~**-shaker** *n.* **1.** *A: F:* march (meirch) (*m*) haearn. **2.** *(car): N:* hen siandri(-s) *f*, hen gar (hen geir) *m*, hen sgrag (*mf*) o gar; *(bicycle):* hen feic(-iau) *m*, hen sgrag o feic. ~**-spavin** *n. Vet:* llyncoes(-au) caled *m*, sbafen(-au) (*f*) asgwrn. ~**-weary** *a.* = **exhausted.** ~**-yard** *n.* mynwent(-ydd) *f.*

bone² *v.t.&i.* **1.** *v.t. Cu: (meat):* tynnu esgyrn (o rth), diesgyrnu (rhth). **2.** *(= stiffen with whalebone):* walbonio, cyfnerthu (rhth). **3.** *(=* ***steal²****): P:* dwyn, dwgyd, bachu (rhth); *N.W:* rhoi eich pump (ar rth). **4.** *v.t.&i. U.S: P:* **to ~ [up] a subject,** gweithio'n galed ar rth, adolygu rhth, *N:* ffagio rhth.

bonehead *n. P:* twpsyn (twpsod, twps) *m*, penbwl (penbyliaid) *m*, *S.W:* slej(-is) *m*; *S.a.* **fool¹, blockhead.**

boneheaded *a.* twp, pendew, penbylaidd.

boneheadedness *n.* twpdra *m*, pendewdra *m*, penbylni *m.*

boneless *a.* diasgwrn, diesgyrn, llipa.

boner *n. U.S: P:* camgymeriad(-au) *m*, camsyniad(-au) *m.*

boneset *n. Bot:* = **comfrey.**

bonfire *n.* coelcerth(-i,-au) *f*, *S: occ:* ffagl(-au) *f*, *Lit: occ:* goddaith (goddeithiau) *f*; **to light a ~,** cynnau coelcerth, gwn|eud coelcerth, *Lit:* coelcerthu, coelcerthio, goddeithio; **to make a ~ of sth,** difa rhth, llosgi rhth yn ulw.

bongo¹ *n. Z:* bongo(-s,-au) *m* (*pronounced* ng-g).

bongo² *n. Mus:* bongo(-s) *m* (*pronounced* ng-g).

bonhomie *n. F:* hwyliau da *pl*, hwyliogrwydd *m*, hynawsedd *m*, *N:* clenrwydd *m.*

boning *vn. Cu:* tynnu esgyrn, diesgyrnu.

bonism *n. Phil:* *daioniaeth *f.*

bonist *n. Phil:* *daionydd(-ion) *m.*

bonito *n. Ich:* bonito(-s) *m.*

bonkers *a. P:* = **crazy.**

bonne bouche *n.* tamaid (tameidiau) blasus *m.*

bonnet *n. Cost: Aut:* bonet(-i) *fm*, boned(-i,-au) *fm*; *S.a.* **bee¹.** ~**-head** *n. Ich:* = **shovel-head.** ~**-monkey** *n.* mwnci (mwncïod) capanog *m.* ~ **mycena** *n. Fung:* ffwng (*m*) het, bonet (*m*) coed. ~ ***rouge*** *n. Fr.Hist:* cap coch (capiau cochion) *m.*

bonneted *a.* mewn bonet, bonetog, yn gwisgo bonet, â bonet am eich pen.

bonnily *adv.* yn olygus *&c.*

bonniness *n.* pertrwydd *m*, harddwch *m*, *N:* noblrwydd *m.*

bonny *a. Scot: N.Eng: (= good-looking):* golygus, pert, hardd, *N:* del; *(= sturdy):* cydnerth, cryf, cadarn, *N:* nobl; **a ~ baby,** babi braf, llond ei groen o fabi, *N:* clamp/clempyn (*m*) o fabi, clompen (*f*) o fabi, babi nobl, *S:* clobyn (*m*)/cloben (*f*) o blentyn/fabi, *S.E: occ:* babi gwrol.

bonsai *n. Hort:* bonsái *m.*

bonus *n.* bonws(-au, bonysau) *m*, tâl (taliadau) ychwanegol *m*, tâl dros ben; ~ **on shares,** elw ar gyfranddaliadau; ~ **payment,** taliad bonws; *Ins:* **no-claim[s] ~,** bonws (*m*) am beidio â hawlio.

Bonvilston *W.Pl.n.* Tresimwn *f.*

bonxie *n. Orn:* ysgiwen fawr (ysgiwod mawrion) *f.*

bony *a.* **1.** esgyrnog, esgyrnaidd. **2.** *(fish &c):* llawn esgyrn, esgyrnog.

bonze *n. Rel:* offeiriad (offeiriaid) *m.*

bonzer *a. F: Austr:* gwych, anfarwol, *occ:* ardderch, bendigêd.

boo¹ *int. & n.* **1.** *int.* bw! *F:* **he can't say ~ to a goose,** mae'n un swil ofnadwy; mae'n rhy swil i ddim; mae'n rhy swil i ddweud na bw na be; ddywed e ddim bw wrth gath fach; **2.** *n. (a)* hwtio/hwtian *vn*, bwio *vn*, *S:* bŵan *vn*; *(b)* hwtiad(-au) *m.*

boo² *v.t.&i.* **to ~ [at] s.o.,** hwtio/hwtian rhn, bwio rhn, gweiddi bw ar rn, *S:* bŵan rhn.

boob¹ *n. P: (a) U.S:* = **booby 1** *(a)*; *(b)* = **error.**

boob² *v.i.* cymryd cam gwag.

boob³ *n. F:* = **breast¹ 1.**

booby *n.* **1.** *(a)* = **fool¹**; *(b) (= last in contest):* yr olaf *m&f.* **2.** *Orn: F:* gwylan fawr (gwylanod mawr) *f*, mulfran wen (mulfrain gwynion) *f.* ~**-hatch** *n.* **1.** *Nau:* caead(-au) bach *m.* **2.** *F:* seilam(-s) *mf.* ~ **prize** *n.* llwy bren (llwyau pren) *f*, gwobr wirion (gwobrau gwirion) *f.* ~ **trap¹** *n.* magl(-au) (*f*) ffŵl. ~**-trap²** *v.t.* gosod magl ffŵl; **the place was ~-trapped,** 'roedd maglau ffŵl yn y lle.

boodle *n. P:* = **money.**

boogie-woogie *n. Mus:* bwgi-wgi *mf.*

boohoo¹ *int. & n.* **1.** *int.* bŵ-hŵ! **2.** *n. F:* bŵ-hŵ *mf.*

boohoo² *v.i. F: S:* llefain [fel babi], *N:* nadu, crïo, *occ:* cyrnadu.

booing *vn.* hwtio, hwtian, bwio, gweiddi bw, hwtiadau *pl*, *S:* bŵan.

book¹ *n.* **1.** *(a)* llyfr(-au) *m*; **the B~ of Common Prayer,** Llyfr Gweddi Gyffredin; *F:* **in my ~ (that's unfair),** yn fy marn i, fel y gwelaf i'r peth, fel y gwelaf i bethau (mae hynna'n annheg); **to speak by the ~,** siarad gyda charn da; ~ **of hours,** orlyfr(-au) *m*, llyfr oriau; **school ~,** llyfr ysgol, llyfr testun, gwerslyfr(-au) *m*; **set ~,** llyfr gosod; ~ **of words,** *(i)* **(I don't understand this), where's the ~ of words?** (nid wyf yn deall hyn), ble mae'r llyfr cyfarwyddiadau? ble mae'r llawlyfr? *(ii) (of opera):* y geiriau *pl*, y testun *m*, y libreto(-s) *f*, y llyfr; *(b) (= Bible):* y Beibl *m*; **to swear on the ~,** tyngu [llw] ar y Beibl; *(c) Adm:* **Blue B~,** Llyfr Glas (Llyfrau Lleision); *U.S: F:* **to do a blue ~,** sefyll arholiad. **2.** *(a)* **account ~,** llyfr cyfrifon, *F:* llyfr cownt[iau]; *S.a.* **day-book, notebook, passbook** *&c*; **to keep the books of a firm,** cadw cyfrifon/llyfrau cwmni; *F:* **to be in s.o.'s good books,** bod yn hoff gan rn, bod yn llyfrau rhn; bod yn ffefryn gan rn, *occ:* bod yn uchel gan rn; **to be in s.o.'s bad/black books,** bod wedi pechu yn erbyn rhn, bod o dani gan rn, bod dan wg rhn, *occ:* bod yn isel gan rn; **to speak without the ~,** siarad oddi ar eich cof; **without speaking from the ~,** heb fod yn gwbl sicr; **to bring s.o. to ~ for sth,** dod â rhn i gyfrif am rth; **to go by the ~,** dilyn llythyren y ddeddf, dilyn y rheolau'n fanwl, bod yn ddeddfol; **to throw the ~ at s.o.,** taflu pob cyhuddiad at rn; *(b) Nau:* **ship's ~,** llyfr llong; *(c)* **exercise ~,** llyfr ysgol, llyfr ymarferion, *F:* copi (copïau) *m*; **reference ~,** cyfeiriadur(-on) *m*, cyfeirlyfr(-au) *m*, cyfarwyddiadur(-on) *m*; **guide ~,** arweinlyfr(-au) *m*; **rag-~,** llyfr clwt; *Ecc:* **~ of hours,** llyfr oriau, awrlyfr(-au) *m*; *Cmptr:* **scrambled programme ~,** llyfr rhaglen wasgar; *(d) Turf:* **betting ~,** llyfr betio; **to make a ~ on sth,** betio ar rth; *F:* **that just suits my ~,** fe wna'r tro i'r dim i mi; mae'n gwneud fy nhro i'r dim; mae'n hwylus i mi; **that won't suit my ~,** ni fydd hynny'n hwylus i mi; **to take a leaf out of s.o.'s ~,** dilyn esiampl rhn, cymryd dalen o lyfr rhn; *(e)* **savings-bank ~,** llyfr cynilion; **a ~ of tickets,** llyfr tocynnau; *(f)* **telephone ~,** llyfr ffôn/teleffon. **3. ~ of matches,** cerdyn (cardiau) *(m)* matsis. **~ bin** *n.* bin(-iau) *(m)* llyfrau. **~ box** *n.* blwch (blychau) *(m)* llyfrau, bocs(-ys) *(m)* llyfrau. **~-card** *n.* cerdyn (cardiau) *(m)* llyfr. **~-case** *n.* cwpwrdd (cypyrddau) *(m)* llyfrau. **~-cloth** *n.* lliain *(m)* llyfr. **~ club** *n.* clwb (clybiau) *(m)* llyfrau, cymdeithas *(f)* lyfrau (cymdeithasau llyfrau). **~ collector** *n.* casglwr: casglydd (casglwyr) *(m)* llyfrau. **~ conveyor** *n.* cludydd(-ion) *(m)* llyfrau. **~-craft** *n.* crefft *(f)* llyfrau. **~-design** *n.* **1.** diwyg *(m)* llyfr. **2.** dylunio *(vn)* llyfrau. **~-end** *n.* pentan(-au) *(m)* llyfrau, *pennell (penellau) *f*. **~ fair** *n.* ffair *(f)* lyfrau (ffeiriau llyfrau). **~ festival** *n.* gŵyl *(f)* lyfrau (gwyliau llyfrau). **~-flat** *n. Th:* fflat(-iau) *(mf)* plygu, fflat Ffrengig. **~-form** *n.* ffurf *(f)* llyfr; **it appeared in ~-form,** daeth allan yn llyfr. **~-fund** *n.* cronfa *(f)* lyfrau (cronf|eydd llyfrau). **~-hunter** *n. F:* heliwr (helwyr) *(m)* llyfrau, llyfrbryf(-ed) *m*. **~-hunting** *vn.* chwilota am lyfrau, hel llyfrau. **~-jacket** *n.* siaced *(f)* lwch (siacedi llwch). **~-keeper** *n.* cyfrifydd(-ion) *m*, llyfrifwr (llyfrifwyr) *m*. **~-keeping** *vn.* **1.** cadw llyfrau, cadw cyfrifon. **2.** llyfrifeg *f*. **~-knowledge** *n.* gwybodaeth *(f)* o lyfr. **~-learned** *a.* dysgedig, *Lit: occ:* trylen. **~-learning** *n.* dysg *(f)* llyfr, dysg o lyfr, *F:* darllen *(vn)* llyfrau, 'studio *(vn)* llyfrau. **~ lift** *n.* lifft *(f)* lyfrau (lifftiau llyfrau). **~-muslin** *n. Tex:* mwslin plyg *m*. **~-number** *n.* rhif *(m)* llyfr (rhifau llyfrau). **~-plate** *n.* plât (platiau) *(m)* llyfr, label(-i) *(m)* perchenogaeth. **~-pocket** *n.* poced *(f)* llyfr (pocedi llyfrau). **~-post** *n.* post *(m)* llyfrau. **~-quiz** *n.* cwis(-iau) *(m)* llyfrau. **~-rack** *n.* rhesel *(f)* lyfrau (rheseli llyfrau). **~-rest** *n.* sil *(f)* lyfrau (siliau llyfrau), astell *(f)* lyfrau (estyll llyfrau). **~-satchel** *n.* bag(-iau) *(m)* llyfrau. **~ shrine** *n.* creirfa *(f)* lyfrau (creirf|eydd llyfrau). **~ stack** *n.* stac *(mf)* l[l]yfrau (staciau llyfrau). **~ stamp** *n.* stamp(-iau) *(m)* perchen. **~ stock** *n.* stoc *(f)* lyfrau (stociau llyfrau). **~ store** *n.* [y]stordy ([y]stordai) *(m)* llyfrau, [y]storfa *(f)* lyfrau ([y]storf|eydd llyfrau). **~ talk** *n.* sgwrs *(f)* am lyfrau. **~ token** *n.* tocyn *(m)* llyfr (tocynnau llyfrau). **~ trade** *n.* masnach *(f)* lyfrau. **~ tray** *n.* hambwrdd (hambyrddau) *(m)* llyfrau. **~ trolley** *n.* troli *(m)* llyfrau (trolïau llyfrau). **~-trough** *n.* cafn(-au) *(m)* llyfrau. **~ value** *n. Com:* gwerth *(m)* llyfr, gwerth ar bapur. **~ van** *n.* fan *(f)* lyfrau (faniau llyfrau).

book² *v.t.* **1.** *(order &c):* rhoi/cofnodi/cofrestru/nodi (rhth) mewn llyfr; *Com:* **shall I ~ it for you?** a gaf i ei roi ar eich cyfer chi? **2.** *(= reserve²):* archebu, rhagarchebu, neilltuo, cadw, sicrh|au; *(= hire):* hurio; *F:* **are you booked for that day?** a fyddwch chi'n brysur y diwrnod hwnnw? **3.** *Rail:* rhoi tocyn; *abs. (of passenger):* **to ~,** codi tocyn. **4.** *Aut: F:* **to be booked (for speeding),** cael tocyn, cael cymryd eich enw, cael eich cymryd i fyny (am yrru'n rhy gyflym). **~ in** *v.i.* **to ~ in at a hotel,** cymryd ystafell mewn gwesty.

bookable *a. (seats &c):* neilltuadwy, cadwadwy; **all seats ~ in advance,** gellir neilltuo/sicrh|au/cadw pob sedd ymlaen llaw.

bookbinder *n.* rhwymwr (rhwymwyr) *(m)* llyfrau, rh|wymwraig *(f)* llyfrau, llyfr-rwymwr (~-rwymwyr) *m*; *Lib: (= case of book):* cas(-ys) *(m)* cadw.

bookbinding *vn.* rhwymo llyfrau.

bookcase *n.* cwpwrdd (cypyrddau) *(m)* llyfrau, silffoedd *(pl)* llyfrau, seld *(f)* lyfrau (seldiau llyfrau).

bookie *n. F:* bwci(-s) *m*.

booking *vn.* = **book²**; **bookings now being taken,** gellir archebu/llogi yn awr; **how many bookings have you taken?** *(i) (for goods):* pa faint o archebion a gawsoch chi? *(ii) (for seats):* pa faint o seddau a archebwyd? *(iii) (rooms):* pa faint o ystafelloedd a osodasoch chi? **~-clerk** *n.* swyddog(-ion) *(m)* tocynnau. **~-hall, ~-office** *n.* swyddfa *(f)* docynnau (swyddf|eydd tocynnau). **~ system** *n.* system(-au) *(f)* archebu a chadw.

bookish *a.* **1.** llyfrgar, darllengar *(pronounced* ng-g), llengar *(pronounced* ng-g); **she's very ~,** mae hi'n un am lyfr. **2.** *(= pedantic):* pedantaidd, pedantig.

bookishly *adv.* **1.** yn llyfrgar *&c*. **2.** yn bedantig.

bookishness *n.* **1.** llyfrgarwch *m*. **2.** pedanteiddiwch *m*.

bookland *n. Hist:* breinlendir(-oedd) *m*.

booklet *n.* llyfryn(-nau) *m*.

booklist *n.* rhestr *(f)* lyfrau (rhestrau llyfrau).

booklore *n.* addysg *(f)* o lyfrau, dysg *(f)* llyfr.

booklouse *n.* lleuen *(f)* lyfrau (llau llyfrau).

booklover *n.* llyfrgarwr (llyfrgarwyr) *m*, llyfrg|arwraig *f*, llyfrbryf(-ed) *m*.

bookmaker *n.* **1.** gwneuthurwr (gwneuthurwyr) *(m)* llyfrau. **2.** *Turf: F:* bwci(-s) *m*, codwr (codwyr) *(m)* betiau; **the ~'s,** siop *(f)* fetio, lle(*m*)'r bwci.

bookman *n.* llenor(-ion) *m*.

bookmarker *n.* dalen-nodyn (~-nodau) *m*.

bookmobile *n. U.S:* llyfrgell deithiol (llyfrgelloedd teithiol) *f*.

bookseller *n.* llyfrwerthwr (llyfrwerthwyr) *m*, llyfrw|erthwraig *f*, gwerthwr (gwerthwyr) *(m)* llyfrau, gw|erthwraig *(f)* llyfrau.

bookshelf *n.* silff *(f)* lyfrau (silffoedd llyfrau), *occ:* astell *(f)* lyfrau (estyll llyfrau).

bookshop *n.* siop *(f)* lyfrau (siopau llyfrau).

bookstall, bookstand *n.* stondin *(f)* lyfrau (stondinau llyfrau), stand *(mf)* [l]lyfrau (standiau llyfrau).

bookstore *n.* = **bookshop**.

booksy *a. F:* llyfrgar; **a ~ chat,** sgwrs am lyfrau.

bookwork *n.* gwaith *(m)* llyfr.

bookworm *n.* **1.** *Ent:* pryf(-ed) *(m)* llyfr. **2.** *F:* llyfrbryf(-ed) *m*.

Boolean *a. Mth:* Booleaidd; **~ algebra,** |algebra *(m)* Boole; **~ operation,** gweithrediad(-au) *(m)* Boole.

boom¹ *n.* **1.** *(at harbour mouth):* rhwystr(-au) *m*, trawst(-iau) *m*; *(= chain):* cadwyn(-au,-i) *f*. **2.** *(a) Nau:* hwylbolyn (hwylbolion) *m*, braich (breichiau) *f*, troslath(-au) *f*, bŵm (bwmau) *m*; *S.a.* **jib-boom**; *(b) (of derrick, crane):* braich, troslath. **3.** *Av: (= longeron):* estyllen (estyllod) *f*. **4.** *Cin: T.V:* genwair (genweiriau) *f*. **~ operator** *n. Cin: T.V:* genweiriwr (genweirwyr) *m*.

boom² *n. & int.* **1.** *n. (sound):* rhu *m*, trymru *m*, dwndwr *m*, trwst *m*, twrw *m*, atsain (atseiniau) *f*, *A: or Lit:* diasbad(-au) *f*; *(of organ):* bas *m*, dyfnlais *m*; *(of cannon):* taraniad(-au) *m*, bwm *m*; **sonic ~,** clec sonig *f*, taran sonig *f*. **2.** *int.* bwm! clec!

boom³ *v.i.* diasbedain, atseinio, taranu, rhuo, trymruo; **("come in"), he boomed,** ("dewch i mewn"), meddai dros bob man, meddai yn ei lais mawr, taranodd.

boom⁴ *n.* **1.** *Com:* cynnydd *m*, twf *m*, codiad(-au) *m*, ymchwydd *m*, ffyniant *m*, bŵm *m*. **2.** *attrib:* **~ town,** tref ffyniannus.

boom⁵ *v.t.&i.* **1.** *v.t. (= give publicity):* brolio, gwthio, hybu, hwbian, *N: F:* hwrjo. **2.** *v.i. (= be successful):* llwyddo, ffynnu, hybu; **trade boomed,** yr oedd masnach ar i fyny.

boom⁶ *v.i. Cin: T.V:* genweirio.

boombams *n.pl. Mus:* bwmbamau.

boomer *n. Z:* **1.** *(a) (= male kangaroo):* bwch *(m)* cangarŵ (bychod cangarŵod) *(pronounced* ng-g); *(b) (= mountain beaver):* afanc(-od) *(m)* y mynydd. **2.** *(= wave):* moryn(-nau) *m*.

boomerang¹ *n.* b|wmerang (bwmerangau) *m*.

boomerang² *v.i.* taro'n ôl, bwmerangio.

booming *a.* diasbedol; *(gun):* taranol, taranog; *(organ, voice):* atseiniol, soniarus; *(traffic):* rhuol.

boomlet *n.* hwb bychan (hybiau bychain) *m*, hwb fechan (hybiau bychain) *f*.

boomslang *n. Rept:* bwmslang(-iaid,-od) *m*, neidr (nadroedd) (*f*) y coed.

boon[1] *n.* **1.** *A:* = **gift, favour**[1]; **to grant a ~,** caniatáu cais (*m*) (am rth). **2.** *(= advantage):* mantais (manteision) *f*, bendith(-ion) *f*; **it's a ~ to the housewife,** mae'n fendith i wraig y tŷ. **~ land** *n. Hist:* dawndir(-oedd) *m*. **~ work** *n. Hist:* dawnwaith *m*.

boon[2] *a. Lit:* **~ companion,** cyfaill difyr/diddan/hoffus/hwyliog, enaid hoff cytûn; *Lit:* **my ~,** fy nghyfaill cu, fy nghâr.

boondocks *n.pl.* cefn (*m*) gwlad.

boondoggle[1] *n.* gwaith ofer *m*.

boondoggle[2] *v.i.* cario dŵr dros afon, dal y slac yn dyn[n], golchi traed alarch, *S.W:* hala mwg mewn whilber, *N.W:* cario mwg mewn berfa, sychu chwys oddi ar geffyl pren.

boor *n.* **1.** rhn (rhai) anfoesgar *mf*, llabwst (llabystiaid) *m*, lleban(-od) *m*, *F:* rhn difaners, *S:* dwlbyn(-nod) *m*.

boorish *a.* difoes, difaners, anfoesgar, anghwrtais, llebanaidd, llabystaidd.

boorishly *adv.* yn ddifoes *&c*.

boorishness *n.* anfoesgarwch *m*, anghwrteisi *m*.

boost[1] *n.* hwb *mf*, gwth *m*, gwthiad(-au) *m*; **to give s.o. a ~,** *(a) (over a wall):* rhoi hwb i fyny i rn, *N.W: occ:* rhoi hòs i rn; *(b) (= praise):* canu clodydd rhn, canmol rhn i'r cymylau, brolio rhn; **to give trade a ~,** rhoi hwb i fasnach, hybu masnach. **~ pressure** *n. I.C.E:* pwysedd cyfnerthol *m*.

boost[2] *v.t.* **1.** *(a) (= lift, push):* gwthio, hwbio, codi, *S: F:* hwpo; *(b) (= praise):* brolio, hybu (rhth); canu clodydd (rhth). **2.** *(= strengthen):* cryfh|au, cyfnerthu, atgyfnerthu; *(= increase):* chwyddo, cynyddu. **~-glide vehicle** *n.* cerbyd(-au) (*m*) gwthiad a gleidio.

booster *n.* **1.** *(= praiser):* broliwr (brolwyr) *m*, hybwr (hybwyr) *m*. **2.** *El.E:* cyfnerthydd(-ion) *m*, atgyfnerthydd(-ion) *m*, atgyfnerthiad(-au) *m*. **3.** *attrib: Med: Bac:* **~ dose,** dôs cyfnerthol/gyfnerthol (dosau cyfnerthol) *mf*. **~ injection** *n.* pigiad(-au) atgyfnerthol *m*, brechiad(-au) atgyfnerthol *m*. **~ rocket** *n.* roced(-i) (*f*) hwbio/hybu.

boot[1] *n.* **1.** esgid(-iau) *f*; **to put one's boots on,** rhoi esgidiau am eich traed (*not* ar eich traed), rhoi'ch esgidiau; **high ~,** botasen (botasau) *f*, bwtsiasen (bwtsias) *f*, esgid uchel; **ankle ~,** esgid figwrn (esgidiau migwrn), esgid ffêr (esgidiau fferau); **riding-~,** botasen/bwtsiasen marchog; **hobnail boot,** esgid hoelion mawr; *Mount:* **canvas boot,** esgid gynfas (esgidiau cynfas); **clinker nailed-boots,** esgid hoelion clincer; *S.a.* **jackboot, top-boot** *&c; F:* **the ~ is on the other foot,** tro'r ochr arall yw hi 'nawr; *F:* **to give s.o. [the order of] the ~,** cael gwared â rhn *or* ar rn, cael ymadael â rhn, dangos y drws i rn, rhoi blaen troed i rn, *N:* hel rhn allan, *occ:* rhoi'r hwi i rn; *P:* **to get the ~,** cael eich hel o'r gwaith, cael yr hwi; **to die with one's boots on,** marw ar eich traed; **to lick s.o.'s boots,** llyfu esgidiau rhn, *S:* llio esgidiau rhn; **you can bet your boots,** gelli fentro d'enaid; 'does dim sy'n sicrach; *P:* **to put the ~ in,** rhoi cic (*f*) i rn, *N.W:* rhoi mownt (*m*) i rn; *Geog:* **the B~ of Italy,** Esgid yr Eidal; *Mil: int.* **~ and saddle**! i'r cyfrwy! *S.a.* **heart**[1] **1, puss 1, seven-league**. **2.** *(of car):* cist(-iau) *f*, *S:* cwt (*f*) car (cwtau/cytau ceir), cwtsh (*m*) car (cwtshis ceir), *N.W: occ:* trymbal(-au) *m*. **~-faced** *a.* sarrug, surbwch. **~ polish** *n.* cwyr (*m*) esgidiau, *F:* blacin (*m*) esgidiau. **~-tree** *n.* pren(-nau) (*m*) troed.

boot[2] *v.t.* **1.** *(= shoe*[2]*):* rhoi esgidiau (am draed rhn). **2.** *(= kick*[2]*):* rhoi troed dan din (rhn), cicio (rhn) allan; **to ~ s.o. upstairs,** cicio rhn i fyny'r grisiau. **3.** *Cmptr:* cicio.

boot[3] *n. (in phrase):* **to ~,** yn ogystal, ar ben hynny, yn ychwanegol at hynny, ym mhen hynny, at hynny, hefyd.

boot[4] *v.t. A:* tycio; **what boots it to do sth?** pa beth a dâl gwneud rhth? pa les/lesâd a ddaw o wneud rhth? i beth y tycia gwneud rhth? faint gwell/haws/callach a fyddai rhn o wneud rhth? **it boots not,** ni thâl . . ., ni thycia . . . .

bootblack *n.* glanhäwr (glanhawyr) (*m*) esgidiau, dyn(-ion) (*m*) glanh|au esgidiau.

bootee *n.* **1.** *(= small boot):* bwt[s]iasen fach (bwt[s]ias bach) *f*. **2.** *(= baby's sock):* hosan fach (hosanau bychain) *f*, botasen (*f*) weu (botasau gweu), bwt[s]iasen weu (bwt[s]ias gweu).

booth *n.* bwth (bythod, bythau) *m*; *(at fair &c):* stondin(-au) *f*; *(= tabernacle):* pabell (pebyll) *f*; *Rel:* **Feast of Booths,** Gŵyl (*f*) y Pebyll; *Cin:* **projection ~,** bwth taflunio; **telephone ~,** bwth ffonio, ciosg(-au) (*m*) ffôn/ffonio; *S.a.* **polling-booth**.

bootjack *n.* peth(-au) (*m*) tynnu esgidiau, tynnwr (tynwyr) (*m*) esgidiau, gwas (gweision) (*m*) botasau/bwtsias.

bootlace *n.* carrai (careiau) *f*, *S:* las(-ys) *f*. **~ fungus** *n.* = **honey-fungus**. **~ worm** *n. Ann: (Lineus longissimus):* carrai'r graean (careiau'r graean).

bootleg[1] *a.* anghyfreithlon, smygledig.

bootleg[2] *v.t.&i.* **1.** *(= smuggle):* smyglo. **2.** *(= distil illegally):* bragu'n anghyfreithlon, distyllio'n anghyfreithlon. **3.** *(= sell drink illegally):* gwerth diod yn anghyfreithlon.

bootlegger *n.* **1.** smyglwr (smyglwyr) *m*. **2.** bragwr (bragwyr) anghyfreithlon, distyllwr (distyllwyr) anghyfreithlon *m*. **3.** gwerthwr (gwerthwyr) (*m*) diod anghyfreithlon.

bootlegging *vn.* = **bootleg**[2].

bootless[1] *a.* *(= without boots):* yn nhraed eich 'sanau, yn ddiesgid, heb esgidiau.

bootless[2] *a. A: Lit:* *(= fruitless):* ofer, seithug, dielw, di-fudd.

bootlicker *n.* llyfwr (llyfwyr) (*m*) esgidiau, ffalsiwr (ffalswyr) *m*, crafwr (crafwyr) *m*, *S:* lliwr (lliwyr) (*m*) esgidiau.

bootmaker *n.* crydd(-ion) *m*.

boots *n.* = **bootblack**.

bootstrap *n.* clust (*f*) esgid (clustiau esgidiau); **to lift/raise oneself by one's own bootstraps,** eich codi'ch hun gerfydd eich careiau esgidiau eich hun; *Cmptr:* **~ loader,** ymlwythwr (ymlwythwyr) *m*.

bootstrapping *vn. Cmptr:* ymlwytho.

booty *n.* ysbail *f*.

booze[1] *n.* diod(-ydd) *f*, *S.W:* peth (*m*) yfed, *N.W: occ:* lŷsh *m*; **he's gone on the ~,** mae wedi mynd ar y ddiod; *S: F:* mae ar y cnap; mae e ar y criws.

booze[2] *v.i. P:* meddwi, diota, potio, codi'r bys bach, llymeitian, *N:* hel diod, slotian, slochian, *S: occ:* cnapo.

boozer *n. P:* **1.** = **drunkard**. **2.** = **tavern**.

boozily *adv. P:* = **drunkenly**.

booziness *n.* meddwdod *m* (*usu. pronounced* medd-dod).

boozing *n.* = **booze**[1], *S:* yfwch *m*.

boozy *a. P:* = **drunken**.

bop[1] *n. Mus:* bop *m*, bebop *m*.

bop[2] *v.t.&i.* dawnsio, bopio.

bo-peep *n.* **to play ~-~,** chwarae mig.

bopper *n.* = **dancer**.

boracic *a. Ch:* borasig.

borage *n. Bot:* tafod (*m*) yr ych, tafod y fuwch, y ddidrist *f*, glesyn *m*, llawenlys *m*, bronwerth *f*.

borate[1] *n. Ch:* borad(-au) *m*.

borate[2] *v.t. Ch:* boradu.

borated *a.* boradaidd.

borax *n. Ch:* boracs *m*.

borazon *n. Ch:* b|orason *m*.

borborygmus *n.* rymblan *vn*.

bordar *n. Hist:* bordar(-iaid) *m*.

bordello *n.* = **brothel**.

border[1] *n.* **1.** *(= frontier):* terfyn(-au) *m*, ffin(-iau) *f*; **~ region,** goror(-au) *mf*, cyrion *pl*. **2.** *(= edge, margin):* ymyl(-on) *fm*; *(in garden &c):* border(-i,-ydd) *m*, bordor(-au,-s) *m*; **grass/turf ~,** ymyl las/glas (ymylon gleision); **flower ~,** bordor blodau. **3.** *T.V: Cin:* amlinell(-au) *f*. **4.** *Th:* borden(-ni) *f*; **arch ~,** borden fwa (bordenni bwa); **beam ~,** borden ddistiau (bordenni distiau); **cloud ~,** borden gwmwl (bordenni cwmwl); **false proscenium ~,** borden ffug broseniwm; **sky ~,** borden awyr; **tree ~,** borden goed (bordenni coed). **4.** *attrib:* ffiniol; **~ town,** tref(-i) (*f*) ar y ffin/goror; **~ zone,** cyffindir(-oedd) *m*, goror, gororau, tir(-oedd) (*m*) goror, tir terfyn, ardal(-oedd) (*f*) ffin. **B~ disease** *n. Vet:* clefyd (*m*) y Ffin. **~ generator** *n. T.V: Cin:* amlinellwr (amlinellwyr) *m*. **B~ terrier** *n.* daeargi(*m*)'r Goror (daeargwn y Goror).

border[2] *v.t.&i.* **1.** *v.t. (a) (another country):* ffinio (ar wlad arall); cyffinio, terfynu, bod am y ffin (â gwlad arall); *(b) (= to edge):* rhoi ymyl (ar rth); *Dressm:* hemio (rhth), *S.W: occ:* rhoi incil (ar rth); *T.V: Cin:* amlinellu. **2.** *v.i.* *(= to be almost sth):* **to ~ on sth,** ymylu ar rth; **to ~ on insanity,** ymylu ar wallgofrwydd.

bordered *a.* ymylog, ag ymyl; **~ with blue,** ag ymyl [g]las; *Her:* bordredig.

borderer *n.* **1.** cyffiniwr (cyffinwyr) *m*; *Mil:* **South Wales**

Borderers, Cyffinwyr De Cymru. **2.** *Hist: (= tenant):* = **bordar.**
bordering *a.* **1.** *(= contiguous):* cyfagos, agos (at rth); nesaf (i/at rth); *occ:* ffiniol, cyffiniol, cyffindirol; **the counties ~ Wales,** y siroedd am y ffin a Chymru, siroedd y Gororau. **2.** *(= resembling):* tebyg **(on sth,** i rth); **(a colour) ~ on red,** (lliw) tebyg i goch, bron â bod yn goch, cochlyd, agos â bod yn goch.
borderland *n.* goror(-au) *mf*, ffindir(-oedd) *m*, cyffindir(-oedd) *m*; *Hist:* **the Welsh ~,** y Mers *m*, y Gororau *pl*, *A:* yr Ardal *(f)*.
borderline *n. & attrib.* **1.** *n.* ffin(-iau) *f.* **2.** *attrib:* ffiniol, ar y ffin.
bordure *n. Her:* bordor(-au) *m.*
bore[1] *n. (= calibre):* calibr (calibrau) *m*, tryfesur(-au) *m*, tyllfedd(-au) *f.* **~ box** *n.* bocs(-ys) *(m)* borio. **~ hole** *n.* twll (tyllau) *(m)* turio.
bore[2] *v.t.&i.* **1.** tyllu, turio, *Lit: & Tchn:* ebillio, taradru, trydyllu, tyllfeddu; **to ~ a hole,** turio twll; **to ~ sth out,** tyllu/turio trwy rth; **to ~ for oil,** tyllu/turio am olew. **2.** *(of horse):* gwthio. **3. to ~ a way through a crowd,** gwthio'ch ffordd trwy dorf, penelino'ch ffordd trwy dorf.
bore[3] *n.* **1.** *(= boring pers.):* rhn (rhai) diflas *m*, bôr(-s) *m&f*, syrffed(-iaid) *m&f*, syrffedwr (syrffedwyr) *m*, diflaswr (diflaswyr) *m*, pigyn *(m)* yn y glust, cur *(m)* pen, *S. W:* sychbren *m*, sychgi *m*; **he's a ~,** mae'n ddiflas; mae'n fwrn; mae'n dreth ar amynedd rhn; *occ:* mae'n hen ddannodd o ddyn; *S. W:* mae'n tynnu'ch clustiau chi; **here comes that ~ again,** dyna'r syrffed yna'n dod eto. **2.** *(= tiring thing):* peth(-au) diflas *m*, bwrn *m*, baich *m*, diflastod *m.*
bore[4] *v.t.* **to ~ s.o. [to death],** diflasu, blino (rhn) [yn llwyr/lân]; *S.a.* **bored.**
bore[5] *n. (= tidal wave):* ton *(f)* lanw (tonnau llanw), ymchwydd(-iadau) *m*, eger (egrau) *m*; **the Severn bore,** eger Hafren, *A:* deuri *(m)* Hafren.
bore[6] *v. See* **bear**[3].
boreal *a.* gogleddol, boreal; *Archeol:* **B~,** Boreaidd.
Boreas *Pr.n.* y Gogleddwynt *m.*
borecole *n. Bot:* = **kale.**
bored *a.* diflas, diflasedig, mewn diflastod, wedi diflasu, wedi syrffedu **(with sth,** ar rth); **I was ~ stiff with it,** 'roeddwn wedi hen ddiflasu/syrffedu/alaru arno.
boredom *n.* diflastod *m*, syrffed *m.*
boree *n. Bot:* acasia(-s) wylofus *f.*
borer *n.* **1.** *(pers. or tool):* tyllwr (tyllwyr) *m*, turiwr (turwyr) *m*, *occ:* tyllydd(-ion) *m*; *(tool):* taradr (terydr) *m*; *(= bit):* ebill(-ion) *m.* **2.** *(horse):* ceffyl(-au) ymwthgar *m*, gwthiwr (gwthwyr) *m.* **3.** *(insect):* tyllbryf(-ed) *m*, tyllwr (tyllwyr) *m*; *pl.* **borers,** *(= shipworm):* gweyrod.
boric *a. Ch:* borig, borasig.
boride *n. Ch:* borid(-au) *m.*
boring[1] *vns.* = **bore**[2]; turiad(-au) *m.*
boring[2] *a.* diflas, anniddorol, beichus, blinderus, syrffedus.
boringly *adv.* yn ddiflas *&c.*
born *p.p.* **1.** genedigol, ganedig; *& forms of* geni *vn*; **to be ~,** cael eich geni; *occ:* geni; **~ again,** ailanedig; **to be ~ again,** aileni, cael eich aileni, cael eich geni drachefn; **she is Cardiff-~,** mae hi'n enedigol o Gaerdydd; ganwyd/ganed hi yng Nghaerdydd; brodor o Gaerdydd yw hi; un o Gaerdydd yw hi; **Welsh-~,** Cymro/Cymraes o'ch genedigaeth, wedi'ch geni'n Gymro/Gymraes; **(do you think) I was ~ yesterday?** (ydych chi'n meddwl) mai ddoe y dois i i'r byd 'ma? mai plentyn ydw i? **I wasn't ~ yesterday,** mi ges i fy ngeni cyn ddoe; mae hen flew arnaf i; ches i mo fy magu ddoe; 'dydw i ddim wedi fy magu ddoe; nid ddoe y dois i i lawr y grisiau; *S.a.* **blanket**[1] **1, caul 1, lucky, purple 2; high-~** *a.* o uchel dras, o uchel ach; *S.a.* **base-born, new-born** *&c*; **confidence is ~ of knowledge,** gwybodaeth sy'n magu hyder; o wybod y daw hyder; plentyn gwybodaeth yw hyder; **a poet is ~ and not made,** rhaid geni dyn yn fardd; **well-~** *a.* bonheddig, o dras/waedoliaeth dda, o deulu/waed da, diledryw, diledach. **2. he is a ~ poet,** mae'n fardd o'i eni; mae'n fardd yn nhoriad ei fogail; **he is a ~ gentleman,** mae'n ŵr bonheddig o dras; **I'm a Welshman ~ and bred,** 'rwyf wedi fy ngeni a'm magu yn Gymro; *Fig:* **he is a ~ idiot,** mae'n ffŵl yn nhoriad ei fogail; mae'n ynfytyn llwyr. **3. first-~,** cyntaf-anedig(-ion) *m&f*; **last-~,** olaf-anedig(-ion) *m&f*, *Joc:* y cyw melyn olaf, bach y nyth, tin y nyth.
borne *p.p. See* **bear**[3].
borofluoride *n. Ch:* boroffl|worid (boroffIworidau) *m.*
borogluconate *n. Ch:* borogl|wconad (boroglwconadau) *m.*
boron *n. Ch:* boron *m.*
borosilicate *n. Ch:* boros|ilicad (borosilicadau) *m.*
borosilicic *a. Ch:* borosilisig.
borough *n.* bwrdeistref(-i,-ydd) *f*; *Hist:* **contributory ~,** bwrdeistref gyfrannol (bwrdeistrefi cyfrannol); **county ~,** bwrdeistref sirol; **burgage ~,** bwrdeistref fwrgais; **pocket ~,** bwrdeistref boced (bwrdeistrefi poced); **rotten ~,** bwrdeistref bwdr (bwrdeistrefi pwdr). **~ council** *n.* cyngor *(m)* bwrdeistref (cynghorau bwrdeistrefi). **~-English** *n. Hist:* olaf-enedigaeth *f.*
borrow *v.t.&i.* benthyca, cael benthyg, cymryd benthyg, *N: F:* benthyg, *occ:* menthyg **(from s.o.,** gan rn); **can I ~ it from/off you?** a gaf i ei fenthyg gennych?
borrowed *a.* benthyg; **sth old, sth new, sth ~, sth blue,** rhth newydd, rhth hen, rhth benthyg, glas, a gwên; **this word is ~ from Latin,** gair benthyg o'r Lladin yw hwn.
borrower *n.* benthyc[i]wr (benthycwyr) *m*, benth|ycwraig (benthycwragedd) *f*; *Prov:* **neither a ~ nor a lender be,** na chymer fenthyg ac na ro fenthyg chwaith.
borrowing *n. & vn.* **1.** *n.* benthyciad(-au) *m.* **2.** *vn.* benthyca.
Bors *Pr.n.m. Lit:* Bwrt.
Borstal *n.* **~ institution,** ysgol(-ion) *(f)* Borstal, Borstal(-au) *mf*, *F:* ysgol plant drwg.
bort *n. Lap:* diemwntau mân *pl.*
Borth Bog *W.Pl.n.* Cors *(f)* Fochno.
borzoi *n.* borsoi(-s) *m*, ci (cŵn) *(m)* borsoi.
boscage *n.* coed *pl.*
bosh[1] *n.* = **nonsense. ~ line** *n.* llinyn(-nau) *(m)* ffidil.
bosh[2] *n. Metalw:* bosh(-is) *m.*
boskage *n.* coed *pl.*
bos'n *n.* = **boatswain.**
Bosnia *Pr.n. Geog:* Bosnia *f.*
Bosnian *a. & n.* **1.** *a.* Bosniaidd; **he's ~,** Bosniad ydyw. **2.** *n.* Bosniad (Bosniaid) *m&f.*
bosom *n. Lit:* mynwes(-au) *f*, *occ:* cofl(-au) *f*; **a ~ friend,** cyfaill calon/mynwesol/cu.
bosomy *a.* bronnog.
boson *n. Ph:* boson(-au) *m.*
boss[1] *n.* **1.** *(= protuberance):* bwl: bwlyn (bylau) *m*, cnap(-au) *m*, boglyn(-nau) *m*, boglwm (boglymau) *m*, oddf(-au) *m*, oddfyn(-nau) *m*; *Av: Nau: (of propellor):* both(-au) *f*; *(on axle):* chwydd(-au) *m*; *(of shield):* bogail (bogeiliau) *m.*
boss[2] *n. F: (= chief):* meistr(-i,-iaid, *occ:* -adoedd) *m*, pennaeth (penaethiaid) *m*, *F:* g[i]affer: g[i]affar(-s) *m*, pen-dyn(-ion) *m*; **the ~ class,** y meistri, y perchenogion; *(as term of address):* g[i]affer, g[i]affar, *N:* mistar, *S:* mishtir; **she's the ~,** hi yw'r feistres; hi sy'n gwisgo'r trywsus; *N: occ:* hi sy'n gwisgo'r clos; **he always wants to be ~,** mae'n wastad am fod yn geffyl blaen.
boss[3] *v.t.* **he bosses everybody about,** mae'n rhoi pawb yn ei le; mae'n deyrn ar bawb; mae'n feistr corn ar bawb; mae'n [g]ordro pawb; mae'n awdurdodi/tra-awdurdodi ar bawb; mae'n gaffro pawb; mae'n hel ac yn gyrru pawb; mae'n bosio pawb.
boss[4] *n. & attrib.* **1.** *n. (= mess, bungle):* llanastr *m*, cawdel *m*, smona[e]th *f*, *N: F:* poitsh *m*, stomp *f*, stremp *f.* **2.** *attrib.* **to make a ~ shot,** methu'ch ergyd/trawiad, taro'n/saethu'n gam. **~-eyed** *a.* â llygad cam, â thro yn y llygad, llygatgroes, llygatgam.
boss[5] *v.i.* **1.** *(= miss):* methu. **2.** = **bungle**[2].
bosset *n.* bonyn *(m)* corn (bonion cyrn).
bossily *adv.* yn drah|aus.
bossiness *n.* trahauster *m*, traha *m*, awdurdodusrwydd *m*, natur *(f)* rhoi pawb yn ei le, natur hel a gyrru; *S.a.* **boss**[2], **bossy.**
bossing *n. Metalw:* **~ mallet,** gordd *(f)* ben ŵy (gwyrdd pen ŵy).
bossy *a.* awdurdodus, tra-awdurdodus, awdurdodol, trah|aus, penuchel, talgryf; **he's ~,** mae'n dipyn o deyrn; *N.W: occ:* mae'n dipyn o stordyn; mae'n stiwardio pawb; mae'n hel ac yn gyrru pawb; **a ~ woman,** madam *f*, *N.W: F: occ:* dytsias *f*, ceilioges(-au) *f*, styrmant(-od) *f.* **~ boots** *n. F:* teyrn(-edd) *m*, *N.W: occ:* stordyn *m.*
bosun *n.* = **boatswain.**
Boswellian *a.* Boswelaidd.
bot *n. Ent: usu.pl.* gweryd *m*, *S.W:* gweheryd (gweryd, gweherod) *m*, *N.W: occ:* euod *pl*, perfigedd: pryfigedd *pl.* **~-fly** *n. Ent:*

Robin (*m*) y gyrrwr, pryf(-ed) mud *m*, *S:* cleren lwyd (clêr llwyd) *f*, *N:* pryf(-ed) (*m*) llwyd.
botanical *a.* llysieuegol, botanegol.
botanist *n.* llysieuydd (llysieuwyr) *m*, llysieuegwr: llysieuegydd (llysieuegwyr) *m*, botanegwr: botanegydd (botanegwyr) *m*, botan|egwraig *f*.
botanize *v.i.* llysieua.
botany *n.* llysieueg *f*, llysieuaeth *f*, botaneg *f*.
botargo *n.* *Cu:* botargo(-s) *m*.
botch¹ *n.* **1.** = **blotch**. **2.** *(= mess¹ 2):* gwaith carbwl *m*, llanast[r] *m*, traed moch *m*, bwnglerwaith *m* (*pronounced* ng-g), cawl *m*, cawdel *m*, *S:* potsiach *m*, gwaith anniben *m*, *N:* smona[e]th *f*, poitsh *m*, stremp *f*, stomp *f*.
botch² *v.t.* cawlio, bwnglera (*pronounced* ng-g), poitsio, *S:* potsiach; **to ~ sth up,** gwneud cawl *&c* o rth; *See* **botch¹**.
botcher *n.* bwnglerwr (bwnglerwyr) *m* (*pronounced* ng-g), bwngleres(-au) *f*, bwngl|erwraig *f*, poitsiwr(-s) *m*, stompiwr(-s, stompwyr) *m*, st|ompwraig *f*, cawliwr (cawlwyr) *m*.
botchy *a.* lletchwith, carbwl, aflêr, bwngleraidd (*pronounced* ng-g), di-raen, *N:* blêr, stomplyd.
bote *n.* = **estover**; **fire ~,** hawl(-iau) (*f*) cynuta.
botel *n.* *badél(-s, badelau) *fm*.
both *a., pron. & adv.* **1.** *a. & pron.* y ddau/ddwy + *soft mut.*, y naill a'r llall, ill dau/dwy; **~ of them are alive,** mae'r naill a'r llall yn fyw; mae'r ddau/ddwy yn fyw; maent yn fyw ill dau/dwy *or* eu dau/dwy *or less correctly* o'u dau/dwy; **to hold sth in ~ hands,** dal rhth yn y ddwy law; **on ~ sides,** ar y ddwy ochr, ar y ddeutu, o bobtu (**of sth,** i rth); *S.a.* **side¹** 3, 4; **~ men,** y ddeuddyn; **~ alike,** y ddau fel ei gilydd, y naill fel y llall; **~ of us saw it,** gwelsom ef ein dau/dwy *or* o'n dau/dwy; **you can't have it ~ ways,** ellwch chi mo'i chael hi bob ffordd. **2.** *adv.* **~ you and I,** ni'n dau/dwy, y ddau/ddwy ohonom, *Lit:* chwi a minnau'n dau/dwy; **~ John and I came,** daethom ni'n dau, John a minnau; daeth y ddau ohonom, John a minnau; **I ~ love and hate her,** 'rwy'n ei charu ac yn ei chasáu ar yr un pryd; **I love music ~ ancient and modern,** 'rwyf yn hoff o gerddoriaeth yn hen ac yn fodern fel ei gilydd.
bother¹ *n.* **1.** *(= pains, effort):* trafferth(-ion) *f*, *N: F:* cybôl *m*, *S:* ffwdan *f*; helbul(-on) *m*, *occ:* heldrin(-oedd) *mf*, *S.W: occ:* tangleth *f*, hergel *m*, helger *m*, *N.W: F:* strach *mf*, stryffig *m*, *occ:* stryffâg *m*, helcyd *m*, hambýg *m*; **to go to the ~ of doing sth,** mynd i'r drafferth o wneud rhth, trafferthu gwneud rhth, *N: F:* cyboli/ponsio gwneud rhth. **2.** *(= awkward situation):* trafferth, helynt(-ion) *f*, byd *m*, bydau *pl*; **a spot of ~,** tipyn o helynt/helbul/fyd. **3.** *int.* **oh ~!** o'r Nefoedd fawr! wfft iddo! daro! *N:* go drapia las! daria fo! dacia fo!
bother² *v.t.&i.* **1.** *v.t.* *(= pester):* poeni, plagio, *occ:* trafferthu (rhn); aflonyddu, tarfu (ar rn); gwn|eud/peri trafferth (i rn); **to ~ s.o. about sth,** poeni/plagio rhn ynghylch rhth; **don't ~ me!** gad(-ewch) lonydd imi! paid (peidiwch) â 'mhoeni i! **~ the thing,** naw wfft iddo! *S:* drapo shwd beth! damo shwd beth! *N:* damia'r peth! go dacia'r peth! go daria'r peth! **2.** *v.i.* *(= concern oneself):* malio, poeni, trafferthu, ymdrafferthu, mynd i'r drafferth (ynghylch rhth); *N:* cyboli, ponsio, *N.W: occ:* stryffigan (efo/ynghylch rhth), *S:* boddran, boddro, becso, ffwdanu (â/gyda rhth); **don't ~ to bring a mac,** peidiwch â thrafferthu dod â chôt law; **I can't be bothered,** alla' i ddim mynd i'r drafferth; 'does gen i ddim amynedd; **I can't be bothered to go,** alla' i ddim trafferthu mynd; **I can't be bothered about it,** alla' i ddim trafferthu yn ei gylch; waeth gen i amdano.
botheration *int.* = **bother¹ 3.**
bothered *a.* helbulus, mewn helbul, trafferthus, mewn trafferth, yn fawr eich trafferth, ffwdanus, ffwdanllyd, llawn ffwdan, mewn ffwdan, *N.W:* mewn byd/ffrwcs, cynhyrflyd, ffrwcslyd; **all hot and ~,** cynhyrfus, yn gynnwrf i gyd, yn chwys ac yn llafar/llafur, *S: F: occ:* yn chwys ac yn snobs, *N:* mewn strach; **to get all hot and ~,** mynd yn chwys i gyd, dechrau chwysu, cynhyrfu, cyffr|oi, *N.W: occ:* ffrwcsio.
bothersome *a.* plagus, trafferthus, blinderus, annifyr.
bottle¹ *n.* **1.** potel(-i) *f*, *S.W: occ:* potrel(-i) *f*; *(= bottleful):* potelaid (poteleidiau) *f*; **to take to the ~, to hit the ~,** cael blas ar y botel, mynd yn hoff o'r botel, mynd ar y ddiod, mynd ar eich diod; *F:* **he's on the ~,** mae'n yfwr trwm; mae'n codi'r bys bach; **hot water ~,** potel ddŵr poeth (poteli dŵr poeth), *S:* potel ddŵr twym, jar(-iau) *f*. **2.** *F:* = **courage**. **~-brush** *n.* brwsh(-is) (*m*) poteli. **~-corking machine** *n.* corciwr (corcwyr) *m*. **~-drainer** *n.* sychwr (sychwyr) (*m*) poteli. **~-fed** *p.p. & a.* a fegir/fagwyd ar botel, wedi'ch magu ar botel. **~-feeding** *vn.* magu/bwydo ar laeth potel, bwydo o'r botel. **~-glass** *n.* gwydr (*m*) poteli. **~-green** *a. & n.* gwyrdd (*m*) tywyll. **~-holder** *n.* *Box:* eilydd (eilwyr) *m*, dyn(-ion) (*m*) dal potel. **~-jack** *n.* bêr (*f*) botel (berau potel). **~-neck** *n.* **1.** gwddf (*m*) potel (gyddfau poteli). **2.** *(in traffic &c):* tagfa (tagf|eydd) *f*, atalfa (atalfeydd) *f*. **~-nosed** *a.* trwynfawr, trwynog, trwyn potel. **~-opener** *n.* peth(-au) (*m*) agor poteli, agorwr (agorwyr) (*m*) poteli. **~ party** *n.* parti (partïon) (*m*) poteli. **~-rack** *n.* rhesel (*f*) boteli (rheseli poteli). **~-tree** *n.* *Bot:* coeden (*f*) boteli (coed poteli). **~-warmer** *n.* twymwr (twymwyr) (*m*) poteli. **~-washer** *n.* **1.** golchwr (golchwyr) (*m*) poteli. **2.** *F:* **are you head cook and ~-washer here?** ai chi sy'n ben ac yn feistr/feistres yma? ai chi sy'n gwneud popeth yma?
bottle² *v.t.* potelu, *Lit: occ:* costrelu; *(fruit &c):* piclo, jario. **~ out** *v.i.* *F:* cachgïo, troi'n gachgi. **~ up** *v.t.* **1.** *(= block): (traffic):* rhwystro, atal. **2.** *(= anger):* mygu.
bottle³ *n.* *(of hay):* potel(-i) *f*.
bottled *a.* mewn potel; **~ beer,** cwrw potel; **~-up,** wedi ei gronni/rwystro/atal/fygu; **~-up anger,** cynddaredd cronedig/rhwystredig.
bottler *n.* potelwr (potelwyr) *m*, pot|elwraig *f*, *Lit: occ:* costrelwr (costrelwyr) *m*; **she's a great fruit ~,** mae hi'n un arw am biclo ffrwythau.
bottom¹ *n.* **1.** gwaelod(-ion) *m*; *(of hill):* troed *mf*; *(of mountain):* troed, godre(-on) *m*; *(of trousers, skirt):* godre; *(of page):* godre, gwaelod, troed; *S.a.* **top¹**. **2.** *(of sea, river):* gwaelod, *Lit: occ:* eigion *m*; **at the ~ of the garden,** ym mhen draw'r ardd, *S:* ar waelod yr ardd; **at the ~ of the table,** ym mhen draw'r bwrdd, ym mhen isa'r bwrdd; **at the ~ of the class,** ar waelod y dosbarth; **to send a ship to the ~,** suddo llong; **she's gone to the ~,** mae hi wedi suddo; *(of ship):* **to touch ~,** mynd yn sownd ar y gwaelod; **(prices have touched) rock-~,** (mae'r prisiau wedi cyrraedd) y gwaelod [isaf un], yr isafbwynt; **the swimmer found ~,** cafodd y nofiwr droedle; **to sift sth to the ~,** archwilio/nithio rhth yn fanwl, mynd i/at wr|aidd/graidd rhth, mynd trwy rth â chrib mân, mynd i waelod rhth; **at ~ he's not a bad sort,** yn y bôn/gwraidd mae'n ddyn digon dymunol; **from the [very] ~ of my heart,** o waelod fy nghalon, *occ:* o eigion fy nghalon; **to be at the ~ of sth,** bod wrth wraidd rhth, bod yn achos rhth; **to get to the ~ of sth,** mynd i/at waelod rhth, dilyn/olrhain rhth i'w wraidd, cael hyd i achos rhth; *Nau:* **gravel ~,** gwely graean; **sand ~,** gwely tywod; *(c) (= stamina):* dycnwch *m*, sadrwydd *m*, saf *m*, dyfalbarhad *m*, gwaelod *m*; *(d) (= lowland):* gwaelodion *pl*, llawr (*m*) gwlad, ystrad(-au) *mf*, gwastatir(-oedd) *m*, dyffryndir(-oedd) *m*; *(e) (= hollow):* pant(-iau) *m*, pantle(-oedd) *m*. **3.** *(= base, underside):* ochr(-au) isaf *f*, tu isaf *m*, *(of chair):* sedd(-au) *f*, sêt (seti) *f*; *(of saucepan, kettle &c):* gwaelod, *F:* tin (tinau) *f*; *Metalw:* **knocked-up ~,** gwaelod gweflog; **(to set sth) ~ upwards,** (troi rhth) â'i ben i lawr, [yn] ben i wared; **bottoms up!** iechyd da! *F:* **to knock the ~ out of an argument,** chwalu/dinistrio dadl; **the ~ has fallen out of the market,** mae'r farchnad wedi ysigo; *Bill:* **to put ~ on the ball,** rhoi/dodi tro'n ôl ar y bêl. **4.** *(a) (= buttocks):* pen ôl (penolau) *m*, *V:* tin (tinau) *f*; **to kick s.o.'s ~,** rhoi cic yn ei din i rn, rhoi cic dan din rhn, cicio pen ôl rhn, *N.W: occ:* rhoi mownt dan din rhn; **to give s.o. a smacked ~,** rhoi chwip din i rn; *(b) pl. (of corn &c):* tinion, gwaelodion. **5.** *Nau: (a) (of vessel):* gwaelod, cêl (celiau) *m*, tu isaf *m*; *(b) (= ship):* llong(-au) *f*. **6.** *attrib:* isaf; **~ dog, = underdog**; **~ drawer,** cist (*f*) briodas (cistiau priodas), drôr(-s, droriau) isaf *f*; **the ~ half,** yr hanner isaf; *W.Myth:* **the B~ Hundred,** Cantre(*m*)'r Gwaelod; *Metalw:* **~ fuller,** pannydd isaf *m*; *Aut:* **~ gear,** gêr isaf *m*; *Metalw:* **~ rake,** gwyredd (*m*) gwaelod; **the ~ line,** *(i)* y llinell isaf *f*; *(ii) Fig:* **what's the ~ line?** beth yw diwedd y gân? **the ~ boy of the class,** y bachgen isaf/olaf yn y dosbarth; **I'll bet my ~ dollar,** mi fentraf fy ngheiniog olaf. **~-knocker** *n.* *Cer:* cnociwr (cnocwyr) (*m*) gwaelodion. **~-living** *a.* gwaelodol. **~ up, ~ upwards** *adv.* â'r pen i lawr, â'r pen i wared; *Cmptr:* **~ up programming,** rhaglennu adeiladol.
bottom² *v.t.&i.* **1.** *v.t.* *(= put base on sth):* rhoi gwaelod (ar rth); to

~ **a chair,** rhoi sêt ar gadair. **2.** *v.i. Nau:* taro'r gwaelod. ~ **out** *v.i.* gwaelodi, taro'r gwaelod, cyrraedd yr isafbwynt.

bottomed *a.* â gwaelod *&c*; **copper-~** *(a) (saucepan &c):* â gwaelod copr, â thin gopr; *(b) Fig: (guarantee):* hollol sicr; **a leather-~ chair,** cadair sêt ledr.

bottoming *n. Metalw:* gwaelodi. **~-stake** *n.* bonyn (bonion) (*m*) gwaelodi. **~-tap** *n.* tap(-iau) (*m*) gwaelodi.

bottomland *n. Geog:* gwaelodion *pl*, gwastatir(-oedd) *m*, llawr (*m*) dyffryn/gwlad, gwaelod (*m*) gwlad.

bottomless *a.* heb waelod, diwaelod; *B:* **the B~ Pit,** y Pwll Diwaelod *m*.

bottomost *a.* isaf un.

bottomry *n. Nau:* echwyna (*vn*) ar longau.

botts *n.pl.* = **bot**.

botty *n. F:* penolws *m*, tinpws *m*, tintws *m*, tinten *f*, tinpan *f*.

botulin *n. Bio-Ch:* b|otwlin *m*.

botulinus *n. Bac:* botwlinws *m*.

botulism *n.* botwliaeth *f*, botwledd *m*.

***bouclé* yarn** *n. Tex:* edafedd (*pl*) *bouclé*, edafedd bwcle.

boudoir *n.* ***boudoir(-s)*** *m*, ystafell (*f*) wisgo (ystafelloedd gwisgo); *(= place to sulk):* siamb[e]r (siamberi, siamberydd) (*f*) sorri.

bouffant *a.* ***bouffant***.

bougainvillea *n. Bot:* ***bougainvillea(-s)*** *m*.

bough *n.* cangen (canghennau) *f*, cainc (cangau, ceinciau) *f*, brig(-au) *m*, brigyn (brigau) *m*, brigen (brigau) *f*; *S:* colfen(-ni) *f*; *Myth:* **the Golden B~,** y Gangen Aur/Euraid[d].

Boughrood *W.Pl.n.* Bochrwyd *m*.

bought *U.S:* **boughten** *a. & p.p.* prŷn, prynedig; **newly ~,** newydd sbon, *occ:* newydd sbon danlli grai; *See* **buy**.

bouillabaisse *n. Cu:* cawl (*m*) pysgod, ***bouillabaisse*** *m*.

bouilli *n. Cu:* cig berwedig *m*, cig stiw.

bouillon *n.* cawl(-iau) *m*.

boulder *n.* maen (meini) mawr *m*, carreg fawr (cerrig mawrion) *f*; *Geog: occ:* clogfaen (clogfeini) *m*. **~choke** *n.* tagfa (*f*) glogfeini (tagf|eydd clogfeini). ~ **clay** *n.* clai (*m*) clogfaen, clog-glai (~-gleiau) *m*.

boulevard *n.* rhodfa (rhodf|eydd) *f*, bwlfard(-iau) *m*.

bounce[1] *n.* **1.** *(of a ball):* sbonc(-iau) *f*, bownd(-iau) *m*, *occ:* adlam(-au) *m*, gwrthnaid (gwrthneidiau) *f*, tampiad(-au) *m*, *N: occ:* mownt(-iau) *m*; **on the ~,** ar adlam. **2.** *(= swagger):* talogrwydd *m*, rhodres *m*. **3.** *(= vitality):* sioncrwydd *m*, sbonc, *occ:* ffrwt *m*. ~ **pass** *n. Sp:* pas(-au) (*m*) bowndio/tampio.

bounce[2] *v.i.&t.* **1.** *v.i.* *(a) (of ball):* rhybedio, trybowndio, trybowndian, sboncio, bowndio, bownsio, codi bownd, *Lit:* adlamu, gwrthneidio, *N: occ:* sbondio, mowntio, tampio, trybedian; *(b)* **to ~ in and out,** sboncio i mewn ac allan; *(c) (= swagger):* torsythu, rhodresa, swagro, *N:* bod yn lartsh; *(d)* **I hope the cheque won't ~,** gobeithio na chaiff y siec ei gwrthod; gobeithio na fydd y siec yn bownsio; *(e)* **he soon bounced back,** cafodd ei sbonc yn ôl yn fuan iawn; daeth yn ei ôl yn dalog. **2.** *v.t.* *(a) (ball):* sboncio, bownsio, tampio, *N: occ:* mowntio; **pat ~,** tampio; *(b) F:* **to ~ s.o. into doing sth,** gwthio/gorfodi rhn i wneud rhth; *(c) (= kick (s.o.) out):* cicio (rhn) allan, dangos y drws (i rn).

bouncer *n.* **1.** *(= boaster):* rhn talog, rhn mawreddog, bocsachwr *m*, *S: occ:* ffrwmpyn *m*, ffrwmpen *f*. **2.** *(= chucker-out):* dryswr (dryswyr) *m*, drysor(-ion) *m*, taflwr (taflwyr) (*m*) allan, *F:* dyn(-ion) (*m*) cicio allan, dyn dangos drws (dynion dangos drysau), *S:* dyn towlu mas. **3.** *(= cheque):* siec ddiwerth (sieciau diwerth) *f*. *S.a.* **baby-bouncer**.

bouncily *adv.* yn dalog.

bounciness *n.* **1.** *(of ball):* adlamedd *m*, *F:* bownd *m*, sbonc *f*. **2.** *(of pers.):* = **bounce**[1] **2, 3.**

bouncing *a.* **1.** *(ball):* adlamol, sbonc, sbonciog, bowndiog. **2. a ~ baby,** clobyn (*m*) o fabi, *S: occ:* wolpyn o fabi, baban gwisgi, *N:* babi nobl, clamp (*m*) o fabi [mawr braf]. ~ **Bett** *n. Bot:* = **soapwort**.

bouncy *a.* **1.** *(ball):* adlamol, sbonc, sbonciog, bowndiog, â digon o fownd. **2.** *F: (= jaunty):* talog, sionc.

bound[1] *n. (usu.pl.) (= boundary):* terfyn(-au) *m*; *Ph: occ:* arffin(-iau) *f*; **to beat the bounds of the parish,** cerdded/curo terfynau'r plwyf; *S.a.* **break**[2] I. 4; **out of bounds,** gwaharddedig, dan wahardd/waharddiad; **the village is out of bounds,** ni cheir mynd i'r pentref; **to set bounds to one's ambitions,** cyfyngu ar eich uchelgais, ffrwyno'ch uchelgais, rhoi terfynau ar eich uchelgais; **to go beyond all bounds,** mynd dros ben llestri, mynd dros y tresi; **to keep within the bounds,** cadw terfynau, bod yn gymedrol; **beyond the bounds of probability,** anhygoel, annhebygol, y tu hwnt i bob tebygolrwydd; **within the bounds of probability,** dichonadwy, posibl.

bound[2] *v.t. (= limit):* cyfyngu (ar rth), rhoi terfynau (i/ar rth); **a garden bounded by a stream,** gardd ac afon yn ffin iddi; **to ~ on sth,** ffinio â rhth, terfynu ar rth, bod am y ffin/terfyn â rhth; *Ph:* **positively bounded below,** yn ffiniedig bositif oddi tanodd.

bound[3] *n. (= leap*[1]*):* llam(-au) *m*, naid (neidiau) *f*, sbonc(-iau,-iadau) *f*, llamiad(-au) *m*, *Lit: occ:* dychlam(-au) *m*, *N.W: occ:* swalp(-iau) *m*; **at a ~,** ag un naid, ar naid, ar lam.

bound[4] *v.i. (= leap*[2]*):* neidio, llamu, *Lit: occ:* dychlamu, *N.W:* swalpio; **my heart bounded with joy,** *Lit:* dychlamodd fy nghalon o/gan lawenydd.

bound[5] *a.* *(a) Nau:* yn hwylio, ar y ffordd, ar hynt, *N.W: occ:* yn rhwym; **(a ship) ~ for Cardiff, a Cardiff-~ ship,** (llong) yn mynd tua Chaerdydd, yn hwylio i Gaerdydd, ar ei ffordd/hynt i Gaerdydd, yn rhwym am Gaerdydd.

bound[6] *a. & p.p.* **1.** *(a) (= attached):* rhwym, rhwymedig, clymedig (**to sth,** i/wrth rth); clwm, ynghl|wm (wrth rth); **they are ~ up in each other,** maent ynghlwm wrth ei gilydd; maent yn anwahanadwy; *Ling:* ~ **form,** ffurf rwym/glymedig (ffurfiau rhwym/clymedig); *(b) (with n. prefixed):* ataledig (gan rth), caeth (o achos rhth, gan rth); **tide-~,** caeth gan y llanw, ataliedig gan y llanw; *S.a.* **hidebound, ice-bound, snowbound, weather-bound, windbound**. **2.** *(= obliged):* *(a)* ~ **to do sth,** rhwym o wneud rhth, dan rwymedigaeth/orfodaeth/orfod i wneud rhth; **to be ~ to do sth,** gorfod gwneud rhth; **you're in duty ~ to go,** rhaid i chwi fynd; eich dyletswydd yw mynd; mae'n ddyletswydd arnoch fynd; **I'm honour ~ to go,** o ran anrhydedd rhaid i mi fynd; mae'n ofynnol imi fynd; **we are ~ by strict rules,** mae rheolau caeth yn ein rhwymo; *Jur:* ~ **over to...,** rhwymedig i.... *(b)* **she's ~ to come,** mae hi'n rhwym/sicr/siŵr o ddod; 'does bosib na ddaw hi; *N:* siawns na ddaw hi; siawns y daw hi; **it's ~ to happen,** mae'n siŵr o ddigwydd; *(c)* **(she'll come) I'll be ~,** (fe ddaw hi) 'rwy'n siŵr/sicr, mi wrantaf. **3. a ~ book,** llyfr rhwymedig, llyfr wedi ei rwymo; **calf-~,** mewn rhwymiad lledr llo; **fully-~,** mewn rhwymiad llawn; **half-~,** mewn rhwymiad hanner lledr.

boundary *n.* **1.** terfyn(-au) *m*, ffin(-iau) *f*; *Cr:* ffin; *Cmptr: &c:* **page ~,** ffin tudalen; *Archeol:* **tribal ~,** ffin lwythol (ffiniau llwythol), ffin y llwythau (ffiniau'r llwythau). **2.** *Cr: (= hit):* trawiad(-au) (*m*) i'r ffin; **to hit a ~,** taro pêl at y ffin. ~ **conditions** *n.pl.* amodau ffin. ~ **earthwork** *n. Archeol:* clawdd (cloddiau) (*m*) terfyn. ~ **layer** *n.* haen (*f*) derfyn (haenau terfyn). ~ **line** *n.* llinell (*f*) derfyn (llinellau terfyn). ~ **post** *n.* postyn (pyst) (*m*) terfyn. ~ **stone** *n.* carreg (*f*) derfyn (cerrig terfyn). ~ **wall** *n.* wal (*f*) derfyn (waliau/walydd terfyn), mur(-iau) (*m*) terfyn, clawdd (cloddiau) (*m*) terfyn.

bounded *a.* ffiniedig, terfynedig, o fewn terfynau; *Ph:* ~ **variation,** amrywiad ffiniedig; ~ **set,** set ffiniedig/arffin.

bounden *a. O:* rhwymedig, gorfodol; **it's our ~ duty,** mae'n ddyletswydd arnom; ein rhwymedig ddyled yw; ein dyledus wasanaeth yw.

bounder *n. F:* cnaf(-on) *m*, cenau (cenawon, cnafon) *m*, *V:* cythraul (cythreuliaid) *m*, cachgi (cachgwn) *m*, cachwr(-s, cachwyr) *m*, cachadur(-iaid) *m*, **what a ~!** y cythraul drwg iddo! yr hen genau!

bounderish *a.* cnafaidd, cachwraidd, cachgïaidd, cachaduraidd.

bounderishness *n.* cnafeiddiwch *m*, cachgieiddiwch *m*.

bounding[1] *a.* llamol, llamog, neidiol, sbonciog, llamsachus; *(heart):* dychlamol.

bounding[2] *n.* = **bound**[2],[4]. **~-plane** *n. Carp:* plaen(-iau) (*m*) terfyn.

boundless *a.* diderfyn, diddiwedd, di-ffin, di-ben-draw, annherfynol, eang, heb ffin na therfyn; ~ **energy,** egni diddiwedd/di-ball/dihysbydd.

boundlessly *adv.* yn ddiderfyn *&c*; heb derfyn.

boundlessness *n.* annherfynoldeb *m*, ehangder *m*, dibendrawdod *m*.

bounteous *a.* **1.** *(pers.):* *O:* hael, haelionus, parod eich cymwynas. **2. a ~ harvest,** cynhaeaf toreithiog.

bounteously *adv.* **1.** yn hael. **2.** yn doreithiog.

bounteousness *n.* **1.** haelioni *m.* **2.** *(of crops &c):* helaethrwydd *m,* toreth *fm,* amlder *m.*
bountiful *a.* = **bounteous; (she is) the local Lady B~,** (hi yw) gwraig haelionus yr ardal, boneddiges hael yr ardal; **he's ~ enough with others' money,** hael [yw] Hywel ar bwrs y wlad.
bountifully *adv.* yn hael, yn helaeth *&c.*
bounty *n.* **1.** *(= generosity):* haelioni *m,* haelder *m.* **2.** *(to employee &c):* gwobr(-au) *f; N: Min:* bownti(-s) *m,* mownti(-s) *m; Adm: (= grant):* cymhorthdal (cymorthdaliadau) *m.* **3.** *Mil: Nau:* arian (*m*) listio. **~-hunter** *n.* heliwr (helwyr) (*m*) dynion, heliwr bownti.
bouquet *n.* **1.** *(of flowers):* tusw(-au) *m,* pwysi (pwysïau) *m, S: occ:* twff *m,* twffyn *m,* bwshyn *m.* **2.** *(of wine):* persawr *m.*
bouquetin *n. Z:* ibecs(-iaid) *m.*
Bourbon *a. & n.* **1.** *a.* Bourbonaidd. **2.** *n. (a) Hist: Pol:* Bourbon(-iaid) *m&f.* **3.** *n. U.S:* [wisgi] bwrbon *m.*
bourdon *n. Mus:* bwrdon(-au) *m.*
bourgeois *a. & n.* **1.** *a.* bwrdeisaidd, bwrgeisaidd, bwrdais, bwrgais, dosbarth canol, ***bourgeois.*** **2.** *n.* bwrdais (bwrdeisiaid) *m,* bwrgais (bwrgeisiaid) *m,* bwrdeisiwr (bwrdeiswyr) *m,* bwrgeisiwr (bwrgeiswyr) *m,* bwrd|eiswraig *f,* bwrg|eiswraig *f,* ***bourgeois*** *m.*
bourgeoisie *n.* bwrdeisiaeth *f,* bwrgeisiaeth *f,* bwrdeiswyr *pl,* bwrgeiswyr *pl,* bwrdeisiaid *pl,* bwrgeisiaid *pl,* dosbarth canol *m.*
bourne[1] *n.* **1.** *Poet:* terfyn(-au) *m,* goror(-au) *mf,* ffin(-iau) *f; Poet:* **the ~ from which no traveller returns,** y tu hwnt, y byd arall, y wlad na ddaw neb o'i ffiniau'n ôl.
bourne[2] *n.* = **brook**[1].
bourrée *n. Mus:* ***bourrée(-s)*** *f.*
boustrophedon *a., adv. & n.* **1.** *a.* ôl a blaen. **2.** *adv.* yn ôl a blaen. **3.** *n.* ysgrifennu (*vn*) ôl a blaen.
bout[1] *n.* **1.** *(a) Games:* gornest(-au) *f,* bowt(-iau) *m; (of work):* stem(-iau) *f,* pwl (pyliau) *m,* pwcs (pycsiau) *m,* daliad(-au) *m,* hwrdd (hyrddiau) *m.* **2.** *(of illness):* pwl, *N:* pwcs; **to have bouts of illness,** cael pyliau o salwch, *S:* cael pwlau o salwch, *occ:* bod yn bwlog; *S.a.* **drinking-bout.**
'bout[2] *adv. Nau: (= about):* ~ **ship!** trowch y llong!
boutique *n.* siop(-au) *f,* bwtîg (bwtigau) *m,* bwtîc (bwticau) *m,* ***boutique(-s)*** *m.*
bovate *n. Hist:* bufedd(-i) *f.*
Boverton *W.Pl.n.* Trebefered.
bovid *a. & n.* **1.** *a.* bufilaidd. **2.** *n.* bufil(-od) *m.*
bovidae *n.pl.* bufilod.
bovine *a. & n.pl.* **1.** *a. (a) (of cows &c):* buchol, buchaidd, buwchaidd, buwchol, fel buwch, gwarthegol; **~ diseases,** afiechydon gwartheg/da; *(b) (= slow):* lloaidd, twp, hurt. **2.** *n.pl.* **the bovines,** y bucholion, teulu(*m*)'r fuwch.
bovinely *adv.* yn lloaidd.
bovinity *n.* natur fuchol/fuchaidd *f,* llöeiddiwch *m,* buwcheiddiwch *m.*
bow[1] *n.* **1.** bwa (bwâu) *m;* **a ~ and arrow,** bwa [a] saeth; **to draw a ~,** tynnu bwa; **long ~,** bwa hir, bwa tal; *Fig:* **to draw the [long] ~,** gor-ddweud, rhaffu celwyddau, eu dweud nhw, *N:* siarad ar eich cyfer, *S:* siarad yn eich cyfer; **to draw a ~ at a venture,** saethu/gollwng saeth ar antur; **he has two strings to his ~,** mae'n feistr ar ddwy grefft; mae ganddo ddau linyn i'w fwa; **I still have one string to my ~,** mae gennyf un cynnig ar ôl *or* wrth gefn. **2.** *Mus:* bwa (bwâu) *m.* **3.** *(= knot):* cwlwm (c[y]lymau), cwlwm dolen, clwm (clymau) *m, F:* bô: bow *m; Needlew:* dolen(-nau) *f;* **butterfly ~,** cwlwm glöyn. **4.** *Harn:* **saddle-~,** bwa (*m*) cyfrwy, corn (cyrn) (*m*) cyfrwy, cambren(- nau) blaen *m.* **~-compass** *n.* **pair of ~-compasses,** cwmpas(-au) (*m*) bwa. **~-drill** *n. Tls:* dril(-iau) (*m*) bwa. **~ front** *n.* blaen crwm (blaenau crymion), blaen bwa. **~-fronted** *a. Furn:* bwaog, crwm (*f.* crom, *pl.* crymion), blaengrwm (*f.* blaengrom, *pl.* blaengrymion) (*pronounced* ng-g). **~-head** *n. Z:* morfil(-od) (*m*) pen bwa. **~-knot** *n. Needlew: &c:* cwlwm (c[y]lymau) (*m*) dolen. **~-legged** *a.* coesgam, bongam (*pronounced* ng-g), glingam (*pronounced* ng-g), coesgrwm, â choesau bando. **~ legs** *n.pl.* coesau ceimion, coesau bachog, coesau bando, *Joc:* coesau byth yn dal mochyn, coesau bachau crochan. **~-net** *n. Fash:* cawell (*m*) cimwch (cewyll cimychiaid). **~-saw** *n.* llif (*f*) fwa (llifiau bwa). **~-spring** *n. Mec.E:* sbring (*mf*) bwa/fwa (sbringiau bwa). **~-tie** *n.* tei(-s) (*mf*) bô, dici-bô(-s) *m.* **~-window** *n.* ffenestr (*f*) fwa/grom (ffenestri bwa/crymion).
bow[2] *v.t.* **1.** *(= bend):* plygu, crymu, gogwyddo, gwyro. **2.** *Mus:* tynnu bwa; **to ~ a passage,** trin y bwa (mewn darn).
bow[3] *n. (= reverence):* moesymgrymiad(-au) *m,* ymgrymiad(-au) *m, F:* bow(-iau) *m;* **to make one's ~,** ymgrymu, moesymgrymu, eich cyflwyno'ch hun; **to make one's ~ [and depart],** ffarwelio, ymadael, cyfarch gwell; **with a ~,** gan ymgrymu, â moesymgrymiad; **with a ~ of the head,** gan grymu pen; **to make a deep ~ to s.o.,** ymgrymu'n llaes o flaen rhn; *Th:* **to take a ~,** cymryd clap.
bow[4] *v.i.&t.* **1.** *v.i. (a)* **to ~ (to s.o.),** plygu, ymgrymu, *F:* bowio, rhoi bow (i rn); **to ~ and scrape to s.o.,** cynffonna i rn; **to ~ down before s.o.,** plygu'n isel gerbron rhn, gostwng yn eich garrau o flaen rhn; **to ~ to the inevitable,** plygu/ymostwng/bodloni i'r drefn. *(b) with cogn. acc.* **to ~ one's assent,** nodio/plygu pen mewn cytundeb, cytuno gan blygu pen. **2.** *v.t. (head):* plygu, crymu; *(knee):* plygu; **to become bowed,** crymu, cefngrymu (*pronounced* ng-g), mynd yn gefngrwm/wargrwm; **to ~ s.o. in,** hebrwng rhn i mewn gan ymgrymu; **to ~ s.o. out,** danfon/ hebrwng rhn gan ymgrymu; **to ~ the knees,** plygu glin, gostwng gar/garrau.
bow[5] *n.* **1.** *Nau: (often in pl.)* blaen(-au) *m,* pen(-nau) (*m*) blaen, trwyn(-au) *m;* **on the ~,** ar flaen llong; **on the port ~,** i'r chwith ar y blaen; **on the starboard ~,** i'r dde ar y blaen; **to cross the bows of a ship,** croesi o flaen llong; **a warning shot across the bows,** rhybudd/ergyd ar draws blaen llong. **2.** *Row:* rhwyfwr (rhwyfwyr) (*m*) blaen. **~-chaser** *n. Nau:* canon(-au) (*m*) hela. **~ side** *n. Row:* ochr dde *f,* llaw dde *f.* **~ wave** *n.* ton flaen (tonnau blaen) *f.*
Bow[6] **Street** *W.Pl.n.* Nant (*m*) yr Afallen, Rhydypennau *f,* Pen(*m*) y garn; (*N.B. none exactly coterminous with modern village of ~ ~*). **~ ~ Runner** *n.* ceisbwl (ceisbyliaid) *m.*
bowdlerization *n.,* **bowdlerize** *v.t.* parchuso, bowdlereiddio, chwynnu, lledneisio, ysbaddu, glastwreiddio.
bowdlerized *a.* parchusach, diniweitiach, bowdleraidd, bowdleredig, glastwraidd, llednais, lledneisiedig.
bowdlerizer *n.* bowdlereiddiwr (bowdlereiddwyr) *m.*
bowed[1] *a. (head):* plygedig, gwyredig; *(body):* crwm, cefngrwm (*pronounced* ng-g); **~ down with care,** cefngrwm dan faich gofidiau.
bowed[2] *a. Mus:* **~ harp,** telyn (*f*) fwa (telynau bwa).
bowel *n. (a) Anat: &c: usu.pl.* coluddyn (coluddion) *m,* perfeddyn (perfedd, perfeddion) *m,* ymysgaroedd *pl;* **to have one's bowels open,** *N:* cael eich gweithio, *S:* cael eich corff i lawr; **have you had a ~ motion?** *N:* gawsoch chi'ch gweithio? *S:* gawsoch chi'ch corff i lawr? *(b)* **the bowels of the earth,** crombil (*m*) y ddaear, perfeddion y ddaear; *(c) A:* **bowels of compassion,** ymysgaroedd tosturi, trugaredd *m; B:* **in the bowels of Christ,** yn ymysgaroedd Iesu Grist.
bower[1] *n.* **1.** deildy (deildai) *m,* **2.** *Poet:* siambr(-au) *f*
bower[2] *n. Nau:* **~-anchor** *n.* angor(-au,-ion) (*m*) blaen. **~-cable** *n.* rhaff (*f*) angor blaen (rhaffau angorau/angorion blaen).
bower[3] *Cards:* jac(-iau,-iaid) *m.*
bowerbird *n. Orn:* aderyn (adar) (*m*) deildy.
Bowie *n.* **~ knife,** cyllell (cyllyll) (*f*) hela, *occ:* cyllell Gwyddel.
bowing *n. Mus: (in a score):* bwa-nodi *m.* **~ mark** *n.* marc(-iau) (*m*) bwa.
bowl[1] *n.* **1.** *(a)* dysgl(-au) *f,* powlen(-ni, powliau) *f,* basn(-au) *m, Poet: occ:* cawg(-iau) *m;* **alms ~, begging-~,** dysgl gardod (dysglau cardod), powlen gardod (powlenni cardod), ffiol (*f*) gardod (ffiolau cardod); *Cu:* **mixing-~,** powlen (*f*) gymysgu (powlenni/powliau cymysgu); *Archeol:* **handled ~,** dysgl ddolennog (dysglau dolennog), powlen ddolennog (powlenni dolennog); **hanging ~,** dysgl grog (dysglau crog), powlen grog (powlenni crog); **inlaid ~,** dysgl frithwaith (dysglau brithwaith), powlen frithwaith (powlenni brithwaith); **kneading-~,** *N:* padell (*f*) bobi (padelli pobi), *N.W: occ:* twrnel(-i) *m, S.E:* padell bridd (padelli pridd), padell fflwchen, cwchen(-ni) *f,* cwchen bridd (cwchenni pridd), washban: weshban (washbenni) *f,* weshban bridd (washbenni pridd), weshbin goch (washbenni coch), *S.W:* padell gochen/gwch/ gwchen, *A: occ:* noe(-au) *f; Archeol:* **spouted ~,** dysgl big (dysglau pig), powlen big (powlenni pig); *(b) (= basin):* basn(-au) *m; (c)* = **basinful. 2.** *(a) (of pipe):* pen(-nau) *m, occ:*

cwpan(-au) *mf*; *(b) (of spoon):* pen, blaen(-au) *m*. **3.** *U.S: (a) Geog:* powlen, basn; **dust ~,** powlen (*f*) lwch (powliau llwch), basn llwch; *(b) (= amphitheatre):* chwaraefa (chwaraefâu, chwaraef|eydd) *f*, amffitheatr(-au) *f*. **~-divination** *n. Rel:* cawgddewiniaeth *f*.

bowl² *n. (a) (game):* bowl(-s,-iau) *f*, powl(-s,-iau) *f*; *(b) U.S:* = **skittles**; *(c) Cr:* powliad(-au) *m*, bowliad(-au) *m*. **~ shot** *n.* tafliad (*m*) bowl/powl, ergyd (*fm*) bowl/powl, bowliad, powliad.

bowl³ *v.t. (a) (hoop, pram &c):* powlio, *Lit:* treiglo, *S:* hala; *(b) Bowls:* bowlio, powlio; *abs.* chwarae powls/bowls; *(c) Cr:* **to ~ a ball,** bowlio pêl; **to ~ overarm,** bowlio dros ysgwydd; **to ~ over the wicket,** bowlio dros y wiced; **to ~ round the wicket,** bowlio rownd y wiced; **to ~ underarm,** bowlio dan ysgwydd. **~ along** *v.i.* prysuro ymlaen, powlio ymlaen, powlio mynd, hwylio ymlaen, *N:* pydru mynd. **~ out** *v.t. Cr:* **to ~ s.o. out,** bowlio rhn allan. **~ over** *v.t. (a)* cnocio/bwrw/taro (rhth) i lawr; *(b) (= overwhelm):* synnu, syfrdanu (rhn); **he was bowled over by the news,** fe'i syfrdanwyd gan y newydd; cafodd ei fwrw'n bedwar gan y newydd; **I was quite bowled over by her,** fe wnaeth gryn argraff arnaf; *S:* cefais fy mwrw'n stwn ganddi.

bowler¹ *n. Sp:* bowliwr (bowlwyr) *m*.

bowler² *n. Cost:* **~ hat¹,** het galed (hetiau caled/celyd) *f*, het gron (hetiau crynion), het gron galed (hetiau crwn caled), bowler(-i) *f*, het bowler; *Mil: F:* **to give s.o. his ~ hat,** rhoi ei bensiwn i rn, cael gwared â rhn. **~-hat²** *v.t. Mil: F:* rhoi ei bensiwn (i rn), cael gwared (â rhn).

bowlful *n.* dysglaid (dysgleidiau) *f*, basnaid (basneidiau) *m*, powlaid (powleidiau) *f*, llond (*m*) dysgl, llond powlen, llond basn.

bowline *n. Nau:* hwylraff(-au) *f*; *Mount:* bowlin(-iau) *m*; **to sail on a ~,** hwylio'n agos i'r gwynt. **~ knot/hitch** *n.* cwlwm (*m*) hwylraff, cwlwm bowlin.

bowling *vn.* = **bowl²**. **~-alley** *n.* ala/ale/ali (*f*) fowlio (aleau bowlio), *A:* ala fowlia. **~-crease** *n. Cr:* cris(-iau) (*m*) bowlio. **~-green** *n.* lawnt (*f*) fowlio (lawntiau bowlio), grîn (*f*) fowlio (grîns bowlio), *F:* lle(-oedd,-fydd) (*m*) chwarae bowls.

bowman¹ *n. (= archer):* saethydd(-ion) *m*, bwäwr (bwawyr) *m*.

bowman² *n. Row:* blaenwr (blaenwyr) *m*, rhwyfwr (rhwyfwyr) blaen *m*.

Bowman³ *Pr.n. Anat:* **~'s capsule,** cwpan (*m*) Bowman.

bowshot *n.* saethiad(-au) *m*, ergyd(-ion) (*fm*) bwa, ergyd saeth; **within ~,** o fewn ergyd saeth.

bowsprit *n. Nau:* polyn (polion) blaen *m*, bolsbryd(-au) *m*.

bowstring *n.* llinyn(-nau) (*m*) bwa. **~ hemp** *n. Bot:* cywarch llinynnog *m*. **~ truss** *n. Carp:* cwpl (cyplau) bwaog *m*.

bow-wow *int. & n.* **1.** bow-wow *m*, wow-wow *m*, wff-wff *m*. **2.** *(= dog):* bow-wow(-s), wow-wow(-s), ci (cŵn) bach *m*.

bowyangs *n.pl. Cost:* london-iorcs.

box¹ *n. Bot:* bocsen (bocs) *f*, pren(-nau) (*m*) bocs, coeden (coed) (*f*) bocs. **~ elder** *n. Bot: (Acer negundo):* masarnen (masarn) onennaidd *f*. **~ holly** *n. Bot: (Ruscus aculeatus):* celynnen (celyn) (*f*) Mair, banhadlen bigog (banadl pigog) *f*, llysiau(*pl*)'r gïau. **~ thorn** *n. Bot: (Lycium):* ysbeinwydden (ysbeinwydd) *f*.

box² *n.* **1.** *(a)* blwch (blychau) *m*, *F:* bocs(-ys) *m*; *(small): occ:* bocsyn *m*, cistan(-au) *f*, cisten(-nau) *f*; *(large, for packing, travelling):* cist(-iau) *f*; **we're in the wrong ~,** 'rydym mewn lle anodd; mae hi'n gyfyng arnom; *F:* **the ~,** *(= television):* y bocs, y lantar *f*; **to watch sth on the ~,** gwylio rhth ar y bocs; **~ crosswise,** bocs ar groes; **~ lengthwise,** bocs ar hyd; **colour ~,** bocs lliw; **core ~,** bocs craidd; **crash ~,** cist ddadwrdd (cistiau dadwrdd) *f*; **tidy ~,** bocs cadw; **word-building ~,** bocs llythrennau; *S.a.* **Christmas-box, letter-box, post-box, snuffbox** *&c*; *(b)* = **boxful**. **2.** *Veh: A: (i) (= boot):* cist(-iau) *f*; *(ii) (= seat):* sedd(-au) *f*. **3.** *(a) Th:* bocs, côr (corau) (*m*) seddau; **family ~,** bocs teulu; **stage ~,** bocs llwyfan; *(b) (in stable):* côr (corau) *m*; **horse-~,** *(= van):* men (*f*) geffylau (menni ceffylau), fan (*f*) geffylau (faniau ceffylau); *(c) Jur: (= witness-box):* safle(-oedd) (*m*) tystio, bocs tystion; *(d) Mil:* **sentry-~,** bwth (*m*) gwarchodwr (bythau gwarchodwyr); *Rail:* **signal-~,** caban(-au) (*m*) signalau; *(e) (for fishing, shooting):* caban. **4.** *(of wheel):* both(-au) *f*. **~ attendant** *n.* ystlyswr (ystlyswyr) *m*, ystlysferch(-ed) *f*. **~ barrage** *n. Mil:* bocsdanio *vn*, bocsdaniad(-au) *m*. **~-bed** *n.* gwely(-au) (*m*) bocs, gwely cwpwrdd, gwely wensgod/wensgot. **~ camera** *n.* c|amera (camerâu) (*m*) bocs. **~-coat** *n. Cost:* côt (*f*) yrru (cotiau gyrru), côt gyrrwr. **~-file** *n.* blwch ffeilio, bocs ffeilio. **~-frame** *n.* ffrâm (*f*) focs (fframiau bocs). **~-flue** *n. Archeol:* ffliw (*f*) focs (ffliwiau bocs). **~ girder** *n.* trawst(-iau) (*m*) bocs. **~-iron** *n.* haearn (heyrn) (*m*) bocs. **~-joint** *n. Carp:* uniad(-au) (*m*) bocs. **~ junction** *n.* cyffordd (cyffyrdd) (*f*) sgwâr. **~-kite** *n.* barcutan(-au) (*mf*) bocs, barcut(-iaid) (*m*) bocs. **~ library** *n.* llyfrgell (*f*) flychau (llyfrgelloedd blychau). **~ number** *n.* rhif(-au) (*m*) bocs/blwch. **~-office** *n.* swyddfa (*f*) docynnau (swyddf|eydd tocynnau), bwth (bythau) (*m*) tocynnau; *Th:* **~-office plan,** cynllun (*m*) seddau; *F:* **this is ~-office,** mae hyn yn atyniad mawr; mae mynd mawr ar hyn; mae hyn yn gwerthu tocynnau; **a ~-office,** llwyddiant ysgubol/ariannol *m*. **~ pew** *n.* côr (corau) *m*, sedd gaeëdig (seddau caeëdig) *f*. **~-pleat** *n. Dressm:* pleten ddwbl (pletiau dwbl). **~-pleating** *vn.* pletio bocs, pletio dwbl. **~-room** *n.* ystafell (*f*) drugareddau (ystafelloedd trugareddau), ystafell gistiau (ystafelloedd cistiau). **~-scene** *n. Th:* golygfa (*f*) focs (golygf|eydd bocs). **~-score** *n.* tabl(-au) (*m*) sgoriau. **~-set** *n. Th:* set (*f*) focs (setiau bocs). **~-spanner** *n. Tls:* sbaner(-i) (*m*) bocs, *N: occ:* agoriad(-au) (*m*) bocs. **~-spring** *n.* sbring(-iau) (*mf*) bocs. **~-square** *n. Metalw:* sgwâr (*m*) bocs. **~ tortoise, ~ turtle** *n. Rept:* crwban(-od) cloriog *m*. **~ tricycle** *n.* treisicl(-au) (*m*) cludo. **~-wallah** *n.* pedler(-iaid) *m*. **~-wrench** *n.* = **box-spanner**.

box³ *v.t. (a)* rhoi/dodi (rhth) mewn blwch/bocs; **to ~ a horse,** rhoi ceffyl mewn côr; *(b)* **to ~ the compass,** *(i) Nau:* mynd trwy bwyntiau'r cwmpawd; *(ii) Fig:* dadlau mewn cylch; **to ~ (s.o.) in,** cau (rhn) i mewn, cau (ar rn), cyfyngu (ar rn), caethiwo (rhn); **to feel boxed in/up,** teimlo'n gaeth, *occ:* teimlo fel iâr dan badell; **to ~ off a room,** rhannu ystafell yn adrannau, palisio ystafell.

box⁴ *n.* **a ~ on the ear,** bonclust(-iau) *m*, clusten(-nau,-ni) *f*, cernod(-iau) *mf*, cefn (*m*) llaw, clewten (clewtiau) *f*, clewt(-iau) *m*, *N.W:* twll (*m*) clust.

box⁵ *v.t.&i.* **1.** *v.t.* **to ~ s.o.'s ears,** rhoi bonclust *&c* i rn, cernodio rhn, bonclustio rhn, clustio rhn, *N.W: occ:* clustochi rhn, *S.W: occ:* rhoi boncenen/bolsen i rn. **2.** *v.i. Sp:* paffio, bocsio.

boxberry *n. Bot:* = **checkerberry**.

boxboard *n.* bocsbord *m*.

boxcalf *n.* lledr (*m*) bocs.

boxcloth *n. Tex:* bocsliain *m*.

boxed *a.* mewn bocs/blwch; **~ in/up** *a.* mewn lle cyfyng.

boxer¹ *n.* paffiwr (paffwyr) *m*, bocsiwr (bocswyr) *m*. **B~ Rising (the)** *n. Hist:* Gwrthryfel (*m*) y Bocswyr.

boxer² *n.* **~ dog,** ci (cŵn) (*m*) bocser, bocser(-s) *m*.

boxfish *n. Ich:* = **trunkfish**.

boxful *n.* llond (*m*) bocs, llond blwch, bocsaid (bocseidiau) *m*, blychaid (blycheidiau) *m*.

boxhaul *v.t. Nau:* pwynt-hwylio.

boxing¹ *n.* = **box³**.

boxing² *n. (= box⁵ 2):* paffio, bocsio. **~-glove** *n.* maneg (*f*) baffio/focsio (menyg paffio/bocsio). **~-match** *n.* gornest (*f*) baffio/focsio (gornestau paffio/bocsio). **~-ring** *n.* ring (*f*) baffio/focsio (rings paffio/bocsio).

Boxing³ Day *n.* trannoeth (*m*) y Nadolig, Gŵyl (*f*) [San] Steffan.

boxthorn *n. Bot:* bocsddraenen (bocsddrain) *f*.

boxwood *n. Carp:* coed/pren (*m*) bocs; **~ mallet,** gordd (*f*) bren bocs (gyrdd pren bocs).

boy *n.m.* **1.** bachgen (bechgyn), *N:* hogyn (hogiau), *S:* crwt (cryts), crotyn (crotsach, crots), *M.W:* cog(-iau), llarp(-iau), *S.W: occ:* bachan crwn, rhocyn; *(= youth):* llencyn (llanciau), llanc(-iau), llefnyn (llafnau), *N.W: occ:* crymffast(-iau), hoglanc(-iau); **a little ~,** bachgen *&c* bach, bachgennyn *m*. *N: occ:* cwb: cwbyn (cybiau); **a Welsh ~,** bachgen o Gymro (bechgyn o Gymry), Cymro (Cymry) bach; **~ and girl romance, ~ meets girl romance,** rhamant dau gariad; **when I was a ~,** pan oeddwn i'n fachgen, *Lit:* pan oeddwn fachgen; **I used to go there when I was a ~,** yn fachgen arferwn fynd yno; **I have known him from a ~,** 'rwy'n ei adnabod ers pan oeddwn yn fachgen; **boys will be boys,** dyna natur bechgyn; rhai fel'na ydi hogiau; dyna fel y bydd plant; bechgyn, wyddoch chi; hogiau yntê; **the boys in blue,** *(= police):* bechgyn y gôt las; **you naughty ~!** y cenau bach! y cnaf bach! *S:* yr horswn bach! *N:* y mawrddrwg! (*usu. pronounced* mwrddrwg)! yr ellyll bach! **my**

white-headed ~! fy machgen gwyn i! *F: O:* **my dear ~,** fy machgen glân i; **(come here) my ~!** *N:* (tyrd yma) was, 'ngwas i! *S:* (dere 'ma) 'machgen i; **old ~!** yr hen ddyn! yr hen gyfaill! yr hen goes! yr hen frawd! **the old ~,** *(i) (= father):* yr hen ddyn; *(ii) (= boss):* y gaffer; **an old ~,** *(= old pupil):* cynddisgybl(-ion) *m*, hen ddisgybl(-ion); *F:* **he's one of the boys,** mae'n un o'r bois/hogiau; *F:* **it's jobs for the boys,** pwy wyt ti'n 'nabod ydi hi; *F: (= son):* mab (meibion); *S.a.* **barrow-boy. 2.** *(= servant):* gwas (gweision) *m*; **grocer's ~,** gwas groser; **delivery ~,** negeseuwr (negeseuwyr), bachgen negeseuon, bachgen/hogyn cario neges; *S.a.* **ball-boy, bully-boy, local boy, stable boy** *&c.* **3.** *int.* **oh ~!** bois bach! daro! 'rargian! iesgwn! go dda! dew! *&c*; **that's the ~! attaboy!** go dda! dal(-iwch) ati! hai ati! haf ati! **4.** *attrib.* **~ pianist,** pianydd ifanc, plentyn o bianydd; **~ scout,** sgowt(-iaid); **~ wonder,** bachgen rhyfeddol. **~'s love** *n. Bot:* = **southernwood. ~-friend** *n.* cariad(-on) *m*, *occ:* carmon (carmyn) *m*, *S: F:* sboner(-s) *m*.

boyar *n. Hist:* boiar(-iaid) *m*.

boycott[1] *n.* boicot(-iau) *m*.

boycott[2] *v.t.* boicotio.

boycotter *n.* boicotiwr (boicotwyr) *m*, boic|otwraig *f*.

boyhood *n.* bachgendod *m*.

boyish *a.* bachgennaidd, hogynnaidd, llencynnaidd.

boyishly *adv.* fel bachgen, yn fachgennaidd *&c.*

boyishness *n.* bachgeneiddiwch *m*, bachgen|eidd-dra *m*, hogyneiddiwch *m*, llencyneiddiwch *m*, natur fachgennaidd *f*, ffordd fachgennaidd *f*, dull bachgennaidd *m*.

boylike *a.* = **boyish.**

boysenberry *n. Bot:* mwyaren (mwyar) *(f)* Boysen.

bra *n. F:* = **brassière.**

brace[1] 1. *n. (a) Const: Tls: &c:* creffyn(-nau) *m*, gafaelfach(-au) *m*, craffrwym(-au) *m*, cwplws (cyplysau) *m*, rhwymyn(-nau) *m*; *(on door, wall):* cleddyf(-au) *m*; **cross-~,** cleddyf croes; *(b) Th:* brês (bresau) *m*; **French ~,** brês Ffrengig *m*; **stage ~,** brês llwyfan; **surgical ~,** haearn (heyrn) llawfeddygol *m*, haearn coes; **dental ~,** weiren *(f)* ddannedd (weiers dannedd), ffrâm *(f)* ddannedd (fframiau dannedd), sythwr (sythwyr) *(m)* dannedd. **2.** *n. (a) pl. Cost:* bresys (*sg.* bresen), *S:* galosis: glosiwns (*sg.* calos, galis, galws); *(b) Mus: (of drum):* rhwymyn(-nau) *m*, llinyn(-nau) *m*. **3.** *(= pair):* cwpl (cyplau) *m*, pâr (parau) *m*, dau (deuoedd) *m*; *S.a.* **shake[1]**. **4.** *Tls:* **~ and bit,** carn *(m)* tro ac ebill (carnau tro ac ebillion), acstro: ecstro(-eon) *mf*; *Metalw:* **wheel ~,** carn tro olwynion. **5.** *Nau:* dalraff(-au) *f*, rhaff *(f)* drimio (rhaffau trimio). **6.** *Mus: Typ:* cyplysnod(-au) *m*, cwplws (cyplysau) *m*, cyplyswr (cyplyswyr) *m*. **7.** *Veh: A. (= suspension straps):* strapen (strapiau) *f*. **~-chuck** *n. Tls:* crafanc *(f)* acstro (crafangau acstreuon). **~-hook** *n. Th:* bach(-au) *(m)* brês. **~-rail** *n. Th:* rheilen *(f)* frês (rheiliau brês).

brace[2] *v.t.* **1.** *Const: (= anchor):* angori (rhth); gosod (rhth) yn sownd/dyn[n]; clymu (rhth) yn dyn[n]; tynh|au, craffrwymo, creffynnu (rth); *Carp:* cleddyfu; *(= stretch):* estyn, tynhau; *(= strengthen):* cadarnh|au, cyfnerthu, atgyfnerthu, cryfh|au. **2.** *(body):* cryfhau, bywiogi, grymuso; **to ~ s.o. up,** cynnal breichiau rhn, rhoi nerth i rn; **to ~ oneself,** ymbarat|oi, ymwregysu, ymwroli, magu hyder, casglu nerth; *Fig:* **~ yourself for a shock,** bydd(-wch) yn barod am ysgytwad; *Fig:* **to ~ oneself, to ~ up (for bad news),** bod yn barod (i gael newydd drwg). **3.** *(drum):* tynhau; **to ~ the knees,** sythu'r garrau. **4.** *Mus:* cyplysnodi, cyplysu. **5.** *Nau:* **to ~ sails,** tynnu/symud/trimio hwyliau. **6.** *Th:* bresu. **7.** *Archery:* tynhau.

braced *a.* **1.** *Const:* gafaelfachog, craffrwymedig; *Carp:* cleddyfog. **2.** *Fig: (= prepared):* parod; **I was feeling very ~,** 'roeddwn wedi codi fy nghalon; 'roeddwn yn fwy calonnog.

bracelet *n.* **1.** breichled(-au,-i) *f*, breichrwy(-au) *mf*, breichdlws (breichdlysau) *m*. **2.** *pl. P:* = **handcuffs.**

bracer[1] *n. F:* diod(-ydd) *(f)* i godi'r galon, eli*(m)*'r galon, tonig(-au) *m*, cordial(-au) *m*.

bracer[2] *n. Archery:* breichrwym(-au) *m*, breichledr(-au) *m*, breichydd(-ion) *m*.

braceweight *n. Th:* pwysau *(m)* brês.

brachial *a. Anat:* breichiol.

brachiate[1] *a.* breichiog.

brachiate[2] *v.i.*, **brachiation** *n.* breichio.

brachiator *n.* breichiwr (breichwyr) *m*.

brachiopod *n. Moll:* br|aciopod (braciopodau) *m*.

brachiosaurus *n. Paleont:* br|aciosor (braciosoriaid) *m*, *breichfil(-od) *m*.

brachium *n. Z:* braich (breichiau) *f*.

brachycephalic *a.* byrben, pengrwn (*f*, pengron, *pl.* pengrynion) (*pronounced* ng-g).

brachylogy *n.* crynoder *m*.

brachyuran *a. & n.* **1.** *a.* byrlostog. **2.** *n.* byrlostog(-ion) *m&f*.

brachyurous *a.* cynffon gota, byrgwt, cynffonfyr, cynffon fer, cynffon bwt, byrlostog.

bracing[1] *a.* iachus, iachusol, cryfhaol, ffres, atgyfnerthol, adnewyddol.

bracing[2] *n.* **1.** *Const:* cadarnhad *m*, rhwymiad *m*, tynhad *m*, cryfhad *m*. **2.** *(of body &c):* cryfhad, atgyfnerthiad *m*. **3.** *Nau:* symudiad *m*, symud *vn*.

bracingly *adv.* yn iachus *&c.*

bracken *n.* rhedynen (rhedyn) *f*, rhedynen ungoes (*pronounced* ng-g). **~-bug** *n. Ent:* pryf(-ed) *(m)* rhedyn. **~ disease** *n. Vet:* clwy *(m)* rhedyn. **~-clock** *n. Ent:* = **chafer (garden).**

brackeny *a.* rhedynog.

bracket[1] *n.* **1.** *Arch:* ysgwydd(-au) *f*, gwar(-rau) *mf*, braced(-au, -i) *mf*, ysgwyddyn (ysgwyddau) *m*, ateg(-ion) *f*, cynhalbren (cynalbrennau) *m*. **2.** *(a) Typ:* bach(-au) *m*, cromfach(-au) *f*; **curly brackets,** bachau cyrliog; **square brackets,** bachau sgwâr/petryal; **to remove the brackets,** diddymu'r cromfachau. *(b) Artil: (in ranging):* pellter *m* (rhwng taniadau). **3.** *Adm:* **the low income ~,** y dosbarth *(m)* incwm isel. **~-fungus** *n. Fung: See* **fungus 1; blushing ~-fungus,** *(Daedaleopsis confragosa):* ysgwydd *(f)* helygen; **lacquered ~-fungus,** *(Ganoderma resinaceum):* carn(-au) gloyw *m*.

bracket[2] *v.t.* **1.** cyplysu, cysylltu, bracedu. **2.** *Artil:* anclu/sacthu o bob ochr (i rth), bracedu (rhth).

bracketed *a. Typ:* cromfachog, rhwng/mewn cromfachau.

brackish *a.* hallt, braidd yn hallt, helïaidd, halltaidd, halltog; *Geog:* **~ water,** dŵr lled hallt.

brackishness *n.* blas hallt *m*, halltrwydd *m*.

braconid wasp *n. Ent:* = **ichneumon-fly.**

bract *n. Bot:* blodeulen(-ni) *f*, bract(-iau,-au) *m*. **~-scale** *n. Bot:* cen(-nau) *(m)* bract.

bracteate *a. & n.* **1.** *a. Bot:* blodeulennog. **2.** *n. Archeol:* platen(-ni) *f*.

bracteole *n. Bot:* bracteolyn (bracteolion) *m*.

bracteolate *a. Bot:* bracteolog.

brad *n.* hoelen fain (hoelion main) *f*, hoelen foel (hoelion moel), hoelen lorio (hoelion llorio). **~ punch** *n.* pwnsh(-is) *(m)* hoelion.

bradawl *n. Tls:* mynawyd(-au) *m*, pegol(-au,-ion) *m*, *S.W: occ:* ebill(-ion) *m*.

bradshot *n.* = **braxy.**

bradycardia *n. Med:* bradycardia *m*, arafwch *(m)* y galon, hwyrguriad *(m)* y galon.

brae *n. Scot:* allt (elltydd) *f*, llethr(-au) *f*, llechwedd(-au) *f*.

brag[1] *n.* **1.** = **boast[1], boaster. 2.** *Cards:* brag *m*.

brag[2] = **boast[2].**

braggadocio *n.* = **boasting[2].**

braggart, bragger *n.* = **boaster.**

bragget *n.* bragod(-au) *m*.

bragging[1] *a.* = **boastful.**

bragging[2] *n.* = **boast[1],[2].**

brahma[1] *n. Orn: Husb:* bra[h]ma(-s,-od) *mf*.

Brahma[2] *a.* Bra[h]minaidd.

Brahman *Pr.n. Rel:* Bra[h]min(-iaid) *m&f*.

Brahmanical *a.* = **Brahma[2].**

Brahmanism *n.* Bra[h]miniaeth *f*.

brahmaputra *n. Orn: Husb:* bra[h]ma(-s,-od) *mf*.

brahmin[1] *n. Z:* bra[h]min(-iaid) *m*.

Brahmin[2] *Pr.n. Rel:* Bra[h]min(-iaid) *m&f*.

Brahminic[al] *a.* Bra[h]minaidd.

Brahminism *n.* Bra[h]miniaeth *f*.

braid[1] *n.* **1.** *(of hair):* plethen(-ni) *f*, pleth(-au,-i) *f*; *(= fillet):* ysnoden(-ni) *f*. **2.** *(a) Needlew:* plethwaith *m*, brêd *m*, bredwaith *m*, *S.W:* bredin *m*, *S.W: occ:* cadish(-au) *m*; *Needlew:* **ric-rac ~,** brêd ric-rac; **gold ~,** eddi *(pl)* aur, rhidens *(pl)* aur, eurwe *f*, aur cyfrodedd *m*. *(b) El.E:* cyfrodedd *m*; *(c) Sp:* rhuban(-au) *m*, ysnoden(-ni) *f*.

braid² *v.t.* **1.** *(hair):* plethu. **2.** *(uniform):* addurno (lifrai) ag eddi/bredwaith; bredio (lifrai). **3.** *El.E:* cyfrodeddu, plethu.
braided *a.* **1.** plethedig, plethog; *Geog:* ~ **river,** afon blethog/blethedig (afonydd plethog/plethedig) *f.* **2.** *Cost:* brediog, eddïog; **gold-~,** eurweog.
braider *n.* plethwr (plethwyr) *m,* pl|ethwraig *f,* cyfrodeddwr (cyfrodeddwyr) *m.*
braiding *n.* **1.** plethiad *m,* plethu *vn,* cyfrodeddu *vn.* **2.** = **braid¹ 2.**
brail¹ *n. Nau:* crychraff(-au) *f,* rhaff(-au) *(f)* halio. ~**-line** *n. Th:* lein(-iau) *(f)* halio.
brail² *v.t.* crychraffu, halio.
braille *n.* ***braille*** *m.*
brain¹ *n.* ymennydd (ymenyddiau) *m;* **brains** *n.pl.,* ymennydd; *F:* **to turn s.o.'s ~,** troi pen rhn, drysu rhn, *N.W: occ:* moedro/mwydro [pen] rhn; **to pick s.o.'s ~,** elwa ar wybodaeth rhn, pigo ymennydd rhn; **he has something on the ~,** mae yna ryw chwilen yn ei ben; **he has music on the ~,** mae miwsig ar ei feddwl byth a beunydd; mae wedi mopio'i ben ar fiwsig; *Cu:* **calves' brains,** pen *(m)* llo; **to blow s.o.'s brains out,** saethu pen rhn, saethu rhn yn ei ben; *F:* **the brains (of the country),** dysgedigion *pl,* deallusion *pl,* ysgolheigion *pl* (y wlad); **to cudgel/rack one's brains,** crafu'ch pen, meddwl yn galed; **a man of brains,** dyn peniog/deallus, dyn a phen ganddo; **he has brains,** mae ganddo ben da; mae'n hen ben; mae digon yn ei ben; mae pen da arno; **he's got no brains,** 'does ganddo ddim yn ei ben. ~**-child** *n. F:* dyfais (dyfeisiau, dyfeision) *f,* cynnyrch (cynhyrchion) *(m)* meddwl. ~**-coral** *n. Z:* cwrel troellog *m.* ~**-damage** *n.* niwed *(m)* i'r ymennydd. ~**-damaged** *a.* â niwed i'r ymennydd, wedi cael niwed i'r ymennydd. ~**-death** *n.* marwolaeth *(f)* yr ymennydd. ~**-drain** *n.* ymfudiad *(m)* ymennydd, mudo *(vn)* 'mennydd. ~**-fag** *n.* blinder *(m)* meddwl. ~**-fever** *n.* twymyn *(f)* y pen, llid *(m)* ymennydd, pendro *f.* ~**-fever bird** *n. Orn:* aderyn (adar) *(m)* y bendro, cog(-au) undonog *f.* ~**-fungus** *n. Fung:* y pengrych *m* *(pronounced* ng-g). **yellow ~-fungus,** ymenyn *(m)* yr eithin. ~**-pan** *n.* creuan(-au) *f,* penglog(-au) *f* *(pronounced* ng-g), padell (pedyll) *(f)* yr ymennydd. ~**-stem** *n.* coesyn *(m)* yr ymennydd. ~**-teaser** *n.* pos (posau) *m,* penbleth *fm,* cwestiwn (cwestiynau) dyrys *m.* ~**-town** *n. Geog:* tref(-i) *(f)* ymennydd. **brains trust** *n. U.S:* pwyllgor(-au) *(m)* pennau, pwyllgor peniog *m,* pwyllgor o wŷr doeth. ~**-twister** *n. See* **brain-teaser, brains trust** *n.* seiat (seiadau) *(f)* holi.
brain² *v.t.* hollti pen (rhn), bwrw ymennydd (rhn) allan, *S:* bwrw (rhn) yn fadfyw/fatfyw.
braincase *n.* penglog(-au) *f* *(pronounced* ng-g), creuan(-au) *f.*
brained *a.* **big-~,** ag ymennydd mawr, ymenyddfawr, peniog; **crack-~,** lloerig, gwallgof, hanner call; **feather-~, hare-~,** penchwiban, penwan, gwamal, hurt.
brainily *adv.* yn beniog *&c.*
braininess *n. F:* pen da *m,* deallusrwydd *m,* clyfrwch *m,* gallu meddyliol *m,* peniogrwydd *m.*
brainless *a.* penwan, twp, gwirion, hurt, disynnwyr, diymennydd, penwag, di-ben.
brainlessly *adv.* yn benwan *&c.*
brainlessness *n.* penwendid *m,* gwiriondeb *m,* twpdra *m,* hurtrwydd *m,* diffyg *(m)* ymennydd.
brainpower *n.* gallu meddyliol *m.*
brainsick *a.* dryslyd, hurt, gwallgof.
brainsickness *n.* dryswch *m,* hurtrwydd *m,* gwallgofrwydd *m,* pendro *f.*
brainstorm *n.* pwl (pyliau) *(m)* o wallgofrwydd, hwrdd (hyrddiau) *(f)* o wallgofrwydd.
brainstorming *n.* seiadu *vn,* trafod *(vn)* syniadau.
brainwash *v.t.* cyflyru, pwylldreisio; *F:* **she brainwashed me into coming,** fe'm gorfododd i ddod; **I brainwashed him into joining,** mi stwffiais i'w ben bod raid iddo ymuno.
brainwashed *a.* cyflyredig.
brainwashing *vn.* pwylldrais *m,* pwylldreisio, cyflyru.
brainwave *n.* syniad(-au) gwych *m,* gweledigaeth(-au) *f,* fflach(-iau,-iadau) *(f)* o weledigaeth, ysbrydoliaeth(-au) *f.*
brainy *a. F:* galluog, peniog, clyfar, a phen da gennych.
braise *v.t. Cu:* mudstiwio, brwysio.
braised *a.* brwysiedig.
braising *vn.* brwysio. ~ **steak** *n.* stecen i'w brwysio, *F:* bresin *mf.*
brake¹ *n. (= thicket):* prysglwyn(-i) *m,* dryslwyn(-i) *m,* drysni *m.*
brake² *n. Veh:* brâc(-s,-iau) *m,* brêc(-s,-iau) *m; Lit: Fig:* ffrwyn(-au) *f;* **hand-~,** brâc/brêc llaw; **foot-~,** brâc/brêc troed; **to put a ~ on s.o.,** rhoi ffrwyn ar rn, ffrwyno rhn, *occ:* dal ar rn; **to apply the ~, to put on the ~,** bracio, brecio, rhoi'r brâc/brêc, *occ:* dal arni; **to release the ~,** gollwng y brâc/brêc. ~**-band** *n.* strapen *(f)* fracio/frecio (strapiau bracio/brecio). ~**-block** *n.* bloc(-iau) *(m)* brâc/brêc. ~ **cylinder** *n.* silindr *(mf)* brâc/brêc (silindrau braciau/breciau). ~**-drum** *n.* drwm (drymiau) *(m)* brâc/brêc/bracio/brecio. ~ **fluid** *n.* hylif *(m)* braciau/breciau. ~ **handle** *n.* dwrn brâc/brêc (dyrnau braciau/breciau). ~ **horsepower** *n.* marchnerth *(m)* bracio/brecio. ~ **lever** *n.* lifer(-i) *(m)* brâc/brêc. ~ **light** *n.* golau (goleuadau) *(m)* bracio/brecio. ~ **lining** *n.* leinin *(m)* brâc/brêc (leinins braciau/breciau). ~ **parachute** *n.* p|arasiwt (parasiwtiau) *(m)* bracio/brecio. ~ **pedal** *n.* pedal *(m)* brâc/brêc (pedalau braciau/breciau). ~ **resistance** *n. Ph:* gwrthiant (gwrthiannau) *(m)* bracio/brecio. ~**-shoe** *n.* gwadn *(m)* brâc/brêc (gwadnau braciau/breciau). ~**-van** *n. Rail:* men *(f)* fracio/frecio (mennau bracio/brecio), fan(-iau) *(f)* giard. ~ **wheel** *n.* olwyn *(f)* fracio/frecio (olwynion bracio/brecio).
brake³ *v.t.&i.* arafu, *F:* bracio, brecio; *v.i. occ:* dal arni.
brake⁴ *n. Veh:* brêc (breciau) *fm; S.a.* **shooting-~.**
brake⁵ *n. Bot:* = **bracken.**
brake⁶ *n.* **1.** (= **hackle¹ 1**): heislan(-au) *f.* **2.** *Bak:* tylinwr (tylinwyr) *m.*
brake⁷ *v.t. (flax &c):* heislanu. ~**-harrow** *n. Agr:* og fawr (ogau mawrion) *f,* oged fawr (ogedau mawrion) *f.*
brakeman, brakesman *n. U.S:* braciwr (bracwyr) *m,* ffrwynwr (ffrwynwyr) *m.*
bramble *n.* **1.** *(bush):* miaren (mieri) *f,* drysïen (drysi) *f,* llwyn(-i) *(m)* mieri/drysi, coeden *(f)* fwyar duon (coed mwyar duon), llwyn mafon duon. **2.** *(berry):* mwyaren ddu (mwyar duon) *f, occ:* mafonen ddu (mafon duon) *f;* **horse-~,** drysïen y meirch (drysi'r meirch), marchfiaren (marchfieri) *f;* **mountain-~,** miaren y brenin (mieri'r brenin), mwyaren Berwyn, mwyaren doewan, mwyaren y ddaear; **stone-~,** corfwyaren (corfwyar) *f,* mwyaren y cerrig. ~ **brake** *n.* dryslwyn(-i) *m.* ~ **finch** *n. Orn:* = **brambling.** ~ **jelly** *n. Cu:* jam *(m)* mwyar duon. ~ **rose** *n. Bot:* drysïen bêr (drysi pêr).
brambling *n. Orn:* bronrhuddyn(-nod) *(m)* y mynydd, pinc(-od) *(m)* y mynydd; **the greater ~,** golfan(-od) *(f)* yr eira; **the lesser ~,** yr olfan leiaf (y golfanod lleiaf).
brambly *a.* mierog, drysïog, llawn mieri, llawn drysi.
bran *n. Mill:* eisin *(pl)* sil *(sing.* eisinyn sil), rhuddion *pl,* rhuchion *pl,* bran *m;* **fine ~,** blawd coch *m;* **full of ~,** eisinog, eisinllyd. ~**-mash** *n.* llith *(m)* eisin. ~**-pie,** ~**-tub** *n.* twb: twbyn (tybiau) *(m)* blawd llif.
branch¹ *n.* **1.** *(of tree):* cangen (cangau, canghennau) *f, occ:* cainc (ceinciau) *f,* brigyn (brigau) *m,* brigen (brigau) *f, S: occ:* colfen(-ni,-nau) *f, Lit:* brig(-au) *m.* **2.** *(a) (of mountain):* esgair (esgeiriau) *f,* braich (breichiau) *mf; (of river):* cainc, rhagnant (rhagnentydd) *f; (b) (of business, family, railway, society):* cangen; *(c) Mil:* adran(-nau) *f.* ~ **instruction** *n. Cmptr:* cyfarwyddyd (cyfarwyddiadau) *(m)* canghennu. ~ **librarian** *n.* llyfrgellydd (llyfrgellwyr) *(m)* cangen. ~ **library** *n.* cangen (canghennau) *(f)* o lyfrgell. ~ **line** *n. Rail:* llinell leol (llinellau lleol) *f,* lein leol (leins lleol) *f,* cangen leol (canghennau lleol). ~ **office** *n.* is-swyddfa (~-swyddf|eydd) *f,* swyddfa (swyddfeydd) adrannol *f.*
branch² *v.i.&t.* **1.** *v.i. (of plants):* **to ~ [forth],** canghennu, brigo, tyfu canghennau, ymganghennu; **to ~ [out],** ymganghennu, ymledu; *Cmptr:* canghennu; **to ~ out (into a new field),** ymestyn, ymledu, mentro, estyn allan (i faes newydd). **2.** *v.i. (of roads &c):* **to ~ [off, away],** fforchio. **3.** *v.t. El: (= connect):* cysylltu.
branched *a.* canghennog, brigog; *(road, river):* fforchog; *Biol:* ~ **terminals of the axon,** terfyniadau canghennog yr acson.
branchia *n.pl.* tegyll.
branchial *a.* tagellol.
branchiate *a.* tagellog.
branching¹ *a.* **1.** *(tree):* brigog, canghennog, ymganghennog, ceinciog. **2.** *(road):* fforchog, sy'n fforchio; ~ **blood-vessel,** pibell waed ymganghennog, pibell waed yn ymganghennu.
branching² **[off]** *vn. (of road, river):* fforchiad(-au) *m,* fforchogiad(-au) *m,* ymraniad(-au) *m; vn.* = **branch².**
branchiopod *n. Crust:* troetagellog(-ion) *m&f,* br|anciopod (branciopodau) *m&f.*

branchless *a.* digangen, difrigau, heb ganghennau/frigau.
branchlet *n.* brigyn (brigau) *m.*
branchy *a.* canghennog, ceinciog, brigog.
brand¹ *n.* **1.** *(= burning wood):* pentewyn(-ion) *m*, tewyn(-ion) *m*, ffagl(-au) *f*, ffaglen(-nau) *f*; **a ~ from the burning,** pentewyn o'r tân. **2.** *Poet: (= torch):* ffagl, tors (tyrs) *mf.* **3.** *(a) (= hot iron):* haearn (heyrn) (*m*) serio; *(b) (= mark):* ôl (olion) (*m*) llosgi, seriad(-au) *m*; *(c) Fig:* nod(-au) *mf*, gwarthnod(-au) *m*; **the ~ of Cain,** nod Cain. **4.** *Com: (a) (of goods):* math(-au) *m*, gwneuthuriad(-au) *m*, brand(-iau) *m*; *(b) F: (= sort):* math. **5.** *Poet: (= sword):* cleddyf(-au) *m*, cledd(-yfau) *m.* **6.** *Agr: (= blight):* deifiad *m*, rhwd *m.* **~ image** *n.* delwedd(-au) (*f*) gwneuthuriad, delwedd brand. **~-new** *a.* newydd sbon, *N: occ:* newydd sbon danlli grai, *S.W: occ:* newydd fflam.
brand² *v.t.* **1. to ~ sth with a hot iron,** serio rhth â haearn poeth, llosgnodi rhth. **2. to ~ sth on one's memory,** serio rhth ar eich cof. **3. to ~ s.o. with infamy,** gwarthnodi rhn; **to ~ a man a liar,** galw rhn yn gelwyddog/gelwyddgi, rhoi nod celwyddgi ar rn, cyhuddo rhn o fod yn gelwyddog, dynodi rhn yn gelwyddgi. **4.** *Com:* **to ~ goods,** dynodi/labelu nwyddau.
branded *a.* *(a) (with hot iron):* a seriwyd, wedi ei serio, seriedig, llosgnodedig, wedi ei losgnodi. *(b) Com:* **~ goods,** nwyddau dynodedig/nodedig, nwyddau ac enw iddynt; **~ petrol,** petrol arbennig.
brandied *a.* â blas brandi.
branding *n.* **1.** *vn.* = **brand²**, 1; seriad(-au) *m.* **2.** dynodiad(-au) *m.* **~-iron** *n.* haearn (heyrn) (*m*) serio.
brandish *v.t.* chwifio, cyhwfan, ysgwyd.
brandisher *n.* chwifiwr (chwifwyr) *m*, chw|ifwraig *f.*
brandling *n.* *Fish:* pryf(-ed) (*m*) y gwlith, mwydyn (mwydod) bach *m*, mwydyn y dom/domen.
brandy *n.* brandi(-s, brandïau) *m.* **~-ball** *n.* *Cu:* pelen (*f*) frandi (pelenni/peli brandi). **~-bottle** *n.* *Bot:* = **water-lily (yellow).** **~-butter** *n.* *Cu:* ymenyn (*m*) brandi. **~-snap** *n.* *Cu:* brathiad(-au) (*m*) brandi.
brank *n.* *Bot:* gwenith (*m*) yr hydd, gwenith y bwch.
branks *n.pl.* *Hist:* genfa (*f*) cecren (genfâu cecrennod).
brank-ursine *n.* *Bot:* = **bear's breech.**
branle *n.* *Mus:* *branle m.*
bran-new *a.* = **brand-new.**
branny *a.* eisinog, eisinllyd.
brant-goose *n.* *Orn:* = **brent-goose.**
brash¹ *n.* *Med:* dŵr poeth *m*, *S.W:* gloesigion *pl.*
brash² *n.* **1.** *(= chippings):* malurion *pl*, eisingraig *f* (*pronounced* ng-g), siwrwd *m*, siwtrws rwbel *pl.* **2.** *(= hedge refuse):* tocion *pl*, sg[r]wtsh *m.*
brash³ *v.t.* malurio.
brash⁴ *a.* hyf(-ion), hy(-fion), eofn, digywilydd, haerllug, wynebgaled, ymwthgar, hunandybus, cocynnaidd, *N.W:* powld, lartsh, *S:* ewn, gwraidd; **a ~ person,** *N:* cocyn(-nod) *m*, cocen(-nod) *f*, powldyn *m*, jarff(-od) *m*, jarffes(-au) *f.*
brashly *adv.* yn hyf *&c.*
brashness *n.* hyfdra *m*, digywil|ydd-dra *m*, wynebgaledwch *m.*
brass¹ *n.* **1.** pres *m*, *Lit:* efydd(-au) *m*; **a ~ piece, a piece of ~,** presyn *m*, darn(-au) (*m*) pres, *Lit: occ:* efyddyn(-nau) *m*; **a ~ plate,** plac(-iau) (*m*) pres; **a ~ rubbing,** rhwbiad(-au) (*m*) pres; *F:* **~ hat,** swyddog(-ion) milwrol *m*; *P:* **top ~,** *(i)* pwysigion *pl*, pobl (*f or pl*) o bwys; *(ii) Mil:* prif swyddogion *pl*; **~ pan,** efyddyn(-nau) *m*, llestr(-i) (*m*) pres, padell(-i, pedyll) (*f*) efydd, padell bres (padelli/pedyll pres); *F:* **without a ~ farthing,** heb ddimai goch y delyn, heb un badlen goch y delyn, *N: occ:* heb ddim un ffadan beni, *S:* heb glincen; **I don't care a ~ farthing,** nid wy'n hidio'r un ffuen; nid wy'n malio dim; nid wy'n malio botwm corn; *S.W:* sa i'n becso mo'r dam; **it's ~ monkey weather,** mae hi'n ddigon oer i sythu brain; mae hi'n ddigon oer i rewi cathod/llyffantod. **2.** *(a)* **to do the brasses,** glanhau'r [llestri] pres; *(b) usu.pl. Mec.E:* traul (*f*) bres (treuliau pres); *(c) Mus:* **the ~ [section],** yr adran (*f*) bres; *(d) (in church):* plac(-iau) (*m*) pres. **3.** *P: (= cash):* pres *m*, *N.W: occ:* mags *pl*; *Prov:* **where there's muck there's ~,** mae aur mewn baw; mewn baw mae hel arian. **4.** *P:* = **effrontery; (bold as) ~,** *N:* (mor ddigywilydd) â phen rhaw, â wagen gynta'r rŷn, â thalcen tarw, â thalcen tas. **5.** *P:* = **prostitute.** **6.** *attrib.* pres, *Lit:* efydd. **~-backed** *a.* cefn pres. **~ band** *n.* band(-iau) (*m*) pres, seindorf (*f*) bres (seindyrf pres). **~-faced** *a.* haerllug, digywilydd, eofn, wynebgaled, ag wyneb o bres, *S: F:* beiddgar, *N.W:* talgryf, *F:* powld, talog. **~ rags** *n.pl.* **1.** clytiau glanh|au. **2.** *P:* **to part ~ rags,** ffraeo, cweryla, ymwahanu; **they've parted ~ rags,** 'does dim Cymraeg rhyngddyn nhw. **~ tacks** *n.pl.* **let's get down to ~ tacks,** gadewch inni fynd at wraidd y mater; peidiwn â hel dail; dewch at y manylion; dewch at y busnes dan sylw. **~-work** *n.* gwaith (*m*) pres.
brass² *v.t.* **(I'm) brassed off,** ('rwyf) wedi diflasu, wedi hen alaru, *S:* wedi danto. **~ up** *v.i.* *P:* talu.
brassage *n.* tâl (taliadau) (*m*) bathu.
brassard *n.* breichrwym(-au) *m*, breichrwy(-au) *mf.*
brasserie *n.* bwyty (bwytai) (*m*) cwrw.
brasshead *a.* **~ nails,** hoelion pen pres.
brassica crops *n.pl.* *Geog:* cnydau bresych.
brassie *n.* *Golf:* brasi(-s) *m*, ffon (*f*) bres (ffyn pres).
brassière *n.* *Cost:* ***brassière(-s)*** *m*, bra(-s) *m*, *Lit:* bronglwm (bronglymau) *m* (*pronounced* ng-g).
brassily *adv.* yn gras, yn groch, yn aflafar.
brassiness *n.* **1.** *(of jewellery &c):* golwg (*f*) bres, coegwychder *m.* **2.** *(of music):* craster *m*, aflafaredd *m*, aflafarwch *m.* **3.** *(of manner):* haerllugrwydd *m*, ehofnder *m*, ehofndra *m.*
brassware *n.* llestri (*pl*) pres.
brassy *a.* **1.** *(a)* fel pres; *(colour, jewels &c):* fel pres, coegeuraidd; *(b) (music):* cras, aflafar; **2.** *(pers.):* digywilydd, eofn, haerllug, talog, wynebgaled, hy, hyf, *S:* ewn, *N:* powld, jarffaidd.
brat *n.* *usu.Pej.* crwt: crwtyn (crytiaid, crwtiaid, cryts) *m*, *Coll:* crytsach/crotsach *pl*, *N.W:* cenau (cenawon, cnafon) bach *m*, cnaf(-on) bach *m*, cythraul (cythreuliaid) bach *m*, ellyll(-on) bach *m.*
brattice *n.* *Min: S:* bradis(-iau) *m*, *S.W.*
bravado *n.* rhyfyg *m*, ymffrost gwag *m*, ymffrostio (*vn*) gwag, bocsach *m*, bost *f*, gwagymffrost *m*, gorchest *mf*, ymorchestu *vn*; **to do sth out of ~,** rhyfygu gwneud rhth, gwneud rhth o ran rhyfyg, gwneud rhth o ran gorchest.
brave¹ *a. & n.* **1.** *a.* *(a) (= courageous):* dewr, gwrol, glew, eofn; **none but the ~ deserves the fair,** dim ond y dewr a haedda'r dlos; *(b) A: & F: (= fine):* braf, gwych, campus, godidog, ardderchog, rhagorol, ysblennydd; *(c) Geog:* **~ West winds,** gwyntoedd grymus y Gorllewin. **2.** *n.* *(red Indian):* gwron(-iaid) *m*, rhyfelwr (rhyfelwyr) *m*; **Indian ~,** gwron coch (gwroniaid cochion), rhyfelwr coch (rhyfelwyr cochion), Indiad coch (Indiaid cochion) *m*; *F:* **chiefs without braves,** penaethiaid heb Indiaid.
brave² *v.t.* **to ~ s.o.,** herio rhn; **to ~ a danger,** herio/wynebu perygl; **to ~ it out,** dal yn wrol, dal eich tir, dal yn ddewr, ymwroli.
bravely *adv.* **1.** yn ddewr *&c.* **2.** *A: & F: (= finely):* yn braf, yn wych *&c.*
bravery *n.* **1.** dewrder *m*, gwroldeb *m*, glewder *m*, ehofnder *m*, ehofndra *m.* **2.** *A: & F: (= finery):* dillad gwych *pl*, gogoniant *m*, ysblander *m*, gwychder *m*, coethder *m*, brafri *m.*
bravo¹ *n.* bygylwr (bygylwyr) *m*, llofrudd(-ion) hur *m*, lleiddiad (lleiddiaid) (*m*) cyflog.
bravo² *int. & n.pl.* **1.** *int.* hwrê! gwych! go dda! clywch clywch! campus! da iawn! **2.** *n.pl.* cymeradwyaeth *f*, bonllef(-au) *f.*
bravura *n.* **1.** gorchestwaith *m*, brafwra(-s) *m.* **2.** *attrib.* **~ performance,** perfformiad(-au) (*m*) gorchestol/ymorchestol.
Brawdy *W.Pl.n.* Breudeth *m.*
brawl¹ *n.* ffrwgwd (ffrygydau) *m*, ysgarmes(-au,-oedd) *f*, ymladdfa (ymladdfe|ydd) *f*, *Lit:* ymrafael(-ion) *m*, *N.W:* cwffas[t] *f*, cwffio *vn*, ffrigwd *m*, *S.W: F:* uffern bach *m.*
brawl² *v.i.* **1.** *(= fight):* ymladd, dyrnu, *N:* cwffio, *S:* ffusto. **2.** *(= quarrel):* cega, ffraeo, cweryla, *Lit:* ymdderu, ymrafael, ymryson, cynhennu. **3.** *Lit: (of steam &c):* sisial, murmur.
brawler *n.* **1.** *(= fighter):* ymladdwr (ymladdwyr) *m*, *N:* cwffiwr(-s, cwffwyr) *m*, colbiwr(-s, colbwyr) *m*, *S:* ffustwr (ffustwyr) *m.* **2.** *(= quarreller):* ffraewr (ffraewyr) *m*, cwerylwr (cwerylwyr) *m*, *Lit:* ymdderwr (ymdderwyr) *m*, ymrysonwr (ymrysonwyr) *m*, ymrafael[i]wr (ymrafaelwyr) *f.*
brawling¹ *a.* **1.** *(pers.):* *(a) (= quarrelsome):* cwerylgar, cecrus, cegog, cynhennus, ffraegar, ymrysongar (*pronounced* ng-g), ymrafaelgar; *(b) (= aggressive):* ymladdgar, hoff o gwffio. **2.** *(stream):* sisialog, murmurog.
brawling² *vn.* **1.** = **brawl¹,²**. **2.** *(of stream):* murmur, sisial.
brawn *n.* **1.** *(= muscles):* cyhyrau *pl*, *Lit:* llywethau *pl*; (=

strength): nerth (*m*) bôn braich. **2.** *Cu:* caws (*m*) pen mochyn, cig (*m*) pen mochyn, baeddgig *m*, brôn *m*, cosyn (*m*) pen [mochyn].

brawnily *adv.* yn gyhyrog *&c.*

brawniness *n.* cyhyrogrwydd *m*, nerth (*m*) bôn braich.

brawny *a.* cyhyrog, cydnerth, nerthol, grymus; **a ~ man,** *N.W:* palat (*m*) o ddyn, *S.W:* whompyn/slashyn mawr; **a ~ woman,** pladres (*f*) o ferch, *S.W:* whompen/slashen fawr, cymanfa (*f*) o fenyw.

braxy *n.* *Vet:* clwy (*m*) dŵr, gwayw *m*, dŵr coch *m*, piso (*vn*) gwaed.

bray[1] *n.* **1.** *(of ass):* bref(-au) *f*, brefiad(-au) *m*, nâd (nadau) *f*, gweryriad(-au) *m*. **2.** *(of trumpet &c):* utganiad(-au) *m*. **3.** *Mus:* gwrach(-od,-ïod) *f*. **~ harp** *n.* *Mus:* telyn (*f*) wrach[ï]od (telynau gwrach[ï]od).

bray[2] *v.i.* **1.** *(of ass):* brefu, nadu, gweryru. **2.** *(of trumpet &c):* seinio, canu, utganu.

bray[3] *v.t.* *(= pound):* pwyo, curo, malu, malurio.

brayer *n.* rholer(-i) (*mf*) [g]wasgu.

braying[1] *a.* brefog, gweryrog, gweryrllyd.

braying[2] *vn.* = **bray**[1],[2].

braze *v.t.* sodro [â phres], presyddu, pres-sodro, bresio.

brazen[1] *a.* **1.** *(a) (of brass):* pres, o bres, *Lit: occ:* efyddol, efyddaidd; *(b) (= yellow):* melyn, lliw pres, *Lit:* efyddliw; *(c) (sound):* cras, aflafar, soniarus. **2.** *(= shameless):* **~-faced,** digywilydd, haerllug, eofn, hy(-fion), hyf(-ion), talog, talgryf, wynebgaled, *S:* ewn, *N:* powld.

brazen[2] *v.t.* **to ~ it out,** taeru'n ddigywilydd, taeru'r du'n wyn.

brazenly *adv.* yn ddigywilydd *&c.*

brazenness *n.* digywil|ydd-dra *m*, e[h]ofndra *m*, haerllugrwydd *m*, wynebgaledwch *m*.

brazier[1] *n.* *(= brass worker):* saer (seiri) (*m*) pres, gof(-aint) (*m*) pres.

brazier[2] *n.* *(= fire-pan):* padell (*f*) dân (pedyll tân), basged (*f*) dân (basgedi tân), pwced (*f*) dân (pwcedi tân).

braziery *n.* gwaith (gweithf|eydd) (*m*) pres.

Brazil *Pr.n.* *Geog:* Bras|il *f*. **~-nut** *n.* cneuen (cnau) (*f*) Brasil. **~-wood** *n.* coed (*m*) Brasil, pren (*m*) Brasil.

Brazilian *a. & n.* **1.** *a.* Brasilaidd, o Fras|il; **the ~ government,** llywodraeth Brasil; **she's ~,** Brasiliad yw hi; un o Frasil yw hi. **2.** *n.* Brasiliad (Brasiliaid) *m&f*.

brazing *n.* pres-sodrad *m*; *S.a.* **braze. ~-clamp** *n.* clamp(-iau) (*m*) presyddu. **~-hearth** *n.* aelwyd (*f*) bresyddu (aelwydydd presyddu). **~-metal** *n.* metel (*m*) presyddu. **~-spelter** *n.* sbelter(-i) (*m*) presyddu. **~-wire** *n.* weiren (*f*) bresyddu (weiers presyddu).

breach[1] *n.* **1.** *(of the law &c):* toriad(-au) *m*, torri *vn*, tor(-ion) *m*; **~ of the rules,** tor-rheolau; **~ of the law,** tor-cyfraith; **~ of duty,** esgeulustod *m*, esgeulustra *m*, tor-dyletswydd; **~ of faith,** tor-addewid(-ion); **~ of privilege,** tor-braint; **~ of the peace,** tor-heddwch, tarfiad (*m*) ar yr heddwch, tarfu (*vn*) ar yr heddwch; *S.a.* **affray, riot; ~ of promise,** tor-addewid(-ion) *m*, torri amod priodas; **~ of condition,** tor-amod(-au); **~ of contract,** tor-cytundeb(-au); **~ of trust,** tor-ymddiriedaeth(-au); **~ of warranty,** tor-warant(-au). **2.** *(of friendship):* rhwyg *f*, rhwygiad(-au) *m*, ymraniad(-au) *m*. **3.** *(= gap):* bwlch (bylchau) *m*, adwy(-au,-on) *f*, toriad(-au) *m*; **to stand in the ~,** sefyll yn y bwlch; **to step into the ~,** camu i'r bwlch/adwy; **to make a ~ (in sth),** bylchu, torri, rhwygo (rhth).

breach[2] *v.t.&i.* **1.** *v.t.* bylchu, torri, rhwygo (rhth); gwn|eud bwlch/adwy (yn rhth). **2.** *v.i.* *(a) (of embankment &c):* torri; *(b) (of whale):* llamu, neidio.

breached *a.* bylchog.

bread[1] *n.* bara *m*; **~ and beer,** bara a chwrw, *S.W: occ:* bara tablen; **~ and butter,** bara ymenyn, *F:* bara 'menyn; **[a slice of] ~ and butter,** *N:* brechdan(-au) *f*; sleisen (sleisiau) (*f*) o fara ymenyn, tafell(-au,-i) (*f*) o fara ymenyn, *S.W:* clwt (*m*), clem (*m*), tocyn (*m*), toc (*m*), sleisyn (sleisys) (*m*) (o fara 'menyn); *N.W: occ:* brechdan blaen (brechdanau plaen); *F:* **~ and butter letter,** llythyr(-au,-on) (*m*) diolch; **~ and butter pudding,** pwdin (*m*) bara ['menyn]; **~ and cheese,** bara a chaws, bara caws; **~ and butter miss,** geneth(-od) (*f*) ysgol; **to earn/make one's ~ and butter,** ennill eich bara 'menyn, ennill eich bara a chaws, ennill eich tamaid, ennill eich bywoliaeth, ennill eich cynhaliaeth, *S:* ennill eich toc, *N.W:* hel eich tamaid; **~ and milk,** *S:* bara [a] llaeth, *N:* bara [a] llefrith; **~ and buttermilk,** *S:* bara [a] llaeth enwyn, *N:* bara [a] llaeth; **to have one's ~ buttered on both sides,** ei chael hi bob ffordd, cael y gorau o ddau fyd; **to take the ~ out of s.o.'s mouth,** mynd â'r bara o enau rhn; mynd â thamaid rhn oddi arno, mynd â thamaid o geg rhn; **he knows which side his ~ is buttered,** fe ŵyr beth sy'n talu orau iddo; **to live on ~ and cheese,** byw ar fara a chaws, *Fig:* byw'n gynnil, byw'n ddarbodus, edrych yn llygad y geiniog; **~ in tea** *S:* bara te, *S.W: occ:* bara briwo, *S.E:* siencyn: sincyn (*m*) te, sop *m*; **~ in beer,** bara diod, *S.W:* bara cwrw, bara tablen, *S.E:* sincyn a chwrw; **~ and scrape,** bara 'menyn tenau; *Ecc:* **the ~ and wine,** y bara a'r gwin, yr elfennau *pl*; **the ~ of affliction,** bara cystudd, bara gofidiau, bara gofidus, bara ing; **the ~ of idleness,** bara seguryd; *B:* **the ~ of life,** bara'r bywyd; *Lit:* **~ of the angel throng,** bara angylion Duw; **~ of shelled oats,** bara rhynion; **~ of wheat and barley,** bara cymysg, bara siprys, bara tywyll, bara dau flawd, bara canthryg; **~ of wheat and barley with oats and barm,** bara surgeirch; **bakestone ~,** bara llech, bara maen, bara llechfaen, bara llechwan, *S.W:* bara planc, *S.E:* bara plwmbryd, bara plwmid, bara ar y mân; **badly-risen ~,** bara clatsh; **barley ~,** bara haidd, bara barlys, bara coch; **barley ~ on bakestone,** bara tenau; **black ~,** bara du; **bought ~,** bara prŷn, bara siop; *S.a.* **shop bread**; **bran ~,** bara rhuddion, bara meirch; **brown ~,** bara brown, bara coch, bara tywyll, bara canrhyg; **cake ~,** bara calan; **coarse ~,** = **brown bread**; **cocket ~,** bara manbaill; **currant ~,** bara cyrens/cyrains, *occ:* bara brith *(also = fruitcake)*; **daily ~,** bara beunyddiol; **dole ~,** bara rhan; **eucharist ~,** bara cymun, bara cyfraith, bara offeren, *S: occ:* bara winwd; **French ~,** bara Ffrengig, bara hir; **fresh ~,** bara newydd/ffres, bara heddiw; *(from the oven):* bara brwd, bara poeth, bara twym; **granary ~,** bara brown/coch/garw; **griddle ~,** bara planc, bara gradell, *M.W:* bara clwt; **heavy ~,** bara clatsh/clatshlyd, bara toeslyd; **home-baked ~,** bara cartref; **horse ~,** = **bran bread**; **household ~,** bara tŷ, *S:* bara tylwyth; **laver ~,** bara lawr, *occ:* bara lafwr/lafar; **leaven ~,** bara lefain/lefeinllyd; **malt ~,** bara brag; **maslin ~,** bara brithyd/amyd; **mixed cereal ~,** bara amyd; **oat ~,** bara ceirch; **rye ~,** bara rhyg; **ship's ~,** bara llongau, bisgeden galed (bisgedi caled); **shop ~,** bara siop, *N:* bara prŷn, *S: occ:* bara ffenestr; **stale ~,** bara hen, hen fara, bara henbob, bara ddoe, bara sych; **standard ~,** = **white bread**; **unleavened ~,** bara croyw/crai/cri/dilefain; **wheaten ~, wheatmeal ~,** bara gwenith, bara can, bara peilliaid; **white ~,** bara gwyn, bara can, bara gwenith, bara peilliaid; **wholemeal ~,** bara gwenith trwyddo, bara gwenith cyflawn; *S.a.* **gingerbread, shewbread, sowbread, sweetbread**; **a loaf of ~,** torth(-au) *f*; *(N.B.* bara *is often substituted for the rare pl.* torthau). **~-basket** *n.* **1.** basged (*f*) fara (basgedi bara), *occ:* cawell (cewyll) (*m*) bara. **2.** *F:* *(= belly):* cratsh (*m*) bara; *S.a.* **belly**. **~-bin** *n.* tun(-iau) (*m*) bara, bin(-iau) (*mf*) bara. **~-cutter** *n.* torrwr (torwyr) (*m*) bara. **~-knife** *n.* cyllell (*f*) fara (cyllyll bara), *N.W: occ:* twca(-od, twceiod) (*m*) bara. **~-making** *n.* pobi *vn*. **~-roll** *n.* rholyn (rholiau) (*m*) bara, rhôl (*f*) fara (rholiau bara), *occ:* cnap(-iau) *m*, cnepyn (cnapiau) *m*, *S.W: occ:* cwgen(-nod, cwgod) *f*. **~-ticket** *n.* tocyn(-nau) (*m*) bara. **~-winner** *n.* enillydd: enillwr (enillwyr) (*m*) cyflog, penteulu(-oedd) *m*.

bread[2] *v.t.* *U.S: Cu:* = **breadcrumb**[2].

breadboard *n.* *N:* bwrdd (byrddau) (*m*) bara, *S:* borden (*f*) fara (bordiau bara), *occ:* clawr (cloriau) (*m*) bara, planc(-iau) (*m*) bara, pren(-nau) (*m*) bara.

breadcrumb[1] *n.* briwsionyn (briwsion) (*m*) bara.

breadcrumb[2] *v.t.* *Cu:* taenu briwsion (ar rth).

breadfruit *n.* *Bot:* ffrwyth(-au) (*m*) bara. **~ tree** *n.* *Bot:* pren(-nau) (*m*) bara, coeden (*f*) fara (coed bara).

breadline *n.* *N:* ciw(-iau) (*m*) bara, *S:* cwt (*f*) fara (cwtau bara); **to be on the ~,** byw mewn tlodi, byw ar y gwynt.

breadstuffs *n.pl.* **1.** = **flour**[1]. **2.** = **bread**[1].

breadth *n.* **1.** lled(-au) *m*, *occ:* trwch *m*; **to a hair's ~,** o fewn trwch blewyn, o fewn trwch asgell gwybedyn, i'r dim, yn union; **three feet in ~,** tair troedfedd o led; **finger's ~,** lled bys, bysfedd(-i) *f*; *S.a.* **length 1. 2.** *(of mind &c):* ehangder *m*; **to gain greater ~ of vision,** lledu'ch gorwelion, estyn eich gorwelion, ehangu'ch bryd.

breadthways, breadthwise *adv.* o led, o ran lled, ar draws, ar ei draws.

break¹ *n.* **1.** *(a) (= fracture):* toriad(-au) *m*; *(b) (= gap):* bwlch (bylchau) *m*, toriad, *occ:* tor(-ion) *m*; **without a ~,** yn ddi-fwlch, yn ddi-dor; *(c) (= gap in hedge &c):* adwy(-au,-on) *f*; *(d)* **~ in the voice,** *(i) (from emotion):* crygni *m*, toriad; *(ii) (at puberty):* toriad llais, newid *(m)* llais; *(e)* **a ~ in a journey,** saib (seibiau) *m*, egwyl(-ion) *f*, seibiant (seibiannau) *m*, hoe fach *f*, *F:* pum munud *m*, *S. W:* whe fach *f*; **to take a ~,** cael seibiant *&c*; *(f) El.E:* **a ~ in the circuit,** toriad mewn cylched; *W.Tel: T.V:* **~ in transmission,** bwlch [mewn] teledïad/darllediad; *(g)* **a ~ in the weather,** newid *(m)* tywydd; *(h)* **a ~ (between two friends),** rhwyg *(f)*, rhwygiad *(m)* (rhwng dau gyfaill); *(i) Cr: &c: (= deviation):* gwyriad(-au) *m*; **leg ~,** gwyriad i'r chwith; **off ~,** gwyriad draw; *(j) F:* **to make a bad ~,** *(= blunder):* rhoi'ch troed ynddi, cael caff gwag, rhoi/cymryd cam gwag; *(k) Geog:* **~ of slope,** toriad llethr; *(l) Cmptr:* toriad; **~ key,** torrwr (torwyr) *m*. **2.** *(a) (= pause):* saib, seibiant, egwyl, *F:* sbel(-iau) *f*, hoe fach, *S. W:* whe fach; *N. W: Min: occ:* caniad *m*; **coffee-~,** adeg(-au) *(f)* coffi, amser(-au,-oedd) *(m)* coffi; **tea-~,** adeg/amser 'paned; *(for a smoke): S: occ:* sbel *(f)* fwgyn (sbeliau mwgyn); *(b) Sch:* amser *(m)* chwarae. **3. ~ of day,** toriad dydd, gwawr *f*, y bore glas *m*, glasiad *(m)* y dydd, *occ:* clais *(m)* y dydd; **at ~ of day,** gyda'r wawr, ar doriad [y] dydd, yn y bore glas, ar lasiad [y] dydd, *occ:* ar ei glasiad hi. **4.** *Bill:* cyfres(-i) *f*, dilyniant (dilyniannau) *m*. **5.** *F: (= luck):* **a lucky ~,** tro(-eon) lwcus *m*, lwc annisgwyl *f*, cyfle(-oedd) lwcus *m*, siawns lwcus *f*; **give me a ~,** rho(-wch) gyfle imi; **a bad ~,** anlwc *fm*. **6. to make a ~ for it,** ceisio dianc, rhedeg ymaith, cymryd y goes, ei heglu hi.

break² *v.t.&i.* I. *v.t.* **1.** *(a)* torri, *Lit:* dryllio; *(glass, china, toy, machine):* torri, malu; **to ~ one's arm,** torri'ch braich; **to ~ one's neck,** torri llinyn eich gwegil, torri corn eich gwddf, torri'ch corn gwddf; **to ~ s.o.'s neck,** rhoi tro yng nghorn gwddf rhn, *Lit: occ:* torfynyglu rhn; **(to ~ sth) in[to] pieces/bits,** (torri/malu rhth) yn deilchion, yn ddarnau mân, yn yfflon, *N:* yn dipiau mân, yn dipiau ulw, yn glatsh, yn ulw mân, yn usw mân, *S:* yn siwps, *S. W:* yn sgythion, (briwo rhth) yn yfflon, *Lit:* dryllio/ darnio rhth; **to ~ the sound barrier,** bylchu'r mur/gwahanfur sain; **to ~ bread with s.o.,** torri bara gyda rhn; **to ~ the enemy's lines,** bylchu rhengoedd y gelyn, treiddio/torri trwy rengoedd y gelyn; **to ~ the skin,** torri'r croen; **to ~ new ground,** agor cwys newydd, torri tir newydd, braenaru tir, troi'r gwys cyntaf, torri'r garw; *Cr:* **to ~ the wicket,** torri'r wiced; *(b)* **to ~ [up] a set of sth,** chwalu/torri set o rth; *(c) El:* torri; *(d)* **to ~ step,** torri camau; **to ~ a charm,** torri hud; **to ~ the silence,** torri ar y distawrwydd, torri'r distawrwydd; **to ~ the ice,** torri'r garw, torri'r ias, *M. W:* torri'r awch; **to ~ the back of a task,** torri [asgwrn] cefn gwaith, *occ:* ei chefnu hi; **to ~ one's fast,** torri ympryd; **to ~ one's journey,** torri'ch taith; *abs.* **to ~ even,** talu'ch costau, adennill eich costau, cwrdd â'ch costau, bod heb ennill na cholli, cadw'ch pen uwchlaw'r dŵr. **2.** *(= detach):* **to ~ a branch from a tree,** torri/tynnu cangen oddi ar goeden. **3. to ~ s.o. of a bad habit,** cael gwared â chast drwg rhn, gwaredu rhn o gast drwg, diddyfnu rhn o gast drwg. **4.** *(a)* **to ~ a way,** torri/ agor ffordd; *(b)* **to ~ gaol,** dianc o garchar; *Mil: occ:* **to ~ bounds,** mynd dros derfynau. **5. to ~ one's heart,** torri'ch calon, digalonni, gwangalonni *(pronounced* ng-g); **to ~ s.o.'s heart,** torri calon rhn; **to ~ s.o.'s spirit,** torri ysbryd rhn, torri crib rhn, gwangalonni rhn; **to ~ [down] s.o.'s resistance,** gwn|eud i rn ildio, torri gwrthwynebiad rhn; **to ~ s.o. into a type of work,** cyfarwyddo rhn â gwaith, hyfforddi rhn mewn gwaith, rhoi rhn ar ben ffordd mewn gwaith; *Equit:* **to ~ a horse,** dofi ceffyl, torri ceffyl i mewn, torri ceffyl i lawr, *N: occ:* dal ceffyl, *N. W: occ:* iwsio ceffyl, *Lit:* hyweddu ceffyl. **6.** *(a)* **to ~ a fall,** torri/ clustogi cwymp; **to ~ a blow,** lleddfu/lliniaru ergyd; *(b)* **to ~ the news gently to s.o.,** dweud/torri newydd yn ofalus wrth rn. **7.** *(a)* **to ~ s.o.,** *(i) (of loss, grief, illness, age &c):* torri/ysigo rhn; *(ii) (socially &c):* difetha/dinistrio/distrywio rhn; **to ~ the bank,** torri'r banc; *(b) Mil: (= downgrade):* diraddio. **8.** *(a) (law):* torri; **to ~ the peace,** torri'r heddwch, aflonyddu/tarfu ar yr heddwch; **to ~ one's word/promise,** torri'ch gair, torri'ch addewid, torri amod; **to ~ an appointment,** torri cyhoeddiad/ oed. **9.** *Nau:* **to ~ a flag,** cyhwfan baner. II. *v.i.* **1.** *(a) (of limb, wave, bubble &c):* torri; *(of glass, toy, machine):* torri, malu, *Lit: occ:* dryllio; **the clouds are breaking,** mae'r cymylau'n chwalu; *(b) (of troops, crowd):* ymwahanu, torri. **2.** *(a) (of heart, health):* torri; *(of weather):* newid, torri; *(i) (= get better):* gwella; *(ii) (= get worse):* gwaethygu; *(of heatwave):* torri, peidio, darfod, dod i ben; **the frost has broken,** *N:* mae hi'n meirioli; mae hi'n dadmer; *S:* mae hi'n dadleth; *(b)* **their spirit did not ~,** nid ildiasant ddim; nid ysigwyd mo'u hysbryd; ni thorrodd eu hysbryd; **his voice is starting to ~,** mae ei lais ar dorri; mae ei lais yn newid; **his voice broke with emotion,** torrodd/crygodd ei lais dan bwysau teimlad. **3.** *(of business):* torri, methu, *Lit: occ:* methdalu; **the business broke,** *F:* aeth yr hwch drwy'r siop; aeth y busnes i'r gwellt/clawdd/wal. **4. to ~ with s.o.,** torri cysylltiad â rhn, rhoi'r gorau i rn; **to ~ with tradition,** ymwrthod â thraddodiad, torri traddodiad, rhoi'r gorau i draddodiad, cefnu ar draddodiad. **5.** *(a)* **to ~ into a house,** torri i mewn i dŷ, *occ:* torri tŷ; *(b)* **to ~ [out] into a laugh,** dechrau chwerthin; **to ~ out into sobs,** dechrau igian wylo, dechrau beichio crio; **her face broke into a smile,** ymledodd gwên ar draws ei hwyneb; **to ~ into a trot,** dechrau tuthio/ trotian, codi tuth/trot; **to ~ into a run,** dechrau rhedeg. **6.** *(a)* **to ~ out [of prison],** dianc [o garchar]; *(b)* **a cry broke from his lips,** daeth cri/ebychiad o'i wefusau; *(c) (of ideas &c):* **an idea broke in upon me,** gwawriodd syniad arnaf; *(d)* **day was breaking,** 'roedd hi'n gwawrio; *(e)* **the storm broke,** torrodd y storm; *(f) Journ:* **the story broke,** datgelwyd/cyhoeddwyd y stori; daeth y stori i'r amlwg; *N: F:* daeth y stori i'r fei; *S: F:* daeth y stori ar glawr. **7.** *Sp:* **the ball breaks,** mae'r bêl yn torri/ gwyro; mae'r bêl yn mynd ar ŵyr; mae'r bêl yn mynd yn gam; *Box:* torri, ymwahanu; *int:* torrwch! **~ away 1.** *v.t.* *(a) (= detach):* torri/tynnu (rhth) oddi ar rth. **2.** *v.i.* *(of pers.):* cilio, encilio, ymwahanu **(from sth,** oddi wrth rth); mynd ar wahân (i rth); cefnu (ar rth); *(of prisoner):* dianc (oddi wrth rth); *Box:* **to make fighters ~ [away],** gwahanu dau baffiwr; *int:* torrwch! *(b) Mil: (of troops):* torri rhengoedd. **~-away** *n. & attrib.* = **breakaway. ~ down 1.** *v.t.* *(a) (= wall):* bylchu, chwalu, dymchwel (rhth); torri (rhth) i lawr; **to ~ down a door,** torri drws i lawr, malu drws; *(bridge):* ysigo; *(statistics):* dadansoddi; **to ~ down all opposition,** torri/curo/goresgyn/ trechu pob gwrthwynebiad; **to ~ down a substance,** *(i) (= grind):* malurio/chwilfriwio/pwyo sylwedd; *(ii) Ch:* dadelfennu sylwedd. **2.** *v.i.* *(a) (of health):* torri, torri i lawr; *(of the mind):* torri i lawr, drysu; *(of plan &c):* methu [mynd ymlaen], mynd i'r gwellt; *(of bridge):* ysigo, ildio [dan bwysau], torri; *(b) (of pers.): (i) (in speech):* methu mynd ymlaen, torri i lawr; *F:* **I broke down,** fe aeth hi'n nos arnaf; *(ii) (from emotion):* beichio wylo, igian wylo, torri i lawr; *(iii) (from overwork):* torri i lawr; *(c) (of car, machine &c):* torri [i lawr], gwrthod mynd, gwrthod gweithio, stopio, methu mynd, peidio gweithio, *S:* pallu gweithio, *N:* nogio, cau â mynd. **~ in 1.** *v.t.* *(a) (door, cask &c):* torri, malu; **to ~ in a horse,** dofi ceffyl, torri ceffyl i mewn *or* i lawr, *Lit:* hyweddu ceffyl; **to ~ in a pair of shoes,** ystwytho esgidiau; **to ~ in a pipe,** caledu pibell/ cetyn; **to ~ oneself in (to sth),** dod i arfer, ymarfer, dod i ddygymod, ymgynefino, ymgyfarwyddo, dod yn gyfarwydd/ gynefin (â rhth). **2.** *v.i.* *(of roof &c):* torri, cwympo, syrthio, ysigo. **3.** *v.i.* *(a)* **to ~ in upon s.o.,** torri ar draws rhn, tarfu ar rn; **to ~ in upon a conversation,** ymyrryd mewn sgwrs, torri ar draws sgwrs, rhoi'ch pig i mewn i sgwrs; *abs.* **to ~ in,** ymyrryd, siarad ar draws; **"that's a lie!" he broke in,** "celwydd!" meddai ar draws y sgwrs; *(b)* **to ~ in[to] a house,** torri i mewn i dŷ. **~ loose** *v.i.* **1.** *(of prisoner, ship):* ymryddh|au, dod yn rhydd, torri'n rhydd **(from sth,** oddi wrth rth); *(of dog &c):* torri cadwyn, torri tennyn *&c.* **2. his fury broke loose,** gwylltiodd yn lân; ffrwydrodd ei lid; torrodd ei lid allan. **~ off 1.** *v.t.* *(a)* torri **(sth from sth,** rhth oddi ar rth), torri (rhth) ymaith; *(b) (= stop work &c):* peidio (â gweithio *&c*), rhoi'r gorau (i weithio *&c*); **to ~ off negotiations,** rhoi'r gorau i drafodaethau, torri trafodaeth; **the engagement is broken off,** torrwyd y dyweddïad. **2.** *v.i.* *(a)* torri (oddi ar rth); *(b) abs:* **to ~ off for ten minutes,** cymryd saib deng munud, cymryd hoe fach am ddeng munud, *occ:* torri am ddeng munud; **to ~ off talking,** rhoi'r gorau i siarad, peidio â siarad; *(c)* **to ~ off with s.o.,** torri cysylltiad â rhn. **~ open 1.** *v.t.* **to ~ sth open,** agor rhth gan ei dorri, malu/torri (rhth) [i'w agor]. **2.** *v.i.* torri ac agor. **~ out** *v.i.* **1.** *(a) (of war, fire, disease):* cychwyn, *N:* torri allan, *S:* torri mas; *(b)* **his face broke out in pimples,** *N:* aeth ei wyneb yn blorod drosto; daeth plorod dros ei wyneb i gyd; *N:* torrodd plorod allan dros ei wyneb; *S:* torrodd tosau mas ar ei wyneb; **to ~ out into a sweat,** mynd yn foddfa o chwys, mynd yn chwys domen. **2.** *(a) (= escape):* dianc, diengyd, *N:* torri allan, *S:* torri mas; *(b)* **to ~ out into excesses,** ymr|oi i ofera, dechrau ofera, mynd yn rhemp, mynd dros ben llestri. **3.** *(= exclaim):* ebychu. **~ through** *v.t.* **to ~ through a barrier,** *abs.* **to ~ through,** torri trwy rwystr, torri drwodd; *Fig:* trechu/goresgyn rhwystr; **to ~ through a wall,** bylchu mur, torri twll trwy fur, torri twll mewn mur; *Mil:* **to ~ through enemy lines,** bylchu rhengoedd y gelyn, treiddio/ymwthio trwy rengoedd y gelyn; **the sun broke through the clouds,** torrodd/tywynnodd yr haul trwy'r cymylau. **~ up 1.** *v.t.* malu/torri (rhth) yn ddarnau/deilchion/ yfflon &c; *See* **bit**[2]; *(building &c):* chwalu, dymchwel, dryllio; *(ground):* torri, palu, troi, *occ:* cochi; *Ch: (substance):* dadelfennu; *(property):* rhannu, dosbarthu, dosrannu; *(empire &c):* datgymalu, chwalu; *(crowd &c):* gwasgaru, chwalu; *(conference &c):* terfynu (rhth), rhoi pen (ar rth), rhoi terfyn (ar rth); *(coalition &c):* torri, chwalu, rhwygo, hollti; **the country was broken up into factions,** 'roedd y wlad yn rhanedig; 'roedd y wlad yn garfanau; **to ~ up a fight,** rhoi terfyn ar ymladdfa, gwahanu ymladdwyr; *F:* **~ it up!** rhowch y gorau iddi! dyna ddigon! **to ~ up a home,** torri/chwalu cartref; *P:* **that's right, ~ up the happy home!** dyna chi, malwch bopeth! **to ~ up an opponent's game,** taflu chwaraewr oddi ar ei echel. **2.** *v.i.* *(a) (of building, ship &c):* torri, chwalu, ymchwalu, cwympo, syrthio'n dipiau/ddarnau mân &c, *Lit: occ:* dryllio, ymddatod, ymddryllio; *(of empire &c):* ymrannu, chwalu, ymchwalu; *(of marriage &c):* torri, chwalu, dadfeilio; *(of crowd &c):* ymwasgaru, mynd ar chwâl, ymwahanu, ymrannu; *(of road surface &c):* torri, chwalu, malu, mynd yn dyllau, dirywio; *F:* **he's beginning to ~ up,** mae'n dechrau torri; *N: F:* mae'n dechrau mynd ar ei hen sodlau; *S. W: occ:* mae'n diharpo; *(b) (of school):* dod i ben tymor, diweddu, gorffen, torri, cychwyn gwyliau, *S:* cwpla; **we ~ up on the fourth,** mae hi'n ben tymor ar y pedwerydd; *(c) (of weather):* torri, newid er gwaeth, gwaethygu, dirywio. **~-crop** *n.* cnwd (cnydau) *(m)* torri. **~-dance** *n.* breg-ddawns(-iau) *f.* **~-dancer** *n.* breg-ddawnsiwr (~-ddawnswyr) *m*, breg-dd|awnswraig (~-ddawnswragedd) *f.* **~-dancing** *vn.* breg-ddawnsio. **~-line** *n.* *Typ:* llinell fer (llinellau byrion) *f*, llinell dorri (llinellau torri). **~-out** *n.* dihangfa (diangfâu, diangf|eydd) *f*; **there has been a ~-out from Walton,** mae rhywun wedi dianc o Walton. **~-point** *n.* torbwynt(-iau) *m.*

break[3] *n. Veh:* brêc (breciau) *mf.*

breakable *a. & n.pl.* **1.** *a.* bregus, toradwy. **2.** *n.pl.* **breakables,** pethau bregus.

breakage *n.* toriad(-au) *m*, drylliad(-au) *m*, torri *vn*, dryllio *vn*; **all breakages must be paid for,** rhaid talu am bopeth a dorrir.

breakaway *n. & attrib.* **1.** *n.* enciliad(-au) *m*, datgysylltiad(-au) *m*, ymwahaniad(-au) *m*, gwrthgiliad(-au) *m*; *S.a.* **break away**[2]; **2.** *attrib.* enciliol, enciliedig, wedi encilio, wedi ymwahanu, wedi torri'n rhydd; **a ~ party,** plaid a dorrodd yn rhydd; **a ~ church,** *F:* capel *(m)* sblit.

breakdown *n.* **1.** *(a) (= failure):* methiant (methiannau) *m*, anghaffael *mf*, aflwydd(-au,-ion) *m*, anallu *(m)* i fynd ymlaen, pall(-iadau) *m*, toriad(-au) *m*; **a ~ in talks,** toriad mewn trafodaethau, pall ar drafodaethau; *(b) (= analysis):* dadansoddiad(-au) *m*; **~ of marriage,** chwalu *(vn)* priodas, chwalfa *(f)* priodas, chwalfa briodasol. **2. ~ in health,** gwaeledd(-au) *m*; **nervous ~,** gwaeledd nerfol, chwalfa nerfol; **he had a nervous ~,** torrodd/chwalodd ei nerfau. **3.** *Aut: Nau: &c:* toriad *(m)* i lawr, anghaffael, aflwydd, torri [i lawr]; **my car had a ~,** fe fethodd fy nghar; fe gafodd fy nghar ryw aflwydd/ anghaffael; fe dorrodd fy nghar [i lawr]; *F:* fe nogiodd fy nghar; **4.** *Biol:* ymddatodiad *m*; **metabolic ~,** ymddatod *(vn)* metabolaidd. **~ gang** *n.* criw(-iau) *(m)* damweiniau. **~ lorry** *n.* lori *(f)* ddamweiniau (loriau damweiniau). **~ van** *n.* fan *(f)* ddamweiniau (faniau damweiniau).

breaker *n.* **1.** *(pers.):* torrwr (torwyr) *m*, t|orwraig *f*, malwr (malwyr) *m*, m|alwraig *f*, drylliwr (dryllwyr) *m*, dr|yllwraig *f*; *(b) (of horses):* dofwr (dofwyr) *m*, torrwr, *F:* joci(-s) *m*; *(c) (of law):* torrwr; *S.a.* **lawbreaker**. **2.** *(machine):* torrwr, malwr, melin(-au) *f*; *(of flax):* heislan(-od) *f.* **3.** *Nau:* moryn(-nau) *m*, *occ:* caseg *(f)* fôr (cesyg môr), caseg wen (cesyg gwynion), *Lit:* gwaneg (gwenyg) *f*, beiston(-nau) *f*, *A: or Lit:* toniar (tonieri) *f*; **breakers ahead!** môr garw! tonnau'n torri!

breakfast[1] *n.* brecwast(-au) *m*, *Lit: occ:* boreubryd(-au) *m*, boreufwyd *m.* **continental ~,** brecwast Ffrengig; **wedding ~,** neithior(-au) *f*, gwledd *(f)* briodas (gwleddoedd priodas); **to have/eat one's ~,** brecwasta, brecwesta, bwyta'ch brecwast, cael eich brecwast. **~ food** *n.* boreufwyd.

breakfast[2] *v.i.* brecwasta, brecwesta, bwyta'ch brecwast, cael [eich] brecwast.

breaking[1] *a.* sy'n torri; **her ~ heart,** ei chalon ysig; **back-~,** llafurus; *S.a.* **heart-breaking**.

breaking[2] *vn.* toriad(-au) *m*, torri. **~-point** *n.* torbwynt(-iau) *m*; **at ~-point,** ar fin torri, ar ben eich tennyn; **to reach one's ~-point,** cyrraedd pen eich tennyn.

breakneck *a. (path):* serth, pendramwnwgl; *(speed):* pendramwnwgl; **to go at ~ speed,** mynd fel cath i gythraul, mynd fel mellten, taranu mynd; *(of runner):* mynd nerth ei draed; *(of horse):* mynd nerth ei garnau; *(of car &c):* mynd nerth ei olwynion.

breakup *n.* **1.** *(of empire &c):* chwalfa (chwalf|eydd) *f*, ymddatodiad(-au) *m*, ymraniad(-au) *m*, dadfeiliad(-au) *m*; *(of assembly, crowd):* ymwahaniad(-au) *m*, ymraniad, ymwasgariad(- au) *m*; *(of health):* dirywiad *m*, toriad *m*; *(of ship):* drylliad(-au) *m*, ymddryllio *vn.* **2.** *Sch:* pentymor (pentymhorau) *m.* **3.** *(of weather):* toriad, dirywiad, gwaethygiad *m*, newid *(m)* er gwaeth. **4.** *Th:* darn(-au) *(m)* chwâl.

breakwater *n.* morglawdd (morgloddiau) *m*, morwal(-iau) *f*; *(of bridge &c):* torddwr (torddyfroedd) *m.*

bream[1] *n. Ich:* **1. common/bronze/carp ~,** *(Abramis brama):* merfog(-iaid) *m*, brêm (bremiaid) *m*; **white/silver/winter ~,** *(Blicca bjoerkna):* merfog gwyn; **goat ~,** *(Diplodus sargus):* sar(-iaid) *m.* **2. [common] sea ~,** *(Pagellus centrodontus):* merfog môr, gwrachen(-nod, gwrachod) *f*; **black sea-~,** *(Spondyliosoma cantharus):* merfog du, gwrachen ddu (gwrachod duon); **Couch's sea-~,** *(Sparus pagrus):* merfog Couch; **long-finned sea-~,** *(Taractes longipinnis):* merfog asgell hir; **Ray's sea-~,** *(Broma raii):* merfog môr du, merfog Ray; **red sea-~,** *(P. bogaraves):* merfog coch; **Spanish sea-~,** *(P. acarne):* merfog Sbaen. **3.** *U.S:* = **sunfish**.

bream[2] *v.t. Nau:* glanh|au [trwy dwymo a chrafu].

breast[1] *n.* **1.** *(of woman):* bron(-nau) *f*, *F:* brest(-iau) *f*; **a child at the ~,** plentyn ar/wrth y fron; **having breasts,** bronnog. **2.** *(of man):* brest, *Lit:* mynwes(-au) *f*, dwyfron(-nau) *f*, bron; **to make a clean ~ of sth,** cyffesu'r cyfan, cyfaddef y cyfan; *S.a.* **clean**[1]; **to press s.o. to one's ~,** cofleidio, anwesu, mynwesu (rhn); gwasgu (rhn) atoch. **3.** *Cu:* brest. **4.** *(of coat, shirt):* mynwes, brest, blaen(-au) *m*; *S.a.* **breasted. 5.** *Min: (= of coalface):* talcen(-ni,-nau) *m*, *S:* ffâs (ffasau) *f.* **6.** *(of a hill):* bron(-nydd) *f*, llethr(-au) *f.* **~-band** *n.* brongengl(-au) *f* *(pronounced* ng-g). **~-board** *n.* = **mould-board**. **~-collar** *n.* brongengl, *S.W:* bronbwyth(-au) *m.* **~-deep** *adv.* [hyd] at y frest, [hyd] at y gesail. **~-drill** *n. Tls:* dril(-iau) *(m)* brest. **~-fed** *a.* yn sugno, ar y fron/frest, ar laeth y fam, wedi'ch bwydo ar y fron. **~-feeding** *n.* bwydo *(vn)* ar y fron, rhoi*(vn)*'r fron. **~-girth** *n.* brongengl. **~-harness** *n.* brongengl. **~-high** *adv.* = **breast-deep**. **~-knot** *n.* bronglwm (bronglymau) *m* *(pronounced* ng-g) *(also* = **bra**). **~-leather** *n.* brongengl. **~-pin** *n. Cost:* pin(-nau) *(m)* tei. **~-plough** *n.* haearn (heyrn) *(m)* gwthio, haearn didonni, haearn digroeni. **~-pocket** *n.* poced *(f)* frest (pocedi brest); **inside ~-pocket,** poced [y] tu mewn, poced gesail (pocedi cesail). **~-rail** *n.* bronreilen (bronreiliau) *f.* **~-rope** *n.* bronraff(-au) *f.* **~-stroke** *n.* nofio *(vn)* ar y frest, nofio broga. **~-wall** *n.* bronfur(-iau) *m*, bronwal(-iau) *f.* **~-wheel** *n.* bronolwyn(-ion) *f.*

breast[2] *v.t.* **1. to ~ a hill,** dringo rhiw yn llafurus, ymlafnio/ ymlafurio i fyny rhiw, dringo ael rhiw, *N:* bustachu/stryffaglio i fyny rhiw; **to ~ the waves,** mordwyo brig y tonnau. **2. to ~ a crisis,** ymladd [eich ffordd] trwy argyfwng, ymlafnio['ch ffordd] trwy argyfwng, ymgodymu ag argyfwng, wynebu argyfwng. **3.** *Sp:* **to ~ the tape,** torri'r tâp [â'r frest].

breastbone *n.* asgwrn (esgyrn) *(m)* dwyfron, clwyd(-au) *(f)* bron, cledr(-au) *(f)* bron, clwyd *(f)* y ddwyfron; **the ~,** asgwrn (&c) y fron.

breasted *a.* **1.** bronnog, â bronnau, brestiog; **black-~,** bronddu(-on); **broad-~,** llydanfron, bronlydan (bronlydain); **flat-~,** â bronnau bychain; **full-~,** bronnog, *occ:* bronfawr; **narrow-~,** brongul (*pronounced* ng-g), culfron; **red-~** brongoch(-ion) (*pronounced* ng-g); **white-~,** bronwyn (*f.* bronwen, *pl.* bronwynion). **2.** *Tail:* **single-~,** [â] llabedi sengl; **double-~,** croeslabedog, [â] llabedi croes/dwbl.

breastplate *n.* **1.** *Arm:* dwyfronneg (dwyfronegau) *f*, bronddor(-au) *f*, llurig(-au) *f*, brestblad(-au) *m*; **wearing a ~,** llurigog; *Cost:* bronliain (bronlieiniau) *m.* **2.** *Tls:* brestblad. **3.** *(of tortoise):* brestblad.

breastsummer *n. Carp:* swmer(-au) *m.*

breastwork *n.* rhagfur(-iau) isel *m*, brestwaith (brestweithiau) *m*, bronglawdd (bronglоddiau) *m* (*pronounced* ng-g).

breath *n.* **1.** anadl(-au,-iadau) *fm*, anadliad(-au) *m*, gwynt *m*, *occ:* chwyth *m*, chwyth[i]ad(-au) *m*; **to draw ~,** anadlu, cael eich anadl, tynnu anadl; **to draw a deep/long ~,** anadlu'n drwm/ddwfn; **to draw one's last ~,** tynnu eich anadl/gwynt/chwyth[i]ad olaf, tynnu'ch olaf chwyth; **she has sweet ~,** mae ganddi wynt/anadl pêr; **he has bad ~,** *N:* mae oglau drwg ar ei wynt; *S:* mae gwynt drwg/cas ar ei anadl; **the ~ of life,** anadl einioes, *A:* anadl chwyth; **it's the very ~ of life to me,** mae'n anadl einioes i mi; mae'n golygu popeth i mi; **in the same ~, in one ~,** ar yr un gwynt, ar un anadl, ar yr un pryd; **to hold one's ~, to catch one's ~,** dal eich gwynt; **to gasp for ~,** ymladd am wynt/anadl, *N.W: occ:* dyhefod, dyhyfod; **to lose one's ~, to get out of ~,** colli'ch gwynt/anadl, *S:* mynd mas o bwff; **to waste one's ~,** gwastraffu'ch anadl/gwynt, siarad yn ofer; **short of ~,** prin eich anadl, byr eich gwynt; **shortness of ~,** diffyg (*m*) anadl; *B:* **while yet there was ~ in him,** ac yntau eto'n fyw, tra oedd ynddo chwyth; **(he arrived) out of ~,** (fe gyrhaeddodd) â'i wynt yn ei ddwrn, â'i wynt yn ei wddf; **I'm out of ~,** 'rwyf wedi colli fy ngwynt/anadl; *S:* 'rw' i mas o bwff; **to take s.o.'s ~ away,** mynd â gwynt rhn, mynd ag anadl rhn, synnu/syfrdanu rhn; **to take/get/recover one's ~,** cael eich gwynt atoch, cymryd eich gwynt; **to save one's ~,** tewi, peidio â dweud dim; **to speak below/under one's ~,** siarad dan eich gwynt/anadl, *occ:* siarad dan eich dannedd. **2. a ~ of air/wind,** chwa(-on) *f*, awel(-on) *f*; **the first ~ of Spring,** awel gyntaf y Gwanwyn, chwa gyntaf y Gwanwyn; **a ~ of fresh air,** chwa o awyr iach, *N.E: occ:* chwiff (*f*) o awyr iach; **(to go out) for a ~ of air,** (mynd allan) am wynt, am gegaid o wynt, am chwa o awyr iach; **a ~ of stale tobacco,** *S:* gwynt hen dybaco, *N:* oglau (*m*) hen faco. **3.** *(= hint):* awgrym *m*, awgrymiad(-au) *m. S.a.* **air[1] 1, bate[1]. ~-mark** *n. Mus:* marc(-iau) (*m*) anadlu. **~-soul** *n. Theol:* anadl-enaid (~-eneidiau) *m.* **~-taking** *a. F:* syfrdanol, aruthrol, yn mynd â'ch gwynt/anadl. **~ test[1]** *n.* prawf (profion) (*m*) ar anadl. **~-test** *v.t.* = **breathalyse.**

breathalyse *v.t.* rhoi prawf anadl (i rn), rhoi prawf ar anadl (rhn); **he was breathalysed,** cafodd brawf anadl.

breathalyser *n.* anadliedydd(-ion) *m*, *F:* bag(-iau) (*m*) chwythu, *N.W: occ: Joc:* swigan (swigod) (*f*) lỳsh.

breathe *v.i.&t.* **1.** *v.i.* *(a)* anadlu; **to ~ hard,** *(i) (= pant):* chwythu, peuo, *S: occ:* llyfedu, *N.W: occ:* dyhefod, dyhyfod; *(ii)* **anadlu'n drwm; to ~ heavily,** anadlu'n drwm, **to ~ again, to ~ more easily/freshly,** anadlu'n rhwyddach; **to ~ down s.o.'s neck,** *Fig:* pwyso ar war rhn, sathru ar sodlau rhn, bod ar war rhn; *(b) Lit: (= exist, live):* bod, bodoli; *(c) (of wind):* chwythu. **2.** *v.t.* **1.** *(air):* anadlu; **to ~ air into sth,** chwythu awyr [i mewn] i rth. **2. to ~ new life (into s.o.),** bywiogi, ailfywiogi, adfywio, adfywh|au, calonogi (rhn); anadlu bywyd newydd i mewn (i rn). **3.** *(a)* **to ~ a sigh,** och[e]neidio, rhoi/gollwng ochenaid; **to ~ (a prayer),** sibrwd, murmur (gweddi); **to ~ one's last,** rhoi'ch chwyth[i]ad olaf, tynnu'ch anadl olaf, rhoi'ch olaf chwyth, marw, trengi; **don't ~ a word of it**! taw piau hi! dim gair wrth neb! *(b)* **to ~ forth/out threats,** chwythu bygythion [a chelanedd]; *(c) (of flower &c):* anadlu, anfon allan aroglau; *(d) (= display):* anadlu, amlygu, dangos, *occ:* nawsio; *(e) Phon:* dileisio. **4. to ~ a horse,** rhoi hoe fach (*f*) i geffyl.

-breathed[1] *a.* ag anadl; **sweet-~,** ag anadl bêr/pêr.

breathed[2] *a. Phon:* dilais.

breather *n.* **1.** *(= pause):* seibiant (seibiannau) *m*, hoe [fach] *f*, egwyl(-iau) *f*, *S.W:* whe fach *f*, *F:* pum munud *m*, sbel *m*; **to give a horse a ~,** gadael i geffyl gael ei wynt ato, rhoi hoe i geffyl; **(to go out) for a ~,** (mynd allan) am wynt, am awyr iach, am gegaid o wynt. **2.** *(= vent):* twll (tyllau) (*m*) awyr.

breathiness *n.* natur chwythlyd *f.*

breathing[1] *a.* yn anadlu, anadlol; *Fig: (statue &c):* byw.

breathing[2] *n.* **1.** anadliad(-au) *m*, gwynt *m*, anadl(-au) *mf*, anadlu *vn.* **2.** *Ling:* anadliad [caled] *m*; *Gr.Gram:* **rough ~,** anadliad caled/crych; **smooth ~,** anadliad ysgafn/llyfn. **~ apparatus** *n.* offer (*pl*) anadlu. **~ exercises** *n.pl.* ymarferion anadlu. **~-space** *n.* amser (*m*) i anadlu, seibiant *m*, cyfle (*m*) i gael eich gwynt, saib *m*, hoe *f.*

breathless *a.* **1.** byr eich gwynt, â'ch gwynt yn eich dwrn, allan o wynt, *occ:* â'ch gwynt yn eich gwddf, *S:* mas o bwff; **~ interest,** diddordeb astud; **to wait in ~ suspense,** aros ar bigau drain. **2.** *(= windless):* llonydd, heb wynt, digyffro, diawel, di-wynt.

breathlessly *adv.* â'ch gwynt yn eich dwrn, yn fyr eich gwynt, yn fyr eich anadl, â'ch gwynt yn eich gwddf, gan ddal eich gwynt.

breathlessness *n.* **1.** diffyg (*m*) anadl, diffyg (*m*) gwynt. **2.** *(of asthmatic):* caethdra *m*, caethni *m*, caethiwed *m.*

breathy *a.* chwythlyd.

breccia *n. Geog:* brecia *m.*

Brecknock, Brecknockshire *Pr.n. W.Geog:* Brycheiniog *f*, Sir (*f*) Frycheiniog; **Brecknock Van,** Pen (*m*) y Fan.

Brecon *W.Pl.n.* Aberhonddu *mf.* **~ Beacons (the)** *Pr.n. W.Geog:* Bannau (*pl*) Brycheiniog, *F:* y Bannau, *F: occ:* Y Begwns.

Breconshire *Pr.n. W.Geog:* = **Brecknock.**

bred *p.p. & a.* **1.** a fegir/fegid/fagwyd *or* faged; **he is a Welshman born and ~,** ganwyd a magwyd ef yn Gymro; **~ in the bone,** etifeddol, etifeddiannol; *S.a.* **bone[1]; 2. well-~,** bonheddig, cwrtais, llednais, moesgar; **ill-~,** anfoesgar, difoes, difonedd, anghwrtais, anfonheddig, difaners, aflednais; **country-~,** gwledig, o'r wlad, a faged/fagwyd yn y wlad, wedi'ch magu yn y wlad; **cross-~,** cymysgryw, croesrywiog, croesryw, brîd croes; **half-~,** cymysgryw, cymysg o ran gwaed, o waed cymysg, lledryw, lledach, hanner gwaed; **pure-~,** o waed [coch] cyfan, tryryw, diledryw.

breech *n.* **1.** *A: Anat:* = **backside;** *Med:* **~ delivery,** esgoriad (*m*) o chwith; **~ presentation,** cyflwyniad (*m*) o chwith; *F: Husb:* **it's a ~ presentation,** mae'n dod wysg ei gynffon. **2.** *(a)* **[pair of] breeches,** clôs *m*, llodrau *pl*, trowsus: trywsus(-au) (*m*) pen-glin, *S:* britsh(-is) *m*; *(b) F:* = **trousers. 3.** *Artil: Sm.a:* bôn (bonion) *m.* **~ action** *n.* peirianwaith (*m*) bôn dryll. **~ birth** *n. Obst:* genedigaeth(-au) (*f*) o chwith, geni (*vn*) o chwith. **~-block** *n.* bloc(-iau) (*m*) bôn. **~-loader** *n.* bôn-lwythwr (~-lwythwyr) *m.* **~-loading** *n.* llwytho/llenwi (*vn*) trwy'r bôn.

breeches buoy *n.* bwi(-iau) (*m*) cario.

breeching *n.* **1.** *Harn: Nau:* tindres(-i) *f*, *S.W:* britsin *m.* **2.** *Nau:* britsin.

breed[1] *n.* brîd (bridiau) *m*, gwaedoliaeth(-au) *f*; *S.a.* **cross-breed, half-breed.**

breed[2] *v.t.&i.* I. *v.t.* **1.** *(vices &c):* amlh|au, lluosogi, bridio, meithrin, magu, creu, cynhyrchu; **familiarity breeds contempt,** cyffredin pob cynefin/cyfarwydd; dibarch rhy gyffredin; ni bydd hybarch rhy gynefin; cynefindra a fag ddirmyg. **2.** *(a) (cattle &c):* magu, bridio, codi; *Prov:* **what's bred in the bone will come out in the flesh,** fel y crafa'r iâr y piga'r cyw; *N: occ:* mwnci dad, mwnci tab; *(b)* **he was bred to the law,** codwyd/hyfforddwyd/magwyd ef ar gyfer y gyfraith; *S.a.* **bred, born 2.** II. *v.i.* *(a) (of animals, people):* epilio, amlhau, lluosogi, cynyddu, bridio, *occ:* magu; **to ~ like rabbits,** magu fel cwningod; *(b) (of opinions &c):* amlhau, tyfu, cynyddu, mynd ar led, ymledu, bridio.

breeder *n.* **1.** *(animal):* anifail *(&c)* sy'n magu'n dda; **this mare is a good ~,** caseg fagu dda yw hon. **2.** *(pers.):* magwr (magwyr) *m*, m|agwraig *f*, meithrinwr (meithrinwyr) *m*, meithr|inwraig *f*, bridiwr (bridwyr) *m*, br|idwraig *f.* **3.** *Ph:* bridiwr. **~ reactor** *n.* adweithydd(-ion) bridiol *m.*

breeding *vn.* **1.** *(a) (= reproduction):* cenhedliad *m*, lluosogiad *m*, amlhad *m*, cenhedlu, epilio, bridio; *(b) (of pedigree animals &c):* magwraeth *f*, meithriniad *m*, magu, bridio; **line-~,** llinach-fridio. **2.** *(a) (= upbringing):* magwraeth *f*; *(b)* **[good] ~,** moesau da *pl*, moesgarwch *m*, ymddygiad bonheddig *m*; **ill ~,** anfoesgarwch *m*, anghwrteisi *m*, *occ:* anfoes *m*, drygfoes *m*, *F:* diffyg (*m*) maners. **~-centre** *n.* magwrfa (magwrf|eydd) *f*, meithrinfa (meithrinf|eydd) *f*, bridfa (bridf|eydd) *f.* **~-cycle** *n.* cylchred (*f*) fridio (cylchredau/cylchredion bridio). **~-ground** *n.* magwrfa, meithrinfa. **~-mare** *n.* caseg (*f*) fagu (cesig magu), caseg re (cesig gre). **~-reactor** *n. Ph:* ymweithydd(-ion) bridiol *m*, adweithydd(-ion) bridiol *m.* **~-season** *n.* tymor (tymhorau) (*m*) paru. **~-station** *n.* = **breeding-centre.**

breeks *n.pl.* = **breech 2**.
breeze[1] *n.* **1.** awel(-on) *f*, chwa(-on) *f* [o wynt]; **a slight ~**, awelan *f*, awelig *f*, *S.W:* awelyn *m*; **a stiff ~**, awel gref, *N.W: F:* brisyn *m*, eflyn *m*; **a fresh ~**, awel iach; **a light ~**, awel ysgafn; **a moderate ~**, awel gymedrol. **2.** *F: (= scene, quarrel):* helynt(-ion) *f*, ffrae(-au,-on) *f*.
breeze[2] *v.i.* **1.** *Nau: (of wind):* **to ~ up**, chwythu, codi'n awel. **2.** *P: U.S. (= escape):* dianc [o garchar]. **3.** *F:* **to ~ in**, hwylio i mewn.
breeze[3] *n.* *(= cinders):* sindrins *pl*, sindars *pl*. **~-block** *n.* brisbloc(-iau) *m*. **~ slabs** *n.pl.* slabiau brîs.
breezeless *a.* llonydd, tawel, diawel, di-wynt.
breezily *adv.* *F:* yn ysgafn, yn awelog.
breeziness *n.* **1.** awelogrwydd *m*. **2.** *F:* ysgafnder *m*, ysgafndra *m*, bywiogrwydd *m*, ysgafalwch *m*.
breezy *a.* **1.** *(= windy):* gwyntog, awelog, *occ:* chwaog. **2.** *F: (pers.):* ysgafn, hwyliog, siriol, ysgafala, bywiog.
Bren-gun *n.* dryll(-iau) *(m)* Bren.
brent-goose *n.* *Orn:* **1.** gŵydd wendorch (gwyddau gwyndorch) *f*, gŵydd ddu (gwyddau duon), gŵydd fenyw (gwyddau benyw), gŵydd wyllt ddu (gwyddau gwylltion duon) *f*, gwyran fenyw (gwyrain benyw) *f*. **2.** *(erroneously):* = **barnacle-goose**.
brethren *n.pl.* *See* **brother**.
Breton *a. & n.* **1.** *a.* Llydewig, Llydawaidd, Llydaw, o Lydaw; **she's ~**, Llydawes yw hi; un o Lydaw yw hi; **a ~ onion-seller,** *F:* Sioni(-s) *(m)* Winwns; *(in language):* Llydaweg; *Lit:* **the ~ Lays,** y Cerddi Llydewig. **2.** *n.* *(i) Ethn:* Llydawiad (Llydawiaid) *m&f*, Llydäwr (Llyd|aw-wyr, Llydawiaid) *m*, Llydawes(-i,-au) *f*; *(ii) Ling:* Llydaweg *f, m*.
Bretwalda *n.* *Hist: A:* Unben(-iaid) *(m)* Prydain, Gwledig(-ion) *(m)* Prydain, Mechdeyrn(-edd) *(m)* Prydain.
breve *n.* **1.** *Hist:* llythyr(-au,-on) *(m)* Pab, brîf (brifiau) *m*. **2.** *Pros:* sillaf fer (sillafau byrion) *f*. **3.** *Mus:* brîf (brifiau) *m*, nodyn (nodau) cyflawn dwbl *m*.
brevet *n.* *Mil:* breinteb(-au) *f*, breinlen(-ni) *f*. **~ officer** *n.* swyddog(-ion) *(m)* breiniol/mygedol. **~ rank** *n.* swydd fygedol *f*, rhenc fygedol (rhenciau mygedol) *f*.
breviary *n.* *Ecc:* llyfr(-au) *(m)* gwasanaeth, br|efiari (brefiarïau) *m*.
brevity *n.* byrder *m*, byrdra *m*; *(= conciseness):* crynoder *m*.
brew[1] *n.* trwyth(-i,-au) *m*, gwlych *m*, *S.W: occ:* macsaid *f*; *(= any drink):* diod(-ydd) *f*; *F:* **let's have a ~,** *N:* beth am gwpaned/'baned o de? *S:* beth am ddysglaid/ddisied o de?
brew[2] *v.t.&i.* **1.** *v.t.* *(a)* bragu, *S.W:* macsu, *Lit: occ:* darllaw; **to ~ tea,** gwn|eud te; *(b) Fig:* **to ~ mischief,** parat|oi drygau/drygioni, hwylio rhyw ddrwg. **2.** *v.i.* *(a) (of tea &c):* ystwytho, mwydo, sefyll, bwrw [ei] ffrwyth, ffrwytho; *(b)* **there's a storm brewing,** mae storm yn codi; mae hi am storm/derfysg; mae yna derfysg ynddi; *N: occ:* mae hi'n hel [am] storm; *S.W:* mae'n macsu am storom; *F:* **there's sth brewing,** mae rhth ar droed; *Lit:* mae rhyw sŵn ym mrig y morwydd; **mischief is brewing,** mae rhyw ddrygioni ar droed; mae rhyw ddrwg yn macsu; **to ~ up,** *(= brew*[2] *1):* *N:* gwneud cwpaned/'paned o de, *S: F:* gwneud dysglaid/disied o de.
brewer *n.* bragwr (bragwyr) *m*, *S.W:* macswr (macswyr) *m*, *Lit:* darlläwr (darllawyr) *m*, darllawydd(-ion) *m*. **~'s grain** *n.* grawn *(m)* bragdy/bragu.
brewery *n.* bragdy (bragdai) *m*, bracty (bractai) *m*, *Lit: occ:* darllawdy (darllawdai) *m*.
brewing *vn.* darllawiaeth *f*; *vn.* = **brew**[2] **1.** *(a)*.
brewster *n.* = **brewer**; **B~ Sessions,** Sesiwn *(f)* Drwyddedu (Sesiynau Trwyddedu).
briar *n.* *(a)* **wild ~,** miaren: mieren (mieri) *f*, drysïen (drysi) *f*, rhosyn(-nau, rhosod) gwyllt(-ion) *m*; **field ~,** *(Rosa agrestis):* miaren gulddail (mieri culddail); **sweet ~,** *(R. rubiginosa):* drysïen bêr (drysi pêr), miaren Mair, rhoslwyn(-i) pêr *m*; **white-stemmed ~,** *(R. vosagia):* drysïen goeswen (drysi coeswyn); *(b)* **briars** *pl.* mieri, drysi, drain; *(c)* = **brier**. **~-rose** *n.* rhosyn(-nau, rhosod) [coch] gwyllt *m*.
bribe[1] *n.* llwgrwobrwy(-on) *f*, llwgrwobr(-au) *f*, cil-dwrn (~-dyrnau) *m*, *S.E:* llaw fach *f*.
bribe[2] *v.t.* llygru, prynu, llwgrwobrwyo (rhn); rhoi cil-dwrn (i rn); iro llaw (rhn).
briber *n.* llwgrwobrwywr (llwgrwobrwywyr) *m*, llwgrwobr|wywraig *f*, rhoddwr (rhoddwyr) *(m)* cildyrnau, irwr (irwyr) *(m)* llaw/dwylo.
bribery *n.* llwgrwobrwyaeth *f*, llwgrwobrwyad(-au) *m*, llwgrwobrwyo *vn*; *Jur:* **~ and corruption,** llwgrwobrwyo a llygru.
bric-a-brac *n.* trugareddau *pl*, celfi *pl*, hen drugareddau *pl*, bric-a-brac *m*, *N: Pej:* 'nialwch *m*, [hen] geriach *pl*, ffigiaris *pl*, *S: occ:* capasgleddau *pl*.
brick[1] *n.* **1.** bricsen (brics, *occ:* briciau) *f*, *Lit: occ:* priddfaen (priddfeini) *m*; *Archeol:* **mud ~,** priddfaen; **a ~ house,** tŷ brics; *F:* **to drop a ~,** rhoi'ch troed ynddi; *B:* **to make bricks without straw,** gwneuthur priddfeini heb wellt; *F:* **one can't make bricks without straw,** fe wnewch chi beth o beth, ni wnewch chi ddim o ddim; *F:* **he came down on me like a ton of bricks,** fe syrthiodd ar fy ngwar fel tunnell o frics; *S.a.* **wall**[1] **1. 2.** *F:* **he's a ~,** *N:* mae o'n hen foi iawn; mae o'n foi clên; *S:* mae e'n fachan piwr. **~-cap** *n.* *Fung:* *(Hyphdoma sublateritium):* torth goch (torthau cochion) *f*. **~-clay** *n.* clai *(m)* brics, bricglai *m*. **~-earth** *n.* bricbridd *m*. **~-field** *n.* gwaith *(m)* brics. **~-kiln** *n.* ffwrn *(f)* frics (ffyrnau brics), odyn *(f)* frics (odynau brics). **~-red** *a.* rhuddgoch.
brick[2] *v.t.* bricio; **to ~ up a window,** bricio ffenestr, llenwi/cau ffenestr â brics.
brickbat *n.* **1.** darn *(m)* o fricsen (darnau brics). **2.** *Fig: (= criticism):* ergyd(-ion) cas *m*, ergyd gas (ergydion cas) *f*, sylw(-adau) cas *m*; **to come in for brickbats,** cael gair ar draws eich trwyn, bod dani yn arw, bod dan lach beirniaid.
brickie *n.* brici(-s) *m*; *S.a. foll.*
bricklayer *n.* briciwr (bricwyr) *m*, gosodwr (gosodwyr) *(m)* brics.
bricklaying *vn.* gosod brics.
brickmaker *n.* gwneuthurwr (gwneuthurwyr) *(m)* brics.
brickmaking *vn.* gwn|eud brics.
brickwork *n.* **1.** *(= masonry):* bricwaith *m*, gwaith *(m)* brics, brics *pl*. **2.** *pl.* gwaith *(m)* (gweithf|eydd) [gwn|eud] brics.
brickyard *n.* iard *(f)* frics (ierdydd/iardiau brics).
bridal *a. & n.* **1.** *a.* priodasol; **~ gown,** gŵn (gynau) *(m)* priodas. **2.** *n.* *Poet:* neithior(-au) *f*.
bride[1] *n.* priodferch(-ed) *f*, priodasferch(-ed) *f*. **~-cake** *n.* = **wedding-cake**. **~-price** *n.* pris *(m)* priodferch.
Bride[2] *Pr.n.f.* Ffraid. **St. Brides** *W.Pl.n.* Sain Ffred/Ffraid *m*. **St. Brides Major** *W.Pl.n.* Saint-y-brid *m*. **St. ~'s Minor** *W.Pl.n.* Llansanffraid(*f*)-ar-Ogwr. **St. ~'s Netherwent** *W.Pl.n.* Saint-y-brid. **St. Brides-super-Ely** *W.Pl.n.* Llansanffraid-ar-Elái. **St. ~'s Wentlloog** *W.Pl.n.* Llansanffraid Gwynllŵg.
bridegroom *n.* priodfab (priodfeibion) *m*.
bridesmaid *n.* morwyn *(f)* briodas (mor[w]ynion priodas).
bridewell *n.* *A:* carchar(-au) *m*.
bridewort *n.* *Bot:* erwain helygddail *m or pl*.
bridge[1] *n.* **1.** pont(-ydd) *f*; **to throw a ~ across a river,** pontio afon, codi pont ar/dros afon, codi pont ar draws afon; **a ~ of boats,** pont gychod (pontydd cychod), pont fadau (pontydd badau), badbont(-ydd); **suspension ~,** pont grog (pontydd crog); **swing ~,** pont droi (pontydd troi); **Bailey ~,** pont Bailey, pont dros dro; *S.a.* **accommodation**; *Archeol:* **entrance ~,** porthbont(-ydd) *f*; **pontoon ~,** pont gychod (pontydd cychod), pont ysgraffau; *F:* **we'll cross that ~ when we get to it,** popeth yn ei dro; mi awn ni dros y gamfa yna pan ddown ni ati; mi groeswn ni'r bont honno pan ddown ni ati; peidiwn â chwrdd â gofidiau cyn pryd; peidiwn â mynd o flaen gofid; *P.N:* **"~ repairs",** "atgyweirio pont". **2.** *Nau:* *(a)* **captain's ~,** pont lywio (pontydd llywio), pont y capten; *(b) (from ship to shore):* pompren(-ni) *f*. **3.** *El:* *(a)* **measuring-~,** pont fesur (pontydd mesur), tafol *(f)* fesur (tafolau mesur); **induction ~,** tafol anwytho; *(b)* **~[-piece]**, darn(-au) *(m)* pontio. **4.** *(of nose, spectacles):* cefn(-au) *m*, *occ:* pont; *(of violin):* crib(-au) *mf*, brân (brain) *f*, pont. **5.** *Dent:* pont. **~-builder** *n.* pontiwr (pontwyr) *m*, codwr (codwyr) *(m)* pontydd, adeiladwr (adeiladwyr) *(m)* pontydd; *Fig:* cymodwr (cymodwyr) *m*. **~-building** *vn.* **1.** pontio, codi pontydd. **2.** *Fig: (= reconciliation):* cymodi, pontio. **~-crane** *n.* craen(-iau) *(m)* pont, pontgraen(-iau) *m*. **~-head** *n.* *Mil:* troedle(-oedd) *m*. **~-house** *n.* *Nau:* caban(-au) *(m)* llywio. **~-keeper** *n.* gofalwr *(m)* pont (gofalwyr pontydd), ceidwad *(m)* pont (ceidwaid pontydd). **~-passage** *n.* *Mus:* pont(-ydd) *f*. **~-point** *n.* *Geog:* man(-nau) *(m)* pontio. **~-reeve** *n.* rif(-iaid) *(m)* pontydd. **~-tone**

n. trawston(-au) *f.* **~-train** *n. Mil: (i) (= bridge of boats):* pont (*f*) gychod (pontydd cychod); *(ii) (= builders):* pontwyr *pl.* **~ vowel** *n. Ling:* llafariad (*f*) bontio (llafariaid pontio).

bridge² *v.t.* pontio; **to ~ a gap,** pontio/llenwi/llanw/cau bwlch.

bridge³ *n. Cards:* ***bridge*** *m;* **auction ~,** ***bridge*** ocsiwn; **contract ~,** ***bridge*** cynnig. **~-marker** *n.* nodlyfr(-au) *m,* cerdyn (cardiau) (*m*) ***bridge***. **~ roll** *n. Cu:* wicsen (wics) *f, S:* cwgen(-ni,-nod) *f.*

Bridgend *W.Pl.n.* Pen(*m*)-y-bont ar Ogwr.

bridging *vn.* pontio. **~ loan** *n. Fin:* benthyciad(-au) (*m*) pontio. **~ class** *n. Sch:* dosbarth(-iadau) (*m*) pontio.

bridle¹ *n.* **1.** *(a) Harn:* ffrwyn(-au) *f;* **~ with blinkers,** ffrwyn ddall (ffrwynau dall/deillion); **~ without blinkers,** ffrwyn olau (ffrwynau golau); **to give a horse the ~,** rhoi ffrwyn ar war ceffyl; *(b)* **to put a ~ on one's feelings,** ffrwyno'ch teimladau. **2.** *Nau: (= mooring-cable):* rhaff(-au) (*f*) angori. **3.** *Anat: (of tongue):* llinyn(-nau) (*m*) tafod. **4. ~ of a plough,** ceiliog(-od) (*m*) aradr, clust(-iau) (*f*) aradr. **~-bit** *n. Harn:* genfa (genfâu, genfl|eydd) *f.* **~-joint** *n. Carp:* uniad(-au) (*m*) bagl. **~-path, ~-way** *n.* llwybr(-au) (*m*) march/meirch/marchogion, llwybr ceffylau, *S.E:* heol (*f*) galchu (heolydd calchu), heol ffrwyn, heol geffylau (heolydd ceffylau).

bridle² *v.t.&i.* **1.** *v.t. (a) (horse):* ffrwyno; *(b) (feelings):* ffrwyno, meistroli, rheoli, atal; **to ~ one's tongue,** tewi, dal/atal eich tafod, brathu'ch/ffrwyno'ch tafod. **2.** *v.i.* **to ~ [up],** ymffrwyno, ymdagellu, codi'ch gwrychyn, cymryd atoch, *M.W:* pencio, pencïo, cymryd y penc; **"not at all", she bridled,** "dim o gwbl", meddai'n sorllyd; **to ~ at sth,** wfftio rhth, wfftio at rth, gwaredu wrth rth.

bridoon *n. Harn:* ffrwyn (*f*) enfaog (ffrwynau genfaog).

Bridstow *Eng.Pl.n.* Llansanffraid *f.*

brief¹ *a.* byr (*f.* ber, *pl.* byrion) (*comp. forms:* byrred, byrrach, byrraf), *occ:* cwta (*f.* cota, *pl.occ:* cwteuon), byrhoedlog; **a ~ hour,** cwta awr, awr gota, awr fer, *Lit:* orig; **~ memoir,** byrgofiant (byrgofiannau) *m;* **a ~ stay,** arhosiad byr; **in ~,** = **briefly 1.**

brief² *n.* **1.** *Ecc:* llythyr(-au) (*m*) Pab, gwyseb(-au) *f,* briff (briffiau) *m.* **2.** *(= summary of facts):* crynodeb(-au) *m,* crynhoad (crynoadau) *m; Jur:* brîff (briffiau) *m; (= directive):* cyfarwyddyd (cyfarwyddiadau) *m; Sch:* maes (meysydd) (*m*) gorchwyl; **watching ~,** brîff gwylio; **to hold a ~ for s.o.,** cynrychioli rhn, gofalu am achos rhn, pleidio achos rhn; *F:* **I have no ~ for such conduct,** nid wyf yn amddiffyn y fath ymddygiad; nid wyf yn cyfiawnh|au'r fath ymddygiad; 'does gennyf ddim i'w ddweud dros y fath ymddygiad. **3.** *pl. Cost:* = **underpants, knickers.** **~-case** *n.* bag(-iau) (*m*) dogfennau/papurau, bag(-iau) (*m*) lledr.

brief³ *v.t.* **1.** *Jur:* **to ~ a case,** parat|oi achos. **2. to ~ a barrister,** penodi/cyflogi/briffio bargyfreithiwr. **3.** *(= instruct, inform):* cyfarwyddo, rhagbarat|oi, briffio (rhn); rhoi (rhn) ar ben ffordd.

briefing *vn.* **1.** *Jur:* **~ of a case,** parat|oi achos, paratoadau (*pl*) achos. **2.** *Jur: (of a barrister):* penodiad *m,* penodi. **3.** *(= instructions):* cyfarwyddyd (cyfarwyddiadau) *m,* cyfarwyddo, briffio.

briefless *a.* heb achos.

briefly *adv.* **1.** *(= in a few words):* yn fyr, mewn gair, mewn ychydig eiriau, mewn byr eiriau, yn gryno, ar fyr. **2.** *(= for a short while):* am fyr dro, am ychydig, dros dro.

briefness *n.* byrder *m,* byrdra *m;* **the ~ of man's life,** byrhoedledd (*m*) dyn; *(= conciseness):* crynoder *m.*

brier *n. Bot:* **1.** *(= flowering heath):* grug gwyn *m,* gruglwyn gwyn *m,* myncog gwyn *m.* **2. ~ [pipe],** pibell (*f*) bren (pibelli pren), *N:* cetyn (catiau) (*m*) pren. **3.** = **briar. ~-root** *n.* gwreiddyn (gwr|aidd, gwreiddiau) (*m*) grug.

brig *n. Nau:* brig(-iau) *f,* llong ddeufast (llongau deufast) *f.*

brigade¹ *n.* **1.** *Mil: &c:* brigâd (brigadau) *f;* **the Boys' B~,** Brigâd y Bechgyn. **2.** *F:* criw; **the law and order ~,** y criw cyfraith a threfn; **one of the old ~,** un o'r hen do. *S.a.* **fire brigade.**

brigade² *v.t. Mil:* **to ~ soldiers,** cynnull milwyr i frigâd, brigadu milwyr.

brigadier *n. Mil:* brigadydd (brigadwyr) *m.*

brigand *n.* herwr (herwyr) *m,* h|erwraig *f,* ysbeiliwr (ysbeilwyr) *m,* ysb|eilwraig *f,* gwylliad (gwylliaid) *m,* brigand(-iaid) *m,* bandit(-iaid) *m.*

brigandage, brigandism, brigandry *n.* ysbeilio *vn,* lladrata *vn,* herwa *vn.*

brigantine *n. Nau:* brigantîn (brigantinau) *f.*

bright¹ *a.* **1.** *(a)* disglair, gloyw(-on), *Lit: occ:* llathraidd; **very ~,** llachar; **a ~ light,** golau cryf/llachar; **~ eyes,** llygaid gloywon; **~ steel,** dur gloyw; *Metalw:* **~ dip,** dip gloyw; **~ drawn bars,** barrau gloyw; **~ red heat,** gwres cochias; **~ yellow heat,** gwres eirias; *F:* **as ~ as a button,** gloyw fel swllt newydd; *(b) (day, weather):* disglair, golau, heulog, clir, *N:* braf *(comp:* brafied, brafiach, brafiaf; braf *does not usu. mutate), S:* ffein; **~ weather,** tywydd teg *m, occ:* hindda *f, Lit: occ:* hinon *f; N:* tywydd braf, *S:* tywydd ffein; **to become brighter,** gloywi; *(of weather):* goleuo, *N:* brafio, codi'n braf, codi, *occ:* codi ar ei haeliau; *(c) (colour):* llachar, cryf, claer; **~ red,** fflamgoch(-ion), rhuddgoch(-ion); **~ white,** claerwyn: claer-wyn (*f.* claerwen, claer-wen, *pl.* claerwynion, claer-wynion), *Lit: occ:* cannaid; *(d)* **brighter days,** dyddiau gwell, dyddiau brafiach, *Lit:* gloywach nen; **I'll call ~ and early,** mi alwaf ben bore; **to look on the ~ side of things,** edrych ar yr ochr olau/orau i bethau. **2.** *(a) (= vivacious):* sionc, bywiog, hwyliog, siriol, afieithus, llawn mynd; **she's a ~ spark,** un fywiog yw hi; *(b) F: (= intelligent):* effro, craff, peniog, deallus, clyfar; **a ~ idea,** syniad gwych. **~-eyed** *a.* â llygaid gloywon; **~-eyed and bushy-tailed,** fel y gog, sionc fel y wiwer.

Bright² *Pr.n. Med:* **~'s disease,** clefyd (*m*) Bright.

brighten *v.t.&i.* **1.** *v.t. (a)* **to ~ sth up,** *(= polish):* gloywi, caboli, *Lit:* llathru; *(a colour):* cryfh|au, hoywi; *(b) (= enliven):* sirioli, hoywi, sioncio, bywiogi, bywiocáu, bywh|au; **to ~ s.o.'s face,** codi gwên ar wyneb rhn, goleuo/sirioli wyneb rhn. **2.** *v.i.* **to ~ [up],** *(of face):* sirioli, bywiogi, goleuo; *(of weather):* goleuo, codi, *N:* codi'n braf, brafio, *S: occ:* hinddanu, *S.E:* hinoni, *N.W: occ:* codi ar ei haeliau.

brightly *adv.* **1. to shine ~,** disgleirio'n llachar/loyw *&c.* **2. to reply ~,** *(i)* ateb yn sionc &c; *(ii) (= intelligently):* ateb yn effro *&c.*

brightness *n. (a) (of light &c):* disgleirdeb *m,* gloywder *m, F:* sglein *mf; (b) (= intensity):* cryfder *m, occ:* llacharedd *m; (c) (= intelligence):* deallusrwydd *m,* peniogrwydd *m, F:* clyfrwch *m; (d) (of manner, tone):* sioncrwydd *m,* bywiogrwydd *m.* **~ control** *n. El: T.V: &c:* rheolydd (*m*) disgleirdeb.

brightwork *n. Nau:* darnau gloyw *pl.*

Brigid *Pr.n.f.* Ffraid.

brill¹ *n. Ich:* lleden fannog (lledod mannog) *f.* **bastard ~,** = **topknot 2.**

brill² *a. F:* gwych, ardderchog.

Brilley *W.Pl.n.* Brulhai *m.*

brilliance, brilliancy *n.* **1.** *(= shine):* disgleirdeb *m,* gloywder *m, Lit:* llathreiddrwydd *m,* llacharedd *m, F:* sglein *mf.* **2.** *(= intelligence):* disgleirdeb, athrylith *f.*

brilliant¹ *a. (a) (light &c):* disglair, gloyw, llachar, *Lit:* llathraidd; *(jewel):* pefriog, disglair *&c; (b) (feat):* disglair, gwych, campus, p|enigamp, penig|amp, rhagorol, aruthrol; **a ~ idea,** syniad gwych/penigamp; *(c) (pers.):* disglair, dawnus, talentog, athrylithgar.

brilliant² *n. Lap:* diemwnt (diemyntau) disglair *m.*

brilliantine *n.* **1.** *Toil:* briliantîn *m,* olew (*m*) gwallt, oel (*m*) gwallt. **2.** *Tex:* briliantîn.

brim¹ *n. (a) (of cup &c):* ymyl(-on) *mf, S: occ:* byl (bylau) *mf;* **to fill a glass to the ~,** llenwi gwydryn hyd at yr ymyl, *S: occ:* llenwi gwydryn hyd y fyl; *(b) (of hat):* cantel(-au) *m.* **~-full** *a.* llawn i'r ymyl[-on], *S:* llawn hyd y fyl.

brim² *v.t.&i.* **1.** *v.t.* **to ~ a bowl,** llenwi dysgl i'r ymyl, llenwi dysgl hyd at yr ymyl, *S: occ:* llenwi dysgl hyd y fyl. **2.** *v.i.* **to ~ over (with sth),** gorlifo, goferu (â rhth); **(eyes) brimming over with tears,** (llygaid) yn llifo â dagrau, yn wylo'n hidl.

Brimaston *W.Pl.n.* Treowman *f.*

brimful *a.* **1.** *(= full):* llawn dop, gorlawn, llawn i'r ymylon, *S: occ:* llawn hyd y fyl. **2.** *(= redolent):* cyforiog.

brimmer *n.* llond (*m*) cwpan, *S:* llond dysgl.

brimstone *n.* brwmstan *m.* **~ butterfly** *n. Ent:* glöyn(-nod) (*m*) brwmstan, melyn(-ion) (*m*) y rhafnwydd, iâr fach felen (ieir bach melyn) *f.*

brimstony *a.* brwmstanaidd, brwmstanllyd, brwmstanol.

brindled *a.* brith (*f.* braith, *pl.* brithion), brych (*f.* brech, *pl.* brychion), rhesog, streipiog.

brine *n.* heli *m,* dŵr (*m*) môr, dŵr halen, dŵr hallt. **~-pan** *n.* padell (pedyll) (*f*) heli. **~-pit** *n.* pydew(-au) (*m*) heli, pwll (pyllau) (*m*) heli. **~-test** *n. Cu:* prawf (profion) (*m*) heli.

bring *v.t.* *(a)* **to ~ sth,** dod â rhth, *Lit:* dwyn/cyrchu rhth; **he was brought before the court,** ducpwyd ef o flaen y llys; daethpwyd ag ef o flaen y llys; *S.a.* **word**[13]; **to ~ sth to light,** dod â rhth i'r amlwg/goleuni, dwyn rhth i'r amlwg/goleuni, datgelu rhth; **to ~ sth home to s.o.,** *(i)* dod â rhth adref i rn; *(ii) Fig:* darbwyllo rhn o rth; **to ~ sth to mind,** dod â rhth i'r cof, dwyn rhth i/ar gof; **to ~ s.o. to book,** dod â rhn i gyfrif; *(b)* **to ~ tears [in|to s.o.'s eyes,** tynnu dagrau o lygaid rhn, dod â dagrau i lygaid rhn; **to ~ s.o. luck,** dod â lwc i rn; **you've brought it on yourself,** ti a'i tynnodd yn dy ben; ti sydd ar fai; eithaf gwaith iti; dyna beth sydd i'w gael; *(c)* **to ~ an action against s.o.,** dwyn achos yn erbyn rhn, rhoi'r gyfraith ar rn, *F:* rhoi cwrt ar rn; *S.a.* **charge**[1] 6; *(d)* **to ~ s.o. into difficulties,** creu helynt i rn, peri trafferth i rn, arwain rhn i helynt/drafferth/drybini, dod â rhn i helynt *&c*; **to ~ sth into action/play,** rhoi rhth mewn grym, rhoi rhth ar waith, cychwyn rhth, rhoi cychwyn i/ar rth; **to ~ sth into being,** rhoi bod[olaeth] i rth, dod â rhth i fod[olaeth], creu rhth; *(e)* **to ~ s.o. to beggary,** tlodi rhn; **to ~ sth to perfection,** perffeithio/caboli rhth; **to ~ sth to a successful end,** cael y maen i'r wal, dwyn rhth i ben yn llwyddiannus, gwn|eud llwyddiant o rth, diweddu/terfynu rhth yn llwyddiannus; *S.a.* **end**[1] **1, low**[1] **1, 2, mind**[1] **1, notice**[1] **3, trial**[1] **1**; *(f)* **to ~ sth to pass,** achosi/peri rhth, achosi/peri i rth ddigwydd. *(g)* **to ~ s.o. to do sth,** achosi/peri i rn wneud rhth, annog/perswadio/darbwyllo/swcro rhn i wneud rhth, dwyn perswâd ar rn i wneud rhth, cael gan rn wneud rhth, gorfodi rhn i wneud rhth; **to ~ oneself to do sth,** penderfynu gwneud rhth, eich dwyn/darbwyllo eich hun i wneud rhth; **I couldn't ~ myself to do it,** ni allwn mo'i wneud yn fy myw; ni allwn i mo'i wneud dros fy nghrogi. **~ about** *v.t.* **1.** *(= cause):* achosi, peri, *occ:* ennyn. **2.** *Nau:* **to ~ about a ship,** troi llong yn ei hôl. **~ along** *v.t.* **to ~ sth along,** dod â rhth gyda chwi, dod â rhth i'ch canlyn, *Lit:* dwyn rhth gyda chwi. **bring-and-buy [sale]** *n.* arwerthiant (arwerthiannau) (*m*) dewch a phrynwch, *occ:* moes a phryn. **~ away** *v.t.* **to ~ sth away,** dod â rhth, *Lit:* dwyn rhth ymaith. **~ back** *v.t.* *(a)* **to ~ sth back,** dod â rhth yn ei ôl, dychwelyd rhth, *F:* dwgyd rhth yn ei ôl, *Lit:* dwyn rhth yn ei ôl; *(b) (= recall):* **this brings my childhood back to me,** mae hyn yn f'atgoffa i o'm plentyndod; mae hyn yn dwyn i'm cof fy mhlentyndod; mae hyn yn dod â'm plentyndod yn ei ôl. **~ down** *v.t.* **1.** *(a) (tree):* torri (coeden) i lawr, cwympo/dymchwel/cymynu (coeden); *(game bird):* taro (rhth) i lawr, saethu (rhth); *(a house &c):* chwalu, dymchwel; *Th: F:* **to ~ down the house,** cael cymeradwyaeth fyddarol, dod â'r to/tŷ i lawr, tynnu'r lle i lawr; *(an opponent):* llorio, darostwng; *(a government):* darostwng, cwympo, dymchwel; *(fruit from tree):* cwympo, ysgwyd (ffrwythau); *M.W: occ:* disgyn (ffrwythau) [oddi ar goeden]; *(b) Mth: &c:* **to ~ down a figure,** gostwng/lleih|au rhif; *Book-k:* **"brought down",** "ducpwyd i lawr". **2.** *(a)* **to ~ s.o. down,** *(= guide):* dod â rhn i lawr, tywys rhn i lawr; *(b)* **to ~ sth down,** *(from attic &c):* dod â rhth i lawr. **3.** *(a) (= abase):* darostwng, bychanu, iselh|au (rhn); torri crib (rhn); *(b)* **to ~ down a price,** gostwng/lleihau/torri pris. **4.** *(a)* **to ~ down a sword on s.o.'s head,** taro rhn ar ei ben â chleddyf; *(b)* **to ~ down s.o.'s wrath on oneself,** gwylltio rhn, tynnu rhn yn eich pen, *Lit:* ennyn llid/dicter rhn. **5. to ~ down a swelling,** gostwng/lleihau chwydd. **6. to ~ down a history to modern times,** diweddaru hanes, parh|au hanes hyd at y cyfnod diweddar. **~ forth** *v.t.* **1.** *(children):* geni (plant), esgor (ar blant), rhoi genedigaeth (i blant), dwyn (plant) i'r byd; *abs.* **to ~ forth young,** epilio, lluosogi, atgenhedlu, amlh|au; *(calf, foal &c):* bwrw, dod â (llo, ebol &c); *(fruit):* cynhyrchu, dwyn (ffrwythau); **what will the future ~ forth?** beth a ddaw'r dyfodol ag ef? beth a ddaw'r dyfodol yn ei sgîl/gôl? **2. to ~ forth protests,** codi/achosi/peri/symbylu/ennyn protestiadau. **~ forward** *v.t.* *(a) (chair &c):* symud (cadair) yn ei blaen; *(pers.):* dod â (rhn) yn ei flaen, *Lit:* dwyn/tywys (rhn) ymlaen; *(argument):* cynnig (dadl), gosod (dadl) allan; *(b) (a meeting &c):* trefnu (cyfarfod) cynt/cynharach, dod â (chyfarfod) ymlaen; *(c) Com:* **to ~ forward a sum,** dwyn/cario (swm) yn ei flaen; *Book-k:* **brought forward,** ducpwyd ymlaen, cariwyd ymlaen. **~ in** *v.t.* **1.** *(a) (pers.):* dod â, *Lit:* dwyn, tywys, hebrwng, arwain (rhn) i mewn; **~ him in,** dewch ag ef i mewn; *(thg):* dod â (rhth) i mewn; *Lit:* dwyn/cludo (rhth) i mewn, *F:* cario (rhth) i mewn; **dinner was brought in,** daethpwyd â'r cinio i mewn; *S.a.* **money 1**; *(b) (custom, fashion):* cychwyn, lansio; **to ~ in a mediator,** galw canolwr i mewn. **2.** *(capital, investment):* **to ~ in interest,** dwyn/cynhyrchu llog. **3.** *(a) (bill):* cyflwyno, cynnig; *(b) (of jury):* **to ~ in a verdict,** cyhoeddi rheithfarn; **to ~ s.o. in guilty,** cyhoeddi rhn yn euog. **~ off** *v.t.* **1.** *(a) (people from ship &c):* codi, achub (pobl oddi ar long); dod â (phobl oddi ar long); *(b) (a ship):* codi (llong) [oddi ar graig *&c*], rhyddh|au (llong). **2.** *(= succeed):* llwyddo (i wneud rhth); **to ~ sth off,** cael y maen i'r wal; **I've brought it off!** mi lwyddais! mi gefais hwyl arni! **~ on** *v.t.* **1.** *(= cause):* achosi, peri, ennyn; **the noise brought on my headache,** cododd y twrw *N:* gur pen *or S:* ben tost arnaf; **cold brings on my rheumatism,** bydd oerfel yn codi crydcymalau/gwynegon arnaf; **seeing mountains brings on homesickness,** mae gweld mynyddoedd yn codi hiraeth ar rn. **2. the sun is bringing on the plants,** mae'r haul yn hybu twf y planhigion; mae'r haul yn peri i'r planhigion dyfu. **3.** *Th:* **to ~ on an actor,** dod ag actor ar y llwyfan, dod â rhn yn ei flaen. **~ out** *v.t.* **1.** *N:* dod â rhth allan, *S:* dod â rhth mas, *Lit:* dwyn rhth allan; **to ~ sth out of a box,** tynnu rhth o flwch. **2.** *(= show clearly):* dangos (rhth) [yn amlwg, yn eglur, ar ei orau], pwysleisio (rhth), tynnu sylw (at rth), rhoi amlygrwydd (i rth), amlygu (rhth), gwneud rhth yn amlwg/eglur; **to ~ out the meaning of sth,** amlygu ystyr rhth, dwyn allan ystyr rhth; **to ~ out a colour,** dod â lliw allan, pwysleisio lliw, amlygu lliw; **she brings out the worst in me,** mae hi'n ennyn y gwaethaf ynof i. **3.** *(a) (actress, débutante &c):* cyflwyno, cychwyn, lansio; *(b)* **the sun brings out the roses,** gwna'r haul i'r rhosynnau flodeuo; **fine weather brings out the motorists,** mae tywydd braf yn denu modurwyr; *(c) (a book):* cyhoeddi. **~ over** *v.t.* **1.** dod â (rhth) drosodd, *Lit:* dwyn/cludo (rhth) drosodd. **2. to ~ s.o. over to a cause,** ennill/troi/dwyn rhn at achos. **~ round** *v.t.* **1.** *(= deliver):* danfon (rhth), dod â (rhth) heibio, dod â (rhth) o amgylch *or* o gwmpas; *(pers.):* danfon (rhn), dod â (rhn) o gwmpas, arwain/tywys/hebrwng (rhn) o gwmpas; *(= turn):* troi. **2.** *(a) (= reawaken):* dod â (rhn) ato'i hun; dadebru, adfer, ailddeffro, ailddihuno (rhn); *(b) (= mollify):* dwyn perswâd ar rn, troi rhn, *occ:* mynd tros rn, mynd tros ben rhn. **3.** *(a)* **to ~ s.o. round to sth,** troi rhn (o blaid rhth), ennill rhn (at rth); *(b)* **to ~ a conversation round to sth,** troi/arwain sgwrs at rth. **~ through** *v.t.* **1.** dod â (rhth) drwodd, danfon (rhth) drwodd, *Lit:* dwyn/cludo (rhth) drwodd; *(pers.):* dod â (rhn) drwodd, arwain/tywys/hebrwng (rhn) drwodd. **2. to ~ a patient through,** achub bywyd claf, dod â chlaf drwyddi. **~ to 1.** *v.t. Nau:* atal, stopio. **2.** *v.i. (of ship):* aros, sefyll, stopio. **3.** *v.t. F:* **to ~ s.o. to,** dod â rhn ato'i hun, dadebru rhn, adfer rhn. **~ together** *v.t.* *(a)* casglu, cynnull, dwyn, hel (rhth) [at ei gilydd]; dod â (rhth) at ei gilydd; **chance brought us together,** daeth ffawd â ni at ein gilydd; *(b) (= reconcile):* cymodi; *(c) (= introduce):* cyflwyno. **~ under** *v.t.* *(= subdue):* meistroli, trechu, darostwng, gwastrodi, gwastrodaeth, gwastrodedd; **to ~ s.o. under discipline,** disgyblu rhn, darostwng rhn i ddisgyblaeth, dwyn rhn dan yr iau, gwastrodi rhn. **~ up** *v.t.* **1.** *N:* dod (â rhth) i fyny, *S:* dod â (rhth) lan; *(= lift):* codi (rhth), *S: occ:* cwnnu (rhth), *Lit:* dwyn/cludo (rhth) i fyny *&c*; **to ~ s.o. up,** dod â rhn i fyny *&c*, hebrwng/danfon/tywys rhn i fyny *&c*; **to ~ sth up to date,** diweddaru rhth; **to ~ up the rear,** dod yn olaf, dod wrth y gwt, cadw'r ôl; *(b) (= vomit):* cyfogi, chwydu; *(as euphemism): S:* cael rhth yn ei ôl, *N:* taflu (rhth) i fyny. **2.** *(= bring nearer):* dod â rhth yn nes. **3.** *(= rear):* magu, codi. **4. to ~ s.o. up before a court,** dwyn rhn o flaen llys. **5.** *(a) (= stop short):* **to be brought up short by sth,** bwrw/taro yn erbyn rhth, cael eich stopio'n stond gan rth; *(b) Nau: (= anchor):* angori, stopio; *v.i. (of ship):* angori, gollwng angor, dod i'r lan, glanio; *S.a.* **standing**[1] **4. 6. to ~ up a subject,** codi pwnc, gosod/dodi pwnc gerbr|on; **to ~ up a subject again,** ailgodi pwnc; **to ~ up sth against s.o.,** codi gwrthwynebiad i rn, dannod/edliw rhth i rn.

bringer *n.* dygwr (dygwyr) *m*, dygiedydd(-ion) *m*, cludwr (cludwyr) *m*, cludydd(-ion) *m*; **~ of tidings,** negesydd: negeswr (negeswyr) *m*.

brink *n.* *(of precipice &c):* ymyl(-on) *mf*, *Poet:* min(-ion) *m*; *(of river):* glan(-nau, glennydd) *f*, *occ:* torlan(-nau) *f*, ceulan(-nau, ceulennydd) *f*, *Lit:* min; *Fig:* **on the ~ of ruin,** ar ymyl dibyn, ar fin distryw; *Fin:* ar fin torri; **on the ~ of tears,** ar fin wylo, ar fedr wylo, bron ag wylo.

brinkmanship *n.* chwarae (*vn*) ar y dibyn, dibynfentro *vn.*

briny *a.* & *n.* **1.** *a.* hallt. **2.** *n. F:* y môr *m*, yr heli *m.*

brio *n. Mus:* brio *m*, afiaith *m*, hwyl *f*; ***con* ~,** yn hwyliog.

briony *n.* = **bryony.**

briquette *n.* bricsen (*f*) lo (brics glo), ***briquette(-s)*** *f.*

brisk¹ *a.* **1.** *(pers.):* bywiog, gwisgi, sionc, heini, llawn mynd, llawn bywyd, sbriws, asbrïol; *(manner):* swta, diswta, di-lol; *(= busy):* prysur; *(= quick):* chwim, prysur, esgud, chwipyn; **at a ~ pace,** yn sionc, yn gyflym; **~ trade,** masnach brysur/fywiog; *Mil:* **~ fire,** tanio bywiog; **the market was very ~,** 'roedd mynd mawr ar y farchnad; 'roedd y farchnad yn brysur iawn. **2.** *(air):* iach, iachusol, ffres, bywiogol, bywiocaol.

brisk² *v.t.&i.* **1.** *v.t.* **to ~ (s.o.) up,** procio, bywiogi, symbylu (rhn). **2.** *v.i.* **to ~ up,** bywiogi, bywioc|au, cyflymu, sioncio.

brisket *n. Cu:* brest(-iau) *f*, brisged(-i) *f*, parwyden(-nau) *f.*

briskly *adv.* yn fywiog *&c*; *(= sharply):* yn ddi-lol, yn swta.

briskness *n.* **1.** *(a) (= liveliness):* bywiogrwydd *m*, sioncrwydd *m*, nwyf *m*, nwyfiant *m*, asbri *m*, gwisgïwch *m*, hoen *f*; *(b) (= speed):* cyflymder *m*; *(c) (of trade &c):* prysurdeb *m.* **2.** *(of air):* ffresni *m*, iachusrwydd *m.*

brisling *n. Ich:* corbennog (corbenwaig) *m*, môr-grothell (~-grethyll) *f*, crothell (*f*) fôr (crethyll môr), brwyniad (brwyniaid) (*m*) Norwy.

bristle¹ *n.* **1.** *(of animal):* gwrychyn (gwrych) *m*; *(of horse):* rhawnen (rhawn) *f*; *(of beard, brush):* blewyn (blew) *m.* **2.** *Bot: N:* col(-ion) *m*, colyn (colion) *m*, *S:* cola (colion) *m.* **~ agrostis, ~ bent** *n. Bot: (Agrostis setacea):* maeswellt gwrychog *m.* **~-back** *n. Z:* cefn(-au) gwrychog *m.* **~-fern** *n. Bot: (Trichomanes speciosum):* gwrychredynen (gwrychredyn) *f*, rhedynen wrychog (rhedyn gwrychog) *f.* **~-grass** *n. Bot: (Setaria viridis):* gwrychyn yr hwch, cibogwellt gwyrddlas *m*; **foxtail ~-grass,** *(S. italica):* cibogwellt yr ardd; **rough ~-grass,** *(S. verticillata):* cibogwellt troellog; **yellow ~-grass,** *(S. pumila/lutescens):* cibogwellt bach. **~-moss** *n. Bot: (Orthotrichum):* gwrychfwsogl *m.* **~ club-rush, ~-scirpus** *n. Bot: (Scirpus setaceus):* clwbfrwynen fach (clwbfrwyn bach) *f*; **floating ~-scirpus,** clwbfrwynen nawf. **~ trap** *n. Th:* trap(-iau) (*m*) gwrychyn.

bristle² *v.t.&i.* **1.** *v.t. (of animal):* **to ~ hairs,** codi gwrychyn; *Bootm:* **to ~ a thread,** gwrychio/gwrychu edau. **2.** *v.i. (of animal):* gwrychio, gwrychu, codi gwrychyn. **3.** *v.i. Fig:* **to ~ with difficulties,** berwi o anawsterau, bod yn frith o anawsterau, bod yn [un] berth/berthen o anawsterau.

bristlecone *n. Bot:* **~ pine,** pinwydden wrychog (pinwydd gwrychog) *f.*

bristlemouth *n. Ich:* genau (geneuau) gwrychog *m.*

bristletail *n. Ent:* sioncyn (sioncod) gwrychog *m*, pryf(-ed) (*m*) arian.

bristleworm *n. Ann:* mwydyn (mwydod) gwrychog *m.*

bristling *a.* **1.** *(hair &c):* gwrychog, gwrychlyd, garw. **2.** *(with difficulties &c):* brith(-ion), yn berwi (o anawsterau *&c*); *S.a.* **bristle² 3.**

bristly *a.* gwrychog, gwrychlyd, garw, blewog.

Bristol *Eng.Pl.n.* Bryste *f*; *Nau:* **in ~ fashion,** yn drefnus, mewn trefn, yn daclus, fel pin mewn papur. **~ board** *n.* pasbord (*m*) Bryste. **~ Channel** *Pr.n. Geog:* Môr (*m*) Hafren. **~ Channel bore** *n.* eger (*m*) Hafren, *A:* deuri (*pl*) Hafren. **~ diamond, ~ gem, ~ stone** *n. Lap:* grisial (*m*) Bryste.

brit¹ *n. Fish:* silod *pl*, mag *m.*

Brit² *n.* = **Britisher, Briton 2.**

Britain *Pr.n. Geog:* Prydain *f*; *Hist:* **the Britains,** y Prydeiniau; **Great ~,** Prydain Fawr; **the Island of ~,** Ynys (*f*) Prydain/Brydain; **the loss of ~,** coll Prydain.

Britannia *Pr.n.f.* Britannia. **~ Bridge** *Pr.n. W.Geog:* Pont (*f*) Britannia, *F:* Pont y Tiwb. **~ metal** *n.* metel (*m*) Britannia.

Britannic *a.* Prydeinig, *occ:* Britanaidd, Brytanaidd; **Her ~ Majesty,** Ei Brytanaidd Fawrhydi.

Briticism *n. U.S:* ymadrodd(-ion) (*m*) Seisnig.

British *a.* & *n.* I. *a.* **1.** Prydeinig, o Brydain, Prydain; **he's ~,** Prydeiniwr ydyw; **the ~ Parliament,** Senedd Prydain [Fawr]; **the ~ Academy,** yr Academi Brydeinig; **the ~ Association [for the Advancement of Science],** y Gymdeithasfa Brydeinig [er Hyrwyddo'r Gwyddorau]; **the ~ Broadcasting Corporation,** y Gorfforaeth Ddarlledu Brydeinig; **~ Coal,** Glo Prydain; **the ~ Commonwealth [of Nations],** y Gymanwlad Brydeinig; **the ~ Council,** y Cyngor Prydeinig; **the ~ Empire,** yr Ymerodraeth Brydeinig; **the ~ Film Institute,** y Sefydliad Ffilmiau Prydeinig; **~ Gas,** Nwy Prydain; **the ~ Gas Corporation,** Corfforaeth Nwy Prydain; **the ~ Isles,** yr Ynysoedd Prydeinig, Ynysoedd Prydain; **the ~ Legion,** y Lleng Brydeinig; **the ~ Library,** y Llyfrgell Brydeinig; **the ~ Medical Association,** y Gymdeithas Feddygol Brydeinig; **the ~ Museum,** yr Amgueddfa Brydeinig; **~ Rail,** Rheilffyrdd Prydain; **~ Railways,** y Rheilffyrdd Prydeinig; **~ Savings Bonds,** Bondiau Cynilo Prydain; **~ Standard,** Safon Brydeinig; **~ Standard Time,** Amser Safonol Prydain; **the ~ Standards Institution,** y Sefydliad Safonau Prydeinig; **~ Steel,** Dur Prydain; **the ~ Steel Corporation,** y Gorfforaeth Ddur Brydeinig; **~ Telecom,** ***British Telecom*** *(usu. not translated)*; **the ~ Tourist Authority,** yr Awdurdod Twristiaeth Prydeinig; **the ~ Transport Docks Board,** Bwrdd Dociau Trafnidiaeth Prydain; **~ Transport Police,** yr Heddlu Trafnidiaeth Prydeinig; *Cost:* **~ warm,** côt fawr (cotiau mawr) *f*; **the ~ Waterways Board,** Bwrdd Ffyrdd Dŵr Prydain, Bwrdd Dyfrffyrdd Prydain; **the best of ~ luck to you!** pob hwyl/lwc iti (ichi)! **2.** *Hist:* **[Ancient] ~,** Brythonig, Brythonaidd, *A: occ:* Brytanaidd; *(in language):* Brythoneg. II. *n.* **1.** *Ling:* Brythoneg *f*, *m*, *A: occ:* y Frytaniaith *(also* = **Welsh***)*. **2.** *pl.* *(a)* **the ~,** y Prydeinwyr, y Prydeiniaid, pobl (*f or pl*) Prydain; *(b)* = **Britons.**

Britisher *n.* = **Briton 2.**

Britishness *n.* Prydeindod *m.*

Briton *n.* **1.** *Hist:* Brython(-iaid) *m*, Brythones(-au) *f*, *A: occ:* Brytwn (Brytaniaid) *m*; **the Ancient Britons,** yr Hen Frythoniaid, *A:* yr Hen Frytaniaid. **2.** Prydeiniwr (Prydeinwyr) *m*, Pryd|einwraig (Prydeinwragedd) *f.* **~ Ferry** *W.Pl.n.* Llansawel *f.*

Brittany *Pr.n. Geog:* Llydaw *f.*

brittle *a.* & *n.* **1.** *a.* brau (*comp. forms:* breued, breuach, breuaf), bregus. **2.** *n.* **peanut ~,** taffi (*m*) pysgnau. **~ star** *n. Echin:* seren frau (sêr brau) *f.*

brittleness *n.* breuder *m.*

broach¹ *n.* **1.** *Cu:* bêr (berau, beri) *m*, cigwain (cigweiniau) *f.* **2.** *Arch:* = **spire. 3.** *(a) Tls: (= chisel):* cŷn (cynion) main *m*, pirim(-au) *m*; *(b) Coop: &c:* broes(-au) *m*, ebill(-ion) *m.*

broach² *v.t.* **1.** *Cu:* cigweinio (rhth), gwanu (rhth) â bêr, rhoi (rhth) ar fêr, rhoi (rhth) ar gigwain. **2.** *Metalw:* broesio, tapio. **3. to ~ a subject,** dechrau trafod rhth, crybwyll rhth, dechrau sôn am rth, agor pwnc, codi pwnc, agor/cychwyn trafodaeth.

broach³ *v.t.&i. Nau:* **to [a ship],** troi [llong] yn nannedd y gwynt, troi/gogwyddo [llong] tua'r gwynt.

broad *a.*, *n.* & *adv.* **1.** *a.* *(a)* llydan (llydain) (*comp.forms:* cyfled *or* cyn lleted, lletach, lletaf); **the road is forty foot ~,** mae'r ffordd yn ddeugain troedfedd o led; **he has a ~ back,** mae cefn/gwar llydan ganddo; **~ jump,** *U.S: Sp:* naid hir *f*; *Med:* **~ ligament,** g[i]ewyn llydan *m*; **in ~ daylight,** gefn dydd golau, gefn canol dydd golau, yng ngolau dydd, liw dydd; *Nav:* **~ pendant,** pennwn byr *m*; *F:* **it is as ~ as it is long,** *(i)* mae'r un hyd â'i led; mae'r un hyd a'r un led; *S. W: occ:* mae'n gyd-led gyd-hyd; *(ii) Fig:* i'r un peth/man mae'n dod; *S:* brawd mogi yw tagu; ni ddeil dim byd fwy na'i lond; *N:* chwaer i mam ydyw modryb; **~ acres,** erwau eang; *S.a.* **outline¹ 2, bean, gauge¹ 1; ~ in the beam,** *(i) (boat):* llydan; *(ii) F: (pers.):* tinllydan (tinllydain), bôn-lydan (~-llydain), clunfawr, tinfawr, tindrwm (*f.* tindrom, *pl.* tindrymion); *(b) (= not fine or detailed):* bras (breision), syml, cyffredinol; **a ~ classification,** bras ddosbarthiad *m*; *Sch:* **~ guidelines,** canllawiau bras; **the ~ facts,** y ffeithiau yn fras/syml; **a ~ rule,** rheol gyffredinol; *(c) (accent):* acen (*f*) lond ceg, acen led y pen, acen wladaidd; **~ Welsh,** llond ceg/pen o Gymraeg, Cymraeg rhywiog; **to speak ~ Scots,** siarad Saesneg yr Alban, siarad fel Sgotyn; *S.a.* **hint¹**; *(d) (= coarse):* bras (breision), amh|eus, amrwd, anweddus, *Lit:* anllad, aflednais, serth, masweddus, *N:* coch(-ion), budr(-on) (*comp.forms:* butred, butrach, butraf), *S:* brwnt (*f.* bront *pl.* bryntion) (*comp.forms:* brynted, bryntach, bryntaf); **a ~ story,** stori fras/goch, stori llofft stabal; **~ humour,** digrifwch bras/iach, digrifwch a blas y pridd arno, hiwmor bras/iach, *Pej:* brasdod *m*; *Th:* **~ comedy,** comedi (*f*) amlwg/amrwd; *(e) (= liberal):* eang (*comp.forms:* ehanged, ehangach, ehangaf), eangfrydig, llydan, goddefgar, rhyddfrydig; *Ecc:* **B~ Church,** Eglwys Lydan *f*; *Ecc:* **B~ Church Party,** Plaid (*f*) Eglwysyddiaeth Lydan. **2.** *n.* *(a)* **the ~ of the back,** lled (*m*) y cefn; *(b) pl. Geog:* **the [Norfolk] Broads,** Llynnoedd Norffolc. *(c) U.S: P:* = **woman. 3.** *adv.* **~ awake,** cwbl/hollol effro, cwbl/hollol ddi-hun. **~-backed** *a.* cefnllydan (cefnllydain), â chefn llydan. **~-beamed** *a.* = **broad in the beam. ~-blown** *a.* mewn llawn dwf. **~-bottomed** *a.* tindrwm (*f.* tindrom, *pl.* tindrymion). **~-brimmed** *a.* â chantel llydan, ag ymyl l[l]ydan. **~-brow 1.** *a.* llydan-ael, eangfrydig, llydanfryd. **2.** *n.* rhn llydan-ael *&c.* **~-faced** *a.* wyneblydan, wynebfawr. **~-footed** *a.* troedlydan, llydandroed. **~-gauge** *attrib.* llydan (llydain). **B~ Haven** *W.Pl.n.* Aberllydan *m.* **~-leaved** *a. Bot:* dail llydan, llydanddail, brasddeiliog, llydanddeiliog. **~-minded** *a.* eangfrydig, eang eich syniadau, rhyddfrydig, goddefgar, eang eich bryd. **~-mindedness** *n.* eangfrydedd *m*, goddefgarwch *m*, ehangder (*m*) bryd. **B~ Oak** *W.Pl.n.* Derwen-fawr *f.* **~-shouldered** *a.* ysgwyddog, cydnerth. **~-tailed** *a.* cynffonlydan, cwtlydan, llostlydan. **B~ Water** *W.Pl.n.* Llyn (*m*) Morfa Gwyllt.

broadaxe *n.* bwyell lydan (bwyeill llydain) *f.*

broadbill *n. Orn:* aderyn (adar) llydanbig *m*, aderyn piglydan.

broadbrim *n. U.S:* **1.** *Cost:* het (*f*) gantel llydan (hetiau cantel llydan). **2.** = **Quaker.**

broadcast[1] *a. & adv.* **1.** *a.* *(a) W.Tel: T.V:* a ddarlledwyd, a ddarlledir; **a ~ account of an event,** adroddiad radio am ddigwyddiad; **a ~ announcement,** hysbysiad radio; **a ~ talk,** sgwrs radio; *(b) Agr:* [a heuwyd] ar led, ar wasgar. **2.** *adv. Agr:* **to sow ~,** hau ar led, hau ar wasgar, hau i'r gwynt; **to spend money ~,** gwasgaru arian yn hael, gwasgaru arian i bob cyfeiriad.

broadcast[2] *n. W.Tel: T.V:* darllediad(-au) *m.*

broadcast[3] *v.t.* *(a) (= publicise):* cyhoeddi, lledaenu, taenu (rhth); rhoi (rhth) ar led; *(b) Agr:* **to ~ seed,** hau/gwasgaru had ar led. **2.** *v.t.&i. W.Tel:* darlledu.

broadcaster *n. W.Tel:* darlledwr (darlledwyr) *m*, darll|edwraig (darlledwragedd) *f.*

broadcasting *vn.* = **broadcast**[2]. **~ station** *n.* gorsaf (*f*) ddarlledu (gorsafoedd darlledu).

broadcloth *n. Tex:* **1.** *(= fine woollen cloth):* brethyn dwbl *m*, y brethyn gorau, brethyn deuled, brethyn dinesig. **2.** *U.S: (= fine cotton):* poplin *m*, cotwm main *m.*

broaden *v.t.&i.* **1.** *v.t.* lledu (*not* lledaenu), ehangu, helaethu, estyn, *S.W:* llydanu; **to ~ one's horizons,** ehangu'ch gorwelion; **2.** *v.i.* ymledu, mynd yn lletach (*not* lledaenu).

broadloom *n.* gwe lydan *f.* **~ carpet** *n.* carped(-i) (*m*) gwe lydan.

broadly *adv.* yn eang; *(= in outline):* yn fras; **~ speaking,** a siarad yn fras, at ei gilydd; **to smile ~,** gwenu o glust i glust, gwenu led y pen, *F:* gwenu fel giât, gwenu'n llydan; **they are ~ similar,** maent fwy neu lai yr un fath; ar y cyfan maent yn debyg; **a ~ based government,** llywodraeth ar sail eang; **~ distributed,** â dosbarthiad eang, eang ei ddosbarthiad.

broadness *n.* **1.** = **breadth 2.** *(a) (= vulgarity):* cochni *m*, brastod *m*, bryntni: brynti *m*, *Lit:* anlladrwydd *m*, afledneisrwydd *m*, anweddustra *m*, serthedd *m*; *(b) (of accent):* lled *m.*

broadsheet *n.* **1.** *Typ:* dalen lydan (dalennau llydain) *f*, argrafflen(-ni) *f.* **2.** *Lit: Hist:* taflen(-ni) *f*, hysbyslen(-ni) *f*, dangoslen(-ni) *f.*

broadside *n.* **1.** *Nau:* *(a)* ystlys(-au) *f*, ochr(-au) *f*; **on the ~, ~ on,** wysg yr ochr; **to be ~ on to sth,** bod â'r ochr at rth, dangos yr ochr i rth; *(b) (of guns &c):* taniad(-au) *m* [ar ei hyd]; *Fig:* ymosodiad(-au) *m*; **to fire a ~ at s.o.,** bwrw i mewn i rn, ei rhoi hi i rn, tanio pob canon ar rn; *Fig:* ymosod yn chwyrn ar rn. **2.** = **broadsheet.**

broadsword *n.* cleddyf mawr (cleddyfau mawrion) *m*, cleddyf llydan (cleddyfau llydain).

broadways, broadwise *adv.* wysg yr ochr, ar draws.

Brobdingnagian *a.* cawraidd.

brocade[1] *n. Tex:* brocêd (brocedau) *m*; **gold ~,** eurwe(-oedd) *f*; **silver ~,** arianwe(-oedd) *f.*

brocade[2] *v.t. Tex:* brocedio.

brocaded *a. Tex:* eurbleth, arianbleth.

broccoli *n. Hort:* br|ocoli(-s) *m*, *occ:* br|ocilo(-s) *m*, blodfresych caled *pl*, blodfresych y gaeaf; **sprouting ~,** blodfresych blaguro.

brochette *n.* cigwain (cigweiniau) *f*, bêr (berau) *m.*

brochure *n.* pamffledyn (pamffledi) *m*, pamffled(-au,-i) *m*, llyfryn(-nau) *m*, taflen (*f*) froliant (taflenni broliant).

brock *n.* = **badger**[1].

Brocken spectre *n.* bwgan(-od) (*m*) Brocken, cysgod(-ion) (*m*) ar gwmwl.

brocket *n. Ven:* carw (ceirw) (*m*) dwyflwydd.

Brockweir *Eng.Pl.n.* Pwll (*m*) Brochfael.

brocoli *n.* = **broccoli.**

broderie anglaise *n. Needlew:* ***broderie anglaise*** *m.*

brogue[1] *n. (boot):* esgid gref (esgidiau cryfion) *f.*

brogue[2] *n. (accent):* llediaith (llediethoedd) *f*, acen wladaidd (acenion gwladaidd) *f*; **an Irish ~,** acen Wyddelig, acen Gwyddel/Gwyddeles.

broil[1] *n.* = **quarrel.**

broil[2] *n. U.S: Cu:* cig(-oedd) brwyliedig *m*, brwylgig(-oedd) *m.*

broil[3] *v.t.&i.* brwylio, grilio, rhostio; *F:* **I'm broiling in this heat,** 'rwy'n rhostio yn y gwres 'ma.

broiler *n.* **1.** = **grill**[2]; **2.** *(chicken):* brwyliad (brwyliaid) *m*, cyw(-ion) (*m*) brwylio. **3.** *F:* **today was a ~,** 'roedd heddiw'n chwilboeth; 'roedd hi'n chwilboeth heddiw. **~ house** *n. N:* cwt (cytiau) (*m*) magu cywion, *S:* cwb(-au) (*m*) cywion.

broiling *a. F:* **~ [hot],** chwilboeth, eiriasboeth, tanbaid, llethol.

broke *p.p. & a.* **1.** *p.p. See* **break**[2]. **2.** *a. P:* **stoney/dead/flat ~,** heb yr un geiniog, heb yr un ddimai goch y delyn, heb gragen i ymgrafu, heb yr un ffado, heb yr un ffaden beni; *Cards:* **to go for ~,** mentro'r cyfan/cwbl, mentro pob dimai.

broken *a. & p.p.* *(a)* toredig, wedi torri, wedi malu, *occ:* drylliog, drylliedig, briw, briwedig, maluriedig, ysig; **~ ribs,** asennau wedi eu torri/hysigo, asennau ysig; **he is ~ in health,** mae'n fusgrell/llesg/llegach; mae ei iechyd wedi torri; **his spirit is ~,** mae ei ysbryd yn ysig; torrwyd/ysigwyd ei ysbryd; mae'n diffygio/gwangalonni (*pronounced* ng-g); mae'n ddigalon; **a ~ home,** cartref toredig; *Vet:* **~ wind,** gwynt toredig; **a ~ man,** *(i) (= ruined):* dyn wedi torri, dyn wedi colli'r cyfan; *(ii) (= broken-hearted):* dyn wedi torri ei galon; *(b) (ground, road):* anwastad, pantiog, tyllog, garw; *(sleep):* anesmwyth, aflonydd; *(weather):* cyfnewidiol, ansefydlog; *(water):* garw; **a ~ outline,** amlinell fylchog; **a ~ circle,** cylch bylchog; **a ~ line,** llinell fylchog/doredig; **in a ~ voice,** yn gryg, yn gryglyd, yn floesg, yn doredig, mewn llais cryg/cryglyd/bloesg, mewn cryglais, yn betrus, mewn llais petrus/toredig, a'ch llais yn torri; **in ~ Welsh,** mewn Cymraeg bratiog/clapiog/drylliog, *S:* mewn Cymraeg cerrig calch; *(c) Mus:* **~ chord,** cord(-iau) gwasgar *m*; **~ consort,** consort cymysg *m*; *Art:* **~ colour,** lliw cymysg *m*; **~ white,** melynwyn (*f.* melynwen, *pl.* melynwynion). *See* **break**[2]. **~-backed** *a.* cefnwan, wedi torri['ch] cefn, cefnysig, *Lit: occ:* cefndwn. **~-down** *a. (pers.):* methiannus, methedig, musgrell, llegach, wedi torri, wedi ysigo, toredig; *(horse):* cefnwan, wedi ysigo, methiannus; *(furniture &c):* maluriedig, simsan, *F:* r[h]acs; *(machine):* wedi torri; *(car &c):* *(i)* wedi torri, wedi nogio; *(ii) (= in poor condition):* maluriedig, bregus, gwael ei gyflwr. **~-hearted** *a.* *(a) (of pers):* briwedig o galon, â chalon friw, â'ch calon wedi'i thorri, wedi torri'ch calon: **to die ~-hearted,** marw o dorcalon; *(b) (cry, plea &c):* torcalonnus. **~-winded** *a. Vet:* **a ~-winded horse,** ceffyl byr ei anadl/wynt.

brokenly *adv.* yn ddigyswllt, yn fylchog, yn doredig; **(to speak) ~,** (siarad) yn gryg/gryglyd *&c*, mewn llais toredig, mewn cryglais, yn grynedig.

broker *n.* brocer(-iaid) *m*, deliwr (delwyr) *m*; *S.a.* **pawnbroker, ship-broker, exchange**[1] **2**; **to be the honest ~,** *(= mediator):* bod yn gyfryngwr (*m*).

brokerage *n.* **1.** *(profession):* broceriaeth *f*, busnes (*m*) brocer. **2.** *(commission):* comisiwn (*m*) brocer, brocerdal *m.*

brolga *n. Orn:* brolga(-od) *m.*

brolly *n. F:* = **umbrella.**

bromal *n. Pharm:* bromal *m.*

bromate *n. Ch:* bromad(-au) *m.*

brome[-grass] *n. Bot:* *(Bromus):* pawrwellt *m*; **barren/sterile ~,** *(B. sterilis):* pawrwellt anhiliog/hysb, y geirchiog wacsaw *f*; **California ~,** *(B. carinatus):* pawrwellt California; **compact ~,** *(B. madritensis):* pawrwellt cryno; **corn ~,** *(B. squarrosus):* pawrwellt yr ŷd; **drooping ~,** *(B. tectorum):* pawrwellt pendrwm/llipa; **false ~,** *(Brachypodium sylvaticum):* breichwellt (*m*) y coed; *S.a.* **false; field ~,** *(B. arvensis):*

pawrwellt y maes; **great ~,** *(B. diandrus/maximus):* y pawrwellt mwyaf, pawrwellt mawr *m;* **rough/hairy ~,** = **woodland brome; Hungarian ~,** *(B. inermis):* pawrwellt di-gol/digola; **interrupted ~,** *(B. interruptus):* pawrwellt hollt; **least soft-~,** *(B. ferronii):* y pawrwellt masw; **lesser hairy ~,** *(B. benekenii):* pawrwellt blewog llai; **lesser soft-~,** *(B. pseudothominii):* y pawrwellt masw lleiaf; **Madrid ~,** = **compact brome; meadow ~,** *(B. commutatus):* pawrwellt y dolydd/ddôl, pawrwellt mwyaf y maes; **rescue ~,** *(B. unioloides):* pawrwellt porthi; **rye ~,** *(B. secalinus):* pawrwellt ller; **slender [soft-]~,** *(B. lepidus):* pawrwellt y weirglodd; **smooth ~,** *(B. racemosus):* pawrwellt llyfn; **soft-~,** *(B. mollis):* pawrwellt masw; **spreading ~,** *(B. patulus):* pawrwellt ymledol; **tall ~,** *(Festuca gigantea):* pawrwellt hirfain, peisgwellt mawr/hirion; **upright ~,** *(B. erectus):* pawrwellt unionsyth, pawrwellt syth; **woodland ~,** *(B. ramosus):* pawrwellt blewog;

bromelia[d] *n. Bot:* bromelia (bromeliâu) *m,* bromeliad (bromeliaid) *m.*

Bromfield *Pr.n. W.Geog:* Maelor [Gymraeg] *f, occ:* Brwmffild *m.*

bromic *a. Ch:* bromaidd, bromig.

bromide *n.* **1.** *Ch:* bromid(-au) *m.* **2.** *U.S: F:* = **platitude, cliché.**

brominate *v.t.,* **bromination** *n.* brominadu.

bromine *n. Ch:* bromin *m.*

bronchi *n.pl. See* **bronchus.**

bronchia *n.pl. Anat:* broncia, pibellau'r frest.

bronchial *a. Anat:* bronciol, bronciaidd.

bronchiolar *a. Med:* bronciolig.

bronchiole *n. Anat:* bronciol(-au) *m,* bronciolyn(-nau) *m.*

bronchiolitis *n. Med:* bronciolitis *m.*

bronchitic *a. Med:* broncitig.

bronchitis *n. Med:* broncitis *m,* llid *(m)* [ar] y frest, llid y bronci, *F:* bronceitus *m.*

bronchodilator *n. Med:* broncoledydd(-ion) *m.*

bronchogenic *a. Med:* broncodarddol.

bronchogram *n. Med:* br|oncogram (broncogramau) *m.*

bronchographic *a. Med:* broncograffig.

bronchography *n. Med:* broncograffeg *f.*

broncho-pneumonia *n. Med:* bronco-niwmonia *m,* llid *(m)* [ar] yr ysgyfaint.

bronchoscope *n. Med:* br|oncosgop (broncosgopau) *m.*

bronchoscopic *a.* broncosgopig.

bronchoscopically *adv.* yn froncosgopig; â broncosgop.

bronchoscopist *n.* broncosgopydd(-ion) *m.*

bronchoscopy *n. Med:* bronc|osgopi (broncosgopïau) *m.*

bronchospasm *n. Med:* caethdra *m.*

bronchus *n. Anat:* broncws (bronci) *m.*

bronco *n.* ceffyl gwyllt (ceffylau gwylltion) *m,* merlyn gwyllt (merlod gwylltion) *m.* **~-buster** *n.* dofwr (dofwyr) *(m)* ceffylau.

brontosaurus *n. Paleont:* br|ontosor (brontosoriaid) *m.*

Bron-y-Wood *W.Pl.n.* Bron *(f)* y Coed.

bronze¹ *n. & attrib.* **1.** *n.* *(a)* efydd *m;* **leaded ~,** efydd plwm; *(b) Art: (object):* darn(-au) *(m)* efydd, efyddyn(-nau) *m;* **bronzes** *pl.* celfi efydd; **maker of bronzes,** saer (seiri) *(m)* efydd, efyddwr (efyddwyr) *m;* *(c) F: Sp:* medal(-au) *(f)* efydd; **to win a ~,** ennill medal efydd. **2.** *attrib.* **a ~ statue,** delw(-au) *(f)* efydd; *(colour):* eurgoch, lliw efydd; **the B~ Age,** yr Oes *(f)* Efydd, Oes yr Efydd; *(less correctly):* Oes y Pres.

bronze² *v.t.&i.* **1.** *v.t.* *(a) Metalw:* efyddu, presu (rhth); gorchuddio (rhth) ag efydd; *(b) (= tan):* rhoi lliw haul (ar rth). **2.** *v.i.* *(= become tanned):* cael lliw haul.

bronzed *a.* [â] lliw haul.

brooch *n. Cost:* broetsh(-is) *f, Lit:* tlws (tlysau) *m, A:* gwäeg(-au) *f.* **~ pin** *n.* pin *(m)* tlws (pinnau tlysau).

brood¹ *n.* **1.** *(of chickens &c):* nythaid (nytheidiau) *f,* deoraid: deoriad (deoreidiau) *m,* hatsiaid (hatsieidiau) *f;* *(of shellfish, fish &c):* mag *m.* **2.** *F:* *(a) (= children):* plant, plantos *pl, occ:* torllwyth(-i) *m, Pej:* epil(-oedd) *mf;* *(b) Pej: (of scoundrels &c):* haid (heidiau) *f,* criw(-iau) *m,* ciwed *f, N.W:* haflug *f, S.W: occ:* cethern *f, Lit:* epil, hiliogaeth *f.* **~-hen** *n.* iâr orllyd (ieir gorllyd) *f,* iâr glwc (ieir clwc), iâr ddeor (ieir deor), iâr ori (ieir gori). **~-mare** *n.* caseg *(f)* fagu (cesyg magu), *Lit: occ:* caseg re (cesyg gre) *f.*

brood² *v.i.* **1.** *(of hen):* gori, eistedd, deor. **2.** *(a) (of pers.):* pensynnu, trwmfyfyrio, pendroni (**over sth,** dros rth); *N:* hel meddyliau (ynghylch rhth); **to ~ over a plan,** myfyrio ar gynllun, deor cynllun; *(b)* **the storm brooding over us,** y storm sy'n codi/magu uwch ein pennau.

brooder *n.* *(a)* = **brood-hen;** *(b) (machine):* peiriant (peiriannau) *(m)* deor, deorydd(-ion) *m;* *(c) (pers.):* synfyfyriwr (synfyfyrwyr) *m,* heliwr (helwyr) *(m)* meddyliau, un *(mf)* am hel meddyliau.

broodily *adv.* yn synfyfyriol.

broodiness *n.* **1.** *(of hen):* cyflwr deorllyd/gorllyd *m.* **2.** *(of pers.):* synfyfyrgarwch *m,* hel *(vn)* meddyliau.

broody *a.* *(a) (hen):* gorllyd, deorllyd, clwc; *S.a.* **brood-hen;** *(b) F: (pers.):* synfyfyriol, synfyfyrgar, pell eich meddwl; **she's ~,** *F:* mae hi fel iâr yn gori; mae hi fel iâr glwc.

brook¹ *n.* nant (nentydd) *f,* ffrwd (ffrydiau) *f,* afonig(-au) *f,* cornant (cornentydd) *f, occ:* ceunant (ceunentydd) *m, S: occ:* rhewyn(-au) *m.* **~-trout** *n. Ich:* brithyll(-iaid,-od) *m.*

brook² *v.t.* *(in neg. sentences):* goddef, caniatáu; **this matter brooks no delay,** ni thâl oedi yn hyn o beth; ni wiw oedi yn hyn o beth; **I will ~ no opposition,** ni chaiff neb fy ngwrthwynebu.

Brookhouse *W.Pl.n.* Y Brwcws *m.*

brooklet *n.* afonig(-au) *f,* cornant (cornentydd) *f,* nant (nentydd) *f.*

brooklime *n. Bot:* *(Veronica beccabunga):* creulys *(f)* y dŵr, y greulys fanw, llychlyn *(m)* y dŵr, goferini *m,* llysiau *(pl)* Taliesin, yr hen ŵr *m,* graeanllys *(m)* y dŵr.

brookweed *n. Bot:* *(Samolus valerandi):* claerllys *m,* claerlys *f,* ffrydlys *m,* samwl *m,* samylen *f.*

broom *n.* **1.** *Bot:* banhadlen (banadl) *f;* **full of ~,** banhadlog; **Ardoin ~,** *(Cytisus ardoini):* banadl Ardoin; **black ~,** *(Lembotropis nigricans):* banadl du; **butcher's ~, thorny ~,** *(Ruscus aculeatus):* celyn *(m)* Ffrainc, celynnen *(f)* Ffrainc, celyn Gwent, celyn Mair, celyn y wrach, eurfanadl *pl,* llysiau*(pl)*'r gïau, gewynllys *m,* greulys *m,* corgelynnen *f, S.W: occ:* y goron *(f)* ddrain; **clustered ~,** *(Chamaecytisus supinus):* banadl clystyrog; **dyer's ~,** *(Genista tinctoria):* banadl aur, corfanadl *m,* llysiau *(pl)* melyn, melynog *(m)* y waun; *S.a.* **dyer; hairy ~,** *(C. hirsutus):* banadl blewog; **hedgehog ~,** *(Erinacea anthyllis):* banadl pigog; **Lugano ~,** *(C. emeriflorus):* banadl yr Eidal; **purple ~,** *(C. purpureus):* banadl porffor; **Pyrenean ~,** *(C. purgans):* banadl y Pyrenau; **silvery ~,** *(Genista sericea):* banadl arian; **Spanish ~,** *(Spartium junceum):* banadl Sbaen; **sweet ~,** = **dyer's ~. white ~,** *(C. multiflorus):* banadl gwyn; **winged ~,** *(Ch. sagittale):* banadl adeiniog. **2.** *(= brush):* ysgub(-au) *f, Lit: occ:* dysgub(-au) *f,* ysgubell(-au,-i) *f, F:* brwsh(-is) *(m)* llawr, *S: occ:* brwsh parth; *Prov:* **a new ~ sweeps clean,** wythnos gwas newydd yw hi; glân yr ysguba'r ysgub newydd.

broomcorn *n. U.S: Bot:* = **millet.**

broomrape *n. Bot:* **greater ~,** *(Orobanche rapum genistae):* gorfanadl *pl,* corn *(m)* yr afr, corn y bwch, corn yr hydd, corn yr iwrch, paladr hir *m,* caldrist *(f)* y banadl; **Alsace ~,** *(O. alsatica):* gorfanadl Alsás; **amethyst ~,** *(O. amethystea):* gorfanadl porffor; **branched ~, hemp ~,** *(O. ramosa):* gorfanadl canghennog; **carrot ~,** *(O. maritima):* gorfanadl y moron; **clove-scented ~,** *(O. caryophyllacea):* gorfanadl persawr; **common ~, lesser ~,** *(O. minor):* y gorfanadl lleiaf; **germander ~,** *(O. teucrii):* gorfanadl y derwlys, corn bwch y derwlys; **ivy ~,** *(O. hederae):* gorfanadl eiddew; **knapweed ~,** *(O. elatior):* gorfanadl hir; **mugwort ~, ox-tongue ~,** *(Loricata):* gorfanadl y gwalchlys; **picris ~,** *(O. picridis):* gorfanadl picris; **purple ~, yarrow ~,** *(O. purpurea):* gorfanadl glasgoch; **red ~,** *(O. alba):* gorfanadl coch; **sage ~,** *(O. salviae):* gorfanadl y saets; **sand ~,** *(O. arenaria):* gorfanadl y tywod; **sermountain ~,** *(O. laserpitii-sileris):* gorfanadl y carwlys; **slender ~,** *(O. gracilis):* gorfanadl main; **tall ~,** *(O. elatior):* gorfanadl hir; **thistle ~,** *(O. reticulata):* gorfanadl yr ysgall; **thyme ~,** = **red broomrape; yellow ~,** *(O. flava):* gorfanadl melyn.

broomstick *n.* cocs *(mf)* ysgub (coesau ysgubau), *F:* coes brwsh (coesau brwshis).

brose *n. Cu:* br[y]wes(-au) *m;* **athol ~,** wisgi *(m)* mêl.

broth *n.* **1.** cawl(-iau) *m,* potes(-au) *m;* **barley ~,** cawl brag, cawl haidd; **herring ~,** cawl ysgadan; **leek ~,** cawl cennin; **meat ~,** potes cig; **meatless ~,** *S:* cawl pen lletwad, *N:* potes troednoeth;

Scotch ~, cawl pen dafad, *occ:* sgot brywes; **turnip ~,** *S:* cawl erfin, *N:* potes maip. **2.** *F:* **he's a ~ of a boy,** *N:* mae'n hen foi iawn; mae'n hen fachgen clên; mae'n fachgen heb ei ail/debyg; *S:* mae'n fachan piwr; *S.a.* **cook**[1].

brothel *n. Lit:* puteindy (puteindai) *m.* **~-creeper** *n. Cost: F:* esgid(-iau) *(f)* dal adar.

brother *n.* **1.** brawd (brodyr) *m;* **younger ~,** brawd bach; **~ german,** brawd *(m)* cyfan (brodyr cyfain), brawd unwaed; **~ uterine,** brawd unfam; *Com:* **Jones Bros.,** y Brodyr Jones; *B:* **am I my ~'s keeper?** ai ceidwad fy mrawd ydwyf i? *int. U.S:* **~!** nefoedd! 'rargian! 'rachlod! *N:* hogia bach! *S:* bois bach! bachgen! *S.a.* **blood-brother, foster-brother, half-brother. 2.** *(= member of society):* cymrawd (cymrodyr) *m.* **3.** *Ecc:* brawd; **Brethren of the Common Life,** Brodyr y Bywyd Cyffredin. **4.** *attrib.* cyd- + *soft mut.* **~-doctor** *n.* cydfeddyg(-on) *m.* **~-in-arms** *n.* cydymladdwr (cydymladdwyr) *m,* cydfilwr (cydfilwyr) *m,* cymrawd yng nghad. **~-in-law** *n.* brawd yng nghyfraith. **~-officer** *n.* cydswyddog(-ion) *m.* **~-teacher** *n.* cydathro (cydathrawon) *m.* **~-writer** *n.* cydlenor(-ion) *m.*

brotherhood *n.* **1.** brawdoliaeth(-au) *f.* **2.** *U.S:* undeb(-au) *(m)* llafur.

brotherlike *a. & adv.* **1.** *a.* brawdol. **2.** *adv.* yn frawdol, fel brawd.

brotherliness *n.* cariad brawdol *m,* teimlad brawdol *m,* brawdgarwch *m,* brawdolrwydd *m.*

brougham *n. A: Veh:* cerbyd(-au) *m,* trap(-iau) *m.*

brought *v. See* **bring.**

Broughton *W.Pl.n.* Brychdwn *m.*

brouhaha *n.* cynnwrf *m,* terfysg(-oedd) *m,* stŵr *mf,* cyffro *m,* twrw *m,* mwstwr *m,* helynt(-ion) *f,* ffwdan *f.*

brow[1] *n.* **1.** ael(-iau) *f;* **to pucker one's brows,** crychu ael/talcen; *S.a.* **knit**[1] **2. 2.** *(= forehead):* talcen(-nau,-ni) *m, Lit: A:* tâl (taloedd, talau) *m; S.a.* **highbrow, lowbrow. 3.** *(of a hill):* ael, *N: occ:* clip(-iau) *m.* **4.** *(of precipice):* ymyl(-on) *mf.*

brow[2] *n. Nau: (= gangway):* pompren(-ni) *f.*

browbeat *v.t.* bygwth, bygylu (rhn); arthio, brygowthan, codi ofn (ar rn); *N: F:* dondio (rhn); **to ~ s.o. into doing sth,** gwthio/gorfodi rhn i wneud rhth; *Jur:* **to ~ a witness,** gormesu tyst, pwyso['n ormodol] ar dyst, gormes-holi tyst.

browbeaten *a.* penisel, diysbryd; **a ~ look,** *F:* golwg ci wedi cael cweir.

-browed *comb.fm.* ael-; **dark-~,** aelddu(-on); *S.a.* **beetle-browed.**

brown[1] *a. & n.* I. *a. (a)* brown, *occ:* llwyd(-ion), *Lit:* gwinau (gwineuon), *occ:* dugoch(-ion), cochddu(-on); **~ ale,** cwrw coch/llwyd *m;* **~ coal,** lignit *m,* glo llwyd *m,* coedlo *m;* **a ~ horse,** ceffyl coch/gwinau *m;* **~ bread,** bara coch/brown *m; Cu:* **~ butter,** ymenyn coch *m;* **~ paper,** papur llwyd *m;* **~ shoe,** esgid frown/felen (esgidiau brown/melyn) *f;* **~ sugar,** siwgwr coch/brown *m;* **a ~ study,** synfyfyrdod *m,* myfyrdod dwys *m,* dwys fyfyrdod, dwfn fyfyr *m; S.a.* **owl;** *(b) (= tanned):* brown, melyn, [â] lliw haul; **to do (s.o.) ~,** *(= deceive):* twyllo, gwn|eud, *N.W: occ:* trin, *Lit:* hocedu, *occ:* cafflo (rhn). II. *n.* **1.** brown *m,* gwinau *m;* **(to fire) into the ~,** (saethu/tanio)'n ddiwahân, ar antur. **2.** *Ent:* **~ [butterfly], hedge ~,** porthor(-ion) *m;* **meadow ~,** llwyd(-iaid) *(m)* y ddôl; **wall ~,** llwyd y fagwyr/mur. **~ Holland** *n. Tex:* lliain crai/cri *m,* hwlant/hwlont crai/cri *m.* **~ roll-rim** *n. Fung:* madarch cantelog *pl.* **~-stone** *n. U.S:* tywodfaen *m.*

brown[2] *v.t.&i.* brownio, melynu; **face browned by the sun,** wyneb [wedi cael] lliw haul. **~ off** *v.t.* **I'm browned off,** 'rwyf wedi diflasu; 'rwyf wedi hen alaru; 'rwyf wedi cael llond bol; 'rwyf wedi syrffedu; *S:* 'rw' i wedi danto'n lân; 'rw' i wedi cael llond bola.

browned off *a.* diflas, wedi diflasu, wedi alaru, wedi syrffedu, wedi cael llond bol/bola.

Brownian *a. Ph:* Brownaidd.

brownie *n.* **1.** *Scot:* coblyn(-nod,-iaid) *m.* **2.** *Scouting:* browni(-s) *f.*

Browning[1] *n. Sm.a:* Browning(-s) *m.*

browning[2] *vn. & n.* **1.** *vn.* = **brown**[2]. **2.** *n. Cu:* brownin *m.*

brownish *a.* brownaidd, brownllyd, llwydaidd, lledfrown.

Brownist *n. & attrib.* **1.** *n.* Brownydd(-ion) *m,* Brownist(-iaid) *m&f.* **2.** *attrib.* Brownaidd, Brownistaidd.

brownshirt *n.* crys(-au) *(m)* brown.

brownwort *n. Bot:* = **betony (water).**

browse *v.t.&i.* **1.** blaenbori, brigbori (ar rth); blewynna (rhth). **2.** *(= graze):* pori; *Cmptr:* pori; **to ~ among books,** pori yng nghanol llyfrau; **just browsing,** dim ond edrych.

browser *n.* porwr (porwyr) *m,* p|orwraig *f.*

brucellosis *n. Vet:* brwselosis *m,* twymyn donnol/donnog *f,* twymyn y gwartheg, clwyf *(m)* erthylu, *M.W:* clwyf picio.

bruin *n. Lit:* arth (eirth) *f.*

bruise[1] *n.* clais (cleisiau) *m; (in metal):* tolc(-iau) *m.*

bruise[2] *v.t.&i.* I. *v.t.* **1.** cleisio; *(fruit):* cleisio, *S.W: occ:* clensho, manno; *(metal):* tolcio. **2.** *B:* ysigo, sathru. **3.** *(= pound, grind):* pwyo, malu, briwio, malurio, dryllio. II. *v.i.* cleisio, *occ:* duo, codi'n glais.

bruised *a.* cleisiog; dan eich cleisiau; **a ~ reed,** corsen ysig.

bruiser *n. Box: F:* colbiwr (colbwyr) *m,* paffiwr (paffwyr) *m.*

bruising *a. & vn.* **1.** *a.* cleisiol, poenus. **2.** *vn. (a) (of flesh):* cleisio, cleisiau *pl,* cleisiadau *pl.* *(b) (= pounding):* pwyo, malu, briwio, malurio; **he took a ~,** cafodd ei bwyo *&c.*

bruit[1] *n. (a) A:* si (sïon) *m,* sôn *m; (b) Med:* murmur *(m)* y galon.

bruit[2] *v.i. A: & U.S:* taenu si/stori ar led.

brumal *a. Poet:* gaeafol, niwlog, caddugol.

brume *n.* = **mist**[1], **fog**[1].

brummagem *a.* diwerth, sothachlyd, rhad, tsiêp, *S:* tsiep.

Brummie *n.* Brymi(-s) *m&f.*

brumous *a.* = **brumal.**

brunch *n.* *brecinio (breciniawau) *m.*

brunet *a. & n.* **1.** *a.* pryd tywyll. **2.** *n.* dyn(-ion) pryd tywyll *m.*

brunette *a. & n.f.* **1.** *a.* pryd tywyll. **2.** *n.f.* brwnét (brwnetiaid), merch bryd tywyll (merched pryd tywyll); **she's a ~,** pryd tywyll yw hi.

brunt *n.* y pen trymaf *m,* baich *m,* pwysau *m,* y gwaethaf *m;* **to bear the ~ of an attack,** dwyn pwysau'r ymosodiad, derbyn y gwaethaf o'r ymosodiad; **to bear the ~ of the work,** dwyn baich y gwaith, cario pen trymaf y gwaith; **to bear the ~ of the expense,** dwyn baich y gost.

brush[1] *n.* **1.** *(a)* = **brushwood;** *(b) U.S: Austr: (= shrubs, shrubby land):* llwyni *pl,* prysglwyni *pl,* dryslwyni *pl,* prysgwydd *pl,* prysgoed *pl.* **2.** *(a)* brwsh(-is) *m, Lit: occ:* brws(-iau) *m.* **blacking ~,** brwsh blac-led, brwsh blacin; **bristle ~,** brwsh blew; **cording ~,** brwsh ffeil; **coarse ~,** *N:* brwsh bras/caled, *S:* brwsh câns; **floor/sweeping ~,** brwsh llawr, *S: occ:* brwsh parth; **hoghair ~,** brwsh blew mochyn; **sable ~,** brwsh sabl; **scratch ~,** brwsh crafu; **wire ~,** brwsh weiars; **[wire] ~,** *Mus:* brwsh gwifrau; *S.a.* **airbrush, hairbrush, paint-brush, shaving-brush, shoe-brush, toothbrush, sweep's brush** *&c;* *(b) (of fox):* = **tail**[1] **1.** *(a);* *(c) El.E:* brwsh *m;* **3.** *(a) Ph:* cynffon(-nau) *f,* ffrwd (ffrydiau) *f;* *(b) Opt:* cysgod(-ion) *m.* **4. to give sth a ~,** rhoi brwsiad *m (f. in S:)* (i rth); *(of floor):* rhoi ysgubiad *(m)* i rth; *(= light touch):* cyffyrddiad(-au) *m.* **5.** *(a) (= encounter):* gwrthdrawiad(-au) *m,* ysgarmes(-oedd) *f;* **to have a ~ with the law,** mynd i drafferth/helynt gyda'r gyfraith; **at the first ~,** ar y dechrau, y tro cyntaf, ar y cychwyn; *(b) (= disagreement):* ymrafael(-ion) *m.* **~-holder** *n. El.E:* daliwr *(m)* brwsh[-is] (dalwyr brwshis), peth *(m)* dal brwsh[-is] (pethau dal brwshis). **~-proof** *n. Typ:* proflen(-ni) *(f)* brwsh. **~-turkey** *n. Orn: Austr:* twrci*(m)*'r llwyn (tyrcwn y llwyn). **~-ware** *n.* brwsiau *pl,* brwshis *pl.*

brush[2] *v.t.&i.* **1.** *v.t. (a) (clothes &c):* brwsio; *(floor):* ysgubo, *F:* 'sgubo; *(b) (= touch lightly):* lledgyffwrdd (â rhth), *Lit: occ:* cnithio (rhth); *(c) (wool):* cribo; *(d)* **to ~ the dust off sth,** tynnu'r llwch oddi ar rth [â brwsh], brwsio'r llwch oddi ar rth; **to ~ sth clean,** glanh|au rhth â brwsh. **2.** *v.i.* **to ~ against/by/past sth,** ysgubo heibio i rth. **~ aside** *v.t.* ysgubo (rhth) ymaith, ysgubo (rhth) [i'r/o'r] naill ochr, *N:* hel (rhth) ymaith, hel (rhth) i un ochr, hel (rhth) o'r neilltu, cael gwared (â rhth), bwrw/taflu (rhth) heibio; **to ~ s.o. aside,** *(physically):* gwthio heibio i rn, chwifio rhn i'r naill ochr; **to ~ aside objections,** chwifio pob gwrthwynebiad ymaith. **~ away** *v.t.* ysgubo/brwsio (rhth) ymaith; *(difficulty, objection):* chwifio (rhth) ymaith; bychanu, diystyru (rhth). **~ down** *v.t.* brwsio (rhth), rhoi brwsiad (i rth). **~ off** *v.t.* = **brush**[2]. **~-off** *n. F:* gwrthod *vn,* gwrthodiad *m,* sarhad *m;* **to get the ~-off from a girlfriend,** cael cawell *(m)* gan gariad; **to give a boyfriend the ~-off,** rhoi cawell i gariad; **to give s.o. the ~-off,** anwybyddu/gwrthod rhn, troi rhn heibio, chwifio rhn ymaith. **~ over** *v.t.* **1.** brwsio. **2.** *(= touch lightly):* lledgyffwrdd (â rhth). **~ up** *v.t. (a)* brwsio (rhth), rhoi brwsiad (i rth); *F:* **to ~ up a subject,** adolygu pwnc, *N: F:* ffagio pwnc; **to ~ up one's Welsh,** caboli'ch Cymraeg, rhoi sglein ar eich Cymraeg, gloywi'ch Cymraeg; *(b)* **to ~ up wool,** cribo gwlân; *(c)* **to ~ up crumbs,** ysgubo briwsion. **~-up** *n.* **1.** brwsiad(-au) *m.* **2. to give one's Welsh a ~-up,** rhoi sglein ar eich Cymraeg.

brushfire *n.* **1.** tân (*m*) prysgwydd/prysgoed. **2.** *Fig:* tân siafins.

brushing *n.* brwsiad(-au) *N: m, S: f; vn.* = **brush**[2].

brushwood *n.* prysglwyni *pl*, llwyni *pl*, prysgwydd *pl*, prysgoed *pl*, dryslwyn(-i) *m*, manwydd *pl*, mangoed *pl* (*pronounced* ng-g), coed bach *pl*, mân goediach *pl*, *N.W: occ:* brwgaets *pl*; *(for fire):* brigau *pl*, poethfel *m*, *F:* poethwal *m*.

brushwork *n.* gwaith (*m*) brwsh.

brushy *a.* fel brwsh, blewog, gwrychog, gwrychlyd.

brusque *a.* swta, sychlyd, cwta, di-lol, diswta, plwmp a phlaen, plaen, sarrug, *N: F:* ffwr-bwt, *occ:* cwrtans.

brusquely *adv.* yn swta *&c*, yn blwmp ac yn blaen, *S.W: occ:* yn doc ac yn blaen.

brusqueness, brusquerie *n.* sarugrwydd *m*, sychder *m*, tôn swta *f*, dull swta *m*, *N: F:* ffwr-bwtrwydd *m*.

Brussels *Pr.n. Geog:* Brwsel *f*; *S.a.* **sprout**[1] **2.**

brut *a. Vit:* sych.

brutal *a.* ciaidd, creulon, milain, annynol, *N:* brwnt (*f.* bront, *pl.* bryntion).

brutality *n.* creulondeb(-au) *m*, creulonder(-au) *m*, cieiddiwch *m*, ci|eidd-dra *m*, *N:* brynt[n]i *m*, *occ:* bryntwch *m*.

brutalization *n.*, **brutalize** *v.t.* bwystfileiddio.

brutalized *a.* bwystfilaidd.

brutally *adv.* yn giaidd *&c*.

brute *n. & a.* **1.** *n.* *(a)* bwystfil(-od) *m*; *(b)* *F:* **you ~!** y cythraul [creulon] (*m*)! y diawl [brwnt] (*m*)! *N:* yr uffern! *(c)* **it was a ~ of a job,** gwaith y cythraul oedd e; cythraul o waith oedd e; gwaith caled gythreulig oedd e. **2.** *a.* *(a)* **~ beast,** anifail (anifeiliaid) direswm *m*; *(b)* **~ force,** nerth (*m*) bôn braich, grym (*m*) corfforol; *(c)* **~ matter,** sylwedd materol *m*.

brutish *a.* bwystfilaidd, anifeilaidd, anwaraidd, anwar.

brutishly *adv.* yn anwaraidd *&c*.

brutishness *n.* natur anifeilaidd/fwystfilaidd *f*, anifeildra *m*, bwystfileiddiwch *m*, bwystfil|eidd-dra *m*, anwarineb *m*, anwareiddiwch *m*, anwar|eidd-dra *m*.

Brynkinallt *W.Pl.n.* Bryncunallt *m*.

Brynkir *W.Pl.n.* Bryncir *m*.

bryological *a.* mwsoglegol, bryolegol.

bryologist *n.* mwsoglegwr: mwsoglegydd (mwsoglegwyr) *m*, bryolegydd: bryolegwr (bryolegwyr) *m*.

bryology *n.* mwsogleg *f*, bryoleg *f*.

bryony *n. Bot:* **1. black ~,** meipen (*f*) Adda, maip (*pl*) Adda, gwinwydden ddu (gwinwydd duon) *f*, cwlwm (*m*) y coed, paderau(*pl*)'r gath, cwlwm y gwŷdd, grawn (*pl*) y perthi, taglys du *m*, afal (*m*) Adda, meipen Fair, rhwymyn (*m*) y coed, coedglwm *m*, coedrwym *m*, erfinen (erfin) (*f*) y coed; **berries of the black ~,** eirin Gwion. **2. white or red ~,** gwinwydden wen (gwinwydd gwynion), bloneg (*m*) y ddaear, llysiau(*pl*)'r twrch, llysiau'r tywyrch, grawn y perthi, pys (*pl*) y coed, greol: greolen: greuol: greuolen *f*, meipen fendigaid, *A:* hwl *m*.

bryophyte *n.* brÿoffyt (bryoffytau) *m*.

bryozoan *a. & n.* **1.** *a.* bryosoaidd. **2.** *n.* bryosoad (bryosoaid) *m*.

Brython *n.* Brython(-iaid) *m*.

Brythonic *a. & n.* **1.** *a.* Brythonaidd, Brythonig; *(in language):* Brythoneg. **2.** *n. Ling:* Brythoneg *f, m*.

bub *n.* = **breast**[1] **1.**

bubal *n. Z:* bwbal(-od) *m*.

bubaline *a.* bwbalaidd.

bubble[1] *n.* **1.** *(a) (of soap, in glass, metal &c):* swigen (swigod) *f*, *Lit:* chwysigen (chwysigod) *f*; *(b) (of air):* bwrlwm (byrlymau) *m*, *occ:* cloch (*f*) ddŵr (clychau dŵr), boglyn(-nau) *m*; *(c) Glassm: Metalw:* swigen. **2.** *Hist: &c:* **the South Sea B~,** Chwysigen Môr y De, Helynt (*f*) Môr y De; **a ~ scheme,** cynllun amh|eus. **3.** *(of boiling water):* crychiad(-au) *m*. **~ and squeak** *n. Cu:* stwnsh (*m*) tatws a chabetsh, *N.W: occ:* cwcri *m*, mwtrin *m*, *M.W: occ:* stwmp a goglais. **~-bath** *n. (bath):* baddon(-au) (*m*) ewyn; *(liquid):* ewyn (*m*) ymolchi. **~-car** *n.* car (*m*) swigen (ceir swigod). **~-chamber** *n. Ph:* siambr (*f*) fyrlymu (siambrau byrlymu), llestr (*m*) swigod. **~-gum** *n.* gwm/gỳm (*m*) swigod, gwm/gỳm chwythu. **~-pack** *n.* pecyn (*m*) swigen (paciau swigod). **~ sort** *n. Cmptr:* trefniad(-au) (*m*) bwrlwm.

bubble[2] *v.i.&t.* **1.** *v.i.* byrlymu. **2.** *v.t. Ch:* **to ~ liquid,** gyrru byrlymau/swigod trwy hylif, byrlymu hylif. **~ over** *v.i.* gorlifo, goferu, byrlymu; *F:* **to ~ over with high spirits,** byrlymu â hwyl. **~ up** *v.i.* pistyllio, codi, tarddu, byrlymu.

bubbling[1] *a. (wine &c):* byrlymol, byrlymog; *(also, personality):* afieithus; *(boiling water):* crychias, byrlymol, byrlymog.

bubbling[2] *vn.* byrlymu, byrlymiad *m*.

bubbly *a. & n.* **1.** *a.* = **bubbling**[1]. **2.** *n. P:* siampên *m*.

bubo *n. Med:* llinoryn (llinorod) *m*.

bubonic *a.* llinorog; *Hist:* **the B~ Plague,** y Pla Du *m*, *occ:* Haint (*mf*) y Nodau.

bubonocele *n. Med:* torllengig *m* (*pronounced* ng-g).

buccal *a. Anat:* geneuol, bochol, bochaidd, y bochau; **~ cavity,** ceudod (*m*) y genau.

buccaneer *n. Hist:* môr-leidr (~-ladron) *m*; *Fig:* anturiwr (anturwyr) *m*, bycanîr (bycaniriaid) *m*.

buccaneering *a.* bycaniraidd.

buccinator *n.* cyhyr (*m*) boch (cyhyrau bochau).

Bucharest *Pr.n. Geog:* Bwcarést *f*.

Buchmanism *n. Rel.Hist:* Buchmaniaeth *f*.

Buchmanite *a. & n.* **1.** *a.* Buchmanaidd. **2.** *n.* Buchmaniad (Buchmaniaid) *m&f*.

buck[1] *n.* **1.** *(a) (of fallow deer, roebuck):* bwch (bychod) *m*; *S.a.* **roebuck**; *(b) (= male animal):* gwryw(-od) *m*, bwch; *(c) U.S: Pej:* **~ nigger,** blac ifanc (blacs ifainc) *m*, nigar ifanc (nigars ifainc) *m*; **a big black ~,** llafn o ddyn du, llabwst mawr du. **2.** *F: A: & Hist: (= dandy):* dandi(-s, dandïaid, dandïod) *m*, coegyn(-nod) *m*; **old ~,** hen greadur, hen goes. **3.** *Equit:* = **buck-jump. 4.** *U.S: P:* = **dollar; to make a fast ~,** ennill/gwn|eud punten sydyn, troi ceiniog fach sydyn. **~-eye** *n. Bot: U.S:* castanwydden (castanwydd) (*f*) Am|erica, llygad (*m*) y bwch. **~-eyed** *a. Vet:* llygadfrith. **~-fever** *n. U.S: F:* nerfusrwydd *m*. **~-horn** *n.* corn (*m*) bwch. **~-hound** *n.* bytheiad (bytheiaid) *m*, corfytheiad (corfytheiaid) *m*, ci (cŵn) (*m*) hela, helgi (helgwn) *m*. **~-jump** *v.i.* neidio/llamu [ar eich pedwar]. **~-rabbit** *n.* *(a) Z:* bwch cwningen; *(b) Cu:* caws pob (*m*) ac ŵy. **~'s horn** *n. Bot:* *(a) (= swine-cress):* olfran *m*; *(b) U.S:* corn (*m*) carw America, corn hydd America. **~'s horn plantain** *n. Bot:* llwynhidydd (*m*) corn [y] carw, llysiau (*pl*) Efa, llyriad (*m*) y môr; *S.a.* **plantain. ~'s horn weld** *n. Bot:* cynffon (*f*) titw corn carw. **~-tooth** *n. F:* dant (dannedd) (*m*) cwningen, *S.W:* dant bargod, *N:* dant yn taflu allan; *pl.* **~-teeth,** danheddiad *m*. **~-toothed** *a.* â dannedd cwningen *&c*, â thipyn o ddanheddiad.

buck[2] *v.t.&i.* **1.** *v.i.* = **buck-jump. 2.** *v.t. (of horse):* **to ~ s.o. off,** taflu rhn. **3.** *v.t. U.S: (= resist, oppose):* gwrthod, gwrthwynebu; **to ~ the system,** gwingo yn erbyn y symbylau, codi dani.

buck[3] *v.t.&i. F:* **1.** *v.t.* **to ~ s.o. up,** codi calon rhn, sirioli/calonogi rhn; **(I was) bucked (to hear the news),** ('roeddwn) yn falch, wrth fy modd, uwch ben fy nigon, *F:* yn blês (o glywed y newydd). **2.** *v.i.* **to ~ up,** *(= cheer up):* codi'ch calon, sirioli; *(= hurry up):* brysio, prysuro, *S: F:* ei siapo hi, *N: F:* styrio, gafael ynddi; **buck up!** *S: F:* siapa (siapwch) hi! *N: F:* styria dy goed (styriwch eich coed)! styria (styriwch) hi! gafael(-wch) ynddi!

buck[4] *n. Cards:* arwydd(-ion) *m*; **to pass the ~,** bwrw'r cyfrifoldeb, taflu'r baich; **the ~ stops here,** yma mae'r cyfrifoldeb; yma mae'r penderfynu.

buck[5] *v.i. (= curdle):* cawsio, troi, bwco.

buck[6] *n. Fish:* cawell (cewyll) *m*.

buck[7] *n. (of cart):* corff (cyrff) *m*.

buck[8] *n. Carp:* = **saw-horse**; *Gym:* = **vaulting-horse**.

buckbean *n. Bot:* ffeuen (*f*) y gors (ffa'r gors).

buckboard *n. U.S:* cerbyd(-au) *m*, trap(-iau) *m*, certwain (certweiniau) *m*.

bucked *a. F:* balch, plês.

bucker *n. Tls: Min:* gordd (gyrdd) *f*, bwcer(-au,-i) *m*.

bucket[1] *n.* **1.** *(a)* bwced: pwced(-i) *f*, *S.W: occ:* pail (peiliau) *m*; **wooden ~, milk ~,** cunnog (cunogau) *f*, ystên (ystenau) *f*, stwc (styciau) *m*, piser(-i) *m*; *(b) Ind: Min:* pwced: bwced, celwrn (celyrnau) *m*, cibl(-au) *m*; *(c)* = **bucketful**; *S.a.* **drop**[1] **1, kick**[2] **2. 2.** *(of pump):* piston(-au) *m*. **3.** *Hyd.E: (of waterwheel):* llwy(-au) *f*, bwced. **4.** *(= scoop of elevator):* cafn(-au) *m*. **5.** *Mil: &c:*

(= socket): soced(-i,-au) *fm*. **~-seat** *n. Aut*: sêt (*f*) fwced (seti bwced). **~-shop** *n. Fin*: siop rad (siopau rhad) *f*.

bucket² *v.i. F*: **1. the rain is bucketing down,** mae hi'n bwrw hen wragedd a ffyn; mae hi'n arllwys/tywallt y glaw; *N*: mae hi'n bwrw fel coesau catiau; mae hi'n bwrw fel o grwc; mae hi'n tresio bwrw; mae hi'n pistyllio glaw; mae hi'n tatsian y glaw; mae hi'n stido bwrw; mae hi'n ei harllwys hi; *S*: mae hi'n pistyllo'r glaw; *S.W*: mae hi'n diwel y glaw; mae hi'n golym y glaw. **2. to ~ along,** loncian mynd, haldian mynd.

bucketful *n*. bwcedaid (bwcedeidiau) *mf*, pwcedaid (pwcedeidiau) *mf*, llond (*m*) bwced/pwced, *S.W*: *occ*: peiled(-au) *m*, llond pail; *(of milk)*: ystenaid (ysteneidiau) *f*, llond ystên, piseraid (pisereidiau) *m*, llond piser; *F*: **it's raining [in] bucketfuls,** *See* **bucket²**.

buckie *n*. = **whelk**.

bucking *a*. llamsachus.

Buckland *W.Pl.n*. Gwaun (*f*) y Geifr.

buckle¹ *n*. **1.** bwcwl: bwcl (byclau) *m*, *Lit*: boglwm (boglymau) *m*, gwäeg(-au) *f*. **2.** *Tchn*: *(= crumpling)*: crych(-iau,-ion) *m*, crychiad(-au) *m*, plygiad(-au) *m*, ysigiad(-au) *m*, anffurfiad(-au) *m*.

buckle² *v.t.&i*. **1.** *(a) (shoe &c)*: bwclo, byclu, cau, *Lit*: *occ*: boglymu, gwäegu. **2.** *Tchn*: *(= crumple)*: ystumio, crychu, crymu, plygu, ysigo, camu, anffurfio, *S.W*: *occ*: lwndo; **to ~ at the knees,** plygu/rhoi yn y pennau-gliniau; **the wheel is buckled,** mae'r olwyn yn taflu; *S.W*: mae lwnd yn yr olwyn; *N.W*: mae'r olwyn yn ddolen. **3.** *F*: *(of pers.)*: **to ~ down to a task,** bwrw ati, bwrw iddi, mynd ati, gafael ynddi, tynnu'r ewinedd o'r blew, ymosod ar dasg, ymr|oi i weithio, ymroi i dasg.

buckled *a*. **1.** *(shoe &c)*: â bwcwl, â byclau; **a ~ shoe,** esgid (*f*) fwcwl (esgidiau byclau). **2.** *(metal)*: ystumiedig, plygedig, cam (ceimion), wedi camu, anffurfiedig, wedi plygu, *occ*: crych, wedi crychu.

buckler *n*. **1.** *Arm*: tarian gron (tarianau crynion) *f*, bwcler(-au,-i) *mf*, bwcled(-i) *mf*, *A*: astalch (estylch) *f*. **2.** *Nau*: caead(-au) (*m*) pren. **~-fern** *n. Bot*: *(Dryopteris)*: *(= shield-fern)*: marchredynen (marchredyn) *f*; **broad ~-fern,** *(D. dilatata)*: marchredynen lydan (marchredyn llydain); **crested ~-fern,** *(D. cristata)*: marchredynen gribog (marchredyn cribog); **hay-scented ~-fern,** *(D. aemula)*: marchredynen weir-aroglus (marchredyn gweir-aroglus); **narrow ~-fern,** *(D. carthusiana)*: marchredynen gul (marchredyn cul); **rigid ~-fern,** *(D. villarsii)*: marchredynen anhyblyg. **~-mustard** *n. Bot*: *(Biscutella laevigata)*: mwstard tarianog *m*, tarianfwstard *m*; **chicory-leaved ~-mustard,** *(B. cichoriifolia)*: tarianfwstard dail ysgallog; **rosetted ~-mustard,** *(B. brevifolia)*: tarianfwstard rhosglymog; **scapose ~-mustard,** *(B. scaposa)*: tarianfwstard paladrog. **~-thorn** *n. Bot*: *(Rhamus paliurus aculeatus)*: draenen (drain) (*f*) Crist.

Buckley *W.Pl.n*. Bwcle *mf*.

buckling¹ *a*. sy'n plygu *&c*.

buckling² *n. Ich*: ysgadenyn (ysgadan) hallt *m*.

bucko *n. Nau*: *P*: stordyn *m*, swegryn *m*; *F*: **me ~!** 'y ngwas i! was! yr hen ddyn!

buckram *n. Tex*: bwcram *m*, sythliain *m*.

buckrake *n*. cribin (*f*) wthio (cribiniau gwthio).

bucksaw *n. Tls*: llif ddeuben (llifiau deuben) *f*.

buckshee *a. & adv*. **1.** *a*. rhad ac am ddim. **2.** *adv*. yn rhad ac am ddim.

buckshot *n*. haels breision *pl*.

buckskin *n*. croen (*m*) hydd; *Bookb*: bwchgroen *m*, *A*: hyddgen. **~ breeches, buckskins** *n.pl*. clos (*m*) croen, gwindasau *pl*.

buckthorn *n. Bot*: *(Rhamnus)*: rhafnwydden (rhafnwydd) *f*, draenen (drain) (*f*) y bwch, draenen Crist; **alder ~,** *See* **alder**; **Alpine ~,** *(Rh. alpinus)*: rhafnwydden yr Alpau; **dwarf ~,** *(Rh. pumplus)*: rhafnwydden fechan (rhafnwydd bychain); **rock ~,** *(Rh. saxatilis)*: rhafnwydden y graig; *(Frangula rupestris)*: breuwydden y graig; **sea ~,** *(Hippopha)*: helygen (helyg) (*f*) y môr.

buckwheat *n. Bot*: gwenith (*m*) yr hydd, gwenith y bwch; **climbing ~,** taglys (*m*) yr ŷd, perthlys *m*, yd-tag *m*.

bucolic *a. & n*. **1.** *a*. gwledig, gwladaidd, cefn gwlad. **2.** *n.pl*. **bucolics,** *Lit*: bugeilgerdd *f*, bugeilgerddi *pl*.

bucolically *adv*. yn wladaidd *&c*.

bud¹ *n*. **1.** *Hort*: blaguryn (blagur) *m*, eginyn (egin) *m*, *S*: *occ*: ffullyn (ffullon) *m*, ffull: ffill(-on) *m*; **to be in ~,** blaguro, egino; **to nip sth in the ~,** lladd rhth yn yr egin; **to nip a vice in the ~,** *A*: *or Lit*: lladd gwŷd yn ei febyd; **accessory ~,** blaguryn atodol; **alternate ~,** blaguryn eiledol; **apical ~,** blaguryn apigol; **axillary ~,** blaguryn ceseilaidd; **dormant ~,** blaguryn cwsg, blaguryn ynghwsg; **lateral ~,** blaguryn ochrol/ystlysol; **opposite ~,** blaguryn cyferbyn; **terminal ~,** blaguryn blaen, blaguryn pen, penflaguryn (penflagur) *m*. **2.** *U.S*: *F*: **O.K. ~,** *N*: iawn co; iawn was; *S*: reit byti; reit achan. **3.** *Anat*: **taste-~,** blasbwynt(-iau) *m*. **~ scale** *n. Bot*: cen (*m*) blaguryn.

bud² *v.i.&t*. **1.** *v.i*. *(a) (of plant)*: blaguro, egino, glasu, blaendarddu, *S*: *occ*: ffullo, ffillo; *(b) F*: *(of talent &c)*: blaguro, egino. **2.** *v.t*. impio.

Buddha *n*. Bwdha: Bwda *m*.

Buddhism *n*. Bwd[h]aeth *f*, Bwdïaeth *f*, Bwdistiaeth *f*.

Buddhist *a. & n*. **1.** *a*. Bwd[h]aidd, Bwdïaidd; **the ~ religion,** crefydd Bwd[h]a. **2.** *n*. Bwd[h]ydd(-ion) *m*, Bwd[h]ist(-iaid) *m&f*.

Buddhology *n*. Bwd[h]oleg *f*.

budding *a*. blagurol, ymflagurol, yn blaguro, mewn blagur, yn ei flagur; *Fig*: **~ poet,** egin fardd (~ feirdd) *m*, bardd ar ei brifiant, *F*: cyw (*m*) bardd (cywion beirdd).

buddleia *n. Bot*: *Hort*: *N.W*: coeden (*f*) fêl (coed mêl), coeden corn carw, y gynffon las *f*, *S.W*: cwt (*f*) yr oen.

buddy *n. U.S*: *F*: ffrind(-iau) *m*, partner(-iaid) *m*, *S*: *F*: byti(-s) *m*; *pl*. **buddies,** *N*: *occ*: llawiau, *S.W*: *occ*: bwrjis: bwrdis.

budge *v.i.&t*. **1.** *v.i*. syflyd, symud, *Lit*: ysgogi, *N.W*: *occ*: steuo, stuo; *(= yield)*: ildio, gildio. **2.** *v.t*. syflyd, symud.

budgerigar *n. Orn*: byji(-s) *m*, parotan(-od) *m*.

budget¹ *n*. cyllideb(-au) *f*; **balanced ~,** cyllideb fantoledig. **~ deficit** *n*. diffyg cyllidebol *m*; **~ variance** *n. Com*: amrywiad cyllidebol *m*. *S.a*. **balance² 1.**

budget² *v.i*. **to ~ for sth,** neilltuo/clustnodi (arian) ar gyfer rhth, lwfio am rth, cyllidebu ar gyfer rhth; **I hadn't budgeted for that,** nid oeddwn wedi rhagw|eld/disgwyl hynny.

budgetary *a*. cyllidebol.

budgie *n*. = **budgerigar**.

buff¹ *n*. **1.** *(leather)*: lledr (*m*) bwff, bwffledr *m*. **2.** *(colour)*: llwydfelyn (*f*. llwydfelen, *pl*. llwydfelynion), melynllwyd, [lliw] bwff; **~ envelope,** amlen lwyd (amlenni llwydion) *f*; **3.** *F*: **in the ~,** yn noethlymun [groen], *S*: yn borcyn [jac]; **to strip to the ~,** tynnu amdanoch, tynnu pob cerpyn/ceryn, *S*: tynnu pob pilyn, *Lit*: ymddinoethi. **4.** *U.S*: *(= fan)*: [un] selog (*pl*. selogion) *m&f*, edmygwr (edmygwyr) *m*, dilynwr (dilynwyr) *m*. **~-calico** *n*. calico (*m*) bwff. **~ cap** *n. Fung*: cap(-iau) llwydfelyn *m*. **~ ermine moth** *n. Ent*: *See* **ermine**. **~-stick** *n. Metalw*: ffon (*f*) loywi (ffyn gloywi). **~-tip moth** *n*. *(Phalera bucephala)*: blaen(-au) melyn budr *m*, blaen llwydfelyn.

buff² *v.t*. caboli, gloywi.

buff⁴ *n*. *See* **blind¹**.

buffalo¹ *n. Z*: ych(-en) gwyllt *m*, byfflo(-s) *m*, *A*: bual(-od,-au, buail) *m*; **young ~,** llo(-i) (*m*) byfflo. **~ berry** *n. Bot*: *U.S*: mwyaren (mwyar) (*f*) yr ychen. **~ grass** *n. Bot*: *U.S*: bualwellt *m*, peithwellt *m*.

buffalo² *v.t. U.S*: *F*: **1.** *(= trick)*: twyllo. **2.** *(= overawe)*: dychryn, brawychu (rhn); codi ofn (ar rn).

buffer¹ *n*. **1.** *Rail*: *&c*: byffer (byffrau) *m*. **2.** *Fig*: clustog(-au) *f*. **3.** *Artil*: **recoil ~,** byffer adlam. **4.** *Ch*: *(solution)*: [toddiant] byffer *m*. **5.** *Cmptr*: byffer. **~ beam** *n. Carp*: trawst(-iau) (*m*) byffer. **~ spring** *n. Carp*: sbring (*mf*) byffer. **~ state** *n*. gwladwriaeth (*f*) glustog (gwladwriaethau clustog), gwladwriaeth ragod (gwladwriaethau rhagod). **~ stocks** *n.pl*. stociau clustogi. **~-stop** *n*. = **buffer¹ 1. ~-zone** *n*. cylchfa (*f*) ragod (cylchf|eydd) rhagod.

buffer² *v.t*. **1. to ~ a shock,** clustogi trawiad, lleddfu ysgytwad. **2.** *Ch*: *Cmptr*: byffro.

buffer³ *n*. *F*: **old ~,** hen begor(-iaid) *m*, hen greadur(-iaid) *m*, hen fachgen (hen fechgyn) *m*, hen gono(-s) *m*.

buffered *a*. byfferog; *Cmptr*: **~ input/output,** mewnbwn (mewnbynnau) byfferog *m*, allbwn (allbynnau) byfferog *m*.

buffet¹ *n*. *(= **blow⁵**)*: ergyd(-ion) *mf*, cernod(-iau) *f*, dyrnod(-iau) *mf*, bonclust(-iau) *m*.

buffet² *v.t.&i*. *(a) (= **thump²**)*: dyrnu, dyrnodio, cernodio (rhn); rhoi cernod *&c* (i rn); *(b)* **to ~ with waves,** ymladd yn erbyn tonnau; *(c) (= shake)*: ysgytio, ysgytian; **a ship buffeted by the**

waves, llong wedi ei churo/hysgytio/hysgwyd gan y tonnau; **buffeted by the wind,** dan lach y gwynt.

buffet[3] *n.* **1.** *(a) (= sideboard):* eilfwrdd (eilfyrddau) *m*; *(b) (= dresser):* seld(-[i]au) *f*, dreser(-i) *f*, dresel(-i) *f*. **2.** *(a) (= refreshment bar):* bwffe(-s) *m*, ***buffet(-s)*** *m*; **~ meal,** bwyd (*m*) bwffe, bwyd estyn ato, pryd (*m*) bwyd bys a bawd; *(b) (on menu):* **cold ~**, cig(-oedd) oer *m*. **~-car** *n. Rail:* cerbyd(-au) (*m*) bwffe.

buffeting *vn.* ysgytiad(-au) *m*; *S.a.* **buffet[2]**.

buffing *n.* = **buff[2]**. **~-wheel** *n.* olwyn (*f*) loywi (olwynion gloywi).

bufflehead *n. Orn: U.S:* hwyaden benfras (hwyaid penfras) *f*.

buffoon *n.* ffŵl (ffyliaid) *m*, clown(-iaid) *m*, digrifwr (digrifwyr) *m*, hurtyn(-nod) *m*, *A: Lit:* digrifwas (digrifweision) *m*, croesan(-iaid) *m*; *F:* **to play the ~**, chwarae'r bili-ffŵl; *S.a.* **fool[1]**.

buffoonery *n.* ffwlbri *m*, lol *f*, lolian *vn*, ysmaldod *m*, gwiriondeb *m*, digrifwch *m*, *A: Lit:* croesanaeth(-au) *f*.

buffoonish *a.* gwrthun, gwirion, hurt, clownaidd, *A:* croesanol, croesanaidd.

bug[1] *n.* **1.** *(a)* lleuen (*f*) wely (llau gwely), lleuen ddrewllyd (llau drewllyd), *F: occ:* pycsen (pycs) *f*, bycsen (bycs) *f*; **as snug as a ~ in a rug,** clyd braf, clyd fel pathew, cyn glyted â nyth pathew, *N.W: occ:* cynnes fel tôst/tostyn; *(b) U.S: (= any insect): N:* pryf(-ed) *m*, *S:* cleren (clêr) *f*. **2.** *F: (of pers.):* **big ~**, rhn pwysig *m*, pwysigyn (pwysigion) *m*; **the big bugs,** y crach/crachach, y pwysigion, y byddigions. **3.** *F: (= microphone):* byg(-iau) *m*, (*)clust(-iau) *f*. **4.** *F: (= fault):* nam(-au) *m*, diffyg(-ion) *m* (**in sth,** ar rth). **5.** *F: (= virus, infection):* haint *mf*, llucheden *f*, *N.W: occ:* a[n]fadwch *m*, slecan *f*, stremp *f*; **there's a ~ going about,** mae 'na ryw lucheden yn mynd o gwmpas; *Fig: (= enthusiasm, obsession):* chwilen(-nod, chwilod) *f*. **~-eyed** *a. U.S: F:* llygadrwth. **~-hunter** *n. F:* casglwr (casglwyr) (*m*) pryfed.

bug[2] *v.t.&i. F:* **1.** *v.t. (= conceal microphone):* **to ~ a room,** bygio ystafell. **2.** *v.t. (= irritate):* digio; **that bugs me,** mae hynny'n dân ar fy nghroen i; mae hynny'n mynd dan fy nghroen i; **don't ~ me,** gad(-wch) lonydd imi; **3.** *v.i.* **to ~ out,** ei bachu hi, ei heglu hi.

bugaboo *n. U.S: (a)* bwci-bo *m*, bwgan(-od) *m*, bwbach(-od) *m*, *occ:* yr hwch din-gwta, yr hwch ddu gwta, Jac y bolól *m*, bo-bo *m*, y dyn (*m*) sach; *(b) F: (= worry):* hunllef(-au) *f*, dychryn *m*, bwgan.

bugbear *n. (a)* = **bugaboo**; *(b)* casbeth(-au) *m*; *F:* **that man's my ~,** alla' i ddim diodde'r dyn yna.

bugger[1] *n.* **1.** *Jur:* bygrwr (bygrwyr) *m*, sodomiad (sodomiaid) *m*, sodomydd (sodomwyr) *m*, gwrywgydiwr (gwrywgydwyr) *m*. **2.** *P: (= chap, fellow):* diawl(-iaid) *m*, cythraul (cythreuliaid) *m*, *S.W: occ:* bwger bach *m*; **lucky ~!** [y] diawl lwcus! [y] cenau lwcus! **poor ~!** druan ohono! y truan bach! yr hen dlawd! yr hen druan! y creadur [tlawd]! **silly ~!** y ffŵl gwirion! y diawl twp! **some ~ has stolen it,** mae rhyw gythraul/genau/ddiawl wedi ei ddwyn.

bugger[2] *v.t.* **1.** *Jur: &c:* bygro. **2.** *V: (as expletive):* **~ it!** i'r diawl ag e! i gythraul ag e! twll ei din e! *S:* drapo shwd beth! damo fe! *N:* daria fo! dacia fo! go draps las! bygro fo! go drapia! **~ you, Jack,** twll dy din di, Ffaro! **to ~ s.o. about,** cam-drin rhn, erlid rhn o bant i bentan, erlid rhn o bant i dalar, *N:* hambygio/llibindio/llygindio rhn; **to ~ about,** ymyrraeth, ymh|el, *N:* stwna, piltran, poitshian (**with sth,** â rhth); **to ~ off,** ei bachu hi, ei baglu hi, ei gwadnu hi, ei heglu hi, ei hel hi, ei g'leuo hi *&c*, *S:* ei gwân hi, *N.W: occ:* ei gwalcio hi; **~ off!** dos (ewch) i'r diawl! dos i dy grogi (ewch i'ch crogi)! cer(-wch) i'r diawl! *N.W: occ:* dos i dy grocsan! **to ~ sth up,** difetha, andwyo, distrywio (rhth); gwn|eud llanast/'smonaeth (o rth) *&c*. **~-all** *n. V:* diawl (*m*) o ddim, cythraul (*m*) o ddim, uffern (*f*) o ddim.

buggery *n.* **1.** *Jur:* sodomiaeth *f*, gwrywgydiaeth *f*, *A:* bwbechni *m*, bwbachiad *m*. **2. to work like ~,** gweithio fel blac, gweithio fel y diawl.

Buggins *Pr.n.* **it's ~'s turn,** pawb yn ei dro yw hi.

buggy *n. Veh:* cerbyd(-au) *m*, trap(-iau) *m*, bygi(-s) *m*; **horse and ~,** ceffyl a thrap; **beach ~**, car (ceir) (*m*) traeth, cerbyd(-au) (*m*) traeth, siandri (*f*) draeth (siandris traeth) .

bughouse *a. & n. U.S: F:* **1.** *a.* = **crazy**. **2.** *n.* = **asylum**.

bugle[1] *n.* **1.** *Ven:* helgorn (helgyrn) *m*, corn (cyrn) (*m*) hela. **2.** *Mus:* biwgl(-au) *m*; *S.a.* **call[1] 2.** **~-boy** *n.* = **bugler**.

bugle[2] *v.i.* canu, seinio.

bugle[3] *n. Bot: (Ajuga reptans):* corn glas *m*, glesyn (*m*) y coed, golchenid *f*, yr olchenid *f*, llysiau (*pl*) Mair; **blue ~, garden ~, Cornish ~,** *(A. genevensis):* glesyn Cernyw; **mountain ~,** *(A. alpina):* glesyn y mynydd; **Pyramidal ~,** *(A. pyramidalis):* glesyn gwelw, glesyn pigfain; **Tenore's ~,** *(A. tenorii):* glesyn Tenore; **yellow ~,** *(A. chamaepitys):* yr olchenid felen. **~-weed** *n. Bot:* golchenidlys *m*.

bugle[4] *n. (=* **bead[1]***):* glain (gleiniau) *m*, *N:* mwclen (mwclis) *f*, *M.W:* biwglen (biwglis) *f*, piwclen (piwclis) *f*.

bugler *n.* biwglwr (biwglwyr) *m*, cornor(-iaid,-ion) *m*, chwythwr (*m*) corn (chwythwyr cyrn).

bugloss *n. Bot:* **1. corn ~, field ~, small ~,** tafod (*m*) y fuwch, tafod yr ych culddail, tafod yr ych meddygol, didrist *f*, bl|eidd-drem *m*, b[i]wglos *m*; **dyer's ~,** = **alkanet**; **purple viper's ~,** b[i]wglos porffor, porffor (*m*) y graean; **viper's ~,** glas (*m*) y graean, glesyn (*m*) y wiber, tafod y bwch, tafod yr afr, gwiberlys *m*, bronwerth (*f*) y wiber, b[i]wglos y wiber.

bugs *a. U.S: F:* = **crazy**.

buhl *n.* **~ work,** gwaith (*m*) ***buhl/boulle***.

build[1] *n.* **1.** *(= style of construction):* saernïaeth *f*, adeiladwaith *m*, gweuthuriad *m*, arddull *f*. **2.** *(of pers.):* corffolaeth *f*, maint (*m*) corff; **a man of powerful ~,** dyn cydnerth *m*, paladr (*m*) o ddyn, palff (*m*) o ddyn, *N: F:* slaff (*m*) o ddyn, *S.W:* whompyn (*m*) o ddyn, slashyn (*m*) o ddyn; **a man of slight ~,** dyn bychan o gorffolaeth, dyn main, dyn eiddil, *N: Pej:* sgilffyn main *m*.

build[2] *v.t.* **1.** *(house &c):* adeiladu, codi; *(ship &c):* adeiladu, saernïo, gwn|eud; *(nest &c):* gwneud; **the stables are built on to the house,** mae'r stablau'n rhan o'r tŷ; mae'r stablau'n sownd yn y tŷ; **to ~ a house upon sand,** codi tŷ ar dywod; **to ~ castles in Spain, to ~ castles in the air,** adeiladu/codi cestyll yn yr awyr; *F:* **I'm built that way,** un fel yna ydwyf i; felly y'm gwnaed i. **2. to ~ vain hopes on sth,** seilio gobeithion ofer ar rth. **~ in** *v.t.* **1.** *(= block, e.g. window):* cau, bricio, blocio. **2.** *(cupboard &c):* amgáu, cynnwys, corffori (rhth); adeiladu/gosod (rhth) i mewn. **~ up 1.** *v.t. (a) (= strengthen):* cryfh|au; *(b) (theory &c):* adeiladu; **to ~ up a connection,** creu/meithrin cysylltiad; *(c) (= increase):* cynyddu (rhth), ychwanegu (at rth); **to ~ up heels,** gwneud sodlau yn uwch; *(d) (= praise):* canmol/clodfori (rhn) [i'r cymylau]; **to ~ s.o. up to be a hero,** gwneud arwr o rn. **2.** *v.i.* cynyddu, cryfhau, codi, arwain; **to ~ up (to a climax),** codi, arwain [yn raddol] (at uchafbwynt). **~-up** *n.* **1.** *(= increase):* cynnydd *m*; **there is a ~-up of troops near the broder,** mae milwyr yn crynh|oi/ymgasglu ger y ffin. **2.** = **organization**. **3.** *(to climax):* rhagarweiniad *m*, broliant *m*, brolio *vn*, creu (*vn*) disgwyl, paratoad *m*, hysbysebu *vn*; **it should be good after all that ~-up,** fe ddylai fod yn dda ar ôl yr holl hysbysebu yna.

builder *n.* **1.** adeiladwr: adeiladydd (adeiladwyr) *m*. **2.** *(of boats, cars &c):* saer (seiri) *m*. **~'s merchant** *n.* cyflenwr (cyflenwyr) (*m*) adeiladwyr.

building[1] *vn. (industry):* adeiladu; **high-density ~,** adeiladu clòs; **body ~,** magu (*vn*) cyhyrau. *attrib.* **~ ground, ~ land** *n.* tir(-oedd) (*m*) adeiladu. **~ contractor** *n.* ymgymerwr (ymgymerwyr) *m*, adeiladwr: adeiladydd (adeiladwyr) *m*. **~ line** *n.* terfyn(-au) (*m*) adeiladu. **~ materials** *n.pl.* defnyddiau adeiladu. **~ site** *n.* safle(-oedd) (*m*) adeiladu. **~-slip** *n. N.Arch:* llithrfa(-oedd, llithrf|eydd) *f*. **~ society** *n.* cymdeithas(-au) (*f*) adeiladu. *S.a.* **block[1]**.

building[2] *n.* adeilad(-au) *m*; **a large rambling ~,** ehangle(-oedd) *m*, honglaid (hongleidiau) *m*.

built *a. & p.p.* adeiledig; **a French-~ ship,** llong a wnaed/wnaethpwyd yn Ffrainc; **well-~,** *(house &c):* o saernïaeth dda; *(man):* cydnerth, cadarn (cedyrn); **a well-built man,** paladr (*m*) o ddyn, *S:* slashyn (*m*) o ddyn, *S.W:* whompyn mawr *m*; **a well-~ woman,** pladres o wraig, *S:* slashen (*f*) o fenyw, *S.W:* whompen fawr *f*. **~-in** *a. (cupboard &c):* gosod, gosodedig, mewnosod, cynwysedig, annatod; *(guarantee):* sicr; *(advantage, weakness &c):* annatod, cynhenid; **~-in bed,** gwely (*m*) wensgod/wensgot. **~-up** *a.* **1.** *(shoe, heel):* uwch. **2.** *(= composite):* cyfansawdd, cyfosod, cyfosodedig. **3.** *(= full of houses):* llawn tai, trefol; **~-up area,** ardal(-oedd) adeiledig *f*.

Builth *Pr.n. W.Geog:* Buallt: Buellt *mf*. **~ Road** *W.Pl.n.* Cwm-bach (*m*) Llechryd. **~ Wells** *W.Pl.n.* Llanfair (*f*) ym Muallt.

bulb *n.* **1.** *Bot:* bỳlb (bylbiau) *m*, *Lit: occ:* oddf(-au) *m*. **2.** *El: Ph: Anat: &c:* bỳlb. **~ fly** *n. Ent:* pryf(-ed) (*m*) bylbiau. **~ junction** *n.* cyffordd (cyffyrdd) (*f*) dwrn. **~ mite** *n.* gwiddonyn (gwiddon) (*m*) bylbiau. ~ **scale mite** *n.* *(Steneotarsonemus laticeps)*: gwiddonyn cen bylbiau, gwiddonyn y gylfinog; **large ~ mite,** *(Rhizoglophus echinopus)*: gwiddonyn mawr y gylfinog.

bulbil *n.* *Bot:* bylbyn(-nau) *m*, oddfyn(-nau) *m.*

bulbous *a.* **1.** *Bot:* oddfog. **2. a ~ nose,** trwyn di-siâp, trwyn lwmp, trwyn fel taten.

bulbul *n.* *Orn:* bwlbwl(-iaid,-od) *m*, bronfraith (bronfreithod) (*f*) yr India; *(occ: = nightingale)*: eos(-iaid) *f.*

Bulgar[1] *n.* Bwlgariad (Bwlgariaid) *m&f.*

bulgar[2] *n.* *Fung:* **black ~,** cwpan du (cwpanau duon) *m.*

Bulgaria *Pr.n.* *Geog:* Bwlgaria *f.*

Bulgarian *a.* & *n.* **1.** *a.* Bwlgaraidd; **the ~ government,** llywodraeth Bwlgaria; **she's ~,** Bwlgariad yw hi; *(in language)*: Bwlgareg. **2.** *n.* *(i) Ethn:* Bwlgariad (Bwlgariaid) *m&f*; *(ii) Ling:* Bwlgareg *f, m.*

bulge[1] *n.* chwydd(-au) *m*, ymchwydd(-iadau) *m.*

bulge[2] *v.t.&i.* chwyddo, ymchwyddo; *(of wall &c)*: bolio, bochio, taflu allan.

bulging *a.* boliog, chwyddedig, *Lit: occ:* borsog, oddfog, tyddfog; **(a sack) ~ with potatoes,** (sach) yn bolio gan datws, yn orlawn o datws; ~ **eyes,** llygaid chwyddedig, llygaid yn sefyll allan, llygaid ar wyneb y croen, *N: F:* llygaid fel dwy watsh, *N.W: occ:* llygaid llwgu/llyglyd.

bulgy *a.* = **bulging.**

bulimia, bulimy *n.* *Med:* clefyd (*m*) bwyta, newynglwyf *m* (*pronounced* ng-g), bwlimia *m.*

bulin *n.* *Moll:* bwlin(-iaid) *m.*

bulk[1] *n.* **1.** *(= load, cargo)*: *Nau:* llwyth(-i) *m*, cargo(-au) *m*; **to break ~,** dadlwytho; **to load a ship in ~,** rhoi llwyth rhydd mewn llong; *Com:* **in ~,** yn rhydd, mewn crynswth, fesul llwyth. **2.** *(= size)*: crynswth *m*, swmp *m*, trwch *m*, maint *m*, maintioli *m*, praffter *m*; *(= weight)*: pwysau *m*, trymder *m*; *(of body)*: corffolaeth *f. Needlew:* **to reduce ~,** lleihau swmp; **to remove ~,** tynnu swmp; ~ **refuse,** [y]sbwriel mawr *m*; **3.** *(= most part)*: y rhan fwyaf *f*, y crynswth *m*; *(of countable things)*: y mwyafrif *m*; **the ~ of the population,** trwch (*m*) y boblogaeth. **4.** *attrib.* swmpus, crynswth; swmp- *before n. + soft mut.* **~-buying** *vn.* brasbrynu, swmp-brynu, prynu crynswth, prynu mewn llwyth. **~-carrier** *n.* *Nau:* swmpgludwr (swmpgludwyr) *m.* **~-container** *n.* swmpgynhwyswr: swmpgynhwysydd (swmpgynhwswyr) *m.* **~-hopper** *n.* swmp-hopran(-au) *f.* **~-storage** *n.* storfa (storf|eydd) (*f*) swmp; *(action)*: swmpstorio. **~-tank** *n.* swmpdanc(-iau) *m*, tanc(-iau) (*m*) crynswth. **~-tanker** *n.* swmpdancer(-i) *mf.* **~-transport** *n.* swmpgludo *vn*, swmpgludiant *m.*

bulk[2] *v.t.&i.* **1.** *v.t.* *(a)* **to ~ out a paper,** llenwi/chwyddo papur, rhoi swmp i bapur, rhoi swmp mewn papur; **to ~ up a book,** argraffu llyfr ar bapur trwchus, gwn|eud llyfr yn swmpus; *(b) (= to pile)*: pentyrru. **2.** *v.i.* **to ~ large,** llenwi lle sylweddol; **to ~ up,** ymgrynh|oi, cynyddu, mynd yn swmp/grynswth.

bulkhead *n.* *N.Arch:* pared (parwydydd) *m*; *(of wood)*: palis(-au) *m*; **collision ~,** pared blaen, palis blaen; **fire-proof ~,** pared atal tân.

bulkily *adv.* yn swmpus, yn drwchus *&c*; *(= unwieldily)*: yn lletchwith *&c.*

bulkiness *n.* **1.** swmp *m*, trwch *m*, praffter *m*, maint *m*, maintioli *m*; *(= weight)*: trymder *m*, pwysau *pl.* **2.** *(= excessive size)*: corffoldeb *m*, corffogrwydd *m*, tewdra *m*, tewdwr *m.*

bulking *vn.* = **bulk**[2]. ~ **paper** *n.* papur trwchus *m.*

bulky *a.* swmpus, trwchus, praff; **a ~ thing,** *M.W:* bwmbi *m*; **to become ~,** *(of body)*: tewychu, pesgi; ~ **goods,** nwyddau swmpus, nwyddau anodd eu trin/trafod; *(body)*: corffol, corffog, *occ:* braisg; ~ **foods,** swmpfwydydd; *(= difficult to handle)*: anhylaw, anhwylus, afrosgo, trwsgl (*f.* trosgl), lletchwith; **the blanket is too ~,** *M.W:* mae'r blanced yn ormod o fwmbi.

bull[1] *n.* **1.** *(a)* tarw (teirw) *m*, *Dim: S: occ:* bwlyn *m*; **gelded ~, ~ stag,** atarw (ateirw) *m*, bwla(-od) *m*, adfwl(-au) *m*; *F:* **to take the ~ by the horns,** mentro'r gwaethaf, plymio iddi, cymryd gafael yng nghyrn yr aradr, cydio yn y danadl; **young bulls,** *S.W:* da bach *pl*; *B:* **brazen bulls,** ychen pres; **he's like a ~ in a china shop,** mae fel tarw mewn siop lestri; mae fel hwch yn mynd trwy siop; mae fel tarw gwyllt; *N:* mae fel tarw wedi myllio; **to go at sth like a ~ at a gate,** rhuthro'n wyllt at rth; **John Bull,** Siôn Darw, Siôn Ben Tarw; **dairy ~,** tarw buches odro; **stock ~,** tarw buches; **teaser ~,** tarw pryfocio; *(b) (= male)*: gwryw(-od) *m*; ~ **elephant,** tarw eliffant, gwryw eliffant, eliffant(-od) gwryw *m*; ~ **whale,** tarw morfil, morfil(-od) (*m*) gwryw, gwryw morfil; *(c) U.S: F:* = **policeman**; *(d) Astr:* y Tarw *m.* **2.** *St.Exch:* mentersoddwr (mentersoddwyr) *m*, hapbrynwr (hapbrynwyr) *m*, sbeciannwr (sbecianwyr) *m.* **3.** *F:* = **bull's eye 4. 4.** *Mil: F:* = **bullshit. 5.** *attrib: (a)* ~ **neck,** gwar praff *m*, gwar braff *f*, gwar [fel] tarw; *(b) St.Exch:* ~ **market,** marchnad (*f*) ar godi, marchnad yn codi, marchnad ar gynnydd, marchnad gynyddol. **~-ant** *n.* *Ent:* = **bulldog ant. ~-at-a-gate** *a.* ymosodol, byrbwyll, gwyllt, fel tarw gwyllt, *N: F:* fel tarw wedi myllio. **~-baiting** *vn.* baetio tarw/teirw. **~-bat** *n.* *U.S: Orn:* troellwr (troellwyr) (*m*) Am|erica. **B~ Bay** *W.Pl.n.* Porth Llechog *m.* **~-brier** *n.* *U.S: Bot:* marchfiaren (marchfieri) *f.* **~-calf** *n.* **1.** llo(-i) gwryw *m*, llo tarw, tarw bach. **2.** *(= simpleton)*: llo [gwirion] *m*, llo cors, llo gwlyb, un (rhai) llywaeth *m.* **~-comber** *n.* *Ent:* chwilen (chwilod) (*f*) y dom. **~-fiddle** *n.* *Mus:* basgrwth (basgrythau) *m.* **~-foot** *n.* *Bot:* = **colt's foot. ~-god** *n.* tarw-dduw(-iau) *m.* **~-headed** *a.* **1.** â phen tarw. **2.** *(= impetuous)*: byrbwyll, gwyllt, difeddwl, anystyriol. **3.** *(= obstinate)*: ystyfnig. **~-headedly** *adv.* **1.** ar eich pen, ar garlam, fel tarw gwyllt, yn fyrbwyll *&c.* **2.** yn ystyfnig. **~-headedness** *n.* **1.** byrbwylltra *m*, gwylltineb *m.* **2.** *(= obstinacy)*: ystyfnigrwydd *m.* **~-horn** *n.* = **megaphone.** ~ **image** *n.* tarw-ddelw(-au) *f.* **~-necked** *a.* gwardew(-ion), gwargryf(-ion), â gwar/gwddf fel tarw. **~-nose, ~-nosed 1.** *a.* trwynbwl; *Carp:* **~-nosed plane,** plaen (*m*) trwyn byr. **2.** *n.* *Vet:* trwyn (*m*) tarw. **~-of-the-bog** *n.* *Orn:* = **bittern**[1]. **~-pen** *n.* **1.** corlan (*f*) deirw (corlannau teirw), lloc(-iau) (*m*) teirw. **2.** *U.S:* = **barracks. ~-pine** *n.* *Bot: U.S:* marchbinwydden (marchbinwydd) *f.* **~-plum** *n.* *Bot:* = **sloe. ~-poll** *n.* *Bot:* brigwellt (*m*) mawnog. **~-pup** *n.* cenau (cenawon) (*m*) ci tarw. **~-puncher** *n.* porthmon (porthmyn) *m.* **B~ Rock** *W.Pl.n.* Carreg (*f*) Pitar. **~-sedge** *n.* *Bot:* = **reed-mace. ~'s-eye** *n.* **1.** *Glassm:* chwydd(-au) *m.* **2.** *Nau: Const: &c:* ffenestr (*f*) gron (ffenestri crynion), gwydryn(-nau) (*m*) crwn, llygad (llygaid) (*m*) tarw. **3.** *(lamp)*: llusern(-au) (*f*) llygad tarw, lamp(-au) (*f*) llygad tarw. **4.** *(of target)*: llygad [tarw], canol (*m*) y nod, bwl *m*; **to score a ~'s-eye,** ei tharo hi yn y canol, sgorio bwl, cael bwl; *int.* **~'s eye!** dyna'i tharo hi! **5.** *(sweet)*: pelen (*f*) fintys (pelenni mintys), *N: occ:* lwmpyn brith (lympiau brithion) *m*, losinen (losin) (*f*) llygad tarw. **~-session** *n.* *U.S:* sesiwn (*f*) drafod (sesiynau trafod). **~-snake** *n.* neidr (nadroedd) (*f*) y pinwydd. **~-terrier** *n.* daeargi (daeargwn) (*m*) tarw. **~-trout** *n.* *Ich:* brithyll(-iaid,-od) mawr *m*, brithyll gwryw. **~-worship** *n.* tarw-addoliaeth *f*, addoli (*vn*) teirw.

bull[2] *v.t.* *(a) St.Exch:* **to ~ the market,** hybu'r farchnad; *(b) abs. (= speculate)*: mentersoddi, menterbrynu.

bull[3] *n.* *Ecc:* llythyr(-au) (*m*) Pab, bwl(-au) *m.*

bull[4] *n.* **an [Irish] ~,** hurtrwydd [Gwyddelig] *m*, lol (*f*) Wyddelig, dwli (*m*) Gwyddelig, sylw(-adau) (*m*) hurt.

bull[5] *v.t.* *Husb:* **to ~ a cow,** cyfl|oi buwch, rhoi tarw i fuwch.

bull[6] *n.* *Sp:* taflu'r cwdyn.

bulla *n.* **1.** *R.C.Ch:* sêl (*f*) y Pab (seliau'r Pab). **2.** *Med:* pothell(-au,-i) *f.*

bullace *n.* *Bot:* eirinen wyllt (eirin gwyllt) *f*, eirinen bwl, eirinen bwlas, eirinen y gaeaf. **~-tree** *n.* *Bot:* coeden (*f*) fwlas (coed bwlas).

bullate *a.* pothellog, chwysigog.

bulldog[1] *n.* **1.** ci (cŵn) (*m*) tarw. **2.** *F: (pers.)*: costowci (costowcwn) *m*, *N.W: F:* 'stowci ('stowcwn) *m*; *F:* **the ~ breed,** brîd (*m*) y ci tarw; **one of the ~ breed,** rhn stansh, rhn dewr, rhn penderfynol. **3.** *(at Oxford and Cambridge)*: (*)ci hela. ~ **ant** *n.* *Ent: Austr:* marchforgrugyn (marchforgrug) *m.* ~ **clip** *n.* clip(-iau) (*m*) fforchog.

bulldog[2] *v.t.* *U.S:* llorio.

bulldoze *v.t.* **1.** *Civ.E:* chwalu, dymchwel (rhth) [â tharw dur]. **2.** *U.S: P:* **to ~ s.o. into doing sth,** gwthio/gorfodi rhn i wneud rhth, pwyso ar war rhn i wneud rhth; **to ~ one's way in,** gwthio'ch ffordd drwodd.

bulldozer *n.* *Civ.E:* tarw (teirw) (*m*) dur, tarw tryfal.

bullet *n.* bwled(-i) *mf*, bwleden (bwledi) *f*, pelen(-ni,-nau) *f*; **every ~ has its billet,** mae i bob saeth ei nod; *S.a.* **bite**[2]. **~-headed** *a.* pengrwn (*f.* pengron, *pl.* pengrynion) (*pronounced* ng-g). **~-proof** *a.* atal bwledi, diogel rhag bwledi, gwrth-fwledi.

bulletin *n.* **1.** hysbysiad(-au) *m,* adroddiad(-au) *m,* b|wletin (bwletinau) *m*; **news ~,** bwletin newyddion. **2.** *(= periodical):* cylchgrawn (cylchgronau) *m,* bwletin. **~-board** *n.* hysbysfwrdd (hysbysfyrddau) *m.*
bullfight *n.* ymladdfa (*f*) deirw (ymladdf|eydd teirw).
bullfighter *n.* ymladdwr (ymladdwyr) (*m*) teirw.
bullfighting *vn.* ymladd teirw.
bullfinch *n.* **1.** *Orn:* coch(-iaid) (*m*) y berllan, aderyn (adar) (*m*) y berllan, aderyn pensidan, chwibanydd(-ion) *m,* rhawngoch(-iaid) *m* (*pronounced* ng-g), aderyn coch (adar cochion), tingoch(-iaid) *f* (*pronounced* ng-g), gwas (gweision) (*m*) y siri, *N.W: occ:* bwlffyn *m, S.W:* gwas y shiriff. **2.** *Equit:* perth(-i) (*f*) a ffos(-ydd) *f.*
bullfrog *n.* **1.** *Amph:* llyffant(-od, llyffaint) mawr *m,* marchlyffant(-od, marchlyffaint) *m,* crawciwr (crawcwyr) *m.* **2.** *Th:* crawciwr.
bullhead *n. Ich:* **1.** = **tadpole. 2.** *(= stickleback, miller's thumb):* crothell (crethyll) *f,* pilcodyn (pilcod) *m,* sildyn (silod) *m,* bawd (*mf*) melinydd, brithyll(-iaid,-od) (*m*) y dom, penlletwad(-au) *m*; *(female):* nyrs wen (nyrsys gwynion) *f*; *(male):* doctor(-iaid) coch *m.* **Norway ~,** *(Taurulus lilljeborgi):* sgorpion (*m*) môr Norwy.
bulling *a.* **~ heifer,** heffer (heffrod) yn gofyn tarw, heffer wasod (heffrod gwasod).
bullion *n.* **1.** bwliwn *m,* bar(-rau) (*m*) aur/arian, eurfar(-rau) *m*; **~ reserve,** bwliwn stôr, bwliwn cadw; **2.** *Needlew:* rhidens (*pl*) aur, eddi (*pl*) aur, bwliwn. **~ knot** *n.* cwlwm (cylymau) (*m*) bwliwn. **~ stitch** *n.* pwyth(-au) (*m*) bwliwn. **~ van** *n.* fen(-ni) (*f*) bwliwn.
bullish *a.* **1.** *St.Exch:* *(market):* ar godi, cynyddol, ffyddiog, sbeciangar (*pronounced* ng-g), asbrïol; **the market was very ~ today,** 'roedd 'na fynd mawr yn y farchnad heddiw; 'roedd y farchnad yn brysur iawn heddiw; *(investor):* sbeciangar. **2.** *(= brawny):* fel tarw, cydnerth, ysgwyddog.
bullishly *adv.* yn gydnerth *&c*; fel tarw.
bullishness *n.* **1.** *(of market):* ffyddiogrwydd *m,* sbeciangarwch *m* (*pronounced* ng-g), tuedd (*f*) i godi/gynyddu, asbri *m.* **2.** = **brawniness.**
bullock *n. Husb:* *(a)* bustach (bustych, *S: occ:* bustechi) *m*; *(b)* *(= ox):* ych(-en) *m.* **~-cart** *n.* men(-ni) (*f*) ychen, cart (ceirt) (*m*) ychen, cert(-i) (*f*) ychen. **~'s eye** *n. Bot:* = **houseleek. ~'s lungwort** *n. Bot:* = **mullein (common/great).**
bullocky *a.* bustachaidd.
bullous *a.* = **bullate.**
bullring *n.* maes (meysydd) (*m*) ymladd teirw, talwrn (talyrnau) (*m*) teirw.
bullroarer *n.* chwyrnes(-i) *f,* chwyrnell(-au,-i) *f.*
bullshit *n.* **1.** biswail *m* [tarw], *N:* tail *m* [gwartheg], *S:* tom/dom (*f*) da, *V:* cachu (*m*) buwch. **2.** *V: (= nonsense):* cachu rwtsh.
bullweed *n. Bot:* llysiau(*pl*)'r tarw, cramennog *f,* pengaled *m* (*pronounced* ng-g), clafr|l|ys *m.*
bullwort *n. Bot:* llysiau(*pl*)'r esgob, esgoblys *m.*
bully[1] *n.* **1.** bwli(-s, bwlïaid, bwlïod) *m, Lit:* bygylwr (bygylwyr) *m*; **a ~ of a master,** teyrn (*m*) o feistr; **2.** *A:* = **pimp. ~-boy** *n.* colbiwr (colbwyr) *m.*
bully[2] *v.t.* bwlio, cam-drin, gormesu, erlid, bygwth, *N: F:* hambygio, *Lit:* bygylu; **to ~ s.o. into doing sth,** gorfodi rhn i wneud rhth.
bully[3] *int.* **~ for you!** go dda ti (chi)! ardderchog! campus! da iawn ti! da iawn tithau (chwithau)!
bully[4] *n. Hockey:* cychwyn *vn,* cychwyniad(-au) *m,* dechrau *vn,* dechreuad(-au) *m,* bwli (bwlïau) *m*; **faulty ~,** bwli cam; **penalty ~,** bwli cosb.
bully[5] *v.i. Hockey:* **to ~ off,** cychwyn, dechrau, bwlio.
bully[6] *n.* **~ beef,** corn-biff *m.*
bullying[1] *a.* bwlïaidd, gormesol, gormesgar, bygylog, trah|aus.
bullying[2] *vn.* = **bully**[2]; bygythion *pl.*
bullyrag *v.t. F:* *(a)* *(= berate):* blag[i]ardio, diawlio, bwliragio, baliragio, bacstandio, bacstrelio; *(b)* *See* **tease.**
bullyragger *n.* baliragiwr (baliragwyr) *m,* blag[i]ardiwr (blag[i]ardwyr) *m,* blag[i]ardwraig *f,* blag[i]árd *m&f.*
bulrush *n. Bot:* **1.** *(Scirpus lacustris):* llafrwynen (llafrwyn) *f,* tostfrwynen (tostfrwyn) *f*; **glaucous ~,** *(Schoenoplectus tabernaemontani):* llafrwynen arfor, tostfrwynen arfor, brwyn (*pl*) garanod, corsfrwynen (corsfrwyn) *f, B:* llafrwynen. **2.** *(Typha):* = **reed-mace.**
bulwark *n.* **1.** *A: Fort:* gwrthglawdd (gwrthgloddiau) *m,* rhagfur(-iau) *m,* bwlwarc(-au) *m.* **2.** *Nau:* canllaw(-iau) *mf,* bwlwarc. **3.** *(= breakwater):* morglawdd (morgloddiau) *m,* cob(-iau) *m.*
bum[1] *n. F:* tin (tinau) *f,* pen ôl (penolau) *m, S.W: occ: F:* part ôl (partolau) *m.* **~-bailiff** *n.* bwmbeili (bwmbeilïaid) *m,* cynffon (*f*) y gyfraith. **~-boat** *n. N:* cwch (cychod) (*m*) nwyddau, *S:* bad(-au) (*m*) nwyddau. **~-freezer** *n. Cost: P:* côt gota (cotiau cwta) *f.* **~-sucker** *n. V:* crafwr (*m*) tin (crafwyr tinau), llyfwr (*m*) tin (llyfwyr tinau), tinlyfwr (tinlyfwyr) *m,* cynffonnwr (cynffonwyr) *m.*
bum[2] *a. & n. U.S: P:* **1.** *a.* diwerth, da i ddim, gwael, tila, sâl; *N: F:* coch, pig; **to give s.o. a ~ steer,** camarwain rhn; **to get a ~ rap,** cael carchar ar gam, mynd i'r jêl ar gam. **2.** *n. (a) (= loafer):* dyn(-ion) diffaith/ofer/didoreth/diwerth *m,* diogyn(-nod) *m,* diogwr (diogwyr) *m,* segurwr (segurwyr) *m,* stelciwr (stelcwyr) *m, S:* pwdryn (pwdrod) *m, N.W: F:* strelgi (strelgwn) *m,* cari-dym(-s) *m*; *pl.* taclau; *(= tramp):* trempyn (tramps) *m,* tramp(-s) *m,* crwydryn (crwydriaid) *m*; **to give s.o. the ~'s rush,** cicio/taflu rhn allan, rhoi cic yn ei din i rn, *M.W: occ:* rhoi mownt dan din rhn; **throw those bums out!** teflwch y diawliaid/taclau allan! *(b)* **beach ~,** diogyn glan môr; **ski ~,** selogyn (selogion) (*m*) sgïo.
bum[3] *v.i.&t. U.S: P:* **1.** *v.i.* **to ~ around,** diogi, ofera, stelcian, segura, gwagswmera, *N.W:* clertian. **2.** *v.i.* *(= sponge):* **to ~ off s.o.,** byw ar draul rhn, sbwnjo ar rn; **3.** *v.t.* *(= borrow, sponge):* benthyca, *N.W: occ:* cojo; **to ~ a dinner off s.o.,** cael cinio am ddim gan rn, *N.W:* cojo cinio gan rn.
bumble *v.t.&i.* **1.** = **buzz**[2], **hum**[2]. **2.** *(= act ineptly):* bwnglera (*pronounced* ng-g), cawlio, *N:* bustachu, stwna, ffidlan, piltran, *S:* cawlach, stablad, ffwlffacan, bwlffacan; *(= ramble on):* paldaruo. **~-bee** *n.* cacynen (cacwn) *f,* *(often, incorrectly):* cacwn (cacynod) *m*; gwenynen (gwenyn) (*f*) bwm, cacynen (*f*) bwm, cacynen y tewlaeth, *S.W:* cachgi (*m*) bwm, gwenynen wyllt (gwenyn gwyllt), *S: occ:* hwrli-bwm(-s) *m*; **bilberry ~-bee,** cacynen y llus; **stone ~-bee,** cacynen dingoch (cacwn tingoch) (*pronounced* ng-g). **~-foot** *n. Vet:* troed (*m*) cnapiog. **~-puppy** *n.* **1.** *Cards:* ***bridge*** di-glem *m,* chwist di-glem *m.* **2.** *Sp:* ten[n]is caeth *m,* pêl gaeth *f.*
bumbledom *n.* biwrocratiaeth *f.*
bumf *n.* **1.** *(= toilet paper):* papur (*m*) tŷ bach. **2.** *(= paper rubbish):* papurach *m or pl.*
bummalo *n. Ich:* b|ymalo (bymal|oi) *m.*
bummaree *n.* deliwr (delwyr) (*m*) mewn cigoedd.
bummer *n.* **1.** = **loafer. 2.** *(= sth worthless):* sothach *m,* rwtsh *m.*
bump[1] *n.* **1.** *(= blow):* clec(-iau) *f,* cnoc(-iau) *f,* hergwd (hergydion) *mf,* ergyd(-ion) *fm*; *(in boat race &c):* trawiad(-au) *m*; *(of vehicle, journey &c):* ysgytiad(-au) *m*; **to fall with a ~,** syrthio'n drwm, cael codwm trwm. **2.** *(= lump):* *(a)* chwydd(-au) *m, F:* lwmp: lwmpyn (lympiau) *m,* twmpyn (twmpau) *m,* hwrlyn (hwrlod) *m,* hwrgwd *m*; **to read s.o.'s bumps,** darllen pen rhn; **she has a good ~ of locality,** mae'n un dda am wybod ble mae hi; *(b)* *(in road &c):* cnycyn (cnyciau) *f,* gwrym(-iau) *m,* darn garw (darnau geirwon) *m.* **~-ball** *n. Cr:* pêl (peli) (*f*) adlam. **~-cap** *n. Cost:* cap(-iau) (*m*) taro. **~-supper** *n.* swper(-au) (*m*) ras.
bump[2] *v.t.&i.* *(a)* taro, cnocio, *S:* bwrw, *F:* clatsio, bwmpo, *N: F:* hitio; **to ~ one's head (on/against sth),** taro'ch/bwrw'ch/cnocio'ch pen (ar rth, yn erbyn rhth); **to ~ into a car,** taro car, mynd i gar, mynd yn erbyn car; **~ into s.o.,** taro ar rn, digwydd cyfarfod rhn; *S:* bwrw ar draws rhn; *(= collide):* taro yn erbyn rhn, *occ:* mynd yn bwcs/bwtsh/batsh i rn, *S.W:* mynd yn blwmp i rn; *(b)* *v.i.* *(of ship):* taro'r gwaelod; *F:* **to ~ along,** jerian mynd, cloncian mynd, ysgytian mynd. **~ off** *v.t. F:* **to ~ s.o. off,** lladd rhn, cael gwared â rhn. **~ up** *v.t. F:* **to ~ up a price,** gwthio pris i fyny.
bump[3] *adv. & int.* clec! bwm! clatsh! **things that go ~ in the night,** pethau sy'n gwneud twrw gefn nos.
bump[4] *v.i.* *(of bittern):* bwmian, bwmbwr.
bumper *n. & attrib.* **1.** *(a)* *(of drink):* gwydraid (gwydreidiau) *m,* llond (*m*) gwydr, llond gwydryn, dracht(-iau) *m,* joch(-iau) *mf, N:* gwydriad(-au) *m*; *(b)* *attrib.* *(= abundant):* mawr(-ion), helaeth, toreithiog; **a ~ crop,** cnwd toreithiog; *Th:* **a ~ house,** llond (*m*) tŷ, tyaid da *m*; **children's ~ book,** llyfr mawr i blant; **a**

~ Christmas number, rhifyn mawr Nadolig; **a ~ bundle,** bwndel mawr. **2.** *(a) Rail: U.S:* = **buffer**; *(b) Aut:* bympar(-s) *mf*, ffender: ffendar(-s, ffenderydd) *f*; **~ to ~,** trwyn wrth din. **3.** *Cr:* pêl (peli) (*f*) sbonc, pêl adlam. **~ bar** *n.* bar(-iau,-rau) (*m*) taro, ffender: ffendar.

bumpily *adv.* yn ysgytiog, dan ysgytian.

bumpiness *n.* **1.** *(of surface):* anwastadrwydd *m*, cnyciogrwydd *m.* **2.** *(of journey):* ysgytiadau *pl.*

bumping *vn.* = **bump²**; sŵn (*m*) taro *&c*, ysgytiadau *pl.* **~-race** *n.* ras (*f*) daro (rasys taro).

bumpkin *n.* llabwst (llabystiaid) *m*, bwmcyn(-nod) *m*, rhn (rhai) llywaeth/diniwed *m*, un yn syth o din y fuwch, twpsyn (twpsod) (*m*) cefn gwlad, llo(-i) (*m*) cors, lleban(-od) *m.*

bumptious *a.* hunandybus, chwyddedig, pwysig, hunanbwysig, llawn ohonoch eich hun, mawreddog, ymhongar (*pronounced* ng-g), bostfawr, brolgar, rhodresgar, *S:* gwraidd, fel pothell wynt, yn dwmpyn o fawrdra, yn stumog i gyd, *N:* llond eich clos.

bumptiously *adv.* yn hunandybus *&c.*

bumptiousness *n.* hunan-dyb *mf*, pwysigrwydd *m*, hunanbwysigrwydd *m*, brolgarwch *m*, mawrdra *m*, mawreddogrwydd *m*, balchder *m*, *S: F:* stumog fawr *f.*

bumpy *a.* **1.** *(road &c):* anwastad, ponciog, cnyciog, pantiog, tolciog. **2.** *(journey):* ysgytiog, clonciog.

bun *n.* **1.** *Cu: N:* bynsen (byns) *f*, *occ:* wicsen (wics) *f*, *S:* bynen (byns) *f*, *A:* chwiogen (chwiog, chwiogod) *f*, bara (*m*) teisen; **hot cross ~,** teisen (*f*) y Groglith (teisennau'r Groglith), teisen groes (teisennau croes) *f*, bynsen/bynen y Grog; *F:* **to put a ~ in the oven,** rhoi cyw/clec i ferch; **she's got a ~ in the oven,** *N:* mae hi'n magu mân esgyrn; mae ganddi hi gig yn y popty; mae hi wedi cael clec; *S:* mae swm mawr arni; mae hi wedi llyncu corryn. **2.** *(of hair):* cocyn(-nau) *m*, torch(-au) *f.* **3.** *Fung: F:* **penny ~,** wicsen (*f*) gron (wics crynion). **~-fight** *n.* te-parti(-s) *m.*

bunch¹ *n.* **1.** *(a) (of flowers):* tusw(-au) *m*, pwysi (pwysïau) *m*, swp (sypiau) *m*, sypyn(-nau) *m*, dyrnaid (dyrneidiau) *m*, *F:* bwnsiad: bwnsiaid (bwnsieidiau) *m*, *S. W:* bwnshyn (bwnshys) *m*, *M. W:* twnshyn(-nau) *m*; *(b) (of grapes, nuts, bananas &c):* bwnsiad, clwstwr (clystyrau) *m*, clwm (clymau) *m*, *N. W: occ:* cwplws (cyplysau) *m*, *S. W:* bwnshyn; *(c) (of keys):* bwnsiaid; *(d) Th:* **~ lights,** *See* **bunches**; *(e)* **a ~ of fives,** *See* **five 2. 2.** *(of people): F:* dyrnaid (dyrneidiau) *m*, casgliad(-au) *m*, criw(-iau) *m*, grŵp (grwpiau) *m*, *Lit:* bagad(-au) *m*, twr (tyrrau) *m*; **she's the best of the ~,** hi yw'r orau un [ohonynt]; *S:* hi yw top y tebot; *Iron:* **what a ~!** am griw! dyna rai da!

bunch² *v.t.&i.* **1.** *v.t.* clymu, rhwymo (rhth) ynghyd; clymu (rhth) yn sypyn *&c*; **to ~ up a skirt,** torchi sgert. **2.** *v.i.* tyrru, ymgasglu, clystyru, bagadu; **to ~ together,** gwasgu at eich gilydd, closio at eich gilydd, *S: F:* cwtsio at eich gilydd, *N:* hel at eich gilydd.

bunched *a.* mewn clwstwr, clystyrog, sypynnog.

bunches *n.pl. Th:* golau (*m*) clwstwr.

bunchgrass *n. Bot:* sypwellt *m.*

bunchy *a.* = **bunched.**

bunco *n.* = **swindle¹**. **~-steerer** *n.* = **swindler.**

bund *n. Geog:* bwnd (byndiau) *m.*

bundle¹ *n.* sypyn(-nau) *m*, swp (sypiau) *m*, bwndel(-i) *m*, sopen(-ni) *f*, bwndelaid (bwndeleidiau) *m*, coflaid (cofleidiau) *f*; **bicollateral ~,** sypyn deugyfraidd; **collateral ~,** sypyn cyfraidd; **vascular ~,** sypyn f[l]asgwlar; *P:* **I don't go a ~ on it,** ni fyddaf yn gwirioni arno; nid wyf yn hidio fawr amdano; ni dda gennyf mohono.

bundle² *v.t.&i.* **1.** *v.t.* *(a)* **to ~ [up] sth,** bwndelu, sypynnu, sopennu, sypio (rhth); clymu (rhth) yn sypyn/fwndel *&c*; gwn|eud sypyn *&c* (o rth); *F:* **to ~ all into a heap,** taflu/pentyrru popeth ar ben ei gilydd; *F:* **to ~ everything up,** codi popeth rywsut rywsut; **he bundled everything into the cupboard,** gwthiodd bopeth rywsut rywsut i'r cwpwrdd; *F:* **to ~ (s.o. out of the house),** gwthio, taflu, *N:* hel (rhn o'r tŷ); *F:* **to ~ s.o. off,** cipio/ysgubo rhn ymaith; **to ~ out,** rhuthro/ysgubo allan, mynd/dod allan bendramwnwgl. **2.** *v.i.* *(a)* **to ~ in,** rhuthro/ysgubo i mewn; **to ~ off,** ei bachu hi, ei heglu hi, ei gwadnu hi, hel eich pac, ysgathru, ysgrialu mynd; *S.a.* **beat it**; *(b) Anthr:* **to ~, bundling** *vn.* caru yn y gwely.

bung¹ *n.* corcyn (cyrc, *occ:* cyrcs) *m*, topyn(-nau) *m*; **cork ~,** topyn corc. **~-ho** *int.* iechyd da! hir oes! **~-hole** *n.* twll (*m*) casgen (tyllau casgenni), twll corcyn.

bung² *v.t.* **to ~ [up] a cask,** corcio casgen; **to ~ [up] a hole,** cau/selio twll; *P:* **my nose is bunged up,** mae fy nhrwyn i'n llawn; mae fy nhrwyn i wedi cau; **(a pipe) bunged up with grease,** (peipen) yn llawn saim, wedi ei chau gan saim.

bung³ *v.t. P:* taflu, lluchio, *F:* towlyd, sodro, stwffio, *S. W: occ:* lwndo.

bungaloid *a. F: Pej:* byngaloaidd (*pronounced* ng-g).

bungalow *n.* byngalo: b|yngalo(-s) *m* (*pronounced* ng-g), tŷ (tai) (*m*) unllawr.

bungle¹ *n.* camgymeriad(-au) *m*, camsyniad(-au) *m*, aflerwch *m*, blerwch *m*, bwnglerwch *m*, bwnglereiddiwch *m*, bwnglera *vn*, bwnglerwaith *m* (*all pronounced* ng-g), llanast[r] *m*, carbwl|eidd-dra *m*, traed (*pl*) moch, cawl *m*, cawdel *m*, *S:* anghrefft *f*, trwsglaeth *m*, *N:* stomp *f*, smona[e]th *f*, stremp *f*, po[i]tsh *m*, stremit *f*, *V:* cachfa *f.*

bungle² *v.t.* difetha, bwnglera (*pronounced* ng-g), po[i]tsio, po[i]tsian, cawlio, cawdelu, carbylu, *N: F:* strempio, bwmbatsio, stompio (rhth); gwn|eud po[i]tsh/llanast/cawl/stomp/smona[e]th (o rth), gwneud traed moch (o rth), *occ:* bwmffaglio (rhth), *S:* gwneud cawl (o rth), *V:* gwneud cachfa (o rth).

bungled *a.* aflwyddiannus, aflêr, carbwl, bwngleraidd (*pronounced* ng-g), trwstan.

bungler *n.* bwngler(-iaid) *m*, bwnglerwr (bwnglerwyr) *m* (*both pronounced* ng-g), stompiwr (stompwyr) *m*, trwsglyn (trwsgliaid) *m*, cawliwr (cawlwyr) *m*, po[i]tsiwr (po[i]tswyr) *m*, bwmffagliwr (bwmffaglwyr) *m.*

bungling¹ *a.* di-glem, lletchwith, trwstan, trwsgl, bwngleraidd (*pronounced* ng-g), carbwl, annehau, llawchwith.

bungling² *n.* = **bungle¹,².**

bunion *n.* chwydd(-au) *m*, cnap(-iau) *m* [ar droed], bynion(-s) *m.*

bunk¹ *n.* gwely(-au) (*m*) bach, gwely bocs, bync(-iau,-s) *m*, *N. W: occ:* ciando(-s) *m.* **~-bed** *n.* gwely bync.

bunk² *v.i.* **to ~ down,** mynd i'r gwely, *N. W: F:* mynd i'r ciando, mynd i'r cae/lle sgwâr, mynd i gadw, *S. W:* mynd i'r cae nos, mynd i gwm pluf.

bunk³ *v.i. & n.* **to ~ off, to do a ~,** diflannu, dianc, diengyd, *F:* ei bachu hi, ei g'leuo hi, ei heglu hi *&c*, cymryd/gwn|eud y goes, *S: occ:* mynd ar gil; *S.a.* **beat it.**

bunk⁴ *n. P:* = **nonsense.**

bunker¹ *n.* **1.** *Nau:* howld (*f*) lo (howldiau glo). **2.** *(a) Golf:* pwll (pyllau) (*m*) tywod, byncer(-i) *m*; *(b) Mil:* daeardy (daeardai) *m*, byncer. **3.** *(= large bin):* cist(-iau) *f*, celwrn (celyrnau) *m.*

bunker² *v.t.* **1.** *Nau:* llwytho glo, codi glo; *Golf:* byncro. **2. to be bunkered,** *(i) Golf:* bod yn y pwll tywod, bod yn y garw, bod mewn byncer; *(ii) Fig:* bod mewn twll, methu symud, bod yn sownd.

bunkhouse *n. U.S:* hundy (hundai) *m*, tŷ (tai) (*m*) bynciau, byncws *m*; *(for workmen):* barics(-od) *m.*

bunkum *n.* = **nonsense.**

bunny[-rabbit] *n. F:* cwningen (cwningod) *f*, bwni(-s) *f.* **~-girl** *n.f.* cwningferch(-ed).

Bunsen burner *n.* tân (tanau) (*m*) Bunsen, llosgwr (llosgwyr) (*m*) Bunsen.

bunt¹ *n. Husb:* rhwd (*m*) gwenith, gwenith du *m*, malltod drewllyd *m.*

bunt² *n. Nau:* bolchwydd *m*, chwydd(-au) *m.* **~-line** *n. Nau:* llinyn (*m*) bolchwydd.

bunt³ *n.* trawiad(-au) (*m*) ysgafn, ergyd(-ion) (*fm*) ysgafn, cnith(-ion) *m*, bwnt (byntiau) *m*, ffatiad(-au) *m.*

bunt⁴ *v.t. U.S: Sp:* taro'n ysgafn, ffatian, byntio.

bunting¹ *n. Orn:* bras (breision) *m*; **cirl ~,** bras Ffrainc; **corn ~,** bras yr ŷd, bras y ddrutan, bras ehedydd; **black-headed ~, reed-~,** bras y gors, bras y cyrs, bras penddu, penddu(*m*)'r brwyn, golfan(-od) (*f*) y gors, penlöyn(-nod) (*m*) y gors; **Lapland ~,** bras y Gogledd; **little ~,** y bras lleiaf; **mountain ~,** bras y mynydd, golfan yr eira; **ortolan ~,** bras y gerddi; **rock ~,** bras y graig; **rustic ~,** bras gwledig; **snow ~,** bras yr eira, aderyn (adar) (*m*) yr eira; **yellow ~,** = **yellowhammer.**

bunting² *n. Ich:* *(= grey shrimp):* berdysen lwyd (berdys llwydion) *f.*

bunting³ *n.* **1.** *Tex:* gwlanen fras *f.* **2.** *(= flags):* baneri *pl*, fflagiau *pl*, r[h]ubanau *pl*, ysnodenni *f.*

bunyip *n. Myth:* ceffyl(-au) (*m*) dŵr.
buoy[1] *n. Nau:* bwi(-au) *m*, *N. W: occ:* bwngi *m* (*pronounced* ng-g); *S.a.* **bell-buoy, breeches buoy, lifebuoy**.
buoy[2] *v.t. Nau:* **to ~ up an object,** nofio rhth, cynnal rhth ar wyneb y dŵr; **to ~ s.o. up,** cynnal breichiau rhn, bod yn gefn i rn, codi gobeithion rhn; **I was buoyed up by hope,** 'roedd gobaith yn fy nghynnal.
buoyage *n.* bwiau *pl.*
buoyancy *n.* **1.** ysgafnder *m*; *Ph:* hynofedd *m*, hynofiant *m*. **2.** *Fig:* ysbryd calonnog *m*, calonogrwydd *m*, hwyliau da *pl*; *(of spirits):* ysgafnder, bywiogrwydd *m*, nwyf *m*, nwyfiant *m*; *(of prices):* hydwythedd *m*, parodrwydd (*m*) i godi. **~-bag** *n.* bag(-iau) (*m*) hynofedd.
buoyant *a.* **1.** *(a)* ysgafn, nofiadwy; **this boat is very ~,** mae'r cwch hwn yn nofio'n dda; *(b) Ph:* hynawf; **salt water is more ~ than fresh,** mae heli'n fwy hynawf na dŵr croyw. **2.** *(pers.):* bywiog, llawn mynd, nwyfus, calonnog, ysgafnfryd, gwisgi, sionc, heini, ysgafngalon (*pronounced* ng-g), ysgafala, ffyddiog; **a ~ step,** cam gwisgi/heini/ysgafndroed; *Com:* **a ~ market,** marchnad fywiog.
buoyantly *adv.* yn ysgafn *&c.*
bur *n. Bot:* *(a)* pen(-nau) (*m*) pigog, coden bigog (codennau pigog) *f*, coden bigau (codennau pigau), pigau *pl*; *(of burdock):* cacimwnci *m*, *S.W: occ:* beili (beilïaid) *m*; **chestnut-~,** *N:* plisgyn (plisg) (*m*) castan, *S:* masgl(-au) (*m*) castan; **teasel-burs,** cribau'r pannwr; *(b)* = **burdock**. *(c) F: (pers.):* draenen (drain) (*f*) yn ystlys rhn, pla (*m*) [o ddyn *&c*], gelen: gele (gelod) *f*. **~-chervil** *n. Bot:* gorthyfail cyffredin *m*. **~-marigold** *n. Bot:* **nodding ~-marigold,** graban gogwydd *m*; **tripartite/trifid ~-marigold,** graban teiran. **~-oak** *n. Bot: U.S:* derwen bigog (derw pigog) *f*, derwen hirfes. **~-parsley** *n. Bot:* **small ~-parsley,** cilun berllys bychan *m*; **great ~-parsley,** cilun berllys mawr. **~-reed** *n. Bot:* cleddyflys *m*, cleddlys *m*; **branched ~-reed,** cleddyflys canghennog; **floating ~-reed,** cleddyflys culddail; **small ~-reed, least ~-reed,** y cleddyflys lleiaf, cleddyflys bach; **unbranched ~-reed,** cleddyflys di-gainc, cleddyflys undwf syth.
buran *n. Geog:* bwrán *m*.
Burberry *n. R.t.m:* côt (*f*) law (cotiau glaw), *F:* m|acindos *f*.
burble[1] *n. (of water &c):* murmur(-on) *m*, bwrlwm (byrlymau) *m*, dadwrdd *m*, bwmbwr *m*; *Av:* bwrlwm; *(of speech):* cleber: clebar *mf*, baldordd *m*, prebliach *m*.
burble[2] *v.i. (a) (of water):* byrlymu, murmur, sisial, dadwrdd; *(b) (of pers. = speak blithely):* parablu, preblian, *S:* clebran, *S.W:* brawlan; **to ~ with mirth,** byrlymu chwerthin.
burbler *n.* parablwr (parablwyr) *m*, preblyn(-nod) *m*, preblen(-nod) *f*.
burbot *n. Ich:* llofen(-nod) *f*, llofenan (llofennod) *f*.
burden[1] *n.* **1.** *(a) (= load):* baich (beichiau) *m*, pwn (pynnau) *m*, pwysau *m*, llwyth(-i) *m*; *(b) Fig: (of grief &c):* baich, *occ:* bwrn *m*, treth *f*, *N.W: occ:* dormach: tormach *mf*; **the ~ of years,** pwysau'r blynyddoedd, pwysau henaint, pwysau'r oed; **the ~ of taxation,** baich y dreth, baich y trethi; *Jur:* **the ~ of proof,** baich y profi, baich y prawf; **to be a ~ on s.o.,** bod yn faich ar rn, *Pej:* bod yn fwrn/dreth ar rn, *N.W: occ:* bod yn ddormach ar rn; **to make s.o.'s life a ~,** gwneud bywyd yn fwrn/feichus i rn; **beast of ~,** anifail (anifeiliaid) (*m*) pwn, anifail gwaith, *A:* ysgrubl(-iaid) *m*; **it's a ~ on my conscience,** mae'n pwyso ar fy nghydwybod; *(c) Nau:* llwyth; **a ship of ~,** llong (*f*) lwytho (llongau llwytho); **a ship of a 100 tons ~,** llong gan tunnell o lwyth. **2.** *O: (a) (= refrain):* byrdwn (byrdynau) *m*, cytgan(-au) *f*; *(b) (= gist):* swm (*m*) a sylwedd *m*, craidd *m*, cnewyllyn *m*, byrdwn; **the ~ of an argument,** corff (*m*) y gainc.
burden[2] *v.t. (a) (= load):* llwytho, *occ:* beichio, pynio; **to ~ people with taxes,** llwytho/llethu pobl â threthi; *(b) (= be a burden):* bod yn faich/fwrn (ar rn), pwyso (ar rn).
burdened *a.* llwythog; **~ estate,** ystâd lwythog *f*.
burdensome *a.* beichus, llethol, gormesol, trwm (*f.* trom, *pl.* trymion).
burdock *n. Bot:* **greater ~,** *(Arctium lappa):* cyngaf mawr *m*, [y] cedowrach [mwyaf] *m*, cedor (*m*) y wrach, cacamwci *m*, cacimwci *m*, bawmwci *m*, cïog *m*, cribau(*pl*)'r bleiddiau, *S.W: occ:* beili (beilïaid) *m*; **lesser ~,** *(A. minus):* y cedowrach lleiaf, cyngaf bychan, y cyngaf lleiaf; **intermediate ~, wood ~,** *(A. nemorosum):* cyngaf y coed, cedowrach y coed.
bureau *n.* **1.** *Furn:* desg(-iau) *f*, biwro(-s,-au) *fm*, biwrô(-s) *fm*, *Lit:* ysgrifgist(-iau) *f*. **2.** *(a) (= office):* swyddfa (swyddf|eydd) *f*, canolfan(-nau) *mf*, biwro, biwrô; *(b)* **employment ~,** swyddfa gyflogi; **Citizens' Advice B~,** Canolfan Cynghori'r/Gynghori'r Cyhoedd.
bureaucracy *n.* biwrocratiaeth(-au) *f*.
bureaucrat *n.* b|iwrocrat (biwrocratiaid) *m*.
bureaucratic *a.* biwrocrataidd, biwrocratig.
bureaucratically *adv.* yn fiwrocrataidd *&c.*
bureaucratization *n.*, **bureaucratize** *v.t.* biwrocrateiddio.
burette *n. Ch:* biwrét (biwretau) *m*.
burg *n.* tref(-i) *f*.
burgage *n. Jur: Hist:* tir(-oedd) (*m*) bwrdais, bwrgetsh(-is) *m*.
burgee *n. Nau:* penwn (penynau) *m*.
burgeon *n.* & *v.i. Lit:* = **bud**[1,2], **blossom**[1,2].
burgeoning *a.* = **budding, blossoming**; *Fig:* cynyddol.
burger *n.* = **hamburger**. **~-bar** *n.* bar(-iau) (*m*) byrgyrs/eidionod.
burgess *n.* **1.** *Adm:* dinesydd (dinasyddion) *m*, bwrdais (bwrdeisiaid) *m*. **2.** *(a) Hist: (= M.P.):* Aelod(-au) Seneddol *m*; *(b) U.S: (= town councillor):* cynghorydd (cynghorwyr) *m*, bwrdeisiwr (bwrdeiswyr) *m*.
burgh *n. Scot:* tref(-i) *f*, bwrdeistref(-i) *f*.
burghal *a.* bwrdeisiol.
burgher *n. Hist:* dinesydd (dinasyddion) *m*, bwrdais (bwrdeisiaid) *m*.
burglar *n.* lleidr (*m*) tŷ (lladron tai), ysbeiliwr (ysbeilwyr) *m*, byrgler(-iaid) *m*; *S.a.* **catburglar**. **~-alarm** *n.* larwm (larymau) (*m*) lladron. **~-proof** *a.* anysbeiliadwy, diogel rhag lladron.
burglarize *v.t. U.S:* = **burgle**.
burglary *n.* lladrad(-au) *m*, lladrata *vn* [o dai], ysbeilio *vn*, toriad(-au) (*m*) i dŷ (toriadau i dŷ/dai), torri (*vn*) tŷ/tai, ysbeiliad(-au) *m*; *Jur:* byrgleriaeth(-au) *f*.
burgle *v.t. F:* **to ~ a house,** lladrata/dwyn o dŷ, torri i mewn i dŷ, *occ:* torri tŷ.
burgomaster *n.* prif ynad(-on) *m*, bwrgfeistr(-i) *m*, maer (meiri) *m*.
burgonet *n. Hist:* helm(-au) *f*.
burgrave *n. Hist:* castellydd (castellwyr) *m*.
Burgundian *a.* & *n.* **1.** *a.* Bwrgwynaidd, o Fwrgwyn; *(in language):* Bwrgwyneg. **2.** *n.* *(a) Ethn:* Bwrgwyniad (Bwrgwyniaid) *m&f*, Bwrgwynwr (Bwrgwynwyr) *m*; *(b) Ling:* Bwrgwyneg *f*, *m*.
Burgundy *Pr.n.* & *n.* **1.** *Pr.n. Geog:* Bwrgwyn *f*. **2.** *n. (wine):* gwin(-oedd) (*m*) Bwrgwyn. **3.** *(colour):* lliw (*m*) gwin [Bwrgwyn].
burial *n.* **1.** *(in general sense):* claddedigaeth(-au) *f*, claddiad(-au) *m*, daeariad(-au) *m*; *(action):* claddu *vn*, daearu *vn*, priddo *vn*. *Archeol:* **collective ~,** cydgladdu *vn*, cydgladdedigaeth *f*, claddu torfol, claddedigaeth dorfol; **cremation ~,** corfflosgi *vn*; **inhumation ~,** claddu/claddedigaeth mewn pridd, daearu; **inurned ~,** claddu/claddedigaeth mewn wrn, wrn-gladdedigaeth *f*; **crouched ~,** claddedigaeth mewn cwrcwd. **2.** *(of body = funeral):* angladd(-au) *mf*, claddedigaeth(-au) *m*, cynhebrwng (cynhebryngau) *m*, *S. W: occ:* cligiaeth *f*. **~-board** *n.* astell/estyllen (*f*) gladdu (estyll/estyllod claddu). **~-chamber** *n.* claddgell(-oedd) *f*, siambr (*f*) gladdu (siambrau claddu); **plank built ~-chamber,** claddgell estyllog. **~-ground** *n.* mynwent(-ydd) *f*, claddfa (claddf|eydd) *f*; *Archeol:* corfflan(-nau) *f*. **~-mound** *n.* tomen (*f*) gladdu (tomenni claddu), claddfa, carnedd(-au,-i) *f*, *Lit: occ:* gwyddfa (gwyddf|eydd) *f*. **~-place** *n.* claddfa, bedd(-au) *m*, beddrod(-au) *m*; *Archeol:* corfflan. **~-service** *n.* gwasanaeth(-au) (*m*) angladd, gwasanaeth angladdol, gwasanaeth claddu, *occ:* gwasanaeth ar lan [y] bedd.
buried *a.* claddedig, cladd, *occ:* ynghladd, dan gladd.
burin *n.* pwyntil(-au) *m*, ysgythrydd(-ion) *m*, biwrin(-au) *m*.
burke *v.t.* **1.** *(= suppress, hush up):* mygu, cuddio. **2.** *(= avoid):* osg|oi.
burl[1] *n. (= knot, tangle):* cwlwm (c[y]lymau) *m*.
burl[2] *v.t. (= undo):* datod; *Tex:* diglymu, llathru.
burlap *n. Tex:* cynfas fras *f*.
burlesque[1] *a.* & *n.* **1.** *a.* bwrlésg. **2.** *n.* bwrlésg (bwrlesgau) *m*.
burlesqu[2] *v.t.* bwrlesgio, gwatwar, parodïo, dychanu, goganu.
burliness *n.* cyhyrogrwydd *m*, cydnerthwch *m*, praffter (*m*) corff.
Burlings *Pr.n. Geog:* **The ~,** Y Bwrlingau *pl.*

burly *a.* cydnerth, cadarn, cyhyrog, praff, corffol; **a ~ fellow,** *N.W: F:* paladr (*m*) o ddyn, palff (*m*) o ddyn, slaff (*m*) o ddyn, *S.W:* staca/stacan (*m*) o ddyn.
Burma *Pr.n. Geog:* Byrma: Bwrma *f.*
Burman *n.* Byrmaniad (Byrmaniaid) *m&f.*
Burmese *a. & n.* **1.** *a.* Byrmanaidd; **~ cat,** cath(-od) (*f*) o Fyrma; **the ~ government,** llywodraeth Byrma/Bwrma; *(in language):* Byrmaneg. **2.** *n. (i) Ethn:* Byrmaniad (Byrmaniaid) *m&f*; *(ii) Ling:* Byrmaneg *f, m.*
burn[1] *n.* **1.** llosg(-iadau) *m,* llosgfa (llosgf|eydd) *f.* **2.** *(of rocket):* taniad(-au) *m.*
burn[2] *v.t.&i.* **1.** *v.t.* llosgi, *Lit: occ:* ysu/difa [â thân]; **to ~ sth to ashes,** llosgi rhth yn lludw/llwch/ulw/golsyn/grimp/grimpyn, ysu rhth, *N.E: occ:* llosgi rhth yn grimstin; **to be burnt alive,** cael eich llosgi'n fyw; **to be burnt to death,** cael eich llosgi i farwolaeth, marw o losgiadau; **he has money to ~,** mae'n graig o arian; mae ganddo arian i'w daflu ar ôl y cŵn; **to ~ the daylight,** llosgi cannwyll gefn dydd golau; **to ~ the water,** ffaglu'r afon, pysgota liw nos [â ffagl *&c*], *N.W: occ:* lampio; *F:* **he burnt his fingers over it,** fe losgodd ei fysedd; fe gostiodd yn ddrud iddo; fe aeth yn golledwr o'i herwydd; *N.W: occ:* un goeg oedd y gneuen; **money burns his fingers; money burns a hole in his pocket,** mae'r geiniog yn llosgi yn ei boced; mae'n ysu am wario'i arian; mae ysfa wario arno; *Agr: Lit:* **to ~ off heather,** goddeithio, godeithio, coelcertha, cydeithio, *N:* creithio, *S:* golosgi; **to ~ one's bridges,** llosgi'ch pontydd; **to ~ one's boats,** llosgi'ch cychod; **to ~ the midnight oil,** llosgi'r gannwyll [yn hwyr]; **to ~ the candle at both ends,** llosgi'r gannwyll yn ei deupen; **to fiddle while Rome burns,** canu/chwarae crwth tra llosgo Rhufain. *(b) Ind: (= bake):* crasu. *(c) Surg: (= cauterize):* serio. **2.** *v.i. (of fire):* llosgi; **to ~ like matchwood, to ~ like timber,** llosgi fel eithin, llosgi fel tân byw; **to ~ slowly,** mudlosgi; **the candle was burning,** 'roedd y gannwyll yn llosgi; *Lit:* 'roedd y gannwyll yngh|ynn; **to ~ with desire (for sth),** ysu, awchu, dyh|eu (am rth); **to ~ to do sth,** ysu am wneud rhth, bod ar dân [o] eisiau gwneud rhth, *S.W:* gwindasu eisiau gwneud rhth; **to ~ with impatience,** ysu'n ddiamynedd; **to ~ with shame,** cywilyddio, teimlo cywilydd; *pred.* **magnesium burns white,** mae magnesiwm yn llosgi'n wenfflam; *(b) I.C.E: (of mixture):* tanio, llosgi; *(c) Cu: (= to stick to pan, to be slightly burnt):* cipio, cydio. **~ away 1.** *v.t.* llosgi, ysu, difa['n ulw]. **2.** *v.i.* llosgi['n ulw/ddim]. **~ down 1.** *v.t.* llosgi, difa['n ulw]. **2.** *v.i. (of candle &c):* llosgi i lawr, llosgi at y bôn, llosgi i'r bôn. **~ in** *v.t. (a)* **to ~ letters in wood,** llosgi/serio llythrennau ar bren; *(b) Phot:* **to ~ sth in,** dwysáu rhth, llosgi rhth i mewn. **~ into** *v.i.* **acid that burns into metal,** asid sy'n ysu metel. **~ off 1.** *v.t. (paint &c):* llosgi (paent) i ffwrdd. **2.** *v.i. (of waste gas):* llosgi. **~ out 1.** *v.t. (a)* **to ~ s.o.'s eyes out,** serio/llosgi llygaid rhn; *(b)* **they were burnt out of house and home,** llosgwyd eu cartref; **to ~ s.o. out of a house,** gyrru rhn o'i dŷ â thân; *(c)* **(the candle has burnt itself) out,** (fe losgodd y gannwyll) yn ddim, hyd at y pen, at ei bôn, hyd at ddiffodd; **to ~ oneself out,** gorweithio, eich lladd eich hun â gwaith; *Fig:* **he had burnt himself out (by the age of forty),** (erbyn ei ddeugain oed) 'roedd wedi chwythu ei blwc, 'roedd wedi ei ddifa'i hun, 'roedd wedi diffygio; *(d) (i) v.t. El: Aut: &c:* llosgi; *(ii) v.i. (of lamp, candle):* llosgi'n llwyr, diffodd; *(of fire):* llosgi'n ulw, diffodd. **~ up 1.** *v.t.* llosgi, ysu, difa['n llwyr/ulw]. **2.** *v.i. (of fire):* cynnau, ffaglu, dod. **~-up** *n. Atom.Ph: &c:* ymfflamychiad *m,* ymfflamychu *vn.*
burn[3] *n.* = **brook**[1].
burner *n.* **1.** *(pers.):* llosgwr (llosgwyr) *m,* ll|osgwraig *f.* **2.** *(a) (of lamp, cooker &c):* pig(-au) (*m*) llosgi, llosgwr, llosgydd(-ion) *m*; **back-~,** tân ôl; *Fig:* **to put sth on the back-~,** gohirio rhth; *(b) Ch:* **Bunsen ~,** tân (tanau) (*m*) Bunsen, llosgwr Bunsen; *(c) Th:* **~ lights,** clwstwr (*m*) polyn.
burnet *n. Bot:* gwyddlwyn(-i) *m*; **fodder ~,** *(Poterium polygamum):* gwyddlwyn ebran; **great ~,** *(Sanguisorba officinalis):* llysyrlys *m,* llysyrawd *m,* bwrned mawr *m*; **salad ~,** *(S. minor):* gwyddlwyn cyffredin. **~ moth, ~ companion** *n. Ent:* cydymaith (cymdeithion) (*m*) y [gwyfyn] bwrned, bwrned(-au) *m*; **five spot ~ moth,** bwrned pum smotyn; **narrow-bordered five spot ~ moth,** bwrned pum smotyn hir-adain; **New Forest ~ moth,** bwrned New Forest; **Scotch ~ moth,** bwrned yr Alban; **six spot ~ moth,** bwrned chwe smotyn; **slender Scotch ~ moth,** bwrned main yr Alban; **transparent ~ moth,** bwrned tryloyw. **~ rose** *n. See* **rose.**
burning[1] *a.* **1.** *(candle):* yn llosgi, yn olau, ar dân, golau, llosg; **a ~ question,** pwnc llosg; **a ~ shame/disgrace,** gwarth *m,* gwaradwydd *m*; *(wound):* yn llosgi, llosg, llidus; **a ~ coal,** colsyn (cols) *m,* marworyn (marwor) *m*; *pl.* marwydos; **a ~ fire,** tân poeth *m*; **a ~ town,** tref ar dân, tref yn llosgi, *occ:* tref yn ffaglu. **2.** *(desire &c):* ysol, brwd. **3. ~ bush,** *(i) B:* perth (*f*) yn llosgi; *(ii) Bot: F:* ditain *f,* d|itani *f.* **4.** *(= ardent):* brwd, angerddol, ysol, tanbaid; **~ zeal,** brwdfrydedd *m,* tanbeidrwydd *m* **(for sth,** dros rth); **~ hot,** poeth, chwilboeth, eirias, eiriasboeth, gwynias, tanllyd, tanbaid, *S:* twyntan, *S.W:* purboeth.
burning[2] *vn.* = **burn**[2]; **~ sensation,** enynfa (enynfâu) *f,* enyniad(-au) *m,* llosgfa (llosgf|eydd) *f.* **~-glass** *n.* llosgwydr(-au) *m.*
burnish[1] *n.* gloywder *m, Lit:* llathredd *m,* llathreiddrwydd *m,* caboledd *m,* caboliad(-au) *m,* bwrnais *m, F:* sglein *mf.*
burnish[2] *v.t.&i.* **1.** *v.t.* caboli, gloywi, *Lit:* llathru, bwrneisio. **2.** *v.i.* disgleirio, pefrio, *F:* sgleinio.
burnished *a.* llathredig, gloyw(-on), *F:* sglein, *Lit:* llathr, llathraid.
burnisher *n.* cabolwr (cabolwyr) *m,* llathrwr (llathrwyr) *m,* bwrneisiwr (bwrneiswyr) *m.*
burnous *n. Cost:* hugan(-au) *f,* mantell (mentyll) *f,* clogyn(-nau) *m.*
burnt *a.* **1.** *(a)* llosgedig, llosg, a losgwyd, wedi llosgi; *Prov:* **a ~ child fears the fire,** a losgodd ei fys a ochel y tân; **~ sugar,** siwgwr llosg *m*; **~ almond,** almon llosg *m*; **a ~ offering,** poethoffrwm (poethoffrymau) *m*; **to make ~ offerings,** poethoffrymu; *Art:* **~ sienna,** sienna llosg; **~ umber,** wmbr llosg; **a ~ patch of heath,** poethwal *m*; *Th:* **~ cork artiste,** actor (*m*) corcyn llosg; *(b) (= tanned):* **a face ~ by the sun,** wyneb lliw haul. **2. a ~ taste,** blas (*m*) llosgi, blas cipio. **~ ear** *n. Agr:* tywysen ddu *f,* llosgdywysen *f.* **~-out** *a.* **1.** [yn] ulw, wedi llosgi, wedi diffodd, llosg, llosgedig. **2.** *Fig:* wedi darfod, darfodedig, wedi chwythu'ch plwc, wedi diffygio, wedi diffodd; **he's a ~-out case,** mae ei fflam wedi diffodd.
burp[1] *n.* = **belch**[1].
burp[2] *v.i.* = **belch**[2]. **~ gun** *n.* dryll(-iau) (*m*) otomatig.
burr[1] *n.* = **bur.**
burr[2] *n.* **1.** *Engr:* ymyl [g]arw (ymylon garw) *fm,* garwedd *m,* bwr *m.* **2.** *Ling: (a)* **Durham ~,** sain chwern *f,* er grafog *f, occ:* tafod tew *m (also = lisp)*; *(b) (West Country):* (*)grwndi *m.* **3.** = **limestone, whetstone. ~-chisel** *n. Tls:* cŷn (cynion) (*m*) morteisio. **~-drill** *n. Dent:* dril(-iau) (*m*) danheddog.
burr[3] *v.t.&i.* **1.** *v.t. Ling:* **to ~ one's words,** (*)siarad grwndi, (*)grwndïan siarad. **2.** *v.t. (nail, bolt):* gwalcio. **3.** *v.i. (of drill &c):* chwyrnu.
burrawang *n. Bot:* b|yrawang (byrawangau) *f.*
burrow[1] *n.* **1.** *(of rabbit &c):* twll (tyllau) *m, occ:* tyrchfa (tyrchf|eydd) *f*; *(of fox, badger):* daear(-au, daeërydd) *f,* gwâl (gwalau) *f.* **2.** *Geog:* twyni (*pl*) tywod.
burrow[2] *v.i.* turio, tyrchu, tyrchio, tyllu, *S.W:* twrio, twllu.
burrower *n.* turiwr (turwyr) *m,* tyrchwr (tyrchwyr) *m,* tyllwr (tyllwyr) *m.*
burrowing *a.* turiol, tyrchol.
Burry Port *W.Pl.n.* Y Tywyn Bach *m,* Porth (*m*) Tywyn.
bursa *n. Med:* byrsa (byrsâu) *m,* bwrsa (bwrsâu) *m.*
bursal *a. Med:* bwrsol, byrsol.
bursar *n.* **1.** *Sch:* bwrsar(-iaid) *m&f,* stiward(-iaid) *m,* trysorydd(-ion) *m,* pyrswr (pyrswyr) *m*; **domestic ~,** bwrsar tŷ. **2.** = **scholar.**
bursarship *n.* bwrsariaeth(-au) *f.*
bursary *n.* **1.** swyddfa (*f*) gyllid (swyddf|eydd cyllid). **2.** = **bursarship.**
bursitis *n. Med:* bwrsitis *m,* byrsitis *m.*
burst[1] *n.* **1.** *(of bomb):* ffrwydrad(-au) *m*; *(in a tyre, balloon):* byrst(-iau) *m*; *(of flame):* naid (neidiau) *f*; *(of thunder):* clec(-iadau) *f*; *(of laughter):* pwl (pyliau) *m,* pwff(-iadau) *m,* bloedd(-iadau) *f,* hwrdd (hyrddiau) *mf*; **a ~ of activity,** hwrdd o weithgarwch, pwl o weithio, *N.W: occ:* hwrdd mamaeth; **a ~ of applause,** hwrdd o gymeradwyaeth; *(of machine-gun):* taniad(-au) *m*; **a ~ of gunfire,** cawod(-ydd) (*f*) o fwledi, hwrdd o danio; *Sp:* **a ~ of speed,** gwib *f,* hwrdd o gyflymder; **one final ~,** un ymdrech olaf.
burst[2] *v.i.&t.* **1.** *v.i. (a) (of boiler, bomb &c):* ffrwydro, *N: F:*

byrstio, bostio, chwythu [i fyny], *S: F:* borsto, bosto, chwythu lan; *(of boil, abscess):* torri [ar draws], hollti; *(of bubble, balloon &c):* torri, ffrwydro; *(of tyre &c):* ffrwydro, rhwygo, ymrwygo, chwythu, *F:* byrstio, *S:* borsto, bosto; *(of bud):* agor, blodeuo; **to ~ in pieces,** mynd yn chwilfriw, malu'n/torri'n/ffrwydro'n/dryllio'n ddarnau/yfflon, torri ar [ei] draws; *(b)* **(the sacks were) bursting,** ('roedd y sachau'n) orlawn, *F:* llawn dop, *N: F:* llawn joch; **to be bursting with laughter,** chwerthin nes bron marw, chwerthin ei hochr hi, bod bron â hollti gan chwerthin, *N:* bod yn g'lana' (= gelanedd) chwerthin; **to be bursting with health,** bod cyn iached â'r gneuen; bod yn iach lawen; **he was bursting with impatience,** 'roedd bron ar dorri ei fogail/fol; **I was bursting to tell him,** 'roeddwn bron â marw [o] eisiau dweud wrtho; *S.W: occ:* 'roeddwn bron bwrw fy lasog eisiau dweud wrtho; **he was bursting with news,** 'roedd yn chwyddo gan newyddion; *(c)* **a cry ~ from his lips,** daeth/torrodd cri o'i enau; *(d) (of flower):* **to ~ into bloom,** blaguro, blodeuo; **to ~ into leaf,** deilio; **the horses ~ into gallop,** dyma'r ceffylau'n carlamu; dechreuodd y ceffylau garlamu; **to ~ into tears,** dechrau beichio wylo, dechrau wylo'n hidl; *S.a.* **flame[1]**, **song**; *(e)* **to ~ into a room,** rhuthro i mewn i ystafell; *(by force):* torri i mewn i ystafell; *(of sun):* **to ~ through a cloud,** treiddio/torri trwy gwmwl; *(f)* **to ~ upon s.o.'s sight,** ymddangos o flaen rhn; **the truth ~ [in] upon me,** gwawriodd y gwir arnaf yn sydyn; trawodd y gwir fi. **2.** *v.t. (a balloon, bubble &c):* pigo, torri, ffrwydro, *N: F:* byrstio, *S: F:* borsto, bosto; *(a tyre, boiler &c):* ffrwydro, rhwygo, byrstio, bostio, *S:* borsto, bosto; **to ~ one's bonds,** torri'ch rhwymau; **the river has ~ its banks,** mae'r afon wedi torri ei glannau; mae'r afon wedi gorlifo; **to ~ a door open,** malu drws i lawr; *F:* **he nearly ~ a blood vessel,** bu agos iddo dorri gwythïen; *Bac:* **bursting factor,** ffactor dadrwymol *m*. **~ asunder** *Lit:* **1.** *v.t.* **to ~ bonds asunder,** torri rhwymau. **2.** *v.i.* torri [ar eich traws], hollti, rhwygo. **~ forth** *v.i. (of sun):* tywynnu, disgleirio['n sydyn]; *(of tears):* ffrydio, llifo['n hidl]; **to ~ forth into explanations,** dechrau rhaffu esboniadau. **~ in 1.** *v.t. (a door):* dryllio, malu, torri (drws) [i lawr]. **2.** *v.i. (of pers.):* rhuthro/saethu/torri i mewn. **~ open 1.** *v.t. (a door):* dryllio, malu, torri (drws) [i'w agor]; agor drws â nerth bôn braich; agor drws â nerth ysgwydd. **2.** *v.i. (of door):* agor [yn glep, yn sydyn]. **~ out 1.** *v.t. (of pers.):* ebychu (rhth), dweud (rhth) yn wyllt. **2.** *v.i. (of liquid):* ffrydio, llifo, tasgu; **to ~ out laughing,** dechrau rhuo/rowlio chwerthin.

bursting *a.* ar dorri/ffrwydro/hollti &c, gorlawn.

burthen *n. Lit: A:* = **burden**.

Burton[1] *W.Pl.n. (in Glamorgan):* Y Britwn *m*.

Burton[2] *Pr.n. P:* **he's gone for a ~,** mae hi ar ben arno; mae hi wedi canu arno; mae hi wedi darfod amdano; mae wedi mynd i'w grogi; *N: F: occ:* mae o ar y 'styllan; *Av: F:* mae wedi mynd ar ei drwyn; mae wedi mynd dros ei ben i'r dŵr.

burweed *n.* = **burdock, cocklebur**.

bury *v.t.* claddu, *occ:* daearu, priddo, **buried (in the ruins),** tan gladd, ynghladd (yn yr adfeilion); **to ~ one's face in one's hands,** cuddio'ch wyneb yn eich dwylo; **to ~ oneself in one's studies,** ymgladdu yn eich astudiaethau; *F:* **to ~ oneself in the country,** eich cuddio'ch/claddu'ch hun yng nghefn gwlad, cilio/encilio i gefn gwlad, ymguddio yng nghefn gwlad; **to ~ the hatchet,** cymodi, claddu'r fwyell, claddu asgwrn y gynnen; **I found it buried under my papers,** deuthum o hyd iddo dan domen o'm papurau.

burying[1] *a.* **~ beetle,** chwilen *(f)* gladdu (chwilod claddu), chwilen bridd (chwilod pridd).

burying[2] *vn.* = **burial**.

bus[1] *n. F:* bỳs (bysus) *mf*, *Lit: Adm:* bws (bysiau) *m*; **single decker ~,** bws unllawr; **double decker ~,** bws deulawr; **(we went there) by ~,** (aethom yno) mewn bws, yn y bws, ar y bws; **to miss the ~,** *(i)* colli'r bws; *(ii) Fig:* colli cyfle; **you've missed the ~,** 'rwyt ti ar ôl y ffair; 'rwyt ti ddiwrnod ar ôl y ffair; 'rwyt ti ar ei hôl hi; *P.N:* **all buses stop here,** arhosfan pob bws; *Aut: F:* **my old ~,** fy hen siandri *f*; *Av: P:* fy hen 'gutan (= barcutan) *fm*; **like the back of a ~,** *(= large):* fel talcen tŷ. **~-bay** *n.* cilfan(-nau) *(mf)* bysus. **~-conductor** *n.* dyn(-ion) *(m)* casglu ticedi, tocynnwr (tocynwyr) *m*. **~-conductress** *n.f.* toc|ynwraig (tocynwragedd). **~-driver** *n.* gyrrwr *(m)* bws/bỳs (gyrwyr bysus). **~ lane** *n.* lôn *(f)* fysus (lonydd bysus). **~-operation** *n. Aut:* gweithrediad *(m)* bysus. **~-shelter** *n.* lloches *(f)* fysus (llochesi bysus). **~-station** *n.* gorsaf *(f)* fysus (gorsafoedd bysus), *F:* lle(-oedd,-fydd) *(m)* bysus. **~-stop** *n.* arhosfan (arosfannau) *(mf)* bysiau/bysus, safle(-oedd) *(m)* bysiau/bysus; *P.N:* **request ~-stop,** safle bysus ar gais.

bus[2] *v.t.&i.* **1.** *v.t. U.S:* cludo (rhn) mewn bws; bwsio, bysio (rhn). **2.** *v.i. F:* mynd/teithio mewn bws.

bus[3] *n. Cmptr:* bws (bysiau) *m*. **~ bar** *n. El.E:* bar(-rau) *(m)* bws.

busboy *n. U.S:* cliriwr (clirwyr) *(m)* llestri.

busby *n. Mil:* cap(-iau) *(m)* blew, bysbi (bysbïau) *m*.

bush[1] *n.* **1.** llwyn(-i) *m*, coeden (coed) *f*, *M.W:* twyn(-i) *m*, *S:* perth(-i) *f*, *occ:* twmpath(-au) *m*. **2.** *(= thicket):* prysglwyn(-i) *m*; *Prov:* **one beats the ~, another catches the hare,** un yn hau ac arall yn medi; un yn curo'r llwyn ac arall yn dal yr adar; un yn torri'r gneuen ac arall yn bwyta'r cnewyllyn; *S.a.* **bird**; **to beat about the ~,** curo'r twmpath, curo o gwmpas y twmpathau, *N:* hel dail, *S:* pilo wyau. **3.** *A: (= vintner's bunch of ivy):* llwyn *(m)* iorwg/eiddew; *Prov:* **good wine needs no ~,** afraid gwahodd at gwrw da. **4.** *Africa: Austr:* gwylltir *m*, gwylltiroedd *pl*, diffeithwch *m*, tir *(m)* prysglwyn. **5.** *(of hair):* mwng (myngau) *m*, ffluwch(-ion) *m*. **~-baby** *n. Z:* galago(-aid) *m*. **~-basil** *n. Bot:* brenhinllys bychan/gwyllt *m*. **~-bean** *n. U.S: Bot:* ffeuen (ffa) Ffrengig *f*. **~-cat** *n. Z:* cath(-od) *(f)* y llwyni. **~-creeper** *n. Orn:* dringwr (dringwyr) *(m)* y llwyni. **~-cricket** *n. Ent:* **bog ~-cricket,** *(Metrioptera brachyptera):* criciedyn hirgorn y gors; **dark ~-cricket,** *(Pholidoptera grisesaptera):* criciedyn hirgorn tywyll; **great green ~-cricket,** *(Tettigonia viridissima):* criciedyn hirgorn gwyrdd mawr; **grey ~-cricket,** *(Platycleis denticulata):* criciedyn hirgorn llwyd; **oak ~-cricket,** *(Meconema thalassinum):* criciedyn hirgorn y dderwen; **Roesel's ~-cricket,** *(M. roeselii):* criciedyn hirgorn Roesel; **speckled ~-cricket,** *(Leptopleyes punctatissima):* criciedyn hirgorn brith. **~-fighter** *n.* herwfilwr (herwfilwyr) *m*. **~-fighting** *vn.* herwa, herw-ymladd. **~-grass** *n. Bot:* corsen (cyrs) *(f)* y sychdir, manwellt *m*. **~-hammer** *n. Stonew:* morthwyl(-ion) *(m)* trin cerrig. **~-harrow** *n. Agr:* oged *(f)* ddrain (ogedau drain). **~-hog** *n. Z:* mochyn (moch) *(m)* y llwyni. **~-hook** *n. U.S:* = **billhook**. **~ jacket** *n. Cost:* siaced *(f)* gotwm (siacedi cotwm). **~ lawyer** *n.* **1.** *Bot:* miaren *(f)* y De (mieri'r De). **2.** *F: (= wiseacre):* cyfreithiwr (cyfreithwyr) *(m)* pentan. **~ league** *n. U.S:* cynghrair (cynghreirau) llai *fm*. **~-master** *n. Rept:* neidr gynffondrwst (nadroedd cynffondrwst) *f*, *llwynfeistr(-i) *m*. **~-ranger** *n.* **1.** *U.S:* = **hunter, trapper**. **2.** = **outlaw**. **~-rope** *n. Bot:* rhaffau*(pl)*'r coed. **~ shirt** *n.* = **bush jacket**. **~-shrike** *n. Orn:* cigydd(-ion) *(m)* y llwyn. **~-soul** *n. Anthr:* llwyn-enaid *m*. **~ telegraph** *n. F.* **I heard it on the ~ telegraph,** mi glywais i'r hanes gan y frân wen; mi glywais ryw si; **by ~ telegraph,** trwy sianelau answyddogol. **~-vetch** *n. Bot:* ffacbysen (ffacbys) *(f)* y cloddiau.

bush[2] *n. Mec.E:* llawes (llewys) *f*, bwsh(-ys) *m*, *N.W:* bwsan (bwsys) *mf*.

bush[3] *v.t. Mec.E:* llawesu, bwsio (rhth), rhoi llawes/bwsan/bwsh (ar rth, yn rhth).

bushbuck *n. Z:* bwch (bychod) *(m)* y llwyni.

bushcraft *n.* byw *(vn)* yn y gwyllt, coedwriaeth *f*.

bushed *a. F: U.S:* = **exhausted**.

bushel *n.* **1.** *(measure):* bwsiel(-au) *m*, dau gibynnaid *m*, *S.W:* winshyn *m*, *A:* bwysel(-au) *m*, pwysel(-au) *m*, chwarthor(-au,-ion) *m*; **two bushels,** hestor(-au) *f*, hestoraid (hestoreidiau) *f*; **half a ~,** cibynnaid (cibyneidiau) *m*; **two and a half bushels,** llestraid (llestreidiau) *m*; **to measure others' corn by your own ~,** mesur brethyn pawb wrth eich llathen eich hun. **2.** *(vessel):* cibyn(-nau) *m*, llestr(-i) *m*; **to hide one's light under a ~,** goleuo cannwyll a'i dodi dan lestr.

bushido *n.* b|wshido *m*.

bushiness *n.* **1.** *(of country):* natur brysgoediog *f*. **2.** *(of hair):* trwch *m*, dryswch *m*, blewogrwydd *m*, ffluwch *m*, ffluwchogrwydd *m*; *(of foliage):* trwch.

bushman *n.* **1.** *Ethn:* llwynwr (llwynwyr) *m*, prysgoediwr (prysgoedwyr) *m*; *Coll:* pobl *(f or pl)* y prysglwyni/prysgoed. **2.** *(in Australia):* ffermwr (ffermwyr) *m* [yn y gwylltir].

bushpig *n. Z:* mochyn (moch) *(m)* y llwyni.

bushveld *n. Geog:* ffeld(-iau) *(m)* prysglwyni.

bushwack *v.t.* ymosod (ar rn), dallgipio (rhn).

bushwhacker *n.* **1.** = **gueril[l]a**. **2.** = **bandit**. **3.** = **backwoodsman**.

bushy *a.* **1.** *(country):* perthog, llawn prysglwyni, prysgoediog. **2.** *(hair):* trwchus, ffluwchog; *(foliage):* trwchus. **~-tailed** *a.* â chynffon drwchus/wrychog; *S.a.* **bright-eyed**.

busily *adv.* yn brysur, yn ddiwyd *&c*, *N:* [wrthi] fel ladd nadroedd, fel beili mewn sasiwn, *S: F:* yn fishi.

business *n.* **1.** *(a) (= concern, duty):* busnes *m*, gorchwyl *m*, cyfrifoldeb *m*, dyletswydd *f*, gwaith *m*, mater *(m)* o bwys, *occ:* perwyl *m*; **to make it one's ~ to do sth,** gofalu gwneud rhth, ymgymryd â gwneud rhth, ymorol ynghylch rhth, mynd yn gyfrifol am rth; **what is your ~?** beth yw dy neges di? **I'm here on ~,** 'rwyf yma ar berwyl; **I have ~ with him,** mae gennyf fusnes ag ef; **that's the manager's ~,** busnes/gwaith/cyfrifoldeb y rheolwr yw hynny; **it is my ~ to do sth,** fy lle i yw gwneud rhth; fy musnes/nyletswydd i yw gwneud rhth; fi piau gwneud rhth; fi sy'n gyfrifol am wneud rhth; **it's none of your ~; mind your own ~,** paid (peidiwch) â busnesu; meindia dy fusnes (meindiwch eich busnes); *N: occ:* meindia dy fwdwl dy hun (meindiwch eich mwdwl eich hun); **is it any of your ~?** *occ:* ydi o'n rhywbeth i ti (chi)? **what ~ had you to tell him?** pa hawl oedd gen ti i ddweud wrtho? *F:* **to send s.o. about his ~,** gyrru rhn ar ei neges, dangos y drws i rn, cael gwared â rhn, *N. W: occ:* certio rhn i ffwrdd; *F:* **like nobody's ~,** *(= extraordinarily):* i'w ryfeddu, fel wn i ddim be; **to make a great ~ of sth,** gwneud môr a mynydd o rth; **it's a bad/sorry ~,** mater digalon/annifyr yw; *(b)* **~ meeting,** cyfarfod(-ydd) *(m)* busnes; **the ~ before the meeting,** *(= agenda):* y pethau/materion dan sylw, yr agenda *f*; **to get down to ~,** dechrau o ddifrif ar rth; **any other ~,** unrhyw fater arall. **2.** *(= commerce):* busnes *m*, masnach *f*; *(= firm):* cwmni (cwmnïau, cwmnïoedd) *m*; **~ is ~,** busnes yw busnes; **~ as usual,** busnes fel arfer; **open for ~,** agored ar gyfer busnes; **~ practice,** arfer masnachol *m*, arfer byd busnes; **big ~,** byd *(m)* masnach; **incorporated ~,** busnes corfforedig; **unincorporated ~,** busnes anghorfforedig; **to set up in ~, to go into ~,** cychwyn/agor busnes, mynd i fyd masnach; **to make a ~ of one's religion,** gwneud i'ch crefydd dalu, gwneud masnach o'ch crefydd; **to follow a ~,** cynnal busnes; **to do ~ with s.o.,** delio/masnachu â rhn; **to give up ~,** ymddeol o fusnes, rhoi'r gorau i fusnes; **he is in ~ (for himself),** mae mewn busnes, mae'n masnachu (ar ei liwt ei hun); mae ganddo fusnes (ei hun); **a piece of ~,** busnes, tipyn o fusnes; **to mean ~,** bod o ddifrif, *S:* bod yn brysur; *attrib.* **~ hours,** oriau busnes/masnach/masnachu; **~ house,** cwmni masnachu, cwmni marchnata; **~ cycle,** cylch(-oedd) *(m)* masnach, troeon *(pl)* masnach; **~ reply service,** gwasanaeth *(m)* ateb busnes; *F:* **the ~ end,** *(of a chisel &c):* blaen(-au) *m*, pen(-nau) iawn/cywir *m*; *(= cutting edge):* min *m*, awch *m*; *U.S: Cost:* **~ suit,** siwt(-iau) *(f)* swyddfa. **3.** *Th:* **show ~,** byd *(m)* adloniant; **actor's [stage] ~,** busnes, symudiadau *pl*, gorchwyl(-ion) *m*, actio mud *vn*. **4.** = **busyness**. **~-girl** *n.* merch(-ed) *(f)* siop. **~-like** *a.* **1.** *(pers.):* pwrpasol, effeithiol, trefnus, di-lol, diffwdan, dethau, dechau. **2.** *(transaction):* o ddifrif, trefnus. **~ man** *n.* dyn(-ion) *(m)* busnes. **~ manager** *n.* rheolwr (rheolwyr) *(m)* busnes, rhe|olwraig *(f)* busnes. **~-woman** *n.* merch *(f)* fusnes (merched busnes), gwr|aig *(f)* fusnes (gwragedd busnes).

busk[1] *v.i.* clera, canu yn y stryd, canu ym mhen stryd.

busk[2] *n. A: Cost:* pren(-nau) *(m)* staes, bronbren(-nau) *m*, dwyfronbren(-nau) *m*.

busker *n.* clerwr (clerwyr) *m*, cerddor(-ion) *(m)* [pen] stryd, cerddor crwydrol.

buskin *n.* gwintas(-au) *f*, botasen (botasau) *f*, coesarn(-au) *mf*.

busman *n.* *(a)* = **bus-driver**; *(b)* = **bus-conductor**; *F:* **a ~'s holiday,** gwyliau *(pl)* gweithio; **to take a ~'s holiday,** gweithio ar eich gwyliau.

bust[1] *n.* **1.** *Sculp:* penddelw(-au) *f*. **2.** *(= bosom):* mynwes(-au) *f*, bron(-nau) *f*, dwyfron(-nau) *f*, *F:* brest *f*; **~ measurement,** mesur *(m)* dwyfron, mesur y frest.

bust[2] *a. & n. P: (a)* **[completely] ~,** *(= broke):* heb yr un geiniog, heb yr un ddimai goch y delyn, *N:* heb yr un ffado/ffadan goch, heb yr un ffadan beni; **to go ~,** torri; **he (they &c) went ~,** fe aeth yr hwch drwy'r siop; *(b) (= broken):* wedi malu, wedi torri. **2.** *n. (a)* **to go on the ~,** mynd ar y sbri *(f)*, mynd ar y criws *(m)*; *(b)* = **failure**.

bust[3] *v.t.&i.* **1.** *v.t. (a) Mil: U.S:* **to ~ an officer,** diraddio swyddog, torri/tynnu swyddog i lawr; *(b)* = **hit**[2]; *(c)* = **burst**[2]. **2.** *v.i. F:* **... or ~!** ... neu dorri! ... neu drengi! **~-up** *n. P:* ffrwgwd (ffrygydau) *m*, ffrae(-au,-on) *f*; **they've had a ~-up,** maen' nhw wedi ymwahanu.

bustard *n. Orn:* gwerniar (gwernieir) *f*; **little ~,** ceiliog(-od) lleiaf *(m)* y waun, araf ehedydd lleiaf *m*, ceiliog lleiaf y gwerni, bwstard(-iaid) bach *m*; **great ~,** ceiliog y waun, yr araf ehedydd *m*, ceiliog y gwerni, iâr (ieir) *(f)* y gwerni, twrci*(m)*'r gwerni (twrcïod y gwerni), tyrciar (tyrcieir) *(f)* y gwerni, bwstard mawr; **Macqueen's ~, Houbara ~,** ceiliog y gwerni copog, bwstard copog.

busted *a. F:* = **broken**.

buster *n. U.S:* **1.** *P: (a) (= huge thing):* peth(-au) anferth *m*, clamp *(m)* o beth, cloben *(f)* o beth, clobyn *(m)* o beth, talp(-iau) *(m)* o beth, homer *(m)* o beth, *S. W:* whompyn mawr *m*; *(b) (= huge lie): N.W: F:* log *(m)* o gelwydd (logiau o gelwyddau). **2. [bronco] ~,** dofwr (dofwyr) *(m)* ceffylau, torrwr (torwyr) *(m)* ceffylau. **3.** *U.S: P:* **O.K., ~, get moving,** cychwyn hi 'ngwas i, *N. W:* cychwyn hi co, *S:* shiffta gw' boi. **~-suit** *n. Cost:* siwt(-iau) *(f)* byster.

bustle[1] *n.* prysurdeb *m*, bywiogrwydd *m*, brys *m*, stŵr *mf*, mwstwr *m*, miri *m*, ffrwst *m*, ffair *f*.

bustle[2] *v.t.&i.* **1.** *v.t.* **to ~ s.o. into doing sth,** gwthio rhn i wneud rhth; **to ~ s.o. out of the house,** ysgubo/gwthio/rhuthro rhn allan o'r tŷ. **2.** *v.i.* **to ~ [about],** ymbrysuro, prysuro, brysio, mynd ar ffrwst, ffrwstio, mwstro, ystwyrian, rhuthro o gwmpas.

bustle[3] *n. Cost: A:* timpan(-au) *m*.

bustline *n.* llinell *(f)* fynwes (llinellau mynwes), llinell y frest.

bustling *a.* prysur, bywiog, llawn mynd, llawn ffrwst, ffrystiog.

busy[1] *a. & n.* **1.** *a. (= occupied):* prysur, *S: F:* bishi; **I'm too ~ to see you,** 'rwy'n rhy brysur i allu eich gweld; *(= industrious):* prysur, diwyd, gweithgar, dyfal; **it's been a ~ day,** mae hi wedi bod fel ffair yma heddiw; mae hi wedi bod yn ddiwrnod lladd mochyn; *N: occ:* mae hi wedi bod fel ffair Gaer yma; *S.E: occ:* mae hi wedi bod fel ffair y Waun yma; **to be ~ with/over sth,** bod yn brysur yn gwn|eud rhth *or* ynglŷn â rhth; **everyone was ~ at it,** 'roedd pawb yn brysur wrthi; *S. W: occ:* wedd pawb wrthi taliô; **as ~ as a bee,** prysur fel lladd nadroedd, prysur fel beili mewn sasiwn, mor ddiwyd â'r wenynen, *N. W:* cyn brysured â chynffon oen bach, *S:* fel lleuen mewn crachen; **to keep oneself ~,** eich cadw'ch hun yn brysur, peidio â llaesu dwylo, dygnu arni, dal ati [i weithio], cael digon i'w wneud; **to be ~ doing nothing,** *S:* dal y slac yn dyn[n]; *F:* **to get ~,** bwrw ati, pydru arni, mynd ati, gafael ynddi, ymosod ar waith, tynnu'r ewinedd o'r blew; *F:* **get ~!** hai ati! *S:* siapa (siapwch) hi! *N:* styria dy goed (styriwch eich coed)! gafael(-wch) ynddi! **2.** *n. P:* = **detective**. **~ Lizzie** *n. Bot: P:* blodau*(pl)*'r gannwyll, *N. W:* Betsan brysur *f*, *N.E:* Lisa brysur *f*.

busy[2] *v.t. & pr.* **to ~ oneself, to ~ one's hands (with sth),** bod wrthi, mynd ati (gyda rhth); ymorol, ymbrysuro, ymdrafferthu (ynghylch rhth).

busybody *n.* busneswr (busneswyr) *m*, busn|eswraig *f*, busnesgi (busnesgwn) *m*, "busnes pawb" *m*, Robin *(m)* y busnes, un â'i fys ym mrwes pawb, chwilgi (chwilgwn) *m*, holwr *(m)* a stiliwr *(m)* (holwyr a stilwyr); **to be a ~,** *S. W: occ:* helyntian.

busyness *n.* prysurdeb *m*.

but *conj., adv., prep. & n.* **1.** *conj. (a)* ond, *Lit: occ:* eithr; **a rich ~ honest man,** gŵr cefnog ond gonest; **~ I tell you I saw it!** ond mi 'i gwelais i e, meddaf fi wrthych chi! **~ yet,** ond eto, ac eto, er hynny, eto i gyd; **she's pretty ~ she's lazy,** mae hi'n ddel ond mae hi'n ddiog; mae hi'n ddel ond ei bod hi'n ddiog; *(b) (subordinating = without): O:* **(I never go by) ~ I think of you,** (ni fyddaf byth yn mynd heibio) heb imi feddwl amdanoch, heb fy mod yn meddwl amdanoch, na fyddaf yn meddwl amdanoch; **(never a year passes) ~ he writes to us,** (nid â blwyddyn byth heibio) heb iddo ysgrifennu atom, na fydd yn ysgrifennu atom; **who knows ~ that he may come?** pwy a ŵyr na ddaw? tybed na ddaw? *N:* siawns na ddaw; mi ddaw siawns; **I cannot ~ believe it,** ni allaf ond ei gredu; ni allaf beidio â'i gredu; ni allaf lai na'i gredu; **no one ~ knows that,** nid oes neb na ŵyr hynny; **I don't doubt ~ that it is true,** nid wyf yn amau nad yw'n wir; **he is not such a fool ~ that/what he can see the reason,** nid yw mor ffôl fel na all weld y rheswm; *(c) (intensive):* **not only once ~ twice,** nid unwaith [yn unig] ond dwywaith. **2.** *adv. (= only):* **she is ~ a child,** nid yw hi ond plentyn; *F:* dim ond plentyn yw hi (*not* ond plentyn yw hi); **he**

says ~ little, ni ddywed ond ychydig; **one can ~ try,** ni all dyn [wn|eud dim] ond rhoi cynnig arni; ni all dyn ond gwneud ei orau; **~ a moment ago,** gynnau, gynnau fach, dim ond eiliad yn ôl; **I saw him ~ a moment ago,** newydd ei weld yr ydwyf i; **~ yesterday,** ddoe ddiwethaf, ddoe ddiwetha'n y byd; **if I could ~ see her!** pe cawn i ond ei gweld hi! petawn i ond yn cael ei gweld hi! **had I ~ known!** petawn i ond yn gwybod! pe gwyddwn i! pe gwybuaswn i! *S.a.* **all. 3.** *conj. or prep. (= except):* ond, ac eithrio, hebl|aw (rhth); ar wahân (i rth); *Lit:* eithr (rhth); *(a)* **who will do it ~ me?** pwy ond y fi a'i gwnaiff? **all ~ she/her,** pawb ond hi, pawb ar wahân iddi hi, pawb heblaw hi, pawb a'i heithrio hi; **none ~ she,** neb ond hi, neb heblaw hi; **anything ~ that,** unrhyw beth ond hynny, unrhyw beth yn hytrach na hynny; **he is anything ~ a hero,** mae'n bopeth ond arwr; **there's nothing for it ~ to obey,** 'does dim amdani ond ufuddhau; **what could I do ~ invite him?** pa beth arall a allwn i ei wneud ond ei wahodd? **~ for,** *(i)* onib|ai (am rth), heb (rth); **~ for him (it would have been all over for us),** onibai amdano ef, hebddo ef (fe fyddai wedi bod ar ben arnom); *(ii)* **(they were all gone) ~ for one or two,** ('roeddent oll wedi mynd) heblaw [am] un neu ddau, ar wahân i un neu ddau. **4.** *n. (= condition):* amod(-au) *mf*; *(= objection):* gwrthwynebiad(-au) *m*; **there is a ~,** mae un amod; **~ me no buts,** paid (peidiwch) â chodi gwrthwynebiad; paid â dweud "ond". **without any buts [about it]!** heb os nac onibai! dim amodau, diolch!

butadiene *n. Ch:* biwtadïen *m.*

butane *n. Ch:* biwtan *m.*

butch *a.* gwr|ywaidd, gŵraidd.

butcher¹ *n.* **1.** *(a)* cigydd(-ion) *m*, *F:* bwtsier(-iaid) *m*, bwtsiwr(-s) *m*; **~'s shop,** siop *(f)* gig (siopau cig); **to go to the ~'s,** mynd i siop y cigydd, mynd i'r siop gig (*not* mynd i'r cigydd). *(b) F: (= brutal person, killer):* lleiddiad (lleiddiaid) *m*, cigydd. **2.** *U.S:* = **vendor. ~-bird** *n. Orn:* cigydd(-ion) *m.* **~-boot** *n.* botasen (botasau) *f. S.a.* **broom (butcher's).**

butcher² *v.t.* **1.** *(= kill):* lladd, *occ:* cigyddio, cigydda. **2.** *F: (= maul, mutilate):* cigyddio, bwtsiera, darnio, andwyo, difetha, distrywio (rhth); tynnu (rhth) yn ddarnau/gareiau; *(of surgeon):* **to ~ a patient,** andwyo/bwtsiera claf, *N:* hambygio claf.

butcherly *a.* cigeiddlyd, cigyddlyd, creulon, didrugaredd, gwaedlyd, bwtsieraidd, *N:* brwnt (*f.* bront, *pl.* bryntion).

butchery *n.* **1.** *(trade):* cigyddiaeth *f*, *F:* bwtsieraeth *f*, bwtsiera *vn.* **2.** *F: (= killing):* lladdfa (lladdf|eydd) *f*, *Lit:* cyflafan(-au) *f*, galanas(-au) *f*, galanastra *m.*

Butetown *W.Pl.n.* Y Drenewydd *f.*

butler *n.* bwtler(-iaid) *m*, *A:* pentrulliad (pentrulliaid) *m.* **~ part** *n. Th:* part *(m)* gwas (partiau gweision).

Butlin's *Pr.n. F:* Bwtlin *m.*

butment *n. Arch:* = **abutment.**

butt¹ *n. (= cask):* casgen(-ni) *f*, baril(-au) *mf*, hocsied(-i) *f.*

butt² *n.* **1.** *(= end):* pen(-nau) *m*, blaen(-au) *m*; *(of tree, cheque):* bonyn, bôn (bonion) *m*; *(of cigar, cigarette):* stwmp (stympiau) *m*, stwmpyn (stwmps) *m*, stwmpen (stwmps) *f*; *Carp:* **~ and ~,** [yn] benben. **2.** *(of fishing-rod, cue, gun):* carn(-au) *m.* **3.** *U.S:* = **backside. ~-end** *n.* bôn, carn, pen isaf, troed (traed) *mf*, pen praffaf. **~-hinge** *n. Carp: &c:* colfach(-au) *(m)* bôn, colfach ymyl. **~-joint** *n. Mec.E: Carp:* uniad(-au) *(m)* bôn. **~-weld** *n. Metalw:* bôn-asiad(-au) *m*, bôn-weldiad(-au) *m.*

butt³ *n.* **1.** *(= stop-butt):* cocyn(-nau) *m*, clawdd (cloddiau) *m*, bryncyn(-nau) *m*; **the butts,** y maes *(m)* saethu. **2.** *(= target):* nod (nodau) *mf*, cocyn(-nau) *(m)* annel, cocyn hitio, gwynnod(-au) *m*, *N:* cocyn 'nêl. **3.** *Fig:* **~ [of mockery],** cyff *(m)* gwawd, cocyn hitio, cocyn 'nêl, *N.W: occ:* pricsiwn *m*, *A:* cyff clêr; **to be the ~ of criticism,** bod yn destun beirniadaeth, bod dan lach y beirniaid, *N: F:* bod dani'n arw.

butt⁴ *n. (= blow with the head):* peniad(-au) *m*, ergyd(-ion) *fm*, hergwd *m*; *(of bull):* twlciad(-au) *m*, twlc(-iadau) *m*, tolciad(-au) *m*, *N: occ:* twrciad(-au) *m*, corniad(-au) *m*; **to go full ~ (into sth),** mynd ar eich pen, mynd yn ffwr-bwt, mynd yn bwtsh/bwcs (i rth).

butt⁵ *v.i.&t.* **1. to ~ [into, against] sth,** mynd ar eich pen i rth, taro yn erbyn rhth, mynd yn bwcs/bwtsh i rth; *(of bull &c):* cornio, tolcio, hyrddio, *S:* twco, twpo, topi, *S.W:* cyrchu, *N: F:* twlcio, twrcio; *F:* **to ~ into the conversation, to ~ in,** rhoi'ch pig i mewn [i sgwrs], taro ar draws sgwrs, ymyrryd â/mewn sgwrs. **2.** *(= project):* bargodi, taflu allan, sefyll allan. **3.** *Box:* penio, bytio. **4.** *Metalw:* bytio (rhth), gosod rhth yn benben.

butt⁶ *n. (of land):* cwysiad(-au) *m*, gwr|ym (gwrymiau) *m.*

butt⁷ *n. Ich:* = **flat-fish.**

butte *n. U.S: Geog:* cnwc (cnyciau) *m*, bryncyn(-nau) *m.*

butter¹ *n.* menyn *m*, *Lit: occ:* ymenyn *m*; *Cu:* **melted ~,** menyn toddi; **to make ~,** gwneud menyn, cywiro menyn, *S.W:* cweiro menyn; **to clap ~,** clapio menyn; *(of milk):* **to turn into ~,** troi, torri, casglu; *F:* **~ wouldn't melt in her mouth,** lyncai hi mo'r llaeth/llefrith; thoddai menyn ddim yn ei cheg hi; **farm ~, home-made ~,** menyn ffarm, menyn cartref, *N.W: occ:* menyn bach; **salted ~,** menyn hallt, menyn wedi'i halltu; **unsalted ~,** menyn gwyrf, *F:* menyn gwyrdd, *S.W: occ:* menyn crai, menyn gwyran; *S.a.* **apple, bread. ~-and-eggs** *n. Bot:* = **toadflax. ~-ball** *n.* pelen *(f)* fenyn (peli menyn). **~-basket** *n.* mannad (manadau) *f.* **~-bean** *n. Hort:* ffeuen wen (ffa gwynion) *f.* **~-bird** *n. U.S:* b|obolinc (bobolincod) *m.* **~-boat** *n.* dysgl *(f)* fenyn toddi (dysglau menyn ~). **~-cloth** *n.* mwslin *m.* **~-cooler** *n.* dysgl(-au) *(f)* oeri menyn. **~-dish** *n.* **1.** dysgl *(f)* fenyn (dysglau menyn). **2.** *(used for making butter):* noe(-au) *f.* **~ fat** *n.* braster *(m)* llaeth. **~-fingered** *a. F:* yn fodiau i gyd, lletchwith, diafael, llac eich gafael. **~-fingers** *n.* un lletchwith, un sy'n fodiau i gyd; *int.* **~-fingers!** llac ei afael a gyll! *N.W: occ:* bacha' menyn! bacha' saim! bacha' byns! **~-fish** *n. Ich:* llyfrothen (llyfrothod) *f*, *occ:* neidr *(f)* fôr (nadroedd môr), *N.W:* llothan: llothanan (llythod) *f*; **~-knife** *n.* cyllell *(f)* fenyn (cyllyll menyn). **~ muslin** *n.* mwslin *m.* **~-nut** *n. U.S: Bot:* cneuen *(f)* fenyn (cnau menyn), cneuen wen (cnau gwynion). **~-paper** *n.* papur *(m)* menyn. **~-pat** *n. Dom.Ec:* **1.** *(utensil):* [y]sbodol *(f)* fenyn ([y]sbodolau menyn). **2.** *(portion):* telpyn(-nau, talpiau) *m*, talp(-iau) *m*, printen (printiau) *f* [o fenyn]. **~-print** *n.* print(-iau) *(m)* menyn, *S:* stamp(-iau) *(m)* menyn. **~-scotch** *n.* menyn c|aramel, cyflaith *(m)* menyn. **~-skimmer** *n.* soser denau (soseri tenau) *f*, *occ:* cwpan denau (cwpanau tenau) *f*; *S.a.* **skimmer. ~-spoon, ~-scraper** *n.* crafell *(f)* fenyn (crafellau/crafelli menyn). **~-tray** *n.* ciler(-i,-au) *f*, noe(-au) *f.*

butter² *v.t.* **to ~ bread,** rhoi/dodi/taenu menyn/ymenyn ar fara; *S.a.* **bread¹**; *F:* **to ~ s.o. up,** seboni rhn, gwenieithio i rn, gwerthu sebon/lledod i rn, *N.W: occ:* cosi dan rhn; *Prov:* **fine words ~ no parsnips,** ni lenwir cylla gwag â geiriau teg; ni wna geiriau teg hau'r tir; **he knows which side his bread is buttered,** mae'n gwybod ar ba ochr i'r frechdan mae'r menyn; **to ~ one's bread on both sides,** rhoi menyn ar ddwy ochr eich brechdan.

butterbur *n. Bot:* **[giant] ~,** *(Petasites hybridus):* alan(-non) mawr *m*, dail *(pl)* y tryfan; **alpine ~,** *(P. niveus):* alan yr Alpau; **white ~,** *(P. albus):* alan bach *m.*

buttercup *n. Bot: (Ranunculus):* blodyn (blodau) *(m)* menyn, crafanc *(f)* y frân, crafanc brân, *occ:* egyllt(-iaid) *m*, *N.W: occ:* pwysi *(m)* menyn; **aconite-leaved ~,** *(R. aconitifolius):* crafanc brân dail |aconit; **Alpine ~,** *(R. alpestris):* crafanc brân yr Alpau; **amplexicaul ~,** *(R. amplexicaulis):* crafanc brân ambaladrog; **Bermuda ~,** *(Oxalis pes-caprae):* suran *(m)* Bermwda; **bulbous ~,** *(R. bulbosus):* chwys *(m)* Mair; **Carinthian ~,** *(R. carinthiacus):* crafanc brân Carinthia; **celery-leaved ~,** *(R. sceleratus):* crafanc yr eryr; **corn ~,** *(R. arvensis):* crafanc yr ŷd, egyllt yr ŷd; **creeping ~,** *(R. repens):* crafanc brân ymlusgol; **crenate ~,** *(R. crenatus):* crafanc brân hiciog; **glacier ~,** *(R. glacialis):* crafanc brân y rhew; **goldilocks ~,** *(R. auricomus):* crafanc brân eurwallt, peneuraid *m*; **Gouan's ~,** *(R. gouanii):* crafanc brân Gouan; **Grenier's ~,** *(R. grenerianus):* crafanc brân Grenier; **hairy ~,** *(R. sardous):* crafanc brân flewog; **hooked ~,** *(R. aduncus):* crafanc brân fachog; **hybrid ~,** *(R. hybridus):* crafanc brân groesryw; **Jersey ~,** *(R. paludosus):* crafanc brân y gors; **large white ~,** *(R. platanifolius):* crafanc brân fawr wen; **meadow ~,** *(R. acris):* crafanc brân y gweunydd; **mountain ~,** *(R. montanus):* crafanc brân y mynydd; **multiflowered ~,** *(R. polyanthemus):* crafanc brân luosflodeuog; **parnassus-leaved ~,** *(R. parnassifolius):* crafanc brân dail Parnasws; **pygmy ~,** *(R. pygmaeus):* crafanc brân gorachaidd; **Pyrenean ~,** *(R. pyrenaeus):* crafanc brân y Pyreneau; **Seguier's, ~** *(R. seguieri):* crafanc brân Seguier; **small-flowered ~,** *(R. parviflorus):* crafanc brân fân-flodeuog; **Thore's ~,** *(R. thora):* crafanc brân Thore; **wood ~,** *(R. nemorosus):* crafanc brân y coed; **woolly ~,** *(R. lanuginosus):* crafanc brân wlanog.

butterfat *n.* braster (*m*) menyn, saim (*m*) menyn.
butterfly *n.* **1.** *Ent:* glöyn(-nod) byw *m*, iâr fach (*f*) yr haf (ieir bach yr haf), *M. W:* gloefyn byw *m*, *S: occ:* pili-pala (~-palod) *m*, plufyn bach (plu bach) (*m*) yr haf, *N. W: occ:* colomen (*f*) fyw (colomennod byw), cloifan (*f*) fyw, gloywan (*f*) fyw, *A:* glöyn Duw, eilir: eilier(-au, eilieriaid) *mf*; **large ~, white ~, cabbage white ~,** *See* **cabbage**; *Fig:* **to break a ~ on a wheel,** torri cneuen â gordd; **I had butterflies in the stomach,** 'roedd fy nhu mewn yn corddi; 'roeddwn i'n teimlo'n sâl; 'roeddwn i ar bigau drain. **2.** *(pers.):* un [g]wamal (rhai gwamal) *m&f*, un [d]di-dal (rhai di-ddal), un nad oes dim dal arno/arni (rhai nad oes dim dal arnynt), glöyn byw. **~-bush** *n. Bot:* = **buddleia. ~ chair** *n.* cadair (*f*) orweddian (cadeiriau gorweddian). **~-fish** *n. Ich:* glöyn y môr, morlöyn(-nod) *m.* **~-nut** *n.* nyten (nytiau) adeiniog *f.* **~-orchid** *n. Bot: (Platanthera):* **great ~-orchid,** *(P. chlorantha):* tegeirian(-au) llydanwyrdd *m*; **lesser ~-orchid,** *(P. bifolia):* tegeirian dwyddalennog, tegeirian llydanwyrdd bach. **~ stroke** *n. Swim:* strôc (*f*) pili-pala, strôc adeiniog, nofio (*vn*) glöyn byw, nofio pili-pala, pilipalan *vn.* **~-valve** *n.* falf(-iau) adeiniog *f.* **~-weed** *n. Bot: (Asclepias):* llysiau(*pl*)'r llaeth.
butterflyer *n. Swim:* nofiwr (nofwyr) (*m*) pili-pala *&c*, n|ofwraig (*f*) pili-pala *&c.*
butterine *n.* = **margarine.**
butteriness *n.* [y]menyneiddiwch *m.*
buttermilk *n.* llaeth enwyn *m*; *N: occ: (before churning):* llaeth [cadw]; *(after churning):* llaeth enwyn.
butterwort *n. Bot:* **common ~,** *(Pinguicula vulgaris):* toddyn cyffredin *m*, tafod (*m*) y gors, toddiad melyn cyffredin *m*, toddedig felen *f*, *A:* eirifedig *m*, *M. W: occ:* dail (*pl*) traed gwyddau; **Alpine ~,** *(P. alpina):* toddiad yr Alpau. **large-flowered ~, Irish ~,** *(P. grandiflora):* toddiad blodeufawr, toddiad Gwyddelig; **long-leaved ~,** *(P. longifolia):* toddiad hirddail; **pale ~,** *(P. lusitanica):* toddiad Penfro; **Southern ~,** *(P. leptoceras):* toddiad y De.
buttery *a. & n.* **1.** *a.* [y]menynaidd, yn fenyn/ymenyn i gyd, seimlyd fel menyn/ymenyn. **2.** *n. Sch:* bwtri (bwtrïau) *m*, pantri (pantrïau) *m*; *(= dairy):* llaethdy (llaethdai) *m*, *occ:* tŷ (tai) (*m*) llaeth.
Buttington *W. Pl. n.* Tal-y-bont *m.*
buttinsky *n. U.S:* = **meddler.**
buttock *n.* **1.** *(a)* ffolen(-nau) *f*, *F: V:* boch (*f*) tin (bochau tin/tinau); *(b) pl.* **[the] buttocks,** pen-ôl (penolau) *m*, *V:* tin (tinau) *f*, *S:* part ôl (partolau) *m.* **2.** *(a) (of horse &c):* pedrain (pedreiniau) *f*, crwper(-au) *m*, bontin(-au) *f*, cloren(-nau) *f*; *(b) Cu:* **~ steak,** stecen (*f*) gloren (stêcs cloren), stecen ffolen. **3.** *Wr:* tindafliad(-au) *m.*
buttocked *a.* **big-~,** tindrwm (*f.* tindrom, *pl.* tindrymion), bontiniog, tinfawr, ffolennog.
button[1] *n. (a)* botwm (botymau) *m*, *N: occ:* bwtwm (bytymau) *m*, *S: occ:* botwn (botynau) *m*, bwtwn (bwtwnau) *m*; **it's not worth a ~,** nid yw'n werth botwm corn; nid yw'n werth ffeuen; nid yw'n werth dim; **he's a ~ short; he hasn't all his buttons,** nid yw'n llawn llathen; *U.S:* **on the ~,** yn union, i'r dim, yn yr union fan, i'r blewyn; **to take s.o. by the ~,** = **buttonhole[2]**; **I don't give a ~,** nid wy'n malio/hidio dim botwm corn; *Needlew:* **covered ~,** botwm defnydd, botwm gorchudd; **domed ~,** botwm cromen; **linen ~,** botwm lliain; **link ~,** botwm cyswllt; **moulded shank ~,** botwm garan mo[w]ld; *Carp:* **striking ~,** botwm taro; **to do [up] a ~,** cau botwm; *(b)* **belly-~,** bogail (bogeiliau) *m in N., f in S.*, *S:* botwn bola, (botwnau boliau), *N:* botwm bol (botymau boliau); *(c) Bot:* **bachelor's buttons,** botwm gŵr ifanc, botwm hen lanc, botwm Llundain; *S.a.* **tansy, sneezewort, campion (red), meadow crowfoot**; *(of flower &c):* botwm, blaguryn (blagur) *m*; *(d) (of machine, sword):* botwm; **to press a ~,** pwyso botwm, pwyso ar fotwm, gwasgu botwm; *F:* **you've only to press the ~,** fe ddaw ohono'i hun; *(e) F:* **buttons,** *(in hotel):* gwas (gweision) bach *m*, negesydd (negeswyr) *m.* **~-ball** *n. Bot:* = **button-wood. ~-boy** *n.* = **button[1]** *(e).* **~-bush** *n. Bot: U.S:* llwyn(-i) (*m*) botymau, botymlwyn(-i) *m.* **~-chrysanthemum** *n. Bot:* crys|anthemwm botymog *m.* **~-day** *n.* diwrnod(-iau) (*m*) botymau. **~-down** *a. (collar):* botymog; *(shirt):* â choler fotymog/botymog; **~-fish** *n. Ich: (= sea-urchin):* draenog(-od,-iaid) (*m*) môr, pen (*m*) y fôr-forwyn. **~-maker** *n.* botymwr (botymwyr) *m.* **~-mould** *n.* mo[w]ld(-iau) (*m*) botymau. **~-mushrooms** *n.* botwm (botymau) (*m*) madarch. **~-stick** *n.* ffon (*f*) fotymau (ffyn botymau). **~-thread** *n.* edau (*f*) fotymau. **~-through** *a.* **~-through dress,** gwisg â botymau ar ei hyd. **~-tree** *n. Bot:* botymbren(-nau) *m.* **~-weed** *n. Bot:* = **knapweed. ~-wood** *n. Bot: (a)* = **button-bush**; *(b)* = **button-tree**; *(c) (= Virginia plane):* planwydden (planwydd) (*f*) Virginia.
button[2] *v.t.* **1.** *(a)* **to ~ (sth) [up],** botymu, cau (rhth), cau botymau (rhth), *S:* bwtwno, *S. W:* bacho (rhth); *F:* **a buttoned-up mouth,** ceg gaead, *N. W:* bant gaead; *(b)* **I've got it all buttoned up,** 'rwyf wedi trefnu'r cwbl; *(c) (with passive force):* **a dress that buttons up from behind,** gwisg sy'n cau o'r tu ôl. **2.** *Fenc:* **to ~ a sword,** botymu cleddyf, rhoi botwm ar gleddyf.
buttoned *a.* botymog.
buttonhole[1] *n.* **1.** twll (*m*) botwm (tyllau botymau), *Lit: occ:* rhwyll(-au) *f*, rhwyllyn (rhwyllau) *m*; **to wear a ~,** gwisgo blodyn yn eich labed, gwisgo blodyn yn y twll botwm; **to take s.o. down a ~,** torri crib rhn, rhoi rhn yn ei le; **bound ~,** twll botwm rhwymedig, twll wedi'i rwymo/feindio; **hand-made ~,** twll botwm llaw; **horizontal ~,** twll botwm llorwedd; **machine-made ~,** twll botwm peiriant; **piped ~,** twll botwm wedi'i beipio; **worked ~,** twll botwm pwythog; **vertical ~,** twll botwm fertigol. **2.** *Surg:* trychiad(-au) *m*, twll botwm. **~ loop** *n.* dolen (*f*) fotwm (dolennau botwm). **~ stitch** *n.* pwyth(-i) (*m*) twll botwm. **~ twist** *n.* edau gyfrodedd *f.*
buttonhole[2] *v.t. F:* **to ~ s.o.,** bachu rhn, cydio yn rhn, byrddio rhn, *N. W: occ:* mynd i ben rhn, mynd i'r wig â rhn, cael ffatsh ar rn.
buttonholer *n.* **1.** *Needlew:* botymell(-au) *f*, atodyn (atodion) (*m*) twll botwm. **2.** *Fig:* bachwr (bachwyr) *m*, b|achwraig *f*, byrddiwr (byrddwyr) *m*, b|yrddwraig *f.*
buttoning *vn. Carp: &c:* botymu.
buttress[1] *n. Const:* bwtres(-i) *mf*; **flying ~,** bwtres hedegog, pentan(-au) hedegog *m*; *Mount:* gwanas(-au) *f.* **~ thread** *n.* *Metalw:* edau (*f*) fwtres.
buttress[2] *v.t. Const:* ategu, bwtresu, cynnal, atgyfnerthu.
butty[1] *n. P:* = **buddy.**
butty[2] *n. P: (= bread and butter):* brechdan(-au) *f.*
butyl *n. Ch:* biwtyl *m.*
butylate *v.t.* biwytleiddio.
butylene *n. Ch:* b|iwtylen *m.*
butyric *a. Ch:* biwtyrig.
buxom *a.* cnodiog, corffog, corffol, llond [eich] croen, graenus, *N:* nobl, lysti, *S: occ:* apal; **a ~ wench,** lodes lond ei chroen, lodes landeg, merch â gafael arni, merch â swmp arni, cloben (*f*) o ferch, cowlaid iawn (*f*) o ferch, *S. W:* cymanfa (*f*) o fenyw, merch lond ei chot.
buxomness *n.* cnodiogrwydd *m*, corffogrwydd *m.*
buy *v.t. & n.* **1.** *v.t.* prynu, *F: occ:* pyrnu; **to ~ sth from/of s.o.,** prynu rhth gan rn; **to ~ a ticket,** codi tocyn/ticed; **I bought the horse cheap,** prynais y ceffyl yn rhad; **money cannot ~ it,** mae y tu hwnt i arian; ni ellir mo'i brynu am arian; ni phryn arian mohono; **a dearly bought advantage,** mantais a gostiodd yn ddrud; **to ~ s.o. sth,** prynu rhth i rn, prynu rhth ar gyfer rhn; **to ~ sth for s.o.,** *(as a gift):* prynu rth i rn *or* ar gyfer rhn; *(= on behalf of s.o.):* prynu rhth dros rn *or* ar ran rhn; *P:* **he's bought it,** mae hi ar ben arno; mae wedi ei chael hi; *F:* **I'll ~ it,** mi greda' i'r peth; mi goelia' i'r peth; mi'ch coelia' i chi; mi'ch creda' i chi; **to ~ a pig in a poke,** prynu cath mewn cwd. **2.** *n. F:* bargen (bargeinion) *f*; **it's a good ~,** mae'n fargen; mae'n werth chweil; mae'n werth ei brynu; **the best ~,** y fargen orau. **~ back** *v.t.* adbrynu (rhth), prynu (rhth) yn ei ôl. **~ in** *v.t.* **1.** *(in auction):* = **buy back. 2.** *(= stock):* prynu stoc (o rth). **~ off** *v.t.* **to ~ s.o. off,** prynu ffafr rhn, prynu llonydd gan rn. **~ out** *v.t.* **to ~ s.o. out,** prynu cyfran rhn. **~ over** *v.t.* = **buy off**; llygru rhn. **~ up** *v.t.* cipio (rhth), prynu'r cyfan (o rth).
buyer *n.* prynwr (prynwyr) *m*, pr|ynwraig (prynwragedd) *f*, *S. W:* pyrnwr (pyrnwyr); **prospective ~,** darpar brynwr (~ brynwyr) *m*, ~ brynwraig *f*; **it's a buyer's market,** y prynwr piau hi; marchnad y prynwyr yw hi.
buying *vn.* = **buy 1**; *S.a.* **bulk**; **credit ~,** prynu ar goel/lab/gredyd; **impulse ~,** prynu byrbwyll; **panic ~,** prynu gwyllt.
buzz[1] *n. (a)* su(-on) *mf*, si (sïon) *mf*; *(of bee &c):* su, grŵn *m*, grwnan *vn*, sŵn *m*, swnian *vn*; *(of conversation):* mwmian *vn*, si, su, grŵn; *W. Tel:* sŵn, mwmian, grŵn, grwnan *vn*; *Tp: F:* tonc *f*; **I'll give you a ~,** mi rof donc i chi; *(b) Fish:* **Marlow ~,** coch (*m*) y bonddu. **~-saw** *n. U.S:* llif gron [durnio] (llifau crynion [turnio]) *f.*

buzz² *v.i.&t.* **1.** *v.i. (of bee):* suo, sïo, swnian, gwn|eud sŵn, *occ:* grwnan, chwyrnu; **my ears were buzzing,** 'roedd fy nghlustiau'n canu; *N:* 'roedd gen i gloch fach yn fy nghlust; **the town was buzzing with rumours,** 'roedd y dref yn ferw gan sïon; **to ~ to and fro,** mynd yn ôl a blaen, *N: F:* picio'n ôl a blaen. **2.** *v.t. (a) P:* = **toss²**; *(b) Av: F: (of aeroplane):* hysio, herian; *(c) F: U.S: (= telephone):* ffonio (rhn), rhoi tonc (i rn). **~ about, ~ around** *v.i. (of bee):* hedfan yn swnllyd; *F: (of pers.):* bwhwman o gwmpas, picio o gwmpas, prysuro o gwmpas, chwilenna, chwilffatha. **~ off** *v.i.* ei bachu hi, ei gwadnu hi, ei hel hi, ei heglu hi, cymryd y goes, ei g'leuo hi *&c*; *See* **beat it**.

buzzard *n.* **1.** *Orn:* bwncath: boncath(-od) *m*, bòd (bodion) *m*, boda(-od) *m*, boda llwyd, boda teircaill, *N: (incorrectly):* barcud(-iaid) *m*, barcutan(-od) *mf*; **bald ~,** boda tinwyn, iâr dinwen (ieir tinwyn) *f*, tinwen frech (tinwynion brych) *f*; **honey-~,** bòd y mêl, boda'r mêl (bodaod y mêl); **moor-~,** bwncath y wern, bòd y gwerni, bòd penwyn; **rough-legged ~,** boda garwgoes, boda bacsiog; *U.S:* **turkey ~,** fwltur(-iaid) pengoch *m (pronounced* ng-g). **2.** *(as a term of abuse):* **the old ~!** yr hen gingroen *(pronounced* ng-g)! yr hen gorgi!

buzzardet *n. Orn:* boda(-od) hirgoes *m*.

buzzer *n.* seiniwr (seinwyr) *m*.

by *prep. & adv.* I. *prep.* **1.** *(= near):* wrth + *soft mut.*, *N:* wrth ymyl, yn ymyl, *S:* ar bwys, *Lit:* ger, gerll|aw; **to fall ~ the way,** syrthio ar ochr/fin y ffordd; **to pass ~ sth,** mynd heibio rhth, mynd heibio i rth; **(to sit) ~ the fire,** (eistedd) wrth y tân, o flaen y tân, ger y tân, ar bwys y tân; **to live ~ the sea,** byw ar lan y môr; **come here ~ me,** tyrd (dewch) yma ataf i; **to stand ~ s.o.,** *(= support):* cefnogi rhn, bod yn gefn i rn, sefyll wrth gefn rhn, bod yn ffyddlon i rn, *occ:* cadw cefn rhn; **(he kept) ~,** (arhosai/ymgadwai) ar wahân, ar ei ben ei hun, o'r neilltu; **to live ~ oneself,** byw ar eich pen eich hun/hunan; **(to do sth) ~ oneself,** (gwneud rhth) ar eich liwt eich hun/hunan, ar eich pen eich hun/hunan; **to abide ~ the rules,** cadw'r rheolau, cadw at y rheolau, ufuddh|au i'r rheolau; **I have no money ~ me,** nid oes gennyf arian arnaf; *S:* 'sdim arian i gael 'da fi [arna' i]; **to come ~ sth,** *(= find):* dod o hyd i rth, cael hyd i rth, cael rhth, *F:* ffeindio rhth; *Nau:* **~ the head,** yn y pen blaen; **~ the stern,** yn y tu ôl, wrth y starn; *(b)* **North ~ North-East,** rhwng Gogledd a Gogledd-Ddwyrain, Gogledd i Ogledd-Ddwyrain. **2.** *(= along, via):* **~ land and sea,** ar dir a môr, dros dir a môr; **~ air,** drwy'r awyr; **~ the quickest road,** ar hyd y ffordd gyntaf; **~ way of,** *(= through):* trwy + *soft mut.* **3.** *(a) (agency, means):* gan + *soft mut.*, trwy + *soft mut.*, gyda, â + *spirant mut.* (gydag, ag *before vowels*), *N:* [h]efo ([h]efog *occ. before vowels*); **to be punished ~ s.o.,** cael eich cosbi gan rn; **to die ~ one's own hand,** eich lladd eich hun/hunan, marw trwy'ch llaw eich hun; **made ~ hand,** gwnaethpwyd â llaw, o waith llaw; **(a thing) untouched ~ human hand,** (peth) heb ei gyffwrdd gan law ddynol; **delivered ~ hand,** danfonwyd â llaw; **to read sth ~ candlelight,** darllen rhth yng ngolau cannwyll *or* wrth olau cannwyll; **to multiply ~ five,** lluosogi â phump; **~ hook or ~ crook,** trwy deg neu drwy dwyll, trwy deg neu drwy hagr, rywsut neu'i gilydd, rywfodd neu'i gilydd; **to navigate ~ guess and ~ God,** llywio Duw a ŵyr sut, llywio ar antur; **~ this means,** fel hyn; **~ those means,** fel hynny, felly; **~ all means,** *(consent):* ar bob cyfrif; **~ all means,** *(possible):* ym mhob dull a modd; **he was ~ no means handsome,** nid oedd yn olygus o bell ffordd; nid oedd yn olygus o gwbl; **~ deputy, ~ proxy,** trwy ddirprwy; **to pay ~ cheque,** talu trwy/â siec; **to live ~ bread alone,** byw ar fara yn unig; **~ the sweat of thy brow,** trwy chwys dy wyneb; **he had two children ~ his first wife,** *(i)* 'roedd ganddo ddau blentyn [a aned] o'i wraig gyntaf; *(ii)* ganed/ganwyd dau blentyn iddo o'i wraig gyntaf; *Rac:* **a colt ~ (sire),** ebol i (stalwyn); **~ dint of sth,** trwy rth, trwy rym rhth; **~ force,** trwy rym, trwy nerth bôn braich; **~ [an] error, by [a] mistake,** trwy amryfusedd, trwy gamgymeriad; **~ chance,** trwy ddamwain, ar ddamwain, ar hap, yn ddamweiniol; *(b)* **(he was known) ~ the name [of] Williams,** (adwaenid ef) fel Williams, dan yr enw Williams; **(what do you mean) ~ that?** (beth ydych chi'n ei olygu) wrth hynny, wrth ddweud hynny? **(to travel) ~ rail,** (teithio) ar y trên, gyda'r trên, mewn trên; **~ tram,** ar dram, mewn tram, gyda'r tram; **~ cycle,** ar feic, ar gefn beic; **~ motor cycle,** ar foto[r] beic, ar gefn moto[r] beic; **~ horse,** ar gefn ceffyl; **~ mule,** ar gefn mul; **~ camel,** ar gefn camel; *(c) (with gerund):* trwy + *soft mut.*, wrth + *soft mut.*, o + *soft mut.*; **~ doing that you will offend him,** wrth/trwy/o wneud hynny byddwch yn ei ddigio; **we have nothing to lose ~ waiting,** 'does gennym ddim i'w golli o/wrth/trwy aros; **what do you gain ~ doing that?** pa faint callach/elwach/gwell fyddwch chi o wneud hynny? **4.** *(a)* **~ rote,** ar dafod leferydd, ar y cof, ar eich cof; **~ authority,** trwy awdurdod; **~ your leave,** gyda'ch caniatâd, gyda'ch cennad; **~ rights,** trwy hawl; **~ rights (he should have the prize),** a bod yn deg, trwy iawn, yn iawn, *occ:* gydag iawn (fe a ddylai gael y wobr); *Jur:* **to go ~ default,** *(of case):* mynd trwodd o/trwy ddiffyg ymddangosiad; *(= lose):* colli o ddiffyg ymdrech; *(b)* **~ the clock (it is three),** ar y cloc, yn ôl y cloc (mae'n dri o'r gloch); **(to judge) ~ appearance,** (barnu) yn ôl yr olwg [ar rth], yn ôl ymddangosiad; **one should never go ~ appearances,** *Prov:* nid wrth ei big y mae prynu cyffylog; **I can tell ~ your face,** mi alla' i ddweud ar dy wyneb di; **to take warning ~ sth,** cymryd eich rhybuddio gan rth, cymryd rhybudd o rth; **~ nature,** wrth natur, o ran natur; **cautious ~ nature,** naturiol ofalus; **~ the terms of article 5,** yn ôl amodau adran 5. **5.** *(rate):* fesul, yn ôl, wrth, *occ:* mesul; **(to sell sth) ~ the pound,** (gwerthu rhth) fesul pwys, wrth y pwys; **(to sell sth) ~ the packet,** (gwerthu rhth) mewn paced, fesul pacedaid; **~ degrees,** fesul gradd, o radd i radd, fesul tipyn [bach], yn raddol [bach], o dipyn i beth, bob yn dipyn, gan bwyll bach, fesul cam [a cham], o gam i gam, yn araf deg, *F:* o dow i dow, dow-dow; **to do sth ~ turns,** gwneud rhth yn eich tro; **one ~ one,** fesul un, o un i un, bob yn un ac un, fesul un; **~ twos and threes,** fesul dau a thri, fesul dwy a thair, yn ddeuoedd ac yn drïoedd; **little ~ little,** = **by degrees**; **day ~ day,** o ddydd i ddydd, beunydd, yn feunyddiol; **to pay s.o. ~ the hour,** talu i rn yn ôl yr awr. **6.** **~ day,** yn ystod y dydd, liw dydd, gefn dydd golau; **~ night,** yn ystod y nos, liw nos, gefn nos. **7.** *(of point in time):* **he will be here ~ three o'clock,** fe fydd yma erbyn tri o'r gloch; **~ now,** erbyn hyn, bellach; **~ Monday,** erbyn dydd Llun; **~ about the end of the week,** erbyn tua diwedd yr wythnos, at ddiwedd yr wythnos; **~ then,** erbyn hynny, bellach; **(he should have been here) ~ now,** (dylsai fod yma) erbyn hyn, cyn hyn, ers meitin, ers tro, bellach. **8.** **longer ~ two feet,** hwy o ddwy droedfedd, ddwy droedfedd yn hwy; **~ far,** o bell ffordd, o lawer, o ddigon, *S.W:* i hewl, o hewl; **~ half,** o'r hanner; **two feet ~ five,** dwy droedfedd wrth bump; **he doesn't do things ~ halves,** nid yw'n hanner gwneud pethau; nid yw'n gadael pethau ar eu hanner. **9.** **(I know him) ~ name,** ('rwy'n ei adnabod) wrth ei enw, o ran ei enw; **(I know him) ~ sight,** 'rwy'n ei adnabod o ran ei weld, o ran ei olwg, wrth ei olwg; **he is a lawyer ~ profession,** twrnai yw wrth ei alwedigaeth/waith; **he is a grocer ~ trade,** groser yw wrth ei waith; **he is a carpenter ~ trade,** saer yw wrth ei grefft; **Jones ~ name,** o'r enw Jones; **(Welsh) ~ blood,** (Cymro/Cymraes) o dras, o ran tras, *occ:* o hil gerdd; **to do one's duty ~ s.o.,** gwneud eich dyletswydd tuag at rn; **English ~ birth,** Sais o'i enedigaeth, Saesnes o'i genedigaeth, a aned yn Sais/Saesnes; **do as you would be done ~,** gwnewch i eraill fel y dymunech iddynt ei wneud i chwithau; **is it all right ~ you if I go now?** a yw'n iawn gennych os af i yn awr? a oes gwahaniaeth gennych os af i yn awr? a gaf i fynd gennych? **it's O.K. ~ me,** mae'n iawn gen i; mae'n iawn o'm rhan i. **10.** *(in oaths):* myn, yn enw; **~ God,** neno'r Tad, wir i Dduw, wir i ddyn, *Lit:* myn Duw, rhof fi a Duw; *int. V:* Iesu! diawl! jawl! myn diawl! ar f'enaid i! **~ God, he's right!** 'rargian, mae'n iawn! **~ golly, ~ gosh, ~ gum,** myn diain i, myn diaist i, mynd diawch, myn diagan i, diawcs, diawch, myn dialan i, iesgyrn, iesgwn, esgob, esgob Dafydd, 'rargian, 'rargol, 'rachlod, 'rasgwn *&c*; **~ Jove!** myn cebyst! myn cythraul! 'dawn i byth o'r fan! 'tawn i'n glem! **~ heck!** myn uffern i! myn yffach i! *&c*; **he swore ~ all the gods, ~ all he held sacred,** fe dyngodd ar ei beth mawr; fe dyngodd y llw mawr; fe aeth ar ei lw; fe dyngodd yn wir i Dduw; **to swear ~ sth,** *(= trust in sth, rely on sth):* bod â ffydd yn rhth, bod yn gredwr mawr yn rhth, credu'n llwyr mewn rhth. **11.** *(with parts of the body &c):* gerfydd; **to grab s.o. ~ the shoulders,** cydio yn rhn gerfydd ei ysgwydd/war; **to grip s.o. ~ the hand,** cydio yn llaw rhn; **to hang s.o. ~ the neck,** crogi rhn gerfydd ei wddf; **to pull sth ~ the roots,** codi rhth o'r gwraidd; **to set people ~ the ears,** creu cynnen rhwng pobl, *N:* gyrru pobl yn benben â'i gilydd, gyrru rhwng pobl, *S:* hala pobl yn benben â'i gilydd, hala rhwng pobl. II. *adv.* **1.** **close ~, hard ~,** yn agos, *N:* wrth ymyl, yn ymyl, *S:* ar bwys, *Lit:* gerllaw; **~ and large,** *(a) Nau:*

i'r gwynt a draw, *(b) Fig: (= on the whole):* yn fras, at ei gilydd, ar y cyfan, drwodd a thro; **to stand ~,** *(i) (= be ready):* bod yn barod; *(ii) (= stand aside):* sefyll draw, sefyll o'r neilltu, sefyll naill ochr. **2.** *(= aside):* **(to lay/set/put sth) ~,** (rhoi/dodi rhth) o'r neilltu, o'r naill du, naill ochr, heibio, i'w gadw; **to put money ~,** cynilo/celcio arian. **3.** *(= past):* heibio; **to go/pass ~,** mynd heibio; **the time has gone ~ when ...,** aeth heibio'r amser adeg pan ...; ar un adeg ...; **in times gone ~,** ddyddiau fu, *N:* ers talwm, *S:* ers llawer dydd. **4.** *adv.phr.* **~ and ~,** gyda hyn, yn y man, maes o law, yn fuan, yn union deg, cyn bo hir, cyn pen dim, toc; **~ the bye, ~ the ~, ~ the way,** gyda llaw; **~ way of,** *(= as a substitute):* fel, yn lle, o ran, megis; **~ way of apology,** fel math o ymddiheuriad, o ran ymddiheuriad; **he's ~ way of being a poet,** mae'n rhyw fath o fardd; mae'n rhyw lun o fardd. **~-blow** *n.* **1.** = **bastard. 2.** *Box: &c:* cêl-ddyrnod(-iau) *mf.* **~-effect** *n.* sgîl-effaith (~-effeithiau) *f.* **~-election** *n.* isetholiad(-au) *mf.* **~-form** *n. Ling:* sgîl-ffurf(-iau) *f.* **~-lane** *n.* lôn (lonydd) *f, S:* heol gefn (heolydd cefn) *f.* **~-law** *n. (a) (= local law):* deddf leol (deddfau lleol) *f,* rheoliad(-au) *m; (b) (= subsidiary law):* is-ddeddf(-au) *f.* **~-line** *n. Journ:* llinell (*f*) enw (llinellau enwau). **~-liner** *n. Journ:* gohebydd (*m*) dan ei enw (gohebwyr dan eu henwau). **~-movement** *n. Sp:* sgîl-symudiad(-au) *m.* **~-pass**[1] *n.* **1.** *Mch: &c:* pibell(-i,-au) (*f*) osg|oi, peipen (peipiau) (*f*) osgoi. **2.** *(of gas-burner):* = **pilot-light. 3.** *Aut: &c: (road):* ffordd (ffyrdd) (*f*) osgoi. **4.** *W.Tel:* hidl(-au) *f,* hidlwr (hidlwyr) *m.* **5.** *Med:* dargyfeiriad *m.* **~-pass surgery** *n.* llawfeddygaeth ddargyfeiriol *f.* **~-pass condenser** *n.* cynhwysor (cynwysorau) (*m*) hidlo. **~-pass engine** *n.* motor (*m*) llif dwbl. **~-pass**[2] *v.t.* **1.** *(a) Mch: &c:* mynd (â rhth) heibio i rth; *(b) W.Tel:* hidlo, *heibiadu. **2.** *(a) (of road, pers.):* osgoi (rhth), mynd heibio (i rth); *(b)* = **divert. ~-passable** *a.* **the town is ~-passable,** gellir osgoi'r dref; **~-passable traffic,** trafnidiaeth (*f*) heibiol. **~-path** *n.* llwybr(-au) diarffordd *m.* **~-play** *n. Th:* sgîl-chwarae *m,* chwarae (*vn*) o'r neilltu. **~-product** *n.* isgynnyrch (isgynhyrchion) *m,* sgîl-gynnyrch (~-gynhyrchion) *m.* **~-road** *n.* cilffordd (cilffyrdd) *f; (= country lane):* lôn wledig (lonydd gwledig) *f,* ffordd (*f*) wlad (ffyrdd gwlad), *S.W:* hewl gefn (hewlydd cefn) *f.* **~-street** *n.* stryd gefn (strydoedd cefn) *f.* **~-the-wind-sailor** *n. Z: (Vellella spirans):* hwyl (*f*) fôr (hwyliau môr). **~-works** *n.pl.* adeinwaith *m,* adeinweithiau.

bye[1] *n.* **1.** *Cr:* pêl (peli) (*f*) heibio, bei(-s) *f;* **leg ~,** bei i'r chwith.

bye[2]**[-bye]** *int. & n.* **1.** *int. F:* da bo [i] ti (chi)! hwyl! ta-ta! dan dy fendith (dan eich bendith)! *N: occ:* hwrê! *Joc:* ta-ta tan toc! **2.** *n. F:* **to go to bye-byes,** mynd i cyci-bei, *N: F:* mynd i'r ciando, mynd i'r cae/lle sgwâr, *S: F:* mynd i gysgu-bei.

bye[3]**-law** *n.* = **by-law.**

Byelorussia *Pr.n. Geog:* = **Belorussia.**

Byelorussian *a. & n.* = **Belorussia.**

bygone *a. & n.* **1.** *a.* gynt, hynafol, darfodedig, diflanedig, a fu, a aeth heibio; **in ~ days,** ddyddiau [a] fu, gynt, yn yr hen oes, *N:* ers talwm, *S:* ers llawer dydd; **~ times,** hen amser[-oedd], yr oes (*f*) o'r blaen. **2.** *n.pl. (a)* **let bygones be bygones,** peidiwn â dal dig; anghofiwn y cwbl; rhoi troed arni hi; *(b) Hist:* hynafion, hen bethau, hynafiaethau, pethau a fu.

Bynea *W.Pl.n.* Y Bynie *m.*

byre *n.* = **cowshed.**

Byronic *a.* Byronig, Byronaidd.

Byronically *adv.* yn Fyronig *&c.*

Byronism *n.* Byroniaeth *f.*

byssinosis *n.* **1.** *Med:* bysinosis *m.* **2.** *Tex: Hist:* bliant *m.*

bystander *n.* gwyliwr (gwylwyr) *m,* gw|ylwraig *f,* gwyliedydd(-ion) *m,* rhn (rhai) presennol *m;* **(we asked) the bystanders,** (gofynasom) i'r rhai a oedd yno, i'r rhai a oedd yn sefyll o gwmpas.

byte *n. Cmptr:* beit(-iau) *m,* talp(-iau) *m.*

byway *n.* ffordd ddidramwy (ffyrdd didramwy) *f,* cilffordd (cilffyrdd) *f,* ffordd gefn (ffyrdd cefn), ffordd goeg (ffyrdd coeg); *pl.* mân ffyrdd, *N:* lonydd bach, *S:* mân hewlydd; *B:* **go into the highways and byways,** ewch i'r priffyrdd a'r caeau; **the byways of history,** mân lwybrau hanes, cudd-lwybrau hanes.

byword *n.* **1.** *(= proverb):* dihareb (diarhebion) *f;* **he's a ~ for laziness,** mae'n ddiarhebol o ddiog; mae'n ddihareb am ei ddiogi. **2. the ~ of the village,** testun sbort y pentref, *N:* pricsiwn y pentref.

Byzantine *a. & n.* **1.** *a.* Bysantaidd; **the ~ Empire,** Ymerodraeth (*f*) Bysantiwm, Ymerodraeth Caergystennin. **2.** *n.* Bysantiad (Bysantiaid) *m&f.*

Byzantinism *n.* Bysantiaeth *f.*

Byzantinist *n.* Bysantydd(-ion) *m.*

Byzantium *Pr.n. A.Geog:* Bysantiwm *f,* Caergystennin *f.*

C

C, c *n.* **1.** [y llythyren] C, c *f* (*pronounced* ec, *pl.*-iau). **2.** *Mus:* **in C sharp,** yn llonnod C. **3.** *Mil: F:* **C.B.** *See* **barrack**[1]. **4. C3** *F:* trydedd radd, diwerth, dinod, di-nod, tila, di-gownt.

cab *n.* **1.** *(a)* **hansom ~,** cab(-iau) *m*, hansom(-au) *m*, cerbyd(-au) [hur] *m*; *(b)* tacsi(-s) *m.* **2.** *(of lorry &c):* caban(-au) *m*, cab(-iau) *m.* **~-driver** *n.* gyrrwr (*m*) cab (gyrwyr cabiau), gyrrwr tacsi (gyrwyr tacsis), cerbydwr (cerbydwyr) *m*, cabmon (cabmyn) *m.* **~-rank, ~-stand** *n.* safle(-oedd) (*m*) cabiau/tacsis.

cabal[1] *n.* clymblaid (clymbleidiau) *f*, clic(-iau) *m*, cabál (cabalau) *m.*

cabal[2] *v.i.* ffurfio cabál, clymbleidio, cydfwriadu, cydgynllwynio.

caballer *n.* clymbleidiwr (clymbleidwyr) *m*, clymbl|eidwraig *f*, cydgynllwyniwr (cydgynllwynwyr) *m*, cydgynll|wynwraig *f.*

caballero *n.* uchelwr (uchelwyr) *m.*

cabaret *n.* c|abare *m*, ***cabaret*** *m*; *(= entertainment):* difyrrwch *m*, diddanwch *m*, adloniant *m.*

cabbage[1] *n. Lit:* bresychen (bresych) *f*, *F:* cabatsien (cabaets[h], cabaits[h]) *f*, cabetsien (cabets[h]) *f*; **bargeman's ~,** *S:* erfinen wyllt (erfin gwylltion) *f*, *N:* meipen wyllt (maip gwylltion); **closed ~, common ~,** bresychen bengron (bresych pengrwn) (*pronounced* ng-g *&c*); **dog's ~,** bresychen y cŵn; **green ~,** bresychen las (bresych gleision); **dune ~, Isle of Man ~,** bresychen Môn a Manaw, berwr (*m*) Môn a Manaw; **savoy ~,** bresychen grech (bresych crych/crychion), cabatsien grech (cabaits[h] crych/crychion), bresychen Safwy, crychfresychen (crychfresych) *f*, *S. W:* cabetsien gwrlog (cabets[h] cwrlog); **sea ~,** môr-fresychen (~-fresych) *f*, cawl (*m*) y môr, cawl y graig, bresychen y môr, ysgedd [arfor] *m*; **turnip ~,** meipfresychen (meipfresych) *f*, erfinfresychen (erfinfresych) *f*, colrabi *m*; **warty ~,** bresychen ddafadennog (bresych dafadennog); **white ~,** bresychen wen (bresych gwynion), bresychen benwen (bresych penwyn); **white-heart ~,** bresychen galonwen (bresych calonwyn), *S. W:* dalen wen (dail gwynion); **wild ~,** bresychen wyllt (bresych gwylltion), cawlen wyllt (cawl gwyllt) *f.* **~-lettuce** *n.* bresych-letysen (~-letys) *f*, letysen benfras (letys penfras) *f.* **~-looper** *n. Ent:* siani ddolennog (sianis dolennog) *f.* **~-net** *n.* rhwyd (*f*) fresych (rhwydi bresych). **~-palm, ~-palmetto** *n.* = **cabbage-tree.** **~-patch** *n.* gwely(-au) (*m*) bresych, cefn(-au) (*m*) bresych. **~-root fly** *n. Ent:* pryf(-ed) (*m*) bresych/cabaets[h]. **~-rose** *n.* rhosyn(-nau) (*m*) dwbl. **~-stump** *n.* coesyn (coesau) (*m*) bresych, *S. W: occ:* bôn (bonion) (*m*) dail. **~-tree** *n.* bresychwydden (bresychwydd) *f*, coeden (*f*) fresych (coed bresych). **~ white butterfly** *n. Ent:* glöyn(-nod) mawr gwyn *m*, iâr fach (*f*) yr haf wen, *M. W: occ:* brân wen (brain gwynion) *f*, *S:* gwyn(-ion) mawr *m.* **~-worm** *n.* lindysyn (lindys) (*m*) y bresych, pryf(-ed) (*m*) y dail.

cabbage[2] *n. Tail:* darnau lladrad *pl*, cabets[h] *m.*

cabbagy *a.* bresychaidd, fel bresych.

Cabbala *n. Jew.Rel:* Cabala *m.*

cabbaletta *n. Mus:* cabaleta (cabaletâu) *f.*

cabbalism *n. Jew.Rel:* cabalistiaeth *f*, cabalyddiaeth *f*, cabalaeth *f.*

cabbalist *n. Jew.Rel:* cabalydd(-ion, cabalwyr) *m.*

cabbalistic *a. Jew.Rel:* cabalaidd.

cabbalistically *adv.* yn ôl y Cabala.

cabby *n. F:* = **cab-driver.**

caber *n.* polyn (polion) *m*, trawst(-iau) *m.*

cabiai *n. Z:* tapir(-od) trwyndew *m*, gwyfochyn (gwyfoch) *m.*

cabin[1] *n.* **1.** *(= hut):* caban(-au) *m*; *Lit:* **Uncle Tom's C~,** Caban F'ewythr Twm. **2.** *(in ship &c):* caban: cabin(-au) *m.* **~-boy** *n. Nau:* gwas (gweision) (*m*) caban, cabanwas (cabanweision) *m.* **~ class** *n. Nau:* ail ddosbarth *m.* **~ cruiser** *n.* cwch (cychod) (*m*) caban. **~ fever** *n.* clefyd (*m*) caban. **~-hook** *n.* bach(-au) (*m*) caban. **~-lift** *n.* caban(-au) (*m*) codi. **~-mate** *n.* cydgabanwr (cydgabanwyr) *m*, cydgab|anwraig *f*, cydymaith (cymdeithion) *m.* **~-trunk** *n.* cist (*f*) gaban (cistiau caban).

cabin[2] *v.t.&i.* **1.** *v.t. usu. p.p.* cau (rhn) i mewn, carcharu (rhn), cyfyngu (rhn). **2.** *v.i.* byw mewn caban.

cabined *a.* cyfyngedig, dan gyfyngiad.

cabinet *n. & attrib.* **1.** *n.* *(a)* *(= chest, cupboard):* c|abinet (cabinetau) *m*; **display ~,** cwpwrdd (cypyrddau) (*m*) arddangos; *(b)* **[wireless] ~,** blwch (blychau) (*m*) radio; *(c)* **glass ~,** cwpwrdd (cypyrddau) (*m*) gwydr. **2.** *n. Pol:* cabinet *m*; **~ government,** llywodraeth (*f*) trwy gabinet; **~ council,** cyfarfod (*m*) gweinidogion; **~ minister,** gweinidog(-ion) (*m*) cabinet; **to form a ~,** ffurfio cabinet, dewis cabinet; **~ crisis,** argyfwng (*m*) cabinet, argyfwng gweinidogol; **the Shadow C~,** Cabinet yr Wrthblaid; **3.** *attrib.* cabinet. **~-beetle** *n. Ent:* chwilen (chwilod) (*f*) y dodrefn/celfi. **~-maker** *n. N:* saer (seiri) (*m*) dodrefn, *S:* saer celfi. **~-organ** *n. Mus:* organ (*f*) gist (organau cist). **~ photograph** *n. Phot:* llun(-iau) (*m*) maint cabinet. **~ pudding** *n. Cu:* pwdin melyn *m.* **~-size** *n. Phot:* maint/maintioli (*m*) cabinet. **~-work** *n.* gwaith (*m*) saer dodrefn, dodrefnwaith *m.*

cable[1] *n.* **1.** *Nau:* rhaff(-au) *f*, rhaffan(-au) *f*, cadwyn(-i, -au) *f*, cebl(-au) *m.* **2.** *Nau:* *(= anchor-chain):* rhaff angor, cadwyn angor; **to pay out ~,** dirwyn/gollwng/llacio/llaesu rhaff; **to slip/veer a ~,** gollwng rhaff. **3.** *El.E:* cebl(-au) *m.* **4.** = **cablegram. 5.** *Arch:* rhaffaddurn(-au) *m.* **C~ Bay** *W.Pl.n.* Porth (*m*) Trecastell. **~-car** *n.* car (ceir) (*m*) codi, car cebl, car rhaff. **~-laid** *a.* triphlyg, tair cainc, teircainc. **~-length** *n. Meas:* dauganllath *m or pl.* **~ railway** *n.* **1.** *(= funicular railway):* rhaffordd (rhaffyrdd) *f.* **2.** *Rail:* rhcilffordd (rhcilffyrdd) (*f*) halio. **~-ship** *n.* llong (*f*) raffau (llongau rhaffau). **~-smocking** *n. Needlew:* smocwaith (*m*) cebl. **~-stitch** *n.* pwyth(-au,-i) (*m*) rhaff. **~ television** *n.* teledu (*m*) cebl, *F: occ:* teledu tap.

cable[2] *v.t.&i.* **1. to ~ a message,** anfon brysneges/cebl, *F:* ceblo neges; **to ~ s.o.,** anfon brysneges/cebl at rn, *F:* ceblo rhn. **2.** *(= tie with cable):* clymu (rhth) â chebl, rhaffu (rhth). **3.** *Arch:* addurno (rhth) â rhaffau, rhaffaddurno (rhth).

cablegram *n.* brysneges(-au, -euon) *f*, ceblgram(-au) *m*, cebl(-au) *m.*

cablet *n.* rhaff deircainc (rhaffau teircainc) *f.*

cableway *n.* rhaffbont(-ydd) *f.*

cabling *n.* ceblau *pl.*

cabman *n.* = **cab-driver.**

cabochon *n. & adv. Lap:* cabosión (cabosionau) *m.*

caboodle *n.* **the whole ~,** y cyfan (*m*) i gyd, *F:* y cwbwl lot *m*, yr holl sioe *f.*

caboose *n.* **1.** *Nau:* g[i]ali(-s) *f.* **2.** *Rail: U.S:* fan(-iau) (*f*) g[i]ard. **3.** *(= hut):* caban(-au) *m*, cwt (cytiau) *m*, cut(-iau) *m.*

cabotage *n. Com:* masnach (*f*) y glannau, masnach arforol.

cabriole *n. Furn:* cabriol(-au) *f.*

cabriolet *n. Aut:* ***cabriolet(-s)*** *m*, car (ceir) (*m*) to clwt.

cabstand *n. U.S:* = **cab-rank, cab-stand.**

ca'canny *a. & int.* **1.** *a.* gochelgar, carcus, pwyllog, araf deg. **2.** *int.* yn ara' deg! ara' deg piau hi! gan bwyll [bach/fach]!

cacao *n. Bot:* cacao *m*, ffeuen (*f*) gacao (ffa cacao); *(tree):* coeden (*f*) gacao (coed cacao). **~ butter** *n.* ymenyn (*m*) cacao. **~ moth** *n. Ent:* = **tobacco moth.**

cachalot *n. Z:* morfil gwyn (morfilod gwynion) *m.*

cache[1] *n.* **1.** *(= hidden store):* celc(-iau) *m.* **2.** *(= hiding-place):* cuddfan(-nau) *mf.* **~ store** *n. Cmptr:* storfa (storf|eydd) (*f*) dros dro.

cache[2] *v.t.* celcio, cuddio.

cachet *n.* **1.** *(= distinctive mark):* nod(-au) amgen *mf*, stamp *m*; *(= excellence):* rhagoriaeth *f*. **2.** *(= capsule):* pilsen (pils) *f*.
cachetic *a. Med:* musgrell, eiddil.
cachexia, cachexy *n. Med:* musgrellni *m*, eiddilwch *m*.
cachinnate *v.i.* bloeddio chwerthin, chwerthin yn groch, sgrechian chwerthin.
cachinnation *n.* chwerthin *vn* [croch], croch chwerthin *vn*, chwerthiniad(-au) [croch] *m*, chwarddiad(-au) *m* [croch].
cachinnatory *a.* chwerthinus.
cacholong *n. Lap:* c|asiolong (casiolongau) *m*.
cachou *n.* cashw(-s) *m*, *S: occ:* losinen *(f)* garu (losin caru).
cacique *n. U.S:* **1.** pennaeth (penaethiaid) *m*. **2.** *Orn:* casîg (casigiaid) *m*.
caciquism *n. Pol:* casigiaeth *f*.
cack *n. P:* tail *m*, tom *f*, baw *m*, *S.W:* dom *f*, *V:* cachu *m*. **~-handed** *a.* llawchwith, trwsgl.
cackle[1] *n.* **1.** *(of hen):* clwciad(-au) *m*, clwcian *vn*; *(after laying):* cocian *vn*, clochdar *vn*, clochdran *vn*, *S.E:* clochdorian, *N.W: occ: (before laying):* tresi *vn*; *(of goose):* clegar *m*. **2.** *(= noisy talk):* clegar *m*, clebar: cleber *mf*, malu *(vn)* awyr; **cut your ~!** dyna ddigon! taw â dy glebran (tewch â'ch clebran)! rho(-wch) daw arni! paid (peidiwch) â malu awyr! taw (tewch)! cau dy hopran! llai o falu awyr! *S:* caua dy ben, caua dy siol! gad dy fwstwr! gad dy lap! *S.W: occ:* gad dy 'fferen! **3.** *(of laughter):* crechwen(-au) *f*, cecian *(m)* chwerthin.
cackle[2] *v.i.* **1.** *(a) (of hen):* clwcian, cocian, clochdar, clochdran, clochdorian; *(b) (of goose):* clegar. **2.** *(= laugh):* crechwenu, clegar [chwerthin], cecian [chwerthin].
cackler *n.* **1.** *(= hen):* cl|wcwraig *f*. **2.** *(= laugher):* chwarddwr (chwarddwyr) *m*, chw|arddwraig *f*.
cackling *a. (hen):* clwciog, clwclyd, ceciog; *(goose):* clegerog, clegerllyd; *(pers.):* crechwenol, crechwenus, crechwengar *(pronounced* ng-g), crechwenllyd.
cacodemon *n.* cythraul (cythreuliaid) *m*, ysbryd(-ion) drwg *m*.
cacodemonic *a.* cythreulig.
cacodyl *n. Ch:* c|acodyl *m*.
cacodylic *a. Ch:* cacodylig.
cacoepy *n.* camynganiad(-au) *m*, camynganu *vn*, camseiniad(-au) *m*, camseinio *vn*.
cacoethes *n.* ysfa *f*, awch *f*, cnofa *f*, cnoi *m*, chwant *m*.
cacogenic *a.* = **dysgenic**.
cacographical *a.* **1.** *(= untidily written):* camysgrifenedig, aflêr, blêr. **2.** *(= mis-spelt):* camsillafog, camsillafedig.
cacography *n. (a) (= bad handwriting):* ysgrifen aflêr/flêr *f*, ysgrifennu *(vn)* aflêr/blêr, *F:* traed *(pl)* brain; *(b) (= bad spelling):* camsillafiad(-au) *m*, camsillafu *vn*.
cacology *n.* cameirio *vn*, cameiriad(-au) *m*.
cacomistle *n. Z:* c|acomistl (cacomistlod) *m*.
cacoon *n. Bot:* cacŵn (cacynau) *m*.
cacophonous *a.* aflafar, amhersain, ansoniarus, drycsain, croch, cras; *Mus:* cacoffonig.
cacophonously *adv.* yn aflafar *&c*.
cacophony *n.* aflafaredd *m*, aflafarwch *m*, sŵn drwg *m*, drycsain *f*, amherseinedd *m*, twrw *m*; *Mus:* cac|offoni *m*.
cactaceous, cactal, cactoid *a.* cactysaidd.
cactus *n. Bot:* cactws (cacti) *m*, *S.W: occ:* Siôn *(m)* heb siafo, macrelyn *m*, *N: occ:* mochyn (moch) *m*.
cacuminal *a.* atblygol.
cad *n.* pwdryn (pwdrod) *m*, cnaf (cnafon) *m*, *V:* cachwr(-s, cachwyr) *m*, cachgi (cachgwn) *m*.
cadastral *a.* stentaidd.
cadastre *n.* stent(-iau) *mf*.
cadaver *n. (a)* celain (celanedd) *f*, corff (cyrff) marw *m*; *(b) (= skeleton):* [y]sgerbwd ([y]sgerbydau) *m*.
cadaveric *a. Med:* celaneddol.
cadaverine *n. Bio-Ch:* cad|aferin *m*.
cadaverous *a.* fel corff, fel [y]sgerbwd, celaneddol, [y]sgerbydaidd, esgyrnog, gwachul; *(= pale):* gwelw; **a ~ look,** gwedd angau ei hun, golwg fel corff, golwg fel drychiolaeth.
cadaverously *adv.* yn gelaneddol *&c*.
caddie[1] *n. Golf:* cadi (cadïaid) *m*.
caddie[2] *v.i.* **to ~ for s.o.,** cario ffyn rhn, bod yn gadi i rn.
caddis[-fly] *n. Ent:* pryf(-ed) *(m)* gwellt, *N:* pryf pric. **~ larva** *n.* larfa (larfâu) *(m)* pryf gwellt; *Fish:* pryf pric, *N.W: occ:* corbet *m*.
caddish *a.* bradwrus, gwarthus, cnafaidd, *S:* pwd[w]r, *V:* dan din, cachwraidd, cachgïaidd.
caddishly *adv.* yn fradwrus *&c*; *V:* dan din.
caddishness *n.* cnafeiddiwch *m*, cachgieiddiwch *m*, dandinrwydd *m*.
caddy *n.* **tea-~,** tun(-iau) *(m)* te, cistan *(f)* de (cistannau te), bocs(-ys) *(m)* te, cadi(-s) *(m)* te; *occ:* cist *(f)* de (cistiau te) *(also* = **tea-chest**).
cade[1] *a. (= hand-reared):* llawfaeth, *F:* llywaeth.
cade[2] *n. Bot:* merywen (meryw) *f*.
cadelle *n. Ent:* chwilen (chwilod) *(f)* ŷd.
cadence *n.* **1.** rhythm(-au) *m*, curiad(-au) *m*, cadens(-iau) *m*. **2.** *Mus:* diweddeb(-au) *f*; **plagal ~, amen ~, church ~, Greek ~,** diweddeb eglwys/eglwysig, diweddeb am|en; **complete ~, authentic ~, perfect ~, full-close ~,** diweddeb berffaith (diweddebau perffaith); **interrupted ~, surprise ~, broken ~, avoided ~, abrupt ~, deceptive ~, evaded ~, false-close ~, irregular ~,** diweddeb annisgwyl/swta; **feminine ~,** diweddeb fenywaidd; **imperfect ~, half-close ~,** diweddeb amherffaith; **inverted ~,** diweddeb wrthdro (diweddebau gwrthdro); **Phrygian ~,** diweddeb Phrygiaidd; **radical ~,** diweddeb cordiau gwreiddiol. **3.** *(of voice):* goslef(-au) *f*, tôn (tonau) *f*. **~ chord** *n. Mus:* cord(-iau) *(m)* diweddeb.
cadenced *a.* rhythmig.
cadency *n.* = **cadence**.
cadent *a.* disgynnol.
cadential *a. Mus:* diweddebol; **~ 6/4 chord,** cord 6/4 diweddeb.
cadenza *n. Mus:* ***cadenza (cadenze)*** *m*.
cadet *n.* **1.** *A: (= younger son):* mab (meibion) iau *m*. **2.** *Mil: &c:* cadét (cadetiaid) *m*, cadlanc(-iau) *m*; **nursing ~, ~ nurse,** nyrs *(f)* gadét (nyrsus cadét); **police ~,** cadét [yn yr] heddlu, heddlanc(-iau) *m*, *Joc:* cyw *(m)* plismon/plisman (cywion plismyn). **3.** *attrib.* **~ branch,** cangen iau *f*. **~ corps** *n.* corfflu(-oedd) *(m)* cadetiaid.
cadetcy *n. Her:* **differences of ~,** nodau'r etifeddion iau.
cadetship *n.* cadetiaeth(-au) *f*.
cadge[1] *n.* **to be on the ~,** = **cadge**[2].
cadge[2] *v.t.&i.* **1.** *(= beg):* cardota, begera, begian, crafu, lloffa (rhth); *N.W: occ:* cojo, naddu (am rth). **2.** *(= get by begging):* cael (rhth) drwy gardota *&c*, bachu (rhth).
cadger *n.* begiwr (begwyr) *m*, crafwr (crafwyr) *m*, *N.W: occ:* naddwr (naddwyr) *m*, cojwr(-s) *m*.
cadmic *a. Ch:* cadmig.
cadmium *n. Ch:* cadmiwm *m*. **~ cell** *n.* cell *(f)* gadmiwm (celloedd cadmiwm). **~ yellow** *n.* melyn *(m)* cadmiwm.
Cadoxton *W.Pl.n.* Tregatwg *f*. **~-juxta-Neath** *W.Pl.n.* Llangatwg *f* [Nedd].
cadre *n.* **1.** *(= framework):* fframwaith (fframweithiau) *m*. **2.** *Mil: Pol:* cnewyllyn (cnewyll) *m*, ***cadre(-s)*** *m*.
caduceus *n.* ffon (ffyn) sarffog *f*.
caducity *n. Bot:* byrhoedledd *m*; *Med:* musgrellni *m*.
caducous *a.* **1.** *Bot:* cwympol, byrhoedlog. **2.** *Med:* musgrell.
Cadwallader *Pr.n.m.* Cadwaladr; **~ the Blessed,** Cadwaladr Fendigaid.
caecal *a. Anat:* coluddol.
caecilian *a. &n. Amph:* **1.** *a.* sesilaidd. **2.** *n.* sesiliad (sesiliaid) *m&f*.
caecum *n. Anat:* caecwm (caeca), coluddyn (coluddion) dall/pengaead *m* *(pronounced* ng-g).
Caerleon *W.Pl.n.* Caerllion *f* [ar Wysg].
Caernarvon *W.Pl.n.* Caernarfon *f*.
Caernarvonshire *Pr.n. W.Geog:* Sir *(f)* Gaernarfon, *occ: Poet: &c:* Arfon *f*.
Caerphilly *W.Pl.n.* Caerffili *f*.
caesalpinaceous *a. Bot:* cesalpinaidd.
Caesar *Pr.n.m.* Cesar(-iaid); **Julius ~,** Iŵl Cesar. **~'s mushroom** *n. Fung:* caws *(m)* Cesar, amanita *(m)* Cesar.
Caesarean, Caesarian *a. Hist: Obst:* Cesaraidd; **~ section,** toriad(-au) Cesaraidd *m*, crothdoriad(-au) *m*; **~ birth,** genedigaeth Gesaraidd (genedigaethau Cesaraidd) *f*.
Caesarism *n. Pol:* unbennaeth *f*, Cesariaeth *f*.
Caesarist *n. Pol:* unben(-iaid) *m*, unbenaethwr (unbenaethwyr) *m*, Cesarydd(-ion) *m*.
Caesaro-Papism *n.* Cesar-Babaeth *f*.
caesious *a.* gwyrddlas *(f.* gwerddlas, *pl.* gwyrddleision), llwydwyrdd *(f.* llwydwerdd, *pl.* llwydwyrddion).

caesium *n. Ch:* c[a]esiwm *m.*
caespitose *a.* clystyrog.
caesura *n. Pros:* gwant(-au) *m*, gorffwysfa (gorffwysf|eydd) *f*, toriad(-au) *m*, rhaniad(-au) *m*, saib (seibiau) *m.*
caesural *a. Pros:* toriadol, rhaniadol.
café *n.* **1.** ***café(-s)*** *m*, caffe(-s) *m*, caffi(-s) *m*, tŷ (tai) (*m*) bwyta, bwyty (bwytai) *m.* **2.** *(= coffee):* **~ *au lait*,** coffi (*m*) â llaeth/llefrith; **~ *noir*,** coffi du.
cafeteria *n.* caffeteria(-s) *m*, caffe(-s) (*m*) estyn atoch, ffreutur(-iau) *m.*
caff *n. F:* = **café**.
caffeine *n. Ch:* caffein *m.*
caffeinic *a. Ch:* caffeinig.
caftan *n. Cost:* cafftan(-au) *m.*
cage[1] *n.* **1.** *(for bird &c):* cawell(-au, -i, cewyll) *m*, caetsh(-is) *m*, caets(-ys) *m*, catsh(-is) *m*, cratsh(-is) *m*, *S: occ:* craj(-is) *m*; *(for prisoner):* caetsh, cratsh. **2.** *(of lift &c):* caban(-au) *m*; *Min: S:* caetsh, craj, bond *m*, *N.E:* carier(-s) *m.* **3. rib-~,** cawell [yr] asennau. **~-bird** *n.* aderyn (adar) (*m*) cawell, aderyn caeth.
cage[2] *v.t.* cau/dal/cadw (rhth) mewn cawell/caetsh, cawellu (rhth); **to ~ s.o. in,** cau (rhn) i mewn, carcharu (rhn).
caged *a.* mewn cawell; **I feel ~ in,** 'rwy'n teimlo fy mod mewn caetsh; 'rwy'n teimlo fy mod wedi fy nghau i mewn.
cageling *n.* = **cage-bird**.
cagey *a.* cyndyn, di-ddweud, tawedog, carcus, gochelgar, *N.W: occ:* bantgaead; **he was ~ about his age,** 'roedd yn gyndyn o ddweud ei oed.
cageyness *n.* = **caginess**.
cagily *adv.* yn gyndyn *&c.*
caginess *n.* cyndynrwydd *m*, tawedogrwydd *m*, gochelgarwch *m.*
cahoot *n. U.S: F:* **to be in cahoots with s.o.,** bod yn llawiach â rhn, bod yng nghyfrinach rhn, bod yn gyfrannog â rhn; **to go cahoots with s.o.,** mynd yn gyfrannog â rhn.
cahow *n. Orn:* cahów (cahowiaid, cahowod) *m.*
Caiaphas *Pr.n.m. B:* C|aiaffas.
caiman *n. Rept:* = **cayman**.
Cain *Pr.n.m. B:* Cain; **the mark of ~,** nod (*mf*) Cain; *F:* **to raise ~,** chwarae'r diawl, creu/codi helynt, codi twrw.
Cainite *n. B:* Ciniad (Cainiaid) *m&f.*
cainozoic *a. & n. Geol:* **1.** *a.* cainosöig, trydyddol. **2.** *n.* y cyfnod cainosöig/trydyddol *m.*
caique *n.* cwch (cychod) (*m*) rhwyfo.
cairn *n.* **1.** *(= pile of stones):* carnedd(-au, -i) *f*, pentwr (pentyrrau) *m*; *(esp. in place-names):* carn(-au) *f*; **chambered ~,** carnedd gellog (carneddau cellog); **clearance ~,** tomen(-ni) (*f*) hel cerrig; **court ~,** carnedd gwrt (carneddau cwrt); **horned ~,** carnedd gorniog (carneddau corniog); **kerb ~,** carnedd ymylfaen; **lobster-claw ~,** carnedd grafanc (carneddau crafanc); **platform ~,** carnedd lwyfan (carneddau llwyfan); **ring ~,** carnedd gylchog (carneddau cylchog); **round ~,** carnedd gron (carneddau crynion). **2.** *(= tomb):* gwyddfa (gwyddfâu) *f*, bedd(-au) *m.* **~ terrier** *n.* daeargi (daeargwn) byrgoes *m.*
cairned *a.* carneddog.
cairngorm *n. Lap:* ***cairngorm(-s)*** *mf.*
caisson *n. Hyd.E:* ceson(-au) *m.* **~ disease** *n. Med:* parlys (*m*) môr.
Caithness *Pr.n. Geog: A:* Cothnais *m.*
caitiff *n. & a.* **1.** *n.* taeog(-ion) *m.* **2.** *a.* taeog, taeogaidd.
cajole *v.t.* perswadio (rhn), dwyn perswâd (ar rn), *S:* cocsio (rhn), *N:* swcro (rhn), *Lit:* cymell (rhn) â gweniaith, hud-ddenu (rhn); **to ~ s.o. into doing sth,** cocsio rhn i wneud rhth, dwyn perswâd ar rn i wneud rhth, cael gan rn wneud rhth; **to ~ sth out of s.o.,** cocsio rhth gan rn, perswadio rhn i roi rhth, cael rhth o groen rhn.
cajolement *n.* = **cajolery**.
cajoler *n.* cocsiwr (cocswyr) *m*, c|ocswraig *f*, denwr (denwyr) *m*, d|enwraig *f*, gwenieithwr (gwenieithwyr) *m*, gwen|ieithwraig *f*, sebonwr (sebonwyr) *m*, seb|onwraig *f.*
cajolery *n.* cocsio *vn*, perswâd clên *m*, gweniaith *f*, sebon *m.*
cajoling *a.* perswadiol, gwenieithus, gwên-deg, sebonllyd.
cajolingly *adv.* gan gocsio; yn berswadiol, yn wên-deg *&c.*
Cajun *a. & n. Ethn:* **1.** *a.* Cajwn. **2.** *n.* Cajwn(-iaid) *m&f.*
cake[1] *n.* **1.** teisen(-ni, -nau, -nod, *N: occ:* teisys) *f*, cacen(-nau, -ni, *S:* cacs) *f*, *S.W: occ:* cagen (cacs) *f*; *(of bread):* torth(-au) *f*, *S.W: occ:* cwgen(-ni, -nod) *f*; **bakestone ~,** = **Welsh ~**; **cree ~,** cacen/teisen griwsion (cacennau/teisennau criwsion); **dough ~,** cacen boeth (cacennau poeth), *N.W:* cacen does (cacennau toes), teisen does (teisennau toes), *S.E:* teisen does cwnnad (teisennau toes ~), teisen fara (teisennau bara); **fruit-~,** cacen/teisen ffrwyth[-au], cacen fraith (cacennau brith); torth frith, bara brith *m* (*also* = **currant loaf**); **griddle ~,** = **Welsh ~**; **lardy-~,** cacen/teisen lard, cacen/teisen doddion (cacennau/teisennau toddion); **loaf ~,** teisen dorth (teisennau torth); **rock-~,** teisen arw (teisennau garw), picen arw (pice garw) *f*; **sandwich ~,** cacen/teisen ddwbl (cacennau/teisennau dwbl); **seed-~,** cacen/teisen garwe (cacennau/teisennau carwe), cacen/teisen hadau carwe; **Welsh ~,** *N:* cacen/teisen gri (cacennau/teisennau cri), *S:* pic(-e) *f* [ar y maen], picen fach (pice bach), teisen ar y maen, teisen lechfaen (teisennau llechfaen) (*usu. pronounced* lechwan, llechwan); **yeast ~,** cacen/teisen furum (cacennau/teisennau burum); *S.a.* **angel**; *Hist:* **Alfred and the cakes,** Alffred a'r torthau; *F:* **to take the ~,** mynd â hi, ennill y dydd, dod yn orau; **that takes the ~!** dyna'r orau un! dyna'r orau eto! **he takes the ~!** 'does dim un ato! 'does neb tebyg iddo! *F:* **I want a slice of the ~,** mae arna' i eisiau fy rhan/nghyfran; **cakes and ale,** bywyd bras *m*, byw (*vn*) da, byd da (*m*) a helaethwych beunydd, miri mawr *m*, hwyl (*f*) a sbri, llaeth (*m*) a mêl *m*; **to go/sell like hot cakes,** mynd fel slecs, gwerthu fel fferins; **it's a piece of ~,** mae'n hawdd fel dŵr; 'does dim byd haws; **you can't have your ~ and eat it,** allwch chi mo'i chael hi bob ffordd; allwch chi ddim cadw torth a'i bwyta hi; *F:* chewch chi mo'ch afal i chwarae ac i'w fwyta. **2.** *(a) (of soap &c):* talp(-iau) *m*, telpyn (talpiau) *m*, clap(-iau) *m*, *S: occ:* twlpyn (twlpiau) *m*; *(of salt):* calen(-nau, -ni) *f*; *(b) Agr: (of linseed &c):* cêc *m*, dwysfwyd *m.* **3.** *(of blood):* cramen(-nau,-ni) *f*, crawen(-nau,-ni) *f*, torthen(-nau,-ni) *f*, tolchen(-nau,-ni) *f.* **4.** *(of dirt):* cagl(-au) *m*, cramen, trwch *m*, cresten(-nau,-ni) *f*, *N.W: occ:* cremst(-iau) *m.* **~-bread** *n.* bara (*m*) calan. **~ shop** *n.* siop (*f*) deisennau/gacenni (siopau teisennau/cacenni). **~-stand** *n. Furn:* peth(-au) (*m*) dal teisennau/cacenni *&c*, stand (*mf*) cacennau/gacennau/teisennau/deisenni *&c* (standiau cacennau/teisennau), rhesel (*f*) deisennau/gacennau (rheseli teisennau/cacennau); *(for oatcakes):* diogyn(-nod) *m.*
cake[2] *v.i.* *(of blood):* caledu, crawennu, *occ:* tolchennu, crestennu, *N: occ: (of hair &c):* cagio; *(of dirt, mud &c):* caledu, caglu, caglo, cagio, terigo, *N.W: occ:* cremstio, mynd yn derrig, mynd yn gaglau/gaglog.
caked *a.* **1.** *(blood):* caled, crawennog, tolchennog; *(in mud):* caglog, terrig; **(his clothes were) ~ in mud,** ('roedd ei ddillad) yn un plastar o fwd, yn gaglau o laid, *N:* yn derrig o fwd; **it was ~ with dirt,** *N.W: F:* 'roedd yn drybola o faw; 'roedd baw yn dew drosto; *occ:* 'roedd yn derrig/gremst o faw drosto; 'roedd yn un cremst o faw.
cakewalk[1] *n. Danc:* ***cakewalk*** *mf.*
cakewalk[2] *v.i.* dawnsio'r ***cakewalk***, gwn|eud dawns y gacen.
calabar bean *n. Bot:* ffeuen/ffäen (*f*) g|alabar (ffa c|alabar).
calabash *n. Bot:* gowrd(-iau) *m.*
calaboose *n. F:* = **jail**.
calabrese *n. Bot:* brocoli calabriaidd *m*, calabrese *m.*
Calabrian *a. & n.* **1.** *a.* Calabriaidd. **2.** *n.* Calabriad (Calabriaid) *m&f.*
caladium *n. Bot:* caladiwm (caladia) *m.*
calamander *n.* calamandr *m.*
calamar, calamary *n. Ich:* ystifflog(-od) *m*, môr-gyllell (~-gyllyll) *f*; *S.a.* **ink-fish**.
calamine *n. Miner:* c|alamin: c|alamein *m.*
calamint *n. Bot: (Calamintha):* **common ~,** *(C. ascendens):* erbin cyffredin *m*, llysiau(*pl*)'r gath, mintys (*m*) y twynau; **Alpine ~,** *(C. alpina):* erbin y creigiau; **cushion ~,** *(Clinopodium vulgare):* brenhinllys gwyllt *m*; **large-flowered ~,** *(C. grandiflora):* erbin blodeufawr; **lesser ~,** *(C. nepeta):* erbin bach, mintys y gath; **wood ~,** *(C. sylvatica):* erbin y coed.
calamite *n. Paleo-Bot:* c|alamit (calamitau) *m.*
calamitous *a.* trychinebus, enbyd.
calamitously *adv.* yn drychinebus *&c.*
calamitousness *n.* enbydrwydd *m*, trychineb *mf*, trychinebedd *m*, trychinebusrwydd *m.*
calamity *n.* trychineb(-au) *mf*, anffawd (anffodion) *f*, aflwydd(-au,-ion) *m*, adfyd *m*, helbul(-on) *m*, helynt(-ion) *f*, adwyth *m*, trallod(-ion) *m.* **C~ Jane** *n.* proffwydes(-au) (*f*) gwae.
calamondin *n. Bot:* calamondin(-au) *m.*

calamus *n.* **1.** *Bot:* coeden (*f*) galaf (coed calaf). **2. sweet ~,** gell[h]esgen bêr (gellesg pêr) *f.* **3.** *Orn:* cwilsyn (cwils) *m.*
calando *adv. Mus:* gan arafu a gwanh|au, yn arafach a gwannach.
calandria *n. Mec.E:* calandria (calandriâu) *m.*
calash *n.* cerbyd(-au) ysgafn *m*, trap(-iau) *m.*
calathus *n. Gr.Art:* calathws (calathi) *m.*
calcaneal, calcanean *a. Anat:* sodlol.
calcaneum, calcaneus *n. Anat:* asgwrn (*m*) sawdl (esgyrn sodlau).
calcar *n. Orn: Bot:* [y]sbardun(-au) *m.*
calcareous, calcarious *a. Geol:* calchaidd; **~ rock,** carreg (*f*) galch (cerrig calch).
calceolaria *n. Bot:* basged (*f*) pysgotwr.
calceolate *a. Bot:* esgidffurf, gwadnaidd.
calcic *a. Ch:* calchaidd.
calcicole, calcicolous *a.* calchgar.
calciferol *n. Ch:* f|itamin (*m*) D, cals|ifferol *m.*
calciferous *a. Geol:* calchddwyn.
calcific *a.* calchaidd, calcheiddiol.
calcification *n.* calcheiddiad *m*, calcheiddiant *m*, calcheiddio *vn.*
calcifuge, calcifugous *a. Ch:* calchgas, calchgasaol.
calcify *v.t.&i. Ch:* calcheiddio.
calcimine[1] *n.* gwyngalch *m* (*pronounced* ng-g).
calcimine[2] *v.t.* gwyngalchu (*pronounced* ng-g).
calcinate *v.i.* calchynnu.
calcination *n. Ch: Ind:* calchyniad *m*, calchynnu *vn*, ysu *vn*, crasu *vn.*
calcine[1] *v.t.&i. Ch:* calchynnu, llosgi'n galch/ulw, crasu, ysu.
calcine[2] *n.* calchyn(-nau) *m.*
calcinosis *n. Anat:* calchyniad *m*, hel (*vn*) calch.
calciphile *a.* = **calcicole.**
calciphobe *a.* = **calcifuge.**
calciphylactic *a.* calsiffylactig.
calciphylactically *adv.* yn galsiffylactig.
calciphylaxis *n.* calsiffylacsis *m.*
calcite *n. Miner:* calsit *m*, calcsbar *m.*
calcitic *a. Miner:* calsitig.
calcitonin *n.* calsitonin *m.*
calcium *n. Ch:* calsiwm *m.*
calcspar *n.* = **calcite.**
calculability *n.* hyfesuredd *m*, cyfrif[i]adwyedd *m*; **I doubt its ~,** 'rwy'n amau a oes modd ei fesur; **its ~ has been demonstrated,** dangoswyd y gellir ei fesur *&c*; dangoswyd bod modd ei fesur *&c.*
calculable *a.* cyfrifadwy, mesuradwy.
calculableness *n.* = **calculability.**
calculably *adv.* yn fesuradwy *&c.*
calculate *v.t.&i.* **1.** *(a) (= compute):* cyfrif, cyfrifo, amcangyfrif (*pronounced* ng-g), amcanrifo, mesur (rhth); bwrw/gwn|eud cyfrif (o rth); *N.W: occ:* clandro (rhth); *Mth: occ: (= evaluate):* enrhifo; *(b)* **to ~ on sth,** dibynnu (ar rth), disgwyl (rhth). **2.** *U.S: F: (= think):* tybio, meddwl.
calculated *a.* **1.** *(sum, position &c):* amcangyfrifedig (*pronounced* ng-g); **to take a ~ risk,** mentro'n ofalus; **a ~ response,** ymateb cytbwys/gofalus/gochelgar. **2.** *(= intentional):* amcanol, bwriadol, bwriadus, pwrpasol, o bwrpas, cynlluniedig, wedi ei gynllunio; **a ~ insult,** sarhad bwriadol; *(loosely = likely to):* tebyg (o wneud rhth); *Jur:* **~ to mislead,** a fwriadwyd i gamarwain, y bwriadwyd iddo gamarwain, yn gyfrifadwy gamarweiniol; **news ~ to shock,** newydd tebyg o frawychu.
calculatedly *adv.* o fwriad, o bwrpas, yn fwriadol, yn bwrpasol.
calculatedness *n.* bwriadusrwydd *m.*
calculating[1] *a. (pers.):* craff, hirben, ystumgraff, hir eich pen, amcanus; **he's a ~ sort of person,** *F:* mae'n sgolor at ei ochr ei hun; mae'n un garw am wneud ei syms.
calculating[2] *vn.* amcangyfrifiad(-au) *m* (*pronounced* ng-g), cyfrifiad(-au) *m.* **~-machine** *n.* peiriant (peiriannau) (*m*) cyfrif/cyfrifo, rhifiadur(-on) *m*, cyfrifwr (cyfrifwyr) *m.*
calculatingly *adv.* yn graff *&c*; *S.a.* **calculatedly.**
calculation *n.* cyfrif(-on) *m*, cyfrifiad(-au) *m*, amcangyfrif(-on) *m* (*pronounced* ng-g), amcanrif(-au) *m*; *vn.* = **calculate**; *(= evaluation):* enrhifiad(-au) *m*; **to be out in one's calculations,** bod ymhell ohoni.
calculative *a.* amcangyfrifol (*pronounced* ng-g).
calculator *n.* **1.** *(pers.):* amcangyfrifydd: amcangyfrifwr (amcangyfrifwyr) *m* (*all pronounced* ng-g), cyfrifwr (cyfrifwyr) *m*, *N.W: occ:* clandrwr (clandrwyr) *m.* **2.** *(machine):* cyfrifiannell (cyfrifianellau) *f.* **3.** *(= tables):* tablau (*pl*) amcangyfrif.
calculosis *n. Med:* caregedd *m.*
calculous *a. Med:* **1.** *(= of* **calculus[1]***):* caregog, graeanog, grutiog. **2.** *(= suffering from* **calculus[1]***):* yn dioddef o'r garreg, claf o'r tostedd.
calculus *n.* **1.** *Med:* carreg (cerrig) *f*, maen (meini) (*m*) tostedd. **2.** *Mth:* c|alcwlws (c|alcwli) *m*; **differential ~,** calcwlws gwahaniaethol/differol; **integral ~,** calcwlws cyfannol/integrol.
caldera *n.* callor(-au) *m*, pair (peiriau) *m.*
Caldicot *W.Pl.n.* Caldicot *m.* **~ Level** *W.Pl.n.* Morfa (*m*) Gwent.
Caldy Island *W.Pl.n.* Ynys (*f*) Bŷr.
Caledonia *Pr.n. Geog:* **1.** *Hist:* Celyddon *m.* **2.** = **Scotland.**
Caledonian *a. & n.* **1.** *a.* = **Scottish; the ~ Forest,** Coed (*pl*) Celyddon; *Geol:* Caledonaidd. **2.** *n.* = **Scotsman, Scotswoman.**
calefacient *a. & n.* **1.** *a.* cynhesol, twymol, gwresogol. **2.** *n. Med: S:* moddion (*m or pl*) twymo, *N:* ffisig(-au) (*m*) twymo.
calefaction *n.* twymo *vn*, cynhesu *vn*, gwresogi *vn*, gwresogiad *m*, cynhesiad *m*, twymiad *m.*
calefactory *n. Ecc:* ystafell (*f*) dwymo (ystafelloedd twymo).
calendar[1] *n.* **1.** calendr(-au) *m*, *F: occ:* |almanac (almanaciau) *m.* **2.** *Jur:* rhestr(-au) *f.* **3.** *U.S: (in Congress):* rhaglen (*f*) y dydd. **~ month** *n.* mis(-oedd) (*m*) calendr. **~ year** *n.* blwyddyn (*f*) galendr (blynyddoedd calendr).
calendar[2] *v.t.* calendro (rhth), gwn|eud calendr (o rth), cofnodi (rhth) mewn calendr; *(= list):* rhestru, mynegeio.
calender[1] *n.* llathrwasg (llathrweisg) *f*, calendr(-au) *m.*
calender[2] *v.t.* llathrwasgu, calendro.
calendered *a.* **~ paper,** papur llathr *m.*
calenderer *n.* = **calender[1].**
calendrical *a.* calendraidd, yn ôl calendr.
calends *n. Rom.Ant:* calan(-nau) *m*; **the C~ of May,** Calan Mai, *F:* Clanmai, Clamai, Clame; **the C~ of Winter,** Calan Gaeaf, *F:* Glangaea (*pronounced* ng-g); **at the Greek C~,** pan ddaw dydd Sul [y] Pys, pan ddaw Nadolig yn yr Haf, *S.W:* bore/dydd ffair niwl.
calendula *n. Bot:* gold (*m*) Mair, rhuddos *pl.*
calenture *n. Med:* twymyn (*f*) wres, y dwymyn wres.
calf[1] *n.* **1.** *(a)* llo(-i, -eau) *m*; **cow ~, heifer ~,** llo benyw, llo banw/fanw; **bull ~,** llo gwryw, llo tarw, tarw bach (teirw bychain) *m*; **bull calves,** *S:* da bach *pl*; **a yearling ~,** llo blwydd, blwyddiad (blwyddiaid) *m&f*; *B:* **the Golden C~,** y Llo Aur; *B:* **the fattened ~,** y llo pasgedig; **a ~ which is being fattened,** llo magu; **an unweaned ~,** llo gwlyb; **in ~,** cyflo; **to drop a ~,** bwrw llo, dod â llo; **to slip a ~,** erthylu llo, colli llo; *(b) Leath:* croen (*m*) llo; *S.a.* **boxcalf. 2.** *(of other species):* **whale ~,** llo morfil, cyw (*m*) morfil (cywion morfilod), morfil bychan (morfilod bychain) *m*; **elephant ~,** llo |eliffant, cyw eliffant (cywion eliffantod), eliffant bychan (eliffantod bychain) *m*; *S.a.* **sea-~. 3.** *(of iceberg):* talp(-iau) *m.* **~-knee** *a.* = **knock-knee. ~-like** *a.* lloaidd, fel llo. **~-love** *n.* cariad cyntaf *m*, cariad llo bach, cariad lloaidd, caru (*vn*) fel llo. **~'s foot jelly** *n. Cu:* jeli (*m*) troed llo. **~-pen** *n.* cwt (*m*) llo (cytiau lloi), cut (*m*) llo (cutiau lloi), *S.W:* catsh(-is) (*m*) lloi, lloc(-iau) (*m*) lloi, crut (*m*) llo (crutiau lloi). **~'s snout** *n. Bot:* trwyn (*m*) y llo. **~'s teeth** *n.pl.* = **milk-teeth.** *S.a.* **bound[6].**
calf[2] *n. (of leg):* croth (*f*) coes (crothau coesau), *S:* bola (*m*) coes (boliau coesau).
calfless *a.* di-lo, heb lo.
calfskin *n.* croen (*m*) llo.
calibrate *v.t.* calibro, calibradu, graddnodi.
calibrated *a.* graddnodedig, calibredig, wedi'i raddnodi/galibradu.
calibration *n.* calibrad(-au) *m*, graddnodiad(-au) *m*; *vn.* = **calibrate.**
calibrator *n.* graddnodwr (graddnodwyr) *m*, calibradwr (calibradwyr) *m.*
calibre *n.* **1.** *(of gun, tube):* calibr(-au) *m*, tryfesur(-au) *m.* **2.** *(= standard, quality):* safon *f*, calibr *m*, ansawdd *mf*; **a man of his ~,** dyn cystal ag ef. **-calibred** *a.* **small-~,** o galibr bach; **large-~,** o galibr mawr.
caliche *n. Geol:* **1.** calitsi *m.* **2.** *(= Chile saltpetre):* solpitar *m.*

calicle *n. Bot:* cwpan(-au) bach *m*, cwpan fach (cwpanau bach) *f*, cwpenyn(-nau) *m*, calicl(-au) *m*.

calico *n. & a.* **1.** *n.* c|alico (calicoau) *m*; **glazed ~,** calico sglein. **2.** *a. U.S:* amryliw, trilliw. **~ brass** *n. Ich:* crapi (crapïod) du *m*. **~ buff** *n.* bwff (*m*) calico. **~ bush** *n. Bot:* llawryf (*m*) y mynydd.

California *Pr.n. Geog:* Califfornia *f*.

Californian *a. & n.* **1.** *a.* Califfornaidd, o Galiffornia; **the ~ coast,** arfordir Califfornia. **2.** *n.* Califforniad (Califforniaid) *m&f*.

californium *n. Ch:* califforniwm *m*.

caliginous *a.* prudd, tywyll, niwlog.

Calinago *n. Ling:* Calinago *f, m*.

caliology *n.* nytheg *f*, astudio (*vn*) nythod adar.

calipash *n. Cu:* c|alipash *m*.

calipee *n. Cu:* c|alipi *m*.

caliper *n.* = **calliper**.

caliph *n.* califf(-iaid) *m*.

caliphal *a.* califfol.

caliphate *n.* califfiaeth(-au) *f*.

calisthenic *a. & n.pl.* = **callisthenic**.

calix *n.* cwpan(-au) *mf*, caregl(-au) *m*.

calk[1] *n.* calc(-iau) *m*, calcyn (calciau) *m*, *F:* ciwcyn *m*, cawc(-iau) *m*, *N:* clem(-iau) *f*.

calk[2] *v.t.* calcio.

calkin *n.* = **calk[1]**.

calking *n.* calciad *m*, calcio *vn*.

call[1] *n.* **1.** *(a) (= shout):* galwad(-au) *f*, cri (crïoedd) *fm*, *Lit:* llef(-au) *f*; *(b) (of bird):* cri, galwad. **2.** *(a) (= summons):* galwad; *(= demand):* galw *m*; **to come at s.o.'s ~, to answer s.o.'s ~,** dod ar alwad rhn, ateb galwad rhn; **beyond the ~ of duty,** y tu hwnt i alwad dyletswydd; **within ~,** o fewn clyw, o fewn galwad, o fewn galw; **to give s.o. a ~,** galw ar rn; *(on telephone):* rhoi galwad/caniad/tonc i rn, **you have no ~ to say that,** 'does dim galw [ar] i chwi ddweud hynny; **there's no ~ for that type of book,** 'does dim galw am y math yna o lyfr; *F:* **that was a close ~ for me,** bu bron imi ei chael hi; cael a chael oedd hi [imi]; **to be at s.o.'s beck and ~,** bod yn was bach i rn, bod ar/at alwad rhn; *(b) Mil:* **bugle ~,** utganiad(-au) *m*, sain (*f*) utgorn (seiniau utgyrn); *(c)* **[roll-]~, ~-over,** *(i) Mil:* galwad enwau, galw(*vn*)'r rhôl/rhestr; *(ii) Fig:* rhestr(-au) anrhydeddus *f*; *(d) (= vocation):* **he felt a ~ to the ministry,** clywodd alwad i'r weinidogaeth; *(e) Tp:* **telephone ~,** galwad ffôn, caniad(-au) *m*, *F:* tonc(-iau) *f*; **trunk-~,** galwad [o] bell; *U.S:* **collect ~,** galwad drosglwyddo (galwadau trosglwyddo); **I'll give you a ~,** mi'ch galwaf chi; *F:* mi rof donc i chi; **to put s.o.'s ~ through,** cysylltu galwad rhn, *F:* rhoi galwad rhn trwodd; *(f) Cards:* galwad; *(g) Th:* clap *m*, cymeradwyaeth *f*; **to take one's ~,** cymryd eich clap; **to take three curtain-calls,** cael tri chlap; **curtain-~,** galwad yn ôl, llen-alwad(-au) *f*. **3.** *(= visit):* ymweliad(-au) *m*, tro(-eon) *m*, galwad(-au) *f*; **to pay/make a ~ on s.o.,** galw heibio i rn, galw i weld rhn, ymw|eld â rhn, rhoi tro am rn, mynd i edrych am rn, taro heibio i rn, *occ:* talu ymweliad â rhn, *N: F:* picio heibio i rn; **to pay calls on people,** ymweld â phobl *&c*; *Pej:* cerdded tai, *N: Pej:* hel tai, *S: Pej:* mynd ar hyd tai; **do pay us a ~,** cofia (cofiwch) alw draw/heibio; paid (peidiwch) â bod yn ddieithr; brysia (brysiwch) draw/acw; *F:* **to pay a ~, to answer the ~ of nature,** mynd i rywle, ateb galwad natur, *N.W:* mynd i droi clos, mynd i'r lle chwech, mynd i edrych am modryb; **port of ~,** *(i) Nau:* porthladd(-oedd) (*m*) galw; *(ii) F:* man(-nau) (*m*) galw; **my next port of ~ was the pub,** i'r dafarn yr es i nesaf. **4.** *Fin:* cais (ceisiadau) *m*, galwad(-au) *f*; **calls in advance,** galwadau ymlaen llaw; **calls in arrears,** galwadau ôl-ddyledus; **payable at ~,** taladwy ar gais/alwad/alw; **to have money at ~,** meddu ar arian ar alw. **~-board** *n. Th:* hysbysfwrdd (hysbysfyrddau) (*m*) llwyfan. **~-box** *n.* ciosg(-au) (*m*) ffôn, bwth (bythau) (*m*) ffôn/t|eleffon. **~-boy** *n. Th:* galwr (galwyr) *m*. **~-day** *n.* diwrnod(-[i]au) (*m*) galw. **~-girl** *n.* putain (puteiniaid) *f* [ar alwad]. **~-house** *n.* puteindy (puteindai) *m*. **~-loan** *n.* benthyciad(-au) (*m*) adalw. **~-loan market** *n.* marchnad(-oedd) (*f*) arian adalw. **~-money** *n. Com: Fin:* arian (*m*) adalw/galw. **~-night** *n.* noswaith (*f*) alw (nosweithiau galw). **~-number** *n. U.S: Lib:* nod(-au) (*mf*) gofyn, rhif (*m*) llyfr (rhifau llyfrau). **~-over** *n.* *(i)* = **[roll-|call**; *(ii) Rac:* galwad (*m*) y prisiau. **~-sign, ~-signal** *n. W.Tel: Av: &c:* arwydd(-ion) (*m*) galw, arwyddair (arwyddeiriau) *m*. **~-slip** *n. Lib:* slip(-iau) (*m*) archebu, taflen (*f*) gais (taflenni cais).

call[2] *v.t.&i.* I. *v.t.* **1.** *(a)* **to ~ s.o.,** galw rhn, galw ar rn, gweiddi ar rn; **to ~ sth,** galw/gweiddi rhth, *Lit:* llefain rhth; **to ~ [out] "fire",** gweiddi "tân"; *abs.* **who is calling?** pwy sy'n galw? **to ~ the banns,** cyhoeddi'r gostegion, galw'r gostegion; **to ~ a halt,** galw am saib; **to ~ a halt to sth,** rhoi pen/terfyn ar rth; **to ~ the roll,** galw'r enwau, galw'r rhestr enwau; *Nau:* **to ~ the soundings,** galw'r dyfnderoedd/plymiadau; *(b)* **to ~ to s.o. to do sth,** galw ar rn i wneud rhth. **2.** *(a) (= summon):* galw; **to ~ a taxi,** galw tacsi; **to ~ people together,** cynnull pobl, galw pobl ynghyd, galw pobl at ei gilydd; *U.S: (= telephone):* ffonio (rhn), rhoi galwad/caniad/tonc (i rn); **to ~ s.o. to order,** galw rhn i drefn; **to ~ [in] the doctor,** galw'r meddyg; *Mil:* **to ~ to arms,** galw i'r frwydr, *Lit:* gwysio i'r gad; **"calling all cars",** "galw pob car"; **to ~ attention to sth,** tynnu sylw at rth (*not* i rth); **to ~ sth in[to] question,** amau rhth, bwrw amheuaeth ar rth, codi amheuon ynghylch rhth; **to ~ s.o. to account,** galw rhn i gyfrif; *Jur:* **to ~ s.o. to the bar,** galw rhn i'r bar; **to ~ sth to mind,** cofio/atgofio rhth, dwyn rhth ar gof, galw rhth i/ar gof; **to ~ into play all one's powers,** tynnu/galw ar eich holl alluoedd, rhoi'ch holl alluoedd ar waith; **to ~ s.o.'s bluff,** dal her â rhn, galw blŷff rhn; *S.a.* **bluff[2]**. *(b)* **~ (me at six o'clock),** galwch, codwch, dihunwch, deffr|owch (fi am chwech o'r gloch). **3.** *(= name):* **he is called John,** Siôn yw ei enw; Siôn y gelwir ef; **he was called John after his father,** galwyd/enwyd ef yn Siôn ar ôl ei dad; **to ~ s.o. by a nick-name,** llysenwi rhn, galw rhn wrth lysenw, rhoi llysenw i rn; **to ~ sth by name,** galw rhth wrth ei enw; **to ~ sth by value,** galw rhth wrth ei werth; **to ~ the tune,** galw'r dôn; **to ~ s.o. names,** difrïo/difenwi rhn, galw enwau ar rn; **to ~ oneself a poet,** ymhonni'n fardd, eich galw'ch hun yn fardd; **to ~ s.o. a liar,** galw rhn yn gelwyddog/gelwyddgi; **~ yourself a man!** ac 'rwyt ti'n d'alw dy hun yn ddyn! *F:* **we'll ~ it five pounds,** fe ddywedwn ni bum punt; fe'i galwn ni hi'n bum punt; **to ~ a spade a spade,** galw rhth wrth ei enw, galw pâl yn bâl a rhaw yn rhaw; siarad heb flewyn ar dafod, siarad yn blwmp ac yn blaen; **to ~ it a day,** rhoi'r gorau iddi, rhoi pen arni, rhoi'r ffidil yn y to; *(= retire for a night):* noswylio, cadw noswyl, *S.W: occ:* codi cefn; **I ~ that a disgrace,** gwarth yw hynny yn fy marn i; gwarth yw hynny i'm tyb i. **4.** *Cards:* galw, datgan; **to ~ hearts,** dewis calonnau. **5. to ~ a strike,** galw/cyhoeddi streic; **to ~ last orders,** galw'r ordors diwethaf; *S.a.* **so-called**. II. *v.i.* **to ~ at s.o.'s house,** galw heibio i rn, galw yn nhŷ rhn; **do ~ again!** galw[a] (galwch) eto! *F:* brysia (brysiwch) yma eto! *F:* **~ round sometime,** paid (peidiwch) â bod yn ddieithr; **has anyone called?** a fu rhn yma? **the train calls at every station,** mae'r trên yn galw/stopio ym mhob gorsaf; *S.a.* **call[1] 3.** **~ aside** *v.t.* **to ~ s.o. aside,** galw rhn o'r neilltu. **~ away** *v.t.* **I am called away,** rhaid imi fynd; gelwir fi ymaith. **~ back 1.** *v.t.* *(= summon):* galw (rhn) yn [ei] ôl; **to ~ back one's words,** tynnu'ch geiriau'n ôl, troi yn eich carn, *occ:* troi yn eich cogwrn. **2.** *v.i.* *(= shout back):* gweiddi'n ôl, gweiddi rhth yn ôl. **3.** *v.i.* *(= return):* galw [heibio] eto, dychwelyd, dod yn ôl, dod yn eich ôl. **~ down** *v.t.* **1.** *(= summon):* galw (rhn) i lawr. **2. to ~ down curses on s.o.,** melltithio rhn. **3.** *U.S:* = **rebuke[2]**. **~ for** *v.ind.t.* **1.** *(= summon):* galw (rhn, am rn), anfon (am rn); *(= order):* archebu (rhth), gofyn (am rth); **to ~ for volunteers,** galw am wirfoddolwyr; **to ~ for help,** galw/gweiddi am help/gymorth. **2. to ~ for sth,** *(= come to fetch):* dod i gyrchu rhth, galw am rth, casglu/codi rhth, *N:* dod i nôl rhth, *S:* dod i moyn rhth, dod i ôl rhth, *M.W:* dod i mofyn rhth; **"to be [left till] called for",** "i'w gasglu". **3. to ~ for,** *(= insist on):* **to ~ for an explanation,** mynnu esboniad, mynnu cael esboniad, galw am esboniad. **4. this calls for a celebration,** mae hyn yn gofyn ei ddathlu; mae hyn yn galw am ei ddathlu; mae'n werth dathlu hyn; rhaid dathlu hyn. **~ forth** *v.t.* **1.** *(= stir up, evoke):* ennyn, achosi, peri, symbylu, *occ:* deffro, dihuno. **2. to ~ forth all one's courage,** ymwroli, magu dewrder. **3.** *(spirit):* codi. **~ in 1.** *v.t.* galw (rhn) i mewn; **to ~ in a specialist,** ceisio cyngor arbenigwr. **2.** *v.i.* galw, galw heibio. **~ off** *v.t.* **1.** *(a) (a dog):* galw (ci) yn ei ôl; *(b)* **to ~ off a deal,** torri bargen, rhoi pen ar gytundeb; *(c)* **to ~ off a strike,** penderfynu peidio â chynnal streic, rhoi'r gorau i streic, *F:* canslo streic; **the game has been called off until next week,** mae'r gêm wedi ei gohirio tan yr wythnos nesaf; **to ~ off a wedding,** datgyhoeddi priodas, *F:* canslo priodas; **the wedding was called off,** ni bu priodas. **2.** *v.i.* *(= renege):* tynnu gair/geiriau yn ôl, troi yn eich carn. **~ on** *v.ind.t.* **1.** *(=* **visit[2]***):*

ymw|eld (â rhn), galw/taro heibio i rn, mynd i weld rhn, edrych am rn, rhoi tro am rn. **2.** = **call upon.** ~ **out 1.** *v.t. (a) (strikers, fire brigade &c):* galw (rhn) allan, *S:* galw (rhn) mas; *(b) (to a duel):* herio (rhn), *F:* slensio (rhn) [i ymladd]. **2.** *v.i.* galw allan/mas (**for sth,** am rth), gweiddi, *Lit:* llefain. ~ **over** *v.t.* **1.** *(= read out):* galw, darllen. **2.** *(= summon):* **to ~ s.o. over,** galw ar rn i ddod drosodd. **~-over** *n. Sch: &c:* galwad *(f)* enwau, galw *(vn)* enwau. ~ **together** *v.t. (an assembly):* cynnull (rhth), galw (rhth) at ei gilydd. ~ **up** *v.t.* **1.** *(= summon):* galw (rhn) i fyny, *S:* galw (rhn) lan. **2.** *(= evoke):* atgofio; **it calls up happy memories,** mae'n f'atgoffa o bethau hapus; mae'n dwyn atgofion hapus. **3.** *(a spirit):* codi. **4.** *Mil:* galw (rhn) i'r fyddin/lluoedd, *Lit:* byddino (rhn), gwysio (rhn) i'r fyddin. **~-up** *n. Mil:* galwad *(f)* i'r fyddin, *Lit:* gwŷs *(f)* i'r gad. ~ **upon** *v.t.* **1.** *(= invoke):* galw ar (rth). **2. to ~ upon s.o. for sth,** mynd/dod ar ofyn rhn am rth; galw ar rn am rth; gofyn rhth gan rn. **3. to ~ upon s.o. to do sth,** galw ar rn i wneud rhth; galw ar i rn wneud rhth; **to ~ upon s.o.'s help,** apelio am gymorth rhn; **I feel called upon to warn you . . . ,** teimlaf y dylwn eich rhybuddio . . . .

calla lily *n. Bot:* lili*(f)*'r gors.

callable *a.* galwadwy.

callback *n. Com:* adalwad(-au) *f.*

caller *n.* **1.** *(= one who calls out):* galwr (galwyr) *m,* g|alwraig *f,* geilwad (geilwaid) *m.* **2.** *(= visitor):* ymwelwr: ymwelydd (ymwelwyr) *m.*

calligrapher *n.* caligraffydd (caligraffwyr) *m,* ceinlythrennwr: ceinlythrennydd (ceinlythrenwyr) *m,* ceinysgrifwr (ceinysgrifwyr) *m.*

calligraphic *a.* caligraffig, ceinysgrifol, ceinlythrennol.

calligraphically *adv.* yn galigraffig *&c.*

calligraphist *n.* = **calligrapher.**

calligraphy *n.* caligraffeg *f,* ceinlythrennu *vn,* cal|igraffi *m.*

calling[1] *n.* **1.** *(a) (= shout):* galwad(-au) *f,* cri (crïoedd) *fm, Lit:* llef(-au) *f; (b) (of assembly):* cynulliad *m,* cynnull *vn.* **2.** *(= visit[1]):* ymweliad(-au) *m.* **3.** *(= profession):* galwedigaeth(-au) *f,* swydd(-i) *f.* **~-card** *n. U.S:* cerdyn (cardiau) *(m)* ymw|eld. ~ **sequence** *n. Cmptr:* dilyniant (dilyniannau) *(m)* galw.

calling[2] *a.* ~ **bird** *n.* aderyn (adar) *(m)* cân/cerdd. ~ **crab** *n. Z:* cranc(-od) amneidiol *m.* ~ **hare** *n. Z:* ysgyfarnog lafar (ysgyfarnogod llafar) *f.*

Calliope *Pr.n.f.* **1.** *Mth:* Caliope. **2.** organ(-au) *(f)* stêm.

calliopsis *n. Bot:* = **coreopsis.**

calliper[1] *n. usu.pl.* c|aliper (caliperau) *m,* calipr(-au) *m;* ~ **compasses,** cwmpas *(m)* calip[e]r; **in and out callipers,** calip[e]rau mewn ac allan; **inside callipers,** calip[e]rau mewn; **outside callipers,** calip[e]rau allan; **figure-of-eight callipers,** calip[e]rau ffigur/ffig[i]wr wyth; **vernier callipers,** calip[e]rau fernier. ~ **square** *n.* sgwâr *(m)* caliper. ~ **splint** *n. Surg:* calip[e]rau, *F:* haearn *(m)* coes (heyrn coesau).

calliper[2] *v.t.* mesur, trawsfesur, calipro.

callipygous *a.* *ceinffolennog.

callisthenic *a. & n.pl.* **1.** *a.* calisthenig. **2.** *n.pl.* ymarferion corfforol, calistheneg *f.*

Callisto *Pr.n.f. Myth:* Calisto.

callose *a.* caledennog, calwsaidd.

callosity *n.* caleden(-nau) *f.*

callous *a.* **1.** *(skin):* caled. **2.** *(pers.):* croengaled(-ion), calongaled(-ion) *(both pronounced* ng-g), dideimlad, didrugaredd, anhrugarog, didostur, annhosturiol.

callously *adv.* yn ddidostur *&c.*

callousness *n.* caledwch *m,* calongaledwch *m (pronounced* ng-g), dideimladrwydd *m,* croengaledwch *m (pronounced* ng-g), annhosturi *m,* diffyg *(m)* teimlad, diffyg tosturi.

callow *a.* **1.** *(bird):* di-blu, noeth(-ion), heb blu. **2.** dibrofiad, anaeddfed; *(youth):* lloaidd; **a ~ youth,** *N:* llo(-eau) gwlyb *m,* llo cors, llwdn (llydnod) *m.*

callowness *n.* **1.** *(of bird):* noethni *m.* **2.** *(of pers.):* diffyg *(m)* profiad, anaeddfedrwydd *m.*

calluna *n. Bot:* = **heather.**

callus[1] *n.* caleden(-nau) *f.*

callus[2] *v.t.&i.* caledu.

callused *a.* caledennog, croengaled *(pronounced* ng-g).

calm[1] *n.* tawelwch *m,* llonyddwch *m,* gosteg(-ion) *mf;* **the ~ before the storm,** gosteg cyn y storm; **dead ~,** llonyddwch llwyr, tawelwch hollol, tawelwch llwyr, tawelwch marw; **a period of ~,** gosteg.

calm[2] *a.* tawel, llonydd, digynnwrf, digyffro, *N.W: occ:* côm; **to keep ~,** bod yn dawel, aros yn dawel, cadw'ch pen, peidio â chynhyrfu, *S:* peidio â gwylltu, *N:* peidio myllio; **to grow calmer,** tawelu; *(of pers.):* ymbwyllo; *(of storm):* gostegu.

calm[3] *v.t.&i.* **1.** *v.t. (mind, pers.):* tawelu, llonyddu; *(storm):* tawelu, gostegu; *(pain):* lleddfu, lliniaru. **2.** *v.i.* tawelu, ymdawelu, llonyddu, distewi, ymlonyddu; ~ **yourself! ~ down!** bydd(-wch) yn dawel! gan bwyll!

calmative *a. & n.* **1.** *a.* tawelol, llonyddol. **2.** *n.* tawelyn(-ion) *m.*

calming *a.* lleddfol, llonyddol, tawelol.

calmly *adv.* yn dawel, yn bwyllog *&c;* gan bwyll.

calmness *n.* tawelwch *m,* llonyddwch *m.*

calomel *n. Pharm:* c|alomel *m.*

calorescence *n. Ph:* caloroleuedd *m.*

caloric *a. & n.* **1.** *a.* calorig, gwresol. **2.** *n.* gwres *m.*

calorically *adv.* yn galorig.

caloricity *n. Physiol:* calorigedd *m.*

calorie *n. Meas:* c|alori (calorïau) *m.*

calorifacient, calorific *a. Ph:* caloriffig, twymol, cynhesol.

calorifically *adv.* yn galoriffig.

calorification *n.* twymo *vn,* cynhesu *vn,* gwresogi *vn.*

calorifier *n.* caloriffydd(-ion) *m,* tanc(-iau) *(m)* dŵr poeth.

calorimeter *n.* calorimedr (calorimedrau) *m.*

calorimetric[al] *a.* calorimetrig.

calorimetrically *adv.* yn galorimetrig.

calorimetry *n.* calorimetreg *f.*

calorization *n. Metalw:* caloreiddiad *m,* caloreiddio *vn.*

calorize *v.t. Metalw:* caloreiddio.

calory *n.* = **calorie.**

calotte *n. R.C.Ch:* capan(-au) *m.*

caloyer *n. Ecc:* mynach(-od, mynaich) *m.*

calpac[k] *n. Cost:* calpac(-au) *m.*

calque *n. Ling:* dynwarediad(-au) *m.*

caltrop *n.* **1.** *Mil:* cetil(-au) *f,* pigogyr(-au) *m.* **2.** *Bot:* cneuen *(f)* y dŵr (cnau'r dŵr), ysgallen (ysgall) *(f)* y dŵr.

calumet *n.* pibell(-i, -au) *(f)* heddwch, *N:* cetyn (catiau) *(m)* heddwch, *S:* pib(-au) *(f)* heddwch.

calumniate *v.t. Lit:* cablu, enllibio, athrodi, sennu, absennu, gwarthruddo, gwarthnodi, camgyhuddo (rhn); lladd, camachwyn (ar rn); cyhuddo (rhn) ar gam.

calumniated *a.* dan gabl, wedi'ch cyhuddo ar gam, a gamgyhuddir *&c.*

calumniation *n.* = **calumny;** *vn.* = **calumniate.**

calumniator *n.* camgyhuddwr (camgyhuddwyr) *m,* enllibiwr (enllibwyr) *m,* athrodwr (athrodwyr) *m.*

calumnious *a.* enllibus, athrodus, sengar *(pronounced* ng-g).

calumniously *adv.* yn enllibus *&c.*

calumny *n.* athrod *m,* enllib(-ion) *m,* anair *m,* cabl *m,* sen *f,* gair *(m)* absen, camgyhuddiad(-au) *m,* camachos(-ion) *m,* camachwyn *vn.*

calvados *n. Dist:* c|alfados *m.*

calvaria *n. Anat:* creuan(-au) *f,* siol(-au) *f.*

Calvary *Pr.n. & n.* **1.** *Pr.n. B:* Calfaria *f,* C|alfari f, *Poet: occ:* Calfarî; **Mount ~,** Bryn Calfaria. **2. c~** *n. Rel.Arch:* c|alfari (calfarïau) *f.*

calve *v.i.* **1.** bwrw llo, dod â llo, lloea, lloia; **calving time,** *N:* amod *m, S.W:* âl (alau) *f;* **(a cow) about to ~,** (buwch) ar loia, yn dywyddu, *S.W:* ar ben ei hâl, yn [h]alu, *N:* ar ben ei hamod. **2.** *(of iceberg):* gollwng talp, bwrw talp, ymrannu, hollti.

Calvin *Pr.n.m.* Calfin. ~ **cycle** *n.* cylchred *(f)* Calfin.

calving *a. & vn.* **1.** *a.* **a ~ cow,** buwch ar ddod â llo, buwch ar loea/loia, buwch ar ben ei hâl, buwch yn [h]alu. **2.** *vn.* = **calve.** ~ **interval** *n.* cyfwng *(m)* bwrw llo.

Calvinism *n.* Calfiniaeth *f;* **High ~,** Uchel Galfiniaeth; **Low ~,** Isel Galfiniaeth.

Calvinist *n. & a. Rel.Hist:* **1.** *n.* Calfinydd (Calfiniaid) *m, F:* Calfin(-iaid) *m&f;* **High/Low ~,** Uchel/Isel Galfinydd *&c.* **2.** *a.* Calfinaidd; **High/Low ~,** Uchel/Isel Galfinaidd.

Calvinistic[al] *a.* Calfinaidd. *S.a.* **Methodist.**

Calvinistically *adv.* yn Galfinaidd.

calvities *n. Med:* moelni *m.*

calx *n. Ch:* lludw *m,* calcs *m.*

calycinal, calycine *a. Bot:* calycsaidd.

calycle *n. Bot:* calycl(-au) *m.*
calypso *n.* **1.** *Mus:* calypso(-s) *mf.* **2.** *Bot:* calypso(-au) *m.*
calyptra *n. Bot:* mwgwd (mygydau) *m.*
calyptrate *a. Bot:* mygydog.
calyptrogen *n. Bot:* call|yptrogen (calyptrogenau) *m.*
calyx *n.* **1.** *Bot:* calycs(-au) *m*, blodamlen(-ni) *f.* **2.** *Anat: Z:* calycs, cwpan(-au) *m.*
cam *n. Mec.E:* cam(-iau) *m.*
Camaldolese *n.pl. Rel.Hist:* Camaldoliaid.
camaraderie *n.* cyfeillach *f*, cyfeillgarwch *m*, cwmnïaeth *f*, cwmnigarwch *m*, ***camaraderie*** *f.*
camarilla *n.* = **cabal**[1].
camaron *n. Crust:* = **crayfish**.
camas[s] *n. Bot:* camas(-au) *m.*
camber[1] *n.* cambr(-au) *m*, crymedd(-au) *m*, crymder(-au) *m.* **~-beam** *n. Arch:* nenbren crwm (nenbrennau crymion) *m.*
camber[2] *v.t.&i.* cambro.
camberage *n.* cambredd(-au) *m.*
cambering *n.* cambrad(-au) *m.*
Camberwell beauty *n. Ent:* rhiain (rhianedd) (*f*) Camberwell, clogyn(-nau) (*m*) galar, mantell (*f*) alar (mentyll galar).
cambial *a. Bot:* cambiol.
cambiata *n. Mus:* cambiata (cambiatâu) *m.*
cambist *n. Fin:* cyfnewidiwr (cyfnewidwyr) *m.*
cambium *n. Bot:* cambiwm *m.*
Cambodia *Pr.n. Geog:* Cambodia *f.*
Cambodian *a.* & *n.* **1.** *a.* Cambodiaidd; **the ~ government,** llywodraeth Cambodia; **he's ~,** Cambodiad yw ef; un o Gambodia yw ef. **2.** *n. (a) Ethn:* Cambodiad (Cambodiaid) *m&f*; *(b) Ling:* = **Khmer**..
cambrel *n.* cambren(-ni, -nau) *m* [cig].
Cambria *Pr.n. Poet:* = **Wales**.
Cambrian *a.* & *n.* **1.** *a. Geol:* &c: Cambriaidd. **2.** *n.* Cambriad (Cambriaid) *m&f*; *S.a.* **Welsh**.
cambric *n. Tex:* cambrig *m*, camrig *m*, caprig *m*; **as white as ~,** cyn wynned â'r cam[b]rig.
Cambridge *Eng.Pl.n.* Caergr|awnt *f.*
Cambridgeshire *Pr.n. Geog:* Swydd (*f*) Gaergr|awnt.
camel *n.* & *a.* **1.** *n. Z:* camel(-od) *m*; **she-~,** cameles(-au, -i) *f.* **2.** *a. (colour):* lliw (*m*) camel. **3.** *n.* = **pontoon**. **~-back** *n. Com:* cefn (*m*) camel. **~-corps** *n.* corfflu(-oedd) (*m*) camelod. **~['s] hair** *n.* blew (*pl*) camel, *(more correctly):* blew gwiwer.
cameleer *n.* gyrrwr (*m*) camel (gyrwyr camelod).
camel[l]ia *n. Bot:* camelia(-s, cameliâu) *m.*
cameleopard *n. Z: A:* = **giraffe**.
Camelot *Pl.n. Myth:* C|amelod *m*, Camlod *m* (*not* Camlan).
camelry *n. Mil:* camelfilwyr *pl.*
cameo *n.* cameo(-s) *m.*
camera *n.* **1.** *Phot:* c|amera (camerâu) *m*; **plate ~,** camera plât; **folding ~,** camera plygu; **we are on ~,** mae'r camera arnom. **2.** *Opt:* **~ lucida,** siambr olau (siambrau golau) *f*; **~ obscura,** siambr dywyll (siambrau tywyll) *f.* **3.** *Jur:* **in ~,** yn y dirgel. **C~ Stellata** *Pr.n.* Llys (*m*) y Seren, Siambr (*f*) y Seren. **~ card** *n. Cin:* cerdyn (cardiau) (*m*) camera. **~ gun** *n.* gwn (gynnau) (*m*) camera. **~head** *n.* pen (*m*) camera (pennau camerâu). **~original** *n.* llun(-iau) (*m*) gwreiddiol. **~ plan** *n. T.V:* cynllun(-iau) (*m*) camerâu. **~-shy** *a.* swil o flaen camera. **~shyness** *n.* swildod (*m*) o flaen camera.
cameraman *n.* **1.** *Phot:* tynnwr (tynwyr) (*m*) lluniau. **2.** *Cin: T.V:* dyn(-ion) (*m*) c|amera, merch (*f*) gamera (merched camera).
camerlengo, camerlingo *n.* siambrlen(-iaid) *m.*
Cameronian *a.* & *n.* **1.** *a.* Cameronaidd. **2.** *n.* Cameroniad (Cameroniaid) *m&f.*
Cameroons *Pr.n. Geog:* Y Camerŵn *m.*
cami-knickers *n.pl. Cost:* cami-nicyrs.
Camisard *Pr.n. Hist:* C|amisard (Camisardiaid) *m.*
camisole *n. Cost:* bodis(-iau) isaf *m*, côt (cotiau) (*f*) staes, c|amisol (camisolau) *m.*
camlet[1] *n. Tex:* camlad: camled: camlod *m.*
Camlet[2] *W.Pl.n.* Cemled *m.*
cammock *n. Bot:* camog *m*, tagaradr *m*, cas (*m*) gan arddwr, hwp (*m*) yr ychen, eithin (*pl*) yr ieir, cracheithin *pl*, tegwch (*m*) meinwen, *S.W:* twc (*m*) yr ych; *(the roots): S.W:* ewinedd (*pl*) y gath.
camomile *n. Bot:* **common/lawn ~,** *(Chamaemelum nobile):* camri *m*, milwydd *m*, *F:* c|amomil: c|amomeil: c|amamil *m*, camil *f*, *S.W: occ:* gamil *m*; **corn ~,** *(Anthemis arvensis):* camri'r ŷd; **stinking ~,** *(A. cotula):* llygad (*m*) yr ych, camri'r cŵn; **wild ~,** *(Matricaria chamomilla):* amranwen *f*, bronwen *f*; **yellow ~,** *(A. tinctoria):* camri melyn, llygad yr ych, camomil melyn.
camouflage[1] *n.* cuddliw(-iau) *m.*
camouflage[2] *v.t.* cuddliwio.
camouflageable *a.* cuddliwiadwy.
camp[1] *n.* gwersyll(-oedd) *m*, *Lit: occ:* lluest(-au) *m*; **causeway ~,** gwersyll sarn; **concentration ~,** gwersyll-garchar(-au) *m*, gwersyll crynh|oi, gwersyll gorfod; **marching ~,** gwersyll cyrch, gwersyll dros dro; **prisoner of war ~,** gwersyll carcharorion rhyfel; **refugee ~,** gwersyll ffoaduriaid; **prison ~,** carchar-wersyll(-oedd) *m*; **siege ~,** gwersyll gwarchae; **holiday ~,** gwersyll gwyliau; **tented ~,** gwersyll pebyll; **to pitch a ~,** gosod pabell, pabellu; **to raise a ~, to strike ~, to break up ~,** symud gwersyll, mudo gwersyll. **~-bed** *n.* gwely(-au) (*m*) cynfas, gwely plygu. **~-chair** *n.* cadair (*f*) gynfas (cadeiriau cynfas), cadair blygu (cadeiriau plygu). **~-craft** *n.* celfyddyd (*f*) gwersylla. **~-fever** *n.* = **typhus**. **~-fire** *n.* tân (tanau) (*m*) gwersyll; **~-fire girl,** gwers|yllwraig (gwersyllwragedd) *f*, gwersyllferch(-ed) *f.* **~-follower** *n.* canlynwr (canlynwyr) (*m*) byddin, canl|ynwraig (canlynwragedd) (*f*) byddin. **~-meeting** *n.* cymanfa(-oedd) (*f*) awyr agored, gwersyllgyfarfod(-ydd) *m.* **~-stool** *n.* stôl (*f*) blygu (stolion plygu).
camp[2] *v.t.&i.* **1.** *v.t.* **to ~ an army,** gosod byddin mewn gwersyll, lluestu byddin. **2.** *v.i.* gwersyllu, pabellu, *F:* tentio; *(habitually):* gwersylla.
camp[3] *a., n.* & *v.t.&i.* **1.** *a.* mursennaidd, merchetaidd. **2.** *n.* mursendod *m.* **3.** *v.t.&i.* **to ~ [it],** mursennu; **to ~ it up,** *(= overact);* gor-wn|eud, goractio.
campaign[1] *n.* ymgyrch(-oedd) *mf*; *(also): Mil:* rhyfelgyrch(-oedd) *m*; **sales ~,** ymgyrch werthu (ymgyrchoedd gwerthu); *Pol:* **the C~ for Nuclear Disarmament (CND),** yr Ymgyrch Ddiarfogi Niwclear (YD[d]N, *but often referred to as* CND); *F:* **on the ~ trail,** ar ymgyrch, yn ymgyrchu; **to hit the ~ trail,** mynd allan i ymgyrchu/lecsiynna.
campaign[2] *v.i.* ymgyrchu.
campaigner *n.* **1.** ymgyrchwr: ymgyrchydd (ymgyrchwyr) *m*, ymg|yrchwraig *f.* **2.** *Mil:* **an old ~,** *(i)* hen filwr (hen filwyr) *m*; *(ii) Fig:* hen law(-iau) *f.*
campanile *n.* clochdy (clochdai) *m.*
campanologer *n.* = **campanologist.**
campanological *a.* clochyddol, campanolegol.
campanologist *n.* canwr (canwyr) (*m*) clychau, campanolegwr (campanolegwyr) *m.*
campanology *n.* clochyddiaeth *f*, canu (*vn*) clychau; *Mus:* campanoleg *f.*
campanula *n. Bot:* clychlys *m*; **creeping ~,** *(Campanula rapunculoides):* clychlys llusg, clychlys ymlusgol; **ivy ~,** *(Wahlenbergia hederacea):* clychlys eiddewddail; **large ~,** *(C. latifolia):* clychlys mawr, clychlys y cawr, clychau(*pl*)'r cawr. *S.a.* **bellflower**.
campanulate *a. Bot: Z:* clychaidd, ar ffurf cloch.
camper *n.* **1.** gwersyllwr (gwersyllwyr) *m*, gwers|yllwraig (gwersyllwragedd) *f.* **2.** *(motor vehicle):* cerbyd(-au) (*m*) gwersylla.
campestral *a.* gwledig.
camphene *n. Ch:* camffen *m.*
camphor *n.* camffor *m.* **~ ice** *n. Pharm:* eli (*m*) camffor. **~ tree** *n. Bot:* coeden (*f*) gamffor (coed camffor).
camphoraceous *a.* camfforaidd.
camphorate *v.t.* camfforeiddio.
camphorated *a.* camfforaidd, camfforedig.
camphoric *a.* camfforaidd, camfforig.
campily *adv.* yn fursennaidd.
campiness *n.* mursendod *m.*
camping *vn.* = **camp**[1]. **~-ground** *n.* maes (meysydd) (*m*) gwersylla, maes pebyll.
campion *n. Bot:* gludlys *m*, lluglys *m*; **bladder ~,** *(Silene cucubalus):* gludlys cyffredin, menig (*pl*) y gog, llysiau(*pl*)'r poer, codrwth *m*, gelyn (*m*) y clêr; **moss ~,** *(S. acaulis):* gludlys mwsoglaidd/digoes; **night-flowering ~,** *(Melandrium noctiflorum):* gludlys nos-flodeuol; **red ~,** *(M. rubrum):* blodyn (*m*) taranau, lluglys yr ychen, blodyn neidr, blodyn

crach, gludlys coch, blodau(*pl*)'r meirch, botwm coch *m*, ceiliog coch *m*, pwysi (*m*) nadroedd; **rock ~,** *(S. rupestris):* gludlys y graig; **rose ~,** *(Agrostemma):* gwynddail *pl*, rhosgampau *pl*, y dewbannog wen wryw *f*; **sea ~,** *(S. maritima):* gludlys arfor, gwlydd (*pl*) y geifr, ladi fach (*f*) y pentre; **white ~,** *(M. album):* gludlys gwyn, lluglys gwyn, lluglys hwyrol.

campsite *n.* gwersyllfa(-oedd, gwersyllf|eydd) *f*.

Campston *W.Pl.n.* Llyngoed *m* (*pronounced* ng-g).

campus *n.* campws (campysau) *m*.

Camrose *W.Pl.n.* Camros *f*.

camshaft *n.* camsiafft(-iau) *f*, camwerthyd(-au) *f*.

can¹ *n.* **1.** *(for liquids):* can(-iau) *m*; *S.a.* **milk-can, water-can, oil-can**; *F:* **to carry the ~,** *(i) (= bear responsibility):* dwyn cyfrifoldeb, dwyn y baich; *(ii) (= take blame):* cael/derbyn/cymryd/dwyn y bai. **2.** *(a)* **tin ~,** tun(-iau) *m*, can; **a ~ of worms,** tuniaid o gynrhon; *(b) U.S.:* **= jail, lavatory. ~-opener** *n.* peth(-au) (*m*) agor tun, agorwr (agorwyr) (*m*) tuniau.

can² *v.t.* rhoi (rhth) mewn can[-iau], rhoi (rhth) mewn tun[-iau] canio (rhth), tunio (rhth); *See* **canned.**

can³ *aux.v.* **1.** *(a) (= be able to, cf. Fr. pouvoir):* gallu, *S: occ:* galler; **I ~ do this,** gallaf wneud hyn; **I can't hear you,** alla' i mo'ch clywed chi; **as soon as I ~,** cyn gynted ag y gallaf; **as often as I possibly ~,** cyn amled fyth ag y gallaf; **I took every step [that] I possibly could,** mi wneuthum y cyfan a oedd o fewn fy ngallu; **he did what he could,** fe wnaeth yr hyn a allai; **I will help you all I ~,** mi'ch helpaf orau y gallaf; mi'ch helpaf hyd eithaf fy ngallu; *(b) (expressing possibility):* **what ~ it be**? beth a all e fod? **~ it be done**? a ellir ei wneud? [a] oes modd/dichon ei wneud? **what ~ he want**? tybed beth sydd arno'i eisiau? **~ it be that he wants to come in**? tybed ai eisiau dod i mewn sydd arno? oes bosib bod arno eisiau dod i mewn? *N: F:* beidio bod arno fo isio dwad i mewn? **can't it be that he wants to come in**? tybed nad eisiau dod i mewn sydd arno? **as soon as ~ be,** cyn gynted ag y gellir, gynted ag y bo modd; **you can't but know,** rhaid eich bod yn gwybod; ni ellwch lai na gwybod; **that could be,** gallai hynny fod; *Lit:* dichon hynny; **that cannot be,** ni all hynny fod; all hynny ddim bod; *Lit:* ni ddichon hynny [fod]; **it cannot be done,** ni ellir ei wneud; 'does dim dichon/modd/posib ei wneud; *(emphatic):* **how could you**? sut y gallet ti (gallech chi)? **what ~ she want**? beth ar y ddaear sydd arni ei eisiau? **I never could understand music,** ni fûm i erioed yn gallu deall cerddoriaeth; **(she is as pleased) as could be,** (mae hi cyn falched) â dim, ag y gallai hi fod; **as soon as could be,** cyn gynted fyth ag yr oedd modd. **2.** *(= know how to do sth): (cf. Fr. savoir):* medru; **I ~ swim,** mi fedra' i nofio; **she can't read,** ni fedr hi ddarllen; fedr hi ddim darllen; **he ~ speak French,** mae'n medru Ffrangeg. *(In the above senses,* gallu *and* medru *are often interchangeable in speech, but* mae hi'n gallu Ffrangeg *is incorrect;* medru *is more often heard in the N.)* **3.** *(permission, = may):* cael; **~ I come in**? a gaf i ddod i mewn? **you ~ go,** fe gei di (gewch chi) fynd; *(mild imper.):* **you ~ whistle,** fe gei di fynd i ganu/grafu; **he ~ wait,** fe gaiff aros. **4.** *(not translated):* **I ~ see nothing,** nid wy'n gweld dim; wela' i ddim byd; **I ~ understand you doing it,** 'rwy'n eich deall chi'n gwneud hynny; **how ~ you tell**? sut y gwyddoch chi? **5. I could have wished it otherwise,** byddai'n well gennyf petai wedi bod yn wahanol; fel arall y dymunwn i iddi fod; **I could have wept,** bu ond y dim imi grio; yr oeddwn i bron â chrio. **6. you cannot but succeed,** ni ellwch beidio â llwyddo; **you ~ but try,** allwch chi ddim ond trio.

Canaan *Pr.n. B.Hist:* Canaan *f*.

Canaanite *a. & n.* **1.** *a.* Cananeaidd. **2.** *n.* Cananead (Cananeaid) *m&f*.

Canada *Pr.n. Geog:* C|anada *f*. **~ goose** *n. Orn:* gŵydd (gwyddau) (*f*) Canada.

Canadian *a. & n.* **1.** *a.* Canadaidd; **the ~ Parliament,** Senedd Canada; **she's ~,** Canadiad yw hi; un o Ganada yw hi; *Geog:* **the ~ Shield** *n.* Tariandir (*m*) Canada. **2.** *n.* Canadiad (Canadiaid) *m&f*. **~ French 1.** *a.* Canadaidd Ffrengig. **2.** *n. (i) Ethn:* Canadiad Ffrengig; *(ii) Ling:* Ffrangeg (*f*, *m*) Canada.

canaille *n.* **1.** *(crowd):* gwehilion *pl*, *Lit:* ciwed *f*, *F:* cari-dyms *pl*, taclau *pl*, *S:* rheps *pl*. **2.** *(individual):* *F:* cari-dym *m*, *S: occ:* rhepsyn *m*.

canal¹ *n.* **1.** camlas (camlesi, camlesydd) *f*, *S: F:* canél (canelydd, caneli) *m*; **branch ~,** isgamlas (isgamlesi) *f*. **2.** *Anat:* **alimentary ~,** pibell (*f*) faeth/fwyd (pibellau maeth/bwyd); *S.a.* **alimentary**; **auditory ~,** corn (*m*) y glust; *Biol:* **Haversian canals,** sianelau/camlesi Havers. **3.** *Arch: Z:* rhigol(-au) *f*. **~ boat** *n. N:* cwch (cychod) (*m*) camlas, *S:* bad(-au) (*m*) camlas. **~ ray** *n. Ph:* pelydryn (pelydrau) (*m*) p|ositif. **C~ Zone** *Pr.n. Geog:* Ardal (*f*) y Gamlas.

canal² *v.t.* camlesu.

canalicular *a. Biol:* rhigolaidd.

canaliculate *a.* rhigolog.

canaliculus *n. Biol:* rhigol(-au) *f*.

canalization *n.*, **canalize** *v.t.* camlesu, sianelu.

canaller *n.* camleswr (camleswyr) *m*.

canalling *vn.* camlesu.

canapé *n. Cu:* c|anape(-s) *m*.

canard *n.* chwedl wag (chwedlau gweigion) *f*, *N.W: F:* stori big *f*.

Canary *Pr.n. & n.* **1.** *Pr.n. Geog:* **The ~ Islands,** Yr Ynysoedd Dedwydd, Ynysoedd Canaria, Ynysoedd y Cŵn, *A: Lit:* Gwerddonau Llion. **2. c~** *n. Orn:* caneri(-s) *m*, *A: or Lit:* melynog(-ion) *m*, melynog mwyn *m*, cantor(-ion) melyn *m*, telor(-ion) melyn *m*. **~-coloured** *a.* melyn llachar. **~ creeper** *n. Bot:* capan (*m*) cornicyll melyn, plu(*pl*)'r melynog. **~-grass** *n.* pefrwellt [amaethol] *m*, glaswellt (*m*) y cŵn; **reed ~-grass,** gwyran *m*, corswellt amryliw *m*. **C~-Islander** *n.* Canarïad (Canarïaid) *m&f*. **~-seed** *n.* bwyd (*m*) caneri, hadau (*pl*) caneri. **~-yellow** *a. & n.* melyn llachar (*m*).

canasta *n. Cards:* canasta *m*.

cancan *n. Danc:* cancan *m*.

cancel¹ *n.* **1.** *Typ:* **~ page,** tudalen (*f*) osod (tudalennau gosod); dalen (*f*) ddil|eu (dalennau dileu); **~ title,** teitl(-au) (*m*) dileu. **2.** *(tool):* dilëwr (dilewyr) *m*. **3.** *Cmptr:* **~ key,** diddymwr (diddymwyr) *m*. **4.** *Mus: U.S:* arwydd(-ion) naturiol *m*.

cancel² *v.t.* **1.** dil|eu, diddymu, *F:* canslo; **tonight's concert has been cancelled,** ni chynhelir y cyngerdd heno; *abs. Mth:* **to ~ out,** diddymu ei gilydd. **2.** *Post:* diddymu; *Mus: (stop or registration in organ-playing):* diddymu.

cancellable *a.* dileadwy, diddymadwy.

cancellandum *n. Lib:* dalen ddileëdig (dalennau/dalenni dileëdig) *f*.

cancellans *n. Lib:* dilead(-au) *m*.

cancellate *a.* rhwyllog.

cancellation *n.* **1.** dilead(-au) *m*, diddymiad(-au) *m*, *F:* canslad(-au) *m*; *vn.* = **cancel²**; **there have been many cancellations this week,** mae llawer o bobl wedi canslo yr wythnos hon; bu llawer o ganslo yr wythnos hon. **2.** *Post:* diddymiad.

cancelled *a.* dileëdig, diddymedig, dirymedig, *F:* wedi ei ganslo; *Post:* diddymedig.

canceller *n.* dilëwr (dilewyr) *m*.

cancellous *a. Anat:* mân-dyllog.

cancer *n.* **1.** *Med:* canser(-au) *m*, *N: occ: f*, *occ:* cancr(-au) *m*. **2.** *Astr:* **C~,** y Cranc *m*; **Tropic of C~,** Trofan (*m*) y Cranc. **~-root** *n. Bot: U.S:* corn (*m*) bwch Am|erica.

cancerigenic *n.* canserachosol, canserbair, sy'n achosi canser/cancr.

cancerous *a.* canseraidd.

cancerously *adv.* yn ganseraidd.

cancerwort *n. Bot:* = **fluellen, speedwell.**

cancrizans *a. & n. Mus:* ***cancrizans*** (*f*); **~ canon,** canon (*mf*) ***cancrizans***, canon wysg ei gefn/chefn (canonau wysg eu cefnau).

cancroid *a. & n.* **1.** *a. (a) (= like a crab):* crancaidd; *(b) Med:* canseraidd. **2.** *n. (a)* = **crab**; *(b) Med:* dafaden wyllt (dafadennau gwyllt) *f*.

candela *n. Ph: Meas:* candela (candelâu) *m*.

candelabra, candelabrum *n.* seren (*f*) ganhwyllau (sêr canhwyllau), canhwyllyr (canwyllyrau) *m*, candelabrwm (candelabra) *m*, *N.W: occ:* pedol (*f*) ganhwyllau (pedolau canhwyllau). **~-flower, ~-tree** *n. Bot:* coeden (*f*) ganhwyllbren (coed canhwyllbren).

candent *a.* claerwyn (*f.* claerwen, *pl.* claerwynion), gwynias.

candescence *n.* claerwynder *m*, gwyniasedd *m*.

candescent *a.* gwynias, claerwyn (*f.* claerwen, *pl.* claerwynion), llathraid, llathraidd, llachar, eiriaswyn (*f.* eiriaswen, *pl.* eiriaswynion).

candid *a.* **1.** *(= sincere):* [g]onest, didwyll, diffuant, heb flewyn ar eich tafod, di-flewyn-ar-dafod; **~ camera,** c|amera cudd *m*. **2.**

(= impartial): diduedd, amhleidiol, amhartïol, gwrthrychol, di-dderbyn-wyneb.
candida *n. Fung:* ffwng (*m*) y gân, c|andida *m.*
candidacy *n. U.S:* = **canditature.**
candidate *n.* ymgeisydd (ymgeiswyr) *m.*
candidature *n.* ymgeisyddiaeth(-au) *f,* ymgeisiaeth(-au) *f.*
candidiasis *n. Med:* candidïasis *m,* candidedd *m.*
candidly *adv.* **1.** yn onest *&c,* heb flewyn ar eich tafod, yn blwmp ac yn blaen. **2.** yn ddiduedd *&c.*
candidness *n.* = **candour.**
candied *a.* candi, siwgrog; ~ **peel,** croen (*m*) candi, pil (*m*) candi, candi-pil *m.*
Candiot[e] *a. & n.* = **Cretan.**
candle¹ cannwyll (canhwyllau) *f;* **matins ~,** cannwyll blygain (canhwyllau plygain); **home-made ~,** cannwyll gwaith tŷ; *Pyr:* **Roman ~,** cannwyll dân (canhwyllau tân), cannwyll Rufeinig (canhwyllau Rhufeinig); **rush ~,** cannwyll frwyn/frwynen (canhwyllau brwyn); *W.Anthr:* **corpse-~,** cannwyll gorff/corff (canhwyllau cyrff), cannwyll Fair/Mair, cannwyll dyn marw; **watching ~,** cannwyll wylnos (canhwyllau gwylnos); **the game is not worth the ~,** 'dyw hi ddim yn werth y drafferth; **he cannot hold a ~ to you,** 'rydych chi'n frenin iddo; ni all ef ddal cannwyll i chi; **to burn the ~ at both ends,** llosgi'r gannwyll yn ei deupen. **~-bearer** *n. Hist:* canhwyllydd (canwyllyddion) *m.* **~-coal** *n. See* **cannel, coal. ~-end** *n.* bonyn (*m*) cannwyll (bonion canhwyllau), *N.W: occ:* snyffyn (snyffiau) *m.* **~-foot** *n.* = **foot-candle. ~-grease** *n.* gwêr (*m*) cannwyll. **~-holder** *n.* = **candlestick. ~-light** *n.* golau (*m*) cannwyll; **by ~-light,** yng ngolau cannwyll, wrth olau cannwyll. **~-lit** *a.* yng ngolau cannwyll, wrth olau cannwyll, a channwyll/chanhwyllau yn ei (*&c*) oleuo. **~-maker** *n.* canhwyllwr (canhwyllwyr) *m.* **~-plant** *n. Bot: (i) (Kleinia):* blodyn (blodau) (*m*) canhwyllau; *(ii) (Plectranthus):* eiddew blewog *m.* **~-power** *n. Ph:* canhwyllnerth *m.* **~-slipper** *n.* broes(-au) (*m*) canhwyllau. **~-snuff fungus** *n.* = **stag's horn fungus. ~-snuffer** *n.* glaniadur(-on) *m,* haearn (heyrn) (*m*) canhwyllau. **~ tree** *n. Bot: (i) (Parmentiera cerifera):* coeden (*f*) ganhwyllau (coed canhwyllau); *(ii)* = **candleberry[-myrtle] tree. ~-wick** *n.* pabwyryn (pabwyr) *m,* wig: wic(-iau) *mf; S.a.* **candlewick.**
candle² *v.t. Husb: Com:* canhwyllo.
candleberry[-myrtle] tree *n.* gwcrwydden (gwerwydd) *f,* cwyrfyrtwydden (cwyrfyrtwydd) *f.*
candlefish *n. Ich:* pysgodyn (pysgod) (*m*) cannwyll.
Candlemas *n. Ecc:* Gŵyl (*f*) Fair y Canhwyllau, Gŵyl Fair dechrau'r Gwanwyn, Puredigaeth (*f*) Mair. **~ bells** *n. Bot:* = **snowdrop.**
candlenut *n.* cneuen (*f*) wêr (cnau gwêr).
candlepin *n. Bowls:* canhwyllbin (canwyllbinnau) *m.*
candlestick *n. N:* canhwyllbren (canwyllbrenni, canwyllbrennau) *mf, occ:* canhwyllgwch (canwyllgychod) *m, occ:* canhwyllarn (canwyllerni) *mf.* **~-maker** *n.* gwneuthurwr (gwneuthurwyr) (*m*) canwyllbrenni, dyn(-ion) (*m*) gwn|eud canwyllbrenni.
Candleston *W.Pl.n.* Tregawntlo: Tregantllo *f.*
candlewick *n. Tex:* cotwm (*m*) trwch, pabwyrgotwm *m.*
candlewood *n.* canhwyllgoed *m.*
candour *n.* [g]onestrwydd *m,* didwylledd *m,* diffuantrwydd *m.*
candy¹ *n.* candi(-s) *m,* siwgwr (*m*) grisial; **[sugar-]~,** siwgwr (*m*) candi. **2.** *U.S:* = **sweet** II **1. ~-floss** *n.* cwmwl (*m*) siwgwr, blew (*pl*) siwgwr, candi-fflos *m.* **~-mustard** *n. Bot:* beryn (*m*) y graig. **~-store** *n.* = **sweetshop. ~-stripe** *n.* streipen (*f*) gandi (streipiau candi), rhesen (*f*) gandi (rhesi candi). **~-striped** *a.* rhesog, streipiog, [â] streipiau candi.
candy² *v.t.&i.* **1.** *v.t.* candïo, siwgro. **2.** *v.i.* grisialu, crisialu.-
candytuft *n. Bot:* beryn chwerw *m;* **garden ~,** beryn yr ardd; **Lebanon ~,** beryn y Dwyrain, beryn Libanus.
cane¹ *n. (a)* gwialen (gwiail) *f,* cansen(-ni, câns) *f,* coesgyn(-nau, -ion) *m,* coesgen(-nau) *f,* coesyn(-nau) *m,* coesen(-nau, -ni) *f,* corsen(-nau, -ni, -nod, *Lit:* cyrs) *f;* **bamboo ~,** gwialen fambŵ (gwiail bambŵ), cansen fambŵ (câns bambŵ); **sugar-~,** cansen (*f*) siwgwr; *(b) (= walking-stick):* ffon (ffyn) *f, S.W: occ:* ffon gansen (ffyn câns); **Malacca ~,** ffon Falacca (ffyn Malacca); *(c) (for chastisement):* cansen, gwialen; *(d) Hort: (to support plants):* ffon, cansen; **raspberry ~,** cansen fafon (câns mafon); *(e) (to make chairs &c):* gwialen eilio; *(f) Sch:* **jumping canes,** gwiail neidio; **dyed canes,** gwiail lliw. **~-brake** *n.* llwyn(-i) (*m*) câns. **~[-bottomed] chair** *n.* cadair (*f*) wiail (cadeiriau gwiail). **~-juice** *n. Sug.-R:* sudd (*m*) cansen. **~-plantation** *n.* planhigfa (*f*) gâns (planhigf|eydd câns). **~-sugar** *n.* siwgwr (*m*) câns, swcros *m.* **~-trash** *n.* sgrwff (*m*) câns, siaffrwd (*m*) câns.
cane² *v.t.* **1.** rhoi'r gansen (i rn); *F: occ:* cansio (rhn); *Lit:* ffonodio, gwialennu, gwialenodi (rhn); *See* **beat². 2.** *(= make chair-seat):* eilio, gwieilio, plethu.
caner *n.* **1.** *gwieilweithiwr (gwieilweithwyr) *m,* gweithiwr mewn gwiail/gwellt. **2.** *(beater):* gwialenodiwr (gwialenodwyr) *m,* ffonodiwr (ffonodwyr) *m,* cansiwr (canswyr) *m.*
canescent *a.* llwydwyn (*f.* llwyden, *pl.* llwydwynion).
caneware *n.* gwieilwaith *m.*
canful *n.* caniaid: cannaid (caneidiau) *m,* llond (*m*) can, llond (*m*) tun, tuniaid: tunnaid (tuneidiau) *m; (of milk &c):* piseraid (pisereidiau) *m,* ystenaid (ysteneidiau) *f.*
cang, cangue *n. Hist:* iau (*f*) gosbi (ieuau cosbi).
canicola fever *n. Med:* clefyd (*m*) can|icola.
Canicula *Pr.n. Astr:* = **Sirius.**
canicular *a.* ~ **days,** dyddiau(*pl*)'r cŵn.
canine *a. & n.* **1.** *a.* cïol, cynol, o deulu'r ci; ~ **sagacity,** callineb (*m*) ci; ~ **habits,** arferion cŵn; **our ~ friends,** ein cyfeillion y cŵn; ~ **madness,** y gynddaredd *f; Dent:* ~ **ridge,** gwr|ym cynol *m.* **2.** *n. (tooth):* dant (*m*) llygad (dannedd llygaid), *Lit: occ:* ysgithrddant (ysgithrddannedd) *m.*
caning *vn. Sch:* rhoi'r gansen, curo (rhn) â chansen, ffonodiad(-au) *m,* ffonodi *vn, F: occ:* cansio, *Lit:* gwialenodi.
Canis Major *Pr.n. Astr:* y Ci Mawr *m.*
canister *n.* tun(-iau) *m, Lit:* blwch (blychau) *m;* **tea ~,** bocs (*m*) te, tun (*m*) te, cistan (*f*) de (cistiau te).
canker¹ *n.* **1.** *Vet:* cancr(-au) *m,* anafod(-au) *m; Hort:* cancr, rhwd *m;* **malignant ~,** cancr gwyllt. **2.** *Fig: (= moral corruption):* cancr, llygredd *m,* pydredd *m.* **~-worm** *n.* pryf(-ed) (*m*) y dail, pryf cadachog, pryf y rhwd.
canker² *v.t.* **1.** *(tree &c):* cancro, pydru, madru. **2.** *Fig:* llygru.
cankered *a.* **1.** cancrog. **2.** *Fig:* llwgr, llygredig. **3.** *(= sour, crabbed):* sur, crabet, milain.
cankerous *a.* cancraidd, cancrog.
Cann Office *W.Pl.n.* Tynydomen *m.*
canna *n. Bot:* canna *m.*
cannabin *n.* c|annabin *m.*
cannabis *n. Bot:* c|anabis *m,* cywarch *m;* ~ **resin,** ystor (*m*) canabis, resin (*m*) canabis.
canned *a.* **1.** [mewn] can, [mewn] tun; ~ **food,** bwyd(-ydd) (*m*) tun; ~ **music,** miwsig (*m*) ar dâp, miwsig tun. **2.** *F:* = **drunk.**
cannel *n.* ~ **coal,** glo (*m*) canel, glo cannwyll.
cannelure *n.* rhigol(-au) *f.*
canner *n.* caniwr (canwyr) *m,* tuniwr (tunwyr) *m.*
cannery *n.* gwaith (gweithf|eydd) (*m*) canio, ffatri (*f*) ganio (ffatrïoedd canio).
cannibal *a. & n.* **1.** *a.* canibalaidd. **2.** *n.* c|anibal (canibaliaid, *Lit: occ.* canibalyddion) *m&f.*
cannibalism *n.* canibaliaeth *f.*
cannibalistic *a.* canibalaidd.
cannibalization *n.,* **cannibalize** *v.t.* canibaleiddio.
cannikin *n.* can(-iau) bach *m,* tun(-iau) bach *m,* piser(-i) *m.*
cannily *adv.* yn graff, yn garcus, yn gall, yn bwyllog, yn ofalus *&c;* gan bwyll; **to go ~,** mynd gan bwyll.
canniness *n.* callineb *m,* craffter *m,* carcusrwydd *m.*
cannon¹ *n.* **1.** *Artil:* canon (canonau) *m,* gwn (gynnau) mawr *m, Lit:* magnel(-au) *f, A:* cyflegr(-au) *m.* **2.** *Harn:* **~[-bit],** genfa gron (genfâu crynion) *f.* **3.** *Bill:* canon(-au) *m,* trawiad(-au) dwbl *m.* **4.** *Mec.E: (= hollow cylinder):* llawes (llewys) *f,* canon(-au) *m; (of key):* chwibol(-au) *f.* **~-ball** *n.* pelen(-ni) (*f*) canon, pelen fagnel (pelenni magnel), *Lit:* tân-belen(-ni) *f (also used for shell); Ten:* **~-ball service,** serfiad(-au) (*m*) canon. **~-ball tree** *n. Bot:* coeden (*f*) belenni (coed pelenni). **~-bone** *n. Vet:* gwaell (*f*) y goes (gweyll y coesau), chwibol (*f*) y goes (chwibolau'r coesau). **~-fodder** *n. F:* ysglyfaeth (*f*) gynnau [mawr], bwyd (*m*) i'r gynnau [mawr], porthiant (*m*) i'r gynnau [mawr]. **~-shot** *n.* ergyd(-ion) (*mf*) o ganon, taniad(-au) *m,* tanio *vn;* **within ~-shot,** o fewn ergyd canon.
cannon² *v.i.* **1.** *Bill:* gwn|eud canon, taro/bwrw dwy bêl. **2. to ~ into s.o.,** bwrw/taro yn erbyn rhn, *N.W: occ:* mynd yn bwtsh/bwcs i rn.

cannonade[1] *n.* tanio (*vn*) parh|aus, *Lit:* magnelu *vn*, tân-belennu *vn*, tân-beleniad(-au) *m*, magneliad(-au) *m*.
cannonade[2] *v.t.* pledu (rhth) [â gynnau]; tanio (ar rth); *Lit:* magnelu, tân-belennu (rhth).
cannoneer *n.* magnelwr (magnelwyr) *m*.
cannonry *n.* *Coll:* magnelau *pl*, magnelaeth *f*, gynnau mawr/mawrion *pl*.
cannot *v.* *See* **can**[3].
cannula *n.* *Med:* pibell(-i) *f*, piben(-ni) *f*, c|anwla (canwlâu) *m*.
cannular *a.* pibellaidd.
cannulate *v.t.* *Med:* pibellu.
cannulation *n.* pibelliad(-au) *m*, pibellu *vn*.
canny *a.* call, pwyllog, gofalus, hir eich pen, hirben, cyfrwys, hengall (*pronounced* ng-g), *N: occ:* ffel, henffel, *S:* carcus; **a ~ answer,** *F:* ateb(-ion) (*m*) Cardi; *(= thrifty):* darbodus, cynnil, *S.W: occ:* ffetil; *S.a.* **ca'canny.**
canoe[1] *n.* *Sp:* canŵ(-au, -od) *m*; **bark ~,** canŵ rhisgl; **folding ~,** canŵ plygu; **rigid ~,** canŵ anhyblyg; **dug-out ~,** ceufad(-au) *m*; **to paddle one's own ~,** mynd eich ffordd eich hun, torri'ch cwys eich hun, rhwyfo'ch cwch eich hun.
canoe[2] *v.i.* canŵa, canŵio, mynd mewn canŵ.
canoeist *n.* canŵiwr (canŵ-wyr) *m*, canŵydd(-ion) *m*.
canon[1] *n.* **1.** *(a) (of mass):* canon(-au) *m*, y cysegriad *m*; *(b) (= decree):* **ecclesiastical canons,** canonau'r eglwys, canonau eglwysig; *(Bible):* y Canon *m*; **~ law,** cyfraith ganonaidd *f*, cyfraith ganon, cyfraith eglwysig, cyfraith [yr] eglwys; **~ lawyer,** cyfreithiwr (cyfreithwyr) eglwysig *m*; *(c) (= work of writer):* canon(-au) *m*; *(d) (= criterion):* safon(-au) *f*. **2.** *Mus:* canon(-au) *fm*; **~ at the fifth,** canon [yn] y pumed; **~ at the fourth,** canon y pedwerydd; **~ at the octave,** canon yr wythfed; **~ at the unison,** canon unsain; **~ by inversion,** gwrthganon(-au) *fm*, canon drwy wrthdro; **~ by diminution,** canon gywasgedig, canon drwy gywasgiad; **~ by augmentation,** canon drwy estyniad, canon estynedig; **accompanied ~,** canon â chyfeiliant; **double ~,** canon d[d]wbl; **finite ~,** canon derfynedig/terfynedig, canon gyflawn/cyflawn; **four in one ~,** canon pedwar yn un, canon pedwar llais; **four in two ~,** canon pedwar yn ddau, canon d[d]wbl i bedwar llais; **mirror ~,** drychganon(-au) *fm*; **strict ~,** caethganon(-au) *fm*; **three in one ~,** canon tri yn un, canon tri llais; **two in one ~,** canon dau yn un, canon d[d]eulais; **perpetual/infinite ~,** canon d[d]iderfyn, cylchganon(-au) *fm*.
canon[2] *n.* *Ecc:* canon(-iaid) *m*, canonwr (canonwyr) *m*; **honorary ~,** canon mygedol; **minor ~,** is-ganon(-iaid) *m*; **residentiary ~,** canon trigiannol, canon preswyl; **canons regular,** canoniaid rheolaidd.
canoness *n.f.* *Ecc:* canones(-au).
canonic[al] *a.* **1.** canonaidd. **2. ~ dress,** *n.pl.* **canonicals,** gwisg ganonaidd (gwisgoedd canonaidd) *f*, gwisg offeiriadol. **3.** *Biol:* **~ forms,** ffurfiau canonaidd; *Lib:* **~ division,** dosraniad(-au) canonaidd *m*.
canonically *adv.* yn ganonaidd, yn ôl y canonau.
canonicate *n.* canoniaeth(-au) *f*.
canonicity *n.* canoneiddiwch *m*, canon|eidd-dra *m*, canoneiddrwydd *m*.
canonist *n.* canonwr (canonwyr) *m*.
canonization *n.* canoneiddiad(-au) *m*, canoneiddio *vn*.
canonize *v.t.* **1.** *(saint):* canoneiddio. **2.** *(= sanction):* canoneiddio, awdurdodi (rhth); derbyn (rhth) i ganon y Beibl.
canonized *a.* **1.** *(saint);* canoneiddedig. **2.** *(= sanctioned):* awdurdodedig, canonaidd.
canonry *n.* **1.** *(residence):* canondy (canondai) *m*. **2.** *(office):* canoniaeth(-au) *f*.
canoodle *n.* *P:* caru, *N:* swsio, *S.W: occ:* labswchan.
canopic *a.* *Archeol:* canopig.
canopied *a.* â ch|anopi.
Canopus *Pr.n.* *Astr:* Canopws *m*.
canopy[1] *n.* **1.** *(of throne, bed):* c|anopi (canopïau) *m*, *Lit:* gortho(-au) *m*, nenlen(-ni) *f*; *Lit:* **the ~ of heaven,** entrych (*m*) y nef, yr entrychion *pl*, y ffurfafen *f*, bwa(*m*)'r ffurfafen. **2.** *Arch:* canopi, gortho, lwfer(-au, -i) *mf*. **3.** *Av:* to(-eau) (*m*) gwydr, canopi.
canopy[2] *v.t.* gor-doi, gorchuddio (rhth); rhoi c|anopi (ar/dros rth).
canorous *a.* *Lit:* soniarus, persain, perseiniol, pêr.
canorously *adv.* yn soniarus *&c.*
canorousness *n.* perseinedd *m*, soniarusrwydd *m*.
cant[1] *n.* **1.** *Arch: Carp: (= bevel):* pefel: befel *m*. **2.** *(= slope):* goleddf(-au) *mf*, gogwydd(-ion) *m*; **to have a ~,** gwyro, goleddfu, gogwyddo, bod ar ŵyr, bod ar oleddf, bod ar osgo, bod ar ogwydd, *S: F:* bod acha wew[c], bod acha slant; **~-dog, ~-hook** *n.* polyn (polion) bachog *m*.
cant[2] *v.t.&i.* **1.** *v.t.* *(a) Carp:* conglo, peflo; *(b) (= tilt):* **to ~ a beam,** gogwyddo trawst; *Rail:* **to ~ the outer rail,** gogwyddo'r gledren allanol; *(c) (= turn over):* troi (rhth) drosodd, *S:* m[h]oelyd (rhth); *Nau:* **to ~ a boat,** troi cwch ar ei ochr, *S:* m[h]oelyd bad. **2.** *v.i.* gogwyddo.
cant[3] *n.* & *a.* **1.** *n.* *(a) (= jargon, slang):* slang *m*, iaith *f*, ffregod *f*, ffiloreg *f*; **the ~ of thieves,** iaith lladron; *(b) (= hypocrisy):* truth *m*, rhagrith *m*. **2.** *a.* **~ phrase,** ystrydeb(-au) *f*, ymadrodd(-ion) ffasiynol *m*, ymadrodd iachus/iach.
cant[4] *v.t.* rhagrithio, truthio.
cantabile *a. & adv.* *Mus:* ***cantabile***, dan ganu.
Cantabria *Pr.n.* *Geog:* Cantabria *f*.
Cantabrian *a.* & *n.* **1.** *a.* Cantabriaidd. **2.** *n.* Cantabriad (Cantabriaid) *m&f*.
Cantabrigian *a.* & *n.* **1.** *a.* o Gaergr|awnt. **2.** *n.* rhn (rhai) o Gaergrawnt, Caergrawntiad (Caergrawntiaid) *m&f*.
cantal *n.* *Cu:* caws (*m*) Cantal.
cantala *n.* *Bot:* cantala(-s, cantalâu) *m*.
cantaloup[e] *n.* *Bot:* c|antalwp (cantalwpau) *m*.
cantankerous *a.* croes(-ion), annifyr, drwg eich tymer, cynhennus, cwerylgar, afrywiog, *N.W:* piwis, blin, aflawen, *S.W:* pifis, naturus; **a ~ old man,** *N.W:* croengi (croengwn) *m* (*pronounced* ng-g), hen gingroen *m* (*pronounced* ng-g), hen gecryn *m*, *S:* hen gonyn *m*.
cantankerously *adv.* yn groes *&c.*
cantankerousness *n.* natur groes/gynhennus/biwis *f*, croesineb *m*, piwisrwydd *m*.
cantata *n.* *Mus:* cantawd (cantodau) *f*, cantata(-s, cantatâu), alawgan(-au) *f*.
cantatrice *n.f.* *Mus:* cantores(-au), c|antwraig, *F:* cantreg (cantwragedd).
canted *a.* ar ogwydd, cam (ceimion).
canteen *n.* **1.** *Mil: Ind: &c:* caban(-au) (*m*) bwyd, lle(-oedd) (*m*) bwyta, cantîn (cantinau) *m*, *Lit:* ffreutur(-[i]au) *m*. **2.** *Mil:* *(= flask):* potel (*f*) ddŵr (poteli dŵr), fflasg (*f*) ddŵr (fflasgiau dŵr). **3. ~ of cutlery,** blwch (blychau) *m* [o gyllyll a ffyrc].
canter[1] *n.* *Equit:* rhygyng(-au) *m*, carlam(-iadau) bach *m*, carlamiad(-au) bach *m*, hanner carlam *m*, *N.W: occ:* ffulltuth(-iau) *m*; **at a ~,** ar ffulltuth; *Rac:* **to win in a ~,** ennill yn hawdd; **trial ~,** *(before a race):* carlamiad prawf, rhediad(-au) (*m*) prawf.
canter[2] *v.i.* rhygyngu, hanner-carlamu, gogarlamu, ffulltuthio, *N.W: occ:* tuthio, *S.W: occ:* taranto.
Canterbury *Eng.Pl.n.* Caerg|aint *f*. **~ bells** *n.pl.* *Bot:* clychau'r perthi, clychau Llundain, clychlys (*m*) Caergaint, clychau'r cawr, *M.W:* clychau'r cantref, *N.E:* clychau Aberdyfi. **~ stand** *n.* *Mus:* stand (*mf*) miwsig/fiwsig (standiau miwsig).
cantharides *n.pl.* *Pharm:* canth|arides *m*.
cantharis *n.* *Ent:* cleren (clêr) (*f*) Sbaen, cylionen (cylion) (*f*) chwysigl, cylionen Baradwys (cylion Paradwys), cylionen Sbaen, *S.W:* cylionen gynheica (cylion cynheica), *V:* cylionen dinboeth (cylion tinboeth); *pl.* gwybed paradwys.
canthus *n.* cil (*m*) y llygad (ciliau'r llygaid).
canticle *n.* emyn(-au) *m*, cantigl: canticl(-au) *fm*; *B:* **[~ of] Canticles,** Cân (*f*) y Caniadau, Caniad (*m*) Solomon.
cantilena *n.* **1.** *Mus:* alaw(-on) *f*, cantilena (cantilenâu) *f*. **2.** *Lit:* cerdd(-i) *f*, canig(-au) *f*.
cantilever *n.* **1.** *Arch:* braced(-i) *mf*, braich (breichiau) *mf*. **2.** *Civ.E:* braich, cantilifer (cantilifrau) *m*. **~ bridge** *n.* pont gantilifrog (pontydd cantilifrog) *f*. **~ table** *n.* bwrdd (byrddau) (*m*) cantilifrog, bord gantilifrog (bordydd cantilifrog) *f*.
cantilevered *a.* breichiog, ar gantilifrau, cantilifrog.
cantillate *v.t.* *Mus:* llafarganu.
cantillation *n.* *Mus:* llafarganu *vn*, llafargan(-au, -euon) *f*.
canting *a.* **1.** rhagrithiol, truthiol, truthgar. **2.** *Her:* **~ motto,** arwyddair mwys *m*.
canto *n.* caniad(-au) *m*.
canton[1] *n.* *Adm:* canton(-au) *m*.
canton[2] *v.t.* **1.** *(= divide into cantons):* rhannu['n gantonau],

dosrannu['n gantonau]. **2.** *U.S: Mil: (= to quarter):* lletya, lluestu.

Canton[3] *Pl.n.* **1.** *(in China):* Canton *f.* **2.** *(in Cardiff):* Treganna *f.* **~ ware** *n.* llestri *(pl)* Canton.

cantonal *a.* cantonol.

Cantonese *a. & n.* **1.** *a.* Cantonaidd; **he's ~,** Cantoniad ydyw; *(in language):* Cantoneg. **2.** *n. (i) Ethn:* Cantoniad (Cantoniaid) *m&f*; *(ii) Ling:* Cantoneg *f, m.*

cantonment *n. Mil:* gwersyll(-oedd) *m, Lit:* lluestfa(-oedd) *f.*

cantor *n. Ecc:* codwr (codwyr) *(m)* canu, arweinydd(-ion) *(m)* y gân, cantor(-ion, -iaid) *m.*

cantoris *a. Mus:* cantoris.

cantrail *n. Rail: Arch:* cledren *(f)* ogwydd (cledrau gogwydd).

cantred *n. W.Adm: Hist:* cantref(-i) *m.*

cantrip *n.* swyn(-ion) *m.*

Canuck *n. F:* Canadiad (Canadiaid) Ffrengig *m&f.*

canvas[1] *n.* **1.** *(a) Tex:* canfas: cynfas(-au) *m*; **under ~,** *(i) Mil:* mewn pabell/pebyll, dan ganfas; *Sp: (rowing):* **to win by a ~,** ennill o gynfas; *(ii) Nau:* dan hwyliau, dan gynfas; *S.a.* **stretcher[1]**; *(b) Needlew:* **~ work/embroidery,** brodwaith *(m)* cynfas, cynfaswaith *m.* **2.** *Art:* llun(-iau) *m*, cynfas(-au) *m.* **~-back** *n. Orn:* hwyaden fraith (hwyaid brith[ion]) *f.* **~-board** *n.* bwrdd *(m)* cynfas. **~ theatre** *n.* theatr *(f)* dan gynfas.

canvas[2] *v.t.* cynfasu.

canvass[1] *Pol: Com:* canfasiad(-au) *m*; *S.a.* **canvass[2]**.

canvass[2] *v.t.* **1.** *(= discuss):* trafod, gwyntyllu. **2.** *Pol: (= solicit):* gofyn, erfyn (rhth, am rth); canfasio (am rth); **to ~ s.o.,** canfasio rhn; **to ~ from door to door,** canfasio o ddrws i ddrws; **to ~ s.o.'s opinion,** holi barn rhn, ceisio barn rhn. **3.** *(= propose):* cynnig, awgrymu. **4.** *U.S: (= scrutinize):* archwilio, gwirio, edrych.

canvasser *n.* **1.** *(= discusser):* trafodwr (trafodwyr) *m*, traf|odwraig *f.* **2.** *Pol:* canfasiwr (canfaswyr) *m*, canf|aswraig *f*; *Com:* trafaeliwr (trafaelwyr) *m*, trafeiliwr (trafeilwyr) *m.* **3.** *(= proposer):* cynigydd (cynigwyr) *m*, awgrymwr (awgrymwyr) *m.* **4.** *U.S:* archwiliwr (archwilwyr) *m.*

canyon *n. Geog:* ceunant (ceunentydd) *m*, hafn(-au) *f*; **The Grand C~,** Yr Hafn Fawr.

canzona *n. Mus:* ***canzona (canzone)*** *m.*

canzonet, canzonetta *n. Mus:* ***canzonetta (canzonette)*** *m.*

cap[1] *n.* **1.** cap(-iau) *m, occ:* capan(-au) *m*; **to put a ~ on,** rhoi cap am eich pen (*not* ar eich pen, *not* ar, *not* ymlaen); **put your ~ on,** dyro dy gap (rhowch eich capiau); **cloth ~,** cap brethyn, *S.W: occ:* cap fflat, *N.W: occ:* cap stabal; **peaked ~,** *(i)* cap pig, cap â phig; *(ii) (of officer &c):* cap pig gloyw; *(iii) F: (cloth):* cap stabal; **[cardinal's] four-cornered ~,** cap cornelog; **huntsman's ~, horseman's ~,** cap hela; **dunce's ~,** cap/capan penbwl, cap twpsyn, *S.W: occ:* capan cornicyll; **to come ~ in hand (to seek sth),** dod â'ch cap yn eich llaw, tynnu cap (i ofyn rhth); *F: (of woman):* **to set one's ~ at a man,** rhoi'ch bryd ar ddyn, dewis darpar ŵr, ceisio denu dyn, anelu am ddyn; **if the ~ fits (wear it)!** os yw'r cap yn gymwys, os yw'r cap yn ffitio (gwisgwch ef)! **to keep s.o.'s ~ straight,** *S:* cadw cap rhn yn gywir/gymwys; **it's a feather in his ~,** mae'n glod iddo; mae'n bluen/blufyn yn ei gap/het; **to take/send/pass the ~ round,** gwn|eud casgliad; *S.a.* **thinking[2]**; *Mec.E:* **lubricator ~,** cap *(m)* iro. **2.** *Exp:* capsen (caps) *f*; **caps** *n.pl. N.W: occ:* clecars. **~-gun, ~ pistol** *n.* gwn (gynnau) *(m)* caps. **~-lamp** *n. Min:* lamp(-au) *(f)* cap, lamp *(f)* dalcen (lampau talcen). **~-rock** *n. Geol: &c:* capgraig (capgreigiau) *f.* **~-screw** *n.* capsgriw(-iau) *f.* **~-sheaf** *n.* ysgub(-au) uchaf *f.* **~ sleeve** *n. Dressm:* llawes *(f)* gap (llewys cap). **~-stone** *n.* = **capstone**.

cap[2] *v.t.* **1.** capio (rhth), rhoi cap (am rth, ar rth, i rn). **2.** *(= outdo):* rhagori (ar rth), bod/gwn|eud yn well (na rhth), curo (rhth); **can you ~ that one?** fedri di guro honna? **to ~ a joke,** dweud jôc well; **to ~ it all,** ac ar ben hynny, ac yn goron ar y cwbl/cyfan, i goroni'r cwbl; **that caps it all!** dyna'r orau eto! *S:* dyna'i gwaelod hi mas! dyna'i chapso hi! *S.W:* dyna roi'r copsi arni!

cap[3] *n. Typ: F:* = **capital[2]** II. **2.**

capability *n.* **1.** gallu(-oedd) *m* (**of doing sth,** i wneud rhth). **2.** *(= talent):* medr(-au) *m*, medrusrwydd *m*, dawn (doniau) *f*; **the boy has capabilities,** mae'n fachgen dawnus/galluog/talentog/medrus.

capable *a.* **1.** *(a) (= able):* galluog (**of doing sth,** i wneud rhth); *(b) (= competent):* medrus, galluog, abl; *Sch:* **the most ~,** y goreuon *pl*; *(c) Pej: (= wicked enough):* **he's quite ~ of killing s.o.,** gallai ladd rhn yn hawdd; ni fyddai'n ddim ganddo ladd rhn; nid yw lladd rhn y tu hwnt iddo. **2.** *(= susceptible):* **the situation is ~ of improvement,** gellid gwella ar y sefyllfa. *In this sense can also be rendered by an appropriate adj. ending in* -adwy *e.g. capable of being carried,* cludadwy *&c.*

capableness *n.* = **capability**.

capably *adv.* yn fedrus *&c.*

capacious *a.* cynhwysfawr, a digon o le ynddo *&c*, yn dal llawer; *(house &c):* eang, helaeth; **a ~ memory,** cof helaeth/cynhwysfawr *m*; **a ~ pocket,** poced ddofn.

capaciously *adv.* yn gynhwysfawr *&c.*

capaciousness *n.* helaethrwydd *m*, ehangder *m.*

capacitance *n. El:* cynhwysiant (cynwysiannau) *m*; **distributed ~,** cynhwysiant gwasgarog.

capacitate *v.t.* **1.** galluogi. **2.** *Jur:* awdurdodi, cynhwyso.

capacitative *a.* cynhwysaidd.

capacitatively *adv.* yn gynhwysaidd.

capacitor *n. El:* cynhwysor (cynwysorau) *m*; **blocking ~,** cynhwysor ataliol. **~ detector** *n. Aut:* datgelwr (datgelwyr) *(m)* cynhwysor.

capacity *n.* **1.** *(= room):* lle *m*, maint *m* [a ddelir gan rth]; *Ph: Mth:* cynhwysedd (cynwyseddau) *m*, cynhwyster (cynwysterau) *m*; **what is the ~ of this vehicle?** pa faint a ddeil y cerbyd hwn? *Econ: (= volume):* cynnwys *m*; *Cmptr:* uchafswm *(m)* rhifau; **carrying ~,** llwyth(-i) eithaf/uchaf *m*; **a vehicle with a carrying ~ of half a ton,** cerbyd a all gludo llwyth hanner tunnell; *S.a.* **lifting; seating ~,** nifer *(mf)* y lleoedd/seddau; **a bus with a seating ~ of 40,** bws â lle i 40 o bobl; *Th:* **(to play) to ~,** (chwarae) o flaen tŷ llawn, i theatr lawn, i lond lle/tŷ; **a tank filled to ~,** tanc yn hollol lawn, tanc yn llawn hyd yr ymyl, *N: F:* tanc yn llawn dop, *S:* tanc yn llawn hyd y fyl; **~ audience,** cynulleidfa lawn *f, F:* llond *(m)* lle. **2.** *(= ability):* **~ (for doing sth),** dawn (doniau) *f*, gallu(-oedd) *m* (gwneud rhth); cynneddf (cyneddfau) (i wneud rhth) *f*; *Log: &c:* cyrhaeddiad (cyraeddiadau) *m*; *Sch:* gallu(-oedd) cynhenid; *Geog: &c:* **productive ~,** gallu cynhyrchu. **3.** *(= authority):* awdurdod *m*, hawl *f*, cymhwyster *m.* **4. to have ~ (to do sth),** bod yn gymwys, bod â hawl (i wneud rhth); **to act in one's official ~,** gweithredu yn rhinwedd eich swydd; **in a civil ~,** mewn cymhwyster sifil. **~-restraint** *n. Aut:* cyfyngiad *(m)* cynhwysedd.

cap-à-pie *adv.* o'r pen i'r traed.

caparison[1] *n. usu.pl.* addurn(-au) *(m)* ceffyl, gêr *(m)* ceffyl, *A:* seirch *pl*, cwnsallt(-au) *m.*

caparison[2] *v.t.* addurno, gwisgo, *A:* seirchio, cwnsalltu.

cape[1] *n. Cost:* mantell (mentyll) *f*, clogyn(-nau) *m*, clog(-au) *f*; **shoulder ~,** gwarfantell (gwarfentyll) *f.*

cape[2] *n. Geog:* penrhyn(-au,-oedd,-ion) *m*, pentir(-oedd) *m*; **the C~ of Good Hope,** Penrhyn Gobaith Da. **C~ cart** *n.* trap(-iau) *m.* **C~ Colony** *n. Hist:* Trefedigaeth *(f)* y Penrhyn. **C~ Coloured 1.** *a.* croendywyll; **the C~ Coloured population,** pobl groendywyll *(f or pl)* y Penrhyn. **2.** *n.* rhn (rhai) croendywyll o'r Penrhyn. **C~ doctor** *n.* gwynt *(m)* y Penrhyn. **C~ Dutch 1.** *a.* Boeraidd; *(in language):* Affricaneg. **2.** *n. (i) Ethn:* Böer(-iaid) *m*; *(ii) Ling:* Affricaneg *f, m.* **C~ elk** *n. Z:* eland(-od) *m*, gafrewig(-od) *(f)* y Penrhyn. **C~ gooseberry** *n. Bot:* gwsberen (gwsberins) *f* y Penrhyn. **C~ hen** *n. Orn:* iâr (ieir) *(f)* y Penrhyn. **C~ Horn** *Pr.n. Geog:* yr Horn *m.* **C~ jasmine** *Bot: n.* jasmin *(m)* y Penrhyn. **C~ jumping hare** *n. Z:* ysgyfarnog(-od) *(f)* neidiol y Penrhyn. **C~ marigold** *n. Bot:* gold *(m)* y Penrhyn. **C~ pigeon** *n. Orn:* pedryn(-nod) *(m)* y Penrhyn. **C~ smoke** *n.* brandi*(m)*'r Penrhyn. **C~ Town** *Pl.n.* Tref *(f)* y Penrhyn. **C~ weed** *n. Bot:* cen *(m)* y lliwydd.

capelet *n. Cost:* clogyn(-nau) *m.*

capelin *n. Ich:* brwyniad (brwyniaid) bach *m.*

Capella *n. Astr:* yr Afr *f.*

caper[1] *n. Bot: Cu:* caprysen (caprys) *f*, capryn (caprau) *m.* **~-bush, ~-plant, ~-spurge** *n. Bot:* llwyn(-i) *(m)* caprys, fflamgoeden *(f)* gaprys (fflamgoed caprys). **~ tree** *n. Bot:* caprwydden (caprwydd) *f.*

caper[2] *n.* **1.** pranc(-iau) *m*, naid (neidiau) chwar|eus *f*, crychlam(-au) *m*, crychnaid (crychneidiau) *f*, sbonc(-iau) *f*; **to cut capers, to cut a ~,** prancio, neidio, sboncio, llamu, *Pej:* chwarae bili ffŵl, chwarae'n wirion, *N.W:* gwn|eud giamocs; **cut your**

capers! rho'r gorau iddi! dyna ddigon o lolian! *S:* gad dy ddwli! **2.** *U.S: P: (= case, business):* achos(-ion) *m,* mater(-ion) *m,* busnes *m, F:* stynt(-iau) *mf.*

caper³ *v.i.* **to ~ [about],** prancio, neidio, sboncio, campio, *S. W:* campro, *Lit:* llamu, llamsachu, crychlamu, crychneidio.

capercaillie, capercailzie *n. Orn:* ceiliog(-od) (*m*) y coed, ceiliog mawr, paun (peunod) (*m*) y coed.

capering *a.* pranclyd, pranciog, campiog, llamsachus.

capeskin *n.* lledr (*m*) y Penrhyn.

Capetian *a. & n. Hist:* **1.** *a.* Capetaidd. **2.** *n.* Capetiad (Capetiaid) *m&f.*

capful *n.* capaid (capeidiau) *m,* llond (*m*) cap; *Nau:* **a ~ of wind,** chwa(-on, -oedd) (*f*) o wynt, *S. W:* cwthwm (*m*) o wynt, *N. W:* brisyn (*m*) o wynt.

capias *n. Jur:* capias(-au) *m.*

capillaceous *a.* brigeraidd, edafeddog, manflewog.

capillarity *n. Ph:* capilaredd(-au) *m.*

capillary *a. & n.* **1.** *a.* capilaraidd, capilarïaidd. **2.** *n.* cap|ilari (capilarïau) *m,* mân-wythïen (~-wythiennau) *f.* **~ rise** *n.* codiad(-au) (*m*) cap|ilari. **~ tube** *n.* meindiwb(-iau) *m,* capilari (capilarïau) *m,* tiwb(-iau) (*m*) capilari. **~ web/network** *n.* gwe (*f*) gapilarïau (gweoedd capilarïau), rhwyllen (*f*) gapilarïau (rhwyllenni capilarïau).

capital¹ *n.* **1.** *Arch:* capan (*m*) colofn (capanau colofnau), pen (*m*) colofn (pennau colofnau), c|abidwl (cabidylau) *m.* **2.** *Mus: (of harp):* pen(-nau) *m*; *(of Gothic harp):* g|aleri (galerïau) *m.*

capital² *a. & n.* I. *a.* **1.** prif *(precedes noun + soft mut.):* **~ letter,** priflythyren (priflythrennau) *f,* llythyren fras (llythrennau bras/breision) *f*; **block ~ letters,** priflythrennau bloc; *Cmptr: abbrev:* **caps lock [key],** prif glo *m*; **~ city,** prifddinas(-oedd) *f*; **life with a ~ L,** bywyd â B fawr. **2.** *Jur:* **~ punishment,** dienyddio *vn,* dienyddiad *m,* y gosb eithaf *f,* cosb ddihenydd, cosb marwolaeth, cosb angau; **~ felony,** ffeloniaeth ddihenydd *f*; **~ murder,** llofruddiaeth ddihenydd *f*; **~ offence,** tramgwydd dihenydd *m*; **~ sin,** pechod marwol *m.* **3. it is of ~ importance,** mae o'r pwys mwyaf; mae'n bwysig ofnadwy; mae'n dra phwysig; *S.a.* **ship¹. 4.** *(= excellent):* ardderchog, gwych, rhagorol, campus, p|enigamp: penig|amp; *int.* **~!** gwych! go dda wir! **a ~ fellow,** bachgen ardderchog, *N: F:* hogyn clên, y dyn noblia'n fyw, *N.W: occ:* hogyn clyfar iawn, *S:* bachan piwr, *Lit: occ:* un o ragorolion y ddaear. II. *n.* **1.** *Fin:* cyfalaf *m*; **to dip into one's ~,** mynd i'r pentwr (*m*); **to live off one's ~,** byw ar eich cyfalaf, *N.W:* bwyta'r mêl o'r cwch; **circulating ~,** cyfalaf cylchredol; **fixed ~,** cyfalaf sefydlog; **floating ~,** cyfalaf nofiol; **funded ~,** cyfalaf buddsoddion; **gross ~,** cyfalaf crynswth; **loan ~,** cyfalaf benthyg; **net ~,** cyfalaf clir; **maintenance of ~,** cynhaliaeth (*f*) cyfalaf; **marginal efficiency of ~,** effeithlonrwydd (*m*) ffiniol cyfalaf; **paid-up ~,** cyfalaf taledig; **fully paid-up ~,** cyfalaf llawndaledig; **real ~,** cyfalaf gwirioneddol, cyfalaf go iawn; **working ~,** cyfalaf gweithredol, cyfalaf ar waith; *F:* **to make ~ (of sth),** troi dŵr i'ch melin eich hun, manteisio (ar rth), elwa (ar rth), ennill budd i chwi eich hun (o rth), troi (rhth) yn elw i chwi eich hun. **~ account** *n.* cyfrif(-on) (*m*) cyfalaf. **~ accumulation** *n.* croniad(-au) (*m*) cyfalaf. **~ allowance** *n.* lwfans(-iau) (*m*) cyfalaf. **~ appreciation** *n.* cynnydd (*m*) mewn cyfalaf. **~ asset** *n.* ased(-au,-ion) (*m*) cyfalaf. **~ budgeting** *vn.* cyfalaf-drefnu. **~-building programme** *n.* rhaglen (*f*) adeiladu cyfalaf. **~ consumption** *n.* treuliant (*m*) cyfalaf. **~ depreciation** *n.* dibrisiant (*m*) cyfalaf, lleihad (*m*) [mewn] cyfalaf. **~ expenditure** *n.* gwariant (gwariannau) (*m*) cyfalaf, gwario (*vn*) cyfalaf. **~ financing** *n.* codi (*vn*) cyfalaf. **~ formation** *n.* ffurfiant (*m*) cyfalaf; **domestic ~ formation,** ffurfiant cyfalaf mewnwladol. **~ gains** *n.pl.* enillion cyfalaf. **~ gains distribution** *n.* dosbarthiad (*m*) enillion cyfalaf. **~ gains tax** *n.* treth (*f*) [ar] enillion cyfalaf. **~ goods** *n.* nwyddau/ adnoddau (*pl*) cyfalaf. **~ growth** *n.* twf (*m*) cyfalaf. **~-intensive** *a.* dwysgyfalafol, cyfalafddwys. **~ issues** *n.pl.* dyroddiadau cyfalaf. **~ levy** *n.* ardoll (*f*) gyfalaf (ardollau cyfalaf). **~ market** *n.* marchnad (*f*) gyfalaf (marchnadoedd cyfalaf). **~ movement** *n.* symudiad(-au) (*m*) cyfalaf, symud (*vn*) cyfalaf. **~ obsolescence** *n.* darfodiad (*m*) cyfalaf. **~ output ratio** *n.* cymhareb (cymarebau) (*f*) allbwn cyfalaf. **~ replacement** *n.* adnewyddiad(-au) (*m*) cyfalaf, adnewyddu (*vn*) cyfalaf. **~ resources** *n.pl.* adnoddau cyfalaf. **~ stock** *n.* stoc (*m*) cyfalaf. **~ structure** *n.* adeiledd (*m*) cyfalaf. **~ sum** *n.* swm (symiau) (*m*) cyfalaf. **~ transfer tax** *n.* treth (*f*) [ar] drosglwyddo cyfalaf. **2.** *Typ:* priflythyren (priflythrennau) *f.* **3. ~ [city],** prifddinas(-oedd) *f.*

capitalism *n.* cyfalafiaeth *f*; **welfare ~,** cyfalafiaeth les.

capitalist *n. & attrib.* **1.** *n.* cyfalafwr (cyfalafwyr) *m,* cyfal|afwraig *f.* **2.** *attrib.* cyfalafol; **the ~ system,** y gyfundrefn gyfalafol *f.*

capitalistic *a.* cyfalafol.

capitalistically *adv.* yn gyfalafol.

capitalization *n.* **1.** *Fin:* cyfalafiad *m,* cyfalafu *vn.* **2.** *Typ:* priflythreniad *m,* priflythrennu *vn.*

capitalize *v.t.* **1.** *Fin:* cyfalafu (rhth); troi (rhth) yn gyfalaf; *Fig: (= take advantage):* elwa, manteisio (ar rth). **2.** *Typ:* priflythrennu.

capitalized *a.* **1.** *Fin:* cyfalafog; **under-~,** heb ddigon o gyfalaf, prin o gyfalaf, tangyfalafog (*pronounced* ng-g); **over-~,** â gormod o gyfalaf, gorgyfalafog. **2.** *Typ:* priflythrennog, mewn priflythrennau; **~ letter,** priflythyren (priflythrennau) *f.*

capitally *adv.* yn wych, yn rhagorol *&c.*

capitat[ed] *a. Bot:* penffurf.

capitation *n. Adm:* **~ [tax],** treth (*f*) y pen (trethi'r pen). **~ allowance** *n.* lwfans(-iau) (*m*) y pen. **~ grant** *n.* grant(-iau) (*m*) yn ôl y pen. **~ fee** *n.* tâl (*m*) y pen (taliadau'r pen).

capitol *n.* c|apitol (capitolau) *m.*

Capitoline *a.* Capitolaidd; **the ~ Hill,** Bryn y C|apitol.

capitular *a. & n.* **1.** *a. Jur: Ecc:* cabidylaidd. **2.** *a. Bot:* cambylaidd. **3.** *n. Ecc:* cabidylwr (cabidylwyr) *m.*

capitulary *n. Hist:* ordinhad(-au) *f.*

capitulate *v.i.* ymostwng, gildio, ildio.

capitulation *n.* **1.** *(= enumeration):* cyfrifiad(-au) *m.* **2.** *(a) (= surrender):* [g]ildiad(-au) *m,* ymostyngiad(-au) *m*; *(b) vn.* = **capitulate. 3.** *n.pl. Hist: (for extra-territorial rights):* ardeleriad(-au) *m.*

capitulum *n.* **1.** *Anat:* pen (*m*) asgwrn (pennau esgyrn), cambwl (cambylau) *m.* **2.** *Bot:* pen (*m*) blodyn (pennau blodau).

capo *n. Mus:* capo(-s, -au) *m*; **~ *d'astro,* = *capotasto.***

capodaster, capodastere, capodastro *n. Mus:* = ***capotasto.***

capon *n.* **1.** *Cu:* capwllt (capylltiaid) *m,* caprwn: capwrn (capryniaid) *m.* **2.** *Ich:* **crail's ~,** hadog sych *m*; **Glasgow ~,** pennog sych (penwaig sychion) *m,* ysgadenyn sych (ysgadan sychion) *m*; **Severn ~,** lleden (lledod) (*f*) Hafren.

caponize *v.t. Husb:* disbaddu, cyweirio, *A:* capyldio.

caporal *n.* baco bras *m.*

capot *n. & v.t. Cards:* **1.** *n.* capot *m.* **2.** *v.t.* capotio.

capotasto *n. Mus:* branell(-au) *f.*

capote *n. Cost:* mantell (mentyll) *f.*

capparidaceous *a.* caprysaidd.

capped *a.* â chap, capiog; **snow-~,** â chapan o eira, dan gapan o eira.

capper *n.* capiwr (capwyr) *m.*

capreolate *a. Bot:* tendrilog.

capric *a. Ch:* caprig.

capriccio, caprice *n.* **1.** mympwy(-on) *m.* **2.** *Mus:* ***caprice(-s)*** *m,* ***capriccio (capricci)*** *m.*

capricious *a.* mympwyol, oriog, anwadal, di-ddal, cyfnewidiol, chwit-chwat, *occ:* chwim-chwam, chwiwgar, *S. W: occ:* stownllyd, stownog; **he's a ~ one,** 'does dim dal arno; un di-ddal yw ef; *S:* mae amserau arno; **he is very ~ ,** *S. W: occ:* mae llawer o stowne arno; *N. W: occ:* mae'n cael hyntiau; **a ~ breeze,** awel chwar|eus *f.*

capriciously *adv.* yn fympwyol *&c.*

capriciousness *n.* mympwyoldeb *m,* oriogrwydd *m,* chwitchwatrwydd *m,* anwadalwch *m,* *N. W: occ:* chwimchwamrwydd *m.*

Capricorn *n. Astr:* yr Afr *f,* Corn (*m*) yr Afr; **the Tropic of ~,** Trofan (*f*) yr Afr.

caprification *n. Bot:* capriffigysiad *m,* capriffigysu *vn.*

caprifig *n. Bot:* ffigysen wyllt (ffigys gwyllt[ion]) *f,* capriffigysen (capriffigys) *f.*

caprifoliaceous *a. Bot:* gwyddfidaidd.

capriform *a.* ar ffurf gafr, fel gafr, gafraidd.

caprine *a. Z:* gafraidd, gafrog, gafrol, fel gafr, o deulu'r afr.

capriole *n. & v.i. Equit:* **1.** *n.* gafrlam(-au) *m.* **2.** *v.i.* gafrlamu, prancio, neidio i fyny.

caproic *a.* capröig.

caprylian *a. Ch:* caprylig.

capsaicin *n. Ch:* capsaisin *m.*
capsicum *n. Bot: Cu:* pupryn(-nau) *m*, pupur (*m*) yr adar, poethrawn (*m*) yr adar, poethlys *m.*
capsid *n. Ent:* capsid(-au) *m.*
capsidal *a.* capsidaidd.
capsizal *n.* dymchweliad(-au) *m*, ymchweliad(-au) *m*, *S: F:* m[h]oelad(-au) *m*; *vn.* = **capsize.**
capsize *v.t.&i.* **1.** *v.t.* dymchwel, dymchwelyd; troi (cwch *&c*) drosodd; troi (cwch &c) â'i wyneb i lawr; *S:* diwel, *S.W: F:* m[h]oelyd. **2.** *v.i.* troi drosodd, *Lit: occ:* dymchwel, dymchwelyd, *S: F:* m[h]oelyd. ~ **drill** *n.* dril(-iau) (*m*) dymchwel.
capstan *n.* capstan(-au) *m*; *Nau:* **to man the ~,** gweithio'r capstan, dirwyn [y] rhaffau; **to surge the ~,** llacio'r rhaffau [wrth ddirwyn]; **to rig the ~,** rigio'r capstan, parat|oi'r capstan, gosod y barrau, dodi'r barrau. ~ **setter** *n.* gosodwr (gosodwyr) (*m*) capstan. ~ **shifter** *n. Nau:* rhaff(-au) (*f*) sadio. *S.a.* **lathe**[2].
capstone *n.* **1.** capfaen (capfeini) *m*, maen (meini) (*m*) capan. **2.** *Fig:* uchafbwynt(-iau) *m*, coron(-au) *f.*
capsular *a.* cibynnog, codennog, capsiwlaidd.
capsulate *a.* mewn capsiwl.
capsule *n.* **1.** *Bot:* hadlestr(-i) *m*, cibyn(-nau) *m*, coden(-nau) *f.* **2.** *Med:* (= *pill*): pilsen (pils) *f.* **3.** *Physiol:* cwpan(-au) *m*; **auditory ~,** cwpan y clyw; **Bowman's ~,** cwpan Bowman. **4.** ~ **membrane,** ambilen(-nau) *f*, amwisg(-oedd) *f*; (*of bottle*): cap(-iau) *m*, capan(-au) *m*; (= *sac*): coden. **5.** *Astronautics:* capsiwl(-au) *m.* **6.** *attrib.* cryno.
capsuliferous *a. Bot:* codennog.
capsuliform *a.* codenffurf.
capsulize *v.t.* crynh|oi.
captain[1] *n.* capten(-iaid, capteiniaid) *m*; **ship's ~,** capten llong (capteiniaid llongau); **army ~,** capten yn y fyddin; *Mil: Av:* **group ~,** grŵp-gapten (~-gapteiniaid).
captain[2] *v.t.&i.* **1.** *v.t.* **to ~ a ship,** bod yn gapten ar long; (*on expedition &c*): arwain. **2.** *v.i.* arwain.
captaincy, captainship *n.* capteiniaeth(-au) *f.*
captan *n. Ch:* captan *m.*
caption[1] *n.* **1.** geiriad(-au) *m*, capsiwn (capsiynau) *m*, egluryn(-nau) *m*; *Cin:* isdeitl(-au) *m.* **2.** *Jur:* (*on document*): *Cin: T.V:* pennawd (penawdau) *m.* ~ **generator** *n.* *Cin: T.V:* penawdydd(-ion) *m.* ~ **operator** *n. Cin: T.V:* penawdwr (penawdwyr) *m.* ~ **title** *n.* teitl-bennawd (~-benawdau) *m.*
caption[2] *v.t.* rhoi/llunio geiriad (i rth), capsiynu (rhth).
captionless *a.* digapsiwn, heb gapsiwn *&c.*
captious *a.* cecrus, crachfeirniadol, cwenclyd, hoff o bigo beiau, *N.W: occ:* hoff o godi cwenc; **a ~ man,** cecryn(-nod) *m*; **a ~ woman,** cecren(-nod) *f.*
captiously *adv.* yn gecrus *&c.*
captiousness *n.* cecrusrwydd *m.*
captivate *v.t.* swyno, hudo, denu, cyfareddu.
captivated *a.* dan gyfaredd; ~ **by her beauty,** dan gyfaredd ei thegwch; **he sang before a ~ audience,** cyfareddodd gynulleidfa â'i ganu.
captivating *a.* swynol, hudolus, cyfareddol.
captivation *n.* swyn(-ion) *m*, hudoliaeth(-au) *f*, cyfaredd(-ion) *f.*
captivator *n.* cyfareddwr (cyfareddwyr) *m*, hudolwr (hudolwyr) *m*, swynwr (swynwyr) *m*, s|wynwraig (swynwragedd) *f*, hudoles(-au) *f.*
captive *a.* & *n.* **1.** *a.* caeth(-ion); ~ **state,** caethiwed *m.* **2.** *n.* carcharor(-ion) *m*, caeth(-ion) *m*, caethes(-au) *f*; **to hold/make s.o. ~,** caethiwo (rhn), dal (rhn) yn gaeth.
captivity *n.* caethiwed *m*; *B.Hist:* caethglud *f*; **to lead s.o. into ~,** dwyn (rhn) i gaethiwed, caethgludo (rhn).
captor *n.* daliwr (dalwyr) *m.*
capture[1] *n.* **1.** *N:* dal *vn*, *S:* dala *vn*; **to escape ~,** osgoi cael eich dal/dala, mynd yn ddihangol, mynd yn rhydd. **2.** (= *pers. captured*): carcharor(-ion) *m*; (= *thg captured*): ysbail (ysbeiliau) *f.*
capture[2] *v.t.* **1.** *N:* dal, *S:* dala; **to ~ a prize,** cipio gwobr; *Com:* **to ~ the market,** cipio'r farchnad; **to ~ the attention of people,** hoelio/tynnu/dal/dala sylw pobl; *Art:* **to ~ the likeness of s.o.,** dal tebygrwydd rhn; *Games:* ~ **the flag,** cipio'r faner. **2.** *W.Tel:* **to ~ Hertzian waves,** codi tonfeddau Hertzaidd.
capuche *n. Cost:* = **capuchin 2.**
Capuchin *n.* **1.** *Ecc:* C|apwsin (Capwsiniaid) *m*, Brawd (Brodyr) Cycyllog *m*, Cycyllfrawd (Cycyllfrodyr) *m.* **2. c~,** *A: Cost:* cwfl (cyflau) *m*, cwcwll (cycyllau) *m.* **c~ monkey** *n. Z:* mwnci (mwncïod) cycyllog *m.* **c~ pigeon** *n. Orn:* colomen gycyllog (colomennod cycyllog) *f.*
caput *n. Hist:* capwt *m.* ~ ***mortuum*** *n. Dist:* gwaddod *m*, gwaddodion *pl*, gwaelodion *pl*;
capybara *n. Z:* capybara(-od) *m*, mochyn (moch) (*m*) dŵr.
car *n.* **1.** *Lit:* (= *chariot*): cerbyd(-au) *m.* **2. [motor] ~,** car (ceir) *m*, *Lit: & Adm:* modur(-on) *m*, *N: F:* car (ceir) bach *m*, *Childish:* moto(-s) *m*; *S.a.* **streetcar, armoured, bar**[1]. **3.** *Rail: U.S:* cerbyd(-au) (*m*) trên, *F:* carej: carejen (c|arejis) *f*; **dining-~,** cerbyd bwyta; **sleeping-~,** cerbyd cysgu. **4.** (*a*) (*of airship, cableway &c*): caban(-au) *m*, car; (*b*) *U.S:* (*of lift*): caban. **~-bed** *n.* gwely(-au) (*m*) car. ~ **boot sale** *n.* arwerthiant (arwerthiannau) (*m*) cist car, sêl(-s) (*f*) cist car. ~ **card** *n. U.S:* cerdyn (cardiau) (*m*) bŷs. ~ **coat** *n.* côt (*f*) yrru (cotiau gyrru). ~ **ferry** *n.* fferi (*f*) geir (fferïau ceir). ~ **licence** *n.* trwydded (*f*) car (trwyddedau ceir). ~ **maker** *n.* gwneuthurwr (gwneuthurwyr) (*m*) ceir. ~ **ownership** *n.* perchenogaeth (*f*) ceir, bod (*vn*) â char/cheir. **~-park** *n.* maes (meysydd) (*m*) parcio, lle(-oedd) (*m*) parcio, parc(-iau) (*m*) ceir. **~-pound** *n.* ffald (*f*) geir (ffaldau ceir). **~-sick** *a.* sâl [mewn] car. ~ **sickness** *n.* salwch (*m*) teithio. **~-top** *a.* ar ben car. ~ **wash** *n.* golchfa (*f*) geir (golchf|eydd ceir), lle(-oedd) (*m*) golchi ceir.
carabao *n. Z:* = **water-buffalo.**
carabid *a.* & *n. Ent:* **1.** *a.* c|arabid. **2.** *n.* ~ **beetle,** c|arabid (carabidau) *m.*
carabineer *n.* carabinwr (carabinwyr) *m.*
carabiner *n. Mount:* carabiner(-s) *m.*
caracal *n. Z:* c|aracal (caracalod) *m*, cath glustddu (cathod clustddu) *f.*
caracara *n. Orn:* caracara(-od) *m.*
caracole *n.* & *v.i. Equit:* **1.** *n.* hanner-tro(-adau) *m*, c|aracol (caracolau) *m.* **2.** *v.i.* hanner-troi.
Caractacus *Pr.n.m.* Caradog.
caracul *n.* **1.** *Z:* c|aracwl (caracylod) *m*, dafad (defaid) (*f*) Asia. **2.** *Tex:* [gwlân *m*] caracwl *m.*
carafe *n.* caráff (caraffau) *m.*
caramel *n.* **1.** siwgwr llosg *m*, siwgwr toddi, c|aramel *m.* **2.** (= *toffee*): cyflaith *m*, taffi(-s) *m*, caramel(-au) *m.*
caramelization *n.*, **caramelize** *v.t.* carameleiddio.
carangid, carangoid *a.* & *n. Ich:* **1.** *a.* carangid. **2.** *n.* carangid(-au) *m.*
carapace *n. Crust:* cragen (cregyn) *f*, argragen (argregyn) *f.*
carat *n.* carat(-au) *m.*
caravan[1] *n.* **1.** (*of cameleers &c*): mintai (minteioedd) *f*, teithfintai (teithfinteioedd) *f*, c|arafan: carafán (carafanau) *f.* **2.** *Veh:* carafán (carafanau) *f*, *occ:* c|arafan (carafanau) *f*, *F: occ:* carifán; **gipsy ~,** carafán *&c* sipsiwn, men(-ni) (*f*) sipsiwn. ~ **library** *n.* llyfrgell (*f*) garafán (llyfrgelloedd carafán).
caravan[2] *v.i.*, **caravanning** *vn.* carafanio.
caravanner *n.* carafan[i]wr (carafanwyr) *m.*
caravanserai *n.* gwesty (gwestai, gwestyau) *m.*
caravel *n. Nau: A:* c|arafel (carafelau) *f.*
caraway *n. Bot:* carwe *m*; **corn ~,** eilun (*m*) berllys, troed (*f*) y cyw; **whorled ~,** carwe troellog. ~ **seed** *n.* hadau (*pl*) carwe; *S.a.* **cake**[1].
carbamate *n. Ch:* c|arbamad (carbamadau) *m.*
carbamic *a. Ch:* carbamig.
carbamide *n. Ch:* = **urea.**
carbamoyl, carbamyl *n. Ch:* c|arbamyl *m.*
carbaryl *n. Ch:* c|arbaryl *m.*
carbazole *n. Ch:* c|arbasol *m.*
carbide *n. Ch:* carbid(-au) *m*, *F:* carbeid *m.*
carbine *n.* carbin(-au) *m.*
carbinol *n. Ch:* c|arbinol *m.*
carbocyclic *a. Ch:* carbosyclig.
carbohydrase *n. Ch:* carbohydras(-au) *m.*
carbohydrate *n. Ch:* carbohydrad(-au) *m*; **storage ~,** carbohydrad stôr/storiedig.
carbolated *a. Ch:* carboledig.
carbolic *a.* & *n.* **1.** *a. Ch:* carbolig; ~ **soap,** *F:* sebon coch *m.* **2.** *n.* = ~ **soap.**
carboline *n. Ch:* c|arbolin *m.*
carbolize *v.t. Med:* carboleiddio.

carbon *n.* **1.** *Ch:* carbon *m.* **2.** *(a)* **gas ~,** carbon nwy; *(b) Phot:* **~ print,** proflun(-iau) *(m)* carbon; *(c) I.C.E: &c:* **~ deposit,** caenen *(f)* garbon. **3.** *Typewr: (a)* carbon(-au) *m,* papur(-au) *(m)* carbon; *(b)* **= carbon copy.** **~ black** *n.* du *(m)* carbon. **~ copy** *n. (i)* copi (copïau) *(m)* carbon; *(ii) F:* union gopi *m;* **the one is a ~ copy of the other,** mae'r naill yr un ffunud â'r llall. **~ cycle** *n.* cylchred *(f)* garbon. **~ dating 1.** *vn.* dyddio carbon, carbon-ddyddio. **2.** *n.* carbon-ddyddiad(-au) *m.* **~ dioxide snow** *n.* eira *(m)* deuocsid carbon. **~ holder** *n. El.E:* daliwr (dalwyr) *(m)* carbon. **~ paper** *n. Phot: Typewr:* papur(-au) *(m)* carbon, carbon(-au) *m.* **~ process** *n. Phot:* proses *(f)* garbon. **~ steel** *n. Metalw:* dur *(m)* carbon.
carbonaceous *a.* carbonaidd.
carbonado *n.* carbonado(-s) *m.*
Carbonari *n.pl. Hist:* Carbonariaid.
carbonate *n. & v.t. Ch:* **1.** *n.* carbonad (carbonadau) *m.* **2.** *v.t.* carbonadu.
carbonated *a.* carbonedig.
carbonation *n.* carbonadu *vn.*
carbonic *a. Ch:* carbonig.
carboniferous *a.* carbonifferaidd; *Geol:* **C~ Age,** Oes *(f)* y Glo, yr Oes Garbonifferaidd.
carbonium *n. Ch:* carboniwm *m.*
carbonization *n.,* **carbonize** *v.t.* carboneiddio, golosgi.
carbonless *a.* digarbon.
carbonous *a.* carbonaidd.
carbonyl *n. Ch:* c|arbonyl *m.*
carbonylic *a. Ch:* carbonylig.
carborundum *n.* carborwndwm *m.*
carboxy *n. Ch:* carbocsi *m.*
carboxyhaemoglobin *n.* carbocsyhemoglobin *m.*
carboxyl *n. Ch:* carbocsyl *m.*
carboxylase *n.* carb|ocsylas *m.*
carboxylate *a. & v.t.* **1.** *a.* carbocsylaidd. **2.** *v.t.* carbocsyleiddio.
carboxylation *n.* **= carboxylate 2.**
carboxylic *a.* carbocsylig.
carboxypeptidase *n.* carbocsyp|eptidas *m.*
carboy *n.* costrel(-au, -i) *f,* carboi(-au) *m.*
carbuncle *n.* **1.** *Lap:* carbwncl (carbynclau) *m.* **2.** *Med:* carbwncl (carbynclau) *m,* cornwyd(-ydd, -au) *m.*
carbuncled *a. Med:* carbynclog, cornwydlyd, cornwydog.
carbuncular *a. Med:* carbynclaidd.
carburant *n. I.C.E:* tanwydd(-au) *m.*
carburate *v.t.,* **carburation** *n.* carbwradu, carbwreiddio.
carburet *v.t.* **= carburate.**
carburetted *a.* carbwredig.
carburetter, carburettor *n. I.C.E:* carbwradur: carbwredur(-on) *m,* carbiwretor(-s, -au) *m.*
carburization *n.,* **carburize** *v.t.* carbwreiddio.
carburize *v.t.* carbwreiddio.
carcajou *n. Z:* bleiddfil(-od) *m,* c|arcajw (carcajwod) *m.*
carcase, carcass *n.* **1.** carcas(-au) *m; (as carrion):* celain (celanedd) *f,* burgyn(-nod) *m,* caren(-od) *f,* [y]sgerbwd ([y]sgerbydau) *m.* **2.** *(of man):* corff (cyrff) *m, Joc:* corpws *m,* carcas; *(dead):* celain; *F:* **to save one's ~,** achub eich croen; **shift your ~!** *N:* hel dy garcas! **3.** *(of a house):* fframwaith (fframweithiau) *m,* cragen *(f)* tŷ (cregyn tai), ysgerbwd.
carcinogen *n.* cars|inogen (carsinogenau) *m.*
carcinogenesis *n.* carsinog|enesis *m.*
carcinogenic *a.* carsinogenig.
carcinogenicity *n.* carsinogenigrwydd *m.*
carcinoid, carcinoma *n. Med:* cancr(-au) gwyllt *m,* dafaden wyllt (dafadenau gwyllt) *f,* carsinoma(-ta, carsinomâu) *m.*
carcinomatosis *n.* carsinomatosis *m,* canseredd *m.*
carcinomatous *a. Med:* canseraidd, carsinomaidd.
carcinosarcoma *n. Med:* carsinosarcoma(-ta, carsinosarcomâu) *m.*
card[1] *n.* **1.** *(a) (= playing-card):* cerdyn (cardiau) *(m)* chwarae, *S:* carden(-nau, cardiau) *(f)* chwarae; *Fig:* **to play one's cards right,** chwarae'n ddeheuig; **if you play your cards right,** os chwaraewch chi'ch cardiau'n iawn, os daliwch/manteisiwch chi ar eich cyfle, os ewch chi o'i chwmpas hi'n iawn; *Fig:* **to lay one's cards on the table,** rhoi'ch cardiau ar y bwrdd/ford, datgelu'r cyfan, bod yn onest; *Fig:* **I had a ~ up my sleeve,** 'roedd gen i dric arall wrth gefn; **it is quite on the cards that he will come,** mae'n ddigon tebyg y daw ef; siawns na ddaw ef; *Lit:* odid na ddaw ef; dichon y daw; **a new theatre is not on the cards,** nid oes fwriad i gael theatr newydd; ni fydd theatr newydd; **court-~,** cerdyn llys, cerdyn lliw, cerdyn brith; *S.a.* **throw in 4;** *(b) (pers.):* cymeriad(-au) *m, N:* cymêr(-s) *m,* peiriant *m,* cardyn (cardiau) *m; O:* **he's a queer ~,** *S:* mae e'n fachan rhyfedd; *S.W:* bachan broc yw e; *N:* 'deryn rhyfedd ydi o; *P:* **he's a ~,** mae'n gymeriad; *N:* mae'n gerdyn/gardyn; mae'n beiriant; *S:* 'na fachan yw e; *S.W: occ:* mae e'n doi *(m);* mae e'n hadyn *(m); S.E:* cerdyn bidir yw e; **she's a ~,** mae hi'n un ddigrif; *S.W: occ:* mae hi'n doien *(f);* mae hi'n haden *(f); N:* mae hi'n garden; *F:* **to get one's cards,** cael eich cardiau, gorfod codi'ch pac, *N:* gorfod hel eich pac, cael yr hwi; *F:* **that's the ~!** dyna hi i'r dim! **2.** *(a)* **visiting-~,** *U.S:* **calling-~,** cerdyn ymw|eld; **assignment cards,** cardiau gwaith, cardiau dosrannu; *(b)* **admission ~,** cerdyn mynediad; *Adm:* **passport control ~,** cerdyn pasport, cerdyn trwydded deithio; **Christmas ~,** cerdyn Nadolig; *S.a.* **postcard;** *(d) Com:* **index ~,** cerdyn *(m)* mynegai; *Sch:* **number ~,** cerdyn rhifo; *Sch:* **word-matching cards,** cardiau llun a gair; *(e) Golf:* cerdyn sgorio; *Rac:* cerdyn rasys; *(f) Mec.E:* **indicator ~,** cerdyn mesurydd; *(g) O:* **dance ~,** rhestr(-au,-i) *(f)* dawnswyr; *(h)* **memorial ~,** cerdyn coffa; **optical coincidence ~,** cerdyn cyfatebiaeth weladwy; **record ~,** cerdyn cofnod/cofnodi. **3.** *Dominoes:* d|omino: dominô(-s) *m.* **~-carrying** *a.* â cherdyn aelodaeth; **he's a ~-carrying Communist,** mae'n aelod cyflawn/taledig o'r Blaid Gomiwnyddol. **~-case** *n.* cas(-ys) *(m)* cardiau. **~-code** *n. Cmptr:* côd (codau) *(m)* cerdyn. **~ column** *n. Cmptr:* colofn *(f)* gerdyn (colofnau cerdyn). **~-feed** *n. Cmptr:* porthydd(-ion) *(m)* cardiau. **~ field** *n. Cmptr:* maes (meysydd) *(m)* cerdyn. **~ format** *n. Cmptr:* fformat(-au) *(m)* cerdyn. **~-game** *n.* gêm *(f)* gardiau (gemau cardiau). **~ hopper** *n. Cmptr:* hopren *(f)* gardiau (hoprenni cardiau). **~ image** *n. Cmptr:* delwedd(-au) *(f)* cerdyn. **~-index**[1] *n.* mynegai (mynegeion) *(mf)* ar gardiau. **~-index**[2] *v.t.* rhestru/mynegeio (rhth) ar gardiau. **~ jam** *n. Cmptr:* tagfa *(f)* gardiau (tagf|eydd cardiau). **~-maker** *n. Cmptr:* cardiwr (cardwyr) *m.* **~ player** *n.* chwaraewr (chwaraewyr) *(m)* cardiau, chwar|aewraig cardiau. **~-playing** *vn.* chwarae cardiau. **~ punch** *n. Cmptr: &c:* tyllydd (tyllwyr) *(m)* cardiau. **~ reproducer** *n. Cmptr:* dyblygydd(-ion) *(m)* cardiau. **~-room** *n.* ystafell *(f)* gardiau (ystafelloedd cardiau). **~-sharp, ~-sharper** *n.* twyllwr (twyllwyr) *(m)* cardiau, *occ:* cafflwr (cafflwyr) *m.* **~-sharping** *vn.* twyllo â chardiau, *occ:* cafflo. **~ stacker** *n. Cmptr:* pentyrrwr (pentyrwyr) *(m)* cardiau. **~-table** *N:* bwrdd (byrddau) *(m)* cardiau, *S:* bord *(f)* gardiau (bordydd cardiau). **~ verifier** *n. Cmptr:* gwireddwr (gwireddwyr) *(m)* cardiau. **~ vote**[1] *n.* pleidlais (pleidleisiau) *(f)* drwy gerdyn. **~ vote**[2] *v.i.* pleidleisio drwy gerdyn. **~ wreck** *n. Cmptr:* drylliad(-au) *(m)* cardiau.
card[2] *v.t.* rhestru (rhth) ar gardiau.
card[3] *n. Tex:* crib galed (cribau caled) *f, occ:* crib(-au) caled *m,* card(-iau) *m,* heislan(-au, -od) *f,* heisyllt(-au,-od) *f.*
card[4] *v.t. Tex:* cardio, cribo, trin, heislanu.
cardamine *n. Bot:* hydyf *m,* berw(m)'r weirglodd.
cardamom, cardamum *n. Bot:* c|ardamom *m, A:* grawn *(pl)* Paradwys.
cardan *a. Mec.E:* cardan. **~ joint** *n.* cymal(-au) cyffredinol *m,* cymal cardan. **~ shaft** *n.* siafft(-iau) *(f)* cardan, gwerthyd(-au) *(f)* cardan.
cardboard *a. & n.* pasbord *m,* cardbord *m.*
carder *n. Tex: (a) (pers.):* cribwr (cribwyr) *m,* cardiwr (cardwyr) *m,* c|ardwraig *f,* cr|ibwraig *f; (b) (machine):* cythraul (cythreuliaid) *m* [gwlân], cribwr (cribwyr) *m,* peiriant (peiriannau) *(m)* cardio/cribo. **~ [bee]** *n. Ent:* *cardwenynen (cardwenyn) *f,* (*)c|ardwraig (cardwragedd) *f.*
cardia *n. Med:* porth *(m)* yr ystumog.
cardiac *a. & n.* **1.** *a.* cardiaidd, calonnol; y galon; **~ arrest,** ataliad(-au) *(m)* ar y galon; **~ diseases,** afiechydon y galon; **~ infarction,** cnawdnychiant *(m)* y galon; **~ massage,** *(i)* tylino*(vn)*'r galon; *(ii)* tyliniad *(m)* ar y galon; **~ muscle,** cyhyryn *(m)* y galon (cyhyrau'r galon). **~ output,** allbwn *(m)* y galon; **~ tamponade,** calon-gyfyngiad *m.* **2.** *n. (patient):* claf (cleifion) *(m&f)* â'r galon. **3.** *n. (medicine):* cordial(-au) *m.*
cardialgia *n. Med:* **= heartburn.**

Cardiff *W.Pl.n.* Caerdydd *f* (*pronounced* Caer-dydd); ~ **Arms Park,** Parc yr Arfau.
Cardiffian *a. & n.* **1.** *a.* o Gaerdydd, Caerdyddol. **2.** *n.* dinesydd (dinasyddion) (*m*) Caerdydd, un (rhai) o Gaerdydd.
Cardigan[1] *W.Pl.n.* **1.** *(shire):* Ceredigion *f,* Sir (*f*) Aberteifi. **2.** *(town):* Aberteifi *f.* ~ **Bay** *Pr.n. Geog:* Bae (*m*) Ceredigion.
cardigan[2] *n. Cost:* côt (*f*) weu (cotiau gweu), c|ardigan (cardiganau) *f.*
Cardiganshire *Pr.n. Geog:* = **Cardigan**[1] **1**; ~ **man,** Cardi(-s) *m.* **~-like** *a.* Cardïaidd.
cardinal *a. & n.* I. *a.* **1.** prif *(before noun + soft mut.)*; sylfaenol, allweddol; *Econ: Mth:* prifol; *Mth:* ~ **number,** prifol(-ion) *m,* prif rif(-au) *m,* rhif(-au) prifol *m*; *(in ordinary parlance):* rhifolyn (rhifolion) *m*; *Ling:* ~ **vowel,** llafariad (llafariaid) safonol *f*; *Geog:* **the ~ points,** y pedwar ban, y prif bwyntiau, y pwyntiau prifol; **the ~ winds,** y pedwar gwynt, y prifwyntoedd; *Theol:* **the ~ virtues,** y prif rinweddau. **2.** *(colour):* cochrudd, ysgarlad. **3.** *Moll:* colynnol. II. *n. Ecc: Orn:* c|ardinal (cardinaliaid) *m.* ~ **beetle** *n. Ent:* chwilen (chwilod) ysgarlad *f.* **~-flower** *n. Bot:* lobelia(-s) coch *m.* ~ **spider** *n. Arach:* c|ardinal (cardinaliaid) *m.*
cardinalate *n.* cardinaliaeth(-au) *f.*
cardinalism *n. Econ:* prifoliaeth *f.*
cardinality *n. Mth:* prifoledd *m.*
cardinally *adv.* uwchl|aw popeth, yn anad dim.
cardinalship *n.* cardinaliaeth(-au) *f.*
carding *vn.* **1.** = **card**[2],[4]. **2. cardings** *n.pl.* cribion, cribinion. **~-brush** *n.* brwsh(-is) (*m*) ffeil. ~ **machine** *n.* cythraul (cythreuliaid) *m* [gwlân], cribwr (cribwyr) *m,* peiriant (peiriannau) (*m*) cribo/cardio, injan/injin (*f*) gardio (injans/injins cardio). ~ **wool** *n.* gwlân (*m*) cribo.
cardiogram *n. Med.* c|ardiogram (cardiogramau) *m.*
cardiograph *n. Med:* c|ardiograff (cardiograffau) *m.*
cardiographer *n. Med:* cardiograffwr: cardiograffydd (cardiograffwyr) *m.*
cardiographic *a.* cardiograffig.
cardiography *n. Med:* cardiograffiaeth *f,* cardiograffeg *f,* cardi|ograffi *m.*
cardioid *a. & n.* **1.** *a. T.V:* ~ **[microphone],** meic(-iau) cardioid *m.* **2.** *n. Mth:* cardioid(-au) *m.*
cardiological *a.* cardiolegol.
cardiologist *n. Med:* cardiolegwr: cardiolegydd (cardiolegwyr) *m.*
cardiology *n. Med:* cardioleg *f.*
cardiomegaly *n.* cardiom|egali *m.*
cardiometry *n. Med:* cardiometreg *f.*
cardiomyopathy *n. Med:* cardiomy|opathi *m.*
cardiopathy *n. Med:* cardiopatheg *f.*
cardiopulmonary, cardiorespiratory *a. Med:* cardio-anadlol.
cardiotachometer *n.* cardiotacomedr(-au) *m.*
cardiotonic *a. & n. Med:* **1.** *a.* cardiotonig. **2.** *n.* cardiotonig(-au) *m.*
cardiovascular *a.* cardiof|asgwlaidd.
carditis *n. Med:* carditis *m,* llid (*m*) ar y galon.
cardoon *n. Hort:* marchysgallen (marchysgall) (*f*) Sbaen, marchysgallen y gerddi; *Cu:* cardŵn (cardwnau) *m.*
Cards. *abbr. See* **Cardigan**[1] **1.**
carduus benedictus *n. Bot:* ysgallen fendigaid (ysgall bendigaid) *f.*
care[1] *n.* **1.** *(= worry):* pryder(-on) *m,* gofid(-iau) *m,* poen(-au) (*mf*) meddwl, *Lit:* cur(-iau) *m,* gofal(-on) *m*; **my greatest ~,** fy ngofid mwyaf, fy mhennaf gofid, y peth sy'n fy mhoeni fwyaf; *Prov:* ~ **killed the cat,** gofid a laddodd y gath. **2.** *(= attention):* gofal(-on) *m,* gofalaeth(-au) *f*; *Med:* ~ **and after-care,** gofal ac ôl-ofal; **post-natal ~,** gofal ar ôl geni; ~ **and attention,** gofal a sylw; **~, protection and control,** gofal, amddiffyn a rheolaeth; **to put s.o. in ~,** rhoi rhn dan ofal; ~ **and use of tools,** gofalu am offer a'u defnyddio; *Soc.Adm:* ~ **and control,** gofal a rheolaeth; *Jur:* ~ **and custody,** gofal a chadwraeth; **in need of ~ and protection,** ag arno/arni/arnynt angen gofal a nawdd; **duty of ~ towards ...,** dyletswydd gofal tuag at ..., dyletswydd i ofalu am ...; **driving without due ~ and attention,** gyrru heb y gofal a'r sylw dyladwy; **constant ~,** gofal cyson/parhaol; ~ **for details,** gofalusrwydd *m,* manwl gywirdeb *m,* gofal ynghylch manylion; **to take ~ of sth,** *(= look after):* gwarchod rhth, gofalu am rth; **to take ~ of sth,** *(= see to sth):* ymorol am rth; **to take ~ (in doing sth),** gofalu, bod yn ofalus (wrth wneud rhth); **to take considerable ~ [to do sth],** mynd i gryn drafferth [i wneud rhth]; **to take ~ not to do sth,** gofalu peidio â gwneud rhth; **~ should be taken to ensure that ...,** dylid gofalu bod ...; **take ~,** *O:* **have a ~!** gan bwyll! gofala (gofalwch)! cymer(-wch) ofal! *N: F:* tendia (tendiwch)! **you take jolly good ~!** gofala di (gofalwch chi)! *N: F:* cymer di'r (cymerwch chi'r) ofal! **to take ~ of one's health,** gwarchod eich iechyd, gofalu am eich iechyd; **to take ~ of a child,** gofalu am blentyn, *S. W:* carco plentyn; **that matter will take ~ of itself,** fe ofala hynny drosto'i hun; **"glass, with ~",** "[â] gofal, gwydr". **3.** *(= charge, supervising):* ~ **of the aged,** gofal am yr henoed; **write to me ~ of Mrs. X,** ysgrifennwch ataf drwy law y Fns. X; **want of ~,** diofalwch *m,* esgeulustra *m,* esgeulustod *m,* diffyg (*m*) gofal. **4. ~[-s] of state,** cyfrifoldeb(-au) gwladol *m*; **that shall be my ~,** mi ofalaf i am hynny; mi fyddaf i'n gyfrifol am hynny; mi wnaf i ymorol yn ei gylch. ~ **assistant** *n.* cynorthwywr (cynorthwywyr) (*m*) gofalu. **~-cloth** *n. occ: Hist:* lliain (llieiniau) (*m*) priodas. ~ **label** *n. Laund:* label(-i) (*mf*) gofal. **~-laden** *a.* dan faich gofalon. ~ **order** *n.* gorchymyn (gorchmynion) (*m*) gofal. ~ **plan** *n.* cynllun (*m*) gofal. ~ **proceedings** *n.* achos (*m*) i gael gofal.
care[2] *v.i.* **1.** *(= worry):* poeni, pryderu, gofidio; *(the foll. are used with neg. stated or implied):* malio, hidio, *N:* hitio, *S:* becso; **that's all he cares about,** dyna'r cwbl y mae'n hidio amdano; **I don't ~,** [ni] waeth gen i; nid wy'n poeni dim; 'dyw hi ddim o bwys gen i; ['does] dim ots gen i; *S:* 'does dim ots gyda/'da fi; 'w i'n becso dim; **I don't ~ (what he says),** nid yw wahaniaeth gen i, nid wyf i'n hidio dim, 'does dim ots gen i, [ni] waeth gen i (beth a ddywed ef); **see if I ~; what do I ~?** beth yw'r ots i mi *or* gen i? pa wahaniaeth i mi *or* gen i? **I don't ~ much for it,** ni dda gen i mohono; 'does gen i ddim llawer o olwg arno; *N. W: occ:* 'does gen i ddim gwynt iddo fo; 'dydw i'n hidio fawr amdano; *F:* **I couldn't ~ less (about it),** nid wy'n malio dim, nid wy'n malio yr un ffeuen *or* yr un botwm corn (ynddo/ynddi); **a couldn't-~-less attitude,** agwedd gwbl ddifater/ddihidio; **I don't ~ what you say, I'm staying here,** waeth gen i beth [a] ddywedwch chi, 'rwyf i am aros fan hyn; **not that I ~,** nid bod gwahaniaeth gen i; nid bod ots gen i; **for all I ~,** o'm rhan i, petai o bwys i mi, petai ots gen i; **I don't ~! as if I cared!** fel petai o bwys i mi! fel petai ots gen i! **I don't ~ either way,** ni waeth gen i pa un; 'does dim ots gen i y naill ffordd na'r llall; nid yw'n poeni dim arna' i pa un; *S:* man a man gen i; *F:* **(I don't ~) a damn, two hoots, a pin, a rap,** *N:* ('dydw i ddim yn malio/hidio) ffeuen, botwm corn, taten [bob], blewyn, baw; *S. W:* ('w i ddim) yn becso dam, yn becso ffrig, yn hidio dimai bren; **he doesn't ~ for anybody or anything,** nid yw'n malio/hidio am neb na dim; *S:* 'dyw e'n hido dim am neb. **2. to ~ for invalids,** gofalu am gleifion, gwarchod cleifion. **3.** *(= like):* **he doesn't ~ for her,** nid yw'n ei hoffi hi; ni dda ganddo mohoni; nid yw'n hidio fawr amdani; 'does ganddo fawr o daro iddi; 'does ganddo fawr o olwg arni. **4.** *(= be willing):* dymuno, hoffi; **I don't ~ if I do,** nid yw wahaniaeth gen i; ni waeth gen i; ni fyddai ddim gwaeth gen i; **if you ~ to join us,** os dymunwch ddod atom; **would you ~ to join us?** a hoffech chi ymuno â ni? **if you ~ to (do sth),** os teimlwch ar eich calon (wneud rhth); **I wouldn't ~ to,** hoffwn i ddim. **cared-for** *a.* **well-cared-for,** graenus yr olwg; **it looks well-cared-for,** mae golwg raenus arno/arni; mae golwg gofal da arno/arni.
careen[1] *n.* **on the ~,** ar ei hochr, ar ogwydd.
careen[2] *v.t.&i.* **1.** *v.t.* *(a)* *(= tilt):* troi (llong) ar ei hochr; *(b)* *(= clean):* glanh|au. **2.** *v.i.* gogwyddo, gwyro.
careenage *n. Nau:* **1.** = **careen**[1]. **2.** *(expense):* cost(-au) (*f*) glanh|au *&c.* **3.** *(place):* doc(-iau) (*m*) glanhau.
careening *vn. & n.* **1.** *vn.* = **careen**[2]. **2.** *n. Nau:* gogwydd(-ion) *m,* osgo *m,* goleddf(-au) *mf.* ~ **basin** *n.* doc(-iau) (*m*) glanh|au.
career[1] *n.* **1.** *(a)* gyrfa(-oedd, *occ:* gyrfâu, gyrf|eydd) *f*; **throughout their school careers,** drwy gydol eu dyddiau ysgol; *Adm:* **careers opportunities,** cyfleoedd gyrfa; **to take up a ~,** cychwyn ar yrfa, ymgymryd â gyrfa; **a chequered ~,** gyrfa fraith; **Careers Advisory Service,** Gwasanaeth Gyrfaoedd Ymgynghorol; *Sch:* **careers convention,** cynhadledd (*f*) yrfaoedd (cynadleddau gyrfaoedd); *Sch:* **careers master,** athro (athrawon) (*m*) gyrfaoedd; **careers mistress,** athrawes(-au) (*f*) gyrfaoedd; *(b)* ~ **diplomat,** diplomydd(-ion) proffesiynol *m*; ~ **girl,** merch broffesiynol (merched proffesiynol) *f,* merch yn

dilyn gyrfa; **~ woman,** gwr|aig/menyw broffesiynol (gwragedd/menywod proffesiynol), gwraig/menyw yn dilyn gyrfa. **2.** *(= headlong rush):* rhuthr(-au) *m*, rhuthrad(-au) *m*, gwib(-iau, -iadau) *f*; **(to stop) in mid-~, in full ~,** (aros) ar ganol (eich *&c*) hynt.
career² *v.i.* rhuthro, carlamu; **to ~ along,** *N.W:* sgrialu mynd, mynd fel mellten, mynd fel Jehu, mynd ar sgrîn; *(on foot only):* mynd nerth eich traed; **a horse careering along,** ceffyl yn rhuthro nerth ei garnau.
careerism *n.* gyrfäwriaeth *f*, ymddyrchafu *vn.*
careerist *n.* dringwr (dringwyr) *m*, rhn (rhai) uchelgeisiol *m*, gyrfäwr (gyrfawyr) *m*, dr|ingwraig *f*, gyrfäwraig *f*; **he's a bit of a ~,** mae am ddod ymlaen yn y byd.
carefree *a.* ysgafnfryd, diofal, diofalon, dibryder, dihidio, difalio, ysgafala, heb ofal.
careful *a.* **1.** *(= attentive):* gofalus, gwyliadwrus, *S:* carcus; **be ~ of it!** cymer(-wch) ofal ohono/ohoni! *N.W:* tendia (tendiwch) rhagddo/rhagddi! *occ:* gwardia (gwardiwch) rhagddo/rhagddi! **to be extremely ~ (in doing sth),** *S:* panso; **be ~ what you are doing,** gofalwch beth yr ydych yn ei wneud; **be ~!** gan bwyll! gofala (gofalwch)! bydd(-wch) yn ofalus! cymer(-wch) ofal! *N.W:* tendia (tendiwch)! **you be ~!** *N:* tendia di! cymer di'r ofal! *S:* carca di! **2.** *(= prudent, circumspect):* gofalus, pwyllog, ystyriol, gochelgar, gwyliadwrus, craff, *S.W: occ:* gwagelog, gogelog; **~ consideration,** ystyriaeth ddwys, dwys ystyriaeth; *(= economical):* cynnil, darbodus, gofalus; **a ~ answer,** ateb pwyllog; **~ of the rights of others,** gofalus o hawliau eraill.
carefully *adv.* yn ofalus *&c*; gan bwyll, â gofal. **to live ~,** *(i) (with regard to health):* gofalu am eich iechyd; *(ii) (= economically):* byw'n gynnil/ddarbodus.
carefulness *n.* gofal *m*, sylw *m*, gofalusrwydd *m*, manylrwydd *m.*
Careghofa *W.Pl.n.* Carreghofa *f*, Carreghwfa *f.*
careless *a.* **1.** *(a) (= carefree):* dibryder, ysgafnfryd, ysgafala, diofal, diofalon, dihidio, di-hid, difalio, *N:* dihitio, *S:* dihidans, *S.W: occ:* di-fal; *(b) (= thoughtless):* diofal, difeddwl, anystyriol **(about sth,** o rth); *(c) (= casual):* diymdrech, didrafferth, ysgafn. **2.** *(= negligent):* diofal, esgeulus, *Lit:* aflêr, *N: F:* blêr; *Jur:* **~ driving,** gyrru diofal, gyrru heb ofal.
carelessly *adv.* yn ddibryder, yn ddiofal *&c*; heb ofal; *See* **careless.**
carelessness *n.* diofalwch *m*, diffyg *(m)* gofal, esgeuluster *m*, esgeulustra *m*, esgeulustod *m*, aflerwch *m*, *N: F:* blerwch *m.*
carer *n.* gofalwr (gofalwyr) *m*, gof|alwraig (gofalwragedd) *f*, ymorolwr (ymorolwyr) *m*, ymor|olwraig (ymorolwragedd) *f.*
caress¹ *n.* anwesiad(-au) *m*, anwes(-au, -oedd) *m.*
caress² *v.t.* anwesu, mwytho, anwylo, *S:* tolach, malpo, maldodi (rhn); rhoi maldod (i rn); *N:* rhoi mwythau (i rn).
caresser *n.* anweswr (anweswyr) *m*, an|weswraig *f.*
caressing *a. (hands):* anwesgar, maldodus; *(voice):* caruaidd, serchog.
caressingly *adv.* yn anwesgar *&c.*
caret *n. Typ:* caret(-au) *m.*
caretake *v.t.* gofalu (am rth), gwarchod (rhth).
caretaker *n.* gofalwr (gofalwyr) *m*, gof|alwraig (gofalwragedd) *f*; *Fin:* **~ company,** cwmni (cwmnïau) *(m)* gofalu; *Pol: attrib.* **~ government,** llywodraeth(-au) *(f)* dros dro, llywodraeth ofalu (llywodraethau gofalu).
Carew *W.Pl.n.* Caeriw *f.*
careworn *a.* curiedig.
carex *n.* **= sedge.**
carfare *n. U.S:* pris(-iau) *(m)* tocyn.
carfax *n.* croesffordd (croesffyrdd) *f.*
carful *n.* llond *(m)* car (~ ceir), llwyth *(m)* car (llwythi car/ceir).
cargo *n. Nau:* llwyth(-i) *m*, cargo(-au) *m*; **to take in ~,** codi llwyth. **~ boat** *n.* cwch (cychod) *(m)* llwythi, cwch nwyddau. **~ cult** *n.* cwlt(-iau) *(m)* cargo.
carhop *n. U.S:* **= waiter.**
Carib *a. & n.* **1.** *a.* Caribaidd; *(in language):* Caribeg. **2.** *n. (a) Ethn:* Carib(-iaid) *m&f*; *(b) Ling:* Caribeg *f*, *m.*
Caribbean *a. & n.* **1.** *a.* Caribïaidd; **~ Islands,** Ynysoedd y Caribî; **~ Sea,** *See below.* **2.** *n. (a) Ethn:* Caribïad (Caribïaid) *m&f*; *(b)* **The ~ [Sea],** Y Caribî *m*, Môr *(m)* y Caribî.
caribe *n. Ich:* **= piranha.**
caribou *n. Z:* carw (ceirw) *(m)* C|anada, caribŵ(-aid, -od) *m.*
caricatural *a.* gwawdluniol, caricaturaidd, cartwnaidd.
caricaturally *adv.* yn wawdluniol *&c*; fel gwawdlun.
caricature¹ *n.* **1.** gwawdlun(-iau) *m*, cartŵn (cartwnau) *m*, car|icatur (caricatur[i]au) *m*; **2.** *(as genre):* dychan *fm*, gogan(-au) *m*, goganu *vn*, dychanu *vn.*
caricature² *v.t.* dychanu, goganu, gwatwar, gwawdio; *(in cartoon):* digriflunio, gwawdlunio, cartwnio, caricaturio (rhth); gwn|eud gwawdlun *&c* (o rth). *Th:* **to ~ a part,** goractio rhan.
caricaturist *n.* dychanwr (dychanwyr) *m*, goganwr (goganwyr) *m*; *(= cartoonist):* digrifluniwr (digriflunwyr) *m*, gwawdluniwr (gwawdlunwyr) *m*, cartwnydd (cartwnwyr) *m.*
caries *n. Dent:* pydredd *m.*
carillon¹ *n. Mus:* **1.** *(= bells):* clychau *pl*; **a ~ of bells,** set *(f)* o glychau. **2.** *(= tune):* tôn *(f)* glychau (tonau clychau). **3.** *(= instrument):* carilon(-nau) *mf.*
carillon² *v.t.&i.* canu, seinio.
carillonneur *n.* carilonnwr (carilonwyr) *m.*
carina *n. Bot: Biol:* gwr|ym (gwrymiau) *m*, trum(-iau) *mf.*
carinate *a. Bot:* gwrymiog; *Archeol:* celog, trumiog.
carination *n. Archeol:* cêl (celau, celiau) *m*, trum(-iau) *mf.*
caring *a.* mawr eich gofal, gofalgar.
Carinthia *Pr.n. Geog:* Carinthia *f.*
Carinthian *a. & n.* **1.** *a.* Carinthaidd. **2.** *n.* Carinthiad (Carinthiaid) *m&f.*
carioca *n. Mus: Danc:* carioca(-s) *f.*
cariogenic *n. Med:* pydrol.
cariosity *n. Med:* pydredd *m.*
carious *a. Med:* pwdr, pydredig, wedi pydru.
carline *n. Bot:* **~ thistle,** *(Carlina vulgaris):* gellast (gelleist) *f*, ysgallen ddreinwen (ysgall dreinwyn) *f*, ysgallen *(f)* Siarl, ysgallen y calch.
carling *n. N.Arch:* dist(-iau) *m.*
Carlisle *Eng.Pl.n.* Caerliwelydd *f.*
Carlism *n. Hist:* Carliaeth *f.*
Carlist *a. & n.* **1.** *a.* Carlaidd. **2.** *n.* Carliad (Carliaid) *m&f.*
carload *n.* **= carful.**
Carlovingian *Pr.n. Hist:* **= Carolingian.**
carmagnole *n. Mus: Danc:* ***carmagnole(-s)*** *f.*
carman *n.m.* **= carrier, driver.**
Carmarthen *W.Pl.n.* Caerfyrddin *f.*
Carmarthenshire *Pr.n. W.Geog:* Sir Gaerfyrddin, *F:* S[h]ir Gâr. **~ Vans** *Pr.n. W.Geog:* Bannau Sir Gaerfyrddin, *F:* Bannau S[h]ir Gâr.
Carmel Head *W.Pl.n.* Pen *(m)* Bryn yr Eglwys.
Carmel Point *W.Pl.n.* Trwyn *(m)* y Gader.
Carmelite *a. & n. Rel.Hist:* **1.** *a.* Carmelaidd; **the ~ Order,** Urdd *(f)* y Carmeliaid, Urdd y Brodyr Gwynion. **2.** *n.* Carmeliad (Carmeliaid) *m&f*, Brawd Gwyn (Brodyr Gwynion) *m.*
carminative *a. & n. Med:* **1.** *a.* sy'n codi gwynt, gwyntyrrol. **2.** *n.* gwyntgyffur(-iau) *m.*
carmine *a. & n.* **1.** *a.* fflamgoch(-ion). **2.** *n.* lliw fflamgoch *m.*
carnage *n.* lladdfa (lladdf|eydd) *f*, *Lit:* cyflafan(-au) *f.*
carnal *a.* cnawdol, blysig; **~ desire[-s],** blys(-iau) *m*, chwant(-au) cnawdol *m*, chwantau'r cnawd, gwyniau(*pl*)'r cnawd; **~ sin,** pechod(-au) cnawdol *m*, pechod y cnawd (pechodau'r cnawd); **to have ~ knowledge of s.o.,** cael cyfathrach rywiol â rhn; *B:* adnabod rhn yn ôl y cnawd; *Jur:* cael adnabyddiaeth gnawdol o rn. **~-minded** *a.* cnawdol, blysig. **~-mindedness** *n.* cnawdolrwydd *m*, blysigrwydd *m.*
carnality *n.* cnawdolrwydd *m*, blysigrwydd *m.*
carnallite *n. Miner:* c|arnalit *m.*
carnally *adv.* yn gnawdol *&c*; yn ôl y cnawd.
carnassial *a. & n. Z:* **1.** *a.* ysgithrol, ysgithrog. **2.** *n.* ysgithr(-au) *m.*
carnation *a. & n.* **1.** *a.* cigliw, gw|elwgoch, cochliw. **2.** *n. (a) (colour):* cigliw *m*, lliw gwelwgoch *m*; *(b) Bot:* penigan *(m)* y gerddi, penigan cigliw, carnasiwn(-s, carnasiynau) *m.*
carnauba *n. Bot:* carnawba (carnawbâu) *f.* **~ wax** *n.* cwyr *(m)* carnawba.
carnelian *n. Lap:* carnelian(-au) *m.*
carnet *n.* trwydded(-au) *f.*
carnival *n.* **1.** c|arnifal (carnifalau) *m.* **2.** *U.S:* **= fun-fair.**
carnivora *n.pl. Z:* anifeiliaid cigysol/cigfwytaol/rheibus, cigysolion, cigysorion, anifeiliaid bwyta cig.
carnivore *n.* **1.** *Z:* anifail (anifeiliaid) cigysol/cigfwytaol/rheibus

m, anifail bwyta cig, cigysor(-ion) *m*, cigysydd(-ion) *m*. **2.** *Bot:* planhigyn (planhigion) cigysol *m*.
carnivorous *a.* cigysol, cigfwytaol, rheibus, yn bwyta cig.
carnivorously *adv.* yn gigysol *&c*.
carnivorousness *n.* cigysoldeb *m*, rheibusrwydd *m*, natur gigysol *f*, natur bwyta cig.
carnotite *n. Miner:* c|arnotit *m*.
carny *v.t.* cocsio.
carnyx *n. Archeol:* catgorn (catgyrn) *m*.
carob *n. Bot:* **1.** **~[-bean]**, cneuen (*f*) garob (cnau carob). **2.** **~ [tree]**, carobwydden (carobwydd) *f*, coeden (*f*) garob (coed carob).
carol[1] *n.* carol(-au) *fm*. **~ singer** *n.* carolwr (carolwyr) *m*, car|olwraig (carolwragedd) *f*, canwr (canwyr) (*m*) carolau, cantores(-au) (*f*) carolau.
carol[2] *v.i.&t.* *(a)* caroli, canu carolau; *(b)* *(of lark &c):* canu, telori.
Caroline *a.* *(a)* **= Carolingian;** *(b)* *Eng.Hist:* Siarlaidd. *(c)* **The ~ Islands,** Ynysoedd Caroline.
Carolingian *a.* *& n.* **1.** *a.* Carolingaidd. **2.** *n.* Carolingiad (Carolingiaid) *m&f*.
caroller *n.* carolwr (carolwyr) *m*, car|olwraig *f*.
carom[1] *n. Bill: U.S:* **= cannon**[1] **3.**
carom[2] *v.i. Bill: U.S:* **= cannon**[2] **1.**
carotene *n. Ch:* c|aroten *m*.
carotenoid *a.* *& n.* **1.** *a.* carotenaidd. **2.** *n.* car|otenoid (carotenoidau) *m*.
carotid *a. & n.* **1.** *a.* carotid; **~ artery,** y rhydweli (*f*) garotid; **~ body,** corffyn (*m*) carotid. **2.** *n.* carotid (carotidau) *m*.
carousal, carouse[1] *n.* sesiwn (sesiynau) (*m*) yfed, *Lit:* cyfeddach(-au) *f*, cydgyfeddach(-au) *f*, *F:* yfwch *m*, *A:* crowsio *vn*; *(= revelry):* *Lit:* ysbleddach *f*, rhialtwch *m*.
carouse[2] *v.i.* diota, yfed ei hochr hi, meddwi, *F:* potio, slotian, *A:* crowsio, *Lit:* cyfeddach, cydgyfeddach, cydyfed, ymyfed, *N:* hel diod, *S: F:* mynd ar y criws, mynd ar y cnap, cnapo, *S. W:* brwysgo.
carousel *n.* **1. = tournament. 2. = merry-go-round, roundabout. 3.** *(of projector):* carwsél (carwselau) *m*.
carouser *n.* diotwr (diotwyr) *m*, meddwyn (meddwon) *m*, *F:* slotiwr (slotwyr) *m*, potiwr (potwyr) *m*, *S: occ:* brwysgwr (brwysgwyr) *m*, *Lit: occ:* crowsiwr (crowswyr) *m*.
carp[1] *n. Ich:* cerpyn(-nod) *m*, carp(-iaid) *m*, llwynog (-od) (*m*) dŵr, cip-bysgodyn (~-bysgod) *m*; **crucian ~,** byrbysgodyn (byrbysgod) *m*, cerpyn di-farf; **golden ~,** cerpyn euraidd; **king ~,** march-gerpyn(-nod) *m*; **leather ~,** cerpyn llyfn/moel; **mirror ~,** cerpyn gloyw; **Prussian ~,** cerpyn Prwsiaidd; **scale ~,** cerpyn cennog; *S.a.* **grass**[1].
carp[2] *v.ind.t. & v.i.* **1.** *v.ind.t.* **to ~ about sth,** gweld brychau yn rhth *or* ar rth, achwyn/cwyno yngh|ylch rhth, lladd ar rth, pigo beiau yn rhth, pigo bai ar rth. **2.** *v.i.* **(he's always) carping,** (mae byth a beunydd) yn achwyn/cwyno, yn gweld bai, *N: occ:* yn hewian, yn cwencio/cwenclan, yn codi cwenc, **3.** yn conan, yn ceintachu, yn gwenwyno (**about sth,** am rth).
carpal *a. & n. Anat:* **1.** *a.* arddyrnol, carpalaidd; **~ bones,** esgyrn yr arddwrn, esgyrn carpalaidd. **2.** *n.* asgwrn (esgyrn) (*m*) yr arddwrn, carpal(-au) *m*.
carpale *n. Anat:* **= carpal 2.**
Carpathian *a. & n.pl. Geog:* **1.** *a.* Carpathaidd; **the ~ Mountains,** y Mynyddoedd Carpathaidd, Mynyddoedd Carpathia. **2.** *n.pl.* **the Carpathians, = the ~ Mountains**.
carpel *n. Bot:* carpel(-au) *m*.
carpellary *a.* carpelaidd.
carpellate *a.* carpelog.
carpenter[1] *n.* saer (seiri) *m* [coed]; *Nau:* **ship's ~,** saer llong (seiri llongau). **~ ant** *n. Ent:* morgrugyn (morgrug) coedysol *m*. **~ bee** *n. Ent:* gwenynen goedysol (gwenyn coedysol) *f*. **~ scene** *n. Th:* golygfa (golygf|eydd) chwim *f*. **~'s shop** *n.* gweithdy (*m*) saer (gweithdai seiri), *S:* siop (*f*) saer (siopau seiri).
carpenter[2] *v.i.* gwn|eud gwaith saer [coed].
carpentry *n.* *(a)* *(= woodwork):* gwaith (*m*) coed, gwaith saer, saernïaeth *f*; **~ and joinery,** gwaith saer ac asiedydd; *(b)* *(trade):* gwaith saer coed, saernïo *vn*, saernïaeth *f*.
carper *n.* pigwr (pigwyr) (*m*) beiau, achwynwr (achwynwyr) *m*, ach|wynwraig *f*, cwynwr (cwynwyr) *m*, c|wynwraig *f*, cecrwr (cecrwyr) *m*, cecren(-nod) *f*, cynhennwr (cynhenwyr) *m*, cynh|enwraig *f*, grwgnachwr (grwgnachwyr) *m*, grwgn|achwraig *f*, ceintachwr (ceintachwyr) *m*, ceint|achwraig *f*, *N: occ:* codwr (codwyr) (*m*) cnecs, cwenciwr (cwencwyr) *m*.
carpet[1] *n.* *(a)* carped(-i) *m*; **felted ~,** carped ffeltiog; **flocked ~,** carped fflocs/fflocsiog; **knitted ~,** carped wedi'i wau; **needled ~,** carped nodwyddog; **short-pile ~,** carped ceden fer; **thick-pile ~,** carped trwchus/cedennog; **tufted ~,** carped cudynnog; **woven ~,** carped wedi'i wehyddu; *Fig:* **a figure in the ~,** patrwm anodd ei weld; **to sweep sth under the ~,** cuddio/celu rhth, ysgubo rhth o'r golwg; **to lay a ~,** gosod carped; *F:* **to be on the ~,** *(of pers.):* *(i)* *(= be told off):* cael y drefn, bod ar y carped, cael clywed eich hanes, bod dani hi; *(ii)* *(of question):* *(= be discussed):* bod dan sylw, bod ar y bwrdd; *(b)* *(of grass &c):* gorchudd(-ion) *m*, carped; *(of snow):* carped, trwch *m*, haen(-au) *f*, caenen(-nau) *f*; *(of bombs):* carped. **~-bag** *n.* bag(-iau) (*m*) teithio, carped-bag(-iau) *m*, *Lit:* ysgrepan(-au) *f*. **~-bagger** *n.* *F: U.S:* gwleidydd(-ion) (*m*) dŵad, carped-bagiwr (~-bagwyr) *m*, carped-b|agwraig *f*. **~-baggery** *n.* carped-bagio *vn*. **~-beater** *n.* curwr (curwyr) (*m*) carpedi, peth(-au) (*m*) curo carpedi. **~-bed** *n. Hort:* gwely(-au) (*m*) patrwm. **~-beetle** *n. Ent:* chwilen (*f*) garpedi (chwilod carpedi). **~-cut** *n. Th:* astell (*f*) garped (estyllod carped). **~-fly** *n. Ent:* pryf(-ed) (*m*) carped. **~-knight** *n.* marchog(-ion) segur *m*, marchog o'r carped. **~-moth** *n. Ent:* gwyfyn(-nod) brith [patrymog] *m*. **~ slipper** *n.* sliper(-i) *f*, sliperen (slipers) *f*, *A: Lit:* llopan(-au) *f*. **~-shark** *n. Ich:* morgi (morgwn) brith *m*. **~-shell** *n. Conch:* cragen fraith (cregyn brithion) *f*; **banded ~-shell,** cragen fraith resog (cregyn brith rhesog); **pullet ~-shell,** cragen y gywen (cregyn cywennod). **~-snake** *n. Oph:* python(-au) brith [patrymog] *m*. **~-sweeper** *n.* ysgubwr (ysgubwyr) (*m*) carpedi. **~-underlay** *n.* isgarped(-i) *m*.
carpet[2] *v.t.* **1.** *(floor):* carpedu (rhth), gosod/taenu carped (ar rth); *(room, house):* carpedu; *(with snow &c):* carpedu, gorchuddio, taenu; **(a slope) carpeted with flowers,** (llethr) yn frith o flodau, â blodau ar daen, dan garped/orchudd/drwch o flodau. **2.** *F:* *(= reprimand):* ceryddu (rhn), dweud y drefn (wrth rn), ei rhoi hi (i rn).
carpeted *a.* carpedog, gorchuddiedig (**with sth,** gan rth); dan garped/orchudd (o rth).
carpeting *n.* **1. = carpet**[2]. **2.** *(= carpets):* carpedi *pl*.
carphology *n. Med:* ymrwyfo *vn*.
carping *a.* achwyngar (*pronounced* ng-g), cecrus, cynhennus, cynhenllyd, cwenclyd.
carpingly *adv.* yn gecrus *&c*.
carpogonial *a. Bot:* carpogonaidd.
carpogonium *n. Bot:* carpogoniwm (carpogonia) *m*.
carpology *n. Bot:* carpoleg *f*.
carpophagous *a.* ffrwythysol, sy'n bwyta ffrwythau.
carpophore *n. Bot:* c|arpoffor (carpofforau) *m*.
carport *n.* porth (*m*) ceir (pyrth ceir).
carpospore *n.* c|arposbor (carposborau) *m*.
carposporic *a.* carposboraidd, carposborig.
carpus *n. Anat:* carpws (carpi) *m*, *F:* arddwrn (arddyrnau) *m*, asgwrn (esgyrn) (*m*) yr arddwrn.
carr *n. Geog:* ffen(-iau) *m*.
carrack *n. Hist: Nau:* carac(-au) *f*.
carrageen, carragheen *n. Bot:* gwymon (*m*) bwyta, gwymon melys, delysg crych *m*, lafwr/lawr piws *m*, *N.W:* mos (*m*) Iwerddon; *S.a.* **Irish moss.**
carrefour *n.* croesffordd (croesffyrdd) *f*.
carrel *n.* carrel (carelau) *m*, cuddygl(-au) *m*, llecyn(-nau) (*m*) darllen.
carriage *n.* **1.** *(= transport):* cludiad *m*, cludiant *m*; *Com:* **~ free,** cludiad [yn] rhad ac am ddim; **~ paid,** cludiad wedi ei dalu; **~ forward,** cludiad dyledus, cludiad i'w dalu; *Jur:* **C~ of Goods Act,** Deddf Cludiad Nwyddau. **2.** *(= deportment):* osgo *m*, cerddediad *m*, symudiad *m*. **3.** *Veh:* cerbyd(-au) *m*; **~ and pair,** cerbyd a dau geffyl, cerbyd a phâr; **baby ~,** pram(-iau) *m*, *N:* coetsh bach/fach (coetshis bach) *f*; *Rail:* cerbyd trên, *F:* carej(-is) *f*, *N: F:* carejan (c|arejis) *f*; **horse-drawn ~,** car a cheffyl. **4.** *(a)* *Artil:* car (*m*) gwn (ceir gynnau); *(b)* *Mec.E:* *(of typewriter &c):* cludwr (cludwyr) *m*, cludydd(-ion) *m*. **~-builder** *n.* saer (seiri) (*m*) cerbydau. **~-building** *vn.* saernïo cerbydau. **~ clock** *n.* cloc(-iau) (*m*) teithio. **~-dog** *n.* ci (cŵn) (*m*) cerbyd, ci brith. **~-drive** *n.* heol (*f*) gerbydau, llwybr(-au) (*m*) cerbydau.

~ **return** *n. (a) (key):* dychwelwr (dychwelwyr) *m; (b) (action):* dychweliad(-au) *m.* ~ **trade** *n.* masnach *(f)* â'r byddigions.
carriageable *a.* tramwyadwy; i gerbydau.
carriageway *n.* priffordd (priffyrdd) *f,* ffordd *(f)* gerbydau (ffyrdd cerbydau); **dual ~,** ffordd ddeuol (ffyrdd deuol) *f.* ~ **capacity** *n.* cynhwysedd *(m)* ffordd gerbyd. ~ **markings** *n.pl.* marciau ffordd gerbyd. ~ **width** *n.* lled *(m)* ffordd gerbyd.
carrick *a. Nau:* ~ **bend,** cwlwm carig *m,* cwlwm plethu.
carrier *n.* **1.** *(pers.): (a)* cariwr(-s, c|ariwyr) *m, Lit:* cludwr (cludwyr) *m,* cludydd(-ion) *m;* **[germ] ~,** cludwr/cariwr haint; *(b) Com:* cludwr, cludydd, cariwr; *Jur:* **common ~,** cludwr cyffredin; *(c) Aut:* **~'s licence,** trwydded *(f)* cludwr *&c.* **2.** *(a) (mechanism):* cludwr, cludydd(-ion) *m,* peiriant (peiriannau) *(m)* cludo, teclyn (taclau) *(m)* cludo; **electron ~,** cludydd electronau; *(b) Mec.E: (in lathe):* cludydd; *Sm.a:* **cartridge ~,** *cetryswr (cetryswyr) *m,* llwythwr (llwythwyr) *m; (c) Ind:* **overhead ~,** cludydd uwchben; *(d) T.V:* cludwr. **3.** *Navy:* **bren-gun ~,** cludydd gwn bren. *S.a.* **aircraft.** **~-bag** *n.* bag(-iau) *(m)* nwyddau, bag neges, bag cario; *(paper):* bag papur [llwyd]; *(plastic):* bag plastig. **~-borne** *a. Av: Nau:* ar gludydd, ar fwrdd llong. ~ **molecule** *n.* m|olecwl (molecylau) *(m)* cludo. **~-pigeon** *n.* colomen *(f)* gludo (colomennod cludo), colomen negesi. **~-platoon** *n.* platŵn (platwnau) *(m)* cludyddion. **~-rocket** *n.* roced *(f)* gludo (rocedi cludo). **~-shell** *n. Moll:* cragen *(f)* gludo (cregyn cludo). **~-wave** *n.* tonfedd *(f)* gludo (tonfeddi cludo), ton *(f)* gario (tonnau cario), ton gludo (tonnau cludo).
carriole *n. (a) (= light carriage):* trap(-iau) *m,* cariol(-au) *m; (b)* **= cart[1]**; *(c)* **= sledge.**
carrion *n. & attrib.* **1.** *n.* corff (cyrff) marw *m,* burgyn(-nod,-iaid) *m,* [y]sgerbwd (ysgerbydau) *m,* celain (celanedd) *f,* caren(-nod) *f, N.W:* 'sglyfaeth(-od) *f.* **2.** *attrib.* ffiaidd, cyfoglyd, ysglyfaethus. **~-beetle** *n. Ent:* chwilen *(f)* furgyn (chwilod burgyn). ~ **crow** *n.* brân *(f)* dyddyn (brain tyddyn), *occ:* brân syddyn, brân fawr (brain mawr), brân furgyn (brain burgyn), *occ:* cigfran fach (cigfrain bach) *f.* **~-flower** *n. Bot:* blodyn *(m)* yr abo (blodau'r abo).
carronade *n. Hist:* caronâd (caronadau) *m.*
carrot *n. Hort:* moronen (moron) *f, N: F:* caretsien: cratsian: cratsen (caretsh, caraitsh) *f, N.W: occ:* moran (moron) *f, S: F:* caretsien (caretsh) *f,* carotsen (carots) *f, N.W: S.W: occ: pl.* llysiau cochion; **moon ~,** moronen y lloer, lloerforonen (lloerforon) *f;* **seaside ~,** moronen y môr; **wild ~,** moronen y maes (moron y meysydd), moronen wyllt (moron gwylltion), nyth *(mf)* aderyn, *M.W:* moronen y moch; *Fig:* **to use sth as a ~,** defnyddio rhth yn abwyd. **~-fly** *n. Ent:* pryf(-ed) *(m)* moron, cleren (clêr) *(f)* [y] moron.
carroty[-haired] *a.* coch [fel cratsien *&c*], pengoch *(pronounced* ng-g); **a ~-haired man,** cochyn (cochion, cochod) *m;* **a ~-haired woman,** cochen(-nod, cochion, cochod) *f.*
carrousel *n.* **= carousel.**
carry[1] *n.* **1.** *Mil:* **sword at the ~,** cleddyf yn barod [yn eich llaw]. **2.** *(a) (of gun):* cyrraedd *m,* cyrhaeddiad (cyraeddiadau) *m; (b) Golf:* llwybr(-au) *m* [pêl]. **3.** *Cmptr:* car-rif(-au) *m;* ~ **prediction circuit,** cylched *(f)* ragfynegi car-rif.
carry[2] *v.t.* **1.** *F:* cario, *Lit:* cludo, dwyn; **to ~ coal to Newcastle,** cario dŵr dros afon, bwrw heli i'r môr, cario glo i Fflint; **to ~ the harvest home,** cywain y cynhaeaf, *N:* cario'r cynhaeaf; **to ~ stories,** cario straeon; **to ~ one's life in one's hands,** mentro'ch bywyd, mentro'ch pen; *S.a.* **can[1] 1, fetch[2] 1(b), leg[1] 1. 2. (a pipe) carrying water,** (pibell) yn dod â dŵr, yn cario dŵr. **3. to ~ pipes under a street,** gosod pibelli dan stryd; **to ~ sth in one's head,** cario/dal rhth yn eich meddwl/pen; **liberty carried to the point of licence,** rhyddid wedi mynd yn benrhyddid; **to ~ sth into effect,** gweithredu rhth, rhoi rhth mewn grym, rhoi rhth ar waith. **4.** *(a) (= seize):* cipio, ennill; **to ~ all before one,** ysgubo popeth o'ch blaen, llwyddo'n ysgubol; **to ~ one's hearers with one,** ennill bryd/calon eich gwrandawyr, argyhoeddi'ch cynulleidfa; **to ~ one's point,** ennill eich dadl; *S.a.* **day 1(b), foot[1] 1. 5.** derbyn; **the bill was carried,** derbyniwyd y mesur. **6.** *(a) (= wear):* gwisgo; *(b)* **his voice carried authority,** siaradai ag awdurdod; 'roedd awdurdod yn ei lais; **to ~ responsibility for sth,** bod yn gyfrifol am rth, dwyn y cyfrifoldeb am rth; **to ~ conviction,** argyhoeddi, bod yn argyhoeddiadol; dwyn perswâd **(with s.o.,** ar rn); **the crime carries a heavy penalty,** mae cosb lem am y trosedd; **that carries some weight,** mae hynny o bwys; *(of money):* **to ~ interest,** dwyn llog; *(c) (of shop):* cadw, stocio. **7.** *Mil:* **to ~ swords,** dwyn cleddyfau. **8. to ~ one's head high,** dal eich pen yn uchel; **to ~ one's liquor well,** dal eich diod yn dda. **9.** *(= support): (weight &c):* cynnal, dal, dwyn, cario, *S:* dala. **10.** *Mth:* **to ~ a figure,** cario/dal/dala rhif [yn eich pen]; **~ two, and seven, are nine,** a dau dros ben, a saith, sy'n gwneud naw; **two down ~ three,** dau i lawr a chario tri. **11.** *abs. (of gun, voice):* cario, mynd [ymhell *&c*]; **his voice carries well,** fe glywir ei lais o bell. **12.** *St.Exch: (= give credit):* cynnal, cario. **13.** *(= be pregnant):* dwyn, cario; *abs.* bod yn feichiog; *(of animal):* bod yn llawn; *(of mare):* bod yn gyfeb; *(of cow):* bod yn gyflo; *(of sheep):* bod yn gyfoen. **14.** *(= prolong):* estyn, hwyh|au. **~ across** *v.t.* cludo (rhth) drosodd, cludo (rhth) ar draws, *occ:* trawsgludo (rhth). **~ along** *v.t.* cludo/dwyn/cario (rhth) ymlaen; *(of crowd, flood &c):* ysgubo (rhth) ymlaen. ~ **away** *v.t.* **1. = carry off. 2. to get carried away,** *(by joy &c):* colli arnoch eich hun; **he was carried away by his feelings,** aeth ei deimladau'n drech nag ef; **I'm sorry, I got carried away,** mae'n ddrwg gen i, mi gollais i arnaf i fy hun. **~ back** *v.t.* **to ~ sth back,** dod â rhth yn ei ôl, dwyn/cludo/cario rhth yn ei ôl, dychwelyd rhth; **that carries me back to my youth,** mae hynny'n mynd â mi yn ôl i'm hieuenctid; mae hynny'n f'atgoffa i o'm hieuenctid; mae hynny'n dwyn atgofion o'm dyddiau cynnar. **~-cot** *n.* cot(-iau) *(m)* cario, cari-cot(-iau) *m.* ~ **down** *v.t.* mynd/dod (â rhth) i lawr, dwyn/cludo/cario (rhth) i lawr, *M.W: occ:* disgyn (rhth). ~ **forward** *v.t.* mynd/dod â rhth ymlaen *or* yn ei flaen, dwyn/cludo/cario rhth ymlaen *or* yn ei flaen; *Book-k:* **carried forward,** i'w gario ymlaen, ducpwyd ymlaen. ~ **off** *v.t.* cipio rhth, dwyn/dwgyd rhth [ymaith, *S:* bant]; **to ~ off the prize,** cipio'r wobr; *F:* **to ~ it off,** *(a) (= succeed):* llwyddo, mynd â'r maen i'r wal; *(b)* **she carried it off well, considering,** fe ddaeth hi drwyddi'n dda, ac ystyried; *S.a.* **air[1]** III. ~ **on 1.** *v.t. (= continue):* parh|au, dal ati, canlyn arni, mynd ymlaen (â rhth, i wneud rhth); *(conversation, correspondence):* cynnal (rhth), mynd ymlaen (â rhth); **to ~ on business,** masnachu, cynnal masnach/busnes. **2.** *v.i. (a)* **to ~ on (during s.o.'s absence),** mynd ymlaen, dal ati, dygnu arni/wrthi (tra bydd rhn i ffwrdd); **~ on!** dal(-iwch) ati! dos (ewch) ymlaen! ymlaen â thi (chi)! *(b) (= persevere):* dyfalbarh|au, dal ati, canlyn arni, dygnu arni/wrthi, pydru arni, *S: occ:* wado 'mlân; *(c) F: (= act):* bihafio, *Lit:* ymddwyn; **I don't like the way she carries on,** 'dwyf i ddim yn hoffi'r ffordd y mae hi'n bihafio; *(d) P: (= make a scene):* codi twrw, creu helynt, mynd trwy'ch pethau, ei dweud hi, bwrw drwyddi; **she carried on dreadfully,** 'roedd hi'n ei dweud hi'n ofnadwy; 'roedd hi'n diarhebu'n ofnadwy; *N:* 'roedd hi wrthi'n arw iawn; **don't ~ on!** dyna ddigon o'r cega 'na! rho (rhowch) daw arni! *S:* gad dy gonan (gadewch eich conan)! *(e) F:* **to ~ on (with s.o.),** *(= court, flirt):* canlyn (rhn); fflyrtio, fflyrtian, caru ar y slei (â rhn); *N: F:* cyboli, poitsio (efo rhn). **~-on** *n. F: (a) (= row):* stŵr *m,* helynt(-ion) *f.* miri *m; (b) (= misbehaviour):* [y]stranciau *pl,* castiau *pl, N:* giamocs *pl,* misdimanars *pl.* ~ **out** *v.t.* **1.** *(= take out):* cludo/dwyn/cario (rhth) allan/mas, *N:* mynd â (rhth) allan/mas; *abs. Com:* danfon neges, cario allan. **2.** *(= execute):* cyflawni, gweithredu (rhth); rhoi (rhth) mewn grym; **to ~ out an order,** dilyn gorchymyn, ufuddh|au i orchymyn, gweithredu gorchymyn; **to ~ out the law,** rhoi'r gyfraith ar waith, gweithredu'r gyfraith, rhoi'r gyfraith mewn grym; *Mil:* **a movement smartly carried out,** symudiad a gyflawnwyd yn ddeheuig; **to ~ out an experiment on sth,** cyflawni/cynnal/gwneud arbrawf ar rth; **to ~ out repairs,** gwneud atgyweiriadau, gwneud gwaith atgyweirio, atgyweirio, *N:* trwsio, *S:* reparo. ~ **over** *v.t.* **1. = carry across;** mynd (â rhth) drosodd, cludo/dwyn/cario (rhth) drosodd. **2.** *Book-k:* trosglwyddo (rhth), cario (rhth) drosodd, cario (rhth) ymlaen; **to ~ over a balance,** trosglwyddo gweddill. **3.** *St.Exch:* **to ~ over stock,** cario stoc drosodd. **~-over** *n.* **1.** *(= balance):* gweddill *m.* **2.** *St.Exch: Typ:* trosglwyddiad(-au) *m;* **~-over day,** diwrnod *(m)* cario drosodd. ~ **through** *v.t.* **1.** mynd (â rhth) drwodd, cludo/dwyn/cario (rhth) drwodd. **2.** *(= complete):* cyflawni, cwblh|au (rhth), dod (â rhth) i ben; **he carried it ~,** fe aeth â'r maen i'r wal. **3.** *(= support):* cynnal; **his strong constitution carried him through his illness,** cynhaliodd ei gyfansoddiad cryf ef drwy ei salwch. ~ **up** *v.t.* codi (rhth), cludo/dwyn/cario (rhth) i fyny, *N:* mynd (â rhth) i fyny, *S:* mynd (â rhth) lan.

carryall *n. U.S:* **1.** *Veh:* trap(-iau) *m.* **2.** = **holdall.**
carrying *vn.* = **carry.** ~ **business** *n.* masnach *(f)* gludo/gario, *F:* busnes *(m)* cariwr. ~ **capacity** *n.* cynhwysedd *(m)* cludo. ~ **chair** *n.* cadair *(f)* gludo (cadeiriau cludo).
cart[1] *n. S:* cart *m:* cert *f* (certi, ceirt), *N:* trol(-iau) *f, Lit: occ:* men(-ni) *f;* **hay ~,** *S.W:* cart, cert, gambo(-s, -au) *mf, S:* car (ceir) *(m)* gwair, *M.W:* wagen(-ni) *f, N:* trol wair (troliau gwair), *occ:* car hir, *S:* cert gist, *M.W:* trwmbel *m;* **barrow-~,** *S:* cart whilber, *N:* trol ferfa (troliau berfa), berfa *(f)* drol (berfâu/berf|ei trol); **bullock-~, ox-~,** cart/cert ychen, men ychen; **tip-~, dump-~,** cart *(m)* dadlwytho/tipio/dymchwel/llympio; **coal-~,** *S:* cart glo, cert lo (certi glo), *N:* trol lo (troliau glo); **milk-~,** *S:* cart llaeth, cert laeth, *N:* trol laeth (troliau llaeth), trol lefrith (troliau llefrith); *F:* **to put/set the ~ before the horse,** rhoi'r cart/drol o flaen y ceffyl; *F:* **in the ~,** mewn trafferth/helynt/byd/picil, *S:* yn y cart, yn y moch; *F:* **to put s.o. in the ~,** creu helynt i rn, peri trafferth i rn, *S:* rhoi rhn yn y cart. **~-house** *n. N:* hoewal(-iau) *f,* sied *(f)* droliau (siediau troliau), tŷ *(m)* trol (tai troliau), coetsiws *m,* certws: cartws *m, S:* sied cart, *N.E:* hofel *(f)* droliau (hofelydd troliau), *S.E:* tŷ *(m)* cart, *M.W:* weinws: wanws *m, occ:* banws *m,* helm *(f)* droliau (helmydd troliau). **~-horse** *n.* ceffyl(-au) *(m)* gwedd, ceffyl gwaith, *S:* ceffyl cart/cert. **~-load** *n. S:* llond *(m)* cart/cert (ceirt/certi), *N:* llond trol(-iau), trolaid (troleidiau) *m, S:* cartaid (carteidiau) *m,* certaid (certeidiau) *f;* *(= hay-cart load): S.W:* gamboaid (gamboeidiau) *f,* llond gambo. *F:* **a ~-load of trouble,** llond trol o drafferth. **~-note** *n. Com:* nodyn (nodau) *(m)* cludo. **~-track** *n.* llwybr(-au) *(m)* cart/cert/trol, ffordd *(f)* drol (ffyrdd trol), lôn *(f)* drol (lonydd trol), *S:* heol *(f)* gart (heolydd cart). **~-wheel**[1] *n.* **1.** *N:* olwyn *(f)* trol (olwynion trol/troliau), *S:* olwyn *(f)* cert (olwynion cert/certi), *S: F:* whilsen (whîls) *f.* **2.** *Gym. n.* olwyndro(-adau) *m;* **to do a ~-wheel, to do ~-wheels,** *F:* bwrw tin dros ben. **~-wheel**[2] *v.i.* olwyno, olwyn-droi, troi fel olwyn, chwarae olwyn drol, bwrw tin dros ben. **~-wheel flower** *n.* = **hogweed (giant).** **~-wheeler** *n.* olwyn-dröwr (~-drowyr) *m,* olwynwr (olwynwyr) *m,* ol|wynwraig *f.*
cart[2] *v.t.* **1.** cartio, certio (rhth); *Lit:* cludo (rhth) mewn cert/trol; **to ~ away hay,** cario gwair, cywain gwair. **2.** *Cr:* taro'n/bwrw'n galed. ~ **about** *v.t.* cario/cludo (rhth) o gwmpas, *F: S.W: occ:* cargywain (rhth). ~ **off** *v.t.* certio/cludo/llusgo (rhth) ymaith *or* i ffwrdd.
cartage *n.* cludiant *m.*
carte *n. Fr:* ***à la ~,*** *a.phr. & adv.phr.* yn ôl eich dewis, ar y fwydlen. ~ ***blanche*** *n.* **(to give s.o.) ~ *blanche* (to do sth),** (rhoi) rhwydd hynt *(f),* pob hawl *(f),* rhyddid llwyr *(m)* (i rn wneud rhth). ~ ***du jour*** *n. Fr: Cu:* bwydlen *(f)* y diwrnod (bwydlenni'r diwrnod).
cartel *n. Ind: &c:* cartél (cartelau) *m.*
cartelize *v.t.&i.* carteleiddio.
carter *n. N:* certmon (certmyn) *m,* gyrrwr *(m)* trol (gyrwyr troliau), troliwr (trolwyr) *m, S:* cartwr (cartwyr) *m,* certiwr (certwyr) *m.*
Cartesian *a. & n.* **1.** *a.* Cartesaidd. **2.** *n.* Cartesiad (Cartesiaid) *m&f.*
Cartesianism *n.* Cartesiaeth *f.*
cartful *n.* = **cart-load.**
Carthage *Pr.n. Geog:* Carthag: Carthago *f.*
Carthaginian *a. & n.* **1.** *a.* Carthaginaidd; **the ~ Wars,** Rhyfeloedd Carthag. **2.** *n.* Carthaginiad (Carthaginiaid) *m&f.*
Carthusian *a. & n.* **1.** *a.* Carthwsaidd. **2.** *n.* Carthwsiad (Carthwsiaid) *m.*
cartilage *n. Anat:* c|artilag (cartilagau) *m.* **~-bone** *n.* asgwrn (esgyrn) *(m)* cartilag.
cartilaginoid, cartilaginous *a.* cartilagaidd.
carting *n.* = **cartage.**
cartogram *n. Geog:* c|artogram (cartogramau) *m.*
cartographer *n.* mapiwr (mapwyr) *m,* cartograffydd: cartograffwr (cartograffwyr) *m.*
cartographic[al] *a.* cartograffig.
cartography *n.* mapio *vn,* cartograffeg *f,* gwn|eud *(vn)* mapiau.
cartomancy *n.* dweud *(vn)* ffortiwn â chardiau.
carton *n.* paced(-i) *m,* carton(-au) *m.*
cartoon[1] *n.* cartŵn (cartwnau) *m; S.a.* **caricature**[1]. ~ **strip** *n.* stribed(-i) *(m)* cartŵn, stribyn(-nau) *(m)* cartŵn.
cartoon[2] *v.t.&i.* **to ~ (s.o.),** tynnu/gwn|eud cartŵn (o rn), cartwnio (rhn); *S.a.* **caricature**[2].
cartoonish *a.* cartwnaidd.
cartoonist *n.* cartwnydd(-ion, cartwnwyr) *m.*
cartouche *n. Arch: Archeol:* ***cartouche(-s)*** *m,* sgrôl (sgroliau) *f.*
cartridge *n.* **1.** cetrisen (cetris) *f, S: Min:* cocyn (cocau) *m,* cocen (cocau) *f,* pelen (pelau) *f, N: Min:* pelen (peli) *f;* **to fire a blank ~,** tanio cetrisen wag. **2.** *Ind:* **filter ~,** cetrisen hidlo. **~-belt** *n. (i)* gwregys(-au) *(m)* cetris/pelau; *(ii) (on machine-gun):* strap(-iau) *(m)* cetris. **~-box, ~-case** *n.* blwch (blychau) *(m)* cetris, bocs(-ys) *(m)* cetris. **~-disk** *n. Cmptr:* disg *(m)* cetrisen (disgiau cetris). **~-clip** *n. Sm.a.* clip(-iau) *(m)* cetris. **~-factory** *n.* gwaith (gweithf|eydd) *(m)* cetris. ~ **paper** *n.* papur cryf *m,* papur praff, papur cetris. **~-pouch** *n.* cwdyn (cydau) *(m)* cetris. **~-weights** *n.pl.* pwysau cetris.
cartulary *n.* cartwlari (cartwlarïau) *m.*
cartwright *n. S:* saer (seiri) *(m)* certi, *N:* saer troliau.
carucate *n. A: Meas:* gweddgyfair (gweddgyfeiriau) *m.*
caruncle *n. Biol:* cigyn(-nau) *m,* carwncl (carynclau) *m; (of bird):* tagell(-au, tegyll) *f.*
caruncular *a.* carynclaidd; tagellaidd.
carunculate, carunculated *a.* carynclog, cribog, tagellog.
carvacrol *n. Ch:* c|arfacrol *m.*
carve *v.t.* **1.** cerfio, carfio, naddu; **to ~ one's way,** torri'ch ffordd; **to ~ out a career for oneself,** gwn|eud eich ffordd yn y byd, agor eich cwys eich hun, torri'ch cwys eich hun. **2.** *(meat):* torri, cerfio, sleisio, tafellu. ~ **up** *v.t.* **1.** *(meat):* cerfio *&c;* **to ~ s.o. up,** torri rhn yn gareiau. **2.** *F: (booty):* rhannu. **~-up** *n.* rhaniad *(m)* ysbail.
carved *a.* cerfiedig, nadd.
carvel *n. A:* = **caravel.** **~-built** *a.* ag estyllod cyfwyneb.
carven *a.* = **carved.**
carver[1] *n.* **1.** *(a) (pers.):* cerfiwr (cerfwyr) *m,* c|erfwraig *f,* naddwr (naddwyr) *m,* n|addwraig *f.* **2.** *(knife):* cyllell *(f)* gig (cyllyll cig), cyllell gerfio (cyllyll cerfio), *occ:* twca (twceiod) *m;* **bread ~,** twca bara. ~ **mallet** *n.* gordd *(f)* gerfio (gyrdd cerfio).
Carver[2] ~ **chair** *n.* cadair (cadeiriau) *(f)* Carver.
carvery *n.* **1.** *Art:* cerfwaith (cerfweithiau) *m.* **2.** *(restaurant):* cerfdy (cerfdai) *m.*
carving *vn. & n.* **1.** *vn.* = **carve. 2.** *n.* cerfiad(-au) *m,* naddiad(-au) *m,* cerfwaith (cerfweithiau) *m.* ~ **chisel** *n.* gaing *(f)* gerfio (geingiau cerfio), cŷn (cynion) *(m)* cerfio. **~-fork** *n.* fforc *(f)* gig (ffyrc cig). ~ **gouge** *n.* gaing *(f)* gau gerfio (geingiau cau cerfio), cŷn (cynion) *(m)* cau cerfio, cowjen *(f)* gerfio (cowjis cerfio). ~ **knife** *n.* = **carver**[1] **2.**
carvone *n. Geol:* carfon *m.*
Carway *W.Pl.n.* Carwe *m.*
caryatid *n. Arch:* caryatid(-au) *m.*
caryophyllaceous *a. Bot:* peniganaidd.
caryopsis *n. Bot:* caryopsis(-au) *m,* ffrwyth(-au) *(m)* glaswellt.
casaba *n. Bot:* casaba(-s, casabâu) *m.*
Casanova *n.* merchetwr (merchetwyr) *m.*
cascade[1] *n.* rhaeadr(-au, rhëydr, rheyeidr) *f,* cwymp(-iadau) *(m)* dŵr, *S:* sgwd (sgydau) *m; Cmptr:* sgwd *m; Fig:* **a ~ of laughter,** ton *(f)* o chwerthin. ~ **amplifier** *n.* chwyddleisydd cynyddol *m.* ~ **liquefier** *n.* hylifydd cynyddol *m.*
cascade[2] *v.i.* rhaeadru.
cascaded *a.* **1.** *(lock of canal):* rhaeadrol. **2.** *Ph:* sgydedig; *Cmptr:* sgydol.
cascading *a.* rhaeadrol, rhaeadraidd, byrlymol.
cascara *n. Med:* casgara *m.* ~ **buckthorn** *n. Bot:* llwyn(-i) *(m)* casgara. ~ **sagrada** *n.* rhisgl *(m)* casgara.
cascarilla *n.* **1.** *Med:* casgarila *m.* **2.** *Bot:* llwyn(-i) *(m)* casgarila.
Cascob *W.Pl.n.* Casgob *m.*
case[1] *n.* **1.** achos(-ion) *m; Jur:* **stated ~, ~ stated,** achos datganedig; **a ~ in point,** *(i)* enghraifft (enghreifftiau) *f; Jur: (ii)* achos arbennig; **the ~ in point,** yr achos dan sylw; **if my ~ was yours,** pe baech *or* petaech chi yn fy lle i; **in this particular ~,** yn yr achos [arbennig] hwn, yn yr amgylchiadau hyn, yn hyn o beth; **in every ~,** ym mhob achos; **should the ~ occur,** petai hynny'n digwydd; **this is not the ~,** nid fel yna y mae hi; **the ~ is not the same,** nid yr un peth yw hi; **if that is the ~,** os felly y mae, os yw hynny'n wir; **in that ~,** gan hynny, os felly, os digwydd hynny, felly; **it is a plain ~ of deceit,** mae'n amlwg mai twyll ydyw; **that is often the ~,** fel'na [y] mae hi'n aml; fel'na y

digwydd yn aml; **that alters the ~,** mae hynny'n newid pethau; mae hynny'n rhoi gwedd newydd ar bethau; mater arall yw hynny; **it is a hard ~,** mae'n galed (arno *&c*); **this is a ~ for the doctor,** gwaith i'r meddyg yw hyn; **in any ~,** pa un bynnag, p'run bynnag, sut bynnag, pa beth bynnag [amdano], *Lit:* [pa] fodd bynnag, *S: F:* 'ta beth [am hynny], 'ta p'un; **(as) in the ~ of X,** (fel) yn achos X, fel y mae/bu *&c* gydag X, *Lit:* megis gydag X; **as the ~ may be,** yn ôl y galw, yn ôl rhaid, yn ôl y digwydd, yn ôl fel y digwydd; **do it just in ~,** gwnewch ef rhag ofn; **in ~,** rhag ofn; *S: F: occ:* yn lle; **[just] in ~ he calls,** rhag ofn iddo alw; **keep a bucket handy in ~ of fire,** cadwch fwced wrth law rhag ofn tân; **in ~ of fire, break this glass,** os bydd tân, torrwch y gwydr hwn; **in ~ of need,** os bydd angen, at raid, rhag angen, rhag ofn y bydd angen; **in ~ of emergency,** mewn achos brys; **such being the ~,** gan hynny, felly, gan mai felly y mae hi; **in no ~ was there an error,** ni chafwyd gwall mewn unrhyw achos; **in most cases,** fel arfer, fel rheol, fynychaf, gan amlaf, ran amlaf, gan mwyaf (*not* gan fwyaf). **2.** *Med: (a) (of disease):* achos(-ion) *m*; *(b) F: (= patient):* claf (cleifion) *m*; *Mil: &c:* **the serious cases,** y cleifion difrifol. **3.** *Jur: (a)* achos(-ion) *m*; **to state the ~,** datgan y ffeithiau, datgan yr achos, rhoi'r ffeithiau gerbr|on; *(b)* **the ~ for the crown,** yr erlyniad *m*; **the ~ for the defence,** yr amddiffyniad *m*; **there is no ~ against you,** nid oes cyhuddiad i'w ateb gennych; nid oes achos yn eich erbyn; **you have no ~,** nid oes gennych achos/ddadl; **to make out a ~ for sth,** rhoi dadl dros rth, pledio achos rhth; **the ~ for sth,** y dadleuon (*pl*) o blaid rhth; **(to put up) a strong ~ (for s.o.),** (rhoi) achos grymus, dadl gref (dros rn). **4.** *Gram:* cyflwr (cyflyrau) *m*. **5.** *F: (= character):* cymeriad(-au) *m*, 'deryn (adar) *m*, *N: F:* creadur(-iaid) *m*, creadures *f*, cymêr(-s) *m*, cono(-s) *m*, *S.W: occ:* sgadenyn (sgads) *m*; **he's a hard ~,** un gerwin/caled/cethin yw ef; *N.W: F:* mae'n hen jero *m*. **~-book** *n.* coflyfr(-au) *m*. **~ conference** *n.* cynhadledd (*f*) achos (cynadleddau achosion). **~ ending** *n. Gram:* terfyniad(-au) cyflyrol *m*. **~ history** *n.* hanes (*m*) achos (hanesion achosion); *Med:* hanes meddygol; **~-law** *n.* cyfraith (*f*) achosion. **~-load** *n.* baich (beichiau) (*m*) achosion. **~ plan** *n.* cynllun (*m*) achos (cynlluniau achosion). **~ record** *n.* dogfennau (*pl*) achos, cofnodion (*pl*) achos. **~ report** *n.* adroddiad (*m*) achos (adroddiadau achosion). **~ review** *n.* adolygiad (*m*) achos (adolygiadau achosion), adolygu (*vn*) achos[-ion]. **~-study** *n.* astudiaeth(-au) (*f*) achos. **~ system** *n. Jur:* cyfundrefn (*f*) achosion. **~-work** *n.* gwaith cymdeithasol, gwaith achos, gwaith gyda'r unigolyn. **~-worker** *n.* gweithiwr (gweithwyr) cymdeithasol *m*.

case² *n.* **1.** *(of goods):* cist(-iau) *f*, pecyn(-nau) *m*. **2.** *(for jewellery, instruments, glasses):* blwch (blychau) *m*, cistan(-au) *f*, cas(-ys) *m*, cês (cesys) *m*, *S.W:* casyn (casys) *m*; *S.a.* **briefcase, suitcase, attaché; spectacle ~,** cas sbectol; **display ~,** cas gwydr, cas arddangos; *Cu:* **paper ~,** casyn papur. **3.** *Bot: (of egg):* plisgyn (plisg) *m*, *S:* masgl(-au) *m*, *S: occ:* plisgen(-nau) *f*. **4.** *(= cover²)* gorchudd(-ion) *m*, amlen(-ni) *f*, clawr (cloriau) *m*; *S.a.* **casing 2**; *Ball:* **bomb ~,** corff (*m*) bom; *(= sheath):* gwain (gweiniau) *f*. **5.** *Bookb:* clawr (cloriau) *m*, *F:* cas(-ys) *m*. **6.** *Typ:* **upper ~,** priflythrennau *pl*; **upper ~ character,** priflythyren (priflythrennau) *f*, llythyren fawr (llythrennau mawr) *f*; **lower ~,** llythrennau bychain *pl*; **lower ~ character,** llythyren fechan (llythrennau bychain). **~-binding** *n. Bookb:* clawr (cloriau) caled *m*. **~-bound** *a.* mewn clawr caled, rhwymedig. **~ glass** *n.* gwydr haenog *m*. **~ goods** *n.pl. Furn:* cypyrddau, *N:* dodrefn, *S:* celfi. **~-harden** *v.t.* caledu, durio, crofennu, durgaledu. **~-hardened** *a.* **1.** *(steel):* caled, durgaled. **2.** *F: (pers.):* profiadol, durol, gerwin. **~-knife** *n.* cyllell (*f*) wain (cyllyll gwain), *S.W:* cyllell (*f*) gasn|eiff (cyllyll casn|eiff). **~-opener** *n.* cŷn (cynion) *m*. **~-shot** *n.* haels *pl*, shrapnel *m*.

case³ *v.t.* **1.** *(a)* **to ~ (goods &c) [up],** rhoi (nwyddau &c) mewn cist; *(= encase, enclose):* gorchuddio, siacedu, amwisgo, tuddedu; **to ~ a boiler,** gorchuddio/amwisgo bwyler; *(b) Bookb:* clorio, *N:* casio. **2. to ~ a well,** coedio ffynnon. **3.** *P:* **to ~ a joint,** llygadu lle. **4. to ~ an animal,** blingo anifail.

caseate *v.i.* cawseiddio, cawsio, cawsu.

caseation *n.* cawseiddiad *m*, cawseiddio *vn*, cawsiad *m*, cawsio *vn*, cawsu *vn*.

casebearer *n. Ent:* cynrhonyn *m* (cynrhon) amlennog.

cased *a. Bookb:* cloriog, [mewn] clawr/cas caled.

casein *n. Ch: Ind:* casein *m*.

caseinogen *n. Geol:* cas|einogen *m*.

casemate¹ *n. Fort:* murgell(-oedd) *f*; *N.Arch:* **gun ~,** cell (*f*) danio (celloedd tanio), cell gynnau mawr.

casemate² *v.t. Fort:* murgellu.

casemated *a.* murgellog.

casement *n.* casment(-au,-ydd) *m*. **~ cloth** *n.* defnydd (*m*) llenni, cotwm (*m*) llenni. **~-curtain** *n.* cyrten(-s) (*m*) casment. **~-window** *n.* ffenestr(-i) (*f*) adeiniog, ffenestr gasment (ffenestri casment).

caseous *a.* cawsaidd.

cash¹ *n.* arian *m*; **petty ~,** arian mân; **ready ~,** arian parod, arian sychion; **out of ~, short of ~,** heb arian arnoch, heb arian ar eich elw, yn brin o arian, heb ddigon o arian; **~ is short,** mae'r arian yn brin; *Joc:* prin yw'r arian yn y god; **hard ~,** arian sychion; **~ down,** arian parod, arian ar law; **~ terms,** telerau arian parod; **~ less discount,** arian parod namyn gostyngiad; **~ on delivery,** tâl/talu/taladwy wrth dderbyn; **~ with order,** taler/talu wrth archebu; *Jur:* **~ offer,** cynnig (*m*) arian; *Book-k:* **~ in hand,** arian mewn llaw; **to balance the ~,** mantoli'r arian. **~-account** *n.* cyfrif(-on) (*m*) arian, cyfrif coffr. **~ and carry** *a. & n.* talu (*vn*) a chario *vn*. **~ balance** *n.* gweddill (*m*) arian. **~-book** *n.* llyfr(-au) (*m*) arian, llyfr coffr, *F:* llyfr cownt. **~-box** *n.* blwch (blychau) (*m*) arian, *N: F:* bocs(-ys) (*m*) pres. **~ card** *n. N:* cerdyn (cardiau) (*m*) arian, *S:* carden (cardiau) (*f*) arian. **~ crop** *n.* cnwd (cnydau) (*m*) gwerthu. **~ desk** *n.* desg(-iau) (*f*) arian, desg dalu (desgiau talu). **~-discount** *n. Com:* gostyngiad(-au) *m*, disgownt(-iau) (*m*) arian. **~-dispenser** *n.* peiriant (peiriannau) (*m*) arian. **~ flow** *n.* llif (*m*) arian. **~ limit** *n.* cyfyngiad(-au) ariannol *m*. **~ payment** *n.* tâl (taliadau) (*m*) arian parod, taliad(-au) (*m*) arian parod, tâl/taliad mewn arian. **~ price** *n.* pris(-iau,-oedd) (*m*) arian parod. **~ ratio** *n. Econ:* cymhareb (cymarebau) (*f*) arian parod. **~ register** *n.* cofnodydd(-ion) (*m*) arian. **~ sale** *n.* gwerthiant (*m*) am arian. **~ statement,** cyfrifen ariannol *f*. **~ value** *n.* gwerth ariannol *m*, gwerth mewn arian; **it has no ~ value,** nid oes iddo ddim gwerth ariannol; nid yw'n werth dim yn ariannol.

cash² *v.t.* newid; **to ~ a cheque,** newid siec; **~ in** *v.t.&i. (i) (= deposit):* talu (arian) i mewn; *(ii) abs. (= exchange):* newid, cyfnewid [am arian]; *(iii) U.S: P:* **to ~ in one's chips,** marw, *N:* mynd i'r bocs, rhoi'ch cerrig i fyny, hel eich traed atoch; *(iv) F:* **to ~ in (on sth),** manteisio, elwa, dal/dala mantais (ar rth); troi (rhth) yn elw. **~ up** *v.i. Com:* cyfrif yr arian.

cash³ *n. Num:* cash *m*.

cashew *n. Bot:* cashiw. **~ bird** *n. Orn:* aderyn (adar) (*m*) cashiw. **~ nut** *n.* cneuen (*f*) gashiw (cnau cashiw). **~ nut-shell oil** *n.* olew (*m*) plisgyn/masgl cashiw. **~ resin** *n.* resin (*m*) cashiw, ystor (*m*) cashiw.

cashier¹ *n.* derbynnydd (derbynyddion) (*m*) arian, ariannwr (arianwyr) *m*, ariannydd (arianyddion) *m*.

cashier² *v.t. Mil:* diswyddo.

cashless *a.* heb arian.

Cashmere *Pr.n. & n.* **1.** *Pr.n. Geog:* Cashmir *f*. **2. c~** *n. Tex:* gwlanen (*f*) Cashmir, cashmir *m*. **c~ shawl** *n.* siôl (*f*) gashmir (siolau cashmir). **~ larkspur** *n. Bot:* ysbardun (*m*) marchog yr India. **~ primrose** *n. Bot:* briallu(*pl*)'r India. **~ sage** *n.* gwerddonell (*f*) yr India, saets (*m*) yr India.

cashpoint *n.* arianbwynt(-iau) *m*.

casing *n.* casin(-au) *m*, casyn(-au) *m*.

casino *n.* casino(-s) *m*.

cask *n.* casgen(-ni, casgiau, *S.W: occ:* cesgis) *f*, baril(-au) *mf*, hogsied(-i) *f*; *(= caskful):* casgennaid (casgeneidiau) *f*, barilaid (barileidiau) *fm*; **beer ~,** casgen gwrw (casgenni cwrw); **to put (sth) in a ~,** casgennu (rhth).

casket *n.* **1.** casged(-au, -i) *f*, cistan(-au) *f*, blwch (blychau) *m*, blychyn(-nau) *m*. **2.** *U.S:* **= coffin. C~ Letters (the)** *n. Hist:* Llythyrau'r Blwch. **~ ornament** *n. Archeol:* addurn(-au) (*m*) blwch.

Casparian strip *n. Bot:* stribyn(-nau) (*m*) Casparaidd.

Caspian *a. Geog:* **The ~ Sea,** Môr Caspia, Y Môr Caspiaidd.

casque *n. Poet: Hist:* helm(-au) *f*.

cassandra *n.* **1.** *Bot:* casandra *m*. **2.** *F:* proffwyd(-i) (*m*) gwae.

cassata *n. Cu:* casata(-s) *m*.

cassation *n. Jur:* diddymiad(-au) *m*; *Jur:* **Court of C~,** Llys (*m*) Apêl.

cassava *n.* casafa *m*, manioc *m*.

casserole[1] *n. Cu:* c|aserol (caserolau) *m.*
casserole[2] *v.t. Cu:* caserolio.
cassette *n.* casét (casetiau) *m.*
cassia *n. Bot: Pharm:* casia *m.* **~ oil** *n.* olew (*m*) casia. **~ tree** *n.* coeden (*f*) gasia (coed casia).
cassideous *a. Bot:* helmog.
cassidony *n. Bot:* **1.** *(= French lavender):* lafant (*m*) Ffrainc. **2. mountain ~, golden ~,** *(= Gnaphalium):* edafeddog *f.*
cassimere *n.* = **cashmere.**
cassioberry *n. Bot:* corswigen loyw (corswigod gloyw) *f.*
Cassiopeia *Pr.n. Astr:* Llys (*m*) Dôn; **~'s Chair,** Cadair (*f*) Dôn.
cassis *n.* casis *m.*
cassiterite *n. Miner:* cas|iterit *m.*
cassock *n. Ecc:* casog(-au) *f.*
cassowary *n. Orn:* c|asowari (casowarïaid) *m.*
cast[1] *n.* **1.** *(a) (of net, stone, dice):* tafliad(-au) *m*; *Nau:* **~ of the lead,** tafliad y plwm, taflu(*vn*)'r plwm; *(b) Fish: (i)* **a good ~,** *(= place):* llecyn(-nau) da *m* [i bysgota, am bysgod]; *(ii) (= gut & fly):* pluen (plu) *f.* **2.** *(a) (= earth):* **worm-casts,** pridd (*m*) pryfed genwair, baw (*m*) pryfed genwair, pridd mwydod/mwydon, *N.W: occ:* pibast *m*; *(b) Husb: (= lambs born):* bwrw *vn.* **3.** *Ap: (of bees):* ail haid (~ heidiau) *f.* **4.** *(a) Metall:* cast(-iau) *m*, mo[w]ldiad(-au) *m*; **plaster ~,** mo[w]ldiad plaster; **to take a ~ of sth,** gwn|eud cast/mo[w]ldiad o rth. **5.** *(a)* **a man of his ~,** dyn o'i fath ef, y fath ddyn ag ef; **~ of mind,** teithi (*pl*) meddwl; **s.o.'s ~ of features,** pryd (*m*) a gwedd (*f*) rhn; *(b) (= arrangement):* trefn *f*, ffurf *f*, gwedd *f*; **the ~ of a sentence,** rhediad (*m*) brawddeg, trefn brawddeg. **6.** *(a) (= turn):* tro(-eon) *m*; **a ~ in the eye,** tro yn y llygad; *(b) (= warp):* **a ~ in a wheel,** tafliad mewn olwyn. **7.** *Th:* cast(-iau) *m.* **8.** *A: (= hue):* gwawr *f*, lliw *m.*
cast[2] *v.t.* **1.** *(a)* bwrw, taflu, lluchio; **to ~ sth adrift,** bwrw rhth i'r môr, gollwng rhth i nofio; **to ~ sth ashore,** golchi rhth i'r lan; **to ~ a shadow,** taflu/bwrw cysgod; **to ~ a spell on s.o.,** *(by sorcery):* rheibio rhn, *F:* witsio rhn; *(= charm):* swyno, cyfareddu (rhn); **the die is ~,** 'does dim troi'n ôl; 'does dim ailfeddwl; **to ~ sth in s.o.'s teeth,** edliw/dannod rhth i rn, taflu rhth yn nannedd rhn; **it was ~ in his teeth,** fe'i cafodd ar draws ei ddannedd; **to ~ a glance at s.o.,** bwrw golwg ar rn, cael cip ar rn; *Nau:* **to ~ the lead,** bwrw'r plwm; **to ~ anchor,** bwrw angor, gollwng angor; *S.a.* **aspersion 2**; *(b) (of reptile):* **to ~ its slough,** bwrw'i groen, bwrw'i hengroen (*pronounced* ng-g); *(of horse):* **to ~ a shoe,** colli pedol; *(of bird):* **to ~ its feathers,** bwrw'i blu, colli ei blu; *(of pers.): O:* **to ~ a garment,** tynnu/taflu dilledyn, *Lit:* dihatru/diosg dilledyn; **ne'er ~ a clout till May be out,** na ddiosg ddilledyn cyn delo Mehefin; haul y gwanwyn, gwaeth na gwenwyn; *(c) Husb: (= give birth):* bwrw; *(of dam):* **to ~ her young,** *(= miscarry):* bwrw [cyn pryd], erthylu, taflu. **2.** *Fish:* **to ~ the line,** taflu'r lein. **3.** *(vote):* bwrw; **the number of votes ~,** nifer y pleidleisiau a fwriwyd; *S.a.* **casting**[1]. **4.** *Astrol:* **to ~ a horoscope,** llunio horosgop. *S.a.* **lot 1. 5. to ~ [up] figures,** bwrw cyfrif, gwneud cyfrif, *N.W: occ: F:* clandro; *S.a.* **account**[1] **1. 6. to ~ a horse,** bwrw ceffyl i'r llawr, llorio ceffyl. **7.** *Jur:* **to be ~ in damages,** gorfod taflu iawndal. **8.** *Metall:* bwrw, castio; *(= melt):* toddi; **to ~ a statue,** bwrw/castio cerflun; **sth ~ in one piece,** rhth a fwriwyd yn un talp; *Typ:* **to ~ a page,** bwrw/castio tudalen; *S.a.* **mould**[2] **2. 9.** *Th:* **to ~ a play,** castio drama, dewis actorion ar gyfer drama; **to ~ s.o. for a part,** dewis rhn i chwarae rhan; **to ~ out of type,** castio'n anghymwys; *S.a.* **type~. 10.** *Danc:* castio. **~ about 1.** *v.t.* **to ~ one's eyes about,** edrych o gwmpas, llygadu pob man, *S.W: occ:* towlu cewc i bob man, towlu llygaid i bob man, bod â'ch llygaid ymhob man. **2.** *v.i. (a)* **to ~ about for an excuse,** ymbalfalu am esgus, chwilio a chwalu am esgus; *(b) Nau:* gwyro, troi. **~ aside** *v.t.* bwrw (rhth) heibio, bwrw (rhth) [i'r] naill ochr, bwrw (rhth) o'r naill du; *(= abandon):* rhoi'r gorau (i rth); *(= get rid of):* cael gwared (â rhth, ar rth), cael ymadael (â rhth). **~ away** *v.t.* *(a)* taflu/bwrw (rhth) ymaith, cael gwared (â rhth, ar rth), cael ymadael (â rhth); *(b) Nau:* **to be ~ away (on a desert island),** cael eich llongddryllio, cael eich gadael, cael eich bwrw (ar ynys unig). **~ back** *v.t. (a)* taflu (rhth) yn ei ôl; *(b)* **to ~ one's mind/thought back,** edrych/meddwl yn ôl, bwrw golwg yn ôl; *(= reminisce):* hel atgofion. **~ down** *v.t. (a)* taflu/bwrw (rhth) i lawr; *(= demolish):* dymchwel, dymchwelyd, *S.W:* m[h]oelyd (rhth); *(b)* **to ~ one's eyes down,** gostwng eich llygaid, edrych i lawr, *S: occ:* disgwyl (*pronounced* dishgwl) i lawr; **with eyes ~ down,** gan edrych i lawr, â'ch llygaid at y llawr; *(c)* **to be ~ down,** *(= depressed):* bod yn ddigalon, bod yn wangalon (*pronounced* ng-g), teimlo'n isel/brudd/drist, digalonni, gwangalonni (*pronounced* ng-g); *(d) (= humiliate):* darostwng, iselh|au, llorio; *(e) Danc:* castio i lawr. **~ in** *v.t.* **to ~ in one's lot with s.o.,** dewis dilyn rhn, bwrw'ch coelbren gyda rhn. **~ loose** *v.t. Nau:* **to ~ loose a painter,** datod/gollwng rhaff; *abs.* **to ~ loose,** hwylio, cychwyn. **~ off 1.** *v.t. (a) (= reject):* diarddel, gwrthod (rhn); *N:* hel/troi (rhn) ymaith/allan; **he was ~ off by his family,** diarddelwyd ef gan ei deulu; *(b) (clothes):* diosg, taflu; **~-off clothing, ~-offs,** hen ddillad; *(c)* **to ~ off all sense of shame,** anghofio/diosg pob cywilydd; *(d) Nau:* **to ~ off the hawsers,** taflu'r/bwrw'r rhaffau; *(e) Knitting:* **to ~ off five stitches,** cau pum pwyth/magl; *(f) Typ:* **to ~ off a manuscript,** cyfrif llinellau llawysgrif, bwrw hyd llawysgrif, amcanu maint llawysgrif; *(g)* **to ~ off a cold,** bwrw annwyd; **to ~ off fatigue/homesickness,** bwrw blinder/hiraeth. **2.** *abs. (of ship):* gollwng rhaffau, hwylio, cychwyn. **~ on** *v.t. Knitting:* **to ~ on (twenty stitches),** codi, ystofi, *S.W:* gwitho (ugain pwyth/magl). **~ out** *v.t.* bwrw/taflu (rhth) allan, *S:* bwrw (rhth) mas; *(devils):* bwrw allan gythreuliaid; *(= expel):* diarddel, esgymuno, diaelodi. **~ up** *v.t.* **1.** *(eyes):* codi, *Lit:* dyrchafu. **2.** *(on shore):* golchi; **flotsam ~ up on the shore,** broc môr wedi ei olchi ar y traeth. **3.** *Lib:* amcangyfrif (*pronounced* ng-g). **4.** *Danc:* castio i fyny. **~-up** *n. Lib: &c:* amcangyfrif(-on) *m.*
cast *a.* **1.** *Art:* **~ shadow,** cysgod a deflir/daflwyd, cysgod(-ion) (*m*) tafl. **2.** *Metall:* bwrw; *S.a.* **rough-cast; ~ iron,** haearn (*m*) bwrw; **a ~-iron alibi,** |alibi cadarn fel y graig; *Fig:* **a ~-iron excuse,** esgus perffaith, esgus cwbl gyfiawn. **~-iron plant** *n. Bot:* aspidistra wrymiog (aspidistras gwrymiog) *f.* **~ steel** *n.* dur (*m*) bwrw, *F:* castîl *m.*
castanet *n.pl. Mus:* castanét(-s, castanetau) *m*; *pl. N: F:* clecars *pl*, *S: F:* clacers *pl.*
castaway *a. & n.* **1.** *a.* llongddrylliedig. **2.** *n.* rhn (rhai) llongddrylliedig; llongddrylliedig(-ion) *m&f.*
caste *n.* dosbarth(-au, -iadau) *m*, cast(-au) *m*; **to lose ~,** colli urddas, colli parch. **~ mark** *n.* nod(-au) (*m*) dosbarth.
castellan *n. Hist:* castellydd(-ion, castellwyr) *m*, ceidwad (*m*) castell (ceidwaid cestyll); *A:* cwnstabl(-iaid) *m.*
castellated *a.* castellog, castellaidd, fel castell; *Her:* **~ arms,** arfau bylchog.
castellation *n.* castelliad *m.*
caster *n.* **1.** peiriant (peiriannau) (*m*) bwrw/castio; *Lib:* castiwr (castwyr) *m.* **2.** *(pers.): (= thrower):* taflwr (taflwyr) *m*, t|aflwraig *f*, lluchiwr (lluchwyr) *m*, ll|uchwraig *f*, bwriwr (bwrwyr) *m*; *S.a.* **castor**[1] **1. 3.** *Th:* castiwr (castwyr) *m*, c|astwraig *f.*
castigate *v.t.* **1.** *(= punish):* cosbi, cystwyo. **2.** *(= rebuke):* dwrdio, ceryddu, cymhennu; *(= criticize):* cystwyo, *occ:* ysgrafellu (rhn); ei dweud hi'n hallt (am rn), lladd (ar rn).
castigation *n.* **1.** *(= punishment):* cosb(-au) *f*, cosbi *vn.* **2.** *(= rebuke):* cystwyad(-au) *m*, dwrdiad(-au) *m*, cerydd(-on) *m*, ceryddiad(-au) *m*, *S.W: occ:* trasiad *m*; *S.a.* **castigate.**
castigator *n.* cosbwr (cosbwyr) *m*, cystwywr (cystwywyr) *m*, cymhennwr (cymhenwyr) *m*, ceryddwr (ceryddwyr) *m*; *Fig: (= critic):* cystwywr (cystwywyr) *m.*
castigatory *a.* cosbol, cystwyol, ceryddol.
Castile *Pr.n. Geog:* Castilia *f.* **~ soap** *n.* sebon gwyn *m.*
Castilian *a. & n.* **1.** *a.* Castilaidd; *(in language):* Castileg. **2.** *n. (i) Ethn:* Castiliad (Castiliaid) *m&f*; *(ii) Ling:* Castileg *f*, *m*, Sbaeneg *f*, *m.*
casting[1] *a.* **1. ~ vote,** pleidlais (*f*) fwrw (pleidleisiau bwrw), pleidlais (*f*) troi'r fantol, pleidlais ddyfarnu (pleidleisiau dyfarnu), pleidlais fantol (pleidleisiau mantol). **2.** *Fish:* **~ net,** rhwyd (*f*) dafl (rhwydi tafl), taflrwyd(-i) *f.*
casting[2] *vn. & n.* **1.** *vn. (a) (of stone):* tafliad(-au) *m*, taflu; *(b) Metall:* castiad(-au) *m*, bwrw, castio; **pipe ~,** castio pibellau/peipiau; **pressure die-~,** deigastio gwasgol; *(c) Th: T.V:* castio, dosbarthiad (*m*) partiau, dewis cymeriadau. *(d)* **~ [up] of figures,** cyfrifiad(-au) *m*, *N.W: occ:* clandro. **2.** *n. Metall: (= cast piece):* darn(-au) (*m*) bwrw, castin(-au) *m*, castiad(-au) *m.* **3.** *n. Archeol:* ffurflun(-iau) *m*, toddlun(-iau) *m*, castin(-au) *m*; **overshot ~,** castin gorymyl; **~ gate,** giât (*f*) fwrw (giatiau bwrw). **~ couch** *n. Cin:* soffa (*f*) gastio (soffas castio). **~ jet** *n.*

ffroenell (*f*) fwrw (ffroenellau bwrw). **~ office** *n. Cin:* swyddfa (*f*) gastio (swyddf|eydd castio). **~ seam** *n. Needlew:* gwr|ym (gwrymiau) (*m*) bwrw, sêm (*f*) fwrw (semiau bwrw).

castle[1] *n.* castell (cestyll, *F:* castelli) *m*; **cliff ~,** clogwyngaer (clogwyngeyrydd) *f* (*pronounced* ng-g); **castles in the air,** breuddwyd (*mf*) gwrach yn ôl ei hewyllys; **(to build castles) in the air, in Spain,** codi cestyll yn yr awyr, breuddwydio'n ofer, breuddwydio wrth eich ewyllys; *Prov:* **an Englishman's home is his ~,** castell pawb [yw] ei dŷ; **the king of the ~,** *(children's game):* [chwarae] gŵr pen y domen, chwarae cadw'r castell, chwarae cadw'r twmpyn. **C~ Arnold** *W.Pl.n.* Castell Arnallt. **C~ Caereinion** *W.Pl.n.* Castell Caereinion. **C~ Hill** *W.Pl.n.* Y Post Bach. **C~ Lloyd** *W.Pl.n.* Castell Llwyd. **C~ Morris/ Maurice** *W.Pl.n.* Casmorys *m*, Castell Morris. **~-nut** *n.* nyten gaerog (nytiau caerog) *f.* **~ pudding** *n. Cu:* pwdin (*m*) wedi'i stemio. **C~-Villa** *W.Pl.n.* Caswilia *m.*

castle[2] *v.t.&i. Chess:* castellu.

Castlebigh, Castlebythe *W.Pl.n.* Cas-fuwch *m.*

castled *a.* castellog, caerog; *S.a.* **castellated.**

castleguard *n.* gwarchodaeth (*f*) castell.

Castlemartin *W.Pl.n.* Castellmartin *m.*

Castleton *W.Pl.n.* Cas-bach *m.*

castling *vn. Chess:* castellu, castelliad(-au) *m.*

castor[1] *n.* **1.** *(for sugar &c):* ysgeintiwr (ysgeintwyr) *m.* **2.** *(of chair):* castor(-au) *m*, olwyn fach (olwynion bach) *f*; **ball ~,** castor pêl. **~ action** *n. Mec.E:* gweithrediad (*m*) castor. **~ sugar** *n.* siwgwr mân *m.*

castor[2] *n. Vet:* corn (cyrn) (*m*) llyffant.

castor[3] oil *n. Pharm:* olew (*m*) [had] castor, *F:* castor-oel *m.* **~-oil plant** *n. Bot: (Ricinus communis):* trogenllys *m.*

castrametation *n.* cynllunio (*vn*) gwersyll[-oedd].

castrate[1] *v.t.* disbaddu, ysbaddu, cyweirio, digeillio, *F:* 'sbaddu (rhth); torri (ar rth); **to ~ lambs,** *S.W:* torri ŵyn.

castrate[2] *n.* disbaddedig(-ion) *m*, ysbaddedig(-ion) *m.*

castrater *n.* disbaddwr (disbaddwyr) *m*, torrwr (torwyr) *m*, *S.W: occ: O:* joci(-s) *m*, *N.W: occ:* eurach(-od) *m.*

castration *n.* disbaddiad(-au) *m*, ysbaddiad(-au) *m*; *S.a.* **castrate;** *Psy:* **~ complex,** cymhlethdod ysbaddol *m.*

castrative *a.* disbaddol, ysbaddol, ysbâdd.

castrato *n.m. Mus:* castrato (castrati), eunuch(-iaid).

castratory *a.* **= castrative.**

Castroism *n. Pol:* Castroaeth *f.*

Castroist, Castroite *a. & n. Pol:* **1.** *a.* Castroaidd. **2.** *n.* Caströydd (Castroyddion) *m*, Caströwr (Castrowyr) *m.*

casual *a. & n.* **1.** *a.* *(a) (= random):* damweiniol, achlysurol; *Golf:* **~ water,** dŵr achlysurol *m*, pwll (*m*) dros dro; **~ labour,** llafur ysbeidiol *m*, llafur dros dro; **~ labourer,** gweithiwr (gweithwyr) ysbeidiol *m*, gweithiwr dros dro, *N: occ:* jermon (jermyn) *m*; *(b) (= unconcerned):* didaro, diffwdan, hamddenol, ysgafala, diofal, digyffro, *F:* côm, di-hid, *S: occ:* dihidans; *Typ: Art:* **studied ~,** gofalus ddiofal; **to engage in ~ conversation,** sôn/sgwrsio am hyn a'r llall, sgwrsio am dipyn o bopeth, sgwrsio'n ddidaro; *Cost:* **~ clothes,** dillad hamdden, dillad segura. *(c) Bot: (= adventive):* dyfod, dieithr, estron, oddi tramor. **2.** *n.* *(a) A:* crwydryn (crwydriaid) *m*; **~ ward,** ward(-iau) (*f*) dros nos, ward y crwydriaid, llety(-au) (*m*) noson, llety unnos; *(b) Bootm: pl.* **casuals,** esgidiau segura, esgidiau hamdden, *S: occ:* [esgidiau] slaps; *(c) Bot:* planhigyn (planhigion) (*m*) dyfod; *(d)* **= casual labourer.**

casually *adv.* *(a) (by chance):* yn ddamweiniol, drwy hap a damwain, ar ddamwain; *(b) (= nonchalantly):* yn ddidaro *&c.*

casualness *n.* hamddenoldeb *m*, dull didaro/difater *m*, difaterwch *m.*

casualty *n.* **1.** *(a) (= accident):* damwain (damweiniau) *usu.f*, an[h]ap (anhapion) *mf*; *(b) pl. Mil: (= losses):* colledion. **2.** *(= wounded pers.):* anafus(-ion) *m&f*, clwyfedig(-ion) *m&f*; *(= dead pers.):* lladdedig(-ion) *m&f*, marw (meirwon) *m*, cwympedig(-ion) *m&f*, colledig(-ion) *m&f*; *(= broken thing):* toredig(-ion) *m*, peth(-au) toredig *m.* **~ rate** *n.* *(a)* cyfradd (*f*) ddamweiniau (cyfraddau damweiniau); *(b) Mil:* cyfradd y colledion. **~ ward** *n.* ward (*f*) ddamweiniau (wardiau damweiniau).

casuarina *n. Bot:* coeden (coed) (*f*) cynffon ceffyl, derwen gaswarina (derw/deri caswarina) *f.*

casuist *n.* *(a)* caswist(-iaid) *m&f*; *(b) Pej:* twyllresymwr (twyllresymwyr) *m*, twyllres|ymwraig *f*, holltwr (holltwyr) (*m*) blew, h|olltwraig (*f*) blew.

casuistic[al] *a.* *(a)* caswistaidd; *(b) Pej:* twyllresymol.

casuistry *n.* *(a)* caswistiaeth *f*; *(b) Pej:* twyllresymeg *f*, twyllresymiadau *pl*, twyllresymu *vn*, hollti (*vn*) blew, camddadlau *vn.*

casus belli *n.* achos(-ion) (*m*) rhyfel.

cat[1] *n.* **1.** *(a)* cath(-od, *S:* -au) *f*, *N.W: F: occ: Joc: Pej:* giaman: ciaman *f*, sgiatan *f*; **tom-~,** *N:* cath wryw (cathod gwryw), *S.W:* cwrcyn (cwrcod) *m*, cwrcath: gwrcath(-od) *m*, *occ:* cwrci (cwrcod) *m*, gwrci (gwrcod) *m*; **~ and dog,** ci a chath; **jungle ~,** cath wyllt (cathod gwyllt) y ddryswig; **she-~,** *S:* cath *f*, cath fenyw (cathod benyw), *N:* cath fanw (cathod beinw); **Persian ~,** cath Bersia (cathod Persia), cath las (cathod gleision); **Cheshire ~,** cath Caer; **to smile like a Cheshire ~,** gwenu fel giât, bod yn wên o glust i glust; *F:* **alley ~,** cath grwydr (cathod crwydr); **stray ~,** cath grwydr, *N: occ:* cath fenthyg (cathod benthyg); **tabby ~,** *(i)* cath frech (cathod brych), cath drilliw (cathod trilliw), *Lit:* cath fraith (cathod brith); *(ii) (= any female cat):* cath fenyw/fanw; **Siamese ~,** cath Siamaidd, cath Siám; **tortoiseshell ~,** cath drilliw; **there's more than one way to kill a ~,** mae llawer ffordd o ladd ci heb ei grogi; **a ~'s nine lives,** naw byw cath, saith byw cath; **to play with a ~,** *M.W:* sboldian cath; *F:* **to be like a ~ on hot bricks,** bod fel gafr ar daranau, bod ar bigau['r] drain, bod ar binnau, bod fel cath mewn cortyn, bod yn aflonydd, *N: F:* cynrhoni; **to see which way the ~ jumps,** gweld y ffordd mae'r gwynt yn chwythu, gweld pa ffordd y try pethau; **he looked like sth the ~ brought in,** 'roedd golwg y diawl/cythraul/fall arno; *Prov:* **care killed the ~,** gofid a laddodd y gath; *Prov:* **curiosity killed the ~,** busnesu/busnesa a laddodd y gath; **there's no room to swing a ~ here,** 'does dim lle i droi yma; 'does dim lle i chwipio chwannen yma; **has the ~ got your tongue?** 'does gen ti ddim i'w ddweud? *S.W:* oes 'na ddalen dan dy dafod di? **to let the ~ out of the bag,** gollwng y gath o'r cwd; **he let the ~ out of the bag,** *S.W:* fe aeth yn slip arno; *Prov:* **all cats love fish but fear to wet their paws,** y gath a gâr/fyn[n] y pysgod ond ni châr/fyn[n] wlychu ei throed; **(they quarrel) like ~ and dog,** (maent yn ffraeo) fel ci a chath, fel cŵn a moch, fel ci a hwch; **it would make a ~ laugh,** mae'n ddigon i godi gwên ar flaenor; **(to fight) like Kilkenny cats,** (ffraeo) fel dau dincer, fel dau eurych, fel eurychod; **to live a ~ and dog life,** byw fel cŵn a moch, byw fel ci a hwch; **not a ~ in hell's chance,** *N.W: occ:* dim gobaith caneri [melyn/coch], dim gobaith mul yn y Grand National, *S:* dim hôps caneri; *Prov:* **a ~ may look at a king,** caiff brân edrych ar y brenin; *Prov:* **when the ~'s away the mice will play,** llon llygod lle ni bo cath; **as sick as a ~,** cyn saled â chi, sâl fel ci, swp sâl; **to rain cats and dogs,** bwrw hen wragedd a ffyn, tresio glaw/bwrw, [y]stido bwrw, dymchwel/ tywallt y glaw, bwrw fel o grwc, bwrw cyllyll a ffyrc; **to turn the ~ in the pan,** troi'r gath yn y badell, chwarae'r ffon ddwybig; **to put the ~ among the pigeons,** tarfu'r colomennod, creu cynnwrf, cynhyrfu'r dyfroedd; *S.a.* **grin[2]**; **to live under the ~'s foot,** byw dan bawen y gath, bod dan lywodraeth y bais; *(b) F: (pers.):* **an old ~,** hen gath, hen 'sguthan(-od) *f*, hen jaden(-nod) *f*, hen faeden(-nod) *f*, hen gnawes(-au) *f*, hen sgeren *f*, hen sgriw [gas] *f*, *N.W: occ:* hen giaman *f*; *(c) F: (i) (= man):* boi(-s) *m*; *(ii) (= jazz virtuoso):* **he's a real cool ~,** *(i)* mae e/o ynddi hi; mae e'n/o'n rêl/rial boi/un; *(d) (in tipcat):* cath glap (cathod clap) *f*, cetyn *m*, *S:* cat *m*, cati *m*; *(e) (= caterpillar tractor):* (*)tractor(-au) (*m*) treigl. **2.** *Z:* **wild ~,** cath wyllt (cathod gwyllt[ion]), cath goed (cathod coed); *S.a.* **wildcat; the great cats,** y cathod mawrion. **3. = ~-o'-nine-tails; to play ~-in-the-hole,** chwarae cath yn y twll/tyllau, chwarae cath ddeudwll; **to play ~-and-dog, to play ~-and-canestick,** chwarae cath a ffon, chwarae ffon a chath, *S:* chwarae cath a ganstic; **to play ~-and-mouse with s.o.,** chwarae â rhn fel cath â llygoden; **to play ~ and trap,** chwarae dau ŵr a chlwpa. **~ burglar** *n.* lleidr (lladron) chwimwth *m*, *cathleidr (cathladron) *m.* **~-chop** *n. Bot:* ffigys (*pl*) y gath. **~-door** *n.* drws (drysau) (*m*) cathod, twll (tyllau) (*m*) cathod. **~ flea** *n.* chwannen (*f*) gathod (chwain cathod). **~-fish** *n.* **= catfish 1. ~-footed** *a.* ysgafndroed, distaw fel cath, llechwraidd. **~-head** *n. Hort: (apple):* afal(-au) (*m*) pen/pryd y gŵr, afal pen cath; *S.a.* **cathead. ~-ice** *n. Nau:* iâ tenau *m*, rhew tenau *m*, caenen (-nau) (*f*) o rew/iâ. **~-lap** *n.*

S.W: occ: golchan (*f*) o de, *N:* dŵr (*m*) golchi llestri, *V:* piso (*m*) cath. **~-o'-nine-tails** *n. Nau:* cath naw cynffon, ffrewyll(-au) *f*, fflangell(-au) *f*. **~-rig** *n. Nau:* cathrigin *m*. **~-rigged** *a. Nau:* â chathrigin. **~'s cradle** *n.* **1.** *Games:* chwarae (*m*) llif draws. **2.** *Fig:* cymhlethdod(-au) *m*, dryswch *m*, tryblith *m*. **~'s ear** *n. Bot: (i) (Hypochaeris):* clust (*f*) y gath, melynydd *m*; **smooth ~'s ear,** *(H. glabra):* melynydd moel; **spotted ~'s ear,** *(H. maculata):* melynydd brych; *(ii) (= Antennaria):* = **~'s foot.** **~'s eye** *n. Lap: Opt: R.t.m:* llygad (*m*) cath (llygaid cathod). **~'s foot** *n. Bot: (i) (Antennaria):* troed (*mf*) y gath, edafeddog (*f*) y mynydd, edafeddog fynyddig, edafeddog ysgaredig; **Alpine ~'s foot,** *(A. alpina):* edafeddog yr Alpau; **Carpathian ~'s foot,** *(A. carpatica):* edafeddog Carpathia; *(ii)* = **ground ivy.** **~'s gold** *n. Min:* aur (*m*) cathod, mica melyn *m*. **~'s meat** *n. (= offal):* ysgyfaint *pl*, cig (*m*) i gathod, cig cathod; *F:* **to make ~'s meat of s.o.,** darn-ladd rhn, andwyo rhn [yn ofnadwy], tynnu rhn yn gareiau, malu rhn yn racs *&c*. **~'s paw** *n. (i) (= puff of wind):* awelyn (awelon) *m*, pwff (pyffiau) (*m*) o wynt, cwthwm (cythymau) (*m*) o wynt, *N.W: occ:* eflyn *m*; *(ii) (pers.):* pric(-iau) (*m*) pwdin, gwas (gweision) bach (*m*) y mwnci; **to be made a ~ paw [of],** mynd yn bric pwdin, bod yn was bach i rn. **~'s pyjamas** *n.* = **~'s whiskers.** **~'s tail** *n. Bot:* **1.** *(Great reedmace):* cwt (*f*) y gath, cynffon (*f*) y gath, yr hesgen felfedog fwyaf *f*, pen melfed *m*, cal felfed *f*, tapr (*m*) y dŵr, ffon (*f*) y plant, rholbryn *m*, rhodell *f*, ffynwewyr (*pl*) y plant, ffynwewyr yr ellyllon. **2.** *(= Phleum):* rhonwellt penfain *m*; **purple-stem ~'s tail,** *(Ph. phleoides):* rhonwellt coesddu; **sand ~'s tail,** *(Ph. arenarium):* rhonwellt y twyni; **smaller ~'s tail,** *(Ph. bertolonii):* rhonwellt penfain. **~'s valerian** *n. Bot: See* **valerian.** **~'s silver** *n. Min:* mica gwyn *m*, arian (*m*) cathod. **~-thyme** *n. Bot: (Teucrium marum):* derwlys (*m*) y gath. **~-whisker** *n. W.Tel: (i)* blewyn (*m*) set [g]risial; *(ii)* radio (*f*) [g]risial; **~'s whiskers,** *P:* **he thinks he's the ~'s whiskers,** mae e'n meddwl bod yr haul yn codi yn ei ben ôl e; *S:* mae e'n credu taw fe yw top y tebot. **~-witted** *a.* sbeitlyd, di-ddweud, penderfynol.

cat^2 *v.t.&i.* **1.** *v.t. Nau:* codi angor. **2.** *v.i. P:* = **vomit 2.** **3.** *v.i. See* **catting.**

catabaptist *n. Rel: Hist:* gwrthfeddyddiwr (gwrthfeddyddwyr) *m*, gwrthfed|yddwraig *f*.

catabolic *a.* catabolig.

catabolically *adv.* yn gatabolig.

catabolism *n. Biol:* cataboledd(-au) *m*, catabolaeth(-au) *f*.

catabolite *n.* catabolyn(-nau) *m*.

catabolize *v.t.&i.* cataboleiddio.

catabolized *a.* cataboleiddiedig, catabolaidd.

catachresis *n.* camddefnydd *m* [ar air/eiriau], camddefnyddio (*vn*) gair/geiriau, camarfer (*vn*) gair/geiriau.

catachrestic[al] *a.* anghywir.

catachrestically *adv.* yn anghywir.

cataclasis, cataclasm *n. Geol:* maluriad(-au) *m*, malurio *vn*.

cataclastic *a.* maluriadol, maluriol.

cataclinal *a. Geog:* disgynnol.

cataclysm *n.* c|ataclysm (cataclysmau) *m*; *(= disaster):* trychineb(-au) *m*; *(= flood, deluge):* rhyferthwy(-au) *m*; *Fig:* daeargryn(-fâu,-f|eydd).

cataclysmal, cataclysmic *a.* cataclysmig, trychinebus, trychinebaidd, rhyferthwyol, rhyferthwyaidd; *Fig:* daeargrynfaol.

catacomb *n. usu.pl.* claddgell(-oedd) *f*, mynwent danddaearol (mynwentydd tanddaearol) *f*, c|atacwm (catacwmau) *m*.

catadromous *a. Z:* disgynnol.

catafalque *n.* **1.** elor(-au) *f*, c|ataffalc (cataffalcau) *m*. **2.** *Veh:* elorgerbyd(-au) *m*.

Catalan *a. & n.* **1.** *a.* Catalanaidd, Catalwnaidd; **he's ~,** Catalaniad *&c* ydyw; *(in language):* Catalaneg, Catalwneg, C|atalan, Catal|an. **2.** *n. (i) Ethn:* C|atalan: Catal|an (Catalaniaid) *m&f*, Catalaniad (Catalaniaid) *m&f*, Catalwniad (Catalwniaid) *m&f*; *(ii) Ling:* Catalaneg: Catalwneg *f*, *m*, Catalan *f*, *m*.

catalase *n. Ch:* c|atalas *m*.

catalatic *a. Ch:* catalatig.

catalectic *a. & n. Pros:* **1.** *a.* sillgoll. **2.** *n.* llinell(-au) (*f*) sillgoll.

catalepsy *n.* m|arwgwsg *m*, catalepsi *m*, catalepsia *m*, llesmair (llesmeiriau) *m*.

cataleptic *a. & n.* **1.** *a.* cataleptig. **2.** *n.* cataleptig(-ion) *m&f*.

cataleptically *adv.* yn gataleptig *&c*.

catalexis *n. Pros:* diffyg (*m*) sillaf.

catalo *n. Z:* c|atalo(-i) *m*, *bualo(-i) *m*.

catalogical *a.* catalogaidd.

catalogue^1 *n.* **1.** c|atalog (catalogau) *m*, *F:* catlog(-au,-s) *m*, *occ:* c|atilog(-s) *m*; **subject ~,** catalog pynciau/testunau. **2.** *U.S: (= university course-list):* prosbectws (prosbectysau) *m*, llawlyfr(-au) *m*, maes (meysydd) (*m*) llafur. **~ card** *n.* cerdyn (cardiau) (*m*) catalog. **~ code** *n.* côd (codau) (*m*) catalogio. **~ entry** *n.* cofnod(-ion) (*m*) catalog.

catalogue^2 *v.t.* catalogio, rhestru.

cataloguer *n.* catalogwr: catalogydd (catalogwyr) *m*.

cataloguing *vn.* = **catalogue^2; ~ in publication,** catalogio wrth gyhoeddi.

Catalonia *Pr.n. Geog:* Catalonia *f*, Catalwnia *f*.

Catalonian *a. & n.* = **Catalan.**

catalpa *n. Bot:* catalpa(-s, catalpâu) *f*.

catalyse *v.t. Ch:* catalyddu.

catalyser *n.* = **catalyst.**

catalysis *n. Ch:* catalyddu *vn*.

catalyst *n. Ch:* catalydd(-ion): c|atalydd (catalyddion) *m*.

catalytic *a. Ch:* catalytig, catalyddol; **~ cracker,** craciwr (cracwyr) catalytig *m*.

catalytically *adv.* yn gatalytig *&c*.

catalyze *v.t. U.S:* = **catalyse.**

catalyzer *n. Ch:* = **catalyst.**

catamaran *n.* **1.** *Nau:* catamarán (catamaranau) *f*. **2.** *F: (= quarrelsome woman):* cecren(-nod) *f*.

catamenia *n. Med:* y misglwyf *m*, y mislif *m*.

catamenial *a. Med:* misglwyfol, mislifol.

catamite *n.* c|atamit (catamitiaid) *m*.

catamount, catamountain *n. A:* = **wildcat, leopard, puma, lynx.**

catananche *n. Bot:* ***catananche*** *m*.

cataphoresis *n. El:* = **electrophoresis.**

cataphoretic *a. El:* = **electrophoretic.**

cataplasia *n. Biol:* cataplasia *m*, dirywiad *m*.

cataplasm *n. Med:* c|ataplasm (cataplasmau) *m*, *F:* powlt[r]is(-iau) *m*.

cataplastic *a. Med:* cataplastig, dirywiol, dirywiedig.

cataplectic *a.* cataplectig, sythbarlysol.

cataplexy *n. Med:* sythbarlys *m*.

catapult^1 *n.* **1.** *(a) A: Hist:* blif(-iau) *m*; *(b) (of child):* sling(-s) *mf*, c|atapwlt (catapyltiau) *m*, *occ:* ffon dafl (ffyn tafl), *N: occ:* gwn (gynnau) (*m*) lastig, taflar *m*, talfar *m*, fforch daflar *f*. **2.** *Av:* offer (*pl*) lansio, catapwlt.

catapult^2 *v.t.* taflu; saethu [â ffon dafl *&c*]; *Av:* catapyltio, lansio [awyren]; *F:* **he was catapulted through the window,** fe'i hyrddiwyd trwy'r ffenestr.

catapulting *n.* = **catapult^2.** **~ hook** *n.* bach(-au) (*m*) lansio.

cataract *n.* **1.** *(= waterfall):* rhaeadr(-au, *occ:* rhëydr, rheyeidr) *f*, *S:* sgwd (sgydau) *m*. **2.** *(on eye):* pilen(-nau) *f*, rhuchen(-ni, -nau) *f*, c|ataract (cataractau) *m*, *N.W: occ:* pilsgen (pilsg) *m* [ar lygad]; **to couch a ~,** codi/tynnu pilen [oddi ar lygad].

cataractal *a.* **1.** rhaeadrol. **2.** *Med:* pilennol, rhuchennol, cataractaidd.

cataractogenic *a.* cataractogenig.

catarrh *n. Med:* catâr *m*.

catarrhal *a. Med:* cataraidd, catarllyd, catarol.

catarrhally *adv.* yn gataraidd *&c*.

catarrhine *a. & n. Z:* **1.** *a.* ffroenfain. **2.** *n.* mwnci (mwncïod) (*m*) ffroenfain.

catastasis *n. Th:* uchafbwynt(-iau) *m*.

catastrophe *n.* **1.** trychineb(-au) *m*; **the victims of the ~,** yr anffodusion *pl*. **2.** *Gr.Th:* cat|astroffe (catastroffeau) *m*, dadleniad(-au) *m*, datgeliad(-au) *m*.

catastrophic *a.* trychinebus, catastroffig, catastroffaidd.

catastrophically *adv.* yn drychinebus *&c*.

catastrophism *n. Geol:* trychinebiaeth *f*, trychinebedd *m*.

catastrophist *n.* trychinebydd(-ion) *m*.

catatonia *n.* catatonia *m*; *S.a.* **catalepsy.**

catatonic *a.* catatonig; *S.a.* **cataleptic.**

catawba *n. Vit:* catawba *m*.

catbird *n. Orn:* **1.** *U.S:* bronfraith (bronfreithod) (*f*) Carolina; **in the ~ seat,** yn y lle blaenaf, yn y lle gorau. **2.** = **bowerbird.**

catboat *n. Nau:* *cathfad(-au) *m*.

catbrier *n. Bot:* = **greenbrier.**

catcall¹ *n.* **1.** chwibaniad(-au) *m*, hwtiad(-au) *m*; **catcalls** *pl*, gweiddi (*vn*) ar draws.

catcall² *v.i.* hwtian, chwibanu, gweiddi ar draws.

catch¹ *n.* **1.** *(a)* daliad(-au) *m*; **a fair ~,** daliad glân, dalfa deg; *(b) Cr:* **he's a good ~,** mae'n ddaliwr da; *(c) (of the breath/voice):* myctod *m*, atal *m*, ataliad(-au) *m* (ar rth); **with a ~ of the breath,** gan ddal eich gwynt/anadl; **with a ~ in the voice,** gyda myctod yn eich llais. **2.** *(a) Fish: &c:* dalfa (dalf|eydd, dalfâu, dalfaoedd) *f*, haldiad(-au) *m*, *N.W: occ:* tyniad(-au) *m*; *(b) F: (in marriage):* **she's a good ~,** fe wnaiff hi wraig dda i rn; mae hi'n werth ei bachu; *(c) F:* **it's no great ~,** nid yw fawr o werth/fargen/gaffaeliad; *N.W: occ:* 'dydi o fawr o gargo; *S.W:* 'dyw e ddim llawer o gael. **3.** *(= snatch of conversation):* pwt (pytiau) *m*. **4.** *(a) (on door):* derbyniad(-au) *m*, clicied(-au, -i) *f*; **ball ~,** clicied bêl (cliciedau pêl); **spring ~,** clicied wisgi (cliciedau gwisgi); *(b) (of buckle):* tafod(-au) *m*; *(on garment): (= hook and eye):* bach (*m*) a dolen *f*, bachyn (*m*) a llygad *m*; *(c) Mec.E:* clicied. **5.** *(a) (= snag):* anfantais (anfanteision) *f*, anhawster (anawsterau) *m*; *(b) (= trap):* magl(-au) *f*; **there's a ~ in it,** mae magl ynddi; **where's the ~?** ble mae'r fagl? **catch-22,** magl 22; **a catch-22 situation,** caethgyfle *m*, cyfyng-gyngor *m*; *(c) (= surprise):* peth(-au) annisgwyl *m*; *Sch: &c:* **~ question,** cwestiwn i'ch dal chi, cwestiwn dal/maglu. **6.** *Mus: (= round):* tôn gron ysgafn (tonau crynion ysgeifn) *f*, hwylgan(-euon) *f*, cylchgan(-au, -euon) *f*, catsh(-is) *m*.

catch² *v.t.&i.* I. *v.t.* **1.** *(a)* dal, *S:* dala; **to ~ a ball,** dal/dala pêl; **to ~ a train,** dal/dala trên; *Ven: (= ensnare):* dal/dala, maglu, rhwydo; **to ~ nothing,** dod yn ôl yn waglaw, methu dal dim; **to ~ an allusion,** deall cyfeiriad; **to ~ fire,** mynd ar dân, cynnau, ffaglu; **to ~ a Tartar,** dal cythraul/cythreules; *S.a.* **breath,** *(surprise):* **to ~ s.o. doing sth,** dal rhn yn gwneud rhth; **if I ~ them at it!** os dalia' i nhw wrthi! *F:* **~ me doing such a thing!** dim peryg y gwna' i'r fath beth! **you won't ~ me again!** ddaliwch chi mohono' i eto! **we were caught in the storm,** cawsom ein dal yn y storm; fe'n daliwyd ni gan y storm; **(they were caught) in the act,** (fe'u daliwyd nhw) wrthi, yn eu gweithred, ar y weithred, ar y gamfa. **2.** *(a) (sound, s.o's eye):* dal/dala; **I didn't ~ what she said,** ni chlywais i ddim beth a ddywedodd hi; **to ~ a glimpse of sth,** cael cip/cipolwg ar rth; **a sound caught my ear,** trawodd sŵn ar fy nghlyw; **I didn't quite ~ that,** chlywais i mo hynna'n iawn; **to ~ s.o.'s eye,** dal/dala sylw rhn, dal/dala llygad rhn; **the artist has caught her likeness,** mae'r arlunydd wedi ei chael hi i'r dim; *(b) (= snag):* dal/dala, cydio (yn rhth); **a nail caught my dress,** daliodd/cydiodd/bachodd hoelen yn fy ngwisg; **I caught my foot in sth,** fe ddaliodd fy nhroed yn rhth; aeth fy nhroed yn sownd yn rhth; **to ~ hold of sth,** gafael/cydio yn rhth, *S:* citsho yn rhth, *N: occ:* cydiad yn rhth. **3.** *(a cold &c):* dal/dala, cael; **I've caught a cold,** mae annwyd arna' i; 'rwyf i wedi cael annwyd; **to ~ a habit,** mynd i gast, codi cast; mynd i'r arfer [o wneud rhth]. **4.** *F: (a)* **to ~ s.o. a blow,** estyn/rhoi dyrnod *&c* i rn; *(b)* **you'll ~ it!** fe'i cei di hi! fe fydd hi'n edifar gen ti! 'rwyt ti amdani! 'rwyt ti'n ei haros hi! *S:* fe gei di glywed dy hanes! *N:* mi gei di ddrwg! mi gei di'r drefn! **5.** *F: (= entrap):* **you don't ~ me!** chewch/ddaliwch/thwyllwch chi mohono' i! II. *v.i.* dal, bachu, mynd yn sownd. **~ at** *v.i.* **1. to ~ at sth,** gafael/cydio yn rhth, *N:* cythru i rth, bachu rhth, *S: occ:* crampo yn rhth; **to ~ at straws,** cydio mewn gwellt. **2.** *(a) (of cog-wheel, door-bolt):* cydio, bachu; *(of fire):* cydio, cynnau. **3.** *Cu: (= burn &c, stick to pan &c):* cipio, *S:* citsho. **~ on** *v.i.* *(i) F: (of fashion, play):* cydio, llwyddo, gafael, mynd â hi; *(ii) esp. U.S: (= understand):* deall. **~ out** *v.t. F:* **to ~ s.o. out,** dal/dala rhn yn gwneud rhth, dal/dala rhn wrthi, dal/dala rhn ar ei gam, dal/dala rhn ar ei fai. **~ up** *(i) v.t.* cipio; **we were caught up in the wave of enthusiasm,** cipiwyd ni gan y don o frwdfrydedd; *(ii) v.i.* **to ~ s.o. up, to ~ up with s.o.,** dal rhn, *Lit:* goddiweddyd rhn. **~-all** *n. & attrib. U.S:* **1.** *n.* bag(-iau) (*m*) dal popeth. **2.** *attrib.* **~-all legislation,** deddfwriaeth (*f*) dal popeth. **~-as-~-can** *n. Wr:* ymgodymu (*vn*) rhydd, ymaflyd (*vn*) codwm rhydd, rhyddymaflyd *vn*. **~ crop** *n.* byrgnwd (byrgnydau) *m*. **~[-driver] plate** *n.* plât (platiau) (*m*) cydio/troi. **~-points** *n.pl. Rail:* pwyntiau atal; *N.W: Min:* tafodau.

catchable *a.* daliadwy.

catcher *n.* **1.** *Cr: &c:* daliwr (dalwyr) *m*, d|alwraig *f*; *S.a.* **flycatcher. 2.** *(children's game): S.W:* wan ar i dw, *S:* llongau Dici Dala, *N:* chwarae stinc.

catchfly *n. Bot: (Silene):* gludlys *m*; **Alpine ~,** *(Lychnis alpina):* lluglys (*m*) y mynydd; **berry ~,** *(Cucubalus baccifer):* gwlydd gronynnog *m*; **bladder-~, = bladder-campion; eared ~,** *(S. auriculata):* gludlys clustiog; **flaxfield ~,** *(S. linicola):* gludlys y llin; **forked ~,** *(S. dichotoma):* gludlys hollt/fforchog; **heart-leaved ~,** *(S. cardifolia):* gludlys calonddeiliog; **Italian ~,** *(S. italica):* gludlys yr Eidal; **large-flowered ~,** *(S. elisabetha):* gludlys blodeufawr; **moss ~,** *(S. acaulis):* gludlys mwsoglaidd/digoes; **narrow-leaved ~,** *(S. campanula):* gludlys culddail; **night-flowering ~,** *(S. noctiflora):* gludlys nosflodeuol; **northern ~,** *(S. wahlbergella):* gludlys y gogledd; **Nottingham ~,** *(S. nutans):* gludlys gogwyddol; **Pyrenean ~,** *(S. barderi):* gludlys y Pyreneau; **red German ~,** *(L. viscaria):* lluglys gludiog; **rock ~,** *(S. rupestris):* gludlys y graig; **sand ~, striated ~,** *(S. conica):* gludlys y twyni, gludlys rhesog; **small-flowered ~,** *(S. gallica):* gludlys amryliw, gludlys Lloegr; **Spanish ~,** *(S. otites):* gludlys Sbaen; **sticky ~, = red German ~; sweet-william ~,** *(S. armeria):* gludlys cyffredin; **tufted ~,** *(S. saxifraga):* gludlys cudynnog; **Valais ~,** *(S. vallesia):* gludlys y Swistir; **white sticky ~,** *(S. viscosa):* gludlys gwyn.

catching *a.* **1.** *(disease, laughter):* heintus, *F:* catshin, *S: F:* citshin, getshin. **2.** *(melody):* = **catchy.**

catchment *n. Hyd.E:* **[water] ~,** crynhoad (*m*) dŵr, crynh|oi (*vn*) dŵr. **~ area** *n.* dalgylch(-oedd) *m* (*not* talgylch). **~ basin** *n. Geog:* dalgylch afon, haenbant(-iau) *m*.

catchpenny *a.* llygad y geiniog, bach y geiniog, ceiniog a dimai, tsiêp.

catchphrase *n.* arwyddair (arwyddeiriau) *m*, cipair (cipeiriau) *m*, gair (geiriau) mawr *m*, hoff ymadrodd(-ion) *m*.

catchpole *n. Hist:* ceisbwl (ceisbyliaid) *m*.

catchup *n.* = **ketchup.**

catchweed *n.* = **cleavers.**

catchword *n.* **1.** *Pol:* slogan(-au) *mf*, arwyddair (arwyddeiriau) *m*. **2.** *Typ:* dangosair (dangoseiriau) *m*, cadwynair (cadwyneiriau) *m*, cipair (cipeiriau) *m*, gair (geiriau) (*m*) cip. **3.** *Th:* ciw(-iau) *m*, gair ciw.

catchy *a. F.* **1.** *(tune):* cofiadwy, bachog. **2. a ~ question,** cwestiwn trof|aus, cwestiwn maglu/dal, cwestiwn i'ch dal.

catechesis *n.* holwyddoreg(-au) *f*.

catechetic[al] *a.* holwyddorol, holwyddoraidd, catecetig, catecismaidd, catecismol.

catechetically *adv.* yn holwyddorol, trwy holi ac ateb.

catechetics *n.pl.* holwyddoraeth *f*, hawl (*f*) ac ateb *m*, holi (*vn*) ac ateb *vn*.

catechin *n. Ch:* c|atecin *m*.

catechism *n.* holwyddoreg(-au) *f*, c|atecism (catecismau) *m*; *(Presbyterian):* Catecism y Gymanfa; **Shorter C~,** Catecism Byrraf y Gymanfa; *(child's):* Rhodd (*f*) Mam.

catechismal *a.* catecismol, holwyddoregol.

catechist *n.* holiedydd(-ion) *m*, cateceisiwr (cateceiswyr) *m*, categydd(-ion) *m*.

catechistic *a.* holwyddorol, holwyddoregol, catecismaidd.

catechization *n.*, **catechize** *v.t.* **1.** holwyddori, cateceisio, cateceiddio, *S.W: occ:* holi'r pwnc. **2.** *F:* holi, croesholi.

catechizer *n.* = **catechist.**

catechol *n.* c|aticol *m*.

catechu *n.* c|atishw *m*.

catechumen *n. Ecc:* disgybl(-ion) (*m*) bedydd, catecwmen (-iaid) *m&f*.

catechumenate *n.* catecwmenawd(-au) *m*.

categorematic *a. Log: &c:* categorematig.

categorial *a.* categorïaidd, categorïol.

categoric[al] *a.* pendant, diamod, diamodol, categorig, categorïaidd; *Phil:* **categorical imperative,** gorchymyn diamod *m*.

categorically *adv.* yn bendant, yn ddiamod, yn bendifaddau; **to deny sth ~,** gwadu rhth ar ei ben.

categorization *n.* dosbarthiad(-au), categoreiddiad(-au) *m*, categorïad(-au) *m*; *vn.* = **categorize.**

categorize *v.t.* categoreiddio, dosbarthu, categorïo.

category *n.* dosbarth(-au, -iadau) *m*, c|ategori (categorïau) *m*.

catena *n.* cadwyn(-au, -i) *f*, cyfres(-i) *f*; *Cmptr:* catena (catenâu) *mf*.

catenary *a. & n. Mth:* **1.** *a.* cadwynog, cadwynol; ~ **curve,** cromlin gadwynol (cromlinau cadwynol) *f;* ~ **bridge,** pont grog (pontydd crog) *f.* **2.** *n.* catena (catenâu) *f.*
catenate *v.t.* cadwyno, cysylltu; *Cmptr:* catenu.
catenation *n.* cadwyn(-i) *f,* cadwyniad(-au) *m,* cadwynedd(-au) *m; Cmptr:* cateniad(-au) *m; vn.* = **catenate.**
catenoid *n.* catenoid(-au) *m.*
catenulate *a.* cadwynffurf, ar ffurf cadwyn, cadwynaidd.
cater[1] *n. Cards:* pedwar *m.*
cater[2] *v.i.* **to ~ for s.o., 1.** *(food):* arlwyo, parat|oi, darparu, hwylio [bwyd/lluniaeth] ar gyfer rhn. **2.** *Fig:* porthi (chwant &c) rhn; **to ~ for all tastes,** darparu ar gyfer pob chwaeth, plesio pawb, cynnig rhth at ddant pawb; **to ~ for s.o.'s needs,** diwallu anghenion rhn, gweini ar anghenion rhn.
cateran *n.* ysbeiliwr (ysbeilwyr) *m,* anrheithiwr (anrheithwyr) *m.*
catercorner, catercornered *a. & adv. U.S:* **1.** *a.* lletraws, lletgroes. **2.** *adv.* ar letraws, ar letgroes.
caterer *n.* arlwywr (arlwywyr) *m,* arl|wywraig (arlwywragedd) *f.*
catering *n.* arlwyaeth *f,* arlwyo *vn; See* **cater**[2]; ~ **and hotel trade,** masnach *(f)* arlwyo a gwestya.
caterpillar *n.* **1.** lindys *m & inv,* lindysyn (lindys) *m,* lindysen (lindys) *f,* pryf(-ed) *(m)* dail; *F: (esp. of tiger-moth):* Jini flewog (Jinis blewog) *f,* Siani flewog (Sianis blewog) *f.* ~ **fungus** *n. Bot: (Cordyceps):* ffwng (ffyngoedd) *(m)* lindys; **scarlet ~ fungus,** *(C. militaris):* pastwn (pastynau) *(m)* coch y lindys. **2.** **~[-tractor]** *n.* (*)tractor(-au) *(m)* treigl. ~ **track,** ~ **tread.** *n.* (*)trac(-iau) *(m)* treigl. ~ **wheel** *n.* (*)olwyn *(f)* dreigl (olwynion treigl).
caterwaul[1] *n.* oernad(-au) *(f)* cath/cathod, sgrechian *(vn)* cath/cathod, nâd (nadau) *(f)* cath/cathod, sgrech(-iadau,-f|eydd) *(f)* cath/cathod.
caterwaul[2] *v.i.* **1.** *(of cat):* cathderica, cathrica, sgrechian, nadu, oernadu, gwn|eud nadau, cadw nâd, *S:* gwrcatha, cwrcatha. **2.** *F: (of pers.):* sgrechian, oernadu, nadu.
caterwauling *n.* = **caterwaul**[1],[2].
catfacing *n. Hort:* wyneb *(m)* cath.
catfall *n. Nau:* *cathraff(-au) *f.*
catfish *n. Ich:* **1. sea ~,** *(Anarhichas lupus):* blaidd (bleiddiaid) *(m)* môr, morflaidd (morfleiddiaid) *m, (not* morgath, cath fôr = **skate, ray);** **striped sea ~,** blaidd môr rhesog. **2.** *(freshwater): (Silurus):* cathbysgodyn (cathbysgod) *m;* **American ~,** cathbysgodyn Am|erica, pen *(m)* tarw (pennau teirw); **armoured ~,** cathbysgodyn arfog; **channel ~,** cathbysgodyn y camlesi; **electric ~,** cathbysgodyn trydanol; **European ~,** cathbysgodyn Ewrop, wels(-iaid) *m;* **glass ~,** cathbysgodyn gwydr; **ompok ~,** ompoc(-iaid) *m;* **shovel-nosed ~,** cathbysgodyn piglydan; **spotted sucker ~,** cathbysgodyn sugnol mannog; **striped ~,** cathbysgodyn rhesog; **talking ~,** cathbysgodyn llafar; **upside-down ~,** cathbysgodyn toruchaf.
catgut *n. Mus:* llinyn *(m)* tant (llinynnau tannau), *S.W: occ:* gwt *m; Surg:* gwt.
Cathar *a. & n. Rel.Hist:* **1.** *a.* Catharaidd. **2.** *n.* Cathar(-iaid) *m&f.*
Catharism *n.* Cathariaeth *f.*
Catharist *n.* C|atharist (Catharistiaid) *m&f.*
Catharistic *a.* Catharistaidd.
catharsis *n.* **1.** *Med:* carthiad *m,* carthu *vn.* **2.** *Th:* catharsis *m.*
cathartic *a. & n.* **1.** *a.* cathartig, carthol, rhyddhaol; *Th: Lit:* cathartig. **2.** *n. Med:* carthydd(-ion) *m,* carthgyffur(-iau) *m.*
Cathay *Pr.n. Geog: A:* = **China.**
cathead *n. Nau:* cathswmer(-au) *m,* pen *(m)* cath (pennau cathod).
cathect *v.t. Psy:* cathectu (rhth), llenwi (rhth) ag ynni.
cathectic *a. Psy:* cathectig, llawn ynni.
cathedra *n. Ecc:* gorsedd *(f)* esgob (gorseddau esgobion), cadair *(f)* esgob (cadeiriau esgobion). ***ex ~ a. & n.*** o'r orsedd, ag awdurdod, ***ex cathedra;*** **to speak *ex ~*,** llefaru o'r orsedd, llefaru ag awdurdod.
cathedral *a. & n.* **1.** *a.* cadeiriol, esgobol; ~ **city,** dinas gadeiriol (dinasoedd cadeiriol) *f;* ~ **close,** clos *(m)* cadeirlan. **2.** *n.* eglwys gadeiriol (eglwysi cadeiriol) *f,* cadeirlan(-nau) *f.*
cathepsin *n. Bio-Ch:* cathepsin *m.*
Catherine *Pr.n.f.* Catrin, *dim:* Cadi, *occ:* Cati; *Hist:* ~ **the Great,** Catrin Fawr. ~ **wheel** *n. Pyr:* olwyn *(f)* Gatrin (olwynion Catrin), olwyn dân (olwynion tân).
catheter *n. Surg:* cathetr(-au) *m.*
catheterization *n.,* **catheterize** *v.t.* cathetreiddio (rhth), rhoi cathetr (yn rhth).
cathetometer *n.* cathetomedr(-au) *m.*
cathexis *n. Psy:* cathecsis *m.*
cathodal *a.* cathodig.
cathode *n. El: T.V:* cathod(-au) *m.* ~ **ray** *n.* pelydryn (pelydrau) *(m)* cathod. **~-ray tube** *n.* tiwb(-iau) *(m)* pelydrau cathod.
cathodic *a.* cathodig.
cathodically *adv.* yn gathodig.
catholic *a. & n.* **1.** *a. (a) (= universal):* cyffredinol, catholig, byd-eang; *B:* **the C~ Epistles,** y Llythyrau Cyffredinol; *(b) (= tolerant):* catholig, goddefgar, eangfrydig, llydanfryd, haelfrydig, diragfarn; *(c) (= all-embracing):* cynhwysfawr, eang, catholig; **he has ~ tastes,** mae ganddo chwaeth gatholig/gynhwysfawr/eang/lydan; *(d)* **C~,** *Rel:* Catholig, Pabyddol, Pabaidd *(the last two also = Papist).* **2.** *(a) n. Ecc:* **[Roman] C~,** Pabydd(-ion) *m,* Pabyddes(-au) *f,* Catholig(-ion) *m&f, S: F:* plentyn (plant) *(m)* Mari; (Pabydd *also = Papist*); *(b) a.* = **orthodox;** *(esp. of the Church of Rome):* Catholig, Pabyddol; **the C~ Church [of Rome], the Roman C~ Church,** Eglwys Rufain *(f),* yr Eglwys Gatholig, yr Eglwys Babyddol; *(building):* eglwys Babyddol (eglwysi Pabyddol) *f, F:* capel(-i) *(m)* Pab; **the C~ Apostolic Church,** yr Eglwys Apostolig Gatholig; **I believe in one holy, ~ and apostolic church,** credaf yn un Eglwys lân, gatholig, apostolaidd; *Hist:* **C~ Emancipation,** Rhyddfreinio*(vn)*'r Pabyddion; **C~ Relief,** Esmwythder *(m)* i'r Pabyddion; **Their C~ Majesties,** Eu Mawrhydi Catholig.
catholically *adv.* yn gatholig &c.
catholicism *n.* **1.** catholigiaeth *f,* pabyddiaeth *f.* **2.** = **catholicity.**
catholicity *n.* **1.** *(a) (= universality):* cyffredinolrwydd *m,* catholigrwydd *m; (of tastes):* ehangder *m,* catholigrwydd; *(b)* = **tolerance. 2.** *Theol: (= orthodoxy):* uniongrededd *m* *(pronounced* ng-g), catholigrwydd *m.*
catholicize *v.t.* catholigeiddio.
catholicon *n.* cath|olicon *m; S.a* **panacea.**
catholicos *n. Ecc:* cath|olicos (catholicosiaid) *m.*
cathouse *n. U.S:* = **brothel.**
cation *n. Ch:* catïon(-au) *m.* ~ **exchange column** *n.* colofn *(f)* gyfnewid catïonau (colofnau cyfnewid ~).
cationic *a.* catïonig.
cationically *adv.* yn gatïonig.
catkin *n. Bot: (of willow):* gŵydd fach (gwyddau bach) *f,* cyw *(m)* gŵydd (cywion gwyddau), cenau (cenawon) *(m)* (coed); **hazel ~,** cenau (cenawon) cyll, cynffon *(f)* oen bach (cynffonnau ŵyn bach), *S.W: occ:* cwt *(f)* oen bach (cwtau ŵyn bach).
catlick *n.* llyfiad(-au) *(m)* cath, *N:* s[g]lemp: s[g]lempen (s[g]lempiau) *f* [cath].
catlike *a.* fel cath, cathaidd; **with ~ tread,** yn llechwraidd, yn lladradaidd, yn ddistaw bach.
catmint *n. Bot:* mint *(m)* y gath, mintys *(m)* y gath.
catnap[1] *n.* cyntun *m,* cwsg *(m)* ci bwtsiwr.
catnap[2] *v.i.* hepian.
catnapper *n.* lleidr (lladron) *(m)* cathod.
catnip *n.* = **catmint.**
catoptric *a.* adlewyrchol, catoptrig.
catoptrically *adv.* yn adlewyrchol &c.
catoptrics *n. Ph:* catoptreg *f.*
Catsash *W.Pl.n.* Cathonnen *f.*
catspring *n.* naid (neidiau) *(f)* cath.
catsup *n. Cu:* = **ketchup.**
cattalo *n.* = **catalo.**
Catterick *Eng.Pl.n.* Catraeth *f; W.Lit:* **the men who went to ~,** gwŷr a aeth Gatraeth.
cattery *n. F:* cathdy (cathdai) *m,* llety (lletyau) *(m)* cathod, gwâl (gwalau) *(f)* cathod.
catting *vn.* **to go ~,** cathderica, cathrica, cwrcatha, gwrcatha, mynd ar ôl cathod, *N:* hel cathod, *S:* hela cathod.
cattily *adv.* yn gathaidd, yn faleisus &c.
cattiness *n.* gwenwyn *m,* malais *m,* sbeit *m,* catheiddiwch *m.*
cattish *a.* = **catty.**
cattishness *n.* = **cattiness.**
cattle *n.coll.inv. N:* gwartheg *pl, S:* da *pl, M.W: N.E: occ:* catel *m; occ: (as opposed to sheep):* da blewog; **horned ~,** da corniog, da cyrnig; **hornless ~,** gwartheg digorn/moelion; **shorthorn ~,** gwartheg byrgorn, da byrgorn, *N.W: occ:* gwartheg brid; **store**

~, gwartheg cadw, da cadw, gwartheg stôr, da stôr; **belted ~, sheeted ~,** gwartheg cenglog; **[Welsh] black ~,** gwartheg duon [Cymr|eig], da duon [Cymreig]; **Hereford ~,** gwartheg/da Henffordd; **dry ~,** gwartheg hesb/hesbion/hysbion, da hesb/hesbion/hysbion, *N:* da sychion; **white-faced ~,** gwartheg penwyn/wynebwyn; **agisted ~,** gwartheg pori; **stock ~,** gwartheg/da stoc; **wild ~,** gwartheg/da gwylltion. **~-breeding** *vn.* magu gwartheg/da. **~-cake** *n.* dwysfwyd (*m*) gwartheg/da, cacen(-ni) *f*, *N:* cêc (*m*) gwartheg, *S:* cêc da. **~-creep** *n.* twll (tyllau) (*m*) gwartheg/da. **~-crossing** *n. P.N:* croesfan(-nau) (*mf*) gwartheg/da. **~-drover** *n.* porthmon (porthmyn) *m*; **to work as a ~-drover,** porthmona. **~-fly** *n. Ent:* pryf(-ed) (*m*) gwartheg, cleren (clêr) (*f*) y da. **~-grid** *n.* grid(-iau) (*m*) gwartheg. **~-guard** *n.* = **cattle-grid. ~-lifter** *n.* = **cattle-rustler. ~-market** *n. N:* marchnad (*f*) wartheg (marchnadoedd gwartheg), *S:* mart(-iau) *m*. **~-pen** *n.* ffald(-au) *f*, corlan(-nau) *f*, lloc(-iau) *m*. **~-plague** *n. Vet:* pla(*m*)'r gwartheg, *S:* clefyd (*m*) y mynydd. **~-ranch** *n.* fferm (*f*) wartheg (ffermydd gwartheg). **~-rancher** *n.* ffermwr (ffermwyr) (*m*) gwartheg. **~-ranching** *vn.* cadw/ffermio gwartheg. **~-rustler** *n.* lleidr (lladron) (*m*) gwartheg, ysbeiliwr (ysbeilwyr) (*m*) gwartheg. **~-rustling** *vn.* lladrata/dwyn gwartheg/da. **~-show** *n.* sioe (*f*) wartheg (sioeau gwartheg). **~-station** *n.* = **cattle-ranch. ~-stop** *n.* = **cattle-grid. ~-truck** *n.* wagen (*f*) wartheg (wagenni gwartheg), lori (*f*) wartheg (loriau gwartheg).

cattleman *n.m.* ffermwr (ffermwyr) gwartheg/da.

cattleya *n. Bot:* cattleya(-s) *m*.

catty *a.* maleisus, gwenwynllyd, sbeitlyd, cathaidd; **to make ~ remarks,** *N:* taflu weips.

cattycorner *adv. & a.* = **catercorner.**

catwalk *n.* pompren(-nau, -ni) *f*; *Th:* brigdrawst(-iau) *m*.

catworm *n. Ann: (Nephthys hombergi):* llyng[h]yren gynffonnog (llyngyr cynffonnog) *f*.

Caucasian *a. & n.* **1.** *a.* Cawcasaidd. **2.** *n.* Cawcasiad (Cawcasiaid) *m&f*. **~ lily** *n. Bot:* lili(*f*)'r Cawcasws. **~ primrose** *n. Bot:* briallu(*pl*)'r Cawcasws. **~ scarlet poppy** *n. Bot:* pabi (*m*) ysgarlad y Cawcasws. *S.a.* **comfrey.**

Caucasoid *a. & n.* = **Caucasian.**

Caucasus *Pr.n. Geog:* C|awcasws *m*.

caucus[1] *n. Pol:* clymblaid (clymbleidiau) *f*, cawcws (cawcysau) *m*.

caucus[2] *v.i. Pol:* clymbleidio, ffurfio clymblaid/cawcws.

caudal *a. Z:* cynffonnol.

caudally *adv.* wrth/ar y gynffon/gwt.

caudate *a.* cynffonnog, â chynffon, â chwt.

caudation *n.* cynffoniad *m*.

caudex *n.* bôn (bonion) *m*.

caudillo *n. Pol:* pennaeth (penaethiaid) *m*, ***caudillo(-s)*** *m*.

caudle *n. A:* sucan *m*, codl *f*, cawdel *m*, grual *m*.

caught *p.p. See* **catch**[2]; **well ~!** daliad da!

caul *n.* **1.** *(= head-dress):* penguwch(-iau) *m* (*pronounced* ng-g). **2.** *Anat: (of the intestine):* gweren(-nau, -ni) *f*, gweren fol, y weren fol, y weren fawr, rhwyden(-ni) *f*; *(on baby's head):* gweren eni (gwerennau geni), breithell(-au) *f*. **3.** *Craft:* gwasgblat(-iau) *m*.

cauldron *n.* **1.** crochan(-au) *m*, pair (peiriau) *m*, *S.W: occ:* crochon *m*, cil (*m*) cawl, *S: occ:* cidl(-au) *mf*, *A: or Lit: occ:* callor(-au) *m*; *W.Myth:* **the C~ of Rebirth,** y Pair Dadeni. **2.** *Oc:* cawg(-iau) *m*.

caulescent *a. Bot:* coesog.

caulicle *n. Bot:* coesyn(-nau) *m*.

cauliflower *n.* bresychen wen (bresych gwynion) *f*, blodfresychen (blodfresych) *f*, *F:* colifflŵar(-s) *m*. **~ ear** *n. Box:* clust (*f*) golifflŵar (clustiau colifflŵar), clust dew (clustiau tewion) *f*. **~ fungus** *n.* y pengrych *m* (*pronounced* ng-g).

cauline *a.* coesynnog; **~ growth,** tyfiant ar y coesyn.

caulk *v.t.* calcio.

caulker *n.* calciwr (calcwyr) *m*.

caulking *vn.* calcio. **~-iron** *n.* haearn (heyrn) (*m*) calcio. **~-strip** *n.* stribed(-i) (*m*) calcio. **~-tool** *n.* erfyn (arfau) (*m*) calcio.

causal *a.* achosol; **~ adequacy,** digonolrwydd (*m*) achos; *Geog:* **~ phase,** cyfnod achosol *m*.

causalgia *n. Med:* llosgwayw *m*, llosgboen *mf*.

causality *n. Phil:* achosiaeth *f*.

causally *adv.* yn achosol.

causation *n.* **1.** achosiad *m*, achosiant *m*. **2.** = **causality.**

causationist *n.* achosiannwr: achosiannydd (achosianwyr) *m*.

causative *a. & n. Gram:* **1.** *a.* achosol. **2.** *n.* achosair (achoseiriau) *m*.

causatively *adv.* yn achosol.

cause[1] *n.* **1.** achos(-ion) *m*; **final ~,** achos dibennol/terfynol; **efficient ~,** achos gweithredol/ysgogol; **direct ~,** achos uniongyrchol; **material ~,** achos deunyddiol; **prime ~,** prif achos; **the First C~,** yr Achos Cyntaf; **proximate ~,** achos agos; **eminent ~,** achos rhagoriaethol; **exemplary ~,** achos patrymol; **remote ~,** achos pell; **secondary ~,** achos eilaidd; **formal ~,** achos ffurfiol; **to be the ~ of an accident,** achosi/peri damwain. **2.** *(= reason, occasion):* achos *m*, rheswm (rhesymau) *m*, *occ:* lle *m*; **~ for litigation,** rheswm dros fynd i gyfraith, achos mynd i gyfraith, achos cyfreitha; **I have ~ to be thankful,** mae gennyf le i ddiolch; achos diolch sydd gennyf; **no ~ for complaint,** dim lle i gwyno; **it is a ~ of distress,** mae'n peri gofid; **to have good ~ for doing sth,** bod â rheswm da dros wneud rhth; **this is a ~ for concern,** mae hyn yn achos pryder; mae lle i bryderu am hyn; mae hyn yn peri pryder; **no ~ for concern,** dim achos/rhaid/angen poeni; **and with good ~,** a chyda phob rheswm; **to show ~,** dangos rheswm; **to give serious ~ for complaint,** bod yn ddiffygiol iawn, rhoi pob lle i achwyn. **3.** *Jur:* achos; **to plead s.o.'s ~,** dadlau/pledio achos rhn; *Fig:* achub cam rhn, sefyll ym mhlaid rhn, dal dan rn, cadw cefn rhn; **to take up s.o.'s ~,** cymryd plaid rhn, cefnogi achos rhn; **to work in a good ~,** gweithio dros achos da; **the week's good ~,** achos da'r wythnos; **a lost ~,** achos anobeithiol/coll; **to make common ~ (with s.o.),** ymuno, ymgynghreirio (â rhn). **4.** *Rel:* achos; **the ~ at Salem,** yr achos yn Salem; **the Baptist ~,** achos y Bedyddwyr; **a collection for the ~,** casgliad at yr achos. **~-book** *n.* llyfr(-au) (*m*) achosion. **~ *célèbre*** *n.* achos(-ion) enwog *m*. **~-list** *n. Jur:* rhestr(au) (*f*) achosion.

cause[2] *v.t.* **1.** achosi, peri, cychwyn, *S.W: occ:* hala; **to ~ a fire,** cychwyn/achosi tân. **2. to ~ s.o. to do sth,** achosi/gwn|eud/peri i rn wneud rhth (*not* achosi *&c* rhn i wneud rhth), *S.W: occ:* hala rhn i wneud rhth; **to ~ s.o. to be punished,** peri i rn gael ei gosbi, peri cosbi rhn.

'cause[3] *conj.* = **because.**

causeless *a.* diachos, direswm, heb achos, heb reswm.

causer *n.* achoswr: achosydd (achoswyr) *m*.

causerie *n.* **1.** sgwrs (sgyrsiau) *f*, ymgom(-ion) *f*. **2.** *Lit:* ysgrif ysgafn (ysgrifau ysgeifn) *f*.

causeway *n.* sarn(-au) *f*, cawsai (cawseiau) *mf*, *S.E:* heol (*f*) gawsi (heolydd cawsi). **~ camp** *n. Archeol:* gwersyll(-oedd) (*m*) sarn.

caustic *a. & n.* **1.** *a.* *(a) (= sarcastic):* deifiol, gwawdus, llym (*f.* llem, *pl.* llymion), hallt (heilltion), cignoeth, brathog, miniog, pigog, gwawdlym (*f.* gwawdlem, *pl.* gwawdlymion); **~ wit,** cellwair brathog/pigog; *(b) Ch:* ysol, brwd, costig, cawstig; **~ potash,** potash brwd *m*; **~ soda,** soda brwd/costig/poeth *m*; *Mth:* **~ curve,** cromlin gawstig (cromlin[i]au cawstig) *f*. **2.** *n. Pharm:* llosgydd(-ion) *m*, ysydd(-ion) *m*, ysolyn (ysolion) *m*, costig: cawstig(-ion) *m*.

caustically *adv.* yn ddeifiol *&c*.

causticity *n.* **1.** *Ch:* ysoldeb *m*, costigrwydd: cawstigrwydd *m*. **2.** deifioldeb *m*, llymder *m*, helltni *m*, cignoethni *m*, brathogrwydd *m*, brath *m*, miniogrwydd *m*, pigogrwydd *m*.

causticize *v.t.* costigeiddio.

cauterization *n.* seriad(-au) *m*, serio *vn*.

cauterize *v.t.* serio.

cautery *n.* haearn (heyrn) (*m*) serio.

caution[1] *n.* **1.** *(= carefulness):* pwyll *m*, gofal *m*, *S:* carc *m*; *int.* **~!** gan bwyll! **(to do sth) with great ~,** (gwneud rhth) gan bwyll, yn ofalus iawn, â gofal mawr. **2.** *(a) (= warning):* rhybudd(-ion) *m*; *(b) (= reprimand):* cerydd(-on) *m*; *(c) Jur:* rhybuddiad(-au) *m*; **he was let off with a ~,** rhyddhawyd ef gyda rhybuddiad. **3.** *P: O: (= character, "card"):* cymeriad(-au) *m*, cardyn: cerdyn *m*, carden *f*, *S: occ:* hen gob *m*, *S.W: occ:* twlsyn *m*, toi *m*, pryfyn *m*, hadyn *m*, 'deryn *m*, *N.W: occ:* cymêr(-s) *m*, tipyn o dderyn *m*, un digrif, peiriant *m*; **she's a ~,** mae hi'n gymeriad/gymêr, *S.W: occ:* mae honna'n garden/dwlsen/doien/haden/degan. **~ money** *n.* ernes(-au) *f*.

caution[2] *v.t.* rhybuddio (rhn), cymell gofal (ar rn); **(to ~ s.o.) against sth,** (rhybuddio rhn) rhag rhth, yn erbyn rhth.

cautionary *a.* rhybuddiol, â rhybudd.

cautious *a.* gochelgar, gofalus, gwyliadwrus, pwyllog, carcus, *S.W: occ:* gwagelog.
cautiously *adv.* gan bwyll, yn ochelgar *&c.*
cautiousness *n.* gochelgarwch *m*, pwyll *m.*
cavalcade *n. (a) (of riders):* mintai (minteioedd) (*f*) o farchogion, *ceffylgad(-au) *m*; *(b) (= any procession):* gorymdaith (gorymdeithiau) *f*; *(c) (of cars):* modurgad(-au) *m.*
cavalier *n. & attrib.* **1.** *n. (a) (= horseman):* marchog(-ion) *m*; *Eng.Hist:* **C~,** Cafalîr (Cafaliriaid) *m*, Brenhinwr (Brenhinwyr) *m*; **Cavaliers and Roundheads,** Brenhinwyr a Phengryniaid (*pronounced* ng-g); *(b) A: (= wooer):* galawnt (galawns) *m*, cwrtiwr (cwrtwyr) *m*, cafalîr. **2.** *attrib. (= offhand):* cafaliraidd, diseremoni, di-hid, dihidio, diofal, di-lol, di-hitio, iach, ffwrdd-â-hi.
cavalierly *adv.* yn ddiseremoni *&c.*
cavalry *n.* gwŷr (*pl*) meirch, marchoglu(-oedd) *m*, marchfilwyr *pl*, c|afalri *m.* **~ sport** *n.* chwaraeon (*pl*) gwŷr meirch. **~ sword** *n.* cleddyf (*m*) marchog (cleddyfau marchogion). **~ twill** *n. Tex:* brethyn caerog *m*, brethyn cafalri.
cavalryman *n.m. Mil:* marchfilwr (marchfilwyr), gŵr march (gwŷr meirch).
cavatina *n. Mus:* cafatina (cafatinâu) *f.*
cave[1] *n.* ogof(-âu,-|eydd) *f.* **~ art** *n.* celfyddyd (*f*) yr ogofâu. **~-bear** *n.* arth (eirth) (*f*) ogof. **~-dweller** *n.* preswylydd (*m*) ogof (preswylwyr ogof/ogofâu). **~-dwelling** *n.* ogof-annedd (~-anheddau) *f.* **~-hunting** *n.* **= caving. ~-occupation** *n.* byw (*vn*) mewn ogof/ogof|eydd. **~ painting** *n.* paentiad: peintiad(-au) (*m*) mewn ogof, paentiad/peintiad ogof (paentiadau/peintiadau ogofâu), llun(-iau) (*m*) ar fur ogof.
cave[2] *v.i.* **1. to ~ in,** cwympo i mewn, syrthio, rhoi, ysigo, ildio, gildio; *(of house):* mynd â'i ben iddo. **2.** *F: (of pers.):* ildio, gildio, rhoi'r gorau iddi, *N.W: occ:* smitio. **~-in** *n.* **1.** *(of roof &c):* cwymp(-au) *m*, cwympiad(-au) *m.* **2.** *(= surrender):* ildiad(-au) *m*, gildiad(-au) *m.*
cave[3] *int. F:* gwylia (gwyliwch)! *N.W:* tendia (tendiwch)! *occ:* [g]wardia ([g]wardiwch)! *S.W: occ:* [g]wachla ([g]wachlwch)! *Lit:* gochel(-wch)! **to keep ~,** cadw gwyliadwriaeth, *N.W: occ:* [g]wardio.
cave[4] *v.i. Sp:* ogofa.
caveat *n. Jur:* cafeat(-au) *m*, rhybudd(-ion) *m*, gwaharddiad(-au) *m*; **to enter a ~,** cofnodi cafeat. **~ *emptor*** *Lt.phr.* gocheled y prynwr.
caveman *n.m.* dyn ogof (dynion ogof/ogofâu); *Fig:* dyn anwar/cyntefig, **he's a ~,** hen labwst yw e; *attrib.* **~ tactics,** *(in courting):* dulliau caru a churo, dulliau colbio caru.
caver *n.* ogofäwr (ogofawyr) *m*, ogofäwraig *f.*
cavern *n.* ceudwll (ceudyllau) *m*, ogof (ogofâu, ogof|eydd) *f*, ogof gron (ogofeydd crynion).
cavernicolous *a.* yn byw mewn ogof, ogofdrigiannol.
cavernoma *n. Med:* ceudyfiant (ceudyfiannau) *m*
cavernous *a. (a)* ogofog, ogofaidd, fel ogof, ceudyllog; *Med:* ceudodol; *(b) (loosely = huge):* anferth, anferthol, enfawr, aruthrol.
cavernously *adv.* yn anferth *&c.*
cavernousness *n.* (= *hugeness*): anferthedd *m*, anferthwch *m.*
cavesson *n. Harn:* penwar(-au) *m*, trwyndres(-au) *f.*
cavetto *n. Arch:* ***cavetto (cavetti)*** *m*, mo[w]ldin(-au) (*m*) cau.
caviar[e] *n.* cafiâr *m*; *Lit:* **it was ~ to the general,** 'roedd yn rhy goeth i'r lliaws.
cavil[1] *v.i.* pigo bai, pigo beiau, *N.W: F:* codi cnecs, codi cwenc, cwencio, cwencian, *S: occ:* dala tac; **he is always cavilling,** mae e'n wastad â'i lach ar bopeth; mae'n codi rhyw gwenc/gnecs o hyd; **to ~ at sth,** pigo bai yn rhth.
cavil[2] *n.* gair (geiriau) (*m*) ciprys.
caviller *n.* cecryn(-nod, cecrod) *m*, cecren(-nod) *f*, pigwr (pigwyr) (*m*) beiau, *S:* pwt (*m*) y gynnen, codwr (codwyr) (*m*) cnecs, *N: occ:* cwenciwr (cwencwyr) *m.*
cavilling *a.* cneclyd, cecrus, cysetlyd, anodd eich plesio.
caving *vn.* ogofa.
cavitary *a.* ceudodol.
cavitate *v.t.&i.* ceudodi.
cavitation *n.* ceudodiad *m*, ceudodi *vn.*
cavity *n.* ceudod(-au) *m*, gwagle(-oedd) *m*, ceudwll (ceudyllau) *m*; *Metall:* swigen (swigod) *f*; *Anat:* **the buccal ~,** ceudod y genau; **the nasal ~,** ceudod y ffroenau/trwyn; *Dent:* twll (tyllau) *m*; **body ~,** ceudod y corff. **~ wall** *n. Const:* wal ddwbl (waliau dwbl) *f*, wal geudod (waliau ceudod); *(internal):* pared (parwydydd) dwbl *m.*
cavort *v.i. F:* prancio, *Lit:* crychlamu, crychneidio, llamsachu.
cavorter *n.* pranciwr (prancwyr) *m*, pr|ancwraig *f*, *Lit:* llamsachwr (llamsachwyr) *m*, llams|achwraig *f*, crychlamwr (crychlamwyr) *m*, crychl|amwraig *f.*
cavorting *a.* pranciog, *Lit:* llamsachus, crychlamol, crychneidiol.
cavy *n.* **1.** mochyn (moch) (*m*) Gini, mochyn cwta. **2. water ~,** mochyn dŵr.
caw[1] *n.* crawc(-iau) *fm*, crawciad(-au) *m*, crawcian *vn.*
caw[2] *v.i.* crawcian, crawcio.
cay *n. Geog:* cefnen(-nau, -ni) *f*, traethell(-au, -i) *f*, cai(-au) *m.*
cayenne *n. Cu:* pupur coch *m*, pupur Cayenne.
cayman *n. Rept:* caiman(-od) *m.*
cayuse *n. U.S:* **= pony.**
ceanothus *n. Bot:* ceanothws (ceanothi) *m.*
cease[1] *n.* **without ~, = ceaselessly.**
cease[2] *v.t.&i.* peidio, *F:* stopio; *(of noise):* peidio, stopio, tewi; **to ~ [from] doing sth,** peidio â gwneud rhth, rhoi'r gorau i wneud rhth, *F:* stopio gwneud rhth; **to ~ fire,** stopio tanio, atal tân; **to ~ work,** rhoi'r gorau i'ch gwaith, gorffen gweithio, *S.W: occ:* codi cefn; **the noise ceased,** peidiodd y sŵn; tawodd y sŵn; *Jur:* **~ and desist order,** gorchymyn(-ion) (*m*) ymatal. **~-fire** *n. Mil:* cadoediad(-au) *m.*
ceaseless *a.* di-baid, dibaid, diddiwedd, diderfyn, di-dor, didor, di-stop, parh|aus, diddarfod, diorffwys, di-ball, diball, gwastadol, gwastad; *(noise &c):* di-baid *&c*, di-daw.
ceaselessly *adv.* yn ddi-baid *&c*; byth a hefyd, yn wastad, heb ysbaid, heb ball, heb derfyn.
ceaselessness *n.* parhauster *m.*
cecal *a.* pengaead (*pronounced* ng-g).
cecity *n. Poet:* dallineb *m.*
cecum *n. Anat:* coluddyn (coluddion) (*m*) pengaead (*pronounced* ng-g), coluddyn dall.
cedar *n. Bot:* **~ [tree],** cedrwydden (cedrwydd) *f*; **~ [wood],** coed/pren (*m*) cedrwydd, **Mount Atlas** *or* **silvery ~,** cedrwydden ariannaidd; **Western red ~,** cedrwydden goch (cedrwydd cochion); **white ~,** cedrwydden wen (cedrwydd gwynion); **~ of Lebanon,** cedrwydden L|ibanus; **bastard ~,** *Hort:* ffug-gedrwydden (~-gedrwydd) *f.* **~-bird, ~ waxwing** *n. Orn:* cynffon sidan (*f*) y cedrwydd.
cede *v.t.* ildio, gildio (rhth); *Lit: occ:* dadafael (yn rhth).
ceder *n.* ildiwr (ildwyr) *m*, gildiwr (gildwyr) *m*; *Lit: occ:* dadafaelwr (dadafaelwyr).
cedilla *n.* sedila (sedilâu) *f.*
cedrine *a.* cedraidd, o bren cedrwydd, cedrwyddol.
cedron *n. Bot:* cedron(-au) *m.*
ceiba *n. Bot:* coeden (*f*) geiba (coed ceiba).
Ceibwr Bay *W.Pl.n.* Abercibwr *mf.*
ceil *v.t.* gosod/dodi/rhoi nenfwd (ar rth).
ceilidh *n. Scot: Ir:* ***ceilidh*** *m*, noson lawen (nosweithiau llawen) *f.*
ceiling *n.* **1.** nenfwd (nenfydau) *m*, *F: occ:* seilin(-s) *m*; *F:* **to hit the ~,** *N.W:* cael gwyllt, myllio (= ymhyllio), gwylltio'n gudyll ulw las, mynd i ben y cratsh, *S.W:* mynd yn benwan; **he hit the ~,** fe gollodd arno'i hun; *S: occ:* fe aeth e mas o'i grys; fe aeth yn ynfyd wyllt; fe aeth e mas natur; 'roedd e'n tampan; fe aeth yn wynad; *S.a.* **angry. 2.** *Av:* uchafbwynt(-iau) *m*, uchder(-au) uchaf *m*, nenfwd; *Com: (of prices):* uchafbris(-iau) *m*; *(of wages):* uchafswm (uchafsymiau) *m*; *(of numbers):* uchafrif(-au) *m.* **3.** *Nau:* estyll *pl*, estyllod *pl.* **4.** *Met:* **cloud ~,** uchder (*m*) cymylau. **~ beam** *n.* nenbren(-nau, -ni) *m.* **~ cloth** *n.* lliain (llieiniau) (*m*) nenfwd. **~ lamp, ~ light** *n.* golau (goleuadau) (*m*) nenfwd. **~ piece** *n.* darn(-au) (*m*) nenfwd. **~ rose** *n.* rhosyn(-nau) (*m*) nenfwd. **~ spot** *n.* sbot(-iau) (*m*) nenfwd.
-ceilinged *a.* â nenfwd.
ceilometer *n. Met:* mesurydd(-ion) (*m*) uchder.
ceinture *n. Cost:* **= belt**[1]**.**
cejuela *n. Mus:* ***cejuela(-s)*** *m.*
celadon *a. & n. Cer:* **1.** *a.* helygwyrdd (*f.* helygwerdd, *pl.* helygwyrddion), llwydwyrdd (*f.* llwydwerdd, *pl.* llwydwyrddion). **2.** *n.* llwydwyrdd *m*; *(glaze):* gwydriad llwydwyrdd *m*, s|eladon *m.*
celandine *n. Bot:* **greater ~,** (*Chelidonium majus*): llym (*m*) y

llygad, dilwydd felen *f*, llygadlys *m*, y ddiwlith *f*, llysiau(*pl*)'r llew, llygadlym *m*, llysiau'r clefyd melyn, melynllys *m*; **lesser ~**, (*Ranunculus ficaria*): milfyw *f*, llygad (*m*) Ebrill, bronwys *f*, dail (*pl*) y peils, llysiau'r bronnau, bronwst *f*, melyn (*m*) y gwanwyn, gwenith (*m*) y ddaear, fioled fraith *f*, llygad y ddyniawed, gwenith y gog, aur bach (*m*) y gwanwyn, seren (*f*) y gwanwyn, y doddedig wen *f*. **~ poppy** *n. Bot:* (*Styllophorum diphyllum*): pabi (*m*) melyn Am|erica.

celanese *n. Tex: **celanese** m.*

celebrant *n. Ecc:* offeiriad (offeiriaid, *S:* offeiriadon) *m*, gweinydd(-ion) *m*.

celebrate *v.t.* **1.** *Ecc: (mass):* gweinyddu, canu. **2.** *(= extol):* clodfori, mawrygu, mawrh|au, gogoneddu. **3.** *(= commemorate):* dathlu; **to ~ one's eightieth birthday,** dathlu'ch pen-blwydd yn bedwar ugain [oed].

celebrated *a.* enwog (**for sth,** am rth).

celebratedness *n.* enwogrwydd *m*, bri *m*, *Lit:* clodfawredd *m*.

celebration *n.* **1.** *Ecc: (of mass):* gweinyddiad(-au) *m*, gweinyddu *vn*, canu *vn*. **2.** *(= extolling):* mawrygiad(-au) *m*; *vn.* = **celebrate 2. 3.** *(= commemoration):* dathliad(-au) *m*, dathlu *vn*.

celebrator *n.* **1.** *Ecc:* = **celebrant. 2.** *(= extoller):* canmolwr (canmolwyr) *m*, clodforwr (clodforwyr) *m*, mawrygwr (mawrygwyr) *m*. **3.** *(of feast, birthday &c):* dathlwr (dathlwyr) *m*.

celebratory *a.* **1.** *(= complimentary):* clodforus, moliannus. **2.** *(= commemorative):* dathliadol.

celebrity *n.* **1.** *(= fame):* enwogrwydd *m*, bri *m*. **2.** *(pers.):* gŵr (gwŷr) enwog *m*, gwr|aig (gwragedd) enwog *f*, gŵr o fri, gwraig o fri, rhn (rhai) enwog; *pl.* **celebrities,** enwogion.

celeriac *n. Hort:* seleriac *m*.

celerity *n.* cyflymdra *m*, cyflymder *m*, *Lit:* buander *m*, buandra *m*, chwimder *m*, chwimdra *m*.

celery *n. Hort:* s|eleri *m*, *Lit: occ:* helogan *f*; *Bot:* **wild ~,** perllys (*m*) y morfa, helogan wyllt, smalaes *m*. **~ fly** *n. Ent: N:* pryf(-ed) (*m*) seleri, *S:* cleren (clêr) (*f*) seleri. **~ pine** *n. Bot: Austral:* pinwydden (pinwydd) (*f*) seleri.

celesta *n. Mus:* selesta (selestâu) *mf*.

celestial *a. & n.* **1.** *a. (= heavenly, divine):* nefol, nefolaidd; **the ~ mansions,** y trigfannau fry, y nefolion leoedd; *Hist:* **the C~ Empire,** yr Ymerodraeth Nefol *f*. **2.** *Astr: Av: Geog:* wybrennol; *Aer:* **~ navigation,** llywio (*vn*) wybrennol; **~ equator,** cyhydedd wybrennol *m*; **~ globe,** glôb (globiau) wybrennol *m*; **~ map,** map(-iau) wybrennol *m*; **~ pole,** pegwn (pegynau) wybrennol *m*; **~ sphere,** pelen(-nau, -ni) wybrennol *f*. **2.** *n.pl. Th:* y nefolion.

celestially *adv.* yn nefolaidd; yn wybrennol.

celestite *n. Ch:* s|elestit *m*.

celiac *n. Anat:* ceudodol; **~ disease,** clwy(*m*)'r ceudod.

celibacy *n.* dibriodrwydd *m*, ystad ddi-briod *f*, anghydweddogrwydd *m*, anweddogaeth *f*, anweddogrwydd *m*, annyweddïaeth *f*.

celibate *a. & n.* **1.** *a.* di-briod, anweddog, anghydweddog, diwair. **2.** *n.* rhn (rhai) di-briod, dyn(-ion) di-briod *m*, merch ddi-briod (merched di-briod) *f*.

cell *n.* cell(-oedd) *f*; **a little ~,** *Lit:* cellan(-au) *f*; **full of cells,** cellog; **the condemned ~,** cell y grog; *Biol: &c:* **blood-~,** gwaetgell(-oedd) *f*, cell waed (celloedd gwaed); **red blood-cells,** celloedd cochion; **white blood-cells,** celloedd gwynion; **body ~,** corffgell(-oedd) *f*, cell somatig; **daughter ~,** merchgell(-oedd) *f*, epilgell(-oedd) *f*; **germ-~,** cell genhedlu (celloedd cenhedlu), gamet(-au) *m*; **goblet ~,** cell gobled; **guard ~,** cell warchod (celloedd gwarchod); **mother ~,** mamgell(-oedd) *f*; **nerve-~,** nerfgell(-oedd) *f*; **non-mutant ~,** cell ddigyfnewid (celloedd digyfnewid); **palisade ~,** cell balis (celloedd palis); **passage ~,** cell dramwy (celloedd tramwy); **parietal ~,** cell barwydol (celloedd parwydol); **resting ~,** cell orffwys (celloedd gorffwys); **thread-~,** edeugell(-oedd) *f*, cn|idoblast (cnidoblastau) *m*; **wandering ~,** cell grwydrol (celloedd crwydrol). **~-count** *n.* cyfrifiad(-au) (*m*) celloedd. **~-body** *n.* cellgorff (cellgyrff) *m*. **~-division** *n.* cellraniad(-au) *m*, ymraniad(-au) (*m*) celloedd. **~-membrane** *n.* cellbilen(-nau) *f*. **~-plate** *n.* cellblat(-iau) *m*. **~-pore** *n.* celldwll (celldyllau) *m*. **~-reproduction** *n.* atgynhyrchiad (*m*) celloedd, atgynhyrchu (*vn*) celloedd. **~-sap** *n.* cellnodd(-au) *m*. **~-theory** *n.* theori (*f*) celloedd. **~-wall** *n.* pared (*m*) cell (parwydydd celloedd), cellfur(-iau) *m*.

cellar[1] *n.* seler(-au, -i, -ydd) *f*; *S.a.* **salt-cellar.**

cellar[2] *v.t.* dodi/rhoi/cadw (rhth) mewn seler; seleru (rhth).

cellarage *n.* **1.** seleru *vn*. **2.** *Coll: (= cellars):* seleri *pl*.

cellarer *n. Ecc:* selerydd(-ion) *m*, selerwr (selerwyr) *m*.

cellaret[te] *n.* cwpwrdd (cypyrddau) (*m*) gwin, seld (*f*) win (seldau gwin).

cellarman *n.m.* selerydd(-ion), selerwr (selerwyr).

-celled *a. Biol:* -gellog; **one-~,** ungellog, ungell (*pronounced* ng-g); **two-~,** dwygellog, dwygell.

cellist *n.* soddgrythor(-ion, -iaid) *m*, soddgrythores(-au) *f*, canwr (canwyr) (*m*) soddgrwth/sielo ***cello***, sielydd(-ion) *m*, sielyddes(-au) *f*.

cello *n. Mus:* soddgrwth (soddgrythau) *m*, sielo(-au) *m*, ***cello(-s)*** *m*.

cellobiose *n. Ch:* selobïos *m*.

celloidin *n. Ch:* seloidin *m*.

cellophane *n. R.t.m:* s|eloffen *m*.

cellular *a. Biol:* cellog; *I.C.E:* **~ radiator,** rhwyll(-au) (*f*) oeri.

cellularity *n.* cellogrwydd *m*, rhwyllogrwydd *m*.

cellularly *adv.* yn gellog *&c*.

cellulase *n. Ch:* s|eliwlas *m*.

cellule *n. Nat.Hist:* cellan(-au) *f*.

cellulitis *n. Med:* llid (*m*) yr isgroen.

celluloid *n. & a.* s|eliwloid *m*.

cellulose *n. & a.* s|eliwlos *m*.

cellulosic *a. & n.* seliwlosig.

Celsius *a.* Celsius.

Celt[1] *n. Ethn:* Celt(-iaid) *m*, Celtes(-au, -i) *f*.

celt[2] *n. Archeol:* bwyell (bwyeill) *f*; **shoe-last ~,** bwyell ben-troed (bwyeill pen-troed).

Celtic *a. & n.* **1.** *a.* Celtaidd, *occ:* Celtig; *(in language):* Celteg; **the ~ Fringe,** y Cyrion/Godreon Celtaidd *pl*, yr Ymylon Celtaidd *pl*; **the ~ Sea,** y Môr Celtaidd *m*; **the ~ twilight,** y cyfnos Celtaidd *m*, y gwyll Celtaidd *m*, y cyflychwr Celtaidd *m*; **the Board of ~ Studies,** y Bwrdd (*m*) Gwybodau Celtaidd; **the ~ Congress,** y Gyngres Geltaidd; **the ~ League,** y Cynghrair Celtaidd *m*. **2.** *n. Ling:* Celteg *f*, *m*. **P-~,** Celteg P; **Q-~,** Celteg Q.

Celticism *n.* Celtigiaeth *f*.

Celticist *n.* Celtegwr: Celtegydd (Celtegwyr) *m*, Celt|egwraig (Celtegwragedd) *f*.

Celticity *n.* Celtigrwydd *m*.

Celticize *v.t.* Celteiddio.

Celticness *n.* = **Celticity.**

Cemaes Bay *W.Pl.n.* Cemais *m*.

Cemaes Road *W.Pl.n.* Abertwymyn *mf*.

cembalist *n.* sembalwr (sembalwyr) *m*, sembalydd(-ion) *m*, sembalyddes(-au) *f*, canwr (canwyr) (*m*) s|embalo.

cembalo *n.* s|embalo(-s) *m*.

cement[1] *n.* sment(-iau) *m*; **hydraulic ~,** sment tanddwr. **~-mixer** *n.* corddwr (corddwyr) (*m*) sment, peiriant (peiriannau) (*m*) cymysgu sment, peth(-au) (*m*) cymysgu sment. **~-works** *n.* gwaith (gweithf|eydd) (*m*) sment.

cement[2] *v.t.* **1.** smentio. **2.** *Fig: (friendship &c):* cadarnh|au, cryfh|au.

cementation *n.* smentiad(-au) *m*, smentio *vn*.

cemented *a.* smentiedig; **~ lens,** lens lynedig (lensys glynedig) *f*.

cementer *n.* smentiwr (smentwyr) *m*.

cementite *n.* smentit *m*.

cementitious *a.* smentaidd.

cementum *n. Dent:* smentwm *m*.

cemetery *n.* mynwent(-ydd) *f*, *occ:* claddfa (claddf|eydd) *f*, corfflan(-nau) *f*; *Archeol:* **barrow ~,** crugfynwent(-ydd) *f*; **flat ~,** mynwent wastad (mynwentydd gwastad); **to wander around cemeteries,** mynwenta, crwydro mynwentydd.

cenacle *n. Rel:* goruwchystafell(-oedd) *f*.

cenobite *n. Ecc:* mynach(-od, mynaich) *m*.

cenobitical *a.* mynachaidd.

cenogenesis *n. Biol:* senog|enesis *m*.

cenogenetic *a. Biol:* senogenetig.

cenogenetically *adv. Biol:* yn senogenetig.

cenotaph *n.* s|enotaff (senotaffau) *m*.

cenote *n. Archeol:* ffynnon (ffynhonnau) (*f*) aberthu.

cenozoic *a.* & *n.* *Geol:* **1.** *a.* cainosöig. **2.** *n.* y cyfnod cainosöig *m.*
cense *v.t.* *Ecc:* arogldarthu.
censer *n.* *Ecc:* thuser(-au) *f.* **~-bearer** *n.* thuserwr (thuserwyr) *m.*
censor[1] *n.* **1.** *Adm:* &c: sensor(-iaid) *m.* **2.** *(= critic):* beirniad (beirniaid) *m*, ceryddwr (ceryddwyr) *m.*
censor[2] *v.t.* **1.** *(= ban):* gwahardd. **2.** *(= delete parts):* sensora, sensro; **to ~ part of a book,** dil|eu rhan o lyfr.
censorial *a.* sensorol.
censorious *a.* ceryddgar, beirniadol, gorfeirniadol (**of sth,** o rth); llawdrwm, llym (*f.* llem, *pl.* llymion), barnllyd (ar rth); â'ch llach (ar rth).
censoriously *adv.* yn feirniadol &c.
censoriousness *n.* natur feirniadol &c *f.*
censorship *n.* sensoriaeth(-au) *f.*
censurable *a.* ceryddadwy.
censure[1] *n.* cerydd(-on) *m*; *Jur:* cymhenfa (cymenf|eydd) *f*; *Parl:* **~ debate,** *Parl:* dadl (*f*) gerydd (dadleuon cerydd); **~ motion,** cynnig (cynigion) (*m*) o gerydd; **vote of ~,** pleidlais (*f*) gerydd (pleidleisiau cerydd).
censure[2] *v.t.* ceryddu.
census *n.* cyfrifiad(-au) *m*; *Adm:* **to take a ~ of the population,** rhifo'r boblogaeth; **~ of expenditure,** cyfrifiad gwario; *Lib:* **~ of issue,** cyfrifiad benthyciadau; **~ of production,** cyfrifiad cynnyrch. **~ return** *n.* *Adm:* ffurflen (*f*) gyfrifiad (ffurflenni cyfrifiad).
cent *n.* **1.** *Num:* *(a)* *U.S:* &c: senten (sentiau) *f*, sent(-iau) *f*; *(b)* *F:* dimai (dimeiau) *f*, ffyrling(-od) *f*; **(I haven't got) a [red] ~,** *N.W:* ('does gen i)'r un ddimai goch y delyn, *N:* 'r un ffadan beni, ddim sentan, 'r un badlan, *S:* ('does gyda fi) ddim clincen, 'r un ffyrling goch, 'r un ffaden, 'r un ffado ar 'yn elw. **2. per ~,** y cant.
cental *n.* *Meas:* canpwys(-i) *m.*
centare *n.* *Meas:* sentar(-au) *mf.*
centaur *n.* **1.** *Myth:* dynfarch (dynfeirch) *m*, gwrfarch (gwrfeirch) *m.* **2.** *Astr:* **C~,** y Saethydd *m.*
centaurea *n.* *Bot:* = **knapweed.**
Centaurus *n.* *Astr:* Y Saethydd *m.*
centaury *n.* *Bot:* *(Centaurium):* y ganrhi goch *f*, ysgol (*f*) Fair, canrhi'r coed, bustl (*m*) y ddaear, arlladlys *m*, ysgol Crist, *S.W:* llysiau(*pl*)'r tarw, sentri *m*; **broad-leaved ~,** *(C. latifolium):* y ganrhi goch lydanddail; **Guernsey ~,** *(Exaculum pusillum):* canrhi Ffrainc; **seaside ~, dwarf-tufted ~,** *(C. littorale):* y ganrhi goch arfor; **lesser ~,** *(C. pulchellum):* y ganrhi leiaf; **perennial ~,** *(C. scilloides):* y ganrhi barhaol; **slender ~,** *(C. tenuiflorum):* y ganrhi fain; **yellow ~,** *(Cicendia filiformis):* y ganrhi felen.
centenarian *a.* & *n.* **1.** *a.* canmlwyddol. **2.** *n.* gŵr (gwŷr) (*m*) canmlwydd oed, gwr|aig (*f*) ganmlwydd oed (gwragedd canmlwydd oed), *canmlwyddiad (canmlwyddiaid) *m&f*; **the ~ John Jones,** John Jones ganmlwydd oed.
centenary *a.* & *n.* **1.** *a.* canmlwyddiannol, canmlwyddol. **2.** *n.* canmlwyddiant (canmlwyddiannau) *m.*
centennial *a.* & *n.* **1.** *a.* canmlwyddol; *U.S:* **the C~ State,** Colorado *f.* **2.** *n.* *U.S:* = **centenary.**
centennially *adv.* yn ganmlwyddol &c.
centering *vn.* canoli.
centesimal *a.* canrannol.
centesimally *adv.* yn ganrannol.
centiare *n.* = **centare.**
centigrade *a.* canradd.
centigramme *n.* s|entigram (sentigramau) *m*, c|entigram (centigramau) *m.*
centile *a.* & *n.* **1.** *a.* canrannol; **~ rank,** safle canrannol *m.* **2.** *n.* canradd(-au) *f.*
centilitre *n.* s|entilitr (sentilitrau) *m*, c|entilitr (centilitrau) *m.*
centillion *n.* *Mth:* sentiliwn (sentiliynau) *fm*, centiliwn (centiliynau) *fm.*
centime *n.* *Num:* sentim(-au) *f*, ***centime(-s)*** *f.*
centimetre *n.* s|entimedr (sentimedrau) *m*, c|entimedr (centimedrau) *m.*
centinody *n.* *Bot:* canclwm (canclymau) *m*, clymlys(-iau) *m.*
centipede *n.* *Myr:* neidr gantroed (nadroedd cantroed) *f*, pryf(-ed) cantroed (*m*), cantroed(-iaid) *m*, *N.W:* *occ:* Siani-wrachen (~-wrachod) *f.*
centner *n.* *Meas:* sentner: centner(-au) *m.*
cento *n.* clytwaith (clytweithiau) *m.*
centonate *a.* *Bot:* clytiog.
central *a.* & *n.* **1.** *a.* canolog, *occ:* canol; **C~ America,** Canolbarth (*m*) America; **~ angle,** ongl ganolog/ganol (onglau canolog/canol) *f*; **the C~ Electricity Generating Board,** y Bwrdd (*m*) Canolog Cynhyrchu Trydan; **~ heating,** gwres canolog *m*, gwres trwy'r tŷ, gwresogi (*vn*) canolog; **~ school,** ysgol ganol/ganolraddol (ysgolion canol/canolraddol) *f*; **~ hall school,** ysgol(-ion) neuadd ganol; **the C~ Intelligence Agency,** y Gwasanaeth Cyfrin (*m*) Canolog; **the C~ Office of Information,** y Swyddfa Hysbysrwydd Ganolog; **the C~ Treaty Organization,** Cynghrair (*m*) y Cytundeb Canol; **the C~ Welsh Board,** Bwrdd (*m*) Canol Cymru; **~ tendency,** canolduedd(-iadau) *f*; **~ place theory,** damcaniaeth (*f*) man canol; *Hist:* **the C~ Powers,** y Pwerau Canol; *Cmptr:* **~ processing unit (CPU),** uned (*f*) brosesu ganolog (unedau prosesu canolog); **~ processor,** prosesydd(-ion) (*m*) canolog; *Aut:* **~ refuge,** lloches ganol (llochesau canol) *f*; *U.S:* *Can:* **C~ Time,** Amser (*m*) y Canoldir; **the ~ Council for Health Education,** Cyngor Canol (*m*) Addysg Iechyd; *Civ.E:* **~ reserve/reservations,** llain ganol (lleiniau canol) *f*; **the C~ Health Services Council,** Cyngor Canol (*m*) Gwasanaethau Iechyd; **the C~ Arbitration Council,** y Cyngor Cymodi Canolog; **~ business district,** canol busnes y dref; **~ nervous system,** y brif system nerfol *f.* **2.** *n.* *(a)* *U.S:* *(= telephone exchange):* cyfnewidfa (cyfnewidf|eydd) (*f*) ffôn; *(b)* *(= operator):* cysylltwr (cysylltwyr) (*m*) ffôn, cys|ylltwraig (cysylltwragedd) (*f*) ffôn.
centralism *n.* canoliaeth *f.*
centralist *a.* & *n.* **1.** *a.* canoliaethol. **2.** *n.* canoliaethwr (canoliaethwyr) *m*, canol|iaethwraig *f.*
centralistic *a.* canoliaethol.
centrality *n.* canologrwydd *m.*
centralization *n.* canoliad(-au) *m*, canoli *vn.*
centralize *v.t.* canoli.
centralized *a.* canoledig.
centralizer *n.* canolydd (canolwyr) *m.*
centralizing *a.* canolaidd, canolgyrch, canolgyrchol.
centrally *adv.* yn ganolog, yn y canol.
centralness *n.* = **centrality.**
centre[1] *n.* **1.** *(of circle &c):* canol(-au) *m*, canolbwynt(-iau) *m*; **in the ~,** yn y canol; **out of ~,** heb fod yn y canol, allan o'r canol; **the ~ of sth boiling,** llygad (*m*) y berw; **cone ~,** canol côn; **dead ~,** canol llonydd, canol union; **live ~, revolving ~,** canol tro. **2.** *(of infection, attraction):* canolbwynt(-iau) *m*; **she likes to be the ~ of attraction,** mae hi'n hoffi bod yng nghanol y sylw; mae hi'n hoffi cael sylw pawb; **the ~ of attraction of a place,** prif atyniad (*m*) lle. **3.** *(for research, detention, amusement &c):* canolfan(-nau) *mf*; **attendance ~,** canolfan presenoldeb/bresenoldeb (canolfannau presenoldeb); **banking ~,** canolfan bancio/fancio (canolfannau bancio); **detention ~,** canolfan cadw/gadw (canolfannau cadw); **leisure ~,** canolfan hamdden; **remand ~,** canolfan cadw/gadw (canolfannau cadw); **shopping ~,** canolfan siopa; **infant welfare ~,** canolfan lles babanod; **maternity and child welfare ~,** canolfan gofal mam a phlant; **health ~,** canolfan iechyd; **rest ~,** gorffwysfa (gorffwysf|eydd) *f*, canolfan [g]orffwys. **4.** *Ph:* &c: craidd (creiddiau) *m*; **~ of curvature,** craidd crymedd, canolbwynt crymedd; **~ of depression,** craidd dirwasgedd; **~ of gravity,** craidd disgyrchiant; **~ of gyration,** craidd chwyrlïant; **~ of attraction,** craidd atynnu/atyniad; **~ of mass,** craidd màs; **~ of oscillation,** craidd osgiladiad; **~ of percussion,** craidd taro; **~ of pressure,** craidd gwasgedd, canolbwynt gwasgedd; **~ of rotation,** canol cylchdro; *Geog:* **black earth ~,** canolgylch (*m*) pridd du; *Anat:* **nerve-~,** canolfan nerfol; **appetite ~,** canolfan (*m*) ymborthi. **5.** *Rugby:* *Fb:* &c: canolwr (canolwyr) *m.* **6.** *attrib.* canol; *Th:* **~ aisle,** eil ganol (eiliau canol) *f*; *Fb:* **~ circle,** cylch(-oedd) (*m*) canol; *Art:* **~ dotting,** canolfarcio *vn*; *Ich:* **~ drill,** dril(-iau) (*m*) canoli; *Needlew:* **~ front,** canol y blaen; **~ hinge,** colfach(-au) canol *m*, colyn(-nau) canol *m*; *Th:* **~ opening,** agoriad(-au) canol *m*; *Pol:* **~ party,** plaid (*f*) y canol (pleidiau'r canol): *Th:* **~ piece,** gosodiad canol *m*; **~ point,** canolbwynt(-iau) *m*; *Tls:* **~ punch,** tyllwr (tyllwyr) (*m*) canoli, pwnsh(-ish) (*m*) canoli; *Th:* *Fb:* **~ spot,** smotyn (smotiau) (*m*) canol; *Journ:* **~ spread,** tudalennau canol *pl*; **~ square,** sgwâr (sgwariau) (*m*) canoli; *Th:* **~ stage,** canol (*m*) llwyfan; **she moves ~ stage,** mae hi'n

symud i ganol y llwyfan; **~-back** *n.* **1.** *Fb:* olwr (olwyr) canol *m.* **2.** *Needlew:* canol (*m*) cefn. **~-bit** *n. Tls:* ebill(-ion) (*m*) tro/canol. **~-board** *n. Nau:* astell ganol (estyll canol) *f,* cilbren (-nau) (*m*) codi, bwrdd (byrddau) (*m*) canol. **~-field** *n. Sp:* canol (*m*) maes. **~-fielder** *n. Sp:* maeswr (maeswyr) canol *m.* **~-fold** *n.* = **centre-spread. ~-forward** *n. Fb:* canolwr (canolwyr) blaen *m,* blaenwr (blaenwyr) canol *m.* **~-half** *n. Fb:* canolwr (canolwyr) *m,* hanerwr (hanerwyr) canol *m.* **~-line** *n.* llinell ganol (llinellau canol) *f; Th:* lein (*f*) ganoli (leiniau canoli). **~-pass** *n. Netball: &c:* pas(-au) cyntaf *m.* **~-piece** *n.* **1.** *(of table &c):* darn(-au) canol *m.* **2.** *Fig: (of exhibition &c):* prif eitem(-au) *f.* **~-pin** *n.* pin(-nau) canol *m.* **~-rail** *n.* cledren ganol (cledrau canol) *f,* r[h]eilen ganol (r[h]eiliau canol) *f.* **~-second[s]** *n. Clockm:* bys(-edd) (*m*) eiliadau canol. **~-spread** *n. Journ:* llun(-iau) (*m*) tudalennau canol. **~ spread** *n. Journ:* tudalennau canol *pl,* taeniad(-au) canol *m.* **~ three-quarter,** *n. Rugby Fb:* trichwarterwr (trichwarterwyr) canol *m.*

centre² *v.t.&i.* **1.** *v.t. (a)* canoli, canolbwyntio (rhth); dodi/rhoi/gosod (rhth) yn y canol; **to ~ one's affections (on s.o.),** rhoi'ch serch, rhoi'ch holl fryd (ar rn); ymserchu (yn rhn); *(b) Mch: (on lathe &c): Typ:* canoli; *(c) Fb:* **~ the ball,** canoli'r bêl. **2.** *v.i.* **to ~ in/on/round sth,** troi o gylch rhth, troi o amgylch rhth, troi o gwmpas rhth; **the conversation centred on football,** trôi'r sgwrs o gwmpas pêl-droed; pêl-droed oedd prif bwnc y sgwrs.

centred *a.* canoledig; **industry ~ on Cardiff,** diwydiant â'i ganolbwynt yng Nghaerdydd, diwydiant wedi ei ganoli yng Nghaerdydd; **two-~ arch,** bwa [â] dau ganol; *S.a.* **self-centred.**

centreless *a.* diganol, heb ganol.

centric[al] *a.* [y] canol, canolog, creiddiol, canolbwyntiol.

centrically *adv.* yn ganolog, yn y canol.

centricity *n.* canologrwydd *m.*

centrifugal *a.* allgyrchol, canolffo; **~ force,** grym allgyrchol *m.*

centrifugally *adv.* yn allgyrchol.

centrifugation *n.* allgyrchiad *m,* allgyrchu *vn.*

centrifuge¹ *v.t. Ind:* allgyrchu.

centrifuge² *n.* allgyrchydd(-ion) *m.*

centriole *n. Biol:* sentriol(-au) *m.*

centripetal *a.* canolgyrchol, canolgyrch, mewngyrchol (*pronounced* ng-g), mewngyrch (*pronounced* ng-g).

centripetally *adv.* yn ganolgyrchol *&c.*

centrism *n. Pol:* canolbleidiaeth *f.*

centrist *n. Pol:* canolbleidiwr (canolbleidwyr) *m,* canolbl|eidwraig *f.*

centroclinal *a. Geol:* sentroclinol.

centroid *n.* craidd (creiddiau) *m.*

centroidal *a.* creiddiol.

centrolineal *a.* canolgyrch, cydgyfeiriol.

centromere *n.* s|entromer (sentromerau) *m.*

centromeric *a.* sentromerig.

Centronics interface *n. Cmptr:* rhyngwyneb (*m*) Centronics.

centroplasm *n.* s|entroplasm *m.*

centrosome *n.* s|entrosom (sentrosomau) *m.*

centrosomic *a.* sentrosomig.

centrosphere *n.* s|entrosffer (sentrosfferau) *m.*

centrum *n.* sentrwm (sentrymau) *m.*

centuple¹ *a.* canplyg, can cymaint.

centuple², centuplicate *v.t.* gwn|eud (rhth) ar ei ganfed, amlh|au (rhth) ar ei ganfed, *canplygu (rhth).

centurion *n. Rom.Ant:* canwriad (canwriaid) *m.*

century *n.* **1.** *(a) (e.g. 1901–2000):* canrif(-oedd) *f;* **in the nineteenth ~,** yn y bedwaredd ganrif ar bymtheg; *(b): (= any period of 100 years):* canmlwydd(-i) *f or pl,* can mlynedd *f or pl; (c) Mil: Rom.Ant:* cannwr (canwyr) *m.* **2.** *Cr:* cant (cannoedd) *m.* **3.** *F: (= 100 pounds):* canpunt *m.* **~ plant** *n. Bot: (Agave americana):* yr agafe *m,* blodyn (blodau) (*m*) canmlwydd.

cep *n. Fung:* bwyd (*m*) llyffaint, boled bwytadwy *m.*

cepaceous *a. Bot:* boledaidd.

cepe *n.* = **cep.**

cephalad *adv.* tua'r pen.

cephalic *a.* seffalig, ceffalig; **~ index,** mynegrif seffalig/ceffalig.

cephalically *adv.* yn seffalig/geffalig.

cephalin *n.* s|effalin: c|effalin *m.*

cephalitis *n. Med:* llid (*m*) yr ymennydd.

cephalization *n.* seffaleiddiad: ceffaleiddiad *m,* seffaleiddio: ceffaleiddio *vn.*

cephalometric *a.* seffalometrig, ceffalometrig.

cephalometry *n.* seffalometreg: ceffalometreg *f, F:* mesur (*vn*) pennau.

cephalopod *n. & a. Moll:* s|effalopod (seffalopodau) *m,* c|effalopod (ceffalopodau) *m,* ystifflog(-ion) *m.*

cephalopodan *a. & n.* **1.** *a.* seffalopodaidd, ceffalopodaidd. **2.** *n.* = **cephalopod.**

cephalosporin *n.* seffalosborin: ceffalosborin *m.*

cephalothorax *n.* seffalothoracs: ceffalothoracs *m.*

cepheid *n. Astr:* seffeid(-au) *mf.*

Cepheus *n. Astr:* Seffews *m.*

ceraceous *a.* = **waxy.**

ceramic *a.* seramig, ceramig, crochenyddol.

ceramicist *n.* = **ceramist.**

ceramics *n.pl.* **1.** crochenwaith *m,* llestri (*pl*) pridd. **2.** *(craft):* crochenyddiaeth *f,* cerameg *f,* serameg *f.*

ceramist *n.* seramegydd: ceramegydd(-ion) *m; (= potter):* crochenydd(-ion) *m.*

cerastes *n. Rept:* gwiber gorniog (gwiberod corniog) *f.*

cerastium *n. Bot:* cornwlyddyn (c|ornwlydd) *m,* clust (*f*) llygoden.

cerate *n.* cwyreli (cwyreliau) *m.*

ceratodus *n. Ich:* = **barramunda.**

Cerberean *a.* Serberaidd.

Cerberus *Pr.n.m. Myth:* S|erberws; *S.a.* **sop¹ 2.** *(b).*

cercaria *n. Ann:* sercaria (sercariâu) *m.*

cercis *n. Bot:* sercis(-au) *m.*

cercus *n. Biol:* sercws (serci) *m.*

cere¹ *n. Orn:* cwyrbilen(-nau) *f.*

cere² *v.t.* rhoi (rhth) mewn cwyrliain.

cereal *a. & n.* **1.** *a.* grawnog, grawnol. **2.** *n.usu.pl.* grawnfwyd(-ydd) *m,* grawn *m,* ŷd (ydau) *m;* **~ crop,** cnwd (cnydau) (*m*) grawn; **spring cereals,** ydau gwanwyn; **winter cereals,** ydau gaeaf; **[breakfast] cereals,** grawnfwyd *m* [brecwast], *N: F:* bwyd(-ydd) (*m*) llefrith. **~-leaf beetle** *n. Ent:* chwilen (chwilod) (*f*) y grawn.

cerebellar *a.* serebelaidd.

cerebellum *n. Anat:* serebelwm (serebela) *m.*

cerebral *a.* ymenydd[i]ol, serebrol; *(= intellectual):* ymenydd[i]ol; **~ palsy,** parlys ymenydd[i]ol, parlys [yr] ymennydd; *U.S:* **~ accident,** llid (*m*) yr ymennydd.

cerebrally *adv.* yn ymenydd[i]ol *&c.*

cerebrate *v.i. U.S:* meddwl, myfyrio.

cerebration *n.* meddylwaith *m,* meddwl *vn.*

cerebro- *comb.fm. Anat: Med:* s|erebro-; **~-spinal** *a.* serebro-sbinal; **~-spinal fluid,** hylif (*m*) yr ymennydd; **~-spinal meningitis,** llid (*m*) serebro-sbinal. **~-tonic** *a.* serebro-tonig. **~-vascular** *a.* serebro-f|asgwlaidd.

cerebrum *n. Anat:* s|erebrwm (s|erebra) *m,* yr ymennydd uchaf *m.*

cerecloth *n.* cwyrliain (cwyrlieiniau) *m.*

cerement *n.usu.pl.* bedd-liain (~-lieiniau) *m,* amdo(-au) *mf,* amwisg(-oedd) *f.*

ceremonial *a. & n.* **1.** *a.* seremonïol, seremonïaidd, defodol, defodaidd. **2.** *n. (a)* s|eremoni (seremonïau) *f,* defod(-au) *f; (= system of rites):* defodaeth *f,* defodau *pl; (b) Rel:* llyfr(-au) (*m*) defodaeth/defodau, defodlyfr(-au) *m.*

ceremonialism *n.* defodoldeb *m,* defodolaeth *f.*

ceremonialist *n.* defodolwr (defodolwyr) *m,* defod|olwraig *f.*

ceremonially *adv.* yn seremonïol *&c;* yn ôl defod, wrth ddefod.

ceremonious *a.* defodol, defotgar.

ceremoniously *adv.* yn ddefodol *&c.*

ceremoniousness *n.* defodoldeb *m,* defotgarwch *m.*

ceremony *n.* defod(-au) *f,* s|eremoni (seremonïau) *f;* **without ~,** yn ddis|eremoni, yn anffurfiol, heb ddim lol; **to stand upon/on ~,** bod yn ddefodol, bod yn ffurfiol, bod yn gysáct, bod yn fanwl ffurfiol. *N.W: occ:* hel rhodres; **master of ceremonies,** meistr (*m*) y seremonïau (meistri'r seremonïau), meistr y ddefod, llywydd(-ion) *m,* arweinydd(-ion) *m,* cyflwynwr (cyflwynwyr) *m,* cyflwynydd(-ion) *m.*

Ceres *Pr.n.f. Rom.Myth:* Ceres.

ceresin *n.* cwyr gwyn *m.*

cereus *n. Bot:* cactws (cacti) unnos *m.*

ceric *a. Ch:* serig.

ceriph *n. Typ:* = **serif.**
cerise *a. & n.* **1.** *a.* ceiriosliw, coch golau, *cerise.* **2.** *n.* lliw (*m*) ceirios, ceiriosliw *m*, coch golau *m*, *cerise m.*
cerium *n. Ch:* seriwm *m.*
cermet *n. Metall:* sermet *m.*
cernuous *a.* siglog.
cero *n. Ich:* sero(-aid) *m.*
cerography *n.* cwyrysgrifen *f.*
ceroplastic *a.* cwyrblastig.
cerotic *a.* serotig.
cerous *a. Ch:* serus.
cert *n. F:* = **certainty; a dead ~,** peth(-au) cwbl sicr *m*; **it's a dead ~,** 'does dim byd sicrach; *Rac: &c:* **it's a ~,** mae'n siŵr o ennill.
certain *a.* **1.** *(a) (= assured):* sicr, siŵr, *S:* siwr; **this much is ~, that . . .,** hyn sy'n sicr, [sef] bod . . .; **he is ~ to come,** mae'n siŵr/sicr o ddod; mae'n siŵr y daw; *N:* siawns na ddaw; siawns y daw; *F: occ:* mae e'n bownd o ddod; *(b) (of pers.):* **to be ~ (of sth),** bod yn siŵr/sicr (o rth, yngh|ylch rhth); **I am not ~ that he will come,** nid wyf yn sicr y daw ef; **I am not ~ whether he will come,** nid wyf yn sicr a ddaw ef (*not* os daw ef); **(to know sth) for ~,** (gwybod rhth) yn bendant, i sicrwydd; *(c)* **to make ~ of sth,** gwneud yn siŵr/sicr o rth, sicrh|au rhth; **to make ~ of a seat,** sicrhau sêt, gofalu cael sêt, ymorol am sêt; *(d) (= inevitable):* anorfod, anochel, siŵr, sicr. **2.** *(a) (= undetermined):* rhyw + *sing.* + *soft mut.*, rhai + *pl.*, ambell + *sing.* + *soft mut.*; **there are ~ things . . .,** mae rhai pethau . . .; mae yna rai pethau . . .; mae [yna] ambell beth . . .; **with women of a ~ age,** gyda merched o oedran arbennig; **a ~ reluctance,** rhyw amharodrwydd, rhywfaint o amharodrwydd; **a ~ person,** rhywun [neu'i gilydd]; **~ people,** rhywrai, rhyw rai, rhai pobl; **a ~ Mr. Jones,** rhyw Mr. Jones, rhywun o'r enw Mr. Jones; *(b) (= fixed):* penodedig; **(he used to write) on a ~ day,** (fe ysgrifennai lythyr) ar y dydd a'r dydd, ar ddydd penodedig.
certainly *adv.* **1.** *(= surely):* yn sicr, yn bendant, yn ddiamau, yn bendifaddau, *Lit:* bid siŵr, bid sicr, *S:* bid siwr. **2.** *(= of course):* wrth gwrs, yn sicr, ar bob cyfrif, yn bendant, siŵr iawn, debyg iawn, *Lit:* bid siŵr, bid sicr; **may I? - ~!** a gaf i? - cei (cewch) siŵr iawn! cei ar bob cyfrif! cei â chroeso! *N:* cei neno'r tad! **may I - ~ not!** a gaf i? - na chei (chewch) [yn] wir!
certainty *n.* **1.** sicrwydd *m*, pendantrwydd *m*, peth(-au) sicr *m*; **for a ~, of a ~,** yn gwbl sicr, i sicrwydd, y tu hwnt i amheuaeth, yn ddiamau; **it's a dead ~,** 'does dim dwywaith amdani; mae cyn sicred â dim; 'does dim byd sicrach; *S:* 'does dim dau; **to bet on a ~,** betio ar beth sicr; *Com:* **~ equivalent,** cyfatebiaeth (*f*) sicrwydd. **2.** *(= conviction):* sicrwydd, argyhoeddiad *m.* **3.** *(= inevitability):* **the ~ (of death),** sicrwydd, anocheledd (*m*) (angau).
certes *adv. A:* yn siŵr i chwi, sicr yw.
certifiable *a. Lit:* ardystiadwy; *F:* **he's ~,** mae o'n barod i'r seilam; mae e'n wallgof; mae e o'i gof; 'dyw e ddim yn gall; *S.a.* **crazy, mad.**
certifiably *adv.* yn ardystiadwy *&c.*
certificate[1] *n.* tystysgrif(-au) *f*, *F:* stifficet(-s) *mf*; *Nau:* **Master's C~,** Tystysgrif Capten; *Sch:* **General C~ of Education,** Tystysgrif Addysg Gyffredinol, Tystysgrif Gyffredinol Addysg; **General C~ of Secondary Education (GCSE),** Tystysgrif Gyffredinol Addysg Uwch (TGAU); **birth ~,** tystysgrif geni; **death ~,** tystysgrif marwolaeth; **land ~,** tystysgrif tir; **marriage ~,** tystysgrif priodas; **medical ~,** tystysgrif feddygol, tystysgrif meddyg, *F:* papur (-au) (*m*) doctor; **sacrament ~,** tystysgrif cymun; **settlement ~,** tystysgrif anheddu; **share ~,** tystysgrif cyfran/cyfrannau; **vaccination ~,** tystysgrif brechu; **~ of burial,** tystysgrif claddu/claddedigaeth; **~ of discharge,** tystysgrif rhyddhad; **~ of disrepair,** tystysgrif angen atgyweirio; **~ of efficiency,** tystysgrif effeithlonrwydd; **~ of marriage,** tystysgrif priodas; **~ of merit,** tystysgrif teilyngdod; **~ of origin,** tystysgrif tarddiad, tystysgrif man cychwyn; **~ of registration,** tystysgrif cofrestru; *See* **registry 1.**
certificate[2] *v.t.* rhoi tystysgrif (i rn); *(= give licence):* trwyddedu (rhn).
certificated *a.* trwyddedig, tystysgrifedig; *Jur:* **~ bankrupt,** methdalwr (methdalwyr) cofrestredig *m.*
certification *n.* ardystiad(-au) *m*; ardystio *vn*; *See* **certificate**[2].
certificatory *a.* ardystiol.
certified *a.* ardystiedig, tystiedig; *Jur:* **~ lunatic,** gwallgofddyn ardystiedig *m*; *Com:* *U.S:* **~ cheque,** siec warantedig (sieciau gwarantedig) *f*; *U.S:* **~ mail,** post cofrestredig *m*; **~ milk,** llaeth ardystiedig *m*, llaeth ardyst; **~ accountant,** cyfrifydd(-ion) ardystiedig *m*; **~ transfer,** trosglwyddiad(-au) ardystiedig *m*; *S.a.* **copy**[1] **1.**
certifier *n.* ardystiwr: ardystydd (ardystwyr) *m.*
certify *v.t.&ind.t.* **1.** *v.t.* *(a)* tystio (i rth); ardystio, cadarnh|au, gwirio (rhth); **to ~ a death,** tystio i farwolaeth, ardystio/cadarnhau marwolaeth; **to ~ s.o. insane,** ardystio/dyfarnu rhn yn wallgof. **2.** *v.ind.t.* **to ~ to sth,** tystio i rth.
certifying[1] *a.* ardystiol.
certifying[2] *vn.* ardystiad(-au) *m*, ardystio.
certiorari *n. Jur:* certiorari (certiorarïau) *m.*
certitude *n.* sicrwydd *m*, argyhoeddiad *m*; *S.a.* **certainty 1.**
cerulean *a. Lit:* glas, asur, nefliw.
cerumen *n. Physiol:* cwyr (*m*) clustiau.
ceruminous *a.* cwyraidd.
ceruse *n. Ch:* plwm gwyn *m.*
cervelat *n. Cu:* selsigen (selsig) *f.*
cervical *a. Anat:* **1.** *(a) (= of cervix):* serfigol; **~ cancer,** canser (*m*) ceg y groth; **~ canals,** camlesi serfigol; **~ cap,** cap(-iau) serfigol *m*; **~ region,** adran(-nau) serfigol *f*; **~ smear,** prawf (profion) (*m*) serfigol; *(b) (= of neck):* gyddfol, mynyglog, gwegilog; **~ region,** adran yddfol.
cervicitis *n. Med:* llid (*m*) mwnwgl y groth, llid ar geg y groth, serfigwst *m.*
cervine *a. Z:* carwaidd.
cervix *n. Anat:* **1.** *(of womb):* mwnwgl (*m*) y groth, gwddf (*m*) y groth, ceg (*f*) y groth, serfics(-au) *m.* **2.** *(= back of neck):* gwegil(-iau) *m.*
Cesarea *W.Pl.n.* Bron (*f*) y Foel, *F:* Y Fron *f.*
cesium *n. Ch:* c[a]esiwm *m.*
cess[1] *n.* **bad ~ to s.o.,** melltith (*f*) ar rn, yn boeth y bo rhn, naw wfft i rn.
cess[2] *v.t.* trethu.
cessation *n.* darfyddiad(-au) *m* **(of sth,** rhth); diwedd(-au) *m*, terfyn (-iadau) *m* (ar rth); darfod *vn*, terfynu *vn*, diweddu *vn* (rhth); peidio (*vn*) (â rhth); *Mil:* **~ of hostilities,** cadoediad(-au) *m*, diwedd (*m*) ar yr ymladd.
cesser *n. Jur:* diwedd(-au) *m*, terfyniad(-au) *m.*
cession *n.* ildiad(-au) *m*, gildiad(-au) *m*, dadafaeliad (-au) *m*; *S.a.* **concession.**
cessionary *a. & n. Jur:* **1.** *a.* dadafaelol. **2.** *n.* dadafaelai (dadafaeleion) *m&f*, aseinî (aseinïaid, aseinïon) *m&f.*
cesspit *n.* carthbwll (carthbyllau) *m.*
cesspool *n.* carthbwll (carthbyllau) *m*; **a ~ of iniquity,** pwll (*m*) o fudreddi.
cesta *n.* cawell (cewyll) *m.*
cestode *a. & n. Z:* **1.** *a.* llyng[h]yraidd. **2.** *n.* llyng[h]yren (llyngyr) *f.*
cestoid *n.* = **cestode 2.**
cestus *n. Rom.Ant:* amddwrn (amddyrnau) *m.*
Cetacea *n.pl. Z:* y Morfilod.
cetacean *a. & n.* **1.** *a.* morfilaidd. **2.** *n.* morfil(-od) *m.*
cetaceous *a.* fel morfil, morfilaidd.
cetane *n. Ch:* setan *m.* **~ number, ~ rating** *n.* nerth (*m*) tanio.
ceterach *n. Bot: Z:* c|eterach *m*, duegredynen feddygol *f.*
ceteris paribus *adv.* a phethau eraill yn gyfartal.
cetin *n. Ch:* setin *m.*
cevitamic acid *n.* = **vitamin C.**
Ceylon *Pr.n. Geog:* Seilón *f*, Ceyl|on *f*; *S.a.* **Sri Lanka.** **~ moss** *n. Bot:* gwymon (*m*) Seilón.
Ceylonese *a. & n.* **1.** *a.* Seilonaidd, [o] Seilón; **the ~ government,** llywodraeth Seilón; **she's ~,** un o Seilón yw hi. **2.** *n.* Seiloniad (Seiloniaid) *m&f.*
cha *n. F:* te *m.*
cha-cha[1] *n. Danc:* ***cha-cha*** *f.*
cha-cha[2] *v.t.&i.* dawnsio'r ***cha-cha.***
chabazite *n. Miner:* c|abasit *m.*
chacma *n. Z:* tsiacma(-od) *m.*
chaconne *n. Danc:* ***chaconne(-s)*** *f.*
Chad[1] *Pr.n. Geog:* Tsiad *f.*
chad[2] *n.* papurach *m.*
Chadian *a. & n.* **1.** *a.* Tsiadaidd; **the ~ government,** llywodraeth Tsiad; **she's ~,** un o Tsiad yw hi. **2.** *n.* Tsiadiad (Tsiadiaid) *m&f.*

chaeta *n.* gwrychyn (gwrych) *m.*
chaetal *a.* gwrychol.
chaetognath *n. Ann:* c|etognath (cetognathiaid) *m.*
chaetognathan *a. Ann:* cetognathaidd.
chaetophorous *a. Ann:* gwrychog, blewog.
chaetopod *n. Ann:* c|etopod (cetopodau) *m.*
chafe[1] *n.* rhugliad(-au) *m*, sgardiad(-au) *m*, rhathiad(-au) *m*, rhwbiad(-au) *m*, *S:* rhwtad(-au) *m.*
chafe[2] *v.t.* **1.** rhuglo, rhwbio, sgardio, *S:* rhwto. **2. to ~ (at delay),** anesmwytho, mynd yn anniddig, anniddigo, colli amynedd, (oherwydd oedi).
chafer *n. Ent:* **garden ~,** *(Phyllopertha horticola):* chwilen (chwilod) *(f)* y gerddi; **summer ~,** *(Amphimallon solstitialis):* chwilen yr haf; *S.a.* **cockchafer.**
chaff[1] *n.* **1.** *usu.pl.* manus, mân us *pl* (*sing.* usyn *m*), hedion *pl*, eisin *pl*, cibion *pl*; *Husb:* (*= chopped straw*): peiswyn *m*, torion *pl*, *F:* tsiaff *m*, siaff *m*, *M.W:* brot *m*; **to cut ~,** cibio, malu cibion, tsiaffio; **to yield ~,** usioni; *Prov:* **an old bird is not caught with ~,** ni ddelir hen adar/ geffyl ag us; *F:* (*= rubbish*): sothach *pl*, *S.W:* ffrwcs: ffrwcsach *pl*; (*= useless talk, writing*): ffregod *f*, ffiloreg *f*, lol *f*, *N.W:* rwdl *mf*, ponsh *m*, rwtsh-ratsh *m*. **2.** *F:* (*= teasing*): herian *vn*, pryfocio *vn*, tynnu (*vn*) coes, pryfóc: pryfôc *m.* **~ bed** *n.* gwely(-au, gwlâu) *(m)* peiswyn/manus. **~-cutter** *n. Husb:* cibler(-au) *m*, melin(-au) *(f)* us, injan(-s) *(f)* sgrapio, injan tsiaff.
chaff[2] *v.t.* herian, pryfocio, tynnu coes.
chaffer[1] *n. F:* pryfociwr (pryfocwyr) *m*, pryf|ocwraig *f*, heriwr (herwyr) *m*, tynnwr (tynwyr) *(m)* coes.
chaffer[2] *v.i. A:* **= haggle.**
chaffinch *n. Orn:* asgell fraith (esgyll brithion) *f*, asgell arian, pinc(-od) *mf*, gwinc(-iaid, -od) *f*, ji-binc(-od) *f*, pwynt(-iaid) *m*, pia*(f)*'r gwinc, *M.W:* breithiaden(-nod) *f*, *N.E:* twinc(-od) *m.*
chaffing *a.* pryfoclyd, herllyd.
chaffingly *adv.* yn bryfoclyd.
chaffweed *n. Bot:* br|il-lys coraidd *m.*
chaffy *a. Bot:* uslyd, usog.
chafing *n. Med:* rhathiad(-au) *m.* **~-dish** *n.* padell *(f)* dân (pedyll tân), dysgl *(f)* dwymo (dysglau twymo).
chagrin[1] *n.* siom(-au) *fm*, siomedigaeth(-au) *f*, gofid(-iau) *m*, tristwch *m*, gloes *(f)* calon; **much to my ~,** er mawr siom i mi, er fy mawr ofid.
chagrin[2] *v.t.* siomi, gofidio (rhn); peri gofid *&c* (i rn); **to be chagrined at sth,** gofidio oherwydd rhth, teimlo siom o achos rhth.
chagrined *a.* gofidus, siomedig.
chain[1] *n.* **1.** cadwyn(-au, -i) *f*, *F:* tsiaen (tsieiniau) *f*; **to put a dog on a ~,** clymu/cadwyno ci, rhoi ci ar gadwyn/jaen; **watch-~,** g[i]ard *(mf)* watsh (g[i]ardiau watshis), cadwyn *(f)* watsh (cadwyni watshis), tsiaen *(f)* watsh (tsiaeniau watshis); *Aut:* **[wheel] chains,** cadwyni eira, cadwyni olwynion; *Harn:* **draught ~,** tyniad(-au) *m*, *N.W:* carwden *f*, *S.W:* gwedde (gweddeife) *m*; *Mec.E:* **driving-~,** cadwyn yrru (cadwyni gyrru); *Archeol:* **gang-~,** torfgadwyn(-au, -i) *f*; **slave-~,** caethgadwyn(-au, -i) *f*; *Needlew:* **chequered ~,** cadwyn amryliw; **twisted ~,** cadwyn dro (cadwyni tro). **2.** (*= series*): cadwyn, cyfres(-i) *f*; *Geog: &c:* (*of mountains*): cadwyn, rhes(-i) [o fynyddoedd]; **a ~ of events,** cyfres o ddigwyddiadau; **the C~ of Being,** Cadwyn Bod (*not* y Gadwyn Bod); *Jur:* **~ of causation,** cadwyn achosiaeth; **~ of command,** cadwyn awdurdod; **~ of executorship,** cadwyn ysgutoriaeth; **~ of representation,** cadwyn cynrychiolaeth. **3.** *Surv: Meas:* cadwynfedd(-i) *f*, tidfesur(-au) *m*, tidres(-i) *f.* **~-adjuster** *n.* tynhäwr (tynhawyr) *(m)* cadwyni. **~-armour** *n. Arm:* maelwisg *f.* **~ bridge** *n.* pont grog (pontydd crog) *f*, pont gadwyni (pontydd cadwyni). **~-case** *n. Cy:* cas *(m)* cadwyn (casys cadwyni). **~ drilling** *vn. Metalw:* drilio cadwynol. **~ drive** *n. Mech:* gyriant *(m)* cadwyn, cadwyn-yriant *m.* **~-gang** *n.* criw(-iau) *(m)* cadwyn. **~-gear** *n.* cocos *(pl)* cadwyn, gêr *(m)* cadwyn. **~-index** *n.* mynegai (mynegeion) *(m)* cadwyn. **~-indexing** *vn.* mynegeio cadwyn. **~-instinct** *n. Sch:* greddf *(f)* gadwyn. **~-letter** *n.* cadwynlythyr(-au, -on) *m.* **~-line** *n. Lib:* cadwynlin(-au) *f.* **~ lightning** *n. U.S:* mellt *(pl)* fforchog. **~-link** **1.** *a.* dolennog. **2.** *n. Metalw:* dolen *(f)* gadwyn (dolennau cadwyn). **~-lock** *n. Cy: &c:* clo *(m)* cadwyn (cloeau cadwyni). **~ loops** *n. Needlew:* dolennau cadwynog, dolennau cadwyn. **~-mail** *n.* **= chain-armour**. **~-measuring** *vn. Surv:* mesur yn ôl cadwynfedd. **~ moulding** *n. Arch:* mo[w]ldin(-au) cadwynog *m.* **~ pickerel** *n. Ich:* penhwyad (penhwyaid) *(m)* cadwynog. **~ printer** *n. Cmptr: &c:* cadwyn-argraffydd(-ion) *m.* **~-pulley** *n. Mec.E:* chwerfan *(f)* gadwyn (chwerfanau cadwyn), pwli (pwlïau) *(m)* cadwyn. **~-react** *v.t.* cadwynadweithio. **~-reacting** *a. Ph:* cadwynadweithiol. **~ reaction** *n.* adwaith (adweithiau) *(m)* cadwynol. **~ reactor** *n.* adweithydd(-ion) *(m)* cadwynol. **~ reflex** *n.* atgyrch(-ion) *(m)* cadwynol. **~ rule** *n. Mth:* rheol *(f)* y gadwyn. **~-saw** *n. Tls:* llif *(f)* gadwyn (llifiau cadwyn). **~-shop** *n.* siop *(f)* gadwyn (siopau cadwyn). **~-shot** *n. Hist: Arm:* pelenni cadwynog *pl.* **~-smoke** *v.i.&t.* ysmygu'n ddi-baid, smocio un sigarét ar ôl y llall. **~-smoker** *n.* smociwr (smocwyr) di-baid *m*, sm|ocwraig ddi-baid *f.* **~-stitch** *n. Needlew:* pwyth(-au) *(m)* cadwyn. **~-store** *n.* **= chain-shop**. **~-survey** *n.* tirfesuriad(-au) *(m)* cadwyn. **~-wale** *n.* estyllen (estyll) *f.* **~-wheel** *n.* olwyn *(f)* gadwyn (olwynion cadwyn). **~-wrench** *n. Tls:* tyndro(-eon) *(m)* cadwyn.
chain[2] *v.t.* **1.** cadwyno (rhth), clymu (rhth) [â chadwyn]; **to ~ sth to sth,** cadwyno rhth wrth rth, clymu rhth yn rhth. **2. to ~ sth down,** rhoi cadwyn am rth, rhwymo/clymu rhth â chadwyn; **chained to one's desk,** caeth i'ch desg; **to ~ up a dog,** rhoi ci ar gadwyn. **3.** (*= close off &c*): cau (rhth) [â chadwyn]. **4.** *Surv:* mesur tir [â chadwyn/chadwynfedd].
chaine *n. Danc:* ***chaine(-s)*** *m*, cadwyn *(f)* fale/***ballet*** (cadwyni bale/***ballet***).
chained *a.* cadwynog, cadwynol, dan gadwynau, mewn cadwyni. *Lib:* **~ book,** llyfr(-au) *(m)* cadwynog; **~ library,** llyfrgell *(f)* gadwynog (llyfrgelloedd cadwynog).
chainomatic *a. R.t.m:* cadwynog; **~ balance/scales,** clorian gadwynog (cloriannau cadwynog) *f.*
chainwork *n.* cadwynwaith *m*, gwaith cadwynog *m.*
chair[1] *n.* **1.** *(a)* cadair (cadeiriau) *f*, *S: occ:* stôl (stol[i]au, stolion) *f*; **eisteddfodic ~,** cadair eisteddfodol, cadair eisteddfod; **bardic ~,** cadair bardd (cadeiriau bardd/beirdd), cadair farddol (cadeiriau barddol); **club ~,** cadair esmwyth; **folding ~,** cadair blygu (cadeiriau plygu); **easy ~,** cadair esmwyth; **dining-~,** cadair wrth fwrdd; **high ~,** cadair uchel, cadair plentyn (cadeiriau plant); **nesting chair,** cadair das (cadeiriau tas); **grandfather ~,** cadair glustiog (cadeiriau clustiog), *N:* cadair taid, *S:* cadair tad-cu; **push-~,** coets[h] *(f)* gadair (coets[h]is cadair), *occ:* cadair wthio (cadeiriau gwthio), *S: occ:* cadair dreiglo (cadeiriau treiglo); **self-propelling ~,** cadair olwynion; *Jur: U.S:* **electric ~,** cadair drydan (cadeiriau trydan); **to take a ~,** eistedd [i lawr]; **musical chairs,** chwarae (*vn*) newid cadeiriau; *S.a.* **armchair, Bath chair, deck-chair, bo'sun's chair, invalid 2, rocking-chair, wheelchair**; *(b) Sch: &c:* cadair; **to be in the ~, to occupy/fill the ~,** bod yn y gadair, cadeirio, llywyddu; **to take the ~,** cymryd y gadair, cadeirio, llywyddu; **to leave/vacate the ~,** gadael y gadair; *int.* **chair! chair!** trefn! trefn! **2.** (*of rail*): cadair (cadeiriau) *f.* **~-attendant** *n.* dyn(-ion) *(m)* cadeiriau. **~-back** *n.* gorchudd(-ion) *(m)* cefn cadair. **~-bed** *n.* cadair wely (cadeiriau gwely). **~-car** *n. Rail: U.S:* cerbyd(-au) *(m)* cadeiriau, cerbyd lolfa. **~-lift** *n.* cadair godi (cadeiriau codi), cadair esgyn. **~-maker** *n.* saer (seiri) *(m)* cadeiriau. **~-mender** *n.* atgyweiriwr (atgyweirwyr) *(m)* cadeiriau, trwsiwr (trwswyr) *(m)* cadeiriau. **~-rail** *n.* **1.** *Arch:* cledren *(f)* gadeiriau (cledrau cadeiriau), ffendar *(f)* ddodrefn (ffendars dodrefn). **2.** (*= crossbar*): asen(-nau) *f.*
chair[2] *v.t.* *(a)* (*= place in chair*): cadeirio; *(b)* **to ~ a meeting,** cadeirio/llywyddu [mewn] cyfarfod; *(c)* (*= carry on shoulders*): cludo/cario (rhn) ar ysgwyddau.
chairborne *a.* ar gadair, mewn cadair, cadeiriog.
chaired *a.* **the ~ bard,** bardd y gadair, y bardd cadeiriog/cadeiriol.
chairing *vn.* cadeirio.
chairman *n.* **1.** cadeirydd(-ion) *m.* **2.** *A:* (*= sedan-bearer*): cadeir[i]wr (cadeirwyr) *m*, cludwr *(m)* cadair (cludwyr cadeiriau).
chairmanship *n.* cadeiryddiaeth(-au) *f.*
chairperson *n.* cadeirydd(-ion) *m.*
chairwoman *n.* cadeiryddes(-au) *f*, *occ:* llywyddes(-au) *f.*
chaise *n. Veh:* cerbyd(-au) *(m)* ysgafn, trap(-iau) *m*, ***chaise(-s)*** *f.* **~ longue** *n. Furn:* ***chaise longue(-s)*** *f*, cadair (cadeiriau) hir *f.*
chalaza *n. Biol: Z:* calasa (calasâu) *m.*
chalazal *a. Z:* calasaidd.
chalcanthit *n. Ch:* fitriol glas *m*, calcanthit *m.*

Chalcedonian *a. & n. Ecc.Hist:* **1.** *a.* Calcedonaidd. **2.** *n.* Calcedoniad (Calcedoniaid) *m&f.*
chalcedonic *a.* calcedonig.
chalcedony *n. Lap: Geol:* calcedon(-au) *m.*
chalcenteric, chalcenterous *a.* calsenteraidd, calsenterig.
chalcid *n. Ent:* **~ fly,** calsid(-au) *m.*
chalcocite *n. Geol:* c|alcosit *m.*
chalcogen *n. Ch:* c|alcogen (calcogenau) *m.*
chalcogenide *n. Ch:* calc|ogenid (calcogenidau) *m.*
chalcographer *n.* calcograffwr: calcograffydd (calcograffwyr) *m.*
chalcography *n.* engrafio (*vn*) ar gop[o]r (*pronounced* ng-g), calcograffeg *f.*
chalcolithic *a.* calcolithig; **the C~ Age,** Oes (*f*) y Cop[o]r.
chalcophile *n.* c|alcoffil *m.*
chalcopyrite *n.* calcopyrit *m.*
Chaldaic *a. & n.* **= Chaldean.**
Chaldea *Pr.n. A.Geog:* Caldea *f.*
Chaldean *a. & n.* **1.** *a.* Caldeaidd; **the ~ empire,** ymerodraeth y Caldeaid; **he was ~,** Caldead oedd ef; *(in language):* Caldëeg. **2.** *n. (i) Ethn:* Caldead (Caldeaid) *m&f,* Caldëes(-au) *f; (ii) Ling:* Cald[e]aeg *f, m.*
Chaldee *n.* **1. = Chaldean. 2.** *(i)* **Ur of the Chaldees,** Ur y Caldeaid. **2.** *(= Aramaic in O.T.):* Aram|aeg *f, m.*
chaldron *n. Meas:* calloraid (calloreidiau) *m,* llond (*m*) callor.
chalet *n.* hafoty (hafotai) *m,* caban(-au) (*m*) gwyliau, caban haf, siale(-s) *m, **chalet(-s)** m.*
chalice *n.* **1.** *Ecc:* cwpan(-au) (*mf*) cymun, *A:* caregl(-au, cerygl) *m.* **2.** *Poet: (= flower-cup):* ffiol (*f*) blodyn (ffiolau blodau), cwpan blodyn (cwpanau blodau).
chalk[1] *n.* **1.** sialc(-au, -iau) *m, Lit: occ:* priddgalch *m;* **as white as ~,** gwyn fel y galchen; *F:* **he doesn't know ~ from cheese,** ŵyr e ddim beth yw beth; **they are as different as ~ from cheese,** maen' nhw mor wahanol â mêl a 'menyn; maen' nhw mor wahanol ag y gallan' nhw fod; *Prov:* **I talk of ~, you talk of cheese,** llo meddaf fi, llew meddi dithau; 'rwyf fi yn y cac tatws, a thithau yn y cae maip; **French ~,** sialc Ffrengig, talc Ffrengig *m.* **2.** *F:* **not by a long ~, not by long chalks,** ddim o bell ffordd. **~-lamp** *n. Archeol:* lluscrn(-au) (*f*) sialc, lamp(-au) (*f*) sialc. **~-mark** *n.* ôl (olion) (*m*) sialc; *Min: S: F:* sialcyn *m.* **~-pit** *n.* pwll (pyllau) (*m*) sialc, cloddfa (cloddf|eydd) (*f*) sialc. **~-stone** *n. Med:* carreg (*f*) galch (cerrig calch). **~-stripe** *n.* rhesen wen (rhesi gwynion) *f.* **~-striped** *a.* gwynresog.
chalk[2] *v.t.* **1.** *(a)* sialcio; *Th:* **to ~ a scene,** sialcio golygfa; *Fig:* **~ out,** brasamlinellu, braslunio (rhth); rhoi braslun (o rth); *(b) (= whiten):* gwynnu, calchu; *(c) (= powder with talc):* powdro, ysgeintio [â sialc, â thalc]. **2. to ~ up sth,** ysgrifennu/nodi rhth [â sialc]; *Fig:* **to ~ up,** *(= record):* nodi, cofnodi, rhestru (rhth); rhoi (rhth) ar gof a chadw; *F:* **~ it up,** rhowch ef ar y llechen.
chalkboard *n* **= blackboard**
chalkiness *n.* **1.** calchogrwydd *m,* sialcogrwydd *m.* **2.** *(= paleness):* llwydni *m,* gwelwedd *m.*
chalky *a.* sialcog, calchog, calchaidd; *S.a.* **deposit**[1] **3. ~-white** *a.* gwelw, gwyn fel y galchen, calchliw.
challenge[1] *n.* **1.** her(-iau) *f,* sialens(-iau) *f,* heriad(-au) *m; (of sentry):* sialens, sialensiad(-au) *m; Sp:* **to issue a ~,** herio, cyhoeddi her, *F:* slensio, sialensio; **to fling down a ~,** taflu her; **to rise to a ~, to take up a ~,** derbyn her. **2.** *Jur:* sialens. **~ cup** *n. Sp:* cwpan (*mf*) sialens/her, her-gwpan(-au) *mf.* **~ match** *n. Sp:* her-ornest(-au) (*f*). **~ recitiation** *n.* her adroddiad(-au) *m.* **~ solo** *n.* her unawd(-au) *f.*
challenge[2] *v.t.* **1.** *(a)* herio, *F:* sialensio, slensio, *Lit: occ:* beiddio; **to ~ s.o. in combat &c,** rhoi her/sialens i rn ymladd, herio rhn i ymladd; **to ~ s.o. (to do sth),** herio rhn, *N: occ:* dyffeio rhn, slensio rhn, *N:* dal her â rhn (i wneud rhth); **I ~ you!** her iti (ichi)! gamp iti (ichi)! *Jur:* **to ~ a juror,** sialensio/gwrthwynebu rheithiwr; **to ~ the array [of jurors],** gwrthwynebu'r rheng [o reithwyr]; *(b) Mil: (= of sentry):* sialensio, slensio. **2. to ~ (an argument),** herio, amau, gwrthwynebu (dadl). **3.** *(= require):* **this challenges attention,** mae hyn yn galw am sylw; mae hyn yn hawlio sylw.
challengeable *a.* amh|eus, ansicr, dadleuol.
challenger *n.* **1.** heriwr (herwyr) *m,* sialensiwr (sialenswyr) *m.* **2.** *Jur:* gwrthwynebwr (gwrthwynebwyr) *m,* sialensiwr.
challenging *a.* **1.** *(= bold):* herfeiddiol, heriol, beiddgar, eofn, hyf(-ion), hy(-fion). **2.** *(= testing): A:* **a ~ task,** tasg a her ynddi, tasg sy'n gryn her, tasg anodd, *occ:* tasg ymestynnol.
challengingly *adv.* yn herfeiddiol, yn feiddgar.
chalone *n. Physiol:* calôn *m.*
chalumeau *n. Mus: **chalumeau(-x)** m.*
chalybeate *a. Ch:* haearnol; **~ water,** dŵr haearn/haearnol *m.*
chalybite *n. Miner:* **= siderite.**
chamaephyte *n. Bot:* c|ameffyt (cameffytau) *m.*
chamber[1] *n.* **1.** *(a) A: & Lit: (= room):* ystafell(-oedd) *f,* siambr(-au) *f,* siamber(-i, -ydd) *f; (still so used in):* **audience ~,** siambr gwrandawiad; **~ of horrors,** siambr arswyd; *S.a.* **council, lethal;** *(b) Lit:* **[bed-]~,** ystafell wely (ystafelloedd gwely), *N:* llofft(-ydd) *f;* **bridal ~,** ystafell briodas (ystafelloedd priodas); **gentleman of the Privy C~,** ystafellwr (ystafellwyr) brenhinol *m;* **groom of the ~,** ystafellwr (ystafellwyr) *m.* **2. ~ of commerce, ~ of trade,** siambr fasnach (siambrau masnach); **~ of shipping,** siambr longau; *Pol:* **double ~ system,** cyfundrefn ddwy siambr; *U.S:* **upper ~,** tŷ (*m*)/siambr uchaf; **lower ~,** tŷ/siambr isaf; *(= in France &c):* **C~ of Deputies,** Siambr y Dirprwyon, Tŷ'r Dirprwyon. **3.** *pl.* **chambers,** *(a)* fflat(-iau) *f; (b) (= office):* swyddfa (swyddf|eydd) *f,* siambr; *(c) Jur:* **to hear a case in chambers,** gwrando ar achos yn breifat; **judge in ~,** barnwr yn ei swyddfa; *S.a.* **counsel**[1] **4. 4.** *Tchn: I.C.E: Conch:* ceudod(-au) *m,* ceudwll (ceudyllau) *m,* siambr; *Min: N.W: (of quarry):* agor(-ydd) *mf;* **brood ~,** *Ap:* ystafell epil; **bubble ~,** llestr (*m*) swigod; **resonant ~,** siambr atsain; **vacuum ~,** cell (*f*) wactod (celloedd gwactod); *Med:* **a ~ of the heart,** un o siambrau'r galon; *Archeol:* **funeral ~,** siambr (*f*) gladdu (siambrau claddu); **side ~,** siambr ystlysol; **cruciform ~,** siambr groes (siambrau croes). **~ concert** *n.* cyngerdd (cyngherddau) (*mf*) cerddoriaeth siambr. **~-counsel** *n. Jur: (i) (= advice):* barn(-au) (*f*) cyfreithiwr; *(ii) (= legal consultant):* cyfreithiwr (cyfreithwyr) ymgynghorol *m,* cyfreithiwr mewn siambrau. **~ music** *n.* cerddoriaeth (*f*) siambr. **~ orchestra** *n.* cerddorfa (cerddorf|eydd) (*f*) siambr. **~-pot** *n.* pot(-iau) (*m*) dan y gwely, llestr(-i) (*m*) dan y gwely, *occ:* siambr(-au) *f, F:* pot piso. **~ tomb** *n. Archeol:* beddrod(-au) (*m*) siambr.
chamber[2] *v.t.* siambro.
chambered *a.* cellog, siambrog; **six-~ revolver,** dryll (*m*) chwe siambr.
chamberer *n.* **= chamberlain.**
chamberlain *n.* siambrlen(-iaid) *m, occ:* ystafellydd(-ion) *m,* ystafellwr (ystafellwyr) *m,* gŵr (gwŷr) (*m*) ystafell, gwas (gweision) (*m*) ystafell; **Lord C~,** Arglwydd(-i) (*m*) Siambrlen.
chamberlainship *n.* siambrleniaeth(-au) *f.*
chambermaid *n.f.* morwyn(-ion, morynion) (*f*) ystafell.
chambray *n. Tex:* siambre *m.*
chambrel *n.* gar (*mf*) ceffyl (garrau ceffyl/ceffylau).
chameleon *n. Rept:* camelion: cameleon(-od) *m,* madfall(-od) symudliw *f.* **~-like** *a.* symudliw, cameleonaidd.
chameleonic *a.* cameleonaidd.
chamfer[1] *n.* siamffr(-au) *m,* pefel (peflau) *m.*
chamfer[2] *v.t. Carp: &c:* siamffro, pefelu, peflu; *(= make grooves):* rhychu, rhigoli.
chamfered *a.* siamffrog, peflog; *(= grooved):* rhigolog, rhychog.
chamfering *vn. & n.* **1.** *vn.* **= chamfer**[2]. **2.** *n.* pefliad(-au) *m,* siamffrad(-au) *m; (= grooving):* rhigoliad *m,* rhychiad(-au) *m.*
chamfrain, chamfron *n. Arm:* siamffron(-au) *m.*
chamois *n.* gafrewig(-od) *f, **chamois** m,* siami (siamïod) *m.* **~-leather** *n.* lledr(-au) bwff *m,* lledr meddal, siami(-s) *m, **chamois** m.*
chamomile *n.* **= camomile.**
chamosite *n. Geol:* c|amosit *m.*
champ[1] *v.t.* cnoi; *F: (of pers.):* **he was champing at the bit (to do sth),** 'roedd ar bigau[’r] drain, 'roedd ar dân, 'roedd bron â marw, *S.W:* 'roedd yn torri'i fola (o eisiau gwneud rhth); **he was champing with rage,** 'roedd yn poeri ewyn gan lid; *S.W:* 'roedd e'n tampan; 'roedd e'n benwan.
champ[2] *n. F:* **= champion**[1] **1.**
Champagne *Pr.n. & n.* **1.** *Pr.n. Geog:* Siampaen *f.* **2.** *n. (wine):* siampaen *m,* siampên *m.* **~ cider** *n.* seidr (*m*) siampaen/siampên.
champaign *a. & n.* **1.** *a.* gwastad, agored, eang, helaeth. **2.** *n. A: & Lit:* gwastadedd(-au) *m,* gwastatir(-oedd) *m,* maestir(-oedd) *m.*

champertous *a. Jur:* siampartaidd.
champerty *n. Jur:* s|iamparti *m.*
champion[1] *n. & attrib. n.* **1.** pencampwr (pencampwyr) *m,* penc|ampwraig (pencampwragedd) *f;* **we are the champions!** ni ydi'r gorau! *(= defender):* amddiffynnydd (amddiffynwyr) *m,* cefnogwr (cefnogwyr) *m;* (= *warrior*): ceimiad (ceimiaid) *m.* **2.** *attrib. (a)* ~ **(driver),** (gyrrwr) buddugol, diguro, di-ail, digymar, heb ei debyg; *(b) Dial:* **that's ~!** campus! go dda! gwych! ardderchog! *S: F:* ffamws! **(we're getting on) ~,** ('rym ni'n dod ymlaen) yn wych, yn gampus *&c.* ~ **land** *n.* tir(-oedd) agored *m.*
champion[2] *v.t.* amddiffyn, cefnogi, pleidio achos (rhth).
championship *n.* **1.** *Sp: &c:* pencampwriaeth(-au) *f.* **2.** *(= defence of cause):* amddiffyniad(-au) *m* **(of sth,** rhth, o rth), cefnogaeth *f* (i rth).
champlevé *a.* ***champlevé.***
chance[1] *n.* **1.** hap(-iau) *f,* damwain (damweiniau) *f,* siawns(-is, -iau) *fm; (= fate):* ffawd *f;* **it was pure ~ that ...,** hap a damwain oedd ...; **game of ~,** gêm (gemau) *(f)* hapchwarae, chwarae(-on) *(m)* siawns; ~ **factors,** ffactorau siawns/hap; **by mere/sheer ~,** ar hap, ar ddamwain; **as ~ would have it,** trwy hap a damwain, yn hollol ddamweiniol, fel yr oedd hi'n digwydd; *(= fortunately):* trwy lwc; ~ **so ordained it that ...,** mynnodd ffawd mai ...; trwy ddamwain a hap y bu ...; **to leave everything to ~,** gadael y cyfan i ragluniaeth/ffawd; **the chances are against me,** prin yw fy ngobeithion; prin bod gennyf obaith; siawns wael sydd gennyf; **the chances are that ...,** y tebyg yw mai ...; **by ~,** yn ddamweiniol, trwy lwc, ar ddamwain, trwy ddamwain; **it was only by ~ that I saw him,** digwydd ei weld ef a wneuthum; **to submit to the ~ of war,** derbyn ffawd rhyfel: **2.** *(= opportunity):* cyfle(-oedd) *m,* siawns(-is, -iau) *fm,* cynnig (cynigion) *m,* gobaith (gobeithion) *m;* **to keep an eye on the main ~,** ymorol drosoch eich hunan, gofalu am eich lles/budd eich hun/hunan; **he has an eye to the main ~,** mae â'i lygad ar ei gyfle; *(= hope, possibility):* gobaith, tebyg *m,* tebygrwydd *m;* **shall we see you there by any ~?** a oes gobaith y gwelwn ni chi yno? a yw'n debyg y gwelwn ni chi yno? **off ~,** lled obaith *m,* hanner gobaith *m;* **(to do sth) on the off ~,** (gwneud rhth) ar antur, *occ:* ar dro siawns; **on the ~ of seeing s.o,** yn y gobaith o weld rhn. **now's your ~!** dyma'ch cyfle chi 'nawr! ~ **would be a fine thing,** ie, pe cawn i'r cyfle; **it was the ~ of a lifetime,** dyna'r cyfle gorau a fu erioed; **it is the ~ of a lifetime,** dyma'r cyfle gorau erioed; dyma gyfle heb ei ail; **you have a ~ to do sth,** mae gennych gyfle i wneud rhth; **no ~!** dim gobaith! dim peryg! **(I'll do it) if I get a ~,** (mi wnaf hynny) os ca' i gyfle/siawns, *N.W: occ:* os ca' i ffatsh; **I had no ~ of speaking to him,** ni chefais i gyfle i siarad ag ef; **he stands a good/fair ~ of winning,** mae ganddo obaith da o ennill; **he hasn't the ghost of a ~** *or* **a dog's ~** *or* **a snowball's ~ in hell** *or* **a ~ in hell** *or* **a cat in hell's ~ of succeeding,** 'does ganddo'r un rhithyn o obaith llwyddo; nid oes ganddo'r gobaith lleiaf; *N.W:* 'does ganddo fo ddim gobaith mul yn y Grand National; *S:* 'sdim gobaith caneri 'da fe; **a sporting ~,** rhywfaint o obaith; *Ph: Mth:* **even ~,** siawns deg/teg; **he has even chances,** mae ganddo hanner siawns; **a fat ~!** gobaith mul! **the chances are slim,** ychydig o obaith sydd; prin yw'r gobaith: **to fancy one's chances,** ffansïo'ch lwc; **to give s.o. a ~,** rhoi cyfle i rn, rhoi chwarae teg i rn; **give me a ~! I've only just arrived!** rhowch gyfle i mi! newydd gyrraedd yr wyf i! **half a ~,** hanner cyfle; *F:* **any ~ of a lift?** oes gobaith cael pas/lifft? siawns am bas/lifft? *N:* sut mae 'i dallt hi am bas? *int.* **no ~!** dim peryg! *N.W: occ:* dim ffiars o beryg! **3.** *(= risk):* menter (mentrau) *f;* **to take a ~,** ei mentro hi; **one must take one's ~,** rhaid ei mentro hi; **to take a long ~,** mentro tipyn/llawer. **4.** *attrib.* damweiniol, hap a damwain; **a ~ acquaintance,** braidd gydnabod *m;* **it was a ~ meeting for us,** digwydd cyfarfod a wnaethom ni; ~ **music,** cerddoriaeth fympwyol *f.* **~-medley** *n. Jur:* siawns-fedlai *m.*
chance[2] *v.i.&t.* **1.** *v.i. (a)* **to ~ to do sth,** digwydd gwneud rhth; **if I ~ to see it,** os digwydd imi ei weld; os digwyddaf ei weld; *Impers:* **it so chanced that we met again,** digwyddodd inni ailgyfarfod; fel y bu pethau, fe gyfarfuom ni wedyn; *(b)* **to ~ upon sth,** taro ar rth, dod ar draws rhth. **2.** *v.t.* **to ~ it, to ~ one's luck,** *F:* **to ~ one's arm,** rhoi cynnig arni, ei mentro hi, mentro'ch siawns, mentro'ch lwc, anturio, ei siawnsio hi.
chancel *n. Ecc.Arch:* cangell (canghellau, canghelloedd) *f,* cafell (-au, -oedd) *f, A:* côr (corau) *m.* ~ **arch** *n.* bwa *(m)* cangell (bwâu canghellau).
chancellery *n.* llys *(m)* canghellor (llysoedd cangellorion), swyddfa (swyddf|eydd) *(f)* canghellor, canghellfa (cangellf|eydd) *f.*
chancellor *n.* canghellor (cangellorion) *m;* **the Lord C~ of England, the Lord [High] ~,** yr Arglwydd [Uchel] Ganghellor *m;* **C~ of the Duchy of Lancaster,** Canghellor Dugiaeth Lancastr; **C~ of the Exchequer,** Canghellor y Trysorlys; **C~ of the Garter,** Canghellor y Gardas.
chancellorship *n.* cangelloriaeth(-au) *f,* cangellyddiaeth(-au) *f.*
chancer *n. P:* rhn (rhai) mentrus/hy[f]/eofn, mentrwr (mentrwyr) *m.*
chancery[1] *n.* **1.** *Jur:* siawnsri (siawnsrïau) *m;* **[Court of] C~,** Canghellys (Cangellysoedd) *m,* Llys(-oedd) *(m)* Canghellor, Llys Siawnsri; **C~ jurisdiction,** awdurdod *(m)* Siawnsri; **C~ Division [of the High Court],** Adran Siawnsri [yr Uchel Lys]; *S.a.* **ward[1] 1. 2.** *Wr:* **to hold s.o. in ~,** dal pen rhn dan y gesail, dal rhn yn sownd; *Fig:* **in ~,** mewn caethgyfle.
Chancery[2] *W.Pl.n.* Rhydgaled *f.*
chancily *adv. F:* yn ansicr *&c.*
chanciness *n. F:* ansicrwydd *m,* perygl *m.*
chancre *n. Med:* cornwyd(-ydd) gwenerol *m,* llinoryn (llinorod) gwenerol *m,* siancr(-au) *m.*
chancroid *n. Med:* cornwyd(-ydd) meddal *m,* siancroid(-au) *m.*
chancroidal *a. Med:* siancroidaidd.
chancrous *a. Med:* siancraidd, cornwydlyd, llinoraidd.
chancy *a. F:* ansicr, peryglus, *S: F:* dansierus.
chandelier *n. (with candles):* canhwyllyr (canhwyllyron, canwyllyrau) *m,* seren *(f)* ganhwyllau (sêr canhwyllau); *(electric):* siandelïer(-s) *mf.*
chandelle[1] *n. Av:* *esgyndro(-eon) *m.*
chandelle[2] *v.i. Av:* *esgyn-droi.
chandler *n.* **1.** *(a) O: (= candle-maker):* canhwyllwr (canhwyllwyr) *m.* **2.** *(b) (= dealer, supplier):* masnachwr (masnachwyr) *m,* cyflenwr (cyflenwyr) *m,* deliwr (delwyr) *m,* siandler(-iaid) *m; S.a.* **corn-~, ship's ~.**
chandlery *n.* **1.** *O:* canhwyllty (canhwylltai) *m.* **2. ship's ~,** siop(-au) *(f)* gêr môr, siop longwyr (siopau llongwyr), siop siandler (siopau siandleriaid). **3.** *(= chandler's craft):* gwn|eud *(vn)* canhwyllau.
change[1] *n.* **1.** newid(-iadau) *m;* ~ **of domicile,** newid trigfan/cartref; **a ~ of heart,** newid meddwl; **a ~ of scene,** newid cynefin, newid golygfa; **a ~ for the better,** gwelliant(-au, gwelliannau) *m,* newid er gwell; **a ~ for the worse,** gwaethygiad(-au) *m,* dirywiad(-au) *m,* newid er gwaeth; **barometer at "~",** baromedr ar "newidiol"/"cyfnewidiol"; **to make a ~ in sth,** newid rhth, gwn|eud newid yn rhth; **a complete ~,** newid llwyr; **a ~ is as good as a rest,** mae newid yn lles; *Joc:* mae newid yn ***change*; for a ~,** am newid, er mwyn newid; **this trip will be a ~ for you,** fe wnaiff y tro hwn les i chi; bydd y tro hwn yn newid ichi; *Physiol:* **~ of life,** y newid oes; **~ of pace,** newid cyflymder; *Aut:* **gear ~,** newid gêr; **~ of front,** *(i) Mil:* newid ymosodiad, newid cyrch; *(ii) Pol:* newid polisi. **2. a ~ of clothes,** newid dillad, newid o ddillad, dillad i newid, *S. W:* newidiaeth(-au) *f.* **3.** *(= exchange):* cyfnewidiad(-au) *m.* **4.** newid *m;* **small ~,** arian mân *m,* newid mân, *N:* pres mân, *N.W: occ:* mân bresiach *pl;* **to give ~ for five pounds,** newid pum punt; **"no ~ given",** "dim newid"; *F:* **she won't get much ~ out of me,** chaiff hi ddim llawer o 'nghroen i; *(campanology):* **to ring the changes,** canu'r amrywiadau; *Fig:* **to ring the changes on a subject,** trin pwnc ym mhob dull a modd, mynd trwy'r holl amrywiadau ar bwnc; **to ring the changes on a theme,** chwarae'r amrywiadau ar thema. **~-ringing** *vn.* canu ceinciau, cainc-ganu.
change[2] *v.t.&i.* **1.** *v.t.* newid; *(a)* **to ~ one thing into another,** newid/troi un peth yn rhth arall (*not* i rth arall); **to ~ the subject,** troi'r stori, newid y pwnc/testun, troi'r gath yn y badell; **to ~ one's tune/note,** newid eich cân/tiwn; *(b)* **to ~ one's clothes,** *abs.* **to ~,** newid eich dillad, newid, *occ:* newid amdanoch; **to ~ gear,** newid gêr, *N.W: occ:* newid gafael; **to ~ hands,** mynd o law i law, newid perchennog, newid dwylo; *(c)* **to ~ one's seat,** symud, newid eich sedd, newid eich lle; *Mil:* **to ~ arms,** symud dryll, newid ysgwydd; *Rail:* **to ~ trains,** newid trên; **all ~!** pawb allan! **to ~ colour,** newid lliw; *(= go pale):* gwelwi; *(= blush):*

cochi; *(of leaves):* troi lliw; **to ~ front,** *(i) Mil:* newid ymosodiad, newid cyrch; *(ii) Fig:* newid agwedd; **to ~ the guard,** newid y gwylwyr; **to ~ step,** newid cam; **to ~ one's mind,** newid eich meddwl, ailfeddwl; *S.a.* **place**[1] **2**, **side**[1] **5**; *(d)* **to ~ one thing for another,** newid/cyfnewid un peth am un arall, *N: F:* ffeirio dau beth, *S: F:* trwco dau beth; *(e)* **to ~ a [bank] note,** newid nodyn banc; **can you ~ a pound?** oes gennych chi newid punt? **2.** *v.i.* newid. **~ over**[1] **1.** *v.t.* newid (rhth) drosodd. **2.** *v.i.* newid drosodd. **~-over**[2] *n.* newid *(m)* drosodd. **~ up**[1] *v.i. Aut: N:* newid i fyny, *S:* newid lan. **~-up**[2] *n.* = **change up**[1].

changeability *n. (of character):* anwadalwch *m*, oriogrwydd *m*; *(of weather):* ansefydlogrwydd *m*, cyfnewidioldeb *m*.

changeable *a.* **1.** *(pers.):* anwadal, anghyson, oriog, gwamal, di-ddal, *F:* chwit-chwat, *N.W: occ:* chwim-chwam; **he's very ~,** 'does dim dal arno; *(weather, market):* cyfnewidiol, *S: occ:* cyfatal; **the market is ~,** *N.W: occ:* mae'r farchnad yn hyrddio. **2.** *(= that can be changed):* cyfnewidiol, newidiol, newidiadwy.

changeableness *n.* = **changeability.**

changeably *adv.* yn anwadal *&c*; yn gyfnewidiol *&c.*

changed *a.* newidiedig, newydd; **she's very ~,** mae hi wedi newid llawer.

changeful *a.* = **changeable.**

changefully *adv.* = **changeably.**

changefulness *n.* = **changeableness.**

changeless *a.* digyfnewid, anghyfnewidiol, dinewid.

changelessly *adv.* yn ddigyfnewid *&c.*

changelessness *n.* anghyfnewidioldeb *m*.

changeling *n.* plentyn (plant) *(m)* cyfnewid.

changer *n.* **1.** newidiwr (newidwyr) *m*, new|idwraig *f.* **2.** *W.Tel:* **frequency ~,** newidydd(-ion) *(m)* tonfedd; *S.a.* **record-changer.** **~ spindle** *n.* gwerthyd(-au) *(f)* newid.

changing *a.* sy'n newid; newidiol; **ever-~,** cyfnewidiol; *Mus:* **~ notes,** nodau cyfnewid, nodau deutu, ***nota cambiata***; **~ voice,** llais *(m)* yn newid.

channel[1] *n.* **1.** *(of river):* gwely(-au) *m* [afon], cwrs (cyrsiau) *m*, sianel(-au, -i) *f.* **2.** *Geog:* sianel; **overflow ~,** sianel orlif (sianeli gorlif); **The English C~,** y Sianel, *A: & Lit: occ:* Môr *(m)* Udd; **The Bristol C~,** Môr Hafren; **St. George's C~ ,** Môr Cymru, Sianel San Siôr; **distributory ~,** allsianel(-au) *f.* **3.** *(= passage for liquids):* rhigol(-au) *f*, sianel, *S.W: occ:* rhewin *m.* **4.** *Arch: (of column):* rhigol. **5.** *(for irrigation):* rhigol, cwter(-i, -ydd) *f*, ffos(-ydd) *f*, sianel; *(in quarry): N.W:* ffos. **6.** *(= process of communication): T.V: &c:* sianel; **to go through official channels,** mynd trwy'r sianelau swyddogol; **through the ordinary channels of diplomacy,** trwy ddulliau cyffredin diplomyddiaeth; **channels of communication [of a country],** dulliau/sianelau cyfathrebu; **channels of procedure,** dulliau cydnabyddedig. **~ bass** *n. Ich:* pysgodyn coch (pysgod cochion) *m.* **~ black** *n.* huddyg *(m)* nwy. **~ cutter** *n.* rhigolwr (rhigolwyr) *(m)*, rhychwr (rhychwyr) *m.* **~ goose** *n.* = **gannet. iron** *n.* haearn (heyrn) sianelog *m.* **C~ Islands (the)** *Pr.n. Geog:* Ynysoedd y Sianel. **~ section** *n.* trychiad(-au) sianelog *m.* **~ Tunnel (the)** *n.* Twnel *(m)* y Sianel.

channel[2] *v.t.* **1.** *(= cut grooves):* rhigoli, rhychu, torri rhigol[-au]; *(for drainage):* torri cwteri, cwteru, agor ffosydd; **to ~ sth off,** arwain/arllwys rhth ymaith; **to ~ out a groove,** torri rhigol, torri ffos. **2.** *(= direct, canalize):* sianelu, cyfeirio, arllwys, tywallt, twnffedu/twmffedu; **all his efforts were channelled in one direction** 'roedd ei holl ymdrechion wedi'u sianelu i un cyfeiriad.

channel[3] *n. N.Arch:* = **chain-wale.**

channelization *n.*, **channelize** *v.t.* sianelu.

channelled *a.* rhigolog, rhychog, sianelog.

channelling *vn.* rhigoli. **~-file** *n.* rhigolwr (rhigolwyr) *m.*

chanson *n.* cân (caneuon) *f*, ***chanson(-s)*** *f*; *Lit:* **~ *de geste*,** arwrgerdd(-i) *f*, ***chanson(-s) de geste.***

chant[1] *n. Mus:* corgan(-au) *f*, siant(-iau) *mf*, salm-dôn (~-donau) *f*; *(in church):* llafar-gân: llafargan (llafarganau) *f.*

chant[2] *v.t. (a) A:* canu; *(still used in):* **to ~ s.o.'s praises,** clodfori/canmol rhn, canu clodydd rhn; *(b) Ecc:* llafarganu, siantio; *B:* **they ~ to the sound of the viol,** datganant gyda llais y nabl.

chanter *n.* **1.** *Ecc: Mus:* cantor(-ion) *m*, codwr (codwyr) *(m)* canu. **2.** *Mus: (of bagpipe):* pib(-au) *(f)* alaw, alawbib(-au) *f.*

chanterelle *n. Fung:* siantrel(-au, -i) *mf*; **false ~,** siantrel ffug.

chanticleer *n. Lit:* ceiliog(-od) *m*; *Pr.n.* Sianticlîr.

chantress *n.f.* cantores(-au).

chantry *n. Ecc:* capel(-i) *(m)* côr, siantri (siantrïau) *m.* **~ priest** *n.* siantrïwr (siantrïwyr) *m*, offeiriad *(m)* siantri (offeiriaid siantri/siantrïau).

chanty *n.* = **shanty.**

chaos *n.* **1.** anhrefn *f*, tryblith *m*, dryswch *m*, llanast[r] *m*, annibendod *m*; **(the place was) in ~,** ('roedd y lle)'n draed moch, 'n llanast, 'n siang-di-fang, fel tŷ Jeroboam, blith draphlith, â'i din am ei ben, *N:* ar gychwyn, bob sut. **2.** *B:* afluni|eidd-dra *m*, caos *m.*

chaotic *a.* anhrefnus, dryslyd, di-drefn, *S:* anniben, *Lit:* caotig; *Geog:* **~ sky,** awyr afluniaidd; **to become ~,** mynd yn draed moch; **the traffic was ~,** 'roedd y drafnidiaeth mewn anhrefn lwyr; *F:* **it was ~,** 'roedd hi'n un llanast; 'roedd hi'n draed moch.

chaotically *adv.* yn ddi-drefn, blith draphlith, rywsut-rywsut.

chap[1] *n. (in skin):* toriad(-au) *m*, crac(-iau) *mf*, hollt(-au) *f*, agen(-nau) *f.*

chap[2] *v.i.* torri, cracio; *(of hands):* **to get chapped,** torri, cracio, *S: occ:* sgardio.

chap[3] *n.usu.pl. Cu:* cern(-au) *f*, bochgern(-au) *f*, lletben(-nau) *f*, dwyen(-au) *f*; *Cu:* **Bath ~,** gên *(f)* mochyn, dwyen wedi eu cochi. **~-fallen** *a.* **1.** *(= open-mouthed):* cegrwth, cegagored. **2.** *Fig: (= dispirited):* digalon, gwangalon *(pronounced* ng-g), penisel.

chap[4] *n.* **1.** *A:* = **chapman. 2.** *F:* boi(-s) *m*, bachgen (bechgyn) *m*, tshiap(-s) *m*, *S:* bachan *m*, *N: occ:* cono(-s) *m*, pegor(-iaid,-s) *m*, *N.W:* co', cofi(-s) *m*; **an old ~,** hen foi, hen gono, hen begor; **how are you old ~?** sut mae hi'r hen law/frawd/ddyn/goes? **a clever ~,** un peniog, *N:* tipyn o hen ben; **a queer ~,** un rhyfedd, *N:* 'deryn rhyfedd, *S.W:* bachan od, bachan broc; **a great ~,** hen foi iawn; *(in mining areas):* bachan trwy'r tanad.

chaparral *n. U.S:* ***chaparral(-s)*** *m*, mangoed *pl (pronounced* ng-g).

chapat[t]i *n. Cu:* siapati(-s) *mf.*

chap-book *n. Hist:* llyfr(-au) *(m)* baledi, pamffledyn (pamffledi) *m*, pamffled(-i) *m*; *Lib:* llyfryn(-nau) *(m)* sieb.

chape *n.* amgarn(-au) *m.*

chapel *n.* **1.** *(a)* capel(-i, -au) *m*; **mortuary ~,** capel daerawd, capel daered; **parochial ~,** capel plwyf; **~ of ease,** capel anwes; **collegiate ~,** capel colegol; *Lit:* **the C~ Perilous,** y Capel Peryglus; **Lady ~,** capel Mair, capel y Forwyn; **side ~,** capel ystlys; **~ of rest,** capel gorffwys; *(b) (nonconformist): (building):* capel, *occ:* tŷ (tai) *(m)* cwrdd, *Lit:* addoldy (addoldai) *m*; *(= membership):* aelodaeth *f*, achos(-ion) *m*, *occ: (in formal contexts)* eglwys(-i) *f*; **secessional ~,** *F:* capel sblit, *occ:* capel sorri, capel y pwd; **Upper C~** *W.Pl.n.* Capel Uchaf, Capel Dyffryn Honddu; **Lower C~** *W.Pl.n.* Llanfihangel Fechan *f*; **the ~ in the village is flourishing,** mae'r achos yn y pentre'n llewyrchus; **to go to ~,** mynd i'r capel mynd i'r cwrdd; *(regularly): occ:* capela, capelydda; **he never goes to ~,** ni fydd byth yn tywyllu [drws] capel; **to avoid going to ~,** *F:* mynd i gapel 'deryn bach, mynd i gapel maharen; **to feign illness (to avoid going to ,~)** dweud bod clefyd y Sul arnoch. **2.** *(of printers):* cyfrinfa(-oedd, cyfrinf|eydd) *f.* **C~ Bridge** *W.Pl.n.* Pont *(f)* y Fynachlog. **~-goer** *n.* capelwr (capelwyr) *m*, cap|elwraig (capelwragedd) *f*, *S.W: occ:* cwrddwr (cwrddwyr) *m.* **~ house** *n.* tŷ *(m)* capel (tai capeli). **~-master** *n.* cyfarwyddwr (cyfarwyddwyr) *(m)* y gân. **~ service** *n.* oedfa(-on, oedfeuon) *f*, gwasanaeth(-au) *m*, moddion *pl.*

chapelle ardente *n.* capel(-i) *(m)* gorffwys.

chapelry *n.* capeliaeth(-au) *f*, capelyddiaeth *f.*

chaperon[1] *n.* gwarch|odwraig (gwarchodwragedd) *f*; **to act as a ~ to s.o.,** gwarchod rhn.

chaperon[2] *v.t.* gwarchod.

chaperonage *n.* gwarchodaeth *f.*

chaperoned *a.* dan warchodaeth, â gwarch|odwraig.

chapiter *n. Arch:* pen *(m)* colofn (pennau colofnau), penclwm (penclymau) *(m)* colofn.

chaplain *n. Ecc:* caplan(-iaid) *m*; **domestic ~,** caplan teulu/teuluol.

chaplaincy *n.* **1.** *(office):* caplaniaeth(-au) *f.* **2.** *(place):* caplandy (caplandai) *m.*

chaplainship *n.* = **chaplaincy 1.**

chaplet *n.* **1.** *Ecc:* paderlinyn(-nau) *m*, padergadwyn(-i) *f.* **2.** *Arch:*

Cost: blodeubleth(-i, -au) *f*, coronbleth(-au) *f*, talaith (taleithiau) *f*.
Chaplinesque *a.* Chaplinaidd.
chapman *n. A:* trafaeliwr (trafaelwyr) *m*, trafeiliwr (trafeilwyr) *m*, pedler(-iaid) *m*.
chappal *n. Cost:* sandal(-au) *f*.
chapped *a.* toredig, craciog, holltog.
chappie *n. F:* = **chap[4] 2.**
chaps *n.pl.* **1.** *Cost: N:* trywsus(-au) (*m*) lledr, *S:* trwser(-i) (*m*) lledr. **2.** *(= jaws):* safn(-au) *f*, y ddwyen(-au) *f*.
chapstick *n.* pensel(-i) (*f*) eli.
chapter *n.* **1.** pennod (penodau) *f*; **~ by ~**, bob yn bennod, fesul pennod; **to give ~ and verse,** rhoi pennod ac adnod; **a ~ of accidents,** hanes trychinebus *m*, pennod helbulus *f*, cyfres (*f*) o ddamweiniau, un ddamwain (*f*) ar ôl y llall. **2.** *Ecc:* c|abidwl (cabidylau) *m*, siapter(-i) *m*, glwysgor(-au) *m*. **~ house** *n.* cabidyldy (cabidyldai) *m*, tŷ(*m*)'r siapter (tai'r siapter). **~ heading** *n.* pennawd (penawdau) *m*, teitl (*m*) pennod (teitlau penodau).
char[1] *n. Ich:* torgoch(-iaid) *m*, brithyll(-od, -iaid) melyn *m*.
char[2] *n.f. F:* = **charlady**.
char[3] *v.i. F:* **to go out charring,** mynd i lanh|au tai.
char[4] *v.t.&i. (= burn):* golosgi, llosgi; *(= scorch):* deifio, greidio.
char[5] *n. P:* te *m*.
charabanc *n. Veh:* siarabáng(-s, siarabangau) *mf*.
characin *n. Ich:* c|arasin (carasiniaid) *m*.
characinoid *a. Ich:* carasinaidd.
character *n.* **1.** *Typ:* llythyren (llythrennau) *f*, *occ:* arwydd(-ion) *m*, symbol(-au) *m*, arwyddnod(-au) *m*; *Cmptr:* nod(-au) *mf*; **control ~**, nod rheoli; **proportional ~**, nod cyfrannol. **2.** *(a) (= nature):* cymeriad *m*, nodwedd(-ion) *f*, natur(-oedd) *f*, anian(-au) *f*, *occ:* nodweddiad(-au) *m*; *(= sort[1]):* math(-au) *m*, ansawdd (ansoddau) *mf*; **books of that ~**, llyfrau o'r fath, llyfrau fel yna, llyfrau felly, *Lit:* y cyfryw lyfrau, llyfrau tebyg, llyfrau cyffelyb; **to be in ~ with sth,** bod yn gyson/gydnaws â rhth, nodweddu rhth, bod yn nodweddiadol o rth; **out of ~ (with sth),** anghyson/anghydnaws â rhth, annodweddiadol o rth, annhebyg i rth; **(he was acting) out of ~**, ('roedd yn ymddwyn) yn annhebyg iddo'i hun, yn anghyson ag ef ei hun, yn groes i'w gymeriad; **it's in ~ for her to disagree,** mae'n nodweddiadol ohoni iddi anghytuno; **in his ~ of . . .**, yn rhinwedd (ei ran &c) fel . . .; **of irreproachable ~**, o gymeriad dilychwin/diargyhoedd, *S.W: occ:* di-sôn am eich pen; **to redeem one's ~**, adennill/adfer eich enw da, *F: occ:* adennill eich ci|arictor (*m*); *(b)* **work that lacks ~**, gwaith digymeriad, gwaith di-nod; **to assume the ~ of sth, to take on the ~ of sth,** ymdebygu i rth, magu cymeriad rhth. **3. man of [strong] ~**, dyn o gymeriad [cryf], dyn a rhuddin ynddo, dyn penderfynol; **he lacks [strength of] ~**, 'does dim rhuddin ynddo; 'does dim grym cymeriad ynddo; *N:* 'does dim sa' ynddo fo. **4.** *(a)* **a man of bad ~**, dyn ac enw drwg iddo, dyn o gymeriad drwg; *(b) F: (= testimonial):* = **~ reference**; *F:* **to give s.o. a good ~**, rhoi geirda i rn, cymeradwyo rhn. **5.** *(a) (in novel, play &c):* cymeriad(-au) *m*; *(b)* **a public ~**, rhywun (rhywrai) amlwg *m*, dyn(-ion) amlwg *m*, merch(- ed) amlwg *f*, cymeriad amlwg, personoliaeth(-au) amlwg *f*; **a bad ~**, cymeriad drwg; *F:* **he's a ~**, mae'n gymeriad; *N:* mae o'n gerdyn; mae o'n gymêr; mae o'n dderyn; mae o'n beiriant; un ar y naw ydi o; *S:* mae e'n gymeriad; mae e'n dderyn; **she's a ~**, mae hi'n garden. **~ actor** *n.* actor (*m*) cymeriad (actorion cymeriadau). **~ actress** *n.* actores(-au) (*f*) cymeriad. **~ assassination** *n.* lladd (*vn*) cymeriad, ymosodiad(-au) (*m*) ar gymeriad. **~ lines** *n.pl. Th:* rhychau cymeriad. **~ make-up** *n. Th:* colur (*m*) cymeriad. **~ part** *n.* part(-iau) (*m*) cymeriad, rhan(-nau) (*f*) cymeriad. **~ reference** *n.* gair (geiriau) da *m*, geirda *m*, tystlythyr(-au, -on) *m*, *Lit:* tysteb(-au) *f*, *F:* c|aritor(-s) *m*. **~ sketch** *n.* portread(-au) *m*; *Th:* sgetsh(-is) (*f*) cymeriad. **~ witness** *n.* tyst(-ion) (*m*) i gymeriad.
characterful *a.* llawn cymeriad.
characteristic *a. & n.* **1.** *a.* nodweddiadol; **~ features,** [priod] nodweddion. **2.** *n. (a)* nodwedd(-ion) *f*, cynneddf (cyneddfau) *f*, priodoledd(-au) *f*, arbenigrwydd *m*, hynodrwydd *m*, neilltuolrwydd *m*; **characteristics** *pl*, neilltuolion, arbenigion; **essential characteristics,** nodweddion priod, priod nodweddion, teithi *pl*; *Lib:* **~ of division,** nodwedd rannu (nodweddion rhannu); *(b) Mth: (log):* nodweddrif(-au) *m*; *Cmptr:* nod(-au) *mf*. **~ code** *n.* côd (codau) (*m*) nodau. **~ font** *n.* ffont(-au) (*f*) nodau. **~ line** *n. Com:* llinell(-au) (*f*) nodwedd. **~ printer** *n.* nod-argraffydd(-ion) *m*. **~ reader** *n.* darllenydd (darllenwyr) (*m*) nodau. **~ recognition** *n.* adnabyddiad(-au) (*m*) nodau, adnabod (*vn*) nodau; **magnetic ink ~ recognition (MICR),** adnabyddiad nodau inc magnetig; **optical ~ recognition,** adnabyddiad nodau gweledol. **~ string** *n.* llinyn(-nau) (*m*) nodau.
characteristically *adv.* yn nodweddiadol.
characterization *n.* **1.** nodweddiad *m*, nodweddu *vn*. **2.** *(in novel &c):* cymeriadaeth *f*.
characterize *v.t.* **1.** nodweddu, hynodi. **2.** *(= describe):* disgrifio.
characterless *a.* **1.** digymeriad, di-liw, di-nod, distadl. **2.** *(= without testimonial):* heb eirda, heb dystlythyr, heb dysteb.
characterological *a.* cymeriadegol.
characterologically *adv.* yn gymeriadegol.
characterology *n.* cymeriadeg *f*.
charactery *n.* gwyddor(-au) *f*.
charade *n.* **1.** siarâd (siaradau) *m*; **dumb ~**, mud-chwarae(-on) *m*, *N.W: occ:* chwarae (*vn*) crefft. **2.** *Fig: (= pretence):* ffug(-ion) *m*, esgus(-ion) *m*, cogio *vn*, ffugio *vn*, siarâd.
charcoal *n.* siarcol *m*, sercol *m*, *Lit: occ:* llosglo *m*, golosg *m*; *Art:* golosgyn *m*; **wood ~**, golosg coed; **activated ~**, golosg byw; **animal ~**, golosg anifail; **~-burner** *n.* **1.** llosgwr (llosgwyr) (*m*) golosg. **2.** *Fung:* **the ~-burner,** cap(-iau) brau(*m*)'r torddail. **~ drawing** *n.* llun(-iau) (*m*) siarcol. **~ grey** *a.* dulwyd, llwytu. **~ identification** *n. Archeol:* adnabod (*vn*) siarcol, adnabyddiaeth (*f*) o siarcol. **~ pholiota** *n. Fung: See* **pholiota**.
chard *n. Bot: Cu:* ysgallddeilen (ysgallddail) *f*; **Swiss ~, beet ~**, gorfetysen (gorfetys) *f*, betysen (betys) (*f*) arian.
chare *n.* **~ Thursday,** dydd (*m*) Iau Cablyd.
charge[1] *n.* **1.** *(a) (of cartridge):* powdwr *m*, llenwad(-au) *m*; *Min:* cocyn (cocau) *m*, cocen (cocau) *f*, *S:* pelen (pelau) *f*, *N:* pelen (peli) *f*; *(of gun):* ergyd(-ion) *mf*, llenwad; **blank ~**, cetrisen wag (cetris gwag/gweigion) *f*; *S.a.* **depth-charge;** *(b) (of kiln):* ffyrnaid (ffyrneidiau) *f*, llond (*m*) ffwrn; *(generally = load):* llwyth(-i) *m*, llond (lloneidiau) *m*; *(c) El: (of battery):* llwyth, trydaniad(-au) *m*, llenwad, gwefr(-au) *f*. **2.** *(a) (= price, fee):* pris(-iau, -oedd) *m*, tâl (taliadau) *m*, cost(-au) *f*; *Econ:* codiant (codiannau) *m*; **exorbitant ~**, crocbris(-iau) *m*; **~ for admission,** pris/tâl mynediad; *Fin:* **charges forward,** taliadau ymlaen; **no ~ for admission,** mynediad am ddim; **to make a ~ for sth,** codi tâl am rth, codi am rth; **free of ~**, yn rhad ac am ddim; **at a ~ of 10 pence,** am [dâl o] ddeg ceiniog; **labour charges,** costau llafur; **at no extra ~**, heb orfod talu rhagor; *Bank:* **capital ~**, llog(-au) (*m*) ar gyfalaf; *Tg:* **transferred ~**, galwad (*f*) drosglwyddo (galwadau trosglwyddo). **~-a-plate, ~ plate,** plât (platiau) (*m*) credyd; *Econ:* **floating ~**, tâl nofiol; *(b) Jur: (on estate &c):* arwystl(-on) *m*; **fixed ~**, arwystl sefydlog; **land ~**, pridiant (pridiannau) (*m*) tir; **to be a ~ (= burden) on s.o.,** bod yn faich/dreth ar rn. **3.** *(a) (= responsibility):* cyfrifoldeb(-au) *m*, gofal(-on) *m*, dyletswydd(-au) *f*; *(b) (= duty, function):* swydd(-i) *f*, swyddogaeth(-au) *f*; *(c) (of clergy):* gofalaeth(-au) *f*. **4.** *(a)* gofal *m*, cadwraeth *f*, gwarchodaeth *f*; **to take ~ of s.o.,** cymryd gofal o rn, gofalu am rn, mynd yn gyfrifol am rn, *S:* carco rhn; **to take ~ of sth,** mynd yn gyfrifol am rth, cymryd rhth dan eich gofal; **to take ~**, cymryd y llyw, cymryd yr awenau i'ch dwylo; *Jur:* **drunk while in ~ of a car,** meddw wrth yrru car; **(a nurse) in ~ of a child,** (nyrs) â gofal plentyn, yn gofalu am blentyn, a chanddi ofal am blentyn, a phlentyn yn/dan ei gofal; **in s.o.'s ~**, dan ofal rhn, yng ngofal rhn; **(a child) in the ~ of a nurse,** (plentyn) dan ofal nyrs, dan warchodaeth nyrs; **to give s.o. ~ of/over sth,** rhoi gofal rhth i rn; *(of official):* **to be in ~**, bod mewn gofal, bod wrth y llyw, bod wrth yr awenau, bod yn ben, bod yn gyfrifol, bod mewn awdurdod; **to have ~, to be in ~ (of sth),** arolygu, goruchwylio, cyfarwyddo, rheoli (rhth); bod â gofal, bod ag awdurdod (dros rth); bod yn gyfrifol (am rth); bod â rheolaeth (ar rth), *occ:* dal llaw (ar rth); **who's the person in ~ here?** pwy sydd mewn gofal? pwy sy'n rheoli/gofalu yma? *N: F: occ:* pwy ydi'r pen-dyn yma? *Jur:* **to take s.o. in ~**, [a]restio rhn, mynd â rhn i'r ddalfa; **to give s.o. in ~**, peri [a]restio rhn, rhoi rhn yn nwylo'r heddlu; *(b) (= child &c in care):* plentyn (plant) &c dan ofal. **5.** *(= exhortation):* siars(-au) *f*, anogaeth(-au) *f*; *(of bishop, of judge):* siars. **6.** *Jur: (= accusation):* cyhuddiad(-au) *m*; **to bring/lay a ~ against s.o.,**

cyhuddo rhn, dwyn cyhuddiad yn erbyn rhn; **to lay sth to s.o.'s ~,** cyhuddo rhn o rth; **on a ~ of ...,** ar gyhuddiad o .... **7.** *(a) Mil:* ymosodiad(-au) *m*, *Lit:* cyrch(-au, -oedd) *m*, rhuthr (-au, -adau) *m*; **the ~ was sounded,** seiniwyd yr ymosodiad; *Mil:* **to return to the ~,** ailymosod; *(b) Fb:* hyrddiad(-au) *m*, hyrddio *vn*; **shoulder ~,** hyrddiad ysgwydd; *Rugby:* **~ down,** siars(-au) *f*. **8.** *Her:* ffigur(-au), ffig[i]wr (ffigyrau) *m*. **~ account** *n.* **= credit account. ~ certificate** *n.* tystysgrif(-au) *(f)* arwystlo. **~-hand** *n.* gweithiwr (gweithwyr) *(m)* mewn gofal, gw|eithwraig *(f)* mewn gofal, prif weithiwr (~ weithwyr) *m*, prif we|ithwraig *f*, pen-gweithiwr (~-gweithwyr) *m*, is-fforman (~-fformyn) *m*. **~-sheet** *n.* rhestr *(f)* gyhuddiadau (rhestrau cyhuddiadau).

charge² *v.t.&i.* **1.** *v.t.* *(= load²):* llwytho, llenwi **(with sth,** â rhth); **to ~ a gun,** llenwi dryll; **to ~ a hole,** *S: F: Min: Exp:* tshiarjo, hitsio; *El:* trydanu, gwefru, gwefrio; **to ~ a battery,** trydanu/tshiarjo batri. **2.** *v.t. (a)* **to ~ s.o. with a task,** ymddiried tasg/gorchwyl i rn, rhoi'r gofal am rth i rn; *(b) v.t. Jur: (of judge):* **to ~ the jury,** siarsio'r rheithwyr. **3.** *v.t.* **to ~ s.o. with a crime,** cyhuddo rhn o drosedd. **4.** *v.t. (a) Com:* codi/gofyn pris; **to ~ the postage to the customer,** codi pris postio ar y cwsmer; **to ~ sth up to s.o.,** rhoi rhth ar gyfrif rhn, codi ar rn am rth; **to ~ the expense on/to an account,** rhoi treuliau/costau ar gyfrif; **~ it on the bill,** rhowch y gost ar y bil; *(b)* **to ~ s.o. a fee,** codi [tâl] ar rn; **to ~ s.o. a price for sth,** codi pris ar rn am rth; **to ~ five pounds for sth,** codi pum punt am rth; **how much will you ~ for the lot?** pa faint fyddwch chi'n ei godi am y cyfan? **5.** *v.t.&i. (= rush at s.o., attack):* rhuthro, ymosod (ar rn); *occ:* rhuthro (rhn); *N:* cythru (i rn); *Lit:* gwn|eud cyrch (ar rn); **to ~ at s.o., to ~ down on s.o.,** rhuthro at rn, *N:* cythru i rn; *F:* **to ~ into sth,** mynd ar eich pen i rth, mynd yn syth i rth, *N: M.W: occ:* mynd yn bwcs/bwtsh i rth; **to ~ like a bull at a gate,** rhuthro fel tarw wedi gwylltio, *N: occ:* rhuthro fel tarw wedi myllio; *Rugby:* **to ~ down,** siarsio.

chargeable *a.* **1.** *(pers.): Jur:* cyhuddadwy **(with sth,** o rth), agored i erlyniad (am rth). **2.** *(costs &c):* taladwy (gan rn), ar draul (rhn); **the ~ amount,** y gost *f*. **3.** *(= imputable):* priodoladwy, i'w briodoli (i rth). **4.** *(land): Jur:* trethadwy, arwystladwy.

charged¹ *a.* **1.** *El:* gwefredig, wedi ei drydanu/wefru. **charged conductor,** dargludydd llawn/byw *m*. **2.** *Jur:* **the ~ person,** y cyhuddedig(-ion) *m*, y gyhuddedig *f*.

charged² *a. Fig: (= heavy with, full of):* llawn, cyforiog **(with sth,** o rth); trwm *(f.* trom, *pl.* trymion) (gan rth); **(the atmosphere was) ~ with fear,** ('roedd yr awyrgylch) yn llawn ofn, yn drwm gan ofn.

chargé d'affaires *n. Dipl:* ***chargé(-s)*** *(m)* ***d'affaires***, dirprwy lysgennad (~ lysgenhadon) *m*.

charger¹ *n.* **1.** march (meirch) *(m)* rhyfel, cadfarch (cadfeirch) *m*. **2.** *El:* llenwr (llenwyr) *m*; *S.a.* **trickle-~. 3.** *(of prices):* codwr (codwyr) *m*. **4.** *(= accuser):* cyhuddwr (cyhuddwyr) *m*.

charger² *n. A: (= platter):* dysgl(-au) *f*.

charging¹ *vn.* = **charge². ~-machine** *n. Lib:* peiriant (peiriannau) *(m)* cofnodi benthyciadau. **~ method** *n. Lib:* dull(-iau) *(m)* cofnodi benthyciadau. **~ order** *n. Adm:* gorchymyn (gorchmynion) *(m)* codi tâl. **~ tray** *n. Lib:* blwch (blychau) *(m)* cofnodi benthyciadau, bocs(-ys) *(m)* cofnodi benthyciadau.

charging² *n.* llenwad(-au) *m*; *El.E:* trydaniad(-au) *m*, trydanu *vn*.

charily *adv.* **1.** *(= carefully):* yn ofalus, yn ochelgar, yn betrus, yn wyliadwrus, yn bwyllog, *S:* yn garcus. **2.** *(= meanly):* yn gynnil, yn grintach, yn grintachlyd.

chariness *n.* **1.** *(= cautiousness):* gofalusrwydd *m*, gochelgarwch *m*, gwyliadwriaeth *f*, pwyll *m*, gofal *m*, carcusrwydd *m* **(of doing sth,** wrth wneud rhth). **2.** *(= meanness):* cynildeb *m*, crintachrwydd *m*, cyb|ydd-dod *m*.

chariot¹ *n.* cerbyd(-au) *(m)* rhyfel/rhyfela. **~ burial** *n. Archeol:* claddedigaeth(-au) *(f)* cerbyd rhyfel.

chariot² *v.t.* cludo (rhth) mewn cerbyd.

charioteer *n.* cerbydwr (cerbydwyr) *m* [rhyfel], gyrrwr *(m)* cerbyd [rhyfel] (gyrwyr cerbydau [rhyfel]).

charisma *n.* carisma *m*; *(loosely)*: hudoliaeth *f*, cyfaredd *f*, swyn *m*.

charismatic *a.* carismatig.

charitable *a.* **1.** *(pers.): (a) (= generous):* elusengar *(pronounced* ng-g), hael(-ion), haelionus; *(b) (= tolerant):* caredig, graslon, maddeugar, trugarog, haelfrydig. **2.** *(society, work &c):* elusennol, elusennaidd.

charitableness *n.* **1.** *(towards poor):* elusengarwch *m (pronounced* ng-g), haelioni *m*, haelfrydedd *m*. **2.** *(= benevolence):* caredigrwydd *m*, graslonrwydd *m*, goddefgarwch *m*.

charitably *adv.* yn garedig *&c*; **(to judge s.o.) ~,** (barnu rhn) yn drugarog, yn faddeuol; **~ disposed** *a.* caredig, maddeugar.

charity *n.* **1.** *(= kindliness):* elusengarwch *m (pronounced* ng-g), caredigrwydd *m*, cymwynasgarwch *m*, *B:* cariad *m*; **out of ~, for ~'s sake,** o haelioni calon, o ran cymwynas, o ran caredigrwydd; **to be in ~ with s.o.,** ewyllysio'n dda tuag at rn; **they are out of ~,** 'does dim Cymraeg rhyngddynt; *Prov:* **~ begins at home,** nes penelin nag arddwrn; nesaf i bawb ei nesaf; nid hael ond hael gartref; nes i mi fy nghrys na'm pais; *B:* **~ envieth not,** nid yw cariad yn cenfigennu; **faith, hope, ~,** ffydd, gobaith, cariad. **2.** *(a) (= charitable act):* cymwynas(-au) *f*; *(b) (= alms):* cardod *m*, elusen *f*; **to live on ~,** byw ar elusen, byw ar gardod, byw ar y plwyf; **to ask ~,** ceisio cardod/elusen, cardota; **cold as ~,** cyn oered â'r llyffant; *Ecc:* **Brother of C~,** Brawd (Brodyr) Elusengarwch; **Sister of C~,** Chwaer (Chwiorydd) *(f)* Elusengarwch. **3.** *(= society):* elusen(-nau) *f*. **~ ball** *n.* dawns(-iau) elusen/elusennol. **~ box** *n.* elusengist(-iau) *f (pronounced* ng-g), cyff(-iau) *(m)* elusen. **~-boy** *n.* ysgolor(-ion) rhad *m*. **C~ Commission (the)** *n.* Comisiwn *(m)* [yr] Elusennau. **C~ Commissioner** *n.* Comisiynwr: Comisiynydd (Comisiynwyr) *(m)* Elusennau. **~ concert** *n.* budd-gyngerdd (~-gyngherddau) *m*. **~ school** *n.* ysgol rad (ysgolion rhad) *f*, ysgol elusennol.

charivari *n.* **1.** *Anthr:* cwlstrin: cwltrin *m*, ***charivari*** *m*. **2.** *(= any loud noise):* twrw *m*, mwstwr *m*, stŵr *m*.

charlady *n.f.* glanhäwraig (glanhäwragedd), menyw lanh|au (menywod glanh|au), gwr|aig lanhau (gwragedd glanhau), merch lanhau (merched glanhau), *N:* dynes lanhau (merched glanhau).

charlatan *n.* **1.** si|arlatan (siarlataniaid) *m&f*, ymhonnwr (ymhonwyr) *m*, ymh|onwraig *f*, twyllwr (twyllwyr) *m*, t|wyllwraig *f*, hocedwr (hocedwyr) *m*, hoc|edwraig *f*. **2.** *(in medicine):* siarlatan *m*, cwac(-iaid) *m*, crachfeddyg (-on) *m*, coegfeddyg(-on) *m*, doctor(-iaid) *(m)* cwac.

charlatanish *a.* siarlatanaidd, cwacyddol, ymhongar *(pronounced* ng-g).

charlatanism, charlatanry *n.* siarlataniaeth *f*, cwacyddiaeth *f*.

Charlemagne *Pr.n. Hist:* Si|arlymaen *m*.

Charles *Pr.n.m.* Siarl; *Fr.Hist:* **~ the Bold,** Siarl Eofn; **~ the Fat,** Siarl Dew; **~ the Great,** Siarl Fawr, Siarlymaen; **~ the Simple,** Siarl Benwan; **~ the Fair,** Siarl Landeg; **~ the Wise,** Siarl Ddoeth; **~ Martel,** Siarl y Morthwyl. **~'s Wain** *n. Astr:* yr Haeddel *f*, yr Arth Fawr *f*, Llun *(m)* y Llong, y Llong Foel *f*, Men *(f)* Siarl, y Saith Seren *f*, *M.W:* Jac *(m)* a'i Wagen *(f)*.

Charleston *n. & v.i. Danc:* **1.** *n.* y Charleston *f*. **2.** *v.i.* dawnsio'r Charleston.

Charley, Charlie *Pr.n.m.* **1.** Siarli, *occ:* Carlo, *A:* Sierlyn; *Hist:* **Bonny Prince ~,** Siarli Landeg. **2.** = **fool¹. ~ horse** *n. U.S: P:* = **cramp¹.**

charlock *n. Bot:* **1.** *(Sinapis arvensis)*: mwstard gwyllt *m*, cadafarth *m*, aur *(m)* yr ŷd, bresych *(pl)* yr ŷd, maip gwylltion *pl*, berwr *(m)* y fam, berwr y famog, berwr y torlannau, berwr Caersalem, berwr y gaeaf, *S.W: occ:* hatris *m*, goresgynnydd: gwrysgynnydd: gosgynny[dd] *m*, graban *m*, *M.W:* ceglogs *pl*. **2. jointed/white ~,** *(Raphanus raphanistrum):* rhuddygl gwyllt *m*, bysedd *(pl)* yr iâr, rhuddygl Mawrth.

charlotte *n. Cu:* ***charlotte(-s)***, *f*, pwdin(-au) *(m)* afalau; **~ *russe*** *n.* ***charlotte(-s) russe(-s)*** *f*.

charm¹ *n.* **1.** *(=* **magic, spell¹***):* swyn(-ion) *m*, hud(-ion) *m*, hudoliaeth(-au) *f*, dewiniaeth *f*, *occ:* rhin(-ion) *mf*; **under a ~,** dan swyn, dan hud, *occ:* dan rin; **a ~ against bad luck,** swyn rhag anlwc; **to work like a ~,** gweithio'n wyrthiol. **2.** *(= trinket):* **[lucky] ~,** swyn, swynbeth(-au) *m*, swyndlws (swyndlysau) *m*, *A:* swynogl(-au) *f*. **3.** *(= appeal, beauty):* swyn, cyfaredd(-ion) *f*, swyngyfaredd(-ion) *f (pronounced* ng-g), dengarwch *m (pronounced* ng-g), hud, hudoliaeth, rhin, atyniad(-au) *m*; **under the ~,** dan [y] gyfaredd; **~ of manner,** dull dengar/swynol *m*, dengarwch, ffordd enillgar *f*. **~ school** *n.* ysgol *(f)* gyfaredd (ysgolion cyfaredd), ysgol swyno.

charm² *v.t.* **1.** *(= attract):* swyno, cyfareddu, swyngyfareddu (*pronounced* ng-g), denu, *occ:* hudo, hud-ddenu, llithio; **to be charmed with sth,** cael eich swyno gan rth, bod wrth eich bodd gyda rhth, *N:* dotio ar/at rth, *S:* dwli ar rth. **2.** *(= cast spell):* swyno, rheibio (rhn); rhoi hud (ar rn); *F:* witsio (rhn); **to ~ s.o. asleep,** swyno (rhn) ynghwsg *or* i gysgu; **to ~ sth away,** swyno rhth ymaith; **to ~ the birds out of the trees,** swyno'r/denu'r adar o'r coed.

charm[3] *n. Orn:* haid (heidiau) *f.*

charmed *a.* swyn, hud; *Ph:* **~ particle,** gronyn(-nau) *(m)* swyn; **I'm ~ to meet you,** mae'n bleser gen i gwrdd â chi; 'rwy'n falch iawn o gwrdd â chi; **he bears a ~ life,** mae rhyw angel yn ei warchod.

charmer *n.* swynwr (swynwyr) *m,* s|wynwraig (swynwragedd) *f,* hudwr (hudwyr) *m,* hudoles(-au) *f,* cyfareddwr (cyfareddwyr) *m.*

charmeuse *n. Tex: charmeuse mf.*

charming *a.* swynol, dymunol, cyfareddol, hudol, hudolus, dengar (*pronounced* ng-g); *int. Iron:* ~! neis iawn wir!

charmingly *adv.* yn swynol *&c.*

charmless *a.* di-swyn, heb swyn.

charnel *a. & n.* **1.** *a.* angladdol, echryslon. **2.** *n.* **= charnel-house. ~-house** *n.* esgyrndy (esgyrndai) *m.*

charr *n. Ich:* **= char 1.**

charred *a.* golosgedig, deifiedig, wedi deifio, yn ulw.

chart[1] *n.* **1.** *Nau: &c:* siart(-iau) *f,* map(-iau) *(m)* môr; *Mth: Ph:* **bar ~,** siart far (siartiau bar); **block ~,** siart floc (siartiau bloc); **flow ~,** siart rediad (siartiau rhediad), siart lif (siartiau llif), llifsiart(-iau) *f;* **pie ~,** siart dafellog (siartiau tafellog), siart bastai (siartiau pastai); **wind ~,** siart wyntoedd (siartiau gwyntoedd); *Archives:* cart *(m)*/siart *(mf)* achau. **2.** *(of statistics &c):* siart; **instruction-~,** taflen *(f)* gyfarwyddo (taflenni cyfarwyddo). **~-house, ~-room** *n.* caban-(au) *(m)* siartiau.

chart[2] *v.t.* mapio, siartio; *Fig:* **to ~ s.o.'s progress,** dilyn hynt rhn; **to ~ a rock on a map,** nodi/lleoli craig ar fap.

chartaceous *a.* papuraidd, fel papur.

charter[1] *n.* siartr(-au) *f,* siarter(-i,-ydd) *f,* breinlen(-ni) *f; Pol:* **the Atlantic C~,** Siart[e]r Iwerydd; *Hist:* **the Great C~,** y Siart[e]r Fawr; **the People's C~,** Siart[e]r y Bobl. **~ flight** *n.* ehediad(-au) *(m)* siart[e]r. **~ member** *n.* sefydlydd (sefydlwyr) *m,* sylfaenydd (sylfaenwyr) *m,* seiliwr (seilwyr) *m.* **~ membership** *n.* aelodaeth sylfaenol *f.* **~ party** *n.* siart[e]r logi (siartrau *&c* llogi) llong.

charter[2] *v.t.* **1.** *(= institute through charter):* sefydlu (rhth) [trwy siart[e]r]; siartro (rhth). **2.** *(= hire):* hurio, llogi, siartro.

chartered *a.* breiniol, siartredig; **~ plane,** awyren siart[e]r; *S.a.* **accountant.**

charterer *n. Nau: &c:* huriwr (hurwyr) *m,* siartrwr (siartrwyr) *m.*

Chartism *n. Hist:* Siartiaeth *f.*

Chartist[1] *n. & attrib. Hist:* **1.** *n.* Siartydd (Siartwyr, Siartiaid) *m.* **2.** *attrib.* Siartaidd; **the ~ movement,** mudiad y Siartwyr.

chartist[2] *n.* **= cartographer.**

chartless *a.* **1.** *(= uncharted):* heb ei siartio, difesur. **2.** *(= without chart):* heb fap, heb siart.

chartreuse *n. & attrib.* **1.** *n. Dist: chartreuse mf.* **2.** *n. & attrib. (colour):* melynwyrdd (*f.* melynwerdd, *pl.* melynwyrddion) *(m).*

chartulary *n.* c|artwlari (cartwlarïau) *m.*

charwoman *n.* **= charlady.**

chary *a.* cyndyn, gofalus, gochelgar, *occ:* ar eich gocheliad, *S:* carcus; **to be ~ in doing sth,** petruso cyn gwneud rhth, bod yn gyndyn o wneud rhth; **~ of praise,** prin eich canmoliaeth, cyndyn o ganmol; **~ of one's words,** cynnil eich geiriau, cyndyn o ddweud dim, dywedwst.

Charybdis *Pr.n. Gr.Myth: See* **Scylla.**

chase[1] *n.* **1.** *(a)* helfa (helfâu, helf|eydd) *f,* ras(-ys) *f, S.W: occ:* cwrs (cyrsiau) *m;* **there was a ~,** cafwyd ras, fe aeth yn ras, dyna hi'n ras; **to give ~ to s.o.,** rhedeg ar ôl rhn, erlid rhn, ymlid rhn, *S:* siaso rhn, cwrso rhn, cwrso ar ôl rhn; **wild-goose ~,** siwrnai seithug *f,* ymchwil ofer *f;* **to go on a wild-goose ~,** rhedeg ar ôl cysgod, chwilio am nyth cwhwrw; *(b) Ven:* hela *vn,* helfa, helwriaeth *f.* **2.** *(= hunting-ground):* tir(-oedd) *(m)* hela, heldir(-oedd) *m.* **~-gun** *n.* canon(-au) *(m)* hela. **~-port** *n.* gyndwll (gyndyllau) *(m)* hela.

chase[2] *v.t.&i.* **1.** *v.t. (= pursue):* rhedeg (ar ôl rhth); ymlid, erlid (rhth); *N:* hel, *S:* cwrso, siaso (rhth); **to ~ sth up,** chwilota am rth, mynd ar drywydd rhth, hela rhth; *F:* **go ~ yourself!** dos/cer i grafu! **to ~ sth away,** hel/hela (rhth) ymaith, *N: occ:* helcyd rhth i ffwrdd, *S:* hala rhth bant. **2.** *v.i.* **to ~ off (after sth),** brysio, rhuthro, ei chychwyn hi, *N: F:* sgrialu mynd (ar ôl rhth); **they all chased off,** *N:* i ffwrdd â nhw; *S:* bant â nhw; **to ~ around after sth,** rhedeg ar ôl rhth, rhedeg i chwilio am rth.

chase[3] *v.t.* **1.** *(= engrave):* naddu, ysgythru, siaso. **2.** *(= emboss):* boglynnu, siaso.

chase[4] *n.* **1.** *Typ:* **~ frame,** ffrâm (fframiau) *(f)* argraffu. **2.** *Carp: Const: (= groove, channel):* rhigol(-au) *f; Metalw:* siasin *m.* **3.** *Artil:* baril(-au) *m.*

chaser[1] *n.* **1.** *(pers.):* heliwr (helwyr) *m,* h|elwraig (helwragedd) *f; (of women):* merchetwr (merchetwyr) *m, S:* menwotwr (menwotwyr) *m.* **2.** *Navy: (a) (ship):* llong(-au) *(f)* hela; *(b) (gun):* canon(-au) *m.* **3.** *F:* **beer with a whisky ~,** cwrw â wisgi i'w ddilyn.

chaser[2] *n.* **1.** *Metalw:* siaswr (siaswyr) *m.* **2.** *(= engraver):* ysgythrwr (ysgythrwyr) *m.*

chasm *n.* hafn(-au) *f,* [g]agendor(-au) *mf,* ceunant (ceunentydd) *m,* affwys(-au,-oedd) *m, N: F:* dyfnjwn(-s) *m, S: F:* dwnsiwn: dwnjwn(-s) *m.*

chassé[1] *n. Danc: chassé(-s) m;* **~** *croisé, chassé(-s) croisé(-s) m.*

chassé[2] *v.i. Danc:* gwn|eud *chassé.*

chasseur *n.* heliwr (helwyr) *m; Cu:* **chicken ~,** cyw(*m*)'r heliwr.

chassis *n. Aut: &c:* ffrâm (fframiau) *f,* siasi(-s) *mf;* **stripped ~,** ffrâm noeth.

chaste *a.* **1.** *(a) (= virginal):* diwair, morwynol, gwyryfol, *occ:* gwyryf; *(b) (= unsullied):* pur, glân, dihalog, dilwgr, purlan, dilychwin. **2.** *(style):* syml, plaen, moel(-ion), diaddurn, sobr. **~-tree** *n. Bot:* gwarchwydden (gwarchwydd) *f,* gwarchlys(-iau) *m,* pren(-nau) diwair *m,* y diweirlys *m.*

chastely *adv.* **1.** yn ddiwair *&c.* **2.** yn blaen *&c.*

chasten *v.t.* **1.** *(= rebuke):* ceryddu, cystwyo, dwrdio, gwastrodedd, gwastrodi, gwastrodaeth, disgyblu, *S:* cymhennu. **2.** *(style):* sobri, puro, coethi.

chastened *a.* **1. ~ by suffering,** wedi'ch puro gan ddioddefaint; **~ by experience,** callach/sobrach o brofiad. **2.** *(= crestfallen):* penisel; **he looked ~,** 'roedd ei gynffon rhwng ei afl; edrychai fel pe cawsai dorri ei grib; yr oedd golwg ci wedi cael cweir arno.

chastener *n.* **= rebuker.**

chasteness *n.* **1. = chastity. 2.** *(of style):* sobrwydd *m,* symlrwydd *m,* plaender *m,* plaendra *m,* moelni *m.*

chastening *a.* **a ~ experience,** profiad sobreiddiol.

chastise *v.t.* cosbi.

chastisement *n.* cosbedigaeth(-au) *f.*

chastiser *n.* cosbwr (cosbwyr) *m,* c|osbwraig (cosbwragedd) *f.*

chastity *n.* **1.** *(= virginity):* diweirdeb *m,* gwyryfdod *m,* morwyndod *m.* **2. = chasteness 2. ~ belt** *n.* gwregys(-au) *(m)* diweirdeb.

chasuble *n. Ecc:* casul(-[i]au) *m.*

chat[1] *n.* sgwrs (sgyrsiau, *F:* -us) *f, Lit:* ymddiddan(-ion) *m,* ymgom(-ion) *f, F: occ:* 'gom(-iau) *f.* **~ show** *n.* sioe(-au) *(f)* sgwrsio.

chat[2] *v.i.* sgwrsio, cael sgwrs, dal pen rheswm, *occ:* dal pen chwedl/stori, *Lit:* ymgomio, ymddiddan, chwedleua, *F:* janglo (*pronounced* ng-g), clepian, *S:* cloncan, *occ:* loia **(to/with s.o.,** â rhn); **to ~ a girl up,** tynnu sgwrs â merch.

chat[3] *n. Orn:* **= stonechat, whinchat;** *S.a.* **woodchat.**

chateau *n. chateau(-x) m,* plasty (plastai) *m,* plas(-au) *m.*

chatelain *n.* castellwr (castellwyr) *m.*

chatelaine *n.* **1.** *(= lady of castle):* arglwyddes(-au) *f,* meistres(-i) *f.* **2.** *(= chain): chatelaine(-s) f,* cadwyn(-i) *f.*

chatoyance *n.* pefriad *m,* pefrio *vn.*

chatoyant *a. & n.* **1.** *a.* pefriol. **2.** *n.* gem pefriol/befriol (gemau pefriol) *mf.*

chattel *n.* **1.** celficyn (celfi) *m,* teclyn(-nau, taclau) *m,* peth(-au) *m;* **goods and chattels,** nwyddau a chelfi. **2.** *pl.* **chattels,** *(a) (in ordinary parlance):* eiddo *m,* pethau; *(b) Jur:* teclyn; **chattels real,** teclynnau reol; **personal chattels,** teclynnau personol.

chatter[1] *n.* **1.** *(of pers.):* siarad *vn,* siaradach *m,* mân siarad *vn,* clebran *vn,* cleber *mf,* clonc *f,* clep *f,* parablu *vn,* preblian *vn, S:* brawl *mf, Lit:* baldordd *m.* **2.** *(of animals, birds &c):* clegar *vn,* preblach *m,* cogor *m,* trydar *m.* **3.** *(of teeth, machinery &c):* clecian *vn,* rhincian *vn.* **~ mark** *n. Geog:* rhewgraith (rhewgreithiau) *f,* ôl (olion) *(m)* clecian.

chatter[2] *v.i.* **1.** *(of pers.):* siarad, parablu, clebran, prepian, preblian, prebliach, sgwrsio, *S: occ:* brawlan, loia, lapan; **to ~ incessantly,** *S.W:* siarad/clebran fel pwll y môr *or* fel pwll tro, siarad pymtheg i'r dwsin, siarad fel melin glep. **2.** *(of birds):* trydar, clegar, cogor. **3.** *(of teeth, machinery &c):* clecian, rhincian, [y]sgrytian.

chatterbox, chatterer *n.* clebryn(-nod) *m,* clebren(-nod) *f,* preblyn(-nod) *m,* baldorddwr (baldorddwyr) *m,* bald|orddwraig *f,* brawlwr (brawlwyr) *m,* brawlgi (brawlgwn) *m, F:* ceg fawr *f,* jangleres(-i) *f (pronounced* ng-g), *S.W: occ:* clabarddyn *m,* clabardden (clabarddwns) *f, N.W:* jangler(-s) *m (pronounced* ng-g), prep *m,* prepyn *m,* prepen *f,* pr|epwraig (prepwragedd) *f,* janglen(-nod) *f (pronounced* ng-g).

chattering[1] *a.* preplyd, parablus; *(teeth):* rhinclyd.

chattering[2] *vn.* = **chatter[1],[2].**

chattily *adv.* yn siaradus *&c.*

chattiness *n. (= talkativeness):* parodrwydd *(m)* i sgwrsio; *(of style):* arddull sgyrsiol *f,* natur sgyrsiol *f,* sgyrsioldeb *m.*

chatty *a.* **1.** *(pers.):* siaradus, parod eich sgwrs, hoff o sgwrs, *Lit: occ:* ymddiddangar *(pronounced* ng-g). **2.** *(article, style &c):* sgyrsiol, ymgomiol, ymddiddanol, anffurfiol.

Chaucerian *a.* Chauceraidd.

chauffeur[1] *n.* gyrrwr (gyrwyr) *m,* ***chauffeur(-s)*** *m.*

chauffeur[2] *v.t.&i.* gyrru, sioffro.

chauffeuse *n.f.* ***chauffeuse(-s),*** g|yrwraig (gyrwragedd).

chauvinism *n.* *(a) Pol:* gwladgarwch cul/cibddall/eithafol/penboeth *m,* cenedlaetholdeb cul *&c m,* siofiniaeth *f,* siofinyddiaeth *f,* jingoaeth *f (pronounced* ng-g); *(b)* **male ~,** siofiniaeth wrywaidd, siofiniaeth gwrywod.

chauvinist *n. Pol:* siofinydd(-ion) *m,* siofiniad (siofiniaid) *m&f,* jingo(-aid) *m&f (pronounced* ng-g); **male ~ pig,** mochyn (moch) siofinaidd *m.*

chauvinistic *a.* siofinaidd, jingoaidd *(pronounced* ng-g).

chauvinistically *adv.* yn siofinaidd *&c.*

chaw[1],[2] = **chew[1],[2].** **~-bacon** *n.* = **bumpkin.**

cheap *a. & adv.* **1.** *a. (a)* rhad; *(comp. forms:* rhated, rhatach, rhataf); **it comes cheaper by the dozen,** mae'n rhatach fesul dwsin; **dirt ~,** rhad fel baw, *N.W: occ:* rhad mochyn; **~ and nasty,** rhad a diwerth; **on the ~,** yn rhad, am y nesaf peth i ddim; *(b) Pej:* siêp; siep; **to feel ~,** *(i) (= ashamed):* bod â chywilydd, teimlo cywilydd; *(ii) (= not well):* teimlo'n wael; **to make oneself ~,** eich iselh|au'ch hun; **to hold sth ~,** dirmygu/dibrisio rhth, bod yn ddibris o rth, cyfrif rhth yn rhad; *Rail: &c:* **~ day-return fare,** tocyn(-nau) *(m)* undydd rhad. **2.** *adv. F:* = **cheaply.**

cheapen *v.t.&i.* **1.** *v.t. (a) (price &c):* gostwng pris (rhth), tynnu pris (rhth) i lawr, gwn|eud (rhth) yn rhatach; *(b) Pej:* iselh|au, diraddio (rhth); gwneud (rhth) yn siêp/siep. **2.** *v.i.* dod i lawr, gostwng [yn ei bris], mynd yn rhad, mynd yn rhatach.

cheapie *n.* peth(-au) rhad *m.*

cheapish *a.* eithaf rhad, lled rad, gweddol rad, rhad braidd.

cheapishly *adv.* yn eithaf rhad *&c.*

cheapjack *n.* pedler(-iaid) *m,* pacmon (pacmyn) *m,* dyn(-ion) *(m)* gwerthu pethau rhad, gwerthwr (gwerthwyr) *(m)* pethau rhad, *Pej:* dyn(-ion) *(m)* gwerthu 'nialwch/sothach.

cheaply *adv.* yn rhad.

cheapness *n.* **1.** rhadrwydd *m.* **2.** *Pej:* [t]sieprwydd *m.*

cheapo *a. F:* = **cheap 1.**

cheapskate *n.* cybydd(-ion) *m, N: F:* hen gingroen(-iaid) *m&f (pronounced* ng-g), hen gỳb(-s) *m,* hen gybi(-s) *m.*

cheat[1] *n.* **1.** *(= deceiver):* twyllwr (twyllwyr) *m,* t|wyllwraig *f, Lit:* hocedwr (hocedwyr) *m,* hoc|edwraig *f, S: (esp. at cards):* cafflwr (cafflwyr) *m, N: occ:* rogiwr(-s, rogwyr) *m.* **2.** *(= deceit):* twyll *m,* dichell(-ion) *f,* hoced(-ion) *f,* ystryw(-iau) *mf.*

cheat[2] *v.t.&i.* **1.** *(a) (= deceive):* twyllo, *Lit:* hocedu, *S: occ:* cafflo, *N.W: occ:* rogio; *(b) (= escape):* **to ~ death,** osg|oi marwolaeth. **2. to ~ at cards,** cafflo/twyllo wrth chwarae cardiau; **to ~ s.o. [out] of sth,** twyllo rhn o rth, gwn|eud rhn o rth.

cheater *n. F:* = **cheat[1].**

cheating[1] *a.* anonest, twyllodrus, hocedus, dichellgar, dichellddrwg, cyfrwysddrwg, ystrywgar, ystumddrwg.

cheating[2] *vn.* = **cheat[2].**

check[1] *n.* **1.** *(a) Chess:* gwarchae *m;* **to give ~ to the king,** bygwth y brenin, gwarchae ar y brenin, rhoi'r brenin dan warchae; **in ~,** dan warchae; *(b) (= obstacle):* rhwystr(-au) *m; (c) Ven: (of pack):* **to come to a ~,** colli'r trywydd *(m).* **2.** *(= halt):* ataliad(-au) *m,* atalfa (atalf|eydd) *f,* saib (seibiau) *m.* **3.** *(= restraint):* rheolaeth *f,* ffrwyn *f;* **to keep sth in ~,** ffrwyno rhth, cadw rhth dan reolaeth, cadw rhth dan law, cadw rhth o fewn terfynau, cadw gwah|ardd ar rth, cadw'r ffrwyn ar rth; **to hold an enemy in ~,** dal gelyn yn [ei] ôl, atal/rhwystro gelyn; **checks and balances,** rhwystrau a gwrthbwysau. **4. door-~,** stop *(m)* drws (stopiau drysau). **5.** *(a) (= inspection, verification):* ymchwiliad(-au) *m,* archwiliad(-au) *m,* gwiriad(-au) *m;* **cross-~,** croeswiriad(-au) *m;* **as a ~,** i fod yn siŵr, fel sicrwydd; **to make a ~ on sth, to carry out a ~ on sth,** edrych rhth, archwilio rhth yn iawn, gwneud prawf ar rth; *Cmptr:* **redundancy ~,** gwiriad afreidrwydd; **comparative ~ count,** rhifiad gwirio cymharol; *(b) (= receipt):* taleb(-au) *f; (at cloakroom &c):* ticed(-i) *m; (c) U.S: (= bill):* bil(-iau) *m; (d) U.S: (= token):* tocyn(-nau) *m;* **to hand/pass in one's checks,** *F:* mynd i'r bocs, *N.W: occ:* mynd ar y styllan; *(e) U.S:* **to put a ~ against a name,** ticio enw. **~-action** *n. Mus:* ataliwr (atalwyr) *m.* **~ analysis** *n.* dadansoddiad(-au) *(m)* prawf. **~ count** *n.* rhifiad(-au) *(m)* gwirio. **~ digit** *n. Cmptr:* digid(-au) *(m)* gwirio. **~ inspection** *n. Med:* archwiliad(-au) *(m)* prawf. **~-list** *n.* rhestr *(f)* wirio (rhestrau gwirio), rhestr nodi. **~-nut** *n.* nyten (nytiau) *(f)* atal, nyten wasgu (nytiau gwasgu), nyten gloi (nytiau cloi). **~-out** *n.* **1.** *Com:* desg *(f)* dalu (desgiau talu). **2.** *Th: (of lighting)* siec allan. **~-out girl** *n.* merch(-ed) *(f)* wrth y ddesg. **~-point** *n.* rheolfa (rheolf|eydd) *f,* siecbwynt(-iau) *m.* **~-rein** *n. Harn:* ffrwyn(-au) *(f)* atal. **~ sample** *n.* sampl *(f)* brawf (samplau prawf). **~-screw** *n.* sgriw(-iau) *(f)* atal. **~-up** *n.* archwiliad(-au) *m.* **~-valve** *n.* falf(-iau) *(f)* atal.

check[2] *v.t.&i.* **1.** *v.t. (a) Chess:* atal, bygwth [y brenin], gwarchae [ar y brenin]; *(b) (= stop):* atal, rhwystro, arafu, ffrwyno (rhth); dal (rhth) yn ôl; *Lit:* lluddias, llestair, llesteirio, *F:* stopio (rhth); *(c) (= reprimand):* ceryddu, dwrdio (rhn); dweud y drefn (wrth rn); *(d) (= verify):* edrych, gwirio, archwilio; **to ~ the house,** sicrh|au'r tŷ; **to ~ the level of water,** edrych/gweld beth yw lefel y dŵr; **to ~ figures,** edrych/archwilio ffigurau, mynd dros ffigurau; **to ~ a against b,** cymharu a â b; **to ~ on sth,** edrych/gwirio rhth; **to ~ up on sth,** holi [a stilio] yngh|ylch rhth; **to ~ through sth,** mynd trwy rth; **to ~ (sth) off,** marcio, ticio (rhth); *U.S: Rail:* **to ~ one's luggage,** cofnodi'ch paciau. **2.** *v.i.* petruso, aros; *(of horse): N:* nogio, *S:* jibo. **~ in** *v.i.* cofnodi'ch enw, arwyddo'r llyfr. **~ out 1.** *v.t. U.S:* **to ~ out baggage,** hawlio'ch paciau. **2.** *v.i. F:* ymadael, mynd, ei throi hi, hel eich pac, codi'ch pac. **~ over** *v.t.* edrych, gwirio.

check[3] *n. Tex:* patrwm sgwarog *m,* brethyn sgwarog *m,* siec *m;* **a ~ shirt,** crys siec/sgwarog *m.*

checkable *a.* **1.** *(= restrainable):* ataliadwy. **2.** *(= verifiable):* gwiriadwy.

checked[1] *a. Tex:* sgwarog, siec, siecrog.

checked[2] *a. (list &c):* gwiriedig.

checker[1] *n.* **1.** gwiriwr (gwirwyr) *m,* archwiliwr (archwilwyr) *m.* **2.** = **chequer[1].**

checker[2] *v.t.* = **chequer[2].**

checkerberry *n.* **1.** *Bot: U.S: (a) (plant):* glesyn *(m)* Am|erica, glesyn ymlusgol; *(b) (fruit):* mwyaren (mwyar) *(f)* y glesyn. **2.** *(= partridge-berry):* mwyaren (mwyar) *(f)* y petris.

checkerbloom *n. Bot:* ffug-hocysen (~-hocsys) *(f)* California.

checkerboard *n. U.S:* **1.** = **chequerboard. 2.** *attrib.* **~ town,** tref siecrog.

checkerman *n.* = **draughtsman 2.**

checkers *n.pl.* = **draughts.**

checkmate[1] *n. Chess:* gwarchae(-au) *m,* siachmat(-au) *m; int.* cau!

checkmate[2] *v.t.* **1.** *Chess:* gwarchae (ar rth). **2.** *Fig:* atal, rhwystro.

checkroom *n. U.S:* ystafell *(f)* baciau (ystafelloedd paciau).

checkrow[1] *n. Agr: U.S:* rhes(-i) sgwarog *f.*

checkrow[2] *v.t.* plannu (rhth) yn rhesi sgwarog.

checksum *n. Cmptr:* prawfswm (prawfsymiau) *m.*

checkweighman *n.m. Min:* atalbwyswr (atalbwyswyr).

Cheddar *n. Cu:* caws *(m)* Cheddar. **~ pink** *n. Hort:* penigan(-au) mynyddig *m,* penigan Gwlad yr Haf, clustog *(f)* y frenhines.

cheek[1] *n.* **1.** *(a)* boch(-au) *f, occ:* cern(-au) *f, Lit:* grudd(-iau) *f;* **two cheeks,** *Lit: Poet:* deurudd *f,* dwyrudd *f;* **~ by jowl (with s.o.),** foch ym moch, bochfoch, gerngern *(pronounced* ng-g), rudd wrth rudd, ystlys wrth ystlys, ochr yn ochr (â rhn); **with**

tongue in ~, â'ch tafod yn eich boch, â'ch genau am eich dant; **to turn the other ~**, troi'r foch/rudd arall; **to one's own ~**, ar eich cyfer chi eich hun; *Cu:* **ox ~**, cern eidion; **pig's ~**, cern mochyn, bochgern(-au) (*f*) mochyn, dwyen(-au) (*f*) mochyn, lletben(-nau) (*m*) mochyn, *N.E:* noroben(-nau) (*f*) mochyn, *M.W:* tsicsen (tsîcs) (*f*) mochyn; *(b) (= buttock):* boch tin (bochau tin/tinau). **2.** *F: (= impudence):* digywil|ydd-dra *m*, hyfdra *m*, ehofndra *m*, haerllugrwydd *m*, wyneb *m*, wynebgaledwch *m*, *N: F:* powldrwydd *m*, powldra *m*, *S.W:* ewndra *m*, *S.E: occ:* coethder *m*; **none of your ~!** paid â bod mor ddigywilydd! llai o dy hyfdra di! *S:* paid â bod mor ewn! **plenty of ~**, digon o wyneb; **what ~!** dyna ichi ddigywilydd! *N:* am wyneb! *S:* dyna ewn! **he had the ~ to . . .**, bu'n ddigon digywilydd *&c* i . . .; bu ganddo ddigon o wyneb *&c* i . . .; **to give s.o. ~**, bod/mynd yn hy[f] ar rywun, bod yn ddigywilydd wrth rn. **3.** *(a) (= side post):* cilbost (cilbyst) *m*; *(b) (of vice):* genau (geneuau) *m*; *(c) (of pulley, bearing):* boch. **~-bone** *n.* asgwrn (*m*) boch (esgyrn bochau), *A: or Lit:* bochgern(-au) *f*, car (*m*) yr ên, car gên. **~-piece** *n. Archeol: (on helmet):* cernddarn(-au) *m*; *(of horse):* bochddarn(-au) *m*. **~-pouch** *n. Z:* bochgoden(-nau) *f*. **~-tooth** *n.* cilddant (cilddannedd) *m*.

cheek² *v.t.* ateb (rhn) yn ôl, mynd/cymryd/bod yn hy[f] (ar rn), siarad yn amharchus (â rhn); **don't you ~ your mother!** paid di ag ateb dy fam yn ôl!

-cheeked *comb.fm.* **flabby-~**, bochlaes, bochlipa; **chubby-~, full-~**, bochdew(-ion); **hollow-~**, â bochau pantiog; **pale-~**, bochlwyd(-ion); **apple-~, ruddy-~**, bochgoch(-ion).

cheekful *n.* bochaid (bocheidiau) *f*, llond (*m*) boch.

cheekily *adv.* yn ddigywilydd *&c*.

cheekiness *n.* = **cheek¹ 2.**

cheeky *a.* digywilydd, hy[f], haerllug, wynebgaled, eofn, egr, *N: F:* powld, sosi, talgryf, *S: F:* ewn, gẁraidd, di-wardd, ffit, penefer, *S.E: occ:* coeth.

cheep¹ *n. vn.* = **cheep²**; **not a ~**, yr un siw na miw.

cheep² *v.t.&i.* trydar, yswitian, yswitio.

cheeping¹ *a.* yswitiol.

cheeping² *vn.* = **cheep¹,².**

cheer¹ *n.* **1.** *(= gladness, cheerfulness):* sirioldeb *m*, llawenydd *m*, llonder *m*, hwyliau [da] *pl*, calondid *m*, hoen *f*; *Lit:* arial *m*; **to be of good ~**, bod yn siriol, bod yn llawen, ymlonni, sirioli, llawenh|au, llawenychu; **be of good ~**, bydd(-wch) lawen, *Lit:* llawenha (llawenh|ewch); **words of ~**, geiriau o galondid; **what ~?** pa hwyl? pa hwyliau? *N.W: F: occ:* sut dempar? *S:* shwt hwyl? **2.** *(= fare):* bwyd da *m*, danteithion *pl*; **to make good ~**, *Lit:* gwledda'n fras, gloddesta, bwyta'n dda, *S.W:* cael ffest. **3.** *(= shout¹):* banllef: bonllef(-au) *f*, bloedd(-iau, -iadau) *f*, cymeradwyaeth *f*, *F:* hwrê *f*; **to give three cheers**, rhoi teirbloedd, rhoi tair hwrê; *F:* **cheers!** iechyd da! hir oes! iechyd i'r dant! **~-lead** *v.i.* codi hwyl. **~-leader** *n.* codwr (codwyr) (*m*) hwyl, c|odwraig (codwragedd) (*f*) hwyl.

cheer² *v.t.&i.* **1.** *v.t.* *(a) (= make cheerful):* llonni, calonogi, codi calon, cysuro, sirioli, llawenh|au, *Lit: occ:* llawenu; **to ~ s.o. on**, annog/annos rhn yn ei flaen; *(b) (= applaud):* rhoi hwrê (i rn), cymeradwyo (rhn); **he was cheered loudly**, cafodd gymeradwyaeth uchel; *F:* cafodd hwrê fawr. **2.** *v.i.* *(a)* **~ [up]**, codi'ch calon, llonni, sirioli, ymlonni, sioncio, cymryd cysur, *S:* cwnnu'ch calon, *N: F: occ:* fflonsio; **~ up!** cod/cwyd dy galon (codwch eich calonnau)! *S:* cwn dy galon (cwnnwch eich calonnau)! *(b) (= shout):* bloeddio cymeradwyaeth, *F:* rhoi hwrê, gweiddi hwrê, *Lit:* bonllefain, rhoi bonllef.

cheered *a.* siriolach, llonnach, llawenach, wedi codi'ch calon *&c*.

cheerer-up *n.* calonogwr (calonogwyr) *m*, calon|ogwraig *f*, codwr (*m*) calon (codwyr calonnau), cysurwr (cysurwyr) *m*, cys|urwraig *f*, siriolwr (siriolwyr) *m*.

cheerful *n.* **1.** *(pers., face):* siriol, hwyliog, llawen, llon (*comp. forms:* llonned, llonnach, llonnaf), calonnog, hoenus, *N: F: occ:* fflonsh; *(scene, room):* siriol; *(conversation, party):* siriol, hwyliog; *(news):* siriol, cysurlon, da. **2.** *(= willing):* parod (*comp. forms*: paroted, parotach, parotaf), llawen, ewyllysgar, di-gŵyn, dirwgnach.

cheerfully *adv.* yn siriol *&c*; **I could ~ strangle her**, gallwn ei thagu hi â phleser; mi fyddwn yn falch o gael ei thagu hi.

cheerfulness *n.* sirioldeb *m*; *See* **cheer¹**.

cheerily *adv.* = **cheerfully**.

cheeriness *n.* = **cheerfulness.**

cheering¹ *a.* **1.** *(= consoling):* cysurlon, llawen, calonogol, calongodol (*pronounced as if* ng-g); **~ news**, newydd i godi calon rhn. **2.** *(crowd &c):* bonllefgar, bloeddfawr, bloeddgar, cymeradwyol, cymeradwygar; **a ~ crowd**, tyrfa frwd/barod ei chymeradwyaeth.

cheering² *vn.* banllefau: bonllefau *pl*, cymeradwyaeth *f*, gweiddi hwrê.

cheerio *int.* **1.** hwyl! da bo ti (~ boch chi)! *F:* ta-ta! dan dy fendith (eich bendith)! *N: occ:* hwrê! *F:* **~ for now!** ta-ta tan toc! **2.** *(when having drink):* iechyd da! hir oes! iechyd i'r dant!

cheerless *a.* digalon, digysur, aflawen, annifyr, anniddan, prudd, trist.

cheerlessly *adv.* yn ddigalon *&c*.

cheerlessness *n.* digalondid *m*, tristwch *m*, pr|udd-der *m*.

cheerly *a. & adv.* **1.** *a. A:* = **cheerful. 2.** *adv. Nau:* yn galonnog.

cheery *a.* = **cheerful**.

cheese¹ *n.* caws(-iau) *m*; **a ~**, cosyn(-nau) *m*; *S.a.* **chalk 1; blue ~**, caws llwyd, caws glas; **buttermilk ~**, caws glas, caws sur, caws enwyn; *Cu:* **cauliflower ~**, blodfresych a chaws; **Cheshire ~**, caws Caer; **cottage ~**, ceulfraen *m*, colfran *m*, caws colfran; **cream ~**, caws hufen, caws trwy hufen; **curdled ~**, caws ceulaid; **dry ~**, caws cnap; **a dry ~**, cosyn cnap; **Dutch ~**, caws Holand; **goat's milk ~**, caws gafr; **green ~**, *(i) (= whey cheese):* caws maidd, caws gleision; *(ii) (coloured):* caws saets, caws gwyrdd; *Cu:* **macaroni ~**, macaroni a chaws; **processed ~**, caws trin/proses, caws wedi ei drin/brosesu; **to form ~**, cawsio, cawsu; **to press ~**, cawselltu; **to beg/collect ~**, cawsa; *U.S: P:* **big ~**, pwysigyn (pwysigion) *m*, rhn (rhai) pwysig *m*; **to believe the moon is made of green ~**, coelio gwrach ar ôl bwyta uwd; **that's the ~!** dyna ddigywilydd! sôn am wyneb! **hard ~!** hen dro! bechod! druan ohonot ti (ohonoch chi)! dyna anlwc! dyna anlwcus! **~-beggar** *n. A:* cawsai (cawseion) *m*. **~-biscuit** *n. N:* bisgeden (*f*) gaws (bisgedi caws), *S:* bisgïen (*f*) gaws (bisgis caws). **~-cover** *n.* caead(-au) (*m*) caws, clawr (cloriau) (*m*) caws. **~-curds** *n.* caws gwyn *m*, ceulfraen *m*, colfran *m*. **~-cutter** *n.* *(i) (knife):* cyllell (*f*) gaws (cyllyll caws); *(ii) (wire):* weiren (*f*) gaws (weiers caws). **~-fly** *n.* pryf(-ed) (*m*) caws, cleren (*f*) gaws (clêr caws). **~-head** *attrib.* pen cosyn. **~-hopper, ~-maggot** *n.* cynrhonyn (cynrhon) (*m*) caws. **~-mite** *n.* gwiddonyn (gwiddon) (*m*) caws. **~-paring 1.** *n.* croen (*m*) caws, crofen (*f*) caws. **2.** *a.* gorgynnil, crintachlyd, llygad y geiniog; **a ~-paring man**, Siôn (*m*) lygad y geiniog; **~-paring economies**, crintachrwydd *m*, gorddarbodaeth *f*, *F:* blingo'r gath hyd at ei chynffon. **~-paring** *vn.* crintachu, gorgynilo, edrych yn llygad y geiniog. **~-press** *n.* cawswasg (cawsweisg) *f*, gwasg (*f*) gaws (gweisg caws), cawswryf(-au) *mf*, gwryf (*mf*) caws/gaws (gwryfau caws), gwring(-au) (*fm*) gaws/caws, *N: occ:* windas (*f*) gaws (windasau caws), *S.W:* peis *m*; *S.E:* winsh *m*, wring *f*, wind *m*. **~-rack** *n.* car (ceir) (*m*) caws, rhesel (*f*) gaws (rheseli caws). **~-rennet** *n.* **1.** *Cu:* ceuled *m*, cwyrdeb *m*, cyweirdeb *m*. **2.** *Bot:* = **bedstraw (lady's)**. **~-scoop, ~-taster** *n.* rhaw (*f*) gaws (rhofiau/rhawiau caws), blaswr (blaswyr) (*m*) caws. **~-skipper** *n. Ent:* = **cheese-hopper**. **~-straw** *n. Cu:* gwelltyn (gwellt) (*m*) caws. **~-vat** *n.* cawsellt: cawsyllt(-au, -i, -ydd) *m*, cawslestr(-i) *m*.

cheese² *v.t. P:* **~ it!** dyna ddigon! rho'r gorau iddi (rhowch y gorau iddi)!

cheeseboard *n. N:* bwrdd (byrddau) (*m*) caws, *S:* bord (*f*) gaws (bordydd caws).

cheeseburger *n. Cu:* cawsionyn(-nau) *m*.

cheesecake *n.* **1.** *Cu:* teisen (*f*) gaws (teisennau caws), cacen (*f*) gaws (cacenni/cacennau caws). **2.** *F: (= pinups)*: llun(-iau) (*m*) merched noeth, pinyps *pl*.

cheesecloth *n.* lliain (llieiniau) (*m*) caws, mwslin *m*.

cheesed off *a.* wedi diflasu, wedi [hen] alaru, wedi syrffedu, wedi cael llond bol/bola, *S:* wedi danto (ar rth).

cheesemaker *n.* cawsiwr (cawswyr) *m*, c|awswraig (cawswragedd) *f*.

cheesemaking *vn.* gwn|eud caws.

cheesemonger *n.* gwerthwr (gwerthwyr) (*m*) caws; **the ~'s**, y siop (*f*) gaws.

cheesewood *n. Bot*: pren(-nau) (*m*) caws.

cheesiness *n.* natur gawslyd *f*, cawseiddiwch *m*.

cheesy *a.* **1.** cawsaidd, cawsiog, cawslyd, fel caws. **2.** *P:* = **lousy 2**.

cheetah *n. Z:* llewpart(-iaid) (*m*) hela, tsita(-od) *m*.

chef *n.* pen-cogydd(-ion) *m*, sieff(-s, -iaid) *m*.
chef d'oeuvre *n.* campwaith (campweithiau) *m*, gorchestwaith (gorchestweithiau) *m*.
chela *n. Z*: crafanc (crafangau) *f*.
chelatable *a. Ch*: celadadwy.
chelate[1] *a. & n.* **1.** *a. Z*: crafangog. **2.** *n. Ch*: celad(-au) *m*.
chelate[2] *v.i. Ch*: celadu.
chelation *n. Ch*: celadiad(-au) *m*, celadu *vn*.
chelator *n. Ch*: celadwr (celadwyr) *m*.
chelicera *n. Z*: crafangorn (crafangyrn) *m* (*pronounced* ng-g).
cheliceral *a.* crafangorniol (*pronounced* ng-g), corngrafangol (*pronounced* corng-grafangol).
chelicerate *a. & n.* **1.** *a.* corngrafangog, crafangorniog (*pron. as if* crafang-gorniog). **2.** *n.* corngrafangog(-ion) *m*.
cheliferous *a. Z*: crafangog.
Chellean, Chellian *a. Archeol*: = **Abbevillian**.
cheloid *n. Path:* celoid(-au) *m*.
chelonian *a. & n. Z*: **1.** *a.* crwbanaidd. **2.** *n.* crwban(-od) *m*.
chemical *a. & n.* **1.** *a.* cemegol. **2.** *n.* cemigyn (cemigion) *m*, cemegolyn (cemegolion) *m*, cemegyn (cemegion) *m*; (*N.B. the pl.* cemegau = **chemistries**).
chemically *adv.* yn gemegol.
chemico-physical *a.* cemego-ffisegol.
chemiluminescence *n.* cemoleuni *m*, cemoleuedd *m*.
chemiluminescent *a.* cemolau, cemoleuol.
chemin de fer *n. Cards*: ***chemin de fer*** *m*.
chemise *n. Cost*: ***chemise(-s)*** *f*, *A*: pais laes (peisiau llaes) *f*.
chemisette *n. Cost*: ***chemisette(-s)*** *f*, bodis(-iau) isaf *m*.
chemisorb *v.t.* cemsugno.
chemisorption *n.* cemsugniad *m*, cemsugno *vn*.
chemist *n.* **1.** *(= pharmacist)*: fferyllwr: fferyllydd (fferyllwyr) *m*, drygist(-iaid) *m*, cemist(-iaid) *m*; **~'s [shop]**, siop (*f*) fferyllydd, fferyllfa (fferyllf|eydd) *f*. **2.** *Ch*: cemegwr: cemegydd (cemegwyr) *m*, cem|egwraig *f*.
chemistry *n.* cemeg(-au) *f*.
chemoautotrophic *a.* cemoawtotroffig.
chemoautotrophically *adv.* yn gemoawtotroffig.
chemoautotrophy *n.* cemoawtotroffi *m*.
chemoprophylactic *a.* cemoproffylactig.
chemoprophylaxis *n.* cemoproffylacsis *m*
chemoreception *n.* cemodderbyniad *m*.
chemoreceptive *a.* cemodderbyniol.
chemoreceptivity *n.* cemodderbynnedd *m*.
chemoreceptor *n.* cemodderbynnydd (cemodderbynyddion) *m*.
chemosensory *a.* cemosynhwyraidd.
chemosmosis *n.* cemosmosis *m*.
chemosmotic *a.* cemosmotig.
chemosphere *n.* c|emosffer (cemosfferau) *m*, m|esosffer (mesosfferau) *m*.
chemostat *n.* c|emostat (cemostatau) *m*.
chemosterilant *n.* cemosterilydd(-ion) *m*.
chemosurgery *n.* cemolawdriniaeth *f*, cemolawfeddygaeth *f*.
chemosurgical *n.* cemolawfeddygol.
chemosynthesis *n.* cemos|ynthesis *m*.
chemosynthetic *a.* cemosynthetig.
chemotactic *a.* cemotactig.
chemotactically *adv.* yn gemotactig.
chemotactism *n.* cemotactedd *m*.
chemotaxis *n.* cemotacsis *m*.
chemotaxonomic *a.* cemotacsonomig.
chemotaxonomically *adv.* yn gemotacsonomig.
chemotaxonomist *n.* cemotacsonomydd(-ion) *m*.
chemotaxonomy *n.* cemotacs|onomi *m*.
chemotherapeutic *a. Med:* cemotherapiwtig.
chemotherapeutically *adv. Med:* yn gemotherapiwtig.
chemotherapy *n. Med:* cemoth|erapi *m*.
chemotropic *a.* cemotropig.
chemotropism *n.* cemotropedd *m*.
chemurgic *a.* cemegweithiol.
chemurgically *adv.* yn gemegweithiol.
chemurgy *n.* cemegwaith *m*.
chenille *n. Tex*: sienîl *m*, ***chenille*** *m*.
chenopod *n. Bot*: c|enopod (cenopodau) *m*.
chenopodiaceous *a. Bot*: cenopodaidd.
cheongsam *n. Cost*: tsiongsam(-s) *mf*.
Chepstow *W.Pl.n.* Cas-gwent *m*.
cheque *n.* **1.** *Com*: siec(-iau) *f*; **bearer ~**, siec dygiedydd; **blank ~**, siec wag (sieciau gweigion); **bouncing ~, dud ~, ~ without cover, worthless ~**, siec ddiwerth (sieciau diwerth) *f*; **traveller's ~**, siec deithio (sieciau teithio). **2.** *U.S: (= bill)*: bil(-iau) *m*. **~-book** *n.* llyfr(-au) (*m*) siec, llyfr sieciau; *Lib*: **~-book charging,** cofnodi benthyciad trwy lyfr siec. **~ card** *n.* cerdyn (cardiau) (*m*) siec, carden (cardiau) (*f*) siec. **~ enclosure form** *n.* ffurflen(-ni) (*f*) amgáu siec. **~ guarantee card** *n.* cerdyn (cardiau) (*m*) gwarantu siec, carden (cardiau) (*f*) gwarantu siec. **~-stub** *n.* bonyn (*m*) siec (bonion sieciau). **~ trading** *vn.* siecfasnachu.
chequer[1] *n.usu.pl.* siecr(-au) *m*, sgwarau *pl*, patrwm (patrymau) (*m*) sgwarau, patrwm sgwarog/siecrog *m*, rhwyllwaith *m*. **~-board 1.** *n.* bwrdd (byrddau) (*m*) draffts, *Lit: occ:* tawlbwrdd (tawlbyrddau) *m*, bwrdd brith. **2.** *attrib.* sgwarog, siecrog. **~ plate** *n. Metalw:* plât (platiau) (*m*) siecr.
chequer[2] *v.t.* **1.** *(= divide into squares)*: rhannu (rhth) yn sgwarau; siecro (rhth). **2.** *(= variegate)*: siecro, britho, amryliwio.
chequered *a.* **1.** *(= squared)*: sgwarog, siecrog. **2.** *(= variegated)*: amryliw, brith (*f.* braith, *pl.* brithion), brithliw. **3.** *Fig*: **a ~ career,** bywyd brith *m*, gyrfa fraith *f*.
chequering, chequerwork *n.* siecrwaith *m*, patrwm (patrymau) (*m*) sgwarog, rhwyllwaith *m*.
cherimoya *n. Bot*: **1.** *(tree)*: sierimoia(-s) *f*. **2.** *(fruit)*: sierimoia(-s) *m*.
cherish *v.t.* **1.** anwylo (rhth); gofalu'n dyner (am rth); *Lit*: achlesu, coledd, coleddu, mynwesu (rhth). **2.** *(ideas &c)*: coleddu.
cherishable *a.* annwyl, coleddadwy.
cherished *a.* annwyl, hoff (*can follow noun or precede + soft mut.*); cu; *Aut:* **~ number,** rhif personol/dethol.
cherisher *n.* anwylwr (anwylwyr) *m*, an|wylwraig *f*, coleddwr (coleddwyr) *m*, col|eddwraig *f*.
cherishing *a.* tyner.
cherishingly *adv.* yn dyner.
chernozem *n. Geog*: pridd du *m*, tsi|ernosem *m*.
chernozemic *a. Geog*: tsiernosemig.
Cherokee *a. & n.* **1.** *a.* Tsierocî, Tsierociaidd; *(in language)*: Tsierocî. **2.** *n.* *(i) Ethn*: Tsierocî (Tsierocïaid) *m&f*; *(ii) Ling*: Tsierocî *f, m*.
cheroot *n.* sierŵt(-s) *mf*, sigâr fain (sigârs main) *f*.
cherry *n.* **1.** *Bot: (Prunus)*: *Lit*: ceiriosen (ceirios) *f*, *occ*: sirianen (sirian) *f*, *F*: tsieren (tsieris) *f*; **American ~, black ~,** *(P. serotina)*: ceiriosen ddu (ceirios duon); **bird-~,** *(P. padus)*: ceiriosen yr aderyn/adar, rhuddwernen(-ni, rhuddwern) *f*, llyngwren (llyngwr) *f* (*pronounced* ng-g); **choke-~,** *(P. virginiana)*: ceiriosen dagu (ceirios tagu); **Cornelian ~,** *(Cornus suecicum)*: ceiriosen y cwyros; **dwarf ~,** corgeiriosen (corgeirios) *f*; **ground-~,** *(i)* = **dwarf cherry**; *(ii) (Physalis)*: ceiriosen orweddol (ceirios gorweddol), ceiriosen y ddaear; **holly-leaved ~,** *(P. ilicifolia)*: ceiriosen gelynnog (ceirios celynnog); **Manchurian ~,** *(P. maackii)*: ceiriosen Manchuria; **morello ~, sour ~,** *(P. cerasus)*: ceiriosen ddu (ceirios duon); **pin ~, wild red ~,** *(P. pensylvanica)*: ceiriosen chwerw, ceiriosen Pensylfania; **sand ~,** *(P. pumila/depressa)*: ceiriosen y tywod; **Sargent ~,** *(P. sargentii)*: ceiriosen Sargent; **sweet ~,** ***(P. avium)*:** ceiriosen felys (ceirios melys); **St. Lucie ~,** *(P. mahaleb)*: ceiriosen Lleucu; **white-heart ~,** *(P. avium alba)*: ceiriosen wen (ceirios gwynion); **wild ~,** *(P. avium)*: ceiriosen ddu (ceirios duon); **winter ~,** *(Physalis alkekengi)*: ceiriosen y gaeaf, sirianen godog (sirian codog); **not to take two bites at a ~,** peidio â hel dail wrth wn|eud rhth, gwneud rhth yn ddiymdroi, mynd ati ar unwaith; **to take two bites at a ~,** rhoi dau gynnig ar rth; *Cu*: **glacé cherries,** ceirios siwgwr, ceirios ***glacé***. **2. ~ tree,** ceirioswydden (ceirioswydd) *f*, coeden (*f*) geirios (coed ceirios), pren(-nau) (*m*) ceirios; **3. ~[-red],** gwridog, coch [fel ceirios], lliw ceirios, ceiriosliw. **~-apple** *n. Bot: (Pyrus baccata)*: ceiriosafal(-au) *m*. **~-bay, ~-laurel** *n. Bot: (Prunus laurocerasus)*: llawrsirianen (llawrsirian) *f*, llawrgeiriosen (llawrgeirios) *f*. **~-bean** *n. Bot*: *U.S:* ffeuen/ffäen (*f*) y fuwch (ffa'r fuwch). **~-bob** *n.* cwlwm (c[y]lymau) (*m*) ceirios, cwplws (cyplysau) (*m*) ceirios, pâr (parau) (*m*) o geirios. **~-bomb** *n. Pyr:* bom coch/goch (bomiau cochion) *mf*. **~ brandy** *n.* brandi (*m*) ceirios. **~-like** *a.* gwridog fel ceiriosen, ceiriosaidd. **~-lipped** *a.* mingoch(-ion) (*pronounced* ng-g). ~

orchard *n.* perllan (*f*) geirios (perllannau ceirios); *Th:* **The C~ Orchard,** Y Gelli Geirios. **~-picker** *n.* craen(-iau) (*m*) casglu ffrwythau. **~-pie** *n.* **1.** *Cu:* pastai (*f*) geirios (pasteiod ceirios), teisen (*f*) geirios (teisennau ceirios), tarten (*f*) geirios (tartenni/tartiau ceirios). **2.** *Bot:* = **heliotrope.** **~-pit** *n.* *Games:* chwarae (*vn*) ceirios. **~-plum** *n.* *(Prunus cerasifera):* myrobalan(-au) *m*, eirin-geiriosen (~-geirios) *f.* **~-stone** *n.* *(i)* carreg (*f*) ceiriosen (cerrig ceirios), dincodyn (*m*) ceiriosen (dincod ceirios); *(ii) U.S: Moll: (= quahog):* (*)cragen (*f*) geirios (cregyn ceirios). **~-wood 1.** pren (*m*) ceirios, coed (*pl*) ceirios, ceiriosbren(-nau) *m.* **2.** *(pipe):* pibell (pibellau) (*f*) pren ceirios, cetyn (catiau) (*m*) pren ceirios.

chert *n.* *Geol:* cornfaen (cornfeini) *m*, siert(-iau) *m*, *M.W: Min: F:* siyrcan *f.*

cherty *a.* *Geol:* siertaidd, cornfeinaidd.

cherub *n.* cerub: ceriwb(-iaid) *m.*

cherubic *a.* cerubaidd, ceriwbaidd; *(loosely):* diniwed, angylaidd.

cherubically *adv.* yn geriwbaidd *&c.*

cherublike *a.* = **cherubic.**

chervil *n.* *Bot: (Anthiscus):* gorthyfail *m*; **wild ~,** *(A. sylvestris):* nodwydd (*f*) y bugail; **bur[r] ~,** *(A. caucalis):* gorthyfail cyffredin; **garden ~,** *(A. cerefolium):* gorthyfail y gerddi; **golden ~,** *(Chaerophyllum aurum):* gorthyfail euraidd; **hairy ~,** *(C. hirsutum):* gorthyfail blewog; **rough ~,** *(C. temulentum):* perllys (*m*) y perthi, gorthyfail garw.

Cheshire *Pr.n.* *Geog:* Swydd (*f*) Gaerlleon, Sir (*f*) Gaerlleon, *F:* Sir Gaer; **the ~ Plain,** Gwastadedd (*m*) Sir Gaer. **~ cat** *n.* cath(-od) (*f*) Caer; **to smile/grin like a ~ chat,** gwenu o glust i glust, gwenu fel giât. **~ cheese** *n.* caws (*m*) Caer.

chess[1] *n.* gwyddbwyll *f.* **~-board** *n.* clawr (cloriau) (*m*) gwyddbwyll, bwrdd (byrddau) (*m*) gwyddbwyll, *A:* tawlbwrdd (tawlbyrddau) *m*; *Psy:* **~-board illusion,** rhith(-iau) (*m*) tawlbwrdd. **~-man** *n.* dyn(-ion) (*m*) gwyddbwyll, darn(-au) (*m*) gwyddbwyll; *Coll:* gwerin (*f*) gwyddbwyll.

chess[2] *n.* *Bot:* = **bromegrass.**

chessel *n.* cawsellt(-au,-i) *m*, cawslestr(-i) *m.*

chest *n.* **1.** *Furn:* cist(-iau) *f*, coffr(-au) *m*, *Lit: occ:* cyff(-iau,-ion) *m*; **~ of drawers,** cist ddillad (cistiau dillad), cist ddroriau (cistiau droriau), *F: N:* jestadrôr(-s) *f*, *S: S.W:* haffdrôrs *m*, *S: F:* casandrârs: cysandrôrs *m*; **sea ~,** cist fôr (cistiau môr), cist llongwr (cistiau llongwyr); **the community ~,** y coffrau cyhoeddus *pl*; *S.a.* **medicine chest, tea-chest, tool-chest. 2.** *Anat:* brest(-iau) *f*, *Lit:* dwyfron(-nau) *f*, mynwes(-au) *f*; **cold on the ~, ~ cold,** annwyd ar y frest; **he has a weak ~,** mae'n dioddef â'r frest; *N:* mae o'n cwyno efo'i frest; **to throw out one's ~,** torsythu, taflu'r frest allan, *N.W: F: occ:* brestio; *F:* **to get it off one's ~,** dweud eich cyfrinach, dweud eich cwyn, arllwys eich cwd, bwrw'ch bol, *S.W:* dweud eich holl fola berfedd, dweud lliw eich perfedd, agor/arllwys eich cwdyn; **to keep/hold [one's cards] close to one's/the ~,** cadw'ch cyfrinach, cadw rhth dan [big] eich cap. **~-clinic** *n.* clinig (*m*) y frest (clinigau'r frest). **~-developer, ~-expander** *n.* lledwr (lledwyr) (*m*) brest. **~-hospital** *n.* ysbyty (ysbytai) (*m*)'r frest. **~-note** *n.* *Mus:* nodyn (nodau) bas *m.* **~-physician** *n.* ffisigwr (ffisigwyr) (*m*) y frest. **~-protector** *n.* gwlanen(-ni) (*f*) rhag annwyd. **~-on-~** *n.* *Furn: (= tallboy):* cist(-iau) (*f*) ar gist. **~-voice** *n.* llais (*m*) brest, llais bas.

-chested *a.* **broad-~, deep-~, large-~,** ysgwyddog, llydan, praff, cydnerth, cestog; **flat-~,** â brest fflat, heb fronnau.

Chester *Eng.Pl.n.* Caerllion [Fawr] *f*, *F:* Caer *f.*

chesterfield *n.* *Furn:* ***chesterfield(-s)*** *mf.*

chestful *n.* llond (*m*) cist, cistaid (cisteidiau) *f.*

chestiness *n.* caethdra *m.*

chestnut *n. & attrib.* **1.** *n.* *(a) (sweet, Spanish):* castan(-au) *f*, cneuen (*f*) gastan (cnau castan); pibgenuen (pibgnau) *f*; *S.a.* **horse-chestnut**; *Fig:* **to pull s.o.'s chestnuts out of the fire,** llosgi bysedd dros rn, achub croen rhn, achub rhn o drybini, tynnu cnau poeth rhn o'r tân; *(b)* **~ [tree],** castanwydden (castanwydd) *f*, pren(-nau) (*m*) castan, coeden (*f*) gastan (coed castan); **dwarf ~,** *(Castanea pumila):* corgastanwydden (corgastanwydd) *f*; **water ~,** *(Trada natans):* castan ddŵr (castanau dŵr), cneuen ddŵr (cnau dŵr); *(c) F: (= old joke):* hen jôc(-s) *f*, hen un (hen rai) *f*, hen ddihenydd *m*, hen stori(-s) *f*; *(d) (horse):* ceffyl(-au) gwinau *m*; *(mare):* caseg winau (cesig gwinau) *f.* **2.** *attrib.* *(a) (wood):* castan; *(b) (colour):* castan, castanlliw, lliw castan, gwinau; *(horse):* gwinau, gwineugoch; **liver ~,** gwineuddu, gwinau tywyll. **~ boletus/blight** *n.* *Fung:* boletws (*m*) castan. **~ worm** *n.* *Ann:* mwydyn (mwydod) piws *m.*

chesty *a.* **1.** *(a) F: (= asthmatic):* caeth, myglyd, moglyd, yn dioddef â'r frest, *N:* yn cwyno â'r frest; *(b) F: (= broad-chested):* ysgwyddog, cydnerth, *S.W:* cestog; *(woman):* bronnog, bronfawr. **2.** *U.S: P:* = **arrogant.**

chetnik *n.* tshietnic(-iaid) *m&f.*

cheval-glass *n.* *Furn:* drych hir (drychau hirion) *m.*

chevalier *n.* marchog(-ion) *m*; ***~ d'industrie*** **= swindler.**

chevaux-de-frise *n.pl.* *Mil: A:* pigau, ysbigau.

chevet *n.* *Ecc.Arch:* cron-gafell(-au) *f.*

chevin *n.* *Ich:* = **chub.**

chevron *n.* *Her: Mil: Art:* ***chevron(-s)***, cwpl (cyplau) *m*, sieffrwn (sieffrynau) *m*, cwplws (cyplysau) *m*, ceibren(-nau) *m*; *Aut:* llinell(-au) onglog *f*, ceibr(-au) *m.*

chevroned *a.* cyplog; *Needlew:* **~ stitch,** pwyth(-i) (*m*) ***chevron.***

chevrotain *n.* *Z:* gafrewigan(-od) *f.*

chevvy, chevy *v.t.* = **chivvy, chivy.**

chew[1] *n.* **1.** cnoad(-au) *m*; **to have a ~ at sth,** cnoi rhth. **2.** *(of tobacco):* *S:* joien (joiau) *f*, *N:* joe: jou(-au) *f.*

chew[2] *v.t.&i.* cnoi; **to ~ the cud,** cnoi cil; *F:* **to ~ over/on sth,** *(i) (= ponder):* cnoi cil ar rth, myfyrio uwchb|en rhth, meddwl dros rth; *(ii) (= discuss at length):* trafod; *U.S:* **to ~ s.o. out,** eu dweud hi wrth rn, dweud y drefn wrth rn, tynnu rhn yn gareiau, rhoi pryd o dafod i rn, rhoi llond pen i rn; **to ~ sth up,** cnoi rhth yn dipiau; *F:* **to bite off more than one can ~,** cymryd gormod o frathiad, torri twll na fedrwch chi mo'i gau; *P:* **to ~ the rag/fat with s.o.,** sgwrsio â rhn, dal pen rheswm â rhn, rhoi'r byd yn ei le gyda rhn, trin a thrafod y byd gyda rhn.

chewable *a.* cnoadwy.

chewed *a.* cnöedig; **like a piece of ~ string,** fel clwtyn gwlyb, *N:* fel brechdan.

chewer *n.* cnöwr (cnowyr) *m*, cnöwraig *f.*

chewing *vn.* cnoi, cnoad(-au) *m.* **~-gum** *n.* gwm (*m*) cnoi. **~-tobacco** *n.* baco (*m*) cnoi.

chewink *n.* *Orn:* ji-winc(-od) *m*, pila(-od) llygatgoch *m.*

chewy *a.* cnoadwy, a digon o gnoi ynddo, gwerth ei gnoi.

Cheyenne *a. & n.* **1.** *a.* Cheyenne, Sieién; *(in language):* Cheyenne. **2.** *n.* *(i) Ethn:* Cheyenne(-s) *m&f*, Sieién (Sieieniaid) *m&f*; *(ii) Ling:* Cheyenne *f, m*, Sieién *f, m.*

chi *n.* *Gr.Alph:* [y llythyren] chi *f.* **~-rho** *n.* chi-rho *f.* **~-square** *a.* chi-sgwâr.

chiaroscurist *n.* *Art:* ciarosgwrydd(-ion) *m.*

chiaroscuro *n.* *Art:* ciarosgwro(-s) *m.*

chiasma *n.* *Anat:* ciasma (ciasmâu) *m*, croestoriad(-au) *m.*

chiasmatic *a.* ciasmatig, croestoriadol.

chiasmus *n.* *Rhet:* ciasmws *m.*

chibouk, chibouque *n.* pibell hir (pibelli/pibellau hirion) *f*, cetyn hir (catiau hirion) *m*, *S:* pib hir (pibau hirion) *f.*

chic *a. & n.* **1.** *a.* steilus, ffasiynol, ceinwych, ceindeg, *N: F: occ:* smêc, pinco; **radical-~,** *(i) a.* ffasiynol-radicalaidd; *(ii) n.* radicaliaeth ffasiynol *f.* **2.** *n.* steil *m*, ceinder *m*, ceindegwch *m*; *F:* **she has some ~ about her,** mae rhyw steil yn perthyn iddi.

chicalote *n.* *Bot:* pabi (pabïau) gwyn pigog *m.*

chicane[1] *n.* **1.** = **chicanery. 2.** *Aut: Rac:* rhwystr(-au) gosod *m.*

chicane[2] *v.i.&t.* **1.** *(=* **trick[2]***):* twyllo, hocedu. **2.** *(=* **quibble[2]***):* hollti blew, *Lit:* oferddadlau, geirddadlau, *M.W: occ:* codi cwenc, cwencio, cwencian.

chicanery *n.* **1.** *(= trickery):* twyll *m*, dichell *f.* **2.** *(=* **quibble[2]***):* oferddadleuon *pl*, mân-ddadlau *vn*, hollti (*vn*) blew, oferddadlau *vn*, geirddadlau *vn*, *M.W: occ:* cwenc(-iau) *f.*

Chicano *a. & n.* **1.** *a.* Tsicano. **2.** *n.* *Ethn:* Tsicano(-s, -aid) *m&f.*

chichi *a. & n.* **1.** *a.* mursennaidd. **2.** *n.* mursendod *m.*

chick *n. & int.* **1.** *n.* *(a)* cyw(-ion) *m*, cywen(-nod) *f*, cywennen (cywennod) *f*; *(b) P: (= young woman):* pis[h]yn (pis[h]is) *f*, l[l]efren (l[l]efrod) *f*, cywen(-nod) *f*, *S:* croten (crotesi) *f*, crotes(-i) *f*, rhoces(-i) *f*, silffen *f*, *N.W: F:* bodan (bodins) *f*, modan (modins) *f*; **she had neither ~ nor child,** 'doedd ganddi'r un plentyn. **2.** *int.* *(call to chickens):* *S.E:* ciw-ciw, *S.W:* dic-dic, jic-jic, *N:* tsic-tsic, jic-jic. **~-pea** *n.* *Bot:* *(Cicer arietinum):* gwygbysen (gwygbys) *f*, ffacbysen (ffacbys) *f.*

chickabiddy *n. F:* tsic-tsic(-s) *m*, tsiwc-tsiwc *m*, tsico(-s) *m*, dico(-s) *m*.
chickadee *n. Orn:* yswidw benddu (yswidwod penddu) *f*.
chickaree *n. Z: U.S:* gwiwer goch (gwiwerod cochion) (*f*) Am|erica.
chicken[1] *n.* **1.** *(a)* cyw(-ion) *m*, cywen(-nod) *f*, *F: occ:* cywennen (cywennod), *N:* cyw (*m*) iâr (cywion ieir); *F:* **she is no ~,** nid l[l]efren/cywen/cywennen ifanc mohoni hi; **don't count your chickens before they are hatched,** na waria'th geiniog cyn ei chael; peidiwch â chyfrif y cywion cyn iddyn nhw ddeor; na chyfrifa'r cywion cyn eu deor; na fwyta'r ŵy cyn ei ddodwy; **which came first, the ~ or the egg?** p'un [a] ddaeth gyntaf, yr ŵy ynteu'r iâr? *Orn: F:* **Mother Car[e]y's ~,** aderyn (adar) (*m*) y ddrycin. **2.** *Cu:* cyw(-ion) *m*, ffowlyn (ffowls) *m*, *S. W:* ffowlsyn (ffowls) *m*; **spring ~,** ffowlyn gwanwyn. **3.** *U.S:* **to play ~,** chware cachgi. **~-breasted** *a.* brongul(-ion) (*pronounced* ng-g). **~-claws** *n. Bot: (Salicornica europaea):* llyrlys *m*. **~-feed** *n. (a) Husb:* bwyd (*m*) ieir; *(b) F:* **it's ~-feed,** nid yw'n ddim gwerth; nid yw ond y nesaf peth i ddim; nid yw ond ceiniog a dimai; **the pay is ~-feed,** nid yw'n ddim ond cyflog mwnci am dorri cnau; **(I won't work) for ~-feed,** (wnaf i ddim gweithio) am y nesaf peth i ddim, am geiniog a dimai, am gyflog mwnci. **~-hearted, ~-livered** *a. F:* llwfr, cachgïaidd, ofnus, gwangalon (*pronounced* ng-g), *N.W:* heb iau; **to be ~-hearted,** bod yn llwfrgi/gachgi; **he's ~-hearted,** calon cyw iâr sydd ganddo; mae arno ofn ei gysgod. **~ of the woods** *n. Fung:* = **polypore (sulphur).** **~-pox** *n. Med:* brech (*f*) yr ieir, y frech ieir. **C~ Rock** *W.Pl.n.* Craig (*f*) y Nod. **~-run** *n.* libart(-iau) *m*, buarth(-au) (*m*) ieir, *N.W: occ:* ffolt(-iau) (*f*) ieir. **~ snake** *n.* = **rat-snake.** **~-wire** *n.* gwifren (*f*) cwt ieir, weiren (*f*) cwt ieir.
chicken[2] *a. U.S: F:* = **chicken-hearted.**
chicken[3] *v.i. U.S: P:* **to ~ out,** troi'n llwfr, gwangalonni (*pronounced* ng-g), *V:* cachgïo, *Lit:* llwf[w]rh|au, llyfrh|au; **to ~ out of sth,** troi'n llwfr rhag gwn|eud rhth, *V:* tynnu'n wysg eich tin o rth.
chickling *n. Bot: (Lathyrus sativus):* corbysen gyffredin (corbys cyffredin) *f*, ffacbysen gyffredin (ffacbys cyffredin) *f*.
chickweed *n. Bot:* gwlyddyn (gwlydd) *m*; **common ~,** *(Stellaria media):* gwlydd yr ieir, gwlydd y dom, llysiau(*pl*)'r dom, gwlydd y cywion, gwlydd y gwyddau, tafod (*m*) yr edn, *A: or Lit: occ:* llynorlys *m*, brechlys *m*; **daisy-leaved ~,** *(Mollugo nudicaulis):* gwlydd coesnoeth; **greater ~,** *(S. neglecta):* y brechlys mwyaf; **jagged ~,** *(Holosteum umbellatum):* gwlydd llydanfrig; **lesser ~,** *(S. pallida):* y serenllys lleiaf *m*; **umbellate/ umbelliferous ~,** *(Holosteum umbellatum):* gwlyddyn llydanfrig *m*; **upright ~,** *(Moenchia erecta):* cornwlyddyn syth; **water ~,** *(Myosoton aquaticum):* br|igwlydd *m*, llinesg (*m*) y dŵr, dyfrwlyddyn *m*, gwlydd y dŵr, gwlydd y ffynhonnau, clust (*f*) llygoden y dŵr; **wood ~,** *(S. nemorum):* tafod edn (*m*) y goedwig. **~ wintergreen** *n. Bot: (Trientalis europaea):* gweirddig *m*.
chicle *n.* tsicle *m*.
chicly *adv.* yn steilus *&c*.
chicness *n.* steil *m*, steilusrwydd *m*.
chicory *n.* **1.** *Bot:* dant (*m*) y llew lleiaf, ysgellog *m*, ysgallen (ysgall) (*f*) y meirch; **broad-leaved ~,** ysgellog llydanddail; *Hort:* ysgellog y gerddi, s|icori *m*. **2.** *Cu: Com:* **[ground] ~,** sicori *m*; **coffee with ~,** coffi (*m*) sicori.
chide *v.t.&i. Lit:* ceryddu, dwrdio (rhn); dweud y drefn (wrth rn); edliw (rhth i rn); *S: occ:* cymhennu, *N: occ:* dondio (rhn); **to ~ s.o. for sth** *or* **for doing sth,** ceryddu rhn am wneud rhth.
chider *n.* ceryddwr (ceryddwyr) *m*, cer|yddwraig *f*, dwrdiwr (dwrdwyr) *m*, d|wrdwraig *f*, dondiwr (dondwyr) *m*.
chiding[1] *a.* ceryddgar, ceryddol.
chiding[2] *vn.* cerydd(-on) *m*, dwrdiad(-au) *m*; *S.a.* **chide.**
chief *a. & n.* **1.** *a.* prif *(before noun and followed by soft mut.)*; pen- *(before noun)*; pennaf *(usu. after noun, occ. before noun)*; *(whether before or after noun, no mut. in either case)*: **the ~ reason,** y rheswm pennaf, *occ:* y pennaf rheswm; **~ captain,** pencapten (pencapteiniaid) *m*; **c~ education officer,** prif swyddog(-ion) (*m*) addysg; **~ engineer,** prif beiriannydd (~ beirianwyr) *m*; **~ executive,** prif weithredwr (~ weithredwyr) *m*; **~ guest,** gŵr (gwŷr) gwadd *m*, gwr|aig wadd (gwragedd gwadd) *f*, merch wadd (merched gwadd) *f*; *Jur:* **Lord C~ Justice,** Arglwydd Brif Ustus(-iaid) *m*; **~ officer,** penswyddog(-ion) *m*, prif swyddog(-ion) *m*; **~ poet,** pencerdd (penceirddiaid) *m*; **~ petty officer,** prif is-swyddog(-ion) *m*; *Hist:* **~-rent,** rhent(-i) (*m*) arglwydd; **c~ superintendent,** prif uwcharolygydd (~ uwcharolygwyr) *m*; **to play a ~ part in sth,** chwarae rhan flaenllaw mewn/yn rhth. **2.** *n. (a) (pers.):* pennaeth (penaethiaid) *m*, *A: or Lit:* unben(-iaid) *m*, penadur(-iaid) *m*; *F:* **the ~,** y pennaeth, *F:* y g[i]affer(-s) *m*; *(b)* pennaf; prif + *soft mut. before n.*; pen-; **commander-in-~,** pencadlywydd(-ion) *m*, pencadfridog(-ion) *m*, *Lit: occ:* penciwdod(-iaid) *m*.
chiefdom *n.* unbennaeth (unbenaethau) *f*, penaduriaeth(-au) *f*.
chiefly *a. & adv.* **1.** *a.* **~ duties,** dyletswyddau pennaeth. **2.** *adv.* yn bennaf, gan amlaf, gan mwyaf, yn anad dim.
chiefship *n.* swydd (*f*) pennaeth, unbennaeth (unbenaethau) *f*.
chieftain *n.* pennaeth (penaethiaid) *m*, *occ:* penadur(-iaid) *m*.
chieftaincy *n.* = **chieftainship.**
chieftainess *n.f.* penaethes(-au), *occ:* penadures(-au).
chieftainship *n.* swydd (*f*) pennaeth, penaduriaeth(-au).
chiff-chaff *n. Orn:* pi fach (piod bach) *f*, dryw felen (drywod melynion) *f*, aderyn melyn (adar melynion) bach *m*, yr helygddryw leiaf *f*, pia (piod) bach *m*, telor(-iaid) (*m*) coesddu'r helyg, siff-siaff *m*.
chiffon *n. & attrib.* **1.** *n. Tex:* shiffon *m*. **2.** *attrib.* ysgafn, shiffon.
chiffonier *n. Furn:* sieffinîr(-s, sieffiniriau) *mf*.
chigger *n. Ent:* **1.** *(= burrowing flea):* chwannen duriol (chwain turiol) *f*. **2.** *(= harvest mite):* trogen (*f*) gynhaeaf (trogod cynhaeaf).
chignon *n. Haird:* ***chignon(-s)*** *mf*.
chigoe *n. Ent:* = **chigger.**
chihuahua *n.* shiwawa(-s,-od) *m&f*.
chilblain *n. N:* llosg (*m*) eira, *S:* malaith (maleith[i]au) *m*, *A: or Lit: occ:* llech-eira *m*.
child *n.* plentyn (plant) *m*, *S: F:* crotyn: crwtyn: crwt (crots, cryts) *m*, croten(-nod, crotesi), crotes(-i) *f*; **little children,** plantos; *A: or Lit:* **with ~,** beichiog; **to be with ~,** bod yn feichiog, *S. W: occ:* bod yn fraisg, *S:* bod dan ei gofal, *N. W: occ:* magu mân esgyrn, magu esgyrn bach; *Lit:* **to get with ~,** beichiogi; *B:* **the children of this world,** plant y llawr, plant y byd hwn; **The Song of the Three Children,** Cân y Tri Llanc; **the last ~ [of a family],** *S:* y cyw melyn olaf *m*, bach (*m*) y nyth, *N. W:* tin (*m*) y nyth, cwd (*m*) y mwythau, teisen (*f*) diwedd pobiad; **(come here) my ~,** (tyrd/dere yma) 'ngwas i, 'mach i; **I'll take the ~ with me,** mi af â'r bychan (*m*) *or* fechan (*f*) gyda mi; **from ~,** er[s] yn blentyn, er[s] plentyndod, o'ch plentyndod; **to have children,** cael plant, planta; **problem ~, difficult ~,** plentyn anodd/ anhydrin/anystywallt, plentyn anodd ei drin; **illegitimate ~,** plentyn anghyfreithlon, *F:* plentyn siawns, plentyn trwy'r berth, plentyn llwyn a pherth; **backward ~,** plentyn araf; **delicate ~,** plentyn gwanllyd; **educationally subnormal ~,** plentyn addysgol isnormal; **hyperactive ~,** plentyn gorfywiog; **latchkey ~,** plentyn agoriad/allwedd drws; **late-developing ~,** plentyn hwyrgynyddol; **maladjusted ~,** plentyn heb ymaddasu, **mentally handicapped ~,** plentyn dan anfantais feddyliol; **partially hearing ~,** plentyn trwm/anghyflawn ei glyw (plant trwm/anghyflawn eu clyw); **physically handicapped ~,** plentyn dan anfantais gorfforol; **pre-school ~,** plentyn dan oed ysgol; **retarded ~,** plentyn ôl-gynyddol, plentyn araf. **~ abuse** *n.* cam-drin (*vn*) plant. **~ allowance** *n.* budd-dâl (*m*) plant, lwfans (*m*) plant. **~-bearing** *n. (i)* = **childbirth;** *(ii) (= pregnancy):* beichiogrwydd *m*; **of ~-bearing age,** mewn oed i gael plant, mewn oed i esgor. **~-bed** *n.* gwely(-au) (*m*) esgor, gwelyfod *m*; **(woman) in ~-bed,** (gwraig) etifeddog, ar wely esgor; **to be in ~-bed,** gorwedd i mewn. **~-bed fever** *n.* clefyd (*m*) esgor. **~-bed linen** *n.pl.* dillad bach. **~ care** *n.* gofal (*m*) plant, gofal am blant. **~ care officer** *n.* swyddog(-ion) (*m*) gofal plant. **~ destruction** *n. Jur:* difâd (*m*) plentyn. **~ guidance** *n.* cyfarwyddo (*vn*) plant. **~ health clinic** *n.* clinig(-au) (*m*) iechyd plant. **~-minder** *n.* gwarchodwr (gwarchodwyr) *m*, gwarch|odwraig (gwarchodwragedd) *f*, gofalwr (gofalwyr) (*m*) plant; gof|alwraig (gofalwragedd) (*f*) plant. **~-proof** *a.* diogel rhag plant. **~ protection team** *n.* tîm (timau) (*m*) amddiffyn plant. **~ psychology** *n.* seicoleg (*f*) plant. **~ sexual abuse** *n.* cam-drin (*vn*) plentyn/plant yn rhywiol, cam-drin rhywiol ar blentyn/blant. **~'s play** *n.* chwar[a]e (*m*) plant; **to make ~'s play of sth,** gwneud rhth heb drafferth yn y byd; **that only ~'s play,** chwar[a]e

plant yw hynny; mae'n hawdd fel baw; mae'n hawdd fel dŵr. ~ **welfare** *n.* lles (*m*) plant. ~ **welfare centre** *n.* canolfan(-nau) (*mf*) lles plant.
childbirth *n.* genedigaeth (*f*) plentyn, geni (*vn*) plentyn, esgoriad(- au) *m*, esgor *vn*.
Childermass *n. Ecc:* Dygwyl (*fm*) y Gwirioniaid, Gŵyl (*f*) y Fil Feib, Gŵyl y Fil Feibion.
childhood *n.* plentyndod *m*, *Lit: occ:* mebyd *m*, maboed *m*, mabolaeth *f*; **later/second ~**, ail blentyndod; **in one's second ~**, wedi babanu, yn eich ail blentyndod.
childish *a.* plentynnaidd; **to grow ~**, babanu, mynd yn blentynnaidd.
childishly *adv.* yn blentynnaidd, fel plentyn.
childishness *n.* plentyneiddiwch *m*.
childless *a.* heb blant, di-blant; *(= barren):* amhlantadwy.
childlessness *n.* diffyg (*m*) plant, bod (*vn*) heb blant; (= *barrenness*): amhlantadrwydd *m*.
childlike *a.* fel plentyn, diniwed.
Chile *Pr.n. Geog:* Chile *f*, *occ*: Tsile *f*. ~ **pine** *n. Bot:* pinwydden (pinwydd) (*f*) Chile, coeden bigog (coed pigog) *f*, coeden gas (*f*) gan fwnci (coed cas gan fwnci).
Chilean *a.* & *n.* **1.** *a.* Chileaidd, *occ*: Tsileaidd; **the ~ government,** llywodraeth Chile/Tsile; **she's ~**, un o Chile/Tsile yw hi. **2.** *n.* Chilead (Chileaid) *m&f*, Tsilead (Tsileaid) *m&f*.
chiliad *n.* **1.** = **thousand**. **2.** = **millennium**.
chiliasm *n. Theol:* milflwyddiaeth *f*.
chiliast *n. Theol:* milflwyddydd(-ion) *m*, milflwyddwr (milflwyddwyr) *m*.
chiliastic *a.* milflwyddol.
chill[1] *n.* **1.** *(a) Med:* oerfel *m*, annwyd (anwydydd, anwydau) *m*, *N.W: occ:* cafod *f*, y gafod *f*; **to catch a ~**, cael oerfel; *(b)* **a ~ (of fear),** ias *f* (o ofn). **2.** *(a) (of water &c):* oerfel, oerni *m*, ias; **to take the ~ off (sth),** torri'r ias (ar rth); *Lit:* claearu, clae[a]rh|au (rhth); *(b)* **to cast a ~ over the company,** gyrru ias drwy'r cwmni, codi ias ar y cwmni. ~ **factor** *n.* ffactor (*m*) oerfel, ffactor oeri. **~-mould** *n.* mo[w]ld(-iau) (*m*) oeri, mo[w]ld caledu, rhynnell (rhynellau) *f*. **~-room** *n.* ystafell(-oedd) (*f*) oeri.
chill[2] *a.* oer, oeraidd, oerllyd, oerfelog, rhewllyd, rhynllyd, iasol, main; **a ~ wind,** awel fain; **to run ~**, *(of blood):* fferru, oeri.
chill[3] *v.t.&i.* **1.** *v.t.&i.* oeri, fferru. **2.** *v.i.* oeri, fferru, rhynnu, sythu; **to be chilled to the bone,** rhewi hyd at fêr yr esgyrn, *N. W:* rhynnu'n gorcyn, *N.W: F:* starfio. **~-harden** *v.t.* oergaledu.
chilled *a.* oer, *occ:* oeredig.
chiller *n.* **1.** oerwr (oerwyr) *m*. **2.** *(story):* stori (storïau) iasol *f*; *(book):* llyfr(-au) iasol *m*; *(film):* ffilm(-iau) iasol *f*.
chilli *n. Cu:* ***chilli(-s)*** *m*, ts[h]ili(-s) *m*.
chillily *adv.* yn oeraidd *&c*.
chilliness *n.* *(a)* oerfel *m*, oerni *m*, ias *f*; *(b) (of welcome):* oerni *m*, claerineb *m*, claearwch *m*, oerfelgarwch *m*.
chilling[1] *a.* oerllyd, iasoer, iasol, fferllyd; **a ~ story,** stori iasoer/iasol.
chilling[2] *vn.* = **chill**[3]; *Metall:* caledu, calediad *m*. ~ **compartment** *n.* adran(-nau) (*f*) oeri.
chillingly *adv.* yn iasol.
chilly *a.* **1.** *(= susceptible to cold):* oer, rhynllyd, *occ:* sythlyd. **2.** *(weather &c):* oer, oeraidd, oerllyd; *(wind &c):* oer &c, main (meinion); **the wind is ~**, mae'r gwynt yn fain; **it is getting ~**, mae'n dechrau oeri. **3.** *(manner):* oeraidd, anghynnes; **a ~ welcome,** glasgroeso *m*; **to give s.o. a ~ welcome,** glasgroesawu rhn, rhoi glasgroeso i rn.
chilopod *n.* = **centipede**.
Chiltern Hundreds (the) *Pr.n.pl.* Cantrefi'r Chilterns.
chimaera *n.* = **chimera**.
chimb *n.* = **chime**[3].
chime[1] *n.* **1.** *(= set of bells):* rhes(-i) (*f*) o glychau. **2.** *(= sound):* sŵn (*m*) cloch/clychau, sain (*f*) cloch/clychau; *(of clock):* sŵn taro, trawiad(-au) *m*; *Mus:* clychsain (clychseiniau) *f*. ~ **bar** *n.* *Mus:* bar(-rau) (*m*) seinio, clochfar(-rau) *m*.
chime[2] *v.i.&t.* **1.** *v.i.* canu, seinio; *(of clock):* canu, taro, seinio; **to ~ together,** *(i)* cydganu, cyd-daro; *(ii) Fig:* cydgordio, cyd-daro, cytuno'n dda. **2.** *v.t.* **to ~ the hour,** taro'r/canu'r/seinio'r awr. ~ **in** *v.i. (of bells &c):* canu un ar ôl y llall, canu fesul un; *F:* **to ~ in,** rhoi'ch pig i mewn, torri ar draws sgwrs, ymuno mewn sgwrs; **to ~ in (with s.o.'s ideas),** cytuno, cyd-weld yn llwyr, cydgordio (â syniadau rhn); **to ~ in with laughter,** ymuno â'r chwerthin.
chime[3] *n. Coop:* rhimyn(-nau) *m*, cantel(-au) *m*.
chimera *n.* **1.** *(a) Myth: Biol:* cimera (cimerâu) *mf*; *(b)* = **bogey**[1], **monster**. **2.** *Ich:* = **rabbit-fish**. **3.** *(= illusion):* rhith(-iau) *m*, breuddwyd(-ion) (*mf*) gwrach.
chimere *n. Ecc:* simwr *m*.
chimerical *a.* dychmygol, di-sail, rhithiol, ffansïol.
chimerically *adv.* yn ddychmygol *&c*.
chimerism *n. Bot:* cimeriaeth *f*.
chiming[1] *a.* ~ **bells,** clychau'n canu; ~ **clock,** cloc taro.
chiming[2] *n.* *(of bell):* cân *f*, caniad(-au) *m*, canu *vn*, sŵn (*m*) clychau, sain (seiniau) (*f*) clychau. *(of clock):* caniad, trawiad(-au) *m*;
chimney *n.* **1.** simnai (simneiau) *f*, *occ:* sifnai (sifneiau) *f*, *S. W:* simdde(-au) *f*, sime(-au) *f*, *S: occ:* shimle(-au) *f*. **2.** *(of lamp):* gwydr(-au) *m*. **~-bar** *n.* bar (*m*) simnai (barrau simnai/simneiau). **~-boy** *n.* bachgen (bechgyn) (*m*) glanh|au simneiau. **~-breast** *n. Const:* brestyn (*m*) simnai, brest (*f*) simnai. **~-breast beam** *n. Const:* swmer (*m*) simnai (swmerau simneiau). **~-corner** *n.* cornel(-i) (*f*, *S: m*) simnai, congl(-au) (*f*) simnai. **~-flue** *n. Const:* twll (*m*) simnai (tyllau simneiau). **~-nook** *n.* = **chimney-corner**. **~-piece** *n.* = **mantelpiece**. **~-pot** *n.* pot(-iau) (*m*) simnai, pot corn (potiau cyrn). **~-stack** *n.* corn (cyrn) (*m*) simnai, cyrn (*pl*) simnai, pennau (*pl*) simneiau. **~-sweep** *n.* glanhäwr (glanhawyr) (*m*) simneiau, dyn(-ion) (*m*) glanh|au simnai. **~-sweeper** *n.* **1.** *(brush):* brwsh(-is) (*m*) glanh|au simnai. **2.** = **chimney-sweep**. **~-sweeping** *vn.* glanh|au simneiau. **~-swift, ~-swallow** *n. Orn:* gwennol (gwenoliaid) *f*.
chimp, chimpanzee *n. Z:* tsimpansî (tsimpansïaid) *m*.
chin[1] *n.* gên (genau) *f*; **double ~**, tagell(-au, tegyll) *f*; **chin[s] up!** *(i) Mil:* codwch y pen! *(ii) F:* cod/cwyd dy galon (codwch eich calonnau)! paid (peidiwch) â digalonni! *S:* cwn dy galon (cwnnwch eich calonnau)! *F:* **to take sth on the ~**, derbyn ergyd heb gwyno, ei chymryd hi'n ddi-gŵyn. ~ **music** *n. U.S: F:* = **chin-wag**[2]. ~ **rest** *n.* ateg(-ion) (*f*) gên, gorffwysfa (gorffwysf|eydd) (*f*) gên. **~-strap** *n. Mil:* strap(-iau) (*m*) gên. **~-wag**[1] *n. F:* sgwrs (sgyrsiau) *f*, 'gom(-iau) *f*, *S:* clonc *mf*. **~-wag**[2] *v.i. F:* sgwrsio, cael sgwrs, clebran, *S:* cloncan, *N:* janglo (*pronounced* ng-g), dal pen rheswm.
chin[2] *v.t.* **he chinned his violin,** daliodd ei feiolin dan ei/yr ên; dododd/rhoes ei ên ar ei feiolin; *Gym:* **to ~ the bar,** cyffwrdd y bar â'r ên.
China *Pr.n.* & *n.* **1.** *Pr.n. Geog:* Tsieina *f*; **the Great Wall of ~**, Mur Mawr Tsieina. **2. c ~** *n. (no pl.)* tsieni *m*, tsieina *m*, tegan *m*, porslen *m*; *(loosely = crockery):* llestri *pl*; **broken piece of c~**, talch: telchyn (teilchion) *m*; *pl. N. W:* tegins, tegis. **c~ clay** *n.* caolin *m*, clai (*m*) llestri. **c~-closet** *n.* cwpwrdd (cypyrddau) (*m*) tsieni, cwpwrdd llestri. **c~ dogs** *n.pl.* cŵn tsieni. **~-grass** *n. Bot:* danadl (*pl*) Tsieina. **c~ mark moth** *n. Ent:* llwyd(-iaid) (*m*) glan'rafon. **~ orange** *n.* oren(-au) *fm*. **~-paper** *n. Paperm:* papur (*m*) Tsieina. ~ **rose** *n. Bot:* rhosyn(-nau) (*m*) Tsieina. ~ **Sea** *Pr.n. Geog:* Môr (*m*) Tsieina. **c~-shop** *n.* siop (*f*) lestri (siopau llestri); **like a bull in a c~-shop,** fel tarw wedi gwylltio/rhusio, fel tarw mewn siop lestri, fel hwch yn mynd trwy siop [lestri]. ~ **silk** *n.* sidan (*m*) Tsieina. ~ **tea** *n.* te (*m*) Tsieina. ~ **tree** *n.* = **chinaberry**. *S.a.* **aster**.
chinaberry *n. Bot:* sebonllwyn(-i) *m*.
chinagraph *n.* ts|ieinagraff (tsieinagraffau) *m*.
Chinaman *n.m.* **1.** *Ethn:* Tsieinead (Tsieineaid), Tsieinî(-s); *S.a.* **John**. **2.** *Cr:* **c~**, ***chinaman*** *m*, gwgli lawchwith (gwglis llawchwith) *f*, tsieinî(-s) *m*. **3.** *U.S: F:* **~'s chance,** gobaith (*m*) caneri melyn, gobaith mul. **~'s hat** *n. Moll:* = **Chinese hat shell**.
Chinatown *n.* ardal(-oedd) Tsieineaidd *f*.
chinaware *n.* = **china 2**.
chinbone *n. Anat:* asgwrn (*m*) gên (esgyrn genau).
chinch *n. Ent:* = **bedbug**. **~-bug** *n. Ent:* pycsen (pỳcs) (*f*) yr ŷd.
chincha *n. Z:* tsintsia(-s, -od) *m*.
chincherinchee *n. Bot:* *(Ornithogalum lactium):* seren (*f*) Fethlehem laethwen (sêr Bethlehem llaethwyn).
chinchilla *n. Z:* tsintsila(-s, -od) *m*.
chin-chin *int.* **1.** = **hello, goodbye**. **2.** *(as toast):* iechyd da! hir oes! hei lwc!
chincough *n. Med:* y pâs *m*.
chine[1] *n. Geol:* *(= ravine):* hafn(-au) *f*.

chine[2] *n.* 1. *Anat:* asgwrn (*m*) cefn (esgyrn cefnau); *(of ox or pig):* cefnddryll(-iau) *m.* 2. *Geog:* *(= ridge):* trum(-iau) *mf*, cefnen(-nau, -ni) *f*, cefn(-au) *m.*
chine[3] *v.t.* cefnddryllio.
chine[4] *n. N.Arch:* asiad(-au) *m.*
chiné *a. Tex:* ***chiné*** *m.*
Chinee *n. P:* Tsieinî(-s) *m&f.*
Chinese *a.* & *n.* 1. *a.* Tsieineaidd; *(in language):* Tsieinëeg; **the ~ Government,** llywodraeth Tsieina; **he's ~,** Tsieinead yw ef; **~ People's Republic,** Gweriniaeth (*f*) Tsieina; **~ Nationalist Government,** Llywodraeth (*f*) y Cenedlaetholwyr Tsieineaidd. 2. *n.* *(a)* *(i)* *Ethn:* Tsieinead (Tsineaid) *m&f*; *(ii)* *Coll:* Tsieineaid *pl*; *(b)* *Ling:* Tsieinëeg *f*, *m.* **~ block** *n. Mus:* bloc(-iau) pren *m*, blocyn (blociau) Tsieineaidd *m.* **~ boxes** *n.pl.* nyth (*mf*) blychau. **~ checkers** *n.pl.* siecars Tsieineaidd. **~ copy** *n.* copi (copïau) slafaidd *m.* **~ hat shell** *n. Conch:* *(Calyptraea chinensis):* het(-iau) (*f*) Tsieinî. **~ goose** *n. Orn:* gŵydd (gwyddau) (*f*) Tsieina. **~ gooseberry** *n. Bot:* gwsberen (gwsberis) (*f*) Tsieina. **~ lantern** *n.* 1. llusern (*f*) bapur (llusernau papur). 2. *Bot:* blodyn (blodau) bach (*m*) y lanternau. **~ pavilion** *n. Mus:* pren(-nau) (*m*) clychau. **~ puzzle** *n.* pysl(-au) (*m*) Tsieinî, pysl pren. **~ Wall** *n.* *(i)* *Geog:* Mur Mawr (*m*) Tsieina; *(ii)* *Fig:* mur(-iau) diadlam *m.* **~ white** *n.* gwyn (*m*) sinc.
chink[1] *n.* *(= gap):* agen(-nau) *f*, twll (tyllau) *m.* **~ shell** *n. Conch:* **banded ~ shell,** *(Caruna vincta):* gwichiad (gwichiaid) rhesog *m.*
chink[2] *n.* *(of money &c):* tinc(-iau) *m*, tincial *vn*, tincian *vn*; **I heard a ~ of money,** fe glywais dincian arian mân.
chink[3] *v.t.&i.* tincian, tincial, tincio.
Chink[4] *n. P: Pej:* Tsieinî(-s) *m&f*, Tshinc(-s) *m&f*, Tshinces(-au) *f.*
chinkerinchee *n.* = **chincherinchee.**
chinless *a.* heb ên, di-ên, gên-slip, genslip; **~ wonder,** llipryn(-nod) genslip *m*, llinyn (*m*) trôns (llinynnau tronsiau).
chinned *a.* â gên; **double-~,** tagellog.
chino *n. Tex:* ***chino*** *m.*
chinoiserie *n.* ***chinoiserie*** *f.*
chinook *n. Meteor:* ***chinook(-s)*** *m.* **~ salmon** *n. Ich:* eog(-iaid) (*m*) ***chinook.***
chinquapin *n. Bot:* *(Castanea pumila):* corgastanwydden (corgastanwydd) *f.*
chintz *n. Tex:* ***chintz*** *m*, tsints *m.*
chintzy *a.* 1. tsintslyd. 2. *F:* siêp: siep.
chionodoxa *n. Bot:* gogoniant (*m*) yr cira.
chip[1] *n.* 1. *(of wood &c):* asglodyn (asglod, asglodion) *m*, *occ:* naddyn (naddion) *m*, ysgolpyn (ysgolpion) *m*; **to have a ~ on one's shoulder,** dal dig; **he has a ~ on his shoulder,** mae â'i gorn dan bawb; mae ganddo ddant i bawb; **he is a ~ off the old block,** mae'n gyw o frîd; mae'n asglodyn o hen gyff; mae'n fab i'w dad. 2. *(on cup &c):* tolc(-iau) *m.* 3. *Cu:* asglodyn (asglodion) *m*, sglodyn (sglodion) *m*, *F:* ts[h]ipsen (ts[h]ips) *f*; *pl.* sglodion tatws. 4. *Cards: &c:* ts[h]ipsen (ts[h]ips) *f*; *Fig:* **when the chips are down,** pan aiff hi'n daro; pan ddaw hi i'r pen; **he's had his chips,** mae hi ar ben arno; mae hi wedi darfod arno; *S.W:* mae'n ddobinô/ddominô arno; mae hi wedi wech arno; **he's in the chips,** mae'n graig o arian. **~ basket** *n.* 1. *(for fruit):* basged(-i) (*f*) ffrwythau. 2. *Cu:* basged (*f*) jips (basgedi tsips). **~ butty** *n. F:* brechdan (*f*) jips/ts[h]ips (brechdanau ts[h]ips). **~-shop** *n.* siop (*f*) jips/ts[h]ips (siopau tsips), *Lit: occ:* tafarn (*f*) datws (tafarnau tatws), *Lit: or Joc: occ:* sglodfa (sglodf|eydd) *f.* **~ shot** *n.* 1. *Golf:* trawiad(-au) (*m*) codi, trawiad ts[h]ipio. 2. *Fb:* cic (*f*) godi (ciciau codi).
chip[2] *v.t.&i.* 1. *v.t.* *(a)* *(wood, stone):* naddu, asglodi, asglodioni, *N.W:* *occ:* [y]sgolpio; *Metalw:* asglodi; *(b)* *(potatoes &c):* asglodi. 2. *(a)* *(china &c):* torri darn (oddi ar rth), asglodi/tolcio (rhth); *(b)* *(paint, scale):* pigo, crafu, naddu. *(c)* *F:* **to ~ [at] s.o.,** procio/pryfocio/herian rhn; *(e)* *Golf: &c:* ts[h]ipio, codi. 2. *v.i.* *(= become chipped):* asglodi, tolcio; **this china chips easily,** mae'r tsieni 'ma'n hawdd ei dolcio. **~ away** *v.t.* **to ~ away at sth,** naddu rhth yn ddyfal, *F:* dyfal doncio ar rth. **~ in** *v.i.* 1. *Cards:* mentro. 2. *F:* *(= interrupt):* dweud eich pwt, dweud eich gair, rhoi'ch pig i mewn, torri ar draws; *F:* *(= contribute):* talu'ch rhan, cyfrannu. **~ off** 1. *v.t.* *(paint, scale &c):* pigo, crafu, naddu. 2. *v.i.* *(of piece of china &c):* asglodi, dod i ffwrdd.
chipboard *n. Const:* asglodfwrdd *m*, bwrdd (*m*) asglodion.
chipbreaker *n. Metalw:* torrwr (torwyr) (*m*) asglodion.
chipmunk *n. Z:* (*)gwiwer resog (gwiwerod rhesog) *f.*
chipolata *n. Cu:* ts[h]ipolata(-s) *f.*
chipped *a.* 1. *(china &c):* asglodiog, tolciog; *(wood, stone):* naddedig, asglodiog. 2. *Cu:* **~ potatoes,** [a]sglodion tatws/tato; **~ beef,** asglodion (*pl*) cig eidion.
chipper[1] *n.* 1. asglodiwr (asglodwyr) *m*, naddwr (naddwyr) *m.* 2. *Cu:* *(of potatoes)*; asglodiwr, peiriant (peiriannau) (*m*) asglodi/asglodion, *F:* peth(-au) (*m*) torri ts[h]ips.
chipper[2] *a. U.S:* *F:* sionc, talog.
chipping *vn.* & *n.* 1. = **chip**[2]. 2. *n.* = **chip**[1] 1; *(of stone or road):* greyenyn: graëenyn (graean) *m*, gröyn (gro) *m*; *pl.* **chippings,** cerrig mân; *P.N:* **loose chippings,** cerrig mân. **~-block** *n.* bloc(-iau) (*m*) asglodi, plocyn (plociau) (*m*) asglodi. **~-chisel** *n.* gaing (*f*)/cŷn (*m*) asglodi. **~-hammer** *n.* morthwyl(-ion) (*m*) naddu/asglodi.
chippy *a.* & *n.* *F:* 1. *a.* = **unwell, irritable.** 2. *n.* = **chip-shop.**
Chips *n. Nau:* *F:* saer (seiri) (*m*) llong.
chiral *a. Cryst:* cirol.
chirality *n. Cryst:* ciroledd *m.*
Chirbury *Eng.Pl.n.* Llanffynhonwen *f.*
Chirk *W.Pl.n.* Y Waun *f.*
chirognomy *n.* = **chiromancy.**
chirograph *n.* c|irograff (cirograffau) *m.*
chirographer *n.* cirograffwr: cirograffydd (cirograffwyr) *m*, copïwr (copiwyr) *m.*
chirographic[al] *a.* llawysgrifol.
chirography *n.* llawysgrifen *f*, llawysgrifennu *vn.*
chiromancer *n.* llawddewin(-iaid) *m*, llawddewines(-au) *f.*
chiromancy *n.* llawddewiniaeth *f.*
chironomid *n. Ent:* cir|onomid (cironomidau) *m.*
chironomy *n. Th:* ystumiaeth *f.*
chiropodist *n.* ceir|opodydd (ceiropodyddion) *m*, triniwr (trinwyr) (*m*) traed, *N:* *F:* dyn(-ion) (*m*) trin traed, dynes (merched) (*f*) trin traed, menyw(-od) (*f*) trin traed.
chiropody *n.* trin (*vn*) traed, triniaeth (*f*) traed.
chiropractic *n.* ceiropracteg *f*; *(in ordinary parlance)*: meddygaeth (*f*) esgyrn.
chiropractor *n.* ceiropractydd(-ion) *m*; *(in ordinary parlance)*: meddyg(-on) (*m*) esgyrn.
chiropter *n. Z:* ystlum(-od) *m.*
chiropteran *a.* & *n.* 1. *a.* ystlumaidd. 2. *n.* ystlum(-od) *m.*
chiropterous *a.* ystlumaidd.
chirp[1] *n.* *(of bird):* yswitiad(-au) *m*; *(of grasshopper):* grill(-iau) *m*, rhinc(-iau) *f*, trydar *m.*
chirp[2] *v.i.* *(of bird):* trydar, yswitian, yswitio; *(of grasshopper)*: grillian, rhincian, trydar, gwn|eud rhinc; *F:* **"good morning" she chirped,** "bore da" meddai hi'n llon/sionc. **~ up** *v.i.* *F:* *(i)* *(= speak up):* codi'ch llais, dweud eich pwt; *(ii)* *(= cheer up).* sirioli, codi'ch calon, cael hwb i'r galon, cael eli i'r galon, *N.W:* fflonsio.
chirpily *adv.* *F:* yn dalog &c.
chirpiness *n.* *F:* talogrwydd *m*, bywiogrwydd *m*, sioncrwydd *m.*
chirping[1] *a.* yswitiol.
chirping[2] *vn.* = **chirp**[2].
chirpy *a.* talog, sionc, calonnog, llon, bywiog, llawen.
chirr[1] *n.* grill(-iau) *m*, rhinc(-iau) *f*, grillian *vn*, rhincian *vn.*
chirr[2] *v.i.* grillian, rhincian, gwn|eud rhinc.
chirrup[1] *n.* = **chirp**[1].
chirrup[2] *v.t.&i.* = **chirp**[2].
chisel[1] *n.* 1. *N:* cŷn (cynion) *m*, *S:* gaing (geingiau, geingion) *f*; *Min:* **rough-splitting ~,** cŷn brasollt; *Min:* **fine-splitting ~,** cŷn manollt; *Min:* **small iron ~,** *(to aid insertion of rough-splitting chisel):* pirim(-au) *m*; *Min:* **wedge-shaped ~,** *(to detach a piece of rock already loosened):* miniar(-au) *f*, moelyn (moelion) *m*; **carving-~, sculptor's ~,** cŷn cerfio; **rock ~,** cŷn craig; **cold ~,** *S:* gaing galed (geingiau caled), *N:* cŷn caled; **wood ~,** *S:* gaing goed (geingiau coed), *N:* cŷn coed; **double-headed ~,** *(= millpick):* gaing ddeuben (geingiau deuben); *Min:* **coal ~,** gaing lo (geingiau glo), gaing fach (geingiau bach), gaing fawr (geingiau mawr), gaing dop (geingiau top); **mortice ~,** gaing fortais (geingiau mortais), cŷn mortais; **bevel ~,** gaing befel

(geingiau pefel), cŷn pefel; **cross-cut ~,** gaing drawstor (geingiau trawstor), cŷn trawstor; **diamond-point ~,** gaing trwyn diemwnt, cŷn trwyn diemwnt; **drawer-lock ~,** gaing glo drôr (geingiau clo drôr), cŷn clo drôr; **firmer ~,** gaing fferf (geingiau ffyrf), cŷn ffyrf; **flat point ~,** gaing fflat, cŷn fflat; **half-round ~,** gaing hanner crwn, cŷn hanner crwn; **paring-~,** gaing hir, cŷn hir; **skew ~,** gaing oleddf (geingiau goleddf), cŷn goleddf; **turning-~,** gaing durnio (geingiau turnio), cŷn turnio; **trunnion ~,** cŷn cnapiog. **2.** *P:* = **deceit.**

chisel[2] *v.t.* **1.** torri/naddu/llunio (rhth) â chŷn/gaing; *N:* cynio, *S:* geingo (rhth); **to ~ sth off,** torri/rhyddh|au (rhth) â chŷn/gaing. **2.** *P:* = **cheat**[2].

chiselled *a.* nadd, naddedig; **finely-~ features,** wyneb lluniaidd.

chiseller *n.* **1.** naddwr (naddwyr) *m*, cyniwr (cynwyr) *m*, geingiwr (geingwyr) *m*. **2.** *P:* = **cheat**[1] **1.**

chit[1] *n. F: usu. Pej:* crwt: crwtyn (crytiaid, cryts) *m*; croten (crotesi) *f*, crotes(-i) *f*; **a ~ of a girl,** l[l]efren (*f*) o ferch, cangen (*f*) o ferch, sili-ffrit *f*, jili-ffrit *f*, *S:* ffriten fach *f*.

chit[2] *n.* darn(-au) (*m*) papur, papuryn(-nau) *m*, slip(-iau) *m*; **to give s.o. a bad ~,** rhoi gair gwael i rn; **to give s.o. a good ~,** rhoi gair da i rn.

chital *n. Z:* carw (ceirw) mannog *m*.

chit-chat *n.* & *v.i. F:* mân-siarad *m*, cleber: clebar *mf*; *Pej:* malu (*vn*) awyr, *S.W:* brawlan *vn*, brawl *m*; *See* **chatter**[1].

chitin *n. Bio-Ch:* citin *m*.

chitinous *a. Bio-Ch:* citinaidd.

chiton *n.* **1.** *Moll:* **~ shell,** lleuen (*f*) fôr (llau môr); **bristled ~ shell,** *(Acanthochitona crinitus):* lleuen wrychog (llau gwrychog); **common grey ~ shell,** *(Lepidochitona cinereus):* lleuen y graig. **2.** *Gr.Ant: Cost:* citon(-au) *m*.

chitterlings *n.pl. Cu:* perfedd (*pl*) mochyn, perfedd main, *S.W: occ:* pwdins (*pl*) mochyn.

chitty *n.* = **chit**[2].

chivalric, chivalrous *a.* cwrtais, boneddigaidd, marchogaidd, sifalraidd, sifalrig.

chivalrously *adv.* yn gwrtais *&c.*

chivalrousness *n.* s|ifalri *m*.

chivalry *n.* **1.** *Hist:* s|ifalri *m*, marchogwriaeth *f*; **the world of ~,** byd marchogion. **2.** *Fig:* sifalri, cwrteisi *m*, boneddigeiddrwydd *m*, boneddigeiddiwch *m*.

chive *n. Bot:* cenhinen (cennin) (*f*) syfi/sifi, sifysen (sifys) *f*, seifysen (seifys) *f*, corwinwnsyn (corwinwyn) *m*, *A: or Lit:* cenhinog *f*, cibellys *m*, cybyddlys *m*, *N.W: occ:* nionyn (nionod) tragwyddol *m*; **~-garlick** *n.* = **chive.**

chivvy, chivy *v.t.* erlid, ymlid, helcyd.

chiz[z][1] *n.* = **swindle**[1].

chiz[z][2] *v.t.* = **sample**[2].

chlamydate *a. Moll:* mantellog.

chlamydeous *a. Bot:* amlennog, mantellog.

chlamydomonas *n. Algae:* clamydomonas(-au) *m*.

chlamydospore *n.* clam|ydosbor (clamydosborau) *m*.

chlamydosporic *a.* clamydosborig.

chlamys *n. Gr.Ant: Cost:* mantell (mentyll) *f*.

chloanthite *n. Miner:* cloanthit *m*.

chloasma *n. Med:* cloasma *m*.

chloracetic *a. Ch:* clorasetig.

chloral *n. Ch:* cloral *m*.

chloralose *n. Ch:* cl|oralos *m*.

chloralosed *a.* cloralosedig.

chlorambucil *n. Pharm:* clorambwsil *m*.

chloramine *n. Ch:* cl|oramin (cloraminau) *m*.

chloramphenicol *n. Pharm:* cloramff|enicol *m*.

chloranthy *n. Bot:* cloranthedd *m*, gorddeilio *vn*.

chlorate *n. Ch:* clorad(-au) *m*.

chlordan[e] *n. Ch:* clordan *m*.

chlorella *n. Algae:* clorela (clorelâu) *m*.

chlorenchyma *n. Bot:* clorencyma *m*.

chloric *a. Ch:* clorig.

chloride *n. Ch:* clorid(-au) *m*.

chloridic *a. Ch:* cloridig.

chlorinate *v.t. Ch:* clorineiddio, clorinio, clorinadu.

chlorinated *a.* clorinedig, clorineiddiedig; **~ lime,** powdwr (*m*) cannu, clorid (*m*) calch. **~ water,** dŵr clorin.

chlorination *n. Ch: vn.* = **chlorinate.**

chlorinator *n. Ch:* clorineiddiwr (clorineiddwyr) *m*, cloriniwr (clorinwyr) *m*, clorinadwr (clorinadwyr) *m*.

chlorine *n. Ch:* clorin *m*, glasnwy *m*.

chlorinity *n. Ch:* clorinedd *m*.

chlorite *n. Ch:* clorit(-au) *m*.

chloritic *a. Ch:* cloritig.

chloroacetic *a. Ch:* cloroasetig.

chlorobenzene *n. Ch:* clorobensen *m*.

chloroform[1] *n. Med:* cl|orofform *m*.

chloroform[2] *v.t. Med:* clorofformio.

chlorogenic *a. Ch:* clorogenig.

chlorohydrin *n. Ch:* clorohydrin *m*.

chloromethane *n. Ch:* cloromethan *m*.

chloromycetin *n. R.t.m. Pharm:* cloromysetin *m*.

chlorophyll *n. Bio-Ch:* cl|oroffyl *m*.

chlorophyllose, chlorophyllous *a.* cloroffylaidd.

chloropicrin *n. Ch:* cloropicrin *m*.

chloroplast *n.* cl|oroplast (cloroplastau) *m*.

chloroprene *n. Ch:* cl|oropren *m*.

chloroquine *n.* cl|orocwin *m*.

chlorosis *n.* **1.** *Bot: (= turning green):* glasu *vn*, clorosis *m*; *(= blanching):* gwynnu *vn*, clorosis, gwynlasu *vn*. **2.** *Med:* y glasglwyf *m*, y laswst *f*, glesni *m*.

chlorotic *a.* **1.** *Bot:* clorotig. **2.** *Med:* glasglwyfus.

chlorotically *adv.* **1.** yn glorotig. **2.** *Med:* yn lasglwyfus.

chlorous *a. Ch:* clorus.

chlorpromazine *n. Ch:* clorpr|omasin *m*.

choc *n. F:* siocled(-i) *m*. **~-ice** *n.* hufen (*m*) iâ siocled.

chocho *n. Bot:* = **choko.**

chock[1] *n.* plocyn (plociau) *m*, tagen(-ni) *f*, *S.W: F:* sgotsh(-is) *mf*, *N.E:* sgotsian (sgotsis) *f*, clo(-eau) *m*, *S:* sbrag *m*, *N.W: F:* strocan: strôc (strociau) *f*; *Av: &c:* **to withdraw the chocks,** tynnu'r plociau; **chocks away!** tynnwch y plociau!

chock[2] *v.t.* llenwi, pacio, gorlenwi; **a room chocked up with furniture,** ystafell yn llawn dop o ddodrefn.

chock-a-block *a.* & *adv.* **1.** *a. (i) (= jammed together):* yn dyn[n] yn eich gilydd, ar bennau'ch gilydd; *(ii)* = **chock-full. 2.** *adv.* **families living ~-a-block,** teuluoedd yn byw ar bennau ei gilydd.

chock-full *a. F:* llawn dop, llawn dyn[n] dop, *N: occ:* llawn joc/ joch, *S:* llawn hyd y fyl; **a hall ~-full of people,** neuadd dan ei sang o bobl; *Th:* **(the house was) ~-full,** ('roedd y tŷ) dan ei sang, yn llawn dop, yn llawn hyd y fyl.

chockstone *n. Mount:* tagen(-ni) *f*.

chocolate *n.* & *attrib.* **1.** siocled(-i) *m*. **2.** *attrib.* brown tywyll, lliw siocled. **~-box 1.** *n.* blwch (blychau) (*m*) siocled[-i], *F:* bocs(-ys) (*m*) siocled[-i]. **2.** *attrib. Art: Pej:* neis-neis, siwgwraidd, sentimental.

chocolatey, chocolaty *a.* siocledaidd, fel siocled.

Choctaw[1] *a.* & *n.* **1.** *a.* Siocto. **2.** *n. (i) Ethn:* Siocto(-aid) *m&f*, *(ii) Ling:* Siocto *f*, *m*.

choctaw[2] *n. Skating:* siocto(-s) *m*.

choice[1] *n.* **1.** dewis(-ion) *m*, dewisiad(-au) *m*; **by ~, for ~ (I would take this one),** o ddewis, pe cawn i'r dewis, pe bai'r dewis gennyf, a bod y dewis gennyf (mi gymerwn i hwn); **from ~,** o'ch bodd, o'ch gwirfodd, o ddewis; **the country of my ~,** y wlad a ddewisaf/ddewisais, fy newis wlad; **Hobson's ~,** dewis cyfyng, dim dewis o gwbl. **2.** *(= variety):* amrywiaeth(-au) *f*, dewis.

choice[2] *a.* **1.** dewis *(usu. before noun + soft mut.)*; dewisol, dewisedig, dethol, detholedig; **choicest,** gorau (goreuon), *occ:* dewisaf. **2.** *Com:* **~ article,** dewisbeth(-au) *m*, peth(-au) (*m*) di-ail/dihafal/amheuthun/coeth, peth heb ei ail.

choicely *adv.* yn ddethol *&c.*

choiceness *n.* rhagoriaeth *f*, detholrwydd *m*, coethder *m*.

choir[1] *n.* **1.** *Arch:* côr (corau) *m*; *(in church):* cangell (canghellau, canghelloedd) *f*. **2.** *Mus:* côr (corau) *m*; **ladies' ~,** côr merched, *occ:* côr rhianedd; **male voice ~,** côr meibion; **woodland ~, ~ of birds,** côr y wig, côr asgellog. **~ organ** *n. Mus:* organ (*f*) gôr (organau côr). **~ practice** *n.* ymarfer (*f*) côr (ymarferion côr/ corau), *F:* practis(-us) (*m*) côr, *occ:* ysgol (*f*) gân (ysgolion cân). **~ school** *n.* ysgol (*f*) gôr (ysgolion côr). **~ screen** *n.* sgrin (sgriniau) (*f*) côr. **~ stall** *n.* sedd(-au) (*f*) côr, côr-gadair (~-gadeiriau) *f*.

choir[2] *v.t.&i.* côr-ganu.

choirboy *n.* bachgen (bechgyn) (*m*) côr, côr-fachgen (~-fechgyn) *m.*
choirmaster *n.* côr-feistr(-i) *m*, arweinydd (*m*) côr (arweinyddion/ arweinwyr corau).
choke¹ *n.* **1.** *(a) (of rifle):* cyfyngiad(-au) *m*, cyfyngle(-oedd) *m*; *(b) I.C.E:* tagydd(-ion) *m*, tagwr (tagwyr) *m.* **2.** *(of voice):* myctod *m*, tagiad(-au) *m.* **3.** *Bot: (of artichoke):* craidd (creiddiau) *m*, calon(-nau) *f.*
choke² *v.t.&i.* tagu, *S: occ:* bwldagu; **a voice choked with sobs,** llais yn tagu gan igian wylo; **to ~ [up] a pipe with sth,** tagu/cau/ blocio pibell â rhth. **~ back** *v.t. (tears &c):* llyncu, atal, dal. **~ down** *v.t. (a sob &c):* atal, mygu; *(food):* gwthio (bwyd) i lawr. **~ off** *v.t. F: (i)* **to ~ s.o. off from doing sth,** perswadio rhn i beidio â gwneud rhth; *(ii)* **to ~ s.o. off,** *(= get rid of s.o.):* cael gwared â rhn, *F:* cael ymadael â rhn. **~-bore** *n.* = **choke¹ 1.** *(a).* **~-cherry** *n. Bot:* ceiriosen (*f*) dagu (ceirios tagu). **~-damp** *n. Miner:* tagnwy *m*, *S:* damp *m*, *Lit:* tanchwa *f.* **~-pear** *n. Bot:* tagberen (tagber) *f*, gellygen wyllt (gellyg gwyllt) *f.*
chokeberry *n. Bot:* **1.** *(fruit):* aeronen (*f*) dagu (aeron tagu). **2.** *(bush):* llwyn(-i) (*m*) aeron tagu.
choker *n.* **1.** *Cost: (a) (= scarf):* sgarff(-iau) *mf*; *(b) (= ladies' fur):* coler(-i) (*mf*) ffwr; *(= necklace):* coler, cadwyn(-au) *f*, *F:* cadwen (cadwyni) *f*; **pearl ~,** coler berlau (coleri perlau); *(c)* = **dog-collar².** **2.** = **choke¹ 1.** *(b).*
choking¹ *a.* taglyd.
choking² *vn.* = **choke².**
chokingly *adv.* yn daglyd.
choko *n. Bot: Cu:* tsioco *m.*
choky *a. & n.* **1.** *a. F:* taglyd, myglyd; **to feel ~,** tagu/mygu dan deimlad. **2.** *n. F:* = **gaol¹.**
cholagogue *n. Med:* beilwaredwr (beilwaredwyr) *m.*
cholangiogram *n. Med:* col|angiogram (colangiogramau) *m* (*pronounced* ng-g).
cholangiographic *a. Med:* colangiograffig (*pronounced* ng-g).
cholangiography *n. Med:* colangi|ograffi *m*, colangiograffeg *f* (*both pronounced* ng-g).
cholecalciferol *n.* colecals|ifferol *m.*
cholecystectomy *n. Surg:* colesyst|ectomi (colesystectomïau) *m.*
cholecystitis *n. Med:* llid (*m*) y bustl.
cholecystography *n. Med:* colesyst|ograffi *m*, colesystograffeg *f.*
cholecystokinin *n. Anat:* colesystocinin *m.*
cholelithiasis *n. Med:* cerrig (*pl*) y bustl.
choler *n. Med:* **1.** geri *m*, bustl *m.* **2.** *(= anger)* llid *m*, dicter *m*, *occ:* coler *m.*
cholera *n.* c|olera *m*, y geri *m*; **Asiatic ~, malignant ~,** y geri Asiaid, y geri marwol. **chicken ~, fowl ~,** geri'r ieir; **summer ~, English ~,** geri'r haf. **~ morbus** *n.* y geri marwol.
choleraic *a. Med:* geriaidd, llawn geri, coleraidd.
choleric *a.* llidiog, colerig.
cholerically *adv.* yn llidiog *&c.*
cholesteatoma *n. Med:* colesteatoma(-ta, colesteatomâu) *m.*
cholesterol *n. Bio-Ch:* col|esterol *m.*
cholesterolaemia *n. Med:* colesterolemia *m.*
choliamb *n. Pros:* coliamb(-au) *m.*
choliambic *a. Pros:* coliambaidd, coliambig.
cholic *a. Ch:* colig.
choline *n. Ch:* colin *m.*
cholinergic *a. Ch:* colinergig.
cholinesterase *n. Ch:* colin|esteras *m.*
chomp *v.t.&i.* cnoi.
chondral *a.* condrol.
chondriosome *n. Biol:* c|ondriosom (condriosomau) *m.*
chondrite *n. Bot:* condrit(-au) *m.*
chondritic *a. Bot:* condritig.
chondroid *a.* condraidd.
chondroitin *n. Biol:* condroïtin *m.*
chondroma *n. Med:* condroma(-ta) *m.*
chondromalacia *n. Med:* condromalasia *m.*
chondromatosis *n. Med:* condromatosis *m.*
chondrosarcoma *n. Med:* condrosarcoma(-ta) *m.*
choo-choo *n. F:* pwff-pwff(-s) *m.*
choose *v.t.* dewis, dethol; *pred.* **to ~ s.o. [for a] king,** dewis rhn yn frenin; *A:* **he could not ~ but obey,** ni allai lai nag ufuddhau; ni allai ond ufuddhau; **there is nothing to ~ between them,** 'does dim dewis rhyngddynt; **(I do) as I ~,** ('rwyf i'n gwneud) fel y mynnaf, fel y gwelaf i orau.
chooser *n.* dewiswr: dewisydd (dewiswyr) *m*, detholwr: detholydd (detholwyr) *m*; *S.a.* **beggar¹.**
choosy *a. F:* anodd eich plesio, *N: F:* misi.
chop¹ *n.* **1.** *(a) (= blow of axe &c):* ergyd(-ion) *fm*, trawiad(-au) *m*, bwyellod(-au) *f*; *F:* **to get the ~,** cael y farwol; *(= the sack):* cael eich cardiau, *N: F:* cael y wib, cael yr hwi; *F:* **to give sth the ~,** rhoi'r farwol i rth, cwtogi ar rth, rhoi'r fwyell ar rth; *(b) (= with the hand):* trawiad(-au) *m*, gwarrog (gwarogau) *m.* **2.** *Cu:* golwyth(-[i]on) *m*; **grilled ~,** golwyth oddi ar y gridyll. **3.** *(= sound of waves):* llepian *m.* **~-house** *n.* golwythdy (golwythdai) *m.* **~-logic** *n.* hollti (*vn*) blew. **~-stroke** *n. Sp:* cildoriad(-au) *m.*
chop² *v.i.&t.* **1.** *v.t. (a) (wood):* torri, hollti; *(b) Ten:* **to ~ the ball,** cildorri'r bêl; *(c)* **to ~ logic,** hollti blew, degymu mintys rhesymeg. **2.** *v.i. (of sea):* llepian. **~ away 1.** *v.t.* **to ~ sth away,** torri rhth ymaith, tocio rhth. **2.** *v.i.* dal i dorri. **~ down** *v.t. (tree &c):* torri (coeden *&c*) i lawr, *occ:* cymynu coeden. **~ up** *v.t.* torri (rhth) [yn fân, yn ddarnau], *Lit:* difynio (rhth); *(meat):* briwo/briwio (cig), torri (cig) yn fân.
chop³ *n.usu.pl.* **chops,** *(= mouth):* safn(-au) *f*, ceg(-au) *f*, genau (geneuau) *m*, gweflau *pl*; *F:* **shut your chops!** *N:* cau dy geg! cau dy hopran! *S:* caua dy ben! *Geog:* **the Chops of the Channel,** Genau'r Sianel.
chop⁴ *n.* **~ of the wind,** newid(-iadau) (*m*) yn y gwynt, tro(-eon) (*m*) yn y gwynt.
chop⁵ *v.i. (a)* **to ~ and change,** newid o un peth i'r llall, newid meddwl yn aml, anwadalu, bod yn oriog/anwadal; **he's always chopping and changing,** mae'n troi fel cwpan mewn dŵr; mae'n troi fel ceiliog gwynt; *(b) Nau:* **the wind keeps chopping about,** mae'r gwynt yn newid cyfeiriad bob munud.
chop-chop *adv. & int. S:* siapa (siapwch) hi! [yn] glou! *N:* styria (styriwch)! tân arni!
chopper *n.* **1.** *(a) (= cleaver):* bwyell (*f*) gig (bwyeill cig), *occ:* twca(-od, tweeiod) *m*; *(b) (of light-beam &c):* torrwr (torwyr) *m*, trychwr (trychwyr) *m.* **2.** *F:* = **bicycle¹, helicopter, machine-gun.**
choppily *adv.* yn donnog *&c.*
choppiness *n.* tonogrwydd *m*, moriogrwydd *m.*
chopping *vn.* = **chop², ⁵.** **~-board** *n.* bwrdd (byrddau) (*m*) torri cig, briwfwrdd (briwfyrddau) *m.* **~-block** *n.* plocyn (plociau) (*m*) torri/derbyn, derbyn, *A:* cymyngyff(-ion) *m* (*pronounced* ng-g). **~-knife** *n.* cyllell (*f*) friwio (cyllyll briwio), twca (tweeiod) *m.* **~-tool** *n.* arf(-au) (*m*) malu, arf dryllio.
choppy¹ *a. Nau:* tonnog, moriog, garw.
choppy² *a. (wind).* cyfnewidiol.
chopstick *n.* gweillen (*f*) fwyta (gweill bwyta).
chop-suey *n. Cu:* ***chop suey*** *m.*
choragic *a.* arweiniol.
choragus *n.* arweinydd (*m*) corws (arweinyddion corws/corysau).
choral *a. Mus:* corawl, corol; **~ speaking,** cydadrodd *vn.*
chorale *n. Mus:* **1.** corâl (coralau) *mf*, corawd(-au) *mf.* **2.** *(= choir):* côr (corau) *m.*
chorally *adv.* yn gorawl *&c*; mewn côr, yn gôr, fel côr.
chord¹ *n.* **1.** *(of harp &c):* tant (tannau) *m*; **to strike a ~,** taro tant. **2.** *A:* = **cord 1.** *(d).* **3.** *Geom:* cord(-iau) *m.*
chord² *n. Mus:* cord(-iau) *m*; *(in playing on the harp)*; gafael(-ion, -iau) *f*; **added sixth ~,** cord y chweched atodol; **augmented ~,** cord estynedig; **auxiliary 6/4 ~,** cord 6/4 tonnog/ategol; **cadence ~,** cord diweddeb; **cadential church 6/4 ~,** cord 6/4 diweddeb, cord 6/4 diweddebol; **~ of dominant seventh,** cord seithfed y llywydd; **~ of the sixth,** cord chweched; **~ of the seventh,** cord seithfed; **diminished ~,** cord cywasgedig; **diminished seventh ~,** cord cywasgedig y seithfed, cord seithfed cywasgedig; **dominant seventh ~,** cord seithfed y llywydd; **figuring of chords,** rhifoli (*vn*) cordiau; **French sixth ~,** cord y chweched Ffrengig; **German sixth ~,** cord y chweched Almaenig; **Italian sixth ~,** cord y chweched Eidalaidd; **major ~,** cord mwyaf; **minor ~,** cord lleiaf; **Neapolitan sixth ~,** cord y chweched Neapolitaidd, cord chweched Napoli; **passing 6/4 ~,** cord 6/4 cyplad, cord 6/4 camu; **pivot ~,** cord trobwynt, cord colyn, cord cysylltu; **primary ~,** cord sylfaen, prif gord; **root of a ~,** gwreiddyn (*m*) cord; **secondary ~,** cord eilradd, eilgord(-iau) *m*; **six three/four ~,** cord chwech tri/pedwar; **tonic seventh ~,** cord seithfed y tonydd; **~ in root position,** cord yn y safle

gwreiddiol; ~ **in first inversion,** cord yn ei wrthdro cyntaf: ~ **in second inversion,** cord yn ei ail wrthdro; ~ **in third inversion,** cord yn ei drydydd gwrthdro.
chordal *a.* cordaidd, cordiol; ~ **block,** bloc (*m*) cordiau; ~ **structure,** adeiledd (*m*) cordiol.
chordate *a.* & *n.* **1.** *a.* cordog. **2.** *n.* cordog(-ion) *m.*
chording *vn.* cordio.
chore *n.* gwaith beichus/diflas *m*, tasg(-au) *f*, gorchwyl(-ion) *m*; **to do the chores,** gwneud gwaith y tŷ, *S. W: occ:* gwneud y dwt; **she doesn't do a single ~,** wnaiff hi 'run swydd (*f*) o waith yn y tŷ.
chorea *n. Med:* corea *m*, y cryndod *m*, *A:* dawns (*f*) Sant Fitus; **Huntington's ~,** corea Huntington.
choreman *n.m.* tasgmon (tasgmyn), *N. W: occ:* dyn(-ion) caled.
choreodrama *n. Th:* drama (*f*) ddawns (dramâu dawns).
choreograph *v.t.&i.* trefnu/cynllunio [dawns], coreograffu, dawnslunio, dawnsnodi.
choreographer *n.* coreograffwr: coreograffydd (coreograffwyr) *m*, dawnsluniwr: dawnslunydd (dawnslunwyr) *m*, dawnsnodwr: dawnsnodydd (dawnsnodwyr) *m.*
choreographic *a.* coreograffig, dawnsnodiannol, dawnsluniol.
choreographically *adv.* yn goreograffig *&c.*
choreography *n.* dawnslunio *vn*, dawnsnodiant *m*, core|ograffi *m.*
choriambic *a. Pros:* coriambig, corfannog.
choriambus *n. Pros:* coriambws (coriambi) *m*, corfan(-nau) trychrywiog *m.*
choric *a.* corawl, corol.
chorically *adv.* yn gorawl.
chorine *n.* côr-ferch(-ed) *f.*
chorioallantoic *a. Biol:* corioalantöig.
chorioallantois *n. Biol:* corioalantöis(-au) *m.*
choriocarcinoma *n. Med:* coriocarsinoma(-ta) *m.*
chorioid *a. Anat:* = **choroid.**
chorion *n. Anat:* ambilen(-ni) *f*, corion(-au) *m.*
chorionic *a. Anat:* ambilennol, corionig.
chorister *n.* bachgen (bechgyn) (*m*) côr, aelod(-au) (*m*) o gôr, *occ:* corwr (corwyr) *m*, corydd(-ion) *m*, côr-gantor(-ion) *m.*
chorizo *n. Cu:* tsioriso(-s) *f.*
chorographer *n.* partharluniwr (partharlunwyr) *m*, corograffwr: corograffydd (corograffwyr) *m.*
chorographic *a.* partharluniol, corograffig.
chorography *n.* parthlunio *vn*, parthluniad(-au) *m*, cor|ograffi *m.*
choroid *a.* & *n.* **1.** *a.* ambilennol. **2.** *n.* ambilen(-ni) *f.*
chorological *a.* corolegol.
chorologist *n.* corolegwr: corolegydd (corolegwyr) *m.*
chorology *n.* coroleg *f.*
choropleth *n. Geog*: c|oropleth (coroplethau) *m.*
chortle[1] *n.* chwerthiniad(-au) *m.*
chortle[2] *v.i.* chwerthin dros bob man.
chortler *n.* chwarddwr (chwarddwyr) *m*, chw|arddwraig *f*, *F:* chwerthwr (chwerthwyr) *m*, chw|erthwraig *f.*
chortling[1] *a.* chwarddog, chwarthog.
chortling[2] *vn.* = **chortle**[2].
chorus[1] *n.* **1.** *(a)* (= *choir*) côr (corau) *m*, corws (corysau) *m*, *occ:* cytgor(-au) *m*; **in ~,** mewn côr, yn un côr. **2.** *(a)* (= *song or speech*): corawd(-au) *mf*, corws; *(b)* **a ~ of praise,** corws o foliant; *(= refrain):* cytgan(-au) *f*, byrdwn (byrdynau) *m.* **3.** *Danc:* dawnsgor(-au) *m.* **~-boy** *n.* bachgen (bechgyn) (*m*) côr, côr-fab (~-feibion) *m.* **~-girl** *n.* côr-ferch(-ed) *f.* **~-master** *n.* côr-feistr(-i) *m.* **~-mistress** *n.* côr-feistres(-i) *f.* **~-singer** *n.* aelod(-au) (*m*) o gôr, côr-ganwr (~-gantorion) *m*, côr-gantores(-au) *f.*
chorus[2] *v.t.&i.* llafarganu/adrodd/dweud/canu (rhth) yn un côr, ag un llais, gyda'ch gilydd; **"let's go," they chorused,** "ffwrdd â ni," meddai pawb ag un llais *or* gyda'i gilydd.
chosen *a.* & *n.* **1.** *a.* dethol, detholedig, dewisol, dewisedig, ethol, etholedig, etholedigol; dewis *(precedes noun + soft mut.):* **his ~ profession,** ei yrfa ddewisedig, ei ddewis yrfa; **2.** *n.* **the ~,** yr etholedig [rai], yr etholedigion *pl*, pobl ddethol *f or pl.*
chott *n. Geog:* siot(-iau) *m.*
chou *n.* **1.** *Cu:* ***chou*** *m*; **choux pastry,** crwst (*m*) ***choux***. **2.** *Cost:* rhosglwm (rhosglymau) *m.*
choucroute *n. Cu:* bresych (*pl*) picl.
chough *n. Orn:* brân goesgoch (brain coesgoch) *f*, brân Gernyw (brain Cernyw), brân Arthur, brân big-goch (brain pig-goch).
chow[1] *n. (dog):* tsiow(-s, -iaid) *m.*
chow[2] *n. Mil: P: F:* bwyd *m*, tamaid *m.*
chow-chow *n.* **1.** *Cu:* tsiow-tsiow *m.* **2.** = **chow**[1].
chowder *n. Cu:* cawl *m.*
chrematistic *a.* & *n. pl.* **1.** *a.* ymgyfoethogol, arianyddol. **2.** *n.pl.* **chrematistics**, goludeg *f.*
chrestomathy *n.* detholiad(-au) *m*, blodeugerdd(-i) *f.*
chrism *n. Ecc:* ennaint *m*, eneiniad *m*, olew (*m*) eneiniad, crism *m.*
chrismal *a. Ecc:* eneiniol.
chrismatory *n. Ecc:* blwch (blychau) (*m*) ennaint, eneinflwch (eneinflychau) *m.*
chrismon *n. Ecc:* crismon (crisma) *mf.*
chrisom *n. Ecc:* **~[-cloth],** gwisg (*f*) fedydd (gwisgoedd bedydd), lliain (llieiniau) (*m*) bedydd. **~ child** *n.* plentyn (plant) (*m*) bedydd, plentyn (plant) misyriad.
Christ *Pr.n.* Crist(-iau) *m*; **Jesus ~,** Iesu Grist, *Lit: occ:* Crist Iesu; *B:* **false Christs,** gau Gristiau; **the ~ child,** y baban (*m*) Iesu, y dyn bach *m.* **~'s thorn** *n. Bot:* draenen (drain) (*f*) Crist. *S.a.* **college.**
Christadelphian *a.* & *n. Rel:* **1.** *a.* Cristadelffaidd. **2.** *n.* Cristadelffiad (Cristadelffiaid) *m&f.*
Christchurch *W.Pl.n.* Eglwys (*f*) y Drindod.
christen *v.t.* bedyddio; **he was christened John,** bedyddiwyd ef yn John.
Christendom *n.* Cred *f*, Gwledydd (*pl*) Cred, Tir (*m*) Cred, y Byd Cristionogol *m*, y Gristionogaeth *f.*
christening *vn.* bedydd(-iadau) *m*, bedyddio. **~ robe** *n. Cost:* gŵn (gynau) (*m*) bedydd/bedyddio.
Christhood *n.* Cristeiddiwch *m.*
Christian *a.* & *n.* **1.** *a.* Cristionogol, Cristionogaidd, *often* Cristnogol, Cristnogaidd; ~ **Action,** Gweithgaredd Cristionogol *m*; ~ **Aid,** Cymorth Cristnogol *m*; ~ **Brother,** Brawd (Brodyr) Cristionogol *m*; ~ **burial,** claddedigaeth Gristnogol *f*, angladd (*m*) Cristion; **the ~ Era,** y Cyfnod Cristnogol *m*, Oed (*m*) Crist: ~ **name,** enw(-au) (*m*) bedydd; ~ **Science,** Seientiaeth Gristnogol *f*; ~ **Scientist,** Seientiad (Seientiaid) Cristnogol *m&f.* **2.** *n.* Cristion(-ogion, Cristnogion) *m*, Cristiones(-au) *f*, Cristnoges(-au) *f.*
christiania *n.* = **christie.**
Christianity *n.* Cristionogaeth: Cristnogaeth *f.*
Christianization *n.*, **Christianize** *v.t.* Cristioneiddio, Cristionogi, *occ: Poet:* Cristio.
Christianizer *n.* Cristioneiddiwr (Cristioneiddwyr) *m*, Cristion|eiddwraig *f*, Cristionogwr (Cristionogwyr) *m*, Cristion|ogwraig *f.*
Christianly *a.* & *adv.* **1.** *a.* Cristionogol, Cristnogol. **2.** *adv.* yn Gristionogol *&c.*
christie *n. Ski:* cristi(-s) *m.*
Christless *a.* di-Grist.
Christlike, Christly *a.* fel Crist, Crist-debyg, Cristaidd.
Christmas *n.* [y] Nadolig(-au) *m*, *F:* [y] 'Dolig *m*, y Gwyliau *pl*; **at ~,** y Nadolig, adeg y Nadolig; **a Merry ~,** Nadolig Llawen; **Father ~,** Siôn Corn *m*, *N. W: occ:* dyn bach (*m*) yr eira. **~-box** *n.* anrheg(-ion) (*f*) Nadolig, rhodd(-ion) (*f*) Nadolig, calennig (*m*) Nadolig, cildwrn (cildyrnau) (*m*) Nadolig. **~ bush** *n. Bot:* llwyn (*m*) y Nadolig (llwyni'r Nadolig). **~ cactus** *n. Bot*: cactws (*m*) y Nadolig (cacti'r Nadolig). **~ card** *n.* cerdyn (cardiau) (*m*) Nadolig, *S:* carden (cardiau) (*f*) Nadolig. **~ carol** *n.* carol(-au) (*f*) Nadolig. **~ cherry** *n. Bot*: ceiriosen (ceirios) (*f*) [y] Nadolig; (*tree*): coeden (*f*) geirios (coed ceirios) [y] Nadolig, pren(-nau) (*m*) ceirios [y] Nadolig. **~ Day** *n.* Dydd (*m*) Nadolig. **~ Eve** *n.* Noswyl (*f*) Nadolig, y Noson cyn y Nadolig. **~ fern** *n. Bot:* marchredynen (marchredyn) (*f*) y Nadolig. **~ Island** *Pr.n. Geog:* Ynys (*f*) y Nadolig. **~ pudding** *n.* pwdin(-au) (*m*) Nadolig, *S. W: N. W:* plwm pwdin *m.* **~ rose** *n. Bot:* rhosyn (*m*) y Nadolig (rhosynnau'r Nadolig), pelydr du *m*, ffion (*m*) y gaeaf, *S. W:* blodyn (blodau) (*m*) Nadolig. **~ stocking** *n.* hosan(-au) (*f*) Nadolig. **~ thorn** *n. Bot:* draenen (drain) (*f*) y Nadolig. **~-tide, ~-time** *n.* adeg (*f*) y Nadolig, gŵyl (*f*) y Nadolig, y Gwyliau *pl.* **~ tree** *n.* coeden (coed) (*f*) Nadolig.
Christmassy *a.* Nadoligaidd, fel Nadolig.
Christocentric *a.* Cristgreiddiol, Cristganolog.
Christocentricity *n.* Cristgreiddioldeb *m*, Cristganologrwydd *m.*
Christogram *n.* Cr|istogram (Cristogramau) *m.*
Christolatry *n.* Cristaddoliaeth *f.*
Christological *a. Theol:* Cristolegol.

Christologist *n. Theol:* Cristolegydd: Cristolegwr (Cristolegwyr) *m.*
Christology *n. Theol:* Cristoleg *f.*
Christophany *n.* Ymddangosiad (*m*) Crist, Crist|offani (Cristoffanïau) *m.*
Christopher *Pr.n.m.* Cr|istoff[e]r; *Bot:* **herb ~,** llysiau (*pl*) Cristoff[e]r/Cristoffis.
christy *n.* = **christie.**
chroma *n. Ph:* dwysedd (*m*) lliw, purdeb (*m*) lliw, croma *m.*
chromaffin *a.* cr|omaffin.
chromakey (CK) *v.t. T.V:* troslunio gwahanliw (TG).
chromate *n. Ch:* cromad(-au) *m.*
chromatic *a.* **1.** cromatig; **~ aberration,** anffurfiad (*m*) lliw. **2.** *Mus:* cromatig, hanner-tonol, goslefol.
chromatically *adv.* yn gromatig.
chromaticism *n. Mus:* cromatyddiaeth *f,* arddull gromatig *f.*
chromaticity *n.* cromatigedd *m.*
chromatics *n.pl.* cromateg *f.*
chromatid *n. Biol:* cr|omatid (cromatidau) *m.*
chromatin *n. Biol:* cr|omatin *m.*
chromatinic *a.* cromatinig.
chromatogram *n.* crom|atogram (cromatogramau) *m.*
chromatograph *n. & v.t.* **1.** *n.* crom|atograff (cromatograffau) *m.* **2.** *v.t.* cromatograffu.
chromatographic *a.* cromatograffig.
chromatographically *adv.* yn gromatograffig.
chromatography *n.* cromat|ograffi *m,* cromatograffaeth *f,* cromatograffeg *f;* **column ~,** cromatograffaeth golofn; **gas-liquid ~ (GLC),** cromatograffaeth nwy hylif (CNH); **thin-layer ~ (TLC),** cromatograffaeth haen denau (CHD).
chromatolysis *n.* cromat|olysis *m.*
chromatolytic *a.* cromatolytig.
chromatophil *a.* = **chromophil.**
chromatophore *n.* crom|atoffor (cromatofforau) *m.*
chromatopsia *n. Opt:* cromatopsia *m.*
chrome[1] *n.* crôm *m.* **~ alum** *n.* alwm (*m*) crôm, crôm-alwm *m.* **~ green** *a. & n.* gwyrdd (*m*) crôm. **~ leather** *n.* lledr (*m*) crôm. **~-nickel** *a.* crôm-nicel. **~ red** *a. & n.* coch (*m*) crôm. **~ steel** *n.* dur (*m*) crôm. **~ yellow** *a. & n.* melyn (*m*) crôm.
chrome[2] *v.t.* cromio.
chromic *a. Ch:* cromig.
chromide *n. Ich:* cromid(-au) *m.*
chrominance *n.* gwahaniaeth (*m*) lliw. **~ signal** *n. T.V.* signal(-au) (*m*) lliw.
chromis *n. Ich:* cromis(-au, -iaid) *m.*
chromite *n. Miner:* cromit(-au) *m.*
chromium *n.* cromiwm *m.* **~-plate** *n.* plât (*m*) cromiwm, cromiwm-plât *m.* **~-plated** *a.* cromiwm-plât.
chromize *v.t.* cromeiddio.
chromogen *n.* cr|omogen (cromogenau) *m.*
chromogenic *a.* cromogenig.
chromolithograph *n.* cromol|ithograff (cromolithograffau) *m.*
chromolithographer *n.* cromolithograffydd: cromolithograffwr (cromolithograffwyr) *m.*
chromolithographic *a.* cromolithograffig.
chromolithography *n.* cromolith|ograffi *m,* cromolithograffeg *f.*
chromomere *n.* cr|omomer (cromomerau) *m.*
chromomeric *a.* cromomerig.
chromonema *n. Biol:* cromonema(-ta) *m.*
chromonemal, chromonematal, chromonematic *a.* cromonemol.
chromophil *a.* lliwgarol, cromoffilaidd.
chromophore *n. Ch:* cr|omoffor (cromofforau) *m.*
chromophoric *a.* cromofforig.
chromoprotein *n.* cromoprotein(-au) *m.*
chromosomal *a.* cromosomaidd.
chromosomally *adv.* yn gromosomaidd.
chromosome *n.* cr|omosom (cromosomau) *m;* **giant ~,** cromosom enfawr; **maternal ~,** cromosom mam, cromosom o du'r fam; **paternal ~,** cromosom tad, cromosom o du'r tad. **~ map** *n.* map(-iau) (*m*) cromosomau. **~ number** *n.* rhif(-au) (*m*) cromosomau.
chromosomic *a.* cromosomig.
chromosphere *n.* cr|omosffer (cromosfferau) *m.*
chromospheric *a.* cromosfferig.
chromous *a. Ch:* cromus.
chromyl *a. Ch:* cromyl.
chronaxie, chronaxy *n. Physiol:* cr|onacsi *m.*
chronic[1] *a.* **1.** cronig, parh|aus, parhaol, arhosol, di-baid; *Biol:* hirbarhaol; *Med:* hirfaith. **2.** *F:* (= *very bad*)*:* affwysol, alaethus, ofnadwy, *N: F:* trybeilig.
chronic[2] *n.* cronig(-ion) *m.*
chronical *a.* = **chronic[1]**
chronically *adv.* **1.** yn gronig, yn barhaol *&c;* drwy'r adeg; **the ~ sick and disabled,** y cleifion a'r anabl cronig. **2.** *F:* yn enbyd *&c;* **sth ~ wrong,** rhth mawr o'i le.
chronicity *n.* parhad *m,* parhauster *m,* hirfeithder *m,* cronigedd *m.*
chronicle[1] *n.* cronicl(-au) *m, Lit: occ:* brut(-iau) *m; B:* **Chronicles,** Y Cronicl; *W.Lit: Hist:* **The C~ of the Kings,** Brut y Brenhinedd; *W.Lit: Hist:* **The C~ of the Princes,** Brut y Tywysogion; **Shakespeare's Chronicles,** Dramâu Cronicl Shakespeare. **~ play** *n.* drama (*f*) gronicl (dramâu cronicl).
chronicle[2] *v.t.* croniclo, cofnodi.
chronicler *n.* croniclydd: croniclwr (croniclwyr) *m, Lit: occ:* brutiwr (brutwyr) *m.*
chronogram *n.* cr|onogram (cronogramau) *m.*
chronogrammatical *a.* cronoramadegol.
chronograph *n.* cr|onograff (cronograffau) *m.*
chronographic *a.* cronograffig.
chronography *n.* cronograffeg *f.*
chronologer *n.* cronolegwr: cronolegydd (cronolegwyr) *m.*
chronological *a.* cronolegol, amseryddol; *Lib:* **~ device,** nod (*mf*) amser; **~ order,** trefn amseryddol/gronolegol *f,* trefn amser.
chronologically *adv.* yn nhrefn amser, o ran trefn amser, yn gronolegol.
chronologist *n.* = **chronologer.**
chronology *n.* amseryddiaeth *f,* cronoleg(-au) *f,* trefn (*f*) amser, amseru *vn,* amseriad *m; Archeol:* **absolute ~,** cronoleg ddiamod; **relative ~,** cronoleg gymharol.
chronometer *n.* cronomedr(-au) *m,* amseriadur(-on) *m.*
chronometric[al] *a.* cronometrig.
chronometrically *adv.* yn gronometrig.
chronometry *n.* cronometreg *f.*
chronopher *n. W.Tel:* cr|onoffer (cronofferau) *m.*
chronoscope *n.* cr|onosgop (cronosgopau) *m.*
chronotron *n. Ph:* cr|onotron (cronotronau) *m.*
chrysalid *a. & n.* **1.** *a.* chwilerog. **2.** *n.* = **chrysalis.**
chrysalis *n.* cr|ysalis (crysalisau) *m,* chwiler(-od) *mf.* **~ snail** *n.* malwoden/malwen (malwod) chwileraidd *f,* chwiler-falwen: chwiler-falwoden (~-falwod) *f.*
chrysanthemum *n. Bot:* **1.** (= *corn marigold*)*:* eurflodyn (eurflodau) *m.* **2.** *Hort:* **[pot] ~,** blodyn (blodau) (*m*) Mihangel, ffarwel (*fm*) haf; **summer ~,** (*Chrysanthemum coronarium*)*:* blodyn Mihangel yr haf.
chrysarobin *n. Pharm:* crysarobin *m.*
chryselephantine *a.* euriforïaidd.
chrysene *n. Ch:* crysen *m.*
chrysoberyl *n. Lap:* eurferyl(-au) *m.*
chrysolite *n.* eurfaen (eurfeini) *m.*
chrysomelid *a. & n. Ent:* **1.** *a.* crysomelaidd. **2.** *n.* crysomeliad (crysomeliaid) *m.*
chrysophyte *n. Algae:* cr|ysoffyt (crysoffytau) *m.*
chrysoprase *n. Lap:* cr|ysopras (crysoprasau) *m.*
Chrysostom *Pr.n.m.* **John ~,** Ioan Aurenau.
chrysotile *n. Miner:* cr|ysotil *m.*
chthonian, chthonic *a.* isfydol, cthonig; **~ deities,** duwiau'r isfyd.
chub *n. Ich:* cochgangen (cochgangod) *f,* twb (*m*) y dail.
chubbily *adv.* yn gnodiog *&c.*
chubbiness *n.* cnodiogrwydd *m.*
chubby *a.* (*pers.*)*:* cnodiog, llond eich croen, tew(-ion), byrdew(-ion), cryndew(-ion), tewgrwn (*f.* tewgron, *pl.* tewgrynion); (*cheeks, arms &c*)*:* tew, cnodiog; **a ~ man,** stwcyn *m,* stordyn *m,* tordyn *m,* torpwth *m;* **a ~ little man,** stwcyn o ddyn bach tew; **a ~ little child,** plentyn bach llond ei groen; **a ~ woman,** stwcen *f,* storden *f,* plympen *f.* **~-cheeked, ~-faced** *a.* bochdew(-ion), bochlawn, wynepgrwn (*f.* wynepgron).
chuck[1] *n.* (*a*) (*of hen*)*:* = **cluck[1]**; (*b*) (= *call to fowls*)*:* = **cluck[2]**.
chuck[2] *v.i.* = **cluck[2]**.
chuck[3] *n. U.S: F:* = **food; hard ~,** bisgeden (bisgedi) (*f*) llong/llongwr, *S:* bisgïen (bisgis) (*f*) llong/llongwr; *coll. N: occ:*

sgedins (*pl*) llong/llongwr. **~-wagon** *n.* wagen (*f*) fwyd (wagenni bwyd).

chuck⁴ *n.* **1.** *(= tap under chin):* cnith(-ion) *m.* **2.** *(= throw):* tafliad *m*, lluch *m*; **to give sth the ~,** *(= get rid of sth):* rhoi lluch i rth, taflu rhth, cael gwared â rhth, cael ymadael â rhth, rhoi blaen troed i rth, *N.W: occ:* rhoi'r hwi/wib i rth; *(= give up):* rhoi'r gorau i rth; **to get the ~,** cael eich hel allan, cael blaen troed, cael eich cardiau, *N.W: occ:* cael yr hwi/wib; **to get the ~ from one's girlfriend,** cael cawell gan eich cariad.

chuck⁵ *v.t.* **1. to ~ s.o. under the chin,** cosi gên rhn, cnithio gên rhn. **2.** *(= throw):* taflu, lluchio, *F:* towlyd, *S.W:* towlu; **to ~ one's weight about,** llancio, jarffio, bod yn llanc mawr, bod yn lartsh, taflu'ch pwysau o gwmpas; **to ~ s.o. out,** taflu *&c* rhn allan/mas, dangos y drws i rn; **to ~ sth up,** rhoi'r gorau i rth; **I chucked it up as a bad job,** mi rois i'r gorau iddi i'w chrogi; **to ~ up the sponge,** rhoi'r gorau iddi, rhoi'r ffidil yn y to, *S.E: occ:* rhoi'r delyn yn y llwyn; **~ it!** dyna [hen] ddigon! rho'r (rhowch y) gorau iddi!

chuck⁶ *n.* **1.** *Tls: (of drill, lathe &c):* crafanc (crafangau) *f*, pegwn (pegynau) *m* [gafael], bys(-edd) (*m*) gafael; **bell ~,** crafanc gloch (crafangau cloch); **chromizing ~,** crafanc gromeiddio (crafangau cromeiddio); **concentric jaw ~,** crafanc safn gonsentrig; **cup ~,** crafanc gwpan (crafangau cwpan); **fork ~,** crafanc fforch; **Jacob's ~,** crafanc Jacob; **self-centering ~,** crafanc hunanganoli; **three/four jaw ~,** crafanc dair/bedair safn; **two-pronged ~,** crafanc ddeuddant (crafangau deuddant). **2.** *Cu:* palfais (palfeisiau) *f*, *N: occ:* ysb|awd (ysbodau). **~ key** *n. Carp:* allwedd (*f*) grafanc (allweddi crafangau). **~ steak** *n.* stecen/stêc (*f*) balfais (stêcs palfais).

chucker *n.* taflwr (taflwyr) *m*, lluchiwr (lluchwyr) *m*. **~-out** *n.* dyn(-ion) (*m*) dangos y drws, taflwr allan/mas, *S:* dyn towlu mas.

chucking *vn.* **~-piece** *n. Tls:* darn(-au) (*m*) crafangu.

chuckle¹ *n.* chwerthiniad(-au) bach *m*; **with a ~,** gan chwerthin.

chuckle² *v.i.* **1.** chwerthin yn fodlon/foddh|aus. **2.** *(of hen):* = **cluck²**.

chuckle-head *n. F:* = **blockhead.**

chuckle-headed *a.* = **blockheaded.**

chuckle-headedness *n.* = **blockheadedness.**

chuckling *a.* chwerthinog.

chucklingly *adv.* gan chwerthin.

chuck-will's widow *n. Orn:* troellwr (troellwyr) (*m*) Carolina.

chufa *n. Bot: Cu:* ysnoden (*f*) Fair fwytadwy.

chuff *v.t.&i.* pwffian.

chuff-chuff *n.* pwff-pwff(-s) *m*.

chuffed *a. F:* wrth eich bodd, uwchb|en eich digon, wedi cael modd i fyw, bodlon, hapus, wedi'ch plesio, *F:* plês.

chug¹ *n.* [sŵn *m*] pwffian *vn*.

chug² *v.i.* **to ~ along,** pwffian mynd.

chugalug *v.t.&i.* yfed (rhth) ar ei dalcen.

chukar *n. Orn*: petrisen goesgoch (petris coesgoch) *f*.

chukka, chukker *n.* cyfnod(-au) (*m*) polo. **~ boot** *n.* esgid(-iau) (*f*) polo.

chum¹ *n. F:* ffrind(-iau) *m&f*, partner(-iaid) *m*, partneres(-au) *f*, mêt(-s) *m*, *Lit:* cyfaill (cyfeillion) *m*, cyfeilles(-au) *f*, *S: F:* byti(-s) *m*; **old ~,** yr hen gyfaill, yr hen law (*f*), yr hen goes (*f*); **he's lost his ~,** mae wedi colli ei bartner; **they are great chums,** maent yn llawiau mawr; maent yn bartneriaid; *S.W: occ:* maen' nhw'n dipyn o fwrdis.

chum² *v.i.* **to ~ up with s.o.,** gwn|eud cyfaill o rn, mynd yn gyfaill i rn, mynd yn ffrindiau â rhn; **they soon chummed up,** daethant yn gyfeillion yn fuan.

chummily *adv.* yn gyfeillgar *&c*.

chumminess *n.* cyfeillgarwch *m*, agosatrwydd *m*.

chummy *a. & n.* **1.** *a.* cyfeillgar, agos[-]atoch, hoffus, *S: occ:* piwr, *N:* clên, *S.W: occ:* ffromil; **to be ~ with s.o.,** bod yn llawiau/ffrindiau â rhn, *S.W: occ:* bod yn fwrdis â rhn. **2.** *n.* = **chum¹**.

chump *n.* **1.** *(of wood):* bôn: bonyn (bonion) *m*, boncyff(-ion) *m*, cyff(-iau, -ion) *m*. **2.** *(a) (= head):* pen(-nau) *m*, *occ:* penglog(-au) *f* (*pronounced* ng-g), *S:* clwpa(-od, clwpâu) *m*, clopa(-od, clopâu) *m*; **off one's ~,** yn/wedi drysu, yn colli arni, yn ffwndro, gwallgof, gorffwyll, lloerig, ddim hanner call; **he's off his ~,** *S:* mae colled arno fe; *N:* mae o'n eu cael nhw; mae 'na ryw goll ynddo fo; *(b)* = **fool¹**. **~-chop** *n.* golwyth(-ion) (*m*) y pen bras, tsiopen (tsiops) (*f*) lwyn.

chunk *n.* talp(-iau) *m*, telpyn (talpiau) *m*, darn(-au) *m*, clap(-iau) *m*; *(of bread):* tocyn *m*, toc(-iau) *m*, clwff: clwffyn (clyffiau) *m*, cwlff: cwlffyn (cylffiau) *m*, clemen (clemiau) *f*, clem(-iau) *f*.

chunkily *adv.* yn dalpiog *&c*; **~ built,** bychan a chydnerth.

chunky *n.* **1.** *(meat &c):* talpiog, clapiog, cnapiog, cwlffog; **~ pineapple,** talpiau pîn-afal; **~ meat,** talpiau cig; **~ peanut butter,** ymenyn pysgnau cnapiog; *(sweater):* trwchus, cnapiog, *N.W: occ:* cobog. **2.** *(pers.):* byrdew(-ion): **a ~ man,** stwc (*m*) o ddyn, stwcyn (*m*) o ddyn, stordyn (*m*) o ddyn.

Chunnel (the) *n.* Y Siwnel *m*.

chunter *v.i.* = **grumble², mutter²**

church¹ *n.* **1.** eglwys(-i) *f*, *Lit:* llan(-nau) *f*; *(of the Free Churches):* capel(-i) *m*; *Prov:* **nearest the ~, furthest from Paradise,** po agosaf i'r eglwys, pellaf o Baradwys. **2. abbey ~,** eglwys abadol; **[the] Anglican C~,** [yr] Eglwys Anglicanaidd, *F:* yr Hen Fam *f*; **[the] Apostolic C~,** [yr] Eglwys Apostolaidd; **[the] Baptist ~,** Eglwys y Bedyddwyr, yr Eglwys Fedyddiol; *(building):* **a Baptist ~,** capel Bedyddwyr, *N: F:* capel Batus; **the Calvinistic Methodist ~ of Wales,** Eglwys Methodistiaid Calfinaidd Cymru, *F:* yr Hen Gorff *m*; *(building):* **a Calvinistic Methodist ~,** capel M|ethodist/M|ethodus, capel Hen Gorff; **cathedral ~,** eglwys gadeiriol (eglwysi cadeiriol) *f*, cadeirlan(-nau) *f*; **the [Holy] Catholic C~,** yr Eglwys [Lân] Gatholig; *(of Rome):* yr Eglwys Gatholig Rufeinig, Eglwys Rufain, yr Eglwys Babyddol; *(building):* **a Catholic ~,** eglwys Gatholig, eglwys Babyddol, *F:* capel Pab; **collegiate ~,** eglwys golegaidd, eglwys golegol; **the Confessing/Confessional C~,** yr Eglwys Gyffes/Gyffesiadol; **Congregational C~,** eglwys Annibynnol, eglwys yr Annibynwyr, eglwys Gynulleidfaol; *(building):* **a Congregational ~,** capel Annibynwyr, *F:* capel Sentars; **cruciform ~,** eglwys groes; **the Early C~,** yr Eglwys Fore/Foreol; **the Eastern Orthodox C~,** Eglwys Uniongred y Dwyrain; **the Episcopalian C~,** yr Eglwys Esgobol; **established ~,** eglwys sefydledig, eglwys wladol; **the Evangelical C~,** yr Eglwys Efengylaidd; **the Free Churches,** yr Eglwysi Rhyddion; **the Greek C~,** Eglwys Roeg, yr Eglwys Roegaidd; **the Greek Orthodox C~,** Eglwys Uniongred Groeg, yr Eglwys Uniongred Roegaidd; **Holy C~,** y Lân Eglwys; **Independent ~,** = **Congregational church**; **the Methodist C~,** yr Eglwys Fethodistaidd; *(building):* **a Methodist ~,** *(a) (Calvinist):* capel Methodist[- iaid]; *(b) (Wesleyan):* capel Wesle[-aid], capel Wesla; **mother ~,** mam eglwys; **the Mother C~,** y Fam Eglwys; **nonconformist ~,** eglwys anghydffurfiol, eglwys ymneilltuol; *(building):* capel ymneilltuol, *occ:* tŷ (tai) (*m*) cwrdd; **parish ~,** eglwys blwyf (eglwysi plwyf); **the parish ~,** eglwys y plwyf, *Lit:* y llan *f*; **Presbyterian C~,** Eglwys Bresbyteraidd; **the Presbyterian C~ of Wales,** Eglwys Bresbyteraidd Cymru, *F:* yr Hen Gorff; *(building)* **a Presbyterian ~,** capel Methodist[-iaid], capel Hen Gorff; **the Primitive C~,** yr Eglwys Gyntefig; **[the] Protestant C~,** [yr] Eglwys Brotestannaidd; **the Russian Orthodox C~,** Eglwys Uniongred Rwsia; **the True C~,** y Wir Eglwys; **the Unification C~,** Eglwys yr Uniad; **the Unitarian C~,** yr Eglwys Undodaidd; *(building):* capel Undodaidd, capel [yr] Undodwyr, *F:* capel Sosin/Sosiniaid; **[the] United Reformed C~,** [yr] Eglwys Unedig Ddiwygiedig; **the Universal C~,** yr Eglwys Gyffredinol; **the Visible C~,** yr Eglwys Weledig; **[the] Wesleyan ~,** [yr] Eglwys Wesleaidd; *(building):* capel Wesle[-aid], capel Wesla; **Broad C~,** *(i) n.* yr Eglwys Lydan; *(ii) attrib.* Llydan Eglwysig; **Broad C~ Party,** Plaid (*f*) Eglwysyddiaeth Lydan. **Low C~** *(i) n.* Eglwys Isel; *(ii) attrib.* Iseleglwysig. **High C~,** *(i) n.* Eglwys Uchel; **the High C~,** yr Eglwys Uchel, yr Uchel Eglwys; *(ii) attrib.* Ucheleglwysig; **the C~ of Christ, Scientist,** Eglwys Grist Seientaidd; **the C~ of England,** Eglwys Loegr; **the C~ of Scotland,** Eglwys Esgobol yr Alban; **the C~ in Wales,** yr Eglwys yng Nghymru; **the C~ of Rome,** Eglwys Rufain, yr Eglwys Babyddol; **the C~ Expectant,** yr Eglwys Ddisgwylgar; **the C~ Militant,** yr Eglwys Filwriaethus; **the C~ Triumphant,** yr Eglwys Fuddugoliaethus; **the C~ of Christ,** Eglwys Crist, Eglwys Grist; **the C~ of God,** Eglwys Duw, Eglwys Dduw; **the C~ of St. Mary,** Eglwys Fair; *(in place-names):* Llan Fair, Llanfair; **the C~ of Jesus Christ of Latter Day Saints,** Eglwys Iesu Grist Saint y Dyddiau Diweddaf, Eglwys y Mormoniaid;

~ **and state,** llan a llys, llys a llan, gwlad ac eglwys; **the world and the ~,** y byd a'r eglwys, [y] byd a['r] betws; **to go to ~,** mynd i'r eglwys, mynychu'r eglwys, eglwysa; *(of Free Church members):* mynd i'r capel, mynd i'r cwrdd, capela; **to go into the ~, to enter the ~,** *(= priesthood):* mynd yn offeiriad, cymryd urddau; **~ (begins at ten),** (mae'r) gwasanaeth (*m*), oedfa (*f*), moddion (*pl*), cwrdd (*m*) (yn dechrau am ddeg); **after ~,** ar ôl y gwasanaeth; *(in Free Churches):* ar ôl y cwrdd, wedi'r oedfa; **~ is over,** mae'r gwasanaeth wedi gorffen; mae'r oedfa drosodd; **at ~,** yn yr eglwys; *(of Free Church members):* yn y capel, *S:* yn y cwrdd, yn y moddion. **3.** *attrib.* eglwysig, *occ:* eglwysol. **~-ale** *n.* cwrw(*m*)r eglwys; *(in Free Churches)*; cwrw'r achos. **C~ Army** *n.* Byddin (*f*) yr Eglwys. **C~ Bay** *W.Pl.n.* Porth (*m*) Swtan. **~ book** *n.* llyfr (*m*) eglwys (llyfrau eglwys/eglwysi). **C~ Commissioner** *n.* Comisiynydd (Comisiynwyr) (*m*) yr Eglwys. **~ door** *n.* porth (*m*) eglwys (pyrth eglwysi); **wide as a ~door,** cyn lleted â thalcen tas, cyn lleted â drws melin. **~ embroidery** *n.* brodwaith eglwysig *m.* **C~ Fathers** *n.pl. Hist:* Tadau'r Eglwys, y Tadau Eglwysig; **a ~ Father,** un o Dadau'r Eglwys. **~-goer** *n.* *(a)* eglwyswr (eglwyswyr) *m,* egl|wyswraig: *F:* eglwysreg (eglwyswragedd) *f*; *(b) (in Free Churches):* capelwr (capelwyr) *m,* cap|elwraig: *F:* capelreg (capelwragedd) *f.* **~-going** *vn.* mynd i'r eglwys, mynychu'r eglwys, eglwysa; *(Free Churches):* mynd i'r capel, mynd i'r cwrdd, capela, capelydda. **~-hall, ~-room** *n.* neuadd (*f*) eglwys (neuaddau eglwysi). **C~ History** *n.* Hanes (*m*) yr Eglwys, Hanes Eglwysig. **~-house** *n.* eglwysty (eglwystai) *m.* **C~ Island** *W.Pl.n.* Ynys (*f*) Llandysilio. **~ key** *n.* **1.** allwedd(-i) (*f*) eglwys. **2.** *Tls: U.S:* agorwr (agorwyr) (*m*) tuniau, peth(-au) (*m*) agor tun. **~ member** *n.* aelod(-au) (*m*) o eglwys, aelod eglwysig. **~ mode** *n.* *Mus:* modd(-au) eglwysig *m.* **~ mouse** *n.* llygoden (llygod) (*f*) eglwys; **poor as a ~ mouse,** tlawd fel llygoden eglwys, tlawd fel Job ar ben y domen, heb edau i ymgrogi, heb gragen i ymgrafu. **~ ordinance** *n.* gosod (*m*) yr eglwys (gosodau'r eglwys). **~ parade** *n. Mil:* cynulliad (*m*) addoli. **~-rate** *n.* treth(-i) (*f*) eglwys. **~-reeve** *n.* rif(-iaid) (*m*) eglwys. **~-robber** *n.* ysbeiliwr (ysbeilwyr) (*m*) eglwysi, *Lit:* eglwysleidr (eglwysladron) *m.* **~ school** *n.* ysgol(-ion) (*f*) eglwysig, ysgol eglwys. **~ service** *n.* gwasanaeth(-au) (*m*) eglwys; *(in Free Churches):* gwasanaeth *m,* oedfa (oedf|eydd, oedfaon) *f,* moddion *pl,* cwrdd (cyrddau) *m.* **~-time** *n.* amser (*m*) mynd i'r eglwys. **~ Village** *W.Pl.n.* Gartholwg *m.* **~-worker** *n.* gweithiwr (gweithwyr) (*m*) [yn yr] eglwys, gw|eithwraig (gweithwragedd) (*f*) yn yr eglwys.

church² *v.t.* eglwysa; **to ~ a woman,** eglwysa gwraig; **the churching of women,** eglwysa gwragedd, diolwch (diolychau) (*m*) gwragedd.

churchify *v.t.* eglwyseiddio.

Churchillian *a.* Churchilaidd.

churchiness *n.* eglwysgarwch *m.*

churching *vn.* eglwysa, eglwysiad(-au) *m.*

churchman *n.m.* **1.** *(= cleric):* gŵr (gwŷr) eglwysig *m,* clerigwr (clerigwyr) *m, A:* gŵr llên. **2.** *(= Anglican):* Eglwyswr (Eglwyswyr) *m, occ:* Eglwysydd(-ion) *m;* **High C~,** Ucheleglwyswr; **Low C~,** Iseleglwyswr.

churchmanship *n.* eglwysyddiaeth *f.*

Churchstoke *W.Pl.n.* Yr Ystog *f.*

churchwarden *n.* warden (*m*) eglwys (wardeiniaid eglwys[-i]).

churchwards *adv.* tua'r eglwys, at yr eglwys.

churchwoman *n.f.* egl|wyswraig (eglwyswragedd), *F:* eglwysreg; **High C~,** Uchelegl|wyswraig; **Low C~,** Iselegl|wyswraig.

churchy *a.* eglwysaidd, eglwysig, eglwysyddol; *(pers.):* eglwysgar.

churchyard *n.* mynwent(-i, -ydd) *f,* mynwent eglwys; **~ cough,** peswch (*m*) porth y fynwent; *Prov:* **a green winter makes a fat ~,** gaeaf glas, mynwent fras. **~ bettle** *n. Ent:* chwilen (chwilod) (*f*) y fynwent, chwilen y selerydd.

churl *n.* **1.** *Hist: (= pers. of low birth):* taeog(-ion) *m,* taeoges(-au) *f,* bilain (bileiniaid) *m,* bileines(-au) *f,* aillt *m,* mab (meibion) aillt *m,* gwerinwr (gwerinwyr) *m;* **churls** *pl.* gwreng *m,* gwerinos *pl.* **2.** *(a) (= boor):* taeog, cerlyn(-od) *m,* costog(-ion) *m,* delff(-iaid, - od) *m,* drel(-iaid, -od) *m,* drelgi (drelgwn) *m; (b) (= cross-grained fellow):* surbwch (surbychod) *m, N.W:* eurach(-od) *m; (c) (= niggard):* hen gybydd(-ion) *m,* hen gingroen *m* (*pronounced* ng-g).

churlish *a.* anfoesgar, difaners, sarrug, di-serch, diserch, cibsur, surbwch, surbychlyd, surbychaidd, anghynnes, digroeso, annymunol, *Lit:* afrywiog, anfwyn, anynad, difoes; **it would be ~ to refuse,** peth anfoesgar fyddai gwrthod.

churlishly *adv.* yn anfoesgar *&c.*

churlishness *n.* anfoesgarwch *m,* sarugrwydd *m,* diffyg (*m*) moesgarwch.

churn¹ *n.* **1.** *(= tub for churning):* buddai (buddeiau) *f,* corddwr (corddwyr) *m;* **hand-driven ~,** buddai law (buddeiau llaw), corddwr llaw (corddwyr llaw), *S.W:* buddai dro (buddeiau tro); **horse-operated ~,** buddai geffyl (buddeiau ceffyl), corddwr ceffyl; **ploughing ~,** buddai dwmp (buddeiau dwmp), buddai gnoc/gnocio (buddeiau cnoc/cnocio); **revolving ~,** buddai droi, corddwr troi, buddai dro (buddeiau tro); **swinging ~,** buddai siglo, corddwr siglo. **2.** *(= milk-can)* can(-iau) (*m*) llaeth, tun(-iau) (*m*) llaeth. **~-dasher, ~-staff** *n.* ffon (*f*) gorddi (ffyn corddi), ffon buddai (ffyn buddai).

churn² *v.t.&i.* corddi. **~ out** *v.t.* cynhyrchu (rhth), troi (rhth) allan, stribedu (rhth). **~ up** *v.t.* corddi.

churner *n.* corddwr (corddwyr) *m,* c|orddwraig (corddwragedd) *f.*

churnful *n.* corddaid (corddeidiau) *m.*

churning¹ *a.* corddol, chwyrn, trochionog.

churning² *vn.* corddiad(-au) *m,* corddi *vn.*

churr¹ *n.* sŵn (*m*) troelli, rhinc *m,* grill *m.*

churr² *v.i.* grillio, troelli. **~-worm** *n. Ent:* rhinc(-od) (*m*) y tes, rhinc y llin.

chute¹ *n.* **1.** *(= fall of water):* sgwd (sgydau) *m,* cwymp(-au) (*m*) dŵr. **2.** *(= slope):* llithren(-ni) *f,* llithrfa(-oedd, llithrf|eydd) *f,* llithrigfa (llithrigf|eydd) *f,* cafn(-au) (*m*) llithro. **3. rubbish-~,** twll (tyllau) (*m*) [y]sbwriel. **4. = parachute¹.**

chute² *v.t.* arllwys, tywallt.

chutist *n.* = **parachutist.**

chutney *n. Ch:* siytni *m,* picl cymysg *m,* catwad *m.*

chutspah, chutzpa *n.* hyfrdra *m,* digywil|ydd-dra *m,* haerllugrwydd *m.*

chyle *n. Physiol:* caul *m,* cyl *m.*

chylocele *n.* coden (*f*) gaul (codennau caul).

chylomicron *n.* cylomicron(-au) *m,* ceulomicron(-au) *m.*

chylothorax *n. Med:* cylothoracs *m.*

chylous *a.* ceulaidd, cylaidd.

chyme *n. Physiol:* treulfwyd *m.*

chymotrypsin *n. Bio-Ch:* cymotrypsin *m.*

chymotrypsinogen *n. Bio-Ch:* cymotryps|inogen *m.*

chymous *a. Physiol:* ceumaidd.

chypre *n.* sent (*m*) sandalwydd.

ciborium *n.* **1.** *Ecc:* ciboriwm (ciboria) *m,* blwch (*m*) yr aberth, blwch (*m*) y cymun. **2.** *Arch:* = **canopy¹.**

cicada, cicala *n. Ent:* sicada (sicadâu) *m,* sioncyn (sioncod) Ffrengig *m,* cricsyn (crics) mawr *m.*

cicatrice *n.* craith (creithiau) *f.*

cicatricial *a.* creithiol.

cicatrix *n.* = **cicatrice.**

cicatrization *vn.,* **cicatrize** *v.t.&i.* creithio.

cicely *n. Bot:* **sweet ~,** creithig bêr *f,* sisli bêr *f,* cegiden wen (cegid gwynion) *f,* cegiden bêr (cegid pêr).

cicerone *n.* arweinydd(-ion) *m,* tywysydd (tywyswyr) *m,* cyfarwyddwr (cyfarwyddwyr) *m.*

Ciceronian *a. & n.* **1.** Ciceronaidd. **2.** *n.* Ciceroniad (Ciceroniaid) *m&f.*

Ciceronianism *n.* Ciceroniaeth *f.*

cichlid *a. & n. Ich:* **1.** *a.* ciclidaidd. **2.** *n.* ciclid(-iaid, -au) *m.*

cicisbeism *n.* cariadwasanaeth *m.*

cicisbeo *n.* cariadwas (cariadweision) *m.*

ciconia *n. Orn:* ciconia(-id) *m.*

-cide *suffix.* **1.** *(crime):* -laddiad(-au) *m,* -leiddiad(-au) *m.* **2.** *(pers.):* -leiddiad (-leiddiaid) *m&f,* -laddwr (-laddwyr) *m,* -laddwraig *f.*

cider *n.* seidr(-au) *m.* **~-apple** *n.* afal(-au) (*m*) seidr. **~-cup** *n.* diod (*f*) seidr. **~-press** *n.* gwasg (gweisg) (*f*) afalau. **~-vinegar** *n.* finegr (*m*) seidr.

ci-devant *a. & adv.* **1.** cyn- + *soft mut.* **2.** *adv.* gynt.

cigala *n.* = **cicada.**

cigar *n.* sigâr(-s, sigarau) *f.* **~-box** *n.* blwch (blychau) (*m*) sigârs, bocs(-ys) (*m*) sigârs. **~-case** *n.* cas(-ys) (*m*) sigârs. **~-cutter** *n.*

torrwr (torwyr) (*m*) sigârs. **~-holder** *n.* peth(-au) (*m*) dal sigâr, daliwr (*m*) sigâr (dalwyr sigârs). **~-lighter** *n.* taniwr (tanwyr) (*m*) sigârs. **~-shaped** *a.* ar lun sigâr. **~-store** *n. U.S:* siop (*f*) faco (siopau baco).

cigarette *n.* sigarét(-s, sigareti), *Lit: occ:* sigaren(-nau) *f.* **~-box** *n.* blwch (blychau) (*m*) sigaréts, bocs(-ys) (*m*) sigaréts. **~-card** *n. N:* cerdyn (cardiau) (*m*) sigaréts, *S:* carden (cardiau) (*f*) sigaréts. **~-case** *n.* cas(-ys) (*m*) sigaréts. **~-end** *n.* bonyn (*m*) sigarét (bonion sigaréts), stwmp (*m*) sigarét (stympiau/stwmps sigaréts). **~-holder** *n.* peth(-au) (*m*) dal sigarét, daliwr (*m*) sigarét (dalwyr sigaréts). **~-lighter** *n.* taniwr (tanwyr) (*m*) sigaréts. **~-paper** *n.* papur(-au) (*m*) sigaréts.

cigarillo *n.* sigarilo(-s) *m.*

ciggy *n. F:* = **cigarette.**

ciliary *a.* blewynnol, ciliaraidd, brigerol.

ciliate, ciliated *a.* blewynnog, ciliedig.

ciliation *n.* blewynogrwydd *m.*

cilice *n. Ecc:* crys(-au) (*m*) rhawn.

Cilicia *Pr.n. Geog:* Cilicia *f.*

Cilician *a.* & *n.* **1.** *a.* Ciliciaidd. **2.** *n.* Ciliciad (Ciliciaid) *m&f.*

cilium *n. Biol:* briger(-au) *f*, ciliwm (cilia) *m*, blewiach *pl*, blewyn (blew) *m*; *(of eye):* blewyn (blew) (*m*) amrant.

Cilvrough *W.Pl.n.* Cil-frwch *m.*

cimbalom *n. Mus:* s|imbalom (simbalomau) *m.*

cimex *n. Ent:* = **bedbug.**

Cimmerian *a.* & *n.* **1.** *a.* Cimeraidd. **2.** *n.* Cimeriad (Cimeriaid) *m&f.*

cinch[1] *n. U.S:* **1.** *(= saddle-girth):* cengl(-au) *f*, tordres(-i) *f.* **2. it's a ~,** 'does dim byd sicrach; **she's a ~ to win,** mae hi'n sicr/siŵr o ennill.

cinch[2] *v.t.* tynh|au, sicrh|au, clymu (rhth) yn dyn[n], cenglu.

cinchona *n. Bot:* sincona *m*, y pren (*m*) cwinîn.

cinchonine *n. Pharm:* s|inconin *m.*

cinchonism *n. Med:* sinconiaeth *f.*

cincture[1] *n. Poet:* gwregys(-au) *m*, rhwymyn(-nau) *m.*

cincture[2] *v.t.* gwregysu, amgylchu.

cinder *n.* colsyn (cols, colsion) *m*, marworyn (marwor) *m*; *F:* sindrin(-s) *m*; *pl.* **cinders,** lludw *m*, *Lit:* ulw *m*, marwydos; **to burn to a ~,** llosgi'n golsyn, llosgi'n ulw; **to rake out the cinders,** crafu'r lludw. **~-block** *n. Brickm:* brisbloc(-iau) *m.* **~-cone** *n.* côn (conau) (*m*) lludw. **~-sifter** *n.* gogor (gograu) (*m*) lludw, rhidyll(-iau) (*m*) lludw. **~-path, ~-track** *n.* llwybr(-au) (*m*) lludw, trac(-iau) (*m*) lludw.

Cinderella *Pr.n.f. Lit:* Sinderela, Ulw-Ela.

cindery *a.* lludlyd, fel lludw *&c.*

cine- *comb.fm.* sine-. **~-camera** *n.* sine-c|amera (~-camerâu) *m*, camera (camerâu) (*m*) sine.

cineangiocardiographic *a.* sineangiocardiograffig (*pronounced* ng-g).

cineangiocardiography *n.* sineangiocardiograffeg *f* (*pronounced* ng-g).

cineangiographic *a.* sineangiograffig (*pronounced* ng-g).

cineangiography *n.* sineangiograffeg *f* (*pronounced* ng-g).

cineast[e] *n.* sinegarwr (sinegarwyr) *m*, sineg|arwraig *f.*

cineclub *n.* s|ineclwb (sineclybiau) *m*, clwb (clybiau) (*m*) ffilmiau.

cinefilm *n.* ffilm(-iau) (*f*) sine, s|ineffilm(-iau) *f*, ffilm symudol.

cinema *n.* **1.** *(building):* s|inema (sinemâu) *mf*, *Lit:* darlundy (darlundai) *m*, *F:* pictiwrs *m*, pics *m.* **2.** *(industry &c):* y sinema, y darluniau byw *pl.* **~-goer** *n.* mynychwr (mynychwyr) (*m*) sinema, myn|ychwraig sinema. **~-going** *vn.* mynychu sinema, *F:* mynd i'r pictiwrs.

cinemathèque *n.* sinematéc (sinematecau) *m.*

cinematic *a.* sinematig.

cinematically *adv.* yn sinematig.

cinemation *n. Mth:* sinemateg *f.*

cinematize *v.t.* addasu (rhth) ar gyfer y sinema; ffilmio.

cinematograph[1] *n.* sinem|atograff (sinematograffau) *m.*

cinematograph[2] *v.t.* ffilmio.

cinematographer *n.* ffilmiwr (ffilmwyr) *m.*

cinematographic[al] *a.* sinematograffig.

cinematographically *adv.* yn sinematograffig.

cinematography *n.* sinemat|ograffi *m*, sinematograffeg *f.*

cineole *n. Pharm:* sineol *m.*

cineprojector *n.* taflunydd(-ion) *m*, sinedaflunydd(-ion) *m.*

cineraria *n. Bot:* chweinlys *pl*, magl (*f*) chwannen, llysiau(*pl*)'r lludw.

cinerarium *n.* sinerariwm (sineraria) *m.*

cinerary *a.* lludlyd; **~ urn,** wrn (yrnau) (*m*) lludw.

cinereous *a.* lludlwyd, lludlyd.

Cingalese *a.* & *n.* = **Sinhalese.**

cingulate *a. Dent:* trumiog, cylchrwyog.

cingulum *n. Dent:* trum(-iau) *mf*, cylchrwy(-au) *m.*

cinnabar *n. Miner:* carreg goch *f*, s|inabar *m.* **~ moth** *n. Ent:* gwyfyn(-od) (*m*) claergoch, gwyfyn y creulys.

cinnabarine *a.* sinabaraidd.

cinnamic *a. Ch:* sinamig.

cinnamon *n.* s|inamon *m*, canel *m.* **~ bear** *n. Z:* arth (eirth) (*f*) sinamon, arth felenllwyd (eirth melynllwyd). **~-coloured** *a.* melynllwyd (*f.* melenllwyd, *pl.* melynllwydion), llwydfelyn (*f.* llwydfelen, *pl.* llwydfelynion). **~ fern** *n. Bot:* rhedynen felyngoch (rhedyn melyngoch) *f* (*pronounced* ng-g). **~ stone** *n. Miner:* carreg (cerrig) (*f*) sinamon.

cinq, cinque *n. Cards:* pump (pumoedd) *m.* **Cinque Ports** *n.pl.* Y Pum Porthladd *m*; **the Lord Warden of the ~ Ports,** Arglwydd Geidwad (*m*) y Pum Porthladd.

cinquain *n. Pros:* pumawd(-au) *m.*

cinquecentist *n. Lit:* llenor(-ion) (*m*) o'r unfed ganrif ar bymtheg.

cinquecento *n.* yr unfed ganrif (*f*) ar bymtheg.

cinquefoil *n. Bot: (Potentilla):* pumbys *m*, pumnalen *f*, dail (*pl*) pumbys, llysiau (*pl*) pumbys, blodyn (*m*) y bugail; **alchemilla-leaved ~,** *(P. alchemilloides):* pumbys torllwyd, pumnalen dorllwyd; **Alpine ~,** *(P. crantzii):* pumnalen/pumbys y mynydd, pumbys gwyrdd; **Carnic ~,** *(P. carniolica):* pumnalen/pumbys Carniola; **creamy ~,** *(P. gammopetala):* pumbys melynaidd, pumnalen felynaidd; **creeping ~,** *(P. reptans):* pumnalen/pumbys ymlusgol; **dwarf ~,** *(P. brauiana/dubia):* pumbys bychan, pumnalen fechan; **Eastern ~,** *(P. clusiana):* pumnalen/pumbys y Dwyrain; **golden ~,** *(P. aurea):* pumnalen/pumbys euraidd; **grey ~,** *(P. cinerea):* pumbys llwyd, pumnalen lwyd; **hoary ~,** *(P. argentea):* pumnalen/pumbys ariannaidd/arianddail; **large-flowered ~,** *(P. grandiflora):* pumbys blodeufawr, pumnalen flodeufawr; **least ~,** *(Sibbaedia):* pumbys/pumnalen yr Alban; **marsh ~,** *(P. palustris):* pumnalen/pumbys y gors, llygad (*m*) ysgyfarnog; **Norwegian ~,** *(P. norvegica):* pumnalen/pumbys Norwy; **Pennsylvanian ~,** *(P. pensylvanica):* pumnalen/pumbys Pensylfania; **pink ~,** *(P. nitida):* pumbys pinc, pumnalen binc; **Pyrenean ~,** *(P. pyrenaica):* pumnalen/pumbys y Pyreneau; **rock ~,** *(P. rupestris):* pumnalen/pumbys y graig; **shrubby ~,** *(P. fruticosa):* llwyn (*m*) pumbys/pumnalen; **snowy ~,** *(P. nivea):* pumbys claerwyn, pumnalen glaerwen; **spring ~,** *(P. tabernaemontani):* pumnalen/pumbys y gwanwyn; **sulphur ~,** *(P. recta):* pumbys syth, pumnalen seth; **Thuringian ~,** *(P. thuringiaca):* pumnalen/pumbys Thwringia; **tufted ~,** *(P. saxifraga):* pumnalen/pumbys siobynnog; **white ~,** *(P. alba):* pumbys gwyn, pumnalen wen.

cipher[1] *n.* **1.** *Mth: (= zero):* sero *m*, dim *m*, *F:* dim byd *m*; **he's a mere ~,** nid yw'n neb o bwys; dibwys ydyw. **2.** *(= secret writing):* seiffr(-au) *m.* **3.** = **monogram. 4.** *Mus:* udo *vn*, udiad(-au) *m.*

chipher[2] *v.t.&i.* **1.** *v.t. (= encipher):* seiffro. **2.** *(a)* = **calculate;** *(b) Mus: (of organ):* udo.

ciphertext *n.* testun seiffredig *m*, testun seiffr.

ciphony *n. W.Tel:* drysu (*vn*) lleisiau.

cipolin *n. Miner:* s|ipolin *m.*

circa *prep.* o gwmpas, oddeutu; tua + *spirant mut.* **~ 1200 A.D.,** tua'r flwyddyn deuddeg cant O.C.

circadian *a. Physiol:* beunyddiol.

Circassian *a.* & *n.* **1.** *a.* Circasiaidd, o Gircasia; *(in language):* Circaseg. **2.** *n.* *(a)* Circasiad (Circasiaid) *m&f.* *(b) Ling:* Circaseg *f*, *m.*

Circean *a.* hudolus, swynol, hud-ddenol.

circinate *a.* modrwyog, torchog.

circinately *adv.* yn fodrwyog, yn dorchog.

circle[1] *n.* **1.** *Geom: &c:* cylch(-au,-oedd) *m*; **small ~,** cylchyn(-au) *m*; *Geog:* **the Arctic C~,** y Cylch Arctig, Cylch y Gogledd, y Gogleddgylch *m*; *Archeol:* **cairn ~,** cylch carnedd; **to square the ~,** sgwario'r cylch; **to run around in circles,** rhedeg mewn cylchau/cylchoedd, rhedeg ar ôl eich cynffon/cwt; **centre ~,**

cylch canol; **charmed ~**, cylch cyfaredd, cylch y gyfaredd; **circumscribed ~**, amgylch(-oedd) *m*; **colour ~**, lliwgylch(-oedd) *m*; **director ~**, cyfeirgylch(-oedd) *m*; *Astr:* **the ecliptic ~**, cylch y diffygion; *Archeol:* **embanked ~**, cylch cloddiog; **escribed ~**, allgylch(-oedd) *m*; **inscribed ~**, mewngylch(-oedd) *m* (*pronounced* ng-g); *Nav:* **Great C~ Route**, Llwybr (*m*) Cylch Mawr; *Archeol:* **kerb ~**, cylch ymylfaen; *Geog:* **the Polar C~**, y Cylch Pegynol; *Archeol:* **recumbent stone ~**, cylch meini gorweddol; **restraining ~**, cylch atal; *Sp: (hockey &c):* **striking ~**, cylch saethu; *Adm: U.S:* **traffic ~**, trogylch(-au) *m*; *Aut:* **turning ~**, cylch troi; *Log:* **vicious ~**, cylch anfad/cythreulig; **circles round the eyes**, cylchoedd tywyll o gylch y llygaid. **2.** *(of planet):* cylch, cylchdro(-eon) *m*, cylchdroad(-au) *m*, cylchdaith (cylchdeithiau) *f*; **to come full ~**, cwblh|au'r cylch, dod yn ôl yn grwn, dod yn ôl i'r dechrau. **3.** *Th:* **dress ~**, seddau(*pl*)'r cylch, cylch y boneddigion, y cylch cyntaf; **upper ~**, y seddau uchaf. **4.** *(= milieu. group):* cylch(-oedd) *m*, byd *m*; **a ~ of friends**, cylch o gyfeillion; **inner ~**, cylch dethol/mewnol; **the family ~**, yr aelwyd *f*, mynwes (*f*) y teulu, y cylch teuluol; **in certain circles**, mewn rhai cylchoedd; **in theatrical circles**, ym myd y theatr; **literary ~**, cylch llenyddol; **mystic ~**, cylch cyfrin; **discussion ~**, cylch trafod; **study-~**, cylch myfyr.

circle[2] *v.t.&i.* **1.** *v.t.* *(a) (= surround with circle)*; cylchu, amgylchu, cylchynu, amgylchynu; *(b) (= go round):* troi o gwmpas (rhth), troi o gylch (rhth), mynd o gylch (rhth), cylchrodio (rhth). **2.** *v.i.* cylchu, mynd mewn cylch, troi mewn cylch, cylchdr|oi; *(of plane):* hedfan mewn cylch; *Gym: (foot, arms &c):* cylchu.

circled *a.* cylchog, cylchedig.

circler *n.* cylchwr (cylchwyr) *m*.

circlet *n.* cylchyn(-au) *m*, *A:* talaith (taleithiau) *f*, torch(-au) *f*.

circlip *n.* *Metalw:* cylchglip(-iau) *m*; **housing ~**, cylchglip [mewn] rhigol.

circs *n.* *F:* = **circumstances**.

circuit[1] *n.* **1.** *(a) (= line enclosing area, distance round):* cwmpas(-au) *m*, amgant(-au) *m*, amgylch(-oedd) *m*, cylchlin(-au) *f*, cylchfesur(-au) *m*; *(b) Sp: &c: (for racing &c):* cylchffordd (cylchffyrdd) *f*. **2.** *(a) (of sun &c):* cylchdro(-eon) *m*, cylchdroad(-au) *m*, cylchdaith (cylchdeithiau) *f*; *(b) (= itinerary): Jur: &c:* cylchdaith; *Th:* amdaith (amdeithiau) *f*; **~ of assize**, cylchdaith y brawdlys/frawdlys; **Wales and Chester C~**, Cylchdaith Cymru a Chaer; **~ of minstrels/bards &c**, cylch (*m*) clera, cylchwyl(-iau) *f*; **to go on ~**, mynd ar gylchdaith, cylchdeithio; **to make a ~ of sth**, cylchdeithio/cylchu rhth; *(c) (of cinemas, sporting events &c):* cadwyn(-i, -au) *f*. **3. to make a wide ~**, mynd ymh|ell o'ch ffordd, mynd yn gwmpasog. **4.** *El:* cylched(-au) *m*; **acceptor ~**, cylched derbyn; **branch ~**, cylched cainc, cainc (ceinciau) *f*; **closed ~**, cylched/cylch caeëdig/caeth/cyfyng; **closed ~ television**, teledu (*m*) cylch cyfyng/caeëdig; **driver ~**, cylched gyrru; **heater ~**, cylched twymo/gwresogi; **integrated ~**, cylched cyfannol; **parallel resonant ~**, cylched cysain cyflin/p|aralel; **rejector ~**, cylched gwrthod; **series resonant ~**, cylched cysain cyfres; **short ~**, cylched pwt, cylched byr, *F:* siort(-iau) *mf*; **to break a ~**, torri cylched; **to close/make a ~**, cau cylched; **to short-~** *v.i.* pwtgylchedu, pwtio, *F:* siortio; **tuned ~**, cylched sain; **colour ~**, amdaith (*f*) liwiau (amdeithiau lliwiau). **~-breaker** *n.* *El.E:* torrwr (*m*) cylched (torwyr cylchedau). **~-closer** *n.* *El.E*: caewr (*m*) cylched (caewyr cylchedau).

circuit[2] *v.t.&i.* cylchedu.

circuital *a.* cylchedol.

circuitous *a.* cwmpasog, trof|aus, anuniongyrchol (*pronounced* ng-g); **~ road**, amgylchffordd (amgylchffyrdd) *f*.

circuitously *adv.* yn gwmpasog *&c.*

circuitousness *n.* cwmpasogrwydd *m*, anuniongyrchedd *m* (*pronounced* ng-g).

circuitry *n.* cylchau *pl*, cylchedwaith (cylchedweithiau) *m*.

circular *a. & n.* **1.** *a. (= round):* crwn (*f.* cron, *pl.* crynion); *(= turning in circle):* cylchog, cylchol; cylch; *Cmptr:* **~ buffer**, byffer (byffrau) cylchol *m*; *Ph:* **~ cylinder**, silindr(-au) (*mf*) cylch; *Trig:* **~ function**, ffwythiant trigonometrig *m*. **~ letter**, = **circular 2**; *Cmptr:* **~ list**, rhestr gylchol (rhestrau cylchol) *f*; **~ measure**, mesur cylchol *m*; **~ motion**, mudiant (*m*) mewn cylch; **North C~ Road**, Ffordd (*f*) Gylchu'r Gogledd; **~ saw**, llif gron (llifiau crwn/crynion) *f*; *Cmptr:* **~ shift**, syfliad(-au) cylchol *m*; *Dressm:* **~ skirt**, sgert (*f*) gylch (sgerti cylch); **~ ticket**, tocyn(-nau) (*m*) cylchdro; **~ tour**, tro(-eon) crwn *m*, taith (*f*) gron (teithiau crwn). **2.** *n.* cylchlythyr(-au, -on) *m*.

circularity *n.* **1.** *(= roundness):* crynder *m*. **2.** *(of path, argument &c):* cylchogrwydd *m*, cylcholdeb *m*, cylcholrwydd *m*.

circularization *n.* cylchlythyriad(-au) *m*, cylchlythyru *vn.*

circularize *v.t.* cylchlythyru.

circularly *adv.* **1.** yn grwn. **2.** yn gylchog.

circularness *n.* = **circularity**.

circulatable *a.* cylchredadwy.

circulate *v.t.&i.* **1.** *v.t.* cylchredeg (rhth), rhoi (rhth) mewn cylchrediad, taenu (rhth), rhoi (rhth) ar led; **to ~ a rumour**, cychwyn si, taenu si, rhoi si ar led. **2.** *v.i.* cylchdr|oi, cylchredeg, mynd o gwmpas, mynd oddi amgylch, mynd o ddeutu, mynd o boptu; **there is a rumour circulating**, mae si ar led; mae si ar gerdded.

circulating *a.* cylchredol, cylchynol, *occ:* treigl; **~ library**, llyfrgell gylchredol (llyfrgelloedd cylchredol) *f*; **~ schools**, ysgolion cylchynol; **~ decimal**, degolyn (degolion) cylchol *m*; *Fin:* **~ medium**, cyfrwng cylchredol *m*; *Geog:* **~ waters**, dyfroedd cylchredol.

circulation *n.* cylchrediad(-au) *m*; **to put a rumour into ~**, taenu si, rhoi si ar led, cychwyn si; *Econ:* **active ~**, cylchrediad gweithredol; *Fin: &c:* **fiduciary ~**, cylchrediad ymddiriedol; *I.C.E:* **gravity ~**, cylchrediad disgyrchiant, cylchrediad trwy ddisgyniad; *Lib:* **~ record**, cofnod(-ion) (*m*) cylchrediad; **force-feed ~**, cylchrediad dan bwysau; *Sociol:* **~ of élites**, cylchrediad blaenwyr.

circulative *a.* cylchredol.

circulator *n.* cylchredwr (cylchredwyr) *m*.

circulatory *a.* cylchredol; **the ~ system**, cylchrediad (*m*) y gwaed.

circumambiency *n.* amgylchynoldeb *m*, amrededd *m*.

circumambient *a.* amgylchynol, amredol.

circumambiently *adv.* yn amgylchynol *&c.*

circumambulate *v.t.&i.* mynd/cerdded o gwmpas, cerdded o amgylch, cylchdeithio, cylchrodio, amrodio.

circumambulation *n.* amrodiad(-au) *m*, cylchrodiad(-au) *m*, cylchdaith (cylchdeithiau) *f*; *vn.* = **circumambulate**.

circumambulatory *a.* cylchdeithiol.

circumbendibus *n.* *Joc:* **1.** = **circumlocution**. **2.** *(= roundabout way):* dull cwmpasog *m*.

circumcellions *n.pl.* *Ecc: Hist:* cylchgellwyr, circwmceliaid.

circumcentre *n.* amganol(-au) *m*.

circumcession *n.* *Theol:* cyd-dreiddiad *m*.

circumcircle *n.* amgylch(-au, -oedd) *m*.

circumcise *v.t.* enwaedu (ar rn).

circumcised *a.* enwaededig.

circumciser *n.* enwaedwr (enwaedwyr) *m*.

circumcision *n.* enwaediad(-au) *m*.

circumference *n.* cylchedd(-au) *m*, amgylchedd(-au) *m*; **~ line**, cylchlin(-au) *f*, cylchyn(-au) *m*.

circumferential *a.* cylcheddol, cylchynol.

circumflex[1] *a. & n.* **1.** *a.* *Gram*: crwm (*f.* crom, *pl.* crymion). **2.** *n.* *Typ:* acen grom (acenion crymion) *f*, hirnod(-au) *m*, *F:* to(-eau) bach *m*.

circumflex[2] *v.t.* hirnodi (rhth); rhoi hirnod, rhoi acen grom, rhoi to bach (ar rth).

circumflexed *a.* crwm (*f.* crom, *pl.* crymion), capanaog; **the a is ~**, mae acen grom ar yr a.

circumfluent *a.* amlifol.

circumfluous *a.* **1.** = **circumfluent**. **2.** *(= surrounded by water):* amlifedig.

circumfuse *v.t.* amdywallt.

circumfusion *n.* amdywalltiad *m*.

circumjacent *a.* cyffiniol, argyffiniol.

circumlittoral *a.* arfor, arforol, gyda'r lan/glannau.

circumlocution *n.* cylchymadrodd(-ion) *m*, ymadrodd(-ion) cwmpasog *m*, cylchymadroddi *vn.*

circumlocutory *a.* cwmpasog.

circumlunar *a.* amloerol.

circumnavigate *v.t.* hwylio, mordwyo (o amgylch rhth); cylchhwylio, amfordwyo, cylchfordwyo (rhth).

circumnavigation *n.* **1.** *vn.* = **circumnavigate**. **2.** mordaith (mordeithiau) *f* (o amgylch rhth), cylchfordaith (cylchfordeithiau) *f*, cylchfordwyad(-au) *f*.

circumnavigator *n.* cylch-hwyliwr (~-hwylwyr) *m*, amfordwywr (amfordwywyr) *m*, cylchfordwywr (cylchfordwywyr) *m.*
circumnutate *a. v.i.* amdroelli.
circumnutation *n.* amdroelliad *m*, amdroelli *vn.*
circumocular *a.* amlygadol, o gwmpas y llygad/llygaid.
circumpolar *a.* ambegynol.
circumscissile *a. Bot:* amholltol.
circumscribe *v.t.* 1. *(= draw line round):* tynnu llinell (o gwmpas rhth), amgylchynu (rhth) â llinell; *Geom:* cwmpasu, amsgrifo, amgylchu. 2. *(= limit)*; cyfyngu (rhth, ar rhth), rhoi (rhth) o fewn terfynau. 3. *(= define):* diffinio, gosod ffiniau, gosod terfynau (rhth).
circumscribed *a.* 1. *Geom:* amgylchedig, amsgrifedig; ~ **circle,** amgylch(-au, -oedd) *m.* 2. *(= limited):* cyfyngedig, cyfyng.
circumscription *n.* 1. *Geom:* amsgrifiad(-au) *m.* 2. *(= limitation):* cyfyngiad(-au) *m*, cyfyngu *vn* (**of sth,** ar rth). 3. *Adm:* = **district.** 4. *Num: (on coin):* arysgrif(-au) *f.*
circumscriptive *a.* 1. *(= surrounding):* amgylchynol. 2. *(= limiting)*: cyfyngol (**of sth,** ar rth).
circumsolar *a.* amheulol.
circumspect *a.* gochelgar, gwyliadwrus, gofalus, pwyllog, pwyllgar, *S.W: F:* carcus.
circumspection *n.* gochelgarwch *m*, pwyll *m*, gofal *m*, gofalusrwydd *m.*
circumspectly *adv.* yn ochelgar *&c*; gan bwyll *&c.*
circumspectness *n.* = **circumspection.**
circumstance *n.* 1. *(a)* amgylchiad(-au) *m*; **in/under the circumstances,** dan yr amgylchiadau, gan mai felly y mae hi; **in/under no circumstances,** ni ... byth, ni ... beth bynnag a ddigwydd[o]; **in no circumstances will I go,** nid af ar unrhyw gyfrif *or* ar gyfrif yn y byd; nid af byth; nid af beth bynnag a ddigwydd; **that depends on circumstances,** mae'n dibynnu ar yr amgylchiadau; **circumstances alter cases,** mae amgylchiadau'n newid pethau; *Jur:* **aggravating circumstances,** amgylchiadau gwaethygol; **extenuating/mitigating circumstances,** amgylchiadau lliniarol; **household circumstances,** amgylchiadau teuluol. *(b) (= means):* modd *m*; **if his circumstances allow,** os bydd ganddo fodd, os bydd ei amgylchiadau'n caniatáu; **in reduced circumstances,** mewn amgylchiadau cyfyng/tlawd, mewn cyni *(m)*; **he's in reduced circumstances,** mae hi'n fain arno; **straitened circumstances,** caledi *m*, amgylchiadau cyfyng/caled; **in easy circumstances,** yn gefnog, yn hawdd eich byd, mewn hawddfyd *(m)*. 2. *(= detail):* manylyn (manylion) *m*, peth(-au) *m*, ffaith (ffeithiau) *f*; **without omitting a single ~,** heb adael dim allan, heb adael unrhyw beth allan; **were it not for the ~ that ...,** oni bai fod ..., oni bai am y ffaith bod .... 3. rhwysg *m*, rhodres *m*; **to receive s.o. with pomp and ~,** croesawu rhn â rhwysg a rhodres.
circumstanced *a. (to do sth):* mewn lle, â modd (i wneud rhth); **how are you ~?** sut mae hi arnoch chi? **how is he ~?** a oes ganddo fodd?
circumstantial *a.* 1. amgylchiadol, anuniongyrchol *(pronounced* ng-g); ~ **evidence,** tystiolaeth amgylchiadol *f.* 2. *(= incidental):* damweiniol, digwyddol, digwyddiadol. 3. *(= detailed):* manwl.
circumstantiality *n.* 1. *(of evidence):* natur amgylchiadol *f*, natur anuniongyrchol *(pronounced* ng-g). 2. *(= incidentality):* digwyddoldeb *m.* 3. *(of story):* manylrwydd *m.*
circumstantially *adv.* 1. *(= indirectly):* yn anuniongyrchol *(pronounced* ng-g), yn amgylchiadol. 2. *(= incidentally):* ar/drwy siawns, ar/drwy hap a damwain, yn ddamweiniol. 3. *(= in detail):* yn fanwl.
circumstantiate *v.t.* cadarnh|au, ategu.
circumstantiation *n.* cadarnhad *m*, ategiad(-au) *m*; cadarnh|au *vn*, ategu *vn.*
circumstantiator *n.* cadarnhäwr (cadarnhawyr) *m*, ategwr (ategwyr) *m.*
circumstellar *a.* amserennol, o gwmpas seren.
circumterrestrial *a.* amddaearol.
circumvallate[1] *a.* amgaerog, amgaeredig.
circumvallate[2] *v.t.* amgaeru.
circumvallation *n.* amglawdd (amgloddiau) *m.*
circumvent *v.t.* 1. *(= entrap, surround):* amgylchynu. 2. *(= avoid):* osg|oi, gochel; **to ~ the rules,** mynd o'r tu arall i'r rheolau. 3. *(= outwit):* twyllo, trechu (rhn); ennill y blaen, cael y gorau (ar rn); bod yn gyfrwysach/drech (na rhn).
circumventer *n.* = **circumventor.**
circumvention *n.* 1. *(= entrapment):* amgylchyniad(-au) *m*, amgylchynu *vn.* 2. *(= avoidance):* osgoad(-au) *m*, osg|oi *vn.* 3. *(= outwitting):* twyll *m*, twyllo *vn*, trechu *vn.*
circumventive *a.* 1. *(= surrounding):* amgylchynol. 2. *(= evasive):* osgöol, osgoadol. 3. *(= outwitting):* twyllol, cyfrwys.
circumventor *n.* 1. *(= surrounder):* amgylchynwr (amgylchynwyr) *m.* 2. *(= avoider)*; osgöwr (osgowyr) *m.* 3. *(= outwitter):* twyllwr (twyllwyr) *m.*
circumvolution *n.* 1. *(= rotation):* amdro(-eon) *m*, amdroad(-au) *m*, cylchdro(-eon) *m*, cylchdroad(-au) *m*, cylchdr|oi *vn.* 2. *(= winding about sth):* amdorch(-au) *f*, amdorchiad(-au) *m*, amdroad(-au) *m.*
circus *n.* 1. syrcas(-au) *f*; *S.a.* **flea;** *F: (= confusion)*: anhrefn *f*, *F:* siop *(f)* siafins, traed *(pl)* moch. 2. *Rom.Ant:* chwaraefa (chwaraef|eydd) *f*; **bread and circuses,** bara a chwaraeon. 3. *(= street junction):* cyffordd (cyffyrdd) *f*, trogylch(-oedd) *m.*
circussy *a.* syrcasaidd.
ciré *a. & n. Tex:* 1. *a.* cwyredig, cwyrol. 2. *n.* wyneb *(m)* cwyr, sire *m.* ~**-*perdue*** *attrib. Archeol:* ***ciré perdue,*** cwyr colledig, colli cwyr; ~**-*perdue* casting technique,** techneg [bwrw] ***ciré perdue,*** techneg [bwrw] colli cwyr.
cirl-bunting *n. Orn:* bras (breision) *(m)* Ffrainc.
cirque *n. Geol:* peiran(-nau) *m.*
cirrhosis *n. Med:* sirosis *m*, ymgreithiad *(m)* yr afu/iau.
cirrhotic *a. Med:* sirotig.
cirriped[e] *n.* = **barnacle.**
cirro-cumulus *n. Meteor:* siro-c|wmwlws *m*, awyr-draeth *m*, traeth *(m)* awyr, *S: F:* cymylau *(pl)* caws a maidd, cymylau caws a llaeth.
cirro-stratus *n. Meteor:* siro-stratws *m.*
cirrous *a. Meteor:* sirws, blewog.
cirrus *n.* 1. *Meteor:* sirws *m*, *F:* cymylau *(pl)* gwallt y Forwyn, gafrgwmwl (geifrgymylau) *m*, *F:* cymylau blew geifr, awyr-draeth *m*, traeth *(m)* awyr. 2. *Bot:* = **tendril.** 3. *Z: (= beard):* barf(-au) *f*; *(= foot):* troed (traed) *mf.*
cis *n. Ch:* cis *m.* ~**-trans effect** *n.* effaith *(f)* cis-trans.
cisalpine *a. Hist:* y tu deheuol i'r Alpau, is-alpaidd, is yr Alpau, y tu isaf i'r Alpau; **C~ Gaul,** Gâl is yr Alpau.
cisco *n. Ich:* sisgo(-aid) *m.*
cislunar *a.* isloeraidd, is y lloer/lleuad, isleuadol, y tu isaf i'r lleuad/lloer.
cispadane *a.* y tu deheuol i afon Po, is Po.
cispontine *a.* y tu gogleddol i Dafwys, dros y bont.
cissoid *a. & n. Mth.* 1. *a.* sisoid. 2. *n.* sisoid(-au) *m.*
cissy *n.* = **sissy.**
cist *n.* 1. *Archeol: &c:* cist(-iau) *f*, cistfaen (cistfeini) *f*; **segmented ~,** cistfaen gylchrannol. 2. *Gr.Ant:* cist(-iau) *f.*
Cistercian *a. & n.* 1. *a.* Sistersaidd; **the ~ Order,** Urdd *(f)* y Mynaich Gwynion, yr Urdd Sistersaidd, Urdd y Sistersiaid. 2. *n. (monk):* Sistersiad (Sistersiaid) *m&f*, Mynach Gwyn (Mynaich Gwynion) *m*; *(nun):* Lleian Wen (Lleianod Gwynion) *f.*
cistern *n.* seston(-au) *mf*, dyfrgist(-iau) *f*, tanc(-iau) *(m)* dŵr.
cisterna *n. Anat:* sisterna (sisternâu) *mf.*
cisternal *a. Med:* sisternol.
cistron *n. Biol:* sistron(-au) *m.*
cistronic *a. Biol:* sistronig.
cistus *n. Bot:* rhosyn *(m)* y graig (rhosynnau'r graig).
citable *a.* dyfynadwy.
citadel *n. (a)* caer(-au, ceyrydd) *f*, caer ddinesig (caerau/ceyrydd dinesig), dinasgaer(-au, dinasgeyrydd) *f*, amddiffynfa (amddiffynf|eydd) *f*, cadarnle(-oedd) *m*, uchelgaer (uchelgeyrydd) *f*, castell (cestyll) *m*; *Lit: occ:* ysgor(-au) *f*; *(b) (= refuge):* dinas(-oedd) *(f)* noddfa; *(c) (of Salvation Army):* Neuadd *(f)* Gwrdd (Neuaddau Cwrdd).
citation *n.* 1. *Jur: (= summons):* gwŷs (gwysion) *f.* 2. *(= quotation):* dyfyniad(-au) *m.* 3. *(a) Mil: esp. U.S:* **the President's ~,** dyfynneb *(f)* yr Arlywydd (dyfynebau'r Arlywydd); *(b) Lib: (= reference):* cyfeiriad(-au) *m.* ~ **index** *n.* mynegai (mynegeion) *(m)* cyfeirio, mynegai cyfeiriol. ~ **indexing** *vn.* mynegeio cyfeiriol. ~ **order** *n.* trefn gyfeiriol (trefnau cyfeiriol) *f.*

citational, citatory *a.* 1. *Jur:* gwysiol. 2. *(= quoting):* dyfynnol, dyfyniadol. 3. *(= referential):* cyfeiriol, cyfeiriadol.
cite *v.t.* 1. *Jur: (a) (= summon):* gwysio; *(b)* **to ~ as co-respondent,** dyfynnu/enwi (rhn) fel cydatebydd; *(c)* **to ~ previous convictions,** enwi/rhestru euogfarnau/dedfrydau blaenorol. 2. *(a) (= quote):* dyfynnu; *(b) (= refer):* cyfeirio (at rn), crybwyll (rhn), sôn (am rn); *Mil: U.S:* **to ~ s.o. for valour,** enwi/rhestru rhn am ei ddewrder.
cithara *n. Mus:* c|ithara (citharâu) *mf.*
cithern *n. Mus:* sitern(-au) *m.*
citied *a.* dinaseiddiedig, dinasog.
citified *a.* dinasaidd.
citify *v.t.* dinaseiddio.
citizen *n. & attrib.* 1. *n.* dinesydd (dinasyddion) *m, occ:* dinaswr (dinaswyr) *m;* **fellow ~,** cyd-ddinesydd (~-ddinasyddion); **a ~ of the world,** dinesydd byd; **Citizens Advice Bureau,** Canolfan *(mf)* Cynghori/Gynghori (Canolfannau Cynghori); **citizens' band radio,** radio(*f*)'r bobl, radio'r werin. 2. *attrib.* dinesig, dinasyddol, dinasol; **~ rights,** iawnderau/breintiau dinesig.
citizeness *n.f.* din|aswraig (dinaswragedd).
citizenry *n. U.S:* dinasyddion *pl,* dinaswyr *pl,* trigolion *pl.*
citizenship *n.* dinasyddiaeth *f,* dinasfraint *f;* **good ~,** dinasyddiaeth dda.
citral *n. Ch:* sitral *m.*
citrate *n. Ch:* sitrad(-au) *m.*
citreous *a.* gwyrddfelyn (*f.* gwyrddfelen, *pl.* gwyrddfelynion); melynwyrdd (*f.* melynwerdd, melenwerdd, *pl.* melynwyrddion).
citric *a. Ch:* sitrig.
citriculture *n.* tyfu *(vn)* ffrwythau sitrig.
citriculturist *n.* tyfwr (tyfwyr) *(m)* ffrwythau sitrig.
citril finch *n. Orn:* pila(-od) melynwyrdd *m.*
citrin *n. Bio-Ch:* sitrin(-au) *m.*
citrine *a. & n.* 1. *a.* lliw lemon, melynwyrdd (*f.* melynwerdd, melenwerdd, *pl.* melynwyrddion). 2. *n. Miner:* sitrin(-au) *m.*
citrinin *n. Ch:* sitrinin *m.*
citron *n. Bot:* 1. *(fruit):* sitron(-au) *m.* 2. *(tree):* coeden (coed) *(f)* sitron. **~-wood** *n.* pren *(m)* sitron, coed *(m)* sitron.
citronella *n.* 1. *Bot:* perlaswellt *m,* glaswellt persawrus, sitronela *m.* 2. *Pharm:* olew *(m)* sitronela.
citronellal *n. Ch:* sitronelal *m.*
citronellol *n. Ch:* sitronelol *m.*
citrous *a.* sitrysaidd, sitraidd.
citrulline *n. Ch:* s|itrwlin *m.*
citrus *n. Bot:* 1. *(fruit):* sitrws (sitrysau) *m.* 2. *(tree):* coeden (coed) *(f)* sitrws.
cittern *n. Mus:* = **cithern**.
city *n.* 1. *(a)* dinas(-oedd) *f; U.S: occ: (= town):* tref(-i) *f;* **an abiding ~,** dinas barh|aus; **the Eternal C~,** y Ddinas Dragwyddol; **garden ~,** gardd-ddinas(-oedd) *f;* **the Heavenly C~,** y Ddinas Nefol; **~ of refuge,** dinas noddfa; **the C~ of God,** Dinas Duw; **the C~ of the Seven Hills,** Dinas y Saith Fryn; **giant ~,** cawrddinas(-oedd) *f.* 2. *Fin:* **the C~,** *(of London &c):* y Ddinas; **he's in the C~,** dyn busnes yn y Ddinas ydyw; **C~ and Guilds Institute,** Sefydliad *(m)* y Ddinas a'r Urddau. **~ blues** *n. F:* melan *(f)* y ddinas, y felan ddinesig *f.* **~-bred** *a.* a fagwyd mewn dinas; **a ~-bred child,** plentyn (plant) *(m)* o'r ddinas, plentyn dinas. **~ company** *n.* cwmni (cwmnïau) *(m)* yn y ddinas, cwmni dinesig. **~ council** *n.* cyngor (cynghorau) *(m)* dinesig; **Cardiff C~ Council,** Cyngor Dinas Caerdydd. **C~ desk** *n. Journ:* 1. desg(-iau) *(f)* adran y Ddinas, desg adran byd arian. 2. *U.S:* desg adran y newyddion lleol. **~ dweller** *n.* dinaswr (dinaswyr) *m,* din|aswraig *f.* **C~ edition** *n. Journ:* argraffiad(-au) *(m)* i'r Ddinas, argraffiad ariannol. **C~ editor** *n. Journ:* 1. golygydd(-ion) *(m)* byd arian. 2. *U.S:* golygydd y newyddion lleol. **~ father** *n.* henadur(-iaid) *(m)* dinesig. **~ government** *n.* gweinyddiaeth *(f)* dinas, gweinyddiaeth ddinesig. **~ hall** *n.* neuadd *(f)* ddinesig (neuaddau dinesig), swyddfa ddinesig (swyddf|eydd dinesig) *f,* neuadd dinas (neuaddau dinasoedd). **~ manager** *n.* gweinyddwr *(m)* dinas (gweinyddwyr dinasoedd), rheolwr *(m)* dinas (rheolwyr dinasoedd), prif weithredwr (~ weithredwyr) *(m)* dinas. **C~ page** *n. Journ:* tudalen *(f)* byd arian. **~ room** *n. Journ: U.S:* adran *(f)* y newyddion lleol. **~ slicker** *n. F:* ffleiar(-s) *(m)* o'r dref. **~-state** *n. Hist:* dinas-wladwriaeth(-au) *f,* gwladwriaeth *(f)* ddinas (gwladwriaethau dinas), gwladwriaeth ddinesig (gwladwriaethau dinesig), dinaswlad (dinaswledydd) *f.*
cityscape *n.* dinaswedd(-au) *f; Art:* dinaslun(-iau) *m.*
civet *n.* cathfwsg *m.* **~ cat** *n. Z:* cath *(f)* fwsg (cathod mwsg), pergath(-od) *f,* cath yr India.
civic *a.* dinesig, *occ:* dinasol. **~-minded** *a.* dinasgar. **~-mindedness** *n.* dinasgarwch *m.*
civics *n.pl.* dinasyddiaeth *f,* astudiaethau dinesig *pl.*
civil *a.* 1. dinasyddol, dinesig, sifil, gwladol, gwladwriaethol; *Jur:* **~ action,** achos(-ion) sifil *m,* cyngaws(-au,-ion) *m;* **~ aid,** cymorth cyfreithiol *m;* **~ aviation,** hedfan *(vn)* masnachol/sifil; **~ commotion,** terfysg(-oedd) cyhoeddus *m;* **~ constitution,** cyfansoddiad(-au) gwladol *m;* **~ court,** llys(-oedd) sifil/gwladol *m;* **~ day,** diwrnod(-[i]au) cyfreithiol *m; Jur:* **~ death,** marwolaeth gyfreithiol (marwolaethau cyfreithiol) *f;* **~ debt,** dyled(-ion) sifil *f;* **~ defence,** amddiffyn sifil/gwladol *m;* **C~ Defence Corps,** Corfflu *(m)* Amddiffyn Sifil/Gwladol; **~ disobedience,** anufl|udd-dod sifil *m;* **~ engineer,** peiriannwr: peiriannydd (peirianwyr) sifil *m;* **~ engineering,** peirianneg sifil *f;* **~ law,** cyfraith sifil *f;* **C~ Law,** *(= Roman Law):* Cyfraith *(f)* Rhufain, y Gyfraith Rufeinig; **~ liability,** ateboliaeth sifil *f;* **~ libertarian,** rhyddfreiniwr (rhyddfreinwyr) sifil *m;* **~ liberties,** iawnderau/rhyddfrein[t]iau/hawliau sifil; **in ~ life,** mewn bywyd sifil *(m),* y tu allan i'r lluoedd; *Adm:* **the C~ List,** y Rhestr Sifil *f;* **~ list pension,** pensiwn (pensiynau) brenhinol *m;* **~ marriage,** priodas wladol/sifil (priodasau gwladol/sifil) *f;* **~-military relations,** cydberthynas *(f)* sifil-filwrol; **~ offence,** tramgwydd(-au) sifil *m;* **~ remedy,** ateb sifil/cyfreithiol *m;* **~-righter, ~-rightist,** gweithiwr (gweithwyr) *(m)* dros iawnderau sifil/gwladol/dinesig; **~ rights,** hawliau/iawnderau dinesig/sifil; **~ rights worker, = civil-righter; ~ servant,** gwas (gweision) sifil/gwladol *m;* **~ service,** gwasanaeth(-au) sifil/gwladol *m;* **~ state,** statws sifil *m;* **~ war,** rhyfel(-oedd) *(m)* cartref; **~ year,** blwyddyn gyfreithiol (blynyddoedd cyfreithiol) *f.* 2. *(= polite):* cwrtais, bonheddig, boneddigaidd, moesgar, *F:* sifil, suful, *S.W: occ:* talïaidd.
civilian *a. & n.* 1. *a.* preifat, sifilaidd, sifil; **in ~ life,** allan o'r lluoedd arfog, gartref, mewn bywyd bob dydd, yn breifat, mewn bywyd sifil; **~ population,** poblogaeth sifil; **~ casualties,** clwyfedigion sifil. 2. *n.* dinesydd (dinasyddion) preifat *m,* sifiliad (sifiliaid) *m&f; Hist:* **Indian ~,** gwas (gweision) sifil/gwladol *m.*
civilianization *n.,* **civilianize** *v.t.* sifileiddio.
civility *n.* cwrteisi *m,* moesgarwch *m,* boneddigeiddrwydd *m,* gwarineb *m; as pl. (= favours):* ffafr(-au) *f,* cymwynas(-au) *f.*
civilizable *a.* gwareiddiadwy.
civilization *n.* gwareiddiad(-au) *m.*
civilize *v.t.* gwareiddio, diwyllio.
civilized *a.* gwaraidd, gwareiddiedig, gwâr.
civilizer *n.* gwareiddiwr (gwareiddwyr) *m.*
civilizing *a.* gwareiddiol.
civilly *adv.* yn gwrtais *&c.*
civvies *n.pl. F:* dillad bob dydd.
civvy *n. Mil: F:* 1. **= civilian 1.** 2. **C~ Street,** bywyd *(m)* allan o'r fyddin, bywyd sifil; **back to C~ Street,** yn ôl i'ch siwt bob dydd.
clack[1] *n.* 1. clec(-iadau) *f,* clep(-iau) *f,* clecian *vn.* 2. **[mill-]~,** clep melin (clepiau melinau). 3. *F:* = **chatter**[1]. **stop your ~!** *F:* cau hi! *N:* cau dy hopran! *S:* caua dy ben! gad dy lap!
clack[2] *v.t.&i.* 1. *v.t.* clecian, clepian. 2. *v.i.* = **chatter**[2].
clacker *n.* = **chatterer.**
clad[1] *a. Lit:* **~ (in sth),** *(= clothed):* yn gwisgo (rhth); wedi'ch gwisgo (yn rhth); *occ:* amwisgedig, arwisgedig (â rhth); â (rhth) amdanoch; *(= covered with iron, plastic &c):* gorchuddiedig, gorwisgedig, arwisgedig, amwisgedig (â rhth).
clad[2] *v.t. (= cover):* gorchuddio; (= *clothe*): amwisgo, arwisgo.
cladding *n.* caenen(-ni, -nau) *f,* gorchudd(-ion) *m,* cladin(-au) *m; Metalw:* arwisg(-oedd) *f,* gorwisg(-oedd) *f.*
clade *n. Biol:* cytras(-au) *m.*
cladistic[al] *a. Biol:* cytrasaidd.
cladistics *a. Biol:* cytraseg *f.*
cladoceran *n. Crust:* chwannen *(f)* ddŵr (chwain dŵr).
clade *n. Biol:* cladod(-au) *m.*
cladodial *a. Biol:* cladodaidd.
cladogenesis *n. Biol:* cladog|enesis *m.*
cladogenetic *a. Biol:* cladogenetig.

cladogenetically *adv. Biol:* yn gladogenetig.
cladonia *n. Algae:* cen byseddog *m.*
cladophyll *n. Bio-Ch:* cl|adoffyl *m.*
claim[1] *n.* 1. *(= request, application):* cais (ceisiadau) *m*; ~ **for Unemployment Benefit,** cais am Fudd-dal Diweithdra; **fares ~,** cais am dreuliau teithio. 2. *(= entitlement):* hawl(-iau) *f* (**to sth,** i rth); **to lay ~ to sth,** *(i)* hawlio rhth, honni/datgan hawl i/ar rth; *(ii) (= attribute to oneself):* arddel rhth; **a legal ~ to sth,** hawl gyfreithiol i rth; **small claims court,** llys mân hawliadau; **he renounced his claims,** ymwadodd â'i hawliau. 3. = **debt.** 4. *(a) Jur: (= allegation of entitlement):* hawliad(-au) *m*; **to set up a ~,** cyhoeddi hawliad; **loss of earnings ~,** hawliad am enillion colledig, hawliad coll-enillion; **pain and suffering ~,** hawliad am boen a dioddefaint; **to put in a ~,** gwn|eud cais, ceisio (am rth); hawlio (rhth); ~ **of right made in good faith,** honiad (*m*) hawl mewn didwylledd; **to put in a ~ for damages,** hawlio iawndal; **to put in a ~,** cyflwyno hawliad; *Adm:* **disputed claims office,** swyddfa hawliadau ansicr; *(b)* **I have some claims on his friendship,** mae gennyf hawliau ar ei gyfeillgarwch; **I have many claims on my time,** mae llawer o alwadau ar f'amser; mae'n anodd i mi ei dal hi ym mhob man. 4. *Min:* llain (lleiniau) (*f*) o dir; **to stake out a ~,** stancio llain, marcio llain â physt; **to stake one's ~,** hawlio'ch llain; *Fig:* **to stake a ~ to sth,** hawlio rhth, honni/datgan hawl i/ar rth. **~-form** *n.* ffurflen(-ni) (*f*) hawlio/hawliad. **~-jumper** *n.* cipiwr (*m*) llain (cipwyr lleiniau).
claim[2] *v.t.* *(a) (= demand, seek):* hawlio, mynnu, ceisio; **to ~ sth from s.o.,** hawlio rhth gan rn *or* oddi ar rn; **to ~ possession of sth,** hawlio meddiant ar rth; **to ~ a privilege,** hawlio braint; **to ~ sth as of right,** mynnu rhth fel hawl; **to ~ one's due,** hawlio'r hyn sy'n ddyledus i chi; **the sea claims many victims,** mae'r môr yn hawlio einioes sawl un; *(b) (= maintain, assert):* honni, maentumio; **to ~ the right to do sth,** honni'r hawl i wneud rhth, hawlio cael gwneud rhth; *(c) (= lay claim to sth):* **to ~ a virtue,** arddel rhinwedd, honni rhinwedd; **to ~ kinship with s.o,** arddel perthynas â rhn.
claimable *a.* hawliadwy, arddeladwy.
claimant, claimer *n.* hawliwr: hawlydd (hawlwyr) *m.*
clairaudience *n.* clirglywediad *m.*
clairaudient *a.* clirglywedol.
clairaudiently *adv.* yn glirglywedol.
clairvoyance *n.* clirwelediad *m.*
clairvoyant *a. & n.* 1. *a.* clirweledol. 2. *n.* clirweledydd(-ion) *m*, clirweledwr (clirweledwyr) *m.*
clairvoyante *n.f.* clirweledyddes(-au), clirwel|edwraig (clirweledwragedd).
clairvoyantly *adv.* yn glirweledol, trwy glirwelediad.
clam[1] *n.* *(a) Moll:* cragen fylchog (cregyn bylchog) *f*, *N.W:* cragen Berffro; **soft-shelled ~, = gaper (old maid)**; *F:* **to shut up like a ~,** mynd/suddo i'ch cragen, cau fel cragen gocos, cau'ch ceg yn glep, gwrthod dweud bw na be, *S:* pallu siarad, pallu dweud gair; *(b) U.S: F: (pers.):* dyn(-ion) dywedwst *m.* **~-chowder** *n. U.S:* cawl (*m*) cregyn. **~-shell** *n.* 1. = **clam**[1]. **~-shell bucket** *n. Civ.E:* pwced (*f*) lwytho (pwcedi llwytho). **~-worm** *n. Ann:* llyng[h]yren (*f*) gregyn (llyngyr cregyn).
clam[2] *v.i. U.S: F:* **to ~ up,** tewi, distewi, cau fel cragen gocos, cau'ch ceg, mynd i'ch cragen.
clam[3] *v.i. (= dig for clams):* palu am gregyn Berffro.
clam[4] *v.ind.t. (= to stick):* glynu (i/wrth rth, yn rhth).
clamant *a. Lit:* swnllyd, taer.
clambake *n. U.S:* 1. picnic(-s) (*m*) glan môr. 2. *esp. Pol: F:* cyfarfod(-ydd) swnllyd *m.* 3. *F:* = **fiasco.**
clamber[1] *n.* dringfa (dringf|eydd) *f.*
clamber[2] *v.i.* dringo, dringo'n drafferthus, bustachu dringo, stryffaglo i fyny/lawr, eich halian eich hun i fyny/lawr, cripian [ar eich pedwar], *N.E: occ:* cribo.
clamberer *n.* dringwr (dringwyr) *m*, dr|ingwraig *f.*
clammily *adv.* yn oer a llaith.
clamminess *n.* lleithder *m*, tamprwydd *m.*
clammy *a.* 1. *(skin):* oer a llaith, oer a thamp; *(atmosphere):* llaith, tamp, oerwlyb. 2. *(= sticky):* gludiog, yn glynu, yn glynyd.
clamorous *a.* croch, bloeddfawr, crochlais, crochlafar, swnllyd, stwrllyd, trystiog, uchel eich cloch.
clamorously *adv.* yn groch *&c.*
clamorousness *n.* crochder *m*, crochni *m*, sŵn *m*, stŵr *m*, twrw *m.*
clamour[1] *n.* 1. *(= shouting):* crochlef(-au) *f*, gwaedd(-au) *f*, gweiddi *vn*, crochlefain *vn.* 2. *(= noise):* twrw *m*, mwstwr *m*, stŵr *m*, dadwrdd *m*, dwndwr *m.*
clamour[2] *v.i.* galw, gweiddi, *Lit:* crochlefain.
clamp[1] *n.* clamp(-iau) *m*, creffyn(-nau) *m*, craff(-au) *mf*; **drawing-board ~,** clamp bwrdd lluniadu; **key-seat ~,** clamp sedd glo; **pipe ~,** clamp peipiau; **tongue and groove clamps,** clampiau tafod a rhych; **tenoned ~,** clamp tyno; **toolmaker's ~,** clamp offerwr; **vice clamps,** clampiau feis.
clamp[2] *v.t.&i.* 1. *v.t.* clampio, gwasgu; **he clamped his jaws,** caeodd ei geg yn dyn[n]; **he clamped his teeth on the stem of his pipe,** caeodd ei ddannedd yn dyn[n] am goes ei getyn. 2. *v.i. F:* **to ~ down on sth,** cau'n dyn[n] ar rth, gwahardd rhth, rhoi pen ar rth. **~-down** *n.* gwaharddiad(-au) *m.*
clamp[3] *n.* *(i) Agr:* cladd(-au) *m*, *N: occ:* cwtsh(-is) *m*; **silage ~,** cladd silwair; **to store potatoes in a ~,** claddu tato/tatws, *N: occ:* cwtsio tatws; *(ii) (of bricks &c):* pentwr (pentyrrau) *m.*
clamping *vn.* = **clamp**[2]; **there'll be a ~ down,** fe fydd yna dynh|au'r rheolau; fe fydd yna osod gwaharddiadau; fe fydd yna fwy o warchodaeth. **~ screw** *n. Metalw:* sgriw (*f*) glampio (sgriwiau clampio).
clamps *n.pl. N.Arch:* trawstiau llong.
clan[1] *n.* 1. llwyth(-au) *m*, tylwyth(-au) *m*, clan(-iau) *m.* 2. *(= clique):* clymblaid (clymbleidiau) *f*, clic(-iau) *m.*
clan[2] *v.i.* **to ~ together,** glynu wrth eich gilydd, ymlynu, ymbleidio.
clandestine *a.* dirgel, dirgelaidd, cyfrinachol, llechwraidd, cudd, cuddiedig, cêl; **~ press,** gwasg ddirgel (gweisg dirgel) *f.*
clandestinely *adv.* yn ddirgel, yn y dirgel, dan gêl.
clandestineness *n.* dirgelrwydd *m.*
clang[1] *n.* atsain (atseiniau) *f.*
clang[2] *v.i.* atseinio, seinio, diasbedain.
clanger *n. F:* caff gwag (caffiau gweigion) *m*; **to drop a ~,** cael caff gwag.
clanging[1] *a.* atseiniol, soniarus.
clanging[2] *vn.* = **clang**[1],[2].
clangorous *a.* atseiniol, soniarus.
clangorously *adv.* yn atseiniol *&c.*
clangour *n. Lit:* atsain (atseiniau) *f.*
clank[1] *n.* clonc(-iau) *f*, cloncian *vn.*
clank[2] *v.t.&i.* cloncian.
clanking[1] *a.* clonciog.
clanking[2] *vn.* = **clank**[1],[2].
clankingly *adv.* yn glonciog.
clannish *a.* tylwythgar, teulugar; **they're very ~,** *N:* rhai garw am ei gilydd ydyn' nhw.
clannishly *adv.* yn dylwythgar *&c.*
clannishness *n.* tylwythgarwch *m*, teyrngarwch [llwythol/tylwythol] *m* (*pronounced* ng-g), clymbleidiaeth *f*, culni *m.*
clanship *n.* 1. *(system):* cyfundrefn (*f*) y tylwythau. 2. = **clannishness.**
clansman *n.m.* tylwythwr (tylwythwyr); *pl.* **clansmen,** gwŷr y llwyth[-au].
clap[1] *n.* 1. *(a)* curo (*vn*) dwylo, clap(-iau) *mf*; **a ~ on the back,** clap ar y cefn; **to give s.o. a ~ on the back,** curo cefn rhn; **to give s.o. a ~,** rhoi clap i rn, rhoi cymeradwyaeth (*f*) i rn. 2. **a ~ of thunder,** clec (*f*) taran (cleciau taranau), trwst (*m*) taran(-au).
clap[2] *v.t.&i.* 1. *v.t.* *(a)* **to ~ one's hands,** curo dwylo, clapio; **to ~ s.o. on the back,** curo rhn ar ei gefn, curo cefn rhn, clapio cefn rhn; **to ~ a singer,** rhoi cymeradwyaeth i ganwr, clapio/cymeradwyo canwr; *(b) (of bird):* **to ~ its wings,** clepian ei adenydd, curo'i adenydd; *(c)* **to ~ s.o. in prison,** taflu/bwrw rhn i'r carchar, carcharu rhn; **to ~ a pistol to s.o.'s head,** bwrw/taro dryll wrth ben rhn; **to ~ on one's hat,** taro'ch het am eich pen; **to ~ on more sail,** codi rhagor o hwyliau; **to ~ on more taxes,** codi rhagor o drethi; *F:* **to ~ eyes on s.o.,** gweld rhn; **I never clapped eyes on him before,** ni welais i erioed mohono o'r blaen; **to ~ hold of sth,** cydio/gafael yn rhth. 2. *v.i.* curo dwylo, clapio; *(of door &c):* **to ~ to,** cau'n glep, clepian. **~-bridge** *n.* pont (*f*) lechen (pontydd llechen). **~-net** *n.* claprwyd(-i) *f.*
clap[3] *n. Med: V:* y clap *m.*
clapboard[1] *n. Const: U.S:* astell: estyllen (estyll, estyllod) *f.*
clapboard[2] *v.t.* astellu.
clapped-out *a. F: (pers.)*: wedi gweld eich dyddiau gwell/gorau,

wedi mynd ar eich hen sodlau; **a ~-out machine,** peiriant wedi darfod amdano *or* wedi mynd a'i ben iddo; **a ~-out car,** hen siandri (*f*) o gar.

clapper *n.* **1.** *(of bell):* tafod (tafodau) (*m*); *(of mill):* clep: clap(-iau) *m*; **bird ~,** clap adar. **2.** *(= applauder):* curwr (curwyr) (*m*) dwylo, clapiwr (clapwyr) *m*, cymeradwywr (cymeradwywyr) *m*; **(to go) like the clappers,** (mynd) fel y gwynt, ar garlam, nerth eich traed/carnau *&c*, fel mellten, fel bollt, fel cath i gythraul, fel llucheden, fel mellten i bren, *N. W:* fel chwrlibwgan, fel t'ranau, ar wib, fel cath ar/o dân, fel y wiwer, *S. W:* fel y mêl; (rhedeg) fel y whithrwydd. **~-board[1]** *n. Cin:* clepiwr (clepwyr) *m*. **~-board[2]** *v.t. Cin:* clepio. **~-box** *n. Metalw:* bocs(-ys) (*m*) clapr.

clapperclaw *v.t.* **1.** *(= **scratch[2]**):* cripian, crafangu, crafangio. **2.** = **scold[2]**.

clapping *vn.* [sŵn *m*] curo dwylo, cymeradwyaeth *f*, cymeradwyo, clapio.

claptrap *n.* = **nonsense**.

claque *n.* clapwyr hur *pl*, clapwyr tâl; *Fig:* porthwyr, amenwyr.

claqueur *n.* clapiwr (clapwyr) hur *m*, clapiwr tâl; *Fig:* porthwr (porthwyr) *m*, ameniwr (amenwyr) *m*.

clarabella *n. Mus:* clarabela (clarabelâu) *m*.

Clare *Pr.n. Ecc.Hist:* **Poor Clares,** Clariaid Tlodion; **she's a Poor Clare,** un o'r Clariaid Tlodion yw hi.

clarence *n. Veh:* cerbyd(-au) (*m*) clarens, clarens(-au) *m*.

clarendon *n. Typ:* cl|arendon *m*.

claret *n.* clared *m*, *A:* claerwin *m*; *F: Fig:* **to tap s.o.'s ~,** tynnu gwaed o drwyn rhn. **~-coloured** *a.* cochlas, lliw clared. **~-cup** *n.* diod (*f*) glared.

clarification *n.* **1.** *(= explanation):* eglurhad (eglurhadau) *m*, goleuni *m* **(of sth,** ar rth). **2.** *Pharm: Sug.-R:* gloywad *m*, tryloywad *m*, gloywi *vn*, tryloywi *vn*.

clarified *a.* clir, tryloyw, gloyw, gloywedig; **~ butter,** ymenyn clir; **~ wine,** gloyw-win *m*, gwin gloyw *m*.

clarifier *n.* **1.** eglurwr (eglurwyr) *m*, egl|urwraig *f*. **2.** *Pharm: &c:* tryloywydd(-ion) *m*.

clarify *v.t.&i.* **1.** *v.t.* *(a)* gloywi, goleuo, clirio (rhth); gwn|eud (rhth) yn loyw/glir/eglur; *(b) (= explain):* egluro, eglurh|au; *(c) Pharm:* gloywi, tryloywi; *Sug.-R:* gloywi, clirio. **2.** *v.i.* *(situation &c):* mynd/dod yn glir/eglur/gliriach/eglurach; *(liquid &c):* gloywi, ymloywi, clirio.

clarifying[1] *a.* **1.** eglurhaol. **2.** *Pharm: &c:* gloywol, tryloywol.

clarifying[2] *vn.* = **clarification 2, clarify**.

clarinet *n.* clarinét (clarinetau) *m*; **high D ~,** uwch glarinét yn D; **alto ~,** clarinét alto; **bass ~,** clarinét bas, isglarinét (isglarinetau) *m*; **basset-horn ~,** clarinét tenor, corn (cyrn) (*m*) baset; **contrabass ~,** clarinét isfas; **double-bass ~,** clarinét bas dwbl; **high ~,** uwch glarinét (uwch glarinetau) *m*.

clarinet[t]ist *n.* clarinetydd: clarinetwr (clarinetwyr) *m*.

clarion *n. & attrib. Poet:* **1.** *n.* utgorn (utgyrn) *m*, clariwn (clariynau) *m*. **2.** *attrib.* clir, atseiniol; **the ~ call of the Revival,** utgorn y Diwygiad.

clarity *n.* **1.** eglurder *m*. **2.** *(of liquid):* gloywder *m*, claerder *m*, clirder *m*.

clarkia *n. Bot:* clarkia(-s) *m*.

clarsach *n. Mus:* clarsach(-au) *m*.

clary *n. Bot:* clari *m*, clais (*m*) y moch, clais dwbl, y gochlas *f*, clych (*pl*) Durham; **wild ~,** *(Salvia horminoides):* y werddonell *f*, saets gwyllt *m*, torfagl *f*, claer *m*, clochig(-au) *f*, llygad (*m*) Crist, clais Mair, had (*m*) y llygad; **whorled ~,** *(S. verticulata):* saets troellennog; **meadow ~,** *(S. pratensis):* saets y waun, gwerddonell y waun, clais y moch. **~-water** *n.* dŵr (*m*) clari.

clash[1] *n.* **1.** *(= impact):* gwrthdrawiad(-au) *m*, trawiad(-au) *m*, cyd-drawiad(-au) *m*; *(of bells, swords &c):* trwst *m*, sŵn (*m*) taro, clecian *vn*, *F:* clatsh *m*. **2.** *(of opinions, colours):* gwrthdrawiad, gwrthdaro *vn*.

clash[2] *v.i.&t.* **1.** *v.i.* *(a) (of bells):* atseinio, diasbedain; *(of swords &c):* gwrthdaro, clecian, atseinio, *F:* clatsio; *(b) (of colours, opinions):* anghytuno, gwrthdaro; *Sch: (of timetables &c):* gwrthdaro; **your tie clashes with your shirt,** *S: F:* mae dy dei di'n rhegi dy grys. **2.** *v.t.* **to ~ cymbals *&c*,** taro symbalau *&c* yn erbyn ei gilydd, clatsio/cletsio symbalau *&c*.

clasmatocyte *n.* clasm|atosyt (clasmatosytau) *m*.

clasmatocytic *a.* clasmatosytig.

clasp[1] *n.* **1.** *(of brooch &c):* clesbyn: clasbyn (clasbiau) *m*, bwcl (byclau) *m*, *A: or Lit:* gwäeg(-au) *f*, clöig(-au) *f*. **2.** *(= **clutch[1]**, **grip[1]**):* gafael *f*; **hand-~,** ysgydwad(-au) (*m*) dwylo, ysgwyd (*vn*) dwylo, *S:* siglad(-au) (*m*) dwylo, *S:* siglo (*vn*) dwylo. **3.** *(= embrace):* cofleidiad(-au) *m*. **~-knife** *n.* cyllell (*f*) gau (cyllyll cau). **~-nail** *n.* hoelen (*f*) lorio (hoelion llorio).

clasp[2] *v.t.&i.* **1.** *v.t.* *(bracelet &c):* cau, byclu. **2.** *(a) (= embrace):* cofleidio, dal (rhn); gwasgu (rhn) yn dyn[n]; **to ~ s.o. to one's breast,** cofleidio rhn, gwasgu rhn atoch, gwasgu rhn at eich mynwes, dal rhn yn dyn[n], cydio'n dyn[n] yn rhn; *(b)* **to ~ s.o.'s hand,** gwasgu llaw rhn; **to ~ one's hands,** plethu'ch dwylo, plethu'ch bysedd.

clasped *a.* *(hands):* plethedig; **~ in each other's arms,** yn dyn[n] ym mreichiau ei gilydd.

clasper *n. Ent:* cydiwr (cydwyr) *m*.

class[1] *n.* **1.** dosbarth(-iadau, -au) *m*; **the upper ~,** y dosbarth uchaf *m*, y bonedd *m*, y bobl fawr *f or pl*, y gwŷr mawr, *N: F:* y byddigions *pl*; *attrib.* **upper-~,** uchelwrol, uchel-radd, bonheddig; **the governing/ruling ~,** y dosbarth llywodraethol, y dosbarth rheoli; **the lower classes,** y dosbarthiadau isel/isaf, y werin *f*, *A: Lit:* gwrêng *m or pl*; *attrib.* **lower-~,** isel-radd, o'r radd isaf; **the middle ~,** y dosbarth canol; *attrib.* **middle-~,** dosbarth canol, bwrdais, bwrdeisaidd; **the working ~,** y dosbarth gweithiol, y gweithwyr; *attrib.* **working-~,** dosbarth gweithiol; **working-~ families,** teuluoedd gweithwyr. **2.** *Sch:* dosbarth(-iadau) *m*; **evening class,** dosbarth nos; **nursery ~,** dosbarth meithrin. **3.** *(= category):* dosbarth(-au, -iadau) *m*, math(-au) *m*, c|ategori (categorïau) *m*; *(of honours degree):* dosbarth; *U.S:* **to take ~,** *(= honours):* ennill gradd (*f*) anrhydedd; **arrangement in classes,** dosbarthiad; **this article stands in a ~ by itself,** saif yr ysgrif hon ar ei phen ei hun; **they're not in the same ~,** 'dydyn nhw ddim yn yr un cae; *attrib.* **first ~,** [o'r] dosbarth cyntaf; *(= excellent):* campus, rhagorol, gwych, di-ail, o'r radd flaenaf, gyda'r gorau; *attrib.* **second ~,** eilradd, [o'r] ail ddosbarth; *attrib.* **high ~,** uchelradd, godidog, p|enigamp: penig|amp, ardderchog, rhagorol, o ansawdd uchel; **low ~,** *U.S: F:* **no ~,** [o] isel radd, tila, gwael, diwerth; *Aut:* **~ 1 road,** ffordd ddosbarth 1 (ffyrdd dosbarth 1). **~ action** *n. Jur:* cyd-achos(-ion) *m*. **~ conflict** *n.* gwrthdaro (*vn*) dosbarth. **~-conscious** *a.* ymwybodol o ddosbarth, dosbarth-ymwybodol; *Pej: (upper-class):* snobyddlyd, crachaidd. **~-consciousness** *n.* ymwybod (*m*) â dosbarth, ymwybyddiaeth (*f*) o ddosbarth. **~ contact hours** *n. Sch:* oriau cyswllt â dosbarth. **~ entry** *n. Lib:* cofnod(-ion) (*m*) dosbarth. **~ feeling** *n.* ymdeimlad (*m*) o ddosbarth, ymdeimlad â dosbarth. **~-fellow** *n.* aelod(-au) (*m*) o'r un dosbarth; (*loosely*): cyd-ddisgybl(-ion) *m*. **~ interval** *n. Ph: Mth:* cyfwng (cyfyngau) (*m*) dosbarth. **~ leader** *n.* *(in Methodist Church):* arweinydd(-ion) (*m*) dosbarth, blaenor(-iaid) (*m*) rhestr. **~ letter** *n. Lib:* llythyren (*f*) ddosbarth (llythrennau dosbarth). **~ library** *n.* llyfrgell (*f*) ddosbarth (llyfrgelloedd dosbarth). **~-list** *n. Sch:* rhestr (*f*) raddau (rhestrau graddau). **~ mark** *n.* marc(-iau) (*m*) dosbarth, nod(-au) (*mf*) dosbarth **~ order** *n.* urdd (*f*) ddosbarth (urddau dosbarth). **~ separation** *n.* gwahaniad (*m*) dosbarthiadau, gwahaniaeth (*m*) dosbarth, didoli (*vn*) dosbarth. **~ society** *n.* cymdeithas (*f*) ar sail dosbarth, cymdeithas ddosbarth. **~ structure** *n.* adeiledd (*m*) dosbarth. **~ struggle** *n.* brwydr (*f*) y dosbarthiadau. **~ war** *n.* rhyfel (*m*) dosbarth/dosbarthiadau.

class[2] *v.t.* dosbarthu; **classed first,** yn y dosbarth cyntaf; **not classed,** heb ei ddosbarthu, heb ddosbarth, annosbarthedig, diddosbarth; **to ~ sth as sth,** dosbarthu rhth fel rhth, ystyried rhth yn rhth.

classable *a.* dosbarthadwy.

classic *a. & n.* **1.** *a.* clasurol; *Turf:* **~ [race],** ras glasurol (rasys clasurol) *f*; *Geog:* **~ profile,** proffil delfrydol *m*. **2.** *n.* *(a) (book &c):* clasur(-on) *m*; *(b) Sch: (= scholar):* clasurydd(-ion), clasurwr (clasurwyr) *m*, clas|urwraig *f*. *(c) (pl. usu. with sg. const.):* clasuron *pl*.

classical *a.* clasurol; **~ scholar,** clasurydd(-ion) *m*, clasurwr (clasurwyr) *m*, clas|urwraig *f*.

classicalism *n.* = **classicism**.

classicalist *n.* = **classicist**.

classicality *n.* clasuroldeb *m*.

classically *adv.* yn glasurol.

classicism *n.* clasur[i]aeth *f*.

classicist *n.* clasurydd(-ion) *m*, clasurwr (clasurwyr) *m*, clas|urwraig *f*.
classicistic *a.* clasuryddol.
classicize *v.t.* clasureiddio.
classics *n.pl. Sch:* y clasuron.
classifiable *a.* dosbarthadwy.
classification *n.* 1. dosbarth(-iadau) *m*, dosbarthiad(-au) *m*, dosraniad(-au) *m*, c|ategori (categorïau) *m*, 2. *Lib:* (= *number*): rhifnod(-au) *m*. 3. *(action): vn.* = **classify**. ~ **code** *n. Lib:* rheolau (*pl*) dosbarthu. ~ **schedule** *n. Lib:* rhestr (*f*) ddosbarthu (rhestrau dosbarthu).
classificatorily *adv.* yn ddosbarthiadol *&c.*
classificatory *a.* dosbarthiadol, dosraniadol.
classified *a. & n.* 1. *a.* dosbarthedig, dosbarthol; (= *confidential*): dirgel, cyfrinachol; *Lib:* ~ **catalogue,** c|atalog (catalogau) dosbarthol *m*; *Aut:* ~ **count,** rhifiad(-au) dosbarthol *m*; ~ **directory,** cyfeiriadur(-on) dosbarthol *m*; *Lib:* ~ **file,** ffeil ddosbarthol (ffeiliau dosbarthol) *f*; *Lib:* ~ **index,** mynegai (mynegeion) dosbarthol *m*; ~ **information,** gwybodaeth ddirgel *f*; ~ **library,** llyfrgell ddosbarthol (llyfrgelloedd dosbarthol) *f*; ~ **results,** canlyniadau dosbarthedig; ~ **road,** ffordd ddosbarthedig (ffyrdd dosbarthedig) *f*; *Sch:* ~ **vocabulary,** geirfa ddosbarthedig (geirfaoedd dosbarthedig) *f*; *Journ: F:* ~ **ads,** mân hysbysebion. 2. *n. Journ: F:* hysbyseb fach (hysbysebion bychain) *f*; *pl.* **classifieds,** mân hysbysebion.
classifier *n.* 1. *(pers.)*: dosbarthwr: dosbarthydd (dosbarthwyr) *m*, dosrannwr (dosranwyr) *m*. 2. (= *file*): ffeil(-iau) *f*.
classify *v.t.* dosbarthu.
classily *adv. F:* yn steilus.
classiness *n. F:* steil *m*, steilusrwydd *m*, rhagoroldeb *m*.
classis *n. Ecc:* cymdeithasfa (cymdeithasfâu, cymdeithasf|eydd) *f*.
classless *a.* diddosbarth.
classlessness *n.* absenoldeb (*m*) dosbarth, diddosbarthedd *m*; **I like this country because of its ~,** 'rwy'n hoffi'r wlad hon am ei bod mor ddiddosbarth.
classmate *n.* cyd-ddisgybl(-ion) *m*.
classroom *n.* ystafell (*f*) ddosbarth (ystafelloedd dosbarth).
classy *a. F:* steilus, [o] uchel radd, graenus, rhagorol, gwych, arbennig.
clast *n. Geol:* clast(-au) *m*, maluryn (malurion) *m*.
clastic *a. & n.* 1. *a. Geol:* clastig; *Biol:* ymholltol, clastig. 2. *n.* clastig(-ion) *m*.
clathrate *a. & n. Ch:* 1. *a.* cawellog, rhwyllog. 2. *n.* clathrad(-au) *m*.
clatter[1] *n.* trwst *m*, twrw *m*, sŵn *m*, clecian *vn*, clindarddach *vn*; **to fall with a ~,** cwympo'n swnllyd/drystiog, cwympo dwmbwr-dambar, *S.W: occ:* cwympo'n glwriwns.
clatter[2] *v.i.&t.* clecian, cloncian, *occ:* clindarddach, *Lit:* trystio.
Clatter[3] *W.Pl.n.* Caletwr *m*, Cletur *m*.
clattering[1] *a.* clonciog, trystiog, swnllyd.
clattering[2] *vn.* = **clatter[2]**.
clatteringly *adv.* yn drystiog *&c*; dwmbwr-dambar.
claudication *n. Med:* cloffi *vn*, cloffni *m*.
clausal *a.* cymalol.
clause *n.* cymal(-au) *m*; *Gram:* **adjectival ~,** cymal ansoddair/ansoddeiriol; **adverbial ~,** cymal adferf/adferfol; **main ~,** prif gymal; **final ~,** cymal pwrpas; **relative ~,** cymal perthynol; **direct relative ~,** cymal perthynol rhywiog; **oblique relative ~,** cymal perthynol afrywiog; **noun ~,** cymal enwol; **subordinate ~,** isgymal(-au) *m*, cymal isradd; *Jur: &c:* **escape ~,** cymal dianc/osg|oi; *Jur:* **exclusion ~,** cymal eithrio.
claustral *a.* 1. *Ecc:* clwystrol, mynachaidd. 2. (= *narrow-minded*): cul, culfarn.
claustrophobia *n. Med:* clawstroffobia *m*.
claustrophobic *a. Med:* clawstroffobaidd, clawstroffobig.
clavate *a. Bot:* pastynaidd, pastynffurf.
clavately *adv.* yn bastynaidd, ar ffurf pastwn.
clavation *n. Bot:* pastyniad *m*.
clave *n. Mus:* ffon (ffyn) *f*.
clavicembalo *n. Mus:* h|arpsicord (harpsicordiau) *m*.
clavichord *n. Mus:* cl|aficord (claficordiau) *m*.
clavichordist *n.* claficordydd(-ion) *m*.
clavicle *n. Anat:* pont (*f*) yr ysgwydd, trybedd (*m*) yr ysgwydd, clafícl(-au) *m*.
clavicorn *a. & n. Ent:* 1. *a.* clybgorniog. 2. *n.* chwilen glybgorniog (chwilod clybgorniog) *f*.
clavicular *a. Anat:* clafíclaidd.
clavier *n. Mus:* (= *keyboard*): llawfwrdd (llawfyrddau) *m*; *(instrument)*: offeryn(-nau) (*m*) llawfwrdd.
claviform *a.* pastynffurf.
claw[1] *n.* 1. *(of bird &c)*: crafanc (crafangau) *f*; *(of cat &c)*: ewinedd *pl*; *(of crab, lobster) N.W:* bawd (bodiau) *fm*; *(of cat)*: **to sharpen its claws,** hogi ei hewinedd; *F:* **to cut s.o.'s claws,** torri crib rhn. 2. (= *scratch*): crafangiad(-au) *m*, cripiad(-au) *m*, crafiad(-au) *m*. 3. *(a) (of bench, grapple, hammer &c)*: crafanc. **~-and-ball** *attrib. Furn:* crafanc a phêl. ~ **feet** *n.pl. Furn:* traed crafanc/crafangau. **~-hammer** *n. Tls:* morthwyl(-ion) hollt *m*, morthwyl crafanc. **~-piece** *n.* darn(-au) (*m*) crafanc. **~-tool** *n.* crib(-au) *m*. **~-wrench** *n.* tyndro(-eon) (*m*) crafanc.
claw[2] *v.t.&i.* 1. *v.t.* crafangu, crafangio, crafu, cripio; (= *oblige*): ~ **me and I'll ~ thee,** cân di bennill mwyn i'th nain, fe gân dy nain i tithau. 2. *v.i.* **to ~ at sth,** crafangu/crafangio yn rhth. **to ~ sth back,** crafangio rhth yn ei ôl.
clawed *a. (bird)*: crafangog; *(cat &c)*: ewinog; *(crab, lobster &c)*: bodiog.
clay[1] *n.* clai (cleiau) *m*; **a lump of ~,** talp (*m*) o glai, *S:* cleien *f*; **boulder ~,** cl|og-glai *m*, clai clogfaen; **fire ~,** clai tân; **fired ~,** clai llosg, llosg-glai *m*; **fuller's ~,** clai pannwr, priddgalch *m*; **pottery ~,** clai crochenydd. ~ **bin** *n.* bin (*mf*) clai/glai (biniau clai). ~ **pan** *n. Geog:* pant(-iau) (*m*) clai. ~ **pigeon** *n.* colomen (*f*) glai (colomennod clai), ysguthan (*f*) glai (ysguthanod clai). ~ **pipe** *n.* cetyn (catiau) (*m*) clai, pibell (*f*) glai (pibellau/pibelli clai), *S:* pib (*f*) glai (pibau clai). ~ **pit** *n.* pwll (pyllau) (*m*) clai, cleibwll (cleibyllau) *m*, cloddfa (*f*) glai (cloddf|eydd clai). ~ **soil** *n.* tir cleiog *m*, cleidir(-oedd) *m*. ~ **vale** *n. Geog:* dyffryndir(-oedd) (*m*) clai.
clay[2] *v.t.* cleio.
clayey *a.* cleiog, cleilyd.
claymore *n.* cleddyf(-au) deufin/daufiniog *m*.
clayware *n.* crochenwaith (*m*) clai, llestri (*pl*) clai.
clean[1] *a. & adv.* I. *a.* 1. glân, *occ:* glanwaith, *S: occ:* syber, glanwedd; **as ~ as a new pin,** fel pin mewn papur, *S.W:* gloyw fel swllt; ~ **air,** awyr lân *f*; **C~ Air Act,** Deddf Awyr Lân; **C~ Air Council,** Cyngor (*m*) Awyr Lân; *Fig:* **to show a ~ pair of heels,** ei gwadnu hi, ei bachu hi *&c*; *See* **beat it**; **keep it ~!** dim iaith anweddus! dim iaith fras! dim rhegi! ~ **land,** tir heb dyfiant, tir clir; ~ **timber,** coed heb geinciau; *Nau:* ~ **anchorage,** angorfa glir (angorf|eydd clir) *f*; *Metalw:* ~ **hole,** twll (tyllau) glân *m*; ~ **mould,** mo[w]ld(-iau) glân *m*; ~ **thread,** edau lân (edefion glân) *f*; *Nau:* ~ **bill of health,** tystysgrif(-au) (*f*) iechyd; **the doctor gave me a ~ bill of health,** dywedodd y meddyg wrthyf fy mod i cyn iached â'r gneuen; dywedodd y meddyg fy mod i'n holliach; dywedodd y meddyg nad oedd dim o'i le arnaf; *Jur:* ~ **sheet,** rhestr wag (rhestrau gweigion) *f*, tudalen [g]wag (tudalennau gweigion) *fm*, dalen wag (dalennau gweigion) *f*; *Fig:* **to start with a ~ sheet,** cychwyn o'r newydd, cychwyn â dalen/llechen lân, ailgychwyn; *(b)* (= *complete*): llwyr; **to make a ~ break with sth,** cefnu ar rth yn llwyr, gadael rhth yn llwyr, ymwadu'n llwyr â rhth; ~ **jump,** naid lwyr (neidiau llwyr) *f*; ~ **sweep,** ysgubiad llwyr *m*; **to make a ~ sweep of the prizes,** cipio/ysgubo pob gwobr; **to make a ~ sweep of sth,** cael gwared â rhth yn gyfan gwbl; **a new broom sweeps ~,** glân yr ysguba'r ysgub newydd; wythnos gwas newydd yw hi; **to make a ~ job of sth,** gwneud rhth yn drwyadl; **to make a ~ breast of sth, to come ~,** cyfaddef y cwbl/cyfan, cyffesu'r cwbl/cyfan, *S: F:* arllwys eich cwd/cwdyn, *S.W: F:* dweud eich holl fola berfedd. 2. ~ **[cut] lines,** amlinellau amlwg/clir; **a car with ~ lines,** car llyfn ei lun; *Nau:* **a ~ ship,** llong lefn ei llun; *Farr:* ~ **hocks,** *(of horse)*: garrau lluniaidd. II. *adv.* yn llwyr, yn lân, yn deg, yn gyfan gwbl; **I ~ forgot,** anghofiais yn llwyr/lân; **to get ~ away,** dianc yn llwyr, dianc heb adael dim ôl; *Cr:* **he was ~ bowled,** fe'i bowliwyd yn deg; **(to cut) ~ (through sth),** (torri drwy rth) fel cyllell, yn lân, yn glir; **(to break off) ~ as a whistle,** (torri)'n lân, 'n glec, *N.W:* 'n gratsh, 'n glatsh, 'n gratsian, 'n glatsian. **~-cut** *a.* (= *clearly outlined*): eglur; (= *definite*): pendant; (= *well-shaped*): lluniaidd, clir ei doriad; **~ cut hero,** arwr glandeg; **~-handed** *a.* (= *guiltless*): dieuog, glân eich dwylo, â dwylo glân. **~-limbed** *a.* lluniaidd. **~-living** *a.* glân eich

buchedd, bucheddol, moesol. **~-shaven** *a.* heb farf, di-farf, wedi'ch eillio, wedi'ch siafio'n lân.

clean² *n.* glanhad *m*, *S:* glanheuad *m*, *N. W: F:* llneuad *m*, *N. E: F:* cnâd *m*, *S: F:* cleuad *m*; **to give sth a ~[-up],** glanh|au rhth; **to give the kitchen a quick/superficial ~,** *S:* rhoi stricad (*m*) i'r gegin, *N:* rhoi sglemp/sglempen/slempen (*f*) i'r gegin.

clean³ *v.t.* glanh|au, *occ:* glanweithio, *N: F:* llnau, cnau, *S: F:* clau, cnau; **to ~ a field,** (= *weed*): clirio/chwynnu/glanhau cae; **to ~ carelessly,** *N. W:* slempian llnau; **to ~ one's teeth,** glanhau'ch dannedd, *occ:* golchi'ch dannedd; **dry-~,** sychlanh|au. **~ down** *v.t.* glanhau. **~ out** *v.t.* clirio, glanhau, gwagio; *(stables &c):* carthu, *S:* carthu mas; *I.C.E:* **to ~ out a jet,** glanhau/clirio/dadflocio jet. *F:* **to ~ s.o. out,** gwagio pocedi rhn, mynd ag arian rhn i gyd, gadael rhn heb ddimai goch y delyn. **~ up 1.** *v.t.* glanhau; **to ~ up a town (of crime),** gwaredu tref (oddi wrth droseddau, oddi wrth lygredd); *(a field):* clirio, chwynnu, glanhau. **2.** *v.i.* *(a)* **to ~ [oneself] up,** ymolchi, ymdrwsio, ymdwtio, ymdacluso; *(b) F: (= make a profit):* gwneud elw, elwa. **~ and jerk** *n.* *Weightlifting:* codi (*vn*) a hwbio *vn.* **~-up** *n.* glanhad *m*, cliriad *m*; *(of pers.):* ymolchiad *m*, ymolchi *vn*, *S:* ymolch *vn.*

cleanable *a.* glanhadwy; **dry-~,** y gellir ei lanh|au'n sych, sychlanhadwy.

cleaned *a.* glân, glanwaith. **~ out** *a. F: (= broke):* heb ddimai goch y delyn, heb ddim ar eich elw, heb gragen i ymgrafu, heb fod yn berchen y crys sydd amdanoch, *N. W:* heb yr un ffadan beni, *S:* heb glincen.

cleaner *n.* glanhäwr (glanhawyr) *m*; *S.a.* **cleaning-woman; French ~, dry-~,** sychlanhäwr (sychlanhawyr) *m*, glanhäwr (glanhawyr) (*m*) dillad; **dry ~'s,** siop (*f*) lanh|au dillad (siopau glanh|au ~); **to take sth to the cleaners,** mynd â rhth i'w lanhau; *F:* **to take s.o. to the cleaners,** blingo rhn.

cleaning *vn.* glanh|au, glanhad (glanhadau) *m*, *S:* glanheuad *m*, *F:* cleuad *m*, *N:* llneuad *m*; **a careless ~,** *N:* slemp: sglempen: slempen: *f* [o lanhau]. **self-~,** hunanlanh|au *vn*; **spring-~,** glanhau (*vn*) blynyddol, glanhad blynyddol, *F:* sbring-clinio; *(day): N. W: Joc:* pen-blwydd (*m*) y diafol/cythraul. **~-cloth** *n.* *Th:* clwt (clytiau) (*m*) wyneb. **~-rod** *n.* roden (*f*) lanhau (rodiau glanhau). **~-woman** *n.* *U.S:* gwr|aig (*f*) lanhau (gwragedd glanhau), *N:* dynes lanhau (merched glanhau), *S:* menyw lanhau (menywod glanhau), *Lit:* glanheuwraig *f*, glanhäwraig (glanhawragedd) *f.*

cleanliness *n.* glanweithdra *m*, glendid *m*, *S: occ:* syberwyd *m*; *Prov:* **~ is next to godliness,** glendid sydd nesaf at dduwioldeb.

cleanly¹ *a.* glân, glanwaith, purlan.

cleanly² *adv.* yn lân; *(= neatly):* yn ddeheuig; **he caught the ball ~,** daliodd y bêl yn ddeheuig.

cleanness *n.* **1.** glendid *m*, glanweithdra *m*, purlendid *m.* **2.** *(of contours):* eglurder *m*, miniogrwydd *m.* **3.** *(of break, sweep &c):* llwyrni *m*, llwyrdeb *m*, llwyredd *m.*

cleanse *v.t.* **1.** *(= clean):* glanh|au, *occ:* glanweithio; *(sewer &c):* carthu. **2.** *(= purify):* puro, pureiddio, glanburo.

cleanser *n.* *Toil:* glanhäwr (glanhawyr) *m*; **face-~,** glanhäwr wyneb, hufen glanhau wyneb.

cleansing¹ *a.* glanhaol.

cleansing² *vn.* glanhad *m*, glanh|au *m.* **~ cream** *n.* hufen (*m*) glanhau. **~ department** *n.* adran(-nau) (*f*) casglu [y]sbwriel, adran lanhau (adrannau glanhau). **~ tissue** *n.* papur(-au) (*m*) glanhau.

clear¹ *a., n. & adv.* **I.** *a.* **1.** clir, eglur; *(sky):* clir, digwmwl; **on a ~ day,** ar ddiwrnod clir; **~ soup,** cawl clir/tenau; **as ~ as day, as ~ as crystal,** mor olau â'r dydd, clir fel grisial; *Joc:* **as ~ as mud,** annealladwy, *N: F:* fel tatws llaeth; **a ~ conscience,** cydwybod lân; **a ~ voice,** llais clir/croyw/eglur, llais fel cloch; **as ~ as a bell,** clir fel cloch. **2.** *(= manifest):* clir, eglur, amlwg; **a ~ indication,** arwydd sicr/diamau/diamheuol; **a ~ case of bribery,** achos diamheuol o lwgrwobrwyo. **3.** *(a)* **he made his meaning ~; he made himself ~,** fe'i heglurodd ei hunan; **I wish to make it ~ that ...,** fe hoffwn roi ar ddeall bod ...; **to make sth ~,** egluro/esbonio rhth; *(b) n.* *(i)* **to send a message in ~,** anfon neges yn glir; *(ii)* **in the ~,** *(= innocent):* yn glir, yn ddieuog. **4. to be ~ about sth,** bod yn sicr o rth, bod yn bendant yngh|ylch rhth, bod yn argyhoeddedig o rth; **let us be perfectly ~ about this,** gadewch inni fod yn hollol glir ynghylch hyn. **5.** *(a)* **a ~ profit,** elw clir/pur/cyfan; **a ~ loss,** colled glir/lwyr; **a ~ majority,** mwyafrif clir/pendant; *(b) Jur:* **three ~ days,** tridiau llawn, tridiau clir. **6.** *(= free, uncluttered):* clir, rhydd (**of sth,** o rth); **a ~ estate,** ystâd (*f*) heb ddyled[-ion]; **~ space,** lle(-oedd) clir/gwag *m*; **~ road,** ffordd glir (ffyrdd clir) *f*; *(of pers.):* **to be ~ of sth,** bod yn rhydd rhag rhth *or* oddi wrth rth; cael gwared â rhth; **the train was ~ of the station,** yr oedd y trên wedi mynd allan/mas o'r orsaf; **(a horizon) ~ of haze,** (gorwel) heb darth, yn glir o darth; **the town was ~ of the enemy,** 'roedd y dref yn rhydd o'r gelyn; **all ~!** popeth yn glir! **the all ~** *n.* caniad (*m*) diogelwch; **~ coast,** glannau clir *pl*; *F:* **the coast is ~,** 'does neb o gwmpas; mae hi'n glir; **is the coast ~?** oes 'na rywun o gwmpas? ydi hi'n glir? **II.** *a. or adv.* *Nau:* **to steer ~ of a rock,** osg|oi craig, hwylio/llywio o gwmpas craig; *Fig:* **to steer ~ of s.o.,** osgoi rhn, cadw'n ddigon pell oddi wrth rn, cadw draw oddi wrth rn, peidio â mynd ar gyfyl rhn; **to stand ~,** sefyll draw; **he kept ~ of them,** nid aeth ar eu cyfyl; **to pull s.o. ~ (of sth),** rhyddh|au rhn (o rth), tynnu rhn yn glir (o rth); **stand ~!** o'r ffordd! saf (sefwch) draw! *N: F:* tendia (tendiwch) o'r ffordd! **to get ~** *(i) v.i.* dianc, ymryddh|au; **to get ~ of debt,** cael gwared â dyledion, dod o ddyled, clirio dyledion; *(ii) v.t.* rhyddhau (rhn), tynnu (rhn) yn rhydd. **~-cut** *a.* clir, eglur, pendant, diamwys; **~-cut features,** wynebpryd lluniaidd *m*, wyneppryd glân ei doriad. **~-eyed** *a.* **1.** â llygaid clir/disglair. **2.** = **clear-sighted. ~-headed** *a.* **1.** *(= shrewd):* craff, pwyllog. **2. I was quite ~-headed,** 'roedd fy mhen i'n hollol glir; 'roeddwn i mor sobr â sant; 'roeddwn i yna i gyd; chollais i mo 'mhen. **~-headedly** *adv.* yn graff *&c.* **~-headedness** *n.* pwyll *m*, sobrwydd *m.* **~-sighted** *a.* craff, llygatgraff. **~-sightedly** *adv.* yn graff *&c.* **~-sightedness** *n.* craffter *m.* **~-sounding, ~-toned** *a.* croyw, persain, perseiniol. **~-starch** *v.t.* *Dom.Ec:* clirstartsio.

clear² *v.t.&i.* **I.** *v.t.* **1.** *(a)* clirio; **to ~ the air,** clirio'r awyr; *(b) (liquid):* clirio, gloywi, *S. W: F:* gleifi, gloiti; *(blood):* clirio, puro. **2. to ~ (s.o. of a charge),** difeio, dieuogi, diheuro, *F:* clirio (rhn o gyhuddiad); **he managed to ~ himself,** llwyddodd i brofi ei fod yn ddieuog; llwyddodd i'w glirio'i hun. **3.** *(road &c):* clirio, agor; *(land):* clirio, braenaru, arloesi, *N. W: occ:* 'loesi, 'lwysi; **to ~ land of weeds,** chwynnu tir; **to ~ land of stones,** digaregu/digerigo tir, *N. W: occ:* llnau cae; **to ~ one's throat,** carthu'ch gwddf; *Jur:* **to ~ court,** clirio/gwagio llys; **to ~ one's conscience,** ysgafnu'ch cydwybod; *int.* **~ the way!** o'r ffordd! **he cleared a way for himself,** gwthiodd ei ffordd drwodd; **to ~ the ground for negotiations,** braenaru tir ar gyfer trafodaethau; **to ~ the table,** clirio'r bwrdd/ford; *Navy:* **to ~ the decks for action,** clirio'r/parat|oi'r deciau i ymladd; *Com:* **to ~ [off] goods,** cael gwared â nwyddau; *Com:* **"to ~",** "i'w clirio"; *Com:* **"must be cleared",** "rhaid eu clirio"; *Nau:* **to ~ a cable/anchor,** rhyddh|au cebl/angor; *F:* **~ (all this out of here)!** cliria (cliriwch), symuda (symudwch) (y cwbl o'ma)! **4. to ~ a letterbox,** gwagio blwch llythyrau; **to ~ the bowels,** gweithio'r/clirio'r/gwagio'r ymysgaroedd; **to ~ a choked pipe,** dadflocio/clirio peipen gaeëdig. **5.** *(a)* **to ~ a barrier by five inches,** neidio bum modfedd yn glir o glwyd, clirio clwyd o bum modfedd; **to jack up a wheel until it clears the ground,** codi olwyn nes ei bod yn glir o'r llawr; *Sp:* **to ~ and jerk,** codi a hwbio; *(b) Nau:* **to ~ a harbour,** ymadael â phorthladd, gadael porthladd; **to ~ the land,** clirio'r tir; *Nau:* **to ~ a ship,** *(i) (= unload):* dadlwytho llong; *(ii) (for customs):* rhyddhau'r/clirio llong. **6.** *(a) (debt):* clirio, talu; *(b) Nau: (of ship):* **to ~ its quarantine,** darfod cwarantin; **to ~ goods,** clirio/rhyddhau nwyddau o'r tolldy. **7. to ~ ten per cent,** gwneud elw clir o ddeg y cant, clirio deg y cant; **I cleared my expenses,** cefais ddigon at fy nhreuliau; cliriais fy nhreuliau. **8.** *Fin: (cheque):* clirio. **II.** *v.i.* **1.** *(a) (of the weather):* clirio, goleuo; **to ~ [up],** goleuo, *N:* codi'n braf, brafio, codi'n hindda, *S. W: occ:* goleuannu, *S: occ:* hinddanu, hinoni; **to ~ by the afternoon,** *N. W: F:* codi at y pnawn; *(= of mist):* **to ~ [away],** codi, clirio; **the sky is clearing,** mae'r awyr yn goleuo/clirio; **his brow cleared,** cliriodd/goleuodd ei wyneb; *(b) (of liquid):* clirio, gloywi; *(c) Histology:* gloywi. **2.** *(of ship):* hwylio, cychwyn, mynd i'r môr, gadael porthladd. **~ away** *v.t.* cael gwared (â rhth), clirio (rhth), *S. W: occ:* gwaredu (rhth); *(rubble): Min:* rhiglo, arloesi; *abs.* clirio, tacluso. **~ off 1.** *v.t.* *(i) (debt):* clirio, talu; *(ii) Com: (remainder of stock):* clirio (rhth), cael ymadael/gwared (â rhth); *(iii)* **to ~ off arrears of work,** cael gwared â baich o hen waith, clirio hen waith; *(iv) (intruders &c):* clirio, hel, helcyd, gyrru (rhn); cael gwared/

ymadael (â rhn). 2. *v.i.* mynd, ei throi hi, ei bachu hi, ei gwadnu hi, ei goleuo hi, ei gwân hi. ~ **out** 1. *v.t.* *(room &c):* gwagio, clirio; *(people):* clirio. 2. *v.i.* = **clear off** 2. ~**-out** *n.* cliriad(-au) *m.* ~ **up** 1. *v.t.* *(a)* *(= solve):* datrys, egluro; *(b)* *(= tidy):* clirio, tacluso, twtio (rhth); rhoi (rhth) mewn trefn. 2. *v.i.* *(of weather):* clirio *&c; See* **clear**[2] II. 1. *(a).*

clearable *a.* cliriadwy.

clearance *n.* 1. clirio *vn,* cliriad(-au) *m, F:* clirians(-us) *m;* ~ **area,** ardal *(f)* chwalu/glirio (ardaloedd chwalu/clirio), ardal i'w chwalu/chlirio (ardaloedd i'w chwalu/clirio); **slum** ~, clirio slymiau; *Mil:* **bomb** ~, clirio bomiau. 2. *(a) Cust:* mynediad *m* [trwy'r dollfa], cliriad; *(b) Nau:* *(= departure):* ymadawiad(-au) *m,* ymadael *vn* (o borthladd, â phorthladd). 3. *Bank:* derbyniad *m,* cliriad, derbyn *vn,* clirio *vn.* 4. *Tchn:* *(= room to pass):* lle clir *m,* cliriant *m,* cliriad; **there is not enough** ~ **for the barges under the bridge,** 'does dim digon o le clir i'r ysgraffau fynd dan y bont; *Metalw: &c:* **front** ~, cliriad blaen; **heel** ~, cliriad sawdl; **helix** ~, cliriad helics. 5. *Scot.Hist:* **the Clearances,** y Digartrefu *vn,* y Gwacáu *vn;* **the Highland Clearances,** Gwacáu'r Ucheldiroedd, Cliriadau'r Ucheldiroedd. ~ **angle** *n.* ongl *(f)* glirio (onglau clirio). ~ **certificate** *n.* nodyn (nodion) *(m)* tollfa, tystysgrif *(f)* glirio (tystysgrifau clirio). ~ **hole** *n.* twll (tyllau) *(m)* cliriad. ~ **inwards** *n.* trwydded *(f)* fynediad (trwyddedau mynediad). ~ **order** *n.* gorchymyn (gorchmynion) *(m)* clirio/dymchwel/chwalu. ~ **period** *n.* cyfnod(-au) *(m)* cliriad/clirio. ~ **sale** *n.* arwerthiant (arwerthiannau) *(m)* clirio.

clearcole[1] *n.* clirlud *m.*

clearcole[2] *v.t.* clirludio.

cleared *a.* cliriedig.

clearer *n.* cliriwr (clirwyr) *m,* cl|irwraig *f, Min: N.W:* rhiglwr (rhiglwyr) *m,* arloeswr (arloeswyr) *m.*

clearing *vn. & n.* 1. *vn.* = **clear**[2]. 2. *n.* *(in forest):* llannerch (llennyrch) *f,* llecyn(-nau) agored *m;* *(for cultivation):* braenar(-au) *m,* cliriad(-au) *m.* ~ **agent** *n.* gloywydd(-ion) *m.* ~ **bank** *n. Bank:* banc(-iau) *(m)* clirio. ~**-house** *n.* 1. *Fin:* tŷ (tai) *(m)* clirio, banc clirio. 2. *Rail:* swyddfa ganolog (swyddf|eydd canolog) *f.* ~**-hospital** *n.* ysbyty (ysbytai) *(m)* triniaeth dros dro, ysbyty maes, ysbyty cliriol. ~**-stick** *n.* ffon *(f)* ryddh|au (ffyn rhyddhau), ffon glirio (ffyn clirio).

clearly *adv.* yn glir, yn eglur, yn amlwg; **he is** ~ **guilty,** mae'n amlwg ei fod yn euog; mae'n amlwg euog.

clearness *n.* 1. *(of sky, voice &c):* clirdeb *m,* clirder *m.* 2. *(of explanation):* eglurdeb *m,* eglurder *m,* clirdeb, clirder.

clearstory *n. U.S:* = **clerestory.**

clearway *n.* ffordd glir (ffyrdd clir) *f,* clirffordd (clirffyrdd) *f.*

clearwing *n. Ent:* cliradain (cliradenydd) *f;* **currant** ~, cliradain y cyrains/rhyfon; **dusky** ~, cliradain dywyll (cliradenydd tywyll); **fiery** ~, cliradain danbaid/danllyd (cliradenydd tanbaid/tanllyd); **hornet** ~, cliradain wenynaidd (cliradenydd gwenynaidd); **large-belted** ~, cliradain wregysgoch fawr (cliradenydd gwresgysgoch mawrion); **orange-tailed** ~, cliradain felyngwt (cliradenydd melyngwt) *(pronounced* ng-g); **red-belted** ~, cliradain wregysgoch (cliradenydd gwregysgoch); **red-tipped** ~, cliradain flaengoch (cliradenydd blaengoch) *(pronounced* ng-g); **sallow** ~, cliradain yr helyg; **six-belted** ~, cliradain amlwregysog; **thrift** ~, cliradain archmain; **Welsh** ~, cliradain Gymreig (cliradenydd Cymreig); **white-barred** ~, cliradain wregyswyn (cliradenydd gwregyswyn); **yellow-legged** ~, cliradain felyngoes (cliradenydd melyngoes) *(pronounced* ng-g).

cleat[1] *n.* 1. *(= wedge):* lletem(-au) *f.* 2. *Nau:* cleten (cletiau) *f.* 3. *(of boot):* clem(-iau) *f.* 4. *Carp: Metalw:* cleddyf(-au) *m;* **dovetail** ~, cleddyf cynffonnog.

cleat[2] *v.t.* 1. lletemu. 2. *Nau:* cletio. 3. *Boot-m:* clemio. 4. *Carp:* cleddyfu.

cleavable *a.* holltadwy.

cleavage *n.* 1. *Min:* hollt(-au) *f,* holltedd(-au) *m; Biol:* ymraniad(-au) *m; Ch:* holltiad(-au) *m.* 2. *(of opinion):* ymraniad, anghytundeb(-au) *m,* rhaniad(-au) *m.* 3. *F:* *(of breasts):* rhigol *(f)* y bronnau, agen *(f)* rhwng y bronnau. ~ **plane** *n. Min:* plân (planau) *(m)* hollti.

cleave[1] *v.t.&i.* hollti.

cleave[2] *v.i.* *A:* *(= adhere):* glynu, ymlynu (**to sth,** wrth rth); dal gafael (ar rth).

cleaver *n.* cyllell (cyllyll) *(f)* hollti, bwyell (bwyeill) *(f)* hollti, holltwr (holltwyr) *m,* twca(-od, twceiod) *m, S.W: occ:* whyell(-i) *f.*

cleavers *n. Bot:* *(Galium aparine):* *(= goosegrass):* gwlyddyn (gwlydd) *(m)* y perthi, gwlyddyn garw, llysiau*(pl)*'r hidl, llau*(pl)*'r offeiriad, llau'r perthi, cynghafan *m,* cyngaf *(m)* y coed, bwyd *(m)* gwyddau, *M.W: occ:* caredicaf *m;* **corn** ~, *(G. tricornutum):* cynghafan yr ŷd; **false** ~, *(G. spurium):* cynghafan ffug.

clef *n. Mus:* cleff(-iau) *m,* allwedd(-i) *f;* **the alto** ~, cleff yr alto; **the baritone** ~, cleff y b|ariton; **the bass** ~, cleff y bas; **the mezzo-soprano** ~, cleff y mezzo-soprano; **the soprano** ~, cleff y soprano; **the tenor** ~, cleff y tenor; **the treble** ~, cleff y trebl; **the C cleffs,** cleffiau C.

cleft[1] *n.* hollt(-au) *f,* holltiad(-au) *m,* agen(-nau) *f, N.W: occ:* hac(-iau) *m;* **a** ~ **in the chin,** bwlch *(m)* yn yr ên.

cleft[2] *a.* hollt, holltedig, fforchog; ~ **palate,** taflod hollt *f;* ~ **stick,** ffon (ffyn) fforchog *f,* pren(-nau) gaflog *m; Agr:* cledrog(-au) *f; Fig:* **in a** ~ **stick,** mewn caethgyfle, mewn cyfyng-gyngor, mewn twll. ~**-footed** *a.* ewinfforchog. *S.a.* **cleave 1.**

cleg *n. Ent:* = **horse-fly.**

Clegyr Boia *W.Pl.n.* Clegyrfwya *m.*

cleistogamic, cleistogamous *a. Bot:* hunanbeilliog.

cleistogamously *adv.* yn hunanbeilliog.

cleistogamy *n. Bot:* hunanbeilliad *m,* hunanbeillio *vn.*

clem *v.t.&i. Dial:* = **starve, freeze**[2].

clematis *n. Bot:* barf *(f)* yr hen ŵr, cudd *(m)* y coed, dringhedydd *m;* **Alpine** ~, *(Clematis alpina):* dringhedydd yr Alpau; **erect** ~, *(C. recta):* dringhedydd syth; **single-leaved** ~, *(C. integrifolia):* dringhedydd cyfanddail.

clemency *n.* 1. *(= mercy):* trugaredd *fm,* tosturi *m, occ:* trugaro[w]grwydd *m;* *(= mildness):* hynawsedd *m,* tiriondeb *m,* addfwynder *m.* 2. *(of weather):* tynerwch *m,* mwynder *m.*

Clemenston *W.Pl.n.* Treglement *f.*

clement *a.* 1. *(= merciful):* trugarog, tirion, tosturiol; *(= mild):* llariaidd, hynaws, tirion, addfwyn (**to s.o.,** tuag at rn). 2. *(weather):* tyner, braf, mwyn, addfwyn; ~ **weather,** *Lit:* hindda *f.*

clementine[1] *n. Bot:* cl|ementin (clementinau) *m.*

Clementine[2] *a. Ecc.Hist:* **the** ~ **Recognitions,** yr Adnabyddiaeth Glemennaidd *f.*

clemently *adv.* yn drugarog *&c.*

clench[1] *n.* *(=* **grip**[1]*):* gafael *f.*

clench[2] *v.t.* 1. = **clinch**[2] **(a)** *(fists):* cau, gwasgu; *(teeth):* gwasgu, clensio.

clenched *a.* caeëdig, gwasgedig; **with** ~ **hands,** â'r dyrnau yngh|au; ~ **fist salute,** saliwt/cyfarchiad [â] dwrn caead, saliwt/cyfarchiad codi dwrn.

clepsydra *n.* cloc(-iau) *(m)* dŵr.

clerestory *n. Ecc: Arch:* llofft olau (llofftydd golau) *f,* claeruchdwr (claeruchdyrau) *m.*

clergy *n.* 1. *Coll:* clerigwyr *pl,* offeiriaid *pl,* gweinidogion *pl,* personiaid *pl, S:* 'ffeiriadon *pl, A:* gwŷr *(pl)* llên; **benefit of** ~, braint *(f)* clerigwyr. 2. *(with pl. const.):* y glerigaeth *f,* yr offeiriadaeth *f.*

clergyman *n.* clerigwr (clerigwyr) *m,* offeiriad(-on, offeiriaid) *m,* gweinidog(-ion) *m,* person(-iaid) *m, S: F:* 'ffeirad(-on) *m.*

cleric *n.* = **clergyman.**

clerical *a.* 1. *Ecc:* clerigol; ~ **collar,** *N:* coler gron (coleri crynion) *f, S:* coler crwn (coleri crynion) *m;* **C~ Disabilities Acts,** Deddfau Anghymwysterau Clerigwyr; **C~ Subscription Act,** Deddf *(f)* Tanysgrifiad Clerigwyr. 2. *(in office):* clercaidd; ~ **error,** gwall(-au) *(m)* copïwr/copïo, gwall clerc, amryfusedd(-au) *m;* ~ **work,** gwaith *(m)* clercio, gwaith swyddfa, clercio: clarcio *vn;* **she's doing** ~ **work,** mae hi'n clercio; ~ **assistant,** clerc(-od) *(m)* cynorthwyol.

clericalism *n.* clerigiaeth *f,* clerigoliaeth *f.*

clericalist *n.* clerigiaethwr (clerigiaethwyr) *m.*

clericalize *v.t.* clerigoli.

clerically *adv.* 1. *Ecc:* yn glerigol. 2. *Adm:* yn glercaidd, gan glerc.

clerihew *n.* clerigwm (clerigymau) *m.*

clerisy *n.* dysgedigion *pl,* gwŷr dysgedig *pl,* gwŷr *(pl)* llên.

clerk[1] *n.* 1. *(a)* clerc(-iaid, -od) *m,* clarc(-od) *m; dim.* clercyn (clercod) *m;* **counter-**~, clerc cownter; **chief** ~, prif glerc; **filing-**~, clerc ffeilio; **junior** ~, is-glerc(-iaid, -od) *m;* **parish** ~, clerc plwyf; **~ of the peace,** clerc heddwch; **C~ of the Crown,** Clerc y Goron, Clerc y Brenin; **town ~,** clerc y dref, clerc tref; **the C~ to the Council,** Clerc y Cyngor; *Jur:* **C~ of the Court,** Clerc y Llys; **C~ in the Court's Office,** Clerc Swyddfa'r Llys; **C~ of the Parliaments,** Clerc y Seneddau; **C~ to the Justices,** Clerc yr Ynadon. **2.** *Ecc:* **~ [in holy orders],** clerigwr (clerigwyr) *m*; **clerks regular,** clerigwyr rheolaidd. **3.** **~ of [the] works,** goruchwyliwr (goruchwylwyr) (*m*) gwaith; *(b) F:* **the ~ of the weather,** clerc y tywydd; *(c) Rac:* **~ of the course,** clerc y cwrs. **4.** *U.S: (= shop assistant):* dyn(-ion) (*m*) siop, merch(-ed) (*f*) siop.

clerk[2] *v.i. U.S:* **1.** *(in office):* clercio, *N.W:* clarcio, *S:* clarco. **2. to ~ in a store,** gweithio mewn siop.

clerkess *n.f.* clarces: clerces(-au).

clerkly *a.* clercaidd; **a ~ hand,** ysgrifen glercaidd.

clerkship *n.* clerciaeth(-au) *f*, lle (*m*) clerc, swydd (*f*) clerc.

cleruchial *a. Gr.Hist:* gwladfaol, gwladychol.

cleruchy *n. Gr.Hist:* gwladfa (gwladf|eydd) *f*.

Cletterwood *W.Pl.n.* Caletffrwd *f*.

cleveite *n. Miner:* clevit: clefit *m*.

clever *a.* **1.** *(= skilful, adroit):* galluog, medrus, deheuig, dehau, dawnus, *Lit: occ:* hyfedr, *F:* clyfar, dechau, *N:* dethau, *S:* deche, *S.W:* glew; **he is ~,** *S:* mae pen arno fe; *S.W:* mae e'n lew; *N.W:* mae o'n hen ben; mae o'n 'sglaig; **he is ~ with his hands,** un da ei law yw e; mae'n ddechau/ddethau/fedrus â'i ddwylo; *S:* mae'n gliper â'i ddwylo; *S.W:* mae e'n lew â'i ddwylo; **~ at doing sth,** da am wneud rhth, *S:* cliper am wneud rhth. **2.** *(a) (= intelligent):* deallus, dawnus, medrus, peniog, *F:* clyfar, clefar; *Sch:* **~ at mathematics,** da mewn mathemateg; *(b) F: (= smart):* **he was too ~ for us,** 'roedd yn ormod o un i ni; 'roedd yn ormod o lwynog/gadno i ni; 'roedd yn rhy ystumiog/ystumddrwg i ni; *(c)* **a ~ parody,** parodi medrus/clyfar; *(b)* **a ~ device,** dyfais ddyfeisgar/glyfar. **~-clever** *a.* gorglyfar, rhy glyfar, clyfar clyfar; **~-clogs, ~ Dick, ~-sticks** *n.* mistar (*m*) gwybod popeth, diawl(-iaid) clyfar *m*.

cleverish *a.* lled fedrus, eithaf medrus *&c.*

cleverly *adv.* yn fedrus *&c.*

cleverness *n.* **1.** *(= skill):* medrusrwydd *m*, medr *m*, deheurwydd *m*, *F:* clyfrwch *m*; **at ~ doing sth,** deheurwydd/medrusrwydd yn gwneud rhth. **2.** *(= intelligence):* deallusrwydd *m*, peniogrwydd *m*, gallu *m*, dawn *f*, crebwyll *m*, *F:* clyfrwch *m*. **3.** *(= ingenuity):* dyfeisgarwch *m*, *F:* clyfrwch.

clevis *n.* cleifis(-iau) *m*, clöig(-ion) *f*; *(of plough):* clust(-iau) (*f*) aradr.

clew[1] *n.* **1.** *(= ball of wool):* pellen(-nau, -ni) *f*. **2.** *Nau: (a) (= cord):* cortyn (cyrt) *m*, llinyn(-nau) *m*; *(b) (= corner of sail):* congl(-au) (*f*) hwyl. **~-garnet** *n. Nau:* = **clew-line**. **~-iron** *n. Nau:* haearn (heyrn) (*m*) halio. **~-line** *n. Nau:* llinyn halio.

clew[2] *v.t. Nau:* **to ~ [up] sails,** halio hwyliau i fyny, torchi hwyliau.

clianthus *n. Bot:* clianthws (clianthi) *m*.

cliché *n.* ystrydeb(-au) *f*; *Pros:* hen drawiad(-au) *m*. **~-ridden** *a.* ystrydebol, llawn ystrydebau.

clichéd *a.* = **cliché-ridden**

click[1] *n.* **1.** clec(-iau) *f*, clic(-iau) *m*, tic(-iau, -iadau) *m*, clep(-iau) *f*, clap(-iau) *m*, crec(-iau) *f*; **with a ~ of the heels,** gan glecian sodlau, â chlec ar eich sodlau. **2.** *Ling:* **~ [of the tongue],** clec, cleciad(-au) *m*. **3.** *Tchn:* clicied(-au) *f*, clep. **~-beetle** *n. Ent:* chwilen (*f*) glec (chwilod clec), chwilen ben glec (chwilod pen clec), ysbonciad (ysbonciaid) *m&f*. **~-clack** *n.* **1.** *Mec.E:* clep, clicied. **2.** *(noise):* clecian *vn*, clepian *vn*, clec-glec *f*. **~-stop** *n. Phot:* caead(-au) (*m*) clec. **~-wheel** *n.* olwyn (*f*) glec (olwynion clec).

click[2] *v.t.&i.* clecian, clician, tician; **to ~ one's heels,** clecian eich sodlau, rhoi clec ar eich sodlau; **the piece clicked into place,** cleciodd/cliciodd y darn i'w le.

click[3] *v.i. F: O: (a) (of two pers.):* plesio'ch gilydd, clicio, clician; **did you ~?** *N: F:* gefaist ti fachiad? gefaist ti groeso? gefaist ti hwyl arni? *(b) (of things):* cyd-fynd, cyd-daro; *(c)* **that clicks!** mae hynny'n taro tant!

clicker *n.* **1.** *Typ:* prif gysodwr (~ gysodwyr) *m*. **2.** *(= foreman shoemaker):* prif grydd (~ gryddion) *m*.

clicking[1] *a.* cleciog.

clicking[2] *vn.* = **click**[1] **1, 2.**

client *n.* **1.** *Rom.Ant:* dibynnwr (dibynwyr) *m* **(of s.o.,** ar rn), ymlynwr (ymlynwyr) *m* (wrth rn). **2.** *(= customer):* cwsmer(-iaid) *m*; *(of hotel):* gwestai (gwesteion) *m*; *(of club, theatre):* mynychwr (mynychwyr) *m*. **3.** *(of doctor):* claf (cleifion) *m*. **4.** *(of lawyer &c):* ymgynghorwr (ymgynghorwyr) *m*, cleient(-iaid) *m*. **~ state** *n.* gwladwriaeth ddibynnol (gwladwriaethau dibynnol) *f* **(of sth,** ar rth).

clientage *n.* = **clientele.**

cliental *a.* cwsmeraidd, cleientaidd.

clientele *n. (of shop):* cwsmeriaid *pl*; *(of hotel):* gwesteion *pl*; *(of lawyer):* cleientiaid; *(of doctor):* cleifion; *(of theatre, club):* mynychwyr *pl*, selogion *pl*, ffyddloniaid *pl*.

Clifden nonpareil *n. Ent:* gwyfyn(-od) (*m*) yr onnen.

cliff *n.* clogwyn(-i) *m*, *N.W: occ:* gallt (gelltydd) (*f*) y môr; *(inland):* dibyn(-nau) *m*, wyneb(-au) (*m*) craig, diffwys(-au, -ydd) *m*, gallt, *occ:* clegyr(-au) *m*, *N.W: occ:* rhyddallt (rhyddelltydd) *f*; **overhanging ~,** craig yn taflu dros ei throed/sawdl. **~-dweller** *n.* preswylydd (preswylwyr) (*m*) clogwyn. **~-dwelling 1.** *vn.* preswylio clogwyn/clogwyni. **2.** *n.* preswylfa (preswylf|eydd) (*f*) mewn clogwyn. **~ face** *n.* clogwyn, wyneb (*m*) craig (wynebau craig/creigiau). **~-hang** *v.i.* bod ar ymyl dibyn. **~-hanger** *n. Cin: T.V:* cyfres(-i) iasol *f*, cyfres min dibyn; *(episode):* |episod (episodau) (*f*) min dibyn; **~-hanger verdict,** rheithfarn (*f*) ymyl y dibyn. **~-hanging** *vn. Pol:* dibyn-hofran. **~-line** *n. Geog:* llinell (*f*) glogwyn (llinellau clogwyn). **~-swallow** *n. Orn:* gwennol (gwenoliaid) (*f*) y graig.

cliffy *a.* clogwynog, serth, creigiog, clegyrog.

climacteric *a.* & *n.* **1.** *a.* *(= critical):* argyfyngus, enbydus, enbyd. **2.** *n.* cyfnod(-au) argyfyngus *m*, cyfnod seithmlwyddol; *Med:* cyfnod newid oes, cyfnod climacterig; **the grand ~,** y flwyddyn enbyd *f*.

climacterical *a.* climacterig, climacterigol.

climactic *a.* anterthol, uchafbwyntiol.

climactically *adv.* yn anterthol.

climate *n.* hinsawdd (hinsoddau) *f*; **~ of opinion,** barn gyffredin *f*, barn gyhoeddus, tymer gyhoeddus *f*.

climatic *a.* hinsoddol; **~ features,** nodweddion hinsoddol; **~ regions,** rhanbarthau hinsoddol.

climatically *adv.* yn hinsoddol; yn ôl hinsawdd.

climatological *a.* hinsoddegol.

climatologically *adv.* yn hinsoddegol.

climatologist *n.* hinsoddegwr: hinsoddegydd (hinsoddegwyr) *m*.

climatology *n.* hinsoddeg *f*.

climatotherapy *n. Med:* hin-driniaeth *f*.

climax[1] *n.* **1.** *(= highest point):* anterth *m*, uchafbwynt(-iau) *m*, penllanw *m*, brig(-au) *m*, cleimacs(-au) *m*; **things were at a ~,** 'roedd pethau yn eu hanterth; **this brought matters to a ~,** fe ddaeth hyn â'r mater i'r pen; *Th: &c:* **to work up to a ~,** arwain at uchafbwynt. **2.** *Rh:* esgyniaith *f*, esgynneb (esgynebau, esgynebion) *f*. **3.** *Med: (sexual):* anterth, uchafbwynt. **4.** *Nat.Hist:* anterth, uchafbwynt; **post-glacial botanical ~,** uchafbwynt llysieuol ôl-rewlifol; **~ vegetation,** llystyfiant uchafbwyntiol *m*. **5.** *Mus:* uchafbwynt.

climax[2] *v.t.&i.* **1.** *v.i.* dod i uchafbwynt, cyrraedd uchafbwynt; anterthu. **2.** *v.t.* dod (â rhth) i uchafbwynt; **her song climaxed the evening,** ei chân hi fu uchafbwynt y noson.

climb[1] *n.* **1.** *(= ascent):* dringfa (dringf|eydd) *f*, dring(-ion) *m*, esgyniad(-au) *m*, esgynfa (esgynf|eydd) *f*; **a stiff ~,** dringfa serth; *Aut: Sp:* **hill ~,** cwrs (*m*) rhiwiau; *Av:* **rate of ~,** cyflymder (*m*) esgyn. **2.** *(= steep hill):* dringfa, dring, rhiw(-iau) *f*, *N:* [g]allt ([g]elltydd) *f*, clip(-iau) *m*, *S:* tyle(-au) *mf*. **~ indicator** *n.* esgyniadur(-on) *m*, *F:* cloc(-iau) (*m*) dringo.

climb[2] *v.t.&i.* **1.** *v.t.&i.* dringo, *occ:* esgyn, *S: occ:* dringad; *F:* **to ~ up the wall,** gwylltio, mynd o'ch cof, mynd o'ch pwyll, drysu, colli'ch limpyn, *N:* bwrw'ch/lluchio'ch/taflu'ch cylchau, mynd oddi ar eich echel, mynd i ben y caetsh, myllio, *S.W:* colli natur. **2.** *v.i.* **the road climbs,** mae'r ffordd yn codi/dringo/esgyn; **to ~ to power,** esgyn/codi/dringo i awdurdod/rym. **~ down** *v.i.* **1.** disgyn, dod i lawr. **2.** *F:* ymddiheuro, newid eich tôn, tynnu'ch geiriau yn ôl, gorfod llyncu'ch geiriau, cyfaddef eich cam, cyfaddef eich bod ar fai, syrthio ar eich bai, *N:* troi yn eich cogwrn, troi yn eich carn/carnau. **~-down** *n.* **1.** disgyniad(-au) *m*, disgynfa (disgynf|eydd) *f*, disgyn *vn*. **2.** *(= apology):* ymddiheuriad(-au) *m*, cyfaddefiad(-au) (*m*) eich bod ar fai, troad(-au) (*m*) yn eich carn.

climbable *a.* dringadwy, esgynadwy; **is it ~?** a oes modd ei ddringo?

climber *n.* **1.** dringwr (dringwyr) *m*, dr|ingwraig (dringwragedd) *f*; *Mount:* dringwr, *occ:* mynyddwr (mynyddwyr) *m*, myn|yddwraig (mynyddwragedd) *f*. **2.** *F:* **social ~,** dringwr cymdeithasol, dringwraig gymdeithasol. **3.** *(a) Bot:* dringwr, planhigyn (planhigion) (*m*) dringo/dringol, llysieuyn (llysiau) (*m*) dringo/dringol; *(b) Orn:* dringhedydd (dringedyddion) *m*, dringwr, aderyn (adar) (*m*) dringol.

climbing[1] *a.* dringol; **~ plant,** planhigyn (planhigion) (*m*) dringo/ dringol, llysieuyn (llysiau) (*m*) dringo/dringol. **~ birthwort** *n. Bot:* esgorllys bychan *m*. **~ fish** *n. Ich:* pysgodyn (pysgod) dringol *m*. **~ perch** *n. Ich:* draenog(-iaid, -od) dringol *m*.

climbing[2] *vn.* dringo, esgyn; **[mountain] ~,** dringo [mynyddoedd], mynydda. **~ ability** *n.* gallu (*m*) dringo. **~-frame** *n. Sch:* ffrâm (*f*) ddringo (fframiau dringo). **~-iron** *n.* gafaelfachau *pl*, heyrn (*pl*) dringo, crampon(-au) *m*, bachau (*pl*) dringo. **~-lane** *n. Aut:* lôn (*f*) ddringo (lonydd dringo). **~-speed** *n.* cyflymder (*m*) dringo.

clime *n. Poet:* **1.** *(= region):* parth(-au) *m*, bro(-ydd) *f*. **2.** *(= climate):* hinsawdd (hinsoddau) *f*.

climograph *n.* cl|imograff (climograffau) *m*.

clinal *a.* clinol, goleddfol, rhediadol.

clinally *adv.* yn glinol *&c.*

clinandrium *n. Bot:* clinandriwm (clinandria) *m*.

clinch[1] *n.* **1.** *(a) (= rivet):* rhybed(-ion) *m*; *(b) Nau:* cwlwm (c[y]lymau) rhwym *m*. **2.** *Box:* gafael(-au) *f*; **to go into a ~,** mynd i'r afael; **the boxers were in a ~,** 'roedd y paffwyr afael yng ngafael â'i gilydd; *F:* **to be in a ~,** *(= embrace):* cofleidio, ymgofleidio.

clinch[2] *v.t. (a) (nail):* clensio, cleinsio, gwrth-hoelio, rhybedio, fflatio; *(b) Nau:* clensio, cleinsio; *(c)* **to ~ a deal,** selio bargen; **to ~ an argument,** clensio/cloi dadl, taro'r hoelen ar ei phen, gyrru'r hoelen adref; **that clinches it,** dyna brofi'r peth i'r carn; 'does dim ateb i hynny; dyna daro'r hoelen ar ei phen; dyna hi i'r dim; dyna dorri'r ddadl; *(d) Box:* ymaflyd, mynd i'r afael; *(e) F: (= embrace):* cofleidio, ymgofleidio, cydio yn/am eich gilydd. **~-nail** *n.* rhybed(-ion) *m*.

clincher *n.* **1.** *F:* y gair (geiriau) olaf/terfynol *m*, *Lit:* clo (*m*) dadl, terfyn (*m*) dadl; **that was a ~ for him,** *N:* dyna roi caead ar ei biser o; dyna daro'r hoelen ar ei phen. **2.** *Aut: Cy: (of wheel-rim):* rhigol(-au) *f*. **~-built** *a.* = **clinker-built**. **~ tyre** *n. Aut: Cy:* teiar(-s) cantelog *m*.

clinching *a.* terfynol.

clinchingly *adv.* yn derfynol.

cline *n.* graddfa (graddf|eydd) *f*, goleddf(-au) *m*, rhediad(-au) *m*.

cling[1] *v.i. (a)* glynu (**to sth,** wrth rth), cydio (yn rhth), ymlynu (wrth rth), ymwasgu/gwasgu (at rth), dal gafael (yn rhth), dal yn dyn[n] (yn rhth); **to ~ to hope,** dal i obeithio; **to ~ to one's opinion,** glynu wrth eich barn, dal at eich barn, cyndynnu, ymgyndynnu, ystyfnigo, dal at eich proffes; **the boat clung to the coast,** hwyliodd y cwch yn glòs wrth y lan; cadwodd y cwch yn agos at y lan; *(of garment):* **to ~ to the figure,** glynu wrth y corff; **~ film** *n.* haenen (*f*) lynu.

cling[2] *n.* **1.** ymlyniad *m*, glyniad *m*. **2.** **~ [peach],** = **clingstone peach**.

clinger *n.* glynwr (glynwyr) *m*, gl|ynwraig (glynwragedd) *f*, ymlynwr (ymlynwyr) *m*, yml|ynwraig (ymlynwragedd) *f*, *F:* rhn (rhai) diollwng/cyndyn/di-ddweud/diymwared, gele (gelod) *f*; **he's a ~,** chewch chi ddim gwared ag o/e; mae'n glynu fel gele.

clingfish *n. Ich:* glynwr (glynwyr) *m*.

clinging *a.* glynol, glynedig, sy'n glynu, tyn[n]; **~ material,** defnydd glynol *m*; **~ nature,** natur ymlynol *f*; **~ perfume,** persawr glynol *m*.

clingstone *a.* careglynol. **~ peach** *n.* eirinen wlanog gareglynol (eirin gwlanog careglynol) *f*, eirinen lynol (eirin glynol).

clingy *a.* = **clinging**.

clinic *n. Med:* clinig(-au) *m*; **ante-natal ~,** clinig cyn geni; **child guidance ~,** clinig cyfarwyddo plant; **child welfare ~,** clinig lles plant; **family planning ~,** clinig cynllunio teulu.

clinical *a.* clinigol.

clinically *adv.* yn glinigol.

clinician *n.* clinigwr (clinigwyr) *m*.

clinicopathologic[al] *a. Med:* clinicopatholegol.

clinicopathologically *adv.* yn glinicopatholegol.

clink[1] *n.* tinc(-iau) *m*, tincial *vn*, tinciad(-au) *m*.

clink[2] *v.i.&t.* tincian, tincial, tincio.

clink[3] *n. P:* = **gaol[1]**.

clink[4] *n. Tls:* trosol(-ion) *m*.

clinker[1] *n.* **1.** *Const:* bricsen galed (brics caled) *f*, bricsen wydrog (brics gwydrog). **2.** *(= slag):* rhysod *pl*, marwor *pl*, clincer *m*, *N.W: occ:* salimandar *m*.

clinker[2] *n. Row:* clincer *m*; **~ four,** clincer pedwar; **~ eight,** clincer wyth. **~-built** *a. N.Arch:* astyllog, estyllog.

clinker[3] *n. F: (= whopper): N:* clincer *fm*, homer *fm*, cliper *fm*, *N.W: occ:* chwip *f*.

clinkety-clank *n.* clencian *vn*.

clinkstone *n.* tincfaen (tincfeini) *m*.

clinometer *n. Surv: Nau:* clinomedr(-au) *m*, mesurydd(-ion) (*m*) goleddf.

clinometric *a.* & *n.* **1.** *a.* clinometrig. **2.** *n.pl.* **clinometrics,** clinometreg *f*.

clint *n.* agen(-nau) *f*, hollt(-au) *f*; *Geog:* clint(-iau) *m*.

clintonia *n. Bot:* lili (liliau) (*f*) Clinton, clintonia(-s) *m*.

clip[1] *v.t. (= fasten):* clipio, cydio (**sth to sth,** rhth yn rhth). **~ on** *v.t.&i.* clipio. **~-on** *attrib.* clipiadwy, clipio.

clip[3] *n.* **1.** *(a) (= shearing):* cneifiad *m*, cneifio *vn*; *(b) (= yield of wool):* cnufiau *pl*, cneifiad(-au) *n*. **2.** *P: (= blow on the ear):* clusten *f*, bonclust(-iau) *m*, clewten *f*, *N:* twll (*m*) clust, *S.W: occ:* clipen: clipsen *f*; *Box:* **a ~ on the jaw,** clec (*f*) ar yr ên, *N: F: occ:* tatsh: tatshien (tatshis) (*f*) ar yr ên. **3.** *U.S: F:* **to go at a good ~,** mynd yn gyflym, mynd nerth eich traed, mynd nerth eich olwynion *&c*, taranu mynd, mynd fel y gwynt, mynd fel gwennol, mynd fel r[h]uban. **~-joint** *n. F:* clwb (clybiau) (*m*) blingo, cwt (cytiau) (*m*) cneifio, ogof(-âu,-|eydd) (*f*) lladron.

clip[4] *v.t.* **1.** *(= shear[2]):* cneifio; *(coin, hair, hedge, nails):* torri, tocio, clipio; **to ~ the wings of a bird,** tocio adenydd aderyn; *Fig:* **to ~ s.o.'s wings,** torri crib rhn; *F:* **to ~ one's words,** torri'ch geiriau, siarad yn gwta. **2.** *(= punch):* tyllu, clipio; *P:* **to ~ s.o.'s ear,** rhoi bonclust/clusten *&c* i rn.

clipboard *n.* clipfwrdd (clipfyrddau) *m*.

clip-clop[1] *n.* clip-clop *m*.

clip-clop[2] *v.i.* clip-clopian.

clipped *a. (sheep):* cneifiedig; *(coin, hair, hedge, nails, wing):* tociedig, clipiedig; *(ticket):* clipiedig, tylledig, tyllog; *(diction):* cwta, pryséis.

clipper *n.* **1.** *(a) (pers.): (of sheep):* cneifiwr (cneifwyr) *m*; *(b) (of ticket &c):* tociwr (tocwyr) *m*, clipiwr (clipwyr) *m*, tyllwr (tyllwyr) *m*. **2.** *pl. (for sheep):* gwellaif (gwelleifiau) *m*; *(for hair, hedge):* siswrn (sisyrnau) *m*. **3.** *Nau:* cliper(-s) *f*.

clippie *n.f. F:* clipi(-s).

clipping *vn.* & *n.* **1.** *vn.* = **clip[4]**; *(of sheep):* cneifiad(-au) *m*. **2.** *n. (of paper, hair, grass &c):* toriad(-au) *m*, torryn (torion) *m*.

clipsheet *n.* cliplen(-ni) *f*.

clique *n.* clic(-iau) *m*; **they all belong to the same ~,** yr un criw ydyn' nhw i gyd; *S.W:* maen' nhw yn yr un cwch i gyd.

cliquey, cliquish *a.* clicaidd, clicyddol.

cliquishly *adv.* yn glicaidd *&c*.

cliquishness *n.* cliceiddiwch *m*, clicyddiaeth *f*.

clitellum *n.* clitelwm (clitela) *m*.

clitic *n. Ling:* gogwyddair (gogwyddeiriau) *m*.

clitocybe *n. Fung:* **blue-green ~,** caws (*m*) anis.

clitoral, clitorial, clitoric *a. Anat:* clitoraidd.

clitoris *n. Anat:* cl|itoris (clitorisau) *m*.

clitter *n. Geol:* clogfeini *pl*, marian(-au) *m*.

cloaca *n.* **1.**= **sewer**. **2.** *Z:* rhefr(-au) *m*, cloaca (cloacâu) *m*.

cloacal *a. Z:* rhefrol, cloacol.

cloak[1] *n.* mantell (mentyll) *f*, clogyn(-nau, clogau) *f*, *Lit:* cochl(-au) *mf*, hugan(-au) *f*; *Th:* **~ and sword drama,** drama glogyn a chleddyf, drama glog a chledd; **under the ~ of night,** liw nos, dan fantell y nos, dan lenni'r nos; **under the ~ of religion,** dan gochl crefydd; **~ and dagger story,** stori (*f*) glogyn a chyllell (straeon clogyn a chyllell); *Adm: Mil: F:* **the ~ and dagger boys,** y gwrth-ysbïwyr.

cloak[2] *v.t.* mantellu, cuddio (rhth); taflu mantell (dros rth).

cloaked *a.* mantellog, clogog.

cloakroom *n. Th: Rail: &c:* ystafell (*f*) gotiau (ystafelloedd cotiau); **"Ladies ~room",** "Merched".

clobber[1] *n. F:* = **clothing, equipment**.

clobber[2] *v.t.* = **beat[2], thrash[2]**.

cloche *n. Hort:* cloch (*f*) wydr (clychau gwydr), closh(-is,-iau) *mf*, gorchudd(-ion) (*m*) gwydr; **continuous ~,** twnel(-i) gwydr *m.* **~ hat** *n.* het (*f*) glosh (hetiau closh).

clock¹ *n. (a)* cloc(-iau) *m, A: & Lit: occ:* orlais (orleisiau) *m, (less correctly):* awrlais (awrleisiau) *m;* **grandfather ~,** cloc wyth niwrnod, cloc mawr, *occ:* cloc hir, *N:* cloc taid, cloc hen daid, *S:* cloc tad-cu, *N: occ:* cloc pen dafad; *Tp:* **the speaking ~,** y cloc llafar; **it is one o'~,** mae hi'n un o'r gloch; *N: occ:* mae hi'n un a'r gloch; *S: occ:* mae hi'n un ar y gloch; **what o'~ is it?** faint o'r gloch yw hi? faint yw hi o'r gloch? *S: occ:* faint ar y gloch yw hi? **to work against the ~,** gweithio yn erbyn y cloc; **to beat the ~,** curo'r cloc; **to put the ~ back,** troi'r cloc yn ei ôl; *F:* **to sleep round the ~,** cysgu ddydd a nos; **to watch the ~,** gwylio'r cloc, *N.E: occ:* cyfri'r gloch; **to work round the ~,** gweithio'n ddi-baid, gweithio o fore gwyn tan nos, gweithio rownd y cloc; *(b) (of dandelion):* pen(-nau) *m,* cloc; *(c) F:* = **dial¹, face¹. ~-face** *n.* wyneb (*m*) cloc (wynebau clociau), deial(-au) *m.* **~ golf** *n.* golff (*m*) cloc. **~ pause** *n. Cmptr:* saib (seibiau) (*m*) cloc. **~ pulse** *n.* curiad(-au) (*m*) cloc. **~ rate** *n.* cyfradd(-au) (*f*) cloc. **~ signal** *n.* signal(-au) (*m*) cloc. **~-spring** *n.* clocsbring(-iau) *mf.* **~-tower** *n.* tŵr (*m*) cloc (tyrau clociau), clocdwr (clocdyrau) *m.* **~-watcher** *n.* clocwyliwr (clocwylwyr) *m.* **~-watching** *vn.* gwylio'r cloc, *N.E: occ:* cyfri'r gloch.

clock² *v.t.&i.* **1.** *v.t. (a) (race &c):* amseru, clocio; **to ~ up a thousand miles,** gwn|cud/clocio mil o filltiroedd; *(b) F:* = **hit².** **2.** *v.i. Ind:* **to ~ on, to ~ in,** clocio i mewn.

clock³ *n. (on sock):* cwircyn (cwirciau) *m;* **to make clocks on stockings,** cwircio hosanau.

clocklike *a.* fel [y] cloc, rheolaidd, cyson.

clockmaker *n.* clociwr (clocwyr) *m.*

clockwise *a. & adv.* **1.** *a.* clocwedd, yn null cloc. **2.** *adv.* i'r dde, yn null cloc, yn glocwedd, yr un ffordd â'r cloc, gyda'r cloc.

clockwork *n. & attrib.* **1.** *n.* perfedd(-ion) (*m*) cloc, clocwaith (clocweithiau) *m,* peirianwaith (*m*) cloc, treuliau (*pl*) cloc; *F:* **everything is going like ~,** mae popeth yn mynd fel cloc *or* yn troi fel deiol; *S.a.* **regular** I. **1. 2.** *attrib.* clocwaith; **~ train,** trên bach *m,* trên clocwaith.

clod *n.* **1.** *(a)* tywarchen (tyweirch) *f, B:* priddell(-i, -au) *f, S:* clotsyn (clots, clyts) *m,* clotasen: clotsen (clotas, clots, clyts) *f,* maten (mate) *f, N.W:* tolpyn (tolpiau) *m,* topen (topiau, topins) *f,* torchen (torchins) *f,* clob(-ion) *m,* clobor(-s) *m,* clobar(-s) *m, N.E:* clobsen (clobos) *f; (b)* **the ~,** *(= soil):* y tir *m,* y pridd *m,* priddyn *m,* y dywarchen *f.* **2.** = **clodhopper. 3.** *(of beef):* gwegil(-[i]au) *m.* **~-hopping** *a.* = **cloddish.**

cloddish *a.* gwladaidd, llywaeth, lloaidd, swrth, araf, twp, llebanaidd, lletchwith, di-glem, *N:* lemboaidd.

cloddishly *adv.* yn wladaidd *&c.*

cloddishness *n.* gwladeiddiwch *m,* twpdra *m,* syrthni *m,* llebandod *m,* lletchwithdod *m,* arafwch *m,* lemboeiddiwch *m.*

clodhopper *n.* **1.** twpsyn (twpsod) *m,* llabwst (llabystiaid) *m, Lit:* lleban(-od) *m,* llo(-i) (*m*) mewn lluwch, *S.W: occ:* lwtyn (lwffod, lwffs) *m, N.W: occ:* l[l]ymbar(-s) *m,* lembo(-s) *m,* llo cors. **2.** *(= large shoe):* clocsen (clocs, clocsiau) *f, S.W: occ:* bad(-au) *m.*

clodhopping *a.* gwladaidd, lletchwith, di-glem, llabystaidd, lloaidd, llebanaidd.

Clodock *Pr.n.* **1.** *Pr.n.m.* Clydog. **2.** *Eng.Pl.n.* Merthyr (*m*) Clydog.

clodpate, clodpoll *n.* = **clodhopper 1.**

clofibrate *n. Ch:* cloffibrad(-au) *m.*

clog¹ *n.* **1.** *(a) (= fetter):* clocbren(-ni) *m,* carchar(-au) *m; (b) F: (= impediment): N.W: occ:* clo *m.* **2.** *(= wooden shoe):* clocsen (clocs, clocsiau) *f, occ:* esgid bren (esgidiau pren) *f;* **to walk about in clogs,** clocsio. **~-dance¹** *n.* dawns (*f*) y glocsen, step (*f*) y glocsen. **~-dance²** *v.i.* dawnsio'r glocsen, gwn|eud dawns/step y glocsen, *S: occ:* stepo. **~-dancer** *n.* dawnsiwr (dawnswyr) (*m*) clocsiau, dawnsiwr y glocsen, d|awnswraig (dawnswragedd) (*f*) y glocsen. **~-dancing** *vn.* dawnsio'r glocsen. **~-maker** *n.* clocsiwr (clocswyr) *m.* **~ rattle** *n. Mus:* rhuglen (*f*) glocsen (rhuglenni clocs).

clog² *v.t.&i.* **1.** *v.t. (a) (= fetter²):* llyffetheirio; *(b) (=* **block²***):* cau, tagu; **clay clogged their boots,** 'roedd eu hesgidiau'n derrig/drwm gan glai; *(c) (= impede):* atal, rhwystro, arafu. **2.** *v.i.* cau, tagu.

clogged[-up] *a. (pipe, street):* caeëdig, tagedig, wedi cau/tagu; *(traffic):* mewn tagfa, ataliedig; **my chest is ~-up,** mae 'mrest i'n gaeth; *S.W:* mae 'mrest i fel cors.

clogger *n.* = **clog-maker.**

cloggy *a.* = **lumpy, knotty, sticky.**

cloisonné *a.* ***cloisonné.***

cloister¹ *n. usu.pl.* **1.** *(= monastery &c):* mynachlog(-au, -ydd) *f,* clas(-au) *m,* clasordy (clasordai) *m,* clasty (clastai) *m,* clwysty: glwysty (clwystai: glwystai) *m.* **2.** *(= covered walk):* clawstr(-au) *m,* cloestr(-au) *m.* **~ garth** *n.* clos(-ydd) clawstrog *m,* clos mynachlog (closydd mynachlogydd).

cloister² *v.t.* clawstro; *Fig:* **he cloistered himself in the library to write,** enciliodd i'r llyfrgell i ysgrifennu.

cloistered *a.* **1.** *Arch: (monastery &c):* clawstredig, clawstrog, clawstrol. **2.** *Fig: (life):* meudwyaidd, enciliedig, neilltuedig, cysgodol; **to lead a ~ life,** byw bywyd cysgodol.

cloistral *a.* clawstrol, mynachaidd, mynachlogaidd.

cloistress *n.f.* lleian(-od).

clomiphene *n. Pharm:* cl|omiffen *m.*

clonal *a.* clonol, clonaidd.

clonally *adv.* yn glonol, yn glonaidd.

clone¹ *n.* clôn (clonau) *m.*

clone² *v.t.* clonio.

clonic *a.* clonig.

clonicity *n.* clonigedd *m,* clonigrwydd *m.*

clonk¹ *n.* clonc(-[i]au) *mf.*

clonk² *v.i.* cloncian, cloncio.

clonus *n. Med:* clonws *m.*

clop¹ *n.* clip-clop *m.*

clop² *v.i.* clip-clopian.

cloqué *n. Tex:* cloce *m,* ***cloqué*** *m.*

close¹ *a. & adv.* I. *a.* **1.** *(a) (= closed):* caeëdig, caead; *Ling:* **~ vowel,** llafariad gaeëdig/gaead (llafariaid caeëdig/caead) *f;* **~ compound,** cyfansoddair (cyfansoddeiriau) clwm *m; (b) (= sultry):* clòs, mwll, trymaidd, trymllyd, myglyd, *Lit: occ:* mwygl, *S.W: occ:* mwrn, mwdarn, *N.W: occ: & S.W: occ:* gwygyl; **to grow ~,** mynd yn glòs *&c, occ:* mwyglo, *S: occ:* mwrno; *(c)* **a ~ secret,** cyfrinach fawr (cyfrinachau mawrion) *f; (d)* **~ borough,** bwrdeistref (*f*) boced (bwrdeistrefi poced); **~ corporation,** corfforaeth gaeëdig/gyfyngedig (corfforaethau caeëdig/cyfyngedig) *f;* **~ community,** cymdeithas glòs (cymdeithasau clòs) *f,* cymdogaeth glòs (cymdogaethau clòs) *f;* **~ communion,** cymundeb caeth *m,* caethgymundeb *m;* **~ prisoner,** carcharor(-ion) caeth *m; (e) Ven:* **~ season,** tymor caeëdig/gwaharddedig *m;* **this is the ~ season,** ni cheir hela yn awr; y tymor caeëdig yw hi. **2.** clòs, tyn[n]. **~ carpeting,** carped(-i) (*m*) gosod; *Typ:* **~ matter,** cysodi clòs; **~ grain,** gwead clòs *m;* **~ harmony,** h|armoni clòs *m;* **~ score,** sgôr glòs *f; Navy: Mil:* **in ~ order,** yn glòs/dyn[n] [at ei gilydd]; **~ buildings,** adeiladau clòs/agos at ei gilydd. **3.** *(= near):* **when I saw him at ~ quarters,** pan welais i ef yn agos ato; **a ~ connection between two facts,** cysylltiad agos rhwng dwy ffaith, **a ~ friend,** cyfaill agos/mynwesol; **they're on ~ terms,** maent ar delerau agos â'i gilydd; *F:* mae hi'n ti a thithau rhyngddyn nhw; maen' nhw fel bys a bawd ar yr un llaw; maen' nhw'n byw yng ngwynt ei gilydd; *S.W: occ:* maen' nhw mor ewn ar ei gilydd â thydi a thithau; **a ~ study,** astudiaeth fanwl *f;* **a ~ translation,** cyfieithiad ffyddlon/caeth/manwl/llythrennol *m;* **~ attention,** sylw astud/dyfal *m;* **to pay ~ attention (to sth),** sylwi'n astud, craffu (ar rth); **a ~ resemblance,** tebygrwydd agos *m;* **to keep ~ watch on s.o.,** gwylio rhn â llygad barcut, gwylio rhn yn ofalus, cadw golwg fanwl ar rn; **a ~ call, a ~ shave, a ~ thing,** dihangfa gyfyng (diangfeydd cyfyng) *f;* **it was a ~ thing,** cael a chael oedd hi; 'roedd hi'n agos iawn; peth agos iawn oedd hi; **I had a ~ shave,** ni bu ond y dim imi ei chael hi; mi ddihengais â chroen fy nannedd; **to cut hair ~,** cropio gwallt, torri gwallt yn gwta, torri gwallt hyd at y bôn, *S.W:* torri gwallt yn grop, *N: occ:* torri gwallt yn y gnec; *Rac:* **a ~ finish,** diwedd agos, diwedd bron gyfartal; **there was a ~ finish,** cyraeddasant yn dyn[n] wrth sodlau ei gilydd; **a ~ contest,** cystadleuaeth glòs/dyn[n], cystadleuaeth bron gyfartal. **4.** *(= reserved):* tawedog, di-ddweud, tawedwst, dywedwst, *S: F:* gwedwst; **to be ~ (about sth),** tewi, dweud dim (ynghylch rhth); *N.W: occ: F:* cau'ch ceg yn dyn[n] fel llyffant yn y cynhaeaf *or* ym mis Medi; **to play a ~ game,** chwarae'n glòs. **5.** *(= stingy):* cybyddlyd, crintachlyd, cynnil, tyn[n], *N.W: occ:* cwta, cŷn, *S.W: F:* mên.

II. *adv.* **1. ~ shut,** caeëdig yn dyn[n]/sownd, wedi'i gau'n dyn[n]/sownd. **2.** *(= near):* yn agos (*comp. forms:* nesed, nes, nesaf; *less correctly* agosed, agosach, agosaf), **(to sth,** i/at rth), yn glòs (wrth ymyl rhth), *Lit:* yn gyfagos (i rth); **to stick ~ to sth,** glynu'n glòs/dyn[n] wrth rth, dal yn dyn[n]/glòs at rth; **to follow ~ behind s.o.,** dilyn rhn yn agos, dilyn wrth sodlau rhn, dod yng nghynffon rhn, *S:* dod reit wrth gwt rhn; **~ on the heels of s.o.,** yn dyn[n] wrth sodlau rhn; **to stand ~ to the door,** sefyll yn agos at y drws; **to come ~,** dod yn agos/nes, nesáu, agosáu, *Lit:* dynesu, *F:* closio (**to sth,** at rth); **come ~,** tyrd (dewch/dowch) yn nes, dere'n nes (dewch/dowch yn nes), *F:* tyrd *&c* yn nes at yr achos; **to fit ~,** ffitio'n dyn[n], ffitio i'r dim; **to go ~,** *(of racehorse): (a) (= win):* ennill; *(b) (= go near to winning):* dod o fewn y dim i ennill; **to sail ~ to the wind,** hwylio'n agos i'r gwynt; **we stood ~ together,** safasom yn agos at ein gilydd; **to run s.o. ~,** cystadlu'n glòs â rhn, rhoi ras iawn i rn. **3. to keep/lie ~,** swatio, ymguddio, cuddio, *N:* cuddiad, *S:* cwato. **4.** *(a)* **~ at hand, ~ by,** wrth law, yn agos, heb fod ymh|ell, *N:* yn ymyl, wrth ymyl, *Lit:* gerll|aw, yn gyfagos; *(b) Nau:* **to stand ~ in to the land,** costio: côstio, hwylio'n agos at y tir, dilyn y glannau, hwylio gyda'r glannau; *(c)* **~ on nine o'clock,** yn agos i/at naw o'r gloch, bron yn naw o'r gloch, tua naw o'r gloch, ar fin taro naw, *N: occ:* ar draws naw o'r gloch, *S. W: occ:* marce naw [o'r gloch]; **he's ~ on eighty,** mae'n tynnu at ei bedwar ugain; mae bron yn bedwar ugain; *occ:* mae'n gyrru/gwasgu ar ei bedwar ugain; *(d)* **~ to, ~ by (sth),** wrth (rth), yn agos (at rth, i rth), *S:* ar bwys (rhth), ar ymyl (rhth), *N:* wrth ymyl (rhth), yn ymyl (rhth), *Lit:* gerllaw (rhth); **~ to Bala,** yng nghyffiniau'r Bala; **~ to the ground,** gyda'r llawr, gyda'r ddaear, yn agos i'r llawr/ddaear; *Fig:* **to keep your ear ~ to the ground,** clustfeinio, cadw'ch clustiau'n agored, cadw'ch clustiau ar agor, gwrando'n astud am si/achlust. **~-carpet** *v.t.* carpedu (rhth) yn llwyr. **~-cropped, ~-cut** *a. (a) (hair):* cwta, byr(-ion), *S. W:* crop, *N. W: occ:* wedi'i dorri yng nghroen y baw; *(b) (grass):* cwta, byr. **~-cut** *v.i.* torri gwallt yn gwta/fyr, *S. W:* torri gwallt yn grop, cropio gwallt. **~-fisted** *a.* llawgaead, cybyddlyd, *occ:* tyn[n], *S: F:* mên, *N: occ:* clòs, cỳn. **~-fitting** *a.* tyn[n]. **~-grain** *a. Carp:* graen clos. **~-hauled** *a. Nau:* yn agos i'r gwynt, ar y gwynt. **~-knit, ~-knitted** *a.* **= close-woven.** **~-leaved** *a.* tewddail. **~-lipped** *a.* mingaead (*pronounced* ng-g), tawedog, dywedwst, di-ddweud, bantgaead, *S: F:* gwedwst. **~-meshed** *a.* mân-rwyllog. **~-mouthed, ~-tongued** *a.* **= close-lipped.** **~ packing** *vn. Biol:* pacio'n dyn[n]. **~-planted** *a.* trwchus, wedi eu plannu'n glòs. **~-reefed** *a. Nau:* wedi ei riffio'n dyn[n]. **~-roll** *n.* rhôl glòs (rholiau clòs) *f.* **~-set** *a. (eyes &c):* agos at ei gilydd. **~-shaven** *a.* wedi'ch eillio'n lân. **~-stool** *n.* cadair gaead (cadeiriau caead) *f, N.W: F: occ:* cadair (*f*) gec (cadeiriau cec). **~-textured** *a. Tex:* manweog, o wead clos; *Cu:* o ansawdd clos. **~-up** *n. Cin: T.V: Phot:* golwg agos *m* **(of sth,** ar rth), llun(-iau) agos *m* (o rth); *Biol: (= diagram):* manylion *pl,* agoslun(-iau) *m;* **~-up detail,** manylion agos. **~-woven** *a.* manweog, o wead clòs/dwys/mân.

close² *n.* **1.** *(= enclosed place):* amgaefa (amgaef|eydd) *f,* cowrt(-iau) *m; (of cathedral):* clos(-ydd) *m.* **2.** *(in Scot.):* = **passage.**

close³ *n.* **1.** *(a) (= end, closure &c):* terfyn(-au) *m,* diwedd(-au) *m,* terfyniad(-au) *m;* **~ of play,** terfyn [ar] y chwarae; *(b) Mus:* diweddeb(-au) *f;* **false ~,** diweddeb annisgwyl; **full ~,** diweddeb berffaith (diweddebau perffaith) *f;* **half ~,** diweddeb amherffaith; **we must bring the (meeting &c) to a ~,** *F:* mae'n bryd inni gau pen y mwdwl; **the evening drew to a ~,** tynnai'r noson at ei therfyn. **2.** *(of wrestlers):* **to come to a ~,** mynd i'r afael, ymaflyd yn eich gilydd.

close⁴ *v.t.&i.* I. *v.t.* **1.** cau, *S: F:* caead; **to ~ a breach,** cau/llenwi bwlch, *S.W: occ:* topio/caead twll. **2.** *(debate &c):* cloi, terfynu (rhth); tynnu (rhth) i'w derfyn; **to declare the meeting closed,** cyhoeddi bod y cyfarfod ar ben, *F:* cau pen y mwdwl; **to ~ ranks,** cau rhengoedd. II. *v.i. (of door &c):* **1.** cau. **2.** *(= end):* darfod, dod i ben, terfynu, dirwyn i ben. **3. to ~ about/round s.o.,** amgylchynu rhn, cau am rn. **4. to ~ with s.o.,** *(i) (= clinch a deal):* taro bargen â rhn; *(ii) (= grapple):* ymaflyd yn rhn, mynd i'r afael â rhn. **~ down 1.** *v.t. (factory &c):* cau. **2.** *v.i.* cau [i lawr]. **~-down** *n.* **1.** cau *vn* [i lawr]. **2.** *W.Tel:* diwedd/terfyn darlledu, diwedd rhaglen[-ni]. **~ in** *v.i. (a)* **the night closes in,** mae'n nosi; mae'n tywyllu; mae'r nos yn cau; **the days ~ in,** mae'r dyddiau'n byrh|au; *(b)* **to ~ in (on/upon s.o.),** agosáu, nesáu, nesu, dynesu (at rn); *(= envelope):* amgáu, amgylchynu (rhth); cau (am rth). **~ out** *v.t. U.S:* cau [busnes] i lawr. **~ up 1.** *v.t. (a) (= block):* cau, llenwi; *(b) Typ:* **to ~ up type,** closio teip. **2.** *v.i. (a) (of aperture):* cau, llenwi; *(of wound &c)* cau. **3.** *Mil:* closio/agosáu at eich gilydd; **~ up!** closiwch!

closeable *a.* caeadwy.

closed *a.* caeëdig; *(shop &c):* ar gau, yngh|au, *occ:* caead, ynghaead; *(pipe):* wedi ei thagu, wedi ei chau; **~ from 12 till 1,** ar gau o 12 hyd/tan 1 o'r gloch; **with ~ eyes,** â'r llygaid ynghau *or* ar gau; *(debate &c):* drosodd, ar ben; **"road ~",** "ffordd ar gau"; *Lib:* **~ access,** mynediad cyfyngedig *m; Ch:* **~ chain,** cadwyn gaeëdig (cadwynau caeëdig) *f. El:* **~-circuit** [television], [teledu] cylch cyfyng/caeëdig; *Lib:* **~ entry,** cofnod(-ion) cyflawn *m; Ph:* **~ interval,** cyfwng (cyfyngau) caeëdig *m;* **~ loop,** dolen gaeëdig (dolennau caeëdig) *f;* **~ syllable,** sillaf gaeëdig (sillafau caeëdig) *f;* **~ shop,** siop gaeëdig (siopau caeëdig) *f;* **to practice a ~ shop policy,** cyfyngu gwaith i undebwyr; **behind ~ doors, in ~ session,** yn y dirgel, y tu ôl i ddrysau caeëdig/caead; **a ~-door session,** sesiwn ddirgel/gudd; **~ class system,** cyfundrefn o ddosbarthiadau caeëdig; **a ~ book,** llyfr caeëdig, byd dieithr; **archaeology is a ~ book to me,** ni wn i ddim oll am archeoleg; *Sch:* **a ~ topic essay,** traethawd ar bwnc penodol; *U.S: Pol:* **~ primary,** rhagetholiad(-au) cyfyngedig *m.* **~-door** *attrib.* drws caeëdig/caead. **~ end** *attrib.* pengaead (*pronounced* ng-g).

closely *adv.* **1.** yn agos, o agos; **~ allied,** â chysylltiad agos; *S.a.* **close** II. **1.** *(a)* **~ guarded,** dan warchodaeth gaeth; **a ~ guarded secret,** cyfrinach dan gêl; *(b)* **~ cut hair,** gwallt cwta, gwallt wedi'i dorri i'r bôn, *S: F:* gwallt crop; **a ~ contested election,** etholiad a ymleddir yn glòs; *(c)* **to guard s.o. ~,** gwarchod rhn yn gaeth; **to interrogate s.o. ~,** holi rhn yn fanwl; **to listen ~ to sth,** gwrando'n astud ar rth. **2. things ~ packed in a box,** pethau wedi eu pacio'n dyn[n]/glòs mewn bocs. **~ fitting,** yn ffitio'n dyn[n].

closemouth *a.* cegdyn[n]; *Metalw:* **~ tongs,** gefel/gefail gegdyn[n] (gefeiliau cegdyn[n]) *f.*

closeness *n.* **1.** *(a) (physical):* agosrwydd *m; (= intimacy):* agosatrwydd *m;* **the ~ of their friendship,** eu cyfeillgarwch agos/mynwesol; *(b) (of material):* gwead clòs *m;* **the ~ of the resemblance,** y tebygrwydd agos *m.* **2.** *(= sultriness):* trymder *m,* closrwydd *m,* mwllwch *m,* myllni *m,* mwrndra *m,* mwrnedd *m,* mwygledd *m.* **3.** *(= reserve):* tawedogrwydd *m.* **4.** *(= meanness):* crintachrwydd *m,* cyb|ydd-dod *m.*

closer *n.* caewr (caewyr) *m,* c|aewraig *f.*

closet¹ *n.* **1.** *(a) (= small room):* ystafell fach/fechan (ystafelloedd bach/bychain) *f; (b) (= study):* astudfa (astudf|eydd) *f; (c) Hist:* **Clerk of the C~,** Caplan (*m*) y Brenin, Caplan y Frenhines; *(d) (= water-closet):* closed(-i, -au) *m,* tŷ (tai) bach *m;* **earth ~,** closed pridd; **pail ~,** closed pwced/bwced. **2.** *U.S: (= cupboard):* cwpwrdd (cypyrddau) *m; (under staircase): S:* cwtsh (*m*) dan stâr, twll (*m*) dan stâr, *occ:* rŵm (*fm*) dan stâr, *N:* twll dan [y] grisiau, *occ:* sbens(-ys) *mf,* sbensh(-is) *mf, M.W:* twll dan sta[e]r. **3.** *attrib.* cudd, cuddiedig, anaddefedig; **~ homosexual, ~ queen,** gwrywgydiwr (gwrywgydwyr) cudd *m.* **~-play** *n.* drama (*f*) ddarllen (dramâu darllen), drama barlwr (dramâu parlwr).

closet² *v.t.* **to ~ oneself,** mynd o'r neilltu, ymneilltuo, encilio.

closeted *a.* **(he spent hours) closeted with the Minister,** (treuliodd oriau) yn cwnsela â'r Gweinidog, yn trafod yn gyfrinachol â'r Gweinidog.

closetful *n.* closedaid (closedeidiau) *m.*

closing¹ *a. (a) (door &c):* sy'n cau; *(b) (= final):* terfynol, olaf; **the ~ day,** terfyn (*m*) dydd, diwedd (*m*) y dydd, yr hwyrddydd *m.*

closing² *vn. (= close⁴):* cau, caead *m; Com:* **Sunday ~,** cau ar y Sul. **~ diphthong** *n. Phon:* deusain (*f*) gau (deuseiniaid cau). **~ order** *n.* gorchymyn (*m*) cau. **~ time** *n.* amser (*m*) cau; *int.* **~ time!** 'rydyn ni'n cau!

clostridial *a. Bac:* clostridiol, clostridaidd.

clostridium *n. Bac:* clostridiwm (clostridia) *m.*

closure¹ *n.* **1.** diwedd(-au) *m,* terfynu *vn,* terfyniad(-au) *m,* diweddglo(-eon) *m,* cau *vn, S:* caead *vn; Parl:* cload(-au) *m;* **to move the ~,** cynnig cloi'r ddadl; **~ debate,** dadl (*f*) gloi (dadleuon cloi); **the ~ of a speech,** diweddglo araith; **the ~ of a**

pit, cau/caead pwll; **pit closures,** cau/caead pyllau. **2.** *(of valve &c):* cau *vn*, caead *m*. **~ rule** *n. Ph:* rheol (*f*) gaefa.
closure² *v.t.* cloi, terfynu.
clot¹ *n.* **1.** *(of blood, cream):* tolchen(-ni) *f*, tolch(-au) *f*, ceulad(-au) *m*, *occ:* torthen(-ni) *f*, *F:* clot(-iau) *m*. **2.** *F:* **= fool¹**.
clot² *v.i. (of milk &c):* ceulo, tewychu, troi'n geuled, cawsu, cawsio; *(of blood):* tolchennu, ceulo, tolchi, *F:* clotio.
cloth *n.* **1.** *Tex: (a) (woollen):* brethyn(-nau) *m*; *(b) (linen, cotton):* lliain (llieiniau) *m*; **~ cap,** cap(-iau) (*m*) brethyn, *S.W:* cap fflat, *N:* cap stabal; **~ of silver,** brethyn arian; **~ of gold,** brethyn aur; **American ~, oil ~,** oelcloth *m*, *N: F:* orcloth *m*; **broad ~,** brethyn deuled, brethyn llydan; **coarse ~,** brethyn bras, lliain garw/bras; **cotton ~,** brethyn cotwm, brethyn cotymog, brethyn cedenog; **fine ~,** brethyn main, lliain main; **grey/grizzled ~,** brethyn llwyd, *S.W:* brethyn brogle; **kersey-woven ~,** brethyn caerog; **multicoloured ~,** brethyn brith; **narrow ~,** brethyn cul, brethyn unlled; **raw/unfulled ~,** brethyn crai/cri; **thick ~,** brethyn tewban; **map mounted on ~,** map ar liain; **bound in ~,** mewn cloriau caled, mewn lliain; *F:* **he has ~ ears,** nid yw'n clywed dim; nid yw'n gwrando ar ddim; *Prov:* **to cut one's coat according to the ~,** torri'r gôt yn ôl y brethyn, llunio'r wadn fel bo'r troed. **2.** *(on table &c):* lliain; *(for cleaning):* cadach(-au) *m*, clwt: clwtyn (clytiau) *m*, cerpyn (carpiau) *m*; *S.a.* **dishcloth; face-~,** *N:* clwt ymolchi, clwt sychu wyneb, *N.W: occ:* clwt gwlanen, *S:* lliain ymolchi/ymolch, clwtyn ymolch; **floor-~,** *N:* clwt llawr, cerpyn llawr, cadach llawr, *S:* clwtyn llawr, *S.E: occ:* clwtyn parth; **saddle-~,** lliain cyfrwy, lliain ceffyl; **table-~,** *N:* lliain bwrdd (llieiniau bwrdd/byrddau), *S:* lliain bord (llieiniau bord/bordydd); **to lay the table-~,** taenu lliain bwrdd, hulio bwrdd bwyd; **tea-~,** lliain sychu llestri, lliain llestri [te]; **tray-~,** lliain hambwrdd. **3.** *F:* **the ~,** *(of clergy): (i)* gwisg eglwysig *f*, brethyn; **respect for the ~,** parch i'r brethyn; *(ii) (= clergy):* clerigwyr *pl*. **~-beam** *n.* carfan (*f*) frethyn (carfanau brethyn). **~-binding** *n. Bookb:* rhwymiad (*m*) lliain. **~-boards** *n.pl. Bookb:* byrddau lliain. **~-cap** *attrib. Fig:* gwerinol. **~-eared** *a. F:* trwm eich clyw, byddar, clustfyddar, clustdrwm (*f.* clustdrom, *pl.* clustdrymion). **~-factory** *n.* gwaith (*m*) brethyn, brethyndy (brethyndai) *m*, brethynfa (brethynf|eydd) *f*. **~-hall** *n. A:* marchnad (*f*) frethyn (marchnadoedd brethyn). **~-maker** *n.* brethynnwr: brethynnydd (brethynwyr) *m*. **~-yard shaft** *n.* saeth (*f*) lathen o hyd.
clothe *v.t.* **1.** gwisgo, dilladu, *S: occ:* taclu. **2.** *Fig: (= endow):* gwisgo, amwisgo, cynysgaeddu.
clothed *a.* mewn dillad, wedi'ch gwisgo, *occ:* dilladog, gwisgedig; **she was fully ~,** 'roedd hi yn ei dillad; 'roedd ei holl ddillad amdani; **partly ~,** hanner noeth, mewn ychydig ddillad; **finely ~,** mewn dillad/gwisgoedd hardd; **a hill ~ in trees,** bryn a choed yn ei orchuddio, bryn dan orchudd o goed; *S.a.* **clad, ironclad.**
clothes *n.pl.* **1.** dillad (*double pl.* dilladau), gwisg *f*, gwisgoedd, *S: occ:* carpau, pîls, pilyn *m*; **suit of ~,** siwt(-iau) *f*; **plain ~ policeman,** heddwas [mewn] dillad cyffredin, plismon yn ei ddillad ei hun; **best ~,** *N:* dillad gorau, dillad dydd Sul, *N.W: occ: F:* dillad bara a chig, dillad cig a phwdin, *S:* dillad parch, pilyn gorau, *S.W: M.W: occ: F:* dillad cig rhost; **ready-made ~,** dillad parod; **in his best ~,** yn ei ddillad gorau, *S: F:* yn ei garpau gorau; **evening ~,** *(after work):* dillad ail orau, dillad noson waith, *S:* dillad diwedydd/diwetydd; **a change of ~,** newid (*m*) dillad, dillad newid, *occ:* newid o ddillad, *S.W:* newidiaeth *f*; **second-best ~,** dillad ail orau, *S: occ:* dillad canol; **to put on one's ~,** gwisgo [amdanoch], rhoi'ch/dodi'ch dillad amdanoch, *S: occ*: rhoi dillad yn eich cylch (*not* arnoch *and not* ymlaen); (rhoi dillad arnoch *is corr. when referring to bedclothes*); **to take off one's ~,** tynnu [oddi] amdanoch, tynnu'ch dillad, *S.W:* matryd, datryd, *Lit:* dadwisgo, ymddinoethi, diosg, ymddiosg, ymddihatru; **aired ~,** *S:* dillad cras/temprus/caled, *N:* dillad eirin; **leisure ~,** dillad hamdden; **old ~,** hen ddillad, *S:* dilladach; **working ~,** dillad gwaith; *S.a.* **long-clothes, moth 1, swaddling-clothes. ~-basket** *n.* basged (*f*) ddillad (basgedi dillad), *S: occ:* fflasg *f* [ddillad], *S.W: occ:* fflasged (*f*) ddillad (fflasgedi dillad). **~-hanger** *n.* cambren(-ni, -nau) (*m*) dillad, pren(-nau) (*m*) hongian dillad, peth(-au) (*m*) hongian dillad, *occ:* pren ysgwydd. **~-horse** *n.* hors (*f*) ddillad (horsys dillad), *occ:* morwyn (*f*) ddillad (mor[w]ynion dillad), *Lit: occ:* marchbren(-nau) *m*. **~-line** *n.* lein (*f*) ddillad (leiniau/leins dillad); **rotary ~-line,** lein ddillad gylchdro (leiniau dillad cylchdro). **~-moth** *n.* gwyfyn(-od) (*m*) dillad, pryf(-ed) (*m*) dillad. **~-peg,** *U.S:* **~ pin** *n.* peg(-iau) *m* [dillad]. **~-post** *n.* **= clothes-prop. ~-press** *n.* gwasg (*f*) ddillad (gweisg dillad). **~-prop** *n.* polyn (polion) (*m*) lein. **~-rack** *n.* rhac (*f*) ddillad (rhaciau dillad), rhesel (*f*) ddillad (rheseli dillad); **ceiling ~-rack,** rhac nenfwd. **~-tree** *n. Furn:* stand (*mf*) d[d]illad (standiau dillad).
clothier *n.* dilledydd(-ion) *m*, dilladwr (dilladwyr) *m*, brethynnwr (brethynwyr) *m*.
clothing *vn. & n.* **1.** *vn.* **= clothe 2.** *n. Coll:* **= clothes; a change of ~,** newid (*m*) dillad, dillad (*pl*) newid, *occ:* newid o ddillad, *S.W:* newidiaeth *f*; **an item of ~,** dilledyn (dillad) *m*, *S: occ:* pilyn (pîls) *m*, cerpyn (carpau) *m*.
clotted *a.* ceuledig, tolchog; **~ cream,** ceulion (*pl*) hufen, hufen (*m*) tolch.
clotting *vn.* **= clot².**
cloture¹ *n.* **= closure.**
cloture² *v.t.* cloi, terfynu.
cloud¹ *n.* **1.** cwmwl (cymylau, *occ: Poet:* cymyl) *m*; **he was in the clouds,** 'roedd [â'i ben] yn y cymylau; **to drop from the clouds,** cyrraedd yn [hollol] annisgwyl/ ddirybudd, *N.W:* dod/syrthio/ disgyn fel huddyg i botes; *Prov:* **every ~ has a silver lining,** mae ymyl arian i bob cwmwl du; fe ddaw eto haul ar fryn; *B:* **a ~ of witnesses,** cwmwl tystion, cwmwl o dystion; *Fig:* **to be under a ~,** bod dan gwmwl, *Lit:* bod dan gabl; *F:* **he is on ~ seven/nine,** mae wrth ei fodd; mae wedi cael modd i fyw; mae uwchben ei ddigon. **2.** *(= cover):* llen(-ni) *f*; **under the ~ of night,** dan lenni'r nos. **3.** *(in liquid):* cwmwl; *(on glass):* niwl(-oedd) *m*, niwlen *f*, ager: agerdd *m*, *N.W: F:* angar *m* (*pronounced* ng-g). **4.** *(of insects &c):* cwmwl, haid (heidiau) *f*, fflyd(-oedd) *f*. **~ base** *n.* gwaelod (*m*) cwmwl (gwaelodion cymylau). **~-capped** *a.* cymylog, dan gapan o gwmwl; **the mountain is ~-capped,** mae'r mynydd yn gwisgo'i gap. **~ chamber** *n. Ph:* llestr(-i) (*m*) niwl. **~-cover** *n.* haen(-au) (*f*) o gymylau, gorchudd(-ion) (*m*) o gymylau. **~-cuckoo-land** *n.* **1.** *Gr.Lit:* gwlad (*f*) cog a chwmwl. **2.** *F:* byd (*m*) dychmygion, byd ffansi; **he lives in ~-cuckoo land,** mac â'i ben yn y cymylau; *S.a.* **cloudland.**
cloud² *v.t.&i.* cymylu; **to ~ the issue,** tywyllu cyngor; **it's clouded over for rain,** mac hi wedi cau am law; **mud clouded the water,** tywyllwyd/cymylwyd y dŵr gan laid; **his brow clouded over,** cuchiodd; ffromodd; cymylodd ei wedd.
cloudberry *n. Bot:* mwyaren (mwyar) (*f*) y Berwyn, mwyaren Ddoewan (mwyar Doewan), mwyaren y ddaear.
cloudburst *n.* torgwmwl (torgymylau) *m*, cwmwl (*m*) yn/wedi torri.
clouded *a.* cymylog, tan gwmwl; *(liquid, colour):* cymylog. **~ leopard** *n. Z:* llewpart brith (llewpartiaid brithion) *m*. **~ yellow** *n. Ent:* iâr fach felen (ieir bach melyn) *f*, melyn (*m*) y meillion; **Berger's ~ yellow,** iâr felen (ieir melyn) Berger; **pale ~ yellow,** y felen welw (melynion gwelw) *f*. *S.a.* **agaric.**
cloudily *adv.* yn gymylog.
cloudiness *n.* cymylogrwydd *m*; *Fig:* (*= obscurity*): niwl[i]ogrwydd *m*.
cloudland *n.* byd (*m*) dychmygion, byd ffansi.
cloudless *a.* digwmwl, digymylau, clir.
cloudlessly *adv.* yn ddigwmwl *&c*.
cloudlessness *n.* natur ddigwmwl *f*; **(I remember) the ~ of the sky,** ('rwy'n cofio)'r awyr ddigwmwl, mor ddigwmwl oedd yr awyr.
cloudlet *n.* cymylyn(-nau) *m*, cwmwl bychan (cymylau bychain) *m*.
cloudscape *n.* cym|yl-lun (cymyl-luniau) *m*.
cloudy *a.* **1.** cymylog; **to become ~,** cymylu. **2.** *(= vague):* niwl[i]og, aneglur.
clough *n. Dial:* **= gorge¹ 2, ravine.**
clout¹ *n. A: & Dial:* **1.** *(a) (= rag):* clwt: clwtyn: clytyn (clytiau) *m*, carp(-iau) *m*, cerpyn (carpiau) *m*, cadach(-au) *m*, bretyn (bratiau) *m*, cewyn(-nau) *m*, caw(-iau) *m*, *S.W:* rhecsyn: rhacsyn (rhacs) *m*; *(b) (= article of clothing):* dilledyn (dillad) *m*, pilyn (*pl. occ:* pîls) *m*, cerpyn, bretyn; *Prov:* **ne'er cast a ~ till May be out,** na ddiosg ddilledyn nes delo Mehefin; haul y Gwanwyn, gwaeth na gwenwyn. **2.** *(a) (= blow):* clusten *f*, bonclust(-iau) *m*, cernod(-iau) *mf*, clewten (clewtiau) *f*, celpen *f*, pelten *f*, *N: F:* lempan *f*, cletsh *f*, twll (*m*) clust, waldan *f*, clipen *f*, colban *f*, wadan *f*, swadan *f*, laban *f*, *S.W:* fflip[s]en

(fflips) *f*, cleren *f*, cledren *f*, whired(-au) *m*; *(b) Pol: F: (= influence, power):* dylanwad *m*, grym *m*. **3.** *(on boot):* clem(-iau) *f*. **~ nail** *n.* hoelen fras (hoelion breision) *f*, hoelen benfras (hoelion penfras), hoelen benfawr (hoelion penfawr).

clout² *v.t.* **1.** *A: & Dial:* = **patch², repair². 2.** *(= hit s.o.):* taro, dyrnu, bonclustio, cernodio, clustio, celpio, clewtio, colbio, peltio, *N:* clustochi, lempio, *S:* clędro, wado; *(a nail &c):* taro, dyrnu, colbio.

clove¹ *n.* **1.** *(spice):* clof(-s) *mf*, clofsen (clofs) *f*, clowsen (clows) *f*, clowsyn (clows) *m*. **2. a ~ of garlic,** ewin(-edd) *(m)* garlleg. **~ pink, ~ gillyflower** *n. Bot:* penigan(-au) rhuddgoch *m*, blodyn (blodau) *(m)* mam-gu, blodyn clows.

clove² *n. Meas:* seithbwys *m*.

clove-hitch *n.* cwlwm (c[y]lymau) croes *m*.

cloven *a.* hollt, holltog, fforchog; *S.a.* **cleave¹**. **~-footed** *a. Z:* fforchog ei/yr ewin, ewin fforchog, ewinhollt, fforchdroed, gafrdroed.

clover *n. Bot: (Trifolium):* meillionen *f*, *usu.pl.* meillion; **Alpine ~,** *(T. alpinum):* meillionen Alpaidd; **Alsike ~,** *(T. hybridum):* meillionen Sweden, meillionen fawr (meillion mawr); **brown ~,** *(T. badium):* meillionen frown (meillion brown); **burrowing ~,** *(T. subterraneum):* meillionen duriol (meillion turiol); **clustered ~,** *(T. glomeratum):* meillionen glystyrog (meillion clystyrog); **cream ~,** *(T. noricum):* meillionen hufennaidd; **crimson ~,** *(T. incarnatum):* meillionen waetgoch/ysgarlad (meillion gwaetgoch/ysgarlad); **Dutch ~,** *(T. repens):* meillionen wen (meillion gwynion); **four-leaved ~,** deilen gynifer (dail cynifer) *f*; **hare's foot ~,** *(T. arvense):* meillionen gedenog (meillion cedenog); **knotted ~,** *(T. striatum):* meillionen rychog (meillion rhychog); **large brown ~,** *(T. spadiceum):* meillionen frown fawr (meillion brown mawr); **Lizard ~,** *(T. molinerii):* meillionen Cernyw; **long-headed ~,** *(T. molinerii):* meillionen hirben; **mountain ~,** *(T. montanum):* meillionen y mynydd; **mountain zigzag ~,** *(T. alpestre):* meillionen igam-ogam y mynydd; **pale ~,** *(T. pallescens):* meillionen lwyd (meillion llwydion); **red ~,** *(T. pratense):* meillionen goch (meillion cochion); **reversed ~,** *(T. resupinatum):* meillionen orweddol (meillion gorweddol); **rough ~,** *(T. scabrum):* meillionen arw (meillion geirwon); **sea ~,** *(T. squamosum):* meillionen arfor; **strawberry ~,** *(T. fragiferum):* meillionen fefusaidd (meillion mefusaidd); **suffocated ~,** *(T. suffocatum):* meillionen fygedig (meillion mygedig); **sulphur ~,** *(T. ochroleucon):* meillionen felen (meillion melyn); **twin-flowered ~,** *(T. bocconei):* meillionen ddeuben (meillion deuben); **upright ~,** *(T. strictum):* meillionen unionsyth; **Western ~,** *(T. occidentale):* meillionen y Gorllewin; **white ~,** = **Dutch clover**; **wool ~,** *(T. tomentosum):* meillionen wlanog (meillion gwlanog); **zigzag ~,** *(T. medium):* meillionen (meillion) igam-ogam; **she's in ~,** mae hi uwch ben ei digon; mae hi'n dda ei byd; mae hi'n byw'n foethus/fras; *S:* mae hi'n cael ei gwala. **~-covered** *a.* meillionog. **~-leaf** *n. & attrib. (intersection):* deilen feillion (dail meillion); **~-leaf junction,** cyffordd feillionaidd (cyffyrdd meillionaidd) *f*, cyffordd dalen feillion; *Aut:* **~ leaf interchange,** cyfnewidfa feillionaidd (cyfnewidf]eydd meillionaidd) *f*, cyfnewidfa dalen meillion. **~-rot** *n.* clafr *(m)* y meillion.

clovery *a.* meillionog.

clown¹ *n.* **1.** *A:* = **rustic 2. 2.** *(a) (in circus &c):* clown(-iaid, -s) *m*; *(b)* = **fool¹**.

clown² *v.i.* clownio, lolian, gwamalu, chwarae bili-ffŵl.

Clown³ *Pr.n. W.Geog:* Clun *m*.

clownery *n.* clownio *vn*, lolian *vn*, gwamalu *vn*, dwli *m*, lol *f*, *Lit:* croesanaeth *f*, gwamalrwydd *m*.

clownish *a.* **1.** *A:* = **rustic 1. 2.** = **clumsy, oafish. 3.** *Th:* clownaidd, *Lit:* croesanaidd; *(= silly)* gwirion, hurt, chwerthinllyd.

clownishly *adv.* yn wirion *&c*.

clownishness *n.* **1.** *A:* = **rusticity. 2.** = **clumsiness, oafishness. 3.** *Th: &c:* clowneiddiwch *m*; *(= silliness):* gwiriondeb *m*, hurtrwydd *m*.

cloxacillin *n. Pharm:* clocsasilin *m*.

cloy *v.t.&i.* diflasu, syrffedu.

cloying *a.* diflas, syrffedus; (= *over-sweet*): gorfelys, siwg[w]raidd.

cloyingly *adv.* yn ddiflas *&c*.

cloze *a. Sch:* ***cloze***.

club¹ *n.* **1.** *(= cudgel):* pastwn (pastynau) *m*, *occ:* clwpa(-od, clwpâu) *m*, cnwpa(-on) *m*, ffon *(f)* gnwpa (ffyn cnwpa), ffon glopa/glwpa (ffyn clopa/clwpa); *Sp:* **golf-~,** ffon (ffyn) *(f)* golff; *Gym:* **Indian clubs,** pastynau ymarfer. **2.** *pl.* **clubs,** *Cards:* clybiau, meillion duon, mwyar duon, **knave of clubs,** cerdyn *(m)* [y] milwr. **3.** *(= association):* clwb (clybiau) *m*, cymdeithas(-au) *f*, cylch (-oedd) *m*; *F:* **she's in the ~,** *(= pregnant):* mae hi yn y clwb; *S:* mae hi'n cario'r drwm; *N:* mae hi wedi cael clec; *occ:* mae hi'n magu mân esgyrn; **country ~,** clwb gwlad; **benefit ~,** clwb claf, clwb cleifion, clwb lles; **dining ~,** clwb cinio/ciniawa; **Young Farmers' C~,** Clwb Ffermwyr Ifainc; **youth ~,** clwb ieuenctid. **~ bag** *n.* bag(-iau) *(m)* clwb. **~ car** *n. Rail: U.S:* cerbyd(-au) *(m)* lolfa. **~ chair** *n.* cadair (cadeiriau) esmwyth *f*. **~ cheese** *n.* = **processed cheese. ~-fisted** *a.* dyrnfawr. **~-foot** *n.* **1.** *Med:* troed (traed) *(m)* clwb/glwb, troed cam, *S.W: occ:* troed clwp (traed clwps), *N.W: occ:* troed clap (traed clapiau). **2.** *Fung: (Clitocybe clavipes):* coes(-au) *(fm)* pastwn. **~-footed** *a.* troedgam, â throed clwb. **~-fungus** *n. Bot:* ffwng (ffyngau/ffyngoedd) *(m)* pastwn, pastwn *(m)* y coed; **field/moor ~-fungus,** *(Clavaria argillacea):* pastwn y waun (pastynau'r waun); **giant ~-fungus,** *(Clavariadelphus pistillaris):* pastwn y cawr; **wrinkled ~-fungus,** *(Clavulina rugosa):* cwrel(-au) rhychog *m*. **~-grass** *n. Bot:* clapwellt *m*, clwbwellt *m*. **~ hammer** *n.* morthwyl(-ion) deuben *m*. **~-hand** *n.* llaw glwb (dwylo clwb) *f*. **~-headed** *a.* penglwpa, penfawr, penfras. **~ law** *n.* cyfraith *(f)* y pastwn, deddf *(f)* y trechaf. **~-lily** *n. Hort:* lili (liliau)*(f)*'r ffagl. **~-moss** *n. Bot: (Lycopodium):* cnwpfwsogl *m*, palf *(f)* y blaidd, corn *(m)* carw'r mynydd; **Alpine ~-moss,** *(L. alpinum):* cnwpfwsogl y graig, cnwpfwsogl alpaidd; **fir ~-moss,** *(L. selago):* y cnwpfwsogl syth mwyaf, ffynidfwsogl *m*; **interrupted ~-moss,** *(L. annotinum):* cnwpfwsogl y Gludair Fawr; **lesser ~-moss,** *(Selaginella selaginoides):* cnwpfwsogl bach, y cnwpfwsogl syth lleiaf; **marsh ~-moss,** *(L. inundatum):* cnwpfwsogl y gors; **mossy ~-moss,** *(Selaginella kraussiana):* cnwpfwsogl bach llusg; **prickly ~-moss,** *(L. selaginoides):* cnwpfwsogl pigog; **savin-leaved ~-moss,** = **Alpine club-moss**. **stag's-horn ~-moss,** *(L. clavatum):* corn carw'r mynydd, palf y blaidd. **~-root** *n. Hort:* clwy*(m)*'r gwr|aidd clap, clefyd(-au) *(m)* pen pastwn, *S:* y bors *m*, y fors *f*; **infected with ~-root,** *S:* borsog. **~-rush** *n. Bot: (Scirpus):* **common ~-rush,** *(S. lacustris):* clwbfrwynen (clwbfrwyn) *f*, llafrwynen (llafrwyn) *f*; **blunt-edged ~-rush,** *(S. carinatus):* clwbfrwynen finbwl (clwbfrwyn minbwl); **bristle ~-rush,** *(S. setaceus):* clwbfrwynen fach/wrychog (clwbfrwyn bach/gwrychog); **chocolate-headed ~-rush,** *(S. panciflorus):* clwbfrwynen gochddu (clwbfrwyn cochddu); **floating ~-rush,** *(S. fluitans):* clwbfrwynen nofiol; **glaucous/grey ~-rush,** *(S. tabernaemonti):* llafrwynen arfor; **least ~-rush,** *(S. acicularis):* y glwbfrwynen leiaf (y clwbfrwyn lleiaf); **many-stalked ~-rush,** *(S. multicaulis):* clwbfrwynen galafog (clwbfrwyn calafog); **marsh/creeping ~-rush,** *(S. palustris):* clwbfrwynen y gors; **round-headed ~-rush,** *(S. holoschoenus):* clwbfrwynen bengron (clwbfrwyn pengrwn) *(pronounced* ng-g), clwbfrwynen sypynnog; **sea ~-rush, saltmarsh ~-rush,** *(S. maritimus):* clwbfrwynen y morfa, clwbfrwynen arfor; **scaly-stalked ~-rush,** *(S. caespitosus):* clwbfrwynen y fawnog; **sharp ~-rush,** *(S. pungens):* clwbfrwynen finiog (clwbfrwyn miniog); **slender ~-rush,** *(S. cernuus):* clwbfrwynen fain (clwbfrwyn main); **small ~-rush,** = **bristle club-rush**. **triangular ~-rush,** *(S. triqueter):* clwbfrwynen drionglog (clwbfrwyn trionglog); **wood ~-rush,** *(S. sylvaticus):* clwbfrwynen y coed. **~ sandwich** *n.* brechdan ddwbl (brechdanau dwbl) *f*. **~ soda** *n.* dŵr *(m)* soda. **~ steak** *n.* stecen *(f)* ben lwyn (stêcs pen lwyn). **~-shaped** *a.* penfras, penfawr, clwpaidd, cnwpaog. **~-tail** *n. Ich:* gwengyn (gwangod) cwtfras *m*. **~ wheat** *n.* gwenith pensgwar *m*.

club² *v.t.&i.* **1.** *v.t.* *(= beat):* curo (rhn) â phastwn; pastynu, ffonodio, *N: F:* colbio (rhn). **2.** *v.i.* ffurfio clwb, clybio; **to ~ together,** *(for sth):* casglu arian, *N:* hel [arian]. *F:* clybio (i gael rhth). *S:* crynh|oi arian (i gael rhth); *U.S:* **to ~ expenses,** *U.S:* rhannu'r draul, rhannu'r treuliau.

club³ *v.i. Hort: (of roots):* clapio, cnapio, ffurfio clapiau.

clubbability *n.* clybgarwch *m*, cymdeithasgarwch *m*.

clubbable *a.* clybgar, cymdeithasgar, clwbadwy.

clubbed *a.* clwb, clybiog.

clubber *n.* clybiwr (clybwyr) *m*.

clubbiness *n.* clybgarwch *m.*
clubby *a.* = **clubbable.**
clubhaul *v.t. Nau:* **to ~ a ship,** troi pen llong, clwbhalio llong.
clubhouse *n.* clwb (clybiau) *m.*
clubland *n.* clybiau *pl,* ardal(-oedd) *(f)* y clybiau.
clubman *n. m.* clybiwr (clybwyr).
cluck¹ *n.* clwc(-iadau) *m,* clwciad(-au) *m; F:* **a dumb ~,** twpsyn(-nod, twpsod, twps) *m,* mwlsyn (mwlsod) *m,* pen *(m)* dafad (pennau defaid); *S.a.* **fool¹.**
cluck² *v.i.* clwcian, cocian, cecian, clocian, cogor, clegar, *SE:* clochdarddian, *N.W:* clochderan, *occ: (before laying):* tresi; *(of pers., to express regret):* twtian, clecian tafod, *N: occ:* cusanu gofidiau.
clucking *vn.* = **cluck¹,².**
clucky *a.* gorllyd, clwc.
clue¹ *n.* **1.** = **clew¹ 1, 2. 2.** *(a)* cliw(-iau) *m,* pen *(m)* llinyn (pennau llinynnau), *occ:* clem(-iau) *f;* **to find the ~ to the mystery,** dod o hyd i allwedd *(f)* y dirgelwch, cael pen llinyn y dirgelwch; **I haven't a ~,** 'does gen i ddim clem *(f);* 'does gen i ddim syniad *(m); S.W:* 'does dim llefeleth 'da fi; *(b) (= traces):* ôl (olion) *m,* arwydd(-ion) *m.*
clue² *v.i.* **to ~ s.o. up,** rhoi rhn ar ben y ffordd; *F:* **to get clued up,** casglu'r wybodaeth, ymgynefino â'r ffeithiau, ymgyfarwyddo (â rhth), dod iddi.
clueless *a.* di-glem, diamcan, disyniad, heb syniad yn y byd, *S.W:* dilefeleth.
Clumber spaniel *n.* sbaengi (sbaengwn) *(m)* Clumber *(pronounced* ng-g).
clump¹ *n.* **1.** *(a) (= lump):* talp(-iau) *m,* clap(-iau) *m; Typ:* gofod(-au) *(m)* metel; *(b) (of trees):* llwyn(-i) *m,* clwstwr (clystyrau) *m,* clwmp (clympiau) *m,* twr (tyrrau) *m; (of flowers, blood-cells &c):* clwstwr. **2.** *(a) (= sound of heavy footfall):* sŵn *(m)* troed/traed, sŵn clocsio, troediad trwm *m,* cerddediad trwm *m; (b) (= thick sole):* clem(-iau) *f.* **3.** *pl.* **clumps,** *Games:* holi *(vn)* ac ateb *vn.*
clump² *v.i.* **1.** *(= cluster):* clystyru, ymdyrru. **2.** *(= tread heavily):* clocsio, troedio'n drwm, trampio, *S.W:* trampan.
clumped *a.* clystyrog.
clumping *a. (footstep):* troetrwm, clocsiog.
clumpy *a.* talpiog, clapiog, clystyrog.
clumsily *adv.* yn drwsgl *&c.*
clumsiness *n. (a) (of pers.):* lletchwithdod *m,* trwsgleiddiwch *m,* trwstaneiddiwch *m; (b) (of tool &c):* anhwylustod *m.*
clumsy *a.* **1.** *(a) (pers., movement):* trwsgl, afrosgo, lletchwith, trwstan, ysgaprwth, clogyrnaidd; *(work):* aflêr, blêr, carbwl, clogyrnaidd, bwngleraidd *(pronounced* ng-g), *S.W: occ:* cloglog, llibin; *F:* **he's a ~ one,** mae fel dyn â dwy goes bren; *(b) (= tactless):* di-dact. **2.** *(tool, object):* anhwylus, anhylaw, lletchwith, clogyrnaidd, anhydrin, anodd ei drin, anodd ei drafod *&c.*
Clun *Eng.Pl.n.* Colunwy *f.*
clunch *n. Geol:* carreg *(f)* galch.
clung *v. See* **cling 2.**
Cluniac *a. & n. Ecc:* **1.** *a.* Clywinaidd; **the ~ Order,** Urdd *(f)* Cluny; **the ~ Revival,** Diwygiad *(m)* Cluny. **2.** *n.* Clywiniad (Clywiniaid) *m&f.*
clunk¹ *n.* clonc(-iau) *f.*
clunk² *v.i.* cloncian.
clupeid *a. & n. Ich:* **1.** *a.* clwpeidaidd. **2.** *n.* clwpeid(-au) *m.*
cluster¹ *n. (a)* clwstwr (clystyrau) *m; Mus:* clwstwr, clwm (clymau) *m; (of fruit):* clwstwr, swp (sypiau) *m,* sypyn(-nau) *m; (of nuts &c): N:* cwplws (cyplysau) *m, S:* clwm; **to grow in clusters,** *S:* tyfu'n bingad, pingo; **a ~ of grapes,** grawnswp (grawnsypiau) *m;* **globular ~,** clwstwr crwn; *(b) Ling:* cwlwm (c[y]lymau) *m;* **consonantal ~,** cwlwm cytseiniol; **diverse ~,** cwlwm anghydryw; **homogeneous ~,** cwlwm cydryw; **vocalic ~,** cwlwm llafarog. **~ bomb** *n.* bom(-iau) *(mf)* cawod. **~ college** *n. U.S:* coleg(-au) preswyl *m.* **~ fly** *n. Ent:* cleren (clêr) heidiog *f,* pryf(-ed) heidiog *m.* **~ pine** *n. Bot:* pinwydden (pinwydd) arfor *f.* **~ sampling** *vn.* clwstwr-samplu.
cluster² *v.t.&i.* tyrru, clystyru, ymdyrru, ymgasglu, ymgrynh|oi; **to ~ together,** hel/tyrru at eich gilydd; **roses clustered around the door,** 'roedd rhosynnau yn un clwstwr o gwmpas y drws; **people clustered around her,** tyrrai pobl o'i chwmpas.
clustered, clustery *a.* clystyrog, sypynnog, yn glwstwr/glystyrau, yn sypyn; *Arch:* **~ column,** colofn glystyrog (colofnau clystyrog) *f.*
clutch¹ *n.* **1.** *(= grasp):* gafael(-ion) *f,* crafanc (crafangau) *f;* **to get/fall into the clutches of s.o.,** mynd i afael/grafangau/hafflau rhn, *N.W: occ:* mynd i balfau rhn; **to make a ~ at sth,** ceisio cydio yn rhth, crafangu am rth, cythru i/am rth. **2.** *(of car &c):* cydiwr (cydwyr) *m, F:* gafael *f,* clytsh(-is) *m;* **claw ~,** cydiwr crafanc; **friction ~,** cydiwr ffrithiant; **to let in the ~,** mynd i'r afael, rhoi'r clytsh; **to disengage the ~, to put out the ~,** pwyso ar y cydiwr, gollwng y clytsh. **~-bag** *n.* bag(-iau) *(m)* dwrn. **~-disc** *n.* disg(-iau) *(m)* cydiwr. **~-housing** *n.* amgaead(-au) *(m)* cydiwr. **~-plate** *n.* = **clutch-disc.**
clutch² *v.t.* **1.** *(= try to seize):* crafangu, crafangio, ewino (**at sth,** am rth); cythru (i rth); cydio, gafael (yn rhth); ceisio bachu (rhth); **to ~ at a straw,** crafangu am welltyn; **to ~ at every penny,** ewino am bob ceiniog. **2.** *(= hold tightly):* gafael, dal gafael, cydio'n dyn[n] (yn rhth); gwasgu/dal (rhth) yn dyn[n]; **she clutched the child to her breast,** gwasgodd y plentyn [yn dyn[n]] at ei bron.
clutch³ *n. (a) (of eggs):* eisteddiad(-au) *m,* nythaid (nytheidiau) *fm, S.W: occ:* bwrw *m; (b) (of chickens):* nythaid; *(c) F:* = **group¹, bunch¹.**
clutcher *n.* cydiwr (cydwyr) *m,* crafangwr (crafangwyr) *m.*
clutching *a.* crafangog, gafaelgar.
clutter¹ *n.* anhrefn *fm,* llanast[r] *m,* annibendod *m,* pentwr aflêr *m,* llwyth anniben *m;* **in a ~,** yn un llanast[r].
clutter² *v.t.* gwn|eud (rhth) yn flêr/anniben; gorlenwi, annibennu, anhrefnu (rhth); **to ~ up a place,** *N: F:* gwneud lle blêr, gwneud lle'n flêr, creu/tynnu llanast mewn lle.
cluttered *a.* gorlawn, aflêr, anniben, anhrefnus, yn llanast[r]; **a desk ~ up with papers,** desg yn un llanast[r] o bapurau; **a room ~ up with furniture,** ystafell yn orlawn o ddodrefn.
Clwyd *Pr.n. Geog:* Clwyd *f.*
Clwydian *a. & n.* **1.** *a.* Clwydaidd, o Glwyd; **~ Range,** Bryniau *(pl)* Clwyd, Moelydd *(pl)* Clwyd. **2.** *n.* brodor(-ion) *(m)* o Glwyd, brodores(-au) *(f)* o Glwyd.
Clydach Vale *W.Pl.n.* Cwm *(m)* Clydach.
Clyde *Scot.Pl.n.* Clud *f.*
Clydebank *Scot.Pl.n.* Glannau *(pl)* Clud.
Clydesdale *Scot.Pl.n.* Dyffryn *(m)* Clud; *(horse):* (*)ceffyl(-au) *(m)* Clud.
Clydeside *Scot. Pl.n.* Glannau *(pl)* Clud.
Clydesider *n.* un o wŷr Glannau Clud; *pl.* **Clydesiders,** gwŷr Glannau Clud; *Hist: Pol:* **the Red Clydesiders,** Cochion Glannau Clud.
Clydey *W.Pl.n.* Clydau *m.*
Clynderwen *W.Pl.n.* Clunderwen *m.*
Clyne *W.Pl.n.* Y Clun *m.*
clypeal, clypeate, clypeated *a. Ent:* tarianaidd, tarianog, tarianffurf, fel tarian.
clypeus *n. Ent:* tarian(-au) *f.*
Clyro *W.Pl.n.* Cleirwy *f.*
clyster *n. A:* = **enema.**
Clytha *W.Pl.n.* Cleidda *m.*
cnidarian *a. & n. Z:* **1.** *a.* cnidaraidd. **2.** *n.* cnidariad (cnidariaid) *m&f.*
cnidoblast *n. Biol:* cn|idoblast (cnidoblastau) *m.*
cnidocil *n. Biol:* cn|idosil (cnidosilau) *m.*
cnidophore *n. Biol:* cn|idoffor (cnidofforau) *m.*
co- *pref. & comb.fm.* cyd-, cyt-. *occ:* cyf-; *all hyphenated items in* **co-** *are listed in alphabetical order; See* **co-administrator** *&c.*
coacervate *a. & n. Ch:* **1.** *a.* cyd-dyrrol. **2.** *n.* cyd-dyriad(-au) *m.*
coacervation *n.* cyd-dyrru *vn,* cyd-dyriad(-au) *m.*
coach¹ *n.* **1.** *(a) Veh: A:* coets[h](-is) *f,* cerbyd(-au) *m; (b)* **motor-~,** coets[h], siarabáng(-s) *f;* **to drive a ~ and horses through sth,** gyrru ceffyl a throl drwy rth, gyrru cart a cheffyl drwy rth; **stage-~,** coets[h] fawr (coets[h]is mawr); **state ~,** coets[h] frenhinol (coets[h]is brenhinol). **2.** *Rail:* cerbyd, coets[h], *N:* carejen/carejan (c|arejis) *f.* **3.** *(a) Sch:* hyfforddwr (hyfforddwyr) *m,* hyff|orddwraig (hyfforddwragedd) *f,* athro (athrawon) preifat *m,* athrawes breifat (athrawesau preifat) *f; (b) Sp:* hyfforddwr, hyfforddwraig. **~-bolt** *n.* bollten (bolltiau) *(mf)* wagen, powlten fras (powltiau breision) *f.* **~-box** *n.* sedd *(f)* gyrrwr (seddau gyrwyr). **~-dog** *n.* = **dalmatian.** **~-building** *vn.* saernïaeth *(f)* cerbydau, saernïo cerbydau. **~-**

builder *n.* saer (seiri) (*m*) cerbydau. **~-built** *a.* o waith saer, â ffrâm bren. **~-horn** *n. Mus:* corn (cyrn) (*m*) cerbyd. **~-horse** *n.* **1.** march (*m*) cerbyd (meirch cerbydau). **2.** *Ent:* **devil's ~-horse,** ceffyl (*m*) y cythraul (ceffylau'r cythraul), cwyd ei gwt *m.* **~-house** *n.* cerbyty (cerbytai) *m*, coetsiws *m.* **~-road** *n.* ffordd (*f*) gerbyd (ffyrdd cerbydau).
coach[2] *v.t.* hyfforddi.
coacher *n.* = **coach[1] 2.**
coaching *n.* **1.** *Sch:* gwersi preifat *pl*, hyfforddiant *m*, hyfforddi *vn*; *Sp:* hyfforddiant, hyfforddi. **2.** *(= travelling by coach):* **the old ~ days,** dyddiau'r goetsh fawr.
coachman *n.m.* coets[h]mon (coets[h]myn), cerbydwr (cerbydwyr), gyrrwr coets[h] (gyrrwyr coets[h]is).
coachwhip *n.* **1.** chwip(-iau) (*f*) gyrrwr. **2.** *Orn: Austr:* aderyn (adar) (*m*) chwip. **3.** *Rept: U.S:* chwip y coed (chwipiau'r coed), neidr (nadro[e]dd) (*f*) chwip.
coachwood *n. Bot:* pren (*m*) coets[h].
coachwork *n.* coets[h]waith *m.*
coact *v.i.* gorfodi, cymell.
coaction *n.* gorfodaeth *f*; *vn.* = **coact.**
coactive *a.* gorfodol, cymhellol.
coadapted *a.* cyfaddas.
coadjutor *n.* cynorthwywr (cynorthwywyr) *m*, cydlafurwr (cydlafurwyr) *m*; *Ecc:* esgob(-ion) cynorthwyol *m.*
coadjutrix *n.f.* cynorth|wywraig (cynorthwywragedd).
co-administrator *n.* cydweinyddwr (cydweinyddwyr) *m.*
coadunate *a. Z: Bot:* cyfun, cyd-dyfol, cytyfol.
coadunation *n.* cyd-dyfu *vn*, ymgyfuno *vn.*
coagulability *n.* ceuladwyedd *m*, natur geuladwy *f.*
coagulable *a.* ceuladwy.
coagulant *n.* ceulydd(-ion) *m.*
coagulase *n. Bio-Ch:* *ceulas(-au) *m.*
coagulate *v.t.&i.* ceulo, tolchi, tolchennu, torthi, caledu, tewychu, troi'n galed; *(of fat): occ:* gwerennu.
coagulated *a.* ceulog, ceuledig, wedi ceulo, yn dolchen[-ni], yn dorth[-au].
coagulation *n.* ceulad(-au) *m*, ceuliad(-au) *m*, tolchiad(-au) *m*, tortheniad(-au) *m*; *vn.* = **coagulate.**
coagulum *n.* ceulad(-au) *m*, ceuliad(-au) *m*, torthen(-ni) *f*, tolchen (tolchau) *f*, ceuled *m.*
coaita *n. Z:* coaita(-od) *m.*
coal[1] 1. *n. (a)* glo(-eau) *m*; **fast-burning ~,** glo gwyllt/fflamllyd; **slow-burning ~,** glo mud/byddar; **half-burnt ~,** *S.W:* henlo *m*; **binding/bituminous ~,** glo meddal, glo rhwym, glo pyg, pyglo *m*; **brown ~,** glo llwyd, coedlo *m*, lignit *m*; **cannel ~,** glo canel, glo cannwyll; **cob ~,** glo clapiog/clampiog; **coking ~,** glo côcs, glo colsio, glo golosg, glo [y]sbagog; **house ~,** glo tai, glo tân, glo cartref; **iron ~,** haearnlo *m*; **lump ~,** glo bras, *S:* glo braisg, glo cnapau, *N:* glo clap; **mixed ~,** glo cymysg, glo trwyddo; **open-cast ~, outcrop ~,** glo brig; **ring ~,** glo ring/rhing; **sea ~,** glo môr, morlo *m*; **small ~,** glo mân, slecs *pl*; **steam ~,** glo stêm, glo rhydd, *Lit:* glo ager; **stone ~,** glo carreg, glo caled; *(b) (= single piece):* clap(-iau) *m*, cnap(-iau) *m*, cnepyn (cnapiau) *m*, lwmp (lympiau) *m*, telpyn (talpiau) *m*, talp(-iau) *m* [o lo], glöyn(-nau, -nod) *m*, *S.W: occ:* gloien (glo) *f*; **a live ~,** colsyn (cols, colsion) *m*, marworyn (marwor) *m*; **live coals,** marwydos *pl*, eirias *m*, glo byw/bywiol, *A:* rhysod *pl*; **to blow the coals,** megino marwor; **to carry ~ to Newcastle,** cario glo i Fflint, cario dŵr dros afon, bwrw heli yn y môr, iro blonegen, iro hwch â bloneg, gwerthu mêl i berchen gwenyn, mynd i'ngheg i chwilio am fy nhafod, gyrru halen i'r Heledd, golchi traed alarch, *S.W: occ:* taflu 'fale i'r berllan; **to haul/call s.o. over the coals,** galw rhn i gyfrif, dweud y drefn wrth rn; **to heap coals of fire on s.o.'s head,** pentyrru marwor tanllyd ar ben rhn. **~-barge** *n. N:* cwch (cychod) (*m*) glo, *S:* bad(-au) (*m*) glo. **~-bearing** *a.* gloddwyn; **~-bearing rocks,** creigiau glo. **~-bed** *n.* haen (*f*) lo (haenau glo), gwythïen (*f*) lo (gwythiennau glo), glowely(-au) *m*, gwely(-au) (*m*) glo. **~-black** *a.* du fel glo *or* fel blac *or* fel y frân *or* fel y muchudd, pygddu, gloywddu, *S.W:* parddu blac. **~-box** *n.* pwced (*f*) lo (pwcedi glo), bwced(-i) (*m*) glo. **~-brass** *n. Geol:* aur (*m*) ffyliaid. **~-bunker** *n.* **1.** *(in ship):* howld (*f*) lo (howldiau glo). **2.** *(in factory, house):* cwtsh(-is) (*m*) glo. **~-cellar** *n.* seler (*f*) lo (seleri/selerydd glo). **~-dust** *n.* llwch (*m*) glo, *S:* lluwch (*m*) glo, dwst (*m*) glo. **~-face** *n. N: F:* talcen(-ni) (*m*) glo, *S:* ffas (*f*) lo (ffasys/ffasau glo). **~-factor** *n. Com:* cyfanwerthwr (cyfanwerthwyr) (*m*) glo. **~-field** *n.* = **coalfield.** **~-fired** *a.* yn llosgi glo. **~-flap** *n.* caead(-au) (*m*) glo. **~ gas** *n.* nwy (*m*) glo. **~-heaver** *n.* dadlwythwr (dadlwythwyr) (*m*) glo, cariwr(-s, c|ariwyr) (*m*) glo. **~-hod** *n.* **1.** caseg (*f*) lo (cesyg glo). **2.** *U.S:* = **coal-scuttle.** **~-hole** *n.* twll (tyllau) (*m*) glo. **~-house** *n.* stordy (stordai) (*m*) glo, *S:* cwtsh(-ys) (*m*) glo, *N:* cwt (cytiau) (*m*) glo. **~-master** *n.* meistr(-i) (*m*) glo. **~ measure** *n.* haen (*f*) lo (haenau glo), gwely(-au) (*m*) glo, cystrad(-au) (*m*) glo. **~-merchant** *n.* dyn(-ion) (*m*) glo, gwerthwr (gwerthwyr) (*m*) glo. **~-mine** *n.* pwll (pyllau) (*m*) glo, glofa (glof|eydd) *f*, gwaith (gweithf|eydd, gweithiau) (*m*) glo, globwll (globyllau) *m.* **~-miner** *n.* glöwr (glowyr) *m*, *F:* colier(-s) *m.* **~-mining 1.** *vn.* codi glo. **2.** *attrib.* glofaol; **~-mining area,** ardal lofaol (ardaloedd glofaol) *f*, ardal pyllau glo. **~-oil** *n.* oel (*m*) lamp, paraffin *m.* **~-owner** *n.* perchennog (*m*) pwll glo (perch[e]nogion pyllau glo), meistr(-i) (*m*) glo. **~-pit** *n.* = **coal-mine.** **~-plate** *n.* caead(-au) (*m*) glo. **~-rake** *n.* cribin (*f*) lo (cribiniau glo), rhaca (*f*) lo (rhacanau glo). **~-sack** *n.* **1.** sach(-au) (*m*) glo, sach (*f*) lo (sachau glo). **2. C~-sack** *Astr:* Y Sach (*f*) Lo. **~-screen** *n.* gogr(-au) (*m*) glo, rhidyll(-iau) (*m*) glo. **~-scuttle** *n.* pwced (*f*) lo (pwcedi glo), bwced(-i) (*m*) glo, cafn(-au) (*m*) glo. **~-seam** *n.* gwythïen (*f*) lo (gwythiennau/gwythi glo). **~-shed** *n. N:* cwt (cytiau) (*m*) glo, *S:* cwtsh(-is) (*m*) glo. **~-shovel** *n.* rhaw (*f*) lo (rhawiau/rhofiau glo), siefl (*f*) lo (sieflau glo). **~ tar[1]** *n.* col-tar *m.* **~-tar[2]** *v.t.* coltario. **~-tit** *n. Orn:* titw(-od) penddu *m*, yswidw du/ddu (yswidwod du) *mf*, glas bach penddu *m*, yswidw penddu/benddu (yswidwod penddu), pela(-on) penddu *m*, pela llwydwyn, penlöyn(-nod) llygliw *m*, llygoden (llygod) (*f*) y derw. **~-whipper** *n.* dadlwythwr (dadlwythwyr) (*m*) glo.
coal[2] *v.i.&t.* **1.** *v.i.* llwytho glo, codi glo. **2.** *v.t.* **to ~ a ship,** llwytho glo ar long.
coaler *n.* llong (*f*) lo (llongau glo).
coalesce *v.i.* ymdoddi, uno, ymgyfuno, ymgymysgu, cyduno, cyd-doddi, toddi'n un, mynd yn un.
coalescence *n.* ymgyfuniad *m*, cyduniad *m*, uniad *m*, ymdoddiad *m*; *S.a.* **coalesce.**
coalescent *a.* ymdoddol, ymgyfunol, cydunol, ymgymysgol.
coalfield *n.* maes (meysydd) (*m*) glo; **concealed ~,** maes glo cudd; **exposed ~,** maes glo anghudd.
coalfish *n. Ich:* celog(-iaid) *f*, chwitlyn(-iaid) glas *m.*
coalie *n.* = **coal-heaver.**
coalification *n.* glöeiddio *vn*, glöeiddiad *m.*
coalify *v.t.* troi (rhth) yn lo, glöeiddio (rhth).
coaling *vn.* codi glo, llwytho glo. **~-station** *n.* porthladd(-oedd) (*m*) codi glo.
coalite *n. R.t.m.* glo (*m*) golosg, llosglo *m.*
coalition *n.* coalisiwn (coalisiynau) *m*, clymblaid (clymbleidiau) *f*, cynghrair (cynghreiriau) *mf.*
coalitionist *n.* clymbleidiwr (clymbleidwyr) *m*, cynghreiriwr (cynghreirwyr) *m*, coalisiynwr (coalisiynwyr) *m.*
coalman *n. m.* dyn(-ion) glo.
coalmouse *n.* = **coal-tit.**
coalpit *n.* = **coal-mine.**
coaly *a.* gloaidd, fel glo.
coaming *n. Nau:* ymyled(-au) *mf.*
coapt *v.t.* cyfaddasu.
coaptation *n.* cyfaddasiad(-au) *m*, cyfaddasu *vn.*
coarctation *n.* amgaead *m*, amgáu *vn.*
coarse *a.* **1.** *(= vulgar):* bras (breision), cwrs, garw (geirwon), aflednais, *F:* comon; *(pers.):* didoriad; **~ language,** iaith fras *f*, *N.W: occ:* brastod *m*, araith *f.* **2.** *(material):* bras, garw; **~ apron,** ffedog fras (ffedogau breision) *f*, barclod(-au) bras *m*; *Tex:* **~ cloth,** brethyn bras *m*; **~ fish,** pysgodyn bras (pysgod breision); **~ fishing,** pysgota bras; **~ stitch,** brasbwyth(-i) *m*; **~ tablecloth,** lliain bras *m*; **~ thread,** edau fras *f*; **~ tobacco,** baco bras *m*; **to have a ~ skin,** bod yn groendew. **~-cut** *a.* o doriad garw, garw eich toriad, bras. **~-featured** *a.* ag wyneb bras/garw, hagr [yr olwg]. **~-fibred, ~-grained** *a.* garw, cwrs, amrwd, aflednais; *(wood):* bras ei raen.
coarsely *adv.* **1.** *(= vulgarly):* yn fras, yn gomon, yn gwrs *&c*; **to speak ~,** siarad yn fras, *N.W:* siarad brastod. **2. ~ cut,** wedi ei dorri'n fras.
coarsen *v.t.&i.* **1.** *v.t.* garwh|au (rhth); gwn|eud (rhth) yn arw/

arwach. **2.** *v.i.* mynd yn fras/frasach/arw/arwach *&c*; *(of features):* hacru.

coarseness *n.* g|arwder *m*, garwedd *m*, amrydedd *m*, ansawdd amrwd *&c mf*; *(of language):* brastod *m*, afledneisrwydd *m*.

coast[1] *n.* **1.** glan (*f*) môr (glannau moroedd), arfordir(-oedd) *m*, glannau *pl*, morlan(-nau) *f*; *Geog:* **concordant ~,** arfordir cydgordiol; **discordant ~,** arfordir anghydgordiol; **The Gold C~,** Y Traeth Aur *m*; **C~ Protection Act,** Deddf (*f*) Amddiffyn y Glannau; *Geog:* **~ of emergence,** arfordir cyfodol; **~ of submergence,** arfordir soddedig; **the ~ is clear,** nid oes neb o gwmpas; mae hi'n glir. **2.** *(on bicycle, in car &c):* hwyliad(-au) *m*. **~-to-~** *attrib.* o lan i lan.

coast[2] *v.i.* **1.** *(of ship):* costio: côstio, hwylio gyda'r tir, dilyn y glannau; mynd gyda'r glannau. **2.** *(of car &c):* powlio, hwylio; **to ~ along,** powlio mynd, hwylio mynd, mynd yn olwyn-weili.

coastal *a.* arfor, arfordirol, [yr] arfordir; *Geog:* **~ current,** cerrynt (cerhyntau) arfordirol *m*; **~ features,** arweddau arfordir; **~ plain,** gwastadedd(-au) arfor *m*; **~ region,** ardal (*f*) [g]lan môr (ardaloedd glan môr); **~ strip,** arfordir(-oedd) *m*.

coaster *n.* **1.** *(ship):* llong (*f*) lannau (llongau glannau). **2.** *(tray):* hambwrdd (hambyrddau) (*m*) gwin; *(= small mat for drinks):* mat (*m*) diod (matiau diodydd). **~ brake** *n.* brâc (braciau) (*m*) hwylio.

coastguard, coastguardsman *n.* gwyliwr (gwylwyr) (*m*) y glannau.

coastland *n.* arfordir(-oedd) *m*.

coastline *n.* morlin(-au) *f*, amlinell(-au) (*f*) glannau; **transverse ~,** morlin ardraws.

coastward *a. & adv.* tua'r lan, tua'r glannau.

coastwise *adv. & a.* **1.** *adv.* gyda'r glannau, gyda'r lan. **2.** *a.* arfordirol; **~ trade,** masnach (*f*) glannau môr.

coat[1] *n.* **1.** *(a) Cost: N:* côt (cotiau) *f*, *S:* cot(-[i]au) *f*; **dress ~, tail-~,** côt fain (cotiau main), côt gynffon fain (cotiau cynffon fain), côt gynffon hir (cotiau cynffon hir) *f*, *F:* côt din fain (cotiau tin fain), côt gynffon aderyn (cotiau cynffon aderyn), côt â chwtws [fain], *S:* cot(-[i]au) a chwt; **duster-~,** côt ddwster (cotiau dwster); **frock-~,** ffrog-côt (~-cotiau) *f*; **morning ~,** côt â chwt; *S.a.* **greatcoat, housecoat, topcoat**; *Arm:* **~ of mail,** crys(-au) (*m*) mael, llurig(-au) *f*, pais (*f*) ddur (peisiau dur); **wearing a ~ of mail,** llurigog; *Conch:* **~ of mail shell,** lleuen (*f*) fôr (llau môr); *B:* **a ~ of many colours,** siaced fraith *f*; **he turned his ~,** fe drôdd ei gôt; *Prov:* **to cut one's ~ according to one's cloth,** torri'r gôt yn ôl y brethyn, llunio'r wadn fel bo'r troed; *(b) Her:* **~ of arms,** arfbais (arfbeisiau) *f*, pais (peisiau) (*f*) arfau. **2.** *(a) (of paint &c):* côt, *occ:* haen(-au) *f*, caen(-au) *f*, caenen(-ni, -nau) *f*, haenen(-ni, -nau) *f*; *Cu:* caen; **a ~ of paint,** côt o baent; **final ~,** côt uchaf/olaf; **ground ~,** y gôt gyntaf; *(b) Anat: (= membrane, lining):* pilen(-ni) *f*, gwisg(-oedd) *f*. **3.** *(of animal):* côt, blew *pl*; **my dog is casting his ~,** mae fy nghi'n bwrw'i flew/henflew. **~ armour** *n.* cwnsallt(-au) *m*, arfwisg(-oedd) *f*. **~ dress** *n. Cost:* cotwisg(-oedd) *f*, côt ffrog. **~-hanger** *n.* pren(-nau) (*m*) ysgwydd, cambren (*m*) côt (cambrenni cotiau), pren (*m*) hongian côt (prennau hongian cotiau). **~-hook** *n.* bachyn (*m*) côt (bachau cotiau). **~-peg** *n.* peg (*m*) côt (pegiau cotiau). **~-rack** *n.* rhesel (*f*) gotiau (rheseli cotiau). **~-room** *n.* = **cloakroom**. **~-tail** *n. Cost: N:* cynffon (*f*) côt (cynffonnau cotiau), *S:* cwt (*f*) cot (cytau cotiau); **on one's ~-tails,** ar gwt cot rhn; **to trail one's ~-tails,** llusgo'ch mantell. **~-tree** *n.* = **clothes-tree**. **~-weight** *n.* pwysau (*pl*) côt.

coat[2] *v.t.* cotio, gorchuddio, caenu; **to ~ sth with paint,** rhoi côt o baent ar/i rth, cotio rhth â phaent.

coated *a.* **1.** *(= wearing coat):* â chôt, cotiog; **red-~,** â chôt goch. **2.** *(= under covering):* dan gôt, dan haen, cotiog, cotiedig, gorchuddiedig, haenedig; **~ with dust,** dan haen o lwch; *Med:* **~ tongue,** tafod blewog *m*; **~ paper,** papur sglein *m*, papur haen; **~ paper electrophotography,** electroffotograffeg uniongyrchol *f* (*pronounced* ng-g).

coatee *n. Cost:* côt gota (cotiau cwta) *f*.

coater *n.* cotiwr (cotwyr) *m*.

coati, coatimundi *n. Z:* coati (coatïod, coatïaid) *m*.

coating *vn. & n.* **1.** *vn.* = **coat**[2]. *Cu:* **~ batter,** cytew (*m*) caenu. **2.** *n.* = **coat**[1,2] . **3.** *Com: Tex:* brethyn (*m*) cotiau.

coatless *a.* heb got, di-gôt.

co-author[1] *n.* cydawdur(-on) *m*.

co-author[2] *v.t,* cydysgrifennu.

co-authoress *n.f.* cydawdures(-au) *f*.

co-authorship *n.* cydawduraeth *f*.

coax *v.t.* cymell (rhn) [yn glên], tynnu (rhn) trwy deg, perswadio, *S:* cocso, *N:* cocsio, *N.W: occ:* cynnwys; **to ~ sth out of s.o.,** cael rhth gan rn trwy deg, cocsio rhn i ddweud rhth.

coaxal *a.* = **coaxial**.

coaxer *n.* perswadiwr (perswadwyr) *m*, pers|wadwraig *f*, cocsiwr (cocswyr) *m*.

coaxial *a.* cyfechelin, cyfechelog; **~ cable,** cebl(-au) cyfechelog *m*; **~ circle,** cylch(-oedd) cyfechelin *m*.

coaxially *adv.* yn gyfechelin *&c*.

coaxing[1] *a.* enillgar, cymhellgar, clên, gwenieithus, dengar (*pronounced* ng-g).

coaxing[2] *vn.* = **coax; he took a lot of ~,** 'roedd/bu gwaith cymell arno.

coaxingly *adv.* yn enillgar *&c*.

cob[1] *n.* **1.** *(= horse):* cob(-iau) *m*, cobyn (cobiau) *m*, merlyn (merlod) *m*. **2.** *(= male swan):* alarch (elyrch, eleirch) gwryw *m*, ceiliog (*m*) alarch (ceiliogod elyrch/eleirch). **3. ~-nut,** cneuen (*f*) gollen (cnau cyll). **4.** *(of corn):* cobyn(-nau) *m*; **corn on the ~,** india corn ar y cobyn. **5.** *(of coal):* clepyn (clapiau) *m*, clap(-iau) *m*, cnap(-iau) *m*. **6.** *(= dyke):* cob(-iau) *m*, morglawdd (morgloddiau) *m*. **7.** *(= loaf):* torth gron (torthau crynion) *f*.

cob[2] *n. Const:* clom *m*.

cob[3] *v.t.* *(= hit*[2]*):* cobio; *S.a.* **hit**[2].

cob[4] *n. Orn:* = **gull**[1] **(black-backed)**.

cobalamin[e] *n. Bio-Ch:* cob|alamin *m*.

cobalt *n. Ch:* cobalt *m*. **~ bloom** *n.* fflŵr (*m*) cobalt.

cobaltic *a.* cobaltaidd, cobaltig.

cobaltine, cobaltite *n. Ch:* c|obaltin *m*, c|obaltit *m*.

cobaltous *a. Ch:* cobaltus.

cobber *n. F:* = **chum**[1].

cobble[1] *n.* **1.** *(stone):* carreg gron (cerrig crynion) *f*, cobl(-s,-au) *f*. **2.** *usu.pl. (coal):* clap(-iau) (*m*) o lo, cnap(-iau) (*m*) o lo, pelen: pêl (peli, pelau) (*f*) o lo, glo clampiog *m*, glo clapiog, glo clapiau, clapiau glo. **~-stone** *n.* = 1. **~-stoned** *a.* coblog.

cobble[2] *v.t.* *(road):* coblo.

cobble[3] *v.t.* *(= patch):* clytio, coblo, brasbwytho; **to ~ shoes,** *S:* cyweirio (*pronounced* cwiro) esgidiau, tapo esgidiau, *N:* trwsio esgidiau, trin esgidiau.

cobbled[1] *a.* coblog.

cobbled[2] *a.* **~ together,** clytiog, brasbwythog.

cobbler *n.* **1.** *(of shoes):* crydd(-ion) *m*, cobler(-iaid) *m*. **2.** *(= clumsy workman):* bwnglerwr (bwnglerwyr) *m* (*pronounced* ng-g). **3.** *pl. Int.* = **nonsense**. **4.** *(= drink):* *N:* diod (*f*) rew (diodydd rhew), *S:* diod iâ; **sherry ~,** sieri a rhew/iâ. **cobbler's wax,** cwyr (*m*) crydd.

cobby *a.* byrgoes.

Cobdenism *n. Pol:* Cobdeniaeth *f*.

Cobdenite *n.* Cobdenydd(-ion) *m*

co-belligerence, co-belligerency *n.* cydymladdoldeb *m*.

co-belligerent *a. & n.* **1.** *a.* cydymladdol, cydryfelgar, cydymosodol. **2.** *n.* cydymladdwr (cydymladdwyr) *m*, cydryfelwr (cydryfelwyr) *m*, cydymosodwr (cydymosodwyr) *m*.

cobia *n. Ich:* cobia(-id, -od) *m*.

coble *n.* ceubal(-au) *m*.

Cobol *n. Cmptr:* Cobol *m*.

cobra *n.* cobra(-od) *mf*, neidr gycyllog (nadr[o]edd cycyllog) *f*; **king ~,** march-gobra(-od) *mf*.

cobweb *n. N:* gwe (*f*) pryf copyn, gwe pry' cop (gweoedd pryfed cop), *S:* gwe corryn/cor (gweoedd corynnod), *S.W:* nyth (*f*) corryn (nythod corynnod), w[h]yth (*m*) y cor, w[h]yth corn, cwyr (*m*) cor.

cobwebbed, cobwebby *a.* copynweog, *N:* yn we pryf cop i gyd, dan we pryf cop, *S:* yn we corryn i gyd, yn w[h]yth côr i gyd, dan we corryn.

coca *n. Bot:* coca *m*.

Coca-Cola *n. R.t.m:* Coca-Cola *m*.

cocaine *n.* cocên: cocâin *m*.

cocainism *n.* coceniaeth *f*.

cocainize *v.t.* trin (rhn) â chocên.

cocarboxylase *n. Ch:* cocarb|ocsylas *m*.

cocarcinogen *n. Med:* cydgars|inogen (cydgarsinogenau) *m*.

coccal *a. Bact:* cocol.

coccid *n. Ent:* ~ **bug,** llysdrogen (llysdrogod) *f.*
coccidioidomycosis *n.* cocsidioidomycosis *m.*
coccidiosis *n.* cocsidiosis *m.*
coccidium *n. Z:* cocsidiwm (cocsidia) *m.*
cocciferous *a. Bot:* aeronog, aeronddwyn.
coccoid *a. & n. Bot:* **1.** *a.* cocoid. **2.** *n.* cocoid(-au) *m.*
coccus *n. Bot:* cocws (coci) *m.*
coccygeal *a. Anat:* ~ **bones,** esgyrn y cwtyn.
coccyodynia *n. Med:* cynffonboen *f.*
coccyx *n.* bôn (*m*) asgwrn y cefn (bonion esgyrn cefnau), cwtyn (*m*) y cefn (cwtynnau cefnau), asgwrn (esgyrn) (*m*) cynffon.
co-chair *v.t.* cydgadeirio, cydlywyddu.
co-chairman *n.* cydgadeirydd(-ion) *m*, cydgadeiryddes(-au) *f.*
cochin *n. Orn: Husb:* iâr facsiog (ieir bacsiog) *f.*
Cochin-China *Pr.n. Geog:* Cotsin-Tsieina *f.*
cochineal *n.* **1.** *Ent:* cochbryf(-ed) *m.* **2.** *Dy:* ysgarlad *m*, cotsinîl *m*, cochliw *m.* ~ **cactus,** ~ **fig** *n. Bot:* ffigysen (ffigys) (*f*) y cochbryf.
cochlea *n. Anat:* cochlea (cochleâu) *m*, cogwrn (*m*) clust (cogyrnau clustiau).
cochlear *a. Anat:* cogyrnol, cochleaidd.
cochleate[d] *a.* troellog, cogyrnog.
cock[1] *n.* **1.** *Orn:* ceiliog(-od) *m*; **a little** ~, ceiliogyn *m*; **black** ~, **heath-**~, ceiliog du, ceiliog mynydd, ceiliog du'r mynydd; **dandy** ~, ceiliog dandi; **game** ~, **fighting** ~, ceiliog ymladd, ceilog gêm, ceiliog talwrn; **to live like fighting cocks,** bwyta'n dda, byw'n fras; **pheasant** ~, ceiliog ffesant; **turkey** ~, ceiliog twrci, *occ:* ceiliog Ffrengig; **weather** ~, ceiliog gwynt; **a** ~ **on his own dunghill,** ceiliog ar ben ei domen ei hun, cocyn(-nod) *m*; *F:* ~ **of the walk,** ceiliog pen y domen, cocyn, llanc(-iau) mawr *m*, jarff(-od) *m*, jarffyn *m*; ~ **of the wood,** ceiliog y coed; *int. P:* **old** ~, yr hen law, yr hen gyfaill, yr hen gono, yr hen begor, yr hen goes; ~ **and bull story,** stori (*f*) gelwydd golau (straeon celwydd golau), stori anhygoel, stori gelwyddog (straeon celwyddog), *N: occ:* stori (*f*) big (straeon pig); **that** ~ **won't fight,** ni wna hynna mo'r tro; thâl hynna ddim; ~ **and hen,** i'r gwryw ac i'r fenyw; dafad ac oen; ~ **lobster,** cimwch (cimychiaid) gwryw *m*; ~ **pigeon,** colomen wryw (colomennod gwryw) *f*; ~ **sparrow,** aderyn (adar) (*m*) to. **2.** *(a) (= tap):* tap(-iau) *m*, coc(-iau) *m*; *(b) Sm.a:* coc, cnicyn (cniciau) *m*; **at full** ~, parod i danio; **to go off at half-**~, tanio ar ei hanner; *(c) V: (= penis):* coc(-iau) *mf*, pidyn(-nau) *m*, darn(-au) *m*, peth(-au) *m*, pric(-iau) *m*, gwialen(-ni,-nau) *f*, *Lit: & S:* cal: cala (caliau) *f*, *S: occ:* gwialen (*f*) gig (gwialennau cig), twlsyn (tŵls) *m.* **3.** *(of hat):* gwalc(-iau) *m.* **4.** *(= pointer, gnomon):* bys(-edd) *m*, mynegfys(-edd) *m.* **5.** *(of arrow):* gwlf (gylfau) *m.* **6.** = **nonsense.** ~**-a-doodle-doo** *int.* coc-a-dwdl-dŵ! go-go-go! ~**-a-hoop** *a. & adv.* wrth eich bodd, gorawenus, ar/uwch ben eich digon, wedi cael modd i fyw, gorfoleddus, mewn gorfoledd, ar eich uchelfannau, yn uchel eich crib, yn uchel eich pen, yn uchel eich cloch, *Lit:* yn orohïan. ~**-a-leekie soup** *n. Cu:* cawl (*m*) cennin. ~**-crow** *n.* **1.** caniad (*m*) ceiliog. **2.** = **dawn[1] 1**; **at** ~**-crow,** yn y plygain, yn blygeiniol, ar doriad dydd, gyda'r wawr, yn y bore bach, ar ganiad y ceiliog. ~**-fight** *n.* ymladd (*vn*) ceiliogod, ymladdfa (*f*) geiliogod (ymladdf|eydd ceiliogod), gêm (*f*) geiliogod (gemau ceiliogod). ~**-horse** *adv.* ar gefn ceffyl. ~**-loft** *n.* coglofft(-ydd) *f*, croglofft(-ydd) *f*, taflod(-au) *f.* ~ **of the North** *n. Orn:* pinc(-od) (*m*) y Gogledd, pinc y mynydd, bronrhudd (*m*) y mynydd. ~ **of the rock** *n. Orn:* ceiliog y graig. ~**-master** *n.* ceiliogwr (ceiliogwyr) *m.* ~**-shoot** *n.* cocsut(-iau) *m.* ~**-shy** *n.* cocyn(-nau) (*m*) hitio, cocyn annêl, *F:* cocyn 'nêl. ~**-spur** *n. Bot:* cibogwellt rhydd *m*, [y]sbardun (*m*) y ceiliog.
cock[2] *v.t.* **1.** *(a)* **to** ~ **an eye (at sth),** taflu edrychiad, smicio llygad, wincio (ar rth); **to** ~ **one's little finger,** codi'r/plygu'r bys bach; *(b)* **to** ~ **one's ears,** moeli'ch clustiau; **to** ~ **an ear,** codi clust; **to** ~ **one's nose,** codi'ch trwyn; **to** ~ **a knee,** plygu pen-lin; **to** ~ **a wrist,** plygu arddwrn. **2. to** ~ **a hat,** *(= turn up brim):* gwalcio het, troi cantel het i fyny, codi ymylon het; *(= set aslant):* **he cocked his hat,** trawodd ei het ar ochr ei ben. **3. to** ~ **a gun,** codi clicied gwn, cocio gwn. **4.** *(= spoil):* drysu, po[i]tsio, cawlio (rhth); gwn|eud llanast/cawl/cawlach/poitsh/smona[e]th/stomp (o rth). ~**-eye** *n.* llygad (llygaid) (*m*) tro, llygad croes (llygaid croesion), llygad cam (llygaid ceimion). ~**-eyed** *a. F:* **1.** â llygad tro/croes/cam, â thro yn eich llygad, llygatgam, llygatgroes. **2.** *(= awry):* cam (ceimion), ar ŵyr, *N:* bob sut, ar sgiw, *S: occ:* acha wew, acha slant. **3.** = **absurd, drunk.** ~**-eyedly** *adv.* yn gam *&c.* ~**-eyedness** *n.* **1.** *(of eye):* tro *m*, camedd *m*, camder *m*, camdra *m* [mewn llygad]. **2.** *(of arrangements &c):* anhrefn *f.* **3.** = **absurdity.** ~ **up** *v.t.* **to** ~ **things up,** ei chawlio hi, ei pho[i]tsio hi, gwneud llanast *&c* ohoni. ~**-up** *n.* cawl *m*, llanast *m*, smona[e]th *f*, stomp *m*, traed (*pl*) moch, stwnsh *m*, po[i]tsh *m.* ~**-tail** *n. Ent:* = **devil's coach-horse.**
cock[3] *n. (of hay, straw):* cocyn(-nau, cociau) *m*, mwdwl (mydylau) *m*, crugyn (crugiau) *m*, twmpath(-au) *m.*
cock[4] *v.t. (= pile hay in cocks):* mydylu, stycio, *N. W: occ:* cocio.
cockabondy *n. Fish:* coch (*m*) y bonddu.
cockabully *n. Ich:* cocabwli (cocabwlïod, cocabwlïaid) *m.*
cockade *n.* ysnoden(-ni) *f*, hetrosyn(-nau) *m.*
cockaded *a.* ysnodennog, hetrosynnog.
Cockaigne *Pr.n. Lit:* **the Land of** ~, Gwlad (*f*) Llaeth a Mêl, Bryniau (*pl*) Bro Afallon.
cockalorum *n.* cocyn(-nod) *m*, cocaloryn(-nod) *m*, ceiliog(-od) (*m*) dandi, *N. W: occ:* standiffollach(-od) *m.*
cockatiel *n. Orn:* parot(-iaid) copog *m.*
cockatoo *n. Orn:* cocatŵ(-od, -aid) *m*; **slender-billed** ~, cocatŵ pigfain.
cockatrice *n. Myth: Her:* ceiliog(-od) (*m*) neidr.
cockboat *n.* cwch bychan (cychod bychain) *m*, cogfad(-au) *m.*
cockchafer *n. Ent:* chwilen (chwilod) (*f*) [y] bwm, chwilen y bwmp, chwilen Mai, chwilen y dom, chwilen ruo (chwilod rhuo), chwilen y baw, chwilen y bawen, *N. W: occ:* chwrlib|wmp(-s) *f*, *M. W: occ:* hwrlib|wmp(-s) *f*, *S. W: occ:* chwilen y bomp, *S: occ:* chwilen des (chwilod tes).
cocked *a.* **1.** *(ear):* ar godi. **2.** ~ **hat,** het (*f*) dair gwalc (hetiau tair gwalc), het walciog (hetiau gwalciog); **to knock s.o. into a** ~ **hat,** curo/trechu rhn yn llwyr. **3.** *(gun):* ar annel, parod i danio.
cocker[1] *n.* ~ **[spaniel],** Sbaengi (Sbaengwn) (*m*) adara (*pronounced* ng-g).
Cocker[2] *Pr.n.* **according to** ~, yn gywir, yn fanwl gywir, yn ôl y rheolau.
cockerel *n.* ceiliog ifanc (ceiliogod ifainc) *m*, *N:* cyw (*m*) ceiliog (cywion ceiliogod), *occ:* ceiliogyn (ceiliogod) *m.*
cocket bread *n.* bara (*m*) tŷ, bara tylwyth, bara manbaill, bara eilflawd.
Cockett *W.Pl.n.* Cocyd *m.*
cockily *adv.* yn dalog *&c.*
cockiness *n.* talogrwydd *m*, digywil|ydd-dra *m*, hyfdra *m*, ewndra *m.*
cockle[1] *n.* **1.** *Bot:* **[corn-|~,** bulwg *m* [Rhufain], bulwg yr ŷd, pabi(*m*)'r gwenith, pabi coch yr ŷd, y drewg *m.* **2.** *Agr: (disease):* cawod *f*, malltod *m*, rhwd *m.*
cockle[2] *n. (a) Moll:* cocysen: cocosen: cocsen (cocos, *S:* cocs) *f*, cocosyn (cocos, cocs) *m*, cragen wen (cregyn gwynion) *f*, *S: pl.* rhython; **dog** ~, *(Glycymeris glycymeris):* cocosen fraith (cocos brithion); **freshwater** ~, *(Sphaerium)*: cocosen yr afon; **heart** ~, *(Glossus humanus):* cocosen galon (cocos calon); **little** ~, *(Cerastoderma exiguum):* cocosen fach (cocos bach); **orb-shell** ~, *(Sphaerium):* cocosen belen (cocos peli); **pea-shell** ~, *(Pisidium):* cocosen bysen (cocos pys); **prickly** ~, *(Acanthocardia echinata):* cocosen Job; **smooth** ~, *(Laevicardium crassum):* cocosen lefn (cocos llyfnion); **spiny** ~, *(A. aculeata):* cocosen bigog (cocos pigog); *S.a.* **Iceland;** *(b) Hist:* **to play hot cockles,** chwarae llaw-daro; *(c)* **(sth) to warm the cockles of the heart,** (rhth) sy'n rhoi hwb i'r galon, sy'n rhoi arial i'r galon, sy'n eli i'r galon, sy'n codi'ch calon. ~**-shell** *n.* **1.** *Conch:* cragen (*f*) gocos (cregyn cocos), cogwrn (cogyrnau) *m*; *Hist: (of pilgrim):* cragen pererin (cregyn pererinion), cragen Iago. **2.** *F: (= boat): N:* cwch bach/bychan (cychod bach/bychain) *m*, *S:* bad bach/bychan (badau bach/bychain) *m.* ~**-stairs** *n. pl.* grisiau tro.
cockle[3] *v.t.&i.* crychu.
cockle[4] *n. (= crease):* crych(-ion) *m.*
cocklebur *n.* cacamwci *m*; **rough** ~, *(Xanthium strumarium):* cacamwci lleiaf; **spiny** ~, *(X. spinosum):* cacamwci pigog; **stinking** ~, *(X. echinatum):* cacamwci drewllyd.
cockling[1] *vn. (= creasing):* crychu, crych(-ion) *m.*
cockling[2] *vn. (= gather cockles):* casglu cocos, *N:* hel cocos, *S:* crynh|oi cocs, cocsa, casglu rhython.
cockney *a. & n.* **1.** *a.* cocnïaidd, cocni. **2.** *n. (a) (pers.):* cocni(-s, cocnïaid, cocnïod) *m&f*; *(b) Ling:* cocni *f, m*, cocnïeg *f, m.*

cockneyish *a.* cocnïaidd, cocni.
cockneyism *n.* ymadrodd(-ion) cocnïaidd *m*, cocnïeb(-ion) *f*.
cockpit *n.* **1.** talwrn (talyrnau) *m*, *N.W:* pit(-iau) (*m*) ceiliogod. **2.** *Av:* lle (*m*) peilot (lleoedd peilotiaid), caban(-au) (*m*) peilot; *Aut:* sedd (*f*) gyrrwr (seddau gyrwyr), sêt (*f*) gyrrwr (seti gyrwyr); *Canoeing:* twll (tyllau) (*m*) eistedd.
cockroach *n.* *Ent:* chwilen ddu (chwilod duon) *f*, chwilen ddu fawr (chwilod duon mawr) *f*, *F:* cocrotsien (cocrotsis) *f*.
cockscomb *n.* **1.** crib(-au) (*mf*) ceiliog (cribau ceiliogod), *occ:* cribell(-au) *f*; **double ~,** crib dwbl/ddwbl, crib cadair Fyrddin. **2.** *Bot:* *(a)* **= rattle (yellow)**; *(b)* *(Celosia cristata):* crib ceiliog (cribau ceiliogod). **3. = coxcomb.**
cocksfoot [grass] *n.* *Bot:* byswellt *m*, troed (*mf*) y ceiliog, dant (*m*) y ci, grugwellt *m*.
cockspur *n.* **1.** *Bot:* cibogwellt rhydd *m*. **2.** *Ann:* mwydyn (mwydod) (*m*) y domen.
cocksure *a.* hunandybus, talog, gwarsyth, penuchel, *N:* cocynnaidd, jarffaidd, jarfflyd, lartsh, *S:* ewn.
cocksurely *adv.* yn hunandybus *&c.*
cocksureness *n.* hunan-dyb *mf*, talogrwydd *m*, penuchelder *m*, gwarsythni *m*, cocyneiddiwch *m*, lartshrwydd *m*, ewndra *m*.
cocktail *n.* coctel(-s) *m*. **~ drama** *n.* drama (*f*) goctel (dramâu coctel). **~ lounge** *n.* lolfa (*f*) goctel (lolf|eydd coctel). **~ party** *n.* parti (partïon) (*m*) coctel. **~ stick** *n.* ffon (*f*) goctel (ffyn coctel), pric(-iau) (*m*) coctel.
cocky *a.* *F:* talog, hyf(-ion), hy(-fion), digywilydd, *N:* cocynnaidd, jarffaidd, jarfflyd, *S.W:* *F:* ffit, ewn, eger; **a ~ fellow,** *N.W:* llanc(-iau) *m*, jarff(-od) *m*, cocyn(-nod) *m*, pen(-nau) bach *m*, *N:* *occ:* còg (cogiau) *m*.
coco *n.* *Bot:* **= coconut, coconut palm.** **~-*de-mer*** *n.* *Bot:* cneuen goco ddwbl (cnau coco dwbl) *f*, ***coco(-s)-(m)-de-mer***. **~ matting** *n.* *See* **coconut**.
cocoa *n.* coco *m*. **~ bean** *n.* ffeuen/ffäen (*f*) goco (ffa coco). **~ butter** *n.* saim (*m*) coco, ymenyn (*m*) coco. **~ nibs** *n.pl.* ffa coco mâl.
co-conscious *a.* & *n.* **1.** *a.* cydymwybodol. **2.** *n.* cydymwybod *m*.
co-consciousness *n.* cydymwybyddiaeth *f*.
co-conspirator *n.* cydgynllwyniwr (cydgynllwynwyr) *m*.
coconut *n.* cneuen (*f*) goco (cnau coco), *F:* c|oconyt(-s) *mf*, c|oconet(-s) *mf*; *Cu:* **desiccated ~,** blawd (*m*) cnau coco; **double ~, = *coco-de-mer*.** **~ crab** *n.* cranc(-od) dringol *m*. **~ fibre** *n.* ff[e]ibr (*m*) coco, copra *m*. **~ ice** *n.* rhew (*m*) cnau coco. **~ matting** *n.* mat (*m*) coconyt, matiau (*pl*) coconyt, mat/matiau cnau coco, coco matin *m*. **~ milk** *n.* llaeth (*m*) coconyt, llaeth cneuen goco. **~ oil** *n.* olew (*m*) cnau coco, olew copra. **~ palm** *n.* palmwydden (*f*) goco (palmwydd coco), coeden (*f*) goconyt (coed coconyt). **~ shy** *n.* stondin(-au) (*f*) taro coconyts. **~ tree, = coconut palm.**
cocoon[1] *n.* cocŵn (cocynau) *m*, sidangod(-au) *f* (*pronounced ng-g*), cod(-au) (*f*) sidan, chwilerwe(-oedd) *f*.
cocoon[2] *v.t.&i.* **1.** *v.t.* lapio (rhth) [yn glyd], gorchuddio; **cocooned in warmth,** clyd, cysurus, *N.W:* *occ:* cobog. **2.** *v.i.* *(of caterpillar):* nyddu cocŵn, gwn|eud cocŵn.
cocoplum *n.* *Bot:* coco-eirinen (~-eirin) *f*.
cocotte *n.* **1.** *Hist:* putain (puteiniaid) ffasiynol *f*, ***cocotte(-s)*** *f*. **2.** *Cu:* ***cocotte(-s)*** *f*, dysgl(-au) *f*.
cocoyam *n.* *Bot:* cocoiam(-au) *m*.
cocozelle *n.* *Bot:* cocosél (cocoselau, cocoseli) *m*.
coction *n.* berwad *m*, berwi *vn*.
cod[1] *n.* *Ich:* **~[-fish],** penfras (penfreision) *m*, *N.W:* codyn (còd) *m*; **Greenland ~,** penfras/codyn yr Ynys Las; **polar ~,** penfras/codyn y Gogledd; **rock ~,** codyn y cerrig. **~-bank** *n.* *Fish:* traethell (*f*) y penfras/còd (traethellau'r penfras/còd). **~-fisher** *n.* pysgotwr (pysgotwyr) (*m*) penfras. **~-fishing** *vn.* pysgota am benfras. **~-liver oil** *n.* *Pharm:* olew iau/afu còd/penfras, olew'r penfras. **~ steak** *n.* stecen (*f*) benfras (stêcs penfras). **C~ War (the)** *n.* *Hist:* Rhyfel y Penfras. **~-worm** *n.* *Ann:* llyng[h]yren (llyngyr) (*f*) y penfras.
cod[2] *v.t.&i.* *A:* **= hoax**[2].
cod[3] *n.* **1. = pod. 2. = scrotum. 3.** *pl.* **= testicles.**
coda *n.* *Mus:* coda (codâu) *m*, atgan(-au) *f*.
codable *a.* codadwy.
codasyl *n.* c|odasyl *m*.
coddle *v.t.* **1.** maldodi, mwytho, *N.W:* *occ:* tinpwl. **2.** *(= boil slowly):* mudferwi, lledferwi.
coddler *n.* **1.** maldodwr (maldodwyr) *m*, mald|odwraig *f*, mwythwr (mwythwyr) *m*, m|wythwraig *f*. **2.** *(= slow boiler):* mudferwr (mudferwyr) *m*.
code[1] *n.* **1.** *Jur:* *&c:* deddfwriaeth *f*, côd (codau) *m*, corff (cyrff) (*m*) o gyfreithiau, deddfres(-i) *f*; *W.Jur:* *Hist:* **the Venedotian C~,** Dull (*m*) Gwynedd; **the Gwentian C~,** Dull Gwent; **the Demetian C~,** Dull Dyfed; **~ of conduct,** côd ymarweddiad/ymddygiad; **national ~ of conduct,** côd ymddygiad cenedl; **~ of practice,** côd arferion/ymarfer; **the Civil C~,** y Côd Sifil *m*; **the C~ Napoléon,** y Côd Napoleonaidd, Côd Napoleon; **the Highway C~,** Rheolau(*pl*)'r Ffordd Fawr; **~ of Holiness,** Côd Sancteiddrwydd; **~ of honour,** safonau (*pl*) anrhydedd, rhwymau (*pl*) anrhydedd. **2.** *(a)* *Tg:* *Cmptr:* *&c:* côd (codau) *m*; **bar-~,** côd bar; **elaborated ~,** côd eang; **genetic ~,** côd genynnol; **Morse ~,** côd Morse; **restricted ~,** côd cyfyng. **~-book** *n.* llyfr(-au) (*m*) côd, codlyfr(-au) *m*. **~-figure** *n.* rhif(-au) (*m*) côd. **~ generation** *n.* *Cmptr:* cynhyrchu (*vn*) côd. **~ language** *n.* *Cmptr:* côd-iaith (~-ieithoedd) *f*. **~ letter** *n.* llythyren (*f*) gôd (llythrennau côd), côd-lythyren (~-lythrennau) *f*. **~-name** *n.* ffugenw(-au) *m*. **~-number** *n.* **= code-figure.** **~-word** *n.* gair (geiriau) allweddol *m*, arwyddair (arwyddeiriau) *m*, allweddair (allweddeiriau) *m*.
code[2] *v.t.* codio (rhth), rhoi/ysgrifennu *&c* (rhth) mewn côd; *Ph:* *Mth:* codio.
codeclination *n.* *Astron:* cydogwyddiad(-au) *m*, cydoleddfiad(-au) *m*.
coded *a.* mewn côd, codedig; *Fig:* cudd.
co-defendant *n.* cyd-ddiffynnydd (~-ddiffynyddion) *m*.
codeine *n.* *Pharm:* codin *m*.
codeless *a.* di-gôd.
coder *n.* codiwr (codwyr) *m*, codydd(-ion) *m*.
codetermination *n.* cydbenderfyniad *m*, cydbenderfynu *vn*.
codetta *n.* *Mus:* codeta (codetâu) *m*.
codex *n.* **1.** llawysgrif(-au) *f*, codecs(-au) *m*. **2.** *Pharm:* cyffurlyfr(-au) *m*, codecs.
codfish *n.* **= cod**[1].
codger *n.* *F:* cono(-s) *m*, pegor(-s, -iaid) *m*, boi(-s) *m*, bachgen (bechgyn) *m*, *S:* bachan *m*; **old ~,** hen gono, hen begor, hen bero *m*, hen greadur *m*, hen brogo *m*, hen foi, hen law(-iau) *m*, hen frawd (~ frodyr) *m*, *N.W:* *occ:* hen ewach(-od) *m*.
codicil *n.* atodiad(-au) *m*, ôl-nodyn (~-nodion) *m*, ychwanegiad(-au) *m*, c|odisil (codisiliau) *m*.
codicillary *a.* ychwanegol, atodiadol, codisilaidd.
codicological *a.* llawysgrifegol.
codicology *n.* llawysgrifeg *f*.
codifiability *n.* natur gyfundrefnadwy *f*; **I had doubts concerning its ~,** yr oeddwn yn amau a oedd modd ei gyfundrefnu.
codifiable *a.* cyfundrefnadwy.
codification *n.* cyfundrefniad(-au) *m*, cyfundrefnu *vn*.
codifier *n.* cyfundrefnwr: cyfundrefnydd (cyfundrefnwyr) *m*.
codify *v.t.* cyfundrefnu.
coding *vn.* codio; *Adm:* **notice of ~,** rhybudd codio. **~ sheet** *n.* *Cmptr:* taflen (*f*) godio (taflenni codio).
co-director *n.* cydgyfarwyddwr (cydgyfarwyddwyr) *m*.
codling[1] *n.* *Ich:* penfras ifanc (penfreision ifainc) *m*, codyn ifanc (còd ifainc) *m*.
codlin[g][2] *n.* *Hort:* *Cu:* afal(-au) cynnar *m*, afal coginio, corafal(-au) *m*. **~ moth** *n.* *Ent:* gwyfyn(-od) (*m*) afalau, gwyfyn corafalau; **codlings-and-cream** *n.* *Bot:* **= willow-herb.**
codology *n.* ffiloreg *f*.
codomain *n.* *Mth:* **= range**[1] **4.**
co-dominance *n.* cyd-drechedd *m*.
co-dominant *a.* & *n.* **1.** *a.* cyd-drechol. **2.** *n.* cyd-drechwr (~-drechwyr) *m*.
codon *n.* *Biol:* codon(-au) *m*.
codpiece *n.* *Cost:* *S:* copis(-iau) *m*, *N:* balog(-au) *mf*.
co-driver *n.* cydyrrwr (cydyrwyr) *m*, cyd|yrwraig (cydyrwragedd) *f*.
codswallop *n.* **= nonsense.**
coed *n.* *U.S:* cyd-ddisgybl(-ion) *m*.
Coedely *W.Pl.n.* Coed-elái *m*.
co-edition *n.* cydolygiad(-au) *m*.
co-editor *n.* cydolygydd(-ion) *m*.
Coedkernew *W.Pl.n.* Coedcernyw *m*.
Coedtalon *W.Pl.n.* Coed (*pl*) Talwrn.

coeducation *n.* cydaddysg *f*, cydaddysgu *vn.*
coeducational *a.* cydaddysgol, cymysg.
coeducationally *adv.* yn gydaddysgol *&c.*
coefficient *n.* cyfernod(-au) *m*; **absorption ~,** cyfernod amsugno; *Mec.E:* **~ of safety,** cyfernod diogelwch; **~ of correlation,** cyfernod perthynas, cyfernod cydberthyniad; **differential ~,** cyfernod gwahaniaethol; *Ph:* **~ of expansion,** cyfernod ymlediad; *Econ:* **~ of determination,** cyfernod penderfynu; **~ of multiple correlation,** cyfernod cydberthyniad lluosol; **~ of partial correlation,** cyfernod cydberthyniad rhannol; *Geog:* **~ of variation,** cyfernod amrywiad; *Ch:* **activity ~,** cyfernod actifedd; **digestibility ~,** cyfernod hydreuledd.
coelacanth *a. & n. Ich:* s|elacanth (selacanthod, selacanthiaid) *m.*
coelacanthine, coelacanthous *a. Ich:* selacanthaidd.
coelenterate *a. & n. Z:* **1.** *a.* selenteraidd. **2.** *n.* selenteriad (selenteriaid) *m.*
coelenteron *n. Z:* sel|enteron (selenteronau) *m.*
coeliac *a.* ceudodol, seliag; **~ artery,** rhedweli(*f*)'r cylla; **~ disease,** y clefyd seliag *m*; **~ plexus,** pwll (*m*) y galon.
coelom *n. Z:* selom(-au) *m*, ceudod(-au) *m.*
coelomate *a. & n.* **1.** *a.* ceudodog, selomog. **2.** *n.* ceudodog(-ion) *m&f*, selomog(-ion) *m&f.*
coelomic *a.* ceudodol, selomig.
coelomoduct *n.* ceuddwythell(-au) *f.*
coelostat *n. Astron:* drych(-au) (*m*) troi, s|elostat (selostatau) *m.*
coemption *n. Com:* cyfanbryniant *m*, cyfanbrynu *vn.*
coenagrion *n. Ent:* senagrion(-au) *m*; **common ~,** *(Coenagrion puella):* senagrion cyffredin; **dainty ~,** *(C. scitulum):* senagrion cain; **Norfolk ~,** *(C. armatum):* senagrion Norffolc; **Northern ~,** *(C. hastulatum):* senagrion yr Alban; **Southern ~,** *(C. mercuriale):* senagrion Penfro; **variable ~,** *(C. pulchellum):* senagrion amrywiol.
coenobite *n.* cwfeiniad (cwfeiniaid) *m&f*; *S.a.* **monk, nun.**
coenobitic[al] *a.* cwfeiniol, mynachaidd, lleianaidd.
coenobitism *n.* cwfeiniaeth *f.*
coenobium *n. Biol:* senobiwm (senobia) *m.*
coenocyte *n. Biol:* s|enosyt (senosytau) *m.*
coenocytic *a. Biol:* senosytig.
coenogenetic *a. Biol:* senogenetig.
coenurus *n. Ann:* senwrws (senwri) *m.*
coenzymatic *a.* cydensymatig.
coenzymatically *adv.* yn gydensymatig.
coenzyme *n. Ch:* cydensym(-au) *m.*
coequal *a. & n. Lit:* = **equal**[1].
coequality *n.* = **equality.**
coequally *adv.* = **equally.**
coerce *v.t.* gorfodi, gwthio, cymell, *Lit: occ:* gorthrechu; **to ~ s.o. into doing sth,** gorfodi rhn i wneud rhth; **he was coerced into doing sth,** bu gorfod arno wneud rhth.
coercible *a.* gorfodadwy, gorthrechadwy.
coercion *n.* gorfodaeth *f*, gorthrech *f*, gorfod *m*, pwysau *m or pl.*
coercive *a.* gorfodol, cymhellol, *Lit: occ*: gorthrechol; *Ph:* **~ force,** grym cymhellol *m.*
coercively *adv.* yn orfodol *&c*; trwy orfod, trwy orfodaeth.
coerciveness, coercivity *n.* gorthrecholdeb *m*; *Ph:* cymelloldeb *m.*
coessential *a.* cydhanfodol, o'r un hanfod.
coetaneous *a.* = **coeval.**
coetaneously *adv.* = **coevally.**
coeternal *a.* cyd-dragwyddol.
coeternally *adv.* yn gyd-dragwyddol.
coeternity *n.* cyd-dragwyddoldeb *m.*
coeval *a. & n.* **1.** *a.* *(= of same age):* cyfoed, o'r un oed/oedran; *(loosely, = contemporary):* cyfoes, cyfoesol, cydoesol. **2.** *n.* cyfoed(-ion) *m&f*; *(loosely):* cyfoeswr (cyfoeswyr) *m*, cyf|oeswraig *f.*
coevality *n.* cyfoededd *m.*
coevally *adv.* yn gyfoed *&c.*
co-executor *n. Jur:* cydysgutor(-ion) *m.*
co-executrix *n.f. Jur:* cydysgutores(-au).
coexist *v.i.* cydfodoli, cyd-fyw, cydhanfod.
coexistence *n.* cydfodolaeth *f*; *S.a.* **coexist.**
coexistent *a.* cydfodol, cydhanfodol.
coextend *v.i.&t.* cydestyn, cyfestyn, cyfledu.
coextension *n.* cyflediad(-au) *m*, cydestyniad(-au) *m*, cyfestyniad(-au) *m.*
coextensive *a.* cyfled, cyfledol, cyfestynnol, o'r un hyd a lled, gogyfled, unlled.
coextensively *adv.* yn gyfled *&c.*
cofactor *n. Mth:* cydffactor(-au) *mf.*
cofeature[1] *n.* cydeitem(-au) *f.*
cofeature[2] *v.t.&i.* **1.** cydgyflwyno. **2.** *v.i.* cydymddangos.
coffee *n.* coffi (coffïau) *m*; **filtered ~,** coffi hidlwr, coffi hidledig; **ground ~,** coffi mâl, powdwr (*m*) coffi; **~ made with milk,** coffi trwy laeth; **instant ~,** coffi parod/sydyn; **percolated ~,** coffi percoladur, coffi hidledig. **~ bar** *n.* bar(-rau) (*m*) coffi, tafarn (*f*) goffi (tafarnau coffi). **~ bean** *n.* ffeuen/ffäen (*f*) goffi (ffa coffi), hedyn (hadau) (*m*) coffi. **~ berry** *n.* aeronen (*f*) goffi (aeron coffi). **~-break** *n.* seibiant (seibiannau) (*m*) coffi, egwyl (*f*) goffi (egwyliau coffi). **~-burner** *n.* = **coffee-roaster. ~-cake** *n. Cu:* teisen (*f*) goffi (teisennau coffi). **~-coloured** *a.* lliw coffi. **~-cup** *n.* cwpan(-au) (*m*) coffi, cwpan (*f*) goffi (cwpanau coffi). **~ essence** *n.* rhin (*mf*) coffi, rhinflas (*m*) coffi. **~-grounds** *n.pl.* gwaddod (*m*) coffi, gwaddodion coffi, gwaelodion coffi, *S:* growns coffi. **~-house** *n.* tŷ (tai) (*m*) coffi. **~ klatch** *n.* = **kaffeeklatsch. ~-maker** *n. U.S:* pot(-iau) (*m*) coffi, hidlydd(-ion) (*m*) coffi. **~-mill** *n.* melin (*f*) goffi (melinau coffi). **~ morning** *n.* bore(-au) (*m*) coffi. **~-nut** *n.* cneuen (*f*) goffi (cnau coffi). **~ percolator** *n.* percoladur(-on) (*m*) coffi. **~-pot** *n.* pot(-iau) (*m*) coffi. **~-ring** *n. Cu:* teisen (*f*) goffi (teisennau coffi). **~-roaster** *n.* craswr (craswyr) (*m*) coffi. **~ roll** *n.* rhôl (*f*) goffi (rholiau coffi). **~ room** *n.* ystafell (*f*) goffi (ystafelloedd coffi), lle(-oedd,-fydd) (*m*) coffi. **~ royal** *n.* coffi a rỳm, coffi rheiol. **~ shop** *n.* siop (*f*) goffi (siopau coffi). **~ shrub** *n.* llwyn(-i) (*m*) coffi. **~-spoon** *n.* llwy (*f*) goffi (llwyau coffi). **~-table** *n. N:* bwrdd (byrddau) (*m*) coffi, *S:* bord (*f*) goffi (bordydd coffi). **~-tabler** *n.* llyfr(-au) (*m*) bwrdd coffi, llyfr bord goffi. **~-tree** *n.* coeden (*f*) goffi (coed coffi).
coffer[1] *n.* **1.** coffr(-au) *mf*, coffor (coffrau) *mf*, cist(-iau) *f*, coff[o]rgist(-iau) *f*; **the coffers of state,** coffrau'r wlad, pwrs (*m*) y wlad. **2.** *Arch:* panel(-i) *m.*
coffer[2] *v.t.* **1.** *Min:* *(= enclose):* coffro, cistio, argáu. **2.** *Arch:* **to ~ a ceiling,** rhannu nenfwd yn baneli. **~-dam** *n. Hyd.E:* argae(-au) (*m*) coffr, cistargae(-au) *m*, coff[o]r argae(-au) *m.*
cofferer *n.* coffrwr (coffrwyr) *m*, coffrydd(-ion) *m*, trysorydd(-ion) *m.*
cofferful *n.* coffraid (coffreidiau) *mf*, cistaid (cisteidiau) *f.*
coffin[1] *n.* **1.** arch (eirch) *f*, *M.W: occ:* sgrin (sgriniau) *f*, *S: & M.W: F:* coffin(-au) *m*, *occ:* cwffin(-au) *m*, *Iron:* bocsyn *m*; *Archeol:* **tree-trunk ~,** arch foncyff (eirch boncyff). **2.** *Vet:* carn(-au) *m.* **~-bone** *n. Vet:* asgwrn (esgyrn) (*m*) pen carn. **~ corner** *n. Fb:* cornel wag (corneli gweigion) *f.* **~-joint** *n. Vet:* cymal(-au) (*m*) pen carn. **~-nail** *n.* hoelen (*f*) arch (hoelion arch/eirch).
coffin[2] *v.t.* rhoi/dodi (rhn) mewn arch.
coffle *n.* cadwyn(-i, -au) *f.*
cofunction *n. Mth:* cydffwythiant (cydffwythiannau) *m.*
cog[1] *n. Mec.E:* **1.** *(= tooth):* dant (dannedd) *m*, cocsyn (cocos, cocs) *m*, cocsen: cocosen (cocos, cocs) *f*, *S.W: occ:* cogen (cogiau) *f*; **I am only a ~ in the machinery,** nid wyf i'n neb o bwys yn y drefn; **to slip a ~,** *(i) (of pawl):* methu dant; *(ii) (of the mind):* cael caff gwag. **2.** = **cog-wheel. ~-rail** *n. Rail:* cledren ddanheddog (cledrau danheddog) *f*, cledren gocos (cledrau cocos). **~-wheel** *n. Mec.E:* olwyn (*f*) gocos (olwynion cocos), olwyn ddannedd (olwynion dannedd), olwyn ddanheddog (olwynion danheddog).
cog[2] *v.t.&i.* **1.** *v.t.* *(= put teeth on wheel):* danheddu. **2.** *v.i.* *(= mesh):* cydio.
cog[3] *v.t.* = **cheat**[1] **2.**
cogency *n.* grym *m*, effeithiolrwydd *m*, nerth *m*, argyhoeddiad *m.*
cogent *a.* cymhellol, cryf, grymus, nerthol, argyhoeddiadol, effeithiol.
cogently *adv.* yn gryf *&c.*
cogged[1] *a. Mec.E: Carp:* danheddog; *Carp:* **~ joint,** uniad(-au) (*m*) cocsen.
cogged[2] *a.* **~ dice,** disiau annheg.
cogitable *a.* dirnadwy, amgyffredadwy.
cogitate *v.i.&t.* **1.** *v.i.* meddwl, myfyrio, synfyfyrio, ystyried. **2.** *v.t.* *(= plan):* cynllunio, bwriadu, pwrpasu; **to ~ mischief,** cynllunio drygioni.

cogitation *n.* myfyrdod(-au) *m,* synfyfyrdod *m,* synfyfyrion *pl,* meddyliau *pl.*
cogitative *a.* myfyriol, synfyfyriol, myfyrgar, meddylgar.
cogito *n. Phil:* c|ogito *m.*
cognac *n. Vit: Dist:* coniac(-s) *m,* ***cognac(-s)*** *m,* brandi(-s) *m.*
cognate *a. & n.* **1.** *a.* cytras. **2.** *n. Jur: Gram:* cytras(-au) *m.*
cognately *adv.* yn gytras.
cognation *n.* cytrasedd *m.*
cognition *n.* gwybyddiaeth *f,* dirnadaeth *f.*
cognitional, cognitive *a.* gwybyddol, dirnadol.
cognitively *adv.* yn wybyddol *&c.*
cognitivity *n.* = **cognition.**
cognizable *a.* **1.** dirnadwy, amgyffredadwy, gwybyddadwy, adnabyddadwy. **2.** *Jur:* cydnabyddadwy.
cognizably *adv.* **1.** yn ddirnadwy *&c.* **2.** *Jur:* yn gydnabyddadwy.
cognizance *n. Jur:* **1.** *(= knowledge):* gwybodaeth *f,* gwybyddiaeth *f,* amgyffred *m,* amgyffrediad *m; Jur:* **to take ~ of sth,** cymryd sylw *(m)* o rth; **to have ~ of sth,** bod yn ymwybodol o rth, bod yn gyfarwydd â rhth; **the child acted without ~,** gweithredodd y plentyn yn ddiamgyffred. **2.** *(= jurisdiction):* awdurdod *(m)* llys. **3.** *Her:* arwyddnod(-au) *m.*
cognizant *a.* cyfarwydd **(of sth,** â rhth), ymwybodol (o rth).
cognize *v.t. Phil:* amgyffred, dirnad.
cognizer *n. Phil:* amgyffredwr (amgyffredwyr) *m,* dirnadwr (dirnadwyr) *m.*
cognomen *n.* cyfenw(-au) *m.*
cognominal *a.* cyfenwol.
cognoscente *n.* rhn (rhai) gwybodus *m,* arbenigwr (arbenigwyr) *m; pl.* ***cognoscenti,*** gwybodusion, arbenigwyr, awdurdodau, rhai sy'n deall.
cogon *n. Bot:* cogon(-au) *m.*
cohabit *v.i.* cyd-fyw, cyd-drigo, cydbreswylio; *N: F: (of unmarried couple):* byw tali.
cohabitant *n.* cydbreswyliwr: cydbreswylydd (cydbreswylwyr) *m.*
cohabitation *n.* cyd-fyw *vn,* cytyaeth *f,* cydbreswyliad *m; vn.* = **cohabit.**
coheir *n.* cydetifedd(-ion) *m,* cyd-aer(-ion) *m.*
coheiress *n.f.* cydetifeddes(-au), cydaeres(-au).
cohere *v.i. (a) (of whole, of parts):* glynu, ymlynu, cydlynu, dal ynghyd, dal at ei gilydd, *F:* dal yn sownd; *(b) (=* **cluster**[2]*):* ymgasglu; *(c) (of argument):* bod yn gyson, dal dŵr, cydlynu.
coherence, coherency *n.* **1.** = **cohesion. 2.** *(= of argument, style):* cydlyniad *m,* cysondeb *m;* **his argument lacks ~,** nid yw ei ddadl yn dal dŵr; nid yw ei ddadl yn gyson/rhesymegol.
coherent *a.* **1.** *(of whole, of parts):* cydlynol. **2.** *(argument &c):* cydlynol, cyson, rhesymegol, trefnus, sy'n dal dŵr; *(speaker):* trefnus.
coherently *adv.* yn gydlynol, yn drefnus, yn gyson *&c.*
coherer *n.* cydlynwr (cydlynwyr) *m.*
cohesion *n.* glyniad(-au) *m,* cydlyniad(-au) *m; Bot:* cydiad(-au) *m.*
cohesionless *a.* anghydlynol.
cohesive *a.* cydlynol, glynol, gludiol, ymlynol.
cohesively *adv.* yn gydlynol *&c.*
cohesiveness *n.* **1.** glynoldeb *m,* cydlynoldeb *m.* **2.** *Fig: (= unity):* undod *m,* undeb *m.*
coho *n. Ich:* coho(-aid) *m,* eog(-iaid) arian *m.*
cohort *n.* **1.** mintai (minteioedd) *f;* **the cohorts of Satan,** lluoedd Satan; *Sch:* carfan(-au) *f; Rom.Ant:* cohort(-au, -iau) *m.* **2.** *U.S: (erronously = follower):* cydymaith (cymdeithion), dilynwr (dilynwyr) *m.*
cohosh *n. Bot:* cohosh(-au) *m.*
coidentity *n.* cydhunaniaeth(-au) *f.*
coif *n. A:* coiff(-au) *mf,* capan(-au) *m,* penwisg(-oedd) *f,* penguwch(-au) *m (pronounced* ng-g).
coiffeur *n.* triniwr (trinwyr) *(m)* gwallt, dyn(-ion) *(m)* trin gwallt[-iau], ***coiffeur(-s)*** *m.*
coiffeuse *n.f.* merch(-ed) trin gwallt[-iau], ***coiffeuse(-s).***
coiffure *n.* **1.** *Hairdr:* steil(-iau) *(f)* gwallt, ***coiffure(-s)*** *m.* **2.** *Cost:* penwisg(-oedd) *f.*
coiffured *a.* **~ hair,** gwallt wedi ei drin; **(an) elegantly-~ (lady),** (gwraig) â gwallt trwsiadus, â gwallt wedi ei drin yn gain, â gwallt cain ei drwsiad.
coign *n.* conglfaen (conglfeini) *m;* **~ of vantage,** gwylfa (gwylf|eydd) *f,* lle(-oedd) manteisiol *m.*
coil[1] *n.* **1.** *(of rope, hair, snake):* torch(-au) *f,* troad(-au) *m, N.W: occ: (of rope):* ceirsiad(-au) *m.* **2.** *Med: El.E:* coil(-iau) *m;* **moving ~,** coil symudol. **~ ignition** *n.* taniad *(m)* coil. **~ winding** *n. El.E:* s|olenoid (solenoidau) *m.*
coil[2] *v.t.&i.* **1.** *v.t.* rholio, lapio, torchi (rhth); dodi/gosod (rhth) yn dorch; *N.W: occ:* ceirsio, cersio (rhth); **to ~ [itself] up,** *(of snake, cat):* mynd yn dorch, ymdorchi; **the snake coiled [itself] round the branch,** ymdorchodd y neidr am y gangen. **2.** *v.i.* ymrolio, ymlapio, torchi, ymdorchi, ymdroelli, ymnyddu, gwau, ymw|au.
coil[3] *n. A: Poet:* = **turmoil;** *Lit:* **this mortal ~,** y rhwymyn marwol hwn *m,* y marwol rwymau hyn *pl.*
coilability *n.* natur dorchadwy *f.*
coiled *a. (hair, rope, cat, serpent):* torchog, yn dorch, yn dorchau; **to lie ~,** gorwedd yn dorch/dorchau; *(springs &c):* troellog.
coin[1] *n.* darn(-au) *(m)* arian, pis[h]yn (pis[h]iau) *(m)* arian, dernyn (darnau) *(m)* arian, *S:* tocyn(-s) *m;* **false ~,** arian drwg/ffug *m;* **small ~,** arian mân; **copper coins,** ceiniogau, copars, arian cochion, darnau/pis[h]iau copor, *N.W: occ:* arian pres; **decimal coins,** arian degol; **gold coins,** darnau/pis[h]iau aur, *S: occ:* arian melynion; **pontin ~,** darn/pis[h]yn pontin; **silver coins,** darnau/pis[h]iau arian, arian gleision, arian gwynion; **to pay in ~ of the realm,** talu yn arian y deyrnas, talu mewn arian parod; **the other side of the ~,** yr ochr arall/draw i'r geiniog/darian; **to pay s.o. in his own ~,** talu'r pwyth yn ôl i rn, rhoi dau chwech am swllt i rn, *N.W: occ:* talu rhn yn ei gwein ei hun. **~-box** *n.* blwch (blychau) *(m)* arian. **~-lock** *n.* clo(-eau, -on) *(m)* derbyn arian. **~-machine** *n.* = **slot-machine. ~-op** *n.* golchdy (golchdai) *(m)* derbyn arian, golchdy arianweithiol. **~-operated** *a.* derbyn arian, arianweithiol; **~-operated telephone,** t|eleffon talu. **~-shell** *n. Conch:* cragen (cregyn) *(f)* arian.
coin[2] *v.t.* **1. to ~ money,** *(i) (=* **mint**[2]*):* bathu arian; *(ii) (= make a fortune):* gwn|eud arian mawr, gwneud ffortiwn; *F:* **he's coining it!** mae'n ei gwneud hi'n dda! mae'n gwneud arian fel y mwg! **2.** *(= devise):* bathu; **to ~ a phrase,** *Iron:* os goddefir yr ymadrodd, *N:* chwedl hwythau, *S:* ys gwedon' nhw.
coinage *n.* **1.** *(= invention, minting):* bathiad(-au) *m,* bathu *vn.* **2.** *(= currency):* arian bath *m;* **base/counterfeit ~,** arian drwg; **~ other than gold,** arian bath ac eithrio aur.
coincide *v.i.* **1.** *(= in time):* cyd-daro, cyd-ddigwydd **(with sth,** â rhth). **2.** *(= agree):* cytuno, cyd-daro, cydredeg, cyd-weld, cyd-fynd (â rhth); *(= correspond):* cyfateb (i rth).
coincidence *n.* **1.** cyd-ddigwyddiad(-au) *m,* cyd-drawiad(-au) *m.* **~ circuit** *n. El:* cylched cyd-drawol (cylchedau cyd-drawol) *m.*
coincident[all] *a.* cyd-ddigwyddiadol, cyd-drawiadol, cyd-drawol.
coincidentally, coincidently *adv.* trwy gyd-ddigwyddiad, trwy/ar ddamwain.
coined *a.* bath, bathedig; **newly ~,** newydd sbon; **a ~ word,** bathair (batheiriau) *m.*
coiner *n.* bathwr (bathwyr) *m,* b|athwraig *f.*
coinhere *v.i.* cydymfod.
coinherence *n.* cydymfodaeth *f.*
coinherent *a.* cydymfodol.
coinsurance *n.* cydyswiriant *m.*
coinsure *v.t.* cydyswirio.
coinsurer *n.* cydyswiriwr (cydyswirwyr) *m,* cydys|wirwraig *f.*
cointreau *n. Dist:* ***cointreau*** *m.*
co-ionic *a.* co-ïonig.
coir *n.* rhisgl *(m)* c|oconyt.
coital *a.* cyfathrachol, cytgnawdol.
coitally *adv.* yn gyfathrachol *&c.*
coition, coitus *n.* cyplad(-au) *m,* cyfathrach rywiol *f,* cytgnawd *m.*
Coity *W.Pl.n.* Coety *m.*
coke[1] *n. N:* côc(-s) *m,* cocsyn (côc, côcs) *m, S:* colsyn (cols) *(m)* glo, *Lit:* golosg *m,* glo *(m)* golosg; **go and eat ~!** cer(-wch) i grafu! dos (ewch) i grafu! **~-oven** *n.* ffwrn *(f)* olosg (ffyrnau golosg), *S: F:* ffwrn gols (ffyrnau cols); **~ oven batteries,** cyfres *(f)* ffyrnau cols/golosg.
coke[2] *v.t.* colsio (rhth), troi (rhth) yn gôcs/gols, troi (rhth) yn olosg, *Lit:* golosgi (rhth).
coke[3] *n. P: (= cocaine):* cocên *m,* côc *m.*
Coke[4] *n. P: R.t.m:* Côc(-s) *m,* Coca-Cola(-s) *m.*
cokernut *n. F:* = **coconut.**

coking *vn.* = **coke**[2]. **~-plant** *n. Ind:* golosgfa (golosgf|eydd) *f. S.a.* **coal**[1].

col *n.* **1.** *Geog:* bwlch (bylchau) *m.* **2.** *Meteor:* ardal(-oedd) (*f*) pwysedd isel, col(-iau) *m.*

cola *n.* cola *m.* **~ nut** *n.* cneuen (*f*) gola (cnau cola). **~ tree** *n.* coeden (*f*) gola (coed cola).

colander *n. Cu:* hidlwr (hidlwyr) *m*, colandr(-au) *m*, hidl(-au) *f*, hidlen(-nau) *f.*

co-latitude *n. Astron:* cyfledred(-au) *m.*

colcannon *n. Cu:* stwnsh *m*, mwtrin *m*, stwmp *m.*

Colchester *Eng.Pl.n.* Caer (*f*) Colun.

colchicine *n. Bio-Ch:* c|olcisin *m.*

colchicum *n.* **1.** *Bot:* saffrwm/saffrwn (*m*) y gweunydd. **2.** *Pharm:* c|olcicwm *m.*

colcothar *n. Ch:* c|olcothar *m.*

cold[1] *a.* **1.** oer(-ion); **icy ~,** rhewllyd, rhynllyd, fferllyd, iasoer, iasol, *Lit:* rhewoer; **icy ~ wind,** rhewynt(-oedd) *m*; **it is ~,** mae hi'n oer; **it's ~ enough to freeze a brass monkey,** mae hi'n cydio; mae hi'n gafael; mae hi'n ddigon oer i rewi brain/cathod/llyffantod; mae hi'n ddigon oer i weiddi "chi" arni hi; *S.W: occ:* mae hi mor oer â'r abo; mae hi'n ddigon oer i sythu brain; *Meteor:* **~ front,** ffrynt(-iau) oer *m*; *Pharm:* **~ cream,** hufen oer *m*; **to get/grow ~,** *(of weather):* mynd yn oer, oeri; *(of pers.):* oeri, rhynnu, fferru, sythu, *N.W:* starfio, trigo; **~ room,** ystafell(-oedd) oer *f*; **~ storage,** storfa oer *f*, storio (*vn*) oer; **to put sth in ~ storage,** *Fig:* rhoi rhth i gadw, gohirio rhth; **~ store,** rhewgell(-oedd) *f*, storfa (storf|eydd) oer *f*; **to give s.o. the ~ shoulder,** anwybyddu rhn, troi cefn/trwyn ar rn, gwrthod cymryd sylw o rn, anwybyddu rhn; **to pour/throw ~ water on sth,** taflu dŵr oer am ben rhth; *Pol:* **the C~ War,** y Rhyfel Oer *m*; **~ warrior,** rhyfelwr (rhyfelwyr) oer *m*; *(of pers.):* **to be/feel ~,** bod yn oer, teimlo'n oer, rhynnu, bod [ag] annwyd, *S: occ:* teimlo'n sythlyd; **to come out in a ~ sweat,** mynd yn chwys oer drosoch; **to be ~ stiff,** sythu, bod wedi sythu; **my feet are as ~ as ice,** mae fy nhraed yn oer fel cerrig yr afon *or* fel rhew/iâ; *S: occ:* mae 'nhraed i'n oer clai; mae 'nhraed i'n glamps [oer]; *N: occ:* mae 'nhraed i'n oer fel llyffant *or* fel troed hwyaden *or* fel cynffon oen; *F:* **stone ~ sober,** cyn sobred â sant; **to have ~ feet,** colli hyder, gwangalonni (*pronounced* ng-g); **he got ~ feet,** oerodd ei sêl; pallodd ei awydd; collodd ei awydd; **to make s.o.'s blood run ~,** oeri/fferru gwaed rhn, gyrru ias trwy waed rhn; *(in children's games):* oer, pell ohoni; **you're getting colder,** 'rwyt ti'n oeri; 'rwyt ti'n bellach ohoni. **2.** *Fig: (= frigid):* oer, oeraidd, oerllyd, fferllyd, anghynnes; **a ~ reception,** croeso oer *m*, glasgroeso *m*; **to give s.o. a ~ reception,** glasgroesawu rhn; **~ comfort,** cysur bach/bychan *m*, cysur Job; **she's a ~ fish,** un ddideimlad iawn yw hi; hen beth oeraidd yw hi; mae hi cyn oered â llyffant; **in the ~ light of day,** pan wawriodd y dydd, yng ngolau'r wawr, yng ngoleuni oer y wawr, gyda'r wawr, gefn dydd golau, yng ngolau dydd; **in the ~ light of reason,** yng ngolau oer rheswm; **to be ~ with s.o.,** bod yn anghynnes/oeraidd gyda rhn *or* tuag at rn; *F:* **that leaves me ~,** nid yw hynny'n cynhyrfu/cyffr|oi dim arna' i; *F:* **to knock s.o. ~,** *(i) (= unconscious):* bwrw/taro rhn yn anymwybodol; *(ii) (=* **surprise**[2]*):* synnu rhn ar ei hyd, syfrdanu rhn, rhoi ergyd/ysgytwad/sioc i rn; **I have him ~,** mae ar fy nhrugaredd i. **3.** *Metalw:* **~ chisel,** *N:* cŷn (cynion) caled *m*, *S:* gaing galed (geingiau caled) *f*; *Cmptr:* **~ restart,** ailgychwyn (*vn*) oer, ailgychwyniad(-au) oer *m*. **~-blooded** *a.* **1.** *(animal):* [â] gwaed oer, oer eich gwaed. **2.** *(pers.):* anghynnes, oeraidd, oerllyd, oer, dideimlad; *(action):* mewn gwaed oer. **~-bloodedly** *adv.* mewn gwaed oer. **~-bloodedness** *n.* oerni (*m*) gwaed; (*of pers.*): natur ddideimlad *f*. **~-hammer** *v.t.* morthwylio (rhth) yn oer; oerforthwylio, oerguro (rhth). **~-hearted** *a.* anghynnes, oeraidd, oerllyd, oer, oergalon, calon oer, anghyfeillgar, calongaled (*pronounced* ng-g), didrugaredd. **~-heartedly** *adv.* yn anghynnes *&c*. **~-heartedness** *n.* natur (*f*) anghynnes *&c*, anghyfeillgarwch *m*, calongaledwch *m* (*pronounced* ng-g), caledwch (*m*) calon, oerni (*m*) calon. **~-press** *v.t. Tex: &c:* oerbresio; *Metalw:* oerwasgu. **~-short** *a.* brau [pan fo'n oer], oerfrau. **~-shortness** *n.* oerfreuder *m*. **~-shoulder** *v.t.* anwybyddu. **~-soldering** *vn. Metalw:* sodro oer. **~ snap,** *U.S:* **~ wave,** *Meteor:* ton(-nau) oer *f*, ysbaid (ysbeidiau) (*mf*) o dywydd oer *or* o oerfel, *S: M.W: occ:* cnocell(-au) (*f*) o dywydd oer. **~-sore** *n.* dolur(-iau) (*m*) annwyd, crachen (crach) (*f*) annwyd, *N: occ:* cusan (*f*) bopo (cusanau popo). **~ turkey** *n. F: U.S:* triniaeth (*f*) croen gŵydd.

cold[2] *n.* **1.** *(= coldness):* oerfel *m*, oerni *m*; **severe ~,** *(weather):* heth *f*; *F:* **to leave s.o. out in the ~,** gadael rhn allan o rth, anwybyddu rhn, peidio â rhoi sylw i rn. **2.** *Med:* annwyd (anwydau, anwydon) *m*; **I have a ~,** mae annwyd arnaf; mae gen i annwyd; **I have a ~ on my chest,** mae gen i annwyd ar fy mrest; mae annwyd ar fy mrest i; *N: occ:* mae gen i annwyd fy mrest; **to be full of ~,** bod yn anwydog, bod yn llawn [o] annwyd, bod yn swp o annwyd, *S.W:* bod yn gors o annwyd, *N.W: occ:* yfed yr annwyd; **to catch a ~,** cael annwyd, *S:* dala annwyd; **to escape a ~,** cadw rhag annwyd, cadw'r annwyd draw, *N.W: occ:* bwrw annwyd; **you'll catch your death of ~,** annwyd gei di; fe gei di andros o annwyd; fe gei di oerfel am dy fywyd; **put a coat on lest you catch your death of ~,** *N.W: occ:* rho got amdanat rhag iti gael rhyw adwyth (*m*) *or* rhyw lucheden (*f*). **~-ridden** *a.* anwydog.

coldish *a. F:* oer braidd, braidd yn oer, oerllyd, oeraidd, rhynllyd; **it is ~,** mae'n oerllyd; mae'n ddigon oer; **a ~ reception,** croeso oer *m*, derbyniad digroeso *m*, glasgroeso *m.*

coldly *adv.* yn oer *&c.*

coldness *n.* **1.** *(of weather &c):* oerfel *m*, oerni *m*. **2.** *(of emotions &c):* oerni, oerfelgarwch *m*; **there is a ~ between them,** 'does dim Cymraeg rhyngddynt; mae pethau wedi oeri rhyngddynt.

cole[1] *n. Bot:* rêp *m*. **~-seed** *n. Bot:* had (*pl*) rêp.

Cole[2] *Pr.n.m. Hist:* **Old King ~,** Coel Hen *m*, Coel Frenin, Coel Godebog.

colectomy *n.* codi(*vn*)'r coluddyn mawr, col|ectomi (colectomïau) *m.*

colemanite *n. Miner:* colemanit *m* (*pronounced* c|olmanit).

colemouse *n.* = **coal-tit**.

colenchyma *n.* colencyma *m.*

coleopteran, coleopteron *a. & n.* **1.** *a.* coleopteraidd, chwilennol. **2.** *n.* chwilen (chwilod) *f.*

coleopterist *n.* chwilennwr (chwilenwyr) *m.*

coleopterous *a.* chwilennol, chwilennaidd.

coleoptile *n. Bot:* deilwain (deilweiniau) *f.*

coleorhiza *n. Bot:* gwreiddbilen(-nau) *f.*

Coleshill *W.Pl.n.* Cwnsyllt *m.*

coleslaw *n. Cu:* colslo *m*, salad (*m*) bresych.

cole-tit *n.* = **coal-tit**.

coleus *n. Bot.* colëws (colëi) *m.*

colewort *n. Bot:* dail (*pl*) cawl, dail crochan.

coley *n. Ich: (= coal-fish):* celog(-iaid) *f*, chwitlyn glas (chwitlyniaid gleision) *m.*

colibacillosis *n. Vet:* colibasilosis *m.*

colic *n.* colig *m*, *S:* cnofa (cnof|eydd) *f*, *N:* cnoi *vn*, *Lit: occ:* gwayw (*m*) yn y bol, bolgnofa *f.*

colicin[e] *n. Bio-Ch:* c|olisin (colisinau) *m.*

colicky *a. (i) (= causing colic):* cnofaol, cnof|aus, coligaidd; *(ii) (with colic):* a'r cno/gnofa arnoch.

colicroot *n. Bot:* gwreiddiau(*pl*)'r gnofa.

colicweed *n. Bot:* llysiau(*pl*)'r gnofa.

coliform bacteria *n.pl.* bacteria'r colon.

colin *n. Orn:* sofliar (soflieir) (*f*) Am|erica.

colinear *a.* cyflinellol.

colinearity *n.* cyflinelledd *m.*

coliphage *n. Bact:* c|oliffag (coliffagau) *m.*

coliseum *n.* colisëwm (colisea) *m.*

colitic *a.* colitig.

colitis *n.* colitis *m*, llid (*m*) y colon, coluddwst *m.*

collaborate *v.i.* cydweithredu, cydweithio.

collaboration *n.* cydweithrediad *m*, cydweithredu *vn.*

collaborationism *n.* cydweithrediaeth *f.*

collaborationist *n. & attrib.* **1.** *n.* cydweithredwr (cydweithredwyr) *m*, cydweithr|edwraig *f* [â'r gelyn], bradwr (bradwyr) *m*, bradwres(-au) *f*. **2.** *attrib.* cydweithredol [â'r gelyn], bradwrus.

collaborative *a.* cydweithrediadol.

collaborator *n.* cydweithredwr (cydweithredwyr) *m* [â'r gelyn].

collage *n. Art:* ***collage(-s)*** *m*, gludwaith (gludweithiau) *m*; **embroidered ~,** ***collage*** brodwaith.

collagen *n. Bio-Ch:* c|olagen *m.*

collagenase *n. Bio-Ch:* col|agenas *m.*

collagenic, collagenous *a.* colagenig.

collagist *n. Art:* gludweithiwr (gludweithwyr) *m.*

collapse[1] *n.* **1.** *(a) (of earth, currency, a country):* cwymp (-au) *m,* cwympiad(-au) *m,* dymchweliad(-au) *m,* dymchwel *vn, occ:* syrthiad(-au) *m,* syrthfa (syrthf|eydd) *f,* chwalfa (chwalf|eydd) *m,* chwalu *vn; (b) Mec.E: (of bridge &c):* cwymp, ysigiad(-au) *m; (c) (of balloon, lung):* datchwyddiad(-au) *m.* **2.** *Med:* llewyg(-on) *m,* llewygfa (llewygf|eydd) *f, N:* gwasgfa (gwasgf|eydd) *f;* **in a state of ~,** mewn llewyg. **~ therapy** *n.* triniaeth *(f)* ddatchwyddo.

collapse[2] *v.i.&t.* **1.** *v.i. (a)* cwympo, syrthio, disgyn, dymchwel, dymchwelyd, chwalu, ysigo; *(of balloon):* crebachu, datchwyddo; *(of pers.):* llewygu, mynd i lewyg, *N:* cael gwasgfa, *S: occ:* cael haint, pango; *(of patient):* diffygio, gwanh|au; **he collapsed under his burden,** diffygiodd dan ei faich; *(b) Mec.E: Min: &c:* cwympo &c; *(gradually):* [g]ildio, ysigo, rhoi, plygu; *(c) (of prices):* cwympo, syrthio, plymio [i'r gwaelod]; *(d) (of deck-chair, car-hood &c):* plygu; *(e) (of a firm):* torri, methu, mynd i'r wal; **the business has collapsed,** *F:* mae'r hwch wedi mynd trwy'r siop. **2.** *v.t.* **to ~ a lung,** datchwyddo un o'r ysgyfaint; *Rugby Fb:* **to ~ the scrum,** cwympo'r sgrỳm.

collapsibility *n.* natur blygadwy *f.*

collapsible *a.* plygadwy, hyblyg, plyg, plygu; **~ chair,** cadair *(f)* blygu (cadeiriau plygu).

collar[1] *n.* **1.** *(a)* coler(-i) *f in N, m in S; (of fur &c):* torch(-au) *f;* **breast-~,** brongengl(-au) *f (pronounced* ng-gengl), *S.W:* bronbwyth(-au) *m;* **cowl ~,** coler gwfl/cwfl (coleri cwfl); **detachable ~,** coler rydd/rhydd (coleri rhydd); **flat ~,** coler wastad/gwastad (coleri gwastad); **lace ~,** coler lês; **mandarin ~,** coler f|andarin/mandarin (coleri m|andarin); **peardrop ~,** coler berffurf/perffurf (coleri perffurf); **pointed ~,** coler bigau/pigau (coleri pigau), coler big/pig (coleri pig), coler bigog/pigog (coleri pigog); **revers ~,** coler labed/llabed (coleri llabed); **roll ~,** coler rôl/rhôl (coleri rhôl); **round ~, clerical ~,** *Joc:* **dog-~,** coler gron/crwn (coleri crynion), *Joc:* coler ci; **segmented ~,** coler gylchrannol/cylchrannol (coleri cylchrannol); **set-on ~,** coler osod/gosod (coleri gosod); **stiff ~, starched ~,** coler galed/caled (coleri caled/caledion/celyd), coler startsh; **straight ~,** coler syth; **wing-~,** coler adeiniog; *(loosely):* coler bigau/pigau; **~ with band,** coler â band; **[ornamental] ~,** torch; **to go/get hot under the ~,** gwylltio, colli'ch tymer, *N.W:* llosgi yn y top; **white-~ worker,** gweithiwr coler wen/gwyn (gweithwyr coleri gwynion); **blue-~ worker,** gweithiwr coler las/glas (gweithwyr coleri gleision); **soft ~,** coler feddal/meddal (coleri meddal), *N: occ:* coler glwt (coleri clwt). **2.** *(of cow):* aerwy(-on) *m;* **dog-~,** coler ci (coleri cŵn); **horse-~,** coler ceffyl (coleri ceffylau). **3.** *Mec.E:* coler; **set ~,** coler osod/gosod. **~-beam** *n. Const:* trawst(-iau) croes *m.* **~-bone** *n.* pont *(f)* yr ysgwydd, trybedd *(f)* yr ysgwydd. **~-button** *n.* = **~-stud. ~-cell** *n. Biol:* cell golerog (celloedd colerog) *f.* **~-roll** *n.* coler rôl/rhôl (coleri rhol). **~-stud** *n.* styd[s]en *(f)* goler (stydiau/styds coleri).

collar[2] *v.t.* **1.** *(a)* **to ~ s.o.,** cydio/gafael yn rhn [gerfydd ei goler/ wegil/war/sgrepan], cydio yng ngholer/ngwegil/ngwar/ sgrepan rhn; *(b) Fb:* taclo, atal; **to ~ s.o. low,** cydio am ganol rhn; *(c) F:* = **steal 2. 2.** *Cu:* rholio, lapio.

collard *n. Bot:* bresych llyfnddail *pl.*

collared *a.* torchog, colerog. **~ dove** *n. Orn:* colomen dorchog (colomennod torchog) *f,* turtur dorchog (turturod torchog) *f.*

collarette *n. Cost:* colarét (colaredau) *mf.*

collarless *a.* digoler, heb goler.

collate *v.t.* **1.** *(a) (= compare):* cymharu, cyfochri, cydosod, cyfosod, coladu; *(b) (= verify order):* gwirio trefn (rhth), coladu (rhth); *(c) (= assemble):* cyfosod, cydosod, cydgasglu, crynh|oi, casglu. **2.** *Ecc: (= appoint):* penodi, cyflwyno, cyfl|eu.

collated *a.* **1.** *(= compared):* cymaredig, cyfochredig, coladedig. **2.** *Ecc: (= appointed):* penodedig, cyflwynedig.

collateral *a. & n.* I. *a.* **1.** *(= parallel):* cyfochrog, cyfystlys, cyflin, ystlysol; *Lib:* **~ reference,** cyfeiriad(-au) cyfochrog *m; Mil:* **~ damage,** difrod ystlysol. **2.** *(knowledge, evidence &c): Jur:* anuniongyrchol *(pronounced* ng-g), ychwanegol, atodol. **3.** *Biol:* cytras. **5.** *Bot:* **~ bundle,** sypyn (sypiau) cyfraidd *m.* **5.** *Com:* **~ [security],** sicrwydd cyfochrog *m,* gwarant gyfochrog (gwarantau cyfochrog) *f,* ernes(-au) *f.* II. *n.* **1.** *(= relative):* cytras(-au) *m.* **2.** *Com: (= security):* sicrwydd cyfochrog *m,* gwarant gyfochrog (gwarantau cyfochrog) *f.*

collaterality *n.* cyfochredd *m; Biol:* cytrasedd *m.*

collateralize *v.t. U.S: Com:* defnyddio (rhth) fel gwarant, gwystlo (rhth).

collaterally *adv.* **1.** ochr yn ochr, yn gyfochrog, yn gyfystlys *&c; Biol:* yn gytras. **2.** *(= additionally):* yn ychwanegol *&c.*

collating *vn.* = **collate. ~ machine** *n.* coladydd(-ion) *m.*

collation *n.* **1.** *(of texts):* cyfochriad(-au) *m,* coladiad(-au) *m,* cymhariaeth (cymariaethau) *f; (= description of book):* disgrifiad(-au) manwl *m; vn.* = **collate. 2.** *Cu:* byrbryd(-au) *m,* pryd(-au) ysgafn *m;* **cold ~,** pryd oer. **3.** *Ecc:* penodiad(-au) *m,* cyflwyniad(-au) *m,* colasiwn *m.*

collator *n.* **1.** *(a)* cyfochrwr (cyfochrwyr), cymharwr (cymharwyr) *m,* coladwr (coladwyr) *m; (b) Bookb:* trefnwr (trefnwyr) *(m)* tudalennau, coladwr. **2.** *Ecc:* penodwr (penodwyr) *m,* cyflwynwr: cyflwynydd (cyflwynwyr) *m.*

colleague *n.* cydweithiwr (cydweithwyr) *m,* cydw|eithwraig *f;* cyd- + *name of profession, e.g.* **~ in teaching profession,** cydathro (cydathrawon) *m,* cydathrawes(-au) *f.*

collect[1] *n. Ecc:* colect(-au) *m,* gweddi fer (gweddïau byrion) *f,* gweddi gasgl (gweddïau casgl).

collect[2] *v.t.&i.* **1.** *v.t. (a)* casglu, crynh|oi, cynnull, *occ:* cronni, cywain, *N:* hel, *S: occ:* hela; *Civ.E:* **to ~ water,** cronni dŵr; **to ~ the harvest,** cywain/cario gwair; *Sp:* **to ~ the ball,** casglu'r bêl; *(b)* **to ~ stamps,** casglu/hel stampiau; *(c)* **to ~ a debt,** casglu dyled; **to ~ taxes,** casglu/hel trethi; *abs.* **to ~ [for charity],** casglu, *N:* hel [at achos da]; *U.S:* **~ on delivery, = cash on delivery;** *(d) (= fetch):* casglu, codi, *N: F:* nôl, *S: & M.W:* [y]mofyn, *S: F:* mo'yn, *S.W:* nôl, [h]ôl, *S: occ:* ercyd; *(e)* **to ~ one's thoughts,** casglu'ch meddyliau at ei gilydd, crynhoi'ch meddwl, rhoi trefn ar eich meddyliau, *N: F:* hel eich meddwl; **to ~ one's energies,** ymnerthu, crynhoi'ch egnïon; **to ~ one's courage,** ymwroli; **to ~ oneself,** ymbwyllo, eich meddiannu'ch hun. **2.** *v.i. (of persons):* casglu [ynghyd], dod ynghyd, dod at eich gilydd, ymgasglu, ymdyrru, tyrru [at eich gilydd], ymgrynh|oi, ymgynnull, *N:* hel [at eich gilydd]; *(of things):* ymgasglu, crynhoi, mynd yn bentwr; *(of water, cash &c):* cronni, *N:* hel. **~ telegram** *n. U.S:* t|elegram tâl derbynnydd.

collectable *a.* casgladwy.

collectanea *n.pl.* crynhoad (crynoadau) *m,* blodeugerdd(-i) *f.*

collected *a. (a) (works &c):* casgledig, cynulledig; **~ edition,** argraffiad cyflawn *m;* **~ works,** gweithiau cyflawn, holl weithiau; **the C~ Works of Byron,** Holl Waith/Weithiau Byron; *(b) (= self-possessed):* hunanfeddiannol; **calm and ~,** digynnwrf, digyffro, llonydd, tawel, *F: occ:* côm.

collectedly *adv.* yn hunanfeddiannol, yn ddigynnwrf, yn ddigyffro, heb gyffr|oi, heb gynhyrfu.

collectedness *n.* hunanfeddiant *m.*

collectible *a.* = **collectable.**

collection *n.* **1.** *(a)* casgliad(-au) *m,* crynhoad (crynoadau) *m; vn.* = **collect**[2]; *Post:* **no ~ on Sundays,** dim casgliad ar y Sul; ni chesglir ar y Sul. **2.** *Ecc:* casgliad, *S.W: occ:* casgl(-ion) *mf;* **to take [up] a ~,** gwn|eud casgliad, casglu, *N:* hel casgliad. **3.** *(of people):* casgliad, tyrfa(-oedd) *f,* cynulliad(-au) *m,* twr (tyrrau) *m, S:* crugyn (crugau) *m, S: S.W: occ:* carn(-au) *fm* (o bobl). **4.** *(of stamps, poems &c):* casgliad, crynhoad. **5.** *n.pl. Sch: (Oxford University, = terminal exams):* arholiadau pentymor.

collective *a. & n.* I. *a.* **1.** *Bot:* **~ fruit,** ffrwyth(-au) cynulliadol *m.* **2.** *Pol: &c:* cynulliadol, casgliadol, cyfunol, torfol, ar y cyd; cyd- *before n. + soft mut.; Ind:* **~ agreement,** cydgytundeb(-au) *m;* **~ bargaining,** cydfargeinio *vn,* bargeinio *(vn)* ar y cyd; **~ behaviour,** ymddygiad *(m)* grŵp, cydymddygiad *m;* **~ discrimination,** cyd-ddifreinio *vn,* cydanffafrio *vn;* **~ [farm],** fferm gyfunol (ffermydd cyfunol) *f;* **~ farming,** ffermio *(vn)* cyfunol; **~ leadership,** cydarweinyddiaeth *f;* **~ ownership,** cydberch[e]nogaeth *f;* **~ representation,** cydgynrychiolaeth *f;* **~ responsibility,** cydgyfrifoldeb(-au) *m;* **~ security,** cyd-ddiogelwch *m; Gram:* **~ noun,** enw(-au) *(m)* torfol; *Archeol:* **~ tomb,** bedd(-au) torfol *m,* cydgladdfa (cydgladdf|eydd) *f; Psych:* **~ unconscious,** yr anymwybod cyffredinol *m,* anymwybod yr hil. II. *n.* **1.** *(= collective farm):* fferm gyfunol (ffermydd cyfunol) *f; (factory &c):* cydweithfa (cydweithf|eydd) *f.* **2.** *(= society):* cymundod(-au) *m.* **3.** *Gram:* = **collective noun.**

collectively *adv.* ar y cyd, gyda'ch gilydd, yn dorfol, yn gyfunol, yn gyfundodol, yn gasgliadol, yn un swp, fel cyfangorff (*pronounced* ng-g); *Gram:* yn dorfol; **to act ~,** gweithredu ar y cyd; **to farm ~,** cydamaethu.
collectivism *n. Pol.Ec:* cyfunoliaeth *f,* cymundodaeth *f;* *(= collective ownership):* cydberch[e]nogaeth *f.*
collectivist *n. & attrib.* **1.** *n. Pol.Ec:* cyfunolydd (cyfunolwyr) *m,* cymundodwr (cymundodwyr) *m.* **2.** *attrib.* cyfunolaidd, cymundodaidd.
collectivity *n.* **1.** *(= collective character):* natur gynulliadol/gyfunolaidd/gyfundodaidd *f,* cyfunoldeb *m,* torfoldeb *m.* **2.** *(= whole):* crynswth *m,* cyfanrwydd *m,* cyfangorff (cyfangyrff) *m* (*pronounced* ng-g). **3.** *(= people collectively):* crynswth (*m*) y bobl.
collectivization *n.* cyfunoliad(-au) *m,* cyfunoli *vn.*
collectivize *v.t.* cyfunoli.
collector *n.* **1.** casglwr (casglwyr) *m,* casglydd(-ion) *m, occ:* crynhöwr (crynhowyr) *m;* **it's a ~'s item/piece,** mae'n beth gwerth ei gasglu; mae'n eitem brin *f; S.a.* **stamp-collector, ticket-collector.** **~ road** *n. Aut:* ffordd (*f*) gasglu (ffyrdd casglu).
collectorship *n.* casglwriaeth(-au) *f.*
colleen *n.* **= girl.**
college *n.* *(a)* coleg(-au) *m;* *Ecc:* **the Sacred C~, the C~ of Cardinals,** *(i)* y Coleg Sanctaidd *m,* Coleg y Cardinaliaid; *(ii) Hist:* Cyngor (*m*) y Pab; *Her:* **the C~ of Arms,** Coleg yr Arfau; **the C~ of Heralds,** Coleg yr Herodron; *Sch: Hist:* **University C~ of Wales, [Aberystwyth],** Coleg Prifysgol Cymru, [Aberystwyth]; **a ~ of the University of Wales,** un o golegau Prifysgol Cymru, coleg ym Mhrifysgol Cymru; *Hist:* **University C~ Cardiff,** Coleg y Brifysgol, Caerdydd; *Hist:* **University C~ of South Wales and Monmouthshire,** Coleg Prifathrofaol Deheudir Cymru a Mynwy; *Hist:* **University C~ of Swansea,** Coleg Prifysgol Abertawe; *Hist:* **University C~ of North Wales, [Bangor],** Coleg Prifysgol Gogledd Cymru, [Bangor], *F: occ:* Coleg y Gogledd; **the C~ by the Sea,** y Coleg ger y Lli; **the C~ on the Hill,** y Coleg ar y Bryn; **St. David's [University] C~,** Coleg [Prifysgol] Dewi Sant; **St. Mary's C~,** Coleg y Santes Fair, *occ:* Coleg Mair; **University C~,** *(Oxford):* Coleg y Brifysgol; **All Souls C~,** Coleg yr Holl Eneidiau; **Brasenose C~,** Coleg y Trwyn Pres; **Corpus Christi C~,** Coleg Corff Crist; **Exeter C~,** Coleg Caerwysg; **Christ Church C~,** Coleg Eglwys Grist; **Jesus C~,** Coleg [yr] Iesu; **Hertford C~,** Coleg Rhyd-yr-hydd; **Magdalen/Magdalene C~,** Coleg Madlen; **New C~,** y Coleg Newydd; **Pembroke C~,** Coleg Penfro; **Queens' C~,** Coleg y Breninesau; **St. Anthony's C~,** Coleg Antwn Sant; **St. Catherine's C~,** Coleg y Santes Catrin; **St. John's C~,** Coleg Sant Ioan; **St. Peter's C~,** Coleg Pedr Sant; **Trinity C~,** Coleg y Drindod; **Worcester C~,** Coleg Caerwrangon; **Manchester C~,** Coleg Manceinion; **St. Hugh's C~,** Coleg Huw Sant; **St. Hilda's C~,** Coleg y Santes Hilda; **St. Anne's C~,** Coleg y Santes Ann; **Christ's C~,** Coleg Crist; **King's C~,** Coleg y Brenin; *other Oxford & Cambridge colleges:* Coleg + *other element:* **Queen Mary C~,** Coleg y Frenhines Mary; **C~ of Education, Normal ~,** Coleg Addysg, Coleg Normal, Coleg Athrawon; **Emergency Training C~,** Coleg Brys; **C~ of Music,** Coleg Cerdd; **Business Administration C~,** Coleg Gweinyddiaeth Busnes; **C~ of Advanced Technology,** Coleg Technoleg Uwch; **C~ of Further Education,** Coleg Addysg Bellach; **County C~,** Coleg Sir/Sirol; **C~ of Librarianship,** Coleg Llyfrgellwyr; **Correspondence C~,** Coleg Gohebu; *(b) occ: in name of school:* **Eton C~,** Ysgol (*f*) Eton; **Llandovery C~,** Coleg Llanymddyfri; **Christ C~,** Coleg Crist; **Atlantic C~,** Coleg Iwerydd; *(c) attrib:* coleg, colegol; **~ days,** dyddiau coleg. **~ pudding** *n. Cu:* pwdin(-au) (*m*) siwet.
collegial *a.* colegol.
collegiality *n.* colegoldeb *m.*
collegially *adv.* yn golegol.
collegian *n.* colegwr (colegwyr) *m.*
collegiate *a.* colegol, colegaidd; **~ church,** eglwys golegaidd/golegol, clas-eglwys(-i) *f.*
collegiately *adv.* yn golegol.
collegium *n.* colegiwm (colegia) *m.*
col legno *adv. Mus:* ***col legno.***
collembolan *a. & n. Ent:* **1.** *a.* colembolaidd. **2.** *n.* colemboliad (colemboliaid) *m.*
collembolous *a.* **= collembolan 1.**
collenchyma *n. Bot:* colencyma(-ta) *m.*
collenchymatous *a. Bot:* colencymataidd.
Colles *n. Med:* **~ fracture,** toriad(-au) (*m*) Colles.
collet[1] *n.* **1.** coler(-i) *mf,* colet(-i) *m,* llawes (llewys) *f;* **~ hammer,** morthwyl(-ion) (*m*) colet. **2.** *(of ring):* cylchyn(-au) *m.*
collet[2] *v.t.* llawesu, coleru; *(ring):* gosod, cylchynu.
colleterial *a.* cyfludiol.
colley *n. Orn:* **= dipper.**
Colleyford *W.Pl.n.* Rhydygolau *f.*
collide *v.i.* gwrthdaro, mynd i erbyn ei gilydd, mynd i wrthdrawiad; **to ~ with sth,** gwrthdaro â rhth, mynd i wrthdrawiad â rhth, taro yn erbyn rhth, mynd i rth, mynd ar eich pen i rth, *M.W: occ: N.W: F:* mynd yn bwcs/bwtsh i rth.
collie *n.* ci (cŵn) (*m*) defaid.
collier *n.* **1.** *Min:* glöwr (glowyr) *m, S: F:* colier: coliar(-s) *m.* **2.** *Nau:* *(i) (= ship):* llong (*f*) lo (llongau glo); *(ii) (= sailor on coal-ship):* llongwr (llongwyr) (*m*) glo.
colliery *n.* pwll (pyllau) (*m*) glo, glofa (glof|eydd) *f,* gwaith (gweithf|eydd, gweithiau) (*m*) glo.
colligate *v.t.* rhwymo, cyfrwymo, cydglymu (rhth); clymu (rhth) ynghyd.
colligation *n.* cydrwymiad(-au) *m,* cydglymiad(-au) *m; vn.* **= colligate.**
colligative *a.* cyfrwymol, cydglymol; **~ property,** priodwedd (*f*) grynodi (priodweddau crynodi).
collimate *v.t. Opt:* *(a) (= make parallel):* cyfochri, cyflinellu; *(b) (= adjust accurately):* cyfanelu (rhth), anelu (rhth) yn fanwl.
collimation *n. Opt:* cyflinelliad(-au) *m,* cyfaneliad(-au) *m; vn.* **= collimate.**
collimator *n. Opt:* cyfanelwr (cyfanelwyr) *m.*
collinear *a.* cyflinellol.
collinearity *n.* cyflinelledd *m.*
collineation *n.* cyflinelliad(-au) *m.*
collinsia *n. Bot:* colinsia(-s) *m.*
collision *n.* gwrthdrawiad(-au) *m;* **head-on ~,** gwrthdrawiad penben; **to come into ~ with sth,** gwrthdaro â rhth, mynd/dod/taro yn erbyn rhth, mynd/dod i wrthdrawiad â rhth. **~ course** *n.* llwybr(-au) (*m*) gwrthdaro. **~-mat** *n.* mat(-iau) (*m*) llanw bwlch.
collisional *a.* gwrthdrawol, gwrthdrawiadol.
collisionless *a.* anwrthdrawol, diwrthdrawiad.
collocate *v.t.* cyfleoli, cydleoli, cydosod, cyfosod, trefnu.
collocation *n.* cyfleoliad(-au) *m,* cyfosodiad(-au) *m,* cydleoliad (-au) *m,* cydosodiad(-au) *m; vn.* **= collocate.**
collocational *a.* cyfosodol, cyfleoliadol, cyfosodiadol *m.*
collocutor *n.* ymgomiwr (ymgomwyr) *m,* cydsgwrsiwr (cydsgwrswyr) *m.*
collodion *n. Ch:* colodion *m.*
collogue *v.i. Dial:* cwnsela.
colloid *a. & n. Ch:* **1.** *a.* coloidaidd. **2.** *n.* coloid(-au) *m.* **~ mill** *n.* melin (*f*) goloid (melinau coloid).
colloidal *a.* coloidaidd, cyfludiol.
colloidally *adv.* yn goloidaidd *&c.*
collop *n.* sleisen (sleisiau) (*f*) o gig, *Lit:* golwythyn *m,* golwyth([i]on, -au, -i) *m;* **minced collops,** briwgig *m.*
colloquial *a.* llafar, sgyrsiol; *Pej:* sathredig; **~ Welsh,** Cymraeg llafar.
colloquialism *n.* ymadrodd(-ion) llafar *m,* gwerinair (gwerineiriau) *m.*
colloquiality *n.* sgyrsioldeb *m,* arddull lafar *f,* naws lafar *f.*
colloquially *adv.* **1. to speak ~,** siarad yn sgyrsiol. **2.** ar lafar, ar lafar gwlad; **a word which is heard ~,** gair a glywir ar lafar gwlad.
colloquist *n.* trafodwr (trafodwyr) *m,* traf|odwraig *f,* ymddiddanwr (ymddiddanwyr) *m,* ymddidd|anwraig *f.*
colloquium *n.* cynhadledd (cynadleddau) *f,* col|ocwiwm (col|ocwia) *m.*
colloquy *n.* trafodaeth(-au) *f,* cyd-drafodaeth(-au) *f,* ymddiddan(-ion) *m,* cynnadl (cynhadlau) *f,* cynhadledd (cynadleddau) *f;* **to engage in ~ with s.o.,** trafod/cyd-drafod/ymddiddan â rhn; *Hist:* **the C~ of Marburg,** Cynulliad

Marburg; *Irish Lit:* **The C~ of the Ancients,** Ymddiddan yr Henwyr.

collotype *n.* **1.** *(plate):* c|oloteip (coloteipiau) *m.* **2.** *(process):* coloteipio *vn,* coloteip *m.*

collude *v.i.* cynllwynio, cydgynllwynio, cyd-dwyllo, cydfwriadu.

colluder *n.* cydgynllwyn[i]wr: cydgynllwynydd (cydgynllwynwyr) *m,* cydfwriadwr (cydfwriadwyr) *m.*

collunarium *n. Med:* diferion *(pl)* trwyn.

collusion *n.* cydgynllwyn(-ion) *m,* cydfwriad(-au) *m,* cyd-dwyllo *vn;* **to act in ~ with s.o.,** cydgynllwynio/cydfwriadu â rhn.

collusive *a.* cydgynllwyn[i]ol, cydfwriadol.

collusively *adv.* yn gydgynllwyn[i]ol *&c;* mewn cydgynllwyn/cydfwriad.

collusiveness *n.* natur *(f)* gydfwriadol/gydgynllwyn[i]ol.

colluvial *a. Geog:* casglifol.

colluvium *n. Geog:* casglifiad(-au) *m.*

collyrium *n.* eli (eliau, elïoedd) *(m)* llygaid, golch(-ion) *(m)* llygaid.

collywobbles *n.pl. F:* **1.** *(a) (= rumbling):* [sŵn *m*] gwynt *(m)* yn y bol, rwmblan *(m)* yn y bol; *(b)* **= belly-ache, colic. 2.** *(= panic):* **I had the ~,** 'roedd fy nhu mewn yn corddi; 'roedd arna' i ofn ar fy hyd.

colobus *n. Z:* c|olobws (colobysau) *m.*

colocynth *n. Bot: Pharm:* afal chwerw (afalau chwerwon) *m,* afal gwyn (afalau gwynion) *m,* chwerw-afal(-au) *m.*

cologarithm *n. Mth:* cyfl|ogarithm(-au) *m.*

Cologne[1] *Pl.n.* Cwlen: Cwlên *f;* **eau de C~,** ***eau-de-Cologne*** *mf,* dŵr *(m)* sent.

cologne[2] *n.* **=** ***eau de cologne.***

Colombia *Pr.n. Geog:* Colombia *f.*

Colombian *a. & n.* **1.** *a.* Colombiaidd; **the ~ government,** llywodraeth Colombia; **he's ~,** Colombiad yw ef. **2.** *n.* Colombiad (Colombiaid) *m&f.*

colon[1] *n. Anat:* coluddyn (coluddion) mawr *m,* perfeddyn (perfeddion) mawr *m,* colon(-au) *m.*

colon[2] *n. Typ:* colon(-au) *m,* gorwahannod (gorwahanodau) *m.*

colon[3] *n. Num:* colon(-au) *m.*

colon[4] *n. (= settler):* gwladychwr (gwladychwyr) *m.*

colonel *n.* cyrnol(-iaid) *m;* **~-in-chief,** prif gyrnol(-iaid) *m;* **lieutenant ~,** is-gyrnol(-iaid) *m.* **C~ Blimp** *n.* blimp(-iaid) *m.* **C~ Blimpism** *n.* blimpiaeth *f.*

colonelcy, colonelship *n.* cyrnoliaeth(-au) *f.*

colonial *a. & n.* **1.** *a.* trefedigol, trefedigaethol, gwladfaol, gwladychol; *Biol: Z:* cytrefol; **~ animal,** anifail cytrefol; *Adm: Hist:* **C~ Office,** Swyddfa*(f)*'r Trefedigaethau; **C~ Secretary,** Ysgrifennydd y Trefedigaethau; **~ preference,** blaenoriaeth *(f)* i'r trefedigaethau, ffafriaeth *(f)* i'r trefedigaethau. **2.** *n.* gwladychwr (gwladychwyr) *m,* gwladfäwr (gwladfawyr) *m,* trefedigwr (trefedigwyr) *m.*

colonialism *n.* gwladychiaeth *f.*

colonialist *n. & attrib.* **1.** *n.* gwladychiaethwr (gwladychiaethwyr) *m.* **2.** *attrib:* gwladychol, gwladychiaethol, trefedigol, trefedigaethol, trefedigaidd, gwladychaidd.

colonialistic *a.* gwladychol, gwladychaidd, trefedigolaidd.

colonialize *v.t.* gwladycholi, trefedigoli.

colonially *adv.* yn drefedigol.

colonic *a. Anat:* colonig.

colonist *n.* gwladychwr (gwladychwyr) *m,* gwladfäwr (gwladfawyr) *m,* trefedigwr (trefedigwyr) *m.*

colonization *n.* gwladychiad(-au) *m,* gwladychiant *m,* gwladychu *vn; Z:* cytrefu *vn;* **cultural ~,** gormes ddiwylliannol *f; S.a.* **colonize.**

colonize *v.t.* gwladychu, *occ:* cywladu; *Z:* cytrefu.

colonizer *n.* gwladychwr (gwladychwyr) *m; Biol: Z:* cytrefwr (cytrefwyr) *m.*

colonnade *n.* pendist(-iau) *m,* colofnres(-au, -i) *f,* colofnfa (colofnf|eydd) *f,* colonâd (colonadau) *m,* rhodfa golofnog (rhodf|eydd colofnog) *f.*

colonnaded *a.* pendistiog, colofnresog, colofnog.

colonus *n.* taeog(-ion) *m.*

colony *n.* **1.** trefedigaeth(-au) *f,* gwladfa (gwladf|eydd) *f,* gwladychfa (gwladychf|eydd) *f; (esp. of Welsh ~ in Patagonia):* Gwladfa, y Wladfa *f; Bot:* cytref(-i) *f; (of birds, insects):* nythfa (nythf|eydd) *f; (of primroses &c):* clwstwr (clystyrau) *m; (of sparrows &c):* nythfa, haid (heidiau) *f; (of apes, beavers &c):* llwyth(-au) *m,* tylwyth(-au) *m;* **leper ~,** gwladfa *(f)* wahangleifion (gwladfeydd gwahangleifion); **nudist ~,** gwersyll(-oedd) *(m)* noethlymuniaid/noethlymunwyr; *(of artists &c):* **the American ~ in Paris,** y wladfa Americanaidd ym Mharis. **2.** *(a) Gr.Hist: (= independent city):* dinas rydd (dinasoedd rhyddion) *f,* gwladfa; *(b) Rom.Hist: (= garrison settlement):* tref(-i) *(f)* garsiwn.

colophon *n. Typ:* c|oloffon (coloffonau) *m;* **from title-page to ~,** o glawr i glawr.

colophony *n.* ystor du *m,* resin du *m.*

coloquintida *n.* **= colocynth.**

color[1] *n. U.S:* **= colour[1].**

color[2] *v. U.S:* **= colour[1].**

Colorado *Pr.n.* **1.** *Geog:* Colorado *f.* **2.** *Ent:* **~ [potato] beetle,** chwilen *(f)* dato/datws (chwilod tato/ tatws), chwilen Golorado (chwilod Colorado).

coloration *n.* lliw *m,* lliwiau *pl,* lliwiad(-au) *m;* **cryptic ~,** cêl-liwiad *m;* **protective ~,** lliwiad gwarchodol/amddiffynnol, lliw gwarchodol/amddiffynnol, gwarchodliw(-iau) *m;* **warning ~,** lliwiad rhybuddiol.

coloratura *n. & attrib. Mus:* coloratwra *m;* **~ soprano,** soprano goloratwra (sopranos coloratwra) *f;* **~ voice,** llais coloratwra *m.*

colorific *a.* lliwgar.

colorimeter *n.* lliwfesurydd(-ion) *m.*

colorimetric *a.* lliwfesurol.

colorimetrically *adv.* yn lliwfesurol.

colorimetry *n.* lliwfesuriaeth *f,* mesur *(vn)* lliwiau.

colormetric *a.* **= colorimetric.**

colossal *a.* anferth, anferthol, enfawr, aruthrol, difesur, *Lit:* cawraidd, dirfawr, aruthr; **what a ~ cheek!** dyna hyfdra anhygoel! dyna ddigywilydd-dra heb ei debyg!

colossally *adv.* yn anferth, yn aruthrol.

colosseum *n.* **= coliseum.**

Colossian *n.* Colosiad (Colosiaid) *m&f.*

colossus *n.* **1.** *(= statue):* cerflun(-iau) anferth/enfawr *m,* delw(-au) anferth *f,* cawrddelw(-au) *f,* colosws (colosysau) *m.* **2.** *(= giant):* cawr (cewri) *m.*

colostomy *n. Med:* colondrychiad(-au) *m,* col|ostomi (colostomïau) *m,* codi*(vn)*'r coluddyn mawr.

colostral *a.* cynlaethol.

colostrum *n.* cynlaeth *m,* llaeth *(m)* torion, llaeth melyn, llaeth torro, llaeth brith, colostrwm *m; (of cow):* llaeth llo bach.

colotomy *n.* **= colostomy.**

colour[1] *n.* **1.** lliw(-iau) *m; (a)* **what ~ is it?** pa liw ydyw ef? [pa] beth yw ei liw? **of what ~?** o ba liw? **hair the ~ of gold,** gwallt o liw'r aur, gwallt euraid; **to take the ~ out of sth,** pylu lliw rhth, diliwio rhth; **the ~ problem,** *(= racism):* problem lliw; **(to see things) in their true colours,** (gweld pethau) fel y maent, yn eu gwir/priod liwiau; **a man of ~,** dyn(-ion) lliw/croendywyll; **a woman of ~,** merch liw/groendywyll (merched lliw/croendywyll) *f;* **people of ~,** pobl groendywyll *f & pl;* **I've still to see the ~ of his money,** ni welais i ddim arlliw o'i arian eto; **of changing colour[-s],** symudliw; **of many colours,** amryliw, brith *(f.* braith, *pl.* brithion); *B:* **the coat of many colours,** y siaced fraith *f;* **of a bad ~,** pyg, pyglyd; **of the same ~,** unlliw, o'r unlliw; **of two colours,** deuliw; **of three colours,** trilliw; **local ~,** manylion lleol *pl,* lliw lleol, arlliw *(m)* bro, naws leol *f; (b) Art: &c:* **accidental ~,** lliw goddrychol; **basic ~,** lliw sylfaenol; **body ~,** lliw didraidd; **broken ~,** lliw toredig; **complementary ~,** lliw cyflenwol; **discordant ~,** lliw anghydnaws; **fading ~,** lliw diflannol/diflanedig; **fast ~,** lliw safadwy, lliw anniflan, lliw sy'n dal, lliw parhaol; **fundamental/simple colours,** lliwiau elfennol/syml; **fugitive ~,** lliw diflannol; **harmonious ~,** lliw cydnaws; **main ~,** prif liw; **opaque colour,** lliw didraidd; **permanent ~,** lliw sefydlog/parhaol; **powder ~,** powdwr *(m)* lliw; **primary colours,** y prif liwiau, lliwiau cynradd/cysefin; **secondary ~,** is-liw(-iau) *m,* lliw eilradd; **tertiary ~,** lliw trydyddol; **underglaze ~,** lliw dan wydredd. **2.** *(material):* lliw(-iau) *m,* pigment(-au) *m;* **water-~,** dyfrlliw(-iau) *m;* **oil-~,** lliw olew. **3. to lose ~,** gwelwi, colli lliw, mynd yn wyn; **she's got back her ~,** mae gwell golwg arni; **to change ~,** newid lliw, troi'ch lliw; *(i) (=* **pale[2]***):* gwelwi; *(ii) (=* **blush[2]***):* cochi, gwrido; **high ~,** gwrid *m,* lliw uchel *m; F:* **to be off ~,** *N: F:*

teimlo'n wantan/gwla/bethma, *S: F:* teimlo'n simpil/ddi-hwyl/anhwylus; **I was feeling off ~,** 'doeddwn i ddim yn teimlo'n dda; 'doeddwn i ddim mewn hwyliau; doeddwn i ddim ar fy ngorau. **4.** *usu.pl. (= flag): (a)* lliwiau *pl,* baner *f,* baneri *pl, Lit:* lluman *m,* llumanau *pl;* **to show/display one's colours,** dangos eich lliwiau, dangos eich ochr, dangos y fflag, arddel eich plaid, cynnal yr achos; **hoisting the colours,** codi'r faner, codi'r lliwiau; **regimental colours,** baner catrawd (baneri catrodau); *S.a.* **troop[2] 2; to call s.o. to the colours,** galw rhn i'r fyddin; **with the colours,** yn y fyddin; **with colours flying,** *(of army &c):* dan chwifio/gyhwfan baneri, a'r baneri'n cyhwfan; **to come off with flying colours,** llwyddo'n orchestol; *F:* **(to pass [an examination]) with flying colours,** (llwyddo [mewn arholiad]) yn rhwydd, gyda chlod, yn ddidrafferth, *N: F:* dan ganu; **to sail under false colours,** *(i) Nau:* hwylio dan faner ffug; *(ii) F:* cogio bod yn rhywun arall; **to stick to one's colours,** glynu wrth eich egwyddorion, cadw'n ffyddlon i'ch egwyddorion, *F:* dal at eich pethau; **to show oneself in one's true colours,** dangos sut un ydych, dangos eich gwir/priod liwiau, dangos sut liw sydd arnoch; **to nail one's colours to the mast,** cyndynnu, gwrthod ildio, dal yn gyndyn at eich barn; *(b) Sp: Sch:* **to be awarded one's colours,** cael eich cap/r[h]uban/lliw *&c* am chwaraeon. **5.** *(a)* **to give/lend ~ to a story,** rhoi lliw/arlliw o wirionedd i/ar stori; *(b) (= pretext):* esgus(-ion) *m,* rhith(-iau) *m,* ymddangosiad(-au) *m;* **to give no ~ for saying sth,** peidio â rhoi esgus dros ddweud rhth; **under ~ of law,** dan rith cyfraith, dan ymddangosiad o gyfreithlondeb; **under ~ of reason,** dan rith rheswm; **to put false colours on sth,** camliwio rhth. **6.** *Mus:* lliw *m,* ansawdd *mf,* mynegiant *m.* **~ additive** *n.* ychwanegyn (ychwanegion) *(m)* lliw. **~ atlas** *n.* atlas(-au) *(m)* lliw. **~ balance[1]** *n. T.V:* cysondeb *(m)* lliw. **~-balance[2]** *v.t. T.V:* cysoni lliw. **~ bar** *n.* **1.** *Pol:* gwaharddiad *(m)* lliw; **to impose/practise a ~-bar,** gwahardd pobl liw. **2.** *T.V:* stribed(-i) *(m)* lliw. **~-bearer** *n. Mil:* llumanwr (llumanwyr) *m,* banerwr (banerwyr) *m.* **~-blind** *a.* dall i liwiau, lliwddall. **~-blindness** *n.* dallineb *(m)* lliw, lliwddallineb *m.* **~-box** *n.* blwch (blychau) *(m)* lliwiau, bocs(-ys) *(m)* lliwiau. **~-circle** *n.* lliwgylch(-oedd) *m.* **~-circuit** *n. Th:* amdaith *(f)* lliwiau (amdeithiau lliwiau). **~ code** *n.* côd (codau) *(m)* lliwiau. **~ difference signal** *n. T.V:* signal(-au) *(m)* lliw gweddill. **~-fast** *a.* o liw parhaol, lliwbarhaol. **~-fastness** *n.* lliwbarhauster *m.* **~-filter** *n.* hidlwr *(m)* lliw (hidlwyr lliwiau). **~-frame** *n. Th: &c:* ffrâm *(f)* liwiau (fframiau lliwiau). **~-guard** *n. Mil:* gwarchodlu(-oedd) *(m)* baner. **~ line** *n. U.S:* **= colour bar. ~-man** *n.m.* gwerthwr (gwerthwyr) paent. **~ party** *n. Mil:* gosgordd *(f)* baner. **~-pencil** *n.* pensel *(f)* liw (penseli lliw), pensil(-s, -iau) *(m)* lliw. **~-phase** *n.* gwedd *(f)* liw (gweddau lliw). **~ photography** *n.* ffotograffiaeth *(f)* liw, *F:* tynnu *(vn)* lluniau lliw. **~-print** *n.* print(-iau) *(m)* lliw. **~ reversal intermediate** *n. T.V:* ffilm liw ganolradd gadarnhaol (ffilmiau lliw canolradd cadarnhaol) *f.* **~ scheme** *n.* cynllun(-iau) *(m)* lliw. **~-separation overlay** *n. T.V:* troslunio *(vn)* gwahanliw. **~-sergeant** *n. Mil:* baner-ringyll(-iaid) *m.* **~ supplement** *n.* atodiad(-au) *(m)* lliw. **~ synthesize** *v.t. T.V:* cyfliwio. **~ synthesizer** *n. T.V:* cyfliwiwr (cyfliw-wyr) *m.* **~ vision** *n.* golwg *(m)* lliw. **~-wash[1]** *n.* distempar (distemprau) *(m)* lliw, *F:* lliw(-iau) *m.* **~-wash[2]** *v.t.* distempro (rhth) â lliw, lliwio (rhth), rhoi lliw (i rth).

colour[2] *v.t.&i.* **1.** *v.t.* lliwio; (= *dye*): llifo; **to ~ sth blue,** lliwio rhth yn las; *(= misrepresent):* camliwio. **2.** *v.i. (a) (of thg):* dangos lliw; *(b) (of pers., sky &c):* **~ [up],** cochi, gwrido.

colourable *a.* **1.** *(= specious):* ymddangosiadol, teg yr olwg, twyllodrus. **2.** *(= fake):* ffug.

colourably *adv.* yn dwyllodrus, yn ffug *&c.*

colourcast[1] *n. U.S:* lliwddarllediad(-au) *m.*

colourcast[2] *v.t.&i.* lliwddarlledu.

colourcaster *n. U.S:* lliwddarlledwr (lliwddarlledwyr) *m.*

coloured *a. & n.* **1.** *a. (thg):* lliwiedig, lliw; **a ~ shirt,** crys lliw; *(pers.):* lliw, croendywyll, tywyll ei groen/chroen *&c.* **2.** *a.* **highly ~,** lliwgar; *(= overdone):* gorliwiedig, gorliwgar, camliwiedig. **3.** *n.usu.pl. (a) Dom.Ec: (clothes):* dillad *(pl)* lliw; *(b) (= non-white pers.):* rhn (rhai) croendywyll *m; Coll:* pobl liw, pobl dywyll eu croen, pobl groendywyll; **Cape Coloureds,** pobl liw'r Penrhyn.

colourer *n.* lliwiwr (lliw-wyr) *m,* ll|iw-wraig *f;* (= *dyer*): llifwr (llifwyr) *m,* ll|ifwraig *f,* lliwydd(-ion) *m.*

colourful *a.* lliwgar, *occ:* lliwiog, lliwus.

colourfully *adv.* yn lliwgar *&c.*

colourfulness *n.* lliwgarwch *m, occ:* lliwiogrwydd *m,* lliwusrwydd *m.*

colouring *vn. & n.* **1.** *vn. (= process):* lliwio. **2.** *vn. Art:* lliwio, lliwiad(-au) *m; Cu: &c:* **~ matter,** defnydd *(m)* lliwio. **2.** *n. (a) (= pigment):* lliw(-iau) *m,* lliwiad; **contains no artificial ~,** nid yw'n cynnwys lliwiad gwneud; *(b) (= tint):* arlliw(-iau) *m;* **having a high ~,** gwridog; *(c) (= appearance):* camliwiad *m,* gorliwiad *m,* lliw *m;* **to give a false ~ to the facts,** camliwio/gorliwio pethau.

colourism *n. Art:* lliwyddiaeth *f.*

colourist *n. Art: &c:* lliwiwr (lliw-wyr) *m,* lliwydd(-ion) *m.*

colouristic *a. Art:* lliwyddol.

colouristically *adv. Art:* yn lliwyddol.

colourless *a.* di-liw.

colourlessly *adv.* yn ddi-liw.

colourlessness *n.* diffyg *(m)* lliw, gwelwder *m.*

coloury *a.* graenus, da eich lliw, o liw da, a lliw da arnoch *&c.*

colpitis *n. Med:* gweinwst *m,* colpitis *m.*

colportage *n.* pedlera *(vn)* llyfrau.

colporteur *n.* pedler(-iaid) *(m)* llyfrau.

colposcope *n.* c|olposgop (colposgopau) *m.*

colpotomy *n. Surg:* gweindoriad(-au) *m,* colp|otomi (colpotomïau) *mf.*

colt[1] *n.* **1.** ebol(-ion) *m, Lit: occ:* ebolfarch (ebolfeirch) *m, N.W: occ:* cyw(-ion) *(m)* ceffyl; **mare ~,** eboles(-i) *f.* **2. = novice.**

Colt[2] *Pr.n. Sm.a:* **~ revolver,** rifolfer(-au) *(m)* Colt; **~ pistol,** pistol(-au) *(m)* Colt.

coltish *a.* nwyfus, pranciog, *occ:* ebolaidd.

coltishly *adv.* yn nwyfus *&c.*

coltishness *n.* nwyf *m,* nwyfusrwydd *m,* nwyfiant *m.*

coltsfoot *n. Bot: (Tussilago farfara):* carn *(m)* yr ebol, dail *(pl)* carn/troed yr ebol, pesychlys *m,* llysiau*(pl)*'r cyfog, ebolgarn *m,* croen *(m)* y tarw, y gwrthlys *m,* alan(-non) bychan *m, S:* dail drebel/trebel; **alpine/purple ~,** *(Homogyne alpina):* carn ebol y mynydd.

colubrid *a. & n. Z:* **1.** *a.* colwbraidd. **2.** *n.* colwbriad (colwbriaid) *m&f.*

colubrine *a.* neidraidd.

colugo *n. Z:* lemwr(-iaid) ehedog *m,* colwgo(-aid) *m.*

columbarium *n.* colomendy (colomendai) *m.*

Columbia *Pr.n. Geog:* **British ~,** Columbia Brydeinig *f;* **District of ~,** Rhanbarth *(m)* Columbia.

Columbian *a. & n.* **1.** *a.* Columb[i]aidd; *Hist:* **pre-~,** cyn-Golumb[i]aidd. **2.** *n.* Columbiad (Columbiaid) *m&f.*

columbic *a. Ch:* colwmbig, niobig.

columbine[1] *n. Bot:* troed *(mf)* y golomen, blodau*(pl)*'r sipsi, madwysg cyffredin *m, N.W:* blodyn (blodau) *(m)* Adda ac Efa, cap *(m)* nos nain, gwialandéin *m,* bonet *(f)* nain, *N.E:* cap nos yr hen wr|aig, *M.W:* colomennod *pl, S:* cwlwmbéin *m, S.W:* copa *(m)* ladis.

Columbine[2] *Pr.n.f. Th:* Colombina.

columbine[3] *a.* colomennaidd.

columbite *n. Miner:* colwmbit *m.*

columella *n.* colofnig(-au) *f.*

columellar, collumelate *a.* colofnigol.

column *n.* **1.** *Arch: &c:* colofn(-au) *f,* piler(-i) *m; Anat:* **spinal ~,** asgwrn *(m)* cefn (esgyrn cefnau). **2. control ~, steering-~,** colofn lywio (colofnau llywio), colofn y llyw. **3.** *(a) Mil:* **~ of fours,** colofn fesul pedwar; **to dodge the ~,** osg|oi gwaith; *(b) (folk-dancing):* **~ of threes,** colofn [o] drioedd; *Pol:* **fifth ~,** pumed golofn. **4.** *Journ:* colofn(-au) *f;* **agony ~,** colofn negesi; **gossip ~,** colofn glecs/clecs (colofnau clecs). **~-inch** *n. Typ:* modfedd *(f)* golofn (modfeddi colofn). **~-graph** *n. Cmptr:* graff(-iau) *(m)* colofn. **~-matrix** *n. Mth:* matrics(-au) *(m)* colofn. **~-vector** *n. Mth:* fector(-au) *(m)* colofn.

columnar *a.* pilerog, colofnog.

columniation *n.* colofniad(-au) *m.*

columniform *a.* colofnffurf, colofnaidd.

columnist *n. Journ:* colofnydd (colofnwyr) *m.*

columnistic *a.* gohebyddol, colofnyddol.

colure *n. Astron:* colrod(-au) *f.*

Colwinston *W.Pl.n.* Tregolwyn *f.*
Colwyn *W.Pl.n.* *(a) (borough):* Colwyn *m*; *(b)* **~ Bay,** Bae (*m*) Colwyn; **Old ~,** Hen Golwyn *m, formerly* Eirias *m.*
colza *n. Bot:* **= rape[3]. ~-oil, = rape-oil.**
coma[1] *n. Med:* coma (comâu) *m*, m|arwgwsg *m.*
coma[2] *n.* **1.** *Bot:* cudyn(-nau) *m*, manflew *pl*, siobyn(-nau) *m*, sidanflew *pl.* **2.** *Astron:* niwlen(-ni, -nau) *f*; **C~ Berenices,** Gwallt Bernis.
co-maker *n.* cydwneuthurwr (cydwneuthurwyr) *m.*
Comanche *a.* & *n.* **1.** *a.* Comansie, Comansieaidd. **2.** *n.* Comansie(-aid) *m&f.*
Comanchean *a.* & *n. Geol:* **1.** *a.* Comansieaidd. **2.** *n.* *(period):* y cyfnod Comansieaidd *m*; *(strata):* haenau Comansieaidd *pl.*
comate *a. Bot:* manflewog, siobynnog, sidanflewog.
comatic *a.* comatig.
comatose *a.* swrth (*f. occ:* sorth), cysglyd; *Med:* mewn coma, marwgysglyd.
comatula, comatulid *n. Z:* com|atwla (comatwlâu) *mf*, seren bluog (sêr pluog) *f.*
comb[1] *n.* **1.** crib(-au) *fm*; **dressing-~,** crib pen, crib datrys/ddatrys (cribau datrys); **[fine] tooth ~,** *S:* crib fân *f*, *N:* crib mân *m* (cribau mân); **to go over sth with a fine tooth ~,** mynd trwy rth â chrib fân/mân; **coarse-toothed ~,** crib fras/bras (cribau bras/breision); **curry-~, horse-~,** ysgrafell(-i, -od) *f*, rhistyll(-au) *m*, crib ceffyl, crib march. **2.** *(a) Tex:* crib, heislan(-au) *f*, *A: or Lit:* heisyllt(-au) *f*, rhipai *m*; *(b) El:* crib. **3.** *(a) (of cock):* crib; **double ~,** crib dwbl/ddwbl (cribau dwbl), crib cadair Fyrddin; **to cut s.o.'s ~,** torri crib rhn; **having a ~,** cribog; *(b) (of wave):* crib, brig(-au) *m.* **4. = honeycomb. 5.** *Bot:* *(Scandix pecten-veneris):* **Lady's ~, Venus's ~,** crib Gwener, crib Mair, nodwydd (*f*) y bugail, creithig(-au) *f.* **~-jelly** *n. Coel:* slefren gribog (slefrod cribog) *f.*
comb[2] *n.* cribaid (cribeidiau) *m*; **to give one's hair a ~,** cribo'ch gwallt, rhoi crib trwy'ch gwallt, rhoi cribiad i'ch gwallt.
comb[3] *v.t.&i.* **1.** *v.t.* *(a)* cribo; **to ~ one's hair,** cribo'ch gwallt, *S.W: occ:* datrys eich gwallt; **to ~ down a horse,** ysgrafellu/trin/cribo ceffyl, *S.W:* twto ceffyl; *(b) Tex:* cribo, cardio, heislanu. **2.** *v.i.* *(of wave):* torri, ewynnu, bwrw ewyn. **~ out** *v.t.* **1.** *(= untangle):* datrys (rhth), cribo (rhth) allan/mas, cribinio (rhth). **2.** *F:* *(a)* **to ~ out a department,** cribinio/chwynnu adran; **to ~ out the weaklings,** cael gwared â'r gweinion/gweiniaid, chwynnu'r gweinion/gweiniaid; *(b) (of police):* **to ~ out a district,** cribinio/archwilio ardal, mynd trwy ardal â chrib mân/fân.
combat[1] *n.* gornest(-au) *f*, ymryson(-au) *m*, brwydr(-au) *f*, cyfranc (cyfrangau) *f*, ymladdfa (ymladdf|eydd) *f*; **single ~,** gornest rhwng deuddyn; **close ~,** gornest glòs, taro clòs, gornest wyneb yn wyneb. **~ fatigue** *n.* blinder (*m*) ymladd, blinder brwydro. **~-jacket** *n.* siaced(-i) (*f*) ymladd.
combat[2] *v.i.&t.* **to ~ sth,** ymladd rhth, ymladd yn erbyn rhth, brwydro yn erbyn rhth, gwrthwynebu rhth, gwrthsefyll rhth.
combatant *a.* & *n.* **1.** *a.* ymladdol, ymladd; *(= aggressive):* ymosodol, brwydrol, ymladdgar. **2.** *n.* brwydrwr (brwydrwyr) *m*, ymladdwr (ymladdwyr) *m.*
combative *a.* ymosodol, ymladdgar, rhyfelgar, cwerylgar, ffraegar, ymrysongar (*pronounced* ng-g), milwriaethus.
combatively *adv.* yn ymosodol *&c.*
combativeness *n.* ymladdgarwch *m*, rhyfelgarwch *m*, cwerylgarwch *m*, ffraegarwch *m*, ymrysongarwch *m* (*pronounced* ng-g).
combe *n. Geog:* cwm (cymoedd) *m.*
combed *a.* cribedig.
comber[1] *n.* **1.** *(a) (pers.):* cribwr (cribwyr) *m*, cr|ibwraig (cribwragedd) *f*, cardiwr (cardwyr) *m*, c|ardwraig (cardwragedd) *f*; *(b) (machine):* cribwr, cythraul (cythreuliaid) *m* [gwlân], peiriant (peiriannau) (*m*) cribo/cardio gwlân. **2.** *(= wave):* moryn(-nau) *m*, *N.W: occ:* caseg wen (cesyg gwynion) *f*, *Lit:* beiston(-nau) *f*, gwaneg (gwenyg) *f.*
comber[2] *n. Ich:* draenog(-iaid) (*m*) môr, combr(-od) *m.* **~-wrasse** *n. Ich:* gwrach(-od) (*f*) y môr, gwrachen (*f*) fôr (gwrachod môr).
combinability *n.* natur gyfunadwy *f*, cyfunadwyedd *m.*
combinable *a.* cyfunadwy.
combinate *v.t.* **1. = combine. 2.** *(lock &c):* *Mth:* cyfddewis.
combination *n.* **1.** cyfuniad(-au) *m*; *(action):* cyfuno *vn*; **to enter into ~ with sth,** ymgyfuno â rhth. **2.** *pl. Cost:* **[a pair of] combinations,** *N:* *crys-drôns (~-dronsiau) *m*, *S:* *crys-drafers *pl* (*double pl.* ~-drafersi). **3.** *(of lock):* cyfunrhif(-au) *m.* **4. [motorcycle] ~,** beic(-iau) (*m*) modur a char. **C~ Acts** *n.pl. Hist:* Deddfau Cyfuno. **~-calipers** *n.pl.* calip[e]rau cyfunol. **~-chuck** *n.* crafanc gyfunol (crafangau cyfunol) *f.* **~-drill** *n.* dril(-iau) (*m*) canoli. **~-hinge** *n.* colfach(-au) cyfunol *m.* **~-lock** *n.* clo(-eau, -on) cyfunrhif. **~-oilstone** *n.* carreg (*f*) hogi ddwbl (cerrig hogi dwbl). **~-order** *n. Lib:* trefn (*f*) gysylltu (trefnau cysylltu). **~-pedal** *n. Mus:* pedal(-au) (*m*) cyfuno. **~-piston** *n.* piston(-au) (*m*) cyfuno. **~-plane** *n.* plaen(-iau) (*m*) aml-ddefnydd. **~-pliers** *n.* gefel/gefail gyfunol (gefeiliau cyfunol) *f.* **~-punches** *n. Box:* cyfuniad (*m*) dyrnodau. **~-room** *n. Sch:* ystafell gyffredin (ystafelloedd cyffredin) *f.* **~-set** *n.* set gyfunol (setiau cyfunol) *f.* **~-square** *n. Carp:* sgwâr cyfunol/gyfunol (sgwariau cyfunol) *mf.* **~-shot** *n. Pool:* trawiad(-au) cyfunol *m.* **~-stop** *n.* stop(-iau) (*m*) cyfuno. **~-tone** *n.* cyfunsain (cyfunseiniau) *f.*
combinational, combinative, combinatorial, combinatory *a.* cyfuniadol.
combine[1] *n. Com:* cyfuned(-au) *f.* **~-harvester** *n.* cynaeafydd(-ion) *m*, dyrnwr (dyrnwyr) (*m*) medi, *F:* combein(-iau) *m.* **~-harvesting** *vn.* dyrnu-fedi.
combine[2] *v.t.&i.* **1.** *v.t.* cyfuno, uno (**with sth,** â rhth); **to ~ forces, to ~ one's efforts,** ymgyfuno, cydweithio, cydlafurio, cydymdrechu; **to ~ business with pleasure,** cyfuno busnes â phleser. **2.** *v.i.* *(a) (of pers.):* ymgyfuno, uno; *(of parties, elements &c):* ymgyfuno, ymdoddi, cydasio; *(of firms):* ymgyfuno, cyfunedu.
combine[3] *v.t. Husb:* dyrnu-fedi.
combined *a.* cyfunol, cyfun, cyfunedig, ar y cyd; *Art:* **~ carbon,** carbon cyfun *m*; **~ effort,** cydymdrech(-ion) *mf*, ymdrech(-ion) (*mf*) ar y cyd; *Mec.E:* **~ strength,** cryfder cyfunol *m*; **~ operation,** cydymgyrch(-oedd) *mf.*
combiner *n.* cyfunwr (cyfunwyr) *m*, cyf|unwraig *f.*
combing *vn.* & *n.pl.* **1.** *vn.* *(a)* crib[i]ad(-au) *m*, cribo *vn*; *(b) Tex:* cardiad(-au) *m*, cardio *vn.* **2.** *n.pl.* **combings,** cribion, cribinion.
combining *a.* cyfunol, ymgyfunol.
combo *n.* **1. = combination. 2.** *Mus:* combo(-s) *m.*
combs *n.pl.* **= combination 2.**
combust *v.t.* llosgi.
combustibility *n.* hylosgedd *m.*
combustible *a.* & *n.* **1.** *a.* *(a)* llosgadwy, hylosg; **sth ~,** rhth hawdd ei gynnau/losgi; *(b) F:* **= excitable. 2.** *n.* *(a)* defnydd(-iau) llosgadwy *m*; *(b) (fuel):* tanwydd hylosg *m.*
combustibly *adv.* **1.** yn llosgadwy *&c.*
combustion *n.* ymlosgiad(-au) *m*, hylosgiad(-au) *m*, llosgiad(-au) *m*, llosgi *vn*, ymlosgi *vn*, hylosgi *vn*; **spontaneous ~,** ymlosgiad/ymlosgi digymell; **internal ~ engine,** motor(-au) (*m*) tanio mewnol, motor tanio tu mewn; **slow-~ stove,** stôf (*f*) fudlosgi (stofiau mudlosgi), ffwrn (*f*) fudlosgi (ffyrnau mudlosgi). **~-chamber** *n. I.C.E:* siambr (*f*) danio (siambrau tanio).
combustive *a.* llosgol, ymlosgol, hylosgol.
combustor *n.* llosgwr (llosgwyr) *m*, taniwr (tanwyr) *m*, system (*f*) danio (systemau tanio).
come *v.i.* **1.** dod, *F:* dŵad, *Lit:* dyfod; *(a)* **to ~ to a place,** dod i le, cyrraedd lle; *F:* **let 'em all ~; ~ one, ~ all,** croeso i bawb ddod; **he comes this way every week,** mae'n dod heibio bob wythnos; **he never comes to chapel,** nid yw byth yn dod i'r capel; *F:* ni fydd byth yn t'wyllu'r capel; **coming!** dyma fi! 'rwy'n dod 'nawr! dŵad! **~ to/and see me tomorrow,** tyrd (dewch) i'm gweld i yfory; **to ~ for sth,** *N:* dod i nôl rhth, *S:* dod i mo'yn rhth, dod i ôl rhth, *M.W:* dod i mofyn rhth; **to ~ to s.o.,** dod at rn; *B:* **~ unto me,** deuwch ataf fi; **to ~ to the throne,** esgyn i'r orsedd; **to ~ to years of discretion,** dod i oed pwyll, dod i'ch oed; *F:* **what are things coming to?** i [ba] beth mae'r byd yn dod? **it's ~ to a pretty pass, when . . .,** mae hi wedi mynd, pan . . .; **to ~ and go,** mynd a dod; **there's much coming and going (on this road),** mae llawer o fynd a dod, *occ:* mae cryn dreigl (ar y ffordd hon); **I don't know whether I'm coming or going,** wn i ddim ai mynd ynteu dod yr ydw i; *int.* **~ now!** *S:* dere (dewch) 'nawr! *N: F:* tyrd (dewch) o 'na! *Prov:* **easy ~, easy go,** a geir yn rhad/rhodd a gerdd yn rhwydd; a ddêl yn rhad a red yn rhwydd; *F:* **he had it coming to him,** 'roedd yn ei haeddu/gofyn/gwahodd hi; eitha' gwaith iddo; eitha' gwaith ag o/e; dyna be' sy' i'w gael; *(b)* **to ~**

to [oneself], dod atoch eich hun; *(c) F:* **a week ~ Tuesday,** wythnos i ddydd Mawrth; **she will be ten ~ January,** bydd hi'n ddeg oed ym mis Ionawr; **~ next Christmas/Easter,** adeg y Nadolig/Pasg nesaf. **2.** *(= occur, happen):* digwydd; *(a)* **that comes (on the next page),** daw hynny, fe welir hynny, fe geir hynny (ar y dudalen nesaf); **this comes in three sizes,** mae hwn/hon ar gael mewn tri maintioli; **~ what may,** doed a ddêl/ddelo, gwneler a wneler; *(in past narrative):* deued a ddelai, gwnelid a wnelid; *(b)* **how does the door ~ to be open?** sut bod y drws ar agor? sut y daeth y drws i fod ar agor? **how ~?** sut hynny? sut felly? **how ~ there's no bread?** sut nad oes 'na fara? **how ~ she's first?** sut mai hi sydd gyntaf? **now that I ~ to think of it,** erbyn meddwl, erbyn i mi feddwl, o feddwl, 'nawr fy mod i'n ystyried y peth, gyda fy mod i'n meddwl am y peth. **3.** *(a)* **what will ~ of it?** [pa] beth a ddaw ohono? [pa] beth a ddigwydd iddo? [pa] beth a fydd ei hanes? **that's what comes (of doing sth),** dyna a ddaw, dyna sy'n digwydd, dyna beth sydd i'w gael (wrth/o wneud rhth); **whatever came of her?** beth ar y ddaear a fu ei hanes hi? beth a ddaeth ohoni? *(b)* **to ~ (from a good family),** dod, hanu, *Lit:* hanfod (o deulu da). **4.** *(a)* **the total comes to fifty pence,** mae'r cyfan yn dod i/yn hanner can ceiniog; swm y cwbl yw hanner can ceiniog; **how much does it ~ to?** faint yw hynna i gyd? **it comes to this, that . . .,** i hyn y mae'n dod, bod/mai . . .; *S.a.* **nothing** II. 2; *(b)* **if it comes to that . . .,** o ran hynny, os felly . . ., os felly y bydd hi . . .; **it must ~ to that,** i hynny y daw hi; hynny a fydd yn rhaid; **what he knows does not ~ to much,** nid yw'r hyn a ŵyr yn fawr o ddim/beth; **he will never ~ to much,** [ni] ddaw fawr ddim ohono; *N.W: F:* eith o byth uwch bawd [na] sawdl; **that is what his argument comes to,** dyna fyrdwn ei ddadl; yn fyr, dyna'i ddadl; **~ to that, what are you doing here?** o ran hynny, beth wyt ti'n ei wneud yma? **when it comes to behaving . . .,** pan ddaw hi'n fater o ymddwyn . . .; *(c)* **that doesn't ~ within my duties,** nid yw hynny'n rhan o'm dyletswyddau i. **5.** *(a)* **that comes easy/natural to him,** daw/mae hynny'n hawdd/naturiol iddo; **to ~ expensive,** costio'n ddrud; **to ~ cheap,** costio'n rhad; *(of seam &c):* **to ~ loose/unstitched,** datod, dod yn rhydd, ymddatod; *(b)* **you ~ first,** chi yw'r cyntaf, chi sydd gyntaf, chi sy'n dod yn gyntaf. **6. I have ~ to believe that . . .,** deuthum i gredu bod . . .; erbyn hyn, 'rwy'n credu bod . . .; **7. the time to ~,** yr amser sydd i ddod, y dyfodol *m*; **what is to ~,** yr hyn a fydd, yr hyn sydd i ddod, yr hyn a ddaw; **the life to ~,** y bywyd sydd i ddod, y bywyd tragwyddol; **for three months to ~,** yn ystod tri mis eto, am dri mis eto; *(in past narrative):* am dri mis wedyn, yn ystod tri mis wedyn; **we shall see in the months to ~,** cawn weld yn y misoedd sydd o'n blaen/blaenau. **8.** *P:* **to ~ it strong,** *(= exaggerate):* gor-ddweud, gor-wn|eud, ymffrostio, ei hestyn hi, ymestyn arni; **don't ~ it with me!** dim o dy rodres di (dim o'ch rhodres chi)! paid di â'th osod dy hun (peidiwch chi â'ch gosod eich hun)! paid (peidiwch) â bod yn hy/ewn arna' i! **to ~ the old soldier over s.o.,** rhodresa ar rn. **~ about** *v.i.* **1.** *(= happen):* digwydd, bod; **how did it ~ about that she was killed?,** sut y bu/digwyddodd iddi gael ei lladd? **thus it came about,** fel hynny y bu/digwyddodd hi. **2.** *(a) Nau: (of boat):* newid hynt, troi; *(b) (of the wind):* newid, troi. **~ across** *v.i. (a) (= traverse):* croesi; *(b)* **to ~ across s.o.,** dod ar draws rhn, cwrdd/cyfarfod â rhn, taro ar rn; *(c)* **to ~ across sth,** taro ar rth, dod o hyd i rth, dod ar draws rhth; *(d)* **he came across as a sincere man,** rhoes argraff ei fod yn ddiffuant; ymddangosai'n ddiffuant; daeth drosodd fel dyn diffuant; *(e)* **to ~ across with sth,** *(information, money &c):* dod â rhth allan/mas, rhoi/cyfrannu rhth. **~ after** *v.i.* **1.** *(prep. use): (a) (= follow):* dilyn, canlyn (rhn); dod ar ôl (rhn). **2.** *(adv. use):* dilyn, dod wedyn, dod yn ddiweddarach, dod yn hwyrach. **~ again** *v.i.* dod eto, dod yn ôl, dychwelyd; *F:* **~ again?** beth ddywetsoch chi? sut? *S.a.* **cut²** 1; *int.* **~ again soon!** brysia (brysiwch) yma eto! paid (peidiwch) â bod yn ddiarth/ddierth! **~ against** *v.i.* bwrw, taro (yn erbyn rhth); mynd (i rth); *N: F:* mynd yn bwcs/bwtsh (i rth). **~ along** *v.i.* **1.** *(= arrive):* dod, cyrraedd, dod heibio; *int.* **~ along,** *S:* dere (dewch) ymlaen, *N:* tyrd yn dy flaen (dewch yn eich blaenau); **I'm still coming along,** *(= recovering):* 'rwy'n dal i wella. **2.** *F: (= happen, arrive):* digwydd, dod, cyrraedd. **~ apart** *v.i.* **to ~ apart/asunder,** datod, ymddatod, dod yn rhydd, dod oddi wrth ei gilydd, dod o'i gilydd, dod yn ddarnau. **~ at** *v.i. F: (= attack):* dod am rn, ymosod ar rn, rhuthro ar/at rn, cythru i rn, mynd am rn, *occ:* byrddio rhn. **~-at-able** *a.* cyraeddadwy, o fewn cyrraedd; **it's very ~-at-able,** mae'n hawdd iawn mynd ato; mae'n hawdd ei gyrraedd. **~ away** *v.i.* **1.** *(= leave²),* **to ~ away (from a place),** dod (o le), ymadael (â lle), gadael (lle), mynd ymaith (o le), *N:* mynd i ffwrdd, *S:* mynd bant. **2.** *(= come loose):* dod yn rhydd, dod o'i le, datod, ymddatod. **~ back** *v.i.* dod yn [eich] ôl, dychwelyd; **it's all coming back to me,** 'rwy'n cofio'r cyfan/cwbl; mae'r cyfan/cwbl yn dod yn ôl i'm cof; *F:* **~ back all I said,** anghofia (anghofiwch) bopeth a ddywedais. **~-back** *n.* **1.** dychweliad(-au) *m*, ailymddangosiad(-au) *m*; **to make a ~-back,** dod yn ôl, ailymddangos, dychwelyd. **2.** *U.S:* ateb(-ion) *(m)* parod; **no ~-backs!** dim edliw! **~ before** *v.i.* **1.** *Jur:* dod o flaen (rhth); **the case comes before the court tomorrow,** daw'r achos o flaen y llys yfory; daw'r achos gerbr|on y llys yfory. **2.** *(= precede):* dod o flaen (rhth), blaenori (rhth), cael blaenoriaeth (ar rth); *abs.* dod gyntaf. **~ between** *v.i.* **to ~ between** *or* **in between,** dod yn y canol; **to ~ between two people,** dod rhwng dau/deuddyn, ymyrryd rhwng dau/deuddyn. **~ by** *v.i.* **1.** *(a) (= pass):* **to ~ by the house,** dod heibio i'r tŷ; *(b) (= obtain):* **to ~ by money,** cael arian, cael gafael ar arian, dod o hyd i arian; **honestly ~ by,** a gafwyd/enillwyd yn onest. **2.** *(adv. use):* **I heard him ~ by,** fe'i clywais yn dod heibio. **~ clean** *v.i.* **1.** *(of garment &c):* dod yn lân. **2.** *F: (= confess):* dweud/cyfaddef/addef y cwbl/cyfan, cyffesu'r cwbl/cyfan, *S: F:* arllwys eich cwd, arllwys eich bola berfedd. **~ down** *v.i.* **1.** dod i lawr, disgyn; **to ~ down a ladder,** dod i lawr ysgol; **to ~ down a mountain,** dod i lawr o ben mynydd; **to ~ down a hill,** dod i lawr rhiw; **to ~ down from university,** ymadael â phrifysgol; *Fig:* **to ~ down to earth,** dod i lawr o'r cymylau, callio, ymbwyllo, sobri; **to ~ down to earth with a bump,** sobri'n ebrwydd. **2.** *(a)* **to ~ down (to s.o.'s level),** dod i lawr, disgyn, ymostwng (i'r un lefel/gwastad) â rhn; *F:* **to ~ down [in the world],** dod i lawr yn y byd, disgyn, *S:* cael pegad; *(of prices):* gostwng, disgyn, syrthio; *F:* **to ~ down a peg,** disgyn gris; **he came down a peg,** torrwyd ei grib; cafodd dorri ei grib; *(b) F:* **to ~ down upon s.o.,** disgyn/dod yn drwm ar war rhn, syrthio'n drwm ar war rhn; *(c) F:* **to ~ down handsomely,** bod yn hael, cyfrannu'n hael; *(d) (of rain &c):* syrthio, disgyn, bwrw, dod i lawr; **her hair came down to her shoulders,** syrthiai/disgynnai ei gwallt hyd at ei hysgwyddau; deuai ei gwallt i lawr at ei hysgwyddau; *(e)* **to ~ down on s.o.'s side,** penderfynu o blaid rhn, ochri â rhn, pleidio achos rhn; *(f)* **all the tales that have ~ down to us,** yr holl chwedlau a draddodwyd inni; *(g) (of pers., horse):* syrthio, cwympo, disgyn, dod i lawr; *(of building &c): (also):* chwalu, ymchwalu, dymchwel; *(h)* **it comes down to two choices,** dau ddewis sydd yn y pen draw; yn y bôn, mater o ddau ddewis ydyw; **when it comes down to strength,** o ran nerth; **the problem comes down to this,** dyma'r broblem yn ei hanfod; **the expenses ~ down to board and lodging,** bwyd a llety yw'r cyfan o'r treuliau; mater o fwyd a llety yw'r treuliau. **~-down** *n. F:* cywilydd *m*, darostyngiad(-au) *m*, gwarth *m*. **~ forth** *v.i.* dod ymlaen, dod allan/mas; *(of ideas):* dod i'r amlwg, dod i'r golwg, *N:* dod i'r fei. **~ forward** *v.i.* **1.** dod ymlaen; *Iron:* **he's not backward in coming forward,** 'does dim sy'n swil ynddo; nid yw'n un araf yn dod ymlaen; nid yw ar ei hôl hi yn dod ymlaen; **the matter will ~ forward in our next meeting,** fe godir/drafodir y mater yn ein cyfarfod nesaf; **2. to ~ forward (as a candidate),** ymgynnig, eich cynnig eich hun (yn ymgeisydd); **(the police want all witnesses) to ~ forward,** (mae'r heddlu am i'r holl dystion) gysylltu â nhw, ddod ymlaen. **~ from** *v.i.* **1. to ~ from a place,** dod o le; *(= come from direction of place):* dod oddi wrth le. **2.** *(= originate):* hanu, tarddu, deillio, dod (o rth). **~ hither** *a. F:* dengar *(pronounced* ng-g), hudol, hudolus, gwahoddgar. **~ in** *v.i.* **1.** dod i mewn; **that's just where the mistake comes in,** dyna'n union/gymwys ble mae'r camgymeriad. **2.** *(of tide):* codi, llifo, dod i mewn; *(of ship):* cyrraedd, dod i'r lan, dod i dir, glanio, tirio, dod i mewn; *F:* **when my ship comes in,** pan fydd arian yn y god, pan fydd fy llong yn cyrraedd, pan ddaw'r llong i mewn; *(of year):* dechrau, cychwyn; *(of fashion):* dod yn ffasiynol, dod i'r ffasiwn; *(= become available):* bod ar gael, dod i mewn; *(= become seasonable):* **as soon as oysters ~ in,** pan ddaw wystrys i'w tymor; **when the government came in,** pen etholwyd y llywodraeth, pan ddaeth y llywodraeth i rym. **3.** *(of funds):* dod/llifo/dylifo i mewn. **4.** *(a)* **to ~ in useful (to s.o. for sth),** bod yn ddefnyddiol, bod o ddefnydd, bod yn fuddiol, bod o fudd (i rn fel rhth *or* ar gyfer rhth); **this'll ~ in useful for cleaning,** bydd yn dda wrth hwn i lanhau; fe wnaiff hwn yn iawn i lanhau; *(b) Sp:* **to ~ in first,** cyrraedd/dod yn gyntaf; *F: (= receive):* **to ~ in for sth,** derbyn/cael rhth; **to ~ in for a fortune,** etifeddu/cael ffortiwn; **the government came in for criticism,** bu'r llywodraeth dani; bu'r llywodraeth dan yr ordd; bu'r llywodraeth dan lach; cafodd y llywodraeth ei beirniadu; bu beirniadu ar y llywodraeth; **news is coming in about an explosion,** 'rydym yn cael newyddion am ffrwydrad; mae newyddion am ffrwydrad yn dod i law; **and where do I ~ in?** a beth amdana' i? a beth yw fy lle i? a beth yw fy rhan i yn hyn i gyd? **this is where you ~ in,** dyma'ch lle/cyfle chi; **do you want to ~ in on the venture?** a ydych chi am ymuno â'r fenter? *Fig:* **those who came in on the ground floor,** y rhai a ymunodd ar y dechrau cyntaf; **to ~ in pat,** rhoi ateb ar ei ben; **to ~ in with s.o.,** ymuno â rhn. **~ into** *v.i.* **1.** dod i mewn (i rth). **2. to ~ into a property,** etifeddu eiddo; **to ~ into one's own,** derbyn/cael eich haeddiant, dod i fri; **to ~ into action,** dechrau gweithio, dechrau gweithredu, dod i rym; *Mil:* dechrau ymosod; **to ~ into being,** dechrau bodoli, dod i fodolaeth, dod i fod; **two more armies came into being,** crëwyd dwy fyddin arall; **to ~ into effect/force,** dod i rym; **to ~ into blossom,** blodeuo, agor, blaguro; **to ~ into leaf,** deilio; **to ~ into the open,** *(i) (= be frank):* siarad heb flewyn ar eich tafod, siarad yn blaen; *(ii) (= become obvious):* dod i'r amlwg, eich amlygu'ch hun. **~ off** *v.i.* **1.** *(prep. use): (a)* cwympo, syrthio, disgyn, dod (oddi ar rth); **~ off that table!** *N:* tyrd (dewch) oddi ar ben y bwrdd 'na! *S:* dere (dewch) oddi ar y ford 'na! **to ~ off one's horse,** cwympo oddi ar gefn eich ceffyl; *F:* **~ off it!** choelia' i fawr! o ddifri 'nawr! dewch ymlaen! *N:* tyrd (dewch) o 'na! rho'r gorau iddi (rhowch y gorau iddi)! *(b)* **to ~ off the gold standard,** gadael y safon aur. **2.** *(adv. use): (a) (of button &c):* datod, dod yn rhydd, dod o'i le, *N:* dod i ffwrdd, *S:* dod bant; *(of smell &c):* codi, dod (o rth); *(of stain &c): N:* dod i ffwrdd, dod allan, *S:* dod mas/bant; **the colour came off on my dress,** fe staeniodd y lliw fy ngwisg; **when sth comes off the price of cars,** pan ddaw prisiau ceir i lawr, pan ostyngir pris ceir, pan geir gostyngiad ym mhris ceir; *(b) (of ship aground):* ymryddh|au, dod yn rhydd; *(c) (of event):* digwydd, bod; *F:* **the marriage didn't ~ off,** ni fu priodas; *(of attempt &c):* llwyddo; **it didn't ~ off,** methiant fu'r cais; *(d)* **he came off badly,** bu'n anffodus iawn; ni chafodd lawer o hwyl arni; fe wnaeth yn wael; fe ddaeth ohoni'n wael; **how did they ~ off?** beth a fu eu hanes? **he came off victorious,** fe enillodd/drechodd; bu'n fuddugol, cafodd fuddugoliaeth; **he came off worst,** efe a gafodd y gwaethaf ohoni. **~ on** *v.i. (a)* dod ymlaen, dod yn eich blaen, *Lit:* dod rhagoch; **I'll ~ on later,** mi ddof i yn nes ymlaen; **~ on, boys!** dewch ymlaen, fechgyn! *N:* ffwrdd â ni! *S:* bant â ni! **~ on, let's go!** dewch ymlaen! dewch inni fynd! **~ on!** *(i)* ymlaen! *(ii) N:* tyrd yn dy flaen (dewch yn eich blaenau)! brysia (brysiwch)! *S:* dere yn dy flaen (dewch yn eich blaenau)! siapa (siapwch) hi! hasta (hastwch)! **~ on in!** tyrd/dere (dewch) i mewn! *(b) (of plants, children &c):* tyfu, prifio, dod ymlaen; *(c) (of illness &c):* dod, magu; **I've got a cold coming on,** 'rwy'n magu annwyd; *N.W: occ:* 'rydw i'n hel am annwyd; mae gen i annwyd yn hel; *(of winter):* dod, cyrraedd; **winter came on,** fe aeth yn aeaf; **night came on,** fe aeth hi'n nos; fe ddaeth y nos; **night is coming on,** mae hi'n nosi; mae'r nos yn dod; mae hi'n mynd yn nos/dywyll; mae'n tywyllu; **it came on to rain,** dechreuodd fwrw glaw; dechreuodd lawio; fe ddaeth yn law; *S:* fe ddaeth hi i'r glaw; **it's coming on to rain,** mae hi'n dod am law; mae'n cau am law; *S. W:* mae hi'n macsu am law; *N.W:* mae hi'n hel glaw; *(d)* **the question will ~ on for discussion,** fe godir y cwestiwn i'w drafod; *(of lawsuit):* **the case comes on tomorrow,** fe glywir yr achos yfory; *Jur: (= consider):* **they have been waiting a long time for their case to ~ on,** buont yn aros yn hir i'w hachos gael gwrandawiad; *(e) Fig:* **to ~ on the scene,** dod, cyrraedd; *Th:* dod, cyrraedd, *(i) (of actor):* ymddangos/dod [ar y llwyfan]; *(ii)* **I see "Hamlet" is coming on again,** mi welaf eu bod yn llwyfannu "Hamlet" eto; *(f) T.V: &c:* **the film comes on at eight o'clock,** maent yn dangos y ffilm am wyth o'r gloch; mae'r ffilm [ymlaen] am wyth o'r gloch. **~-on** *n. F:* abwyd *pl or m.* **~ out** *v.i.* **1.** *(prep. use):* **to ~ out of a place,** *N:* dod allan o le, *S:* dod mas o le. **2.** *(adv. use): (a)* dod allan/mas; *Ind:* **to ~ out [on strike],** mynd ar streic, streicio, dod allan/mas ar streic; *(b)* **~ out to Australia!** dewch atom ni i Awstralia! *(c) Sch:* **to ~ out first,** dod yn gyntaf; *(d) (of stars):* ymddangos, dod i'r golwg, dod allan/mas; *(of the sun):* tywynnu, disgleirio, dod allan/mas, dod i'r golwg; **the sun came out,** *occ:* fe ddaeth yn haul; dyna hi'n haul; *(of buds):* egino; *(of flowers):* dod allan/mas, blodeuo, ymddangos, *N.W: occ:* taflu allan; *Phot: (of image):* dod i'r golwg, dod allan/mas, datblygu; *(of rash, pimples):* dod i'r wyneb, ymddangos, brigo; *(of the truth):* dod i'r amlwg, ymddangos, dod i'r golwg, *N:* dod i'r fei, *S:* dod ar glawr; *(of pers.):* **to ~ out in a rash,** cael brech; **my face came out in pimples,** *N:* daeth plorod ar fy wyneb; *S:* daeth tosau ar fy wyneb; *(e) (i) Art: &c: (of details):* sefyll allan/mas, dangos/ ymddangos/ bod yn eglur, taro'r llygad; *(ii) Phot: (of detail, in negative):* dod allan/mas yn eglur; *(iii) Phot:* **you have ~ out well,** dyna lun da ohonoch chi; *(f) (of stain):* mynd, diflannu, dod allan/mas; *(g) (of book):* ymddangos, cael ei gyhoeddi, dod o'r wasg, dod allan/mas; **when will his book ~ out?** pryd y cyhoeddir ei lyfr? *(h) (of problem):* ymddatrys, dod allan/mas yn gywir; *(of average &c):* **to ~ out at so much,** dod yn hyn a hyn; *(of expenses):* costio; *(i) (of pers.): (= start career):* dechrau (gyrfa); *(of debutante):* dechrau (bywyd cymdeithasol); *(j)* **to ~ out with a remark,** dweud rhth, gwn|eud sylw, rhoi'ch pig i mewn; **as soon as I had ~ out with the words,** cyn gynted ag y dywedais y geiriau; **to ~ out with the truth,** dweud/cyfaddef y gwir, mynegi'r gwir; *(k)* **to ~ out against sth,** gwrthwynebu rhth; **to ~ out in favour of sth,** dangos eich cefnogaeth i rth, cefnogi/pleidio rhth, ochri â rhth. **~ over 1.** *v.i. (i) (prep. use):* dod dros; **to ~ over a sea,** croesi môr, dod dros fôr; *(ii)* dod dros (rn); **what came over you?** beth [a] ddaeth drosoch chi? beth oedd yn bod arnoch chi? beth [a] ddaeth dros eich pen chi? *N.W: F:* be haru chi? **2.** *(adv. use):* dod drosodd; *(a)* **to ~ over from a place,** cyrraedd *or* dod drosodd o rywle; *(b)* **to ~ over to s.o.'s side,** ochri â rhn, dod drosodd at rn; *(c) P:* **to ~ over funny/queer,** mynd i deimlo'n rhyfedd, mynd i deimlo'n wael, *N:* mynd i deimlo'n bethma, *S:* mynd i deimlo'n be' chi'n galw; *(d) P:* **to ~ it over s.o.,** rhodresa ar rn, *N: F: occ:* giaffro ar rn; *(e)* **she came over as sincere,** cyfleodd/ rhoes argraff o fod yn ddiffuant; daeth drosodd fel un ddiffuant. **~ round** *v.i.* **1.** *(prep. use): (a) (= surround):* dod o amgylch/ gwmpas rhth, dod oddeutu rhth; *(b)* **to ~ round a corner,** troi cornel, dod rownd cornel. **2.** *(adv. use): (a)* troi o gylch/gwmpas rhth; **a conversation that comes round to the same subjects again,** sgwrs sy'n dod yn ôl at yr un pynciau eto; *(b)* **~ round and see me,** tyrd (dewch) draw/heibio i'm gweld; galwa (galwch) i'm gweld; paid (peidiwch) â bod yn ddieithr; *(c)* **when my turn came round again,** pan ddaeth fy nhro i eto; *(d) (= regain consciousness):* dod atoch eich hun, deffro, dihuno, dadebru; *(e)* **to ~ round to s.o.'s way of thinking,** dod i gytuno â rhn, dod i dderbyn barn rhn; **to ~ round to doing sth,** mynd ati [o'r diwedd] i wneud rhth, cael cyfle i wneud rhth. **~ through** *v.i.* **1.** *(prep. use): (a)* dod trwy (rth); **to ~ through a wood,** dod trwy goedwig; *(= pierce):* dod/treiddio trwy rth; **the rain has ~ through his clothes,** fe ddaeth y glaw trwy ei ddillad; fe'i gwlychodd y glaw ef hyd at ei groen; *(b)* **to ~ through trials,** dod trwy brofion/dreialon, dod trwyddi; **to ~ through with flying colours,** llwyddo'n ysgubol; **to ~ through an illness,** gwella ar ôl salwch, dod trwy salwch, dod trwyddi, *N:* mendio. **2.** *(adv. use):* dod trwodd/drwodd (*not* trwyddo); *(a)* **the water/rain is coming through,** mae'r dŵr/glaw yn dod drwodd (*not* trwyddo); *(b)* **he came through without a scratch,** fe ddaeth drwyddi'n ddianaf. **~ to** *v.i.* **1.** *F:* **= come round 2.** *(d).* **2.** *Nau: (= stop, heave to):* aros, sefyll. **3.** *(= amount):* dod i rth, costio; **it didn't ~ to anything,** ni ddaeth dim ohono; **it came to a pretty pass,** fe aeth hi'n o ddrwg; **it's ~ to a pretty pass when women can't go out at night,** mae hi wedi mynd [pan] na all merched fynd allan gyda'r nos. **~ together** *v.i.* ymuno, ymgynnull, casglu, ymgasglu, dod at eich gilydd, cyduno, crynh|oi. **~ under** *v.i.* **1. to ~ under s.o.'s influence,** dod dan ddylanwad rhn; *F: (in an office &c):* **he comes under Mr. Davies,** Mr. Davies yw ei bennaeth ef; mae'n gweithio dan Mr. Davies; **to ~ under a heading,** dod dan bennawd. **~ up** *v.i.* **1.** *(prep. use):* **to ~ up a ladder,** dringo/esgyn ysgol; **to ~ up the stairs,** dod i fyny'r grisiau, dringo'r grisiau. **2.** *(adv. use): (a) N:* dod i fyny, *S:* dod [i] lan; **~ up to my room,** *N:* dewch i fyny i'm 'stafell i; *S:*

dewch lan i'm 'stafell i; *(b)* **to ~ up out of the abyss,** codi/esgyn o'r affwys; **to ~ up to the surface again,** codi/dod i'r wyneb eto; **to ~ up again,** ailgodi; **to ~ up to town,** dod i'r dref; **to ~ up [to the university],** dod i'r coleg, cychwyn/dechrau yn y coleg; *(c)* **to ~ up to s.o.,** dod, *occ:* agosáu/nesáu/dynesu at rn; *Jur:* **to ~ up before the court,** dod o flaen y llys, ymddangos gerbron y llys, *F:* dod o flaen eich gwell; *(d) (of plants):* tyfu, dod i fyny, *N.W: occ:* codi'n eu dail; *(e) (for discussion):* codi; *(of chance, job &c):* codi; **the case comes up for hearing tomorrow,** fe glywir yr achos yfory; *Sch:* **this question has never ~ up yet,** ni ddaeth y gofyniad hwn o'r blaen; ni osodwyd/welwyd y cwestiwn hwn o'r blaen; *(f)* **to ~ up to sth,** *(= equal):* ymgyrraedd/cyrraedd at rth, dod gyfuwch â rhth; **he does not ~ up to my shoulder,** nid yw'n cyrraedd at f'ysgwydd; nid yw ef gyfuwch â'm hysgwydd; **to ~ up to expectations,** bod cystal â'r disgwyl/ disgwyliadau; **it does not ~ up to my expectations,** mi gefais fy siomi ynddo; nid yw cystal â'm disgwyl; **to ~ up as far as sth,** dod cyn belled â rhth; *(g)* **(as a pianist) he doesn't ~ up to her,** (fel pianydd) nid yw cystal â hi, nid yw'n hafal iddi hi; *(h)* **to ~ up against sth,** *(= hit):* taro/bwrw yn erbyn rhth, mynd ar eich pen i rth; *Fig: (= meet):* dod wyneb yn wyneb â rhth, taro ar rth, dod ar draws rhth; **to ~ up against s.o.,** dod yn erbyn rhn; *(i)* **to ~ up with s.o.,** *(= catch up):* dal/dala rhn, *Lit:* goddiweddyd rhn; *(j) F:* **the table comes up well when you polish it,** fe ddaw sglein dda ar y bwrdd wrth ei gaboli; *(k)* **he came up for election to the board,** cafodd ei gynnig yn aelod o'r bwrdd; *(l)* **to ~ up with an idea,** dod o hyd i syniad, taro ar syniad, cynnig syniad; *(m)* **she's coming up to six years,** mae hi'n mynd ar ei chwech oed; mae hi'n codi'n chwech; **she's coming up to sixty,** mae hi'n tynnu at ei thrigain oed. **~ upon** *v.i.* *(a) (= attack):* ymosod/syrthio ar rn, dod ar war rhn; *(b)* **to ~ upon s.o. for a sum of money,** dod ar war rhn am swm o arian, mynnu swm o arian gan rn, hawlio arian gan rn, *N:* dod ar draws rhn am swm o bres; *(c)* **to ~ upon s.o.,** taro ar rn, cwrdd/ cyfarfod â rhn [yn ddamweiniol], dod ar draws rhn. **~ within** *v.i.* dod o fewn (rhth).

comeback *n.* = **come-back.** ailymddangosiad *m.*

Comecon *n. Pol:* Comecon *m,* Corff *(m)* Cydgymorth Economaidd.

comedian *n.* **1.** digrifwr (digrifwyr) *m,* dyn(-ion) digrif *m.* **2.** *(= author of comedy):* comedïwr (comedïwyr) *m.* **3.** *Pej:* **some comedian's broken this machine,** mae rhyw gythraul gwirion wedi torri'r peiriant 'ma.

comedic *a.* comedïaidd.

comedienne *n.f.* ***comedienne(-s),*** digr|ifwraig (digrifwragedd) *f.*

comedist *n.* comedïwr (comedïwyr) *m.*

comedo *n.* penddu (pennau duon) *m,* draenen *(f)* wyneb (drain wyneb).

comedy *n.* **1.** *Th:* c|omedi (comedïau) *f;* **~ of manners,** comedi foesau (comedïau moesau), comedi fonheddig (comedïau bonheddig); **musical ~,** comedi gerddorol (comedïau cerddorol), comedi gerdd (comedïau cerdd); **~ of humours,** comedi deithi (comedïau teithi); **broad ~,** comedi amlwg; **~ drama,** drama *(f)* gomedi (dramâu comedi). **2.** *(= comic quality):* comedi *f,* digrifwch *m,* doniolwch *m.* **3.** *Lit:* **The Divine C~,** Dwyfol Gân *(f)* Dante, Y Gomedi Ddwyfol.

comeliness *n.* glendid *m,* harddwch *m,* tegwch *m,* prydferthwch *m,* tlysni *m,* tlysineb *m,* pertrwydd *m.*

comely *a.* glân [yr olwg], teg o bryd, glandeg, prydweddol, tlws *(f.* tlos, *pl.* tlysion), pert, hardd (heirddion).

comer *n.* **1.** *(in competition):* ymgeisydd (ymgeiswyr) *m;* **open to all comers,** agored i bawb, agored i bawb a ddaw, agored i'r byd, croeso i bawb. **2. first ~,** y cyntaf *(m)* i ddod, y cyntaf a ddaw, y cyntaf i'r felin; *S.a.* **late-comer, new-comer. 3.** *(= one showing promise):* un (rhai) addawol *mf.*

comestible *a. & n.* **1.** *a.* bwytadwy. **2.** *n.* bwyd(-ydd) *m.*

comet *n.* seren *(f)* gynffon (sêr cynffon), seren gynffonnog (sêr cynffonnog), comed(-au) *f.*

cometary, cometic *a.* comedaidd, comedol.

comeuppance *n. P:* **to get one's ~,** cael eich haeddiant *(m),* cael cosb haeddiannol *(f).*

comfit *n. A:* cwmffet: conffet: conffit(-s) *m;* **kissing ~,** *S:* losin/ losen/losinen *(f)* garu (losin caru); *S.a.* **sweet II.** *(a).* **~-box** *n.* blwch (blychau) *(m)* melysion.

comfort[1] *n.* **1.** *(= consolation):* cysur(-on) *m; A:* **be of good ~!** cwyd/cod dy galon (codwch eich calonnau)! ymgysura (ymgysurwch)! **to take ~,** ymgysuro, *occ:* cymryd cysur; **that is cold ~,** cysur bach yw hynny; cysur Job yw hynny; diolch bach am hynny; **to be a great ~ to s.o.,** bod yn gysur mawr i rn. **2.** *(= ease):* cysur *m,* esmwythdra *m,* cyfforddusrwydd *m,* moethusrwydd *m,* moeth(-au) *m;* **I like ~,** 'rwy'n hoffi cysur; 'rwy'n hoffi bod yn gysurus/gyfforddus/gyffyrddus; **every modern ~,** pob cysur modern; **to live in ~,** byw mewn cysur, byw'n gysurus, byw mewn hawddfyd. **~-room, ~-station** *n.* toiled(-au) *m.*

comfort[2] *v.t.* cysuro, *A:* diddanu; *B:* **~ ye, ~ ye my people,** cysurwch, cysurwch fy mhobl; **to ~ oneself,** ymgysuro.

comfortable *a.* **1.** *(a)* braf, cysurus, cyfforddus, cyffyrddus, esmwyth, *B:* diddan, *S: occ:* cyffwrddus, cwmffwrddus; **to make oneself ~,** eich gwneud eich hun yn gysurus *&c;* **to feel ~,** teimlo'n gysurus/braf; **it is so ~ here,** mae hi mor gysurus yma; *(b) (= patient):* cysurus, esmwyth; *(c) Ecc:* **the C~ Words,** y Geiriau Diddan. **2. a ~ income,** incwm digonol; **to make s.o. ~ for the rest of his days,** gofalu y bydd rhn yn gysurus am weddill ei oes; **to win by a ~ majority,** ennill o fwyafrif sylweddol/digonol. **3.** *(= assured, untroubled):* dibryder.

comfortableness *n.* = **comfort[1] 2.**

comfortably *adv.* **~ off,** da eich byd, cefnog, â digon wrth gefn; **he is ~ off,** mae hi'n iawn/gysurus arno; **to live ~,** byw'n gysurus; **a car that holds six people ~,** car sy'n dal chwech o bobl yn braf/ ddidrafferth/gysurus; **to win ~,** ennill yn rhwydd, ennill o ddigon, ennill â digon mewn llaw, *S.W:* ennill o hewl, *N.W: occ:* ennill dan ganu.

comforter *n.* **1.** cysurwr (cysurwyr) *m; B:* **the C~,** y Diddanydd *m.* **2.** *(= scarf):* sgarff(-iau) *mf.* **3.** *(baby's):* diti *f,* diden(-nau) *f,* diten(-nau) *f, N.W:* teth: tethan *(f)* lwgu (tethi llwgu). **4.** *U.S: (= bed covering):* cwilt(-iau) *m,* cwrlid(-au) *m,* gwrthban(-nau) *m.*

comforting *a.* cysurlon.

comfortingly *adv.* yn gysurlon.

comfortless *a.* **1.** *(place):* anghysurus, anghyfforddus, digysur, annifyr, annymunol, digalon. **2.** *(pers.):* digysur, heb gysur, digalon, anniddan, amddifad o gysur.

comfrey *n. Bot: (Symphytum officinale):* cyfardwf *f,* llysiau*(pl)*'r cwlwm, cwlwm *(m)* yr asgwrn, comffri: cwmffri *m,* dail *(pl)* cwmffri, *S.E: occ:* llysiau'r esgyrn; **Caucasian/Crimean ~,** *(S. caucasicum):* cyfardwf y C|awcasws/Crimea; **dwarf ~,** *(S. ibericum):* corgyfardwf *f;* **rough ~,** *(S. aspirum):* cyfardwf arw, cwmffri garw; **Russian ~,** *(S. x uplandicum):* cwmffri/ cyfardwf Rwsia; **soft ~,** *(S. orientale):* cwmffri'r Dwyrain, cyfardwf y Dwyrain; **tuberous ~,** *(S. tuberosum):* cyfardwf oddfog, cwmffri goddfog.

comfy *a. F:* = **comfortable 1.**

comic *a. & n.* **1.** *a.* digri[f], doniol, [y]smala, comig; **~ relief,** ysgafnhad comig *m,* ysgafnder *m;* **the ~ side of a situation,** yr ochr ddigri[f] i sefyllfa; **she's a ~ one!** un ddigri[f] yw hi! *N.W: occ:* mae hi'n b|antomeim! **2.** *n. (a) Th:* digrifwr (digrifwyr) *m,* dyn(-ion) digrif *m; (b) Journ:* comic(-s) *m.* **~ book** *n.* llyfr(-au) *(m)* comics. **~ opera** *n.* |opera gomig (operâu comig) *f.* **~ strip** *n.* stribed(-i) comig *m,* stribyn(-nau) comig *m.*

comical *a.* digri[f], [y]smala, comig, doniol.

comically *adv.* yn ddigri[f] *&c.*

Cominform *n. Pol: Hist:* y C|ominfform *m.*

coming[1] *a.* sy'n dod, sydd ar ddod, sydd i ddod, a ddaw; **the ~ year,** y flwyddyn sy'n dod, y flwyddyn sydd i ddod, y flwyddyn nesaf; **the ~ storm,** y storm sy'n dod/nesáu, y storm sydd ar ddod, *Lit:* y storm sydd gerll|aw; **the ~ generations,** cenedlaethau'r dyfodol; **a ~ man,** dyn a dyfodol iddo, dyn a fydd yn bwysig/amlwg.

coming[2] *vn.* dyfodiad(-au) *m,* cyrhaeddiad *m,* dod, cyrraedd; **the Second C~,** yr Ail Ddyfodiad; **there was a great deal of ~ and going,** 'roedd cryn [dipyn o] fynd a dod; 'roedd cryn [dipyn o] fynd yn ôl ac ymlaen; *occ:* 'roedd cryn [dipyn o] dreigl.

Comintern *n. Hist:* y C|omintern *m.*

comitia *n. Hist:* cynulliad(-au) *m.*

comitial *a. Hist:* cynulliadol.

comity *n.* moesgarwch *m,* cwrteisi *m, A:* syberwyd *m;* **the ~ of nations,** cyd-ddealltwriaeth *(f)* y cenhedloedd, cyweithas *(f)* y cenhedloedd.

comma *n.* coma(-s) *m,* atalnod(-au) *m;* **inverted ~,** dyfynnod

(dyfynodau) *m.* ~ **bacillus** *n. Bact:* basilws (*m*) y geri (basili'r geri). ~ **butterfly** *n. Ent:* adain (*f*) garpiog (adenydd carpiog).
command[1] *n.* **1.** gorchymyn (gorchmynion) *m, Lit: occ:* arch (eirchion) *f,* archiad(-au) *m;* **by ~,** trwy/ar orchymyn, *Lit:* ar arch; **to be at s.o.'s ~,** ufuddh|au i rn, bod yn ufudd i rn, bod wrth orchymyn/arch rhn, bod yn was i rn, gwasanaethu rhn *or* ar rn, bod yng ngwasanaeth rhn; **at the word of ~,** pan roir/glywir y gorchymyn, ar y gorchymyn; **by royal ~,** ar orchymyn/arch y brenin/frenhines; **2.** *(= authority):* rheolaeth *f,* awdurdod *m;* **to be in ~ of sth,** bod yn ben ar rth, bod â rheolaeth ar rth, rheoli rhth, bod mewn awdurdod ar rth; **second in ~,** dirprwy(-on) *m&f;* **under [the] ~ of s.o.,** dan orchymyn/reolaeth/awdurdod rhn; *Mil: Av:* **Coastal Defence C~,** Rheolaeth (*f*) Amddiffyn y Glannau; **the Higher C~,** yr Uwchreolaeth *f;* **Fighter C~,** Rheolaeth Awyrennau Ymladd; **Bomber C~,** Rheolaeth Awyrennau Bomio. **3.** *(a) (= control):* **to be in ~ of a pass,** bod â meistrolaeth (*f*) ar fwlch/adwy; *(b) (of language):* meistrolaeth (ar rth); **to have several languages at one's ~, to have a ~ of several languages,** bod â meistrolaeth ar nifer o ieithoedd, gallu/medru siarad amryw ieithoedd, medru amryw ieithoedd, bod â gafael ar nifer o ieithoedd; *(c)* **~ over oneself,** hunanreolaeth *f,* hunanddisgyblaeth *f; (d)* **~ of the seas,** meistrolaeth/rheolaeth ar y moroedd; *(e)* **the money at my ~,** yr arian dan fy rheolaeth, yr arian wrth law gennyf. ~ **guidance** *n.* arweiniad (*m*) dan reolaeth. ~ **module** *n.* mod[i]wl(-au) (*m*) rheoli. ~ **performance** *n. Th:* perfformiad brenhinol *m,* perfformiad i'r brenin/frenhines, perfformiad gwŷs. ~ **post** *n.* safle(-oedd) (*m*) rheoli, cadlys(-oedd) *mf,* pencadlys(-oedd) *mf.* ~ **sergeant-major** *n. Mil:* uwch-ringyll(-iaid) *m.*
command[2] *v.t.* **1.** gorchymyn, *A:* erchi, *F:* ordro, gordro; **to ~ s.o. to do sth,** gorchymyn/erchi i rn wneud rhth. **2.** *(a) (a regiment &c):* rheoli; **who commands here?** pwy sy'n rheoli yma? pwy yw'r pennaeth yma? pwy sy'n ben/bennaeth yma? *abs.* **to ~ in chief,** bod yn bennaeth (ar rth); *(b)* **to ~ oneself,** eich meistroli'ch hunan, bod yn feistr arnoch eich hun, ymbwyllo, ymddisgyblu; **to ~ one's temper,** rheoli'ch tymer; **with money, one commands the world,** ac arian gennych, yr ydych yn feistr ar y byd. **3.** *(= have at one's disposal):* gallu galw (ar rth); **he commands great sums of money,** gall alw ar symiau enfawr o arian; *O:* **you may ~ me,** gellwch alw arnaf. **4.** *(a)* **to ~ respect,** ennyn parch; **to ~ attention,** hawlio/mynnu sylw; *(b)* **jewels ~ a high price,** mae gemau'n gofyn/hawlio pris uchel; mae gemau'n mynd am bris uchel. **5.** *(fort &c): (= to overlook):* edrych (dros rth); **to ~ a view of sth,** meddu ar olygfa o rth, wynebu rhth, edrych dros rth.
commandable *a.* ufudd.
commandant *n. (a) (of camp &c):* pennaeth (penaethiaid) *m,* prif swyddog(-ion) *m,* rheolwr (rheolwyr) *m; (b) Mil:* cadlywydd(-ion) *m.* **~-in-chief** *n.* prif bennaeth (~ benaethiaid) *m,* pencadlywydd(-ion) *m,* pencapten (pencapteiniaid) *m,* prif gadfridog(-ion) *m,* pencadfridog(-ion) *m.*
commandantship *n. (a) (of camp &c):* swydd(-i) (*f*) pennaeth *&c; (b) Mil:* cadlywyddiaeth(-au) *f,* pencadlywyddiaeth(-au) *f,* pencapteiniaeth(-au) *f.*
commandeer *v.t.* **1.** atafaelu, meddiannu, cipio, cymryd (rhth) [trwy orchymyn]. **2.** *(= compel to do military service):* gorfodi gwasanaeth milwrol ar rn.
commander *n.* **1.** *(a) Mil:* cadlywydd(-ion) *m; (b) Navy:* comander(-iaid) *m,* is-gapten (~-gapteiniaid) *m;* **lieutenant-~,** is-gomander(-iaid) *m; S.a.* **wing commander. 2.** *(of knights):* pennaeth; **~-in-chief,** pencadlywydd(-ion) *m,* pencadfridog(-ion) *m.* **3.** = **mallet.**
commandership *n.* **1.** *Mil:* cadlywyddiaeth(-au) *f.* **2.** *Nau:* is-gapteiniaeth(-au) *f,* comanderiaeth(-au) *f.*
commandery *n. Hist:* comandwr (comandyrau) *m.*
commanding *a.* **1.** ~ **officer,** prif swyddog(-ion) *m,* pennaeth (penaethiaid) milwrol *m.* **2.** llywodraethol, awdurdodol, gorchmynnol; **a ~ presence,** presenoldeb awdurdodol. **3.** *(place &c):* aruchel, llywodraethol; **a ~ fort,** uchelgaer (uchelgeyrydd) *f;* **a ~ place,** uchelfan(-nau) *mf;* **the ~ heights of the economy,** uchelfannau'r economi.
commandingly *adv.* yn awdurdodol *&c.*
commandment *n.* = **command[1] 1;** *B:* **the Ten Commandments,** y Deg Gorchymyn, *occ:* y Dengair (*m*) Deddf.
commando *n. Mil: (a) (= group of soldiers):* corfflu(-oedd) *m,* cyrchlu(-oedd) *m; (b) (= soldier):* comando(-s) *m,* cyrchlüwr (cyrchluwyr) *m.*
commemorate *v.t.* coffáu (rhth), gwn|eud coffa/coffâd (am rth).
commemoration *n.* coffâd *m,* coffa *m,* coffadwriaeth(-au) *f;* **in ~ of s.o.,** er cof/coffâd am rn, er coffáu rhn, mewn coffadwriaeth am rn. ~ **hall** *n.* neuadd (*f*) goffa (neuaddau coffa). ~ **service** *n.* gwasanaeth(-au) (*m*) coffa.
commemorative *a.* coffaol, *occ:* coffadwriaethol; ~ **stamps,** stampiau coffa.
commemoratively *adv.* yn goffaol *&c.*
commemorator *n.* coffäwr (coffawyr) *m.*
commence *v.t.&i.* **to ~,** dechrau, cychwyn (rhth, ar rth); **to ~ work,** cychwyn gwaith *or* ar waith; **to ~ to do sth, to ~ doing sth,** dechrau/cychwyn gwneud rhth.
commencement *n.* **1.** dechrau *vn,* dechreuad(-au) *m,* cychwyn *vn,* cychwyniad(-au) *m.* **2.** *Sch: U.S: &c:* s|eremoni (*f*) raddio (seremonïau graddio).
commencer *n.* dechreuwr (dechreuwyr) *m,* dechr|euwraig *f,* cychwynnwr (cychwynwyr) *m,* cych|wynwraig *f.*
commend *v.t.* **1.** *(= entrust):* ymddiried, cyflwyno (rhth i rn). **2.** *(a) (= recommend):* cymeradwyo; **to ~ s.o. (for his bravery),** cymeradwyo/canmol rhn, rhoi clod i rn (am ei ddewrder); **I ~ the applicant to you,** cymeradwyaf yr ymgeisydd i chwi; *(b)* **(sth) that did not ~ itself to me,** (rhth) nad oedd wrth fy modd, nad oedd yn apelio ataf, nad oedd yn mynd â'm bryd; *(c) O:* **~ me to her,** cofiwch fi ati; **I ~ these words to your attention,** tynnaf eich sylw at y geiriau hyn.
commendable *a.* clodwiw, canmoladwy, teilwng, cymeradwy; **this is most ~,** mae hyn i'w ganmol yn fawr.
commendably *adv.* yn glodwiw *&c.*
commendam *n. Ecc:* bywoliaeth: bywiolaeth(-au) (*f*) tan ymddiried; *Hist:* **in ~, *in commendam.***
commendation *n. (a)* cymeradwyaeth *f,* clod(-ydd) *m,* canmoliaeth *f; (b) Ecc:* **~ of the dead,** cyflwyniad (*m*) y meirw, cyflwyno(*vn*)'r meirw.
commendatory *a.* **1.** cymeradwyol, clodforus, canmoliaethus. **2.** *Ecc:* ~ **prayer,** gweddi gymynnol/gyflwynol (gweddïau cymynnol/cyflwynol) *f.*
commender *n.* cymeradwywr (cymeradwywyr) *m.*
commensal *a. & n.* **1.** *a.* cydfwytaol, cyd-drigol, cydfodol. **2.** *n.* cydfwytäwr (cydfwytawyr) *m.*
commensalism *n.* cydfwyta *vn,* cydfodolaeth *f,* cydfodoli *vn,* cyd-drigo *vn.*
commensality *n.* cydfodolaeth *f.*
commensally *adv.* yn gydfwytaol *&c.*
commensurability *n.* cymesuroldeb *m.*
commensurable *a.* **1.** cymesuradwy, cymesurol, cymesur; **their achievements are not ~,** nid oes modd cymharu eu gorchestion. **2.** = **commensurate.**
commensurate *a.* cymesur, cymesurol, cyfled, cyfestynnol.
commensurately *adv.* yn gymesur *&c.*
commensurateness *n.* cymesuredd *m.*
commensuration *n.* cymesuriad *m.*
comment[1] *n.* sylw(-adau) *m;* **no ~!** dim i'w ddweud! **to call for ~,** galw am sylw; **to cause ~,** mynd yn destun siarad, ennyn sylw.
comment[2] *v.i.* **1. to ~ on a text,** esbonio testun, traethu ar destun. **2. to ~ on s.o.'s behaviour,** sylwi ar ymddygiad rhn, beirniadu ymddygiad rhn, tynnu sylw at ymddygiad rhn, gwn|eud sylw/sylwadau ar ymddygiad rhn.
commentary *n.* **1.** esboniad(-au) *m.* **2.** *W.Tel: T.V:* **[running] ~,** sylwebaeth(-au) *f,* sylwadaeth(-au) *f;* **to keep up a running ~,** sylwebu (ar rth) ar y pryd, disgrifio (rhth) ar y pryd.
commentate *v.i.* rhoi/gwn|eud sylwebaeth, sylwebu **(on sth,** ar rth).
commentator *n.* **1.** *(on text):* esboniwr (esbonwyr) *m.* **2.** *Journ: W.Tel: T.V:* sylwebydd(-ion) *m,* sylwebwr (sylwebwyr) *m.*
commerce *n.* **1.** masnach *f,* busnes *m; (= study of commerce):* masnacheg *f,* astudiaethau (*pl*) masnach; **chamber of ~,** siambr (*f*) fasnach (siambrau masnach). **2.** *O: (= dealings, intercourse):* cyfathrach *f.*
commercial *a. & n.* **1.** *a. (a)* masnachol; ~ **college,** coleg(-au) (*m*) masnach, coleg busnes; *Jur:* ~ **court,** llys(-oedd) (*m*) masnach; ~ **traveller,** trafeiliwr (trafeilwyr) *m,* trafaeliwr (trafaelwyr) *m;* **the ~ world,** byd (*m*) masnach; *(b) Dressm:* ~ **pattern,** patrwm (patrymau) parod *m.* **2.** *n. A: (a)* = **commercial traveller;** ~

room, ystafell(-oedd) (*f*) y trafeilwyr/trafaelwyr; *(b) T.V: F:* hysbyseb(-ion) *f*. ~ **break** *n.* toriad(-au) (*m*) hysbysebion/hysbysebu, egwyl(-ion) (*f*) hysbysebion/hysbysebu.

commercialese *n. F:* iaith (*f*) hysbysebion.

commercialism *n.* masnacheiddiwch *m.*

commercialist *n.* masnacheiddiwr (masnacheiddwyr) *m.*

commercialistic *a.* masnacheiddiol.

commercialization *n.* masnacheiddio *vn*, masnacheiddiad *m.*

commercialize *v.t.* masnacheiddio.

commercially *adv.* yn fasnachol.

commere *n.f.* cyfl|wynwraig (cyflwynwragedd) *f.*

commie *n. F:* comiwnydd(-ion) *m*, comi(-s) *m.*

commination *n.* **1.** *Ecc:* cominasiwn *m*, melltith (*f*) D[d]uw. **2.** *(= threat):* bygythiad(-au) *m*, bygythion (*pl*) a chelanedd *pl.*

comminatory *a.* melltithiol, bygythiol, condemniol, collfarnol.

commingle *v.t.&i.* cymysgu, cydgymysgu.

comminute *v.t.* **1.** malu (rhth) yn fân/yfflon/chwilfriw; malurio, chwilfriwio, candryllio, pylori, manfriwio (rhth). **2.** *(= divide property):* rhannu, dosrannu (eiddo).

comminuted *a.* mân, manfriw, chwilfriw, pyloraidd; *Surg:* ~ **fracture,** toriad(-au) chwilfriw *m.*

comminution *n.* **1.** maluriad(-au) *m*, chwilfriwiad(-au) *m*, drylliad(-au) *m*; *Geol:* pyloriant *m*; *S.a.* **comminute**. **2.** *(of property):* rhannu *m*, dosrannu *vn*, rhaniad(-au) *m*, dosraniad(-au) *m.*

commis *n.* ~ **waiter,** gweinydd(-ion) iau *m*; ~ **chef,** dirprwy gogydd(-ion) *m.*

commiserate *v.i.* cydymdeimlo, *occ:* cyd-dosturio, rhannu gofidiau (**with s.o.,** â rhn).

commiseration *n.* cydymdeimlad *m*, *occ:* cyd-dosturi *m* (**with s.o.,** â rhn).

commiserative *a.* cydymdeimladol, *occ:* cyd-dosturiol.

commissar *n. Russ.Adm:* comisâr (comisariaid) *m.*

commissarial *a.* comisaraidd.

commissariat *n.* **1.** *Mil:* arlwyaeth(-au) *f.* **2.** *Russ.Adm: Hist:* comisariaeth(-au) *f*, gweinyddiaeth(-au) *f.*

commissary *n.* **1.** *(= delegate):* dirprwy(-on) *m*, cynrychiolydd (cynrychiolwyr) *m.* **2.** *Mil:* arlwywr (arlwywyr) *m*; **C~ General,** Prif Arlwywr. **3.** *Ecc:* com|isari (*m*) esgob (comisariaid esgobion). **4.** *U.S:* **= canteen, restaurant**.

commission[1] *n.* **1.** *(= delegating of authority):* dirprwyad(-au) *m*, dirprwyo *vn.* **2.** *(= authority):* comisiwn (comisiynau) *m*; **C~ of the Peace,** Comisiwn Heddwch; **C~ of Assize,** Comisiwn Brawdlys; *Jur:* ~ **to examine witnesses,** comisiwn i arholi tystion; **~ day,** y dydd comisiynu; *Mil:* **to get a ~, to get one's ~,** cael comisiwn, mynd yn swyddog, cael eich dyrchafu'n swyddog; **to resign one's ~,** ymddiswyddo [o fod yn swyddog], ildio'ch comisiwn. **3.** *(= order, mission):* cenadwri (cenadwrïau) *f*, cenhadaeth (cenadaethau) *f*, comisiwn, neges(-i, -au, -euau, -euon) *f*; **to carry out a ~,** mynd ar neges, mynd ar genadwri, gweithredu comisiwn; *Hist:* ~ **of array,** gorchymyn ymfyddino. **4.** *(= body):* comisiwn (comisiynau) *m*, dirprwyaeth(-au) *f*; **the Charity C~,** Comisiwn [yr] Elusennau; **the Countryside C~,** y Comisiwn Cefn Gwlad; **the C~ for Racial Equality,** y Comisiwn Cydraddoldeb Hiliol; **Royal C~,** Comisiwn Brenhinol; *Ecc:* **the Great C~,** y Comisiwn Mawr; **fact-finding ~,** comisiwn ymchwiliol; **the Forestry C~,** y Comisiwn Coedwigo, y Comisiwn Coedwigaeth; **the Historical Manuscripts C~,** y Comisiwn Llawysgrifau Hanesyddol; **the Record C~,** y Comisiwn Cofnodion. **5.** *Nau:* parodrwydd (*m*) at wasanaeth, cyflwr (*m*) gweithio, comisiwn *m*; **to put a ship into ~,** comisiynu llong, parat|oi llong [i hwylio], arfogi/taclu llong, gwn|eud llong yn barod; **to put a ship out of ~,** *(= put in reserve):* tynnu llong allan o wasanaeth, dodi/rhoi llong o'r neilltu; *(= disarm):* diarfogi llong; **in ~,** *(i) (= ready for service):* parod [at wasanaeth]; *(ii)* **aircraft in ~,** awyren[-nau] mewn gwasanaeth; **out of ~,** heb fod ar waith, heb fod yn gweithio; *(= broken):* wedi torri; *F:* **my car is out of ~,** 'dyw fy nghar i ddim yn mynd; mae fy nghar i wedi torri; 'dyw fy nghar i ddim ar y ffordd. **6.** *Com:* comisiwn (comisiynau) *m*; **we have goods on ~,** mae gennym nwyddau ar gomisiwn; **illicit ~,** cil-dwrn (~-dyrnau) *m*; **to give illicit commissions (to s.o.),** llwgrwobrwyo (rhn), *F:* iro llaw (rhn). **7.** *(of crime):* cyflawniad(-au) *m*, cyflawni *vn.* ~ **agency** *n.* swyddfa (*f*) gomisiwn (swyddf|eydd comisiwn); *(of bookmakers):* swyddfa fetio (swyddfeydd betio). ~ **agent** *n.* *(= bookmaker):* derbyniwr (derbynwyr) (*m*) betiau. **~-day** *n. Jur:* dydd(-iau) (*m*) comisiynu, dydd agoriadol. ~ **merchant** *n.* brocer(-iaid) *m.* ~ **plan** *n. Adm:* gweinyddiaeth (*f*) gan gomisiwn.

commission[2] *v.t.* **1.** *(a) (= appoint):* dirprwyo, penodi, comisiynu; *(b) (officer):* comisiynu, penodi, dyrchafu (rhn); codi (rhn) yn swyddog; *(c) (a book, painting &c):* comisiynu. **2.** *Nau: (ship):* comisiynu, taclu, arfogi, parat|oi.

commissionaire *n.* **1.** porthor(-ion) *m*, ceidwad (*m*) drws (ceidwaid drws/drysau), dyn(-ion) (*m*) [y] drws, drysor(-ion) *m.* **2.** *(= messenger):* negesydd (negeswyr) *m.*

commissioned *a.* **1.** awdurdodedig, dirprwyedig, penodedig. **2.** ~ **officer,** swyddog(-ion) (*m*) â chomisiwn. **3.** *(book, painting &c):* comisynedig, comisiwn; ~ **play,** drama (*f*) gomisiwn (dramâu comisiwn).

commissioner *n.* comisiynydd: comisiynwr (comisiynwyr) *m*; **C~ of Police,** Comisiynydd Heddlu, Pennaeth (*m*) Heddlu; **Commissioners of Array,** Comisiynwyr Rheng; **Commissioners of Inland Revenue,** Comisiynwyr y Dreth Incwm; **C~ for Oaths,** Comisiynydd Llwon; **the Civil Service Commissioners,** Comisiynwyr y Gwasanaeth Sifil, Arholwyr y Gwasanaeth Sifil; *Hist:* **Commissioners for Sequestration,** Comisiynwyr yr Atafaeliad; **the High C~ for Canada,** Uchel Gomisiynydd Canada; **Charity C~,** Comisiynydd Elusennau; **Church C~,** Comisiynydd Eglwysig; **Divorce C~,** Comisiynydd Ysgar; **Improvement C~,** Comisiynydd Gwelliannau; **Lord High C~,** Arglwydd Uchel Gomisiynydd (Arglwyddi Uchel Gomisiynwyr); **Land C~,** Comisiynydd Tir; **Law C~,** Comisiynydd Cyfraith.

commissionership *n.* comisiynyddiaeth *f.*

commissural *a. Anat:* comisyrol, uniadol.

commissure *n. Anat:* comiswr (comisyrau) *m*, cyswllt (cysylltau) *m*; *(of bones):* gwnïad (gwniadau) *m*, uniad(-au) *m*, comiswr; *(of lips, eyelids):* uniad, cil(-iau,-ion) *m*, comiswr.

commit *v.t.* **1.** *(= entrust):* ymddiried, cyflwyno, trosglwyddo, traddodi (rhth i rn); rhoi (rhth yng ngofal rhn); **to ~ sth to memory,** dysgu rhth ar eich/y cof; **(to ~ sth) to writing/paper,** (dodi/rhoi rhth) ar ddu a gwyn, mewn ysgrifen, ar bapur, ar glawr; (rhoi/cofnodi/taro rhth) ar bapur; **the body was committed to the flames,** traddodwyd y corff i'r fflamau; **to ~ a body to the earth/grave,** traddodi corff i'r pridd, dodi/rhoi corff mewn bedd, claddu corff, *occ:* daearu corff. **2. to ~ s.o. to prison,** *abs.* **to ~ s.o.,** anfon/traddodi rhn i garchar; **he was committed for sentence,** traddodwyd ef i'w ddedfrydu; **to ~ s.o. for trial,** anfon/traddodi rhn i sefyll ei brawf; ~ **to Quarter Sessions,** cyflwyno i Lys Chwarter; *Mil:* **to ~ troops to battle,** anfon milwyr i'r gad. **3. to ~ oneself (to do sth),** ymrwymo, ymroddi, ymr|oi, ymgyflwyno (i wneud rhth); addo (gwneud rhth); **I am too deeply committed to draw back,** 'rwyf wedi ymrwymo ormod i dynnu'n ôl; **he refused to ~ himself about the crime,** *(i) (= confess):* gwrthododd gyfaddef dim ynghylch y trosedd; *(ii) (= venture opinion):* gwrthododd ddweud dim pendant ynghylch y trosedd; **without committing myself,** heb addo dim, heb fentro dweud dim; **to ~ s.o.,** rhwymo rhn. **4. to ~ a crime** *&c.* cyflawni trosedd *&c*; **to ~ a mistake,** gwneud camgymeriad; *S.a.* **suicide 2. 5.** *(expenditure, resources):* neilltuo, clustnodi, addo.

commitment *n.* **1. = committal. 2.** *(= financial engagement):* ymrwymiad(-au) *m.* **3.** *(to a cause):* ymroddiad(-au) *m*, ymgyflwyniad(-au) *m*, ymrwymiad(-au) *m.*

committable *a.* **1.** *(resources, troops):* ar gael, rhydd(-ion), dichonadwy. **2.** *(offence):* cyflawnadwy, dichonadwy.

committal *n.* **1.** *(a) (= delegation of task &c):* trosglwyddiad(-au) *m*, trosglwyddo *vn*, ymddiried *vn*; *Ecc:* cymyniad(-au) *m.* **2.** *(a)* **~ of a body to the earth,** claddiad(-au) *m*, claddedigaeth(-au) *f*, daeariad(-au) *m*, claddu *vn*, daearu *vn*; *(b) Jur:* traddodi *vn*; ~ **[order],** traddodeb(-au) *f*; **~ for sentence,** traddodi i gael dedfryd; **~ order,** archeb traddodi; **~ [proceedings]** achos(-ion) (*m*) traddodi. **3.** *n. (of offence):* cyflawniad(-au) *m*, cyflawni *vn.* **4.** *(= engagement):* ymrwymiad(-au) *m*, addewid(-ion) *mf*, adduned(-au) *f.*

committed *a.* **1.** *(= dedicated):* ymroddedig; *(writer, literature):* ymrwymedig; *(resources, expenditure):* neilltuedig, clustnodedig, rhwymedig; ~ **growth,** twf (*m*) wedi ei sicrh|au. **2.** *(crime):* cyflawnedig, a gyflawnir/gyflawnid/gyflawnwyd.

committee *n.* **1.** pwyllgor(-au) *m*; **Joint Production C~,** Cydbwyllgor Masnach; ~ **of ways and means,** pwyllgor ffyrdd a moddau, pwyllgor cyllid; **steering ~,** pwyllgor llywio; **standing ~,** pwyllgor sefydlog; ~ **of enquiry,** pwyllgor ymchwilio; **a ~ of the whole House,** pwyllgor o'r Tŷ cyfan; **child care ~,** pwyllgor gofal plant; **co-ordinating ~,** pwyllgor cyd-drefnu; ~ **of public safety,** pwyllgor diogelwch y cyhoedd; **emergency ~,** pwyllgor brys; **executive ~, works ~,** pwyllgor gwaith; **finance ~,** pwyllgor cyllid; **general purposes ~,** pwyllgor amcanion cyffredinol; **select ~,** pwyllgor dethol; **selection ~,** pwyllgor penodi; *S.a.* **subcommittee. ~-man** *n.m.* pwyllgorddyn(-ion), pwyllgorwr (pwyllgorwyr). **~-woman** *n.f.* pwyllg|orwraig (pwyllgorwragedd). ~ **stage** *n. Parl:* cyfnod(-au) (*m*) pwyllgor, stad(-au) (*f*) pwyllgor.

committer *n.* **1.** anfonwr (anfonwyr) *m*. **2.** *(of crime &c):* cyflawnwr: cyflawnydd (cyflawnwyr) *m*.

commix *v.t.&i. Poet: & A:* = **mix²**.

commixture *n.* = **mixture**.

commode *n. Furn:* **1.** = **chest of drawers, chiffonier. 2. [night] ~,** comôd (comodau) *m*, *F:* cadair gaead (cadeiriau caead) *f*, cadair nos, *S: occ:* stôl gaead (stoliau/stolion caead) *f*, stôl nos, *N.W: occ:* cadair gec (cadeiriau cec). **3.** *A: Cost:* comôd (comodau) *m*.

commodious *a.* helaeth, eang, hwylus, braf, â digon o le [ynddo &c].

commodiously *adv.* yn helaeth &c.

commodiousness *n.* helaethder *m*, ehangder *m*, hwylustod *m*.

commodity *n.* nwydd(-au) *m*; **primary ~, basic ~,** nwydd sylfaenol; **household commodities,** nwyddau ar gyfer y cartref.

commodore *n.* *(a) Navy: &c:* c|omodor: comodôr (comodoriaid) *m*; *(b) (of yacht club):* llywydd(-ion) *m*, comodor, comodôr; *(c) Av:* **Air C~,** Comodor/Comodôr yr Awyrlu.

common¹ *a.* **1.** cyffredin; **in ~,** yn gyffredin, ar y cyd; **in ~ with others,** ar y cyd ag eraill, gydag eraill, yn ogystal ag eraill; **to the ~ advantage,** o fudd i bawb, er budd i bawb; **to the ~ good,** er lles pawb; *Biol:* ~ **ancestor,** cydhynafiad (cydhynafiaid) *m&f*; **they're as ~ as blackberries,** maent yn gyffredin iawn; maent yn rhif y gwlith; maent cyn amled â'r glaswellt; *V:* maen' nhw fel chwain ar gi; ~ **boundary,** cyd-derfyn(-au) *m*, cyterfyn(-au) *m*; ~ **carrier,** cludwr (cludwyr) cyffredin *m*, cariwr(-s, c|ariwyr) *m*, carier(-s) *m*; **to make ~ cause with s.o.,** ochri â rhn, ymuno â rhn, cydfwriadu â rhn; *Med:* ~ **cold,** annwyd (anwydau) *m*; *Mth:* ~ **denominator,** cyfenwadur(-on) *m*; *Mth:* ~ **divisor,** rhannydd (rhanyddion) cyffredin *m*; **C~ Era,** Oed (*m*) Crist; *Jur:* **in ~ form,** ar ffurf gyffredin; **that is ~ form,** dyna sy'n arferol; dyna'r drefn arferol (*f*); ~ **or garden,** *(i) Bot:* y gerddi *or* yr ardd; ~ **or garden tulip,** tiwlip y gerddi *or* yr ardd, *(ii) F:* cyffredin, arferol; *Gram:* ~ **gender,** cenedl gyffredin *f*; **a noun of ~ gender,** enw deuryw; ~ **ground,** tir cyffredin *m*; ~ **informer,** hysbysydd (hysbyswyr) cyffredin *m*; ~ **inn,** llety(-au) cyffredin *m*; **it is ~ knowlege,** fe ŵyr pawb; mae'n hysbys i bawb; *occ:* mae yng ngheg y byd; *Jur:* ~ **land,** tir(-oedd) (*m*) comin, tir cyd, cae(-au) cyd *m*, cytir *m*, comin(-s) *m*; *Jur:* ~ **law,** cyfraith gyffredin *f*, cyfraith gwlad; **~-law husband,** cymar (cymheiriaid) cydnabyddedig *m*, *N: F:* gŵr (gwŷr) (*m*) arfer gwlad, *F:* gŵr byw tali; **~-law wife,** cymhares gydnabyddedig (cymaresau cydnabyddedig) *f*, *N: F:* gwr|aig (gwragedd) (*f*) arfer gwlad, *Lit:* cywely(-au) *f*, *F:* gwraig byw tali; *Jur:* ~ **assault,** ymosodiad cyffredin *m*; **the C~ Market,** y Farchnad Gyffredin *f*; ~ **marketeer,** marchnadwr (marchnadwyr) (*m*) cyffredin; *Hist:* ~ **penny,** treth (*f*) y geiniog; *Jur:* ~ **nuisance,** niwsans cyhoeddus *m*; **it's a ~ occurrence,** mae'n digwydd yn aml/gyffredin; mae'n beth cyffredin; ~ **opinion,** barn gyhoeddus *f*, barn gyffredin, barn y wlad; **in ~ parlance,** ar lafar (*m*) gwlad; ~ **people,** gwerin *f*, pobl gyffredin *f & pl*, gwerin bobl; **Court of ~ Pleas,** Llys (*m*) Pleon Cyffredin; **the Book of C~ Prayer,** y Llyfr (*m*) Gweddi Gyffredin; ~ **property,** eiddo cyffredin *m*; ~ **report,** si (sïon) *m*, y sôn *m*, gair (*m*) y wlad; ~ **sense** *(a) n.* synnwyr cyffredin *m*, pwyll *m*, callineb *m*; *(b) attrib.* **~-sense,** synhwyrol, call, doeth; **it is ~ talk,** mae'r hanes yn dew ac yn denau ym mhobman; mae'n destun siarad i/gan bawb; mae yng ngheg pawb; mae ar ben sgwrs pawb; mae'r sôn (amdano &c) ar led; **the ~ touch,** y cyffyrddiad gwerinol *m*; **in ~ use,** mewn defnydd cyffredin, ar ddefnydd cyffredin, a ddefnyddir bob dydd; ~ **wall,** mur(-iau) cyffredin *m*, wal gyffredin (waliau/welydd cyffredin) *f*; *(inside wall):* pared (parwydydd) *m*; **the ~ weal,** lles (*m*) y wlad, lles y cyhoedd, y lles cyffredin. **2.** *(= vulgar): F:* comon, coman, cwrs, difaners, *Lit:* difoes, anfoesgar, aflednais; ~ **manners,** diffyg (*m*) moesgarwch, anfoesgarwch *m*, afledneisrwydd *m*; ~ **lawyer,** cyfreithiwr (cyfreithwyr) (*m*) y gyfraith gyffredin. **~-room,** *Sch:* ystafell gyffredin (ystafelloedd cyffredin) *f*; **junior ~-room,** ystafell gyffredin y myfyrwyr; **senior ~-room,** *(in school):* ystafell gyffredin yr athrawon; *(in college):* ystafell gyffredin y darlithwyr.

common² *n.* **1.** *(a)* ~ **[land],** comin(-s) *m*, tir(-oedd) comin *m*, tir cyd, cytir(-oedd) *m*; *(b) Jur:* **right of ~ estovers,** hawl (*f*) comin coed; **right of ~ pasture,** hawl comin pori, cytawl (*f*) pori; **right of ~ of turbary,** hawl comin tywyrch/mawn; **right of ~ in the soil,** hawl comin yn y pridd. **2. (to have sth in ~) with s.o.,** (bod â rhth yn gyffredin) â rhn, rhyngoch a rhn; **they have nothing in ~,** nid oes ganddynt ddim yn gyffredin; **it is out of the ~,** mae'n anghyffredin; **in ~ with sth,** *(= like):* yn gyffredin â rhth, fel rhth, megis rhth, yn ogystal â rhth, yn gyfartal â rhth; *Jur:* **tenancy in ~,** tenantiaeth yn gyffredin, tenantiaeth mewn cyffredinedd, tenantiaeth rhwng cydraddwyr. **3.** *Ecc:* gwasanaeth(-au) *m*. **4.** *pl. See* **commons**.

commonable *a. Jur:* cominadwy.

commonage *n. Hist: Jur:* hawl (*f*) tir comin.

commonality *n.* = **commonness 1.**

commonalty *n.* **1.** *Hist:* pobl gyffredin *f or pl*, gwerin(-oedd) *f*, gwerin gwlad, gwerin bobl *f & pl*, y cyffredin *m*, trwch (*m*) y boblogaeth, y trwch. **2.** *(= mankind):* dynol-ryw: dynolryw *f*, dynoliaeth *f*.

commoner *n.* **1.** dyn(-ion) cyffredin *m*, gwerinwr (gwerinwyr) *m*, *Hist: Lit:* gwrêng *m & inv*, gŵr (gwŷr) gwrêng *m*, gwrengwr (gwrengwyr) *m*, gwr|aig gyffredin (gwragedd cyffredin) *f*, merch gyffredin (merched cyffredin) *f*. **2.** *Jur:* cominwr (cominwyr) *m*. **3.** *Sch:* myfyriwr (myfyrwyr) cyffredin *m*, myf|yrwraig gyffredin (myfyrwragedd cyffredin) *f*, cyfurddwr (cyfurddwyr) *m*, cyf|urddwraig (cyfurddwragedd) *f*. **4.** *Pol:* *(= member of House of Commons):* Aelod(-au) Seneddol *m*, aelod o Dŷ'r Cyffredin.

commonly *adv.* **1.** *(= very often):* yn gyffredin, yn fynych, yn aml, fel arfer, fel rheol, [y] rhan amlaf, [y] rhan fynychaf, gan amlaf. **2.** *(= vulgarly):* yn aflednais, yn anfoesgar, *F:* yn ddifaners, yn gomon, yn goman.

commonness *n.* **1.** *(= frequency):* arferoldeb *m*, cyffredinedd *m*, cyffredinwch *m*, cyffredinrwydd *m*, mynychder *m*, mynychdra *m*, amledd *m*, amlder *m*. **2.** *(= vulgarity):* afledneisrwydd *m*, diffyg (*m*) moes, *F:* natur gomon *f*, comonrwydd: comanrwydd *m*.

commonplace *n. & a.* **1.** *n.* *(a)* peth(-au) cyffredin *m*; *(b) (= cliché):* ystrydeb(-au) *f*. **2.** *a.* *(= ordinary):* cyffredin, arferol; **travel by air is now ~,** mae teithio mewn awyren bellach yn gyffredin; *(remark, opinion):* ystrydebol, sathredig; *(= mediocre):* dilewy[r]ch, dinod, di-nod. ~ **book** *n.* coflyfr(-au) *m*, llyfr(-au) (*m*) lloffion/dyfyniadau.

commonplaceness *n.* cyffredinedd *m*.

commons *n.* **1.** pobl gyffredin *f & pl*, gwerin *f*, gwerin bobl *f or pl*, y cyffredin *m*; **the [House of] C~,** Tŷ'r Cyffredin; *Hist:* *(governing community):* ciwdod(-au, -oedd) *fm*. **2.** *Sch:* *(= food):* bwyd *m*, lluniaeth *f*, dogn *m*; **to put s.o. on short ~,** codi'r rhesel/rhastl ar rn, codi rhesel/rhastl rhn; **to be on short ~,** bod ar eich cythlwng, byw'n fain.

commonsensible *a.* synhwyrol, call.

commonsensibly *adv.* yn synhwyrol &c.

commonsensical *a.* synhwyrol, call.

commonweal *n. A:* y lles cyffredin *m*.

commonwealth *n.* *(a)* *(= state):* gwladwriaeth(-au) *f*, gweriniaeth(-au) *f*; *(b)* **the ~, = commonweal;** *Hist:* **the C~ of England,** Gweriniaeth (*f*) Lloegr, Gwerinlywodraeth (*f*) Lloegr, y Werinlywodraeth *f*; *(c)* **the British C~ of Nations,** y Gymanwlad Brydeinig *f*. **C~ Day** *n.* Gŵyl (*f*) y Gymanwlad. **C~ Development Corporation** *n.* Corfforaeth (*f*) Ddatblygu'r Gymanwlad. **C~ preference** *n.* blaenoriaeth (*f*) i'r Gymanwlad, ffafriaeth (*f*) i'r Gymanwlad, ffafrio(*vn*)'r Gymanwlad. **C~ Party** *n. Pol:* Plaid ***Commonwealth***.

commorientes *n.pl. Jur:* ***commorientes,*** cydfeirwon.
commote *n.* cwmwd (cymydau) *m.*
commotion *n.* **1.** cyffro *m*, cynnwrf *m*, stŵr *m*, mwstwr *m*, helynt(-ion) *f*, dadwrdd *m*, cythrwfl *m*, *N.W:* ffwndwr *m*, *S:* helger *m*; **in a state of ~,** mewn cyffro, wedi'ch cyffr|oi; **you're making a great ~ (about nothing),** 'rydych yn cadw/gwn|eud llawer o stŵr, 'rydych yn creu helynt (am ddim byd); 'rydych yn gwneud môr a mynydd (o ddim byd). **2.** *(= insurrection):* terfysg(-oedd) *m.*
commove *v.i.* cyffr|oi, cynhyrfu.
communal *a.* **1.** *(= of commune):* cymydol, cymunedol, *occ:* comiwnol; **~ strife,** gwrthdaro *(vn)* cymunedol. **2.** *(= in common use):* cyhoeddus, cyfunol, cyffredin, ar y cyd; *Jur:* **~ estate,** ystâd *(f)* pâr priod; **~ kitchen,** cegin gyffredin (ceginau cyffredin) *f*; **~ land,** cytir(-oedd) *m*, tir(-oedd) cyd *m.*
communalism *n.* cymunedoliaeth *f.*
communalist *a.* & *n.* **1.** *a.* cymunedolaidd. **2.** *n.* cymunedolwr (cymunedolwyr) *m.*
communality *n.* cymunedolrwydd *m.*
communalize *v.t.* cymunedu, cymunedoli.
communally *adv.* yn gyffredin, ar y cyd, yn gymunedol, fel cymuned.
Communard *n. Fr.Hist:* Comiwnwr (Comiwnwyr) *m*, ***Communard(-s)*** *m.*
commune[1] *n.* cymuned(-au) *f*, comiwn(-au) *m*, cymundod(-au) *m*; *Hist:* **the C~ [of Paris],** y Comiwn *m*, y ***Commune*** *m.*
commune[2] *v.i.* **1.** *Lit:* cymuno, ymddiddan **(with s.o.,** â rhn); **to ~ with oneself,** myfyrio, synfyfyrio; **to ~ with nature,** cymuno â natur. **2.** *U.S: Ecc:* cymuno, derbyn y cymun.
communicability *n. (of message &c):* natur fynegadwy *f*; *(of disease &c):* natur heintus *f*, heintusrwydd *m*; **the experience was so odd that I doubt its ~,** yr oedd y profiad mor rhyfedd fel fy mod yn amau a ellir cyfleu beth ydoedd; **doctors are convinced of the ~ of the disease,** mae meddygon yn argyhoeddedig y gellir trosglwyddo'r afiechyd.
communicable *a.* **1.** *(message):* mynegadwy, traddodadwy, trosglwyddadwy. **2.** *Med:* heintus.
communicableness *n.* = **communicability.**
communicably *adv.* **1.** yn fynegadwy *&c.* **2.** yn heintus.
communicant *a.* & *n.* **1.** *a.* cymunol. **2.** *n. (a) (= informant):* hysbysydd (hysbyswyr) *m*; *(b) Ecc:* cymunwr (cymunwyr) *m*, cym|unwraig (cymunwragedd) *f*; **to be a regular ~,** cymuno'n rheolaidd.
communicate *v.t.&i.* **1.** *v.t. (i) (heat, disease &c):* trosglwyddo, traddodi; *(ii) (= express):* **to ~ news to s.o.,** trosglwyddo/traddodi/mynegi newydd i rn, dweud newydd wrth rn. **2.** *v.i. (a)* eich mynegi'ch hun, cyfathrebu; **she communicates clearly,** mae hi'n ei mynegi ei hun yn eglur; mae hi'n dweud ei meddwl yn eglur; **to ~ by letter,** cysylltu trwy lythyr, gohebu; *(b)* **rooms that ~ with one another,** ystafelloedd sy'n cysylltu/ymgysylltu â'i gilydd. **3.** *Ecc: (a) v.t.* rhoi'r/gweinyddu'r cymun (i rn); *(b) v.i.* derbyn y cymun, cymuno.
communicatee *n.* hysbysedig(-ion) *m&f.*
communication *n.* **1.** *(a) (of news &c):* dweud *vn*, adrodd *vn*, mynegi *vn*; *(of diseases):* trosglwyddiad(-au) *m*, trosglwyddo *vn*; *(b) (= message):* neges(-i, -au, -euon) *f*, cenadwri (cenadwriau) *f*; *(c) (= paper read to learned society):* papur(-au) *m*, darlith(-oedd,-iau) *f*; *(in periodical):* ysgrif(-au) *f*, erthygl(-au) *f*, cyfraniad(-au) *m.* **2.** cysylltiad(-au) *m*, *occ:* cyfathrebiad(-au) *m*; **to get into ~ with s.o.,** cysylltu â rhn, mynd i gysylltiad â rhn; **problem of ~,** problem *(f)* gyfathrebu (problemau cyfathrebu). **3.** *(= access):* ffordd (ffyrdd) *(f)* (at/i rywle); tramwyfa (tramwyf|eydd) *f*; **line of ~,** llinell *(f)* gyswllt (llinellau cyswllt), llinell gyfathrebu (llinellau cyfathrebu); **means of ~,** *(= contact):* modd(-au, -ion) *(m)* cyfathrebu, cyfrwng (cyfryngau) *(m)* cyfathrebu; *(= expression):* cyfrwng *(m)* mynegiant. **4.** *pl.* cysylltiadau; *(as field of study):* cyfathrebu *vn*, cyfathrebiaeth *f.* **~ cord** *n. Rail:* cordyn (cyrd) *(m)* cyswllt, cordyn larwm. **~ line** *n. Cmptr:* lein *(f)* gyfathrebu (leiniau cyfathrebu). **~ link** *n. Ph: Cmptr:* dolen *(f)* gyfathrebu (dolennau cyfathrebu), cyswllt (cysylltau) *(m)* cyfathrebu. **~ network** *n. Cmptr:* rhwydwaith (rhwydweithiau) *(m)* cyfathrebu. **communications processing** *vn. Cmptr:* prosesu cyfathrebiadau. **~ satellite** *n.* lloeren *(f)* gyfathrebu (lloerennau cyfathrebu). **~ theory** *n.* damcaniaeth *(f)* gyfathrebu.
communicational *a.* cysylltiadol, mynegiadol, cyfathrebol.
communicative *a.* bodlon siarad, parod i siarad, siaradus; **~ ability,** gallu'ch mynegi'ch hunan, medru dweud eich meddwl.
communicatively *adv.* yn siaradus *&c.*
communicativeness *n.* parodrwydd *(m)* i siarad, siaradusrwydd *m.*
communicator *n.* **1.** *(of movement &c):* trosglwyddydd(-ion) *m*, trosglwyddwr (trosglwyddwyr) *m.* **2.** *(pers.):* cysylltwr (cysylltwyr) *m*, cyfathrebwr (cyfathrebwyr) *m*; *(of news):* adroddwr (adroddwyr) *m*, mynegwr: mynegydd (mynegwyr) *m.*
communicatory *a.* hysbysol, cyfathrebol, mynegol.
communion *n.* **1.** *(= relationship):* cymundeb *m*, perthynas *f*, cydberthynas *f*; **self-~,** myfyrdod(-au) *m*, synfyfyrdod *m*, ymgymuno *vn*; **to hold ~ with oneself,** ymholi, myfyrio, synfyfyrio, chwilio'ch calon. **2.** *Ecc:* cymun(-au) *m*, cymundeb(-au) *m*; **the C~ of Saints,** Cymundeb *(m)* y Saint, Cymun yr Holl Saint; **open ~,** cymundeb agored; **strict ~, close ~,** cymundeb caeth, caethgymundeb *m*; **pertaining to the practice of close ~,** caethgymunol; **one who practises strict ~,** caethgymunwr (caethgymunwyr) *m*; **mixed ~,** cymundeb cymysg; **[Holy] C~,** y Cymun [Bendigaid/Sanctaidd]; **~ under both kinds,** cymundeb drwy'r ddwy elfen; **the ~ of the sick,** cymun claf. **~ cloth** *n.* lliain (llieiniau) *(m)* cymun. **~ cup** *n.* cwpan (cwpanau) *(mf)* cymun. **~ rail** *n.* rheilen *(f)* [y] cymun (rheiliau cymun). **C~ Sunday** *n.* Sul *(m)* [y] Cymun (Suliau'r Cymun). **~ table** *n.* bwrdd (byrddau) *(m)* cymun, *S:* bord *(f)* gymun (bordau cymun).
communiqué *n.* neges(-au) *f*, cyhoeddiad(-au) *m*, hysbysiad(-au) *m*, ***communiqué(-s)*** *m.*
communism *n.* comiwnyddiaeth *f.*
communist *a.* & *n.* **1.** *a.* comiwnyddol. **2.** *n.* comiwnydd(-ion) *m*, comiwnyddes(-au) *f.*
communistic *a.* comiwnyddol.
communistically *adv.* yn gomiwnyddol.
communitarian *a.* & *n.* **1.** *a.* cymunedol. **2.** *n.* cymunedwr (cymunedwyr) *m.*
communitarianism *n.* cymunedoliaeth *f.*
community *n.* & *attrib.* **1.** *(of property, interests):* cyffredinrwydd *m*; **we have a ~ of interests,** mae gennym fuddiannau'n gyffredin. **2.** *Ecc:* cymundod(-au) *m*, cymdeithas(-au) *f.* **3.** *(a)* **the ~,** *(= the public):* y cyhoedd *m*, y gymdeithas; **all classes in the ~,** pob dosbarth yn y gymdeithas; **looking after the disabled in the ~,** gofalu am yr anabl mewn cymdeithas; **the Welsh ~ in Argentina,** y gymdeithas Gymreig yn yr Ariannin, y Wladfa Gymreig *(f)* yn yr Ariannin, y Cymry yn yr Ariannin; **the black ~ in Brixton,** pobl dduon Brixton; **the Pakistani ~ in Bradford,** Pacistaniaid Bradford; *(b) (= a locality):* cymdogaeth(-au) *f*, ardal(-oedd) *f*, bro(-ydd) *f*; *(in sociological jargon):* cymuned(-au) *f.* **2.** *attrib.* cymdogaethol, cymunedol, cymuned; **racial ~,** grŵp (grwpiau) hiliol *m*, cymuned hil. **~ action** *n.* gweithredu *(vn)* cymunedol/cymdeithasol. **~ care** *n.* gofal *(m)* yn y gymuned. **~ centre** *n.* canolfan cymdeithasol/gymdeithasol (canolfannau cymdeithasol) *mf*, canolfan cymunedol/gymunedol (canolfannau cymunedol), canolfan cymuned/gymuned (canolfannau cymuned). **~ chest** *n. U.S:* cronfa gyffredin (cronf|eydd cyffredin) *f*, coffrau cyhoeddus *pl.* **~ college** *n.* coleg(-au) *(m)* cymuned, coleg bro. **~ council** *n.* cyngor (cynghorau) *(m)* cymdeithas, cyngor cymuned, cyngor bro. **~ development** *n.* datblygu *(vn)* cymuned, datblygiad *(m)* cymuned. **~ drama** *n.* drama *(f)* gymuned (dramâu cymuned). **~ health council** *n.* cyngor (cynghorau) *(m)* iechyd cymuned. **~ home** *n.* cartrefi(-i) cymunedol *m*, cartref cymuned. **~ hospital** *n.* ysbyty (ysbytai) *(m)* cymuned/bro. **~ industry** *n.* gweithgarwch *(m)* bro, diwydiant (diwydiannau) *(m)* bro. **~ law** *n.* cyfraith gymunedol *f.* **~ library** *n.* llyfrgell *(f)* fro (llyfrgelloedd bro). **~ mental handicap nurse** *n.* nyrs gymunedol (nyrsus cymunedol) *(f)* anfantais feddyliol. **~ mental health centre** *n.* canolfan iechyd meddwl cymuned. **~ newspaper** *n.* papur(-au) *(m)* bro. **~ nurse** *n.* nyrs(-ys) *(f)* ardal, nyrs gymuned (nyrsys cymuned). **~ organization** *n.* trefniad *(m)* cymuned. **~ provision** *n.* darpariaeth leol *f.* **~ psychiatric nurse** *n.* nyrs seiciatryddol gymunedol (nyrsus seiciatryddol

cymunedol). ~ **service** *n.* cymuned-wasanaeth *m*, gwasanaeth cymunedol *m*, gwasanaeth cymuned. ~ **singing** *vn.* canu cynulleidfaol. ~ **spirit** *n.* ysbryd cymdogaethol/cymdogol *m*, cymdogaeth dda. ~ **work** *n.* gwaith cymunedol *m*, gwaith cymuned. ~ **worker** *n.* gweithiwr (*m*) cymdogaeth/cymunedol.

communitywide *adv.* trwy'r gymdogaeth, trwy hyd a lled y gymdogaeth, yn y gymuned drwyddi draw.

communization *n.* comiwneiddio *vn.*

communize *v.t.* **1.** *(land):* troi (rhth) yn dir comin. **2.** *(= make communist):* comiwneiddio.

commutability *n.* natur gyfnewidiadwy *f*; **he hoped to prove the ~ of lead into gold,** gobeithiai brofi y gellid troi plwm yn aur.

commutable *a.* cyfnewidiadwy, newidiadwy.

commutate *v.t. El.E:* cymudo.

commutation *n.* **1.** *(a) Jur:* ~ **of sentence,** cyfnewidiad(-au) (*m*) dedfryd, newid (*vn*) dedfryd. **2.** *Ecc: Mth: Astr:* cymudiad(-au) *m*; *Astr:* **angle of ~,** ongl (*f*) cymudiad. ~ **ticket** *n. U.S:* tocyn(-nau) (*m*) tymor.

commutative *a.* cymudiadol, cymudol; *Ph:* **C~ Law,** Deddf Gymudol *f.*

commutativity *n.* natur gymudiadol/gymudol.

commutator *n. El:* cymudadur(-on) *m*; **split ring ~,** cymudadur modrwy hollt. ~ **ring** *n.* modrwy(-au) (*f*) cymudadur.

commute *v.t.* **1.** cyfnewid, newid (rhth am rth); *Tchn:* cymudo. **2.** *(a) Jur:* cyfnewid, newid; **whose interest shall have been commuted under the ... Act,** y cyfnewidiwyd ei hawl dan Ddeddf ...; *Ecc:* cymudo, cyfnewid; *(b) abs. (of traveller):* teithio rhwng dau le, teithio'n ôl a blaen, cymudo. **3.** *El.E:* = **commutate.**

commuter *n. Rail: &c:* cymudwr (cymudwyr) *m*, cym|udwraig *f.*

comonomer *n. Ch:* com|onomer (comonomerau) *m.*

comose *a. Bot:* blewog, cedenog, manflewog.

comp[1] *n. F:* = **accompanist.**

comp[2] *n.* = **compositor.**

comp[3] *v.t.&i.* = **accompany.**

compact[1] *n.* *(= agreement):* cytundeb(-au) *m.*

compact[2] *a.* **1.** *(= closely packed):* cryno, *occ:* cywasgedig; *Lib:* ~ **storage,** storio (*vn*) cywasgedig. **2.** *(= composed of):* cyfansoddedig (**of sth,** o rth).

compact[3] *n.* **1.** *Toil:* compact(-au) *m*, blwch (blychau) *m* **2.** *U.S: Aut:* car (ceir) cryno *m.*

compact[4] *v.t.* **1.** crynh|oi, cywasgu. **2. to be compacted of sth,** cynnwys rhth, bod yn gyfansoddedig o rth.

compactible *a.* cywasgadwy, crynoadwy.

compaction *n.* cywasgiad *m*, cywasgu *vn*, crynh|oi *vn.*

compactly *adv.* yn gryno *&c.*

compactness *n.* crynoder *m.*

compactor *n.* crynodiadur(-on) *m*, cywasgwr (cywasgwyr) *m.*

companion[1] *n.* **1.** *(a)* cydymaith (cymdeithion) *m*, cymdeithes(-au) *f*, *occ:* cwmnïwr (cwmniwyr) *m*, cwmnïwraig (cwmniwragedd) *f*, *F:* partner(-iaid) *m*, partneres(-au) *f*; *(on journey):* cyd-deithiwr (~-deithwyr) *m*, cyd-d|eithwraig (~-deithwragedd) *f*; ~ **in distress,** cyd-ddioddefwr (~-ddioddefwyr) *m*; ~ **in arms,** cydfilwr (cydfilwyr) *m*, cydymladdwr (cydymladdwyr) *m*; *(b)* **lady['s] ~,** cymdeithes(-au) *f*; *(c)* **C~ of Honour,** Cydymaith (*m*) Anrhydedd. **2.** *(= handbook &c):* llawlyfr(-au) *m*, arweinlyfr(-au) *m*, cydymaith (cymdeithion) *m*; ~ **volume,** cydgyfrol(-au) *f*, cyfrol gymar (cyfrolau cymar) *f.* **3.** *(of a pair): (of pers., thg denoted by masculine noun):* partner, cymar (cymheiriaid); *(of pers., thg denoted by feminine noun):* partneres, cymhares (cymaresau); **here's one glove, where's its ~?** dyma un faneg, ble mae ei phartneres hi? ~ **cell** *n. Biol:* cymhargell (cymargelloedd) *f.* **~-set** *n. Furn:* heyrn (*pl*) tân. ~ **teaching** *n. Sch:* dysgu cefnogol.

companion[2] *n.* **1.** ~ **hatch,** ~ **head** *n.* caead(-au) (*m*) pen grisiau. ~ **hatchway** *n.* twll (tyllau) (*m*) pen grisiau. **~[-ladder]** *n.* ysgol (*f*) i'r caban. **~[-way]** *n.* grisiau (*pl*) i'r caban.

companionable *a.* cyfeillachgar, cymdeithgar, cymdeithasgar, cwmnïgar, diddan.

companionableness *n.* cymdeithasgarwch *m*, cymdeithgarwch *m*, cyfeillachgarwch *m*, cwmnigarwch *m.*

companionably *adv.* yn gymdeithasgar *&c.*

companionate *a.* cymdeithgar.

companionship *n.* cwmnïaeth *f*, cwmni *m*, cyfeillach *f.*

company *n.* **1.** cwmni (cwmnïau, cwmnïoedd) *m*, *S: F:* cwmpni *m*, *N: F:* cwmpeini *m*; **to keep s.o. ~,** cadw cwmni/cwmpni/cwmpeini i rn; **to keep ~ with s.o.,** cadw cwmni rhn, cwmnïa â rhn; *(= court s.o.):* canlyn rhn; **in ~,** mewn cwmni; **to part ~ with s.o.,** *(i)* ymadael â rhn, gadael rhn, ffarwelio â rhn; *(ii) Fig: (= differ):* anghytuno/anghydw|eld â rhn; *Prov:* **two's ~, three's a crowd,** digon deuddyn heb drydydd; dedwydd deuddyn, nid tri. **2.** *(a) (= group of people):* cynulliad(-au) *m*, cwmni, criw(-iau) *m*; **a select ~,** cwmni dethol; **present ~ excepted,** ac eithrio'r rhai sy'n bresennol; **to sin in good ~,** pechu gyda'r bobl orau; *(b) O: (= guests):* gwahoddedigion *pl*, gwesteion *pl*; **to put on one's ~ manners,** ymddwyn yn barchus, ymbarchuso. **3.** *(= associates):* cwmni; **to keep good ~,** cadw cwmni da; **avoid bad ~,** osgówch gwmni drwg; **a man is known by the ~ he keeps,** tebyg at ei debyg; adar o'r unlliw a ehedant i'r unlle; **in ~ with s.o.,** yng nghwmni rhn, gyda rhn, *N:* [h]efo rhn; **he is very good ~,** mae'n un difyr/diddan; mae'n gwmni diddan; mae'n gwmnïwr da. **4.** *Com: Ind:* cwmni; ~ **finance,** arian cwmni; **joint stock ~,** cwmni cyd-ddaliannol, cwmni cydgyfalaf; **limited liability ~,** cwmni cyfyngedig; **unlimited ~,** cwmni anghyfyngedig/digyfyngiad; **Jones and C~,** (*usu.* **and Co.**), Jones a'i Gwmni, Jones a'r Cwmni; **livery ~,** cwmni lifrai; **subsidiary ~,** isgwmni (isgwmnïau, isgwmnïoedd) *m*; **united ~,** cwmni unol; **auxiliary ~,** cwmni cynorthwyol; **branch ~,** cwmni canghennol; **chartered ~,** cwmni siarter/siartredig/breiniol; **holding ~,** cwmni dal, cwmni daliannol. **5.** *(a) Th:* cwmni; **touring ~,** cwmni teithio, cwmni teithiol; *(b) Nau:* **a ship's ~,** criw (*m*) llong, *A:* gwerin (*f*) llong. **6.** *Mil:* cwmni; *F:* **to get one's ~,** cael eich codi'n gapten; **half-~,** platŵn (platwnau) *m.* ~ **officer** *n.* capten(-iaid, capteiniaid) *m.* ~ **law** *n.* cyfraith (*f*) gwmnïau. ~ **sergeant-major** *n.* uwch-ringyll(-iaid) (*m*) cwmni. ~ **town** *n.* tref (*f*) gwmni (trefi cwmni/cwmnïau).

comparability *n.* cyffelybrwydd *m*, cymaredd *m.* ~ **factor** *n.* ffactor (*mf*) cymaredd (ffactorau cymaredd).

comparable *a.* cymaradwy (**with sth,** â rhth); tebyg, *Lit:* cyffelyb (i rth); **it's ~ to ...,** gellir ei gymharu â ...; mae i'w gymharu â ...; *(= equal):* cyfartal, cymaint (â rhth).

comparableness *n.* = **comparability.**

comparably *adv.* yn gymaradwy.

comparatist *n.* cymharydd (cymaryddion) *m.*

comparative[1] *a. & n.* **1.** *a. Gram: &c:* cymharol. **the ~ [degree],** y radd gymharol *f*, y cymharol *m*; *Lib:* ~ **phase,** gwedd gymharol (gweddau cymharol) *f*; *(b)* ~ **linguistics,** ieitheg gymharol *f*; ~ **religion,** gwyddor (*f*) cymharu crefyddau. **2.** *(= relative):* gweddol, go (*+ soft mut.*); eithaf; **he's a ~ stranger to me,** mae'n weddol ddieithr imi; mae'n o ddieithr i mi; mae'n eithaf dieithr i mi; **in ~ comfort,** mewn cysur gweddol/cymharol.

comparative[2] *n. Gram:* ffurf gymharol (ffurfiau cymharol) *f.*

comparatively *adv.* **1.** yn gymharol, o'i gymharu, mewn cymhariaeth. **2.** *(= relatively): (a)* yn gymharol/weddol, yn o (*+ soft mut.*), yn eithaf; *(b) (qualifying adjective):* ~ **good,** gweddol dda, lled dda, go dda, go lew [o dda] eithaf da.

comparator *n.* cymharydd (cymaryddion) *m.*

compare[1] *n.* cymhariaeth *f*; **beyond ~, past ~,** anghymharol, di-ail, y tu hwnt i gymhariaeth, digymar, dihafal, digyffelyb, heb ei ail, heb ei debyg.

compare[2] *v.t.&i.* **1.** *v.t.* *(a)* cymharu, *F: occ:* cydmaru; **to ~ two things,** cymharu dau beth, tynnu cymhariaeth rhwng dau beth; **to ~ a girl to a flower,** cymharu geneth â blodyn, *Lit:* cyffelybu merch i flodeuyn; **they are not to be compared,** nid oes dim cymhariaeth rhyngddynt; nid oes modd eu cymharu; ni ellir eu cymharu; ni ddaliant mo'u cymharu; **[as] compared (with/to sth),** mewn cymhariaeth (â rhth); o'i (*m*) gymharu, o'i (*f*) chymharu, o'u (*pl*) cymharu (â rhth); *N: F:* ch[w]adal [â/na] rhth; **(she is a big child) compared to her brother,** (mae hi'n blentyn mawr) wrth ochr ei brawd, o'i chymharu â'i brawd, *S.W: occ:* i ateb ei brawd; *(b)* **to ~ an adjective,** cymharu ansoddair. **2.** *v.i.* **he can't ~ with you,** ni all gymharu â thi; nid oes gymhariaeth rhyngddo a thi; ni ddeil mo'i gymharu â thi; **it compares favourably with sth,** mae'n cymharu'n ffafriol â rhth; mae cystal bob tipyn â rhth.

compared *a.* cymaredig.

comparison *n.* *(a)* cymhariaeth (cymariaethau) *f*; **in ~ with sth,** mewn cymhariaeth â rhth, o gymharu â rhth, *N: F:* ch[w]adal [â/na] rhth; **(this is cheaper) in ~,** (mae hyn yn rhatach) o'i gymharu, mewn cymhariaeth; **it is past/beyond ~,** mae'n ddigymar; *Gram:* **degrees of ~,** graddau cymhariaeth/cymharu; **forms of ~,** ffurfiau cymhariaeth/cymharu; **it bears/stands ~,** mae'n dal ei gymharu; fe ddeil ei gymharu; *(b) Poet: (= simile):* cymhariaeth (cymariaethau) *f*, cyffelybiaeth(-au) *f*.

compartment *n.* **1.** *Rail: &c:* adran(-nau) *f*, rhaniad(-au) *m*, *occ:* cerbydran(-nau) *f*; **to divide sth into compartments,** adrannu rhth, rhannu rhth yn adrannau; *N.Arch:* **watertight ~,** adran ddigyswllt (adrannau digyswllt) *f*; **smoking ~,** adran ysmygu, cerbydran ysmygu, cerbyd(-au) (*m*) ysmygu; **luggage ~,** cerbyd bagiau, adran fagiau (adrannau bagiau). **2.** *Agr: (of shed):* cowlas(-au) *mf*, duad(-au) *m*, *N.W: & S.W:* golau (goleuau, goleuon) *m*. **~ bulkhead** *n. Nau:* pared (parwydydd) (*m*) howld.

compartmental *a.* adrannol.

compartmentalization *n.* adrannu *vn.*

compartmentalize *v.t.* adrannu (rhth), rhannu (rhth) yn adrannau.

compartmentalized *a.* adrannol, adranedig.

compartmentation *n.* adraniad(-au) *m*, adrannu *vn*, rhannu (*vn*) yn adrannau.

compass[1] *n.* **1.** *(= a pair of compasses):* cwmpas(-au) *m*; **beam ~,** llathgwmpas(-au) *m*; **bow ~,** cwmpas bwa; **calliper ~,** cwmpas calip[e]r; **hair ~,** cwmpas trwch blewyn; **proportional ~,** cwmpas dwbl, cwmpas cyfrannol; **surveyor's ~,** cwmpas mesur tir; **wing ~,** cwmpas adeiniog/asgellog. **2.** *(= boundary, circumference):* amgylch(-oedd) *m*, cwmpas(-oedd) *m*, cwmpasiad(-au) *m*, cylchfesur *m*, ffin(-iau) *f*, terfyn(-au) *m*, cylch (*m*) ogylch; **within the ~ of a small book,** o fewn terfynau/cwmpas llyfr bychan. **3.** *(a) (= extent, range of ability):* cyrraedd *m*, cyrhaeddiad (cyraeddiadau) *m*, cwmpasiad *m*, amrediad(-au) *m*, amgyffred *m*, amgyffrediad *m*; **knowledge within my ~,** gwybodaeth o fewn fy nghyrraedd; **in a small ~,** o fewn cwmpas bychan; *(b) Mus:* cwmpas, amrediad. **4.** *(= instrument of navigation &c):* cwmpawd(-au) *m*; **dip ~,** cwmpawd gogwydd; **variation ~,** cwmpawd amrywiad; **mariner's ~,** cwmpawd morwr; **pocket ~,** cwmpawd poced; **prismatic ~,** cwmpawd prismatig; **gyroscopic ~, gyro-~,** geirogwmpawd(-au) *m*; **the points of the ~,** pwyntiau'r cwmpawd; **variation of the ~,** gwyriad (*m*) y cwmpawd; *Nau:* **to take a ~ bearing,** darllen y cwmpawd; **to box the ~,** mynd trwy bwyntiau'r cwmpawd. **~ card** *n. Nau:* cerdyn (cardiau) (*m*) cwmpawd. **~-flower** *n. Bot:* blodyn (blodau) (*m*) cwmpawd. **~-lead** *n.* pensel (*f*) gwmpas (penseli cwmpas). **~-plane** *n. Carp:* plaen(-iau) (*m*) gwadn amgrwm. **~ rose** *n.* rhosyn(-nau) (*m*) cwmpawd. **~-saw** *n.* llif (*f*) gwmpas (llifiau cwmpas). **~-walk** *n.* taith (*f*) gwmpawd (teithiau cwmpawd). **~ window** *n.* ffenestr (*f*) grom (ffenestri crymion).

compass[2] *v.t.* **1.** *(= move around):* cwmpasu (rhth); mynd o gwmpas/amgylch (rhth); amgylchu, amgylchynu, cylchynu (rhth); tyrru o gwmpas (rhth). **2.** *O:* **he was compassed about by/with his enemies,** fe'i hamgylchynwyd gan ei elynion. **3.** *(= understand):* dirnad, amgyffred, deall. **4.** *Jur: (= plot):* cynllwynio, bwriadu, amcanu. **5.** *(= accomplish):* cyflawni (rhth), dwyn (rhth) i ben; **to ~ one's ends,** cyrraedd eich nod.

compassable *a. (= attainable):* cyraeddadwy, dichonadwy.

compassion *n.* tosturi *m*, trugaredd *m*, *occ:* trueni *m*, trugaro[w]grwydd *m*; **to have ~ on s.o.,** tosturio wrth rn, trugarh|au wrth rn, teimlo trueni tuag at rn, *F:* pitïo rhn, pitïo dros rn; **to do sth out of ~,** gwneud rhth o drugaredd/dosturi *or* o ran trugaredd/tosturi; **to arouse ~,** ennyn tosturi.

compassionate *a.* tosturiol, trugarog (**to/towards s.o.,** tuag at rn, wrth rn); *Mil: &c:* **~ leave,** caniatâd tosturiol *m*; **~ allowance,** lwfans tosturiol *m*.

compassionately *adv.* yn dosturiol *&c*; â thosturi, mewn tosturi.

compatibility *n.* cysondeb *m*, cydweddoldeb *m*, cydnawsedd *m*, cyfaddaster *m*, cyfaddasrwydd *m*.

compatible *a.* cyson, cydnaws, cydwedd, cytûn (**with sth,** â rhth); cyfaddas (i rth); *(people):* cymharus; **to be ~ with sth,** cyd-fynd/cydweddu â rhth; **driving a car at a speed ~ with safety,** gyrru car ar gyflymder cyson/cydwedd â diogelwch.

compatibly *adv.* yn gyson *&c*.

compatriot *n.* cydwladwr (cydwladwyr) *m*; *(= Welshman):* cyd-Gymro (~-Gymry) *m*, cyd-Gymr|aes (~-Gymraesau, ~-Gymryesau) *f*.

compeer *n.* rhn (rhai) cyfurdd/cydradd *m*, cyfurddol(-ion) *m*, cyfurddor(-iaid, -ion) *m*, cydradd(-au) *m*, gogyfurdd(-ion) *m*.

compel *v.t.* **1.** *(a)* **to ~ s.o. to do sth,** gorfodi/cymell rhn i wneud rhth, mynnu bod rhn yn gwneud rhth, mynnu gan rn wneud rhth; *(b)* **to be compelled to do sth,** gorfod (*S: usu. pronounced* gorffod) gwneud rhth, bod dan orfod i wneud rhth; **to feel compelled (to do sth),** teimlo rheidrwydd, teimlo [eich bod] tan orfod/orfodaeth/raid (i wneud rhth), teimlo bod yn rhaid ichwi (wneud rhth), teimlo eich bod yn gorfod (gwneud rhth). **2.** *(= arouse):* **he compels respect,** mae'n ennyn/mynnu parch.

compelling *a.* cymhellol, cymhellaidd, cymhellgar, diwrthdro, anorfod, anorchfygol, diymwared, diollwng, diymollwng, ysgogol, symbylol, gorfodol, gorfodaidd, grymus, nerthol; **~ force,** grym anogol/cymhellaidd/symbylol; **~ curiosity,** chwilfrydedd anorchfygol.

compendious *a.* cynhwysfawr.

compendiously *adv.* yn gynhwysfawr.

compendiousness *n.* cynwysfawredd *m*.

compendium *n.* **1.** *(= abridgement):* crynodeb(-au) *m*, talfyriad(-au) *m*. **2.** *(= collection):* casgliad(-au) *m*, compendiwm (compendia) *m*.

compensate *v.t.&i.* **1.** *v.t. (a)* **to ~ s.o. for sth,** gwn|eud iawn i rn am rth, digolledu rhn am rth; *(b) (financially):* rhoi/talu iawndal i rn am rth, digolledu/ad-dalu rhn am rth; *(c) Mec.E: Ph:* cyfadfer, cydadfer; *(clock &c):* cymhwyso, cywiro. **2.** *v.i.* **to ~ for sth,** gwneud iawn am rth, ad-dalu am rth, cymryd lle rhth, cyflenwi lle rhth; *Mec.E:* **to ~ for wear,** lwfio/cydadfer ar gyfer traul.

compensating *a.* **1.** sy'n gwn|eud iawn, sy'n digolledu, sy'n ad-dalu, digolledol, ad-daliadol; *Mec.E:* cyfadferol, cydadferol, cyfadfer; **~ errors,** gwallau cyfadferol; **~ gear,** gêr cyfadferol/gyfadferol *mf*. **2.** *(= correcting):* cywirol; **~ magnet,** magnet cywirol *m*; **~ arm,** braich gywirol (breichiau cywirol) *f*.

compensation *n.* **1.** *(a)* iawndal(-iadau) *m*, iawn *m*, ad-daliad(-au) *m*; *Jur:* digollediad(-au) *m*, *F:* compo *m*; **war damage ~,** iawndal am ddifrod rhyfel; **Workmen's C~ Act,** Deddf (*f*) Iawndal i Weithwyr; **by way of ~, in ~,** yn/fel iawndal; *(b) Mec.E:* cyfadferiad(-au) *m*, cydadferiad(-au) *m*; *Ph:* **~ for temperature,** cyfadfer/cyfadferiad am dymheredd; *(c) Psy:* digolledu *vn*, digollediad(-au) *m*, iawn *m*. **2.** *U.S:* **= salary.**

compensative *a.* **= compensatory.**

compensator *n. El: Aut:* cyfadferydd(-ion) *m*.

compensatory *a.* cyfadferol, cydadferol, ad-daliadol; *Ling:* **~ lengthening,** hwyhad cyfadferol *m*; **~ exercises,** ymarferion cydadfer.

compere[1] *n. Th: &c:* cyflwynydd(-ion, cyflwynwyr) *m*, arweinydd(- ion, arweinwyr) *m*.

compere[2] *v.t.&i.* cyflwyno, arwain.

compete *v.i.* cystadlu, *occ:* cydymgeisio, ymryson; **to ~ with s.o. for sth,** cystadlu â rhn am rth; **to ~ with s.o. in talent,** cystadlu â rhn o ran dawn.

competence *n.* **1.** cymhwyster (cymwysterau) *m*, cymhwysedd(-au) *m*, gallu(-oedd) *m*, medr(-au) *m*, deheurwydd *m*, meistrolaeth *f*; **~ in a subject,** gallu mewn pwnc, meistrolaeth ar bwnc; **it lies beyond my ~,** mae ef y tu hwnt imi; **beyond the ~ of the court,** y tu hwnt i allu'r llys. **2. a modest ~,** cynhaliaeth weddol/ddigonol *f*, incwm gweddol *m*. **3.** *Geog: (of rivers):* cymhwyster.

competency *n.* **1.** *(= income):* cynhaliaeth *f*; **to have a bare ~,** byw ar y nesaf peth i ddim, byw o'r llaw i'r genau. **2. = competence 1.**

competent *a.* **1.** *(= qualified):* galluog, cymwys, cymwysedig, digonol. **2.** *(= skilful):* medrus, deheuig, dechau, dethau, galluog. **3.** *Jur:* cyfaddas, cymwys; **a ~ officer,** swyddog cymwys/atebol; **a ~ witness,** tyst cymwys; *Jur:* **fit and ~ to make a will,** iach a chymwys i wneud ewyllys. **4. ~ knowledge of Welsh,** gwybodaeth ddigonol o'r Gymraeg.

competently *adv.* **1.** *(= skilfully):* yn alluog *&c*. **2.** *(= sufficiently):* yn ddigonol &c, yn bur dda, yn eithaf, yn eithaf da.

competition *n.* **1.** *(= rivalry):* cystadleuaeth (-au, *often* cystadlaethau, cystadleuthau) *f*, cystadlu *vn*; **there was keen ~ for it,** bu cryn gystadlu amdano; bu cystadlu brwd amdano; **unfair ~,** cystadleuaeth annheg. **2.** *(= contest):* cystadleuaeth, ymryson(-au) *m*, gornest(-au) *f*; **bardic ~,** *(esp. in Eisteddfod):*

ymryson [y] beirdd, ymryson barddol, talwrn *(m)* y beirdd; **chess ~,** ymryson gwyddbwyll, gornest wyddbwyll (gornestau gwyddbwyll); **ploughing ~,** cystadleuaeth aredig, *N.W: occ:* ras(-us) *(f)* 'redig, pr[e]imin(-au) *(m)* 'redig.
competitive *a.* cystadleuol; *(= fond of competing):* cystadleugar, ymrysongar *(pronounced* ng-g).
competitively *adv.* yn gystadleuol.
competitiveness *n.* ysbryd cystadleuol *m,* ysbryd cystadlu/ cystadleuaeth, cystadleugarwch *m,* ymrysongarwch *m (pronounced* ng-g); *occ:* cythraul *m, e.g. (among musicians):* cythraul canu, *(among actors, producers):* cythraul drama; *(of prices):* rhesymoldeb *m.*
competitor *n.* cystadleuydd: cystadleuwr (cystadleuwyr) *m,* cystadl|euwraig (cystadleuwragedd) *f, occ:* cydymgeisydd (cydymgeiswyr) *m,* ymrysonwr (ymrysonwyr) *m,* ymrys|onwraig (ymrysonwragedd) *f.*
competitory *a.* cystadleuol.
compilation *n.* **1.** *vn.* **= compile. 2.** *(= collection):* casgliad(-au) *m,* crynhoad (crynoadau) *m; (= anthology):* detholiad(-au, detholion) *m.*
compile *v.t.* casglu, crynh|oi, *N:* hel (rhth) [at ei gilydd]; *(= select):* dethol; **to ~ a dictionary,** ysgrifennu/llunio geiriadur; **to ~ a catalogue/list,** gwneud catalog/rhestr.
compiled *a.* casgledig, crynöedig; *Cmptr:* **~ language,** iaith grynoadol (ieithoedd crynoadol) *f.*
compiler *n.* casglwr: casglydd (casglwyr) *m,* detholwr: detholydd (detholwyr) *m,* crynhöwr (crynhowyr) *m; Cmptr:* **cross-~,** trawsgrynhöwr (trawsgrynhowyr) *m;* **optimizing ~,** crynhöwr optimeiddiol.
complacence, complacency *n.* hunanfoddhad *m,* hunanfoddhauster *m,* hunanfodlonrwydd *m.*
complacent *a.* hunanfodlon, hunanfoddh|aus; **a ~ air,** agwedd hunanfodlon, golwg hunanfodlon.
complacently *adv.* yn hunanfodlon *&c.*
complain *v.i.* **1.** cwyno, achwyn, grwgnach, gwn|eud cwyn, *Lit:* cwynfan, *S:* conan, ceintach, ceintachu (**of/about sth,** am rth, yngh|ylch rhth), (**against sth,** yn erbyn rhth); **I have nothing to ~ of,** nid oes gennyf ddim i gwyno amdano *or* yn ei gylch. **2.** *(= make official complaint):* achwyn, cwyno; **to ~ of illness,** *N:* cwyno, *S:* achwyn [am afiechyd]; *F:* **can't/mustn't ~,** 'rwy'n dal i gredu; alla' i ddim cwyno; 'does gen i ddim lle i gwyno. **3.** *Poet.* cwynfan, dolefain, galarnadu.
complainant *n. esp.Jur:* achwynydd: achwynwr (achwynwyr) *m.*
complainer *n.* cwynwr (cwynwyr) *m,* c|wynwraig *f,* grwgnachwr (grwgnachwyr) *m,* grwgn|achwraig *f,* achwynwr (achwynwyr) *m,* ach|wynwraig *f,* ceintachwr (ceintachwyr) *m, N:* swnyn *m,* swnen *f, S: occ:* conyn *m.*
complaining[1] *a.* cwynfanllyd, achwyngar *(pronounced* ng-g), grwgnachlyd, ceintachlyd; **without ~,** yn ddigwyno, yn ddigwyn, yn ddirwgnach.
complaining[2] *vn.* **= complain.**
complainingly *adv.* dan gwyno, yn rwgnachlyd *&c.*
complaint *n.* **1.** cwyn(-ion) *f, Lit:* cwynfan *vn,* galarnad(-au) *f; Jur:* achwyniad(-au) *m.* **2.** *(a)* **I have no grounds/cause of/for ~,** nid oes gennyf le i gwyno; nid oes gennyf achos cwyno; **that is the general ~,** dyna'r gŵyn gyffredinol; *(b) Jur:* **to lodge a ~ (against s.o.),** dwyn/gwn|eud/cofrestru cwyn/achwyniad (yn erbyn rhn). **3.** *(= illness):* afiechyd(-on) *m,* salwch *m,* clefyd(-au) *m,* anhwyldeb(-au) *m,* anhwylder(-au) *m, N.W: occ:* adwyth(-au) *m, S: occ:* dolur(-iau) *m;* **a heart ~,** clefyd ar y galon; **what is your ~?** beth ydi'r gŵyn? beth yw'ch salwch chi? beth yw'ch cwyn chi? beth sydd yn bod arnoch chi? *S: occ:* beth sy'n achwyn?
complaisance *n. (= obligingness):* parodrwydd *(m)* cymwynas, ewyllysgarwch *m,* hynawsedd *m,* rhadlonrwydd *m; (= politeness):* moesgarwch *m,* cwrteisi *m; (= acquiescence):* cydsyniad *m,* derbyngarwch *m (pronounced* ng-g), bodlonrwydd: boddlonrwydd *m,* bodlongarwch: boddlongarwch *m (pronounced* ng-g), goddefgarwch.
complaisant *a.* **1.** *(= obliging):* cymwynasgar, ewyllysgar, parod eich cymwynas, hynaws, rhadlon. **2.** *(= acquiescent):* cydsyniol, bodlon, derbyngar *(pronounced* ng-g), goddefgar.
complaisantly *adv.* **1.** yn gymwynasgar, yn hynaws *&c.* **2.** yn gydsyniol *&c.*
complement[1] *n.* **1.** llawnder *m,* llond *m,* cyflawnder *m;* **full ~,** nifer l[l]awn (niferoedd llawn) *mf,* llawnrif(-au) *m; (of ship &c):* criw llawn *m.* **2.** *Gram: Mth: Cmptr:* cyflenwad(-au) *m; Cmptr:* **one's ~,** cyflenwad unol; **two's ~,** cyflenwad deuol. **~ fixation** *n. Med:* sefydlogi *(vn)* |antigen.
complement[2] *v.t.* **1.** cyflenwi, cyfannu, cwblh|au (rhth); gwn|eud (rhth) yn gyflawn/gyfan; **wine complements a good dinner,** gwin sy'n cwblhau cinio da. **2.** *(= make a pair):* **each jug complements the other,** mae'r naill jwg yn gymhares i'r llall; mae'r naill jwg yn gwneud pâr â'r llall.
complemental *a.* cyflenwol, cwblhaol, llanwol, cyflenwadol.
complementarily *adv.* yn gyflenwol *&c.*
complementariness, complementarity *n.* cyflenwoldeb *m,* cyflenwolrwydd *m,* cyfatebolrwydd *m.*
complementary *a. & n.* cyflenwol; **~ colours,** lliwiau cyflenwol; *Cmptr:* **~ addition method,** dull *(m)* adio cyflenwol; **~ angle,** ongl gyflenwol (onglau cyflenwol) *f;* **the two books are ~ to each other,** mae'r naill lyfr yn gymar i'r llall.
complementation *n. Mth:* cyflenwi *vn,* cyflenwad *m;* **Law of C~,** Deddf Gyflenwadol *f.*
complete[1] *a.* **1.** *(a)* cyflawn, llawn, cyfan; **my happiness is ~,** 'rwyf wrth fy modd; 'rwyf uwchben fy nigon; 'rwyf wedi cael modd i fyw; mae fy nedwyddwch yn gyflawn; **to have ~ charge of the business,** bod yn gwbl/llwyr gyfrifol am y busnes; *Lib:* **~ edition,** argraffiad cyflawn *m;* **a ~ edition of Pantycelyn's work,** casgliad cyflawn/llawn o waith Pantycelyn; **~ fertilizer,** gwrtaith cyfan *m; Log:* **~ definition,** diffiniad cyflawn *m;* **~ enumeration,** rhifiant cyflawn *m; (b) (= finished, completed):* cyflawn, gorffenedig; **my report is not yet ~,** nid wyf wedi gorffen/cwblh|au f'adroddiad eto; nid yw f'adroddiad wedi'i orffen/gwblhau/ddarfod/derfynu/ *S.W: S:* gwpla/ddibennu eto. **2.** hollol, perffaith, llwyr, i'r eithaf; *F:* **a ~ idiot,** twpsyn hollol; **he is a ~ stranger to me,** mae ef yn hollol ddieithr imi; **a ~ horseman,** marchog medrus/cyfarwydd; **~ silence,** tawelwch llwyr, *S.W: occ:* tawelwch piwr; **a ~ surprise,** rhth hollol annisgwyl; **it was a ~ surprise to me,** cefais fy synnu'n fawr; mi synnais i'n fawr.
complete[2] *v.t.* **1.** *(= finish):* gorffen, cwblh|au, cyflawni, diweddu, terfynu, *S:* cwpla, dibennu; **he has completed his twentieth year,** mae ef wedi cyrraedd ei ugain mlwydd oed; **to ~ their happiness,** i goroni eu llawenydd. **2. to ~ a form,** llenwi/llanw/ cwblhau ffurflen.
completely *adv.* yn hollol, yn llwyr, yn llawn, yn gyflawn, i'r pen, yn gyfan gwbl, i'r eithaf, drwodd a thro, *occ:* hyd at y carn, i'r carn; **to fail ~ to do sth,** methu'n lân/deg/glir â gwneud rhth, *S:* ffaelu'n lân *&c;* **he was ~ drunk,** 'roedd yn feddw gorn; **he was ~ in love,** 'roedd dros ei ben a'i glustiau mewn cariad; **he is ~ blind,** mae'n hollol ddall; mae'n ddall bost.
completeness *n.* cyflawnder *m,* cyflawnrwydd *m,* cyfanrwydd *m,* llwyrdeb *m,* llwyredd *m; Mth: Ph:* cyflawnrwydd.
completion *n.* **1.** cwblhad *m,* cyflawniad *m,* cyflawni *vn,* cwplâd *m,* cwblh|au *vn,* darfod *vn,* gorffen *vn,* terfynu *vn,* diweddu *vn, S:* cwpla *vn,* dibennu *vn;* **work in process of ~,** gwaith yn cael ei gwblhau *&c;* **a task near ~,** tasg yn agos at ei chwblhau *&c;* **on ~ of contract,** pan gwblh|eir *&c* y cytundeb; **possession on ~,** meddiant ar ôl arwyddo'r cytundeb. **2.** *(of a vow):* cyflawniad, gwireddiad *m,* cyflawni *vn,* gwireddu *vn.* **~ account, ~ statement** *n. Jur:* cyfrif(-on) *(m)* cwblhau. **~ order** *n.* gorchymyn *(m)* cyflawni (gorchmynion cyflawni). **~ test** *n. Sch:* prawf (profion) *(m)* llenwi bylchau.
completive *a.* cwblhaol.
complex[1] *a. & n.* **1.** *a.* cymhleth, dyrys, astrus; *Ch: Mth:* cymhlyg; **to make sth ~,** cymhlethu rhth; *Log:* **~ conception,** syniad(-au) cymhleth *m; Mth:* **~ function,** ffwythiant (ffwythiannau) cymhlyg *m;* **~ variable,** newidyn(-nau) cymhlyg *m; Gram:* **~ sentence,** brawddeg gymhleth (brawddegau cymhleth) *f.* **2.** *n. (a) (of buildings):* cyfadeilad(-au) *m,* cyfadail (cyfadeilau) *m,* cymhlyg(-au) *m,* cymhlethfa(-oedd) *f; (b) (i) Psy:* cymhleth(-au,-ion,-oedd) *m, occ:* atalnwyd(-au) *f;* **~ indicators,** arwyddion cymhleth/atalnwyd; **inferiority ~,** cymhleth [y] taeog, cymhleth israddoldeb, *occ:* atalnwyd y taeog; **superiority ~,** cymhleth uwchraddoldeb; **Oedipus ~,** cymhleth Oedipws/Oidipos; *(ii) F: (= obsession):* obsesiwn (obsesiynau) *m;* **she has a ~ about her weight,** mae ei phwysau yn ei phoeni; mae ei phwysau'n boendod *(m)* iddi; mae hi'n

corddi ynghylch ei phwysau; *(iii) Ch:* cymhlygyn (cymhlygion) *m.*
complex² *v.t.* cymhlethu.
complexion *n.* **1.** pryd *m,* gwedd *f,* pryd a gwedd, prydwedd(-au) *f,* prydliw *m,* lliw (*m*) croen; **she has a fine ~,** mae ganddi groen glân; mae lliw da ar ei chroen; mae hi'n landeg o bryd a gwedd. **2.** gwedd(-au) *f,* golwg *f;* **the affair has assumed a serious ~,** fe ddaeth gwedd ddifrifol ar y mater; **to put a different ~ on the matter,** newid y peth yn llwyr, rhoi lliw/gwedd/golwg arall ar y peth; **this victory changed the ~ of the war,** newidiodd y fuddugoliaeth hon hynt (*f*) y rhyfel. **~ brush** *n.* brwsh(-is) (*m*) wyneb.
complexional *a.* prydweddaidd.
-complexioned *a.* **fair-~,** pryd golau, golau eich pryd; **dark-~,** pryd tywyll, tywyll eich pryd; **fresh-~,** bochgoch, gwritgoch, glanwedd, glandeg, iach yr olwg, *S: F: occ:* glanaidd.
complexity *n.* cymhlethdod(-au) *m,* anhawster (anawsterau) *m,* astrusi *m,* dryswch *m.*
complexly *adv.* yn gymhleth.
complexness *n.* **= complexity.**
complexometric *a.* cymhlethometrig.
complexometry *n.* cymhlethometreg *f.*
compliance, compliancy *n.* **1.** cydsyniad(-au) *m* (**with sth,** â rhth); ufuddhad *m,* uf|udd-dod *m* (i rth); hydrinedd *m;* **in ~ (with your wish),** mewn cydsyniad, yn unol (â'ch dymuniad); yn ufudd *or* mewn ufudd-dod (i'ch dymuniad); **to refuse ~ with an order,** gwrthod ufuddh|au i orchymyn; **~ with a law,** ufuddh|au (*vn*) i ddeddf, cydymffurfio (*vn*) â deddf. **2.** *Pej:* **base ~,** taeogrwydd *m,* gwas|eidd-dra *m,* ymostyngiad(-au) taeogaidd/gwasaidd *m,* ymostwng (*vn*) taeogaidd, ymgreinio *vn.*
compliant *a.* **1.** *(= obliging):* parod eich cymwynas, cymwynasgar; *(= obedient):* ufudd (**with sth,** i rth), cydsyniol (â rhth). **2.** *Pej:* taeogaidd, gwasaidd, ymgreiniol, ymostyngar (*pronounced* ng-g), parod i blygu, parod i ildio.
compliantly *adv.* **1.** yn gymwynasgar *&c.* **2.** yn daeogaidd *&c.*
complicacy *n.* **= complexity.**
complicate¹ *a. Bot:* atblygedig.
complicate² *v.t.* cymhlethu, drysu.
complicated *a.* cymhleth, dyrys, astrus, anodd.
complicatedly *adv.* yn gymhleth *&c.*
complicatedness *n.* cymhlethdod *m,* astrusi *m.*
complication *n.* **1.** *(action): vn.* **= complicate².** **2.** anhawster (anawsterau) *m,* cymhlethdod (cymhlethdodau) *m;* dryswch *m,* astrusi *m.*
complicity *n.* cyfranogaeth *f,* rhan(-nau) *f* (**in sth,** yn rhth); **(to accuse s.o.) of ~ in sth,** (cyhuddo rhn) o gydgynllwynio yn rhth, o fod yn gyfrannog yn rhth, o fod â rhan yn rhth.
complier *n.* cydymffurfiwr (cydymffurfwyr) *m,* cydymff|urfwraig *f.*
compliment¹ *n.* **1.** *(= praise¹):* teyrnged(-au) *f* (*pronounced* ng-g), canmoliaeth(-au) *f, F:* c|ompliment(-s) *m;* **to pay a ~ to s.o.,** talu teyrnged i rn, canmol rhn. **2.** *usu.pl. (= greetings):* cyfarchion *pl;* **to send one's compliments to s.o.,** anfon cyfarchion at rn; **compliments of the season,** cyfarchion y tymor. **~ slip** *n.* slip(-iau) (*m*) cyfarch.
compliment² *v.t.* canmol, llongyfarch (*pronounced* ng-g) (**on sth,** ar rth).
complimentarily *adv.* yn ganmoliaethus *&c.*
complimentary *a.* **1.** canmoliaethus, clodforus. **2. a ~ ticket,** tocyn(-nau) (*m*) cyfarch.
complin[e] *n. Ecc:* cwmplin *m.*
complot *n.* **= conspiracy.**
comply *v.i.* cydymffurfio, cydsynio (**with sth,** â rhth); ufuddh|au (i rth); **he complied gracefully,** cydsyniodd yn raslon; **your wishes have been complied with,** gweithredwyd yn ôl eich dymuniadau; gwnaed yn unol â'ch dymuniadau.
compo¹ *n. (= composition):* cyfansoddiad *m.* **~ board** *n. Carp:* cywasgfwrdd (cywasgfyrddau) *m.*
compo² *n.* **= compensation.**
component *a. & n.* **1.** *a.* cyfansoddol, *occ:* cydrannol; **~ parts,** darnau cydrannol, *F:* gwahanol ddarnau; *Mec:* **~ forces,** grymoedd cydrannol. **2.** *n.* rhan(-nau) *f,* cydran(-nau) *f,* cytran(-nau) *f,* cyfansoddyn (cyfansoddion) *m,* elfen(-nau) *f;* **an essential ~,** hanfod(-ion) *m;* **a major ~,** rhan bwysig; **~ of a force,** cydran grym; **~ of velocity,** cydran cyflymder; *S.a.* **base¹.**
componential *a.* cyfansoddol, cydrannol.
comport *v.pr.* **to ~ oneself,** ymddwyn, ymarweddu; **to ~ with sth,** cyd-fynd/cydweddu â rhth.
comportment *n.* ymddygiad *m,* ymarweddiad *m,* ymarwedd *m.*
compos *a.* ***~ mentis,*** yn eich llawn/iawn bwyll, call; ***non ~ mentis,*** heb fod yn eich llawn/iawn bwyll, gwallgof.
compose *v.t.* **1.** cyfansoddi, llunio; **to ~ a poem,** llunio/cyfansoddi cerdd, *occ:* canu cerdd, *Poet:* eilio cerdd; **to ~ a piece of music,** cyfansoddi darn o gerddoriaeth; **to be composed of sth,** cynnwys rhth; **an engine is composed of many parts,** mae peiriant yn cynnwys llawer o rannau; mae sawl rhan mewn peiriant; **our group was composed of teachers and parents,** 'roedd ein grŵp yn cynnwys athrawon a rhieni. **2.** *Art:* **to ~ the figures in a picture,** trefnu'r ffigurau mewn llun. **3.** *Typ:* cysodi. **4.** *(= settle):* **to ~ a difference,** torri ymrafael; cymodi, cyfryngu [rhwng dau]. **5.** *(a)* **to ~ one's features,** sythu wyneb; **to ~ oneself to sleep,** ymbarat|oi i gysgu/noswylio, eich rhoi'ch hun i gysgu, eich gosod eich hun i gysgu; **to ~ your thoughts,** hel eich meddyliau [at ei gilydd]; *(b)* **to ~ oneself,** ymlonyddu, ymdawelu; **~ yourself!** paid (peidiwch) â chynhyrfu!
composed *a.* digyffro, digynnwrf, tawel, llonydd, hunanfeddiannol, *F: occ:* côm.
composedly *adv.* yn ddigyffro *&c.*
composedness *n.* tawelwch *m,* hunanfeddiant *m.*
composer *n.* cyfansoddwr (cyfansoddwyr) *m,* cyfans|oddwraig (cyfansoddwragedd) *f, occ:* lluniwr (llunwyr) *m, Poet:* eiliwr (eilwyr) *m.*
composing *vn.* **= compose. ~-stick** *n. Typ:* cysotbren(-nau) *m,* ffon (*f*) gysodi (ffyn cysodi), pren(-nau) (*m*) cysodi.
composite *a. & n.* **1.** *a.* cyfansawdd; *Lib:* **~ author,** cydgyfrannwr (cydgyfranwyr) *m.* **2.** *n.* cyfuniad(-au) *m,* cyfansawdd (cyfansoddau, cyfansoddion) *m; Bot:* blodyn (blodau) cyfansawdd *m.*
compositely *adv.* yn gyfansawdd *&c.*
compositeness *n.* natur gyfansawdd *f.*
composition *n.* **1.** cyfansoddiad(-au) *m; (action):* cyfansoddi *vn.* **2.** *(= mixture):* cyfansawdd (cyfansoddau, cyfansoddion) *m,* cymysgedd (-au) *mf,* cymysgfa(-oedd) *f,* cyfuniad(-au) *m;* **~ of causes,** cyfuniad achosion. **3.** *(a)* **a [musical &c] ~,** cyfansoddiad; **of my own ~,** o'm gwaith/cyfansoddiad fy hun, o'm pen a'm pastwn fy hun; *(b) Sch: (= essay):* traethawd (traethodau) *m; (c) Sch:* **prose ~,** cyfieithu *vn,* cyfieithiad(-au) *m* [o'r famiaith]; **I have a French prose ~ to do,** mae gen i ddarn i'w gyfieithu i'r Ffrangeg. **4.** *(to pay debt):* cyfamod(-au) *m,* cyfaddawd(-au) *m;* **to enter into a ~ with s.o. over sth,** cyfaddawdu/cyfamodi â rhn ynghylch rhth; *Jur:* **scheme of ~,** cynllun cyfrandalu. **5.** *Typ:* cysodi *vn,* cysodiad(-au) *m.* **~ pedal** *n. Mus:* pedal(-au) (*m*) cyfuno. **~ piston** *n.* piston(-au) (*m*) cyfuno.
compositional *a.* cyfansoddol.
compositionally *adv.* yn gyfansoddol, o ran cyfansoddiad.
compositor *n. Typ:* cysodwr (cysodwyr) *m.*
compossible *a.* cydbosibl.
compost¹ *n. Hort:* **1.** gwrtaith (gwrteithiau) *m,* achles(-oedd) *f,* compost(-au) *m.* **2.** *(= manure):* tail *m, S: occ:* tom *f.* **~ heap, ~ pile** *n.* tomen(-ni) *f,* tomen gompost (tomenni compost).
compost² *v.t.* troi (rhth) yn wrtaith/gompost, gwn|eud gwrtaith/compost (o rth), compostio (rhth).
composure *n.* tawelwch *m,* hunanfeddiant *m;* **to retain one's ~,** peidio â chynhyrfu, peidio â chyffr|oi, aros yn ddigyffro/ddigynnwrf.
compote *n.* **1.** *Cu:* mwtrin *m,* stwnsh *m,* compot(-au) *m.* **2.** *(= serving-bowl):* dysgl(-au) *f.*
compound¹ *a. & n.* I. *a.* cyfansawdd; *Gram:* **~ word,** gair cyfansawdd *m,* cyfansoddair (cyfansoddeiriau) *m;* **~ sentence,** brawddeg gyfansawdd (brawddegau cyfansawdd) *f,* brawddeg gymhleth (brawddegau cymhleth); *Fin:* **~ interest,** adlog(-au) *m,* llog(-au) cyfansawdd *m; Mus:* **~ interval,** cyfwng (cyfyngau) cyfansawdd *m; Geog:* **~ shoreline,** morlin gyfansawdd (morliniau cyfansawdd) *f,* traethlin gyfansawdd (traethliniau cyfansawdd) *f; Mus:* **~ time,** amser cyfansawdd *m,* amseriad cyfansawdd *m; Metalw:* **~ drive,** gyriad cyfansawdd *m;* **~ binary form,** ffurf ddwyran gyfansawdd (ffurfiau dwyran cyfansawdd) *f; Metalw:* **~ slide,** llithryn uchaf *m; S.a.* **fracture¹.** *Med:* **~ palmar ganglion,** ganglion (*m*)

cyfansawdd y cledr. II. *n.* **1.** cyfansawdd (cyfansoddion, cyfansoddau) *m*, cyfansoddyn (cyfansoddion) *m.* **2.** *Tchn:* mastig *m*, compownd *m.* **3.** *Gram:* gair (geiriau) cyfansawdd *m*, cyfansoddair (cyfansoddeiriau) *m*; **improper ~,** cyfansoddair afrywiog; **proper ~,** cyfansoddair rhywiog.

compound² *v.t.&i.* **1.** *v.t.* *(a)* *(= mix):* cymysgu; *(= combine):* cyfuno; *(= complicate):* cymhlethu; **to ~ problems,** dwysáu problemau, ychwanegu at broblemau; *(b)* **to ~ a disagreement,** cymodi, torri ymrafael; **to ~ a debt,** cyfamodi i dalu dyled; *(c)* **to ~ a felony,** *Jur:* compowndio ffelwniaeth; *Hist:* **Committee for Compounding,** Pwyllgor (*m*) Compowndio; *(d)* *El.E:* compowndio; *(e)* **to ~ interest,** compowndio/adlogi/arlogi llog. **2.** *v.i.* *(a)* dod i delerau, dod i gytundeb, cymodi (**with s.o.,** â rhn); **to ~ for a hundred pounds,** cymodi am ganpunt, cyfamodi i dalu canpunt; *(b)* *(of interest):* compowndio, adlogi, arlogi.

compound³ *n.* *(= enclosure):* cwrt(-iau) *m*, cowrt(-ydd) *m*, clos(-ydd) *m*, caeadle(-oedd) *m*, lle(-oedd) caeëdig *m*, amgaefa (amgaef|eydd) *f.*

compoundable *a.* *(debt, interest):* cymodadwy; *(interest):* adlogadwy, arlogadwy.

compounder *n.* *Hist:* cymodwr (cymodwyr) *m.*

comprador[e] *n.* comprador(-iaid) *m.*

comprecation *n.* cyfeiriolaeth *f.*

comprehend *v.t.* **1.** deall, amgyffred, dirnad; *(= realize):* sylweddoli, *S.W:* *occ:* ystyried. **2.** *(= include):* cynnwys, amgyffred.

comprehendible *a.* **= comprehensible.**

comprehending *a.* **1.** deallus, craff, deallgar, abl i ddeall. **2.** *(= inclusive):* cynhwysol, cynhwysfawr; yn cynnwys (rhth).

comprehensibility *n.* eglurder *m*, eglurdeb *m*, dirnadwyedd *m*; **ten marks for interest and ten for ~,** deng marc am fod yn ddiddorol a deg am fod yn ddealladwy.

comprehensible *a.* dealladwy, dirnadwy, amgyffredadwy, eglur.

comprehensibly *adv.* yn ddealladwy *&c.*

comprehension *n.* **1.** *(= understanding):* amgyffrediad *m*, dealltwriaeth *f*, crebwyll *m*, deall *m*, dirnad *m*, dirnadaeth *f*; **~ test,** prawf (*m*) amgyffred; **~ exercises,** ymarferion darllen a deall, ymarferion amgyffred; **beyond our ~,** y tu hwnt i'n deall ni. **2.** *(= inclusion):* cynhwysiad *m*, cynnwys *vn*; *Ecc.Hist:* cynhwysiaeth *f.*

comprehensive¹ *a.* **1.** *Phil:* deallol; **the ~ faculty,** y deall *m*, yr amgyffred *m*, y crebwyll *m.* **2.** *(= all-inclusive):* cynhwysfawr, cynhwysol, eang, hollgynhwysfawr, hollgynhwysol. **3.** *Sch:* cyfun, *occ:* cyfunol.

comprehensive² *n.* *(school):* ysgol gyfun (ysgolion cyfun) *f.*

comprehensively *adv.* yn gynhwysfawr, yn eang *&c*; **I was impressed by the ~ of the discussion,** fe'm trawyd gan mor gynhwysfawr oedd y drafodaeth.

comprehensiveness *n.* ehangder *m*, cynwysfawredd *m.*

compress¹ *n.* *Surg:* clwt: clwtyn (clytiau) (*m*) gwasgu, **water ~,** clwt gwlyb.

compress² *v.t.* **1.** *(= squeeze):* *(wound &c):* gwasgu; *(gas &c):* cywasgu; *(spring):* tynh|au. **2.** *(speech &c):* cywasgu, crynh|oi.

compressed *a.* cywasgedig, *occ:* cywasg; **with ~ lips,** â'r gwefusau'n dyn[n], â'r gwefusau yngh|au; **~ air,** awyr gywasgedig *f*, aer cywasgedig *m.*

compressedly *adv.* yn gywasgedig *&c.*

compressibility *n.* hywasgedd *m*, cywasgadwyedd *m*, cywasgedd *m.*

compressible *a.* cywasgadwy, gwasgadwy, hywasg.

compressing *a.* cywasgol, gwasgol.

compression *n.* **1.** *(action):* cywasgiad(-au) *m*, gwasgiad(-au) *m*, cywasgu *vn*, gwasgu *vn*; **2.** *Cmptr:* **text ~ techniques,** dulliau cywasgu testun. **3.** *(of style &c):* *(= succinctness):* crynoder *m.* **4.** *Geog:* cywasgedd *m*; *Carp:* gwasgedd *m*, cywasgedd.

compressional, compressive *a.* cywasgol, cywasgiadol; **~ stress,** cywasgiant *m.*

compressively *adv.* yn gywasgol *&c.*

compressor *n.* cywasgwr (cywasgwyr) *m.* **~-unit** *n.* uned (*f*) gywasgu (unedau cywasgu).

comprise *v.t.* cynnwys; **comprising of . . . ,** yn cynnwys . . . , gan gynnwys . . . , sef . . . .

comprised *a.* cynwysedig; a gynhwysir/gynhwysid/gynhwyswyd.

compromise¹ *n.* cyfaddawd(-au) *m*, cyfaddawdu *vn*; *Lit:* *occ:* cymrodedd *m*; **to agree to a ~,** cytuno ar gyfaddawd, cytuno i gyfaddawdu; **a policy of ~,** polisi cyfaddawdu; **a policy of no ~,** polisi digyfaddawd/digymrodedd/di-ildio/anghymodlon; **~ agreement** *n.* cytundeb(-au) cyfaddawdol *m.*

compromise² *v.t.&i.* **1.** *v.t.* *(a)* *(honour, spy &c):* peryglu; **to ~ s.o.,** peryglu enw da rhn; *(b)* *(= settle difference):* cymodi, cyfaddawdu, cymrodeddu; *Jur:* **to ~ a suit,** cyfaddawdu achos. **2.** *v.i.* cyfaddawdu, cymrodeddu, cymodi.

compromised *a.* mewn perygl, dan fygythiad.

compromiser *n.* cyfaddawdwr (cyfaddawdwyr) *m*, cyfadd|awdwraig *f*, cymrodeddwr (cymrodeddwyr) *m*, cymrod|eddwraig *f.*

compromising¹ *a.* amh|eus, amharchus; peryglus i enw da rhn.

compromising² *vn.* **1. = compromise² 1.** *(a).* **2. = compromise² 1.** *(b).*

compte rendu *n.* adroddiad(-au) *m.*

comptometer *n.* *R.t.m:* comptomedr(-au) *m.*

comptroller *n.* **1.** goruchwyliwr (goruchwylwyr) *m*, stiward(-iaid) *m*, distain (disteiniaid) *m*, rheolwr (rheolwyr) *m.* **2.** *(of accounts):* archwiliwr (archwilwyr) *m.*

comptrollership *n.* stiwardiaeth(-au) *f*, goruchwyliaeth(-au) *f.*

compulsion *n.* **1.** gorfodaeth *f*, gorfod *m*, cymell *m*; **under ~,** dan orfodaeth, dan orfod, trwy gymell. **2.** *Psy:* cymhelliad (cymelliadau) *m*, cymell (cymhellion) *m.*

compulsive *a.* **1. = compulsory 2;** *Med:* **~ state,** cyflwr gorfodol *m.* **2.** *Psy:* *(obsession &c):* cymhellol, cymelliadol, diollwng, diymollwng, diymwared; *(pers.):* cymelledig, dan gymhelliad; **a ~ act,** gweithred gymhellol *f*; **a ~ collector,** casglwr awchus/anniwall; **the book is ~ reading,** nid oes modd rhoi'r llyfr i lawr; **a ~ reader,** darllenwr anniwall/awchus; **a ~ eater,** bwytäwr barus/gwancus, bolgi (bolgwn) *m*; **I'm a ~ eater of sweets,** *N:* alla' i ddim maddau i dda-da; **a ~ liar,** celwyddgi (celwyddgwn) *m*, palwr (palwyr) (*m*) celwyddau, rhaffwr (rhaffwyr) (*m*) celwyddau.

compulsively *adv.* **1.** *(= by constraint):* trwy orfodaeth. **2.** *Psy:* drwy gymhelliad, dan orfod, dan gymell; yn ddiollwng *&c*; *F:* **to read ~,** darllen yn awchus.

compulsiveness, compulsivity *n.* anniwallrwydd *m*, gorfodedd *m*, diollyngedd *m.*

compulsorily *adv.* yn orfodol, trwy orfod, trwy orfodaeth, o orfod.

compulsory *a.* **1.** gorfodol; *Ed:* **~ attendance,** presenoldeb gorfodol *m*, gorfodaeth (*f*) ysgol; **~ school age,** oedran ysgol gorfodol. **2. ~ powers,** grymoedd gorfodi; **~ purchase,** pryniant gorfodol *m*, prynu (*vn*) drwy orfod; **~ purchase order,** gorchymyn (*m*) prynu/pryniant gorfodol.

compunction *n.* dwysbigiad(-au) *m*, cydwybod *f*, edifeirwch *m*, egwyddor *f*; **without ~,** yn ddiegwyddor, yn ddiedifar, heb boen cydwybod, heb falio dim, heb hidio dim, *S:* *F:* yn ddihidans, *N:* *F:* heb fod ots gennych.

compunctious *a.* cydwybodol, edifeiriol.

compurgation *n.* diheurad *m*, diheuro *vn*, cyflw(-on) *m*, cytwng *m*, cytyngu *vn*, cyflyedd *f*; *Rel:* cydburedigaeth *f.*

compurgator *n.* *Hist:* diheurwr (diheurwyr) *m*, cytyngwr (cytyngwyr) *m.*

compurgatory *a.* diheurol, cytyngol.

computability *n.* natur gyfrifadwy *f*, cyfrifadwyedd *m*; **I am convinced of their ~,** 'rwy'n sicr bod modd eu cyfrif.

computable *a.* cyfrifadwy.

computation *n.* cyfrifiad(-au) *m*, cyfrif *vn*, *occ:* cyfrifiannu *vn*, cyfrifiant (cyfrifiannau) *m.*

computational *a.* cyfrifiadol, cyfrifiannol.

compute *v.t.&i.* **1.** *v.t.* cyfrif (rhth), bwrw cyfrif (o rth), *N:* *F:* clandro (rhth); *Cmptr:* cyfrif. **2.** *v.i.* *(a)* cyfrif, cyfrifiannu, cyfrifiadu; *(b)* *(= use computer):* defnyddio cyfrifiadur, cyfrifiaduro, cyfrifiadura.

computer *n. & attrib.* **1.** *n.* *(a)* *(pers.):* cyfrifwr (cyfrifwyr) *m*, *N:* *F:* clandrwr (clandrwyr) *m*; *(b)* *(machine):* cyfrifiadur(-on) *m*; **analogue ~,** cyfrifiadur |analog; **digital ~,** cyfrifiadur digidol; **electronic ~,** cyfrifiadur electronig. **2.** *attrib.* cyfrifiadurol. **~-aided** *a.* trwy gymorth cyfrifiadur, â chymorth cyfrifiadur. **~-aided design,** cynllunio (*vn*) trwy gymorth cyfrifiadur; **~-aided education,** addysg (*f*) trwy gymorth cyfrifiadur; **~-aided instruction,** hyfforddiant (*m*) trwy gymorth cyfrifiadur; **~-**

aided learning, dysgu (*vn*) trwy gymorth cyfrifiadur; **~-aided manufacture,** cynhyrchu (*vn*) trwy gymorth cyfrifiadur; **~-aided production management,** rheolaeth (*f*) ar gynhyrchu trwy gymorth cyfrifiadur. **~ architecture** *n.* saernïaeth gyfrifiadurol *f.* **~ editing** *vn.* golygu cyfrifiadurol, golygu â chyfrifiadur. **~ graphics** *n.* graffeg gyfrifiadurol *f.* **~ input** *n.* mewnbwn (mewnbynnau) (*m*) cyfrifiadur. **~ literacy** *n.* llythrennedd/llythrenogrwydd cyfrifiadurol *f.* **~-managed learning** *n.* dysgu (*vn*) dan arweiniad cyfrifiadur. **~ modelling** *vn.* modelu cyfrifiadurol. **~ music** *n.* cerddoriaeth gyfrifiadurol *f.* **~ operator** *n.* gweithiwr (gweithwyr) (*m*) cyfrifiadur, cyfrifiadurwr (cyfrifiadurwyr) *m.* **~ output** *n.* allbwn (allbynnau) (*m*) cyfrifiadur. **~ printout** *n.* allbrintiad(-au) (*m*) cyfrifiadur, allbrint(-iau) (*m*) cyfrifiadur. **~ programming** *vn.* rhaglennu cyfrifiaduron. **~ science** *n.* cyfrifiadureg *f.* **~ scientist** *n.* cyfrifiadurwr (cyfrifiadurwyr) *m,* cyfrifiad|urwraig *f,* gwyddonydd (gwyddonwyr) (*m*) cyfrifiadur. **~ simulation** *n.* efelychiad(-au) cyfrifiadurol *m.* **~ studies** *n.pl.* astudiaethau cyfrifiadurol. **~ typesetting** *vn.* cysodi cyfrifiadurol.

computerese *n. F:* iaith (*f*) cyfrifiadur.

computerite *n.* cyfrifiadurwr (cyfrifiadurwyr) *m.*

computerizable *a.* cyfrifiaduradwy.

computerization *n.,* **computerize** *v.t.* cyfrifiaduro.

computerized *a.* cyfrifiadurol, cyfrifiaduredig.

computerlike *a.* fel cyfrifiadur, cyfrifiaduraidd.

computernik *n.* = **computerite.**

Computus *n. W.Lit:* **the ~ fragment,** dernyn (*m*) y Computus.

comrade *n.* cydymaith (cymdeithion) *m,* cymar (cymheiriaid) *m,* cymrawd (cymrodyr) *m,* brawd (brodyr) *m,* cymrodor(-ion) *m, F:* ffrind(-iau) *m,* partner(-iaid) *m; (esp. between communists):* cymrawd; **C~ Thomas,** y Cymrawd Thomas, y Brawd Thomas; **~ in arms,** cydfilwr (cydfilwyr) *m;* **old comrades,** hen gymrodyr, hen ffrindiau.

comradeliness *n.* brawdoliaeth *f,* cyfeillgarwch *m.*

comradely *a.* brawdol, cyfeillgar.

comradery, comradeship *n.* brawdoliaeth *f,* cyfeillgarwch *m.*

Comstockery *n.* sensoriaeth *f,* piwritaniaeth *f.*

Comstockian *a.* piwritanaidd.

Comtean, Comtian *a.* Comtaidd.

Comtism *n.* Comtiaeth *f.*

Comtist *n.* Comtydd(-ion) *m.*

con[1] *v.t. O: (= study; learn by heart):* astudio (rhth), dysgu (rhth) ar eich cof *or* ar dafod leferydd.

con[2] *v.t. Nau:* **to ~ a ship,** llywio llong.

con[3] *n. F:* **~-man** *n.* twyllwr (twyllwyr) *m,* hocedwr (hocedwyr) *m, occ:* caffllwr (caffllwyr) *m,* cogiwr (cogwyr) *m.* **~-trick** *n.* twyll *m,* hoced(-ion) *f.*

con[4] *v.t. F:* twyllo, hocedu, *occ:* cafflo.

con[5] *prep. & n. See* **pro.**

con[6] *n.* = **convict 1.**

conacre *n.* tir(-oedd) (*m*) gosod.

conation *n.* ewyllysiad *m,* ewyllysio *vn,* ymdrech *f,* ymdrechu *vn,* dyhead *m,* dyh|eu *vn,* ymegnïo *vn.*

conational, conative *a.* ewyllysiol, ymdrechol.

conatus *n.* ymdrech(-ion) *fm.*

concanavalin *n. Bio-Ch:* concan|afalin (concanafalinau) *m.*

concatenate[1] *v.t.* cadwyno, cydgadwyno, cysylltu, dolennu; *Cmptr:* cydgatenu.

concatenate[2] *a.* cadwynedig, cydgadwynedig, cysylltiedig, cydgysylltiedig.

concatenation *n.* **1.** cadwyn(-i) *f,* cyfres(-i) *f,* dilyniad(-au) *m,* dilyniant (dilyniannau) *m; Cmptr:* cydgateniad(-au) *m.* **2.** *(action): vn.* = **concatenate**[1].

concave *a.* ceugrwm (*f.* ceugrom, *pl.* ceugrymion).

concavity *n.* ceudod(-au) *m,* ceugrymedd(-au) *m.*

concavo- *comb.fm.* **~-concave** *a.* deugeugrwm (*f.* deugeugrom, *pl.* deugeugrymion). **~-convex** *a.* ceugrwm-amgrwm (*f.* ceugrom-amgrom, ceugrymion- amgrymion).

conceal *v.t.* cuddio, celu, *N:* cuddiad, *S:* cwato; **to ~ sth from s.o.,** cuddio rhth rhag rhn; **to ~ oneself,** ymguddio, cuddio, *N:* cuddiad, *S:* cwato, gwalo.

concealable *a.* cuddiadwy, celadwy.

concealed *a.* cuddiedig, cudd, tan gudd, dirgel, ynghudd, *Lit:* cêl, tan gêl; **~ turning,** tro(-eon) cudd *m,* troad(-au) cudd *m;* **~ entrance,** mynedfa gudd (mynedf|eydd cudd) *f.*

concealer *n.* cuddiwr (cuddwyr) *m,* c|uddwraig *f,* celwr (celwyr) *m,* c|elwraig *f.*

concealing *a.* cuddiol; **all-~,** hollguddiol.

concealingly *adv.* yn guddiol.

concealment *n.* cuddiad(-au) *m,* cuddio *vn,* celu *vn; Jur:* **~ of birth,** celu genedigaeth; *Jur:* **~ of writ[-s],** celu gwrit[-iau]; **a place of ~,** cuddfan(-nau) *fm,* cuddfa (cuddfâu, cuddf|eydd) *f,* lloches (-au) *f,* cuddle(-oedd) *m;* **to stay in ~,** aros ynghudd, aros dan gudd, cadw o'r golwg.

concede *v.t.* **1.** ildio, gildio; **I will ~ nothing,** ildia' i ddim iot; **to ~ a right,** ildio/caniatáu hawl; *Sp:* **to ~ a match,** ildio gêm. **2.** *(= admit):* addef, cyfaddef, caniatáu; **to ~ one is wrong,** syrthio ar eich bai.

concededly *adv.* = **admittedly.**

conceder *n.* **1.** ildiwr (ildwyr) *m,* |ildwraig *f,* gildiwr (gildwyr) *m,* g|ildwraig *f.* **2.** addefwr (addefwyr) *m,* add|efwraig *f,* cyfaddefwr (cyfaddefwyr) *m,* cyfadd|efwraig *f.*

conceit *n.* **1.** hunan-dyb *mf,* hunanfodlonrwydd *m,* balchder *m,* mawrdra *m, N: F: occ:* cysêt: cynsêt *m,* lartshrwydd *m;* **eaten up with ~,** hunandybus, *N. W:* llawn cysêt, cysetlyd. **2. he has a very good ~ of himself,** mae'n llawn ohono'i hun; mae ganddo feddwl mawr ohono'i hun; **in his own ~,** yn ei farn ef, yn ei olwg ei hun, yn ei dyb ef ei hun; **out of ~ with s.o.,** allan o ffafr gyda rhn. **3.** *Lit: A: (= extended metaphor):* cysêt (cysetiau) *m,* consêt (consetiau) *m.*

conceited *a.* hunandybus, hunanfodlon, balch, coegfalch, *N:* mawreddog, mawr, *N: F:* cysetlyd, llawn cysêt, lartsh; **he's ~,** mae'n ei feddwl ei hun; **a ~ person,** llanc(-iau) *m,* llances(-i) *f, N:* jarff(-od) *m,* jarffyn (jarffod) *m,* jarffes(-i) *f, N.W: F:* pen(-nau) bach *m.*

conceitedly *adv.* yn hunandybus *&c.*

conceitedness *n.* = **conceit 1.**

conceivability *n.* dichonoldeb *m,* dichonolrwydd *m,* posibilrwydd *m;* **X is necessary to the ~ of Y,** rhaid wrth X cyn y gellir dychmygu Y; **I am not sure of its existence but I am sure of its ~,** nid wyf yn sicr a yw'n bod ond 'rwy'n sicr bod modd ei ddychmygu; **it is beyond all ~,** mae tu hwnt i bob dichonolrwydd.

conceivable *a.* dychmygadwy, tebygol, dichonadwy, dichonol, dirnadwy, posibl; **sth hardly ~,** peth annhebygol, peth anodd ei ddychmygu/ddirnad; **it's hardly ~ that . . . ,** prin y gellir credu . . . .

conceivableness *n.* = **conceivability.**

conceivably *adv.* **he may ~ have reached the summit,** mae'n bosibl iddo gyrraedd y copa; gellir tybio iddo gyrraedd y copa; *Lit:* dichon iddo gyrraedd y copa; **could it ~ have disappeared?** a allai, fodd yn y byd, fod wedi diflannu? a oedd modd yn y byd iddo ddiflannu?

conceive *v.t.&i.* **1.** *(a) v.t.* **to ~ a child,** *(of woman):* beichiogi, cenhedlu plentyn; *B:* **who was conceived by the Holy Ghost,** yr hwn a gaed drwy'r Ysbryd Glân; *(b) v.i. (of woman):* beichiogi, mynd yn feichiog; *(of animal):* cyfebru, mynd yn gyfeb. **2.** *v.t. (a) (= project &c):* dychmygu, llunio (rhth); meddwl, synio (am rth); *(b) (feeling &c):* magu; **to ~ a dislike for s.o.,** rhoi'ch cas ar rn; **to ~ a love for s.o.,** rhoi'ch cariad/serch ar rn; **I cannot ~ why she should refuse,** ni allaf feddwl/ddychmygu/ddirnad/amgyffred paham y dylai hi wrthod. **3.** *v.i.* **to ~ of sth,** dychmygu/amgyffred rhth; **that is not the case, as you may well ~,** nid felly y mae hi, fel y gellwch yn hawdd ddychmygu.

concelebrant *n. Ecc:* cydweinydd(-ion) *m.*

concelebration *n. Ecc: R.C:* cydweinyddiad(-au) *m,* cydweinyddu *vn.*

concent *n. Mus:* cytgord *m.*

concenter *v.t.&i.* = **concentre.**

concentrate[1] *n. (esp. = animal food):* dwysfwyd(-ydd) *m; Ch:* crynodiad(-au) *m; (of juices):* *tewsudd(-ion) *m;* **tomato ~,** *tewsudd (*m*) tomatos, pâst (*m*) tomatos.

concentrate[2] *v.t.&i.* **1.** *v.t. (thought):* canolbwyntio, canoli; *Ch:* crynodi; *Min:* gwahanu; *(liqueurs &c):* tewychu, dwysáu; *Mil:* **to ~ the fire of a battery,** canolbwyntio tanio magnelau; **to ~ troops in a town,** crynh|oi milwyr mewn tref. **2.** *v.i.* **to ~ on sth,** canolbwytio ar rth; *(of troops &c):* ymgrynh|oi, ymgasglu, ymganoli.

concentrated *a.* **1.** *Mil:* **~ fire/firing,** tanio cryno/cydgyfeiriedig, tanio wedi ei ganoli/ganolbwyntio (ar rth). **2.** *(attention, thought):* astud; *(hate):* dwys, ffyrnig, angerddol. **3.** *Cu:* ~ **juice,** sudd (*m*) wedi ei dewychu, sudd tewychedig, *tewsudd(-ion) *m*; *Ch:* ~ **acid,** asid cryf/crynodedig *m*.

concentration *n.* **1.** *(a) (action): (of a liquid &c):* tewychiad(-au) *m*, tewychu *vn*, crynhoad (crynoadau) *m*, crynh|oi *vn*; *Ch:* crynodiad(-au) *m*, crynodi *vn*; *(of rays, barrage &c):* canolbwyntiad(-au) *m*, canolbwyntio *vn*, cydgyfeiriad(-au) *m*, cydgyfeirio *vn*, canoli *vn*; *(b) Cu:* **degree of** ~, dwysedd *m*, crynodedd *m*, crynodiad *m*; **a known** ~, crynodiad diffiniedig. **2.** *(= concentrated attention):* astudrwydd *m*, gallu (*m*) i ganolbwyntio; **he is lacking in** ~, nid yw'n canolbwyntio digon ar ei waith; **(this book requires) great** ~, (mae'r llyfr hwn yn gofyn) astudiaeth fanwl, darllen astud. **3.** *(= concentrated number):* crynhoad; *Mil:* **hostile** ~, crynhoad o'r gelyn. ~ **camp** *n.* gwersyll-garchar(-au) *m*, gwersyll(-oedd) (*m*) gorfod/crynhoi. ~ **ratio** *n.* cymhareb (*f*) crynhoad, cymhareb grynoadol (cymarebau crynoadol).

concentrative *a.* crynhöol.

concentrator *n.* crynhöwr (crynhowyr) *m*.

concentre *v.t.&i. Opt: Ph: &c:* cydganoli, canolbwyntio.

concentric *a.* consentrig, *occ:* cynghreiddig, cydganolog; *Biol:* ~ **bundle,** sypyn(-nau) cynghreiddig *m*.

concentrically *adv.* yn gonsentrig *&c.*

concentricity *n.* consentrigrwydd *m*, cynghreiddigrwydd *m*, cydganologrwydd *m*.

concept *n.* **1.** syniad(-au) *m*, cysyniad(-au) *m*, drychfeddwl (drychfeddyliau) *m*, amgyffrediad(-au) *m*. **2.** *(= invention):* dyfais (dyfeisiau) *f*, syniad newydd. ~ **keyboard** *n. Cmptr:* cyffyrddell(-au) *f*. ~ **co-ordination** *n.* cydgysylltu (*vn*) cysyniadol; ~ **indexing** *vn.* mynegeio cysyniadol. ~**-loop** *n.* ffilmddolen(-ni) *f*.

conceptacle *n. Biol:* hadgell(-oedd) *f*.

conception *n.* **1.** *(= becoming pregnant):* beichiogiad *m*, beichiogi *vn*, ymddŵyn *vn*, ffrwythloniad *m*; *(of child):* cenhedliad *m*, cenhedlu *vn*; *Ecc:* **the Immaculate C~,** yr Ymddŵyn Difrycheulyd, y Beichiogiad Dihalog, y Beichiogi Dihalog. **2.** *(= idea):* syniad(-au) *m*, syniadaeth *f*, cysyniadaeth *f*; **to have a clear ~ of sth,** synio'n glir am rth, bod â syniad clir am rth, deall rhth yn iawn; *F:* **I haven't the remotest** ~, 'does gen i'r un syniad; *S:* 'does dim clem 'da fi; *S.W: occ:* 'does dim llefeleth 'da fi; *S.a.* **idea.** ~ **control** *n.* atal (*vn*) cenhedlu.

conceptional, conceptive, conceptual *a.* syniadol, cysyniadol.

conceptualism *n. Phil:* syniadolaeth *f*, cysyniadolaeth *f*.

conceptualist *n.* syniadolwr: syniadolydd (syniadolwyr) *m*, cysyniadolwr: cysyniadolydd (cysyniadolwyr) *m*.

conceptualistic *a.* cysyniadolaidd.

conceptualistically *adv.* yn gysyniadolaidd.

conceptuality *n.* cysyniadolrwydd *m*, cysyniadoldeb *m*.

conceptualization *n.*, **conceptualize** *v.t.* cysyniadoli.

conceptualizer *n.* cysyniadolwr: cysyniadolydd (cysyniadolwyr) *m*.

conceptually *adv.* yn syniadol *&c.*

conceptus *n.* = **foetus.**

concern[1] *n.* **1.** *(= connection):* perthynas *f*, rhan(-nau) *f*, cyfran(-nau) *f*; **he has a ~ in the business,** mae ganddo berthynas â'r busnes; mae a wnelo ef â'r busnes; mae iddo ran/gyfran yn y busnes; *(= business):* busnes(-au, -ion) *m*, mater(-ion) *m*; **it's no ~ of mine,** nid yw'n fusnes i mi; nid oes a wnelwyf ag ef; nid fy musnes i yw ef; nid yw'n ddim i mi. **2.** *(= worry):* gofal(-on) *m*, pryder(-on) *m*, anesmwythyd *m*; **(about sth,** am rth, yngh|ylch rhth); **a cause for** ~, achos (*m*) pryder; **this is a cause for** ~, mae hyn yn achos/destun pryder; mae lle i bryderu ynghylch hyn; **(he enquired) with** ~, (holodd) yn llawn pryder, yn bryderus, gyda phryder; **Age C~,** Gofal (*m*) am yr Henoed. **3.** *(a) Com: Ind:* cwmni (cwmnïoedd) *m*, busnes(-au, -ion) *m*, *F:* consýrn: consárn *m*; **a going** ~, busnes ar fynd, busnes gweithredol; *(b) F:* consárn: consýrn, sioe *f*; **the whole ~ is for sale,** mae'r holl sioe ar werth; *F:* **(I'm sick) of the whole** ~, ('rwyf wedi 'laru, 'rwyf wedi cael llond bol/bola) ar y cwbl, ar yr holl sioe/fusnes.

concern[2] *v.t.* **1.** *(a) (= be of relevance/interest to):* ymwn|eud (â rhn), bod a wnelo (â rhn), bod â chysylltiad (â rhn); **that does not ~ me,** nid oes a wnelo hynny ddim â mi; nid fy musnes i yw hynny; **you are the most closely concerned with this,** â chi y mae a wnelo hyn yn bennaf; chi sy'n ymwneud fwyaf â hyn; chi sydd fwyaf cysylltiedig â hyn; **it concerns him to know,** mae'n bwysig iddo wybod; mae'n fusnes iddo wybod; fe ddylai gael gwybod; **to whom it may** ~, i bwy bynnag a fynno wybod; **a treaty concerning a country,** cytundeb sy'n ymwneud â gwlad; **as concerns sth,** o ran rhth, cyn belled ag y mae rhth yn y cwestiwn, *Lit:* parthed rhth; *(b)* **to ~ oneself (with/about/in sth),** ymboeni, ymdrafferthu (ynghylch rhth); ymddiddori (yn rhth); ymorol (am rth). **2.** *(a)* **to be concerned in/with sth,** *(= interested):* ymddiddori, bod â diddordeb (yn rhth); *(= involved):* bod â rhan yn rhth; **he is said to have been concerned in the crime,** dywedir iddo fod â rhan yn y trosedd; dywedir iddo gymryd rhan yn y trosedd; **his honour is concerned,** mae ei anrhydedd dan sylw; mae ei anrhydedd mewn perygl; mae ei anrhydedd yn y fantol; **the parties/persons concerned,** y bobl dan sylw, y bobl y mae a wnelont â'r peth; **as far as I am concerned,** o'm rhan i; **this book is concerned with religion,** mae'r llyfr hwn yn ymdrin/ymwneud â chrefydd; mae'r llyfr hwn yn trafod/trin crefydd; mae a wnelo'r llyfr hwn â chrefydd; **to pass sth on to the department concerned,** trosglwyddo rhth i'r adran briodol; *(b)* **to be concerned (about sth),** *(= worry*[2]*):* pryderu, gofidio, poeni, ymboeni, ymofidio (am rth, ynghylch rhth); *S:* becso, *S: occ:* consarno (am rth); **I am concerned for his health,** 'rwyf i'n poeni am ei iechyd.

concerned *a.* **1.** *(= worried):* pryderus, *S: occ:* consarnol; **I'm ~ to hear of it,** mae'n chwith/flin gennyf glywed amdano; **she was ~ that he had gone,** 'roedd yn boen iddi ei fod wedi mynd; **he looked very much** ~, 'roedd golwg bryderus arno.

concernedly *adv.* yn bryderus *&c.*

concerning *prep.* yngh|ylch (rhth), gyda golwg (ar rth), ynglŷn (â rhth), am (rth), *Lit:* parthed (rhth).

concernment *n.* = **concern**[1] **2.**

concert[1] *n.* **1.** *(= harmony): Mus: &c:* cytgord(-iau) *m*; **to sing in** ~, cydgordio, cydganu, canu mewn cytgord; **voices raised in** ~, côr o leisiau, lleisiau yn un côr; **to act in ~ (with s.o.),** cydgordio, cydweithredu, gweithredu ar y cyd (â rhn); *Hist:* **the C~ of Europe,** Cytgord (*m*) Ewrop. **2.** *Mus:* cyngerdd (cyngherddau) *usu. m, occ: f.* ~ **batten** *n.* astell (*f*) gyntaf (estyll cyntaf). ~**-goer** *n.* cyngherddwr (cyngherddwyr) *m*, cyngh|erddwraig *f*, mynychwr (mynychwyr) (*m*) cyngherddau, myn|ychwraig (mynychwragedd) (*f*) cyngherddau. ~ **grand** *n. Mus:* piano(-s) (*mf*) cyngerdd. ~**-hall** *n.* neuadd (*f*) gyngerdd (neuaddau cyngerdd). ~**-master** *n.* arweinydd (*m*) cerddorfa (arweinyddion/arweinwyr cerddorfâu). ~ **overture** *n.* agorawd(-au) (*f*) cyngerdd. ~ **performer** *n.* perfformiwr (perfformwyr) (*m*) cyngerdd, perff|ormwraig (*f*) cyngerdd. ~ **performance,** perfformiad(-au) (*m*) cyngerdd. ~ **pitch** *n.* traw (*m*) cyngerdd; *Fig:* **at ~-pitch,** yn hollol barod, yn barod i gychwyn.

concert[2] *v.t.&i.* **1.** *v.t.* cydgordio, cytgordio, cyd-drefnu, cydgynllunio. **2.** *v.i.* cydgysylltu, ymgynghori, cydymgynghori, cydweithio, cydweithredu.

concertante *n. Mus:* consertante (consertanti) *m*.

concerted *a.* **1.** cytunedig, ar y cyd, cydunol, unol, unedig; **to act with no ~ plan,** gweithredu heb gynllun pendant; ~ **action,** gweithred(-oedd) (*f*) ar y cyd, gweithredu (*vn*) ar y cyd, gweithredu unol, cydweithredu *vn*; **to make a ~ attack,** cydymosod, ymosod ar y cyd. **2.** *Mus:* ~ **piece,** darn(-au) cyngherddol *m*.

concertedly *adv.* ar y cyd, yn unol/gydunol.

concertedness *n.* cydunoldeb *m*.

concertina[1] *n.* **1.** *Mus:* consertina(-s) *mf*. **2.** *Rail:* ~ **vestibule,** *(joining coaches):* cyswllt (cysylltau) crych *m*.

concertina[2] *v.t.&i.* **1.** *v.t.* plygu (rhth) fel consertina. **2.** *v.i.* plygu, mynd i'w gilydd [fel consertina], crebachu, crychu.

concertino *n. Mus:* consertino(-s, consertini) *m*.

concertize *v.i.* cadw cyngerdd, rhoi cyngerdd, chwarae/perfformio mewn cyngerdd.

concerto *n. Mus:* *concerto(-s, concerti)* *m*; ~ **grosso** *n.* *concerto grosso (concerti grossi)* *m*.

concession *n.* **1.** *(action):* caniatáu *vn*, goddef *vn*, ildio *vn*, goddefiad *m*. **2.** *(= thing conceded):* consesiwn (consesiynau) *m*, goddefiad(-au) *m*; **mining** ~, hawl(-iau) (*f*) cloddio.

concessionaire *n.* deiliad (deiliaid) (*m&f*) hawl, deiliad trwydded, trwyddedig(-ion) *m&f*.

concessional *a.* consesiynol, goddefiadol.
concessionary *a.* & *n.* **1.** *a.* *(a) (company &c):* trwyddedig, awdurdodedig; *(b) (of thing conceded):* consesiynol, goddefiadol; **~ fares,** tocynnau [teithio] rhatach, tocynnau mantais; **~ bus pass,** tocyn (*m*) mantais bws. **2.** *n.* = **concessionaire**.
concessioner *n.* consesiynwr: consesiynydd (consesiynwyr) *m*, trwyddedwr: trwyddedydd (trwyddedwyr) *m*.
concessionnaire *n.* = **concessionaire**.
concessive *a.* addefol, caniataol, goddefol; *Gram:* **~ clause,** cymal(-au) addefol *m*, cymal addefiad.
concessively *adv.* yn oddefol.
conch *n.* **1.** *Moll:* cragen (*f*) dro (cregyn tro), conc(-iau) *m*. **2.** *Arch:* to (toeau) pengrwn *m* (*pronounced* ng-g). **3.** *Anat:* = **concha**.
concha *n.* *Anat:* clust(-iau) allanol *f*.
conchal *a.* clustiol.
conchie *n.* *P:* conshi(-s) *m*; *attrib.* conshïaidd.
conchoid *n.* concoid(-au) *m*.
conchoidal *a.* *Geom:* &c: concoidaidd.
conchoidally *adv.* yn goncoidaidd &c.
conchological *a.* cregynegol.
conchologist *n.* cregynegwr: cregynegydd (cregynegwyr) *m*.
conchology *n.* cregynneg *f*.
conchy *n.* = **conchie**.
concierge *n.* porthor(-ion) *m*, gofalwr (gofalwyr) *m*.
conciliar *a.* cynghoraidd; **C~ Movement,** y Mudiad (*m*) Cynghorau, Mudiad y Cynghorau, y Mudiad Cynghoraidd.
conciliarly *adv.* trwy gyngor.
conciliate *v.t.* **1.** cymodi, *Lit: occ:* dyhuddo. **2.** **to ~ s.o.'s favour,** ennill ffafr rhn, ennill ewyllys da rhn, ennill bodd rhn.
conciliation *n.* cymod *m*, cymodiad *m*, cymodi *vn*, cymrodedd *m*, cymrodeddu *vn*. **~ board** *n.* bwrdd (byrddau) (*m*) cymodi/cymrodeddu. **~ committee** *n.* pwyllgor(-au) (*m*) cymodi/cymrodeddu. **~ officer** *n.* swyddog(-ion) (*m*) cymodi/cymrodeddu. **~ service** *n.* gwasanaeth(-au) (*m*) cymodi/cymrodeddu.
conciliative *a.* = **conciliatory**.
conciliator *n.* cymodwr (cymodwyr) *m*, cymrodeddwr (cymrodeddwyr) *m*.
conciliatory *a.* cymodol, cymodlon, *Lit: occ:* dyhuddol.
concinnity *n.* cymhendod *m*, ceinder *m*, dillynder *m*, dillynedd *m*.
concise *a.* cryno.
concisely *adv.* yn gryno.
conciseness *n.* crynoder *m*.
concision *n.* **1.** = **conciseness**. **2.** = **mutilation**.
conclamation *n.* cydfloedd(-iadau) *f*, banllef: bonllef(-au) *f*.
conclave *n.* **1.** *R.C.Ch:* conclaf(-au) *m*, cymanfa(-oedd) (*f*) cardinaliaid. **2.** *(= any secret meeting):* dirgel-gyngor (~-gynghorau) *m*, cyfrin-gyngor (~-gynghorau) *m*; **to meet in ~,** cyfarfod yn y dirgel.
conclavist *n.* *Ecc:* conclafydd(-ion) *m*, dirgel-gynghorydd (~-gynghorwyr) *m*.
conclude *v.t.&i.* **1.** *v.t.* **to ~ a treaty,** cwblh|au cytundeb, cytuno ar gytundeb, gwn|eud cytundeb; **the business was concluded at eight o'clock,** cwblhawyd y mater am wyth o'r gloch. **2.** *v.i.* terfynu, darfod, cloi, diweddu, *N:* gorffen, *S:* cwpla, dibennu; **to ~,** i gloi; **"to be concluded in our next issue",** "y diwedd yn ein rhifyn nesaf"; **the report concludes as follows,** terfyna'r adroddiad fel a ganlyn; **the meeting concluded at eight o'clock,** daeth y cyfarfod i ben am wyth o'r gloch; **he concluded by saying,** i gloi dywedodd; terfynodd/gorffennodd/darfu trwy ddweud. **3.** *v.t.* *(= deduce):* casglu, dod i gasgliad. **4.** *v.t.* *(= decide):* penderfynu.
concluding *a.* terfynol, olaf.
conclusion *n.* **1.** *(= completion of treaty, business):* cwblhad *m*, cwblh|au *vn*. **2.** *(of letter, meeting &c):* terfyniad(-au) *m*, diwedd(-au) *m*, terfyn(-au) *m*, pen *m* (**of sth,** ar rth); diweddglo(-eon) *m*; **in ~,** i gloi, cyn cloi, yn olaf, *F: occ:* cyn cau pen y mwdwl. **3.** *(a) Log: (= deduction):* casgliad(-au) *m*; **weakened ~,** casgliad ysig; *(b) (= decision):* penderfyniad(-au) *m*; **to come to a ~,** *(i) (= deduce):* casglu, dod i gasgliad; *(ii) (= decide):* penderfynu, dod i benderfyniad; *(c) (= result):* canlyniad(-au) *m*; **it was a foregone ~,** gellid rhagweld y canlyniad; 'roedd yn amlwg o'r dechrau cyntaf; 'roedd yn ganlyniad rhagweladwy; 'roedd y peth yn anochel; **draw your own conclusions,** bernwch drosoch eich hunain; chi sydd i farnu; fe gewch chi farnu; *F:* **to try conclusions with s.o.,** cystadlu, cydymgeisio, ymryson (â rhn); eich mesur eich hun (yn erbyn rhn); *S.a.* **jump^2 1.**
conclusive *a.* terfynol, pendant, diymwad, argyhoeddiadol.
conclusively *adv.* yn derfynol &c; **to prove sth ~,** profi rhth i'r carn.
conclusiveness *n.* terfynoldeb *m*, pendantrwydd *m*.
concoct *v.t.* **1.** *(= mix):* cymysgu. **2.** *(= invent):* dyfeisio, llunio, bathu, cyfeilio; **to ~ a story,** ffugio/bathu/creu stori; **to ~ a lie,** dweud/llunio celwydd, *N.W: F:* palu celwydd; **to ~ a tissue of lies,** rhaffu celwyddau, *N: F:* palu/cabatsio/clatsio celwyddau.
concocted *a.* **1.** *(drink):* cymysg, cymysgedig. **2.** *(= invented):* lluniedig, gwneuthuredig, gwn|eud, bathedig; *(= spurious):* ffug, ffugiedig; **a hastily-~ excuse,** esgus a luniwyd ar frys.
concoction *n.* **1.** *(a) (= mixture):* cymysgedd(-au) *mf*, cymysgfa(-oedd, cymysgfâu) *f*, cymysgwch *m*; *Pej:* cybolfa (cybolf|eydd) *f*, cawdel(-au) *m*; *(b) (= drink):* diod(-ydd) *f*, trwyth(-i) *m*. **2.** *(a) (of story, plot, lie):* ffugio *vn*, dyfeisio *vn*, llunio *vn*; ffugiad *m*, gwneuthuriad *m*; *(b)* **his story was a ~ of lies,** swp (*m*) o gelwyddau oedd ei stori; *N:* 'roedd ei stori'n uwd o gelwyddau.
concoctive *a.* cymysgol.
concoctor **1.** cymysgwr (cymysgwyr) *m*. **2.** = **deviser, inventor.**
concomitance *n.* **1.** cydfynediad *m*, cydrediad *m*. **2.** *Theol:* cydhanfod *m*, cydfodolaeth *f*.
concomitant *a.* & *n.* **1.** *a.* cydredol, cydred, cysylltiedig, cydhanfodol, cydfynedol, cyd-ddilynol; *Sociol:* **~ variation,** cydamrywiad *m*. **2.** *n.* cydfynedydd(-ion) *m*, cyd-ddilynydd (~-ddilynwyr) *m*, cydredwr (cydredwyr) *m*; **(infirmities) that are the concomitants of old age,** (gwendidau) sydd ynghl|wm wrth henaint, sy'n dilyn/canlyn henaint, sy'n cyd-fynd â henaint; **further concomitants of this problem are . . .,** elfennau eraill sy'n gysylltiedig â'r broblem hon yw . . . .
concomitantly *adv.* yn gydredol &c.
concord *n.* **1.** *(a) (= harmony):* cytgord *m*, heddwch *m*; **to live in ~,** byw'n gytûn; *(b) (= treaty):* cytundeb(-au) *m*. **2.** *Gram:* cytgord *m*, cytundeb *m*; **the concords,** y cytgordion, rheolau cytgord. **3.** *Mus:* cytgord(-iau) *m*.
concordance *n.* **1.** = **concord**. **2.** *(= index):* mynegai (mynegeion) *mf*, mynegair (mynegeiriau) *m*, cydgordiad(-au) *m*, concordans(-iau) *m*.
concordant *a.* **1.** cydgordiol, cytûn, cyson, cytunol; **~ intrusion,** ymwthiad cydgordiol/cytunol *m*; **~ with sth,** cyson â rhth. **2.** *Mus:* cydgordiol.
concordantly *adv.* yn gydgordiol &c.
concordat *n.* cytundeb(-au) *m*, cyfamod(-au) *m*, concordat(-iau) *m*.
concours *n.* *Aut:* **~ *d' élégance*** gornest (*f*) geinder; ***hors* ~,** digymar, dihafal, di-ail, heb eich tebyg.
concourse *n.* **1.** *(a) (= crowd):* tyrfa(-oedd) *f*, torf(-|eydd) *f*, cynulliad(-au) *m*; *(of streams):* cymer(-au) *m*; *(b) (of station, airport):* cyntedd(-au) *m*, cynteddfa(-oedd, cynteddf|eydd, cynteddfâu) *f*, ymgynullfan(-nau) *mf*. **2.** **unforeseen ~,** *(of circumstances):* cyd-drawiad(-au) annisgwyl *m*; *Ph:* **~ of atoms,** cyd-ddyfodiad (*m*) atomau.
concrescence *n.* *Biol:* cyd-dyfiant (~-dyfiannau) *m*, cyd-dyfiad(-au) *m*, cyd-dyfu *vn*.
concrescent *a.* *Biol:* cyd-dyfiannol, sy'n cyd-dyfu, cyd-dyfol, cytyfol.
concrete^1 *a.* & *n.* **1.** *a.* *(= definite, substantial):* pendant, sylweddol, diamwys, go iawn; **a ~ suggestion,** awgrym pendant; *Gram: Phil: &c:* diriaethol; **~ noun,** enw diriaethol; **to make ~,** diriaethu; **a ~ thing,** diriaeth(-au) *f*; *Jur:* **a ~ case,** achos pendant *m*; **~ music,** cerddoriaeth goncrit *f*; **~ poetry,** barddoniaeth goncrit *f*; **~ poem,** cerdd goncrit (cerddi concrit) *m*. **2.** *(= made of concrete):* concrid, concrit. **3.** *n.* *(a) (= mortar):* concrid: concrit *m*, *A: or Lit:* cymrwd *m*; **reinforced ~,** concrid/concrit dur, concrid/concrit cyfnerthedig; *(b) (= reality):* **in the ~,** yn y diriaethol. **~-mixer** *n.* cymysgwr (cymysgwyr) (*m*) concrid/concrit, corddwr (corddwyr) (*m*) concrid/concrit, peth(-au) (*m*) cymysgu concrid/concrit.
concrete^2 *v.t.&i.* **1.** *v.t.* *Const:* concridio, concritio, *Lit:* cymrydu. **2.** *v.i.* caledu, concridio, concritio.
concretely *adv.* yn sylweddol, yn ddiriaethol &c.

concreteness *n.* pendantrwydd *m,* diriaeth *f,* diriaethrwydd *m,* diriaetholdeb *m,* diriaethni *m.*
concreting *vn.* concridio, concritio, concridiad(-au) *m,* concritiad(-au) *m.*
concretion *n.* **1.** *(action):* llediad(-au) *m,* caledu *vn,* caregu *vn.* **2.** *(= hard mass): Med:* maen (meini) (*m*) tostedd, carreg (cerrig) *f; Geol:* caregiad(-au) *m,* concretiad(-au) *m.* **3.** *Ling: (of meaning):* diriaethiad(-au) *m.*
concretionary *a.* caregiadol.
concretism *n.* concretiaeth *f.*
concretist *n.* concretydd(-ion) *m.*
concretization *n.* **1.** *vn.* **= concretize. 2.** diriaethiad(-au) *m* **(of sth,** o rth), ffurf ddiriaethol (ffurfiau diriaethol) *f* (ar rth).
concretize *v.t.* diriaethu.
concubinage *n.* gordderchiad *m,* cywelyogaeth *f,* gordderchaeth *f,* gordderchedd *m.*
concubinary *a. & n.* **1.** *a.* gordderchol, o ordderch. **2.** *n.* **= concubine.**
concubine *n.* gordderch(-[i]adon) *f,* gordd|erchwraig (gordderchwragedd) *f,* cywelyes(-au) *f.*
concupiscence *n.* chwant(-au) *m,* trachwant(-au) *m,* blys(-iau) *m,* trythyllwch *m,* anlladrwydd *m,* blysigrwydd *m.*
concupiscent, concupiscible *a.* blysig, chwantus, trachwantus, trythyll, anllad.
concur *v.i.* **1.** *(= coincide):* cyd-ddigwydd, digwydd ar yr un pryd, cyd-daro, cydredeg; *Ph:* cydgroesi. **2.** *(= agree):* cytuno, cyd-weld, cydsynio, cyd-fynd, bod yn unfarn/gytûn **(with sth,** â rhth).
concurrence *n.* **1.** *(a) (= coincidence):* cyd-ddigwyddiad(-au) *m,* cyd-ddigwydd *vn,* cyd-drawiad(-au) *m,* cyd-daro *vn; (= co-operation):* cydweithrediad *m,* cydweithredu *vn; Geom:* **point of ~,** cydgroesiad(-au) *m.* **2.** *(= agreement):* cydsyniad(-au) *m,* cytundeb *m,* cytuno *vn,* cyd-weld *vn,* cydsynio *vn; (= consent):* caniatâd *m,* cennad *m,* cymeradwyaeth *f.* **3.** *Jur: (= conflict):* gwrthdrawiad(-au) *m,* gwrthdaro *m.*
concurrent *a.* **1.** *(a) Geom:* cyfredol, cydgyfeiriol; *(= parallel):* cyflin, cyfochrog; *(= convergent):* cytgroes, cydgyfeiriol; *(b) (= simultaneous):* cydamserol, cyfamserol, cyfredol, cydgyfredol, cyfodol; *Lib:* **~ production,** cynhyrchu (*vn*) cyfochrog; *Jur:* **~ sentences,** dedfrydau cyfredol; *(c) (= contributory):* cyfranogol, cyfrannol; *(d) Jur: (= conflicting):* gwrthdrawiadol. **2.** *(= unanimous):* unfryd, unfarn, cytûn.
concurrently *adv.* gyda'i gilydd, ar y cyd, ar yr un pryd; *Jur:* **the two sentences will run ~,** bydd y ddwy ddedfryd yn cydredeg.
concurring *a.* cytûn, cytunol, o'r un farn; *Jur:* **concurring judgement,** dyfarniad cydsyniol/cydffurfiol.
concuss *v.t. (a)* siglo, ysgwyd, ysgytio, ysgytian (rhn); rhoi ysgytwad (i rn); *(b) Med: F:* ysgytio, cyfergydio.
concussed *a.* ysgytiedig, cyfergydiedig.
concussion *n.* ysgytwad(-au) *m,* ysgytiad(-au) *m; Med:* cyfergyd(-ion) *fm.* **~ bellows** *n.* megin (*f*) daro (meginau taro). **~ fuse** *n.* ffiwsen (*f*) daro (ffiwsiau taro).
concussive *a.* ysgytiol, ysgytwol, cyfergydiol.
concussively *adv.* yn ysgytiol *&c.*
concyclic *a. Mth:* cydgylchol.
condemn *v.t.* **1.** *Jur:* **to ~ s.o. to death,** condemnio rhn i farwolaeth. **2.** *Fig: (= find fault with, find guilty):* beio, condemnio, collfarnu (rhn); lladd, gweld bai (ar rn), *N.W: F:* llachio (rhn), bod â'ch llach (ar rn); **his looks ~ him,** mae golwg euog arno; **to be condemned [by others],** bod dan lach eraill, bod dani hi, bod dan farn, bod dan gabl; **he got well although the doctor had condemned him,** fe wellhaodd er bod y meddyg wedi dweud nad oedd gobaith iddo; **everyone condemns him,** mae pawb â'i lach arno; mae pawb yn lladd arno; **to ~ goods,** condemnio nwyddau; **to ~ a house,** condemnio tŷ.
condemnable *a.* condemniadwy.
condemnation *n.* **1.** *(a) Jur:* condemniad(-au) *m,* collfarn(-au) *f; (of goods &c):* condemniad; *vn.* **= condemn;** *(b) (= censure):* cerydd(-on) *m,* condemniad, bai *m,* collfarn(-au) *f.*
condemnatory *a.* condemniol, collfarnol.
condemned *a.* condemniedig, wedi'ch condemnio, dan gondemniad, dan gollfarn, collfarnedig; **~ cell,** cell(-oedd) (*f*) y grog; **the ~ man,** y condemniedig *m;* **a ~ house,** tŷ wedi'i gondemnio.
condemner *n.* condemniwr (condemnwyr) *m,* collfarnwr (collfarnwyr) *m,* beiwr (beiwyr) *m.*
condensable *a.* **= condensible.**
condensate *n.* tewychiad(-au) *m,* crynhoad (crynoadau) *m; Ph: Ch:* cyddwysiad(-au) *m,* cyddwysedd(-au) *m.*
condensation *n.* **1.** *(action): (of text &c):* crynhoad *m,* crynh|oi *vn,* cywasgiad *m,* cywasgu *vn; (of liquid &c):* tewychiad *m,* tewychu *vn; Ph:* cyddwysiad *m,* cyddwyso *vn,* dwysáu *vn,* dwysâd *m.* **2.** *(substance): (a)* **= condensate;** *(b) (= condensed water vapour): S:* anwedd *m, N:* angar *m* (*pronounced* ng-g). **~ pump** *n.* pwmp (pympiau) (*m*) tewychu/dwysáu. **~ reaction** *n.* adwaith (adweithiau) (*m*) cyddwyso. **~ trail** *n.* cynffon(-nau) (*f*) anwedd.
condensational *a.* cywasgiadol, crynoadol, tewychiadol, cyddwysol, dwysaol.
condense *v.t.&i.* **1.** *v.t. (= make concise):* crynh|oi, cywasgu, talfyrru. **2.** *v.i. Ph: Ch: &c: (of liquid):* tewychu, dwysáu, cyddwyso; *(of water vapour):* troi'n ddŵr; *Ph:* cyddwyso.
condensed *a. (a) (= concise):* cryno, cywasgedig; *Ph: Ch:* dwys, dwysach, cyddwysedig; **~ type,** teip cywasgedig *m,* print cywasgedig *m;* **~ book,** llyfr(-au) talfyredig *m,* talfyriad (*m*) o lyfr (talfyriadau o lyfrau); *(b) Cu:* tewychedig; **~ milk,** llaeth tewychedig *m,* llaeth tew.
condenser *n.* **1.** *(a) Mch: Gasm:* cyddwysydd(-ion) *m,* cyddwyswr (cyddwyswyr) *m;* **by-pass ~,** cyddwyswr hidlo; *(b) Nau:* **fresh water ~,** distyllydd(-ion) *m; (c) T.V:* cywasgydd(-ion) *m.* **2.** *Opt: El:* cynhwysor (cynwysorau) *m.*
condensibility *n.* crynoadwyedd *m,* dwysadwyedd *m,* tewychadwyedd *m,* cyddwysadwyedd *m,* natur grynoadwy/ddwysadwy/dewychadwy/gyddwysadwy *f; (of book &c):* talfyradwyedd *m,* natur dalfyradwy; **I have proved the ~ of this long work into one volume,** yr wyf wedi profi y gellir crynh|oi'r/talfyrru'r gwaith hirfaith hwn yn un gyfrol; **I have doubts about its ~ at this temperature,** 'rwy'n amau a wnaiff ef gyddwyso ar y tymheredd hwn.
condensible *a.* cyddwysadwy, dwysadwy, crynoadwy, tewychadwy; *(book &c):* talfyradwy.
condescend *v.i.* ymostwng.
condescendence *n.* **= condescension.**
condescending *a.* nawddogol, nawddoglyd.
condescendingly *adv.* yn nawddogol *&c.*
condescension *n.* **1.** ymostyngiad(-au) *m.* **2.** *(= patronizing manner):* dull nawddogol/nawddoglyd *m,* ymddygiad nawddogol/nawddoglyd *m.*
condign *a.* haeddiannol, teilwng, gwiw.
condignity *n.* cydhaeddiant *m.*
condignly *adv.* yn haeddiannol *&c.*
condiment *n.* pupur (*m*) a halen *m;* **the condiments,** y cynfennau.
condimental *a.* cynfennol, confennol.
condition[1] *n.* **1.** *(a) (= stipulation):* amod(-au) *mf;* **to impose conditions on s.o.,** gosod amodau ar rn; *Jur:* **express ~,** amod d[d]atganedig; **implied ~,** amod [g]oblygedig; **~ precedent,** rhagamod(-au) *mf;* **~ subsequent,** ôl-amod(-au) *mf;* **on ~ that,** ar yr amod bod ..., ond (ichi *&c*) ..., cyhyd â'ch bod ...; **breach of ~,** tor-amod(-au) *m,* torri (*vn*) amod; **(you can go swimming) on ~ that you don't go far,** (fe gewch fynd i nofio) ond ichi beidio â mynd yn rhy bell, cyhyd na boch yn mynd yn rhy bell, ar yr amod nad ydych yn mynd yn rhy bell; *(b) pl. (= terms): (esp. financial):* telerau; *Com:* **conditions of sale,** amodau/telerau gwerthiant, amodau/telerau gwerthu. **2.** *(a) (= state):* cyflwr (cyflyrau) *m,* stad(-au) *f;* **in [a] good ~,** mewn cyflwr da, *S.W: occ:* mewn cas [cadw] da; *(pers.):* iachus, mewn iechyd, iach; **in bad/poor ~,** mewn cyflwr gwael; **he looked in good ~,** 'roedd golwg iachus arno; *F:* 'roedd cas cadw da arno; 'roedd mewn cas cadw da; *F:* **she's in an interesting ~,** mae hi'n disgwyl; *occ:* mae hi dan ei gofal; *S.W: occ:* mae hi'n fraisg; *N.W: occ:* mae hi'n magu mân esgyrn; **to be in a [fit] ~ to do sth,** bod yn ddigon da/iach/atebol i wneud rhth, bod mewn cyflwr i wneud rhth; **to keep oneself in ~,** eich cadw'ch hun mewn cyflwr da, cadw'n iach/iachus/atebol; **out of ~,** heb fod yn ddigon iach, mewn cyflwr gwael. **3.** *(a) pl. (= circumstances):* amgylchiadau, amodau; *Ind:* **working conditions,** amodau gwaith, amgylchiadau gwaith; *(b) (= situation):* sefyllfa *f,* cyflwr *m,* amgylchiadau *pl;* **the ~ of the workers,** cyflwr y gweithwyr, sefyllfa'r gweithwyr. **4.** *(a) (=*

class): dosbarth(-au, -iadau) *m*, gradd(-au) *f*; *(b)* **to change one's ~,** *(= marry):* priodi, newid byd, mynd i'r bywyd da, *F:* dechrau byw, *Joc:* mynd i'r clwb, newid eich credo, myned yn ŵr/wraig; **all sorts and conditions of men,** dynion o bob gradd a dosbarth; pob math ar ddyn; *O:* **people of humble ~,** pobl iselradd *f & pl*, gwerin *f*, gwerin bobl *f & pl*, pobl werinol. **3. weather conditions,** cyflwr (*m*) y tywydd; **it depends on weather conditions,** mae'n dibynnu ar sut dywydd fydd hi. **4.** *(= ailment):* anhwylder(-au) *m*; **he has a heart ~,** mae rhth yn bod ar ei galon; mae anhwylder ar ei galon. **~ code** *n. Cmptr:* côd (codau) (*m*) cyflwr. **~ powder** *n. Vet:* powdwr (powdrau) (*m*) iechyd.

condition[2] *v.t.* **1.** *(a) (= govern, determine): (usu. in passive):* rheoli, penderfynu, pennu, *occ:* cyflyru, amodi (rhth); bod yn amod (ar rth), *occ:* dibynnu (ar rth); **supply is conditioned by demand,** rheolir cyflenwad gan y galw; dibynna cyflenwad ar y galw; *(b) (= impose condition, stipulate):* gosod amod (ar rth), *occ:* amodi; *(c) (= affect):* effeithio (ar rth); *(d) Psy: &c: (= train, accustom):* cyflyru; **to ~ s.o. to respond to a stimulus,** cyflyru rhn i ymateb i symbyliad. **2. to ~ air,** tymheru awyr.

conditionable *a.* **1.** amodadwy. **2.** cyflyradwy.

conditional *a. & n.* **1.** *a. (agreement, promise):* amodol, dibynnol, yn dibynnu (ar rth); *Jur:* **~ discharge,** rhyddhad amodol *m*; *Med:* **~ reflex, = conditioned reflex; my promise was ~ (on sth),** 'roedd fy addewid yn amodol/ddibynnol/dibynnu (ar rth); *Gram:* **~ mood,** y modd amodol *m*, yr amodol *m*; **~ clause,** cymal(-au) amodol *m*, cymal amod; *Cmptr:* **~ branch instruction,** cyfarwyddyd (*m*) canghennu amodol; **~ jump,** naid (neidiau) amodol *f*; **~ transfer,** trosglwyddiad(-au) amodol *m*. **2.** *n. Gram:* **a verb in the ~,** berf yn y modd amodol.

conditionalism *n.* amodolaeth *f*.

conditionality *n.* amodoldeb *m*.

conditionally *adv.* yn amodol, dan amod[-au], ar amod[-au].

conditioned *a.* **1.** *(agreement):* amodol. **2.** *Med:* **~ reflex,** adwaith cyflyrol/cyflyredig *m*, ymateb cyflyrol/cyflyredig *m*. **3. ill-~,** mewn cyflwr gwael, afiach; **well-~,** *(dog &c):* iach, iachus, atebol, mewn cyflwr da. **4. air-~,** tymeredig, tymherus.

conditioner *n.* **1.** cyflyrwr: cyflyrydd (cyflyrwyr) *m*. **2. air-~,** tymherwr (tymherwyr) *m*, peiriant (peiriannau) (*m*) tymheru.

conditioning *vn.* cyflyru, cyflyriad *m*. **~ cream** *n.* llyfnwr: llyfnydd (llyfnwyr) *m*, hufen(-au) (*m*) llyfnh|au.

condolatory *a.* cydymdeimladol, cydymdeimladwy; **~ letter,** llythyr(-au) (*m*) cydymdeimlad/cydymdeimlo.

condole *v.i.* cydymdeimlo, cydofidio **(with s.o.,** â rhn).

condolence *n.* cydymdeimlad(-au) *m*.

condom *n.* condom(-au) *m*.

condominial *a.* cydlywodraethol.

condominium *n.* **1.** *Pol:* cydreolaeth(-au) *f*, condominiwm (condominia) *m*, cydlywodraeth(-au) *f*; *(= joint sovereignty):* cydsofraniaeth *f*; *(territory):* condominiwm. **2.** *U.S: (= jointly owned property):* cydeiddo *m*, cydfeddiant (cydfeddiannau) *m*.

condonable *a.* esgusadwy.

condonation *n.* cydoddefiad(-au) *m*, maddeuant *m*, esgusodiad(-au) *m*, goddefiad(-au) *m*, cydoddef *vn*, maddau *vn*, esgusodi *vn*, goddef *vn*.

condone *v.t.* **1.** cydoddef, maddau, esgusodi, goddef, caniatáu, peidio â chondemnio. **2.** *(= atone for):* gwn|eud iawn (am rth).

condoner *n.* cydoddefwr (cydoddefwyr) *m*, cydodd|efwraig *f*, goddefwr (goddefwyr) *m*, godd|efwraig *f*, esgusodwr (esgusodwyr) *m*, esgus|odwraig *f*, maddeuwr (maddeuwyr) *m*, madd|euwraig *f*.

condor *n. Orn:* condor(-iaid) *m*, fwltur(-iaid) (*m*) Per|iw; **Andean ~,** condor yr Andes.

condottiere *n. condottiere (condottieri) m*.

conduce *v.i.* **to ~ to sth,** arwain at/i rth.

conducive *a.* ffafriol **(to sth,** i rth), sy'n arwain (at/i rth), sy'n creu/peri (rhth); **an atmosphere ~ to study,** awyrgylch sy'n ffafriol/addas i astudio, awyrgylch sy'n gydnaws ag astudio.

conduct[1] *n.* **1.** *(= management):* arweiniad *m*, triniaeth *f*, dull (*m*) o arwain, dull o gynnal, dull o reoli, dull o ddwyn rhth yn ei flaen *or* o drin rhth; **~ of affairs,** rheolaeth (*f*) busnes *or* ar fusnes, rheoli (*vn*) busnes; **his ~ of the case,** ei ddull o drin/gynnal yr achos, ei driniaeth o'r achos; *(of a meeting, war):* arweiniad; **(the people were not satisfied) with the ~ of the war,** (nid oedd y bobl yn fodlon) ar gwrs y rhyfel, ar y dull o ymladd y rhyfel. **2.** *(behaviour):* ymddygiad(-au) *m*, ymarweddiad(-au) *m*. **~-money** *n. Hist: Jur:* treuliau (*pl*) teithio.

conduct[2] *v.t.* **1.** *(= lead, guide):* arwain, tywys, tywysu; *(= escort):* hebrwng, danfon. **2.** *(a) (= direct, manage):* rheoli, arwain, cyfarwyddo; **who will ~ the negotiations?** pwy fydd yn arwain y trafodaethau? *Jur:* **to ~ an action,** cynnal/pledio/cyflwyno/trin achos, ymdrin ag achos, dwyn achos yn ei flaen; *(b) Mus:* arwain. **3. to ~ oneself,** ymddwyn. **4.** *Ph: El: Cmptr:* dargludo.

conductance *n. El:* dargludiant (dargludiannau) *m*.

conducted *a.* arweiniedig, tywysedig; **~ tour,** taith (teithiau) (*f*) dan arweiniad, taith dywysedig (teithiau tywysedig) *f*; **an ill-~ case,** achos wedi ei bledio/gyflwyno/drin yn wael; **a well-~ business,** busnes dan reolaeth dda.

conductibility *n. Ph: El:* **= conductivity.**

conductible *a. Ph: El:* dargludol.

conductimetric *a.* **= conductometric.**

conducting[1] *a. El: Ph:* dargludol, trawsgludol.

conducting[2] *vn.* **1.** *(= guiding):* tywysiad(-au) *m*, tywys; *See* **conduct[2] 1. 2.** *(= direction):* rheolaeth *f*, rheoli; *See* **conduct[2] 2. 3.** *(of choir, orchestra):* arweinyddiaeth *f*, arwain.

conduction *n. Ph: El:* dargludiad(-au) *m*.

conductive *a. Ph: El:* dargludol.

conductivity *n. Ph: El:* dargludedd(-au) *m*.

conductometric *a.* dargludfesurol.

conductor *n.* **1.** *(a) (= guide):* tywyswr (tywyswyr) *m*, tywysydd(-ion) *m*, arweinydd(-ion, arweinwyr) *m*; *(b) (on bus):* tocynnwr (tocynwyr) *m*, casglwr (casglwyr) (*m*) tocynnau; *Rail: U.S: (= ticket inspector):* archwiliwr (archwilwyr) (*m*) tocynnau; *(c) Mus:* arweinydd(-ion, arweinwyr) *m*. **2.** *(a) El: Cmptr:* dargludydd(-ion) *m*; *S.a.* **lightning-conductor. ~-rail** *n. Rail:* cledren (*f*) ddargludo (cledrau dargludo), rheilen (*f*) ddargludo (rheiliau dargludo).

conductorial *a.* arweinyddol.

conductorship *n.* arweinyddiaeth(-au) *f*; **an orchestra under the ~ of X,** cerddorfa dan arweiniad X.

conductress *n.f.* toc|ynwraig (tocynwragedd).

conduit *n. (a) Hyd.E:* dyfrffos(-ydd) *m*, sianel(-au, -i, -ydd) *f*, *A: or Lit:* cwndid(-au) *m*; **~[-pipe],** pibell (*f*) ddŵr (pibellau/pibelli dŵr), piben (*f*) ddŵr (pibau dŵr), cwndid dŵr; *(= aqueduct):* dyfrbont(-ydd) *f*, traphont (*f*) ddŵr (traphontydd dŵr); *(b) El.E:* **cable-~,** sianel (*f*) geblau (sianeli ceblau), tiwb(-iau) (*m*) ceblau, cwndid ceblau.

conduplicate *a. Bot:* cyd-ddyblyg.

conduplication *n.* cyd-ddyblygiad *m*.

condylar *a.* cambylol, pencnawol.

condyle *n. Anat:* cambwl (cambylau) *m*, condyl(-au) *m*, pencno (pencnawiau) *m*.

condyloid *a.* cambylaidd, pencnawaidd.

condyloma *n. Med:* condyloma(-ta, condylomâu) *m*, *F:* dafad (defaid) *f*, dafaden(-nau) *f*.

condylomatous *a.* condylomataidd, dafadennaidd.

cone[1] *n.* **1.** *(a)* côn (conau) *m*, *occ:* pigwn (pigynau) *m*, pigwrn (pigyrnau) *m*, curn(-au) *f*, cyrn(-au) *f*; **a small ~,** curnen(-ni, -nau) *f*, curnyn(-nau) *m*, cyrnen(-nau, -ni) *f*; **a truncated ~,** côn trychedig/cwta, bonyn (*m*) côn (bonion conau); **cinder ~,** côn lludw; *Archeol:* **~ of percussion,** côn taro; *Mil:* **nose ~,** *(of rocket):* côn blaen; *(b)* **ice[-cream] ~,** cornet: corned(-i) (*m*) hufen iâ. **2.** *(of blast-furnace):* hopren(-ni) *f*; *S.a.* **storm-cone. 3.** *Bot: (of hop, pine):* côn, pigwn, pigwrn; *(of pine): N:* mochyn (moch/mochod) (*m*) coed. **4.** *(of volcano):* côn. **~-bearing** *a. Bot:* conifferaidd. **~-centre** *n.* craidd (*m*) côn (creiddiau conau). **~-clutch** *n. Mec.E:* cydiwr (cydwyr) (*m*) côn. **~-in-cone** *attrib. Geol:* côn mewn côn. **~-nose** *n. Ent:* chwilen (*f*) drwynfain (chwilod trwynfain). **~-pulley** *n.* pwli (pwlïau) (*m*) côn, chwerfan (*f*) gôn (chwerfanau côn). **~-shaped** *a.* conaidd, pigynaidd, pigyrnaidd, ar ffurf/lun côn, pigfain, trwynfain. **~-shell** *n. Conch:* cragen (*f*) bigfain (cregyn pigfain). **~-stand** *n.* ateg (*f*) gôn (ategion côn). **~-wheel** *n. Mec.E:* olwyn (*f*) gôn (olwynion côn). **~-worm** *n. Ann:* twmffat (*m*) y tywod (twmffatiau'r tywod), twndis[h] (*m*) y tywod (twndis[h]iau'r tywod).

cone[2] *v.t.* arwyddo/marcio (rhth) â chôn/chonau, gosod côn/conau (ar rth).

coneflower *n. Bot:* blodyn (blodau) (*m*) pigwrn.
coney *n.* **1.** *Z:* cwningen (cwningod) *f.* **2.** *Com:* ffwr (*m*) cwningen.
confab[1] *n. F:* sgwrs (sgyrsiau) *f, occ:* 'gom(-iau) *f.*
confab[2] *v.i. F:* sgwrsio, ymgomio, cwnsela, ymgynghori.
confabulate *v.i.* **1.** *(= discuss):* ymgynghori, cyd-drafod, cydsgwrsio, cydymgomio, *S:* cwnsela. **2.** *Psy: (= invent stories):* chwedleua, dweud chwedlau.
confabulation *n.* **1.** sgwrs breifat (sgyrsiau preifat) *f*, cyd-drafodaeth(-au) *f*, cyd-drafod *vn.* **2.** *Psy:* dychymyg (dychmygion) *m*, dychmygu *vn*, chwedl(-au) *f*, chwedleua *vn.*
confabulator *n.* **1.** cyd-drafodwr (~-drafodwyr) *m.* **2.** *Psy:* chwedleuwr (chwedleuwyr) *m.*
confabulatory *a.* **1.** cyd-drafodol. **2.** *Psy:* dychmygol, chwedleuol.
confect *v.t. U.S:* **1.** *(a dish of food):* gwn|eud, llunio, parat|oi. **2.** *Iron: (poem &c):* cyfansoddi, llunio, ystofi, eilio. **3.** *Dressm:* gwneud, teilwrio.
confection *n.* **1.** *(a) (= mixture):* cymysgfa (cymysgfâu) *f*, cymysgedd(-au) *mf.* **2.** *(= sweet thing):* peth(-au) melys *m*, melysfwyd(-ydd) *m*, melysbeth(-au) *m*; *(cake):* teisen felys (teisennau melys) *f*, *A: or Lit:* cyffaith (cyffeithiau) *m.* **3.** *Dressm:* creadigaeth(-au) *f.*
confectionary *n.* = **confectionery 2.**
confectioner *n. (of cakes):* teisennwr (teisenwyr) *m*, teis|enwraig (teisenwragedd) *f*, cacennwr (cacenwyr) *m*, cac|enwraig (cacenwragedd) *f*; *(of sweets):* cyffeithiwr (cyffeithwyr) *m*, cyffeithydd(-ion) *m*, cyff|eithwraig (cyfeithwragedd) *f*; **~'s**, *(shop):* = **confectionery 2. ~'s sugar** *n. U.S:* siwgwr (*m*) eisin.
confectionery *n.* **1.** *(= sweets):* pethau melys *pl*, melysion *pl*, danteithion *pl*; *(= cakes):* teisennau *pl.* **2.** *(shop):* siop (*f*) felysion (siopau melysion), siop deisennau (siopau teisennau), *N:* siop dda-da (siopau da-da), siop bethau da/melys (siopau pethau da/melys), *S:* siop losin.
confederacy *n.* **1.** *(of states):* cynghrair (cynghreiriau) *mf*, cydffederasiwn (cydffederasiynau) *m*; *U.S: Hist:* **the Southern C~**, Cynghrair Taleithiau'r De, y Taleithiau Cydff|ederal *pl.* **2.** *(= plot):* cynllwyn(-ion) *m.*
confederal *a.* cydff|ederal.
confederalist *n. & a.* **1.** *n.* cydffederalwr: cydffederalydd (cydffederalwyr) *m.* **2.** *a.* cydff|ederal, cydffederalaidd.
confederate[1] *a. & n.* **1.** *a.* cynghreiriol, *occ:* cydff|ederal; **~ with s.o.,** mewn cynghrair â rhn; *U.S: Hist:* **the C~ States,** y Taleithiau Cydffederal. **2.** *n. (a) (= ally):* cynghreiriwr (cynghreirwyr) *m*, cynghreiriad (cynghreiriaid) *m&f*; *(b) Hist: (= supporter of the Southern Confederacy):* Cydffederalwr: Cydffederalydd (Cydffederalwyr) *m*; *(c) Jur:* cydgynllwyniwr (cydgynllwynwyr) *m*; *(d) (conjuror's):* ategwr (ategwyr) *m*, cynorthwywr (cynorthwywyr) *m*, cynorth|wywraig (cynorthwywragedd) *f.* **~ rose** *n. Bot:* hocysen (hocys) (*f*) symudliw.
confederate[2] *v.t.&i.* **1.** *v.t.* cyfuno (rhth) mewn cydffederasiwn; cydffederaleiddio (rhth). **2.** *v.i. (a) (= form alliance):* ymgynghreirio, cynghreirio; *(b) (= conspire):* cynllwynio.
confederated *a.* = **confederate**[1] **1.**
confederation *n.* cydffederasiwn (cydffederasiynau) *m*, conffederasiwn (conffederasiynau) *m*; **the C~ of British Industry,** Cydffederasiwn Diwydiannau Prydain.
confederative *a.* cydff|ederal.
confer *v.t.&i.* **1.** *v.t. (= bestow):* rhoddi, rhoi, cyflwyno (**sth on s.o.,** rhth i rn); **to ~ a title on s.o.,** rhoddi/rhoi teitl i rn; **to ~ a favour on s.o.,** gwn|eud cymwynas â rhn; **to ~ a knighthood on s.o.,** urddo rhn yn farchog. **2.** *v.i.* ymgynghori, *S:* cwnsela.
conferee *n.* **1.** derbynnydd (derbynyddion, derbynwyr) *m.* **2.** *U.S:* **= conference-goer.**
conference *n.* **1.** cynhadledd (cynadleddau) *f*, cyngres(-au) *f*; **to go to conferences,** cynadledda, mynychu/dilyn/crwydro cynadleddau, mynd i gynadleddau; **press ~,** cynhadledd i'r wasg; **in ~,** mewn cynhadledd. **~ call** *n. Tp:* cydalwad(-au) *f.* **~-goer** *n.* cynadleddwr (cynadleddwyr) *m*, cynadl|eddwraig (cynhadleddwragedd) *f*, mynychwr (mynychwyr) (*m*) cynadleddau, myn|ychwraig (mynychwragedd) (*f*) cynadleddau. **~ proceedings** *n.pl.* trafodion cynhadledd. **~ room** *n.* cynadleddfa (cynadleddf|eydd) *f*, pwyllgorfa (pwyllgorf|eydd) *f*, ystafell (*f*) gynhadledd (ystafelloedd cynhadledd).
conferential *a.* cynadleddol.
conferment *n.* **1.** cyflwyniad(-au) *m*, cyflwyno *vn*, rhoddiad(-au) *m*, rhoddi *vn*, rhoi *vn.* **2.** *(of knighthood):* urddiad(-au) *m*, urddo *vn.*
conferrable *a.* cyflwynadwy, rhoddadwy.
conferral *n.* **1.** = **conferment. 2.** = **discussion.**
conferrer *n.* **1.** *(= bestower):* cyflwynwr: cyflwynydd (cyflwynwyr) *m*, rhoddwr (rhoddwyr) *m.* **2.** *(in conference):* cyd-drafodwr (~-drafodwyr) *m*, cyd-draf|odwraig (~-drafodwragedd) *f.*
conferva *n. Bot:* llyfanog *f*, llafanog *f*, sidan (*m*) y brain, cyflafan *m*, llinad (*m*) y dŵr, gwymon (*m*) yr afon, llinwisg (*f*) y dŵr, llinos (*m*) y dŵr, llinwydd (*m*) yr afon.
conferval, confervoid *a. Bot:* llyfanogaidd, llafanogaidd.
confess *v.t.* **1.** cyffesu, cyfaddef, addef; **to ~ oneself [to be] guilty,** cyfaddef eich bod yn euog, syrthio ar eich bai; **to ~ to having done sth,** cyffesu/cyfaddef/addef ichwi wneud rhth; **to ~ to a crime,** cyffesu/cyfaddef/addef trosedd; **to ~ to a liking for sth,** cyfaddef/addef eich bod yn hoffi rhth, cyfaddef/addef hoffter o rth. **2.** *Ecc: (a)* **to ~ one's sins,** cyffesu'ch pechodau; **to ~ [oneself],** cyffesu, dweud/gwn|eud eich cyffes (**to s.o.,** i/wrth rn); *(b) (of priest):* **to ~ s.o.,** gwrando/derbyn cyffes rhn, cyffesu rhn. **3. to ~ one's faith,** cyffesu'ch ffydd, datgan eich ffydd, arddel eich ffydd.
confessable *a.* addefadwy, cyfaddefadwy, cyffesadwy.
confessant *n.* cyffesydd(-ion) *m*, cyffeswr (cyffeswyr) *m*, cyff|eswraig (cyffeswragedd) *f.*
confessed *a.* addefedig, cyffesedig, proffesedig, o addefiad, cyffesol; **to stand ~ as a liar,** addef eich bod yn gelwyddog; **a ~ thief,** lleidr ar ei gyffes ei hun.
confessedly *adv.* **1.** *(= generally agreed):* yn ôl addefiad pawb. **2.** *(= openly):* yn addefedig, yn agored, yn amlwg [i bawb].
confession *n.* **1.** cyffes(-ion) *f*, cyfaddefiad(-au) *m*, addefiad(-au) *m*; **by general ~,** yn ôl addefiad pawb; **on his own ~,** ar ei gyffes ei hun, yn ôl ei gyffes ei hun. **2.** *Ecc:* cyffes; **auricular ~,** clust-gyffes(-ion) *f*; **oral ~,** cyffes eneuol (cyffesion geneuol), cyffes genau, cyffes tafod; **the Seal of C~,** Sêl (*f*) Cyffes; **private ~,** cyffes gyfrinachol (cyffesion cyfrinachol); **to go to ~,** mynd i'r gyffes, mynd i gyffesu; **to hear s.o.'s ~,** cyffesu rhn, derbyn/gwrando cyffes rhn, gwrando ar gyffes rhn; **to make one's ~,** cyffesu, gwneud/dweud eich cyffes. **3. ~ of faith,** cyffes ffydd. **4.** *(= denomination):* enwad(-au) *m.*
confessional *a. & n.* **1.** *a. (= of confession):* cyffesol, cyffesiadol; **the C~ Church,** yr Eglwys (*f*) Gyffes, yr Eglwys Gyffesiadol; *(= denominational):* enwadol. **2.** *n. Ecc:* cyffesgell(-oedd) *f*, cyffesfa(-oedd) *f*; **the secrets of the ~,** dirgelion cyffes.
confessionalism *n.* cyffesoliaeth *f.*
confessionalist *n.* cyffesolwr (cyffesolwyr) *m*, cyffes|olwraig *f.*
confessionally *adv.* yn gyffesiadol.
confessionary *a. & n.* **1.** *a.* cyffesol. **2.** *n.* cyffesgell(-oedd) *f.*
confessor *n.* **1.** *(of crime):* cyffeswr: cyffesydd (cyffeswyr) *m*, addefwr: addefydd (addefwyr) *m*, cyfaddefwr: cyfaddefydd (cyfaddefwyr) *m.* **2.** *(= priest):* cyffesor(-iaid,-ion) *m*, cyffeswr; **father ~,** tad gyffeswr (tadau gyffeswyr). **3.** *(of one's faith):* cyffeswr; *Hist:* **Edward the C~,** Edward Gyffeswr.
confetti *n.pl.* conffeti *m or pl.*
confidant *n.m.* cyfrinachwr (cyfrinachwyr) *m*, dyn(-ion) (*m*) yng nghyfrinach rhn, cyfrinachddyn(-ion) *m*, cyfaill (cyfeillion) (*m*) mynwesol.
confidante *n.f.* cyfrin|achwraig (cyfrinachwragedd) *f*, merch(-ed) (*f*) yng nghyfrinach rhn, cyfeilles fynwesol (cyfeillesau mynwesol) *f*, cyfrinaches(-au) *f.*
confide *v.t.&i.* **1.** *v.t. (a) (= tell secret):* addef, cyfaddef, sibrwd (rhth) (**to s.o.,** wrth rn); **he confided to me that ...;** cyfaddefodd wrthyf fod ...; dywedodd yn gyfrinachol wrthyf fod ...; dywedodd wrthyf y gyfrinach fod ...; *(b)* **to ~ sth to s.o.'s care,** ymddiried rhth i ddwylo/ofal rhn. **2.** *v.i. (= have faith):* **to ~ in s.o.,** bod â ffydd yn rhn, ymddiried yn rhn.
confidence *n.* **1.** *(a)* ffydd *f*, ymddiriedaeth *f*, ymddiried *m*, hyder *m*; **to put one's ~ in s.o.,** ymddiried yn rhn, bod â ffydd yn rhn; **I have every ~ in him,** mae gennyf bob ffydd ynddo; **to lose the ~ of the public,** colli ymddiriedaeth/ffydd y cyhoedd; **to lose ~,** colli hyder, gwangalonni (*pronounced* ng-g); **don't put too much ~ in what the newspapers say,** paid (peidiwch) ag ymddiried gormod yn yr hyn a ddywed y papurau newydd; *Parl: &c:* **vote**

of ~, pleidlais o ymddiriedaeth; **motion of no ~,** cynigiad o ddiffyg ffydd/ymddiriedaeth; **I have every ~ that he will succeed,** 'rwyf i'n gwbl ffyddiog/hyderus y bydd ef yn llwyddo; *(b) (= self-confidence):* hyder *m,* hunanhyder *m,* ffyddiogrwydd *m.* **2.** *(= secrecy):* **to tell s.o. sth in ~,** dweud rhth wrth rn yn gyfrinachol; **in strict ~,** yn hollol gyfrinachol, *F:* rhyngoch chi a mi yn unig, rhyngoch chi a fi a'r wal, rhyngom ni'n dau, rhyngom ni a'n gilydd. **3.** *(= secret):* cyfrinach(-au) *f;* **to make a ~ to s.o.,** dweud cyfrinach wrth rn, *S:* cwnsela â rhn. **~ game** *n.* twyllo *vn,* hocedu *vn,* twyllwriaeth *f.* **~ limit** *n. Geog:* ffin(-iau) *(f)* hyder; *Ph: Mth:* cyfwng (cyfyngau) *(m)* hyder. **~ man** *n.m.* twyllwr (twyllwyr), hocedwr (hocedwyr), *occ:* cafflwr (cafflwyr), cogiwr (cogwyr), *N.W: occ:* rogiwr (rogwyr). **~ trick** *n.* twyll *m,* tric(-iau) *m,* hoced(-ion) *f.* **~ trickster** *n.* **= confidence man.**

confident *a. & n.* **1.** *a.* hyderus, ffyddiog; **he is ~ of success,** mae'n hyderus/ffyddiog y bydd yn llwyddo. **2.** *n.* **= confidant.**

confidential *a.* **1.** cyfrinachol. **2. to be ~ with s.o.,** rhannu cyfrinach â rhn. **3. ~ clerk,** clerc(-od) preifat/personol *m;* **~ secretary,** ysgrifennydd (ysgrifenyddion) preifat *m,* ysgrifenyddes breifat (ysgrifenyddesau preifat) *f.*

confidentiality *n.* cyfrinachedd *m.*

confidentially *adv.* yn gyfrinachol, fel cyfrinach.

confidentialness *n.* cyfrinachedd *m.*

confidently *adv.* yn hyderus *&c.*

confider *n.* ymddiriedwr: ymddiriedydd (ymddiriedwyr) *m.*

confiding *a.* ymddiriedus.

confidingly *adv.* yn ymddiriedus.

confidingness *n.* ymddiried *m,* ymddiriedaeth *f.*

configurated *a.* cyfluniedig.

configuration *n.* cyfluniad(-au) *m.*

configurational *a.* cyfluniadol.

configurationally *adv.* yn gyfluniadol.

configurationism *n.* cyfluniadaeth *f.*

configurative *a.* cyfluniadol.

configure *v.t.* cyflunio.

confine *v.t.* *(a) (= enclose):* caethiwo, cyfyngu (rhn); cyfyngu, cau (ar rn); cau (rhn) i mewn; *(in prison):* carcharu; **to confine s.o. to bed,** cadw rhn yn orweddog/orweiddiog, cadw rhn yn ei wely; **to be confined to bed,** bod yn orweddog/orweiddiog, gorfod aros yn y gwely, gorfod cadw'r gwely; *(b) (= limit):* cyfyngu (rhn, ar rn); **to ~ oneself to doing sth,** eich cyfyngu'ch hun i wneud rhth; **I confined myself to a wave of the hand,** ni wneuthum ddim ond codi fy llaw; **all their knowledge is confined to this,** eithaf eu gwybodaeth yw hyn; **to ~ oneself to facts,** glynu at y ffeithiau, cadw at y ffeithiau, eich cyfyngu'ch hun i'r ffeithiau; *(c)* **(to ~ a river) in its bed,** (cyfyngu afon) i'w gwely, o fewn ei glannau.

confined *a.* *(a) (= imprisoned):* caeth, wedi'ch caethiwo, mewn caethiwed; *(in bed):* gorweddog, gorweiddiog; *(b) (= limited):* cyfyngedig, cyfyng, wedi'ch cyfyngu; **we were ~ for space,** 'roedd yn gyfyng arnom am le; **~ to barracks,** cyfyngedig i'r barics; **~ space,** lle cyfyng *m;* *(c) (of woman):* **to be ~,** esgor, bod ar wely esgor, bod ar fin rhoi genedigaeth, gorwedd i mewn, *S: occ:* mynd trwy ei gwelyfod, *Lit: occ:* gwelyfodi.

confinement *n.* **1.** *(= imprisonment):* cyfyngiad(-au) *m,* caethiwed *m,* carchariad(-au) *m; S.a.* **confine; in close ~,** mewn carchariad cyfyng; **in solitary ~,** mewn carchariad unigol; **he spent a year in solitary ~,** bu am flwyddyn mewn cell ar ei ben ei hun; cafodd ei garcharu am flwyddyn ar ei ben ei hun. **2.** *(a) (of ill person, to bed):* caethiwed, cyfnod gorweiddiog/gorweddog *m,* cyfyngiad i'r gwely; **during his ~ to his bed,** pan oedd yn orweiddiog/orweddog, pan oedd yn gaeth i'w wely, pan oedd yn cadw'r gwely, pan oedd wedi'i gaethiwo i'r gwely; *(b) (= child-bearing):* gwely *(m)* esgor, amser *(m)* esgor, esgoriad *m,* cyfnod *(m)* geni, gorweddiad *(m)* i mewn, *S:* gwelyfod *m;* **time for ~,** tymp *m;* *(usu. of animals):* amod *mf,* [h]âl ([h]alau) *f;* **when does she expect her ~?** pa bryd mae hi'n disgwyl rhoi genedigaeth? pa bryd y bydd hi'n esgor? pa bryd mae ei thymp? **the doctor has attended six confinements this week,** bu'r meddyg yn gweini ar chwe esgoriad yr wythnos hon. **3.** *(= limitation):* cyfyngiad.

confiner *n.* cyfyngwr: cyfyngydd (cyfyngwyr) *m.*

confines *n.pl.* terfynau, ffiniau, cyffiniau, cylchoedd; **the utmost ~ of the earth,** pen pella*(m)*'r byd, eithafion/eithafoedd y ddaear/byd, terfynau'r ddaear; **within the ~ of the valley,** o fewn cyffiniau'r dyffryn; **the ~ of science,** terfynau gwyddoniaeth, cyfyngiadau gwyddoniaeth; *(= boundary, limit):* llinell *(f)* derfyn (llinellau terfyn), cyfyngiad(-au) *m.*

confining *a.* cyfyng, cyfyngol, cyfyngus, caethiwol, caethiwus.

confirm *v.t.* **1.** *(= strengthen):* cadarnh|au, sicrh|au, cryfh|au, cyfnerthu, atgyfnerthu, ategu, *Lit: occ:* cyfrymio; **to ~ s.o. in his opinion,** cadarnhau/cryfhau barn rhn. **2.** *(= ratify):* cadarnhau, dilysu, ategu; *Jur:* **to ~ a judgement,** ategu dyfarniad; *Jur:* **to ~ an order,** cadarnhau gorchymyn. **3.** *(= corroborate):* cadarnhau, ategu. **4.** *Ecc:* **to ~ s.o.,** rhoi bedydd esgob i rn, gweinyddu bedydd esgob i rn, conffirmio/conffyrmio rhn; *Ecc:* **to be confirmed,** cael/derbyn bedydd esgob.

confirmability *n.* natur gadarnhadwy *f,* posibilrwydd *(m)* cadarnh|au; **I doubt its ~,** 'rwy'n amau a oes modd ei gadarnhau.

confirmable *a.* cadarnhadwy.

confirmand *n. Ecc:* ymgeisydd (ymgeiswyr) *(m)* am fedydd esgob.

confirmation *n.* **1.** *(a) (= corroboration):* cadarnhad *m,* ategiad(-au) *m,* sicrhad *m, Lit: occ:* cyfrymiad(-au) *m; vn.* **= confirm; in ~ of sth,** i gadarnh|au rhth; *(b) Jur: Scot:* profiant *(m)* ewyllys. **2.** *Ecc:* bedydd(-iadau) *(m)* esgob, conffirmasiwn: conffyrmasiwn *m,* gwasanaeth *(m)* derbyn; **~ admits persons to full membership of the church,** trwy fedydd esgob deuir yn aelod cyflawn o'r eglwys.

confirmational *a.* cadarnhaol.

confirmative *a. & n.* **1.** *a.* cadarnhaol. **2.** *n.* **in the ~,** yn gadarnhaol, yn y cadarnhaol.

confirmatory *a.* cadarnhaol, ategol.

confirmed *a.* cadarn, rhonc, llwyr, diysgog, diymwad, diedifar; **a ~ invalid,** claf parhaol/anwelladwy; **a ~ drunkard,** meddwyn rhonc; **a ~ bachelor,** hen lanc rhonc; *S.a.* **confirm 4.**

confirmedly *adv.* yn gadarn *&c.*

confirmedness *n.* cadernid *m,* llwyrni *m,* llwyrdeb *m,* rhoncrwydd *m.*

confirming *vn.* **= confirm. ~ house** *n.* tŷ (tai) *(m)* cadarnh|au.

confiscable, confiscatable *a. Jur:* atafaeladwy.

confiscate *v.t.* *(a)* mynd â **(sth from s.o.,** rhth oddi ar rn), cymryd (rhth oddi ar rn); **the teacher confiscated the sweets from the children,** aeth yr athro â'r melysion oddi ar y plant; cymerodd yr athro y melysion oddi ar y plant; *(b) Jur:* atafael, atafaelu.

confiscation *n.* *(a) vn.* **= confiscate** *(a); (b) Jur:* atafael(-au) *m,* atafaeliad(-au) *m.*

confiscator *n.* atafaelwr (atafaelwyr) *m.*

confiscatory *a.* atafaelol.

confiteor *n. Ecc:* cyffes(-ion) *f.*

confiture *n.* jam(-iau) *m.*

conflagrant *a.* llosgol.

conflagrate *v.t.* llosgi.

conflagration *n.* tân mawr (tanau mawrion) *m,* coelcerth(-i) *f, Lit:* goddaith (goddeithiau) *f.*

conflate *v.t.* cyfuno, cyd-doddi, cydymdoddi, cydasio.

conflation *n.* cyfuniad(-au) *m,* cydasiad(-au) *m,* cyd-doddiad(-au) *m,* cyd-doddi *vn,* cydymdoddiad *m; vn.* **= conflate.**

conflict¹ *n.* **1.** *(= clash¹):* gwrthdaro *vn,* gwrthdrawiad(-au) *m,* croestyniad(-au) *m,* croestynfa (croestynfâu, croestynf|eydd) *f,* croestynnu *vn,* cynnen *f,* ymryson(-au) *m,* ymrafael(-ion) *m,* anghydfod(-au) *m,* croesgyffyrddiad *m;* **culture ~,** gwrthdaro diwylliannol/diwylliannau; **sustained ~,** croestyniad parhaol *m;* **~ of interest,** gwrthdaro buddiannau; **to come into ~ with s.o.,** gwrthdaro â rhn, dod i wrthdrawiad â rhn; **to be in ~ with s.o.,** tynnu'n groes i rn; **~ of loyalties,** gwrthdaro/gwrthdrawiad teyrngarwch; *Jur:* **~ of laws,** croesgyffyrddiad cyfreithiau; **a ~ of evidence,** tystiolaeth groestynnol/anghyson *f;* **a statement that is in ~ with other evidence,** datganiad nad yw'n cytuno â thystiolaeth arall. **2.** *(= battle):* gwrthdaro *vn,* brwydr(-au) *f,* brwydro *vn,* ymladdfa (ymladdf|eydd) *f,* ymladd *vn, Lit:* trin *f,* cad(-au) *f.* **~ resolution** *n.* datrys *(vn)* gwrthdaro. **~ theory** *n.* theori *(fm)* gwrthdaro.

conflict² *v.i.* **1.** *A: (= battle):* ymladd **(with s.o.,** â rhn, yn erbyn rhn). **2.** *(= disagree):* gwrthdaro, anghytuno **(with s.o.,** â rhn); bod yn groes (i rn), croestynnu (â rhn), tynnu'n groes (i rn); **when interests ~,** pan fo buddiannau'n gwrthdaro, pan fo lles y naill yn groes i les y llall.

conflicting *a.* anghyson [â'i gilydd], croestynnol, gwrthdrawiadol, croes [i'w gilydd], croestrawiadol, croestrawol; *Jur:* anghyson, croesebol; **~ evidence,** tystiolaeth anghyson; **~ interests,** buddiannau croes; **~ views,** safbwyntiau croes i'w gilydd.

conflictingly *adv.* yn anghyson *&c.*

confliction *n.* = **conflict[1] 2.**

conflictive *a.* = **conflicting.**

conflictual *a.* gwrthdrawiadol, gwrthdrawol.

confluence *n.* **1.** *(of water):* cymer(-au) *m*, cyflifiad(-au) *m*, cydlifiad(-au) *m*; **deferred ~,** cydlifiad gohiriedig. **2.** *A:* **~ of people,** tyrfa(-oedd) *f*, torf(-|eydd) *f*.

confluent *a. & n.* **1.** *a.* *(a) (streams):* cydlifol; *(b) (marks, spots):* ymdoddol. **2.** *n.* rhagafon(-ydd) *f*, rhagnant (rhagnentydd) *f*.

conflux *n.* = **confluence.**

confocal *a.* cydffocal.

confocally *adv.* yn gydffocal.

conform *v.t.&i.* **1.** *v.t.* cydffurfio (**sth to sth,** rhth i rth *or* â rhth), patrymu (rhth ar rth). **2.** *v.i.* cydymffurfio (**to/with sth,** â rhth); **to ~ to fashion,** dilyn y ffasiwn; **to ~ to the law,** ufuddh|au i'r gyfraith, cydymffurfio â'r gyfraith; *(of a part):* **to ~ [in shape] to another part,** cyfateb [o ran ffurf] i ran arall, bod yn unffurf â rhan arall; *Rel.H:* cydymffurfio.

conformability *n. Geol: &c:* cydffurfioldeb *m*, cydweddoldeb *m*.

conformable *a.* **1.** cydffurfiol, cydymffurfiol, cydwedd, cydweddol, cyson, unffurf, cyffurfiadwy, cydffurfiadwy (**to/with sth,** â rhth); cyfatebol, addas, cyfaddas (i rth). **2.** *(pers.): (= tractable):* ufudd, hydrin, hawdd eich trin, cydymffurfiol. **3.** *Geol:* cydffurfiol, cydffurfiadwy, cydweddol, cydorweddol.

conformably *adv.* **1.** yn gydffurfiol, yn gyson *&c*; **~ to . . . ,** yn unol â . . . , yn gyson â . . . ; **~ to custom,** yn ôl yr arfer.

conformal *a.* cydffurfiol, cydffurf.

conformance *n.* cydymffurfiad(-au) *m*, cydymffurfio *vn*, cydymffurfiaeth *f*.

conformation *n.* saernïaeth *f*, ffurfiad *m*, adeiladwaith *m*, cydffurfiad *m*; **eclipsed ~,** cydffurfiad gorchuddiedig; **staggered ~,** cydffurfiad alldro.

conformational *a.* cydffurfiol.

conformer *n.* cydymffurfiwr (cydymffurfwyr) *m*, cydymff|urfwraig *f*, cydffurfiwr (cydffurfwyr) *m*, cydff|urfwraig (**to/with sth,** â rhth).

conformism *n.* cydymffurfiaeth *f*, cydffurfiaeth *f*.

conformist *n.* cydymffurfiwr (cydymffurfwyr) *m*, cydymff|urfwraig *f*, cydffurfiwr (cydffurfwyr) *m*, cydff|urfwraig *f*.

conformity *n.* **1.** cydymffurfiad *m*, cydffurfiad *m*; **in ~ with your instructions,** yn unol â'ch cyfarwyddiadau. **2.** *Rel.H:* cydymffurfiaeth *f*, cydffurfiaeth *f*, cydymffurfiad *m*, cydffurfiad *m*.

confound *v.t.* **1.** *Lit:* *(= defeat):* trechu. **2.** *(= surprise):* synnu, syfrdanu; **I was confounded to hear,** 'roeddwn i'n synnu wrth/o glywed; bu'n syn gennyf glywed; mi synnais wrth/o glywed. **3.** *(= confuse):* drysu, cymysgu; **to ~ confusion,** dwysáu dryswch. **4. ~ him!** go damio'r dyn! go drapia'r dyn! wfft iddo! yn boeth y bo fe! **~ it!** *N:* [go] damia! [go] drapia! go draps las! dacia! [go] dacia fo! [go] daria! daria fo! dacia fo! Duw o'r Sowth! *S:* damo fe! drapo fe! damo shwd/shwt beth!

confounded *a. F:* [y] diawl, [y] cythraul, cythreulig, uffernol, diawledig; **you ~ idiot!** y diawl/cythraul gwirion iti! **that ~ nuisance!** y niwsans uffern yna! **what ~ cheek!** dyna ddiawl digywilydd!

confoundedly *adv.* yn ddiawledig, yn gythreulig, yn uffernol; **(it was) ~ cold,** ('roedd hi'n) oer uffernol, uffernol *&c* o oer, oer gebyst, goblyn o oer, oer ar y diawch.

confounder *n.* dryswr (dryswyr) *m*.

confraternity *n.* **1.** *(= fellowship):* brawdoliaeth(-au) *f*, cydfrawdoliaeth(-au) *f*. **2. Treaty of C~,** Cytundeb (*m*) Brawdgarwch.

confrère *n.m.* cymrawd (cymrodyr) *m*.

confront *v.t.* **1. to ~ s.o.,** wynebu rhn, bod wyneb yn wyneb â rhn, bod gyferbyn â rhn, *S.W: occ:* bod goddyreb â rhn; **my house confronts his,** mae fy nhŷ i gyferbyn â'i dŷ ef. **2. to ~ an enemy,** wynebu gelyn; **to ~ a danger,** wynebu perygl; **(the difficulties) confronting us,** (yr anawsterau) o'n blaen, sy'n ein hwynebu; **to ~ s.o. with witnesses,** dwyn tystion gerbr|on rhn, wynebu/cyfwynebu rhn â thystion; **when confronted with the evidence,** yn wyneb y dystiolaeth, pan wynebwyd ef/hi â'r dystiolaeth. **3.** *(= compare):* cymharu, cyfosod.

confrontal, confrontation *n.* cyfwynebiad(-au) *m*, cyfwynebu *vn*; *(= conflict):* gwrthdaro *vn*.

confrontational *a.* cyfwynebiadol, cyfwynebol, gwrthdrawiadol.

confrontationism *n. Pol:* cyfwynebiadaeth *f*, gwrthdrawiadaeth *f*.

confrontationist *n. & attrib.* **1.** *n.* cyfwynebiadwr: cyfwynebiadydd (cyfwynebiadwyr) *m*, gwrthdrawiadwr: gwrthdrawiadydd (gwrthdrawiadwyr) *m*. **2.** *attrib.* cyfwynebiadol, gwrthdrawiadol.

confronter *n.* wynebwr: wynebydd (wynebwyr) *m*, *occ:* cyfwynebwr: cyfwynebydd (cyfwynebwyr) *m*.

Confucian *a. & n.* **1.** *a.* Conffiwsaidd. **2.** *n.* Conffiwsiad (Conffiwsiaid) *m&f*.

Confucianism *n.* Conffiwsiaeth *f*.

Confucianist *n.* Conffiwsiad (Conffiwsiaid) *m&f*.

confuse *v.t.* **1.** cymysgu, drysu; **to ~ accounts,** drysu cyfrifon. **2. to ~ sth with sth,** cymysgu rhth â rhth, drysu rhwng rhth a rhth; *(of material &c):* **to get confused,** drysu, mynd yn ddryswch, clymu, mynd yn glymau, mynd yn gwlwm, *S.W:* cafflo. **3. to ~ s.o.,** drysu rhn, *N: F:* mwydro/moedro rhn; **to get confused,** *(of pers.):* drysu['n lân], moedro['ch pen], ffwndro, *N.W: occ:* hwntro.

confused *a.* **1.** *(a)* cymysglyd, dryslyd, mewn dryswch, wedi drysu; *Geog:* **~ drainage,** traeniad dryslyd *m*; *(b) (= surprised):* syn, syfrdan, wedi synnu, yn synnu; *(c) (pers.):* cymysglyd, dryslyd, wedi drysu, mewn penbleth, ffwndrus, moedrus, *S. W: occ:* dotlyd; **to get ~,** drysu, cymysgu, ffwndro, mynd i benbleth; **a ~ mind,** meddwl dryslyd/ffwndrus; **I was completely ~,** mi ffwndrais yn lân; 'roeddwn i wedi drysu'n lân; fe aeth hi'n nos arnaf; wyddwn i ddim beth i'w ddweud; 'roeddwn i mewn penbleth. **2. ~ speech,** araith gymysglyd/ffwndrus *f*.

confusedly *adv.* yn ddryslyd *&c*; mewn dryswch, mewn penbleth, mewn syndod.

confusedness *n.* dryswch *m*.

confusing *a.* dryslyd; **it is very ~,** mae'n ddigon i'ch drysu'n lân.

confusingly *adv.* yn ddryslyd *&c*; er dryswch.

confusion *n.* **1.** *(of mind):* dryswch *m*, penbleth *fm*; **to put s.o. in ~,** drysu rhn, peri dryswch i rn; **to put s.o. to ~,** *(= embarrass):* codi cywilydd ar rn, peri annifyrrwch i rn. **2.** *(= disorder):* anhrefn *f*, tryblith *m*, llanast[r] *m*, cybolfa *f*, annibendod *m*, *occ:* cawdel *mf*, *(of crowd &c):* trybestod *m*, terfysg(-oedd) *m*; **(everything was) in ~,** ('roedd popeth) blith draphlith, yn siop siafins, fel tŷ Jeroboam, yn draed moch, *S:* yn siang-di-fang, *N:* ar gychwyn, ar hyd y lle, *S.W: occ:* yn garlibwns, yn glamwri, yn gawdel, yn gabidwl, yn gabwdwl; **~ worse confounded,** anhrefn ar ben anhrefn; **to retire in ~,** ffoi/cilio mewn anhrefn llwyr, **to fall into ~,** drysu, mynd yn ddryswch; **to throw (sth) into ~,** creu anhrefn (ar/o rth, yn rhth), cawlio (rhth). **3.** *(= mixing up):* cymysgfa (cymysgf|eydd) *f*, cymysgwch *m*, amryfusedd(-au) *m*, cymysgu *vn*; **~ of sth with sth,** cymysgu rhth â rhth; *B:* **~ of tongues,** cymysgu'r ieithoedd; **there has been some ~ of names,** bu peth cymysgwch yn yr enwau; bu peth cymysgu enwau.

confusional *a.* dryslyd.

confutation *n.* **1.** *vn.* = **confute.** **2.** gwrthbrawf (gwrthbrofion) *m*, datbrofiad(-au) *m*.

confutative *a.* gwrthbrofol.

confute *v.t.* **1. to ~ s.o.,** profi bod rhn yn anghywir, profi anghywirdeb rhn. **2.** *(an argument):* gwrthbrofi, datbrofi, gwrth-droi (dadl); profi gwrthwyneb (i ddadl).

confuter *n.* gwrthbrofwr: gwrthbrofydd (gwrthbrofwyr) *m*, datbrofwr: datbrofydd (datbrofwyr) *m*.

conga[1] *n.* conga(-s, congâu) *mf* (*pronounced* ng-g). **~ drum** *n.* tabwrdd (tabyrddau) (*m*) conga, drwm (drymiau) (*m*) conga.

conga[2] *v.i.* dawnsio'r conga.

congé *n.* **1.** *(= dismissal):* diswyddiad(-au) *m*. **2.** *(a) (= leave-taking):* ffarwelio *vn*, ffarwel(-iadau) *m*; *(b) Lit: (= song of farewell):* cân (caneuon) (*f*) ffarwel/ffarwél. **3.** *(= permission to leave):* cennad *f*, caniatâd *m*, *Lit:* caniad *m* [i fynd]; *Ecc:* **~ *d'élire*,** cennad i ddewis esgob.

congeal *v.t.&i.* **1.** *(blood, milk):* ceulo, tewychu, *occ:* torthi, tolchennu, *S.W:* tortho; *(of oil):* ceulo, tewychu. **2.** *Fig:* **to ~ with fear,** fferru/sythu gan ofn.

congealed *a.* ceuledig, tolchennog, wedi ceulo/tewychu/tolchennu.

congealment, congelation *n.* ceul[i]ad(-au) *m*, tewychiad(-au) *m*, tortheniad(-au) *m*, tolchiad(-au) *m*, tolch(-au) *f*, tolchen(-ni) *f*; *(= freezing):* rhewiad *m*, rhewi *vn*, fferru *vn*, sythu *vn*.

congeliturbate *n. Geog:* rhewdyrfiad(-au) *m*.

congeliturbation *n. Geog:* rhewdyrfiant (rhewdyrfiannau) *m*.

congener *a. & n.* **1.** *a.* cytras, cydryw (**to sth,** â rhth). **2.** *n.* cytras(-au) *m* (**of sth,** rhth), cydryw(-iaid) *m* (â rhth).

congeneric, congenerous *a.* cytras, cytrasaidd, cydryw, cydrywiog, cydrywiol.

congenial *a.* cydnaws (**with sth,** â rhth); **we have ~ tastes,** mae gennym flas at yr un pethau â'n gilydd; 'rydym yn hoffi'r un pethau; mae'n chwaeth ni'n cyd-daro; **a ~ spirit,** enaid hoff cytûn.

congeniality *n.* cydnawsedd *m*.

congenially *adv.* yn gydnaws.

congenital *a.* o'ch geni, cynhwynol, genedigol, cynhenid; **~ defects,** namau cynhwynol; **~ idiot,** hurtyn cynhenid, hurtyn ers ei eni, hurtyn o'r crud/groth.

congenitally *adv.* o'ch geni, o'r groth, o'r crud, yn gynhenid, yn gynhwynol.

conger *n. Ich:* **~[-eel],** llysywen bendoll (llysywod pendwll) *f*, llysywen fôr (llysywod môr), môr-lysywen (~- lysywod, ~-lyswennod) *f*, *F:* slywen fôr (slywod môr), congren (congrod) *f* (*pronounced* ng-g).

congeries *n.* pentwr (pentyrrau) *m*, cruglwyth(-i) *m*, crug(-iau) *m*, crugyn(-nau, -nod, crugiau) *m*.

congest *v.t.&i.* **1.** *v.t.* *(a) Med:* gorlanw, gorlenwi; *(lungs):* *caethdagu; *(b) (roads &c):* gorlenwi, gorlanw, tagu. **2.** *v.i.* *(a) Med:* gorlanw, gorlenwi; *(of lungs):* mynd yn gaeth, *caethdagu; *(b) (of road):* mynd yn dagfa, tagu, gorlenwi; *(of traffic):* mynd yn dagfa.

congested *a.* **1.** *Med:* gorlawn (**with sth,** o rth), tagedig (â rhth); *(lungs):* caeth, myglyd. **2.** *Bot:* gorlawn, gordyrrog, tagedig. **3.** *(road):* gorlawn, yn dagfa; *Econ:* tagedig; *(traffic):* heidiol, rhy niferus, gorlanwol, gorniferus, gorddwys, tagfaol; **~ area,** tagfa (tagf|eydd) *f*; **~ district,** ardal orlawn/orboblog (ardaloedd gorlawn/gorboblog) *f*, ardal â gormod o boblogaeth.

congestion *n.* **1.** *Med: (in general):* gorlawnder *m*, gorlenwad *m*, gorddwysedd *m*; *(of lungs &c):* caethni *m*, caethdra *m*, caethder *m*. **2.** *(a) (of road &c):* gorlawnder *m*, tagf|eydd *pl*; *(of traffic):* tagfeydd; *(b) (= overpopulation):* gorboblogiad(-au) *m*, gorgrynhoad *m*, gordyriant *m*, gorgrynh|oi *vn*, gorboblogi *vn*; *(c) Biol: &c:* gordyriant; *(d) Econ:* tagiant *m*.

congestive *a.* *Med: (generally):* gorlanwol, gorlenwol, gorddwys; *(lungs):* myglyd, taglyd, caeth; *Med:* **~ heart failure,** diffyg (*m*) gorlenwad y galon, diffyg tageddol y galon.

congius *n. Meas: Pharm:* galwyn(-i) *mf*.

conglobate[1] *a.* pellennaidd, pellennol, pelennol, cronellog.

conglobate[2] *v.t.* pellennu, pelennu.

conglobation *n.* pelleniad(-au) *m*, peleniad(-au) *m*, cronnell (cronellau) *f*.

conglobe *v.t.* = **conglobate[2]**.

conglomerate[1] *a. & n.* **1.** *a.* *(a) Geol:* clobynnog, cruglwythog; **a ~ mass,** pentwr (pentyrrau) *m*, crug(-iau) *m*; *(b) (group, society, mixture):* cymysg, amryfath, amryfeilryw, amryryw. **2.** *n.* *(a) Geol:* clymfaen (clymfeini) *m*, clobynfaen (clobynfeini) *m*, amryfaen (amryfeini) *m*, clwm (clymau) (*m*) o gerrig mân; *(b) (= heap):* cruglwyth(-i) *m*, twr (tyrrau) *m*, pentwr (pentyrrau) *m*, crug(-iau) *m*, crugyn(-nau, -nod, crugiau) *m*; *(c) Fin: Com:* cyd-dyriad(-au) *m*.

conglomerate[2] *v.t.&i.* **1.** *v.t.* *(a)* casglu, cydgasglu, pentyrru, cruglwytho, crynh|oi. **2.** *v.i.* *(i) (of people):* ymgasglu, ymdyrru, cyd-dyrru, ymgrynh|oi; *(ii) Geol:* ymgasglu, ymglymu, cydglymu, clobynnu, crugio.

conglomeratic *a.* = **conglomerative**.

conglomeration *n.* pentwr (pentyrrau) *m*, cydglymiad(-au) *m*; *Geol:* clobyniad(-au) *m*, crugiad(-au) *m*; *Fin: Com: &c:* cyd-dyriad(-au) *m*, cydgasgliad(-au) *m*, cydgrynhoad (cydgrynoadau) *m*.

conglomerative *a.* cydgasglol, cyd-dyrrol, pentyrrol, cydgrynhöol.

conglomerator *n.* cydgasglwr (cydgasglwyr) *m*, pentyrrwr (pentyrwyr) *m*, cydgrynhöwr (cydgrynhowyr) *m*, cruglwythwr (cruglwythwyr) *m*.

conglutinate[1] *a.* cyflynol, cyfludiol.

conglutinate[2] *v.t.&i.* **1.** *v.t.* glynu, gludio, cydio, cyflynu, cyfludio (rhth wrth rth, rhth yn rth). **2.** *v.i.* ymlynu, glynu (wrth rth, yn rhth).

conglutination *n.* cyflyniad(-au) *m*, cyflynu *vn*, cyfludiad(-au) *m*, cyfludo *vn*.

conglutinative *a.* cyflynol, cyfludiol.

Congo *Pr.n. Geog:* **1. [the River] ~,** Afon (*f*) Congo, Y Congo *m* (*pronounced* ng-g). **2. Republic of the ~,** *(now Zaire):* Gweriniaeth (*f*) y Congo.

Congolese *a. & n.* **1.** *a.* Congolaidd (*pronounced* ng-g); **the ~ government,** llywodraeth y Congo; **he's ~,** un o'r Congo yw ef. **2.** *n.* Congoliad (Congoliaid) *m&f* (*pronounced* ng-g).

congou *n.* te du *m*.

congrats, congratters *n.pl. P:* llongyfarchiadau, llongyfarchion (*both pronounced* ng-g); *N.W: occ:* llwyddiant dda (*note irregular mut.*).

congratulant *n.* = **congratulator**.

congratulate *v.t.* **to ~ s.o. on sth,** llongyfarch rhn ar rth (*pronounced* ng-g).

congratulation *n.* llongyfarchiad(-au) *m*, llongyfarchion *pl* (*both pronounced* ng-g).

congratulative *a.* = **congratulatory**.

congratulator *n.* llongyfarchwr (llongyfarchwyr) *m* (*pronounced* ng-g).

congratulatory *a.* llongyfarchol, llongyfarchiadol (*both pronounced* ng-g); **a ~ letter,** llythyr llongyfarch.

congregant *n.* cynulleidfäwr (cynulleidfawyr) *m*.

congregate *v.t.&i.* **1.** *v.t.* casglu, crynh|oi, cynnull; galw (rhai) ynghyd; *N:* hel (rhai) (at ei gilydd). **2.** *v.i.* ymgynnull, dod ynghyd, crynhoi, ymgrynh|oi, ymgasglu, ymdyrru; *N:* hel [at eich gilydd].

congregation *n.* **1.** *Ecc:* cynulleidfa(-oedd) *f*. **2.** *(= university assembly):* cynulliad(-au) *m*.

congregational *a.* cynulleidfaol; *Rel.H:* **C~ church,** eglwys Gynulleidfaol (eglwysi Cynulleidfaol) *f*, eglwys Annibynnol, *F:* eglwys yr Annibynwyr, capel(-i) (*m*) Annibynwyr, *occ:* capel Sentars; **the C~ Union,** Undeb (*mf*) yr Annibynwyr.

Congregationalism *n.* *Rel.H:* Annibyniaeth *f*, *occ:* Cynulleidfaoliaeth *f*, *F: occ:* Annibynia *f*, y Sentars *pl*.

Congregationalist *n. Rel.H:* Cynulleidfäwr (Cynulleidfawyr) *m*, *occ:* Cynulleidfaolwr (Cynulleidfaolwyr) *m*; *(in Wales):* Annibynnwr (Annibynwyr) *m*, Annib|ynwraig (Annibynwragedd) *f*, *F:* Sentar(-s) *m&f*, *Joc:* Annibýn(-s) *m&f*.

congregator *n.* cynullwr (cynullwyr) *m*, cynullydd(-ion) *m*.

congress *n.* **1.** *(= meeting):* *(a)* cynulliad(-au) *m*, cymanfa(-oedd) *f*, cynhadledd (cynadleddau) *f*; *(b) Pol: Sch:* cyngres(-au) *usu.f*; **the Trades Union C~,** Cyngres yr Undebau Llafur; *U.S:* **C~,** y Gyngres; *(India):* **C~ Party,** Plaid (*f*) y Gyngres. **2.** *(= intercourse):* cyfathrach(-au) *f*.

congressional *a.* cyngresol; **~ debates,** dadleuon cyngres; *U.S:* **~ leaders,** arweinwyr y Gyngres.

congressionally *adv.* yn gyngresol.

congressman *n.m.* cyngreswr (cyngreswyr).

congresswoman *n.f.* cyngr|eswraig (cyngreswragedd) *f*, cyngresferch(-ed) *f*.

congroid *a. Ich:* congraidd (*pronounced* ng-g).

congruence, congruency *n.* **1.** cysoneb *m*, cytgord *m*, cytundeb *m*. **2.** *Mth:* cyfathiant (cyfathiannau) *m*.

congruent *a.* **1.** cyson, cydgordiol, cytûn, cytunol (**with sth,** â rhth). **2.** *Mth: Geom:* cyfath (â rhth).

congruently *adv.* **1.** yn gyson *&c.* **2.** *Mth:* yn gyfath.

congruism *n. Rel:* cydfynediadaeth *f*.

congruity *n.* **1.** = **congruence**. **2.** *(= suitability):* addasrwydd *m*, cyfaddasrwydd *m*, gwedduster *m*, cymhwyster *m*, priodoldeb *m*.

congruous *a.* **1.** = **congruent**. **2.** *(= fitting):* addas, cyfaddas, cymwys, gweddus, priodol. **3.** *Rel:* cydfynedol.

congruously *adv.* yn gyson *&c.*

congruousness *n.* = **congruity 2.**
conic *a. Geom:* conig.
conical *a.* conig, conigol, *occ:* curnol, pigfain, curnennaidd, curnennol, pigynnol, pigyrnol; *Metalw:* ~ **head rivet,** rhybed (*m*) pen côn.
conically *adv.* yn gonig *&c.*
conicalness, conicity *n.* conigrwydd *m*, conigedd *m*.
conicoid *n.* c|onicoid (conicoidau) *m*.
conics *n.pl. Geom:* toriadau conig, coneg *f*.
conidial *a. Bact: Fung:* conidiol.
conidiophore *n. Bact: Fung:* con|idioffor (conidiofforau) *m*.
conidiophorous *a. Bact: Fung:* conidiofforaidd.
conidium *n. Bact: Fung:* conidiwm (conidia) *m*.
conifer *n.* c|oniffer (conifferau) *mf*, conwydden (conwydd) *f*.
coniferous *a.* conifferaidd; ~ **tree,** conwydden (conwydd) *f*.
coniform *a.* = **conical.**
coniine *n. Pharm:* conïin *m*.
conium *n. Bot:* = **hemlock.**
conjectural *a.* damcaniaethol, dyfaliadol, tybiaethol, tybiedig, tybiadol, dychmygol, amcaniaethol.
conjecturally *adv.* yn ddamcaniaethol *&c.*
conjecture[1] *n.* dyfaliad(-au) *m*, amcan(-ion) *m*, tyb(-iau) *mf*, dychymyg (dychmygion) *m*, tybiaeth(-au) *f*, damcaniaeth(-au) *f*; **I was right in my conjectures,** 'roeddwn wedi tybio'n gywir; **we were reduced to conjectures,** ni allem ond dyfalu.
conjecture[2] *v.t.&i.* **1.** *v.t.* tybio, dyfalu. **2.** *v.i.* (= *guess*): dyfalu, bwrw amcan, tybio; **it was as I conjectured,** 'roedd fel y tybiwn; **may we ~ that ...?** a ellir tybio bod ...? tybed ...?
conjectured *a.* tybiedig, damcaniaethol, dychmygedig.
conjoin *v.t.&i.* **1.** *v.t.* cyfuno, uno, cysylltu, asio, cydasio, cydgysylltu. **2.** *v.i.* ymuno, dod ynghyd, ymgyfuno, ymgysylltu.
conjoined *a.* unedig, cyfun, cyfunol, cyfunedig, cydgysylltiedig.
conjoint *a.* unedig, cyfunedig, ar y cyd, cysylltiedig; *Sociol:* ~ **family therapy,** th|erapi (*m*) teulu ar y cyd.
conjointly *adv.* ar y cyd, gyda'ch gilydd.
conjugal *a.* priodasol, *occ:* cydweddog.
conjugality *n.* cyflwr priodasol *m*, cydweddogrwydd *m*.
conjugally *adv.* yn briodasol.
conjugate[1] *a. & n.* **1.** *a.* cyfunedig, cydweddog, cypledig, cyplysog; *Lib:* ~ **leaf,** dalen gyfatebol (dalennau cyfatebol) *f*; *Gram:* cytras; *Mth:* cyfieuol, cyfiau; *Biol:* cyfun; *Med:* cyfunol, cyfunedig. **2.** *n.* (*a*) *Gram:* cytras(-au) *m*; (*b*) *Mth: &c:* cyfiau (cyfieuau) *m*; **complex ~,** cyfiau cymhlyg.
conjugate[2] *v.t.&i.* **1.** *v.t. Gram:* rhedeg, ffurfdr|oi. **2.** *v.i. Biol: Ch:* cydgysylltu; ymgyfuno.
conjugated *a.* = **conjugate**[1]; *Gram:* rhediadol, ffurfdroadol, ffurfdröedig.
conjugately *adv.* yn gyfunedig *&c.*
conjugateness *n.* cyfieuedd *m*, cydgysylltiad *m*, cyfuniad *m*.
conjugation *n.* **1.** *Gram:* rhediad(-au) *m*, ffurfdroad(-au) *m*, rhedeg *vn*, ffurfdr|oi *vn*. **2.** *Biol:* cydgysylltiad *m*.
conjugational *a.* **1.** *Gram:* rhediadol, ffurfdroadol. **2.** *Biol:* cyfunol, cyfuniadol, ymgyfunol.
conjugationally *adv.* **1.** yn rhediadol. **2.** yn gyfunol *&c.*
conjugative *a.* cyfunol, cyplysol, cydgysylltol, cyfieuol.
conjunct *a. & n.* **1.** *a.* = **conjoint**; *Gram:* cysylltiol; *Mus:* ~ **movement, ~ motion,** symud (*vn*) bob yn gam, symud gam a cham, symudiad cydredol *m*. **2.** *n.* cysylltyn (cysylltion) *m*.
conjunction *n.* **1.** cysylltiad(-au) *m*, cyfuniad(-au) *m*; *Rel:* cydgysylltiad *m*; **in ~ with s.o.,** ar y cyd â rhn, ynghyd â rhn, mewn cysylltiad â rhn. **2.** *Gram:* cysylltair (cysyllteiriau) *m*, cysylltiad (cysylltiaid) *m*. **3.** *Astr:* cysylltiad(-au) *m*.
conjunctional *a.* cysylltiadol, cyfuniadol; *Gram:* cysyllteiriol.
conjunctionally *adv.* yn gysylltiol *&c.*
conjunctiva *n.* **1.** *Anat:* pilen (*f*) y llygad, cyfbilen(-nau) *f*. **2.** *Ent:* pilen(-nau) *f*.
conjunctival *a. Anat:* cyfbilennol.
conjunctive *a. & n.* **1.** *a.* (*a*) cysylltiol, cyfuniadol, cysylltiadol, cydgyfunol, cyfunol; (*b*) *Gram:* cysylltiol, cysyllteiriol; ~ **pronoun,** rhagenw(-au) (*m*) cysylltiol. **2.** *n. Gram:* cysylltair (cysyllteiriau) *m*.
conjunctively *adv.* **1.** yn gysylltiol *&c.* **2.** *Gram:* yn gysyllteiriol.
conjunctivitis *n. Med:* llid (*m*) yr amrannau/amrantau, llid pilen y llygad, llid y gyfbilen, cyfbilennwst *m*; (*loosely*): llid ar y llygad/llygaid.
conjunctly *adv.* = **conjointly**; ar y cyd.
conjuncture *n.* amgylchiad(-au) *m*, achlysur(-on) *m*.
conjuration *n.* **1.** (*of demons &c*): consuriaeth *f*, consurio *vn*, codi (*vn*) cythreuliaid. **2.** (= *incantation*): swyngyfaredd(-ion) *f* (*pronounced* ng-g). **3.** (= *solemn appeal*): tynghediad (tyngediadau) *m*, galwad daer (galwadau taer) *f*, ymbiliad(-au) taer *m*, siars(-au,-iau) *f*.
conjure *v.t.* **1.** (= *appeal*): ymbil [yn daer]; **to ~ (s.o. to do sth),** ymbil, erfyn, galw (ar rn i wneud rhth, ar i rn wneud rhth); cymell, siarsio (rhn i wneud rhth). **2.** (*a*) (= *raise up*): codi, consurio; **to ~ demons,** codi/galw/consurio cythreuliaid, *S.W:* cwnsieru cythreuliaid; (*b*) *Fig:* **to ~ up memories of sth,** galw rhth i gof, deffro atgofion am rth, dwyn rhth i gof; atgoffa o rth; **a name to ~ with,** enw dewinol; (*c*) *abs.* (= *perform tricks*): consurio, *S.W:* cwnsieru; **to ~ a rabbit out of a hat,** consurio cwningen o het.
conjurer *n.* **1.** (= *performer of tricks*): dewin(-iaid) *m*, consuriwr (consurwyr) *m*, *S.W:* cwnsierwr(-s, cwnsierwyr) *m*. **2.** *W.Anthr:* (= *village sorcerer*): gŵr (gwŷr) hysbys *m*, gŵr cyfarwydd, dewin, dyn(-ion) hysbys *m*, cynjar(-s) *m*, *S.W:* cwnsierwr.
conjuring *vn. & a.* **1.** *vn.* consuriaeth *f*, consurio. **2.** *a.* ~ **trick,** tric(-iau) (*m*) consurio, cast(-iau) (*m*) dewin, cast hud.
conjuror *n.* = **conjurer.**
conk[1] *n. P:* **1.** = **nose**[1]. **2.** = **head**[1]. **3.** = **punch**[2], **blow**[5].
conk[2] *v.t.&i.* **1.** *v.t. P:* **to ~ s.o.,** taro rhn, *N: F:* rhoi laban i rn, *S: F:* wado rhn, rhoi pompad i rn. **2.** *v.i. F:* **to ~ out,** nogio, diffygio, torri [i lawr], pallu, methu mynd, cael aflwydd, *N: F:* mynd allan ohoni, *S: F: occ:* ffaelu.
conker *n.* concyr(-s) *mf*, *N: F: O:* cneuen (*f*) gobl[i]o (cnau cobl[i]o), coblyn *m*; **to play conkers,** chwarae concyrs, *N: F: O:* cobl[i]o.
con moto *adv. Mus:* yn sionc, yn heini.
conn *v.t. Nau:* = **con**[2].
connate *a.* (= *innate*): cynhenid, cynhwynol; *Bot: Z:* cynhwynol; ~ **with ...,** cydanedig â ..., a aned yr un pryd â....
connately *adv.* yn gynhenid.
connatural *a.* **1.** (= *innate*): cynhenid, cynhwynol, naturiol, greddfol. **2.** (= *of like nature*): cyffelyb, tebyg, cyfanian, cydnaws.
connaturality *n.* cydnawsedd *m*.
connaturally *adv.* **1.** wrth natur, yn gynhenid *&c.* **2.** yn gydnaws *&c.*
Connaught *Pr.n. Geog:* Connacht *f*.
connect *v.t.&i.* **1.** *v.t.* cysylltu (**sth with sth,** rhth â rhth), *occ:* cydio (rhth wrth rth); **to be connected (with a family),** bod â chysylltiad, bod â pherthynas (â theulu). **2.** *v.i.* (*a*) ymgysylltu, cysylltu, mynd/dod i gysylltiad; *Rail: &c:* **to ~ with a train,** cysylltu â thrên; (*b*) *F:* (= *hit target*): bwrw'r nod, taro'r nod.
connectable *a.* cysylltadwy.
connected *a.* **1.** cysylltedig, cysylltiedig, cysylltiol, mewn cysylltiad, â chysylltiad (**to sth,** â rhth); *F:* sownd (yn rhth); (*speech*): cysyllt[i]edig, di-dor, di-fwlch, cydlyn, cydlynol; ~ **writing,** ysgrifennu cysylltiedig, ysgrifen gysylltiedig *f*, *occ:* ysgrifen redeg, *F:* sgwennu sownd. **2. to be well-~,** adnabod y bobl iawn, bod â chysylltiadau da, perthyn i'r bobl iawn.
connectedly *adv.* mewn cysylltiad, yn ddi-fwlch; **to think ~,** meddwl yn rhesymegol.
connectedness *n.* dilyniant *m*, cysylltioldeb *m*, cysylltiedigrwydd *m*.
connecting *a.* cysylltol, cysylltiol, cyswllt; ~ **gear,** gêr cysyllt[i]ol/cyswllt *mf*; ~ **link,** dolen gyswllt (dolenni cyswllt) *f*; ~ **rod,** rhoden gyswllt (rhodiau cyswllt) *f*; ~ **rooms,** ystafelloedd cysylltiol/cysylltiedig.
connection *n.* **1.** (*in general sense*): cysylltiad(-au) *m*, cyswllt (cysylltau) *m*; (= *bearing*): cysylltiad, cyswllt, perthynas *f*; **this question has no ~ with ...,** 'does dim cysylltiad/cyswllt rhwng y cwestiwn hwn a ...; nid oes a wnelo'r cwestiwn hwn ddim â ...; **in ~ with sth,** ynglŷn â rhth, yngh|ylch rhth, gyda golwg ar rth, mewn cysylltiad â rhth, *Lit:* parthed rhth, mewn perthynas â rhth; **in this ~,** gyda golwg ar hyn, yn hyn o beth, yn y cyswllt hwn, yn yr achos hwn; **in another ~,** mewn cyswllt/cysylltiad arall; **(remarks) with little ~ between them,**

(sylwadau) digyswllt, heb fawr o gyswllt/gysylltiad rhyngddynt. **2.** *(= relationship)*: perthynas(-au) *f*, cysylltiad(-au) *m*, cyfathrach(-au) *f*; *O: (= sexual intercourse)*: cyfathrach rywiol; **to form a ~ with s.o.,** ffurfio perthynas/cysylltiad â rhn; **to break off a ~ with s.o.,** torri cysylltiad â rhn; **they have broken off all ~,** *F:* 'does dim Cymraeg rhyngddynt. **3. he is a ~ of mine,** mae ef yn perthyn imi; mae ef yn berthynas imi. **4.** *Com: (= clientele)*: cwsmeriaid *pl*; **a wide ~,** digonedd (*m*) o gwsmeriaid, nifer helaeth (*mf*) o gwsmeriaid; **(a commercial traveller) with a wide ~,** (trafaeliwr) â chylch eang o gwsmeriaid, â chwsmeriaid niferus, â chysylltiadau niferus. **5.** *Rail:* cysylltiad. **6.** *Mec.E: El.E:* cysylltiad(-au) *m*; *Tp:* **wrong ~,** camgysylltiad(-au) *m*; *Eng: (=* **joint 1***)*: asiad(-au) *m*, uniad(-au) *m*. **7.** *(= sect)*: enwad(-au) *m*, cyfundeb(-au) *m*. **8.** *F: (= supplier of narcotics)*: cysylltwr (cysylltwyr) *m*.

connectional *a. Rel:* enwadol, cyfundebol.

connective *a. & n.* **1.** *a.* cysyllt[i]ol, cyswllt. **2.** *n.* *(a) Gram:* cysylltair (cysyllteiriau) *m*; *Cmptr: pl.* **connectives,** cysylltion.

connectivity *n.* cysylltedd *m*. **~ matrix** *n.* matrics(-au) (*m*) cysylltedd.

connector *n.* cysylltwr (cysylltwyr) *m*. **~ box** *n.* blwch (blychau) (*m*) cyswllt/cysylltu.

connexion *n.* = **connection.**

connexionalism *n.* enwadaeth *f*, cyfundebaeth *f*.

conning tower *n. Nau:* tŵr (tyrau) (*m*) llywio.

conniption *n. U.S:* **~ fit,** pwl (pyliau) (*m*) o gynddaredd.

connivance *n.* **1.** goddefiad *m*, goddef *vn*, cydsyniad [dirgel/mud/tawel] *m*, cefnogaeth [fud/ddirgel/dawel] *f*, ymoddefiad *m*, ymoddef *vn*, cyd-fynd *vn*; **in ~ with s.o., with s.o.'s ~,** gyda chefnogaeth fud rhn, mewn cyd-ddealltwriaeth â rhn. **2.** *Jur: (= complicity)*: cydgynllwyn *m*.

connive *v.i.* **1.** *(= tolerate)*: **to ~ at sth,** goddef rhth [yn ddistaw], cau llygaid ar rth, cefnogi rhth yn ddirgel, ymoddef rhth, cydymdd|wyn â rhth, cyd-fynd â rhth. **2.** *(= conspire)*: **to ~ with s.o.,** cydgynllwynio â rhn.

connivent *a. Biol:* cydgyfeiriol.

conniver *n.* goddefwr (goddefwyr) *m*, godd|efwraig *f*, cydsyniwr (cydsynwyr) *m*, cyds|ynwraig *f*, cydymddygwr (cydymddygwyr) *m*, cydymdd|ygwraig *f*.

connoisseur *n.* ***connoisseur(-s)*** *m*, arbenigwr (arbenigwyr) *m*, *chwaethwr (chwaethwyr) *m*, *archwaethwr (archwaethwyr) *m* **(of sth,** ar rth); un (rhai) cyfarwydd *m* (â rhth), beirniad (beirniaid) craff *m* (ar rth).

connoisseurship *n.* gwybodaeth (*f*) ***connoisseur***, chwaeth *f*, *chwaethwriaeth *f*.

connotation *n.* **1.** arwyddocâd *m*, ystyr(-on) *mf*; *Sch:* cysylltiadau *pl*, goblygiadau *pl*. **2.** *Phil:* cynodiad(-au) *m*, cynodiant (cynodiannau) *m*.

connotational, connotative *a.* cynodiadol.

connotatively *adv.* yn gynodiadol.

connote *v.t.* **1.** *Log:* cynodi. **2.** *(= imply)*: golygu, arwyddocáu, goblygu.

connubial *a.* priodasol, *occ:* cydweddog.

connubiality *n.* bywyd priodasol *m*.

connubially *adv.* yn briodasol.

conodont *n.* *côn-ddant (~-ddannedd) *m*.

conoid *a. & n.* **1.** *a.* conaidd, conoidaidd. **2.** *n.* conoid(-au) *m*.

conoidal *a.* = **conoid 1.**

conquer *v.t.* **1.** *(country)*: gorchfygu, goresgyn, concro, *A: Lit:* concwerio; **to ~ all hearts,** ennill/concro pob calon, ennill calonnau pawb. **2.** *(enemy)*: gorchfygu, trechu, maeddu (*not* ennill).

conquering *a.* **1.** gorchfygol, concweriol. **2.** *(= victorious)*: buddugol, *occ:* goresgynnol, trech, trechaf; **the ~ hero,** arwr (arwyr) (*m*) y dydd, *N.W: Iron:* congrinero(-s) *m* (*pronounced* ng-g).

conqueror *n.* **1.** *Mil: &c:* gorchfygwr (gorchfygwyr) *m*, concwerwr (concwerwyr) *m*, goresgynnwr (goresgynwyr) *m*; *Hist:* **[William] the C~,** Gwilym Orchfygwr, Gwilym Goncwerwr. **2.** *(= victor)*: buddugwr (buddugwyr) *m*, y trechaf *m*, trechwr (trechwyr) *m*.

conquest *n.* gorchfygiad(-au) *m*, goruchafiaeth(-au) *f*, goresgyniad(-au) *m*, concwest(-au) *f*; *(= victory)*: buddugoliaeth(-au) *f*; *Hist:* **the [Norman] C~,** y Goncwest [Normanaidd], y Goresgyniad Normanaidd; *Fig:* **to make a ~ of s.o.,** mynd â bryd rhn, ennill serch/bryd/calon rhn, ennill rhn.

conquistador *n.* concwerwr (concwerwyr) *m*, concw|istador (concwistadoriaid) *m*.

con-rod *n.* = **connecting rod.**

consanguine, consanguineous *a.* cydwaed, cytras, o'r un [g]waed, unwaed, o'r un waedoliaeth, yn perthyn o ran gwaed; **~ family,** gwehelyth (*mf*) gwaed, ceraint *pl*.

consanguineously *adv.* yn gydwaed *&c*.

consanguinity *n.* cydwaedoliaeth *f*, gwaedoliaeth *f*, cytrasedd *m*, perthynas (*f*) [g]waed.

conscience *n.* cydwybod(-au) *f*; **a clear ~,** cydwybod lân/glir; **an easy ~,** cydwybod esmwyth/dawel; **an accommodating ~,** cydwybod ystwyth; **to have no ~,** bod heb gydwybod, bod yn ddigydwybod; **freedom of ~,** rhyddid (*m*) cydwybod; **prisoner of ~,** carcharor(-ion) (*m*) cydwybod; **on word and ~,** ar air a chydwybod; **to make sth a matter of ~,** gwneud achos cydwybod o rth; **case of ~,** mater (*m*) o gydwybod; **in [all] ~,** mewn difrif calon, yn enw pob rheswm, yn bendifaddau, ar air a chydwybod; **it would go against my ~ to do it,** byddai'n groes i'm cydwybod ei wneud; *Lit:* **~ doth make cowards of us all,** mae pwyll (*m*) yn gwneuthur llechgwn llwfr ohonom oll. **~ clause** *n.* cymal(-au) (*m*) cydwybod. **~-money** *n.* arian (*m*) cydwybod. **~-stricken, ~-smitten** *a.* mewn poen cydwybod, euog, â'ch cydwybod yn eich poeni.

conscienceless *a.* digydwybod, diedifar.

conscientious *a.* cydwybodol; **~ objection,** gwrthwynebiad(-au) cydwybodol *m*, gwrthwynebiad ar dir cydwybod; **~ objector,** gwrthwynebwr: gwrthwynebydd (gwrthwynebwyr) cydwybodol *m*; **~ scruple,** gwrthwynebiad cydwybodol, amheuaeth gydwybodol *f*.

conscientiously *adv.* yn gydwybodol.

conscientiousness *n.* cydwybodolrwydd *m*, cydwybodoldeb *m*.

conscious *a. & n.* **1.** *a.* ymwybodol **(of sth,** o rth), effro (i rth); **to be ~ of sth,** bod yn ymwybodol o rth; clywed/teimlo/synhwyro rhth; **I was not ~ of having moved,** nid oeddwn i'n ymwybodol fy mod wedi symud; **to become ~ of sth,** sylweddoli rhth, dod yn ymwybodol o rth, ymwybod â rhth, dod yn effro i rth, dechrau teimlo/sylweddoli rhth; **I was ~ that he was looking at me,** yr oeddwn yn ymwybodol ei fod yn edrych arnaf; **fashion-~,** yn dilyn y ffasiwn, effro i'r ffasiwn, ymwybodol o'r ffasiwn, ffasiyngar (*pronounced* ng-g); **figure-~,** gofalus o'ch ffigwr; **food-~,** gofalus ynghylch bwyd; *S.a.* **class**[1]; **to become ~,** dadebru, dod atoch eich hun, deffro, dihuno, ailddeffro, ailddihuno. **2.** *n.* yr ymwybod *m*.

consciously *adv.* yn ymwybodol.

consciousness *n.* **1.** *(= awareness, feeling)*: ymwybyddiaeth(-au) *f*, ymwybod(-au) *m*, teimlad(-au) *m*; **the ~ of being watched,** y teimlad bod rhn yn eich gwylio; *Lit:* **stream of ~,** llif (*m*) ymwybod, llif ymson. **2.** *Phil: Psy:* ymwybod, ymwybyddiaeth; **threshold of ~,** trothwy (*m*) ymwybod, ffin (*f*) ymwybod; **field of ~,** maes (*m*) yr ymwybod; **moral ~,** ymwybod moesol. **3. to lose ~,** colli ymwybod/ymwybyddiaeth; **to regain/recover ~,** dadebru, dod atoch eich hun, ailddeffro, ailddihuno, adennill ymwybyddiaeth; *S.a.* **class**[1].

conscribe *v.t.* = **conscript**[2].

conscript[1] *a. & n.* **1.** *a.* gorfod, gorfodol, dan orfod, listiedig. **2.** *n.* milwr (milwyr) gorfod *m*, consgript(-iaid) *m*.

conscript[2] *v.t. Mil:* gorfodi, gwysio (rhn) (i ymuno â'r fyddin *&c*); consgriptio, listio (rhn); galw (rhn) i'r fyddin *&c*.

conscripted *a.* = **conscript**[1].

conscription *n. Mil:* gorfodaeth filwrol *f*, *occ:* consgripsiwn *m*.

consecrate *v.t.* **1.** *(a) Ecc:* cysegru, *occ:* cyflwyno; **to ~ (sth) to the Lord,** cyflwyno (rhth) i'r Arglwydd; *(b) Fig:* **(a custom) consecrated by time,** (arfer) wedi'i gysegru/chysegru gan amser, wedi hen ennill ei blwyf/phlwyf. **2. to ~ oneself,** ymgysegru; **to ~ one's life to a work,** cysegru'ch bywyd i waith, ymgysegru i waith.

consecrated *a.* cysegredig.

consecration *n.* cysegriad(-au) *m*, cysegru *vn*.

consecrative *a.* cysegrol.

consecrator *n.* cysegrwr (cysegrwyr) *m*.

consecratory *a.* cysegrol.

consecution *n.* dilyniant (dilyniannau) *m*.

consecutive *a.* **1.** olynol, canlynol, nesaf at ei gilydd, cydolynol, i gydolynu; *Adm:* **~ days,** dyddiau olynol; **on three ~ days,** ar dri diwrnod olynol; **for three ~ days,** am dridiau yn olynol; *Mus:* **~ fifths and eighths,** pumedau ac wythfedau olynol/dilynol; **~ octaves,** wythawdau dilynol; **~ intervals,** cyfyngau olynol. **2.** *Gram:* **~ clause,** cymal(-au) (*m*) canlyniad; **~ conjunction,** cysylltair (cysyllteiriau) (*m*) canlyniad. **3. consecutives** *n.pl.* dilynolion.

consecutively *adv.* yn olynol, *S: occ:* o'r bron.

consecutiveness *n.* ansawdd olynol/d[d]ilynol *mf*; olynoldeb *m*, dilynoldeb *m*, olyniaeth *f*, dilyniaeth *f*.

consensual *a.* cydsyniol, cytûn.

consensually *adv.* yn gydsyniol *&c.*

consensus *n.* cydsyniad *m*, cytundeb *m*, consensws *m*, cydsynied *vn*; **~ of opinion,** y farn gyffredin *f*, cytundeb (*m*) barn; **~ government,** llywodraeth gydsyniol *f*, llywodraeth gonsensws; **~ politics,** gwleidyddiaeth gydsyniol *f*, gwleidyddiaeth gonsensws.

consent[1] *n.* caniatâd *m*, *Jur: &c:* cydsyniad *m*; **age of ~,** oedran (*m*) cydsynio; **~ to a request,** caniatáu (*vn*) cais, caniatâd i gais, cydsyniad â chais; **by general/common ~,** â chydsyniad pawb; *Jur:* **~ and permission,** bodd a chaniad; **with one ~,** yn unfryd unfarn, yn unfrydol, ag un llais; **by mutual ~,** trwy gydsyniad.

consent[2] *v.i.* **to ~ to do sth,** cydsynio i wneud rhth; **I ~,** 'rwyf i'n fodlon; 'rwyf i'n caniatáu.

consentaneous *a.* **1.** cydsyniol, cytunol, cytûn, unfarn, unfryd **2.** *(= suited):* cyfaddas, addas (i rth).

consentaneously *adv.* yn gydsyniol *&c.*

consenter *n.* cydsyniwr (cydsynwyr) *m*, cyds|ynwraig *f* **(to sth,** â rhth); caniatäwr (caniatawyr) *m*, caniatäwraig *f*.

consentient *a.* cydsyniol, cytunol, cytûn.

consenting *a.* cydsyniol.

consentingly *adv.* yn gydsyniol; â chydsyniad, trwy gydsyniad.

consequence *n.* **1.** *(= result):* canlyniad(-au) *m*, effaith (effeithiau) *f*, *occ:* ffrwyth *m*; **in ~,** o ganlyniad; **in ~ of sth,** yn dilyn rhth, o ganlyniad i rth, oherwydd rhth, o achos rhth; **to take the consequences, to put up with the consequences,** derbyn/ dioddef y canlyniadau; **[game of] consequences,** [chwarae *vn*] stori gron *f*. **2.** *(= importance):* pwys *m*, pwysigrwydd *m*; **of no ~,** dibwys, di-gownt; **it is of no ~,** nid yw o unrhyw bwys; nid yw'n bwysig; **will/bequest of no ~,** *S.W: F: occ:* ewyllys (*f*) mam-gu; **a man of ~,** dyn pwysig, dyn o bwys; **people of ~,** pobl o bwys. **~ clause** *n. Gram:* cymal(-au) (*m*) canlyniad.

consequent[1] *n.* **1.** *Mth:* canlyniad(-au) *m*, cydlif(-au) *m*. **2.** *Log:* dilyniad(-au) *m*; **fallacy of ~,** gwall (*m*) dilyniaeth. **3.** *Mus: (in canon):* canlyniad. **4.** *Geog: (stream):* cydlif *m*.

consequent[2] *a.* **1.** canlynol, canlyniadol, deilliol, dilynol; **(infirmity) ~ on/upon a wound,** (llesgedd/gwendid) sy'n dilyn anaf, sy'n deillio o anaf. **2.** *Log:* yn dilyn [yn rhesymegol], dilynol. **3.** *(= consistent):* cyson. **4.** *Geog:* cydlif.

consequential *a.* **1.** canlyniadol, ôl-ddilynol. **2.** *(= self-important):* hunanbwysig, rhodresgar.

consequentiality *n.* **1.** *Log: (= consistence):* dilyniant *m*, cysondeb *m*. **2.** *(= self-importance):* hunanbwysigrwydd *m*, rhodres *m*.

consequentially *adv.* **1.** o ganlyniad, yn ôl-ddilynol. **2.** yn hunanbwysig *&c.*

consequentialness *n.* = **consequentiality.**

consequently *conj. & adv.* **1.** *conj. & adv.* felly, o ganlyniad, o'r herwydd, fel canlyniad. **2.** *adv. (= logically):* yn rhesymegol.

conservancy *n.* **1.** *(official body):* gwarchodaeth *f*, bwrdd (*m*) gwarchod (byrddau gwarchod); **the Thames C~,** Bwrdd Gwarchod Tafwys. **2.** *(= preservation):* gwarchodaeth *f*, cadwraeth *f*; **nature ~,** gwarchodfa (gwarchodf|eydd) (*f*) natur, seintwar(-au) (*f*) natur; **C~ Board,** Bwrdd (*m*) Gwarchod/Gwarchodaeth.

conservation *n.* gwarchodaeth *f*, cadwraeth *f*; **~ of energy,** cynilo/ arbed (*vn*) ynni; *Ph:* **~ of energy/momentum/number,** cadwraeth egni/momentwm/rhif; **~ of charge,** cadwraeth gwefriad; **Law of C~ of Mass,** Deddf (*f*) Cadwraeth Màs; **field ~,** cadwraeth yn y maes; **nature ~,** gwarchodaeth (*f*) natur. **~ area** *n.* ardal (*f*) gadwraeth (ardaloedd cadwraeth), ardal warchod (ardaloedd gwarchod), gwarchodfa (gwarchodf|eydd) *f*. **~ officer** *n.* swyddog(-ion) (*m*) cadwraeth/ gwarchodaeth. **~ corps** *n.* corfflu(-oedd) (*m*) cadwraeth/ gwarchodaeth.

conservational *a.* gwarchodol, cadwraethol.

conservationism *n.* gwarchodwriaeth *f*, cadwraetholdeb *m*.

conservationist *n. & attrib.* **1.** *n.* cadwraethwr (cadwraethwyr) *m*, cadwr|aethwraig *f*. **2.** *attrib.* cadwraethol.

conservatism *n. Pol:* ceidwadaeth *f*.

conservative *a. & n.* **1.** *a.* *(a) (= preserving):* cadwrol, cadwraethol; *Med:* **~ surgery,** llawfeddygaeth gadwrol *f*; *Pol: Rel:* ceidwadol; **the C~ Party,** y Blaid Geidwadol *f*; **the C~ and Unionist Party,** y Blaid Geidwadol ac Unoliaethol; *S.a.* **Tory;** **at a ~ estimate,** o leiaf, ar amcangyfrif ceidwadol; **on ~ lines,** mewn dull ceidwadol/sobor/traddodiadol, mewn dull hen ffasiwn, yn ôl yr hen arfer; *(b) Ph:* **~ field of force,** maes cadwrol grym. **2.** *n.* *Pol:* ceidwadwr (ceidwadwyr) *m*, ceidw|adwraig (ceidwadwragedd) *f*, ceidwades(-au, -i) *f*.

conservatively *adv.* yn geidwadol; **it was ~ estimated ...,** yn ôl amcangyfrif ceidwadol ....

conservativeness *n.* ceidwadaeth *f*, ceidwadrwydd *m*.

conservatize *v.t. &i.* ceidwadoli.

conservatoire *n.* **1.** *(= music school):* ***conservatoire(-s)*** *m*, ysgol (*f*) gerddoriaeth (ysgolion cerddoriaeth). **2.** = **conservatory 1.**

conservator *n.* gwarchodwr (gwarchodwyr) *m*.

conservatorial *a.* gwarchodol, cadwrol, cadwraethol.

conservatory *n.* **1.** *Hort:* tŷ (*m*) gwydr (tai gwydr[-au]); *(attached to house):* ystafell (*f*) wydr (ystafelloedd gwydr). **2.** = ***conservatoire.***

conserve[1] *v.t.* cadw, gwarchod, diogelu, amddiffyn; **to ~ energy,** arbed/cynilo ynni, peidio â gwastraffu ynni; *Ph:* cadw ynni.

conserve[2][-s] *n.usu.pl. Cu: O:* cyffaith (cyffeithiau) *m*, catwad(-au) *m*, cyffrwyth(-au) meddal *m*.

conserver *n.* ceidwad (ceidwaid) *m*, gwarchodwr (gwarchodwyr) *m*, cadwr (cadwyr) *m*.

conshie, conshy *n. F:* conshi(-s) *m*.

consider *v.t.* **1.** ystyried (rhth), meddwl (dros rth), *F:* cysidro (rhth); **I will ~ it,** mi feddyliaf i drosto; mi wnaf ystyried y peth; **to ~ sth further,** rhoi ystyriaeth bellach i rth, ystyried rhth ymhellach. **2.** *(a)* **to ~ s.o., to ~ s.o.'s feelings,** ystyried teimladau rhn, cofio am deimladau rhn, cymryd teimladau rhn i ystyriaeth; **to ~ the expense,** ystyried y gost, cofio'r gost, cymryd y gost i ystyriaeth; *(b)* **when one considers that ...,** pan gofiwch/feddyliwch/ystyriwch fod .... **3.** *pred.* *(a)* **I ~ him [to be] crazy,** 'rwyf i'n ei ystyried yn wirion; 'rwyf yn meddwl/ barnu/tybio *or* 'rwyf o'r farn ei fod yn wirion; 'rwy'n edrych arno fel dyn gwirion; **~ it [as] done,** cymer(-wch) fod y peth wedi'i wneud; **~ yourself appointed,** cymerwch eich bod wedi cael y swydd; **~ yourself under arrest,** 'rwy'n eich restio; **he is considered rich,** ystyrir/bernir/tybir/credir ei fod yn gyfoethog; mae pobl o'r farn ei fod yn gyfoethog; **to ~ oneself happy,** eich ystyried eich hun yn hapus; *(b)* **we ~ that he ought to do it,** rydym ni'n ystyried/credu y dylai ef ei wneud; yn ein barn ni, dylai ef ei wneud.

considerable *a.* sylweddol, helaeth, eang, cynhwysfawr; cryn *(before n. + soft mut.)*; **a ~ number,** nifer sylweddol, cryn nifer, nifer go dda, nifer go fawr, cryn dipyn, nifer [lled] helaeth, tipyn go lew; **a ~ time,** cryn amser, amser lled faith; **a ~ distance,** cryn bellter, pellter lled faith, *S.W:* pellter diogel (*pronounced* jogel); **in ~ detail,** yn bur fanwl; **a ~ amount,** llawer, cryn lawer, cryn dipyn, cryn swm, cryn swrn; **to a ~ extent,** i raddau helaeth, i gryn raddau; **a ~ estate,** ystâd helaeth/sylweddol.

considerably *adv.* yn sylweddol *&c*, gryn lawer, gryn dipyn; **their numbers were ~ depleted,** collwyd cryn nifer ohonynt; lleihaodd eu nifer gryn dipyn; **it is ~ colder this morning,** mae hi gryn dipyn yn oerach y bore 'ma; mae hi'n oerach o dipyn/beth y bore 'ma.

considerate *a.* ystyriol **(to s.o.,** o rn); ystyrgar, caredig, meddylgar (tuag at rn); **it is very ~ of you,** 'rydych chi'n garedig iawn; *N.W:* mae'n garedig iawn ynoch chi *or* ar eich rhan chi.

considerately *adv.* yn ystyriol, yn feddylgar.

considerateness *n.* meddylgarwch *m*, caredigrwydd *m*, ystyrgarwch *m*, ystyrioldeb *m*.

consideration *n.* **1.** *(a)* ystyriaeth(-au) *f*, *occ:* sylw *m*, ystyried *vn*; **to take sth into ~,** rhoi sylw i rth, cymryd rhth i ystyriaeth, ystyried rhth; **without ~ of sth,** *(i)* heb ystyried rhth; *(ii) (= inconsiderate):* anystyriol o rth; **sth worthy of ~,** rhth gwerth sylw, rhth gwerth ei ystyried; **taking all things into ~,** ac ystyried popeth, o ystyried popeth, a rhoi sylw i bopeth, a chymryd popeth i ystyriaeth; **a fact that has been left out of ~,** ffaith na chafodd sylw, ffaith nad ystyriwyd mohoni, ffaith na chafodd ei hystyried, ffaith heb ei hystyried, ffaith nas ystyriwyd; **in ~ of sth,** wrth ystyried rhth, gyda golwg ar rth, o ystyried rhth; (*S.a.* **2**); **(a question) under ~,** (mater) dan sylw, dan ystyriaeth, heb ei benderfynu; **after ~,** wedi *or* ar ôl ystyried/ystyriaeth; **after due ~,** ar ôl rhoi'r sylw dyledus; **(a list) for your ~,** (rhestr) ichwi sylwi arni, ar gyfer eich ystyriaeth, ichwi ei hystyried, i'ch sylw; *(b) (= factor):* **money is always the main ~,** diwedd y gân yw'r geiniog; arian yw'r ystyriaeth bwysicaf bob amser; **material considerations,** ystyriaethau materol; **on no ~,** ddim ... ar unrhyw gyfrif yn y byd, ddim ... am bris yn y byd; **on what ~?** am ba reswm? paham? am ba achos? ar ba sail? **2.** *(= recompense):* tâl (taliadau) *m*, tâl am dâl, cydnabyddiaeth *f*; *Jur: Fin:* **in ~ (of sth),** yn iawn, yn gyfnewid, yn gydnabyddiaeth (am rth); **for a ~,** am arian, am gydnabyddiaeth; **he would do anything for a ~,** fe wnâi unrhyw beth am arian/dâl. **3.** *(= respect):* parch *m*; **out of ~ for s.o.,** o barch tuag at rn; **out of ~ for his youth,** oherwydd ei fod yn ifanc, ac ystyried y ffaith ei fod yn ifanc; **(to treat s.o.) with ~,** (trin rhn) yn ystyriol, â pharch; **to show s.o. ~,** dangos ystyriaeth/parch i rn; **he doesn't show much ~ for others,** nid yw'n malio fawr ynghylch eraill. **4.** *(= importance):* pwys *m*, pwysigrwydd *m*; **of great ~,** o bwys mawr, tra phwysig; **of no ~,** dibwys; **money is no ~,** ni waeth faint fo'r gost; costied a gostio; ni waeth am y gost; nid yw'r gost o bwys yn y byd; **time is an important ~ (in this case),** mae amser yn bwysig iawn, mae amser o bwys mawr (yn yr achos hwn).

considered *a.* **1. a ~ opinion,** barn ystyriol, barn ar ôl ystyried; **it is my ~ opinion that you should resign,** fy marn i, wedi/o ystyried, yw y dylech ymddiswyddo; **all things ~,** erbyn meddwl, erbyn ystyried, gan/o/ac ystyried popeth; **a well-/shrewdly-~ move,** symudiad craff/ystyriol. **2.** *(= deliberate):* bwriadol, o fwriad, bwriadus. **3. highly-/well-~,** uchel eich parch; **poorly-~,** isel eich parch.

considering *prep.* ac ystyried, erbyn ystyried, o ystyried, *F:* a chysidro; **~ his age, he's very agile,** mae'n heini iawn o'i oed; **~ the circumstances,** ac ystyried yr amgylchiadau, dan yr amgylchiadau; **~ that ...,** ac ystyried bod ..., o gofio bod ...; *F:* **(it is not so bad) ~,** erbyn meddwl, o ystyried ('dyw pethau ddim cynddrwg).

consign *v.t.* **1.** *(= despatch):* anfon (*not* danfon), *N:* gyrru **(sth to s.o.,** rhth at rn; **sth to a place,** rhth i le). **2.** *(= entrust):* **to ~ sth to s.o.'s care,** trosglwyddo/traddodi/ymddiried rhth i rn *or* i ofal rhn; rhoi rhth yng ngofal rhn *or* yn nwylo rhn; *(= deposit in bank):* rhoi, dodi rhth (mewn banc). **3. to ~ sth to oblivion,** gollwng rhth dros gof, bwrw rhth i ebargofiant; **(to ~ sth) to writing,** (dodi/rhoi rhth) ar ddu a gwyn, ar bapur, ar glawr; **to ~ s.o. to a watery grave,** anfon/traddodi rhn i fedd dyfrllyd; **to ~ one's soul to God,** cyflwyno'ch enaid i Dduw.

consignable *a.* anfonadwy, cyflwynadwy, traddodadwy.

consignation *n.* **1.** anfoniad(-au) *m*, anfon *vn.* **2.** *Rel:* arwydd *(m)* y groes.

consignee *n.* derbynnydd (derbynyddion) *m*, derbyniwr (derbynwyr) *m.*

consignment *n.* **1.** *(a) (= despatching):* anfon *vn*, anfoniad *m*; **for ~ abroad,** i'w anfon dros y môr; *(b) Com:* **on ~,** ar gadw'n barhaol. **2.** *(= load, supply):* llwyth(-i) *m*, cyflenwad(-au) *m.* **~ note** *n.* anfoneb(-au) *f.*

consignor *n. Com:* anfonwr: anfonydd (anfonwyr) *m.*

consilience *n. Log: &c:* cytundeb *m*, cydgordiad *m.*

consilient *a.* cydgordiol.

consist *v.i. (a)* **to ~ of sth,** cynnwys rhth; **the programme consists of three plays,** mae'r rhaglen yn cynnwys tair drama; *(b)* **true happiness consists in/of desiring little,** peidio â dymuno gormod yw allwedd/hanfod gwir ddedwyddwch *or* sy'n dod â gwir ddedwyddwch *or* sy'n rhoi gwir ddedwyddwch.

consistence *n.* tewdra *m*, dwyster *m*, dwysedd *m*, ansawdd *mf*, trwch *m*; *(of ground):* caledwch *m.*

consistency *n.* **1. = consistence. 2.** cysondeb(-au) *m*, cysonder(-au) *m.*

consistent *a.* **1.** *(pers.):* cyson, gwastad, digyfnewid, sad. **2.** *(thg):* cyson **(with sth,** â rhth).

consistently *adv.* yn gyson; **~ wrong,** yn wastad yn anghywir, bob amser yn anghywir, yn gyson anghywir.

consistorial *a. Ecc:* consistorïaidd.

consistory *n. Ecc:* **~ [court],** cons|istori (consistorïau) *m*, llys(-oedd) *(m)* consistori, llys eglwysig; **Papal C~,** Consistori Pab/Pabaidd.

consociate *v.i. &ind.t.* cydgymdeithasu, cymdeithasu, cyfeillachu, ymgyfeillachu, cwmnïa, cydgwmnïa.

consociation *n.* cydgymdeithas(-au) *f.*

consociational *a.* cydgymdeithasol.

consol *n. St.Exch:* consol(-au) *m.*

consolable *a.* cysuradwy; **she was not ~,** ni ellid mo'i chysuro; nid oedd dim cysuro arni.

consolation *n.* cysur(-on) *m*, *B:* diddanwch *m.* **~ prize** *n.* gwobr *(f)* gysur (gwobrau cysur); *(in rugby):* y llwy bren (llwyau pren) *f.*

consolatory *a.* cysurol, cysurlon, *B:* diddanus, diddanol.

console¹ *n.* **1.** *Arch:* ysgwydd(-au) *f*, corbel(-au) *m*, corbed(-au) *m*, cynhalbost (cynhalbyst) *m*, cynhalbren (cynalbrennau) *m.* **2.** *Mus: &c: (= keyboard):* trawfwrdd (trawfyrddau) *m*, consol(-au) *m.* **3.** *(= cabinet):* cist(- iau) *f.* **4.** *El.E: (= control panel, switchboard):* panel(-i, -au) *(m)* rheoli, consol. **~ light** *n.* lamp *(f)* gonsol (lampau consol). **~ log** *n.* log(-iau) *(m)* consol, cofnodydd(-ion) *(m)* consol. **~ table** *n.* consol, walfwrdd (walfyrddau) *m*, walford(-ydd) *f*, bwrdd *(m)* wal (byrddau wal). **~ typewriter** *n.* teipiadur(-on) *(m)* consol.

console² *v.t.* cysuro, *B:* diddanu; **to ~ oneself,** ymgysuro.

consoler *n.* cysurwr (cysurwyr) *m*, cys|urwraig *f*, *B:* diddanwr: diddanydd (diddanwyr) *m.*

consolidate *v.t.&i.* **1.** *v.t. (a) (= strengthen):* cadarnh|au, cyfnerthu, atgyfnerthu; *Jur:* cydgyfnerthu; *(b) (= combine):* cyfuno, cydasio. **2.** *v.i. (= grow stronger):* ymgryfh|au; *(of road): (= settle):* caledu, sadio, sefydlogi.

consolidated *a.* cyfunol, cyfun; **~ annuities,** consols *pl*; **the C~ Fund,** y Gronfa Gyfunol *f*; *Lib:* **~ index,** mynegai cyfun *m.*

consolidation *n.* **1.** cadarnhad *m*, cyfnerthiad(-au) *m*, cadarnh|au *vn*, cyfnerthu *vn*, atgyfnerthiad(-au) *m*, atgyfnerthu *vn*, cryfhad *m*, cryfh|au *vn*; *(of ground):* calediad *m*, caledu *vn*, sadio *vn.* **2.** *(= combination):* uniad(-au) *m*, cyfuniad(-au) *m*, uno *vn*, cyfuno *vn.* **3.** *Rural Ec:* ailffurfiad(-au) *m*, ad-drefniad(-au) *m*, ailffurfio *vn*, ad-drefnu *vn.* **4.** *Jur:* cydgyfnerthiad *m*, cydgyfnerthu *vn*; **~ of mortgages,** cydgyfnerthiad *(m)* morgeisi/morgeisiau. **5.** *Med:* cydgyfnerthiad, cydgyfnerthu; *(of lungs):* ymsolediad *m*, ymsoledu *vn.* **C~ Act** *n.* Deddf *(f)* Gydgyfnerthu (Deddfau Cydgyfnerthu).

consolidator *n.* cyfunwr (cyfunwyr) *m*, cydgyfnerthwr (cydgyfnerthwyr) *m.*

consolidatory *a.* cyfunol, cyfnerthol, cydgyfnerthol.

consoling *a.* cysurol, cysurlon, *B:* diddanol.

consolingly *adv.* yn gysurlon.

consols *n.pl. Fin:* consols.

consommé *n. Cu:* ***consommé(-s)*** *m*, potes(-au) [clir] *m*, cawl(-iau) [clir] *m.*

consonance *n.* **1.** *Pros:* cyseinedd *m*, cytseinedd *m*; *Mus:* cytgord(-iau) *m*, cyseinedd *m.* **2.** *(= agreement):* cytundeb *m*, cytgord *m.*

consonancy *n.* **= consonance.**

consonant¹ *a.* **1.** cysain, cyseiniol, cytseiniol; *Mus:* **~ interval,** cyfwng (cyfyngau) cy[t]seiniol *m.* **2.** cyson; **~ with duty,** yn unol â dyletswydd, yn gyson â dyletswydd; **~ with reason,** rhesymol.

consonant² *n. Ling:* cytsain (cytseiniaid) *f.*

consonantal *a.* cytseiniol; *W.Pros:* **~ *cynghanedd*,** cynghanedd *(f)* gytsain.

consonantly *adv.* yn gytseiniol *&c.*

consort¹ *n.* **1.** cymhares (cymaresau) *f*, cydwedd(-au,-iaid) *m*, cydweddog(-ion) *m&f*, cymar (cymheiriaid) *m&f*, priod *m&f*; **Queen C~,** Brenhines Gydweddog (Breninesau Cydweddog) *f*; **Prince C~,** Tywysog(-ion) Cydweddog *m*; **King C~,** Brenin (Brenhinoedd) Cydweddog *m.* **2. to act in ~ with s.o.,** gwneud rhth ar y cyd â rhn, cydweithio/cydweithredu â rhn. **3.** *(ship):* partneres(-au) *f*; *Nau:* **to sail in ~,** hwylio ynghyd.

consort² *v.i.* **1. to ~ (with s.o.),** cyfeillachu, cymdeithasu, cwmnïa, cadw cwmni (â rhn). **2.** *(= agree, suit):* **to ~ (with sth),** cytuno, cydgordio (â rhth), gweddu (i rth).

consort³ *n. Mus:* consort(-iau) *m*, cyfuniad(-au) *m*; **~ of viols,**

consort [o] feiolau; **broken ~,** consort cymysg; **whole ~,** consort cyfunrhyw.
consortium *n.* **1.** *Pol.Ec:* consortiwm (consortia) *m*, cydgwmni (cydgwmnïau) *m*, cyfungorff (cyfungyrff) *m* (*pronounced* ng-g). **2.** *Jur:* hawl (*f*) i gyfeillachu, hawl cyfeillach. *Jur:* **loss of ~,** colled (*f*) cyfeillach, coll (*m*) cyfeillach.
conspecific *a.* cydryw, o'r un fath/math, o'r un rhywogaeth.
conspectus *n.* **1.** *(= synopsis):* crynodeb(-au) *m*, crynhoad (crynoadau) *m*. **2.** *(= general survey):* cyfolwg (cyfolygon) *m*, arolwg (arolygon) *m*.
conspicuity *n.* amlygrwydd *m*.
conspicuous *a.* **1.** *(= visible):* amlwg, gweladwy, hawdd eich gweld; **to make oneself ~, to be ~,** tynnu sylw, eich amlygu'ch hun, dod i'r amlwg. **2.** *(= remarkable):* hynod, nodedig, eithriadol, amlwg (**by/through sth,** ar gyfrif rhth, oherwydd rhth); *F:* **to be ~ by one's absence,** bod yn amlwg absennol, bod yn amlwg yn eich absenoldeb; **~ gallantry,** dewrder nodedig/ eithriadol; **~ by/through sth,** hynod am rth.
conspicuously *adv.* yn amlwg *&c.*
conspicuousness *n.* **1.** *(= visibility):* amlygrwydd *m*. **2.** *(= remarkable nature):* hynodrwydd *m*.
conspiracy *n.* cynllwyn(-ion) *m*, cydgynllwyn(-ion) *m*, cynllwynio *vn*, cydgynllwynio *vn*; **~ of silence,** cynllwyn mudandod.
conspiration *n.* **= conspire, conspiracy.**
conspirational *a.* cynllwyn[i]ol.
conspirator *n.* cynllwyn[i]wr (cynllwynwyr) *m*, *occ:* cynllwynydd(-ion) *m*.
conspiratorial *a.* cynllwyngar (*pronounced* ng-g), cynllwyn[i]ol; *Fig: (look, whisper &c):* llechwraidd.
conspiratorially *adv.* yn gynllwyngar/gynllwyn[i]ol.
conspire *v.i.&t.* **1.** *v.i.* cynllwynio, gweithio law yn llaw, *occ:* cydgynllwynio. **2.** *v.t. Lit:* **to ~ s.o.'s ruin,** cynllwynio/llunio/ dyfeisio cwymp rhn.
constable *n.* **1.** *Hist:* cwnstabl(-iaid) *m*; *(of castle):* cwnstabl, castellwr (castellwyr) *m*. **2. [police] ~,** heddwas (heddweision) *m*, heddgeidwad (heddgeidwaid) *m*, cwnstabl, *F:* plismon: plisman (plismyn) *m*; **chief ~,** prif gwnstabl; **woman ~,** heddferch(-ed) *f*, plismones: plismanes(-au, -i) *f*; **special ~,** heddwas/cwnstabl/plismon rhan-amser; *int.* **~!** cwnstabl!
constablewick *n.* cwnstablaeth(-au) *f*.
constabulary *a.* & *n.* **1.** *a.* cwnstablaidd; **~ duties,** dyletswyddau'r heddlu, dyletswyddau plismon. **2.** *n.* heddlu(-oedd) *m*; **the County C~,** Heddlu'r Sir; **special ~,** heddlu rhan-amser.
constancy *n.* **1.** *(= firmness):* cadernid *m*, sefydlogrwydd *m*, gwastadrwydd *m*, sadrwydd *m*, cysondeb *m*; *(= loyalty):* ffyddlondeb *m*, cywirdeb *m*, dianwadalwch *m*, teyrngarwch *m* (*pronounced* ng-g); *Sch:* **~ of intelligence quotient,** sefydlogrwydd y cynifcrydd deallusrwydd; **~ of purpose,** gwastadrwydd amcan, penderfyniad diwyro/diysgog *m*. **2.** *(of temperature):* cysondeb.
constant *a.* & *n.* **1.** *a.* *(a) (= unvarying):* cyson, digyfnewid, gwastad, gwastadol, parh|aus; *El: (current):* di-dor; **C~ Attendance Allowance,** Lwfans (*m*) Gweini Parhaol; *Ch: &c:* **~ temperature,** tymheredd cyson *m*; **Law of ~ Composition,** Deddf (*f*) Cyfansoddiad Cyson; **~ boiling mixture,** cymysgedd (*mf*) berwbwynt cyson; *(character):* cadarn, diysgog, diwyro; *(friend):* ffyddlon, cywir, cyson; *Lib:* **~ mnemonic,** cofweiniad(-au) cyson *m*; *(b) (= incessant):* cyson, di-baid, di-stop, di-dor, di-fwlch, parhaus, parhaol, diderfyn; *(work):* dyfal, dygn, cyson, *S.W:* deir; **through ~ repetition,** trwy ailadrodd drosodd a throsodd. **2.** *n.* *Mth: Ph:* cysonyn (cysonion) *m*; **arbitrary ~,** cysonyn mympwyol.
constantan *n.* *El.E: Ph:* c|onstantan *m*.
Constantine *Pr.n.* *Hist:* Cystennin: Cystennyn: Custennin *m*; **~ the Great,** Cystennin Fawr.
Constantinople *Pr.n.* *Geog:* Caer (*f*) Gystennin/Gystennyn/ Gustennin.
constantly *adv.* yn gyson, yn ddi-baid, yn barh|aus, yn barhaol, yn ddi-stop, yn ddi-dor, yn wastad, bob amser, byth a hefyd, byth a beunydd, *Lit:* bob munud awr, *F:* rownd y rîl, ar hyd y bedlan, rownd y bedlan.
constatation *n.* gwireddiad(-au) *m*, gwireddu *vn*.
constellate *v.t.* **1.** *(= form into constellation):* cytseru (rhth), ffurfio (rhth) yn gytser. **2.** *(= adorn with stars):* addurno/ britho (rhth) â sêr, (*)serennu (rhth).
constellated *a.* brith (*f.* braith, *pl.* brithion) (**with sth,** o rth), serennog.
constellation *n.* cytser(-au) *m*, twr (tyrrau) (*m*) o sêr, clwstwr (clystyrau) (*m*) o sêr, cyfseriad(-au) *m*; **circumpolar ~,** cytser ambegynnol; **~ of towns,** clwstwr trefi.
constellatory *a.* cytserol.
consternate *v.t.* synnu, syfrdanu.
consternated *a.* syn, syfrdan, wedi['ch] synnu/syfrdanu.
consternation *n.* syndod *m*, dryswch *m*, syfrdandod *m*; **to my ~,** er syndod imi, er fy syfrdandod.
constipate *v.t.* *Med:* rhwymo.
constipated *a.* *(a)* rhwym, wedi'ch rhwymo; *(b) Fig:* rhwymedig, swrth, disymud.
constipating *a.* rhwymol, tueddol i'ch rhwymo.
constipation *n.* rhwymedd *m*, rhwymdra *m*.
constituency *n.* etholaeth(-au) *f*.
constituent *a.* & *n.* **1.** *a.* cyfansoddol. **2.** *n.* *(= part):* cyfansoddyn (cyfansoddion) *m*, rhan(-nau) hanfodol *f*, rhan gyfansoddol (rhannau cyfansoddol); *Ch:* ansoddyn (ansoddion) *m*. **3.** *n.usu.pl.* *Pol:* etholwr (etholwyr) *m*, eth|olwraig (etholwragedd) *f*.
constituently *adv.* yn gyfansoddol.
constitute *v.t.* **1.** *(= appoint, set up):* sefydlu, penodi; **to ~ s.o. arbitrator,** penodi rhn yn ganolwr. **2.** *(= create, form):* ffurfio, creu, gwn|eud; *(= imply):* golygu (rhth); bod cystal, bod yn gyfwerth (â rhth); **this does not ~ a precedent,** nid yw hyn yn creu/golygu cynsail; nid yw hyn yn gyfwerth â chynsail; **twelve months ~ a year,** y mae deuddeng mis yn flwyddyn; **this constitutes an improvement on it,** mae hyn yn welliant arno.
constituted *a.* *(authority &c):* sefydledig, penodedig; **[legally] constituted authority,** awdurdod cyfansoddiadol/sefydledig *m*; **so ~ that . . . ,** o fath cyfryw fel . . . , o wneuthuriad cyfryw fel . . . ; **he is so ~ that he cannot accept criticism,** mae o'r fath natur fel na all dderbyn ei feirniadu.
constitution *n.* **1.** cyfansoddiad(-au) *m*; **an iron ~,** cyfansoddiad cryf. **2.** *Hist:* **Constitutions of Clarendon,** Gosodiadau (*pl*) Clarendon.
constitutional *a.* & *n.* **1.** *a.* cyfansoddiadol; **~ reform,** diwygio (*vn*) cyfansoddiad, diwygiad(-au) cyfansoddiadol *m*. **2.** *n.* **to take one's ~, to go for one's ~,** mynd am dro, mynd am eich tro beunyddiol *m*.
constitutionalism *n.* cyfansoddiadaeth *f*; *(= constitutional government):* llywodraeth gyfansoddiadol *f*.
constitutionalist *n.* **1.** *(historian):* hanesydd (haneswyr) cyfansoddiadol *m*. **2.** *Pol:* cyfansoddiadwr (cyfansoddiadwyr) *m*.
constitutionality *n.* natur gyfansoddiadol *f*, cyfansoddiadoldeb *m*; **I doubt its ~,** 'rwy'n amau a yw'n gyfansoddiadol.
constitutionalization *n.*, **constitutionalize** *v.t.* cyfansoddiadoli.
constitutionally *adv.* **1.** yn gyfansoddiadol, yn ôl cyfansoddiad. **2.** *(= by nature):* wrth natur.
constitutionless *a.* digyfansoddiad.
constitutive *a.* cyfansoddol.
constitutively *adv.* yn gyfansoddol.
constitutor *n.* sefydlwr (sefydlwyr) *m*, penodwr (penodwyr) *m*.
constrain *v.t.* **1. to ~ s.o. to do sth,** gorfodi/cymell rhn i wneud rhth, gorfodi rhth ar rn; **to feel constrained to do sth,** teimlo cymhelliad i wneud rhth, teimlo bod rhaid ichi wneud rhth, teimlo dan reidrwydd/orfod/orfodaeth i wneud rhth. **2.** *(= restrain):* cadw, cyfyngu, carcharu [trwy rym].
constrained *a.* **1.** dan orfodaeth, dan orfod, gorfod, annaturiol, anghysurus, chwithig, anesmwyth, anniddig; **a ~ smile,** gwên fenthyg; **a ~ air,** golwg dan orfod. **2.** *Ph:* **~ motion,** mudiant (mudiannau) cyfyngedig *m*.
constrainedly *adv.* dan orfodaeth, dan orfod, yn annaturiol, yn anesmwyth, yn anghysurus, yn chwithig.
constraint *n.* **1.** cyfyngiad(-au) *m*, gorfodaeth *f*, gorfod *m*; *Ph:* cyfyngydd(-ion) *m*; **to put s.o. under ~,** caethiwo rhn, cyfyngu ar rn, rhoi rhn dan gyfyngiad; *(= imprison):* carcharu rhn; **to act under ~,** gwneud (rhth) dan orfodaeth/orfod/gymell/ gymhelliad; *Ling:* **rule ~,** ataliad (*m*) rheol (ataliadau rheolau). **2.** *(a) (= unease, of manner):* anniddigrwydd *m*, anesmwythder *m*, anesmwythyd *m*, embaras *m*, annifyrrwch *m*, chwithigrwydd *m*; *(b) (= shyness):* swildod *m*, swilder *m*;

(to speak) without ~, (siarad) yn agored, yn ddirwystr, yn ddilestair, yn rhydd, heb flewyn ar eich tafod.
constrict *v.t.&i.* **1.** *v.t.* *(= compress):* gwasgu, cywasgu, tynh|au (rhth); cyfyngu (ar rth); *Med:* cyfangu; *(opening):* culh|au, meinh|au (rhth); cyfyngu (ar rth). **2.** *v.i. Med:* culhau.
constricted *a.* cyfyng, cyfyngedig, cul(-ion); *(= compressed):* cywasgedig.
constriction *n.* *(a) (= compression):* cywasgiad(-au) *m*, cywasgu *vn*; *(b) (= tightening):* tynhad *m*, tynh|au *vn*, culhad *m*, culh|au *vn*, meinhad *m*, meinh|au *vn*; *(c) (= obstruction, hindrance):* cyfyngiad(-au) *m*; *(d) (= constricted place):* culfan(-nau) *m*; *(e) Ph: Med:* darwasgiad(-au) *m*, cyfangiad(-au) *m*, darwasgedd *m*; *(of the chest):* caethni *m*, caethder *m*, caethdra *m*; **he felt a ~ in the chest,** teimlodd ei frest yn tynhau; teimlodd ei frest yn mynd yn dyn[n]/gaeth.
constrictive *a.* cyfyngol, cywasgol, culhaol, meinhaol, tynhaol, caethiwus; *Ph: Med:* darwasgol, cyfangol.
constrictor *n.* **1.** *Med: (muscle):* cywasgydd(-ion) *m.* **2. boa-~,** *See* **boa.**
constringe *v.t.* = **constrict.**
constringent *a.* = **constrictive.**
construable *a.* deongladwy.
construct¹ *n.* dyfais (dyfeisiau) *f*, dyfeisiad(-au) *m*; *Psy:* lluniad(-au) *m*, adeiliad(-au) *m*; *Ling:* ymadrodd(-ion) *m*, cystrawen(-nau) *f*, cystrawennaeth (cystrawenaethau) *f.*
construct² *v.t.* *(a) (house &c):* adeiladu, codi; *(b) Fig: (novel &c):* llunio, saernïo; *Geom:* **to ~ a triangle,** llunio triongl; *(c) (railway):* adeiladu, gosod (*not* codi); *(d) Gram:* cystrawennu.
constructed *a.* *(house):* adeiledig, saernïedig; **a well-~ house,** tŷ wedi ei adeiladu'n dda; **a poorly-~ house,** tŷ wedi ei adeiladu'n wael; **a newly-~ house,** tŷ newydd ei godi/adeiladu; *(play &c):* saernïedig, lluniedig; **a well-~ novel,** nofel dda ei saernïaeth, nofel wedi ei saernïo'n dda; *(= artificial):* gwn|eud, gwneuthuredig; *Geog:* **~ estuary,** moryd (*f*) wneud (moryd[i]au gwneud).
constructible *a.* adeiladwy, saernïadwy, lluniadwy, gwneuthuradwy, dichonadwy.
construction *n.* **1.** *(a) (action):* adeiladu *vn*, codi *vn*, saernïo *vn*; **a house under ~ *or* in course of ~,** tŷ yn cael ei adeiladu; *(b) (= building):* adeilad(-au) *m*; *(c) Art: Ph: Mth:* lluniad(-au) *m*; *(d) (= make-up, workmanship):* adeiledd *m*, saernïaeth *f*, gwneuthuriad *m*, adeiladwaith *m*; *Carp:* **sandwich ~,** adeiladwaith llafnog; **a house of sound ~,** tŷ wedi ei adeiladu'n gadarn, tŷ cadarn ei adeiladwaith. **2.** *(a) Gram:* cystrawen(-nau) *f*, cystrawiaeth(-au) *f*; *(b) (= interpretation): Jur: &c:* dehongliad (deongliadau) *m*; **to put a good/bad ~ on s.o.'s words,** dehongli geiriau rhn er gwell/gwaeth; **do not put a wrong ~ on his words,** peidiwch â chamddeall ei eiriau; peidiwch â'i gymryd yn groes; **the sentence does not bear such a ~,** ni ellir dehongli'r frawddeg felly; ni all y frawddeg olygu hynny. **~ industry** *n.* diwydiant (*m*) adeiladu. **~ lines** *n.pl.* llinellau llunio.
constructional *a.* **1.** saernïol, adeiladol, lluniadol. **~ toy,** tegan(-au) (*m*) adeiladu. **2.** *Gram:* cystrawennol.
constructionally *adv.* **1.** yn saernïol, o ran saernïaeth/adeiladwaith. **2.** *Gram:* yn gystrawennol, o ran cystrawen.
constructionism *n.* = **constructivism.**
constructionist *n.* *U.S:* dehonglwr (dehonglwyr) *m.*
constructive *a.* **1.** adeiladol. **2.** *(= virtual):* ymarferol, mewn effaith, i bob diben; *Jur: &c:* deongladwy, ffurfiannol; **~ desertion,** enciliad deongladwy/ffurfiannol; **~ malice,** malais deongladwy/ffurfiannol *m*; *S.a.* **loss 2.**
constructively *adv.* **1.** yn adeiladol. **2.** mewn effaith, i bob diben, drwy awgrym; *Jur:* yn ddeongladwy, yn ffurfiannol.
constructiveness *n.* natur adeiladol *f.*
constructivism *n.* *Art:* lluniadaeth *f.*
constructivist *n. & attrib.* **1.** *n.* lluniadaethwr (lluniadaethwyr) *m.* **2.** *attrib.* lluniadaethol.
constructor *n.* *(of house &c):* adeiladydd: adeiladwr (adeiladwyr) *m*; *(of play &c):* lluniwr (llunwyr) *m*, saernïwr (saerniwyr) *m*, *occ:* saer (seiri) *m*; **car-body-~,** saer ceir.
construe¹ *v.t.* **1.** *(a) Sch: O:* dadansoddi, datgymalu, gramadegu, dadelfennu, egluro (rhth) [fesul gair]; *(= translate):* cyfieithu (rhth) [air am air]; **this sentence won't ~,** ni ellir dadansoddi'r frawddeg hon; *(b) Gram:* **(a preposition) construed with the dative,** (arddodiad) yn gofyn y cyflwr dadiol, a ddilynir gan y cyflwr dadiol; **"rely" is construed with "on",** dilynir "*rely*" gan "*on*". **2.** *(= interpret):* dehongli, deall; **to ~ wrongly,** camddehongli, camddeall.
construe² *n.* dadansoddiad(-au) *m.*
consubstantial *a.* cy[d]sylweddol, o'r un sylwedd (â rhth).
consubstantiality *n.* cy[d]sylweddaeth *f.*
consubstantiate¹ *a.* cy[d]sylweddol.
consubstantiate² *v.t.* *Theol:* cy[d]sylweddu.
consubstantiation *n.* *Theol:* cy[d]sylweddiad *m.*
consuetude *n.* arfer(-ion) *mf*, arferiad(-au) *m.*
consuetudinal, consuetudinary *a.* arferedig, arferol, arferiadol; *Gram:* **consuetudinal present,** presennol arferiadol *m.*
consul *n.* **1.** *Dipl:* conswl (consyliaid) *m*, is-gennad (~-genhadon) *m.* **2.** *Hist:* conswl; **C~ General,** Prif Gonswl (~ Gonsyliaid); *Fr.Hist:* **the First C~,** y Prif Gonswl.
consular *a.* consylaidd.
consulate *n.* **1.** *(post):* = **consulship. 2.** *(building):* swyddfa (*f*) conswl/is-gennad (swyddf|eydd consyliaid/is-genhadon), conswliaeth: consyliaeth(-au) *f.*
consulship *n.* conswliaeth: consyliaeth(-au) *f.*
consult *v.t.&i.* **1.** *v.t.* *(a)* **to ~ s.o. (on/about sth),** ymgynghori â rhn, gofyn cyngor rhn, *S:* cwnsela â rhn (ynghylch rhth); **to ~ one's watch,** edrych ar eich watsh; **to ~ one's diary,** edrych yn eich dyddiadur; *(b)* **to ~ one's own interests,** *Lit:* **to ~ one's health,** ymorol am eich lles/diogelwch eich hun, gofalu amdanoch eich hun, edrych atoch eich hun; **to ~ s.o.'s feelings,** ystyried teimladau rhn, bod yn ofalus o deimladau rhn. **2.** *v.i.* ymgynghori, cydymgynghori; **to ~ together,** rhoi'ch pennau ynghyd, ymgynghori, *S: occ:* cwnsela.
consultable *a.* ymgyngoradwy; **a ~ book,** llyfr y gellir edrych ynddo.
consultancy *n.* ymgynghoriaeth (ymgyngoriaethau) *f.*
consultant *a. & n.* **1.** *a.* ymgynghorol. **2.** *n.* ymgynghorwr: ymgynghorydd (ymgynghorwyr) *m*, arbenigwr (arbenigwyr) *m*; *(doctor):* meddyg(-on) ymgynghorol *m*; **~ psychiatrist,** seiciatrydd ymgynghorol.
consultantship *n.* ymgynghoriaeth (ymgyngoriaethau) *f.*
consultation *n.* **1.** *(action):* ymgynghoriad(-au) *m*, ymgynghori *vn*; **joint ~,** cydymgynghori *vn.* **2.** *(= discussion):* trafodaeth(-au) *m*, trafod *vn*; **to hold a ~,** ymgynghori (**about sth,** ynghylch rhth); trafod, trin a thrafod (rhth).
consultative *a.* ymgynghorol.
consulter *n.* ymgynghorwr: ymgynghorydd (ymgynghorwyr) *m.*
consulting¹ *a.* ymgynghorol.
consulting² *vn.* ymgynghori. **~ hours** *n.pl.* oriau ymgynghori. **~-room** *n.* ystafell(-oedd) (*f*) ymgynghori.
consultor *n.* = **consulter.**
consumable *a.* **1.** *(by fire):* llosgadwy, hylosg, ysadwy, difadwy. **2.** *(a) (food):* bwytadwy, treuliadwy; *(electricity &c):* defnyddiadwy, treuliadwy; *(b) n.pl.* **consumables,** nwyddau bwytadwy; *Cmptr:* nwyddau traul.
consume *v.t.* *(a) (by fire):* llosgi, difa, dinistrio, ysu['n ulw]; *(b) (food):* bwyta, *occ:* ysu; *(c)* **an engine that consumes a lot of fuel,** peiriant sy'n llosgi/defnyddio/llyncu llawer o danwydd; **to ~ one's time,** treulio'ch amser; *(d) (= waste, use up):* treulio, afradu (rhth); mynd (trwy rth); **he soon consumed his fortune,** buan yr afradodd ei gyfoeth.
consumed *a.* **1.** *(by fire):* llosgedig, difaëdig, yn ulw; *(food):* a fwyt|eir/fwyt|eid/fwytawyd; *(fuel):* defnyddiedig. **2. to be ~ with enthusiasm for sth,** bod ar dân dros rth, ysu am wneud rhth; **to be ~ with desire,** ysu/llosgi gan nwyd; **to be ~ with jealousy,** bod yn llawn gwenwyn/ cenfigen, berwi o wenwyn/ genfigen; **he is ~ with envy,** *N: occ:* mae gwenwyn yn ei ladd o; **to be ~ with boredom (with sth),** syrffedu'n llwyr (ar rth).
consumer *n.* defnyddiwr (defnyddwyr) *m*, defn|yddwraig *f*; *(= buyer):* prynwr (prynwyr) *m*, pr|ynwraig *f*; *(= eater):* bwytäwr (bwytawyr) *m*, bwytawraig *f*; *(e.g. fire, bacteria &c):* treuliwr (treulwyr) *m*, yswr (yswyr) *m*, ysydd(-ion) *m*, difäwr (difawyr) *m*; **primary ~,** ysydd cynradd; **secondary ~,** ysydd eilradd. **C~ Advice Service** *n.* Gwasanaeth (*m*) Cynghori Defnyddwyr. **~ advisory officer** *n.* swyddog(-ion) (*m*) cynghori prynwyr. **C~ Council** *n.* Cyngor (*m*) Defnyddwyr. **~ education** *n.* addysg (*f*) defnyddwyr. **~ goods** *n.pl.* nwyddau traul/prŷn. **~ industry** *n.* diwydiant (*m*) nwyddau traul. **~ market** *n.*

marchnad (*f*) nwyddau traul, marchnad defnyddwyr. ~ **price index** *n.* mynegrif(-au) (*m*) defnyddwyr. ~ **protection** *n.* amddiffyn (*vn*) prynwyr, gwarchod (*vn*) defnyddwyr. ~ **research** *n.* ymchwil (*f*) ar ddefnyddwyr. ~ **resistance** *n.* gwrthsafiad (*m*) prynwyr, amharodrwydd (*m*) prynwyr. ~ **surplus** *n.* gwarged (*f*) treulwyr.
consumerism *n. U.S:* *prynwriaeth *f.*
consumerist *n.* & *attrib. U.S:* **1.** *n.* *prynwriaethwr (prynwriaethwyr) *m.* **2.** *attrib.* *prynwriaethol.
consumership *n.* *prynwriaeth *f.*
consuming *a.* *(fire):* difaol, ysol; **all-~,** hollysol; *(desire):* ysol; **time-~,** trafferthus, sy'n mynd ag amser, sy'n gofyn amser.
consumingly *adv.* yn ysol *&c.*
consummate¹ *a.* cyflawn, perffaith, llwyr; **with ~ ease,** yn gampus rwydd, â rhwyddineb penigamp/pencampwr, yn ddeheuig braf; **a ~ liar,** celwyddgi llwyr/diball, rhn hollol gelwyddog, campwr ar ddweud/balu celwyddau.
consummate² *v.t.* cyflawni, perffeithio, cwpláu, cwblh|au; **to ~ a marriage,** cyflawni priodas.
consummately *adv.* yn gyflawn *&c.*
consummation *n.* **1.** *(of marriage, crime):* cyflawnhad *m,* cyflawni *vn,* cyflawniad *m;* **non-~** *n.* anghyflawniad *m,* anghyflawnhad *m,* methu (*vn*) â chyflawni, diffyg (*m*) cyflawni; *Jur:* **to plead non-~ of marriage,** pledio na chyflawnwyd y briodas. **2.** *(= perfection):* perffeithiad *m,* perffeithio *vn.* **3.** *(= desired end, fulfilment):* uchafbwynt(-iau) *m,* coron *f,* diweddglo(-eon) *m;* **the ~ of a splendid career,** coron ar yrfa odidog; *Lit:* **'tis a ~ devoutly to be wished,** y mae'n ddiweddglo i'w daer chwenychu.
consummative *a.* cyflawnol, perffeithiol.
consummator *n.* cyflawnwr (cyflawnwyr) *m.*
consummatory *a.* cyflawnol.
consumption *n.* **1.** *(a) (of food):* traul *f,* treulio *vn,* treuliant *m;* y maint *or* yr hyn a fwyt|eir; ymborth *m,* ymborthi *vn* (ar rth); **unfit for human ~,** anaddas i'w fwyta, anaddas fel lluniaeth ddynol; *(b) (of fuel &c):* traul, defnydd *m* (o/ar rth), defnyddio (*vn*) (ar rth), disbyddiad(-au) *m,* disbyddu *vn; Econ:* **induced ~,** treuliant anwythedig; **over-~,** gordreuliant *m;* **personal ~,** treuliant personol; **under-~,** isdreuliant *m.* **2.** *Med: F:* darfodedigaeth *usu.m,* y pla gwyn *m,* nychdod *m, N: F:* diciâu *m, S: F:* dycâd: dicâd: decâd *m,* dicl|ein *m; S.a.* **galloping. 3.** ~ **function** *n. Econ:* treulffwythiant *m.*
consumptive *a.* & *n.* **1.** *a. Med:* darfodedigol, *F:* a'r diciâu arnoch; ~ **cough,** peswch darfodedigol, *F:* peswch y diciâu. **2.** *n.* dioddefwr (dioddefwyr) (*m*) [o'r] darfodedigaeth, diodd|efwraig (*f*) [o'r] darfodedigaeth; **he is a ~,** mae'r darfodedigaeth arno; *F:* mae'n dioddef o'r diciâu; mae'r diciâu arno.
consumptively *adv.* yn ddarfodedigol.
contact¹ *n.* **1.** *(a)* cyffyrddiad(-au) *m,* cyffwrdd *vn; Mus:* ~ **sounds,** seiniau cyffyrddiad; **point of ~,** man(-nau) (*m*) cyffwrdd, pwynt(-iau) (*m*) cyffwrdd; *(b)* cysylltiad(-au) *m;* **to be in ~ with s.o.,** bod mewn cysylltiad â rhn; **to lose ~ with s.o.,** colli cysylltiad â rhn, colli adnabod ar rn, *M.W: occ: F:* colli cydit ar rn; **to come into ~ with sth,** dod i gyffyrddiad/gysylltiad â rhth, taro ar rth. **2.** *El:* ~ **to earth,** cysylltiad â'r ddaear; **to make ~,** cysylltu, dod i gysylltiad, creu cysylltiad; **to break ~,** torri cysylltiad; *El.E:* **~[-piece],** cysylltiad, cysylltwr (cysylltwyr) *m,* contact(- au) *m.* ~ **adhesive** *n.* glud(-iau) (*m*) cyffwrdd. ~ **angle** *n.* ongl (*f*) gyffwrdd (onglau cyffwrdd). ~ **breaker** *n.* torrwr (torwyr) (*m*) cysylltiad. ~ **copying** *vn.* cyffwrdd-gopïo. ~ **electricity** *n.* trydan (*m*) cyffwrdd. ~ **flight** *n.* ehediad(-au) (*m*) cyffwrdd. ~ **flying** *vn.* hedfan cyffwrdd. ~ **grill** *n.* gridyll (*mf*) cyswllt/gyswllt (gridyllau cyswllt). ~ **lens** *n.* lens (*f*) gyffwrdd (lensys cyffwrdd). ~ **man** *n.m.* cysylltwr (cysylltwyr). ~ **paper** *n.* papur(-au) (*m*) cyffwrdd. ~ **pin** *n.* pin(-nau) (*m*) cysylltiad, pin contact. ~ **print** *n.* print(-iau) (*m*) cyffwrdd. ~ **process** *n.* proses (*mf*) cyffwrdd/gyffwrdd..
contact² *v.t.* cysylltu (â rhn), mynd/dod i gysylltiad (â rhn).
contagion *n.* haint (heintiau) *mf;* **a ~ of fear swept through the crowd,** aeth braw heintus drwy'r dyrfa.
contagious *a.* heintus, ymledol, *occ:* cyffwrdd, cydlynol, *S.W: F:* catshin: cetsin: citshin; *Vet:* ~ **abortion,** erthyliad heintus, pla (*m*) erthylu, *occ:* clwy (*m*) picio.
contagiously *adv.* yn heintus.
contagiousness *n.* heintusrwydd *m.*
contagium *n.* f[e]irws (f[e]irysau) *m,* heintydd(-ion) *m.*
contain *v.t.* **1.** cynnwys, dal, *S:* dala. **2.** *(= restrain):* atal, rheoli, ffrwyno, dal; **to ~ oneself,** ymatal. **3.** *Mil:* **to ~ the enemy,** atal y gelyn.
containable *a.* **1.** cynwysadwy. **2.** ataliadwy, rheoladwy, ffrwynadwy.
contained *a.* **1.** cynwysedig. **2.** *(anger, enemy):* ataliedig.
container *n.* *(a) (in general sense):* cynhwyswr: cynhwysydd (cynhwyswyr) *m; (b) Com: (= box):* bocs(-ys, -iau) *m,* blwch (blychau) *m,* cist(-iau) *f; (= vessel):* llestr(-i) *m; Rail:* **[freight] ~,** amlwyth(-i) *m,* cynhwysydd. ~ **depot** *n.* depo(-s) (*m*) amlwytho, storfan(-nau) (*mf*) amlwytho. **~-fed** *a.* â chyflenwad amlwythi. ~ **library** *n.* llyfrgell(-oedd) amlwyth *f.* ~ **meal** *n.* pryd(-au) (*m*) cario/cludo. ~ **ship** *n.* llong (*f*) gynwysyddion (llongau cynwysyddion), cynhwyslong (cynwyslongau) *f;* ~ **traffic** *n.* trafnidiaeth (*f*) cynwysyddion.
containerization *n.* amlwytholi *vn,* amlwytho *vn,* amlwythiant *m.*
containerize *v.t.* amlwytho, cynwyslwytho.
containment *n.* cyfyngiant *m; vn.* = **contain 2, 3.**
contaminant *n.* difwynwr: difwynydd (difwynwyr) *m.*
contaminate *v.t.* difwyno, llygru, halogi; *(with disease):* heintio.
contaminated *a.* difwynedig, llygredig, heintiedig.
contaminating *a.* difwynol, llygrol, afiach, heintus.
contamination *n.* difwyniant *m,* halogedigaeth(-au) *f,* halogiad(-au) *m;* difwyniad(-au) *m,* difwyno *vn; (with disease):* heintio *vn,* heintiad(-au) *m; S.a.* **contaminate.**
contaminative *a.* = **contaminating.**
contaminator *n.* difwynwr (difwynwyr) *m,* llygrwr (llygrwyr) *m.*
contango *n. St.Exch:* contango(-s, -au) *m* (*pronounced* ng-g), tâl (taliadau) (*m*) gohirio. ~ **day** *n.* diwrnod(-[i]au) (*m*) gohirio.
contemn *v.t. Lit:* dirmygu, ffieiddio, *A: or Lit:* tremygu.
contemner, contemnor *n. Lit:* dirmygwr (dirmygwyr) *m,* ffieiddiwr (ffieiddwyr) *m, A: or Lit:* tremygwr (tremygwyr) *m.*
contemplate *v.t.&i.* **1.** *v.t. (= observe):* syllu, tremio, arsyllu, ardremio, craffu (ar rth); llygadu (rhth); *Rel:* cynhemlu. **2.** *v.t. (a) (= foresee):* rhagw|eld, disgwyl; *(b)* **to ~ (doing sth),** ystyried, arfaethu, bwriadu, meddwl, amcanu, darofun, pwrpasu, *S: E:* permisio, *N: occ:* pwrpasa, 'pasa (gwneud rhth). **3.** *v.i.* myfyrio, synfyfyrio.
contemplation *n.* **1.** *(a) (= gaze):* sylliad(-au) *m,* arsylliad(-au) *m,* trem(-au,-iau) *f,* tremiad(-au) *m* (**of sth,** ar rth); *(b) (= thought):* myfyrdod(-au) *m,* synfyfyrdod(-au) *m,* meddwl (meddyliau) *m; Rel:* cynhemlad(-au) *m,* cynhemlu *vn.* **2.** *(a)* **in ~,** *(= projected):* dan sylw, yn yr arfaeth, arfaethedig, ar y gweill, *N: occ:* ar y masgau; *(b) (= expectation):* disgwyliad *m,* disgwyl *vn,* rhagweld *vn;* **in ~ of an attack,** gan ddisgwyl/ragweld ymosodiad, rhag ymosodiad.
contemplative *a.* & *n.* **1.** *a.* myfyriol, myfyrgar, meddylgar, synfyfyriol; *Rel:* cynhemlol. **2.** *n.* cynhemlwr (cynhemlwyr) *m.*
contemplatively *adv.* yn fyfyriol *&c.*
contemplativeness *n.* myfyrgarwch *m,* meddylgarwch *m.*
contemplator *n.* **1.** syllwr (syllwyr) *m,* edrychwr (edrychwyr) *m,* arsyllwr (arsyllwyr) *m,* ardremiwr (ardremwyr) *m,* sylwedydd(-ion) *m,* craffwr (craffwyr) *m* (**of sth,** ar rth); gwyliwr (gwylwyr) *m* (rhth). **2.** *(= thinker):* myfyriwr (myfyrwyr) *m,* synfyfyriwr (synfyfyrwyr) *m.* **3.** *Rel:* cynhemlydd(-ion) *m.*
contemporaneity *n.* cyfoesedd *m.*
contemporaneous *a.* cyfoes, *occ:* cydoes, cydoesol, cyd-oes, yn cydoesi, o'r un cyfnod.
contemporaneously *adv.* yn gyfoes *&c,* o'r un cyfnod (**with sth,** â rhth).
contemporaneousness *n.* cyfoesedd *m.*
contemporarily *adv.* yn gyfoes *&c.*
contemporary *a.* & *n.* **1.** *a.* cyfoes, *occ:* cydoesol, cyfoesol, yn perthyn i'r dwthwn hwn; ~ **events,** digwyddiadau'r dydd, helyntion y dydd, digwyddiadau cyfoes, digwyddiadau'r dwthwn hwn, digwyddiadau'r byd sydd ohoni, hynt y byd cyfoes; **to be ~ with sth,** cyfoesi/cydoesi â rhth. **2.** *n.* cyfoeswr (cyfoeswyr) *m,* cyf|oeswraig *f,* cydoeswr (cydoeswyr) *m,* cyd|oeswraig *f, occ:* cyfoed(-ion) *m&f; pl.* **contemporaries,** cyfoedion.
contempt *n.* **1.** dirmyg(-ion, -au) *m,* dibristod *m,* diystyrwch *m* (**towards/for sth,** tuag at rth); **to have/hold s.o. in ~,** dirmygu/

diystyru/dibrisio rhn; **to bring s.o. into ~,** dwyn dirmyg/gwarth (*m*) ar rn; **to feel ~ for sth,** dirmygu/ffieiddio rhth; **in ~ (of sth),** heb falio/hidio dim (am rth), gan ddiystyru (rhth), gan ddirmygu (rhth); **in ~ of danger,** heb falio dim am berygl, heb ystyried perygl; **beneath ~,** gwarthus, cywilyddus, gwaradwyddus, isl|aw dirmyg; *Jur:* **~ of court,** dirmyg llys; *Hist:* **~ of justice,** dirmyg (*m*) barn; *Prov:* **familiarity breeds ~,** ni bydd hybarch rhy gynefin/gyfarwydd; cyffredin pob cynefin/cyfarwydd; dibarch rhy gyffredin; cynefindra a fag ddirmyg.

contemptibility *n.* gwarth *m*, gwarthusrwydd *m*, baster *m*, ffi|eidd-dod *m*.

contemptible *a.* & *n.* **1.** *a.* gwarthus, dirmygadwy, yn haeddu dirmyg, cywilyddus, gwaradwyddus, ffiaidd. **2.** *n.pl. Hist:* **the Old Contemptibles,** (*)y Dirmygedig Rai.

contemptibleness *n.* = **contemptibility**.

contemptibly *adv.* yn warthus *&c.*

contemptuous *a.* **1.** dirmygus, dibris, sarh|aus, diystyrllyd, ysgornllyd, llawn dirmyg. **2.** *Jur:* **~ damages,** iawndal dirmygol.

contemptuously *adv.* yn ddirmygus, gyda dirmyg, â dirmyg.

contemptuousness *n.* dirmyg *m*, diystyrwch *m*.

contend *v.t.&i.* **1.** *v.i.* *(= struggle):* ymladd, brwydro, ymlafnio **(with/against s.o.,** â rhn, yn erbyn rhn); milwrio, ymdrechu (yn erbyn rhn); ymgiprys, ymryson (â rhn); *(= compete):* cystadlu, ymgiprys, ymryson [am y gorau] (â rhn); **to ~ with s.o. for sth,** cystadlu *&c* â rhn am rth; *(= cope):* **to ~ with difficulties,** ymgodymu ag anawsterau. **2.** *v.t.* *(= claim, insist):* hawlio, dal, haeru, honni, dadlau, mynnu, taeru, maentumio; **to ~ with s.o. about sth,** taeru yngh|ylch rhth â rhn.

contender *n.* cystadleuydd (cystadleuwyr) *m*, ymdrechwr: ymdrechydd (ymdrechwyr) *m*, cydymgeisydd (cydymgeiswyr) *m*, ymrysonwr: ymrysonydd (ymrysonwyr) *m*, ymgeisydd (ymgeiswyr) *m*.

contending *a.* ymrysongar (*pronounced* ng-g), cystadleuol; **~ parties,** cystadleuwyr *pl*; **~ armies,** byddinoedd gwrthwynebol/ymrysongar.

content[1] *n. or* **contents** *n.pl.* cynnwys *m*, *occ:* cynhwysiad *m*. **~-addressable file store (CAFS)** *n. Cmptr:* storfa (*f*) ffeiliau gynnwys-gyfeiriedig.

content[2] *n.* **1.** = **contentment**. **2.** *Pol:* *(in House of Lords):* *(a)* *(vote):* pleidlais gadarnhaol (pleidleisiau cadarnhaol) *f*; *(b)* *(voter):* pleidleisiwr (pleidleiswyr) cadarnhaol *m*, cefnogwr (cefnogwyr) *m*.

content[3] *a.* **1.** bodlon, *occ:* boddlon **(with sth,** ar rth); **to be contented,** bod yn fodlon, bod wrth eich bodd, bod uwch ben eich digon; **to be ~ to do sth,** bod yn fodlon gwneud rhth; **to be ~ (with sth),** bod yn fodlon, bodloni (ar rth). **2.** *(in House of Lords):* **"content"**, "o blaid", "bodlon"; **"not ~"**, "yn erbyn".

content[4] *v.t.* **1.** bodloni, boddloni, boddh|au, plesio, *Lit:* rhyngu bodd (rhn). **2. to ~ oneself with (doing sth),** ymfodloni, bod yn fodlon (ar rth, ar wneud rhth).

contented *a.* bodlon, boddlon **(with sth,** ar rth); **to live a ~ life,** byw'n fodlon/ddedwydd, byw bywyd bodlon/dedwydd.

contentedly *adv.* yn fodlon *&c.*

contentedness *n.* = **contentment**.

contention *n.* **1.** *(= strife, dispute):* cynnen (cynhennau) *f*, ymrafael(-ion) *m*, ymryson(-au) *m*, taeru *vn*; **a bone of ~,** asgwrn (*m*) cynnen; *Cmptr:* ymryson. **2.** *(= claim):* haeriad(-au) *m*, honiad(-au) *m*, dadl(-au, -euon) *f*, maentumiad(-au) *m*; **my ~ is . . .,** dyma fy nadl i . . .; hyn 'rwyf i'n ei honni/ddadlau . . . .

contentious *a.* **1.** *(pers.):* cynhennus, cynhenllyd, cwerylgar, ymrysongar (*pronounced* ng-g), ffraegar, ymgecrus, cecrus, dadleugar. **2.** *(issue):* dadleuol, cynhennus; **non-~,** anghynhennus, annadleuol.

contentiously *adv.* yn gynhennus *&c.*

contentiousness *n.* **1.** *(of pers.):* cynenusrwydd *m*, cwerylgarwch *m*, ffraegarwch *m*, ymrysongarwch *m* (*pronounced* ng-g). **2.** *(of issue):* dadleuoldeb *m*, natur ddadleuol *f*.

contentment *n.* bodlonrwydd *m*, boddlonrwydd *m*, bodlondeb *m* **(with sth,** ar rth); boddhad *m* (â rhth, ar rth).

conterminous *a.* **1.** *(= with common boundary):* cyffiniol, yn ffinio, yn cydffinio; cyd-derfynol **(with sth,** â rhth). **2.** *(= coextensive):* cyd-derfynol.

conterminously *adv.* **1.** yn gyffiniol. **2.** yn gyd-derfynol.

contest[1] *n.* *(a)* *(wrestling &c):* ymryson(-au) *m*, gornest(-au) *f*; *(b)* *(= competition):* cystadleuaeth (cystadleu[ae]thau) *f*, ymryson, gornest; **~ of skill,** gornest ddeheurwydd; **~ of eloquence,** ymryson areithio; **bardic ~,** ymryson beirdd, *occ:* talwrn (*m*) beirdd; *W.Tel: T.V:* **talent ~,** cystadleuaeth ddoniau; **beauty ~,** cystadleuaeth harddwch.

contest[2] *v.t.&i.* **1.** *v.t.* *(a)* *(= debate):* dadlau, trin, trafod; *(b)* **to ~ s.o.'s right to do sth,** amau/herio hawl rhn i wneud rhth, taeru/dadlau nad oes hawl gan rn i wneud rhth; *(c)* *Sp: Pol:* ymladd; **it was a well-contested match,** bu'n ornest frwd; bu cystadlu brwd; **to ~ a Parliamentary seat,** cystadlu/ymladd am sedd yn y Senedd, ymladd sedd Seneddol; **to ~ an election,** ymladd etholiad; *(d)* *Jur:* *(= challenge):* amau, herio, gwrth-haeru (rhth); ymosod (ar rth); dadlau (yn erbyn rhth). **2.** *v.i.* ymladd **(with/against s.o.,** â rhn, yn erbyn rhn), cystadlu (yn erbyn rhn); **to ~ for a prize,** cystadlu/cynnig am wobr.

contestable *a.* dadleuol, amh|eus, ansicr, amwys.

contestant *n.* ymrysonwr: ymrysonydd (ymrysonwyr) *m*, cystadleuwr: cystadleuydd (cystadleuwyr) *m*; *(in election &c):* ymladdwr (ymladdwyr) *m*, ymgeisydd (ymgeiswyr) *m*.

contestation *n.* *Jur:* gwrth-haeriad *m*, gwrth-haeru *vn*; *Jur:* **(matters) in ~,** (materion) dadleuol, a wrth-haerir, y dadleuir yn eu cylch.

contestor *n.* **1.** = **contestant**. **2.** *(of will):* heriwr (herwyr) *m*, amheuwr (amheuwyr) *m*.

context *n.* cyd-destun(-au) *m*, cyswllt (cysylltau, cysylltiadau) *m*, amgylchiadau *pl*; **out of ~,** digyswllt, allan o'r cyd-destun; **in ~,** mewn cyd-destun; **in the ~ of sth,** yng nghyswllt rhth; **in this ~,** yn hyn o beth, yn y cyswllt hwn.

contextual *a.* cyd-destunol.

contextually *adv.* yn gyd-destunol, mewn cyd-destun.

contexture *n.* **1.** *(= fabric):* gwead(-au) *m*. **2.** *(= structure):* adeiladwaith *m*, cyfansoddiad *m*, gwneuthuriad *m*, saernïaeth *f*, cydwead *m*, cymhlethiad *m*.

contiguity *n.* cyfagosrwydd *m*, agosrwydd *m*, cyffinioldeb *m*.

contiguous *a.* cyffyrddol, cydgyffyrddol, cyffiniol, cyfagos, cydiol; *Sch:* cymharus; **to be ~,** cydgyffwrdd; **~ of sth,** agos i/at rth, ar bwys rhth, wrth ymyl rhth, yn cydgyffwrdd â rhth.

contiguously *adv.* yn gyffyrddol/gyffiniol/gydiol (â rhth), yn gyfagos (at/i rth).

contiguousness *n.* = **contiguity**.

continence *n.* **1.** *(= chastity):* diweirdeb *m*. **2.** *(= moderation):* ymataliaeth *f*, cymedroldeb *m*, ymgadw *vn*, ymatal *vn*. **3.** *Med:* hunanreolaeth *f*, gallu (*m*) dal dŵr, cynhwyster *m*, cynhwystra *m*.

continent[1] *a.* **1.** *(= chaste):* diwair. **2.** *(= moderate):* cymedrol, ymataliol, ymatalgar. **3.** *Med:* *(= able to retain urine &c):* ymataliol, cynhwysol, troethataliol, *F:* sy'n medru dal dŵr.

continent[2] *n. Geog:* cyfandir(-oedd) *m*.

continental *a.* & *n.* **1.** *a.* cyfandirol; *Hist:* **the C~ System,** y Gyfundrefn Gyfandirol *f*; *Hist:* **the C~ Congress,** y Gyngres Gyfandirol *f*; **~ drift,** symudiad(-au) cyfandirol *m*, syfliad(-au) cyfandirol *m*; **~ divide,** gwahanfa gyfandirol (gwahanf|eydd cyfandirol) *f*; **~ shelf,** ysgafell gyfandirol (ysgafellau cyfandirol) *f*; **~ slope,** llethr gyfandirol (llethrau cyfandirol) *f*. **2.** *n.* cyfandirwr (cyfandirwyr) *m*, cyfand|irwraig *f*, Ewropead (Ewropeaid) *m&f*.

continentality *n.* cyfandiroledd *m*.

continentalize *v.t.* cyfandiroli.

continentally *adv.* yn gyfandirol.

continently *adv.* yn ddiwair *&c.*

contingence *n.* *Phil:* dichonoldeb *m*, damweinioldeb *m*, amodoldeb *m*, ansicrwydd *m*.

contingency *n.* **1.** = **contingence**. **2.** *(= chance occurrence):* achlysur(-on) *m*, hap(-iau) *f*, peth(-au) annisgwyl *m*, posibilrwydd *m*, posibiliad(-au) *m*, cyfwng (cyfyngau) *m*, hapddigwyddiad(-au) *m*; **should a ~ arise, in case of a ~,** petai angen, petai raid, petai brys; **a remote ~,** peth annhebyg o ddigwydd; **(to prepare for) all contingencies,** (paratoi ar gyfer) pob achlysur, pob digwydd, pob hap a damwain; *Com:* **contingencies,** *(= expenses):* treuliau annisgwyl, mân dreuliau; **a result that depends on contingencies,** canlyniad sy'n dibynnu ar ddigwyddiadau. **~ fund** *n.* cronfa (cronf|eydd) (*f*) wrth gefn, cronfa frys (cronfeydd brys). **~ plan** *n.* cynllun(-iau) (*m*) at raid, cynllun wrth gefn. ~ **planning** *vn.* cynllunio rhag rhaid.

contingent *a. & n.* **1.** *a. (a) Phil: (= conditional):* dibynnol, amodol; *(= fortuitous, incidental):* achlysurol, damweiniol, digwyddiadol; *(b) (= unforeseen):* annisgwyl; *(= possible):* posibl, dichonol, dichonadwy; ~ **expenses,** treuliau achlysurol; ~ **profit,** elw annisgwyl *m*; *(c) (= conditional):* ~ **on sth,** amodol/dibynnol ar rth; ~ **remainder,** gweddilliad digwyddiadol *m*; ~ **bequest,** cymynrodd ddigwyddiadol (cymynroddion digwyddiadol) *f*; *(of event):* **to be ~ upon sth,** dibynnu ar rth. **2.** *n. Mil:* mintai (minteioedd) *f*, cwmni (cwmnïau, cwmnïoedd) *m*, llu(-oedd) *m*.

contingently *adv.* yn achlysurol, yn amodol *&c*; yn annisgwyl; trwy hap a damwain, yn ddamweiniol; yn ddichonol.

continual *a.* parhaol, parh|aus, di-baid, di-stop, di-dor, di-freg, di-fwlch, gwastadol.

continually *adv.* yn barhaol, yn barh|aus *&c*, yn wastad, byth a beunydd, yn wastadol, byth a hefyd, o hyd ac o hyd, *N: F:* rownd y rîl, ar hyd y bedlan, rownd y bedlan, *S.W:* yn wastad hedd, *N.W:* yn wastad teg/deg; **to be ~ talking,** siarad dragwyddol, siarad yn r|ibidi-res, siarad fel melin glep, siarad fel melin bupur, *N:* siarad fel injan falu metlin, *S:* siarad fel pwll y môr.

continuance *n.* **1.** parhad *m*, parh|au *vn.* **2.** *U.S: Jur:* gohiriad(-au) *m*, oediad(-au) *m*, gohirio *vn*, oedi *vn*.

continuant *a. & n. Phon:* **1.** *a.* parhaol, arhosol. **2.** *n.* cytsain barhaol (cytseinaid parhaol) *f*; *pl.* **continuants,** parhaolion.

continuation *n.* **1.** parhad *m*, estyniad(-au) *m*, hwyhad *m*, hwyh|au *vn*, parh|au *vn*, ychwanegiad(-au) *m*, ychwanegu *vn*, estyn *vn*; *Mth:* **analytical ~,** parhad dadansoddol. **2.** *(of story &c):* parhad, dilyniant (dilyniannau) *m*; *(of wall &c):* estyniad, hwyhad. **3.** *St.Exch:* gohiriad(-au) *m*, gohirio *vn.* ~ **card** *n.* cerdyn (cardiau) (*m*) parhad. ~ **course** *n.* cwrs (cyrsiau) (*m*) estyn. ~ **day** *n.* = **contango day.** ~ **school** *n.* ysgol (*f*) barhad (ysgolion parhad), ysgol ail gyfle, ysgol estyn.

continuative *a.* parhaol, estynnol, hwyhaol.

continuator *n.* parhäwr (parhawyr) *m*, estynnydd (estynyddion) *m*, ychwanegwr (ychwanegwyr) *m*, atodwr (atodwyr) *m*, hwyhäwr (hwyhawyr) *m*.

continue *v.t.&i.* **1.** *v.t. (a) (= extend):* parh|au, estyn, hwyh|au (rhth); *(work &c):* mynd ymlaen, dal ymlaen (â rhth); *Journ:* **to be continued,** i'w barhau; **to ~ a straight line,** estyn llinell syth; **to ~ a conversation,** parhau sgwrs, mynd ymlaen â sgwrs, ailgychwyn sgwrs; **to ~ work,** parhau gwaith, dal i weithio, mynd/dal/bwrw ymlaen â gwaith; *(b)* **to ~ a tradition,** cynnal traddodiad; **to ~ s.o. in a job,** cynnal/cadw rhn mewn swydd; *(c)* **to ~ one's way,** mynd yn eich blaen, dilyn eich ffordd, dilyn eich hynt; **to ~ to do sth,** dal/parhau i wneud rhth; **to be continued,** i'w barhau. **2.** *v.i. (a)* parhau, para, mynd yn eich blaen, mynd ymlaen, *Lit:* mynd rhagoch; **"so", he continued, "when I arrived ..."** "felly", meddai wedyn/drachefn, "pan gyrhaeddais i ..."; *(of line &c):* ymestyn, mynd ymlaen; *(= stay):* aros, dal ymlaen; *(b)* **to ~ impenitent,** dal/aros yn ddiedifar, parhau'n ddiedifar; **the weather continues fine,** deil y tywydd yn braf. **3.** *U.S: Jur: (= adjourn):* gohirio, oedi.

continued *a.* parhaol; *(= extended):* estynedig; **the ~ existence of a race,** parhad (*m*) hil, goroesiad (*m*) hil; *Mth:* ~ **fraction,** ffracsiwn (ffracsiynau) estynedig *m*; ~ **line,** llinell(-au) estynedig *f*; *(in story &c):* **"~",** "parhad".

continuer *n.* = **continuator.**

continuing *a.* = **continuous; there is a ~ need (for more resources),** fe bery'r angen, mae angen o hyd (am ragor o adnoddau); ~ **vigilance,** gwyliadwriaeth gyson/barh|aus *f*.

continuity *n.* **1.** parhad *m*, dilyniant *m*; didoredd *m*, dilyniad *m*, rhediad *m*; *El:* didoriant (didoriannau) *m*; **Law of C~,** Deddf (*f*) Didoriant/Didoredd; **principle of ~,** egwyddor (*f*) didoriant; **to break the ~ of s.o.'s ideas,** torri ar lif/rediad syniadau rhn. **2.** *Cin:* cysondeb (*m*) golygf|eydd. ~ **announcer** *n.* cyflwynydd (cyflwynwyr) (*m*) cyswllt. ~ **girl** *n.f.* cysonyddes(-i, -au). ~ **man** *n.m.* cysonydd(-ion), cysonwr (cysonwyr). ~ **studio** *n.* stiwdio gyswllt (stiwdios cyswllt) *f*.

continuo *n. Mus:* cont|inwo(-s, cont|inwi) *m*.

continuous *a.* parhaol, di-fwlch, di-dor, di-baid, di-feth, di-freg, cyson, diddiwedd, *N: F:* di-dor-derfyn; *Lib:* ~ **pagination,** tudaleniad(-au) di-dor *m*; ~ **revision,** adolygu (*vn*) parhaol; ~ **studies,** astudiaethau parhaol; *Needlew:* ~ **opening,** agoriad(-au) di-dor *m*; *Needlew:* ~ **wrap,** agoriad undarn *m*, placed(-i,-au) parhaol *m*; *El:* ~ **waves,** tonnau cyson; *Cin:* ~ **performance,** perfformiad di-dor *m*; ~ **count,** rhifiad(-au) di-dor *m*; ~ **creation,** creu (*vn*) di-baid; *Cmptr:* ~ **data,** data di-dor *pl*; *Mth: Ph:* ~ **random variable,** hapnewidyn di-dor *m*; ~ **spectrum,** sbectrwm (sbectra) di-dor *m*; ~ **stationery,** papur di-dor *m*.

continuously *adv.* yn barhaol, yn ddi-dor, yn ddi-fwlch, yn gyson *&c*.

continuousness *n.* = **continuity.**

continuum *n.* cont|inwwm (cont|inwa) *m*, didorredd *m*; *Ph:* y di-dor *m*; ~ **of sensation,** continwwm teimladau; **space-time ~,** continwwm gofod-amser.

contort *v.t.* **1.** *(= twist, convulse):* dirdynnu, dirdr|oi, nydd-droi, ystumio, camystumio, cordeddu; **to ~ oneself,** ymnyddu, ymwingo, ymgordeddu, eich plygu'ch hunan/hun, eich ystumio'ch hunan/hun. **2.** *Fig: (meaning of word):* gwyrdr|oi, cam-droi, ystumio, gwyrgamu, gwyrdynnu; **to ~ a word out of its ordinary meaning,** gwyrdroi/cam-droi ystyr gair.

contorted *a.* ystumiedig, camystumiedig, mewn camystum, dirdynedig, gwyrgam, gwyrdroëdig; **a face ~ by pain,** wyneb wedi ei ddirdynnu gan boen.

contortion *n.* **1.** *(with pain):* dirdyniad(-au) *m*, n|ydd-dro (nydd-droeon) *m*, cordeddiad(-au) *m*, ymgordeddiad(-au) *m*, cord|edd-dod (cordedd-dodau) *m*. **2.** *(of face):* ystum(-iau) *mf*; *(of acrobat &c):* ystumiad(-au) *m*.

contortionist *n.* ystumiwr (ystumwyr) *m*.

contortionistic *a.* ystumiol, ystumiadol.

contortive *a.* ystumiol, camystumiol.

contour¹ *n.* **1.** amlinell(-au) *f*, tro(-eon) *m*, amlin(-au) *f*. **2.** *Geog: &c:* ~ **line,** cyfuchlin(-iau) *f*; **re-entrant ~ line,** cyfuchlin adfewnol. ~ **interval** *n.* cyfwng (cyfyngau) cyfuchlinol *m*. ~ **map** *n.* map(-iau) cyfuchlinol *m*. ~ **farming** *vn.* amaethu cyfuchlinol. ~ **feather** *n.* pluen (plu) (*f*) allanol, plufyn (plu[f]) (*m*) allanol. ~ **moorland** *n.* gweundir(-oedd) tonnog *m*. ~ **ploughing** *vn.* aredig cyfuchlinol.

contour² *v.t.* **1.** *Surv:* amlinellu, cyfuchlinio. **2.** *Civ.E: Mount:* gogylchu.

contra-¹ *pref.* gwrth- + *soft mut.*; croes + *soft mut.* ~**-suggestible** *a. Psych:* gwrthawgrymadwy.

contra² *n. Book-k:* **[as] per ~,** fel gyferbyn. ~ **entry** *n.* cofnod(-ion) (*m*) cyferbyn.

Contra³ *n. Pol:* Contra(-s) *m&f*.

contraband *a. & n.* **1.** *a.* gwaharddedig, anghyfreithlon. **2.** *n.* ~ **[goods],** nwyddau gwaharddedig *pl*, c|ontraband *m*, *Lit:* rhednwyddau *pl*.

contrabandist *n.* smyglwr (smyglwyr) *m*.

contrabass *a. & n. Mus:* **1.** *a.* gwrthfas. **2.** *n. (= double bass):* basgrwth (basgrythau) *m*, bas(-au) dwbl *m*. ~ **player** *n.* = **contrabassist.**

contrabassist *n.* canwr (canwyr) (*m*) bas dwbl, chwaraewr (chwaraewyr) (*m*) bas dwbl, chwar|aewraig (chwaraewragedd) (*f*) bas dwbl.

contrabassoon *n. Mus:* gwrthfaswn (gwrthfaswnau) *m*, isfaswn (isfaswnau) *m*, baswn (baswnau) dwbl *m*. ~ **player** *n.* canwr (canwyr) (*m*) baswn dwbl, chwaraewr (chwaraewyr) (*m*) baswn dwbl, chwar|aewraig (chwaraewragedd) (*f*) baswn dwbl.

contraception *n. Med:* atal (*vn*) cenhedlu.

contraceptive *a. & n.* **1.** *a.* gwrthgenhedlol, atal cenhedlu; ~ **methods,** dulliau atal cenhedlu; ~ **sheath,** gwain (gweiniau) (*f*) atal cenhedlu, condom(-au) *m*. **2.** *n.* gwrthgenhedlwr (gwrthgenhedlwyr) *m*, gwrthgenhedlyn (gwrthgenhedlion) *m*, ataliwr (atalwyr) *m* cenhedlu, atalydd(-ion) *m* cenhedlu, offer (*pl*) atal cenhedlu.

contract¹ *n.* **1.** cytundeb(-au) *m*, cyfamod(-au) *m*, contract(-[i]au) *fm*; **marriage ~,** cyfamod priodas; *Hist:* **the Social C~,** y Cyfamod Cymdeithasol; **by private ~,** trwy gytundeb [preifat]; **to enter into a ~,** cyfamodi, gwn|eud cyfamod/cytundeb, *occ:* cytundebu; **under ~,** yn rhwymedig gan gytundeb, dan gytundeb; **breach of ~,** tor (*m*) cytundeb, torri (*vn*) cytundeb; *S.a.* **simple 1**; *Jur:* **subject to ~,** yn amodol ar gytundeb/gontract. **2.** *Civ.E: &c:* contract(-[i]au) *m*, ymgymeriad(-au) *m*, cytundeb; *Com:* **to put work up to/for ~,** cynnig gwaith ar gytundeb, rhoi gwaith ar gynnig; **to put work out to ~,** gosod gwaith [ar gynnig/gytundeb]; **to place a ~ for an undertaking,** gosod/pennu cytundeb ar gyfer gwaith; **to get/secure a ~ for sth,** ennill/sicrh|au cytundeb ar gyfer rhth; *Cards: (bridge):* datganiad(-au) *m*, y cynnig uchaf *m*. **~ bridge** *n.* ***bridge*** *(m)* cynnig. **~ service** *n.* gwasanaeth(-au) cytundebol *m*.

contract[2] *v.t.&i.* I. **1.** *v.t.* *(= make smaller):* cywasgu, lleih|au, crebachu; *Metalw:* cyfangu; *Ling:* **to ~ "shall not" into "shan't"**, cywasgu **"shall not"** yn **"shan't"**; *(= narrow):* culh|au; *(features, face):* ystumio, crychu, crebachu; *(= make shorter):* byrh|au, cwtogi, cwteuo, cwtio, *S: occ:* cwtanu. **2.** *v.i.* *(a) (= shrink):* crebachu, culhau, byrh|au, *Lit:* sybachu; *Econ: Physiol: Biol:* cyfangu; *(b) (esp. of material):* cwteuo, mynd i mewn, tynnu at ei gilydd, tynnu ato, mynd i'w gilydd, *N.W: occ:* hel at ei gilydd. II. **1.** *v.t.* *(a) (= incur):* **to ~ a habit,** mynd i arferiad, magu arferiad; **to ~ a debt,** mynd i ddyled; *(disease &c):* cael, *N:* dal, *S:* dala; **to ~ a marriage,** ymbriodi **(with s.o.,** â rhn); **to ~ a liking for sth,** cael blas ar rth, magu blas at rth, mynd yn hoff o rth, magu hoffter o rth; **to ~ a dislike of sth,** rhoi'ch cas ar rth, mynd/dod i gasáu rhth; *(b) Com:* **to ~ to do sth,** addo gwneud rhth [trwy gytundeb], cytuno i wneud rhth, ymgymryd â gwneud rhth; *(c)* **to ~ work out,** gosod gwaith ar gytundeb; *S.a.* **subcontract. 2.** *v.i.* *Com:* **to ~ for a supply of sth,** cytuno/ymrwymo i gyflenwi rhth; ymgymryd â chyflenwi rhth; **to ~ for work,** ymgymryd â gwaith, cytuno['n ffurfiol] i wneud gwaith; **to ~ out,** ymryddh|au o gytundeb/gontract, ymesgusodi rhag gorfod gwneud rhth, gwrthod gwneud rhth.

contractable *a. (disease):* heintus; **a ~ debt,** dyled y gellir mynd iddi; **a ~ marriage,** priodas y gellir mynd iddi.

contracted *a.* **1.** *(features &c):* crychedig, crych (*f. occ:* crech, *pl.* crychion), ystumiedig, wedi tynh|au, tynnach, wedi crychu, wedi eu hystumio; *(material &c):* wedi byrh|au, crebachlyd, wedi eu crebachu, wedi cwtio/cwteuo/cwtanu, cwta, cwteuach, byrrach; *Med:* **~ tendons,** crebachiad *(m)* y gewynnau; *(outlook):* cul(-ion), cyfyng, cyfyngedig; *(story &c):* cywasgedig, cryno, cwta. **2.** *Gram:* **~ article,** bannod gywasgedig *f*. **3.** *(= under contract):* ymrwymedig, dan gytundeb, dan gontract.

contractible, contractile *a.* cyfangol, crychol, crebachol; **~ muscles,** cyhyrau crebachu; *Biol:* **~ vacuole,** gwagolyn (gwagolion) cyfangol *m*; *Bot:* **~ root,** gwreiddyn (gwr|aidd/gwreiddiau) cyfangol *m*; **~ force,** grym *(m)* crebachu.

contractility *n.* crycholdeb *m*, cyfangoldeb *m*.

contracting[1] *a.* **1.** *(= getting smaller):* lleihaol, yn lleih|au, culhaol, yn culh|au. **2.** *(a) Jur: Pol:* **High C~ Parties,** Uchel Gyfamodwyr; *(b) Com:* **~ party,** *(for work):* cytundebwr (cytundebwyr) *m*.

contracting[2] *vn.* = **contract**[2].

contraction *n.* **1.** *(a) (of metal, tissue &c):* crychiad(-au) *m*, crychu *vn*, crebachiad(-au) *m*, crebachu *vn*, cyfangiad(-au) *m*, cyfangu *vn*; *(b) Com:* cwtogiad(-au) *m*, cwtogi *vn*, cyfangiad, cyfangu *vn*, crebachiad, crebachu. **2.** *(of words):* cywasgiad(-au) *m*, cwtogiad(-au) *m*, cywasgu *vn*, cwtogi *vn*. **3.** *Med:* cyfangiad; **muscle ~,** cyfangiad cyhyrol. **4.** *Mus:* cyfyngiad(-au) *m*. **~ rule** *n.* *Tls:* riwl *(f)* gyfangiad/gyfangu (riwliau cyfangiad/cyfangu).

contractional *a.* cyfangol, cyfangiadol, crebachol, crebachiadol.

contractive *a.* = **contractile.**

contractor *n.* **1.** contractwr (contractwyr) *m*, contractor(-s) *m*, ymgymerwr (ymgymerwyr) *m*; **haulage ~,** cludwr (cludwyr) *(m)* nwyddau, *F:* cariwr: carier(-s, c|ariwyr) *m*; *(for supplies &c):* cyflenwr (cyflenwyr) *m*. **2.** *Jur:* contractwr, cyfamodwr (cyfamodwyr) *m*, amodwr (amodwyr) *m*, cytundebwr (cytundebwyr) *m*. **3.** *(= contracting muscle):* crebachwr (crebachwyr) *m*.

contractual *a.* cyfamodol, amodol, cytundebol; **~ work,** gwaith *(m)* dan gytundeb.

contractually *adv.* yn gyfamodol *&c.*

contracture *n.* *Med:* crebachdod *m*, crebachedd *m*.

contraculture *n.* gwrth-ddiwylliant *m*.

contradict *v.t.* *(a)* **to ~ s.o.,** gwrth-ddweud rhn, croes-ddweud rhn, dadlau'n groes i rn; **don't ~ me,** paid (peidiwch) â thaeru â mi; paid â dweud yn groes i mi; **the reports ~ each other,** mae'r adroddiadau'n gwrth-ddweud ei gilydd; *(b) (= deny):* gwadu.

contradictable *a.* gwrthddywedadwy, croesddywedadwy.

contradiction *n.* **1.** gwrthddywediad(-au) *m*, gwadiad(-au) *m*, croesddywediad(-au) *m*; **to give a flat ~ to a statement,** gwadu gosodiad ar ei ben *or* yn grwn [ac ar groes]. **2. in ~ with sth,** yn groes (i rth), yn gwrth-ddweud (rhth), yn anghyson (â rhth); **~ in terms,** croeseb(-au) *f*, croesosodiad(-au) *m*, croesddywediad (-au) *m*, croesebiad(-au) *m*, gwrthddywediad(-au) *m*; *Log:* **Law of C~,** Deddf *(f)* Croesebiad.

contradictious *a.* cecrus, cynhennus, cwerylgar, dadleugar.

contradictiously *adv.* yn gecrus *&c.*

contradictiousness *n.* dadleugarwch *m*, cwerylgarwch *m*, cynenusrwydd *m*.

contradictor *n.* gwrthddywedwr (gwrthddywedwyr) *f*, croesddywedwr (croesddywedwyr) *m*, taerwr (taerwyr) *m*, cynhennwr (cynhenwyr) *m*.

contradictorily *adv.* yn groes [i'w gilydd], yn groesddywedol.

contradictoriness *n.* natur groesddywedol *f*, anghysondeb *m*.

contradictory *a.* anghyson [â'i gilydd], croes [i'w gilydd], croesddywedol, gwrthwynebol, croesebol; **~ statements,** gosodiadau anghyson [â'i gilydd], gosodiadau croes/gwrthwynebol [i'w gilydd]; **~ terms,** termau croesebol.

contradistinction *n.* gwrthgyferbyniad(-au) *m*, cyferbyniad(-au) *m*; **in ~ to sth,** o'i *(&c)* gyferbynnu/wrthgyferbynnu â rhth, mewn cyferbyniad/gwrthgyferbyniad â rhth.

contradistinctive *a.* cyferbynnol, cyferbyniol, gwrthgyferbynnol, gwrthgyferbyniol.

contradistinctively *adv.* yn gyferbynnol *&c*; mewn gwrthgyferbyniad.

contradistinguish *v.t.* cyferbynnu, gwrthgyferbynnu.

contrail *n. (= condensation trail):* ôl (olion) *(m)* anwedd.

contra-indicant *n.* gwrtharwyddwr (gwrtharwyddwyr) *m*.

contra-indicate *v.t.* *Med:* gwrtharwyddo, gwrthgymeradwyo.

contra-indication *n.* gwrtharwydd(-ion) *m*, gwrthgymeradwyaeth *f*; *Med:* **absolute ~-indication,** rhybudd(-ion) *m*.

contra-indicative *a.* gwrtharwyddol.

contralateral *a.* cydgyferbynnol, cydgyferbyniol.

contralto *n.* *Mus:* **1.** *(singer):* contralto(-s) *f*. **2.** *(voice):* contralto(-s) *m*.

contraoctave *n.* *Mus:* gwrthwythfed(-au) *mf*.

contraposition *n.* *Log:* gwrthleoliad(-au) *m*, gwrthgyflead(-au) *m*, cyferbyniad(-au) *m*, gwrthosodiad(-au) *m*.

contrapositive *a.* gwrthosodol.

contraption *n.* *F:* peiriant (peiriannau) *m*, dyfais (dyfeisiau) *f*, teclyn (taclau) *m*, contrapsiwn(-s) *m*, *N: F:* pethma *m*, patent: patant *m*, *S: F:* bechingalw *m* (*pronounced* ng-g), consárn *m*; *(esp. = old car):* [hen] siandri(-s) *f*, *occ: (in specific uses):* cythraul (cythreuliaid) *m*; **~ for carding wool,** cythraul gwlân.

contrapuntal *a.* gwrthbwyntiol, cyferbwyntiol.

contrapuntally *adv.* mewn gwrthbwynt, yn wrthbwyntiol *&c.*

contrapuntist *n.* gwrthbwyntydd(-ion) *m*.

contrariety *n.* anghytundeb *m*, anghysondeb *m*, gwahaniaeth *(m)* barn, gwrthineb *m*.

contrarily *adv.* **1.** *(= adversely):* yn wrthwynebus, yn anffafriol, yn wrthnysig *&c.* **2.** *(= perversely):* yn gyndyn *&c.*

contrariness *n.* **1.** *(of winds &c):* anffafrioldeb *m*, croesni *m*, gwrthnysigrwydd *m*. **2.** *(= perverseness):* cyndynrwydd *m*, cildynrwydd *m*, croesineb *m*, natur groes *f*, anfoddogrwydd *m*, gwrthnysigrwydd *m*, ystyfnigrwydd *m*, anhydynrwydd *m*, anhydrinedd *m*, penstiffni *m*.

contrariwise *adv.* **1.** ar y llaw arall, yn hytrach, i'r gwrthwyneb. **2.** *(= otherwise):* fel arall. **3.** *F: (= perversely):* yn gyndyn, yn gildyn, yn gildynnus, yn wrthnysig, yn benderfynol, yn ddi-ddweud.

contrary *a., n. & adv.* **1.** *a.* *(a) (= opposite):* gwrthwynebol, gwrthwynebus, croes **(to sth,** i rth); **in a ~ direction,** y ffordd arall, o chwith, o chwithig, mewn cyfeiriad gwrthwynebol, i'r cyfeiriad arall; **~ to nature,** croes i natur, annaturiol, chwithig, yn erbyn natur; *Mus:* **~ motion,** gwrthsymud *vn*; *(b) (= unfavourable):* anffafriol, ataliol, croes, chwithig; **~ wind[-s],** gwynt croes (gwyntoedd croesion) *m*, croeswynt(-oedd) *m*, gwynt anffafriol, awel groes (awelon croes) *f*; **~ terms,** termau croes, croesebau; *(c) F: (= perverse):* gwrthwynebus, anfoddog, croes, trof|aus, gwrthnysig, gwrthwynebol, cildyn, cildynnus, ystyfnig, anhydyn, anhydrin, anystywallt, di-ddweud, penderfynol, penstiff. **2.** *n.* gwrthwyneb *m*; **quite the ~, on the ~,** i'r gwrthwyneb, fel arall; **(there is no evidence) to the**

~, ('does dim tystiolaeth) i brofi fel arall, i brofi'r gwrthwyneb; **(unless you hear) to the ~,** (os na chlywch) i'r gwrthwyneb, fel arall, yn wahanol; **by contraries,** mewn gwrthgyferbyniad. **3.** *adv.* yn groes (i rth), yn wahanol (i rth), yn erbyn (rhth); **~ to the rules,** yn erbyn y rheolau, yn groes i'r rheolau; **~ to accepted opinions,** yn groes/wahanol i'r farn gyffredin; **~ to his usual custom,** yn wahanol/groes i'w arfer; **~ to expectation,** yn groes i'r disgwyl.

contrast¹ *n. (a)* cyferbyniad(-au) *m*, gwrthgyferbyniad(-au) *m*; *Cmptr:* cyferbynnedd (cyferbyneddau) *m*; **by/in ~ with sth,** o'i (*&c*) gyferbynnu â rhth, mewn cyferbyniad â rhth, o osod y naill yn erbyn y llall; **colours in ~,** lliwiau gwrthgyferbyniol; **in sharp ~,** mewn cyferbyniad eglur; **to form a ~ to/with sth,** cyferbynnu â rhth, creu cyferbyniad i rth *or* â rhth. **~ radiography** *n.* radiograffeg gyferbyniol *f*.

contrast² *v.t.&i.* **1.** *v.t.* cyferbynnu, gwrthgyferbynnu, cymharu. **2.** *v.i.* cyferbynnu **(with sth,** â rhth), gwahaniaethu (oddi wrth rth); **to ~ strongly with sth,** gwahaniaethu'n fawr oddi wrth rth, gwrthgyferbynnu'n gryf â rhth.

contrastable *a.* cyferbyniadwy, gwrthgyferbyniadwy.

contrasted, contrasting, contrastive *a.* cyferbyniol, cyferbynnol, gwrthgyferbyniol, gwrthgyferbynnol, cyferbyniadol, gwrthgyferbyniadol.

contrastively *adv.* yn gyferbyniol *&c*.

contrasty *a. Phot:* cyferbyniol, gwrthgyferbyniol.

contrate *a.* **~ wheel, = crown wheel.**

contravallation *n. Mil: Hist:* amgloddiau *pl*, gwrthgloddiau *pl*.

contravene *v.t.* **1. to ~ a law,** torri/tramgwyddo deddf, mynd/bod yn groes i ddeddf; **it contravenes the law,** mae'n torri'r gyfraith; **to ~ regulations,** torri rheolau, mynd/bod yn groes i reolau. **2.** *Jur: &c: (= oppose):* gwrthwynebu; **to ~ a witness/judge,** gwrthnau tyst/barnwr.

contravener *n.* troseddwr (troseddwyr) *m*, tros|eddwraig *f*, torrwr (torwyr) (*m*) cyfraith, t|orwraig (*f*) cyfraith, tramgwyddwr (tramgwyddwyr) *m*, tramg|wyddwraig *f*.

contravention *n.* **~ of a law,** torri(*vn*)'r gyfraith, tor-cyfraith *m*, trosedd(-au) *mf*, troseddu *vn*; **to act in ~ of a rule,** torri rheol, mynd yn groes i reol.

contredanse *n. Danc:* **= country dance.**

contretemps *n.* an[h]ap(-iau) *mf*, damwain (damweiniau) *f*, tro(-eon) trwstan *m*, anghaffael *m*, adwyth(-au) *m*, anffawd (anffodion) *f*, aflwydd(-au) *m*.

contribute *v.t.&i.* cyfrannu; **to ~ to a newspaper,** cyfrannu i bapur newydd; **to ~ to a fund,** cyfrannu at gronfa.

contribution *n.* **1.** cyfraniad(-au) *m*, cyfrannu *vn*, **a ~ to a fund,** cyfraniad at gronfa; **every ~ gratefully received,** diolchir am bob cyfraniad; gwerthfawrogir pob cyfraniad; **to lay sth under ~,** gorfodi rhth i gyfrannu, mynnu cyfraniad gan rth, *Fig:* tynnu ar adnoddau rhth; **a flat rate ~,** cyfraniad cyfradd unffurf/wastad, cyfraniad un gyfradd. **2. a ~ to a newspaper,** cyfraniad i bapur newydd, ysgrif *f*, erthygl *f*. **~ year** *n.* blwyddyn (*f*) gyfrannu (blynyddoedd cyfrannu).

contributive *a.* cyfraniadol.

contributively *adv.* yn gyfraniadol *&c*.

contributor *n.* cyfrannwr (cyfranwyr) *m*.

contributory *a. & n.* **1.** *a.* cyfrannol; **~ causes,** achosion cyfrannol, cydachosion; *Jur: Ins:* **~ negligence,** esgeulustod cyfrannol *m*; **~ pension scheme,** cynllun (*m*) pensiwn cyfrannol. **2.** *n. Jur:* cyfrannwr (cyfranwyr) *m*.

contrite *a.* edifeiriol, edifar, *Lit:* edifarus, edifarh|aus.

contritely *adv.* yn edifeiriol *&c*; mewn edifeirwch.

contriteness, contrition *n.* edifeirwch *m*.

contrivance *n.* **1.** *(action): vn.* **= contrive. 2.** *(= inventive capacity):* dyfeisgarwch *m*; **some things are beyond human ~,** mae rhai pethau y tu hwnt i ddyfeisgarwch dyn. **3.** *(= deceit): Pej:* dichell(-ion) *f*, twyll *m*, ystryw(-iau) *f*. **4.** *(= device):* dyfais (dyfeisiau) *f*, peiriant (peiriannau) *m*, teclyn (taclau) *m*, *F:* patent: patant *m*; *S.a.* **contraption.**

contrive *v.t. (a) (= invent):* dyfeisio, llunio, *occ:* cyntreifio; *(b) (= bring about):* cynllunio, trefnu; *(= succeed):* llwyddo; **to ~ to do sth,** llwyddo i drefnu rhth, dyfeisio ffordd o gael gwneud rhth; **he contrived to be at her side,** fe drefnodd bethau fel y câi fod wrth ei hochr hi; fe lwyddodd i fod wrth ei hochr hi; **he contrived to get his brother elected chairman,** fe'i gweithiodd hi fel bod ei frawd yn cael ei ethol yn gadeirydd; **to ~ to open the window,** llwyddo i agor y ffenestr; **can you ~ to be here early?** a ellwch chi geisio bod yma'n gynnar? *(c)* **she finds it difficult to ~,** *(= manage economically):* mae'n ei chael hi'n anodd cael deupen llinyn ynghyd; mae hi'n methu dod i ben; *S:* mae'n ffaelu ymdopi; *(d) Pej: (plot, situation &c):* trefnu, cyntreifio.

contrived *a.* trefnedig, cynlluniedig; *(play, story):* ffug, ffuantus, artiffisial, gwn|eud, cymelledig, annaturiol.

contriver *n.* **1.** *(= inventor):* dyfeisiwr: dyfeisydd (dyfeiswyr) *m*, lluniwr (llunwyr) *m*, cyntreifiwr (cyntreifwyr) *m*. **2. he is a good ~,** mae'n ddyn o gwmpas ei bethau; mae'n un craff/hirben; mae'n un da am ddod i ben; *N:* mae'n dipyn o [hen] bry; *S: S.W:* mae'n ymdopi'n iawn; mae'n hen fachan budur; **she is a good ~,** mae hi'n llwyddo i gael y ddeupen llinyn ynghyd; un dda yw hi o gwmpas y tŷ; *N.W:* mae hi'n un gyntreifiol.

control¹ *n. (a)* rheolaeth *f*, meistrolaeth *f*, gwastrodaeth *vn* **(of sth,** ar rth); rheoli, meistroli (rhth); **to have ~ of sth,** [gallu] rheoli rhth; **she has no ~ over her children,** 'does ganddi ddim rheolaeth ar ei phlant; mae'n methu â chadw'i phlant mewn trefn; mae'n methu gwastrodaeth y plant; **circumstances beyond our ~,** amgylchiadau y tu hwnt i'n rheolaeth; *(of pers.):* **to get out of ~,** mynd dros ben llestri, gwylltio'n lân/gandryll, mynd y tu hwnt i reolaeth, colli'ch pen, colli arnoch eich hun, *N:* myllio (= ymhyllio); **things got out of ~,** fe aeth pethau'n draed moch; *N: F:* mi aeth pethau'n holics/wyllt/fflêr; **to have one's horse under ~,** cadw'ch ceffyl dan reolaeth; **out of ~,** *(pers.):* afreolus, anystywallt, gwyllt, direol; *(car &c):* allan o reolaeth, heb fod dan reolaeth; **to go out of ~,** rhedeg yn wyllt; **everything is under ~,** mae popeth dan reolaeth; **to take ~,** cymryd y llyw, cipio rheolaeth; **to get sth under ~,** meistroli, gwastrodaeth, dofi (rhth); cael rheolaeth (ar rth); **self-~,** hunanreolaeth *f*; **birth-~,** rheoli (*vn*) geni/genedigaethau, rheolaeth ar enedigaethau, atal (*vn*) cenhedlu; **to practise birth-~,** defnyddio dulliau atal cenhedlu; *(b) (of vehicle &c):* rheolaeth, gafael *f*, meistrolaeth; **remote ~,** rheolaeth o bell/hirbell/bellter, pell-reolaeth *f*; *attrib.* pell-reoledig; **a ship out of ~,** llong heb reolaeth, llong heb fod o dan reolaeth, llong ddireol; *pl.* **controls,** offer (*pl*) llywio, llyw *m*; **at the controls,** wrth y llyw; *W.Tel:* **volume ~,** rheolydd (*m*) sain, *N: F:* nobyn (*m*) sŵn, *S: F:* bwlyn (*m*) sain/sŵn; *Tchn: Ph:* **brightness ~,** rheolydd disgleirdeb; *I.C.E:* **ignition ~,** rheoliad tanio, rheolydd tanio; *(d) (= surveillance):* rheoliad(-au) *m*, rheolaeth, gwyliadwriaeth *f*; **under government ~,** dan reolaeth y llywodraeth; *Fin:* **exchange ~,** rheoli cyfnewid, rheolaeth ar gyfnewid; *Av:* **ground ~,** rheolaeth o'r ddaear; **legal ~,** rheolaeth gyfreithiol; **managerial ~,** goruchwyliaeth [y] rheolwyr; **maximum price ~,** rheoli uchafbris, rheolaeth ar uchafbrisiau; **minimum price ~,** rheoli isafbris, rheolaeth ar isafbrisiau; **monetary ~,** rheolaeth ariannol; **to use sth as a ~,** defnyddio rhth yn/fel safon (*f*), yn/fel sail (*f*) cymhariaeth; *(e) Psychics:* rheolwr (rheolwyr) *m*, tywysydd(-ion) *m*, tywyswr (tywyswyr) *m*. **~-A [key]** *n.* allwedd/bysell reoli A. **~ case** *n.* achos(-ion) (*m*) cymhariaeth. **~ character** *n.* nod(-au) (*mf*) rheoli. **~ code** *n.* côd (codau) (*m*) rheoli. **~ column** *n.* llyw(-iau) *m*, colofn (*f*) lywio (colofnau llywio). **~ equipment** *n.* offer (*pl*) rheoli, rheoliadur(-on) *m*. **~ experiment** *n. Biol: &c:* arbrawf (arbrofion) (*m*) cymharu. **~ group** *n.* grŵp (grwpiau) (*m*) safonol. **~ key** *n.* allwedd (*f*) reoli (allweddau/allweddi rheoli), bysell (*f*) reoli (bysellau rheoli). **~ lever** *n.* lifer (lifrau) (*m*) rheoli. **~ memory** *n.* cof(-au) (*m*) rheoli. **~ panel** *n.* panel(-i, -au) (*m*) rheoli. **~ point** *n.* man(-nau) (*m*) rheoli. **~ rod** *n.* roden (*f*) reoli (rodiau rheoli). **~ room** *n.* ystafell (*f*) reoli (ystafelloedd rheoli). **~ setting** *n.* rheolydd(-ion) *m*. **~ surface** *n.* arwyneb(-au) (*m*) rheoli. **~ technology** *n.* technoleg (*f*) reoli. **~ theory** *n.* damcaniaeth (*f*) reoli. **~ tower** *n.* tŵr (tyrau) (*m*) rheoli. **~ track** *n. T.V:* trac(-iau) (*m*) rheoli. **~ unit** *n.* uned (*f*) reoli (unedau rheoli).

control² *v.t.* **1.** *(= manage):* rheoli. **2.** *(= master, tame):* rheoli, meistroli, gwastrodi, gwastrodaeth, dofi; **to ~ a horse,** meistroli/dofi/gwastrodi ceffyl; **to ~ one's passions,** meistroli'ch/dofi'ch/ffrwyno'ch nwydau; **to ~ oneself,** eich rheoli'ch hun, ymreoli, ymdawelu, ymbwyllo; **~ yourself!** gan bwyll! bydd(-wch) [yn] dawel! ymbwylla (ymbwyllwch)! **to ~ one's anger,** dofi'ch llid, peidio [â] gwylltio. **3.** *(= check, verify):* archwilio, gwirio, edrych.

controllable *a.* rheoladwy; *(horse &c):* hydrin, dofadwy, y gellir ei ddofi/feistroli *&c*, *Lit:* hywedd.
controlled *a.* *(a)* rheoledig, dan reolaeth; *Jur:* **~ tenancy,** tenantiaeth reoledig *f*; **~ experiment,** arbrawf (arbrofion) (*m*) dan reolaeth, arbrawf rheoledig; *(b) (= set):* gosod, gosodedig, penodedig, penodol; **at the ~ price,** am y pris penodedig, am y pris a bennwyd; **to fix a ~ price for a food-product,** pennu pris ar gyfer cynnyrch bwyd; **~ access,** mynediad cyfyngedig *m*.
controller *n.* **1.** *(pers.):* rheolwr (rheolwyr) *m*, rhe|olwraig *f*, cyfarwyddwr (cyfarwyddwyr) *m*, cyfar|wyddwraig *f*, pennaeth (penaethiaid) *m*; *(= inspector):* goruchwyliwr (goruchwylwyr) *m*, goruch|wylwraig *f*, arolygwr: arolygydd (arolygwyr) *m*. **2.** *Tchn:* rheolydd(-ion) *m*.
controllership *n.* rheolwriaeth(-au) *f*.
controlling *a.* llywodraethol, *occ:* rheolaethol; *Fin:* **a ~ interest,** cyfran reolaethol *f*, cyfran fwyafrifol; *Lib:* **~ indexing,** mynegeio (*vn*) dethol.
controversial *a.* dadleuol.
controversialism *n.* dadleugarwch *m*.
controversialist *n.* dadleuwr: dadleuydd (dadleuwyr) *m*, ymrysonwr: ymrysonydd (ymrysonwyr) *m*.
controversially *adv.* yn ddadleuol.
controversy *n.* dadl(-euon) *f*; **to hold a ~, to carry on a ~ (on sth),** cynnal dadl, dadlau (yngh|ylch rhth); **beyond ~,** di-ddadl, diamheuol, diamheuaeth, diamau, y tu hwnt i bob dadl; **a question which has given rise to much ~,** pwnc llosg, pwnc dadleuol.
controvert *v.t.* **1.** *(= dispute about, discuss):* trafod (rhth), dadlau (yngh|ylch rhth). **2.** *(= dispute, deny):* gwrth-ddweud, gwrthddywedyd, amau, gwadu, gwrthwynebu, gwrthbrofi (rhth); taflu amheuaeth (ar rth).
controverter *n.* dadleuwr: dadleuydd (dadleuwyr) *m*, gwrthddadleuwr: gwrthddadleuydd (gwrthddadleuwyr) *m*, amheuwr (amheuwyr) *m*.
controvertible *a.* dadleuol, gwrthddadleuadwy, amh|eus.
contumacious *a.* anufudd.
contumaciously *adv.* yn anufudd.
contumaciousness, contumacy *n.* anuf|udd-dod *m*.
contumelious *a.* sarh|aus, enllibus, dirmygus, difenwol, haerllug.
contumeliously *adv.* yn sarh|aus *&c*.
contumely *n.* **1.** *(= insulting behaviour):* difenwi *vn*, difenwad *m*, sarh|au *vn*, sarhad *m*, sen *f*, drygair *m*, anair *m*, athrod(-ion) *m*; *(= insolence):* haerllugrwydd *m*; *(= arrogance):* trahauster *m*, traha *m*; *(= scorn):* dirmyg *m*. **2.** *(= disgrace):* cywilydd *m*, gwarth *m*, gwaradwydd *m*, gwarthrudd *m*.
contuse *v.t.* cleisio.
contused *a.* cleisiog, cleisiedig.
contusion *n.* clais *m*, cleisiau *pl*, cleisio *vn*.
conundrum *n.* pos(-au) *m*, *Lit: O:* dychymyg (dychmygion) *m*.
conurbation *n.* cytrefiad(-au) *m*, cytref(-i) *f*, clymdref(-i) *f*.
conure *n.* *Orn:* conwra(-od) *m*, parotan(-od) *m*.
convalesce *v.i.* gwella, cryfh|au, hybu, *Lit:* ymadfer, *N: F:* mendio, *N.W: occ: F:* criwtio, fflonsio, *S.W: F: occ:* geino, geingo, cryffa.
convalescence *n.* gwellhad *m*, adferiad *m*, cyfnod (*m*) ymadfer, cyfnod cryfh|au, ymadferiad *m*.
convalescent *a. & n.* **1.** *a.* ymadfer, ymadferol, yn gwella, arwellhaol; **~ diet,** d[e]iet (*m*) ymadfer; **~ home,** cartref(-i) (*m*) ymadfer/gwella; **~ hospital,** ysbyty(-au, ysbytai) (*m*) ymadfer. **2.** *n.* claf (cleifion) ymadferol *m*, claf ar wella/wellhad, claf yn gwella.
convection *n.* *Ph:* darfudiad(-au) *m*, dargludiad *m*, dargludo *vn*, darfudo *vn*.
convectional, convective *a.* darfudol, dargludol; **~ rain,** glaw darfudol *m*.
convector *n.* darfudydd(-ion) *m*, dargludydd(-ion) *m*, darfudwr (darfudwyr) *m*, dargludwr (dargludwyr) *m*. **~ heater** *n.* twymwr (twymwyr) darfudol *m*.
convenances *n.pl.* gweddustra *m*, gwedduster *m*, gwedd|eidd-dra *m*.
convene *v.t.&i.* **1.** *v.t.* cynnull, gwysio, galw (rhth) ynghyd. **2.** *v.i.* ymgynnull, ymgasglu.
convener *n.* cynullwr (cynullwyr) *m*, cynullydd(-ion) *m*.
convenience *n.* **1.** cyfleustra *m*, cyfleuster(-au) *m*, hwylustod *m*; **marriage of ~,** priodas (*f*) fantais; **at your ~,** pan fydd yn gyfl|eus/hwylus ichwi, pan fo'n gyfleus/hwylus ichwi; **at your earliest ~,** cyn gynted ag y gellwch, cyn gynted ag y bo'n gyfleus ichwi; **for ~,** er hwylustod; **a great ~,** hwylustod mawr, cyfleuster mawr, peth cyfleus iawn; **to make a ~ of s.o.,** manteisio ar rn. **2. [public] ~,** tŷ (tai) bach cyhoeddus *m*, cyfleuster(-au) cyhoeddus *m*; **all modern conveniences,** pob cysur modern, yr holl gyfleusterau cyfoes. **~ food** *n.* bwyd(-ydd) cyfleus *m*.
conveniency *n.* **= convenience 1.**
convenient *a.* cyfl|eus, hwylus; **if it is ~ to you,** os yw'n gyfleus/hwylus ichwi; **~ for shops and station,** cyfleus/hwylus ar gyfer y siopau a'r orsaf.
conveniently *adv.* yn gyfl|eus, yn hwylus; **my house is ~ near the station,** mae fy nhŷ i yn hwylus o agos i'r orsaf.
convent *n.* lleiandy (lleiandai) *m*, cwfaint (cwfennoedd, cwfeiniau) *m*. **~ school** *n.* ysgol (*f*) gwfaint (ysgolion cwfaint).
conventicle *n.* *Rel.Hist:* cêl-gyfarfod(-ydd) *m*, cyfarfod(-ydd) dirgel *m*, confentigl(-au) *m*; *(chapel):* tŷ (tai) (*m*) cwrdd dirgel.
conventicler *n.* confl|enticlwr (confl|enticlwyr) *m*.
convention *n.* **1.** *(= agreement):* cytundeb(-au) *m*; **the Hague Conventions,** Cytundebau'r Hâg. **2.** confensiwn (confensiynau) *m*; *(= customary behaviour):* safon(-au) (*f*) ymddygiad, defod(-au) *f*, arfer(-ion) *mf*, arferiad(-au) *m*, gwedduster(-au) *m*, gwedd|eidd-dra *m*, moesau *pl*; **to be a slave to ~,** bod yn gaeth i ddefod, bod yn ddefodol iawn; **social conventions,** safonau ymddygiad, moesau cymdeithas, moes a defod cymdeithas; **does ~ allow one to smoke in here?** a yw'n weddus i rywun ysmygu yma? **3.** *Hist:* *(= assembly):* cymanfa(-oedd) *f*, cynulliad(-au) *m*; *(= conference):* cynhadledd (cynadleddau) *f*. **4.** *Cards: &c:* confensiwn (confensiynau) *m*.
conventional confensiynol.
conventionalism *n.* **1.** defodoldeb *m*, ffurfioldeb *m*, seremonïaeth *f*. **2. = conventionality 2.**
conventionalist *n.* defodwr (defodwyr) *m*.
conventionality *n.* **1.** *(a)* **= convention 2. 2.** *(= ordinariness, banality):* confensiynoldeb *m*, cyffredinedd *m*, diffyg (*m*) gwreiddioldeb, natur ystrydebol *f*, defodoldeb *m*, cymeriad ystrydebol *m*.
conventionalization *n.* confensiynoli *vn*.
conventionalize *v.t.* confensiynoli, defodoli, ffurfioli (rhth); gwn|eud (rhth) yn arferol/gonfensiynol/ystrydebol/gyffredin.
conventionally *adv.* **1.** *Art:* *(of style &c):* yn gonfensiynol *&c*. **2.** *(= usually):* fel arfer, yn gyffredin. **3.** *(= banally):* yn gonfensiynol, yn ystrydebol.
conventioneer *n.* cynadleddwr (cynadleddwyr) *m*, cynadl|eddwraig *f*.
conventual *a. & n.* **1.** *a.* cwfeiniol. **2.** *n.* cwfeiniad (cwfeiniaid) *m&f*; *(= nun):* lleian(-od) *f*.
conventually *adv.* yn gwfeiniol.
converge *v.i.&t.* **1.** *v.i.* cydgyfarfod **(on somewhere,** yn rhywle) cydgyfeirio (at rywle). **2.** *v.t.* cydgyfeirio.
convergence, convergency *n.* cydgyfeiriad(-au) *m*; *Geog: Ph:* cydgyfeiredd *m*, cydgyfeiriant (cydgyfeiriannau) *m*; **~ in distribution,** cydgyfeiriant o ran dosraniad; **~ in probability,** cydgyfeiriant o ran tebygolrwydd; **~ in quadratic mean,** cydgyfeiriant o ran cymedr cwadratig.
convergent *a.* cydgyfeiriol; *Bot:* ymdebygol; *Ph: Mth:* **~ series,** cyfres gydgyfeiriol (cyfresi cydgyfeiriol) *f*.
converging *a.* cydgyfeiriol, yn cydgyfarfod; **~ point,** man(-nau) (*m*) cyfarfod.
conversable *a.* ymddiddangar (*pronounced* ng-g), ymddiddanus.
conversance, conversancy *n.* cynefindra *m* **(in sth,** â rhth); hyddysgedd *m*, hyddysgrwydd *m* (yn rhth).
conversant *a.* hyddysg **(with sth,** yn rhth); cyfarwydd, cynefin, cydnabyddus, *N: F:* cybyddus (â rhth); **to become ~ with sth,** ymgyfarwyddo/ymgynefino â rhth, dod yn gyfarwydd â rhth, dod i arfer â rhth; **thoroughly ~,** hollol gyfarwydd/gynefin.
conversantly *adv.* yn gyfarwydd.
conversation *n.* **1.** sgwrs (sgyrsiau) *f*, *Lit:* ymddiddan(-ion) *m*, ymgom(-ion) *f*, *S: occ:* disgwrs *f*; **to hold ~, to be in ~ (with s.o.),** sgwrsio, cael sgwrs, ymgomio, *F:* dal pen rheswm/stori (â rhn); **to enter/fall into ~ with s.o.,** cychwyn/taro sgwrs â rhn; **to draw s.o. into ~,** tynnu sgwrs â rhn; **the subject of ~,** testun siarad/

sgwrs; **to make oneself the subject of ~,** creu/gwneud sôn amdanoch; *Joc:* **you were the subject of ~ last night,** 'roedd yna sôn amdanoch chi neithiwr; *N: occ:* 'roeddech chi ar y bwrdd neithiwr. **~ piece** *n.* **1.** *Art: (i) (= genre painting):* darlun(-iau) (*m*) ymddiddan; *(ii) (= topic of conversation):* testun(-au) (*m*) sgwrs, pwnc (pynciau) (*m*) siarad. **2.** *Th:* drama (dramâu) (*f*) ymgom.

conversational *a.* **1.** sgyrsiol, ymddiddanol, ymgomiol, llafar; **in a ~ tone,** yn sgyrsiol, yn gartrefol; **~ Welsh,** Cymraeg llafar *m*; *See* **Welsh** *(for gender)*; *Cmptr:* **~ system,** system(-au) sgyrsiol *f*. **2.** *(pers.):* siaradus, tafotrydd, parablus, *Lit:* ymddiddangar (*pronounced* ng-g).

coversationalist *n.* sgwrsiwr (sgwrswyr) *m*, siaradwr (siaradwyr) *m*, sg|wrswraig (sgwrswragedd) *f*, siar|adwraig (siaradwragedd) *f*, *Lit:* ymddiddanwr (ymddiddanwyr) *m*, ymgomiwr (ymgomwyr) *m*, ymg|omwraig (ymgomwragedd) *f*, ymddidd|anwraig (ymddiddanwragedd) *f*.

conversationally *adv.* yn sgyrsiol *&c*, yn siaradus *&c*; **he writes ~,** mae'n ysgrifennu fel y mae'n siarad.

conversazione *n. Lit:* ymgomwest(-au) *f*, cwrdd (cyrddau) (*m*) siarad.

converse[1] *v.i.* sgwrsio, siarad, *Lit:* ymddiddan, ymgomio, chwedleua, *S: occ: F:* w[h]ilia, *S.W: occ: F:* [g]wilia, 'leia, 'loia; **to ~ with s.o. on/about sth,** sôn wrth rn am rth, sgwrsio *&c* â rhn am rth, trafod rhth â rhn; **to ~ in Welsh,** siarad/sgwrsio yn Gymraeg.

converse[2] *a. & n.* **1.** *a.* gwrthwyneb, cyfarwyneb, cyferbyniol; *Ph: Mth:* cyfdroëdig; *Log:* amdroëdig; *Geom:* **~ theorem,** theorem (*mf*) cyfdro/gyfdro (theoremau cyfdro). **2.** *n.* gwrthwyneb(-au) *m* **(of sth,** i rth); *Ph: Mth:* cyfdro(-eon) *m*.

conversely *adv.* i'r gwrthwyneb.

converser *n.* **= conversationalist.**

conversi *n.pl.* brodyr lleyg.

conversion *n.* **1.** *(esp. religious):* tröedigaeth(-au) *f*, *occ:* dychweliad(-au) *m*, troi *vn*, dychwelyd *vn*, *F: occ:* tro(-adau) *m*. **2.** *(= change):* trawsnewid(-iadau) *m*, cyfnewid(-iadau) *m*, cyfnewidiad(-au) *m*, trawsnewidiad(-au) *m*, newidiad(-au) *m*, newid *vn*, troi *vn*; *Mth: Ph: Cmptr:* trawsnewidiad; *Econ:* amdroad(-au) *m*, arnewidiad(-au) *m*, arnewid *vn*; *Log:* amdroad; **~ of water into steam,** trawsnewid dŵr yn ager/stêm (*not* i ager *&c*); *Jur:* **improper ~,** trosiant dichellgar (*m*) ar arian, trosi arian drwy dwyll; *St.Exch:* **fraudulent ~ of stocks,** trosiant dichellgar ar stociau, trawsnewid stociau drwy dwyll; **~ of shares,** arnewid cyfranddaliadau; *(of house &c):* trawsnewid, addasiad(-au) *m*, addasu *vn*; **~ of a room to office use,** addasu/troi ystafell yn swyddfa; **partial ~,** trawsnewid rhannol; **a building firm which specializes in house ~,** cwmni adeiladu sy'n arbenigo mewn/ar addasu tai. **3.** *Rugby Fb:* trosiad(-au) *m*. **~ ratio** *n.* cymhareb (*f*) gyfnewid (cymarebau cyfnewid). **~ loan** *n.* benthyciad(-au) (*m*) arnewid. **~ tables** *n.pl. Mth:* tablau trawsnewid.

conversional *a.* cyfnewidiadol, trawsnewidiadol.

convert[1] *n.* [un] tröedig (troedigion) *m&f*, dychweledig(-ion) *m&f*, un wedi cael troëdigaeth; **to become a ~ to sth,** cael tröedigaeth at rth, troi at rth, mynd/dod i gredu yn rhth.

convert[2] *v.t.&i.* **1.** *v.t. Rel:* troi **(s.o. to sth,** rhn at rth), argyhoeddi (rhn o rth). **2.** *v.t. (a) (= transform):* trosi, newid, trawsnewid, addasu, trawsffurfio (rhth yn rhth); **to ~ a room to office use,** addasu/newid ystafell yn swyddfa (*not* i swyddfa); *(b) Rugby Fb:* trosi; *(c) Ph: &c:* trawsnewid; *(d) Log:* amdr|oi; *(e) Cmptr:* trawsnewid. **3.** *v.t.* **to ~ funds to one's own use,** trosi/camddefnyddio arian eroch eich hun. **4.** *v.i.* **the sofa converts into a bed,** mae'r soffa'n troi'n wely.

converted *a.* **1.** *Rel:* troëdig, cadwedig; **to preach to the ~,** pregethu i'r cadwedig. **2.** *(= transformed):* trawsnewidiedig, cyfnewidiedig; *(house &c):* addasedig, wedi ei addasu. **3.** *Rugby Fb:* **~ try,** trosgais (trosgeisiau) *m*.

converter *n.* **1.** *Rel:* tröwr (trowyr) *m*, argyhoeddwr (argyhoeddwyr) *m*. **2.** trawsnewidydd(-ion) *m*, newidydd(-ion) *m*, trawsnewidiwr (trawsnewidwyr) *m*, newidiwr (newidwyr) *m*; *W.Tel:* addaswr (addaswyr) *m*, addasydd(-ion) *m*; *Cmptr:* trawsnewidiwr; *El.E:* **static ~,** trawsnewidydd statig; **rotary ~,** trawsnewidydd cylchdro; **Bessemer ~,** trawsnewidydd Bessemer. **3.** *Rugby Fb:* troswr (troswyr) *m*.

convertibility *n.* natur drawsnewidiadwy *f*, posibilrwydd (*m*) trawsnewid/troi, *Fin:* arnewidioldeb *m*, arnewidiolder *m*; **I shall demonstrate the ~ of straw into gold,** mi ddangosaf fod modd troi gwellt yn aur; **they were discussing the ~ of the Jews,** yr oeddent yn trafod a oes modd troi'r Iddewon.

convertible *a. & n.* **1.** *a.* newidiadwy, trawsnewidiadwy, troadwy, trosadwy, addasadwy; y gellir ei drawsnewid *&c; Fin:* arnewidiol; *(= equivalent):* cyfnewidiol, cyfnewidiadwy, cyfwerth; *Ling:* **~ terms,** termau cyfnewidiol. **2.** *n.* **~ [car],** car (ceir) (*m*) codi to, *occ:* car to clwt.

convertibleness *n.* **= convertibility.**

convertibly *adv.* yn newidiadwy *&c*.

convex *a.* amgrwm (*f.* amgrom, *pl.* amgrymion); **~ curve,** cromlin amgrom *f*; *Mth: Ph:* **~ hull,** hwl amgrwm *m*; **double ~,** deuamgrwm.

convexity *n.* amgrymedd *m*.

convexly *adv.* yn amgrwm.

convexo-concave *a.* amgrwm-geugrwm.

convey *v.t.* **1.** *(= carry):* cludo, cario (rhth); mynd (â rhth); **to ~ s.o.,** *(= escort):* hebrwng/danfon rhn; **conveying unit,** uned (*f*) gludo (unedau cludo). **2.** *(of air &c):* trosglwyddo, cario. **3.** *(= transmit):* cyfl|eu, trosglwyddo **(to sth,** i rth); **to ~ one's meaning,** cyfleu'ch meddwl; **to ~ facts,** cyfleu/cyflwyno ffeithiau; **to ~ an order,** danfon gorchymyn; **to ~ thanks,** cyflwyno/estyn diolch[-iadau]; **to ~ (to s.o. that . . .),** rhoi ar ddeall, cyfleu (i rn fod . . .); **will you ~ my thanks to her?** wnewch chi gyfleu fy niolchiadau iddi? ewch chi â'm diolchiadau ati/iddi? **the name conveys nothing to me,** nid yw'r enw'n golygu/cyfleu dim i mi. **4.** *Jur:* trawsgludo, trosglwyddo.

conveyable *a.* **1.** cludadwy. **2.** *Jur:* trawsgludadwy, trosglwyddadwy.

conveyance *n.* **1.** *(= carrying):* cludiad(-au) *m*, cludiant *m*, cludo *vn*; **public means of ~,** cludiant cyhoeddus. **2.** *Jur: (= conveyancing):* trawsgludo *vn*, trawsgludiad(-au) *m*, trosglwyddo *vn*, trosglwyddiad(-au) *m*. **3.** *Jur: (= document):* trawsgludiad, trosglwyddiad. **4.** *(= vehicle):* cerbyd(-au) *m*.

conveyancer *n. Jur:* trawsgludwr: trawsgludydd (trawsgludwyr) *m*, trosglwyddwr: trosglwyddydd (trosglwyddwyr) (*m*) eiddo.

conveyancing *vn. Jur:* trawsgludo, trosglwyddo [eiddo].

conveyer, conveyor *n.* **1.** *(= carrier):* cludwr: cludydd (cludwyr) *m*. **2.** *Ind:* cludwr, cludydd(-ion) *m*, peiriant (peiriannau) (*m*) cludo; **spiral ~,** cludydd troellog, troell (*f*) gludo (troellau cludo); *Mec.E:* **assembly ~,** cadwyn(-i, -au) (*f*) saernïo, cludfelt(-iau) (*m*) saernïo. **~ belt** *n.* belt(-iau) (*m*) cludo, cludfelt(-iau) *m*, belt symudol.

conveyorize *v.t. U.S:* cludfeltio.

convict[1] *n.* carcharor(-ion) *m*.

convict[2] *v.t. (a)* **to ~ s.o. of a crime,** barnu/dyfarnu rhn yn euog o drosedd, euogfarnu rhn, euogi rhn; **you have been convicted; you stand convicted,** dyfarnwyd chwi'n euog; fe'ch cafwyd chwi'n euog; *(b)* **to ~ s.o. of his sin,** argyhoeddi rhn o'i bechod; *(c)* **you stand convicted by your own words,** mae'ch geiriau eich hun yn eich condemnio; mae'ch geiriau eich hun yn dangos eich bod yn euog.

convicted *n.* collfarnedig, euog, euogfarnedig, dan gollfarn; *S.a.* **convict**[2].

conviction *n.* **1.** *Jur: &c:* euogfarn(-au) *f*, collfarn(-au) *f*; *Jur:* **previous convictions,** euogfarnau/dedfrydau blaenorol; **summary ~,** collfarn ddiannod (collfarnau diannod). **2. to be open to ~,** bod yn barod i'ch darbwyllo/argyhoeddi, bod yn agored eich meddwl. **3.** *(= belief):* argyhoeddiad(-au) *m*, cred(-au) *f*, credo(-au) *f*; *(= convincing nature):* natur argyhoeddiadol, ansawdd argyhoeddiadol *mf*; **to carry ~,** bod yn argyhoeddiadol, dwyn argyhoeddiad, argyhoeddi, bod yn ddadl gref; *(= sound true):* swnio'n wir, taro deuddeg; **it is my ~ that . . . ,** 'rwyf yn argyhoeddedig bod/mai . . . ; *S.a.* **courage.**

convictive *a.* darbwyllol, argyhoeddol, argyhoeddiadol.

convince *v.t.* argyhoeddi, darbwyllo, perswadio (rhn); dwyn perswâd (ar rn); **I am convinced (that he is still alive),** 'rwyf yn argyhoeddedig, 'rwy'n credu'n sicr (ei fod yn fyw o hyd, ei fod yn dal yn fyw).

convinced *a.* argyhoeddedig, pendant, di-sigl, sicr, diysgog, o argyhoeddiad.

convincer *n.* darbwyllwr (darbwyllwyr) *m*, darb|wyllwraig *f*, argyhoeddwr (argyhoeddwyr) *m*, argyh|oeddwraig *f*.

convincible *a.* argyhoeddadwy, darbwylladwy.

convincing *a.* argyhoeddiadol, diamheuol, diwrthbrawf, darbwyllol, sicr, diamau, pendant.
convincingly *adv.* yn argyhoeddiadol *&c.*
convincingness *n.* diameuoldeb *m*, natur argyhoeddiadol *&c f.*
convivial *a.* siriol, llawen, llon, llawn miri, hwyliog, afieithus; **a ~ evening,** noson (*f*) o gyfeddach, noson siriol.
conviviality *n. (of feast &c):* sirioldeb *m*, miri [mawr] *m*, rhialtwch *m*, hwyl *f*, cyfeddach *f*, ysbleddach *mf*, llonder *m*, afiaith *m*; *(of pers.):* sirioldeb, afiaith.
convivially *adv.* yn llawen *&c*; gydag afiaith.
convocation *n.* **1.** *vn.* = **convoke. 2.** *(= body):* cynulliad(-au) *m*, cydgynulliad(-au) *m*; *Ecc:* synod(-au) *mf*, confocasiwn (confocasiynau) *m.*
convocational *a.* cynulliadol, confocasiynol.
convoke *v.t.* cynnull, cydgynnull, gwysio (rhth); galw (rhth) ynghyd; **to ~ parliament,** galw'r senedd ynghyd.
convolute *a. & n.* **1.** *a. (a) (= twisted):* cyfrodedd, cyfrodeddol, cyfrodeddus, cordeddol, ymdorchol; *(b) Bot: Conch:* troellog, amdroellog, amdröedig; *(c) (= complex):* cymhleth, astrus, dryslyd, trof|aus. **2.** *n. Nat.Hist: &c:* troell(-au) *f*, troelliad(-au) *m*, ymdroelliad(-au) *m.*
convoluted *a.* = **convolute 1.**
convolution *n.* ymdroelliad(-au) *m*, cyfrodedd(-au) *m*, cyfrodeddiad(-au) *m*, cordeddiad(-au) *m*, troelliad(-au) *m*, n|ydd-dro (nydd-droeon) *m*, ymdroelli *vn*, troelli *vn*, cyfrodeddu *vn*, nydd-droi *vn*; **the convolutions of a snake,** troelliadau neidr; **the convolutions of the brain,** troelliadau'r ymennydd.
convolutional *a.* troellol, troelliadol, ymdroellol, ymdroelliadol.
convolve *v.t.&i.* **1.** *v.t.* troelli, dirwyn, torchi, cyfrodeddu, cordeddu, nydd-droi. **2.** *v.i.* ymdorchi, ymddirwyn, ymdroelli, troelli, ymgordeddu.
convolved *a.* = **convoluted.**
convolvulus *n. Bot:* cwlwm (*m*) [y] coed, cwlwm y cythraul, cwlwm y gwŷdd, tagwydd *m*, taglys *m*, y gynghafog *f*, clych (*pl*) y perthi, *S:* ladi wen *f*; *S.a.* **bindweed.**
convoy[1] **1.** *n. Nau:* llynges (*f*) osgordd (llyngesau gosgordd), gosgorddlynges(-au) *f*, confoi(-s, -au) *m*; **~ ship,** llong (*f*) warchod (llongau gwarchod); **(to sail) under ~,** (hwylio) dan warchod, mewn gosgordd/confoi. **2.** *Mil: Aut:* mintai (minteioedd) *f*, confoi.
convoy[2] *v.t. Mil: Nau:* hebrwng, danfon.
convulsant *a. & n.* **1.** *a.* dirdynnol, confylsiol, cyffylsiol. **2.** *n.* confylsydd(-ion) *m*, cyffylsydd(-ion) *m.*
convulse *v.t.* **1.** *(= agitate):* cynhyrfu, cyffr|oi. **2.** *Med:* dirdynnu, cyffylsio; **to be convulsed,** cael confylsiwn, cael eich dirdynnu.
convulsed *a.* dirdynedig, ystumiedig; **a face ~ with terror,** wyneb wedi ei ddirdynnu/ystumio gan arswyd; **~ with anger,** cynddeiriog, gwyllt, gwyllt gaclwm/gacwn; **I was ~ with laughter,** 'roeddwn yn siglo chwerthin; 'roeddwn bron marw o chwerthin; 'roeddwn yn fy lladd fy hunan yn chwerthin; *N:* 'roeddwn i'n g'lana' chwerthin; *S:* 'roeddwn i'n rolo chwerthin; 'roeddwn i'n chwerthin fy mola mas; *S.a.* **angry.**
convulsion *n.* **1.** *usu.pl.* dirdyniad(-au) *m*, dirdyniant (dirdyniannau) *m*; *Med:* confylsiwn (confylsiynau) *m*, *N: F:* cyffylsiwn(-s) *m.* **2. to be seized with convulsions of laughter,** cael pyliau o chwerthin. **3.** *(= strife, upheaval):* cynnwrf (cynyrfiadau) *m*, cyffro(-adau) *m*, terfysg(-oedd) *mf*; *(of earth):* dirgryniad(-au) *m*, daeargryn(-fâu,-f|eydd) *f.*
convulsionary *a. Med:* dirdynnol, confylsiynol, cyffylsiynol.
convulsive *a.* dirdynnol, ysgytlyd; **~ movement,** *(e.g. of the limbs):* gwingiad(-au) *m.*
convulsively *adv.* yn ddirdynnol; **to sob ~,** igian crïo.
convulsiveness *n.* dirdynoldeb *m.*
Conway *W.Pl.n.* **1.** *(river):* Conwy *f.* **2.** *(town):* Conwy *f*, *formerly* Aberconwy *f.* **~ Falls** *Pr.n. W.Geog:* Rhaeadr (*f*) y Graig Lwyd. **~ Marsh, Conway Morva** *Pr.n. W.Geog:* Morfa (*m*) Conwy. **~ Mountain** *Pr.n. W.Geog:* Mynydd (*m*) y Dref. **~ Sands** *Pr.n. W.Geog:* Morfa Conwy, Morfa Rhianedd.
Conwil Elvet *W.Pl.n.* Cynwyl (*m*) Elfed.
cony *n.* = **coney.**
coo[1] *n.* cŵ(-au) *m*, cŵan *vn*, cŵad(-au) *m*, cwyn(-ion) *f.*
coo[2] *v.i.* cŵan, cwynfan [fel colomen]; *(of baby):* cŵan, dweud gw-gw; **to ~ one's words,** cŵan eich geiriau; **"do come", she cooed,** "cofiwch ddod", meddai hi'n dyner; *S.a.* **bill**[3].
coo[3] *int.P:* ew! ewcs! iesgwn! 'rargian! 'rachlod! dew! dewcs! brensiach! nefi! myn diain i! *S: occ:* de!
cooee *n.* gw-cw *f*, cw-w *f*, iw-hw *f*, i-w *f*; **within a ~,** yn agos iawn, go agos.
cooing[1] *a.* yn cŵan, cwynfanllyd.
cooing[2] *vn.* = **coo**[2].
cook[1] *n.* cogydd(-ion) *m*, cogyddes(-au) *f*, cog|inwraig (coginwragedd) *f*, *F:* cŵc(-s, cwciaid) *m&f*, cwc(-s, -iaid) *m&f*; **~ in charge,** pen-cogydd(-ion) *m*, pen-cogyddes(-au) *f*; **too many cooks spoil the broth,** gwell un pen na chant; gwell un a ofala na deg a ddyfala; un uwdffon sy'n troi uwd. **~-fish** *n.* = **cook-wrasse. ~-general** *n.* prif gogydd(-ion) *m*, prif gogyddes(-au) *f.* **~-shop** *n.* **1.** *(= eating-house):* tŷ (tai) (*m*) bwyta. **2.** = **cookhouse. ~-stove** *n. U.S:* = **cooker 1. ~-wrasse** *n. Ich:* gwrachen (gwrachod) (*f*) y graig.
cook[2] *v.t.&i.* **1.** *v.t. (a)* coginio, *S: occ:* digoni, *N: F:* cwcio, *S: F:* cwcan, *occ:* cwca; *F:* **to ~ s.o.'s goose,** rhoi halen ym mhotes rhn, *N:* cyweirio gwely rhn; **his goose is cooked,** mae hi ar ben arno; mae hi wedi canu *or* wedi wech arno; *S.W: occ:* mae'n ddobinô/ddominô arno; *(b) F:* **to ~ accounts, to ~ the books,** ffugio cyfrifon, cwcio'r cyfrifon. **2.** *v.i. (of food):* coginio, cwcio, cwcan, gwn|eud, *S: occ:* digoni; *F:* **what's cooking?** beth sy'n newydd? beth sy'n digwydd? beth sy yn y gwynt? pa hanes? pa newydd? **~ up** *v.t. F: (= devise):* dyfeisio, cynllunio; **to ~ up an excuse,** hel esgus; *(= falsify):* ffugio, newid; **a cooked up story,** stori gelwyddog *f.* **~ out** *v.i. U.S:* bwyta yn yr awyr agored, picnicio. **~-out** *n. U.S:* picnic(-s, -iau) *m.*
Cook[3] *Pr.n.m. Geog:* **The ~ Islands,** Ynysoedd Cook.
cookbook *n.* = **cookery book.**
cooked *a.* coginiedig, *S: occ:* wedi ei ddigoni/gwca[n]; **ready-~ meal,** pryd(-au) parod *m*; **home-~ cake,** teisen (*f*) gartref (teisennau cartref); **over-~,** wedi coginio ormod, wedi gor-wn|eud; **under-~,** heb goginio digon, heb wneud digon, *S:* heb ddigoni'n iawn.
cooker *n.* **1.** *(= kitchen stove):* cwcer(-s, -au) *mf*, *N:* popty (poptai, popt|ai) *m*, *S:* ffwrn (ffyrnau) *f*; **electric ~,** ffwrn drydan (ffyrnau trydan), popty trydan; **free-standing ~,** popty *&c* rhyddsefyll; **gas ~,** popty/ffwrn nwy; **range ~,** popty estynedig; **split-level ~,** popty *&c* deuddarn/tridarn; *S.a.* **pressure**[1]. **2.** *(= apple):* afal(-au) (*m*) coginio, *S:* afal digoni. **~ hood** *n.* lwfer(-au, lwfrau) *m*, mwgwd (*m*) ffwrn/popty (mygydau ffyrnau/poptai); **recirculating ~ hood,** lwfer ailgylchredol.
cookery *n.* coginio *vn*, *Lit:* cogyddiaeth *f*, ceginiaeth *f*, *F:* gwn|eud (*vn*) bwyd. **~ book** *n.* llyfr(-au) (*m*) coginio.
cookhouse *n.* cegin(-au) *f.*
cookie *n. Cu:* **1.** *U.S:* = **biscuit. 2.** *Scot: (= bun): N:* wicsen (wics) *f*, bynsen (bŷns) *f*, *S:* bynen (bŷns) *f*; *(= sweet cake):* pic(-au) *m*; **that's the way the ~ crumbles,** dyna sut y mae'r byd yn troi; dyna sut y mae pethau; dyna sut y mae'i deall hi; *(= pers.): U.S:* boi(-s) *m*, bachan *m*; **he's a smart ~,** *N:* mae'n dipyn o bry; un garw/craff/sgut ydi o; *S:* bachan [budur] yw e; *(= attractive woman): U.S:* pis[h]yn (pis[h]is) *mf*, slasen *f*, *S: F:* clegen *f*, clatsien *f.*
cooking *vn.* **1.** = **cook**[2]. **2. home ~,** coginio cartref, bwyd (*m*) cartref; **to do the ~,** coginio, gwn|eud bwyd, parat|oi bwyd. **~ apple** *n.* afal(-au) (*m*) coginio, *S:* afal digoni; *S.a.* **apple. ~ pot** *n.* crochan(-au) *m.* **~ stove** *n.* = **cooker 1. ~ top** *n.* top(-iau) (*m*) coginio.
cookstove *n. U.S:* = **cooker 1.**
cookware *n.* offer (*pl*) coginio.
cool[1] *a. & n.* **1.** *a. (a)* claear, oeraidd, oerllyd, lled oer, go-oer, oer braidd, braidd yn oer; *(air, shade, breeze):* oer iach, oer braf, go-oer; **~ drink,** diod oer *f*; **it is ~,** mae hi'n oeraidd; **it is nice and ~,** mae hi'n oer iach/braf; **it is turning ~,** mae hi'n dechrau oeri; *Geog:* **C~ Temperate Zone,** Cylchfa (*f*) Glaear-dymherus; **"to be kept in a ~ place",** "cadwer mewn lle oer"; *(b) (= calm):* difraw, pwyllog, tawel, hunanfeddiannol, hamddenol, llonydd, digynnwrf, digyffro, sad, difater, didaro, yn cadw'ch pen, *F:* côm, cŵl, *Lit: occ:* ysgeuwedd; **to keep ~|, calm and collected|,** peidio â chyffr|oi/chynhyrfu, cadw'ch pen; **a ~ customer,** un difraw/ddifraw, un claear/glaear *&c*; *F:* **as ~ as a cucumber,** hollol ddigynnwrf/ddidaro, mor ddidaro â dim, mor llonydd â llyn llefrith, mor llonydd â dafad; **keep ~!** gan bwyll! paid (peidiwch) â chynhyrfu! ara' deg! *(= lukewarm,*

apathetic): oeraidd, oerllyd, anghynnes, llugoer, claear, claearaidd, didaro, laodiceaidd, difater, *N:* dicra; *(c)* **to be ~ towards s.o.,** bod yn oeraidd/glaear tuag at rn; **to give s.o. a ~ reception,** glasgroesawu rhn, rhoi glasgroeso i rn; *(d) (= audacious):* dihidio, hyf(-ion), hy(-fion), eofn, dihidans, côm, di-feind, iach; *F:* **he is a ~ customer,** *N: F:* un di-feind ydi o; *S:* bachan ewn yw e; bachan dihidans yw e; un côm iawn yw e; *N.W:* mae o'n un côm; **I lost a ~ thousand,** mi gollais i fil [o bunnoedd] fel'na; *(e) (jazz):* hamddenol; **play it ~,** gan bwyll [bach] 'nawr; *(f) (= excellent):* go dda, gwych, *N:* siort orau; **~, man!** gwych, 'achan! **2.** *n.* **in the ~,** mewn oerfel, mewn lle oer, *S: occ:* yn y go-oer (*pronounced* gŵer), *S.W: occ:* yn y cyhudd (*m*); **in the ~ of the evening,** yn awel (*f*) yr hwyr; **keep your ~!** paid (peidiwch) â chynhyrfu! gan bwyll 'nawr! ara' deg piau hi! **to lose one's ~,** colli'ch limpin, gwylltio. **~-headed** *a.* pwyllog, digyffro, tawel, *F:* côm. **~-headedly** *adv.* yn bwyllog *&c,* heb gynhyrfu. **~-headedness** *n.* pwyll *m,* pwyllogrwydd *m.*

cool² *v.t.&i.* **1.** *v.t.* oeri, lled-oeri, claearu; **to ~ oneself,** ymoeri; **to ~ one's heels,** aros; *(after anger):* tawelu, ymbwyllo. **2.** *v.i.* oeri, *Lit:* ymoeri; *int.* **~ it! = keep your cool¹**. **~ down** *v.i.* oeri; *(after anger):* tawelu, ymbwyllo. **~ off 1.** *v.i.* oeri, ymoeri; *F: (of affection):* oeri, pylu, claearu. **2.** *v.t. F:* oeri (rhth), taflu dŵr oer (am ben rhth, ar rth).

coolabah *n. Bot:* coeden (*f*) g|wlaba (coed c|wlaba).

coolant *n.* oerydd(-ion) *m.*

cooled *a.* oerach, wedi ei oeri; *Tchn:* oeredig; **air-~,** oeredig gan awyr/aer, awyr-oeredig, aer-oeredig, awyr-oer, aer-oer; **water-~,** oeredig gan ddŵr, dŵr-oeredig, dyfroeredig.

cooler *n.* **1.** *(a)* oerydd(-ion) *m,* oerwr (oerwyr) *m,* peiriant (peiriannau) (*m*) oeri; *S.a.* **butter-cooler, wine-cooler;** *(b) U.S:* **= refrigerator. 2.** *F: (= drink):* diod(-ydd) oer *f.* **3.** *F:* **= jail.**

coolie *n.* cwli(-s) *m.*

cooling¹ *a.* oer, sy'n oeri, oerol. **~ agent** *n.* oerydd(-ion) *m.*

cooling² *vn.* oeriad(-au) *m,* oeri, claearu; *I.C.E: &c:* **air-~,** oeri ag awyr. **~-fan** *n.* gwyntyll(-au) (*f*) oeri, ffan(-iau) (*f*) oeri. **~-off period** *n.* cyfnod(-au) (*m*) [i] ailfeddwl. **~ system** *n.* system(-au) (*f*) oeri. **~ tank** *n.* tanc(-iau) (*m*) oeri. **~ tower** *n.* tŵr (tyrau) (*m*) oeri.

coolish *a.* **1.** oeraidd, oerllyd, llugoer, claear, braidd yn oer, oer braidd, go oer. **2. a ~ reception,** croeso glas, croeso anghynnes/ llugoer, croeso go oerllyd/oeraidd, glasgroeso *m.*

coolly *adv.* **1.** yn oer iach. **2.** *(= calmly):* yn hamddenol, yn ddigynnwrf, yn hunanfeddiannol, gan bwyll, yn bwyllog *&c;* heb gynhyrfu. **3.** *(= frigidly):* yn oeraidd, yn llugoer, yn anghynnes. **4.** *(= brazenly):* yn ddihidio, heb falio dim, yn eofn, yn hy[f], yn iach, *S:* yn ewn, yn ddihidans.

coolness *n.* **1.** *(of temperature):* claearder *m,* claearedd *m,* clae[a]rineb *m,* claearwch *m,* oerfel *m,* oerni *m.* **2.** *(a) (= self-possession):* hunanfeddiant *m,* pwyll *m,* pwyllogrwydd *m;* *(b) (= cheek):* digywilydd-dra *m,* haerllugrwydd *m,* hyfdra *m,* ehofndra *m.* **3.** *(= frigidity):* anghynnesrwydd *m,* oerfelgarwch *m,* oerni *m,* diffyg (*m*) croeso, difrawder *m,* claearder, clae[a]rineb, claearedd, claearwch, llugoerni *m;* **there's a certain ~ between them,** 'does dim llawer o Gymraeg rhyngddynt; mae pethau wedi oeri rhyngddynt.

coolth *n. F:* **= coolness 1.**

coomb *n. Geog:* cwm (cymoedd) *m.* **~ rock** *n. Geol:* cwmgraig *f.*

coon *n. U.S: F:* **1.** *Z:* **= rac[c]oon; a coon's age** *(= long time):* oes (*f*) mul. **2.** *O:* **he's a gone ~,** mae hi ar ben arno; mae hi wedi canu arno; mae hi wedi wech arno; mae'n gelain gegoer. **3.** *F: Pej: (= negro):* blac(-s) *m.* **~ dog** *n.* ci (cŵn) (*m*) hela racŵn. **~ song** *n.* cân (caneuon) (*f*) [y] negro/negroaid, cân dynion duon.

coon-can *n. Cards:* cŵn-can *m.*

coonskin *n.* croen (crwyn) (*m*) racŵn.

coop¹ *n.* **1.** *(a)* cut(-iau) (*m*) ieir, sied(-iau) (*f*) ieir, cwt (cytiau) (*m*) ieir, cwb(-au, cybiau) (*m*) ieir, cwt (cytiau) (*m*) ffowls; **fattening ~,** cut pesgi; *U.S: F:* **fly the ~,** ffoi, codi adain, *N:* hel eich pac, cymryd y goes, ei heglu hi, *S:* codi cwt, cwnnu cwt. **2.** *Fish:* cawell (cewyll) *m.* **3.** *F:* **= jail.**

coop² *v.t.* **to ~ hens,** cau ieir mewn cut/cwt; *F:* **to ~ s.o. up,** carcharu rhn, caethiwo rhn, cau rhn i mewn; **to feel cooped up,** ei chael hi'n gyfyng arnoch, teimlo'n gaeëdig, teimlo eich bod mewn carchar, teimlo fel iâr dan badell.

coop³ *int. (to call horse):* cop! cỳp!

cooper¹ *n.* **1.** cowper(-iaid) *m, occ:* barilwr (barilwyr) *m,* casgennwr (casgenwyr) *m;* **white ~,** cowper gwyn, saer gwyn (seiri gwynion) *m;* *(= hooper):* cylchwr (cylchwyr) *m.* **2. = wine-cooper. ~ joining** *vn. Carp:* uniadu cylchwr.

cooper² *v.t.* gwn|eud casgenni *&c,* cowpera.

cooperage *n.* cowperiaeth *f,* gwaith (*m*) cowper, crefft (*f*) cowper.

co-op *n.* **= co-operative.**

co-operate *v.i.* cydweithredu, cydweithio.

co-operation *n.* cydweithrediad *m,* cydweithredu *vn.*

co-operationist *n.* cydweithrediadwr (cydweithrediadwyr) *m.*

co-operative *a.* & *n.* **1.** *a.* *(a)* cydweithredol; **~ activity,** cydweithgaredd *m,* cydweithgarwch *m,* cydweithredu *vn;* **~ [supply] stores,** siop gydweithredol (siopau cydweithredol) *f,* *N: F:* coparét (copareti) *m,* cop *m;* *(b)* **he isn't ~,** nid yw'n fodlon cydweithredu; mae'n anghydweithredol; *N: occ:* wneith o ddim twsu na thagu. **2.** *n.* *(a)* cydweithfa(-oedd) *f,* cwmni (cwmnïau, cwmnïoedd) cydweithredol *m;* *(b) U.S: (= jointly owned dwelling):* *cydannedd (cydanheddau) *f.*

co-operatively *adv.* yn gydweithredol, ar y cyd.

co-operativeness *n.* cydweithrediad *m,* parodrwydd (*m*) i gydweithio.

co-operator *n.* cydweithredwr (cydweithredwyr) *m.*

co-opt *v.t.* cyfethol.

co-optation *n.* **= co-option.**

co-optative, co-optive *a.* cyfetholiadol.

co-opted *a.* cyfetholedig.

co-option *n.* cyfetholiad(-au) *m,* cyfethol *vn.*

co-ordinate¹ *a.* & *n.* **1.** *a.* *(a) Gram:* cydradd, cyfurdd; *Ch:* **~ bond,** bond cyd-drefnol, bond co-ïonig *m;* *Lib:* **~ class,** dosbarth(-iadau) cyfesur *m;* *(b) Geom:* **~ geometry,** geometreg gyfesurynnol *f;* *(c) Methodology:* cyfurdd, cyfurddol. **2.** *n.* *(a) Mth:* cyfesuryn(-nau) *m;* **rectangular Cartesian co-ordinates,** cyfesurynnau Cartesaidd petryalog; *(b) Cost:* dilledyn (dillad) cydwedd *m,* cydweddyn (cydweddion) *m.*

co-ordinate² *v.t.* **1.** cyd-drefnu, cydgysylltu, cydgordio, cyfuno. **2.** *Cost:* cydweddu.

co-ordinated *a.* cyd-drefnedig, cyd-drefnus, cydgysylltiedig; *Aut:* **~ control system,** system (*f*) reoli gydraddol.

co-ordinately *adv.* yn gydradd, yn gyfesur *&c.*

co-ordinateness *n.* cytrefn *f,* cytrefnusrwydd *m,* cyd-drefnedigrwydd *m.*

co-ordinating *a.* **1.** cyd-drefnol, cydraddol, cydgysylltol, cydgordiol. **2.** *Gram:* cydraddol.

co-ordination *n.* cyd-drefniant *m,* cyd-drefnu *vn;* *(of muscles):* cydsymud *vn,* cydsymudiad *m,* cytgord *m,* cydgordiad *m.* **~ number** *n.* rhif cyd-drefnol *m.*

co-ordinative *a.* cyd-drefnol, cydgysylltol.

co-ordinator *n.* cysylltwr (cysylltwyr) *m,* trefnydd(-ion) *m,* cyd-drefnydd(-ion) *m,* cydgysylltwr (cydgysylltwyr) *m.*

coot *n.* **1.** *Orn:* cwtiar (cwtieir) *f,* cotiar (cotieir) *f,* iâr (ieir) (*f*) y gors, iâr ddŵr foel (ieir dŵr moel), dobi benwyn *f,* corsiar (corsieir) *f,* dyfriar (dyfrieir) *f;* **as bald as a ~,** moel fel ŵy, *N.W: occ:* moel fel swigen lard/mochyn. **2.** *P:* **silly old ~!** hen ffwlcyn *m,* hen begor gwirion! *S:* y mwlsyn dwl *m!*

cootie *n. P: (= louse):* lleuen (llau) *f.*

cop¹ *n. F: (= policeman):* glas (gleision) *m,* côt las (cotiau gleision) *f,* plismon (plismyn) *m,* *F: occ:* slob(-s) *m,* slobyn (slobs) *m.* **~-shop** *n.* lle(-oedd,-fydd) (*m*) plismyn, *N.W: F:* y rheinws *m.*

cop² *v.t. P: (= catch): N:* dal, *S:* dala; **to get copped, to ~ it,** ei chael hi, cael cop, cael eich dal/dala; **you'll ~ it!** fe'i cei di hi! *N:* mi gei di ddrwg! *Th:* **to ~ the curtain,** dwyn y llen. **~ out** *v.i. U.S:* rhoi'r gorau iddi, nogio, rhoi'r ffidil yn y to; *(= break promise):* torri'ch addewid, torri'ch gair. **~-out** *n.* dihangfa (dihangf|eydd) *f,* ffōedigaeth(-au) *f,* esgus(-ion) (*m*) dros beidio â gwneud rhth.

cop³ *n. P:* daliad(-au) *m,* dalfa (dalf|eydd) *f,* dala *vn;* **it's a fair ~,** dyma fi wedi fy nal yn deg; **it's not much ~,** 'dyw e'n werth dim; 'dyw e fawr o beth; *S.W:* 'dyw e ddim llawer o gael/gop; *N:* dydi o ddim llawer o gop/gargo.

copaiba *n. Pharm:* copaïba *m.*

copal *n.* **[gum] ~,** copal *m.*

coparcenary, coparceny *n.* cydetifeddiaeth *f.*

coparcener *n. Jur:* cydetifedd(-ion) *m,* cydetifeddes(-au) *f.*

copartner *n.* cydbartner(-iaid) *m,* cydbartneres(-au) *f.*

copartnership *n.* cydbartneriaeth(-au) *f.*

cope[1] *n.* **1.** *Ecc:* côb (cobau) *f,* côp (copau) *f.* **2.** *Fig: (= vault of heaven):* entrych (*m*) nef. **3.** *Metalw:* copa *m;* **~ and drag,** copa a drag. **~ stone** *n.* carreg (*f*) gopa (cerrig copa).
cope[2] *v.i.* **to ~ with s.o.** trin rhn, trafod rhn, gwn|eud â rhn, dod i ben â rhn, *occ:* tynnu trwy rn, *S:* ymdopi â rhn; **how does she ~ (with all those children)?** sut mae hi'n ymdopi, sut mae hi'n yn dod i ben, sut mae hi'n gallu gwneud (â'r holl blant 'na)? **to ~ with a situation,** wynebu sefyllfa, medru trin/rheoli sefyllfa; **I just can't ~,** 'rwy'n methu/ffaelu dod i ben; **I'll ~,** mi ymdopa' i['n iawn]; mi wna' i['n iawn]; mi ddo' i i ben [yn iawn]; **to ~ with demands,** cwrdd â gofynion.
cope[3] *v.t. Cost:* gwisgo (rhn) â chôp/chôb, rhoi côp/côb (am rn).
copeck *n. Num:* copec(-s, -au) *m.*
copen *n.* **~ [blue],** glas (*m*) Denmarc.
copepod *a. & n. Crust:* **1.** *a.* copepodaidd. **2.** *n.* c|opepod (copepodau) *m.*
coper *n.* gwerthwr (gwerthwyr) (*m*) ceffylau, deliwr (delwyr) (*m*) mewn ceffylau.
Copernican *a. & n.* **1.** *a.* Cop|ernicaidd; **~ theory,** damcaniaeth (*f*) Cop|ernicws. **2.** *n.* Cop|ernicad (Cop|ernicaid) *m&f.*
Copernicanism *n.* Cop|ernicaeth *f.*
copier *n.* **1.** *(pers.):* copïwr (copiwyr) *m,* copïwraig *f.* **2.** *(= imitator):* copïwr, dynwaredwr (dynwaredwyr) *m,* dynwar|edwraig *f.* 3. *(= machine):* dyblygwr: dyblygydd (dyblygwyr) *m,* peiriant (peiriannau) (*m*) copïo, peiriant dyblygu; *Cmptr:* copïwr.
copihue *n. Bot:* clychau (*pl*) Chile.
co-pilot *n.* cydbeilot(-iaid) *m.*
coping *n. Const:* copa *mf,* copin *m,* clo *m.* **~-saw** *n.* llif (*f*) dro (llifiau tro), llif fwa fach (llifiau bwa bach). **~-stone** *n. Const:* maen (meini) (*m*) copa, carreg (*f*) gopa (cerrig copa).
copious *a.* helaeth, *Lit: occ:* helaethlawn, dibrin.
copiously *adv.* yn helaeth; **to weep ~,** wylo'n hidl, wylo'n lli, wylo['r] dagrau'n lli, *N:* crio'i hochr hi, *S:* llefen y glaw.
copiousness *n.* helaethrwydd *m,* digonedd *m,* llawnder *m.*
copita *n.* gwydryn(-nau) *m.*
coplanar *a. Mth:* cyfwastad, cymhlan.
coplanarity *n. Mth:* cyfwastadedd *m.*
copolymer *n.* cydb|olymer (cydbolymerau) *m.*
copolymeric *a.* cydbolymerig, cydbolymeraidd.
copolymerization *n.,* **copolymerize** *v.t.* cydbolymereiddio.
copper[1] *n.* **1.** copr: copor *m, Lit: occ:* efydd *m; S.a.* **brass, brazen;** *Metalw:* **blister ~,** cop[o]r pothell; **red ~ ore,** cop[o]r coch. **2.** *(a) Dom.Ec:* crochan(-au) *m,* pair (peiriau) *m; (b) F: (coin):* copor(-s) *m,* ceiniog(-au) *f,* dimai (dimeiau) *f,* arian cochion *pl; (c) Ent:* **large ~,** copor(-s) mawr *m;* **small ~,** copor(-s) bach *m.* **3.** *attrib. (a)* cop[o]r; **~ wire,** gwifren gop[o]r (gwifrau cop[o]r) *f; (b) (= coppery):* copraidd, coprog; **a ~ complexion,** pryd coch/cochlyd. **C~ Age** *n.* Oes (*f*) y Cop[o]r. **~ beech** *n. Bot:* ffawydden goprog (ffawydd coprog) *f.* **~-belly** *n. Rept:* neidr dorgoprog (nadroedd torcoprog) *f.* **~ belt** *n. Geog:* strimyn (*m*) cop[o]r. **~-bit** *n.* haearn (heyrn) (*m*) sodro. **~-blende** *n.* cop[o]r-blend *m.* **~-bottomed** *n. (i)* â gwaelod cop[o]r. *(ii) Fin: (= reliable):* sicr, diogel, dibynadwy. **~ leaf** *n. Hort:* deilen (*f*) gop[o]r (dail cop[o]r). **~ precipitate** *n. Min:* cop[o]r (*m*) haearn. **~ pyrites** *n. Ch:* pyrit (*m*) cop[o]r. **~-smith** *n.* gof(-aint) (*m*) cop[o]r. **~ sulphate** *n.* sylffad (*m*) cop[o]r, *F:* carreg las *f.* **~ toe** *n. Th:* trwyn(-au) (*m*) cop[o]r. **~ ware** *n.* llestri (*pl*) cop[o]r.
copper[2] *v.t.* copro.
copper[3] *n.* **= cop**[1].
copperas *n.* copras *m,* du(*m*)'r crydd; **blue ~,** copras glas, carreg las *f;* **green ~,** copras gwyrdd; **white ~,** copras gwyn.
copperhead *n. Rept: F:* pen(-nau) cop[o]r *m.*
coppermine *n.* gwaith (gweithiau, gweithf|eydd, gweithydd) (*m*) cop[o]r. **C~ Cove** *W.Pl.n.* Porth (*m*) Rhwydau.
copperplate[1] *n.* **1.** plât (platiau) (*m*) cop[o]r, copor-plât *m.* **2. ~ engraving,** ysgythriad(-au) (*m*) cop[o]r, ysgythru (*vn*) plât cop[o]r, ysgythru ar gop[o]r *or* ar blât cop[o]r, graflun(-iau) (*m*) cop[o]r; **~ [writing],** copor- plêt *m,* copor-plât *m.*
copperplate[2] *v.t.* copro, coporplatio (rhth); platio (rhth) â chop[o]r, rhoi wyneb cop[o]r (ar rth), *Lit: occ:* efyddu (rhth).
copperwork *n.* gwaith (*m*) cop[o]r, coporwaith *m.*
coppery *a.* copraidd, coprog.
coppice[1] *n.* coedlan(-nau) *f,* prysgwydd *pl,* prysglwyn(-i) *m, N. W: F: occ:* copi (copïau) (*m*) o goed, hopiar (*f*) o goed, *occ:* gwinllan(-nau, - noedd) *f.* **~-wood** *n.* prysgwydd *pl,* prysgoed *pl,* mangoed *pl* (*pronounced* ng-g).
coppice[2] *v.t.&i.* tyfu (rhth) fel prysgoed; prysgoedio, coedlannu (rhth).
copra *n.* copra *m.*
co-precipitate *v.t. Ch:* cydwaddodi.
co-precipitation *n. Ch:* cydwaddodiad *m,* cydwaddodi *vn.*
copro- *pref.* carth-.
co-produce *v.t.* cydgynhyrchu.
co-producer *n.* cydgynhyrchydd (cydgynhyrchwyr) *m.*
co-product *n.* **= by-product.**
co-production *n.* cydgynhyrchiad (cydgynyrchiadau) *m.*
coprolite *n.* tomfaen (tomfeini) *m,* carreg (*f*) dom (cerrig tom), c|oprolit (coprolitau) *m.*
coprolitic *a.* tomfaenaidd, coprolitig.
coprology *n.* budriaith *f,* budrlen *f.*
coprophage *n.* carthysydd(-ion) *m,* tomysydd(-ion) *m.*
coprophagous *a.* carthysol, tomysol. **~ beetle** *n. Ent:* chwilen (chwilod) (*f*) y dom.
coprophagy *n.* bwyta (*vn*) carthion/tom.
coprophilia *n.* tomgarwch *m.*
coprophiliac *n.* tomgarwr (tomgarwyr) *m.*
coprophilous *a.* tomgar.
coprophobia *n.* ofn (*m*) tom.
coprosma *n. Bot:* coprosma(-s, coprosomâu) *mf.*
coprosterol *n.* copr|osterol *m.*
cops *n. (of plough): N:* copsol: copstol *m.*
copse *n.* **= coppice. ~-bindweed** *n. Bot:* perthlys *m,* taglys (*m*) y berth. **~-laurel** *n. Bot:* **= laurel (spurge).**
copsewood *n.* **= coppice-wood.**
copsole *n.* **= cops.**
copsy *a.* prysgoediog.
Copt *n.* Copt(-iaid) *m&f.*
Coptic *a. & n.* **1.** *a.* Coptaidd, Coptig: *(in language):* Copteg. **2.** *n. Ling:* Copteg *f, m.*
co-publish *v.t.* cydgyhoeddi (rhth), cyhoeddi (rhth) ar y cyd.
co-publisher *n.* cydgyhoeddwr (cydgyhoeddwyr) *m.*
copula *n. Gram: Log:* cyplad(-au) *m.*
copular *a.* cypladol.
copulate *v.i.* cydio, ymgydio, cyplu, *Lit:* cydgnawdio, ymrain, *V:* cnuchio, cnychio, *N.W: occ:* gaflio, *S: occ:* ffwrcho, geingo, cnwcho.
copulation *n. Physiol:* cypliad(-au) *m,* cyd(-iau) *m,* cytgnawd *m,* cyswllt (cysylltau) cnawdol *m,* cyplysiad(-au) *m,* cydiad(-au) *m,* ymgydiad(-au) *m,* ymread(-au) *m,* ymrëu *vn, V:* cnuch(-iau) *m; vn.* **= copulate.**
copulative *a. & n.* **1.** *a. (a) Gram:* cypladol; *(b) Z: &c:* cypliadol, cydiol, ymgydiol, cydgnawdol, ymreol. **2.** *n.* cyplad(-au) *m.*
copulatively *adv.* **1.** *Gram:* yn gypladol. **2.** yn gypliadol.
copulatory *a.* **= copulative 1.**
copunctual *a.* cydbwyntiol.
copy[1] *n.* **1.** copi (copïau) *m;* **the top ~,** y copi uchaf; **rough ~,** brasgopi (brasgopïau) *m,* copi bras: **fair ~,** copi teg/glân; **a ~ of a book,** copi o lyfr; *Jur:* **certified true ~,** copi cywir ardystiedig; **complimentary ~,** copi cyfarch; **duplicate ~,** copi dyblyg, ail gopi; **master ~,** prif gopi; **office ~,** copi swyddogol, copi swyddfa; **presentation ~,** copi cyflwynedig, copi anrheg/rhodd; **true ~,** copi cywir. **2.** *Journ:* defnydd(-iau) *m,* deunydd *m,* copi *m;* **it will make good ~,** fe wnaiff stori dda (*f*). **~-book** *n.* llyfr(-au) (*m*) ysgrifennu, llyfr(-au) (*m*) copi, copi (copïau) *m;* **~-book maxim,** ystrydeb(- au) *f;* **~-book performance,** perfformiad union gywir, perfformiad yn ôl y llyfr rheolau; **to blot one's ~-book,** baeddu'ch copi, difetha'ch enw da, pechu. **~-boy** *n.* gwas (gweision) (*m*) copi. **~-cat**[1] *n. F:* copïwr (copïwyr) *m,* copïwraig *f.* **~-cat**[2] *v.t.* copïo. **~-desk** *n. U.S:* desg (*f*) olygu (desgiau golygu). **~-key** *n. Cmptr:* allwedd (*f*) gopïo (allweddi copïo), bysell (*f*) gopïo (bysellau copïo). **~-paper** *n.* papur (*m*) copi. **~-reader, ~-editor** *n.* golygydd copi *m. U.S: Journ:* **= sub-editor. ~-taster** *n.* detholwr (detholwyr) (*m*) copi. **~-text** *n.* testun(-au) sylfaenol *m.* **~-typing** *vn.* copideipio. **~-typist** *n.* teipyddes(-au) *f,* teipydd(-ion) *m,* copideipyddes(-au) *f,* copideipydd(-ion) *m.* **~-writer** *n.* ysgrifennwr (ysgrifenwyr) (*m*) copi.
copy[2] *v.t.* **1.** *(a) (= reproduce):* copïo, atgynhyrchu; **copied from the original,** copïwyd/codwyd o'r gwreiddiol; *(b)* **to ~ s.o.,** copïo/efelychu/dynwared rhn, gwn|eud yr un fath â rhn,

gwneud fel rhn, dilyn esiampl rhn; *(c) Journ:* **"Welsh papers please ~"**, "rhowch yn y papurau Cymreig os gwelwch yn dda"; *(d) abs. Sch:* copïo. **2. to ~ [out] a letter,** copïo llythyr.
copyhold *n. Hist: Jur:* copiddaliad *m,* c|opiho[w]ld *m,* hawlfeddiant *m,* ffi *(f)* fferm. **~ tenure** *n.* daliadaeth *(f)* gopiho[w]ld (daliadaethau copiho[w]ld) *f,* deiliadaeth *(f)* gopiho[w]ld (deiliadaethau copihowld).
copyholder *n. Hist: Jur:* copiddeiliad (copiddeiliaid) *m&f.*
copyist *n.* copïwr: copïydd (copïwyr) *m, occ:* adysgrifennwr (adysgrifenwyr) *m,* adysgrifwr (adysgrifwyr) *m.*
copyright[1] *n. & attrib.* **1.** *n.* hawlfraint (hawlfreintiau, hawlfreiniau) *f;* **breach of ~,** tor(*m*)-hawlfraint; **out of ~,** dihawlfraint, allan o hawlfraint; **"~ reserved",** "cedwir pob hawlfraint". **2.** *attrib.* hawlfraint, hawlfreiniol, hawlfreintiedig. **C~ Act** *n.* Deddf *(f)* Hawlfreintiau. **~ library** *n.* llyfrgell(-oedd) *(f)* hawlfraint, llyfrgell hawlfreiniol.
copyright[2] *v.t. Publ:* sicrh|au hawlfraint (ar/i lyfr), hawlfreinio (llyfr).
coquet[1] *n.* merchetwr (merchetwyr) *m.*
coquet[2] *v.i.* = **coquette**[2].
coquet[3] *a.* = **coquettish**.
coquetry *n.* hoedeniaeth *f.*
coquette[1] *n.* **1.** merch bryfoclyd (merched pryfoclyd) *f,* ffriten(-nod) *f,* hoeden(-nod) *f,* mursen(-nod) *f,* coegen(-nod) *f, F:* fflyrten (fflyrts) *f, S: S.W:* ffrwmpen(-nod) *f.* **2.** *Orn:* aderyn (adar) *(m)* y si copog, sïwr (sïwyr) copog *m.*
coquette[2] *v.i.* fflyrtian, hoedenna.
coquettish *a.* hoedennaidd, pryfoclyd, mursennaidd, *F:* fflyrtlyd.
coquettishly *adv.* yn bryfoclyd *&c.*
coquettishness *n.* hoedeneiddwch *m,* natur fflyrtlyd *f.*
coquilla nut *n.* cneuen *(f)* gocila (cnau cocila).
coquina *n. U.S: Const: coquina m,* cocos mân *pl.*
coquito *n. Bot:* *mêl-balmwydden (~-balmwydd) *f.*
cor[1] *n. Mus: cor(-s) anglais m.*
cor[2] *int. F:* dew! ew! argol! 'rargian! iesgwn! *S:* yffach! daro! de! cato[n]! iesgyrn! **~ blimey!** 'tawn i byth o'r fan! 'tawn i'n marw! nefoedd! *N:* nefi [blŵ/wen]! Duw o'r Sowth! *S:* cato[n] pawb!
Cor[3] *Pr.n. Astr:* **~ Caroli,** Calon *(f)* Siarl; **~ Leonis,** Calon y Llew.
coraciiform *a. Orn:* *cornbigffurf.
coracle *n.* cwrwgl (cwryglau, cyryglau) *m;* **to be a ~ fisherman,** *S.W:* hala cwrwgl. **~-man** *n.m.* cwrwglwr (cwrwglwyr), cwryglwr (cwryglwyr).
coracoid *a. & n.* **1.** *a.* **~ process,** = **coracoid 2. 2.** *n.* c|oracoid (coracoidau) *m.*
coral *n.* cwrel(-au, cyrelau) *m;* **brain ~,** cwrel troellog; **cup ~,** cwrel cwpanog; **Devonshire cup ~,** cwrel cwpanog Dyfnaint; **mushroom ~,** cwrel madarch; **organ-pipe ~,** cwrel pibellog; **star ~,** sêr-gwrel; **gold star ~,** sêr-gwrel euraidd; **scarlet ~,** cwrel ysgarlad; **made of ~,** = **coralline**. **~-barberry** *n. Bot:* ysbinwydden *(f)* gwrel (ysbinwydd cwrel). **~-bells** *n.pl. Bot:* clychau cwrel. **~-berry** *n. Bot:* mwyaren *(f)* gwrel (mwyar cwrel). **~-creeper** *n. Hort:* ymlusgydd *(m)* cwrel. **~-drops** *n.pl. Hort:* dafnau cwrel. **~-fish** *n. Ich:* pysgodyn (pysgod) *(m)* cwrel. **~-fisher** *n.* cwrelwr (cwrelwyr) *m,* pysgotwr (pysgotwyr) *(m)* cwrel. **~-fishery** *n.* pysgota *(vn)* cwrel, cwrela *vn,* casglu *(vn)* cwrel. **~-fungus** *n. Fung:* **grey ~-fungus,** cwrel llwyd; **white ~-fungus, crested ~-fungus,** cwrel gwyn cribog. **~-head plant** *n. Hort:* blodyn *(m)* mwclis, gleiniau(*pl*)'r pader. **~ island** *n.* **1.** ynys *(f)* gwrel (ynysoedd cwrel). **2.** *Lit: (title of novel):* Ynys y Cwrel. **~-necklace** *n. (a)* cadwyn *(f)* gwrel (cadwynau/ cadwyni cwrel); *(b) Bot:* clymog *m,* clymogyn troellog *m,* berwr *(m)* yr iâr. **~ pink** *n.* pinc *(m)* cwrel. **~-polyp** *n.* polyp(-au) *(m)* cwrel. **~ rag** *n. Geol:* calchfaen *(m)* cwrel, cwrelgalch *m.* **~-reef** *n.* rîff (riffiau) *(m)* cwrel, rîff *(f)* gwrel (riffiau cwrel). **C~ Sea** *Pr.n. Geog:* Y Môr *(m)* Cwrel. **~-snake** *n. Rept:* neidr *(f)* gwrel (nadr[o]edd cwrel). **~-spot fungus** *n.* dafaden goch (dafadennau cochion) *f.* **~-tree** *n. Bot:* coeden *(f)* gwrel (coed cwrel), *cwrelwydden (cwrelwydd) *f.* **~-weed** *n. Algae:* gwymon *(m)* cwrel. **~-wood** *n.* pren *(m)* cwrel.
coralliferous *a.* cwrelddwyn, cwrelifferaidd.
coralliform *a.* cwrelffurf, cwrelaidd.
coralline *a. & n.* **1.** *a.* cwrelog, cwrelaidd. **2.** *n.* cwrelyn *m,* gwymon cwrelog *m,* mwsogl *(m)* y môr, *N.W: occ:* rhedyn *(pl)* môr; **lobster's horn ~,** *(Anntennularia):* ysgubau *(pl)* môr.
corallite *n.* cwrelit *m.*
coralloid *a. & n.* **1.** *a.* cwrelaidd, cwrelffurf. **2.** *n.* cwreloid(-au) *m.*
coralloidal *a.* = **coralloid 1.**
coralroot *n. Bot:* **1.** = **coralwort. 2. ~ [orchid],** *(Corallorhiza trifida):* tegeirian cwr|elwraidd *m.* **spurred ~,** *(Epipogium aphyllum):* cwrelwraidd ysbardunog.
coralwort *n. Bot: (Dentaria):* deintlys *m.*
coram populo *Lt.adv.* yng ngŵydd pawb, gerbr|on pawb, ar goedd gwlad.
coranto *n.* = ***courante***.
corb *n. Min: (= sledge):* cwrbyn(-nau) *m.*
corban *n. Rel: Hist:* elusengist(-iau) *f (pronounced* ng-g).
corbeil[le] *n.* cawell (cewyll) *m.*
corbel[1] *n. Arch:* corbel(-au) *m,* corbed(-au) *m,* gobennydd (gobenyddiau) *m,* ysgwyddiad(-au) *m,* gorysgwydd(-au) *f,* ysgwyddfaen (ysgwyddfeini) *m.* **~-piece** *n. Carp:* = **corbel. ~-pin** *n.* = **corbelling-iron. ~-table** *n.* bwrdd (byrddau) corbelog *m.* **~-tomb** *n. Archeol:* bedd(-au) corbelog/corbedog *m.*
corbel[2] *v.t.&i.* **1.** *v.t.* corbelu, corbedu. **2.** *v.i.* **to ~ [out], to be corbelled out/off,** ysgwyddo, bargodi [allan], corbelu, corbedu.
corbelled *a. Archeol:* corbelog, ysgwyddog, corbedog.
corbelling *vn. & n.* **1.** *vn.* = **corbel**[2]. **2.** *n.* corbeliad(-au) *m,* corbediad(-au) *m,* ysgwyddiad(-au) *m.* **~-iron** *n.* haearn (heyrn) *(m)* corbelu.
corbicula *n. Ent:* peillgod(-au) *f.*
corbie *n. Orn:* = **raven, carrion-crow. ~-steps** *n.pl.* grisiau brain.
corbina *n. Ich:* corbina(-od) *m,* pysgodyn (pysgod) gwyn *m.*
cord[1] *n. (a)* cordyn (cordiau, cyrd) *m,* cortyn(-nau, cyrt) *m,* corten(-nau) *f,* tennyn (tenynnau) *m,* llinyn(-nau) *m,* rheffyn(-nau) *m, S. W:* twein *m;* **stranded ~, twisted ~,** cortyn cyfrodedd, cortyn tro; *(b) El.E:* cordyn, fflecs(-iau) *m; Dressm: Tail:* = **corduroy**; *Needlew:* **mercerised ~,** cordyn sglein; **piping ~,** cordyn peipio; **finger ~,** cordyn bys; **flax ~,** cortyn llin; *Bookb:* llinyn; *(c) Anat:* **the vocal cords,** tannau'r llais, llinynnau'r llais; **spinal ~,** llinyn cefn, llinyn gwar, llinyn gwegil, madruddyn *(m)* cefn, *S:* mwydyn *(m)* cefn, *N: occ:* y llinyn arian; **umbilical ~,** llinyn bogail; *(d) Fig:* **cords of discipline,** rhwymau disgyblaeth; *(e) (in coracle fishing):* **~ [of net],** *S. W:* ffun(-iau) *f;* **chief ~ of net,** *S. W:* treillffun(-iau) *f;* **~ held in hand,** *S. W:* llawffun(-iau) *f,* carnffun(-iau) *f,* plwmffun(-iau) *f;* *(f) (= measure of wood):* cord(-iau) *m.* **~-eye** *n. Av: Nau:* crau (creuau) *m.* **~-grass** *n. Bot:* cordwellt *m;* **small ~-grass,** cordwellt bach; **Townsend's ~-grass,** cordwellt Townsend. **~-moss** *n. Bot:* rheffynfwsogl *m.*
cord[2] *v.t.* **1.** *(= tie*[2]*):* clymu, rhwymo [â chordyn/chortyn], *occ:* cordio, rheffynnu, cordynnu. **2.** *(=* **pile wood***):* pentyrru, cludeirio.
cordage *n.* rhaffau *pl,* rheffynnau *pl.*
cordate *a.* calonnaidd, calonffurf, fel calon, ar ffurf calon.
cordately *adv.* yn galonnaidd *&c;* fel calon.
corded *a. (a) Tex:* **~ cloth,** brethyn rhib; *See* **corduroy**; *(b) Needlew:* **~ cotton,** cdau gyfrodedd *f;* **~ cloth,** *S. W:* cersi; carsi *m; (c) (muscles):* tyn[n], cnotiog.
Cordelier *n. Ecc:* Ffransisiad (Ffransisiaid) *m.*
corder *n. Needlew:* cordiwr (cordwyr) *m.*
cordial *a. & n.* **1.** *a. (i)* calonnog, o galon, gwresog, cynnes, twymgalon; *(ii) (pers.):* rhadlon; *(iii) (= intense):* cryf, o waelod calon, perffaith, llwyr; **to take a ~ dislike to sth,** rhoi'ch cas ar rth. **2.** *n.* cordial(-au) *m;* **blackcurrant ~,** diod *(f)* cyrains duon.
cordiality, cordialness *n.* rhadlonrwydd *m,* sercho[w]grwydd *m,* gwreso[w]grwydd *m,* cynhesrwydd *m.*
cordially *adv. (a)* yn galonnog *&c;* **to thank s.o. ~,** diolch o galon i rn; *(b) (= intensely):* yn gryf, o waelod calon, yn berffaith, yn llwyr.
cordierite *n. Miner:* c|ordierit *m.*
cordiform *a.* = **cordate**.
cordillera *n. Geog:* cadwyn(-au, -i) *f.*
cordilleran *a.* cadwynol.
cording-brush *n.* brwsh(-is) *(m)* ffeil.
cordite *n. Exp:* cord[e]it *m.*
cordless *a. El.E:* heb gordyn, heb fflecs.
cordon[1] *n.* **1.** *(a) Arch: (= string-course):* cordres(-i) *f; (b) (= ribbon):* r[h]uban(-au) *m;* ***~ bleu, cordon bleu*** *m,* r[h]uban glas *m;* ***~ bleu*** **cook,** cogydd *(m)* tan gamp *or* o'r dosbarth cyntaf, cogyddes *(f)* dan gamp *&c.* **2.** *(of police &c):* cadwyn(-i) *f,*

cylch(-oedd) *m*; *Aut:* cylchyn(-au) *m*; ~ **count,** rhifiad(-au) cylchynnol *m*; *Hyg:* **sanitary ~, ~ *sanitaire*,** cadwyn iechydol. **3.** *Hort:* coeden (coed) uncyff/ungoes *f* (*pronounced* ng-g), llwyn(-i) uncyff/ungoes *m*.
cordon² *v.t.* **to ~ a district off,** amgylchynu/cylchynu/cau/ynysu ardal.
cordoned *a.* **1.** cortynnog. **2. ~-off,** wedi ei amgylchynu/gylchynu/gau/ynysu.
cordovan *n.* cordwal *m*, cordwan *m*.
cords *n.pl.* = **corduroy trousers.**
corduroy *n. Tex:* melfaréd *m*, r[h]ib *m*, cordyrói *m*, *S.W: occ:* cordi, cord[o]rói. ~ **trousers** *n. N:* trowsus melfaréd, *occ:* trowsus r[h]ib, *S:* trwser rib/ rip. ~**road** *n.* ffordd (*f*) foncyffion (ffyrdd boncyffion), ffordd resog (ffyrdd rhesog).
cordwainer *n.* crydd(-ion) *m*.
cordwood *n.* coed (*m*) tân, *occ:* cynnud *m*.
core¹ *n.* **1.** *(of apple &c):* calon(-nau) *f*, craidd (creiddiau) *m*, cnewyllyn (cnewyll) *m*, *S:* stwmp (stympiau) *m*; *(of wood &c):* craidd (creiddiau) *m*; **(he's selfish) to the ~,** (mae'n hunanol) hyd at fêr ei esgyrn, i'r bôn; **he is Welsh to the ~,** mae'n Gymro glân gloyw; mae'n Gymro o waed coch cyfan; mae'n Gymro i'r carn; *S.a.* **rotten 1; to get to the ~ of the matter,** mynd at graidd y mater. **2.** *Geol: Metall: El: Cmptr:* craidd; *Archeol:* **deep sea ~,** colofn ddyfnforol (colofnau dyfnforol) *f*; **soft iron ~,** craidd haearn meddal; *(= nucleus):* cnewyllyn (cnewyll) *m*; *Med:* **the ~ of a boil,** crawn (*m*) casgliad; *Geog:* **the ~ of a region,** craidd/calon rhanbarth; *Civ.E:* **watertight ~,** craidd diddos. ~ **axe** *n. Archeol:* bwyell (*f*) graidd (bwyeill craidd). **~-box** *n. Metalw:* bocs(-ys) (*m*) craidd. **~-drill** *n. Min:* dril(-iau) (*m*) craidd. **~-memory** *n.* cof(-au) (*m*) craidd. **~-pattern** *n. Metalw:* patrwm (patrymau) (*m*) craidd. **~-sample** *n. Min:* sampl(-au) (*f*) graidd (samplau craidd). **~-store** *n.* storfa (*f*) graidd (storf|eydd craidd). **~-studies** *n.pl. Sch:* astudiaethau craidd. **~-subject** *n. Sch:* pwnc (pynciau) (*m*) craidd.
core² *v.t.* **1. to ~ an apple,** tynnu calon afal, creiddio afal. **2. to ~ [out] a mould,** gwagio mo[w]ld.
corecipient *n.* cyd-dderbynnydd (~-dderbynyddion) *m*, cyd-dderbyniwr (~-dderbynwyr) *m*.
corelation *n.* = **correlation.**
co-religionist *n.* cydgrefyddwr (cydgrefyddwyr) *m*, cydgref|yddwraig *f*.
corella *n. Austr: Orn:* corela(-od) *m*, cocatŵ(-od) hirbig *m*.
coremium *n. Bot:* coremiwm (coremia) *m*.
coreopsis *n. Bot:* coreopsis(-au) *m*, trogenllys *m*.
corepressor *n.* cydatalydd(-ion) *m*.
corequisite *n. Sch:* cwrs (cyrsiau) cydorfodol *m*.
corer *n.* digreiddiwr (digreiddwyr) *m*, peth(-au) (*m*) tynnu craidd.
co-respondent *n.* cydatebydd(-ion) *m*, cydatebwr (cydatebwyr) *m*. **~-respondent shoes** *n.pl. Joc:* esgidiau godinebwr.
corf *n.* **1.** *Min: (= basket):* basged (*f*) lo (basgedi glo), cŵl *m*; *(= wagon):* wagen(-i) *f*, dram(-iau) *f*. **2.** *Fish:* cawell (cewyll) *m*.
corgi *n.* corgi (corgwn) *m*; *(bitch):* coriast (corieist) *f*, corgast (corgeist) *f*, corgies(-au) *f*; **Cardiganshire ~,** corgi Ceredigion; **Pembrokeshire ~,** corgi Sir Benfro.
coriaceous *a.* lledraidd, fel lledr, gwydn.
coriander *n. Bot:* llysiau(*pl*)'r bara, brwysgedlys *m*; *Cu:* coriander *m*.
Corinthian *a.* & *n.* **1.** *a.* Corinthaidd, o Gorinth; *Arch:* ~ **order,** y dull Corinthaidd *m*. **2.** *n.* Corinthiad (Corinthiaid) *m&f*; *B:* **Corinthians,** [Epistol Paul at y] Corinthiaid.
corium *n. Anat:* croen (crwyn) *m*.
corixid bug *n. Ent:* coricsa (coricsâu) *m*.
cork¹ *n.* **1.** corc *m*. **2.** *(in bottle &c):* corcyn: corc (cyrc[s]) *m*. **~-oak** *n. Bot:* derwen (*f*) gorc (derw corc). **~-slab** *n.* tafell (*f*) gorc (tafelli/tefyll corc). **~-sole** *n.* gwadn (*fm*) gorc/corc (gwadnau corc). **~-soled** *a.* â gwadn gorc/corc. **~-tipped** *a.* â blaen corc. **~-tree** *n.* corcwydden (corcwydd) *f*, pren(-nau) (*m*) corc, coeden (*f*) gorc (coed corc).
cork² *v.t.* **1.** *(a)* **to ~ [up] a bottle,** corcio potel, rhoi corcyn mewn potel, rhoi corcyn ar botel; *(b) Fish:* rhoi cyrcs [ar rwyd]; **to ~ up one's feelings,** atal eich teimladau. **2.** *(= blacken):* pardduo'ch wyneb [â chorc].
corkage *n.* tâl (*m*) gweini.
corkboard *n.* corcfwrdd *m*.
corked *a.* **1.** *(bottle):* corciedig, â chorcyn. **2.** *(wine):* corciog, a sawr corcyn arno. **3.** *(= blackened):* pardduedig, wedi ei bardduo.
corker *n.* **1.** *(i) F: (= whopper):* clamp *m*, clobyn *m*, cloben *f*, *N:* sglaffen *f*, sglaffyn *m*, homer *m*, clincer *m*, *S:* cliper *m* [o beth]; *(ii) (= pretty girl):* slas[i]en *f*, pis[h]yn *f*; *(iii) (= monstrous lie):* celwydd(-au) noeth *m*, log *m* [o gelwydd] (logiau [o gelwyddau]).
corking *a. P:* gwych, godidog, campus, bendigedig; *(= large):* anferth.
corkscrew¹ *n.* tynnwr (*m*) corcyn (tynwyr cyrcs), corcsgriw(-iau) *mf*, peth(-au) (*m*) tynnu cyrcs. **~-curl** *n.* modrwy(-au) *f*. **~-spin** *n. Av:* chwyrlïad (chwyrliadau) troellog *m*; **to be in a ~ spin,** chwyrlïo'n droellog. **~-staircase** *n.* grisiau tro/troellog *pl*.
corkscrew² *v.i.* troelli, cordeddu.
corkwing *n. Ich:* eurben(-nau) *m*, banwes(-od) *f*.
corkwood *n.* corc *m*. ~ **tree** *n.* corcwydden (corcwydd) *f*, derwen (*f*) gorc (derw corc).
corky *a.* corcaidd, corciog.
corm *n. Bot:* corm(-au) *m*.
cormel *n. Bot:* cormel(-au) *m*, cormyn(-nau) *m*.
cormoid *a.* cormaidd.
cormorant *n. Orn:* mulfran (mulfrain) *f*, morfran (morfrain) *f*, colier(-s) *m*, *N:* Wil wal waliog *m*, bilidowcar(-s) *m*, llanc(-iau) (*m*) Llandudno. **C~ Rock** *Pr.n. W.Geog:* Maen (*m*) y Frân.
corn¹ *n.* **1.** *(= grain, seed):* grawn (*pl*) ŷd, had (*m*) ŷd, *S:* grawn llafur. **2.** *(a) Coll.sg. (cereal crop):* ŷd (ydau) *m*, *S:* llafur *m*; **mixed ~,** siprys *pl*; **eared ~, ~ in the ear,** ŷd tywysennog, ŷd yn y dywysen, ŷd yn ei hosan; *See* **ear; seed ~,** hadyd *m*; **sweet ~,** india-corn *m*; **tail ~,** hedion *pl*, mân ŷd, gwehilion *pl*, ceseilgeirch *pl*; *(b) U.S: Austr: (= Indian corn):* india-corn, indrawn, corn melys *m*, pys melyn *pl*; **~ on the cob,** india-corn ar y cobyn; *(c) Scot: Irl: (= oats):* ceirch *pl*; *(d) (of pepper &c):* pupren(-nau) *f*, aeronen (*f*) bupur (aeron pupur); *(e) P: (= sentimental rubbish):* rwtsh hen ffasiwn *m*. **~ beef** *n.* bîff (*m*) tun, corn-bîff *m*. **~-beetle** *n. Ent:* chwilen (chwilod) (*f*) yr ŷd. ~ **bellflower** *n. Bot:* drych (*m*) Gwener, drycheigiog *m*. **~-bells** *n.pl. Fung:* clychau'r ŷd. **C~ [Hog] Belt** *n. Geog:* Belt (*m*) Corn a Moch. **~-bin** *n.* ytgist(-iau) *f*, cist(-iau) (*f*) ŷd, celwrn (celyrnau) *m*. **~-borer** *n. Ent:* tyllwr (tyllwyr) (*m*) yr ŷd. **~-bread** *n. U.S:* bara (*m*) corn. **~-bunting** *n. Orn:* bras (breision) (*m*) yr ŷd. **~ buttercup, ~ crowfoot** *n. Bot:* crafanc (*f*) yr ŷd, egyllt (*m*) yr ŷd. ~ **caraway** *n. Bot:* = **corn parsley.** ~ **chamomile** *n. Bot:* camri(*m*)'r ŷd. **~-chandler** *n. Com:* adwerthwr (adwerthwyr) (*m*) ŷd/llafur, ydwerthwr (ydwerthwyr) *m*. **~-cob** *n.* cobyn(-nau) (*m*) corn. **~-cob pipe** *n.* cetyn (catiau) (*m*) corn. **~-cockle** *n. Bot:* pabi(*m*)'r gwenith, bulwg (*m*) yr ŷd, bulwg Rhufain. **~-coloured** *a.* lliw'r ŷd, lliw'r gwenith. **~-crib** *n.* rhesel(-i) (*f*) ŷd. **~-dodger** *n. Cu:* teisen(-nau) (*f*) india-corn. **~-dolly** *n.* caseg (*f*) ben fedi, caseg fedi, y wrach *f*. **~-earworm** *n. Ent:* lindys/lindysyn (lindys) (*m*) yr ŷd. ~ **exchange** *n.* cyfnewidfa (cyfnewidf|eydd) (*f*) ŷd. **~-factor** *n.* gwerthwr (gwerthwyr) (*m*) ŷd. **~-fed** *a.* **1.** ŷd-basgedig. **2.** = **plump.** **~-flag** *n. Bot:* blodyn (blodau) (*m*) cleddyf, gellesgen (gellesg) (*f*) yr ŷd, cleddyflys(-iau) *m*. **~-fly** *n. Ent:* pryf(-ed) (*m*) yr ŷd. **~-fritter** *n. U.S: Cu:* mioden (mïod) (*f*) india corn. ~ **gromwell** *n. Bot:* grawn (*m*) y llew, maenhad (*m*) yr âr, gwridolch *f*. ~ **horsetail** *n. Bot:* y gedowrach leiaf *f*. **C~ Laws** *n.pl. Hist:* y Deddfau (*pl*) Ŷd. **~-leaf aphid** *n. Ent:* lleuen (*f*) yr ŷd (llau'r ŷd). ~ **lily** *n. Bot:* lili(*f*)'r ŷd (lilïau'r ŷd). **~-liquor** *n.* = **corn-whiskey.** **~-loft** *n.* ydlofft(-ydd) *f*. ~ **marigold** *n. Bot:* graban (*m*) yr ŷd, melyn (*m*) yr ŷd, gold (*m*) yr ŷd, gold melyn, golden felen *f*, llysiau (*pl*) Mair, cannwyll (*f*) Mair/Fair, rhuddaur *m*. **~-market** *n.* marchnad(-oedd) (*f*) ŷd. **~-meal** *n.* **1.** *U.S:* blawd (*m*) india corn. **2.** = **oatmeal.** ~ **mint** *n. Bot:* **1.** *(Mentha arvensis):* mint[ys] (*m*) y maes, mint[ys] yr âr, mint[ys] yr ardir, mint[ys] yr ŷd, mint[ys] gwyllt. **2.** *(Calamintha acinos):* erbin (*m*) yr ŷd. **~-moth** *n. Ent:* gwyfyn(-od) (*m*) yr ŷd. ~ **parsley** *n. Bot:* githran *f*, githrog *f*, eilun-berllys *m*, troed (*m*) y cyw. ~ **pone** *n. U.S:* = **pone bread.** ~ **poppy** *n. Bot:* llygad (*m*) [y] bwgan, llygad [y] cythraul, pabi(*m*)'r ŷd, blodau(*pl*)'r wig, bochgoch(-ion) *f*, llon (*m*) llafur, pengoch(-ion) *m* (*pronounced* ng-g), ysgallen (ysgall) (*f*) sidan. ~ **rattle** *n. Bot:* clych (*pl*) y meirch, cribell felen *f*, arian (*m*) pladurwr, arian cor, arian Gwion, arian y meirch, arian y gweirwyr. ~ **rootworm** *n. Ent:* pryf(-ed) (*m*) gwr|aidd ŷd. ~ **rose** *n.* = **corn poppy.** **~-salad** *n. Bot:* diadwyth

m, llysiau(*pl*)'r oen, gwylaeth (*m*) yr oen; **narrow-fronted ~-salad,** gwylaeth yr oen deintiog. **~-shock** *n.* ysgafn(-au) (*m*) ŷd. **~-shuck** *n.* eisinyn (eisin) (*m*) ŷd, usyn (us) (*m*) ŷd. **~-silk** *n. Bot:* blew (*pl*) ŷd. **~-snake** *n. U.S:* neidr (nadroedd) (*f*) ŷd. **~-snow** *n.* grawn (*pl*) eira. **~sowthistle** *n. Bot:* llaethysgallen (llaethysgall) (*f*) yr ŷd, mochysgallen (mochysgall) (*f*) yr ŷd/âr. **~spurr[e]y** *n. Bot:* troellig (*m*) yr ŷd, llindro *m*, llin (*m*) ysgyfarnog, chwyn (*pl*) yr ŷd. **~-stalk** *n.* **1.** coesyn(-nau) (*m*) ŷd. **2.** *U.S: F:* = **beanpole.** **~-sugar** *n.* siwgwr (*m*) india corn, decstros *m.* **~-syrup** *n.* surop (*m*) corn, glwcos *m.* **~- thrips** *n. Ent:* thrips(-od) (*m*) ŷd. **~-whiskey** *n.* wisgi (*m*) india corn. **~ worm, ~ weevil** *n. Ent:* gwiddonyn (gwiddon) (*m*) yr ŷd, gwyfyn(-od) (*m*) yr ŷd. **~-yard** *n.* ydlan(-nau) *f. S.a.* **brome.**

corn² *n.* (*on foot*): corn (cyrn) *m*; *F:* **to tread on s.o.'s corns,** sathru/sengi *&c* ar gyrn rhn, tynnu blewyn o drwyn rhn. **~-cutter** *n.* torrwr (torwyr) (*m*) cyrn. **~-plaster** *n.* plaster (*m*) corn (plasteri cyrn).

corn³ *v.t.* (= *preserve*): halltu, sychu.

cornaceous *a. Bot:* cwyrosaidd.

cornbind *n. Bot:* taglys (*m*) yr ŷd, perthlys *m*, ytag *m.*

cornbrash *n. Geol:* tywodfaen bras *m.*

corncrake *n. Orn:* rhegen(-nod) (*f*) yr ŷd, rhegen y rhyg, rhegen ryg, sgrad (*m*) y gwair (sgradau'r gwair), sgrech(-od) (*f*) yr ŷd, creciar (crecieir) *f*, *F:* rygar-ryg: rigar-ryg *f*, *S.W:* sgrech y gwair, *M.W:* cudyll(-od) (*m*) y rhych, rhugl (*mf*) y rhych.

Corndon *W.Pl.n.* Cornatyn *m.*

cornea *n. Anat:* cornbilen(-nau) *f.*

corneal *a. Anat:* cornbilennaidd, cornbilennog, cornbilennol; *Med:* **~ grafting,** impio cornbilen.

corned *a.* **~ beef,** bîff (*m*) tun, corn-bîff *m.*

cornel *n. Bot:* **dwarf ~,** corwyros *pl.* **~ tree** *n.* cwyrwialen (cwyrwiail) *f*, gwyros: cwyros *pl*, coeden (*f*) gwyros (coed cwyros), pren(-nau) (*m*) cwyros.

cornelian¹ *a. & n. Lap:* cornelian(-au) *m.* **~ cherry** *n.* ceiriosen (ceirios) (*f*) y cwyros.

Cornelian² *a. Lit:* Cornelaidd.

Cornelly *W.Pl.n.* Corneli *m.*

corneous *a.* cornaidd, [caled] fel corn.

corner¹ *n.* **1.** cornel(-i, -au) *usu. f.*, *m. in S.*, congl(-au) *f*; **a small ~,** cornelyn (corneli) *m*; **~ of the eye,** cil (*m*) y llygad (ciliau'r llygaid); **~ of the jaw/mouth,** cil y foch (ciliau'r bochau), cilfoch(-au) *f*; **full of corners,** cornelog, conglog; *F:* **to rub the corners off sth,** caboli rhth, llyfnh|au corneli rhth; **(to put a child) in the ~,** (rhoi plentyn) yn y siambr sori, yn nhwll y mwg; **a tight ~,** cyfyng-gyngor *m*, *N.W: occ:* caethgyfle(-oedd) *m*; **in a tight ~,** mewn lle cyfyng, mewn lle tyn[n], mewn picl, mewn cyfyng-gyngor, mewn caethgyfle, *F:* mewn strach, mewn stiw; **to drive s.o. into a ~,** cornelu rhn, gwthio/gyrru/gorfodi rhn i gornel; **he was driven into a ~,** fe aeth yn gyfyng arno; **within the four corners of sth,** o fewn cwmpas rhth; **chimney-~,** cil (*m*) pentan (ciliau pentan/pentanau); **nook[s] and corner[s],** cilfach(-au) *f*, congl(-au); **in every nook and ~,** ym mhob twll a chornel; *Needlew:* **reinforced ~,** cornel wedi'i chryfh|au; **hole-and-~ methods,** dulliau dirgel, dulliau dan din; **the corners of the world,** bannau'r byd; **from the furthest corners of the earth,** o bellafoedd byd, o gyrrau'r ddaear; **from the four corners of the earth,** o bedwar ban byd; *Fb:* **~[-kick],** cic (*f*) gornel (ciciau cornel); *Sp: (hockey &c):* **long ~,** cornel bell; **penalty ~,** cornel gosb; **four-cornered hat,** cap(-iau) cornelog *m*, het (*f*) bedair gwalc (hetiau pedair gwalc); **three-cornered hat,** het dair gwalc (hetiau tair gwalc), het dri chornel (hetiau tri chornel); **to turn up the ~ of a hat,** gwalcio het. **2.** (*a*) (*of road*): cornel(-i, -au) *f*, congl(-au) *f*, troad(-au) *m*, tro(-eon) *m*; **at the ~ of a street,** ar gornel/gongl stryd; **you will find the grocer's [just] round the ~,** fe welwch siop y groser rownd y tro/gornel/gongl; **round the ~,** *Fig:* (= *imminent*): gerll|aw, yn agos, ar ddod, ar ddyfod, ar gyrraedd, yn ymyl; **to turn the ~,** *Fig:* dod trwyddi, mynd heibio'r trobwynt, newid er gwell, troi'r gornel, mynd rownd y gornel; (*b*) (= *bend on highway*): tro, troad, trofa (trof|eydd) *f*; **he disappeared round the ~,** aeth o'r golwg heibio i'r tro; **to cut off a ~,** (= *take short cut*): dilyn llwybr llygad, dilyn llwybr tarw, torri cornel; *Aut:* **blind ~,** troad dall, trofa ddall (trofeydd dall); **to take a ~,** troi cornel, cymryd tro, mynd rownd tro; **to cut corners,** torri corneli. **3.** *Com:* mon|opoli (monopoliau) *m*; **to make a ~ in wheat,** prynu'r gwenith i gyd, meddiannu/cornelu gwenith, cael monopoli ar wenith. **~-back** *n. Fb:* cilhanerwr (cilhanerwyr) *m.* **~-block** *n.* bloc(-iau) (*m*) cornel. **~-chisel** *n. Carp:* cŷn (cynion) conglog *m.* **~ cupboard** *n.* cwpwrdd (cypyrddau) (*m*) cornel. **~-flag** *n. Fb:* fflag (*f*) gornel (fflagiau corneli). **~ house** *n.* tŷ (tai) (*m*) cornel/congl, tŷ ar gornel/gongl. **~-man** *n.m.* **1.** *Sp:* conglwr (conglwyr), cornelwr (cornelwyr). **2.** (*of negro minstrels*): dyn(-ion) pen rhes. **~-plate** *n.* plât (platiau) (*m*) sinc. **~-punch** *n. Tls:* ebill(-ion) conglog *m.* **~-seat** *n.* sedd (*f*) gongl (seddau congl), sedd gornel (seddau cornel), sêt (*f*) gongl/gornel (seti congl/cornel). **~ shop** *n.* siop(-au) (*f*) ar gongl [stryd], siop gornel (siopau cornel), *F:* siop fach (siopau bach), *N:* siop bach. **~-stone** *n. Const:* conglfaen (conglfeini) *m*, *occ:* maen (meini) (*m*) congl.

corner² *v.t.* **1.** (*a*) dal, cornelu (rhn); cael/gwasgu/gwthio (rhn) i gornel/gongl; gwasgu (ar rn); (*b*) *F:* **that question cornered me,** 'roedd y cwestiwn hwnnw'n drech na mi. **2.** *Com:* cornelu, monopoleiddio, meddiannu; **to ~ the market,** cornelu'r farchnad. **3.** *abs. Aut:* troi cornel, cornelu, mynd rownd cornel/tro; **to ~ sharply,** cornelu'n sydyn.

cornered *a.* **1.** conglog, cornelog, onglog; (*hat*): gwalciog; **sharp-~,** â chornel finiog/miniog, â chorneli miniog; **three-~,** trichonglog, trionglog, teironglog, trichornelog; **three-~ hat,** het dair gwalc (hetiau tair gwalc), het dri chornel (hetiau tri chornel), het drichorn (hetiau trichorn). **2. a ~ rat,** llygoden fawr mewn congl, llygoden fawr wedi ei chornelu.

cornerways, cornerwise *adv.* ar draws cornel, ar letraws, ar letgroes.

cornet¹ *n.* **1.** *Mus:* corned: cornet(-au,-i) *m.* **~ [player]** *n.* canwr (*m*) cornet (canwyr corneti), cornetwr: cornetydd (cornetwyr) *m*, cornedwr: cornedydd (cornedwyr) *m*, corn|etwraig *f*, corn|edwraig *f.*

cornet² *n.* **1.** *Mil: A:* (*officer*): banerwr (banerwyr) *m*, cornet(-iaid) *m.* **2.** (*a*) (*of paper*): corn (cyrn) (*m*) papur, cornet: corned(-au,-i) *m*; (*b*) **ice-cream ~,** corned hufen iâ; (*c*) (*of head-dress*): gwalc(-iau) *f.*

cornetcy *n. Mil:* cornetiaeth(-au) *f.*

cornetist *n. Mus:* = **cornet¹ [player].**

cornettist *n. Mus:* canwr (canwyr) (*m*) corneto.

cornetto *n.* corneto (corneti) *m.*

cornfield *n.* ydfaes (ydfeysydd) *m*, *N:* cae(-au) (*m*) ŷd, *S:* cae llafur, *S.W:* parc (perci) (*m*) llafur.

cornflake *usu.pl.* creisionen (creision) (*m*) ŷd, *Coll:* crasyd *m.*

cornflour *n.* blawd (*m*) [india] corn, *S:* can (*m*) corn, fflŵr (*m*) corn. **~ mould.** mo[w]ld (*m*) blawd corn.

cornflower *n. Bot:* penlas (*f*) yr ŷd, glas (gleision) (*m*) yr ŷd, cramennog (cramenogion) (*f*) yr ŷd, hen wr|aig *f*, y benlas wen. **~-blue** *a. & n.* glas (*m*) y benlas.

cornice¹ *n.* **1.** *Arch:* cornis(-iau) *m.* **2.** *Mount:* bargod(-ion) *m*; *Geog:* gordo(-eau, -eon) *m.*

cornice² *v.i.* cornisio, gosod cornis.

corniced *a.* cornisiog.

corniche *n.* **~ [road],** ffordd (*f*) lan môr (ffyrdd glan môr), ffordd arfordir.

cornicle *n.* corn (cyrn) *m.*

corniculated *a.* corniog.

corniferous *a. Geol:* cornifferaidd.

cornification *n.* corneiddiad *m*, corneiddio *vn.*

cornily *adv.* yn hen ffasiwn *&c.*

corniness *n.* diniweidrwydd *m*, sentimentaleiddiwch *m*, henffasiynoldeb *m.*

Cornish *a. & n.* **1.** *a.* Cernywaidd, Cernywig, o Gernyw; **the ~ coast,** arfordir Cernyw; **she's ~,** Cernywes yw hi; un o Gernyw yw hi; (*in language*): Cernyweg. **2.** *n.* (*i*) *Ethn: Coll:* Cernywiaid *pl*, pobl (*f or pl*) Cernyw; (*ii*) *Ling:* Cernyweg *f*, *m.* **~ chough** *n. Orn:* brân (*f*) Gernyw (brain Cernyw), brân Arthur. **~ cream** *n. Cu:* hufen (*m*) Cernyw. **~ elm** *n. Bot:* llwyfen (llwyfain) (*f*) Cernyw. **~ lovage** *n. Bot:* llwfach (*m*) Cernyw. **~ moneywort** *n. Bot:* ceinioglys (*m*) Cernyw. **~ pasty** *n. Cu:* pastai (*f*) Gernyw (pasteiod Cernyw), pasten (*f*) Gernyw (pastenni Cernyw). **~ Riviera** *Pr.n. Geog:* glan (*f*) môr Cernyw.

Cornishman *n.m.* Cernywiad (Cernywiaid).

Cornishwoman *n.f.* Cernywes(-au).

cornopean *n. Mus:* cornopean(-au) *m.*

cornstarch *n. Cu: U.S:* = **cornflour.**

cornstone *n.* gronfaen *m.*

Corntown *W.Pl.n.* Corntwn *m.*
cornu *n.* corn (cyrn) *m.*
cornual *a.* cornol; **~ pregnancy,** beichiogrwydd cornol *m.*
cornucopia *n. (a)* corn (cyrn) *(m)* llawnder/digonedd; *(b) Fig: (= abundant supply):* llawnder *m,* toreth *f,* helaethrwydd *m,* digonedd *m,* amlder *m.*
cornucopian *a.* toreithiog.
cornuto *n.* **= cuckold.**
Cornwall *Pr.n. Geog:* Cernyw *f.*
corny *a.* **1.** *(= abounding in corn):* ydog, â digonedd o ŷd, toreithiog. **2.** *F:* hen ffasiwn, ystrydebol, sentimental, diniwed, tila; **a ~ joke,** jôc dila/blentynnaidd/ddiniwed/wirion.
coro *n. Mus:* coro (cori) *m.*
corody *n.* dawnbwyd *m.*
corolla *n. Bot:* corola (corolâu) *m,* coronig(-au) *f.*
corollary *n. & a. Log: Mth:* **1.** *n.* canlyneb(-au) *f,* gorddwythiad(-au) *m.* **2.** *a.* canlynebol, gorddwythol.
corollate *a.* coronigog.
coromandel *n.* **1.** *Bot:* coeden *(f)* goromandel (coed coromandel). **2.** *Carp:* coromandel *m.*
corona[1] *n.* corongylch(-au) *m (pronounced* ng-g).
corona[2] *n.* **1.** *(= cigar):* corona(-s) *f.* **2. C~ Australis** *Pr.n. Astr:* Coron *(f)* y De. **C~ Borealis** *Pr.n. Astr:* Coron *(f)* y Gogledd.
coronach *n.* marwnad(-au) *f (usu. pronounced* marnad), galarnad(-au) *f.*
coronagraph *n.* cor|onagraff (coronagraffau) *m.*
coronal *a. & n.* **1.** *a. (a) Anat:* corunol, y corun; **~ bone,** asgwrn (esgyrn) corunol *m,* asgwrn y corun; **~ suture,** asiad(-au) corunol *m; (b) Astron: Bot:* coronaidd. **2.** *n.* coronig(-au) *f,* coronbleth(-au) *f, A:* talaith (taleithiau) *f.*
coronary *a. & n.* **1.** *a. Anat:* coronaidd, coronol. **2.** *n.* **~ [thrombosis],** c|oronari (coronarïau) *f,* thrombosis coronaidd *m.*
coronation *n.* coroni *vn,* coroniad(-au) *m.* **C~ Street** *Pr.n. T.V:* Stryd *(f)* y Coroni.
coroner *n.* crwner(-iaid) *m.*
coronership *n.* crwneriaeth(-au) *f.*
coronet *n.* **1.** *Cost:* coronig(-au) *f, A:* talaith (taleithiau) *f.* **2.** *Vet:* corn *(m)* egwyd (cyrn egwydydd).
coroneted *a.* â choronig, yn gwisgo coronig, *A:* taleithiog.
coronoid *a.* **1.** coronaidd. **2.** *Anat:* gylfinaidd.
co-rotate *v.t.* cyd-droi, cydgylchdr|oi.
co-rotation *n.* cyd-droad(-au) *m,* cydgylchdro(-eon) *m,* cyd-droi *vn,* cydgylchdr|oi *vn.*
corporal[1] *a. & n.* **1.** *a.* corfforol; **~ punishment,** cosb gorfforol *f,* cosbi *(vn)* corfforol. **2.** *n. Ecc:* corfflen(ni) *f,* corffliain (corfflieiniau) *m,* c|orporal (corporalau) *m.*
corporal[2] *n.* **1.** *Mil:* c|orporal (corporaliaid) *m, F:* corpral(-iaid) *m, Lit:* is-ringyll(-od) *m;* **lance-~,** is-gorp[o]ral *m.* **2.** *Ich: (= fallfish):* corporal (corporaliaid) *m.*
corporality *n.* corfforoledd *m,* corfforoldeb *m,* corffoledd *m,* corffoldeb *m.*
corporally *adv.* yn gorfforol.
corporate *a.* **1.** *Jur:* corfforedig, corfforaethol; **~ groups,** grwpiau corfforedig; **body ~, ~ body,** corfforaeth gorfforedig (corfforaethau corfforedig) *f; Pol:* **~ state,** gwladwriaeth gorfforaethol (gwladwriaethau corfforaethol) *f;* **~ name,** enw(-au) corfforaethol *m;* **~ seal,** sêl gorfforaethol (seliau corfforaethol) *f;* **~ town,** tref gorfforedig (trefi corfforedig) *f.* **2.** *(= common, shared):* cyfun, cyfunol, cyffredin, cydweithredol, ar y cyd; **~ author,** awdur(-on) cyfun *m;* **~ feeling,** teimlad cyfun *m,* unfrydedd *m,* teimlad unfryd *m;* **~ judgement,** barn gyfun *f;* **~ identity,** hunaniaeth gyfun *f; Theol:* **~ immortality,** anfarwoldeb cyfun *m;* **~ management,** cydreolaeth *f;* **~ personality,** personoliaeth gyfun *f;* **~ plan,** cynllun *(m)* cydreoli; **~ responsibility,** cydgyfrifoldeb *m.*
corporately *adv.* fel corff, fel cyfangorff *(pronounced* ng-g), yn gyfun, yn gorfforaethol *&c.*
corporation *n.* **1.** corfforaeth(-au) *f; Jur:* **elemosynary ~,** corfforaeth elusennol; **~ aggregate,** corfforaeth gyfansawdd (corfforaethau cyfansawdd); **~ sole,** corfforaeth unigol; **[municipal] ~,** corfforaeth ddinesig (corfforaethau dinesig), cyngor (cynghorau) *(m)* tref; **the Welsh Development C~,** Corfforaeth Ddatblygu Cymru. **2.** *F: (= paunch): N:* bol(-iau) m, bolws *m, S:* bola (boliau) *m,* cest(-iau) *f, N: occ:* ceubal(-au) *m;* **to develop a ~,** magu bol, magu cest. **C~ Act** *n. Jur:* Deddf *(f)* y Corfforaethau. **~ tax** *n.* treth *(f)* gorfforaeth.
corporatism *n.* **= corporativism.**
corporatist *n.* corfforaethwr: corfforaethydd (corfforaethwyr) *m.*
corporative *a.* corfforaethol.
corporativism *n.* corfforaetholdeb *f.*
corporator *n.* corfforaethwr (corfforaethwyr) *m.*
corporeal *a. (a)* corfforol; *(b) Jur:* corfforol, materol, diriaethol.
corporeality, corporealness, corporeity *n.* corfforoldeb *m,* corfforedd *m.*
corporeally *adv.* yn gorfforol *&c.*
corposant *n.* tân *(m)* hwyliau, tân *(m)* rigin.
corps *n.inv.* corfflu(-oedd) *m;* **Army C~,** Corfflu'r Fyddin; **the Royal Army Medical C~,** Corfflu Meddygol Brenhinol y Fyddin; **press ~,** newyddiadurwyr *pl.*
corpse[1] *n.* corff (cyrff) *m, occ:* celain (celanedd, celaneddau) *f, F: occ:* corpws *m,* corffyn *m.* **~-candle** *n.* cannwyll *(f)* gorff/corff (canhwyllau cyrff), cannwyll dyn marw, *A:* cannwyll Fair/Mair (canhwyllau Mair). **~ flower** *n. Bot:* deintlys cennog *m.*
corpse[2] *v.t. Th:* lladd, difetha.
corpsman *n.m. U.S: Med:* **= orderly 2, stretcher-bearer.**
corpulence, corpulency *n.* tewdra *m,* corffoldeb *m,* corffolaeth *f,* corffoledd *m,* boliogrwydd *m,* cestogrwydd *m.*
corpulent *a.* tew, corffol, corffog, boliog, cestog, llond eich croen; **a ~ man,** *(large):* horwth *m; (small):* torpwth *m,* stwcyn *m.*
corpulently *adv.* yn dew *&c.*
corpus *n.* **1.** *(a) (= collection):* corff (cyrff) *m,* casgliad(-au) *m,* cyfangorff (cyfangyrff) *m (pronounced* ng-g); *(b) Jur:* **~ *delicti,*** *(i)* ***corpus delicti*** *m; (ii) F: (= corpse):* y corff, y corpws *m.* **~ *juris civilis*** *n.* corff [y] cyfreithiau sifil. **2.** *Ecc:* **C~ Christi,** Gŵyl *(f)* Dduw, Gŵyl Corff yr Arglwydd, Gŵyl Corff Crist, Gŵyl y Cymun; **C~ Christi College,** Coleg Corff Crist. **~ *luteum*** *n.* corffyn(-nau) melyn *m,* corpws lwtëwm *m.*
corpuscle *n.* corffilyn(-nau, corffilod, corffilion) *m;* **blood ~,** cell *(f)* waed (celloedd gwaed), gwaedgell(-oedd) *f,* corffilyn (corffilod) gwaed; **Malpighian ~,** corffilyn Malpighi; **Pacinian ~,** corffilyn Pacini.
corpuscular *a.* corffilaidd.
corrade *v.t.&i.* cyrathu.
corral[1] *n.* corlan(-nau) *f,* lloc(-iau) *m,* ffald(-au) *f.*
corral[2] *v.t. (a)* corlannu, llocio, ffaldio; *(b) (= form wagons into circle):* gosod/trefnu (gwageni) mewn cylch; *(c) U.S: P: (= acquire):* bachu (rhth), cael gafael (ar rth).
corrasion *n. Geol:* cyrathiad *m,* cyrathu *vn.*
corrasive *a.* cyrathol.
correct[1] *a.* **1.** cywir, iawn, union; **his prediction proved ~,** gwireddwyd ei ddarogan; **the ~ time,** yr amser cywir/iawn; **a ~ sequence,** trefn gywir. **2.** *(= proper):* priodol, iawn, gweddus, cymwys; **it's the ~ thing,** dyna'r arferiad; **politically ~,** gwleidyddol gywir.
correct[2] *v.t.* **1.** *(= mark errors &c):* cywiro. **2.** *(= rectify):* cywiro, unioni, cymhwyso, cyweirio, iawnh|au. **3.** *(a) (= reprimand):* cywiro, ceryddu, dwrdio (rhn); dweud y drefn (wrth rn), *S: S.W: occ:* cymhennu, gwastrodi, *N: occ:* dondio (rhn); **to stand corrected,** derbyn cywiriad, derbyn eich cywiro, syrthio/cwympo ar eich bai; *(b) (= punish):* cosbi, cystwyo. **4.** *(= compensate):* gwrthbwyso; *Ph:* **volume corrected for temperature and pressure,** cyfaint cymwysedig/cywiredig ar gyfer gwres a phwysedd.
correctable *a.* cywiradwy.
corrected *a.* cywiredig.
correcting *vn.* cywiro. **~ fluid** *n.* gwlybwr *(m)* cywiro, hylif *(m)* cywiro.
correction *n.* **1.** cywiriad(-au) *m; (action):* cywiro *vn;* **I speak under ~,** 'rwy'n barod i'm cywiro; 'rwy'n barod i gael fy nghywiro. **2.** *(= punishment):* cerydd(-au, -on) *m,* cosb(-au) *f,* cystwyad(-au) *m;* **house of ~,** carchar(-au) *m,* carchardy (carchardai) *m,* cyweirdy (cyweirdai) *m,* tŷ (tai) *(m)* cywiro, cospty (cosptai) *m.*
correctional *a.* cystwyol, ceryddol, cywirol.
correctitude *n.* ymddygiad cywir *m,* cywirdeb *(m)* ymddygiad, iawn ymddygiad.
corrective *a. & n.* **1.** *a.* cywirol, cyweiriol; *Jur:* ceryddol, cyweiriol; **~ training,** hyfforddiant ceryddol; *Sch:* **~ reading,** darllen a chywiro. **2.** *n.* cywirydd(-ion) *m.*

correctively *adv.* yn gywirol *&c.*
correctiveness *n.* cywiroldeb *m.*
correctly *adv.* yn gywir, yn iawn *&c.*
correctness *n.* cywirdeb *m*; *(of behaviour)*: cywirdeb, gwedduster *m*, gweddustra *m*; **political ~,** cywirdeb gwleidyddol.
corrector *n.* cywirwr (cywirwyr) *m.*
correlatable *a.* cyfatebadwy, cymathadwy, cydberthnasol.
correlate[1] *a.* & *n.* **1.** *a.* cydberthnasol, cydberthynol. **2.** *n.* cydberthynas (cydberthnasau) *f.*
correlate[2] *v.i.&t.* **1.** *v.i.* cyfateb, cydberthyn **(to sth,** i rth). **2.** *v.t.* cyfatebu, cydberthnasu, cymathu.
correlated *a.* cydberthynol, cymathedig.
correlation *n.* cydberthyniad(-au) *m*, cydberthynas (cydberthnasau) *f*; **product-moment ~,** cydberthyniad moment-lluoswm; **multiple ~,** aml-gydberthyniad(-au) *m*; **partial ~,** cydberthyniad rhannol; **rank ~,** cydberthyniad rhestrol; **spurious ~,** cydberthyniad annilys; **~ of properties,** cydberthynas nodweddion. **~ matrix** *n.* matrics(-au) *(m)* cydberthyniad.
correlational *a.* cydberthynol, cyfatebol, cydgyfatebol, cydberthnasol; *Lib:* **~ index,** mynegai cydberthnasol *m.*
correlative *a.* & *n.* **1.** *a.* = **correlational**. **2.** *n.* cydberthynas (cydberthnasau) *f.*
correlatively *adv.* yn gydberthynol.
correlativity *n.* cydberthynedd *m.*
correspond *v.i.* **1.** *(= be similar)*: cyfateb **(with/to sth,** i rth); cydweddu, cyd-fynd (â rhth). **2.** *(= write)*: **to ~ with s.o.,** gohebu â rhn, llythyru â rhn, ysgrifennu at rn (*not* i rn).
correspondence *n.* **1.** cyfatebiaeth(-au) *f*; *Mth:* **many-many-~,** cyfatebiaeth llawer-i-lawer; **many-one-~,** cyfatebiaeth llawer-i-un; **one-many-~,** cyfatebiaeth un-i-lawer; **one-one-~,** cyfatebiaeth un-i-un. **2.** *(= letters)*: gohebiaeth(-au) *f*, llythyrau: llythyron *pl*; **to be in ~ with s.o.,** gohebu â rhn, llythyru â rhn. **~ clerk** *n.* clerc(-od) *(m)* gohebiaeth. **~ column** *n.* colofn *(f)* lythyrau (colofnau llythyrau). **~ course** *n.* cwrs (cyrsiau) gohebol *m*, cwrs trwy'r post. **~ school** *n.* ysgol ohebol (ysgolion gohebol) *f*. **~ theory** *n.* damcaniaeth *(f)* cyfatebiaeth.
correspondent *n.* gohebydd(-ion, gohebwyr) *m.*
corresponding *a.* *(a)* cyfatebol (i rth); unffurf, cydwedd (â rhth); **~ to the original,** yn cyfateb i'r gwreiddiol, yn unol/unffurf â'r gwreiddiol, yn dilyn y gwreiddiol; *Book-k:* **~ entry,** cofnod(-ion) cyfatebol/unffurf *m*; *(b)* **~ member,** aelod(-au) anrhydeddus *m*, aelod mygedol, aelod gohebol; **~ society,** cymdeithas *(f)* ohebu (cymdeithasau gohebu).
correspondingly *adv.* yn gyfatebol.
corresponsive *a.* cydatebol.
corrida *n.* ymladd *(vn)* teirw, ymladdfa (ymladdf|eydd) *(f)* â theirw.
corridor *n.* c|oridor (coridorau) *m*, tramwyfa (tramwyf|eydd) *f*, rhodfa (rhodf|eydd) *f*; **the corridors of power,** coridorau grym. **~ carriage** *n.* cerbyd(-au) *(m)* coridor. **train** *n.* trên *(mf)* coridor/goridor (trenau coridor).
corrie *n.* *Geog:* *esp. Scot:* peiran(-au) *m*, cwm (cymoedd) *m*; **tandem ~,** peiran tandem.
corrigendum *n.* *Typ:* cywiriad(-au) *m.*
corrigibility *n.* natur gywiradwy *&c f*, posibilrwydd *(m)* cywiro/diwygio.
corrigible *a.* *(a)* cywiradwy, ceryddadwy, diwygiadwy; *(b)* *(= submissive)*: ufudd, gostyngedig.
corrigibly *adv.* *(a)* yn gywiradwy *&c*; *(b)* yn ufudd *&c.*
corrival *a.* & *n.* = **rival**.
corroborate *v.t.* cadarnh|au, ategu; *Jur:* cyfnerthu.
corroboration *n.* cadarnhad *m*, ategiad(-au) *m*, ateg(-ion) *f*; *Jur:* cyfnerthiad(-au) *m*; **in ~ of sth,** yn gadarnhad/ateg i rth; **for lack of ~,** o ddiffyg cadarnhad/cyfnerthiad.
corroborative *a.* cadarnhaol, ategol; *Jur:* cyfnerthol.
corroborator *n.* ategwr (ategwyr) *m*, cadarnhäwr (cadarnhawyr) *m*; *Jur:* cyfnerthwr (cyfnerthwyr) *m.*
corroboratory *a.* cadarnhaol, ategol; *Jur:* cyfnerthol.
corroboree *n.* corobori (coroborïau) *mf.*
corrode *v.t.&i.* **1.** rhydu, cancro; *Tchn:* cyrydu. **2.** *Fig:* ysu, difa, treulio.
corroded *a.* rhydlyd, wedi rhydu/cancro; *Tchn:* cyrydlyd.
corrodent *n.* rhydydd(-ion) *m*, cyrydydd(-ion) *m.*
corrodian *n.* *Ecc:* corodïydd(-ion, corodïwyr) *m.*
corrodible *a.* rhydadwy, cyrydadwy.
corrody *n.* = **corody**.
corrosion *n.* **1.** *(= rust)*: rhwd *m*, *occ:* cancr *m*. **2.** *(process)*: rhydu, *occ:* cancro; *Tchn:* cyrydu *vn*, cyrydiad *m*, cyrydiant *m.*
corrosive *a.* & *n.* **1.** *a.* cyrydol, rhydol; *(loosely)*: difaol, ysol; *(criticism &c)*: deifiol, brathog; *Ch:* **~ sublimate,** sychdarth ysol *m*, clorid mercwrig *m*. **2.** *n.* = **corrodent**.
corrosively *adv.* yn ysol *&c.*
corrosiveness *n.* cyrydoledd *m*, ysoldeb *m*, natur ysol *f*; *(of criticism)*: deifioldeb *m*, brathogrwydd *m*, brath *m.*
corrugate[1] *v.t.* crychu, rhychu, gwrymio.
corrugate[2], **corrugated** *a.* crychlyd, crimpiog, rhychog, gwrymiog, crych, crychog; *Carp:* **~ fastener,** hoelen rychog (hoelion rhychog) *f*; **~ iron,** haearn rhychog/gwrymiog *m*, *F:* sinc *m*; **~ paper,** papur gwrymiog *m.*
corrugation *n.* crych(-ion) *m*, rhych(-au) *fm*, crychiad(-au) *m*, crychni *m*; *Geog:* gwr|ym (gwrymiau) *m.*
corrugator *n.* *Anat:* crychwr (crychwyr) *m.*
corrupt[1] *a.* *(a)* *(= physically rotten)*: pydredig, pwdr, braenllyd, madreddog, llygredig, llwgr, braenedig, wedi pydru, wedi madru, wedi braenu; *(b)* *(= dishonest)*: llygredig, llwgr; *(c)* *(text)*: llwgr; *(in language)*: llwgr, llygredig; **~ language,** bratiaith *f.*
corrupt[2] *v.t.&i.* **1.** *v.t.* *(a)* *(= debase)*: llygru, difetha; **to ~ an official,** llygru/llwgrwobrwyo swyddog; *(=* **rot**[2]*)*: llygru, pydru, madru, braenu; *(= make impure)*: halogi, difwyno, amhuro. **2.** *v.i.* mynd yn llwgr/llygredig, *Lit:* ymlygru, ymhalogi; *(= become rotten)*: pydru, llygru, madru, braenu.
corrupter *n.* llygrwr: llygrydd (llygrwyr) *m*, halogwr: halogydd (halogwyr) *m.*
corruptibility *n.* natur lygradwy *f*, llygradwyedd *m.*
corruptible *a.* llygradwy.
corruptibly *adv.* yn llygradwy.
corruption *n.* **1.** llygredd *m*, llygredigaeth *f*; *(of corpse)*: llygredd, llygredigaeth, pydredd *m*, madredd *m*, braenedd *m*. **2.** *(= venality)*: llygredd, anonestrwydd *m*; *Jur:* llwgrwobrwyo *vn*, llygru *vn*, llygredd *m*; **bribery and ~,** llwgrwobrwyo a llygru; *Hist:* **~ of blood,** llygriad *(m)* gwaed.
corruptionist *n.* llygrwr (llygrwyr) *m.*
corruptive *a.* llygrol, llygriadol.
corruptively *adv.* yn llygrol *&c.*
corruptly *adv.* yn llygredig *&c.*
corruptness *n.* llygredd *m*, llygredigaeth *f*, natur bwdr/lygredig *f.*
corruptor *n.* = **corrupter**.
corsac *n.* *Z:* corsac(-od) *m*, corlwynog(-od) *m*, corgadno(-aid, corgadn|oid) *m.*
corsage *n.* **1.** *Cost:* gwasg (gweisg) *f*, *S.W:* gwast(-au) *f*; *(= bodice)*: *F:* corffyn(-nau) *m*, bodis(-iau) *m*. **2.** *U.S:* *(of flowers)*: tusw(-au) *m.*
corsair *n.* môr-herwr (~-herwyr) *m*, môr-leidr (~-ladron) *m.*
corse *n.* = **corpse**[1]
corselet, corselette *n.* *Cost:* corsled(-au) *f.*
corset[1] *n.* *Cost:* *F:* staes(-iau,-ys) *m*, corsed(-au) *m*, *S.W:* gwast(-au) *f*, *Lit:* gwasgrwym(-au) *m.*
corset[2] *v.t.* *(i)* corsedu (rhn), rhoi staes (am rn), gwisgo (rhn) mewn staes; *(ii)* *Fig:* *(= control closely)*: cyfyngu (rhn), gwasgu (ar rn).
corseted *a.* corsedog, mewn corsed, mewn staes; **tightly ~,** mewn staes tyn[n].
corsetière, corset-maker *n.* cors|edwraig (corsedwragedd) *f.*
corsetry *n.* staesiau *pl*, staesys *pl*, corsedau *pl.*
Corsica *Pr.n.* *Geog:* C|orsica *f.*
Corsican *a.* & *n.* **1.** *a.* C|orsicaidd, Corsaidd, o G|orsica; **the ~ mountains,** mynyddoedd Corsica; **she's ~,** un o Gorsica yw hi; *(in language)*: Corseg; *Bot:* **~ pine,** pinwydden (pinwydd) *(f)* Corsica. **2.** *n.* *(a)* *Ethn:* Corsiad (Corsiaid) *m&f*; *(b)* *Ling:* Corseg *f*, *m.*
corslet *n.* *Arm:* corsled(-au) *f.*
cortège *n.* **1.** *(of funeral)*: cynhebrwng (cynhebryngau) *m*, cynhebryngwyr *pl*. **2.** *(= procession)*: gorymdaith (gorymdeithiau) *f*. **3.** = **retinue**.
cortex *n.* **1.** *Anat:* *(of brain)*: breithell(-au) *f*, cortecs(-au) *m*; *(of other organs)*: gwisg(-oedd) *f*, pilen(-ni) *f*, ambilen(-ni) *f*. **2.** *Bot:* *(= bark)*: rhisgl *m*, rhisglyn (rhisgl) *m*. **3.** *(= rind)*: crofen(-ni,-nau) *f*, crawen(-ni,-nau) *f*, tonnen (tonenni) *f.*

cortical *a.* **1.** *Anat:* cortigol, corticaidd, pilennol. **2.** *Bot:* rhisglol, crofennol, crawennol.
cortically *adv.* yn gortigol *&c.*
corticate, corticated *a.* rhisglog; *(rind):* crofennog, crawennog.
corticoid *n.* c|orticoid (corticoidau) *m.*
corticosteroid *n.* corticosteroid(-au) *m.*
corticosterone *n.* corticosteron *m.*
corticotrophin, corticotropin *n.* corticotropin *m,* corticotroffin *m.*
cortin *n.* cortin *m.*
cortisol *n.* c|ortisol *m.*
cortisone *n.* c|ortison *m.*
corundum *n. Miner:* corwndwm *m.*
coruscant *a.* pefrol, pefriol.
coruscate *v.i.* gwreichioni, fflachio, tanbeidio, pefrio, disgleirio, serennu, *occ:* caneitio.
coruscating *a.* pefriol, pefrol, caneitiol.
coruscation *n.* pefriad(-au) *m,* pefredd *m,* caneitiad(-au) *m; vn.* = **coruscate.**
corvée *n. Hist:* llafur gorfodol *m.*
corvette *n. Navy:* corfét (corfetau) *mf,* gosgorddlong(-au) *f.*
corvina *n. Ich:* môr-frithyll(-od, -iaid) *m.*
corvine *a.* branaidd, fel brân, branol.
corybant *n.* c|orybant (corybantiaid) *m&f.*
corybantic *a.* gorffwyll, gwyllt, nwydwyllt, corybantaidd.
corydalis *n. Bot:* mwg *(m)* y ddaear; **bulbous ~,** mwg y ddaear cyfangrwn; **climbing ~,** mwg y ddaear dringol; **yellow ~,** mwg y ddaear melyn.
corymb *n. Bot:* corymb(-au) *m, F:* cadair (cadeiriau) *f.*
corymbed *a.* corymbog, cadeiriog.
corymbose *a. Bot:* corymbaidd, cadeiriol.
corymbosely *adv.* yn gorymbaidd *&c.*
corynebacterial *a.* corynebacterol.
corynebacterium *n.* corynebacteriwm (corynebacteria) *m.*
coryneform *a.* cor|yneffurf.
coryphaeus *n.* arweinydd *(m)* corws (arweinwyr corysau).
coryphée *n.f.* prif ddawnsferch(-ed), prif dd|awnswraig (~ ddawnswragedd).
coryza *n. Med:* annwyd (anwydau, anwydydd) *m.*
coryzal *a.* anwydol.
cos[1] *n. Hort:* ~ **[lettuce],** letysen *(f)* gos (letys cos), cosletysen (cosletys) *f.*
cos[2] *n. Trig: F:* = **cosine.**
cos[3] *conj.* = **because.**
cosec *n. Mth: F:* = **cosecant.**
cosecant *n. Mth:* cosecant(-au, cosecannau) *m.*
cosech *n.* cosech(-au) *m.*
coseismal *a. & n.* **1.** *a.* cyseismig. **2.** *n.* cyseismig(-ion) *m.*
coset *n. Mth:* coset(-iau) *m.*
cosh[1] *n. P:* colbren(-ni, -nau) *m,* pastwn (pastynau) *m,* clwpa (clwpâu) *m.* **~-boy** *n.* pastynwr (pastynwyr) *m.*
cosh[2] *v.t. P:* pastynu, colbio, waldio.
cosh[3] *n. Mth:* cosh(-au) *m.*
co-signatory *a. & n.* **1.** *a.* cydarwyddol. **2.** *n.* cydarwyddwr (cydarwyddwyr) *m,* cydar|wyddwraig *f.*
cosigner *n.* = **co-signatory 2.**
cosily *adv.* yn glyd, yn ddiddos, yn gysurus, yn gyffyrddus, yn gyfforddus.
cosinage *n. Jur:* cydwaedoliaeth *f.*
cosine *n. Trig:* cosin(-au) *m.*
cosiness *n.* clydwch *m,* diddosrwydd *m,* cysur *m.*
cosmea *n. See* **cosmos[2].**
cosmetic *a. & n.* **1.** *a.* cosmetig, prydferthol, tecaol, addurnol, gwellhaol; ~ **surgery,** llawfeddygaeth gosmetig *f.* **2.** *n.* cosmetig(- ion,-au) *m.*
cosmetically *adv.* yn gosmetig *&c.*
cosmetician *n.* cosmetigwr (cosmetigwyr) *m,* cosmet|igwraig (cosmetigwragedd) *f.*
cosmetologist *n.* cosmetolegwr: cosmetolegydd (cosmetolegwyr) *m.*
cosmetology *n.* cosmetoleg *f.*
cosmic[al] *a.* cosmig.
cosmically *adv.* yn gosmig.
cosmism *n.* cosmaeth *f.*
cosmochemical *a.* cosmocemegol.
cosmochemistry *n.* cosmocemeg *f.*
cosmogenic *a.* cosmogenig.
cosmogonic[al] *a.* cosmogonaidd, cosmogonig.
cosmogonist *n.* cosmogonydd(-ion) *m.*
cosmogony *n.* **1.** = **creation. 2.** *(= theory):* cosm|ogoni (cosmogonïau) *mf.*
cosmographer *n.* cosmograffwr: cosmograffydd (cosmograffwyr) *m,* byd-ddarluniwr: byd-ddarlunydd (~-ddarlunwyr) *m.*
cosmographic[al] *a.* cosmograffaidd, cosmograffig, byd-ddarluniol.
cosmographically *adv.* yn gosmograffaidd *&c.*
cosmography *n.* cosmograffeg *f,* byd-ddarlun(-iau) *m,* byd-ddarlunio *vn.*
cosmologic[al] *a.* cosmolegol.
cosmologically *adv.* yn gosmolegol.
cosmologist *n.* cosmolegwr: cosmolegydd (cosmolegwyr) *m.*
cosmology *n.* cosmoleg *f.*
cosmonaut *n.* = **astronaut.**
cosmopolis *n.* cosm|opolis (cosmopolisau) *f,* dinas *(f)* fawr (dinasoedd mawrion).
cosmopolitan *a. & n.* **1.** *a.* cosmop|olitaidd, cosmopolitanaidd; aml-hiliol, aml-genhedlig. **2.** *n.* dinesydd (dinasyddion) *(m)* byd, cosmop|olitan (cosmopolitaniaid) *m&f,* byd-ddinesydd (~- ddinasyddion) *m.*
cosmopolitanism *n.* cosmopolitaniaeth *f,* cosmopolitiaeth *f.*
cosmopolite *n.* **cosmopolitan 2.**
cosmopolitism *n.* = **cosmopolitanism.**
cosmos[1] *n.* hollfyd(-oedd) *m,* bydysawd(-au, bydysodau) *m,* cyfanfyd(-oedd) *m,* cosmos(-au) *m.*
cosmos[2] *n. Bot:* cosmos *m,* sêr-flodyn (~-flodau) *(m)* M|ecsico.
co-sponsor[1] *n.* cydnoddwr (cydnoddwyr) *m.*
co-sponsor[2] *v.t.* cydnoddi.
co-sponsorship *n.* cydnawdd *m,* nawdd *(m)* ar y cyd.
Cossack *a. & n.* **1.** *a.* Cosac, Cosacaidd. **2.** *n.* Cosac(-iaid) *m&f.*
cosset *v.t.* mwytho, anwesu, *S:* maldodi, malpo, tolach, *N:* dandwn, tinpwl (rhn); rhoi mwythau (i rn).
cost[1] *n.* **1.** cost(-au) *usu. f (pronounced* côst *in N.),* pris(-iau, -oedd) *m, occ:* traul (treuliau) *f;* **Costs in Criminal Cases Act,** Deddf Costau mewn Achosion Troseddol; **party and party costs,** costau [rhwng] parti a pharti; **~ of living,** costau *(pl)* byw; **to bear the ~ (of sth),** dwyn [baich] y draul, talu'r draul (am rth); **at the ~ of one's life,** ar draul/gost eich einioes/bywyd; **at little ~,** yn rhad, am bris bychan, heb dalu gormod; **at any ~, at all costs,** ar bob cyfrif, costied a gostio, am unrhyw bris, ni waeth beth yw'r pris, ni waeth pa mor ddrud; **without regard to ~,** heb boeni am y gost, costied a gostio; **(I learnt) to my ~,** (mi ddysgais) er gofid imi, ar fy nhraul fy hun; **at a great ~ in human lives,** ar draul bywydau lawer, nid heb golled enbyd mewn bywydau; **to count the ~,** bwrw'r draul, ystyried y gost/treuliau, edrych yn llygad y geiniog; **(I'll sell it to you) at ~ price,** (fe'i gwerthaf i chi) am ei gost, am y pris a delais i amdano, am ei bris i mi; **prime ~,** prif gost; **at ~,** am y gost; *Econ:* **~ of distribution,** costau *(pl)* dosbarthu; **~ of production,** costau cynhyrchu; **accounting ~,** cost gyfrifyddol (costau cyfrifyddol); **average ~,** cost gyfartalog (costau cyfartalog); **comparative ~,** cost gymharol (costau cymharol); **constant ~,** costau cyson/digyfnewid *pl;* **decreasing ~,** cost ostyngol (costau gostyngol), cost leihaol (costau lleihaol); **fixed ~,** cost sefydlog, cost osodedig (costau gosodedig); **general programmed ~,** costau rhaglennol cyffredinol; **specific programmed ~,** costau rhaglennol penodol; **iso-~,** hafalgost(-au) *f;* **joint ~,** cydgostau *pl;* **maintenance ~,** cost cynnal/gynnal (costau cynnal); **marginal ~,** cost ffiniol; **overhead ~,** cost gyffredinol (costau cyffredinol) *f;* **sales ~,** cost gwerthiant; **selling ~,** cost gwerthu; **total ~,** cyfanswm *(m)* y costau, cyfanswm cost, cyfangost(-au) *f (pronounced* ng-g); **transaction ~,** cost trafod; **variable ~,** costau newidiol *pl.* **~ accountant/clerk** *n.* cyfrifydd(-ion) *(m)* costau, clerc(-od) *(m)* costau. **~ accounting** *vn.* cyfrifyddu cost. **~- benefit [analysis]** *n.* [dadansoddiad *m*] cost *(f)* a budd *(m),* dadansoddi *(vn)* cost-elw. **~ book** *n.* llyfr(-au) *(m)* costau, llyfr gwariant. **~ curve** *n. Econ:* cromlin *(f)* gostau (cromlinau costau). **~-effective** *a.* cost-effeithiol. **~-effectiveness** *n.* cost-effeithiolrwydd *m.* **~-plus** *a.* cost-elw. **~ price** *n.* pris(-iau) *(m)* cost. **~ push** *n.* chwyddiant *(m)* costau.
cost[2] *v.t.&i.* **1.** *v.t.* costio, *S:* costi; **that will ~ him trouble,** fe gyst

hynny drafferth iddo; bydd hynny'n golygu llawer o drafferth iddo; **it ~ him his life,** fe dalodd â'i fywyd amdano; fe gostiodd hynny ei fywyd iddo; **the attempt nearly ~ him his life,** bu'r ymgais bron yn ddigon am ei fywyd; **~ what it may,** costied a gostio, ni waeth beth fo'r gost. **2.** *v.t. Com: Ind:* (= **price**[2]): prisio (rhth), pennu/nodi/gosod pris (rhth, ar rth); **to ~ an article,** pennu pris am nwyddyn, prisio nwyddyn; **to ~ a job,** gosod/pennu pris am waith, pennu cost gwaith.
costa *n. Anat:* asen(-nau, ais) *f.*
costal *a.* asennol, ystlysol.
co-star[1] *n.* cyd-seren (~-sêr) *f.*
co-star[2] *v.t.* cydymddangos, cydserennu.
costard *n.* afal(-au) gwrymiog *m.*
costate *a.* asennog, gwrymiog.
costermonger *n.* gwerthwr (gwerthwyr) (*m*) ffrwythau.
costing *vn.* **1.** prisiad(-au) *m*, prisio. **2.** *Mth:* costiad(-au) *m.*
costive *a.* rhwym, *Lit:* bolrwym; **to make ~,** rhwymo, bolrwymo; **~ of belief,** amharod i gredu.
costively *adv.* yn rhwym *&c.*
costiveness *n.* **1.** *Med:* rhwymedd *m*, bolrwymedd *m.* **2.** (= *reluctance*): amharodrwydd *m.*
costless *a.* di-gost.
costlessly *adv.* yn ddi-gost, heb gost, am ddim.
costliness *n.* **1.** (= *sumptuousness*): gwerthfawredd *m*, drutwch *m*, costusrwydd *m*, drudfawredd *m.* **2.** (= *dearness*): pris uchel *m*, costusrwydd, uchelbris *m*, drutwch, drudaniaeth *f.*
costly *a.* **1.** (= *of great value*): gwerthfawr, costfawr, drudfawr. **2.** (= *expensive*): drud, (*with comp. forms:* druted, drutach, drutaf), costus, *S:* prid, *Lit:* drudfawr.
costmary *n. Bot:* (*Chrysanthemum balsamita*): mintys (*m*) Mair, llysiau (*pl*) Mair Fadlen, gystlys (*m*) Mair, costmair *m*, cwsmari *m*, alcost *m.*
costrel *n.* costrel(-au, -i) *f.*
costume[1] *n. & a.* **1.** gwisg(-oedd) *f*; **bathing-~,** gwisg(-oedd) (*f*) nofio/ymdrochi, siwt(-iau) (*f*) nofio/ymdrochi; **period ~,** gwisg (*f*) gyfnod (gwisgoedd cyfnod); (*lady's*): siwt(-iau) *f*, costiwm(-au,-s) *f.* **~ comedy** *n.* comedi (*f*) wisgoedd (comedïau gwisgoedd). **~ jewellery** *n.* gemau (*pl*) gwisgo. **~ play** *n.* drama (*f*) wisgoedd (dramâu gwisgoedd), drama gyfnod (dramâu cyfnod). **~ plot** *n. Th:* gwisgrestr(-au) *f.*
costume[2] *v.t.* gwisgo.
costumer *n.* gwerthwr (gwerthwyr) (*m*) gwisgoedd.
costumery *n.* gwisgoedd *pl.*
costumier *n.* = **costumer.**
cosy[1] *a. & n.* **1.** *a.* (*a*) cysurus, clyd, diddos; (*b*) (= *friendly*): cartrefol; **a ~ chat,** sgwrs gartrefol. **2.** *n.* = **egg-cosy, tea cosy.**
cosy[2] *v.t.&i.* **1. to ~ s.o. along,** mwytho rhn, dandwn rhn. **2.** *v.i. U.S:* **to ~ up to s.o.,** ymwthio i gôl rhn, swatio yng nghôl rhn, *S:* cwtsho lan at rn.
cot[1] *n.* **1.** *Poet:* = **cottage. 2.** = **cote.**
cot[2] *n.* (= *bed*): gwely(-au) uchel *m*, cot(-iau) *m*; *S.a.* **carry- cot.** **~-case** *n.* claf (cleifion) gorweiddiog/gorweddog *m.* **~-death** *n.* marwolaeth (*f*) grud (marwolaethau crud). **~-transporter** *n.* cotgludydd(-ion) *m.*
cot[3] *n. Mth:* = **cotangent.**
cot[4] *v.t.* (*sheep*): llocio, corlannu, ffaldio.
cotangent *n. Trig:* cotangiad(-au) *m*; **hyperbolic ~,** cotangiad hyperbolig.
cote *n.* cut(-iau) *m*, cwt (cytiau) *m*, cwb (cybiau) *m*, bwth (bythau, bythod) *m*; **shepherd's ~,** cwt bugail (cytiau bugeiliaid); **sheep-~,** defeity (defeitai) *m*, corlan(-nau) *f*, ffald(-au) *f*, lloc(-iau) *m*; *S.a.* **sheepfold.** *S.a.* **dovecot[e].**
cotemporary *a.* = **contemporary.**
co-tenant *n.* cyd-ddeiliad (~-ddeiliaid) *m&f*, cyd-denant(-iaid) *m&f.*
coterie *n.* clic(-iau) *m*, clymblaid (clymbleidiau) *f*, cylch(-oedd) *m.*
coterminal *a. Mth:* cyd-derfynol.
coterminous *a.* cyd-derfynol, cydffiniol; (*in time*): cydamserol; (*in meaning*): cyfystyr.
coterminously *adv.* yn gyd-derfynol *&c.*
coth *n. Mth:* coth(-au) *m.*
cothurnus *n.* gwintas(-au) *f*, botasen (botas, botasau) *f.*
cotidal *a.* penllanw, penllanwol; *Geog:* **~ line,** llinell (*f*) benllanw (llinellau penllanw), llinell (*f*) gyflanw (llinellau cyflanw).
cotill[i]on *n.* cotiliwn (cotiliynau) *m.*
cotoneaster *n.* **Himalyan ~,** (*Cotoneaster simonsii*): creigafal(-au) *m*, rhosyn(-nau) (*m*) bocs; **small-leaved ~,** (*C. microphyllus*): creigafal deiliog; **wall ~,** (*C. horizontalis*): creigafal y mur; **wild ~,** (*C. integerrimus*): creigafal y Gogarth.
co-trustee *n.* cydymddiriedolwr (cydymddiriedolwyr) *m.*
cotta *n.* gwenwisg (*f*) gota (gwenwisgoedd cwta), cota (cotâu) *f.*
cottage *n.* bwthyn (bythynnod) *m*, *occ:* tyddyn(-nod) *m*, *Poet: occ:* bwth (bythau, bythod) *m*; **summer ~,** tŷ (tai) (*m*) haf; **tied ~,** bwthyn clwm. **~ cheese** *n.* ceulfraen *m*, *S: F:* colfran *m*, caws (*m*) colfran. **~ curtain** *n.* llen(-ni) (*f*) bwthyn. **~ hospital** *n.* ysbyty bach (ysbytai/ysbytyau bach) *m*, ysbyty bwth. **~ industry** *n.* diwydiant (diwydiannau) (*m*) cartref. **~ loaf** *n.* torth (*f*) waelod (torthau gwaelod). **~ piano** *n.* piano(-s) bach *m.* **~ pie** *n. Cu:* pastai (*f*) datws stwmp/stwnsh (pasteiod tatws ~/~). **~ pudding** *n. Cu:* pwdin(-au) (*m*) bwthyn. **~ tulip** *n. Hort:* tiwlip(-au) (*m*) bwthyn.
cottager *n. O:* bythynnwr (bythynwyr) *m*, tyddynnwr (tyddynwyr) *m.*
cottar[1] *n.* **1.** (= *peasant*): tyddynnwr (tyddynwyr) *m*; *Hist:* cotÿwr (cotÿwyr) *m.*
cottar[2] *n. Mec.E: &c:* (*also cotter-pin*): cotrel(-au) *f*, cotr(- au) *m*; (= *split pin*): pin(-nau) (*mf*) cleifis, pin hollt.
cotter[1],[2] *n.* = **cottar**[1],[2].
cotter[3] *v.t. Mec.E:* cotrelu, cloi.
cottier *n.* tyddynnwr (tyddynwyr) *m*, cotÿwr (cotÿwyr) *m.*
cotton[1] *n.* **1.** *Bot:* cotwm (cotymau) *m*; **bog-~** = **cotton-grass; corkwood ~,** cotwm corcwydd. **2.** *Tex:* (*a*) **~ yarn,** edafedd (*pl*) cotwm, edau (*f*) gotwm (edafedd cotwm); **~ twine,** cortyn (*m*) cotwm, llinyn (*m*) cotwm; (*b*) **~ goods, cottons,** nwyddau cotwm; **~[-cloth],** [brethyn *m*] cotwm, brethyn cotymog, cotymwe *f*; **printed ~,** cotwm print. **3.** *Needlew:* **[sewing-]~,** edau (edafedd) *f*; (= *single thread*): edefyn (edeifion) *m*; **staple of ~,** edefyn cotwm; **crochet ~,** edau grosio; **coloured tacking ~,** edau dacio liw; **embroidery ~,** edau frodio; **machine ~,** edau beiriant; **mercerised ~,** (*i*) (*thread*): edau sglein; (*ii*) (*material*): cotwm sglein; **stranded ~,** edau gyfrodedd; **weaving ~,** edau wehyddu. **~ belt** *n. Geog:* ardal (*f*) gotwm. **~-cake** *n. Husb:* cacen (*f*) gotwm (cacenni/cacennau cotwm). **~-chopper** *n. Tex:* cythraul (cythreuliaid) (*m*) cotwm. **~-flannel** *n.* gwlanen (*f*) gotwm. **~-gin** *n. Tex:* heislan (*f*) gotwm (heislanod cotwm). **~-grass** *n. Bot:* (*Eriophorum*): plu(*pl*)'r gweunydd, gweunblu *pl*, sidan (*m*) y waun, cotwm y waun, gwlanwair (*m*), cannwyll (*f*) y gors, gwawn (*m*) [y] gweunydd, eira(*m*)'r gors, pân *m*, *N.W: occ:* y gnawan wen *f*; **Alpine ~-grass,** (*E. alpinum*): gwlanwair gwrychog y mynydd; **broad-leaved ~-grass,** (*E. latifolium*): plu gweunydd llydanddail, gwlanwair tuswog, angylion bach (*pl*) y gors; **hare's-tail ~-grass,** (*E. vaginatum*): plu'r gweunydd unben; **narrow-leaved ~-grass,** (*E. angustifolium*): plu'r gweunydd culddail; **round-headed ~-grass,** (*E. capitatum*): plu'r gweunydd pengrwn (*pronounced* ng-g); **slender ~-grass,** (*E. gracile*): plu'r gweunydd eiddil, plu gweunydd Cwm Idwal. **~-lavender** *n. Bot:* llwyn cotymog *m*, lafant (*m*) [y] cotwm, *N:* hen wr|aig *f*, *S:* esop *m.* **~-linter** *n. Tex:* naddwr (naddwyr) (*m*) cotwm, pliciwr (plicwyr) (*m*) cotwm. **~-mill** *n.* melin (*f*) gotwm (melinau cotwm), ffatri (*f*) gotwm (ffatrïoedd cotwm). **~-moth** *n.* gwyfyn(-od) (*m*) cotwm. **~-opener** *n.* llaciwr (llacwyr) (*m*) cotwm. **~-picker** *n.* casglwr (casglwyr) (*m*) cotwm. **~-picking** *a.* **1.** *U.S:* (= *thieving*): lladronllyd; **~-picking hands,** dwylo blewog. **2.** = **damned.** **~-plant** *n. Bot:* llwyn(-i) (*m*) cotwm. **~ plantation** *n.* planhigfa (*f*) gotwm (planigf|eydd cotwm). **~-powder** *n.* powdwr (*m*) cotwm. **~-press** *n.* gwasg (*f*) gotwm (gweisg cotwm). **~-rat** *n. Z:* llygoden (*f*) gotwm (llygod cotwm). **~-reel** *n.* rîl(-s) *f.* **~-rose** *n. Bot:* = **cudweed.** **~-seed** *n.* hedyn (had, hadau) (*m*) cotwm; *Coll:* had cotwm; **~-seed oil,** olew (*m*) had cotwm. **~-spinner** *n.* **1.** nyddwr (nyddwyr) (*m*) cotwm. **2.** *Echin:* (*Holothuria forskali*): chwerwddwr du *m* (*pronounced* chwerddwr). **~-stainer** *n. Ent:* chwilen (*f*) gotwm (chwilod cotwm). **~-tape** *n.* tâp (*m*) cotwm. **~-thistle** *n. Bot:* ysgallen gotymog (ysgall cotymog) *f.* **~ waste** *n.* gwastraff (*m*) cotwm, creifion (*pl*) cotwm. **~-weed** *n. Bot:* llwyd bonheddig *m*, edafeddog (*m*) y môr. **~ wool** *n.* wadin *m*, gwlân (*m*) cotwm, *S:* edafedd (*pl*) cotwm. **~-worm** *n. Ent:* pryf(-ed) (*m*) cotwm, lindys: lindysyn (lindys) (*m*) cotwm.

cotton² *v.i.* **1.** *(of material):* cotymu. **2.** *F:* **to ~ (with s.o.),** cyd-dynnu, dod ymlaen (â rhn). **3.** *(= wheedle):* **to ~ up (to s.o.),** closio (at rn); *N: F:* cocsio, cwsno, seboni (rhn); *N: F:* gwerthu sebon, gwerthu lledod (i rn); rhwbio (yn rhn); *S:* cocso (rhn), rhwto (yn rhn). **4.** *(a)* **to ~ [on] to s.o.,** *(= come to like):* cynhesu tuag at rn, cymryd at rn, teimlo hoffter tuag at rn, cael eich denu at rn; *(b)* **to ~ [on] to sth,** *(= understand):* dod i ddeall rhth.

cottonbud *n.* ffon (*f*) gotwm (ffyn cotwm).

cottonmouth *n.* = **water-moccasin.**

cottontail *n. F: U.S:* cwningen (cwningod) *f.*

cottonwood *n. Bot:* coeden (*f*) gotwm (coed cotwm), poplysen (*f*) gotwm (poplys cotwm), aethnen (*f*) C|anada.

cottony *a.* cotymaidd, cotymog, cedennog. **~-cushion scale** *n. Ent:* pryf(-ed) cotymog *m.*

cotyledon *n.* **1.** *Bot:* had-ddeilen (~-ddail) *f*, cotyledon(-au) *f.* **2.** *Bot:* = **pennywort.**

cotyledonal, cotyledonary, cotyledonous *a. Bot:* had-ddeiliog, cotyledonaidd.

cotylosaur *n.* cot|ylosor (cotylosoriaid) *m.*

cotype *n.* cyd-deip(-iau) *m.*

coucal *n. Orn:* cwcal(-od, -iaid) *m.*

couch¹ *n. Furn:* soffa(-s) *f*, cowtsh(-is) *f*, *Lit:* lleithig(-au) *f*, glwth (glythau, glythoedd) *m*, gwely(-au) *m*; **studio ~,** gwely stiwdio.

couch² *v.t.&i.* **1.** *v.t.* *(a) Lit: (= lay⁴):* gosod/rhoi/dodi (rhth) [i orwedd, ar ei orwedd]; **to be couched on the ground,** gorwedd ar y ddaear; *(b) (spear &c):* gostwng, anelu (rhth); rhoi/dodi (rhth) ar annel; *(c) A: & Adm: (= express):* mynegi, geirio; **to ~ a request in writing,** ysgrifennu cais, rhoi cais mewn du a gwyn, rhoi cais ar bapur; **(a letter couched) in these terms,** (llythyr wedi ei eirio) fel hyn, i'r perwyl hwn. **2.** *v.i.* *(a) (of animal): (in lair):* gorwedd [mewn gwâl], *N:* swatio [mewn gwâl], *S:* cwalo, cwato; *(b) (of dog &c):* swatio, cyrcydu; *(c) (= lie in ambush):* ymguddio, llechu, *N:* swatio, *S:* cwato [i ymosod ar rn]. **3.** *v.t. Surg:* **to ~ a cataract,** codi/tynnu pilen/rhuchen; *Needlew:* cowtsio.

couch³[-grass] *n. Bot: (Agropyron):* marchwellt *m*, glaswellt (*m*) y cŵn, gwenithwellt *m*, crafanc (*f*) y gŵr drwg, triagl (*m*) y cŵn, llygad (*m*) y ci, *N.W: occ:* gwr|aidd (*m*) witsh; **bearded ~-grass,** *(A. caninum):* marchwellt y coed, gwenithwellt y ci, gwenithwellt coliog; **sand ~-grass,** *(A. junceiforme):* marchwellt y tywyn, gwenithwellt brwynaidd; **sea ~-grass,** *(A. pungens):* marchwellt arfor.

couchant *a. Her:* gorweddol, gorweddog.

couchette *n. Rail:* ***couchette(-s)*** *mf*, gwely(-au) *m.*

couching *vn. Needlew:* pwyth(-i) (*m*) gorwedd, pwyth cowtsio; **Bokhara ~,** cowtsio Bokhara; **Jacobean ~,** cowtsio Jacobeaidd.

coudé *a. Astron:* elinog.

Couéism *n.* Couéaeth *f.*

cougar *n. Z:* cwgar(-od) *m.*

cough¹ *n.* peswch *m*, pesychiad(-au) *m*, *N.W: occ:* tagu *vn*; **whooping ~,** y pâs *m*, *M.W: occ:* y deubas *m*; **to have/give a ~,** peswch, pesychu, *N.W: occ:* tagu; *Th:* **~ and a spit, = bit part. ~-drop, ~-lozenge** *n.* **1.** losin(-au) (*m*) at y frest, losin peswch, *N:* da-da (*m*) annwyd. **2.** *Fig: P:* **he's a proper ~-drop,** *N:* mae'n dipyn o bry; mae'n gardyn; mae'n gymêr; mae'n un digrif; mae'n beiriant; *S:* mae'n dderyn; mae'n hadyn. **~ mixture** *n. S:* moddion (*m or pl*) peswch, moddion annwyd, *N:* ffisig(-au) (*m*) annwyd. **~ suppressant** *n. Med:* gostyngydd(-ion) (*m*) peswch.

cough² *v.i.&t.* **1.** *v.i.* pesychu, *S:* peswch, *N.W: F:* fforchio *occ:* tagu; **to ~ convulsively,** beichio pesychu. **2.** *v.t.* *(i)* **to ~ up sth,** poeri rhth allan; *S:* poeri rhth lan; *(ii) P: (= make confession):* dweud y cyfan, *S.W: occ:* bwrw'ch bola berfedd, arllwys eich cwd; **to ~ up money,** *abs.* **to ~ up,** talu (rhth) [o'ch anfodd], gorfod talu; **he had to ~ up,** bu raid iddo dalu.

coughing¹ *a.* pesychlyd.

coughing² *vn.* = **cough¹,².**

could *v. See* **can².**

couldn't-care-less *a.* didaro, dihitio, di-hid, dihidans, dihitans, difalio; *F:* **couldn't-care-less attitude,** difaterwch *m*, dihidrwydd *m*, agwedd ddidaro *&c f*; **he had a couldn't-care-less attitude,** 'roedd yn hollol ddidaro/ ddihidans; nid oedd yn hidio/malio dim; *S.W: occ:* 'doedd dim tamaid o symach gydag e; 'doedd e naws symach; *S.a.* **care².**

coulée *n.* **1.** *Geog:* llif (*m*) lafa, llifeiriant (llifeiriaint) (*m*) lafa. **2.** *Geog: U.S: (= deep ravine):* ceunant (ceunentydd) *m*, diffwys(-ydd) *m.*

coulisse *n. (usu.pl.) Th:* asgell (esgyll) *f.*

couloir *n. Geog:* rhigol(-au) *f.*

coulomb¹ *n. El: Meas:* ***coulomb(-s)*** *m*, cwlomb(-au) *m.*

coulomb², coulombic *a.* cwlombig.

coulometer *n.* cwl|omedr (cwlomedrau) *m.*

coulometric *a.* cwlometrig.

coulometrically *adv.* yn gwlometrig.

coulometry *n.* cwlometreg *f.*

coulter *n.* cwlltwr (cylltyrau) *m.*

coumaphos *n. Ch:* c|wmaffos *m.*

coumarin *n. Ch:* c|wmarin *m.*

coumarone *n. Ch:* c|wmaron *m.*

council *n.* cyngor (cynghorau) *m*; **C~ of State,** Cyngor y Wladwriaeth; **the Queen in C~,** y Frenhines mewn Cyngor, y Frenhines yn ei Chyngor; **the Army C~,** Cyngor y Fyddin; **the Air C~,** Cyngor yr Awyrlu; **borough ~,** cyngor bwrdeistref; **Greater London C~,** Cyngor Llundain Fawr; **Inner London C~,** Cyngor Llundain Fewnol; *Hist:* **the King's C~,** Cyngor y Brenin; **the Privy C~,** y Cyfrin Gyngor; **the Security C~,** y Cyngor Diogelwch; **district ~,** cyngor dosbarth; **town ~,** cyngor tref, cyngor trefol; **rural community ~,** cyngor gwlad; **rural ~,** cyngor gwledig; **rural district ~,** cyngor dosbarth gwledig; **urban ~, city ~,** cyngor dinas, cyngor dinesig; **urban district ~,** cyngor dosbarth trefol; *Hist:* **Common C~,** Cyngor Cyffredin; **county ~,** cyngor sir/sirol; **municipal ~,** cyngor dinesig/ bwrdeistrefol; **parish ~,** cyngor plwyf; **community ~,** cyngor bro, cyngor cymuned, cyngor cymdeithas; **to hold ~, to be/meet in ~,** ymgynghori, cynnal cyngor, bod mewn cyngor, cyfarfod mewn cyngor, cynghora, cwnsela; **Users' C~,** Cyngor Defnyddwyr; **C~ of Social Service,** Cyngor Gwasanaeth Cymdeithasol; **the C~ for Nature,** y Cyngor Natur; **the C~ for Europe,** Cyngor Ewrop; **the C~ for the Marches of Wales,** Cyngor Gororau Cymru; **the C~ for the Preservation of Rural Wales,** Cyngor Diogelu Cymru Wledig; **the C~ for Wales,** y Cyngor i Gymru; **~ of war,** cyngor rhyfel; **to hold a ~ of war,** ymgynghori, cwnsela, rhoi'ch pennau ynghyd, cynllunio brwydr. **~-board** *n.* bwrdd (byrddau) (*m*) cyngor. **~-chamber** *n.* ystafell (*f*) gyngor (ystafelloedd cyngor). **~ estate** *n.* [y]stad(-au) (*f*) [tai] cyngor. **~ flat** *n.* fflat(-iau) (*f*) cyngor. **~ house** *n.* tŷ (tai) (*m*) cyngor. **~-man** *n.m.* = **councillor. ~-school** *n.* ysgol (*f*) gyngor (ysgolion cyngor). *S.a.* **order¹ 11.**

councillor *n.* cynghorydd (cynghorwyr) *m*, *occ:* cynghorwr (cynghorwyr) *m*; **county ~,** cynghorydd sir; **town ~,** cynghorydd tref; **district ~,** cynghorydd dosbarth; **community ~,** cynghorydd bro; **parish ~,** cynghorydd plwy; **Privy C~,** Cyfrin Gynghorydd (~ Gynghorwyr) *m.*

councillorship *n.* cyngoryddiaeth(-au) *f.*

councilman *n.m.* = **councillor.**

councilwoman *n.f.* cyngh|orwraig (cyngorwragedd).

counsel¹ *n.* **1.** *(= consultation):* cyngor (cynghorion) *m*; **to take ~ with s.o.,** gofyn cyngor rhn, ymgynghori â rhn, mynd at rn am gyngor; **to take ~ together,** rhoi'ch pennau ynghyd, cyd-drafod, ymgynghori, cydymgynghori, *S: F:* cwnsela. **2.** *(= advice):* cyngor (cynghorion) *m*, cyfarwyddyd *m*; **~ of despair,** cyngor anobaith; **~ of perfection,** cyngor delfrydol. **3.** *(= intention):* bwriad(-au) *m*, cynllun(-iau) *m*; **to keep one's [own] ~,** cadw['ch] cyfrinach, dweud dim wrth neb, bod yn dawedog, *N.W:* gwasgu'ch brest, bod yn bant gaead; **keep your own ~!** taw piau hi! **4.** *Jur:* *(a)* bargyfreithiwr (bargyfreithwyr) *m*, cwnsler(-iaid) *m*; **Junior C~,** Cwnsler Ieuaf; **King's C~, Queen's C~,** Cwnsler y Brenin/Frenhines; **the "learned C~",** "y dysgedig Gwnsler"; **Leading C~,** Cwnsler Arweiniol; **~'s opinion,** barn (*f*) cwnsler.

counsel² *v.t.* **1.** *Lit: (a person):* cynghori (rhn), estyn cyngor (i rn); **to ~ s.o. to do sth,** cynghori rhn i wneud rhth. **2.** *(= recommend sth):* cynghori, cymeradwyo, awgrymu, argymell.

counselee *n.* cyngoredig (cynghoredigion) *m&f.*

counselling *vn.* cynghori.

counsellor *n.* *(a)* *(= adviser):* cynghorwr: cynghorydd (cynghorwyr) *m*; **school ~,** cynghorwr ysgol (cynghorwyr ysgolion); *(b) U.S: Sch:* cyfarwyddwr (cyfarwyddwyr) *m*; *U.S: See* **counsel[1]** 4; *(c) Dipl:* prif swyddog(-ion) *m*; *(d)* **C~ of State,** Dirprwy(*m*)'r Brenin/Frenhines (Dirprwyon y Brenin/Frenhines). **~-at-law** *n.* bargyfreithiwr (bargyfreithwyr) *m*.

counsellorship *n.* cyngoryddiaeth(-au) *f*, cwnsleriaeth *f*.

count[1] *n.* **1.** *(a)* cyfrif(-on) *m*; *(of people):* cyfrifiad(-au) *m*; *Ph:* cyfrifiad; *Cmptr:* cyfrif; *(at election):* cyfrif; **to keep ~ of sth,** cadw cyfrif o rth; **to lose ~,** colli cyfrif, *F:* colli cownt, *N.W: occ:* colli cost; *Med:* **blood ~,** cyfrifiad gwaed; *(b) (= total):* cyfanswm (cyfansymiau) *m*. **2.** *Jur: (= charge):* cyhuddiad(-au) *m*. **3.** *Tex:* rhif(-au) *m*. **4.** *Box:* cownt *m*; **compulsory ~,** cownt gorfod; **to put s.o. out for the ~,** llorio rhn; **out for the ~,** anymwybodol, wedi'ch llorio; **to take the ~,** cael eich llorio, colli'r ornest, colli'r dydd, cael eich curo/baeddu/maeddu/ffusto *&c*. **~-down** *n.* ôl-gyfrif, ôl-gyfrifiad(-au) *m*. **~-noun** *n.* enw(-au) cyfrifadwy *m*.

count[2] *v.t.&i.* **1.** *v.t.* *(a)* cyfrif, *N: S.W: occ:* clandro; *(= recite numbers):* rhifo, cyfrif; **to ~ the cost,** bwrw'r draul, cyfrif y gost; **not counting sth,** heb gyfrif rhth, heb sôn am rth; **to ~ up sth,** cyfrif rhth; *S.a.* **chicken[1]**; **counting from tomorrow,** o yfory ymlaen, gan gychwyn yfory; *(b)* **to ~ s.o. among one's friends,** cyfrif/ystyried rhn ymhlith eich cyfeillion, cyfrif/ystyried rhn yn gyfaill; *(c) Pred:* **to ~ s.o. as dead,** cyfrif/rhestru rhn ym mysg y meirwon, ystyried [bod] rhn yn farw. **2.** *v.i.* *(a)* **to ~ on/upon s.o.,** dibynnu ar rn; **to ~ on doing sth,** dibynnu ar gael gwneud rhth, disgwyl cael gwneud rhth, bwriadu/pwrpasa gwneud rhth, *S:* erfyn gwneud rhth, *N.W: occ:* darofun gwneud rhth. **3.** *(a)* **he counts among my best friends,** mae ef yn un o'm ffrindiau gorau; mae ef ymhlith fy ffrindiau gorau; **this person counts as two,** mae hwn/hon yn cyfrif fel dau; *(b) (= be important):* cyfrif, bod yn bwysig, *S:* cownto; **she doesn't ~ for much,** nid yw hi o fawr bwys; nid yw hi'n cyfrif rhyw lawer; **to ~ against s.o.,** cyfrif yn erbyn rhn; **every penny counts,** mae pob ceiniog yn cyfrif; mae pob ceiniog o bwys; **to ~ the pennies,** edrych yn llygad y geiniog; **every minute counts,** mae pob munud yn cyfrif; mae pob munud yn bwysig; mae pob munud o bwys; 'does dim munud i'w golli/cholli. **~ down** *v.i.* cyfrif yn ôl. **~-down** *n.* cyfri(*vn*)'n ôl. **~ in** *v.t.* cyfrif, ystyried, cynnwys (rhth); cymryd (rhth) i ystyriaeth; **don't ~ me in,** peidiwch â'm cynnwys i. **~ for** *v.t. (= be important):* cyfrif, bod yn bwysig, bod o werth/bwys; **that counts for a lot,** mae hynny'n cyfrif llawer; mae hynny o bwys mawr. **~ off** *v.t.&i.* rhifo, cyfrif (rhth) [fesul un]. **~ out** *v.t.* **1.** *(money &c):* cyfrif (arian &c) allan/mas. **2.** *Box:* cyfrif rhn allan/mas, rhoi'r cownt (i rn), cowntio (rhn) allan/mas; **to be counted out,** cael eich llorio, cael eich cyfrif allan/mas. **3.** *F:* **you can ~ me out,** peidiwch â'm cynnwys i; peidiwch â disgwyl imi ddod/fynd *&c*. **4.** *Parl:* gohirio [busnes y tŷ]; **the house was counted out,** bu raid gohirio cyfarfod y tŷ.

count[3] *n. (title):* iarll (ieirll) *m*, cownt(-iaid) *m*; *Hist:* **C~ of the Saxon Shore,** Gwarchodwr (*m*) y Glannau Sacsonaidd.

countability *n. Mth:* rhifadwyedd *m*, cyfrifadwyedd *m*, natur rifadwy/gyfrifadwy *f*.

countable *a.* cyfrifadwy, rhifadwy.

countably *adv.* yn rhifadwy; **~ infinite,** yn rhifadwy anfeidraidd.

countenance[1] *n.* **1.** *(= face):* wyneb(-au) *m*, *Lit:* wynepryd *m*, gwedd(-au) *f*; *(= expression):* golwg (golygon) *f*, gwedd, mynegiant *m*; **to keep one's ~,** cadw wyneb syth [rhag chwerthin], peidio â chwerthin, *N.W: occ:* dal blawd wyneb; **to change ~,** newid wyneb, newid lliw; *(= composure):* hunanfeddiant *m*; **to put s.o. out of ~,** codi cywilydd ar rn, anesmwytho rhn, gwn|eud rhn yn anesmwyth; **to lose ~,** anesmwytho, teimlo/mynd yn lletchwith/chwithig/anesmwyth; **to stare s.o. out of ~,** llygadrythu ar rn [nes codi cywilydd arno]. **2.** *(= approval):* cymeradwyaeth *f*, cefnogaeth *f*; **to give/lend ~ to sth,** cefnogi rhth, bod yn gefnogol i rth, rhoi cefnogaeth i rth.

countenance[2] *v.t.* **1.** *(= approve):* caniatáu, awdurdodi, cymeradwyo. **2.** *(= encourage):* cefnogi (rhth), rhoi sêl eich bendith (ar rth).

countenancer *n.* cefnogwr (cefnogwyr) *m*, cymeradwywr (cymeradwywyr) *m*.

counter[1] *n.* **1.** *(pers.):* cyfrifwr (cyfrifwyr) *m*, cyfr|ifwraig *f*, rhifwr (rhifwyr) *m*, rh|ifwraig *f*. **2.** *Mec.E:* peiriant (peiriannau) (*m*) cyfrif, clandrwr (clandrwyr) *m*; *Cmptr:* rhifydd(-ion) *m*; **program ~,** rhifydd rhaglen; *Ph:* **Geiger ~,** mesurydd(-ion) (*m*) Geiger. **3.** *Games:* botwm (botymau) *m*, *occ:* tocyn(-nau) *m*, disg(-iau) *m*. **4.** *(in shop &c):* bwrdd (byrddau) *m*, cownter(-i) *m*; *(in bank, post-office):* desg(-iau) *f*, cownter; *F:* **(to sell) under the ~,** (gwerthu)'n gyfrinachol, ar y slei, yn ddistaw bach, dan y cownter. **~-duty** *n. Lib:* gwaith (*m*) cownter. **~-hand** *n. Com:* gwerthwr (gwerthwyr) *m*, gw|erthwraig (gwerthwragedd) *f*. **~-jumper** *n. F:* siopwr (siopwyr) *m*, dyn(-ion) (*m*) siop, gwas (*m*) siopwr (gweision siopwyr).

counter[2] *n.* **1.** *Nau:* bol (*m*) starn, bwa (*m*) starn. **2.** *Typ:* dolen(-nau) *f*. **3.** *Vet:* brest(-iau) *f*.

counter[3] *Bootm:* cefn (*m*) sawdl (cefnau sodlau).

counter[4] *n. & a.* **1.** *n. Fenc:* gwrthdro(-eon) *m*, gwrthsymudiad(-au) *m*, gwrthiad(-au) *m*; *Box:* gwrthergyd(-ion) *fm*. **2.** *a.* *(a) in compounds often translated by* gwrth- *(+ soft mut.)*. **3.** *adv.* yn erbyn, yn groes; **to run ~ to s.o.'s order,** mynd yn groes i orchymyn rhn; **to run directly ~ to sth,** mynd yn gwbl groes i rth.

counter[5] *v.t.* *(a) (= oppose):* gwrthwynebu, gwrthsefyll, rhwystro, atal, gwrthweithio; *(b) (= reply):* ateb [yn ôl], ateb yn eich tro; *(= argue back):* gwrthddadlau, taeru; *(c) Box:* **to ~ [a blow],** taro'n ôl, gwrthdaro; *(d) Fenc:* gwrthio. **~-accusation** *n.* gwrthgyhuddiad(-au) *m*. **~-accuse** *v.t.* gwrthgyhuddo. **~-advice** *n.* gwrthgyngor (gwrthgynghorion) *m*, cyngor (cynghorion) (*m*) i'r gwrthwyneb. **~-agent** *n.* gwrthysbïwr (gwrthysbiwyr) *m*. **~-applicative** *Log:* **1.** *a.* gwrthgymhwysol. **2.** *n.* gwrthgymhwysiad (gwrthgymwysiadau) *m*. **~-approach** *n. Mil:* gwrthnesâd (gwrthnesadau) *m*. **~-attack[1]** *n.* gwrthymosodiad(-au) *m*, gwrthgyrch(-au, -oedd) *m*. **~-attack[2]** *v.t.&i.* ymosod yn ôl, gwrthymosod (ar rn); gwrthgyrchu (rhn); taro (rhn) yn ôl; taro'n ôl yn erbyn (rhn); *Fenc:* gwrthymosod. **~-attacker** *n.* gwrthymosodwr: gwrthymosodydd (gwrthymosodwyr) *m*, gwrthgyrchwr (gwrthgyrchwyr) *m*. **~-attract** *v.t.* gwrthdynnu, gwrthatynnu. **~-attraction** *n.* gwrthatyniad(-au) *m*, gwrthdyniad(-au) *m*. **~-blow** *n.* gwrthdrawiad(-au) *m*, trawiad(-au) (*m*) yn ôl, gwrthguriad(-au) *m*, gwrthergyd(-ion) *fm*. **~-brace[1]** *n. Civ.E:* gwrthgraff(-au) *m*. **~-brace[2]** *v.t. Civ.E:* gwrthgraffu. **~-change design** *n. Needlew:* patrwm (*m*) gwrthgyfnewid. **~-check[1]** *n.* **1.** *Mec:* gwrthrym(-oedd) *m*. **2.** *(= verification):* gwrthwiriad(-au) *m*. **~-check[2]** *v.t.* gwrthwirio. **~-claim[1]** *n. Jur:* gwrth-hawliad(-au) *m*, gwrthgais (gwrthgeisiau) *m*. **~-claim[2]** *v.t. Jur:* gwrth-hawlio, gwrthgeisio. **~-claimant** *n.* gwrth-hawliwr: gwrth-hawlydd, (~-hawlwyr) *m*. **~-clockwise** *adv. & a.* = **anti-clockwise**. **~- cultural** *a.* gwrthddiwylliannol. **~-culture** *n.* gwrthddiwylliant (gwrthddiwylliannau) *m*. **~-culturist** *n.* gwrthddiwylliannwr (gwrthddiwyllianwyr) *m*. **~-current** *n.* gwrthgerrynt (gwrthgerhyntau) *m*, gwrthlif(-oedd) *m*. **~-declaration** *n.* gwrthddatganiad(-au) *m*. **~-demonstrate** *v.i.* gwrthardystio, gwrth-wrthdystio. **~-demonstration** *n.* gwrthardystiad(-au) *m*, gwrth-wrthdystiad(-au) *m*. **~-demonstrator** *n.* gwrthardystiwr (gwrthardystwyr) *m*, gwrthard|ystwraig *f*, gwrth-wrthdystiwr (gwrth-wrthdystwyr) *m*, gwrth-wrthd|ystwraig. **~-effort** *n.* gwrthymdrech(-ion) *mf*. **~-enamel** *n. Metalw:* enamel (*m*) cefndir, gwrthenamel *m*. **~-enquiry** *n. Jur:* gwrthymholiad(-au) *m*, gwrthymchwiliad(-au) *m*. **~-espionage** *n.* gwrthysbïo *vn*. **~-exposition** *n. Mus:* gwrthddangosiad(-au) *m*. **~-implicative** *a. & n. Log:* **1.** *a.* gwrthymhlygol. **2.** *n.* gwrthymhlygiad(-au) *m*. **~-insurrection** *n.* gwrth-wrthryfel *m*. **~-intelligence** *n. Mil:* = **counter-espionage**. **~-irritant** **1.** *a.* gwrthlidiol. **2.** *n.* gwrthlidydd(-ion) *m*. **~-irritate** *v.t.* gwrthlidio. **~-irritation** *n. Med:* gwrthlid *m*. **~-melody** *n. Mus:* cyfalaw(-on) *f*, gwrthalaw(-on) *f*. **~-motion,** **~-move** *n.* gwrthsymudiad(-au) *m*, gwrthsymud *vn*. **~-offensive** *n. Mil:* gwrthymosodiad(-au) *m*, gwrthgyrch(-au, -oedd) *m*. **~-offer** *n.* gwrthgynnig (gwrthgynigion) *m*. **~-order** *n.* gwrthorchymyn (gwrthorchmynion) *m*. **~-preparation** *n. Mil:* gwrthbaratoad(-au) *m*. **~-pressure** *n.* gwrthbwysedd *m*. **~-productive** *a.* gwrthgynhyrchiol. **~-propaganda** *n.* gwrthbropaganda *m*. **~-proposal** *n.* gwrthgynnig (gwrthgynigion) *m*, gwrthawgrym(-iadau) *m*. **~-reconnaissance** *n. Mil:* gwrthragchwiliad *m*. **C~-Reformation** *Rel.Hist:* **1.** *n.* Gwrthddiwygiad *m*. **2.** *attrib.* Gwrthddiwygiadol. **C~-reformer** *n.* Gwrthddiwygiwr (Gwrthddiwygwyr) *m*. **~-revolution** *n.* gwrthchwyldro(-eon) *m*, gwrthchwyldroad(-au) *m*. **~-revolutionary 1.** *a*. gwrthchwyldroadol. **2.** *n*. = *foll*. **~-revolutionist** *n*. gwrthchwyldroadwr (gwrthchwyldroadwyr) *m*. **~-seal[1]** *n*. gwrthsel(-[i]au) *f*. **~-seal[2]** *v.t*. gwrthselio. **~-signature** *n*. gwrthlofnod(-au, -ion) *m*. **~-spit** *n*. *Geog:* gwrthdafod(-au) *m*. **~-spy** *n*. gwrthysbïwr (gwrthysbiwyr) *m*, gwrthysbïwraig *f*. **~-stroke** *n*. *Mil:* gwrthergyd(-ion) *fm*. **~-subject** *n*. *Mus:* gwrthdestun(-au) *m*. **~- tenor** *n*. *Mus:* **1.** *(singer):* uwchdenor(-iaid) *m*. **2.** *(part):* uwchalaw(-on) *f*, goralaw(-on) *f*. **~-trade** *n*. *Meteor:* gwynt(-oedd) gwrthdrafnidiol *m*. **~-valuation** *n*. gwrthbrisiad(-au) *m*. **~-veneer** *n*. *Carp:* gwrthargaen(-au) *f*.

counteract *v.t*. gwrthweithio, gwrthbwyso, lleddfu, rhwystro, atal, gwrthwynebu, gwrthsefyll.

counteraction *n*. gwrthweithiad(-au) *m*; *vn*. = **counteract**.

counteractive *a*. gwrthweithiol, ataliol, rhwystrol, gwrthsafiadol.

counterbalance[1] *n*. gwrthbwys(-au) *m*, gwrthbwysedd *m*, gwrthbwysiad(-au) *m*; *Carp: Geog:* gwrthgytbwys(-au) *m*.

counterbalance[2] *v.t*. gwrthbwyso, *occ:* cyfarbwyso, cydfantoli.

counterblast *n*. gwrthdaraniad(-au) *m*, ateb(-ion) (*m*) chwyrn, ymateb(-ion) (*m*) chwyrn, gwrthchwythiad(-au) *m*.

counterbore *v.t*. *Carp: Metalw:* gwrthdyllu, gwrthforio.

counterchange[1] *n*. gwrthnewidiad(-au) *m*, gwrthnewid(-iadau) *m*.

counterchange[2] *v.t*. gwrthnewid.

countercharge[1] *n*. *Jur:* gwrthgyhuddiad(-au) *m*.

countercharge[2] *v.t.&i*. *Jur:* gwrthgyhuddo.

counterconditioning *vn*. gwrthgyflyru.

countercoup *n*. gwrth-wrthryfel *m*.

countercyclical *a*. gwrthgylchol.

counterexample *n*. gwrthenghraifft (gwrthenghreifftiau) *f*, gwrthesiampl(-au) *f*.

counterfeit[1] *a*. & *n*. **1.** *a*. ffug, ffugiedig, ffugiol, gwneud; **~ grief**, galar ffuantus, galar gwn|eud; **~ coin**, darn(-au) (*m*) arian drwg. **2.** *n*. ffug(-ion) *m*, ffugiad(-au) *m*, peth(-au) ffug *m*.

counterfeit[2] *v.t*. **1.** ffugio; **to ~ money**, bathu arian drwg, ffugio arian, drwgfathu arian, ffugio arian bath. **2.** *(= imitate):* dynwared, efelychu, cogio.

counterfeiter *n*. **1.** *(= forger):* bathwr (bathwyr) (*m*) arian drwg. **2.** *(= simulator):* smaliwr (smalwyr) *m*, cogiwr (cogwyr) *m*, dynwaredwr (dynwaredwyr) *m*, efelychwr (efelychwyr) *m*.

counterfoil *n*. bonyn (bonion) *m*, gwrthddalen(-nau) *f*.

counterforce *n*. gwrthrym(-oedd) *m*.

counterfort *n*. gwrthfur(-iau) *f*, gwrthglawdd (gwrthgloddiau) *m*, bwtres(-i) *m*.

counterideology *n*. *Pol:* gwrthideoleg *f*.

counterinsurgency *n*. gwrthchwyldroadaeth *f*.

counterinsurgent *a*. & *n*. **1.** *a*. gwrthchwyldroadol. **2.** *n*. gwrthchwyldroadwr (gwrthchwyldroadwyr) *m*.

countermand[1] *n*. gwrthorchymyn (gwrthorchmynion) *m*.

countermand[2] *v.t*. **to ~ an order,** dirymu, diddymu (gorchymyn); galw/tynnu (gorchymyn) yn ei ôl; *occ:* gwrthorchymyn (rhth); **unless countermanded,** heb orchymyn i'r gwrthwyneb.

countermarch[1] *n*. gwrthymdaith (gwrthymdeithiau) *f*, croesymdaith (croesymdeithiau) *f*.

countermarch[2] *v.t*. gwrthymdeithio, croesymdeithio.

countermark *n*. *Lib:* ail ddyfrnod(-au) *m*.

countermeasure *n*. gwrthfesur(-au) *m*.

countermine[1] *n*. **1.** *(= shaft):* gwrthgloddfa (gwrthgloddf|eydd) *f*. **2.** *Exp:* gwrthffrwydryn (gwrthffrwydron) *m*.

countermine[2] *v.t.&i*. **1.** *Mil.E: (= sink shaft):* gwrthgloddio. **2.** *Exp: (= sow mines):* gwrthffrwydrynna. **3.** *(= defeat):* tanseilio.

countermovement *n*. *Pol:* gwrthfudiad(-au) *m*.

counternotice *n*. *Jur:* gwrthrybudd(-ion) *m*.

counterpane *n*. carthen(-ni) *f*, cwrlid(-au) *m*.

counterpart *n*. **1.** *(pers.):* cyfatebwr: cyfatebydd (cyfatebwyr) *m*, cymar (cymheiriaid) *m&f*, cymhares (cymaresau) *f*; **I'm your ~ in Bangor,** fi sy'n cyfateb i chi ym Mangor; fi yw'r dyn cyfatebol ym Mangor; *(thing):* peth(-au) cyfatebol *m*. **2.** *Jur:* gwrthran(-nau) *f*. **~ lease** *n*. prydles wrthrannol (prydlesi/prydlesoedd gwrthrannol) *f*, les wrthrannol (lesoedd gwrthrannol) *f*.

counterplan *n*. gwrthgynllun(-iau) *m*.

counterplea *n*. *See* **counter-claim**.

counterplot[1] *n*. **1.** gwrthgynllwyn(-ion) *m*. **2.** *Th: Lit:* gwrthblot(-iau) *m*.

counterplot[2] *v.t*. gwrthgynllwynio.

counterpoint[1] *n*. *Mus:* gwrthbwynt(-iau) *m*; **invertible ~**, gwrthbwynt dwbl/gwrthdro.

counterpoint[2] *v.t*. gwrthbwyntio.

counterpoise[1] *n*. gwrthbwys(-au) *m*, gwrthbwysedd *m*, gwrthbwysiad *m*.

counterpoise[2] *v.t*. gwrthbwyso.

counterpose *v.t*. gwrthosod.

counterprogramming *vn*. *T.V:* gwrthraglennu.

counterpunch *n*. **1.** *Lib:* gwrthbwnsh(-is) *m*. **2.** *Box:* gwrthergyd(-ion) *fm*.

counterscarp *n*. *Fort:* *(a)* *(= wall):* gwrthglawdd (gwrthgloddiau) *m*; *(b)* *(= slope):* gwrthlethr(-au) *f*.

countershaft *n*. *Mec.E:* gwrthwerthyd(-oedd) *f*.

countersign[1] *n*. **1.** *(= watchword):* arwyddair (arwyddeiriau) *m*. **2.** *(= mark of identification):* arwyddnod(-au) *m*.

countersign[2] *v.t*. cydarwyddo, cydlofnodi, adarwyddo, adlofnodi; *(= ratify):* dilysu, cadarnh|au [drwy lofnod].

countersignature *n*. cydlofnod(-au, -ion) *m*, adlofnod(-au,-ion) *m*.

countersink[1] *n*. **1.** *Tls:* ebill(-ion) (*m*) gwrthsoddi, gwrthsoddwr: gwrthsoddydd (gwrthsoddwyr) *m*. **2. ~ [hole],** twll (tyllau) (*m*) gwrthsoddi, gwrthsoddiad(-au) *m*. **~ bit** *n*. ebill gwrthsoddi. **~ rivet** *n*. rhybed(-ion) (*m*) gwrthsoddi. **~ screw** *n*. sgriw (*f*) wrthsoddi (sgriwiau gwrthsoddi).

countersink[2] *v.t*. gwrthsoddi, siamffro.

counterstatement *n*. **= rejoinder**.

counterstroke *n*. gwrthergyd(-ion) *fm*.

countersubject *n*. *Mus:* gwrthdestun(-au) *m*.

countersuggest *v.t*. gwrthawgrymu.

countersuggestion *n*. gwrthawgrym(-iadau) *m*.

countersunk *a*. gwrthsoddedig.

counterterrorism *n*. gwrthfrawych[i]aeth *f*.

counterterrorist *n*. gwrthfrawychwr (gwrthfrawychwyr) *m*.

countertrend *n*. gwrthdueddiad(-au) *m*, gwrthduedd(-iadau) *f*.

countervail *v.t*. gwrthbwyso (rhth), tycio (yn erbyn rhth), gwn|eud iawn (am rth).

countervailing *a*. gwrthbwysol.

countervalue *n*. cyfwerth(-oedd) *m*.

counterview *n*. gwrthfarn(-au) *f*.

counterweight[1] *n*. gwrthbwys(-au) *m*; *(in sash window):* llygoden (llygod) *f*. **~ system** *n*. system (*f*) wrthbwysau (systemau gwrthbwysau).

counterweight[2] *v.t*. gwrthbwyso.

counterword *n*. gair (geiriau) llac *m*.

counterwork[1] *n*. *Mil:* amddiffynfa (amddiffynf|eydd) *f*, gwrthglawdd (gwrthgloddiau) *m*.

counterwork[2] *v.t.&i*. **1.** *v.t*. *Mil:* amddiffyn, gwrthgloddio. **2.** *v.t.&i*. *(= work against):* gwrthweithio.

counterworker *n*. gwrthweithiwr (gwrthweithwyr) *m*, gwrthw|eithwraig *f*.

countess *n.f*. iarlles(-au), cowntes(-au, -i).

counting *vn*. = **count[2]**. **~-frame** *n*. ffrâm (*f*) gyfrif (fframiau cyfrif), bord (*f*) gyfrif (bordydd cyfrif). **~-house** *n*. tŷ (tai) (*m*) cyfrif, cyfrifdy (cyfrifdai) *m*, swyddfa (*f*) gyfrif (swyddf|eydd cyfrif).

countless *a*. aneirif, di-rif, dirifedi, rhif y gwlith.

countlessly *adv*. yn aneirif &c.

countrified *a*. gwledig, gwladaidd, gwerinol.

country *n*. & *a*. I. *n*. **1.** *(a)* gwlad (gwledydd) *f*; *Poet:* bro(-ydd) *f*; **to go up ~**, mynd i gefn gwlad; **up ~**, yng nghefn gwlad; **across ~**, ar draws gwlad; *Prov:* **in the ~ of the blind, the one-eyed man is king,** unllygeidiog a fydd brenin yng ngwlad y deillion; **in the ~**, *(a)* yn y wlad; *(b)* *Cr:* yn y pellter, ar y cyrion; **broken ~**, tir anwastad *m*; *Pol:* **to appeal/go to the ~**, galw etholiad; *(b)* *(= native country):* gwlad; *Poet:* bro; **to die for king and ~**, marw dros eich gwlad, marw dros deyrn a gwlad; **mother ~**, m|amwlad (mamwledydd) *f*; *(= Wales):* yr h|enwlad *f*; **in Welsh-speaking ~**, yn y fro Gymraeg. **2.** *(opposed to town):* gwlad, cefn (*m*) gwlad; **surrounding ~**, cyffiniau *pl*, cymdogaeth *f*, ardal gyfagos *f*, ardaloedd cyfagos *pl*. II. *a*. gwledig, cefn gwlad, gwladaidd; **~ life,** bywyd gwledig *m*, byw (*vn*) yn y wlad, bywyd cefn gwlad; **~ folk,** gwladwyr *pl*, pobl (*f or pl*) y wlad, gwerinwyr *pl*, gwerin (*f*) gwlad; **old ~ folk/stock,** hen ŷd (*m*) y wlad; **she's a real ~ girl,** geneth o'r wlad yw hi; yn y wlad mae hi'n hoffi bod. **~-and-western** *attrib.* **~-and-western music,** *Mus:* canu (*vn*) gwlad a gwerin, canu cefn gwlad a chowboi, canu gwerin [Americanaidd]. **~-bred** *a.* gwledig, o'r wlad, a fagwyd/faged yn y wlad. **~ club** *n.* clwb (clybiau) (*m*) gwlad. **~ code** *n.* rheolau (*pl*) cefn gwlad. **~ cousin** *n.* perthynas (perthnasau) (*f*) o'r wlad. **~ dance** *n.* dawns (*f*) werin (dawnsiau gwerin), dawns wledig (dawnsiau gwledig), dawns wlad (dawnsiau gwlad). **~ dancing** *vn.* dawnsio gwerin. **~ gentleman** *n.m.* yswain (ysweiniaid), bonheddwr (bonheddwyr), sgweiar (sgweieriaid) [gwlad]. **~ house** *n.* **1.** (*= cottage &c*): bwthyn (bythynnod) *m.* **2.** (*= manor &c*): plas(-au) *m*, plasty (plastai) *m.* **~ park** *n.* parc(-iau) (*m*) gwlad, parc gwledig. **~ party** *n.* plaid (pleidiau) amaethyddol *f*, plaid gefn gwlad (pleidiau cefn gwlad). **~ rock[1]** *n. Geog:* craig gysefin (creigiau cysefin) *f.* **~ rock[2]** *n. Mus:* roc gwledig *m.* **~ seat** *n.* plas(-au) (*m*) yn y wlad, plasty (plastai) (*m*) yn y wlad. **~ singer** *n.* canwr (cantorion) (*m*) gwerin, cantores (*f*) werin (cantoresau gwerin). **~ town** *n.* tref wledig (trefi gwledig) *f.* **~-wide** *a.* ar hyd y wlad, ledled y wlad, drwy'r wlad, drwy'r wlad benbaladr.

countryish *a.* gwledig, gwladaidd.

countryman *n.m.* **1.** (*= compatriot*): cydwladwr (cydwladwyr). **2.** (*= living in country*): gwladwr (gwladwyr), gwerinwr (gwerinwyr).

countryside [the] *n.* y wlad *f*, cefn (*m*) gwlad, ardal (*f*) wledig (ardaloedd gwledig); **the ~ code,** rheolau cefn gwlad; **Wildlife and C~ Act,** Deddf (*f*) Bywyd Gwyllt a Chefn Gwlad.

countrywoman *n.f.* **1.** (*= compatriot*): cydwlades(-au). **2.** (*= woman from the country*): gwr|aig (gwragedd) o'r wlad, menyw(-od) o'r wlad, merch(-ed) o'r wlad, gwer|inwraig (gwerinwragedd).

county *n. & a.* (*a*) *n.* sir(-oedd) *f*; (*outside Wales*): swydd(-i) *f*, *e.g.* **C~ Durham,** Swydd Durham; *Hist:* (*= comitatus*): cymuned(-au) (*m*) sir; (*b*) *a.* sirol; (*in social sense*): bonheddig; **a ~ family,** hen deulu o'r sir; **~ people,** boneddigion y sir; **C~ of Edessa,** Iarllaeth Edessa. **~ borough** *n.* bwrdeistref(-i) sirol *f.* **~ corporate** *n.* sir gorfforedig (siroedd corfforedig) *f.* **~ council** *n.* cyngor (*m*) sir (cynghorau sir/siroedd). **~ councillor** *n.* cynghorydd (cynghorwyr) (*m*) sir/sirol. **~ court** *n.* llys(-oedd) sirol *m.* **~ cricket** *n.* criced sirol *m.* **~ fair** *n.* ffair (ffeiriau) sirol *f.* **~ palatine** *n.* iarllaeth b|alatin (iarllaethau p|alatin) *f*, breiniarllaeth(-au) *f.* **~ school** *n.* ysgol(-ion) sir/sirol *f.* **~ seat, ~ town** *n.* tref(-i) sirol *f.*

coup *n.* (*a*) (*= stroke*): ergyd(-ion) *fm*, trawiad(-au) *m*; **to bring off a ~,** ei chipio hi, trechu, bod yn drech, llwyddo [i gipio awdurdod] *&c*, cael yr awdurdod i'ch llaw, ennill y dydd; *Fig: F:* **to pull off a great ~,** gwn|eud/cyflawni gorchest (*f*), gwneud/cyflawni camp (*f*), mynd â'r maen i'r wal, llwyddo'n wych [i wneud rhth], *F:* gwneud strôc; (*b*) **~ *d'état*** *n.* gwrthryfel(-oedd) *m*, chwyldro(-adau) *m*, cipio (*vn*) awdurdod/llywodraeth, cipio'r deyrnas, ***coup(-s)*** (*m*) ***d'état***. **~ *de foudre*** *n.* (*a*) tro(-eon) annisgwyl *m.* (*b*) (*= love at first sight*): trawiad cariad, trawiad serch. **~ *de grace*** *n.* ergyd farwol (ergydion marwol). **~ *de main*** *n.* ymosodiad(-au) grymus *m.* **~ *d'oeil*** *n.* cipolwg (cipolygon) *mf*, cip(-iau) *m.* **~ *de poing*** *n.* dyrnod(-iau) *m*, ergyd, trawiad. **~ *de théâtre*** *n.* newid(-iadau) sydyn *m*, tro(-eon) sydyn *m*, ***coup(-s) de théâtre*** *m.*

coupe *n. Cu:* gwydryn(-nau) *m*, dysgl(-au) *f*, dysglaid (dysgleidiau) *f.*

coupé *n. Veh:* ***coupé(-s)*** *m.*

couple[1] *n.* **1.** (*a*) *Ven:* (*in pl. = joined collars*): cwplws (cyplysau) *m*; (*b*) *Arch:* (*= pair of rafters*): cwplws, cwpl (cyplau) *m.* **2.** (*= pair*): cwpl: cwpwl (cyplau) *m*, dau (deuoedd) *m*, pâr (parau) *m*; *Ph:* cwpl; **to work in couples,** gweithio'n ddeuoedd, gweithio fesul dau/dwy, gweithio bob yn ddau/ddwy; *F:* **(I'll come) in a ~ of minutes,** (mi ddof) mewn dau/dwy eiliad, mewn chwinciad. **3. a ~ of sth,** cwpl o rth; dau (*f.* dwy) + *soft mut.*; *O:* **to hunt in couples,** bod gyda'ch gilydd trwy'r amser; **married ~,** pâr priod *m*; **the newly married ~, the young ~,** y ddeuddyn ifanc, y pâr ifanc, y gŵr a'r wraig ifanc. **4.** *Mec:* cwpl(-au, cyplau) *m*, cyplydd(-ion) *m.*

couple[2] *v.t.&i.* **1.** *v.t.* (*a*) cydio, cysylltu, cyplu, cyplysu, uno; **to ~ a male and female,** cyplu/paru/pario gwryw a benyw; (*= yoke, oxen &c*): clymu, ieuo, cyfieuo; **to ~ oneself,** ymgyplysu **(to sth,** â rhth); *Organ:* **to ~ two manuals,** cysylltu dwy allweddell; **to ~ [man and wife] together,** priodi [gŵr a gwraig]; (*b*) *Mec.E: El:* cyplu, cyplysu; (*c*) *Rail:* **to ~ up/on a carriage,** bachu cerbyd. **2.** *v.i.* (*= to mate*): cydio, ymgydio, cyplu, paru, pario, *A: or Lit:* ymrain.

coupled *a.* **1.** cysylltiedig (â rhth); cypledig (i rth, â rhth); cyplysedig, ynghl|wm (wrth rth); (*oxen &c*): cyfieuedig, cydweddog; (*hands*): cyplysedig; **~ direct to the motor,** mewn cyplysiad union â'r motor, wedi'i gyplysu'n uniongyrchol â'r motor, cypledig yn syth â'r motor; *Med:* **~ beats,** curiadau cypledig. **2.** *Fig:* **it was her talent ~ with her energy which ensured her success,** ei doniau ynghyd â'i hynni a sicrhaodd ei llwyddiant.

coupler *n.* cyplwr (cyplwyr) *m*, cysylltwr (cysylltwyr) *m.* **~-stop** *n.* stop(-iau) (*m*) cyplu.

couplet *n.* cwpled(-i, -au, cypledi, cypledau) *m.*

coupling *vn.* **1.** (*a*) (*= linking*): **= couple[2] 1, 2**; cysylltiad(-au) *m*, cyplysiad(-au) *m*, cyfuniad(-au) *m*; (*b*) (*= mating*): (*i*) cydio, ymgydio; (*ii*) cyd *m*, cydiad(-au) *m*, cypliad(-au) *m*; (*c*) *Rail:* bachu, cysylltu, cysylltiad, bachiad(-au) *m*; (*d*) *El:* cysylltiad, cysylltu. **2.** (*= coupling device*): cyplyn(-nau) *m*, cysylltwr (cysylltwyr) *m*, cyplydd(-ion) *m*; *Metalw:* **flexible ~,** cyplydd hyblyg; *Agr:* **leading ~,** cyplyn arwain; **rod ~, = coupling-bat.** **~-bat** *n. Agr:* cyplyn gwialen. **~-box** *n.* cyplysgist(-iau) *f.* **~-chain** *n.* cadwyn (*f*) fachu (cadwynau bachu). **~-circuit** *n.* cylched(-au) (*m*) cysylltu. **~-pin** *n.* pin(-nau) (*m*) bachu. **~-pole** *n.* polyn (polion) (*m*) cyplu. **~-reins** *n.pl.* awenau cyplu. **~-rod** *n.* rhoden (*f*) gyswllt (rhodiau cyswllt). **~-roof** *n.* to(-eau, -eon) (*m*) cwplws.

coupon *n.* cwpon(-au) *m*, tocyn(-nau) (*m*) dogn, *A:* torron (toronau) *m*; *Post:* **international reply ~,** cwpon ateb rhyngwladol; *Com:* **free-gift ~,** cwpon anrheg; **football ~,** cwpon pêl-droed; **trading ~,** cwpon masnachu; *Hist:* **the C~ Election,** Etholiad y Cwpon.

courage *n.* gwroldeb *m*, gwrolder *m*, dewrder *m*, calon *f*, *Lit: occ:* glewder *m*, glewdra *m*; **have ~!** bydd(-wch) yn ddewr! **to have the ~ of one's convictions,** bod yn barod i sefyll dros eich egwyddorion; **to lack ~,** bod yn wangalon (*pronounced* ng-g); **to lose ~,** digalonni, gwangalonni (*pronounced* ng-g), anobeithio; **to take ~, to pluck up ~, to muster up ~, to take one's ~ in both hands,** ymwroli, ymgalonogi, ymehofni; beiddio, meiddio (gwneud rhth); *F:* magu plwc; **he does not have the ~ to do sth,** nid yw'n ddigon dewr i wneud rhth; *N: occ:* 'does ganddo mo'r iau i wneud rhth; *S.a.* **dutch 1.**

courageous *a.* gwrol, dewr(-ion), glew(-ion), dewrgalon; **it was ~ of him to oppose his chief,** peth dewr ar ei ran oedd gwrthwynebu'i bennaeth.

courageously *adv.* yn ddewr *&c.*

courageousness *n.* **= courage.**

courante *n. Mus:* ***courante(-s)*** *m.*

courgette *n.* ***courgette(-s)*** *mf*, *corbwmpen(-ni) *f.*

courier *n.* (*a*) (*= messenger*): negesydd(-ion, negeswyr) *m*; (*b*) (*of tourist party*): arweinydd(-ion, arweinwyr) *m*, tywysydd(-ion, tywyswyr) *m*, tyw|yswraig (tywyswragedd) *f*; (*c*) **C~,** (*in title of newspaper*): [Y] Rhedegydd *m.*

courlan *n. Orn:* cwrlan(-od) *m.*

course[1] *n.* **1.** (*a*) (*of river, ship, events*): cwrs (cyrsiau) *m*, llwybr(-au) *m*; (*of events*): hynt(-oedd) *f*, cyfeiriad(-au) *m*; (*of bullet &c*): llwybr, ehediad(-au) *m*; **the stars in their courses,** y sêr yn eu graddau/llwybrau; **the ~ of the sun,** cwrs/llwybr yr haul; **the ~ of the world/events,** cwrs y byd; **in the ~ of the meeting,** yn ystod (*f*) y cyfarfod; **in [the] ~ of time,** gydag amser, gyda hyn, gyda hynny, ymh|en amser, ymhen yr hir a'r hwyr, yn nhrefn amser, *Lit:* ymhen y rhawg, gyda threigl amser; **in the ordinary ~ of things,** fel arfer, ran amlaf, gan amlaf, ran fynychaf, fel rheol, yn ôl y drefn arferol; **(to do sth) in due ~,** (gwneud rhth) yn ei bryd/dro, pan ddaw ei dro, gyda hyn/hynny; **this will probably happen in the ~ of three or four months,** tebyg y bydd hyn yn digwydd ymhen *or* o fewn tri neu bedwar mis; **(a building) in the ~ of construction,** (adeilad) ar ganol ei godi, ar ei ganol, ar ei hanner, ar hanner ei godi, sy'n cael ei godi; **the fever must run its ~,** rhaid i'r dwymyn redeg ei chwrs; **to let nature take her ~,** gadael i natur ddilyn ei chwrs; **to let things take their ~,** gadael i bethau fod, gadael i bethau ddilyn eu hynt, gadael llonydd i bethau; **by ~ of law,** yn unol â'r gyfraith, yn unol â threfn y gyfraith; (*b*) **of ~,** wrth gwrs, siŵr iawn, debyg iawn, bid siŵr, yn naturiol, *N: occ:* wrth reswm, siŵr [i] Dduw; **of ~ not!** nage, siŵr iawn! nage, wrth gwrs! nage ddim! *See* **no, not; (are you going to the fair)? - of ~ not!** (wyt ti'n mynd i'r ffair)? - nac ydw wrth gwrs! wrth gwrs nad ydw i ddim! *(c)* **that is a matter of ~,** gellir disgwyl hynny; gellir cymryd hynny'n ganiataol; **to do sth as a matter of ~,** gwneud rhth yn ôl yr arfer. **2.** *(a) Sch:* cwrs (cyrsiau) *m;* cyfres(-i) *f* [o ddarlithoedd]; **crash ~,** cwrs carlam; **to go through a ~, to take a ~,** dilyn cwrs, mynd trwy gwrs, cymryd cwrs; *(b) Med:* cwrs, triniaeth(-au) *f.* **3.** *(a) Nau: &c:* cwrs, hynt, cyfeiriad; **to hold [on] one's ~,** dilyn eich cwrs/hynt, mynd yn syth ymlaen, mynd i'r un cyfeiriad, dal ar eich cyfeiriad; **to be on ~,** bod ar y cwrs/trywydd iawn, anelu'n syth; **to be off ~,** bod allan ohoni, crwydro, cyfeiliorni, colli['ch] ffordd; **to change one's ~,** newid eich cyfeiriad/hynt; **to veer off one's ~,** cyfeiliorni, crwydro, gwyro o'ch cyfeiriad, mynd oddi ar eich cwrs, mynd allan ohoni; *Nau:* **to set ~,** gosod cwrs; **to steer a ~,** dilyn cyfeiriad/cwrs; **with a straight ~,** yn union; *(b)* **to take a ~ of action,** dewis ffordd *(f)* o weithredu, gweithredu; **to take one's own ~,** dilyn eich mympwy eich hun; **there was no ~ open to me but flight,** 'doedd gennyf ddim dewis ond ffoi; **to hesitate between two courses,** clofffi/petruso rhwng dau feddwl, bod mewn cyfyng-gyngor; **the best ~, the right ~,** y dewis gorau/iawn *m,* y ffordd orau/iawn *f,* y peth gorau/iawn *m; S.a.* **middle 1**; *(c) Mch:* **upward ~ of a piston,** esgyniad(-au) *(m)* piston. **4.** *(of meal):* saig (seigiau) *f,* cwrs (cyrsiau) *m.* **5.** *Sp: (a)* **[race-]~,** cae (caeau) *(m)* ras/rasys; **[golf-]~,** maes (meysydd) *(m)* golff; *(b) (= track):* trac(-iau) *m,* llwybr(-au) *m;* **to stay the ~,** cyrraedd pen y daith, dal ati [hyd y pen, i'r eithaf], glynu ati, dygnu arni, rhedeg yr yrfa i'r pen. **6.** *Const: (of bricks):* haen(-au) *f,* rhes(-i) *f,* cwrs (cyrsiau) *m; Min: (= seam):* llygad (llygaid) *m,* gwythïen (gwythiennau) *f; S.a.* **damp-course. 7.** *Nau: (= sail):* hwyl(-iau) *f.* **8.** *Ven: (= hunting):* helfa *f.* **9.** *Mus: (= choir of strings):* coraid (coreidiau) *m.* **10.** *n.pl.* **courses,** *Med: A: (= menses, periods):* misglwyf *m.*

course² *v.t.&i.* **1.** *v.t. Ven:* cwrs[i]o, hela. **2.** *v.i. Lit: (= flow²):* rhedeg, llifo, ffrydio, cwrsio.

coursed *a.* patrymog; *Const: U.S:* **~ ashlar,** meini mewn haen, haen o feini.

courser *n.* **1.** *Poet: (= horse):* helfarch (helfeirch) *m.* **2.** *(= hunter):* cwrsiwr (cwrswyr) *m,* heliwr (helwyr) *m.* **3.** *Orn:* cwrsiwr, rhedwr (rhedwyr) *m.*

coursework *n.* gwaith *(m)* cwrs.

coursing *vn.* **1.** cwrs[i]o, helfa *f,* helwriaeth *f.* **~-joint** *n. Const:* uniad(-au) plŷg *m.*

court¹ *n.* **1.** *(a)* **= courtyard;** *(b) (off street):* ale(-on) *f,* ala(-on) *f,* cwrt(-[i]au, -ydd) *m,* cowrt(-iau) *m, S.W: occ:* cidel: cidell(-au) *f;* *(c) (in names of houses):* Cwrt *m,* Plas *m,* Neuadd *f.* **2.** *(a) (royal):* llys(-oedd) *m;* **the C~ of St. James's,** Llys y Brenin/Frenhines; **to hold ~,** cynnal llys; *(b)* **to pay ~ to s.o.,** ceisio ffafr rhn; **to pay ~ to a girl,** canlyn merch. **3.** *Jur: (a)* llys(-oedd) *m, F:* cwrt(-[i]au, -ydd) *m;* **in ~,** yn y llys; **in a ~,** mewn llys; **silence in ~!** gosteg [yn] y llys! **to appear before the [magistrates'] ~,** *F:* dod o flaen eich gwell; **in open ~,** mewn llys agored, yn gyhoeddus mewn llys; **to arrange/settle a case out of ~,** setlo achos y tu allan i'r llys; **to go to ~,** mynd i gyfraith, mynd o flaen llys; **to rule/put s.o. out of ~,** dyfarnu yn erbyn rhn, gwrthod cais rhn; **to take s.o. to ~,** rhoi'r gyfraith ar rn, mynd â rhn i gyfraith/lys, *N: occ:* rhoi cwrt ar rn, cwrtio rhn; **law ~,** llys barn; **~ of assize,** brawdlys(-oedd) *mf;* **~ of quarter sessions,** llys chwarter, cwrt sesiwn chwarter; **C~ of Summary Jurisdiction in Scotland,** Llys Awdurdod Diamod [yn] yr Alban; **appeal ~,** llys apêl; **church ~, ecclesiastical ~,** llys [yr] eglwys, llys eglwysig; **civil ~,** llys sifil, llys gwladol; **commote ~,** llys cwmwd; **consistory ~,** llys cons|istori, llys esgob; **coroner's ~,** llys crwner; **county ~,** llys sirol, *F:* cwrt bach, cwrt [y] sir, *S.W:* cwrt mawr; **criminal ~,** llys troseddau; **the Central Criminal C~,** y Llys Troseddau Canolog; **Crown C~,** Llys y Goron; **customary ~,** cwrt defodau; **Divisional C~,** Llys Adrannol; **High C~,** Uchel Lys; **hundred ~,** cwrt hwndrwd; **Industrial Relations C~,** Llys Cysylltiadau Diwydiannol; **the International C~ of Justice,** y Llys Barn Cydwladol; **juvenile ~,** llys plant/ieuenctid; **magistates' ~, police ~,** llys ynadon, ynadlys(-oedd) *m;* **nisi prius ~,** llys [yr] achosion cyffredin; **Restrictive Practices C~,** Llys Arferion Rhwystrol; **small claims ~,** llys mân hawliadau; **the Supreme C~ [of Judicature],** Goruchaf Lys [Barnweiniad]; **~ of adjournment,** llys ail goffa; **C~ of Chancery,** Llys Siawnsri, Canghellys *m,* Llys yr Arglwydd Ganghellor; **C~ of Common Pleas,** Llys Pleon/Pledion Cyffredin, Llys Cyffredin; **~ of competent jurisdiction,** llys ag awdurdod digonol; **~ of inquiry,** llys ymchwiliad; **the C~ of Protection,** Llys Nawdd, Llys Gwarchod; *Hist:* **C~ of the Council of Wales and the Marches,** Llys y Gororau; *Hist:* **C~ of Great Sessions in Wales,** Llys y Sesiwn Fawr yng Nghymru; **C~ of Admiralty,** y Morlys *m,* Cwrt y Morlys; **C~ of Audience, Audience C~,** Llys Gwrandawiad; **Inns of C~,** Neuaddau'r Frawdlys, Ysbytai'r Frawdlys; **C~ of Augmentations,** Llys yr Ychwanegiadau; **~ of record,** coflys(-oed) *m,* llys cofnodion; **C~ of Delegates,** Llys Anfonogion; *Ecc:* **C~ of Arches,** Llys y Bwâu; **C~ of High Commission,** Llys yr Uchel Gomisiwn; **C~ of Exchequer,** y Trysorlys *m,* Cwrt y Siecr; **C~ of King's Bench,** Llys Mainc y Brenin; **~ of domestic relations,** llys cysylltiadau teuluol; **C~ of Equity,** Llys |Ecwiti; **~ of honour,** llys anrhydedd; **C~ of Obligations,** Llys Ymrwymiadau; **~ of claims,** llys hawliadau; **C~ of Petty Sessions,** Cwrt Bach; **C~ of Queen's Bench,** Llys Mainc y Frenhines; **C~ of Conscience, C~ of Requests,** Llys Deisyfion; **C~ of Probate,** Llys Profiant; *Hist:* **C~ of Star Chamber,** Llys [Siambr] y Seren; *B:* **~ of the gentiles,** cyntedd *(m)* y cenhedloedd; **C~ of Wards and Liveries,** Llys Gward a Lifrai; **piepowder ~,** llys marchnad, llys traed llychlyd; **Prerogative C~,** Llys Uchelfraint. **4.** *Sp:* cwrt(-iau) *m; Fig:* **the ball is in your ~,** eich tro chi yw hi 'nawr; chi sydd i symud. **~-baron** *n.* llys *(m)* brëyr, llys brehyrol. **C~ Cadmor, C~ Coldmore** *W.Pl.n.* Cwrt Cowny *m.* **~-card** *n. Cards: N:* cerdyn (cardiau) *(m)* lliw, cerdyn llys, *S:* carden *(f)* liw (cardiau lliw), carden lys (cardiau llys), *Lit: A:* cerdyn brith. **~ circular** *n.* adroddiad(-au) *(m)* llys. **~ cupboard** *n.* cilfwrdd (cilfyrddau) *m,* llysgwpwrdd (llysgypyrddau) *m.* **~-day** *n. Jur:* dydd(-iau) *(m)* hawl, diwrnod(-iau) *(m)* llys; **non ~-day,** dydd dyddon. **~ dress** *n.* dillad *(pl)* llys. **~ duty officer** *n.* swyddog(-ion) *(m)* dyletswydd llys. **~ game** *n.* chwarae(-on) *(m)* cwrt, gêm (gemau) *(f)* cwrt. **~ hand** *n.* ysgrifen *(f)* l[l]ys. **~-house** *n.* llys(-oedd) *m,* cwrt(-iau) *m,* llysty (llystai) *m.* **~-leet** *n. Hist:* pentreflys(-oedd) *m,* cwrt *(m)* lît, *F:* cwrt clyd. **~ martial¹** *n. Mil: Jur:* cwrt-marsial *m,* llys(-oedd) *(m)* marsial, llys milwrol; **Courts-Martial Appeals ~,** Llys Apêl y Llysoedd Marsial. **~-martial²** *v.t.* dwyn (rhn) o flaen llys milwrol, rhoi cwrt marsial (ar/i rn). **~-order** *n. Jur:* gorchymyn (gorchmynion) *(m)* llys. **~ plaster** *n. Med:* plastr du (plastrau duon) *m.* **~ poet** *n.* bardd (beirdd) *(m)* llys. **~ report** *n.* adroddiad(-au) *(m)* llys. **~ reporter** *n. Jur:* cofnodwr (cofnodwyr) *(m)* llys. **~ roll** *n. Hist:* rhôl (rholiau) *(f)* llys. **~-room** *n.* llys, ystafell *(f)* l[l]ys (ystafelloedd llys[-oedd]). **~ shoe** *n.* esgid ysgafn (esgidiau ysgeifn) *f.* **C~ St. Lawrence** *W.Pl.n.* Llanlawrens *f.* **~ tennis** *n.* tennis *(m)* cwrt.

court² *v.t.* **1.** canlyn. **2. to ~ applause,** ceisio cymeradwyaeth; **to ~ danger,** herio perygl, ei mentro hi, rhyfygu, anturio; **you are courting disaster,** 'rydych chi'n gwahodd trychineb.

courtelle *n. Needlew: courtelle m.*

courteous *a.* cwrtais, moesgar, boneddigaidd **(to/towards s.o.,** tuag at rn, wrth rn).

courteously *adv.* yn gwrtais *&c.*

courteousness *n.* **= courtesy.**

courtesan *n.f.* putain (puteiniaid) *(f)* llys.

courtesy *n.* cwrteisi *m,* cwrteisrwydd *m,* moesgarwch *m,* boneddigeiddrwydd *m;* **by ~, as a matter of ~,** trwy gwrteisi, o ran cwrteisi; **by ~ of s.o.,** trwy garedigrwydd/gwrteisi/gennad rhn; **road ~,** cwrteisi'r ffordd fawr. **~ call** *n.* galwad *(f)* gwrteisi (galwadau cwrteisi). **~ card** *n.* cerdyn (cardiau) *(m)* breintiau, carden *(f)* freintiau (cardiau breintiau). **~ cop** *n. F:* plisman/plismon (plismyn) *(m)* cwrteisi. **~ light** *n. Aut:* golau (goleuadau) mewnol *m.* **~ path** *n.* llwybr(-au) *(m)* cennad. **~ title** *n.* teitl(-au) *(m)* cwrteisi.

courtier *n.* gŵr (gwŷr) *(m)* llys, llyswr (llyswyr) *m.*

courting *a.* sy'n canlyn; **~ couple,** pâr (parau) o gariadon, dau gariad, llanc *(m)* a'i gariad *(f), S: F:* sboner *(m)* a wejen *(f).*

courtliness *n.* **1.** llyseiddiwch *m,* llys|eidd-dra *m,* llyseiddrwydd *m; S.a.* **courtesy. 2.** *(= refinement):* syberwyd *m,* coethder *m.*

courtly *a. & adv.* **1.** *(= polite):* cwrtais, bonheddig,

boneddigaidd; **~ love,** serch cwrtais *m*, serch llysaidd, serch llys. **2.** *(= refined):* llysaidd, coeth, syber.
courtroom *n.* cwrt (cyrtiau) *m*, ystafell *(f)* l[l]ys (ystafelloedd llys[-oedd]).
courtship *n.* carwriaeth(-au) *f.*
courtside *n. Sp:* ymyl *(mf)* cwrt (ymylon cwrt/cwrtiau).
courtyard *n. (a)* **= farmyard**; *(b) (of house):* libart(-iau) *m*, cowrt(-iau) *m*, cowt(-ydd) *m*, iard(-iau, ierdydd) *f*, *S: occ:* beili (beilïau) *m*, clos(-ydd) *m*.
couscous *n. Cu:* cwscws *m*.
cousin *n.* **first ~, ~ german,** *(male):* cefnder [cyfan] (cefndryd, cefndyr, cefnderoedd, cefnderon, cefnderwydd, cefnderwyr, *S.W: occ:* cefnderod [cyfain]) *m*; *(female):* cyfnither [gyfan] (cyfnitheroedd, cyfnitherod [cyfain]) *f*; **second ~,** *(male):* cyfyrder(-on) *m*, *S.W: S: occ:* cyfyrdder(-on) *m*; *(female):* cyfyrder(-on) *f*, cyfyrderes(-au) *f*, *S.W: S: occ:* cyfyrdder(-on) *f*, cyfyrdderes(-au) *f*; **third ~,** caifn: ceifn (ceifnaint) *m&f*; **fourth ~,** gorchaifn (gorcheifnaint) *m&f*; **fifth ~,** gorchaw(-on) *m&f*; **first ~ once removed,** *(a) (= one's cousin's child):* plentyn (plant) *(m)* eich cefnder/cyfnither; *(b) (= one's parent's cousin):* cefnder/cyfnither eich mam/tad. **C~ Jack** *n.* = **Cornishman.**
cousinage *n.* carennydd *m*.
cousinhood *n.* perthynas *f* [rhwng cefndryd *&c*].
cousinly *adv.* cefnderol, cyfnitherol.
cousinship *n.* **= cousinhood.**
couth *a. & n.* **1.** *a.* diwylliedig, gwâr, cwrtais, gwaraidd. **2.** *n.* cwrteisi *m*, gwar|eidd-dra *m*, gwarineb *m*.
couture *n.* gwniadwaith *m*, cynllunio *(vn)* dillad, ffasiynu *(vn)* dillad; ***haute* ~,** uchel ffasiwn *mf*, uchel ffasiynau *pl.*
couturier *n.* ffasiynwr (ffasiynwyr) *m*.
couturière *n.f.* ffas|iynwraig (ffasiynwragedd).
couvade *n.* cwfâd *m*.
couverture *n. Cu:* gorchudd *(m)* siocled, siocled *(m)* gorchuddio.
covalence, covalency *n. Ch:* cyf|alensi (cyfalensïau) *m*, cofalens(-ïau) *m*.
covalent *a. Ch: El:* cyfalent, cofalent; **~ bond,** rhwymyn(-nau) cyfalent *m*.
covalently *adv.* yn gyfalent *&c.*
covariance *n. Psy: Mth:* cydamrywiant (cydamrywiannau) *m*.
covariant *a.* cydamrywiol.
cove[1] *n.* **1.** *Geog:* cildraeth(-au) *m*, traeth bychan (traethau bychain) *m*, bae bychan (baeau bychain) *m*; *(in place-names only):* porth (pyrth) *f.* **2.** *Arch:* cilfwa (cilfwâu) *m*. **~ ceiling** *n.* nenfwd (nenfydau) cilfwaog *m*. **~ lighting** *n.* golau (goleuadau) *(m)* cilfwa.
cove[2] *n. P: O:* cono(-s) *m*, pegor(-iaid) *m*, boi(-s) *m*, *S:* bachan *m*, *N.W: F: occ:* co (cofis) *m*, cofi(-s) *m*; **he's a queer ~,** creadur rhyfedd ydyw; *S:* mae'n fachan broc; *N:* 'deryn brith ydi o.
cove[3] *v.t. Arch:* bwau, cilfwau.
covellite *n. Geol:* cop[o]r glas *m*.
coven *n.* cynulliad(-au) *m* [o wrachod], cwfen(-nau) *m*.
covenant[1] *n.* cyfamod(-au) *m*; **deed of ~,** gweithred *(f)* gyfamodi (gweithredoedd cyfamodi); **mutual ~,** cyfamod y naill â'r llall, cyfamod cilyddol; **restrictive ~,** cyfamod caethiwus, cyfamod rhwystrol; **~ for title,** cyfamod unioni teitl, cyfamod teitl; **C~ of the League of Nations,** Cyfamod Cynghrair y Cenhedloedd; **the Ark of the C~,** Arch *(f)* y Cyfamod; **church ~,** cyfamod eglwysig; **the ~ of grace,** cyfamod gras; **~ of works,** cyfamod gweithredoedd; **~ of peace,** cyfamod hedd; **land of the ~,** gwlad *(f)* y cyfamod; *Scot.Hist:* **Solemn League and C~,** Cynghrair a Chyfamod Difrifol.
covenant[2] *v.t.&i.* **1.** *v.t.* cyfamodi. **2.** *v.i.* **to ~ to do sth,** cyfamodi/ymrwymo i wneud rhth; **to ~ with s.o. for sth,** cyfamodi â rhn am rth.
covenantal *a.* cyfamodol.
covenanted *a.* cyfamodedig.
covenantee *n. Jur:* cyfamodai (cyfamodeion) *m&f.*
covenanter, covenantor *n.* cyfamodwr (cyfamodwyr) *m*, cyfam|odwraig *f.*
Coventry *Eng.Pl.n.* C|ofentri *f*, *A:* Cwyntry *f*; **to send (s.o.) to ~,** diarddel, esgymuno, anwybyddu (rhn); gwrthod siarad (â rhn); *Joc:* torri (rhn) [allan] o'r seiat.
cover[1] *n.* **1.** gorchudd(-ion) *m*; **loose ~,** *(of cushion, pillow):* gorchudd rhydd, tudded(-au,-i) *f.* **2.** *(= lid):* *N: S.W:* caead(-au) *m*, *S:* clawr (cloriau) *m*; *Mec.E:* amgaead(-au) *m*; **chain ~,** amgaead cadwyn. **3.** *(of book):* clawr, *F:* cas(-ys) *m*; **(to read a book) from ~ to ~,** (darllen llyfr) o glawr i glawr, o gas i gas, o un pen i'r llall, o'r dechrau i'r diwedd, o'r naill glawr i'r llall. **4.** *Post:* amlen(-ni) *f*, *occ:* cas(-ys, -iau) [llythyr]; **under plain ~,** mewn amlen blaen; **under separate ~,** mewn amlen ar wahân. **5.** *(= shelter):* *(a)* cysgod *m*, lloches(-au) *f*, cysgodfa (cysgodf|eydd) *f*, noddfa (noddf|eydd) *f*, cuddfan(-nau) *mf*, cuddfa (cuddfâu, cuddf|eydd) *f*, *occ:* cudd(-iau,-ion) *m*; **to give s.o. ~,** cysgodi, llochesu (rhn); rhoi cysgod/lloches (i rn); **to seek/take ~,** cysgodi, ymochel, ymogel, cuddio, ymguddio, *S:* cwato; **to take ~ (from the rain),** cysgodi, ymochel, ymogel, *N:* [g]wardio, *S:* cwato (rhag y glaw); **under ~ (from rain *&c*),** dan do, yn ddiddos (rhag glaw); **to be under ~,** bod ynghudd, bod dan gudd, bod wedi'ch cuddio, bod dan gysgod, *F:* swatio; *(b) Ven: &c: (i) (= undergrowth &c):* cwfert *m*, cyfar *m*, lloches; *(ii) (= lair):* gwâl (gwal[i]au) *f*, ffau (ffeuau) *f*; **to break ~,** dod allan/mas, dod i'r amlwg, dod i'r golwg, dod i'r agored, ymddangos, ffoi o'ch lloches; *Mil: (= protection):* amddiffyniad *m*, amddiffyn *vn*; **to take ~ from the enemy's fire,** ymochel/cysgodi rhag tanio'r gelyn; **to place troops under ~,** rhoi milwyr dan gysgod. **6.** *(a)* llen(-ni) *f*; **under the ~ of darkness/night,** dan lenni'r nos/gwyll; *(b) (= pretence): (of spy &c):* cochl(-au) *f*, masg(-iau) *m*; **under [the] ~ of friendship,** dan gochl cyfeillgarwch, dan esgus/gogio cyfeillgarwch; **to blow/break s.o.'s ~,** tynnu masg rhn, datgelu/datguddio pwy yw rhn; **my ~'s been blown,** maen' nhw'n gwybod pwy ydw i. **7.** *Com: Ins:* yswiriant *m*, sicrwydd *(m)* yswiriant, gwarant *(m)* yswiriant, diogelwch *m*, cysgod *(m)* yswiriant; **to operate without ~,** gweithredu heb sicrwydd yswiriant; *Fin:* **call for additional ~,** galw am yswiriant ychwanegol; *Ins:* **full ~,** yswiriant llawn. **8.** *(at table):* lle(-oedd) *m*. **9.** *Cr:* cyfar: cyfer *m*. **~ charge** *n.* tâl (taliadau) *(m)* hulio. **~ crop** *n.* cnwd (cnydau) *(m)* gorchuddio. **~-drive** *n. Cr:* cyfer-dreif(-iau) *m*. **~ girl** *n.f.* merch ddalen flaen (merched dalen flaen, merched dalennau blaen). **~ glass** *n.* arwydryn(-nau) *m*. **~ land** *n. Geog:* tir(-oedd) *(m)* gorchudd. **~ note** *n. Ins:* nodyn (nodion) *(m)* yswiriant, nodyn diogelu. **~ plate** *n.* plât (platiau) *(m)* caead, plât clawr. **~-point** *n. Cr:* cyferbwynt *m*. **~ shot** *n. Phot:* ciplun llydan (cipluniau llydain) *m*. **~ slip** *n.* **= cover glass.** **~ story** *n.* **1.** *Journ:* stori *(f)* glawr (straeon cloriau). **2.** *(of spy):* stori *(f)* guddio (straeon cuddio). **~ version** *n. (of song &c):* dynwarediad(-au) *m*, ail fersiwn (~ fersiynau) *f.*
cover[2] *v.t.* **1.** *(a)* gorchuddio; **to ~ the ground with straw,** taenu gwellt ar y llawr, gorchuddio'r llawr â gwellt, rhoi gwellt dros y llawr; **to ~ one's head,** gwisgo/rhoi/dodi rhth am eich pen, *Lit:* ymorchuddio; **to be covered in dirt,** bod yn faw i gyd, bod yn faw drosoch; **the wood covers twenty acres,** mae'r coed yn ymestyn dros ugain erw; **to be well covered,** *(i) (= clothed):* gwisgo'n gynnes/glyd, *N.W: occ:* bod yn gobog; *(ii) (= fleshy):* bod yn llond eich croen, *S.W:* llanw'ch cot, **to ~ oneself up,** gwisgo'n gynnes/glyd, lapio amdanoch; *(b)* **to ~ s.o. with ridicule,** gwn|eud rhn yn destun sbort, gwneud hwyl am ben rhn, gwneud rhn yn gyff gwawd; **to ~ s.o. with shame,** codi cywilydd ar rn; **to be covered in confusion/shame,** bod yn gywilydd i gyd, boddi mewn cywilydd. **2. the cavalry covered the retreat,** bu'r marchoglu'n gwarchod/amddiffyn yr enciliad; **to ~ s.o. from enemy attack (with gunfire),** gwarchod rhn rhag ymosodiad gelyn (â thanio), tanio i warchod rhn rhag ymosodiadau gelyn. **3.** *(a)* **to ~ a book,** clorio llyfr, rhoi clawr am lyfr, casio llyfr; *(b) (= put lid on):* rhoi caead (ar rth); *(c) El.E: &c:* **to ~ a wire,** amwisgo/gweinio/lapio gwifren; *(d)* **to ~ a coracle,** *S.W:* helingo cwrwgl. **4.** *(a)* **to ~ a distance,** teithio/mynd/dod/gwneud pellter; **we covered 200 miles yesterday,** fe wnaethom/ddaethom ddau can milltir ddoe; *(b)* **our salesman covers that area,** mae ein trafaeliwr yn gofalu am yr ardal yna. **5.** *(= conceal):* cuddio, celu. **6.** *(a)* **to ~ s.o. with a revolver,** anelu/cyfeirio dryll at rn, dal dryll ar annel ar rn; **I've got you covered!** mae gen i wn arnat ti! *(b)* **enemy guns covered the valley,** anelai gynnau'r gelyn dros y dyffryn. **7.** *(= account for):* **this explanation does not ~ all the facts,** nid yw'r eglurhad hwn yn egluro'r/esbonio'r ffeithiau i gyd; *(= deal with, embrace):* cynnwys, cwmpasu; **the book covers the whole subject,** mae'r llyfr yn trafod/trin y cyfan o'r pwnc; mae'r llyfr yn cwmpasu'r cyfan o'r pwnc; **in order to ~ all eventualities,** er

mwyn ymorol am bopeth a all ddigwydd, er mwyn rhag|weld popeth a all ddigwydd, er mwyn bod yn barod am bopeth a all ddigwydd; *Journ: F:* **to ~ a meeting,** mynd i gofnodi cyfarfod. **8.** *(a)* **to ~ s.o. against risk,** yswirio/gwarantu rhn rhag perygl; *(b)* **to ~ a bill,** cyflenwi bil cyfnewid; **to ~ [one's] expenses,** cael digon at eich treuliau; **to ~ a deficit,** cyflenwi diffyg. **9.** *(= sit on):* **to ~ eggs,** eistedd/gori ar wyau. **10. to ~ a bet,** derbyn bet; betio cymaint [â rhn arall]. **11.** *Breed:* marchogaeth, cyfebru, llamu. **12.** *v.i.* **to ~ for s.o.,** cymryd lle rhn; *Th:* dirprwyo dros rn. **13.** *Cr: &c:* **to ~ a player,** sgilio/cyfro chwaraewr. **~ in, ~ over** *v.t.* toi, gorchuddio, amd|oi (rhth); rhoi to (ar ben rhth *or* dros rth); **the grave was quickly covered in,** caewyd/llanwyd y bedd yn gyflym; **the covered-in area,** y rhan dan do. **~ up** *v.t. (a)* gorchuddio, toi, amdoi (rhth); taenu rhth (dros rth); *(b) (= dissimulate):* celu, cuddio; **to ~ up for s.o.,** cadw ar rn, cuddio bai rhn, cuddio absenoldeb rhn; *(c) Box:* gwarchod. **~-up** *n.* ffug-esgus(-ion) *m* [dros rth], ymgais (ymgeisiadau) *mf* [i guddio rhth].

coverable *a.* gorchuddiadwy; *Ins:* yswiriadwy.

coverage *n.* sylw *m*; **the strike was given wide ~ in the press,** cafodd y streic sylw eang yn y wasg; **news ~,** sylw'r wasg.

coverall *a. & n.pl.* **1.** *a.* gorchuddiol. **2.** *n.pl.* cyfanwisg(-oedd) *f*, gorchuddwisg(-oedd) *f*.

covered *a.* gorchuddiedig, dan orchudd; **well-~,** dan orchudd da; **well-~ up [in clothes],** a digon o ddillad amdanoch, wedi'ch gwisgo'n gynnes; **~ bridge,** pont(-ydd) *(f)* dan do; *Agr:* **~ smut,** penddu amwisgedig *f*, penddu mewn amwisg; **~ wagon,** [g]wagen(-i) *(f)* â tho, [g]wagen do ([g]wageni to), men *(f)* ddiddos (menni diddos); **~ way,** llwybr(-au) *(m)* dan do; **to be ~ with mud,** bod yn llaid drosoch, bod yn llaid i gyd, *N:* bod yn derrig o fwd, *S:* bod yn llacs i gyd, *N: occ:* bod yn drybola o fwd; **the field was ~ with water,** 'roedd y cae yn un llyn; 'roedd y cae dan ddŵr; 'roedd y cae'n nofio; **(a floor) ~ with carpets,** (llawr) a charpedi drosto, dan garpedi, wedi ei daenu â charpedi, â charpedi wedi eu taenu drosto; **(a hut) ~ with leaves,** (caban) wedi ei doi â dail, â dail yn do iddo, â dail drosto, â tho o ddail; **(trees) ~ with fruit,** (coed) yn llawn ffrwythau, yn ffrwythau i gyd, â ffrwythau drostynt, yn gyforiog o ffrwythau, *S.W:* yn gyfor o ffrwythau, yn pingad/pingo o ffrwythau; **roses ~ with greenfly,** rhosynnau yn frith o glêr gwyrdd; **a cat is ~ in fur,** mae blew dros gorff cath i gyd; mae cath yn flew i gyd; mae cath â blew drosti; *Ins:* yswiriedig; **are you ~ against fire?** a oes gennych yswiriant rhag tân? **to keep s.o. ~,** *(i)* dal gwn ar rn; *(ii)* gwarchod rhn; **I've got him ~,** mae gen i wn arno.

coverer *n.* gorchuddiwr (gorchuddwyr) *m*, gorch|uddwraig *f*; *Ins:* yswiriwr (yswirwyr) *m*; *Fin:* gwarantwr: gwarantydd (gwarantwyr) *m*.

covering[1] *a.* gorchuddiol; **~ fire,** tanio *(vn)* amddiffynnol/gwarchodol; **~ letter,** llythyr(-au,-on) eglurhaol *m*.

covering[2] *vn. & n.* **1.** *vn.* **= cover[2]. 2.** *n. (=* **cover[1]***):* gorchudd(-ion) *m*; *(of paint, snow &c):* haen(-au) *f*, haenen(-nau) *f*; *(of snow, ice):* caenen(-nau) *f*.

coverless *a.* heb orchudd, diorchudd, noeth(-ion), heb do, di-do; *Ins:* heb yswiriant.

coverlet *n.* cwrlid(-au) *m*.

coversine *n. Mth:* cyfersin(-au) *m*.

covert[1] *a.* cudd, cuddiedig, dirgel, cêl, dan gochl.

covert[2] *n.* **1.** *Ven:* **= cover[1] 5** *(b)*. **2.** *Orn:* **tail-~, wing-~,** bôn-bluen (bonblu) *f*, bôn-blufyn (bonbluf) *m*, pluen *(f)* y bôn (plu'r bôn), plufyn (pluf) *(m)* y bôn. **~ coat** *n.* côt (cotiau) *(f)* hela.

covertly *adv.* yn gudd, tan gudd, tan gêl, yn y dirgel, yn ddirgel.

covertness *n.* natur guddiedig *f*.

coverture *n.* **1. = covering, cover[2]. 2.** *Jur:* cyflwr priodasol *m*.

covet *v.t.* chwennych, chwenychu, blysio; *Prov:* **all ~, all lose,** yn ceisio'r cyrn, colli'r clustiau; *B:* **thou shalt not ~ thy neighbour's house,** na chwennych dŷ dy gymydog.

covetable *a.* chwenychadwy.

coveted *a.* chwenychedig, a chwenychir; **much ~,** tra chwenychedig, a fawr chwenychir.

coveter *n.* chwenychwr (chwenychwyr) *m*, chwen|ychwraig (chwenychwragedd) *f*.

coveting[1] *a.* **= covetous.**

coveting[2] *vn.* **= covet**; chwenychiad(-au) *m*.

covetingly *adv.* **= covetously.**

covetous *a.* blysiog, chwannog, trachwantus, chwenychgar, barus; **~ of money,** chwannog am arian, ariangar *(pronounced* ng-g), esgud am arian, *F:* 'sgut am arian; **to cast ~ eyes on sth,** blysio, chwenychu (rhth); llygadu (rhth) yn flysiog.

covetously *adv.* yn flysiog, yn chwannog *&c.*

covetousness *n.* **1.** trachwant *m*, blys *m*, bariaeth *f*. **2.** *(of money):* ariangarwch *m (pronounced* ng-g).

covey *n.* haid (heidiau) *f* [o betris].

coving *n. Arch:* cilfwâu *pl*, cilfŵad (cilfwadau) *m*.

cow[1] *n.* **1.** buwch (buchod) *f*; *pl.* **cows,** *N:* gwartheg, *S:* da; **milch/milking ~,** buwch flith (buchod blith), buwch odro (buchod godro), buwch laethog (buchod llaethog), ll|aethwraig (llaethwragedd) *f*; **milking cows/cattle,** gwartheg llaeth/godro, *S:* da blith, da blithion, da blithiog, da godro, *N:* gwartheg blith; **a ~ in calf,** buwch gyflo (buchod cyflo); **a ~ having its first calf,** buwch gynflith (buchod cynflith) *f*; **a ~ about to calve, a ~ near calving,** buwch ddywydd (buchod dywydd), buwch yn dywyddu, buwch ar ben ei hâl, buwch yn [h]alu; **dairy ~,** buwch odro (buchod/da godro); **house ~,** buwch at y tŷ; **nurse ~,** buwch faethu (buchod maethu), buwch faeth (buchod maeth); **a ~ in heat, a tufty ~,** *N:* buwch yn gofyn tarw, buwch ag eisiau tarw arni, *occ:* buwch derfenydd (buchod terfenydd), *S:* buwch yn mo[f]lyn tarw, buwch wasod (buchod gwasod), *occ:* buwch yn ysu/'mosod; **a barren ~,** buwch hesb (buchod hysbion); **a hard ~,** *(that holds back milk):* buwch gronedig (buchod cronedig) *f*; **a ~ that gives plenty of milk,** ll|aethwraig dda (llaethwragedd da) *f*; **a ~ with calf,** buwch â llo wrth ei thraed; **a farrow ~, a ~ without calf,** myswynog(-ydd) *f*, *F:* 'swynog(-ydd) *f*; **to tend cows,** bugeilio gwartheg, *N: F:* cowmona; *F:* **wait till the cows come home,** *S.W: occ:* aros tan fore ffair niwl, *N:* aros tan Ddydd Sul y Pys, aros nes daw 'Dolig yn yr haf; **to sleep till the cows come home,** *S:* cysgu nes daw'r da thua thre; *Prov:* **curst cows have short horns,** rhoes Duw gyrn byr i'r eidion dyrys. **2.** *(term of abuse):* **you old ~,** yr hen fuwch, yr hen hwch *(f)*, yr hen ast *(f)*, y slebog *(f)*, y strebog *(f)*, yr hulpan *(f)*, y gnawes *(f)*, y 'sguthan *(f) &c*, *N.W: occ:* yr hen globan *(f)*; **this van is a real ~ to drive,** mae hon yn gythraul *(m)* o fan i'w gyrru. **~-basil** *n. Bot:* sebonllys *(m)* y maes. **~-bird** *n. Orn: U.S:* mwyalchen (mwyalchod, mwyeilch) *(f)* y gwartheg. **~-calf** *n.* llo(-i) *(m)* benyw, *N:* llo fanw (lloeau beinw). **~-collar** *n.* aerwy(-au, -on) *m*, coler(-i, -au) *fm*, *occ:* cebystr(-au, -on) *m*, *M.W:* tennyn (tenynnau) *m*. **~ college** *n.* coleg(-au) amaethyddol *m*. **~-cress** *n. Bot:* codywasg *(m)* y maes, pupurlys *m*. **~-dung** *n.* biswail *m*, *N:* tail *(m)* gwartheg, *S:* tom *(f)* da, *V:* cachu *(m)* buwch; **dried ~-dung,** gleuhaden (gleuad) *f*. **~-fish** *n.* **1.** *(= sea-cow):* buwch *(f)* fôr (buchod môr). **2.** *Ich:* pysgodyn (pysgod) corniog *m*, corngopog(-iaid) *m (pronounced* ng-g), pysgodyn trichorniog. **~-grass** *n. Bot:* glaswellt *(m)* y fuwch, buchwellt *m*, meillion igam-ogam *pl*, meillion coch. **~-hand** *n.* gwas (gweision) *(m)* fferm, cowmon (cowmyn) *m*, *A:* gwarthegydd(-ion) *m*; **to be a ~-hand,** cowmona. **~-heel** *n. Cu:* troed *(f)* buwch (traed buwch/buchod). **~-hocked** *a.* glingam *(pronounced* ng-g). **~-horn** *n.* corn *(m)* buwch (cyrn buwch/buchod); *Mus:* corn (cyrn) *(m)* gwartheg. **~-horn orchid** *n. Bot:* tegeirian(-au) *(m)* corn buwch. **~-horse** *n.* ceffyl(-au) *(m)* gwartheg. **~-milker** *n.* peiriant (peiriannau) *(m)* godro. **~-parsley** *n.* cegiden fenyw *f*, gorthyfail llyfn *m*. **~-paps** *n.pl. Z:* tethi'r fuwch. **~-parsnip** *n. Bot:* efwr *m*, ewr *m*, efyrllys *m*, panasen (pannas) *(f)* y cawr, moronen (moron) *(f)* y meirch, panasen y fuwch, y gron *f*, panasen wyllt (pannas gwylltion). **~-pat** *n.* bisweilyn: biswelyn (biswail) *m*; *(dried):* gleuhaden (gleuad) *f*, cacen *(f)* dom (cacennau tom). **~-path** *n.* llwybr(-au) *(m)* gwartheg. **~-pen** *n.* ffald *(f)* fuchod (ffaldiau buchod), cut(-iau) *(m)* gwartheg, buches(-i, -au) *f*, buarth(-au) *(m)* godro. **~-pilot** *n. Ich:* cowpeilot(-iaid) *m*. **~-plant** *n. Bot:* llaethwydden (llaethwydd) *f*, llaethlys *(m)* yr India. **~-pony** *n.* merlyn (merlod) *(m)* gwartheg. **~-quakes** *n. Bot:* crydwellt *m*, gwenith *(m)* ysgyfarnog. **~-run** *n.* cynefin(-oedd) *(m)* gwartheg, porfa (porf|eydd) *f*. **~-shark** *n. Ich:* *bufforgi (buforgwn) *m*. **~'s lungwort** *n.* **= Aaron's rod. ~-thistle** *n. Bot:* ysgallen (ysgall) *(f)* y gors. **~ town** *n. U.S:* tref *(f)* fart (trefi mart). **~-tree** *n.* pren(-nau) *(m)* llaeth, coeden *(f)* laeth (coed llaeth). **~-weed** *n. Bot:* **= cow-parsley. ~-wheat** *n.* biwlith melyn *m*, gliniogai *m*,

biwlys *m*; **crested ~-wheat,** gliniogai cribog; **field/small/wood ~-wheat,** gliniogai'r coed.
cow[2] *v.t.* dychryn, brawychu (rhn); codi ofn (ar rn); torri crib (rhn); *F:* cadw cow (ar rn).
cowage *n. Bot:* gwinwydden boeth (gwinwydd poethion) *f.*
coward *n. & a.* **1.** *n.* llwfrgi (llwfrgwn) *m*, llechgi (llechgwn) *m*, *V:* cachgi (cachgwn) *m*, cachwr(-s) *m*; **I'm a terrible ~ in the dark,** mae arna' i ofn mawr yn y tywyllwch. **2.** *a.* **= cowardly.**
cowardice, cowardliness *n.* llwfrdra *m*, llyfrdra *m*, llwfrder *m*, llyfrder *m*.
cowardly *a. & adv.* **1.** *a.* llwfr, gwangalon (*pronounced* ng-g), ofnus, *V:* cachwraidd, cachgiaidd. **2.** *adv.* yn llwfr *&c.*
cowbane *n. Bot:* **= hemlock (water).**
cowbell *n.* cloch (*f*) buwch (clychau buchod), cloch wartheg (clychau gwartheg).
cowberry *n. Bot:* llusen goch (llus cochion) *f*, llusen y geifr.
cowboy *n.m.* cowboi(-s).
Cowbridge *W.Pl.n.* Y Bont-faen *f.*
cowcatcher *n.* ffender (*f*) wartheg (ffenderi/ffenderydd gwartheg).
cowed *a.* penisel, ofnus, clustlipa, clustlipyn, *N.W: V:* tinllipa, tinslip; **he had a ~ look,** 'roedd â'i gynffon yn ei afl; 'roedd fel ci wedi torri'i gynffon; 'roedd golwg ci wedi cael cweir arno.
cower *v.i.* cyrcydu, swatio, crynu [gan ofn], *S:* cwato [gan ofn]; **to ~ before s.o.,** ymgreinio o flaen rhn.
cowgirl *n.f.* cowmones(-au).
cowherb *n.* **= soapwort.**
cowherd *n.* bugail (bugeiliaid) (*m*) gwartheg.
cowhide[1] *n. Leath:* lledr *m*; *(whip):* chwip (*f*) ledr (chwipiau lledr).
cowhide[2] *v.t.* chwipio.
cowhouse *n.* **= cowshed.**
cowitch *n.* **= cowage.**
cowl[1] *n.* cwfl (cyflau) *m*, cwcwll (cycyllau) *m*; *Arch: (of chimney):* cwfl. **~ neckline** *n. Cost:* gwddf (gyddfau) cwflog *m.*
cowl[2] *v.t.* cycyllu, cwflo, cyflo.
cowled *a.* cwflog, cycyllog, yn gwisgo cwfl/cwcwll, â chwfl/chwcwll am eich pen.
cowlick *n.* llyfiad(-au) (*m*) buwch, llyfiad llo, blaengudyn(-nau) *m* (*pronounced* ng-g).
cowling *n.* mwgwd (mygydau) *m*, cowling(-s, -au) *m.*
cowman *n.m. N:* cowmon (cowmyn), *S:* cowman (cowmyn), *Lit:* gwarthegydd(-ion), heusor(-ion), bugail (bugeiliaid) gwartheg.
co-worker *n.* cydweithiwr (cydweithwyr) *m*, cydw|eithwraig *f.*
cowpea *n. Bot: U.S:* pysen (pys) (*f*) y fuwch.
cowpoke *n. U.S: F:* **= cowboy.**
cowpox *n. Med: Vet:* brech (*f*) y fuwch, cowpog *m.*
cowpuncher *n. U.S: F:* **= cowboy.**
cowrie *n.* **1.** *Conch:* cragen (*f*) Fair (cregyn Mair), *N.W:* cragen Iago. **2.** *F: (money):* cragen.
cowshed *n.* beudy(-au, beudai, *N:* beudái) *m*, *S: occ:* glowty (glowtai) *m*, *S.W: occ:* tŷ (tai) (*m*) gwartheg, *N.E: occ:* côr (corau) *m*, *M.W: occ:* plaid (pleidiau) *f.*
cowslip *n. Bot:* briallen (*f*) Fair sawrus *usu. in pl.* (briallu Mair sawrus), dagrau (*pl*) Mair, sawdl (*mf*) y fuwch, y dewbannog fechan *f*, llysiau(*pl*)'r parlys; **American ~,** briallu Am|erica; **French ~, mountain ~,** briallu Non; **Virginian ~,** briallu Virginia; **~ of Jerusalem,** llysiau'r ysgyfaint. **~-scented orchid** *n. Bot:* tegeirian(-au) briallog *m.*
cox[1] *n. F:* **= coxswain[1].**
cox[2] *v.t. Row:* llywio.
coxa *n.* **1.** *Anat:* clun(-iau) *f*; ***~ plana, coxa plana***; ***~ valga, clun allgam f***; ***~ vara,*** clun fewngam (cluniau mewngam) (*pronounced* ng-g *&c*). **2.** *Ent:* cocsa (cocsâu) *m.*
coxal *a. Anat:* clun[i]ol.
coxalgia *n. Med:* clunwst *f*, poen (*fm*) yn y glun/cluniau.
coxcomb *n. Lit:* coegyn(-nod) *m*, cocyn(-nod) *m*, ysgogyn(-nod) *m*, pefryn(-nod) *m*, mursennwr (mursenwyr) *m*, coegddyn(-ion) *m*, *S:* ffrwmpyn(-nod) *m.*
coxcombry *n.* coegyndod *m.*
coxed *a. Row:* **~ pair,** pâr (parau) (*m*) â llywiwr; **~ four,** pedwar(-au) (*m*) â llywiwr.
coxless *a. Row:* **~ pair,** pâr (parau) *m* [heb lywiwr]; **~ four,** pedwar(-au) *m* [heb lywiwr].
coxswain[1] *n. Nau:* llywiwr (*m*) cwch (llyw-wyr cychod), dyn(-ion) (*m*) wrth y llyw *m*, merch(-ed) (*f*) wrth y llyw, cocs(-ys) *m&f.*
coxswain[2] *v.t.* llywio.
coy *a.* **1.** *(= shy):* swil, gwylaidd, *occ:* osgoilyd. **2.** *(= affectedly modest):* mursennaidd, maldodaidd; **a ~ girl,** mursen(-nod) *f.*
Coychurch *W.Pl.n.* Llangrallo *f.*
coyly *adv.* **1.** yn swil *&c.* **2.** yn fursennaidd; **to act ~,** mursennu.
coyness *n.* **1.** *(= shyness):* swildod *m*, gwyl|eidd-dra *m.* **2.** *(= affected modesty):* mursendod *m.*
coyote *n. Z:* blaidd (bleiddiaid) (*m*) y paith, corflaidd (corfleiddiaid) *m*, coiote(-s) *m.*
coyotillo *n. Bot:* coiotilo(-s) *m.*
coypu *n. Z:* coipw(-aid, -od) *m.*
Coytrahene *W.Pl.n.* Coetre Hen *f.*
coz *n. A:* **= cousin.**
cozen *v.t. A:* twyllo, hocedu, *S: occ:* cafflo, *N.W: occ:* ffinglo (*pronounced* ng-g), cwsno; **to ~ s.o. out of sth,** twyllo rhn o rth; **to ~ s.o. into doing sth,** twyllo rhn i wneud rhth.
cozenage *n.* twyll *m*, hoced *f.*
cozener *n.* twyllwr (twyllwyr) *m*, t|wyllwraig *f*, hocedwr (hoced wyr) *m*, hoc|edwraig *f*, *S: occ:* cafflwr (cafflwyr) *m.*
crab[1] *n.* **1.** *Crust:* cranc(-od, crangod, *occ:* crainc) *m*; **hen ~,** cranges(-i, -au) *f*; **small ~,** crencyn(-nod) *m*; **to catch crabs, to fish for crabs,** creinca, cranca; **edible ~,** cranc coch (crancod/crangod cochion) *m*, *S. W:* cochyn (cochion) *m*; **fiddler ~,** cranc llygatgoch; **green ~, = shore ~; hairy ~,** cranc blewog; **hermit-~,** cranc meddal, cranc ymfudol, cranc meudwyol, cranc y cregyn; **king-~,** marchgranc(-od) *m*; **land-~,** cranc tir; **masked ~,** cranc melyn, cranc mygydog; **pea ~,** pysgranc(-od) *m*, cranc bach; **porcelain ~,** cranc porslen; **red ~, = edible ~; shore ~,** cranc glas (crancod/crangod gleision), cranc gwyrdd, cranc cyffredin, cranc y traeth, *S. W: occ:* glasyn (gleision); **small ~, soldier ~, = fiddler crab, hermit-crab; swimming ~,** cranc nofiol; **velvet ~, = fiddler ~; whisky ~,** cranc wisgïwr; *Row:* **to catch a ~,** cael caff gwag; **the claw of a ~,** bawd (*f*) cranc (bodiau cranc/crancod). **2.** *Astr:* y Cranc *m*; **C~ Nebula** *n.* Nifwl (*m*) y Cranc. **3.** *Ind:* **= capstan, winch[1]. 4.** *F: (= surly pers.):* dyn sur (dynion surion) *m*, merch sur (merched surion) *f*, rhn (rhai) crabet *&c*, *N.W: occ:* hen granci *m*, hen sinach(-od) *m*; *See* **crabbed. 5. = crab-louse. 6.** *pl.* **crabs,** *Dice:* y tafliad isaf *m.* **~-apple** *n.* afal bach sur (afalau bach surion) *m*, afal sur [bach] (afalau surion [bach]), *F:* crabysyn (crabas) *m*, grobosyn (grobos) *m*; *(tree):* coeden (*f*) grabas (coed crabas), afallen wyllt/sur (afallennau gwyllt/surion) *f*, pren(-nau) (*m*) crabas; **~ cactus** *n.* **= cactus (Christmas). ~-catcher** *n. Orn: (= heron):* crëyr (crehyrod) *m.* **~-claw** *n. Ind:* crafanc (crafangau) *f.* **~-eater** *n.* **1.** *Orn. (= little bittern):* aderyn (adar) (*m*) y bwn lleiaf. **2.** *Ich:* crancyswr (crancyswyr) *m.* **~-fisher** *n.* creincwr (creincwyr) *m.* **~-grass** *n. Bot: (= knot-grass):* crancwellt *m.* **~-louse** *n. Ent:* crancleuen (cranclau) *f*, lleuen (*f*) gedor (llau cedor). **~-pot** *n.* cawell (*m*) cranc (cewyll crancod). **'s claw** *n. Hort:* bawd (*f*) cranc (bodiau crancod). **~'s eyes** *n.pl. Hort:* llygaid cranc. **~-spider** *n. Arach:* *crang-gorryn (~-gorynnod) *m*, *crang-gopyn(-nod) *m.* **~-yaws** *n. Med:* troedlwg *m.*
crab[2] *n. Bot: See* **apple.**
crab[3] *v.t.&i.* **1.** *v.t.&i. Fish:* creinca, cranca, hel/hela/casglu/dal/dala crancod, pysgota am grancod. **2.** *v.t. F: (a) (= criticize):* lladd ar rn, bychanu/difrïo rhn; rhoi'ch llach ar rn *&c*; *(b) (= spoil):* difetha, sbwylio (rhth); tynnu (rhth) yn dipiau. **3.** *v.i. Nau: Av:* mynd fel cranc, mynd wysg eich ochr. **4.** *v.t.&i. T.V:* crancio.
crabbed *a.* **1.** *(pers.):* crablyd, sarrug, trwynsur, sur(-ion), afrywiog, piwis, anodd eich trin, annifyr, annymunol, anghynnes, di-serch, cuchiog, *N:* crabet, blin. **2. ~ style,** arddull grablyd *f.* **3. ~ writing,** ysgrifen (*f*) traed brain.
crabbedly *adv.* yn sarrug *&c.*
crabbedness *n.* surni *m*, crabetrwydd *m*, natur sarrug *f &c*; *See* **crabbed.**
crabber *n.* **1.** *(fisherman):* creincwr (creincwyr) *m.* **2.** *(boat):* *N:* cwch (cychod) (*m*) pysgota crancod, *S:* bad(-au) (*m*) pysgota crancod.
crabby *a.* **= crabbed.**
crablike *a.* fel cranc.
crabstick *n.* **1.** ffon (*f*) grabas (ffyn crabas). **2. crab[1] 4.**
crabwise *adv.* fel cranc, wysg eich ochr.

crack[1] *n. & attrib.* I. *n.* **1.** *(a) (of whip, gun, thunder &c):* clec(-iau) *f*, cleciad(-au) *m*, clecian *vn*; *(of gun):* clec, taniad(-au) *m*; *(of thunder):* clec, taraniad(-au) *m*; **the ~ of Doom,** taran/taraniad Dydd y Farn; **a fair ~ of the whip,** chwarae teg *m*, cyfle(-oedd) teg *m*, tro(-eon) teg *m*; *(b) (= blow):* **a ~ around the ear,** clusten *f*, bonclust(-iau) *m*, cernod(-iau) *mf*, cernen(-nau) *f*, cletsien (cletsh) *f*, *S:* clatsien *f*, *N:* twll (*m*) clust, cefn (*m*) llaw; **a ~ on the head,** clec, ergyd(-ion) *fm*, trawiad(-au) *m*; *(c)* **to have a ~ at sth,** rhoi cynnig (*m*) ar rth, rhoi tro ar rth. **2.** *(a) (= split):* crac(-iau) *fm*, agen(-nau) *f*, hollt(-au) *f*; *(b) (of half-open door &c):* cil *m*; **the ~ of dawn,** toriad (*m*) dydd/gwawr, glasiad (*m*) y wawr, y bore cyntaf *m*, y bore bach, clais (*f*) y dydd; **at the ~ of dawn,** ben bore, yn blygeiniol, yn y plygain, gyda'r wawr/dydd, ar doriad/lasiad y wawr/dydd, ar ei glasiad hi; *(c) Cmptr:* hollt(-au) *f*. **3.** *(a) Scot: Irl: (= chat):* sgwrs (sgyrsiau) *f*; *(b) (=* **wisecrack[1]***):* gair (geiriau) ffraeth *m*; **to make a ~ at s.o.'s expense,** bod yn ddigrif ar gorn rhn, rhoi pwyth (*m*) i rn, *N. W:* rhoi/taflu/lluchio chweipen (chweips) (*f*) *or* weipen (weips) (*f*) at rn. II. *attrib. F:* diguro, campus, tan gamp, ardderchog, o'r radd flaenaf, heb eich ail; **a ~ player,** chwaraewr tan gamp, pencampwr (pencampwyr) *m*, *occ:* chwip o chwaraewr. **~-brain** *n.* **= crackpot 2. ~-brained** *a.* hanner-pan, hurt, penwan, gwallgof, ynfyd, lloerig. **~-detector** *n. El:* datguddiwr (datguddwyr) (*m*) craciau. **~-jaw** *a.* **a ~-jaw word,** *F:* llond (*m*) ceg, gair anodd ei ddweud. **~-willow** *n. Bot:* helygen (*f*) glec (helyg clec), helygen frau (helyg brau).

crack[2] *int.* clec!

crack[3] *v.t.&i.* I. *v.t.* **1.** *(whip, finger):* clecian. **2.** *(bell, glass, skin, bone, wall &c):* cracio; *(= split):* hollti; **to ~ a nut,** torri cneuen; *F:* **to ~ a bottle with s.o.,** gwagio/yfed/rhannu potelaid â rhn; *P:* **to ~ a crib,** torri i mewn i dŷ; **to ~ a code,** torri côd; **to ~ a problem/mystery,** datrys problem/dirgelwch; **I've cracked it!** 'rydw i wedi cael yr ateb! **he's finally cracked it,** mae wedi llwyddo o'r diwedd; mae wedi cael y maen i'r wal; mae wedi ei gwn|eud hi; *Ind: (oil &c):* cracio, dadelfennu. **3. to ~ a joke,** cellwair, ffraethebu, dweud jôc, cracio jôc, dweud un dda. II. *v.i.* **1.** *(of whip):* clecian, *S: occ:* cletsian; *(of rifle &c):* clecian, tanio. **2.** *(of wall &c):* cracio, hollti, agennu; *(of skin):* cracio, *S: occ:* ysgardio. **3.** *(of voice):* torri. **4.** *Scot: Ir:* **= chat[2]. 5.** *F:* **to get cracking,** mynd ati, cychwyn, dechrau arni, dechrau gweithio, tynnu'r ewinedd o'r blew, bwrw iddi, *S:* clatsio arni, bwrw arni, clatsio bant; **get cracking!** hai ati! *N:* styria (styriwch)! *S:* siapa (siapwch) hi! **6.** *(= give way, collapse):* ysigo, cracio, torri. **~ along** *v.i. Sp: Aut: F: &c:* taranu mynd, *N:* sgrialu mynd, sgrafangu mynd, *S:* clatsio mynd. **~ down** *v.i. F:* **to ~ down on sth,** syrthio'n drwm ar rth, cosbi rhth yn llym, sathru/gwasgu ar rth; **to ~ down on s.o.,** syrthio'n drwm ar rn, syrthio ar war rhn, cosbi rhn yn llym. **~-down** *n.* mesur(-au) llym (**on sth,** yn erbyn rhth). **~ on** *v.i. F: (= reveal):* dweud; **he never cracked on that he was leaving,** ni soniodd yr un gair ei fod yn ymadael; ni ddywedodd erioed ei fod yn ymadael; *N:* ni chymerodd arno ei fod yn ymadael; *N: F:* 'doedd o fawr ddweud ei fod o'n ymadael. **~ open** *v.t.* **to ~ open a safe,** hollti coffor yn agored. **~ up 1.** *v.t. F: (= overpraise):* gorganmol (rhth), canmol (rhth) i'r cymylau; **he's not so clever as he's cracked up to be,** nid yw mor alluog ag yr honnir ei fod; **I don't know why Jones is cracked up so,** wn i ddim y mae bod cymaint o ganmol ar Jones. **2.** *v.i. F: (= collapse):* cracio, chwalu, ysigo; *(of pers.):* torri [i lawr]; *(esp. of old age):* torri, ysigo, gwaelu, darfod, *N. W: occ:* diharffu, *S. W: occ:* diharpo. **crack-up** *n.* **1.** *(mental):* ysigiad(-au) [meddyliol] *m*, chwalfa [feddyliol] (chwalf|eydd [meddyliol]) *f*. **2.** *(of empire &c):* chwalfa (chwalf|eydd) *f*, dadfeiliad(-au) *m*, ysigiad(-au) *m*.

crack[4] *n. (drug):* crac *m*.

cracked *a.* **1.** craciog, craciedig, toredig, â chrac[-iau], wedi cracio, wedi hollti; *(voice):* toredig, cryglyd, cryg; **to sound ~,** swnio'n gryg/gryglyd. **2.** *F:* **= crazy.**

cracker *n.* **1.** *(pers.):* **a ~ of jokes,** dywedwr (dywedwyr) *m*, dyn(-ion) smala/digrif *m*, jociwr (jocwyr) *m*, digrifwr (digrifwyr) *m*, *Lit:* ffraethebwr (ffraethebwyr) *m*. **2.** *F: Dial: (= whopper):* **she's a ~!** mae hi'n chwip o ferch! mae hi'n glincer o ferch! mae hi'n andros o bis[h]yn! *S:* dyna glatsien o ferch! **3.** *(= firework):* clecar(-s) *mf*; **jumping ~,** Jac(-s) (*m*) sbonc, *S. W:* Jac-y-jwmper(-s) *m*; **[Christmas] ~,** clecar(-s) 'Dolig. **4. [nut-]crackers,** gefel (*f*) gnau (gefeiliau cnau). **5.** *U.S: (= biscuit):* cracer: craceren (cracers) *f*. **6.** *Ind:* craciwr (cracwyr) *m*. **~-barrel** *a.* *U.S: (= homespun):* gwerinol, gwledig, gwladaidd; **~-barrel philosophy,** doethineb (*m*) gwlad.

crackerjack *a. & n. U.S: F:* **1.** *a.* **= cracking[1] 2. 2.** *n.* clincer: clincar(-s) *m*.

crackers *a. F:* **= crazy.**

cracking[1] *a.* **1.** craclyd, craciog. **2.** *F: (= excellent):* campus, gwych, p|enigamp: penig|amp, tan gamp, ardderchog, *N:* [o'r] siort orau, *S. W:* ffamws.

cracking[2] *vn.* **1.** *(sound):* clecian, cleciadau *pl*. **2. = crack[3].**

crackle[1] *n.* **1.** *(of fire, thorns):* clindarddach *m*, clecian *vn*, cleciadau *pl*; *W. Tel:* ymyrraeth *f*; *(of frying):* sŵn (*m*) ffrïo/clecian; *(of banknote):* siffrwd *m*. **2.** *(of paint):* mân graciau *pl*.

crackle[2] *v.i. (of fire, thorns &c):* clindarddach, clecian; *(of banknote &c):* siffrwd; *(of frying):* clecian; *(of paint):* cracio, plisgo; *Art: (of paint, china &c):* cracio.

crackleware *n. Cer:* llestri cracellog *pl*.

crackling[1] *a. (fire, thorns):* cleciog, yn clecian/clindarddach.

crackling[2] *vn.* **1. = crackle[1]. 2.** *(of pork): S:* crofen *f*, *N:* tonnen (tonenni) *f*. **3. [bit of] ~,** *F: N:* pis[h]yn (pishis) *f*, slas[i]en *f*, *S:* clatsien *f*.

crackly *a.* **1.** *(= cracked):* craciog. **2. = crackling[1].**

cracknel *n. Cu:* cracnel(-au) *f*, bisgeden gras (bisgedi creision) *f*, bisgeden grimp (bisgedi crimp), *S:* bisgïen gras (bisgits cras) *f*.

crackpot *a. & n. F:* **1.** *a.* **= crazy. 2.** *n.* hurtyn(-nod) *m*, dyn(-ion) lloerig *m &c*, ynfytyn (ynfydion) *m*, *N. W:* crinc(-od) *m*, crinci (crincod) *m*; *S.a* **fool[1].**

cracksman *n.m.* craciwr (cracwyr) coffrau, byrglar(-iaid).

cracky *a.* craciog, craclyd.

-cracy *suff.* -cratiaeth *f*.

cradle[1] *n.* **1.** *(a)* crud(-[i]au) *m*, *occ:* cawell (cewyll) *m*, *S. W: occ:* cadair (*f*) fagu (cadeiriau magu), cadair babi; **rocking-~,** crud siglo, cawell siglo; **from the ~ to the grave,** o'r crud i'r bedd; *(b) (of science &c):* crud, tarddle(-oedd) *m*, cychwynfan(-nau) *mf*, magwrfa (magwrfl|eydd) *f*, crudle(-oedd) *m*. *S.a.* **cat[1]. 2.** *(a) Ind:* crud, fframwaith (fframweithiau) *m*, ffrâm (fframiau) *f*; *(b) N.Arch:* crud lansio; *(c) (of phone):* crud; *(d) Husb: (of scythe):* cawell, cadair (cadeiriau) *f*, clwyd(-i, -au) *f*, *N: occ:* car (*m*) pladur (ceir pladuriau). **3.** *Const: (for painters &c):* crud. **4.** *Med: (a) (over bed):* ffrâm (fframiau) *f*. **5.** *Min:* cafn(-au) *m*. **~-cap** *n.* crudgen *m*. **C~ Mountain** *W. Pl.n.* Pen (*m*) y Gadair Fawr. **~-orchid** *n. Bot:* tegeirian(-au) (*m*) cawell. **~-scythe** *n. Agr:* pladur(-iau) (*f*) â chawell/chadair/char. **~-snatcher** *n. (man):* cipiwr (cipwyr) (*m*) cywennod, hoetiwr (hoetwyr) (*m*) ar ôl merched ifainc; *(woman):* hoeten(-nod) (*f*) *or* h|oetwraig (*f*) ar ôl bechgyn ifainc; **he's a ~-snatcher,** mae'n ddigon hen i fod yn dad iddi; **she's a ~-snatcher,** mae hi'n ddigon hen i fod yn fam iddo. **~-snatching** *vn.* cipio cywennod, dwgyd (rhn) o'r crud, canlyn rhn rhy ifanc, canlyn rhn hanner eich oed. *N. W:* hoetio ar ôl merched/bechgyn ifainc. **~-song** *n.* hwiangerdd(-i) *f* (*pronounced* ng-g), suo-gân (~-ganeuon) *f*.

cradle[2] *v.t.* siglo, magu (rhn) [mewn crud], *occ:* crud[i]o; *Metalw:* crud[i]o; **to be cradled in luxury,** byw'n foethus, byw'n fras, byw mewn hawddfyd; **to ~ a baby in one's arms,** siglo/magu plentyn yn eich breichiau; **to ~ a telephone receiver,** dal clust ffôn.

cradling *n. Arch: (of ceiling):* clwydau *pl*, crud(-iau) *m*. **~-piece** *n. Const:* dist(-iau) *m*, distyn (distiau) *m*, darn(-au) (*m*) crudiad.

craft[1] *n.* **1.** *(a) A: (= skill):* medr *m*, medrusrwydd *m*, gallu *m*, deheurwydd *m*, crefft *f*, crefftusrwydd *m*; *(b) (= deceit, cunning):* cyfrwyster *m*, cyfrwystra *m*, dichell(-ion) *f*. **2.** *(= art, trade):* crefft(-au) *f*, gwaith (*m*) llaw, celfyddyd(-au) *f*; **the gentle ~,** pysgota *vn*, genweirio *vn*; *F:* **the C~,** *(= Freemasonry):* y Grefft. **3.** *(= guild):* urdd(-au) *f*, brawdoliaeth(-au) *f*. **4.** *(a) Nau:* llong(-au) *f*; *(= boat):* cwch (cychod) *m*, *S:* bad(-au) *m*; *(b) Av:* awyren(-nau) *f*. **~-brother** *n.* cydaelod(-au) *m*, cydgrefftwr (cydgrefftwyr) *m*. **~ union** *n.* *U.S:* undeb(-au) (*m*) crefft.

craft[2] *v.t. U.S:* saernïo.

crafted *a.* crefftus; **a finely ~ novel,** nofel grefftus, nofel wedi'i saernïo'n gelfydd, nofel gelfydd ei saernïaeth.

craftily *adv.* yn gyfrwys *&c.*

craftiness *n.* cyfrwyster *m*, cyfrwystra *m*, cadnoeiddiwch *m*,

ffelder *m*, ffelni *m*, henffelder *m*, henffelni *m*, ystrywgarwch *m*, *F:* ciwtrwydd *m*.
craftsman *n.m.* crefftwr (crefftwyr); **semi-skilled ~,** crefftwr lled fedrus; **skilled ~,** crefftwr medrus.
craftsmanlike *a.* crefftus, crefftwrus, crefftwraidd.
craftsmanship *n.* crefftwaith *m*, crefftwriaeth *f*, saernïaeth *f*, crefft *f*.
craftswoman *n.f.* cr|efftwraig (crefftwragedd).
crafty *a.* cyfrwys, cadnoaidd, ffel, henffel, ystrywgar, *N.W:* ystumddrwg, *S.W: occ: F:* clou, ciwt; **he's a ~ one,** *N:* mae o'n dipyn o bry'; *S:* hen gadno yw e.
crag *n.* **1.** craig (creigiau) *f*, clogwyn(-i) *m*, clegyr (-au) *m*, creigle(-oedd) *m*; **~ and tail,** clegyr a chynffon. **2.** *Geol:* crag *m*.
cragged *a. U.S:* = **craggy**.
craggily *adv.* yn greigiog *&c*; yn arw *&c*.
cragginess *n.* *(of rock, features):* garwedd *m*, creigiogrwydd *m*, gerwinder *m*; *(of terrain):* creigiogrwydd, ysgythredd *m*, garwedd, gerwinder.
craggy *a.* *(a) Geog:* creigiog, clegyrog, danheddog, ysgythrog, ysgethrin; *(b) (features &c):* garw (geirwon), gerwin, creigiog.
cragsman *n. m.* dringwr (dringwyr).
crake *n. Orn:* rhegen(-nod) *f*; **Baillon's ~,** rhegen (*f*) Baillon; **Carolina ~,** rhegen Sora, rhegen Carolina; **little ~,** rhegen fach (rhegennod bach); **spotted ~,** rhegen fraith (rhegennod brithion), rhegen fannog (rhegennod mannog), rhegen y gors, rhegen ysmotiog; *S.a.* **corncrake**. **~-berry** *n. Bot:* = **crowberry**.
cram *v.t.&i.* **1.** *v.t.* *(a)* gwthio, gwasgu, *F:* stwffio, *S: occ:* saco, hwpo; **to ~ sth into sth,** gwthio rhth i rth, gorlenwi rhth â rhth; **to ~ one's hat down over one ear,** gwasgu'ch het dros un glust; *(b)* **to ~ s.o. with sth,** stwffio rhn â rhth, stwffio rhth i geg rhn; *(c) Husb: (= overfeed):* gorfwydo, stwffio; *(d) Sch: (= prepare for examination):* parat|oi/gwthio rhn ar gyfer arholiad; **to ~ a pupil with Greek,** gwthio/stwffio Groeg i lawr corn gwddf disgybl. **2.** *v.i. F:* *(a)* **to ~ (into a place),** ymwthio, eich gwthio'ch hun (i rywle); *(b) (= eat):* llowcio, claddu [bwyd], stwffio, *N.W:* hel yn eich ceubal, styrgajo; *(c)* **to ~ for an examination,** stwffio'ch pen ar gyfer arholiad, *F:* ffagio ar gyfer arholiad. **~-full** *a.* llawn dop, gorlawn, *S.W:* llawn hyd y fyl, *N.W: occ:* llawn joc[h] **(of/with sth,** o rth); **the room was ~-full of people,** 'roedd yr ystafell dan ei sang o bobl.
crambid *n.* = **grass moth**.
crambo *n.* crambo *m*, *A: or Lit:* chwarae (*vn*) rhosbau.
crammed *a.* **1.** = **cram-full; a room ~ to suffocation,** ystafell orlawn hyd at fygu; **cupboards ~ with linen,** cypyrddau'n orlawn o liciniau. **2.** *(= rammed):* gwthiedig, stwffiedig; **feet ~ into tight shoes,** traed wedi eu gwthio/stwffio/gwasgu i esgidiau tyn[n].
crammer *n. Sch: F:* *(a) (pers.):* tiwtor(-iaid) *m*; *(b) (school):* ysgol(-ion) (*f*) ffagio.
cramming *vn.* = **cram.** **school,** ysgol(-ion) (*f*) ffagio.
cramp[1] *n. Med:* *(a)* cwlwm (*m*) gwythi, clymau (*pl*) gwythi, cramp *m*, *N:* cwlwm chwithig (clymau chwithig) *m*, *Lit:* gwrwst *f*, yr wrwst *f*; **writer's ~,** cramp ysgrifennwr; *(b) pl. U.S: (= stomach pains):* *N:* poen (*mf*) yn y bol, *S:* poen yn y cylla, *S:* bola tost *m*. **~-ball** *n. Fung: (Daldinia concentrica):* pelen ddu (pelenni duon) *f*. **~-fish** *n. Ich:* = **ray[2] 2 (electric)**.
cramp[2] *n.* *(a) Const: &c:* craff(-au) *m*, creffyn(-nau) *m*, gafaelfach(-au) *m*, cramp(-iau) *m*; **G-~,** cramp G; **mitre-~,** cramp meitr; **sash-~,** cramp hir; **steel-spring ~,** cramp sbring d[d]ur; **string-~,** cramp cortyn; *(b) Typ:* craff. **~ iron** *n.* = **cramp[2]** *(a)*.
cramp[3] *v.t.* **1.** *Med:* codi cramp, codi cwlwm gwythi *&c* (ar rn); *(= benumb):* cyffio, fferru, sythu (rhn); **(limbs) cramped by cold,** (aelodau) wedi cyffio gan oerfel, *occ:* wedi mynd yn gyff gan oerfel. **2.** *(= hinder):* llesteirio, llyffetheirio, atal, rhwystro, *Lit:* lluddias (rhn); cyfyngu (ar rn); *F:* **to ~ s.o.'s style,** difetha/drysu hwyl rhn, pwyso ar wynt rhn, pwyso ar war rhn, rhwystro/llesteirio/llyffetheirio rhn, nadu i rn wneud ei orau. **3.** *(a) Const: (= link):* cyplysu (rhth) [â chraffau], craffu, sicrh|au, crampio, creffynnu (rhth); *(b) (= compress):* dirwasgu, gwasgu.
cramped *a.* **1.** *Med: (limb):* wedi cyffio, wedi mynd yn gyff. **2.** *(= confined): (accommodation):* cyfyng; **to be ~ for room,** bod yn gyfyng arnoch [am le]; **~ handwriting,** ysgrifen fân *f*; **a ~ style,** arddull [l]lafurus *fm*.
cramper *n. Curling:* plât (platiau) pigog *m*, plât traed.
cramping[1] *a.* *(restrictions &c):* cyfyngol, caethiwus.
cramping[2] *vn.* = **cramp[3]**.
crampon, *U.S:* **crampoon** *n.* **1.** *Mount:* haearn (heyrn) (*m*) dringo, creffyn(-nau) *m*, gafaelfach(-au) *m*, crampon(-au) *m*. **2.** *Const:* gefel (gefeiliau) *f*, pinsiwrn (pinsiyrnau) *m*.
cran *n. Meas:* cran(-nau) *m*.
cranberry *n. Bot:* llugaeronen (llugaeron) *f*, cryglusen (cryglus) *f*, ceiriosen (ceirios) (*f*) y wern, *N.W: occ:* pupysen (pupys) (*f*) y brain, *F: (incorrectly):* llygaid (*pl*) eirin, llygaid aeron. **~ bush** *n.* llwyn(-i) (*m*) llugaeron, coeden (*f*) lugaeron (coed llugaeron). **~ sauce** *n. Cu:* sôs/saws (*m*) llugaeron.
crane[1] *n.* **1.** *Orn:* garan(-od) *fm*, crychydd(-od, -ion) *m*, crëyr (crehyrod) llwyd *m*; **demoiselle ~,** garan fursen (garanod mursen), garan fursennaidd (garanod mursennaidd); **little ~,** garan-grychydd(-ion) *m*, crychydd bychan; **sarus ~,** garan saras, saras(-iaid) *m*. **2.** *Mech.E:* craen(-iau) *m*; *(= kettle-tilter):* *S.E:* chwim(-iau) *m*; **derrick ~,** craen deric; **overhead travelling ~,** craen symudol; **floating ~,** craen nofiol; **water-~,** seiffon (*f*) ddŵr (seiffonau dŵr). **~-fly** *n. Ent:* pryf(-ed) (*m*) teiliwr, pryf cannwyll, Jac (*m*) y baglau, hirheglyn (hirheglod) *m*, lleidr (*m*) y gannwyll, teiliwr(-iaid) (*m*) main tenau. **~'s-bill** *n. Bot: (Geranium):* mynawyd (*m*) y bugail, pig (*f*) yr aran, y goesgoch *f*, troedrudd *f*, llysiau (*pl*) Robert, dail (*pl*) Robin, llysiau'r llwynog, garanbig *f*; **ashy ~'s-bill,** *(G. cinereum):* pig yr aran ludlyd/ludlwyd; **bloody ~'s-bill,** *(G. sanguineum):* pig yr aran ruddgoch/waedlyd; **cut-leaved ~'s-bill,** *(G. dissectum):* pig yr aran larpiog/garpiog; **dove's foot ~'s-bill,** *(G. molle):* troed (*mf*) y golomen, y droed goch *f*; **dusky ~'s-bill,** *(G. phaeum):* pig yr aran ddulwyd, gweddw alarus *f*; **French ~'s-bill** *(G. endresii):* coesgoch Ffrainc, troedrudd Ffrengig; **hedgerow ~'s-bill,** *(G. pyrenaicum):* pig garan y gwrych, coesgoch y perthi; **knotted ~'s-bill,** *(G. nodosum):* pig yr aran glymog; **long-stalked ~'s-bill,** *(G. colombinum):* coesgoch hirgoes, pig yr aran hirgoes; **marsh ~'s-bill,** *(G. palustre):* coesgoch y gors; **meadow ~'s-bill,** *(G. pratense):* pig garan y weirglodd; **pencilled ~'s-bill,** *(G. versicolor):* coesgoch resog, pig yr aran resog; **Pyrenean ~'s-bill,** = **hedgerow crane's-bill**; **purple ~'s-bill,** pig yr aran borffor; **rock ~'s-bill,** *(G. macrorrhizum):* coesgoch y cerrig, pig garan y cerrig; **round-leaved ~'s-bill,** *(G. rotundifolium):* pig yr aran grynddail; **shining ~'s-bill,** *(G. lucidum):* pig yr aran loyw, pig yr aran ddisglair; **small flowered ~'s-bill,** *(G. pusillum):* pig yr aran fân-flodeuog; **spreading ~'s-bill,** *(G. divaricatum):* pig yr aran ymledol; **western ~'s-bill,** = **French crane's-bill**; **wood ~'s-bill,** *(G. sylvaticum):* pig garan y coed/weirglodd. **~ tower** *n.* tŵr (tyrau) (*m*) craen.
crane[2] *v.t.&i.* **1.** *v.t.* *(a)* **to ~ one's neck,** estyn/ymestyn eich gwddf; *(b) Mec.E:* **to ~ sth up,** codi rhth â chraen, craenio rhth. **2.** *v.i.* **to ~ forward,** pwyso ymlaen, estyn/ymestyn eich gwddf.
cranesbill *n.* = **crane's-bill**.
cranial *a.* creuanol; **~ index,** cymhareb greuanol *f*; **~ nerve,** nerf greuanol/creuanol *fm*; **~ capacity,** cynhwysedd creuanol *m*.
cranially *adv.* yn greuanol, yn y creuan.
craniate *a. & n.* **1.** *a.* creuanog. **2.** *n.* creuanog(-ion) *m*.
craniocerebral *a.* creuanserebrol.
craniofacial *a.* creuanwynebol.
craniography *n.* craniograffeg *f*.
craniological *a.* creuanegol.
craniologist *n.* creuanegwr: creuanegydd (creuanegwyr) *m*.
craniology *n.* creuaneg *f*.
craniometer *n.* creuanfedr(-au) *m*, creuanfesurydd(-ion) *m*.
craniometric *a.* creuanfetrig.
craniometry *n.* creuanfetreg *f*.
craniosacral *a. Anat:* creuansacrol.
craniotomy *n. Surg:* creuandoriad(-au) *m*.
cranium *n. Anat:* creuan(-au) *f*, craniwm (crania) *m*, penglog(-au) *f* (*pronounced* ng-g).
crank[1] *n.* **1.** *Mec.E:* cranc(-iau) *m*, camdro(-eon) *m*, elin(-au,-oedd) *f*. **2.** *Cy:* echel (*f*) badlo (echelau/echelydd padlo). **~-arm** *n.* coes (*fm*) cranc (coesau cranciau). **~-axle** *n.* **1.** camechel(-au, -ydd) *f*. **~-brace** *n.* carn(-au) tro *m*. **~-wheel** *n.* camolwyn(-ion) *f*.
crank[2] *v.t.* **1.** *(= put bend in):* elino. **2.** *(= turn):* troi, cam-droi,

crancio. ~ **up** *v.t.* **to ~ up an engine,** crancio motor, tanio/cychwyn motor â handlen; **to ~ oneself up (to do sth),** codi nerth, maglu plwc (i wneud rhth). ~ **out** *v.t. F:* **he cranks out two novels a year,** mae'n troi dwy nofel allan y flwyddyn.

crank[3] *n. F:* **1.** *(= odd turn of speech):* ysmaldod(-au) *m*, gair (geiriau) ffraeth *m*. **2.** *(pers.):* cranc(-od) *m*, dyn â chwilen yn ei ben (dynion â chwilen yn eu pennau).

crank[4] *a. (machinery &c):* simsan, mewn cyflwr gwael.

crank[5] *a. Nau: &c:* simsan, siglog, ansad, an-sad.

crankcase *n.* caead (*m*) gwerthyd (caeadau gwerthydau), *F:* crances(-ys) *m*.

cranked *a.* **1.** *(shaft):* elinog, camdröedig, cranciog; *Const:* **cranked sheet,** dalen(-nau) elinog *f*; *Carp:* ~ **handle,** dolen elinog *f*, dolen gamdro (dolenni camdro). **2.** *(= provided with a crank handle):* â chranc, cranciog; **hand-~ engine,** motor a gychwynnir â llaw.

crankily *adv.* **1.** yn granclyd *&c.* **2.** yn biwis *&c.*

crankiness *n.* **1.** *(= eccentricity):* odrwydd *m*, hynodrwydd *m*, natur granclyd *f*, cranceiddiwch *m*, crancyddiaeth *f*. **2.** *(= peevishness):* piwisrwydd *m*, oriogrwydd *m*, natur biwis *f &c.* **3.** *Nau: (= shakiness):* ansadrwydd *m*, simsanrwydd *m*.

crankpin *n.* limpin(-nau) *m*, gwarbin(-nau) *m*.

crankshaft *n.* crancsiafft(-iau) *f*, crancwerthyd(-au) *f*, gwerthyd gam (gwerthydau ceimion) *f*.

cranky *a.* **1.** *(= eccentric):* cranclyd, crancaidd, crancyddol, od, rhyfedd, hynod. **2.** *(= ill-tempered):* piwis, pifis, croes, drwg eich tymer, oriog, afrywiog, *N:* blin.

crannied *a.* agennog, llawn agennau.

crannog *n. Archeol:* crannog (cranogau) *m*, llyndref(-i) *f*.

cranny *n. (= crevice):* agen(-nau) *f*; *(= crack):* hollt(-au) *f*, crac(-iau) *fm*; **every nook and ~,** pob twll (*m*) a chornel *f*.

crap[1] *n. V:* **1.** *(a)* cachu *m*; *(b)* cachiad(-au) *m*; **to go for a ~,** mynd am gachiad. **2.** *(= nonsense):* cachu rwtsh *m*; *S.a.* **nonsense.**

crap[2] *v.t.&i. V:* **1.** *v.t.* cachu. **2.** *v.i.* cachu, cael cachiad; *euphemisms:* troi clos, gwn|eud llwyth, gwneud eich busnes. **3.** *U.S:* **to ~ about,** rhoi'r ffidil yn y to, rhoi'r gorau iddi, *V:* cachu'ch crefft; **don't ~ about like that,** paid â chwarae'r bili-ffŵl.

crap[3] *n. U.S:* **~-game** *n.* craps *m*, taflu *(vn)* dis/deis/disiau.

crape[1] *n. Tex:* crêp *m*, galarwe *f*, sidan crychiog *m*. ~ **fern** *n. Bot:* (*)rhedynen alarus (rhedyn galarus) *f*. ~ **hair** *n. Th:* blew gosod *pl*, gwallt (*m*) crêp. ~ **jasmin** *n. Bot:* jasmin crychlyd *m*. ~ **myrtle** *n. Bot:* myrtwydden (myrtwydd) (*f*) yr India.

crape[2] *v.t.* gwisgo (rhth) mewn crêp, gorchuddio (rhth) â chrêp.

crapper *n. V:* **= lavatory.**

crappie *n. Ich:* crapi (crapïod, crapïaid) *m*.

crappy *a. V:* cachlyd, *N:* bawaidd.

craps *n.pl. U.S:* **to shoot ~,** chwarae disiau, taflu dis/deis/disiau, chwarae craps.

crapshooter *n.* chwaraewr (chwaraewyr) (*m*) disiau/craps; disiwr (diswyr) *m*.

crapulence *n.* m|eddwdod *m* (*usu.pronounced* m|edd-dod), *occ:* brwysgedd *m*.

crapulent, crapulous *a.* meddw(-on), *occ:* brwysg.

crapy *a.* crychlyd, crych (*f.* crech, *pl.* crychion).

craquelure *n.* mân graciau *pl*, craciau mân *pl*, meinwe (*f*) o graciau, cracellau *pl*.

crash[1] *n. & attrib.* **1.** *(= violent noise):* trwst (trystau) *m*, twrw (tyrfau) *m*, dadwrdd *m*, dwndwr *m*, clec(-iau) *f*; **a ~ of thunder,** trwst taranau. **2.** *Fin: (= collapse):* cwymp(-iadau) *m*, dymchweliad(-au) *m*, distryw *m*, toriad(-au) *m*, methdaliad(-au) *m*, methiant (methiannau) *m*; *Cmptr:* chwalfa (chwalf|eydd) *f*. **3.** *(a) (of vehicle &c):* trawiad(-au) *m*, gwrthdrawiad(-au) *m*, *F: occ:* clec *f*, smacen *f*, *N: F:* pancen *f*; *(b) (of aeroplane):* cwympiad(-au) *m*, cwymp. **4.** *int. & adv.* wab! clec! cratsh! clatsh! **he went/drove ~ into the wall,** aeth/gyrrodd ar ei ben i'r wal; *N.W:* aeth yn bwcs/bwtsh/gratsh/batsh i'r wal; *S:* aeth yn glatsh i'r wal. **5.** *attrib.* ~ **course,** cwrs (cyrsiau) (*m*) carlam; ~ **programme,** rhaglen (*f*) garlam (rhaglenni carlam). ~ **barrier** *n.* clwyd (*f*) ddiogelwch (clwydi diogelwch), rhwystr(-au) (*m*) taro. ~ **box** *n. Th:* cist (*f*) ddadwrdd (cistiau dadwrdd). **~-dive**[1] *n.* sythblymiad(-au) *m*. **~-dive**[2] *v.i.* sythblymio. ~ **gearbox** *n. Mec.E:* gerbocs(-ys) (*m*) crensh/clatsh. **~-halt** *n.* stop(-iau) sydyn *m*. **~-helmet** *n.* helmed (*f*) ddamwain (helmedau damwain), helmed glustogog (helmedau clustogog), *F:* helmet(-i) (*f*) motor beic. **~-land** *v.i. Av:* cwymplanio, cwympo i'r ddaear. **~-landing** *n. Av:* cwymplaniad(-au) *m*. ~ **pad** *n. F:* gwely(-au) (*m*) dros dro. **~-proof** *a.* diogel rhag damwain. **~-tackle** *n. Fb:* taclad(-au) (*m*) cwymp, taclad codwm.

crash[2] *v.i.&t.* **1.** *v.i. (a) (= resound):* diasbedain, atseinio; *(b)* **to ~ [down],** *(of plane &c):* cwympo, syrthio [yn glec, yn glatsh]. **the roof crashed in,** syrthiodd/cwympodd y to yn glec; *Aut:* **to ~ into a tree,** taro coeden, mynd i goeden, mynd i erbyn coeden, mynd yn glec i goeden, *S:* mynd yn glatsh i goeden. *(c) Cmptr:* chwalu. **2.** *v.t.* **to ~ one's car,** dryllio'ch/malu'ch car [yn yfflon *&c*]; **to ~ a car into a tree,** gyrru car i goeden, dryllio/malu car yn erbyn coeden. ~ **out** *v.i. F:* mynd i gysgu.

crash[3] *n. Tex:* lliain bras *m*, crash *m*.

crashing *a.* llethol, aruthrol; **a ~ bore,** dyn diflas y tu hwnt, andros o ddyn diflas, syrffedwr heb ei fath.

crashworthiness *n.* diogelwch (*m*) rhag damwain.

crashworthy *a.* diogel rhag damwain.

crasis *n. Phon:* cywasgiad(-au) *m*.

crass *a.* **1.** *(= gross):* affwysol, dybryd, eithafol, llwyr, rhonc, o'r mwyaf. **2.** *(= stupid):* twp, pendew, di-glem, di-ddeall, anneallus.

crassitude *n.* **= crassness.**

crassly *adv.* yn dwp *&c.*

crassness *n.* twpdra *m*, ynfydrwydd *m*.

-crat *suff.* -crat(-iaid) *m*.

cratch *n.* rhesel(-i) *f*, rhastl(-au) *f*, cratsh(-is) *m*.

crate[1] *n.* **1.** *(a)* cawell(-au, -i, cewyll) *m*, bocs(-ys) rhwyllog *m*, *F:* crât (cratiau) *m*, crêt (cretiau) *m*; *Metalw: &c:* cawell; *(b)* **= crateful. 2.** *F: (a) Av: (= old plane):* 'cutan(-od) *mf*, hen 'gutan(-od) *mf*; *(b) Aut: (= old car):* [hen] siandri(-s) *f*.

crate[2] *v.t.* cratio/cretio rhth, rhoi/pacio (rhth) mewn crât *&c*; *Metalw:* cawellu.

crateful *n.* crataid (crateidiau) *m*, cretaid (creteidiau) *m*, llond (*m*) crât/crêt/cawell *&c*; *Metalw: &c:* cawellaid (cawelleidiau) *m*.

crater[1] *n.* **1.** *Geog: (of volcano &c):* ceudwll (ceudyllau) *m*, ceg (-au) *f*, safn(-au) *f*, crater(-au) *m*. **2.** *(= shell-hole):* twll (tyllau) *m*. **3.** *Gr.Ant:* cawg(-iau) *m*.

crater[2] *v.t.* ceudyllu, tyllu.

crater[3] *n. (= packer):* cratiwr (cratwyr) *m*, cretiwr (cretwyr) *m*, cawellwr (cawellwyr) *m*.

cratered *a.* tyllog, ceudyllog.

craterlet *n.* twll bychan (tyllau bychain) *m*.

-cratic[al] *suff.a.* -cratig, -crataidd.

craton *n. Geol:* tarian(-au) *f*, craton(-au) *m*.

cratonic *a. Geol:* cratonig.

cravat *n.* crafat: crafet(-iau) *mf*, cadach (*m*) gwddf (cadachau gyddfau).

crave *v.t.&i.* **1.** *O:* **to ~ sth from/of s.o.,** crefu/deisyf/erfyn/ymbil ar rn am rth, *or* crefu/deisyfu/erfyn rhth gan rn, *S: occ:* ymhŵedd ar rn am rth *or* am rth gan rn; **to ~ s.o.'s pardon,** gofyn maddeuant gan rn, erfyn maddeuant rhn; **to ~ the attention of the audience,** gofyn [am] sylw'r gynulleidfa. **2. to ~ for/after sth,** dyh|eu/hiraethu am rth, chwenychu/chwennych/blysio rhth.

craven *a. & n.* **1.** *a.* llwfr, gwangalon (*pronounced* ng-g), anwrol, *V:* cachgïaidd. **2.** *n.* llwfrgi (llwfrgwn) *m*, llyfrgi (llyfrgwn) *m*, *V:* cachgi (cachgwn) *m*.

cravenly *adv.* yn llwfr *&c.*

cravenness *n.* llwfrdra *m*, llyfrdra *m*, anwroldeb *m*, gwangalondid *m* (*pronounced* ng-g), cachgieiddiwch *m*.

craver *n.* **1.** crefwr (crefwyr) *m*, cr|efwraig *f*, deisyfwr: deisyfydd (deisyfwyr) *m*, ymbiliwr (ymbilwyr) *m*, ymb|ilwraig *f*. **2.** dyhëwr (dyhewyr) *m*, chwenychwr (chwenychwyr) *m*.

craving *vn. & n.* **1.** *vn.* **= crave. 2.** *n.* awydd *m*, chwant(-au) *m*, ysfa (ysf|eydd) *f*, blys(-iau) *m*, trachwant(-au) *m*, dyhead(-au) *m*, awch *m*, gwanc *fm* (**for sth,** am rth).

craw *n.* cropa(-od, cropâu) *m*, crombil(-iau) *mf*, bòs (bosau) *m*, cylla(-on, -oedd, cyllâu) *mf*; **it sticks in my ~,** alla' i mo'i lyncu e; mae'n stwmp ar fy stumog i; mae'n glynu yn fy nglasog i.

crawfish[1] *n.* **= crayfish.**

crawfish[2] *U.S: (= back out):* cilio, *N:* nogio, *S:* jibo.

crawful *n.* llond (*m*) cropa, bol[i]aid (bol[i]eidiau) *m*, llond bol/bola.

crawl[1] *n. Pisc: (= enclosure):* crywyn *m*, cryw(-iau) *m*.

crawl[2] *n.* **1.** *(of snake &c):* ymlusgo *vn*, ymlusgiad(-au) *m.* **2.** *(of pers.):* cropian *vn*, ymlusgo *vn*, ymgropian *vn*, ymgripio *vn*, ymlusgiad(-au) *m*, ymgripiad(-au) *m.* **3.** *(of traffic):* **the traffic was reduced to a ~,** prin y gallai'r cerbydau symud; **(we did five miles) at a ~,** (aethom bum miltir) yn araf deg, dan ymlusgo/gropian; *S.a.* **pub-crawl**[1]. **4.** *Swim:* ymlusgo *vn*; **back ~,** nofio ar y cefn; **front ~,** nofio yn eich blaen.

crawl[3] *v.i.* **1.** ymlusgo, ymgropian, ymgripian; *(of child):* cropian, *S.W: occ:* crafu, *S: occ:* cripad; *F:* **to ~ (to s.o.),** ffalsio, cynffonni, cynffonna, gwenieithio, *occ:* cynffonlonni, cwtwslonni (i rn); *Lit:* ymgreinio (o flaen rhn). **2.** *(a) (of pers.):* **to ~ [along],** ymlusgo, cropian; **to ~ on one's hands and knees,** cropian/cripian/ymlusgo ar eich pedwar; *(b) (= advance slowly):* mynd yn araf bach, mynd yn araf deg, ymlusgo mynd; *F: Aut:* mynd o dow i dow, rhygnu mynd, ymlusgo ymlaen; *Joc:* mynd fel malwen/malwoden mewn côl-tar; *(of taxi):* rhodianna. **3. to be crawling (with maggots &c),** cynrhoni, heidio, berwi, bod yn fyw (o gynrhon &c); bod yn gynrhonllyd, euddoni. *S.W:* gwiddoni; **her hair was crawling with lice,** 'roedd ei gwallt yn fyw/berwi/dryfrith o lau; 'roedd ei gwallt yn llau byw; *F:* **the place was crawling with people,** 'roedd y lle'n berwi o bobl; **to make one's flesh ~,** codi croen gŵydd arnoch, *S.W:* hala ysgryd arnoch. **4.** *Swim:* ymlusgo.

crawler *n.* **1.** *(a)* ymlusgwr (ymlusgwyr) *m*, ymgripiwr (ymgripwyr) *m*, cropiwr (cropwyr) *m*; *(= reptile):* ymlusgiad (ymlusgiaid) *m*; *(b) Swim:* ymlusgwr; *(c) F: (= toady):* crafwr (crafwyr) *m*, ffalsiwr (ffalswyr) *m*, cynffongi (cynffongwn) *m* (*pronounced* ng-g), cynffonnwr (cynffonwyr) *m*, llyfwr (llyfwyr) *m*, llechgi (llechgwn) *m*, *occ:* cynffon(-nau) *f*, cynffonnes *f*, llechiast (llechieist) *f.* **2.** *pl. Cost:* **crawlers,** dillad cropian. **~ lane** *n.* lôn (lonydd) araf *f.*

crawling[1] *a.* **1.** ymlusgol, yn cropian, ymgripiol. **2.** *(= slow):* araf bach, araf deg; *(taxi):* ar grwydr, yn rhodianna. **3.** *(= teeming):* llawn, yn berwi, yn fyw, tryfrith (o rth); **~ with maggots,** cynrhonllyd, yn gynrhon byw. **4.** *(= toadying):* gwasaidd, taeogaidd, taeoglyd, gwenieithus, ffals, cynffongar (*pronounced* ng-g), cynffonllyd, cynffonlon, cynffonnog.

crawling[2] *vn.* = **crawl**[3]; *Const:* mân-blisgo, cracio, cracellu.

crawlway *n. Const:* hedin(-s) bach *m.*

crawly *a.* = **crawling.**

cray[1] *n.* = **crayfish.**

Cray[2] *W.Pl n.* Crai *m.*

crayfish *n. Crust:* **1.** *(freshwater):* cimwch (cimychiaid) *(m)* yr afon[-ydd], siacar goch (siacrod cochion) *f.* **2.** *F: (= spiny lobster):* cimwch Mair, cimwch coch (cimychiaid cochion).

crayon[1] *n.* creon(-au) *m*, cre|on(-s,-au) *m.*

crayon[2] *v.t.&i. (i)* lliwio, creonio; *(ii) Fig: (= sketch):* braslunio.

crayonist *n.* creoniwr: creonydd (creonwyr) *m.*

craze[1] *n.* chwilen *f*, mympwy(-on) *m*, chwim(-iau) *m*, ffasiwn (ffasiynau) *f*, ysfa (ysfeydd) *f*, *N.W: occ:* chwiw(-iau) *f.*

craze[2] *v.t.* **1.** drysu, gwallgofi (rhn); gyrru (rhn) yn wallgof, *S.* hala rhn yn ynfyd/grac; *See* **crazy. 2.** *Cer:* cracio, cracellu, mynd yn graciau mân.

crazed *a.* **1.** = **crazy**; **half-~** = **half-crazy. 2.** *Cer:* craciog, cracellog.

crazily *adv.* yn wirion *&c.*

craziness *n.* gwallgofrwydd *m*, gorffwylledd *m*, ynfydrwydd *m*, lloerigrwydd *m*, hurtrwydd *m*, ffolineb *m*, gwiriondeb *m.*

crazing *vn. Const:* craciau mân *pl.*

crazy *a.* **1.** gwallgof, gorffwyll, gorffwyllog, lloerig, hurt, ffôl, ynfyd, gwirion [bost], o'ch cof, wedi drysu, dryslyd, o'ch pwyll, penwan, amhwyllog, *F:* hanner pan, hanner call [a dwl], hannercof, ddim llawn llathen, ddim yn gall, *S:* crac; **he's ~,** *N: F:* mae o'n eu cael nhw; mae 'na rth ar goll ynddo fo; *S:* mae colled arno fe; **~ with fear,** yn drysu gan ofn; **to go ~,** drysu, gwallgofi, gwirioni, hurtio, mynd o'ch cof, colli'ch pwyll, colli arnoch eich hun, ynfydu, gorffwyllo, *N.W:* mynd yn honco bost, mynd yn holics glân; **to drive/send s.o. ~,** gyrru rhn yn wallgof, gyrru rhn o'i gof, drysu rhn, *S:* hala rhn yn benwan/grac, *N: occ:* moedro/mwydro rhn; **to be ~ over/about sth,** colli'ch pen [yn lân] am rth, gwirioni ar rth, *N:* mopio'ch pen am rth, dotio ar rth, moedro'ch pen ar rth, holpio ar rth *or* efo rhth, drysu'ch pen efo rhth; **to be ~ to do sth,** *(= eager):* bod ar dân [o] eisiau gwneud rhth, bod bron [â] marw eisiau gwneud rhth, ysu am gael gwneud rhth; *(intensive):* **(to go &c) like ~,** (mynd *&c*) fel dyn o'i gof, fel y coblyn, fel cath i gythraul, fel y cythraul; *U.S:* **~ bone = funny-bone. ~ golf,** golff gwyllt, golff giamocs. **2.** *A:* = **rickety. 3. ~ quilt,** cwilt(-iau) clytiog *m*, cwlit clytiau; **~ paving,** pafin *(m)* pennau cŵn, pafin clytiau, pafin clytiog. **~ chick disease** *n. Vet:* clefyd *(m)* y cyw penwan.

crazyweed *n.* = **locoweed.**

creak[1] *n.* gwich(-iau, -iadau) *f*, gwichian *vn.*

creak[2] *v.i.* gwichian, crecian.

creakily *adv.* yn wichlyd *&c.*

creaking *a. & vn.* **1.** *a.* gwichlyd, creclyd; **a ~ gate hangs longest,** cyd gwichio'r fen hi a ddwg ei llwyth. **2.** *vn.* = **creak**[2].

creaky *a.* gwichlyd, creclyd; *Ling:* **~ voice,** llais creclyd.

cream[1] *n.* hufen(-nau) *m*; **clotted ~,** hufen tolch, ceulion *(pl)* hufen; **double ~,** hufen tew, hufen dwbl; **single ~,** hufen tenau, hufen sengl; **whipped ~,** hufen chwip, hufen chwipio, hufen chwisg; **whipping ~,** hufen chwipio; **ice-~,** hufen iâ, *occ:* rhew melys *m*; **to take the ~ off the milk,** hufennu llaeth; *(b) (= the best):* yr hufen, y gorau *m*, y goreuon *pl*; **the ~ of society,** goreuon cymdeithas; **the ~ of the joke,** y peth doniolaf, y peth mwyaf digrif. **2.** *(a)* **chocolate ~,** siocled(-i) *(m)* hufen; **~ of tomato soup,** cawl *(m)* [hufen] tomatos; *(b)* **~ of tartar,** hufen tartar, powdwr *(m)* tartar; *(c) (for shoes):* cwyr *m*; *(d) Toil:* **beauty ~,** hufen harddu; **cleansing ~,** hufen glanh|au; **cold ~,** hufen oer; **face-~,** hufen wyneb; *(e) Med:* hufen, eli (eliäu) *m.* **3.** *(colour):* [lliw] hufen, hufenlliw, melyn *(f.* melen, *pl.* melynion). **~ bun** *n. N:* bynsen (byns) *(f)* hufen, wicsen (wics) *(f)* hufen, *S:* bynen (byns) *(f)* hufen. **~ cake** *n.* teisen(-nau) *(f)* hufen, cacen(-nau,-ni) *(f)* hufen. **~ cheese** *n.* caws *(m)* hufen. **~-coloured** *a.* hufenl[l]iw, hufennaidd, melynwyn *(f.* melynwen, *pl.* melynwynion). **~ cracker** *n. Cu:* cracer(-s) *f*, bisgeden grimp (bisgedi crimp) *f*, bisgïen gracer (bisgedi cracer) *f.* **~ cups** *n.pl. Bot: (Meconella californica):* cwpanau hufen. **~ faced** *a.* gwelw(-on), llwyd(-ion). **~ fruit** *n. Bot:* ffrwyth(-au) *(m)* hufen. **~ horn** *n. Cu:* corn (cyrn) *(m)* hufen. **~ jug** *n.* pot(-iau) *(m)* hufen, jwg (jygiau) *(mf)* hufen, *N.W: S.W: occ:* cremjwg: crenjwg: crynjwg *m.* **~-laid** *a.* gwrymiog melyn. **~ puff** *n. Cu:* coden(-nau) *(f)* hufen, pwff (pyffiau) *(b)* hufen, pyffen (pyffion) *(f)* hufen. **~ sauce** *n.* sôs/saws *(m)* hufen. **~ slice** *n.* **1.** *Cu:* tafell(-i) *(f)* hufen, *N: occ:* teisen/cacen glwt (teisennau/cacennau clwt). **2.** *(knife):* cyllell (cyllyll) *(f)* hufen. **~ soda** *n.* hufen *(m)* soda. **~ tea** *n.* te *(m)* [a] hufen. **~-wove** *a.* llyfn melyn, plaen melyn.

cream[2] *v.t.&i.* **1.** *v.t. (= remove cream): (a)* hufennu (rhth), codi/tynnu hufen (oddi ar rth); *(b) Cu: (= make into cream):* corddi (rhth) yn hufen; *(c)* **to ~ the skin,** rhoi hufen/eli ar y croen. **2.** *v.i. (of milk).* hufennu, troi'n hufen; *(of other liquids):* ewynnu.

creamed *a.* hufennog.

creamer *n.* **1.** *(dish, machine):* hufennwr (hufenwyr) *m.* **2.** *U.S: See* **cream jug.**

creamery *n.* hufenfa (hufenfeydd) *f*, hufendy (hufendai) *m*, llaethdy (llaethdai) *m*, ffatri *(f)* laeth (ffatrïoedd llaeth). **~ butter** *n.* ymenyn *(m)* hufenfa.

creamily *adv.* yn hufennog *&c.*

creaminess *n.* hufenogrwydd *m*, hufeneiddiwch *m.*

creamy *a.* hufennog, hufennaidd; *(= smooth):* llyfn *(f.* llefn, *pl.* llyfnion); **~ complexion,** wynepryd llyfn/melfedaidd *m*; **~ consistency,** trwch hufennog *m*, hufenogrwydd *m.*

crease[1] *n.* **1.** crych(-ion) *m*, plygiad(-au) *m*, crychiad(-au) *m*, plyg(-ion) *m*; *(in skin):* rhych(-au) *mf*, crych; *(of trousers):* plyg, plygiad; **to put a ~ in a garment,** rhoi plyg mewn dilledyn. **2.** *Sp: Cr:* crîs (crisiau) *m*; **bowling-~,** crîs bowlio; **popping-~,** crîs batio; **return ~,** crîs dychwelyd. **~-resistant** *a. Tex:* gwrthblyg, gwrthgrych, anghrychadwy, anhygrych.

crease[2] *v.t.&i.* **1.** *v.t. (a)* plygu, crychu, rhychu, *N.W: occ: F:* sbybio; **to ~ oneself with laughter,** chwerthin yn eich dyblau; *(b)* **to ~ one's trousers,** rhoi plyg yn eich trowsus. **2.** *v.i.* mynd yn grychau/blygion, crychu, rhychu, *N.W: occ:* sbybio. **2.** *F: (= tire out):* blino; *S.a.* **kill.**

creased *a.* crychlyd, rhychog; **(they were) ~ with laughter,** ('roeddent) yn eu dyblau yn chwerthin, yn eu lladd eu hunain yn chwerthin, *N:* yn g'lana' chwerthin; **well-~ trousers,** trowsus a phlyg/phlygion taclus ynddo.

creaseless *a.* di-grych, heb grych, heb blygiad *&c*, llyfn *(f.* llefn, *pl.* llyfnion); *(trousers):* heb blyg/blygiad.

creaser *n.* crychwr (crychwyr) *m.*
creasing *vn.* crychiad(-au) *m*, rhychiad(-au) *m*, plygiad(-au) *m*; *Const:* **tile ~**, bargod(-ion) (*m*) teils; *S.a.* **crease²**. **~-hammer** *n.* morthwyl(-ion) (*m*) crychu. **~-iron** *n.* bonyn (bonion) (*m*) crychu.
creatable *a.* creadwy.
create *v.t.* **1.** creu; **God created the world,** Duw a greodd y byd; *Th:* **to ~ a part,** creu rhan/part; **to ~ a fashion,** creu/cychwyn/lansio ffasiwn; **to ~ s.o. a knight,** urddo rhn yn farchog. **2.** *(a) (= cause):* creu, peri, achosi; *(impression):* creu, gwn|eud; **to ~ a scandal,** gwneud sôn [amdanoch], dod yn destun siarad; *(b) abs. P:* **to ~,** creu helynt, codi twrw, creu/gwneud/codi stŵr, ei dweud hi'n hallt, cwyno/cega [o achos rhth], *V:* chwarae'r diawl, *S.W: occ:* diarhebu, darfodi.
created *a.* creëdig; **a newly-~ world,** byd newydd ei greu; **a newly-~ knight,** marchog newydd ei urddo.
creatine *n. Bio-Ch:* cr|eatin *m.*
creatinine *n. Bio-Ch:* cre|atinin *m.*
creation *n.* **1.** creadigaeth(-au) *f*, cread(-au) *m*; **the only one in ~,** yr unig un yn y greadigaeth; *(action):* creu *vn*; **the biblical account of the C~,** hanes y Creu yn ôl y Beibl; **the latest creations,** y creadigaethau/ffasiynau diweddaraf; *Sch:* **work of their own ~,** gwaith o'u pen a'u pastwn eu hunain. **2.** *(of knight &c):* arwisgiad(-au) *m*, urddiad(-au) *m*, arwisgo *vn*, urddo *vn.* **3.** *(= causing):* achosiad(-au) *m*, achosi *vn.* **4.** *Cmptr:* creadigaeth; **file ~,** ffeil-gread *m*, creu (*vn*) ffeil. **~ date** *n.* dyddiad(-au) (*m*) creu.
creationism *n.* creadaeth *f.*
creationist *n.* creadydd(-ion) *m.*
creative *a.* creadigol.
creatively *adv.* yn greadigol.
creativeness, creativity *n.* gallu creadigol *m*, dawn greadigol *f*, cregarwch *m*, creugarwch *m*, creadigedd *m*, creadigolrwydd *m.*
creator *n.* creawdwr (creawdwyr) *m*, crëwr (crewyr) *m*, gwneuthurwr (gwneuthurwyr) *m*, lluniwr (llunwyr) *m*, dyfeisiwr (dyfeiswyr) *m*; *B:* **the ~,** y Creawdwr, y Crëwr.
creatress, creatrix *n.f.* cre|awdwraig (creawdwragedd).
creatural *a.* creadurol.
creature *n.* **1.** creadur(-iaid) *m*, creadures(-au) *f*; **a ~ of habit,** un caeth i'w arferion; **she was a lovely ~,** 'roedd hi'n fenyw hardd; 'roedd hi'n beth hardd. **2.** *(= animal):* creadur, anifail (anifeiliaid) *m*, bwystfil(-od) *m*; *pl. U.S:* = **cattle. 3. poor ~,** truan (trueiniaid) *m*, *N:* y creadur bach! **poor ~!** druan ohono/ohoni! yr hen druan! yr hen dlawd! bechod drosto/drosti! *S:* druan bach! druan ag e/hi! *N: (woman):* y greadures fach! y beth bach/fach! **not a ~ was to be seen,** 'doedd yno'r un enaid byw; 'doedd yno'r un gopa walltog. **4.** *(= fool, puppet):* gwas (gweision) bach *m*, cynffonnwr (cynffonwyr) *m.* **5. man is the ~ of circumstances,** mae dyn yn gaeth i'w amgylchiadau. **6.** *attrib.* **~ comforts,** cysuron corfforol, hawddfyd *m.*
creaturehood *n.* creadurdod *m.*
creatureliness *n.* creaduroldeb *m*, creadurusrwydd *m.*
creaturely *a.* creadurol, creadurus.
crèche *n.* *(a)* meithrinfa (meithrinf|eydd) *f*; *(b) U.S:* = **orphanage**; *(c) U.S: Ecc: (= Nativity scene):* golygfa(*f*)'r Geni.
credal *a. Rel:* credoaidd.
credence *n.* **1.** cred(-au) *f*, coel(-ion) *f*; **to give/attach ~ (to sth),** rhoi coel (ar rth), credu/coelio (rhth, yn rhth); **letter of ~,** llythyr(-au) (*m*) cyflwyno. **2.** *Ecc:* **~[-table],** bwrdd (byrddau) (*m*) allor, credfwrdd (credfyrddau) *m.*
credential *a.* & *n.pl.* 1. *a.* gwiwgred, credadwy. 2. *n.pl. (letter):* llythyr(-au) (*m*) cyflwyno/cyflwyniad, tystlythyr(-au) *m*, credlythyrau *m*; **to show one's ~,** *(a) (= show identity):* dangos pwy ydych; *(b) (= show qualification):* dangos eich cymwysterau.
credenza *n.* eilfwrdd (eilfyrddau) *m*, seld(-au) *f*, credfwrdd (credfyrddau) *m.*
credibility *n.* credadwyedd *m*, hygrededd *m*, credadwyaeth *f.* **~ gap** *n.* bwlch (*m*) hygrededd.
credible *a.* credadwy, *occ:* hygoel, hygred; **it hardly seems ~,** prin y gellir ei gredu; mae'n anhygoel.
credibly *adv.* yn gredadwy *&c*, mewn modd credadwy; **to be ~ informed of sth,** clywed/cael rhth o le da, cael rhth o ffynhonnell dda; **(I am) ~ (informed that . . .),** (clywaf/clywais) ac mae lle i'w gredu, a gallaf ei gredu (bod . . .).
credit¹ *n.* **1.** *(= belief):* cred *f*, coel *f*, ffydd *f*; **a rumour that is gaining ~,** si y mae mwy a mwy yn credu ynddi; **to give ~ to a story,** credu/coelio stori, rhoi coel ar stori; **the story gained ~,** cafodd yr hanes ei gredu/dderbyn; aethpwyd i gredu'r hanes. **2.** *(= repute):* bri *m*, parch *m*, enw da *m*, anrhydedd *m*, dylanwad *m*; **he has ~ at court,** mae'n fawr ei fri yn y llys; mae ganddo ddylanwad yn y llys. **3.** *(= honour):* clod *mf*, canmoliaeth *f*, anrhydedd, cydnabyddiaeth *f*; **a ~ to the school,** clod i'r ysgol; **to get/take ~ for an action,** derbyn y clod am weithred; **to give s.o. ~ for good work,** rhoi clod i rn am waith da, cydnabod gwaith da rhn; **he came out of it with ~,** daeth allan ohoni â chlod; *Sch:* **(to pass an examination) with ~,** (llwyddo mewn arholiad) gydag anrhydedd, gyda chlod; **to give s.o. ~ for sth,** *(= attribute sth to s.o.):* priodoli rhth i rn, tadogi rhth ar rn; *Sch:* **candidates will be given ~ for a tidy presentation,** caiff ymgeiswyr glod am gyflwyniad taclus; **I gave him ~ for more sense,** 'roeddwn i'n meddwl bod ganddo fwy o synnwyr; **to give ~ where it is due,** rhoi'r clod dyledus, rhoi clod lle mae'n ddyledus; **it must be said to his ~ that . . .,** rhaid dweud er clod iddo fod . . .; **the ~ should be his,** iddo ef y mae'r diolch/clod; **it does him ~,** mae'n glod iddo. **4.** *Com:* credyd(-au) *m*, coel *f*; **to give s.o. ~ for sth,** rhoi credyd i rn am rth, rhoi swm i gredyd rhn; **to deal on ~,** delio ar goel; **to sell on ~,** gwerthu ar goel; **long ~,** credyd tymor hir; **no ~ is given,** ni roddir coel; **on ~,** ar goel, *N: F:* ar lab; **~ by fraud,** coel/credyd trwy dwyll; **letters of ~,** llythyrau credyd/coel. **5.** *Com: (= reputation for probity):* enw da *m*, credyd *m.* **6.** *Parl:* swm (symiau) (*m*) ar gyfrif, credyd(-au) *m*; **vote of ~,** pleidlais (*f*) gredydau. **7.** *pl. Cin:* = **credit list. 8.** *Sch: U.S:* tystysgrif(-au) *f.* **~ account** *n.* cyfrif(-on) (*m*) credyd. **~ agency** *n.* asiantaeth (*f*) gredyd (asiantaethau credyd). **~ balance** *n.* gweddill (*m*) credyd, arian (*m*) mewn llaw. **~ bank** *n.* banc(-iau) (*m*) credyd, banc masnachol. **~ base** *n.* sylfaen (*f*) gredyd (sylfeini credyd). **~ buying** *vn.* prynu ar goel/gredyd. **~ card** *n.* cerdyn (cardiau) (*m*) credyd, cerdyn coel (cardiau coel), *S:* carden (*f*) gredyd (cardiau credyd), carden goel (cardiau coel). **~ charge** *n.* tâl (taliadau) (*m*) coel/credyd. **~ control** *n.* rheoli (*vn*) credyd, rheolaeth (*f*) credyd, rheolaeth ar gredyd, rheoli (*vn*) benthyca, rheolaeth ar fenthyca. **~ course** *n.* *Sch:* cwrs (cyrsiau) (*m*) tystysgrif. **~ line** *n.* **1.** *Cin:* = **credit list. 2.** *Fin: U.S:* uchafswm (*m*) credyd. **~ list** *n.* *Cin:* diolchiadau *pl*, rhestr (*f*) ddiolchiadau (rhestrau diolchiadau), rhestr gydnabod (rhestrau cydnabod). **~ note** *n.* nodyn (nodion) (*m*) credyd. **~ rating** *n.* statws (*m*) credyd. **~ restriction** *n.* cyfyngiad(-au) (*m*) ar gredyd/wario. **~ risk** *n.* perygl(-on) (*m*) credyd. **~ sale** *n.* gwerthiant (gwerthiannau) (*m*) ar gredyd/goel. **~ side** *n.* **1.** *Book-k:* colofn (*f*) gredyd, y derbyniadau *pl.* **2.** *Fig:* **on the ~ side (the town's hotels give good value),** o blaid y dref, er clod i'r dref (mae ei gwestyau yn rhoi gwerth eich arian). **~ slip** *n.* taflen (*f*) gredyd (taflenni credyd). **~ squeeze** *n.* gwasgfa (*f*) gredyd (gwasgf|eydd credyd). **~ standing** *n.* statws (*m*) credyd. **~ title** *n.* cydnabyddiaeth(-au) *f.* **~ transfer** *n.* trosglwyddiad(-au) (*m*) credyd. **~ union** *n.* undeb(-au) (*m*) credyd/coel. **~-worthy** *a.* **1.** *(character &c):* credadwy, coeliadwy, dibynadwy, geirwir. **2.** *Com: Fin:* teilwng o gredyd/goel. **~-worthiness** *n.* **1.** *(of character &c):* geirwiredd *m.* **2.** *Com: Fin:* teilyngdod (*m*) credyd.
credit² *v.t.* **1.** *(= believe):* credu, coelio (rhn, rhth); rhoi coel (ar rn/rth). **2.** *(a) (= attribute):* priodoli (rhth i rn); **I credited you with more sense,** 'roeddwn i'n meddwl bod gennych chi fwy o synnwyr; **the relics are credited with miraculous powers,** priodolir galluoedd gwyrthiol i'r creiriau; **to be credited with having done sth,** *(in a good sense):* cael y clod am wneud rhth; *(in a bad sense):* cael y bai am wneud rhth; **he hasn't as much money as people ~ him with,** 'does ganddo ddim cymaint o arian ag y credir/tybir gan bobl; *(b) (= recognize):* cydnabod; **to ~ s.o. with ability,** cydnabod gallu rhn. *(c) Cin: T.V:* clodrestru. **3.** *Com:* echwynnu, credydu (rhth); rhoi (rhth) yng nghyfrif rhn; *Mth:* cyfrif (rhth) yn gredyd; **to ~ a sum to s.o., to ~ s.o. with a sum,** nodi swm o arian yn enw rhn, credydu/echwynnu rhth i rn, credydu rhn â swm o arian.
creditability, creditableness *n.* clodforusrwydd *m.*

creditable *a.* clodforus, clodwiw, canmoladwy, cymeradwy, anrhydeddus.
creditably *adv.* yn ganmoladwy *&c*, â chlod; **this reflects ~ on the department,** mae hyn yn glod i'r adran.
creditor *n.* credydwr (credydwyr) *m*, echwynnwr (echwynwyr) *m*; **~ nation,** gwlad (gwledydd) echwynnol *f*.
credo *n.* credo(-au) *f*, cred(-au) *f*; *Ecc:* credo *m*.
credulity *n.* hygoeledd *m*, coelgarwch *m*.
credulous *a.* hygoelus, coelgar, parod i gredu/goelio.
credulously *adv.* yn hygoelus.
credulousness *n.* hygoeledd *m*, coelgarwch *m*.
Cree[1] *a. & n.* **1.** *a.* Cri, Crïaidd. **2.** *n.* *(a) Ethn:* Cri (Crïaid) *m&f*. *(b) Ling:* Cri: Crïeg *f*, *m*.
cree[2] *n.* *Cu:* **~ cake,** teisen (*f*) griwsion (teisennau criwsion).
creed *n.* **1.** *Theol:* credo(-au) *m*, cyffes(-ion) (*f*) ffydd; **the [Apostles'] C~,** Credo'r Apostolion; **the Athanasian C~,** Credo Athanasiws; **the C~ of Nicea, the Nicene ~,** Credo Nicea, y Credo Niceaidd; **the Niceno-Constantinopolitan C~,** Credo Nicea-Caergystennin. **2.** *(= denomination):* enwad(-au) *m*. **3.** *(= belief):* credo, cred(-au) *f*.
creedal *a.* = **credal.**
creedless *a.* digredo.
creek *n.* **1.** *(= inlet, bay):* cilfach(-au) *f*, cilfachell(-au) *f*, morgainc (morgeinciau) *f*, cainc (ceinciau) (*f*) o fôr. **2.** *U.S:* *(a)* afon(-ydd) *f*, nant (nentydd) *f*, cornant (cornentydd) *f*, ffrwd (ffrydiau) *f*, *occ:* gofer(-ydd) *m*; *P:* **up the ~,** *(= in difficulties):* mewn trafferth, mewn helynt, *F:* mewn twll, mewn picil, *N:* mewn stryffig, mewn strach; **you'll be up the ~,** fe fydd hi ar ben *or* wedi canu *or* wedi wech arnoch chi; *(b) (= glen):* glyn(-noedd) *m*.
creel[1] *n.* cawell (cewyll) *m*, crùl (cruliau) *m*, cryl(-iau) *m*, crel(-iau) *m*.
creel[2] *v.t.* *Min:* *N:* criwlio.
creelful *n.* cruliaid (crulieidiau) *m*, *N:* cryliad (cryleidiau) *m*.
creep[1] *n.* **1.** *pl.* *F:* croen (*m*) gŵydd; **he/it gives me the creeps,** mae'n codi arswyd arna' i; mae'n codi croen gŵydd arna' i; *S.W:* mae'n hala ysgryd arna' i; *N.W:* mae'n codi crepach arna' i. **2.** *Mec.E:* ymgripiad *m*, ymgripio *vn*, anffurfiad(-au) *m*, anffurfio *vn*; *Min:* *(= rising of floor under pressure):* *S:* pwcins *pl*, pwco *vn*. **3.** *P:* *(= toady):* crafwr (crafwyr) *m*, llyfwr (llyfwyr) *m*, cynffonnwr (cynffonwyr) *m*, cynffongi (cynffongwn) *m* (*pronounced* ng-g), *V:* crafwr tin (crafwyr tinau); *(vague term of abuse):* *N:* brych *m*, sbrych *m*, llipryn(-nod) *m*, crinci (crincod) *m*, crinc(-od) *m*, tinllach(-od) *m*. **4.** *Geog:* llithriad(-au) *m*, ymgripiad *m*. **5.** *(= low arch):* adwy(-au, -on) *f*; **cattle-~,** twll (tyllau) (*m*) gwartheg, *S:* twll da; **sheep-~,** twll defaid, cwter (*f*) ddefaid (cwteri/cwterydd defaid), ffos (*f*) gropian. (ffosydd cropian). **~ feeder** *n.* porthwr (porthwyr) isel *m*. **~ feeding** *vn.* didol-borthi. **~ trench** *n.* *Min:* hedin(-s) bach *m*.
creep[2] *v.i.* **1.** *(a) (of snake &c):* ymlusgo, ymlithro; *(of child/cat):* cropian, cripian, *S:* cripad, *Lit:* ymgripio, ymgripian; **to ~ into bed,** sleifio/ymlithro i'r gwely; **to ~ into a room,** sleifio/ymlithro i ystafell; **to ~ into a hole,** sleifio/ymlithro i dwll, *S:* gwalo; **a feeling of uneasiness crept over me,** araf ymlithrodd rhyw deimlad anesmwyth drosof; clywn ryw deimlad anesmwyth yn fy ngherdded; **to make s.o.'s flesh ~,** codi croen gŵydd ar rn; *(b) (= toady):* *F:* crafu, llyfu (rhn); ffalsio (rhn, i rn); cynffonna, cwtwslonni, cynffonlonni, *Lit:* ymgreinio (i rn). **2.** *(of rails, tyre &c):* llithro, ymlithro. **3.** *(of plant):* ymlusgo, ymgripio. **~ along** *v.i.* ymlusgo, sleifio, mynd yn araf bach, mynd o dow i dow, llusgo mynd; **to ~ along a wall,** sleifio ar hyd wal, llusgo yng nghysgod wal, llusgo/sleifio gyda wal. **~ away** *v.i.* *(a) (= crawl):* ymlusgo/cropian ymaith *or* i ffwrdd *or* bant; *(b) (= steal away):* sleifio ymaith *&c.* **~ on** *v.i.* mynd ymlaen *or* mynd yn eich blaen yn araf deg *or* wrth eich pwysau, ymlusgo yn eich blaen; **old age is creeping on,** mae henaint yn dod yn araf deg. **~ up** *v.i.* **1.** *(= approach):* sleifio (**on s.o.,** at rn); *Aut: &c:* **the speedometer crept up to 100,** cododd/llithrodd/ymlithrodd bys y cloc yn araf at gant yr awr; graddol ddringodd bys y cloc at gant yr awr; **(the circulation of the paper is) creeping up,** (mae cylchrediad y papur yn) codi'n araf, cynyddu'n araf, araf gynyddu, graddol godi.
creepage *n.* ymgripiad *m*, ymgripio *vn*, ymlithrad *m*, ymlithro *vn*.
creeper *n.* **1.** *(a) Bot:* dringhedydd: dringiedydd (dringedyddion) *m*, planhigyn (planhigion) ymlusgol/dringol *m*; *S.a.* **Virginia 1**; *(b) Orn:* = **tree-~. 2.** *(a) (= spiral. feeding grain):* troell(-au) *f*; *(b) Ind:* cludydd(-ion) araf *m*. **3.** *(a) (= spikes worn under heel):* pigau (*pl*) sawdl (pigau sodlau); *(b) F: (shoe):* esgid feddal (esgidiau meddal) *f*, *occ:* esgid ddal adar (esgidiau dal adar), *N:* esgid ddal iâr (esgidiau dal iâr/ieir). **4.** *(for working under car):* troli (troliau) *m*.
creepiness *n.* arswyd *m*, arswydusrwydd *m*, arswydolrwydd *m*, arswydlonedd *m*, arswydlonrwydd *m*, iasolrwydd *m*, iasolder *m*, iasoerni *m*.
creeping[1] *a.* **1.** *(snake):* ymlusgol; *(bird):* ymgripiol; *(plant):* ymledol, ymgripiol, ymdaenol, crwydrol, ymlusgol. **2.** *(disease):* ymledol, ymdaenol; *(inflammation &c):* graddol, cynyddol; *Econ:* **~ inflation,** chwyddiant graddol *m*; *B:* **~ thing,** ymlusgiad (ymlusgiaid) *m*; *Mil:* **~ barrage,** taniad symudol *m*. **~ bent-grass** *n.* *Bot:* *(Agrostis stolonifera):* maeswellt gwyn *m*, maeswellt rhedegog. **~ Charlie** *n.* *Bot:* ceinioglys crwydrol *m*. **~ fig** *n.* ffigysbren(-nau) crwydrol *m*. **~ Jenny** *n.* *Bot:* *(= moneywort):* ceinioglys *m*, canclwyf *m*, dwygeinioglys *m*, Siani lusg *f*, y ddwygeiniog *f*. **~ Jesus** *n.* *F:* Iesu Grist bach *m*. **~ peperonia** *n.* *Bot*: peperonia(-s, peperoniâu) crwydrol *m*. **~ sailor** *n.* *Bot:* tormaen brigog *m*, eglyn crwydrol *m*. **~ thistle** *n.* *Bot:* ysgallen gyffredin (ysgall cyffredin) *f*, ysgallen yr âr, ysgallen y maes, *S.W:* *occ:* gwidw(-od) *f*, *Lit:* *occ:* llawegor *m*.
creeping[2] *vn.* ymgripiad *m*, ymlusgiad *m*; *S.a.* **creep**[2].
creepy *a.* **1.** *(a)* = **creeping**; *(b) (= toadying):* gwenicithus, cynffongar (*pronounced* ng-g), ffals, cynffonllyd; *(= objectionable):* annifyr, annymunol, anghynnes, *F:* ych a fi. **2. I felt ~,** 'roedd croen gŵydd arna' i; **a ~ (old house),** (hen dŷ) arswydus, bwganllyd, digon i godi ofn arnoch; **a ~ story,** stori i godi ofn, stori ddychryn, stori arswyd, stori i godi gwallt eich pen, stori i godi croen gŵydd arnoch, stori arswydus/iasol/iasoer. **~-crawly** *F:* **1.** *a.* **a ~-crawly feeling,** croen (*m*) gŵydd, teimlad (*m*) o arswyd. **2.** *n.* *F:* *(insect):* hen bryf(-ed) annifyr *m*, *Coll:* pryfetach *pl*.
Cregrina *W.Pl.n.* Craig (*f*) Furuna.
cremate *v.t.* llosgi, *occ:* amlosgi, darlosgi; **he was cremated,** llosgwyd ei gorff; *occ:* amlosgwyd/darlosgwyd ef; *abs.* corfflosgi.
cremation *n.* amlosgiad(-au) *m*, darlosgiad(-au) *m*, corfflosgiad(-au) *m*; *vn.* = **cremate.**
cremator *n.* **1.** *(pers.):* amlosgwr (amlosgwyr) *m*. **2.** *(= furnace):* ffwrnais: ffwrnes (ffwrneisi, ffwrneisiau) *f*.
crematorium *n.* amlosgfa (amlosgf|eydd) *f*, darlosgfa (darlosgf|eydd) *f*, corfflosgfa (corfflosgf|eydd) *f*, crematoriwm (crematoria) *m*.
crematory *a. & n.* **1.** *a.* amlosgiadol, corfflosgiadol. **2.** *n.* *U.S:* = **crematorium.**
crème *n.* hufen(-nau) *m*; *F:* ***~ de la ~,*** hufen yr hufen, y gorau oll, y goreuon oll.
cremorne *n.* *Const.* **~ bolt,** bollt(-iau) (*m*) *cremorne*.
crena *n.* **1.** *Bot:* rhicyn (rhiciau) *m*, hicyn (hiciau) *m*. **2.** *Anat:* rhych(-au) *mf*.
crenate[d] *a.* *Bot:* hiciog, rhiciog, danheddog, minfylchog, cronfylchog, ysgolpiog.
crenately *adv.* yn gronfylchog *&c.*
crenation, crenature *n.* hiciad(-au) *m*, rhiciad(-au) *m*, danheddiad (daneddiadau) *m*, minfylchiad(-au) *m*, ysgolpiad(-au) *m*.
crenel[1] *n.* *Fort:* bwlch (bylchau) *m*, rhicyn (rhiciau) *m*.
crenel[2] *v.t.* = **crenellate.**
crenella *n.* *Conch:* misglen (misglod) *f*; **green ~,** *(Musculus discors):* misglen werdd (misglod gwyrddion); **marbled ~,** *(M. marmoratus):* misglen farmor (misglod marmor).
crenel[l]ate[1] *v.t.* cyfylchu, crenelu.
crenel[l]ate[2], **crenel[l]ated** *a.* bylchog, cyfylchog, rhiciog, crenelog.
crenel[l]ation *n.* cyfylchiad(-au) *m*, creneliad(-au) *m*.
crenelle *n.* = **crenel**[1]
crenulate[d] *a.* rhicynnog.
crenulation *n.* rhicyniad(-au) *m*.
creodont *n.* *Z:* cr|eodont (creodontiaid) *m*.
Creole *a. & n.* **1.** *a.* cymysgryw, cymysg, creolaidd. **2.** *n.* *(a) Ethn:* Creoliad (Creoliaid) *m&f*, Creoles(-au) *f*; *(b) Ling:* creoliaith (creolieithoedd) *f*, cymysgiaith (cymysgieithoedd) *f*, iaith (*f*) gymysg (ieithoedd cymysg).

creolize *v.t.* cymysgrywio, creoleiddio.
creophagous *a.* cigysol.
creosol *n.* cr|eosol *m.*
creosote[1] *n. Ch:* cr|eosot *m*, oel (*m*) tar. **~ bush** *n. Bot:* llwyn(-i) (*m*) creosot.
creosote[2] *v.t.* rhoi cr|eosot (ar rth), creosotio (rhth).
crêpe *n. & attrib.* **1.** *n. Tex:* crêp *m*, sidan crych *m*; **China ~, *~ de Chine, crêpe de Chine*** *m*; **satin ~,** crêp sidan. **2.** *attrib.* **~ hair,** gwallt (*m*) crêp; **~ rubber,** rwber crych *m*; **~ [rubber] soles,** gwadnau crych, gwadnau crêp; *Med:* **~ bandage,** rhwymyn(-nau) (*m*) crêp; **~ paper,** papur crych *m*. **3.** *n. Cu:* **= pancake**.
crepey *a.* crychlyd.
crepitant *a.* cleciog, cleclyd.
crepitate *v.i.* clecian, clindarddach.
crepitation *n.* **1.** clec *f*, cleciau *pl*, cleciadau *pl*, clecian *vn*, clindarddach *m*. **2.** *Med: Biol: Z:* **= crepitus.**
crepitus *Med:* **1.** *(= grating noise):* rhygnu *vn*, rhugliad(-au) *m*. **2.** *(= rattle):* rhwnc *m*.
crept *v. See* **creep**[2].
crepuscular *a.* cyfnosol, hwyrol, cyfddyddiol, rhwng dau olau, llwydolau; *Z:* cyfnosol.
crepy *a.* **= crepey.**
crescendo[1] *adv. & n. Mus:* **1.** *adv.* cresendo, yn codi, yn cryfh|au'n raddol, yn ymchwyddo. **2.** *n.* cresendo(-au,-s) *m*, ymchwydd(-iadau) *m*.
crescendo[2] *v.i. Mus:* codi, cryfh|au'n raddol, ymchwyddo.
crescent *n. & a.* **1.** *n.* *(a)* chwarter (*m*) y lleuad (chwarteri'r lleuad), *occ:* cilgant(-au) *m*; *(= first quarter):* blaen (*m*) y lleuad/lloer, y blaen newydd; *(b) Her: &c:* cresawnt *m*, cilgant; *(c) Geog:* **the Fertile C~,** y Cilgant Ffrwythlon/Toreithiog; *(d) (of houses):* cilgant, hanner (*m*) cylch. **2.** *a.* cyfylchig, corniog, cyrnig, cynyddol; **the ~ moon,** y lleuad (*f*) ar gynnydd, lleuad gorniog, lleuad gilgant, blaen y lleuad/lloer.
crescented *a.* cilgantog.
crescentic *a.* cilgantaidd.
cresol *n. Ch:* cresol(-au) *m*.
cress *n. Bot:* berwr *pl*; **a single ~ plant,** berwren: beryren *f*; **Alpine ~,** *(Hutchinsia alpina):* berwr yr Alpau; **American ~, = land cress; Australian ~, = golden cress; chamois ~, = Alpine cress; common ~, = garden cress; cow-~,** *See* **cow**[1]; **garden ~,** *(L. sativum):* berwr y gerddi, berwr Ffrainc, berwr Ffrengig; **golden ~,** *(L. sativum ssp.):* berwr euraidd; **hoary ~,** *(Cardaria draba):* berwr llwyd, pybyrllys llwyd *m*; **Indian ~,** *(Tropaeolum majus):* berwr yr India; **land ~,** *(Barbarea praecox):* berwr cynnar; **meadow ~,** *(Cardamine pratensis):* **= cuckoo flower; mitre ~,** *(Myagrum perfoliatum):* berwr capanog; **Normandy ~, = land cress; Peter's ~, = rock-samphire; shepherd's ~,** *(Teesdalia nudicaulis):* beryn coesnoeth *m*; **Smith's ~,** *(L. heterophyllum):* pybyrllys *m*; **spring ~,** *(Cardamine bulbosa):* **= bitter-cress; thale ~, = wall-cress; trefoil ~,** *(Cardamine trifolia):* berwr tribys; **violet ~,** *(Ionopsidium acaule):* berwr penlas; **wall-~,** *(Arabidopsis thaliana):* berwr y fagwyr, berwr y mur; **wild ~, = wood cress; winter ~,** *(Barbarea):* berwr y gaeaf, berwr Caersalem, berwr y fam, berwr y famog, berw'r torlannau, berw'r torlennydd; **wood ~,** berwr gwyllt, berwr y coed; *S.a.* **bitter-cress, pennycress, rock-cress, swine-cress, wart-cress, watercress, yellow cress. ~ bed** *n.* gwely(-au) (*m*) berwr. **~-rocket** *n. Bot: (Vella)*: beryryn *m*.
Cresselly *W.Pl.n.* Creseli *m*.
cresset *n. Hist:* cresed(-au) *m*.
Cressida *Pr.n.f.* Cresyd.
crest[1] *n.* **1.** *(of bird):* crib(-au) *fm*, *occ:* cribell(-au) *f*; *(of animal):* mwng (myngau) *m*. **2.** *(of feathers, on helm):* crib, tusw(-au) *m*, siobyn(-nau) *m*. **3.** *(of hill):* copa(-on, copâu) *fm*, ael(-iau) *f*, brig(-au) *m*, trum(-iau) *mf*; *(of wave):* crib, brig(-au) *m*; **on the ~ of the wave,** ar frig/grib y don; *Fig:* ar y brig, ar eich anterth, ar eich uchafbwynt. **4.** *Arch:* crib, trum. **5.** *Her: (= device):* arwydd(-ion) *m*, arwyddlun(-iau) *m*, arflun (-iau) *m*; *(= motto):* arwyddair (arwyddeiriau) *m*. **6.** *(= coat of arms):* arfbais (arfbeisiau) *f*. **7.** *Anat:* gwr|ym (gwrymiau) *m*; **frontal ~,** gwrym y talcen; **occipital ~,** gwrym y gwegil. **~-tile** *n.* teilsen (*f*) grib (teils crib), *Lit*: cefnbeithynen (cefnbeithynau) *f*, trumbeithynen (trumbeithynau) *f*.
crest[2] *v.t.&i.* **1.** *v.t.* *(a) (= scale):* **to ~ a hill,** dringo i ben bryn, cyrraedd copa bryn; *(b) (= put crest on):* rhoi crib *&c* (ar rth); *Her:* rhoi arwydd/arflun (ar rth). **2.** *v.i. (of wave):* ffurfio crib, ewynnu; *Fig:* dod i'ch anterth.
crestal *a.* cribol.
crested *a.* **1.** *Orn: &c:* cribog, copog, cobynnog, cribellog; **blue-~,** glasgopog, criblas (cribleision); **green-~,** gwyrddgopog, cribwyrdd (*f.* cribwerdd, *pl.* cribwyrddion); **red-~,** cribgoch(-ion); **yellow-~,** melyngopog, cribfelyn (*f.* cribfelen, *pl.* cribfelynion). **2.** *(a) (helmet):* tusŵog, siobynnog, pluog, cribog; *(b) (notepaper &c):* arfluniog, arfbeisiog. **3.** *(wave):* ewynnog, cribog; **white-~,** brigwyn (*f.* brigwen, *pl.* brigwynion). **~ dog's tail** *n. Bot*: rhonwellt (*m*) y ci.
crestfallen *a.* penisel, digalon, tinllipa, clustlipa, clustlibyn; wedi torri'ch crib, tinslip, â'ch cynffon yn eich gafl, â'ch pen yn eich plu, fel iâr ar y glaw, *S.W: occ:* ochr druan.
crestfallenly *adv.* yn benisel *&c.*
crestfallenness *n.* peniselder *m*, digalondid *m*.
cresting *n. Arch:* crib (*mf*) tŷ, trum(-iau) (*mf*) tŷ.
crestless *a.* di-grib, heb grib *&c.*
crestline *n.* criblin(-[i]au) *f*, briglin(-[i]au) *f*; **even ~,** briglin gyson (brigliniau cyson).
cresyl *n. Ch:* cresyl *m*.
cresylic *a. Ch:* cresylig; **~ acid,** cresol *m*.
cretaceous *a. & n.* **1.** *a. Geol:* cretasaidd, cretasig, sialcaidd. **2.** *n.* **the C~,** y Cyfnod Cretasaidd/Cretasig *m*, y Cretasig *m*.
cretaceously *adv.* yn gretasaidd *&c.*
Cretan *a. & n.* **1.** *a.* Cretaidd, o Greta; **the ~ mountains,** mynyddoedd Creta; **she's ~,** Cretiad yw hi. **2.** *n.* Cretiad (Cretiaid) *m&f*.
Crete *Pr.n. Geog:* Creta *f*.
cretic *a. & n. Pros:* **1.** *a.* cretig, cloff. **2.** *n.* corfan(-nau) cloff *m*, cretig(-ion) *m*.
cretin *n.* **1.** *Psy:* cretin(-iaid) *m*. **2.** *F:* twpsyn (twpsod) *m*, gwirionyn (gwirioniaid) *m*, hurtyn (hurtion) *m*; *S.a.* **idiot, fool**[1].
cretinism *n. Psy:* cretiniaeth *f*, cretinedd *m*.
cretinize *v.t. Psy:* cretineiddio.
cretinous *a.* **1.** *Psy:* cretinaidd. **2.** *F:* twp, gwirion, hurt, ynfyd, penwan *&c*; *S.a.* **stupid.**
cretonne *n. Tex:* cretón *m*, cotwm cryf *m*.
crevasse *n.* [g]agendor(-au) *m*, hafn(-au) *f*.
crevice *n.* agen(-nau) *f*, hollt(-au) *f*, hollten(-nau) *f*.
crew[1] *n.* **1.** *Nau: Mil: &c:* criw(-iau) *m*; **ship's ~,** criw llong, *Lit: occ:* gwerin (*f*) llong (gwerinoedd llongau); **ground ~,** criw daear. **2.** *Pej:* taclau *pl*, ciwed *f*, haid (heidiau) *f*, criw, ciang(-iau) *f*; **what a ~!** am daclau! dyna giwed! **~-cut** *n. Hairdr:* toriad(-au) cwta *m*, toriad crop, *S.W: occ:* cownti crop(-s) *m*. **~ neck** *a.* â gwddf crwn. **~ yard** *n.* iard (*f*) wartheg (iardiau/ierdydd gwartheg).
crew[2] *v.i.* criwio.
crew[3] *v. See* **crow**[3].
Crew Green *W.Pl.n.* Cryw Green *m*.
crewel *n. Needlew*: criwl *m*, edau fain *f*. **~-card** *n. Tex*: crib(-au) (*m*) criwl. **~-needle** *n. Needlew*: nodwydd (*f*) frodio (nodwyddau brodio). **~-wool** *n. Needlew*: edafedd (*pl*) brodio. **~-work** *n. Needlew*: brodwaith (*m*) edafedd.
crewless *a.* heb griw, di-griw.
crewman *n. m.* criwmon (criwmyn).
crib[1] *n.* **1.** *(for horse &c): (= manger):* preseb(-au) *m*, mansier(-s) *m*, minsier(-ydd) *m*; *(= rack): N:* rhesel(-i) *f*, *S:* rhastl(-au) *f*. **2.** *(of child):* gwely(-au) bach *m*, cot(-iau) *m*; *(in Nativity scene):* preseb. **3.** *F: (a) (= plagiarism):* llên-ladrad(-au) *m*; *(b) (Sch: = correct translation):* cyfieithiad(-au) cywir *m*, crib(- iau) *m*. **4.** *(a) O:* **= house, hut, cabin;** *P:* **to crack a ~,** torri i mewn i dŷ; *(b) F:* **= brothel. 5.** *Min:* coed (*pl*) siafft. **6.** *Cards: (a)* **= cribbage;** *(b) (cards dealt):* cardiau *pl.* **~-biting** *n. Vet:* bra[e]nar *m*, clefyd (*m*) brathu, clefyd sugno.
crib[2] *v.t.* **1.** *A:* **= confine. 2.** *F: (a)* **= pilfer;** *(b)* **to ~ from an author,** llên-ladrata oddi ar awdur, copïo awdur; *(c) Sch:* **to ~ an exercise from another boy,** copïo gwaith bachgen arall. **3.** *F: (= grumble):* cwyno, achwyn, grwgnach, ceintach *&c.*
cribbage *n.* cribej *m*. **~-board** *n.* bwrdd (byrddau) (*m*) cribej, bord (*f*) gribej (bordydd cribej).
cribber *n.* copïwr (copiwyr) *m*, copïwraig *f*.
cribbing *vn. Sch:* copïo.
cribellum *n. Arach:* cribell(-au) *f*.

cribo *n. Rept:* cribo(-aid) *m.*
cribriform *a. Anat: Bot:* crwybrol, rhidyllog.
cribwork *n.* coed croes *pl.*
Criccieth *W.Pl.n.* Cricieth *m.*
cricetid *a. & n. Z:* **1.** *a.* cricetaidd. **2.** *n.* cricetws (criceti) *m.*
crick[1] *n.* **1.** pigyn(-nau) *m*, cric(-iau) *m*, cyffiad(-au) *m*, gwayw (gwewyr) *m*, poen(-au) *mf*; **~ in the neck,** cric yn y gwddf/gwar; **~ in the back,** pigyn/gwayw/cric yn y cefn.
crick[2] *v.t.* **to ~ one's neck,** cael cric yn eich gwddf/gwar, methu troi'ch pen.
Crick[3] *W.Pl.n.* Crugau *(pl)* Morgan.
Crickadarn *W.Pl.n.* Crucadarn *m.*
cricket[1] *n. Ent: (Acheta domesticus):* criciedyn: criced: cricsyn (crics, criciaid) *m*, pryf(-ed) *(m)* tân; **bog bush-~,** *(Metrioptera brachyptera):* criciedyn/cricsyn hirgorn y gors; **dark bush-~,** *(Pholidoptera griseoaptera):* criciedyn/cricsyn hirgorn tywyll; **great green bush-~,** *(Tettigonia viridissima):* criciedyn/cricsyn hirgorn gwyrdd mawr; **grey bush-~,** *(Platycleis denticulata):* criciedyn/cricsyn hirgorn llwyd; **oak bush-~,** *(Meconema thalassinum):* criciedyn/cricsyn hirgorn y dderwen; **Roesel's bush-~,** *(M. roeslii):* criciedyn/cricsyn hirgorn Roesel; **speckled bush-~,** *(Leptophyes punctatissima):* criciedyn/cricsyn hirgorn brith; **field ~,** *(Gryllus campestris):* criciedyn/cricsyn y maes; **fen ~, mole-~,** *(Gryllotalpa):* criciedyn/cricsyn y tes, rhinc(-od) *(f)* y tes, rhinc y llin; **wood ~,** *(Nemobius sylvestris):* criciedyn/cricsyn y coed; **the chirping of crickets,** grillian *(vn)* criciaid.
cricket[2] *n. & v.i.* **1.** *n. Sp:* criced *m*; *F:* **that's not ~,** 'dyw hynna ddim yn [chwarae'n] deg! **2.** *v.i.* chwarae criced. **~-bag** *n.* bag(-iau) *(m)* criced. **~-field, ~-ground** *n.* maes (meysydd) *(m)* criced, cae(-au) *(m)* criced. **~-match** *n.* gêm *(f)* griced (gemau criced), gornest *(f)* griced (gornestau criced).
cricketer *n.* cricedwr (cricedwyr) *m.*
cricketing *a. & vn.* **1.** *a.* cricedol, cricedgar. **2.** *vn.* chwarae criced.
Crickhowell *W.Pl.n.* Crucywel *m.*
Crickmarren *W.Pl.n.* Crugmaharen *m.*
cricoid *a. & n.* **1.** *a.* cricoidaidd, cricoid, modrwyaidd. **2.** *n.* cricoid(-au) *m.*
cri de coeur *n.* cri *(f)* o'r galon.
crier *n. (a) (= seller):* crïwr (criwyr) *m*, gwerthwr (gwerthwyr) *m*; *(b)* **public ~, town ~,** crïwr tref, crïwr cyffredin/cyhoeddus; *(c)* **court ~,** gostegwr (gostegwyr) *m*; *(d) (child): Pej:* crïwr (criwyr) *m*, *N:* nadwr (nadwyr) *m.*
Criggion *W.Pl.n.* Y Crugion *pl.*
crikey *int. P:* esgob! iesgwn! esgob Dafydd! [i]esgyrn Dafydd! 'rargol! Dew! duwcs! dê! 'rasgwn! myn diain i! diawch! ar f'engos i *(pronounced* ng-g)! diawcs! eso! iechyd! diaist! 'rachlod! 'rargian! nefi! nefoedd! myn brain i! 'tawn i byth o'r fan! *&c.*
crime[1] *n. (a)* trosedd(-au) *m*, **to commit a ~,** troseddu, cyflawni trosedd; **a ~ against humanity,** trosedd yn erbyn dynolryw; **a ~ against nature,** trosedd annaturiol; *(b) (in weakened sense):* pechod *m*, trueni *m*; **it would be a ~ to lose the chance,** byddai'n bechod colli'r cyfle. **~-fiction** *n.* nofelau *(pl)* ditectif, straeon *(pl)* ditectif. **~ novel** *n.* nofel *(f)* dditectif (nofelau ditectif). ***~ passionnel*** *n.* ***crime(-s) passionnel(-s)*** *m.* **~-sheet** *n.* cofnod(-ion) *(m)* troseddau. **~ wave** *n.* ymchwydd *(m)* troseddau, ton(-nau) *(f)* o droseddau. **~-writer** *n.* awdur(-on) *(m)* nofelau ditectif.
crime[2] *v.t. Mil:* **= accuse, convict**[2]**.**
Crimea *Pr.n. Geog:* Y Crimea *m*; **~ Pass** *W.Pl.n.* Bwlch *(m)* y Gerddinen *(often, incorrectly* Gorddinen).
Crimean *a.* **the ~ War,** Rhyfel *(m)* y Crimea.
criminal *a. & n.* **1.** *a. (a)* troseddol, *occ:* drwgweithredol; **~ jurisdiction,** awdurdod *(m)* mewn troseddau; **to take ~ proceedings against s.o.,** dwyn achos o drosedd yn erbyn rhn; **C~ Injuries Compensation Board,** y Bwrdd *(m)* Digolledu am Niweidiau Troseddol; **C~ Justice Act,** Deddf *(f)* Cyfiawnder am Droseddau; **C~ Justice Administration Act,** Deddf Gweinyddiad Cyfiawnder Troseddol; **C~ Law Act,** Deddf Cyfraith Trosedd; **the C~ Investigation Department, the C.I.D.,** yr Adran *(f)* Ymholiadau i Droseddau; **~ offence,** trosedd(-au) *m*, tramgwydd(-au) troseddol *m*, trosedd(-au) *m*; **~ law,** cyfraith *(f)* trosedd; **~ lawyer,** cyfreithiwr (cyfreithwyr) *(m)* trosedd, cyfr|eithwraig (cyfreithwragedd) *(f)* trosedd; **~ libel,** enllib troseddol *m*; **Central C~ Court,** y Llys *(m)* Troseddau Canolog; *A:* **~ conversation, = adultery; ~ responsibility,** cyfrifoldeb yn wyneb y gyfraith; *(b) F: (= shameful):* gwarthus, cywilyddus. **2.** *n.* troseddwr (troseddwyr) *m*, tros|eddwraig (troseddwragedd) *f*, drwgweithredwr (drwgweithredwyr) *m*, drwgweithr|edwraig *f*; **habitual ~,** troseddwr cyson/gwastadol.
criminalistic *a. & n.* **1.** *a.* troseddwrol. **2.** *n.pl.* troseddwreg *f.*
criminality *n.* troseddoldeb *m.*
criminally *adv.* **1.** yn droseddol. **2.** *F:* yn warthus *&c.*
criminate *v.t.* **1. = accuse, convict**[2]**.**
crimination *n.* cyhuddiad(-au) *m.*
criminative, criminatory *a.* cyhuddol.
criminological *a.* troseddegol.
criminologically *adv.* yn droseddegol.
criminologist *n.* troseddegwr: troseddegydd (troseddegwyr) *m.*
criminology *n.* troseddeg *f.*
criminous *a. A:* troseddol, beius; **~ clerk,** clerigwr euog o drosedd.
crimp[1] *n. A: (= recruiter):* listiwr (listwyr) *m.*
crimp[2] *v.t. A: (= recruit):* listio.
crimp[3] *n. (= crease):* crych(-ion) *m*, crychiad(-au) *m*, crychni *m*, crychi *m*, plyg(-ion) *m*, plygiad(-au) *m*, cwiciad(-au) *m*; *F:* **to put a ~ in sth,** rhwystro/atal rhth.
crimp[4] *v.t.* cwicio, crychu.
crimpy *a.* crychlyd, crych *(f.* crech, *pl.* crychion).
crimson[1] *a. & n.* **1.** *a.* rhuddgoch(-ion), coch(-ion); **to go/turn ~,** cochi, rhuddgochi. **2.** *n.* coch *m*, rhuddgoch *m.*
crimson[2] *v.t.* lliwio (rhth) yn rhuddgoch/goch; cochi, rhuddgochi (rhth).
cringe[1] *n. A:* **1.** *(fearful):* gwingiad(-au) *m.* **2.** *(servile):* ymgreiniad(-au) *m.*
cringe[2] *v.i.* **1.** *(in fear):* gwingo. **2.** *(= grovel):* ymgreinio, cynffonna (**to s.o.,** i rn); ffalsio (ar rn).
cringer *n.* ymgreiniwr (ymgreinwyr) *m*, ymgr|einwraig *f*, cynffonnwr (cynffonwyr) *m*, cynff|onwraig *f.*
cringing *a.* gwasaidd, cynffongar *(pronounced* ng-g), ymgreiniol, taeogaidd.
cringingly *adv.* yn wasaidd *&c.*
cringle *n. Nau:* llygad *(m)* rhaff (llygaid rhaffau), crau *(m)* rhaff (creuau rhaffau).
crinite[1] *a. Bot: Ent:* blewog.
crinite[2] *n. Echin:* crinit(-au) *m.*
crinkle[1] *n.* crych(-ion) *m*, crychiad(-au) *m*, plyg(-ion) *m*, plygiad(-au) *m*, crychni *m*, crychi *m*; *(of hair):* crych *m*, crychni. **~-crankle** *a. Arch:* igam-ogam.
crinkle[2] *v.t.&i.* **1.** *v.t.* crychu, crebachu, crimpio, swbachu. **2.** *v.i.* crychu, mynd yn grychau/rhychau.
crinkled *a.* crych *f.* crech, *pl.* crychion), crychlyd, crimpiog, crebachlyd, sybachog, rhychog, gwrymiog; *(eyes, smile):* crych, crychlyd; *(hair):* crych, crychlyd.
crinkly *a.* **= crinkled.**
crinkum-crankum *a. & n.* **1.** *a.* dryslyd, trof|aus, troellog. **2.** *n.* dryswch *m*, penbleth *m.*
crinoid *a. & n. Z:* **1.** *a.* crinoidaidd, lilïaidd. **2.** *n.* crinoid(-au) *m*, crinfil(-od) *m*, lili*(f)*'r môr.
crinoline *n.* **1.** *A: Cost:* cylchbais (cylchbeisiau) *f*, cr|inolin: crinolîn (crinolinau) *m.* **2.** *Tex:* crinolin *m.*
crinolined *a.* cylchbeisiog, crinolinog.
Crinow *W.Pl.n.* Crynwedd *m.*
crinum *n. Bot:* crinonlys(-iau) *m.*
criollo *a. & n.* **1.** *a.* criolo. **2.** *n.* criolo(-s) *m&f.*
cripes *int. P:* esgob Dafydd! iesgwn! *&c*; *S.a.* **crikey.**
cripple[1] *n.* crupl: cripl(-iaid) *m*, crupul: cripil(-iaid) *m*, criples(-au) *f*, dyn methedig (dynion methedig, methedigion) *m*, merch fethedig (merched methedig) *f*, *Lit:* efrydd(-ion, -iaid) *m*; *(lame):* dyn cloff/analluog, *S.W: occ:* climpyn(-nod) *m*, climpen(-nod) *f*, *S:* cymhercyn: cymhyrcyn: clymhercyn *m*; **emotional ~,** cripl/criples emosiynol.
cripple[2] *v.t.* **1.** *(pers.):* anablu, criplo, cruplo, andwyo, *Lit: occ:* efryddu. **2.** *(machine &c):* andwyo; *(industry):* criplo, parlysu, andwyo, anablu, niweidio, arafu, llyffetheirio, llesteirio.
crippled *a.* crip[i]l, crup[u]l, cripledig, methedig, anabl, analluog; *(= lame):* cloff(-ion), *S: occ:* cymhercyn; **~ (with rheumatism &c),** cloff, cripil, analluog (gan wynegon *&c*); *(industry,*

machine, ship): andwyedig, cripledig; (machine): **to work in ~ mode,** gweithio'n rhannol gloff.

crippler *n.* cruplwr (cruplwyr) *m,* andwywr (andwywyr) *m,* niweidiwr (niweidwyr) *m.*

crippling *a.* andwyol, niweidiol, parlysol, llesteiriol, llyffetheiriol.

cripplingly *adv.* yn andwyol *&c.*

crisis *n.* **1.** argyfwng (argyfyngau) *m.* **2.** *Med:* trobwynt(-iau) *m.* **~ intervention** *n.* ymyrryd (*vn*) mewn argyfwng, ymyrraeth (*f or vn*) mewn argyfwng. **~ rites** *n.pl.* defodau argyfwng.

crisp[1] *a. & n.* **1.** *a. (a) (hair):* crych (*f. occ:* crech, *pl.* crychion), crychlyd; *(b) (biscuit &c):* crimp, brau, crisbin, cras, crinsych, creisionllyd, *N:* crimstin; *(c) (style, enunciation):* croyw; *(d) (= bracing):* iach, ffres; **the ~ air of an Autumn morning,** awyr iach bore o Hydref; *(e) (lettuce &c):* crisbin, ffres, ir, crych. **2.** *n.* crimpyn (crimpiau) *m, N:* crimstin(-au) *m;* **[potato] crisp,** creisionen (*f*) datws (creision tatws), *F:* crisben (crisbs) *f,* cripsen (crips) *f,* crusben (crups) *f;* **meat burnt to a ~,** cig wedi'i losgi'n grimp/grimpyn/grimstin.

crisp[2] *v.t.&i.* crimpio, crisbio, crisbinio, *N:* crimstio, cryminstio.

crispate *a.* **1.** = **crisped. 2.** *Bot: Z:* crychdonnog, crych (*f. occ:* crech, *pl.* crychion), crychlyd.

crispation *n.* crych(-ion) *m;* (= **ripple**[1]*):* crychdon(-nau) *f.*

crispbread *n.* bara crimp *m,* crimpen (crimpiau) *f,* tafell gras (tafelli cras) *f.*

crisped *a.* crimp, crisbin, crisb, crisbiedig.

crisper *n.* crisbiwr (crisbwyr) *m.*

crispily *adv.* = **crisply.**

crispiness *n.* = **crispness.**

crisply *adv.* yn groyw.

crispness *n.* **1.** *(of biscuit, sth burnt):* craster *m,* crinder *m,* crinsychder *m,* crimprwydd *m,* crisbrwydd *m.* **2.** *(of style):* croywder *m.* **3.** *(of air):* ffresni *m.* **4.** *(of lettuce &c):* crisbrwydd, ffresni *m,* irder *m.*

crispy *a.* = **crisp**[1].

criss-cross[1] *a., adv. & n.* **1.** *a.* cris-groes, ar ffurf croes, croesymgroes, croesynghroes, cynghroes, rhwyllog. **2.** *adv.* yn groesymgroes, ar groes, yn gris-groes; **everything went ~-~** aeth popeth o chwith. **3.** *n.* rhwydwaith (rhwydweithiau) *m,* rhwyll(-au) *f,* rhwyllwaith (rhwyllweithiau) *m; (of paths, wires):* rhwydwaith.

criss-cross[2] *v.t.&i.* igam-ogamu, cris-croesi, cynghroesi, croesi'r naill y llall, mynd yn groesymgroes.

crista *n. Anat: Z:* crib(-au) *mf.*

cristobalite *n. Min: Geol:* crist|obalit *m.*

crit *n. F:* = **criticism.**

criterion *n.* maen (meini) (*m*) prawf, llathen (*f*) fesur, llinyn(-nau) (*m*) mesur, safon(-au) *f,* ffon (*f*) fesur (ffyn mesur), criterion (criteria) *m.*

critic *n.* beirniad (beirniaid) *m, occ:* critig(-iaid, -yddion) *m: (= reviewer):* adolygydd (adolygwyr) *m;* **music ~,** adolygydd cerdd; **armchair ~,** doethinebwr (doethinebwyr) (*m*) y pentan, beirniad (*m*) cadair esmwyth.

critical *a.* **1.** *(a)* beirniadol; *Theol:* **~ idealism,** idealaeth feirniadol *f; (b) (= severe):* beirniadol **(of sth,** o rth); llym (*f.* llem, *pl.* llymion) (ar rth); **to be ~ of sth,** bod yn feirniadol o rth, beirniadu rhth, lladd ar rth, bod â'ch llach ar rth, bod yn llawdrwm ar rth, eu dweud hi'n hallt am rth, *occ:* rhoi ar rth, *N.W: occ:* torri ar rth. **2.** *(= serious):* difrifol, enbyd, enbydus, peryglus, tyngedfennol; **a ~ situation,** argyfwng (argyfyngau) *m,* cyfyngder(-au) *m; Med:* **in a ~ state,** mewn cyflwr difrifol/enbydus, yn ddifrifol wael. **3.** *(= crucial):* pwysig, hanfodol, allweddol, tyngedfennol; **of ~ importance,** o bwys mawr, o'r pwys mwyaf, tra phwysig. **4.** *Ph: &c: (marking transition):* critigol; *Opt:* **~ angle,** ongl gritigol (onglau critigol) *f; Biol:* **~ group,** grŵp (grwpiau) critigol *m;* **~ mass,** màs critigol *m;* **~ moment, ~ point,** trobwynt(-iau) *m,* adeg dyngedfennol (adegau tyngedfennol) *f,* munud bwysig (munudau pwysig) *f;* **~ path,** llwybr critigol *m; Cmptr:* **~ path method (CPM),** dull (*m*) llwybr critigol; **~ range,** amrediad(-au) critigol *m;* **~ ratio,** cymhareb gritigol (cymarebau critigol) *f;* **~ region,** man(-nau) critigol *m;* **~ temperature,** tymheredd critigol *m;* **~ value,** gwerth(-oedd) critigol *m.*

criticality *n.* **1.** *Ph:* critigoldeb *m,* critigolrwydd *m.* **2.** *(= seriousness):* difrifoldeb *m,* difrifwch *m,* enbydrwydd *m,* tyngedfenoldeb *m.*

critically *adv.* **1.** yn feirniadol; *(= severely):* yn llym. **2.** *(= seriously):* yn ddifrifol. **3.** *Ph:* yn gritigol.

criticaster *n.* crachfeirniad (crachfeirniaid) *m.*

criticism *n.* beirniadaeth(-au) *f;* **form ~,** ffurf-feirniadaeth *f,* beirniadaeth ffurf; **higher ~,** beirniadaeth uwch, uwchfeirniadaeth *f;* **lower ~,** beirniadaeth is, isfeirniadaeth *f;* **redaction ~,** beirniadaeth golygiad; **source ~,** beirniadaeth ffynonellau.

criticizable *a.* agored i feirniadaeth, beirniadadwy.

criticize *v.t.&i.* **1.** *v.t. (objectively):* beirniadu, barnu, trafod, trin. **2.** *v.t. (= censure):* beirniadu (rhth), rhoi'ch llach (ar rth), lladd (ar rth), gweld bai (ar rth). **3.** *v.i.* beirniadu, hel beiau, pigo beiau.

criticizer *n.* beirniad (beirniaid) *m,* heliwr (helwyr) (*m*) beiau, pigwr (pigwyr) (*m*) beiau.

critique[1] *n.* beirniadaeth(-au) *f,* trafodaeth(-au) *f,* sylw(-adau) *m,* traethawd (traethodau) *m* **(of sth,** ar rth); dadansoddiad(-au) *m,* (o rth); ymdriniaeth(-au) *f* (â rhth).

critique[2] *v.t.* trafod (rhth) [yn feirniadol], beirniadu (rhth).

critter *n. Dial: Joc:* = **creature.**

croak[1] *n. (a) (of frog, crow):* crawc(-iau) *fm,* crawciad(-au) *m; (of human voice):* crawc, crawciad, cryglais (crygleisiau) *m.*

croak[2] *v.i.* **1.** *(a) (of frog, crow):* crawcian, crawcio, crewcian; *(b) (of pers.):* crawcian, crygleisio, siarad yn gryg/gryglyd. **2.** *F:* = **grumble**[2]. **3.** *(a) P: (= die):* marw, mynd i'ch ateb, *N.W:* mynd i'r bocs, pego, *S:* trigo; *(b) P: U.S:* = **kill**[2].

croaker *n.* **1.** = **grumbler. 2.** *(= prophet of woe):* proffwyd(-i) (*m*) gwae. **3.** *Z: Ich:* crawciwr (crawcwyr) *m.*

croaking[1] *a.* crawciol, crawclyd, cryg, cryglais, crygleisiol.

croaking[2] *n.* crawc *fm,* crawciad(-au) *m,* crawcian *vn.*

croaky *a.* = **croaking**[1].

Croat *n.* Croatiad (Croatiaid) *m&f,* Croat(-iaid) *m&f.*

Croatia *Pr.n. Geog:* Croatia *f.*

Croatian *a. & n.* **1.** *a.* Croataidd; **the ~ mountains,** mynyddoedd Croatia; **she's ~,** Croatiad yw hi; *(in language)*: Croateg. **2.** *n. (a) Ethn:* = **Croat;** *(b) Ling:* Croateg *f, m.*

croc *n. F:* = **crocodile.**

croceate *a.* melyn (*f.* melen, *pl.* melynion), fel saffrwm/saffrwn.

crochet[1] *n.* gwaith (*m*) crosio, crosio *vn.* **~-hook** *n.* bach(-au) (*m*) crosio, bachyn (bachau) (*m*) crosio, gwaellen (*f*) grosio (gweyll crosio). **~-work** *n.* gwaith (*m*) crosio.

crochet[2] *v.t.* crosio.

crocheter *n.* crosiwr (croswyr) *m,* cr|oswraig (croswragedd) *f.*

crocidolite *n. Miner:* asbestos glas *m,* cros|idolit *m.*

crock[1] *n. (a)* llestr(-i) (*m*) pridd; *(b) Hort:* darn(-au) (*m*) o lestri pridd, potyn *m, N.W:* tegan (tegins) *m.*

crock[2] *n. F:* **1.** *(horse):* hen nag(-s) *m,* hen groc(-s) *m.* **2.** *Aut:* hen siandri(-s) *f,* hen nag, hen groc, hen sgrag(-s) *m,* hen sgragyn (~ sgrags) *m,* hen sgragen (~ sgrags) *f.* **3.** *(pers.):* **an old ~,** hen begor(-iaid) *m,* hen groc, hen gymhercyn *m,* rhn (rhai) eiddil/musgrell/llegach/gwanllyd; **he's an old ~,** hen greadur musgrell yw ef.

crock[3] *v.i.&t.* **1.** *v.i. F:* **to ~ [up],** *(= waste away):* torri, mynd yn llegach *&c,* gwanychu, nychu, dihoeni, *S:* diharpo; *(b) (= be injured):* anafu, brifo, cael anaf. **2.** *v.t.* **~ (s.o.) [up],** *F:* anafu, andwyo, brifo, *N: F:* hambygio (rhn).

crockery *n.* llestri *pl, occ:* llestrïach *pl,* potiau *pl.*

crocket *n. Arch:* croced(-i) *m,* deilglwm (deilglymau) *m.* **~ capital** *n.* capan (*m*) croced (capanau croced[i]).

crocketed *a.* crocedog, deilglymog.

crocky *a. F: (= weak):* gwan, egwan, llegach, musgrell, *N: F:* ciami, cwla, digon pethma, *S:* shimpil.

crocodile *n. (a)* cr|ocodeil (crocodeilod, crocodeiliaid) *m;* **broad-fronted ~,** crocodeil talcenlydan; **~ tears,** dagrau crocodeil, wylofain (*vn*) crocodeil, ffug-ddagrau, ffug-wylofain, dagrau gwn|eud, *occ:* dagrau nionod; *(b) (of schoolchildren):* rhes ddwbl (rhesi dwbl) *f.* **~-bird** *n. Orn:* aderyn (adar) (*m*) crocodeil.

crocodilian *a. & n.pl.* **1.** *a.* crocodeilaidd. **2.** *n.pl.* **crocodilians,** crocodeiliaid.

crocoisite, crocoite *n. Miner:* cr|ocoisit *m,* cr|ocoit *m.*

crocus *n.* **1.** *Bot:* saffrwm: saffrwn *m,* crocws (crocysau) *m, S.E: occ:* blodau(*pl*)'r grog; **Autumn ~,** *(Crocus nudiflorus):* saffrwm yr Hydref, saffrwm noethflodeuog, *N: occ:* Jac noethlymun *m;* **Chilean ~,** *(Tecophilaea cyanocrocus):*

saffrwm Chile; **Indian ~**, *(Collogyne maculata)*: saffrwm yr India; **leafless ~**, = **Autumn crocus**; **meadow saffron ~**, *(Colchicum autumnale)*: saffrwm y gweunydd; **purple ~**, **Spring ~**, *(Crocus vernus/purpureus)*: canhwyllau (*pl*) Mair, saffrwm y Gwanwyn; **Riviera ~**, *(Crocus versicolor)*: saffrwm trilliw; **saffron ~**, *(Crocus sativus)*: y feddyges felen *f*, saffrwm meddygol *m*; **sand ~**, *(Romulea columnae)*: saffrwm y twyni; **Scotch ~**, *(Crocus biflorus)*: saffrwm yr Alban; **warren ~**, = **sand crocus**. **2.** *Ch:* crocws *m*. **~ powder** *n.* powdwr (*m*) crocws.

Croesus *Pr.n.m.* Cresws; **to be as rich as ~**, bod yn graig o arian; **to become as rich as ~**, *N.W: occ:* mynd yn glwch.

croft[1] *n.* tyddyn(-nod) *m*, crofft: grofft(-ydd,-au) *f*; *dim.* crofften *f*.

croft[2] *v.i.* cadw tyddyn, crofftio.

crofter *n.* tyddynnwr (tyddynwyr) *m*, crofftwr (crofftwyr) *m*.

crofting *vn.* = **croft[2]**.

croissant *n. Cu:* ***croissant(-s)*** *m*.

Croixian *a. Geol:* Croicsaidd, Uwch-Gambriaidd.

Cro-Magnon *a. Archeol:* Cro-Magnon.

crombec *n. Orn:* telor(-iaid) crymbig *m*.

cromerian *a. Geol:* cromeraidd.

cromlech *n. Archeol:* cromlech(-i) *f*, *S.W: occ:* coetan(-nau) *f*, carreg (*f*) goetan (cerrig coetan); **abounding in cromlechs**, cromlechog.

cromorne *n.* = ***krummhorn***.

Cromwellian *a.* & *n.* **1.** *a.* Cromwelaidd. **2.** *n.* Cromweliad (Cromweliaid) *m&f*.

crone *n.* **1.** *(= hag)*: gwrach(-od) *f*, hen wrach(-od,-ïod) *f*. **2.** *(= old ewe)*: hen famog(-iaid) *f*, hen ddafad (~ ddefaid) *f*.

crony *n.* ffrind(-iau) *m*, partner(-iaid) *m*; *pl.* **cronies**, *S.W: occ:* bwrdis, bwrjis; **they are old cronies**, maent yn llawiau mawr; maent yn llawiach.

cronyism *n.* crefydd (*f*) hen geffylau, ffrindgarwch *m*.

crook[1] *n.* & *a.* **1.** *n.* *(a) (= hook)*: bach(-au) *m*, bachyn (bachau) *m*, crwcyn(-nau) *m*, gafaelfach(-au) *m*; **~ and eye**, crwcyn a meilyn, bach a llygad, bach a dolen; **by hook or by ~**, trwy deg neu trwy dwyll/hagr, rywsut neu'i gilydd; *(b) (of shepherd)*: ffon (*f*) bugail/fugail (ffyn bugeiliaid), ffon fagl (ffyn bagl); *(of bishop)*: bagl(-au) *f*, ffon fagl, ffon fachog (ffyn bachog), bugeilffon (bugeilffyn) *f*; *(c) Mus:* crwcyn(-nau) *m*, crwbach (crybachau) *m*. **2.** *n.* *(= curve, bend)*: tro(-eon) *m*, camedd(-au) *m*, ongl(-au) *f*; **the ~ of the elbow**, camedd y penelin; **the ~ of the knee**, camedd y gar. **3.** *n. F: (= criminal)*: dihiryn (dihirod) *m*, *F:* crwc(-s) *m*; **on the ~**, yn anonest, trwy dwyll. **4.** *a.* *(a)* = **crooked**; *(b) F: (= sick)*: gwael, sâl, *N: F:* ciami, cwla; *(= unsatisfactory)*: anfoddhaol; *(= unpleasant)*: annymunol, atgas, annifyr; *(= dishonest)*: anonest, annheg; *(= bad tempered)*: croes, piwis, *N.W:* blin; **to go ~**, gwylltio (**at s.o.**, wrth rn), colli'ch tymer (â rhn), *S.W:* mynd i natur (â rhn). **~-back** *n.* dyn(-ion) cefngrwm *m*, dyn gwargrwm, dyn â chrwbi/chrwmp/chrwth ar ei gefn, *Lit:* crwca(-od) *m*. **~-backed** *a.* cefngrwm (*f.* cefngrom, *pl.* cefngrymion) (*pronounced* ng-g), gwargrwm (*f.* gwargrom, *pl.* gwargrymion), crwca, cefngrwba (*pronounced* ng-g), cefngam (*pronounced* ng-g), cefngrwth (*pronounced* ng-g), cefngrwca (*pronounced* ng-g), *N.W: occ:* crwthi. **~-legged** *a.* coesgam, gaflgam, glin-gam (*pronounced* ng-g). **~-nosed** *a.* trwynbant, trwyngam (*pronounced* ng-g), trwyn crwca.

crook[2] *v.t.* plygu, crymu; *Fig:* **to ~ one's elbow, to ~ one's little finger**, codi'ch bys bach, slotian, hel diod, potio; **to ~ one's finger at s.o.**, amneidio ar rn â'ch bys; gwn|eud bys cam ar rn.

crooked *a.* **1.** *(a)* cam (ceimion), *occ:* crwca, anunion, *Lit:* gŵyr, gwyrgam, gwyrdro, gwyredig; *(path)*: cam, troellog, igam-ogam; *(limb, tree)*: cam, *occ:* anffurfiedig, crwca, ar ŵyr, wedi gwyro; **(your tie's) ~**, (mae'ch tei chi)'n gam, ar osgo; *(b) (= criminal, dishonest)*: anonest, anunion. **2.** (*pronounced* **krukt**]): *(stick)*: *(= having transverse handle)*: baglog.

crookedly *adv.* **1.** *(= in a zig-zag)*: yn igam-ogam, yn droellog. **2.** *(= askew)*: yn gam, yn wyrgam, ar ŵyr, ar osgo, *S: F:* acha w[h]ew. **3.** *(= dishonestly)*: yn anonest, trwy dwyll.

crookedness *n.* **1.** *(of path)*: troellogrwydd *m*. **2.** *(= being askew)*: camdra *m*, camder *m*, camedd *m*, gwyrni *m*, gwyrdro *m*. **3.** *(= dishonesty)*: anonestrwydd *m*, anuniondeb *m*, anunionder *m*.

crookery *n.* = **crookedness 3.**

crookneck *n. Bot:* gowrd(-iau) pengam *m* (*pronounced* ng-g).

croon[1] *n.* grŵn *m*, crŵn *m*.

croon[2] *v.t.* grwnan, mwmian canu, crwnan, crwnio, suo ganu.

crooner *n.* crwniwr (crwnwyr) *m*; crwner(-iaid) *m* *(also = coroner)*.

crop[1] *n.* **1.** *(of bird)*: crombil(-iau) *mf*, cropa(-od, cropâu) *f*, bòs (bosau) *m*, glasog(-au) *f*. **2.** *(of whip)*: carn(-au) *m*, bôn (bonion) *m*; **hunting-~**, chwip(-iau) (*f*) hela. **3.** *(a) (= yield)*: cnwd (cnydau) *m*, cynhaeaf (cynaeafau) *m*, cynnyrch (cynhyrchion) *m*; **second ~**, adladd *m*, adlodd *m*, *S.W:* adledd: adlydd *m*; **the potato ~**, y cynhaeaf tatws/tato; *(b) (= type of cereal &c sown)*: cnwd; **barley ~**, cnwd haidd; **brassica ~**, cnwd bresych; **break ~**, cnwd newid, cnwd saib; **cash ~**, cnwd gwerthu, cnwd arian parod; **catch ~**, byrgnwd (byrgnydau) *m*; **cereal ~**, cnwd grawn; **companion crops**, cydgnydau; **cover ~**, cnwd gorchudd; **cultivated ~**, cnwd amaethyddol; **einkorn ~**, cnwd gwenith/eincorn; **emmer ~**, cnwd emer; **flax ~**, cnwd llin; **fodder ~**, cnwd porthi/porthiant, cnwd ebran; **green ~**, cnwd glas; **root-~**, gwreiddlysiau *pl*; **subsistence ~**, cnwd cynnal/ymgynnal; **to get in a ~ (of sth)**, cywain, cynaeafu (rhth); **a ~ failure**, cynhaeaf gwael; **(the land is) in/under ~**, (mae'r tir) dan gnwd, wedi ei hau; **the land is out of ~**, mae'r tir yn fraenar; **to yield a ~**, cnydio, cynhyrchu. **4.** *(of hair)*: toriad(-au) *m*, crop(-iau) *m*, *S.W: Joc:* cownti-crop *m*; **to give s.o. a close ~**, torri gwallt rhn yn gwta [iawn], torri gwallt rhn at y bôn, cneifio pen rhn, torri gwallt yng nghroen y baw, *N: occ:* torri gwallt rhn yn y gnec; **to throw s.o. out neck and ~**, taflu rhn allan [yn] bendramwnwgl; *O:* **Eton ~**, crop Eton, toriad cwta. **5.** *(= hide)*: croen (crwyn) *m*. **~ dusting** *vn.* ysgeintio cnydau. **~-ear** *n. Hist:* pengrwn (pengryniaid) *m* (*pronounced* ng-g). **~-eared** *a.* clustgwta (*f.* clustgota), â chlustiau cwta. **~-full** *n.* crombilaid (crombileidiau) *mf*, llond (*m*) crombil/cropa, *Fig:* llond bol, llond bola, llond ceubal. **~ mark** *n.* ôl (*m*) cnwd (olion cnydau). **~-over** *n.* gŵyl (*f*) gynhaeaf, gŵyl y cynhaeaf. **~ rotation** *n.* cylchdro(-eon) (*m*) cnydau, cylchdr|oi (*vn*) cnydau.

crop[2] *v.t.&i.* **1.** *v.t.* *(a) (hedge &c)*: tocio, cropio (perth); torri (perth) yn gwta; *S:* trasio (perth); *S.W: occ:* bidio (perth); *N.W:* barbro, barbio (gwrych); *(ears, tail)*: tocio, cwtio (rhth); torri (rhth) yn gwta; *(hair)*: tocio, cwtio, cwteuo (gwallt); torri (gwallt) yn fyr/gwta; *S:* cropo (gwallt); *(book edge)*: tocio; *(cloth)*: cneifio, tocio; *(b) (= browse)*: blaenbori, brigbori, blewynna (rhth); pori (rhth) yn fyr. **2.** *(a) v.i. (of land)*: cnydio, rhoi/cynhyrchu cnwd; **the beans cropped well**, cafwyd cnwd da o ffa; *(b) v.t. (i) (= sow)*: hau, plannu (tir) (â rhth); **to ~ ten acres with wheat**, hau deg cyfer â gwenith; *(ii) (= reap)*: medi, cynaeafu, cywain. **~ up** *v.i. F:* codi, digwydd, dod i'r golwg; **something has cropped up**, fe gododd rhth annisgwyl; **his name cropped up in conversation**, fe godwyd ei enw mewn sgwrs; **~ out** *v.t.&i. Geol:* brigo.

cropar paper *n. Cu:* papur (*m*) cropar.

cropland *n.* tir(-oedd) âr *m*, grwndir(-oedd) *m*, tyndir(-oedd) *m*.

cropmilk *n. Biol:* llaeth (*m*) colomen, llaeth cropa.

cropped *a. (hair)*: cwta; **hair ~ close**, gwallt cwta, *S:* gwallt crop; **~ grass**, glaswellt wedi ei dorri'n/bori'n gwta *&c*, glaswellt cwta; *Bookb:* **~ edge**, ymyl wedi ei docio/thocio.

cropper *n.* **1.** *(= cutter)*: tociwr (tocwyr) *m*. **2.** *F:* codwm (codymau) *m*; **to come a ~**, *(a)* cael codwm, cwympo, syrthio, *S: occ:* cael cwympad, *N: occ:* cael clenc, cael clefran; *(b) Fig:* methu; **I came a ~ in history**, methu a wnes i mewn hanes. **3.** *Agr:* *(a)* cnydiwr (cnydwyr) *m*; **these peas are good croppers**, mae'r pys hyn yn rhoi cnwd da; *(b) (= farmer)*: tyfwr (tyfwyr) *m*, ffermwr (ffermwyr) *m*, amaethwr (amaethwyr) *m*; **share-~**, tollgnydiwr (tollgnydwyr) *m*, cyfrangnydiwr (cyfrangnydwyr) *m* (*pronounced* ng-g).

cropping *vn.* = **crop[2]**. **double ~**, cnydio dwbl; **share-~**, tollgnydio, cyfrangnydio (*pronounced* ng-g).

croquet[1] *n.* ***croquet*** *m*, croce *m*.

croquet[2] *v.t.* croceio.

croquette *n.* ***croquette(-s)*** *f*, crimpen (crimpiau) (*f*).

crore *n. India:* deng miliwn *f*.

crosier *n.* bagl (*f*) esgob (baglau esgobion), bugeilffon (bugeilffyn) *f*, *Lit: occ:* croesed(-au) *m*.

cross[1] *n.* **1.** *(a)* croes(-au) *f*, *Lit: occ:* crog(-au) *f*, *A: occ:* crwys(-au) *f*; **the sign of the C~**, arwydd y Groes, *A:* arwydd y Grog; **to make the sign of the C~**, ymgroesi, gwneud/tynnu arwydd y Groes; **the Stations of the C~**, Gorsafoedd/Safleoedd y Groes;

Ecc: **Holy C~ Day,** Gŵyl (*f*) y Grog; **the Invention of the C~,** Gŵyl Caffael/Caffaeliad y Groes; **market ~,** croes farchnad (croesau marchnad); **wayside ~,** croes fin ffordd (croesau min ~), C|alfari (Calfarïau) *m*; **weeping ~,** croes wylofain, croes benyd (croesau penyd); **stone ~,** croes faen (croesau maen); **~ and pile,** croes a pheil; *Astr:* **the Southern C~,** Croes y De, Croes y Deau, y Groes Ddeheuol; **the Red C~,** y Groes Goch; *Hist:* **to take the C~,** cymryd y Groes; *(b) Her:* **~ of Lorraine,** croes Lorraine, croes ddwbl (croesau dwbl); **Latin ~,** croes Ladinaidd (croesau Lladinaidd), croes gywirgroes (croesau cywirgroes); **Maltese ~,** croes wythbwynt, Croes Melita/ Malta; **Celtic ~,** croes Geltaidd (croesau Celtaidd); **St. Andrew's ~,** croes Sant Andreas, croes ymgroes; **~ barry invected,** croes fariog fylchog (croesau bariog bylchog); **~ bezanty,** croes besawnt; **~ *bottonnée*/botony,** croes fotynnog/ fotymog (croesau botynnog/botymog); **~ checky,** croes siecr/ siecrog; **~ crosslet,** croes bengroes (croesau pengroes) (*pronounced* ng-g), croes groesled (croesau croesled), croes groesog (croesau croesog); **double parted ~,** croes ddwbl barthedig (croesau dwbl parthedig), croes ddwbl parti (croesau dwbl parti); **engrailed ~,** croes engraeled/engraelyd; **fimbriated ~,** croes hemiog; **~ fitchy,** croes sangedig, croes bigog (croesau pigog); **open fitchy ~,** croes agored sangedig; **~ flory,** croes flodeuog (croesau blodeuog); **~ *fourchée*,** croes fforchog; **headless ~, tau ~,** croes heb ben, croes Ti, croes Sant Antwn; **mascle ~,** croes fannog (croesau mannog); **moline ~,** croes felinaidd (croesau melinaidd); **~ *patée*,** croes agored; **plain ~,** croes lefn (croesau llyfnion); **~ *pommée*,** croes bwmplog (croesau pwmplog); **~ potent,** croes faglog (croesau baglog); **quadrate ~,** croes betryal (croesau petryal); **ragged ~,** croes arw (croesau geirwon); **~ undy,** croes ddyfr[i]og (croesau dyfr[i]og), croes donnog (croesau tonnog). **2.** *(= affliction, trial):* croes(-au) *f*, penyd(-au) *m*, baich (beichiau) *m*; **he is the ~ I have to bear,** fe yw'r baich 'rwy'n gorfod ei ddwyn. **3.** *(a) Husb: &c: (= cross breed):* croesiad(-au) *m*; *(b) (= mixture):* croes(-au) *f*, cymysgedd(-au) *mf*, cymysgwch *m*; *(c) (decoration):* **Grand C~,** y Groes Fawr; **Distinguished Service C~,** Croes Gwasanaeth Nodedig; **Military C~,** y Groes Filwrol; **Victoria C~ *&c*,** Croes Victoria *&c*. **4. to cut cloth on the ~,** torri brethyn ar letraws. **5.** *(a) Box:* trawiad(-au) croes *m*, ergyd groes/croes (ergydion croes) *fm*; *(b) Th:* croesiad(-au) *m*, croes *f*; **scissors ~,** croes siswrn. **6.** *P: (= fraud):* twyll *m*, hoced(-ion) *f*; **on the ~,** yn anonest, trwy dwyll; *S.a.* **double-cross. ~ of Jerusalem** *n. Bot:* lluglys ysgarlad *m*, croes (*f*) Caersalem.

cross[2] *v.t.&i.* **1.** *v.t. (a) (sticks, legs, fingers &c):* croesi; **to ~ swords with s.o.,** croesi cleddyfau â rhn, mynd i'r afael â rhn; **they got their wires crossed,** 'roeddent wedi camddeall ei gilydd; *N: F:* 'roedd un yn y cae tatws a'r llall yn y cae maip; *(b)* **to ~ oneself,** *Ecc*: ymgroesi, gwn|eud/tynnu arwydd y groes; **~ my heart and hope to die,** Cris[t] Croes [y Beibl]; cris-croes, tân poeth; *S*: fo[d]lon marw [i chi]! *N*: 'tawn i'n marw; *(c)* **to ~ a cheque,** croesi siec; **to ~ one's t's,** rhoi croes ar bob ti; *(d) (= traverse):* croesi; **we'll ~ that bridge when we come to it,** popeth yn ei dro; fe groeswn ni'r bont honno pan ddown ni ati; **to ~ one's mind,** croesi'ch meddwl, gwawrio arnoch, dod i'ch meddwl, mynd trwy'ch meddwl; **it never crossed my mind,** thrawodd e/o erioed yn fy mhen i; thrawodd e/o erioed mohono i; **to ~ the sea,** croesi'r môr, mynd dros y môr; **to ~ s.o.'s hand with silver,** rhoi arian yn llaw rhn; *(= meet):* taro (ar rn), dod ar draws (rhn); *(= thwart):* **to ~ (s.o.'s plans),** tynnu'n groes, mynd yn groes (i gynlluniau rhn); *(= anger):* **to ~ s.o.,** croesi rhn, digio rhn, pechu yn erbyn rhn, tramgwyddo rhn; **crossed (in love),** gwrthodedig, anlwcus (mewn cariad); **to ~ breeds,** croesfridio, croesi; *Bot: (= cross-fertilize):* croesbeillio. **2.** *v.i. (a) (of roads, breeds):* croesi, *occ*: ymgroesi; *(b)* **our letters have crossed,** mae'n llythyrau wedi croesi'r naill y llall; *(c)* **to ~ (from Holyhead to Dunlaoire),** mynd drosodd, croesi (o Gaergybi i Dunlaoire); **~ out** *v.t.* croesi (rhth) allan/mas, dil|eu (rhth), taro (rhth) allan/mas. **~ over** *v.i.* croesi, mynd drosodd.

cross[3] *a.* **1.** *(a) (= oblique):* croes, traws, lletraws, ar letraws, ar draws; *(b) (= intersecting):* croes, *occ*: ymgroes, ynghr|oes, croesymgroes; *(c) (= opposed):* croes, gwrthwyneb (**to sth,** i rth); **they were at ~ purposes,** 'roeddent yn/wedi camddeall ei gilydd; 'roeddent yn siarad o boptu'r gwrych; *N: F:* 'roedd un yn y cae tatws a'r llall yn y cae maip. **2.** *F: (= bad-tempered):* croes, drwg eich tymer, piwis, *N*: blin, *S: S.W*: crac, naturus; **(to be as ~) as two sticks, as a bear,** (bod yn flin) fel tincer, fel cacwn, fel dau eurych, fel eurychiaid; (bod yn groes) fel dau bric; *S.a.* **angry; to get ~ with s.o.,** gwylltio wrth rn, colli amynedd â rhn. **~-accent** *n. Mus*: croesacen(-ion) *f*. **~ action** *n. Jur*: croesachos(-ion) *m*. **~-appeal** *n.* croes-apêl (~-apeliau) *fm*, croesapeliad(-au) *m*. **~ banding** *n. Carp*: bandin croes *m*. **~-beam** *n. Const*: trawst(-iau) *m*, croeslath(-au) *f*. **~-bearer** *n.* croesgludwr (croesgludwyr) *m*. **~-bearings** *n.pl. Nau*: croesgyfeiriadau. **~-bedded** *a. Geol*: traws-haenog. **~-bedding** *vn. Geol*: traws-haenu. **~-bencher** *n. Parl:* croesfeinciwr (croesfeincwyr) *m*; *pl.* aelodau'r meinciau croes. **~-bones** *n.pl.* esgyrn croes. **~-brace[1]** *n. Const:* cleddyf(-au) croes *m*. **~-brace[2]** *v.t.* trawstio, asennu, cleddyfu. **~-bred 1.** *a.* cymysgryw, croesryw, croesrywiog, brid croes, croesfrid. **2.** *n.* = **cross-breed[1]**. **~-breed[1]** *n.* croesiad(-au) *m*, croesfrid(-iau) *m*, brid(-iau) croes *m*, croesrywogaeth(-au) *f*, croesryw(-iau) *mf*, *Pej*: mwngrel(-iaid) *m* (*pronounced* ng-g). **~-breed[2]** *v.t.* **~-breeding** *vn.* croesfridio. **~-buttock** *n. Ski*: codwm (codymau) (*m*) clun, bachell (*f*) glun (bachellau clun). **~-channel** *a.* ar draws y sianel, dros y sianel, yn groes i'r sianel; **~-channel boat,** cwch (cychod) (*m*) croesi'r sianel. **~-check[1]** *n. Fin*: croeswiriad(-au) *m*. **~-check[2]** *v.t.* croeswirio, croesedrych. **~-classification** *n.* croesddosbarthu *vn*. **~-compiler** *n. Cmptr*: croesraglennwr (croesraglenwyr) *m*, trawsgrynhöydd (trawsgrynoyddion) *m*. **~-conditioning** *vn. Psy*: croesgyflyru, croesgyflyriad(-au) *m*. **~-country** *attrib. & adv.* ar draws gwlad, traws gwlad. **~-court** *attrib. & adv.* ar draws cwrt. **~-cultural** *a.* croesddiwylliannol, trawsddiwylliannol. **~-current** *n.* croeslif(-au) *m*, croesgerrynt (croesgerhyntau) *m*. **~-curricular** *a.* trawsddisgyblaethol, ar draws y cwr|icwlwm. **~-cut[1]** *n. (a)* croestoriad(-au) *m*; *(b) (= short cut)*: llwybr(-au) (*m*) tarw, llwybr llygad. **~-cut file** *n. Tls*: ffeil groes (ffeiliau croes) *f*. **~-cut saw** *n. Carp*: llif draws (llifiau traws) *f*, llif groes (llifiau croes) *f*, trawslif(-iau) *f*. **~-cut[2]** *v.t. Carp: &c*: croeslifio, trawslifio, trawstorri; *Needlew: &c*: croestorri. **~-dating** *vn.* croesddyddio, croesddyddiad(-au) *m*. **~-disciplinary** *a.* trawsddisgyblaethol. **~-division** *n. Log*: croesraniad(-au) *m*. **~-education** *n.* croes-hyfforddi *vn*, croes-hyfforddiant *m*. **~-elasticity** *n.* croes-hydwythedd *m*. **~-examination** *n.* croesholiad(-au) *m*, croesholi *vn* (*pronounced* s-h). **~-examine** *v.t.* croesholi (*pronounced* s-h), holi. **~-examiner** *n.* croesholwr (croesholwyr) *m*, croesh|olwraig *f* (*all pronounced* s-h), holwr (holwyr) *m*, h|olwraig *f*. **~ eye** *n. Med*: llygad (llygaid) croes *m*. **~-eyed** *a.* llygatgroes, llygatgam, â llygad/llygaid croes, â thro yn y llygad. **~-fade** *v.t. T.V:* croesbylu. **~-fertile** *a.* croesffrwythlon. **~-fertilization** *n.* **1.** *Bot*: croesbeilliad *m*, croesbeillio *vn*. **2.** *Z: & Fig*: croesffrwythloni *vn*, croesffrwythloniad(-au) *m*. **~-file** *v.t.&i.* croesffeilio. **~-fire** *n.* **1.** *Mil*: croestanio *vn*, croestaniad(-au) *m*; **exposed to ~-fire,** agored i danio o'r ddwy ochr, dan dân croes. **2.** *Fig: (of remarks &c)*: cyfnewid *m*; *Th*: croeslafar *m*. **~-garnet** *n. Carp*: colfach(-au) pengroes *m* (*pronounced* ng-g). **~ gentian** *n. Bot: (Gentiana cruciata)*: crwynllys croes *m*. **~-grain** *n. Carp*: **1.** *(of wood)*: graen croes *m*, cainc groes *f*. **2.** *(= transverse cut)*: trawstoriad(-au) *m*, croestoriad(-au) *m*. **~-grained** *a.* **1.** *(wood, slate)*: croes-graen, croes ei raen, afrywiog, garw. **2.** *F: (pers.)*: anodd eich trin, afrywiog, gwrthnysig, croes, trof|aus, anynad, cyndyn, anhydrin, ystyfnig, sy'n tynnu'n groes. **~-grainedness** *n.* **1.** graen croes *m*. **2.** *(of pers.)*: croester *m*, croestra *m*, afrywiogrwydd *m*, cyndynrwydd *m*, anynadrwydd *m*, anhydrinedd *m*. **~-hair** *n. Opt*: blewyn (blew) croes *m*; *Cmptr*: **~-hair cursor,** cyrchwr (cyrchwyr) croes *m*. **~ halving joint** *n. Carp*: uniad(-au) (*m*) croeshaneru/croeshanerog. **~-hatch** *v.t.* croeslinellu, rhwyllo. **~-hatched** *a.* croeslinellog, rhwyllog. **~-hatching 1.** *vn.* = **cross-hatch. 2.** *n.* croeslinelliad(-au) *m*, trawslinelliad(-au) *m*, rhwyllwaith *m*, delltwaith *m*. **~-head** *n.* **1.** *Mech*: pen(-nau) croes *m*, pen piston (pennau pistonau). **2.** *Carp: &c*: trawsbren(-nau) *m*, trawsfar(-rau) *m*. **~-headed** *a.* pengroes (*pronounced* ng-g). **~-heading** *n. Journ*: isbennawd (isbenawdau) [canol] *m*, croesbennawd (croesbenawdau) *m*. **~-index[1]** *n.* croesfynegai (croesfynegeion) *mf*. **~-index[2]** *v.t.* croesfynegeio. **~-infection** *n. Med:* croes-haint (~-heintiau) *mf*, croes-heintiad(-au) *m*, croes-heintio *vn*. **C~**

Inn *W.Pl.n.* Rhos Haminiog *f*, Rhos yr Hafod. **~-legged** *a.* coesgroes, clungroes (*pronounced* ng-g), â'ch coesau wedi'u croesi. **~-link[1]** *n.* croesgysylltiad(-au) *m.* **~-link[2]** *v.t.* croesgysylltu. **~-linkage** *n.* croesgysylltu *vn*, croesgysylltiad(-au) *m.* **~-linking** *vn. Biol: &c*: croesgysylltu. **~-magnetize** *v.t.* croesfagneteiddio. **~-multiplication** *n.* croesluosogi *vn.* **~-national** *a.* rhyngwladol, cydwladol. **~-out** *n.* dilead(-au) *m*, dil|eu *vn.* **~-over 1.** *n. (a)* croesfan(-nau) *mf*, croesfa (croesfâu) *f*, lle(-oedd) (*m*) croesi; *(b) Biol: &c*: trawsgroesiad(-au) *m*, trawsgroesi *vn.* **2.** *a. El*: **~-over area**, croesbwynt(-iau) *m*; *Th*: **~-over beard**, barf (*f*) groesi (barfau croesi); *Ph*: **~-over network**, rhwydwaith (*m*) trawsgroesi; *Biol*: **~-over value**, amlder (*m*) trawsgroesi. **~-patch** *n.* dyn(-ion) piwis *m*, merch biwis (merched piwis) *f*, *N*: dyn blin *m*, merch flin (merched blin) *f*. **~-pein hammer** *n. Tls*: morthwyl(-ion) (*m*) wyneb croes. **~-petition[1]** *n.* croesddeiseb(-au) *f.* **~-petition[2]** *v.t.&i.* croesddeisebu. **~-piece** *n.* **1.** darn(-au) croes *m.* **2.** *Carp*: croesfar(-rau) *m*, trawst(-iau) *m*, trawsbren(-nau) *m*, aseth (esyth) *f*, asen(-nau) *f*, eisen (ais) *f*. **~-ply** *a.* croesgainc, cyfrodedd. **~-pollinate** *v.t.* croesbeillio. **~-pollination** *n.* croesbeilliad(-au) *m*, croesbeillio *vn.* **~-pollinize** *v.i.* croesbeillio. **~-product** *n.* croesgynnyrch (croesgynhyrchion) *m.* **~ purposes** *pl. See* **cross[3] 1.** *(c)*. **~-question** *n. & v.t.* holi (*vn*) a stilio *vn*; *S.a.* **cross-examine**. **~-rail** *n.* rheilen groes (rheiliau croes) *f*, cledren groes (cledrau croes) *f*. **~-ratio** *n.* cymhareb groes (cymarebau croes) *f*, croesgymhareb (croesgymarebau) *f*. **~-reaction** *n.* croesadwaith (croesadweithiau) *m.* **~-refer** *v.t.* croesgyfeirio (**to sth**, at rth). **~-reference[1]** *n.* croesgyfeiriad(-au) *m* (**to sth**, at rth). **~-reference[2]** *v.t.* croesgyfeirio. **~-reflex** *n. Psy*: croesadwaith *m.* **~-resistance** *n.* croeswrthiant (croeswrthiannau) *m.* **~-rhythm** *n. Mus*: trawsrythm(-au) *m.* **~-road** *n.* croesffordd (croesffyrdd) *f*, *N.W: occ*: croeslon(-ydd) *f*, *S: occ*: croesheol(-ydd) *f*; **at the ~-roads**, ar y groesffordd. **~-ruff[1]** *n. Cards*: croesrwff (croesryffiau) *m.* **~-ruff[2]** *v.t. Cards*: croesryffio. **~-section** *n.* croestoriad(-au) *m*, trawstoriad(-au) *m*; *(drawing)*: trawslun(-iau) *m*; **a ~-section of life,** talp(-iau) (*m*) o fywyd go iawn. **~-sectional** *a.* croestoriadol, trawstoriadol. **~-slide** *n. Metalw*: trawslithryn(-nau) *m.* **~-staff** *n.* croesffon (croesffyn) *f*. **~-sterile** *a.* croesddiffrwyth. **~-sterility** *n.* croesddiffrwythdra *m.* **~-stitch[1]** *n.* croesbwyth(-i) *m*, pwyth(-i) croes *m.* **~-stitch[2]** *v.t.* croesbwytho. **~-striated** *a. Biol*: croesresog. **~-talk** *n.* **1.** *Th*: croesymgom(-ion) *f*, croesateb(-ion) *m.* **2.** *Tp*: sgyrsiau croes *pl.* **~-tie** *n. Rail*: sliper(-s) (*m*) lein. **~-tolerance** *n.* croesoddefiant *m.* **~-tongue** *n.* tafod(-au) croes *m.* **~-town** *a.* ar draws tref. **~-tree** *n.* pren(-nau) croes *m.* **~-vault** *n.* fowt groes (fowtiau croes) *f*. **~-vine** *n. Biol*: gwinwydden groes (gwinwydd croes) *f*. **~-voting** *vn.* croesbleidleisio. **~-wind** *n.* gwynt croes (gwyntoedd croesion) *m.* **~-wire** *n.* croeswifren (croeswifrau) *f*. **~-writing** *vn.* trawsysgrifen *f*, trawsysgrifennu.

crossable *a.* croesadwy.

crossbar *n.* **1.** *(of bicycle, goal &c)*: croesfar(-rau) *m.* **2.** *(of chair-back)*: asen(-nau) *f*, *S.W*: alsen *f*.

crossbill *n. Orn*: croesbig(-au) *mf*, gylfingroes(-au) *m* (*pronounced* ng-g); **two-barred ~, white-winged ~,** croesbig adeinwen (croesbigau adeinwyn).

crossbow *n.* croesfwa (croesfwâu) *m*, bwa (bwâu) croes *m.*

crossbowman *n.m.* croesfwäwr (croesfwawyr).

crosse *n. Sp*: cros(-au) *m*, rhwydffon (rhwydffyn) *f*.

crossed *a.* **1.** *(legs &c)*: croes. **2. a ~ cheque**, siec wedi ei chroesi.

crossing *vn. & n.* **1.** *vn.* = **cross[2]**. **2.** *n. (a) (= voyage)*: taith (teithiau) (*f*) drosodd, taith groes (teithiau croes) *f*, mordaith (mordeithiau) *f*; *(b)* **[street] ~**, croesfan(-nau) *mf*; **pedestrian ~**, croesfan cerddwyr/gerddwyr (croesfannau cerddwyr); *(= intersection of lanes)*: croesiad(-au) *m*; *Rail*: **level ~**, croesfan [g]wastad (croesfannau gwastad), croesfan r[h]eilffordd (croesfannau rheilffordd). **3.** *n. Breed*: croesiad(-au) *m*, croesfrid(-iau) *m.* **~-over** *n. Biol*: trawsgroesiad *m.* **~-patrol** *n. Aut*: patrôl (patrolau) (*m*) croesi. **~-sweeper** *n. A*: dyn(-ion) (*m*) [ysgubo] ffordd, fforddoliwr (fforddolwyr) *m.*

crosslet *n.* croesig(-au) *f*, croesled(-au) *f*.

crossly *adv.* yn groes, yn biwis, yn flin *&c.*

crossness *n.* tymer ddrwg *f*, piwisrwydd *m*, croesineb *m*, croesni *m*, afrywiogrwydd *m*, anynadrwydd *m*, blinder *m*, sarugrwydd *m*, croester *m*, *S.W*: natur *f*.

crosswalk *adv.* ar groes, ar letraws, [yn] groesymgroes, [yn] groesgornel; *Needlew*: **~ fold**, plyg (*m*) croesraen; **~ strip**, stribed(-i) croes *m.*

crossways *adv.* yn groes, ar groes, ar letraws, ar letgroes.

Crosswell *W.Pl.n.* Ffynnon (*f*) y Groes.

crosswind *n.* croeswynt(-oedd) *m.*

crosswise *adv.* = **crossways**.

Crosswood House *W.Pl.n.* Trawsgoed *m.*

crossword *n.* **~ [puzzle]**, croesair (croeseiriau) *m.*

crosswort *n. Bot: (Cruciata = mugwort)*: paderau (*pl*) Mair, briwydden groes *f*, llysiau(*pl*)'r groes, croeslys *m*, croesoglys *m.*

crotales *n. pl. Mus*: crotalau.

crotch *n.* **1.** *(of tree)*: fforch (ffyrch) *f*, ffwrch (ffyrchau) *mf*. **2.** *(of pers.)*: gafl(-au) *f*, ffwrch, *S. W: occ*: ffwrchogaeth *f*. **~ seam** *n. Needlew*: sêm (*f*) fforch, gwnïad (gwniadau) (*m*) fforch.

crotched *a.* fforchog.

crotchet *n.* **1.** *(a) Mus*: crosiet: crosied(-au, -i) *m*, corfannig (corfanigau) *m*, penddu(-on) *m*; *(b) Typ*: bach(-au) petryal/sgwâr *m.* **2.** *F: (a) (= whim)*: mympwy(-on) *m*, chwiw(-iau) *f*; *(b) (= fad, idée fixe)*: chwilen *f*, chwiw; *(c) pl: (= prejudices)*: rhagfarn *f*, rhagfarnau *pl.* **3.** *(= small hook)*: bach(-au) *m*, bachyn(-nau) *m.*

crotchetiness *n.* **1.** *(= whimsicality)*: mympwyoldeb *m*, cysêt *m.* **2.** *(= peevishness)*: piwisrwydd *m*, anfoddogrwydd *m.*

crotchety *a.* **1.** *(= whimsical)*: mympwyol, cysetlyd, llawn mympwyon/cysêt; **2.** *(= peevish)*: piwis, pifis, anfoddog, blin, croes.

croton[1] *n. Bot*: croton(-au) *m*, fflamgoed *f*.

Croton[2] *Pr.n. U.S*: **~ bug** *n.* = **cockroach**.

crotonic *a.* crotonig.

crotties *n.pl.* tail *m*, tom *f*, baw *m.*

crottle *n. Bot: (Parmelia saxatilis)*: fflurgen (*m*) y graig (fflurgennau'r graig); **black ~**, *(P. omphaloides)*: fflurgen du; **stone ~**, *(P. caperata)*: fflurgen rhychog.

crouch[1] *n.* cwrcwd (cyrcydau) *m*, cyrcydiad(-au) *m*, [y]swatiad(-au) *m.*

crouch[2] *v.i. (a) (on one's haunches)*: cwrcwd, cyrcydu, [y]swatio, cwtsio; *(b) (= stoop)*: cwmanu, gwyro, crymu.

crouchback *n. & a.* = **crook-back**, **crook-backed**; *Hist:* **Richard C~**, Rhisiart Gefngrwm (*pronounced* ng-g).

croucher *n.* cyrcydwr (cyrcydwyr) *m.*

crouching *a.* ar/yn eich cwrcwd, yn cyrcydu, cyrcydol; *(= stooping)*: cefngrwm (*f.* cefngrom, *pl.* cefngrymion) (*pronounced* ng-g).

croup[1] *m. (of horse)*: pedrain (pedreiniau) *f*, crwper(-au) *m*, cloren(-nau) *f*, pen ôl (penolau) *m.*

croup[2] *n. Med*: crŵp *m*, *Lit: occ*: crygwst *f*.

croupier *n.* crwpier(-iaid) *m.*

croupous *a.* = **croupy**.

croupy *a.* crwplyd, a'r crŵp arnoch

croûte *n. Cu*: *croûte* *m*, crwst *m*; **en ~**, ***en croûte***, mewn crwst.

croûton *n.* ***croûton(-s)*** *m*, briwsionyn (briwsion) (*m*) saim.

crow[1] *n.* **1.** *Orn*: brân (brain) *f*; **carrion ~**, brân dyddyn (brain tyddyn), brân syddyn, cigfran fach (cigfrain bach) *f*, *S. W: occ*: brân fawr (brain mawr), *Lit: occ*: brân furgyn (brain burgyn), brân dom (brain tom), brân ludlyd (brain lludlyd), brân y lludw; **hooded ~**, brân Iwerddon, brân lwyd (brain llwydion); **Royston ~**, brân y lludw, brân ludlyd, brân glan y môr; **a flock of crows,** branes(-i) *f*, haid (heidiau) (*f*) o frain; **young crows**, branos *pl*; **red-legged ~**, brân b|ig-goch (brain p|ig-goch), brân goesgoch (brain coesgoch); **as the ~ flies**, fel yr hed y frân, fel mae'r frân yn hedfan, fel yr eheda brân, [yn unionsyth] ar draws gwlad; *A*: **a ~ to pick/pluck**, asgwrn i'w grafu; *U.S*: **to eat ~**, syrthio ar eich bai; **white ~**, *(= rarity)*: brân wen (brain gwynion). **2.** *Tls*: = **crowbar**. **~-bill** *n. Med*: gefel: gefail (gefeiliau) *f*. **~-blackbird** *n. Orn*: gregl(-od) gloywddu *m*, brân-fwyalchen (~-fwyalchod, ~-fwyeilch) *f*. **~-garlic** *n. Bot*: garlleg (*m*) y brain, craf gwyllt *m*, craf y geifr, craf y meysydd, winwyn gwyllt *pl*, garlleg gwyllt, garlleg Mair, winwyn y cŵn, winwyn y maes, triogl (*m*) y tlawd. **~-pea** *n. Bot*: ffugbysen (ffugbys) (*f*) y cloddiau. **~'s feet** *n.pl.* rhychau mân. **~-shrike** *n. Orn*: brân-gigydd(-ion) *m.* **~'s nest** *n.* nyth (*fm*) cigfran (nythod cigfrain). **~ steps** *n.pl. Arch*: grisiau brain, brân-feini. **~-toes** *n. Bot*: cennin (*pl*) y brain.

crow[2] *n.* *(a) (of bird)*: clochdar *m*, caniad(-au) *m* [ceiliog]; *(b) (of child)*: cân *f*, grŵn *m*.

crow[3] *v.i.* **1.** *(of bird)*: clochdar, canu [fel ceiliog]. **2.** *(= exult)*: *F*: **to ~ (over s.o.)**, [g]orohïan, [g]oroian, clochdar (uwch ben rhn); gorfoleddu, gorawenu, llawenychu, ymffrostio. **3.** *(of infant)*: canu, grwnan.

crowbar *n.* trosol(-ion) *m*, *occ*: gwif(-iau) *m*.

crowberry *n.* *Bot*: creiglusen (creiglus) *f*, llusen (llus) (*f*) y brain, llusen ddu'r mynydd (llus du'r mynydd), gruglusen (gruglus) *f*; **mountain ~**, creiglusen y mynydd.

crowd[1] *n.* *A*: *Mus*: crwth (crythau) *m*. **~ player** *n.* crythor(-ion) *m*, crythores(-au) *f*.

crowd[2] *n.* **1.** torf(-|eydd) *f*, tyrfa(-oedd) *f*, llu(-oedd) *m*, haid (heidiau) *f*, twr (tyrrau) *m*, *S.W*: *occ*: bagad(-au) (*f*) o bobl, *S.: S.W*: *occ*: crugyn *m*, hewl *f* [o bobl]; **people came in crowds**, daeth pobl yn llu/lluoedd/heidiau; daeth tyrfaoedd o bobl; *N*: *F*: daeth pobl yn fflyd; *N.E*: *occ*: daeth pobl yn hwrwd; *F*: **it might pass in a ~**, fe wnaiff y tro; **to follow the ~**, dilyn y dorf, mynd gyda'r llif. **2.** *Pej*: *(a) (= clique)*: clic(-iau) *m*, criw(-iau) *m*, ciang(-iau) *f*, ciwed *f*; *(b) (of things)*; tomen(-ni) *f*, pentwr (pentyrrau) *m*, llond (*m*) gwlad, peth wmbredd *m*; **a table covered with a ~ of books**, bwrdd dan bentwr o lyfrau; *(c) Th*: *Cin*: **the ~**, y dorf, y dyrfa; *Cin*: **a ~ scene**, golygfa (*f*) dorf (golygf|eydd torf). **3.** *Nau*: **under a ~ of sail**, a'r hwyliau i gyd ar daen. **~ mind** *n.* meddwl (*m*) y dorf, meddwl torfol. **~ psychology** *n.* seicoleg (*f*) y dorf, seicoleg dorfol. **~-puller** *n.* atyniad(-au) *m*; *(pers.)*: tynnwr (tynwyr) (*m*) tyrfaoedd.

crowd[3] *v.t.&i.* **1.** *v.t.* *(= fill)*; llenwi, gorlenwi, llwytho; *Sp*: **to ~ a competitor**, pwyso ar wynt/war cystadleuydd [arall]. **don't ~ me!** paid â phwyso ar fy ngwynt i! rho le i mi! **to be crowded off the pavement**, cael eich gwthio oddi ar y palmant; *U.S*: *Fin*: **to ~ a debtor**, pwyso/gwasgu ar ddyledwr; *Nau*: **to ~ [on] sail**, taenu'r/codi'r hwyliau i gyd. *Cmptr*: cywasgu. **2.** *v.i.* *(a)* **to ~ [together]**, tyrru, heidio, ymgasglu, ymdyrru, *S.W*: *occ*: twrro; *(b) Nau*: brysio, prysuro, hastu. **~ in, ~ into 1.** *v.i.* ymwthio/ymwasgu/tyrru/heidio i mewn (i rth). **2.** *v.t.* **we were crowded into a small room,** cawsom ein gwthio/gwasgu i ystafell fechan. **~ out 1.** *v.i.* tyrru/heidio. **2.** *v.t.* *(a place)*: *(a)* gorlenwi; **we were crowded out of the theatre**, nid oedd lle inni yn y theatr; ni chawsom le yn y theatr; ni adawyd lle inni yn y theatr; *Journ*: **matter crowded out**, deunydd heb le iddo; *(b) U.S*: **to ~ s.o. out**, cymryd lle rhn, gwthio rhn o'i le. **~ round** *v.i.* ymgasglu, ymdyrru, tyrru, *N*: hel (o amgylch rhth).

crowded *a.* *(room &c)*: gorlawn(-ion), llawn(-ion), *F*: llawn dop; *(city street)*: gorlawn, poblog; **we are [too] ~ here**, mae hi'n gyfyng arnom yma; **a room ~ with furniture**, ystafell yn llawn dodrefn, ystafell orlawn o ddodrefn; **(the hall was) ~ with people**, ('roedd y neuadd) yn llawn dop, dan ei sang; **(the streets were) ~**, ('roedd y strydoedd) yn orlawn, yn boblog, yn heidio o bobl; *Th*: **~ house**, tŷ dan ei sang, *S*: tŷ'n llawn hyd y fyl; **a ~ profession**, galwedigaeth orlawn.

crowdedness *n.* gorlawnder *m*.

crowder *n.* *A*: *Mus*: crythor(-ion) *m*, crythores(-au) *f*.

crowfoot *n.* *Bot*: *(Ranunculus)*: crafanc (*f*) y frân, chwys (*m*) Mair, egyllt(-iaid) *m*, *N.W*: pwysi (*m*) 'menyn; *(esp. = buttercup)*: blodyn (blodau) (*m*) 'menyn; *See* **buttercup**; **brackish water ~**, *(R. baudotii)*: crafanc dŵr hallt; **bulbous ~**, *(R. bulbosus)*: chwys Mair, pwysi 'menyn, egyllt cn|apwraidd; **celery-leaved ~**, = **buttercup (celery-leaved)**; **chalk stream water ~**, *(R. penicillatus)*: crafanc ddŵr y cerrig calch; **corn ~**, *(R. arvensis)*: crafanc yr ŷd; **fan-leaved water ~**, *(R. circinatus)*: crafanc ddŵr lydanddail; **glacier ~**, *(R. glacialis)*: crafanc yr eira; **ivy-leaved ~**, *(R. hederaceus)*: egyllt eiddewddail, crafanc y frân eiddewddail; **meadow ~**, *(R. acris)*: crafanc y frân syth boeth; **moorland ~**, = **buttercup (celery-leaved)**; **pond water-~**, *(R. peltatus)*: crafanc y pyllau, egyllt y pyllau; **river ~**, *(R. fluitaris)*: crafanc yr afon, egyllt yr afon; **round-leaved ~**, *(R. omiophyllus)*: crafanc y frân ddeilgron; **thread-leaved ~**, *(R. trichophyllus)*: crafanc ddŵr edafeddog; **three-lobed ~**, *(R. tripartitus)*: crafanc deiran, crafanc drillabedog; **water-~**, *(R. aquatilis)*: crafanc y dŵr, egyllt y dŵr, egyllt yr afon; **wood ~**, *(R. auricomus)*: egyllt y coed, peneuraid *m*.

crown[1] *n.* **1.** coron(-au) *f*; **civic ~**, coron ddinesig (coronau dinesig); **mural ~**, coron gaerog (coronau caerog); **bardic ~**, coron bardd, coron farddol (coronau barddol); *Astr*: **the Northern C~**, y Goron Ogleddol, Coron y Gogledd, Caer (*f*) Arianrhod; **the Southern C~**, y Goron Ddeheuol, Coron y De; *Sp*: **the Triple C~**, y Goron Driphlyg; *Games*: **~ and anchor**, coron ac angor. **2.** *Num*: *(= 5 shillings)*: coron(-au) *f*, *occ*: pumswllt (pumsylltau) *m*; **half a ~**, hanner (*m*) coron (hanner coronau). **3.** *(a) (= top of head)*: *S*: copa(-on) *mf*, corun(-au) *m*; *(b) (of the hair)*: troellen(-ni) *f*, troell (*f*) gorun (troellau corun); *(c) (= top of hill)*: copa, pen(-nau) *m*, brig(-au) *m*; *(d) (= crest of bird)*: crib(-au) *mf*; *(e) Needlew*: **~ of sleeve**, pen (*m*) llawes (pennau llewys); **~ fitting line**, llinell (*f*) ffitio pen. **4.** **~ of a hat**, *N*: corun het, *S*: copa hat. **5.** *Dent*: corun, *N*: dant (dannedd) (*m*) gosod, *S*: dant (dannedd) dodi. **6.** *(of bridge, road &c)*: canol *m*, crib, corun. **7.** *Bot*: **1.** *(of tree)*: corun. **2.** = **corymb**. **8.** *Paperm*: **~ [size]**, papur (*m*) coron. **9.** *(= high point of career &c)*: coron **(of sth**, ar rth), uchafbwynt(-iau) *m*. **C~ Agency** *n.* Asiantaeth (*f*) y Goron. **C~ Agent** *n.* Asiant(-iaid) (*m*) y Goron. **~ cap** *n.* cap (*m*) potel (capiau poteli). **C~ Colony** *n.* Trefedigaeth (*f*) y Goron (Trefedigaethau'r Goron). **~ cork** *n.* = **crown cap**. **C~ Court** *n.* Llys(-oedd) (*m*) y Goron. **~ daisy** *n.* *Bot*: = **chrysanthemum (summer)**. **~ gall** *n.* *Bot*: coronchwydd(-au) *m*. **~ glass** *n.* *Opt*: *Glassm*: gwydr (*m*) ffenestri, gwydr pur, gwydr optegol, gwydr crown. **~ graft** *n.* *Hort*: impiad(-au) (*m*) corun. **~ green** *n.* grîn gefngrom (grinau cefngrwm) *f* (*pronounced* ng-g). **~ imperial** *n.* *Bot*: britheg felen *f*, britheg goronog, peuros(-od) *m*. **C~ jewels** *n.pl.* tlysau'r Goron; **a ~ jewel**, un o dlysau'r Goron. **C~ land** *n.* tir(-oedd) (*m*) y Goron, *N.W*: *occ*: tir awdud. **C~ lawyer** *n.* cyfreithiwr (cyfreithwyr) (*m*) y Goron, erlynydd (erlynwyr) (*m*) ar ran y Goron. **~ lens** *n.* lens(-ys) (*f*) wydr optegol (lensys gwydr optegol), lens crown. **~ of thorns** *n.* **1.** *Bot*: coron (*f*) ddrain (coronau drain), maglys dreiniog *m*. **2.** *Echin*: coron ddrain. **C~ Office** *n.* Swyddfa(*f*)'r Goron. **C~ Prince** *n.* Tywysog(-ion) Coronog *m*, *occ*: Etifedd(-ion) *(m)* y Goron, Aer(-ion) (*m*) y Goron; *A*: *W.Hist*: Edling(-od) *m*. **C~ Princess** *n.* Tywysoges Goronog (Tywysogesau Coronog) *f*. **C~ proceedings** *n.usu.pl.* *Jur*: achos(-ion) (*m*) yn erbyn y Goron. **~-roast** *n.* *Cu*: coron(-au) (*f*) o gig rhost, rhost crwn (rhostiau crynion) *m*. **~ rust** *n.* *Fung*: corunrwd *m*. **~ saw** *n.* llif (*f*) goron (llifiau coron), coronlif(-iau) *f*. **~ sparrow** *n.* *Orn*: golfan(-od) cribog *m*. **~ vetch** *n.* *Bot*: pysen (pys) (*f*) y fwyell, rhonell (*f*) y wennol. **~ wheel** *n.* *Mec.E*: coronrod(-au) *f*. **C~ witness** *n.* tyst(-ion) (*m*) y Goron.

crown[2] *v.t.* **1.** coroni; **to ~ s.o. king**, coroni rhn yn frenin; **to ~ all**, i goroni'r cyfan, ar ben popeth arall; **that crowns all!** dyna'r orau eto! *S.W*: *occ*: dyna roi'r copsi arni! **2.** *(at draughts)*: coroni. **3. to ~ a tooth**, rhoi corun ar ddant, coroni dant. **4.** *F*: **to ~ s.o.**, *(= hit on head)*: *N*: colbio, waldio, *S*: wado (rhn) [ar ei ben]; *S.a.* **clout**[2].

crowned *a.* **1.** *(king &c)*: coronog; **a ~ bard**, bardd coronog, bardd coron; **~ with roses**, â choron o rosynnau; **a pile of crockery ~ with a teapot**, tomen o lestri a thebot ar ei phen. **2. high-~ hat**, het â chorun uchel, het gorun uchel. **low-~ hat,** het â chorun isel, het gorun isel. **3.** *Dent*: corunog.

crowning[1] *a.* pennaf, mwyaf, eithaf; *(= final)*: olaf *&c*; *usu. following n. but may precede it*; prif + *soft mut. before n*; **that would be the ~ mistake**, dyna a fyddai'r camgymeriad pennaf; **hair is a woman's ~ glory,** ei gwallt yw gogoniant merch.

crowning[2] *vn.* coroniad(-au) *m*, coroni; **the ~ ceremony,** *(at eisteddfod)*: y coroni, coroni'r bardd, defod y coroni.

crownless *a.* digoron.

crownpiece *n.* corun(-au) *m*.

Crownswell *W.Pl.n.* Ffynnon (*f*) Coronau.

crownwork *n.* *Fort*: coronwaith (coronweithiau) *m*.

crowsilk *n.* *Bot*: llafanog: llyfanog *m*, sidan (*m*) y brain.

crozier *n.* = **crosier**.

crucial *a.* **1.** *(= in form of cross)*: croesol, croesffurf, fel croes, ar ffurf croes. **2.** *(= important)*: tyngedfennol, hanfodol; **of ~ importance**, hollbwysig, o'r pwys mwyaf; *Log*: crwysol; **~ instance,** enghraifft grwysol (enghreifftiau crwysol) *f*; **a ~ test**, maen (meini) (*m*) prawf.

crucially *adv.* yn hanfodol *&c*.

crucian carp *n.* *Ich*: byrbysgodyn (byrbysgod) *m*, carp(-iaid) di-farf *m*.

cruciate *a.* *Z*: croesffurf, fel croes, ar ffurf croes.

cruciately *adv.* yn groesffurf, ar ffurf croes.

crucible *n.* *Ch*: *Ind*: **1.** tawddlestr(-i) *m*, llestr(-i) (*m*) toddi,

crwsibl(-au) *m*; *Th:* **The C~,** Y Crochan. **2.** *Fig: (= severe trial)*: pair (peiriau) *m*, profedigaeth(-au) *f*. **~ steel** *n.* dur (*m*) crwsibl.
crucifer *n.* **1.** *Ecc*: croesgludwr (croesgludwyr) *m*. **2.** *Bot*: planhigyn (planhigion) (*m*) croesffurf.
cruciferous *a. Bot*: croesffurf.
crucified *a.* croeshoeliedig.
crucifix *n.* croes(-au) *f*, *Lit: occ*: crog(-au) *f*.
crucifixion *n.* croeshoeliad(-au) *m*, croeshoelio *vn*.
cruciform *a.* croesffurf, croesweddog, ar ffurf croes.
crucify *v.t.* croeshoelio.
cruck *n. Arch*: cwpl (cyplau) *m*, cwplws (cyplysau) *m*, nenfforch (nenffyrch) *f*; **~-framed house,** tŷ ffrâm nenfforch.
crucked *a. Arch*: cyplog, nenffyrchog.
Crucorney *W.Pl.n.* Crucornau Fawr *m*.
crud *n.* sothach *m*, rwtsh *m*, lol *f*, 'nialwch *m*.
cruddy *a.* sothachlyd, rwtshlyd.
crude *a. & n.* **1.** *a.* *(a) (= in raw state)*: amrwd, crai; **~ oil,** olew crai; *(b) (fruit)*: sur, anaeddfed; *(colour)*: amrwd; *(c) (= coarse, vulgar)*: di-chwaeth, bras (breision), cwrs, amrwd, anweddus, *F*: comon, coman, *Lit*: aflednais; **~ language,** iaith fras *f*, *N.W: occ*: brastod *m*, araith *f*; **~ manners,** afledneisrwydd *m*; **a ~ statement of the facts,** datganiad moel/swta o'r ffeithiau; **a ~ indication,** syniad bras; *Statistics*: **~ death rate,** bras amcan (*m*) o'r marwolaethau. **2.** *n. (oil)*: olew crai *m*.
crudely *adv.* yn amrwd *&c*.
crudeness, crudity *n.* **1.** cyflwr amrwd *&c m*, amrydedd *m*, diffyg (*m*) coethder, diffyg caboledd. **2.** *(= vulgarity, rudeness)*: afledneisrwydd *m*, comonrwydd *m*, diffyg chwaeth; *(= crude language)*: brastod *m*, iaith fras *f*, *N.W: occ:* araith *f*.
cruel *a.* creulon, *N*: brwnt, (*f.* bront, *pl.* bryntion), *occ*: ciaidd; **to be ~ to s.o.,** bod yn greulon wrth rn; **the ~ light of day,** golau creulon/didostur/didrugaredd y dydd; **a ~ stroke of fate,** ergyd greulon gan ffawd.
cruelly *adv.* yn greulon *&c*.
cruelness, cruelty *n.* creulondeb(-au) *m*, creulonder(-au) *m*, ci|eidd-dra *m*, mileindra *m, N: occ*: bryntni *m*, bryntwch *m* (**to/towards sth,** tuag at rth, wrth rth); **Royal Society for the Prevention of C~ to Animals,** y Gymdeithas Frenhinol er Atal Creulondeb wrth Anifeiliaid.
cruet *n. (a) (for oil, vinegar)*: potel(-i) *f*, ffiol(-au) *f*, criwet(-au) *m*. **~-stand** *n.* peth(-au) (*m*) dal criwet/criwetau.
cruise[1] *n.* mordaith (mordeithiau) *f, F*: criws(-iau) *m*.
cruise[2] *v.i.* **1.** *Nau*: mordeithio, mordwyo, hwylio, *F*: criwsio; *Navy*: **to be cruising,** morio, mynd yn esmwyth, criwsio. *Aut: Av: Nau*: **to ~ along,** hwylio mynd, teithio'n esmwyth, *F*: criwsio. **2.** *(of taxi)*: crwydro, criwsio.
cruiser *n.* **1.** *Navy*: criwser(-au) *mf*; **armed merchant ~,** criwser arfog; **battle- ~,** cadgriwser(-au) *mf. S.a.* **cabin**[1]. **2.** *U.S: (= police patrol-car)*: car (ceir) (*m*) heddlu, car rhodio.
cruiserweight *n. Box*: pwysau godrwm *pl*; **~ (boxer),** paffiwr (paffwyr) [pwysau] godrwm *m*.
cruiseway *n.* camlas (*f*) fordwyo (camlesi mordwyo), camlas blesera (camlesi plesera).
cruising *a.* **~ speed,** cyflymder/cyflymdra (*m*) criwsio, cyflymder/cyflymdra canolig.
cruller *n. U.S: Cu*: teisen dro (teisennau tro) *f*.
crumb[1] *n.* **1.** briwsionyn (briwsion) *m*, *occ*: briwsyn (briwsion) *m*; **he didn't leave a ~,** *S*: adawodd e'r un bripsyn (*m*) ar ôl; *O*: **a ~ of comfort,** mymryn (*m*) o gysur. **2.** *(= soft inside of loaf)*: *N.W*: mwydion *pl*, *S.W*: bywyn *m*. **3.** *Pej*: *N*: sgelffyn(-nod) *m*, llipryn(-nod) *m*, brych(-od) *m*, sbrych(-od) *m*, cingroen *m* (*pronounced* ng-g), *S*: pwdryn (pwdrod) *m*, corgi (corgwn) *m*; *See* **creep**[1].
crumb[2] *v.t. Cu*: briwsioni (rhth), taenu briwsion (ar rth).
crumble[1] *v.t.&i.* **1.** *v.t.* briwsioni (rhth), malu (rhth) yn fân/friwsion, *occ*: chwilfriwio, malurio, briw[i]o, *S*: br[i]wa (rhth); **she crumbled her bread into her soup,** malodd ei bara yn friwsion i'w chawl. **2.** *v.i.* *(a) (of bread)*: briwsioni, torri'n friwsion; *(b) (of stone)*: briwsioni, breuo, braenu, malu, ymfalurio, pydru, mynd yn chwilfriw, dod yn friwsion, chwalu'n friwsion, mynd yn dipiau, syrthio'n dipiau *&c*; *See* **bit**[1]; *(c) (of building, empire &c)*: adfeilio, dirywio, chwalu, syrthio'n dipiau *&c*; **the house crumbled away,** aeth y tŷ â'i ben iddo; *(d) (of resistance)*: lleih|au, ildio, gildio, edwino, gwanh|au, ymddryllio, chwalu; **the resistance of the enemy crumbled,** gwanhaodd gwrthsafiad y gelyn.
crumble[2] *n. Cu*: pwdin(-au) (*m*) briwsion, crymbl(-au) *m*, *crymblen(-ni) *f*.
crumbled *a.* **1.** *(bread &c)*: briwsionog. **2.** = **crumbling, crumbly**.
crumbliness *n.* natur friwsionllyd *f*, ansawdd briwsionllyd/friwsionllyd *mf*; *(of stone)*: breuder *m*.
crumbling *a. & n. pl.* **1.** *a. (stone)*: brau, bregus, briwsionllyd, braenllyd, chwilfriw; *(building, empire)*: adfeiliog, adfeiliedig, dadfeiliol, ymddatodol; *(resistance)*: siglog, lleihaol, lleilai. **2.** *n. pl.* **crumblings,** briwsion, malurion.
crumbly *a.* *(a) (bread)*: briwsionllyd, briwsionog, *S: occ*: briwllyd; *(b) (stone &c)*: brau, bregus, braenllyd, malurus, drylliog.
crumbs! *int. N*: 'rargoel! argoeledig! 'rargian! esgob! 'rachlod! iechyd! diar annwyl! mawredd! duwcs annwyl! y bredych annwyl! bobol bach! nefi! nefoedd! iesgwn! *S*: jiw! mynd diain i! yfflach y cols! de!
crumby *a. (bread)*: *(a)* briwsionllyd; *(b) (of the soft inner part)*: mwydionog.
crumhorn *n. Mus*: crymgorn (crymgyrn) *m*.
Crumlin *W.Pl.n.* Crymlyn *m*.
crummily *adv.* yn sobor *&c*.
crummy *a. P*: gwael, tila, sobor, diwerth, sâl, *S*: tlawd, salw, *N: occ*: pig, coch, ciami, trybeilig, *S.W*: simpil.
crump[1] *n.* ffrwydrad(-au) *m*.
crump[2] *v.i.* ffrwydro.
crumpet *n.* **1.** cramwythen (cramwyth, cramwythau, cramwythod) *f*, teisen fwyth (teisennau/teisennod mwyth) *f*, pic/picen (*f*) furum (picau burum). **2.** *F: (= head)*: pen(-nau) *m*, penglog(-au) *f* (*pronounced* ng-g), *S. F.* clopa(-nau) *fm*, *N*: pennog *m*, c|oconet *m*. **3.** *F: (= woman)*: **he's looking for a bit of ~,** mae'n chwilio am ferch(*f*)/damaid(*m*)/bis[h]yn (*m*), *S*: wejen/sielffen (*f*), *N. W*: fodan (*f*); *N: V*: mae o'n hel am ei din; **a nice bit of ~,** *N. W*: pis[h]yn handi *f*, slasen *f*, slcifar (*f*) o bis[h]yn, *S. W*: clatsien deidi *f*, sielffen *f*; **there was plenty of ~ there,** 'roedd 'na ddigonedd o dalent/ferched yno.
crumple[1] *n.* crych(-ion) *m*, crychiad(-au) *m*.
crumple[2] *v.t.&i.* **1.** *v.t.* crychu, *occ*: crebachu, sybachu; *(esp. of material)*: s[y]bybio. **2.** *v.i.* **to ~ up,** crychu, crebachu, mynd yn grychion, sybachu; *(of leaves, parchment)*: crychu, crebachu, crino; *(b) (of opposition)*: [g]ildio, chwalu, ysigo, cwympo, syrthio; **the car crumpled,** ysigodd y car; aeth y car i'w gilydd; aeth y car fel consertina.
crumpled *a.* wedi crychu *&c*, crych (*f.* crech, *pl.* crychion), crychlyd, crebachlyd; *(car bumper)*: tolciog; *(cow's horn)*: cam (ceimion).
crunch[1] *n.* **1.** *(sound)*: cratsh *m*, crensh *m*, sŵn (*m*) crensian. **2.** *F*: argyfwng (argyfyngau) *m*; **when it comes to the ~,** pan ddaw hi i'r pen, pan aiff hi'n sgrech, pan ddaw hi'n wasgu, *N. W*: pan ddaw hi'n ben, pan ddaw hi'n ben set.
crunch[2] *v.t.&i.* crensian, creinsio, creinsian, crinsian, *S. W*: cransial, cransian, crinsial.
cruncher *n.* **1.** crensiwr (crenswyr) *m*. **2.** *(= finishing blow)*: ergyd farwol (ergydion marwol) *f*, *F*: y farwol *f*.
crunchiness *n.* crensiogrwydd *m*, creisionogrwydd *m*.
crunchy *a.* crensiog, creisionog, creisionllyd.
Crundale *W.Pl.n.* Cryndal *m*.
crunode *n. Mth*: crwnod(-au) *m*.
Crunwear *W.Pl.n.* Cronwern *f*, Llangronwern *f* (*pronounced* ng-g).
crupper *n.* **1.** *Harn*: tindres(-i) *f*, crwper(-au) *m*, britsin: brijin *m*, *A: or Lit*: pystylwyn(-au) *m*. **2.** *(= rump)*: pedrain (pedreiniau) *f*, crwper(-au) *m*, bontin(-au) *f*, cloren(-nau) *f*, crwmp *m*. **~ chain** *n. Nau*: cefndres(-i) *f*, carwden(-ni) *f*.
crural *a.* *Anat*: coesol, esgeiriol; **~ vein,** mamwythïen (mamwythiennau) *f*.
crusade[1] *n.* **1.** *Hist*: croesgad(-au) *f*, rhyfel(-oedd) (*m*) y Groes. **2.** *(= campaign)*: ymgyrch(-oedd) *mf*, crwsâd (crwsadau) *m*.
crusade[2] *v.i.* **1.** *Hist*: mynd ar groesgad, croesgadu. **2.** *(= campaign)*: ymgyrchu, croesgadu (**for sth,** dros rth).
crusader *n.* *(a) Hist*: croesgadwr (croesgadwyr) *m*, milwr (milwyr) (*m*) y Groes; *(b) (= campaigner)*: ymgyrchydd: ymgyrchwr (ymgyrchwyr) *m*, crwsadydd (crwsadwyr) *m*.

crusading *a.* ymgyrchol, croesgadol, crwsadaidd.
cruse *n.* ffiol(-au) *f*, ystên (ystenau) *f*, costrel(-au, -i) *f*; *B:* **the widow's ~,** ystên y wraig weddw.
crush[1] *n.* **1.** *(=* **squeeze[3]***)*: gwasgfa (gwasgf|eydd) *f*. **2.** *(= crowd)*: torf(-|eydd) *f*, tyrfa(-oedd) *f*, *Lit:* ymwasg *m*; *F:* **there was an awful ~ there,** 'roedd y lle dan ei sang; 'roedd hi'n annioddefol o lawn yno. **3.** *F:* **to have a ~ on s.o.,** mopio['n lân] ar rn, gwirioni ar rn. **4.** *(= drink)*: *(orange &c)*: ~, sudd (*m*) (oren &c), diod (*f*) (oren &c). **5.** *(= passage for cattle)*: gwasgfa (gwasgf|eydd) *f*, cyffglo(-eon) *m*, cyffion *pl.* **~ bar** *n.* bar(-rau) (*m*) theatr. **~-barrier** *n.* clwydi (*pl*) atal tyrfa. **~-belt** *n. Geol:* strimyn(-nau) (*m*) malurion. **~ conglomerate** *n. Geol:* amryfaen (*m*) malurion. **~ hat** *n. Cost:* het(-iau) (*f*) opera.
crush[2] *v.t.* **1.** gwasgu, mathru; **to ~ sth to a pulp,** *N:* gwasgu rhth yn seitan, *S:* gwasgu rhth yn shwps, *S: occ:* swbwrtho rhth; **to ~ sth into a box,** gwthio/gwasgu rhth i flwch. **2.** *(with grief &c)*: llethu. **3.** *(dress &c)*: crychu, *E:* s[y]bybio, *S.W: F:* siwpso. **4.** *Min: &c:* mathru, malu, briwio. **5.** *(a revolt)*: sathru (ar rth); gwastrodi, darostwng, difodi (rhth).
crush[3] *v.t. T.V:* duo.
crushable *a.* gwasgadwy, mathradwy.
crushed *a.* mathredig, mâl, maluriedig; **sth ~,** rhth wedi ei fathru'n falurion/seitan/siwrwd/siwtrws/shwps/sitrach/chwilfriw, rhth chwilfriwedig, rhth sitrachog; *Publ:* **~ leather,** lledr mathredig *m*; **~ by grief,** dan faich/bwn o ofid, wedi'ch llethu gan ofid, a gofid yn eich llethu; **~ underfoot,** sathredig dan draed; **~ strawberry,** *(colour)*: [lliw] seitan/siwrwd mefus, coch tywyll, rhuddgoch tywyll.
crusher *n. Min: &c:* malwr (malwyr) *m*, melin(-au) *f*, peiriant (peiriannau) (*m*) mathru, mathrwr (mathrwyr) *m*.
crushing[1] *a.* **1.** *(roller)*: gwasgiadol, gwasgol, cywasgol. **2.** *(a) (defeat)*: llethol; *(weight)*: beichus; *(c) (news)*: lloriol; *(d) (reply)*: llethol, lloriol, anatebadwy.
crushing[2] *vn.* = **crush[2]**; gwasgiad(-au) *m*, mathriad(-au) *m*; *Danc:* llethu.
crushingly *adv.* **1.** yn llethol *&c*; **they were ~ defeated,** trechwyd hwy'n llethol; trechwyd hwy'n llanast/racs. **2.** yn sarh|aus *&c.*
crust[1] *n.* **1.** *(of bread &c)*: crystyn (crystiau) *m*, *S:* crofen(-nau) *f*, *N: occ:* crawen(-nau) *f*; *(of pie)*: crwst *m*. **2. the ~ of the earth,** crawen: cramen (*f*) y ddaear; *(of snow, ice)*: caenen(-ni, -nau) *f*, haen(-au) *f*, haenen(-nau) *f*, plymen(-nau,-ni) *f*; *(of rust)*: haen, haenen; *(of lobster)*: cragen (cregyn) *f*. **3.** *(of wine)*: cen *m*, cramen, crawen, cresten(-nau, crest) *f*, diotgen *m*, gwaddotgen *m*, tartar *m*. **4.** *(of wound)*: crachen (crach, crachod) *f*, cresten, cramen. **5.** *F:* **the upper ~,** y byddigions *pl*, *Pej:* y crach *pl*, y crachach *pl*. **6.** *P:* *(a)* = **impudence**. *(b) (= hardness of demeanour)*: croengaledwch *m* (*pronounced* ng-g), caledwch *m*.
crust[2] *v.t.&i.* **1.** *v.t.* crawennu, cramennu, crofennu. **2.** *v.i.* croenio, croeni, ffurfio crawen/crofen, magu croen/crofen *&c*, *Lit:* ymgrawennu, ymgramennu.
crustacea *n.pl. Z:* cramenogion.
crustacean *a.* & *n.* **1.** *a.* cramennog, crestennog, crestog. **2.** *n.* cramennog (cramenogion) *m*, crestennog (crestenogion) *m*, crestog(-ion) *m*.
crustaceology *n.* cramenogeg *f*.
crustaceous *a.* cramennog, crestennog.
crustal *a. Geol:* cramennol.
crusted *a.* **1.** crofennog, crawennog, cramennog, crestennog, crestog; **sth ~ over,** rhth yn groen/gramen/grofen/grawen drosto i gyd; **~ wine,** gwin crestog/cennog. **2.** *(= antiquated)*: hen ffasiwn, hynafol.
crustification *n.* = **incrustation.**
crustily *adv.* yn sarrug, yn swta *&c.*
crustiness *n.* **1.** *(of bread &c)*: crystiogrwydd *m*. **2.** *(of pers.)*: piwisrwydd *m*, sarugrwydd *m*, natur swta *f*.
crustose *a.* cennog, cramennog, crawennog, crestog.
crusty *a.* **1.** *Cu: (loaf)*: crystiog, cras (creision); *(= crisp)*: crimp. **2.** *F: (= curt)*: crabet, croes, swta, cwta, sarrug, piwis, pifis, anodd eich trin, *N:* blin; **a ~ man,** *N:* croengi (croengwn) *m* (*pronounced* ng-g), hen groen [o ddyn], crystyn sych *m*, crystyn o ddyn; **a ~ woman,** crimpen (*f*) o wraig.
crutch[1] *n.* **1.** bagl(-au) *f*, ffon (*f*) fagl (ffyn bagl[-au]); **a pair of crutches,** baglau *pl*, ffyn bagl[-au] *pl*; **to go on crutches,** mynd wrth eich baglau, *S: occ:* percan. **2.** *Ind: Const: (= support, prop)*: fforch(-au, ffyrch) *f*, ateg(-ion) *f*, *Lit:* gwanas(-au) *f*, cynhalbren (cynalbrennau) *m*. **3.** *Anat: Tail:* gafl(-au) *f*, ffwrch (ffyrch) *mf*.
crutch[2] *v.t.* cynnal, ategu.
crutched *a.* **1.** baglog, fforchog. **2.** *Ecc:* **C~ Friar,** Brawd (Brodyr) (*m*) y Groes.
crux *n.* **1.** *(of problem)*: craidd (creiddiau) *m*, pwynt(-iau) dyrys *m*. **2. C~,** *Astr: (= Southern Cross)*: y Groes Ddeheuol *f*, Croes (*f*) y De/Deau. **3. ~ ansata,** croes ddolennog (croesau dolennog) *f*.
cruzeiro *n. Num:* crwseiro(-s) *m*.
crwth *n. A: Mus:* crwth (crythau) *m*. **~-player** *n.* crythor(-ion) *m*, crythores(-au) *f*.
cry[1] *n.* **1.** cri (crïau) *usu. f, occ: m*, ebychiad(-au) *m*, *Lit:* llef(-au) *f*; **a loud ~,** gwaedd(-au) *f*, bloedd(-iau) *f*, bloeddiad(-au) *m*, crochlef(-au) *f*, bonllef(-au) *f*, banllef(-au) *f*; **to utter a ~,** yngan cri, *Lit:* llefain, ebychu; **to utter a loud ~,** rhoi gwaedd/bloedd, gweiddi, bloeddio; **within ~,** o fewn clyw; **it's a far ~ from here,** mae'n bell [ffordd] o'r fan hon; *Fig:* **it's a far ~ from climbing a hill to climbing a mountain,** mae byd o wahaniaeth rhwng dringo bryn a dringo mynydd; **battle-~, war- ~,** bloedd ryfel (bloeddiadau rhyfel), *Lit:* cadlef(-au) *f*, cadfloedd(-iadau) *f*, rhyfelgri(-oedd) *f*; **great ~ [and] little wool,** llawer o weiddi ac ychydig o wlân, mwy o fwg nag o dân, mwy o dwrw nag o daro, cneifio moch am eu gwlân, dadlau mawr ynghylch cynffon llygoden; **the pack is in full ~,** mae'r bytheiaid yn cyfarth nerth eu pennau; **(the thief fled with the street) in full ~ after him,** (ffodd y lleidr a'r stryd i gyd) wrth ei sodlau, yn gweiddi wbwb ar ei ôl, yn ei ymlid; **hue and ~,** gwaedd ac ymlid, gwaedd wbwb; **to raise a hue and ~,** codi'r wlad [ar ôl rhn]; *A:* gweiddi wbwb. **2. to have a good ~,** beichio wylo, beichio crïo, wylo'n hidl, crïo llond eich bol, *S:* llefain y glaw, *S: S.W: occ:* [h]wben iwben; **she had a [little] ~,** fe aeth i grïo/lefain; **to have one's ~ out,** wylo/llefain faint a fynnoch chi, wylo'n hidl.
cry[2] *v.t.&i.* **1.** *(a) (= call out)*: galw, ebychu, *Lit:* llefain; *(= shout)*: gweiddi, bloeddio; *(of wind, baby)*: nadu, gerain, germain; **to ~ (sth) aloud,** gweiddi (rhth) yn uchel; crochlefain, banllefain, lleisio (rhth); **for crying out loud,** er mwyn Duw, er mwyn y Tad, 'neno'r Tad, er mwyn y Nefoedd, 'dawn i byth o'r fan, 'tawn i'n marw, *N:* Duw o'r Sowth; **to ~ for help,** galw/gweiddi am help; **to ~ havoc,** gweiddi hafog/gwae; *B:* **the voice of one crying in the wilderness,** llef un yn llefain yn yr anialwch; *(b)* **to ~ "fish" &c [for sale],** gweiddi "pysgod" *&c* ar goedd, *N:* hwrjo pysgod; *O:* **to ~ stinking fish,** baeddu'ch nyth eich hun, cyhoeddi'ch gwarth eich hun; *(c) Ven: (of hounds)*: cyfarth, *N.W: occ:* coethi. **2.** *(= exclaim)*: ebychu, *Lit:* llefain; **("it's not true!") he cried,** ("celwydd noeth!") ebychodd, meddai'n uchel, llefodd. **3.** *(= weep)*: wylo, *Lit:* wylofain, *S:* llefain, *N:* crïo; *Prov:* **to ~ over spilt milk,** rhy hwyr edifaru wedi llosgi'r tŷ; *V:* rhy hwyr codi pais ar ôl piso; **to ~ for sth,** wylo i gael rhth, wylo am rth, ymbil/erfyn/crefu am rth; **to ~ for the moon,** gofyn am y lleuad, gofyn am yr amhosibl. **~ down** *v.t.* **1.** *(= decry)*: bychanu, difrïo, difenwi (rhth); lladd, rhedeg (ar rth); *S: occ:* dyfyrio, difyrio (rhth); *N.W: occ:* torri (ar rth). **2.** *(= silence)*: **to ~ s.o. down,** boddi llais rhn. **~-baby** *n.* babi(-s) (*m*) mam, babi swci mami; *S.a.* **baby[1]**. **~ off** *v.i.* cilio, tynnu'n ôl, nogio, newid eich meddwl, rhoi'r gorau iddi, torri addewid, torri cytundeb. **~ out 1.** *v.t.* **to ~ out a name,** galw/gweiddi enw; **to ~ one's eyes/heart out,** wylo'n hidl, wylo dagrau'n lli, *S:* llefain y glaw. **2.** *v.i.* galw, yngan cri; **to ~ out aloud,** gweiddi, bloeddio; **to ~ out to s.o.,** galw/gweiddi ar rn; **an evil that cries out for remedy,** drwg sy'n galw'n daer am ei ddifa; **to ~ out (against s.o.),** codi llais, protestio (yn erbyn rhn); gweiddi wfft (i rn). **~ up** *v.t.* brolio, canmol, moli, clodfori, *Lit:* dyrchafu, mawrygu, mawrh|au, *S.W: occ:* rhico.
cryer *n.* = **crier.**
crying[1] *a.* **1.** *(= weeping)*: dagreuol, wylofus, [yn] llawn dagrau, yn eich dagrau. **2.** *(= blatant, scandalous)*: dybryd, aruthrol, ysgeler, echrydus, anfad, gwarthus, cywilyddus; **a ~ injustice,** cam dybryd, camwedd mawr; **a ~ evil,** drwg sy'n galw am sylw; **it's a ~ shame,** mae'n warth/gywilydd o'r mwyaf; mae'n bechod/drueni mawr.
crying[2] *vn.* = **cry[1]**.
Crymlyn Burrows *W.Pl.n.* Tywyn (*m*) Crymlyn.
Crynant *W.Pl.n.* Y Creunant *m*.

cryobiological *a.* cryobiolegol.
cryobiologically *adv.* yn gryobiolegol.
cryobiologist *n.* cryobiolegwr: cryobiolegydd (cryobiolegwyr) *m.*
cryobiology *n.* cryobioleg *f.*
cryocable *a. El*: cryocebl(-au) *m.*
cryogen *n. Ph*: cr|yogen (cryogenau) *m*, rhewydd(-ion) *m.*
cryogenic *a. Ph*: cryogenig.
cryogenically *adv.* yn gryogenig.
cryogenics *n.pl.*, **cryogeny** *n.* cryogeneg *f.*
cryolite *n. Ch*: rhewfaen (rhewfeini) *m*, cr|yolit (cryolitau) *m.*
cryometer *n. Ph*: cryomedr(-au) *m.*
cryometry *n. Ph*: cryometreg *f.*
cryomite *n. Dom.Ec*: rhewgell fach (rhewgelloedd bach) *f.*
cryonic *a. Ph*: cryonig.
cryonics *n.pl. Ph*: cryoneg *f.*
cryopedology *n. Geog*: rhewbriddeg *f.*
cryophil *n. Z*: cr|yoffil (cryoffiliaid) *m.*
cryophilic *a. Z*: cryoffilig.
cryophyte *n. Bot*: cr|yoffyt (cryoffytau) *m*, mân-blanhigyn (~-blanhigion) (*m*) yr eira.
cryoplanation *n. Geog*: rhew-wastadiant *m.*
cryoplankton *n. Z*: cryoplancton *m*, rhewblancton *m.*
cryoprobe *n. Surg*: ffon (*f*) rewi (ffyn rhewi).
cryoprotectant *a.* gwrthrewol.
cryoprotective *a. & n.* **1.** *a.* gwrthrewol. **2.** *n.* gwrthrewydd(-ion) *m.*
cryopump *n.* cr|yobwmp (cryobympiau) *m.*
cryoscope *n.* cr|yosgop (cryosgopau) *m.*
cryoscopic *a.* cryosgopig.
cryoscopy *n.* cry|osgopi *m*, cryosgopeg *f.*
cryosistor *n. El.E*: cryosistor(-au) *m.*
cryostat *n. Ph*: cr|yostat (cryostatau) *m.*
cryosurgeon *n. Surg*: cryofeddyg(-on) *m.*
cryosurgery *n.* cryofeddygaeth *f*, rhewfeddygaeth *f.*
cryosurgical *a.* rhewfeddygol, cryofeddygol.
cryotherapy *n.* rhewdriniaeth *f*, cryoth|erapi *m.*
cryotron *n. Ph*: cr|yotron (cryotronau) *m.*
crypt *n.* **1.** claddgell(-oedd) *f*, crypt(-au) *m.* **2.** *Anat*: *(= depression)*: pant(-iau) *m*, pannwl (panylau) *m.*
cryptaesthesia *n. Psych*: cryptesthesia *m*, cêl-synhwyro *vn*, cêl-synhwyriad *m.*
cryptamnesia *n. Psy*: cuddangof *m*, cêl-angof *m.*
cryptanalyse *v.t.* cêl-ddadansoddi.
cryptanalysis *n.* cêl-ddadansoddiad *m*, cêl-ddadansoddi *vn.*
cryptanalyst *n.* cêl-ddadansoddwr (~-ddadansoddwyr) *m.*
cryptanalytic[al] *a.* cêl-ddadansoddol.
cryptarithm *n. Mth*: cr|yptarithm (cryptarithmau) *m.*
cryptic[al] *a.* *(a)* cryptig, cryptaidd, dirgel, cêl, dirgelaidd, anchwiliadwy; **he's very ~ about his past,** mae'n celu ei orffennol; nid yw'n datgelu dim am ei orffennol, nid yw'n dweud ei hanes wrth neb; **to maintain a ~ silence,** tewi'n ddirgelaidd, tewi'n gyfrinachol, *N*: bod yn bant gaead; *(in crosswords)*: **~ clue,** cliw(-iau) cêl *m*; *(b) Z: Biol*: **~ coloration,** cêl-liwiad *m.*
cryptically *adv.* yn ddirgel *&c*; **(to speak) ~,** (siarad) yn ddamhegol, mewn damhegion, ar ddamhegion, yn gryptig, yn dywyll.
crypto¹ *n. P: Pol*: cudd-aelod(-au) *m.*
crypto-² *comb.fm.* cêl, cudd. **~-Calvinist 1.** *a.* cêl-Galfinaidd. **2.** *n.* cêl-Galfinydd (~-Galfiniaid) *m.* **~-Calvinism** *n.* cêl-Galfiniaeth *f.* **~-communist** *Pol*: **1.** *a.* cêl-gomiwnyddol, cuddgomiwnyddol. **2.** *n.* cuddgomiwnydd(-ion) *m*, cêl-gomiwnydd(-ion) *m*, comiwnydd(-ion) cudd/cêl/dirgel *m.* **~-fascist** *Pol*: **1.** *a.* cêl-ffasgaidd, cuddffasgaidd. **2.** *n.* cêl-ffasgydd (~-ffasgwyr) *m*, ffasgydd (ffasgwyr) cudd/cêl/dirgel *m.*
cryptobranchiate *a. Z*: cêl-dagellog.
cryptoclastic *a. Geol*: cryptoclastig.
cryptococcal *a. Fung*: cryptococol, cryptococaidd.
cryptococcosis *n. Path*: cryptococosis *m.*
cryptococcus *n. Fung*: cryptococws (cryptococi) *m.*
cryptocrystalline *a.* cêl-risialog.
cryptogam *n. Bot*: cr|yptogam (cryptogamau) *m.*
cryptogamic, cryptogamous *a. Bot*: cryptogamig, diflodau.
cryptogenic *a.* cryptogenig.
cryptogram *n.* cr|yptogram (cryptogramau) *m*, cêl-ysgrif(-au) *f*, cêl-neges(-au) *f.*
cryptogrammic *a.* cryptogramig, cêl-ysgrifol.
cryptograph¹ *n.* = **cryptogram.**
cryptograph² *v.t.* = **encrypt.**
cryptographer *n.* cryptograffwr: cryptograffydd (cryptograffwyr) *m*, cêl-ysgrifwr (~-ysgrifwyr) *m.*
cryptographic *a.* cryptograffig, cêl-ysgrifol.
cryptographically *adv.* yn gryptograffig *&c.*
cryptography *n.* cryptograffeg *f*, cêl-ysgrifiaeth *f*, cêl-ysgrifen *f.*
cryptologic[al] *a.* cryptolegol.
cryptologist *n.* cryptolegwr: cryptolegydd (cryptolegwyr) *m.*
cryptology *n.* cryptoleg *f.*
cryptomenorrhoea *n. Med*: mislif cudd *m.*
cryptomeria *n. Bot*: cedrwydden (cedrwydd) (*f*) Jap|an.
cryptonym *n.* enw(-au) cudd *m.*
cryptonymous *a.* dienw.
cryptophyte *n. Bot*: cr|yptoffyt (cryptoffytau) *m.*
cryptorchid *a. & n.* **1.** *a. Biol*: â cheilliau cudd, cuddgeilliog. **2.** *n.* *(a) (horse)*: cuddfarch (cuddfeirch) *m*; *(b) (bull)*: cudd-darw (~-deirw) *m.*
cryptorchidism, cryptorchism *n. Med*: cuddgeilliogrwydd *m*, caill gudd *f*, ceilliau cudd *pl.*
cryptozoic *a.* **1.** *Geol*: cyn-Gambriaidd, cryptosöig. **2.** *Z*: cudd-drigiannol, cryptosöig.
cryptozoite *n. Med*: cryptosöit(-au) *m*, cuddb|arasit (cuddbarasitiaid) *m.*
crystal *n. & attrib.* **1.** *n.* *(a)* grisial(-au) *m*, crisial(-au) *m*, *occ*: grisielyn *m*; **twin[ned] ~,** grisial gefeilliog; **Iceland ~,** grisial Ynys yr Iâ; *(b) U.S*: = **watch-glass. 2.** *attrib.* grisialaidd, crisialaidd. **~ anthurium** *n. Bot*: (*)tafod melfed *m.* **~ ball** *n.* pêl (f) [g]risial (peli grisial/crisial), pelen (*f*) [g]risial (pelenni grisial/crisial). **~ clear** *a.* clir fel grisial, crisialaidd/grisialaidd glir, tryloyw(-on); *Fig*: hollol amlwg, eglur, cyn glired ag y gallai fod. **~ detector** *n. W.Tel*: dadfodylwr (dadfodylwyr) *m.* **~ form** *n.* ffurf (*f*) grisial. **~-gazer** *n.* dewin(-iaid) (*m*) crisial/grisial, dewines (*f*) grisial (dewinesau grisial). **~-gazing** *vn.* darllen crisial/grisial, crisialddewiniaeth *f*, grisialddewiniaeth *f.* **~ pleat** *n. Tail*: pleten (*f*) [g]risial (pletiau grisial). **~ pleated** *a.* grisialbletiog, crisialbletiog. **~ set** *n. W.Tel*: set (*f*) [g]risial (setiau grisial/crisial). **~ shape** *n.* gwedd (*f*) grisial/crisial. **~ violet** *n. Dy*: fioled (*m*) grisial/crisial.
crystalliferous *a.* grisialog, crisialog, grisialddwyn, crisialddwyn.
crystalline *a.* grisialaidd, crisialaidd, o [g]risial, crisialog, grisialog, *Fig*: tryloyw, clir, disglair; **non-~,** anghrisialog; **~ lens,** lens [g]risialog/crisialog (lensys grisialog/crisialog) *mf.*
crystallinity *n.* grisialeiddiwch *m*, crisialeiddiwch *m.*
crystallite *n. Geol*: grisielyn(-nau) *m*, crisielyn(-nau) *m*, mân-risial(-au) *m*, gr|isialit (grisialitau) *m.*
crystallitic *a. Geol*: grisielynnaidd, mân-risialaidd, grisialitig, crisialitig.
crystallizable *a.* grisialadwy, crisialadwy.
crystallization *n.* grisialiad(-au) *m*, crisialiad(-au) *m*, grisialu *vn*, crisialu *vn*; **water of ~,** dŵr (*m*) grisialu/crisialu.
crystallize *v.t.&i.* crisialu, grisialu, *occ*: crisialeiddio, grisialeiddio.
crystallized *a.* grisialog, crisialog, grisialaidd, crisialaidd; *Cu*: **~ fruits,** ffrwythau siwgwr, ffrwythau candi.
crystallizer *n.* grisialwr: grisialydd (grisialwyr) *m*, crisialwr: crisialydd (crisialwyr) *m.*
crystallographer *n.* grisialegwr: grisialegydd (grisialegwyr) *m*, crisialegwr: crisialegydd (crisialegwyr) *m.*
crystallographic[al] *a.* grisialegol, crisialegol.
crystallographically *adv.* yn [g]risialegol.
crystallography *n.* grisialeg *f*, crisialeg *f.*
crystalloid *a. & n.* **1.** *a.* grisialaidd, crisialaidd, grisialffurf, crisialffurf, grisialwedd, crisialwedd. **2.** *n.* grisialoid(-au) *m*, crisialoid(-au) *m.*
crystalloidal *a.* = **crystalloid 1.**
crystalwort *n. Bot*: *(Riccia fluitans)*: afuad nofiol *m.*
csardas *n. Mus*: csardas(-au) *f.*
ctenoid *a. & n. Ich*: **1.** *a.* ctenoid, ctenoidaidd. **2.** *n.* ctenoid(-au) *m.*
ctenophoran *a. & n. Biol*: **1.** *a.* ctenofforaidd. **2.** *n.* = **ctenophore.**
ctenophore *n. Biol*: ct|enoffor (ctenofforau) *m.*
cub¹ *n.* **1.** *(of animal)*: cenau (cenawon) *m*, cenawes(-au) *f*, *N*:

cyw(-ion) *m*, *S*: cwb (cybiau, cybiaid) *m*, *dim*: cwbyn *m*; **fox-~**, cenau llwynog/cadno, llwynog bach, *N*: llwynogyn *m*, llwynog(-od) bach *m*, *S*: cadno (cadn|oid) bach *m*; **wolf-~**, cenau blaidd, bleiddyn *m*, bleiddian(-od) *m*. **2.** *(a) (= young man)*: cenau ifanc (cenawon ifainc), llefnyn (llafnau) *m*, llafn(-au) *m*, llanc(-iau) *m*, *N.W*: hoglanc(-iau) *m*; *(b) U.S: (= apprentice)*: prentis(-iaid) *m*, newyddian(-od) *m*; **~ reporter**, cyw (*m*) newyddiadurwr/gohebydd (cywion newyddiadurwyr/gohebwyr); *(c) Scouting*: cwb (cybiaid, cybiau) *m*.

cub² *v.i.* **1.** *(= bear cubs)*: dod â chenau/chenawon, bwrw cenau/cenawon. **2.** *(= hunt fox-cubs)*: *S*: hela cadn|oid bychain, *N*: hela llwynogod bychain.

Cuba *Pr.n. Geog*: Ciwba *f*, Cuba *f*. **~ lily** *n. Bot: (Scilla peruviana)*: seren (*f*) Per|iw, lili (liliau) (*f*) Ciwba.

cubage *n. Meas*: cynnwys ciwbig *m*.

Cuban *a. & n.* **1.** *a.* Ciwbaidd, o Giwba/Cuba; **the ~ government**, llywodraeth Ciwba/Cuba; **she's ~**, un o Giwba/Cuba yw hi; **~ heel**, sawdl (sodlau) Ciwbaidd *m*. **2.** *n.* brodor(-ion) (*m*) o Giwba, Ciwbäwr (Ciwbawyr) *m*, Ciwbaniad (Ciwbaniaid) *m&f*, Ciwbanes(-au) *f*.

cubature *n.* cynnwys ciwbig *m*, cyfaint (cyfeintiau) *m*.

cubby-hole *n.* **1.** cilfach(-au) *f*; *(under stairs)*: *S*: cwtsh (*m*) dan stâr, *N*: twll (tyllau) (*m*) dan grisiau, *occ*: sbens(-ys) *m*, *M.W*: twll dan sta[e]r. **2.** *(= cupboard)*: cwpwrdd (cypyrddau) bach *m*.

cube¹ *n. & attrib.* **1.** *n.* ciwb(-iau) *m*. **2.** *attrib.* ciwb; **~ root**, gwreiddyn (gwreiddiau) ciwb *m*, trydedd isradd(-au) *f*; **~ roots of unity**, trydydd israddau un.

cube² *v.t.* **1.** *Mth*: ciwbio. **2.** *Cu*: ciwbio (rhth), torri (rhth) yn giwbiau, torri (rhth) yn ddarnau mân.

cube³ *n. Bot: Pharm*: ciwbe(-au) *m*.

cubeb *n.* ciwbeb(-au) *m*.

cubed *a.* **1.** *Mth*: ciwbiedig. **2.** *Cu*: yn ddarnau [mân], yn giwbiau.

cuber *n.* ciwbiwr (ciwbwyr) *m*.

cubic *a.* ciwbig; *S.a.* **cubical**; **~ foot**, troedfedd giwbig *f*, *N.W*: *occ*: troedfedd solet. **~ capacity**, cyfaint (cyfeintiau) *m*.

cubical *a.* ciwbaidd, ciwbigol.

cubically *adv.* yn giwbaidd.

cubicle *n.* ciwbicl(-au) *m*, *A: or Lit*: cufygl: cuddygl(-au) *mf*.

cubiform *a.* ciwbaidd, ar ffurf ciwb, ciwbffurf.

cubism *n. Art*: ciwbiaeth *f*.

cubist *n. & attrib. Art*: **1.** *n.* ciwbydd(-ion) *m*. **2.** *attrib.* ciwbyddol.

cubistic *a.* ciwbyddol.

cubit *n. A.Meas*: cufydd(-au) *m*, cyfelin(-au) *mf*; **common ~**, cufydd gŵr.

cubital *a.* **1.** *Meas*: cufyddol. **2.** *Anat*: elinol.

cubitus *n. Anat*: elin(-oedd) *mf*, blaen (*m*) braich (blaenau breichiau); **~ valgus**, penelin(-oedd) mewndro *m*; **~ varus**, penelin alldro.

cubmaster *n.* cybfeistr(-i) *m*.

cubo-cube *n. Mth*: ciwbo-ciwb(-iau) *m*.

cuboid *a. & n.* **1.** *a.* ciwboid. **2.** *n.* ciwboid(-au) *m*; **~ [bone]**, ciwboid(-au) *m*, asgwrn (esgyrn) (*m*) ciwboid.

cuboidal *a.* = **cuboid 2**.

Cuchulainn *Pr.n.* Cwchwlin, Cychwlyn.

cucking-stool *n. Hist*: cadair (*f*) drochi (cadeiriau trochi), ystôl (*f*) drochi (ystolion trochi).

cuckold¹ *n.m.* cwcwallt(-iaid).

cuckold² *v.t.* cwcwalltio, cwcwalltu.

cuckoldry *n.* cwcwalltiaeth *f*.

cuckoo¹ *n.* **1.** *(a) Orn*: cwcw (cwcŵod) *f*, cog(-au) *f*, *usu. as* y gog *f*, *occ*: cegid fechan *f*, cethlydd: cethlyd *f*; **a ~ in the nest**, cyw cog yn y nyth; *(b) int*: gwcŵ! **2.** *F*: = **fool¹**, **idiot**. **3.** *attrib.* = **crazy**. **~-bee** *n. Ent*: gwenynen (*f*) gwcw (gwenyn cwcw). **~ clock** *n.* cloc(-iau) (*m*) cwcw. **~-dove** *n. Orn*: colomen (*f*) gwcw (colomennod cwcw). **~-fish** *n. Ich*: = **cuckoo-wrasse**. **~ flower** *n. Bot*: = **lady's-smock, ragged robin**. **~-fly** *n. Ent*: pryf(-ed) (*m*) cwcw. **~-orchis** *n. Bot*: = **orchid (early purple)**. **~-pint** *n. Bot*: pidyn (*m*) y gog, pig (*f*) y gog, cala(*f*)'r mynach, cala'r gwcw, cala'r gethlydd, person (*m*) yn y pulpud, *V*: coc (*mf*) y neidr. **~'s bread** *n. Bot*: = **wood sorrel, lady's smock**. **~'s mate** *n. Orn*: = **wryneck**. **~'s meat** *n. Bot*: = **sorrel**. **~-shrike** *n. Orn*: cigydd(-ion) (*m*) cwcw, cog-gigydd(-ion) *m*. **~-spit** *n. Ent*: poeri(*m*)'r gog, poeryn (*m*) y gwcw, poer (*m*) y gwcw. **~-wasp** *n. Ent*: cacynen (*f*) gwcw (cacwn cwcw). **~-wrasse** *n. Ich*: gwrachen resog (gwrachod rhesog) *f*.

cuckoo² *v.i.* canu cwcŵ, dweud cwcŵ.

cucullate[d] *a.* cycyllog.

cucumber *n. F*: ciwcymbr(-au) *m*, cucumer(-au) *m*, *A*: chw|er[w]ddwr *m*; **bitter ~**, *(Citrullus colocynthis)*: chwerwafal(-au) *m*; **bur ~**, *(Sicyos angulatus)*: chwerwddwr cynghafog; **horned ~**, *(Cucumis metuliferus)*: chwerwddwr corniog; **prickly ~**, *(Echinocystis lobata)*: chwerwddwr pigog; **Indian ~**, = **cucumber root. lemon-scented ~**, *(Cucumis melo)*: chwerwddwr pêr; **serpent ~**, **snake ~**, *(Trichosanthes colobrina)*: chwerwddwr troellog; *Ich*: **sea ~**, chwerwddwr y môr; **squirting ~**, *(Ecbalium agreste)*: chwerwddwr ffrwydrol; **star ~**, *(Sicyos)*: chwerwddwr pigog; *S.a.* **cool¹**. **~ mosaic** *n. Hort*: brychni (*m*) ciwcymbr. **~ orchid** *n. Bot*: tegeirian cucumeraidd *m*. **~ root** *n. Bot*: *(Medeola virginica)*: gwreiddiau(*pl*)'r chwerwddwr, chwerwddwr yr India. **~ tree** *n. Bot*: coeden (coed) (*f*) chwerwddwr.

cucurbit *n.* = **gourd**.

cucurbitaceous *a.* cucumeraidd.

cud *n.* cil *m*; **to chew the ~**, cnoi cil, *occ*: cil-gnoi.

cudbear *n.* porffor (*m*) lliwio, lliw piws *m*. **~ lichen** *n. Bot*: crystyn (*m*) y mynydd, cen (*m*) y coed.

cuddle¹ *n.* cofleidiad(-au) *m*, anwesiad(-au) *m*; **to have a ~**, *See* **cuddle²**; *pl.* **cuddles**, *N*: mwythau, *S*: maldod *m*.

cuddle² *v.t.&i.* **1.** *v.t.* cofleidio, anwesu, anwylo (rhn); gwasgu (rhn) atoch; rhoi mwythau/maldod (i rn). **2.** *v.i.* ymgofleidio; **to ~ up to s.o.**, [y]swatio/nythu yn erbyn rhn, *S*: cwtsio [lan] at rn.

cuddlesome, cuddly *a.* anwesol, mwythus; **~ toy**, tegan(-au) (*m*) anwes.

cuddly *n. Ich*: = **coalfish**.

cudgel¹ *n.* pastwn (pastynau) *m*, ffon (ffyn) *f*, *occ*: cwlbren(-ni, -nau) *m*, clwpa(-od, clwpâu) *m*; **to take up the cudgels for s.o.**, achub cam rhn, cefnogi/pleidio achos rhn.

cudgel² *v.t.* pastynu, ffonodio, *F*: colbio, ffust[i]o, waldio; **to ~ one's brains**, crafu'ch pen, meddwl bob sut [i wneud rhth].

cudgeller *n.* ffonodiwr (ffonodwyr) *m*, pastynwr (pastynwyr) *m*, colbiwr (colbwyr) *m*, ffustiwr (ffustwyr) *m*, waldiwr (waldwyr) *m*.

cudgelling *vn.* ffonodiad(-au) *mf*, gwialennod (gwialenodau) *f*, ffonnod (ffonodiau) *f*, pastyniad(-au) *m*, *F*: colbiad(-au) *m*, *N.W*: *occ*: gwaldras *m*.

cudweed *n. Bot*: **common ~**, *(Filago germanica/vulgaris)*: edafeddog lwyd *f*, llwyd (*m*) y ffordd, llwyd bonheddig, llwydyn (*m*) y ffordd, digoll lwyd *f*, llysiau(*pl*)'r gynddaredd, penllwyd *m*, cadair (*f*) Crist; **American ~**, *(Anaphalis margaritacea)*: hir ei hoedl *f*, edafeddog dlysog; **broad-leaved ~**, *(F. pyramidata)*: edafeddog lydanddail; **Cape ~**, *(Gnaphalium undulatum)*: edafeddog ddrewllyd; **dwarf ~**, *(G. supinum)*: edafeddog gorraidd y mynydd; **heath ~**, *(G. sylvaticum)*: edafeddog y coed; **Highland ~**, *(G. norvegicum)*: edafeddog yr Alban; **Jersey ~**, *(G. luteolabum)*: edafeddog felynwen; **least ~**, = **slender cudweed**; **marsh/wayside ~**, *(G. uliginosum)*: edafeddog benddu, edafeddog y gors; **mountain ~**, *(Antennaria dioica)*: edafeddog fynyddig, edafeddog ysgaredig, troed (*f*) y gath; **narrow-leaved ~**, *(F. gallica)*: edafeddog gulddail; **red-tipped ~**, *(F. lutescens)*: edafeddog bigfain; **slender ~**, **small ~**, *(F. minima)*: edafeddog fain, yr edafeddog leiaf; **wood ~**, = **heath cudweed**.

cue¹ *n.* *(a) Th: &c*: ciw(-iau) *m*; **to speak on ~**, llefaru mewn pryd; **silent ~**, ciw distaw; **entrance ~**, ciw dod i mewn; **exit ~**, ciw mynd allan/mas; **to take [up] one's ~**, dilyn eich ciw, rhoi ateb; *(b) (= signal for action, hint, example)*: arwydd(-ion) *m*, awgrym(-iadau) *m*, esiampl(-au) *f*; **to give s.o. the ~**, rhoi arwydd/awgrym i rn; **to take one's ~ from s.o.**, dilyn arweiniad/esiampl rhn; *(c) Mus*: cyfeirnod(-au) *m*. **~-bid¹** *n. Cards*: awgrym(-iadau) *m*. **~-bid²** *v.t.* rhoi awgrym. **~-bound** *a. Th*: rhwym wrth giw. **~-despiser** *n. Th*: dirmygwr (dirmygwyr) (*m*) ciwiau. **~-dot** *n. T.V*: rhybuddnod(-au) *m*. **~-light** *n. T.V*: goleunod(-au) *m*. **~-list, ~-sheet** *n. Th*: ciw-restr(-i) *f*.

cue² *v.t.* **to ~ sth**, cyfeirio at rth, awgrymu/ciwio rhth; **to ~ s.o. in**, rhoi ciw i rn; *F*: *(= to inform)*; egluro [rhth] i rn, rhoi rhn ar ben ffordd.

cue³ *n.* *(in billiards &c)*: ffon (*f*) filiards (ffyn biliards), ciw(-iau) *m*. **~-ball** *n. Bill*: pêl (*f*) daro (peli taro). **~-rack** *n. Bill:* rhestl(-

au) (*f*) ffyn, rhesel(-i) (*f*) ffyn. **~-tip** *n. Bill*: blaen (*m*) ffon (blaenau ffyn). **~-rest** *n. Bill:* gorffwysbren(-nau) *m.*

cuesta *n. Geog*: = **slope**[1].

cuff[1] *n.* **1.** *Cost:* cyffsen (cŷffs) *f*, cyffen (cŷffs, cyffiau) *f*, *S.W*: cwffsen (cwffins, cwffs) *f*, *N.W: occ*: cypsen (cyps) *f*. **2.** *U.S: (of trousers)*: godre(-on) *m*. **3.** *F*: **off the ~**, byrfyfyr, difyfyr, o'r frest; *adv.* yn fyrfyfyr, wrth fynd heibio, dros ysgwydd. **4.** *Med*: rhwymyn(-nau) *m.*

cuff[2] *n. (= clout)*: dyrnod(-iau) *mf*, cernod(-iau) *f*, clusten(-nod) *f*, cernen(-nau) *f*, clewten (clewtiau) *f*, bonclust(-iau) *m*, pelten(-ni) *f*, celpen(-nod) *f*, *S.W*: bolsen *f*, clipsen *f*, whampen *f*, cwff *m*, ffliw *f*, ffliwen *f*, *N*: wab *mf*, clipan *f*, clipws *m*, swaden *f*, ffat(-au) *f*, ffatiad(-au) *m*, lempen *f*, laban *f*, waldan *f*, [g]waldras *m*; *See* **blow**[1].

cuff[3] *v.t.* taro, bonclustio (rhn); rhoi clusten &c (i rn); *S*: *occ*: ffliwo, *N.W*: ffatio, labio, celpio, clustochi, clustio (rhn); *See* **cuff**[2].

cuff[4] *v.t.* **1.** *Dressm*: gosod cŷff (ar rth). **2.** = **handcuff**.

cuffless *a.* heb gŷff/gyffiau.

cufflink *n. Cost:* dolen (*f*) lawes (dolennau llewys), *F*: cyfflinc(-s) *mf*.

Cufic *a. & n.* **1.** *a.* Cwffig. **2.** *n.* yr Wyddor Gwffig *f*.

cui bono *Lat.phr.* er lles pwy.

cuirass[1] *n. Arm*: llurig(-au) *f*; **wearing a ~**, llurigog.

cuirass[2] *v.t.* llurigo.

cuirassed *a.* llurigog.

cuirassier *n.* llurigog(-ion) *m.*

cuisine *n.* dull(-iau) (*m*) coginio, coginio *vn.*

cuisse *n. Arm*: *clunarfogaeth *f*.

Culdean *a. Rel.Hist:* Culdeaidd.

Culdee *Pr.n. Rel.Hist*: Culdead (Culdeaid) *m.*

cul-de-sac *n.* ffordd bengaead (ffyrdd pengaead) *f*, heol bengaead (heolydd pengaead) *f*, ffordd bengoll (ffyrdd pengoll) *f* (*all pronounced* ng-g).

culinary *a.* coginiol; **~ art,** celfyddyd (*f*) coginio; **~ plants,** llysiau coginio, llysiau crochan. **a ~ triumph,** pryd(-au) gorchestol *m* [o fwyd], gwledd(-oedd) *f*.

cull[1] *n.* **1.** *(= selection)*: didoliad(-au) *m*. **2.** *(animal)*: cwlin[g](-od,-s) *m.*

cull[2] *v.t.* **1.** *(= select & kill)*: didol, didoli, dethol, *N.W: occ*: cwlio, *S.W: occ*: cwlino, cwlingo. **2.** = **collect**[2].

culler *n.* didolwr: didolydd (didolwyr) *m.*

cullet *n.* gwydrach *pl*, ysgyrion (*pl*) gwydr.

cully *n. F*: = **chum**[1].

culm[1] *n. Bot*: *(= stem of plant)*: coesyn(-nau) *m*, coesen(-nau) *f*, coes(-au) *mf*, coesgyn(-nau) *m*, coesgen(-nau) *f*, conyn (conion) *m*, *Lit*: celefyn (calaf) *m.*

culm[2] *n.* **1.** *(= coal-dust)*: glo mân *m*, cwl[w]m *m*, glo cwl[w]m *m*. **2.** *Geol*: cwlm *m.*

culmiferous *a. Bot*: coesog.

culminant *a.* anterthol, uchafbwyntiol, **~ star,** seren ar ei hanterth.

culminate *v.i.* **1.** *(of star)*: anterthu, cyrraedd yr anterth/uchafbwynt. **2. to ~ in sth,** diweddu/darfod/gorffen mewn/yn rhth, arwain at rth.

culminating *a.* terfynol, uchafbwyntiol.

culmination *n.* **1.** *Astr*: anterth(-au) *m*, man(-nau) uchaf *m*, diwedd *m*, diweddglo(-eon) *m.*

culottes *n.pl. Cost*: **culottes**.

culpability *n.* euogrwydd *m*; *Jur*: beiusrwydd *m.*

culpable *a.* euog; *Jur*: beius, ar fai; **to hold s.o. ~,** gweld bai ar rn, gweld rhn ar fai, cyfrif/ystyried rhn yn euog.

culpableness *n.* = **culpability**.

culpably *adv.* yn feius.

culprit *n.* **1.** *Jur: (= accused)*: cyhuddedig(-ion) *m&f*. **2.** *(= guilty pers.)*: un euog (euogion) *m&f*, pechadur(-iaid) *m*, pechadures(-au) *f*, troseddwr (troseddwyr) *m*, tros|eddwraig *f*. **who's the ~?** pwy sy'n euog? pwy sy'n gyfrifol? pwy wnaeth?

cult *n.* **1.** *Rel*: addoliad(-au) *m*, cwlt (cyltiau) *m*, defosiwn (defosiynau) *m*, cwltws *m*. **2.** *(= fad)*: cwlt, chwiw(-iau) *f*, chwilen *f*; **the ~ of youth,** yr addoli ar ieuenctid. **~ shrine** *n.* cysegr (cysegrau) (*m*) cwlt/addoli. **~ word** *n.* gair (geiriau) ffasiynol *m*, cyltair (cylteiriau) *m.*

cultch *n.* gwalfa (gwalfâu, gwalf|eydd) *f*.

cultic *a.* cyltig.

cultigen *n. Hort*: c|yltigen (cyltigenau) *m.*

cultism *n.* cyltiaeth *f*.

cultist *n.* cyltydd(-ion) *m.*

cultivar *n. Bot*: c|yltifar (cyltifarau) *m.*

cultivatable *a.* amaethadwy, triniadwy.

cultivate *v.t.* **1.** *(a) (land &c)*: trin, amaethu, ffermio, braenaru; *(= plough)*: troi, aredig; *(b) (crops, bacteria &c)*: tyfu, meithrin. **2.** *Fig: (friendship)*: meithrin, coleddu; **to ~ s.o., to ~ s.o.'s friendship,** meithrin/coleddu cyfeillgarwch rhn. **3.** *(= improve, educate)*: diwyllio, gwella, gwareiddio.

cultivated *a.* **1.** *(pers., voice &c)*: diwylliedig, gwaraidd, gwâr, coeth. **2. ~ land,** tir âr *m*, tir amaeth, tir amaethyddol; **~ crop,** cnwd (cnydau) amaethyddol *m*, cnwd trin. **3.** *(garden plants)*: garddwrol, y gerddi.

cultivation *n.* **1.** *(= farming)*: amaethu *vn*, amaethiad *m*, ffermwriaeth *f*, amaethyddiaeth *f*, trin (*vn*) tir; **a field under ~,** cae âr, cae tro, cae dan gnwd, *S*: cae llafur; **limit of ~,** terfyn (*m*) amaethu; **marginal ~,** amaethu ymylol; **shifting ~,** amaethu mudol/symudol; **terrace ~,** amaethu teras/terasau; **to bring land into ~,** troi/torri braenar, braenaru/troi/aredig/hau/trin/clirio tir. **2.** *(= culture, refinement)*: diwylliant *m*, ceinder *m*, coethder *m.*

cultivator *n.* **1.** *(a) (= gardener)*: garddwr (garddwyr) *m*, triniwr (trinwyr) (*m*) tir, meithrinwr (meithrinwyr) *m*; *(= farmer)*: ffermwr (ffermwyr) *m*, amaethwr (amaethwyr) *m*, *occ*: diwyllydd(-ion) *m*. **2.** *(implement)*: peiriant (peiriannau) (*m*) trin tir, peiriant palu, palwr (palwyr) *m*, turiwr (turwyr) *m*, tyrchwr (tyrchwyr) *m*. **3.** *(of people, relationships)*: meithrinydd (meithrinwyr) *m*, coleddwr (coleddwyr) *m.*

cultural *a.* diwylliannol, diwylliadol; **~ absolute,** diamodyn diwylliannol *m*; **~ configuration,** ffurfwedd (*f*) diwylliant; **~ cross-fertilization,** cydffrwythloni (*vn*) diwylliannol; **~ drift,** tuedd(-iadau) (*f*) diwylliant; **~ imperative,** rheidrwydd diwylliannol *m*; *Geog*: **~ overlay,** trosgaen ddiwylliannol *f*; **~ relativism,** perthynolaeth ddiwylliannol *f*.

culturalization *n.* diwylliannu *vn*, diwyllio *vn.*

culturally *adv.* yn ddiwylliannol; o ran diwylliant.

culture[1] *n.* **1.** *(= tillage)*: triniaeth *f*, trin *vn* [y tir], amaethu *vn*. **2.** *(= rearing)*: magwraeth *f*, magu *vn*; *Bac*: meithriniad *m*, meithrin *vn*. **3.** *(of mind &c)*: diwylliant (diwylliannau) *m*; **to acquire ~,** ymddiwyllio; *Archeol*: **advanced palaeolithic ~,** diwylliant paleolithig uwchradd; **battleaxe ~,** diwylliant cadfwyeill; **blade ~,** diwylliant llafnau; **core ~,** diwylliant creiddiol; **explicit ~,** diwylliant eglur; **flake ~,** diwylliant naddion; **implicit ~,** diwylliant goblygedig; **material ~,** diwylliant materol; **non-material ~,** diwylliant anfaterol; **single grave ~,** diwylliant beddau sengl. **~-bound** *a.* ynghl|wm wrth un diwylliant, caeth i un diwylliant. **~ cell** *n. Biol:* cell (*f*) feithrin (celloedd meithrin). **~ conflict** *n.* gwrthdaro (gwrthdrawiadau) diwylliannol *m*. **~ lag** *n.* oediad(-au) diwylliannol *m*. **~ medium** *n. Med*: cyfrwng (cyfryngau) (*m*) meithrin/tyfu. **~ shock** *n.* ysgytwad(-au) diwylliannol *m*. **~ solution** *n. Biol:* toddiant (toddiannau) (*m*) meithrin. **~ tissues** *n.pl. Biol:* meinweoedd meithrin. **~ vulture** *n.* lleibiwr (lleibwyr) (*m*) diwylliant/llên.

culture[2] *v.t. Bac*: meithrin.

cultured *a.* **1.** diwylliedig, gwaraidd, gwareiddiedig, gwâr, coeth. **2. ~ pearl,** perl(-au) gwn|eud *m.*

culturization *n.* diwyllio *vn*, diwylliannu *vn.*

culturology *n.* diwyllianneg *f*.

cultus *n.* = **cult**.

culver *n.* = **pigeon**.

Culverhouse Cross *W.Pl.n.* Croes (*f*) Cwrlwys.

culverin *n. Hist*: cwlfrin(-au) *m*, magnel(-au) *f*.

culvert *n. Civ.E*: ffos(-ydd) *f*, ceuffos(-ydd) *f*, cylfat(-iau) *mf*, tanffos(-ydd) *f*, sianel(-i, -au) *f*, *S*: cwlfer(-i) *m*, cilfert *m.*

culverting *vn.* sianelu.

cum *prep.* gyda; **laboratory-~-workshop,** labordy a gweithdy yn un.

cumber[1] *n.* rhwystr(-au) *m*, llestair (llesteiriau) *m*, atalfa (atalf|eydd) *f*, llyffethair (llyffetheiriau) *f*.

cumber[2] *v.t.* *(a) (= hinder)*: llyffetheirio, llesteirio, rhwystro, atal, *Lit: etc*: lluddias; *(b) (= burden)*: llyffeitheirio, beichio, llwytho (rhn), bod yn faich/fwrn (ar rn); **he came cumbered with parcels,** daeth dan lwyth o barseli.

cumbersome *a.* beichus, trafferthus, rhwystrus, lletchwith,

blinderus, afrosgo, trwsgl, anhwylus, trwblus, llyffetheiriol, llesteiriol, *N.W: occ*: lymbrus, *S: occ*: cwmbrus.
cumbersomely *adv.* yn feichus *&c.*
cumbersomeness *n.* beichusrwydd *m.*
Cumbria *Pr.n. Geog*: Cymbria *f, A*: Rheged *f.*
Cumbrian *a. & n.* **1.** *a.* Cymbriaidd; *(in language)*: Cymbrieg. **2.** *n. (a) Ethn*: Cymbriad (Cymbriaid) *m&f*; *(b) Ling*: Cymbrieg *f, m.*
cumbrous *a.* = **cumbersome.**
cumbrously *adv.* = **cumbersomely.**
cumbrousness *n.* beichusrwydd *m.*
cumin *n. Bot*: llysiau(*pl*)'r ehedydd, troed (*m*) yr ehedydd, tafod (*m*) yr ehedydd, cwmin *m*; **sweet ~,** anis *m.*
cummerbund *n. Cost*: gwasgrwym(-au) *m*, c|ymyrbynd (cymyrbyndiau) *m.*
cummin *n.* = **cumin.**
cumquat *n. Bot*: cymcwat(-iau) *m.*
cumulate¹ *a.* yn bentwr, cronedig, pentyredig, casgledig.
cumulate² *v.t.&i. (a)* cronni, pentyrru, casglu, crynh|oi; *(b) (= combine)*: cyfuno.
cumulated *a.* cronedig.
cumulation *n.* cyfuniad(-au) *m*; *S.a.* **cumulate².**
cumulative *a.* cynyddol, mwyfwy, crynhöol, cronnol; *Mth*: cronnol; **non-~,** anghronnol; **~ effect,** effaith gynyddol (effeithiau cynyddol) *f*; *Geog*: **~ causation,** achosiad cronnol *m.* **~ frequency,** amledd(-au) cronnol *m*; *Ph*: **~ frequency distribution,** dosraniad (*m*) amledd cronnol; *Fin*: **~ preference shares,** blaengyfrannau cronnol (*pronounced* ng-g); **~ scales,** graddf|eydd/graddfâu amledd/cronnol; **~ voting,** pleidleisio (*vn*) crynhöol.
cumulatively *adv.* yn gynyddol, [yn] fwyfwy.
cumulativeness *n.* cynyddoldeb *m.*
cumulo- *comb.fm. Meteor*: c|wmwlo-. **~-cirrus** *n.* cwmwlo-sirws *m, F*: blew (*pl*) geifr, traeth (*m*) awyr, awyr-draeth *m*, cymylau caws a llaeth, cymylau caws a maidd. **~-nimbus** *n. Meteor*: cwmwlo-nimbws *m.* **~-stratus** *n. Meteor*: cwmwlo-stratws *m.*
cumulous *a. Meteor*: cymylaidd.
cumulus *n.* **1.** *(= heap)*: pentwr (pentyrrau) *m*; *S.a.* **heap¹.** **2.** *Meteor*: c|wmwlus (cwmwli) *m*, cwmwl (cymylau) *m.*
cuneate *a.* ar ffurf cŷn, ar ffurf gaing, cynaidd, cynffurf, ar ffurf lletem, lletemaidd, lletemffurf.
cuneately *adv.* yn gynffurf, ar ffurf cŷn *&c.*
cuneiform *a. & n.* **1.** *a.* = **cuneate.** **2.** *n.* llythrennau cynffurf *pl*, ysgrifen gynffurf *f*, cŷn-ysgrifen *f*, arysgrif gynffurf *f.*
cunjevoi *n.* = **sea-squirt.**
cunner *n. Ich*: **1.** *(= gilt head)*: brân (brain) (*f*) y môr. **2.** *(= blue perch)*: gwrachen las (gwrachod gleision) *f.*
cunnilingus *n.* gweinlyfiad *m*, gweinlyfu *vn.*
cunning¹ *n.* **1.** *(= craftiness)*: cyfrwystra *m*, cyfrwyster *m*, dichell *f*, ffelder *m.* **2.** *A*: = **dexterity.**
cunning² *a.* **1.** *(= crafty)*: cyfrwys, dichellgar, henffel, ffel, cadnoaidd, llwynogaidd, ystrywgar, ystrywus, ystumddrwg, ystumiog. **2.** *A*: = **skilful.** **3.** *(= ingenious)*: dyfeisgar, celfydd, cywrain, dechau, dethau. **4.** *U.S*: = **quaint, cute.** **~ man** *n.m.* *(= village wise man)*: dyn(-ion) hysbys, gŵr (gwŷr) cyfarwydd.
cunningly *adv.* yn gyfrwys *&c*; **~ concealed,** wedi ei guddio'n gelfydd.
cunningness *n.* cyfrwystra *m*, dichell *f.*
cunt *n. V*: **1.** cont(-iau) *mf*, conten (contiau) *f, N: occ*: cojan (cojis) *f*, cotsan (cotsis) *f, N: Joc*: pwdin (*m*) blew, *S.W: occ*: siobet(-au) *f*, siolen(-nau) *f.* **2.** *(as term of abuse)*: cont(-iau,-iaid) *mf*; *S.a.* **bastard 1.** *(b)*, **bitch¹ 2.**
cup¹ *n.* **1.** *(for drinking)*: cwpan(-au) *f in N, m in S, S*: dysgl(-au) *f* (*usu. pronounced* dishgil), *S.W*: dis[h](-ys,-au) *f*; **tea-~,** cwpan de/te (cwpanau te), *S.W: occ*: tedish(-ys,-au) *m*, dish (*f*) de (dishys/dishau te); **~ with handle,** cwpan glust/clust (cwpanau clust), cwpan glustiog/clustiog (cwpanau clustiog), cwpan/dysgl â dolen; **to form a ~,** cwpanu; *(= cupful)*: cwpanaid (cwpaneidiau) *fm, F*: 'paned ('paneidiau) *f*, llond (*m*) cwpan, *S*: dysglaid (dysgleidiau) *f* (*usu. pronounced* dishgled), *S.W: occ*: dished (disheidiau) *f*; **half a ~ of tea,** hanner cwpanaid o de, *occ*: darn gwpanaid o de, *S: occ*: cetyn (*m*) dysgled o de; *F*: **that's just my ~ of tea,** dyna beth at fy nant i; dyna'r union beth i mi; dyna beth wrth fy modd i; *F*: **that's** *or* **it's not my ~ of tea,** nid dyna'r peth i mi; 'dyw hynna ddim at fy nant i; *F*: **(that might not be) everyone's ~ of tea,** (efallai na fyddai hynny) at ddant pawb, wrth fodd pawb. **2.** *(metal)*: gobled(-i) *m*, cwpan(-au) *m.* **3.** *(ceremonial)*: cwpan(-au) *mf, S: occ*: cwpa(-nau) *m*; **loving ~,** cwpan cariad/serch; *Sp*: **the World C~,** Cwpan y Byd; **the European C~,** Cwpan Ewrop; *Ecc*: **communion ~,** cwpan cymun, caregl(-au) *m*; **stirrup-~,** cwpan [g]warthol; **to drain the ~ [of sorrow] to the dregs,** yfed cwpan [gofid] hyd y gwaelod; *Prov*: **there's many a slip 'twixt the ~ and the lip,** mae aml drol yn troi cyn cyrraedd llidiard yr ardd; *F*: **in one's cups,** yn eich diod, yn feddw; *S.a.* **drunk**; *B*: **my ~ runneth over,** fy ffiol sydd lawn. **4.** *(drink)*: **champagne ~,** cwpan siampên; **wine ~,** cwpan gwin. **5.** *(a) Bot*: cwpan(-au) *mf*, cibyn(-nau) *m*; *(b) Anat*: soced(-i, -au) *f*, crau (creuau) *m*; *(c) Mec.E*: **lubricating ~,** cwpan iro; *(d) Sch*: **interlocking building cups,** cwpanau ffitio; *(e) Med*: **dry ~,** cwpan sych; **wet ~,** cwpan gwlyb; *(f) (of brassière)*: cwpan(-au) *mf.* **~-and-ring mark** *n. Archeol*: cafn-nod (*m*) a chylch *m.* **~-and-saucer flower** *n. Hort*: clychau porffor *pl*, eiddew (*m*) M|ecsico, iorwg (*m*) Mecsico, cwpan a soser. **~-bearer** *n. A*: menestr(-i) *m*, trulliad (trulliaid) *m.* **~-cake** *n.* teisen (*f*) gwpan (teisennau cwpan). **~ coral** *n.* cwrel cwpanog *m.* **~-fern** *n. Bot*: cibredynen (cibredyn) *f*, ffiolredynen (ffiolredyn) *f*; **toothed ~-fern,** ffiolredynen ddeintiog (ffiolredyn deintiog). **C~ Final** *n. Fb*: Gêm (*f*) Gwpan (Gemau Cwpan), Gornest [Derfynol] (*f*) y Gwpan. **~-fungus** *n. Furn*: *(Peziza)*: **bay ~-fungus,** *(P. badia)*: cwpan brown; **early ~-fungus,** *(P. vesiculosa)*: cwpan y domen. **~-gall** *n. Nat.Hist*: cibafal(-au) *m.* **~-lichen, ~-liverwort** *n. Bot*: *(Cladonia pyxidata)*: cwpanau(*pl*)'r ddaear, ffiolgen *m*, clych (*pl*) y cerrig, bysedd garw *pl.* **~ mark** *n. Archeol*: cafn-nod(-au) *m.* **~-marked** *a. Archeol*: cefn-nod. **~-moss** *n. Bot*: = **cup-lichen.** **~-mushroom** *n. Bot*: cibfadarchen (cibfadarch) *f.* **~-plant** *n. Bot*: ciblys *m.* **~-shake** *n. Carp*: hollt gam *f*, hollt cwpan. **~-tie** *n. Fb*: gornest (*f*) gwpan (gornestau cwpan). **~-valve** *n. El*: falf (*f*) gwpan (falfiau cwpan).
cup² *v.t.* **1.** *Surg*: cwpanu. **2. with her chin cupped in her hand,** a'i llaw dan ei gên, a'i gên ar gledr ei llaw; **to ~ one's hand around one's mouth,** *(to shout)*: gwn|eud corn siarad â'ch llaw.
cupboard *n.* cwpwrdd (cypyrddau) *m, S: occ*: cwbwrt(-au) *m*; **corner ~,** cwpwrdd cornel; **two-tiered ~,** cwpwrdd deuddarn; **three-tiered ~,** cwpwrdd tridarn; *F*: **~ love,** caru (*vn*) cegin, cariad (*m*) cegin, *N*: cariad ci at asgwrn; **a skeleton in the ~,** rhth i'w guddio, cyfrinach warthus; **everyone has a skeleton in the ~,** mae 'na ryw gath yng nghwpwrdd pawb.
cupel¹ *n. Metall*: ciwpel(-au) *m*, coethlestr(-i) *m*, llestr(-i) (*m*) coethi.
cupel² *v.t. Metall*: **1.** *(= assay)*: ciwpelu, profi. **2.** *(= refine)*: coethi.
cupellation *n.* ciwpeliad(-au) *m*, coethiad(-au) *m*; *vn.* = **cupel².**
cupeller *n.* ciwpelwr (ciwpelwyr) *m*, coethwr (coethwyr) *m.*
cupful *n. N*: cwpanaid (cwpaneidiau) *m&f*, llond (*m*) cwpan(-au), *S*: dysglaid (dysgleidiau) *f* (*pronounced* dishgled), *N: F*: 'paned ('paneidiau) *f.*
cupid *Pr.n.m.* **1.** *Myth*: Ciwpid; *Fig*: serch *m.* **2. chubby little cupids,** ciwpidau bach bochog. **~ peperomia** *n. Bot*: *(Peperomia scandens variegata)*: peperomia amryliw *m.* **~'s bower** *n. Bot*: *(Achimenes hybrida)*: *dail (*pl*) Dwynwen. **~'s flower** *n. Hort*: *(Quamoclit)*: blodyn (*m*) Dwynwen, cynghafog (*f*) M|ecsico.
cupidity *n.* trachwant *m*, gwanc *m*, rhaib *f*, bariaeth *f*, gorawydd *m*, blys *m*, blysigrwydd *m.*
cupidone *n. Bot*: c|iwpidon *m*, anwylyn *m*, ysgellog glas *m.*
cuplike *a.* cwpanaidd, fel cwpan.
cupola *n. Arch*: cromen(-nau) *f*, crymdo(-au,-eau,-eon) *m*, ciwpola (ciwpolâu) *m.* **~ furnace** *n. Metall*: ffwrnais grom (ffwrneisiau crwm) *f.*
cuppa *n. P*: *See* **cup¹ 1(b), cupful.**
cupping *vn. Surg*: cwpaniad(-au) *m*, cwpanu. **~-glass** *n. A*: *Med*: gwaedwydryn(-nau) *m*, gwydr(-au) (*m*) cwpanu, cwpan(- au) *mf.*
cuprammonium *n. Ch*: cwpramoniwm *m.*
cupreous *a.* copraidd.
cupric *a. Ch*: cwprig.
cupriferous *a.* cop[o]rddwyn, yn dwyn cop[o]r; **~ ore,** mwyn (*m*) cop[o]r.
cuprite *n. Ch*: cwprit *m.*
cupro-nickel *n.* copor-nicel *m*, cwpronicel *m.*

cuprous *a. Ch*: coprus.
cupular *a. Bot: Z*: cibynnaidd, cwpwlaidd.
cupulate *a. Bot: Z*: cibynnog.
cupule *n. Bot: Z*: cibyn(-nau) *m*, cwpwl(-au) *m*, cwpenyn(-nau) *m*.
cur *n.* **1.** *(= dog)*: mwngrel(-iaid) *m (pronounced* ng-g), *Lit: occ*: costog(-ion) *m*, costowci (costowcwn) *m*. **2.** *F: (= pers.)*: ci (cŵn) *m*, cythraul (cythreuliaid) *m*, diawl(- iaid) *m*, cenau (cenawon) *m*, cnaf(-on) *m*, 'stowci ('stowcwn) *m, S.W: occ*: cilsib *m*.
curability *n.* natur welladwy *f*, gwelladwyedd *m*; **the ~ of this disease has been proved,** fe brofwyd y gellir gwella'r afiechyd hwn.
curable *a.* gwelladwy, iachadwy.
curableness *n.* = **curability**.
curably *adv.* yn welladwy *&c.*
curaçao *n.* cwras|ao *m*.
curacy *n.* curad[i]aeth(-au) *f*, ciwradiaeth(-au) *f*.
curare *n. Med*: ciwrare *m*.
curarine *n.* ciwrarin *m*.
curarization *n. Med*: ciwrareiddio *vn*, ciwrareiddiad(-au) *m*.
curarize *v.t.* ciwrareiddio.
curassow *n. Orn*: cwrasow(-iaid, -od) *m*.
curate *n.* curad(-iaid) *m*, ciwrad(-iaid) *m*; **perpetual ~,** curad/ciwrad parhaol; **the ~'s egg,** ŵy'r curad/ciwrad; **it's like the curate's egg,** mae'n ddrwg ac yn dda yn gymysg.
curative *a. & n.* **1.** *a.* iachaol, gwellhaol. **2.** *n.* gwellhäwr (gwellhawyr) *m*.
curatively *adv.* yn iachaol *&c.*
curator *n.* curadur(-on, -iaid) *m*, ceidwad (ceidwaid) *m*.
curatorial *a.* curadurol.
curatorship *n.* curaduriaeth(-au) *f*.
curb¹ *n.* **1.** *Harn*: genffrwyn(-au) *f, Fig*: ffrwyn(-au) *f*, atalfa (atalf|eydd) *f*, llyffethair (llyffetheiriau) *f*; **to put a ~ on one's passions,** ffrwyno'ch nwydau. **2.** = **kerb 1**. **3.** *Vet*: chwydd(-au) *m*, chwyddi *m*, cragen *(f)* gar march (cregyn garrau meirch), cilcyn *(m)* gar (cilcynnos garrau). **~-bit** *n. Harn*: genfa (genfâu, genf|eydd) *f*. **~-chain** *n. Harn*: cadwyn(-i) *(f)* ffrwyno. **~-pin** *n. Clockm*: pin(-nau) *(m)* rheoli. **~-roof** *n. Arch*: to(-au, -eau, -on) *(m)* cantel, to cwrbyn. **~-stone** *n.* = **kerbstone**.
curb² *v.t.* **1.** *Harn*: **to ~ a horse,** rhoi genffrwyn ar geffyl, *N.W: occ*: cegu ceffyl. **2.** *Fig*: ffrwyno, rheoli (rhth); cadw (rhth) dan reolaeth.
curb³ *v.t.* **to ~ a wheel,** rhoi camog am/ar olwyn, cylchu/cwrbo olwyn.
curculio *n. Ent*: = **weevil**.
curcuma *n. Bot*: c|wrcwma *m*, t|yrmerig *m*.
curd *n.* caul (ceulion) *m*, ceuled *m*, cywair *(m)* llaeth, llaeth sur *m*, sopen(-ni) *f*; **curds and whey,** caws *(m)* a gleision, caws maidd, ceuled a maidd; **cheese-curds,** caws gwyn, caws ceulaidd, ceuled caws, ceulfraen *m, S.W: F*: colfran *m*; **to break/cut/crumble curds,** ceulfraenu, *S.W: F*: colfranu; **lemon ~,** ceuled *(m)* lemon/lemwn. **~-breaker** *n.* ceulfraenwr (ceulfraenwyr) *m*, colfranwr (colfranwyr) *m*. **~soap** *n.* sebon gwyn *m*, sebon soda.
curdle *v.t.* ceulo, ceuledu, caws[i]o, britho, troi; **to ~ the blood,** fferru'r gwaed, oeri'r gwaed.
curdled *a.* ceulaidd, cawsiog, wedi ceulo, wedi troi.
curdling *a. & vn.* **1.** *a.* ceulol; **blood-~,** digon i oeri'r gwaed; *S.a.* **blood¹**. **2.** *vn.* ceul[i]ad *m*, cawsiad *m*; *S.a.* **curdle**. **~-tray** *n.* ceular(-au) *m*.
curdy *a.* ceulaidd.
cure¹ *n.* **1.** *(= complete restoration to health)*: iachâd *m*, gwellhad [llwyr] *m*; **to effect cures,** iacháu pobl. **2.** *(a) (= course of treatment)*: triniaeth(-au) *f*; **milk ~,** triniaeth laeth; **to take a ~,** dilyn cwrs o feddyginiaeth, mynd dan driniaeth, dilyn triniaeth; *(b) (= remedy)*: meddyginiaeth(-au) *f, Lit: occ*: rhwymedi *m*; **there is a ~ for everything but death,** rhag angau ni thycia ffoi. **3.** *Ecc*: gofal(-on) *m*; **~ of souls,** gofal eneidiau. **4.** *Ind: (of rubber, plastic)*: caledwch *m*.
cure² *v.t.* **1.** gwella, iacháu (rhn, rhth) [yn llwyr], *N: F*: mendio; **to ~ s.o. of an illness,** gwella salwch rhn, *N*: mendio rhn; *Prov*: **what can't be cured must be endured,** rhaid dioddef pob anochel; **to ~ a tendency,** dil|eu tuedd. **2.** *(a) (meat &c)*: halltu, trin; *(b) (fish)*: cochi; *(c) (leather)*: cyweirio, barcio, cwrio; *(d) (concrete, rubber, plastic)*: caledu. **~-all** *n. N*: ffisig(-au) gwyrthiol *m, S*: moddion gwyrthiol *pl or m*, ffisig/moddion at bob clwy, ffisig/moddion gwella popeth.
curer *n.* **1.** *(= healer)*: iachäwr (iachawyr) *m*, iachäwraig (iachawragedd) *f*. **2.** *(of meat)*: halltwr (halltwyr) *m*. **3.** *(of leather)*: cyweiriwr (cyweirwyr) *m*, barcer(-iaid) *m*, cwriwr (cwrwyr) *m*.
curettage *n. Surg*: ciwretiad *m*, ciwretio *vn*.
curette¹ *n. Surg*: ciwrét (ciwretiau) *m*.
curette² *v.t. Surg*: ciwretio.
curfew *n.* cyrffyw *m*. **~-bell** *n.* dyhuddgloch (dyhuddglychau) *f*, hwyrgloch (hwyrglychau) *f*.
Curia *Pr.n.* Llys *(m)* y Pab.
curial *a.* llysol.
curialism *n.* cwrialaeth *f*.
curie *n. Atom.Ph.Meas*: *curie(-s)* *m*.
curio *n.* cywreinbeth(-au) *m*, crair (creiriau) *m*, peth(-au) hynod *m*, hynodbeth(-au) *m*; *pl.* **curios,** hen drugareddau, hen gelfi. **~ hunter** *n.* chwilotwr (chwilotwyr) *m*, chwil|otwraig *f*.
curiosa *n.pl.* hynodion.
curiosity *n.* **1.** *(= inquisitiveness)*: chwilfrydedd *m*, holgarwch *m*, awydd *(m)* gwybod *(not* cywreinrwydd); *Prov*: **~ killed the cat,** busnesu/busnesa a laddodd y gath; **I was burning (with ~),** 'roeddwn ar dân, 'roeddwn bron torri fy mogail, 'roeddwn bron â marw (o eisiau gwybod). **2. (I referred to it) as a matter of ~,** (soniais amdano) o ran diddordeb, *N.W*: o ran ymyrraeth. **3.** *(= curious object)*: peth(-au) hynod *m*, cywreinbeth(-au) *m*, hynodbeth(-au) *m*; *pl.* **curiosities,** hynodion. **4.** = **curiousness**. **~ shop** *n.* siop *(f)* drugareddau (siopau trugareddau).
curious *a.* **1.** *(a) (= inquisitive)*: chwilfrydig, chwilgar, holgar, awyddus i wybod *(not* cywrain); **I felt ~ to know,** 'roedd arnaf awydd gwybod; 'roedd arnaf eisiau gwybod. **2.** *(= unusual)*: hynod, rhyfedd, rhyfeddol, anarferol, od.
curiously *adv.* **1.** *(= inquisitively)*: yn chwilfrydig *&c.* **2.** *(= oddly)*: yn rhyfedd *&c*; **~ enough,** yn ddigon rhyfedd, yn rhyfedd ddigon, ryfeddaf fyth, fel mae/'roedd hi ryfeddaf.
curiousness *n.* = hynodrwydd *m*, odrwydd *m*, anarferoldeb *m*.
curite *n. Miner*: curit: cwrit *m*.
curium *n. Ch*: curiwm: cwriwm *m*.
curl¹ *n.* **1.** *(a) (of hair)*: modrwy(-au) *f*, cudyn(-nau) *m*, crychgudyn(-nau) *m, F*: cyrlen (cyrls) *f, S*: cwrlen (cwrls) *f*, cwrlyn (cwrls) *m, Lit*: llywcth(-au) *f*; **kiss-~,** ciw-pi *mf*; **to keep hair in ~,** cadw gwallt yn fodrwyog/gyrliog; *Fig*: **out of ~,** llipa, diegni, di-ffrwt, di-fynd; *(b) (= of smoke)*: dolen(-nau) *f*. **2.** *(= wired/spiral shape)*: crych(-ion) *m*, crychiad(-au) *m*, cwrl (cyrlau) *m*; *Carp*: cwrliad *m*, troell(-au) *f*, troelliad *m*; **a ~ of the lips,** crychiad gwefusau. **3.** *Hort*: crych. **~-paper** *n.* papur *(m)* crychu.
curl² *v.t.&i.* **1.** *v.t. (hair)*: modrwyo, *N: F*: cyrlio, *S: F*: cwrlo; **to ~ one's lip,** crychu gwefus; **to ~ (sth round sth),** troi, nyddu, cordeddu, troelli, *N.W: occ*: ceirsio (rhth am rth). **2.** *v.i. (a) (of hair)*: modrwyo, cyrlio, *S*: cwrlo; **(it's enough) to make your hair ~,** (mae'n ddigon) i godi gwallt eich pen, i godi'r gwallt ar eich pen; *(of lip, paper)*: crychu; *(b) (= of smoke)*: dolennu, modrwyo, troelli, ymdorchi; *(of waves)*: tonni, treiglo, ymdreiglo, ymdonni. **~ up 1.** *v.t. (a)* **to ~ up one's lip,** crychu'ch gwefus; *(b) (of hedgehog &c)*: **to ~ [oneself] up,** ymbelennu, mynd yn belen, mynd i'ch croen fel draenog; *(of cat &c)*: mynd yn dorch, ymdorchi. **2.** *v.i. (a) (of paper)*: crychu; *(b)* **to ~ up with a good book,** swatio'n glyd gyda llyfr; **to ~ up in bed,** swatio/cwtsio yn y gwely.
curled *a (hair)*: modrwyog, cyrliog, *S*: cwrlog; *(paper &c)*: crych, crychlyd, wedi crychu. **~ up** *a.* yn dorch, yn swatio, yn cwtsio, yn gorwedd yn belen.
curler *n.* **1.** *Haird*: cyrliwr (cyrlwyr) *m*, crychwr (crychwyr) *m*, teclyn(-nau, taclau) *(m)* cyrlio, *F*: cyrlar(-s) *m*, cwrler(-s) *m*. **2.** *Sp*: cwrlwr (cwrlwyr) *m*, chwaraewr (chwaraewyr) *(m)* cwrlo.
curlew *n. Orn*: gylfinir(-od, -iaid) *m, occ*: chwibanogl *(f)* y mynydd, chwibanogl fynydd (chwibanoglau mynydd), giarliw *m*, pegi *(f)* big hir, *S: occ*: cwrlin: cwrlif: cwrlip *m*; *pl.* **curlews,** *N.W: occ*: cŵn Ebrill. **Eskimo ~,** gylfinir y Gogledd; **Jack ~,** = **whimbrel**; **sandpiper ~,** corbibydd(-ion) *m*, gylfinir bach, pibydd(-ion) cambig/gylfinog *m*; **stone ~,** gylfinir y cerrig, cwtiad (cwtiaid) mawr *m*, chwibanogl y cerrig.

curlicue[1] *n.* **1.** *(with the pen)*: cwafer(-s) *m*, cwafriad(-au) *m.* **2.** *(in skating)*: troell(-au) *f.*

curlicue[2] *v.t.&i.* cwafrio.

curliness *n.* crychni *m*, crychiant *m*, cyrliogrwydd *m*; **I remember the ~ of her hair,** 'rwy'n cofio mor gyrliog oedd ei gwallt.

curling[1] *a.* = **curled, curly**.

curling[2] *vn.* crychiad *m*, cyrliad *m*, cwrlad *m*, modrwyad *m*, doleniad *m*, toniad *m*; *S.a.* **curl**[2]. **~-iron, ~-tongs** *n.* haearn (heyrn) (*m*) crychu [gwallt], *S*: pocer (*m*) cwrlo. **~-pin** *n.* pin(-nau) (*m*) crychu.

curling[3] *n. Sp*: cwrlo *vn.* **~ stone** *n.* maen (meini) (*m*) cwrlo.

curly *a.* modrwyog, cudynnog, cyrliog, *S.W*: *occ*: cwrlog, cwrl; *(smoke)*: dolennog, troellog; **~ hair,** gwallt cyrliog, *N*: *F*: gwallt cyrls. **~-coated** *a.* â blew crych. **~-haired, ~-headed** *a.* crychwallt, cyrliog, gwallt cyrliog/cyrls/cwrls, pengrych (*pronounced* ng-g), crychgudynnog; **a ~ haired person,** *S*: *occ*: cwrlyn *m*, cwrlen *f.* **~ kale** *n. Hort:* bresych crych/deiliog *pl*, cêl *m*, *S:* cabetsh cwrlog *pl.* **~ lettuce** *n. Hort*: letysen grych (letys crych) *f.* **~ top** *n. Hort*: crych *m.*

curmudgeon *n.* cingroen *m* (*pronounced* ng-g), cerlyn *m*, gŵr (gwŷr) crintach *m*, *N.W*: *occ:* eurach *m*, *N.E*: *occ*: cledryn *m.*

curmudgeonly *a.* **1.** *(= miserly)*: crintach, crintachlyd, cybyddlyd. **2.** *(= ill-tempered)*: croes, piwis, crabet, blin, annifyr, difoes, sarrug, dreng.

currach, curragh *n.* = **coracle.**

currant *n. Bot*: cyransen: cyrensen (cyrains, cyrens) *f*, cwrensen (cwrens) *f*; *pl.* **currants**, *Lit*: *occ*: rhyfon. *S.a.* **blackcurrant**, **redcurrant**. **~-borer** *n. Ent:* tyllwr (tyllwyr) (*m*) cyrens. **~-bush** *n. Bot*: llwyn(-i) (*m*) cyrens, coeden (*f*) gyrens (coed cyrens), *Lit*: rhyfwydden (rhyfwydd) *f.* **flowering ~-bush,** rhyfwydden flodeuog (rhyfwydd blodeuog) *f*, *S.W*: y gyrynsen ffug *f*, *S.E*: pren (*m*) cyrans ffug; *S.a.* **tomato**. **~ cake** *n. Cu*: cacen (*f*) gyrens (cacennau cyrens), teisen gyrens (teisennau cyrens). **~ loaf** *n. Cu*: torth (*f*) gyrens (torthau cyrens, bara cyrens), *occ*: torth frith (torthau brith, bara brith), bara brith *m (also = fruit-cake)*. **~-moth** *n. Ent*: gwyfyn(-od) (*m*) cyrens. **~-worm** *n. Ent*: lindysyn (lindys) (*m*) y cyrens, pryf(-ed) (*m*) cyrens.

currawong *n. Orn*: brân (brain) chwibanol *f*, pioden (piod) (*f*) y gloch.

currency *n.* **1.** *(= circulation)*: cylchrediad(-au) *m*; **to give ~ to a rumour,** rhoi cylchrediad i si, taenu si ar led. **2.** *(= money)*: arian *m*, arian treigl, arian cyfredol, arian breiniol; **paper ~,** arian papur; *Pol.E*: **hard ~,** arian solet/cryf; *Archeol*: **iron ~ bar,** bar(-rau) (*m*) haearn cyfredol; **reserve ~,** arian cadw; **soft ~,** arian tila/gwan; **payable in ~,** i'w dalu mewn arian parod.

current[1] *a.* cyfredol, ar hyn o bryd, *occ*: presennol; **~ issue/number,** *(of periodical)*: rhifyn cyfredol, rhifyn diweddaraf; **the ~ situation,** y sefyllfa sydd ohoni, y sefyllfa ar hyn o bryd; **the ~ champion,** y pencampwr presennol, y pencampwr ar hyn o bryd; **(to be) ~,** (bod) yn gyffredin, ar arfer; **words in ~ use,** geiriau a ddefnyddir yn gyffredin, geiriau sy'n fyw heddiw; *Lib*: **~ awareness service,** gwasanaeth (*m*) gwybodaeth gyfoes, gwasanaeth ymwybyddiaeth gyfredol; **~ affairs/events,** pynciau'r dydd, materion cyfoes, digwyddiadau'r dydd, helyntion y dydd, hynt y byd sydd ohoni; **~ money,** arian treigl; **the ~ week,** yr wythnos gyfredol, yr wythnos hon; **the ~ month,** y mis hwn; *Fin*: *&c*: **~ assets,** asedau cyfredol; **~ loan,** benthyg cyfredol *m*; **~ account,** cyfrif cyfredol/treigl *m*; **to pass ~,** cael ei dderbyn; *Geol*: **~ bedding,** croes-haenu *vn*, croes-haen(-au) *f*, croes-haeniad(- au) *m.*

current[2] *n.* **1.** *(a) (of water)*: ffrwd (ffrydiau) *f*, llif(-oedd) *m*, cerrynt (cerhyntau) *m*; *(violent)*: llifeiriant (llifeiriaint) *m*, cenllif(-oedd) *m*, dilyw *m*, *Lit*: rhedlif(-oedd) *m*, ffrydlif(-oedd) *m*; *Nau*: **back-~,** adlif(-oedd) *m*, gwrthlif(-oedd) *m*, gwrthgerrynt (gwrthgerhyntoedd) *m*; **eddy ~,** trolif(-oedd) *m*; **to drift with the ~,** mynd gyda'r llif; *Geog*: **counter-~,** gwrthgerrynt (gwrthgerhyntau) *m*; **longshore ~,** cerrynt arfordirol, cerrynt y glannau; *Meteor*: **air ~, atmospheric ~,** cerrynt aer; **~ of air,** awel(-on) *f*, chwa(-on) *f*; *(b)* **the ~ of events,** cwrs (*m*) y byd, hynt (*f*) a helynt *f* [y byd), cwrs digwyddiadau, treigl (*m*) y byd. **2.** *(electric)*: cerrynt; **direct ~,** cerrynt union/di-dor; **alternating ~,** cerrynt eiledol; **peak ~,** cerrynt brig.

currently *adv.* *(= now)*: ar hyn o bryd; **they are ~ preparing for the exams,** maent wrthi'n paratoi ar gyfer yr arholiadau.

currentness *n.* cyfredolrwydd *m.*

curricle *a. Hist: Lit*: cerbydan(-au) *f*, cerbydyn (cerbydau) *m*, *F*: trap(-iau) *m.*

curricular *a. Sch*: cwr|icwlaidd.

curriculum *n.* **1.** *Sch*: maes (meysydd) (*m*) llafur, cwrs (*m*) addysg, cwr|icwlwm (cwr|icwla) *m.* **2. ~ vitae,** braslun(-iau) (*m*) bywyd, braslun gyrfa, crynodeb (*m*) o yrfa, manylion personol *pl.*

curried *a. Cu*: mewn cyrri, trwy gyrri; **~ lamb,** cyrri (*m*) oen, oen trwy gyrri.

currier *n. Leath*: cwrier: cwriwr (cwrwyr) *m*, triniwr (trinwyr) (*m*) lledr, barcer(-iaid) *m*, lledrwr (lledrwyr) *m.*

curriery *n.* barcty (barctai) *m.*

currish *a.* ciaidd, costogaidd, dreng, sarrug.

currishly *adv.* yn gostogaidd *&c.*

curry[1] *n. Cu*: cyrri (cyrïau) *m.* **~-powder** *n.* powdwr (*m*) cyrri.

curry[2] *v.t. Cu*: gwn|eud cyrri (o rth), cyrïo (rhth).

curry[3] *v.t.* **1.** *(horse)*: ysgrafellu. **2.** *(leather)*: trin, iro. **3. to ~ favour (with s.o.).** ceisio ffafr (rhn); ffalsio, gwenieithio (i rn); cynffonlonni, cynffonna (ar rn); porthi, gwerthu blawd (i rn); mynd i lawes (rhn); *S.W*: *occ*: cwtwslonni, cwtlonni (ar rn). **4.** = **thrash**. **~-comb** *n.* ysgrafell(-i, -od) *f*, rhistyll(-au) *m*, crib (*mf*) ceffyl, crib march.

curse[1] *n.* **1.** *(a)* melltith(-ion) *f*; **to put a ~ (on s.o.),** melltithio, rheibio, *F*: witsio (rhn); **to lie under a ~,** bod dan felltith; *(b) (= swear-word)*: rheg(-f|eydd) *f*, llw(-on, llyfon) *m*; *(c) int.* **curses!** uffern dân! **2.** *(a) (= nuisance)*: pla (plâu) *m*, melltith; *(b) F*: **the ~** *(= menstruation)*: y felltith *f.*

curse[2] *v.t.&i.* **1.** *v.t.* melltithio (rhn), bwrw melltith (ar rn); **he is cursed with a violent temper,** mae ef wedi'i felltithio â thymer wyllt; **~ it!** *N*: go damia fo! dacia fo! daria fo! go draps las! *S*: [go] damo fe! daro! wfft i shwd beth! **~ him!** wfft iddo fe/fo! yn boeth y bo fe/fo! **2.** *v.i.* rhegi, tyngu, diawlio, uffierneiddio, *S.F*: ufferno.

cursed *a.* **1.** *(= under a curse)*: melltigedig, dan felltith, melltithiedig, *Lit*: melltigaid. **2.** *F*: *(= awful)*: melltigedig, diawledig, cythreuledig, uffernol, ofnadwy, trybeilig. **what ~ weather!** am dywydd ar y diawl! am dywydd ofnadwy!

cursedly *adv.* yn felltigedig *&c.*

cursedness *n.* melltigeidrwydd *m*, melltigedigrwydd *m.*

cursing[1] *a.* rheglyd.

cursing[2] *vn.* **1.** *See* **curse**[2] **1; 2.** *(= oaths)*: rhegi *vn*, rhegf|eydd *pl*, llwon *pl*, llyfon *pl*; *S.a.* **curse**[2] **2.**

cursive *a.* rhedol; **~ handwriting,** ysgrifen redeg *f.*

cursively *adv.* yn rhedol *&c.*

cursiveness *n.* rhedolrwydd *m.*

cursor *n.* rhedwr (rhedwyr) *m*; *Cmptr*: cyrchwr (cyrchwyr) *m.* **~ address** *n.* cyfeiriad (*m*) cyrchwr; **~ home position** *n.* hafan (*f*) y cyrchwr; **~ key** *n.* cyrchallwedd(-i) *f*, cyrchfysell(-au) *f.*

cursorial *a.* rhedol.

cursorily *adv.* yn frysiog, yn fras.

cursoriness *n.* brys *m*, brysiogrwydd *m*, arwynebolrwydd *m.*

cursory *a.* brysiog, arwynebol, bras (breision); **a ~ reader,** darllenwr arwynebol/brysiog; **a ~ inspection,** golwg fras, brasolwg (brasolygon) *mf*, cipolwg (cipolygon) *mf* **(of sth,** ar rth).

cursus *n. Archeol*: *Lit*: cwrsws (cwrsi) *m.*

curt *a.* cwta, swta, sychlyd, di-lol, dis|eremoni, *N.W*: *occ*: cwrtans.

curtail *v.t.* **1.** cwtogi, byrh|au, talfyrru, tocio, lleih|au (rhth); cyfyngu (ar rth); **to ~ a visit,** torri ymweliad yn fyr; **to ~ one's spending,** cwtogi ar eich gwario. **2. to ~ s.o. of his privileges,** amddifadu rhn o'i freintiau, mynd â breintiau rhn oddi arno.

curtailer *n.* cwtogwr (cwtogwyr) *m*, byrhäwr (byrhawyr) *m.*

curtailment *n.* cwtogiad(-au) *m*, byrhad *m*, talfyriad(-au) *m*, lleihad *m*; *S.a.* **curtail 1**.

curtain[1] *n.* **1.** *Lit*: llen(-ni) *f*, *F*: cyrten(-ni,-s,-si, *N*: *occ*: cyrtansiau) *usu.m*, *N.W*: *occ*: hangins *pl*, *S.W*: *occ*: hangers *pl*, cwrtsiwns *pl*; **casement ~,** llen gasment (llenni casment); *Hist*: **the Iron C~,** y Llen Haearn; **the Bamboo C~,** y Llen Fambŵ; **to draw the curtains,** tynnu'r/cau'r llenni. **2.** *Th*: llen; **advertisement ~,** llen hysbyseb/hysbysebu; **festoon ~, swag ~,** llen blyg (llenni plyg); **lapse of time ~,** llen treigl amser; **French curtains,** llenni Ffrengig, llenni crych; **position for ~,** llen-leoliad(-au) *m*; **front ~,** llen flaen (llenni blaen); **back ~,** cefnlen(-ni) *f*, llenni ôl *pl*; **drop ~,** llen gwymp (llenni cwymp);

quick ~, llen sydyn; **roller ~,** llen ddirwyn (llenni dirwyn); **tableau ~,** llen dablo (llenni tablo); **to ring down the ~,** gostwng y llen; **the ~ rises at eight,** codir y llen am wyth; **to cop the ~,** dwyn y llen; **fire-proof ~, safety ~,** llen dân (llenni tân), llen ddiogelwch (llenni diogelwch); *F*: **it'll be curtains for you,** fe fydd yn edifar gennych chi; fe fydd hi ar ben arnoch chi; fe fydd hi wedi canu arnoch chi; fe fydd hi wedi wech arnoch chi; *S. W: occ*: fe fydd hi'n ddobinô/ddominô arnoch chi. **3.** *Fort*: **~[-wall],** cysylltfur(-iau) *m*. **~-call** *n. Th*: llen-alwad(-au) *f*, galwad (*f*) yn ôl (galwadau'n ôl); **to take three ~-calls,** derbyn tair galwad i'r llen. **~-fire** *n. Mil*: cawod(-ydd) (*f*) o danio, cenllif (*m*) o danio. **~ lecture** *n. P*: pregeth *f* [gan eich gwr|aig]. **~-music** *n. Th*: llen-fiwsig *m*. **~-raiser** *n. Th*: drama (dramâu) agoriadol *f*, drama godi'r llen (dramâu codi'r llen). **~-rod** *n*. ffon (*f*) llen (ffyn llenni), *F*: ffon cyrten (ffyn cyrtens). **~ set** *n. Th*: set (*f*) lenni (setiau llenni). **~ speech** *n. Th*: araith derfynol (areithiau terfynol) *f*. **~ taker** *n. Th*: llenhoffwr (llenhoffwyr) *m*.

curtain² *v.t.* cuddio *&c* (rhth) â llen[-ni] *or* dan len[-ni]; **to ~ off part of a room,** rhoi/tynnu llen dros ran o ystafell.

curtana *n. Hist*: cwrtana *m*, *y cleddyf pŵl *m*.

curtilage *n. Jur*: cwrtil(-au) *m*, *F*: libart(-iau) *m*, talar (*f*) tŷ (talarau tai), beili (beilïau) *m*.

curtly *adv*. yn swta *&c*.

curtness *n*. cwteurwydd *m*, dull swta *m*, tôn swta *f*.

curtsey¹, curtsy¹ *n*. cyrtsi (cyrtsïau) *m*, *Lit*: moesymgrymiad(-au) *m*.

curtsey², curtsy², *v.i. Lit*: gwn|eud cyrtsi, cwrtsio, cyrtsio, *Lit*: moesymgrymu, *N. W: occ*: gostwng [yn eich] garrau.

curule *a. Hist*: **~ chair,** cadair (cadeiriau) ynadol *f*; **~ magistrate,** ynad(-on) cadeiriol *m*.

curvaceous *a* lluniaidd, *F*: siapus.

curvature *n*. crymedd(-au) *m*, crymder(-au) *m*, gwyrni *m*, camedd(-au) *m*; **centre of ~,** craidd (*m*) crymedd (creiddiau crymeddau), canolbwynt (*m*) crymedd (canolbwyntiau crymeddau); **~ of the spine,** gwargemi *m*, gwargrymedd *m*; **concave ~,** ceugrymedd(-au) *m*; **convex ~,** amgrymedd(-au) *m*.

curve¹ *n*. **1.** *(a) Geom: &c*: cromlin(-iau) *f*, llinell grom (llinellau crymion) *f*; **catenary ~,** cromlin gadwynol (cromliniau cadwynol); **caustic ~,** cromlin gawstig (cromliniau cawstig); *(b) Arch: Art: &c*: crymedd(-au) *m*, llinell grom, llinell dro (llinellau tro). **2.** *(in road &c)*: tro(-eon) *m*, trofa (trof|eydd) *f*, troad(-au) *m*; **to take a ~,** mynd heibio i dro, dilyn trofa, troi tro, mynd rownd tro; *(of river)*: dolen(-nau) *f*, ystum(-iau) *mf*. **3.** *F: usu.pl. (of body)*: siâp *m*; **a girl with plenty of curves,** merch luniaidd/siapus, *Lit*: merch bert ei thro[-eon].

curve² *v.t.* crymu, plygu, gwyro, troi; *(of road, river)*: ymddolennu, dolennu.

curveball *n. Baseball*: pêl (*f*) dro (peli tro).

curved *a*. crwm (*f*. crom, *pl*. crymion), ar dro; **~ line,** llinell grom (llinellau crymion) *f*, cromlin(-iau) *f*.

curvet¹ *n. Equit*: crychnaid (crychneidiau) *f*, crychlam(-au) *m*.

curvet² *v.i. Equit*: crychneidio, crychlamu.

curvicaudate *a*. cynffongrwm (*f*. cynffongrom, *pl*. cynffongrymion) (*pronounced* ng-g).

curvicostate *a*. eisgrwm (*f*. eisgrom, *pl*. eisgrymion).

curvidentate *a*. deintgrwm (*f*. deintgrom, *pl*. deintgrymion).

curvifoliate *a*. deilgrwm (*f*. deilgrom, *pl*. deilgrymion).

curviform *a*. cromffurf, crwm (*f*. crom, *pl*. crymion).

curvilineal, curvilinear *a*. cromliniol, cromlinog, crwm (*f*. crom, *pl*. crymion).

curvilinearity *n*. cromlinedd *m*.

curvilinearly *adv*. yn gromlinog *&c*.

curvirostral *a. Orn*: crombig.

curvy *a*. siapus, lluniaidd.

cuscus¹ *n. Z*: cwscws(-iaid,-au) *m*.

cuscus² *n. Bot*: cwscws *m*.

cuscus³ *n. Cu*: cwscws *m*.

cusec *n. Meas*: ciwsec(-au) *m*.

cush *n. Bill*: *F*: **= cushion²**.

cushat *n. Orn*: *Scot*: ysguthan(-od) *f*, colomen gadwynog (colomennod cadwynog) *f*.

cush-cush *n. Bot*: cwsh-cwsh(-au) *m*.

cushily *adv*. yn braf *&c*.

cushion¹ *n*. **1.** clustog(-au) *f*; **scatter cushions,** mân glustogau. **2.** *Bill*: clustog. **3.** *Mch*: **steam ~,** clustog ager; **air ~,** clustog aer/wynt (clustogau aer/gwynt). **4.** *(of horse's hoof)*: bywyn *m*, *S*: ffroga *m*, *N.W*: llyffant *m*. **5.** *(of buttock of pig &c)*: cloren(-nau) *f*. **~ bedstraw** *n. Bot: (Galium saxosum)*: briwydd glustogog *f*. **~ calamint** *n. Bot: (Clinopodium vulgare)*: brenhinllys gwyllt *m*. **~ cover** *n*. cas (*m*) clustog (casys clustogau). **~ star** *n. Echin*: seren (*f*) glustog (sêr clustog). **~-tyre** *n. Aut*: teiar(-s) meddal *m*.

cushion² *v.t.* clustogi; *(= soften)*: lleddfu.

cushionless *a*. diglustog.

cushiony *a*. clustogaidd.

Cushite *n. Hist*: Cws[h]iad (Cws[h]iaid) *m&f*.

Cushitic *a. & n*. **1.** *a*. Cws[h]aidd, Cws[h]itig; *(in language)*: Cwshiteg. **2.** *n. Ling*: Cws[h]iteg *f*, *m*.

cushy *a. F*; hawdd [fel baw], braf, didrafferth, esmwyth; **~ job/number,** segurswydd(-i) *f*; **they have a ~ time,** mae'n braf arnyn' nhw; **a ~ life,** hawddfyd *m*, bywyd braf/esmwyth/diofal *m*.

cusk *n. Ich*: **1. = torsk. 2. = burbot. ~-eel** *n. Ich*: cysglysywen (cysglysywod) *f*.

cusp *n*. **1.** blaen(-au) *m*, cwsb (cysbau) *m*, corn (cyrn) *m*; *Astr*: **~ of the moon,** blaen y lleuad, corn y lleuad. **2.** *Geom*: cwsb (cysbau) *m*; *Arch*: pigyn(-nau) *m*, corn. **3.** *Bot: Dent*: blaen.

cuspate[d] *a. Bot*: fel cwsb, cysbog, cysbaidd.

cusped *a*. pigfain, corniog, cysbog.

cuspid *n. Dent*: dant (*m*) llygad (dannedd llygaid).

cuspidal, cuspidate[d] *a*. **= cuspate.**

cuspidation *n. Arch*: cysbiad(-au) *m*, cysbu *vn*.

cuspidor *n. U.S*: **= spittoon.**

cuss¹ *n. F*: **1.** rheg (rhegf|eydd) *f*; *S.a*. **not to care a ~,** *see* **care²**; **it's not worth a [tinker's] ~,** *N.W: occ*: 'dydi o ddim gwerth ei regi; 'dydi o ddim gwerth y ddam; *S*: 'dyw e ddim gwerth taten bob. **2. = customer. ~-word** *n*. rheg (rhegf|eydd) *f*, llw(-on) *m*.

cuss² *v.t.* **= curse².**

cussed *a. F*: **= cursed, obstinate, perverse.**

cussedly *adv*. **= cursedly.**

cussedness *n. F*: **1.** *(= cursedness)*: diawledigrwydd *m*, diawlineb *m*; **the ~ of things,** diawledigrwydd pethau. **2.** *(= obstinacy)*: ystyfnigrwydd *m*, cyndynrwydd *m*; **out of pure/sheer ~,** o ran ystyfnigrwydd, er mwyn tynnu'n groes i bawb, o ddiawlineb.

cusser *n*. **= curser.**

custard *n. Cu*: cwstard *m*, *Lit: occ*: ceulfwyd *m*; **baked ~,** cwstard pob; **caramel ~,** cwstard siwgwr; **egg ~,** cwstard ŵy, *N. W: occ*: sucan (*m*) ŵy. **~-apple** *n. Bot*: afal(-au) (*m*) cwstard. **~ pie, ~ tart** *n. Cu*: teisen(-nau) (*f*) ŵy, teisen gwstard (teisennau cwstard), cacen (*f*) gwstard (cacenni/cacennau cwstard), cacen (*f*) ŵy, *S: occ*: pastai (pasteiod) (*f*) ŵy. **~ powder** *n. Cu*: powdwr (*m*) cwstard. **~ slice** *n. Cu*: tafell (*f*) gwstard (tafellau/tafelli cwstard).

custodial *a*. gwarchodol, gwarcheidiol, gwarcheidwadol. **non-~,** anwarchodol; **semi-~,** lledwarchodol, hanner-gwarchodol; **~ care,** gofal gwarchodol; **~ sentence,** dedfryd o garchar/garchariad.

custodian *n*. ceidwad (ceidwaid) *m*, gofalwr (gofalwyr) *m*, gwarcheidwad (gwarcheidwaid) *m*; *(of museum)*: ceidwad, curadur(-iaid) *m*.

custodianship *n*. gwarcheidwadaeth *f*, gofal *m*, gwarchodaeth *f*; **~ order,** gorchymyn (gorchmynion) (*m*) gwarchodaeth.

custody *n*. **1.** gwarchodaeth *f*, gofal *m*; *(= imprisonment)*: carchariad(-au) *m*, caethiwed *m*; **protective ~,** caethiwed gwarchodol; **to take s.o. into protective ~,** rhoi rhn mewn caethiwed gwarchodol; *Jur*: **C~ of Children Act,** Deddf (*f*) Gwarchodaeth Plant; **in safe ~,** yn ddiogel, dan ofal diogel, dan warchodaeth ddiogel; **care and ~,** gofal a gwarchodaeth. **2.** *Jur*: dalfa (dalf|eydd) *f*; **to take s.o. into ~,** [a]restio rhn, mynd â rhn i'r ddalfa; **in ~,** yn y ddalfa, dan glo.

custom *n*. **1.** *(= habit)*: arfer(-ion) *mf*, defod(-au) *f*, arferiad(-au) *m*; **the manners and customs (of a country),** moes ac arfer, moesau a defodau (gwlad). **2.** *Jur*: arfer gwlad, defod gwlad. **3.** *pl*. **customs,** *Adm: (= duties)*: tollau. **Customs and Excise,** Tollau ac Ecséis, Tollau Tramor a Chartref. **4.** *Com: (a) (= customers, trade)*: cwsmeriaid *pl*, masnach *f*, busnes *m*, cwsmeriaeth *f*, cwstwm *m*; **the shop is losing ~,** mae'r siop yn colli cwsmeriaid/busnes/cwstwm; *(b) (= patronage)*: cefnogaeth *f*. **~-built, ~-made** *a*. a wneir/wneid/wnaethpwyd

&c ar archeb *or* ar fesur cwsmer *or* at chwaeth cwsmer *or* ar ddewis cwsmer; *Aut*: **~-built body,** corff arbennig, corff yn ôl dewis; *Tail*: **~-made clothes,** dillad teiliwr, dillad yn ôl dewis, dillad wedi eu mesur, dillad ar fesur cwsmer. **~-tailor** *v.t.* teilwrio (dillad) ar gyfer cwsmer. **customs barrier** *n.* (tollfâu, tollf|eydd) *f*, tollborth (tollbyrth) *m*, clwyd (*f*) y doll (clwydi'r tollau); **the customs barrier between France and Germany,** y tollbyrth rhwng Ffrainc a'r Almaen; **customs barriers are coming down,** mae'r tollau'n cael eu dileu. **customs bond** *n.* storfa(*f*)'r tollau. **customs duties** *n.pl.* tolldal, tolldaliadau *pl*, treth (*f*) y doll, trethi(*pl*)'r doll. **customs entry** *n.* nodyn (nodion) (*m*) tollfa. **customs examination** *n.* archwiliad (*m*) y tollwyr (archwiliadau'r tollwyr). **customs house** *n.* tollty (tolltai) *m*. **customs station,** *F*: **customs** *n.* tollfa (tollf|eydd) *f*. **customs union,** undeb(-au) (*m*) tollau.

customal *a. Jur*: = **customary 1**.

customarily *adv.* fel arfer.

customariness *n.* arferoldeb *m*, arferedigrwydd *m*, cynefindra *m*.

customary *a. & n.* **1.** *a. (a)* arferol, arferedig, cynefin, cyffredin; **it is ~ for us to leave at six,** mae'n arfer gennym ymadael am chwech o'r gloch; byddwn yn ymadael am chwech fel arfer/rheol; ein harfer yw ymadael am chwech; *(b) Jur*: **~ clause,** cymal arferol *m*; **~ tenant,** tenant(-iaid) (*m*) yn ôl y ddefod. **2.** *n. (book)*: llyfr(-au) (*m*) arferion, arferlyfr(-au) *m*.

customer *n.* **1.** *(of shop, business)*: cwsmer(-iaid) *m*. **2.** *F*: **a queer ~,** aderyn (*m*) y nos, aderyn brith *m*, creadur od *m*; **an awkward ~,** rhn anodd ei drin; **a rough/ugly ~,** *N. W*: *occ*: hen jero *m*, hen gono garw *m*, *S. W*: *occ*: r[h]epsyn *m*, corgi *m*; **a sly/shifty ~,** hen gadno (*m*) o ddyn; *S.a.* **cool**[1].

customize *v.t.* **to ~ sth for s.o.,** addasu rhth ar gyfer rhn.

customizer *n.* addaswr: addasydd (addaswyr) *m*.

customs *n.pl. See* **custom 3.**

custumal *n. Hist*: c|wstwmal (cwstwmalau) *m*.

cut[1] *n.* **1.** *(a) (in general)*: toriad(-au) *m*; *Med*: *&c*: trychiad(-au) *m*; **to make a clean ~,** torri (rhth) yn lân; **a clean ~,** toriad glân; *(of hair, clothing)*: toriad; **crew ~,** toriad cwta, toriad crop, crop *m*, gwallt cwta *m*, *S. W*: *occ*: cownti crop; *Needlew*: **cross ~,** croestoriad(-au) *m*; **I don't like the ~ of his jib,** dda gen i mo'i olwg e; dda gen i mo'i osgo fo; *(b) (= excision)*: toriad, dilead(-au) *m*; *(c)* **wage-cut,** gostyngiad(-au) (*m*) [mewn] cyflog, toriad [mewn] cyflog; **[electricity] ~,** toriad trydan, torgyflenwad(-au) *m*; *(d) Cards*: **~ for partners,** tynnu (*vn*) cwtws am bartneriaid, dewis (*vn*) partneriaid; *(e) Cr*: *Ten*: slaes(-au) *f*; **late ~,** slaes hwyr; **leg ~,** slaes i'r goes; **square ~,** slaes sgwâr. **2.** *(a) Fencing*: ergyd(-ion) *fm*, trychiad. **~ and thrust,** trychu (*vn*) a gwanu *vn*; *Fig*: **the ~ and thrust of debates,** y taro a'r gwrthdaro mewn dadleuon; *(b)* **a ~ with a whip,** slaes [â] chwip, chwipiad(-au) *m*, *Lit*: fflangellod *f*; **the unkindest ~ of all,** yr ergyd drymaf oll, y brathiad (*m*) casaf un. **3.** *Metalw*: *(of file, saw &c)*: toriad, trychiad; **saw ~,** llifiad(-au) *m*. **4.** *(a) (= wound, gash)*: toriad, *S*: cwt(-au) *m*, *N*: cŷt (cytiau) *m*, sgôr (sgoriau) *f*; *(b) Hort*: hicyn *m*, hic(-iau) *m*; *(c) (= channel)*: sianel(-i) *f*; *(= canal)*: camlas (camlesi) *f*. **5.** *(= illustration)*: ysgythrad(-au) *m*, darlun(-iau) *m*; **comic cuts,** comic(-s) *m*, comic-cŷts *m.inv*. **6.** *(of clothes, gems)*: toriad. **7.** *F*: **she's a ~ above the rest,** mae hi radd yn uwch na'r gweddill; mae hi dipyn uwchlaw'r gweddill. **8.** *(a) Cu*: *(of meat)*: darn(-au) *m*, golwyth(-[i]on) *m*; **a ~ off the joint,** darn o rost; **prime ~,** y darn gorau; **cheap cuts,** darnau rhad, cigach; *U.S*: **cold cuts,** cig(-oedd) oer *m*; *(b) P*: *(= share)*: rhan(-nau) *f*, siâr(-s, siarau) *f*, cyfran(-nau) *f*. **9. short ~,** llwybr(-au) (*m*) llygad, llwybr tarw, y ffordd (ffyrdd) agosaf *f*, y ffordd fyrraf/gyntaf (y ffyrdd byrraf/cyntaf); **to take a short ~,** dilyn y ffordd agosaf *&c*, *S. W*: *occ*: cymryd plet, *S.E*: *occ*: dod ar y byrraf.

cut[2] *v.t.&i.* **1.** torri, *Lit*: *Med*: trychu; *(= castrate)*: cyweirio, disbaddu (rhth); torri (ar rth); *N*: cotio, 'sbaddu (rhth); **to ~ sth into pieces,** torri rhth yn ddarnau (*not* i ddarnau), darnio rhth, *Lit*: difynio rhth; **to ~ one's finger,** torri'ch bys, agor eich bys; **to ~ a hedge,** torri/tocio gwrych, *S*: bidio/trasio perth; **to ~ one's throat,** torri'ch corn gwddf; **to have one's hair ~,** cael torri'ch gwallt (*not* cael eich gwallt wedi ei dorri); **to ~ teeth,** cael/magu/torri dannedd; *Fig*: **to ~ one's teeth on sth,** ennill profiad ar rth; *Fig*: **to ~ one's eye-teeth,** dod i oedran pwyll; *U.S*: *Fig*: **to ~ the mustard,** cyrraedd y safon, bod yn ddigon da; **to ~ a dash,** torri cŷt, gwneud sioe ohoni; **this remark ~ him to the quick,** brathwyd ef i'r byw gan y sylw hwn; **that cuts no ice with me,** 'dyw hynny'n mennu dim arna' i; thâl hynny ddim â mi; wnaiff hynny mo'r tro gen i; **that argument cuts both ways,** mae dwy ffordd o edrych ar hynna; dadl ddaufiniog yw honna; **to ~ s.o. down to size,** torri crib rhn, dangos ei hyd a'i led i rn; *F*: **to ~ and come again,** *(= help yourself)*: estyn atoch, dod am ail blataid; **to ~ meat,** torri/cerfio cig; **to ~ into a loaf,** torri torth, dechrau torth; **he cuts a sorry figure,** mae golwg druenus arno; *Bill*: **to ~ the cloth,** rhwygo'r lliain; **to ~ an engine,** diffodd motor; *Com*: **to ~ prices,** gostwng prisiau; **to ~ capers,** prancio, llamsachu; **to ~ grass,** lladd/torri glaswellt/gwair; **to ~ hay,** lladd gwair; **to ~ peat,** lladd mawn; **to ~ corn,** medi ŷd; *Prov*: **to ~ one's coat according to one's cloth,** torri'r gôt yn ôl y brethyn, llunio'r [g]wadn fel y bo'r droed; *Aut*: *&c*: **to ~ a corner [close],** torri cornel; **to ~ corners,** *(= economize &c)*: *See* **corner**[1]; *Nau*: **to ~ one's moorings,** torri'r rhaffau; **to ~ loose,** ymryddh|au, torri'n rhydd; **to ~ the [Gordian] knot,** torri'r cwlwm annatod; **to ~ and run,** *F*: ei baglu hi, ei ffaglu hi, ei bachu hi, cymryd y goes *&c*; *See* **beat**[2]; **to ~ it fine,** gadael prin amser [i wneud rhth], ei thorri hi'n fain, *N. W*: ei gadael hi'n ben set; **he ~ it fine to catch the train,** cael a chael fu hi iddo ddal y trên. **2.** *(a)* **to ~ sth short,** cwtogi rhth, torri rhth yn fyr, terfynu rhth cyn pryd; **to ~ a pleasant meeting short,** torri cyfarfod yn ei flas; **to ~ s.o. short,** torri ar draws rhn; **to ~ a long story short (she left him),** yn fyr iawn, mewn byr eiriau (fe'i gadawodd hi ef); *F*: **~ it short!** brysia (brysiwch)! llai o falu awyr! **3. to ~ an opening in a wall,** agor/torri twll/bwlch mewn wal; **to ~ a channel,** turio/torri sianel; *Mount*: **to ~ steps,** torri/hacio/naddu grisiau. **4.** *(a)* **to ~ one's way through a wood,** torri'ch ffordd trwy goed; **to ~ across country,** mynd/torri ar draws gwlad, dilyn llwybr tarw, dilyn llwybr llygad; *(b)* **to ~ into a conversation,** torri ar draws sgwrs, ymyrryd mewn sgwrs, rhoi'ch pig i mewn i sgwrs. **5.** *Cards*: **to ~ a pack,** torri pac; **to ~ for deal/dealer,** torri i ddewis deliwr. **6.** *(a) Cr*: *Ten*: slaesio; *(b) Fenc*: trychu, slaesio; **to ~ at flank,** trychu/slaesio at ystlys; **to ~ at chest,** trychu/slaesio at fynwes. **7. to ~ s.o. [dead],** esgus/cogio peidio â gweld rhn, anwybyddu rhn; **he ~ me dead,** anwybyddodd fi; fe gogiodd beidio fy ngweld/adnabod; cymerodd arno beidio fy ngweld/adnabod; cymerodd arno nad oedd wedi fy ngweld. **8.** *F*: *(a) Sch*: **to ~ classes,** colli ysgol, colli gwersi, chwarae triwant, *S*: mitsio; *(b)* **to ~ the whole affair,** rhoi'r gorau i'r cyfan. **9. to ~,** *(= adulterate)*: glastwreiddio, gwanh|au/cymysgu â dŵr, dyfrio. **10.** *(a) Cin*: *T.V*: **to ~ from one scene to another,** torri o un olygfa i'r llall; *(b) (= edit)*: golygu; *(c) Geom*: *(= intersect)*: croesi. **~ across** *(= transcend)*: torri ar draws (rhth). **~ away** *v.t.* **1.** *(undergrowth &c)*: tocio, torri. **2.** *(illustration)*: rhandorri. **~-away** *a.* rhandoredig; **~-away coat,** côt randoredig (cotiau rhandoredig) *f*. **~ back 1.** *v.t. (a) (undergrowth &c)*: tocio, torri (rhth) [yn ei ôl], *S*: trasio (rhth); *(b) (expenditure)*: cwtogi, cyfyngu (ar wario). **2.** *v.i. F*: *(= go back)*: picio'n ôl, mynd yn ôl [yr un ffordd]; *Cin*: ailadrodd, ailddangos. **~-back** *n.* toriad(-au) *m*, cwtogiad(-au) *m* **(in sth,** ar rth); **~ down** *v.t.* **1.** *(a) (tree)*: torri (coeden) [i lawr], *occ*: cwympo, cymynu (coeden); *(b) (opponent)*: torri (rhn) i lawr. **2.** *(expenditure)*: cwtogi, cyfyngu (ar wario), *S. W*: codi'r rhastal; **to ~ down on smoking,** ysmygu llai. **3.** *(clothing)*: cwtïo, *N*: cwteuo, *S*: cwtanu. **~ in 1.** *v.i.* ymuno â'r chwarae, dod i mewn i'r gêm. **2.** *v.i. (into conversation)*: ymuno â sgwrs, torri ar draws sgwrs, *Pej*: rhoi'ch pig i mewn, ymyrryd mewn sgwrs; *Danc*: dwyn/dwgyd partneres rhn arall, ymyrryd, torri i mewn. **3.** *v.i. Rac*: *Aut*: **to ~ in (after overtaking),** mynd o flaen trwyn car, torri i mewn (ar ôl mynd heibio). **4.** *v.t. El*: **to ~ in a resistance,** cysylltu gwrthiant. **5.** *v.t.* **to ~ s.o. in,** *(on profit &c)*: rhoi rhan/cyfran [o elw] i rn; **to ~ s.o. in on an enterprise,** cynnwys rhn mewn menter. **~ in** *n.* **1.** *Cin*: *(a) (= subtitle)*: isdeitl(-au) *m*; *(b) (scene)*: golygfa gysyllt (golygf|eydd cyswllt) *f*, cysylltiad(-au) *m*. **2.** *El.E*: cysylltydd(-ion) *m*. **~ off 1.** *v.t. (a)* torri, *occ*: lladd; **to ~ off s.o.'s head,** torri pen rhn; **to be ~ off in one's prime,** marw ym mlodau'ch dyddiau; *(b)* **to ~ off s.o.'s retreat,** rhwystro rhn rhag ffoi; *(c) Tp*: **don't ~ me off,** peidiwch â thorri'r sgwrs; *(d) El*: **to ~ off the current,** diffodd y cerrynt, torri'r/datgysylltu'r cerrynt; *Av*: **to land with the engine ~ off,** glanio a'r motor wedi ei ddiffodd; *(e)* **to ~ off s.o.'s supplies of sth,** atal/torri cyflenwad rhn o rth; **to ~ off a water supply,** atal llif/cyflenwad dŵr; **to ~ s.o. off from sth,** torri cysylltiad rhn â rhth, mynd â rhth o gyrraedd rhn; **to be ~ off from civilization,** bod heb gysylltiad â gwareiddiad, bod ymhell o gyrraedd gwareiddiad; *(f)* **to ~ s.o. off with a shilling,** diarddel rhn, dietifeddu rhn. **2.** *v.i. F: (= go off)*: mynd, ei throi hi, ei bachu hi, ei baglu hi, ei gwadnu hi, ei ffaglu hi *&c, S.W: occ*: ei gwân hi; *S.a.* **beat².** **~-off¹** *n.* toriad(-au) *m; T.V*: cwr (cyrion) *m.* **~-off²** *attrib. Geog*: **~-off bay,** cilfae(-au) *m;* **~-off point,** torbwynt(-iau) *m.* **~ out 1.** *v.t. (a) (with scissors &c)*: torri (rhth) [allan/mas]. **2.** *v.t. Needlew: (a)* **to ~ out on the bias,** torri allan ar y bias; **to ~ out on the cross,** torri allan ar [y] groes; **to ~ out a garment,** torri dilledyn; **he's not ~ out for that sort of work,** anwyd mohono i'r math yna o waith; nid ef yw'r dyn ar gyfer y math yna o waith; **she's ~ out to be a teacher,** fe wnaiff hi athrawes dda; fe'i ganed hi i fod yn athrawes; mae hi'n athrawes o'i geni; *(b)* **to ~ s.o. out,** *(= take his place)*: disodli rhn, cymryd lle rhn; **to ~ out a rival,** *(in love)*: rhedeg rhn; *(c)* **he'll have his work ~ out to catch up,** cymaint ag y gall ei wneud fydd dal i fyny; fe fydd yn ei waith yn dal i fyny; fe gaiff e waith dal i fyny. **3.** *v.t. (= leave out, delete)*: torri/gadael (rhth) allan/mas, dil|eu (rhth); *F:* **~ it out!** *(= stop it!)*: rho'r gorau iddi (rhowch y gorau iddi)! dyna ddigon! **4.** *v.i. Cards*: torri, ymadael â'r gêm. **5.** *v.i. El.E: &c: (= break current)*: torri cysylltiad, diffodd, datgysylltu. **~-out** *n.* **1.** *El.E*: torrwr (torwyr) *m*, datgysylltwr (datgysylltwyr) *m;* **~-out box,** blwch (blychau) *(m)* ffiwsiau/ffiwsys. **2.** *(paper figure)*: llun(-iau) *(m)* torri. **~ over** *v.i. Fenc*: trostorri. **~ up** *v.t.* **1.** *(wood)*: torri; *(with a saw)*: llifio. **2.** *F: (a)* **don't be so ~ up about it,** paid (peidiwch) â chynhyrfu/phoeni gymaint yn ei gylch; *S*: paid (peidiwch) â becso cymaint amdano fe; **he was very ~ up,** *N: occ*: 'roedd o wedi cymryd ato'n arw; 'roedd o wedi mynd iddi'n arw; *S:* 'roedd e wedi danto'n ofnadw; **she was very ~ up about her bereavement,** 'roedd hi'n alarus iawn ar ôl ei phrofedigaeth; *(b) v.i.* **to ~ up rough,** troi'n gas, gwylltio, digio, cynddeiriogi, *N: F*: troi'r tu min, myllio (= ymhyllio), cael [y] gwyllt; *S.a.* **angry;** *(c) P*: **to ~ up well,** gadael ffortiwn ar eich ôl. **~-throat 1.** *n. (a)* lleiddiad (lleiddiaid) *m*, torrwr (torwyr) *(m)* gyddfau, torfynyglwr (torfynyglwyr) *m*, mwrdrwr(-s, mwrdrwyr) *m;* **a den of ~-throats,** ogof(-|eydd) *(f)* lladron; *(b) U.S: Ich*: brithyll(-od) gyddfgoch *m; (c) Orn*: aderyn (adar) gyddfgoch *m.* **2.** *attrib. (a)* diarbed, didrugaredd, didostur, milain, mileinig, ffyrnig; *(b)* **~-throat [razor],** rasel(-ydd) hir *f*, rasel hogi; *(c) Cards*: **~-throat [bridge],** *(= three-handed)*: ***bridge*** *(m)* i dri, ***bridge*** triawd.

cut³ *a.* **1.** toredig, *occ*: nadd; **a well-~ suit,** siwt o doriad da, siwt drwsiadus; **~ shoot/stem,** coesyn(-nau) toredig *m;* **~ glass,** gwydr nadd *m; Th*: **~ cloth,** cynfas *(m)* bwlch; *Carp*: **~ nail,** torhoelen (torhoelion) *f;* **~ clasp nail,** hoelen *(f)* lorio (hoelion llorio); *Needlew*: **~ work,** torwaith *m;* **a low-~ dress,** gwisg â choler isel; **everything's ~ and dried,** mae popeth wedi ei drefnu'n barod; **~ and dried opinions,** syniadau confensiynol/ystrydebol; *attrib. Cu*: **~-and-come-again cake,** cacen gymysg (cacennau cymysg) *f; attrib.* **~-and-try methods,** dulliau torri a thrïo. **2. ~ prices,** prisiau is/rhad/gostyngol; **~-grass** *n. Bot*: glaswellt miniog *m.* **~-line** *n. Typ*: isbennawd (isbenawdau) *m.* **~-price** *a.* rhad iawn; **~-price programmes,** rhaglenni rhad.

cutaneous *a.* croenol.

cutaneously *adv.* yn groenol, trwy'r croen.

cutaway¹ *n. T.V*: rhyngdoriad(-au) *m.*

cutaway² *v.t. T.V*: rhyngdorri.

cutch *n. Bot*: = **couch-grass.**

cute *a. F*: **1.** *(a) (pers.)*: clyfar, craff, ffel, bachog, ciwt; *(b)* **a ~ idea,** syniad gwreiddiol/clyfar/ciwt. **2.** *U.S: (a)* = **quaint;** *(b) (= pretty)*: del, pert.

cutely *adv. F: (a)* yn graff *&c; (b)* yn bert *&c.*

cuteness *n. F: (a) (= shrewdness)*: craffter *m*, clyfrwch *m*, ffelder *m*, ffelni *m*, bachogrwydd *m*, ciwtra *m*, ciwtrwydd *m; (b) (= quaintness)*: pertrwydd *m*, tlysni *m*, tlysineb *m*, twtrwydd *m*, ciwtrwydd.

cuthead *attrib.* **~ razor** *n.* rasel(-i) hir *f*, rasel hogi.

cuticle *n.* glasgroen *m*, pilen(-nau) *f*, pilionen *f*, croenen(-nau) *f*, croenyn(-nau) *m*, cwtigl(-au) *m.*

cuticular *a.* croenennaidd, pilennaidd, glasgroenol, glasgroenaidd.

cutie *n.f. U.S: P: S*: slasien, clatsien, *N*: pishyn (pishis).

cutin *n. Bio-Ch*: ciwtin *m.*

cutinize *v.t.* ciwtineiddio.

cutis *n. Anat*: gwirgroen *m*, croen byw *m.*

cutlass *n.* **1.** *Nau*: cleddyf(-au) cwta *m*, twca(-od, twceiod) *m*, cytlas(-au) *m.* **2.** *U.S*: cyllell (cyllyll) *(f)* hela, twca. **~ fish** *n. Ich*: twca (twceiod) môr.

cutler *n.* cyllellwr (cyllellwyr) *m*, cyllellydd(-ion) *m.*

cutlery *n.* **1.** *(trade)*: cyllelliaeth *f*, cyllellyddiaeth *f.* **2.** *(= knives and forks)*: cyllyll *(pl)* a ffyrc *pl*, c|ytleri *m.*

cutlet *n. Cu*: cytled(-au, -i) *m*, golwyth(-[i]on) *m.*

cutouts *n.pl. Sch*: torion.

cutpurse *n.* = **pickpocket.**

cuttable *a.* toradwy.

cutter *n.* **1.** *(a) (pers.)*: torrwr (torwyr) *m*, t|orwraig (torwragedd) *f, Lit*: trychwr (trychwyr) *m; Agr: (pig)*: mochyn (moch) *(m)* torri; *(b) (of stone)*: naddwr (naddwyr) *m, S*: masiwn (masiynau) *m; (c) (= gelder)*: cyweiriwr (cyweirwyr) *m*, ysbaddwr (ysbaddwyr) *m, N*: cotiwr (cotwyr) *m.* **2.** *Tls*: peiriant (peiriannau) *(m)* torri, torrwr, cyllell (cyllyll) *f; (for stone)*: cŷn (cynion) *m*, gaing (geingiau) *f*, naddwr; **rotary ~,** olwyn finiog (olwynion miniog) *f*, cyllell gron (cyllyll crynion) *f;* **clay ~,** torrwr clai; *Cu*: **fluted ~,** torrwr rhychog; *Metalw*: **milling ~,** melinwr (melinwyr) *m; Cu*: **plain ~,** torrwr plaen; *Cu*: **pastry ~,** torrwr crwst. **3.** *Nau*: pinnas (pinasau) *m*, llong ysgafn (llongau ysgeifn) *f*, cytar(-s) *m.* **4.** *U.S: (= sleigh)*: car (ceir) llusg *m*, car cefn, car a cheffyl. **~-bar** *n. Tls*: bar(-iau) *(m)* torri. **~-grinder** *n.* peiriant (peiriannau) *(m)* hogi.

cutthroat *n. & attrib.* = **cut²-throat.**

cutting¹ *a.* **1.** miniog, llym *(f.* llem, *pl.* llymion); **~ edge,** min *m, S*: awch *m.* **2. a ~ wind,** gwynt main/llym/brathog. **3. a ~ remark,** sylw miniog/brathog/deifiol/hallt/craflyd/crafog/ *S.W*: sbengllyd, *N*: weipan (weips) *f;* **to make ~ remarks,** *S.W: occ*: sbengan, *N*: taflu weips.

cutting² *vn. & n.* **1.** *vn. (a) (action)*: torri; *See* **cut²;** *(b)* **~ of prices,** gostyngiad(-au) *(m)* mewn prisiau, gostwng *(vn)* prisiau. **~-board** *n.* bwrdd (byrddau) *(m)* torri. **~ clearance** *n. Metalw*: cliriad *(m)* torri. **~ edge** *n. Carp: Metalw*: ymyl *(mf)* torri/dorri (ymylon torri). **~ flow** *n. Aut*: llif *(m)* torri. **~ gauge** *n. Metalw*: medrydd(-ion) *(m)* torri. **~ layout** *n. Needlew*: cynllun(-iau) *(m)* torri patrwm. **~ line** *n.* llinell *(f)* dorri (llinellau torri). **~-out guides** *n.* arwyddion torri patrwm. **~-out shears** *n. Tls*: gwellaif (gwelleifiau) *m.* **~ plane** *n. Tls*: plaen(-iau) *(m)* torri. **~ pliers** *n. Tls*: gefel/gefail *(f)* dorri (gefeiliau torri). **~ tools** *n.pl.* offer torri. **2.** *n. (a) (piece of paper, cloth)*: toriad(-au) *m*, torryn (torion) *m; (of material)*: clwt (clytiau) *m;* **~ from a newspaper, press ~,** toriad/torryn o bapur newydd; *(b) Hort*: toriad. **3.** *Civ.E: &c*: cloddiad(-au) *m*, trychfa (trychf|eydd) *f; Rail*: hafn(-au) *m.*

cuttingly *adv.* yn finiog *&c.*

cuttlebone *n.* asgwrn *(m)* ystifflog (esgyrn ystifflogod), *A*: bron *(f)* alarch.

cuttlefish *n. Moll*: ystifflog(-od) *m*, môr-gyllell (~-gyllyll) *f, N*: twyllwr du (twyllwyr duon) *m*, pibwr (pibwyr) *(m)* inc; **little ~,** ystifflog bach, twyllwr du bychan; **Ross ~,** ystifflog Ross, twyllwr du hir.

cutty *a. & n.* **1.** *a.* cwta *(f.* cota, *pl.occ*: cwteuon), crop. **2.** *n. (= pipe)*: cetyn (catiau) *m.* **~-stool** *n. Hist*: cadair (cadeiriau) *(f)* edifeirwch.

cutwater *n. Arch: Civ.E*: torddwr: torddwfr (torddyfroedd) *m.*

cutweed *n. Algae*: gwymon codog bras *m.*

cutwork *n.* torwaith *m.*

cutworm *n. Ent*: cymynwr (cymynwyr) *m*, pryf(-ed) *(m)* torri.

cuvette *n.* ***cuvette(-s)*** *f*, dysgl(-au) *f*, tiwb(-iau) *m.*

cuvie *n. Algae: (Laminaria hyperborea)*: môr-wiail hirgoes *pl.*

cwm *n. Mount*: cwm (cymoedd) *m; Geol: Geog*: peiran(-au) *m.*

Cwm Aran *W.Pl.n.* Cymaron *m.*

Cwm Lickey *W.Pl.n.* Cwm *(m)* Lleucu.

Cwmavon *W.Pl.n.* **1.** *(in Gwent)*: Cwmafon *m.* **2.** *(in Glamorgan)*: Cwmafan *m.*

Cwmdare *W.Pl.n.* Cwmdâr *m.*

Cwmtillery *W.Pl.n.* Cwmtyleri *m.*

Cwmyoy *W.Pl.n.* Cwm-iou *m.*

cyan *a.* gwyrddlas (gwyrddleision).

cyanamide *n. Ch*: sy|anamid *m.*

cyanate *n. Ch*: s|yanad (syanadau) *m.*

cyanic *a.* syanig.

cyanide *n. Ch*: s|yanid (syanidau) *m*, s|eianid (seianidau) *m*.
cyanidin *n. Ch*: sy|anidin *m*.
cyanine *n. Dy*: s|yanin (syaninau) *m*.
cyano *a. Ch*: syano. **~-ethyl** *a*. syano-ethyl. **~-ethylate** *v.t.*, **~-ethylation** *n*. syano-ethyladu.
cyanoacrylate *n. Ch*: syano|acrylad (syanoacryladau).
cyanobacterium *n. Bio-Ch*: syanobacteriwm (syanobacteria) *m*.
cyanocobalamin[e] *n. Bio-Ch*: syanocob|alamin *m*.
cyanogen *n. Ch*: sy|anogen (syanogenau) *m*.
cyanogenesis *n*. syanog|enesis *m*.
cyanogenetic, cyanogenic *a*. syanogenig.
cyanohydrin *n*. syanohydrin(-au) *m*.
cyanosed *a*. dulas (duleision), glasddu(-on), syanotig.
cyanosis *n. Path*: syanosis *m*, dulesni *m*, glasddüwch *m*.
cyanurate *n. Ch*: syanwrad(-au) *m*.
cyanuric *a. Ch*: syanwrig.
cyathea *n. Bot*: cibredynen (cibredyn) *f*.
cybernated *a*. seibernetig.
cybernation *n*. seiberneteg *f*.
cybernetic[al] *a*. seibernetaidd.
cybernetician, cyberneticist *n*. seibernetydd(-ion) *m*.
cybernetics *n.pl*. seiberneteg *f*.
cycad *n. Bot*: sycad(-au) *m*.
cycadophyte *n. Bot*: syc|adoffyt (sycadoffytau) *m*.
cycasin *n. Ch*: s|ycasin *m*.
Cycladic *a. Geog*: Sycladig.
cyclamate *n. Ch*: s|yclamad (syclamadau) *m*.
cyclamen *n. Bot*: llysiau(*pl*)'r ddidol, bara(*m*)'r hwch, m|ochwraidd *m*, egel *f*, s|yclamen (syclamenau) *m*.
cyclase *n. Bio-Ch*: syclas(-au) *m*.
cyclazocine *n. Pharm*: sycl|asosin *m*.
cycle[1] *n*. **1.** cylch(-au,-oedd) *m*, cylchdro(-eon) *m*, cylchred(-au) *fm*, *occ:* rhod(-au) *f*; *Geol*: cyfnod(-au) *m*; **life ~,** cylchred bywyd, cylch bywyd/oes/einioes; **trade ~,** cylchdro masnach; **~ of erosion,** cylchred erydiad/erydu; *Biol*: **breeding ~,** cylchred bridio; **food ~,** cylchred bwydydd; *I.C.E*: **four-stroke ~,** cylchdro pedair strôc; **literary ~,** llên-gylch *m*; *Med*: **menstrual ~,** cylchred y misglwyf/mislif; *Mus*: **song ~,** cylch o ganeuon; *Lit*: **the Arthurian ~,** chwedl (*f*) Arthur, y chwedl[-au] Arthuraidd; *Astr*: **lunar ~, metonic ~,** cylch y lleuad, cylch lloerol; **solar ~,** cylch yr haul, y cylch heulol; *Ecc*: **~ of indication,** cylch y cyhoeddiant, cyhoeddgylch *m*; **Paschal ~,** cylch y Pasg; *Social Adm*: **~ of deprivation,** cylchred amddifadedd; **~ of poverty,** cylchdro tlodi; *Aut*: **~ time,** amser(-au) (*m*) cylchred. **2.** = **bicycle 1**; **pedal ~,** beic(-iau,-s) *m*, *occ:* beic bach. **~-car** *n*. car (*m*) seicl. **~-racing** *vn*. rasio beiciau, *F*: rasus (*pl*) beics. **~-track** *n*. llwybr(-au) (*m*) beiciau.
cycle[2] *v.i*. mynd ar gefn beic, beicio, seiclo.
cycler *n. U.S*: = **cyclist**.
cyclic *a*. cylchol, cylchredol, cylchdröol; **counter-~,** gwrthgylchol; *Lit*: **~ novel,** nofel (*f*) ddilyniant; *Gr.Ant*: **~ chorus,** cylchgor(-au) *m*; **~ poet,** cylchfardd (cylchfeirdd) *m*; *Ch*: **~ AMP,** AMP cylchol; *Mus*: **~ form,** ffurf gylchol (ffurfiau cylchol) *f*; *Mth*: **~ quadrilateral,** pedrochr gylchol (pedrochrau cylchol) *f*; *Ph*: **~ shift,** syfliad(-au) cylchol *m*.
cyclical *a*. = **cyclic**.
cyclically, cyclicly *adv*. yn gylchol, yn gylchaidd, yn gylchog, mewn cylch[-au,-oedd].
cycling *vn*. seiclo, beicio, marchogaeth beic, mynd ar gefn beic.
cyclist *n*. seiclwr (seiclwyr) *m*, beiciwr (beicwyr) *m*, b|eicwraig (beicwragedd) *f*; **racing ~,** rasiwr (raswyr) (*m*) beiciau, *F*: dyn(-ion) (*m*) rasus beics.
cyclitol *n. Ch*: s|eiclitol (seiclitolau) *m*.
cyclization *n. Ch*: cylcheiddiad(-au) *m*, cylcheiddio *vn*.
cyclize *v.t.&i. Ch*: cylcheiddio.
cycloaddition *n. Ch*: cylchffurfiant *m*.
cycloaliphatic *a. Ch*: seicloaliffatig.
cyclo-cross *n*. seiclo-cros *m*, ras[-us] (*f*) beiciau/beics ar draws gwlad.
cyclodiene *n. Ch*: seiclodïen(-au) *m*.
cyclogenesis *n. Meteor*: seiclog|enesis *m*.
cyclograph *n*. s|eiclograff (seiclograffau) *m*.
cyclohexane *n. Ch*: seiclohecsan *m*.
cycloheximide *n. Ch*: seicloh|ecsimid *m*.
cyclohexylamine *n. Ch*: seiclohecs|ylamin *m*.
cycloid *a. & n. Mth*: *Ich*: **1.** *a*. seicloid, seicloidaidd; **~ curves,** cromlinau seicloid. **2.** *n*. seicloid(-au) *m*, cylchoid(-au) *m*.
cycloidal *a*. seicloidaidd.
cyclomatic *a*. seiclomatig.
cyclometer *n*. cylchfesurydd(-ion) *m*, seiclomedr(-au) *m*.
cyclometry *n*. cylchfesuriaeth *f*, seiclometreg *f*.
cyclonal *a. Meteor*: = **cyclonic**.
cyclone *n. Meteor*: cylchwynt(-oedd) *m*, seiclon(-au) *m*.
cyclonic *a. Meteor*: cylchwyntol, seiclonig.
cyclonically *adv. Meteor*: yn gylchwyntol *&c*.
cyclonite *n. Exp*: s|eiclonit *m*.
cycloolefin *n. Ch*: seiclo-|oleffin (~-oleffinau) *m*.
cycloolefinic *a. Ch*: seiclo-oleffinig.
cyclopaedia *n*. gwyddoniadur(-on) *m*.
cyclopaedic *a*. gwyddoniadurol.
cycloparaffin *n. Ch*: seiclop|araffin *m*.
Cyclopean *a*. Seiclopeaidd, Syclopeaidd, cawraidd, anferthol, aruthrol.
cyclophosphamide *n. Ch*: seicloff|osffamid (seicloffosffamidiau) *m*.
cyclopropane *n. Ch*: seiclopropan *m*.
Cyclops *n*. **1.** *Myth*: Seiclops(-iaid) *m*. **2. c~,** *Crust*: = **water-flea**.
cyclorama *n. Th*: *Cin*: cylchlen(-ni) *f*, seiclorama (seicloramâu) *m*.
cycloramic *a. Th*: *Cin*: seicloramig, cychlennol.
cycloserine *n. Bio-Ch*: seicloserin *m*.
cyclosis *n. Biol*: seiclosis *m*.
cyclostomate, cyclostomatous *a*. safngrwn (*f*. safngron, *pl*. safngrynion) (*pronounced* ng-g).
cyclostome *n. Z*: safngrwn (safngrynion) *m* (*pronounced* ng-g), c|eg-gron (ceg-grynion) *m*, s|eiclostom (seiclostomau) *m*.
cyclostyle[1] *n*. dyblygwr (dyblygwyr) *m*.
cyclostyle[2] *v.t*. dyblygu.
cyclosymmetry *n*. cylchgymesuredd(-au) *m*.
cyclothone *n. Ich*: pysgodyn (pysgod) safnrhwth *m*, s|eiclothon (seiclothonau) *m*.
cyclothymia *n. Psy*: seiclothymia *m*.
cyclothymic *a. Psy*: seiclothymig.
cyclotomic *a. Mth*: seiclotomig.
cyclotron *n. Atom.Ph*: s|eiclotron (seiclotronau) *m*.
cydonia *n. Bot*: = **quince**.
cygnet *n*. cyw (*m*) alarch (cywion eleirch/elyrch).
Cygnus *n. Astr*: yr Alarch *m*. **~ Loop** *n. Astr*: Dolen (*f*) yr Alarch.
cylinder *n*. **1.** *Geom*: silindr(-au) *mf*; **circular ~,** silindr cylch. **2.** silindr, tiwb(-iau) *m*, rholiwr (rholwyr) *m*, rholyn (rholiau) *m*, rholen (rholiau) *f*, rhôl (rholiau) *f*; *I.C.E*: silindr; *Biol*: *Ch*: **measuring ~,** silindr mesur; *(of typewriter)*: rholiwr; *(of revolver)*: drwm (drymiau) *m*; *(of gas)*: potel(-i) *f*. **~-head** *n*. *I.C.E*: pen (*m*) bloc (pennau blociau), pen silindrau. **~ press** *n*. *Print*: gwasg (gweisg) (*f*) silindr. **~ saw** *n*. llif(-iau) (*f*) silindr.
cylindered *a*. silindrog.
cylindrical *a*. silindrig, silindraidd.
cylindrically *adv*. yn silindrig *&c*.
cylindroid *n. Mth*: *Ph*: silindroid(-au) *m*.
cylix *n. Gr.Ant*: ***cylix (cylices)*** *f*.
cyma *n*. **1.** *Arch*: *tonfo[w]ld(-iau) *m*. **2.** *Bot*: = **cyme**.
cymatium *n*. = **cyma**.
cymatogenic *a. Geog*: symatogenig.
cymbal *n. Mus*: symbal(-au) *m*; *B*: **a tinkling ~,** symbal yn tincian.
cymbalist *n. Mus*: symbalwr: symbalydd (symbalwyr) *m*.
cymbalo *n. Mus*: dwsmel(-au) *m*.
Cymbeline *Pr.n.m*. Cynfelyn.
cymbidium *n. Bot*: tegeirian(-au) cwpanog *m*.
cymbiform *a. Anat*: *Bot*: cychaidd, cychffurf, ar lun cwch/bad, ar ffurf cwch/bad.
cyme *n. Bot*: brigflodyn (brigflodau) *m*.
cymene *n. Bio-Ch*: seimen(-au) *m*.
Cymmer Abbey *W.Pl.n*. Y Faner *f*, Abaty (*m*) Cymer.
cymophane *n*. = **chrysoberyl**.
cymose *a. Bot*: brigflodeuol.
cymosely *adv*. yn frigflodeuol.
Cymric *a*. = **Welsh**.
Cymyran Reef *W.Pl.n*. Cerrig (*pl*) y Caws.
Cymyran Strait *W.Pl.n*. Môr (*m*) Cymyran.
cynanche *n. Med*: ysbinagl *m*.

cynegetic *a.* helwriaethol, helwrol.
cynegetics *n.pl.* helwriaeth *f*, hela *vn*, cynyddiaeth *f*.
cynghanedd *n. W.Pros*: cynghanedd (cynganeddion) *f*; **the sound of the ~,** sŵn (*m*) y glec.
cynic *n.* sinig(-iaid) *m*, sinic(-iaid) *m*.
cynical *a.* sinigaidd, sinicaidd.
cynically *adv.* yn sinigaidd *&c*.
cynicism *n.* sinigiaeth *f*, siniciaeth *f*.
cynocephalous *a.* cynben, â phen ci.
cynocephalus *n.* **1.** *Z*: cïab(-au, -iaid) *m*, babŵn (babwniaid) *m*. **2.** *Myth*: cynben (cynbyn) *m*.
cynoglossum *n. Bot*: tafod (*m*) y ci, tafod y bytheiad, *A*: pigl *m*.
cynomolgus monkey *n. Z*: mwnci (mwncïod) synomolgws *m*.
cynosure *n.* **1.** *Lit:* testun(-au) (*m*) sylw, canolbwynt (*m*) edmygedd, prif wrthrych. **2. C~,** *Astr: (= Ursa Minor)*: Seren (*f*) y Gogledd, yr Arth Leiaf *f*, Seren (*f*) y Morwyr, yr Arthan *f*.
cyperaceous *a. Bot*: hesgaidd.
cyperus *n. Bot*: **brown ~,** ysnoden (*f*) Fair lwytgoch; **sweet ~, = galingale.**
cyphel *n. Bot*: **mossy ~,** eilun friweg *f*.
cypher *n.* = **cipher**[1].
cyphosis *n. Med*: crwbi *m*, crwth *m*, gwargrymedd *m*.
cy pres *adv. & a. Jur*: mor agos ag sy'n bosibl.
cypress *n. Bot*: cypreswydden (cypreswydd) *f*, pren(-nau) (*m*) cypres; **field ~, = ground-pine; summer ~,** *(Kochia scoparia)*: gŵydd-droed ysgubellog *mf*, gŵydd-droed yr haf. **~ oak** *n. Bot*: derwen gypresaidd (derw/deri cypresaidd) *f*. **~ spurge** *n. Bot*: fflamgoed gypresol *f*. **~ vine** *n. Bot*: taglys cypresol *m*.
Cyprian, Cypriot[e] *a. & n.* **1.** *a.* Cypraidd, o Gyprus. **2.** *n.* Cypriad (Cypriaid) *m&f*.
cyprinid *a. & n. Ich*: **1.** *a.* syprinaidd. **2.** sypriniad (sypriniaid) *m*.
cyprinodont *a. & n. Ich:* **1.** *a.* syprinodontaidd. **2.** *n.* sypr|inodont (syprinodontiaid) *m*.
cyprinoid *a. & n.* **1.** *a.* carpaidd. **2.** *n.* pysgodyn (pysgod) carpaidd *m*, syprinoid(-au) *m*.
cypripedium *n. Bot*: esgid (*f*) Fair.
Cyprus *Pr.n. Geog:* Cyprus *f*, Ynys (*f*) Cyprus.
cypsela *n. Bot*: c|ypsela (cypselâu) *m*.
Cyrenaic *a. & n.* **1.** *a. Hist: Phil*: Cyrenaidd. **2.** *n.* Cyreniad (Cyreniaid) *m&f*.
Cyrenaicism *n. Phil*: Cyreniaeth *f*.
Cyrillic *a.* Cyrilig, Syrilig.
cyst *n.* **1.** *Biol*: coden(-nau) *f*; *(= bladder)*: pledren(-nau, -ni) *f*. **2.** *Med*: syst(-iau) *mf*.
cystamine *n. Pharm:* s|ystamin *m*.
cystathionine *n. Bio-Ch*: systathionin *m*.
cysteamine *n. Ch*: systeamin *m*.
cystectomy *n. Surg*: syst|ectomi (systectomïau) *f*, trychu(*vn*)'r bledren.
cysteine *n. Ch*: systëin *m*.
cystic *a.* **1.** *Anat: (of the bladder)*: pledrennol, y bledren. **2.** *Med: (of a cyst)*: codennaidd, codennol, systig; **~ fibrosis,** ffibrosis systig *m*.
cysticercoid *a. Ann*: systisercaidd.
cysticercosis *n. Path*: systisercosis *m*.
cysticercus *n. Ann*: systisercws (systiserci) *m*.
cystine *n. Bio-Ch*: systin *m*.
cystitis *n. Med*: llid (*m*) y bledren, systitis *m*.
cystocarp *n. Algae*: s|ystocarp (systocarpau) *m*.
cystocele *n. Med*: s|ystosel (systoselau) *m*.
cystoid *a. & n.* **1.** *a.* systaidd, systoid, systoidaidd. **2.** *n.* systoid(-au) *m*.
cystolith *n. Bot*: s|ystolith (systolithau) *m*.
cystoscope *n. Med*: s|ystosgop (systosgopau) *m*.
cystoscopic *a. Med*: systosgopig.
cystotomy *n. Surg*: syst|otomi (systotomïau) *f*.
cytaster *n. Bot*: sytastr(-au) *m*.
Cytherea *n. Myth*: Gwener *f*, Fenws *f*.
Cytherean *a. Myth*: Gweneraidd.
cytidine *n. Bio-Ch*: s|ytidin *m*.
cytidylic *a. Bio-Ch*: sytidylig.
cytisine *n. Bio-Ch*: s|ytisin *m*.
cytisus *n. Bot*: = **laburnum.**
cytoblast *Biol*: s|ytoblast (sytoblastau) *m*.
cytochemical *a.* sytocemegol.
cytochemistry *n.* sytocemeg *f*.
cytochrome *n. Bio-Ch*: s|ytocrom *m*.
cytogenetic[al] *a. Biol*: sytogenetig.
cytogeneticist *n. Biol*: sytogenetegwr: sytogenetegydd (sytogenetegwyr) *m*.
cytogenetics *n.pl. Biol*: sytogeneteg *f*.
cytokinesis *n.* sytocinesis *m*.
cytokinetic *a.* sytocinetig.
cytokin *n.* s|ytocin *m*.
cytological *a.* sytolegol.
cytologically *adv.* yn sytolegol.
cytologist *n.* sytolegwr: sytolegydd (sytolegwyr) *m*.
cytology *n.* sytoleg *f*.
cytolysin *n. Bio-Ch*: *Bact*: syt|olysin *m*.
cytolysis *n.* syt|olysis *m*.
cytolytic *a.* sytolytig.
cytomegalic *a.* sytomegalig.
cytomegalovirus *n. Bac*: sytomegalofirws (sytomegalofirysau) *m*.
cytomembrane *n.* sytobilen(-nau) *f*.
cytomorphological *a. Biol*: sytomorffolegol.
cytomorphology *n. Biol*: sytomorffoleg *f*.
cyton *n. Physiol*: syton(-au) *m*.
cytopathic *a. Biol*: sytopathig.
cytopathogenic *a. Biol*: sytopathogenig.
cytopathogenicity *n. Biol*: sytopathogenedd *m*.
cytophilic *a. Biol*: sytoffilig.
cytoplasm *n. Biol*: s|ytoplasm *m*.
cytoplasmic *a. Biol*: sytoplasmig.
cytoplast *n. Biol*: s|ytoplast (sytoplastau) *m*.
cytoplastic *a. Biol*: sytoplastig.
cytosine *n. Bio-Ch*: s|ytosin *m*.
cytosol *n. Biol*: s|ytosol *m*.
cytosome *n. Biol*: s|ytosom (sytosomau) *m*.
cytostatic *a. Biol*: sytostatig.
cytotaxonomic *a. Biol*: sytotacsonomig.
cytotechnologist *n. Biol*: sytotechnolegwr: sytotechnolegydd (sytotechnolegwyr) *m*.
cytotoxic *a. Biol*: sytotocsig.
cytotoxicity *n. Biol*: sytotocsigedd *m*.
cytotoxin *n. Biol*: sytotocsin(-au) *m*.
cytotropic *a. Biol*: sytotropig.
cywydd *n. W.Lit*: cywydd(-au) *m*; **writer of *cywyddau*,** cywyddwr (cywyddwyr) *m*.
czar *n.* tsar(-iaid) *m*.
czardas *n. Danc*: csardas(-au) *f*.
czardom *n.* tsariaeth(-au) *f*.
czarevitch *n.* ts|arefits (tsarefitsiaid) *m*.
czarina *n.f.* tsares(-au), tsarina (tsarinâu).
czarism *n.* tsariaeth *f*.
czarist *n.* tsarydd(-ion) *m*.
czaritza *n.* = **czarina.**
Czech *a. & n.* **1.** *a.* Tsiecaidd; **she's ~,** Tsieciad yw hi; *(in language)*: Tsieceg. **2.** *n.* *(a) Ethn*: Tsieciad (Tsieciaid) *m&f*; *(b) Ling*: Tsieceg *f*, *m*.
Czechoslovak *a. & n.* **1.** *a.* Tsiecoslofacaidd; *S.a.* **Czechoslovakian.** **2.** *a.* Tsiecoslofac(-iaid) *m&f*.
Czechoslovakia *Pr.n. Geog*: Tsiecoslofacia *f*.
Czechoslovakian *a. & n.* = **Czech; the ~ government,** llywodraeth Tsiecoslofacia.

D

D, d *n.* **1.** [y llythyren] D, d *f* (*pronounced* di, *pl.* dïau); *although f., names of letters are not mutated*; **this d,** y di hon; **two d's,** dwy di; *Tp.* **D for David,** D am Dafydd. **2.** *(abbr. Lat. denarius)*; c *(abbr. ceiniog)*. **3.** *Mil:* **D-Day,** Dydd *(m)* D. **D.J.** *abbr.* troellwr (troellwyr) *m* [disgiau]. **D.T.'s** *abbr. See* **delirium.**

dab[1] *n.* **1.** *(= light touch)*: cyffyrddiad(-au) *m*, ffatiad(-au) *m*, ffaten (ffatiau) *f*, ffat(-iau) *f*, dab(-iadau) *m*, dabiad(-au) *m*, *F:* twtsh(-is) *m*, *Lit:* cnithiad(-au) *m*, cnith(-iau) *m*. **2.** *(of paint &c)*: llyfiad(-au) *m*, twtsh; *(of butter)*: mymryn *m*. **3.** *pl. P: (= fingerprints)*: olion bysedd.

dab[2] *v.t.&i.* **1.** *v.t.* ffatio, *N:* dabio, *S:* dabo, *Lit:* cnithio; **to ~ one's eyes with a handkerchief,** sychu'ch llygaid â chadach poced. **2.** *v.i. Danc:* dabio.

dab[3] *n. Ich: (Limanda limanda)*: llythen (llythod) *f*, lleden (lledod) *(f)* y llaid, *N:* lleden dywod (lledod tywod), tabsen (tabs) *f*; **long rough ~,** *(Hippoglossoides platessoides)*: lleden gennog (lledod cennog); **smear ~,** *(Pleuronectes microcephalus)*: lleden iraidd.

dab[4] *n. F:* **poor ~,** druan ohono/ohoni *&c*; druan bach, yr hen druan, yr hen dlawd, *N:* y creadur *m*, y greadures *f*, y peth bach *m*, y beth fach/bach *f*, *S:* pŵr dab *m*, yr hen bŵr dab ag e; **the lucky ~!** 'na fachan lwcus!

dab[5] *a. & n.* **1.** *a. (= skilled)*: medrus, dethau, deheuig, *F:* dethe, deche, *Lit:* hyfedr; **a ~ hand,** llaw fedrus; **to be a ~ hand at sth,** bod yn dda am wneud rhth, bod â llaw dda at rth, bod yn hen law ar rth, medru troi'ch llaw at rth, medru gwneud rhth yn ddeheuig, bod yn ddyn amcanus, *N: F:* bod yn giamstar/giamblar ar wneud rhth; **he's a ~ hand at cricket,** mae'n gricedwr tan gamp. **2.** *n.* meistr(-i) *m*, arbenigwr (arbenigwyr) *m*, arben|igwraig *f*, meistres *f*, crefftwr (crefftwyr) *m*, cr|efftwraig *f*; pencampwr (pencampwyr) *m*, penc|ampwraig *f* **(at sth,** ar rth); *N: F:* giamstar(-s) *m*, giamblar(-s) *m*, *S: F:* camster(-s) *m*.

dabber *n.* pad(-iau) *m*, stamp(-iau) *m*.

dabberlocks *n. Algae: (Alaria esculenta)*: llywethau(*pl*)'r môr.

dabble *v.i.* **1.** *(= splash)*: trochi, slotian, diblo. **2. to ~ (in sth),** *(as a hobby &c)*: ymh|el, *occ:* ymyrraeth, tolach, *N: F:* piltran, stwna, cyboli, po[i]tshian, po[i]tshio, *S: occ:* dobiach, potsian (â rhth).

dabbler *n.* **1.** dablwr (dablwyr) *m* **(in sth,** yn rhth); ymheliwr (ymhelwyr) *m*, cybolwr (cybolwyr) *m*, po[i]tshiwr (po[i]tshwyr) *m* (â rhth). **2.** *Orn:* dowciwr (dowcwyr) *m*.

dabchick *n. Orn:* gwyach fach (gwyachod bach/bychain) *f*, Harri *(m)* gwlych dy big, tindroed *m*, Wil *(m)* y wawch, hwyaden *(f)* gladdu (hwyaid claddu).

da capo *a. & adv. Mus:* o'r dechrau.

dace *n. Ich:* brwyniad (brwyniaid) *m*, darsen (darsod) *f*.

dacha *n.* datsha(-s) *m*.

dachshund *n.* dachsund(-s) *m*, *Lit: occ:* brochgi (brochgwn) *m*, ci (cŵn) *(m)* llathaid.

dacoit *n.* gwylliad (gwylliaid) *m*, ysbeiliwr (ysbeilwyr) *m*.

dacron *n. Tex: R.t.m:* dacron *m*.

dactyl *n. Pros:* dactyl(-au) *m*, corfan(-nau) crych disgynedig *m*.

dactylic *a. Pros:* dactylaidd, crych disgynedig.

dactylis *n. Bot:* = **cocksfoot grass.**

dactylitis *n. Med:* llid *(m)* y bys/bysedd, dactylitis *m*.

dactylology *n.* *byseddiaith *f*, *bysleferydd *m*.

dactyloscopy *n.* dactylosgopeg *f*.

dactylus *n. Anat:* cwgn (cygnau) *m*.

dad *n. & int.* **1.** *n.* tad(-au) *m*. **2.** *int.* dad, 'nhad, tada, dat, dada, data, *S: occ:* tyta.

Dada *n. Art:* Dada *m*.

Dadaism *n.* Dadayddiaeth *f*, Dadaistiaeth *f*.

Dadaist *n. & attrib.* **1.** *n.* Dadäydd (Dadayddion) *m*. **2.** *attrib.* Dadaistaidd, Dadayddol.

Dadaistic *a.* = **Dadaist 2.**

daddy 1. *n.* = **dad. 2. the ~ of them all,** eu tad hwy oll. **~-long-legs** *n.* **1.** *Ent:* teiliwr(-iaid) *m*, pryf(-ed) *(m)* teiliwr, pryf ffenest, *N: F:* jac *(m)* y baglau, *S:* hirheglyn (hirheglod) *m*; **2.** *Arach: U.S:* = **harvestman. ~-long-legs spider** *n. Arach: (Pholens phalangoides)*: *N:* copyn(-nod) heglog *m*, *S:* corryn (corynnod) heglog *m*.

dado[1] *n. Arch:* godre(-on) *m*, dado(-au) *m*. **~ joint** *n. Carp:* uniad(-au) *(m)* dado.

dado[2] *v.t. Arch: (a) (= provide with dado)*: gosod dado (ar rth); *(b) (=* **groove**[2]*)*: rhigoli.

daedal *a. Lit:* **1.** *(= skilful)*: deheuig, cywrain. **2.** *(= complex)*: cymhleth; *(= wondrous)*: rhyfeddol. **3.** *(= adorned)*: addurnedig.

Daedalean *a. Myth:* D[a]edalaidd.

daedaleous *a. Bot:* crych (*f.* crech, *pl.* crychion), crychlyd.

Daedalian *a.* = **Daedalean.**

Daedalus *Pr.n.m. Myth:* D|aedalws, D|edalws.

daemon *n.* **1.** daemon(-iaid) *m*. **2.** *(evil)*: = **demon.**

daemonic *a.* daemonaidd, daemonig.

Daffaluke *Eng.Pl.n.* Dyffryn *(m)* Llugwy.

daffodil *n. Bot: (Narcissus pseudonarcissus)*: cenhinen *(f)* Bedr/Pedr (cennin Pedr), daffodil(-iau) *m*, blodyn (blodau) *(m)* mis Mawrth, cenhinen, cennin *(pl)* y gwinwydd, croeso*(m)*'r Gwanwyn, gylfinog *f*, gwayw*(m)*'r brenin, *S.W:* dwndilis *pl*, lili bengam (lilis pengam) *f* (*pronounced* ng-g), lili felen (lilis melyn), daffitwndilis *pl*, *S.E:* blodyn mis bach, melyn *(m)* Clamai, clych *(pl)* Enid, *M.W:* clychau *(pl)* doli, clychau babi, daffidondilis *pl*, *N.W: occ:* clychau babis, cinis *(pl)* Pedr, jinipedars *pl*, pibell felen (pibelli melyn) *f*; **Tenby ~,** *(N. obvallaris)*: cenhinen Dinbych; **Spanish ~,** *(N. pseudonarcissus ssp. major)*: cenhinen Sbaen. **~ garlic** *n. Bot:* cra*(m)*'r Eidal. **~ lily** *n. Bot:* lili*(f)*'r cennin. **D~ Mountain** *Pr.n. W.Geog:* Craig *(f)* Gelynin.

daffy, daft *a.* ffôl, twp, ynfyd, hurt, gwirion, lloerig, dwl, gwallgo[f], penwan, hanner call, hanner pan, *N.W: F:* 'nerco (= hanner cof), *S:* dienaid, herco, 'narcall, *S.W: occ:* delffaidd; **to go ~ (over sth),** gwirioni, ynfydu, moedro, mopio, hurtio, holpio'ch pen, dotio, dwli (ar rth); *N.W: occ:* penholpio (efo rth); **~ lamb disease,** clefyd yr ŵyn baglog; **you are as ~ as they make them,** 'rwyt ti'n wirion bost; *N.W: occ:* 'does dim mwy yn dy ben di mwy nag mewn meipen ffoglyd; *S:* 'rwyt ti mor dwp â llo; 'rwyt ti'n ddwl post; *S.W:* 'rwyt ti fel delff.

daftly *adv.* yn ffôl *&c*.

daftness *n.* ffolineb *m*, hurtrwydd *m*, hurtwch *m*, gwiriondeb *m*, dylni *m*, penwendid *m*.

dag[1] *n.* **1.** cinyn (cinion) *m*, cynhinyn (cynhinion) *m*, llarp(-iau) *m*. **2.** *Husb:* gwlân caglog *m*, caglau *pl*, diblau *pl*.

dag[2] *v.t.* **1.** tocio. **2.** *Husb:* torri caglau.

dagga *n. Bot:* daga *m*.

dagger *n.* **1.** dager(-au) *f*, dagr (dagerau) *f*, bidogan(-au) *f*; *F:* **at daggers drawn,** yn barod i ymladd, ar daro, am waed eich gilydd, yn benben; **to look daggers,** cilwgu, gwgu, cuchio, ffromi, hylldremio, edrych yn filain, taflu golwg milain, taflu gwg/cilwg/cuchiau **(at s.o.,** ar rn); **knife ~,** cyllell *(f)* ddagr (cyllyll dagr); **rivetted ~,** dagr rybedog. *S.a.* **cloak**[1]. **2.** *Typ:* bidog(-au) *f*. **double ~,** bêr (berau) *mf*.

daggle *v.i.* caglu, diblo, mynd yn gaglau.

daggled *n.* caglog, diblog, yn gaglau [i gyd].

daglock *n.* = **dag**[1].

dago *n. F:* dago(-aid) *m*, Sbaniard(-s) *m*. **~-part** *n. Th:* part(-iau) Lladinaidd *m*.
daguerrotype *n. & v.t. Phot:* **1.** *n.* dagu|erroteip (daguerroteipiau) *m*. **2.** *v.t.* daguerroteipio.
daguerrotypy *n.* daguerroteipio *vn*.
dah *n. W.Tg:* dah *m*.
dahlia *n. Bot:* dahlia(-s, dahliâu) *m*; **blue ~,** peth amhosibl *m*, rhosyn gwyrdd *m*. **~ anemone** *n. Z: (Tealia felina):* an|emoni (anemonïau) *(m)* pen dahlia.
Dáil *n. Pol:* **~ *Eireann*,** Senedd *(f)* Iwerddon.
dailiness *n.* beunyddioldeb *m*.
daily *a., adv. & n.* **1.** *a.* dyddiol, beunyddiol, bob dydd; **~ bread,** bara beunyddiol *m*; *Turf:* **~ double,** dwbl beunyddiol *m*; **~ dozen,** ymarfer *(mf)* corff, ymarferion beunyddiol *pl*; *Rel:* **~ offices,** gwasanaethau beunyddiol; **~ paper,** papur(-au) dyddiol *m*. **2.** *adv.* yn ddyddiol, yn feunyddiol, bob dydd, beunydd; **(to work) at a ~ rate,** (gweithio) wrth y dydd, yn ôl y dydd. **3.** *n. (a) (= cleaner):* glanhäwr (glanhawyr) *m*, gwr|aig *(f)* lanh|au, (gwragedd glanhau), glanh|euwraig (glanheuwragedd) *f*; *(b) Journ:* papur(-au) dyddiol *m*.
daimon *n.* = **demon.**
daimonic *a.* = **demonic.**
daintily *adv.* **1.** *(= delicately):* yn ysgafn, yn dringar (*pronounced* ng-g). **2.** *(= with refinement):* yn chwaethus *&c*.
daintiness *n.* **1.** *(= refinement):* lledneisrwydd *m*, chwaethusrwydd *m*. **2.** *(= neatness, prettiness):* meinder *m*, meindlysineb *m*, dillynder *m*, destlusrwydd *m*, dichlynder *m*. **3.** *(of touch):* ysgafnder *m*, tringarwch *m* (*pronounced* ng-g), tynerwch *m*.
dainty[1] *a.* **1.** *(= small and pretty):* cain (ceinion), tlws (*f.* tlos, *pl.* tlysion), main (meinion), del, destlus, *Lit:* dillyn, dichlyn, meindlws (meindlysion); *(in taste):* chwaethus, coeth. **2.** *(= fastidious):* dicra, cysetlyd, *N: F:* misi, *Lit:* anhyfodd; **dainty about one's food,** misi gyda'ch bwyd. **3.** *(touch):* ysgafn, tringar (*pronounced* ng-g), tyner. **4.** *(food):* amheuthun, danteithiol. **5. a ~ person,** *S:* twtyn *m*, twten *f*; *S.a.* **delicate.**
dainty[2] *n.* peth(-au) amheuthun *m*, amheuthun(-ion) *m*, danteithfwyd (-ydd) *m*; *pl.* **dainties,** danteithion.
daiquiri *n. Drink: daiquiri(-s) m*.
dairy *n. (in farmhouse):* llaethdy (llaethdai) *m*, tŷ (tai) *(m)* llaeth, *N.W: occ:* bwtri; *(= shop):* siop *(f)* laeth (siopau llaeth). **~ bull** *n.* tarw *(m)* buches odro (teirw buchesi godro). **~ butter** *n.* [y]menyn *(m)* fferm, *N: occ:* [y]menyn bach. **~ cattle** *n.* gwartheg *(pl)* godro, *S:* da *(pl)* blith/godro. **~ cow** *n.* buwch *(f)* odro (buchod/da/gwartheg godro). **~ factory** *n.* hufenfa (hufenf|eydd) *f*, ffatri *(f)* laeth (ffatrïoedd llaeth). **~ farm** *n.* fferm *(f)* wartheg (ffermydd gwartheg), fferm laeth (ffermydd llaeth). **~ farmer** *n.* ffermwr (ffermwyr) *(m)* llaeth. **~ farming** *n.* llaethyddiaeth *f*, ffermio *(vn)* llaeth, *Lit:* maeroniaeth *f*. **~ produce** *n.*, **~ products** *n.pl.* cynnyrch *(m)* llaeth, cynhyrchion *(pl)* llaeth, enllyn gwyn *m*.
dairying *n.* llaetheg *f*, llaethyddiaeth *f*, llaethydda *vn*, *Lit:* maeroniaeth *f*.
dairymaid *n.f.* llaethferch(-ed), *occ:* morwyn laeth (mor[w]ynion llaeth).
dairyman *n.m.* gwerthwr (gwerthwyr) llaeth, llaethwr (llaethwyr), llaethmon (llaethmyn), dyn(-ion) llaeth, *N:* dyn llefrith.
dais *n.* llwyfan(-nau) *mf*, esgynlawr (esgynloriau) *m*.
daisy *n.* **1.** *Bot: (Bellis perennis):* llygad (llygaid) *(m)* y dydd, *occ:* briallu*(pl)*'r dydd, *Lit: occ:* sensigl(-on) *m*, asbygan *m*; **Michaelmas ~,** *(Aster):* ffarwel *(m)* haf, blodyn (blodau) *(m)* Mihangel, blodyn ola'r haf; **moon-~, ox-eye ~,** *(Chrysanthemum leucanthemum):* llygad llo mawr, gold gwyn *m*, golden wen *f*, llygad y dydd mawr, blodyn llo mawr; **Shasta ~,** *(Leucanthemum maximum):* y llygad dydd mwyaf, llygad dydd Shasta; *P:* **he's pushing up the daisies,** mae e dan y dywarchen; mae dan ddwylath o bridd; mae wedi'i heglu hi; *N:* mae'r twrch wedi wincio arno; *S:* mae e wedi hala'i getyn. **2.** *P:* **she's a ~,** un fach ddel yw hi. **~-cutter** *n. P:* **1.** *(= horse):* llusgwr (llusgwyr) *(m)* traed. **2.** *Cr:* pêl (peli) isel *f*. **~-chain** *n.* cadwyn *(f)* flodau (cadwyni blodau), *N.W: occ:* cynffon *(f)* oen bach (cynffonnau ŵyn bach). **~ stitch** *n. Needlew:* pwyth(-au,-i) *(m)* llygad y dydd. **~-wheel [printer]** *n.* olwyn(-ion) *(f)* argraffu.
dalapon *n.* d|alapon *m*.
dalasi *n. Num:* dalasi(-s, dalasïau) *m*.
dale *n.* dyffryn(-noedd) *m*, dyffryndir(-oedd) *m*, glyn(-noedd) *m*, *occ:* dôl (dolau, dolydd) *f*, doldir(-oedd) *m*, *A:* ystrad(-au) *f*; **up hill and down ~,** dros bant a bryn.
dalesman *n.m.* dyffrynnwr (dyffrynwyr).
daleth *n. Hebrew Alph:* daleth(-au) *f*.
dalliance *n.* **1.** *A: & Lit: (amorous): F:* mercheta *vn*, cogio *(vn)* caru, fflyrtian *vn*, *Lit:* cellwair *m*, cymedd *m* (merched). **2.** = **dawdling, dawdle[2]**
dallier *n.* **1.** = **flirt[1]** **2.** = **dawdler.**
dally *v.i.&t.* **1.** *v.i. (= delay, waste time):* oedi, llusgo traed, ymdr|oi, tin-droi, dili-dalio, gwagswmera, hel dail. **2.** *v.i. (= play/toy with idea &c):* chwarae, ymdr|oi, ymyrraeth, *N: F:* piltran, stwna (â rhth). **3.** *v.i. (= flirt):* cogio caru, fflyrtian, fflyrtio, budr-garu, *N. W: F:* how-garu, *N:* cyboli (â rhn); troi o gwmpas (rhn). **4.** *v.t.* **to ~ away time,** gwastraffu/afradu amser.
Dalmatian *a. & n. Ethn:* **1.** *a.* Dalmataidd; **~ dog,** ci (cŵn) Dalmataidd, Dalmatiad (Dalmatiaid) *m*, *N.W: Joc:* ci prŵns. **2.** *n.* Dalmatiad (Dalmatiaid) *m&f*.
dalmatic *n. Ecc: Cost:* dalmatig(-au) *m*.
daltonian *a. Med:* daltonaidd, lliwddall, dall i liwiau.
daltonism *n. Med:* daltoniaeth *f*, dallineb *(m)* i liwiau.
daltonize *v.t. Sch:* daltoneiddio.
dam[1] *n.* argae(-au) *m*, arglawdd (argloddiau) *m*, *N:* cob(-iau) *m*; *(= causeway):* sarn(-au) *f*; **earth ~,** argae pridd; **gravity ~,** argae pwysau; **arch ~,** argae bwa.
dam[2] *v.t.* argáu, cronni; **to ~ a valley,** codi argae ar draws dyffryn, argáu dyffryn; **to ~ water,** cronni dŵr; **to ~ up feelings,** cronni teimladau.
dam[3] *n. Z: (= female animal):* mam(-au) *f*, mamog(-iaid,-au) *f*.
dam[4] *a. F:* = **damned.**
damage[1] *n. (to property &c):* **1.** difrod *m*, niwed (niweidiau) *m*; *(= hurt, injury):* anaf(-iadau) *m*, niwed, *N. W: occ:* fforffed *mf*; **accidental ~,** difrod damweiniol; **wilful ~,** difrod bwriadol; **malicious ~,** difrod maleisus; **~ in transit,** difrod ar y daith; **there is no great ~ done,** *F:* 'does dim llawer o ddrwg. **2.** *pl. Jur:* **damages,** iawn *m*, iawndal: iawn-dâl *m*; **to sue s.o. for ~,** erlyn rhn am iawn; **to award ~,** dyfarnu iawndal; **contemptuous ~,** iawndal dirmygus; **exemplary/vindictive ~,** iawndal esiamplaidd/dialgar; **liquidated ~,** iawndal penodedig; **nominal ~,** iawndal mewn enw; **ordinary/substantial ~,** iawndal cyffredin/sylweddol; **unliquidated ~,** iawndal amhenodedig. **3.** *F:* **what's the ~?** beth yw'r gost? faint yw'r bil? i faint y daw hi? faint sydd arnom ni? *N. W: occ:* faint ydi'r trâd?
damage[2] *v.t.&i.* **1.** *v.t.* niweidio, difrodi (rhth); peri/gwn|eud niwed/drwg/difrod (i rth); malu, torri, difetha, andwyo (rhth); amharu (ar rth); *N: F:* rhoi clec (i rth); *S.W: occ:* briwo, sgathrio, sgathryd (rhth); **to ~ s.o.'s reputation,** gwneud drwg i enw da rhn, niweidio/difetha/pardduo enw da rhn; **to ~ oneself,** eich andwyo'ch hun. **2.** *v.i.* malu, torri, cael niwed.
damageable *a.* niweidiadwy, difrodadwy, bregus, brau.
damaged *a.* wedi cael niwed, drylliedig, drylliog, wedi torri, wedi malu, wedi cael anap, *N: F:* wedi cael clec; *(flesh, tissue &c):* anafus, briwiedig, briw; ; **his ~ reputation,** y niwed i'w enw da.
damager *n.* niweidiwr (niweidwyr) *m*, difrodwr (difrodwyr) *m*.
damaging *a.* niweidiol, difrodol, andwyol; **to be ~ to sth,** amharu ar rth, andwyo rhth.
damagingly *adv.* yn niweidiol *&c*; gan beri niwed *&c*.
damascene[1] *a. & n.* **1.** *a.* damasîn, *Lit: occ:* brithleiniog. **2.** *n.* damasîn *m*, brithaddurn(-au) *m*.
damascene[2] *v.t. Metalw:* damasinio, *Lit: occ:* brithleinio.
Damascus *Pr.n. Geog:* Damascus *f*.
damask *n.* **1.** *Tex:* **~ silk,** sidan caerog *m*, damasg *m*, damasgwe *f*. **2.** *Metalw:* **~ steel,** dur *(m)* damasg. **3.** *(a)* **~ rose,** rhosyn(-nau, rhosod) *(m)* Damascus, damasg-ros(-od) *m*; *(b)* **~ [colour],** rhosliw, lliw rhosyn, gwridog, gwritgoch(-ion); **her ~ cheeks,** ei gruddiau gwridog.
dambuster *n.usu.pl. Av: Hist:* chwalwr (chwalwyr) *(m)* argae; **he was a D~,** yr oedd yn un o Chwalwyr yr Argae.
dame *n.* **1.** *(a) A: (= lady):* gwr|aig (gwragedd) *f*, menyw(-od) *f*; *(b) U.S: P:* **= woman, girl. 2.** *(title):* bonesig *f*, *occ:* dâm *f*; **D~ Fortune,** Meistres Ffawd, Dâm Ffortiwn. **3.** *Th: (in pantomime):* yr hen wraig *f*, yr hen wreigan *f*. **~'s rocket, ~'s violet** *n. Bot: (Hesperis matronalis):* fioled *(f)* ddamasg bêr (fioledau damasg pêr); **Alpine/scentless ~'s violet,**

(H. inodora): fioled ddi-sawr (fioledau di-sawr) *f.* ~ **school** *n. Sch:* ysgol(-ion) *(f)* un athrawes, ysgol hen ferch.
damfool *a.* = **crazy**.
dammar *n. Bot:* damar(-au) *m.*
dammed *a. (valley, lake):* argaeëdig; ~ **up,** *(water, feelings):*, cronedig; ~ **lake,** cronlyn(-noedd) *m.*
dammit *int.* [go] damia! *N:* [go] daria, [go] drapia, [go] dacia, [go] draps las, *S:* damo, daro; **it was as near as ~,** 'roedd hi o fewn y dim; cael a chael oedd hi; 'roedd hi o fewn trwch y blewyn; *N.W: occ:* mi fuo hi drws nesa'; *S.a.* **damn.**
damn[1] *n.* dam *f,* rheg (rhegf|eydd) *f;* **not worth a ~,** dim gwerth dam, dim gwerth ei regi; **not (to care) a ~,** (malio, hidio) dim dam, 'run botwm corn, 'run daten, dim blewyn, 'run ffeuen, 'run iot, affliw o ddim, yr un badlen, *S.W:* yr un ffrig.
damn[2] *v.t. & int.* **1.** *v.t. (a) (= condemn):* damnio, condemnio, collfarnu; *(b) (plan &c):* condemnio; *(c) Theol:* damnio. **2.** *v.t. (= curse): as* **1**; *also:* lladd (ar rn); rhegi, melltithio (rhn); rhoi'r ddam (i rn); *V:* diawlio (rhn); *Lit: occ:* melltigo (rhn); **to ~ sth with faint praise,** glasganmol rhth; **well, I'll be damned!** 'dawn i byth o'r fan! 'tawn i'n smecs! 'tawn i'n marw! **I'm damned if I will!** mi wnaf, o ddiawl! dim perig y gwna' i'r fath beth! na wnaf, ddim dros fy nghrogi! **patience be damned! be damned to patience!** i gythraul/ddiawl ag amynedd! **I'm damned if I know,** 'does gen i ddim syniad; 'does gen i ddim clem; **I'll see him damned first! ~ him!** [naw] wfft iddo fe! *N:* [go] damia fo [unwaith]! *S:* damo fe! *V:* twll 'i din o/e! ~ **your impudence!** dos i'r cythraul y diawl digywilydd! **3.** *int.* diawl! uffern dân! myn uffern i! myn diawl! dam! damia! go dam! go damia [las/unwaith/ulw]! damo! *(euphem.):* dacia! daria [unwaith]! go draps las! myn diân! myn diain i! myn diaist i! diawch [erioed] *&c! S:* damo [shwt beth]! daro [unwaith]!
damn[3] *a. & adv.* = **damned 2**; **a ~ sight better,** gwell o beth diawl/cythraul/uffern. **~-all** *n. V:* diawl *(m)* o ddim, cythraul *(m)* o ddim, uffern *(f)* o ddim, affliw *(m)* o ddim.
damnable *a.* **1.** *(= deserving to be damned):* damnadwy, damnedigol, dieflig. **2.** *(= hateful):* uffernol, cythreulig, dieflig, melltigedig, cas, *V:* diawledig; ~ **weather,** tywydd uffernol/melltigedig; **this ~ weather,** y tywydd felltith/gythraul/gebyst/gynllwyn/gynddeiriog 'ma.
damnableness *n.* melltigedigrwydd *m.*
damnably *adv.* yn ddiawledig, yn uffernol, yn felltigedig, yn gythreulig, yn drybeilig, ar y diawl, ar y naw; ~ **hot,** yn enbyd/uffernol/gythreulig o boeth/dwym, poeth/twym uffernol/gythreulig/gynddeiriog; ~ **close,** agos ar y diawl, agos ar y naw, cythreulig/uffernol o agos.
damnation *n.* **1.** damnedigaeth(-au) *f,* collfarn(-au) *f,* colledigaeth(-au) *f,* condemniad(-au) *m; S.a.* **damn**[2], **condemn. 2.** *int. F: See* **damn**[3]; *also:* diawl! uffern! yr andros [las]! *N:* Duw o'r Sowth!
damnatory *a.* damniol, collfarnol.
damned *a. & n.pl.* **1.** *a. (= condemned):* damn[i]edig, dan gondemniad, dan gollfarn, colledig, melltigaid. **2.** *F:* **this ~ place,** y lle felltith/ddiawl/gythraul yma; **this ~ nonsense,** y lol ddiawl yma; **you ~ fool,** y ffŵl uffern iti, y diawl dwl iti; ~ **hot,** poeth uffernol/gynddeiriog, poeth ar y diawl, *N:* poeth gebyst; ~ **good,** da gynddeiriog, da felltigedig, *S:* da digynnig; ~ **lucky,** lwcus [ar] y diawl, lwcus ar y naw; **a ~ sight better,** gwell o beth diawl/cythraul/uffern; **don't be such a ~ fool,** paid bod yn ddiawl mor wirion; **to do one's damnedest,** gwneud eich gorau glas, gwneud eich eithaf, rhoi pob gewyn ar waith; **I'll be ~ if I go,** dros fy nghrogi yr a' i; **you can ~ well do without it,** eitha' gwaith i ti fynd hebddo; fe gei di wneud hebddo'r cythraul/diawl; **I'll see him ~ first,** fe gaiff fynd i'r diawl; fe gaiff fynd i'w grogi. **3.** *n.pl.* **the ~,** y colledigion, y rhai colledig, y damnedigion.
damnedest *n.* = **utmost; to do one's ~,** gwneud eich gorau glas.
damnification *n. Jur:* niweidiad *m,* niweidio *vn.*
damnify *v.t. Jur:* niweidio.
damning[1] *a.* damniol.
damning[2] *vn.* **1.** *(= condemnation):* condemniad(-au) *m,* condemnio. **2.** *(= ruination):* drylliad *m,* dryllio, difetha, chwalu; **he saw the ~ of his hopes,** gwelodd ddryllio'i obeithion.
damningly *adv.* yn ddamniol.
damnum *n. Jur:* niwed (niweidiau) *m,* colled(-ion) *f.*
Damoclean *a.* Damocleaidd; **the ~ sword,** cleddyf *(m)* D|amocles.
damosel *n. A:* = **damsel.**
damp[1] *n.* **1.** lleithder *m,* gwlybaniaeth *m, N:* tamp *m,* tamprwydd *m, S.W:* gwlybanwch *m;* **penetrating ~,** lleithder/tamprwydd treiddiol; **rising ~,** lleithder/tamprwydd/tamp codi; *O:* **to cast a ~ over the company,** drysu hwyl y cwmni; **a ~ squib,** *Fig:* matsien wleb *f.* **2.** *Min: (a) (= firedamp):* llosgnwy *m; (b) (= choke-damp):* tagnwy *m.* **~-course** *n.* cwrs (cyrsiau) *(m)* lleithder/tamprwydd. **~-proof** *a.* diogel rhag lleithder, anhydraidd, gwrth-damp, diddos.
damp[2] *v.t.* **1.** gwlychu, *N:* tampio, *S:* dampo, *Lit:* lleithio. **2. to ~ down (a fire),** huddo, enhuddo (tân); **to ~ down a furnace,** cau genau ffwrnais. **3.** *(sound):* gwanh|au, pylu, lleddfu, distewi, gwanychu. **4. to ~ s.o.'s spirits,** lladd ysbryd rhn, digalonni/gwangalonni *(pronounced* ng-g) rhn, difetha hwyl rhn, rhoi rhn oddi ar ei hwyl; ~ **off** *v.i. Hort:* marw o leithder/damprwydd.
damp[3] *a.* gwlyb *(f.* gwleb, *pl.* gwlybion) llaith, *N:* tamp, *S:* damp; ~ **and hot,** mwll, *N: occ:* gwygil; ~ **heat,** myllni *m.*
damped *a. (sound):* gwanychol; *Ph:* ~ **oscillations/waves,** osgiliadau gwanychol.
dampen *v.t. See* **damp**[2] **1, 4.**
dampened *a.* = **damp.**
dampener *n.* **1.** *(= sth that damps):* gwlychwr (gwlychwyr) *m.* **2. that put a ~ on the fun,** fe dawelodd/ddifethodd hynny'r hwyl.
damper *n.* **1.** *F:* **to put a ~ on the company,** lladd/difetha hwyl y cwmni, digalonni'r cwmni, rhoi'r cwmni oddi ar ei hwyl. **2.** *Cu:* bara cri/croyw *m.* **3.** *Mus: Ph:* lleddfwr (lleddfwyr) *m.* **4.** *(of flue):* caead(-au) *m,* damper(-i,-s) *m.* **5.** *Aut: Mec.E:* = **shock absorber.**
damping *vn.* **1.** *(a) (with water):* gwlychiad *m; Hort:* ~ **off,** tampio, *S:* dampo; *(b) (of high spirits):* lladd, difetha, drysu. **2.** *Ph:* gwanychiad *m,* lleddfiad *m; vn.* = **damp**[2]. **~-cloth** *n.* cadach(-au) *(m)* tampio.
damply *adv.* yn llaith *&c.*
dampness *n. See* **damp**[1] **1.**
damsel *n.* **1.** *A:* lodes(-i) *f,* llances(-i,-au) *f,* llafnes(-au,-i) *f,* geneth(-od) *f,* morwyn(-ion, morynion) *f, Lit:* bun *f,* meinir *f,* meinwen *f,* herlodes(-au,-i) *f,* rhiain (rhianedd) *f;* **a ~ in distress,** rhiain mewn cyfyngder, lodes mewn loes. **2.** *(of mill):* gwahoddwr (gwahoddwyr) *m.* **~-bug** *n. Ent:* chwilen *(f)* fursen (chwilod mursen); **ant ~-bug,** chwilen fursen y morgrug; **field ~-bug,** chwilen fursen y maes; **marsh ~-bug,** chwilen fursen y gors.
damselfish *n. Ich:* mursen *(f)* fôr (mursennod môr).
damselfly *n. Ent:* mursen(-nod) *f.* **common blue ~,** *(Enallagma cyathigerum):* mursen las gyffredin (mursennod gleision cyffredin); **large red ~,** *(Pyrrhosoma nymphula):* mursen fawr goch (mursennod mawr coch); **red-eyed ~,** *(Erythroma najar):* mursen lygatgoch (mursennod llygatgoch); **small red ~,** *(P. tenellum):* mursen fach goch (mursennod bach coch); **white-legged ~,** *(Platycnemis pennipes):* mursen goeswen (mursennod coeswyn).
damson *n. & a. Bot:* **1.** *n.* eirinen hir (eirin hirion) *f,* eirinen Sbaen, eirinen ddamasg (eirin damasg), eirinen ddamson (eirin damson), *S.W:* eirinen bêr (eirin pêr), eirinen ddu fawr (eirin duon mawr); *pl.* **damsons,** *N.W: occ:* eirin dansus. **2.** *a. (colour):* dulas (duleision), piws. ~ **cheese** *n. Cu:* jam *(m)* dansus.
dan[1] *n. Fish:* ~ **buoy,** bwi(-au) bach *m,* bwi dan.
dan[2] *n. Judo:* dan(-iaid) *m.*
dan[3] *n. Min:* bocs(-ys) *(m)* cwrlo.
dance[1] *n.* **1.** dawns(-iau) *f;* **ballroom ~,** dawns neuadd; **clog-~,** step *(f)* y glocsen, dawns y glocsen; **country ~,** dawns wledig (dawnsiau gwledig); **floral ~,** dawns flodau (dawnsiau blodau); **folk-~,** dawns werin (dawnsiau gwerin); *(occasion):* twmpath(-au) *(m)* dawns; **the D~ of Death,** y Ddawns Angau, Dawns [yr] Angau; **Morris ~,** dawns Morris/Morys, Morys-ddawns, dawns y Mwriaid; **square ~,** dawns sgwâr; **sword ~,** dawns gleddyfau (dawnsiau cleddyfau); **tap-~,** dawns dapio (dawnsiau tapio), tapddawns(-iau) *f; S.a.* **barn**[1]; **to lead s.o. a merry ~,** tywys rhn gerfydd ei drwyn, tynnu rhn trwy'r ddawns, camarwain rhn. **2.** *(= function):* dawns(-f|eydd) *f; (usu. folk):* twmpath(-au) *(m)* dawns. **3.** *Med:* **St. Vitus's ~,** dawns Sant Fitus, corea *m.* **~-band** *n.* band(-iau) *(m)* dawns, band dawnsio. **~-drama** *n.* dawns-ddrama (~-ddramâu) *f.*

~-dress *n.* gwisg (*f*) ddawnsio (gwisgoedd dawnsio). **~-fly** *n. Ent:* pryf(-ed) (*m*) dawnsio. **~-hall** *n.* neuadd (*f*) ddawnsio (neuaddau dawnsio), neuadd ddawns (neuaddau dawns). **~-hostess** *n.* d|awnswraig (dawnswragedd) *f.* **~-movement** *n.* symudiad(-au) (*m*) dawns. **~-programme** *n.* rhaglen (*f*) ddawnsiau (rhaglenni dawnsiau).

dance² *v.t.&i.* dawnsio; **to ~ a baby on one's knee,** dandwn/dandlwn/dawnsio babi ar eich glin; **to ~ for joy,** dawnsio/llamu o/gan lawenydd; **to ~ attendance on s.o.,** dandwn rhn, dawnsio tendans ar rn; **I'll make him ~ to a different tune,** mi ddysga' i iddo be' ydi be'; mi ddysga' i iddo faint sydd tan 'Dolig; **to ~ to every fiddle,** troi gyda phob gwynt, dawnsio ar ôl pob ffliwt.

danceable *a.* dawnsiadwy.

dancer *n.* **1.** dawnsiwr (dawnswyr) *m,* d|awnswraig (dawnswragedd) *f;* **May ~,** dawnsiwr/dawnswraig haf. **2.** *Meteor:* **merry dancers,** *(= Aurora Borealis):* goleuni(*m*)'r Gogledd, *S.W:* ffagl (*f*) yr arth, *S.E:* y goleufer *m.*

dancing¹ *vn.* dawnsio; **ballroom ~,** dawnsio neuadd; **May ~,** dawnsio haf. **~-girl** *n.* d|awnswraig (dawnswragedd) *f,* dawnsferch(-ed) *f; pl.* merched y ddawns. **~-master** *n.* athro (athrawon) (*m*) dawnsio. **~-mistress** *n.* athrawes (*f*) ddawnsio (athrawesau dawnsio). **~-partner** *n.* partner(-iaid) (*m*) dawnsio, partneres (*f*) ddawnsio (partneresau dawnsio). **~-shoe** *n.* esgid (*f*) ddawnsio (esgidiau dawnsio).

dancing² *a.* dawnsiog, dawnsiol, yn dawnsio; **~ eyes,** llygaid pefriol; **~ dervish,** derfis[h](-iaid) chwyrlol *m.*

dandelion *n. Bot: (Taraxacum):* dant (*m*) y llew, *occ:* dant y ci, dail (*pl*) clais, *S: occ:* blodau (*pl*) crach, *V:* blodyn (blodau) (*m*) piso'n y gwely; **Alpine ~, Apennine ~,** *(T. alpinum):* dant llew'r Alpau; **Brenner ~,** *(T. pacheri):* dant llew Brenner; **broad-leaved ~,** *(T. fontanum):* dant [y] llew llydanddail; **brownish ~,** *(T. cucullatum):* dant [y] llew llwydfelyn; **cut-leaved ~,** *(T. dissectum):* dant [y] llew rhwygddail; **dark ~,** *(T. nigricans):* dant y llew tywyll; **glacier ~,** *(T. glaciale):* dant llew'r rhew; **lesser ~,** *(T. erythrosperma):* dant [y] llew lleiaf; **marsh ~,** *(T. palustre):* dant llew'r gors, dant llew'r waun; **red-veined ~,** *(T. spectabilis):* dant [y] llew coesgoch. **~-juice** *n. N.W: occ:* llaeth (*m*) [y]sgyfarnog/sgwarnog.

dander *n.* **to get s.o.'s ~ up,** codi gwrychyn rhn, codi cythraul rhn, *S.W:* codi sioncyn rhn. **to get one's [own] ~ up,** gwylltio, colli'ch tymer *&c, N:* cael y gwyllt, *S.W:* codi natur; **his ~ is up,** mae ar gefn ei geffyl; *See* **anger, angry.**

dandification *n.* dandieiddio.

dandified *a.* dandaidd, coeg, coegynnaidd, *N.W. occ:* ponslyd.

dandify *v.t.* dandieiddio.

dandle *v.t.* dand[l]wn, dandlio, maldodi, *N.W: occ:* tinpwl.

dandruff *n.* m|ar[w]don *m,* cen *m, S.W: occ:* can *m, S.E: occ:* pelen *f,* myrdwn *m;* **to have ~,** bod â chen, *S.E: occ:* pelennu.

dandy¹ *n.* dandi (dandïaid) *m,* coegyn(-nod) *m,* ysgogyn(-nod) *m, S:* sbrechyn (sbrechod) *m, S.W: occ:* coeynnoryn *m.*

dandy² *a. U.S: (= fine):* gwych, campus, bendigedig, grêt. **~-brush** *n. Farr:* brwsh(-is) (*m*) dandi. **~-hen** *n.* iâr ddandi (ieir dandi) *f, N.W: occ:* iâr ddandan (ieir dandis). **~-cock** *n. Husb:* ceiliog(-od) dandi *m.* **~-roller** *n. Paperm:* rholyn (rholiau) dandi *m.*

dandyish *a.* dandïaidd, coegynnaidd; fel dandi *&c.*

dandyishly *adv.* yn ddandïaidd *&c;* fel dandi *&c.*

dandyism *n.* dandïaeth *f.*

Dane *n.* Daniad (Daniaid) *m&f;* **Great ~,** ci (cŵn) (*m*) mawr Denmarc, Daniad mawr; **~'s blood** *n. Bot:* = **danewort.**

Danegeld *n. Hist:* Treth (*f*) y Daniaid, *Lit: occ:* Treth y Fyddin Ddu.

Danelaw *n. Hist:* y Ddaenfro *f,* Rhanbarth (*m*) y Daniaid.

danewort *n. Bot:* gwaed (*m*) y gwŷr, ysgawen (*f*) Fair, ysgaw(*pl*)'r ddaear, corysgawen *f,* ysgawen fendigaid, creulys mawr *m.*

danger *n.* perygl(-on) *m, (more correctly):* perigl (peryglon); enbydrwydd *m, F:* perig *m, S: occ:* dansier *m;* **to run into ~,** mynd i berygl; **to ward off ~,** troi perygl heibio; **in ~,** mewn perygl, *Lit: occ:* ym mherygl; **in ~ of death,** ym mherygl angau, mewn perygl o farw; **out of ~,** allan o berygl, yn ddiberygl, yn ddianaf; **there's a ~ of his falling,** mae perygl iddo syrthio; *Rail:* **signal at "~",** arwydd yn dangos "perygl"; *int.* perygl! *S: occ:* wâr! *N:* tendia (tendiwch)! *occ:* enbyd! **~ list** *n.* **1.** *Med:* rhestr (*f*) y difrifol wael (rhestrau'r difrifol wael); **2.** *Fig:* **the coalmine is on the ~ list,** mae'r pwll glo mewn perygl. **~ money** *n.* tâl (*m*) perygl. **~-signal** *n.* arwydd(-ion) (*m*) perygl. **~-zone** *n. Mil: &c:* ardal beryglus (ardaloedd peryglus) *f.*

dangerous *a.* peryglus, *occ:* enbyd, enbydus, *N: F:* perig, *S: F:* danjerus, dansierus.

dangerously *adv.* yn beryglus *&c;* **to live ~,** byw'n fentrus, byw perygl.

dangerousness *n.* perygl *m.*

dangle *v.t.&i.* dolian, crogi, hongian, siglo, pendilio; **with his legs dangling,** â'i goesau'n dolian/hongian/siglo; *F: O:* **to ~ after s.o.,** canlyn wrth gwt rhn, helcyd ar ôl rhn; **to ~ sth before s.o.'s eyes,** siglo rhth o flaen llygaid rhn.

dangler *n. (after women):* canlynwr (canlynwyr) (*m*) merched, merchetwr (merchetwyr) *m.*

dangling *a.* yn hongian *&c,* crog, crogedig.

Daniel *Pr.n.m. B:* Daniel, *A:* Deiniol; *Lit:* **a ~ come to judgement!** Daniel a ddaeth i frawdle!

danio *n. Ich:* danio(-aid) *m.*

Danish *a. & n.* **1.** *a.* Danaidd; *(in language):* Daneg; **the ~ Parliament,** Senedd Denmarc; **she's ~,** Daniad yw hi. **2.** *n. (i) Ethn: Coll:* Daniaid *pl; (ii) Ling:* Daneg *f, m.*

dank *a.* llaith (lleithion), gwlyb(-ion), *N:* tamp, *S:* damp; **~ weather,** *N.W: occ:* tywydd grifft.

dankly *adv.* yn llaith *&c.*

dankness *n.* lleithder *m,* gwlybaniaeth *m, N:* tamprwydd *m, S:* gwlybanwch *m,* damprwydd *m.*

danseur *n.m.* dawnsiwr (dawnswyr).

danseuse *n.f.* d|awnswraig (dawnswragedd).

dant *n. Min:* glo slac *m,* glo sofft.

Dantean *a. & n. Lit:* **1.** *a.* Danteaidd. **2.** *n.* Dantead (Danteaid) *m&f.*

Dantesque *a.* Danteaidd.

danty *n. Min:* glo mân *m,* slec *m,* glo slac.

Danube *Pr.n. Geog:* Donwy *f, occ:* Donaw *f.*

Danubian *a.* Donwyaidd, Donawaidd.

Daphne *n.* **1.** *Pr.n.f. Myth:* Daphne, Daffne. **2.** *Bot: (a) (= Mezereon):* bliwlys *m,* bliw *m,* bliwyn *m,* llosglys *m; (b) (= spurge-olive):* clust (*f*) yr ewig, glas (*m*) y gaeaf.

daphnia *n. Z:* chwannen (*f*) ddŵr (chwain dŵr).

dapper *a.* **1.** *(= smart):* trwsiadus, twt, del, destlus, propor, fel pin mewn papur, *Lit:* dillyn, *N.W: occ:* pinco. **2.** *(= brisk):* sionc, heini, gwisgi, hoyw(-on).

dapperly *adv.* **1.** yn drwsiadus *&c.* **2.** yn sionc *&c.*

dapperness *n.* **1.** destlusrwydd *m.* **2.** *(= briskness):* sioncrwydd *m.*

dapple¹ *n. (a) (= dappled effect):* brithder *m; (b)* = **~-grey 2.** **~-grey** *a. & n.* **1.** *a.* brithlas (brithleision), brithlwyd(-ion). **2.** *n. (a) (horse):* ceffyl(-au) brithlas *m; (b) (mare):* caseg frithlas (cesyg brithlas) *f.*

dapple² *v.t.&i.* **1.** *v.t.* britho, brithliwio, ysmotio. **2.** *v.i.* britho.

dappled *a.* brith (*f.* braith, *pl.* brithion), brithliw, ceiniogog, lloerennog.

darbies *n.pl. P: (= handcuffs):* gefynnau.

Darby *Pr.n.m.* Darbi; **~ and Joan,** Siôn a Siân, Deian a Loli; **~ and Joan Club,** Clwb (*m*) yr Henoed, Clwb Hen Bobl, Clwb Darbi a Joan.

Dard *n. Ling:* Dardeg *f, m.*

Dardan *a. & n. Ethn:* **1.** *a.* Dardanaidd. **2.** *n.* Dardaniad (Dardaniaid) *m&f. S.a.* **Trojan.**

Dardic *n.* = **Dard.**

dare¹ *n.* her *f;* **to do sth for a ~,** gwneud rhth ar her, derbyn her i wneud rhth.

dare² *modal aux. & v.t.* **1.** *modal aux.* mentro, meiddio, beiddio, *occ:* deintio, anturio, rhyfygu, *N.W: occ:* osio *(usu. after neg.);* **~ I suggest you were wrong?** a gaf i feiddio dweud eich bod chi'n anghywir? **he dared to oppose me,** beiddiodd/mentrodd fy ngwrthwynebu; **don't you ~!** cymer di (cymerwch chi)'r ofal! gofala di (gofalwch chi)! paid di (peidiwch chi) â beiddio/meiddio! **don't you ~ touch that,** paid di â meiddio cyffwrdd hwnna; cymer di'r ofal â chyffwrdd hwnna; **~ he do it?** fentriff o'i wneud? *Lit:* a faidd ef ei wneud? **how ~ you?** sut y beiddi di (beiddiwch chi)? **I ~ say,** mae'n ddiau/ddiamau gen i; mae'n rhaid; mae'n siŵr; mi wranta'; mae'n debyg gen i; mi fentra'; *N:* d|ecini (= debyg gen i); *Iron:* dyffeia' i, mi wn, mwn, siawns, decini, *S:* sbo, gwl|ei; **we didn't ~ turn up late,** 'doedd wiw inni gyrraedd yn hwyr; **we ~ not be late,** ni wiw inni fod yn hwyr; *F:* fiw inni fod yn hwyr. **2.** *v.t. (= venture):* mentro, *S:*

occ: llyfelu; **to ~ all things,** herio/mentro popeth; **I ~ you (to do sth),** camp/her i chi (wneud rhth); **to ~ death,** herio angau, wynebu angau. **2.** *(= challenge):* **to ~ s.o. to do sth,** herio rhn i wneud rhth, *F:* slensio/dyffeio rhn. **~-devil** *n. & a.* **1.** *n.* rhyfygwr (rhyfygwyr) *m*, herfeiddiwr (herfeiddwyr) *m*. **2.** *a.* herfeiddiol, gŵraidd, dibris, rhyfygus, mentrus, di-ofn, eofn o'i fywyd ei hun.

darer *n.* mentrwr (mentrwyr) *m*, beiddiwr (beiddwyr) *m*; *(= challenger):* heriwr (herwyr) *m*.

daring[1] *a.* beiddgar, mentrus, anturus, herfeiddiol, hyf, eofn, *S: F:* rhydd, ewn, gŵraidd; **a ~ dress,** gwisg feiddgar/fentrus.

daring[2] *n.* beiddgarwch *m*, menter *f*, rhyfyg *m*, ehofnder *m*, ehofndra *m*, antur *f*, herfeiddiwch *m*, ewnder *m*.

daringly *adv.* yn feiddgar *&c.*

daringness *n.* = **daring**[2].

dariole mould *n. Cu:* mo[w]ld(-iau) *(m)* dariol.

dark[1] *a.* **1.** tywyll; *Poet: occ: (night &c):* caddugol; **to get ~,** tywyllu; *(of daylight):* tywyllu, duo, nosi; *N: occ:* hel at y nos; *(in bad weather): S.W:* salwino, *M.W: occ:* llwgu, *Poet:* caddugo; **the sky grew ~,** tywyllodd/duodd yr awyr. **2. ~ blue,** glas tywyll, dulas; **~ glasses,** sbectol dywyll/ddu *f*, sbectol haul; *El:* **~ current,** cerrynt tywyll *m*; **pitch ~,** tywyll fel y fagddu, tywyll fel bol buwch, fel y bolòl [o dywyll], *F:* tywyll bitsh, *S.W:* [tywyll] fel bola buwch, fel y facas. **3.** *(= swarthy):* pryd tywyll. **4. the ~ race,** yr hil ddu *f*, negroaid *pl*, dynion duon *pl*. **5.** *Fig: (= sombre):* du(-on), trist, digalon; **to look on the ~ side,** edrych ar yr ochr dduaf; **a ~ look, ~ looks,** cilwg *m*, cuwch (cuchiau) *m*, gwg *m*, cuch(-iau) *mf*; **to give s.o. a ~ look,** edrych yn ddu/gas/hyll ar rn, cuchio/gwgu/cilwgu/hylldremio ar rn; **to utter ~ threats,** chwythu bygythion aneglur; **~ thoughts,** meddyliau digalon. **6.** *(= secret):* cyfrinachol, cudd, cuddiedig, cêl; **to keep sth ~,** cadw rhth yn distaw, cadw rhth dan gêl; **keep it ~,** dim gair wrth neb; taw piau hi; **a ~ horse,** ceffyl anhysbys *m*, aderyn (adar) *(m)* y nos, cystadleuydd annisgwyl; **in darkest Africa,** ym mhellafoedd Affrica, ym mherfeddion Affrica; *(= obscure):* astrus, aneglur, tywyll; **a ~ saying,** ymadrodd astrus; **the D~ Ages,** yr Oesoedd/Oesau Tywyll; **the D~ Continent,** y Cyfandir Tywyll *m*. **~-adaption** *n.* addasrwydd *(m)* i dywyllwch. **~-adapted** *a.* addas i dywyllwch. **~-eyed** *a.* llygaid tywyll, llygatddu. **~ field** *n.* maes (meysydd) tywyll *m*, cefndir(-oedd) tywyll *m*. **~ lantern** *n.* llusern dywyll (llusernau tywyll) *f*. **~-reaction** *n.* adwaith *(m)* tywyllwch. **~-room** *n.* ystafell dywyll (ystafelloedd tywyll) *f*. **~-skinned** *a.* pryd tywyll, croen tywyll, â chroen tywyll; *(= tanned):* lliw haul; *(= negroid):* du(-on), negroaidd. **~-slide** *n. Phot:* ffrâm dywyll (fframiau tywyll) *f*.

dark[2] *n.* **1.** tywyllwch *m*, *Lit:* gwyll *m*, *Poet:* caddug *m*, afagddu *f*, *F:* y fagddu *f*; **after ~,** wedi bo nos, liw nos, wedi iddi dywyllu, gyda'r nos, gyda gwyll y nos, fin nos; **before ~,** cyn nos, cyn iddi dywyllu/nosi; **the ~ of the moon,** tywyllwch y lleuad; **she's afraid of the ~,** mae arni ofn y tywyllwch; *S.a.* **leap**[1]; *Prov:* **in the ~ all cats are grey,** nid gwaeth du na gwyn yn y tywyllwch. **2.** *(= ignorance):* anwybodaeth *f*; **in the ~,** *(= ignorant):* yn y niwl, yn y tywyllwch, *S. W:* dan swmp; **I am in the ~ as to his plans,** 'does gen i ddim syniad/clem beth yw ei gynlluniau; **to be kept in the ~,** peidio â chael gwybod dim; **I was in the ~,** *M. W: occ:* 'roeddwn i dan fy nwylo; **he keeps me in the ~,** *M. W: occ:* mae'n fy nghadw i dan fy nwylo.

darken *v.t.&i.* **1.** *v.t.* tywyllu; **a cloud darkened the sun,** tywyllodd cwmwl yr haul; **to ~ the door of a chapel,** tywyllu drws capel, *occ:* trwyno drws capel; **never ~ my door again,** paid â thywyllu drws fy nhŷ i eto; **to ~ counsel,** tywyllu cyngor.

darkle *v.i.* **1.** *(= darken):* tywyllu. **2.** *(= be seen darkly):* ymrithio'n aneglur, tywyll ymrithio.

darkling *a. & adv.* **1.** *a.* yn y tywyllwch. **2.** *adv. Poet:* yn y tywyllwch, yn y gwyll, *M.W: occ:* dan eich dwylo. **~ beetle** *n. Ent:* chwilen (chwilod) *(f)* y tywyllwch.

darkly *adv.* yn dywyll; *B:* **through a glass, ~,** trwy ddrych, mewn dameg; **to look ~ (at s.o.),** cilwgu, gwgu, ffromi, cuchio, hylldremio, edrych yn ddu/gas/hyll, edrych dan eich ysgafell (ar rn).

darkness *n.* tywyllwch *m*, *Lit:* gwyll *m*, *Poet:* caddug *m*; **~ of complexion,** tywyllwch pryd; **utter ~,** tywyllwch dudew, y tywyllwch eithaf, y fagddu *f*.

darksome *a.* = **dark**[1].

darky *n.* dyn du (dynion duon) *m*, menyw ddu (menywod duon) *f*, dynes ddu (merched duon) *f*, blac(-s) *m*, blacyn (blacs) *m*, blaces(-au) *f*, blacen(-nod) *f*; *pl.* **darkies,** pobl dduon.

darling *a. & n.* **1.** *a.* annwyl, hoff, hoffus *(can all precede n.)*; *Lit:* serchus, cu. **2.** *n.* **1.** anwylyd (anwyliaid) *m&f*, anwylyn (anwyliaid) *m*, cariad(-on) *m&f*; **my ~,** f'anwylyd, fy nghariad, f'annwyl; **my precious ~,** fy nghariad aur i, fy nghalon bapur i, fy nghariad gwyn i; **she's a ~,** mae hi'n annwyl; mae hi'n beth annwyl; mae hi'n gariad; **she's a little ~,** mae hi'n hen gariad fach; mae hi'n beth fach annwyl; **the little darlings,** y pethau bach annwyl; **a mother's ~,** cariad mam, babi(-s) *(m)* mam. **2.** *(= idol):* arwr (arwyr) *m*, anwylyn *m*, eilun(-od) *m*, arwres(-au) *f*.

Darling[3] *Pr.n.* **~ lily** *n. Bot:* (*)lili*(f)*'r dorlan. **~ [River] pea** *n. Bot:* (*)pysen (pys) *(f)* y dorlan.

darlingly *adv.* yn annwyl *&c.*

darlingness *n.* anwyldeb *m*, anwylder *m*.

darn[1] *n. Needlew:* trwsiad(-au) *m*, brodiad(-au) *m*, cyweiriad(-au) *m*, craith (creithiau) *f*; **corner tear ~,** craith rhwyg cornel; **hedge tear ~,** craith rhwyg perth; **cross cut ~,** craith groesdoriad (creithiau croesdoriad); **knitted fabric ~,** craith ffabrig wedi'i wau; **machine ~,** craith beiriant (creithiau peiriant); **Swiss ~,** craith Swis; **thin place ~,** craith man traul, craith man gwan.

darn[2] *v.t.&i.* trwsio, cyweirio *(S.W: pronounced* cwiro), *occ:* clytio, brodio, creithio, *(not* darnio *which = tear to bits)*.

darn[3] *a. See* **damned**; **~ glad,** balch ofnadwy, balch dros ben, balch gynddeiriog, balch felltigedig, *N.W: occ:* balch ofnatsan; **~ lucky,** lwcus ar y naw, lwcus ar y diawl, lwcus y tu hwnt; **I'll be ~,** 'tawn i'n glem, 'tawn i'n marw, 'dawn i byth o'r fan, 'tawn i'n llwgu, 'tawn i'n smecs.

darn[4] *n. F:* = **damn**[1]; **I don't give a ~,** nid wy'n malio'r un ffeuen; nid wy'n malio'r un botwm corn *&c.*

darned *a.* = **darn**[3]

darnel *n. Bot:* efrau *pl*, efryn (efrau) coliog *m*, drewg *m*, ller *m or pl*, lleren *f*, ŷd meddw *m*, pabi*(m)*'r gwenith, *S:* graban *(m)* yr hwylydd; **beardless ~,** efryn di-gol/digola.

darner *n.* **1.** *(pers.):* trwsiwr (trwswyr) *m*, tr|wswraig (trwswragedd) *f*, cyweiriwr (cyweirwyr) *m*, cyw|eirwraig (cyweirwragedd) *f*. **2.** *See* **darning-needle, darning-egg.**

darning *vn.* = **darn**[2]; **loom-~,** creithio gwŷdd. **~-egg** *n.* top(-iau) *(m)* gwnïo, top 'sanau, pellen *(f)* wnïo (pellenni gwnïo). **~-needle** *n.* nodwydd *(f)* ddur 'sanau (nodwyddau dur 'sanau), nodwydd greithio (nodwyddau creithio).

dart[1] *n.* **1.** *(a) (game):* dart(-iau,-s) *m*; *(b) (weapon):* saeth(-au) *f*, dart(-iau) *m*, picell(-au) *f*, *S.W:* darten (darts) *f*; *(in archery):* gaflach(-au) *mf*, chwarel(-au) *f*. **2.** *Dressm:* dart(-iau) *m*; **arrowhead ~,** dart pen saeth; **double-ended/pointed ~,** dart deubwynt; **~ perforations,** tyllau dart; **dart slash,** toriad(-au) *(m)* dart. **3.** *(= movement):* gwib(-iadau) *f*, rhuthr(-au) *m*, saethwib(-iadau) *f*.

dart[2] *v.t.&i.* **1.** *v.t.* **to ~ a glance (at sth),** bwrw cipolwg, taflu golwg, taflu llygad (ar rth); *(of sun):* **to ~ rays,** saethu pelydrau. **2.** *v.i.* gwibio, sboncio, picio, saethu, ymsaethu, melltennu, cythru. **3.** *v.t. Dressm:* dartio (rhth), gosod dartiau (yn rhth).

dartboard *n.* bwrdd (byrddau) *(m)* darts.

darter *n.* **1.** *Ich:* gwibiwr (gwibwyr) *m*; **rainbow ~,** gwibiwr glas; **Johnny ~,** gwibiwr du. **2.** *Orn:* gwanwr (gwanwyr) *m*. **3.** *Ent:* = **dragon-fly.**

darting *a.* gwibiol, gwibiog.

dartre *n. Med:* yr eryr *m*, yr eryrod *m*.

dartrous *a. Med:* eryrol.

darts *n.pl. See* **dart**[1] **1.**

Darwinian *a. & n.* **1.** *a.* Darwinaidd. **2.** *n.* Darwinydd(-ion) *m*, Darwiniad (Darwiniaid) *m&f*.

Darwinism *n.* Darwiniaeth *f*.

Darwinist[ic] *n. & attrib.* = **Darwinian.**

dash[1] *n.* **1. the ~ of waves on rocks,** sŵn *(m)* tonnau ar greigiau, sŵn tonnau'n hyrddio yn erbyn creigiau. **2.** *(a) (of liquid):* joch(-iau,-iadau) *mf*, llymaid (llymeidiau) *m*, diferyn (diferion) *m*; **whisky with a ~ of water,** wisgi diferyn o ddŵr yn ei lygad; *(b) (of powder &c):* mymryn *m*, llwchyn *m*. **3. red with a ~ of blue,** coch â mymryn o las; **a ~ of colour,** cyffyrddiad(-au) *(m)* o liw; *F:* twtsh(-is) *m*, *S: F:* dabad(-au) *m* (o liw). **4.** *(a) (= stroke of pen):* strôc (strociau) *f*, *S.W:*

strac(-au) *f*, llinell(-au) *f*; *Mth:* **A dash (A -),** A strôc; *Typ: Cmptr:* llinell (*f*) doriad (llinellau toriad), gwahannod (gwahanodau) *m*; *(b) (in Morse):* dash(-iau) *m*. **5.** *(movement):* gwib(-iadau) *f*, gwibiad(-au) *m*, rhuthr(-au) *m*; **at a ~,** ar ruthr, ar wib, ar redeg, yn chwim, yn sionc; **to make a ~ for it,** cymryd y goes, ceisio dianc, rhedeg, rhuthro, mynd nerth traed, cymryd wib, cymryd gwib, mynd ar wib, gwibio ymaith, ei heglu hi, ei gloywi hi, ei gwadnu hi, ei g'leuo hi; **to make a ~ for shelter,** rhuthro am gysgod, rhuthro i ymochel; **a hundred metres ~,** gwib gan medr. **6.** *(= liveliness):* bywiogrwydd *m*, ynni *m*, egni *m*, mynd *m*, arial *m*, nwyfusrwydd *m*, nwyf *m*, asbri *m*; **skill and ~,** medr a menter; **to play with ~,** chwarae ag asbri; **to cut a ~,** torri cýt, gwneud sioe ohoni.

dash² *v.t.&i.* **1.** *v.t.* *(a) (= throw violently):* hyrddio, bwrw, taflu, lluchio, taro; **the ship was dashed against the rock,** hyrddiwyd/drylliwyd y llong ar y graig; drylliodd/ymdrylliodd y llong ar y graig; **to ~ one's head against a wall,** bwrw'ch pen yn erbyn wal; **to ~ sth to the floor/ground,** taflu rhth ar lawr; **to ~ (sth) to bits,** chwalu, chwilfriwio, dryllio, malu (rhth) [yn dipiau mân]; *S.a.* **bit¹**; *(b)* **to ~ water over s.o.,** taflu/tasgu/ysgeintio dŵr am ben rhn; *(c)* **to ~ sth with mud,** taflu llaid/mwd dros rth; **blue dashed with red,** glas â chyffyrddiadau o goch; *(d)* **to ~ s.o.'s hopes,** dryllio/difetha/chwalu gobeithion rhn; **to ~ s.o.'s spirits,** digalonni rhn, torri calon rhn; *(e) int. F: Euphemism for* **damn²** **3** *(b)*. *int. (= "damn"):* dacia! dratia! daria! daro! **~ it,** [go] dacia/daria fo [unwaith]! [go] daro fe! **~ it all,** [go] dacia/daria las [unwaith]! go draps las! [go] daro fe! **well, I'm dashed,** 'tawn i'n glem, 'tawn i'n llwgu, 'tawn i'n smecs, 'dawn i byth o'r fan, 'tawn i'n marw, ar f'engoch i (*pronounced* ng-g), myn cebyst i, myn brain i, myn coblyn i, myn yffach i, myn 'yfryd i, myn diain i, myn diaist i, myn diagan i. **2.** *v.i.* *(a)* taro, hyrddio, *S:* bwrw; **the ship dashed against the rock,** trawodd/hyrddiodd/bwriodd y llong yn erbyn y graig; *(b) (= rush):* rhuthro, rhedeg, gwibio, *S:* gwylltu; **to ~ towards sth,** sythu am rth; **I must ~,** rhaid imi ruthro; rhaid imi ei throi hi; **I must ~ to the bank,** rhaid imi ruthro i'r banc; *N:* rhaid imi bicio i'r banc; **he dashed past me,** gwibiodd heibio imi; **to ~ along,** gwibio mynd, mynd ar wib; **~ away 1.** *v.t.* taflu/bwrw (rhth) ymaith. **2.** *v.i.* gwibio ymaith; **to ~ away,** ei gwadnu hi, ei gloywi hi, ei bachu hi, ei heglu hi, ei baglu hi, ei g'leuo hi, rhoi traed iddi, *S:* baglu bant, hedfan bant. **~ off 1.** *v.t. (letter &c):* ysgrifennu (rhth) ar wib wyllt *or* yn frysiog *or* ar frys. **2.** *v.i.* = **dash away**. **~ out 1.** *v.t. (brains):* dryllio (ymennydd), bwrw (ymennydd) allan/mas. **2.** *v.i.* gwibio/rhuthro/saethu/ymsaethu/picio allan, *S:* gwibio *&c* mas.

dashboard *n.* **1.** *Veh: A:* borden flaen (bordiau blaen) *f*. **2.** *Aut:* panel(-au,-i) (*m*) deialau/clociau, dangosfwrdd (dangosfyrddau) *m*.

dashed *a.* **1.** *(hopes &c):* drylliedig, chwilfriw, yn dipiau mân *&c*. **2.** = **damned** 2.

dasher *n.* **1.** *F:* sioncyn(-nod) *m*. **2.** *(of liquid):* tasgwr (tasgwyr) *m*.

dashing *a.* anturlon, bywiog, llawn mynd, nwyfus, asbrol, hoenus, llawn hoen.

dashingly *adv.* yn fywiog *&c*.

dashpot *n. Mch:* dashpot(-iau) *m*, damper(-i,-s) *m*.

dastard *n. Lit:* llwfrgi (llwfrgwn) *m*, llwfryn(-nod) *m*, llwfrddyn (-ion) *m*, llechgi (llechgwn) *m*, anwr (anwyr) *m*, *V:* cachgi (cachgwn) *m*, cachwr(-s) *m*, cachadur(-iaid) *m*.

dastardliness *n.* llwfrdra *m*, cachgieiddiwch *m*, gwarth *m*.

dastardly *a.* llwfr, gwarthus, *V:* cachwraidd, cachgaidd; **a ~ trick,** hen dro gwael, hen dro bawaidd.

dasyure *n. Z:* dasïwr (dasi|wrod) *m*.

data *n.pl.* data *m*, gwybodaeth *f*, manylion *pl*; *Cmptr:* **continuous ~,** data di-dor; **discrete ~,** data arwahanol; **raw ~,** data crai. **~ bank** *n.* banc(-iau) (*m*) data, storfa ddata (storf|eydd data), cronfa (*f*) ddata (cronf|eydd data). **~ capture** *n.* casgliad(-au) (*m*) data, casglu (*vn*) data, crynh|oi (*vn*) data. **~ channel** *n.* sianel (*f*) ddata (sianeli data). **~ collection** *n.* casgliad(-au) (*m*) data, casglu (*vn*) data. **~ controller** *n.* rheolwr (rheolwyr) (*m*) data. **~ density** *n.* dwysedd(-au) (*m*) data. **~ dictionary** *n.* geiriadur(-on) (*m*) data. **~ entry** *n.* cofnod(-ion) (*m*) data, cofnodi (*vn*) data. **~ file** *n.* ffeil (*f*) ddata (ffeiliau data). **~ format** *n.* fformat(-au) (*m*) data. **~ independence** *n.* annibyniaeth (*f*) data. **~ item** *n.* eitem(-au) (*f*) o ddata. **~ manipulation language (DML)** *n.* iaith (*f*) trin data. **~ model** *n.* model(-au) (*m*) data. **~ processing** *vn.* prosesu data. **~ processing cycle** *n.* cylchred(-au) (*fm*) prosesu data. **~ processor** *n.* prosesydd(-ion) (*m*) data. **~ representation** *n.* cynrychioliad(-au) (*m*) data. **~ retrieval** *n.* adfer (*vn*) data. **~ set** *n.* set (*f*) ddata (setiau data). **~ storage** *n.* storfa (*f*) ddata (storf|eydd data). **~ storing** *vn.* storio data. **~ structure** *n.* adeiledd(-au) (*m*) data. **~ transfer rate** *n.* cyfradd(-au) (*f*) trosglwyddo data. **~ transmission** *n.* trawsyriad(-au) (*m*) data, trawsyrru (*vn*) data. **~ type** *n.* ffurf(-iau) (*f*) data. **~ typing** *n.* ffurfiant (*m*) data. **~ validation** *n.* dilysiant (dilysiannau) (*m*) data, dilysu (*vn*) data. **~ verification** *n.* gwireddu (*vn*) data.

database (DB) *n. Cmptr:* data-bas(-au) *m*, cronfa (*f*) ddata (cronf|eydd data); **knowledge ~,** cronfa (*f*) wybodaeth; **relational ~,** data-bas perthynol. **~ management** *n.* rheolaeth (*f*) data-bas[au], rheoli (*vn*) data-bas[au]. **~ management system (DBMS)** *n.* system (*f*) reoli data-basau (systemau rheoli ~-~).

datable *a.* dyddiadwy.

datary *n. Ecc:* dyddiedydd(-ion) *m*.

date¹ *n. Bot:* deten (dêts) *f*, daten (dêts) *f*, *Lit:* datysen (datys) *f*. **~-palm** *n. Bot:* coeden (*f*) ddatys (coed datys). **~-plum** *n. Bot:* eirinen (*f*) ddatys (eirin datys).

date² *n.* **1.** *(= fixed day):* dyddiad(-au) *m*; **what ~ is it?** pa ddydd o'r mis yw hi? **~ of birth,** dyddiad geni; *F:* **what's your ~ of birth?** pryd y ganwyd di (chi)? pryd cefaist ti dy eni (cawsoch chi'ch geni)? **closing ~,** dyddiad cau; *Archives:* **accession ~,** dyddiad derbynodi; **~ of place,** dyddiad lle; **~ of time,** dyddiad amser; **of Roman ~,** o ddyddiad Rhufeinig, o'r cyfnod Rhufeinig; *Lib:* **~ due,** dyddiad dychwelyd; **~ of issue,** dyddiad ymddangos; **~ of publication,** dyddiad cyhoeddi; **eat-by ~,** dyddiad olaf bwyta; **sell-by ~,** dyddiad olaf gwerthu; **up to ~,** *(a) (= up to present time):* cyfamserol, diweddar; *(b) (= modern, progressive):* cyfoes, blaengar (*pronounced* ng-g), modern, diweddar; *(c) (= well-informed):* yn gwybod y diweddaraf; **to bring sth up to ~,** *(i)* diweddaru rhth; *F:* **to bring s.o. up to ~ on sth,** dweud y diweddaraf wrth rn am rth; *(ii) (building &c):* moderneiddio; **to be up to ~ with one's work,** bod yn brydlon gyda'ch gwaith, dod i'r lan gyda'ch gwaith; **to ~** *adv.* hyd yma, hyd yn hyn, hyd heddiw; **out of ~,** ar ei hôl hi, ar ôl yr oes, wedi dyddio, hen ffasiwn, allan o arfer. **2.** *(a) (= appointment):* oed(-au) *m*, *F:* points *pl*; **I've a ~,** mae gen i oed; *S.a.* **blind¹**. *(b) (= sweetheart):* cariad(-on) *m&f*, *(male):* *N: F:* carmon (carmyn) *m*, *S:* sboner(-s) *m*, *(fem.):* *N: F:* fodan (fodins) *f*, *S: F:* wejen(-s) *f*. **~-cancel** *v.t.* dil|eu [dyddiad]. **~ guide** *n.* nodwr (nodwyr) (*m*) dyddiad. **~ label** *n.* taflen (*f*) ddyddiad (taflenni dyddiad). **~-line¹** *n.* **1.** *Geog:* y llinell (*f*) ddyddio. **2.** *F:* **your latest ~-line,** y dyddiad olaf ichwi. **~-line²** *v.t.* dyddlinio. **~-marker, ~-stamp** *n.* dyddiwr (dyddwyr) *m*, stamp(-iau) (*m*) dyddiad, dilëwr (dilewyr) (*m*) dyddiad.

date³ *v.t.&i.* **1.** *v.t.* *(a) (letter &c):* dyddio; *(b) (work of art &c):* dyddio, amseru; **that suit dates you,** mae'r siwt yna'n dy ddyddio di; mae'r siwt yna'n dangos d'oed di; *(c)* **to ~ back,** ôl-ddyddio; *(d) F:* **to ~ a girl,** *(i)* gwn|eud oed/points â merch; **who are you dating tonight?** gyda phwy mae gen ti oed/boints heno? pwy yw dy gariad di heno? *(ii) (regularly):* canlyn merch, caru merch, mynd allan gyda merch; **who are you dating these days?** pwy yw dy gariad di'r dyddiau yma? **2.** *v.i.* dyddio; **the church dates from the twelfth century,** mae'r eglwys yn dyddio o'r ddeuddegfed ganrif; **his style is beginning to date,** mae ei arddull yn dechrau dyddio.

dateable *a.* = **datable**.

dated *a.* **1.** *(= bearing date):* dyddiedig, dyddiad, yn dwyn dyddiad, ac arno ddyddiad, wedi'i ddyddio. **2.** *(= out of date):* wedi dyddio, dyddiedig, ar ôl yr oes, hen ffasiwn, ar ôl ei ddydd, ar ei hôl hi.

datedly *adv.* yn hen ffasiwn.

datedness *n.* golwg (*f*) hen ffasiwn (ar rn); **I was struck by the ~ of the play,** fe'm trawyd gan gymaint yr oedd y ddrama wedi dyddio.

dateless *a.* **1.** diddyddiad, annyddiadwy, heb ddyddiad, annyddiedig. **2.** *(= ageless):* annherfynol, oesol, bythol.

datelessness *n.* bytholrwydd *m*.

dater *n.* **1.** *(of documents &c):* dyddiwr (dyddwyr) *m*. **2. a ~ of women,** merchetwr (merchetwyr) *m*.

dating *vn.* dyddio; *Archeol:* **absolute ~,** dyddio absoliwt/diamod;

cross ~, croesddyddio; **relative ~**, dyddio cymharol. **~ bar** *n. U.S:* bar(-rau) *(m)* cariadon.

dative *a. & n.* **1.** *a. Gram:* dadiol *m*, derbyniol *m*; *Ph:* **~ bond**, bond co-ïonig *m*. **2.** *n. Gram:* y [cyflwr] dadiol/derbyniol *m*.

datum *n.* datwm (data) *m*, ffaith (ffeithiau) *f*, gwybodaeth(-au) *f*. **~ level** *n. Surv:* lefel(-au) *(f)* sail. **~ line** *n. Surv:* llinell(-au) *(f)* sail. **~ plane** *n. Surv:* = **datum level.** **~ point** *n. Surv:* pwynt(-iau) *(m)* sail.

datura *n. Bot: (Datura stramonium):* afal(-au) dreiniog *m*, afal y diafol, *Lit: occ:* afal meiwyn, dalen *(f)* meiwyn.

daub[1] *n.* **1.** *(of paint &c):* llyfiad(-au) *m*, dwb(-iadau) *m*, dwbiad(-au) *m*, plastrad(-au) *m*, *S:* dabad(-au) *m*. **2.** *(= lime & straw):* dwb *m*, randrad *m*, randro *vn*, clôm *m*; **wattle and ~**, bangorwaith *(m)* *(pronounced* ng-g) a dwb/chlai, plethwaith *(m)* a dwb/chlai. **3.** *(= poor painting):* llun(-iau) gwael *m*, stomp *(f)* o lun.

daub[2] *v.t.* **1.** *(= paint, plaster):* peintio, plastro, dwbio; *(with plaster):* randro, plastro. **2.** *(= dirty):* baeddu, *S:* trochi, difwyno, dwyno, *F:* strempio, *N.W: occ:* trybaeddu; **to ~ signs**, peintio arwyddion.

daube *n. Cu:* ***daube*** *m*, stiw *(m)* eidion.

dauber *n.* peintiwr (peintwyr) *m*, p|eintwraig (peintwragedd) *f*, dwbiwr (dwbwyr) *m*; **sign-~**, peintiwr/peintwraig arwyddion.

daughter *n.* merch(-ed) *f*; **step-~**, llysferch(-ed) *f*, merch wen (merched gwynion); **god-~**, merch fedydd (merched bedydd); **grand-~**, wyres(-au) *f*. **~ cell** *n. Biol:* epilgell(-oedd) *f*, merchgell(-oedd) *f*. **~ house** *n. (nunnery)* cangen (canghennau) *f*. **~-in-law** *n.* merch(-ed)*(f)*-yng-nghyfraith *f*, *B: A:* gwaudd (gweuddon, gweuddau) *f*. **~ isotope** *n. Biol:* epil-|isotop (~-isotopau) *m*. **~ product** *n.* epil-gynnyrch (~-gynhyrchion) *m*.

daughterhood, daughterliness *n.* mercheiddrwydd *m*, mercholdeb *m*.

daughterless *a.* heb ferch, di-ferch.

daughterly *a.* merchaidd, merchol.

daunomycin *n. Ch:* dawnomysin *m*.

daunt *v.t.* dychryn, brawychu, digalonni, llwfrh|au (rhn); peri ofn (i rn); codi ofn (ar rn); gwangalonni (rhn) *(pronounced* ng-g); bod yn drech na rhn; *S:* hala ofon (ar rn); **nothing daunted,** yn eofn, yn dalog, heb ddigalonni.

daunting *a.* brawychus, dychrynllyd, hynod anodd.

dauntingly *adv.* **~ difficult,** brawychus/dychrynllyd o anodd.

dauntless *a.* diofn, dewr(-ion), beiddgar, eofn, glew(-ion), gwrol, hyf(-ion), dygn, pybyr.

dauntlessly *adv.* yn ddiofn *&c.*

dauntlessness *n.* dewrder *m*, gwroldeb *m*, dycnwch *m*, beiddgarwch *m*, ehofndra *m*, glewder *m*.

Dauphin *n. Fr.Hist:* ***Dauphin(-s)*** *m*, Dolffin(-iaid) *m*.

Dauphine *n.f. Fr.Hist:* ***Dauphine(-s)***, Dolffines(-au).

davenport *n. Furn:* ***davenport(-s)*** *m*.

David *Pr.n.m.* **1.** *B:* Dafydd, *F:* Dai, Dei, Deian, Deio, Dafi, Defi; **King ~,** Dafydd Frenin, y Brenin Dafydd, *occ:* Dafydd Broffwyd; **2.** Dewi; **St. ~,** Dewi Sant; **St. ~'s** *W.Pl.n. (in Dyfed):* Tyddewi *m*, *A:* Mynyw *f*, Glyn *(m)* Rhosyn; **Church of St. ~,** *(elsewhere):* Llanddewi; **St. ~'s Day,** [Dydd] Gŵyl D[d]ewi, Dygwyl Dewi. **~'s harp** *n. Bot:* telyn *(f)* Dafydd, dail *(pl)* Solomon. **~'s root** *n. Bot:* gwreiddyn *(m)* Dafydd.

Davidic *a. Jew.Hist:* Dafyddol.

davit *n. Nau:* camlath(-au) *f*.

davy[1] *n.* = **affidavit.**

Davy[2] *Pr.n.m. See* **David.** **~ Jones's locker** *n. Nau: F:* cwpwrdd *(m)* Dafydd Jôs. **~ lamp** *n. Min:* lamp(-au) *(f)* Davy.

daw *n. Orn:* = **jackdaw.**

dawdle[1] *n.* **1. to do sth at a ~,** gwneud rhth yn araf deg; **to come at a ~,** *N:* dod dow-dow. **2. he's a real ~,** un araf deg yw.

dawdle[2] *v.t.&i.* **1.** *v.t.* **to ~ away one's time,** gwastraffu'ch amser, treulio'ch amser yn gwagswmera *&c.* **2.** *v.i.* loetran, oedi, ymdr|oi, swmera, tin-droi, sefyllian, segura, dili-dalio, hel eich traed, llusgo'ch traed, pencawna, gogor-droi, gwagswmera, llyffanta, hel dail, *S.W:* dwbwldapo, barcutana, chwil[i]bawa, heglan.

dawdler *n.* loetrwr (loetrwyr) *m*, sefylliwr (sefyllwyr) *m*, llusgwr (llusgwyr) *(m)* traed, oedwr (oedwyr) *m*.

dawdling[1] *a.* araf, digychwyn, segur.

dawdling[2] *vn. See* **dawdle.**

dawn[1] *n.* gwawr(-iau,-oedd) *f*, toriad *(m)* dydd, *Lit:* gwawrddydd *f*, glasiad *(m)* dydd, y bore bach *m*, y bore gwyn, cyfddydd *m*, plygain (plygeiniau) *m*, glasddydd *m*, clais *(m)* y dydd, *S.W: occ:* chwip *(f)* y dydd; **the ~ chorus,** côr *(m)* y bore bach; **at ~, at break/crack of ~,** gyda'r wawr, ar doriad y dydd, ar lasiad dydd, yn y plygain, ar ei glasiad hi, yn y bore bach, ar y cyfddydd, yn y bore glas, ben bore, gyda thoriad gwawr, gyda'r dydd, yn blygeiniol, ar wylliad y dydd, gyda chwip y dydd; **from ~ till dusk,** o fore gwyn tan nos, o wawr hyd fachlud, rhwng gwyll a gwawl, rhwng gwawl a gwyll.

dawn[2] *v.i.* gwawrio; *(of day only):* goleuo, dyddio, dyddh|au; **the day is dawning,** mae'r dydd yn gwawrio; **it dawned upon me,** gwawriodd arnaf.

dawning[1] *a.* yn gwawrio, gwawriol; *(awareness &c):* cynyddol.

dawning[2] *vn.* gwawriad *m*; *S.a.* **dawn**[1,2].

day *n.* **1.** *(a) (= period of 24 hours = Fr. journe):* diwrnod(-[i]au) *m*, dydd(-iau) *m*; *(b) (as opp. to night = Fr. jour):* dydd; *Astr:* **lunar ~,** diwrnod lleuad, diwrnod lloerol; **sidereal ~,** diwrnod sêr/serol; **solar ~,** diwrnod haul, diwrnod heulol; **he's fifty if he is a ~,** mae'n hanner cant oed o leiaf; *Prov:* **Rome wasn't built in a ~,** nid mewn undydd yr adeiladwyd Rhufain; *S.W: occ:* nid ar unwaith y caed Herbin; **once a ~,** unwaith [yn] y dydd, *S.W: occ:* siwrne'r dydd; **a year and a ~,** undydd a blwyddyn; **a ~ and a night,** diwrnod a noswaith, undydd unnos; **for ever and a ~,** am dragwyddoldeb a diwrnod dros ben; **broad ~,** cefn dydd golau; **a certain ~,** rhyw ddiwrnod, un diwrnod, *Lit:* dyddgwaith; **an eight-hour ~,** diwrnod wyth awr; **every ~,** *adv.* bob dydd, beunydd, yn feunyddiol; Sul, gŵyl a gwaith; **every other ~,** *(= alternate):* bob yn eilddydd, bob yn ail ddiwrnod; **a feast ~,** dydd gŵyl, dygwyl *fm*; **a fine ~,** diwrnod braf/teg, *S: F:* diwrnod ffein; **a foul ~,** diwrnod cas/diflas, *N: F:* diwrnod annifyr; **good ~,** *(greeting):* sut 'rwyt ti ('rydych chi) heddiw? *F:* sut mae hi heddiw? *Lit:* dydd da; **a good ~,** diwrnod da; **we had a good ~ yesterday,** fe gawsom ddiwrnod da ddoe; fe gawsom hwyl *(f)* ddoe; **happy days,** dyddiau dedwydd/diddan; **many days ago,** *Lit:* ers talm o ddyddiau, ers [l]lawer dydd; **one ~,** un diwrnod, undydd; **one ~,** *adv.* ryw ddydd, ryw ddiwrnod, un dydd, un diwrnod, *Lit:* dyddgwaith; **one of these days,** ryw ddiwrnod, un o'r dyddiau yma, ddydd a ddaw, cyn [bo] hir; **it's been one of those days,** rhyw ddiwrnod fel'na fu hi heddiw; fe aeth popeth o chwith heddiw; *N.W: occ:* 'roedd heddiw yn ddiwrnod cicio'r cŵn; **the other ~,** *adv.* y dydd/diwrnod o'r blaen, *S:* pwy ddiwrnod, pa ddydd; **some ~,** *adv.* ryw bryd [neu'i gilydd], ryw ddiwrnod, ryw ddydd, ryw ddydd a ddaw; **such and such a ~,** y diwrnod a'r diwrnod; *Iron:* **that'll be the ~!** choelia' i fawr! mi goelia' i pan wela' i! **this ~ [and age],** heddiw, y dyddiau hyn/yma, yr oes hon/yma, *Lit:* y dwthwn hwn, y dydd heddiw, yr oes sydd ohoni, *S.a. under* 2. **this ~ week,** wythnos i heddiw; **this ~ fortnight,** pythefnos i heddiw; **a working ~,** diwrnod gwaith; **all the ~ long,** drwy'r dydd, drwy gydol y dydd, ar hyd y dydd, o fore gwyn tan nos, *S:* trwy'r dydd gwyn; **before ~,** cyn dydd, cyn iddi ddyddio/wawrio; **by ~,** yn ystod y dydd, liw dydd, gefn dydd golau; **by the ~,** wrth y dydd, yn ôl y dydd, fesul diwrnod; **for days,** *(a)* **I had to wait for days,** bu raid imi aros am ddyddiau; *(b)* **I have been here for days,** yr wyf yma ers dyddiau; **(I haven't seen him) for many a ~,** (ni welais i mohono) ers tro byd, ers llawer dydd, *N:* ers talwm; **from ~ to ~,** o ddydd i ddydd, o'r naill ddiwrnod i'r llall; **~ to ~ duties,** dyletswyddau arferol/beunyddiol/cyffredin, dyletswyddau pob dydd; **to this [very] ~,** hyd y dydd hwn, hyd heddiw, hyd y dydd heddiw; **questions of the ~,** pynciau [llosg] y dydd, pynciau amserol; **~ after ~,** ddydd ar ôl dydd, ddyddiau bwygilydd, y naill ddiwrnod ar ôl y llall; **~ and night,** ddydd a nos, beunydd beunos; **~ by ~,** o ddydd i ddydd; **~ in, ~ out,** ddydd ar ôl dydd, ddiwrnod ar ôl diwrnod, y naill ddiwrnod ar ôl y llall; **D~ of Atonement,** Dydd y Cymod; **~ of grace,** dydd nawdd, dydd gras, dydd o ras; **seven days' grace,** saith diwrnod o ras; **D~ of Judgement,** Dydd Barn, Dydd y Farn, *Lit: occ:* Dydd Brawd; **~ of reckoning,** dydd y cyfrif, dydd o brysur bwyso, *N: F:* diwrnod cyfri' mawr; **~ off,** diwrnod rhydd, diwrnod o wyliau, diwrnod i'r brenin; **days on end,** dyddiau bwygilydd; **one ~,** diwrnod, un diwrnod, undydd; **two days,** dau ddiwrnod, deuddydd; **two days ago,** ddeuddydd yn ôl; **two days hence,** ymhen deuddydd; **three days,** tridiau *pl*; **three days ago,** dridiau yn ôl; **four days,** pedwar diwrnod; **a five ~ week,** wythnos bum diwrnod; **seven days a week,** saith diwrnod yr wythnos; **the ~ after,** y diwrnod wedyn, trannoeth *m; adv:* drannoeth; **the second ~ after,** ail drannoeth; **the ~ after the fair,** trannoeth y ffair; **the ~ after tomorrow,** trennydd *m; adv.* drennydd; **two days after tomorrow,** tradwy *m; adv.* dradwy; **the ~ before yesterday** *n. & adv.* echdoe (*m*); **three days ago,** dridiau yn ôl, *occ:* ail echdoe; **break of ~,** toriad (*m*) [y] dydd, glasiad (*m*) [y] dydd, clais (*m*) [y] dydd; *S.a.* **dawn[1]**; **close of day,** diwedd (*m*) [y] dydd, diwetydd *m*, hwyr *m*, terfyn (*m*) dydd, gyda'r nos *f*; **at close of ~,** fin nos, ar derfyn dydd, yn y diwetydd, gyda'r hwyr, gyda'r nos, ym min tywyllnos; **at the end of the ~,** *(= in the final reckoning):* yn y pen draw, pan ddaw hi'n gyfrif, ar derfyn y dydd; **(he arrived) late in the ~,** *(= too late):* (cyrhaeddodd) yn rhy hwyr, ar ôl y ffair, ar ei hôl hi; **All Fools' D~,** Dydd yr Holl Ynfydion, *F:* Diwrnod Ffŵl Ebrill; **All Saints' D~,** Dydd yr Holl Saint, Dygwyl y Meirw; **Christmas D~,** Dydd Nadolig, Diwrnod Nadolig; **dog days,** dyddiau'r cŵn, dyddiau'r ci, diwrnod[i]au'r cŵn; **Easter D~,** Dydd y Pasg, Dydd Sul y Pasg; **Lammas D~,** Calan Awst; **the Lord's D~,** Dydd yr Arglwydd; **the Lord's ~ Observance Society,** Cymdeithas Cadw Dydd yr Arglwydd; **the first ~,** *(of month, year &c):* calan *m*; **May D~,** Calan Mai, *F:* Cla[n]mai *m*; **May D~ Eve,** Nos Gla[n]mai; **New Year's D~,** Dydd Calan, y Calan, Calan Ionawr; **pay ~,** diwrnod tâl/cyflog/talu, *F:* diwrnod pae, *N.W: occ:* diwrnod sist; **red-letter ~,** diwrnod mawr, diwrnod o bwys, diwrnod i'w gofio/nodi, diwrnod bythgofiadwy, *occ:* uchel ŵyl (~ wyliau) *f*, dydd coch calendr; **~ of rest,** diwrnod gorffwys, dydd o orffwys; *Hist:* **~ of the March,** dydd Mers; **a ~'s work,** gwaith diwrnod, diwrnod o waith; **~ work,** dyddwaith *m*; **a good ~'s work,** diwrnod da o waith; **it's all in a ~'s work,** mae'n rhan o'r gwaith; **a ~ spent in idleness,** *F:* diwrnod i'r brenin; **a hectic ~,** *F:* diwrnod lladd mochyn, diwrnod fel [diwrnod] ffair; **to call it a ~,** rhoi'r gorau iddi, noswylio, cadw noswyl; **it's made my ~,** dyna'r peth gorau [a welais i &c] heddiw; dyna'r orau heddiw; **to make a ~ of it,** mynd ymlaen drwy'r dydd, rhoi diwrnod iddi; **to name the ~,** pennu'r diwrnod; **the order of the ~,** rhaglen (*f*) y dydd, trefn (*f*) y dydd, y drefn; **to pass the time of ~ with s.o.,** cyfarch gwell i rn, dymuno dydd da i rn; *Prov:* **better the ~, better the deed,** gorau bo'r diwrnod, gorau bo'r gwaith; **it's not my [lucky] ~,** nid wy'n cael hwyl ar wneud dim heddiw; **the man of the ~,** arwr y dydd; **to win the ~,** ennill y dydd, cael y dydd, cario'r dydd; **to lose the ~,** colli'r dydd; **every dog has his ~,** daw haf i gi; daw ei dro i bawb; **to see the light of ~,** *(a) (= be born):* cael eich geni, gweld golau dydd; *(b) (= be published &c):* gweld golau dydd, *N:* dod i'r fei, *S:* dod ar glawr. **2.** *usu.pl. (= period, age):* dydd *m*, adeg(-au) *f*, cyfnod(-au) *m*, oes(-oedd) *f*; **better days,** dyddiau gwell; **to fall on evil days,** taro ar ddyddiau drwg; **the present ~, this ~ and age,** heddiw ['ma], y dydd hwn, yr oes hon, *Lit:* y dwthwn hwn, y dydd heddiw; **in this ~ and age,** yn y byd sydd ohoni; **these days,** y dyddiau hyn, **in these enlightened ~,** yn yr oes oleuedig/olau hon; **school days,** dyddiau ysgol; **days to come,** dyddiau [a] fydd, dyddiau [a] ddaw, y dyfodol; **bygone days,** dyddiau [a] fu; **the old days, days of yore,** yr hen ddyddiau, dyddiau gynt, dyddiau [a] fu, *N:* ers talwm *m*, *S:* 'slawer dydd; **in the old days, in days of yore,** ddyddiau gynt, ddyddiau fu, *N:* erstalwm, *S:* 'slawer dydd; **(I was a student) in those days,** (myfyriwr oeddwn i) bryd hynny, yr adeg honno; **the good old days,** yr hen ddyddiau dedwydd/braf/difyr [gynt]; **those were the days,** dyna'r dyddiau; dyna'r adeg; **in his ~,** yn ei ddydd, *Lit:* i'w ddydd; **it has had its day,** mae wedi cael ei ddydd; mae hi wedi darfod arno; **it has seen better days,** mae wedi gweld ei ddyddiau gwell; **in the days of Cromwell,** yn nyddiau Cromwell, [yn] adeg Cromwell, yn amser Cromwell; **to end one's days (in a home),** treulio gweddill eich oes, diweddu'ch oes (mewn cartref). **3.** *attrib.* **~-bed** *n.* gwely(-au) (*m*) dydd. **~-blind** *a.* dall liw dydd. **~-blindness** *n.* dallineb (*m*) liw dydd. **~-boarder** *n. Sch:* lled-fyrddwr (~-fyrddwyr) *m*. **~-boat** *n. N:* cwch (cychod) undydd *m*, *S:* bad(-au) undydd *m*. **~-book** *n.* dyddlyfr(-au) *m*. **~-boy** *n.* disgybl(-ion) (*m*) dydd, disgybl dyddiol. **~ care** *n.* gofal (*m*) dydd, gofal dyddiol. **~ centre** *n.* canolfan(-nau) (*mf*) d[d]ydd (canolfannau dydd). **~ coach** *n.* bws (bysiau) undydd *m*. **~ degree** *n. Geog:* dyddradd(-au) *f*. **~-dream[1]** *v.i.* synfyfyrio, pensynnu, gwlana, pencawna, breuddwydio liw dydd, hel meddyliau. **~-dream[2]** *n.* synfyfyrdod(-au) *m*, breuddwyd(-ion) (*m*) liw dydd. **~-dreamer** *n.* synfyfyriwr (synfyfyrwyr) *m*, synfyf|yrwraig *f*, breuddwydiwr (breuddwydwyr) liw dydd *m*, breudd|wydwraig liw dydd, pensynnwr (pensynwyr) *m*, pens|ynwraig *f*. **~-dreamlike** *a.* breuddwydiol, fel breuddwyd. **~-fly** *n. Ent:* = **may-fly**. **~-girl** *n. Sch:* disgybles (*f*) ddydd (disgyblesau dydd), disgybles ddyddiol (disgyblesau dyddiol). **~ hospital** *n.* ysbyty (ysbytai) (*m*) dydd. **~-labourer** *n.* labrwr (labrwyr) (*m*) wrth y dydd, *N: Min:* jermon (jermyn) *m*. **~ letter** *n.* llythyr(-au,-on) (*m*) dydd. **~ lily** *n. Bot:* lili (lilïau) undydd *f*. **~-long** *a.* drwy'r dydd, cyhyd â'r dydd, gydol y dydd. **~ nursery** *n.* cylch(-oedd) (*m*) meithrin, ysgol (*f*) feithrin [ddydd] (ysgolion meithrin [dydd]), meithrinfa (*f*) ddydd (meithrinf|eydd dydd). **~-patient** *n. Med:* claf (cleifion) dyddiol *m*. **~-pupil** *n. Sch:* disgybl dydd, disgybl dyddiol. **~ release** *n.* rhyddhad (*m*) am y dydd, rhyddhad undydd, dydd-ryddhad *m*, rhyddh|au (*vn*) am y dydd. **~-return** *n. Rail:* tocyn(-nau) (*m*) dwyffordd diwrnod/undydd. **~-room** *n. Sch:* ystafell gyffredin (ystafelloedd cyffredin) *f*. **~ shift** *n.* stem (*f*) ddydd (stemiau dydd), shifft (*f*) ddydd (shifftiau dydd), *S:* dala (*m*) dydd. **~-scholar** *n.* disgybl dydd, disgybl dyddiol. **~-school** *n.* ysgol ddyddiol (ysgolion dyddiol) *f*, *occ:* ysgol bob dydd. **~-spring** *n. A: Lit:* = **dawn[1]**. **~-star** *n.* seren (*f*) ddydd, seren fore, *Poet:* gwenddydd *f*. **~-student** *n.* myfyriwr (myfyrwyr) (*m*) dydd, myfyriwr dyddiol, myf|yrwraig ddydd (myfyrwragedd dydd) *f*, myfyrwraig ddyddiol (myfyrwragedd dyddiol). **~-temperature** *n. Meteor:* tymheredd dyddiol *m*. **~-time** *n.* dydd *m*; **in the day-time,** yn ystod y dydd, liw dydd, gefn dydd golau. **~-ticket** *n.* tocyn(-nau) (*m*) diwrnod/undydd. **~-trip** *n.* gwibdaith (gwibdeithiau) (*f*) undydd, trip(-iau) (*m*) undydd, gwibdaith/trip un diwrnod. **~-tripper** *n.* ymwelydd (ymwelwyr) undydd *m*, gwibdeithiwr undydd *m*, gwibd|eithwraig undydd. **~-work** *n.* gwaith (*m*) [wrth] y dydd.

Dayak *a. & n.* **1.** *a.* Daiacaidd; *(in language):* Daiaceg. **2.** *n. (a) Ethn:* Daiac(-iaid,-od) *m&f*; *(b) Ling:* Daiaceg *f, m*.

daybreak *n.* = **dawn[1]**.

dayglow *n.* dyddlewy[r]ch *m*.

daylight[1] *n.* **1.** golau (*m*) dydd, goleuni (*m*) dydd, *occ:* golau ddydd; *Prov:* **to burn ~,** llosgi'r gannwyll gefn dydd golau; **by ~,** yng ngolau dydd, liw dydd [golau], gefn dydd [golau]; **in broad ~,** gefn dydd golau, yn llygad yr haul, yn wyneb haul llygad goleuni; **before ~,** cyn dydd, cyn iddi ddyddio, cyn y wawr. **2.** *F:* **to beat the living daylights out of s.o.,** curo/dyrnu/pannu/waldio/colbio rhn yn ddidrugaredd; *See* **beat[2]**; **to scare the living daylights out of s.o.,** dychryn rhn allan o'i groen, dychryn rhn am ei hoedl, codi ofn am ei enaid ar rn. **~ robbery** *n.* lladrad noeth *m*, codi (*vn*) crocbris. **~ saving** *vn.* arbed golau dydd. **~ saving time** *n.* amser (*m*) haf.

daylight[2] *v.t.* goleuo, dyddoleuo.

daymare *n. Psy:* dydd-hunllef(-au) *f*.

daytime *a.* yn ystod y dydd; *S.a.* **day-time**.

daywork *n.* = **day-work**.

daze[1] *n.* syfrdandod *m*, pensyfrdandod *m*, llesmair *m*; **in a ~,** mewn llesmair, yn bensyfrdan, yn hurt, wedi moedro/mwydro, wedi hurtio; **I was all in a ~,** ni wyddwn ar y ddaear ble 'roeddwn i.

daze[2] *v.t.* syfrdanu, pensyfrdanu, drysu, hurtio, moedro, mwydro (rhn); bwrw (rhn) i lesmair.

dazed *a.* syfrdan, pensyfrdan, hurt, wedi hurtio, wedi mwydro/moedro, mewn llesmair.

dazedly *adv.* yn syfrdan *&c*.

dazedness *n.* = **daze[1]**.

dazzle[1] *n.* llewyrch: llewych *m*, disgleirdeb *m*, tanbeidrwydd *m*. **~ paint** *n.* paent (*m*) dallu.

dazzle[2] *v.t.&i.* **1.** *v.t. (a)* dallu, *F:* taslo; *(b) (= impress deeply):* syfrdanu, dallu. **2.** *v.i.* disgleirio, *Lit:* tanbeidio, llathru, pelydru.

dazzled *a.* wedi'ch dallu *&c*.

dazzlement *n.* dallineb *m*, dellni *m*.

dazzler *n.* taslwr (taslwyr) *m*, dallwr (dallwyr) *m*.

dazzling *a.* **1.** *(light &c):* disglair, llachar, *Lit:* llathr, llathraidd, tanbaid, llathrwyn, disgleirwyn. **2.** *(= impressive):* syfrdanol, trawiadol, aruthrol, rhagorol, disgleirwych.

dazzlingly *adv.* yn syfrdanol *&c*.

de-[1] *pref.* di-, dad-, dat-. **~-acidify** *v.t.* diasidio, dadasideiddio. **~-aerate** *v.t.* diawyru. **~-aeration** *n.* diawyriad *m*, diawyru *vn*.

~-afforestate *v.t.*, **~-afforestation** *vn.* digoedwigo. **~-atomization** *n.*, **~-atomize** *v.t.* dadatomeiddio. **~-emphasize** *v.t.* dadbwysleisio. **~-escalate** *v.t.* dad-ddwysáu, gostwng, arafu, lleddfu. **~-escalation** *n.* dad-ddwysâd *m*, gostyngiad *m*; *vn.* = **de-escalate**. **~-escalatory** *a.* dad-ddwysaol, gostyngol, lleddfol. **~-gas** *v.t.*, **~-gassing** *vn.* dinwyo; **~-gassing plunger,** plymiwr (plymwyr) (*m*) symud nwy; **~-gassing tablets,** tabledi symud nwy. **~-ice** *v.t. Av: Aut:* difarugo, dadrewi, *N:* meirioli, dadmer, *S:* dadledd, dadleth. **~-icer** *n.* dadrewydd(-ion) *m*, meiriolydd(-ion) *m*, dadleithydd(-ion) *m*, dadmerydd(-ion) *m*. **~-ionize** *v.t.* dad-ïoneiddio. **~-schooling** *vn.* dad-ysgolia. **~-sex** *v.t.* **1.** *(= castrate):* disbaddu, cyweirio. **2.** = **desexualize**. **~-tinning** *vn.* dad-dunio *m*. **~-trunk** *v.t.* dad-dryncio.

de² *Lt.prep. Jur:* ***~ bonis non [administratis],*** o'r nwyddau nas gweinyddwyd; *Jur:* ***~ die in diem,*** o ddydd i ddydd; ***~ facto,*** mewn ffaith, yn ôl y ffaith; ***~ gustibus non disputandum,*** ni thâl dadlau ynghylch chwaeth; pawb â 'i chwaeth; pawb at y peth y bo; *Jur: Pol:* ***~ jure,*** yn ôl yr hawl, yn gyfreithlon; *Jur:* ***~ minimis non curat lex,*** nid ystyrir manion gan y ddeddf; ***~ mortuis nil nisi bonum,*** dim ond y da am y meirw; ***~ novo,*** o'r newydd; *B:* ***~ profundis,*** o'r dyfnder.

de³ *Fr.prep.* ***~ luxe*** *a. Com:* moethus. ***~ nouveau*** *a. & adv.* o'r newydd. ***~ règle*** *pred.a.* gweddus, cymwys, arferol, rheolaidd. ***~ rigueur*** *pred.a.* gofynnol, arferol, gorfodol. ***~ son tort*** *adv.phr.* yn ei gamwedd. ***~ trop*** *pred.a.* gormod, gormodol, diangen, di-alw amdano/amdani/amdanynt.

deacidification *n. Ch:* diasideiddiad(-au) *m*, diasideiddio *vn*.

deacidify *v.t.&i. Ch:* diasideiddio.

deacon *n. Ecc:* **1.** diacon(-iaid) *m*. **2.** *(in Free Churches):* diacon, blaenor(-iaid) *m*, *occ:* henuriad (henuriaid) *m*; **to elect deacons,** ethol/dewis diaconiaid, codi blaenoriaid; **to become a ~,** cael eich gwneud yn flaenor/ddiacon, *F:* mynd i'r sêt fawr, *N: Joc:* mynd i'r ffendar. **~'s bench** *n. Furn:* mainc (*f*) diacon (meinciau diaconiaid).

deaconess *n.f. Ecc:* **1.** diacones(-au). **2.** *(in Free Churches):* diacones, blaenores(-au).

deaconry, deaconship *n. Ecc:* **1.** diaconiaeth(-au) *f*. **2.** *(in Free Churches):* diaconiaeth, blaenoriaeth(-au) *f*, swydd (*f*) diacon/blaenor (swyddi diaconiaid/blaenoriaid).

deactivator *n.* llonyddwr (llonyddwyr) *m*, dadfywiogwr (dadfywiogwyr) *m*.

dead *a., n. & adv.* I. *a.* **1.** *(a)* marw (meirw, meirwon), wedi marw, *occ:* wedi trengi, *Lit: occ:* trancedig; *(animal): S:* wedi marw/trigo; **he is ~,** mae'n farw; mae wedi marw; **the ~ man,** y dyn marw, y marw; **a ~ man,** dyn [wedi] marw; *coll.* **the ~,** y meirw, y meirwon, pobl (*f or pl*) wedi marw; **the quick and the ~,** y byw a'r meirw/meirwon; **a ~ body,** corff marw (cyrff meirw) *m*, celain (celanedd) *f*; *(of animal):* celain, *occ:* burgyn(-nod) *m*, *S:* caren(-nod) *f*; *Prov:* **~ men tell no tales,** mud pob marw; **to flog a ~ horse,** chwipio ceffyl marw; **to kick a ~ horse,** cicio hen gaseg farw; **(to kill s.o.) stone ~,** (lladd rhn) yn farw gorn, yn gelain [gegoer]; **to drop down ~,** syrthio'n/cwympo'n farw; *int.* **drop ~!** dos/cer i dy grogi! dos i grafu! dos i dy wely! dos i dy grocsen! **~ as a door-nail, ~ as mutton, ~ as a/the dodo,** cyn farwed â hoelen *or* â'r ci ym mol y clawdd, mor farw â phenogyn/sglodyn, marw gorn; **he's ~ and gone/buried,** mae wedi ei hen gladdu; mae wedi mynd i dŷ ei hir gartref; *F:* mae wedi mynd i'w aped; mae e wedi pego; **he's ~ and done for,** mae hi ar ben arno; mae hi wedi canu arno; mae hi wedi wech arno; mae wedi darfod amdano; *F:* **~ from the neck up,** *F:* heb ddim yn eich pen, *N:* dwl fel post, *S:* twp fel slej; **I wouldn't be seen ~ in it,** ni wisgwn i mohono/mohoni dros fy nghrogi *or* petawn i'n marw; **a ~ duck,** *(i)* hwyaden farw (hwyaid meirw) *f*; *(ii) Fig:* celain (celanedd) *f*; **the plan is a ~ duck,** mae'r cynllun yn gelain; mae'r cynllun wedi mynd i'r gwellt; mae'r cynllun wedi mynd yn ffliwt; mae'r cynllun wedi darfod amdano; ni ddaw dim o'r cynllun bellach; mae hi wedi canu ar y cynllun; **a ~ language,** iaith farw (ieithoedd meirwon) *f*; *Jur:* **~ hand,** llaw farw *f*; **this law is a ~ letter,** mae'r ddeddf hon yn farw/ddi-rym; llythyren farw yw'r ddeddf hon; **~ letters,** llythyrau heb eu hawlio/harddel; **~ wood,** coed marw *m*, pren marw *m*; *(b) (= numb):* dideimlad, wedi merwino; **my fingers are ~,** mae fy mysedd i wedi fferru/sythu/merwino; **my legs are ~,** mae fy nghoesau i wedi mynd i gysgu. **2. ~ to reason,** byddar i reswm; **~ to the world,** *(i) (= asleep):* ynghwsg, yn cysgu'n sownd/drwm, mewn trwmgwsg; *(ii) (= unconscious):* anymwybodol, wedi llewygu, mewn llewyg; *(= exhausted):* **he was ~ on his feet,** 'roedd wedi blino'n lân; 'roedd yn cysgu ar ei draed. **3. ~ coal,** marworyn (marwor) *m*; **~ colour,** lliw pŵl/dilewy[r]ch *m*; **~ sound,** sŵn marw/marwaidd *m*; *El.E:* **~ wire,** gwifren farw (gwifrau meirwon) *f*; *El:* **~ cell,** cell farw (celloedd meirwon) *f*; *Typ:* **~ matter,** defnydd marw *m*; **~ water,** m|arwddwr: merddwr *m*; **~ well,** ffynnon hesb (ffynhonnau hysbion) *f*; **the D~ Sea,** y Môr Marw *m*. **4.** *(= inactive, inert):* marw, marwaidd, llonydd, disymud, segur; **the ~ season,** yr adeg farwaidd *f*, y tymor marwaidd *m*; **a ~ period,** cyfnod marwaidd/llonydd *m*; **the ~ hours,** *(i) (= night):* y nos *f*, cefn (*m*) trymedd nos, oriau mân y bore; *(ii) Ind:* oriau segur; *F:* **this place is ~,** mae'r lle 'ma'n farwaidd; mae'r lle 'ma fel y bedd; mae'r lle 'ma fel mynwent; *E:* **~ spring,** sbring marw/farw *mf*; **~ axle,** echel lonydd (echeli llonydd) *f*; *Fb:* **~ ball,** pêl farw (peli meirwon) *f*; **~ ball line,** llinell (*f*) derfyn (llinellau terfyn); *Ph:* **~ beat,** curiad marw (curiadau meirwon) *m*; *Cr:* **~ bat,** bat(-iau) llac *m*; *Ph:* **~ time,** cyfnod marw *m*, egwyl farw (egwyliau meirwon) *f*; **~ weight,** pwysau marw *m*; *(= burden):* baich *m*; *Sp:* **~ lift,** codi pwysau marw; **a ~ pan,** *F:* wyneb llonydd, wyneb (*m*) heb wên, wyneb di-wên/difynegiant, gwep (*f*) heb wên; *S.a.* **deadpan. this street is a ~ end,** heol/stryd bengaead yw hon (*pronounced* ng-g); **we came to a ~ end,** ni allem fynd dim pellach; daethom at fur diadlam; *S: occ:* daethom i frest y wal; *F:* **are these glasses ~?** a yw'r gwydrau 'ma wedi darfod? **5.** *(= absolute, total):* llwyr, hollol, cwbl; **to come to a ~ stop,** stopio/aros/sefyll yn stond, *S. W: occ:* stopo'n dwp, stopo'n bwt; *Nau:* **~ calm,** llonyddwch llwyr *m*, tawelwch marw *m*; **she fell in a ~ faint,** llewygodd yn ei hunfan; **~ silence,** distawrwydd llethol/llwyr *m*, distawrwydd fel y bedd; **~ secret,** cyfrinach lwyr/hollol *f*; **a ~ loss,** colled lwyr *f*, methiant llwyr *m*; **it's a ~ loss,** mae'n anobeithiol; nid yw'n dda i ddim; **he's a ~ ringer for Gwyn,** mae'r un ffunud â Gwyn; **in ~ trouble,** mewn helynt (*f*), mewn trafferth (*f*), mewn trybini *m*; **to make a ~ set for s.o.,** anelu'n syth am rn; **in ~ earnest,** yn hollol o ddifrif, o ddifrif calon; **he's a ~ shot,** mae'n saethwr di-feth; ni fydd byth yn methu'r nod; mae'n ddi-ffael ei ergyd; **it's a ~ cert,** 'does dim byd sicrach; **he's the ~ spit of his father,** mae'r un ffunud â'i dad; mae'r un boerad â'i dad; **in the ~ centre,** yn union yn y canol, yn y canol union. II. *n.* **1.** *pl.* y meirwon, y meirw; **to rise from the ~,** atgyfodi [o blith y meirwon], codi o farw'n fyw, dod yn ôl i dir y byw; **2. the ~ of night,** canol (*m*) y nos; **at ~ of night, in the ~ of night,** yng nghanol y nos, ganol y nos, gefn nos, gefn trymedd nos, berfedd[-ion] y nos, yn nyfnder nos, yn nhrymder nos; **the ~ of winter,** cefn (*m*) gaeaf, dyfnder (*m*) gaeaf, *occ:* twll (*m*) y gaeaf. III. *adv.* *(a) (= wholly):* yn llwyr, yn hollol, yn gwbl; **~ drunk,** hollol feddw, cwbl feddw, meddw fawr, meddw bost, meddw gaib, meddw gorn, meddw dwll, chwil ulw [gaib/bost/beipen] *&c* (*S.a.* **drunk**); **~ ahead,** yn union o'ch blaen, yn syth o'ch blaen; **~ level,** hollol/cwbl wastad; *(in scoring):* hollol/cwbl gyfartal; **~ straight,** hollol/cwbl syth; **~ beat, ~ tired,** hollol/cwbl flinedig, wedi ymlâdd yn llwyr, wedi diffygio'n lân; *F:* **~ broke,** heb yr un geiniog, heb yr un ddimai goch y delyn, heb yr un sentan; **~ sure,** hollol/cwbl/perffaith sicr; **you're ~ right,** 'rwyt ti'n hollol gywir/iawn; 'rwyt ti yn llygad dy le; **to cut s.o. stone ~,** anwybyddu rhn yn llwyr/hollol; **to arrive ~ on time,** cyrraedd yn gwbl brydlon, cyrraedd i'r eiliad; **to go ~ slow,** mynd yn araf deg/bach, mynd gan bwyll bach; **to be ~ against sth,** gwrthwynebu rhth yn llwyr *or* i'r pen/eithaf, bod yn llwyr/hollol/gwbl yn erbyn rhth; **~ easy,** hawdd fel baw/dŵr, cwbl hawdd; **~ smooth,** hollol/cwbl lyfn; *F:* **~ chuffed/pleased,** wrth eich bodd, wedi'ch plesio'n fawr, wedi cael modd i fyw, uwch ben eich digon; **~ on ten o'clock,** am ddeg o'r gloch yn union, am ddeg o'r gloch i'r eiliad/funud; **~ white,** claerwyn (*f.* claerwen, *pl.* claerwynion), gwyn fel y galchen. **~ and alive** *a.* marwaidd, digychwyn, llonydd. **~-beat 1.** *a.* *(a)* wedi blino'n/diffygio'n lân, lluddedig, wedi ymlâdd; *(b) El:* digyfnod. **2.** *n.* = **loafer, beatnik. ~-end** *a.* *(street):* pengaead (*pronounced* ng-g), pengoll (*pronounced* ng-g); *(job):* heb ddyfodol; **~-end kid,** plentyn (plant) (*m*) pen stryd. **~-eye** *n.* **1.** *Nau:* bloc(-iau) trithwll *m*. **2.** *U.S: F:* saethwr (saethwyr) di-feth *m*, anelwr (anelwyr) marwol. **~-fire** *n.* tân (*m*) rigin, tân hwyliau, llewyrn (*m*) llong. **~ heat¹** *n. Sp:* ras gyfartal (rasys cyfartal) *f*. **~ heat²** *v.i.* cyrraedd yn gyfartal.

~ **man's fingers** *n.pl.* 1. *Bot:* = **orchid (early purple); foxglove.** 2. *Crust:* tagelli/tegyll cimwch. 3. *Fung:* bysedd y meirw. 4. *Z:* *(Alcyonium digitatum):* llaw farw *f.* ~ **man's handle** *n. Rail:* dwrn (dyrnau) (*m*) dyn marw. ~ **man's float** *n.* arnofio (*vn*) ar eich tor. ~ **man's pedal** *n.* pedal(-au) (*m*) dyn marw. ~ **march** *n. Mus:* ymdeithgan angladdol *f.* ~**-nettle** *n. Bot: (Lamium):* marddanhadlen (marddanadl) *f,* danhadlen fud (danadl mud) *f;* **cut-leaved ~-nettle,** *(L. hybridum):* marddanhadlen rwygddail (marddanadl rhwygddail); **henbit ~-nettle,** *(L. amplexicaule):* marddanhadlen goch gron (marddanadl cochion crynion); **northern ~-nettle,** *(L. moluccellifolium):* marddanhadlen yr Alban; **red ~-nettle,** *(L. purpureum):* marddanhadlen goch (marddanadl cochion), dynad cochion *pl,* dynad cwsg; **spotted ~-nettle,** *(L. maculatum):* marddanhadlen fraith (marddanadl brithion); **white ~-nettle,** *(L. album):* marddanhadlen wen (marddanadl gwynion). ~**-on** *a.* union, cymwys, i'r dim. ~ **reckoning** *vn. Nau:* bwrw amcan; gogyfrif. ~**'s part** *n. Jur:* cyfran (*f*) yr ewyllysiwr. ~ **stick** *n. Th:* parlys *m.* ~**-stick landing** *n. Av:* glaniad(-au) (*m*) heb fotor, glaniad marw.

deaden *v.t.* marweiddio, pylu, lladd, lleddfu, lleih|au.

deadening[1] *a.* marweiddiol, lleddfol, lleihaol.

deadening[2] *vn. & n.* 1. *vn.* = **deaden.** 2. *n.* defnydd (*m*) lleddfu sŵn, lleddfwr (lleddfwyr) (*m*) sŵn.

deadfall *n.* trap(-iau) (*m*) pwysau, magl (*f*) gwymp (maglau cwymp), magl bwysau (maglau pwysau).

deadhead[1] *n.* 1. pen marw (pennau meirwon) *m; (of flower):* pen gwywedig *m,* pen marw. 2. = **dullard.** 3. *U.S: Trans:* teithiwr (teithwyr) (*m*) heb docyn.

deadhead[2] *v.t.* 1. **to ~ a flower,** torri/tynnu pen gwywedig blodyn. 2. *U.S: Trans:* gyrru bws/trên gwag.

deadlight *n. Nau:* caead(-au) *m.*

deadline *n.* 1. llinell (*f*) derfyn (llinellau terfyn). 2. *(in time):* dyddiad(-au) (*m*) cau, adeg(-au) (*f*) cau, *F:* pen set *m; Journ:* dedlein(-s) *f;* **our ~ is near,** mae hi'n ben set arnom; **to meet a ~,** cwblh|au mewn pryd.

deadliness *n. (a) (of poison &c):* angeuoldeb *m; (b) (of tedium):* marw|eidd-dra *m,* diflastod *m,* syrthni *m,* syrffed *m; (c) (of insult):* anfaddeuoldeb *m.*

deadlock[1] *n.* 1. anghytundeb llwyr *m,* sefyllfa annatrys/ddiddatrys *f;* **to reach a ~,** methu'n lân â chytuno. 2. *Locksm:* clo marw (cloeon/cloeau meirwon) *m.* 3. *Cmptr:* llwyrglo(-eon,-eau) *m.*

deadlock[2] *v.t.&i.* dyrysgloi, llwyr-gloi, cloi'n annatod; **the talks deadlocked,** pallodd y trafodaethau; darfu'r trafodaethau mewn anghytundeb; methodd y trafodaethau â chyrraedd cytundeb.

deadly *a. & adv.* 1. *a.* (= *lethal*): angheuol, marwol; **the seven ~ sins,** y saith pechod/bechod marwol *m.* 2. (= *deathlike*): **a ~ paleness,** gwelwder marw, gwelwder fel yr angau, gwelwder fel y galchen. 3. (= *extreme*): **to be in ~ earnest,** bod yn hollol o ddifrif; **a ~ enemy,** gelyn marwol, gelyn glas; **a ~ insult,** sarhad anfaddeuol, sarhad o'r mwyaf. 4. (= *tedious*): diflas, marwaidd, syrffedus, mwll, difywyd, swrth, *F:* alaethus, trybeilig, sobor; *S.a.* **dull**[1] 5. 5. *adv.* ~ **pale,** llwyd/gwyn fel y galchen; **it's ~ cold,** mae hi'n gafael o oer; mae hi'n ddigon oer i rewi cathod/brain/llyffantod. ~ **amanita** *n. Fung:* llewyg (*m*) y pryfed. ~ **carrot** *n. Bot:* moronen farwol (moron marwol) *f.* ~ **nightshade** *n. Bot:* codwarth *m,* ceirios (*pl*) y gŵr drwg. ~ **night flower** *n. Bot:* cedowrach *f.*

Deadman's Cove *Pr.n. W.Geog:* Porth (*m*) [y] Gŵr Marw.

deadness *n.* marw|eidd-dra *m,* llonyddwch *m,* syrthni *m.*

deadpan *a. & adv.* 1. *a.* heb wên, di-wên, difynegiant, digyffro. 2. *adv.* heb wên.

deadpanner *n.* cellweiriwr (cellweirwyr) di-wên *m.*

deadstock *n. Agr:* peiriannau (*pl*) fferm.

deaf *a. & n.* 1. *a. (a)* byddar, trwm eich clyw, *occ:* clustfyddar; **to fall on ~ ears,** syrthio ar glustiau byddar, methu cael gwrandawiad; ~ **and dumb,** ~ **without speech,** mud a byddar; ~ **as a door-post,** byddar bost, hollol fyddar, byddar fel cilbost; **to turn a ~ ear to sth,** troi clust fyddar i rth; *(b)* (= *empty*): coeg, gwag; **a ~ nut,** cneuen goeg (cnau coeg) *f.* 2. *n.* byddar(-iaid) *m; S.a.* **tone-deaf** 1. ~**-adder** *n. Rept:* 1. (= *slow-worm*): neidr (*f*) ddefaid (nadroedd defaid). 2. *U.S:* gwiber goprog (gwiberod coprog) *f.* ~**-aid** *n.* cymorth (cymhorthion) (*m*) clywed. ~**-mute** 1. *n.* mudan (mudion) *m&f,* mud a byddar *m&f.* 2. *a.* mud a byddar. ~**-mutism** *n.* mudandod byddar *m.*

deafen *v.t.* byddaru.

deafening *a.* byddarol, digon â byddaru rhn, digon i hollti pen rhn.

deafish *a.* trwm eich clyw, lled fyddar, go fyddar, gweddol fyddar, braidd yn fyddar.

deafly *adv.* yn fyddar.

deafness *n.* byddardod *m,* trymder (*m*) clyw; **conductive ~,** byddardod dargludol; *S.a.* **tone-deafness.**

deal[1] *n. & adv.* 1. *n.* (= *amount*): **a good ~,** cryn *(before noun + soft mut.):* cryn dipyn *m,* cryn swm *m,* tipyn go lew *m,* swm, *m,* eithaf swm *F:* llwyth *m,* llond (*m*) gwlad, llond trol, faint a fynnoch chi, *N: occ:* stodwm *m; (of countable things only):* cryf nifer *mf,* amryw byd *m;* **that's saying a good ~,** dyna ddweud go fawr; **a great ~,** llawer [iawn] *m,* llaweroedd *pl,* amlder *m,* amledd *m,* mwy na mwy *m, N:* peth wmbreth/wmbredd *m,* peth myrdd *m, F:* lot fawr *f, N: F:* peth mwdredd, peth mwdral, peth coblyn, *V:* peth cythraul; **a great ~ of money,** llawer iawn o arian, arian mawr iawn. 2. *adv.* gryn lawer, gryn dipyn, lawer iawn; **a great ~ better,** gwell o lawer [iawn], gwell o'r hanner, llawer gwell, cryn dipyn yn well, gwell o gryn dipyn; **he has improved a great ~,** mae wedi gwella gryn dipyn; *N:* mae wedi gwella'n arw; *S.W: occ:* mae wedi gwella o hewl.

deal[2] *n.* 1. *Cards:* **a ~ [of cards],** rhaniad(-au) *m,* dosbarthiad(-au) *m,* deliad(-au) *m;* (= *hand*) dyrnaid (dyrneidiau) *m, Lit: occ:* gyr(-roedd) *f,* hobyn *m* (o gardiau); **whose ~ is it?** pwy sy'n rhannu? pwy sy'n delio? tro pwy yw hi? 2. (= *bargain, offer*): cynnig (cynigion) *m,* cynigiad(-au) *m,* bargen (bargeinion) *f,* dêl *f,* cytundeb(-au) *m,* telerau *pl;* **it's a ~!** dyna fargen! cytuno! iawn! **a hole and corner ~,** cytundeb llechwraidd; **package ~,** cynnig pecyn, cynnig cynhwysfawr, bargen gryno (bargeinion cryno), bargen becyn (bargeinion pecyn); **a new ~,** bargen newydd *f,* cynnig newydd; *Hist:* **the New D~,** y Fargen Newydd; **a raw/rough ~,** cam *m,* annhegwch *m,* tro gwael/sâl; **he gave me a raw ~,** gwnaeth gam â mi; **a square ~,** bargen deg, chwarae teg *m;* **to give s.o. a square ~,** rhoi gwerth ei arian i rn, taro bargen deg â rhn, gwn|cud chwarae teg â rhn, gwneud yn iawn â rhn; **to do a ~ with s.o.,** taro bargen â rhn, dod i delerau â rhn; **to clinch a ~,** taro bargen; **big ~!** *int. Iron:* diolch bach! **it's no big ~,** nid yw nac yma nac acw.

deal[3] *v.t.&i.* I. *v.t.* 1. (= *share out*): rhoi, rhoddi, rhannu, dosbarthu, dosrannu (rhth); rhoi (rhth) allan, *S.W: occ:* porco; **to ~ out money,** rhannu arian, *S.W: occ:* porco mas; **to ~ out justice,** rhoddi/gweinyddu/gwn|eud cyfiawnder. 2. **to ~ s.o. a blow,** rhoi/estyn ergyd i rn. II. *v.i.* 1. **to ~ (with s.o.),** (= *treat, behave towards*): trin/trafod (rhn); gwneud, ymwn|eud, delio (â rhn); ymddwyn (tuag at rn); **to ~ with a client,** trin/trafod cwsmer; **I'll ~ with him,** mi ddelia' i ag o/e; mi wna' i ag o/e; **I know how to ~ with him,** mi wn i sut i'w drin/drafod; **a man easy to ~ with,** dyn hawdd gwneud ag ef, dyn hawdd ei drin/drafod; **to ~ with a problem,** trin problem, delio â phroblem. 2. (= *conclude*): **to ~ with a case,** delio ag achos, dwyn achos i ben, dod i ben ag achos; **to ~ with a difficulty,** delio ag anhawster, cael gwared ar anhawster; **to ~ with a culprit,** delio ag un euog, rhoi cosb i un euog; **to ~ well by s.o.,** trin rhn yn deg, *N: occ:* gwneud yn iawn â rhn; **to ~ badly by s.o.,** trin rhn yn annheg. 3. **to ~ (in sth),** (= *trade*): delio, masnachu (mewn rhth); gwerthu, marchnata (rhth); **to ~ in goods,** marchnata nwyddau. 4 *Cards:* delio, rhannu. 5. (= *concern, be about*): trafod, trin (rhth), delio/ymdrin/ymwneud (â rhth), bod a wneloch (â rhth); **this book deals with politics,** mae'r llyfr hwn yn trafod gwleidyddiaeth; mae a wnelo'r llyfr hwn â gwleidyddiaeth.

deal[4] *n. Carp:* [coed] ffawydd *pl,* dêl *m;* (= *pine, fir*): [coed] ffynidwydd *pl;* **white ~,** pren gwyn *m.*

dealate *n. Ent:* pryf(-ed) diadain *m.*

dealated *a. Ent:* wedi colli adenydd, diadain.

dealation *n. Ent:* colli (*vn*) adenydd.

dealer *n.* 1. *Cards:* deliwr (delwyr) *m,* rhannwr (rhanwyr) *m.* 2. *Com:* gwerthwr (gwerthwyr) *m,* gw|erthwraig *f,* masnachwr (masnachwyr) *m,* masn|achwraig *f,* deliwr (delwyr) *m;* **car ~,** gwerthwr ceir; **a ~ in stolen goods,** deliwr mewn nwyddau lladrad; **a plain ~,** gŵr (gwŷr) gonest *m,* dyn(-ion) cywir *m;* **a double-~,** twyllwr (twyllwyr) *m,* t|wyllwraig (twyllwragedd) *f,* cafflwr (cafflwyr) *m,* ffugiwr (ffugwyr) *m,* ff|ugwraig *f,* Sionibob-ochr *m*, rhn (rhai) yn chwarae'r ffon ddwybig, *N.W: occ:* rogiwr (rogwyr) *m*, r|ogwraig *f*; *St.Exch:* = **jobber 3.**

dealership *n.* delwriaeth(-au) *f.*

dealfish *n. Ich:* *astyllen fôr (astyllod môr) *f.*

dealing[1] *vn.* **1.** *(= business, intercourse):* delio, ffordd (*f*) o ddelio, ymwn|eud, busnes *m*, masnach *f*, masnachu, cyfathrach *f*, bargeinio; **fair ~,** masnachu teg, delio teg; **double-~,** twyll *m*, dichell *f*, chwarae(*vn*)'r ffon ddwybig, twyllo, cafflo, dauwynebogrwydd *m*; *S.a.* **deceit. 2.** *pl.* **one's dealings with the world,** eich ymwneud â'r byd, eich cyfathrach â'r byd; **he was honest in his dealings with me,** bu'n onest yn ei ymwneud â mi; triniodd fi'n onest; **there were dealings behind the scenes,** bu bargeinio yn y dirgel. **~-box** *n. Cards:* blwch (blychau) (*m*) delio.

-dealing[2] *a.* **1. double-~,** dauwynebog, ystumddrwg, dichellddrwg, anonest, twyllodrus, ffals, bradwrus, *V:* dan din; **plain-~,** [g]onest, cywir, teg, union, didwyll, diffuant, unplyg. **2.** *(= distributing):* yn rhannu, yn dosbarthu, yn gwasgaru, yn rhoi; **death-~,** marwol, angheuol.

deaminase *n. Bio-Ch:* di|aminas *m.*

deaminate *v.t.*, **deamination** *n. Bio-Ch:* diamineiddio.

deaminize *v.t. Bio-Ch:* = **deaminate.**

dean[1] *n. Ecc: Sch:* deon(-iaid) *m*; **D~ and Chapter,** Deon a Glwysgor; **D~ of Arches,** Deon y Bwâu; **rural ~,** deon gwlad; *Sch:* **junior ~,** deon iau.

dean[2] *n. Geog:* cwm (cymoedd) *m*, glyn(-noedd) *m.*

dean[3] *v.i. Sch:* bod yn ddeon.

Dean[3]**, Forest of ~,** *Pr.n. Geog:* Fforest (*f*) y Ddena, Gwent Goch (*f*) yn y Ddena.

deanery *n. Ecc:* **1.** *(= office):* deoniaeth(-au) *f*; **rural ~,** deoniaeth wlad (deoniaethau gwlad). **2.** *(= house):* deondy (deondai) *m*, tŷ (*m*) deon (tai deoniaid).

deanship *n. Ecc: Sch:* deoniaeth(-au) *f.*

dear[1] *a., n., adv. & int.* I. *a.* **1.** *(= beloved):* annwyl, hoff, hoffus, cariadus (*can all precede n.*); *Lit: occ:* cu; **my ~ brother,** fy annwyl frawd, fy mrawd annwyl, fy mrawd hoff; (fy hoff frawd = **my favourite brother**); *F:* **my ~ fellow,** ddyn glân, ddyn annwyl, gyfaill; **my ~ boy,** 'machgen annwyl i, 'ngwas i; **D~ Madam,** Annwyl Madam/Fadam; **D~ Sir,** Annwyl Syr; **D~ Sirs,** [Annwyl] Foneddigion; **my dearest wish,** fy nymuniad pennaf, fy mhennaf dymuniad; **to hold (s.o.) ~,** bod yn hoff (o rn); caru, anwylo (rhn); **to run for ~ life,** rhedeg am eich hoedl/bywyd/einioes. *F:* **D~ John letter,** llythyr(-au) (*m*) ffarwel. **2.** *(= expensive):* drud(-ion) (*comp. forms:* druted, drutach, drutaf), costus, *S: occ:* prid, *Lit:* drudfawr. II. *n.* anwylyd *m&f*, anwylyn (anwyliaid) *m*; **be a ~ and...,** gwna (gwnewch) gymwynas â mi a ... [dyna hen gariad]; **she's a ~,** mae hi'n gariad; mae hi'n annwyl; **my ~,** 'nghariad i, *Lit:* f'anwylyd, f'annwyl; III. *adv.* = **dearly 1, 2.** IV. *int.* **~ me, oh ~,** diar mi, o diar, o'r annwyl, diar annwyl, bobl annwyl, yn eno'r diar, yn eno'r annwyl, bobl bach, yr argian [fawr], o'r mawredd, mawredd mawr, yr andros [fawr], esgob annwyl, brensiach, brenin y bratiau, diwedd mawr, gwared y gwirion *&c*; **oh ~, no,** yn eno'r annwyl, na.

dearie, deary *int.* 'mach i, 'nghariad i, cariad, *N:* del, *occ:* yr aur, cyw.

dearly *adv.* **1.** yn ddrud; **to pay ~,** talu'n ddrud; *(in money):* talu crocbris, talu trwy'r trwyn, talu arian mawr. **2.** *(= very much):* yn fawr iawn, *N:* yn arw; **~ beloved brethren,** annwyl garedig frodyr, garedigion annwyl; **I should ~ like to know,** mi hoffwn i wybod yn fawr iawn; **I should ~ like to see you,** byddai'n dda calon gennyf dy weld; mi hoffwn yn fawr iawn dy weld; byddwn yn falch y tu hwnt o'th weld.

dearness *n.* **1.** *(= loveableness):* anwyldeb *m*, anwylder *m*, hoffusrwydd *m*, serchowgrwydd *m*. **2.** *(= cost):* drudaniaeth *f*, drutwch *m*, pris uchel *m.*

dearth *n.* prinder(-au) *m*, diffyg *m*, angen *m*, eisiau *m*, pall *m*, *N.W: F:* smit *m*; **a ~ of books,** prinder llyfrau.

death *n.* marwolaeth(-au) *f*, *Lit:* angau (angheuoedd, angheuau) *m*, marw *vn*, *Lit:* tranc *m*, dihenydd *m*; *(personified):* yr Angau; **pale ~,** yr angau glas/gwelw; **a violent ~,** marwolaeth drwy drais; **sudden ~,** marwolaeth sydyn, angau disyfyd; **till ~,** hyd angau; *Ecc:* **till ~ us do part,** hyd oni wahaner ni gan angau; **you will catch your ~,** fe fydd yn ddigon amdanat ti; *N: occ:* mi gei di ryw adwyth/anfadwch; **to catch one's ~ of cold,** cael annwyd drwg/cas; *F:* **he'll be the ~ of me,** fe fydd yn ddigon amdanaf i; **drink will be the ~ of him,** y ddiod fydd ei ddiwedd; **to put s.o. to ~,** dienyddio rhn, rhoi rhn i farwolaeth; **to do s.o. to ~,** lladd rhn, llofruddio rhn, *F:* gwn|eud diwedd rhn, gwneud am rn, rhoi'r farwol i rn; **to work/do sth to ~,** gorwn|eud rhth; **(meat) done to ~,** (cig) wedi ei orwneud, wedi ei wneud yn grimpin, *N.W: occ:* wedi ei wneud yn gryminstin; **that record has been played to ~,** mae'r record yna wedi ei chwarae hyd at syrffed; **(to drink oneself) to ~,** (eich yfed eich hun) i farwolaeth, *S.W: occ:* i ben; **his ~ at an early age was a great loss,** bu ei farw ifanc yn golled drom; *F:* **he was scared to ~ of being caught,** 'roedd bron marw o ofn cael ei ddal; 'roedd arno ofn am ei hoedl cael ei ddal; *V:* 'roedd arno ofn drwy ei din cael ei ddal; **she was tickled to ~ (at being chosen),** 'roedd wrth ei bodd, 'roedd wedi ei phlesio'n arw, 'roedd uwch ben ei digon, 'roedd wedi cael modd i fyw, *S:* 'roedd yn bles ofnadw (am iddi gael ei dewis); **to bore s.o. to ~,** syrffedu/diflasu rhn yn llwyr; **sick to ~ of sth,** wedi hen alaru ar rth, wedi cael llond bol[a] ar rth; *Ven:* **to be in at the ~,** gweld y diwedd; **to sentence s.o. to ~,** dedfrydu rhn i farw/farwolaeth; **to club s.o. to ~,** pastynnu rhn yn farw; **it proved to be the ~ of many,** bu'n angau i lawer; **a fate worse than ~,** tynged waeth nag angau; **to hold on like grim ~ (to sth),** cydio/dal yn dyn[n] *or* fel gele *or* fel llew (yn rhth); **the Black D~,** y Pla Du *m*, y Marw Du *m*; **wounded to the ~,** wedi eich clwyfo'n angheuol; *F:* **like ~ warmed up,** fel corff eildwym, hanner marw, digalon, di-fynd, di-ffrwt, marwaidd; **to be sick [un]to ~,** clafychu hyd at angau; *B:* **the valley of the shadow of ~,** glyn cysgod angau; **at the point of ~,** ar farw, ymron marw, ar ddarfod amdanoch, ar drengi, ar eich terfyn; **at ~'s door,** ym mhorth marwolaeth, wrth borth marwolaeth, *occ:* ym mhorth y fynwent; **the jaws of ~,** safn (*f*) angau; **present ~,** angau parod; **living ~,** marwolaeth fyw; **accidental ~,** marwolaeth ddamweiniol; **united in ~,** yn un yn yr angau; **~ is the [great] leveller,** *N.W:* dan y dorchen, mae pawb o'r un radd; *Jur:* **to notify a ~,** hysbysu marwolaeth; **~ by misadventure,** marwolaeth trwy anffawd; *Journ:* **"Deaths",** "Marwolaethau". **~ adder** *n. Z:* gwiber farwol (gwiberod marwol) *f*. **~-bell** *n.* cnul(-iau) *m* [marwolaeth], cloch (clychau) (*f*) angladd. **~ benefit** *n.* budd-dâl (*m*) marwolaeth. **~-bird** *n.* aderyn (adar) (*m*) corff. **~-blow** *n.* ergyd farwol (ergydion marwol) *f*, dyrnod(-iau) angheuol *f*, *F:* y farwol *f*. **~ camas** *n. Bot:* camas angheuol *m*. **~ camp** *n.* gwersyll(-oedd) (*m*) difa. **~ cap** *n. Fung:* *(Amanita phalloides):* cap(-iau) marwol *m*, cap y cythraul; **false ~-cap,** *(A. citrina):* cap marwol ffug, ffug gap marwol. **~ cell** *n.* cell(-oedd) (*f*) y grog, cell y condemniedig. **~ certificate** *n.* tystysgrif(-au) (*f*) marwolaeth. **~ chamber** *U.S:* ystafell (*f*) ddienyddio (ystafelloedd dienyddio). **~ cup** *n. Fung:* = **death cap. ~ dance** *n.* dawns(-iau) (*f*) angau. **~-dealing** *a.* marwol, angheuol. **~-demon** *n.* ellyll(-on) (*m*) angau. **~ duty** *n.* toll (*f*) farwolaeth (tollau marwolaeth). **~ grant** *n.* grant (*m*) marwolaeth, cymhorthdal (cymorthdaliadau) (*m*) marwolaeth. **~ house** *n. U.S:* cell(-oedd) (*f*) y grog. **~ instinct** *n.* greddf hunanddinistriol *f*. **~-knell** *n.* = **death-bell. ~-mask** *n.* masg(-iau) (*m*) angau. **~-myth** *n.* myth(-au) (*m*) angau. **~ notice** *n.* hysbysiad (*m*) marwolaeth (hysbysiadau marwolaethau). **~-pangs** *n.pl.* gloesion angau, pangf|eydd angau, ingoedd angau. **~ penalty** *n.* cosb (*f*) marwolaeth, cosb angau, y gosb eithaf, dienyddio *vn*. **~ rate** *n.* cyfradd (*f*) marwolaethau, nifer (*mf*) marwolaethau; **a high ~ rate,** *F:* llawer (*m*) o farw, marw (*vn*) mawr. **~-rattle** *n.* rhoch (*f*) angau, rhugn (*m*) angau, rhwnc (*m*) angau. **~-ray** *n.* pelydryn (pelydrau) (*m*) angau, pelydryn angheuol/marwol. **~-roll** *n.* rhestr (*f*) y meirw/meirwon. **~ row** *n. U.S:* rhes (*f*) yr angau. **~ sentence** *n. Jur:* dedfryd(-au) (*f*) marwolaeth. **~'s head** *n.* penglog(-au) *f* (*pronounced* ng-g). **~'s head moth** *n. Ent:* gwyfyn(-od) (*m*) y benglog. **~ tax** *n.* = **death duty. ~-trap** *n.* trap(-iau) marwol *m*, lle(-oedd) enbyd *m*. **~-warrant** *n.* gwarant (*f*) farwolaeth (gwarantau marwolaeth), gwarant ddienyddio (gwarantau dienyddio). **~-watch** *n.* **1.** *(before person dies):* gwarchodaeth(-au) (*f*) angau. **2.** *(over dead person):* gwylnos(-au) *f*. **~-watch beetle** *n. Ent:* chwilen (chwilod) (*f*) angau, ticbryf(-ed) *m*, pryf(-ed) (*m*) corff. **~-wish** *n. Psy:* awydd (*m*) marw, awch (*f*) angau. **~-wound** *n.* clwyf(-au) angheuol *m.*

deathbed *n.* gwely(-au) (*m*) angau; **~ confession,** cyffes (*f*) wely angau; **~ declaration,** datganiad (*m*) gwely angau, datganiad wrth farw; ~ **repentance,** edifeirwch (*m*) y funud olaf; *W.Lit: Hist:* ~ **song,** marwysgafn *f*.

deathless *a.* anfarwol, difarw, didranc, bythol, oesol.

deathlessness *n.* anfarwoldeb *m*, bytholrwydd *m*.

deathlike *a.* angheuol, fel angau, fel corff.

deathly *a.* & *adv. Lit:* ~ **pale,** gwelw fel yr angau, gwyn fel y galchen; **a** ~ **silence,** distawrwydd llethol/llwyr *m*; *S.a.* **deadly, deathlike.**

deb *n. (abbr. of dbutante):* deb(-s) *f*.

dêbâcle *n.* **1.** *(= disaster):* trychineb(-au) *m*, llanast[r](-au) *m*, ***dêbâcle(-s)*** *m*, *F:* traed (*pl*) moch. **2.** *(= collapse):* cwymp(-iadau) *m*, chwalfa (chwalfleydd) *f*. **3.** *(= stampede):* rhuthr(-au) *m*, rhuthrad(-au) *m*. **4.** *Geol:* rhuthr (*m*) dŵr, ***dêbâcle(-s)*** *m*.

debag *v.t. N:* tynnu trywsus (rhn), *S:* tynnu trwser (rhn); **he was debagged,** tynnwyd ei drowsus.

debar *v.t.* esgymuno, deol, gwahardd, atal (rhn); cau (rhn) allan; **he was debarred from competing,** ataliwyd ef rhag cystadlu; cafodd ei atal rhag cystadlu; **to** ~ **s.o. [from] a right,** atal/gwrthod/gwarafun hawl i rn.

debark[1] = **disembark.**

debark[2] *v.t. (= remove bark):* dirisglo, difasglu, hifio.

debark[3] *v.t. (dog):* *dileisio.

debarkation *n.* = **disembarkation.**

debarment *n.* esgymuniad(-au) *m*, deholiad (deoliadau) *m*, ataliad (-au) *m*; *S.a.* **debar.**

debase *v.t.* iselh|au, iselu, darostwng, dibrisio, diraddio, gostwng gwerth; *(currency):* dibrisio, gostwng gwerth.

debased *a.* dirywiedig, iselwael, isel, israddol, gwael, truenus, llygredig, llwgr, lledryw, lledrywiog; ~ **speech,** llediaith *f*.

debasement *n.* iselhad *m*, darostyngiad *m*, diraddiad *m*, dibrisiad *m*, llygriad *m*; *vn.* = **debase.**

debaser *n.* darostyngwr: darostyngydd (darostyngwyr) *m*; *(= corrupter):* llygrwr (llygrwyr) *m*.

debatable *a.* dadleuol, dadleuadwy, amh|eus; ~ **ground,** tir (*m*) neb.

debatably *adv.* yn ddadleuol *&c.*

debate[1] *v.t.&i.* **1.** *v.t.* dadlau; **a much debated question,** pwnc dadleuol iawn; **to** ~ **an issue,** dadlau/trafod/trin pwnc. **2.** *v.i.* **to** ~ **in one's mind,** ystyried, ymddadlau, ymresymu, *F:* cysidro, sad-gysidro; **to** ~ **what to do,** meddwl tybed beth i'w wneud.

debate[2] *n.* dadl(-euon) *f*, trafodaeth(-au) *f*, *Lit: occ:* cynnadl (cynhadlau) *f*; **under** ~, dan drafodaeth, dan sylw; **beyond** ~, diddadl, y tu hwnt i ddadl; *Parl:* **a** ~ **on the Address,** dadl ar yr Anerchiad; **adjournment** ~, dadl ar ohirio; **emergency** ~, dadl frys (dadleuon brys); **rules of** ~, rheolau dadlau.

debated *a.* dadleuol.

debater *n.* dadleuwr (dadleuwyr) *m*, dadleuydd(-ion) *m*, dadl|euwraig (dadleuwragedd) *f*.

debating *vn.* dadlau. ~ **point** *n.* pwynt(-iau) (*m*) trafod, pwynt dadl, pwynt dadleuol. ~ **society** *n.* cymdeithas (*f*) ddadlau (cymdeithasau dadlau).

debauch[1] *v.t.* llygru, halogi, difwyno; *(= seduce):* hudo, llithio; *(= vitiate):* difetha.

debauch[2] *n.* **1.** *(drunken): Lit:* cyfeddach(-au) *f*, gloddest(-au) *f*, brwysgedd *m*, meddwdod *m* (*usu.pronounced* m|edd-dod); **to have a** ~, *Lit:* ymgyfeddach. **2.** *(= orgy):* ysbleddach [rywiol/feddw] *f*, anlladrwydd *m*, trythyllwch *m*, *trythyllwest(-i) *f*; **to have a** ~, trythyllu.

debauched *a.* anllad, trythyll, anfoesol, llwgr, llygredig, pwdr, anniwair.

debauchee *n.* **1.** *(= drunkard):* meddwyn (meddwon) *m*, diotwr (diotwyr) *m*, potiwr (potwyr) *m*, slotiwr (slotwyr) *m*, sotyn(-nod) *m*, slochiwr (slochwyr) *m*, *Lit:* brwysgyn: brwysgwr (brwysgwyr) *m*. **2.** *(= immoral pers.):* oferddyn(-ion) *m*, oferwr (oferwyr) *m*, of|erwraig (oferwragedd) *f*, oferferch(-ed) *f*, oferwr (oferwyr) *m*, anlladwr (anlladwyr) *m*, anll|adwraig (anlladwragedd) *f*, un (rhai) anllad *m&f*, *Lit:* trythyllwr (trythyllwyr) *m*, tryth|yllwraig (trythyllwragedd) *f*, anlladferch(-ed) *f*.

debaucher *n.* llygrwr (llygrwyr) *m*.

debauchery *n.* **1.** *(= drunkenness):* meddwdod *m* (*usu.pronounced* m|edd-dod), *Lit:* brwysgedd *m*. **2.** *(= intemperate behaviour):* rhysedd *m*, oferedd *m*, rhemp *m*. **3.** *(= immorality):* anfoesoldeb *m*, anniweirdeb *m*, aflendid *m*, trythyllwch *m*, anlladrwydd *m*, llygredd *m*, puteinio *vn*.

debeak *v.t.* dibigo.

debenture *n. Fin:* debentur(-au) *m*, dyledeb(-au) *f*, dyledlen(-ni) *f*. ~**-holder** *n.* dyledebwr: dyledebydd (dyledebwyr) *m*.

debilitate *v.t.* gwanh|au, gwanio, gwanychu, eiddilo, llesgáu, nychu.

debilitated *a.* llesg, gwantan, gwannaidd, gwachul, eiddil, nychlyd, musgrell, diegni.

debilitating *a.* gwanychol, gwanhaol.

debilitation *n.* **1. debility. 2.** *(action):* *vn.* = **debilitate.**

debility *n.* gwendid *m*, llesgedd *m*, nychdod *m*, musgrelli *m*, musgrellni *m*, eiddilwch *m*.

debit[1] *n. Book-k: Fin:* dyled(-ion) *f*, colled(-ion) *f*, debyd(-au) *m*; **to show a** ~, dangos dyled/colled; **to enter on the** ~ **side,** rhestru gyda'r taliadau. ~ **account** *n.* cyfrif(-on) (*m*) dyledion. ~ **note** *n.* dylednod(-au) *m*, nodyn (nodau) (*m*) debyd.

debit[2] *v.t.* **1. to** ~ **a sum,** cyfrif swm fel dyled, cyfrif swm yn ddebyd, debydu swm. **2. to** ~ **a person,** dyledu rhn, codi [tâl] ar rn, *Fig:* taflu dyled ar rn.

debitage *n. Archeol:* naddion *pl*.

deblocking *vn. Cmptr:* dadflocio.

debonair *a.* **1.** *(= amiable, cheerful):* siriol, dymunol, hawddgar, enillgar, hynaws, rhadlon, *F:* cln, *Lit: occ:* moddus, *A:* cywcithas, dygiadus. **2.** *(= lively):* hoyw, sionc, sbriws, heini, hoenus, llawn asbri, nwyfus. **3.** *(= carefree):* ysgafala, didaro.

debonairly *adv.* yn siriol *&c.*

debonairness *n.* **1.** *(= amiability, cheerfulness):* sirioldeb *m*, dymunoldeb *m*, hawddgarwch *m*, hynawsedd *m*, rhadlonrwydd *m*. **2.** *(= liveliness):* hoywder *m*, sioncrwydd *m*, sbriwsrwydd *m*. **3.** *(= carefree spirit):* ysbryd ysgafala/didaro *m*.

debone *v.t.* tynnu asgwrn/esgyrn (rhth).

deboner *n.* tynnwr (tynwyr) (*m*) esgyrn.

debouch *v.i.* ymdywallt, ymarllwys, arllwys, tywallt, llifo allan; *(of stream):* aberu.

debouchment, debouchure *n.* **1.** ymarllwysiad(-au) *m*, ymdywalltiad(-au) *m*; *vn.* = **debouch. 2.** *(of stream):* aber(-oedd) *mf*, cymer(-au) *m*, ceg(-au) *f*, genau *pl*. **3.** *(of road):* cyffordd (cyffyrdd) *f*, ceg.

débridement *n. Surg:* digramennu *vn*.

debrief *v.t.* **to** ~ **s.o.,** clywed/gwrando adroddiad rhn, holi rhn; **he was debriefed,** gwrandawyd ar ei adroddiad; rhoddodd ei adroddiad.

debris *n.* darnau *pl*, tameidiau *pl*, ysgyrion *pl*, teilchion *pl*, malurion *pl*, gweddillion *pl*, rwbel *m*, [y]sbwriel *m*, shwrwd *m*, llanast[r] *m*. ~ **bug** *n. Ent: (Lyctocoris campestris):* pryf(-ed) (*m*) [y]sbwriel.

debt *n.* dyled(-ion) *f*, *N: occ:* d[y]lêd *f*; **in** ~, mewn dyled, tan ddyled; **I am in your** ~, 'rwyf yn eich dyled; 'rwyf yn ddyledus ichwi; mae arna' i ddyled ichwi, **I shall always be in your** ~, bydd arna' i ddyled dragwyddol ichwi; byddaf yn dragwyddol ddyledus ichwi; byddaf yn eich dyled am byth; **to contract a** ~, tynnu/rhedeg dyled, mynd/rhedeg i ddyled; **up to your eyes in** ~, at eich clustiau mewn dyled; **to pay the** ~ **of nature,** mynd i ffordd yr holl ddaear; **ten pounds in** ~, decpunt mewn dyled; **out of** ~, allan o ddyled, yn rhydd o ddyled, yn glir â'r byd; **floating** ~, dyled nofiol; **funded** ~, **consolidated** ~, dyled ddiddyddiad; **the National D**~, y Ddyled Wladol, Dyled y Wlad. ~**-collector** *n.* casglwr (casglwyr) (*m*) dyledion, dyn(-ion) (*m*) casglu dyledion. ~ **counselling** *vn.* cyfarwyddo ynghylch dyledion. ~**-equity ratio** *n. Com:* cymhareb (*f*) ddyled-|ecwiti (cymarebion dyled-~).

debtless *a.* diddyled, heb ddyled.

debtor *n.* dyledwr (dyledwyr) *m*; **sundry debtors,** mân ddyledwyr. ~ **country** *n.* gwlad ddyledus (gwledydd dyledus) *f*. **debtors''s prison** *n.* carchar(-au) (*m*) dyledwyr.

debud *v.t. Hort:* diflaguro.

debug *v.t.* dadfygio.

debunk *v.t.* dryllio delw (rhth), tanseilio bri (rhth), chwalu bri (rhth), bwrw (rhth) i lawr, dinoethi gwendidau (rhth).

debunker *n.* drylliwr (dryllwyr) (*m*) delwau, dr|yllwraig (*f*) delwau.

debus *v.t. Mil:* dadlwytho.

***début*[1]** *n.* cychwyn *m*, cychwyniad(-au) *m*, ymddangosiad(-au)

cyntaf *m*, cynnig (cynigion) cyntaf *m*, tro(-eon) cyntaf *m*, ***début(-s)*** *m*; **to make one's ~ as an actor,** actio am y tro cyntaf, dechrau arni fel actor.
debut[2] *v.i.* cychwyn, dechrau.
débutant *n.* dechreuwr (dechreuwyr) *m*.
débutante *n.* ***débutante(-s)*** *f*.
decachord *n. Mus:* dectant (dectannau) *m*.
decadal *a.* degawdol.
decade *n.* degawd(-au) *m*; *(= group of ten):* degaid (degeidiau) *m*.
decadence, decadency *n.* **1.** *(= decline):* dirywiad *m*, dadfeiliad *m*. **2.** *Art: Lit: Hist:* dirywiaeth *f*.
decadent *a. & n.* **1.** *a.* dirywiedig; *Art: &c:* dirywiaethol. **2.** *n.* dirywiaethwr (dirywiaethwyr) *m*.
decadentism *n. Art: Lit: Hist:* dirywiaeth *f*.
decadic *a.* = **decadal**.
decaffeinate *v.t.* digaffeinio.
decaffeinated *a.* heb gaffein, digaffein.
decaffeinize *v.t.* digaffeinio.
decagon *n. Geom:* d|ecagon (decagonau) *m*, dengongl(-au) *f*.
decagonal *a. Geom:* dengonglog.
decagram *n. Meas:* d|ecagram (decagramau) *m*.
decahedron *n.* dengochron(-au) *m*.
decal *n. Art:* decal(-au) *m*.
decalcification *n.* digalchiad *m*, digalchu *vn*.
decalcify *v.t.* digalchu.
decalescence *n. Metall:* colli (*vn*) gwres.
decalescent *a. Metall:* **~ point,** pwynt (*m*) caledu.
decalitre *n. Meas:* d|ecalitr (decalitrau) *m*.
Decalogue *n. B:* y Deg Gorchymyn *m*, *Lit: occ:* y Dengair (*pl*) Deddf; **the Moral ~,** y Dengair Moesol; **the Ritual ~,** y Dengair Defodol.
decamethonium *n. Pharm:* decamethoniwm *m*.
decametre *n. Meas:* d|ecametr (decametrau) *m*.
decametric *a. Meas:* decametrig.
decamp *v.i.* **1.** ymadael, mynd ymaith, diflannu, ffoi, cilio, dianc, ei gwadnu hi, *S: F:* mynd bant, baglu bant, *N: F:* ei heglu hi, ei bachu hi, cymryd traed, cymryd y goes, hel eich pac, codi pac, codi aden. **2.** *Mil:* codi gwersyll, codi pebyll, dadwersyllu.
decampment *n.* **1.** ymadawiad(-au) *m*, enciliad(-au) *m*, diflaniad(-au) *m*. **2.** *Mil: vn.* = **decamp 2**.
decanal *a. Ecc:* deonol.
decane *n. Ch:* decan(-au) *m*.
decani *a. Mus:* decani, y deon.
decanoic *a. Ch:* decanig, caprig.
decant *v.t.* **1.** *(wine &c):* arllwys, ardywallt, tywallt. **2.** *(tenants &c):* symud, adleoli.
decantation *n.* arllwysiad(-au) *m*, tywalltiad(-au) *m*; *vn.* = **decant**.
decanter *n.* **1.** *(pers.):* tywalltwr (tywalltwyr) *m*, arllwyswr (arllwyswyr) *m*. **2.** *(= bottle):* costrel(-i,-au) *f*, decanter(-au,-i) *m*.
decapitate *v.t.* torri pen (rhn); **he was decapitated,** torrwyd ei ben.
decapitation *n.* torri (*vn*) pen, *occ:* torfynygliad(-au) *m*, torfynyglu *vn*, pendoriad(-au) *m*, pendrychiad(-au) *m*.
decapitator *n.* torrwr (*m*) pen (torwyr pennau), dyn(-ion) (*m*) torri pennau.
decapod *a. & n. Crust:* **1.** *a.* dectroed. **2.** *n.* dectroed(-iaid) *m&f*.
decapodal *a.* = **decapod 1.**
decapodan *a. & n.* = **decapod 1, 2.**
decapodous *a.* dectroed.
decarbonation *n.* digarbonadu *vn*.
decarbonator *n.* digarbonadur(-on) *m*.
decarbonization *n.*, **decarbonize** *v.t.* datgarboneiddio, digarboni (rhth); tynnu'r carbon (o rth).
decarbonizer *n.* datgarboneiddiwr (datgarboneiddwyr) *m*.
decarboxylase *n. Ch:* digarb|ocsylas (digarbocsylasau) *m*.
decarboxylate *v.t.*, **decarboxylation** *n.* digarbocsylu.
decarburization *n.*, **decarburize** *v.t.* = **decarbonize**.
decare *n. Meas:* decar(-au) *m*.
decastere *n. Meas:* d|ecaster (decasterau) *m*.
decasualization *n.*, **decasualize** *v.t.* anysbeidioli.
decasualized *a.* anysbeidiol.
decasyllabic, decasyllable *a. & n. Pros:* **1.** *a.* decsill, deg sillaf. **2.** llinell ddecsill (llinellau decsill) *f*.
decathlete *n. Sp:* decathlet(-au,-iaid) *m&f*.
decathlon *n. Sp:* decathlon(-au) *m*.
decay[1] *n.* **1.** *(a) (= decline):* dirywiad *m*, darfodedigaeth *fm*, nychdod *m*; **senile ~,** nychdod (*m*) henaint, musgrelli *m*, musgrellni *m*; **the custom has fallen into ~,** peidiodd/pallodd yr arfer; aeth yr arfer yn angof; aeth yr arfer i'w cholli; aeth yr arfer i ebargofiant; *(b) (of building):* dadfail *m*, dadfeiliad *m*, ymddatodiad *m*, cyflwr gwael *m*; *(of house):* **to fall into ~,** mynd â'i ben iddo, mynd rhwng y cŵn a'r brain; **to go into ~,** dirywio, mynd ar [ei] waeth. *(c) Ch:* dadfeiliad; **2.** *(= rot):* pydredd *m*, madredd *m*, *occ:* braen *m*, braenedd *m*; **tooth ~,** dannedd pwdr *pl*, dannedd drwg, pydredd dannedd.
decay[2] *v.i.&t.* **1.** *v.i.* *(= decline):* darfod, dirywio, dihoeni, gwanio, gwanh|au, edwi, edwino, eiddilo, nychu, pallu, mynd ar eich gwaeth, colli nerth; *(of teeth, meat):* pydru, mynd yn ddrwg; *(of building):* dirywio, difetha, pydru, dadfeilio, mynd â'i ben iddo, ymddatod, *F:* mynd rhwng y cŵn a'r brain; *(of custom):* mynd i golli, mynd yn angof/anghofiedig, diflannu; *Ch:* dadfeilio. **2.** *v.t.* pydru, *occ:* braenu, madru.
decayed *a.* **1.** *(= in decline):* methiannus, darfodedig, wedi dirywio, dirywiedig, wedi gweld dyddiau gwell, wedi difetha, *S:* wedi mynd ar ei waeth; *F: (pers.):* wedi mynd ar eich hen sodlau; **~ gentlewoman,** boneddiges fethiannus *f*, boneddiges mewn adfyd/cyni. **2.** *(= rotten):* pwdr, pydredig, wedi pydru, wedi braenu, braenllyd; **a ~ tooth,** *N:* dant drwg *m*, *S:* dant bwdr *f*.
decayer *n.* pydrwr (pydrwyr) *m*, madrwr (madrwyr) *m*.
decease[1] *n. Jur: Adm:* marwolaeth(-au) *f*, *occ:* ymadawiad(-au) *m*, *Lit:* tranc *m*, trancedigaeth(-au) *f*.
decease[2] *v.i. Jur: Adm:* marw, trengi; *(as euphemism):* huno.
deceased *a. & n.* **1.** *a.* ymadawedig, diweddar, *Lit:* trancedig; **John Jones, ~,** y diweddar John Jones. **2.** *n.* ymadawedig(-ion) *m&f*, *occ:* trancedig(-ion) *m&f*.
decedent *a. U.S:* = **deceased 1**.
deceit *n.* twyll *m*, ystryw(-iau) *m*, dichell(-ion) *f*, *Lit:* hoced(-ion) *f*, dichellwaith *m*; **by ~,** trwy dwyll.
deceitful *a.* twyllodrus, anonest, ffals, ystumddrwg, celwyddog, *Lit:* ffuantus, hocedus, dichellgar, dichellddrwg, ystrywgar, *V:* dan din.
deceitfully *adv.* yn dwyllodrus, trwy dwyll.
deceitfulness *n.* dichellgarwch *m*, ystrywgarwch *m*, anonestrwydd *m*, anwiredd *m*, ystryw *m*, dichell *f*, natur dwyllodrus *&c f*.
deceivable *a.* hydwyll, hawdd eich twyllo, twylladwy.
deceive *v.t.* twyllo, hocedu, *F:* gwn|eud, *occ:* cwsnio, *S:* cafflo, *N.W: occ:* ffinglio (*pronounced* ng-g), *S.W:* dichellu; **to be deceived,** *(= mistaken):* camgymryd, camsynied, cyfeiliorni, methu, ei methu hi; **if I am not deceived,** onid wyf yn methu; **I thought my eyes were deceiving me,** ni allwn goelio fy llygaid.
deceiver *n.* **1.** twyllwr (twyllwyr) *m*, t|wyllwraig (twyllwragedd) *f*; *abs.* celwyddgi (celwyddgwn) *m*, *Lit:* hocedwr (hocedwyr) *m*, *S:* cafflwr (cafflwyr) *m*, *N.W: occ:* ffingl[i]wr (ffinglwyr) *m* (*pronounced* ng-g). **2.** *Fung:* **the ~,** y twyllwr (y twyllwyr) *m*; **amethyst ~,** twyllwr piws.
deceiving *a.* twyllodrus; *S.a.* **deceitful**.
decelerate *v.i.* arafu.
decelerating *a.* arafol, sy'n arafu.
deceleration *n.* arafu *vn*, arafiad *m*, arafiant *m*. **~ lane** *n.* lôn (lonydd) (*f*) arafu.
decelerator *n.* arafwr (arafwyr) *m*.
decelerometer *n.* mesurydd(-ion) (*m*) arafu.
December *Pr.n.* Rhagfyr *m*. **~ moth** *n. Ent:* gwyfyn(-od) (*m*) Rhagfyr.
Decembrist *Pr.n. Hist:* Rhagfyrwr (Rhagfyrwyr) *m*; **the ~ plot,** cynllwyn y Rhagfyrwyr.
decemvir *n. Rom.Hist:* dengwr (dengwyr) *m*.
decemviral *a. Rom.Hist:* dengwrol.
decemvirate *n. Rom.Hist:* dengẇriaeth(-au) *f*.
decency *n.* **1.** *(= propriety in dress &c):* gwedduster(-au) *m*, gweddusrwydd *m*, gwedd|eidd-dra *m*, gweddeiddrwydd *m*; **the decencies,** y gwedddusterau. **2.** *(= respect for others):* cwrteisi *m*, parch *m* (**towards others,** tuag at eraill); **common ~,** cwrteisi cyffredin; **have the ~ to let me know,** bydd(-wch) mor gwrtais â rhoi gwybod imi. **3.** *(= modesty):* gwyl|eidd-dra *m*, swilder *m*.
decennary *a. & n.* **1.** *a.* dengmlwyddol. **2.** *n.* degawd(-au) *m*, dengmlwydd(-au) *f or pl*.

decennial *a.* & *n.* **1.** *a.* bob deng mlynedd, dengmlwyddol. **2.** *n.* dengmlwyddiant (dengmlwyddiannau) *m.*
decennially *adv.* bob deng mlynedd, yn ddengmlwyddol.
decennium *n.* degawd(-au) *m*, dengmlwydd(-au) *f.*
decent *a.* **1.** *(= seemly)* gweddus, gweddaidd, parchus, propor, *S:* teidi; **are you ~?** oes gen ti ddillad amdanat? **2.** *(= satisfactory):* iawn, purion, eithaf da, go lew, gweddol, boddhaol, digonol, *S: F:* teidi, *N: F:* desant, dysant; **a ~ sized house,** tŷ iawn, tŷ braf, tŷ go lew, tŷ gweddol fawr, tŷ eithaf mawr, *S:* tŷ diogel o faint, *N: F:* tŷ reit nobl, *occ:* tŷ reit glyfar; **quite a ~ dinner,** cinio pur dda, cinio purion, cinio digon da fyth, cinio eithaf da, eithaf cinio. **3.** *(= kindly):* nobl, iawn, hoffus, rhadlon, graslon, teg, caredig, *N: F:* clên, clyfar, *S: F:* ffein, piwr; **a ~ sort of fellow,** dyn/bachgen iawn, *N: F:* hen fachgen nobl, dyn o'r siort orau, *S:* bachan purion, bachan ffein. **that's ~ of you,** chwarae teg ichi, wir; 'rydych chi'n garedig, wir.
decently *adv.* **1.** yn weddus *&c*; **~ dressed,** wedi'ch gwisgo'n weddus. **2. doing very ~,** gwnleud yn bur dda, gwneud yn o lew, gwneud yn burion, *N: F:* gwneud yn reit ddel. **3. he very ~ (offered to help),** yn garedig iawn, chwarae teg iddo (fe gynigiodd helpu).
decentralism *n.* datganoliaeth *f.*
decentralist *n.* & *attrib.* **1.** *n.* datganolwr: datganolydd (datganolwyr) *m*, datgan|olwraig *f.* **2.** *attrib.* datganolaidd.
decentralization *n.* datganoli *vn.*
decentralizationist *n.* & *attrib.* = **decentralist 1, 2.**
decentralize *v.t.&i.* datganoli.
decentralized *a.* datganoledig, datganolog.
decentre *v.t.* *Opt: Ph:* diganoli.
deception *n.* twyll *m*, ystryw(-iau) *m*, dichell(-ion) *f*, hoced(-ion) *f*; **by ~,** trwy dwyll, trwy ddichell.
deceptional, deceptive *a.* twyllodrus, camarweiniol.
deceptively *adv.* yn dwyllodrus *&c*; trwy dwyll.
deceptiveness *n.* natur dwyllodrus *f &c.*
decerebrate[1] *a.* *Med:* *a.* diymennydd, dis|erebrwm.
decerebrate[2] *v.t.* codi'r ymennydd, tynnu'r ymennydd, diymenyddu.
decerebration *n.* diymenyddu *vn.*
decertification *n.*, **decertify** *v.t.* didystysgrifo.
dechlorinate *v.t.* datglorineiddio.
dechlorinated *a.* datglorineiddiedig, heb glorin.
dechlorination *n.* datglorineiddio *vn.*
dechristianize *v.t.* datgristioneiddio, anghristioneiddio.
decibel *n.* *Meas:* d|esibel (desibelau) *m.*
decidability *n.* natur benderfynadwy *f*, penderfynadwyedd *m.*
decidable *a.* penderfynadwy.
decide *v.t.&i.* **1.** *v.t.* *(a)* **to ~ a question/dispute &c,** torri dadl; *(b)* **to ~ s.o.'s fate,** penderfynu/pennu tynged rhn, penderfynu ar dynged rhn; **nothing has been decided yet,** nid oes dim wedi ei benderfynu eto; *(c)* **to ~ to do sth,** penderfynu gwneud rhth, *(d)* *(= cause, impel):* achosi, peri, gwneud (i rn wneud rhth, *not* rhn i wneud rhth); **what decided you to go?** beth a barodd/achosodd/wnaeth iti fynd? **2.** *v.i.* **to ~ [up]on sth,** penderfynu ar rth, dewis rhth; **to ~ on a day,** pennu dydd/diwrnod; **to ~ what to do,** penderfynu/dewis pa beth i'w wneud; **to ~ for s.o., to ~ in favour of s.o.,** penderfynu/dyfarnu o blaid rhn.
decided *a.* **1.** *(= determined):* penderfynol, pendant, wedi penderfynu; **they were quite ~ about it,** 'roeddent yn benderfynol/bendant yn ei gylch. **2.** *(= clear):* pendant, diddadl, diamau, diamheuol, sylweddol, sicr, amlwg, eglur; **to give a ~ refusal,** gwrthod rhth ar ei ben; **a man of ~ views,** dyn â barn bendant; **a ~ difference,** gwahaniaeth pendant; **a ~ improvement,** gwelliant amlwg/pendant.
decidedly *adv.* **1.** *(= resolutely):* yn benderfynol. **2.** *(= definitely):* yn bendant, yn bendifaddau, yn ddiamheuol, yn ddiamau, heb amheuaeth, heb os nac onibai; **~ better,** yn ddiamheuol well.
decidedness *n.* penderfynoldeb *m*, penderfynolrwydd *m*, natur benderfynol *f.*
decider *n.* **1.** *(pers.):* penderfynwr (penderfynwyr) *m*, penderflynwraig *f.* **2. this round will be the ~,** y rownd hon fydd yn penderfynu.
deciding *a.* tyngedfennol, *occ:* penderfynol; **the ~ round,** y rownd derfynol, y rownd a fydd yn troi'r fantol, y rownd a fydd yn penderfynu.
decidua *n.* *Anat:* amwisg(-oedd) *f*, *diosgwisg(-oedd) *f.*
decidual *a.* *Anat:* diosgol, *diosgwisgol.
deciduate *a.* *Anat:* *brychlynol.
deciduous *a.* **1.** cwympol, diosgol; *(tree):* deilgwymp, collddail, deilgoll. **2.** *Fig:* *(= transitory):* diflannol, dros dro, byrhoedlog, darfodedig; **~ tooth,** dant (dannedd) cyntaf *m*, dant sugno.
deciduousness *n.* cwympoldeb *m*, syrthioldeb *m*; *(of tree):* deilgwympedd *m.*
decigram *n.* *Meas:* d|esigram (desigramau) *m.*
decile *a.* & *n.* **1.** *a.* *Mth:* degymol, dengradd. **2.** *n.* dengradd(-au) *f.*
decilitre *n.* *Meas:* d|esilitr (desilitrau) *m.*
decillion *n.* *Mth:* dengiliwn (dengiliynau) *f.*
decimal *a.* & *n.* **1.** *a.* degol; **~ coinage,** arian degol *m*; **~ notation,** nodiant degol *m*; **~ numeration,** cyfrif degol *m.* **2.** *n.* degol(-ion) *m*, degolyn (degolion) *m*, rhif(-au) degol *m*; **recurring ~,** degol[yn] cylchol.
decimalization *n.*, **decimalize** *v.t.* degoli.
decimally *adv.* yn ddegol.
decimate *v.t.* degymu (rhth), lladd un mewn deg (o rth); *(in weakened sense):* anrheithio, difrodi (rhth).
decimation *n.* degymu *vn*, degymiad(-au) *m.*
decimetre *n.* *Meas:* d|esimetr (desimetrau) *m.*
decipher *v.t.* datrys, dehongli, darllen.
decipherable *a.* datrysadwy, deongladwy.
decipherer *n.* dehonglwr: dehonglydd (dehonglwyr) *m*, datryswr: datrysydd (datryswyr) *m.*
deciphering *vn.*, **decipherment** *n.* datrysiad(-au) *m*, dehongliad (deongliadau) *m*, datrys *vn*, dehongli *vn.*
decision *n.* **1.** *Jur: &c:* dyfarniad(-au) *m*, penderfyniad(-au) *m.* **2. to reach a ~,** dod i benderfyniad; **to make a snap ~,** penderfynu ar amrantiad. **3.** *(= decisiveness):* penderfyniad *m*, penderfynoldeb *m.* **~ box** *n.* *Cmptr:* blwch (blychau) *(m)* penderfyniad. **~ table** *n.* *Cmptr:* tabl(-au) *(m)* penderfyniad. **~ making** *vn.* penderfynu, gwneud penderfyniadau. **~ tree** *n.* *Com:* coeden *(f)* benderfyniad (coed penderfyniadau).
decisional *a.* penderfyniadol.
decisive *a.* **1.** *(= conclusive):* terfynol, tyngedfennol; **the ~ battle,** y frwydr a drodd y fantol. **2.** *(= resolute):* penderfynol, pendant, dibetrus, di-droi'n-ôl.
decisively *adv.* **1.** *(= conclusively):* yn derfynol, yn bendant, yn ddigamsyniol, yn ddiamheuol, yn ddi-droi'n-ôl, y tu hwnt i amheuaeth. **2.** *(= resolutely):* yn benderfynol *&c.*
decisiveness *n.* **1.** *(= conclusiveness):* terfynolrwydd *m.* **2.** *(= resolve):* pendantrwydd *m*, amhetruster *m*, penderfyniad *m.*
decistere *n.* *Meas:* d|esister (desisterau) *m.*
deck[1] *n.* **1.** *(a)* *Nau:* bwrdd (byrddau) *m* [llong], dec(-iau) *m*; **flight-~,** bwrdd hedfan, bwrdd lansio, bwrdd glanio; **aft[er]-~,** bwrdd ôl; **lower ~,** bwrdd isaf; **upper ~,** bwrdd uchaf; **forecastle ~,** bwrdd fforcas, bwrdd ffocsl; **orlop ~,** bwrdd isaf; **between decks,** rhwng deulawr, rhwng y deciau/byrddau; **all hands on ~!** pawb allan! pawb at ei waith! ati gyda'n gilydd! *Navy:* **to clear the decks [for action],** clirio'r byrddau; **the lower ~ ratings,** *F:* **the lower ~,** y llongwyr cyffredin, y dynion dan y dec; **the upper ~ ratings,** llongwyr y bwrdd uchaf, y dynion ar y dec; *(b)* **top ~,** *(of bus &c):* llawr uchaf *m*; *S.a.* **decker. 2.** *Civ.E:* dec, llawr (lloriau) *m.* **3.** *(of cards &c):* pecyn(-nau) *m*, pac(-iau) *m*, *Lit: occ:* cyff(-iau) *m.* **4.** *(of tape recorder &c):* dec. **~-cargo** *n.* llwyth(-i) *(m)* bwrdd/dec, declwyth(-i) *m.* **~-chair** *n.* cadair *(f)* gynfas (cadeiriau cynfas) *f*, cadair blygu (cadeiriau plygu). **~-hand** *n.* *decmon (decmyn) *m.* **~-house** *n.* caban(-au) *(m)* bwrdd, decdy (decdai) *m.* **~-land** *v.i.* *Navy: Av:* dec-lanio. **~-landing** *n.* dec-laniad(-au) *m.* **~-light** *n.* twll (tyllau) *(m)* goleuo. **~-load** *n.* = **deck-cargo. ~-officer** *n.* swyddog(-ion) *(m)* bwrdd. **~-passenger** *n.* teithiwr (teithwyr) *(m)* ar y bwrdd. **~ quoits** *n.pl.* coets bwrdd. **~ tennis** *n.* ten[n]is *(m)* llong.
deck[2] *v.t.* **1.** *(= adorn):* addurno, harddu (**with sth,** rhth); **to ~ oneself out/up,** ymdrwsio, pincio, ymbincio, taclu, ymdaclu; *S.a.* **flag**[4] **1. 2.** *N.Arch:* **to ~ a ship,** byrddio/decio llong.
-decked *a.* *Nau:* **two-~,** deufwrdd; **three-~,** tribwrdd.
-decker *n.* **1.** *Nau:* **a three-~** , llong *(f)* dribwrdd (llongau tribwrdd). **2.** *Joc:* **a three-~ novel,** nofel *(f)* dair cyfrol (nofelau tair cyfrol). **3.** *Veh:* **single-~ [bus],** bws/býs (bysiau, bysus) *(m)* unllawr; **double-~ [bus],** bws/býs deulawr.
decking *vn.* **1.** *(= adornment):* addurniad(-au) *m*, addurno. **2.** *(of ship):* = **deck**[2] **2. 3.** *(= decks):* byrddau *pl*, deciau *pl.*

deckle *n. Paperm:* decl(-au) *m*, ymylyn *m*. **~-edge** *n.* ymyl garw *m*, ymyl [g]arw *fm* (ymylau/ymylon geirwon). **~-edged** *a.* llyfrog, ag ymyl [g]arw.
declaim *v.t.&i.* **1.** *v.t. (poetry &c):* adrodd, traethu, llefaru. **2.** *v.i. (= orate):* areithio, croch-areithio, bwrw drwyddi, traethu; **to ~ against sth,** areithio, pregethu, rhefru, rhuo (yn erbyn rhth); ymosod, lladd (ar rth).
declaimer *n.* **1.** *(a) (= reciter):* adroddwr (adroddwyr) *m*, adr|oddwraig (adroddwragedd) *f*, traethwr (traethwyr) *m*, tr|aethwraig (traethwragedd) *f*. **2.** *(= orator):* areithiwr: areithydd (areithwyr) *m*, ar|eithwraig (areithwragedd) *f*.
declamation *n.* **1.** *(= speech):* araith (areithiau) *f*, areithiad(-au) *m*, arawd (arodion) *f*. **2.** *(= recitation):* adroddiad(-au) *m*, traethiad(-au) *m*, cyflwyniad(-au) *m*. **3.** *vn.* = **declaim**.
declamatory *a.* areithiol, rhethregol.
declarable *a.* **1.** datganadwy. **2.** *(at customs &c):* datgeladwy.
declarant *n. Jur:* datganwr: datganydd (datganwyr) *m*.
declaration *n.* **1.** datganiad(-au) *m*, cyhoeddiad(-au) *m*; datgan *vn*, cyhoeddi *vn*; *Jur:* **statutory ~,** datganiad statudol; **~ of bias,** datganiad/cyfaddefiad (*m*) o duedd, datganiad gogwydd; **~ of interest,** datganiad/cyfaddefiad o fudd/fuddiant; **~ of secrecy,** datganiad cyfrinachedd; **~ of trust,** datganiad o ymddiriedaeth; *Hist:* **D~ of Indulgence,** Datganiad Pardwn; **D~ of Independence,** Datganiad Annibyniaeth; **D~ of the Rights of Man,** Datganiad Iawnderau Dyn; *Pol:* **~ of the poll:** cyhoeddiad y bleidlais, cyhoeddi'r bleidlais; **~ of war,** cyhoeddiad rhyfel, cyhoeddi rhyfel. **2.** *(of income, of dutiable goods):* datgeliad(-au) *m*; **customs ~,** datganiad/datgeliad tollfa. **3.** *Cr:* declariad *m*, declario *vn*. **4.** *Cards:* datganiad, cyhoeddiad.
declarative, declaratory *a.* datgeiniol, datganiadol; **the Declaratory Acts,** y Deddfau Datgeiniol.
declare *v.t.&i.* **1.** *(a) v.t. (= state):* datgan; *(= make public):* cyhoeddi; **to ~ war,** cyhoeddi rhyfel; **to ~ a dividend,** cyhoeddi difidend; **to ~ an interest in sth,** datgan bod ichwi fudd o rth, datgan cysylltiad â rhth; **he declared he had seen nothing,** fe ddywedodd/addefodd na welsai ddim; *(b) (= reveal): (at the customs):* datgelu; **have you anything to ~?** [a] oes gennych chi rywbeth i'w ddatgelu? *S.a.* **poll[1]**; *(c) pred.* **to ~ s.o. guilty,** cyhoeddi rhn yn euog, euogfarnu rhn; **to ~ s.o. king,** cyhoeddi rhn yn frenin; **to ~ a bargain off,** torri bargen; *(d) Cards:* **to ~ trumps,** galw'r/cyhoeddi'r trympiau; *abs.* **to ~,** cyhoeddi; galw; **I ~ this shop open,** 'rwy'n cyhoeddi bod y siop hon ar agor; *Fig:* **to ~ one's hand,** cyhoeddi'ch bwriad; *(c)* **to ~ oneself,** *(= show side):* cyhoeddi'ch plaid/tuedd, datgan eich ochr; ochri (**for s.o.,** â rhn); *(of suitor):* cyfaddef eich cariad; *(of disease):* **to ~ itself,** ymddangos, torri allan, dod i'r golwg, *N:* dod i'r fei. **2.** *v.i. (a)* **to ~ for s.o.,** ochri â rhn, pleidio achos rhn, datgan/cyhoeddi cefnogaeth i rn; **to ~ against s.o.,** gwrthwynebu rhn, datgan/cyhoeddi gwrthwynebiad i rn; *(b) Cr:* **to ~ [innings closed],** declario, cau batiad.
declared *a.* **1.** *(= avowed, open):* addefedig, agored, proffesedig, cyffesedig, gwybyddus, hysbys, di-gêl; **~ policy,** polisi hysbys. **2.** *(expenses &c):* datganedig; *(income, goods in customs):* datgeledig.
declaredly *adv.* yn addefedig, yn agored.
declarer *n.* **1.** datganwr (datganwyr) *m*, cyhoeddwr (cyhoeddwyr) *m*. **2.** *Cards:* galwr (galwyr) *m*.
declass *v.t.* = **degrade**.
déclassé *a.* wedi colli statws, wedi dod i lawr yn y byd, dirywiedig, is yn y byd, ***déclassé***.
declassification *n.* digeliad *m*, digelu *vn*.
declassify *v.t.* digelu.
declension *n.* **1.** *Gram:* ffurfdroad(-au) *m*, rhediad(-au) *m*, *occ:* gogwyddiad(-au) *m*; *vn.* = **decline[2]** I. 2. **2.** = **deterioration**.
declensional *a. Gram:* rhediadol, ffurfdroadol, *occ:* gogwyddiadol.
declinable *a. Gram:* ffurfdroadwy, rhedadwy, ffurfdroadol, rhediadol, gogwyddadwy.
declinate *a.* ar ogwydd, ar oleddf, gogwyddol, goleddfol.
declination *n.* **1.** *Astr: &c:* gogwydd(-ion) *m*, gogwyddiad(-au) *m*; *(of compass needle):* gwyriad(-au) *m*, gogwydd. **2.** *U.S: (= refusal):* gwrthodiad(-au) *m*.
declinational *a. Astr: &c:* **1.** gogwyddiadol. **2.** gwyriadol.
decline[1] *n.* **1.** *(a) (of health, empire):* dirywiad(-au) *m*; **to be on the ~,** dirywio; *(b) (of day):* machlud *m*, machludiad *m*; *(c) (of prices):* gostyngiad(-au) *m*, lleihad *m*, gostwng *vn*. *(d) (of life):* blynyddoedd olaf *pl*. **2.** *A: Med:* nychdod *m*, nych *m*, llesgedd *m*, *S: F:* diclèin: dyclèin *m*, *N: F:* diciâu: dyciâu *m*.
decline[2] *v.t.&i.* I. *v.t.* **1.** *(= refuse):* gwrthod [gwneud] (rhth); *abs.* ymesgusodi (rhag gwneud rhth). **2.** *Gram:* ffurfdr|oi, rhedeg, gogwyddo. II. *v.i.* **1.** *(of ground &c):* gogwyddo, goleddu, goleddfu, gwyro, mynd ar oleddf. **2.** *(a) (of sun &c):* machlud, machludo, mynd ar i waered, mynd [i] lawr, *N: F:* mynd dan ei gaerau; *(of day):* darfod, tynnu tua'r terfyn, *N: F: occ:* hel ei draed ato; *(b) (of health &c):* gwanh|au, gwaelu, dirywio; *(c) (of empire):* dirywio, gwanhau; *(d) (of prices):* gostwng, disgyn, syrthio, dod [i] lawr.
declining *a.* yn dirywio, dirywiol, lleihaol, gostyngol; **in ~ years,** yn ystod eich blynyddoedd olaf, ar derfyn eich oes, yn eich henaint; **~ industries,** diwydiannau sy'n dirywio; **the ~ sun,** machlud (*m*) haul.
declinometer *n.* mesurydd(-ion) (*m*) gwyriad/gogwydd.
declivitous *a.* serth, llethrog, *F:* syth(-ion).
declivity *n.* llethr(-au) *f*, rhiw(-iau) *f*, disgynfa (disgynf|eydd) *f*, goleddf *m*, gwaered(-ydd) *m*, goriwaered(-ydd) *m*.
declutch *v.i.* datgydio, pwyso ar y cydiwr, *F:* dod o'r afael; **double ~,** dwbl-ddatgydio, dod o'r afael ddwywaith.
decoct *v.t.* gwn|eud trwyth (o rth); trwytho (rhth).
decoction *n.* **1.** *(process):* = **decoct**. **2.** *(liquid):* trwyth(-i,-au) *m*.
decode *v.t.* datgodio; *(loosely):* dehongli, datrys.
decoder *n.* datgodiwr (datgodwyr) *m*; *(loosely):* datryswr (datryswyr) *m*, dehonglwr (dehonglwyr) *m*.
decoding *vn.* datrys côd, datgodio; *S.a.* **decode**.
decoke[1] *n. F:* digôc(-s) *m*.
decoke[2] *v.t. F:* digocio.
decollate *v.t.* **1.** *A:* = **decapitate**. **2.** *(= separate, divide up):* gwahanu.
decollation *n. A: Rel:* **the Feast of the D~ of St. John the Baptist,** Gyl (*f*) Ieuan y Coed/Moch.
decollator *n. Cmptr:* gwahanwr (gwahanwyr) *m*.
décolletage *n. Dressm:* **1.** gwddf isel *m*. **2.** *(dress):* gwisg(-oedd) (*f*) gwddf isel.
décolleté *a.* gwddf isel.
decolonization *n.*, **decolonize** *v.t.* datrefedigaethu, dadwladychu.
decolonizer *n.* datrefedigaethwr (datrefedigaethwyr) *m*, dadwladychwr (dadwladychwyr) *m*.
decolo[u]rization *n.*, **decolo[u]rize** *v.t.* dadliwio, pylu.
decolo[u]rizer *n.* dadliwiwr (dadliw-wyr) *m*, pylwr (pylwyr) *m*.
decolo[u]rizing *a.* dadliwiol, pylol.
decommission *v.t.* digomisiynu.
decompensation *n. Med:* anghydadferiad *m*, gwendid (*m*) y galon.
decomposability *n.* natur bydradwy *f*; *Ch:* natur ddadelfenadwy *f*.
decomposable *a.* pydradwy; *Ch:* dadelfenadwy.
decompose *v.t.&i.* **1.** *v.t. (a) Ch: (water, light &c):* dadelfennu, dadansoddi; *(b) (flesh &c):* pydru, *occ:* madru, braenu. **2.** *v.i. (= rot):* pydru, *occ:* madru, braenu.
decomposed *a.* **1.** *Ch: Ph: (light, water):* dadelfenedig, dadansoddedig. **2.** *(= rotten):* wedi pydru, pydredig, pwdr, braenllyd, braenedig.
decomposer *n. Ch: &c:* dadelfennwr (dadelfenwyr) *m*.
decomposite *a. Bot:* tra-chyfansawdd.
decomposition *n.* **1.** *Ch:* dadelfeniad *m*, dadelfennu *vn*. **2.** *(= rottenness):* pydredd *m*, madredd *m*, braenedd *m*, braenllydrwydd *m*; *(action):* pydrad *m*, braeniad *m*; *S.a.* **decompose**.
decompositional *a.* dadelfennol.
decompound *a.* = **decomposite**.
decompress *v.t.* datgywasgu.
decompression *n.* datgywasgiad(-au) *m*, datgywasgu *vn*. **~ sickness** *n. Med:* y parlys (*m*) môr.
decompressor *n.* datgywasgwr (datgywasgwyr) *m*.
deconcentrate *v.t.* = **decentralize**.
decondition *v.t.* datgyflyru.
decongest *v.t.* **1.** *(chest):* clirio, llacio, rhyddh|au. **2.** *(street):* clirio, rhyddhau.
decongestant *a. & n. Pharm:* **1.** *a.* cliriol, llaciol. **2.** *n.* *N:* ffisig (*m*) llacio, *S:* moddion (*m or pl*) llacio.

decongestion *n.* rhyddhad *m*, llaciad *m*, llacâd *m*, cliriad; *vn.* = **decongest.**
decongestive *a.* = **decongestant 1.**
deconsecrate *v.t.* datgysegru.
deconsecration *n.* datgysegriad(-au) *m*, datgysegru *vn.*
deconstruct *v.t.*, **deconstruction** *n.* dadadeiladu.
deconstructionism *n.* dadadeiladaeth *f.*
deconstructionist *n.* & *attrib.* **1.** *n.* dadadeiladwr (dadadeiladwyr) *m*, dadadeil|adwraig *f.* **2.** *a.* dadadeiladol.
decontaminate *v.t.* dadlygru, dad-ddifwyno; *(= disinfect):* diheintio.
decontamination *n.* dadlygriad *m*, dadlygru *vn*, dad-ddifwyno *vn*; *(= disinfection):* diheintiad *m*, diheintio *vn.*
decontaminator *n.* diheintydd(-ion) *m.*
decontrol[1] *n.* dadreoli *vn*, rhyddh|au *vn*, rhyddhad *m*, dadreolaeth *f*, dadreoliad *m.*
decontrol[2] *v.t.* dadreoli (rhth), rhyddh|au (rhth) o reolaeth.
decontrolled *a.* dadreoledig.
décor *n. Th:* decor *m*, addurniadau *pl*, dodrefniad *m*, celfi *pl.*
decorate *v.t.* **1.** *(= adorn):* addurno, harddu; *(house):* peintio/paentio a phapuro. **2.** *(with a medal):* arwisgo.
decorated *a.* addurnedig, addurnog; *(with medals &c):* arwisgedig [â medal *&c*], medalog.
decorating *vn.* = **decorate.** ~ **punch** *n. Tls:* pwnsh(-is) *(m)* addurno.
decoration *n.* **1.** *(action):* *(a)* addurniad *m*, addurno *vn*; *(b)* *(with a medal):* arwisgiad *m*, arwisgo *vn.* **2.** *(a) usu.pl.* addurn(-iadau) *m*, addurniad(-au) *m*; *(of flat &c):* addurnwaith *m*; *(b)* *(= medal):* medal(-au) *fm*, addurn(-iadau) *m*, tlws (tlysau) *m*; **D~ Day** *n.* Diwrnod *(m)* Coffa.
decorative *a.* addurnol.
decoratively *adv.* yn addurnol.
decorativeness *n.* addurnoldeb *m.*
decorator *n.* & *attrib.* **1.** *n.* addurnwr (addurnwyr) *m*; *F: (professional):* peintiwr a phapurwr (peintwyr a phapurwyr) *m.* **2.** *attrib.* ~ **materials,** defnyddiau peintio a phapuro.
decorous *a.* gweddus, gweddaidd, parchus, syber, urddasol.
decorously *adv.* yn weddus *&c.*
decorousness *n.* gwedduster *m*, gweddustra *m*, gwedd|eidd-dra *m*, parchusrwydd *m*, syberwyd *m*, urddas *m.*
decorticate *v.t.* **1.** dirisglo, masglu, masglo, hifio. **2.** *Med:* difreithellu.
decorticated *a.* **1.** dirisgl, dirisgledig. **2.** *Med:* difreithelledig.
decortication *n.* **1.** dirisgliad *m*, dirisglo *vn.* **2.** *Med:* difreithelliad *m*, difreithellu *vn.*
decorticator *n.* dirisglwr (dirisglwyr) *m*, masglwr (masglwyr) *m.*
decorum *n.* = **decorousness.**
découpage *n. Art:* ***découpage(-s)*** *m*, gwaith *(m)* toriadau.
decouple *v.t.* datgyplu, dadfachu.
decoy[1] *n.* **1.** *(= lure):* abwyd(-au) *m*, llith(-iau) *m*, deniad(-au) *m.* **2.** *(= trap):* magl(-au) *f*, trap(-iau) *m.* **3.** *(= pond):* pwll (pyllau) *(m)* rhwydo. **4.** *(bird &c):* aderyn (adar) *(m)* denu, denwr (denwyr) *m.*
decoy[2] *v.t.* denu, hudo, maglu, llithio, camarwain.
decrease[1] *n.* lleihad (lleihadau) *m*, gostyngiad(-au) *m*; ~ **in speed,** arafiad *m*, arafu *vn*; **on the ~,** yn lleih|au; **overall ~,** lleihad trwodd a thro.
decrease[2] *v.t.&i.* **1.** *v.t.* gostwng, cyfyngu, lleih|au; *Knitting:* ~ **to back of stitch,** cyfyngu trwy gefn pwyth, *S: occ:* gostwng maglau, *S.W:* cwympo. **2.** *v.i.* gostwng, lleihau.
decreasing *a.* lleihaol, gostyngol, lleilai; **principle of ~ concreteness,** egwyddor *(f)* diriaethedd lleihaol.
decreasingly *adv.* leilai, yn lleilai, lai a llai *&c.*
decree[1] *n.* dyfarniad(-au) *m*, ordinhad (ordinhadau) *f*, ordeiniad(-au) *m*, gorchymyn (gorchmynion) *m*; *Pol:* **government by ~,** llywodraeth trwy ordinhad; *Jur:* archddyfarniad(-au) *m*; *Jur:* ~ **absolute,** archddyfarniad |absoliwt/diamod; *Jur:* ~ **nisi,** archddyfarniad ***nisi***, archddyfarniad amodol. ~ **law** *n.* ordeiniad(-au) *m.*
decree[2] *v.t. (= order):* gorchymyn, ordeinio, erchi; *abs.* deddfu, dyfarnu.
decreer *n.* ordeiniwr: ordeinydd (ordeinwyr) *m*, dyfarnwr: dyfarnydd (dyfarnwyr) *m*, gorchmynnwr: gorchmynnydd (gorchmynwyr) *m.*
decrement *n.* **1.** *(= decrease):* lleihad (lleihadau) *m*, gostyngiad(-au) *m*; *(= wear):* traul *f.* **2.** *Mth: Ch: El.E: Ph:* d|ecrement *m*; *(of sound):* pyliad *m*, distewi *vn*, pylu *vn.*
decremental *a.* lleihaol.
decrepit *a.* **1.** *(pers.):* musgrell, llegach, gwantan, eiddil, methedig, llesg, *F:* wedi mynd ar eich hen sodlau, *S.W: occ:* cymhercyn; **to be ~,** *S.W: occ:* cymhercian. **2.** *(house &c):* maluriedig, adfeiliedig, wedi mynd â'i ben iddo.
decrepitate *v.i.* **1.** *(= calcine):* gwynlosgi, crinellu. **2.** *(= crackle):* clindarddach, clecian.
decrepitation *n.* **1.** crinelliad *m*, crinellu *vn.* **2.** *(sound):* clindarddach *m*, clecian *m.*
decrepitly *adv.* **1.** yn fusgrell *&c.* **2.** yn faluriedig *&c.*
decrepitude *n.* **1.** *(of pers.):* musgrellni *m*, musgrelli *m*, llesgedd *m*, cyflwr gwantan *m &c.* **2.** *(of house &c):* cyflwr gwael *m &c.*
decrescendo *adv.* & *n. Mus:* **1.** *adv.* gan leih|au, gan ddistewi. **2.** *n.* lleihad *m*, distewi *vn.*
decrescent *a.* lleihaol, gostyngol, lleilai; ~ **moon,** lleuad ar ei gwendid, lleuad ar wendid.
decretal *n.* & *a.* **1.** *a.* decretal. **2.** *n.* decretal(-au) *m*, dyfarniad(-au) *m*; *Ecc.Hist:* **the False Decretals,** y Canonau Ffug.
decretist *n.* canonwr (canonwyr) *m.*
decretive, decretory *a.* ordeiniol.
decrial *n.* difraeth *f*, dirmyg *m*; *S.a.* **decry.**
decrier *n.* dilornwr: dilornydd (dilornwyr) *m*, dil|ornwraig *f*, bychanwr (bychanwyr) *m*, dibrisiwr (dibriswyr) *m*, difrïwr (difriwyr) *m*, difenwr (difenwyr) *m.*
decry *v.t.* bychanu, dibrisio, difrïo, dilorni (rhn); lladd, rhedeg (ar rn); pigo beiau (yn rhn, ar rn); *Lit:* goganu (rhn).
decrypt *v.t.* datrys, dehongli, datgodio.
decryption *n.* datrysiad(-au) *m*, datrys *vn*; *S.a.* **decrypt.**
decryptograph *v.t.* = **decrypt.**
decubitus ulcer *n. Med:* briw(-iau) *(m)* gorwedd.
decuman *a.* **1.** ~ **wave,** ton(-nau) enfawr *f*, *F:* nawfed don *f.* **2.** *Rom.Ant:* ~ **gate,** prif borth *m.*
decumbent *a. Z: Bot:* gorweddol, gorweddog.
decuple[1] *a.* & *n.* **1.** *a.* decplyg, ar ei ddegfed. **2.** *n.* [swm] decplyg *m.*
decuple[2] *v.t.&i.* cynyddu ddengwaith, *decplygu.
decurion *n. Rom.Ant:* dengwriad (dengwriaid) *m.*
decurrent *a. Bot:* llorestynnol, arwaeredol.
decurved *a. Orn: Bot:* atblygedig.
decury *n. Rom.Ant:* dengwr (dengwyr) *m.*
decussate[1] *a. Bot:* cytgroes, cynghroes, croesedig.
decussate[2] *v.t. Bot:* cynghroesi.
decussately *adv. Bot:* yn gynghroes *&c.*
decussation *n.* cynghroesiad *m*, cynghroesi *vn*
dedans *n. Ten:* **1.** *(gallery):* oriel(-au) *f.* **2.** *(= spectators):* gwylwyr *pl.*
dedicate *v.t.* **1.** *(= consecrate):* cysegru, *Lit: occ:* diofrydu; **to ~ oneself, to ~ one's life (to sth),** ymgysegru, ymr|oi, ymroddi, ymgyflwyno, ymdynghedu, cysegru'ch bywyd (i rth). **2.** *(a book):* cyflwyno.
dedicated *a.* **1.** *(pers.):* ymroddedig, ymroddgar, selog. **2.** *(church):* cysegredig, wedi ei chysegru. **3.** *(book, music &c):* cyflwynedig. **4.** *Cmptr:* ~ **computer,** cyfrifiadur(-on) *(m)* un pwrpas; ~ **register,** cofrestr(-au) *(f)* un pwrpas; ~ **word-processor,** prosesydd(-ion) *(m)* geiriau un pwrpas.
dedicatedly *adv.* yn ymroddedig, ag ymroddiad.
dedicatee *n.* cyflwynedig(-ion) *m&f.*
dedication *n.* **1.** *(of church):* cysegriad(-au) *m*, cysegru *vn*; *Jur:* **deed of ~,** gweithred *(f)* gysegru. **2.** *(of book, music &c):* cyflwyniad(-au) *m.* **3.** *(to duty &c):* ymroddiad *m*, ymgysegriad *m.* ~ **copy** *n.* copi (copïau) cyflwynedig *m*, *occ:* copi cyflwyn.
dedicative *a.* cyflwyniadol, cyflwynol, *occ:* cyflwyn; *Theol:* cysegriadol, ymgysegriadol.
dedicator *n.* cyflwynwr (cyflwynwyr) *m*, cyflwynydd(-ion) *m.*
dedicatory *a.* = **dedicative.**
dedolomitize *v.t.*, **dedolomitization** *n. Geol:* dad-ddolomitio.
deduce *v.i.&t.* **1.** *(= infer, conclude):* casglu, amcangyfrif *(pronounced* ng-g); **I deduced his age (from his appearance),** cesglais faint oedd ei oed, amcangyfrifais ei oed (o'r olwg arno). **2.** *(= trace):* olrhain; *Jur:* **to ~ a title,** olrhain teitl; *Phil: Jur: &c.* diddwytho; *Psy:* ymarfaethu.
deducible *a.* casgladwy, y gellir ei gasglu, diddwythadwy.
deduct *v.t.* tynnu (rhth) [allan/mas] (o rth); rhoi (rhth) heibio;

occ: tolli; *Mth:* didynnu; **to ~ sth from a price,** gostwng rhywfaint ar bris.
deductibility *n.* didynadwyedd *m*, natur ddidynadwy *f.*
deductible *a.* **1.** tynadwy, gostyngadwy. **2.** *Phil: Jur: &c:* diddwythadwy.
deduction *n.* **1.** *(of money &c):* gostyngiad(-au) *m*; *Mth:* didyniad(-au) *m*; **to make a ~ from sth,** tynnu rhth o rth. **2.** *(= inference):* casgliad(-au) *m*; *Ph: &c:* diddwythiad(-au) *m*; *Rel: Psy:* ymarfaethiad *m*; **to make a ~,** casglu, gwneud casgliad, dod i gasgliad (**about sth,** yngh|ylch rhth).
deductive *a.* casgliadol, diddwythol, diddwythiadol.
deductively *a.* yn gasgliadol *&c.*
dee[1] *n. (= letter D):* di (dïau) *f.*
Dee[2] *Pr.n. W.Geog:* [Afon] Dyfrdwy *f*, *occ:* Afon Ddyfrdwy.
deed[1] *n.* **1.** *(a)* gweithred(-oedd) *f*; **a man of deeds,** gweithredwr (gweithredwyr) *m*; *(b)* **a ~ of valour,** gwrhydri *m*, gorchest(-ion) *f*, camp(-au) *f*; *(c)* **a foul ~,** anfadwaith *m*, drygioni *m*; *(d)* **a good ~,** cymwynas(-au) *f*, gweithred dda (gweithredoedd da); *(e) (= fact):* ffaith (ffeithiau) *f*; **he was ruler in ~, though not in name,** teyrnasai mewn gwirionedd (*m*) er nad mewn enw. **2.** *Jur:* gweithred(-oedd) *f*; **~ of dedication,** gweithred gysegru (gweithredoedd cysegru); **~ of gift,** gweithred roddi (gweithredoedd rhoddi); **~ of covenant,** gweithred gyfamod/gyfamodi (gweithredoedd cyfamod/cyfamodi); **~ of exchange,** gweithred gyfnewid (gweithredoedd cyfnewid); **~ of partition,** gweithred rannu (gweithredoedd rhannu); **to draw up a ~,** paratoi gweithred; **transfer ~,** gweithred drosglwyddo (gweithredoedd trosglwyddo). **~-box** *n.* coffr(-au) (*m*) gweithredoedd. **~ poll** *n.* **1.** gweithred newid enw. **2.** *Archives:* gweithred unran *f.*
deed[2] *v.t.* trawsgludo, trosglwyddo [trwy weithred].
deedy *a.* gweithgar, prysur, gweithredol.
deejay *n. P: (= disc jockey):* troellwr (troellwyr) *m* [disgiau].
deem *v.t. Lit:* ystyried, tybied, tybio, barnu; **I would ~ it a favour,** fe'i hystyriwn yn gymwynas; **I ~ it my duty,** ystyriaf hi'n ddyletswydd arnaf; **to ~ highly of s.o.,** parchu rhn, bod â pharch i/at rn, meddwl yn uchel o rn; **it was, I deemed, too late,** yr oedd, yn fy nhyb i, yn rhy hwyr; **he is deemed to have consented,** ystyrir iddo gydsynio; **it cannot be deemed to be correct,** ni ellir dweud ei fod yn gywir; *S.a.* **advisable 2.**
deemed *a.* tybiedig.
deemster *n. Jur:* barnwr (barnwyr) *m.*
deep[1] *a., adv. & n.* I. *a.* **1.** *(a)* dwfn (*f.* dofn, *pl.* dyfnion) (*comp. forms:* dyfned, dyfnach, dyfnaf), *N:* dyfn, *S:* dwfwn; **the hole is ten feet ~,** mae'r twll yn ddeg troedfedd o ddwfn/ddyfnder; **in ~ waters,** mewn trafferth[-ion] (*f*), mewn dyfroedd dyfnion, *N: F:* mewn strach, mewn stryffig; **the ~ end,** y pen dyfnaf *m*; *F:* **to throw s.o. in at the ~ end,** bwrw rhn i'r dwfn; **~ sea,** dyfnder (*m*) môr, dyfnfor *m*, môr mawr *m*, cefnfor *m*, eigion(-au) *m*, *Poet: occ:* yr aig *m*; **~ breathing,** anadlu dwfn; **~ therapy,** th|erapi dwfn *m*; *Med:* **~ x-ray therapy,** radioth|erapi dwfn *m*; **a ~ kiss, = French kiss;** *P:* **to go off the ~ end,** gwylltio['n gacwn/gaclwm/gudyll/gandryll], colli'ch limpin, cynddeiriogi, mynd yn gynddeiriog, mynd yn wyllt, mynd o'ch cof, *S.W:* mynd i natur, codi natur, *N:* cael y gwyllt, myllio; *S.a.* **angry; a ~ drinker,** yfwr (yfwyr) mawr *m*, diotwr (diotwyr) *m*; **~ space,** dyfnder (*m*) [y] gofod; *U.S:* **the D~ South,** Pellafoedd/Perfeddion (*pl*) y De, y De (*m*) Eithaf; **~ sleep,** trwmgwsg: trymgwsg *m*; **as ~ as a well,** *N.W: occ:* cyn ddyfned â Phwll Ceris; *(b)* **~ shelves,** silffoedd dyfnion; **a man ~ in the chest,** paladr o ddyn cydnerth, dyn llydan ei frest/fron; *Mil: &c:* **two ~,** fesul dwy res; **three ~,** fesul tair rhes; *(c)* **a ~ sigh,** ochenaid ddofn (ocheneidiau dwfn), ochenaid ddwys (ocheneidiau dwys); **a ~ thinker,** meddyliwr dwfn/praff. **2.** *(a) (colour):* tywyll, dwys; *(b) (sound):* dwfn; *(c) (voice):* dwfn, bas, isel. **3.** *(emotion &c):* dwfn, dwys, llwyr, angerddol; **~ despair,** anobaith llwyr *m*, dyfnderoedd (*pl*) anobaith; **~ silence,** distawrwydd llwyr/dwys *m*; **~ concern,** pryder angerddol/dwys *m*; *S.a.* **mourning 2. 4.** *(pers.):* dwfn, astrus, anchwiliadwy, dyrys; *(= cunning):* cyfrwys, ffel, henffel, *N:* dyfn, *S:* dwfwn; **he's a ~ one,** un dwfn ydyw; mae'n dipyn o aderyn y nos; **a ~ scheme,** cynllun astrus/dyrys *m*. **5.** *Cr: Fb:* pell; **~ field,** y pellter *m.* II. *adv.* **1.** yn ddwfn *&c*; **~ in debt,** dyledog, yn swp o ddyled[-ion], yn ddwfn mewn dyledion; **~ in study,** yn ddwfn mewn myfyr/myfyrdod, *Lit:* mewn dwfn fyfyr; **~ in thought,** mewn myfyrdod dwfn, ynghanol meddyliau; *S.a.* **ankle-deep, knee-deep, waist-deep;** *Prov:* **still waters run ~,** po ddyfnaf fo'r afon, lleiaf oll ei thrwst; po lyfnaf y bo'r dŵr, dyfnaf fydd y rhyd; dyfnaf llyn, llyn llonydd; **to drink ~,** yfed yn helaeth, drachtio, cofftio, *F:* potio, slotian, diota. **2. the harpoon sank ~ into the flesh,** treiddiodd/suddodd y tryfer yn ddwfn i'r cnawd; **~ into the night,** hyd oriau mân y bore, tan yn hwyr yn y nos, hyd berfeddion nos, hyd drymedd nos; **to dig ~,** turio'n/cloddio'n ddwfn. **3. to play ~,** chwarae'n helaeth. III. *n.* **1.** *(a) (of sea):* dyfnder(-oedd) *m*, dwfn *m*; *(b) Poet: (= sea):* yr eigion *m*, yr aig *m*, y cefnfor *m*, y dyfnfor *m*; **the ocean deeps,** dyfnderoedd yr eigion, dyfnderoedd y cefnfor; **to commit a body to the ~,** gollwng/traddodi corff i'r dyfnder. **2. in the ~ of winter,** gefn gaeaf, ganol gaeaf, yn nhrymder gaeaf, *occ:* yn nhwll y gaeaf; **in the ~ of night,** berfeddion nos, gefn nos, gefn trymedd nos, gefn trymder nos, yn nyfnder nos. **3.** *Cr: Fb: Golf:* **[in the] ~,** [yn y] pellter *m.* **~-chested** *a.* llydanfron, ysgwyddog, cydnerth. **~ dish pie** *n. Cu:* pastai (*f*) ddysgl (pasteiod dysgl). **~-drawn** *a.* **1. a ~-drawn sigh,** ochenaid ddofn/ddwys *f.* **2.** *Metall:* **= cold-drawn. ~-dyed** *a.* **= double-dyed. ~ fat** *n. Cu:* [saim] dwfn *m*; **~ fat fryer** *n.* ffrïwr (ffriwyr) (*m*) saim dwfn. **~-freeze**[1] *n.* rhewgist(-iau) *f*, rhewydd(-ion) *m.* **~-freeze**[2] *v.t.* rhewi (rhth) [yn galed], dwysrewi (rhth). **~-frier** *n.* **1.** sosban (sosbenni) (*f*) ffrio. **2.** *(in chip-shop):* ffrïwr dwfn. **~-fry** *v.t. Cu:* ffrio (rhth) yn ddwfn. **~-frying** *vn.* ffrio dwfn. **~-going** *a.* **= fundamental. ~-laid** *a.* cyfrwys, cudd, cêl. **~ litter** *n.* gwasarn dwfn *m.* **~-mouthed** *a.* dyfnlais, crochlais, safnog, safnrhwth. **~-rooted** *a.* **1.** *(tree):* gwreiddiau dyfnion. **2.** *Fig:* dwfn, angerddol, greddfol, wedi ei wreiddio'n ddwfn, annileadwy, annadwreiddiadwy, disyflyd. **~-sawn** *a. Carp:* llifiad dwfn. **~-sea** *attrib.* cefnforol, dyfnforol, [y] cefnfor, [y] dyfnfor, [y] dyfnderoedd; **~-sea fish,** pysgodyn (pysgod) (*m*) [y] dyfnfor, pysgodyn dyfnforol; **~-sea fisher,** pysgotwr (pysgotwyr) (*m*) [y] cefnfor, pysgotwr cefnforol; **~-sea diver,** plymiwr (plymwyr) (*m*) [y] dyfnfor, plymiwr dyfnforol; *S.a.* **pilot**[1]. **~-seated** *a.* **= deep-rooted. ~-set** *a. (eyes &c):* dwfn yn y pen. **~ structure** *n. Gram:* adeiledd dwfn (adeileddau dyfnion) *m.*
deepen *v.t.&i.* **1.** *v.t.* *(a) (well, sound &c):* dyfnh|au; *(b) (feeling):* dwysáu, dyfnhau, cryfh|au, angerddoli; *(c) (a colour):* tywyllu, dwysáu, cryfhau. **2.** *v.i.* *(a) (of water &c):* dyfnhau, mynd yn ddyfnach; *(b) (of colour &c):* tywyllu, dwysáu, mynd yn dywyllach; *(c) (of sound):* dyfnhau, mynd yn is/ddyfnach; *(d) (of feeling):* angerddoli, dyfnhau, dwysáu.
deepening[1] *a.* dwysaol, cynyddol, ymledol, mwyfwy, cryfach cryfach, dwysach dwysach, dyfnach dyfnach.
deepening[2] *vn.* **= deepen.**
deeping *n. Fish:* gwryd (gwrhydau) *m*, llinyn (*m*) rhwyd (llinynnau rhwyd/rhwydi).
deeply *adv.* yn ddwfn; **to breathe ~,** anadlu'n ddwfn; **to go ~ into sth,** treiddio/turio/mynd ymh|ell i rth, treiddio *&c* i grombil rhth; **to be ~ read in sth,** bod yn hyddysg iawn yn rhth; **I was ~ moved,** cynhyrfwyd fi i'r byw; **I was ~ shocked,** brawychwyd fi'n fawr *or* yn arw iawn; cefais gryn ysgytwad; **she was ~ involved in the plot,** yr oedd a wnelo hi lawer â'r cynllwyn; yr oedd hi dros ei phen yn y cynllwyn; **a ~ felt conviction,** argyhoeddiad dwfn/angerddol.
deepness *n.* **1.** *(of voice, water &c):* dyfnder *m*, *occ:* dyfndwr *m.* **2.** *(of person, = inscrutability):* dyfnder *m*, ffelder *m*, ffelni *m.* **3.** *(of emotion):* dwyster *m*, dyfnder *m*, angerdd *m*, angerddoldeb *m.*
deer *n. Z:* **red ~,** carw coch (ceirw cochion) *m*; **fallow ~,** hydd(-od) brith *m*, *occ:* bwch (bychod) (*m*) [y] danas, **female ~,** ewig(-od) *f*; **male ~,** bwch (bychod) *m*, *occ:* bwch [y] danas; **young ~,** llwdn (llydnod) *m*. elain (elanedd, elanod) *mf*, *Lit:* rhydain *f*; **axis ~, hog-~** hobgarw (hobgeirw) *m*; **marsh ~,** carw cors; **roe ~,** iwrch (iyrchod) *m*, iyrches(-od) *f*, iyrchell(-od) *f*, ewig(-od) *f*; **water ~,** carw'r dŵr. **~ brush** *n. Bot:* llwyn (*m*) y ceirw (llwyni'r ceirw). **~ cabbage** *n. Bot:* bresych (*m*) y ceirw. **~ fern** *n. Bot:* gwibredynen (gwibredyn) *f.* **~-fly** *n. Ent:* pryf(-ed) (*m*) ceirw. **~-forest** *n.* fforest(-ydd) (*f*) hela, tir(-oedd) (*m*) hela. **~ grass** *n. Bot:* glaswellt (*m*) y ceirw, clwbfrwynen (clwbfrwyn) (*f*) y mawn. **~-hound** *n.* hyddgi (hyddgwn) *m.* **~-laurel** *n. Bot:* llawryf (*m*) y ceirw, y llawryf mwyaf. **~-lick** *n.* llyfle(-oedd) (*m*) ceirw. **~ mouse** *n. Z:* llygoden droedwen (llygod troedwyn) *f.*

~**-park** *n.* hyddgae(-au) *m*, parc(-iau) (*m*) ceirw. ~**'[s] hair** *n. Bot:* blew(*pl*)'r ceirw. ~**'s tongue** *n. Bot:* tafod (*m*) yr hydd.
deerberry *n. Bot:* llusen (llus) (*f*) y ceirw.
deerhorn *n. Conch:* corn (*m*) carw (cyrn ceirw).
deerskin *n.* hyddgen *m*, croen (*m*) carw (crwyn ceirw).
deerstalker *n.* **1.** *(= hunter):* heliwr (helwyr) (*m*) ceirw. **2.** *(= hat):* het(-iau) (*f*) hela ceirw, *Joc:* het mynd a dod, *(loosely):* het dal adar.
deerstalking *vn.* hela ceirw.
deerweed *n. Bot: U.S:* pys (*pl*) ceirw moel, chwyn (*pl*) ceirw.
deeryard *n.* hyddgoed(-ydd) *m*.
Deeside *Pr.n. W.Geog:* Glannau (*pl*) Dyfrdwy.
deface *v.t.* hagru, hacru, anharddu, difwyno, *occ:* anurddo, dwyno, hyllu.
defaceable *a.* hagradwy, anharddadwy.
defacement *n.* anharddiad(-au) *m*; *vn.* = **deface**.
defacer *n.* anharddwr (anharddwyr) *m*, difwynwr (difwynwyr) *m*.
defaecate *v.i. Med:* ymgarthu, ysgarthu.
defaecation *n. Med:* ymgarthiad *m*, ymgarthu *vn*, ysgarthiad *m*, ysgarthu *vn*.
defalcate *v.i.* chwiwladrata.
defalcation *n.* chwiwladrad(-au) *m*, chwiwladrata *vn*.
defalcator *n.* chwiwleidr (chwiwladron) *m*, chwiwladrones(-au) *f*.
defamation *n. Jur:* difenwad *m*, difenwi *vn*; ~ **of character,** difenwi cymeriad.
defamatory *a. Jur:* difenwol; *S.a.* **libellous, slanderous**.
defame *v.t. Jur:* difenwi.
defamer *n. Jur:* difenwr (difenwyr) *m*, dif|enwraig (difenwragedd) *f*.
defat *v.t.* diseimio.
default[1] *n., prep.phr. & attrib.* **1.** *n. (a)* diffyg(-ion) *m*, absenoldeb *m*; **in ~ of sth,** yn niffyg rhth, o ddiffyg rhth; **it went by ~,** ni chafodd sylw; ni sylwodd neb arno; *(b) Jur: (in performance of an act):* methiant *m*; ~ **in making payment,** diffyg mewn gwneud taliadau; **in ~ [of payment],** heb dalu; ~ **of heirs,** diffyg etifeddion; **in ~ [of performance],** heb gyflawni; **judgement by ~,** dyfarniad trwy ddiffyg [ymddangosiad]; *(c) St.Exch: &c:* diffygdaliad(-au) *m*, diffygdalu *vn*. **2.** *prep.phr.* **in/by ~ of sth,** yn niffyg rhth, yn absenoldeb rhth. **3.** *attrib. Cmptr:* diofyn. ~ **action** *n.* achos(-ion) (*m*) diffyg talu. ~ **notice** *n.* rhybudd (*m*) o fethiant. ~ **powers** *n.* galluoedd yn herwydd pallu. ~ **summons** *n.* gwŷs (gwysion) (*f*) diffyg talu, gwŷs ddiffyg (gwysion diffyg).
default[2] *v.i.* **1.** peidio (â gwneud rhth); pallu, methu (â gwneud rhth). **2.** *Jur:* peidio ag ymddangos, methu [ag] ymddangos. **3.** *Com:* peidio â thalu, methu talu, diffygdalu, drwgdalu. **4.** *Cmptr:* diofynnu.
defaulter *n.* **1.** *(a) (= shirker):* esgeuluswr (esgeuluswyr) *m*, esgeul|uswraig *f*; *(b) Jur:* absenolwr (absenolwyr) *m*, absen|olwraig *f*. **2.** *Mil: Navy:* troseddwr (troseddwyr) *m*, tros|eddwraig *f*. **3.** *(= larcenist):* chwiwleidr (chwiwladron) *m*, chwiwladrones(-au) *f*. **4.** *St.Exch:* diffygdalwr (diffygdalwyr) *m*, diffygd|alwraig *f*, talwr (talwyr) diffygiol *m*, t|alwraig ddiffygiol; *(= bankrupt):* methdalwr (methdalwyr) *m*, methd|alwraig *f*.
defaulting *a.* **1.** esgeulus. **2.** beius, euog. **3.** *St.Exch:* diffygiol.
defeasance *n. Jur:* dirymiad(-au) *m*, diddymiad(-au) *m*, dirymu *vn*, diddymu *vn*.
defeasibility *n. Jur:* dirymadwyedd *m*, natur ddirymadwy *f*.
defeasible *a. Jur:* dirymadwy.
defeat[1] **1.** *n.* gorchfygiad(-au) *m*, maeddiad(-au) *m*, trechiad(-au) *m*, curfa (curf|eydd) *f*, *F:* crasfa (crasf|eydd) *f*, *N:* cweir(-iau) *fm*; **to suffer/sustain a ~,** cael eich trechu/curo/gorchfygu/maeddu; **to inflict a ~ on s.o.,** trechu *&c* rhn. **2.** *(= failure):* methiant (methiannau) *m*, aflwyddiant (aflwyddiannau) *m*; **to accept defeat,** derbyn eich trechu; *(= submit):* ildio, *S.W: occ:* maddau.
defeat[2] *v.t.* curo, trechu, maeddu, *Lit:* gorchfygu; **to ~ a project,** trechu bwriad; **to ~ the ends of justice,** dirymu/rhwystro dibenion y gyfraith; **to ~ one's own object,** mynd yn groes i'ch bwriad eich hun, dad-wn|eud eich gwaith eich hun.
defeated *a.* **1.** *(army):* gorchfygedig. **2.** *(hope):* drylliedig. **3.** *(project):* aflwyddiannus. **4.** *(justice):* di-rym, rhwystredig.
defeatism *n.* gwangalondid *m* (*pronounced* ng-g).
defeatist *n. & attrib.* **1.** *n.* un (rhai) gwangalon *m* (*pronounced* ng-g), un wangalon *f*, gwangalonnwr (gwangalonwyr) *m*, gwangal|onwraig *f*. **2.** *attrib.* gwangalon.
defecate *v.i.&t.* **1.** *v.i.* ymgarthu, ysgarthu, *S.W: occ:* bod ar eich garrau, *B:* maesa, *N:* troi clôs. **2.** *v.t. (= purify): Lit:* carthu, puro, coethi; *(= clear of dregs):* diwaddodi, clirio.
defecation *n.* **1.** ymgarthiad *m*, ysgarthiad *m*, ymgarthu *vn*, ysgarthu *vn*. **2.** carthiad *m*, diwaddodiad *m*, carthu *vn*, diwaddodi *vn*.
defecator *n.* **1.** ymgarthwr (ymgarthwyr) *m*. **2.** *Esp: Sug-R:* coethwr (coethwyr) *m*, diwaddodwr (diwaddodwyr) *m*.
defect[1] *n.* diffyg(-ion) *m*, nam(-au) *m*, gwendid(-au) *m*, gwall(-au) *m*; **physical ~,** nam corfforol; *Jur:* **free from defects,** yn rhydd o ddiffygion; *Jur:* ~ **in title,** gwall (*m*) mewn teitl.
defect[2] *v.i.* encilio, gwrthgilio, ffoi.
defection *n.* enciliad(-au) *m*, gwrthgiliad(-au) *m*, ffōedigaeth(-au) *f*; *vn.* = **defect**[2].
defective *a. & n.* **1.** *a. (= incomplete):* diffygiol, amherffaith, anghyflawn; *(= abnormal):* annormal, anffurfiedig, â nam; **[mentally] ~ child,** plentyn diffygiol, a nam [meddyliol] arno; *Gram:* ~ **verb,** berf ddiffygiol (berfau diffygiol) *f*. **2.** *n.* **(mental)** ~, rhn a nam meddyliol arno/arni (rhai a nam meddyliol arnynt).
defectively *adv.* yn ddiffygiol *&c*.
defectiveness *n.* diffygioldeb *m*, cyflwr diffygiol *m &c*, amherffeithrwydd *m*, anghyflawnder *m*, gwallusrwydd *m*.
defector *n.* enciliwr (encilwyr) *m*, gwrthgiliwr (gwrthgilwyr) *m*, ffoadur(-iaid) *m*.
defeminize *v.t.* anfenyweiddio.
defence *n.* **1.** amddiffyniad(-au) *m*, gwarchodiad(-au) *m*, amddiffyn *vn*, amddiffynfa (amddiffynf|eydd) *f*; *S.a.* **self-defence; the best ~ is offence; attack is the best form of ~,** gorau amddiffyn, ymosod; trech a gais nag a geidw; **man to man ~,** amddiffyn dyn am ddyn; *Sp:* **wing ~,** gwarchodwr (gwarchodwyr) (*m*) asgell. **2.** *(= apologia):* amddiffyniad *m*, cyfiawnhad *m*; ple *m* **(of sth,** dros rth); amddiffynneg *f*. **3.** *Jur:* *(a)* amddiffyniad; **to set up a ~,** cyflwyno amddiffyniad; **in his ~ (it may be said),** (gellir dweud) o'i blaid, i'w amddiffyn; *(b)* **the Defence,** yr Amddiffyniaeth *f*; **solicitor/counsel for the ~,** cyfreithiwr/cwnsler dros yr amddiffyniaeth. **4.** *Mil:* gwarchodlu(-oedd) *m*; **coastal ~,** gwarchodlu'r glannau; **zone ~,** gwarchodlu rhanbarth[ol]; *Pol:* **Ministry of D~,** Gweinyddiaeth (*f*) Amddiffyn; **D~ policy,** polisi Amddiffyn; **Civil D~,** Amddiffyn Sifil/Gwladol. **D~ Bond** *n. Fin:* Bond(-iau) (*m*) Amddiffyn. ~ **mechanism** *n.* adwaith amddiffynnol *m*. ~ **regulations** *n.pl.* rheolau/rheoliadau amddiffyn.
defenceless *a.* diamddiffyn.
defencelessness *n.* diffyg (*m*) amddiffyniad, cyflwr diamddiffyn *m*.
defend *v.t.* **1.** *Mil: &c:* amddiffyn, gwarchod **(from/against sth,** rhag rhth). **2.** *(= justify):* amddiffyn, cyfiawnh|au, pledio achos (rhn); dadlau (dros rn); *occ:* cadw (ar rn), cadw cefn (rhn), cadw plaid (rhn), dal dan (rn); *Jur:* amddiffyn (rhn).
defendability *n.* = **defensibility**.
defendable *a.* = **defensible**.
defendant *a. & n. Jur:* **1.** *a.* amddiffynnol. **2.** *n.* diffynnydd (diffynyddion) *m*, diffynyddes(-au) *f*.
defender *n.* amddiffynnwr (amddiffynwyr) *m*, amddiffynnydd (amddiffynyddion) *m*, amddiff|ynwraig (amddiffynwragedd) *f*.
defending *a.* ~ **solicitor,** cyfreithiwr (*m*) amddiffyn; ~ **counsel,** cwnsler(-iaid) (*m*) amddiffyn.
defenestrate *v.t.* diffenestru.
defenestration *n.* diffenestriad *m*, diffenestru *vn*.
defenseman *n.m. Sp:* amddiffynnwr: amddiffynnydd (amddiffynwyr), *occ:* diffynnwr (diffynwyr).
defensibility *n.* natur amddiffynadwy *f*, amddiffynadwyedd *m*; **I doubt the ~ of the statement,** 'rwy'n amau a ellir amddiffyn y gosodiad.
defensible *a.* amddiffynadwy, diffynadwy.
defensibly *adv.* yn amddiffynadwy *&c*.
defensive *a. & n.* **1.** *a.* amddiffynnol, diffynnol. **2.** *n.* **to be/act on the ~,** eich amddiffyn eich hun, bod/ymddwyn yn amddiffynnol, gweithredu'n amddiffynnol.
defensively *adv.* yn amddiffynnol *&c*.
defensiveness *n.* amddiffynoldeb *m*, natur amddiffynnol *f*; **I was**

surprised at the ~ of his argument, yr oeddwn yn synnu mor amddiffynnol oedd ei ddadl.
defer[1] *v.t. (= postpone):* gohirio, oedi; *Jur:* **to ~ passing sentence,** oedi dedfryd; **to ~ doing sth,** oedi cyn gwneud rhth, gohirio gwneud rhth.
defer[2] *v.i. (= submit):* ymostwng, [g]ildio, gwrogi, plygu (**to s.o.,** i rn); **to ~ to s.o.'s opinion,** ildio i farn rhn.
deference *n.* parch *m*, ymostyngiad *m*, gwrogaeth *f*, gwarogaeth *f*; **in ~ to s.o., out of ~ to s.o.,** o barch tuag at rn; **with all due ~ to you,** gyda phob dyledus barch i chi. **~ voting** *vn.* pleidleisio ymostyngol/taeogaidd.
deferent *a.* **1.** dygludol. **2.** = **deferential.**
deferential *a.* yn dangos parch, llawn parch (**towards s.o.,** tuag at rn); parchus (o rn); ymostyngar (*pronounced* ng-g), ymostyngol, *occ:* gwarogaethol (tuag at rn); *Pej:* taeogaidd (**towards s.o.,** tuag at rn).
deferentially *adv.* gyda pharch, yn llawn parch, yn ymostyngol; *Pej:* yn daeogaidd.
deferment, deferral *n.* gohiriad(-au) *m*, oediad(-au) *m*; *vn.* = **defer**[1]. *Mil:* **to be on ~,** bod ar ohiriad.
deferrable *a.* gohiriadwy.
deferred *a.* gohiriedig.
deferrer *n.* gohiriwr (gohirwyr) *m*, goh|irwraig (gohirwragedd) *f*.
defiance *n.* herfeiddiad *m*, herfeiddiwch *m*, herfeiddioldeb *m*, her *f*; **to bid ~ to s.o., to set s.o. at ~,** herio rhn, *Lit:* gofyn gwaethaf dannedd rhn; **in ~ of the law,** er gwaethaf y gyfraith, gan herio'r gyfraith, *occ:* yn nannedd/wyneb y gyfraith; **in ~ of s.o.,** er gwaethaf [dannedd] rhn, yng ngwaethaf dannedd rhn.
defiant *a.* herfeiddiol, heriog, herllyd, anufudd.
defiantly *adv.* yn herfeiddiol *&c.*
defibrillate *v.t.*, **defibrillation** *n. Med:* diffibrilio.
defibrillative *a. Med:* diffibriliol.
defibrillator *n. Med:* diffibriliwr (diffibrilwyr) *m*.
defibrillatory *a. Med:* = **defibrillative.**
defibrinate *v.t.*, **defibrination** *n. Med:* diffibrinio *vn.*
defibrinator *n. Med:* diffibrinydd(-ion) *m*.
deficiency *n.* **1.** *(= lack, deficit):* diffyg(-ion) *m*, eisiau *m*, prinder(-au) *m*. **2.** *(= fault):* diffyg, nam(-au) *m*, gwendid(-au) *m*, gwall(-au) *m*. **3.** *Med:* diffygiant (diffygiannau) *m*, diffyg maeth. **mental ~,** diffyg meddyliol, nam meddyliol. **~ disease** *n.* clefyd(-au) *(m)* diffygiant, clefyd diffyg maeth. **~ payment** *n.* tâl (taliadau) *(m)* diffyg, taliad(-au) *(m)* diffyg.
deficient *a.* diffygiol (**in sth,** mewn rhth); anghyflawn, prin (o rth); bylchog; **to be ~ in sth,** bod yn brin o rth. *Med:* **s.o. mentally ~,** rhn a nam meddyliol arno, rhn gwan ei feddwl, rhn â meddwl gwan/isnormal.
deficiently *adv.* yn ddiffygiol.
deficit *n. Fin:* diffyg(-ion) *m* [ariannol]. **~ spending** *n.* gwario *(vn)*/ gwariant *(m)* ar fenthyciadau.
defier *n.* heriwr (herwyr) *m*, h|erwraig (herwragedd) *f*.
defilade *v.t. & n.* diogelu, deffiladu.
defile[1] *n. (= narrow passage):* cyfyng(-oedd) *m*, cyfyngffordd (cyfyngffyrdd) *f*, culffordd (culffyrdd) *f*.
defile[2] *v.i. (of troops):* gorymdeithio [mewn rhes].
defile[3] *v.t. (= soil):* halogi, difwyno, *F:* dwyno.
defiled *a.* halogedig, halog.
defilement *n.* halogiad *m*, halogrwydd *m*, halogedigaeth *f*, difwyniant *m*; *vn.* = **defile**[3]; **free from ~,** dihalog.
defiler *n.* difwynwr (difwynwyr) *m*, halogwr (halogwyr) *m*, llygrwr (llygrwyr) *m*.
definability *n.* diffiniadwyedd *m*, diffinioldeb *m*, natur ddiffiniadwy *&c f*; **he doubted the ~ of time,** yr oedd yn amau a ellid diffinio amser.
definable *a.* diffiniadwy.
definably *adv.* yn ddiffiniadwy.
define *v.t.* **1.** *(= give sense of):* diffinio. **2.** *(= delimit):* diffinio; pennu/gosod/nodi terfynau (rhth). **3.** *(= determine):* penderfynu, pennu.
defined *a.* diffiniedig; **well-~, clearly ~,** pendant, clir, diamwys, diffiniedig; **poorly ~, ill-~,** anniffiniedig, amhendant, amwys, niwlog, annelwig, aneglur, amh|eus.
definement *n.* = **definition.**
definer *n.* diffiniwr (diffinwyr) *m*, diff|inwraig (diffinwragedd) *f*.
definiendum *n.* gair *(m)* i'w ddiffinio (geiriau i'w diffinio).
definiens *n.* gair (geiriau) diffiniol *m*.
defining *a.* diffiniol.
definite *a.* pendant, penodol, sicr, diamwys, diamau, di-ddadl; *Gram:* **~ article,** bannod benodol/bendant *f*; **the ~ article,** y fannod *f*; *Gram:* **past ~,** yr amser gorffennol *m*, y gorffennol *m*; *Mth:* **~ integral,** integryn(-nau) pendant *m*.
definitely *adv. & int.* **1.** *adv.* yn bendant *&c*; **he is ~ better,** mae'n sicr yn well. **2.** *int.* yn sicr! wrth gwrs! ar bob cyfrif! yn union! *N:* ar ei ben! *S:* yn gwmws!
definiteness *n.* pendantrwydd *m*, penodoldeb *m*; *(= clarity):* eglurder *m*, eglurdeb *m*, croywder *m*.
definition *n.* **1.** diffiniad(-au) *m*; **by ~,** trwy ddiffiniad. **2.** *Opt: T.V:* eglurder *m*, eglurdeb *m*.
definitive *a. & n.* **1.** *a. (a)* terfynol, pendant, diamod, diamodol; **~ edition,** argraffiad terfynol/diffiniol *m*; **~ map,** map swyddogol *m*; *(b) (book):* awdurdodol, diffiniol. *(c) (stamp):* parhaol. **2.** *n. Philately:* stamp(-iau) parhaol *m*.
definitively *adv.* yn derfynol *&c.*
definitiveness *n.* terfynoldeb *m*, pendantrwydd *m*.
definitize *v.t.* terfynoli.
definitude *n.* = **definiteness.**
deflagrate *v.t.&i. Ch:* ffaglu, llosgi, goddeithio.
deflagration *n. Ch:* ffagliad *m*, goddaith (goddeithiau) *f*, goddeithiad(-au) *m*. **~ spoon** *n.* llwy(-au) *(f)* ffaglu.
deflagrator *n.* ffaglwr (ffaglwyr) *m*, llosgwr (llosgwyr) *m*, goddeithiwr (goddeithwyr) *m*.
deflate *v.t.&i.* **1.** datchwyddo (rhth), tynnu'r gwynt (o rth). **2. to ~ currency,** datchwyddo arian. **3.** *Fig:* **to ~ a [conceited] person,** tynnu'r gwynt o hwyliau rhn [balch], torri crib [balchder] rhn, *N:* pigo swigen rhn, rhoi pin yn swigen rhn.
deflated *a.* datchwyddedig; **a ~ tyre,** teiar heb wynt, teiar fflat.
deflation *n.* **1.** *Pol: Econ:* datchwyddiant *m*, datchwyddo *vn.* **2.** *Geol: (= wind erosion):* erydiad *m*, erydu *vn.* **3.** *Med:* **lung ~,** datchwyddo'r ysgyfaint.
deflationary *a. Econ:* datchwyddol.
deflationist *n.*, **deflator** *n.* datchwyddwr (datchwyddwyr) *m*.
deflect *v.t.&i.* gwyro; bwrw/troi (rhth) i'r naill ochr; *Ph: El:* allwyro; *Aut:* **to ~ the front wheels,** gwyro'r olwynion blaen; *El:* **deflecting field,** maes allwyrol *m*.
deflection *n.* **1.** gwyriad(-au) *m*; *Ph: El:* allwyriad(-au) *m*; *(of compass needle):* gogwydd(-ion) *m*, gogwyddiad(-au) *m*; *vn.* = **deflect. 2.** *(= sagging):* ysigiad(-au) *m*, plygiad(-au) *m*, ystumiad(-au) *m*, gwyrgamiad(-au) *m*, ysigo *vn*, plygu *vn*, gwyrgamu *vn.*
deflective *a.* gwyrol, allwyrol.
deflector *n.* **1.** *Mch: &c:* allwyrydd(-ion) *m*. **2.** *(on car):* taflwr (taflwyr) *(m)* gwynt.
deflexed *a. Bot:* isblygedig.
deflexion *n.* = **deflection.**
deflorate *a. Bot:* wedi blodeuo.
defloration *n. (= rape):* diforwyniad *m*, diflodeuad *m*, trais *m*, diforwyno *vn*, diflodeuo *vn*, treisio *vn*, *Lit: occ:* llathrudd *m*, llathruddiaeth *f*, llathruddo *vn.*
deflower *v.t.* **1.** *(= rape):* diforwyno, treisio, *Lit: occ:* diflodeuo, llathruddo. **2.** *(= strip of flowers):* diflodeuo. **3.** *(= ravage, spoil):* anharddu, difwyno, halogi, anrheithio.
deflowerer *n.* treisiwr (treiswyr) *m*, llathruddwr (llathruddwyr) *m*, diforwynwr (diforwynwyr) *m*, diflodeuwr (diflodeuwyr) *m*.
defluent *a. Geol:* dylifol.
defoam *v.t.* diewynnu.
defoamer *n.* diewynnwr (diewynwyr) *m*.
defocus *v.t.&i.* diffocysu, llacio ffocws (rhth).
defog *v.t.* diniwlio.
defogger *n.* diniwliwr (diniwlwyr) *m*.
defoliant *a. & n.* **1.** *a.* diddeiliol. **2.** *n.* diddeilydd(-ion) *m*.
defoliate *v.t.* diddeilio; dinoethi (rhth) [o ddail].
defoliation *n.* diddeiliad *m*, diddeilio *vn.*
defoliator *n.* diddeiliwr (diddeilwyr) *m*.
deforce *v.t. Jur:* camoresgyn, dadfeddiannu.
deforcement *n. Jur:* camoresgyniad(-au) *m*, camoresgyn *vn*, dadfeddiannu *vn.*
deforciant *n. Jur:* camoresgynnwr: camoresgynnydd (camoresgynwyr) *m*, dadfeddiannwr: dadfeddiannydd (dadfeddianwyr) *m*.
deforest *v.t.*, **deforestation** *n.* datgoedwigo, datfforestu.

deforester *n.* datgoedwigwr (datgoedwigwyr) *m*, datfforestwr (datfforestwyr) *m*.
deform *v.t.&i.* ystumio, anffurfio.
deformalize *v.t.* datffurfioli.
deformation 1. *n. (a) (= deformity):* anffurfiad(-au) *m*, nam(-au) corfforol *m*, camffurfiad(-au) *m*, anffurfiant (anffurfiannau) *m*; *(b) Ph:* anffurfiad; *(c) (of word, idea &c):* ystumiad(-au) *m*. **2.** *(action): vn.* = **deform**.
deformational, deformative *a.* anffurfiadol, camffurfiadol, ystumiol, camystumiol.
deformed *a.* ystumiedig, anffurfiedig, camffurfiedig.
deformity *n.* = **deformation 1**; *(in loose sense = ugliness):* hagrwch *m*, hylltra *m*.
defraction *n.* diffrithiad *m*.
defraud *v.t.* twyllo, *Lit:* hocedu, *N.W: occ:* rogio, *S: occ:* cafflo.
defraudation, defraudment *n.* = **defraud, fraud 1**.
defrauder *n.* twyllwr (twyllwyr) *m*, t|wyllwraig (twyllwragedd) *f*, hocedwr (hocedwyr) *m*, hoc|edwraig (hocedwragedd) *f*, *S: occ:* cafflwr (cafflwyr) *m*.
defray *v.t.* talu, ad-dalu; **to ~ expenses,** talu treuliau; **to ~ the costs of sth,** clirio costau rhth.
defrayable *a.* taladwy, ad-daladwy.
defrayal, defrayment *n.* tâl (taliadau) *m*, ad-daliad(-au) *m*.
defreeze *v.t.* dadrewi, *N:* meirioli, dadmer, *S:* dadlaith, dadledd.
defrock *v.t. Ecc:* dadurddo.
defrocked *a. Ecc:* dadurddedig.
defrost *v.t.* dadrewi, *N:* dadmer, *S:* dadlaith.
defroster *n.* dadrewydd(-ion) *m*.
deft *a.* deheuig, dechau, da eich llaw, medrus, celfydd, *N: occ:* amcanus, sgilgar, dethau, *S.W: occ:* dichwith.
deftly *adv.* yn ddeheuig *&c*.
deftness *n.* deheurwydd *m*, medr *m*, medrusrwydd *m*.
defunct *a. & n.* **1.** *a. (a) (pers.):* marw (meirw[-on]), ymadawedig, trancedig, wedi marw, wedi trengi; *(animal):* wedi trigo; *(b) (law &c):* anarferedig, di-rym; *(c) (thg.):* darfodedig, palledig, wedi peidio, nas defnyddir, wedi darfod amdano. **2.** *n.* [yr] ymadawedig(-ion) *m&f*, [y] trancedig(-ion) *m*, y drancedig *f*.
defuse *v.t.* diffiwsio.
defused *a.* diffiwsiedig.
defy *v.t.* herio, herian, *F: occ:* dyffeio; **I ~ you to do it,** mi heria' i di i'w wneud e; *N: F:* mi dyffeia i di i'w wneud o; **it defied description,** 'roedd y tu hwnt i ddisgrifiad; 'roedd yn amhosibl ei ddisgrifio.
dégagé *a.* **1.** = **nonchalant, disinterested**. **2.** *Danc:* ***dégagé***.
degas *v.t.* dinwyo (rhth), symud nwy (o rth); *Metalw:* **degassing plunger,** plymiwr (*m*) symud nwy; **degassing tablets,** tabledi symud nwy.
degauss *v.t. Nau:* dadfagneteiddio.
degausser *n.* dadfagneteiddiwr (dadfagneteiddwyr) *m*.
degeneracy *n.* cyflwr dirywiedig *m*, dirywiad(-au) *m*, *Lit: occ:* afrywiad *m*, dirywiaeth *f*.
degenerate[1] *a. & n.* **1.** *a.* dirywiedig, edlychaidd, iselwael, salw, afrywiog, brwnt, edlychaidd, *occ:* afrywiedig. **2.** *n.* edlych(-od) *m*, dirywiedig(-ion) *m&f*; *Ph:* **n-fold ~,** dirywiedig n-blyg.
degenerate[2] *v.i.* dirywio, afrywio, gwaethygu; **the debate degenerated into a squabble,** dirywiodd y ddadl yn ffrae.
degenerately *adv.* yn ddirywiedig.
degenerating *a. Med:* dirywiol.
degeneration *n.* dirywiad *m*, afrywiad, gwaethygiad *m*, *Lit: occ:* afrywiad *m*, dirywiant *m*.
degenerative *a. Med:* dirywiol.
deglaciation *n. Geog:* dadrewlifiant *m*.
deglutition *n. Biol:* llyncu *vn*, traflyncu *vn*.
degradable *a. Ch:* diraddiadwy.
degradation *n.* **1.** *(of officer &c):* diraddiad *m*, darostyngiad *m*, diraddio *vn*, darostwng *vn*. **2.** *(= degraded condition):* iselhad *m*, darostyngiad *m*, gwarth *m*, cyflwr diraddiedig/gwarthus *m*, aflendid *m*, bryntni *m*. **3.** *(a) Geol: Ph:* diraddiant (diraddiannau) *m*; *(b) Ch: Biol: Cmptr:* diraddiad; **graceful ~,** diraddiad gosgeiddig.
degrade *v.t.&i.* **1.** *v.t. (officer &c):* diraddio; *(= debase):* darostwng, iselh|au. **2.** *v.i.* dirywio.
degraded *a.* diraddiedig.
degradedly *adv.* yn ddiraddiedig.
degradedness *n.* cyflwr diraddiedig *m*.
degrading *a.* diraddiol.
degradingly *adv.* yn ddiraddiol.
degranulation *n.* dironynnu *vn*.
degrease *v.t.* diseimio.
degree *n.* **1.** *A: (= step):* gris(-iau) *f*. **2.** *(a)* gradd(-au) *f*, *occ:* mesur *m*; **to some ~,** i [ryw] raddau, yn rhannol, i ryw fesur, rhyw gymaint; **to such a ~,** i'r fath raddau; **in the highest ~, to a ~,** i raddau pell iawn, i raddau helaeth, i'r eithaf, yn ddirfawr; **by degrees,** fesul tipyn, o dipyn i beth, yn raddol [bach], o radd i radd, fesul gradd, bob yn dipyn, fesul tipyn, gan bwyll bach, fesul cam, o gam i gam, yn araf deg, *N: F:* o dow i dow, dow-dow; **she felt one ~ under,** nid oedd hi'n teimlo'n rhy dda; nid oedd hi ddim ar ei gorau; **~ of freedom,** graddau (*pl*) rhyddid; **some ~ of freedom,** ychydig ryddid, rhywfaint o ryddid, mesur o ryddid; **a ~ of accuracy,** cywirdeb *m*, rhywfaint o gywirdeb, rhyw fesur/radd o gywirdeb; **~ of flexibility,** hyblygrwydd *m*, rhywfaint o hyblygrwydd, rhyw fesur/radd o hyblygrwydd; *B:* **Song of Degrees,** Caniad y Graddau; *Theol:* **the Nine Degrees,** Nawradd (*pl*) Nef; *Gram:* **degrees of comparison,** graddau cymhariaeth; **positive ~,** y radd gysefin; **equative ~,** y radd gyfartal; **comparative ~,** y radd gymharol; **superlative ~,** y radd eithaf; **to put s.o. through the third ~,** poenydio rhn, ei rhoi hi'n arw i rn, rhoi/dodi rhn drwyddi, gwn|eud i rn ddioddef; *(b) Mth: Ph: &c:* gradd; **twenty degrees west of Cardiff,** ugain gradd i'r gorllewin o Gaerdydd. **3. ~ of dissociation,** gradd daduno; *Mus:* **degrees of scale,** graddau'r raddfa. **4.** *(of kinship):* ach(-au) *f*; *Ecc:* **the prohibited degress,** y graddau gwaharddedig; *A: & Lit: (= class):* tras *f*, gradd; **of low ~,** iselradd, o dras isel; **of high ~,** o dras uchel, uchelradd. **5.** *Sch:* gradd; **to take a ~,** graddio, derbyn/cymryd gradd; **honorary ~,** gradd anrhydeddus, gradd er anrhydedd; **honours ~,** gradd anrhydedd; **joint honours ~,** gradd gyd-anrhydedd (graddau cyd-anrhydedd); **pass ~,** gradd basio (graddau pasio); **ordinary ~,** gradd gyffredin (graddau cyffredin); **initial ~,** gradd gyntaf (graddau cyntaf), gradd gychwynnol/ddechreuol (graddau cychwynnol/dechreuol); **higher ~, advanced ~,** gradd uwch. **~ ceremony** *n.* s|eremoni (*f*) raddio (seremonau graddio). **~ day** *n.* diwrnod(-iau) (*m*) graddio.
degreed *a.* graddedig.
degression *n.* disgyniad *m*, disgynfa *f*, israddiad *m*.
degressive *a.* disgynnol, gostyngol.
degressively *adv.* yn ddisgynnol *&c*.
degringolade *n.* cwymp(-au) *m*, cwympiad(-au) *m*, codwm (codymau) *m*.
degum *v.t.* diludio.
degust *v.t.*, **degustation** *n.* blasu.
dehisce *v.i. Bot:* ymagor.
dehiscence *n. Bot:* ymagoriad *m*, ymagor *vn*.
dehiscent *a. Bot:* ymagorol.
dehorn *v.t.* digornio, tynnu cyrn.
dehorned *a.* di-gorn, di-gyrn, digorn, digyrn, moel(-ion).
dehorner *n.* digorniwr (digornwyr) *m*.
dehumanization *n.*, **dehumanize** *v.t.* diddynoli, dad-ddynoli, dad-ddyneiddio, annynoli.
dehumidification *n.* dadleithio *vn*.
dehumidifier *n. Constr:* dadleithydd(-ion) *m*, rheolydd(-ion) (*m*) lleithder.
dehumidify *v.t.* dadleithio, sychu (rhth); tynnu'r lleithder (o rth).
dehydrase *n.* **1.** = **dehydratase**. **2.** = **dehydrogenase**.
dehydratase *n.* dih|ydratas (dihydratasau) *m*.
dehydrate *v.t.&i.* **1.** *v.t.* sychu, *occ:* dysychu, dadhydradu. **2.** *v.i.* colli dŵr, sychu.
dehydrated *a.* wedi sychu/dysychu/dadhydradu, sych(-ion), dadhydradedig; **~ eggs,** powdwr (*m*) wyau; **~ vegetables,** llysiau sychion.
dehydration *n. Ch: Ind:* dysychiad *m*; *vn.* = **dehydrate. ~ agent** *n.* cyfrwng (cyfryngau) (*m*) dysychu/dadhydradu; *S.a. foll.*
dehydrator *n.* dysychwr: dysychydd (dysychwyr) *m*, dadhydradwr: dadhydradydd (dadhydradwyr) *m*.
dehydrochlorinase *n.* dihydrocl|orinas (dihydroclorinasau) *m*.
dehydrochlorinate *v.t.*, **dehydrochlorination** *n.* dihydroclorinadu *vn*.
dehydrogenase *n. Biol:* didhydr|ogenas (dihydrogenasau) *m*.

dehydrogenate *v.t.*, **dehydrogenation** *n.*, **dehydrogenization** *n.*, **dehydrogenize** *v.t.* dihydrogenu.
dehypnotize *v.t.* dadhypnoteiddio, deffro, dihuno.
deicide *n. Theol:* duwladdiad *m.*
deictic *a. Gram: Phil:* dangosol.
deification *n.* dwyfoliad *m,* dwyfoli *vn, occ:* duweiddiad *m,* duweiddio *vn.*
deiform *a.* dwyfolwedd, fel duw.
deify *v.t.* dwyfoli, *occ:* duweiddio.
deign *v.i.&t.* ymostwng, gweld yn dda; **to ~ to do sth,** ymostwng i wneud rhth, gweld yn dda i wneud rhth.
deindustrialization *n.*, **deindustrialize** *v.t.&i.* dad-ddiwydiannu.
deindustrialized *a.* dad-ddiwydianedig, diddiwydiant.
deipnosophist *n. Phil:* deipnosoffydd(-ion) *m.*
Deirdre *Pr.n.f.* Derdri; **~ of the sorrows,** Derdri'r gofidiau.
deism *n.* deistiaeth *f.*
deist *n.* deist(-iaid) *m&f.*
deistic[al] *a.* deistaidd.
deistically *a.* yn ddeistaidd.
deity *n.* **1.** *(= divinity):* dwyfoldeb *m,* duwdod *m.* **2.** *(= god):* duwdod(-au) *m;* duw(-iau) *m;* **the D~,** y Duwdod, Duw *m,* y Bod Mawr *m.*
déjà-vu *n. Psy:* ***déjà-vu*** *m.*
deject *v.t.* tristáu, digalonni, gwangalonni (*pronounced* ng-g), pruddh|au.
dejecta *n.pl. Med:* carthion.
dejected *a.* digalon, trist, penisel, melancolaidd, pruddaidd, gwangalon (*pronounced* ng-g), prudd, diysbryd, isel-ysbryd, iselfryd, isel eich ysbryd, *F:* yn y falen/felan.
dejectedly *adv.* yn ddigalon *&c.*
dejectedness *n.* = **dejection 1.**
dejection *n.* **1.** tristwch *m,* iseldra *m,* iselder *m,* digalondid *m,* gwangalondid *m* (*pronounced* ng-g), pr|udd-der *m.* **2.** *Med:* carthion *pl.*
dekagram *n. Meas:* d|ecagram (decagramau) *m.*
dekalitre *n. Meas:* d|ecalitr (decalitrau) *m.*
dekametre *n. Meas:* d|ecametr (decametrau) *m.*
dekastere *n. Meas:* d|ecaster (decasterau) *m.*
dekatron *n.* d|ecatron (decatronau) *m.*
dekko *n. P:* cip *m,* cipolwg *mf, S.W:* cewc *m,* pip *m, N.W: occ:* sbec *f,* stag *f;* **let's have a ~,** gad(-ewch) imi/inni weld; tyrd (dewch) weld; *N.W: occ:* tyrd â stag imi; *S.W: occ:* dere imi gael cewc/pip; **to have a ~ at sth,** bwrw cip ar rth, taflu llygad ar rth, *N.W: occ:* stagio ar rth, *S.W:* cewco ar rth, cael pip/cewc ar rth.
del credere *a., adv. & n. Com:* ***del credere*** *m,* tâl (*m*) gwarant.
delabialisation *n. Ling:* dadwefusoliad(-au) *m.*
delabialise *v.t. Ling:* dadwefusoli.
delaine *n. Tex:* gwlanen ysgafn *f,* myslin (*m*) gwlanen.
delaminate *v.i.*, **delamination** *n.* dilaminadu.
delate *v.t. A:* cyhuddo.
delation *n. A:* cyhuddiad(-au) *m,* cyhuddo *vn.*
delator *n. A:* cyhuddwr (cyhuddwyr) *m.*
delay[1] *n.* **1.** *(= wait):* oediad(-au) *m,* oedi *vn;* **there's been some ~,** bu peth oedi; **without ~,** yn ddi-oed, ar unwaith, yn syth, yn y fan, heb oedi, heb ymdr|oi, yn ddiymdr|oi; **without further ~,** heb oedi rhagor; **to make no ~,** peidio ag oedi; **the law's delays,** arafwch (*m*) y gyfraith. **2.** *(= obstacle):* rhwystr(-au) *m* **(to sth,** ar ffordd rhth); atalfa (atalf|eydd) *f,* ataliad(-au) *m* (ar rth). **3.** *(= lateness):* hwyrder *m,* hwyredd *m.* **~ line** *n. Cmptr: &c:* llinell(-au) (*f*) oedi.
delay[2] *v.t.&i.* **1.** *v.t.* *(a) (= defer):* gohirio, oedi; *(b) (= hinder):* rhwystro, arafu, atal, llesteirio (rhth); dal (rhth) yn ôl; *S:* dior. *Lit:* lluddias (rhth). **2.** *v.i.* oedi [[cyn] gwneud rhth], llusgo traed, *occ:* dal arni, dala nôl; *(= loiter):* loetran, ymdr|oi, tin-droi.
delayed *a.* gohiriedig, hwyr, diweddar; *Lib:* **~ discharging,** diddymu gohiriedig. **~ action 1.** *n.* hwyrweithrediad *m.* **2.** *attrib.* hwyrweithredol; **~ action bomb,** bom hwyrdanio, bom tanio'n hwyr; *Phot:* **~ action shutter,** caead hwyrweithredol.
delayer *n.* oedwr (oedwyr) *m,* |oedwraig *f.*
delaying *a.* arafol, rhwystrol, ataliol; **~ tactics,** tacteg (*f*) arafu, tacteg arafol, ystryw (*mf*) oedi, ystrywiau oedi.
dele[1] *n. Typ:* dilead(-au) *m.*
dele[2] *v.t. Typ:* dil|eu.
delecolour controller *n. Th:* rheolydd(-ion, rheolwyr) (*m*) lliwiau.
delectability *n.* hyfrydwch *m,* cyfaredd *m,* dymunoldeb *m,* swyn *m.*
delectable *a. Lit:* **1.** *(= pleasant):* dymunol, hyfryd, pleserus, amheuthun; *Lit:* **the D~ Mountains,** y Mynyddoedd Hyfryd. **2.** *(= tasty):* blasus, danteithiol. **3.** *(girl &c):* dymunol, hawddgar, swynol, cyfareddol.
delectableness *n.* = **delectability.**
delectably *adv.* yn ddymunol *&c.*
delectation *n.* pleser *m,* mwynhad *m,* mwyniant *m,* boddhad *m;* **for your ~,** er mwyn eich plesio, er [mwyn] eich boddhad, i'ch boddio.
delegable *a.* dirprwyadwy.
delegacy *n.* **1.** dirprwyaeth(-au) *f.* **2.** *(at Oxford):* adran(-nau) *f,* swyddfa (swyddf|eydd) *f.*
delegate[1] *n.* dirprwy(-on,-aid) *m, occ:* anfonog(-ion) *m,* cynrychiolydd (cynrychiolwyr) *m,* cennad (cenhadon) *m&f.*
delegate[2] *v.t.* **1.** *(= send as delegate):* dirprwyo, anfon. **2. to ~ authority,** dirprwyo/ymddiried awdurdod.
delegated *a.* dirprwyol, dirprwyedig; **~ legislation,** deddfwriaeth ddirprwyedig *f.*
delegation *n.* **1.** *(of authority, delegate &c):* dirprwyo *vn.* **2.** *(= delegates):* dirprwyaeth(-au) *f,* dirprwyon *pl.*
delegator *n. Jur:* dirprwywr (dirprwywyr) *m.*
delete *v.t.* dil|eu; *Typ:* "dilëer"; *Ph:* diddymu. **~ [key]** *n.* dilëwr (dilëwyr) *m.*
deleted *a.* dilëedig, wedi ei ddil|eu.
deleterious *a.* niweidiol, andwyol.
deleteriously *adv.* yn niweidiol *&c.*
deleteriousness *n.* niweidioldeb *m.*
deliberate[1] *a.* **1.** *(action):* bwriadol, bwriadus, unswydd, pwrpasol. **2.** *(pers.):* pwyllog, call, gofalus, bwriadus, pwrpasol, carcus, araf, gochelgar, gochelog, *S.W: occ:* gwagelog.
deliberate[2] *v.t.&i.* ymgynghori, cydymgynghori, cyd-drafod, *S.W: occ:* cwnsela; **to ~ over/on a question,** trafod/trin/ystyried pwnc.
deliberately *adv.* **1.** *(= purposely):* yn fwriadol, yn bwrpasol, yn unswydd, o fwriad, o bwrpas; *F:* **he does it ~,** mae'n gwneud yn fwriadol; mae'n gwneud ati. **2.** *(= slowly):* yn bwyllog, gan bwyll, heb frys, yn araf *&c.*
deliberateness *n.* **1.** *(= intentional nature):* bwriadoldeb *m,* bwriadusrwydd *m,* pwyllogrwydd *m,* gofalusrwydd *m,* natur fwriadol *f.* **2.** *(= slowness):* pwyll *m,* arafwch *m,* gofal *m.*
deliberation *n.* **1.** *(a) (= consideration):* ystyriaeth(-au) *f,* ystyried *vn,* ymgynghori *vn,* mesur (*vn*) a phwyso *vn,* rhagystyried *vn;* **after due ~,** ar ôl ystyried popeth, ar ôl ystyriaeth ofalus; *(b) (= discussion):* trafodaeth(-au) *f,* trafod *vn;* **the deliberations of an assembly,** trafodion/trafodaethau cynulliad. **2.** *(= carefulness):* pwyll *m,* gofal *m,* arafwch *m;* **with ~,** gan bwyll, yn bwyllog.
deliberative *a.* **1.** *Pol: (assembly):* cydgynghorol. **2.** *(speech, manner):* ystyriol, pwyllog.
deliberatively *adv.* yn ystyriol, yn bwyllog.
deliberativeness *n.* pwyll *m,* pwyllogrwydd *m,* ystyrioldeb *m.*
delicacy *n.* **1.** *(a) (of texture):* meinder *m; (of pattern, design):* meinder, meindlysni *m,* cywreinrwydd *m; (of instrument):* manylrwydd *m,* sensitifrwydd *m; (of skin &c):* tynerwch *m; (of touch):* ysgafnder *m,* tynerwch, tringarwch *m* (*pronounced* ng-g); *(of pers.):* teimladrwydd *m,* sensitifrwydd, tynerwch, tringarwch; *(b) (of health):* eiddilwch *m,* gwendid *m,* breuder *m,* bregusrwydd *m; (= fragility):* meinder, breuder, bregusrwydd; **negotiations of the utmost ~,** trafodion tringar/bregus/anodd iawn; *(c) (of sentiments, words):* lledneisrwydd *m,* teimladrwydd; **to outrage s.o.'s ~,** tramgwyddo rhn, brifo teimladau rhn; **to feel a ~ about doing sth,** petruso ynghylch gwneud rhth, teimlo amheuon ynghylch gwneud rhth. **2.** *(food):* danteithfwyd(-ydd) *m,* amheuthun(-ion) *m; pl.* **delicacies,** danteithion.
delicate *a.* **1.** *(a) (touch, wit):* ysgafn (ysgeifn); *(b) (touch, handling):* tringar (*pronounced* ng-g), gofalus; *(c) (skin):* tyner; *(d) (instrument):* manwl, manwl gywir, s|ensitif; *(e) (cloth &c):* main (meinion); *(f) (= finely beautiful, design &c):* cain (ceinion), meindlws, (*f.* meindlos, *pl.* meindlysion), coeth, cywrain; *(g) (feelings):* teimladwy, tyner, coeth; *(h)*

(filament &c): bregus, brau, main. **2.** *(health):* eiddil, gwan (gweinion), bregus, gwachul, gwanllyd, gwannaidd, gwantan, *F:* d|elicet. **3. a ~ situation,** sefyllfa anodd/dringar *f*; **a ~ question,** pwnc anodd ei drin, pwnc tringar; **to tread on ~ ground,** mentro ar dir anodd/peryglus.
delicately *adv.* yn ysgafn, yn dyner *&c*; yn gain *&c*; **to handle sth ~,** trafod rhth yn dringar/ofalus/garcus.
delicateness *n.* = **delicacy.**
delicatessen *n.* ***delicatessen(-s)*** *m*, siop *(f)* fwydydd (siopau bwydydd) [tramor].
delicious *a.* **1.** *(generally):* braf, dymunol, pleserus, hyfryd, swynol, amheuthun, melys. **2.** *(taste):* blasus, danteithiol, melys, da; *F:* **this is ~,** mae hwn yn dda iawn. **3.** *(scent):* pêr, persawrus, melys.
deliciously *adv.* yn flasus *&c*; yn braf *&c.*
deliciousness *n.* **1.** *(of food, drink):* blasusrwydd *m*, blas da *m*. **2.** *(of scent)* per|eidd-dra *m*. **3.** *(generally):* dymunoldeb *m*, hyfrydwch *m*.
delict *n. Jur:* trosedd(-au) *m*.
delight[1] *n.* **1.** hyfrydwch *m*, pleser(-au) *m*, mwynder(-au) *m*, mwyniant (mwyniannau) *m*; **it is such a ~ to. . .,** mor braf yw. . .; hyfrydwch yw. . .; **2.** *(= joy):* llawenydd *m*, boddhad *m*, llonder *m*, lloniant *m*, *Lit: occ:* dywenydd *m*; **much to the ~ of s.o.,** er llawenydd i rn, er mawr lawenydd i rn; **the ~ of my heart,** eli fy nghalon. **3. to take ~ in sth,** cael pleser yn rhth, ymbleseru, ymhyfrydu yn rhth; *S.a.* **Turkish ~.**
delight[2] *v.t.&i.* **1.** *v.t.* boddio, swyno, difyrru, plesio, cyfareddu. **2.** *v.i.* **to ~ (in sth),** ymhyfrydu, ymddifyrru, ymddigrifo, ymbleseru, cael pleser, *F:* cymryd diléit (yn rhth).
delighted *a.* balch **(with sth,** o rth); wedi'ch plesio, wedi'ch boddio, wedi'ch swyno *&c* (gan rth), *F:* plês (ar rth, gyda rhth); llawen; **to be ~ (to do sth),** bod yn falch, bod wrth eich bodd (o wneud rhth); **I shall be delighted,** byddaf wrth fy modd; byddaf yn falch; bydd yn bleser/hyfrydwch gennyf.
delightedly *adv.* yn llawen *&c*; /gyda/mewn llawenydd.
delightedness *n.* llawenydd *m*, boddhad *m*.
delighter *n.* **1.** swynwr (swynwyr) *m*, difyrrwr (difyrwyr) *m*, cyfareddwr (cyfareddwyr) *m*, boddhäwr (boddhawyr) *m*. **2. a ~ (in sth),** ymhyfrydwr (ymhyfrydwyr) *m*, ymbleserwr (ymbleserwyr) *m*, ymddigrifwr (ymddigrifwyr) *m* (yn rhth).
delightful *a.* hyfryd, braf, dymunol, difyr, swynol, pleserus.
delightfully *adv.* yn ddymunol *&c*; **~ happy,** hapus braf, hyfryd o hapus, llawen ddedwydd.
delightfulness *n.* hyfrydwch *m*, hyfrydedd *m*.
Delilah *Pr.n.f. B:* Delila.
delimit, delimitate *v.t.* gosod/pennu terfynau, gosod ffiniau (rhth, ar rth); *Cmptr: Mth:* amffinio (rhth).
delimitation *n. vn.* = **delimit.**
delimitative *a.* diffiniol.
delimiter *n.* **1.** *(pers.):* diffiniwr (diffinwyr) *m*. **2.** *(line):* llinell *(f)* derfyn (llinellau terfyn). **3.** *Cmptr:* amffinydd(-ion) *m*.
delineate *v.t.* darlunio, dylunio, portreadu, amlinellu; **to ~ responsibility,** nodi cyfrifoldebau'n glir.
delineation *n.* darluniad(-au) *m*, dyluniad(-au) *m*, portread(-au) *m*; *vn.* = **delineate.**
delineative *a.* amlinellol, darluniol, dyluniol, portreadol.
delineator *n.* amlinellwr (amlinellwyr) *m*, darluniwr: darlunydd (darlunwyr) *m*, dyluniwr: dylunydd (dylunwyr) *m*, portreadwr (portreadwyr) *m*.
delinquency *n.* **1.** *(a) (= single crime):* tramgwydd(-au,-iadau) *m*, camwedd(-au) *m*; *(b) (= criminality):* tramgwyddaeth *f*; **juvenile ~,** tramgwyddaeth ieuenctid, troseddau*(pl)*'r ifainc, troseddau pobl ifainc. **2.** *(= guilt):* euogrwydd *m*.
delinquent *a. & n.* **1.** *a. (a) (= neglectful):* esgeulus; *(b) (= offending):* euog, camweddus, tramgwyddus, troseddol; **~ subculture,** isddiwylliant troseddol *m*; *(c) U.S:* **~ taxes,** trethi dyledus. **2.** *n.* troseddwr (troseddwyr) *m*, tros|eddwraig (troseddwragedd) *f*, tramgwyddwr (tramgwyddwyr) *m*, tramg|wyddwraig *f*, camweddwr (camweddwyr) *m*, cam|weddwraig (camweddwragedd) *f*; **juvenile ~,** troseddwr ifanc (troseddwyr ifainc) *m*, tros|eddwraig ifanc (troseddwragedd ifainc) *f*.
delinquently *adv.* **1.** yn esgeulus. **2.** yn euog *&c.*
deliquesce *v.i.* ymdoddi, toddi'n llymaid, gwlybyru.
deliquescence *n. Ch:* gwlybyredd *m*, toddiant *m*.
deliquescent *a.* tawdd, toddedig, yn llymaid; *Ch:* gwlybyrol.
delirious *a.* dryslyd, ffwndrus, wedi drysu, gorffwyll, yn ffwndro, yn mwydro/moedro, *N.W: occ:* yn hwntro; **to be ~,** drysu, ffwndro, *N:* mwydro, moedro, hwntro, *S.W: occ:* swrddanu (= syfrdanu); *F:* **~ (with joy),** gwyllt, gorffwyll (gan lawenydd).
deliriously *adv.* yn ddryslyd *&c.*
deliriousness *n.* **1.** dryswch *m*, drysu *vn*, ffwndro *vn*. **2.** *(= delirious delight):* llawenydd gorffwyll *m*, gorffwylltra *m*.
delirium *n.* deliriwm *m*; **~ tremens,** deliriwm tremens *m*, *S.W: F: occ:* yr orors *pl*, *Lit:* merwerydd *(m)* y meddwon.
delist *v.t.* dil|eu.
deliver *v.t.* **1.** *(= free):* rhyddh|au **(s.o. from sth,** rhn o rth, rhn oddi wrth rth); *(= rescue):* achub, gwaredu **(s.o. from sth,** rhn rhag rhth); *B:* **~ us from evil,** gwared ni rhag drwg. **2.** *(a)* **to ~ a woman [of a child],** colwyno gwraig, ysgafnu ar wraig, rhyddh|au gwraig o blentyn; **to be delivered of a child,** esgor ar blentyn, geni plentyn, *occ:* esgor plentyn. **3.** *(= hand over):* traddodi, trosglwyddo, trosgludo; **to ~ sth under hand and seal,** trosglwyddo rhth dan sêl; *S.a.* **stand[2] I. 3**; **to ~ sth into s.o.'s charge,** rhoi rhth yng ngofal rhn, ymddiried rhth i rn; **to ~ up (sth),** *(= hand back):* dychwelyd (rhth), rhoi/ildio (rhth yn ei ôl). **4.** *(a) (goods to houses &c):* danfon (rhth) [o dŷ i dŷ, o gwmpas tai], dosbarthu (rhth), mynd (rhth) [o gwmpas tai]; **"~ free",** "danfonir am ddim"; *F:* **to ~ the goods,** cyflawni'r addewid; **to ~ a message,** mynd â neges, danfon neges; *(b) (of dynamo &c):* cynhyrchu, cyflenwi. **5.** *(a blow):* rhoi, estyn, anelu; **to ~ an attack,** ymosod, gwn|eud/lansio ymosodiad. **6.** *(a speech):* traddodi, rhoi, gwneud. **7.** *(= present, render):* **to ~ an account,** cyflwyno cyfrif. **8.** *abs.* cyflawni, cywiro/cyflawni addewid; *Com:* cyflenwi.
deliverability *n.* danfonadwyedd *m*.
deliverable *a. Com:* danfonadwy.
deliverance *n.* **1.** *(= liberation):* gwaredigaeth *f*, ymwared *m*, gwarediad *m*, rhyddhad *m* **(from sth,** rhag rhth). **2.** *Jur: (= verdict):* rheithfarn(-au) *f*, dyfarniad(-au) *m*.
deliverer *n.* **1.** *(= liberator):* gwaredwr (gwaredwyr) *m*, gwar|edwraig *f*, rhyddhäwr (rhyddhawyr) *m*, rhyddhawraig *f*. **2.** *(= one who hands over &c):* traddodwr (traddodwyr) *m*, tradd|odwraig *f*, trosglwyddwr (trosglwyddwyr) *m*, trosgl|wyddwraig *f*. **3.** *(of goods &c):* danfonwr (danfonwyr) *m*, danf|onwraig (danfonwragedd) *f*, dosbarthwr (dosbarthwyr) *m*, dosb|arthwraig (dosbarthwragedd) *f*.
delivery *n.* **1.** *Obst: (of child):* esgor *vn*, esgoriad(-au) *m* (ar blentyn). **2.** *(= surrender):* [g]ildiad *m*, [g]ildio *vn*; *(of prisoner):* trosglwyddiad *m*, trosglwyddo *vn*. **3.** *(a) (of message):* traddodiad *m*, trosglwyddiad *m*, traddodi *vn*, trosglwyddo *vn*; *(b) (of letters, goods):* cludiad(-au) *m*, dosbarthiad(-au) *m*, danfoniad(-au) *m*, cludo *vn*, dosbarthu *vn*, danfon *vn*; **express ~,** cludiad/danfoniad brys; **recorded ~,** danfoniad cofnodedig; *Jur:* **~ of a writ,** trosgludiad *(m)* gwrit; **free ~,** danfoniad am ddim; **payment on ~,** tâl *(m)* wrth dderbyn; **cash on ~,** taladwy wrth dderbyn, tâl wrth dderbyn, taliad wrth dderbyn, talu *(vn)* wrth dderbyn; *Ind:* **to accept ~ of sth,** derbyn rhth; *Post:* **free ~ area,** ardal danfon am ddim; *U.S: Post:* **general ~,** *(= poste restante):* llythyrau *(pl)* i'w casglu. **4.** *(a) (of a speech):* traddodiad *m*, traddodi *vn*; *(b) (= diction, manner of delivery):* mynegiant *m*, arddull *fm*, dull *(m)* o draddodi. **5.** *(= supply):* cyflenwad(-au) *m*; *(= output):* cynnyrch *m*; *(of pump):* arllwysiad *m*; *(of gun):* trawiad *m*; *(of ball):* tafliad *m*. **~ book** *n.* llyfr *(m)* danfoniadau, llyfr danfon. **~ date** *n.* dyddiad(-au) *(m)* trosgludo/danfon. **~ man** *n.m.* danfonwr (danfonwyr) *m*. **~ note** *n.* nodyn (nodion) *(m)* danfon, danfonnod(-au) *m*, danfoneb(-au) *f*. **~ pipe** *n.* piben(-ni,-nau) *(f)* arllwys, peipen *(f)* dywallt (peipiau tywallt). **~ price** *n.* pris(-iau) *(m)* danfon. **~ room** *n.* derbynfa (derbynf|eydd) *f*. **~ van** *n.* fan *(f)* ddosbarthu/ddanfon (faniau dosbarthu/danfon).
dell *n.* glyn(-noedd) *m*, pant(-iau) *m*, pantle(-oedd) *m*.
delocalization *n.* dadleoliad(-au) *m*, afleoliad(-au) *m*; *vn.* = **delocalize.**
delocalize *v.t.* dadleoli, afleoli.
delocalized *a.* dadleoledig, afleoledig.
delouse *v.t.* dileuo, dihaeddu (rhn); cael gwared â'r llau (o ben rhn); *S:* diadd (rhn).
Delphi *Pr.n. Geog:* Delffi *m*.

Delphian, Delphic *a.* **1.** Delffig. **2. d~,** *(= enigmatic):* oraclaidd, astrus, amwys.
delphically *adv.* yn astrus *&c.*
delphinium *n. Bot:* ysbardun (*m*) y marchog, troed (*mf*) yr ehedydd, tafod (*m*) yr ehedydd, llysiau(*pl*)'r ehedydd.
delphinoid *a. & n. Z:* **1.** *a.* delffynaidd, morfochynnaidd. **2.** *n.* môr-fochyn (morfoch) *m.*
Delphinus *Pr.n. Astr:* y Môr-fochyn *m,* y Forhwch *f.*
delta *n.* **1.** *(a) Gr.Alph:* delta (deltâu) *f; (b) Geog:* delta (deltâu) *m,* aber(-oedd) trionglog *m,* aber drionglog (aberoedd trionglog) *f,* aberdir(-oedd) *m;* **arcuate ~,** delta bwaog; **bird's foot ~,** delta crafanc. **2.** *attrib. (a) Metall:* **~ metal,** metel (*m*) delta; *(b) El.E:* **~ connection,** cysylltiad(-au) (*m*) trionglog, cysylltiad delta; *(c) Ph:* **~ rays,** pelydrau delta; **~ radiation,** pelydru/pelydriad (*m*) delta; *(d) Aer:* **~ wing,** asgell (*f*) ddelta (esgyll delta), adain (*f*) ddelta (adenydd delta); *(e) Aut:* **~ junction,** cyffordd (*f*) ddelta (cyffyrdd delta).
deltaic *a.* deltaidd.
deltiologist *n.* casglwr (casglwyr) (*m*) cardiau post.
deltiology *n.* casglu (*vn*) cardiau post.
deltoid *a. & n.* **1.** *a.* trionglog, deltaidd, deltoid; *Med:* **~ ridge,** crib ddeltoid (cribau deltoid) *f.* **2.** *n. Anat:* cyhyryn (cyhyrau) deltaidd *m,* deltoid(-au) *m.*
deltoideus *n. Anat:* = **deltoid 2.**
delude *v.t.* twyllo, camarwain, hudo, *Lit:* llithio, hocedu.
deluder *n.* twyllwr (twyllwyr) *m,* t|wyllwraig (twyllwragedd) *f,* camarweiniwr (camarweinwyr) *m,* hocedwr (hocedwyr) *m,* hoc|edwraig (hocedwragedd) *f.*
deludingly *adv.* yn dwyllodrus, yn gamarweiniol.
deluge[1] *n.* dilyw(-iau) *m,* dylif(-au) *m,* llif(-ogydd) *m,* dylifiad(-au) *m,* llifeiriant (llifeiriaint) *m,* ffrydlif(-oedd) *mf.*
deluge[2] *v.t.* gorlifo (rhth); llifeirio, dylifo (dros rth); **to be deluged with letters,** cael llif/tomen o lythyrau, cael eich boddi gan/dan lythyrau.
delusion *n.* lledrith(-ion) *m,* rhith(-iau) *m,* rhithdyb(-iau) *f; (= error):* camargraff(-iadau) *m,* camsyniad(-au) *m,* camdyb(-iau) *f,* camddychymyg (camddychmygion) *m;* **to be under a ~,** bod dan gamargraff, eich twyllo'ch hun; **to suffer from delusions,** gweld lledrithiau, cael camddychmygion; **~ of power,** rhithdyb(-iau) (*mf*) gallu/grym; **delusions of grandeur,** rhithdybiau mawredd, rhithfawredd *m.*
delusional, delusionary *a. Psy:* rhithiol, lledrithiol.
delusive *a.* lledrithiol, rhithiol, twyllodrus, camarweiniol, gau.
delusively *adv.* yn lledrithiol *&c.*
delusiveness *n.* lledrithioldeb *m,* rhithioldeb *m,* geudeb *m,* natur dwyllodrus *&c f;* **I saw the ~ of man's hopes,** gwelais mor dwyllodrus yw gobeithion dyn.
delusory *a.* = **delusive.**
delustre *v.t.* diloywi, afloywi, pylu, tynnu gloywedd (rhth); tynnu'r sglein (oddi ar rth).
delve *v.i. A: & Lit: (= dig):* palu, cloddio, turio, tyrchu, tyrchio; **to ~ into the past,** cloddio/ymchwilio i'r gorffennol.
delver *n.* palwr (palwyr) *m,* cloddiwr (cloddwyr) *m,* cl|oddwraig (cloddwragedd) *f,* turiwr (turwyr) *m,* tyrchiwr (tyrchwyr) *m,* t|yrchwraig (tyrchwragedd) *f.*
demagnetization *n.,* **demagnetize** *v.t.* dadfagneteiddio.
demagnetizer *n.* dadfagneteiddiwr (dadfagneteiddwyr) *m.*
demagogic *a.* demagogaidd.
demagogically *adv.* yn ddemagogaidd.
demagogism *n.* = **demagoguery.**
demagogue *n.* d|emagog (demagogiaid) *m.*
demagoguery, demagogy *n.* demagogiaeth *f.*
demand[1] *n.* **1.** *(= request):* galwad(-au) *m,* galw *vn,* hawliad(-au) *m; (= order):* gorchymyn (gorchmynion) *m,* archiad(-au) *m,* arch *f;* **payable on ~,** taladwy ar alwad/orchymyn; **available on ~,** ar gael os gofynnir; **rate ~,** archeb(-ion) (*f*) y dreth/trethi, bil (*m*) y dreth/trethi (biliau'r dreth/trethi), *F:* papur (*m*) y dreth/trethi (papurau'r dreth/trethi); **a ~ for payment,** archeb (*f*) tâl, archeb am dâl. **2.** *Pol: Econ:* galw. **competitive ~,** galw cystadleuol; **composite ~,** galw cyfansawdd; **deferred ~,** galw gohiriedig; **derived ~,** galw deilliedig; **effective ~,** galw effeithiol; **elastic ~,** galw hydwyth; **inelastic ~,** galw anhydwyth; **inter-related ~,** galw cydberthnasol; **joint ~,** galw cysylltiedig; **complementary ~,** galw cyfatebol; **excess ~,** goralw *m,* gormod (*m*) o alw; **supply and ~,** cyflenwad a galw; **it's in great ~,** mae galw mawr amdano; mae mynd mawr arno; **it's in little ~,** ychydig o alw sydd amdano; ychydig o fynd sydd arno; *N.W: occ:* 'does dim pas arno; *Com:* **goods in firm ~,** nwyddau a galw cyson amdanynt. **3.** *pl.* galwadau, gofynion; **to make great demands (on s.o.),** gofyn/disgwyl llawer (gan rn, ar ran rhn); **I have many demands upon my time,** mae gennyf lawer o alwadau ar fy amser; **excessive demands (on s.o.),** gofynion gormodol (ar rn), disgwyl/hawlio gormod (gan rn). **~ curves** *n.pl.* cromliniau galw. **~ deposit** *n. Bank:* cyfrif(-on) cyfredol *m.* **~ note** *n.* gorchymynnod (gorchymynodau) *m,* nodyn (nodion) (*m*) gorchymyn, hawlnod(-au) *m.* **~ pull** *n.* tynfa (*f*) galw.
demand[2] *v.t.* **1. to ~ sth of/from s.o.,** hawlio/mynnu rhth gan rn, *Lit:* erchi rhth gan rn; *Jur:* **to ~ money by menaces,** mynnu arian trwy fygythion; **to ~ to know,** mynnu [cael] gwybod; **to ~ a person's business,** mynnu gwybod perwyl rhn. **2.** *(= require):* gofyn, hawlio, mynnu (rhth); galw (am rth); **the matter demands great care,** mae'r pwnc yn gofyn gofal mawr; **steering an aeroplane demands great skill,** rhaid wrth fedr mawr i lywio awyren; mae angen medr mawr i lywio awyren. **~ processing** *vn. Cmptr:* hawlbrosesu.
demandable *a.* hawl[i]adwy, gofynadwy.
demandant, demander *n.* hawl[i]wr (hawlwyr) *m,* h|awlwraig (hawlwragedd) *f,* hawlydd(-ion) *m.*
demanding *a.* **1.** *(= testing, strenuous):* sy'n gofyn llawer; llethol, anodd, dyrys, trwm (*f.* trom, *pl.* trymion), beichus, ymestynnol; **a ~ task,** tasg drom. **2.** *(tone of voice &c):* taer, awdurdodol.
demandingly *adv.* **1.** *(= exactingly):* yn anodd *&c.* **2.** *(= insistently):* yn daer *&c.*
demantoid *n. Lap:* demantoid(-au) *m.*
demarcate *v.t.* diffinio, gosod terfynau, darnodi.
demarcating *a.* diffiniol, darnodol.
demarcation *n.* darnodiad(-au) *m,* diffiniad(-au) *m; vn.* = **demarcate. ~ dispute** *n.* anghydfod(-au) (*m*) diffinio [gwaith]. **~ line** *n.* llinell (*f*) derfyn (llinellau terfyn).
démarche *Fr.n. Pol:* camau *pl.*
demark *v.t.* = **demarcate.**
dematerialization *n.* disylweddiad(-au) *m,* disylweddu *vn.*
dematerialize *v.t.&i.* disylweddu.
deme *n.* **1.** *Gr.Hist:* treflan(-nau) *f.* **2.** *Bot:* cymdogaeth(-au) *f.*
demean *v.pr.* **1.** *(= behave):* ymddwyn, ymarweddu. **2. to ~ oneself,** ymostwng.
demeaning *a.* diraddiol.
demeanour *n.* ymddygiad *m,* ymarweddiad *m.*
dement *n.* gwallgofddyn(-ion) *m,* gwallg|ofwraig (gwallgofwragedd) *f,* un (rhai) lloerig *m,* un loerig *f,* lloerigyn (lloerigion) *m.*
demented *a.* gorffwyll, lloerig, gwallgof, o'ch cof, o'ch pwyll, wedi drysu, wedi gwallgofi; *(in weakened sense):* dryslyd, ffwndrus; **to become ~,** drysu, gwallgofi, lloerigo, mynd o'ch cof, colli'ch pwyll, *S.W: occ:* mynd yn ddwl.
dementedness *n.* gorffwylledd *m,* gwallgofrwydd *m.*
démenti *n.* gwd *m,* nacâd *m,* ***démenti(-s)*** *m.*
dementia *n. Med:* gorffwylltra *m,* gorffwylledd *m,* dryswch *m;* **~ praecox,** = **schizophrenia.**
demential *a.* gorffwyll, lloerig, gwallgof.
Demerara *Pr.n. Geog:* Demerara *f.* **~ sugar** *n.* siwgwr coch *m,* siwgwr brown.
demerit *n.* anhaeddiant *m,* annheilyngdod(-au) *m,* diffyg(-ion) *m,* nam(-au) *m,* anfantais (anfanteision) *f,* gwendid(-au) *m; (= black mark):* gwarthnod(-au) *m;* **the merits and demerits of a scheme,** manteision ac anfanteision cynllun, rhinweddau a gwendidau cynllun.
demeritorious *a.* diffygiol, anfanteisiol, annheilwng, anhaeddiannol; *(= deserving blame):* beius, ar fai.
demersal *a. Ich:* dyfnforol.
demesne *n.* **1.** *Jur:* *(= possession):* perchentyaeth *f,* perchenogaeth *f,* meddiant *m.* **2.** *(= territory, domain):* tiriogaeth(-au) *f; (= estate, grounds):* ystâd (ystadau) *f,* tir(-oedd) *m; Hist: Jur:* demên (demenau) *m.* **3.** *Fig: (= region, sphere):* maes (meysydd) *m,* byd(-oedd) *m.*
Demetian *a. & n.* **1.** *a.* Dyfedaidd; **the ~ dialect,** tafodiaith (*f*) Dyfed, y Ddyfedeg *f; W.Hist:* **the ~ Code,** Dull (*m*) Dyfed. **2.** *n. (i) Ethn:* Dyfedwr (Dyfedwyr) *m,* Dyf|edwraig (Dyfedwragedd) *f; (ii) Ling:* Dyfedeg *f, m.*

demi- *pref.* hanner-; rhan- + *soft mut.*, lled- + *soft mut.*, go- + *soft mut.* **~-*mondaine*** *n.* ***demi-mondaine(-s)*** *f.* **~-*monde*** *n.* ***demi-monde*** *m.* **~-*pension*** *n.* ***demi-pension*** *m.* **~-*rep*** *n.* = ***demi-mondaine***. **~-*vierge*** *n.* lledforwyn(-ion, lledforynion) *f.*
demigod *n.* hanner-duw(-iau) *m*, is-dduw(-iau) *m.*
demigoddess *n.f.* hanner-duwies(-au).
demijohn *n. Ind: &c:* costrel(-au,-i) *f.*
demilitarization *n.*, **demilitarize** *v.t.* dadfilwroli.
demilitarized *a.* heb filwyr, difilwyr, dadfilwroledig.
demilune *n. Mil:* cilgant(-au) *m.*
demineralization *n.*, **demineralize** *v.t.* dihalwyno.
demineralizer *n.* dihalwynydd(-ion) *m*, dihalwynwr (dihalwynwyr) *m.*
demise[1] *n.* **1.** *Jur:* cymyniad(-au) *m*, cymynnaeth (cymynaethau) *f.* **2.** *(= death): (a) (of pers.):* diwedd(-ion,-au) *m*, marwolaeth(-au) *f*, tranc *m*, *Lit:* dihenydd(-au,-ion) *m*; *(b) Fig: (of movement, party):* tranc *m*, diflaniad *m*; **A led to the ~ of B,** oherwydd A, fe ddarfu am B. **3.** *(= lease):* prydles(-i,-oedd) *f.*
demise[2] *v.t. Jur:* **1.** *(= bequeath):* cymynnu, cymynroddi, trawsgludo. **2.** *(= lease):* prydlesu (rhth), gosod (rhth) ar les/brydles.
demisemiquaver *n. Mus:* gorgrychyn(-nau) *m*, lled-hanner-cwafer (~-~ cwafrau) *m*, chwarter(-i) *(m)* cwafer.
demission *n.* ymddiswyddiad(-au) *m*, ymddiswyddo *vn.*
demist *v.t. Aut:* diniwlio, dadanweddu.
demister *n. Aut:* diniwliwr (diniwlwyr) *m*, dadanweddwr (dadanweddwyr) *m.*
demit *v.t.* rhoi'r gorau (i rth); ymddiswyddo, ymddeol (o rth).
demitasse *n. U.S:* cwpan *(fm)* goffi/coffi (cwpanau coffi).
demiurge *n. Gr.Phil:* **1.** *(= creator):* creawdwr (creawdwyr) *m.* **2.** *(in Gnostic Phil):* demiwrgos (demiwrgoi) *m.*
demiurgeous, demiurgic[al] *a.* demiwrgaidd.
demiurgically *adv.* yn ddemiwrgaidd.
demiworld *n.* = ***demi-monde***.
demo *n. P:* = **demonstration**.
demob[1] *n. F:* dimòb *m*, rhyddhad *m* [o'r fyddin/lluoedd]. **~ suit** *n.* siwt *(f)* ddimòb (siwtiau dimòb).
demob[2] *v.t. F:* dimobio, rhyddh|au/gollwng (rhn) o'r fyddin/lluoedd.
demobilization *n.* dadfyddiniad *m*, dadfyddino *vn*, *F:* dimòb *m.*
demobilize *v.t.* dadfyddino (rhn), rhyddh|au/gollwng (rhn) o'r fyddin, *F:* dimobio (rhn).
democracy *n.* democratiaeth(-au) *f*; **people's ~,** democratiaeth werinol (democratiaethau gwerinol) *f.*
democrat *n.* d|emocrat (democratiaid) *m&f*; *Pol:* **[Liberal] D~,** Democrat [Rhyddfrydol], *F:* Rhyddfrydwr (Rhyddfrydwyr) *m*, Rhyddfr|ydwraig *f*; *Pol.Hist:* **[Social and Liberal] D~,** Democrat [Cymdeithasol a Rhyddfrydol].
democratic *a.* democrataidd, democratig; *(loosely):* gwerinol, gwerinaidd. *U.S: Pol:* **the D~ Party,** y Blaid Ddemocrataidd *f.*
democratically *adv.* yn ddemocrataidd; *(loosely):* yn werinol.
democratism *n.* democratiaeth *f.*
democratization *n.*, **democratize** *v.t.* democrateiddio.
democratizer *n.* democrateiddiwr (democrateiddwyr) *m.*
démodé *a.* hen ffasiwn, wedi dyddio, ar ôl yr oes.
demodulate *v.t. Ph:* difodylu.
demodulation *n. Ph:* difodyliad(-au) *m*, difodylu *vn.*
demodulator *n. Ph:* difodylwr (difodylwyr) *m.*
demographer *n.* demograffwr: demograffydd (demograffwyr) *m.*
demographic *a.* demograffaidd, demograffig; *Geog:* **~ transition,** trawsnewid demograffig *m.*
demographically *adv.* yn ddemograffig.
demography *n.* dem|ograffi *m*, demograffeg *f.*
demoiselle *n.* **1.** geneth(-od) *f*, morwyn(-ion, morynion) *f*, lodes(-i) *f.* **2.** *Orn: (= Numidian crane):* garan fursennaidd (garanod mursennaidd) *f*, garan fursen (garanod mursen). **3.** *Ich:* = **damselfish**. **4.** *Ent:* = **damselfly**.
demolish *v.t.* **1.** *(building &c):* dymchwel, dymchwelyd, chwalu, *S.W:* moelyd. **2.** *(= destroy):* dinistrio, distrywio. **3.** *(= refute):* gwrthbrofi, tanseilio. **4.** *Joc: (= eat up):* claddu, llowcio, s[g]laffio, conio.
demolisher *n.* **1.** = **demolitioner**. **2.** = **destroyer**. **3.** = **refuter**. **4.** *Joc: (of food):* llowciwr (llowcwyr) *m*, claddwr (claddwyr) *m*, coniwr (conwyr) *m.*
demolishment *n.* = **demolition**.
demolition *n.* dymchweliad(-au) *m*, chwalfa (chwalf|eydd) *f*, chwalu *vn*, dymchwel *vn.* **~ derby** *n.* ras *(f)* falu ceir (rasus malu ceir). **~ expert** *n.* chwalwr (chwalwyr) *m*, dymchwelwr (dymchwelwyr) *m.* **~ order** *n.* gorchymyn (gorchmynion) *(m)* dymchwel. **~ work** *n.* gwaith *(m)* dymchwel.
demolitioner, demolitionist *n.* chwalwr (chwalwyr) *m*, dymchwelwr (dymchwelwyr) *m.*
demon *n.* **1.** *Gr.Myth:* demon(-iaid) *m*, ysbryd(-ion) *m*; **the ~ of Socrates,** demon Socrates, awen *(f)* Socrates. **2.** *(in Christian sense):* cythraul (cythreuliaid) *m*, diafol(-iaid) *m*, ellyll(-on) *m*, demon(-iaid) *m.* **3.** *Fig: Cr:* **~ bowler,** bowliwr gwyllt, cythraul o fowliwr; *Aut:* **~ driver,** gyrrwr gwyllt/cythreulig, cythraul o yrrwr; *F:* **he's a ~ for work,** mae'n gythraul am weithio; **the ~ drink,** y ddiod *(f)* felltith. **~ possession** *n.* demon-feddiant *m.*
demoness *n.f.* cythreules(-au), diafoles(-au), ellylles(-au).
demonetization *n.* dirymiad(-au) *m*, dirymu *vn.*
demonetize *v.t.* dirymu.
demoniac *a. & n.* **1.** *a. (a) (= devilish):* dieflig, cythreulig; *(b) (= possessed):* cythreuliedig; *(c) F: (= frenzied):* gorffwyll. **2.** *n.* cythreuliedig(-ion) *m&f*, cythreulig(-ion) *m&f.*
demoniacal *a.* = **demoniac 1.**
demoniacally *adv.* yn gythreulig *&c.*
demonian *a.* = **demoniac 1, demonic**.
demonic[al] *a. (a)* cythreulig, dieflig, demonig; *(b) (= inspired):* ysbrydoledig; **~ possession,** = **demon possession**.
demonically *adv.* yn gythreulig *&c.*
demonism *n.* demon[i]aeth *f*, cythreulgred *f.*
demonization *n.*, **demonize** *v.t.* cythreulio, demoneiddio.
demonolatry *n.* cythreul-addoliad *m*, addoli *(vn)* cythreuliaid.
demonology *n.* cythreuliaeth *f*, cythreuleg *f*, demoneg *f*, demonoleg *f.*
demonstrability *n.* natur brofadwy/ddangosadwy *f*; **I doubt the ~ of this theory,** yr wy'n amau a ellir profi'r ddamcaniaeth hon.
demonstrable *a.* dangosadwy, egluradwy, profadwy; eglur, amlwg; **a ~ local need,** prawf *(m)* bod galw lleol.
demonstrableness *n.* = **demonstrability**.
demonstrably *adv.* yn eglur, yn ddangosadwy *&c.*
demonstrate *v.t.&i.* **1.** *v.t. (a) (= prove):* profi, dangos; *(b) (= explain):* egluro, arddangos, disgrifio, mynegi, esbonio, cyfl|eu; *Com:* **to ~ a car,** arddangos modur; *(c) (= express):* mynegi, dangos, amlygu. **2.** *v.i. Pol:* gwrthdystio.
demonstration *n.* **1.** *(a) (= proof):* prawf (profion) *m*, arddangosiad(-au) *m*; *(b) (= explication):* eglurhad(-au) *m*, esboniad(-au) *m*, disgrifiad (-au) *m*, arddangosiad; *Com: (of car &c):* arddangosiad; *Theol:* dangosiad(-au) *m.* **2.** *(= of emotion):* mynegiant *m*, dangos *vn.* **3.** *Pol:* gwrthdystiad(-au) *m*, ardystiad(-au) *m*, protest(-iadau) *f.* **~ dent** *n.* tolc(-iau) *(m)* arddangos. **~ lesson** *n.* gwers *(f)* ddangos (gwersi dangos), gwers enghreifftiol. **~ model** *n.* model(-au) *(m)* arddangos; **~ program** *n.* rhaglen(-ni) *(f)* arddangos.
demonstrational *a.* arddangosiadol, enghreifftiol.
demonstrationalist *n.* = **demonstrator**.
demonstrative *a. & n.* **1.** *a. (a) Gram: &c:* dangosol; *(b) (= explicatory):* eglurhaol, arddangosol; *(c) (= effusive):* arddangosol, llawn teimlad, llawn mynegiant, twymgalon, teimladwy, emosiynol. **2.** *n. Gram:* rhagenw(-au) dangosol *m.*
demonstratively *adv.* yn deimladwy *&c.*
demonstrativeness *n.* natur arddangosol/deimladwy *f.*
demonstrator *n.* **1.** *Sch: &c:* arddangoswr: arddangosydd (arddangoswyr) *m*, dangoswr: dangosydd (dangoswyr) *m.* **2.** *Pol:* gwrthdystiwr (gwrthdystwyr) *m*, gwrthd|ystwraig (gwrthdystwragedd) *f.*
demoralization *n.* **1.** *(action): vn.* = **demoralize**. **2.** *n.* digalondid *m*, gwangalondid *m (pronounced* ng-g).
demoralize *v.t.* digalonni, gwangalonni *(pronounced* ng-g), torri calon, lladd ysbryd (rhn).
demoralized *a.* gwangalon *(pronounced* ng-g), digalon, wedi digalonni, wedi torri'ch calon.
demoralizer *n.* digalonnwr (digalonwyr) *m*, *F:* cysurwr (cysurwyr) *(m)* Job.
demoralizing *a.* digalon, torcalonnus, digon i dorri'ch calon/ysbryd.
demoralizingly *adv.* yn ddigalon *&c.*
demorphinization *n.* diforffinio.

demos *n.* gwerin *f*, y werin *f*.
demote *v.t.* diraddio, gostwng, iselh|au.
demotic *a.* gwerinol, demotig.
demotion *n.* diraddiad(-au) *m*, gostyngiad(-au) *m*, iselhad *m*, diraddio *vn*, iselh|au *vn*, gostwng *vn*.
demount *v.t. U.S: Mec.E:* datod (rhth), tynnu (rhth) [o'i le].
demulcent *a.* & *n. Med:* **1.** *a.* lleddfol, esmwythaol. **2.** *n.* esmwythydd(-ion) *m*.
demur[1] *n.* gwrthwynebiad *m*, petruster *m*; **without ~,** heb wrthwynebu, heb betruso, yn ddi-oed.
demur[2] *v.i.* **1.** gwrthwynebu, *N.W: occ:* cwencian. **2.** *Jur:* demyrru.
demurrant *n. Jur:* gwrthwynebwr: gwrthwynebydd (gwrthwynebwyr) *m*, demyrrwr (demyrwyr) *m*.
demurrer *n.* **1.** *Jur:* demyriad(-au) *m*, gwrthwynebiad(-au) *m*, arhoseb (arosebion) *f*. **2.** = **demurrant**.
demy *n.* **1.** *Paperm:* lledlen(-ni) *f*. **2.** *Sch:* lledgymrawd (lledgymrodyr) *m*.
demyelinate *v.t.*, **demyelination** *n.* difyelino.
demyship *n. Sch:* lledgymrodoriaeth(-au) *f*.
demystification *n.* dadriniad *m*, datgyfriniad *m*, rhesymoliad *m*; *vn.* = **demystify**.
demystify *v.t.* chwalu hud (rhth); datgyfrinio, dadrinio, rhesymoli (rhth).
demythologization *n.*, **demythologize** *v.t.* dadfythu, difythu.
demythologized *a.* dadfythedig, difythedig.
demythologizer *n.* dadfythwr: dadfythydd (dadfythwyr) *m*, difythwr (difythwyr) *m*.
den *n.* **1.** ffau (ffeuau) *f*, gwâl (gwalau) *f*, lloches(-au) *f*; *S.a.* **beard**[2]; **a ~ of iniquity, a ~ of thieves,** ogof(-|eydd) (*f*) lladron; *S.a.* **gambling**. **2.** *F: (= study &c):* **he's gone to his ~,** mae wedi mynd i'w ffau/gell/gafell; *(= children's den):* lle(-oedd) (*m*) cuddio, cuddfan(-nau) *mf*, cwtsh(-is) *m*, *S:* cwat(-[i]au) *m*.
denarius *n. Num:* denariws (denarii) *m*.
denary *a.* degol, degaidd.
denationalization *n.*, **denationalize** *v.t.* dadwladoli.
denaturalization *n.* **1.** annaturioli. **2.** *(= deprival of citizenship):* difreiniad *m*, difreinio *vn*, dadfrodori *vn*.
denaturalize *v.t.* **1.** annatureiddio, annaturioli, newid natur (rhth). **2.** *(= deprive of citizenship):* dadfrodori, difreinio; **he was denaturalized,** collodd ei ddinasyddiaeth/ddinasfraint.
denaturalized *a.* **1.** annatureiddiedig, annaturioledig, wedi newid ei natur. **2.** *(pers.):* dadfrodoredig, difreiniedig.
denaturant *a.* & *n.* **1.** *a.* annatureiddiol. **2.** *n.* annatureiddiwr (annatureiddwyr) *m*, newidiwr (newidwyr) (*m*) natur.
denaturation *n. vn.* = **denature**.
denaturational *a.* annatureiddiol, natur-newidiol.
denature *v.t.* annatureiddio, annaturioli, newid natur (rhth).
denazification *n.*, **denazify** *v.t.* dadnatsieiddio.
Denbigh *W.Pl.n.* Dinbych *f*. **~ Moors** *Pr.n. W.Geog:* Hiraethog *m*, Mynydd (*m*) Hiraethog.
Denbighshire *Pr.n. W.Geog:* Sir (*f*) Ddinbych.
dendriform *a.* coedffurf.
dendrite *n. Miner: Cryst:* dendrit(-au) *m*.
dendritic[al] *a.* canghennog, dendritig, coedwedd, fel coeden.
dendrochronological *a.* dendrocronolegol.
dendrochronologist *n.* dendrocronolegydd (dendrocronolegwyr) *m*.
dendrochronology *a.* coed-ddyddio *vn*, dendrocronoleg *f*.
dendrograph *n.* d|endrograff (dendrograffau) *m*.
dendroid *a.* coedffurf, prenffurf.
dendrologic[al] *a.* dendrolegol.
dendrologist *n.* gwyddonydd (gwyddonwyr) (*m*) coed, coedyddwr (coedyddwyr) *m*, dendrolegwr: dendrolegydd (dendrolegwyr) *m*.
dendrology *n.* dendroleg *f*, gwyddor (*f*) coed, coedyddiaeth *f*.
dene *n. Geog:* tywyn(-nau) *m*, traethell(-au) *f*. **~-hole** *n. Archeol:* ogof(-|eydd,-âu) *f*.
denegation *n.* = **denial**.
denervate *v.t.* dinerfu.
denervated *a. Med:* dinerfedig.
denervation *n.* dinerfu.
denful *n.* ffeuaid (ffeueidiau) *f*.
dengue *n. Med:* gwibgymalwst *m*, deng *m*.
deniability *n.* gwadadwyedd *m*, natur wadadwy *f*; **I could not see the ~ of the charge,** ni allwn i weld sut y gellid gwadu'r cyhuddiad.
deniable *a.* gwadadwy, y gellir ei wadu, *Lit:* hywad.
denial *n.* **1.** *(= refusal):* gwrthodiad(-au) *m*, nacâd *m*, negyddiad(-au) *m*; **I will take no ~,** ni chewch chi ddim gwrthod; ni chymeraf mo 'ngwrthod. **2.** *(= contradiction):* gwâd *m*, gwadiad(-au) *m*; *Log:* gwadiad, negyddiad; **to meet a charge with a flat ~,** gwadu rhth yn llwyr. **3.** *(= disavowal):* diarddeliad(-au) *m*.
denicotinize *v.t.* dinicotinio.
denier[1] *n. (= person who denies):* gwadwr (gwadwyr) *m*, gw|adwraig (gwadwragedd) *f*, nacäwr (nacäwyr) *m*, nacäwraig (nacawragedd) *f*.
denier[2] *n.* **1.** *Hosiery:* denier *m*. **2.** *Num: Hist:* ceiniog(-au) *f*.
denigrate *v.t.* pardduo, difenwi, enllibio, difrïo, athrodi (rhth); lladd (ar rth); pigo beiau (yn rhth).
denigration *n.* **1.** difenwad(-au) *m*, enllib(-ion) *m*, athrod(-ion) *m*. **2.** *vn.* = **denigrate**.
denigrative *a.* = **denigratory**.
denigrator *n.* difenwr (difenwyr) *m*, dif|enwraig (difenwragedd) *f*, difrïwr (difriwyr) *m*, enllibiwr (enllibwyr) *m*, enll|ibwraig (enllibwragedd) *f*, athrodwr (athrodwyr) *m*, athr|odwraig (athrodwragedd) *f*.
denigratory *a.* difenwol, enllibus, athrodus.
denim *n.* **1.** *Tex:* cotwm caerog *m*, denim *m*. **2.** *pl.* **denims,** dillad denim, denims; *(trousers):* trowsus (*m*) denim, denims.
denitrification *n.*, **denitrify** *v.t.* dadnitreiddio.
denizen *n.* **1.** *Poet: (= inhabitant): (a)* preswyliwr: preswylydd (preswylwyr) *m*, trigiannydd (trigianwyr) *m*, dinesydd (dinasyddion) *m*; *pl.* trigolion; *(b)* **~ of the forest,** creadur(-iaid) (*m*) y goedwig. **2.** *Nat.Hist:* planhigyn (planhigion) (*m*) dŵad, creadur(-iaid) (*m*) dŵad. **3.** *(= immigrant):* mewnfudwr (mewnfudwyr) *m*, mewnf|udwraig *f*, dyfodiad (dyfodiaid) *m&f*, *F:* dyn(-ion) (*m*) dŵad, dynes (*f*) ddŵad (merched dŵad); *pl.* pobl ddŵad *f or pl.*
denizenship *n.* dinasyddiaeth(-au) *f*.
Denmark *Pr.n. Geog:* Denmarc *f*.
denominate[1] *a. Mth:* **~ number,** rhif(-au) enwol *m*.
denominate[2] *v.t.* enwi, cyfenwi, galw.
denomination *n.* **1.** *(= name):* enw(-au) *m*. **2.** *Rel:* enwad(-au) *m*. **3.** *(= category):* dosbarth(-au) *m*, dosbarthiad(-au) *m*, c|ategori (categorïau) *m*; **coins of all denominations,** darnau arian o bob gwerth.
denominational *a. Rel:* enwadol.
denominationalism *n. Rel:* enwadaeth *f*.
denominationalist *n. Rel:* enwadwr (enwadwyr) *m*, enw|adwraig (enwadwragedd) *f*.
denominationally *adv.* yn enwadol, o ran enwad.
denominative *a.* & *n.* **1.** *a.* enwol, cyfenwol. **2.** *n. Gram:* enw-ferf(-au) *f*.
denominator *n. Mth:* enwadur(-on) *m*; **least/lowest common ~,** *(a) Mth:* cyfenwadur(-on) lleiaf *m*; *(b) Fig:* nodwedd gyffredin (nodweddion cyffredin) *f*.
denotation *n.* **1.** dynodiad(-au) *m*; *(action):* dynodi *vn*. **2.** *(= meaning):* ystyr(-on) *mf*.
denotative *a.* dynodol, dynodiadol, enwol.
denote *v.t.* **1.** *(= designate):* dynodi. **2.** *(= mean):* golygu, dynodi.
denotement *n.* dynodiad(-au) *m*, dynodi *vn*.
denotive *a.* dynodol, dynodiadol, enwol.
dénouement *n. Lit: Th: &c:* diweddglo(-eon) *m*, dadleniad(-au) *m*, datrysiad(-au) *m*.
denounce *v.t.* **1.** *(a)* **to ~ s.o. (to the authorities),** cyhuddo rhn, achwyn ar rn (wrth yr awdurdodau); *(b)* **to ~ an impostor,** dinoethi ymhonnwr; *(c) pred.* **to ~ s.o. as an impostor,** cyhuddo rhn o ymhonni. **2.** *(= attack):* achwyn/lladd/ymosod ar rth; collfarnu, beirniadu, condemnio (rhth); bod â'ch llach (ar rth), ei dweud hi'n hallt (am rth). **3.** **to ~ a treaty,** terfynu cyfamod.
denouncement *n.* = **denunciation**.
denouncer *n.* = **denunciator**.
dense *a.* **1.** *Ph: Mus:* dwys. **2.** *(smoke &c):* dudew, tew, trwchus; **~ darkness,** tywyllwch dudew/llwyr *m*; **a ~ crowd,** tyrfa niferus/drwchus *f*. **3.** *F: (= stupid):* twp (*comp. forms:* typed, typach, typaf), anneallus, di-ddeall, di-glem, hurt, dwl, *Lit: occ:*

pendew. **4.** *Phot:* **~ negative,** negyddol tywyll/didraidd; *Mus: (of sound quality):* dwys.
densely *adv.* yn ddwys; yn drwchus *&c*; yn dwp *&c*; **~ wooded country,** gwlad yn drwch o goed, gwlad o goed trwchus; **a ~ populated region,** ardal o boblogaeth niferus, ardal drwchus ei phoblogaeth.
denseness *n.* **1.** *(of fog &c):* trwch *m.* **2.** *F: (= stupidity):* twpdra *m*, hurtwch *m*, hurtrwydd *m*, dylni *m.*
densification *n.* dwysád *m*, dwysáu *vn*, dyfnh|au *vn.*
densify *v.t.* dwysáu, dyfnh|au.
densimeter *n. Ch: Ph:* dwysfesurydd(-ion) *m.*
densimetric *a.* dwysfesurol.
densimetry *n.* dwysfesureg *f.*
densitometer *n. Phot:* dwysfesurydd(-ion) *m.*
density *n.* **1.** *Ph:* dwysedd(-au) *m*; *Mus:* trwch, dwysedd; *Aut:* **~-speed relationship,** cydberthynas dwysedd-cyflymder; **~-volume relationship,** cydberthynas dwysedd-llif; **~-volume-speed relationship,** cydberthynas dwysedd-llif-cyflymder. **2.** *(of soil):* trwch *m*, dwysedd *m*, crynoder *m*; *(of population):* amlder *m*, trwch; **building ~,** trwch adeiladau; **3.** *F: See* **denseness**. **4.** *Phot:* tywyllwch *m*, dwysedd, didreiddedd *m*; *Cmptr:* dwysedd; **bit ~,** dwysedd didau; **double ~,** dwysedd dwbl; **single ~,** dwysedd sengl.
dent[1] *n.* tolc(-iau) *m*, *S. W:* cwff *m*; **full of dents,** tolciog; **to make a ~ in sth,** tolcio rhth, gwneud tolc yn rhth. **~ corn** *n. Bot:* ŷd tolciog *m.*
dent[2] *v.t.&i.* tolcio, *S: occ:* pantu.
dental *a. & n.* **1.** *a. (a)* deintiol, deintyddol, danheddol; **~ brace,** ffrâm *(f)* ddannedd (fframiau dannedd), weiren *(f)* ddannedd (weiers dannedd), sythwr (sythwyr) *(m)* dannedd; **~ decay,** pydredd deintiol *m*, pydredd dannedd; **~ formula,** ff|ormiwla ddeintyddol (fformiwlâu deintyddol) *f*, patrwm (patrymau) *(m)* dannedd; **~ floss,** edau ddeintyddol *f*; **~ mechanic,** crefftwr (crefftwyr) deintyddol *m*; **~ service,** gwasanaeth deintyddol/deintiol *m*; **~ surgeon,** deintydd(-ion) *m*; **~ surgery,** deintyddfa (deintyddf|eydd) *f*, *F:* lle *(m)* deintydd; *(b) Ling:* deintiol. **~ technician** *n.* technegwr: technegydd (technegwyr) deintyddol *m.* **~ treatment** *n.* trin *(vn)* dannedd. **2.** *n. Ling:* deintiol(-ion) *f.*
dentalium *n. Conch:* corn *(m)* y fuwch.
dentary *n. Anat:* d|entari (dentarïau) *m.*
dentate[d] *a.* danheddog, deintiog; *Archeol:* deintiedig.
dentately *adv.* yn ddanheddog.
dentation *n.* danheddiad *m.*
dented *a.* tolciog.
dentex *n. Ich:* merfog(-iaid) ysgithrog *m.*
denticle *n.* deintigl(-au) *m.*
denticulate[d] *a.* dentiglaidd.
denticulately *adv.* yn ddentiglaidd, yn ddanheddog.
denticulation *n.* danheddiad *m*, deintiad *m.*
dentiform *a.* deintffurf.
dentifrice *n.* deintlwch (deintlychau) *m*, past(-au) *(m)* dannedd.
dentigerous *a.* danheddog.
dentil *n. Arch:* deintell(-ion) *f.*
dentinal *a.* dentinol.
dentine *n.* dentin *m.*
dentist *n.* deintydd(-ion) *m*; **to go to the ~,** mynd at y deintydd, mynd i weld y deintydd (*not* mynd i'r deintydd); *F:* **the ~'s,** lle(*m*)'r deintydd; **at the ~'s,** yn lle'r deintydd (*not* yn y deintydd).
dentistry *n.* deintyddiaeth *f.*
dentition *n.* deintiad *m*, danheddiad *m.*
dentulous *a.* danheddog, dannedd.
denture *n.* **1.** *(= false teeth): (usu.pl.): N:* dannedd *(pl)* gosod, *S:* dannedd dodi; *(= one tooth):* dant *(mf)* [g]osod/[d]dodi; **2.** *Z:* danheddiad *m.*
denuclearization *vn.* *(= disarmament):* diarfogi *(vn)* niwclear; *S.a. foll.*
denuclearize *v.t.* dadniwcleareiddio.
denudation *n.* dinoethiad *m*, dinoethi *vn*; *Geog:* dinoethiant *m*, treuliant *m*; **~ chronology** *n.* cronoleg *(f)* treuliant.
denudational *a.* dinoethol; *Geol:* erydol.
denudative *a.* dinoethol.
denude *v.t.* noethi, dinoethi.
denudement *n.* dinoethiad(-au) *m*, dinoethi *vn*; *Geol:* erydiad(-au) *m*, erydu *vn.*
denuder *n.* dinoethwr: dinoethydd (dinoethwyr) *m*, din|oethwraig (dinoethwragedd) *f.*
denumerability *n. Mth:* rhifadwyedd *m.*
denumerable *a. Mth:* rhifadwy.
denumerably *adv. Mth:* yn rhifadwy.
denunciation *n.* condemniad(-au) *m* **(of sth,** o rth); ymosodiad(-au) chwyrn *m*, collfarn(-au) *f*, cerydd(-on) *m* (ar rth).
denunciative *a.* = **denunciatory**.
denunciator *n.* condemniwr (condemnwyr) *m*, collfarnwr (collfarnwyr) *m*, ceryddwr (ceryddwyr) *m*, cer|yddwraig (ceryddwragedd) *f.*
denunciatory *a.* condemniol, collfarnol, ceryddol.
deny 1. *(= declare untrue):* gwadu, nacáu; **there's no denying the fact,** 'does dim gwadu'r ffaith. **2.** *(= disavow):* gwadu, gwrthod arddel (rhth); ymwrthod (â rhth). **3.** *(= refuse):* gwrthod, gomedd, gwarafun; **to ~ s.o. sth,** gwrthod/gwarafun rhth i rn; **he is not to be denied,** ni fyn[n] ei wrthod; ni chymer ei wrthod; **he is denied the opportunity of doing this,** ni chaiff y cyfle i wneud hyn. **4. to ~ oneself sth,** ymwadu â rhth, rhoi diofryd i rth, diofrydu rhth.
deodand *n.* duwrodd(-ion) *f*, deodand(-au) *m.*
deodar *n. Bot:* cedrwydden (cedrwydd) *(f)* yr India, d|eodar (deodarau) *f.*
deodorant *a. & n.* **1.** *a.* diarogleuol. **2.** *n.* diaroglydd(-ion) *m*, diarogleuwr (diaroglewyr) *m*, disawrydd (-ion) *m.*
deodorization *n.*, **deodorize** *v.t.* diarogli, disawru, diarogleuo.
deodorized *a.* di-sawr, diarogl, diaroglau, diarogleuedig.
deodorizer *n.* = **deodorant**.
deontological *a.* moesegol.
deontologist *n.* moesegwr: moesegydd (moesegwyr) *m.*
deontology *n.* dyletswyddeg *f.*
deoxycorticosterone *n. Bio-Ch:* diocsicortic|osteron *m.*
deoxydization *n.*, **deoxydize** *v.t. Ch:* dadocsideiddio.
deoxydizer *n. Ch:* dadocsideiddiwr (dadocsideiddwyr) *m.*
deoxygenate *v.t. Ch:* diocsigenu.
deoxygenated *a. Ch:* diocsigenedig.
deoxygenation *n. Ch:* = **deoxygenate**.
deoxygenize *v.t.* = **deoxygenate**.
deoxyribonuclease *n. Bio-Ch:* diocsiriboniwcleas *m.*
deoxyribonucleic *a. Bio-Ch:* diocsiriboniwclëig.
deoxyribonucleotide *n. Bio-Ch:* diocsiriboniwcleotid(-au) *m.*
deoxyribose *n. Ch:* diocsiribos *m.*
dapalatalization *n. Phon:* annhaflodiad(-au) *m*, annhaflodi *vn.*
depalatalize *n. Phon:* annhaflodi.
depalatalized *a. Phon:* annhaflodedig.
depart *v.i.* **1.** ymadael, ymado, mynd, cychwyn, ei chychwyn hi; *(of train &c):* cychwyn **(for somewhere,** am rywle); **to ~ from this life,** *Lit:* ymadael/ymado â'r fuchedd hon. **2. to ~ from a rule,** gwn|eud yn groes i reol, gwyro oddi wrth reol, cefnu ar reol; **to ~ from one's usual practice,** gwneud yn groes i'ch arfer, cefnu ar eich arfer.
departed *a. & n.* **1.** *a. (glory &c):* diflanedig, ymadawedig, *(= dead):* ymadawedig, *occ:* trancedig; **our brother ~,** ein diweddar frawd, ein brawd ymadawedig; **2.** *n.* **the ~,** yr ymadawedig(-ion) *m&f*, y marw (meirwon) *m*, y trancedig(-ion) *m&f*, y drancedig *f.*
department *n.* **1.** *Adm: &c:* adran(-nau) *f*; **D~ of Health and Social Security,** Adran Iechyd a Nawdd Cymdeithasol; **D~ of the Environment,** Adran yr Amgylchedd; **D~ of Trade and Industry,** Adran Masnach a Diwydiant. **2.** *U.S: (= ministry):* gweinyddiaeth(-au) *f.* **~ store** *n.* siop(-au) adrannol *f.*
departmental *a.* adrannol; **~ library,** llyfrgell(-oedd) *(f)* adran.
departmentalization *n.*, **departmentalize** *v.t.* adranoli, adrannu.
departmentally *adv.* yn ôl adran, fesul adran, yn adrannol.
departure *n.* **1.** ymadawiad(-au) *m*, cychwyniad(-au) *m*, ymadael *vn*, ymado *vn*, cychwyn *vn*; **arrival and ~,** cyrraedd a gadael, cyrraedd a chychwyn; **time of ~,** amser ymadael; **to take one's ~,** ei chychwyn hi, ffarwelio, canu'n iach, cychwyn, mynd, ymadael, gadael, mynd [ymaith], troi ymaith, *F:* ei throi hi, *N.W: occ:* codi'ch pinnas. **2. ~ from a principle,** gwyriad *(m)* oddi wrth egwyddor, cefnu *(vn)* ar egwyddor; **~ from one's usual habits,** gweithred *(f)* groes i'ch arfer. **3. a new ~,** menter (mentrau) newydd *f*, newyddbeth(-au) *m*, ffasiwn (ffasiynau) newydd *mf*, rhywbeth newydd *m*, arfer(-ion) newydd *fm*, cychwyn newydd *m*, newid *(vn)* arfer, newid cyfeiriad.

depasture *v.i.* pori.
depauperate[1] *a.* tlawd (tlodion), amddifad (amddifaid) (o rth); diffygiol (yn rhth).
depauperate[2] *v.t.*, **depauperation** *n.* tlodi *vn.*
depend *v.i.* **1.** dibynnu **(on sth,** ar rth); **that depends; it all depends,** mae'n dibynnu; **it depends [on] whether he's married,** mae'n dibynnu a yw e'n briod (*not* os yw'n briod); **he can be depended upon,** fe ellir dibynnu arno; fe ellir ymddiried ynddo; mae'n ddyn a saf arno; *N.W: occ:* mae o ym mhob adwy; **[you may] ~ on it,** gellwch fod yn sicr ohono; gellwch fentro. **2.** *A: (= hang down):* crogi, hongian.
dependability *n.* sicrwydd *m*, dibynadwyedd *m*, soletrwydd *m*, saf *m*, sadrwydd *m*; **I am convinced of his ~,** 'rwy'n sicr y gellir dibynnu arno.
dependable *a.* dibynadwy, sicr, sail gadarn [iddo *&c*], *N.W:* solet.
dependableness *n.* = **dependability**.
dependably *adv.* yn ddibynadwy.
dependant *a. & n.* **1.** *a.* dibynnol **(on sth,** ar rth). **2.** *n.* dibynnydd (dibynyddion) *m*; *pl. (= servants):* gweision.
dependence *n.* **1.** dibyniaeth *f*, dibyniad *m*, dibyndod *m* **(on sth,** ar rth). **2.** *(= trust, reliance):* ymddiriedaeth *f*, ymddiried *m*, hyder *m* (yn rhth).
dependency *n.* **1.** = **dependence**; **matched ~,** dibyniad cyfatebol *m*. **2.** *Pol:* dibyniaeth(-au) *f*, dib|ynwlad (dibynwledydd) *f*, gwlad ddibynnol (gwledydd dibynnol) *f*, tiriogaeth ddibynnol (tiriogaethau dibynnol) *f*.
dependent *a. & n.* **1.** *a.* dibynnol **(on sth,** ar rth); **to be ~ on s.o.,** dibynnu ar rn. **2.** *n.* = **dependant 2**.
dependently *adv.* yn ddibynnol.
deperm *v.t. Ph:* dadfagneteiddio.
depersonalisation *n.* amhersonoliad *m*, amhersonoli *vn*; *Psy:* dadbersonoliad *m*, dadbersonoli *vn*.
depersonalize *v.t.* amhersonoli; *Psy:* dadbersonoli.
depersonalized *a.* amhersonol; *Psy:* dadbersonoledig.
dephosphorize *v.t.* dadffosfforeiddio.
depict *v.t.* darlunio, disgrifio, portreadu.
depiction *n.* darlun(-iau) *m*, darluniad(-au) *m*, disgrifiad(-au) *m*, portread(-au) *m*; *vn.* = **depict**.
depictive *a.* darluniadol, portreadol.
depictor *n.* darluniwr: darlunydd (darlunwyr) *m*.
depigmentation *n.* dibigmentiad *m*, diliwiad *m*.
depilate *v.t.* diflewio (rhth); plicio/tynnu blew (rhth, o rth).
depilation *n.* diflewiad(-au) *m*; *vn.* = **depilate**.
depilatory *a. & n.* **1.** *a.* diflewol, *F:* tynnu blew. **2.** *n.* diflewydd(-ion) *m*, *F:* peth(-au) (*m*) tynnu blew, pliciwr (plicwyr) (*m*) blew.
deplane *v.i.* disgyn [o awyren].
depletable *a.* dihysbyddadwy, disbyddadwy.
deplete *v.t.* dihysbyddu, disbyddu, hysbyddu, gwagio, gwacáu, lleih|au, teneuo; *Biol:* darwagio.
depleted *a.* diffygiol, ar ddiffygio, wedi lleih|au, tenau, wedi teneuo, wedi prinh|au, prin, wedi ei [d]dihysbyddu/[d]disbyddu, disbydd; **our ~ resources,** ein hadnoddau prin; **our ~ ranks,** ein rhengoedd tenau.
depletion *n.* dihysbyddiad(-au) *m*, disbyddiad(-au) *m*, hysbyddiad(-au) *m*, gwacâd *m*; *vn.* = **deplete**.
depletive *a.* dihysbyddol, disbyddol.
deplorable *a.* alaethus, gresynus, truenus, affwysol.
deplorableness *n.* cyflwr gresynus/alaethus *m*, gresyndod *m*, gresyni *m*, gresynoldeb *m*, gresynolrwydd *m*; **I cannot convey the ~ of the play,** ni allaf gyfleu mor alaethus oedd y ddrama.
deplorably *adv.* yn alaethus *&c*.
deplore *v.t.* gresynu (wrth/at rth); gofidio, galaru (dros rth, o achos rhth); wfftio (rhth); *N.W:* gwaredu (at rth).
deplorer *n.* gresynwr (gresynwyr) *m* **(of sth,** at rth), *occ:* wfftiwr (wfftwyr) *m* (rhth, at rth).
deploring *a.* gresynol, wfftiol.
deploringly *adv.* yn resynol *&c*; gan resynu/wfftio.
deploy *v.t.&i. Mil: Navy:* **1.** *(a) v.t.* gwasgaru, gosod, lleoli, byddino, trefnu [milwyr *&c*] yn rhes; *(b)* **to ~ arguments,** cyflwyno dadleuon, gosod allan ddadleuon. **2.** *v.i.* ymfyddino.
deployable *a.* gosodadwy, lleoladwy.
deployment *n. Mil: Navy:* ymfyddiniad *m*, gosodiad *m*, trefn (*f*) milwyr; *vn.* = **deploy**; **teacher ~,** lleoliad (*m*) athrawon.
deplume *v.t.* pluo, dibluo, plicio, *S:* plufio.
depolarization *n.*, **depolarize** *v.t.* datbolareiddio.
depolarizer *n.* datbolareiddiwr (datbolareiddwyr) *m*.
depoliticization *n.*, **depoliticize** *v.t.* dadwleidyddoli.
depolymerisation *n.*, **depolymerise** *v.t.* dibolymeru.
depone *v.i.* = **testify**.
deponent *a. & n.* **1.** *a. Gram:* deponent, deponiol. **2.** *n.* *(a) Gram:* berf ddeponent/ddeponiol (berfau deponent/deponiol) *f*; *(b) Jur:* tystiwr (tystwyr) *m*, tyst(-ion) *m*, deponiwr (deponwyr) *m*.
depopulate *v.t.* diboblogi.
depopulated *a.* diboblogedig, di-bobl, diboblogaeth; **a ~ land,** gwlad wedi ei diboblogi, gwlad heb boblogaeth, gwlad denau ei phoblogaeth.
depopulation *n.* diboblogi *vn*, diboblogiad *m*, diboblogaeth *f*.
depopulator *n.* diboblogwr (diboblogwyr) *m*.
deport *v.t.& v.pr.* **1.** *v.t.* *(a) (= expel): Lit:* alltudio, deol, allgludo (rhn); anfon (rhn) o'r wlad; *(b) (whole population):* caethgludo. **2.** *v.pr.* **to ~ oneself,** ymddwyn, ymarweddu.
deportation *n.* **1.** *(of criminal):* alltudiaeth(-au) *f*, deholiad (deoliadau) *m*, deol *vn*, alltudiad(-au) *m*, alltudio *vn*, allgludiad(-au) *m*, allgludo *vn*. **2.** *(of population):* caethglud *f*.
deportee *n.* alltud(-ion) *m*, deoledig(-ion) *m&f*, deholiad (deholiaid) *m&f*.
deportment *n.* **1.** *(= behaviour):* ymddygiad *m*, ymarweddiad *m*. **2.** *(= bearing):* osgo *m*, arweddiad *m*, safiad *m*.
deposable *a. (king &c):* diorseddadwy.
deposal *n.* *(a)* diswyddiad(-au) *m*, diswyddo *vn*; *(b) (= dethronement):* diorseddiad(-au) *m*, diorseddu *vn*.
depose *v.t.&i.* **1.** *(= dethrone):* diorseddu; *(otherwise):* diswyddo, disodli. **2.** *v.i. Jur:* tystio (i rth ar lw), deponio.
deposit[1] *n.* **1. bank ~,** arian (*m*) cadw, *Lit:* adnau (adneuon) *m*; **on ~,** ar gadw, ar adnau; *Econ:* **banker's deposits,** adneuon bancwyr; **public deposits,** adneuon cyhoeddus; **special deposits,** adneuon arbennig; **to make a ~ [in a bank &c],** rhoi/dodi arian ar gadw, adneuo arian; *Jur:* **~ of [title] deeds,** adneuo (*vn*) gweithredoedd [eiddo]. **2.** *(= first payment, earnest):* blaendal(-iadau) *m*, blaen-dâl (~-daliadau) *m*, ernes(-au) *f*; **preliminary ~,** ernes ragarweiniol, blaendal rhagarweiniol; **to pay a ~ (on sth),** talu ernes, rhoi/dodi arian i lawr (ar rth); **a ~ on a purchase,** *N.W: occ:* arian prŷn *m*; **3.** *(of dirt, lime &c):* cramen(-nau) *f*, caenen(-nau, caenau) *f*, haen(-au) *f*, haenen(-nau) *f*; *Geol:* haen, *occ:* dyddodyn (dyddodion) *m*, gwaddod(-ion) *m*; **to form a ~,** cramennu, gwaelodi, dyddodi; **abyssal deposits,** gwaddodion affwys/affwysol; **salt deposits,** dyddodion halen; **marine deposits,** dyddodion môr; **superficial deposits,** dyddodion arwynebol; **neritic deposits,** dyddodion neritig; *Min:* **slaty ~,** *N.W:* y glai-lech; *Med:* **chalky ~,** cramen galchog *f*; *I.C.E:* **carbon ~,** caenen garbon/huddyg[l] *m*, parddu *m*. **4.** *Cmptr:* dyddodyn. **5.** *(= hoard):* celc(-iau) *m*; *Archeol:* **votive ~,** celc-offrwm (~-offrymau) *m*. **~ account** *n.* cyfrif(-on) (*m*) cadw, cyfrif adnau. **~ rate** *n.* cyfradd (*f*) adnau/adneuo. **~ safe** *n.* coffor (coffrau) (*m*) adneuo.
deposit[2] *v.t.* **1.** *(= put down):* rhoi, dodi, gosod (rhth) [i lawr, ar lawr]; gollwng, gadael; **the taxi deposited her at the corner of the street,** gadawodd/gollyngodd/dododd y tacsi hi ar gongl y stryd; **he deposited his luggage at the foot of the stairs,** gadawodd/dododd ei baciau wrth waelod y grisiau. **2.** *(a) Fin:* **to ~ money (with s.o.),** rhoi/dodi arian ar gadw (gan rn, yng ngofal rhn), ymddiried arian (i rn), adneuo arian (gyda rhn); *(b) Com:* **to ~ 100 pounds [as first payment],** rhoi blaen-dâl/ernes o gan punt, rhoi can punt o ernes/flaen-dâl, blaendalu/adneuo canpunt. **3.** *(liquid, mud &c):* gwaddodi, dyddodi, gwaelodi (rhth); gadael haen (o rth). **4.** *Cmptr:* dyddodi. **5.** *(= hoard):* celcio, celu.
depositary *n.* ymddiriedolwr (ymddiriedolwyr) *m*, ymddiried|olwraig (ymddiriedolwragedd) *f*.
deposition *n.* **1.** *(of king):* diorseddiad(-au) *m*, diorseddu *vn*; *(of official):* diswyddiad(-au) *m*, diswyddo *vn*, disodli *vn*. **2.** *Jur:* tystiolaeth(-au) *f* [ar lw], deponiad(-au) *m*. **3.** *Geol: &c:* dyddodiad(-au) *m*, gwaddodiad(-au) *m*, dyddodi *vn*, gwaddodi *vn*. **4.** *Rel: Art:* disgyniad(-au) *m*.
depositional *a. Geol: &c:* dyddodiadol.
depositor *n. Bank:* adneuydd(-ion) *m*, adneuwr (adneuwyr) *m*.
depository *n.* **1.** *(= storehouse):* storfa (storf|eydd) *f*. **2.** = **depositary**.
depot *n.* **1.** *Mil: Navy: &c:* *(a) (= storehouse):* storfa (storf|eydd) *f*, storfan(-nau) *fm*, cadwrfa (cadwrf|eydd) *f*; *(b) (= H.Q.):*

pencadlys(-oedd) *m.* **2.** *(= bus/railway station):* gorsaf(-oedd) *f,* canolfan(-nau) *mf, F:* depo(-s) *m.* **~ ship** *n.* llong *(f)* gyflenwi (llongau cyflenwi).

depravation *n.* **1.** *(condition):* llygredd *m,* llygredigaeth *f; Theol:* **total ~,** llwyr lygriad, llwyr lygredigaeth. **2.** *(action):* llygriad *m,* llygru *vn.*

deprave *v.t.* llygru.

depraved *a.* llygredig, pwdr; *Vet:* **~ appetite,** y franar wyllt *f.*

depravedly *adv.* yn llygredig *&c.*

depravedness *n.* = **depravity.**

depraver *n.* llygrwr (llygrwyr) *m,* ll|ygrwraig (llygrwragedd) *f.*

depravity *n.* = **depravation 1.**

deprecate *v.t.* anghymeradwyo, gwrthwynebu (rhth); gresynu, gofidio (am rth).

deprecating *a.* anghymeradwyol, gwrthwynebus, beirniadol, dibrisiol, bychanol, bychanus, dilornus.

deprecatingly *adv.* yn anghymeradwyol, yn fychanol *&c.*

deprecation *n.* **1.** anghymeradwyaeth *f.* **2.** *Ecc:* gwrthddeiseb(-au) *f,* gwrthddeisyfiad(-au) *m.*

deprecative *a.* = **deprecating.**

deprecatorily *adv.* = **deprecatingly.**

deprecatory *a.* = **deprecating.**

depreciable *a.* dibrisiadwy, lleihadwy.

depreciate *v.t.&i.* **1.** *v.t. (a) (= lower price/value):* dibrisio, isbrisio (rhth); lleih|au gwerth (rhth); *(b) (= belittle):* bychanu, dibrisio, dirmygu, difrïo (rhth); lladd (ar rth); pigo beiau (yn rhth); gwn|eud yn fach (o rth). **2.** *v.i.* colli gwerth, gostwng [mewn gwerth], mynd yn rhatach, mynd yn llai ei werth.

depreciation *n.* **1.** *(of money &c):* dibrisiant *m; (of goods):* lleihad *m* [mewn gwerth], gostyngiad *m* [mewn pris], colli *(vn)* gwerth, gostwng *vn* [mewn gwerth]; *(= wear & tear):* traul *f,* gwerthostyngiad *m.* **2.** *(= belittlement):* dibrisiad *m,* dirmyg *m;* bychanu *vn,* difrïo *vn* (ar rth).

depreciative *a.* dibrisiol, difrïol.

depreciator *n.* bychanwr (bychanwyr) *m,* dibrisiwr (dibriswyr) *m,* difrïwr (difrïwyr) *m.*

depreciatory *a.* = **depreciative.**

depredate *v.t.&i.* anrheithio, ysbeilio, difrodi.

depredation *n. usu.pl.* anrhaith (anrheithiau) *f,* ysbeiliad(-au) *m,* difrod(-au) *m,* difrodi *vn,* anrheithio *vn,* ysbeilio *vn.*

depredator *n.* anrheithiwr (anrheithwyr) *m,* difrodwr (difrodwyr) *m,* ysbeiliwr (ysbeilwyr) *m.*

depredatory *a.* anrheithiol, ysbeiliol, difrodol, difaol.

depress *v.t.* **1.** *(= push/pull down):* gwasgu/gwthio/pwyso (rhth) i lawr, gwasgu/pwyso (ar rth), *occ.* gostwng (rhth). **2.** *Com:* **to ~ (the market),** gostwng (y farchnad); dirwasgu, marweiddio, llesgáu, iselu('r farchnad); *(= discourage):* digalonni, tristáu, torri calon, torri ysbryd (rhn); *F:* rhoi'r felan (i rn).

depressant *a.* & *n.* **1.** *a.* darostyngol; *Med:* **lleddfol, llonyddol,** tawelol. **2.** *n. Med:* tawelyn(-au) *m,* tawelydd(-ion) *m.*

depressed *a.* **1.** *(= dejected):* digalon, prudd, isel eich ysbryd, isel-ysbrydion, diflas, di-hwyl, melancolaidd, pruddglwyfus, *F:* â'r felan/falen arnoch, yn y felan/falen. **2.** *Com: Econ:* marwaidd, llesg, dirwasgedig; **a ~ area,** ardal ddirwasgedig (ardaloedd dirwasgedig) *f.* **3.** *Arch:* **~ arch,** bwa pantiog/panylog *m.*

depressible *a.* **1.** *Econ:* dirwasgadwy. **2. he is easily ~,** mae'n hawdd ei ddigalonni.

depressing *a.* digalon, trist, torcalonnus, melancolaidd, prudd, pruddglwyfus, *F:* digon i roi'r felan/falen ichi, *N:* digon i godi pip arnoch, *S:* yn hala'r pých ar ddyn.

depressingly *adv.* yn ddigalon *&c.*

depression *n.* **1.** *(= lowering, sinking): (a)* gostyngiad *m; vn.* = **depress; angle of ~,** ongl *(f)* ostwng; **~ of freezing point,** gostyngiad rhewbwynt; *(b) Astr:* gostyngiad. **2.** *Meteor:* pwysedd(-au) isel *m,* dibwysiant *m, (often but incorrectly):* dibwysedd(-au) *m.* **3.** *Geog: &c:* pannwl (panylau) *m,* pant(-iau) *m.* **4.** *Pol.Econ: Com:* dirwasgiad(-au) *m.* **5.** *(= low spirits):* digalondid *m,* iselder *m* [ysbryd], isel-ysbryd *m,* pruddglwyf *m,* iseldra *m, F:* y felan/falen *f;* **puerperal ~,** iselder ôl-esgor.

depressive *a.* & *n.* **1.** *a. Lit:* = **depressing;** *Psy: Med:* pruddglwyfus, iselhaol, melancolaidd. **2.** *n. Psy:* pruddglwyfedig(-ion) *m&f,* pruddglwyfus(-ion) *m&f,* rhn a'r pruddglwyf arno/arni.

depressively *adv.* yn ddigalon *&c.*

depressor *n.* **1.** *Surg:* gostyngydd(-ion) *m.* **2.** *Anat:* **~ [muscle],** cyhyryn (cyhyrau) gostyngol *m,* gostyngydd; **~ nerve,** nerf ostyngol (nerfau gostyngol) *f.*

depressurize *v.t.* dirwasgu; *(tyre &c):* gollwng gwynt (o rth).

depressurised *a.* dirwasgedig; *(tyre &c):* a llai o wynt.

deprivable *a.* amddifadadwy, difreiniadwy.

deprival *n.* amddifadiad *m,* difreiniad *m,* colled *f; vn.* = **deprive. ~ value** *n.* gwerth *(m)* difeddiant.

deprivation *n.* **1.** *(action):* amddifadiad *m,* amddifadu *vn,* difeddiannu *vn,* difeddu *vn; (condition):* amddifadedd *m,* amddifadrwydd *m,* amddifedi *m; (= loss):* colled *f; (= lack):* diffyg(-ion) *m;* **sensory ~,** diffyg synhwyraidd. **2.** *(= dispossession): esp. Ecc:* difreiniad *m,* diswyddiad *m,* difreinio *vn,* diswyddo *vn.*

deprive *v.t.* **1. to ~ s.o. of sth,** amddifadu rhn o rth, dwyn/mynd â rhth oddi ar rn, difeddiannu/difeddu rhn o rth. **2. to ~ a priest of his living,** difreinio/diswyddo offeiriad.

deprived *a.* **1.** amddifad (**of sth,** o rth); heb (rth). **2.** *(= needy):* amddifadus, anghenus, difreintiedig; *abs.* **~ area,** ardal amddifad/ddifreintiedig (ardaloedd amddifad/difreintiedig) *f;* **~ child,** plentyn (plant) difreintiedig *m.*

Deptford pink *n. Bot:* penigan *(m)* y porf|eydd (peniganau'r porfeydd), ceian *(m)* y porfeydd (ceianau'r porfeydd).

depth *n.* **1.** dyfnder(-oedd,-au) *m;* **at a ~ of 50 fathoms,** ar ddyfnder o hanner can gwryd; **to get out of one's ~,** mynd i ddyfroedd dyfnion. **2.** *(of layer):* dyfnder, trwch *m, N: occ:* dyfn *m; T.V: &c:* **~ of field,** dyfnder ffocws; *Min:* **~ of gallery,** *N.E:* dyfn ponc. **3.** *(a) (of sound, intelligence, feeling):* dyfnder; *(b) (of intelligence):* praffter *m,* cyrhaeddiad *m,* dyfnder; *(c) (of colour):* dwysedd *m,* cryfder *m,* dyfnder; *(d) (of feeling):* dyfnder, dwyster, angerdd *m,* angerddoldeb *m.* **4.** *(of forest):* perfeddion *pl,* canol *m,* pellafoedd *pl; (of cave):* pen pellaf *m,* pen draw *m;* **in the ~ of the countryside,** yng nghefn gwlad, ym mherfeddion y wlad; **in the ~ of night,** gefn nos, yn nhrymder *(m)* y nos, gefn trymedd *(m)* nos, yng nghanol y nos, berfedd nos, ym mherfeddion y nos; **in the ~ of winter,** gefn gaeaf, yng nghanol y gaeaf, ym mhwll y gaeaf. **5.** *pl.* **the depths,** *(a)* y dyfnderoedd, *Lit:* yr affwys *m; (b) (of ocean):* dyfnderoedd, *Lit:* eigion *m; (c)* **depths of ignorance,** anwybodaeth affwysol *f;* **in the depths of despair,** mewn dwfn anobaith; **in ~** *(a) a.* treiddgar, llwyr, trylwyr, manwl, cynhwysfawr, treiddiol; *(b) adv.* yn drylwyr, yn fanwl; **defence in ~,** amddiffyniad treiddiol, amddiffyniad mewn trwch; **in-~ psychology,** seicoleg seicdreiddiol *f.* **~-bomb, ~-charge** *n. Navy:* bom tanddwr/danddwr (bomiau tanddwr) *mf,* ffrwydryn(-nau, ffrwydron) tanddwr *m.* **~-finder, ~-gauge** *n. (a) Oc: Nau:* plymiwr (plymwyr) *m; (sonic):* seinblymiwr (seinblymwyr) *m; (b) Tchn:* medrydd(-ion) *(m)* dyfnder. **perception** *n. Psy:* canfyddiad *(m)* pellter. **~ psychology** *n.* = **psychoanalysis. ~ stop** *n.* stop(-iau) *(m)* dyfnder.

depthless *a.* bas, arwynebol, diddyfnder.

depurate *v.t.*, **depuration** *n. Med:* puro, pureiddio, coethi.

depurative *a. Med:* pureiddiol.

depurator *n. Med:* pureiddiwr (pureiddwyr).

deputation *n.* dirprwyaeth(-au) *f.*

depute[1] *v.t.* dirprwyo.

depute[2] *n.* dirprwy(-on) *m.*

deputization *n.*, **deputize** *v.t.&i.* dirpwyo (**for s.o.,** dros rn), gweithredu (yn lle rhn, ar ran rhn, dros rn).

deputy *n.* **1.** dirprwy(-on,-aid) *m;* **by ~,** trwy ddirprwy; *U.S:* = **deputy sheriff. 2.** *Fr.Pol:* aelod(-au) seneddol *m.* **~ chairman** *n.* dirprwy gadeirydd(-ion) *m.* **~ governor** *n.* dirprwy lywodraethwr (~-lywodraethwyr) *m.* **~ lieutenant** *n.* dirprwy raglaw(-iaid) *m.* **~ mayor** *n.* dirprwy faer (~ feiri) *m.* **~ sheriff** *n.* dirprwy siryf(-on) *m.* **D~ Speaker** *n.* Dirprwy Lefarydd(-ion) *m.*

deracinate *v.t.* diwreiddio, dadwreiddio.

deracinated *a.* diwreiddiedig, dadwreiddiedig.

deracination *n. Lit:* diwreiddiad *m,* diwreiddio *vn.*

dracin *a.* & *n.* **1.** *a.* diwreiddiedig, diwreiddiau, heb wreiddiau. **2.** *n.* diwreiddiedig(-ion) *m&f,* rhn (rhai) heb wreiddiau.

derail *v.t. (usu. in pass.):* direilio, taflu/bwrw (rhth) oddi ar y cledrau; **to be derailed,** mynd oddi ar y cledrau.
dérailleur *n. Cy:* ***dérailleur(-s)*** *m.*
derailment *n.* direiliad *m,* direilio *vn.*
derange *v.t.* drysu, anhrefnu (rhn); tarfu, aflonyddu (ar rn); *(= drive crazy):* drysu [meddwl] (rhn), gwallgofi (rhn), gyrru (rhn) yn wallgof.
deranged *a.* dryslyd, wedi drysu, gorffwyll, lloerig, gwallgo[f]; *S.a.* **crazy.**
derangement *n.* **1.** *(= craziness):* gorffwylledd *m,* gorffwylltra *m,* dryswch *m* [meddwl]. **2.** *(= disorder):* dryswch *m,* anhrefn *f,* tryblith *m.*
derat *v.t. U.S:* **to ~ a house,** gwaredu tŷ rhag llygod, cael gwared â llygod o dŷ.
derate *v.t.* didrethu (rhth); lleih|au'r dreth, gostwng y dreth, ysgafnu/ysgafnh|au baich y trethi (ar rth).
deration *v.t.* diddogni.
Derby *n.* **1. local ~,** gornest leol (gornestau lleol) *f;* **donkey ~,** rasys *(pl)* mulod. **2. d~,** *U.S: Cost: (= hat):* het galed (hetiau caled) *f.*
derealization *n.* dadwireddiad *m,* dadwireddu *vn.*
deregister *v.t.* datgofrestru.
deregistration *n.* datgofrestriad *m,* datgofrestru *vn.*
deregulate *v.t.,* **deregulation** *n.* dadreoli.
derelict *a. & n.* **1.** *a.* wedi ei adael, wedi ei esgeuluso, gadawedig, segur, gwag; *(house):* adfeiliedig, yn dadfeilio, yn adfail, wedi mynd â'i ben iddo, anghyfannedd; *(garden):* wedi tyfu'n wyllt, wedi mynd yn anialwch; **a ~ canal,** camlas wedi ei gadael i fynd â'i phen iddi; **a ~ ship,** llong foel (llongau moelion) *f,* llong wag (llongau gweigion), hwlc (hylciau) *mf;* **the house had a ~ air/look about it,** 'roedd golwg esgeuluso ar y tŷ; **~ land,** tir diffaith; *(b) (= negligent):* esgeulus (**in sth,** o rth). **2.** *n. (a) esp. Nau:* llong foel (llongau moelion) *f,* llong wag (llongau gweigion); *(b) (= wreck):* adfail *(m)* llong (adfeilion llongau), llong ddrylliedig (llongau drylliedig), ysgerbwd *(m)* llong (ysgerbydau llongau), hwlc (hylciau) *mf;* *(b) (pers.):* gwrthodedig(-ion) *m&f.*
dereliction *n.* **1.** *(= derelict state): (of house &c):* adfeiliedigrwydd *m,* cyflwr adfeiliog/adfeiliedig *m;* *(of land):* cyflwr diffaith *m,* diffeithwch *m,* diffeithder *m,* diffeithdra *m.* **2.** *(of duty):* esgeulustod *m,* esgeuluster *m,* esgeulustra *m,* esgeulusrwydd *m;* **~ of duty,** esgeuluso'ch dyletswydd. **3.** *Geog: Geol: occ:* dinoethiad *m.* **~ order** *n.* gorchymyn (gorchmynion) *(m)* dirywiad llwyr.
derepress *v.t.,* **derepression** *n. Biol: &c:* dadflocio.
derequisition *v.t.* dadatafaelu.
derestrict *v.t.* datgyfyngu, codi'r cyfyngiadau (ar rth); dirwystro (rhth).
derestricted *a.* **~ road,** ffordd heb gyfyngiad, ffordd ddigyfyngiad.
derestriction *n.* datgyfyngiad(-au) *m,* datgyfyngu *vn.*
deride *v.t.* gwatwar, gwawdio, dirmygu, *Lit:* goganu; *F:* cael/gwn|eud hwyl/sbort (am ben rhth), chwerthin (am ben rhth), troi (rhth) yn destun sbort/hwyl, gwneud/cymryd (rhth) yn gyff gwawd, wfftio (rhth).
derider *n.* gwatwarwr (gwatwarwyr) *m,* gwatw|arwraig (gwatwarwragedd) *f,* gwawdiwr (gwawdwyr) *m,* gw|awdwraig (gwawdwragedd) *f,* dirmygwr (dirmygwyr) *m,* dirm|ygwraig (dirmygwragedd) *f, Lit:* goganwr (goganwyr) *m,* gog|anwraig (goganwragedd) *f.*
deriding *a.* = **derisive 1.**
deridingly *adv.* = **derisively.**
derision *n.* gwatwar *m,* gwawd *m,* dirmyg *m, Lit:* gogan *f,* crechwen *f,* coegni *m;* **an object of ~,** testun *(m)* sbort/hwyl/gwawd, cyff *(m)* gwawd, *N: F: occ:* pricsiwn *m;* **to have/hold s.o. in ~,** = **deride.**
derisive *a.* **1.** *(= mocking):* gwatwarus, gwatwarllyd, gwawdlyd, dirmygus, llawn dirmyg *&c, Lit:* gwawdlym, coeglyd, goganus. **2.** *(= contemptible):* chwerthinllyd, gwrthun; *(= paltry):* tila, pitw, dibwys, diwerth.
derisively *adv.* **1.** yn watwarus *&c.* **2. ~ small,** chwerthinllyd o fychan.
derisory *a.* = **derisive 2.**
derivable *a.* deilliadwy, tarddadwy.
derivate *n.* = **derivative 1.** *(a),* **2.**
derivation *n.* **1.** *Ling:* tarddiad(-au) *m,* tarddu *vn,* deillio *vn.* **2.** *(= obtention, extraction):* caffaeliad *m,* cael *vn,* deillio *vn; Ph: &c:* deilliant (deilliannau) *m.*
derivational *a.* = **derivative 1.**
derivative *a. & n.* **1.** *a. (= imitative):* deilliadol, dynwaredol, tarddiadol, ail-law, adleisiol; **~ art,** celfyddyd ddeilliadol *f.* **2.** *n. (a) Gram:* tarddair (tarddeiriau) *m;* **~ verb,** berf(-au) eilradd *f;* *(b) Ch: Ind: Mus:* deilliad(-au, deilliaid) *m.*
derivatively *adv.* trwy ddeilliad/darddiad, yn darddiadol *&c.*
derivativeness *a.* natur ddeilliadol *&c f.*
derive *v.t.&i.* **1.** *v.t. (a) Ling:* **to ~ a word from sth,** olrhain tarddiad gair o rth, deillio/tarddu gair o rth; **a word derived from Latin,** gair yn tarddu/deillio o'r Lladin; *(b)* **to ~ pleasure from sth,** cael mwynhad o rth, mwynh|au [gwneud] rhth; **income derived from an investment,** incwm yn tarddu/deillio o fuddsoddiad. **2.** *v.i.* **to ~ (from sth),** tarddu, deillio, hanu, codi, dod (o rth); **deriving from sth,** a gyfyd o rth.
derived *a.* deilliedig, deilliadol, tarddiadol; *Ph:* **~ function,** ffwythiant (ffwythiannau) deilliadol *m; Archeol:* **~ specimen,** enghraifft grwydr (enghreifftiau crwydr) *f.*
deriver *n.* deilliwr (deillwyr) *m,* olrheiniwr: olrheinydd (olrheinwyr) *m,* tarddwr: tarddydd (tarddwyr) *m; Log:* diddwythwr: diddwythydd (diddwythwyr) *m.*
derm[a] *n. Anat:* = **dermis.**
dermal *a.* **1.** croenol, [y] croen. **2.** = **epidermal.**
dermapteran *a. & n. Ent:* **1.** *a.* croenadeiniol. **2.** *n.* croenadeiniad (croenadeiniaid) *m&f.*
dermapterous *a.* = **dermapteran 1.**
dermatitis *n.* llid *(m)* [ar] y croen, dermatitis *m.*
dermatogen *n. Bot:* derm|atogen (dermatogenau) *m.*
dermatoglyphic *a.* dermatoglyffig.
dermatoglyphics *n.pl.* **1.** dermatoglyffau. **2.** *(science):* dermatoglyffeg *f.*
dermatoid *a.* fel croen, croenaidd, croenol.
dermatological *a.* dermatolegol.
dermatologist *n.* dermatolegydd: dermatolegwr (dermatolegwyr) *m.*
dermatology *n.* dermatoleg *f.*
dermatome *n. Surg: Biol:* d|ermatom (dermatomau) *m.*
dermatomic *a.* dermatomig.
dermatophyte *n. Fung:* derm|atoffyt (dermatoffytau) *m.*
dermatophytic *a. Fung:* dermatoffytig.
dermatosis *n. Med:* dermatosis *m,* clefyd *(m)* ar y croen.
dermestid *a. & n. Ent:* **1.** *a.* croenysol. **2.** *n.* croenysor(-ion) *m.*
dermic *a.* = **dermal.**
dermis *n. Anat:* y croen *m,* y gwirgroen *m,* yr isgroen *m.*
dermoid *a. & n. Med:* **1.** *a.* croenaidd, croenol. **2.** *n.* dermoid(-au) *m.*
dermoidal *a.* = **dermoid 1.**
dermopteran *a. & n. Z:* **1.** *a.* dermopteraidd. **2.** *n.* dermopteriad (dermopteriaid) *m&f.*
dermopterous *a.* = **dermopteran 1.**
dermotropic *a. Bac:* dermotropig.
dernier cri *n.* y ffasiwn diweddaraf *m.*
derogate *v.i.&t.* **1.** *v.i. (a)* **to ~ from sth,** amharu ar rth, bychanu rhth, lleih|au rhth, anurddo rhth, tynnu oddi wrth rth; *(b)* **to ~ from one's dignity,** colli'ch urddas, dwyn anfri arnoch eich hunan. **2.** *v.t.* = **disparage.**
derogation *n.* **1.** *Jur: (of a law):* rhan-ddirymiad *m,* darn-ddirymiad *m.* **2. ~ (from a right),** amhariad *m,* lleihad *m* (ar hawl). **3. without ~,** heb anfri *(m),* heb golli urddas, heb ymostwng.
derogative *a.* = **derogatory.**
derogatively, derogatorily *adv.* yn fychanol *&c.*
derogatory *a.* **1.** *Jur: (a) (of law):* rhan-ddirymus, darn-ddirymus; *(b)* **~ of a right,** niweidiol i hawl. **2.** *(= belittling):* bychanol, bychanus, difrïol, diystyrllyd, difenwol, enllibus, dirmygus; **to say ~ things about s.o.,** lladd ar rn, rhedeg ar rn, bychanu rhn, difrïo rhn. **3. to do sth ~ to one's position,** dwyn anfri arnoch eich hunan, gwneud rhth annheilwng ohonoch.
derrick *n. Ind:* deric(-s,-iau) *m.*
derrière *n.* = **backside.**
derring-do *n. Lit:* dewrder *m,* glewder *m,* gwroldeb *m,* arwriaeth *f,* gwrhydri *m.*
derringer *n. Sm.a.* ***derringer(-s)*** *m.*
derris *n. Bot:* derris *m.*

derv *n.* derv *m.*
dervish *n. Rel:* derfis(-iaid) *m*; **dancing/whirling ~,** derfis chwyrlïol; **howling ~,** derfis udol.
Derwent *Eng.Pl.n.* Derwennydd *f.*
desacralization *n.*, **desacralize** *v.t.* datgysegru, digysegru.
desalinate *v.t.*, **desalination** *n.* croywi, dihalltu, dihalennu, dihalwyno.
desalinator *n.* dihalltwr (dihalltwyr) *m.*
desalinization *n.*, **desalinize, desalt** *v.t.* dihalltu.
desalter *n.* dihalltwr (dihalltwyr) *m.*
descant¹ *n. Mus:* cyfalaw(-on) *f*, desgant(-au) *m.* **~ viol** *n.* feiol *(f)* ddesgant (feiolau desgant).
descant² *v.i.* **1.** *Mus:* canu cyfalaw, canu desgant. **2.** *(= sing praises of):* canu clodydd (rhth); canmol, clodfori (rhth).
descend *v.i.&t.* **1.** *v.i. (a)* disgyn, dod i lawr; *(of rain):* disgyn, syrthio; **to ~ (from a train),** disgyn, dod i lawr (oddi ar drên, o drên); *(b)* **to ~ on s.o.,** glanio ar rn, dod ar/am ben rhn; **they descended in a horde,** dyma nhw'n cyrraedd yn un haid; *(c)* **to ~ to lying,** ymostwng i ddweud celwydd; **to ~ to s.o.'s level,** disgyn/syrthio i lefel rhn; *(d)* **to be descended from s.o.,** bod yn ddisgynnydd i rn, bod o hil/hiliogaeth rhn, disgyn o rn; **to be descended from good stock,** dod/hanu o dras/linach dda, bod o hen wehelyth; *(e) (of property):* disgyn. **2.** *v.t.* **to ~ a hill,** mynd/dod i lawr rhiw, *Lit:* disgyn i droed rhiw.
descendant *a. & n.* **1.** *a.* disgynnol, yn disgyn. **2.** *n.* disgynnydd (disgynyddion) *m.*
descended *a.* yn disgyn, yn hanfod, yn hanu, yn tarddu.
descendent *a. & n.* = **descendant.**
descender *n.* **1.** = **descendant. 2.** *Typ:* cynffon *(f)* llythyren (cynffonnau llythrennau), strôc ddisgynnol (strociau disgynnol) *f.*
descendible *a.* disgynadwy.
descending *a.* disgynnol.
descent *n.* **1.** *(of hill, stairs):* disgyniad(-au) *m*, disgynfa (disgynf|eydd) *f*, ffordd (ffyrdd) i lawr *f*, goriwaered *m.* **2.** *(= attack):* ymosodiad(-au) *m.* **3.** *(= surprise arrival):* glaniad(-au) *m.* **4.** *(of temperature):* cwymp(-iadau) *m.* **5.** *(= lineage):* tras(-au) *f*, llinach(-au) *f*, hil(-ion) *f*, hiliogaeth(-au) *f*, gwehelyth(-au,-oedd) *fm*, ach *f*, achau *pl.* **6.** *Jur: (of property &c)* disgyniad *m.*
describability *n.* natur ddisgrifiadwy *f*, disgrifiadwyedd *m.*
describable *a.* disgrifiadwy.
describe *v.t.* **1.** disgrifio; **as described,** fel y disgrifiwyd, yn ôl y disgrifiad, cyfatebol i'r disgrifiad. **2.** *Geom:* **to ~ an arch,** tynnu/gwn|eud cromlin; **to ~ a circle,** tynnu cylch, gwneud cylch.
describer *n.* disgrifiwr (disgrifwyr) *m*, disgr|ifwraig (disgrifwragedd) *f.*
description *n.* **1.** disgrifiad(-au) *m*, disgrifio *vn*; **beyond ~,** annisgrifiadwy, y tu hwnt i eiriau; **by ~,** trwy ddisgrifiad; **to fit a ~, to answer to a ~,** cyfateb i ddisgrifiad, ateb disgrifiad. **2.** **people of this ~,** pobl o'r math/fath yma.
descriptive *a.* disgrifiadol, *occ:* disgrifiol, disgrifyddol.
descriptively *adv.* yn ddisgrifiadol *&c.*
descriptiveness *n.* disgrifiadaeth *f*, natur ddisgrifiadol *f.*
descriptor *n.* disgrifiwr (disgrifwyr) *m*, disgrifydd (-ion) *m.* **~ file** *n.* ffeil *(f)* ddisgrifyddion (ffeiliau disgrifyddion). **~ language** *n.* iaith ddisgrifyddol (ieithoedd disgrifyddol) *f.*
descry *v.t.* canfod.
desecrate *v.t.* halogi.
desecrater *n.* = **desecrator.**
desecration *n.* halogiad(-au) *m*, halogi *vn.*
desecrator *n.* halogwr: halogydd (halogwyr) *m.*
desegregate *v.t.*, **desegregation** *n.* dadwahanu.
deselect *v.t.* dadethol, dad-ddethol, dad-ddewis, deol.
deselection *n.* dadetholiad(-au) *m*, dad-ddetholiad(-au) *m*, dad-ddewisiad(-au) *m*, deoliad(-au) *m*; *vn.* = **deselect.**
desensitization *n.*, **desensitize** *v.t.* dadsensiteiddio, ansensiteiddio.
desensitized *a.* ans|ensitif, dideimlad; *(= numb):* wedi fferru, fferedig.
desensitizer *n.* dadsensiteiddiwr (dadsensiteiddwyr) *m*, ansensiteiddiwr (ansensiteiddwyr) *m.*
desert¹ *n. (= merit): usu.pl.* haeddiant *m.*
desert² *a. & n.* **1.** *a. (region &c):* anial, diffaith; *(= unoccupied):* anghyfannedd; **~ land,** diffeithdir(-oedd) *m*; **a ~ place,** diffeithle(-oedd) *m.* **2.** *n.* diffeithwch (diffeithychau) *m*, anialwch (anialychau) *m*, diffeithdir(-oedd) *m*, anialdir(-oedd) *m*, *Lit: Poet:* anial(-oedd) *m.* **~ island** *n.* ynys(-oedd) anghyfannedd *f.* **~ lynx** *n. Z:* = **caracal. ~ pea** *n. Bot:* pysen (pys) *(f)* yr anialwch. **~ privet** *n. Bot:* puprysgawen *(f)* yr anialwch. **~ rat** *n. Z: Mil:* llygoden (llygod) *(f)* yr anialwch. **~ rod** *n. Bot:* gwialen *(f)* yr anialwch.
desert³ *v.i.&t.* **1.** *v.i.* encilio, ffoi, gwrthgilio (o rywle); **to ~ to the enemy,** mynd drosodd at y gelyn, mynd at ochr y gelyn. **2.** *v.t.* **to ~ a place/person,** gadael rhywle/rhn; **to ~ a friend,** cefnu ar ffrind, troi cefn ar ffrind, gadael ffrind ar y clwt; *Pol:* **to ~ one's party,** troi côt; **his courage deserted him,** diflannodd/pallodd ei wroldeb i gyd.
deserted *a.* **1.** *(pers.):* gadawedig. **2.** *(place):* gwag (gweigion); *(= unoccupied):* anghyfannedd; **a ~ village,** pentref diffaith/anghyfannedd.
deserter *n.* enciliwr (encilwyr) *m*, gwrthgiliwr (gwrthgilwyr) *m*, ffoadur(-iaid) *m*, dihangwr (dihangwyr) *m*, dihangydd(-ion) *m.*
desertion *n.* gwrthgiliad(-au) *m*, enciliad(-au) *m*, gadawiad(-au) *m*, encilio *vn*, ffoi *vn*, dianc *vn*, gadael *vn*, gwrthgilio *vn*; *Jur:* **constructive ~,** enciliad ffurfiannol; **in ~,** mewn enciliad.
deserve *v.t.* haeddu, teilyngu (rhth); bod yn deilwng (o rth); **this deserves commendation,** mae lle i ganmol hyn.
deserved *a.* haeddiannol, teilwng, dyledus.
deservedly *adv.* yn haeddiannol, yn deg, yn ôl haeddiant, yn deilwng; **~ famous,** haeddiannol enwog.
deservedness *n.* teilyngdod *m.*
deserving *a. & n.* **1.** *a.* teilwng, haeddiannol. **2.** *n.* = **desert¹.**
desexualization *n.*, **desexualize** *v.t.* dadrywio.
déshabillé *n.* gwisg ddiofal *f*, ***déshabillé*** *m*, *F: occ:* desabl *m.*
desiccant *a. & n* **1.** *a.* sychol, dysychol. **2.** *n.* sychwr (sychwyr) *m*, dysychwr (dysychwyr) *m.*
desiccate *v.t.&i.* dysychu, sychu.
desiccated *a. Cu:* dysychedig, *F:* crinsych, crimp, sych [grimp], wedi sychu; *S.a.* **coconut.**
desiccation *n.* dysychiad *m*, dysychiant *m*, dysychu *vn*, sychu *vn.*
desiccative *a.* dysychol, sychol.
desiccator *n.* dysychwr (dysychwyr) *m.*
desiderate *v.t. A:* teimlo eisiau (rhth), dyh|eu (am rth), chwenychu (rhth), *Lit: occ:* eidduno (rhth).
desideration *n.* = **desire¹.**
desiderative *a. & n. Gram:* **1.** *a.* dymuniadol, eiddunol. **2.** *n.* berf ddymuniadol/eiddunol (berfau dymuniadol/eiddunol) *f.*
desideratum *n.* anghenraid (angenrheidiau) *m*, angen (anghenion) *m*; **desiderata** *n.pl.* rhestr *(f)* anghenion.
design¹ *n.* **1.** *(= intention, plan):* bwriad(-au) *m*, amcan(-ion) *m*, *Lit:* arfaeth(-au) *f*; **by ~,** yn fwriadol, o fwriad; *F:* **to have designs on s.o.,** bod â'ch llygad ar rn, llygadu rhn yn awyddus/awchus, bwriadu rhth ar gyfer rhn; **to have designs on sth,** bwriadu cael/meddiannu rhth, *F:* gweld eich gwyn ar rth; **with this ~,** gyda'r bwriad hwn, gyda hyn mewn golwg. **2.** *(decorative):* patrwm (patrymau) *m*, *occ:* rhaglun(-iau) *m*, cynllun(-iau) *m*, dyluniad(-au) *m*; **abstract ~,** cynllun haniaethol; *Cmptr:* **border ~,** dyluniad border; **computer aided ~,** cynllunio *(vn)* trwy gymorth cyfrifadur; **counterchange ~,** patrwm gwrthgyfnewid; **creative ~,** dyluniad creadigol; **geometric ~,** dyluniad geometrig; **freehand ~,** cynllun llaw rydd; *Dressm:* **repeat ~,** dyluniad ailadrodd. **3.** *Ind: (= preliminary plan):* rhaglun. **4.** *(= type, model):* math(-au) *m*, model(-au) *m*, cynllun. **5.** *(= construction):* cynllun, gwneuthuriad *m*, saernïaeth *f*; **(a machine) of faulty ~,** (peiriant) wedi ei gynllunio'n wallus, gwallus ei gynllun, o gynllun gwallus; **a car of the latest ~,** car o'r math/cynllun diweddaraf; **D~ and Works Programme,** Rhaglen Gynllun a Gwaith; *Aut:* **~ hourly volume,** llif(-au) awrol *(m)* cynllunio. **~ centre** *n.* canolfan *(mf)* cynllunio/gynllunio (canolfannau cynllunio). **~ play** *n.* chwarae *(m)* patrwm. **~ speed** *n.* cyflymder *(m)* cynllunio.
design² *v.t.* **1.** *O: (= destine):* **to ~ s.o. for the church,** amcanu/bwriadu/arfaethu i rn fynd i'r offeiriadaeth/weinidogaeth. **2.** *(= draw plan of):* cynllunio, dylunio, llunio, dyfeisio. **3.** *(= prepare):* cynllunio, parat|oi, arfaethu, arofun.
designate¹ *a.* darpar *(before noun + soft mut.)*; **bishop ~,** darpar esgob(-ion) *m.*
designate² *v.t.* **1.** *(a) (= name, nominate):* enwebu, enwi; *(b) (=*

appoint): penodi. **2.** *(= indicate):* dynodi, disgrifio; **designated by the name of...,** a ddynodir gan [yr] enw...; **rulings designated as arbitrary,** dyfarniadau a elwir/ystyrir yn fympwyol.
designated *a.* penodedig, dynodedig, penodol.
designation *n.* **1.** *(= nomination):* enwebiad(-au) *m*, enwebu *vn.* **2.** *(= appointment):* penodiad(-au) *m*, penodi *vn.* **3.** *(= title):* disgrifiad(-au) *m*, enw(-au) *m*, teitl(-au) *m*, arwyddnod(-au) *m.* **4.** *(= indication):* dynodiad(-au) *m*, disgrifiad.
designative *a.* dynodol, penodol.
designator *n.* dynodwr (dynodwyr) *m.*
designatory *n.* = **designative.**
designedly *adv.* yn fwriadol, o fwriad.
designee *n.* rhn (rhai) dynodedig *m*, dynodedig(-ion) *m&f.*
designer *n. & attrib.* **1.** *Ind: Com: &c:* cynllunydd: cynlluniwr (cynllunwyr) *m*, cynll|unwraig (cynllunwragedd) *f*, *occ:* dylunydd (dylunwyr) *m*, rhagluniwr: rhaglunydd (rhaglunwyr) *m.* **2.** *(= schemer):* cynllwyn[i]wr (cynllwynwyr) *m*, cynll|wynwraig (cynllwynwragedd) *f*, *F:* sgamiwr (sgamwyr) *m*, *N.W: F:* sgemar(-s) *m.* **3.** *attrib.* cynllunydd; ~ **jeans,** jîns cynllunydd.
designing *a.* cyfrwys, dichellgar, amcanus, sgilgar.
designingly *adv.* yn gyfrwys *&c.*
desilication *n. Geol:* dadsiliceiddio *vn.*
desinence *n. Gram:* terfyniad(-au) *m.*
desipramine *n. Pharm:* des|ipramin *m.*
desirability *n.* **1.** dymunoldeb *m*, dymunolrwydd *m*, dewisolrwydd *m*, priodoldeb *m*, natur ddymunol *f*, mantais (manteision) *f*; *(of taking action):* buddioldeb *m*; **the ~ of this aim is obvious,** mae'n amlwg pa mor ddymunol yw'r nod hwn. **2.** *(also, of woman):* swyn *m*, hudoliaeth *f*, cyfaredd *f.*
desirable *a. & n.* **1.** *a.* dymunol, *Lit:* dewisol, dymunadwy, chwenychadwy, manteisiol; *(woman):* swynol, hudolus, cyfareddol, atyniadol; *Com:* ~ **property for sale,** tŷ braf/dymunol ar werth. **2.** *n.* peth(-au) dymunol *m.*
desirableness *n.* = **desirability.**
desirably *adv.* yn ddymunol *&c.*
desire[1] *n.* **1.** *(a) (= wish):* awydd(-au) *m*, dyhead(-au) *m*, dymuniad(-au) *m*, chwant(-au) *m*, *Lit:* eidduniad(-au) *m*; **I feel no ~ to go,** 'does arna' i ddim awydd mynd; *(b) (esp. sexual):* chwant, blys(-iau) *m*, trachwant(-au) *m*, chwenychiad(-au) *m*, awch *m.* **2.** *(= request):* dymuniad(-au) *m*; **it is my ~ that...,** fy nymuniad i yw...; **at/by s.o.'s ~,** ar ddymuniad rhn, yn ôl dymuniad rhn, *Lit:* i ryngu bodd rhn.
desire[2] *v.t.* **1.** dymuno [gwneud] (rhth), bod ag awydd [gwneud] (rhth), *Lit:* eidduno; *Lit: (esp. sexually):* chwenychu, blysio (rhth); dyh|eu, trachwantu (am rth); **since you ~ it,** gan eich bod yn ei fynnu/ddymuno; gan mai dyna'ch dymuniad; **I ~ to go,** 'rwy'n dymuno mynd; hoffwn fynd; mae arnaf awydd/flys/chwant mynd; **it leaves much to be desired,** ni wnaiff e mo'r tro; mae lle i gwyno arno; mae ymhell o fod yn foddhaol; gallai fod lawer yn well; mae diffygion lawer arno; mae'n bur anfoddhaol/ddiffygiol; mae cryn le i wella arno. **2.** *(a)* **to ~ sth of s.o.,** dymuno/gofyn rhth gan rn, gofyn am rth gan rn, mynd ar ofyn rhn am rth; *(b)* **to ~ s.o. to do sth,** dymuno/gofyn i rn wneud rhth.
desirous *a.* ~ **to do sth,** awyddus/chwannog i wneud rhth, yn dymuno gwneud rhth.
desirously *adv.* yn awyddus *&c.*
desirousness *n.* chwanogrwydd *m*, awydd *m.*
desist *v.i. Lit:* **1. to ~ from doing sth,** peidio â gwneud rhth, rhoi'r gorau i wneud rhth, ymatal rhag gwneud rhth; *int.* **desist!** paid (peidiwch)! dyna ddigon! rho'r (rhowch y) gorau iddi! **2. to ~ from sth,** rhoi'r gorau i rth, *Lit:* rhoi diofryd i rth, ymatal rhag rhth.
desistance *n.* peidiad *m*, ymataliad *m*, peidio *vn*, ymatal *vn.*
desk *n.* desg(-iau) *f.* **~-bound** *a.* sownd/rhwym/caeth wrth ddesg, desgrwym; **~ check** *n. Cmptr:* gwiriad(-au) *(m)* desg. **~-pad** *n.* pad(-iau) *(m)* ysgrifennu, pad nodiadau.
desman *n. Z:* desman(-od) *m*, twrch (tyrchod) *(m)* dŵr, gwadd *(f)* ddŵr (gwaddod dŵr), llygoden *(f)* fwsg (llygod mwsg); **Pyrenean ~,** desman y Pyreneau.
desmarestia *n. Algae:* barf *(f)* fr.
desmid *n. Bot:* desmid(-au) *m.*
desmosome *n. Biol:* d|esmosom (desmosomau) *m.*
desolate[1] *a.* **1.** *(place, = lonely &c):* unig, anghyfannedd, diffaith, anial, digalon, llwm (*f.* llom, *pl.* llymion), moel, noethlwm. **2.** *(pers.):* unig, digalon, truenus, trallodus, trist.
desolate[2] *v.t.* **1.** *(= devastate):* diffeithio, diboblogi, difrodi, anrheithio, ysbeilio. **2.** *(= sadden):* tristáu, digalonni, gofidio, pruddh|au (rhn); torri calon (rhn).
desolately *adv.* yn unig *&c*; yn ddigalon *&c.*
desolateness *n.* **1.** diffeithdra *m*, diffeithwch *m*, unigedd *m*, unigrwydd *m*, moelni *m*, llymder *m*, llymdra *m*, anghyfan|edd-dra *m.* **2.** *(of pers.):* = **desolation 2.**
desolater *n.* = **desolator.**
desolation *n.* **1.** diffeithwch *m*, diffeithdra *m*, anialwch *m*, unigedd(-au) *m*, anghyfan|edd-dra *m*; *S.a.* **desolateness. 2.** *(= wretchedness):* digalondid *m*, tristwch *m*, trueni *m*, truenusrwydd *m*, trallod *m.*
desolator *n.* diffeithiwr (diffeithwyr) *m*, anrheithiwr (anrheithwyr) *m.*
desorb *v.t.* datsugno.
desorbent *a. & n.* **1.** *a.* datsugnol. **2.** *n.* datsugnydd(-ion) *m.*
desorption *n.* datsugniad *m*, datsugniant *m*, datsugno *vn.*
desoxycorticosterone *n.* = **deoxycorticosterone.**
desoxyribonucleic *a.* = **deoxyribonucleic.**
despair[1] *n.* anobaith *m*; **to be in ~,** anobeithio, bod mewn anobaith; **in ~ of sth,** anobeithiol am rth, mewn anobaith ynghylch rhth; **a child who is the ~ of his parents,** plentyn sy'n achos anobaith i'w rieni; **he was the ~ of his teachers,** yr oedd ei athrawon wedi anobeithio yn ei gylch.
despair[2] *v.i.* anobeithio, gwangalonni (*pronounced* ng-g); **to ~ of sth,** anobeithio yngh|ylch rhth; **to ~ of doing sth,** anobeithio medru gwneud rhth; **I ~ of being able to describe it,** 'does gennyf ddim gobaith gallu ei ddisgrifio; **his life is despaired of,** nid oes gobaith y caiff fyw; anobeithir ynghylch ei fywyd.
despairer *n.* anobeithiwr (anobeithwyr) *m*, anob|eithwraig (anobeithwragedd) *f.*
despairing *a.* anobeithiol, diobaith, heb obaith, digalon, truenus.
despairingly *adv.* mewn anobaith, yn ddiobaith, yn anobeithiol; ~ **difficult,** anobeithiol [o] anodd.
despatch *n. & v.* = **dispatch**[1],[2].
desperado *n.* desberado(-s) *m*, dyn(-ion) peryg/milain/gwyllt *m*, cnaf (-on) drwg *m*; *(= criminal):* dihiryn (dihirod) *m*; *Lit:* rhyfygwr (rhyfygwyr) *m*, penboethyn (penboethiaid) *m.*
desperate *a.* **1.** *(condition, malady):* enbyd, enbydus, anobeithiol, peryglus, difrifol. **2.** *(= reckless, violent):* byrbwyll, gorffwyll, rhyfygus, gwyllt, penboeth, cynddeiriog, *F: occ:* desbrad; **a ~ conflict,** brwydr ffyrnig/enbyd *f*; **a ~ remedy,** meddyginiaeth enbyd/fentrus *f*; **to do sth ~,** ei mentro hi'n arw, gwneud rhth enbyd/gwyllt, rhyfygu. **3.** taer, desbrad; **they are ~ for a house,** maen' nhw'n daer/ddesbrad am dŷ; maen' nhw bron marw o eisiau tŷ; fe wnaen' nhw unrhyw beth bron i gael tŷ; **are you ~?** ydi hi'n fain/big/glem arnat ti?
desperately *adv.* **1. to fight ~,** ymladd yn enbyd/ffyrnig. **2. ~ ill,** difrifol wael, enbyd wael, ar drengi. **3. I'm ~ sorry for her,** mae'n ddrwg calon gen i drosti; **he's ~ in love with her,** mae wedi drysu'i ben amdani; **~ short of cash,** prin ofnadwy o arian. **4. to plead ~,** ymbil yn daer.
desperateness *n.* **1.** *(of action, pers.):* gorffwylltra *m*, gorffwylledd *m*, byrbwylltra *m*, gwylltineb *m*, rhyfyg *m.* **2.** *(of situation):* enbydrwydd *m*, difrifoldeb *m.* **3.** *(of plea &c):* taerineb *m.*
desperation *n.* gwylltineb *m*, ffyrnigrwydd *m*, anobaith *m*; **to drive s.o. to ~,** gwylltio rhn, gyrru rhn i ben ei dennyn, gyrru rhn i'r eithaf, peri i rn golli ei limpin, peri i rn golli arno'i hun; **in ~,** mewn anobaith, mewn cyfyng gyngor *(m)*, yn niffyg popeth arall; **I was in ~,** ni wyddwn at bwy i droi; 'roeddwn ar ben fy nhennyn; 'roedd hi wedi mynd i'r pen arnaf.
despicable *a.* ffiaidd, dirmygadwy.
despicableness *n.* ffi|eidd-dra *m*, natur ddirmygadwy *f.*
despicably *adv.* yn ffiaidd *&c.*
despiritualize *v.t.* dadysbrydoli, anysbrydoli.
despise *v.t.* dirmygu, ffieiddio, diystyru.
despiser *n.* dirmygwr (dirmygwyr) *m*, dirm|ygwraig (dirmygwragedd) *f*, ffieiddiwr (ffieiddwyr) *m*, ffi|eiddwraig (ffieiddwragedd) *f.*
despite *prep.* ~ **sth, in ~ of sth,** er [gwaethaf] rhth, *occ: F:* ar waethaf rhth; **~ that,** serch [hynny]; **~ the fact that...,** serch

bod...; *N.W:* **(I got it) ~ his opposition,** (fe'i cefais) ar ei waethaf, yn ei ddannedd, yng ngwaetha'i ddannedd.
despoil *v.t.* **1.** *(= plunder):* anrheithio, ysbeilio, difrodi. **2.** *(= rob):* **to ~ s.o. of sth,** ysbeilio rhn o rth, dwyn/lladrata rhth oddi ar rn.
despoiled *a.* anrheithiedig, ysbeiliedig.
despoiler *n.* anrheithiwr (anrheithwyr) *m*, anrh|eithwraig *f*, ysbeiliwr (ysbeilwyr) *m*, ysb|eilwraig *f*.
despoilment, despoliation *n.* anrhaith (anrheithiau) *f*, anrheithiad(-au) *m*, ysbeiliad(-au) *m*; *vn.* = **despoil.**
despond[1] *n.* anobaith *m*; *Lit:* **the Slough of D~,** Cors (*f*) Anobaith.
despond[2] *v.i.* anobeithio, digalonni, gwangalonni (*pronounced* ng-g), colli gobaith.
despondency *n.* digalondid *m*, anobaith *m*, gwanobaith *m*, iselder (*m*) ysbryd, gwangalondid *m* (*pronounced* ng-g).
despondent *a.* digalon, diobaith, anobeithiol, gwangalon (*pronounced* ng-g), diysbryd, isel eich ysbryd; **to feel ~ (about sth),** digalonni, gwangalonni (yngh|ylch rhth).
despondently *adv.* yn ddigalon *&c*; mewn anobaith.
despot *n.* teyrn(-edd) *m*, unben(-iaid) *m*, gormeswr (gormeswyr) *m*, gorthrymwr (gorthrymwyr) *m*, gormesdeyrn(-edd) *m*; *Gr.Hist:* desbot(-iaid) *m*; *Hist:* **benevolent ~,** unben tadol; **enlightened ~,** unben goleuedig.
despotic *a.* unbenaethol, gormesol, gorthrymus.
despotically *adv.* yn ormesol *&c.*
despotism *n.* **1.** *(= oppression):* gormes *m*, gorthrwm *m*, gorthrymder *m*. **2.** *Pol:* unbennaeth *f*; *Gr.Hist:* desbotiaeth *f*.
despumate *v.t.* ysgumio.
desquamate *v.i.* digennu, cennu, digroeni, pilio, colli cen, crisbilio.
desquamation *n.* digeniad(-au) *m*, crisbiliad(-au) *m*, digroeniad *m*; *vn.* = **desquamate.**
desquamative, desquamatory *a.* digennol.
dessert *n. & attrib.* **1.** *n.* melysfwyd(-ydd) *m*, danteithfwyd(-ydd) *m*, *F:* pwdin(-s,-au) *m*, *Lit:* ancwyn(-ion) *m*, dantaith (danteithion) *m*. **2.** *attrib.* **~ apple,** afal(-au) melys/pêr *m*, afal bwyta; **~ grapes,** grawnwin bwrdd; **~ wine,** gwin melys/pêr *m*. **~-plate** *n.* plât (platiau) (*m*) pwdin. **~-service** *n.* llestri (*pl*) pwdin.
dessertspoon *n.* llwy (*f*) bwdin (llwyau pwdin).
dessertspoonful *n.* llond (*m*) llwy bwdin (~ llwyau pwdin).
dessiatine *n.* *Meas:* d|esiatin (desiatinau) *m*.
destabilization *n.*, **destabilize** *v.t.* ansefydlogi.
destain *v.t.* codi staen (o rth).
destalinization *n.*, **destalinize** *v.t.* *Pol:* datstalineiddio.
destarch *v.t.* *Biol:* distartsio.
destarched *a.* *Biol:* di-startsh.
destination *n.* pen (*m*) taith (pennau teithiau), pen siwrnai (pennau siwrneiau), *occ:* cyrchfan(-nau) *fm*; **what is your ~?** i ble rydych chi'n mynd? **disk** *n.* *Cmptr:* cyrchddisg(-iau) *m*. **~ file** *n.* *Cmptr:* ffeil (*f*) gyrchfan (ffeiliau cyrchfan), ffeil pen taith.
destine *v.t.* **1.** arfaethu, bwriadu, tynghedu; **he was destined for the church,** fe'i harfaethwyd i'r eglwys; **I was destined to be unhappy,** 'roedd yn yr arfaeth imi fod yn anhapus; fe'm tynghedwyd i i fod yn anhapus; fy nhynged i oedd bod yn anhapus; **he was destined never to see her again,** nid oedd i'w gweld hi byth mwy; ni chafodd ei gweld hi byth mwy. **2.** *Lit:* **the ship was destined for the Cape,** 'roedd y llong ar gychwyn *or* ar ei hynt i'r Penrhyn; *S: occ:* 'roedd y llong ar ei hergyd i'r Penrhyn.
destiny *n.* tynged (tynghedau) *f*, tynghedfen (tyngedfennau) *f*, ffawd (ffodion) *f*; **a man of ~,** gŵr (gwŷr) tynghedus *m*.
destitute *a.* **1.** *(= lacking):* amddifad (amddifaid) (**of sth,** o rth). **2.** *(= broke):* anghenus, diymgeledd, *F:* ar y clwt, heb ddimai *&c*, heb yr un geiniog, *N.W: occ:* yn y llety llwm, yn llety'r glem.
destituteness, destitution *n.* tlodi *m*, cyni *m*, amddifadrwydd *m*, amddifedi *m*.
destress *v.t.* distraenio.
destrier *n.* *Hist:* march (meirch) (*m*) rhyfel, cadfarch (cadfeirch) *m*.
destroy *v.t.* **1.** dinistrio, difa, difetha, difodi, distrywio, chwalu, *S: F:* strwa. **2.** *(animal):* difa, lladd, *S:* gwaredu.
destroyer *n.* **1.** dinistriwr (dinistrwyr) *m*, difäwr (difawyr) *m*, distrywiwr (distryw-wyr) *m*, difodwr (difodwyr) *m*, chwalwr (chwalwyr) *m*. **2.** *Nav:* llong (*f*) ddistryw (llongau distryw), distrywlong(-au) *f*. **3.** *Mil:* **tank ~,** difäwr tanciau.
destroying *a.* dinistriol, distrywiol, difaol. **~ angel** *n.* *Fung:* angel (*m*) y fall, angel angau.
destruct[1] *n.* *U.S:* ffrwydrad(-au) *m*, dinistriad(-au) *m*.
destruct[2] *v.t.* *U.S:* ffrwydro, dinistrio.
destructibility *n.* dinistradwyedd *m*, distryw[i]adwyedd *m*; **I am convinced of its ~,** 'rwy'n sicr y gellir ei ddinistrio.
destructible *a.* dinistriadwy, distrywiadwy.
destruction *n.* **1.** dinistr *m*, distryw *m*, difrod *m*, *occ:* drylliedigaeth *f*, *N.W: occ:* difethdod *m*, *Lit: occ:* difancoll *m*, *S.W: occ: (by flooding &c):* gloddestra *m*; **he is rushing to his own ~,** mae'n mynd ar ei ben i ddifancoll; **the ~ caused by the fire,** y difrod a achoswyd gan y tân; **gambling was his ~,** gamblo a'i difethodd o. **2.** *(action):* dinistriad(-au) *m*; **a test to ~,** prawf hyd at ddinistriad; *vn.* = **destroy.**
destructionist *n.* = **destructor 1.**
destructive *a.* dinistriol, distrywiol, difaol, difethol; **a ~ child,** *F: occ:* rhacsiwr (rhacswyr) *m*; *Ch:* **~ distillation,** distylliant dinistriol/dadelfennol *m*; *Cmptr:* **~ read-out,** darlleniad dileol/diddymol *m*; *Cmptr:* **non-~ cursor,** cyrchwr/rhedwr annistrywiol *m*.
destructively *adv.* yn ddinistriol *&c.*
destructiveness, destructivity *n.* distrywiodeb *m*, dinistrioldeb *m*, distrywgarwch *m*, effaith ddinistriol *f*.
destructor *n.* **1.** *(pers.):* difäwr (difawyr) *m*, dinistriwr (dinistrwyr) *m*, distrywiwr (distr|yw-wyr) *m*, difethwr (difethwyr) *m*, difodwr (difodwyr) *m*. **2. refuse ~,** difäwr, llosgydd(-ion) *m*, dif|odwraig (difodwragedd) *f*, ffwrnais (ffwrneisi) *f*, ffwrn (*f*) ddifa (ffyrnau difa), distrywydd(-ion) *m*.
desuetude *n.* anarfer *f*; **a law fallen into ~,** deddf anarferedig *f*.
desultoriness *n.* gwasgarogrwydd *m*, natur wasgarog *f*, diffyg (*m*) trefn, diffyg cyswllt.
desultory *a.* gwasgarog, gwasgaredig, di-drefn, digyswllt, anhrefnus, anghysylltiol, digysylltiad, tameidiog; **a ~ conversation,** sgwrs wasgarog *f*.
desynonymization *n.* anghyfystyru *vn.*
detach *v.t.* **1.** datod, gwahanu, datgysylltu, datglymu, dadfachu (**from sth,** oddi wrth rth). **2.** *Mil:* **to ~ soldiers,** anfon/didoli milwyr ar berwyl, neilltuo milwyr; **we were detached to take the fort,** anfonwyd ni i gipio'r gaer.
detachability *n.* datodadwyedd *m*, natur ddatodadwy *f*.
detachable *a.* datodadwy, dadfachadwy; *Cost:* **~ collar,** coler r[h]ydd (coleri rhyddion) *mf*.
detachably *adv.* yn ddatodadwy *&c.*
detached *a.* **1.** ar wahân, didoledig, gwahanedig, wedi'i wahanu (**from sth,** oddi wrth rth); **a ~ house,** tŷ (tai) (*m*) ar wahân, tŷ sengl, tŷ ar ei ben ei hun; *Mil:* **~ post,** gwersyll diarffordd *m*; **~ service,** gwasanaeth neilltuol *m*. **2.** *(= objective):* diduedd, gwrthrychol, digyffro. **3.** *Med:* **~ retina,** retina rydd (retinâu rhyddion) *f*.
detachedly *adv.* yn ddiduedd *&c.*
detachedness *n.* natur ddiduedd *&c f*, didueddrwydd *m*, gwrthrychedd *m*, pellter *m*; **I was surprised at his ~,** yr oeddwn yn rhyfeddu mor ddigyffro yr oedd.
detaching-hook *n.* *Min:* bachyn (bachau) (*m*) dadfachu.
detachment *n.* **1.** *(a) (= separation):* gwahaniad(-au) *m*, datodiad(-au) *m*, datgysylltiad(-au) *m*, dadfachiad(-au) *m*; *vn.* = **detach**; *(b) Med:* **~ of the retina,** datodiad y retina, rhyddhad (*m*) y retina. **2.** *(a) (= objectivity):* gwrthrychedd *m*; *(b) (= indifference):* difaterwch *m* (**from sth,** tuag at rth, ynghylch rhth). **3.** *Mil:* didoliad(-au) *m*, neilltuad(-au) *m*; **on ~,** ar berwyl, wedi'ch neilltuo.
detail[1] *n.* **1.** *(a)* manylyn (manylion) *m*; **every single ~,** pob iot *f*; **to go/enter into all the details (of sth),** mynd i'r holl fanylion (yngh|ylch rhth); manylu (ar rth); **in every ~,** ym mhob dim, ym mhob iot; **but that's a ~,** ond peth bach/dibwys yw hynny; *(b) (= detailed nature):* manylder *m*, manyldra *m*, manylrwydd *m*; **in [great] ~,** yn fanwl [iawn]. **2.** *(a) (=* **detachment 3***): Mil: &c:* adran(-nau) (*f*) ar berwyl, didoliad(-au) *m*; *(of journalists &c):* grŵp (grwpiau) *m*; *(b) (= order for the day):* gorchmynion (*pl*) y dydd. **~ drawing** *n.* dyluniad(-au) manwl *m*. **~ paper** *n.* papur(-au) manwl *m*. **~ scenery** *n.* set fanwl (setiau manwl) *f*.
detail[2] *v.t.* **1.** manylu (ar rth), rhestru (rhth) yn fanwl; **as detailed in the book,** fel y nodwyd yn y llyfr. **2.** *Mil:* **to ~ s.o. for a duty,**

neilltuo rhn ar gyfer dyletswydd, anfon rhn ar berwyl, gosod/pennu dyletswydd i rn. ~ **man** *n. Com:* trafaeliwr/trafeiliwr (trafaelwyr/trafeilwyr) (*m*) cyffuriau.
detailed *a.* manwl.
detailedly *adv.* yn fanwl.
detailedness *n.* manylder *m*, manyldra *m*, manylrwydd *m*.
detailer *n. Civ.E:* pensaer (penseiri) *m*, (*)manylwr (manylwyr) *m*.
detain *v.t.* dal, cadw; **to ~ (s.o.) [from going],** dal, cadw, rhwystro, atal (rhn) [rhag mynd]; *Jur:* **to ~ s.o. in custody,** cadw rhn yn y ddalfa; **detained patient,** claf (*m*) dan orchymyn.
detainee *n. Jur: &c:* carcharor(-ion) *m*, carcharores(-au) *f*.
detainer *n. Jur:* **1.** atafaeliad *m*. **2. [writ of] ~,** gorchymyn (gorchmynion) (*m*) cadw.
detainment *n.* = **detention.**
detect *v.t.* **1.** *(= discover, catch):* dal, datgelu, dadlennu (rhth); dod o hyd (i rth); **to ~ s.o. in the act,** dal rhn wrthi, dal rhn ar/yn y weithred; **to ~ a culprit,** dod o hyd i droseddwr. **2.** *(= discern):* canfod, synhwyro. **3.** *(= find, localize):* dod o hyd (i rth); cael, lleoli, darganfod, olrhain (rhth).
detectability *n.* datgeladwyedd *m*.
detectable *a.* amlwg, olrheinadwy, gweladwy, canfyddadwy, lleoladwy, datgeladwy; **no ~ signs of violence,** dim olion amlwg o drais.
detectaphone *n.* m[e]icroffon (m[e]icroffonau) cudd *m*.
detecting *a.* datguddiol, olrheiniol; *W.Tel:* ~ **valve,** falf (*f*) leoli (falfiau lleoli), falf olrhain.
detection *n.* **1.** *(= discovery):* datgeliad(-au) *m*, dadleniad(-au) *m*; *(of crime &c):* darganfyddiad(-au) *m*, olrheiniad(-au) *m*; *vn.* = **detect**; *abs.* gwaith (*m*) ditectif; **it escaped ~,** ni sylwodd neb arno. **2.** *W.Tel:* **sound-~,** seinleoli *vn*; *Mil:* **mine-~,** synhwyro (*vn*) ffrwydron, dod o hyd i ffrwydron.
detective *a. & n.* **1.** *a.* olrheiniol; **~ ability,** gallu fel ditectif; crafter *m*. **2.** *n.* ditectif(-s) *m*, *Lit:* ditectydd(-ion) *m*, *occ:* datgelwr: datgelydd (datgelwyr) *m*; **private ~,** ditectif preifat. **D~ [Chief] Inspector** *n.* Ditectif [Brif] Arolygydd(-ion). **D~ [Chief] Superintendent** *n.* Ditectif [Brif] Uwcharolygydd(-ion). ~ **Constable** *n.* Ditectif Gwnstabl(-iaid) *m*. ~ **play** *n.* drama (*f*) dditectif (dramâu ditectif), drama ddatgelu (dramâu datgelu). ~ **Sergeant** *n.* Ditectif Ringyll(-iaid) *m*. ~ **story** *n.* stori (*f*) dditectif (storïau/straeon ditectif), stori ddatgelu (storïau/straeon datgelu).
detector *n.* **1.** *(pers.):* olrheiniwr (olrheinwyr), datguddiwr (datguddwyr) *m*, darganfyddwr (darganfyddwyr) *m*, dadlennwr (dadlenwyr) *m*, datgelwr: datgelydd (datgelwyr) *m*. **2.** *Tchn:* *(a) (of gas, fire &c):* synhwyrydd (synwyryddion) *m*; *(b) (= alarm):* larwm (larymau) *f*; *(c) Ph: &c:* canfodydd(-ion) *m*; datgelydd; **mine-~,** synhwyrydd ffrwydron; **sound-~,** seinleolwr (seinleolwyr) *m*, lleolwr sain; **lie-~,** synhwyrydd celwyddau. **~-valve** *n.* falf (*f*) leoli (falfiau lleoli), falf olrhain.
detent *n. Tchn: Clockm:* clicied(-au) *f*, atalfar(-rau) *m*.
détente *n.* *datynhad *m*, ***détente*** *fm*.
detention *n.* **1.** *(a)* carchariad(-au) *m*, carcharu *vn*; *(= arrest):* [a]restiad *m*, [a]restio *vn*; **house of ~,** dalfa (dalfeydd) *f*; *(b) Sch:* **to be given ~,** gorfod aros ar ôl ysgol, gorfod aros i mewn, cael eich cadw ar ôl yr ysgol; **to be in ~,** cael eich cadw i mewn [ar ôl ysgol]. **2.** *(= delay):* rhwystr(-au) *m*, ataliad(-au) *m*, atalfa (atalfeydd) *f*, ataliaeth(-au) *f*. **~ centre** *n.* canolfan (*mf*) cadw/gadw (canolfannau cadw).
détenu *n.* ***détenu(-s)*** *m*, carcharor(-ion) *m*.
deter *v.t.* *(= hinder):* rhwystro, atal, cadw, *Lit:* lluddias; *(= discourage):* digalonni (**s.o. from doing sth,** rhn rhag gwneud rhth); **nothing will ~ him,** ni wnaiff dim ei rwystro; 'does dim yn mennu arno; **hanging deters potential murderers,** mae crogi'n codi ofn ar lofruddion dichonol; mae crogi'n atalfa ar lofruddio dichonol; mae crogi'n ddigon i ddychryn rhai a allai lofruddio.
deterge *v.t.* glanhau.
detergency *n.* gallu glanhaol *m*, nerth (*m*) glanhau.
detergent *a. & n.* **1.** *a.* glanhaol. **2.** *n. Lit: Tchn:* glanhäwr (glanhawyr) *m*, glanedydd(-ion) *m*; *(liquid):* gwlybwr (*m*) golchi, gwlybwr glanhau; *(powder):* powdwr (powdrau) (*m*) golchi/glanhau. **2.** *a.* glanhaol, glanedol.
deterger *n.* glanhäwr (glanhawyr) *m*.
deteriorate *v.t.&i.* **1.** *v.t.* *(= make worse):* gwaethygu, niweidio, difetha, andwyo (rhth); amharu (ar rth); *Lit:* drygu, aflesu (rhth). **2.** *v.i.* dirywio, gwaethygu, mynd yn waeth, *occ:* afrywio, afrywiogi, mynd ar ei waeth.
deterioration *n.* dirywiad(-au) *m*, gwaethygiad(-au) *m*, dirywio *vn*, gwaethygu *vn*.
deteriorative *a.* dirywiol, gwaethygol, andwyol.
determent *n.* **1.** *(action):* *vn.* = **deter**. **2.** *(= obstacle, discouragement):* atalfa (atalfeydd) *f*, rhwystr(-au) *m*, ataliaeth(-au) *f*, *Lit:* llestair (llesteiriau) *m*.
determinability *n.* = **determinableness.**
determinable *a.* **1.** *(= that can be measured):* canfyddadwy, mesuradwy, pendant. **2.** *Jur:* terfynadwy, deterfynadwy. **3.** *Log:* penderfynadwy.
determinableness *n.* natur ganfyddadwy/benderfynadwy *f*.
determinably *adv.* **1.** yn ganfyddadwy *&c.* **2.** *Jur:* yn derfynadwy *&c.*
determinacy *n.* = **determinateness.**
determinant *a. & n.* **1.** *a.* diffiniol, achosol, sy'n penderfynu, penderfynol; **(sth) ~ of sth,** (rhth) sy'n penderfynu/pennu rhth. **2.** *n.* *(a)* penderfynydd(-ion) *m*; *(b) Mth: Biol:* determinant (determinantau) *m*.
determinantal *a. Mth:* determinantol.
determinate *a.* **1.** *(= well-defined):* diffiniedig, manwl, cyfyngedig, pendant, penodol. **2.** *(= definitive):* penderfynedig, terfynedig, terfynol, pendant, digyfnewid. **3.** *Bot:* terfynedig; *Z:* **~ cleavage,** hollt derfynedig *f*.
determinately *adv.* yn benodol *&c*; yn derfynedig *&c.*
determinateness *n.* terfynolrwydd *m*, terfynoldeb *m*, pendantrwydd *m*, manyldeb *m*.
determination *n.* **1.** *(a) (of date):* penderfynu *vn*, pennu *vn*; *(b) (of border):* diffiniad(-au) *m*, diffinio *vn*, gosod *vn*; *(c) (of size &c):* mesuriad *m*, mesur *vn*. **2.** *(= resolve):* penderfyniad *m*; **an air of ~,** golwg benderfynol *f*. **3.** *Jur:* *(= end, conclusion):* penderfyniad, terfyniad(-au) *m*, terfynu *vn*; *(b) (= decision):* dyfarniad(-au) *m*.
determinative *a. & n.* **1.** *a.* *(a)* = **determinant 1**; *(b) Gram:* penderfynodol. **2.** *n. Gram:* penderfynnod (penderfynodau) *m*.
determinatively *adv.* yn ddiffiniol.
determinativeness *n.* diffinioldeb *m*.
determine *v.t.&i.* **1.** *(a) (date):* trefnu, pennu (dyddiad); penderfynu (ar ddyddiad); **conditions to be determined,** amodau i'w trefnu/penderfynu/diffinio; *(b)* **to ~ the date of a manuscript,** dyddio llawysgrif; *(c)* **to ~ a border,** pennu/penderfynu/lleoli/gosod/tynnu ffin, tynnu llinell derfyn; *(d) (nature, size of sth):* penderfynu, mesur; *(e)* **demand determines supply,** y galw sy'n rheoli'r/penderfynu'r cyflenwad. **2.** *(question):* terfynu, penderfynu, datrys, torri. **3.** *(a)* **to ~ to do sth,** penderfynu gwneud rhth; *(b) (= cause to resolve):* peri, achosi, gwneud (i rn wneud rhth); **what determined her to go?** beth a barodd/achosodd/wnaeth iddi fynd? **4.** *Jur:* *(a) v.t.* terfynu (rhth), rhoi pen (ar rth); *(b) v.i. (of lease &c):* terfynu, dod i ben.
determined *a.* **1.** *(price, date &c):* penodedig, penodol, pendant, gosod; *Jur:* deterfynedig; **~ coefficient,** cyfernod pendant *m*. **2.** *(= resolute):* penderfynol, diwyro, di-droi'n-ôl; **to be ~ to do sth,** bod yn benderfynol o wneud rhth.
deterministic *a.* penderfyniaethol, penderfyniadol, rheidiolaidd; *Mth: Ph:* penderfynedig.
deterministically *adv.* yn benderfyniaethol.
deterrability *n.* natur ataliadwy *f*; **I am convinced of their ~,** 'rwy'n argyhoeddedig y gellir eu hatal; **I have doubts as to their ~,** 'rwy'n amau a ellir eu hatal.
deterrable *a.* ataliadwy.
deterrence *n. Pol:* ataliaeth *f*.
deterrent *a. & n.* **1.** *a.* ataliol, ataliadol, rhybuddiol. **2.** *n. Mil: Pol:* arf(-au) ataliol *m*, atalfa (atalfeydd) *f*, ataliad(-au) *m*, atalrym(-oedd) *m*; **to act as a ~,** rhwystro, lluddias, atal (rhn rhag gwneud rhth); *Jur:* **the great ~,** yr ataliad mawr *m*.
deterrently *adv.* yn ataliol *&c.*
deterrer *n.* rhwystrwr (rhwystrwyr) *m*, ataliwr (atalwyr) *m*.
detersive *a. & n.* = **detergent.**
detest *v.t.* ffieiddio, casáu.
detestable *a.* ffiaidd, atgas.

detestableness *n.* ffi|eidd-dod *m*, ffi|eidd-dra *m*, atgasedd *m*.
detestably *adv.* yn ffiaidd *&c*.
detestation *n.* **1.** *(= dislike):* cas *m*, ffieiddiad(-au) *m*, ffi|eidd-dod (ffieidd-dodau) *m*, atgasedd *m*, casineb *m* (**of sth,** tuag at rth); *vn.* = **detest. 2.** *(= detested thing):* ffi|eidd-dra *m*, casbeth(-au) *m*, ffieiddbeth (-au) *m*.
detester *n.* ffieiddiwr (ffieiddwyr) *m*, ffi|eiddwraig *f*, casäwr (casawyr) *m*, casäwraig *f*.
dethrone *v.t.* diorseddu.
dethronement *n.* diorseddiad(-au) *m*, diorseddu *vn.*
dethroner *n.* diorseddwr (diorseddwyr) *m*, diors|eddwraig *f*.
detick *v.t. Vet:* **to ~ a dog,** cael gwared ar drogod ci, gwaredu ci o drogod.
detinue *n. Jur:* d|etiniw *m*.
detonability *n.* natur daniadwy/ffrwydrol *f*; **we are going to test its ~,** 'rydym am weld a oes modd ei danio/ffrwydro.
detonable, detonatable *a.* taniadwy, ffrwydrol, ffrwydr[i]adwy.
detonate *v.t.&i.* tanio, *Lit:* ffrwydro, *N.E: occ:* sgortio, *N.W: F:* chwythu, saethu.
detonating *a.* ffrwydrol, ffrwydr[i]adol; *Min:* **~ fuse,** ffiws (*f*) danio, ffiwsen (*f*) danio.
detonation *n.* taniad(-au) *m*, *Lit:* ffrwydrad(-au) *m*; *vn.* = **detonate;** *S:* **small ~,** fflach[i]ad(-au) *f*, *N.E: occ:* sgortiad(-au) *m*.
detonational *a. I.C.E:* taniadol.
detonative *a.* ffrwydrol, ffrwydr[i]adol; **~ power,** grym ffrwydrol *m*.
detonator *n.* **1.** taniwr (tanwyr) *m*, *Lit:* ffrwydrydd(-ion) *m*, ffrwydryn (-nau) *m*, taniadur(-on) *m*, *S: Min:* capan(-au) *f*, *N: Min:* capsan (caps) *f*. **2.** *Rail:* clecar(-s) *m*. **~ tin** *n.* tun(-iau) (*m*) caps.
detorsion *n. Z:* gwyrdroad(-au) *m*.
detour[1] *n. Adm:* gwyriad(-au) *m*, dargyfeiriad(-au) *m*; **to make a ~,** mynd allan o'ch ffordd, dilyn ffordd osg|oi, mynd rownd ffordd arall, *Lit:* gwneud amdaith.
detour[2] *v.t.* anfon (rhth) ar hyd ffordd osg|oi; *Adm:* dargyfeirio.
detoxicate *v.t.*, **detoxication** *n.*, **detoxification** *n.*, **detoxify** *v.t.* dadwenwyno, diwenwyno.
detract *v.i.&t.* **1.** *v.i.* tynnu (oddi wrth rth, oddi ar rth), lleih|au (rhth, ar rth), bychanu (rhth), amharu (ar rth); **to ~ from s.o.'s merit,** bychanu/dilorni haeddiant rhn; **to ~ from the attraction of a place,** lleihau [ar] atyniad lle. **2.** *v.t. O:* **to ~ something from s.o.'s pleasure,** lleihau pleser rhn.
detraction *n.* **1.** difriaeth *f*, anfri *m*, difrio *vn*, bychanu *vn*, bychaniad *m*, *Lit:* absen *m*. **2.** *(= lessening):* lleihad *m*; **this is no ~ from his merits,** nid yw hyn yn lleihau dim ar ei haeddiant.
detractive *a.* difrïol, bychanol, bychanus.
detractively *adv.* yn ddifrïol *&c*.
detractor *n.* difrwr (difriwyr) *m*, bychanwr (bychanwyr) *m*, bych|anwraig (bychanwragedd) *f*.
detrain *v.i.&t.* **1.** *v.i.* disgyn [o drên], dod oddi ar drên. **2.** *v.t.* dadlwytho (rhth) [o drên].
detrainment *n.* disgyn (*vn*) oddi ar drên.
detribalization *n.*, **detribalize** *v.t.* dad-dylwytho; diwreiddio (rhn) o'i lwyth/dylwyth.
detribalized *a.* dad-dylwythedig; *(loosely):* diwreiddiedig.
detriment *n.* niwed *m*, colled *f*, anfantais *f*, *Lit:* afles *m*; **to the ~ of sth,** er anfantais/afles i rth; **without ~ to sth,** heb niwed i rth; **I know nothing to his ~,** ni wn i ddim yn ei erbyn.
detrimental *a.* niweidiol, o anfantais, anfanteisiol, er gwaeth, *Lit:* aflesol, colledus; **it would be ~ to my interests,** byddai'n anfanteisiol imi; byddai o/yn anfantais imi.
detrimentally *adv.* yn niweidiol *&c*; er gwaeth, er anfantais.
detrital *a. Geol:* **~ minerals,** mwynau mâl, malurion.
detrited *n.* maluriedig.
detrition *n.* traul *m*, treuliad *m*, treulio *vn*, malurio *vn*.
detritivore *n. Biol:* (*)malurysor(-ion) *m*.
detritus *n. Geol:* malurion *pl*, eisingraig *f* (*pronounced* ng-g), detritws *m*.
detrusor *Anat: n.* cywasgwr (cywasgwyr) *m*, is-wthiwr (~-wthwyr) *m*.
detumescence *n.* datchwyddiad *m*, datchwyddo *vn*.
detumescent *a.* datchwyddol.
detuner *n.* didiwniwr (didiwnwyr) *m*.
deuce[1] *n.* **1.** *(on dice, cards):* dau (deuoedd) *m*. **2.** *Ten:* gêm gyfartal *f*, diws *m*.
deuce[2] *n. F: O:* cebyst *m*, cythgam *m*, diawl *m*, diawch *m*; **what the ~?** be' gebyst/goblyn/gynllwyn/gythgam/ddiawl *&c*?; **go to the ~!** dos i'r diawl! dos i gythraul! dos i uffern! dos i grafu! *V:* cer i gachu! *N.W:* dos i dy grocsan! **to play the ~ (with sth),** chwarae'r andros/diawl (â rhth), difetha (rhth), gwn|eud llanast/stomp *&c* (o rth); *See* **bungle**[1], **mess**[1]; **the ~!** diawch! diawcs! diawl! diawl erioed! diain i! diaist ti! ar f'engoch i (*pronounced* ng-g)! ar f'enaid i! dacio! dacia! **he's the ~ of a liar,** mae'n ddiawl celwyddog; mae'n gythraul/andros o gelwyddgi; **a ~ (of a mess),** cythraul, andros, diawl (o lanast/strach/stomp *&c*), *S:* yffach (o dwll); **there'll be the ~ to pay,** fe fydd 'na hen chwarae diawl.
deuced *a. & adv. F: O:* **1.** *a.* **a ~ lot of trouble,** andros o drafferth/helynt/strach/stryffig; **he's a ~ fool,** diawl gwirion yw e. **2.** *adv.* **what ~ bad luck!** am/dyna ddiawl o anlwc! am/dyna gythraul o anlwc! dyna/am anlwcus! hen dro!
deucedly *adv. F: O:* **she's ~ (pretty),** mae hi'n andros/enbyd/gythgam *&c* (o bert/ddel); mae hi'n ddel ddiawchedig; mae hi'n ddel ar y diain; *S.W:* mae hi'n rhyfedd (o bert).
deuteragonist *n. Th:* ail actor(-ion) *m*, ail actores(-au) *f*.
deuteranope *n. Med:* dewteranop(-iaid) *m&f*.
deuteranopia *n. Med:* dewteranopia *m*.
deuteranopic *a. Med:* dewteranopig.
deuterate *v.t.*, **deuteration** *n.* dewteradu.
deuterium *n. Ch:* dewteriwm *m*.
deuterocanonical *a. Theol:* dewteroganonaidd.
deuterogamy *n.* ailbriodas *f*, ailbriodi *vn.*
deuterogenesis *n.* dewterog|enesis *m*.
Deutero-Isaiah *n. B:* yr Ail Eseia *m*.
deuteron *n. Ph:* d|ewteron (dewteronau) *m*.
Deuteronomic *a.* Dewteronomaidd, Dewteronomig.
Deuteronomist *n.* Dewteronomydd(-ion) *m*.
Deuteronomistic *a.* Dewteronomyddol.
Deuteronomy *n. B:* Dewteronomiwm *m*; **in ~,** yn Llyfr Dewteronomiwm.
deuterostome *n. Z:* dewt|erostom (dewterostomau) *m*.
deutoplasm *n. Biol:* d|ewtoplasm *m*.
deutoplasmic *a. Biol:* dewtoplasmig.
deutzia *n. Bot:* ***deutzia(-s)*** *m*.
devaluate *v.t.* = **devalue.**
devaluation *n. Pol.Ec:* dibrisiad *m*, dibrisio *vn*, gostyngiad (*m*) gwerth.
devalue *v.t. Pol.Ec:* dibrisio, gostwng gwerth (rhth).
Devanagari *n. Ling:* yr Wyddor Ddefanagari *f*.
devastate *v.t.* diffeithio, anrheithio, difrodi, distrywio (rhth); creu hafog, creu llanastr (o rth).
devastating *a.* **1.** *(storm &c):* difethol, dinistriol, distrywiol, distrywus. **2.** *(argument, criticism): (a) (= irresistible):* ysgubol, anorchfygol; *(b) (= caustic):* deifiol. **3.** *F: (charm):* ysgubol, aruthrol.
devastatingly *adv.* yn ddinistriol *&c*; *F:* **~ funny,** yn ddigrif [y] tu hwnt; *F:* **she's ~ beautiful,** mae hi'n aruthrol [o] hardd.
devastation *n.* llanast[r] *m*, difrod *m*, distryw *m*, dinistr *m*, hafog *m*.
devastative *a.* = **devastating.**
devastator *n.* difrodwr (difrodwyr) *m*, anrheithiwr (anrheithwyr) *m*.
develop *v.t.&i.* I. *v.t.* **1.** datblygu. **2.** *(disease &c):* magu (rhth); dangos arwyddion (rhth, o rth); **to ~ a [bad] habit,** mynd i gast drwg, magu hen arfer ddrwg; **to ~ a tendency,** dangos tueddiad. **3.** *Phot:* datblygu. II. *v.i.* **1.** *(of the body):* datblygu, tyfu, prifio, dod i'w lawn dwf; **we must let things ~,** rhaid gadael i bethau ddilyn eu cwrs. **2.** datblygu, ffurfio, ymffurfio, *occ:* cymryd ffurf; *Phot:* datblygu; **an abscess developed,** ffurfiodd/ymgasglodd/magodd cornwyd. **3.** *U.S: (= happen):* digwydd, darfod, **it developed today that...,** fe ddarfu/ddigwyddodd heddiw...; **they waited to see what would ~ next,** arosasant i weld beth a ddigwyddai wedyn.
developable *a.* datblygadwy.
developed *a.* datblygedig; *(flower &c):* aeddfed, mewn llawn dwf, ar ei lawn dwf; *(film):* wedi ei datblygu; **highly ~,** tra datblygedig; **poorly ~, under-~,** heb ddatblygu'n llawn, heb ei ddatblygu, anaeddfed, annatblygedig, is-ddatblygedig.

developer *n.* datblygwr (datblygwyr) *m*; *S.a.* **chest.**
developing[1] *a.* ~ **countries,** gwledydd datblygol, gwledydd sy'n datblygu; *Med:* ~ **embryo,** embryo datblygol *m*; ~ **grasp,** gafael gynyddol *f*.
developing[2] *vn.* datblygu. ~**-bath** *n.* *Phot:* baddon(-au) (*m*) datblygu, llestr(-i) (*m*) datblygu.
development *n.* datblygiad(-au) *m*, datblygu *vn*; **retarded ~,** datblygiad araf; **density of ~,** trwch (*m*) datblygiad; **stages of ~,** stadau datblygiad; **to await further developments,** aros am ddatblygiadau pellach, aros i weld beth a ddaw. ~ **agency** *n.* swyddfa (*f*) ddatblygu (swyddf|eydd datblygu). ~ **area** *n.* ardal (*f*) ddatblygu (ardaloedd datblygu). **D~ Board for Rural Wales** *n.* Bwrdd (*m*) Datblygu Cymru Wledig. ~ **centre** *n.* canolfan (*mf*) twf/dwf (canolfannau twf). ~ **company** *n.* cwmni (cwmnïau) (*m*) datblygu. ~ **manager** *n.* rheolwr (rheolwyr) (*m*) datblygu.
developmental *a.* datblygiadol; ~ **delay,** oedi (*vn*) yn y datblygiad.
developmentally *adv.* yn ddatblygiadol; **the ~ young,** yr ifanc eu datblygiad.
deverbative *a.* *Gram:* berfol.
devest *v.t.* = **divest.**
deviance, deviancy *n.* gwyrni *m*, gwyredd *m*, gwyriad(-au) *m*, gwyredigaeth(-au) *f*.
deviant *a.* & *n.* **1.** *a.* gwyredig, gwyrdröedig, gwyrdroadol. **2.** *n.* gwyredig(-ion) *m&f*.
deviascope *n.* *Nau:* mesurydd(-ion) (*m*) gwyriad.
deviate[1] *v.i.&t.* gwyro, troi i'r naill ochr, troi o'r neilltu; *Ph: (of beam):* gwyro, camu, plygu; *(of behaviour):* cyfeiliorni, gwyro, mynd ar gyfeiliorn; *(of missile):* gwyro, crwydro, mynd ar ŵyr, mynd ar gyfeiliorn.
deviate[2] *n.* = **deviant 2.**
deviation *n.* **1.** *Mth: Econ:* gwyriad(-au) *m* **(from sth,** oddi wrth rth); **standard ~,** gwyriad safonol; **quartile ~,** gwyriad chwartel; *Econ:* **sum of squared ~,** swm (*m*) y gwyriadau sgwaredig. **2.** gwyriad, cyfeiliornad(-au) *m*, crwydriad(-au) *m*; *vn.* = **deviate;** *(a)* ~ **from the path of duty,** crwydrad oddi ar lwybr dyletswydd, crwydro (*vn*) oddi ar lwybr dyletswydd; *(b)* ~ **from one's instructions,** anuf|udd-dod *m*, gwyriad/gwyro oddi wrth eich gorchmynion.
deviational *a.* *Pol:* gwyriadol, cyfeiliornus.
deviationism *n.* *Pol:* cyfeiliorni *vn*, gwyriadaeth *f*.
deviationist *n.* & *attrib.* **1.** *n.* cyfeiliornwr (cyfeiliornwyr) *m*, gwyriadwr (gwyriadwyr) *m*. **2.** *attrib.* gwyriadol, cyfeiliornus.
deviator *n.* gwyrwr (gwyrwyr) *m*, cyfeiliornwr (cyfeiliornwyr) *m*.
deviatory *a.* gwyrol, gwyriadol.
device *n.* **1.** *(= ruse):* ystryw(-iau) *mf*, cynllun(-iau) *m*; **(to leave s.o.) to his own devices,** (gadael rhn) ar ei ben ei hun, i fynd ar ei liwt ei hun, i wn|eud fel y myn[n]. **2.** *(= contrivance):* dyfais (dyfeisiau) *f*, teclyn (taclau) *m*, offeryn (offer) *m*; *Carp:* **adjusting ~,** dyfais gymhwyso (dyfeisiau cymhwyso); **tracking ~,** dyfais olrhain; *A:* **things of rare ~,** pethau o wneuthuriad/waith cywrain. **3.** *Her:* dyfais (dyfeisiau) *f*, arwydd(-ion) *m*.
devil[1] *n.* **1.** *(a)* diafol(-iaid) *m*, cythraul (cythreuliaid) *m*, *F:* diawl(-iaid) *m*; **she-~,** cythreules(-au) *f*, diafoles(-au) *f*, diawles(-au) *f*; **an old ~ (of a man),** diawl, cythraul, uffern (o ddyn); *N.W: occ:* beliffegor (o ddyn); **the D~,** y Diafol *m*, y Gŵr Drwg *m*, Satan *m*, yr Hen Was *m*; ~ **incarnate,** cythraul mewn cnawd/croen; **between the D~ and the deep [blue] sea,** rhwng y diawl a'i gynffon; *B:* rhwng Piahiroth a Baalseffon; *Prov:* **talk of the D~ and he's sure to appear,** mwyaf y siaradwch am gythraul nesaf yn y byd y daw atoch; sonier am ddiawl, fe ymddengys y cythraul; sonier am ddiawl/ddiafol ac fe ddaw ar y gair; *F:* **talk of the D~,** dyma fe/hi (*&c*) ar y gair! sôn am y Diafol ac fe welwch ei gwt! **to paint the D~ blacker than he is,** pardduo'r Diafol; **to give the D~ his due,** a rhoi chwarae teg i'r Diawl; *Prov:* **D~ take the hindmost,** trechaf treisied, gwannaf gwichied; hwch ddu gwta a gipio'r ola; *Prov:* **the D~ rebuking sin,** du a ddywed "du" gyntaf; "tinddu" medd y frân wrth y wylan; y Diawl yn gweld bai ar bechod; *Prov:* **what's got over the D~'s back, is spent under his belly,** a gasgler ar farch malen, dan ei dor yr â; *Prov:* **the D~ is not so black as he's painted,** mae'r diawl yn dda tra y'i sidaner; *Prov:* **the D~ looks after his own,** mae'r diawl yn dda wrth ei blant; *Prov:* **when the D~ is blind,** yng nghyfarfod deusul, pan gwrddo dau fynydd, pan ddaw Nadolig yn yr Haf, Ddydd Sul y Pys; *Prov:* **the D~ does not long keep his dupe,** nid hir y ceidw'r Diafol ei was; drwg y ceidw'r Diafol ei was; **better the D~ you know than the ~ you don't know,** gwell y drwg a wyddys na'r drwg na wyddys; **D~ take it!** i'r diawl ag e! [dwbl] wfft iddo! naw wfft iddo! yn boeth y bo fe! **to go to the ~,** mynd rhwng cŵn a brain, mynd i'r diawl; **to raise the ~,** codi cythraul; **(go) to the ~!,** (dos) i'r diawl, i ddiawl, i gythraul, i uffern, i grafu, i dy grogi, *N: occ:* hyd y cythraul, i dy grocsan! **to play the ~ (with sth),** chwarae'r diawl (â rhth), gwneud stomp/llanast/smonaeth o rth; **that child is a little ~,** cythraul/diawl/ellyll/bwbach bach yw'r plentyn 'na; *S.W: occ:* mae'n gryffilyn [cas]; *N.E: occ:* mae'n gwtrin; **little ~!** *N:* yr ellyll bach (*m*)! y bwbach bach *m*! y mawrddrwg *m* (*pronounced* mwrddrwg)! *S.W: occ:* y baw bach! *N.E:* cytril bach! cwrtin bach! tad y drwg! **little devils,** *N.W: occ:* [u]ffernols, taclau, cnafon; **the ~ was in him,** 'roedd y cythraul ynddo; *N: occ:* 'roedd y bolól yn ei gorddi; *(b) F:* **what the ~ are you doing?** be goblyn/gebyst/gythgam/gynllwyn/gythrwm/ddiawl/gythraul/uffern wyt ti'n ei wneud? **how the ~...,** sut ddiawl *&c*...; sut yn y byd *&c*...; **there was ~ a bit left,** 'doedd affliw o ddim ar ôl; **to work like the ~,** gweithio fel lladd nadroedd, gweithio fel y diawl, gweithio fel blac, *S.W: occ:* clatsio arni, hemo arni, *N.W: occ:* pydru arni; *F:* **there'll be the ~ to pay,** fe fydd 'na hen chwarae diawl; *Lit:* daw dydd o brysur bwyso am hyn; *(of a task &c):* **it's the [very] ~; it's the ~'s own job,** cythraul o waith yw e; mae'n andros o waith caled; gwaith ar y diawl ydi o; **he has the ~ of a temper,** mae ganddo ddiawl/gythraul o dymer; **(to go) like the ~,** (mynd) fel y coblyn, fel y diawl, fel Jehu, fel cath i gythraul; taranu/sgrialu (mynd). **2.** *(= demon):* diafol(-iaid) *m*, ellyll(-on) *m*, cythraul (cythreuliaid) *m*, cythreules(-au) *f*; **to raise the ~ in s.o.,** codi'r cythraul yn rhn, corddi rhn, codi gwrychyn rhn; **poor ~!** druan ohono! yr hen druan! druan ag e! y creadur bach! *S:* pŵr dab! **3.** *(a) (of lawyer):* clerc(-od) *m*, gwas (gweision) bach *m*, prentis (*m*) twrnai (prentisiaid twrneiod), cyw (*m*) twrnai (cywion twrneiod), (*)diafol(-iaid) *m*; *(b)* **printer's ~,** *(ii) (apprentice, assistant):* prentis (*m*) argraffydd, gwas bach argraffydd; *Typ: (cause of errors):* cythraul y wasg, diawl [bach] y wasg. **4.** *(machine):* cythraul (cythreuliaid) *m*; *S.a.* **American. 5.** *Geog:* **[dust] ~,** cythraul llwch. **6.** *Z:* **Tasmanian ~,** cythraul Tasmania. ~**-bolt** *n.* *Carp: Nau:* bollten (bolltiau) ffug *f*. ~**-carriage,** ~**-cart** *n.* cerbyd(-au) (*m*) gynnau. ~**-dodger** *n.* *(= ranter):* brygowthwr (brygowthwyr) *m*. ~**-fish** *n.* *Ich:* **1.** *(= angler-fish):* cythraul (cythreuliaid) (*m*) y môr, llyffant (llyffaint) (*m*) môr, môr-lyffant (~-lyffaint) *m*. **2.** = **devil-ray. 3.** *(= cuttlefish):* ystifflog(-od) *m*. **4.** *(= octopus):* |octopws (octopysau) *m*, wythdroed(-iaid) *m*. ~**-in-a-bush** *n.* *Bot:* cyrn (*pl*) y cythraul. ~**-may-care** *a.* dihidio, dihidans, di-hid, ysgafala, gwyllt, herfeiddiol, diofal. ~**-on-two-sticks** *n.* diawl (*m*) ar faglau, diabolo(-s) *m*. ~**-ray** *n.* *Ich:* manta(-od) *m*.
devils-on-horseback *n.* *Cu: (a)* eirin (*pl*) a bacwn (*m*) ar dôst; *(b)* = **angels-on-horseback.** ~**-tree** *n.* *Bot:* coeden (coed) (*f*) y cythraul. **D~-worship** *n.* Diafol-addoliaeth *f*, Diafol-addoliad *m*, addoli (*vn*)'r Diafol. **D~-worshipper** *n.* Diafol-addolwr (~-addolwyr) *m*, Diafol-add|olwraig *f*. ~**'s advocate** *n.* *(a) Ecc:* dadleuwr: dadleuydd (dadleuwyr) (*m*) y diafol; *(b)* **let me be the ~'s advocate,** gadewch i mi roi'r ochr arall; gadewch i mi roi'r dadleuon yn erbyn. ~**'s apple** *n.* *Bot:* = **datura.** ~**'s apron** *n.* *Algae:* ffedog (*f*) y cythraul. ~**'s bit** *n.* *Bot:* **1.** *(scabious):* bara(*m*)'r cythraul, caswenwyn *m*, glaswenwyn *m*, clafrllys *m*, gwr|eidd-don *m*, cas (*m*) gan gythraul, tamaid (*m*) y cythraul, *S.W:* botwm (*m*) yr ysbryd drwg, *M.W: occ:* blodyn (*m*) marw mam. **2.** = **blazing star.** ~**'s bones** *n.* = **dice. D~'s Bridge** *W.Pl.n.* Pontarfynach *f*, Pont (*f*) y Gŵr Drwg. ~**'s claw** *n.* *Nau: Conch:* crafanc (*m*) y cythraul. ~**'s club** *n.* *Bot:* pastwn (*m*) y gŵr drwg. ~**'s coach-horse** *n.* *Ent:* chwilen (*f*) gnoi (chwilod cnoi). ~**'s cotton** *n.* *Bot:* cotwm (*m*) y cythraul. ~**'s cow** *n.* = **black-beetle.** ~**'s darning-needle** *n.* **1.** *Ent:* = **dragonfly, damselfly. 2.** *Bot:* crib (*mf*) Gwener. ~**'s dirt,** ~**'s dung** *n.* = **asafoetida.** ~**'s dozen** *n.* *See* **dozen.** ~**'s ear** *n.* *Bot:* clust (*f*) y cythraul. ~**'s fig** *n.* *Bot:* gellygen bigog (gellyg pigog) *f*. ~**'s finger** *n.* = **belemnite.** ~**'s fingers** *n.* *Ich:* = **starfish.** ~**'s food cake** *n.* *Cu:* teisen (*f*) y cythraul (teisennau cythraul), cacen (*f*) y cythraul (cacenni'r cythraul). ~**'s guts** *n.* *Bot:* = **dodder. D~'s Island** *Pr.n.* *Geog:* Ynys (*f*) y Diafol. ~**'s ivy** *n.* *Bot:* eiddew eurfrith *m*, iorwg eurfrith *m*. **D~'s Kitchen** *W.Pl.n.* *Geog:* y Twll Du *m*. ~**'s leaf** *n.* *Bot:* danhadlen

(danadl) (*f*) y cythraul, y ddanhadlen ddieflig (danadl dieflig) *f*. **~'s milk** *n. Bot:* = **sun-spurge. ~'s paintbrush** *n. Bot:* = **hawkweed. D~'s paternoster** *n.* pader (*m*) y Diafol, pader o chwith. **~'s tobacco-pad** *n. Fung:* coden (*f*) fwg (codennau mwg), snisin (*m*) bwgan. **~'s toenail** *n.* = **belemnite.**

devil² *v.i.&t.* **1.** *v.i.* **to ~ for a barrister,** slafio dros fargyfreithiwr. **2.** *v.t. Cu:* briwlio [mewn pupur], gorboethi. **3.** *v.t. U.S:* (= *worry*): poeni, blino, poenydio, plagio (rhn); aflonyddu (ar rn).

devilish *a. & adv.* **1.** *a.* dieflig, cythreulig, uffernol. **2.** *adv. F: O:* **it's ~ hot,** mae'n ddiawledig/gythreulig/ddieflig o dwym; mae'n boeth/dwym uffernol; mae hi'n boeth/dwym ar y diawl/cythraul.

devilishly *adv.* **1.** yn ddieflig. **2.** *F:* yn ddiawledig, yn uffernol *&c.*

devilishness *n.* diawligrwydd *m*, diefligrwydd, diawledigrwydd *m*, diawlineb *m*, cythreuligrwydd *m*, sataneiddiwch *m*, natur ddieflig *f*.

devilkin *n.* = **imp.**

devilled *a. Cu:* puprog, mewn pupur.

devilment, devilry, deviltry *n.* (= *mischief*): diawlineb *m*, cythreuldeb *m*, diawledigrwydd *m*, drygioni *m*, direidi *m*; **there's some ~ afoot,** mae rhyw ddrygioni ar waith; **he is full of ~,** mae'r diawl ynddo fe; *S.W: occ:* mae lot o ddic ynddo fe.

devilwood *n. Bot:* pren(-nau) (*m*) cythraul.

devious *a.* **1.** (= *remote*): pellennig, diarffordd. **2.** (= *winding*): trof|aus, troellog, anunion, anuniongyrchol (*pronounced* ng-g). **3.** (= *erring*): cyfeiliornus, ar gyfeiliorn. **4.** (= *sly, dishonest*): anunion, trofaus, cyfrwys, dichellgar, ystrywus, ystrywgar.

deviously *adv.* yn drof|aus, trwy ddichell, trwy ystrywiau.

deviousness *n.* **1.** (*of road &c*): troellogrwydd *m*. **2.** (*of conduct*): anuniondeb *m*, cyfrwystra *m*, cyfrwyster *m*; dichell *f*, cyfrofauster *m*, ystrywgarwch *m*.

devisable *a.* **1.** (= *that can be invented*): dyfeisiadwy, dichonadwy. **2.** *Jur:* cymynadwy.

devisal *n.* **1.** = **device. 2.** = **devise².**

deviscerate *v.t.*, **deviscerations** *n.* diberfeddu *vn.*

devise¹ *n. Jur:* cymynrodd(-ion) *f*, cymyniad(-au) *m*.

devise² *v.t.* **1.** dyfeisio, creu, llunio; **to ~ all kinds of evil,** *S.W: occ:* llefelu pob math o ddrygau. **2.** *Jur:* cymynnu, cymynroddi.

devisee *n. Jur:* cymynedig(-ion) *m&f*.

deviser *n.* **1.** dyfeisiwr: dyfeisydd (dyfeiswyr) *m*, dyf|eiswraig (dyfeiswragedd) *f*, cynlluniwr (cynllunwyr) *m*, cynll|unwraig (cynllunwragedd) *f*, crëwr (crewyr) *m*, crëwraig (crewragedd) *f*. **2.** *Jur:* = **devisor.**

devisor *n. Jur:* cymynnwr (cymynwyr) *m*, cym|ynwraig (cymynwragedd) *f*.

devitalization *n.*, **devitalize** *v.t.* dirymu, llesgáu, marweiddio.

devitrifiable *a.* diwydradwy.

devitrification *n.*, **devitrify** *v.t.* diwydro.

devocalize, devoice *v.t.* dileisio.

devoid *a.* amddifad (**of sth,** o rth), heb (rth).

devoir *n. A:* dyletswydd(-au) *f*; **to do one's ~,** gwneud eich gorau glas.

devolute *v.t.* = **devolve.**

devolution *n.* **1.** *Biol:* dirywiad(-au) *m*, dirywio *vn.* **2.** *Jur:* trosglwyddiad *m*, disgyniad *m*, trosglwyddo *vn*, disgyn *vn.* **3.** *Pol:* datganoli *vn*, datganoliad *m*. **4.** *Hist:* **the War of D~,** Rhyfel (*m*) yr Olyniaeth, Rhyfel y Frenhines.

devolutionary *a.* datganoliadol, datganolaidd.

devolutionism *n. Pol:* datganoliaeth *f*.

devolutionist *n. & attrib.* **1.** *n.* datganolwr: datganolydd (datganolwyr) *m*, datgan|olwraig *f*. **2.** *attrib.* = **devolutionary.**

devolve *v.t.&i.* **1.** *v.t.* (*a*) (= *transfer*): trosglwyddo; (*b*) *Pol:* datganoli. **2.** *v.i.* (*a*) syrthio, disgyn (**on s.o.,** ar rn); **the duty devolved upon me to...,** fe syrthiodd i'm rhan y ddyletswydd o...; (*b*) *Jur:* (*of property*): **to ~ to/upon s.o.,** dod i ran rhn, dod i rn, disgyn i ran rhywun; **the estate devolved upon him,** efe a etifeddodd yr eiddo.

Devon¹ *Pr.n. Geog:* Dyfnaint *f*.

devon² *n. Husb:* buwch (buchod) (*f*) Dyfnaint.

Devonian *a. & n.* **1.** *a. Geol:* Defonaidd, Dyfneintaidd. **2.** *n.* brodor(-ion) (*m*) o Ddyfnaint, Defoniad (Defoniaid) *m&f*, Dyfneintiad (Dyfneintiaid) *m&f*.

Devonshire *Pr.n. Geog:* Dyfnaint, Swydd (*f*) Dyfnaint. **~ cream** *n.* hufen (*m*) Dyfnaint, hufen tolch. **~ oak** *n. Bot:* derwen (derw) (*f*) Dyfnaint. **~ myrtle** *n. Bot:* = **myrtle (bog). ~ wilding** *n. Hort:* (*apple*): chwiblyn glas *m*.

dévot *n.* crefyddwr (crefyddwyr) *m*, selog(-ion) *m*, duwiolyn (duwiolion) *m*. **dévote,** crefyddwraig (crefyddwragedd) *f*.

devote *v.t.* cysegru, cyflwyno, *Lit:* diofrydu; **to ~ oneself (to sth),** ymr|oi, ymroddi, ymgysegru, ymgyflwyno, ymdynghedu (i rth); **to ~ time to sth,** rhoi/neilltuo amser i rth; **to ~ an hour to reading,** neilltuo awr i ddarllen, treulio awr yn darllen; **to ~ one's spare time to sth,** rhoi o'ch amser hamdden i rth.

devoted *a.* **1.** (= *faithful*): ffyddlon, teyrngar (*pronounced* ng-g). **2.** (= *zealous*): selog, brwd, brwdfrydig, ymroddedig; **~ to work,** gweithgar, diwyd.

devotedly *adv.* yn ffyddlon *&c.*

devotedness *n.* = **devotion.**

devotee *n.* cefnogwr: cefnogydd (cefnogwyr) *m* (**of sth,** i rth), dilynwr: dilynydd (dilynwyr) *m*; *pl.* selogion, ffyddloniaid.

devotement *n.* = **devotion.**

devotion *n.* **1.** (*a*) *Rel: &c:* ymroddiad(-au) *m*, ymgysegriad(-au) *m*, duwiolfrydedd *m*, defosiynoldeb *m*, defosiwn (defosiynau) *m*; (*b*) (= *worship*): addoliad *m*, addoli *vn*; **to be at one's devotions,** addoli, cadw dyletswydd, gweddïo, bod ar eich defosiwn, bod ar weddi; *Theol:* **D~ to the Precious Blood,** Ymgyflwyniad i'r Gwerthfawr Waed; **the Practice of D~,** Ymarfer Duwioldeb. **2.** (= *loyalty*): teyrngarwch *m* (*pronounced* ng-g), ffyddlondeb *m* (**to s.o.,** i rn); ymlyniad *m* (wrth rn); selogrwydd *m*, brwdfrydedd *m* (dros rn); **~ to work,** ymroddiad i waith; **~ to duty,** ymlyniad wrth ddyletswydd.

devotional *a. & n.* **1.** *a.* defosiynol, crefyddol, duwiolfrydig, duwiolfryd; **a ~ attitude,** crefyddoldeb *m*, duwioldeb *m*, duwiolfrydedd *m*, defosiynoldeb *m*, *Lit: occ:* duwiolfryd *m*; **a ~ person,** crefyddwr (crefyddwyr) *m*, crefydd|wraig (crefyddwragedd) *f*. **2.** *n. Ecc:* gwasanaeth(-au) *m*.

devotionally *adv.* yn ddefosiynol *&c.*

devour *v.t.* traflyncu, lleibio, llowcio; (*of fire*): difa, ysu; **to ~ (one's food),** llowcio, claddu, *S.W:* awffian, llimpro, llampro, sgwlcan, lwffian, conio, llimpan (eich bwyd); galw('ch bwyd); *N.W:* cythru, haffio, lleibio, sleifio, llempio, sglaffio, safnio (bwyta); claddu('ch bwyd); **to ~ a book,** darllen llyfr yn dwll, traflyncu pob gair o lyfr, lleibio llyfr; **to ~ the beauty of a woman,** llygadu harddwch merch yn awchus.

devoured *p.p.* ysedig; **~ by anxiety,** pryderus, yn dioddef poen meddwl, llawn pryder, yn ysglyfaeth i bryderon, â phryder yn eich ysu.

devourer *n.* yswr (yswyr) *m*, llarpiwr (llarpwyr) *m*, lleibiwr (lleibwyr) *m*.

devouring *a.* difaol, traflyncus, gwancus, ysol; (*animal*): rheibus, gwancus, barus, bwyt|eig, awchus.

devout *a.* **1.** (= *godly*): duwiol, duwiolfrydig, duwiolfryd, crefyddol, selog, defosiynol. **2.** (*wish*): taer, eiddgar, didwyll; **a ~ hope,** gobaith mawr *m*, *Lit:* taer ddymuniad *m*.

devoutly *adv.* **1.** yn dduwiol *&c.* **2.** yn daer *&c*; **it is ~ to be hoped that...,** gobeithio'n daer/wir/fawr fod....

devoutness *n.* duwioldeb *m*, selogrwydd *m*, crefyddolder *m*, duwiolfrydedd *m*, defosiwn *m*, defosiynoldeb *m*.

Devynnock *W.Pl.n.* Defynnog *m*.

dew¹ *n.* gwlith *m*; **heavenly ~,** gwlith y nefoedd, gwlith nefol, *Lit:* nefol wlith; **~ is falling,** mae hi'n gwlitho; **wind of ~,** gwynt gwlithog, gwlithwynt *m*. **~-claw** *n. Z:* ewin (*mf*) ffêr (ewinedd fferau). **~-fall** *n.* gwlith[i]ad *m*, gwlitho *vn.* **~-point** *n. Ph: Meteor:* gwlithbwynt(-iau) *m*. **~-pond** *n.* gwlithbwll (gwlithbyllau) *m*. **~-worm** *n.* = **earthworm.**

dew² *v.t.&i.* **1.** *v.t.* gwlitho. **2.** *v.i. A:* gwlitho, bwrw gwlith; **it is beginning to ~,** mae'n dechrau gwlitho.

Dewar flask *n. Ch:* dewar(-au) *m*.

dewater *v.t. Hyd.E:* gwagio, sychu, dihysbyddu.

dewaterer *n. Hyd.E:* gwagiwr (gwagwyr) *m*, sychwr (sychwyr) *m*, dihysbyddwr (dihysbyddwyr) *m*.

dewatering *vn. Civ.E:* dihysbyddiad *m*, disbyddiad *m*, dihysbyddu *vn*, disbyddu *vn.*

dewberry *n. Bot:* mwyaren (*f*) las (mwyar gleision), mwyaren Fair (mwyar Mair), mwyaren Ffrengig, *S.W:* mwyaren (mwyar) ysgyfarnog.

Dewchurch *Eng.Pl.n.* **Little ~,** Llanddewi *f*; **Much ~,** Llanddewi Rhos Ceirion.

dewdrop *n.* defnyn(-nau) *(m)* o wlith, dafn(-au) *(m)* o wlith, diferyn (diferion) *(m)* o wlith, gwlithyn (gwlithos) *m*; *(on nose):* defnyn, diferyn, *S:* gïach (giachod) *m.*
Dewey *Pr.n.m. Lib:* ~ **Decimal Classification Scheme,** Cynllun *(m)* Dosbarthiad Degol Dewey.
dewily *adv.* **1.** yn wlithog. **2.** *(= naively):* yn ddiniwed.
dewiness *n.* gwlithogrwydd *m.*
Dewisland *W.Pl.n.* Pebidiog *f.*
dewlap *n.* **1.** *(of cow &c):* tagell(-au, tegyll) *f.* **2.** *F: (= double chin):* tagell, *S.W: occ:* dwbl-dagell *f.*
dewlapped *a.* tagellog.
dewless *a.* heb wlith, di-wlith.
deworm *v.t.* dilyngyru.
Dewsbury *Eng.Pl.n.* Twmpyn *(m)* Glori.
Dewsland *W.Pl.n.* Pebidiog *f.*
Dewstow *W.Pl.n.* Llanddewi *f.*
dewy *a.* gwlithog; **~-eyed** *a.* diniwed, *S.W:* gwirion.
dex *n. Ch:* decs *m.*
dexamethasone *n. Pharm:* decsam|ethason *m.*
dexiotropic, dexiotropous *a. Ch:* deheudro.
dexter *a. & adv. Her:* ar y [llaw] ddehau.
dexterity *n.* deheurwydd *m*, medrusrwydd *m.*
dexterous *a.* deheuig, llawdde, medrus, dechau, dethau, da eich llaw.
dexterously *adv.* yn ddeheuig *&c.*
dexterousness *n.* deheurwydd *m.*
dextral *a. & n.* **1.** *a.* llawdde, ar y llaw dde. **2.** *n.* dyn(-ion) llawdde *m*, merch lawdde (merched llawdde) *f.*
dextrality *n.* llawddeheuedd *m.*
dextrally *adv.* yn llawdde; ar y llaw dde.
dextran *n. Ch:* decstran *m.*
dextranase *n. Ch:* d|ecstranas *m.*
dextrin *n. Ch: Ind:* decstrin *m.*
dextro- *comb.form:* deheu- *(+ soft mut.)*; decstro-. **~-glucose** *n. Ch:* = **dextrose.**
dextroamphetamine *n. Ch:* decstroamff|etamin *m.*
dextrocardia *n.* decstrocardia *m.*
dextrorotary *a.* deheudroadol.
dextrorotation *n.* deheudroad *m*, troi *(vn)* i'r dde.
dextrorotatory *a.* deheudroadol.
dextrorse *a.* deheudro.
dextrose *n. Ch:* decstros *m.*
dextrous *a.* = **dexterous.**
Deythur *n. W.Pl.n.* Deuddwr *m.*
dhak *n. Bot:* dhac(-s) *f*, coeden *(f)* ddhac (coed dhac).
dhal *n. Bot: (tree):* dhal(-s) *f*, coeden *(f)* ddhal (coed dhal); *(fruit):* pysen *(f)* golomennod (pys colomennod).
dharma *n. Hindu Rel:* dharma *m.*
dharmic *a. Hindu Rel:* dharmig.
dhole *n. Z:* ci gwyllt coch (cŵn gwyllt cochion) *m.*
dho[o]ti[e] *n. Cost:* dhoti(-s) *m.*
dhow *n. Nau:* dhow(-s,-iau) *mf.*
dhurra *n.* = **durra.**
diabase *n. Geol:* diabas (diabasau) *m.*
diabasic *a. Geol:* diabasig.
diabetes *n. Med:* clefyd *(m)* siwgwr; ~ **mellitus,** y clefyd melys; ~ **insipidus,** y clefyd diflas.
diabetic *a. & n.* **1.** *a.* diabetig, â'r clefyd siwgwr; **he's ~,** mae'r clefyd siwgwr arno. **2.** *n.* diabetig(-ion) *m&f.*
diablerie *n.* **1.** *(= sorcery):* dewiniaeth *f*, dewindabaeth *f*, diefligrwydd *m*, cythreuldeb *m.* **2.** *(= recklessness):* diawlineb *m*, byrbwyllter *m*, byrbwylltra *m.*
diabolic[al] *a.* **1.** dieflig, diafolaidd, satanaidd, cythreulig. **2.** *F: (= wicked, bad):* cythreulig, diawledig, coblynedig, coblynig, uffernol; **a ~ liberty,** digywil|ydd-dra cythreulig *m.*
diabolically *adv.* **1.** yn ddieflig. **2.** yn ddiawledig.
diabolicalness *n.* = **devilishness.**
diabolism *n.* **1.** *(= sorcery):* dewindabaeth *f*, gwrachyddiaeth *f.* **2.** *(= devil-worship):* sataniaeth *f*, diafol-addoliaeth *f*, addoli*(vn)*'r diafol.
diabolist *n.* diafol-addolwr (~-addolwyr) *m*, diafol-add|olwraig (~-addolwragedd) *f.*
diabolize *v.t.* diafoleiddio, cythreulio.
diabolo *n. Games:* *diawl(-iaid) *(m)* ar faglau, di|abolo(-s) *m.*
diacaustic *a. & n. Opt:* **1.** *a.* diacostig. **2.** *n.* diacostig(-ion) *m.*
diachronic *a. Ling:* diacronig, hanesyddol.
diachronically *adv. Ling:* yn ddiacronig *&c.*
diachronicness, diachronism *n. Ling:* diacronedd *m.*
diachronistic, diachronous *a.* diacronaidd.
diachrony *n.* diacronedd *m.*
diacid *a. & n. Ch:* **1.** *a.* deuasid. **2.** *n.* deuasid(-au) *m.*
diacidic *a.* = **diacid 1.**
diaconal *a. Ecc:* diaconaidd.
diaconate *n. Ecc: (a) (office, period):* diaconiaeth(-au) *f*; *(b) (= deacons):* diaconiaid *pl*, diaconiaeth.
diacritic[al] *a. & n.* **1.** *a. Games:* gwahaniaethol, dynodol, gwahanodol, arwyddnodol. **2.** *n.* ~ **[mark],** arwyddnod(-au) *m*, marc(-iau) diacritig *m.*
diactinic *a. Ph:* diactinig.
diactinism *n. Ph:* diactinedd *m.*
diadelphous *a. Bot:* deusypynnog, deugyswllt, deuadelffaidd.
diadem[1] *n.* dïadem (diademau) *m*, coron(-au) *f*, coronbleth(-au,-i) *f*, *Lit: occ:* talaith (taleithiau) *f*, rhactal(-au) *m.* ~ **spider** *n. Arach: N:* copyn(-nod) *(m)* yr ardd, *S:* coryn(-nod) *(m)* yr ardd.
diadem[2] *v.t.* diademu, coroni.
diademed *a.* diademog, coronog, coronblethog, *Lit: occ:* taleithiog.
diadromous *a.* **1.** *Bot:* gwyntyllog. **2.** *Ich:* ymfudol.
diaeresis *n.* **1.** *Gram:* didolnod(-au) *m*; **to mark with a ~,** didolnodi. **2.** *Pros:* didoliad(-au) *m*, gwant(-au) *m.*
diaeretic *a.* didolnodaidd.
diagenesis *n. Geol:* diag|enesis *m.*
diagenetic *a. Geol:* diagenetig.
diagenetically *adv. Geol:* yn ddiagenetig.
diageotropic *a. Bot:* diageotropig.
diageotropism, diageotropy *n. Bot:* diageotropedd *m.*
diagnosable *a.* adnabyddadwy, diagnosadwy.
diagnose *v.t.&i.* diagnosio (rhth, rhn); gwn|eud diagnosis (o rth); darganfod, canfod, adnabod, penderfynu, dadansoddi, dehongli (natur clefyd) *&c*; **she was diagnosed as being diabetic,** cafwyd/canfuwyd ei bod yn ddiabetig; **cancer was diagnosed in him,** cafwyd/canfuwyd bod canser arno.
diagnosis *n. Med:* barn feddygol (barnau meddygol) *f*, diagnosis(-au) *m.*
diagnostic *a. & n.* **1.** *a.* diagnostig; ~ **routine,** rheolwaith (rheolweithiau) diagnostig. **2.** *n. (a) (= sign):* arwydd(-ion) *m*, arwyddnod(-au) *m*; *(b) pl.* diagnosteg *f*; *Cmptr:* **error ~,** diagnosteg gwallau.
diagnostically *adv.* yn ddiagnostig.
diagnostician *n.* diagnostegwr: diagnostegydd (diagnostegwyr) *m.*
diagonal *a. & n.* **1.** *a.* croes, lletraws, lletgroes, croeslin, croeslinol, croes-gongl; *Carp:* ~ **bracing,** cleddyfu croeslin; *Mth:* ~ **dominance,** trechedd croeslinol *m*; *Carp:* ~ **scale,** gradd groeslinol (graddau croeslinol) *f*; ~ **stretchers,** estynwyr croeslinol; ~ **test,** prawf croeslinol *m.* **2.** *n.* croeslinell(-au) *f*, croeslin(-au) *f*, llinell groes (llinellau croes) *f*, lletraws(-au) *m.*
diagonalization *n.*, **diagonalize** *v.t.* croeslinellu, croeslinio.
diagonally *adv.* ar draws, ar letraws, yn groeslinol, ar letgroes, yn groes-gongl, o gongl i gongl, *S.W:* ar lyrw; ~ **opposed,** cwbl/hollol groes [i'w gilydd], cwbl/hollol wrthwyneb [i'w gilydd], am y pegwn [â'i gilydd].
diagram[1] *n.* d|iagram (diagramau) *m*; **block ~,** bloclun(-iau) *m*, diagram bloc, bloc-ddiagram(-au) *m*; **schematic ~,** diagram amlinellol.
diagram[2] *v.t.* diagramu.
diagrammable *a.* diagramadwy.
diagrammatic *a.* trwy ddiagram, diagramatig.
diagrammatically *adv.* trwy ddiagram.
diagrammatize *v.t.* diagramu.
diagrid *n.* rhwyll groes (rhwyllau croes) *f.*
diakinesis *n. Bot:* diacinesis *m.*
diakinetic *a. Bot:* diacinetig.
dial[1] *n.* **1.** deial(-au) *m*, *occ:* deiol(-au) *m*; *(of clock):* wyneb *m*, deial, deiol. **2.** *P: (= face):* wyneb(-au) *m*, gwep(-au) *f*, *S.W:* wmed *m*, swch *m.* ~ **access** *n.* deial-fynediad *m.* ~ **test indicator** *n.* prawf-ddangosydd *(m)* deial.
dial[2] *Tp: (a) v.t.* deialo, deialu; **to ~ 999,** galw 999.
dialect *n.* tafodiaith (tafodieithoedd) *f.* ~ **atlas** *n.* atlas(-au)

ieithyddol *m*. ~ **geography** *n*. daearyddiaeth ieithyddol *f*, tafodieitheg ddaearyddol *f*. ~ **part** *n*. *Th:* part(-iau) tafodieithol *m*, part iaith lafar.

dialectic *a*. & *n*. **1.** *a*. dilechdidol, dialectegol. **2.** *n*. dilechdid *mf*, dialecteg *f*.

dialectical *a*. = **dialectic 1**; ~ **materialism,** materoliaeth ddilechdidol/ddialectegol.

dialectics *n.pl.* = **dialectic 2**.

dialectitian *n*. dilechdidydd(-ion) *m*, dialectegwr: dialectegydd (dialectegwyr) *m*.

dialectological *a*. tafodieithegol.

dialectologist *n*. tafodieithegwr: tafodieithegydd (tafodieithegwyr) *m*.

dialectology *n*. tafodieitheg *f*.

diallel *a*. *Biol:* cilyddol.

dialling *vn*. deialu. ~ **tone** *n*. sain (*f*) ddeialu.

dialogic[al] *a*. ymddiddanol.

dialogically *adv*. trwy ymddiddan/ddialog.

dialogist *n*. *Cin:* **1.** (*= speaker*): llefarwr (llefarwyr) *m*. **2.** (*= writer*): dialogwr (dialogwyr) *m*, sgriptiwr (sgriptwyr) *m*.

dialogistic *a*. ymddiddanol.

dialogue[1] *n*. **1.** (*= conversation*): ymddiddan(-ion) *m*, sgwrs (sgyrsiau) *f*, ymgom(-ion,-iau) *f*. **2.** *Th: Cmptr:* dialog(-au) *mf*.

dialogue[2] *v.i.* ymddiddan, ymgomio, sgwrsio.

dialysate *n*. *Biol:* di|alysad (dialysadau) *m*.

dialyse *v.t.&i.* *Med:* dialysu.

dialysis *n*. *Med:* di|alysis *m*.

dialytic *a*. *Med:* dialytig.

diamagnet *n*. *Ph:* = **diamagnetic 1**.

diamagnetic *a*. & *n*. *Ph:* **1.** *a*. diamagnetig. **2.** *n*. diamagned(-au) *m*.

diamagnetism *n*. *Ph:* diamagnetedd *m*.

diamanté *a*. & *n*. **1.** *a*. diemyntog, diamante. **2.** *n*. diamante *m*.

diamantiferous *a*. diemyntog.

diamantine *a*. diemyntaidd, fel diemwnt.

diameter *n*. tryfesur(-au) *m*, diamedr(-au) *m*, trawsfesur(-iadau,-au) *m*; **a wheel a foot in ~,** olwyn sy'n droedfedd ar ei thraws; **core ~,** diamedr craidd.

diametral *a*. tryfesurol, diametral, diametrol.

diametric[al] *a*. tryfesurol, diametrig, cwbl groes, cyferbynnol, cyferbyniol.

diametrically *adv*. yn gwbl groes, yn gyferbyniol; ~ **opposed [to each other],** cwbl/hollol groes, cwbl/hollol wrthwyneb [i'w gilydd]; am y pegwn, yn benben [â'i gilydd]; **I am ~ opposed to it,** yr wyf yn llwyr yn ei erbyn.

diamide *n*. *Bio-Ch:* d|euamid (deuamidau) *m*.

diamine *n*. *Bio-Ch:* d|euamin (deuaminau) *m*.

diamond[1] *n*. **1.** deimwnt (deimyntau) *m*, diemwnt (diemyntau) *m*, diamwnt(-au) *m*; **a ~ of the first water,** deimwnt o'r radd flaenaf; **a rough ~,** deimwnt bras/garw, *F:* **he's a rough ~,** mae'n un garw ond caredig; *Prov:* **~ cuts ~,** haearn a hoga haearn; *Tls:* **cutting ~,** deimwnt torri. **2.** (*a*) *Cards: Typ:* &*c:* diemwnt, deimwnt. **3.** *Sp: U.S:* maes (meysydd) (*m*) pêlfas *m*. **~-back** *n*. **1.** *Ent:* gwyfyn(-od) (*m*) deimwnt. **2.** *Rept:* neidr (*f*) ddeimwnt (nadroedd deimwnt); (*terrapin*): crwban(-od) (*m*) deimwnt. **~-bearing** *a*. yn dwyn deimyntau, diemyntog, deimyntog. **~-beetle** *n*. *Ent:* chwilen loyw (chwilod gloyw) *f*. **~-bird** *n*. *Orn:* = **pardalote**. **~-cement** *n*. sment (*m*) deimyntau. **~-cutter** *n*. naddwr (naddwyr) (*m*) deimyntau. **~-drill** *n*. dril(-iau) (*m*) deimyntau. ~ **dust** *n*. llwch (*m*) deimwnt. ~ **edition** *n*. argraffiad(-au) (*m*) deimwnt. **~-field** *n*. maes (meysydd) (*m*) deimyntau. ~ **interchange** *n*. *Aut:* cyfnewidfa (*f*) ddeimwnt (cyfnewidf|eydd deimwnt). ~ **jubilee** *n*. jiwbilî (*mf*) d[d]eimwnt (jiwbilïau deimwnt). **~-leaf laurel** *n*. *Bot:* llawryf (*m*) dail deimwnt. **~-merchant** *n*. gwerthwr (gwerthwyr) (*m*) deimyntau. ~ **pane** *n*. cwarel(-i) (*m*) diemwnt. **~-point** *n*. blaen (*m*) deimwnt. **~-shaped** *a*. ar ffurf deimwnt, deimyntaidd. ~ **snake** *n*. *Z:* neidr (*f*) ddeimwnt (nadroedd deimwnt). **~-sparrow** *n*. *Orn:* = **pardalote**. **~-tipped** *a*. â blaen deimwnt. ~ **type** *n*. *Typ:* teip (*m*) deimwnt. ~ **wedding** *n*. priodas (*f*) ddeimwnt (priodasau deimwnt). ~ **wheel** *n*. olwyn (*f*) ddeimwnt (olwynion deimwnt).

diamond[2] *v.t.* deimyntu (rhth); addurno (rhth) â deimyntau.

diamondiferous *a*. deimyntog.

diandrous *a*. *Bot:* deufrigerog.

dianella *n*. *Bot:* lili (lilïau)(*f*)'r llin.

dianthus *n*. *Bot:* penigan(-au) *m*, ceian(-au) *f*, ceilys *m*.

diapason *n*. **1.** (*a*) *A:* & *Lit:* (*= harmony*): cyfangerdd *f* (*pronounced* ng-g); (*b*) (*= range*): cwmpas *m*, cyrhaeddiad *m*. **2.** (*of organ*): diapason(-au) *m*.

diapause *n*. *Ent:* saib (seibiau) *m*.

diapausing *a*. *Ent:* seibiol.

diapedesis *n*. *Biol:* tryddiferiad *m*, tryddiferu *vn*.

diapedetic *a*. *Biol:* tryddiferol.

diaper[1] *n*. **1.** *Tex:* lliain caerog/patrymog *m*, blodeuwe(-oedd) *f*. **2.** *U.S:* (*= baby's napkin*): cewyn (caw[i]au, cewynnau) *m*, *N:* clwt (clytiau) *m*. **3.** *Arch:* patrwm caerog *m*.

diaper[2] *v.t.* patrymu.

diaphaneity *n*. tryloywder *m*, meinder *m*, ysgafnder *m*, meinlinedd *m*.

diaphanous *a*. meinweol, tryloyw(-on), main (meinion), ysgafn (ysgeifn), meinllin, meinlin.

diaphanously *adv*. yn dryloyw &*c*.

diaphanousness *n*. = **diaphaneity**.

diaphone *n*. *Mus:* dïaffon (diaffonau) *m*.

diaphorase *n*. *Bio-Ch:* di|afforas (diafforasau) *m*.

diaphoresis *n*. *Med:* chwysu *vn*.

diaphoretic *a*. & *n*. *Med:* **1.** *a*. chwysol. **2.** *n*. chwysgyffur(-iau) *m*.

diaphragm[1] *n*. **1.** *Anat:* (*a*) llengig(-oedd) *f* (*pronounced* ng-g), d|iaffram (diafframau) *m*; (*b*) (*= membrane*): pilen(-ni) *f*; (*= abdominal membrane of animal*): ffedog (-au) *f*. **2.** *Tp: Phot:* &*c:* diaffram, pilen.

diaphragm[2] *v.t.* *Phot:* diafframu.

diaphragmatic *a*. **1.** *Anat:* llengigol, [y] llengig (*pronounced* ng-g); ~ **hernia,** torgest lengigol *f*, torllengig *m*. **2.** *Tp: Phot:* &*c:* diafframatig.

diaphragmatically *adv*. yn ddiafframatig.

diaphyseal, diaphysial *a*. *Anat:* diaffysiol.

diaphysis *n*. *Anat:* diaffysis(-au) *m*.

diapir *n*. *Geol:* dïapir (diapirau) *m*.

diapiric *a*. *Geol:* diapirig.

diapophysis *n*. *Anat:* diapoffysis(-au) *m*.

diapositive *n*. tryloywder(-au) *m*, *F:* sleid(-iau) *mf*.

diapsid *a*. *Rept:* diapsid.

diarchal, diarchic *a*. *Pol: Hist:* deuarchaidd.

diarchy *n*. *Pol: Hist:* deuarchaeth(-au) *f*.

diarist *n*. dyddiadurwr (dyddiadurwyr) *m*, dyddiad|urwraig *f*.

diaristic *a*. dyddiadurol.

diarize *v.i.&t.* **1.** *v.i.* cadw dyddiadur, dyddiadura. **2.** *v.t.* nodi, cofnodi (rhth) [mewn dyddiadur].

diarrhetic *a*. = **diarrhoeal**.

diarrhoea *n*. **1.** (*a*) *Med:* dolur rhydd *m*, rhyddni *m*, y clefyd rhydd *m*, *N.W:* *occ:* y bib *f*; (*b*) *Vet:* (*in cattle*): *S:* tradd *m*, traddu *vn*, *N:* sgoth *f*, sgothi *vn*, sgwrio *vn*. **2.** *F:* **he has verbal ~,** mae'n siarad fel pwll y môr *or* fel melin bupur.

diarrhoeal, diarrhoeic *a*. diarëig, rhydd, *N.W:* *occ:* piblyd, *Lit:* *occ:* pibreol.

diarthrosis *n*. *Anat:* cymal rhydd (cymalau rhyddion) *m*.

diary *n*. dyddiadur(-on) *m*, *occ:* dyddlyfr(-au) *m*; **desk ~,** dyddiadur mawr, dyddiadur bwrdd; (*= year-book*): blwyddiadur (-on) *m*, blwyddlyfr(-au) *m*.

diascope *n*. *Opt:* taflunydd(-ion, taflunwyr) *m*, dïasgop (diasgopau) *m*.

diascopy *n*. *Opt:* taflunyddiaeth *f*, diasgopeg *f*.

diaspora *n*. gwasgariad *m*, alltudiaeth *f*; **the D~ Jews,** yr Iddewon Alltud.

diaspore *n*. *Miner:* dïasbor *m*.

diastase *n*. *Bio-Ch:* dïastas (diastasau) *m*.

diastasic *a*. *Bio-Ch:* diastasig, diastatig.

diastasis *n*. *Anat:* diastasis *m*.

diastatic *a*. = **diastasic**.

diastem *n*. *Dent:* cyfwng (cyfyngau) *m*, bwlch (bylchau) *m*.

diastematic *a*. *Dent:* diastematig, rhyngddanheddol.

diastereoisomer *n*. *Ch:* = **diastereomer**.

diastereoisomeric *a*. *Ch:* diastereoisomerig.

diastereoisomerism *n*. *Ch:* diastereoisomeredd *m*.

diastereomer *n*. *Ch:* diast|ereomer (diastereomerau) *m*.

diastole *n*. *Physiol:* dïastol (diastolau) *m*, ymlediad(-au) *m*, cyfnod (-au) (*m*) saib y galon.

diastolic *a*. *Physiol:* diastolig.

diastrophic *a. Geol:* diastroffig.
diastrophically *adv. Geol:* yn ddiastroffig.
diastrophism *n. Geol:* diastroffedd *m.*
diastyle *a. & n.* **1.** *a.* diastylaidd. **2.** *n.* dïastyl (diastylau) *m.*
diatessaron *n.* **1.** *Mus:* pedwerydd perffaith *m*, trybedwerydd *m.* **2.** *B:* cysondeb (*m*) y pedair efengyl.
diathermancy *n.* *trydwymedd *m*, diathermedd *m.*
diathermanous, diathermic *a.* *trydwymol, diathermig.
diathermy *n.* *trydwymo *vn*, diathermedd *m.*
diathesis *n.* **1.** *Med:* diathesis *m*, nychtod *m.* **2.** *Gram:* ystâd (ystadau) *f.*
diathetic *a. Med:* diathetig.
diatom *n. Algae:* diatom(-au) *m.*
diatomaceous *a.* diatomaidd; **~ earth, = diatomite.**
diatomic *a. Ch:* deuatomaidd, deuatomig.
diatomite *n. Miner:* di|atomit *m.*
diatonic *a. Mus:* diatonig.
diatonically *adv. Mus:* yn ddiatonig.
diatreme *n. Geol:* twll (*m*) llosgfynydd (tyllau llosgfynyddoedd).
diatribe *n.* geiriau hallt *pl* **(against s.o.,** am rn); beirniadaeth ddeifiol/hallt *f*, condemniad (-au) *m*, ymosodiad(-au) *m* (ar rn), *S: F:* crib[i]ad (-au) *m*; **to launch a ~ (against s.o.),** cyhoeddi gwaeau, lladd, ymosod (ar rn); rhoi'r sgrafell (ar rn); rhoi'r llach ar rn; *S: F:* rhoi crib[i]ad (i rn).
diatropic *a. Biol:* diatropig.
diatropism *n. Biol:* diatropedd *m.*
diazine *n. Ch:* dïasin *m.*
diazo *n. Ch:* **1.** diaso; **~ compound,** cyfansoddyn (*m*) diaso. **2. ~ type,** diaso-teip(-iau) *m.*
diazonium *n. Ch:* diasoniwm *m.*
diazotization *n.*, **diazotize** *v.t. Ch:* diasoteiddio.
dibasic *a. Ch:* deufasig.
dibber, dibble[1] *n. Tls:* tyllwr (tyllwyr) *m*, planbren(-nau) *m*, diblwr(-s, diblwyr) *m*, dibler(-s) *m*, colp(-au) *mf*, colpyn *m*; **thatcher's ~,** tobren(-ni) *m*, pric(-iau) (*m*) toi.
dibble[2] *v.t.* tyllu, diblo.
dibranchiate *a. Z:* deudagellog.
dibs *n.pl. F:* **1.** *(= money): N:* pres *m*, mags pl, *occ:* cregyn (*pl*) heddwch, *S: occ:* dwsh *m*, tocins *pl*, *S.W: occ:* cogyrnau *pl.* **2.** *(= claim):* **I have my ~ on that piece of cake,** fi biau'r darn cacen yna; *N.W:* 'rydw i wedi gweld fy ngwyn ar y darn cacen yna; *(in children's games):* **I have my ~ on this spot,** par/bar cwtsh.
dib-stones *n.pl. (children's game):* dandis *pl*; **to play ~,** *S. W: occ:* chwarae mynd â'r da i'r dŵr.
dibutyl phthalate *n. Ch:* deubiwtyl-ffthalad *m.*
dicarboxylic *a. Ch:* deugarbocsylig.
dicast *n. Gr.Ant:* rheithiwr (rheithwyr) *m*, darpar reithiwr (~ reithwyr) *m.*
dice[1] *n.pl. See* **die**[1] **1. ~-box** *n.* cwpan(-au) (*m*) dis/deis, blwch (blychau) (*m*) dis/deis, *Lit: occ:* ffristiol: ffristial *m.*
dice[2] *v.i.&t.* **1.** *v.i.* chwarae dis[-iau], disio, deisio. **2.** *v.t. (a)* **to ~ away a fortune,** colli ffortiwn ar ddeisio; **to ~ with death,** mentro'ch pen, peryglu'ch einioes, rhyfygu, ciprys ag angau; *(b) Cu:* deisio (rhth), torri (rhth) yn ddeisiau; *(c) (= chequer):* siecro.
diced *a.* d[e]isiog.
dicentra *n.* **1.** *Bot:* deubig(-au) *m.* **2.** *Hort: (= bleeding heart):* calon waedlyd *f.*
dicephalism *n.* deubenogrwydd *m.*
dicephalous *a.* deuben, deupen, deubennog.
dicer *n.* d[e]isiwr (d[e]iswyr) *m*, chwaraewr (chwaraewyr) (*m*) d[e]is, taflwr (taflwyr) (*m*) d[e]is.
dicey *a. P:* peryglus, anniogel, amh|eus, ansicr, *S: occ:* dansierus.
dichasial *a. Bot:* deugasaidd.
dichasium *n. Bot:* deugasiwm (deugasia) *m.*
dichlamydeous *a. Bot:* dwyamlennog.
dichloride *n. Ch:* deuglorid *m.*
dichlorobenzene *n. Ch:* deuglorobensen *m.*
dichlorodifluoromethane *n. Ch:* deuglorodifflworomethan *m.*
dichlorvos *n. Ch:* deuglorfos *m.*
dichogamous *a. Bot:* deugamaidd.
dichogamy *n. Biol:* deugamedd *m.*
dichondra *n. Bot:* deugondra (deugondrâu) *m.*
dichotic *a. Ac:* deugotig.
dichotomic *a.* deubarthol, dwyrannol.
dichotomize *v.t.&i.* **1.** *v.t.* hollti (rhth) yn ddwy, gwahanu. **2.** *v.i.* hollti, ymhollti, ymwahanu, fforchio.
dichotomous *a.* = **dichotomic.**
dichotomously *adv.* yn ddwy ran, yn ddeubarthol *&c.*
dichotomousness *n.* deuoliaeth *f.*
dichotomy *n.* **1.** deuoliaeth(-au) *f*, hollt(-au) *f.* **2.** *Astr: Bot: Log:* deubarthiad(-au) *m*, dwyraniad(-au) *m*, dic|otomi (dicotomïau) *m.* **3.** *Bot: Z:* deufforchiad(-au) *m*, ymraniad(-au) *m*, ymholltiad(-au) *m.*
dichroic *a. Opt:* deuliw.
dichroism *n. Opt:* deuliwedd *m.*
dichroitic *a.* = **dichroic.**
dichromat *n. Med:* deugromat(-iaid) *m&f.*
dichromate *n. Ch:* deugromad(-au) *m.*
dichromatic *a.* deuliw.
dichromatism *n. Med:* deuliwedd *m*, deugromatedd *m.*
dichromic *a. Ch:* deugromig.
dichroscope *n.* d|eugrosgop (deugrosgopau) *m.*
Dick *Pr.n.m. & n.* **1.** *Pr.n.m. (= dim. of Richard):* Dic, *occ:* Dici, Dicw, Dican; **every Tom, ~ and Harry,** pawb a phobun; unrhyw un; rhywun-rhywun; pob Twm, Dic a Harri. **2.** *n.* **d~,** *P:* = **detective. 3.** *n.* **clever D~,** *See* **clever. 4.** *n.* **d~,** *V: (= penis): N:* darn(-au) *m*, pidyn(-nau) *m*, *N: occ:* pidlen *f*, *S:* cala (caliau) *f*, *occ:* piden(-nau) *f.* **5.** *n. P:* **to take one's ~,** *(= go on oath):* mynd ar eich llw. **~-cissel** *n. Orn: U.S:* bras (breision) (*m*) Am|erica, bras gyddfddu, pila(-on) gyddfddu *m.*
dickens *n. F:* = **devil**[1], **deuce**[1].
Dickensian *a. & n.* **1.** *a.* Dickensaidd. **2.** *n.* Dickensiad (Dickensiaid) *m&f.*
dicker[1] *n.* **1.** *Meas: (= ten):* deg(-au) *m.* **2.** = **barter**[1].
dicker[2] *v.t.&i. U.S:* **1.** *(= haggle):* bargeinio; *(= swop): N:* ffeirio, *S:* trwco. **2.** = **dither.**
dickhead *n. P:* = **fool**[1]
dicky[1] *n. F:* **1.** *Dial: (= ass):* asyn(-nod) *m.* **2.** *F: (in baby-talk):* **~ [bird],** 'deryn (adar) bach *m*; **"watch the ~-bird",** "gw-cw"; **he never said a ~-bird,** ni ddywedodd yr un gair; ni ddywedodd na bw na be. **3.** *(= shirt-front):* pencrys(-au) *m*, *N.W: occ:* tsiêt (tsietiau) *f*, brest wen (brestiau gwynion) *f.* **4.** *Aut: O:* sêt blŷg (seti plŷg) *f*, dici(-s) *m.* **~-bow** *n. Cost:* tei(-s) (*mf*) bo, dici(-s) (*mf*) bo.
dicky[2] *a. F:* **1.** *(= shaky):* simsan, an-sad, sigledig, siglog, *S.W: occ:* crinyll, *M.W:* honco, honca. **2.** *(= ailing):* gwan, afiach, gwanllyd, *S:* simpil, tlawd, di-hwyl, eitha clwc, *N:* cwla, symol, llegach, ciami, gwantan; **he has a ~ heart,** mae ei galon yn wan; mae clefyd y galon arno.
Dicky[3] *Pr.n.m. See* **Dick.**
diclinous *a. Bot:* *deuwelyog.
dicot, dicotyledon *n. Bot:* deugibog(-ion) *m*, deugotyledon(-au) *m*, deuhad-ddeilen (~-ddail) *f.*
dicotyledonous *a. Bot:* deugibog.
dicoumarin *n. Pharm:* dicwmarin *m.*
dicrotic *a. Med:* deuguriadol.
dicrotism *n. Med:* deuguriad *m.*
dictaphone *n. R.t.m:* d|ictaffon (dictaffonau) *m.*
dictate[1] *n.* gorchymyn (gorchmynion) *m*, arch (eirchion) *f*, archiad(-au) *m*, ordeiniad(-au) *m*; *pl.* gofynion; **the dictates of conscience,** gofynion cydwybod.
dictate[2] *v.t.&i.* **1.** *v.t. (a) (a letter &c):* arddw|eud, arddywedyd; *(b)* **to ~ terms to s.o,** gosod telerau/amodau i rn. **2.** *v.i. (= order): abs.* deddfu, gorchymyn, ordeinio; **to ~ to s.o.,** bod yn deyrn ar rn, rhoi gorchmynion i rn, *F:* rhoi ordors i rn; **I won't be dictated to,** ni chaiff neb ddweud wrthyf i beth i'w wneud.
dictation *n.* **1.** arddywediad(-au) *m*, arddw|eud *vn*, arddywedyd *vn*; **passage taken down from ~,** darn(-au) (*m*) arddweud. **2.** *(= oppressive rule):* gormes *f*, gorthrwm *m*, gormesu *vn*, gorthrymu *vn.*
dictator *n.* **1.** *(a) Pol:* unben(-iaid) *m*, *occ:* teyrn(-edd) *m*; **he's a bit of a ~,** *F:* mae'n dipyn o deyrn; *(b)* **a ~ of fashion,** ordeiniwr (ordeinwyr) (*m*) ffasiwn. **2.** *(of* **dictation** 1): arddywedwr (arddywedwyr) *m*, arddyw|edwraig *f.*
dictatorial *a.* **1.** unben[i]aethol, unbennaidd. **2.** *(= imperious):* awdurdodus, tra-awdurdodol, gormesol, gorthrymus.
dictatorially *adv.* yn unben[i]aethol *&c*; fel unben, fel teyrn; yn awdurdodus *&c.*

dictatorialness *n.* natur unben[i]aethol *&c f.*
dictatorship *n.* unbennaeth (unbenaethau) *f.*
dictatress, dictatrix *n.f.* unbennes (unbenesau), unbenaethes(-au).
diction *n.* **1.** *(= style):* ieithwedd *f,* geirwedd *f,* geiriaid(-au) *m,* geirio *vn,* arddull(-iau) *fm.* **2.** *(= pronunciation):* ynganiad(-au) *m,* ynganu *vn,* geirio *vn,* llefaru *vn,* llefariad *m, Lit:* cynaniad(-au) *m,* cynanu *vn.*
dictional *a.* **1.** *(= lexical):* geirfaol, geiriadurol. **2.** *(= pronouncing):* ynganiadol, cynaniadol.
dictionally *adv.* **1.** o ran geiriad, yn eirfaol *&c.* **2.** o ran ynganiad, yn ynganiadol.
dictionary *n.* geiriadur(-on) *m, occ:* geirlyfr(-au) *m;* **biographical ~,** bywgraffiadur(-on) *m,* geiriadur bywgraffyddol; **~ of the Bible,** geiriadur Beiblaidd, geiriadur Ysgrythurol; **pronouncing ~,** geiriadur ynganu, geiriadur ynganiadol; **etymological ~,** geiriadur geirdarddol; **~ of quotations,** dyfyniadur(-on) *m;* **~ of rhymes,** odliadur(-on) *m.* **~ catalogue** *n. Lib:* c|atalog (catalogau) geiriadurol *m.* **~ maker** *n.* geiriadurwr (geiriadurwyr) *m,* geiriad|urwraig *f.* **~ making** *n.* geiriadura, llunio/ysgrifennu/cyfansoddi/gwneud geiriadur[-on].
dictograph *n. R.t.m:* d|ictograff (dictograffau) *m.*
dictum *n.* sylw(-adau) *m,* dywediad(-au) *m.*
dictyosome *n.* d|ictyosom (dictyosomau) *m.*
dictyostele *n. Bot:* d|ictyostel (dictyostelau) *m.*
dicycly *n.* deugylchedd *m.*
didache *n. Theol:* didache *m.*
didact *n.* dysgawd[w]r (dysgodron) *m; S.a.* **pedant.**
didactic[al] *a.* didactig, dysgodrol, pedantaidd, pedantig; *(book):* didactig, addysgol, addysgiadol, dysgodrol; *(manner):* didactig, pedantaidd, pedantig.
didacticism *n.* didactigiaeth *f.*
didactics *n.pl.* addysgiaeth *f,* didacteg *f.*
didapper *n. Orn:* = **dabchick.**
diddle *v.t.&i.* **1.** *P:* twyllo, cwsnio, gwn|eud, *occ:* cafflo, *N.W: occ:* ffinglio (*pronounced* ng-g), rogio; **to allow oneself to be diddled,** cymryd eich gwneud/twyllo, *S.W: occ:* gollwng dŵr i'ch clustiau. **2.** *esp. U.S:* **to ~ [away] [one's time],** llercian, gwastraffu'ch amser, *S.W: occ:* pencawna, *N.E: occ:* ffritian, clertian.
diddler *n. P:* twyllwr (twyllwyr) *m,* t|wyllwraig *f, S: occ:* cafflwr (cafflwyr) *m, N: occ:* ffinglwr (ffinglwyr) *m* (*pronounced* ng-g), rogiwr (rogwyr) *m.*
didelphia *n.pl. Z:* dwygrothogion.
didelphic *a. Z:* dwygrothog.
didgeridoo *n. Mus:* dijeridŵ(-s) *m.*
didicoi *P:* = **gipsy, tinker.**
dido *n. U.S:* cast(-iau) *m,* tric(-iau) *m,* camp(-au) *f, N.W: occ:* migmars *pl;* **to cut up didoes,** chwarae castiau, chwarae'r bili-ffŵl.
didymium *n. Ch:* didymiwm *m.*
didymous *a. Bot:* gefeillaidd, dwyran, dwyrannol.
didynamous *a. Bot:* deurinweddol, deuddynamaidd.
didynamy *n. Bot:* deuddynamedd *m.*
die[1] *n.* I. *pl.* **dice. 1.** deis(-iau) *m, Lit:* dis(-iau) *m;* **as straight/true as a ~,** cyn gywired â'r fantol, gonest a geirwir, cywir fel y dur; **the cast of the ~,** tafliad *(m)* y deis; **the ~ is cast,** 'does dim troi'n ôl; **no ~,** *P:* dim gobaith! byth bythoedd! dim ar unrhyw gyfrif! dim peryg! **(I've looked everywhere) but no dice,** (mi chwiliais ym mhob man) ond yn ofer, ond waeth imi heb. II. *pl.* **dies. 1.** *Arch:* gwadn(-au) *mf; See* **dado. 2.** *Minting:* bath(-au) *mf,* dei(-s,-au) *m.* **3.** *Metalw:* mo[w]ld(-iau) *m,* dei(-s,-au) *m;* **stocks and dies,** cyffion a deiau; **circular ~,** dei crwn; **split ~,** dei hollt; **stamping-~,** dei gwasgu. **4.** *Lib:* boglyn(-nau) *m.* **~-cast** *a.* deigastiedig. **~-casting** *vn.* deigastio. **~-forging** *vn.* dei-ofannu, dei-yrru. **~-nut** *n.* nyten *(f)* dei (nytiau deis/deiau). **~-sinker** *n.* ysgythrwr (ysgythrwyr) *(m)* deiau, dei-sinciwr (~-sincwyr) *m.* **~-stamp** *n.* deistamp(-iau) *m.* **~-stock** *n.* cyff(-ion) *(m)* dei.
die[2] *v.i.* **1.** marw, *Lit: occ:* trengi, *as euphemism:* huno; *(of animals): S:* trigo (= terigo); (marw *is highly defective in the literary language; See a grammar*); **he will ~,** bydd farw; bydd yn marw; *N: F:* mi farwith; *S: F: occ:* fe farwiff; **he died,** bu farw; *F: N:* mi/fe farwodd; *S:* buodd e farw; **to be dying,** bod ar farw/drengi; **he is dying,** mae'n marw; *occ:* mae'n darfod; *N.W: F:* mae'r main ar ei ôl; mae o ar y dorlan; mae'r twrch wedi wincio arno; **he died (aged sixty),** hunodd, bu farw (yn drigain oed); **to ~ before one's time,** marw cyn pryd, marw'n annhymig, marw'n gynnar; *Joc:* **he died the death,** *(ii)* cafodd ei ddienyddio/ladd; *(ii) Fig:* methodd yn llwyr; **to ~ by one's own hand,** eich lladd eich hun, gwn|eud amdanoch eich hun, gwneud eich diwedd eich hun; **to ~ in one's boots,** marw ar eich traed, marw yn y tresi; **to ~ by inches,** marw fesul tipyn, marw o dipyn i beth; **to ~ game/hard,** *(of pers.):* gwerthu bywyd yn ddrud; *(of an abuse &c):* gwrthod marw; **this superstition will ~ hard,** bydd yn anodd dileu'r ofergoel yma; **never say ~!** paid (peidiwch) â digalonni! paid ag anobeithio! dal(-iwch) i gredu! **2. I almost died laughing,** bûm bron marw o chwerthin; bûm bron lladd fy hun yn chwerthin; *N:* 'roeddwn i'n g'lana' (= gelanedd) chwerthin; **I am dying of thirst,** 'rwyf bron â marw o syched; *N. W:* 'rydw i jest â gola isio diod; **I'm dying for a cup of tea,** 'rydw i'n tagu am baned o de; **to ~ of boredom,** diflasu'n llwyr, syrffedu hyd at angau; **I was dying of boredom there,** 'roeddwn wedi hen alaru yno; **I was dying (to say sth),** 'roeddwn bron marw, *V:* 'roeddwn bron torri 'mol ([o] eisiau dweud rhth). **3.** *(= cease):* darfod, peidio, pallu, diflannu; **his fame died with him,** peidiodd y sôn amdano gydag ef; darfu ei fri gydag ef; **his secret died with him,** aeth ei gyfrinach i'r bedd gydag ef; **the day is dying,** mae'r dydd yn darfod; mae golau dydd yn pallu; mae'n nosi. **~ away** *v.i.* marw, diflannu, darfod, peidio; *(of sound):* tewi, distewi, mynd yn fud, gwanio, gwanh|au; **the sound died away in the distance,** distawodd y sŵn yn y pellter; *Mth: (of curve &c):* darfod, lleih|au. **~ back** *v.i. (of plant):* gwywo, nychu. **~ down** *v.i. (of fire):* diffodd [yn araf]; *(of wind):* gostegu, tawelu, peidio, *N.W: occ:* hwylio i lawr; *(of sound):* gwanio, distewi, tewi, peidio; *(of excitement):* tawelu, gostegu, oeri, pallu, peidio; *(of plant):* gwywo, nychu. **~ off** *v.i.* marw [fesul un, o un i un]. **~ out** *v.i. (of custom, race &c):* peidio â bod, mynd o fod, marw, diflannu, darfod o'r tir, darfod â bod, darfod amdano/amdani *&c; (of fire):* diffodd; **the custom died out,** darfu am yr arfer; aeth yr arfer i golli; peidiodd/pallodd yr arfer; aeth yr arfer i ddifancoll. **~-hard 1.** *a.* rhonc, disyflyd, cyndyn, tra cheidwadol. **2.** *n.* ceidwadwr (ceidwadwyr) rhonc/disyflyd/cyndyn *m,* archgeidwadwr (archgeidwadwyr) *m,* cyndynnwr (cyndynwyr) *m.* **~-hardism** *n.* rhoncrwydd *m,* archgeidwadaeth *f,* ceidwadaeth ronc *f.* **~-off** *n.* marwolaeth *f.*
die[3] *v.t. Tls:* torri/llunio (rhth) â dei; mo[w]ldio (rhth) â dei.
dieback *n. (of plant):* gwywiad *m,* gwywo *vn.*
diecious *a.* = **dioecious.**
dieldrin *n. Ch:* dieldrin *m.*
dielectric *a. & n.* **1.** *a.* ynysol. **2.** *n.* ynysydd(-ion) *m.*
diencephalic *a. Anat:* diens|effalig.
diencephalon *n. Anat:* diens|effalon *m.*
diene *n. Ch:* deuen(-au) *m.*
dieresis *n.* = **diaeresis.**
dies[1] *n.pl. Tls:* cyffion edau.
dies[2] *Lt.n.* **~ *irae*** *n.* dydd *(m)* y farn, dydd digofaint. **~ *non*** *n. Jur:* **1.** dydd(-iau) gŵyl, *A:* dydd dyddon.
diesel *a. & n.* diesel *(m).* **~-electric** *a.* diesel-drydanol.
dieselize *v.t.* dieseleiddio.
diesis *n. Typ:* bidog ddwbl (bidogau dwbl) *f.*
diesquare *n. Constr:* deisgwar(-[i]au) *m.*
diester *n. Ch:* deuester(-au) *m.*
diestrous, diestrual *a. Physiol:* *rhyngestrol.
diestrus *n. Physiol:* *rhyngestrws *m.*
diet[1] *n.* **1.** *(= nourishment):* ymborth *m,* bwyd *m,* lluniaeth *f.* **2.** *(= prescribed course of food):* d[e]iet(-au) *m;* **to be on a diet,** colli pwysau, teneuo, bod ar dd[e]iet; **to be on a milk ~,** byw ar laeth; **starvation ~,** d[e]iet llwgu.
diet[2] *v.t.* colli pwysau, teneuo, mynd/bod ar ddeiet.
diet[3] *n. Pol:* cynhadledd (cynadleddau) *f,* diet(-au) *m,* cymanfa(-oedd) *f; (of parliamentary body):* cynulliad(-au) *m;* **the D~ of Worms,** Cymanfa *(f)* Worms.
dietarily *adv.* o ran ymborth, yn ymborthol *&c.*
dietary *a. & n.* **1.** *a.* lluniaethol, ymborthol, deietegol; **~ law,** cyfraith (cyfreithiau) ymborthol *f;* **~ survey,** arolwg *(m)* ymborth, arolwg arferion bwyta. **2.** *n.* = **diet**[1]
dietetic *a.* lluniaethol, ymborthol, ymborthegol, ymborthiadol, d[e]ietegol.

dietetically *adv.* yn lluniaethol *&c.*
dietetics *n.pl.* lluniaetheg *f*, ymbortheg *f*, d[e]ieteg *f*, di[e]teteg *f*.
diethyl *n. Ch:* deuethyl *m.*
dietician, dietitian *n.* ymborthegwr: ymborthegydd (ymborthegwyr) *m*, d[e]ietegwr: d[e]ietegydd (d[e]ietegwyr) *m.*
differ *v.i.* **1.** gwahaniaethu (**from sth,** oddi wrth rth), bod yn wahanol (i rth). **2. to ~ in opinion,** anghytuno, anghydw|eld (**from s.o.,** â rhn); **I beg to ~,** mae arnaf ofn na allaf gytuno; 'rwy'n anghytuno mae arnaf ofn; **to agree to ~,** cytuno i anghytuno; *B:* **one star differeth from another star,** mae rhagor rhwng seren a seren.
difference[1] *n.* **1.** gwahaniaeth(-au) *m*, *occ:* amrywiaeth(-au) *m*, annhebygrwydd *m*, anghyffelybrwydd *m*; **mean ~,** gwahaniaeth cymedrig *m*; **to tell the ~,** gweld y gwahaniaeth, gwahaniaethu; **what a ~ from sth,** dyna wahanol i rth; dyna wahaniaeth o'i gymharu â rhth; **~ in age,** gwahaniaeth [mewn] oedran; **differences in age,** amrywiaeth oedran; **~ in temperature,** gwahaniaeth tymheredd; *Mth:* **~ of means,** gwahaniaeth cymedrau; **with a slight ~,** gyda gwahaniaeth bychan; **with this ~ that. . .,** ac eithrio bod. . .; *F:* **with a ~,** heb fod fel y lleill, gwahanol i'r lleill; **it makes no ~ [to me],** [ni] waeth gen i ddim; [ni] waeth gen i damaid; [ni] waeth gen i'r un blewyn *&c*; 'does dim gwahaniaeth gen i; *F:* 'does dim ots gen i; *S:* 'sdim ots 'da fi; man a man i fi; **to make a ~ between two things,** gwahaniaethu rhwng y naill beth a'r llall; **that makes all the ~,** mae hynny'n gwneud byd o wahaniaeth; *Com:* **to split the ~,** dod hanner y ffordd, rhannu'r gwahaniaeth; *Rail: &c.* **to pay the ~,** talu'r gweddill/gwahaniaeth. **2.** *(= argument):* anghytundeb(-au) *m*, anghydfod(-au) *m*, anghydwelediad(-au) *m*, cweryl(-on) *m*, gwahaniaeth *(m)* barn, *S: occ:* gwahaniaeth; **differences arose,** bu/cafwyd gwahaniaeth barn; cafwyd anghytundeb; cododd ffrae; nid oedd pawb yn unfarn; **settle your differences,** dewch i gytundeb. **3.** *Her:* gwahaniaeth.
difference[2] *v.t.* = **differentiate.**
different *a.* **1.** gwahanol (**from sth,** i rth) *(can precede noun + soft mut.)*; annhebyg, *S. W: occ:* ots (i rth); arall, *Lit: occ:* amgen (na rhth); **I feel a ~ man,** 'rwy'n teimlo'n ddyn newydd [sbon]; **that's quite a ~ matter,** peth arall hollol yw hynny; **he's ~ from what he used to be,** mae'n wahanol i'r hyn ydoedd; *N:* mae o'n wahanol chwadal ag y bydda fo. **2.** *(= diverse, various):* amryw, gwahanol; **~ people saw him,** fe'i gwelwyd ef gan amryw/wahanol bobl; **at ~ times,** ar wahanol adegau, o bryd i'w gilydd, sawl tro.
differentia *n.* nodwedd(-ion) *f*, hynodwedd(-ion) *f*; gwahanwedd(-ion) *f*, gwahanred(-ion) *mf.*
differentiability *n.* natur wahanredadwy/wahaniaethadwy *f*, *occ:* natur ddifferol; *Mth:* differadwyedd *m.*
differentiable *a.* gwahanredadwy, gwahanadwy, gwahaniaethadwy, *occ:* differadwy.
differential *a. & n.* **1.** *a. (a) (= distinguishing):* gwahaniaethol, gwahanredol, arbennig, arbenigol, *occ:* differol; **~ cost,** cost wahanredol/wahaniaethol; *Biol:* **~ permeability,** athreiddedd gwahaniaethol; **~ psychology,** seicoleg wahaniaethol/ddifferol; **~ rent,** rhent gwahanredol/gwahaniaethol; *Mus:* **~ tone,** rhyngdon(-au) *f*; *(b) Mth: Mec.E:* differol; **~ calculus,** c|alcwlws differol *m*; **~ equation,** hafaliad differol *m*; **~ coefficient,** cyfernod differol *m*; **~ pulley,** chwerfan ddifferol *f*, pwli differol *m*. **2.** *n. (a) Mth: Aut:* differyn(-nau) *m*; *(b) Ind: (in wages &c):* gwahanrediad(-au) *m*, gwahanred(-ion) *f*, gwahaniaeth(-au) *(m)* cyfradd, gwahaniaethydd(-ion) *m.*
differentially *adv.* yn wahanredol *&c.*
differentiate *v.t.&i.* **1.** gwahaniaethu (**sth from sth,** rhwng rhth a rhth); *abs.* **to ~ between two things,** gwahanredu dau beth, gwahaniaethu rhwng dau beth. **2.** *Mth:* differu, gwahaniaethu.
differentiated *a.* gwahaniaethol.
differentiation *n.* gwahanrediad(-au) *m*, gwahanredu *vn*, gwahaniaethiad (-au) *m*, gwahaniaethu *vn*, gwahanoliad *m*; *Mth:* differiad(-au) *m*, differu *vn*; **areal ~,** differiad arwynebedd.
differently *adv.* **1.** yn wahanol, *S: occ:* yn ots; **he speaks ~ from you,** mae'n siarad yn wahanol i chi; *S: occ:* mae'n wilia'n wahaniaeth i chi; mae'n wilia'n ots i chi. **2.** = **otherwise.**
differentness *n.* gwahanolrwydd *m.*
differing *a.* gwahanol, amrywiol.
difficult *a.* **1.** anodd *(comp. forms:* anhawsed, anos, anhawsaf, *or F:* anodded, anoddach, anoddaf); *(problem, puzzle):* anodd, astrus, dyrys, caled; *(journey &c):* anodd, trafferthus, llafurus; *Prov:* **only the beginning is ~,** deuparth gwaith, ei ddechrau; **a ~ question to answer, a question ~ to answer,** cwestiwn anodd ei ateb, cwestiwn anodd i'w ateb; **a place ~ of access,** lle anhygyrch, lle anodd mynd ato; **it is ~ to believe that. . .,** [mae'n] anodd credu bod . . .; **I find it ~ to believe her,** anodd gennyf ei chredu hi; *S: occ:* rwy'n fyr o'i chredu hi. **2.** *(pers.):* anhydrin, anodd eich trin, cysetlyd, oriog, anhywedd, croes, anystywallt; **(a person) ~ to get on with,** (rhn) anodd cyd-dynnu ag ef, anodd ei drafod, anodd ei drin.
difficultly *adv.* gydag anhawster.
difficulty 1. *n.* anhawster (anawsterau) *m*, peth(-au) anodd *m*; **work of some ~,** gwaith go anodd; **the ~ is to . . .,** yr anhawster yw . . .; y peth sy'n anodd yw . . .; y broblem *(f)*/drafferth *(f)* yw . . .; **the ~ of choice,** anhawster dewis; **with great ~,** gyda'r anhawster mwyaf, gyda chryn drafferth. **2.** *(= obstacle):* anhawster, rhwystr(-au) *m*, drwg *m*, problem(-au) *f*; **I see no ~ about it,** ni welaf i'r un anhawster yn ei gylch; **to raise/make difficulties,** creu anawsterau; **to look for difficulties where there are none,** gweld/codi bwganod, mynd o flaen gofid, *S. W:* chwilio am ofid; **the ~ is. . .,** y drwg yw. . . . **3.** *(= trouble)* helynt(-ion) *f*, trafferth(-ion) *f*, trybini *m*; *(= quandary):* cyfyng-gyngor *m*, penbleth *mf*, dryswch *m*, cyfyngder(-au) *m*, *N. W: occ:* caethgyfle *m*, *F:* strach *mf*, *N: F:* stryffig *mf*; **to be in a ~,** bod mewn penbleth/cyfyng-gyngor, *F:* bod mewn twll *(m)*/picil *(m)*, *N: F:* bod mewn strach/stryffig, straffaglio, bustachu; **a ship in difficulties,** llong mewn enbydrwydd/perygl; **I'm in [financial] difficulties,** mae hi'n dyn[n]/fain arnaf [am arian]; **pecuniary difficulties,** prinder arian, helyntion/trafferthion ariannol; **to get out of one's difficulties,** dod allan ohoni.
diffidence *n.* gwyl|eidd-dra *m*, gostyngeiddrwydd *m*, diffyg *(m)* hyder, gor-swildod *m.*
diffident *a.* swil, gwylaidd, gostyngedig, petrus, dihyder, *Lit:* anhyderus, petrusgar; **to be ~,** bod yn swil *&c*; petruso; **I was ~ about speaking to him,** 'roeddwn yn petruso cyn siarad ag ef; 'roeddwn i'n ofni siarad ag ef; 'roeddwn i'n swil o siarad ag ef.
diffidently *adv.* yn swil *&c.*
diffluence *n.* anghydlifiad *m*, anghydlifiant *m.*
diffluent *a.* anghydlifol, anghydlif.
diffract *v.t. Opt:* diffreithio.
diffraction *n. Ph: &c:* diffreithiad(-au) *m*, diffreithiant (diffreithiannau) *m*, diffreithio *vn.* **~ grating** *n.* rhwyll ddiffreithiol (rhwyllau diffreithiol) *f.*
diffractive *a. Opt:* diffreithiol.
diffractometer *n.* mesurydd(-ion) *(m)* diffreithiant.
diffractometry *n.* mesur *(vn)* diffreithiant.
diffuse[1] *a.* **1.** *(light):* gwasgaredig, gwasgarog, ar wasgar, ar daen. **2.** *(style):* gwasgarog, ar wasgar, geiriog, amleiriog, hirwyntog, ar hyd ac ar draws, *Lit:* anghryno; **he was very ~,** *F:* 'roedd o/e ym mhob man. **3.** *Ph: &c:* tryledol. **~ porous** *a.* mandyllog dryledol.
diffuse[2] *v.t.&i.* **1.** *v.t. (ideas &c):* taenu (rhth) [ar led], gwasgaru, lledaenu. **2.** *Ph: (a) v.i.* ymledu; *(b) v.t.* gwasgaru, tryledu.
diffused *a.* ar daen, ar led, ymledol; *(lighting):* gwasgarog, [ar] chwâl, gwasgaredig, tryledol.
diffusely *adv.* ar wasgar, yn wasgarog *&c.*
diffuseness *n.* natur wasgarog/wasgaredig *f*, gwasgaredd *m*, gwasgaredigrwydd *m*, gwasgarogrwydd *m*, anghrynoder *m*; *(also, of style):* amleiriogrwydd *m*, hirwyntogrwydd *m*; *(of light):* tryledEdd *m.*
diffuser *n.* gwasgarwr (gwasgarwyr) *m*, taenwr (taenwyr) *m*, lledaenwr (lledaenwyr) *m*; *(of light):* tryledwr (tryledwyr) *m.*
diffusibility *n.* gwasgaradwyedd *m.*
diffusible *a.* gwasgaradwy, taenadwy; *Ph:* tryledadwy.
diffusibleness *n.* = **diffusibility.**
diffusion *n.* **1.** *(of ideas &c):* gwasgariad *m*, ymlediad *m*, ymdaeniad *m*, lledaeniad *m*, chwaliad *m*; *vn.* = **diffuse**[2]. **2.** *Ph:* trylediad(-au) *m*, tryledu *vn.* **~ screen** *n.* sgrîn dryledol (sgriniau tryledol) *f.* **~ transfer** *n.* trosglwyddo *(vn)* tryledol.
diffusional *a.* lledaenol, gwasgarol.
diffusive *a.* ymledol, ymdaenol, gwasgarol; *Ph:* tryledol.
diffusively *adv.* ymledol *&c.*

diffusiveness *n.* ymledolrwydd *m,* gwasgaro[w]grwydd *m,* natur ymledol *f,* natur dryledol *f.*
diffusivity *n. Ph:* tryledEdd(-au) *m.*
difunctional *a. Ph:* deuadweithiol.
dig[1] *n. F:* **1.** *(with spade):* paliad(-au) *m;* **I've been having a ~ in/at the garden,** mi fûm wrthi'n palu'r ardd. **2.** *(a)* **to give s.o. a ~ (in the ribs),** rhoi pwniad *(m)* i rn, rhoi pwt *(m)* i rn, pwnio rhn (yn ei asennau); *(b)* **to have a ~ at s.o.,** rhoi pwyth i rn, *S.W: occ:* bipsan rhn, *N.W:* taflu weips at rn, rhoi pulsen i rn; **that's a ~ at you,** chi sydd dani; chi sy'n ei chael hi 'nawr/rŵan; un i chi oedd honna; pulsen i chi oedd honna. **3.** *Archeol:* cloddiad(-au) *m;* *(= site):* cloddfa (cloddf|eydd) *f.* **4.** *pl. F: (= lodgings):* llety(-au) *m;* **to live in digs,** lletya, byw mewn llety.
dig[2] *v.i.&t.* **1.** *v.i.* *(a) Hort: Archeol: &c:* cloddio, turio, tyllu, palu, tyrchu, tyrchio, ceibio; **to ~ for gold,** cloddio *&c* am aur; *(b) F: (= stay in lodgings):* lletya, aros, *S:* sefyll. **2.** *v.t.* *(a) (a garden &c):* palu, *occ:* troi; *(b)* **to ~ [up] potatoes,** tynnu tatws, ceibio/palu/tyrchu tatws i'r wyneb, *N:* codi tatws; *(c) (a hole, a ditch):* ceibio, cloddio, torri, agor; **to ~ a pit (for sth),** gosod magl, torri pwll (i rth); **to ~ a grave,** torri/cloddio/ceibio/agor bedd; **to ~ (into/through sth),** turio, tyllu, tyrchu, torri (i/drwy rth). **3.** *v.t. (= push):* plannu, gwthio; **to ~ one's spurs into one's horse,** plannu'ch sbardunau yn eich ceffyl; **to ~ s.o. in the ribs,** pwnio rhn yn ei asennau; *S.a.* **dig**[1] **2** *(b);* **4.** *F: (a) (= appreciate, understand):* deall, hoffi; **I don't ~ poetry,** [ni] dda gen i ddim barddoniaeth; *S:* 'does 'da fi gynnig i farddoniaeth; *(b)* **~ her!** clywch hi! gwrandewch arni hi! **~ in 1.** *v.t.* **to ~ in manure *&c,*** claddu tail/dom/tom, palu tail/tom i mewn; *Mil:* **to ~ oneself in,** torri/gwn|eud/agor ffosydd; *F:* **to ~ oneself (into a place),** cartrefu, bwrw gwr|aidd, plwyfo, ymsefydlu, ymsefydlogi (mewn lle); **to ~ one's toes/heels/feet in,** *(= be obstinate):* ystyfnigo, cyndynnu, sefyll yn eich rhych, *F:* mynd yn benstiff/styfnig, *S.W:* stwbwrno, stwbwrnu, *N:* stiwpio. **2.** *v.i. (with food):* dechrau bwyta, bwrw i mewn, *S.W:* dechrau conio arni; **do ~ in!** estynnwch ati/atoch! *S.W:* bytwch bant! **~ out** *v.t.* **1.** cloddio, palu, ceibio, tyrchu, tyrchio (rhth) [allan/mas]; datgladdu, datgloddio (rhth). **2. to ~ out a secret,** datgelu cyfrinach, dod â chyfrinach i'r amlwg/golau/golwg; **documents dug out of the archives,** dogfennau a gloddiwyd/dyrchwyd o'r archifau. **~ up** *v.t.* *(a plant):* dadwreiddio, diwreiddio; *(treasure &c):* palu/tyrchu/ceibio (rhth) i'r wyneb, datgloddio/datgladdu (rhth), dod o hyd (i rth); *(road):* ceibio, tyllu; **to ~ up a body,** datgladdu corff, codi corff o fedd; **to ~ up soil,** chwalu pridd, palu/troi pridd.
digamist *n.* ailbriodwr (ailbriodwyr) *m,* ailbri|odwraig *f.*
digamma *n. Gr.Alph:* digama (digamâu) *f.*
digamous *a.* ailbriodasol, wedi ailbriodi, priod am yr eildro.
digamy *n.* ailbriodas(-au) *f,* ailbriodi *vn.*
digastric *a. & n. Anat:* **1.** *a.* deugastrig, deudorrog. **2.** *n.* cyhyryn *(m)* yr ên (cyhyrau'r ên), deugastrig(-ion) *m.*
digenesis *n. Biol:* deug|enesis *m.*
digenetic *a. Biol:* deugenetig.
digest[1] *n.* crynhoad (crynoadau) *m,* crynodeb(-au) *f,* talfyriad(-au) *m; Jur: Hist:* **the D~,** Crynhoad Iwstinian.
digest[2] *v.t.* **1.** *(a) (= classify):* trefnu, dosbarthu, dosrannu; rhoi (pethau) mewn trefn; *(b) (= summarize):* crynh|oi (rhth), rhoi crynhoad/crynodeb (o rth). **2.** *(a) (food):* treulio; *(b)* **to ~ (what one reads),** ystyried, amgyffred, treulio, dirnad, cymathu (yr hyn a ddarllenir).
digester *n.* **1.** *(of book &c):* crynhöwr (crynhowyr) *m,* talfyrrwr (talfyrwyr) *m.* **2.** *(of food):* treuliwr (treulwyr) *m.*
digestibility *n.* hydreuledd *m,* treuliadwyedd *m;* **the ~ of the food is in doubt,** mae lle i amau a ellir treulio'r bwyd.
digestible *a.* treuliadwy, hydraul; **cheese is not easily ~,** anodd treulio caws.
digestion *n.* traul *f,* treuliad(-au) *m,* treulio *vn.* **~ juices** *n.pl.* sugion/suddion traul/treuliad/treulio.
digestive *a. & n.* **1.** *a.* treuliadol, treulbair, treuliol; **~ biscuit,** *N:* bisgeden *(f)* wenith [drwyddo] (bisgedi gwenith [drwyddo]), *S:* bisgïen *(f)* wenith [drwyddo] (bisgis gwenith [drwyddo]); **~ enzyme,** ensym(-au) *(m)* traul/treuliad/treulio; **~ juices,** suddion/sugion treulio; **~ system,** system *(f)* dreulio (systemau treulio); **~ tract,** llwybr(-au) *(m)* treuliad/traul. **2.** *n.* diod dreuliol (diodydd treuliol) *f,* bwyd(-ydd) treuliol *m.*
digestively *adv.* yn dreuliadol *&c.*
digestiveness *n.* = **digestibility.**
digger *n.* **1.** *(a) (of garden):* palwr (palwyr) *m,* p|alwraig (palwragedd) *f; Archeol: &c:* cloddiwr (cloddwyr) *m,* cl|oddwraig (cloddwragedd) *f; (= navvy):* cloddiwr, ceibiwr (ceibwyr) *m,* tyrchwr (tyrchwyr) *m,* turiwr (turwyr) *m,* tyllwr (tyllwyr) *m; (b) Hist:* **the Diggers,** y Cloddwyr; *(c) Austr.P:* Osi(-s) *m&f.* **2.** *Tls: Agr:* tyrchwr (tyrchwyr) *m;* **[potato-|~,** tynnwr (tynwyr) *(m)* tatws, peiriant (peiriannau) tynnu/codi tatws, *N:* codwr (codwyr) *(m)* tatws. **~'s delight** *n. Bot:* rhwyddlwyn *(m)* yr aur. **~-wasp** *n. Ent:* cacynen *(f)* durio (cacwn turio).
digging *vn.* **1.** *See* **dig**[2]. **2.** *Archeol: Min:* cloddfa (cloddf|eydd) *f.* **3.** *F: See* **dig**[2] **4. ~-stick** *n.* pren(-nau) *(m)* cloddio.
dight *a. A:* wedi'ch addurno/gwisgo.
digit *n.* **1.** *Z: (= finger, toe):* bys(-edd) *m.* **2.** *Meas: A:* lled *(m)* bys, bysfedd(-i) *f.* **3.** *Mth: Cmptr:* digid(-au) *m.*
digital *a. & n.* **1.** *a.* *(a) Z:* byseddol, bysol, [y] bysedd; *(b) Mth: Cmptr:* digidol; **~-analogue convertor (DAC),** trawsnewidydd (trawsnewidwyr) digidol-|analog *m;* **~ computer,** cyfrifiadur(-on) digidol *m;* **~ clock,** cloc(-iau) digidol *m; Cmptr:* **~ plotter,** plotiwr (plotwyr) digidol *m; T.V:* **~ recording,** recordiad(-au) rhifyddol *m.* **2.** *n. Mus: (= piano-key):* nodyn (nodau) *m,* bys(-edd) *m,* bysell(-au) *f.*
digitalein *n. Pharm:* digitalein *m.*
digitalin *n. Pharm:* digitalin *m.*
digitalis *n.* **1.** *Bot:* bysedd *(pl)* y cŵn; *S.a.* **foxglove. 2.** *Pharm:* digitalis *m.*
digitalization *n. Med:* triniaeth *(f)* â digitalis, digitaleiddio *vn.*
digitalize *v.t.* **1.** *Mth:* digidoli. **2.** *Med:* trin *(vn)* (rhn/rhth) â digitalis, digitaleiddio.
digitally *adv.* **1.** *Z: &c:* yn fyseddol, â bys[-edd], ar y bys[-edd]. **2.** *Mth:* yn ddigidol.
digitate *a.* **1.** *Z:* byseddog. **2.** *Mth:* digidol.
digitately *adv.* **1.** yn fyseddog, yn fyseddol. **2.** *Mth: &c:* yn ddigidol.
digitation *n.* **1.** *Z:* byseddiad(-au) *m.* **2.** *Cmptr:* digidiad(-au) *m.*
digitigrade *a. & n. Z:* **1.** *a.* *bysgerddol, dig|idigrad. **2.** *n.* *bysgerddwr (bysgerddwyr) *m,* digidigrad(-iaid) *m.*
digitization *n.,* **digitize** *v.t.* digideiddio, digidoli, digido.
digitizer *n.* digidolwr (digidolwyr) *m,* digidwr (digidwyr) *m.*
digitonin *n. Pharm:* digitonin *m.*
digitoxigenin *n. Pharm:* digitocsigenin *m.*
digitoxin *n. Pharm:* digitocsin *m.*
diglot *a. & n.* **1.** *a.* dwyieithog. **2** *n.* llyfr(-au) dwyieithog *m.*
dignified *a.* urddasol.
dignifiedly *adv.* yn urddasol, gydag urddas.
dignifiedness *n.* urddas *m,* urddasolrwydd *m,* urddasoldeb *m.*
dignify *v.t.* **1.** urddasoli, anrhydeddu, dyrchafu (rhth); rhoi urddas/anrhydedd (i rth) *&c; Lit:* aruchelu, ardduno (rhth). **2. a town dignified with the name of city,** tref a gamenwir yn ddinas, tref ag iddi'r enw dinas.
dignitary *a. & n.* **1.** *a.* urddasol. **2.** *n.* gŵr (gwŷr) pwysig *m,* gwr|aig bwysig (gwragedd pwysig) *f,* urddasolyn (urddasolion) *m, occ:* urddasog(-ion) *m&f; Ecc:* prelad(-iaid) *m.*
dignity *n.* urddas *f;* **to be/stand on one's ~ with s.o.,** bod yn hunanbwysig/ffurfiol â rhn, bod/sefyll ar eich urddas gyda rhn, mynnu parch gan rn; **it was beneath my ~ to accept,** ni allwn ymostwng i dderbyn; yr oedd derbyn islaw fy urddas.
digoxin *n. Ch: Pharm:* digocsin *m.*
digraph *n. Typ:* deugraff(-au) *m.*
digraphic *a. Typ:* deugraffig.
digraphically *adv. Typ:* yn ddeugraffig.
digress *v.i.* crwydro, mynd ar wasgar, mynd ar grwydr, mynd ar ôl ysgyfarnog.
digression *n.* crwydr[i]ad(-au) *m;* **(this) by way of ~,** (hyn) gyda llaw, wrth basio, wrth fynd heibio, os caf grwydro am eiliad.
digressional, digressionary *a.* crwydr[i]adol.
digressive *a.* crwydrol; *(speaker):* gwasgarog, tueddol i grwydro; **she was very ~,** 'roedd hi ym mhob man; 'roedd hi ar chwâl; 'roedd hi ar hyd ac ar draws.
digressively *adv.* yn wasgarog, yn grwydrol, ar hyd ac ar draws.
digressiveness *n.* natur grwydrol/wasgarog *f,* gwasgarogrwydd *m.*
digs *n.pl. F:* See **dig**[1] **4.**

dihedral *a.* & *n.* *Geom:* **1.** *a.* deuhedrol, dwyochrol. **2.** *n.* ongl ddeuhedrol (onglau deuhedrol) *f.*
dihedron *n.* *Geom:* deuhedron(-au) *m*, dwyochron(-au) *m.*
dihybrid *a.* & *n.* *Biol:* **1.** *a.* deuhybrid, deugroesryw. **2.** *n.* deuhybrid(-au) *m.*
dihydric *a.* *Ch:* deuhydrig.
dihydroergotamine *n.* *Pharm:* deuhydro-erg|otamin *m.*
dihydrostreptomycin *n.* *Pharm:* deuhydrostreptomysin *m.*
dihydroxyacetone *n.* *Ch:* deuhydrocsi|aseton *m.*
dik-dik *n.* *Z:* dic-dic(-s,-iaid) *m.*
dike[1],[2] *n.* & *v.t.* *See* **dyke**[1],[2].
dike[3] *n.* *U.S:* *F:* = **lesbian.**
dikkop *n.* *Orn:* = **stone curlew.**
diktat *n.* *Pol:* dictad(-au) *m.*
dilapidate *v.t.&i.* **1.** *v.t.* adfeilio, difrodi. **2.** *v.i.* dadfeilio, ymddadfeilio, mynd ar ei waeth.
dilapidated *a.* adfeiliedig, dadfeiliedig, *S.W:* *occ:* anripâr, anriparus; **a ~ house,** tŷ wedi mynd â'i ben iddo, tŷ wedi mynd ar ei waeth; **to be ~,** adfeilio, dadfeilio, mynd â'i ben iddo.
dilapidation *n.* **1.** adfeiliad(-au) *m*, dadfeiliad(-au) *m*, dadfail (dadfeiliau) *m*; *vn.* = **dilapidate; a house in a state of ~,** tŷ mewn adfeilion, tŷ wedi mynd â'i ben iddo. **2.** *pl.* *Jur:* **dilapidations,** dadfeiliadau; **schedule of ~,** rhestr (*f*) ddadfeiliadau.
dilapidator *n.* adfeiliwr (adfeilwyr) *m*, dadfeiliwr (dadfeilwyr) *m*, difrodwr (difrodwyr) *m.*
dilatability *n.* *Ph:* lledadwyedd *m.*
dilatable *a.* lledadwy, *occ:* hyled, ymledadwy, amledadwy.
dilatancy *n.* ymledolrwydd *m.*
dilatant *a.* & *n.* **1.** *a.* ymledol, lledol. **2.** *n.* lledwr (lledwyr) *m.*
dilatation *n.* ymlediad(-au) *m*, ymledu *vn*, amlediad(-au) *m*, amledu *vn*, lledu *vn*, llediad(-au) *m*, ymagoriad(-au) *m*, ymagor *vn.*
dilatational *a.* ymledol, ymlediadol; amledol, amlediadol.
dilate *v.t.&i.* **1.** *v.t.* lledu (*not* lledaenu), lledagor, amledu. **2.** *v.i.* *(a) (of eyes):* ymledu, ymagor, lledagor; *(b)* **to ~ [upon] a topic,** ymhelaethu ar bwnc.
dilated *a.* ar led, lledagored, llydan agored, wedi agor, ar agor.
dilatedness *n.* lledagoredrwydd *m.*
dilating *a.* *(with transitive force):* lledol, lledagorol, amledol; *(with intransitive force):* ymledol; **to have a ~ effect,** peri i rth ymledu/ymagor.
dilation *n.* llediad(-au) *m*, ymlediad(-au) *m*, ymagoriad(-au) *m*; *vn.* = **dilate.**
dilative *a.* = **dilating.**
dilatometer *n.* ymledfesurydd(-ion) *m.*
dilatometric *a.* ymledfesurol.
dilatometry *n.* ymledfesureg *f.*
dilator *n.* *Anat:* lledwr (lledwyr) *m.*
dilatorily *adv.* yn araf *&c*; gan lusgo traed.
dilatoriness *n.* arafwch *m*, hwyrfrydigrwydd *m.*
dilatory *a.* **1.** *(pers.):* araf, hwyrfrydig, digychwyn, oediog. **2.** *(action):* araf, diweddar, hwyr; *Jur:* **~ plea, = demurrer.**
dildo *n.* dildo(-au) *m*, cala goeg (caliau coeg) *f.*
dilemma *n.* **1.** *Log:* dilema (dilemâu) *m*; **on the horns of a ~,** ar ddeugorn dilema, mewn cyfyng-gyngor. **2.** *(= quandary):* penbleth(-au) *fm*, dryswch *m*, cyfyng-gyngor *m*, cyfyngder(-au) *m*; **to be on the horns of a ~,** cloffi rhwng dau feddwl.
dilemmatic *a.* *Log:* dilematig.
dilettante *a.* & *n.* **1.** *a.* diletantaidd. **2.** *n.* dilet|ant (diletantiaid) *m&f.*
dilettantish *a.* diletantaidd.
dilettantism *n.* diletantiaeth *f.*
dilettantist *n.* diletantydd(-ion) *m.*
diligence[1] *n.* diwydrwydd *m*, dyfalwch *m*, sêl *f*, astudrwydd *m*, ymroddiad *m*, dycnwch *m*, dyfalbarhad *m.*
diligence[2] *n.* *Veh:* *Hist:* coetsh fawr (coetshis mawr[-ion]) *f.*
diligent *a.* diwyd, dyfal, dyfalbarh|aus, astud, selog, ymroddedig, gweithgar, dygn.
diligently *adv.* yn ddiwyd *&c.*
dill *n.* **1.** *Bot:* *(Anethum graveolens):* llysiau(*pl*)'r gwewyr, ffenigl trymsawr *m*, gwewyrllys *m.* **2.** *Cu:* dil *m.* **~ pickle** *n.* picl (*m*) dil. **~-water** *n.* dŵr (*m*) dil.
dilly *a.* & *n.* **1.** *a.* *F:* pert, dymunol, gwych. **2.** *n.* *(a)* *F:* *(= pretty girl):* pis[h]yn (pis[h]is) *mf*, *S:* clagen *f*, clatsien *f*; *(b)* *(= good fellow):* *S:* *occ:* bachan (*m*) trwy'r tanad, *N:* hen foi(-s) iawn *m.*
dilly-bag *n.* bag(-iau) (*m*) gwellt.
dilly-dally *v.i.* *F:* **1.** *(= vacillate):* petruso, simsanu, anwadalu, llusgo traed. **2.** *(= dawdle):* swmera, ymdr|oi, tin-droi, sefyllian, loetran, dili-dalio, llyffanta.
diluent *a.* & *n.* **1.** *a.* teneuol. **2.** *n.* teneuwr (teneuwyr) *m*, teneuydd(-ion) *m.*
dilute[1] *a.* **1.** *(a)* *Ch:* gwanhaëdig; *(b)* *F:* gwan, tenau, dyfrllyd. **2.** *(milk, doctrine &c):* glastwraidd, glastwrllyd.
dilute[2] *v.t.* **1.** *Ch:* gwanh|au, teneuo. **2.** *(milk, doctrine):* glastwreiddio, *S.W:* *F:* gwirioni. **3.** *(colour):* gwanhau.
diluted *a.* **1.** *Ch:* gwan (gweinion), gwanhaëdig, teneuedig. **2.** **a ~ version,** fersiwn symlach.
dilutee *n.* *Ind:* *(= unskilled worker):* gweithiwr (gweithwyr) di-grefft *m.*
diluteness *n.* **1.** *Ch:* gwanhaëdigrwydd *m.* **2.** *(generally):* teneuwch *m*, glastwreiddiwch *m.*
diluter *n.* = **diluent 2.**
dilution *n.* gwanhad (gwanadau) *m*, gwanh|au *vn.*
dilutive *a.* gwanhaol, teneuol.
diluvial, diluvian *a.* *Geol:* dilywiol, dilywaidd; **D~ theory,** damcaniaeth y Dilyw.
diluvialist *n.* dilywiolwr: dilywiolydd (dilywiolwyr) *m.*
dim[1] *a.* **1.** *(light):* gwan (gweinion), pŵl, aneglur; *(sight):* pŵl, tywyll, gwan; *(memory):* gwan, pŵl, niwlog, brith; **I have a ~ recollection that I saw him,** mae gennyf frith gof imi ei weld; **eyes ~ with tears,** llygaid aneglur/niwlog gan ddagrau; **~ forebodings,** argoelion aneglur; **to grow ~,** *(of light):* tywyllu, gwanh|au, pylu; *(of sight, colour, memory):* pylu; *(of understanding):* gwanhau; *F:* **to take a ~ view of sth,** gwgu/ffromi ar rth, anghymeradwyo rhth; **I take a ~ of it,** 'does gen i fawr o feddwl ohono; 'does gen i fawr o olwg arno; 'dydw i'n hidio dim amdano. **2.** = **dim-witted. ~-sighted** *a.* cibddall, hanner dall, *N.W:* *occ:* tywyll. **~-wit** *n.* *F:* twpsyn (twpsod) *m*, twpsen (twpsod) *f*, hurtyn(-nod) *m*, hurten(-nod) *f*; *S.a.* **fool**[1], **idiot. ~-witted** *a.* *F:* hurt, twp, gwirion, diddeall, *N:* dwl. **~-wittedly** *adv.* yn hurt *&c.* **~-wittedness** *n.* hurtrwydd *m*, hurtwch *m*, dylni *m*, twpdra *m.*
dim[2] *v.t.&i.* **1.** *v.t.* *(a)* *(mirror &c):* tywyllu, pylu, cymylu; **eyes dimmed with weeping,** llygaid yn bŵl/gymylog gan ddagrau; *(b)* *(light):* pylu, lleih|au, gostwng (golau); diffodd (golau) yn araf; *Aut:* **to ~ the headlights,** gostwng goleuadau [car] **2.** *v.i.* *(of light):* pylu, gostwng, mynd yn wannach, gwanh|au, gwanio; *(of eyes):* pylu, tywyllu, cymylu, mynd yn dywyll, mynd yn ddall; *(of outline):* mynd yn aneglur, pylu. **~-out**[1] *n.* *U.S:* *F:* lled-dywyllwch *m.* **~-out**[2] *v.t.* pylu, gostwng, lleih|au.
dime *n.* *U.S:* *Num:* dimai (dimeiau) *f*; **they're a ~ a dozen,** maen' nhw fel dail y coed; maen' nhw'n rhad fel baw; **(this car can turn) on a ~,** (gall y car hwn droi) ar bisyn chwech, mewn lle cyfyng iawn. **~ novel** *n.* nofel rad (nofelau rhad) *f*, nofel geiniog a dimai (nofelau ceiniog a dimai). **~ novelist** *n.* nofelydd (nofelwyr) rhad *m*, awdur(-on) (*m*) nofelau rhad; **~ store** *n.* siop rad (siopau rhad) *f.*
dimenhydrinate *n.* *Pharm:* deumenh|ydrinat *m.*
dimension[1] *n.* **1.** *(= size, scope):* maintioli *m*, mesur(-au,-iadau) *m*, hyd (*m*) a lled *m*; **to give a problem a new ~,** ymestyn problem, ychwanegu at broblem; **(I hadn't realized) the dimensions of the task,** (nid oeddwn wedi sylweddoli) maint y dasg, hyd a lled y dasg; **~ figures of a machine,** mesuriadau peiriant; **the dimensions of a room,** mesuriadau ystafell; **of great dimensions,** eang, helaeth, o faintioli mawr. **2.** *Ph:* dimensiwn (dimensiynau) *m.* **~ lines** *n.pl.* *Carp:* llinellau dimensiwn.
dimension[2] *v.t.* **1.** *U.S:* torri/llunio (rhth) i faintioli. **2.** *Cmptr:* *&c:* dimensiynu.
dimensional *a.* dimensiynol; *(following figures):* dimensiwn; **two-~,** dau ddimensiwn; **three-~,** tri dimensiwn.
dimensionality *n.* dimensiynoldeb *m.*
dimensionally *n.* yn ddimensiynol; o ran mesuriadau.
dimensioned *a.* mesuredig, dimensiynol; *Carp:* **~ sketches,** brasluniau wedi'u dimensiynu.
dimensionless *a.* diddimensiwn, difesur.
dimer *n.* *Ch:* deumer(-au) *m.*
dimeric *n.* *Ch:* deumerig.
dimerism *n.* *Bot:* deumeredd *m*, dwyrannedd *m.*
dimerization *n.*, **dimerize** *v.t.* deumeru, deumereiddio.

dimerous *a. Bot: &c:* dwyran.

dimeter *n. Pros:* deufan(-nau) *m.*

dimethoate *n. Ch:* deum|ethoad *m.*

dimethylhydrazine *n. Ch:* deufethylh|ydrasin *m.*

dimethyltriptamine *n. Ch:* deufethyltr|iptamin *m.*

dimidiate *a.* hanerog, haneredig.

diminish *v.t.&i.* **1.** *v.t.* lleih|au, gostwng; *Mus:* cywasgu. **2.** *v.i.* lleihau, mynd yn llai, gostwng.

diminishable *a.* lleihadwy, gostyngadwy.

diminished *a.* llai, wedi lleih|au, wedi ei leihau; *Jur:* ~ **responsibility,** cyfrifoldeb lleihaëdig *m*; *Mus:* ~ **interval,** cyfwng cywasgedig *m*; *Cmptr:* ~ **image,** delwedd lai *f*; *Mus:* ~ **chord,** cord(-iau) cywasgedig *m*; *Mus:* ~ **seventh chord,** cord cywasgedig y seithfed.

diminishing *a.* gostyngol, lleihaol, sy'n lleih|au, sy'n gostwng; *Pol.Econ:* **Law of D~ Returns,** Deddf (*f*) Adenillion Lleihaol.

diminishment *n.* lleihad *m*, gostyngiad(-au) *m.*

diminuendo *n. & adv. Mus:* **1.** *n.* ***diminuendo*** *m.* **2.** *adv.* ***diminuendo,*** gan ddistewi.

diminution *n.* lleihad *m*, gostyngiad(-au) *m*, lleih|au *vn*, gostwng *vn*; *Mus:* cywasgiad(-au) *m*; **by ~,** drwy gywasgiad.

diminutional *a.* lleihaol, gostyngol.

diminutive *a. & n.* **1.** *a. (a) Gram:* bachigol; *(b) (= tiny):* bach iawn, bychan (*f.* bechan, *pl.* bychain), bychan bach, bach bach. **2.** *n. Gram:* bachigyn (bachigion) *m.*

diminutively *adv.* yn fychan *&c.*

diminutiveness *n.* bychanrwydd *m*, bychander *m*, bychandra *m.*

dimissory *a.* gollyngol, rhyddhaol, danfonol; *Ecc:* **letters ~,** llythyrau gollyngol.

dimity *n. Tex:* cotwm rhesog *m*, d|imiti *m.*

dimly *adv.* yn aneglur *&c*; **only ~ visible,** na ellir ond prin ei weld.

dimmable *a.* tywylladwy, pyladwy.

dimmer *n.* gostyngydd(-ion) *m*, pylydd(-ion) *m*, pylwr (pylwyr) *m*; **liquid ~,** pylydd gwlyb, gwlybwr (*m*) pylu. **~ board** *n.* panel(-i) (*m*) pylu. **~ switch** *n.* switsh(-is) (*m*) pylu, pylwr (pylwyr) *m.*

dimness *n.* **1.** *(= half light):* pylni *m*, lled-dywyllwch *m*, gwyll *m*, llwydwyll *m*, *occ:* tywyllni *m*; *(of haze):* mwrllwch *m.* **2.** *(of outline):* aneglurder *m.* **3.** *F: (= stupidity):* twpdra *m*, dylni *m*, hurtrwydd *m*, hurtwch *m*, arafwch (*m*) meddwl.

dimorph *n. Biol: Ch:* dwyffurf(-iau) *f.*

dimorphic *a. Biol: Ch:* dwyffurf.

dimorphism *n. Biol: Ch:* dwyffurfedd *m.*

dimorphotheca *n. Bot:* deuforffotheca (deuforffothecâu) *m.*

dimorphous *a.* = **dimorphic.**

dimple[1] *n.* pannwl (panylau) *m*, crych(-ion) *m*, pant(-iau) *m*, *F:* twll (tyllau) *m*; *(on chin/cheek only):* bochdwll (bochdyllau) *m.*

dimple[2] *v.t.&i.* panylu, crychu, *occ:* pantu, pantio; **a smile dimpled her face,** crychodd gwên ei hwyneb; **she dimpled with pleasure,** crychodd ei hwyneb gan bleser.

dimpled, dimply *a.* panylog; *(face):* bochdyllog.

din[1] *n.* twrw *m*, stŵr *m*, mwstwr *m*, reiat *f*, *S.W: occ:* randibŵ *m*, *S: occ:* cyn[h]al[i]a[e]th *f*; *F:* **to kick up a ~,** codi twrw, cadw reiat, cadw sŵn, creu stŵr.

din[2] *v.t.&i.* **1.** *v.t.* **to ~ sth into s.o.'s ears,** pwnio rhth i ben rhn, sgrechian/bloeddio rhth yng nghlustiau rhn; **we had it dinned into us,** fe'i pwniwyd i'n pennau. **2.** *v.i. (of voice):* cadw twrw, swnian, brygowthan; **to ~ in s.o.'s ears,** byddaru rhn.

Dinantian *n. Geol:* Dinantaidd.

dinar *n. Num:* dinar(-au) *m.*

Dinaric *a. Geog: Ethn:* Dinaraidd, Dinarig.

Dinas Island *Pr.n. W.Geog:* Ynys Fach (*f*) Llyffan Gawr.

dine *v.i.&t.* **1.** *v.i.* ciniawa; bwyta [cinio]; **to ~ out on sth,** ciniawa ar gorn rhth. **2.** *v.t.* **he wined and dined her often,** aeth â hi am win ac i ginio yn aml.

diner *n.* **1.** ciniäwr (ciniawyr) *m*, cini|awraig *f.* **2.** *Rail:* = **dining-car. 3.** *U.S: (= restaurant):* tŷ (tai) (*m*) bwyta. **~-out** *n.* ciniäwr (ciniawyr) (*m*) allan.

dineric *a. Ph:* *deuwlybyrog, *deuneraidd.

dinette *n.* cilfach (*f*) giniawa (cilfachau ciniawa).

ding[1] *n. Onomat: (of bell):* tinc(-iau) *m.*

ding[2] *v.t.&i.* **1.** *v.t.* **to ~ sth into s.o.,** pwyo/pwnio rhth i ben rhn. **2.** *v.i.* tincial, tincian. **~-dong**[1] **1.** *adv.* ding-dong; dring-dring; to **go ~-~,** tincian, tincial, canu, seinio; **to hammer away [at sth] ~-~,** dygnu arni, pydru arni, dyfal doncio [gyda rhth]. **2.** *n. (a) (of bells):* sŵn (*m*) clychau, ding-dong *m*, tinc(-iau) *m*, dring-dring *m*; *(b) (= heated argument):* ffrae(-au) *f*, ffrwgwd (ffrygydau) *mf*, taeru *vn*; **to have a real ~-~ (with s.o.),** cael andros o ffrae, ffraeo['n benben], ymdderu, ymgecru, cynhenna, cecran, mynd i daeru, *S:* coethan (â rhn). **3.** *a. Sp:* **~-~ race,** ras cael-a-chael, ras bron gyfartal. **~-dong**[2] *v.i.* canu, seinio, tincial, tincian, cnulio.

dingbat *n. U.S:* **1.** *Typ:* arwydd(-ion) *m.* **2.** = **fool**[1]

dinge[1] *n.* = **dinginess.**

dinge[2] *n. & attrib.* **1.** *F: Pej: (= negro):* blac(-s) *m.* **2.** *attrib.* negroaidd.

dinged *a. Metalw:* **~ work,** gwaith panylog *m.*

Dingestow *W.Pl.n.* Llanddingad *f.*

dinghy *n.* dingi(-s) *m*, *S:* bad(-au) bach *m*, *N:* cwch (cychod) bach *m*; **collapsible ~,** cwch hyblyg.

dingily *adv.* yn byglyd *&c.*

dinginess *n.* golwg byglyd *f*, budreddi *m*, baw *m*, bryntni *m*, brynti *m*, bryntwch *m*, salwineb *m.*

dinging *vn. Metalw:* panylu.

dingle *n.* **1.** glyn(-noedd) *m*, pant(-iau) *m*, pantle(-oedd) *m*, ceunant (ceunentydd) *m.* **2.** *W.Pl.n. (a) (Colwyn Bay):* Nant Eirias *m*; *(b) (in Llangefni):* Nant y Pandy.

dingleberry *n. Bot: (Vaccinium erythrocarpus): (a) (fruit):* llusen goch (llus/llusi cochion) *f*; *(b) (plant):* llyswydden goch (lluswydd cochion) *f.*

dingo *n. Z:* **1.** dingo(-s) *m* (*pronounced* ng-g), ci gwyllt (cŵn gwyllt[-ion]) *m.* **2.** *F:* = **cheat**[1], **coward.**

dingus *n. F:* peth(-au) *m*, *S:* bechingalw *m* (*pronounced* ng-g), *N:* pethma *m.*

dingy *a.* pyglyd, di-raen, pygliw, pygddu, aflan, llychlyd, bawlyd, dilewy[r]ch, di-sglein, pỳg, *S:* brwnt, *N:* budr(-on); *(= gloomy):* tywyll; *(furniture):* di-raen, pyglyd; *(colour):* di-liw, di-raen, salw, pyglyd, pygliw, llwydaidd; *(linen):* di-raen, llwydaidd, pyglyd, *N:* budr(-on), *S:* brwnt; **~ grey, ~ white** *a.* llwydwyn(-ion), llwydaidd, budr-wyn(-ion).

Dinham *W.Pl n.* Dinan *m.*

dining *vn.* bwyta, ciniawa. **~-car** *n.* cerbyd(-au) (*m*) bwyta. **~-chair** *n.* cadair (cadeiriau) (*f*) wrth fwrdd. **~-room** *n.* ystafell (*f*) fwyta (ystafelloedd bwyta), ystafell ginio (ystafelloedd cinio). **~-table** *n.* bwrdd (byrddau) (*m*) cinio, *S:* bord (*f*) ginio (bordydd cinio).

dinitrobenzene *n. Ch:* deunitrobensen(-au) *m.*

dinitrogen *n. Ch:* deun|itrogen *m.*

dinitrophenol *n. Ch:* deunitroffenol(-au) *m.*

Dinka *a. & n.* **1.** *a.* Dinca. **2.** *n. Ethn: (i)* Dinca(-s,-id) *m&f*; *(ii) Ling:* Dinca *f*, *m.*

dinkum *a. & n.* **1.** *a. Austr: F:* **1.** *(pers.):* iawn, *N:* clên, *S:* ffein, piwr. **2.** *(= authentic):* go iawn; ~ **oil,** y cyfiawn wir, y gwir plaen *m*; *int.* **fair ~!** ar fy ngair! wir-yr! heb air o gelwydd! **3.** *n. (= work):* gwaith *m*, llafur *m*; *(= truth):* y gwirionedd *m.*

dinky *a. F:* twt, del, pert, *N.W: occ:* smêc.

dinner *n.* cinio (ciniawau) *m*, *S: occ: f*; **to be at ~,** ciniawa, bod ar ginio, bod wrth y bwrdd/ford; **to do ~ duty,** *(in schools):* bod ar ddyletswydd cinio, goruchwylio cinio. **~-dance** *n.* cinio (*m*) a dawns *f*, dawns-ginio (~-giniawau) *m.* **~-hour** *n.* awr (*f*) ginio/giniawa (oriau cinio/ciniawa). **~-jacket** *n.* siaced (*f*) ginio/giniawa (siacedi cinio/ciniawa). **~-lift** *n.* lifft (*f*) lestri (lifftiau llestri). **~-mat** *n.* mat(-iau) (*m*) llestri, mat cinio. **~-party** *n.* cinio gwadd *m*; **to give a ~-party,** gwahodd pobl i ginio/giniawa. **~-service** *n.* llestri *pl* [cinio]. **~-time** *n.* amser (*m*) cinio/ciniawa. **~-trolley** *n. Furn:* troli (*m*) cinio (troliau cinio). **~-table** *n. N:* bwrdd (byrddau) (*m*) cinio/ciniawa, *S:* bord (*f*) ginio/giniawa (bordydd cinio/ciniawa). **~-wagon** *n.* troli cinio.

dinnerless *a.* heb ginio, diginio.

dinnerware *n.* llestri (*pl*) cinio.

dinoceras *n. Paleont:* dein|oseras (deinoserasod) *m.*

dinoflaggellate *n. Z:* dinofflangellog(-ion) *m.*

dinornis *n. Orn:* deinornis(-iaid) *m*, moa(-od) *m.*

dinosaur *n. Paleont:* d|einosor (deinosoriaid, deinosorod) *m.*

dinosaurian *a. & n. Paleont:* **1.** *a.* deinosoraidd. **2.** *n.* deinosoriad (deinosoriaid) *m.*

dinosauric *a.* = **dinosaurian 1.**

dinothere *n. Paleont:* d|einother (deinotheriaid) *m.*

dint[1] *n.* **1.** = **dent**[1]. **2. by ~ of ...,** trwy + *soft mut.*; **by ~ of persuasion,** trwy berswâd.

dint[2] *v.t.* = **dent[2]**.
dinucleotide *n. Bio-Ch:* deuniwcleotid(-au) *m.*
diocesan *a.* & *n.* **1.** *a.* esgobaethol; ~ **registry,** swyddfa (swyddf|eydd) *(f)* esgobaeth. **2.** *n.* *(a) (= bishop):* esgob(-ion) *m*; *(b) (= member of diocese):* eglwyswr (eglwyswyr) *m.*
diocese *n.* esgobaeth(-au) *f.*
diode *n. W.Tel:* deuod(-au) *m*; **cross-connected ~,** deuod croes-gyswllt.
dioecious *a. Bot:* deuoecaidd.
dioecism *n. Bot:* deuoecedd *m.*
diol *n. Ch:* deuol(-au) *m.*
diolefin *n. Ch:* deu|oleffin (deuoleffinau) *m.*
Dionysia *n.pl. Gr.Ant:* y Dionysia.
Dionysiac *a.* & *n.* **1.** *a.* Dionysaidd. **2.** Dionysiad (Dionysiaid) *m&f.*
Dionysian *a.* Dionysaidd.
Diophantine *a. Mth:* Dioffantaidd.
diopside *n. Miner:* diopsid *m.*
diopsidic *a. Miner:* diopsidig.
dioptase *n. Miner:* dioptas *m.*
diopter *n. U.S:* = **dioptre**.
dioptometer *n. Opt:* dioptomedr(-au) *m.*
dioptometry *n. Opt:* dioptometreg *f.*
dioptre *n. Opt: Meas:* dioptr(-au) *m.*
dioptric *a. Ph:* dioptrig.
dioptrics *n.pl. Ph:* dioptreg *f.*
diorama *n.* diorama (dioramâu) *m.*
dioramic *a.* dioramaidd, dioramig.
diorite *n. Miner:* gwyrddfaen *m*, dïorit *m.*
dioritic *a.* dioritig.
dioxan[e] *n. Ch:* deuocsan *m.*
dioxide *n. Ch:* deuocsid(-au) *m.*
dip[1] *n.* **1.** *(a) (in liquid):* trochiad(-au) *m*, *N:* dowc *m*; *(b)* **lucky ~,** cwdyn *(m)* [y] saint, twb/twba lwcus *m.* **2.** *(a) (of indicator &c):* gostyngiad(-au) *m*; *(b) (in ground):* pant(-iau) *m*; *(= gradient):* rhediad *m*, goleddf(-au) *m*, gogwydd(-au) *m*, gogwyddiad(-au) *m.* **3.** *Nau:* gostyngiad [fflag]; **flag at the ~,** fflag ar ostwng. **4.** *F: (= bathe):* trochiad, trochfa (trochf|eydd) *f*, ymdrochiad(-au) *m*, *N:* dowc(-iau) *m*, dowciad(-au) *m*, dowcfa (dowcf|eydd) *f*; **to go for a ~,** mynd i drochi, mynd am droch[i]ad. **5.** *(a)* **sheep-~,** *(i) (trough):* cafn(-au) *(m)* golchi/trochi defaid, lle(-oedd,-fydd) *(m)* golchi/trochi defaid, golchfa *(f)* ddefaid (golchf|eydd defaid), trochfa *(f)* ddefaid (trochf|eydd defaid); *(ii) (lotion):* golch(-ion) *(m)* defaid, dip(-iau) *m* [defaid], *occ:* tip(-iau) *m* [defaid], *Lit: occ:* trochdrwyth(-i) *m*; *(b) Craft:* **bright ~,** dip gloywi. **6.** *(candle):* cannwyll *(f)* wêr (canhwyllau gwêr). **7.** *Cu:* dip(-iau) *m.* **8.** *P:* = **pickpocket**. **~-circle** *n.* cylch(-au) *(m)* gostwng. **~-needle** *n.* nodwydd ogwyddol (nodwyddau gogwyddol) *f.* **~-net** *n.* rhwyd *(f)* drochi (rhwydi trochi). **~ pen** *n.* pin(-nau) *(m)* ysgrifennu, ysgrifbin(-nau) *m.* **~-pipe** *n.* peipen *(f)* ogwydd (peipiau gogwydd). **~-slope** *n. Geog:* golethr(-au) *f.* **~-stick** *n. Aut:* ffon *(f)* fesur [olew/oel] (ffyn mesur [olew/oel]). **~-switch** *n.* switsh(-is) *(m)* gostwng. **~-trap** *n. Plumb:* = **dip-pipe**. *S.a.* **compass[1]**.
dip[2] *v.t.&i.* I. *v.t.* **1.** trochi, *F:* dipio; **he dipped his spoon in the pot,** plymiodd/trawodd/dododd/dipiodd ei lwy yn y crochan; *F:* **I am always dipping my hand into my pocket,** 'rwy byth a hefyd yn rhoi llaw yn fy mhoced; *Husb: (sheep):* golchi, trochi, dipio, tipio. **2.** *(= lower):* gostwng, gogwyddo; *Aut:* **to ~ the headlights,** gostwng y goleuadau. *Nau:* **to ~ one's flag,** *abs.* **to ~ [to a ship],** gostwng fflag [i long]; **to ~ one's wings,** gostwng adenydd. II. *v.i.* **1.** *(in water):* trochi, ymdrochi, *N: F:* dowcio, towcio. **2.** *(of sun):* machlud, suddo; **the sun dipped below the horizon,** machludodd/aeth/suddodd yr haul dan y gorwel, *N.W: occ:* aeth yr haul dan ei gaerau. **3.** *(of compass-needle):* gogwyddo. **4.** *(of ground, road):* pantio, mynd yn bant. **5.** **to ~ into a book,** rhoi'ch trwyn mewn llyfr, pori mewn llyfr; **to ~ into one's purse,** mynd i'ch pwrs; **to ~ deep into the past,** turio i'r gorffennol; **the bird dips and rises in flight,** mae'r aderyn yn disgyn ac yn esgyn ar ei adain; *Av: (of plane):* gostwng trwyn.
dipeptidase *n. Bio-Ch:* deub|eptidas (deubeptidasau) *m.*
dipeptide *n. Bio-Ch:* deubeptid(-au) *m.*
dipetalous *a. Bot:* deubetalog.
diphase, diphasic *a. El.E:* deuffasig.
diphenyl *n.* = **biphenyl**.
diphenylamine *n. Ch:* deuffenylamin *m.*
diphenylhydantoin *n. Ch:* ffenytöin *m.*
diphosgene *n. Ch:* deuffosgen *m.*
diphosphate *n. Ch:* deuffosffad(-au) *m.*
diphosphoglyceric *a. Ch:* deuffosffoglyserig.
diphosphopyridine *n. Ch:* deuffosffop|yridin.
diphtheria *n. Med:* difftheria *m*, y clefyd coch *m.*
diphtherial, diphtherian, diphtheritic *a. Med:* difftheraidd.
diphtheroid *a.* & *n.* **1.** *a.* = **diphtherial**. **2.** *n.* d|ifftheroid (difftheroidau) *m.*
diphthong *n. Ling:* deusain (deuseiniaid) *f*, *occ:* dipton(-au) *f*; **falling ~,** deusain ddisgynedig/rywiog/leddf (deuseiniaid disgynedig/rhywiog/lleddf); **rising ~,** deusain esgynedig/afrywiog, deusain dalgron (deuseiniaid talgrwn); **centring ~,** deusain ganoli (deuseiniaid canoli); **closing ~,** deusain gau (deuseiniaid cau); **opening ~,** deusain agor.
diphthongal *a. Ling:* deuseiniol.
diphthongization *n.* deuseinoliad(-au) *m*, deuseinoli *vn.*
diphthongize *v.t.&i.* deuseinoli.
diphthongized *a.* deuseiniedig.
diphycercal *a. Ich:* *dwyran-gynffonnog.
diphycercy *n. Ich:* *dwyran-gynffonnedd *m.*
diphyletic *a. Bot:* dwylinachol.
diphyllous *a. Bot:* dwyddalennog.
diphyodont *a. Anat:* dwblddanheddog.
diplegia *n. Med:* parlys *m.*
diplex *a.* dwyffordd.
diplobacillus *n. Bact:* diplobasilws (diplobasili) *m.*
diploblastic *a. Bot:* diploblastig.
diplococcal, diplococcic *a. Bact:* diplococaidd.
diplococcus *n. Bact:* diplocows (diplococi) *m.*
diplodocus *n. Paleont:* diplodocws (diplodocysod) *m.*
diploe *n. Anat:* diplöe *m.*
diploic *a. Anat:* diplöig.
diploid *a.* & *n. Biol:* **1.** *a.* diploidaidd. **2.** *n.* diploid(-au) *m.*
diploidy *n. Biol:* diploidedd *m.*
diploma *n.* diploma (diplomâu) *mf*, tystysgrif(-au) *f.* **~ mill** *n. Sch: Pej:* ffatri *(f)* raddau (ffatrïoedd graddau).
diplomacy *n.* **1.** diplomyddiaeth *f*, diplomiaeth *f*, diplomatiaeth *f*, diplomateg *f*; **gunboat ~,** perswâd *(m)* y pastwn, diplomyddiaeth llong ryfel. **2.** *F: (= tact):* tringarwch *m* *(pronounced* ng-g), tact *m*, doethineb *m.*
diploma'd *a.* diplomedig, cymwysedig, tystysgrifedig.
diplomat *n.* diplomydd(-ion) *m*, d|iplomat (diplomatiaid) *m.*
diplomate *n.* diplomedig(-ion) *m&f.*
diplomatic *a.* **1.** llysgenhadol, diplomyddol, diplomataidd, diplomatig; **the D~ Service,** y Gwasanaeth Llysgenhadol *&c*; **~ bag,** bag(-iau) diplomyddol *m*, ysgrepan ddiplomyddol (ysgrepanau diplomyddol) *f*; **~ corps,** corfflu llysgenhadol *m*; **~ immunity,** breinryddid diplomyddol *m*; **~ privilege,** braint ddiplomyddol *f.* **2.** *F: (= tactful):* pwyllog, doeth, diplomataidd, diplomatig; *(in handling people):* tringar *(pronounced* ng-g), carcus, medrus; **a ~ answer,** ateb pwyllog; **a ~ illness,** salwch diplomatig/cyfl|eus. **3.** *(edition &c):* diplomatig.
diplomatically *adv.* **1.** yn ddiplomyddol. **2.** *(= tactfully):* yn ddiplomatig *&c.* **3.** *(edited):* yn ddiplomatig.
diplomatics *n.pl.* diplomateg *f.*
diplomatist *n.* = **diplomat**.
diplomatize *v.i.* llysgenhadu; **to ~ between two countries,** cyfryngu/cymodi/dyddio rhwng dwy wlad.
diplont *n. Biol:* diplont(-au) *m.*
diplontic *a. Biol:* diplontig.
diplophase *n. Biol:* d|iploffas (diploffasau) *m.*
diplopia *n. Med:* *dyblolwg *m*, gweld *(vn)* dwbl/dau.
diplopic *a. Med:* *dyblolygol, yn gweld dwbl/dau.
diplopod *n. Z:* d|iplopod (diplopodiaid) *m.*
diplopodous *a. Z:* diplopodaidd.
diplosis *n. Biol:* dyblad *m*, diplosis *m.*
diplostemonous *a. Bot:* dwblfrigerog.
diplotene *a.* & *n. Biol:* **1.** *a.* diplotenaidd. **2.** *n.* d|iploten *m.*
dipnoan *a.* & *n. Ich:* **1.** *a.* dipnoaidd. **2.** *n.* dipnoad (dipnoaid) *m.*
dipodic *a. Pros:* deugorfannol.
dipody *n. Pros:* corfan(-nau dwbl) *m.*

dipolar *a. Ph:* deubegynol.

dipole *n. Ph:* deubol(-au) *m*, deubegwn (deubegynau) *m*. ~ **moment** *n.* moment (*f*) ddeubol.

dippable *a. (in water &c):* trochadwy, dowciadwy; *(flag, headlamp &c):* gostyngadwy.

dipped *a.* ~ **sheep,** defaid wedi eu golchi; ~ **headlights,** goleuadau wedi eu gostwng.

dipper *n.* **1.** *Ind: (pers.):* trochwr (trochwyr) *m*, trochydd(-ion) *m*. **2.** *Orn:* trochwr (trochwyr) *m*, bronfraith fach (bronfreithod bach) (*f*) y dŵr, bronwen(-nod) (*f*) y dŵr, bronwen y garw, iâr (*f*) ddŵr (ieir dŵr), mwyalchen (mwyeilch) (*f*) y dŵr, tresglen (tresglod) (*f*) y dŵr, Wil (*m*) y Dŵr, aderyn du(*m*)'r dŵr, rhegen(-nod) (*f*) y dŵr. **3.** *(a) U.S: (= ladle):* lletwad(-au) *f*; *(b) Astr: U.S:* **the Little D~,** yr Arth Fach *f*; **the [Big/Great] D~,** Sêr (*pl*) Llong, Llun (*m*) y Llong, yr Arth Fawr *f*, yr Haeddel Fawr *f*, yr Arad *f*, y Llong Foel *f*, *F:* y Sosban *f*, *M.W: occ:* Jac (*m*) a'i Wagen. **4.** *(at amusement park):* **the big** ~, y ffigyr-eit *m*, y ffigyr-êt *m*. **5.** = **Anabaptist, Baptist.**

dipperful *n.* llond (*m*) lletwad, lletwadaid (lletwadeidiau) *f*.

dippy *a. P:* hurt, hanner-pan *&c*; *See* **crazy.**

dipropellant *n.* = **bipropellant.**

dipso *n. P:* = **dipsomaniac.**

dipsomania *n.* dipsomania *m*.

dipsomaniac *n.* dipsomaniad (dipsomaniaid) *m&f*.

dipsomaniacal *a.* dipsomanaidd.

diptera *n.pl. Ent:* dwyadeiniogion, d|iptera.

dipteral *a. Arch:* dwyadeiniog, dwyasgellog.

dipteran *a. & n.* **1.** *a.* dwyadeiniog, dwyasgellog. **2.** *n.* dwyadeiniad (dwyadeiniaid) *m&f*, dwyasgellog(-ion) *m&f*.

dipterocarp *n. Bot:* d|ipterocarp (dipterocarpau) *m*

dipteron *n. Ent:* d|ipteron (d|iptera) *m*.

dipterous *a.* dwyadeiniog, dwyasgellog.

diptych *n.* diptych(-au) *m*.

diquat *n. Ch:* dicwat *m*.

dire *a.* **1.** *(= awful):* enbyd, enbydus, ofnadwy, arswydus, gresynus, *S. W: occ:* deir, *Lit:* adwythig, echryslon, erch, dir. **2.** *(= urgent):* enbyd, enbydus, dygn, dybryd, taer. **3.** *(= extreme, severe):* enbyd, eithafol, llym, *Lit:* dir; **to take ~ measures,** arfer moddion llym; ~ **necessity,** angen dybryd *m*, taer angen; ~ **poverty,** dygn dlodi *m*, caledi *m*, cyni *m*; ~ **forebodings,** argoelion enbyd; ~ **distress,** trallod enbyd *m*, dygn drallod. ~ **wolf** *n. Z:* blaidd (bleiddiaid) arswydus/enbyd *m*.

direct[1] *v.t.* **1.** cyfeirio; **to ~ a letter to s.o.,** cyfeirio llythyr at rn (*not* i rn). **2.** *(work, a film):* cyfarwyddo; *(firm):* cyfarwyddo, rheoli. **3.** *(a)* **to ~ s.o.'s attention to sth,** cyfeirio/tynnu sylw rhn at rth; *(b)* **to ~ one's efforts (to[wards] an end),** cyfeirio'ch ymdrechion, ymdrechu (tuag at nod). **4. could you ~ me to the station,** allech chi fy nghyfeirio i at yr orsaf? allech chi ddangos imi'r ffordd i'r orsaf? allech chi ddweud wrthyf ble mae'r orsaf? **5.** *(a)* **to ~ s.o. to do sth,** dweud wrth rn am wneud rhth, gorchymyn i rn wneud rhth, siarsio rhn i wneud rhth; **I was directed to go,** cefais orchymyn i fynd; *(b)* Jur: **to ~ the jury,** cyfarwyddo'r rheithwyr/rheithgor.

direct[2] *a., adv. & n.* **1.** *a.* *(a)* uniongyrchol (*pronounced* ng-g); ~ **cause,** achos uniongyrchol *m*; *Com:* ~ **cost,** cost uniongyrchol *f*; ~ **debit method,** dull (*m*) debyd uniongyrchol; ~ **taxation,** trethi uniongyrchol *pl*, trethu (*vn*) uniongyrchol; **the ~ road,** y ffordd uniongyrchol/unionsyth/sythaf *f*; **to be a ~ descendant of s.o.,** disgyn yn uniongyrchol oddi wrth rn, bod yn ddisgynnydd uniongyrchol i rn; *Cmptr:* ~ **access,** cyrchu (*vn*) uniongyrchol; ~ **action,** gweithredu (*vn*) uniongyrchol; *T. V:* **D~ Broadcast Satellite,** Lloeren(-ni) (*f*) Darlledu Uniongyrchol; *Cmptr:* ~ **data entry,** cofnod (*m*) data uniongyrchol; ~ **dye,** lliw syth *m*; **the ~ opposite of sth,** y gwrthwyneb union (*m*) i rth, y peth hollol groes (*m*) i rth; ~ **grant,** cymhorthdal uniongyrchol *m*; *Log:* ~ **reduction,** rhyddwythiad uniongyrchol *m*; ~ **speech,** araith uniongyrchol/union *f*; **a ~ hit,** trawiad unionsyth *m*; *(b) (pers.):* di-lol, difaldod, uniongyrchol, plwmp a phlaen; *(c) (= absolute, categorical):* plwmp a phlaen, cymwys (*S: pronounced* cwmws) plaen, diamwys, ar ei ben; **a ~ answer,** ateb uniongyrchol, ateb ar ei ben, ateb plaen/diamwys; *(d)* ~ **current,** cerrynt uniongyrchol/difwlch *m*; *W.Tel:* ~ **coupled aerial,** erial cyswllt union *m*; *(e) Astr: Mus:* unionsyth, uniongyrchol. **2.** *adv.* yn syth, ar unwaith, yn uniongyrchol, yn gymwys, yn unionsyth, ar eich union, ar eich pen, *N:* yn syth bin; **he went ~ to heaven,** aeth yn syth i'r nefoedd. **3.** *n. Mus:* cyfeirnod(-au) *m*, cyfeirydd(-ion) *m*.

directed *a.* cyfeiriedig, gosod, cyfeiriol; **as ~,** yn unol â'r cyfarwyddyd/gorchymyn, yn ôl y cyfarwyddyd; ~ **number,** rhif cyfeiriol *m*; ~ **work,** gwaith gosod *m*.

directedness *n.* cyfeiriedigrwydd *m*.

direction *n.* **1.** *(of company &c):* rheolaeth *f*, [y] rheolwyr *pl*; **under the ~ of ...,** dan reolaeth/gyfarwyddyd .... **2.** *(= address of letter):* cyfeiriad(-au) *m*, *F:* drecsiwn *m*. **3.** cyfeiriad(-au) *m*; **in every ~,** ym mhob cyfeiriad, i bob cyfeiriad, bob ffordd; **in the opposite ~,** i'r cyfeiriad arall, fel arall, y ffordd arall; **he went in the opposite ~,** fe aeth y ffordd arall; **in a north-easterly ~,** tua'r gogledd-ddwyrain; **to lose one's sense of ~,** drysu, colli pob amgyffred o gyfeiriad, colli'ch ffordd; *Mth:* **positive ~,** cyfeiriad unionsyth; **negative ~,** cyfeiriad gwrthol. **4.** *usu.pl. Com:* ~ **[for use],** cyfarwyddiadau *pl*, cyfarwyddyd *m*; *Jur:* **summons for ~,** gwŷs am gyfarwyddyd; **sailing directions,** cyfarwyddyd hwylio; **stage directions,** cyfarwyddiadau llwyfan. **5.** *(of play, film):* cyfarwyddo *vn*. **~-finder** *n. W.Tel:* *cyfeirleolwr (cyfeirleolwyr) *m*. **~-finding** *n.* *cyfeirleoli *vn*. ~ **indicator** *n. Aut:* cyfeirydd(-ion) *m*. ~ **sign** *n. Aut:* arwydd(-ion) (*m*) cyfeirio.

directional *a.* cyfeiriol; *Aut:* ~ **count,** rhifiad(-au) cyfeiriol *m*.

directionality *n.* cyfeirioldeb *m*, cyfeiriant *m*.

directionless *a.* digyfeiriad.

directive *a. & n.* **1.** *a.* cyfarwyddiadol, cyfeiriol. **2.** *n.* *(a)* cyfarwyddyd (cyfarwyddiadau) *m*, gorchymyn (gorchmynion) *m*; *(b) Fin: Cmptr: &c:* cyfarwyddeb(-au) *f*, cyfeireb(-au) *f*.

directivity *n.* cyfeirioldeb *m*.

directly *adv. & conj.* **1.** *adv.* *(a)* **(to come) ~ (to the point),** (dod) yn uniongyrchol (*pronounced* ng-g), ar eich union, yn syth (at y pwynt); **I am not ~ concerned,** 'does a wnelwyf i ddim ag ef yn bersonol/uniongyrchol; *(b) (= absolutely):* cwbl, yn gwbl, [yn] llwyr, [yn] hollol, [yn] union; ~ **opposite views,** safbwyntiau cwbl groes i'w gilydd; **(he lives) ~ opposite the church,** (mae'n byw) yn union gyferbyn â'r eglwys, dros y ffordd i'r eglwys, *S:* yn gwmws goddyreb â'r eglwys; *(c) (= immediately):* ar unwaith, yn syth, yn ddi-oed, *S:* chwap, *N:* yn syth bin; **the doctor came ~,** daeth y meddyg ar unwaith. **2.** *conj. F:* cyn gynted â ..., unwaith ...; **(I will come) ~ I've finished,** (mi ddof) cyn gynted ag y byddaf wedi gorffen, gyda 'mod i'n gorffen, unwaith y byddaf wedi gorffen, yn syth wedi imi orffen.

directness *n. (of answer):* uniongyrchedd *m* (*pronounced* ng-g), gonestrwydd *m*.

Directoire *a.* [dull, ffasiwn] y ***Directoire***. ~ **knickers** *n. Cost:* clôs (*m*) pen-glin, trowsus (*m*) pen-glin.

director *n.* **1.** *Com: &c:* cyfarwyddwr (cyfarwyddwyr) *m*; **managing ~,** rheolwr-gyfarwyddwr (~-gyfarwyddwyr) *m*, cyfarwyddwr rheoli; **assistant ~,** is-gyfarwyddwr *m*; **D~ General,** Prif Gyfarwyddwr; **D~ of Education,** Cyfarwyddwr Addysg; **D~ of Public Prosecutions,** Cyfarwyddwr Erlyniadau Cyhoeddus. **2.** *(a) &c: Mec.E:* cyfeirydd(-ion) *m*. *(b) Navy:* cyfeirydd(-ion) *m*, anelwr (anelwyr) *m*; ~ **circle** *n.* cyfeirgylch(-oedd) *m*.

directorate *n.* bwrdd (*m*) [y] cyfarwyddwyr.

directorial *a.* cyfarwyddol, cyfarwyddwrol.

directorship *n.* **1.** *(= position):* swydd (*f*) cyfarwyddwr (swyddi cyfarwyddwyr). **2. during my ~,** yn ystod fy nghyfnod fel cyfarwyddwr; pan oeddwn i'n gyfarwyddwr. **3.** *Th: &c:* cyfarwyddyd *m*, cyfarwyddiad *m*.

directory *a. & n.* **1.** *a.* cyfarwyddol. **2.** *n.* *(a)* cyfarwyddiadur(-on) *m*, cyfeirlyfr(-au) *m*; **telephone ~,** llyfr(-au) (*m*) t|eleffon/ffôn; *(b) U.S:* cyfarwyddwyr *pl*; *(c)* **the D~,** *Fr.Hist:* y Gyfarwyddiaeth *f*.

directress, directrice *n.f.* cyfar|wyddwraig (cyfarwyddwragedd).

directrix *n. Geom:* cyfeirlin(-[i]au) *f*.

direful *a. Poet:* = **dire.**

direfully, direly *adv.* yn enbyd *&c*.

direness *n.* enbydrwydd *m*, ofnadwyedd *m*, ofnadwyaeth *f*, dirni *m*.

dirge *n.* galarnad(-au) *f*, m|arwnad (marwnadau) *f*, galargan(-au,-euon,-iadau) *f*; **to chant dirges,** galarnadu, marwnadu.

dirham *n. Num:* dirham(-s,-au) *m*.

dirigible *a. & n.* **1.** *a.* llywiadwy. **2.** *n. (airship):* balŵn (balwnau) llywiadwy *m*, awyrlong(-au) *f*.
dirigisme *n. Pol:* ***dirigisme*** *m*.
dirigiste *a. & n. Pol:* **1.** *a.* ***dirigiste***. **2.** *n.* ***dirigiste(-s)*** *m&f*.
diriment *a.* diddymol; **~ impediment,** rhwystr(-au) diddymol *m*.
dirk¹ *n.* dagr (dagerau) *f*, dager(-au) *f*, bidogan(-au) *f*, bidogyn (bidogau) *m*, cleddyfan(-au) *m*.
dirk² *v.t.* trywanu.
dirndl *n. Cost:* dirndl *m*.
dirt *n. & attrib.* **1.** baw *m*, budreddi *m*, bryntni *m*, brynti *m*; *(= mud):* llaid *m*, llaca *m*, mwd *m*, *S: F:* llacs *pl*, bwdlacs *pl*, stecs *pl*; **hands ingrained with ~,** dwylo budron/brwnt/bawlyd/ pyglyd, dwylo'n faw i gyd *or* drostynt; *F:* **to throw ~ at s.o.,** taflu baw at rn, pardduo rhn, bwrw llysnafedd ar rn; **to do (s.o.) ~,** niweidio, drygu (rhn); gwneud drwg (i rn); gwneud tro sal (â rhn); **to treat s.o. like ~,** trin rhn fel baw; *F:* **to eat ~,** gorfod llyncu baw, gorfod ymgreinio, gorfod mynd ar eich bol; **to talk ~,** siarad yn fras, siarad brastod/budreddi, *N:* siarad yn fudr, *S:* whilia'n frwnt. **2.** *(= soil):* pridd *m*; *Min:* pridd mŵn *m*. **3.** *Euphemism: (= excrement):* baw *m*, dom *f*, tom *f*, tail *m*. **~ cheap** *a.* rhad fel baw, rhad fel slecs. **~ farmer** *n. U.S:* ffermwr (ffermwyr) *m*, tyfwr (tyfwyr) *(m)* cnydau. **~ farming** *vn.* ffermio, *Lit:* amaethu. **~ floor** *n.* llawr *(m)* pridd. **~-proof** *a.* annifwynadwy, dilychwin. **~ road** *n. N:* ffordd *(f)* drol (ffyrdd troliau), *M.W:* wtra: wtre (wtregydd) *f*, *S:* hewl *(f)* gart (hewlydd cart). **~ roof** *n.* to(-[e]au) *(m)* tywyrch/tyweirch. **~-track** *n. Sp:* trac(-iau) *(m)* lludw. **~-wagon** *n.* = **dust-cart**.
dirtily *adv. N:* yn fudr *&c*, *S:* yn frwnt *&c*.
dirtiness *n.* **1.** *S:* brynti: bryntni *m*, *N:* budreddi *m*, butrwch *m*, *Lit:* aflendid *m*. **2.** *F: (of speech): S:* budreddi, butrwch, mochyndra *m*, *N:* brastod *m*; *(of action):* salwedd *m*, gwaeledd *m*, cachgi|eidd-dra *m*.
dirty¹ *a.* **1.** *N:* budr(-on), *S:* brwnt (brynt[i]on), *occ:* bawlyd, *Lit:* aflan; **to get (sth) ~,** baeddu, difwyno, dwyno (rhth); *S:* bryntu, trochi (rhth); **~ money,** arian brwnt, arian *(m)* budreddi. **2.** *(weather):* mawr, gwael, *N:* budr, *S:* brwnt, *M.W: occ:* ysgethrin. **3. a ~ mind,** meddwl budr/brwnt/mochaidd. **4. to play s.o. a ~ trick,** *F:* **to do the ~ on s.o.,** gwneud tro sâl/gwael â rhn; **a ~ dog,** *F:* mochyn *(m)* o ddyn; **the ~ end of the stick,** pen *(m)* gwaetha'r gwaith; **~ linen,** dillad brwnt/budron *pl*; **a ~ look,** cuchiad(-au) *m*, cilwg (cilygon) *m*, gwg *m*, cuwch (cuchiau) *m*; **to give s.o. a ~ look,** ffromi/gwgu ar rn, edrych yn gas/hyll ar rn; **a ~ word,** gair (geiriau) brwnt/budr (geiriau brwnt/budron) *m*; **~ language/talk,** iaith fras/fudr/front *f*, brastod *m*; **~ work,** *(a) (literally):* gwaith budr *m*, *S:* gwaith brwnt, *Lit:* bryntwaith *m*; *(b) (= misdemeanour):* drwg *m*, drygioni *m*, drygau *pl*, anfadwaith *m*; **there's been ~ work at the crossroads,** mae yna ryw ddrwg yn y caws; fe fu rhn yn gwneud drygau; **to do s.o.'s ~ work for him,** gwneud gwaith budr/brwnt dros rn, bod yn bric pwdin i rn. **5.** *adv. (= very):* **a ~ great hole,** clamp *(m)* o dwll, clobyn *(m)* o dwll, coblyn *(m)* o dwll, hen dwll mawr, *S.W:* yffach o dwll mawr; **~-minded** *a. N:* â meddwl budr, *S:* â meddwl brwnt; **how ~-minded he is,** dyna feddwl brwnt/budr sydd ganddo; **~-mindedness** *n.* budreddi *(m)* meddwl.
dirty² *v.t.&i.* difwyno, baeddu, maeddu, *S:* trochi, bryntu.
disability *n.* anallu *m*, anabledd(-au) *m*; *Theol:* rhwystr(-au) *m*; **physical ~,** anfantais gorfforol (anfanteision corfforol) *f*, anabledd; **under a ~,** dan anabledd. **~ pension** *n.* pensiwn (pensiynau) *(m)* anabledd.
disable *v.t.* **1.** anablu, andwyo, niweidio, anafu, clwyfo, analluogi, *Lit:* efryddu. **2.** *Jur:* anghymhwyso. **3.** *Cmptr:* analluogi; **to ~ interrupts,** analluogi ymyriadau.
disabled *a. & n.* **1.** *a.* analluog, anabl, methedig, anafus, *Lit:* efrydd. **2.** *n.* methedig(-ion) *m&f*, *Coll:* yr anabl *pl*; **the badly ~,** y rhai methedig/anabl iawn; **~ driver,** gyrrwr anabl; **~ parking badge,** bathodyn parcio i'r anabl.
disablement *n.* **1.** *(action): vn.* = **disable**. **2.** analluogrwydd *m*, anabledd *m*, methiant *m*, anfantais [gorfforol] *f*; *Adm:* **he has a degree of ~,** mae'n rhannol fethedig; **permanent ~,** anabledd parhaol. **~ allowance** *n.* lwfans(-au) *(m)* anabledd, lwfans y methedig; **~ resettlement officer** *n.* swyddog(-ion) *(m)* ailsefydlu'r anabl.
disabuse *v.t.* dadrithio, didwyllo (rhn); agor llygaid (rhn); **to ~ a man of silly prejudices,** agor llygaid dyn i'w ragfarnau hurt.
disaccharidase *n. Bio-Ch:* deusac|aridas (deusacaridasau) *m*.
disaccharide *n. Ch:* deus|acarid (deusacaridau) *m*.
disaccord¹ *n.* anghytundeb(-au) *m*, anghytgord(-iau) *m*, anghydweledïad(-au) *m*, gwahaniaeth(-au) *(m)* barn.
disaccord² *v.i.* anghytuno, anghyd|weld, methu cytuno.
disaccustom *v.t.* **to ~ s.o. from doing sth,** anghynefino rhn â gwneud rhth.
disadvantage¹ *n.* anfantais (anfanteision) *f*; **to take s.o. at a ~,** dal rhn yn ddirybudd; dal rhn dan anfantais iddo; **to show oneself to ~,** rhoi cyfrif gwael ohonoch eich hun.
disadvantage² *v.t.* anfanteisio (rhn), rhoi/dodi (rhn) dan anfantais.
disadvantaged *a. & n.* **1.** *a.* dan anfantais, difantais, amddifadus, sy'n cael cam. **2.** *Coll.* rhai dan anfantais, y difantais *pl*.
disadvantagedness *n.* anfantais *f*, diffyg *(m)* manteision.
disadvantageous *a.* anfanteisiol.
disadvantageously *adv.* yn anfanteisiol.
disadvantageousness *n.* anfantais *f*, anfanteisioldeb *m*, natur anfanteisiol *f*.
disaffect *v.t.* dieithrio.
disaffected *a.* annheyrngar (*pronounced* ng-g), anfodlon, anystywallt, anniddig.
disaffection *a.* anfodlonrwydd *m* **(from sth,** ar rth), annheyrngarwch *m* (i rth) (*pronounced* ng-g), anniddigrwydd *(m)* (â rhth).
disaffiliate *v.t.&i.* **1.** *v.t.* diarddel, diaelodi. **2.** *v.i.* datgysylltu, ymddatgysylltu **(from sth,** â rhth); mynd â'ch aelodaeth (o rth).
disaffiliation *n.* diarddeliad *m*, datgysylltiad *m*; *vn.* = **disaffiliate**.
disaffirm *v.t. Jur:* gwrthdr|oi, gwrthod.
disaffirmance, disaffirmation *n.* gwrthdroad *m*, gwrthodiad *m*; *vn.* = **disaffirm**.
disafforest *v.t.*, **disafforestation** *n.* digoedwigo, difforestu.
disaggregate *v.t.&i.*, **disaggregation** *n.* **1.** *v.t.* gwahanu, chwalu, datgrynh|oi. **2.** *v.i.* ymwahanu, chwalu, ymchwalu.
disaggregative *a.* datgrynhöol.
disagree *v.i.* **1. to ~ (with s.o.),** anghytuno, anghydw|eld (â rhn). **2.** *(a) (= quarrel):* ffraeo, cweryla, cecran, ymdderu, taeru. **3.** peidio â dygymod, anghytuno; **the climate disagrees with him,** nid yw'r hinsawdd yn dygymod ag ef; **wine disagrees with him,** nid yw gwin yn dygymod ag ef; ni all ef ddygymod â gwin.
disagreeability *n.* = **disagreeableness**.
disagreeable *a.* annymunol, anhyfryd, annifyr, anghynnes.
disagreeableness *n.* **1.** anhyfrydwch *m*, annymunoldeb *m*, annifyrrwch *m*, anghynhesrwydd *m*, natur annymunol *&c f*. **2.** *(= peevishness):* piwisrwydd *m*, pigogrwydd *m*.
disagreeably *adv.* yn annymunol *&c*.
disagreement *n.* anghytundeb(-au) *m*, anghydwelediad *m*, anghydfod(-au) *m*.
disallow *v.t.* **1.** *Jur: &c: (= refuse, reject):* gwrthod. **2.** *(= forbid):* gwahardd, nacáu, *S:* diôr, dior, *N:* nadu.
disallowance *n.* **1.** *Jur: &c:* gwrthodiad(-au) *m*, nacâd (nacadau) *m*. **2.** *(= prohibition):* gwaharddiad(-au) *m*, nacâd.
disallowed *a.* gwrthodedig.
disambiguate *v.t.*, **disambiguation** *n.* dil|eu amwysedd (rhth), diamwyso (rhth).
disamenity *n.* anfantais (anfanteision) *f*, bai (beiau) *m*.
disannul *v.t. Jur:* diddymu, dil|eu, dirymu, *F:* canslo.
disannulment *n.* dilead(-au) *m*, dirymiad(-au) *m*.
disappear *v.i.* diflannu, mynd o'r golwg; **he disappeared from our sight,** fe aeth o'n golwg; **all pain having disappeared,** a phob poen wedi mynd/ffoi.
disappearance *n.* diflaniad(-au) *m*; **since his ~,** oddi ar iddo ddiflannu, ers iddo ddiflannu.
disappearing *a.* diflannol, diflanedig; **~ act,** act *(f)* ddiflannu; *Joc:* **he's done his ~ act again,** mae wedi diflannu eto; mae wedi ei baglu/heglu/bachu hi eto; mae wedi mynd fel iâr i ddodwy.
disappoint *v.t.* siomi; **to be disappointed,** cael eich siomi, cael siom, *N: occ:* cael ail, *F:* cael socsan/sycsan; **he was greatly disappointed,** cafodd siom fawr; cafodd ei siomi'n fawr; cafodd ei siomi'n arw; yr oedd wedi ei siomi'n ofnadwy; **to be agreeably disappointed,** cael eich siomi ar yr ochr orau; **to be disappointed in love,** cael eich gwrthod/siomi mewn cariad, *N.W: occ:* cael cawell; **I was very/most disappointed with it,** cefais fy siomi'n fawr ynddo; **to turn out disappointing,** *(of pers.): S.W: occ:* twyllo'ch magu.

disappointed *a.* siomedig, wedi'ch siomi, mewn siom.
disappointedly *adv.* yn siomedig, mewn siom.
disappointer *n.* siomwr (siomwyr) *m*, s|iomwraig *f*.
disappointing *a.* siomedig, *occ:* siomgar, siomedigaethus; **how ~!** trueni! hen dro! bechod! dyna siom/siomedig!
disappointingly *adv.* **1.** *(qualifying adjective):* yn siomedig *&c.* **2.** *(qualifying whole clause):* er [mawr] siom.
disappointment *n.* siom(-au) *fm*, siomedigaeth(-au) *f*, siomiant (siomiannau) *m*, *occ:* siomiad(-au) *m*, *N.W:* ail *m*, *S.W: occ:* prwtsiad *m*; **to my [great] ~,** er fy [mawr] siom, er siom [fawr] imi.
disapprobation *n.* = **disapproval.**
disapprobative, disapprobatory *a.* anghymeradwyol.
disappropriate *v.t. Jur: Ecc:* *diadfeddiadu.
disapproval *n.* anghymeradwyaeth *f*, *occ:* gwg *m*, collfarn *f*; **a look of ~,** golwg anghymeradwyol *f*, gwg, cilwg *m*.
disapprove *v.t.&i.* anghymeradwyo; **to ~ of sth being done,** anghymeradwyo gwneud rhth.
disapprover *n.* anghymeradwywr (anghymeradwywyr) *m*, anghymerad|wywraig *f*.
disapproving *a.* anghymeradwyol, beirniadol.
disapprovingly *adv.* yn anghymeradwyol *&c.*
disarm *v.t.&i.* **1.** *v.t.* diarfogi (rhn), mynd ag arfau (rhn). **2.** *v.i.* diarfogi, diosg arfau, *Lit: occ:* ymddiarfogi.
disarmament *n.* diarfogi *vn*, diarfogiad *m*.
disarmer *n.* diarfogwr (diarfogwyr) *m*, diarf|ogwraig *f*.
disarming[1] *a.* **1.** *(= charming):* enillgar, dengar (*pronounced* ng-g), cyfareddol, swynol, hudolus. **2.** diarfogol.
disarming[2] *vn.* diarfogi.
disarmingly *adv.* yn enillgar *&c*; **he was ~ frank,** bu'n ddengar o agored.
disarrange *v.t.* anhrefnu, annibennu, drysu, *S:* cawlo, *N:* blerio, bleru.
disarranged *a.* aflêr, blêr, anhrefnus, di-drefn, dryslyd, anniben, blith-draphlith, annosbarthol, annosbarthus; **~ hair,** *S.W:* gwallt brwcsog/fflwch/ffluwch.
disarrangement *n.* anhrefn *f*, annibendod *m*, aflerwch *m*, dryswch *m*; *vn.* = **disarrange.**
disarray[1] *n.* anhrefn *f*, dryswch *m*; **to throw (army *&c*) into ~,** anhrefnu/drysu (byddin *&c*).
disarray[2] *v.t.* drysu, anhrefnu.
disarticulate *v.t.&i.* datgymalu.
disarticulation *n. Med:* datgymaliad(-au) *m*, datgymalu *vn.*
disassemblable *a.* datodadwy, datgymaladwy.
disassemble *v.t.* datod, datgymalu; *Cmptr:* dadosod.
disassembler *n. Cmptr:* dadosodwr (dadosodwyr) *m*.
disassembly *n.* datodiad *m*, datgymaliad *m*, dadosodiad(-au) *m*; *vn.* = **disassemble.**
disassociate *v.t.&i.* datgysylltu, gwahanu, diarddel; **to ~ oneself from sth,** ymddatgysylltu oddi wrth rth, eich datgysylltu'ch hun oddi wrth rth, gwrthod arddel cysylltiad â rhth.
disassociation *n.* = **dissociation.**
disaster *n.* trychineb(-au) *mf.* **~ area** *n.* ardal (*f*) drychineb (ardaloedd trychineb).
disastrous *a.* trychinebus.
disastrously *adv.* yn drychinebus.
disavow *v.t.* gwadu, diarddel (rhth); *Lit:* ymddiarddel (â rhth).
disavowable *a.* gwadadwy, diarddeladwy.
disavowal *n.* gwadiad(-au) *m*, diarddeliad(-au) *m*, gwadu *vn*, diarddel *vn.*
disband *v.t.&i.* **1.** *v.t.* chwalu, gwasgaru. **2.** *v.i.* *(of troops &c):* dadfyddino, chwalu, gwasgaru, ymwahanu, ymwasgaru, mynd ar wasgar, mynd ar chwâl.
disbanding *vn.*, **disbandment** *n.* gwasgariad(-au) *m*, ymwasgariad(-au) *m*; *vn.* = **disband.**
disbar *v.t.* diarddel; **he was disbarred,** fe'i diarddelwyd o'r bar.
disbarment *n.* diarddeliad(-au) *m*, diarddel *vn.*
disbelief *n.* anghrediniaeth *f*, *Lit: occ:* anghred *f*, ang[h]oel (anghoelion) *mf*; **a look of ~,** golwg anghrediniol *f*.
disbelieve *v.t.&i.* **1.** *v.t. Lit:* anghredu, anghoelio (rhth); peidio â chredu/choelio (mewn/yn rhth); **I don't ~ what you're saying,** nid nad wyf yn eich credu. **2.** *v.i.* **to ~ in sth,** peidio â chredu yn rhth, gwrthod credu yn rhth, anghredu yn rhth.
disbeliever *n.* anghrediniwr (anghredinwyr) *m*, anghred|inwraig *f*, anghredadun(-ion) *m*, anghredwr (anghredwyr) *m*.
disbelieving *a.* anghrediniol.
disbelievingly *adv.* yn anghrediniol.
disbench *v.t.* difeincio.
disbound *a.* dadrwymedig.
disbranch *v.t.* digeincio, diganghennu, tocio.
disbud *v.t.* **1.** *Hort:* diflaguro. **2.** *Vet:* digornio.
disburden *v.t.&i.* **1.** *v.t.* **to ~ s.o.,** ysgafnu baich rhn, gwaredu rhn o'i faich, *occ:* difeichio rhn. **2.** *(= unload):* dadlwytho, gollwng.
disbursal *n.* = **disbursement.**
disburse *v.t.* **1.** talu, gwario. **2.** = **distribute; to ~ property by will,** cymynroddi eiddo.
disbursement *n.* tâl (taliadau) *m*, traul (treuliau) *f*, alldaliadau *pl.*
disburser *n.* talwr (talwyr) *m*, gwariwr (gwarwyr) *m*.
disc[1] *n.* **1.** *(a) (of moon &c):* wyneb(-au) *m*, disg(-iau) *m*, *occ:* disgen (disgiau) *f*; *(b) Rec:* record(-iau) *f*, disg; *Mil: &c:* **identity ~,** disg enw/enwi/adnabod; *Aut:* **wheel ~,** disg olwyn. **2.** *Anat:* **optic ~,** y ddisgen optig *f*; *Med:* **slipped ~,** disg llac, disg o'i le, disg wedi llithro. **3.** *(of gastropod):* gwadn(-au) *fm*, disg(-iau) *m*. **4.** *Cmptr:* disg(-iau) *m*; **floppy ~,** disg llipa; **hard ~,** disg caled (disgiau caled/celyd); **master-~,** prif ddisg; **mini-floppy ~,** disg llipa bychan (disgiau llipa bychain). **~ barrow** *n. Archeol:* crug(-iau) (*m*) disgen. **~ brake** *n. Aut:* brâc (braciau) (*m*) disg, brêc(-s, breciau) (*m*) disg. **~ clutch** *n. Aut:* cydiwr (cydwyr) (*m*) disg. **~ controller** *n. Cmptr:* rheolwr (rheolwyr) (*m*) disgiau. **~ crash** *n. Cmptr:* gwrthdrawiad(-au) (*m*) disg. **~ drive** *n. Cmptr:* disg-yrrwr (~-yrwyr) *m*, disg-yriant (~-yriannau) *m*. **~ filing system (DFS)** *n. Cmptr:* system (*f*) ddisg-ffeilio. **~ harrow** *n. Agr:* oged (*f*) ddisg/ddisgiau (ogedi disg/disgiau), og (*f*) ddisg/ddisgiau (ogau disg/disgiau), *SF:* disg(-iau) *f*. **~ head** *n. Cmptr:* pen (*m*) disg (pennau disgiau). **~ jockey**[1] *n.* troellwr (troellwyr) *m*. **~ jockey**[2] *v.i.* bod yn droellwr, troelli. **~ operating system (DOS)** *n. Cmptr:* system (*f*) weithredu disg. **~ pack** *n. Cmptr:* pecyn(-nau) (*m*) disgiau. **~ parking** *n.* parcio (*vn*) disg. **~ sander** *n. Tls:* sandiwr (sandwyr) (*m*) disg. **~ signal** *n.* arwydd(-ion) (*m*) disg. **~ slider** *n. Archeol:* disg llithro. **~ zone** *n. Adm:* ardal (*f*) ddisg (ardaloedd disg).
disc[2] *v.t.* disgio.
discal *a. Z:* disgol.
discalced *a. Ecc:* troednoeth, diesgid; **D~ Friar,** Brawd Troednoeth.
discard[1] *n.* **1.** *Cards:* diosgiad *m*, cerdyn (cardiau) tafl *m*. **2.** *Ind: Com:* peth(-au) (*m*) a daflwyd; *Lib:* hepgoryn (hepgorion) *m*. **3.** *Geog:* **zone of ~,** cylchfa (*f*) wrthod (cylchfaoedd/cylchfâu gwrthod).
discard[2] *v.t.* **1.** hepgor, taflu, gollwng, diosg (rhth); bwrw (rhth) heibio, bwrw (rhth) o'r neilltu; *(habit &c):* rhoi'r gorau (i rth); **to ~ one's winter clothing,** diosg eich dillad gaeaf. **2.** *Cards:* taflu.
discardable *a.* tafladwy, hepgoradwy, diangen.
discarder *n.* taflwr (taflwyr) *m*.
discarnate *a.* di-gnawd, di-gorff, anghorfforol.
discern *v.t.* **1.** canfod, dirnad, gweld. **2.** *A:* **to ~ good from bad,** gwahaniaethu rhwng da a drwg, nithio drwg a da, gweld y rhagor rhwng da a drwg.
discernable, discernible *a.* gweladwy, canfyddadwy, dirnadwy, amlwg.
discernibly *adv.* yn weladwy *&c.*
discerning *a. & n.* **1.** *a.* *(intelligence, pers.):* chwaethus, detholgar, craff, deallus, doeth, o farn, *Lit:* hyfarn; **a ~ man,** gŵr o farn, gŵr o chwaeth; *(taste):* dethol, detholgar, sicr, di-ffael, dibynadwy. **2.** *n.* = **discernment.**
discerningly *adv.* yn graff *&c*; â chraffter *&c.*
discernment *n.* **1.** *(= insight):* craffter *m*, dirnadaeth *f*, amgyffred *m*, sythwelediad *m*. **2.** *(= taste):* chwaeth [sicr] *f*, sicrwydd (*m*) chwaeth.
discerptibility *n. Lit:* natur rwygadwy *f*.
discerptible *a. Lit:* rhwygadwy.
discharge[1] *n.* **1.** *(= unloading):* dadlwythiad(-au) *m*, dadlwytho *vn.* **2.** *(of guns):* saethu *vn*, tanio *vn.* **3.** *(a) (of gas, liquid &c):* gollyngiad(-au) *m*, arllwysiad(-au) *m*, tywalltiad(-au) *m*, arllwysiant (arllwysiannau) *m*; **there was a ~ of oil from the ship,** collwyd olew o'r llong; *(of pump):* arllwysiad; *(b) El:* dadwefriad(-au) *m*, dadwefru *vn*; **preferential ~,** dadwefru blaenoriaethol; *(c) Med:* *(i) (action):* llif(-au) *m*, rhediad(-

au) *m*, goriad *m*; *(ii) (= pus):* crawn *m*, gôr *m*, casgl *m*, rhedlif(-au) *m*. **4.** *(a) (of employee):* diswyddiad(-au) *m*, diswyddo *vn*; *(b) (of soldier &c):* rhyddhad *m*, gollyngiad(-au) *m*, dadfyddiniad(-au) *m*, rhyddh|au *vn*, gollwng *vn*, dadfyddino *vn*. **5.** *Jur: (of prisoner):* rhyddhad, rhyddhau; **absolute ~,** rhyddhad diamod; **conditional ~,** rhyddhad amodol; **~ in bankruptcy,** rhyddhad mewn methdaliad. **6.** *(of duty):* cyflawniad(-au) *m*, cyflawni *vn*; **in the ~ of his duties,** wrth gyflawni'i ddyletswyddau. **7.** *(of debt): (a)* taliad *m*, cliriad *m*, talu *vn*, clirio *vn*; *(b) (= acquittance):* taleb(-au) *f*, rhyddhad; **in full ~,** mewn rhyddhad llwyr. **~ emission** *n.* allyriad(-au) *m*. **~ lamp** *n.* lamp *(f)* ddadwefru (lampau dadwefru). **~ lamp gear** *n.* cyfarpar *(m)* dadwefru lampau. **~ pipe** *n.* pibell(-au) *(f)* arllwys. **~ tube** *n.* tiwb(-iau) *(m)* dadwefru.

discharge² *v.t.&i.* I. *v.t.* **1.** *(ship, cargo):* dadlwytho. **2.** *(a) (gun &c):* saethu, tanio; *(b) El:* dadwefru. **3. to ~ passengers,** gollwng teithwyr. **4.** *(a) (employee):* diswyddo; *(b) (soldier):* rhyddh|au, dadfyddino, gollwng; *Navy: (crew):* gollwng; *(c)* **to ~ a patient,** *(from hospital):* anfon claf adref, rhyddhau/gollwng claf. **5.** *Jur: (a) (= release):* rhyddhau; *Jur:* **to ~ a jury,** gollwng rheithgor; **to ~ a mortgage,** rhyddhau morgais; *(b) (= acquit):* rhyddfarnu, dieuogi. **6.** *(a) (missile):* saethu, taflu, bwrw; *(b) (of abscess &c):* **to ~ pus,** crawni, gori, rhedeg, gollwng crawn/gôr; *(c) (gas &c):* gollwng, rhyddhau. **7.** *(a) (a duty):* cyflawni; *(b) (debt):* talu, clirio. II. *v.i.* **1.** *(of ship):* dadlwytho. **2.** *(of gun):* tanio. **3.** *(of eyes):* moli, rhedeg. **4. a river that discharges into a lake,** afon sy'n ymarllwys/llifo i lyn, afon sy'n aberu mewn llyn.

discharged *a.* **1.** *(a)* wedi eich rhyddh|au/gollwng, a ryddhawyd/ollyngwyd, gollyngedig, rhyddhäedig, rhydd(-ion); *(b) (= acquitted):* rhyddfarnedig, a ryddfarnwyd, dieuog. **2.** *(a) (= unloaded):* dadlwythedig, a ddadlwythwyd; *(b) (gun):* taniedig, a daniwyd, wedi ei danio; *(c) (= gas, liquid):* arllwysedig, gollyngedig, wedi colli, wedi gollwng; a gollwyd, a ollyngwyd, a arllwyswyd. **3.** *(duty):* cyflawnedig, a gyflawnwyd. **4.** *(= sacked):* diswyddedig, a ddiswyddwyd.

discharger *n. El: Ph:* dadwefrydd(-ion) *m*.

discharging¹ *a. (ship &c):* yn dadlwytho; *(abscess, ear):* crawnllyd, gorllyd, yn rhedeg; *(battery):* yn dadwefrio, yn colli trydan.

discharging² *vn.* dadlwythiad(-au) *m*, dadlwytho; *S.a.* **discharge. ~ counter** *n. Lib:* cownter(-i) *(m)* diddymu.

discifloral *a. Bot:* disgflodeuol.

disciform *a.* disgffurf.

disciple *n.* disgybl(-ion) *m*, disgybles(-au) *f*.

discipleship *n.* disgyblaeth(-au) *f*, bod yn ddisgybl.

disciplinable *a.* disgybladwy.

disciplinal *a.* disgyblaethol.

disciplinarian *a.* & *n.* **1.** *a.* disgyblaethol. **2.** *n.* disgyblwr (disgyblwyr) *m*, disg|yblwraig (disgyblwragedd) *f*, disgyblaethwr (disgyblaethwyr) *m*, gwastrodwr (gwastrodwyr) *m*, gwastr|odwraig *f*; **he is a good ~,** mae'n ddisgyblwr da; mae'n gwybod sut i gadw trefn/disgyblaeth; **he's no ~,** nid yw'n gallu cadw trefn; 'does ganddo ddim disgyblaeth; disgyblwr gwael ydyw.

disciplinarily *adv.* yn ddisgyblaethol.

disciplinary *a.* disgyblaethol; **~ rules,** rheolau disgyblu/disgyblaeth.

discipline¹ *n. (a)* disgyblaeth *f*, *occ:* gwastrodaeth *f*; **an iron ~,** disgyblaeth haearnaidd; **church ~,** disgyblaeth eglwysig; **to enforce ~,** cadw disgyblaeth (ar rn); disgyblu, *occ:* gwastrodi (rhn); *N: F:* cadw 'strodeth, *N.W: occ:* cadw cow (ar rn); *(b) (= branch of learning):* disgyblaeth.

discipline² *v.t.* **1.** disgyblu, *occ:* gwastrodi (rhn), cadw disgyblaeth/gwastrodaeth (ar rn). **2.** *(= train or mould character):* hyfforddi, ffurfio, mo[w]ldio. **3.** *(= punish):* disgyblu, cosbi.

disciplined *a.* disgybledig.

discipliner *n.* disgyblwr (disgyblwyr) *m*, disg|yblwraig *f*, disgyblaethwr (disgyblaethwyr) *m*, *occ:* gwastrodwr (gwastrodwyr) *m*, gwastr|odwraig *f*.

disciplining *vn.* disgybliad(-au) *m*, disgyblu.

discipular *a.* disgyblaidd, fel disgybl.

discission *n. Med:* hollten(-nau) *f*, holltiad(-au) *m*.

disclaim *v.t.* **1.** *(= renounce, deny):* gwadu, gwrthod; **to ~ all responsibility,** gwadu pob cyfrifoldeb. **2.** *(= disown):* diarddel.

disclaimer *n. Jur: &c:* ymwadiad(-au) *m*, ymwrthodiad(-au) *m* **(of sth,** â rhth).

disclamation *n.* = **disclaimer, disclaim.**

disclike *a.* disgaidd.

disclimax *n. Geog:* disgleimacs *m*.

disclose *v.t.* dadlennu, datguddio, amlygu, datgelu.

discloser *n.* dadlennwr (dadlenwyr) *m*, dadl|enwraig *f*, datguddiwr (datguddwyr) *m*, datg|uddwraig *f*, datgelwr: datgelydd (datgelwyr) *m*.

disclosure *n.* dadleniad(-au) *m*, datgeliad(-au) *m*, datguddiad(-au) *m*, amlygiad(-au) *m*; **non-~,** diffyg *(m)* datguddio, peidio *(vn)* â datguddio.

disco *n.* *P:* disgo(-s) *m*. **~-dancer** *n.* disgoddawnsiwr (disgoddawnswyr) *m*, disgodd|awnswraig (disgoddawnswragedd) *f*.

discobolus *n. Sp:* taflwr (taflwyr) *(m)* disgen.

discographer *n.* disgograffwr: disgograffydd (disgograffwyr) *m*.

discographic[al] *a.* disgograffig.

discography *n.* **1.** *(= catalogue):* c|atalog (catalogau) *(m)* recordiau, disglyfr(-au) *m*, disgyddiaeth(-au) *f*. **2.** *(study):* c|atalog (catalogau) *(m)* recordiau.

discoid[al] *a.* disgaidd, disgennol, ar ffurf disg.

discolour *v.t.&i.* newid lliw, troi lliw, *F:* staenio, *S.W: occ:* sbelwi, *Lit:* llychwino, brychu, afliwio, drygliwio.

discolouration *n.* llychwiniad(-au) *m*, afliwiad(-au) *m*, staen(-iau) *m*, drygliwiad(-au) *m*; *vn.* = **discolour.**

discombobulate *v.t.* *U.S: Joc:* andwyo, drysu, annosbarthu, moedro, mwydro.

discombobulation *n. U.S: Joc:* andwyad *m*; *vn.* = **discombobulate.**

discomfit *v.t.* **1.** *Lit: (= defeat):* gorchfygu, maeddu, trechu, curo. **2.** *(= embarrass):* drysu, swilio, chwithigo, annifyrru, *S: occ:* shimplo.

discomfited *a.* **1.** *(= defeated):* trechedig, a drechwyd, wedi'ch trechu, gorchfygedig, a orchfygwyd, wedi'ch maeddu. **2.** *(= embarrassed):* dryslyd, chwithig, swil, mewn embaras, tinllipa.

discomfiture *n.* **1.** *Lit: (= defeat):* gorchfygiad(-au) *m*, trechiad (-au) *m*, gorchfygu *vn*, trechu *vn*. **2.** *(= embarrassment):* swildod *m*, chwithigrwydd *m*, annifyrrwch *m*, annifyrdod *m*, *F:* embaras *m*.

discomfort¹ *n.* **1.** *(physical):* anghysur *m*, anesmwythder *m*, anesmwythdra *m*, diffyg *(m)* cysur. **2.** *(= unease):* anesmwythyd *m*, anesmwythder *m*, anesmwythdra *m*, aflonyddwch *m*, annifyrrwch *m*, annifyrdod *m*, pryder *m*.

discomfort² *v.t.* anesmwytho, annifyrru (rhn); aflonyddu (ar rn).

discommend *v.t.* anghymeradwyo.

discommendable *a.* anghymeradwy.

discommendation *a.* anghymeradwyaeth(-au) *f*, anghymeradwyo *vn*.

discommode *v.t.* peri trafferth (i rn).

discommodious *a.* trafferthus, anhwylus, lletchwith.

discompose *v.t.* anesmwytho, siglo, cynhyrfu (rhn); aflonyddu, tarfu (ar rn).

discomposed *a.* anesmwyth, sigledig, wedi cynhyrfu, cynyrfedig, cyffroëdig, mewn cynnwrf.

discomposure *n.* anesmwythyd *m*.

disconcert *v.t.* **1.** *(= plans):* drysu, difetha. **2.** *(= fluster):* synnu, syfrdanu, drysu, ffwndro (rhn); bwrw (rhn) oddi ar ei echel.

disconcerted *a.* syn, syfrdan, dryslyd, mewn penbleth, ffwndrus, *N.W. occ:* ffrwcslyd, mewn ffrwcs; **to be ~,** *N.W: occ:* ffrwcsio.

disconcertedly *adv.* yn syn *&c.*

disconcertedness *n.* syndod *m*, syfrdandod *m*, dryswch *m*, penbleth *m*.

disconcerting *a.* syfrdanol, annisgwyl, anesmwythol.

disconcertingly *adv.* yn syfrdanol.

disconcertion, disconcertment *n.* = **disconcertedness.**

disconfirm *v.t.* gwrthbrofi.

disconfirmation *n.* gwrthbrawf (gwrthbrofion) *m*, gwrthbrofi *vn*.

disconformable *a.* anghydffurfiol, anghydffurfiadwy.

disconformably *adv.* yn anghydffurfiol *&c.*

disconformity *n. Geol: &c:* anghydffurfiad(-au) *m*.

disconnect *v.t.* datgysylltu, *occ:* datod, gwahanu; *(waggons):* dadfachu.
disconnected *a.* **1.** digyswllt, anghyswllt, anghysylltiol, anghysylltiedig, anghydlyn, anghydlynol, heb gysylltiad (**from sth,** â rhth); rhydd (oddi wrth rth). **2.** *(speech):* digyswllt, gwasgarog, ar wasgar, ar hyd ac ar draws.
disconnectedly *adv.* yn ddigyswllt, yn wasgarog *&c.*
disconnectedness *n.* diffyg (*m*) cysylltiad, anghysylltedd *m,* anghydlynedd *m,* gwasgaro[w]grwydd *m,* natur wasgarog/ddigyswllt *f.*
disconnecting *vn.* datgysylltiad(-au) *m,* dadfachiad(-au) *m,* datgysylltu, dadfachu. **~ plug** *n.* plwg (plygiau) (*m*) datgysylltu. **~ switch** *n.* datgysylltwr (datgysylltwyr) *m.*
disconnection, disconnexion *n.* datgysylltiad(-au) *m,* datgysylltu *vn; S.a.* **disconnectedness.**
disconsolate *a.* digysur, anniddan, anhapus, digalon, siomedig; *(= grieving):* galarus, trallodus; **she was ~,** ni ellid mo'i chysuro.
disconsolately *adv.* yn ddigysur *&c.*
disconsolateness, disconsolation *n.* digalondid *m,* trallod *m,* gofid *m,* tristwch *m, Lit:* tristyd *m,* pr|udd-der *m,* anghysur *m,* anghysurdeb *m.*
discontent¹ *n.* **1.** anfodlonrwydd *m,* anniddigrwydd *m,* anfoddogrwydd *m.* **2.** *(= grievance):* cwyn(-ion) *f.*
discontent² *v.t.* anfodloni, anfoddh|au.
discontented *a.* anfodlon (**with sth,** ar rth); anfoddog, anhapus (â rhth); anniddig (yngh|ylch rhth).
discontentedly *adv.* yn anfodlon.
discontentedness, discontentment *n.* = **discontent¹.**
discontinuance, discontinuation *n.* terfyn(-iadau) *m,* diwedd(-au) *m,* ataliad(-au) *m, Lit:* amharhad *m* (**of sth,** ar rth); *S.a.* **discontinue; the ~ of his weekly visits,** diwedd [ar] ei ymweliadau wythnosol.
discontinue *v.t.&i.* **1.** *v.t.* terfynu, atal (rhth); rhoi terfyn, rhoi pen (ar rth); *F:* stopio (rhth); rhoi stop (ar rth); **to ~ doing sth,** peidio â gwneud rhth, rhoi'r gorau i wneud rhth, rhoi heibio wneud rhth, gorffen gwneud rhth. **2.** *v.i.* peidio, terfynu, diweddu, gorffen, dod i ben, dibennu, *S:* cwpla, 'bennu, *F:* stopio.
discontinuity *n.* **1.** diffyg (*m*) parhad, amharhad *m,* diffyg dilyniant, annilyniant *m,* bylchogrwydd *m,* bylchedd *m.* **2.** *Med: Ch: Ph:* toriant (toriannau) *m,* toriad(-au) *m.*
discontinuous *a.* bylchog, ysbeidiol, annilynol; *Mth:* toredig; *Biol:* **~ variation,** amrywiad amharhaol *m.*
discontinuously *adv.* yn fylchog, yn ysbeidiol, o bryd i'w gilydd, bob hyn a hyn.
discophile *n.* disg-garwr (~-garwyr) *m,* disg-g|arwraig *f.*
discord¹ *n.* **1.** anghytgord(-iau) *m,* anghydfod(-au) *m,* cynnen (cynhennau) *f,* cecraeth *f,* helynt(-ion) *f;* **to sow ~,** hau hadau anghytgord/cynnen, codi cynnen; *(= be inconsistent):* creu helynt, creu cecraeth; **civil ~,** helyntion gwladol *pl.* **2.** *Mus:* anghyseinedd *m,* anghytgord(-iau) *m.*
discord² *v.i.* *(= disagree):* anghytuno, anghydw|eld, anghytgordio, peidio â chyd-fynd, peidio â chyd-daro; bod yn anghyson (**with sth,** â rhth).
discordance, discordancy *n.* **1.** *Mus:* anghytgord(-iau) *m.* **2.** *(of opinions):* anghytgord *m,* anghydweledlad *m,* gwahaniaeth(-au) (*m*) barn.
discordant *a.* **1.** *(a) (sound):* aflafar, amhersain, cras, croch; *(b) Mus:* anghyseiniol, anghytgordiol, digynghanedd, digywair. **2.** *(= differing):* anghytûn; **~ opinions,** gwahaniaethau (*pl*) barn, barnau croes.
discordantly *adv.* **1.** yn aflafar *&c.* **2.** yn anghytûn.
discothèque *n.* d|iscotec: discot|ec (discotec[i]au) *m.*
discount¹ *n.* *Com:* gostyngiad(-au) *m,* ad-daliad(-au) *m,* disgownt(-iau) *m, S.W: occ:* hansel *m,* bwt *m;* **(to sell sth) at a ~,** (gwerthu rhth) am bris llai, yn rhatach, ar ddisgownt; **a shilling ~,** *S.W: occ:* swllt o fwt; **~ for quantities,** gostyngiad pris ar grynswth; **to stand at a ~,** gostwng [mewn pris], dangos colled, dangos gostyngiad; **politeness is at a ~ these days,** 'dyw cwrteisi'n werth dim heddiw; **trade ~,** disgownt masnach. **~ house** *n.* tŷ (tai) (*m*) disgownt. **~ price** *n.* pris(-iau) (*m*) disgownt. **~ rate** *n.* cyfradd (*f*) ddisgownt (cyfraddau disgownt). **~ shop** *n.* siop (*f*) ddisgownt (siopau disgownt).
discount² *v.t.&i.* **1.** *Fin: Com:* rhoi disgownt, disgowntio. **2.** *(= disbelieve, doubt):* amau, diystyru, anghredu, peidio â choelio, peidio â chredu; **you must ~ half of his story,** rhaid ichwi beidio â choelio hanner ei stori.
discountable *a.* **1.** *(price):* gostyngadwy. **2.** *(= doubtful):* amh|eus.
discountenance¹ *n.* anghymeradwyaeth *f.*
discountenance² *v.t.* **1.** = **disconcert. 2.** *(= disapprove):* anghymeradwyo.
discounter *n.* *Fin:* disgowntiwr (disgowntwyr) *m.*
discourage *v.t.* **1.** *(= make downhearted):* digalonni, gwangalonni (*pronounced* ng-g), torri calon (rhn), *S:* danto. **2.** *(= disapprove, not encourage):* peidio â chefnogi, *occ:* anghefnogi; **to ~ a tendency,** gwrthbwyso tuedd; **to ~ s.o. from doing sth,** annog/perswadio rhn i beidio â gwneud rhth; rhybuddio rhn rhag gwneud rhth; **we ~ callers,** nid ydym yn croesawu ymwelwyr.
discourageable *a.* hawdd eich digalonni, hawdd torri'ch calon.
discouraged *a.* digalon, diobaith, diysbryd, gwangalon (*pronounced* ng-g), llawn anobaith, anobeithlon; **to become discouraged,** diffygio, anobeithio, digalonni, gwangalonni (*pronounced* ng-g), torri calon, *S:* danto.
discouragedly *adv.* yn ddigalon *&c;* mewn anobaith.
discouragement *n.* **1.** *(= hopelessness):* digalondid *m,* anobaith *m,* gwangalondid *m* (*pronounced* ng-g), siom *fm,* siomedigaeth *f,* siomiant *m;* **to meet with ~,** cael eich digalonni/siomi. **2.** *(= disapproval):* anghefnogaeth *f* (**of sth,** i rth), anghymeradwyaeth *f* (o rth); *S.a.* **discourage.**
discourager *n.* anghefnogwr: anghefnogydd (anghefnogwyr) *m.*
discouraging *a.* torcalonnus, digalon, siomedig, anobeithiol, *S:* dantlyd.
discouragingly *adv.* yn dorcalonnus *&c.*
discourse¹ *n.* *Lit:* **1.** *(= talk):* sgwrs (sgyrsiau) *f,* ymgom(-iau,-ion) *mf,* ymddiddan(-ion) *m.* **2.** *(= treatise):* trafodaeth(-au) *f,* traethawd (traethodau) *m* (**on sth,** ar rth); ymdriniaeth(-au) *f* (â rhth); *Phil:* **the world of ~,** byd trafodaeth; *(= sermon):* pregeth(-au) *f; (= speech):* araith (areithiau) *f.* **3.** *Ling:* mynegiant *m.*
discourse² *v.i.* *Lit:* **1.** *(= speak publicly):* traethu, areithio. **2.** *(= converse):* sgwrsio, ymgomio, ymddiddan.
discourser *n.* traethwr; traethydd (traethwyr) *m.*
discourteous *a.* anghwrtais, anfoesgar, digywilydd, *F:* difaners, powld.
discourteously *adv.* yn anghwrtais *&c.*
discourteousness, discourtesy *n.* anghwrteisi *m,* anfoesgarwch *m,* digywil|ydd-dra *m.*
discover *v.t.&i.* **1.** darganfod, canfod, cael (rhth); dod ar draws (rhth); dod o hyd, cael hyd (i rth); taro (ar rth). **2.** *(= realize):* canfod, sylweddoli, gweld, sylwi, cael; **I discovered too late that...,** cefais/canfûm yn rhy hwyr fod .... **3.** *(a) A: & Lit:* *(= reveal):* datgelu, dangos, dadlennu; *(b) Th:* **the hero is discovered in a cell as the curtain rises,** gwelir yr arwr mewn cell pan gyfyd y llen.
discoverable *a.* darganfyddadwy, canfyddadwy.
discovered *a.* **1.** darganfyddedig, canfyddedig. **2.** *Chess:* **~ check,** gwarchae agored *m.*
discoverer *n.* darganfyddwr (darganfyddwyr) *m,* darganf|yddwraig *f.*
discovery *n.* **1.** darganfyddiad(-au) *m, occ:* caffaeliad(-au); *(action):* darganfod *vn;* **the ~ of penicillin was a great blessing,** bu darganfod penisilin yn fendith fawr. **2.** *A: & Lit:* *(= revelation):* datgeliad(-au) *m,* dadleniad(-au) *m,* datgelu *vn,* dadlennu *vn; Jur:* **D~ of Documents,** Datgeliad/Datgelu Dogfennau; **Order for D~,** Gorchymyn (*m*) i Ddatgelu; **D~ of Facts,** Datgeliad/Datgelu Ffeithiau. **~ sampling** *vn.* *Com:* samplu parh|aus. **D~ Day** *n.* *U.S:* Diwrnod/Dydd (*m*) y Darganfod.
discredit¹ *n.* **1.** *(= doubt):* amheuaeth *f,* amheuon *pl;* **to throw ~ upon a statement,** amau datganiad, bwrw amheuaeth ar ddatganiad. **2.** *(= disrepute):* anfri *m,* amarch *m,* anghlod *m, occ:* cywilydd *m,* gwaradwydd *m,* gwarth *m;* **to reflect ~ on s.o.,** taflu anfri ar rn; **to bring sth into ~,** dwyn anfri/amarch ar rth, dod ag anghlod i rth; **to his ~,** er anghlod iddo, er cywilydd iddo.
discredit² *v.t.* **1.** *(= doubt, disbelieve):* amau, anghredu, methu credu, methu coelio. **2.** *(= cause to be disbelieved):* siglo/

tanseilio ffydd (yn rhn), taflu amheuaeth (ar rn). **3.** *(= disgrace):* bod yn anghlod (i rn); anfrïo, difrïo (rhn); dwyn anfri/gwarth (ar rn); dod ag anghlod i rn; *S:* difyrio (rhn).
discreditable *a.* annheilwng, amh|eus, cywilyddus, gwaradwyddus; **~ acquaintances,** *F:* cyfeillion brith/broc; **his ~ (examination paper),** (ei bapur arholiad) annheilwng ohono, nad yw'n glod iddo.
discreditably *adv.* yn annheilwng *&c.*
discredited *a. (claim, claimant):* tanseiliedig, anhygred, digredyd, nas credir, a wrthbrofwyd, gwrthbrofedig; mewn anfri, dan gwmwl.
discreet *a.* **1.** *(= judicious):* pwyllog, gochelgar; *(= unobtrusive):* cynnil, anymwthgar, di-stŵr, diffwdan, disylw; **a ~ smile,** gwên gynnil *f.* **2.** *(= circumspect):* cyfrinachgar, cynnil, *occ:* tawgar, mantgaead, *N.W: occ:* bantgaead.
discreetly *adv.* **1.** yn ochelgar *&c.* **2. we were ~ served,** buwyd yn gweini arnom yn dringar (*pronounced* ng-g); **he was ~ watched,** gwyliwyd ef yn ddiarwybod iddo *or* heb yn wybod iddo. **3.** yn gyfrinachgar.
discreetness *n.* = **discretion**; *(of surveillance):* anymwthgarwch *m*; *(of service):* tringarwch *m* (*pronounced* ng-g).
discrepancy *n.* gwahaniaeth(-au) *m*, anghysondeb(-au) *m*, anghysonder(-au) *m*, anghytundeb(-au) *m*.
discrepant *a.* gwahanol, croes (**from sth,** i rth); anghyson, anghytûn (â rhth); **to be ~ from,** gwahaniaethu (oddi wrth rth).
discrepantly *adv.* yn wahanol *&c.*
discrete *a. Mth: &c:* arwahanol, ar wahân, didoledig; *Cmptr:* **~ data,** data arwahanol *m*; *Lib:* **~ record,** cofnod(-ion) arwahanol *m*.
discretely *adv.* ar wahân, yn arwahanol *&c.*
discreteness *n.* arwahanrwydd *m*, arwahanoldeb *m*.
discretion *n.* **1.** *(= freedom to act as one sees fit):* rhyddid (*m*) i weithredu, doethineb *m*; hawl (*f*) i farnu; *Jur:* disgresiwn *m*; **at the Judge's ~,** fel y barno'r barnwr yn ddoeth; **I shall use my own ~,** mi wnaf fel y gwelaf yn dda/ddoeth; mi wnaf fel y gwelaf [yn] orau; **use your own ~,** gwnewch fel y mynnoch; gwnewch fel y gweloch yn dda/ddoeth; arferwch eich doethineb; **to leave sth to s.o.'s ~,** gadael rhth i ddewis/ddoethineb rhn; **at one's own ~,** fel y mynnoch, fel y gwelwch yn dda/ddoeth, fel y gwelwch [yn] orau. **2.** *(= prudence):* doethineb *m*, callineb *m*, pwyll *m*, gochelgarwch *m*; **to come to years of ~,** cyrraedd oedran pwyll; *Prov:* **~ is the better part of valour,** iachaf croen, croen cachgi; iach yw pen cachgi; iacha'i groen yw croen cachgi; gwell traed na gwaed; *(= tact):* tringarwch *m* (*pronounced* ng-g), cynildeb *m*. **3.** *(= judicious silence):* tawgarwch *m*, cyfrinachgarwch *m*, cynildeb *m*; **to use ~,** bod yn bwyllog/ofalus *&c*, arfer doethineb; *S.a.* **discreet**; *B:* **~ shall preserve thee,** cyngor (*m*) a'th gynnal; **~ is the best policy,** taw piau hi. **~ statement** *n. Jur:* mynegiad (*m*) am ddisgresiwn.
discretionary *a.* diamod, diderfyn, digyfyngiad, gorddewisol, dewisol; **~ power,** hawl ddiamod/orddewisol *f*, pŵer diamod *m*, gallu diamod *m*; **~ awards,** dyfarniadau dewisol.
discriminability *n.* natur wahaniaethadwy *f.*
discriminable *a.* gwahaniaethadwy.
discriminant *n. Mth:* gwahanolyn (gwahanolion) *m*.
discriminate *v.t.&i.* gwahaniaethu; **to ~ good from bad,** gwahaniaethu rhwng da a drwg, gweld/adnabod y rhagor rhwng da a drwg; **to ~ against s.o.,** anffafrio rhn, gwahaniaethu yn erbyn rhn; **to ~ in favour of s.o.,** ffafrio rhn.
discriminating *a.* **1.** call, craff, doeth, sicr eich chwaeth, chwaethus, *occ:* gwahaniaethol; **a ~ purchaser,** prynwr sicr ei chwaeth; **a ~ ear,** clust fain *f.* **2.** *Adm:* **~ tariff,** toll wahaniaethol/wahanredol (tollau gwahaniaethol/gwahanredol) *f.*
discriminatingly *adv.* gyda chwaeth, yn ddoeth.
discrimination *n.* **1.** *(= good taste):* chwaeth *f*, dirnadaeth *f*; **a man of ~,** gŵr o farn, gŵr o chwaeth, dyn sicr ei chwaeth. **2.** *(= preferential treatment): (in favour of s.o.):* ffafriaeth *f* (â rhn, i rn), ffafrio *vn* (rhn); *(against s.o.):* anffafriaeth *f* (â rhn, i rn); anffafrio *vn* (rhn); gwahaniaethu *vn*, gwahaniaethiad *m* (yn erbyn rhn); **racial ~,** anffafriaeth/anffafrio hiliol; **without ~,** yn ddiwahân.
discriminative *a.* = **discriminatory**.
discriminator *n.* gwahaniaethwr (gwahaniaethwyr); *(in favour of sth):* ffafriwr (ffafrwyr) *m*; *(against sth):* anffafriwr (anffafrwyr) *m*.
discriminatorily *adv.* yn wahaniaethol; yn anffafriol.
discriminatory *a.* **1.** gwahaniaethol. **2.** *(favourably):* ffafriol (i rn); *(= unfavourably):* anffafriol (i rn).
discrown *v.t.* digoroni, diorseddu, diurddo.
discursive *a.* **1.** *(= rambling):* cwmpasog, crwydrol, gwasgarog, digyswllt, ar wasgar; *F:* **he was very ~,** 'roedd o/e ym mhob man; 'roedd o/e ar hyd ac ar draws. **2.** *(= wide-ranging):* cwmpasog, cynhwysfawr, eang. **3.** *(a) (= reasoning):* trafodol, ymresymiadol, yn trafod, yn ymresymu; **~ prose,** rhyddiaith (*f*) drin a thrafod; *(b) Log:* rhesymegol, diddwythol.
discursively *adv.* **1.** yn gwmpasog *&c.* **2.** *Log:* trwy ddiddwythiad, yn ddiddwythol.
discursiveness *n.* gwasgaro[w]grwydd *m*, natur wasgarog/gwmpasog *f.*
discus *n.* **1.** *Sp:* disgen(-ni, disgiau) *f.* **2.** *Ich:* pysgodyn (pysgod) (*m*) disg. **~ thrower** *n.* taflwr (taflwyr) (*m*) disgen.
discuss *v.t.* **1.** trafod, trin, trin a thrafod (rhth); sôn (am rth). **2.** *Joc:* **to ~ a bottle of wine,** blasu potelaid o win.
discussable *a.* trafodadwy.
discussant, discusser *n.* trafodwr (trafodwyr) *m*, traf|odwraig (trafodwragedd) *f.*
discussible *a.* trafodadwy.
discussion *n.* trafodaeth(-au) *f* (**of sth,** ar rth), sôn *m* (am rth), trafod *vn* (rhth); **a subject for ~,** pwnc (pynciau) (*m*) trafod; **a question under ~,** pwnc dan sylw; **to start a ~,** agor trafodaeth, cychwyn trafodaeth, *F:* gwthio'r/gyrru'r cwch i'r dŵr. **~ group** *n.* cylch(-oedd) (*m*) trafod.
disdain[1] *n.* dirmyg *m*, ffroenucheledd *m* (**of sth,** tuag at rth); *occ:* diystyrwch *m* (o rth); **to show ~,** dangos dirmyg; *F:* troi trwyn, crychu trwyn, *Lit:* ffroenochi.
disdain[2] *v.t.* dirmygu, dibrisio, [y]sgornio, diystyru (rhth); *F:* troi trwyn (ar rth).
disdainer *n.* dirmygwr (dirmygwyr) *m*, dirm|ygwraig *f.*
disdainful *a.* dirmygus, diystyrllyd (**of sth,** o rth); [y]sgornllyd, ffroenuchel, trah|aus, *occ:* trwynsur (tuag at rth).
disdainfully *adv.* gyda dirmyg, yn ddirmygus *&c.*
disdainfulness *n.* traha *m*, trahauster *m*, ffroenucheledd *m*, natur ddirmygus/drah|aus/drwynsur *f.*
disease *n.* clefyd(-au,-on) *m*, clwyf(-au) *m*, haint (heintiau) *mf*, afiechyd(-on) *m*, salwch (salychau) *m*, *N.W: occ:* adwyth(-au) *m*; **contagious ~,** clefyd cyffwrdd; **deficiency ~,** clefyd diffyg; **degenerative ~,** clefyd dirywiol; **grass ~,** clefyd y borfa; **infectious ~,** clefyd heintus; **malignant ~,** clefyd adwythig; **notifiable ~,** clefyd hysbysadwy; **scheduled ~,** clefyd rhestredig; **sporadic ~,** clefyd achlysurol; **venereal ~,** clefyd gwenerol.
diseased *a.* afiach.
diseconomy *n.* gwastraff *m*, anghynildeb *m*, annarbodaeth *f*; *pl.* **diseconomies,** annarbodion, annarbodaeth.
disembark *v.t.&i.* **1.** *v.t.* glanio, dadlwytho. **2.** *v.i.* glanio.
disembarkation, disembarkment *n.* glaniad(-au) *m*; *vn.* = **disembark**.
disembarrass *v.t. (= rid, relieve):* gwaredu, rhyddh|au, (**s.o. of sth,** rhn o rth).
disembarrassment *n.* rhyddhad *m* (**from sth,** oddi wrth rth, rhag rhth).
disembodied *a.* anghorfforol, di-gorff, heb gorff, ansylweddol.
disembodiment *n.* digorfforiad *m*, digorffoli *vn.*
disembody *v.t.* digorffoli.
disembogue *v.i.&t. (of pipe, stream):* arllwys, ymarllwys, ymdywallt, tywallt; *(of stream only):* aberu.
disembowel *v.t.* diberfeddu, *occ:* diymysgaru.
disembowelment *n.* diberfeddiad(-au) *m*, diberfeddu *vn.*
disembroil *v.t.* datrys, datod, rhyddh|au.
disenchant *v.t.* **1.** *(= free from spell):* dadreibio, dadswyno, dadwitsio. **2.** *(= disillusion):* dadrithio.
disenchanted *a.* dadrithiedig.
disenchanter *n.* dadrithiwr (dadrithwyr) *m*, dadr|ithwraig *f.*
disenchanting *a.* dadrithiol.
disenchantingly *adv.* yn ddadrithiol.
disenchantment *n.* **1.** *(= freeing from sorcery):* dadreibiad(-au) *m*, dadreibio *vn.* **2.** *(= disillusionment):* dadrithiad(-au) *m*, dadrith(-iau) *m*, dadrithio *vn*, siom *fm*, siomedigaeth *f.*

disencumber *v.t.* **1.** difeichio (rhn), rhyddh|au (rhn) o faich, ysgafnh|au baich (rhn). **2.** *Jur:* **to ~ a property,** clirio'r ddyled ar eiddo.
disendow *v.t.* dadwaddoli, diwaddoli.
disendowed *a.* dadwaddoledig, diwaddoledig, diwaddol.
disendower *n.* dadwaddolwr (dadwaddolwyr) *m*, diwaddolwr (diwaddolwyr) *m*.
disendowment *n.* dadwaddoliad(-au) *m*, diwaddoliad(-au) *m*; *vn.* = **disendow**.
disenfranchise *v.t.* difreinio, dadryddfreinio.
disenfranchised *a.* difreiniedig, di-fraint.
disenfranchisement *n.* difreiniad *m*, difreinio *vn.*
disengage[1] *n. Fenc:* datgyweddiad(-au) *m*, datgyweddu *vn.*
disengage[2] *v.t.&i.* **1.** *v.t.* *(a)* *(= free):* rhyddh|au, datod; *(b)* *Mec.E:* *(clutch &c):* datgysylltu, gollwng; *(c)* *Ch:* **to ~ oxygen,** rhyddhau/gollwng ocsigen. *(d)* *abs. Fenc:* datgyweddu; *(e)* *(troops):* symud/tynnu/galw (milwyr) yn ôl. **2.** *v.i.* ymryddh|au.
disengaged *a.* *(pers.):* rhydd(-ion), ar gael; *(seat, phone):* rhydd.
disengagement *n.* **1.** *(= freedom):* rhyddid *m*, annibyniaeth *f*. **2.** *Pol:* dadymafael *vn.* **3.** *(= dissolution of engagement):* tor *(m)* dyweddïad. **4.** *Fenc:* datgyweddiad *m*. **5.** *(= ease of manner):* rhwyddineb *m*. **6.** *(action):* *vn.* = **disengage**[1].
disentail *v.t. Jur:* dadentaelio.
disentangle *v.t.&i.* **1.** *v.t.* datrys, datod, rhyddh|au, datblethu, *S: occ:* mysgu. **2.** *v.i.* ymryddh|au, ymddatod, ymddatrys.
disentanglement *n.* datodiad *m*, datrysiad *m*, datblethiad *m*; *vn.* = **disentangle**.
disenthral *v.t.* rhyddh|au **(s.o. from sth,** rhn o rth), gwaredu (rhn rhag rhth).
disentomb *v.t.* codi/tynnu (rhn) o'r bedd; datgladdu, *occ:* datbriddo, dibriddo (rhn).
disentwine *v.t.&i.* **1.** *v.t.* datod, datrys. **2.** *v.i.* ymddatod, ymddatrys, datod.
disepalous *a. Bot:* deus|epalog.
disequilibrate *v.t.*, **disequilibration** *n.* anghytbwyso *vn.*
disequilibrium *n.* diffyg *(m)* cydbwysedd, anghytbwysedd *m*, ansadrwydd *m*.
disestablish *v.t.* datgysylltu.
disestablished *a.* datgysylltiedig.
disestablishment *n. Pol:* datgysylltiad(-au) *m*, datgysylltu *vn.*
disestablishmentarian *a. & n. Pol:* **1.** *a.* datgysylltiol. **2.** *n.* datgysylltwr (datgysylltwyr) *m*, datgys|ylltwraig *f*.
disestablishmentarianism *n. Pol:* datgysylltiaeth *f*, datgysylltiadaeth *f*.
disesteem[1] *n.* amarch *m*, anfri *m*, dibristod *m*.
disesteem[2] *v.t.* dibrisio, dilorni.
diseur *n.m.* cyfarwydd(-iaid), llefarydd (llefarwyr), adroddwr (adroddwyr), storïwr (storiwyr), *N: occ:* deudwr(-s, deudwyr); **the art of the ~,** dawn *(f)* dweud, dawn y cyfarwydd.
diseuse *n.f.* adr|oddwraig (adroddwragedd), storïwraig (storiwragedd), *N: occ:* d|eudwraig (deudwragedd).
disfavour[1] *n.* anfri *m*, amarch *m*, anghymeradwyaeth *f*; **to fall into ~,** colli ffafr, colli poblogrwydd; **at the risk of incurring s.o.'s ~,** ar berygl digio rhn, ar berygl pechu yn erbyn rhn.
disfavour[2] *v.t.* rhoi'ch cas (ar rth), anffafrio (rhth), gwgu ar rth, *N: F:* drwgleicio (rhth).
disfeature *v.t.* = **deface, disfigure**.
disfeaturement, disfiguration *n.* = **defacement, disfigurement**.
disfigure *v.t.* anffurfio, andwyo, difetha, anharddu, hagru (rhth); amharu (ar rth).
disfigured *a.* anffurfiedig.
disfigurement *n.* anffurfiad(-au) *m*, anffurfio *vn.*
disforest *v.t.* = **disafforest**.
disfranchise *v.t.* difreinio.
disfranchisement *n.* difreiniad(-au) *m*, difreinio *vn.*
disfrock *v.t.* diarddel, diurddo.
disfunction *n.* = **malfunction**.
disfurnish *v.t.*, **disfurnishment** *n.* amddifadu.
disgorge *v.t.&i.* **1.** chwydu, dadlyncu, *F: N:* taflu (rhth) i fyny, *S: F:* cael (rhth) yn ei ôl; **to make a bird ~ its prey,** gwneud i aderyn ddadlyncu'i ysglyfaeth. **2. (a river) that disgorges its waters into the sea,** (afon) sy'n llifo/ymarllwys i'r môr, sy'n aberu yn y môr. **3.** *(= yield up):* ildio, datgelu.
disgrace[1] *n.* **1.** *(= disfavour):* anfri *m*, gwarth *m*, *Lit:* gwaradwydd *m*, *F:* disgrâs *m*, sgrâs *m*; **in ~,** dan gabl, mewn gwarth, dan gwmwl, dan warth, dan waradwydd, *F:* mewn disgrâs, mewn sgrâs; *F:* **he's in ~,** mae e wedi pechu; **it's a ~!** mae'n gywilydd o beth! mae'n gywilydd gwlad! mae'n warth! **2.** *(= dishonour):* cywilydd, gwarth, gwaradwydd, anfri, *Lit: occ:* gwarthrudd *m*; **to bring ~ on one's family,** dwyn gwarth/cywilydd ar eich teulu, *F:* tynnu sgrâs ar eich teulu; **to be a ~ to one's family,** bod yn destun cywilydd i'ch teulu; **these slums are a ~ to the town,** mae'r slymiau hyn yn dwyn gwarth ar y dref *or* yn gywilydd i'r dref.
disgrace[2] *v.t.* **1.** *(a)* *(= banish):* alltudio; *(b)* *(= degrade):* diurddo, diraddio, iselh|au. **2.** *(= dishonour):* cywilyddio, gwaradwyddo, amharchu, gwarthruddo (rhn); codi cywilydd (ar rn); dwyn anfri/gwarth/cywilydd (ar rn).
disgraceful *a.* cywilyddus, gwarthus, gwaradwyddus.
disgracefully *adv.* yn gywilyddus *&c.*
disgracefulness *n.* cywilyddusrwydd *m*, gwarthusrwydd *m*, gwarthlonedd *m*; *S.a.* **disgrace**[1].
disgruntle *v.t. Joc:* anfodloni, anfoddh|au.
disgruntled *a.* anfodlon, anfoddh|aus, anfoddog, sorllyd, pwdlyd, *N: F:* wedi hen alaru, wedi 'laru, *S:* wedi danto.
disgruntlement *n.* anfodlonrwydd *m*, anfoddogrwydd *m*.
disguise[1] *n.* **1.** *Cost:* cuddwisg(-oedd) *f*. **2.** *Fig:* cochl *f*, rhith *m*, mantell *f*; **in the ~ of a shepherd,** dan gochl bugail, dan rith bugail, yn rhith bugail, wedi'ch gwisgo fel bugail; **a blessing in ~,** bendith gudd (bendithion cudd) *f*.
disguise[2] *v.t.* **1.** *Cost:* cuddwisgo. **2.** *(= conceal):* cuddio, *Lit:* celu, cuddwisgo, mantellu, cochli; **to ~ one's voice,** newid eich llais; **to ~ oneself,** newid eich gwedd; **there is no disguising the fact that...,** ni ellir celu'r ffaith...; rhaid cyfaddef mai....
disguised *a.* **1.** *Cost:* mewn cuddwisg; **he came disguised in a false beard,** daeth â'i wyneb ynghudd dan farf osod; daeth mewn locsyn gosod; **(he escaped) disguised as a monk,** (dihangodd) yn rhith mynach, yng ngwisg mynach, wedi ei wisgo fel mynach. **2.** *(= concealed):* cudd, cuddiedig.
disguisement *n.* = **disguise**[1].
disgust[1] *n.* **1.** *(= revulsion):* ffi|eidd-dod *m* **(at/for/with/towards sth,** tuag at rth). **2.** *(= discontent):* diflastod *m*, anniddigrwydd *m*, anfoddogrwydd *m*, dicter *m*; **he resigned in ~,** ymddiswyddodd mewn diflastod.
disgust[2] *v.t.&i.* diflasu, *occ:* atgasu (rhn); codi cyfog, codi pwys (ar rn); troi stumog (rhn); **to be disgusted at/with/by sth,** ffieiddio rhth, gwaredu at rth, gwaredu rhag rhth; **it disgusts me,** mae'n stwmp ar fy stumog i; **it's enough to ~ s.o.,** mae'n ddigon i godi cyfog/pwys arnoch; **I was disgusted by their language,** 'roedd eu hiaith yn ffiaidd gen i; 'roeddwn yn gwaredu at eu hiaith nhw.
disgusted *a.* wedi ffieiddio, mewn ffi|eidd-dod.
disgustedly *adv.* mewn ffi|eidd-dod, gan ffieiddio.
disgustful *a.* llawn ffi|eidd-dod; *S.a.* **disgusting**.
disgustfully *adv.* = **disgustingly**.
disgusting *a.* ffiaidd, atgas, cyfoglyd, *F:* ych a fi, *S:* distumog, *occ:* syrffedlyd, *N:* anghynnes, 'sglyfaethus.
disgustingly *adv.* yn ffiaidd, yn gyfoglyd.
dish[1] *n.* **1.** dysgl(-au) *f*, (*N: pronounced* desgil, *S: pronounced* dishgil), *occ:* llestr(-i) *m*; *(for meat &c):* *S: occ:* dwpler(-i) *m*; **earthenware ~,** llestr pridd, dysgl bridd (dysglau pridd); **vegetable ~,** dysgl lysiau (dysglau llysiau); **to wash [up] the dishes,** golchi'r llestri; **pudding ~,** dysgl bwdin (dysglau pwdin). *S.a.* **butter**[1]. **2.** *(= kind of food):* *Cu:* saig (seigiau) *f*; **a dainty ~,** tamaid blasus *m*. **3.** = **dishful**. **4.** *U.S: P:* *(= pretty girl):* *N.W:* hogan ddel ('gen[n]od del) *f*, pishyn (pishis) *f*, *S: S.W:* croten bert (crotesi pert) *f*, lodes bert (lodesi pert) *f*, *S: F:* clatsien deidi *f*, clagen [deidi] *f*. **~-clout** *n.* = **dishcloth**. **~-cover** *n.* clawr *(m)* dysgl (cloriau dysglau), caead *(m)* dysgl (caeadau dysglau). **~-mop** *n.* mop(-iau) *(m)* [golchi] llestri. **~-paper** *n.* doili(-s) plaen *m*. **~-towel** *n.* lliain (llieiniau) *(m)* sychu llestri. **~-warmer** *n.* twymwr (twymwyr) *(m)* llestri, cynheswr (cynheswyr) *(m)* llestri. **~-water** *n.* **1.** dŵr *(m)* golchi llestri, golchan(-au) *m* [llestri]. **2.** *P:* *(tea, soup &c):* dŵr golchi llestri, golchan, *V:* piso *(m)* cath, piso bronwen, piso dryw.
dish[2] *v.t.* **1. to ~ [up] (meat &c),** arlwyo, cyflwyno, gweini, parat|oi, gosod allan, cynnig, *Lit: occ:* dysglo, dysglu (cig); *F:* **to ~ up well-known facts in new form,** cyflwyno/aildwymo/ailwampio ffeithiau adnabyddus; *F:* **to ~ out,** rhannu, estyn, dosbarthu

(rhth), *S.W: occ:* porco (rhth) [mas]; **to ~ out a box on the ear,** estyn bonclust. **2.** *F: (= frustrate, defeat):* **to ~ s.o.,** rhwystro, trechu, twyllo, drysu (rhn); rhoi sbrog/sbrag/strocen yn olwyn (rhn); *M.W: occ:* rhoi colsiant (i rn); **to ~ hopes,** difetha/drysu gobeithion; **to ~ oneself,** difetha'ch cyfle; *S.a.* **dished 2. 3.** *(= make concave):* pantio; *(= make convex):* bolio.

dishabillé *a. & adv.* = ***déshabillé.***

disharmonious *a.* anghytgordiol; *(sound):* amhersain, aflafar, digynghanedd.

disharmonize *v.t.* anghytgordio.

disharmony *a.* anghytgord(-iau) *m*; *(of sound):* amherseinedd *m*, drycsain *m*, aflafaredd *m*.

dishcloth *n. S:* clwt[yn] (clytiau) (*m*) llestri, *N:* cadach(-au) (*m*) [golchi] llestri, *N.E: occ:* carp(-iau) (*m*) llestri. **~ gourd** *n. Bot:* lwffa (lwffâu) *mf*.

dishearten *v.t.* digalonni, gwangalonni (*pronounced* ng-g) (rhn); torri calon (rhn).

disheartened *a.* digalon, diysbryd, gwangalon (*pronounced* ng-g), prudd; wedi digalonni *&c*; **don't get disheartened,** paid (peidiwch) â digalonni.

disheartening *a.* torcalonnus, digalon.

dishearteningly *adv.* yn ddigalon *&c.*

dished *a.* **1.** *(wheel &c):* pantiog. **2.** *F:* **he's dished,** mae hi ar ben arno; mae hi wedi canu arno; mae hi wedi wech arno; dyna'i ddiwedd o; *S:* mae hi'n ddominô arno fe.

dishevel *v.t.* annibennu, anhrefnu, *S.W: occ:* brwcso, *N: occ:* blerio, bleru.

dishevelled *a. (hair):* **1.** anniben, aflêr, blêr, anhrefnus; *pred.* yn ffluwch, *S.W: occ:* brwcsog; *(pers.): N:* â'ch gwallt yn eich dannedd, â'ch gwallt am ben eich dannedd. **2.** *(clothing):* anniben, aflêr, blêr, *S.W: occ:* anhrefnus, shibwchaidd.

dishful *n.* dysglaid (dysgleidiau) *f*, llond (*m*) dysgl, llestraid (llestreidiau) *m*, llond llestr.

dishonest *a.* anonest; *Jur:* **~ appropriation,** cyfeddiant anonest *m*.

dishonestly *adv.* yn anonest, trwy dwyll.

dishonesty *n.* anonestrwydd *m*, twyll *m*.

dishonour[1] *n.* cywilydd *m*, gwarth *m*, gwaradwydd *m*, *Lit: occ:* gwarthrudd *m*.

dishonour[2] *v.t.* **1.** gwaradwyddo, cywilyddio, dianrhydeddu, amharchu, *Lit:* gwarthruddo (rhn); dwyn gwarth/cywilydd *&c* (ar rn). **2.** *(a)* **to ~ one's word,** torri'ch gair; *(b) Com:* **to ~ a bill,** gwrthod [talu] bil, gwrthod anrhydeddu bil.

dishonourable *a.* **1.** *(pers.):* dianrhydedd. **2.** *(action):* cywilyddus, gwarthus, gwaradwyddus.

dishonourableness *n.* gwarth *m*, gwarthusrwydd *m*.

dishonourably *adv.* yn gywilyddus *&c*; heb anrhydedd, mewn cywilydd/gwarth *&c.*

dishonoured *a.* **1.** dianrhydedd, amharchedig, heb anrhydedd, heb barch, di-barch, dibarch. **2.** *Com: Fin:* gwrthodedig; **a dishonoured cheque,** siec a ddychwelwyd, siec wrthodedig.

dishonourer *n.* gwaradwyddwr (gwaradwyddwyr) *m*, cywilyddiwr (cywilyddwyr) *m*.

dishorn *v.t.* digornio, tynnu corn/cyrn.

dishpan *n. U.S:* dysgl (*f*) olchi llestri (dysglau golchi llestri). **~ hands** *n.pl.* dwylo dolurus.

dishrag *n.* = **dishcloth.**

dishware *n.* dysglau *pl*, llestri *pl*.

dishwasher *n.* **1.** golchwr (golchwyr) (*m*) llestri, g|olchwraig (golchwragedd) (*f*) llestri. **2.** *(machine):* peiriant (peiriannau) (*m*) golchi llestri. **3.** *Orn: (a)* = **wagtail (pied)**; *(b) Austr:* gwybedog(-ion) aflonydd *m*.

dishy *a.* golygus, swynol, tlws (*f.* tlos, *pl.* tlysion), *N:* del, *S:* pert; **(she's) very ~,** *S:* (mae hi'n) bishyn teidi, glatsien deidi, glagen deidi, gannen fach bert, *N:* hogan ddel, bishyn [d]del, beth fach ddel.

disillusion[1] *n.* dadrithiad(-au) *m*, dadrith(-au) *m*.

disillusion[2] *v.t.* dadrithio, siomi.

disillusioned *a.* dadrithiedig, siomedig.

disillusionment *n.* = **disillusion**[1].

disincarnate *a.* di-gorff, anghorfforol.

disincentive *a. & n.* **1.** *a.* gwrthanogol, anghymhellol. **2.** *n.* anghymhelliad (anghymelliadau, anghymhellion) *m*, gwrthanogaeth(-au) *f*.

disinclination *n.* amharodrwydd *m*, diffyg (*m*) awydd, cyndynrwydd *m*, *Lit:* annhuedd *f*, anawydd *m*, anchwanogrwydd *m*.

disincline *v.t.* annhueddu.

disinclined *a.* anfodlon, amharod, anawyddus, diawydd, annhueddol, cyndyn, anchwannog; **I feel ~ to go there,** 'does arna' i ddim awydd/chwant mynd yno.

disincorporate *v.t.* datgorffori.

disincrustant *n.* digrawenydd(-ion) *m*.

disinfect *v.t.* diheintio.

disinfectant *a. & n.* **1.** *a.* diheintiol. **2.** *n.* diheintydd(-ion) *m*.

disinfected *a.* diheintiedig.

disinfection *n.* diheintiad(-au) *m*, diheintio *vn*.

disinfest *v.t.* dibryfedu, diheigiannu.

disinfestant *n.* dibryfedwr (dibryfedwyr) *m*.

disinfestation *n.* dibryfedu *vn*, diheigiannu *vn*, diheigiant *m*.

disinflation *n. Econ:* datchwyddiant *m*, dichwyddiant *m*.

disinflationary *a. Econ:* datchwyddiannol, dichwyddiannol.

disingenuous *a.* ffuantus, annidwyll, anniffuant, anonest, dichellgar.

disingenuously *adv.* yn ffuantus *&c.*

disingenuousness *n.* ffuantwch *m*, ffuant *m*, ffuantrwydd *m*, ffuantusrwydd *m*, anniffuantrwydd *m*, annidwylledd *m*.

disinherit *v.t.* diarddel, dietifeddu.

disinheritance *n.* diarddeliad *m*, diarddel, dietifeddu.

disinhibit *v.t.*, **disinhibition** *n. Psy:* diluddiannu.

disinsection, disinsectization *n.* dibryfedu *vn*.

disintegrate *v.t.&i.* **1.** *v.t.* chwalu, malurio, dryllio, chwilfriwio, dryllio (rhth) [yn ddarnau/chwilfriw/yfflon]. **2.** *v.i.* chwalu, ymchwalu, ymddatod, mynd ar chwâl, dadfeilio, ymddadfeilio, datgymalu; *(of stone):* ymfalurio, briwsioni.

disintegrated *a.* chwilfriw, dadfeiliedig, drylliog, ymddatodedig; yn yfflon/chwilfriw/falurion.

disintegrating *a.* dadfeiliol, ymddadfeiliol, ymddatodol, sy'n chwalu *&c.*

disintegration *n.* ymddatodiad(-au) *m*, chwaliad(-au) *m*, maluriad(-au) *m*, dadfeiliad(-au) *m*, ymddadfeiliad(-au) *m*, dadfail *m*, drylliad(-au) *m*, ymddrylliad(-au) *m*, ymraniad(-au) *m*, datgymaliad(-au) *m*; *(of society):* chwalfa (chwalfe|ydd) *f*, gwasgariad(-au) *m*; *Ph:* ymchwaliad *m*; *vn.* = **disintegrate**; *Geog:* **granular ~,** chwilfriwio (*vn*) gronynnol.

disintegrative *a.* datodol, ymddatodol, ysgyrionol, maluriol.

disintegrator *n.* drylliwr (dryllwyr) *m*, chwalwr (chwalwyr) *m*, maluriwr (malurwyr) *m*, chwilfriwiwr (chwilfriw-wyr) *m*.

disinter *v.t.* **1.** datgladdu, datgloddio, datbriddo, dibriddo (rhn, rhth); codi (rhn, rhth) o'r bedd/pridd. **2.** *Fig:* dwyn (rhn, rhth) i'r amlwg/golau/golwg.

disinterest *n.* diffyg (*m*) diddordeb (**in sth,** yn rhth), difaterwch *m* (ynghylch rhth).

disinterested *a.* **1.** *(= impartial):* amhleidiol, diduedd, *occ:* amhartïol. *(= unselfish):* anhunanol. **2.** *F: incorrectly: (= uninterested):* heb ddiddordeb (**in sth,** yn rhth); didaro, difater (yngh|ylch rhth).

disinterestedly *adv.* **1.** yn amhleidiol *&c.* **2.** *incorrectly: (= without interest):* yn ddidaro/ddifater, heb ddiddordeb.

disinterestedness *n.* **1.** amhleidgarwch *m*, didueddrwydd *m*. **2.** *incorrectly: (= lack of interest):* = **disinterest.**

disinterment *n.* datgladdiad(-au) *m*, datbriddiad(-au) *m*, datgloddiad (-au) *m*; *vn.* = **disinter.**

disintoxicate *v.t.*, **disintoxication** *n.* diwenwyno; *(loosely):* sobreiddio.

disinvestment *n.* dadfuddsoddiad(-au) *m*.

disjecta membra *n. Lt.Phr:* gweddillion *pl*.

disjoin *v.t.&i.* datgysylltu, datod.

disjoint *v.t.* datgymalu; *Surg: (= dislocate):* dadleoli.

disjointed *a.* gwasgarog, digysylltiad, digyswllt, anghysylltiol, di-drefn, *Lit: occ:* anghydlyn, anghydlynol.

disjointedly *adv.* yn wasgarog *&c*; **(to speak) ~,** (siarad) ar draws ac ar hyd.

disjunct *a.* digyswllt, anghyswllt, gwahanedig, ar wahân; *Mus:* **~ movement,** symud (*m*) digyswllt; *Lib:* **~ leaf,** dalen weddw (dalennau gweddw) *f*.

disjunction *n.* datgysylltiad(-au) *m*, datgysylltu *vn*.

disjunctive *a. & n.* **1.** *a.* *(a) Gram:* anghysylltiol; *(b) Log:* digysylltiad. **2.** *n. Gram:* cysylltair (cysyllteiriau) anghysylltiol *m*, gwahaniedydd (-ion) *m*.

disjunctively *adv.* yn anghysylltiol *&c.*

disk *n.* = **disc.**

dislike[1] *n.* atgasedd *m*, casineb *m*, *occ:* cas *m* **(of/for sth,** tuag at rth); anhoffter *m*, *N: occ:* drwgleictod (*m*) (o rth); **to arouse ~,** ennyn/creu/achosi atgasedd; **to take a ~ to sth,** rhoi'ch cas ar rth, cymryd yn erbyn rhth, drwgleicio rhth; **he has a ~ for such things,** mae'r fath bethau'n gas ganddo; mae'n gas ganddo'r fath bethau; ni dda ganddo'r fath bethau.

dislike[2] *v.t.* casáu, peidio â hoffi, *Lit: occ:* drwghoffi, anhoffi, *N: F:* drwgleicio; **I dislike him,** [ni] dda gen i mohono; mae e'n/o'n gas gen i; mae'n gas gen i e/o; **I ~ his coming so often,** nid wyf i'n hoffi ei fod yn dod mor aml; **he is disliked by all,** mae ef yn gas gan bawb; *occ:* mae'n gas ei wyneb.

disliked *a.* cas, atgas **(by s.o.,** gan rn); *occ: (pers.):* cas eich wyneb.

disliker *n.* casäwr (casawyr) *m*, casäwraig *f*.

dislocate *v.t.* **1. to ~ a shoulder,** tynnu/taflu/rhoi ysgwydd o'i lle, [y]sigo ysgwydd; *Surg:* afleoli/dadleoli ysgwydd. **2.** *(= upset):* drysu, anhrefnu (rhth); tarfu (ar rth). **3.** *Geol:* afleoli.

dislocated *a.* **1.** *(joint):* datgymaledig, wedi ei roi/daflu o'i le, afleoledig, dadleoledig. **2.** *(= disordered):* dryslyd. **3.** *Geol:* afleoledig.

dislocation *n.* **1.** *(of joint):* datgymaliad(-au) *m*, [y]sigiad(-au) *m*; *vn.* = **dislocate. 2.** *(of services &c):* dryswch *m*, anhrefn *f*, drysu *vn*, anhrefnu *vn* **(of sth,** ar rth). **3.** *Geol:* afleoliad(-au) *m*, afleoliant (afleoliannau) *m*.

dislodge *v.t.&i.* **1.** *v.t. (a) (= move):* symud, syflyd; *Mil: &c: (= drive out):* gyrru (rhn) ar ffo, bwrw (rhn) allan; *(b) (= loosen):* rhyddh|au, llacio. **2.** *v.i. (= to leave a lodging place):* symud o lety, ymadael â llety.

dislodgement *n. See* **dislodge 1.**

disloyal *a.* anffyddlon, annheyrngar (*pronounced* ng-g), bradwrus, bradwrol, bradwriaethus, *Lit: occ:* bradog.

disloyalist *n.* bradwr (bradwyr) *m*.

disloyally *adv.* yn anffyddlon *&c.*

disloyalty *n.* anffyddlondeb *m*, annheyrngarwch *m* (*pronounced* ng-g) **(to s.o.,** i rn); brad *m* (yn erbyn rhn).

dismal *a. & n.* **1.** *a. (a) (= gloomy):* tywyll, dilewy[r]ch, llwyd(-ion); *(= mournful):* digalon, digysur, galarus, prudd, llwm (*f.* llom, *pl.* llymion). *F:* **a ~ Jimmy,** cysurwr (cysurwyr) (*m*) Job; *A:* **the D~ Science,** yr Wyddor Drist/Ddigalon *f*, Economeg *f*; *(b) (= feeble):* sâl, anobeithiol, gwael, alaethus, trybeilig, coch. **2.** *n.pl.* **the dismals,** *F:* y felan *f*, y falen *f*.

dismally *adv.* yn dywyll *&c*, yn ddigalon *&c.*

dismalness *n.* digalondid *m*, tristwch *m*, pr|udd-der *m*.

dismantle *v.t.* **1.** *(= strip):* dihatru, dinoethi. **2.** *(a) (fortress):* datgaeru; chwalu, dymchwel; *(b) (machine):* datgymalu, datgysylltu (rhth); tynnu (rhth) yn dipiau/ddarnau; tynnu (rhth) oddi wrth ei gilydd; *S.W:* tynnu (rhth) ar led.

dismantled *a.* **1.** *(fortress):* datgaeredig, dymchweledig. **2.** *(machine):* datgymaledig, yn ddarnau/dipiau, wedi ei dynnu oddi wrth ei gilydd.

dismantlement *n.* = **dismantle.**

dismantler *n.* **1.** *(of fortress):* digaerwr (digaerwyr) *m*, dymchwelwr (dymchwelwyr) *m*, chwalwr (chwalwyr) *m*. **2.** *(of machine):* datgymalwr (datgymalwyr) *m*, datodwr (datodwyr) *m*.

dismast *v.t.* **to ~ a ship,** dihwylbrennu llong, torri/tynnu hwylbren[-ni] oddi ar long.

dismasted *a.* heb hwylbren[-ni], dihwylbren, moel(-ion).

dismay[1] *n. (= discouragement):* gofid *m*, digalondid *m*, torcalon *m*, siom *mf*, siomedigaeth *f*, siomiant *m*, anobaith *m*; **in [blank] ~,** yn ddigalon/siomedig, yn llawn siom, mewn anobaith; **to my ~,** er fy ngofid/siom/siomiant, er gofid/siom/siomiant imi.

dismay[2] *v.t.* **1.** *(= reduce to despair):* digalonni, siomi, gofidio (rhn); bwrw (rhn) oddi ar ei echel; bwrw (rhn) yn bedwar. **2.** *B:* brawychu, dychryn.

dismayed *a.* **1.** digalon, siomedig, gofidus. **2. to be ~,** *(i)* gofidio, gresynu **(at sth,** at rth); *(ii) B:* ofni, dychryn, llwfrh|au, brawychu; **be not ~,** nac ofna, na lwfrha.

dismaying *a.* digalon, torcalonnus, siomedig, gofidus, digon i dorri'ch calon.

dismayingly *adv.* **our vote was ~ small,** siomedig o fychan oedd ein pleidlais; **the questions were ~ difficult,** yr oedd y cwestiynau'n dorcalonnus o anodd.

disme *n. U.S: Num: A:* darn(-au) (*m*) deg senten.

dismember *v.t.* **1.** *(a body):* datgymalu, diaelodi, dryllio, darnio; tynnu (corff) yn bedwar aelod a phen; tynnu (corff) yn ddarnau. **2.** *(a country):* rhannu, darnio, chwalu.

dismembered *a.* dryllіedig; *Geog:* **~ drainage,** traeniad datgymalog *m*.

dismemberment *n.* **1.** *(of body):* datgymaliad *m*, dylliad *m*. **2.** *(of country):* darniad(-au) *m*, rhaniad(-au) *m*; *vn.* = **dismember.**

dismiss *v.t.* **1.** *(from office):* diswyddo (rhn), cael gwared (â rhn, ar rn), cael ymadael (â rhn). **2.** *(= send away):* gollwng, anfon, gyrru (rhn) [ymaith]; **to ~ an assembly,** gollwng cynulliad, anfon cynulliad ymaith; **to ~ troops [after service],** dadfyddino milwyr, rhyddh|au milwyr [o'u gwasanaeth], anfon milwyr adref. **3. to ~ sth from one's thoughts,** hel/gyrru rhth o'ch meddwl; **let us ~ the subject,** gadewch inni adael y mater; trown at fater arall. **4.** *(= treat lightly):* diystyru, wfftio (rhth); troi (rhth) heibio; **the subject is not to be dismissed lightly,** [ni] waeth heb ag wfftio'r pwnc. **5.** *Jur: &c:* gwrthod (rhth), taflu (rhth) allan; **case dismissed!** gwrthodir/gwrthodwyd yr achos! **to ~ the accused,** rhyddhau'r cyhuddedig. **6.** *Mil: Sch:* **dismiss!** ffwrdd â chi! **7.** *Cr:* anfon (rhn) [allan].

dismissal *n.* **1.** *(from office):* diswyddiad(-au) *m*, diswyddo *vn*; **he threatened him with ~,** bygythiodd ei ddiswyddo; *Jur:* **wrongful ~,** diswyddiad anghyfiawn. **2.** *(= sending away):* gollyngiad *m*, anfoniad *m*, anfon *vn*, gollwng *vn*. **3.** *Jur: (a) (= refusal):* gwrthodiad(-au) *m*, gwrthod *vn*; **~ of information,** gwrthod hysbysiaeth, ymwrthod/ymwrthodiad â hysbysiaeth; *(b) (= acquittal):* rhyddhad *m*, gollyngiad *m*.

dismission *n.* = **dismissal.**

dismissive *a.* diystyriol, diystyrllyd, dibrisiol.

dismissively *adv.* yn ddiystyriol *&c*; â diystyrwch, â dibristod.

dismount[1] *n.* disgyniad(-au) *m*, disgyn *vn* (oddi ar gefn ceffyl *&c*).

dismount[2] *v.i.&t.* **1.** *v.i.* **to ~ (from a horse),** disgyn, dod (oddi ar gefn ceffyl). **2.** *v.t. (= unseat):* taflu, bwrw, *occ:* diseddu, disgyn (rhn oddi ar gefn ceffyl). **3.** *v.t.* **to ~ a cannon,** tynnu canon i lawr, dadosod canon. **4.** *Cmptr:* dadlwytho.

Disneyan, Disneyesque *a.* Disneyaidd.

disobedience *n.* anuf|udd-dod *m*.

disobedient *a.* anufudd; *S.W: (children):* anwardd, di-wardd.

disobediently *adv.* yn anufudd.

disobey *v.t.* anufuddh|au (i rn); **my orders were disobeyed,** nid ufuddhawyd i'm gorchmynion.

disobeyer *n.* anufuddhäwr (anufuddhawyr) *m* **(of sth,** i rth).

disoblige *v.t.* gwrthod cymwynas (i rn), gwrthod cydweithredu (â rhn), gwn|eud anghymwynas (â rhn).

disobliging *a.* digymwynas, anghymwynasgar, byr/prin eich cymwynas.

disobligingness *n.* anghymwynasgarwch *m*, diffyg (*m*) cymwynasgarwch.

disonic *a.* deusonig.

disoperation *n.* drwgweithrediad *m*, andwyad *m*, drwgweithredu *vn*, andwyo *vn*.

disorder[1] *n.* **1.** anhrefn *f*, diffyg (*m*) trefn, annibendod *m*, dryswch *m*, tryblith *m*, llanast[r] *m*; **in ~,** mewn anhrefn/llanast[r]/dryswch, yn anhrefnus, yn anniben, *F:* yn siang-di-fang, yn draed moch, yn llanast, yn siop siafins, ar gychwyn; **to throw sth into ~,** creu anhrefn yn rhth, drysu rhth, cawlio rhth; **(they fled) in ~,** (ffoesant) mewn anhrefn, yn blith draphlith. **2.** *(civil disorder):* helbul(-on) *m*, helynt(-ion) *f*, cythrwfl (cythryflon) *m*, cythrwbl (cythryblau) *m*, cynnwrf *m*, cyffro(-adau) *m*, terfysg(-oedd) *m*, stŵr *m*, aflonyddwch *m*, mwstwr *m*. **3.** *Med:* salwch *m*, tostrwydd *m*, anhwylder(-au) *m*, anhwyldeb(-au) *m*, afiechyd(-on) *m*, *occ:* cam-hwyl(-iau) *f*.

disorder[2] *v.t.* **1.** drysu, anhrefnu, annibennu, cawlio, *occ:* afreoleiddio, annosbarthu. **2.** *O: Med: (the mind):* drysu; **to ~ the stomach,** codi ar y stumog, achosi/peri salwch i'r stumog, *F:* bod yn stwmp ar y stumog.

disordered *a.* **1.** dryslyd, di-drefn, mewn anhrefn, anniben, anhrefnus, annosbarthus, annosbarthol. **2.** *Med:* sâl, tost, afiach, anhwylus; *(mentally):* dryslyd, ffwndrus.

disorderedly *adv.* yn anhrefnus *&c*; mewn anhrefn.

disorderedness *n.* anhrefn *f*; *S.a.* **disorder**[1].

disorderliness *n.* **1.** *(= untidiness):* diffyg (*m*) trefn, annibendod *m*, anhrefn *f*, aflerwch *m*, blerwch *m*. **2.** *(= tumult):* afreolaeth

f, terfysg(-oedd) *m*, *Lit:* aflywodraeth *f*; *See* **disorder**[1] **2.** **3.** *(= immorality):* anfoesoldeb *m*, anlladrwydd *m*.
disorderly *a.* **1.** *(= untidy):* anniben, aflêr, blêr, anhrefnus, di-drefn, annosbarthus, annosbarthol. **2.** *(mob):* anhrefnus, di-drefn, terfysglyd, aflonydd, cythryblus, afreolus, stwrllyd. **3.** *(= debauched):* anfoesol, afreolaidd, *Lit:* trythyll, anllad, *N.W:* diffaith; ~ **conduct,** ymddygiad afreolus/amharchus *m*; **to lead a ~ life,** byw'n afreolus/wyllt, *N.W: occ:* rafio; *Jur:* ~ **house,** *(a) (= brothel):* puteindy (puteindai) *m*; *(b) (for gambling):* tŷ (tai) (*m*) gamblo.
disorganization *n.* diffyg (*m*) trefn, anhrefn *f*, dryswch *m*, annibendod *m*.
disorganize *v.t.* anhrefnu, drysu (rhth); creu anhrefn/annibendod (yn rhth).
disorganized *a.* dryslyd, di-drefn, anhrefnus, annosbarthus, anniben; *(pers., also):* *S:* didoreth, *N:* *F:* di-lun, diffaith, di-glem.
disorganizing *a.* anhrefnus, sy'n anhrefnu.
disorient, disorientate *v.t.* drysu (rhn); peri penbleth (i rn).
disorientated *a.* dryslyd, ffwndrus; **to be totally ~,** ffwndro'n/drysu'n lân, *N.W: occ:* hwntro.
disorientation *n.* dryswch *m*, penbleth *fm*; *vn.* = **disorientate.**
disown *v.t.* diarddel, gwadu, gwrthod.
disowned *a.* diarddeledig, gwrthodedig.
disownment *n.* diarddeliad(-au) *m*, gwadiad(-au) *m*, gwrthodiad(-au) *m*; *vn.* = **disown.**
disparage *v.t.* dibrisio, wfftio, bychanu, difrïo, dilorni, diraddio, amharchu, gwawdio.
disparagement *n.* dibristod *m*, dirmyg *m*, gwawd *m*, difrïaeth *f*; *vn.* = **disparage.**
disparager *n.* dilornwr (dilornwyr) *m*, dil|ornwraig *f*, difenwr (difenwyr) *m*, dif|enwraig *f*, difrïwr (difriwyr) *m*, difrïwraig *f*, bychanwr (bychanwyr) *m*, bych|anwraig *f*, diraddiwr (diraddwyr) *m*, dir|addwraig *f*, wfftiwr (wfftwyr) *m*, |wfftwraig *f*, gwaradwyddwr (gwaradwyddwyr) *m*, gwarad|wyddwraig *f*, dirmygwr (dirmygwyr) *m*, gwawdiwr (gwawdwyr) *m*, gwatwarwr (gwatwarwyr) *m*.
disparaging *a.* dibris, difenwol, bychanol, difrïol, diraddiol, dilornus, bychanus; amharchus (o rn); **he's ~ about everyone,** mae o â'i lach ar bawb; mae pawb o dani ganddo; *N.W: occ:* mae ei gorn o dan bawb.
disparagingly *adv.* yn ddilornus &c; **to speak ~ of s.o.,** siarad yn fach am rn, lladd ar rn.
disparate *a. & n.pl.* **1.** *a.* anghyfartal, anghymesur, annhebyg, gwahanol, anghydweddol. **2.** *n.pl.* pethau cwbl wahanol.
disparately *adv.* yn anghyfartal &c.
disparateness, disparity *n.* anghyfartalwch *m*, anghyfartaledd *m*, anghyfartalrwydd *m*, annhebygrwydd *m*, gwahaniaeth(-au) *m*, bwlch (bylchau) *m*; ~ **of age,** gwahaniaeth [mewn] oedran.
dispark *v.t.* troi (parc) yn (rhth).
dispassion *n.* diffyg (*m*) angerdd; *S.a.* **dispassionateness.**
dispassionate *a.* **1.** *(= unmoved):* pwyllog, difraw, didaro, dideimlad, digyffro, diangerdd, digynnwrf. **2.** *(= impartial):* diduedd, gwrthrychol, amhleidiol, annhueddol, amhartïol.
dispassionately *adv.* **1.** yn ddigyffro &c; heb gyffr|oi. **2.** yn ddiduedd &c.
dispassionateness *n.* pwyll *m*, pwyllogrwydd *m*, diffyg (*m*) teimlad/cyffro.
dispatch[1] *n.* **1.** *(= sending):* anfoniad *m*, anfon *vn* (*not* danfon = **deliver**), *N:* gyrru *vn.* **2.** *(= execution):* lladdiad(-au) *m*, dienyddiad(-au) *m*, lladd *vn*, dienyddio *vn.* **3.** *(= promptness):* cyflymder *m*, cymflymdra *m*, byrder *m*, byrdra *m*; **with ~,** ar fyrder, yn gyflym, yn ddi-oed, ar frys; **with all possible ~, with the utmost ~,** gyntaf y gellir, mor gyflym ag sy'n bosibl. **4.** *(= message):* neges(-i,-au,-euon) *f*, cenadwri (cenadwrïau) *f*; *Mil:* adroddiad(-au) *m*; **(he was mentioned) in dispatches,** (enwyd ef, cafodd ei enwi, soniwyd amdano) mewn adroddiadau. **~-boat** *n.* *N:* cwch (cychod) (*m*) negesi, *S:* bad(-au) (*m*) negesi. **~-box** *n.* blwch (blychau) (*m*) dogfennau. **~-case** *n.* bag(-iau) (*m*) lledr, bag dogfennau. ~ **note** *n.* nodyn (nodau) (*m*) anfon. **D~ Office** *n.* Swyddfa (*f*) Anfon. **~-rider** *n.* *Mil:* negesydd(-ion, negeswyr) *m* [brys]. ~ **vessel** *n.* = **dispatch-boat.**
dispatch[2] *v.t.* **1.** anfon, *S:* hala, *N:* gyrru (**to s.o.,** at rn; **to somewhere,** i rywle). **2.** *(a)* **to ~ (a wounded animal),** lladd, difa, *S:* gwaredu (anifail a anafwyd); *(b)* **the executioner soon dispatched the prisoners,** ni fu'r dienyddiwr fawr o dro cyn cael gwared â'r carcharorion. **3.** *(= settle, finish):* rhoi pen (ar rth); gorffen, darfod, dibennu, cwblh|au, *S:* cwpla (rhth). **4.** *F:* *(food):* claddu, llowcio.
dispatcher *n.* anfonwr (anfonwyr) *m*, anf|onwraig *f* (*not* danfonwr = **deliverer**).
dispel *v.t.* **1.** *(fog &c):* chwalu, gwasgaru (rhth); cael gwared (ar rth, â rhth). **2.** **to ~ confusion,** dil|eu dryswch.
dispensability *n.* hepgoradwyedd *m*, afreidioldeb *m*, afreidrwydd *m*, natur hepgoradwy *f* &c; **I became convinced of its ~,** deuthum i gredu y gellid ei hepgor.
dispensable *a.* hepgorol, hepgoradwy, diangen, afraid, afreidiol.
dispensary *n.* fferyllfa (fferyllf|eydd) *f*.
dispensation *n.* **1.** *(of alms):* dosbarthiad(-au) *m*, rhaniad(-au) *m*, dosbarthu *vn*, rhannu *vn*, dosraniad(-au) *m*, dosrannu *vn.* **2.** *(of Providence):* goruchwyliaeth *f*; **the New D~,** yr Oruchwyliaeth Newydd; **the Old D~,** yr Hen Oruchwyliaeth. **3.** *Ecc:* trwydded(-au) *f*; *(= exemption):* gollyngiad(-au) *m*.
dispensational *a.* *Ecc:* gollyngol.
dispensatory *n.* *Med:* meddyglyfr(-au) *m*.
dispense *v.t.&i.* **1.** *v.t.* *(a) (alms, advice &c):* dosbarthu, dosrannu, rhannu, estyn, cynnig; *(b) (justice):* gweinyddu; *(c) Pharm:* gweinyddu, parat|oi, dosbarthu. **2.** *v.t.* **to ~ s.o. from sth,** esgusodi rhn rhag rhth. **3.** *v.i.* **to ~ with sth,** hepgor rhth, mynd/gwn|eud heb rth; **to ~ with formality,** anwybyddu ffurfioldeb.
dispenser *n.* **1.** *(a) (of advice, alms &c):* rhoddwr (rhoddwyr) *m*, rh|oddwraig *f*, dosbarthwr (dosbarthwyr) *m*, dosb|arthwraig *f*, rhannwr (rhanwyr) *m*, rh|anwraig *f*; ~ **of alms,** elusennwr (elusenwyr) *m*, elus|enwraig *f*; ~ **of advice,** cynghorwr (cynghorwyr) *m*, cyngh|orwraig *f*; *(b) Pharm:* fferyllydd (fferyllwyr) *m*, *F:* drygist(-iaid) *m*; *(c) (of razor-blades &c):* dosbarthwr, cyflenwr (cyflenwyr) *m*; *(device):* peiriant (peiriannau) (*m*) cyflenwi, gweiniadur(-on) *m.* **2.** *(of justice):* gweinyddwr (gweinyddwyr) *m*.
dispensing[1] *a.* ~ **chemist,** fferyllydd cymwysedig *m*.
dispensing[2] *vn.* = **dispense.** ~ **counter** *n.* fferyllfa (fferyllf|eydd) *f*. ~ **power** *n.* *Ecc:* hawl (*f*) drwyddedu.
dispeople *v.t.* diboblogi.
dispersal *n.* **1.** gwasgariad(-au) *m*, chwaliad(-au) *m*, chwalfa (chwalf|eydd) *f*, chwalu *vn*, gwasgaru *vn*, *Lit:* gwasgar *vn*; **water/wind &c ~,** gwasgariad gan ddŵr/wynt &c. **2.** *Geol:* taeniad(-au) *m*, taenu *vn.* ~ **area** *n.* ardal (*f*) wasgaru (ardaloedd gwasgaru). ~ **prison** *n.* carchar(-au) (*m*) gwasgaru/didoli.
dispersant *a. & n.* **1.** *a.* gwasgarol. **2.** *n.* gwasgarwr (gwasgarwyr) *m*.
disperse *v.t.&i.* **1.** *v.t.* chwalu, gwasgaru, taenu. **2.** *v.i.* ymchwalu, ymwasgaru, ymwahanu, mynd ar chwâl/daen. ~ **medium** *n.* cyfrwng (cyfryngau) (*m*) gwasgaru. ~ **phase** *n.* gwasgarwedd *f*. ~ **system** *n.* gwasgariad(-au) *m*.
dispersed *a.* ar wasgar, gwasgarog, gwasgaredig, wedi ei wasgaru, ar chwâl, chwaledig; *Archeol:* ~ **settlement,** anheddu (*vn*) gwasgarog, anheddiad gwasgarog *m*.
dispersedly *adv.* yn wasgarog, ar wasgar, ar chwâl.
dispersible *a.* gwasgaradwy, chwaladwy.
dispersion *n.* **1.** gwasgariad(-au) *m*, gwasgaru *vn*, chwalfa (chwalf|eydd) *f*; *Hist:* **the D~,** y Gwasgariad [Iddewig] *m*, Gwasgariad yr Iddewon; *Ph:* *(of heat):* gwasgariad, ymlediad *m*, lledaeniad *m*; *Biol:* **seed ~,** gwasgariad hadau. **2.** ~ **of a diamond,** pelydrau (*pl*) diemwnt.
dispersive *a.* gwasgarol.
dispersively *adv.* yn wasgarol.
dispersiveness *n.* natur wasgarol *f*.
dispersoid *n.* *Ch:* gronynnau gwasgarog *pl*.
dispirit *v.t.* digalonni, gwangalonni (*pronounced* ng-g) (rhn); torri calon (rhn).
dispirited *a.* digalon, gwangalon (*pronounced* ng-g), diysbryd, di-hwyl, di-sbonc, trist, prudd, isel eich ysbryd/ysbrydion, trwm eich calon, â chalon drom.
dispiritedly *adv.* yn ddigalon &c, â chalon drom.
dispiritedness *n.* digalondid *m*, gwangalondid *m* (*pronounced* ng-g), tristwch *m*, pr|udd-der *m*, iselder (*m*) ysbryd, isel ysbrydion *pl*.
displace *v.t.* **1.** symud, syflyd (rhth o'i le); disodli, afleoli (rhth);

Ph: Med: &c: dadleoli (rhth). **2.** *(from office):* diswyddo, disodli (rhn); cael gwared (ar rn, â rhn); cael ymadael (â rhn). **3.** *(= replace, oust):* **to ~ s.o. (in s.o.'s affection),** disodli rhn, cymryd lle rhn (yn ffafrau rhn).

displaceable *n.* symudadwy, dadleoladwy, afleoladwy.

displaced *a.* **1.** *(object):* allan o le, a symudwyd, dadleoledig, afleoledig. **2.** *Pol:* **~ person,** rhn wedi ei ddadleoli, rhn digartref.

displacement *n.* **1.** *(= movement):* symudiad(-au) *m.* **2.** *Ph: Med: (of gases &c):* dadleoliad(-au) *m*, afleoliad(-au) *m*, afleoli *vn*, dadleoli *vn*; *N: Min: (of rock):* tafliad(-au) *m*; **load ~,** dadleoliad dan lwyth; *Mus:* **[rhythmic] ~,** dadleoliad [rhythmig]. **3.** *Nau:* **a ship with a ~ of a thousand tons,** llong yn dadleoli mil o dunelli. **~ activity** *n.* gweithgaredd(-au) afleoledig *m.*

display[1] *n.* **1.** *(of goods):* arddangosfa (arddangosf|eydd) *f*, *F:* sioe(-au) *f*; **the goods on ~,** y nwyddau a arddangosir; **air ~,** arddangosfa awyrennau, sioe awyr. **2.** *(of emotions):* arddangosiad(-au) *m*, amlygiad(-au) *m*; *Pej:* sioe; **to make a ~ of grief,** gwneud sioe o alaru; **a ~ of courage,** amlygiad o ddewrder; **to make a ~ of courage,** dangos/arddangos dewrder. **3.** *Typ:* arddangosiad. **4.** *Z: &c: (of bird &c):* ystumiau *pl*, arddangosiad. **5.** *Electronics:* amlygiad, darlun(-iau) *m*, arddangosiad. **6.** *Cmptr:* arddangoswr (arddangoswyr) *m.* **~ advert** *n.* hysbyseb (*f*) arddangos, hysbyseb fras (hysbysebion breision). **~ board** *n.* bwrdd (byrddau) (*m*) arddangos. **~ case** *n.* cas(-ys) (*m*) arddangos, cas gwydr. **~ type** *n. Typ:* print bras *m*, teip bras *m.* **~ unit** *n.* uned(-au) (*f*) arddangos.

display[2] *v.t.&i.* **1.** *v.t.* *(a) (goods):* arddangos, dangos (rhth); tynnu sylw (at rth); **to ~ a notice,** gosod hysbysiad. **2.** *(courage):* dangos, arddangos, amlygu. **3.** *(= show off):* gwneud sioe/gorchest (o rth); gorchestu, ymorchestu, ymhyfrydu (yn rhth); **to ~ oneself,** eich dangos eich hun. **4.** *(ignorance):* dangos, arddangos, amlygu, dadlennu. **5.** *Typ:* amlygu (rhth), rhoi/dodi (rhth) yn yr amlwg, tynnu sylw (at rth). **6.** *v.i.* *(a)* eich dangos eich hun, ymarddangos; *(b) Orn:* **(a bird) displaying,** (aderyn) yn ei arddangos ei hun, yn tynnu sylw ato'i hun.

displayer *n.* dangoswr (dangoswyr) *m*, dang|oswraig *f*, arddangoswr (arddangoswyr) *m*, arddang|oswraig *f.*

displease *v.t.&i.* digio, *occ:* anfodloni, anfoddio (rhn); pechu (yn erbyn rhn).

displeased *a.* anfodlon, anfoddog, *S:* anfoddlon (**with sth,** ar rth); **~ at/with s.o.,** dig wrth rn, blin gyda rhn, *N:* milain wrth rn, *S:* crac gyda rn; *B:* **they were sore ~,** hwy a lidiasant; **he was much ~,** ef a fu anfoddlon.

displeasing *a.* annifyr, annymunol, anhyfryd.

displeasure *n.* anfodlonrwydd *m*, dicter *m*, dig *m*, soriant *m*, gwg *m*, *S:* anfoddlonrwydd *m*; **to incur s.o.'s ~,** digio rhn, ennyn/tynnu gwg rhn, pechu yn erbyn rhn, codi gwrychyn rhn, *occ:* pechu rhn.

disport[1] *n.* difyrrwch *m.*

disport[2] *v.pr.* **to ~ [oneself],** *(= frolic):* prancio, campio, llamsachu; *(= enjoy oneself):* ymddifyrru, eich mwynh|au'ch hun, cael hwyl.

disposability *n.* natur dafladwy *f*, tafladwyedd *m*; **one of its advantages is its ~,** un o'i fanteision yw y gellir ei daflu.

disposable *a. & n.* **1.** *a.* *(a) (= available):* ar gael, defnyddiadwy; *(b) Com:* tafladwy; **~ handkerchief,** hances (*f*) bapur (hancesi papur), *S:* macyn(-non) (*m*) papur; **~ nappy,** cewyn(-nau, cawiau) (*m*) papur, clwt (clytiau) (*m*) papur. **2.** *n.* peth(-au) tafladwy *m.*

disposal *n.* **1.** *vn.* = **dispose**; *(a)* **the ~ of one's money,** y defnydd (*m*) o'ch arian; *(= bestowal):* gweinyddiad *m*, gweinyddu *vn*; **the ~ of a piece of business,** cwblhad (*m*) busnes, cwblh|au (*vn*) busnes; **the ~ of a question,** datrysiad (*m*) cwestiwn, datrys (*vn*) cwestiwn; **~ of refuse,** cael gwared ag/ar [y]sbwriel; **waste-~ unit,** melin(-au) (*f*) [y]sbwriel, malwr (malwyr) (*m*) [y]sbwriel; *Mil:* **bomb ~-squad,** criw(-iau) (*m*) difa bomiau; *(b)* **at s.o.'s ~,** at wasanaeth rhn, ar gael i rn; **(I have funds) at my ~,** (mae gennyf arian) y gallaf ei ddefnyddio, at fy nefnydd/ngalw/ngwasanaeth, y mae imi ddefnydd ohono, dan fy rheolaeth; **I am at your ~,** yr wyf yn barod i'ch gwasanaethu; **the means at my ~,** y dulliau sydd gennyf, y dulliau y gallaf eu defnyddio. **2.** **(sth) for ~,** (rhth) ar werth, i'w werthu, i'w ollwng. **3.** *(of troops):* lleoliad *m*, gosodiad *m*, lleoli *vn*, gosod *vn.* **~ value** *n.* gwerth (*m*) wrth werthu.

dispose *v.t.&i.* **1.** *(= arrange, lay out):* *(a)* trefnu, gosod, dodi; *Prov:* **man proposes, God disposes,** meddwl dyn, Duw a'i terfyn; *(b)* **to ~ of s.o.'s fate,** penderfynu tynged/ffawd rhn; *Jur:* **to ~ of a case,** penderfynu achos. **2.** **to ~ of sth,** cael gwared (ar rth, â rhth), cael ymadael (â rhth), *S:* gwaredu (rhth); **to ~ of an opponent,** trechu gelyn, maeddu gelyn; **to ~ of a matter,** cael gwared â rhth *or* ar rth, rhoi pen ar rth, datrys mater; *F:* **to ~ of a meal,** claddu/llowcio/slaffio/cythru pryd. **3.** *Com:* *(= sell):* **to ~ of goods,** gwerthu nwyddau; **to ~ of one's business,** rhoi'ch busnes ar werth, cael gwared â'ch busnes; **"to be disposed of",** "ar werth". **4.** *(= incline):* tueddu, tueddbennu (rhn i wneud rhth); gwneud, peri (i rn wneud rhth); *S:* hala (rhn i wneud rhth). **5.** **to ~ oneself to sleep,** parat|oi/ymbarat|oi/hwylio i gysgu.

disposed *a.* **1.** **well-~ (towards sth),** ffafriol (i rth); **to be well-~ (towards sth),** ffafrio rhth; **ill-~ (towards sth),** anffafriol i rth; **if you feel so ~,** os oes awydd arnoch, os clywch ar eich calon. **2.** *(a)* **~ (to sth),** tueddol, â thuedd, yn tueddu (i wneud rhth), *N:* [o] natur (gwneud rhth); **to be ~ to pity,** tueddu i drugarhau; *(b)* **I am ~ to help you,** 'rwyf yn barod i'ch helpu; 'rwyf yn fodlon eich helpu.

disposer *n.* **1.** *(= arranger):* trefnwr (trefnwyr) *m.* **2.** *(= incliner):* tueddwr (tueddwyr) *m.* **3.** *(of rubbish):* taflwr (taflwyr) *m.*

disposition *n.* **1.** *(= arrangement, layout):* *(a)* cyfosodiad(-au) *m*, gosodiad(-au) *m*, trefniad(-au) *m*, lleoliad(-au) *m*, lleoli *vn*, gosod *vn*, cyfosod *vn*, trefnu *vn*; *(b) Jur:* *(of a case):* setliad *m*, terfyniad *m*; *(of bequests):* cymyniad *m*, cymynnaeth *f*, cymynnu *vn.* **2.** *(= power to dispose of sth):* rheolaeth *f* (ar rth); **at s.o.'s ~,** dan reolaeth rhn, at wasanaeth rhn; *S.a.* **disposal 1** *(b).* **3.** *(= temperament):* natur *f*, tuedd *f*, cymeriad(-au) *m*, tymer (tymheroedd) *f*, anian(-au) *mf*, *Lit: occ:* anianawd *m*, tueddfryd *m*, agwedd (*f*) meddwl. **4.** *(a)* **~ (to do sth),** awydd *m* (gwneud rhth); **there was a general ~ to remain,** yr oedd ar bawb awydd aros; *(b) (= tendency):* tuedd, tueddiad(-au) *m.* **5.** **a ~ of providence,** *See* **dispensation 2.**

dispositional, dispositive *a. Jur:* terfyniadol, setliadol.

dispossess *v.t.* **1.** difeddiannu, dadfeddiannu, amddifadu (rhn o rth). **2.** *(= oust):* disodli; *(s.o. from a house):* digartrefu (rhn), troi (rhn) allan.

dispossessed *a.* dieiddo, difeddiant, *occ:* amddifad; *(= homeless):* digartref.

dispossession *n.* difeddiant *m*, disodliad *m*; *vn.* = **dispossess 1.**

dispossessor *n.* difeddiannwr: difeddiannydd (difeddianwyr) *m*; amddifadwr (amddifadwyr) *m*; digartrefwr (digartrefwyr) *m.*

dispraise[1] *n* difrïaeth *f*, beirniadaeth *f*, anghlod *m*; *S.a.* **disparagement.**

dispraise[2] *v.t.* beio, difrïo; *S.a.* **disparage.**

dispraiser *n.* beiwr (beiwyr) *m*, difrïwr (difriwyr) *m*, beirniad (beirniaid) *m.*

dispraisingly *adv.* yn ddifrïol, yn feirniadol.

disprivileged *a.* difreintiedig.

disproof *n.* gwrthbrawf (gwrthbrofion) *m.*

disproportion[1] *n.* anghyfartaledd *m*, anghymesuredd *m*, diffyg (*m*) cymesuredd.

disproportion[2] *v.t.* anghymesuro.

disproportional, disproportionate[1] *a.* anghyfartal, anghymesur.

disproportionate[2] *v.i. Ch:* datgyfrannu.

disproportionately *adv.* yn anghyfartal *&c.*

disproportionation *n.* datgyfraniad(-au) *m*, datgyfrannu *vn.*

disprovability *n.* gwrthbrofadwyedd *m*, natur wrthbrofadwy *f*; **I became convinced of its ~,** deuthum yn argyhoeddedig y gellid ei wrthbrofi.

disprovable *a.* gwrthbrofadwy.

disproval *n.* gwrthbrofi *vn.*

disprove *v.t.* gwrthbrofi.

disputable *a.* dadleuol, dadleuadwy, amh|eus.

disputably *adv.* yn ddadleuol.

disputant *a. & n.* **1.** *a.* dadleuol. **2.** *n.* dadleuwr: dadleuydd (dadleuwyr) *m*, ymrafaeliwr: ymrafaelydd (ymrafaelwyr) *m.*

disputation *n.* dadl(-euon) *f*, dadliad(-au) *m*, ymryson(-au) *m.*

disputatious *a.* dadleugar, ymrysongar (*pronounced* ng-g), ymrafaelgar, cecrus.

disputatiously *adv.* yn ddadleugar *&c.*

disputatiousness *n.* dadleugarwch *m.*
dispute[1] *n. (= debate):* **1.** dadl(-euon) *f*, ymryson(-au) *m*; **the matter in ~,** pwnc (*m*) y ddadl; **beyond ~,** y tu hwnt i amheuaeth; **without ~,** yn ddiamau, yn ddi-ddadl, heb amheuaeth, yn ddiau; *Jur:* **case under ~,** achos a glywir/ddadleuir. **2.** *(= disagreement):* anghytundeb(-au) *m*, anghydfod(-au) *m*, gwahaniaeth(-au) (*m*) barn, ffrae(-au) *f*, cynnen (cynhennau) *f*, anghydwelediad(-au) *m*, ymrafael(-ion) *m*; **industrial ~,** anghydfod diwydiannol.
dispute[2] *v.i.&t.* **1.** *v.i.* **to ~ with s.o. about sth,** taeru/dadlau â/gyda rhn ynghylch rhth. **2.** *v.t. (= discuss):* dadlau, trafod. **3.** *(= question, challenge):* **to ~ s.o.'s right to do sth,** amau/herio hawl rhn i wneud rhth. **4.** *(= contend for sth):* **to ~ possession of sth,** cystadlu/ymdaeru am feddiant rhth.
disputed *a.* amh|eus, cynhennus; *Jur:* **~ property,** da cynhennus *m*; **~ territory,** tir(-oedd) dadleuol *m*, tiriogaeth ddadleuol (tiriogaethau dadleuol) *f*.
disputer *n.* dadleuwr: dadleuydd (dadleuwyr) *m*, dadl|euwraig *f*, ymrafaeliwr (ymrafaelwyr) *m*, ymraf|aelwraig *f*.
disqualifiable *a.* anghymwysadwy, gwaharddadwy.
disqualification *n.* **1.** *(a) (action):* anghymhwyso *vn*, gwahardd *vn*; *(b) (= reason for incapacity):* anghymhwyster (anghymwysterau) *m*. **2.** *Sp: Aut: (= penalty):* gwaharddiad(-au) *m*; **a ~ from driving,** gwaharddiad (*m*) rhag gyrru.
disqualified *a.* **1.** *Jur:* anghymwys (**from sth,** i rth). **2.** gwaharddedig (rhag rhth).
disqualifier *n.* gwaharddwr (gwaharddwyr) *m*.
disqualify *v.t.* **1.** anghymwyso (rhn) (**for sth,** i wneud rhth); gwneud (rhn) yn anghymwys. **2.** *Jur: (a)* **disqualified from making a will,** anghymwys i wneud ewyllys; *(b)* **to ~ s.o. from driving,** gwahardd rhn rhag gyrru. **3.** *Sp:* gwahardd.
disquiet[1] *n.* anesmwythyd *m*, poen (*m*) meddwl, aflonyddwch *m*, pryder *m*, anniddigrwydd *m*, *Lit:* anhunedd *m*.
disquiet[2] *v.t.* poeni, anesmwytho, aflonyddu, cythryblu, anniddigo, peri/achosi pryder (i rn).
disquieted *a.* anesmwyth, pryderus, anniddig.
disquietedly *adv.* yn anesmwyth *&c.*
disquietedness *n.* = **disquiet[1]**.
disquieting *a.* sy'n achosi pryder, annifyr, anesmwythol, aflonyddol.
disquietingly *adv.* yn annifyr.
disquietude *n.* = **disquiet[1]**.
disquisition *n.* traethawd (traethodau) *m* (**on sth,** ar rth), ymdriniaeth(-au) *f* (â rhth).
disrate *v.t.* *Navy:* diraddio.
disregard[1] *n.* **1.** *(= indifference):* difaterwch *m*, difrawder *m* (**of sth,** ynglŷn â rhth); diystyrwch *m* (o rth); diffyg (*m*) sylw (i rth); diffyg parch (tuag at rth); anwybyddiad(-au) *m*, dibristod *m* (o rth). **2.** *(= carelessness):* esgeulustod *m*, esgeulustra *m*; **~ of a rule,** anuf|udd-dod (*m*) i reol; **~ of the law,** diffyg parch i'r gyfraith, diystyrwch o'r gyfraith.
disregard[2] *v.t.* **1.** diystyru, anwybyddu (rhth); peidio â sylwi (ar rth). **2.** *(duty):* esgeuluso.
disregarder *n.* diystyrwr (diystyrwyr) *m*, anwybyddwr (anwybyddwyr) *m*.
disregardful *a.* anystyriol, diystyriaeth; esgeulus (**of sth,** o rth).
disregardfulness *n.* = **disregard[1]**.
disrelated *a.* = **unrelated**.
disrelation *n.* diffyg (*m*) perthynas.
disrelish *n. & v.t.* = **dislike[1],[2]**.
disremember *v.t.* *U.S: F:* anghofio (rhth), gollwng (rhth) dros gof.
disrepair *n.* adfeiliad(-au) *m*, dadfeiliad(-au) *m*, diffyg (*m*) atgyweirio, *Lit:* anghywair *m*, *S.W: occ:* anripâr *m*; **to fall into ~,** *(of house):* mynd yn adfail, dadfeilio, mynd â'i ben iddo, mynd rhwng y cŵn a'r brain, *S.W: occ:* mynd yn anriparus; **in [a state of] ~,** adfeiliedig, *S.W: occ:* anriparus, *F:* racs; *Jur:* **certificate of ~,** tystysgrif adfeiliad.
disreputability *n.* = **disreputableness**.
disreputable *a.* **1.** *(action):* gwarthus, gwaradwyddus, dianrhydedd, anghlodwiw; **(an incident) ~ to his character,** (digwyddiad) a rydd enw drwg iddo, a ddwg anghlod iddo. **2.** *(pers.):* ag enw drwg, â gair drwg [iddo, iddi *&c*]; brith, amh|eus, di-barch, digymeriad, amharchus, *occ:* drwgenwog, *S.W: occ:* broc. **3. ~-looking** *a.* amheus yr olwg, diolwg; **a ~-looking old hat,** hen het ddiolwg/ddi-raen/aflêr/anniben.
disreputableness *n.* cywilyddusrwydd *m*, amharchusrwydd *m*, gwarthusrwydd *m*, *occ:* gwarthlonedd *m*, drwgenw *m*.
disreputably *adv.* yn warthus *&c.*
disrepute *n.* anghlod *m*, anair *m*, anfri *m*, gwaradwydd *m*, gwarth *m*, enw drwg *m*; **to fall into ~,** colli'ch enw da, colli bri; **to bring sth into ~,** dwyn anfri ar rth, rhoi enw drwg i rth.
disrespect[1] *n.* diffyg (*m*) parch, amarch *m*, anfoesgarwch *m* (**for s.o.,** tuag at rn); anfri *m*, dirmyg *m*, diystyrwch *m* (o rn); sarhad *m* (ar rn); **to treat s.o. with ~,** amharchu/sarh|au rhn.
disrespect[2] *v.t.* amharchu, dirmygu, sarh|au.
disrespectability *a.* amharchusrwydd *m*.
disrespectable *a.* amharchus.
disrespectful *a.* amharchus, dibarch, di-barch, diystyrllyd, dirmygus (**towards s.o.,** o rn); anfoesgar, anghwrtais (tuag at rn); sarh|aus (o rn, tuag at rn).
disrespectfully *adv.* heb ddangos parch, yn amharchus, heb barch, yn ddibarch/ddi-barch.
disrespectfulness *n.* = **disrespect[1]**.
disrobe *v.t.&i.* **1.** *v.t.* dadwisgo (rhn), tynnu dillad (oddi am rn), *S:* matryd (rhn). **2.** *v.i.* dadwisgo, tynnu [oddi] amdanoch, tynnu'ch dillad, *S: F:* matryd, *Lit:* ymddiosg, ymddihatru.
disrupt *v.t.* **1.** *(= impair, interrupt):* tarfu, aflonyddu, amharu (ar rth); torri ar draws (rhth); ymyrryd (â rhth); trwblu, drysu (rhth); **to ~ a plan,** difetha/drysu cynllun. **2.** *(= shatter):* chwalu, torri; *(= split):* hollti, rhwygo.
disrupted *a.* amharedig, drysedig, trwbledig.
disrupter *n.* aflonyddwr (aflonyddwyr) *m*, aflon|yddwraig *f*, tarfwr (tarfwyr) *m*, t|arfwraig *f* (**of sth,** ar rth); ymyrrwr (ymyrwyr) *m*, ym|yrwraig *f* (â rhth); dryswr (dryswyr) (*m*), trwblwr (trwblwyr) (*m*) (rhth).
disruption *n.* **1.** *(= interruption):* amhariad(-au) (**of sth,** ar rth) *m*, ymyrraeth *f* (â rhth), tarfu *vn* (ar rth). **2.** *(= split):* hollt(-au) *f*, holltiad(-au) *m*, toriad(-au) *m*, rhwyg(-au) *f*, rhwygiad(-au) *m*; *vn.* = **disrupt**; *Scot: Ecc: Hist:* **the D~,** y Rhwyg.
disruptive *a.* **1.** *(= causing trouble):* aflonyddol, trwblus, trafferthus, aflonyddgar. **2.** *(= causing split):* rhwygol, yn achosi rhwyg.
disruptively *adv.* yn aflonyddol *&c.*
disruptiveness *n.* aflonyddwch *m*.
dissatisfaction *n.* anfodlonrwydd *m*, anfoddlonrwydd *m* (**with/at sth,** ar/gyda rhth).
dissatisfactory *a.* anfoddhaol.
dissatisfied *a.* anfodlon, anfoddog, *S:* anfoddlon (**with/at sth,** ar rth, gyda rhth).
dissatisfy *v.t.* siomi, anfodloni, methu â bodloni, methu â rhyngu bodd (rhn).
dissave *v.i.* gorwario.
dissect *v.t.* **1.** dadansoddi, dadelfennu, datgymalu. **2.** *Biol:* dyrannu, difynio, difynu.
dissected *a.* **1.** dadansoddedig, datgymaledig, wedi ei ddadansoddi, wedi ei ddatgymalu. **2.** *Biol:* dyranedig; *Geog:* **~ plateau,** llwyfandir dyranedig *m*.
dissection *n.* **1.** dadansoddiad(-au) *m*, dadelfeniad(-au) *m*, datgymaliad(-au) *m*; *vn.* = **dissect[1]**. **2.** *Biol:* dyraniad(-au) *m*, difyniad(-au) *m*, difyniaeth *f*; *vn.* = **dissect 2**. *T.V:* **vertical ~,** dyraniad fertigol.
dissector *n.* difynwr (difynwyr) *m*, dadelfennwr (dadelfenwyr) *m*.
disseise *v.t.* *Jur:* trawsfeddiannu.
disseisin *n.* *Jur:* trawsfeddiant *m*.
dissemble *v.t.&i.* **1.** *v.t.* celu, cuddio. **2.** *v.i.* *(a) (= be hypocritical):* rhagrithio; *(b) (= hide feelings):* cuddio teimladau, smalio/cogio/esgus nad oes dim yn bod, peidio â chymryd arnoch, *N:* dal wyneb, *occ:* bwrw/taflu diarth.
dissembler *n.* cuddiwr (cuddwyr) *m*, rhagrithiwr (rhagrithwyr) *m*, rhagr|ithwraig *f*, smaliwr (smalwyr) *m*, cogiwr (cogwyr) *m*.
dissembling[1] *a.* ffuantus, rhagrithiol, dauwynebog.
dissembling[2] *vn.* rhagrith *m*, *Lit:* ffuant *m*; *S.a.* **dissemble**.
disseminate *v.t.* gwasgar, gwasgaru, hau, lledaenu, taenu, dosbarthu (rhth); rhoi (rhth) ar led; *S.W: F:* sgwaru (rhth).
disseminated *a.* gwasgaredig; **~ sclerosis,** sglerosis ymledol *m*, parlys ymledol *m*.
dissemination *n.* gwasgariad(-au) *m*, lledaeniad(-au) *m*, head(-au) *m*, taeniad(-au) *m*; *vn.* = **disseminate**.

disseminator *n.* gwasgarwr (gwasgarwyr) *m*, taenwr (taenwyr) *m*, lledaenwr (lledaenwyr) *m*, heuwr (heuwyr) *m*.
disseminule *n. Bot:* organ (*f*) genhedlu (organau cenhedlu).
dissension *n.* anghytundeb(-au) *m*, anghytgord(-iau) *m*, anghydwelediad (-au) *m*, anghydfod *m*, anghymod *m*, cweryl(-on) *m*, cynnen (cynhennau) *f*, ymryson(-au) *m*, ymraniad(-au) *m*, gwahaniaeth(-au) (*m*) barn.
dissent[1] *n.* **1.** = **dissension**. **2. D~**, *Ecc:* Anghydffurfiaeth *f*, Ymneilltuaeth *f*.
dissent[2] *v.i.* **1.** anghytuno, anghydw|eld (**from s.o.** â rhn). **2.** *Ecc:* anghydffurfio (â rhth), ymneilltuo (oddi wrth rth).
dissenter *n.* **1.** anghytunwr (anghytunwyr) *m*, anghyt|unwraig *f*, gwrthwynebwr (gwrthwynebwyr) *m*, gwrthwyn|ebwraig *f*. **2. D~**, *Ecc:* Anghydffurfiwr (Anghydffurfwyr) *m*, Anghydff|urfwraig *f*, Ymneilltuwr (Ymneilltuwyr) *m*, Ymneillt|uwraig *f*, *F:* Sentar(-s) *m&f*; *F:* **the dry Dissenters,** y Sentars sychion.
dissentient *a.* & *n.* **1.** *a.* croes, anghytûn, anghydsyniol; **with one ~ vote,** ag un bleidlais yn erbyn. **2.** *n.* = **dissenter 1**.
dissenting *a.* **1.** anghytûn, anghydsyniol, croes; *Jur:* **~ judgement,** dyfarniad anghydsyniol/anghydffurfiol *m*. **2.** *Ecc:* anghydffurfiol, ymneilltuol.
dissepiment *n. Bot: Z:* parwyden(-nau) *f*.
dissert, dissertate *v.i.* traethu.
dissertation *n.* ymdriniaeth(-au) *f* (**on sth,** â rhth); (*= essay*): traethawd (traethodau) *m*, *occ:* traethawd estynedig (ar rth).
dissertator *n.* traethwr (traethwyr) *m*, traethodwr: traethodydd (traethodwyr) *m*, ymdriniwr (ymdrinwyr) *m*.
disserve *v.t.* aflesu, niweidio, drygu (rhn); gwn|eud cam, gwneud tro gwael (â rhn).
disservice *n.* anghymwynas(-au) *f*, tro(-eon) gwael *m*, drwg *m*, cam *m*, afles *m*, niwed (niweidiau) *m*; **to do s.o. a ~,** gwneud anghymwynas *&c* â rhn, gwneud niwed i rn.
dissever *v.t.* torri, hollti, gwahanu, daduno, datgysylltu, datod, ysgar, ysgaru, rhannu.
disseverance, disseverment *n.* toriad(-au) *m*, gwahaniad(-au) *m*, ysgariad(-au) *m*, datgysylltiad(-au) *m*, datodiad(-au) *m*; *vn.* = **dissever**.
dissidence *n.* gwrthwynebiad *m*, anghytundeb *m*, anghydffurfiaeth *f*; *S.a.* **dissent 1**.
dissident *a.* & *n.* **1.** *a.* anghydffurfiol, gwrthwynebol, anghytunol; **to hold ~ views,** bod â barn groes i'r awdurdodau, anghydffurfio. **2.** *n.* gwrthwynebydd: gwrthwynebwr (gwrthwynebwyr) *m*, gwrthwyn|ebwraig *f*, anghydffurfiwr (anghydffurfwyr) *m*, anghydff|urfwraig *f*, anghytunwr (anghytunwyr) *m*, anghyt|unwraig *f*.
dissimilar *a.* annhebyg, gwahanol, *occ:* anghyffelyb.
dissimilarity *n.* annhebygrwydd *m*, gwahaniaeth(-au) *m*, *occ:* anghyffelybrwydd *m*.
dissimilarly *adv.* yn annhebyg *&c*.
dissimilate *v.t. Ling:* dadfathu.
dissimilation *n. Ling:* dadfathiad *m*, dadfathu *vn*; **contiguous ~,** dadfathiad cyfochrog; **non-contiguous ~,** dadfathiad anghyfochrog; **progressive ~,** dadfathiad blaen; **regressive ~,** dadfathiad ôl.
dissimilative, dissimilatory *a. Ling:* dadfathol.
dissimilitude *n.* annhebygrwydd *m*, gwahaniaeth *m*, *occ:* anghyffelybrwydd *m*.
dissimulate *v.t.&i.* = **dissemble**.
dissimulation *n.* = **dissembling 1**; **without ~,** yn ddiragrith, heb dwyll, yn ddiffuant.
dissimulator *n.* = **dissembler**.
dissipate *v.t.&i.* **1.** *v.t.* (*a*) (*= disperse*): gwasgaru, chwalu (rhth); hel (rhth) ymaith; gyrru (rhth) ar ffo; (*b*) (*= waste*): gwastraffu, ofera, afradu, afradloni, *S: F:* bradu. **2.** *v.i.* (*of mist &c*): gwasgaru, chwalu, ymchwalu.
dissipated *a.* **1.** (*mist &c*): gwasgaredig. **2.** (*= dissolute*): ofer, afrad, afradlon.
dissipatedly *adv.* yn ofer *&c*.
dissipatedness *n.* oferedd *m*, afradlonedd *m*.
dissipater *n.* **1.** (*of mist &c*): gwasgarwr (gwasgarwyr) *m*. **2.** (*= waster*): afradlonwr (afradlonwyr) *m*.
dissipation *n.* **1.** (*= dispersal*): gwasgariad *m*; *vn.* = **dissipate 1. 2.** (*= waste*): gwastraff *m* (**of sth,** ar rth); *Ph:* afradlonedd(-au) *m*. **3.** (*= dissoluteness*): oferedd *m*, afradlonedd *m*, bywyd ofer *m*.
dissipative *a.* **1.** (*= dispersive*): gwasgarol. **2.** (*= wasteful*): afradlon.
dissipativity *n. Ph:* gwasgaredd *m*.
dissociability *n. Ch:* natur ddadunadwy *f*.
dissociable *a. Ch:* dadunadwy.
dissociant *a. Ch:* dadunol; *Bact:* gwahaniaethol.
dissociate *v.t.* **1.** datgysylltu, gwahanu, ysgar, ysgaru, daduno; **to ~ oneself from sth,** eich datgysylltu'ch hun oddi wrth rth, torri cysylltiad â rhth, gwrthod arddel rhth, diarddel rhth, ymddiarddel â rhth. **2.** *Ch:* daduno.
dissociated *a.* anghysylltiol, datgysylltiedig, ysgar, ysgaredig, ar ysgar; *Psy:* **~ personality,** personoliaeth ddatgysylltiedig (personoliaethau datgysylltiedig) *f*.
dissociation *n.* **1.** daduniad(-au) *m*, datgysylltiad(-au) *m*, gwahaniad (-au) *m*, ysgariad(-au) *m*; *vn.* = **dissociate**. **2.** *Ch:* **thermal ~,** daduniad thermol. **~ constant** *n.* cysonyn (*m*) daduniad.
dissociative *a.* datgysyllt[i]ol.
dissolubility *n.* **1.** *Ch:* toddadwyedd *m*, natur doddadwy *f*. **2.** *Jur:* (*of marriage &c*): natur ddiddymadwy *f*; **the Pope did not accept the ~ of the marriage,** nid oedd y Pab yn derbyn bod modd diddymu'r briodas.
dissoluble *a.* **1.** *Ch:* toddadwy, hydawdd. **2.** *Jur:* (*marriage &c*): diddymadwy.
dissolubly *adv.* **1.** *Ch:* yn doddadwy. **2.** yn ddiddymadwy.
dissolute *a.* afrad, afradlon, ofer, penrhydd, diffaith, anfoesol, trythyll.
dissolutely *adv.* yn afrad *&c*.
dissoluteness *n.* afradlonedd *m*, oferedd *m*, penrhyddid *m*, anfoesoldeb *m*, trythyllwch *m*.
dissolution *n.* **1.** (*a*) (*= melting*): ymddoddiad(-au) *m*, ymdoddi *vn*; (*b*) (*= decomposition, disintegration*): ymddatodiad *m*, ymddatod *vn*. **2.** (*= breaking up*): diddymiad *m*, diddymu *vn*, daduniad *m*, daduno *vn*; **~ of marriage,** diddymiad priodas; **the D~ of the Monasteries,** Diddymiad y Mynachlogydd, Diddymu'r Mynachlogydd; **~ of Parliament,** diddymiad y Senedd, gollyngiad (*m*) y Senedd.
dissolvable *a.* **1.** *Ch:* toddadwy, hydawdd. **2.** (*marriage &c*): diddymadwy, dadunadwy.
dissolve[1] *n. Cin:* toddiad(-au) *m*.
dissolve[2] *v.t.&i.* **1.** *v.t.* (*a*) (*salt &c*): toddi; (*b*) (*marriage*): diddymu, terfynu; (*assembly*): diddymu, gollwng. **2.** *v.i. Ch:* toddi, ymdoddi; *Cin:* toddi; (*= disintegrate*): ymddatod; (*of assembly, crowd*): ymwasgaru, gwasgaru; **she dissolved into tears,** dechreuodd feichio wylo; acth yn llyn/foddfa o ddagrau.
dissolved *a.* (*salt &c*): toddedig, wedi toddi, *occ:* tawdd.
dissolvent *a.* & *n.* **1.** *a.* toddol. **2.** *n.* toddydd(-ion) *m*.
dissonance *n.* anghytgord(-iau) *m*, anghyseinedd *m*, anghytseinedd *m*, anghytsain (anghytseiniau) *m*, sŵn drwg *m*, drycsain (drycseiniau) *f*, aflafaredd *m*; (*= inconsistency*): anghysondeb(-au) *m*, anghysonder(-au) *m*.
dissonant *a.* cras, croch, amhersain, aflafar, anghytsain, anghytseiniol; *Mus:* **~ interval,** cyfwng (cyfyngau) anghytseiniol *m*.
dissonantly *adv.* yn gras *&c*.
dissuade *v.t.* cymell, darbwyllo, perswadio (rhn); dwyn perswâd (ar rn) (**from doing sth,** i beidio â gwneud rhth); troi rhn oddi wrth ei fwriad, *occ:* anghymell rhn.
dissuader *n.* anghymhellwr (anghymhellwyr) *m*.
dissuasion *n.* perswâd *m* (i beidio â gwneud rhth), anghymelliad *m*.
dissuasive *a.* anghymhellol, gwrthwynebol.
dissuasively *adv.* yn anghymhellol *&c*.
dissuasiveness *n.* natur anghymhellol *f*, grym anghymhellol *m*.
dissyllabic *a.* = **disyllabic**.
dissyllable *n.* = **disyllable**.
dissymmetrical *a.* anghymesur.
dissymmetry *n.* anghymesuredd *m*.
distaff *n.* cogail (cogeiliau) *m*; **to go by the ~, to fall/lapse to the ~ side,** bod/dwyn ar gogail; **the ~ side of the family,** ochr y fam i'r teulu. **~ thistle** *n. Bot:* ysgallen (*f*) gogail (ysgall cogail), ysgallen felen (ysgall melyn).

distal *a.* terfynol, blaen, pellaf, eithaf, distal, y pen pellaf; **~ end,** y pen pellaf/eithaf *m*; **~ tubule,** pen pellaf tiwbyn.
distally *adv.* yn y pen, yn y blaen.
distance *n.* **1.** pellter(-au,-oedd) *m*; **quite a ~,** cryn bellter, cryn ffordd, tipyn o ffordd, *S. W: occ:* rheffyn (*m*) o ffordd, ffordd jogel, *N: occ:* sbel (*f*) o ffordd; **from a ~, at a ~,** o bell, o bellter, o hirbell, o draw, ymh|ell; **a short ~ away,** heb fod ymhell; **within speaking ~,** o fewn clyw; **within walking ~,** yn ddigon agos i gerdded ato, o fewn cyrraedd/pellter cerdded; **from a considerable ~,** o gryn bellter, o bellter ffordd, o hirbell; **in the ~,** yn y pellter, draw, ymhell, *S: occ:* hwnt; **far in the ~,** draw draw, draw ymhell, ymhell draw; **it's no ~ at all,** mae'n agos iawn; nid yw'n ddim o ffordd; *Lit:* nid yw nepell; **it's quite a ~,** mae'n bur bell; mae'n gryn ffordd; mae'n gryn bellter; **to keep one's ~,** aros/sefyll/cadw draw, aros *&c* o hyd braich; **to keep s.o. at a ~,** cadw rhn draw, cadw rhn hyd braich, cadw'r pellter rhyngoch a rhn; **at this ~ of time,** ar ôl cyhyd o amser, ar ôl cymaint o amser; **to go part of the ~ on foot,** cerdded rhan o'r daith; **a long-~ driver,** gyrrwr pellter mawr, gyrrwr teithiau pell; **a long-~ runner,** rhedwr hirbell, rhedwr pellter mawr; **in the middle ~,** yn y pellter canol; *Prov:* **~ lends enchantment to the view,** man gwyn man draw; mwyna' byth y man ni bôm; *Box:* **to go the ~,** mynd yr holl ffordd. **2.** *(of manner):* pellter *m*. **~-decay** *n.* gwanhad (*m*) pellter. **~ headway** *n. Aut:* cyben(-nau) gofodol *m*.
distance² *v.t.* **1. to ~ s.o.,** ennill y blaen ar rn, gadael rhn ar eich ôl, pellh|au oddi wrth rn. **2. to ~ oneself from sth,** pellhau/ymbellh|au/ymddieithrio oddi wrth rth.
distant *a.* **1.** pell, *occ:* pellennig, hirbell; **very ~,** anghysbell; **three miles ~,** tair milltir oddi yno, tair milltir draw, *N:* tair milltir i ffwrdd, *S:* tair milltir bant; **a ~ recollection,** brithgof(-ion) *m*; **not far ~ from somewhere,** nid nepell o rywle, heb fod ymh|ell o rywle. **2.** *(pers.):* pell [eich ffordd], ffroenuchel; **a ~ look,** golwg bell *f*. **~ sedge, ~ flowered sedge** *n. Bot:* hesgen (hesg) anghysbell *f*.
distantly *adv.* **1.** *(= from afar):* o bell, o hirbell; **~ related,** yn perthyn o bell, yn brith berthyn, yn rhyw lun o berthyn, *N. W: occ: Joc:* yn perthyn M|ericia. **2.** *(= with reserve):* yn bell, yn ffroenuchel.
distantness *n.* pellter *m*.
distaste *n.* anhoffter *m* **(for sth,** o rth); diflastod (*m*) (ar rth); casineb *m*, atgasedd *m* (at rth); **in/with ~,** gyda diflastod.
distasteful *a.* **1.** *(= in bad taste):* di-chwaeth. **2.** *(= disagreeable):* annymunol, cas, *S: F:* distumog, dienaid, anstumogus, *S. W:* gwrthwyneblyd, *N: F:* sglyfaethus, anghynnes.
distastefully *adv.* yn annymunol *&c*.
distastefulness *n.* atgasrwydd *m*, annymunoldeb *m*, anghynhesrwydd *m*, ffi|eidd-dod *m*, ffi|eidd-dra *m*.
distemper¹ *(a) A:* afiechyd(-on) *m*; *See* **disease, ailment**; *(b) Vet: (of dogs):* clefyd (*m*) y cŵn.
distemper² *v.t. Med:* afiach|au.
distemper³ *n.* *(=* **paint¹***):* distemper (distemprau) *m*, lliw(-iau) *m*.
distemper⁴ *v.t.* *(=* **paint²***):* lliwio, distempro.
distempered¹ *a.* **~ (wall),** (mur) wedi ei ddistempro, wedi ei liwio, wedi cael lliw.
distempered² *A: (= ill):* afiach, afiachus, claf.
distend *v.t.&i.* **1.** *v.t.* chwyddo, estyn, lledu, llenwi. **2.** *v.i. as* **1.** *also*, ymestyn, ymchwyddo, bolio, bolchwyddo.
distended *a.* chwyddedig, wedi chwyddo, boliog, estynedig, bolchwyddedig.
distensibility *n.* natur chwyddadwy *f*, chwyddadwyedd *m*.
distensible *a.* chwyddadwy.
distension *n.* chwydd(-au) *m*, chwyddi *m*, chwyddiant *m*, ymlediad *m*, tyndra *m*, bolchwydd *m*; *vn.* = **distend**.
distich *n. Pros:* cwpled(-au,-i) *mf*.
distichous *a. Bot:* dwyres.
distichously *adv.* yn ddwy res.
distil *v.t.&i.* **1.** *v.t. (a) (water &c):* distyllio, distyllu, *F:* stilio; *(oil):* puro; *(b) (= drip):* diferu, dihidlo, hidlo. **2.** *v.i. (a) (of water):* distyllio, distyllu; *(b) (= trickle):* diferu, diferyd, defnynnu, dafnio.
distillate *n. Ch:* distyllad(-au) *m*.
distillation *n.* **1.** distylliad(-au) *m*, distylliant (distylliannau) *m*; *vn.* = **distil**.
distilled *a.* distyll, distylledig.
distiller *n.* **1.** *(pers.):* distyllwr: distyllydd (distyllwyr) *m*, dist|yllwraig *f*. **2.** *(apparatus):* distyllwr *m*, distyllydd(-ion) *m*.
distillery *n.* distyllfa (distyllf|eydd) *f*, distyllty (distylltai) *m*.
distinct *a.* **1.** *(= different):* gwahanol, annhebyg, ar wahân, **(from sth,** i rth); *Ph:* gwahanadwy; **to keep two things ~,** cadw dau beth ar wahân, gwahaniaethu rhwng dau beth. **2.** *(= clear):* amlwg, clir, eglur, plaen, digamsyniol, pendant; *(voice &c):* croyw. **3.** *(= absolute, definite):* diamheuol, digamsyniol, pendant, penodol, sicr; **a ~ promise,** addewid pendant/bendant.
distinction *n.* **1.** *(= difference):* gwahaniaeth(-au) *m*; **class ~,** gwahaniaeth dosbarth, gwahaniaethu (*vn*) rhwng dosbarthiadau; **without ~,** yn ddiwahaniaeth; *(= differentiation):* gwahaniaethiad(-au) *m*, gwahaniaethu *vn*, gwahanrediad(-au) *m*, gwahanredu *vn*; **~ without a difference,** gwahaniaethu/gwahanredu diwahaniaeth; *(= individuality):* arbenigrwydd *m*, hynodrwydd *m*, nod angen/amgen *m*. **2.** *(= honour):* anrhydedd(-au) *m*, clod(-ydd) *m*; *Sch:* clod *m*; **with ~,** gyda chlod/rhagoriaeth *f*. **3.** *(= excellence):* rhagoriaeth *f*, bri *m*; **a man of ~,** gŵr nodedig, gŵr o fri; **he had an air of ~,** 'roedd golwg rhn arbennig arno.
distinctive *a.* **1.** *(= distinguishing):* gwahaniaethol, gwahanredol, arbennig. **2.** *(= characteristic):* nodweddiadol, neilltuol; priod *before n. + soft mut.*
distinctively *adv.* **1.** yn wahaniaethol *&c*. **2.** yn nodweddiadol.
distinctiveness *n.* arwahanrwydd *m*, gwahanolrwydd *m*, arbenigrwydd *m*, hynodrwydd *m*.
distinctly *adv.* **1.** *(= clearly):* yn glir, yn eglur, yn groyw *&c*. **2.** *(= definitely):* yn ddiamheuol, yn bendant, yn bendifaddau; **he is ~ better,** mae'n bendant [yn] well.
distinctness *n.* **1.** *(= clarity):* eglurder *m*, amlygrwydd *m*; *(of enunciation):* croywder *m*. **2. the ~ of sth from sth,** y gwahaniaeth (*m*) eglur rhwng dau beth.
distingué *a.* arbennig, nodedig; **he looks ~,** mae golwg rhn arbennig arno.
distinguish *v.t.&i.* **1.** *v.t. (a) (= discern):* canfod; *(b) (= make different):* gwahaniaethu, hynodi, neilltuoli (rhth); dodi/rhoi (rhth) ar wahân; *(c)* **to ~ oneself by...,** eich hynodi'ch/amlygu'ch/enwogi'ch hun trwy...; **to ~ oneself (at/in sth),** rhagori, disgleirio, ymddisgleirio, ymenwogi, ennill bri/enwogrwydd (yn rhth). **2.** *v.i.* **to ~ (between two things),** gwahaniaethu, gwn|eud/gweld y gwahaniaeth (rhwng dau beth).
distinguishability *n.* gwahanoldeb *m*, natur wahaniaethadwy *f*; **I shall prove the ~ of A and B,** mi brofaf fod modd gwahaniaethu rhwng A a B.
distinguishable *a.* **1.** gwahaniaethadwy; **he is hardly ~ from his brother,** prin y gellir dweud y gwahaniaeth rhyngddo a'i frawd. **2.** *(= perceptible):* canfyddadwy, gweladwy; **it was hardly ~ through the mist,** prin y gellid ei weld drwy'r niwl.
distinguishably *adv.* yn ganfyddadwy *&c*.
distinguished *a.* adnabyddus, amlwg, enwog, neilltuol, arbennig, nodedig, *Lit:* hyglod, o fri; **a ~ writer,** llenor amlwg *m*, llenor o fri; **a ~ career,** gyrfa ddisglair *f*; **~ conduct,** ymddygiad rhagorol/neilltuol *m*; **a man ~ for his learning,** gŵr enwog am ei ddysg; **to look ~,** edrych yn rhn arbennig.
distinguishing *a.* gwahaniaethol; **~ mark,** nod (*m*) gwahaniaeth, nod angen/amgen; *(on body):* man(-nau) amlwg *m*; *Mus:* **~ notes,** nodau dangos.
distome *n. Z:* deustom(-iaid) *m&f*.
distort *v.t.* **1.** *(= twist out of shape):* ystumio, camystumio, gwyrdynnu, anffurfio, dirdynnu. **2.** *(facts &c):* ystumio, gwyrdr|oi, llurgunio, camlunio, aflunio, camliwio.
distorted *a.* **1.** ystumiedig, camystumiedig, mewn camystum, afluniedig, anffurfiedig, cam (ceimion), gwyrdynedig; **a face ~ by rage,** wyneb wedi ei ddirdynnu gan gynddaredd; *Phot: T.V:* **~ image,** llun afluniedig *m*. **2.** *(facts):* ystumiedig, gwyrdröedig, camliwiedig, llurguniedig.
distorter *n.* **1.** ystumiwr (ystumwyr) *m*, yst|umwraig *f*, camystumiwr (camystumwyr) *m*, afluniwr (aflunwyr) *m*, gwyrdynnwr (gwyrdynwyr) *m*. **2.** *(of facts):* ystumiwr *&c*, gwyrdröwr (gwyrdrowyr) *m*, camliwiwr (camliw-wyr) *m*, llurguniwr (llurgunwyr) *m*.
distorting *a.* afluniol, ystumiol, camystumiol, gwyrdroadol, llurguniol, gwyrdynnol.

distortion *n.* afluniad(-au) *m*, gwyrdroad(-au) *m*, llurguniad(-au) *m*, gwyriad(-au) *m*, ystumiad(-au) *m*, camystumiad(-au) *m*, camystum(-iau) *m*, gwyrdyniad(-au) *m*; *vn.* = **distort**; *W.Tel: Opt: T.V:* afluniad, ystumiad.
distortional *a.* afluniol, llurguniol, afluniadol, gwyrdroadol, ystumiadol, camystumiadol, gwyrdynnol.
distortionless *a.* anllurguniedig, anystumiedig, di-afluniad, heb afluniad.
distract *v.t.* **1.** *(= draw s.o.'s attention):* tynnu sylw/meddwl rhn, mynd â meddwl/sylw rhn, llygad-dynnu rhn; **to ~ attention,** gwrthdynnu sylw; **the noise distracted me from my work,** yr oedd y sŵn yn tynnu fy sylw oddi wrth/ar fy ngwaith; **he took up painting to ~ his mind from his problems,** dechreuodd beintio er mwyn mynd â'i feddwl oddi ar ei broblemau. **2.** *(= make mad):* drysu, hurtio, gwallgofi, gorffwyllo, moedro, mwydro.
distracted *a.* **1.** *(= absent-minded):* pell eich meddwl, pensyniol, synfyfyriol. **2.** *(= distraught):* dryslyd, wedi drysu, hurt, cymysglyd, mwydrus, gorffwyll, gwallgof; **I shall go ~,** mi fyddaf yn drysu/hurtio; mi af yn wirion/hurt; mi fyddaf yn colli arnaf fy hun; mi af o'm cof; *N: occ:* mi a' i'n soldiwr.
distractedly *adv.* **1.** *(= absently):* yn bell eich meddwl *&c*; a'ch meddwl ymh|ell. **2.** yn ddryslyd *&c.* **3. to love s.o. ~,** gwirioni am/ar rn, drysu'ch pen am rn, mopio'ch pen am rn, caru rhn hyd at orffwylledd.
distracting *a.* **1**. sy'n tynnu'r sylw, llygad-dynnol, gwrthdynnol. **2.** *(= confusing):* moedrol, drysol.
distractingly *adv.* yn ddigon i'ch drysu; **she is ~ beautiful,** mae hi'n ddigon hardd i'ch drysu; mae hi'n ddigon hardd i foedro'ch pen.
distraction *n.* **1.** *(a) (= diversion):* difyrrwch (difyrion) *m*, diddanwch (diddanion) *m*, *occ:* diddordeb(-au) *m*; *(b) (= interruption):* ymyriad(-au) *m*, ymyrraeth *f*, gwrthdyniad(-au) *m*; **it's a ~ from my work,** mae'n tynnu fy sylw oddi ar fy ngwaith; mae'n mynd â'm sylw oddi ar fy ngwaith; mae'n wrthdyniad i'm gwaith; mae'n ymyriad/ymyrraeth â'm gwaith. **2.** *(= disorder):* anhrefn *f*, dryswch *m*. **3.** *(= frenzy, madness):* dryswch *m*, gorffwylledd *m*, gorffwylltra *m*, gorffwyllter *m*, gwallgofrwydd *m*, hurtrwydd *m*, *Lit:* amwyll *m*; **to drive s.o. to ~,** drysu rhn, gyrru rhn yn orffwyll/hurt/wirion/wallgof, *S: F:* hala rhn yn grac/benwan; **to love s.o. to ~,** caru rhn yn orffwyll, caru rhn hyd at ddrysu, gwirioni am/ar rn, drysu am rn, mopio'ch/moedro'ch pen am rn.
distractive *a.* = **distracting**.
distrain *v.i. Jur:* atafael; **to ~ upon s.o.'s belongings,** atafael eiddo rhn.
distrainable *a. Jur:* atafaeladwy.
distrained *a. Jur:* atafaeledig.
distrainee *n. Jur:* atafaeledig(-ion) *m&f.*
distrainer *n. Jur:* atafaeliwr: atafaelydd (atafaelwyr) *m*.
distrainment *n. Jur:* = **distraint**.
distrainor *n. Jur:* = **distrainer**.
distraint *n. Jur:* atafaeliad(-au) *m*, atafael(-au,-ion) *m*; **sufficient for ~,** digonol i'w atafael.
distrait *a.* absennol eich meddwl, pell eich meddwl, difeddwl; *S.a.* **distracted 1**.
distraught *a.* **1.** *(= in great distress):* trallodus, mewn trallod. **2.** *(= crazed):* gorffwyll, hurt; *S.a.* **distracted**.
distraughtly *adv.* yn orffwyll *&c.*
distress[1] *n.* **1.** *(= sorrow, anguish):* gofid *m*, galar *m*, trallod *m*, tristwch *m*, gloes *f*, ing *m*, alaeth *f*. **2.** *(= poverty):* adfyd *m*, cyni *m*, caledi *m*, gwasgfa *f*, dygn dlodi *m*. **3.** *(= straits, difficulty):* helbul *m*, anhawster *m*, trybini *m*, trafferth *f*, perygl *m*, cyfyngder *m*, caethgyfle *m*, *N: F:* strach *mf*, stryffig *m*; *S.a.* **damsel**. **4.** *Jur:* = **distraint**. **5.** *Med: (= exhaustion):* blinder *m*, lludded *m*; *(= breathlessness):* diffyg *(m)* anadl; **signs of ~,** arwyddion diffygio. **~ merchandise** *n.* nwyddau *(pl)* ar golled. **~-signal** *n. Nau:* arwydd(-ion) *(m)* cyfyngder. **~-warrant** *n. Jur:* gwarant(-au) *(m)* atafael.
distress[2] *v.t.* **1.** tristáu, trallodi, cystuddio, gofidio (rhn); peri galar/gofid/trallod (i rn). **2.** *(= exhaust):* blino, lluddedu. **3.** *(furniture):* dodi/rhoi ôl traul (ar ddodrefn/gelfi).
distressed *a.* **1.** gofidus, dioddefus, trallodus, mewn trallod; *(= grieving):* galarus, mewn galar; **I am ~ to hear of it,** mae'n ofid gennyf glywed amdano. **2. ~ gentlewoman,** boneddiges anghenog/anghenus. **3. ~ areas,** ardaloedd cyni, ardaloedd dirwasgiad, ardaloedd dirwasgedig. **4.** *(= exhausted):* blin, blinedig, lluddedig, wedi ymlâdd, wedi diffygio, *F:* wedi hario. **5. ~ furniture,** celfi/dodrefn treuliedig, ac ôl traul arnynt.
distressful *a.* gofidus, blin, adfydus, alaethus, ingol, helbulus, torcalonnus, trallodus, poenus, cystuddiol.
distressfully *adv.* yn ofidus *&c.*
distressing *a.* = **distressful**.
distressingly *adv.* yn ofidus *&c.*
distributable *a.* dosbarthadwy.
distributary *a. & n. Geog:* **~ channel,** allsianel(-au) *f*, allafon(-ydd) *f*.
distribute *v.t.* **1.** *(= give out):* rhannu, dosrannu, dosbarthu, *S. W: F:* porco. **2.** *(= spread out):* gwasgaru, dosbarthu, taenu, lledaenu; **a load evenly distributed,** llwyth wedi ei daenu'n wastad, llwyth gwastad. **3.** *Typ:* datgysodi.
distributed *a.* gwasgaredig; ar wasgar; dosbarthedig, dosranedig; *Ph: Mth:* **~ loading,** llwyth(-i) dosbarthedig *m*; *Lib:* **~ relatives,** elfennau perthnasol ar wasgar.
distributee *n. U.S: Jur:* = **beneficiary**.
distribution *n.* **1**. rhaniad(-au) *m*, dosraniad(-au) *m*, dosbarthiad (-au) *m*, gwasgariad(-au) *m*, lledaeniad(-au) *m*; *vn.* = **distribute**; *(= location):* dosbarthiad; **census of ~,** cyfrifiad dosbarthu; **~ of settlements,** dosbarthiad anheddau; **wholesale and retail ~,** dosbarthu cyfanwerth ac adwerth; *Econ:* **D~ of Industries Act,** Deddf *(f)* Dosrannu Diwydiannau; *Biol:* **~ of plants,** dosraniad planhigion; *Pol:* **~ of powers,** dosbarthu galluoedd; *Sch:* **prize ~,** cyfarfod(-ydd) *(m)* gwobrwyo; *Jur:* **~ *per capita*,** dosbarthiad ***per capita***, dosbarthiad yn ôl y pen; **~ *per stirpes*,** dosbarthiad ***per stirpes***, dosbarthiad yn ôl yr ach. **2.** *Typ:* datgysodiad *m*, datgysodi *vn.* **~ coefficient** *n.* cyfernod(-au) *(m)* dosraniad. **~ function** *n. Mth:* ffwythiant (ffwythiannau) *(m)* dosraniad.
distributional *a.* dosbarthiadol, dosraniadol.
distributism *n. Pol:* dosraniadaeth *f*.
distributist *n. & attrib. Pol:* **1.** *n.* dosrannwr (dosranwyr) *m*. **2.** *attrib.* dosrannol; **the D~ League,** Cynghrair y Dosranwyr.
distributive *a.* **1.** dosbarthol, dosrannol; **the ~ trades,** y masnachau dosbarthu; *Ph: Mth:* **D~ Law,** Deddf Ddosbarthol *f*. **2.** *Gram:* **~ pronoun,** rhagenw(-au) dosbarthol *m*.
distributively *adv.* yr un, fesul un, ar wahân, yn ddosbarthol.
distributiveness, distributivity *n.* dosranoldeb *m*.
distributor *n.* **1.** *(pers.):* dosbarthwr (dosbarthwyr) *m*, dosb|arthwraig *f*, rhannwr (rhanwyr) *m*, rh|anwraig *f*, dosrannwr (dosranwyr) *m*, dosr|anwraig *f*, gwasgarwr (gwasgarwyr) *m*, gwasg|arwraig *f*. **2.** *El.E:* dosbarthydd(-ion) *m*. **~ road** *n. Aut:* ffordd *(f)* ddosbarthu (ffyrdd dosbarthu).
district[1] *n.* ardal(-oedd) *f*, cyffiniau *pl*, cylch(-oedd) *m*, bro(-ydd) *f*, *N: F:* ochrau *pl*, *N.W: occ: F:* swabiau *pl*, *S: occ:* cwmpas(-au,-oedd) *m*, *Lit:* tuedd(-au) *m*; *Adm:* rhanbarth(-au) *m*, dosbarth(-au) *m*; **to live in the ~,** byw yn yr ardal, byw yn y fro/cylch; **Blaenau and ~,** y Blaenau a'r cylch/ardal/cyffiniau; **the Lake D~,** Ardal y Llynnoedd; **electoral ~,** etholaeth(-au) *f*; **postal ~,** rhanbarth post; **rural ~,** dosbarth gwledig; **urban ~,** dosbarth trefol. **~ attorney** *n.* erlynydd (erlynwyr) sirol *m*. **~ council** *n.* cyngor (cynghorau) *(m)* dosbarth. **~ court** *n.* llys(-oedd) sirol *m*. **~ general hospital** *n.* ysbyty (ysbytai) cyffredinol *(m)* dosbarth. **~ nurse** *n.* nyrs(-us) *(f)* ardal. **~ superintendent** *n. Ecc:* arolygwr *(m)* ardal (arolygwyr ardaloedd). **~ valuer** *n.* prisiwr (priswyr) *(m)* dosbarth, prisiwr lleol. **~ visitor** *n. Ecc:* ymwelydd *(m)* ardal (ymwelwyr ardaloedd).
district[2] *v.t.* rhannu (rhth) yn ardaloedd.
distrust[1] *n.* amheuaeth *f*, drwgdybiaeth *f*, amheuon *pl* **(of s.o.,** o rn); anhyder *m*, anymddiried *m*, anymddiriedaeth *f* (yn rhn).
distrust[2] *v.t.* amau, drwgdybio; **to ~ one's own eyes,** methu â choelio'ch llygaid eich hun, amau'r hyn a welwch.
distrustful *a.* **1.** *(= suspicious):* amh|eus, drwgdybus. **2.** *(= shy, lacking in confidence):* ansicr, petrus, petrusgar, swil, dihyder, anhyderus; **he was ~ of his own abilities,** 'roedd yn ansicr o'i alluoedd ei hun; 'roedd yn amau ei alluoedd ei hun.
distrustfully *adv.* **1.** yn amh|eus *&c.* **2.** yn ansicr *&c.*
distrustfulness *n.* **1**. amheugarwch *m*, drwgdybiaeth *f*. **2.** ansicrwydd *m*, petruster *m*, swildod *m*, diffyg *(m)* hyder.
disturb *v.t.* **1.** *(a) (= interrupt repose of s.o):* tarfu, aflonyddu (ar rn); *F:* trwblo, tryblu, styrbio (rhn); **please don't ~ yourself,**

peidiwch â chyffr|oi dim; *(b)* **to ~ the smooth surface of the water,** cyffroi/cynhyrfu wyneb tawel y dŵr; **to ~ the peace,** torri'r heddwch, tarfu ar y heddwch; **he was disturbed by the news,** cyffrowyd/ysgytwyd ef gan y newydd; bu'r newydd yn ysgytwad iddo. **2.** *(= move from settled position):* anhrefnu, symud, drysu (rhth), tarfu (ar rth). **3.** *(= upset):* cyffroi, cynhyrfu, cythryblu, anesmwytho.

disturbance *n.* **1.** *(= interruption of repose):* aflonyddu *vn*, aflonyddiad(-au) *m* **(of sth,** ar rth). **2.** *(= shindy):* twrw *m*, stŵr *m*, mwstwr *m*, helynt(-ion) *f*, cyffro(-adau) *m*, terfysg(-oedd) *m*, helbul(-on) *m*, cynnwrf (cynyrfiadau) *m*, cythr|wfl (cythryflau) *m*, aflonyddwch *m*, *F:* styrbans(-ys) *m*; **to make a ~,** terfysgu, creu helynt, achosi cynnwrf, *F:* codi twrw, creu stŵr, mwstro, tyrfu. **3.** *(= mental agitation):* cynnwrf *m*, cyffro *m*, aflonyddwch *m*, anesmwythyd *m*, anhunedd *m*.

disturbed *a.* **1.** *(in disorder):* di-drefn, anhrefnus; *(orbit of planet):* afreolaidd, aflonydd; **~ behaviour,** ymddygiad afreolaidd/trwblus. **2.** *(= uneasy):* wedi'ch styrbio/cynhyrfu/tarfu, anesmwyth, anniddig, cynhyrfus, llawn cynnwrf, pryderus, trwblus, aflonydd, mewn cyffro, cyffröedig.

disturber *n.* tarfwr (tarfwyr) *m*, aflonyddwr (aflonyddwyr) *m*, aflon|yddwraig *f* **(of sth,** ar rth); cynhyrfwr (cynhyrfwyr) *m*, cynh|yrfwraig (rhth) *f*; **a ~ of the peace,** aflonyddwr/tarfwr ar yr heddwch.

disturbing *a.* annifyr, annymunol, aflonyddol, cythryblus, cynhyrfus, poenus, yn peri pryder.

disturbingly *adv.* yn annifyr *&c.*

disubstituted *a. Ph:* deuamnewidiol.

disulfiram *n. Pharm:* deus|ylffiram *m*.

disulfoton *n. Ch:* deus|ylffoton *m*.

disulphate *n. Ch:* deusylffad(-au) *m*.

disulphide *n. Ch:* deusylffid(-au) *m*.

disulphuric *a. Ch:* deusylffurig.

disunion *n.* anundeb *m*, ymraniad *m*, anghydfod *m*.

disunionist *n.* ymwahanwr (ymwahanwyr) *m*.

disunite *v.t.&i.* **1.** *v.t.* anuno, daduno, dieithrio, rhannu, gwahanu, ysgar, ysgaru; *Carp: &c:* tynnu (rhth) yn rhydd. **2.** *v.i.* ymrannu.

disunited *a.* ymranedig, ymwahanedig, anunol, anunedig, gwahanedig, ar wahân, rhanedig.

disunity *n.* ymraniad *m*, anundeb *m*, anundod *m*, ymwahaniad *m*.

disuse[1] *n.* anarfer *m*, diffyg *(m)* arfer, diffyg defnydd; **to fall into ~,** mynd allan o arfer; **custom fallen into ~,** arferiad a beidiodd, arferiad a aeth i golli, arferiad a aeth yn angof; **rusty from ~,** rhydlyd o ddiffyg arfer.

disuse[2] *v.t.* peidio ag arfer rhth, peidio â defnyddio rhth, rhoi'r gorau i rth.

disused *a.* allan o arfer, anarferedig, nas defnyddir, diarfer, diddefnydd, segur; **a ~ well,** ffynnon wedi ei gadael, ffynnon nas defnyddir; *(word):* hynafol, hen ffasiwn; *(building):* anghyfannedd, gwag (gweigion), wedi mynd â'i ben iddo; **~ vehicle,** cerbyd heb ddefnydd arno.

disutility *n.* niweidioldeb *m*.

disyllabic *a.* deusill, deusillaf, deusillafog, dwysill, dwysillaf, dwysillafog.

disyllable *n.* deusill(-oedd) *f*, gair (geiriau) deusill *m*.

dit *n. W.Tg:* dit(-iau) *m*.

dita *n. Bot:* dita (ditâu) *m*.

ditch[1] *n.* ffos(-ydd) *f*, *occ:* cwter(-ydd,-i) *f*, *Lit:* dyfrffos(-ydd) *f*, *S: (under hedge):* clais (cleisiau) *f*, clais clawdd, *S.W: occ: (on farm):* rhewin(-on) *m*, trensh(-is) *m*, ffosle(-oedd,-fydd) *m*; **to dig a ~,** agor ffos, torri ffos, cloddio ffos; **bank and ~,** clawdd a ffos; **broad flat-bottomed ~,** ffos lydan fflat (ffosydd llydain fflat); **narrow flat-bottomed ~,** ffos gul fflat (ffosydd culion fflat), ffos ben rhaw (ffosydd pen rhaw); *Archeol:* **central ridge ~,** ffos wrymiog (ffosydd gwrymiog); **internal ~,** ffos fewnol (ffosydd mewnol); **marking-out ~,** ffos amlinellu; **blind ~,** ffos gudd (ffosydd cudd); **quarry ~,** ffos gloddio (ffosydd cloddio); **rock cut ~,** ffos nadd/naddedig; **to die in the last ~, to make a last ~ defence,** ymladd hyd y funud olaf, ymladd hyd y ffos olaf, ymladd hyd yr eithaf, ymladd i'r pen. **~ reed** *n. Bot: (Phragmites communis):* corsen (cyrs) *f*. **~-water** *n.* merddwr (merddyfroedd) *m*; **dull as ~-water,** fel dŵr pwll, mor ddiflas â dŵr pwll.

ditch[2] *v.t.&i.* I. *v.t.* **1.** *(= make ditch or ditches):* **to ~ a field,** agor ffos[-ydd] mewn cae, cwteru cae. **2.** *(= get rid of):* taflu, gadael (rhth); cefnu (ar rth); cael gwared (â rhth, ar rth); bwrw (rhth) i'r ffos; cael ymadael (â rhth); troi/bwrw (rhth) heibio; *N. W: F:* rhoi'r hwi (i rth); **to ~ a car,** mynd â char i'r ffos; **to ~ an aeroplane,** glanio awyren ar/yn y môr; *F:* **to be ditched (by one's sweetheart),** cael cawell, *N. W: F:* cael yr hwi (gan eich cariad). II. *v.i. Av:* glanio ar/yn y môr. **~-delivered** *a.* ffos-anedig.

ditcher *n.* ffoswr (ffoswyr) *m*, cloddiwr (cloddwyr) *m*, torrwr (torwyr) *(m)* ffosydd, agorwr (agorwyr) *(m)* ffosydd.

ditching *vn.* **1. hedging and ~,** cau bylchau a thorri ffosydd, plygu gwrych ac agor ffos, cau a chloddio, plygu a chloddio.

ditheism *n. Theol:* ditheistiaeth *f*, deudduwiaeth *f*.

ditheist *n. Theol:* ditheist(-iaid) *m*, deudduwiad (deudduwiaid) *m&f*.

ditheletism *n. Theol:* ditheletiaeth *f*.

dither[1] *n.* penbleth *fm*, dryswch *m*, petruster *m*, petrustod *m*.

dither[2] *v.i.* petruso, cloffi, anwadalu, bwhwman, tin-droi, gog[o]r-droi, anwadalu.

ditherer *n.* petruswr (petruswyr) *m*, petr|uswraig *f*, bwhwmanwr (bwhwmanwyr) *m*, bwhwm|anwraig *f*.

dithering[1] *a.* **1.** *a.* petrus, petrusgar, ansicr, dibenderfyniad, amhenderfynol, anwadal, dryslyd, bwhwmanllyd, *F:* be' wna' i.

dithering[2] *vn.* petrustod *m*, anwadalwch *m*, ansicrwydd *m*; *vn.* = **dither**[2].

dithery *a. F:* **1.** = **dithering**[1]. **2.** *(= nervous):* ar bigau drain, nerfus, cynhyrfus, crynedig; **to feel ~,** *N:* teimlo'n bethma, teimlo fel gafr ar d'ranau.

dithionate *n. Ch:* deuthïonad *m*.

dithionit *n. Ch:* deuthïonit *m*.

dithionous *a. Ch:* deuthïonaidd.

dithyramb *n. Gr.Ant:* gwingerdd(-i) *f* *(pronounced* ng-g), d|ithyramb (dithyrambau) *f*.

dithyrambic *a.* angerddol, nwydwyllt, gwyllt, tanbaid, dithyrambig.

dithyrambically *adv.* yn angerddol *&c.*

dittander *n. Bot: (= pepperwort):* berwr gwyllt *m*, puburllys llydanddail *m*.

dittany *n. Bot: (Origanum dictamnus):* ditaen *f*, d|itani *f*; **bastard/white ~,** *(Dictamnus albus):* y dditaen wen; **false ~,** *(Balliota acetabulosa):* ffug-dditaen *f*, ffug-dditani *f*.

ditto[1] *n. & adv.* **1.** *n.* ***ditto*** *m*, yr un peth *m*, yr un un *m*. **2.** *adv.* eto, drach|efn, fel uchod, felly eto; **to say "~" to sth,** cytuno â rhth, amenio rhth; **"~ here",** "cytuno". **~ mark** *n. Typ:* dyfynnod (dyfynodau) *m*.

ditto[2] *v.t.* **1.** *(= repeat):* ailadrodd. **2.** *(= copy):* copïo, dyblygu.

dittograph *n.* d|itograff (ditograffau) *m*.

dittographic *a.* ditograffig.

dittography *n.* dit|ograffi (ditograffïau) *m*.

ditty *n.* cân (caneuon) *f*, tonc(-iau) *f*, canig(-au,-ion) *f*, cainc (ceinciau) *f*, alaw(-on) *f*, dyri (dyrïau) *f*, pill(-iau) *m*, pwt *(m)* o gân (pytiau o ganeuon).

ditty-bag *n. Nau:* bag(-iau) *(m)* trugareddau.

ditty-box *n. Nau:* bocs(-ys) *(m)* trugareddau.

diuresis *n. Med:* troethlif *m*, diwresis *m*.

diuretic *a. & n.* **1.** *a.* diwretig, troethlifol. **2.** *n. Med:* diwretig(-ion) *m*.

diuretically *adv.* yn ddiwretig.

diurnal *a. & n.* **1.** *a.* *(a)* dyddiol, y dydd, diwrnodol; *Z:* **~ creatures,** creaduriaid y dydd. *(b) Astr:* dyddiol, beunyddiol, undydd, diwrnodol. **2.** *n. Ecc:* dyddlyfr(-au) *m*.

diurnally *adv.* **1.** yn ddyddiol *&c*, yn ystod y dydd. **2.** *Astr:* yn feunyddiol *&c*, bob dydd.

diuron *n. Ch:* deuwron *m*.

diva *n.f. Th:* difa(-s), prif gantores(-au).

divagate *v.i.* crwydro, mynd ar wasgar/grwydr/gyfeiliorn.

divagation *n.* crwydr[i]ad(-au) *m*, crwydro *vn*.

divalency *n. Ch:* deuf|alensi *m*.

divalent *a. Ch:* deufalent.

divan *n.* difán(-s, difanau) *m*, *Lit:* glwth (glythau) *m*, lleithig(-au) *f*. **~-bed** *n.* gwely(-au) *(m)* difán.

divaricate[1] *a. Biol:* ymranedig, fforchog.

divaricate[2] *v.i. Biol: &c.* ymwahanu, ymrannu, ymganghennu, fforchio.

divarication *n.* ymraniad(-au) *m*, ymgangheniad(-au) *m*; *vn.* = **divaricate 1.**
divaricator *n. Moll:* lledwr (lledwyr) *m.*
dive[1] *n.* **1.** *(a)* plymiad(-au) *m*, plymio *vn*, *N.W:* dowc *m*, dowciad(-au) *m*; **duck ~,** plymiad hwyaden; **high ~,** plymiad uchel; **pike ~,** plymiad plygu; **racing ~,** plymiad rasio; **somersault ~,** plymiad drosben; **surface ~,** plymiad arwyneb; **swallow ~,** plymiad gwennol; **nose-~,** trwynblymiad(-au) *m*; **crash-~,** sythblymiad(-au) *m*; *F:* **to make a ~ for sth,** cythru i rth, rhuthro/neidio am rth; *(b) (of submarine &c):* plymiad, ymsuddiad(-au) *m*, soddiad(-au) *m*; *(c) Av:* plymiad, trwynblymiad; **spinning ~,** troell-blymiad(-au) *m*; *(d) Box: F:* **he took a ~ (in the third round),** fe gymerodd ei lorio, fe aeth ar wastad ei gefn (yn y drydedd rownd). **2.** *P: (= low class pub &c):* twll (tyllau) *m*, ffau (ffeuoedd) *f.* **~-bomb** *v.t. Av:* plymfomio; **we were ~-bombed by seagulls,** saethodd gwylanod am ein pennau ni. **~-bomber** *n. Av:* plymfomiwr (plymfomwyr) *m.*
dive[2] *v.i.&t.* **1.** *(a)* plymio, *N.W:* dowcio, towcio (*preferably not* deifio = **scorch**); *(b) Av:* **to [nose-]~,** trwynblymio, plymio ar eich trwyn; **to crash-~,** sythblymio, plymio ar eich pen; *(c) (of submarine)* plymio, suddo, ymsuddo. **2.** *F:* **to ~ into a shop,** diflannu/saethu/gwibio/picio i mewn i siop.
diver *n.* **1.** *(a)* plymiwr (plymwyr) *m*, *F:* deifar(-s) *m*, *N.W:* dowciwr(-s, dowcwyr) *m.* **2.** *Orn: (Gavia):* trochydd(-ion) *m*; **great Northern ~,** *(G. immer):* trochydd mawr; **black-throated ~,** *(G. arctica):* trochydd g|yddf-ddu, trochydd bach; **red throated ~,** *(G. stellata):* trochydd g|yddf-goch; **white-billed ~,** *(G. adamsii):* trochydd pigwyn; *S.a.* **dun**[1].
diverge *v.i.&t.* **1.** *(of roads, lines):* ymwahanu, mynd ar wahân, ymrannu, fforchio, fforchogi; **to ~ from the beaten track,** crwydro o'r llwybr sathredig, mynd ar gyfeiliorn, cyfeiliorni. **2.** *Ph: Mth: Med:* dargyfeirio.
divergence, divergency *n.* **1.** gwahaniaeth(-au) *m*, ymwahaniad(-au) *m*, ymraniad(-au) *m*; **~ of opinion,** gwahaniaeth barn. **2.** *Ph: Mth:* dargyfeiredd *m*, dargyfeiriad(-au) *m.*
divergent *a.* **1.** gwahanol, ymwahanol, ymrannol; croes i'w gilydd. **2.** *Ph: Mth: Med:* dargyfeiriol; *Aut:* **~ flow,** llif(-oedd) dargyfeiriol *m*; **~ series,** cyfres ddargyfeiriol (cyfresi dargyfeiriol) *f.*
divergently *adv.* yn wahanol *&c*, yn groes i'w gilydd.
diverging *a.* = **divergent.**
divers *a. A: Lit:* gwahanol, amryw, amrywiol, amryfal + *pl. with soft mut.*; sawl + *sing.*; **on ~ occasions,** ar adegau gwahanol, ar wahanol adegau, o bryd i'w gilydd, droeon, sawl tro; **~ people,** gwahanol bobl, gwahanol rai.
diverse *a.* gwahanol, annhebyg [i'w gilydd]; amrywiaethol, amryfath, amryffurf, amrywiol, amryfal; *Ling:* **~ cluster,** clwstwr (clystyrau) anghydryw *m.*
diversely *adv.* yn amrywiol; yn annhebyg i'w gilydd.
diverseness *n.* amrywiaeth *f*, amrywioldeb *m.*
diversification *n.* amrywiaeth *f*, amrywiad(-au) *m*, amrywiant *m*; amrywder *m*, amrywio *vn*, amrywiaethu *vn.*
diversifier *n.* amrywiaethwr (amrywiaethwyr) *m.*
diversiform *a.* amryffurf.
diversify *v.t.&i.* amrywio, amrywiaethu.
diversion *n.* **1.** *(a) (= diverting): (of road, stream):* dargyfeiriad(-au) *m*, dargyfeirio *vn*, gwyriad(-au) *m*, gwyro *vn*; **the ~ of a stream,** troi (*vn*) afon o'i chwrs; *(b) (= road): Adm:* dargyfeiriad, gwyriad, *F:* ffordd (ffyrdd) *(f)* heibio. **2.** *Mil:* ffug ymosodiad(-au) *m*, gwrthdyniad(-au) *m* [sylw], gwrthatyniad (-au) *m*; **to create a ~,** tynnu sylw, gwrthdynnu sylw, creu gwrthdyniad/gwrthatyniad. **3.** *(= amusement): (a)* difyrrwch *m*, digrifwch *m*, chwarae(-on) *m*, adloniant *m*; *(b) (= amuse):* difyrru *vn.* **4.** *Econ:* amryfalu *vn.* **~ curve** *n.* cromlin *(f)* ddargyfeirio (cromliniau dargyfeirio).
diversionary *a.* gwrthdyniadol.
diversionist *n. Pol:* cynllwyniwr (cynllwynwyr) *m.*
diversity *n.* amrywiaeth(-au) *f*, amrywioldeb *m*, amryfalwch *m*, amryfaliaeth *f.*
divert *v.t.* **1.** *(river, road &c):* troi cwrs/cyfeiriad (rhth), troi (rhth) i'r neilltu; ailgyfeirio, allwyro, dargyfeirio (rhth). **2. to ~ s.o.'s attention,** tynnu/troi sylw rhn. **3.** *(= amuse):* difyrru, diddanu.
diverted *a.* **1.** *(traffic):* dargyfeiriedig, a ddargyfeiriwyd; *(funds):* ailgyfeiriedig, a ailgyfeiriwyd. **2.** *(= amused):* wedi'ch diddanu/difyrru, diddan.
diverticular *a. Anat:* cildroadol.
diverticulitis *n. Med:* llid *(m)* [y] cildro, llid y difert|icwlwm, llid y cilfachau.
diverticulosis *n. Med:* diferticwlosis *m.*
diverticulum *n. Anat:* cildro(-adau) *m*, cilfach(-au) *f*, difert|icwlwm (difert|icwla) *m.*
divertimento *n. Mus:* difyrrwch (difyrion) *m*, ***divertimento (divertimenti)*** *m.*
diverting *a.* difyr, difyrrus, digrif, doniol, adloniannol.
divertingly *adv.* yn ddifyr *&c.*
divertissement *n. Th:* difyrrwch (difyrion) *m.*
Dives *Pr.n.m. B:* Difes, *occ:* Deifas, y Glwth Goludog *m.*
divest *v.t.* **1. to ~ s.o. of his clothes,** tynnu/diosg dillad rhn, tynnu am rn, *S.W:* matryd rhn, *Lit:* dihatru/dadwisgo rhn. **2.** *(= deprive &c):* amddifadu, ysbeilio, dihatru (rhn o rth); **to ~ oneself of a right,** ymwrthod â hawl, rhoi'r gorau i hawl.
divestiture, divestment *n.* dadwisgiad(-au) *m*, dihatr[i]ad(-au) *m*, diosgiad(-au) *m*; amddifadiad(-au) *m*; *vn.* = **divest.**
divi-divi *n. Bot: (pod):* difi-difi(-s) *m*; *(tree):* coeden *(f)* ddifi-difis (coed difi-difis).
dividable *a.* rhanadwy.
divide[1] *n.* **1.** *Geol: esp. U.S: (= watershed):* cefndeuddwr *m*, gwahanfa *f* [ddŵr] (gwahanf|eydd [dŵr]), gwahaniad(-au) *(m)* dyfroedd, *S.W:* diwelfa *f.* **2.** *Fig:* llinell *(f)* derfyn (llinellau terfyn); **the Great D~,** *(i) Psychics:* y Llen [Fawr] *f*; **beyond the Great D~,** y tu hwnt i'r Llen; *(ii) Geog:* y Cefndeuddwr Mawr *m.*
divide[2] *v.t.&i.* **1.** *v.t. (a)* rhannu; **to ~ sth into parts,** rhannu rhth yn rhannau (*not* i rannau); **divided between hatred and pity,** wedi'ch rhwygo rhwng cas a thosturi; *Parl:* **to ~ the House,** rhannu'r Tŷ, mynnu pleidlais; *S.a.* **subdivide.** *(b) Mth:* rhannu; *(= quotition):* dosrannu; *(c) (= separate):* gwahanu; **a house divided against itself,** tŷ rhanedig; **a policy of ~ and rule,** polisi rhannu a rheoli; *(d)* **opinions are divided,** mae amrywiaeth barn. **2.** *v.i. (a)* rhannu, ymrannu (**into sth,** yn + *soft mut.*); **twelve divides by three,** gellir rhannu deuddeg â thri; **7 divides exactly into 21,** mae 7 yn rhannu'n union i 21; *F:* mae 7 yn mynd yn union i 21; *(of road):* ymrannu, fforchio, fforchogi; *(b) Parl:* ymrannu. **~ up 1.** *v.t.* rhannu. **2.** *v.i.* ymrannu.
divided *a.* rhanedig, hollt. **a ~ mind,** meddwl amhendant/petrus *m*; **~ skirt,** sgert(-i,-iau) hollt *f*; *Aut:* **~ carriageway,** lôn *(f)* gerbyd rancdig (lonydd cerbyd rhanedig); *U.S:* **~ highway,** ffordd ddwy lôn (ffyrdd dwy lôn) *f*, ffordd ddeuol (ffyrdd deuol).
dividend *n.* **1.** *Fin:* rhandal(-iadau) *m*, buddran(-nau) *f*, difid|end (difidendau) *m*; **interim ~,** difidend dros dro; **final ~,** difidend terfynol. **2.** *Mth:* difidend, y rhanadwy *m*; *Cmptr:* rhannyn (rhannynnau) *m.* **3.** *(= benefit):* budd *m*, elw *m*; **to pay dividends,** dwyn ffrwyth; **to pay handsome dividends,** talu ar ei ganfed; **his experience paid dividends,** fe dalodd ei brofiad ar ei ganfed; bu ei brofiad o fudd/elw mawr iddo. **~ stripping** *vn.* dinoethi difidendau. **~ top** *n.* bonyn (bonion) *(m)* difidend. **~ warrant** *n.* gwarant *(f)* ddifidend (gwarantau difidend).
divider *n.* **1.** *Mth:* rhannwr (rhanwyr) *m*, rhennydd (rhenyddion) *m.* **2.** *(= screen):* llen(-ni) *f*, cyrten(-ni) *f*, rhannwr. **3.** *pl. Geom:* cwmpas(-au) *(m)* mesur, cwmpas deubig. **4.** *Cmptr:* rhannell (rhanelli) *f*, rhannwr.
dividing *a.* gwahaniadol, terfyn; **~ line,** llinell *(f)* derfyn (llinellau terfyn), ffin(-iau) *f*, terfyn(-au) *m*; **~ wall,** gwahanfur(-iau) *m*; *(of house):* pared (parwydydd) *m*, wal *(f)* ganol (waliau canol), palis(-au) *m.*
divination *n.* **1.** *(= sorcery):* dewiniaeth *f.* **2.** *(= forecast):* darogan(-au) *fm*, proffwydoliaeth(-au) *f*; *vn.* = **divine**[2].
divinatory *a.* dewiniol, daroganol, proffwydol.
divine[1] *a. & n.* **1.** *a. (a)* dwyfol; **the ~ right of kings,** hawl ddwyfol *(f)* brenhinoedd, dwyfol hawl brenhinoedd; **~ service,** oedfa(-on) *f*, gwasanaeth(-au) *m*, moddion *pl*; **D~ Liturgy,** L|itwrgi Ddwyfol *f*; **D~ Office,** Gwasanaeth Dwyfol *m*; *(b) F:* bendigedig, nefolaidd, ardderchog, gwych, campus, p|enigamp: penig|amp. **2.** *n. (a) (= theologian):* diwinydd(-ion) *m*, *occ:* difinydd(-ion) *m*; **St. John the D~,** Sant Ioan y

Difinydd; *(b) A: (= cleric):* eglwyswr (eglwyswyr) *m*, clerigwr (clerigwyr) *m*.
divine² *v.t.* darogan, proffwydo, rhagfynegi, dyfalu, dewino, difinio, dewina; **to ~ s.o.'s purpose,** dyfalu/synhwyro amcan rhn.
divinely *adv.* **1.** yn ddwyfol. **2.** *F:* yn fendigedig *&c.*
divineness *n.* **1.** *Theol:* dwyfoldeb *m*, dwyfoliaeth *f.* **2.** *F:* gwychder *m*, arddercho[w]grwydd *m*, bendigedigrwydd *m*, campusrwydd *m*.
diviner *n.* dewin(-iaid) *m*, dewines(-au) *f*; *W.Anthr:* dyn(-ion) hysbys *m*, gŵr (gwŷr) hysbys *m*, cynjar(-s) *m*, dewines(-au) *f*, gwr|aig (gwragedd) hysbys *f*, gwraig gyfarwydd (gwragedd cyfarwydd) *f*; **water-~,** dewin dŵr.
diving¹ *a.* plymiol.
diving² *vn.* plymio. **~-bell** *n.* cloch (*f*) blymio (clychau plymio). **~-board** *n.* bwrdd (byrddau) (*m*) plymio, ystyllen (*f*) blymio (ystyllod plymio). **~-duck** *n. Orn:* = **golden-eye. ~ spider** *n. Arach: N:* copyn(-nod) (*m*) dŵr, *S:* corryn (corynnod) (*m*) dŵr. **~-suit** *n.* siwt (*f*) blymio (siwtiau plymio).
divining-rod *n.* ffon (*f*) ddewino (ffyn dewino), gwialen (*f*) ddewino (gwiail/gwialenni dewino), ffon dewin (ffyn dewiniaid).
divinity *n.* **1.** *(a) (= divine nature):* dwyfoldeb *m*, dwyfoliaeth *f*, natur ddwyfol *f*; *(b) (= god):* duw(-iau) *m*, duwdod(-au) *m*; **the D~,** y Duwdod *m*, y Bod Mawr *m.* **2.** *(= theology):* diwinyddiaeth *f*, *occ:* difinyddiaeth *f*; **Doctor of D~,** Doethur(-iaid) (*m*) mewn Diwinyddiaeth. **~ calf** *n. Bookb:* lledr diwinyddol *m.* **~ school** *n.* ysgol (*f*) ddiwinyddiaeth (ysgolion diwinyddiaeth), ysgol ddiwinyddol (ysgolion diwinyddol).
divinization *n.* dwyfoliad(-au) *m*, dwyfoli *vn.*
divinize *v.t.* dwyfoli.
divisibility *n.* rhanadwyaeth *f*, rhanadwyedd *m*.
divisible *a.* rhanadwy; **24 is exactly ~ by 8,** mae 24 yn union ranadwy ag 8.
division *n.* **1.** rhaniad(-au) *m*, ymraniad(-au) *m*; *(action):* rhannu *vn*, ymrannu *vn*; *Bot:* **cell ~,** ymraniad celloedd, cellraniad *m*; **~ of labour,** rhaniad/rhannu llafur; **~ of powers,** rhaniad/rhannu awdurdod. **2.** *(of profit &c):* rhaniad, rhan(-nau) *f*, cyfran(-nau) *f*, dosraniad(-au) *m.* **3.** *(= disunion):* ymraniad(-au) *m*, rhwyg(-au) *f*, rhwygiad(-au) *m*, hollt(-au) *f*, rhaniad, ymrafael(-ion) *m*, anghydfod(-au) *m*, cynnen (cynhennau) *f*, ymbleidio *vn.* **4.** *Mth:* rhannu *vn*, rhaniad, cyfraniaeth *f*; **~ by factors,** rhannu â ffactorau; **simple ~,** rhannu syml; **long ~,** rhannu hir; **reduction ~,** rhannu lleihaol; **short ~,** rhannu byr, rhannu cwta. **5.** *Parl:* pleidlais (pleidleisiau) *f*, ymraniad(-au) *m*; **there will be a ~,** fe geir pleidlais; **to challenge a ~,** galw am ymraniad/bleidlais. **6.** *(a) (of book):* adran(-nau) *f*, rhaniad; *(b) Biol:* rhaniad, dosbarth(-iadau) *m*, grŵp (grwpiau) *m*; *(c) Mil:* adran *f*; **armoured ~,** adran arfog; *(d)* **parliamentary ~,** etholaeth(-au) *f*, rhanbarth(-au) *m*; *(e) (on scale):* rhaniad(-au) *m*, gradden(-nau) *f.* **7.** *(= partition):* pared (parwydydd) *m*, rhaniad, palis(-au) *m.* **8.** *Mus:* *(a)* amrywiad(-au) *m*; *(runs):* rhaniadau; *(b) (variations):* amrywiadau. **~-bell** *n.* cloch (*f*) y bleidlais (clychau'r bleidlais). **~-list** *n.* rhestr (*f*) bleidleisio/ymraniad (rhestrau pleidleisio/ymraniad). **~ sign** *n.* arwydd(-ion) (*m*) rhannu.
divisional *a.* adrannol; *Jur:* **D~ Court,** Llys Adrannol *m*; **D~ Executive Committee,** Pwyllgor Gwaith Rhanbarth.
divisionalized *a.* adrannol.
divisionally *adv.* yn adrannol, yn ôl adran, fesul adran.
divisionism *n. Art:* rhaniadwaith *m*.
divisionist *n. Art:* rhaniadweithydd(-ion) *m*.
divisive *a.* ysgarol, rhwygol, dadunol, cynhennus, sy'n peri rhwyg.
divisively *adv.* yn ysgarol *&c.*
divisor *n. Mth:* rhannydd (rhanyddion) *m*; **greatest common ~,** rhannydd cyffredin mwyaf.
divisory *a. Jur:* rhaniadol.
divisural *a. Bot:* **~ line,** llinell(-au) (*f*) hollti.
divorce¹ *n.* **1.** *Jur:* ysgariad(-au) *m*; **law of ~, ~ law,** cyfraith ysgar. **2.** *Fig:* ymraniad(-au) *m*, gwahaniad(-au) *m*, bwlch (bylchau) *m*, hollt(-au) *f.* **D~ Court** *n.* Llys(-oedd) Ysgar; **~ petition** *n.* deiseb(-au) (*f*) ysgaru.
divorce² *v.t.* **1.** *Jur:* ysgaru (rhn, â rhn), cael ysgariad (â rhn, oddi wrth rn). **2.** *(= separate):* gwahanu, datgysylltu, ysgaru; **to ~ Church from State,** datgysylltu'r Eglwys [oddi wrth y Wladwriaeth]; **to ~ oneself from sth,** ymbellh|au/ymddieithrio oddi wrth rth, peidio ag arddel rhth.
divorcee *n. Jur:* ysgaredig(-ion) *m&f*, gŵr (gwŷr) ysgaredig/ysgar, gwr|aig (gwragedd) ysgaredig/ysgar, gŵr/gwraig wedi cael ysgariad.
divorcement *n.* = **divorce¹**.
divot *n.* tywarchen (tyweirch) *f*, *S: occ:* clotasen (clotas) *f*, *N: occ:* topen (topins) *f*, topyn (topins) *m*.
divulgation *n.* datguddiad(-au) *m*, datgeliad(-au) *m*, dadleniad(-au) *m*; *vn.* = **divulge.**
divulge *v.t.* datguddio, datgelu, dadlennu.
divulgement, divulgence *n.* = **divulgation.**
divulsion *n.* rhwygiad(-au) *m*, rhwygo *vn.*
divvy¹ *n.* cyfran(-nau) *f*, rhan(-nau) *f*, *F:* siâr(-s) *f.*
divvy² *v.t.* **~ [up],** rhannu, siario.
Dixie¹ *Pr.n. Geog:* Dixie, Taleithiau(*pl*)'r De.
dixie² *n.* crochan(-au) *m*, pair (peiriau) *m*.
Dixiecrat *n. U.S:* D|icsicrat (Dicsicratiaid) *m*.
Dixiecratic *a. U.S:* Dicsicrataidd.
Dixieland *n.* **1.** = **Dixie¹**. **2. d~,** *Mus:* ***dixieland*** *m.*
Dixton *W.Pl.n.* Llandidiwg *f.*
dizoic *a. Z:* deusöig.
dizygotic, dizygous *a. Biol:* deusygotig.
dizzily *adv.* yn chwil, yn bensyfrdan, yn benysgafn.
dizziness *n.* **1.** pendro *f*, pensyfrdandod *m*, penysgafnder *m*, penf|eddwdod *m* (*usu.pronounced* penf|edd-dod), *S.W:* dot *f*, y ddot *f*, y benddot *f.* **2.** *(= speed):* penfeddwdod *m.* **3.** *F: (= brainlessness):* penchwibandod *m*, penwendid *m*, penfeddwdod, *Lit: occ:* penchwidredd *m*.
dizzy¹ *a.* **1.** chwil, pensyfrdan, penysgafn, penfeddw; **to become/make ~,** penfeddwi, pensyfrdanu; **to feel ~,** teimlo'r bendro [arnoch *&c*], teimlo'n chwil; **I feel ~,** mae'r bendro arna' i; mae 'mhen i'n troi; *S. W:* mae'r ddot/benddot arna' i; **to make s.o. ~,** pensyfrdanu rhn. **2.** *F: (height, speed):* pensyfrdanol, uchel iawn. **3.** *F: (= brainless):* penchwiban, penfeddw, penwan, *Lit: occ:* penchwidr, pendreigl.
dizzy² *v.t.* pensyfrdanu.
dizzying *a.* pensyfrdanol.
dizzyingly *adv.* yn bensyfrdanol.
djellabah *n. Cost:* j|elaba(-s) *f.*
do¹ I. *v.t.* **1.** *(a) (= perform):* gwn|eud, *Lit: & S.E: occ:* gwneuthur; *B:* **Thy will be done,** gwneler Dy ewyllys; **what do you ~ [for a living]?** beth yw'ch gwaith chi? *F:* **to ~ a Charlie Chaplin,** dynwared Charlie Chaplin, actio/gwneud fel Charlie Chaplin; **what are you doing?** beth ydych chi'n ei wneud? **to ~ a fair day's work,** gwneud/rhoi diwrnod teg o waith; **what will you ~?** beth a wnewch chi? *B:* **~ unto others as you would be done by,** gwnewch i eraill fel y mynnech i eraill ei wneud i chwi; **to ~ s.o. a favour,** gwneud cymwynas â rhn, gwneud tro da â rhn; *F:* **~ me a favour!** pwy wyt ti'n ei feddwl ydw' i? *N:* dos o'na! cer o'na! paid â lolian! *S:* gad dy ddwli! **to ~ good,** gwneud daioni/lles; **to ~ harm to s.o.,** niweidio rhn, gwneud drwg i rn, *occ:* drygu rhn, *Lit: occ:* aflesu rhn; **it will ~ him good,** fe wna/wnaiff les iddo; **it does him credit,** mae'n glod iddo; *F:* **that dress does sth for her,** mae'r wisg yna'n edrych yn dda amdani; mae golwg dda arni yn y wisg 'na; **it doesn't ~ anything for me,** ni fyddaf i'n gweld dim byd ynddo; nid yw'n cynhyrfu dim arnaf i; ni fyddaf i'n cael dim ohono; **to ~ right,** gwneud yn iawn, gwneud y peth iawn, gwneud yr hyn sy'n iawn; **to ~ justice to sth,** gwneud cyfiawnder â rhth, trin rhth yn deg; **easier said than done,** haws dweud na gwneud; haws dweud mynydd na mynd drosto; hawdd yw dwedyd "dacw'r Wyddfa"; **to ~ the trick,** ei gwneud hi, ei chlensio hi; **you would ~ well to think again,** fe dalai ichi ail feddwl; byddai'n beth da ichi feddwl eto; **I don't mind if I ~,** ie, pam lai; hidiwn i damaid [â gwneud]; fyddai dim gwaeth gen i [wneud]; **to ~ s.o.'s bidding,** ufuddh|au i rn; **to ~ oneself a mischief,** eich anafu'ch/brifo'ch hun; **to ~ one's bit,** gwneud eich rhan; *F: (= study):* **we're doing *Siwan* this term,** 'rydym ni'n astudio/gwneud *Siwan* y tymor hwn; *(= act):* **we're doing *Blodeuwedd* this year,** 'rydym yn gwneud/actio/chwarae *Blodeuwedd* eleni; *F:* **to ~ one's own thing,** mynd trwy'ch pethau, dilyn eich mympwy'ch hun; **to ~ the honours,** *(= welcome):* croesawu; *(= introduce):* cyflwyno [pobl i'w gilydd]; *(= perform service or ceremony):*

gweini, gwasanaethu, ymgymryd â gorchwyl/defod; **to ~ three miles on foot,** mynd/gwneud/teithio tair milltir ar droed, cerdded tair milltir; **to ~ the cleaning,** gwneud y [gwaith] glanhau; **to ~ the bed,** tannu'r gwely, gwneud y gwely; **to ~ the dishes,** golchi'r llestri; **the car was doing sixty,** 'roedd y car yn gwneud trigain milltir [yr awr]; **to ~ the flowers,** trefnu'r blodau; **to ~ the cooking,** gwneud y [gwaith] coginio, gwneud [y] bwyd; *F:* **to ~ ten years [in prison],** gwneud/treulio/bwrw deng mlynedd [yn y carchar]; **to ~ a book into Welsh,** trosi/cyfieithu llyfr i'r Gymraeg; **are you doing anything tomorrow?** oes gennych chi rywbeth mewn golwg ar gyfer yfory? oes gennych chi rywbeth ar y gweill yfory? **determined to ~ or die,** penderfynol o fentro popeth; **to ~ sth to death,** gorwn|eud rhth; **to ~ s.o. to death,** lladd rhn, gwneud am rn; *F:* **it isn't done,** 'does neb yn gwneud hynna; **that sort of thing isn't done,** dyna beth anghwrtais; **it's as good as done,** mae e cystal â'i ddarfod; *Prov:* **what is done cannot be undone,** rhy hwyr edifaru ar ôl llosgi'r tŷ; rhy hwyr galw doe yn ôl; ni ddaw i neb ddoe yn ôl; *F:* **to ~ one's head/nut,** gwylltio, colli'ch limpin, colli arnoch eich hun, mynd yn lloerig/gandryll/wyllt/benwan, *S:* mynd yn grac, mynd i natur, *N: occ:* myllio, cael y gwyllt, mynd yn holics, mynd i dop y caetsh, gweld y bliws; **I shall ~ nothing of the sort; I shall ~ no such thing,** wna' i ddim byd o'r fath; wna' i ddim o'r fath beth; *Cmptr:* **~ nothing instruction,** cyfarwyddyd (cyfarwyddiadau) *(m)* gwneud dim; **~ ... until instruction,** cyfarwyddyd gwna ... hyd; **what is to be done?** beth a wnawn ni? **I don't know what to ~,** [ni] wn i ddim beth i'w wneud; **it cannot be done,** ni ellir ei wneud; 'does dim modd ei wneud; 'does dim dichon ei wneud; **she did nothing but cry,** [ni] wnaeth hi ddim ond wylo; **what can I ~ for you?** [a] ga' i'ch helpu chi? beth alla' i ei wneud drosoch chi? **what do you ~ for water?** sut y byddwch chi'n cael dŵr? **what are you going to ~ about it?** beth 'rydych chi'n mynd i'w wneud yn ei gylch (*not* amdano)? **~ what we would,** *(= despite our every effort):* er gwaethaf ein hymdrechion, er ein gwaethaf, ni waeth beth a wnaem, er gwaethaf pob ymdrech ar ein rhan; **well done!** da iawn ti (chi)! go dda ti! *F:* **that's done it!** dyna'i gwneud hi! dyna'i diwedd hi! *S:* dyna'i gwaelod hi mas! *(b) F:* **(he came to see) what was doing,** (fe ddaeth i weld) beth oedd ar gerdded, beth oedd yn bod, beth oedd ar droed; **[there is] nothing doing!** dim peryg! byth bythoedd! *N: occ:* dim ffiars o beryg! **2.** *(a)* **he does repairs,** mae'n atgyweirio/trwsio pethau; *(b) (= cook):* coginio, gwneud, *S: occ:* digoni; **steak done to a turn,** stecen wedi'i gwneud i'r dim; *(c)* **to ~ a sum,** gwneud/gweithio swm; **to ~ a problem,** datrys problem; *(d) (= act):* gwneud, actio, chwarae; *(e) F: (= visit):* ymweld (â rhywle), mynd o gwmpas (rhywle); **we did St. Fagans,** fe aethom i Sain Ffagan; fe fuom yn Sain Ffagan; *(f) (i) F: (= cheat):* gwneud, twyllo, *F: occ:* cwsnio, *S: F:* cafflo, *N: occ:* ffingl[i]o (*pronounced* ng-g), rogio; **to get done,** *(i)* cael eich twyllo, *N.W: occ:* cael pegan; *(ii)* **to get done (for parking),** cael eich dal/dala, ei chael hi, *N:* cael eich cymryd i fyny (am barcio); **to ~ s.o. out of sth,** gwneud rhn o rth; **to ~ s.o. out of his money,** *N.W: occ:* hudo pres rhn; **to ~ s.o. out of a job,** dwyn swydd rhn, mynd â swydd rhn oddi arno; **to ~ s.o. in the eye,** gwneud rhn dan ei drwyn; *(iii) (= burgle):* **to ~ a place,** dwyn/dwgyd/lladrata o le; *(g) F:* **they ~ you very well at this hotel,** fe gewch chi le da yn y gwesty hwn; **to ~ s.o. proud,** trin rhn yn dywysogaidd/anrhydeddus; **to ~ oneself well,** byw'n fras; **to ~ well out of sth,** cael budd o rth, elwa ar rth, ei gwneud hi'n dda o rth; *(h) Com: F: (= provide):* darparu, cyflenwi; **we can ~ you this article at ...,** fe allwn ni adael ichi gael hwn am ...; **we ~ bed and breakfast,** 'rydym yn cynnig gwely a brecwast; **do you ~ cheese sandwiches?** a fyddwch chi'n gwneud brechdanau caws? **do you ~ socks?** ydych chi'n gwerthu 'sanau? **3.** *(in perfect tenses and past participle): (a)* **to have done,** gorffen/darfod/cwblh|au rhth, rhoi'r gorau i rth, *S:* cwpla gyda rhth; **let's ~ it and have done,** gadewch inni ei wneud, a'i darfod hi; **it's done!** dyna hi! dyna fe! dyna ben! dyna'i diwedd hi! *O: Lit:* **be done! have done!** dyna ddigon! rho(-wch) ben arni! gorffen, da ti (gorffennwch, da chi)! digon yw! *(b) F: (pers.):* **done [to the wide],** *(= exhausted):* wedi blino'n lân, wedi ymlâdd, *N:* wedi hario/fflarbio, *S.W: occ:* wedi palo; *(c) (after a bargain made):* **done!** cytuno! dyna fargen! *(d)* **that's done it!** *(i) (cry of achievement):* dyna hi! o'r diwedd! *(ii) (in dismay):* dyna'i diwedd hi! dyna ben arni! *S:* dyna'i blawdo hi! dyna'i gwaelod hi mas! *(= fare):* **he did well in his examination,** fe wnaeth/lwyddodd yn dda yn ei arholiad. **4. how do you ~?** sut ['r]wyt ti (sut ['r]ydych chi)? (*in reply:* iawn diolch), *S: F:* shwt ych chi? shwt mae? **to be doing well,** gwneud yn dda, llwyddo, ffynnu, dod yn eich blaen; *(of invalid):* gwella, dod yn eich blaen, *S.W: occ:* dechrau blewynna, *N.W: occ:* fflonsio, criwtio. **5.** *(to serve, suffice):* gwneud y tro; **that will ~,** *(i) (= be good enough):* fe wna'r tro; fe wnaiff y tro; *N: F:* mi wneith y tro; *(ii) (as rebuke):* dyna ddigon! llai o hynna! **this room will ~ for the office,** fe wna'r ystafell hon y tro'n swyddfa; **that won't ~,** [ni] wna hynny mo'r tro; [ni] thâl hynny ddim; *F:* wneiff hynny mo'r tro; **that won't ~ here,** [ni] wna hynny mo'r tro yma; [ni] chewch chwi ddim gwneud hynny yma; **it would hardly have done to...,** ni wnaethai mo'r tro i...; **I will make it ~,** fe gaiff wneud y tro imi; **you must make ~ with what you have,** rhaid ichi fodloni ar yr hyn sydd gennych; rhaid i'r hyn sydd gennych wneud y tro; *F:* **I have just enough to ~ on,** prin ddigon i fyw sydd gen i; *F:* **that will ~ me,** fe wnaiff y tro i mi; **it will have to ~,** fe gaiff wneud y tro; **nothing would ~ but for me to go home with him,** ni wnâi dim y tro ond fy mod i'n mynd adref gydag ef; 'doedd dim byw na bod na byddwn yn mynd adref gydag ef; 'doedd dim byw na marw nad awn i adref gydag ef. II. **do** *as verb substitute.* **1. (I replied) as the others had done,** (mi atebais i) fel y gwnaethai'r lleill, fel yr atebasai'r lleill, fel yr oedd y lleill wedi gwneud; **(why act) as you ~?** (pam eich bod chi'n ymddwyn) fel yna, fel yr ydych? **he writes better than I ~,** mae'n ysgrifennu'n well na mi; **he respects me as much as I ~ him,** mae'n fy mharchu i gymaint ag yr wyf innau'n ei barchu ef. **2.** *(elliptical auxiliary):* **may I open this letter? - please ~,** a gaf i agor y llythyr hwn?- cewch â chroeso; **(did you see him?) - I did/didn't,** (a welsoch chi ef? a wnaethoch chi ei weld ef? *Lit:* a ddarfu ichwi ei weld ef? *N.F:* ddaru chi ei weld o?) - do/naddo; **do you like him? - I ~/don't,** a ydych chi'n ei hoffi? - ydwyf *or* nac ydwyf; **(why didn't you answer?) - but I did!** (paham nad atebasoch chi?) - ond mi atebais i, mi wnes i! **I like coffee - ~ you?** 'rwy'n hoffi coffi - a ydych chi? **when weeding the garden, which I seldom ~,** wrth chwynnu'r ardd, peth na fyddaf yn ei wneud yn aml; **you like him, don't you?** 'rydych yn ei hoffi, on'd ydych chi? **you like him, ~ you?** 'rydych yn ei hoffi, ydych [chi]? **you don't know me, ~ you?** 'dydych chi ddim yn f'adnabod i, nac ydych? **she said so, did she?** dyna [a] ddywedodd hi, ai e? fe ddywedodd hi hynny, do? **don't!** paid (peidiwch)! **3. I wanted to see him and I did [so],** 'roeddwn i am ei weld, a dyna a wneuthum; **(you like Swansea?) - so ~ I,** (ydych chi'n hoffi Abertawe?) - a minnau [hefyd]; (*in other persons:* tithau, yntau, hithau, minnau, chwithau, hwythau). III. **do** *v.aux.* **1.** *(for emphasis):* **she did go,** do, fe aeth hi [wir ichi]; **I ~ go there,** mi fyddaf i'n mynd yno; **(he threatened to go) and he did go, and go he did,** (fe fygythiodd ef fynd) a dyna a wnaeth, ac fe aeth, a mynd a wnaeth; **~ you remember him? - ~ I remember him?** [a] ydych chi'n ei gofio fe? - a ydw i'n ei gofio fe! **(why don't you work?) - I ~ work!** (pam nad ydych chi'n gweithio?) - ond mi 'rydw i'n gweithio! ond 'rwyf yn gweithio! *S: occ:* 'rw i'n gweitho, w! **did he indeed?** wnaeth e wir? *S: (for all persons):* do fe wir? **~ call again,** cofia (cofiwch) ddod eto; brysia (brysiwch) yma eto; **~ remember,** paid (peidiwch) ag anghofio; **~ sit down,** eistedd, da ti (eisteddwch, da chi); eistedd, wnei di (eisteddwch, wnewch chi); **~ shut up!** cau dy geg/ben, wnei di! rho daw arni, wir! **2.** *(inversion):* **never did I spend such a night,** ni threuliais i erioed y fath noson; **did he but know it,** petlai ond yn gwybod; **little did he know,** ychydig a wyddai. **3.** *(usual form in questions and negative statements):* **~ you see him,** a welwch chi ef? a ydych yn ei weld? **we ~ not know,** *Lit:* ni wyddom; *F:* wyddom ni ddim; *S: F:* 'smo ni'n gwbod; **don't ~ it!** peidiwch â'i wneud! *F:* **d' you mind,** [a] oes gwahaniaeth gennych chi? *S: F:* oes ots gyda chi? *N: F:* oes ots gynnoch chi? IV. *(with certain prepositions):* **1. to ~ well by s.o.,** trin rhn yn deg, gwneud tegwch â rhn, gwneud yn deg/iawn â rhn; **he has been hard done by,** fe gafodd gam; **to ~ badly by s.o.,** trin rhn yn annheg, gwneud tro gwael/sâl â rhn, gwneud cam â rhn. **2.** *F:* **~ for;** *(a)* **to ~ for s.o.,** *(= do housework):* cadw tŷ i rn, glanhau i rn, gwneud gwaith tŷ i rn, *S.W: occ:* gwneud y dwt i rn; **he can ~ for himself,** gall ofalu amdano'i hun; *(b) (= kill):* lladd rhn, gwneud diwedd rhn, gwneud am rn; **I'll ~ for him,** *N.W: occ: F:*

mi llarpia' i o; **I'm done for,** mae hi ar ben arna' i; mae hi wedi darfod arna' i; mae hi wedi canu arna' i; mae hi wedi wech arna' i; mae hi wedi deuddeg arna' i; mae'n ddominô arna' i; **he's done for himself,** mae e wedi ei ladd ei hun; mae wedi gwneud amdano'i hun; mae wedi gwneud ei ddiwedd ei hun; *N.W: occ:* mae o wedi gwneud ei hun [yn glem]. **3.** *(a)* **have to ~ with s.o.,** *Lit:* mae a wnelwyf fi ag ef, *N: F:* mae a wnelof fi â fo; **he has sth to ~ with it,** *(of pers.):* mae a wnelo ef â'r peth; **I have nothing to ~ with the business,** 'does a wnelwyf fi ddim â'r peth; **jealousy has a lot to ~ with it,** mae a wnelo cenfigen lawer â'r peth; *(b)* **what have I done with my gloves?** beth wnes i â fy menig? *(c)* **I cannot ~ with any noise,** ni allaf i ddim dioddef unrhyw sŵn; **he does with very little food,** mae'n byw/gwneud ar ychydig iawn o fwyd; *(d)* **how many can you ~ with?** faint sydd arnoch chi eu hangen/heisiau? faint gymerwch chi? *S:* faint ych chi'n mo'yn? *F:* **I could ~ with a rest,** fe fyddai'n dda gen i gael tipyn o orffwys; *F:* mi allwn i wneud â thipyn o orffwys; *(e)* **it's all over and done with,** mae'r cwbl ar ben; mae'r cwbl drosodd. **4. ~ without sth,** hepgor rhth, *F:* gwneud/byw heb rth; **she'll have to ~ without,** bydd raid iddi fyw hebddo/hebddi/hebddynt; byw heb fydd raid iddi. **5. to ~ in,** *(= kill):* lladd rhn, gwneud diwedd rhn, gwneud am rn. V. *n.* **1.** *(a)* **the dos and don'ts [of society],** rheolau a gwaharddiadau [cymdeithas *&c*]; *(b) F:* **it's a rum ~,** mae'n syn o beth; mae'n beth rhyfedd iawn; **it's a poor ~!** dyma dro gwael! mae'n bechod! mae'n drueni! hen dro! **2.** *F: O: (= swindle):* hoced(-ion) *f*, twyll *m*, dichell(-ion) *f*. **3.** *F: (a)* parti (partïau, partïon) *m*, gwledd(-oedd) *f*, *F:* noson fawr *f*, [y]sbloet *f*, [y]sbleddach *f*, jolih|oit *f*; *(b) (= exhibition):* sioe(-au) *f*. **4.** *F: pl.* **fair do's!** *(= dues):* chwarae teg! **~ again** *v.t.* ail-wneud (rhth), gwneud (rhth) eto/eilwaith, gwneud rhth o'r newydd. **~ away** *v.i.* *(a)* **to ~ away with sth,** cael gwared ar rth *or* â rhth, cael ymadael â rhth, *Lit:* diddymu/difodi rhth, dil|eu rhth; *(b) (= kill): (animal):* difa, *S.W:* gwaredu, *N.E:* ymlid. *(= suicide):* **to ~ away with oneself,** eich lladd eich hun, gwneud amdanoch eich hun, gwneud eich diwedd eich hun, gwneud diwedd arnoch eich hun; **~ down** *v.t.* **to ~ s.o. down,** *(= deceive):* twyllo rhn, gwneud tro gwael â rhn. **~ in** *v.t.* *(a) P:* **to ~ s.o. in,** lladd rhn; *(b) F:* **(I'm feeling) absolutely done in,** ('rwy'n teimlo) fy mod i wedi ymlâdd, wedi blino'n lân/llwyr, *N.W:* wedi hario/fflarbio, *S:* wedi palo. **~ out** *v.t.* glanh|au, cymhennu, twtio, tacluso, *S.W:* cymoni. **~ over** *v.t. F:* **to ~ s.o. over,** rhoi cweir/crasfa i rn; *S.a.* **beat[2], beating[2] 2.** *(a).* **~ up** *v.t.* **1.** *(a) (= repair):* atgyweirio, cyweirio, trin, *N:* trwsio; *(= decorate):* peintio, addurno, ail-wneud; *F:* **to ~ oneself up,** ymbincio, ymdaclu, *S.W: occ: F:* jimo, pinco; **done up to kill,** yn eich dillad gorau, *N:* yn grand o'ch co', yn swanc i gyd, *Pej:* fel cangen Mai, fel ceffyl pr[e]imin, fel caseg sioe; *(b) (washing):* gwynnu, cannu. **2.** *Cu: (a meal):* parat|oi, hwylio. **3.** *(packet): (= tie up):* clymu, rhwymo; *(= wrap):* lapio; *(clothing):* cau, botymu; *(shoelaces):* cau. **4.** *F:* **I'm done up,** 'rwyf wedi blino'n lân/llwyr; 'rwyf wedi ymlâdd; *N.W:* 'rydw i wedi hario/fflarbio. **~-good** *a. Iron:* ymyrgar. **~-gooder** *n. Iron:* ymyrrwr (ymyrwyr) [daionus] *m*, ym|yrwraig [ddaionus] (ymyrwragedd daionus) *f*. **~-gooding** *vn.*, **~-goodery, ~-goodism** *n. Iron:* ymyrgarwch [daionus] *m*. **~-goody** *a.* = **do-good. ~-it-yourself** *a.* eich gwaith eich hun, heb gymorth neb arall; **he was in a ~-it-yourself boat,** 'roedd mewn cwch/bad o waith ei ddwylo'i hun *or* a wnaeth ef ei hun; **a ~-it-yourself shop,** siop tasgau'r/crefftau'r cartref, siop y crefftwr cartref. **~-it-yourselfer** *n.* crefftwr (crefftwyr) *(m)* cartref.

do[2] *n. Mus:* do(-s,-au) *mf*.

do[3] *n.* = **ditto.**

do-si-do *n. Danc:* cefn-gefn *m*.

doable *a.* posibl, dichonadwy, gwneuthuradwy.

doatiness *n. Carp:* llwydni *(m)* mewn pren.

dobbin *n.* ceffyl(-au) *(m)* gwedd.

dobby *n. Tex:* dobi (dobïau) *m*.

Dobermann pinscher *n. Z:* d|oberman (dobermaniaid) *m*.

dobson *n. Ent: Fish:* dobson(-iaid) *m*.

dobsonfly *n. Ent:* pryf(-ed) *(m)* Dobson.

doc *n. F:* = **doctor.**

docent *n. U.S:* **1.** *Sch:* hyfforddwr (hyfforddwyr) *m*, tiwtor(-iaid) *m*. **2.** *(= guide):* tywysydd(-ion) *m*.

Docetic *a. Rel.Hist:* Docetig, Docetaidd.

Docetism *Rel.Hist:* Docetiaeth *f*.

Docetist *n. Rel.Hist:* Docetiad (Docetiaid) *m&f*.

doch-an-dorrach, doch-an-dorris *n. Scot:* llymaid (llymeidiau) *(m)* cyn mynd, joch(-iau) *(m)* cyn mynd.

docile *a.* dof, tawel, hydrin, llariaidd, *Lit: & S.W:* hywedd.

docilely *adv.* yn ddof *&c*.

docility *n.* tawelwch *m*, llari|eidd-dra *m*, hydrinedd *m*, dofder *m*, dofdra *m*.

dock[1] *n.* **~ [leaf],** *Bot: (Rumex acetosa):* tafolen *f*, *usu.pl.* tafol, deilen *(f)* dafol (dail tafol); *Prov:* **in ~, out nettle,** y naill wenwyn a ladd y llall; **Alpine ~,** *(R. alpinus):* tafolen yr Alpau; **Apennine ~,** *(R. gussonii):* tafolen yr Apenninau; **Argentine ~,** *(R. frutescens):* tafolen Ariannin; **broad-leaved ~,** *(R. obtusifolius):* tafolen y cŵn; **clustered ~,** = **dock (sharp); curled ~,** *(R. crispus):* tafolen grych (tafol crych); **fiddle ~,** *(R. pulcher):* tafolen ganolfain (tafol canolfain), tafolen grythddail (tafol crythddail); **golden ~,** *(R. maritimus):* tafolen arfor, tafolen y môr; **great water ~,** *(R. hydrolapathum):* tafol y dŵr, suran hir *f*; **Greek ~,** *(R. cristatus):* tafolen Roegaidd (tafol Groegaidd); **marsh ~,** *(R. palustris):* tafolen y gors, tafolen y llaid; **meadow ~,** *(R. pratensis):* tafolen y maes; **mountain ~,** *(R. montanus):* tafolen y mynydd; **northern ~,** *(R. longifolius):* tafolen y Gogledd, tafolen hir; **patience ~,** *(R. patientia):* tafolen oddefus (tafol goddefus); **prairie ~,** *(Silyhium tarebinthaceum):* tafolen y paith; **red-veined ~,** *(R. sanguineus):* tafolen goch (tafol cochion), tafolen waedlyd (tafol gwaedlyd); **rubble ~,** *(R. scutatus):* suran Ffrengig *f*; **Scottish ~, water ~,** *(R. aquaticus):* tafolen yr Alban, tafolen y dŵr; **sharp ~,** *(R. conglomeratus):* tafolen Mair, chwysoglen (chwysogl) *f*, trython *mf*; **shore ~,** *(R. rupestris):* tafolen y twyni, tafolen y traeth; **snow ~,** *(R. nivalis):* tafolen yr eira; **sour ~,** = **sorrel (wood); Spanish rhubarb ~,** *(R. abyssinica):* tafolen Sbaen; **swamp ~,** *(R. verticillatus):* tafolen droellog (tafol troellog); **water ~,** *(R. hydrolapathum):* tafolen y dŵr; **willow-leaved ~,** *(R. triangulivalvis):* tafolen helygddail; **wood ~,** = **dock (red-veined). ~-cress** *n. Bot:* = **nipplewort.**

dock[2] *v.t.* *(= cut):* tocio, docio; **to ~ trees,** tocio coed, *N.W: occ:* barbro [coed]; **to ~ s.o.'s wages,** tocio/cwtogi cyflog rhn; **to ~ s.o. of his rations,** codi'r rhestl ar rn. **~-tailed** *a.* cynffon gwta, *S: occ:* cynffon doc.

dock[3] *n.* **1.** *Nau:* doc(-iau) *m*; **flooding ~,** doc llenwi; **dry ~, graving ~,** doc sych, doc glanh|au; **floating ~,** doc nofiol; *F:* **my car's in ~,** mae 'nghar i'n cael ei drwsio/atgyweirio. **2.** *Th:* **scene-~,** bae(-au) *(m)* golygf|eydd. **~-door** *n. Th:* drws (drysau) *(m)* bae.

dock[4] *v.t.&i. Nau:* **1.** *v.t.* docio. **2.** *v.i.* docio, cyrraedd, glanio.

dock[5] *n. Jur:* doc(-iau) *m*, *Lit:* brawdle(-oedd) *f*; **in the ~,** yn y doc, o flaen eich gwell. **~ brief** *n.* brîff(-iau) *(m)* [o'r] doc, docbriff(-iau) *m*. **~-glass** *n.* gwydr(-au) *(m)* blasu.

dock[6] *n.* **1.** *(part of animal's tail):* cloren(-nau) *f*, *N:* bôn *(m)* cynffon (bonion cynffonnau), *S:* bôn cwt (bonion cytau/cwtau). **2.** *(= saddle-crupper):* pystylwyn(-au) *m*.

dockage *n. Nau:* tollau *(pl)* docio.

docked *a.* **1.** *(tail):* cwta *(f.* cota), toc, wedi ei docio. **2.** *(ship):* wedi docio, mewn doc, yn y doc.

docker[1] *n.* dociwr (docwyr) *m*.

docker[2] *n. (of animals' tails):* tociwr (tocwyr) *m*.

docket[1] *n.* **1.** *(= label):* doced(-i) *m*, label(-i) *m*; *(= receipt):* derbynneb (derbynebau, derbynebion) *f*; *(= order form):* archeb(-ion) *f*, anfoneb(-au) *f*; **wages ~,** papur(-au) *(m)* cyflog, *F:* papur pae. **2.** *Jur:* rhestr(-au) *f*.

docket[2] *v.t.* labelu, docedu.

dockhand *n.* dociwr (docwyr) *m*.

docking *vn.* = **dock[2],[5]. ~-iron** *n.* haearn (heyrn) *(m)* tocio.

dockland *n.* ardal(-oedd) *(f)* y dociau.

dockmaster *n.* docfeistr(-i) *m*.

Docks *W.Pl.n.* Glan *(f)* y Môr.

dockside *n.* cei(-au) *m*.

dockworker *n.* dociwr (docwyr) *m*.

dockyard *n.* iard *(f)* longau (iardiau/ierdydd llongau), dociau *pl*; **naval ~,** dociau'r llynges.

doctor[1] *n.* **1.** *A: (= learned pers.):* doethur(-iaid) *m*, doethor(-ion) *m*, doethures(-au) *f*. **2.** *Sch:* **D~ of Divinity,** Doethur mewn Diwinyddiaeth; **D~ of Science,** Doethur mewn Gwyddoniaeth; **D~ of Law,** Doethur mewn Cyfraith, Doethur yn y Gyfraith; **D~ of Literature,** Doethur mewn Llên/

Llenyddiaeth; **D~ of Philosophy,** Doethur mewn Athroniaeth; **D~ Griffiths,** y Doethur Griffiths, *F:* [y] Doctor Griffiths. **3.** *(medical):* meddyg(-on) *m,* doctor(-iaid) *m;* **woman ~, lady ~,** meddyges(-au) *f,* doctores(-au) *f;* **D~ *(abbr. Dr.)* Davies,** [y] Doctor Davies, *occ:* y Meddyg Davies; **tree ~,** meddyg coed; *F:* **just what the ~ ordered,** yr union beth [oedd ei eisiau]; *F:* **you're the ~,** chi sydd i ddweud/benderfynu; *Pej:* **~'s stuff,** *S:* moddion *m or pl, N:* ffisig *m.* **4.** *(= mender):* atgyweiriwr (atgyweirwyr) *m, N:* trwsiwr (trwswyr) *m.* **5.** *F: (= cook):* cogydd(-ion) *m.* **6.** *Mec.E: (= regulator):* rheolwr (rheolwyr) *m,* cyweiriwr (cyweirwyr) *m.* **7.** *Fish:* pluen (plu) *f,* doctor(-iaid) *m.* **~-bird** *n. Orn:* gwibiedydd(-ion) *m,* aderyn (adar) *(m)* doctor. **~-fish** *n. Ich:* = **surgeonfish.**

doctor² *v.t.* **1.** *(a)* **to ~ a patient,** trin claf, gofalu am glaf; *(b) (= drug horse, drink):* drygio, doctora; *(c) F: (= castrate):* **to ~ a cat,** 'sbaddu cath, torri ar gath, doctora cath, cyweirio cath. **2.** *F: (= mend):* cyweirio, atgyweirio, *N:* trwsio. **3.** *(= falsify accounts):* ffugio, altro, doctora; *(= adulterate):* teneuo.

doctoral *a.* doethurol.

doctorate *n. Sch:* doethuriaeth(-au) *f.*

doctorhood *n.* swydd *(f)* doctor/meddyg.

doctorial *a.* doethuraidd, doctoraidd.

doctoring *vn.* **1.** *(medical):* triniaeth *(f)* feddygol *f,* gofal *(m)* meddyg. **2.** *F: (= doctor's profession):* meddygaeth *f, occ:* doctora, gwaith *(m)* meddyg/doctor. **3.** *F: (= falsification):* ffugio, doctora.

doctorless *a.* difeddyg.

doctorship *n.* = **doctorhood.**

doctrinaire *a. & n.* **1.** *a.* athrawiaethus, dysgodrol, dysgedigaethol. **2.** *n.* athrawiaethwr (athrawiaethwyr) *m.*

doctrinairism *n.* athrawiaethusrwydd *m,* dysgodraeth *f.*

doctrinal *a.* athrawiaethol.

doctrinally *adv.* yn athrawiaethol; o ran athrawiaeth.

doctrinarian *a. & n.* = **doctrinaire.**

doctrine *n.* **1.** athrawiaeth(-au) *f,* dysgeidiaeth(-au) *f.* **2.** *Jur:* **~[s] of equity,** gwerseb(-au) ecwitïol *f.*

document¹ *n.* dogfen(-nau) *f, F:* papur(-au) *m; Jur:* **~ of title,** dogfen deitl (dogfennau teitl); *Cmptr:* **previously prepared ~,** dogfen barod (dogfennau parod) *f.* **~-case** *n.* bag(-iau) *(m)* dogfennau. **~ reader** *n. Cmptr:* darllenwr (darllenwyr) *(m)* dogfennau. **~ window** *n. Cmptr:* ffenestr *(f)* ddogfen (ffenestri dogfen).

document² *v.t.* dogfennu.

documentable *a.* dogfenadwy.

documental *a.* dogfennol.

documentalist *n.* dogfennwr (dogfenwyr) *m,* dogf|enwraig *f.*

documentarian, documentarist *n. Cin:* dogfennwr (dogfenwyr) *m.*

documentarily *adv.* yn ddogfennol.

documentary *a. & n.* **1.** *a.* dogfennol; *Lib:* **~ reproduction,** atgynhyrchu *(vn)* dogfennau. **2.** *n. T.V: Cin:* rhaglen ddogfen/ddogfennol (rhaglenni dogfen/dogfennol) *f,* ffilm ddogfen/ddogfennol (ffilmiau dogfen/dogfennol) *f.*

documentation *n. (action):* dogfeniad *m,* dogfennu *vn; (= documents):* dogfennau *pl,* dogfennaeth *f.* **~ list** *n.* rhestr *(f)* ddogfennau (rhestrau dogfennau).

documentational *a.* dogfennol.

dodder¹ *n. Bot: (Cuscuta):* llindro *m,* llinglwm *m (pronounced* ng-g), llindag *m,* cyfnydd *m, S.W:* llindro'r meillion; **lesser ~,** *(C. epithymum):* y llindro lleiaf, llindro'r grug; **flax ~,** *(C. epilinum):* llindro'r llin; **large ~,** *(C. europaea):* cyfnydd, y llindro mwyaf *&c,* llindro'r danadl.

dodder² *v.i. (of aged pers.):* crynu, gwegian, ysgrytian; **to ~ along,** gwegian mynd.

doddered *a. (oak): (= rotten):* pydredig; *(= without top & branches):* moel(-ion), llwm *(f.* llom, *pl.* llymion).

dodderer *n. F:* hen ŵr (wŷr) crynedig/musgrell *m,* cleiriach(-od) *m,* cymhercyn (-nod) *m, F:* hen gant *m,* hen daid (~ deidiau) *m,* hen begor(-iaid) *m;* hen wr|aig grynedig (hen wragedd crynedig) *f,* hen fenyw grynedig (hen fenywod crynedig) *f.*

doddering *a.* **1.** crynedig, gweglyd, siglog, sigledig, musgrell, llegach, methedig, gwanllyd, cymhercyn; *(= imbecilic):* penwan, gwirion; **the ~ old fool!** yr hen gleiriach hurt! yr hen begor gwirion! **2.** *Bot:* **~ dillies,** crydwellt *m,* gwenith *(m)* ysgyfarnog.

doddery *a.* = **doddering 1.**

doddle *n.* peth(-au) hawdd *m;* **it's a ~,** mae'n hawdd fel dŵr/baw; 'does dim byd haws.

dodecagon *n. Geom: Cryst:* dod|ecagon (dodecagonau) *m,* deuddengochron(-au) *m.*

dodecahedral *a.* deuddengochrog.

dodecahedron *n.* dodecahedron(-au) *m,* deuddengochron(-au) *m.*

Dodecanese *Pr.n. Geog:* Y Deuddeng Ynys *f.*

dodecaphonic *n. Mus:* dodecaffonig.

dodecaphonically *adv.* yn ddodecaffonig.

dodecaphonist *n.* dodecaffonydd(-ion) *m.*

dodecaphony *n. Mus:* dodec|affoni *m.*

dodecasyllabic *a. Pros:* deuddegsillafog.

dodecasyllable *n. Pros:* deuddegsillaf(-au) *f.*

dodge¹ *n.* **1.** *(= sideways movement):* osgoad(-au) *m,* ochrgam(-au) *m,* sgildro(-eon) *m.* **2.** *(= trick):* tric(-iau) *m,* ystryw(-iau) *f,* dichell(-ion) *f, N: F:* sgil(-iau,-s) *m,* sgâm(-s) *f;* **to be up to all the dodges,** 'nabod y triciau/sgils/sgâms i gyd; **he's up to all the dodges,** mae'n rêl sgamiwr. **~ ball** *n. Games:* osg|oi(*vn*)'r bêl.

dodge² *v.i.&t.* **1.** *v.i. (a) (= move sideways):* ochrgamu, camu i'r ochr; *(b)* **to ~ about,** gwibio/symud o gwmpas; **to ~ in and out,** gwibio i mewn ac allan. **2.** *v.t. (= avoid):* osg|oi; *F:* **to ~ the column,** osgoi gwaith, llusgo traed, *S: occ:* dal y slac yn dyn[n], *N:* dal dwylo; **to ~ a question,** osgoi ateb cwestiwn, hel dail; **to ~ school,** chwarae triwant, *S: F:* mitsio, *N.E: occ:* chwarae triwels; **to ~ church/chapel &c,** mynd i gapel y dryw bach, mynd i gapel 'deryn bach.

dodgem *n. & a.* **~ car,** car (ceir) bach *m,* car taro, car clatsio, *N.W: occ:* moto(-s) *(m)* bangio.

dodger *n.* **1.** *(a) (= avoider):* osgöwr (osgowyr) *m;* **tax-~,** osgöwr trethi; *(b) F: N.W:* sgamiwr(-s, sgamwyr) *m,* dyn(-ion) sgilgar *m;* **artful ~,** ffleiar(-s) *m;* **he's an artful ~,** mae'n dipyn o bryf *(m).* **2.** *U.S: (= handbill):* taflen(-ni) *f.* **3.** *U.S: Cu:* teisen(-nau) *(f)* India-corn, teisen gorn (teisennau corn). **4.** *Nau:* cynfas(-au) *m.*

dodgery *n.* = **trickery.**

dodgy *a. F:* amh|eus, perig, peryglus, ansicr, anodd, pethma, bechingalw *(pronounced* ng-g); **a ~ situation,** lle(-oedd) perig/peryglus.

dodo *n. Orn:* dodo(-s,-aid) *m; F:* **as dead as the ~,** wedi hen ddiflannu, yn farw gorn, mor farw â 'sglodyn, mor farw â phennog, cyn farwed â hoelen.

doe *n. Z:* **1.** *(of deer, reindeer):* ewig(-od) *f; (of fallow deer):* ewig lwyd (ewigod llwyd) *f; (of roe deer):* iyrches(-od) *f.* **2.** *(of rabbit &c):* benyw(-od) *f,* cwningen fenyw (cwningod benyw) *f.*

doer *n.* **1.** gweithredwr (gweithredwyr) *m,* gweithr|edwraig *f,* gwneuthurwr (gwneuthurwyr) *m,* gwneuth|urwraig *f; P:* **she's no end of a ~,** mae hi'n llawn mynd; mae hi'n weithgar dros ben; mae hi wrthi o hyd. **2.** *(domestic animal):* **he's a good ~,** mae'n prifio'n dda. **3.** *Austr: F: (= eccentric):* dyn(-ion) *(&c)* rhyfedd *m,* aderyn brith (adar brithion) *m.*

does, doest *v. See* **do.**

doeskin *n.* croen *(m)* ewig (crwyn ewigod), *A:* hyddgen *m.*

doff *v.t. O: Lit:* codi, tynnu, diosg, datryd, *S.W:* diddos, matryd.

dog¹ *n.* **1.** ci (cŵn) *m;* **mad ~,** ci cynddeiriog; **little ~,** *(= puppy):* ci bach, *occ:* cenau (cenawon) *m,* colwyn(-od) *m, Lit: occ:* cynyn *m;* **guard-~, house-~,** ci gwarchod, gwarchotgi (gwarchotgwn) *m;* **shaggy ~,** ci byrfwch; **shaggy ~ story,** stori *(f)* asgwrn pen llo, stori ddiddiwedd/ddi-bwynt, jôc hir wirion (jôcs hir gwirion) *f;* **sporting ~,** ci hela; **gun ~,** ci adar/adara; *F:* **to go to the dogs,** *(i) (= to races):* mynd i'r rasys cŵn; *(ii) (of life, business):* dirywio, gwaethygu, mynd i'r cŵn, mynd rhwng y cŵn a'r brain, mynd yn ffliwt, mynd i'r gwellt, mynd i'w grogi, *N.W: occ:* mynd yn fforffed [ulw], mynd i'r ddrâg; *(of business):* mynd i'r wal, *S.W:* mynd i Dre-din, **the business has gone to the dogs,** mae'r hwch wedi mynd trwy'r siop; **to lead a cat and ~ life,** byw fel ci a hwch, byw fel cŵn a moch; **to lead a ~'s life,** byw fel ci; **to help a lame ~ over a stile,** rhoi hwb i rn; *P:* **a ~'s breakfast,** *(= mess):* llanast *m,* stomp *f;* **(the place was) like a ~'s breakfast,** ('roedd y lle) yn siop siafins, yn siang-di-fang, ar gychwyn, yn draed moch, fel tŷ Jeroboam; *F:* **to take a hair of the ~ that bit you,** cymryd blewyn y ci a'ch brathodd; *U.S: F:* **to put on ~,** *(= show off):* eich brolio'ch hun, torsythu, rhodresa, ymffrostio, *N.W:* llancio, eich dangos eich hun, eich gosod eich hun, *S: occ:* gwn|eud cleme; *Prov:* **a ~'s fill lasts**

three days, boliad ci [a] berith dridiau; **every ~ has his day,** daw haf i gi; daw ei dro i bawb; **fight ~, fight bear,** trechaf treisied; **let sleeping dogs lie,** na ddeffroer blaidd o'i gwsg; na ddeffro'r ci sy'n cysgu; *N.W: occ:* rhaid cadw cathod mewn cwd; **he's like a ~ in a manger,** ni roddai mo'i faw i gi; **a ~ in the manger attitude,** agwedd hunanol *f*; **give a ~ a bad name [and hang him],** y ci y mynner ei ladd, dyweder ei fod yn lladd defaid; **you cannot teach an old ~ new tricks,** anodd diddyfnu hen; anodd dysgu hen gostog; **~ does not eat ~,** anodd dwyn dyn oddi ar ei dylwyth; **not a ~'s chance,** *S.W:* dim gobaith caneri [melyn], *S: F:* dim hôps caneri [melyn], *N:* dim gobaith mul [yn y Grand National]; *F:* **to see a man about a ~,** mynd i rywle, mynd i'r lle chwech, mynd i'r tŷ bach, *N:* mynd i droi clôs, *occ:* mynd i edrych am modryb, *S.W:* mynd i siglo llaw â hen gyfaill, mynd i siglo llaw â thad y plant; *F:* **a ~'s age,** oes (*f*) mul; **to die like a ~,** marw'n druenus, marw fel ci; **(dressed up) like a ~'s dinner,** (wedi'ch gwisgo) fel cangen Mai, fel ceffyl pr[e]imin, fel caseg sioe, fel coeden Nadolig; *Cu:* **hot ~,** ci poeth (cŵn poeth[-ion]) *m*, poethgi (poethgwn) *m*; **like a ~ with two tails,** mor llawen â'r gog ar y gainc, uwch ben eich digon, wedi cael modd i fyw; **love me, love my ~,** a'm câr i, cared fy nghi. **2.** *(male of some creatures):* gwryw(-od) *m*, ci (cŵn) *m*. **3.** *F:* **lucky ~!** cena' lwcus! **bottom ~,** truan (trueiniaid) *m*, dioddefwr (dioddefwyr) *m*, y gwannaf *m*; **sly ~,** aderyn (adar) (*m*) y nos; **gay ~,** jolihoitiwr (jolihoitwyr) *m*; **sea-~,** morwr (morwyr) *m*, llongwr (llongwyr) *m*, ci môr; *P:* **dirty ~,** corgi (corgwn) *m*, mochyn (moch) *m*, drelgi (drelgwn) *m*, drewgi (drewgwn) *m*; *V:* cachwr(-s, cachwyr) *m*; **it's a dead ~,** mae'n fethiant; 'dyw e'n dda i ddim; **he's a dull ~,** un diflas/swrth/anniddorol yw ef. **4.** *Mec.E: Carp: (= pawl &c):* dant (dannedd) *mf*, stalfar(-rau) *m*. **5. fire-~** *n.* brigwn (brigynau) *m*, gobed(-au) *m*. **6.** *pl. P: (= feet):* traed, bacse, *S.W: Joc:* trade. **7.** *Astr:* **the Great D~,** y Ci Mawr; **the Little D~,** y Ci Bach. **8.** *Meteor: See* **weather-dog. 9.** *Carp:* stapl(-au) *m*. **~-bane** *n. Bot:* llewyg (*m*) y ci, ci-dag *m*, dïen (*m*) y ci. **~-bent** *n. Bot:* maeswellt (*m*) y cŵn. **~-biscuit** *n. N:* bisgeden (*m*) ci (bisgedi cŵn), *S:* bisgïen (*f*) ci (bisgis cŵn). **~-cabbage** *n. Bot:* bresych (*m*) cŵn Ffrengig. **~-cart** *n. Veh:* trap (*m*) ci (trapiau cŵn), cart (*m*) ci (certi cŵn), cert (*f*) ci (certi cŵn). **~-catcher** *n.* daliwr (dalwyr) (*m*) cŵn, dyn(-ion) (*m*) dal/dala cŵn. **~-cheap** *a.* rhad fel baw. **~-clutch** *n. Mec.E:* gafael ddanheddog (gafaelion danheddog) *f*. **~-cockle** *n. Moll:* cocosen fraith (cocos brith/brithion) *f*. **~-collar** *n.* **1.** *(of dog):* coler (*mf*) ci (coleri cŵn). **2.** *(of cleric):* coler gron (coleri crynion) *f*, *S:* coler (*m*) 'ffeir[i]ad (coleri 'ffeir[i]adon), coler crwn (coleri crynion) *m*. **~-daisy** *n. Bot:* = **daisy (ox-eye)**. **~ days** *n.pl.* dyddiau'r cŵn, dyddiau'r ci. **~-ear¹** *n.* clust lipa (clustiau llipa) *f*, cornel grych (corneli crych) *f*, llyfrïad(-au) *m*. **~-ear²** *v.t.* **to ~-ear a book,** plygu tudalen(-nau) llyfr. **~-eared** *a. (loosely):* = **shabby**; *(book):* â thudalennau clustlipa. **~-eat-~** *a.* didrugaredd, am y gorau, am y trechaf, hyd at waed. **~-end** *n.* stwmp (*m*) sigarét (stwmps sigaréts), bôn (*m*) sigarét (bonion sigaréts). **~-faced** *a. Z:* cynben, ag wyneb ci. **~-fall** *n. Wr:* codwm (codymau) (*m*) ci. **~-flea** *n. Ent:* chwannen (chwain) (*f*) [y] cŵn. **~-feed** *n.* bwyd (*m*) cŵn, bwyd ci. **~ fox** *n. N:* llwynog(-od) *m*, *S:* cadno (cadn|oid) *m*. **~-grass** *n. Bot:* llygad (*m*) y ci, glaswellt (*m*) y cŵn; *S.a.* **couch-grass. ~-headed** *a.* â phen ci, cynben. **~-house** *n.* **1.** *U.S:* = **kennel 1. 2.** *F:* **I'm in the ~-house,** 'rwyf wedi pechu; 'rwyf yng nghwt y mwg; **to go to the ~-house,** *S: occ:* mynd i gwt y garthen. **~-iron** *n.* = **dog 5. ~ Latin** *n.* Lladin clapiog *m*, Lladin cŵn. **~-laurel** *n. Bot:* llawryf brith *m*, llawryf y cŵn. **~-leg** *n.* **1.** tro cam (troadau ceimion) *m*, hegl gam (heglau ceimion) *f*. **2.** *Golf:* darn cam (darnau ceimion) *m*. **~-legged** *a.* glingam (*pronounced* ng-g), cam (ceimion). **~-lichen** *n. Fung:* cen (*m*) y cŵn, tafod (*m*) y ci, clustiau(*pl*)'r ddaear. **~-louse** *n. Ent:* lleuen (*f*) y cŵn (llau'r cŵn). **~-nap¹** *n.* cyntun *m*, cwsg (*m*) ci bwtsiwr. **~-nap²** *v.t.* cipio cŵn. **~-napper** *n.* cipiwr (cipwyr) (*m*) cŵn. **~-paddle¹** *n.* nofio (*vn*) ci; **to do a ~-paddle,** nofio fel ci. **~-paddle²** *v.i.* nofio fel ci. **~-parsley** *n. Bot:* geuberllys *m*, persli(*m*)'r ffŵl, coegberllys *m*. **~ racing** *vn.*, *F:* **the dogs,** rasys (*n.pl*) cŵn (*also* = **sheepdog trials**). **~-salmon** *n. Ich:* ci-eog(-iaid) *m*. **~'s cabbage** *n. Bot:* bresychen (bresych) (*f*) y cŵn. **~'s fennel** *n. Bot:* camri(*m*)'r cŵn. **~'s meat,** cig (*m*) i gŵn, ysgyfaint *pl*, syrth *m*. **~'s mercury** *n.* bresych (*pl*) y cŵn, blaen (*m*) yr iwrch, cwlwm (*m*) yr asgwrn, clais (*m*) yr hydd parh|aus, sawdl (*fm*) y crydd. **~'s nose** *n. P: (drink):* cwrw (*m*) a jin *m*, cwrw a rŷm *m*. **~-shore** *n. N.Arch:* bloc(-iau) (*m*) cynnal. **~-show** *n.* sioe (*f*) gŵn (sioeau cŵn). **~ sled/sleigh** *n.* car (ceir) (*m*) cŵn, sled (*mf*) cŵn/gŵn (slediau cŵn). **~-spike** *n.* hoelen fras (hoelion breision) *f*, sbigyn bras (sbigau breision) *m*. **D~-star** *n. Astr:* Seren (*f*) y Ci. **~-stones** *n. Bot:* eirin (*pl*) y ci, ceilliau(*pl*)'r ci, cerrig (*pl*) y ci, tegeirian(-au) *m*, *A:* baldar *m*. **~'s tail grass** *n. Bot: (Cynosurus):* rhonwellt (*m*) y ci; **crested ~'s tail,** *(C. cristatus):* rhonwellt y ci cribog. **~'s tongue** *n. Bot:* tafod (*m*) y ci, tafod y bytheiad, pigl *m*. **~'s tooth violet** *n. Bot: (Erythronium):* dant (*m*) y ci. **~-tag** *n.* disg (*m*) enw (disgiau enwau). **~'s tail** *n. Bot: (Cynosurus):* rhonwellt (*pl*) y ci; **crested ~'s tail,** *(C. cristatus):* rhonwellt y ci cribog. **~-tick** *n. Ent:* trogen (trogod) (*f*) y cŵn. **~-tired** *a. F:* wedi ymlâdd, wedi blino'n lân, wedi blino'n llwyr, *N.W:* wedi hario, *occ:* wedi fflarbio, *S:* wedi palo. **~-tooth** *n.* **1.** *Dent:* dant (*m*) llygad (dannedd llygaid). **2.** *Arch:* dant (*m*) ci, danheddiad *m*. **~-violet** *n.* *(Viola riviniana):* *Bot:* 'sanau(*pl*)'r gog/gwcw, fioled *f* [y cŵn] (fioledau['r cŵn]), *Lit: occ:* crinllys cyffredin *m*, gwiolydd cyffredin *m*; *S.a.* **dog's tooth violet** *above*; **early ~-violet,** *(V. reichenbachiana):* fioled y goedwig; **heath ~-violet,** *(V. canina):* fioled y cŵn, pen (*m*) y neidr; **pale ~-violet,** *(V. lactea):* fioled welw (fioledau gwelw). **~-trot¹** *n.* trot *m*, cagl-drot *m*, tuth *m*, tuthfa *f*. **~-trot²** *v.i.* trotian fel ci, tuthio, cagl-drotian. **~-watch** *n. Nau:* gwylfa fach (gwylf|eydd bach) *f*. **~-whelk** *n. Moll:* cragen (*f*) foch (cregyn moch); **common ~-whelk,** *(Nucella lapullus):* cragen foch [felen] (cregyn moch [melyn]), gwichiad (gwichiaid) (*m*) y cŵn; **netted ~-whelk,** *(Nassarius reticulatus):* cragen foch rwyllog (cregyn moch rhwyllog); **thick-lipped ~-whelk,** *(Nassarius incrassatus):* cragen foch weflog (cregyn moch gweflog). **~-winkle** *n. Moll:* gwichiad (gwichiaid) (*m*) y cŵn. **~ wolf** *n.* blaidd (bleiddiaid) *m*.

dog² *v.t.* dilyn, canlyn; **to ~ s.o.'s footsteps,** bod wrth sodlau/gwt rhn; **he was dogged by ill fortune,** dilynwyd ef gan anlwc.

dogate *n. Hist:* dugiaeth(-au) *f*.

dogbane *n. Bot:* = **dog-bane**.

dogberry *n. Bot:* grawn (*pl*) y cŵn, grawn cwyros; *S.a.* **dogwood**.

doge *n. Hist:* dug(-iaid) *m*, prifynad(-on) *m*.

dogface *n. U.S: P:* milwr (milwyr) *m*.

dogfight¹ *n.* **1.** ymladdfa (*f*) gŵn (ymladdf|eydd cŵn). **2.** *F:* ysgarmes(-oedd) *f*, *F:* reiat *f*, *N:* cwffas[t]: cwffans *f*. **3.** *Av: F:* ysgarmes awyr/awyrennau.

dogfight² *v.i.* ymladd, ysgarmesu, ymrafael.

dogfish *n. Ich:* morgi (morgwn) *m*, penci (pencwn) *m*, ci (cŵn) (*m*) môr, ci coeg, ci glas (cŵn gleision); **lesser/small spotted ~,** *(Scyliorhinus caniculus):* y morgi lleiaf, penci, morgi gwyn; **greater/large spotted ~,** *(S. stellaris):* morgi mawr, ci ysgarmes, *N.W:* morgi brych; **piked ~, spiny ~,** *(Acanthias vulgaris):* picwd *m*, ci pigwd, ci pigog; **smooth ~,** *(Mustelus mustelus):* morgi llyfn (morgwn llyfnion).

dogged *a.* penderfynol, cyndyn, ystyfnig, dyfal, dygn (*comp. forms:* dycned, dycnach, dycnaf), di-ildio, di-droi, di-droi'n-ôl; *Prov:* **it's ~ as does it,** dyfal donc a dyr[r] y garreg.

doggedly *adv.* yn benderfynol *&c*.

doggedness *n.* penderfynolrwydd *m*, penderfynoldeb *m*, cyndynrwydd *m*, ystyfnigrwydd *m*, dyfalbarhad *m*, dyfalwch *m*, dycnwch *m*.

dogger¹ *n. Nau:* cwch (cychod) (*m*) pysgota, dogr(-au) *m*.

dogger² *n. Austr:* heliwr (helwyr) (*m*) cŵn.

Dogger³ *n. Geol:* Dogr *m*.

doggerel *a. & n.* **1.** *a.* cocosaidd, rhigymaidd, rhigymllyd, talcen slip. **2.** *n.* rhigwm (rhigymau) *m*, cerdd (*f*) gocos (cerddi cocos), cerdd dalcen slip (cerddi talcen slip) canu (*vn*) talcen slip, canu cocosaidd, clerigwm *m*.

doggie *n. F:* ci (cŵn) bach *m*, *S.W:* bis[h]to bach *m*. **~ bag** *n.* bag(-iau) (*m*) sborion.

dogginess *n.* natur gynol/gïol *f*, natur ci bach.

doggish *a.* fel ci.

doggishly *adv.* fel ci.

doggishness *n.* = **dogginess**.

doggo *adv. F:* **to lie ~,** gorwedd yn llonydd, ymguddio, aros yn swat, swatio, *S.W:* cwato, gwalo, *N: occ:* [g]wardio.

doggone *a. & adv.* = **damned**.

doggy *a. & n.* **1.** *a.* *(a) (= doglike):* fel ci, *Lit:* cynol, cïol; *(b) (= fond of dogs):* hoff o gŵn. **2.** *n. F:* = **doggie**.

dogie *n. U.S:* llo(-i,-eau) amddifad *m*, llo llywaeth, llo swci.

doglike *a.* = **doggy.**
dogma *n.* athrawiaeth(-au) *f*, dogma (dogmâu) *mf*, credo(-au) *mf*, cred *f*.
dogmatic[al] *a.* dogmataidd, dogmatig, athrawiaethol.
dogmatically *adv.* yn ddogmataidd *&c*, yn bendant *&c*.
dogmaticalness *n.* dogmatiaeth *f*.
dogmatics *n.pl.* athrawiaetheg *f*, dogmateg *f*.
dogmatism *n.* dogmatiaeth *f*.
dogmatist *n.* dogmatydd (dogmatwyr) *m*, dogmateiddiwr (dogmateiddwyr) *m*.
dogmatization *n.*, **dogmatize** *v.i.&t.* **1.** *v.i.* dogmateiddio, traethu'n ddogmataidd. **2.** *v.t.* honni (rhth), mynnu (bod rhth yn wir).
dogmatizer *n.* dogmatydd (dogmatwyr) *m*, dogmateiddiwr (dogmateiddwyr) *m*.
dogrose *n. Bot:* **1.** *(flower):* rhosyn *(m)* y cŵn (rhosynnau'r cŵn, rhosod y cŵn), rhosyn gwyllt (rhosynnau/rhosod gwylltion), *Lit: occ:* cirosyn (ciros) *m*. **2.** *(bush):* marchfiaren (marchfieri) *f*, miaren (mieri) *(f)* Mair, egroeswydden (egroeswydd) *f*, merddraenen (merddrain) *f*, ogfaenllwyn(-i) *m*. **~-hip** *n.* criafolen (criafol/crawel) *(f)* y bwci, afal *(m)* y bwci (afalau'r bwci), eirinen (eirin) *(f)* y meirch, egroesen (egroes) *f*, mwcog *m*, bochgoch(-od) *m*.
dogsbody *n.* **1.** gwas (gweision) bach *m*, *occ:* ci (cŵn) *(m)* rhedeg. **2.** *Nau: Cu: F:* pwdin *(m)* pys.
dogskin *n.* croen *(m)* ci (crwyn cŵn).
dogvane *n. Nau:* = **telltale.**
dogwood *n. Bot: (Cornus sanguinea):* cwyrwialen (cwyrwiail) *f*, cwyros *pl*; **black ~,** *(Frangula alnus):* = **alder buckthorn; red-osier ~,** *(Cornus sericea):* cwyros cochfrig.
dogy *n.* = **dogie.**
doh *n. Mus:* do(-s,-au) *mf*.
doily *n.* mat(-iau) papur *m*, doili(-s) *m*.
doing *vn.* **1.** gwn|eud, gwneuthur, gweithredu; **there is a great difference between ~ and saying,** haws dweud na gwneud; *F:* **that takes some ~,** dyna dipyn o gamp; **all this is your ~,** ti a wnaeth hyn; arnat ti y mae'r bai am hyn oll; dy waith di yw hyn; **it was none of my ~,** nid fi a wnaeth hyn; nid fy mai i yw hyn; nid y fi sy'n gyfrifol. **2.** *(usu. in pl.)* digwyddiadau, gweithredoedd, gweithrediadau. **3.** *F:* **the doings,** *S:* y bechingalw *m (pronounced* ng-g*)*, *N:* y pethma *m*.
doit *n. Num:* hatling(-au,-od) *f*.
dojo *n. Wr:* dojo(-s) *m*.
dolabriform *a. Bot:* bwyellaidd, bwyellffurf.
dolce *a. & adv.* **1.** *a.* **~ *far niente*,** seguryd *m*, segurdod *m*, diogi melys *m*, bywyd braf diofal *m*, gwaith a gorffwys wedi mynd yn un; **~ *vita*,** esmwythyd *m*, bywyd braf/moethus *m*. **2.** *adv. Mus:* yn fwyn, yn llyfn.
doldrums *n.pl.* **1.** *(= low spirits):* y felan *f*, y falen *f*, iselder *m* [ysbryd], *Lit:* pruddglwyf *m*. **2.** *Nau:* dyfroedd meirwon, y moroedd meirwon, y trofannau tawel. **3. trade is in the ~,** mae busnes yn farwaidd.
dole¹ *n.* **1.** *A: (= lot, ration):* dogn(-au) *m*, cyfran(-nau) *f*. **2.** *(a) (= alms):* elusen(-nau) *f*, cardod *m*, cymyn *m*; *(b) Adm: F:* **unemployment ~,** tâl *(m)* diweithdra, *F:* y dôl *m*; **on the ~,** *F:* ar y clwt, ar y dôl; **to go on the ~,** mynd ar y wlad, mynd ar y dôl, *S.W:* pego.
dole² *v.t.* **to ~ out sth,** dogni, rhannu, dosrannu, dosbarthu (rhth) [yn gynnil/grintachlyd]; **to ~ out sympathy,** rhannu cydymdeimlad.
dole³ *n. Poet:* **1.** *(= grief, woe):* galar *m*, tristyd *m*, tristwch *m*, alaeth *f*. **2.** *(= lamentation):* galarnad(-au) *f*, cwynfan *mf*, dolefain *vn*, dolefiad(-au) *m*, dolef(-au) *f*, wylofain *vn*.
doleful *a.* dolefus, wylofus, trist, prudd, galarus, digalon, dagreuol.
dolefully *adv.* yn ddolefus *&c*.
dolefulness *n.* tristwch *m*, pr|udd-der *m*, dagreuoldeb *m*.
dolerite *n. Geol:* d|olerit *m*.
doleritic *a. Geol:* doleritig.
Dolgelley *W.Pl.n.* Dolgellau *f*; *Geol:* **~ Gold Belt,** Gwythïen *(f)* Aur Dolgellau.
dolichocephalic *a. Anthr:* hirben, dolicoceffalaidd: dolicoseffalaidd.
dolichocephalism, dolichocephaly *n. Anthr:* dolicoceffaledd: dolicoseffaledd *m*.
dolichocranial, dolichocranic *a. Anthr:* hirben, hirgreuanol.
dolichocrany *n. Anthr:* hirgreuanedd *m*.
dolina, doline *n. Geog:* dolin(-au) *f*.
doll¹ *n.* **1.** dol(-iau) *f*, doli(-s) *f*; **baby-~,** babi-dol (babis-dol, babi-dols, babi-doliau) *f*; **peg ~,** doli beg (dolis/doliau peg); **rag ~,** doli glwt (dolis/doliau clwt), doli racs (dolis/doliau rhacs); **wooden ~,** doli bren (dolis/doliau pren); *F: (woman):* **a pretty little ~,** doli fach ddel/bert *f*, *F:* peth fach ddel (pethau bach del) *f*. **2.** *U.S: (= girl):* pishyn (pishis) *f*, *S:* clagen *f*, clatsien *f*, *N.W: occ:* bodan (bodins) *f*, modan (modins) *f*. **~'s house** *n.* tŷ *(m)* dol (tai doliau).
doll² *v.t.* **to ~ up a child/woman,** gwisgo plentyn/menyw [fel dol], *S.E: occ:* dolian, dolio [rhn lan]; **to ~ oneself up,** eich pincio'ch hun, ymbincio, ymdaclu, *S.W: F: occ:* jimo. **~-maker** *n.* saer (seiri) *(m)* doliau.
Doll³ *Pr.n.f. (= Dorothy):* Dorti, Dol, Doli.
dollar *n. (i) Num:* doler(-i) *usu. f*; *(ii) F: (= 25c):* coron(-au) *f*, *N.W: occ: F:* bwl *m*; **she looks like a million dollars,** mae golwg tywysoges arni; **to bet one's bottom ~,** betio'ch dimai olaf, mentro'ch crys. **~ area** *n.* rhanbarth *(m)* y ddoler, gwledydd *(pl)* y ddoler. **~-averaging** *vn.* cyfartaleddu doleri. **~-bird** *n. Orn:* aderyn (adar) *(m)* y ddoler, rholydd(-ion) mannog *m*. **~ diplomacy** *n.* diplomyddiaeth *(f)* y ddoler. **~ gap** *n.* bwlch *(m)* y ddoler. **~ [key]** *n.* allwedd *(f)* doler, bysell *(f)* doler. **~ sign** *n.* arwydd *(mf)* doler. **~ spot** *n.* smotyn crwn (smotiau crynion) *m*. **~-a-year** *a.* doler y flwyddyn. **~-day** *n. U.S: Com:* diwrnod(-[i]au) *(m)* bargeinion.
dollarfish *n. Ich:* = **moonfish.**
dolled-up *a.* yn eich dillad gorau, yn grand i gyd; **to look dolled-up,** *N.W:* edrych yn binco, edrych fel pin mewn papur; **a dolled-up woman,** pincen(-nod) *f*.
dollish *a.* dolïaidd, fel dol.
dollishly *adv.* yn ddolïaidd.
dollishness *n.* dolieiddiwch *m*.
dollop *n. P:* talp(-iau) *m*, telpyn(-nau) *m*, llwyaid (llwyeidiau) *f*.
dolly¹ *n. & a.* **1.** *n. F:* = **doll¹. 2.** *n. Laund:* golchbren(-nau) *mf*, golchffon (golchffyn) *f*, doli (-s, doliau) *f*; **to stir clothes with a ~,** *S.W: occ:* dolian/dolio dillad. **3.** *n. Metalw: Cin: Rail: Av:* doli (dolïau) *mf*; *T.V:* trol(-iau) *m*. **4.** *a. (= pretty):* *S:* pert, *N:* del. **~-bag** *n.* bag(-iau) *(m)* crychu, *N.W: occ:* wyrpa[i]g (wyrpeigiau) *m*. **~ ball** *n. Cr:* pêl (peli) hawdd *f*. **~-bird** *n. F:* pishyn (pishis) *f*, merch ddel/bert (merched del/pert) *f*, *S:* clatsien *f*. **~-cup** *n. Bot: (= poets' narcissus):* gylfinog *(mf)* y beirdd. **~ mixture** *n.* melysion mân, *N:* da-da mân *&c*, *S:* losin mân, losin caru [bach] *&c*; *See* **sweet** II. **~ peg** *n.* peg(-s,-iau) *(m)* doli. **~ shot** *n. Cin:* cip(-iau) *(m)* doli. **~-tub** *n.* twb (tybiau) *(m)* golchi, twb *(m)* doli, *N.W: occ:* doli-twb *m*. *S.a.* **corn.**
dolly² *v.t.* **1.** = **doll². 2.** *Cin: T.V:* symud, trolio.
Dolly³ *n. Pr.n.f. (pet form of Dorothy):* Dol, Doli, Dorti. **~ Varden** *n.* **1.** *Ich:* torgoch(-iaid) *(m)* Alasga. **2.** *(hat):* het(-iau) *(f)* Dolly Varden.
dolman *n. Cost:* dolman(-au) *m*, mantell (mentyll) *f*. **~ jacket** *n. Cost:* siaced *(f)* ddolman (siacedi dolman). **~ sleeve** *n.* llawes *(f)* ddolman (llewys dolman).
dolmen *n. Prehist:* cromlech(-i,-au) *f*, *S.W: occ:* coeten(-nau, coetiau) *(f)* Arthur; **portal ~,** cromlech borth (cromlechi porth).
dolomite *n. & Pr.n.* **1.** *n. Miner:* d|olomit *m*. **2.** *Pr.n. Geog:* **the Dolomites,** y Dolomitau.
dolomitic *a. Geol:* dolomitaidd.
dolomitization *n.*, **dolomitize** *v.t. Geol:* dolomitio.
dolorimetry *n.* mesur *(vn)* poen.
dolorous *a. A: & Poet:* **1.** *(= painful):* poenus, gloesol, dolurus; *Lit:* **the D~ Blow/Stroke,** yr Anfad Ergyd *m*, yr Anfad Fwyellod *f*. **2.** *(= doleful):* trist, alaethus, truenus, prudd, galarus, wylofus, gofidus.
dolorously *adv.* yn boenus *&c*; yn drist *&c*.
dolorousness *n.* = **grief.**
dolour *n. A: & Poet:* galar *m*, gofid(-iau) *m*, gloes(-au) *f*, poendod(-au) *m*, trallod(-ion) *m*, blinder(-au) *m*, gorthrymder(-au) *m*, tristyd *m*, tristwch *m*, alaeth *f*.
dolphin *n.* **1.** *(a) Z: Her:* **common ~,** *(Delphinus delphis):* dolffin(-iaid) *m*, morhwch (morhychod) *mf*; **bottle-nosed ~,** *(Tursiops truncatus):* dolffin trwynbwl; **white-beaked ~,** *(Lagenorhynchus albirostris):* dolffin pigwyn; **Risso's ~,**

(Grampus griseus): dolffin llwyd; **white-sided ~,** *(L. acutus)*: dolffin torwyn; *(b) Ich: (= dorado)*: dorado(-s) *m*, *torfelyn(-ion) *m*. **2.** *Nau: (a) (= bollard)*: postyn (pyst) *m*; *(b) (= buoy)*: bwi(-au) *m*. **~ kick** *n. Swim:* cic *(f)* ddolffin (ciciau dolffin). **~ striker** *n. N.Arch:* ffon *(f)* m|orticel (ffyn m|orticels).

dolphinarium *n.* dolffinariwm (dolffinaria) *m*.

dolt *n.* hurtyn(-nod) *m*, delff(-od,-iaid) *m*, penbwl (penbyliaid) *m*, catffwl (catffyliaid) *m*, twpyn (twpiod) *m*, twpsyn(-nod, twpsod, twps) *m*, lleban(-od) *m*, *N:* pen *(m)* dafad (pennau defaid), jolpyn (jolpod) *m*, dilbo(-s) *m*, lembo(-s) *m*, *S:* mwlsyn (mwls) [dwl] *m*, *S.W: occ:* clwpa *m*, iolyn *m*; *S.a.* **fool 1**.

doltish *a.* hurt, twp, dwl, *N.W: occ:* pendafadaidd, *S.W: occ:* delffaidd.

doltishly *adv.* yn hurt *&c*.

doltishness *n.* hurtni *m*, hurtwch *m*, twpdra *m*, dylni *m*, dwli *m*.

Dom *n. Ecc:* Dom *m*.

domain *n.* **1.** tiriogaeth(-au) *f*, tir(-oedd) *m*, arglwyddiaeth(-au) *f*, teyrnas(-oedd) *f*, parth(-au) *m*, ystad(-au) *f*; **eminent ~,** tra-arglwyddiaeth *f*. **2.** *(= field, province, of thought or action)*: maes (meysydd) *m*; *O:* **it does not come within my ~,** nid yw hynny'n rhan o'm maes i. **3.** *(= inheritance)*: etifeddiaeth *f*, treftadaeth *f*. **4.** *Mth: Ph:* parth(-au) *m*; **co-~,** cytbarth(-au) *m*.

domaine *n. (= vineyard)*: gwinllan(-nau,-noedd) *f*.

domanial *a.* tiriogaethol, arglwyddiaethol, ystadol.

dome[1] *n.* **1.** *Arch:* cromen(-ni,-nau) *f*, cryndo(-eau) *m*, crymdo(-eau) *m*. **2.** *(a) (of the sky &c)*: entrych *m*; *(b) (of greenery)*: bwa (bwâu) *m*; *(c) (of skull)*: corun(-au) *m*.

dome[2] *v.i.* cromennu.

domed *a.* cromennog, cromennaidd, bwaog, â chromen, crwm (*f.* crom, *pl.* crymion); **a ~ forehead** talcen crwn.

domelike *a.* fel cromen; *S.a.* **domed**.

Domesday *n.* **~ Book,** Stent *(f)* Lloegr, Llyfr *(m)* Domesday, Llyfr Dydd y Farn.

domestic *a. & n.* I. *a.* **1.** teuluol, teuluaidd, [y] cartref, [yr] aelwyd; yn ymwneud â'r tŷ/teulu/cartref; *Jur:* **~ proceedings,** achos(-ion) teuluol *m*; **~ relations court,** llys(-oedd) teuluol *m*; **~ quarrels,** cweryIon cartref/teuluol; **~ life,** bywyd teuluol/cartref *m*; **~ bursar,** bwrsar(-iaid) *(m&f)* tŷ; **~ servant,** gwas (gweision) *m* [tŷ/cartref], morwyn(-ion, morynion) *f* [tŷ/cartref]; **~ industry,** diwydiant (diwydiannau) cartref *m*, diwydiant aelwyd; *Hist:* **~ system of industry,** cyfundrefn *(f)* diwydiant aelwyd; *Th:* **~ drama,** drama gartref (dramâu cartref) *f*; **~ economy, ~ arts,** *Sch:* **~ science,** gwyddor *(f)* tŷ; *Ecc:* **~ prelate** *n.* offeiriad (offeiriaid) teuluaidd *m*. *Com: U.S: (in store)*: **"domestics",** "i'r cartref". **2.** *(= not foreign)*: *(a)* mewnol, gwladol, cartref; *Post: U.S:* **~ mail,** post cartref *m*; *(b)* **~ animal,** anifail (anifeiliaid) dof *m*; **~ fowl,** iâr (ieir) *f*, ffowlyn (ffowls) *m*, dofedn(-od) *m*. **3. she's very ~,** mae hi'n hoff iawn o'i chartref. II. *n. (= servant)*: gwas (gweision) *m*, morwyn(-ion, morynion) *f*.

domesticable *a.* dofadwy, hywedd, hydrin, cynefinadwy.

domestically *adv.* yn gartrefol *&c*; gartref, yn y cartref.

domesticate[1] *n. (animal)*: anifail (anifeiliaid) dof *m*, creadur(-iaid) dof *m*; *(plant)*: planhigyn (planhigion) *(m)* cartref.

domesticate[2] *v.t.* **1.** *(animal)*: dofi, *Lit: occ:* hyweddu. **2.** *(plant)*: cynefino, *occ:* cartrefoli; *Archeol: (crops)*: amaethu; *(man)*: cartrefoli.

domesticated *a.* **1.** *(animal)*: dof, hywedd. **2. a ~ woman,** gwraig hoff o gartref, gwraig dda yn y tŷ; **~ husband,** gŵr da yn y tŷ. **3.** *(plant)*: amaethyddol.

domestication *n.* **1.** *(of animal)*: dofiad(-au) *m*, dofi *vn*. **2.** *(of plant &c)*: cynefiniad *m*, cynefino *vn*, cyfaddasu *vn*, amaethu *vn*; *Archeol:* amaethu.

domesticity *n.* cartrefgarwch *m*, bywyd teuluol *m*, bywyd cartref *m*.

domic[al] *a.* = **domed**.

domicile[1] *n.* **1.** cartref(-i) *m*, annedd (anheddau) *f*, trigfan(-nau) *f*, preswylfod(-au) *m*, trigle(-oedd) *m*, trigfa (trigf|eydd) *f*, *Lit: occ:* trigias *m*; *Jur:* anheddle(-oedd) *m*. **2.** *Fin:* d|omisil (domisiliau) *m*.

domicile[2] *v.i.&t.* **1.** *v.i.* cartrefu, sefydlu, anheddu, plwyfo. **2.** *v.t. Com:* lleoli.

domiciled *a.* yn byw, yn cartrefu, â'ch cartref (yn rhywle); *Lit:* yn trigo, yn trigiannu (yn rhywle).

domiciliary *a.* anheddol, trigfannol, cartref; **~ care,** gofal *(m)* cartref; **~ visit,** ymweliad *(m)* â chartref, ymweliad â'r cartref; **~ services,** gwasanaethau cartref.

domiciliate *v.t.&i.* **1.** *v.t.* *(a)* = **domicile**[2]; *(b)* = **domesticate**[2]. **2.** *v.i.* = **reside**.

domiciliation *n. vn.* = **domiciliate**.

dominance *n.* goruchafiaeth *f*, arglwyddiaeth *f*, tra-arglwyddiaeth *f*, trechedd *m*, uchafiaeth *f*; *Biol:* **incomplete ~,** trechedd anghyflawn; **left-eye ~,** uchafiaeth *(f)* llygad chwith; **mixed ~,** cymysg-uchafiaeth *f*, uchafiaeth gymysg.

dominant *a. & n.* **1.** *a.* llywodraethol, blaenaf, pennaf, cryfaf, goruchafol, gorbwysol, arglwyddiaethol, tra-arglwyddiaethol, goruchaf, trechaf, trech, trechol, llywyddol, amlycaf; *Biol:* trechaf, trech, trechol; *Jur:* **~ tenement,** rhandir trech *m*; **~ factor,** nodwedd drech/lywodraethol *f*; **~ grass,** glaswellt trech *m*; **~ lighting,** golau llywodraethol *m*; **~ to . . .,** yn drech na . . . . **2.** *n. Mus:* llywydd(-ion) *m*; **fundamental ~ discords,** anghytgordiau sylfaenol y llywydd; **~ seventh,** seithfed y llywydd.

dominantly *adv.* yn orbwysol *&c*.

dominate[1] *n. Rom.Hist:* arglwyddiaeth *f*.

dominate[2] *v.t.&i.* **1.** goruchafu, gorbwyso, tra-arglwyddiaethu (ar rn); llywodraethu, rheoli (rhn); *occ:* tra-awdurdodi (dros rn); *abs.* cael/ennill lle blaenllaw, bod yn ben; **a town dominated by one family,** tref dan ddylanwad un teulu; **the discussion was dominated by him,** cymerodd ef yr awenau yn y drafodaeth; ef oedd yn llywio'r/rheoli'r sgwrs; ef oedd flaenaf yn y sgwrs; ef oedd uchaf ei gloch yn y sgwrs. **2.** *(= excel)*: rhagori (ar rn). **3.** *(= overlook, command)*: **the fortress dominates the town,** mae'r gaer yn tremio/edrych dros y dref; mae'r gaer yn ymgodi/ymddyrchafu uwchlaw'r dref; mae'r gaer a'i golwg/threm/chysgod dros y dref; **a town dominated by a crag,** tref dan drem clogwyn, tref yng nghysgod clogwyn.

dominating *a.* **1.** tra-awdurdodol, gormesol, gorbwysol, awdurdodus, fel teyrn; **a ~ man,** teyrn o ddyn; **a ~ woman,** *N: S: F:* cownslar *(m)* o wraig, hen gownslar, dytsias ofnadwy *f*, *N.W: occ:* styrmant *(f)* o wraig, *S:* teirant o fenyw. **2. a ~ position,** safle gorbwysol/amlwg/dyrchafedig/manteisiol.

domination *n.* **1.** arglwyddiaeth *f*, tra-arglwyddiaeth *f*, tra-awdurdod *m*, rheolaeth *f*, awdurdod *m* (**of sth,** dros rth). **2.** *pl.* **Dominations,** *Theol:* Arglwyddiaethau.

dominative *a.* = **dominating 1**.

dominator *n.* teyrnaswr (teyrnaswyr) *m* (**of sth,** ar rth).

domineer *v.i.* gormesu (rhn); arglwyddiaethu, tra-arglwyddiaethu, bod yn deyrn (ar rn); tra-awdurdodi (dros rn).

domineering *a.* gormesol, awdurdodus, tra-arglwyddiaethol, fel teyrn.

domineeringly *adv.* yn ormesol *&c*.

domineeringness *n.* natur ormesol *f*, awdurdodusrwydd *m*.

Dominica *Pr.n. Geog:* Dom|inica *f*.

dominical *a.* **1.** *Ecc:* sabothol, suliol, [y] Sul; **~ letter,** llythyren *(f)* y Sul. **2.** *(of the Lord)*: Arglwyddol; **~ authority,** awdurdod yr Arglwydd.

Dominican *a. & n.* **1.** *a.* Dom|inicaidd; **the ~ Republic,** y Weriniaeth Ddominicaidd *f*. **2.** *n.* *(i) Ethn:* Dominiciad (Dominiciaid) *m&f*; *(ii) Rel:* Dominiciad *m*, Brawd Du (Brodyr Duon) *m*.

dominick *n.* = **dominique**.

dominie *n.* = **schoolmaster**.

dominion *n.* **1.** *(= rule)*: rheolaeth *f*, awdurdod *m*, arglwyddiaeth *f*, teyrnasiad *m*; **to hold ~ over s.o.,** teyrnasu (ar/dros rn), dal awdurdod (dros rn), rheoli (rhn). **2.** *(= domain)*: tiriogaeth(-au) *f*, teyrnas(-oedd) *f*, dominiwn (dominiynau) *m*; **the D~ of Canada,** Dominiwn Canada. **D~ Day** *n.* Diwrnod *(m)* Dominiwn. **~ status** *n.* statws *(m)* dominiwn.

dominique *n. Orn: Husb:* iâr resog (ieir rhesog) *f*.

domino *n.* **1.** *Cost:* d|omino(-s) *m*, dominô(-s) *m*, mantell *(f)* a masg *(m)*. **2.** *Games:* domino, dominô; *pl. (the game)*: d|ominos, dominôs, *occ:* gêm *(f)* ddominô; **to play [at] dominoes,** chwarae dominos/dominôs. **~ theory** *n.* damcaniaeth *(f)* y dominos/dominôs. **~ thumper** *n. F: Th:* pianydd(-ion) *m*.

dominoed *a.* yn gwisgo d|omino, mewn domino.

domy *a.* = **domed**.

don[1] *n.m.* **1. D~,** *(title)*: Don. **2.** *Sch: F: (= professor)*: athro *(m)* coleg (athrawon colegau); *(= lecturer):* darlithydd (darlithwyr) *m*; *(= fellow):* cymrawd (cymrodyr) *m*; *F:* proffesor(-s) *m*; *F:* **media dons, telly-dons,** athrawon yr awyr, athrawon y sgrîn.

don[2] *v.t. Lit:* gwisgo (rhth), rhoi/dodi (rhth) amdanoch.

dona[h] *n. F:* cariad(-on) *f*.

donate *v.t.* rhoi, rhoddi (rhth i rn); anrhegu (rhn â rhth); *Med:* **to ~ blood,** rhoi gwaed.

donatio mortis causa *Lt.Phr. Jur:* rhodd(-ion) *(f)* tan gysgod angau.

donation *n.* **1.** rhodd(-ion) *f*, anrheg(-ion) *f*; *Jur:* **~ *inter vivos*,** rhodd *inter vivos*; **D~ of Constantine,** Donawd *(m)* Cystennin, Rhodd Cystennin.

Donatism *n. Rel.Hist:* Donatiaeth *f*.

Donatist *n. Rel.Hist:* Donatydd(-ion) *m*, Donatiad (Donatiaid) *m&f*, Donatist(-iaid) *m*.

donative *a.* & *n.* **1.** *a.* rhoddiadol, rhoddol. **2.** *n.* rhodd(-ion) *f*, rhoddiad(-au) *m*.

donator *n.* = **donor**.

done *p.p. See* **do 1. 1. well ~!** da iawn [ti (chi)]! go dda [ti (chi)]! campus! *Prov:* **well begun is half ~,** deuparth gwaith yw ei ddechrau. **2. meat ~ to a turn, meat well-~,** cig wedi ei wn|eud/goginio i'r dim. **3.** *F:* **we've been ~!** fe gawsom ein gwneud!

donee *n.* derbyniwr: derbynnydd (derbynwyr) *m*.

doneness *n. Cu:* parodrwydd *m*.

dong[1] *n.* cnul(-iau) *m*, dong *m*.

dong[2] *v.i. (of bell):* canu, cnulio.

donga *n. Geog: (= gully):* ceunant (ceunentydd) *m*.

donjon *n.* gorthwr (gorthyrau) *m*, dwnjwn(-s), dwnsiwn(-s) *m*.

donkey *n.* **1.** asyn(-nod) *m*, donci(-s) *m*, *N: occ:* mul(-od) *m*, *S: occ:* mwlsyn (mwlsod, mwls) *m*; *(female):* asen(-nod) *f*, *occ:* mules(-au) *f*, asyn benyw *m*, *S: occ: (female):* mwlsen (mwlsod) *f*; **little ~,** asyn/mul bach, ebol *(m)* asen, *N:* cyw *(m)* mul (cywion mulod), *Lit:* asynnyn *m*; **a ~ and cart,** *S:* cart ac asyn, *N:* trol a mul; *F:* **she would talk the hind-leg off a ~,** mae hi'n siarad fel melin bupur *or* fel pwll tro *or* fel melin glep *or* fel pwll y môr; mae hi'n siarad pymtheg yn y dwsin; *F:* **(I haven't seen him) for ~'s years,** (nid wyf wedi'i weld) ers oes mul, ers talwm, ers cetyn, ers llawer dydd, ers oes, ers oesoedd, ers cantoedd, ers tair oes mul, ers allanodion (= allan o hydion); mae oes mul er pan welais i ef. **2.** *F: (= idiot):* twpsyn(-nod, twpsod, twps) *m*, hurtyn (hurtod) *m*, asyn(-nod) gwirion *m*, *S.W:* mwlsyn [dwl] *m*, *N.W:* mulsyn [glân] *m*; *S.a.* **fool**[1]. **~ boiler** *n. Nau:* bwyler(-i) bach *m*. **~-cart** *n.* cart (certi, ceirt) *(m)* asyn, cert(-i, ceirt) *(f)* asyn, *N:* trol *(f)* ful (troliau mulod). **~-derby** *n.* ras *(f)* fulod (rasys mulod). **~-driver** *n.* gyrrwr (gyrwyr) *(m)* asynnod/mulod. **~ engine** *n. Mch:* motor(-au) bach *m*, injan fach (injans bach) *f*; *(= windlass):* peiriant (peiriannau) *(m)* codi. **~ jacket** *n.* côt *(f)* waith (cotiau gwaith). **~-load** *n.* llwyth *(m)* asyn/mul (llwythi asynnod/mulod). **~-man** *n.m.* **1.** *(in charge of donkeys):* dyn(-ion) mulod/asynnod. **2.** *(in charge of engine):* dyn injan fach. **~ ride** *n.* tro(-eon) *(m)* ar gefn mul, *F:* reid(-iau) *(f)* ar gefn mul, reiden (reidiau) *(f)* ar gefn mul, *N:* pas(-ys) *(m)* ar gefn mul. **~'s tail** *n. Games:* chwarae *(m)* cwt yr asyn, chwarae cynffon y mul. **~-work** *n.* gwaith *(m)* caib a rhaw, caledwaith *m*, llafurwaith *m*, slafdod *m*.

donnee[1] **1.** *n.* derbyniwr: derbynnydd (derbynwyr) *m*, derb|ynwraig *f*.

donnée[2] *n.* sail (seiliau) *f*.

donnish *n.* athroaidd, academaidd, proffesoraidd.

Donnybrook *n. (= uproar):* reiat (reiadau) *f*, *S.W:* randibŵ *mf*, cadgamlan *f*, *N.W:* cwffa[n]s: cwffas[t] *f*, ffatri *f*.

donor *n.* rhoddwr (rhoddwyr) *m*, cyfrannwr (cyfranwyr) *m*. **~ molecule** *n.* m|olecwl (molecylau) cyfrannol *m*.

don't *v.* = **do not**. *See* **do** V. **1. ~-care** *a.* di-hid, dihidans, difater, difalio. **~-know** *a.* diddiddordeb.

doodah, *U.S:* **doodad** *n.* **1.** *(= thingummy): N:* pethma *m*, ffigiari(-s) *m*, *S:* nyco *m*, thenw *m*, thalw *m*, bechingalw *m* *(pronounced* ng-g). **2. (I was) all of a ~,** ('roeddwn) yn gynnwrf i gyd, yn gyffro i gyd, ar bigau drain, fel gafr ar d'ranau.

doodle[1] *n. F:* sgribliad(-au) *m*, ysgraflen *f*, ysgrafliad(-au) *m*, dwdl(-s,-au) *m*.

doodle[2] *v.i.* sgriblan, dwdlan, dwdl[i]o, ysgraflio.

doodle-bug *n.* **1.** *F: A: Mil:* bom(-iau) ehedog *mf*, ***doodle-bug(-s)*** *m*. **2.** *U.S: (= tiger-beetle):* chwilen *(f)* deigr (chwilod teigr), chwilen farus (chwilod barus).

doodler *n.* sgriblwr (sgriblwyr) *m*, ysgrafliwr (ysgraflwyr) *m*, dwdl[i]wr (dwdlwyr) *m*.

doohickey *n. F: U.S:* teclyn (taclau) *m*, *N:* pethma *m*, *S:* bechingalw *m* *(pronounced* ng-g).

doom[1] *n.* **1.** tranc (trangau) *m*, tynged (tynghedau, tynghedion) *f*, tynghedfen (tyngedfennau) *f*; **he met his ~ at...,** daeth i'w dranc yn...; cwympodd yn...; bu farw yn...; aeth i'w ateb yn...; fe'i lladdwyd yn.... **2.** *(= ruin):* dinistr *m*; **his ~ is sealed,** mae hi ar ben arno; dyna'i ddiwedd ef; *Lit:* mae ei dranc yn sicr. **3. the Day of D~,** Dydd *(m)* Barn, Dydd y Farn, *Lit: occ:* Dydd Brawd; **until the crack of ~,** tan Ddydd y Farn, am byth [bythoedd]. **4.** *(= statute, law):* deddf(-au) *f*, [y]statud(-au) *f*, *A:* rhaith (rheithiau) *f*. **5.** *A: (= sentence):* dedfryd(-au) *f*, barn(-au) *f*, barnedigaeth(-au) *f*. **~-laden** *a.* drygargoelus, tynghedus, tyngedfennol.

doom[2] *v.t.* dedfrydu, tynghedu, tyngedfennu; **the plan was doomed to failure,** 'roedd methiant y cynllun yn anochel; ni allai'r cynllun lai na methu; **I am doomed,** *F:* mae hi ar ben arnaf; mae hi wedi darfod arnaf.

doomed *a.* condemniedig, dan farn, wedi'ch tynghedu, *Lit: occ:* cyfrgolledig, trancedig; **a ~ man,** dyn dan farn, dyn ar drengi; **a ~ love affair,** carwriaeth drychinebus; **the ~ ship sailed off,** hwyliodd y llong i'w thranc.

doomful *a.* drygargoelus, tynghedus, tyngedfennol.

doomfully *adv.* yn ddrygargoelus.

Doomsday *n.* Dydd *(m)* y Farn, Dydd Barn, *Lit: occ:* Dydd Brawd; **till ~,** *(i)* tan Ddydd y Farn, hyd ddiwedd y byd; *(ii)* *(= for ever):* am byth, *F:* tan ddydd Sul y Pys. **~ machine** *n.* peiriant (peiriannau) *(m)* tranc.

doomwatch *n.* trengwylfa *f*.

door *n.* **1.** drws (drysau) *m*, *occ:* dôr (dorau) *f*; **to knock at the ~,** curo/cnocio yn/ar/wrth y drws; **to stand at the ~,** sefyll ar ben drws, sefyll yn y drws; **there's s.o. at the ~,** mae rhn yn/wrth y drws; **entrance ~, street ~,** drws allan; **front ~,** drws [y] ffrynt, *S.W: occ:* drws mas; **back ~,** drws [y] cefn, *S: occ:* drws y bac; **from ~ to ~,** o ddrws i ddrws; **side-~,** drws ochr, drws ystlys, cilddrws (cilddrysau) *m*, cilddor(-au) *m*; **next ~ to sth,** y drws nesaf i rth; **(they live) next ~ to us,** (maen' nhw'n byw) y drws/tŷ nesaf i ni, am y pared/clawdd â ni; **next ~ but one to us,** y drws nesaf ond un i ni; **at death's ~,** ar wely angau, ar fin marw, ym mhorth marwolaeth, ym mhorth y fynwent; **carriage ~,** drws cerbyd; **double ~, folding ~,** drws plygu; **half of double ~,** gorddrws (gorddrysau) *m*; **sliding ~,** drws llithro; **barred ~,** drws barrog; **braced ~,** drws cleddog; **drop-down ~,** drws gostwng; **flush ~,** drws cyfwyneb; **framed ~,** drws fframiog; **locked ~,** drws clo; **panelled ~,** drws panelog; **trap ~,** drws codi; **revolving ~,** drws tro, drws troi [rownd]; **up-and-over ~,** drws codi, **veneered ply ~,** drws pren haenog wedi'i argaenu; *Th:* **dock ~,** drws bae; **to show s.o. the ~,** dangos y drws i rn, *N.W: occ:* rhoi'r giât i rn, *S:* dangos iet y clôs i rn; **to show s.o. to the ~,** hebrwng/danfon rhn i'r drws; **to get a foot in the ~,** cael eich troed yn y drws; **to turn s.o. out of doors,** troi rhn dros [ben] y drws; **(to play) out of doors,** (chwarae) allan/mas, y tu faes/fas/allan, yn yr awyr agored; **in/within doors,** yn [y] tŷ, y tu mewn, dan do, i mewn; **the hall was packed to the doors,** 'roedd y neuadd dan ei sang; 'roedd y neuadd yn llawn dop; 'roedd y neuadd 'dat y drysau; **to be denied the ~,** cael drws caead; **to darken s.o.'s ~,** tywyllu drws rhn; **to open the ~ (to sth),** rhoi cyfle, agor y drws, agor cil y drws (i rth); **to open the ~ to a settlement,** hwyluso cytundeb; **to close the ~ to/against s.o.,** cau'r drws yn glep ar rn, cau'r drws yn wyneb rhn; **to lay a charge at s.o.'s ~,** cyhuddo rhn o rth; **the fault lies at my ~,** arnaf i y mae'r bai; myfi sydd ar fai; fy mai i ydyw; 'rwy'n syrthio ar fy mai. **~-case** *n.* ffrâm *(f)* drws (fframiau drysau). **~-check** *n.* = **doorstop**. **~-cheek** *n.* = **doorpost**. **~-closing mechanisms** *n.pl.* atalion *(pl)* arafu. **~-curtain** *n.* llen *(f)* drws (llenni drysau). **~-fitting** *vn.* gosod drws/drysau. **~-flat** *n. Th:* fflat *(mf)* drws (fflatiau drysau). **~-frame** *n.* = **door-case**. **~ furniture** *n.pl.* celfi drws. **~-handle** *n.* dolen *(f)* drws (dolenni drysau), dryntol *(f)* drws (dryntolau drysau), handlen *(f)* drws (handlenni drysau). **~-hanging** *vn.* = **door-fitting**. **~-head** *n.* capan *(m)* drws (capanau drysau), gorddrws (gorddrysau) *m*,

S: gwarddrws (gwarddrysau) *m.* **~-hinge** *n.* colyn (*m*) drws (colion drws/drysau). **~-hurdle** *n.* dorglwyd(-i,-au) *f.* **~-jamb** *n.* = **doorpost**. **~-keeper** *n.* porthor(-ion) *m*, drysor(-ion) *m*, ceidwad (ceidwaid) (*m*) drws/drysau, dyn (*m*) wrth y drws (dynion wrth y drysau), *Lit:* ceidwad porth (ceidwaid pyrth). **~-knocker** *n.* cnocer(-i) *m*, *occ:* morthwyl (*m*) drws (morthwylion drysau). **~-latch** *n.* clicied (*f*) drws (cliciedi drysau). **~-plate** *n.* plât (*m*) drws (platiau drysau). **~-prize** *n.* gwobr (*f*) ben drws (gwobrau pen drws), gwobr fynediad (gwobrau mynediad). **~-scraper** *n.* crafwr (crafwyr) (*m*) esgidiau, haearn (heyrn) (*m*) crafu esgidiau. **~-sill** *n.* [r]hiniog(-au) *m.* **~-slam effect** *n. Th:* effaith (*f*) clepian, sŵn (*m*) clepian. **~ snail** *n. Moll:* malwen/malwoden lawchwith (malwod llawchwith) *f.* **~-space** *n. Th:* lle (*m*) drws (lleoedd drysau). **~-spring** *n.* sbring(-s,-iau) (*m*) drws. **~-stone** *n.* carreg (*f*) drws (cerrig drysau). **~-weed** *n. Bot:* = **knotgrass**. **~ window** *n. Aut:* ffenestr (*f*) drws (ffenestri drysau); **front ~ window,** ffenestr drws blaen; **rear ~ window,** ffenestr drws ôl.

doorbell *n.* cloch (*f*) drws (clychau drysau).

doorknob *n. N:* dwrn (*m*) drws (dyrnau drysau), *S:* bwlyn *m* [drws], *N.W:* cnepyn (*m*) [y] drws (cnapiau drysau).

doorman *n.m.* porthor(-iaid,-ion), drysor(-ion); *S.a.* **door-keeper**.

doormat *n.* mat (*m*) drws (matiau drysau), mat wrth y drws; *Fig:* **to treat s.o. like a ~,** sathru rhn dan draed.

doornail *n.* hoelen (hoelion) (*f*) drws; **dead as a ~,** cyn farwed â hoelen/hoel, mor farw â phenogyn/sglodyn, marw gorn.

doorpost *n.* cilbost (cilbyst) *m*, ystlysbost (ystlysbyst) *m*, *S.W:* jom(-au) *f*; **deaf as a ~-post,** byddar fel post, byddar bost.

doorstep *n.* **1.** trothwy(-au,-on) *m*, [r]hiniog(-au) *m*, *F:* stepen (*f*) drws. **2.** *F: (bread & butter): N.W:* cleman *f*, clewtan *f* [o frechdan].

doorstop *n.* stop (*m*) drws (stopiau drysau).

doorway *n.* drws (drysau) *m*; **in the ~,** yn y drws, ar ben y drws.

dooryard *n.* **1.** *U.S: (= backyard):* libart(-iau) *m*, iard gefn (iardiau, ierdydd cefn) *f*, cowrt(-iau) *m.* **2.** *(= garden):* gardd gefn (gerddi cefn) *f.*

dopa *n. Pharm:* dopa *m.*

dopamine *n. Bio-Ch:* d|opamin *m.*

dope¹ *n.* **1.** *(a) Av: Aut:* farnais (farneisiau) *m*, arlliw(-iau) *m*; *(b) (= axle grease):* saim (*m*) iro. **2.** *F: (= drug):* cyffur(-iau) *m*, drỳg (drygiau) *m*; *(= opium paste):* past (*m*) opiwm. **3.** *Ch: Exp: I.C.E:* dôp *m.* **4.** *F: (= information):* gwybodaeth *f*; **can you give me some ~,** a ellwch chi fy rhoi i ar ben y ffordd? **5.** *See* **fool¹**. **~-fiend** *n. F:* caeth(-ion) (*m*) i gyffuriau, *F:* drygiwr (drygwyr) *m*, dr|ygwraig (drygwragedd) *f.* **~ habit** *n.* arfer (*vn*) cyffuriau, *F:* drygio *vn.* **~-peddler** *n.* gwerthwr (gwerthwyr) (*m*) cyffuriau, pedler(-iaid) (*m*) cyffuriau. **~-peddling** *vn.* gwerthu/pedlera cyffuriau.

dope² *v.t.&i.* I *v.t.* **1.** *Av:* farneisio. **2.** *(= drug):* drygio; *F:* **to ~ oneself,** cymryd cyffuriau, *F:* drygio. **3.** *Aut: Av:* dopio. **4.** *Biol: Ch:* amhureddu. II. *v.i.* cymryd cyffuriau, *F:* drygio.

doper *n.* drygiwr (drygwyr) *m*, dr|ygwraig (drygwragedd) *f.*

dopester *n. U.S:* proffwyd(-i) *m.*

dopey *a.* **1.** *(= sleepy):* cysglyd, swrth, pendrwm (*f.* pendrom, *pl.* pendrymion), wedi blino'n lân, wedi ymlâdd. **2.** *(= stupid):* twp, dwl, hurt, penwan, gwirion; *S.a.* **stupid**.

doppelgänger *n.* rhith(-iau) *m*, drychiolaeth(-au) *f*, dwbl (dyblau) *m*, ***doppelgänger(-s)*** *m.*

dopy *a.* = **dopey**.

dor[-beetle] *n. Ent: (= dung-beetle, maybug, cockchafer):* chwilen (chwilod) (*f*) y baw, chwilen y dom, chwilen y bwm[p], y chwilen bwm, chwilen des (chwilod tes), chwilen wyllt (chwilod gwyllt), chwilen Mai, chwil (*f*) y baw, chwil y bwm, *N.W: occ:* chwilen ruo (chwilod rhuo), chwirli bwmp *f*, *S.W:* chwilen y bomp.

dorado *n. Ich:* dorado(-s) *m*, *torfelyn(-ion) *m.*

Dore *Pr.n. Eng.Geog:* [afon] Deur/Dour *f*; **Abbey ~,** Abaty Deur/Dour.

Dorian *a. & n.* **1.** *a.* Dor[i]aidd; *Mus:* **~ mode,** y modd Dor[i]aidd. **2.** *n.* Doriad (Doriaid) *m&f.*

Doric *a. & n.* **1.** *a. (dialect):* gwledig, gwladaidd, cefn gwlad; *Gr.Ling:* Dorig; *Arch:* **~ order,** dull Dorig. **2.** *n. (a) Gr.Ling:* Doreg *f*, *m*; *(b) (= broad Scots):* Sgoteg *f*, *m.*

dorm *n. Sch: F:* = **dormitory**.

dormancy *n.* cysgadrwydd *m*, hunedd *m.*

dormant *a.* yngh|wsg, cwsg, heb ddeffro, heb ddihuno.

dormer [window] *n.* dormer(-au) *f*, ffenestr ddormer (ffenestri dormer) *f.* **~ house** *n.* tŷ (tai) (*m*) dormer.

dormie *a. Golf:* = **dormy**.

dormitory *n.* **1.** ystafell (*f*) gysgu (ystafelloedd cysgu), *Lit: occ:* hundy (hundai) *m*, noswylfa (noswylf|eydd) *f.* **2.** *U.S: Sch: (= hostel):* neuadd(-au) *f.* **~ town** *n.* tref(-i) (*f*) noswylio/noswyl.

dormouse *n. Z: (Muscardinus avellanarius):* pathew(-od) *m*, *S:* bathor(-ion) *m*, *S.W: occ:* llygoden (*f*) ddaear (llygod daear); **fat ~, edible ~,** *(Glis glis):* pathew tew/bwytadwy; **garden ~,** pathew'r ardd; **Russian ~,** pathew Rwsia.

dormy *a. Golf:* dormi.

doronicum *n. Bot:* llewyg (*m*) y llewpard, llysiau(*pl*)'r llewpard, llewpard-dâg *m.*

Dorothy *Pr.n.f.* D|orothi, *occ:* Dorti, Dora, Dori, Doli. **~ bag** *n.* bag(-iau) (*m*) crychu, *N.W: occ:* wyrpa[i]g (wyrpeigiau) *m.*

dorp *n.* treflan(-nau) *f*, pentref(-i) *m.*

dorper *n. Z: Husb:* dafad benddu (defaid penddu) *f.*

dorsad *a. Anat:* at y cefn.

dorsal *a. & n.* **1.** *a. (a) Anat: Nat.Hist:* cefnol, [y] cefn, *occ:* dorsal; **~ root,** nerf d[d]orsal (nerfau dorsal) *fm*; **~ lip,** gwefl gefnol (gweflau cefnol) *f*; **~ fin,** asgell (esgyll) (*f*) y cefn; **~ spine,** pigyn(-nau) (*m*) ar y cefn; *(b) Geog: (= ridge-shaped):* trumiog. **2.** *n. Anat:* f|ertebra (fertebrâu) thorasig *f.*

dorsally *adv.* ar y cefn.

dorser *n. Harn:* sadell(-i) *f.*

Dorset horn *n. Z: Husb:* dafad gorniog (defaid corniog) (*f*) Dorset.

dorsiferous *a. Z: Bot:* cefnddygol.

dorsigrade *a. Z:* d|orsigrad.

dorsiparous *a. Z:* cefnddygol.

dorsiventral *a. Biol: Z:* cefndorrol.

dorsiventrality *n.* cefndorredd *m.*

dorsiventrally *adv.* yn gefndorrol.

dorsolateral *a.* cefnystlysol.

dorsoventral *a.* = **dorsiventral**.

dorsoventrality *n.* = **dorsiventrality**.

dorsoventrally *adv.* = **dorsiventrally**.

Dorstone *Eng.Pl.n.* [Llan] Tref (*f*) y Cernyw.

dorsum *n. Anat:* cefn(-au) *m.*

dorter, dortour *n. Hist:* dortur(-iau) *m*, hundy (hundai) *m.*

dory¹ *n. Ich:* **[John] ~** , banwes(-au) *f*, eurgefn(-au) *m*, *N.W:* pysgodyn (pysgod) (*m*) darn arian.

dory² *n. Nau: (= skiff):* ceubal(-au) *m.*

dos-à-dos *a. Lib:* **~-à-~ binding,** rhwymo (*vn*) cefn-wrth-gefn.

dosage *n.* dogn(-au) *m*, dogniad(-au) *m.*

dose¹ *n. Med: Pharm:* dogn(-au) *m*, dos(-au) *mf*; **like a ~ of salts,** mewn chwinciad, *S:* mewn jiffad.

dose² *v.t.* **1.** dogni, *F:* dosio (rhn); rhoi ffisig/moddion (i rn). **2.** *(= adulterate):* teneuo, glastwreiddio.

dosimeter *n.* dosimedr(-au) *m*, mesurydd(-ion) (*m*) diferion.

dosimetric *a.* dosimetrig.

dosimetry *n.* dosimetreg *f.*

dosing-gun *n. Husb:* gwn (gynnau) (*m*) dosio.

doss¹ *n. P:* gwely(-au) *m*, *F:* ciando(-s) *m.* **~-house** *n.* tŷ (tai) (*m*) clwydo.

doss² *v.i. P:* **1.** cysgu, clwydo, aros noson, cysgu'r nos, bwrw noson, noswylio. **2. to ~ down,** cysgu ar wely clatsh/rebel, mynd i'r cae sgwâr, mynd i'r cae nos, mynd i'r ciando.

dossal *n.* cefnlen(-ni) *f.*

dossier *n. Adm:* coflen(-ni) *f*, ffeil(-iau) *f.*

dost *v. See* **do¹**.

dot¹ *n.* dot(-iau) *m*, [y]smotyn ([y]smotiau) *m*; *Tg:* **dots and dashes,** dotiau a strociau; *F:* **(he arrived) on the ~,** (fe gyrhaeddodd) yn brydlon, i'r funud; *F:* **(he's been here) since the year ~,** (mae ef yma) ers oes mul, ers cyn cof, ers cyn y Dilyw, ers talwm iawn, ers tro byd, ers llawer dydd. **~ matrix printer** *n. Cmptr:* matrics-argraffydd(-ion) *m.* **~ product** *n. Mth:* lluoswm (lluosymiau) sgalar *m.* **~ punch** *n. Tls: &c:* pwnsh(-is) (*m*) dot/dotio.

dot² *v.t.* **1.** dotio; **to ~ the i's and cross the t's,** dotio pob i a chroesi pob ti. **2.** *(= scatter, bespatter):* britho; **a hillside dotted with chalets,** llechwedd yn frith o fythynnod. **3. to ~ and carry one,** *(a) Mth: A:* cario rhif; *(b) F: (= limp):* hercian, clunhercian, cloffi, henclan. **4.** *P:* **to ~ s.o. one,** estyn bonclust i rn, rhoi celpen/clewten i rn; *S.a.* **clout[2]**.

dot[3] *n.* = **dowry**.

dotage *n.* henaint *m*, ail blentyndod *m*; **in one's ~,** dotlyd, dotus, *N.W: occ:* hurtus; **to be in one's ~,** *S.W:* babanu, *N:* hurtio [gan henaint].

dotal *a.* gwaddoliadol, egweddïol.

dotard *n.* henwr (henwyr) penwan/hurtus/ffwndrus *&c m*, *occ:* hen gelffaint *m*, hen gelffyn *m*, *F:* hen gant *m*, hen daid (~ deidiau) *m*, hen begor(-iaid) *m*, hen bererin(-ion) *m*.

dote[1] *n. (= wood-rot):* madredd (*m*) coed, pydredd (*m*) coed, celffaint (celffeiniau) *m*.

dote[2] *v.i.* **1.** *(= be deranged):* drysu, hurtio, gwirioni, ffwndro, *S.W:* babanu. **2. to ~ (upon/on s.o.),** gwirioni'ch pen, mopio'ch pen, mopio'n lân, ffoli, gwirioni (ar rn); dotio, dotian (at/ar rn); *S:* dwlu, *S.W: occ:* delffo, *N.W: occ:* ffladru (ar rn).

doth *v. See* **do[1]**.

doting *a.* **1.** *(= senile):* penwan, dryslyd, ffwndrus, dotus, dotlyd, plentynnaidd, *henwan, *N.W: occ:* hurtus, *N.W: occ:* dot. **2.** *(= overfond):* maldodus, anwesol, mwythlyd, ffôl-serchus, dotiol.

dotingly *adv.* **1.** yn benwan *&c.* **2.** yn faldodus *&c.*

dotted *a.* **1.** dotiog, mannog, yn ddotiau i gyd, brith (*f.* braith, *pl.* brithion); **~ line,** llinell ddotiog *f*, llinell ddotiau; **field ~ with flowers,** cae yn frith o flodau; **(houses) ~ here and there,** (tai) wedi eu gwasgaru yma ac acw, ar wasgar yma ac acw; **to sign on the ~ line,** torri'ch enw; *S.a.* **dot[2]**. **2.** *Mus:* **~ note,** nodyn unpwynt *m*, nodyn dot; **double ~ note,** nodyn deubwynt, nodyn deuddot; **~ rest,** tawnod(-au) unpwynt *m*, tawnod â dot. **~ swiss** *n. Tex:* mwslin dotiog/brith *m*.

dotterel *n. Orn:* hutan(-od) *mf*.

dottily *adv.* yn ffôl *&c*; *See* **dotty**.

dottiness *n.* ffolineb *m*, gwiriondeb *m*, penwendid *m*, penchwibandod *m*, hurtrwydd *m*, hurtwch *m*, hurtni *m*.

dottle *n. F:* hen faco *m*.

dottrel *n.* = **dotterel**.

dotty *a.* **1.** *(= full of dots):* brith (*f.* braith, *pl.* brithion), mannog, smotiog, dotiog. **2.** *F: (= crazy):* ffôl, penwan, hurt, gwirion, ynfyd, hanner-pan, penchwiban; *S.a.* **crazy**; **to go ~,** ynfydu, gwirioni, drysu, hurtio, colli arnoch eich hun, mynd yn hurt *&c*, *S: occ:* delffu.

double[1] *a., adv. & n.* I. *a.* **1.** dwbl, *F:* dwbwl, *occ:* deublyg, dyblyg; **with a ~ meaning,** â dwy ystyr; **to give a ~ knock,** curo ddwywaith. **2. to fold a sheet of paper ~,** plygu dalen yn ddwy (*sc.* ran); *(of pers.):* **bent ~,** yn eich dyblau, yn eich dau ddwb[w]l. **3.** dwywaith [cymaint]; **I am ~ your age,** 'rwyf i ddwywaith eich oed chi; **~ the length of sth,** dwywaith yn hwy na rhth, dwywaith hyd rhth. II. *adv.* **to see ~,** gweld dwbl, gweld yn ddwbl, gweld dau; **to sleep ~,** cysgu'n bâr, cysgu fesul dau. III. *n.* **1.** dwbl (dyblau) *m*, dwywaith cymaint *m*; **to toss/play ~ or quits,** chwarae dwbl neu ddim. **2.** *(a) (= exact resemblance):* **she's her cousin's ~,** mae hi yr un ffunud (*m*) â'i chyfnither; *(b) Mil: Th:* dyblwr (dyblwyr) *m*. **3.** *Mil:* **at the ~,** dyblwch hi! **4.** *Ten:* **men's doubles,** parau meibion. **~-acting** *a. Mec.E:* dwyffordd. **~-action** *a. Mus:* **~-action harp,** telyn gyngaws ddyblyg (telynau cyngaws dyblyg) *f*, telyn arwaith dwbl. **~ agent** *n.* ysbïwr (ysbiwyr) dwbl *m*, ysbïwr bob ochr. **~ axe** *n.* bwyell ddeufin (bwyeill deufin) *f*. **~-banking** *vn.* = **double-park**. **~-barrel** *n.* dryll(-iau) (*m*) dau/dwy faril, gwn (gynnau) (*m*) dau/dwy faril. **~-barrelled** *a.* **1.** *(gun):* dau faril, dwy faril, dwb[w]l baril. **2.** *F:* **~-barrelled name,** enw(-au) dwbl *m*, enw dwb[w]l baril. **~-bass** *n. Mus:* basgrwth (basgrythau) *m*, bas(-au) dwbl *m*, dwbl bas(-au) *m*. **~-bassist** *n.* canwr (canwyr) (*m*) bas dwbl, canwr dwbl bas, basgrythor(-ion) *m*. **~-bassoon** *n.* is-fasŵn (~-faswnau) *m*, basŵn (baswnau) dwbl *m*. **~ bed** *n.* gwely(-au, gwlâu) dwbl *m*. **~ bill** *n. Th:* rhaglen ddwbl (rhaglenni dwbl) *f*. **~ bind** *n. (= dilemma):* cyfyng-gyngor *m*, penbleth *fm*, dryswch *m*, *occ:* caethgyfle *m*. **~-bitt** *v.t. Nau:* dyblu, dwbl-droi. **~-blind** **1.** *a.* dwbl-ddall. **2.** *n.* arbrawf (arbrofion) dwbl-ddall *m*. **~ boiler** *n.* sosban ddwbl (sosbenni dwbl) *f*. **~ bond** *n. Ch:* bond(-iau) dwbl *m*. **~-bottomed** *a.* â gwaelod dwbl. **~-breasted** *a.* dwbl-brest, â llabedi croes, croeslabedog. **~ buffering** *vn. Cmptr:* clustogi (*vn*) dwbl, clustog ddwbl *f*. **~-check[1]** *n.* ail edrychiad(-au) *m* **(of/on sth,** ar rth); ailwiriad(-au) *m*. **~-check[2]** *v.t.* ailedrych (rhth *or* ar rth), ailwirio (rhth). **~ chin** *n.* tagell (tegyll) *f*. **~ cream** *n.* hufen tew *m*. **~-cross[1]** *n.* brad *m*, bradwriaeth *f*, twyll *m*. **~-cross[2]** *v.t.* twyllo, bradychu. **~-crosser** *n.* twyllwr (twyllwyr) *m*, t|wyllwraig (twyllwragedd) *f*, bradwr (bradwyr) *m*, bradwres(-au) *f*. **~-crossing** *a.* bradwrus, twyllodrus. **~-cut file** *n. Tchn:* ffeil(-iau) (*f*) toriad dwbl. **~ dagger** *n. Typ:* bêr (berau) *mf*. **~ daisy** *n. Bot: N:* botwm (*m*) gŵr ifanc, *N.E:* blodyn (*m*) gŵr ifanc, *S:* botwm dyn ifanc. **~ date** **1.** *n.* points dwbl. **2.** *v.i.* mynd ar boints dwbl. **~-dealer** *n.* twyllwr (twyllwyr) *m*, t|wyllwraig (twyllwragedd) *f*, ffugiwr (ffugwyr) *m*, ff|ugwraig *f*, *N.W:* rogiwr (rogwyr) *m*, ffugiwr (ffugwyr) *m*, *S: occ:* cafflwr (cafflwyr) *m*. **~-dealing[1]** *a.* twyllodrus, dichellgar, ffals, bradwrus, dauwynebog, ystumddrwg, dichellddrwg, *F:* dan din. **~-dealing[2]** *vn.* twyllo, twyll *m*, dauwynebogrwydd *m*, chwarae'r ffon ddwybig, chwarae'r llaw wen, *S:* cafflo, *N.W: occ:* rogio *vn*, ffinglo *vn* (*pronounced* ng-g), ffingl *f* (*pronounced* ng-g). **~-deck, ~-decked** *a.* deulawr. **~-decker** *n.* **1.** *Navy:* llong ddeufwrdd (llongau deufwrdd) *f*. **2.** *Aut:* bws (bysiau) deulawr *m*, bỳs (bysus) deulawr *m*. **3.** *Cu: (sandwich):* brechdan ddwbl (brechdanau dwbl). **~-declutch** *v.i. Aut:* dwbl-ddatgydio, dod o'r afael ddwywaith. **~ decomposition** *n. Ch:* cyd-ddadelfeniad *m*. **~ drummer** *n. Ent:* sioncyn (sioncod) swnllyd *m*. **~ Dutch** *n. F:* lol *f*, *S:* dwli *m*, *Lit:* ffiloreg *f*, ffregod *f*, baldordd *m*, *N: F:* tatws llaeth *m*, cabarl|atsh *m*, rwdl-mi-ri *mf*, strydwm *m*; **to talk ~ Dutch,** siarad lol *&c*, lolian, *N:* siarad ar draws pen a chlustiau, paldaruo lol, cabarddulio, mwydro, cabarlatsio, rwdlian, stwnsio, ponsio, *S:* siarad/whilia dwli; *S.a.* **nonsense**. **~-dyed** *a.* **1.** *Tex:* lliw cryf. **2.** *Fig:* **~-dyed villain,** dihiryn (dihirod) ysgeler *m*, adyn ysgeler *m*. **~ eagle** *n.* eryr(-od) deuben *m*. **~-edged** *a.* daufiniog, deufin. **~-ended** *a.* deuben. **~-ender** *n. Nau:* llong ddeuben (llongau deuben) *f*. ***~-entendre, ~-entente*** *n.* ystyr ddwbl (ystyron dwbl) *f*. **~ entry** *n. Book-k:* cofnod(-ion) dwbl *m*. **~ exposition** *n.* dangosiad(-au) dwbl *m*. **~ exposure** *n. Phot:* dinoethiad(-au) dwbl *m*. **~-faced** *a.* **1.** *Tex:* â dau wyneb. **2.** *(= hypocritical):* dauwynebog, rhagrithiol. **~ faggot** *n. Needlew:* ffagod(-au) dwbl *m*. **~ fault** *n. Ten:* ffawt d[d]wbl *fm* (ffawtiau dwbl). **~ feature** *n. Cin:* [rhaglen (*f*) â] dau lun mawr. **~ first** *n. Sch:* dosbarth cyntaf dwbl *m*, dau ddosbarth cyntaf. **~ flat** *n. Mus:* meddalnod(-au) dwbl *m*. **~ folded seam** *n. Needlew:* gwnïad (gwniadau) deublyg *m*. **~-fronted** *a.* [â] ffrynt dwbl, [ag] wyneb dwbl. **~ glazing** *n.* gwydro (*vn*) dwbl, gwydriad dwbl *m*, *F:* ffenestri dwbl *pl*. **~ harness** *n.* **1.** harnais (harneisiau) dwbl *m*. **2.** *Fig: (= marriage):* rhwymau (*pl*) priodas. **~-headed** *a.* deuben, â dau ben; **~-headed screw,** sgriw (*f*) ddeuben/ddeuflaen (sgriwiau deuben/deuflaen). **~ helix** *n.* helics(-au) dwbl *m*. **~ indemnity** *n. Ins:* indemniad(-au) dwbl *m*. **~ jeopardy** *n. Jur. U.S:* erlyniad(-au) dwbl *m*. **~-jointed** *a. (pers., limb):* deugymalog; *Fig:* hyblyg, ystwyth. **~ knot** *n.* cwlwm (c[y]lymau) (*m*) cwlwm, *S.W:* cwlwm penglwm (*pronounced* ng-g). **~ life** *n.* **to lead a ~ life,** byw bywyd dwbl, byw dau fywyd. **~-lock** *v.t.* dwbl-gloi. **~ meaning** *n.* dwy ystyr *f*, dau ystyr *m*, ail ystyr(-on), ystyr d[d]eublyg/d[d]wbl (ystyron deublyg/dwbl). **~ negation** *n.* negyddiad dyblyg/dwbl *m*. **~ obelisk** *n.* = **double dagger**. **~ open diapason** *n. Mus:* diapason agored dwbl *m*. **~ paddle** *n.* rhwyf ddeuben (rhwyfau deuben) *f*, rhodl ddeuben (rhodlau deuben) *f*. **~-park** *v.t. Aut:* dwbl-barcio. **~-quick** **1.** *a.* **in ~-quick time,** mewn chwinciad [mochyn/chwannen], ar fyr o dro, mewn byr dro, cyn pen dim, mewn chwiffiad, *S: F:* mewn fflachad, chwap, chwip, chwipyn, mewn jiffad, mewn wincad [llygad llo]. **2.** *adv.* ar unwaith, chwipyn, chwap, yn sydyn, *S:* glou. **~ quote** *n. Typ:* dyfynnod (dyfynodau) dwbl *m*. **~ recessive** *n.* enciliad(-au) dwbl *m*. **~-reef** *v.t. Nau:* dwbl-riffio. **~ rhyme** *n.* odl ddwbl (odlau dwbl) *f*. **~-ring** *a.* dwy fodrwy. **~ room** *n.* ystafell ddwbl (ystafelloedd dwbl) *f*. **~ salt** *n.* halen(-au) dwbl *m*. **~ saucepan** *n.* = **double boiler**. **~-scull[1]** *n. Row:* rhodl ddwbl (rhodlau dwbl) *f*, rhwyf ddwbl (rhwyfau dwbl) *f*. **~-scull[2]** *v.i. Row:* dwbl-sgwlio. **~ sharp** *n. Mus:* llonnod (llonodau) dwbl *m*, siarp dwbl *m*. **~-sided** *a.* dwyochrog. **~-space** *v.t.&i. Typ:* dwbl-ofodi. **~-spacing** *n. Typ:* gofod(-au) dwbl *m*. **~ standards** *n.pl.* safonau dwbl. **~-stopping** *vn. Mus:* gwasgiad dwbl *m*. **~ strike** *n. Typ:* trawiad(-au) dwbl *m*. **~ suspension** *n. Mus:* gohiriant (gohiriannau) dwbl *m*. **~ take** *n.* ail ymateb(-ion) *m*. **~-talk[1]** *n.* amwysedd *m*, daueiriogrwydd: deueiriogrwydd *m*. **~-talk[2]** *v.i.* siarad yn amwys/ddaueiriog *&c.* **~-talker** *n.* siaradwr (siaradwyr) amwys/daueiriog *&c m.* **~-talking** *a.* amwys, daueiriog, deueiriog. **~ ten** *n.* y degfed o Hydref. **~ tenon** *n.* tyno(-au) dwbl *m.* **~ thickness** *n.* trwch dwbl *m*, dau drwch, *occ:* dau dew (*m*). **~ thread** *n.* edau ddwbl (edeifion dwbl) *f.* **~ time 1.** *Ind:* tâl dwbl *m.* **2.** *Mil:* camre dwbl *m*, camre rhedeg. **~ tonguing** *vn. Mus:* tafodi dwbl. **~ u** *n. Alph:* dybliw(-iau) *f*, [y llythyren] ŵ(-au) *f.* **~ wedding** *n.* priodas ddwbl (priodasau dwbl) *f.* **~ width** *a.* deuled.

double² *v.t.&i.* I. *v.t.* **1.** dyblu; *Mus:* **to ~ a note,** dyblu nodyn; *Th:* **to ~ parts,** chwarae dwy ran, dyblu; **to ~ for s.o.,** dyblu dros rn. **2.** *Nau:* **to ~ a cape,** dyblu/troi/rowndio penrhyn, hwylio o gylch penrhyn. **3.** *Cards: Bill:* dyblu. II. *v.i. (of population &c):* dyblu, tyfu ddwywaith, cynyddu ddwywaith. **~ back 1.** *v.i. (of pers., hunted animal):* troi'n ôl, dyblu'n ôl. **2.** *v.t. (= fold back):* plygu (rhth) yn ei ôl. **~ up 1.** *v.i. (a)* plygu'n ddau, plygu'n ddau ddwbl, plygu yn eich dyblau, *S.W: occ:* plygu a'ch deupen ynghyd; **to ~ up with laughter,** bod yn eich dyblau [yn chwerthin], chwerthin yn eich dyblau; **they were doubled up with laughter,** *N:* 'roedden' nhw'n g'lana' (= gelanedd) chwerthin; *(b) (= run up):* dod ar redeg, cyrraedd ar redeg; *(c) F:* **to ~ up with s.o.,** rhannu (ystafell, gwely *&c*) â rhn. **2.** *v.t. (a) (= fold):* plygu (rhth); *(b)* **to ~ s.o. up,** ***(with a blow):*** plygu rhn yn ei hanner.

doubled *a.* dybledig, dwbl; **~ over,** *(pers.):* yn eich dwbl/dyblau; **~ over cloth,** lliain wedi ei blygu yn ei hanner.

doubleheader *n. Rail: U.S:* trên d[d]euben (trenau deuben) *mf.*

doubleness *n.* **1.** deublygrwydd *m*, dybledd *m*, dyblygedd *m.* **2.** = **duplicity.**

doubler *n.* **1.** *(= platter):* dwbler(-au,-i) *m.* **2.** *(in tinworks &c):* dyblwr (dyblwyr) *m.*

doublespeak *n.* siarad (*vn*) dwbl.

doublet *n.* **1.** *A: Cost:* dwbled(-au,-i) *f*; **~ and hose,** dwbled a chlôs. **2.** *Ling:* dybled(-au,-i) *m.*

doublethink *n.* meddwl dwbl *m*, deufeddwl *m.*

doubleton *n. Cards:* dau (deuoedd) *m.*

doubletree *n. Agr:* cambren(-ni,-nau) [mawr] *m*, *S.W:* cambren rhannu, *N:* bonbren(-nau) *m.*

doubloon *n. Num:* dwblŵn(-s) *m*, dyblŵn(-s) *m.*

doubly *adv.* yn ddwbl, yn ddeublyg, ddwywaith, *occ:* yn ddau ddyblyg; **make ~ sure,** gwnewch yn hollol siŵr.

doubt¹ *n.* amheuaeth *f*, amheuon *pl*; **to be in ~,** amau, *S.W: occ:* bod mewn stwmp; **the outcome was in ~,** 'roedd amheuaeth yngh|ylch y canlyniad; **to cast doubts on sth,** taflu amheuon ar rth, bwrw amheuaeth ar rth; **I have my doubts whether he will come,** mae'n amh|eus gennyf a ddaw ef; **beyond [a] ~,** yn ddiamau, yn ddiamheuol, yn ddiamheuaeth, y tu hwnt i amheuaeth, heb os nac onibai, yn bendifaddau; **no ~ he will come,** mae'n siŵr y daw ef; *Lit:* diau y daw ef; *N:* siawns na ddaw o; **there seems to be no ~ that. . .,** *N:* 'does dim dwywaith na. . .; *S:* 'does dim dau na . . .; **it is too late now, no ~,** mae'n sicr/siŵr o fod yn rhy hwyr; **there is no ~ about it,** 'does dim amheuaeth/dwywaith/dau amdano; *S.W:* 'sdim nôl a mlaen oboiti fe; **(I'll be the one who has to pay) no ~,** *N.W: (ironic):* (fi fydd yn gorfod talu) mi wn (*pronounced* mwn), mae'n siŵr. *S.a.* **benefit¹.**

doubt² *v.t.&i.* **1.** *v.t.* amau; **to ~ s.o., to ~ s.o.'s word,** amau rhn, amau gair rhn; **I ~ whether/if he will come,** mae'n amh|eus gennyf a ddaw ef; *N: F:* mae'n gwestiwn gen i [a] ddaw o; *M.W: occ:* mae'n amau gen i [a] ddaw o; *S.W:* digwyddiad y daw e; *N.B: the use of* os *for* a *to introduce indirect questions is incorrect*; **I do not ~ that he will come,** 'does dim amheuaeth na ddaw ef; nid wyf yn amau na ddaw ef. **2.** *v.i.* **I never doubted of success,** nid amheuais i erioed y deuai llwyddiant; **he doubted no longer,** ni phetrusodd ragor. **3.** *A: (= fear, suspect):* amau, tybio, ofni.

doubtable *a.* amh|eus.

doubter *n.* amheuwr (amheuwyr) *m*, amh|euwraig *f*, petruswr (petruswyr) *m*, petr|uswraig *f.*

doubtful *a.* **1.** *(thing):* amh|eus, ansicr, annibynadwy, amwys. **2.** *(pers.): (a)* petrus, ansicr, amheus; **I was still ~ about speaking to him,** 'roeddwn i'n dal i betruso ynglŷn â siarad ag ef; *(b)* **to be ~ of sth, to be ~ as to sth,** amau/drwgdybio rhth, bod yn amheus ynghylch rhth. **3.** *(character):* amheus, brith (*f.* braith, *pl.* brithion), *S.W: occ:* broc; **~ society,** adar brith *pl*; **in ~ taste,** di-chwaeth, o chwaeth amheus.

doubtfully *adv.* **1.** *(= in doubt):* yn amh|eus. **2.** *(= hesitantly)* yn betrus, yn ansicr. **3.** *(= uncertainly):* yn ansicr; **it was ~ advantageous,** 'roedd yn fantais ansicr; 'roedd yn ansicr a oedd yn fantais.

doubtfulness *n.* **1.** *(= ambiguity):* amwysedd *m.* **2.** *(= uncertainty, indecision):* ansicrwydd *m.* **3.** *(= indecision):* ansicrwydd, petruster *m*, petrustod *m.*

doubting *a.* amh|eus (o rth), amheugar, llawn amheuon, anghrediniol, petrus; **~ Thomas,** amheuwr (amheuwyr) *m*, *B:* Thomas anghrediniol; *Lit:* **D~ Castle,** Castell Amheuaeth.

doubtingly *adv.* yn amh|eus *&c.*

doubtless, doubtlessly *adv.* diau, yn ddiau, yn ddiamau, yn ddiamheuaeth, yn ddiamheuol, yn ddi-os, heb os nac onibai, yn bendifaddau, yn sicr, yn siŵr, heb [ddim] amheuaeth; *(= probably):* mae'n debyg, yn ôl pob tebyg; *(= admittedly):* rhaid cyfaddef.

doubtlessness *n.* sicrwydd *m*, diamheurwydd *m.*

douc *n. Z:* dwc(-iaid) *m.*

douce *a.* tawel, gwylaidd, llednais, sydêt.

douceur *n.* = **gratuity.**

douche¹ *n. Med:* ***douch(-es)*** *mf*, golchfa (golchfâu, golchf|eydd) *f*, golchiad(-au) *m*, enffrydiad(-au) *m.*

douche² *v.t.&i. Med:* **1.** *v.t.* golchi, enffrydio. **2.** *v.i.* ymolchi.

dough *n.* **1.** toes *m*; **to make ~ too wet,** *Joc:* boddi'r melinydd. **2.** *F:* arian *m*, *N:* pres *m*, *S: occ:* dwsh *m*, tocyns *pl*, *N.W:* mags *pl.* **~-boy** *n.* **1.** *Cu: A:* = **dumpling. 2.** *U.S: Mil: O:* milwr (milwyr) Americanaidd *m*, soldiwr(-s) (*m*) M|ericia. **~ cake** *n.* teisen (*f*) does (teisennau toes), cacen (*f*) does (cacennau toes), *M.W:* cacen boeth (cacennau poeth), *S:* teisen fara (teisennau bara), teisen does cwnnad (teisennau toes ~). **~-like** *a.* toesaidd, toeslyd, fel toes.

doughnut *n.* toesen(-ni) *f*, *Joc:* cneuen (*f*) does (cnau toes).

doughtily *adv.* yn ddewr, yn lew *&c.*

doughtiness *n.* dewrder *m*, gwroldeb *m*, gwrolder *m*, pybyrwch *m*, glewder *m*, gwrhydri *m.*

doughty *a. A:* pybyr, dewr(-ion), glew(-ion), gwrol(-ion), dewrgalon, gwrolfrydig; **a ~ deed,** gorchest(-ion) *f*, camp(-au) *f*, gwrhydri *m*, *Lit:* gwrolgamp (-au) *f*; **~ fellows,** glewion, cedyrn.

doughy *a.* toeslyd, fel toes; **~ bread,** *S.W:* bara clatsh/cletsh *m.*

Douglas fir *n. Bot:* ffynidwydden (ffynidwydd) (*f*) Douglas.

Douglas Hill *W.Pl.n.* Mynydd (*m*) Llandygái.

Doukhobor *n. Rel:* Dwchobor(-iaid) *m&f.*

doum[-palm] *n. Bot:* palmwydden (palmwydd) (*f*) yr Aifft.

dour *a. Scot:* **1.** *(= austere, severe):* llym (*f.* llem, *pl.* llymion), gerwin, caled, oeraidd. **2.** *(= unbending):* cyndyn.

dourly *adv.* **1.** yn llym *&c.* **2.** yn gyndyn.

dourness *n.* **1.** *(= severeness):* llymder *m*, gerwindeb *m*, oerni *m.* **2.** *(= unbending nature:)* cyndynrwydd *m.*

douroucouli *n. Z:* dwrwcwli (dwrwcwlïod) *m.*

douse *v.t.* **1.** *(= drench):* trochi, gwlychu. **2.** *(light):* diffodd. **3.** *Nau: (a) (sail):* gostwng, llacio; *(b) (porthole):* cau.

dousing *vn.* **1.** *(= drenching):* trochiad(-au) *m*, trochi. **2.** *(of light):* diffoddiad(-au) *m*, diffodd.

dove¹ *n. & a.* **1.** *n.* colomen(-nod) *f*; **Barbary ~,** *(Streptopelia risoria):* colomen B|arbari; **collared ~,** *(S. decaocto):* turtur dorchog (turturod torchog) *f*, colomen dorchog (colomennod torchog) *f*; **ground ~,** *(Columbigallina terrestris):* colomen y ddaear; **mourning ~,** *(Zenaidura macroura):* colomen alarus (colomennod galarus); **Namagua ~,** *(Oena capensis):* colomen gynffon hir (colomennod cynffon hir); **palm ~,** *(S. senegalensis):* colomen y palmwydd; **ring-~,** *(Columba palumbus):* colomen gadwynog (colommennod cadwynog), ysguthan gadwynog (ysguthanod cadwynog) *f*, colomen goed (colomennod coed); **rock-~,** *(Columba livia):* colomen y graig, ysguthan(-od) (*f*) y graig; **stock-~,** *(Columba oenas):* colomen wyllt/lwyd (colomennod gwyllt/llwyd), *Lit: occ:* ysguthell(-od) *f*; **turtle-~,** *(S. turtur):* turtur(-od) *f*, colomen Fair (colomennod Mair). **2.** *a.* **~[-coloured], ~ grey,** o liw colomen, llwydlas (llwydleision). **~-flower** *n. Bot:* blodyn (*m*) y golomen (blodau'r golomen). **~-hawk** *n. Orn:* hebog(-iaid) llwydlas *m*, cudwalch (cudweilch) *m*, boda dinwen *f* (bodaod tinwyn), boda tinwyn *m*, aderyn (adar) (*m*) Sant Silyn. **~'s foot** *n. Bot:* troed (*mf*) y golomen, pig (*m*) yr aran cyffredin. **~ orchid, ~**

plant *n. Bot:* tegeirian (*m*) y golomen (tegeirianau'r golomen). **~-tree** *n. Bot:* llwyn (*m*) y golomen (llwyni'r golomen).

dove² *v. U.S: p.h. of* **dive²**

dovecot[e] *n.* colomendy (colomendai) *m*, cwb (cybau) (*m*) colomennod; **to flutter the dovecots,** tarfu'r colomennod.

Dovedale moss *n. Bot:* clustog (*f*) Efa, tormaen mwsoglaidd/llydandroed *m*.

dovekie *n. Orn:* carfil(-od) bach *m*, y carfil lleiaf *m*, pengwyn(-iaid) bach *m* (*pronounced* ng-g).

dovelike *a.* colomennaidd, fel colomen; *Fig:* diniwed, dof.

Dover *Eng.Pl.n.* Dofr *mf*; **the Straits of ~,** Culfor (*m*) Dofr. **~ sole** *n. Ich: (Solea solea):* lleden (lledod) chwithig *f*, lleden wadn (lledod gwadn).

dovetail¹ *n. Carp:* tyno(-au) cynffonnog *m*, uniad(-au) cynffonnog *m*, *A:* peusyd *m*, peusyth *m*, *F:* dyftel: dyfftel: dyfftal *m*; **angle ~,** tyno cynffonnog onglog; **double lapped ~,** goruniad(-au) cynffonnog dwbl *m*; **lapped ~,** goruniad cynffonnog; **secret ~ joint,** uniad cynffonnog cudd, dyfftel cudd; **through ~,** tyno cynffonnog drwodd. **~ housing** *n.* rhigol gynffonnog (rhigolau cynffonnog) *f*; **~ tapered housing,** rhigol gynffonnog daprog (rhigolau cynffonnog taprog). **~ key** *n.* allwedd gynffonnog (allweddi cynffonnog) *f*. **~ halving joint** *n.* uniad(-au) cynffonnog hanerog *m*, uniad haneru cynffonnog. **~ mitre-joint** *n.* meitr(-au) cynffonnog cudd *m*. **~ nailing** *vn.* hoelio cynffonnog. **~ notch** *n. (sheep's earmark):* bwlch (*m*) dyfftel. **~ saw** *n.* llif dyno fach (llifiau tyno bach) *f*, llif ddyfftel (llifiau dyfftel). **~ template** *n.* patrymlun(-iau) cynffonnog *m*.

dovetail² *v.t.&i.* **1.** *v.t.* tryfalu, *A:* peusythu, *F:* dyfftelio. **2.** *Fig: (a)* **to ~ two schemes [into each other],** plethu/asio dau gynllun [â'i gilydd]; *(b) v.i. (of schemes &c):* ymblethu, ffitio'n glos, cydweddu, ymdoddi.

dovetailed *a.* cynffonnog; *See above.*

dovetailing *vn.* **secret ~,** tryfalu cudd *vn.* **~ machine** *n.* peiriant (*m*) uniadau cynffonnog.

Dovey, *Pr.n. W.Geog: (river):* Dyfi *f*, [Afon *(f)*] D[d]yfi.

dovish *a. Pol:* heddychol, cymodlon.

dovishness *n. Pol:* heddycholdeb *m*, cymodlondeb *m*.

dowager *n.* gwaddolog(-ion) *m*; **queen ~,** brenhines weddw/waddolog (breninesau gweddw/gwaddolog) *f*. **~ duchess** *n.* duges weddw/waddolog (dugesau gweddw/gwaddolog) *f*. **~'s hump** *n. Med: F:* crwbi *m*.

Doward *Eng.Pl.n.* Llanddeuarth *f*.

dowdily *adv.* yn dlodaidd *&c.*

dowdiness *n.* golwg (*f*) ddi-raen/dlodaidd *&c* **(of sth,** ar rth); aflerwch *m*, annibendod *m*, salwineb *m*, tlodedd *m*.

dowdy, dowdyish *a.* tlodaidd [yr olwg], aflêr, salw, di-raen, anniben, *S.W: occ:* shibwchaidd; **a ~ woman,** *S.W: occ:* shibwchen *f*, hafren *f*, soga *f*.

dowel¹ *n. Carp:* hoelen (*f*) bren (hoelion pren), hoelbren(-nau) *fm*, peg(-iau) (*m*) pren, ebillen: ebillan (ebillion) *f*. **~ bit** *n.* ebill(-ion) (*m*) hoelbren. **~ guide** *n.* cyfeirydd(-ion) (*m*) hoelbren. **~ groove** *n.* rhych(-au) (*f*) hoelbren. **~ jig** *n.* jig(-iau) (*m*) hoelbrennau, daliwr (dalwyr) (*m*) hoelbrennau. **~ joint** *n.* uniad(-au) (*m*) hoelbren. **~ plate** *n.* plât (platiau) (*m*) hoelbrennau.

dowel² *v.t.*, **dowelling** *vn.* pegio.

dower¹ *n.* **1.** gwaddol(-ion) *m*, gwaddoliad(-au) *m*, cynhysgaeth (cynysgaethau) *f*, *A:* agweddi (agweddïau) *mf*. **~ house** *n.* tŷ (*m*) agweddi (tai agweddïau).

dower² *v.t.* cynysgaeddu, gwaddoli (â rhth).

dowerless *a.* diwaddol, digynhysgaeth.

dowitcher *n. Orn: (Limnodromus griseus):* gïach frongoch (giachod brongoch) *f* (*pronounced* ng-g); **long-billed ~,** *(L. scolopaceus):* gïach ylfin-hir (giachod gylfin-hir).

dowlas *n. Tex:* dowlas *m*.

Dowles *W.Pl.n.* Diflais *m*.

down¹ *n. Geog: usu.pl.* twyn(-i) *m*, bryn(-iau) *m*; **the North Downs,** y Twyni Gogleddol; **the South Downs,** y Twyni Deheuol.

down² *n.* **1.** *(of birds):* manblu *pl*, draenblu *pl*, plucen *m*. **2.** *(on pers.):* manflew *pl*, blewiach *pl*. **3.** *(on plants, fruit):* gwlân *m*, manflew, pân *m*, ceden *f*, goflew *pl*, gwlaniach *pl*, cotwm *m*, draenblu. **~ mattress** *n.* matres (*mf*) plu[f]/blu[f] (matresi plu[f]), gwely(-au) (*m*) plu[f]. **~ pillow** *n.* clustog (*f*) fanblu (clustogau manblu). **~ thistle** *n. Bot:* ysgallen gotymog (ysgall cotymog) *f*.

down³ *adv., prep., a. & n.* I. *adv.* **1.** *(motion):* i lawr, *Lit: occ:* i waered; *S.a. any verb preceding* **down; to go ~,** mynd i lawr, disgyn; *Sch:* mynd adref am y gwyliau; *(of sun):* machlud; *S.a.* **going-down; to send s.o. ~,** *(i) Sch:* anfon rhn adref [o goleg], diarddel rhn [o goleg]; *(ii) (to prison):* anfon rhn i garchar; **to lay ~ one's arms,** dodi'ch/rhoi'ch arfau i lawr, ildio, rhoi'r gorau i ymladd; **to fall ~,** disgyn, cwympo, syrthio [i lawr]; **cash ~,** arian (*m*) ar law; **~ with the traitors!** i lawr â'r bradwyr! **~ with so-and-so!** i gythraul â hwn-a-hwn! **to howl/shout s.o. ~,** boddi (llais, araith) rhn â bloeddio, bloeddio ar draws rhn; **to copy (sth) ~,** copïo, nodi, codi (rhth); *(to a dog):* **down!** [i] lawr! gorwedd! **a tradition handed ~ from generation to generation,** traddodiad a drosglwyddwyd o genhedlaeth i genhedlaeth. **2.** *(position):* **~ below,** isod, isl|aw, yn y gwaelod, *Lit: occ:* obry; **~ there,** yno; **~ South,** yn y De, ym mhellafoedd y De; **~ in the country,** yn y wlad, yng nghefn gwlad, ym mherfeddion gwlad; **~ here,** yma, y fan hyn, yn y rhan yma o'r wlad/byd; **the curtains are ~,** mae'r llenni i lawr; **face ~,** wyneb i lawr/waered, ar eich wyneb; **head ~,** â'ch pen i lawr/waered; **he is ~,** *(a) (= fallen):* mae ef wedi cwympo/syrthio; mae ef ar lawr *or* ar y llawr; *(b) (of student):* mae ef gartref o'r coleg; *(c) (= has left college):* mae ef wedi gadael y coleg; **he isn't ~ yet,** *(from bedroom):* nid yw ar ei draed eto; nid yw wedi codi eto; **(to hit a man) when he is ~,** (taro dyn) pan fo dan ei glwyfau, ac yntau ar wastad ei gefn; **the meeting is ~ for next week,** mae'r cyfarfod wedi ei drefnu ar gyfer yr wythnos nesaf; **he is [put] ~ for twenty pounds,** mae ei enw i lawr am ugain punt; **he is ~ to speak next,** fe sydd i fod i siarad nesaf; **he is twenty pounds ~,** mae ef ugain punt ar ei golled; **~ with fever,** yn orwe[i]ddiog gan dwymyn; yn eich gwely dan dwymyn; **he's ~ with a cold,** mae ef dan annwyd; mae annwyd arno; **the sun is ~,** mae'r haul wedi machlud; *N.W: occ:* mae'r haul wedi mynd dan ei gaerau; **the wind is ~,** mae'r gwynt wedi gostegu; *N.W: occ:* mae'r gwynt wedi hwylio i lawr; **the tide is ~,** mae'r môr ar drai; mae'r môr yn distyll; **the temperature is ~,** mae hi'n oer/oerach; mae hi wedi oeri; *Med:* mae'r tymheredd yn is; **bread is ~,** mae bara'n rhatach; **her hair is ~,** mae'i gwallt hi'n llaes/rhydd; *Aut: &c:* **your tyres are ~,** mae'ch teiars chi wedi gollwng; mae'ch teiars chi'n fflat; **the computer is ~,** nid yw'r cyfrifiadur yn gweithio; mae'r cyfrifiadur wedi torri; **I'm ~ to my last penny,** 'does gen i ond ceiniog ar f'elw; *Games:* **ten points ~,** deg pwynt ar ei hôl hi, deg pwynt ar ôl; **a ship ~ by the head,** llong yn isel yn ei blaen. **3. from prince ~ to pedlar,** o fonedd hyd at y werin; **~ to recent times,** hyd yn hyn, hyd yn ddiweddar, tan yn ddiweddar; **~ to here,** hyd [at] yma; **that'll suit me right ~ to the ground,** fe wnaiff i'r dim i mi. **4.** *F:* **to be ~ on s.o.,** bod â'ch llach ar rn, lladd/rhedeg ar rn, bod yn llawdrwm ar rn, *occ:* rhoi ar rn; **they're always ~ on me,** 'rydw i'n wastad dani hi ganddyn' nhw; maen' nhw'n wastad â'u llach arna' i; **to be ~ in the dumps/mouth,** edrych yn ddigalon/brudd *&c*, edrych fel iâr ar y glaw; **to get ~ to sth,** cychwyn ar rth, *N:* bwrw iddi, mynd ati, gafael ynddi, ymr|oi ati, tynnu'r ewinedd o'r blew, *S.* clatsio bant, clatsio arni; **get ~ to it!** hai ati! **(I was) ~ and out,** ('roeddwn) heb ddimai goch [y delyn], heb ddim ar f'elw; **~ on one's luck,** anlwcus, anffodus, *S. W:* wedi mynd i Dre-din, *N:* wedi mynd i'r llety llwm, wedi mynd i lety'r glem; **I'm ~ on my luck,** mae hi'n fain arnaf; *N. W: occ:* mae hi'n Llanllwgu arna' i. II. *prep.* i lawr; **to lower s.o. ~ a precipice,** gollwng rhn i lawr dibyn, *M.W: occ:* disgyn rhn i lawr dibyn; **her hair is hanging ~ her back,** mae'i gwallt [yn llaes] ar hyd ei chefn; **to go ~ a street/hill,** mynd i lawr stryd/rhiw; **up hill and ~ dale,** dros bant a bryn; **to go ~ [the] river,** mynd gyda'r afon, mynd i lawr yr afon; **~ [the] wind,** gyda'r gwynt; **to fall ~ the stair,** *S:* cwympo [i] lawr y stâr; *N:* syrthio i lawr y grisiau; **water is running ~ the wall,** mae dŵr yn llifo i lawr y pared; **~ town,** yn y dref; *U.S:* **to go ~ town,** mynd i'r dref; *S.a.* **up¹** II. **2.** III. *a. F:* = **down-hearted.** *Agr:* **~ calver,** buwch (*f*) yn dwddu, buwch ddywydd (buchod dywydd); *Rail:* **~ train,** trên (*m*) o'r dref; **~ platform,** platfform (*m*) o'r dref; **~ line,** llinell (*f*) o'r dref, lein (*f*) o'r dref; *U.S: Fb:* **~ ball,** pêl farw (peli marw) *f*; *Com:* **~ payment,** ernes(-au) *f*; *U.S:* **~ town,** canol (*m*) tref; *S.a.* **downtown.** IV. *n.* **1.** *(in the phr.):* **ups and downs** *See* **up¹** IV. **2.** *F:* **he has a ~ on me,** mae ganddo ddant i mi; mae e â'i lach arna' i; mae e â'i gyllell ynof i; 'rwyf dani o hyd gydag ef. **3.** *Sp: Wr: U.S: Fb:* lloriad(-au) *m*. **~-and-out[er]** *n.* trempyn (trampiaid, tramps) *m*, cardotyn (cardotwyr) *m*, *N.W: occ:* strowlyn *m*, *S.W:* rodni(-s) *m*, *F:*

occ: padi(-s) *m.* **~-at-heel** *a.* **1.** *(shoes):* treuliedig, wedi treulio, wedi gwisgo, wedi mynd ar eu hen sodlau; **~-at heel shoes,** hen ffagau, hen fflachod. **2.** *(pers.):* tlodaidd, aflêr, blêr, anniben, â'ch traed trwy'ch esgidiau. **~-centre** *adv. Th:* i lawr-canol. **~-court** *a. & adv. Games:* ym mhen draw'r cwrt. **~-cutting** *vn.* tyrchu. **~-draught** *n.* **1.** *(in chimney):* mwg *(m)* taro, tynfa *(f)* i lawr. **2.** *I.C.E:* **~-draught carburettor,** carbwradur *(m)* pen i waered. **~-hearted** *a.* digalon, gwangalon *(pronounced* ng-g), prudd, trist, trwm, trwmgalon, penisel, iselfryd, *Joc:* fel iâr ar y glaw; **to become ~-hearted,** digalonni, mynd yn ddigalon, gwangalonni *(pronounced* ng-g), *N.W: occ:* trym|hau, *S.W: occ:* gwneud pen mawr. **~-heartedly** *adv.* yn ddigalon *&c.* **~-heartedness** *n.* digalondid *m,* gwangalondid *m (pronounced* ng-g), pr|udd-der *m,* tristwch *m,* trymder *m.* **~-home** *a. U.S: F:* cartrefol. **~-lead** *n. W.Tel: &c:* gwifren (gwifrau) *(f)* i lawr. **~-left** *adv. Th:* i lawr-chwith. **~-left-centre** *adv: Th:* i lawr-chwith-canol. **~-market** *a.* rhad, tsiêp, pen isa'r farchnad. **~-right** *adv. Th:* i lawr-de. **~-right-centre** *adv. Th:* i lawr-de-canol. **~-stroke** *n.* = **downstroke**. **~-the-line** *a.* llwyr. **~-time** *n. Cmptr:* amser(-au) *(m)* di-fynd. **~-to-earth** *a.* ymarferol, realistig, di-lol, â'ch traed ar y ddaear. **~-to-earthness** *n.* natur ddi-lol *f.* **~ under** *n. & adv.* yr ochr arall *(f)* i'r byd, yr ochr draw i'r byd.

down⁴ *v.t.* **1.** *F: (= overcome):* llorio. **2.** *(a) Ind:* **to ~ tools,** *(i)* rhoi'r gorau i waith, *S.W:* codi cefn, *Min:* rhoi'r offer ar y bar, *N.W: Min:* smitio, rhoi'ch cerrig i fyny; *(ii) (= strike):* mynd ar streic, streicio, rhoi'r gorau i waith; *(b) Mus:* **~ bow!** bwa i lawr! **3.** *F:* **to ~ a drink,** llyncu diod ar eich talcen, rhoi diod o'r golwg, *N.W: occ:* cofftio diod.

Down⁵ *Pr.n.* **~'s syndrome,** syndrom *(m)* Down, cyfrediad *(m)* Down, mongoliaeth *f (pronounced* ng-g).

downarrow *n. Cmptr:* saeth *(f)* i lawr.

downbeat *a.* **1.** *(= gloomy):* anobeithiol, pesimistaidd, diobaith, digalon. **2.** *(= unemphatic):* ysgafn, braidd-gyffwrdd, didaro.

downcast *a.* **1.** *(pers.):* digalon, iselfryd, penisel, prudd, athrist. **2.** *(= eyes, look):* gostyngedig, ar ostwng, yn edrych i lawr, tua'r llawr, tuag i lawr. **3.** *Min:* **~ shaft,** siafft *(f)* aer.

downcome *n.* disgynfa (disgynf|eydd) *f.*

downcomer *n.* peipen *(f)* ddisgyn (peipiau disgyn).

downcourt *a. & adv.* ym mhen draw'r cowrt; i lawr y cowrt.

downdate *v.t. Cmptr:* dad-ddiweddaru.

downer *n. F:* **1.** *(= depressant, drug):* tawelyn(-au) *m,* **2.** *(= depressing event):* siom(-au) *fm,* siomedigaeth(-au) *f,* siomiant (siomiannau) *m,* peth(-au) digalon *m.*

downfall *n.* **1.** = **downpour**. **2.** *(= ruin, fall):* cwymp(-iadau) *m*; *(of empire &c):* cwymp, dymchweliad(-au) *m,* dinistr *m.*

downfield *adv. & a.* i lawr y cae, ym mhen draw'r cae.

downfold *n.* isblyg(-iadau) *m,* plyg(-iadau) *(m)* i lawr.

downgrade¹ *n. Rail: (= gradient):* rhediad(-au) *m,* goriwaered *m*; **to be on the ~,** dirywio, mynd i lawr yr allt, mynd ar eich gwaeth.

downgrade² *v.t.* diraddio, israddio.

downhaul *n. Nau:* tynraff(-au) *f.*

downhearted *a.* = **down-hearted**.

downheartedness *n.* = **down-heartedness**.

downhill *a., adv. & n.* **1.** *a.* disgynnol, gwaeredol, goriwaered; *Geog:* **~ side,** ochr waered *f*; **~ transition,** trawsnewid *(vn)* gwaeredol. **2.** *adv:* **(to go) ~,** (mynd) ar [ei] oriwaered, *S:* i'r gwaered, i lawr rhiw, *N:* ar i lawr, i lawr yr allt; *F: (of pers.):* mynd ar eich hen sodlau, dechrau torri, heneiddio, llesg|au, mynd yn ôl llaw, *S.W:* diharpo, *N.W:* diharffu; **it's ~ all the way,** i lawr rhiw/allt yr ewch chi bob cam o'r ffordd. **3.** *n.* goriwaered *m,* gwaered(-ydd) *m.* **~ fly** *n. Ent:* pryf(-ed) *(m)* goriwaered.

downiness *n.* **1.** *(of bed):* esmwythdra *m,* esmwythder *m,* plugrwydd *m,* meddalwch *m.* **2.** *(of leaf &c):* gwlanogrwydd *m,* manflewogrwydd *m.*

Downing *W.Pl.n.* Y Dwning *m.*

downland *n. Geog:* twyndir(-oedd) *m.*

download *v.t. Cmptr:* llwytho (rhth) i lawr.

downlooker fly *n. Ent:* = **downhill fly**.

downmost *a.* isaf.

downpipe *n. Const:* peipen *(f)* ddŵr (peipiau dŵr), *N.W:* peipen landar (peipiau landeri).

downplay *v.t.* bychanu.

downpour *n.* curlaw *m,* cenlli[f] *m,* cawod drom *(f)* o law, tywalltiad *m, S.W: occ:* curin[g] *m, S.E:* ponlaw *m, N.W: occ:* diffwystra *(m)* o law; **there was a ~,** dyma hi'n ei thywallt/ harllwys hi; *S:* dyma hi'n diwel y glaw.

downrange *a. & adv.* [draw] o'r man lansio.

downright *adv. & a.* **1.** *adv. (a)* cwbl, hollol *(before a. + soft mut.)*; **he was ~ rude,** 'roedd yn hollol/gwbl ddigywilydd; *(b)* **(to refuse) ~,** (gwrthod) yn lân, yn deg, yn bendant, ar ei ben. **2.** *a. (a) (pers., language):* di-lol, di-dderbyn-wyneb, diarbed, plaen, plwmp a phlaen, heb flewyn ar eich tafod, di-flewyn-ar-dafod, cwta, swta, *N.W: occ:* cwrtans; *(b) (= absolute):* hollol, pur, noeth, glân, digymysg, llwyr; **a ~ Tory,** Tori rhonc; **~ nonsense,** *N:* lol botes maip, lol hollol, *S:* dwli dwl; **a ~ lie,** celwydd noeth; **a ~ swindle,** twyll o'r mwyaf, twyll hollol; **a ~ "no",** "na" pendant, "na" ar ei ben.

downrightly *adv.* **1.** = **wholly**. **2.** = **bluntly**.

downrightness *n. (of speech):* plaender/plaendra *(m)* ymadrodd, ffordd swta *&c f,* natur ddi-lol *&c f*; *(of convictions):* rhoncrwydd *m.*

downrush *n.* = **downpour**.

downside *n.* dirywiad(-au) *m,* gostyngiad(-au) *m.*

downsitting *vn.* eisteddiad(-au) *m.*

downstage *adv. Th:* ar flaen y llwyfan, i lawr y llwyfan.

downstair[s] *adv., a. & n.* **1.** *adv. N:* [i] lawr [y] grisiau, [i] lawr [y] staer; dan [y] grisiau, dan [y] staer, *S:* [i] lawr [y] stâr; **to go/ come ~,** mynd/dod i lawr y grisiau *&c, S:* mynd/dod lawr llawr. **2.** *a.* **the ~ rooms,** yr ystafelloedd isod, yr ystafelloedd i lawr y grisiau, ystafelloedd y llawr. **3.** *n.* tan y grisiau *m,* tan y staer *m.*

downstate *a. & n. U.S:* **1.** *a.* gwledig, cefn gwlad, o waelod y dalaith, o odre'r dalaith. **2.** *n.* cefn *(m)* gwlad, gwaelod *(m)* talaith, godre *(m)* talaith.

downstater *n.* rhn (rhai) o waelod y dalaith, rhn o odre'r dalaith.

downstream *adv. & a.* **1.** *adv. (motion):* gyda'r afon; *(place):* yn is ar yr afon, i lawr yr afon. **2.** *a.* i lawr yr afon, gwaered afon.

downstroke *n.* **1.** *(of piston &c):* disgyniad(-au) *m,* disgynfa (disgynfâu, disgynf|eydd) *f,* ôl-strôc (~-strociau) *f.* **2.** *(of pen):* strôc (strociau) isaf *f*; *(of letter):* coes(-au) *f,* strôc isaf.

downswing *n.* disgyniad(-au) *m,* disgynfa (disgynfâu, disgynf|eydd) *f.*

downthrow *n. Geol:* cwymp(-iadau) *m.* **~ side** *n.* ochr(-au) syrthiedig *f.*

downtime *n. Ind:* amser segur *m.*

downtown *a., n. & adv. U.S:* **1.** *a. & n.* canol *(m)* tref, canol y dref; rhan fasnachol *(f)* y dref; **the ~ church,** yr eglwys yng nghanol y dref. **2.** *adv.* **I'm going ~,** 'rwy'n mynd i'r dref; *Police:* **let's go ~,** dewch i orsaf yr heddlu.

downtrend *n.* = **downturn**.

downtrodden *a.* gorthrymedig, dan orthrwm, dan ormes, dan draed.

downturn *n.* dirywiad(-au) *m,* cwymp(-iadau) *m,* tro(-adau) *(m)* ar i lawr.

Downwall *W.Pl.n.* Llanofer *(f)* Dyfnwal.

downward *a. & adv.* **1.** *a.* disgynnol, gwaeredol, i lawr, tuag at i lawr, ar i lawr, i waered, o'r brig i'r gwaelod; *Lit:* **the ~ path,** y llwybr i waered, y ddisgynfa *f*; **~ pressure,** gwasgedd i lawr; **~ sideways,** i lawr ac i'r ochr. **2.** *adv:* = **downwards**.

downwardly *adv.* = **downwards**.

downwardness *n.* symudiad *(m)* i lawr.

downwards *adv.* **1.** i lawr, i waered, tuag [at] i lawr, ar y goriwaered; *(of river):* gyda'r afon, i lawr yr afon; **face ~,** â'r wyneb i lawr/waered. **2. from the twelfth century ~,** o'r ddeuddegfed ganrif ymlaen.

downwarp *n. Geol:* synclin(-iau) *m,* crychiad(-au) *(m)* i lawr.

downwash *n. Av:* ôl-wynt(-oedd) *m.*

downwasting *vn. Geog:* **~ [of ice],** darfodiant *(m)* iâ.

downwind *a. & adv.* dan y gwynt, yng nghyfeiriad y gwynt, i gyfeiriad y gwynt, gyda'r gwynt; **I was ~ of the lion,** 'roedd y llew rhyngof a'r gwynt.

downy¹ *a.* **1.** *(a) (skin &c):* esmwyth, melfedaidd; *(b) Bot: (fruit):* cedenog, gwlanog, melfedaidd; *(flower):* cotymog, gwlanog; *(c) (bed):* esmwyth, pluog, meddal; *(d) (bird):* manbluog. **2.** *F:* **a ~ bird, a ~ cove,** aderyn (adar) *(m)* y nos, dyn(-ion) llygadog *m, N: F:* ffleiar(-s) *m,* hen bryf(-ed) *m, S:* bachan budr/cyfrwys/ffel *m.* **~ mildew** *n. Fung:* llwydni blewog *m.* **~ woodpecker** *n. Orn: U.S:* coblyn(-nod) gwlanog *m.*

downy² *a. Geog: (= like downs):* bryniog.
dowried *a.* gwaddoledig.
dowry *n.* gwaddol(-ion) *m, A:* agweddi (agweddïau) *m.*
dowse *v.i.* dewin[i]o [am ddŵr *&c*].
dowser *n.* dewin(-iaid) *(m)* dŵr, dewines *(f)* ddŵr (dewinesau dŵr).
dowsing *vn.* = **dowse**. **~-rod** *n.* gwialen *(f)* ddewin[i]o (gwiail dewin[i]o), ffon *(f)* ddewin[i]o (ffyn dewin[i]o), ffon dewin dŵr (ffyn dewiniaid ~).
doxographer *n.* docsograffwr: docsosgraffydd (docsograffwyr) *m.*
doxographic *a.* docsograffig.
doxography *n.* docsograffeg *f.*
doxologize *v.i.* mawlganu, canu mawl.
doxology *n.* mawlgan(-au,-euon,-iadau) *f,* mawlwers(-i) *f.*
doxy *n. A:* cyffoden(-nod) *f,* cariad(-on) *f.*
doyen *n.* hynafgwr (hynafgwyr) *m,* blaenor(-iaid) *m,* aelod(-au) hynaf *m, F:* hoelen (hoelion) *(f)* wyth; **the ~ of Welsh literature,** prif lenor *(m)* Cymru, brenin *(m)* ein llên.
doyenne *n.f.* hyn|afwraig (hynafwragedd), blaenores(-au); **the ~ of Welsh literature,** prif lenores Cymru, brenhines ein llên.
doze¹ *n.* cyntun *m;* **to fall into a ~,** hepian, pendwmpian, pendrymu, hanner cysgu; *See foll.*
doze² *v.i.&t.* **1.** *v.i. N:* hepian [cysgu], pendwmpian, pendrymu, huno-cysgu, *S.W:* slwmran [cysgu], cysgu ar eich trwyn, *occ:* swrddanu, topi [bant]. **2.** *v.t.* = **bulldoze**.
dozen *n.* **1.** dwsin(-au) *m, S.W:* dwsen *f,* dysen(-ni) *f, S: occ:* drysen(-ni) *f, S.E: occ:* drwsan *f;* **half a ~,** hanner dwsin; **six ~ bottles,** chwe dwsin o boteli; *F:* **daily ~,** ymarfer *(mf)* corff, ymarferion beunyddiol *pl.* **2. (to sell articles) in [sets of] dozens, by the ~,** (gwerthu pethau) fesul dwsin, bob yn ddwsin, wrth y dwsin, dwsin ar y tro; **dozens and dozens of times,** dwsinau o weithiau, sawl gwaith; **a long ~, a baker's ~,** tri/tair ar ddeg, dwsin ac un dros ben, dwsin gwehydd, *M.W:* dwsin ac un yn fendin; **(to talk) nineteen to the ~,** (siarad) pymtheg [yn] y dwsin, *N:* fel melin bupur, *S:* fel pwll y môr, *N.W: occ:* fel cyfrif llyfrithen, *S.W: occ:* fel cawl pys; **it's six of one and half a ~ of the other,** chwaer i mam ydyw modryb; *S.W:* brawd mogu yw tagu; cuwch cwd â ffetan; man a man â sianco [yw hi]; *V:* man a man â rhech; man a man â rhech a bwmp; *N.W:* man a man â mwnci [ydi hi]; ail ydi Huwcyn i Ffowcyn.
dozenth *a.* deuddegfed.
dozer *n.* **1.** pendwmpiwr (pendwmpwyr) *m,* cysgadur(-iaid) *m,* cysgadures(-au) *f.* **2.** *F:* = **bulldozer**.
dozily *adv:* **1.** *(= drowsily):* yn gysglyd, yn swrth. **2.** *(= stupidly):* yn dwp, yn hurt. **3.** *(= lazily):* yn ddiog, yn ddioglyd.
doziness *n.* **1.** *(= drowsiness):* cysgadrwydd *m,* syrthni *m.* **2.** *(= stupidity):* twpdra *m.* **3.** *(= laziness):* diogi *m.*
dozy *a.* **1.** *(= drowsy):* swrth, cysglyd. **2.** *(= stupid):* twp, hurt. **3.** *(= lazy):* diog, dioglyd.
drab¹ *n.f.* **1.** *(= slut):* slebog(-iaid), strebog(-iaid), sopen(-nod), sglafrog(-iaid); slwt(-iaid) *f,* slwten (slwtiaid), *N.W: Joc:* ladi popty. **2.** *(= whore):* putain (puteiniaid), hŵr: hwren (hwrod).
drab² *a.* **1.** *(colour):* llwyd, llwydaidd, di-liw, salw, *A:* dwn. **2.** *(= monotonous):* llwydaidd, di-liw, undonog.
drab³ *v.i. (= **whore²**):* puteinio.
drab⁴ *Tex:* gwlanen lwyd *f.*
drab⁵ *n. See* **drib**.
drabbet *n. Tex:* drabed *m.*
drabble *v.i.&t.* difwyno, caglu, baeddu, maeddu, dwyno, difwyno, diblo, *S.W:* stecsan, bryntu, trochi, *N.W:* strempio, poitsio.
drably *adv.* yn llwydaidd *&c,* yn undonog.
drabness *n.* llwydni *m.*
dracaena *n. Bot:* dreigwaed *m.*
drachm *n. Pharm: Meas:* dram(-au) *mf, B:* dracmon(-au) *m.*
drachma *n. Num:* drachma (drachmâu) *f.*
Draco¹ *Pr.n. Astr:* y Ddraig *f.*
draco² *n. Rept:* **~ lizard,** draig (dreigiau) hedegog/adeiniog *f.*
dracone *n.* dracôn (draconau) *m.*
Draconian *a.* Draconaidd, llym *(f.* llem, *pl.* llymion), tost, didrugaredd, didostur, diarbed, gerwin; **to take ~ measures,** gweithredu'n ddiarbed/ddidostur.
draff *n.* gwaddod(-ion) *m,* sorod *pl,* gwaelodion *pl.*
draft¹ *n.* I. **1.** *Mil: (a)* detholiad(-au) *m,* carfan(-nau) *f,* drafft(-iau) *mf; (b) U.S:* consgripsiwn *m,* gorfodaeth filwrol *f,* byddino *vn,* galw *(vn)* i'r fyddin. **2.** *Com: (a)* drafft(-iau) *mf; Fig:* **~ at sight,** drafft ar olwg; **~ on demand,** drafft ar hawliad; **in ~,** mewn drafft. **3.** *(= outline, sketch):* cynllun(-iau) *m,* braslun(-iau) *m,* amlinelliad(-au) *m,* drafft(-iau) *m;* **a ~ programme,** bras-raglen, rhaglen fras; **a ~ plan,** bras-gynllun, cynllun drafft; **a ~ treaty,** braslun o gytundeb, cytundeb drafft. II. *n.* = **draught¹** I. **~ conveyance** *n. Jur:* drafft-drosgludiad(-au) *m.* **~ document** *n. Jur:* drafft-ddogfen(-nau) *f,* drafft o ddogfen. **~-dodger** *n. U.S:* conshi(-s) *m.* **~-lease** *n. Jur:* drafft-les(-i,-oedd) *f,* drafft-brydles(-i,-oedd) *f.*
draft² *v.t.* **1.** *Mil: (a)* dethol, drafftio; *(b) U.S:* galw/gwysio (rhn) [i'r fyddin], drafftio, consgriptio, listio. **2. to ~ s.o. to a post,** anfon rhn i swydd. **3.** *(= draw up, outline):* amlinellu, braslunio, drafftio.
draftee *n. Mil: U.S:* consgript(-iaid) *m,* milwr (milwyr) gorfod *m.*
drafter *n.* **1.** brasluniwr (braslunwyr) *m,* amlinellwr (amlinellwyr) *m,* drafftiwr (drafftwyr) *m.* **2.** *U.S: (horse):* ceffyl(-au) *(m)* gwaith.
drafting paper *n.* papur *(m)* drafftio.
draftsman *n.m.* **1.** *(of documents):* = **drafter 1. 2.** = **draughtsman.**
draftsmanship *n.* = **draughtsmanship**.
drafty *a.* = **draughty**.
drag¹ *n.* **1.** *(a) Veh:* coetsh fawr (coetsis mawr) *f,* brêc(-s) *f; (b) (= sledge):* car (ceir) llusg *m; (c) Agr: (= harrow):* og(-au) *f,* oged(-i,-au) *f,* og fawr (ogau mawr) *f; (on road &c):* llyfnwr (llyfnwyr) *m.* **2.** *(a) (= grapnel):* gafaelfach(-au) *m,* tynfach(-au) *m; (b) Fish:* = **drag-net**. **3.** *(a) (on wheel):* strôc: strocen (strociau) *f,* sbrag(-iau) *f;* **to put a ~ on a wheel,** strocio olwyn, rhoi strocen mewn olwyn; *(b) (= impediment):* llyffethair (llyffetheiriau) *f,* llestair (llesteiriau) *m,* rhwystr(-au) *m,* cloffrwym(-au) *m,* ataliad(-au) *m; Fig:* **a ~ on s.o,** bwrn *(m)* ar rn, llyffethair i rn, *N.W:* carchar *(m)* ar rn, *occ:* dormach *(m)* ar rn; *(= bore):* syrffed *m,* bwrn *m,* diflastod *m,* poendod *m,* rhth/rhn beichus/diflas; *(pers.):* pigyn *(m)* yn y glust; **the play was a ~,** 'roedd y ddrama'n fwrn/feichus/ddiflas *&c; (c) Nau:* = **drag-anchor**. **4.** *Av: &c:* llusgiant *m,* llusgiad *m,* llusgo *vn,* tynfa *(f)* **(on sth,** ar rth); **to walk with a ~,** cerdded yn gloff, cloffi, llusgo cerdded, llusgo un troed/droed, clunhercian. **5.** *F: (= car):* siandri(-s) *f,* car (ceir) *m,* cerbyd(-au) *m.* **6.** *F: (= street, road):* ffordd (ffyrdd) *f,* heol(-ydd) *f;* **main ~,** y ffordd fawr *f, N: F:* y lôn *(f)* bost. **7.** *F: (= women's clothes):* gwisg *(f)* merch, drag *m; (= clothes):* dillad: dilladau *pl;* **he was in ~,** 'roedd mewn gwisg merch. **8.** *n. F: (at a cigarette):* mygyn: mwgyn *m, N.F:* swal *mf;* **to have a ~ ,** cael/tynnu mwgyn/mygyn. **9.** *F: (= influence):* dylanwad *m.* **10.** *Ven: (= bait, lure):* abwyd *m or pl,* llith(-iau) *m.* **~-anchor** *n. Nau:* angor(-au,-ion) llusg *m.* **~-hound** *n.* bytheiad (bytheiaid) *m,* helgi (helgwn) *m.* **~-hunt** *n.* helfa (helf|eydd) *(f)* abwyd. **drag-hunting** *vn.* hela abwyd. **~-line** *n. Const:* tyrchwr (tyrchwyr) *m.* **~-net** *n.* **1.** *Fish:* tynrwyd(-au,-i) *f,* llusgrwyd(-au,-i) *f,* rhwyd lusg (rhwydau/rhwydi llusg) *f.* **2.** *(for criminals):* rhwyd(-au,-i) *f.* **~ race** *n.* ras *(f)* ruthro (rasys rhuthro). **~ show** *n. Th:* *sioe *(f)* gadi[s] (sioeau cadis), sioe ddrag (sioeau drag).
drag² *v.t.&i.* **1.** *v.t. (a)* llusgo, tynnu, halio, *N.W: occ:* rhygnu, helcyd, *S.W: occ:* lapo, helgyd; **to ~ one's feet/heels,** *(i)* llusgo'ch/rhygnu'ch traed; *(ii) Fig:* llusgo traed, *N.W: occ:* dal dwylo, dal ar y dindres; *F:* **we had to ~ him here,** *S.W: V:* bu raid inni ddod ag e lwr[w] ei din; *N: V:* bu raid inni ei lusgo yma ar hyd ei din; *(b) Nau: (of ship):* **to ~ [her] anchor,** llusgo angor; *(c)* **to ~ a river,** chwilio afon â rhwyd, tynnu rhwyd trwy afon, treillio afon. **2.** *v.i. (a) (of pers.):* llusgo [mynd/dod], ymlusgo, tin-droi, ymdr|oi, pencawna, swmera; *(of thing):* treiglo, llusgo [ar hyd y llawr]; **your dress is dragging,** *N.W:* mae'ch gwisg chi'n rhygnu; *(of lawsuit &c):* llusgo ymlaen; *(of conversation):* llusgo ymlaen, mynd yn fwrn, cloffi; *(b) (= retard):* arafu; *(of brakes):* rhygnu; *(c) Nau: (of anchor):* llusgo; *Fish:* treillio, tynrwydo, rhwydo; *(d) (on cigarette):* cael mygyn, tynnu/sugno ar sigarét, tynnu mwg. **~ about** *v.t.* llusgo, halio (rhth) o gwmpas; *N.W:* helcyd, llygindio, llibindio (rhth); *S.W:* helgyd (rhth), cargywain *(pronounced* cargŵen); *N.W:* **don't ~ that cat about,** paid â hambygio'r gath 'na. **~ along** *v.t.* llusgo/tynnu/halio (rhth) ar eich ôl. **~ away** *v.t.* llusgo/tynu/halio (rhth) ymaith. **~ down** *v.t.* llusgo/tynnu/halio (rhth) i lawr. **~ in** *v.t.* llusgo/tynnu (rhth) i mewn; **to ~ sth into a**

conversation, llusgo rhth [gerfydd ei glustiau] i sgwrs. ~ **on** *v.i. (of affair &c):* llusgo ymlaen, rhygnu ymlaen. ~ **out** *v.t.* **1. to ~ s.o. out of bed,** llusgo/tynnu/halio rhn o'i wely; **to ~ the truth out of s.o.,** gorfodi rhn i ddweud y gwir. **2.** *(= prolong):* hwyh|au, estyn. **3. to ~ out an existence,** rhygnu byw, llusgo byw, lled-fyw. ~ **up** *v.t.* llusgo/tynnu/halio (rhth) i fyny, codi (rhth). *F:* **why do you ~ up that old grievance,** pam 'rwyt ti'n codi hen grach? **3.** *F: (of child):* **he was dragged up (not brought up),** fe gafodd ei fagu rywsut-rywsut.

dragee *n. Comest: Pharm:* ***dragee(s)*** *m.*

dragger *n.* **1.** llusgwr (llusgwyr) *m,* ll|usgwraig *f.* **2.** *Fish:* = **trawler.**

dragging *a.* **with ~ footsteps,** gan lusgo'ch traed, yn araf, yn amharod, yn anfodlon, yn oediog eich cam, â chamre oediog, yn droetrwm, yn drwm eich troed.

draggingly *adv.* yn araf, yn droetrwm *&c;* gan lusgo.

draggle *v.t.&i.* **1.** *v.t.* caglu, diblo (rhth); llusgo (rhth) yn y baw; *N:* tiblo, baeddu, difwyno, *F:* poitsio, strempio, *S:* bryntu, stecsan, trochi (rhth). **2.** *v.i.* ymlusgo. **~-tail[ed]** *a.* caglog, yn ddiblau/gaglau i gyd. **~-tail** *n.* = **slattern.**

draggy *a. F:* diflas, beichus, anniddorol, syrffedus.

dragoman *n.* lladmerydd(-ion) *m,* tywysydd (tywyswyr) *m.*

dragon *n.* draig (dreigiau) *f; Z:* **Komodo ~,** draig Comodo; **the Red D~,** y Ddraig Goch; **the White D~,** y Ddraig Wen; *B:* **the [old] ~,** yr hen ddraig; *F:* **she's chasing the ~,** mae hi ar y mwg drwg. **~-arum** *n. Bot:* = **dragonwort. ~-fly** *n. Ent:* gwas (gweision) *(m)* y neidr, *occ:* gwesyn(-nod) *m,* gwaell *(f)* y neidr, chwildarw *m, M.W: occ:* gwachell *(f)* y neidr; **club-tail ~-fly,** *(Gomphus vulgatissimus):* gwas neidr clwbgwt; **darter ~-fly,** *(Libellula):* picellwr (picellwyr) *m;* **emperor ~-fly,** *(Anax imperator):* yr ymerawdwr *m;* **golden-ringed ~-fly,** *(Cordulegaster annulatus):* gwas neidr eurdorchog; **hairy ~-fly,** *(Brachytron pratense):* gwas neidr blewog; **hawker ~-fly,** *(Gomphus):* hebogwr (hebogwyr) *m;* **white-faced ~-fly,** *(Leucorrhinia dubia):* picellwr wynebwyn, gwas neidr wynebwyn. **~-like** *a.* dreig[i]aidd, fel draig, tebyg i ddraig. **~-lizard** *n. Rept:* draig (dreigiau) *(f)* Comodo. **~-root** *n. Bot: U.S:* gwr|aidd *(m or pl)* y ddraig. **~-shell** *n. Conch:* brenigen (brennig) *(f)* y ddraig. **~-slayer** *n.* lladdwr (lladdwyr) *(m)* dreigiau. **~-tree** *n. Bot:* llwyn *(m)* y ddraig, dreigwaed *m.* **~'s blood** *n. Bot:* gwaed *(m)* y ddraig, dreigwaed *m.* **~'s head** *n. Bot:* pen *(m)* y ddraig. **~'s mouth** *n. Bot:* **1.** *(Helocodiceros):* safn *(f)* y ddraig. **2.** = **snapdragon. ~'s mouth orchid** *n. Bot:* tegeirian(-au) *(m)* safn y ddraig. **~'s teeth** *n.* **1.** *Mil: F:* dannedd draig, *A:* cetil(-au) *f.* **2.** *F:* **to sow ~'s teeth,** hau dannedd y ddraig.

dragonet *n. Ich: (Callionymus lyra):* bwgan(-od) *(m)* dŵr; *N.W: occ:* pysgodyn (pysgod) *(m)* bwyell; **spotted ~,** *(C. maculatus):* bwgan brith.

dragonfish *n. Ich:* dreigbysgodyn (dreigbysgod) *f,* draig *(f)* fôr (dreigiau môr).

dragonhead *n. Bot:* pen *(m)* y ddraig.

dragonnade[1] *n.* dragonâd (dragonadau) *m.*

dragonnade[2] *v.t.* dragonadu, gorthrymu, gormesu.

dragonwort *n. Bot:* dreiglys *m,* llysiau*(pl)*'r ddraig, croen *(m)* y neidr.

dragoon[1] *n. Mil:* dragŵn (dragwniaid) *m,* marchfilwr (marchfilwyr) *m.*

dragoon[2] *v.t.* **1.** *Hist:* gormesu, erlid, dragwnio. **2.** *F:* **to ~ s.o. into doing sth,** gwthio/gorfodi rhn i wneud rhth.

dragrope *n.* tynraff(-au) *f.*

dragster *n.* car (ceir) *(m)* rasio, car rhuthro.

drail *n. Fish:* llinyn(-nau) *(m)* tynnu, lein *(f)* dynnu (leiniau tynnu).

drain[1] *n.* **1.** cwter(-i,-ydd) *f,* ffos(-ydd) *f,* ceuffos(-ydd) *f, F:* traen(-iau, treiniau) *f,* draen(-iau, dreiniau) *f;* **combined ~,** traen gyfun (traeniau cyfun); **covered ~,** *(from house):* ffos gudd (ffosydd cudd), ffos gaeëdig (ffosydd caeëdig) *f, N.W: occ:* siwch *f;* **open ~,** ffos agored; **stone ~,** *(in field):* cwter gwsg (cwteri cwsg); *(on farm): S.W:* rhewyn(-au,-on) *m, N.W:* cwter garthu (cwteri carthu); **water drains,** treiniau dŵr. **2.** *(= sewer):* carthffos(-ydd) *f;* **(to laugh) like a ~,** (chwerthin) dros bob man, lond eich bol, gan siglo'ch ochrau, nes bron torri ar eich traws; **I was laughing like a ~,** *N.W:* 'roeddwn i'n g'lana' chwerthin; *F:* **to throw money down the ~,** gwastraffu/taflu/lluchio/afradu arian; **to go down the ~,** mynd yn wastraff, mynd ar goll; *(of project):* mynd i'r gwellt, *S.W: F: occ:* mynd i'r dim, mynd yn fflachdar. **3.** *Surg:* draen (dreiniau) *m.* **4.** *(of energy):* treth *f,* dihysbyddiad *m,* dihysbyddu *vn;* **a constant ~ on the resources,** treth gyson ar yr adnoddau; **brain ~,** mudo *(vn)* 'mennydd, ymfudiad *(m)* ymennydd. **~-cock** *n.* tap(-iau) *(m)* gwagio. **~-pipe** *n.* **1.** peipen *(f)* law (peipiau glaw), *S.W:* piben law (pibau glaw), *N.W:* peipen landar (peipiau landeri). **2.** *Cost: F:* **~-pipe trousers, ~-pipes,** *N:* trowsus main *m, S:* trwser main *m.* **~-tile** *n.* = **drain-pipe.**

drain[2] *v.t.&i.* **1.** *v.t. (a)* **to ~ water [away, off],** draenio/traenio dŵr; *Geog:* **the Paris Basin is drained by the Seine and its tributaries,** draenir dalgylch Paris gan y Seine; *(b) (drink):* yfed (diod) ar eich talcen; drachtio (diod) [i'r gwaelodion]; *N.W: occ:* cofftio, coffio (diod); *(glass &c):* gwagio; *I.C.E:* **to ~ the sump,** gwagio'r symp; *(c) (land):* sychu, cwteru, draenio; *(d) (mine):* draenio, dihysbyddu, disbyddu, sychu; *(e) (vegetables): N.W:* gloywi, diferu, *N: occ:* tollti, *S:* arllwys; *(f) (money &c):* **to ~ a country of money,** dihysbyddu arian gwlad; **to ~ s.o. dry,** gwaedu rhn yn sych. **2.** *v.i. (a) (of water &c):* **to ~ [away],** llifo ymaith; *(b) (of vegetables &c):* diferu, sychu.

drainage *n.* **1.** *(action): vn.* = **drain[2]. 2.** *Geog:* draeniad(-au) *m,* traeniad(-au) *m;* **antecedent ~,** draeniad rhagosod; **confused ~,** draeniad dryslyd; **dendritic ~,** draeniad canghennog; **interior ~,** draeniad mewnol/mewndirol; **intermittent ~,** draeniad ysbeidiol; **land ~,** tirddraeniad *m;* **radial ~,** draeniad rheiddiol; **superimposed ~,** draeniad arosod; **trellised ~,** draeniad rhwyllog. **3.** *(= sewerage):* carthffosiad *m,* carthffosiaeth *f.* ~ **area** *n.* dalgylch *(m)* draeniad. ~ **basin** *n.* dalgylch *(m)* afon. ~ **pattern** *n.* patrwm *(m)* draeniad. **~-tube** *n. Surg:* draenbib(-au) *f,* draen (dreiniau) *f.*

drainer *n.* **1.** = **draining-board. 2.** *(pers.):* draeniwr (draenwyr) *m.*

draining *vn.* = **drain[2]. ~-board** *n.* bwrdd (byrddau) *(m)* sychu/diferu. **~-paper** *n.* papur *(m)* diferu, papur amsugnol. **~-rack** *n.* rhesel *(f)* ddiferu (rheseli diferu).

drake[1] *n. Ent:* = **mayfly.**

drake[2] *n. Orn: N:* ceiliog *(m)* hwyaden (ceiliogod hwyaid), *S:* barlat: barlad *m,* meilart: milart: merlat: marlat *m, M.W: occ:* palat: palat: peilat: palad *m; S.a.* **duck[1].**

dram *n.* **1.** = **drachm. 2.** *(of drink): F:* diferyn *m, N: occ:* joch(-iau) *mf.*

drama *n.* drama (dramâu) *f, Lit: occ:* chwaraeawd(-au) *f;* **short ~,** dramodig(-au) *f;* **cloak and sword ~,** drama glog a chledd (dramâu clog a chledd); **cocktail ~,** drama wirod (dramâu gwirod), drama goctel (dramâu coctel); **community ~,** drama gymuned (dramâu cymuned); **domestic ~,** drama gegin (dramâu cegin); **fate ~,** drama ffawd; **rustic ~,** drama wledig (dramâu gwledig); **suitcase ~,** drama bac (dramâu pac); **verse ~,** drama fydryddol (dramâu mydryddol).

dramalogue *n.* dr|amalog (dramalogau) *mf,* darlleniad *(m)* o ddrama (darlleniadau o ddramâu).

dramatic *a. (a) (= pertaining to drama):* dramatig, dramataidd, dramayddol, dramodol; ~ **irony,** eironi dramatig *m;* ~ **monologue,** ymson(-au) dramatig *m;* **the ~ unities,** undodau drama; **the ~ works of Corneille,** dramâu Corneille; *(b) (loosely, = striking):* dramatig.

dramatically *adv.* yn ddramatig.

dramatics *n.pl.* **1.** drama *f;* y ddrama; *S.a.* **amateur. 2.** *F:* **I'm tired of her ~,** 'rwyf wedi blino ar ei hactio hi; *N:* 'rydw' i wedi blino ar ei migmars hi.

dramatist *n.* dramodydd (dramodwyr) *m, occ:* dramäydd (dramayddion) *m,* dramäwr (dramawyr) *m.*

dramatizable *a.* dramateiddiadwy.

dramatization *n.* dramateiddiad(-au) *m,* dramodiad(-au) *m; vn.* = **dramatize.**

dramatize *v.t.* **1.** dramateiddio, dramaeiddio, dramodi, dramodeiddio (rhth); addasu (rhth) ar gyfer y llwyfan; troi (rhth) yn ddrama; gwn|eud drama (o rth). **2.** *(= exaggerate): Fig:* gwneud môr a mynydd (o rth), dramateiddio (rhth).

dramaturge *n.* = **dramatist.**

dramaturgic[al] *a.* dramayddol, dramäwriaethol.

dramaturgically *adv.* yn ddramayddol *&c.*

dramaturgy *n.* dramäwriaeth *f,* dramayddiaeth *f.*

dramshop *n. A:* tafarn(-au) *f in N, m in S.*

drank *v. See* **drink[2].**

drapable *a.* gorchuddiadwy.

drape[1] *n. U.S:* llen(-ni) *f*; *Th:* gorchudd(-ion) *m*. **~ suit** *n. Cost:* siwt laes (siwtiau llaes) *f*.

drape[2] *v.t. (= cover, adorn):* **1.** gwisgo, gorchuddio, addurno (rhth â rhth). **2.** *Art:* **to ~ a cloth over sth,** taenu/hongian lliain dros rth; *Dressm:* **draping qualities,** gorweddiad *m*.

draper *n.* brethynnwr (brethynwyr) *m*, llieiniwr (llieinwyr) *m*, dilledydd(-ion) *m*; **~'s shop,** siop (*f*) ddillad (siopau dillad), siop ddefnydd (siopau defnyddiau), siop lieiniau (siopau llieiniau); *S.a.* **linen-draper.**

drapery *n.* **1.** *(a) (trade):* brethyniaeth *f*, masnach (*f*) frethynnau, masnach (*f*) dilledydd, dilladaeth *f*, gwerthu (*vn*) dillad; *(b) (shop):* siop (*f*) ddillad (siopau dillad), siop ddefnyddiau (siopau defnyddiau), siop lieiniau (siopau llieiniau). **2.** *(a) (= textiles):* deunydd: defnydd(-iau) *m*, llieiniau *pl*, dillad *pl*, dilladau *pl*, brethynnau *pl*; *(b) (= hangings):* llenni *pl*, llieiniau, gorchuddion *pl*.

drastic *a.* drastig, nerthol, grymus, cryf (*f.* cref, *pl.* cryfion), eithafol; **to take ~ measures,** deddfu'n llym, gweithredu'n eithafol; **a ~ need,** angen taer.

drastically *adv.* yn eithafol *&c*; **to cut sth ~,** torri rhth i'r bôn; **to alter sth ~,** newid rhth yn llwyr.

drat *v.t. F: (used only in third pers. sub.):* [go] drat, [go] dratia, [go] drap[s], [go] drapia, *N:* [go] daria, [go] dacia, *S:* daro, damo, drato; **~ the child!** damo'r plentyn! drato'r plentyn! **~ him!** *N.W:* dacia fo unwaith! *S:* damo fe! **~ [it]!** go damo! *S:* damo shwt beth! *N:* go draps las! go dacia las [ulw/unwaith]! [go] daria! *&c*; *See* **damn**[3].

dratted *a. F:* [y] cythraul, [y] diawl, [y] coblyn, [y] felltith, [y] cebyst, [y] cytril *&c*; **that ~ child!** yr ellyll bach! y bwbach bach! yr hen glechor bach! y mwrddrwg! y plentyn cythraul! y cytril bach! y coblyn bach!

draught[1] *n.* I. **1.** *(= drawing, traction):* tyniad(-au) *m*, tynfa (tynf|eydd) *f*, tynnu *vn*. **2.** *Fish:* dalfa (dalf|eydd) *f*, daliad(-au) *m*, helfa (helf|eydd) *f*, *N:* haldiad(-au) *m*. **3.** *(drinking):* dracht(-iau) *mf*, joch(-iau) *mf*, llymaid (llymeidiau) *m*, llwnc *m*, diod(-ydd) *f*; **to drink sth at a ~,** llyncu rhth ar eich talcen. **4.** *Med:* dracht(-iau) *mf*. **5.** *Nau:* dyfnder *m*; **load ~,** dyfnder dan lwyth; **light ~,** dyfnder heb lwyth. **6.** *pl. (game):* draffts, drafftiau, gêm ddrafft. **7.** *(a) (of air):* awel(-on) *f*, drafft(-iau) *m*, gwynt(-oedd) *m*, ffrwd (*f*) awel, croesawel(-on) *f*, *N.W: occ:* gwynt (*m*) pig y fegin; *(b) (up chimney):* tynfa, drafft; **there's a ~ here,** mae yma ddrafft; *S: F:* mae eisie bradish fan hyn; *F:* **I can feel the ~,** *Fig:* mae hi'n mynd yn fain/egr arna' i; *N: F:* mae hi'n mynd yn big arna' i; **forced ~, induced ~,** tynfa, chwythiad *m*, gwynt *m*. **8. beer on ~, ~ beer,** cwrw (*m*) casgen, cwrw o'r gasgen. II. = **draft**[1] I. **~ animal** *n.* anifail (anifeiliaid) (*m*) gwaith/gwedd/tynnu. **~-board** *n.* bwrdd (byrddau) (*m*) draffts; *A:* tawlbwrdd (tawlbyrddau) *m*, tabler(-i) *f*. **~-excluder** *n.* peth(-au) (*m*) atal drafft, rhimyn(-nau) (*m*) drafft/drafftiau. **~-harness** *n.* harnais (harneisiau) (*m*) gwedd, gêr (*pl*) ceffyl gwedd, gweddau *pl* (*with double pl.* gweddeifion). **~ horse** *n.* ceffyl(-au) (*m*) gwedd, ceffyl gwaith, ceffyl trwm, ceffyl tynnu, *N:* ceffyl trol, *Lit:* tynfarch (tynfeirch) *m*. **~-regulator** *n. Mch: (of furnace &c):* rheolydd(-ion) (*m*) tynfa, *Min: S:* drws (drysau) (*m*) bradish. *S.a.* **chain**[1].

draught[2] *v.t.* = **draft**[2].

draughtsman *n.m.* **1.** *Ind:* dyluniwr (dylunwyr), drafftsmon (ddrafftsmyn); **he's no ~,** nid yw'n fawr o dynnwr llun/lluniau; 'does ganddo fawr o ddawn tynnu llun. **2.** *Games: pl.* darn(-au) (*m*) draffts, dyn(-ion) (*m*) draffts; *Coll:* gwerin (*f*) draffts.

draughtsmanship *n.* **1.** *(profession):* drafftsmonaeth *f*, lluniadaeth *f*, lluniadu *vn*. **2.** *(of artist):* dawn (*f*) dylunio.

draughtswoman *n.f.* dyl|unwraig (dylunwragedd) *f*, drafftsmones(-au) *f*.

draughty *a.* **1.** *(room):* drafftiog. **2.** *(street-corner &c):* gwyntog.

Dravidian *a. & n.* **1.** *a.* Drafidaidd. **2.** *n.* *(a) Ethn:* Drafidiad (Drafidiaid) *m&f*; *(b) Ling:* Drafideg *f*, *m*.

draw[1] *n.* **1.** *(a) (= action of drawing):* tyniad(-au) *m*, tynfa (tynf|eydd) *f*, tynnu *vn*; *(b) F: (= bait):* abwyd *m or pl*; **this was meant as a ~, but he did not rise to it,** 'roedd hyn i fod yn abwyd, ond ni lyncodd ef mohono; *(c) F: (with gun):* **he's quick on the ~,** mae ef fel chwip â'i ddryll/wn; mae'n tynnu [dryll] fel fflach; *Fig: (with one's reply):* mae e'n barod ei ateb; **quick on the ~,** *(generally):* parod, bachog, sydyn, chwim, chwimwth. **2.** *(= lottery):* lotri (lotrïau) *f*; **the ~ will take place tomorrow,** tynnir y tocynnau yfory. **3.** *F: (= attraction):* atyniad(-au) *m*. **4.** *Sp: (a) (= drawn game):* gêm gyfartal (gemau cyfartal) *f*; *(b) (= selection of opponents):* pariad *m*, paru *vn*. **5.** *(= taper):* culiant *m*, tapr *m*, taprad *m*. **6.** *U.S: (= ravine):* hafn(-au) *f*, ceunant (ceunentydd) *m*.

draw[2] *v.t.&i.* I. *v.t.* **1.** *(a) (curtain, bolt &c):* tynnu; **to ~ a net,** tynnu rhwyd; **to ~ bit/bridle/rein on sth,** ffrwyno rhth, tynnu'r ffrwyn ar rth; **to ~ the curtains** *(i) (= close):* tynnu'r/cau'r llenni; *(ii) (a) (= open):* tynnu'r llenni, agor y llenni; **to ~ a bow,** tynnu/plygu/anelu bwa; *B:* **to ~ a bow at a venture,** tynnu mewn bwa ar amcan; **to ~ a bead on s.o.,** anelu at rn, *occ:* unioni am rn; **to ~ a veil over sth,** tynnu llen dros rth; **to ~ in one's horns,** *(i)* swilio, mynd yn swil, mynd i'ch cragen; *(ii) (= reduce expenditure):* cynilo, codi'r rhastl, *S.W:* tolio; *(b) (= haul):* tynnu, *occ:* llusgo, halio; **a train drawn by a locomotive,** trên ag injan yn ei dynnu. **2.** *(a)* **to ~ breadth,** tynnu anadl/gwynt, anadlu; *(b) (= attract):* denu, tynnu, atynnu; **to ~ s.o. into a conspiracy,** hudo/denu rhn i gynllwyn; **to ~ s.o. into doing sth,** cael gan rn wneud rhth; **to feel drawn to s.o.,** teimlo atyniad at rn; **I feel drawn to him,** 'rwy'n cael fy nenu ato; **the government has refused to be drawn,** gwrthododd y llywodraeth ddweud dim. **3.** *(a)* tynnu; **to ~ lots,** *S.W:* tynnu blewyn cwta, tynnu cwtws, *N.W: occ:* tynnu dob, tynnu byrra'i docyn, *B:* bwrw coelbren; **the number drawn,** y rhif a dynnwyd; **I drew a winner,** fi a enillodd; fi a dynnodd y tocyn gorau; **to ~ a blank,** *(i) (in lottery):* cael y gwyn; *(ii) (= fail):* cael siwrnai ofer/seithug, *F:* methu [dod o hyd i rth], *N.W: occ:* cael ail; **to ~ tears from s.o.,** tynnu dagrau o lygaid rhn; *F: Fig:* **to ~ s.o.'s teeth,** tynnu dannedd rhn, tynnu colyn rhn; *(b)* **to ~ water,** codi/tynnu dŵr, gwehynnu dŵr; **to ~ wine from a barrel,** tynnu gwin o gasgen; **to ~ a conclusion (from sth),** dod i gasgliad, tynnu casgliad (o rth); *(c) (money):* codi; **I drew a hundred pounds from the bank,** codais ganpunt o'r banc; **to ~ the dole,** codi'r dôl, *S:* pego; *abs.* **to ~ upon one's savings,** mynd i'ch cynilion, mynd i'r pentwr, bwyta'r mêl o'r cwch; *(d)* **to ~ upon one's memory,** chwilio'ch cof, tynnu ar eich cof; **to ~ questions from old examination papers,** codi cwestiynau o hen bapurau arholiad; *(e) Mil:* **to ~ the enemy's fire,** tynnu tân y gelyn, tynnu tanio'r gelyn, tynnu saethu'r gelyn; **to ~ s.o.'s fire,** herio/pryfocio rhn; *F:* **to try to ~ s.o.,** ceisio tynnu sgwrs â rhn, ceisio tynnu rhn o'i gragen; *(f) Ven:* **to ~ (a fox),** llusgo, tynnu (cadno/llwynog) o'i ddaear; codi cadno/llwynog; **4.** *(a) (= disembowel):* diberfeddu; **to ~ a fowl,** tynnu/agor ffowlyn, tynnu perfedd ffowlyn, gwagio ffowlyn; *Hist:* **to hang, ~ and quarter s.o.,** crogi, diberfeddu a chwarteru rhn; crogi a thynnu (rhn) yn bedwar aelod a phen; *(b) Ven: (= search):* **to ~ a covert,** chwilio/curo cwfert; **to ~ a blank,** *See* 3. *(a)*. **5. to ~ the tea,** ystwytho'r/mwydo'r te, rhoi'r te i fwrw'i ffrwyth, rhoi'r te i ffrwytho. **6.** *Metall: (wire &c):* tynnu; *(tube &c):* estyn, hwyh|au. **7.** *(a) (line, picture, comparison):* tynnu; **to ~ the line at sth,** tynnu llinell [derfyn] yn rhywle, gwrthod mynd cyn belled a rhth; **to ~ a map,** tynnu map, *F: occ:* gwn|eud llun map; **to ~ a tangent,** tynnu tangiad; **to ~ a picture of s.o.,** tynnu llun rhn; **to ~ a landscape,** gwneud tirlun, *F:* tynnu llun lle, tynnu llun rhan o wlad; **to ~ to scale,** lluniadu wrth raddfa, graddluniadu. **8. to ~ a cheque on a bank,** codi siec ar fanc; **to ~ [a bill] [up]on s.o. for fifty pounds,** codi bil am hanner canpunt ar rn. **9.** *Nau:* **to ~ twenty feet of water,** tynnu ugain troedfedd o ddŵr. **10. to ~ [a game] with s.o.,** dod yn gyfartal â rhn, cyfartalu â rhn, cael gêm gyfartal â rhn; **the game was drawn,** ni fu enillydd; nid enillwyd mo'r gêm; bu gêm gyfartal; gêm gyfartal oedd hi. **11.** *(= entail, cause):* achosi, peri; *(= elicit, evoke):* creu, codi, ennyn. II. *v.i.* **1.** *(a)* **to ~ near to s.o.,** agosáu, dynesu, nesáu, nesu, mynd/dod yn nes (at rn); *(of cow):* **to ~ near calving-time,** dywyddu, alu, clwyfo, nesu at ei hâl; **the crowd drew to one side,** aeth/symudodd y dyrfa i'r naill ochr; **it's drawing near the time to go,** mae hi'n tynnu at amser mynd; **the train drew into the station,** daeth y trên i mewn i'r orsaf; **to ~ (round a table),** ymgasglu, crynh|oi, ymgynnull, *N:* hel (o gwmpas bwrdd); *(b) (of the day &c):* **to ~ to an end,** tynnu tua'i derfyn, tynnu at ei derfyn. **2.** *(of chimney, pump, pipe):* tynnu. **3. to let the tea ~,** gadael i'r te ystwytho/sefyll/fwydo/ffrwytho, gadael i'r te fwrw'i ffrwyth. **4.** *(of sail):* tynnu, chwyddo, bolio. **~ along** *v.t.* tynnu, llusgo, halio (rhth *&c*) [ymlaen, yn ei flaen]; *(behind you):* tynnu (*&c*) (rhth) ar eich ôl. **~ apart 1.** *v.t.* gwahanu (rhth), tynnu (rhth) ar wahân, tynnu (rhth) oddi wrth ei gilydd. **2.** *v.i.* ymwahanu, pellh|au. ~ **aside 1.** *v.t.* tynnu (rhn) o'r neilltu, tynnu (rhn) i'r naill ochr; *(curtains):* tynnu, agor. **2.** *v.i.* mynd o'r neilltu, ymneilltuo, sefyll draw. ~ **away 1.** *v.t.* tynnu (rhth) ymaith. **2.** *v.i.* ymbellh|au, sefyll draw, cilio; **she drew away from him,** ciliodd rhagddo; **she drew away from his embrace,** llithrodd/ ymryddhaodd o'i afael; *(of car in race):* achub y blaen, gadael y lleill ar ôl. ~ **back 1.** *v.t. (a)* tynnu (rhth) yn ei ôl; *(b) (curtains):* tynnu, agor. **2.** *v.i.* cilio, ymgilio, gwrthgilio, tynnu'n ôl, camu'n ôl. ~ **down** *v.t.* tynnu (rhth) i lawr; **to ~ down s.o.'s anger on oneself,** tynnu rhn yn eich pen, tynnu dig rhn, tynnu digofaint rhn am eich pen, ennyn llid rhn. ~ **in 1.** *(a) v.t.* tynnu (rhth) i mewn; **the cat drew in its claws,** tynnodd y gath ei hewinedd i'r blew; **the snail drew in its horns,** tynnodd y falwen/ falwoden ei chyrn i mewn; *(b) (breath):* tynnu anadl, anadlu'n ddwfn, cymryd gwynt, *S.W:* tynnu/cymryd anadl fawr; *(c) abs. (= economize):* cwtogi [ar wario], cynilo, tolio, codi'r rhesel/rhastl; *(d) (net, in coracle fishing): S.W:* pwyllo'r ffunen. **2.** *v.i. (a)* **the day is drawing in,** *(= evening draws on):* mae hi'n [dechrau] nosi; mae'r dydd yn tynnu ei draed ato; *(b)* **the days are drawing in,** *(= getting shorter):* mae'r dyddiau'n byrh|au; mae'n nosi'n gynt. **3.** *v.i.* **the car drew in to the curb,** arafodd y car [a sefyll] wrth y palmant; nesaodd y car at y palmant; tynnodd y car at ymyl y palmant. ~ **off** *v.t. (a) (gloves &c):* tynnu, diosg; *(b)* **to ~ off attention from sth,** tynnu sylw oddi ar rth; *(c) (beer &c):* tapio, tynnu; *Med:* **to ~ off blood from s.o.,** cymryd gwaed rhn, gwaedu rhn; *Mch:* **~-off plug,** plwg (plygiau) *(m)* gwagio. ~ **on 1.** *v.t. (a) O: (gloves &c):* rhoi/dodi, gwisgo (menig) [am eich dwylo]; *(b)* **to ~ s.o. on to do sth,** perswadio/cocsio/cymell rhn i wneud rhth, cael gan rn wneud rhth, peri/achosi i rn wneud rhth, tynnu ar rn i wneud rhth, *N:* cynnwys rhn i wneud rhth. **2.** *v.i. (a) (= advance):* symud ymlaen, dynesu, nesáu (at rth); *(b)* **evening was drawing on,** 'roedd hi'n tywyllu/nosi/hwyrh|au. ~ **out 1.** *v.t. (a)* tynnu (rhth) allan, *S:* tynnu (rhth) mas; *(= lead out):* arwain (rhth) allan/mas; *(= array troops &c):* gosod (rhn) allan/mas, byddino, rhestru; *(b) F: (shy person):* tynnu (rhn) o'i gragen, tynnu sgwrs (â rhn), tynnu (ar rn); *(c) (= stretch):* tynnu (rhth) allan; estyn, hwyh|au (rhth); *(d) (= write out properly):* llunio/ysgrifennu (rhth) yn llawn; **to ~ out a will,** llunio/gwneud/geirio ewyllys. **2.** *v.i.* ymestyn; **the days are drawing out,** mae'r dydd yn ymestyn; mae'r dyddiau'n hwyhau. ~ **to** *v.t.* **to ~ curtains to,** cau llenni, tynnu llenni at ei gilydd. ~ **together** *v.t.* **to ~ people together,** tynnu pobl at ei gilydd, dod â phobl yn nes at ei gilydd; *(b)* = **draw to.** ~ **up 1.** *v.t. (a)* tynnu/halio (rhth) i fyny, codi (rhth); *(sleeves):* torchi; *(water):* codi, tynnu, gwehynnu; **to ~ oneself up [to one's full height],** ymsythu['n llawn, i'ch llawn daldra]; *(b)* **to ~ up a chair to the table,** tynnu cadair at y bwrdd; *(c) (troops):* trefnu, byddino, rhestru, rhencio; *(d) (document, plan):* parat|oi, llunio, cyfansoddi; *(programme):* trefnu, paratoi. **2.** *v.i. (a)* **to ~ up to the table,** dod/nesu at y bwrdd, tynnu cadair yn nes at y bwrdd; **to ~ up with s.o.,** dod/mynd gyfuwch â rhn, dal i fyny â rhn, *S:* dod lan â rhn, *Lit:* goddiweddyd rhn; *(b) (of car):* stopio, dod i sefyll; *(c) (of troops):* ymrestru, ymfyddino, ymrencio.

draw³ *comb. fm.* **~-bar** *n. Harn:* bonbren(-nau,-ni) *m*, tinbren(-nau,-ni) *m*, bar(-rau,-iau) *(m)* llusgo/tynnu/halio. **~-bench** *n. Metalw:* mainc *(f)* dynnu (meinciau tynnu). **~-boring** *vn. Carp:* darforio. **~-filing** *vn.* darffeilio. **~-hoe** *n.* hof *(f)* dynnu (hofiau tynnu). **~-hole** *n. Metalw:* twll (tyllau) *(m)* llifo. **~-hook** *n.* bachyn (bachau) *m*, bach(-au) *m*. **~-knife** *n. Tls:* = **drawing-knife.** **~-net** *n. Ven:* rhwyd *(f)* dynnu (rhwydau/rhwydi tynnu), tynrwyd(-au,-i) *f*. **~-plate** *n.* plât (platiau) *(m)* tynnu. **~-poker** *n. Cards:* pocer *(m)* tynnu. **~-shave** *n.* = **drawing-knife.** **~-sheet** *n.* cynfas *(f)* dynnu (cynfasau tynnu). **~-slide** *n. Phot:* sleid(-iau) *(f)* ffocws. **~-spike** *n. Tchn:* sbigyn (sbigau) *(m)* tynnu. **~-stop** *n. Mus:* stop(-iau) *(m)* tynnu. **~-string** *n.* llinyn(-nau) *(m)* tynnu. **~-tongs** *n.* gefail *(f)* dynnu (gefeiliau tynnu). **~-tube** *n.* tiwb(-iau) telesgopig *m*, tiwb estyn. **~-well** *n.* ffynnon (ffynhonnau) *f*.

drawback *n.* **1.** anfantais (anfanteision) *f*, rhwystr(-au) *m*. **2.** *Cust:* ad-daliad(-au) *m*.

drawbridge *n.* pont *(f)* godi (pontydd codi), *Lit:* ysgrogell(-i,-au) *f*.

drawdown *n.* lleihad *m*, gostyngiad(-au) *m*.

drawee *n.* ardynedig(-ion) *m&f*, tynedig(-ion) *m&f*, derbynnydd: derbyniwr *(m)* bil (derbynwyr biliau).

drawer *n.* **1.** *(a) (most senses):* tynnwr (tynwyr) *m*, t|ynwraig *f*; *(b) (of water):* gwehynnwr (gwehynwyr) *m*; *(c)* **a ~ of pictures,** arluniwr: arlunydd (arlunwyr) *m*, tynnwr lluniau; *(d)* ~ **[up],** *(of document):* lluniwr (llunwyr) *m*; *(e) (of cheque, salary &c):* codwr (codwyr) *m*. **2.** *(a) Furn:* drôr(-s, droriau, *S:* dreir[i]au, *N:* drorsys, dronsys) *mf*, *S:* drâr (drarau) *mf*; **chest of drawers,** cist *(f)* ddroriau (cistiau droriau), *N:* jestadrôr(-s) *f*, *S:* cysandrârs *m*, *S.W: occ:* haffdrôrs *m*, cist ddreir (cistiau dreir), coffor (coffrau) *(m)* dreirau; **nest of drawers,** cwpwrdd droriau; **bottom ~,** cist *(f)* briodas (cistiau priodas); **to collect sth for one's bottom ~,** casglu/hel rhth ar gyfer y drôr isaf; *(b)* **cash-~,** drôr arian. **3.** *n.pl. (a) (underwear):* **[pair of] drawers,** *Lit:* llodrau isaf *pl*; *(for men): N:* trôns (tronsiau, tronsys) *m*, *S:* drafers: drofers: trafers(-i) *m*. **~-guide** *n.* rhigol (f) drôr (rhigolau drôr/droriau), gosail *(f)* drôr (goseiliau drôr/ droriau). **~-joint** *n. Carp:* uniad(-au) *(m)* drôr. **~-lock** *n.* clo *(m)* drôr (cloeau/cloeon drôrs). **~-lock chisel** *n.* gaing *(f)* glo drôr (geingau clo ~), cŷn (cynion) *(m)* clo drôr. **~-rail** *n.* rheilen *(f)* drôr (rheiliau drôr/drors). **~-runner** *n. Carp:* gosail *(f)* drôr (goseiliau drôr/drôrs). ~ **slip** *n.* drôr-gryfhäwr (~-gryfhawyr) *m*, cryfhäwr *(m)* drôr (cryfhawyr droriau).

drawerful *n.* llond *(m)* drôr/drâr, droraid (droreidiau) *mf*, draraid (drareidiau) *mf*.

drawing *vn. & n.* **1.** *vn. (action):* = **draw²**; tyniad(-au) *m*, tynfa (tynf|eydd) *f*; *Com:* codiad *m*, codi *vn.* **2.** *(a) vn. (= art of delineation):* tynnu llun/lluniau, arlunio, gwn|eud llun/ lluniau, *occ:* dylunio, lluniadu; **to learn ~,** dysgu tynnu llun, dysgu arlunio; **mechanical ~,** arlunio peirianyddol; **assembly ~,** arlunio cydosod; **technical ~,** arlunio technegol; *(b) n. (= sketch):* llun(-iau) *m*, darlun(-iau) *m*, *occ:* dyluniad(-au) *m*, lluniad(-au) *m*; **to do a ~,** tynnu llun; **detail ~,** llun manwl; **exploded ~,** llun taenedig, llun ar daen; **freehand ~,** llun [â] llaw rydd; **out of ~,** anghywir; **life ~,** bywluniad(-au) *m*, llun o'r byw; **line-~,** llinlun(-iau) *m*; **outline ~,** llun amlinellol; **scale ~,** graddluniad(-au) *m*, llun wrth raddfa; **pencil ~,** llun â phensel, llun pensel; **rough ~,** braslun(-iau) *m*; **sectional ~,** trychlun(-iau) *m*; *Ind:* **wash-~,** golchlun(-iau) *m*. ~ **account** *n.* cyfrif(-on) cyfredol *m*. **~-board** *n.* bwrdd (byrddau) *(m)* tynnu llun, bwrdd arlunio/lluniadu; *Fig:* **back to the ~-board,** yn ôl i ble 'roeddem ni; yn ôl i'r cychwyn; rhaid inni ailfeddwl. **~-book** *n.* llyfr(-au) *(m)* arlunio, llyfr tynnu lluniau. **~card** *n. Th: U.S:* atyniad(-au) *m*. **~-knife** *n. Tls:* rhasgl(-au) *f*, cyllell *(f)* ddeugarn (cyllyll deugarn), *M.W:* droniff *f*. **~-master** *n.m.* athro (athrawon) celfyddyd, athro arlunio. **~-mill** *n. Metalw:* melin *(f)* dynnu (melinau tynnu). **~-mistress** *n.f.* athrawes gelfyddyd (athrawesau celfyddyd), athrawes arlunio. **~-paper** *n.* papur *(m)* arlunio, papur tynnu llun. **~-pen** *n.* ysgrifbin(-nau) *(m)* lluniadu, pin(-nau) *(m)* lluniadu. **~-pin** *n.* pin(-nau) *(m)* bawd, pin pen fflat, pin gwasgu. ~ **power** *n.* gallu atynnol/atynnu *m*, dengarwch *m (pronounced* ng-g), atyniad *m*. **~-room** *n.* **1.** parlwr (parlyrau) *m*. **2.** *Hist:* = **levee.** **~-table** *n.* bwrdd (byrddau) *(m)* dylunio.

drawl¹ *n.* acen ddiog *f*, diog-acen *f*, araflais *m*, llusgiad *(m)* llais, acen lusg *f*, tôn lusg *f*.

drawl² *v.i.&t.* **1.** *v.i.* llusgo siarad, llusgo geiriau; **"okay," he drawled,** "o'r gorau," meddai'n araf/hamddenol/ddioglyd. **2.** *v.t.* **to ~ [out] sth,** dweud rhth yn araf/hamddenol/ddidaro, llusgo dweud rhth.

drawler *n.* siaradwr (siaradwyr) llaes *m*, siar|adwraig laes *f*, llusgwr (llusgwyr) *(m)* siarad.

drawling *a. (pers.)* araflais; *(tone, voice):* araf, llaes, hamddenol, llusg, didaro.

drawlingly *adv.* yn llaes, yn ddioglyd.

drawly *a.* araf, llaes, dioglyd, hamddenol, llusg; *(= indolent):* didaro.

drawmoss *n. Bot:* = **cotton-grass.**

drawn *a.* **1.** *(a)* ar gau, caeëdig, yngh|au, wedi eu tynnu; **with ~ curtains,** â'r llenni ar gau; *(b)* **a well-~ picture,** llun a dynnwyd yn dda, llun medrus/celfydd; **badly-/ill-~,** a dynnwyd yn wael; anfedrus, anghelfydd; **~ line,** llinelliad(-au) *m*; *(c) Fin:* ~ **bonds,** bondiau tynnu; *(d) Cu:* ~ **butter,** ymenyn *(m)* toddi; *(e) Needlew:* ~ **fabric embroidery,** brodwaith ffabrig; ~ **thread**

work, brodwaith tynnu edau. **2. with ~ swords,** â chleddyfau noeth, gan dynnu cleddyfau. **3.** *(a) Metalw:* **~ tube,** tiwb(-iau) estynedig *m*; *(b)* **~ (features),** (wynepryd) curiedig, nychlyd; **he looks ~,** mae golwg guriedig *&c* arno. **4. a ~ battle,** brwydr gyfartal (brwydrau cyfartal) *f*, brwydr amhendant; **a ~ match,** gêm gyfartal (gemau cyfartal) *f*. **~-out** *a.* **long ~-out,** maith (meithion), hirfaith (hirfeithion).

dray¹ *n. Veh: (of brewery):* cart (ceirt) *(m)* cwrw, men *(f)* gwrw (menni cwrw), *N:* trol *(f)* gwrw (troliau cwrw). **~-horse** *n.* ceffyl(-au) *(m)* cert/trol, ceffyl tynnu, *N:* troliwr (trolwyr) *m*.

dray² *v.t.* = **cart²**.

dray³ *n.* = **drey.**

drayage *n.* = **carting, cart².**

drayman *n.m.* certmon (certmyn) *m*, *N: occ:* troliwr (trolwyr) *m*.

dread¹ *n.* **1.** ofn *m*, mawr ofn, dygn ofn, dychryn *m*, braw *m*, arswyd *m*; **to arouse ~ in s.o.,** codi ofn ar rn, *S:* hala ofon ar rn, *N: occ:* gyrru ofn ar rn; **in ~ of doing sth,** ag/gan ofn gwneud rhth; **to be/stand in ~ of s.o.,** ofni rhn, arswydo rhag rhn, bod ag ofn rhn, *F:* bod ofn rhn; **I was in ~ of them,** 'roedd eu hofn/harswyd arnaf. **2. my ~ was that I would be late,** yr hyn a ofnwn oedd bod yn hwyr; **he was the ~ of the village,** yr oedd ar bawb yn y pentre ei ofn; yr oedd yn ddychryn i'r pentre.

dread² *v.t.* **1.** *(= fear):* ofni (rhth), mawr ofni (rhth), arswydo (rhag rhth); *Lit: occ:* echrydu (rhag rhth); **I ~ the dark,** mae arna' i ofn y tywyllwch; mae ofn/arswyd y tywyllwch arna' i. **2.** *(= dislike thinking of):* **I ~ the winter,** mae'n gas gen i feddwl am y gaeaf; **I ~ lest they should get lost,** mae arnaf ofn [yn fy nghalon] iddynt fynd ar goll.

dread³ *a.* **1.** *Lit:* ofnadwy, dychrynllyd, arswydus, erch, echryslon, arswydlon. **2.** *A: (= revered):* hybarch, parchedig.

dreaded *a.* a ofnir; *S.a.* **dreadful.**

dreadful *a. & n.* **1.** *a.* *(a)* ofnadwy, dychrynllyd, arswydus, enbyd, arswydlon, echryslon, echrydus, erch; *(b) (in weak sense):* ofnadwy, dychrynllyd, *N: F:* trybeilig, sobor; *F:* **it's a ~ bore!** mae'n ddiflas ofnadwy! mae'n ofnadwy/ddychrynllyd o ddiflas! **2.** *n.* **penny ~,** comic(-s) *(m)* ceiniog, stori *(f)* geiniog (stracon ceiniog).

dreadfully *adv.* **1.** yn ofnadwy *&c*. **2.** *F: (intensive):* **~ ugly,** hyll ofnadwy/ddychrynllyd/gynddeiriog/felltigedig, hyll y tu hwnt, ofnadwy/dychrynllyd/cynddeiriog/melltigedig o hyll, *N: F:* hyll ar y naw, hyll ofnatsan; **I am ~ sorry,** mae'n wir ddrwg gen i; mae'n ddrwg iawn gen i; mae'n wirioneddol ddrwg gen i; *N: occ:* mae'n ddrwg sobor gen i.

dreadfulness *n.* ofnadwyaeth *f*, ofnadwyedd *m*, echryslondeb *m*, echryslonder *m*; **its ~ cannot be conveyed,** ni ellir cyfleu mor ofnadwy yw.

Dreadnought *n. Navy: A: Dreadnought(-s) mf.*

dream¹ *n.* *(a)* breuddwyd(-ion) *mf*; **a bad ~,** hunllef(-au) *f*; **to have a ~,** cael breuddwyd, breuddwydio; **sweet dreams!** cwsg (cysgwch) yn dawel! *(b)* **waking ~, day-~,** synfyfyrdod(-au) *m*, synfyfyrion *pl*, breuddwyd lliw dydd, breuddwyd effro, **a wishful ~,** breuddwyd wrth [eich *&c*] ewyllys; **in a ~,** mewn breuddwyd, â'ch pen yn y cymylau; **(to do sth) as if in a ~,** (gwneud rhth) yn freuddwydiol, fel pe mewn breuddwyd; *Lit:* **A Midsummer Night's D~,** Breuddwyd Nos Gŵyl Ifan; *Lit:* **such stuff as dreams are made on,** yr un defnydd â'n breuddwydion; *attrib.* **~ house,** tŷ delfrydol, tŷ'ch breuddwydion; *F:* **it's a ~ of a hat!** mae'n het hyfryd/berffaith! **(to work *&c*) like a ~,** (gweithio)'n berffaith, i'r dim, fel deiol, fel watsh. **~-boat** *n. F:* eilun(-od) *m*, *F:* pishyn d[d]el/pert/bert (pishis del/pert) *fm*. **~ girl** *n.* pishyn d[d]el/pert/bert, *S:* slasien *f*, clatsien *f*, clagen *f*. **~-book** *n.* llyfr(-au) *(m)* breuddwydion. **~-time** *n.* y cynfyd *m*, yr oes *(f)* aur, y cynoesoedd *pl*.

dream² *v.t.* **1.** *(during sleep):* **to ~ of/about sth,** breuddwydio am rth; **to ~ of/about s.o.,** *N. W: occ:* breuddwydio hefo rhn. **2.** *(= daydream):* breuddwydio, synfyfyrio, pensynnu, gwlana, pencawna; **to ~ empty dreams,** breuddwydio'n ofer, gwag freuddwydio. **3. I shouldn't ~ of doing it,** ni fyddwn i byth yn meddwl/breuddwydio am wneud y fath beth. **~ away** *v.t.* **to ~ away one's time,** gwastraffu amser yn breuddwydio/gwlana/pencawna *&c*. **~ up** *v.t.* dyfeisio.

dreamer *n.* breuddwydiwr (breuddwydwyr) *m*, breudd|wydwraig *f*; *B:* **behold, this ~ cometh,** wele y mae y breuddwydiwr yn dyfod.

dreamful *a.* breuddwydiol.

dreamfully *adv.* yn freuddwydiol.

dreamfulness *n.* natur freuddwydiol *f*, breuddwydioldeb *m*.

dreamily *adv.* yn freuddwydiol.

dreaminess *n.* natur freuddwydiol *f*, breuddwydioldeb *m*.

dreaming¹ *a.* breuddwydiol.

dreaming² *vn.* breuddwydio.

dreamland *n.* gwlad *(f)* breuddwydion, gwlad breuddwyd, bro *(f)* breuddwydion, gwlad cwsg, tir *(m)* breuddwydion, gwlad hud a lledrith.

dreamless *a.* difreuddwyd, heb freuddwyd[-ion].

dreamlessly *adv.* yn ddifreuddwyd, heb freuddwyd[-ion].

dreamlessness *n.* absenoldeb *(m)* breuddwydion; **I was surprised at the ~ of the night,** rhyfeddwn mor ddifreuddwyd fu'r noson.

dreamlike *a.* breuddwydiol, fel breuddwyd.

dreamworld *n.* byd *(m)* breuddwydion, breuddwydfyd *m*.

dreamy *a.* breuddwydiol.

drear *a. Poet:* = **dreary.**

drearily *adv.* yn ddigalon *&c*.

dreariness *n.* digalondid *m*, llymdra *m*, marw|eidd-dra *m*, diflastod *m*, pr|udd-der *m*, golwg ddigalon *&c f*.

dreary *a.* digalon, digysur, diflas, anniddorol, marwaidd, difywyd, trist(-ion), prudd; *(also, landscape):* llwm *(f.* llom, *pl.* llymion).

dredge¹ *n. Fish:* **1.** *(net):* tynrwyd(-au,-i) *f*, llusgrwyd(-au,-i) *f*, treillrwyd(-au,-i) *f*, *A:* traill (treillion) *m*. **2.** *(to clear canal &c):* carthwr (carthwyr) *m*. **~-boat** *n.* = **dredger²**

dredge² *v.t.&i.* **1.** *(= draw nets):* treillio/tynnu rhwydi; **to ~ up fossils,** codi/sugno ffosilau i'r wyneb, rhwydo ffosilau; *Fig:* **to ~ up facts,** dwyn ffeithiau i'r golwg, codi/palu/tyrchu/tyrchio ffeithiau i'r wyneb; **to ~ for sth,** treillio am rth, chwilio am rth â thraill. **2.** *(= clear canal &c):* carthu.

dredge³ *v.t. Cu:* ysgeintio, goflodio, taenu, taenellu.

dredger¹ *n.* **1.** *(a) (fisherman):* treilliwr (treillwyr) *m*; *(b) (ship):* carthlong(-au) *f*, llong *(f)* garthu (llongau carthu), bad(-au) *(m)* carthu, *N.W:* cwch (cychod) *(m)* mwd. **2.** *(mechanism):* offer *(pl)* carthu.

dredger² *n. Cu: (for sprinkling):* ysgeintiwr (ysgeintwyr) *m*, goflodiwr (goflodwyr) *m*.

dredging *vn.* **1.** *(of canal): See* **dredge¹. 2.** *Cu:* ysgeintiad(-au) *m*, goflodiad(-au) *m*.

dree *v.t. A: Scot:* dioddef; **~ one's weird,** ildio i'ch tynged, derbyn eich ffawd.

dreep *n.* = **creep¹ 3, drip¹ 4.**

dreg *n.* **1.** *(usu.pl.):* gwaddod(-ion) *m*; *pl.* gwaelodion; **(to drink the cup) to the dregs,** (yfed y cwpan) hyd y gwaddod, i'r gwaelod. **2. the dregs of society,** gwehilion cymdeithas. **3.** *(in sing):* **not a ~,** dim llychyn/llwchyn *m*, dim tamaid *m*, dim mymryn *m*, dim tameidyn *m*, dim blewyn *m*, dim iot/iod *f*.

dreggy *a.* gwaddodlyd, gwaddodog.

dreidel, dreidl *n. Games:* dreidl(-au) *m*.

drench¹ *n.* **1.** *Vet:* drench(-is) *m*, *S:* drench(-is) *m*.

drench² *v.t.* **1.** *(= soak):* gwlychu, mwydo, trochi, *F:* socian; **to get drenched,** *F:* cael trochfa, gwlychu hyd at eich croen, gwlychu'n wlyb domen, *S.W: occ:* socan, shwpso, gwlychu'n stecs, gwlychu'n shwps; **drenched to the skin,** gwlyb hyd at eich croen, gwlyb diferu/diferol, *S.W:* gwlyb botsh, gwlyb shwps, gwlyb stecs, *N:* gwlyb domen [dail]. **2.** *Vet:* drensio.

drencher *n.* **1.** *(rain):* curlaw *m*, cenllif *m*, *N.W:* [y]stidlaw *m*, horslaw *m*, *S.W:* curin *m*, *S.E:* ponlaw *m*. **2.** *Vet:* drensiwr (drenswyr) *m* **~ pipe** *n.* drensiwr (drenswyr) *m*, corn (cyrn) *(m)* drensio.

drenching¹ *a.* **~ rain,** glaw yn gwlychu at y croen.

drenching² *vn.* = **drench²**; gwlychfa (gwlychf|eydd) *f*, trochfa (trochf|eydd) *f*, gwlychiad(-au) *m*. **~-horn** *n. Vet:* corn (cyrn) *(m)* drensio.

Dresden *Pr.n. Geog:* Dresden *f*. **~ china** *n.* tsieni *(m)* Dresden. **~ tool** *n.* offeryn (offer) *(m)* Dresden.

dress¹ *n.* **1.** *(= clothing):* gwisg *f*, dillad *pl*, dilladau *pl*, *occ:* gwisg[i]ad(-au) *m*, diwyg *m*, pilyn *m*, tudded *f*, trwsiad(-au) *m*; **in full ~,** mewn llawn wisg; **birds in their winter ~,** adar yn eu plu gaeaf; **morning ~,** gwisg fore; **evening ~,** gwisg hwyrol, gwisg hwyrnos, hwyrwisg(-oedd) *f*, gwisg fin nos (gwisgoedd min nos); **faultless ~,** gwisgiad dilychwin/perffaith; **to talk ~,** sôn am ddillad, trafod dillad. **2.** *(= frock, robe):* gwisg(-oedd) *f*, ffrog(-iau) *f*; **ball ~,** gwisg ddawns (gwisgoedd dawns);

bathing-~, gwisg nofio; **pinafore ~**, ffrog b|inaffor (ffrogiau p|inaffor). **~ circle** *n. Th:* seddau(*pl*)'r cylch, y cylch cyntaf *m*. **~ coat** *n. S:* cot (cotiau) (*f*) â chwt, côt gynffon hir/fain (cotiau cynffon hir/fain), côt gynffon aderyn (cotiau cynffon aderyn), côt din fain (cotiau tinau main), côt fain (cotiau main). **~-improver** *n.* = **bustle**[3]. **~ length** *n.* hyd (*m*) gwisg (hydau gwisgoedd). **~ material** *n.* defnydd (*m*) gwisg (defnyddiau gwisgoedd). **~ parade** *n. (i) (of models):* sioe (*f*) ddillad (sioeau dillad); *(ii) Mil:* parêd (paredau) ffurfiol *m*, parêd gwisg lawn. **~-preserver** *n. Cost:* pad (*m*) cesail (padiau ceseiliau). **~ rehearsal** *n. Th:* practis(-iau) (*m*) gwisgoedd, ymarfer (*mf*) [g]wisgoedd (ymarferion gwisgoedd). **~-shield** *n.* = **dress-preserver**. **~-shirt** *n.* crys(-au) ffurfiol *m*. **~ sense** *n.* chwaeth (mf) gwisgo. **~-stand** *n.* stand (*mf*) d[d]illad (standiau dillad). **~-suit** *n.* siwt(-iau) ffurfiol *f*, hwyrwisg(-oedd) *f*. **~ weight** *n.* pwysau (*m*) ffrog.

dress[2] *v.t.&i.* **1.** *(a) v.t.* gwisgo, *occ:* dilladu, *S: occ:* taclu; **to be plainly dressed,** gwisgo'n blaen; **to be badly dressed,** gwisgo'n wael/anhrwsiadus/aflêr/flêr/anniben; *(b) v.pr.&i.* **to ~ [oneself],** gwisgo [amdanoch], ymwisgo, *S. W: occ:* taclu, ymdaclu. **2.** *v.t. (= adorn):* gwisgo, addurno (rhth â rhth); *Th:* **to ~ a play,** gwisgo drama; **to ~ the stage,** gwisgo'r llwyfan; **to ~ a shop window,** addurno/trefnu/gosod ffenestr siop; **to ~ a ship,** gwisgo/addurno llong [â fflagiau *&c*]. **3.** *Mil: (a) v.t.* rhencio, byddino, rhestru; **right ~!** rhes i'r dde! *(b) v.i. (of troops):* ymfyddino, sefyll mewn/yn rhes. **4.** *v.t. Med:* **to ~ (a wound),** trin, rhwymo, cyweirio (briw, anaf); dodi/rhoi clwt/rhwymyn (ar friw). **5.** *v.t. (a) Tchn: (a surface):* parat|oi; *(b) (stone):* naddu, llyfnu, llyfnh|au, trin; **to ~ a millstone,** ysgythru maen melin, *S. W: occ:* cyfogi maen melin; *(c)* **to ~ timber roughly,** brasnaddu coed; *(d)* **to ~ cloth,** trin brethyn; *(flax, hemp &c):* breuanu, heislanu, trin; *(wool):* trin; *(e)* **to ~ s.o.'s hair,** trin gwallt rhn; *(f) (leather):* trin, cyweirio, barcio, cyffeithio; *(g) Cu: (fowl &c):* trin, paratoi; *Cu:* **to ~ (a salad),** rhoi/dodi dresin (ar salad); enllynio, blasuso, *F:* sesno (salad); *(h) (horse): (= curry):* ysgrafellu; *(i) Agr:* **to ~ (land),** gwrteithio, teilo, achlesu (tir); *S. W:* sgwaru dom (ar dir); *(j) (seed):* glanh|au, nithio. **~ down** *v.t. (= scold):* ceryddu, cystwyo, cymhennu, dwrdio, tafodi, *N:* dondio (rhn); *F:* dweud y drefn, ei dweud hi (wrth rn); *S:* rhoi pryd o dafod, rhoi llond pen (i rn). **~ up** *v.t.* gwisgo [amdanoch], *S: occ:* taclu, *F:* rhoi'r carpau gorau; **to ~ [oneself] up as a soldier,** gwisgo [amdanoch] fel milwr.

dress[3] *a.* ffurfiol.

dressage *n. Equit:* ***dressage*** *m*, hyfforddiant *m*, hyfforddi *vn*, hyweddu *vn*.

dressed *a.* **1.** *Cost:* gwisgedig, wedi'ch gwisgo, mewn gwisg/dillad; **~ in blue,** yn gwisgo glas; **well-~,** trwsiadus, *Lit: occ:* dillyn [eich gwisg]; **badly-/ill-~,** anhrwsiadus, wedi'ch gwisgo'n wael/aflêr/anniben, *Lit: occ:* annillyn [eich gwisg]; **to be ~ up to kill,** gwisgo'ch dillad gorau; *P:* **to be ~ up to the nines,** gwisgo'ch dillad gorau, *Pej:* gwisgo fel cangen Mai, gwisgo'n grand i'ch rhyfeddu, gwisgo fel caseg sioe, *N:* gwisgo'n grand o'ch co', gwisgo fel ceffyl preimin. **2. a ~ carcass,** cig ar y gambren; **~ stone,** carreg (cerrig) nadd *f*; **~ salad,** salad â dresin; **~ crab,** cranc parod, cranc wedi ei drin.

dresser[1] *n. Furn:* **1.** seld(-au) *f*, dreser: dresel(-au,-i,-ydd) *f*, *N: occ:* tresel(-ydd) *f*; **corner ~,** *S. W:* dreser gam (dreserau cam). **2.** *U.S:* = **dressing-table**. **~ set** *n. Toil:* set(-iau) (*f*) ymbincio.

dresser[2] *n.* **1.** *Ind: (of stone):* naddwr (naddwyr) *m*; *(of leather):* barciwr (barcwyr) *m*, cyffeithiwr (cyffeithwyr) *m*, cyweiriwr (cyweirwyr) *m*; *S.a.* **window-dresser**. **2.** *(a) Th:* gw|isgwraig (gwisgwragedd) *f*, gwisgwr (gwisgwyr) *m*; *(b)* **she is a smart ~,** mae hi'n gwisgo'n drwsiadus; mae hi fel pin mewn papur. **3.** *(in hospital):* cynorthwywr (cynorthwywyr) *m*, cynorth|wywraig *f*.

dressiness *n.* golwg drwsiadus *f* **(of sth,** ar rth); chwaethusrwydd *m*, dillynder *m*, ceinder *m*, *F:* smartrwydd *m*, *often Pej:* crandrwydd *m*.

dressing *vn. & n.* **1.** *vn. (action):* = **dress**[2]; *(a)* (**dress**[2]): *(a)* gwisgiad *m*, gwisgo *vn*; *(b) (of hair):* triniaeth *f*, trin *vn*; *(c) Agr: Hort:* gwrteithiad(-au) *m*, achlesiad(-au) *m*; *(d) Cu: (action):* paratoad *m*, blasusiad *m*, sesnad *m*; *(e) (of wound):* triniaeth, trin, rhwymiad *m*, rhwymo *vn*; *(f) (of troops):* byddiniad *m*, byddino *vn*; *(g) (of ship):* addurniad *m*, addurno *vn*; *(h) Tchn: (of cloth):* triniaeth, trin; *(of stone):* naddiad *m*, triniad *m*, triniaeth, naddu *vn*, trin. **2.** *(a) Cu: (= sauce, mayonnaise &c):* sesnad *m*, dresin(-s) *m*, enllyn *m*; *(b) (for leather):* cyffaith (cyffeithiau, cyffeithion) *m*; *(for straps):* saim (*m*) iro; *(c) Agr: (= manure):* gwrtaith *m*, *N:* tail *m*, *S:* tom *f*, *usu.* dom *f*, achles(-au) *f*; **a heavy ~ of manure,** haen drwchus (*f*) o wrtaith, trwch da (*m*) o wrtaith; *(d) Med: (= bandage):* rhwymyn(-nau) *m*, gorchudd(-ion) *m*; *(= ointment):* eli (elïau) *m*; *(e) Tex: (= stiffening):* sythlud *m*, startsh *m*. **~-bell** *n.* cloch (*f*) ginio/giniawa. **~-case** *n.* cas(-ys) (*m*) ymolchi, cas gwisgo. **~-down** *n.* cerydd(-on) *m*, cystwyad *m*, *S: F:* llond (*m*) pen, pryd (*m*) o dafod, *occ:* temprad *m*, termad *m*; **to get a ~-down,** *N:* cael y drefn, cael drwg. **~-gown** *n.* gŵn (gynau) (*m*) llofft, gŵn tŷ. **~-glass** *n.* drych(-au) *m*. **~-machine** *n. Min:* injan(-s) (*f*) naddu. **~-room** *n.* ystafell (*f*) wisgo (ystafelloedd gwisgo). **~-station** *n. Mil: Med:* gorsaf (*f*) drin clwyfau (gorsafoedd trin clwyfau). **~-table** *n. Furn:* bwrdd (byrddau) (*m*) gwisgo/ymbincio/ymwisgo. *S.a.* **comb**[1].

dressmaker *n.* gwni|adwraig (gwniadwragedd) *f*, gwniadyddes(-au) *f*, gwniyddes(-au) *f*, gwniedydd(-ion) *m*, dilledydd(-ion) *m*, teiliwr (teilwriaid) *m*. **~'s dummy** *n.* dymi(-s) (*m*) teiliwr, model(-au) (*m*) gwniadwraig *&c*.

dressmaking *vn.* gwnïadyddiaeth *f*, y fasnach (*f*) ddilladu, gwn|eud dillad.

dressy *a. (clothes &c):* trwsiadus, cain (ceinion), chwaethus, *N: F:* smêc, pinco, *Pej:* crand; *(pers.):* **she's a bit ~,** mae hi'n gorwisgo braidd.

drew *v. See* **draw**[2]

drey *n.* nyth (*f*) gwiwer (nythod gwiwerod).

Dreyfusard *n. Fr.Pol: Hist:* ***Dreyfusard(-s)*** *m*, Dreyfusiad (Dreyfusiaid) *m&f*.

drib *n.* **in dribs and drabs,** yn dameidiau, bob yn damaid, bob yn dipyn, fesul ychydig, fesul tipyn, *N:* yn ddrabiau, *S:* drip drap, drib drab, *S. W:* dripych drapach.

dribble[1] *n.* **1.** *(a) (of water):* diferiad(-au) *m*; *(b) (of child, idiot):* glafoerion *pl*, glafoer *m*, drifl: drefl(-au) *m*, *S. W: occ:* drewl(-au) *m*, *N. W: occ:* tidau *pl*. **2.** *Fb:* treiglad *m*, driblad *m*, dribl *m*, *N. W: occ:* miglad *m*; *Baseball: &c:* **double ~,** dribl dwbl.

dribble[2] *v.i.&t.* **1.** *v.i. (a)* diferu, dafnio, defnynnu, diferynnu; **the men came dribbling back,** daeth y dynion yn ôl bob yn dipyn; *(b) (of child, idiot):* bwrw/gollwng glafoerion, glafoerio, glafoerian, dreflu, *N: occ:* gollwng tidau, slefrian, slefrio, *S:* driflan, driflo, dribl[i]o, dribl[i]an. **2.** *v.t. Fb: &c:* treiglo, driblo, driblan, *N. W: occ:* miglo.

dribbler *n.* **1.** glafoeriwr (glafoerwyr) *m*, slefriwr (slefrwyr) *m*, driflwr (driflwyr) *m*, dreflwr (dreflwyr) *m*. **2.** *Fb:* driblwr (driblwyr) *m*, treiglwr (treiglwyr) *m*, *N. W: occ:* miglwr(-s, miglwyr) *m*.

dribblet *n.* driblyn(-nau) *m*, tamaid (tameidiau) *m*, tipyn *m*, *S:* ticyn *m*; **in/by driblets,** o dipyn i beth, fesul tipyn, bob yn damaid, bob yn dipyn, *S:* drib-drab, dripych-drapach; *S.a.* **drib**.

dribbling, dribbly *a.* **1.** *(water):* diferol, diferog, diferllyd. **2.** *(child, idiot):* glafoerllyd, glafoeriog, driflog, dreflog.

dried *a.* sych(-ion), wedi sychu; *See* **dry**[2]; *Fig:* **everything was cut and ~,** 'roedd y cyfan wedi ei drefnu o flaen llaw. **~ egg,** powdwr (*m*) ŵy/wyau. **~-fruit beetle** *n. Ent:* chwilen (chwilod) (*f*) ffrwythau sychion. **~ milk** *n.* powdwr (*m*) llaeth, llaeth (*m*) powdwr, llaeth sych. **~-up** *a.* sych(-ion); *(fountain, supply of milk):* hysb (*f.* hesb, *pl.* hysbion); **a little ~-up man,** hen ddyn bach crebachlyd/crimp, hen grystyn bach sych, hen grimpyn bach, *S. W:* crechwil(-od) *m*.

drier *n.* = **dryer**.

drift[1] *n.* **1.** *(a) (= movement):* symudiad(-au) *m*, treigl(-au) *m*, treigl[i]ad(-au) *m*, llif(-oedd) *m*; *(of floating object):* llithriad(-au) *m*, noflithriad *m*; *Ph:* **ether ~,** llithriad ether; *(b) (i) (= direction of current):* cyfeiriad(-au) *m*, llif; **policy of ~,** polisi o fynd gyda'r llif; *(ii) (= speed of current):* cyflymder(-au) *m*; *(c) (of events):* cwrs *m*, hynt *f*, tuedd *f*; *(of time):* treigl *m*. **2.** *Artil: Av: Nau: (= deviation):* gwyriad(-au) *m*. **3.** *(= tenor):* perwyl *m*, ystyr *f*; **I couldn't get his ~,** allwn i ddim dilyn beth oedd ganddo; allwn i ddim deall at beth yr oedd yn anelu; allwn i ddim deall perwyl ei feddwl; **not to get s.o.'s ~,** *S: occ:* colli'r ffwyl; *(= tendency):* tuedd(-iadau) *f*, tueddiad(-au) *m*. **4.** *(a) (of snow &c):* lluwch(-ion) *m*, lluwchfa (lluwchf|eydd) *f*, *S.E:* hiff(-oedd) *m*; *(b) Geog:* drifft(-iau) *m*; *(moraine):*

marian(-au) *m*, mariandir (-oedd) *m*; **glacial ~**, drifft rhewlif/rhewlifol; **longshore ~**, drifft y glannau, drifft arfordirol; **North Atlantic D~**, Drifft Gogledd Iwerydd; *(c) (of flowers):* carped(-i) *m*, lluwch, twr (tyrrau) *m*. **5.** *Tls: (a)* **~ [punch]**, drifft(-iau) *m*, gwrthdyllwr (gwrthdyllwyr) *m*, trwyddew(-au) *m*; **ejector ~**, drifft llacio; **key ~**, drifft allwedd. **6.** *Min:* drifft(-iau) *f*, lefel(-ydd) *f*, dip *m*, sawdd *m*, slent *mf*, slip *m*. **7.** *S.A: (= ford):* rhyd(-au) *f*. **8.** *(= driving of animals):* gyrfa (gyrf|eydd) *f*. **~-anchor** *n. Nau:* angor(-au) (*m*) nofio. **~ angle** *n.* ongl (*f*) wyro (onglau gwyro). **~-fence** *n.* ffens (*f*) gorlannu (ffensys corlannu). **~-ice** *n.* broc (*m*) rhew, broc iâ, rhew/iâ nofiol *m*. **~ indicator, ~ meter** *n. Aer:* mesurydd(-ion) (*m*) gwyriad. **~ mining** *vn.* mwyngloddio drifftiau. **~-net** *n.* *nofrwyd(-i) *f*, rhwyd (*f*) ddrifft (rhwydau/rhwydi drifft). **~-sand** *n.* tywod aflonydd/symudol/treiglol *m*.

drift[2] *v.i.&t.* **1.** *v.i. (a)* drifftio, nofio, llithro'n araf, mynd yn ddiarwybod, mynd gyda'r llif, *noflithro, araf lithro; *Av: (= deviate):* gwyro, crwydro; *Nau:* **to ~ to leeward**, gwyro i'r tu clytaf; gwyro dan y gwynt; **to ~ on shore**, nofio i'r lan, dod i'r lan gyda'r llif; **to ~ with the current**, mynd gyda'r llif; *(b)* **to ~ into vice**, cyfeiliorni, mynd ar gyfeiliorn, llithro/ymlithro i ddrygioni; **to ~ from job to job**, crwydro/bwhwman o swydd i swydd; **to let oneself ~, to let things ~**, mynd yn ddifater/ddifraw, gadael i chi'ch hunan fynd, gadael i bethau fynd, gadael i bethau lithro; *F: (of pers.):* **to ~ along**, costio, crwydro, mynd ymlaen yn ddifraw, mynd lincyn-loncyn, mynd o dow i dow; **to ~ apart,** *(of pers.):* ymddieithrio, pellh|au, ymbellh|au, crwydro ar wahân; **to ~ in**, crwydro i mewn; **to ~ off**, crwydro ymaith; *(c) (of snow):* lluwchio, lluchio, *S.E: occ:* llychfio, hiffo, hwffo, hyffo; *(d) (= tend):* tueddu, anelu **(towards sth,** at rth). **2.** *v.t. (a)* nofio, arnofio; *(of current):* cario/dwyn (rhn, rhth) gyda'r llif; *(b) (of wind):* lluwchio, pentyrru, cronni, casglu, hel, crynh|oi; *(c) Tls:* gwrthdyllu, drifftio, ebillio, taradru; *(d) Min:* **to ~ a level**, gyrru lefel; *(e) Fish:* drifftio, nofrwydo.

driftage *n.* **1.** *Nau:* crwydrad(-au) *m*. **2.** *vn. See* **drift[2]**.

drifted *a. (snow):* wedi lluwchio, lluwch[i]edig.

drifter *n.* **1.** *Nau: (a) (fisherman):* treilliwr (treillwyr) *m*, drifftiwr (drifftwyr) *m*, nofrwydwr (nofrwydwyr) *m*; *(b) (boat):* cwch (cychod) (*m*) treillio, cwch nofrwydo, bad(-au) (*m*) treillio/nofrwydo, driffter(-au) *mf*. **2.** *F: (= pers.):* crwydryn (crwydriaid) *m*, dyn(-ion) crwydrol, *Pej:* dyn diffaith/di-fynd/diamcan/disberod *m*. **3.** *Min:* injan (*f*) dyllu (injans tyllu).

drifting *a.* **1.** *(on water, wind):* sy'n nofio *&c*, sy'n mynd gyda'r llif, *Lit: occ:* nofiol; *(pers.):* crwydrol, ar grwydr, treigl, disberod, ar dreigl/ddisberod. **2.** *(snow, sand, leaves):* lluwchiol.

driftingly *adv.* yn nofio, yn nofiol *&c*; yn ddigyfeiriad, yn ddiamcan, gyda'r llif; yn grwydrol, ar grwydr, ar dreigl.

driftway *n.* ffordd (*f*) borthmyn (ffyrdd porthmyn).

driftweed *n. Algae:* môr-wiail *pl*.

driftwood *n.* broc (*m*) môr, broc dŵr, *N.W: occ:* drec (*m*) môr, *Lit: occ:* gyrgoed *pl*.

drifty *a.* crwydrol.

drill[1] *n.* **1.** *(a) Tls:* dril(-iau) *m*, *occ:* tyllwr (tyllwyr) *m*; **bench ~**, dril mainc; **breast-~**, dril brest; **centre ~**, dril canoli; **capsize ~**, dril dymchwel; **clearance ~**, dril cliriad; **combination ~**, dril canoli; **countersink ~**, dril gwrthsoddi; **hammer-~**, dril taro/morthwylio; **hand-~**, dril llaw; *(= brace):* carn tro *m*, ecstro(-eon) *mf*; **jobber's ~**, dril jobiwr; **masonry ~**, dril gwaith maen; **pedestal ~**, dril pedestal; **pillar ~**, dril piler; **radial ~**, dril rheiddiol; **slotting-~**, dril agennu; *Min:* **rock-~**, injan (*f*) dyllu (injans tyllu), dril tyllu; **straight flute ~**, dril ffliwt syth; **straight shank ~**, dril garan syth; **taper shank ~**, dril garan dapr; **tapping ~**, dril tapio; **twist ~**, dril dirdro; **wall-~**, *(for plugging):* dril plygio; *(b) Crust: (= sting-winkle):* gwichiad (gwichiaid) coliog *m*; **oyster ~**, taradr(-au, terydr) (*m*) wystrys. **2.** *Mil:* dril(-iau) *m*, ymarferiad(-au) *m*, ymarfer(-ion) *f*, hyfforddiant *m*; *(= discipline):* disgyblaeth *f*; *Sch:* dril, ymarfer (*f*) corff; **company at ~**, cwmni dan hyfforddiant/ddisgyblaeth, cwmni ar ymarfer; **to do punishment ~**, [gwneud] ymarfer fel cosb; *(= routine):* defod (*f*) ac arfer, y drefn arferol *f*; *F:* **what's the ~?** sut mae ei deall hi? beth yw'r drefn? *S.a.* **ground[3]**, **pack-drill, recruit [1]**. **~-book** *n. Mil:* llyfr(-au) (*m*) ymarferion. **~-chuck** *n. Carp:* crafanc (*m*) dril (crafangau driliau). **~-ground** *n. Mil:* maes (meysydd) (*m*) ymarfer. **~-hall** *n. Mil:* neuadd(-au) (*f*) ymarfer. **~-press** *n. Tchn:* gwasg (*f*) ddrilio (gweisg drilio). **~-sergeant** *n. Mil:* dril-ringyll(-iaid,-od) *m*. **~ size** *n.* maint (*m*) dril (meintiau driliau). **~-socket** *n.* soced (*f*) dril (socedi driliau). **~-team** *n.* tîm (timau) (*m*) drilio/ymarfer.

drill[2] *v.t.&i.* **1.** *v.t.* tyllu, drilio (rhth); turio, *occ:* ebillio, taradru (trwy rhth); **to ~ a hole**, torri/turio/drilio twll; *Dent:* **to ~ a tooth**, tyllu/drilio dant; **to ~ a well**, turio/agor ffynnon; **to ~ for oil**, drilio/turio am olew. **2.** *v.t. Mil:* hyfforddi, ymarfer, drilio. **3.** *v.i. Mil:* ymarfer, drilio.

drill[3] *n. Agr: Hort:* **1.** rhych(-au) *mf*, rhigol(-au) *f*; *(= row):* rhes(-i) *f*; **to sow in drills**, hau [had] mewn rhesi. **2.** *(= sowing-machine):* heuwr (heuwyr) *m*, dril(-iau) *m*. **~-coulter** *n.* cwlltwr (cylltyrau) *m*. **~-harrow** *n. Agr:* og(-au) (*f*) hau, oged(-au) (*f*) hau. **~-plough** *n.* rhigolwr (rhigolwyr) *m*.

drill[4] *v.t. Agr:* **to ~ seeds**, hau had mewn rhychau/rhigolau; **to ~ land**, hau/plannu tir yn rhychau/rhigolau.

drill[5] *n. Tex:* dril *m*, cotwm caerog *m*, lliain caerog *m*, brethyn caerog *m*.

drill[6] *n. Z:* dril(-iaid) *m*.

drilled *a.* **1.** *(hole):* driliedig. **2. well-~ soldiers**, milwyr disgybledig/ymarferedig/trefnus, milwyr wedi eu drilio'n dda; **badly-~**, di-drefn, anhrefnus.

driller *n.* **1.** driliwr (drilwyr) *m*, tyllwr (tyllwyr) *m*, turiwr (turwyr) *m*. **2.** *Mil: &c:* hyfforddwr (hyfforddwyr) *m*, driliwr (drilwyr) *m*.

drilling *vn.* **1.** drilio. **2.** *Mil:* ymarferion *pl*, drilio; *Sch: F:* gwn|eud dril. **~ capacity** *n. Carp:* maint (*m*) drilio. **~-machine** *n.* peiriant (peiriannau) (*m*) drilio/turio; **bench ~-machine,** peiriant drilio mainc; **pedestal ~-machine,** peiriant drilio pedestal; **pillar ~-machine,** peiriant drilio piler. **~ template** *n.* patrymlun(-iau) (*m*) drilio.

drily *adv.* = **dryly.**

drink[1] *n.* **1.** *(a)* diod(-ydd) *f*; **food and ~**, bwyd a diod, *Lit: occ:* bwyd a llyn; **dying (for a ~)**, bron marw, *N.W: occ:* bron â thagu, bron â goleuo, *F:* jest â golau ([o] eisiau diod); **to have a ~**, torri syched, cael/yfed/cymryd diod; **a little ~**, diod fach, llymaid (llymeidiau) *m*, *F:* tropyn *m*, joch (-iau) *mf*; **(will you) have a ~?** gymeri di (gymerwch chi) rywbeth i'w yfed? *(b) Nau: Av: P:* **the ~**, y môr *m*, y dŵr *m*. **2. strong ~**, diod gadarn (diodydd cadarn/cedyrn), diod feddwol (diodydd meddwol), *occ:* y ddiod; **the demon ~**, y ddiod felltith; **fermented ~**, diod frag (diodydd brag); *S.W: occ:* peth-yfed *m*, tablen *f*; **soft ~**, diod feddal (diodydd meddal), diod fain (diodydd main); **long ~**, gwydraid (gwydreidiau) hir *m*, diod hir; **short ~**, gwydraid bach *m*, diod fechan (diodydd bychain), *F:* siortyn (siortiau) *m*. **3. to take to ~**, dechrau diota/llymeitian, mynd i yfed, *N:* dechrau hel diod; **the ~ question,** pwnc (*m*) y ddiod gadarn; **in ~, the worse for ~, under the influence of ~**, dan ddylanwad y ddiod, dan ddylanwad diodydd cadarn, yn feddw, wedi meddwi, *S.a.* **drunk; to smell of ~**, drewi o ddiod/gwrw/alcohol.

drink[2] *v.t.&i.* **1.** yfed; **to ~ deep of sth,** drachtio/cofftio rhth; **will you have something to ~?** gymeri di (gymerwch chi) rywbeth i'w yfed? **fit to ~,** yfadwy, iawn/diogel i'w yfed; **to ~ from the bottle,** yfed [yn syth] o'r botel; **to ~ [a toast] to s.o., to ~ to s.o.'s good health,** cynnig iechyd da i rn, *A:* yfed at rn; **to ~ success to s.o., to ~ to s.o.'s success,** yfed i lwyddiant rhn; **to ~ oneself drunk,** yfed hyd at feddwdod/feddwi, yfed nes meddwi; **to ~ s.o. under the table,** yfed rhn dan y bwrdd/ford. **2.** *abs. (alcohol):* yfed, diota, llymeitian, *F:* slotian, potio, tancio, codi'r bys bach, hel diod, hel tafarnau, *S.W:* tablenna; **to ~ hard/heavily,** yfed yn drwm, *N:* yfed ei hochor hi, slochian, slychian; **to ~ too much,** goryfed; **to ~ like a fish,** yfed fel ŷch. **~ away** *v.t.* **to ~ away one's money,** gwario'ch arian ar ddiod; **to ~ away one's cares,** boddi'ch pryderon/gofidiau. **~ down** *v.t.* yfed (rhth) ar eich talcen *or* ar ei dalcen; llyncu, llowcio, cofftio, drachtio (rhth). **~ in** *v.t.* **1.** *(= absorb):* llyncu, traflyncu, lleibio, sugno, amsugno, sychu. **2.** *F:* **to ~ in s.o.'s words,** llyncu geiriau rhn. **3.** *F:* **he drank in the beauty of the view,** gwleddodd ar harddwch yr olygfa; drachtiodd harddwch yr olygfa; **he was drinking it all in,** yr oedd yn lleibio'r cyfan. **~ off** *v.t.* yfed (rhth) ar eich talcen *or* ar ei dalcen. **~ up** *v.t.* **1.** gorffen yfed rhth, gwagio'ch gwydryn; *int.* **~ up!** yf (yfwch) o/e i gyd! i lawr â fe/fe! **2.** *(of plants, &c)* = **drink in[1]**.

drinkability *n.* yfadwyedd *m*, natur yfadwy *f*; **I have fears about**

the ~ of the water, 'rwy'n pryderu a yw'r dŵr yn iawn i'w yfed; **the ~ of the water is beyond doubt,** mae'n sicr y gellir yfed y dŵr.

drinkable *a. & n.* **1.** *a.* yfadwy. **2.** *n.* diod(-ydd) *f.*

drinker *m.* yfwr (yfwyr) *m,* |yfwraig (yfwragedd) *f,* llymeitiwr (llymeitwyr) *m,* llym|eitwraig *f;* **hard ~,** potiwr (potwyr) *m,* slotiwr (slotwyr) *m,* diotwr (diotwyr) *m, N:* slochiwr (slochwyr) *m,* slychiwr (slychwyr) *m, S.W: F:* tancwr (tancwyr) *m.* **~ moth** *n. Ent:* yfwr (yfwyr) *m.*

drinking *vn.* **1.** yfed. **2.** *(= alcoholism):* yfed, diota, slotian, llymeitian, potio, slochian, slychian, *F:* codi'r bys bach, hel diod, hel tafarnau, *S:* yfwch *m,* tablenna. **~-bout** *n.* sesiwn (sesiynau) *(f)* yfed, cyfeddach(-au) *f, F:* sesh(-is) *f.* **~-chocolate** *n.* siocled *(m)* yfed, powdwr *(m)* coco. **~-companion** *n.* cyd-yfwr (~-yfwyr) *m,* cydbotiwr (cydbotwyr) *m, Lit:* cyfeddachwr (cyfeddachwyr) *m.* **~-cup** *n.* diodlestr(-i) *m.* **~-fountain** *n.* pistyll(-oedd) *m,* ffynnon *(f)* bistyll (ffynhonnau pistyll). **~-up time** *n.* amser *(m)* darfod yfed, *F:* stop-tap *m.* **~-song** *n.* cân (caneuon) *(f)* yfed. **~-trough** *n.* cafn(-au) *(m)* dŵr. **~-water** *n.* dŵr *(m)* yfed/yfadwy, dŵr i'w yfed.

drip[1] *n.* **1.** *(= dripping from tap &c):* diferiad(-au) *m,* diferu *vn.* **2.** *(= drop):* diferyn(-nau, diferion) *m,* defnyn(-nau) *m,* dafn (-au) *m; (on nose): S.W:* gïach(-od) *mf.* **3.** *Arch:* = **drip-stone. 4.** *F:* llipryn(-nod) *m,* brechdan(-au) *f,* brych(-od) *m,* crys(-au) *m;* **he's a ~,** mae'n hen wlanen *(f)* o ddyn; hen ddoli glwt yw e; *N:* mae o fel breuddwyd. **5.** *F: (a) (= flattery):* gweniaith *f, F:* gwerthu *(vn)* sebon/lledod; *(b) (= grumble):* cwyn(-ion) *usu.f; (c) (= nonsense): S:* dwli *m, N:* lol *f.* **~-cock** *n. Mch:* tap(-iau) *(m)* gwagio/gwacáu. **~ coffee** *n.* coffi *(m)* diferu. **~-dry[1] 1.** *a.* dripsych(-ion). **2.** *n.* dilledyn (dillad) dripsych *m.* **~-dry[2]** *v.t.&i.* dripsychu. **~-feed[1]** *n. Med:* diferwr (diferwyr) *m, F:* drip(-iau) *m.* **~-feed[2]** *v.t.* bwydo (rhn) â drip/diferwr. **~-mat** *n.* mat(-iau) *(m)* diferion. **~-moulding** *n.* = **drip-stone. ~-pan** *n.* = **dripping-pan. ~-pot** *n.* pot(-iau) *(m)* diferion. **~-proof** *a.* gwrth-ddiferion. **~-receiver** *n.* hambwrdd (hambyrddau) *(m)* diferion. **~-stone** *n.* **1.** carreg ddiddos (cerrig diddos) *f,* bargodfaen (bargodfeini) *m.* **2.** *Geol:* diferfaen (diferfeini) *m.* **~-tray** *n.* = **drip-receiver.**

drip[2] *v.i.* diferu, *occ:* diferyd, diferynnu, defnynnu, dafnu, dafnio, distyllio, *F:* dripian, tropian.

dripless *a.* anniferol, diddiferion.

dripper *n.* diferwr (diferwyr) *m.*

dripping[1] *a.* diferol; **~ wet,** gwlyb diferu, gwlyb domen [dail], gwlyb sopen [dail domen], gwlyb diferol, gwlyb shwps, wedi gwlychu'n llibryn, *S: occ:* gwlyb stecs, diferu bwtsh, socan potsh, gwlyb sopen, gwlyb socen, gwlyb botsh, yn sops diferu, yn sopas, yn shwps, *S.W:* yn bwdin stecs; *(pers.):* gwlyb at y croen.

dripping[2] *vn. & n.* **1.** *vn.* diferiad(-au) *m,* diferion *pl,* distyll(-ion) *m;* **~ sound,** sŵn *(m)* diferu, dripian *vn, S.W:* ticiach-tacach *m; Prov:* **constant ~ wears away the stone,** dyfal donc a dyrr y garreg; aml gnoc a dyrr y garreg; dyfal a draul y garreg; defnyn a dyll y garreg. **2.** *n. Cu:* toddion *pl,* dripin *m,* saim *m,* braster *m, S.W:* sudd *m;* **clarified ~,** toddion gloyw/clir; **bread and ~,** bara *(m)* toddion, bara sudd, *N:* brechdan d[d]ripin. **3.** *vn. F: (grumbling):* cwyno, cwynfan, grwgnach, conan, ceintach, swnian, cwynion *pl.* **~-pan** *n. Cu:* padell *(f)* doddion (padelli/padellau toddion). **~-tube** *n.* pibell *(f)* ddiferu (pibelli diferu).

drippy *a.* **1.** diferol. **2.** *F: (= insipid):* diflas, di-liw; **a ~ man,** brechdan *(f)* o ddyn, gwlanen *(f)* o ddyn; *S.a.* **drip[1] 4.**

drivable *a.* gyradwy.

drive[1] *n.* **1.** *(in car &c):* tro(-eon) *m* [mewn car &c]; **to go for a ~,** mynd am dro yn y car. **2.** *Ven:* gyrfa (gyrfâu, gyrf|eydd) *f,* helfa (helfâu, helf|eydd) *f.* **3.** *Mec.E: Cmptr:* gyriant (gyriannau) *m,* gyriad(-au) *m;* **belt ~,** gyriant strap; **compound ~,** gyriant cyfansawdd; **direct ~,** gyriant union; **front-wheel ~,** gyriant [olwynion] blaen, blaenyriant *m;* **left[-hand] ~,** gyrru *(vn)* ar y chwith, gyriant llaw chwith; **non-positive ~,** gyriant amh|ositif; **rear ~,** gyriant ôl. **4.** *Sp: Golf: Ten: Hockey:* dreif(-iau) *m,* gyriad(-au) *m;* **backhand ~,** dreif gwrthlaw; **forehand ~,** dreif cledr llaw; *Cr:* **off ~,** gyriad draw; **on ~,** gyriad llaw dde. **5.** *(a)* **~ of business,** prysurdeb *(m)* busnes; *(b) (of pers.):* mynd *m,* ynni *m,* egni *m,* penderfyniad *m; F:* **he's got plenty of ~,** mae digon o fynd ynddo; *(c) (= campaign):* ymgyrch(-oedd) *mf;* **output ~,** ymgyrch cynhyrchu/gynhyrchu. **6.** *(a) (in forest):* lôn *(f)* goed (lonydd coed), rhodfa (rhodf|eydd) *f; (b) =* **carriage-drive;** tramwyfa (tramwyf|eydd) *f,* rhodfa. **7. bridge ~,** gyrfa(-oedd, gyrfâu) ***bridge*; whist ~,** gyrfa chwist.

drive[2] *v.t.&i.* I. *v.t.* **1.** gyrru, *N:* hel, *S:* hala; **to ~ cattle to the fields,** gyrru gwartheg i'r caeau; **to ~ s.o. from the house,** gyrru/erlid/hel rhn [allan] o'r tŷ; *S:* hala/siaso rhn [mas] o'r tŷ; *F:* **to ~ sth out of one's head,** gyrru rhth o'ch pen; *Ven:* **to ~ game,** gyrru/erlid helfa. **2.** *(a) (car &c):* gyrru, *N: F:* dreifio, *S: F:* dreifo; *Jur:* **to ~ without due care and attention,** gyrru heb y gofal a'r sylw dyladwy; **(he was driving) to the public danger,** ('roedd yn gyrru)'n beryglus, er perygl i'r cyhoedd; **to ~ under the influence of drink or drugs,** gyrru dan ddylanwad diod neu gyffuriau; *(b)* **to ~ s.o. to the station,** gyrru/danfon rhn i'r orsaf [mewn car], mynd â rh i'r orsaf [mewn car]. **3.** *(a)* **to drive s.o. to do sth,** gwthio/gyrru/gorfodi/ysgogi/symbylu rhn i wneud rhth, peri/achosi/gwn|eud i rn wneud rth, *S:* hala rhn i wneud rhth; **he was driven to do it,** gorfu iddo ei wneud; bu'n rhaid iddo ei wneud; *S.a.* **needs;** *(b)* **to ~ s.o. out of his senses,** drysu/gwallgofi rhn, gyrru rhn yn wallgof, gyrru rhn o'i gof. **4. to ~ s.o. hard (at work),** gorlethu rhn â gwaith, gyrru rhn yn galed, gorweithio rhn. **5.** *(nail &c):* gyrru, curo, ffusto. **6.** *(tunnel &c):* gyrru, turio, torri, agor; *(in coal-mine):* gyrru i'r byw, *S:* hala hedin, dreifo hedin. **7. to ~ a [hard] bargain,** mynnu/taro bargen [galed]. **8.** *Sp:* **to ~ a ball,** *abs.* **to ~,** cledro, gyrru, dreifio [pêl]. **9.** *(machine):* gyrru, gweithio; *(= start):* cychwyn; *(b) A: F:* **to ~ a pen/quill,** gwthio pin ar bapur, ysgrifennu, gwthio cwilsyn. II. *v.i.* **1.** *(a) (of clouds, ship):* **to ~ (before the wind),** ysgubo, hwylio, mynd, rhedeg (o flaen y gwynt); **to let ~ at s.o.,** anelu/estyn ergyd at rn; *(b) (of snow):* lluwchio, *S: occ:* hyffo, hyffodd; *(c) (of ship):* drifftio. **2. to ~ along the road,** gyrru/mynd/powlio ar hyd y ffordd; **to ~ to a place,** gyrru/mynd i rywle [mewn car &c]; **~ along 1.** *v.t.* **to ~ sth along,** gyrru/gwthio rhth. **2.** *v.i.* gyrru, teithio, mynd [mewn car]. **~ at** *v.i.* **to ~ at one's work,** gweithio'n galed, pydru arni, mynd ati o ddifrif, bwrw iddi, dygnu arni, *S:* clatsio ymlaen/bant â rhth, hemo arni. **2.** *F:* **what are you driving at,** at beth 'rwyt ti'n cyfeirio? beth sydd gen ti dan sylw? beth sydd gen ti mewn golwg? **I see what you're driving at,** 'rwy'n gweld beth sydd gen ti mewn golwg *or* dan sylw. **~ away 1.** *v.t. (a)* **to ~ sth (away),** *(= chase):* gyrru/erlid/ymlid rhth (ymaith, i ffwrdd, *S:* bant), *N:* hel rhth (i ffwrdd), *S:* hala/siaso rhth (bant); *(b)* **to ~ away a car,** gyrru car ymaith, gyrru ymaith mewn car. **2.** *v.i. (a)* ymadael, mynd, cychwyn [mewn car]; gyrru i ffwrdd, gyrru ymaith, *S:* dreifo/gyrru bant; *(b)* **to ~ away at one's work,** *See* **drive at. ~ back 1.** *v.t. (a) (= repel):* gyrru/taflu/bwrw (rhth) yn ei ôl, *Lit: occ:* gwrthladd, gwrth-hyrddio (rhth); *(b) (in a car &c):* mynd â rhn yn ei ôl, gyrru rhn yn ei ôl [mewn car]. **2.** *v.i.* dychwelyd, dod yn ôl [mewn car]. **~ down 1.** *v.t.* **to ~ s.o. down to/into the country,** gyrru rhn i'r wlad, mynd â rhn i'r wlad [mewn car]. **2.** *v.i.* **to ~ down (a road),** gyrru/mynd (ar hyd ffordd, i lawr ffordd). **~ in 1.** *v.t. (a)* **to ~ in a nail,** gyrru/ffusto/dyrnu/curo hoelen [i'r pren &c]; *(b) (of chauffeur &c):* mynd â rhn i rywle [mewn car], danfon rhn mewn car i rywle. **2.** *v.i.* cyrraedd [mewn car]. **~-in** *n. (a) Aut:* lle(-oedd) *(m)* gyrru i mewn, lle agored i geir; *(b) U.S: (cinema):* sinema (sinemâu) *(f)* awyr agored; *(c) U.S: (restaurant):* bwyty (bwytai) *(m)* min ffordd; **~-in bank,** banc(-iau) *(m)* min ffordd. **~ off** *v.t.&i.* = **drive away. ~ on 1.** *v.t.* **to ~ s.o. on,** gyrru/hel/hala (rhn) ymlaen. **2.** *v.i. (= continue):* gyrru/mynd ymlaen. **~-on** *a. (ship):* (llong) gyrru ar fwrdd. **~ out 1.** *v.t. (a)* gyrru, erlid, ymlid, *N:* hel (rhth) allan, *S:* hala/siaso (rhth) mas; *(b) (= replace):* cymryd lle (rhth), disodli (rhth). **2.** *v.i.* gyrru (car) allan, dod allan (mewn car), *S:* dreifo mas. **~ over** *v.i.* dod draw/drosodd [mewn car]. **~ shaft** *n.* siafft *(f)* yrru (siafftiau gyrru). **~ through 1.** *v.t.* **to ~ a sword through s.o.'s body,** gwthio/gyrru cleddyf trwy gorff rhn, gwanu/trywanu rhn â chleddyf. **2.** *v.i.* mynd drwodd; **to ~ through a town,** mynd/gyrru trwy dref [mewn car], croesi tref [mewn car]. **~ up 1.** *v.t.* **to ~ prices up,** codi prisiau, gwthio/gyrru prisiau'n uwch. **2.** *v.i.* **to ~ up to a place,** mynd i le mewn car, gyrru hyd at rywle.

drivel[1] *n.* **1.** glafoerion *pl,* glafoer *m,* drifl: drefl(-au) *m, N.W: occ:* tidau *pl, S.W:* drewl *m.* **2.** *F: (= nonsense):* lol *f,* dwli *m,* rwtsh *mf; S.a.* **nonsense.**

drivel[2] *v.i.* **1.** glafoerio, dreflan, driblo, driflo, gollwng glafoerion, *N.W: occ:* gollwng tidau, glyfeirian, bwrw glafeirian. **2.** *(= talk nonsense): N:* siarad lol, *S:* siarad/whilia dwli, *Lit:*

ynfydu, *N:* lolian, rwdl[i]an, stwnsio, ponsio, cabarlatsio, holmio *&c*; *S.a.* **nonsense.**

driveline *n. Aut:* llinell *(f)* yriant (llinellau gyriant).

driveller *n.* **1.** glafoeriwr (glafoerwyr) *m*, dreflwr (dreflwyr) *m*. **2.** *F: (= talker of nonsense):* siaradwr (siaradwyr) *(m)* lol, loliwr (lolwyr) *m*, lolyn(-nod) *m*, rwdlyn(-nod) *m*, stwnsiwr (stwnshwyr) *m*, cabarlatsiwr (cabarlatshwyr) *m &c*; *See* **nonsense.**

drivelling *a.* **1.** glafoerllyd, glafoeriog, driflog, dreflog. **2. a ~ idiot,** lolyn gwirion *m*, hulpyn (hulpod) *m*, twpsyn (twps) *m*; *S.a.* **fool[1].**

driven *a.* **1.** gyredig; **a tempest-~ ship,** llong dan lach tymestl, llong ar ffo o flaen storm, llong a storm yn ei gyrru; *S.a.* **snow[1] 1. 2.** *Mec.E:* **~ shaft,** siafft yredig (siafftiau gyredig) *f*; **electrically ~,** a yrrir/weithir gan drydan, trydan-yredig, gyredig gan drydan, a thrydan yn ei yrru; **belt-~,** a yrrir gan felt/strap, belt-yredig, strap-yredig.

drivenness *n.* cymelledigrwydd *m*.

driver *n.* **1.** *(a)* gyrrwr (gyrwyr) *m*, g|yrwraig (gyrwragedd) *f*, *occ:* gyriedydd(-ion) *m*; **he's in the driver's seat,** fe sydd wrth y llyw; fe sy'n gyfrifol; fe sy'n arwain; *(b) (of animals):* gyrrwr; *(of cattle):* cowmon (cowmyn) *m*; *(of oxen):* cathreinwr (cathreinwyr) *m*; *(c)* *(of slaves):* goruchwyliwr (goruchwylwyr) *m*; *S.a.* **slave[1]. 2.** *Tls: (a) (= punch):* ebill(-ion) *m*; *(b)* = **drift[1] 5. 3.** *(a)* = **driving-wheel 1;** *(b)* = **driving-pulley. 4.** *Golf:* dreifar(-s) *m*, cledrwr (cledrwyr) *m*, haearn (heyrn) *(m)* cledro. **~-ant** *n. Ent:* morgrugyn (morgrug) *(m)* gyrru. **~-cell** *n. Ph:* cell *(f)* yrru (celloedd gyrru).

driverless *a.* heb yrrwr.

driveway *n.* tramwyfa (tramwyf|eydd) *f*.

driving[1] *a.* **1.** *Mec.E:* ysgogol, gyriadol, gyriannol; **~ force,** grym gyriadol *m*, grym gyrru, nerth *m*; *(pers.):* ysgogwr: ysgogydd (ysgogwyr) *m*, ysg|ogwraig *f*; **he is the ~ force in the company,** fe yw prif ysgogwr y cwmni; ef yw'r grym pennaf yn y cwmni. **2. ~ rain,** curlaw *m*, [y]stidlaw *m*; **~ snow,** lluwch *(m)* o eira.

driving[2] *vn. See* **drive[2]**; **~ axle** *n. Mec.E:* echel *(f)* yrru (echelau/echelydd gyrru). **~-band, ~-belt** *n. Mec.E:* belt(-iau) *(m)* gyrru, strap(-iau) *(mf)* gyrru. **~-chain** *n. Mec.E:* cadwyn *(f)* yrru (cadwyni gyrru). **~-dog** *n. Tchn:* cariwr *m* [turn]. **~-gear** *n. Mec.E:* cocos *(pl)* gyrru/trawsyrru, trawsyriant *m*. **~-iron** *n. Golf:* cledrwr (cledrwyr) *m*, dreifar(-s) *m*, haearn (heyrn) *(m)* cledro. **~-licence** *n.* trwydded *(f)* yrru (trwyddedau gyrru). **~-plate** *n. Tchn:* plât (platiau) *(m)* gyrru. **~-pulley** *n. Mec.E:* chwerfan *(f)* yrru (chwerfanau gyrru), pwli (pwlïau) *(m)* gyrru. **~-range** *n. Golf:* maes (meysydd) *(m)* ymarfer. **~-school** *n. Aut:* ysgol *(f)* yrru (ysgolion gyrru). **~ shaft** *n. Mec.E:* siafft *(f)* yrru (siafftiau gyrru). **~ test** *n. Aut:* prawf (profion) *(m)* gyrru. **~-wheel** *n.* **1.** *Mec.E: (of locomotive &c):* olwyn *(f)* yrru (olwynion gyrru). **2.** *(of car):* llyw(-iau) *m*; *Fig:* **at the ~-wheel,** wrth y llyw.

drizzle[1] *n.* glaw mân *m*, gwlithlaw *m*, manlaw *m*, brithlaw *m*, *N:* smwc *m*, smwcen *f*, smwc glaw, smitlaw *m*, smwclaw *m*, *S.W: occ:* briwlaw *m*, ffwgen *f*, briwlen *f*.

drizzle[2] *v.t.&i.* bwrw glaw mân, gwlithlawio, *S.W:* briwlan [glaw], *occ:* lleitho, ffluwchan, brycho, briwlach, picach, *N:* pigo bwrw, *occ:* gwlithan, smwcian, smwcian bwrw.

drizzling *a.* = **drizzly.**

drizzlingly *adv.* yn friwlawog, yn smwclawog.

drizzly *a.* mân-lawog, brithlawog, gwlithlawog, *N:* smwclyd, *S:* soclyd, *occ:* slabog, *N.W: occ:* smwclawog.

drogue *n.* drôg (drogau) *m*; *(= buoy):* bwi(-au) *m*; *(= anchor):* angor(-au,-ion) *m*.

droit *n.* toll(-au) *f*; **Droits of Admiralty,** Tollau'r Morlys; **~ de/du seigneur,** *(a) (= marriage fee):* amobr(-au) *m*; *(b) (fictitious right):* braint *(f)* arglwydd.

droll *a. & n.* **1.** *a.* digrif, doniol, difyr, [y]smala, ffraeth, cellweirus, *occ:* arab, arabus. **2.** *n. A: (a) (= jester):* croesan(-iaid) *m*, arabwr (arabwyr) *m*, m|iriman (m|irimyn) *m*; *(b) Th: Hist: (play):* |anterliwt (anterliwtiau) *mf*.

drollery *n.* [y]smaldod *m*, digrifwch *m*, ffraethineb *m*, doniolwch *m*, cellwair *m*, arabedd *m*, ffraetheb(-ion) *f*, *A:* croesaniaeth *f*.

drollness *n.* arabedd *m*, [y]smaldod *m*, digrifwch *m*, doniolwch *m*.

drolly *adv.* yn [y]smala *&c*.

drome *n.* = **aerodrome.**

dromedary *n. Z:* camel(-od) *(m)* rhedeg, dr|omedari (dromedarïaid) *m*, camel un crwbi.

dromond *n. Hist:* dromwnt (dromyntau) *m*.

dromotropic *a. Bot:* troellog.

drone[1] *n.* **1.** *(a) Ent:* gwenynen *(f)* ormes (gwenyn gormes), gwenynen ormesol (gwenyn gormesol), gwenynen segur, *Lit:* bygegyr(-on) *m*, gwchi (gwchïod) *m*, *S.E: occ:* cwffi(-s) *m*; *(b) F: (= idler):* diogyn(-nod) *m*, seguryn: segurwr (segurwyr) *m*, pwdryn (pwdrod) *m*. **2.** *(a) (sound):* grŵn *m*, sŵn *m*, suo *vn*, suad *m*, grwnan *vn*; *F:* **the minister's endless ~,** grŵn/grwnan diddiwedd y gweinidog; *Av:* **the ~ of an engine,** grŵn motor; *(b) Mus:* grŵn, drôn *m*. **3.** *Av: Mil:* drôn (dronau) *m*. **~ bass** *n.* bas *(m)* drôn (basau drôn).

drone[3] *v.i.&t.* **1.** *v.i. (a) (of bee &c):* suo, grwnan, swnian; *(b) (= loaf):* diogi, segura, *S.W:* magu diogi, shigowtan, *N.W:* clertian. **2.** *v.t.* **to ~ [out] sth,** llafarganu rhth, grwnan rhth. **~-fly** *n. Ent:* pryf(-ed) *(m)* gormes, ffugwenynen (ffugwenyn) *f*.

droner *n.* siaradwr (siaradwyr) undonog *m*, grwniwr (grwnwyr) *m*, rhygnwr (rhygnwyr) *m*.

drongo *n.* **1.** *Orn:* drongo(-aid) *m (pronounced* ng-g). **2.** *F:* = **simpleton, fool. ~-cuckoo** *n. Orn:* cog *(f)* ddrongo (cogau drongo). **~-shrike** *n. Orn:* = **drongo 1.**

droning *a.* suol, undonog.

droningly *adv.* yn suol/undonog; gan suo/rwnan.

dronkgrass *n. Bot: (Melica decumbens):* meligwellt meddw *m*.

drool *n. & v.i.* = **drivel [1],[2].**

drooling *a.* = **drivelling 1.**

droop[1] *n.* **1.** *(a) (of head):* gwyriad *m*, gogwydd *m*, osgo *m*, pendrymedd *m*; *(b) (of eyelids):* gostyngiad *m*, trymder *m*. **2.** *(= listlessness):* llesgedd *m*, diymadferthedd *m*, iselder *m*, iseldra *m*, nychdod *m*; **brewer's ~,** *V:* cala *(m)* cwrw, pidyn *(m)* potiwr.

droop[2] *v.i.&t.* **1.** *v.i. (a) (of head &c):* pendrymu, gogwyddo; *(of eyelids):* gostwng, cau; *(of feathers):* hongian yn llipa; *(b) (of flower):* pendrymu, crogi pen, gwywo; *S: occ: (of wheat &c):* garro; *(c) (of pers.):* diffygio, llesgáu, dihoeni, gwanh|au, edrych fel iâr ar y glaw, edrych fel iâr dan badell, bod â'ch pen yn eich plu; *(of spirits):* diffygio, dihoeni, llesgáu, gwanh|au. **2.** *v.t. (head):* gogwyddo, pendrymu; *(eyelids):* gostwng, cau; *(wings):* llusgo. **~-snout** *a. F:* trwynllipa.

drooping *a. (head):* penisel, pendrwm *(f.* pendrom, *pl.* pendrymion), gogwyddol, ar ogwydd, crog; *(feathers):* llipa, llaes; *(spirits):* penisel, digalon; **to revive s.o.'s ~ spirits,** codi calon rhn, sirioli rhn.

droopingly *adv.* yn llipa *&c*.

droopy *a.* **1.** llipa, llaes. **2.** = **downhearted.**

drop[1] *n.* **1.** *(a)* diferyn (diferion) *m*, dafn(-au, defni) *m*, defnyn(-nau) *m*, *occ:* deigryn (dagrau) *m*, *F:* tropyn *m*; **not a ~ of rain,** dim diferyn o law, *N.W: occ:* dim blewyn o law; **water falling ~ by ~,** dŵr yn disgyn fesul diferyn; *S.W:* dŵr yn diferu ticiach-tacach, *F:* **it's only a ~ in the bucket/ocean,** dim ond piso dryw bach yn y môr ydyw; *F:* **to take a ~,** codi'r bys bach, cymryd diferyn/deigryn/tropyn; **he has had a ~ too much,** mae ef wedi cael braidd ormod; *See* **drunk;** *(b) pl. Pharm:* diferion; *(c) (of necklace, chandelier &c):* tlws (tlysau) *m*; *(d)* **peppermint ~,** *S:* losin *(m)* mint, *N:* da-da *(m)* mint, botwm (botymau) gwyn(-ion) *m*, *S.W:* pibren (pibrod) *f*; **chocolate ~,** botwm (botymau) *(m)* siocled; *S.a.* **acid 1, cough[1]. 2.** *(a) (= fall):* cwymp(-au) *m*, cwympiad(-au) *m*, gostyngiad(-au) *m*; **~ in price,** gostyngiad(-au) mewn pris[-iau]; *El.E:* **~ in voltage,** folt-ostyngiad(-au) *m*, cwymp/gostyngiad yn y foltedd; *(over cliff edge &c):* disgyniad(-au) *m*, disgynfa (disgynf|eydd) *f*; *(b) Surv: (in the ground):* pant(-iau) *m*, pannwl (panylau) *m*; *(c) Av: Mil: (of parachutists):* disgynfa; *(of supplies):* gollyngiad(-au) *m*; *Av:* **delayed ~,** *(of parachute):* agoriad hwyr *m*. **3.** *(a) (of lock):* caead(-au) *m*; *(b) Th:* = **drop-curtain;** *(c) (in gallows)* trap(-iau) *m*. **4.** *F:* **at the ~ of a hat,** ar yr esgus lleiaf, mewn eiliad, mewn dim o dro, mewn chwinciad, mewn jiffad, heb feddwl ddwywaith, heb betruso, yn ddibetrus, *N.W:* heb sychu ceg, *Lit:* ar amrantiad; **to get/have the ~ on s.o.,** cael mantais ar rn. **5.** *(= letterbox):* blwch (blychau) *(m)* llythyrau, twll (tyllau) *(m)* llythyrau. **6.** *F:* *(= hiding place for spy's message):* cuddfan(-nau) *m*. **7.** *F: (= bribe):* cildwrn (cildyrnau) *m*. **~ ceiling** *n. Const:* nenfwd (nenfydau) crog *m*. **~-cloth** *n.* gorchudd(-ion) *m*. **~-curtain** *n. Th:* llen *(f)* gwymp (llenni cwymp). **~-down title** *n. Lib:* teitl(-au) cychwynnol *m.* **~-foot** *n. Med:* troed llipa *m,* troed lipa *f.* **~-forge** *v.t. Metalw:* gofannu gwasgol, gwasgofannu. **~-forger** *n.* gwasgofannwr (gwasgofanwyr) *m.* **~-forging** *vn.* gwasgofaniad(-au) *m,* gwasgofannu. **~-front** *n. Furn:* blaen(-au) (*m*) gollwng. **~-goal** *n.* gôl (goliau) (*f*) adlam. **~-hammer** *n.* morthwyl(-ion) (*m*) cwymp, gwasg (*f*) gwymp (gweisg cwymp). **~-handle** *n.* handlen (*f*) grog (handlau crog). **~-handlebars** *n.pl. (of bicycle):* cyrn isel, cyrn crog. **~-head** *n. Aut:* to(-eau) gostyngol *m,* to gostwng. **~-in** *n.* **1.** *(= visitor):* ymwelydd (ymwelwyr) *m.* **2.** *(= gathering):* cwrdd (cyrddau) *m.* **~-kick[1]** *n. Fb: Rugby:* cic(-iau) adlam *f.* **~-kick[2]** *v.i.&t.* cicio adlam, adlam-gicio. **~-kicker** *n.* ciciwr (cicwyr) (*m*) adlam. **~-leaf** *n. Furn:* adain (adenydd) *f,* dalen (*f*) ostwng (dalenni gostwng), dalen blyg (dalenni plyg), *F:* lêff(-s) *f;* **~-leaf table,** bwrdd (*m*) dalen blyg (byrddau dalenni plyg), bord(-ydd) (*f*) ag adenydd, *F:* bwrdd lêff. **~-letter** *n.* **1.** *Post: U.S:* llythyr(-au) lleol *m.* **2.** *Typ:* llythyren (llythrennau) isel *f.* **~ meter** *n.* = **dosimeter.** **~-off** *n.* **1.** *(= descent):* disgynfa (disgynf|eydd) *f.* **2.** *(in attendance &c):* lleihad *m,* gostyngiad *m.* **~ pass** *n. Ice Hockey:* pas(-au) (*m*) gollwng. **~-scene** *n. Th:* golygfa (*f*) gwymp (golygf|eydd cwymp). **~ scone** *n. Cu:* leicec(-s) *f,* leicen (leicecs) *f.* **~ seat** *n. Veh:* sedd (*f*) blygu (seddau plygu). **~-shot** *n. Ten:* ergyd (*f*) bwt (ergydion pwt). **~-shutter** *n. Phot:* caead(-au) (*m*) cwymp. **~-sulphur** *n. Ch:* grawn (*pl*) sylffwr, gronynnau (*pl*) sylffwr. **~ tank** *n. Aer:* tanc(-iau) (*m*) gollwng. **~-test[1]** *n.* prawf (profion) (*m*) gollwng. **~-test[2]** *v.t.* profi (rhth) trwy ei ollwng. **~-tin** *n. Metall:* grawn (*pl*) tun, gronynnau (*pl*) tun. **~-title** *n. Typ:* teitl(-au) isel *m.* **~-valve** *n. I.C.E:* falf (*f*) gwymp (falfiau cwymp). **~ window** *n. Const:* ffenestr (*f*) gwymp (ffenestri cwymp). **~-wrist** *n. Med:* arddwrn llipa *m.* **~-zinc** *n. Metall:* grawn (*pl*) sinc, gronynnau (*pl*) sinc. **~-zone** *n.* ardal (*f*) ollwng (ardaloedd gollwng).

drop[2] *v.i.&t.* I. *v.i.* **1.** *(= drip):* diferu, *occ:* diferyd, defnynnu, dafnio, dropian, tropian. **2.** *(a) (= fall):* disgyn, *S:* cwympo, *N:* syrthio; **to ~ into a chair,** syrthio/cwympo i gadair; **~ dead!** dos (ewch) i'r diawl, cer(-wch) i ddiawl! dos i grafu! *V:* twll dy din di (~ eich tinau chi)! **I am ready to ~,** 'rwyf ar syrthio; 'rwyf ar ddiffygio; 'rwyf wedi blino'n lân; 'rwyf wedi ymlâdd; *N:* 'rydw i wedi hario; *S.W:* 'rw i wedi ffwndo; *S.a.* **pin[1] 1; to ~ on one's knees,** cwympo/syrthio ar eich penliniau; *(b) (of prices, temperature):* cwympo, syrthio, gostwng, lleih|au; *(of wind):* gostegu, tawelu. **3. there the matter dropped,** nid aeth y peth ddim ymhellach; darfu am y peth; ni fu sôn pellach am y peth; **the correspondence dropped,** daeth yr ohebiaeth i ben; peidiodd/pallodd yr ohebiaeth; darfu'r ohebiaeth. **4.** *(a)* **to ~ to the rear, to ~ behind,** disgyn/syrthio ar ôl, cael eich gadael ar ôl, colli tir; *(of pers, car):* **to ~ into place,** mynd i'ch lle; *(b)* **to ~ into the habit/way of doing sth,** mynd i'r cast/arfer o wneud rhth. **5.** *(a)* **to ~ into a pub,** galw mewn tafarn, *N:* taro/picio i mewn i dafarn; *(b)* **to ~ upon/across s.o.,** taro ar rn, cwrdd â rhn yn sydyn, dod ar draws rhn. **6.** *F:* **to ~ [up]on s.o. [like a ton of bricks],** disgyn/syrthio fel pwn ar war rn. II. *v.t.* **1.** *(tears):* gollwng; **to ~ oil into sth,** diferu/dihidlo/distyll olew i rth. **2.** *(a) (= let fall):* gollwng, *N: occ:* disgyn; *(in knitting):* **to ~ a stitch,** colli/gollwng pwyth, *S.W:* colli magl; **to ~ a curtain,** gollwng/gostwng llen; **to ~ a remark,** gwn|eud sylw; *Rugby:* **to ~ a goal,** sgorio/sgori gôl adlam; *Cr:* **to ~ a catch,** methu â dal pêl; *Nau:* **to ~ a pilot,** glanio/gollwng peilot; *F:* **to ~ s.o. in it,** gadael rhn ynddi, gollwng rhn ynddi *or* yn y cawl *or* yn y moch *or V:* yn y cachu; *Geom:* **to ~ a perpendicular to/on a line,** gollwng sythlin ar linell; *S.a.* **anchor[1], brick[1] 1;** *(b) (of cow &c):* esgor, dod, *N:* bwrw; **the cow is nearly ready to ~,** mae'r fuwch yn dywyddu; *N:* mae'r fuwch yn dwddu; *S:* mae'r fuwch yn [h]alu; **to ~ a word in s.o.'s ear,** sibrwd gair yng nghlust rhn; *S.a.* **hint[1];** *(c)* **to ~ a letter into the pillar-box,** taro/rhoi/dodi llythyr yn y post; *F:* **to ~ s.o. a line/card,** anfon gair/cerdyn at rn, *N:* gyrru gair/cardyn at rn, *S:* hala gair/carden at rn. **3.** *(= lose):* colli; **to ~ money at gambling,** colli arian ar fetio. **4.** *(= shoot down):* saethu (rhth) i lawr, *occ:* disgyn (rhth); *(= fell):* torri, cwympo, cymynu; *(opponent):* llorio (rhn), taro (rhn) i lawr. **5.** *(= set down):* gollwng, *N: occ:* disgyn; **I shall ~ you at your door,** mi'ch gollyngaf chi wrth y drws. **6.** *(= omit):* gollwng, hepgor (rhth); gadael (rhth) allan; **to drop one's aitches,** gollwng eich aitsh. **7.** *(eyes, voice):* gostwng; *S.a.* **curtsey[1]. 8.** *(work):* rhoi'r ffidil yn y to, rhoi'r gorau iddi, rhoi'r gorau i waith, peidio â gwneud rhth; **to ~ the idea of doing sth,** rhoi'r gorau i'r syniad o wneud rhth; **let us ~ the subject,** gadewch inni droi'r sgwrs; gadewch inni sôn am rth arall; *F:* **~ it!** paid (peidiwch)! rho'r gorau iddi (rhowch gorau iddi)! dyna ddigon! *S.W:* bodda fe (boddwch e)! gad(-wch) hi! *(b) F:* **to ~ s.o.,** rhoi'r gorau i weld rhn, troi cefn ar rn, *N: occ:* rhoi'r hwi i rn; *(c) Av:* **to ~ a wing,** gostwng adain; **to ~ a parachutist,** gollwng parasiwtiwr. **9.** *(= abandon):* gollwng; **to ~ charges,** gollwng cyhuddiadau. **~ away** *v.i.* **1. the members of the family have dropped away,** fe aeth aelodau'r teulu o un i un. **2.** *(of members, receipts):* gostwng, lleih|au, prinh|au, mynd yn llai/brinnach. **~ behind** *v.i.* aros ar ôl, cwympo'n ôl, syrthio ar ôl, cael eich gadael ar ôl, colli tir. **~ in 1.** *v.t.* **to ~ sth into sth,** gollwng rhth i rth; *(drop by drop):* diferu/distyll rhth i rth. **2.** *v.i.* taro heibio, galw heibio, galw draw; **to ~ in on s.o.,** galw/picio/taro heibio i rn, galw i weld rhn, rhoi tro am rn, *S:* galw i mewn gyda rhn, *N:* edrych am rn. **~-in centre** *n.* canolfan(-nau) (*mf*) galw heibio. **~ off** *v.i.* **1.** *(of leaves):* cwympo, syrthio, disgyn. **2.** *F:* **to ~ off [to sleep],** syrthio/cwympo i gysgu, pendwmpian, pendrymu, hepian. **3.** = **drop away 2. ~-off** *n.* lleihad *m,* gostyngiad(-au) *m.* **~ out 1.** *v.t. (= omit):* gadael (rhth) allan; gollwng, hepgor (rhth); *S:* gadael (rhth) mas. **2.** *v.i. (a)* cwympo *&c* allan; *(b) (= withdraw):* **to ~ out of a contest,** tynnu'n ôl o gystadleuaeth; *(= give up):* rhoi'r gorau iddi; **two of the runners dropped out,** rhoes dau redwr y gorau iddi; *Mil: (of man unable to keep up with his troop):* bod/aros ar ôl, colli lle [mewn rheng]; *(c) F: (from society):* gwrthgilio. **~-out[1]** *n.* **1.** *(pers.): F:* dropowt(-s) *m&f, Lit:* gwrthgiliwr (gwrthgilwyr) *m.* **2.** *T.V:* llun(-iau) coll *m.* **~-out[2]** *n. Rugby:* adlamu (*vn*) allan. **~ to** *v.i. F:* **to ~ to sth,** *(= realize):* sylwi ar rth, sylweddoli rhth.

Drope *W.Pl.n.* Y Ddrôp *f.*

droplet *n.* defnyn(-nau) *m,* dafn(-au) *m.* **~ infection** *n. Med:* heintiad (*m*) defnynnau/defnynnol.

droplight *n.* golau (goleuadau) crog *m.*

dropped *a.* gollyngedig; cwympedig, syrthiedig; *Aut: &c:* isel. **~ axle** echel(-au,-ydd) isel *f,* echel [i] lawr; *U.S:* **~ egg,** = **poached egg; ~ goal,** gôl(-s, golau) (*f*) adlam. **~ handlebars,** cyrn isel; *Cost:* **~ waist,** gwasg(-au) isel *f.*

dropper *n.* **1.** *(a) (pers.):* gollyngwr (gollyngwyr) *m,* diferwr (diferwyr) *m;* *(b) (of drops):* diferydd(-ion) *m,* distyllydd(-ion) *m.* **2.** *Fish:* pen (*m*) llinyn (pennau llinynnau). **3.** *(= upright of fence):* postyn (pyst) *m.* **4.** *(earring):* clustdlws (clustdlysau) crog *m.*

dropperful *n.* llond (*m*) diferwr.

dropping[1] *a.* disgynnol, gostyngol.

dropping[2] *vn. & n.* **1.** *vn. (a) (of liquid):* diferiad(-au) *m,* diferu, diferynnu, defnynnu; *(b) (= letting fall):* gollyngiad(-au) *m;* *(= fall):* cwymp(-au) *m,* cwympiad(-au) *m,* cwympo, syrthio; *(of prices):* gostyngiad(-au) *m,* gostwng; *(= omission):* dilead(-au) *m,* gollyngiad(-au) *m,* dil|eu, gollwng; *(= abandonment):* ymwrthodiad (*m*) **(of sth,** â rhth). **2.** *n. usu.pl.* **droppings,** *(a) (= drops):* diferion, diferiadau; *(b) (= dung):* tail *m,* tom *f, S.W:* dom *m;* *(of dog &c):* baw *m;* *(of sheep):* ceglyn *m,* cagl(-au) *m.* **~-angle** *n.* ongl (*f*) aneliad, ongl ddisgyn (onglau disgyn). **~-funnel** *n. S:* twndish(-au) (*m*) diferu, *N:* twmffat(-iau) (*m*) diferu. **~-zone** *n. Mil: Av:* ardal (*f*) ollwng (ardaloedd gollwng).

dropseed *n. Bot:* *hadwellt *m.*

dropsical *a. Med: Vet:* dropsïol, dyfrglwyfus, a'r dropsi/dyfrglwyf arnoch.

dropsicalness *n.* natur ddropsïol *f;* golwg ddropsïol *f,* golwg chwyddedig (ar rth).

dropsonde *n. Meteor:* dropsond(-au) *m.*

dropsy *n. Med:* dyfrglwyf *m,* clwy(m)'r dŵr, *F:* dropsi *m,* y dŵr *m;* **he's suffering from ~,** *S:* mae'r dŵr arno.

dropwort *n. Bot: (Fillipendula vulgaris):* crogedyf *f,* crogedau *f;* **water ~,** *(Oenanthe):* dibynlor *m,* cegid *m;* **[tubular] water ~,** *(O. fistulosa):* dibynlor pibellaidd; **corky-fruited water ~,** *(O. pimpinelloides):* dibynlor tormaenaidd; **fine-leaved water ~,** *(O. aquatica):* dibynlor manddail; **hemlock water ~,** *(O. crocata):* y gysblys *m,* cegiden (*f*) y dŵr (cegid y dŵr), dibynlor cegidaidd; *S.a.* **hemlock; narrow-leaved water ~,** *(O. silaifolia):* dibynlor meinddail; **parsley water ~,** *(O. lachenalii):* dibynlor

perllysddail, dibynlor perllys, persli (*m*) dŵr; **river water ~,** *(O. fluviatilis)*: dibynlor yr afon.
drosera *n. Bot:* = **sundew.**
droshky *n. Veh:* cerbyd(-au) *m*.
drosophila *n. Ent:* pryf(-ed) (*m*) ffrwythau.
dross *n.* **1.** *Metall:* sinidr *m*, mwnws *m*, amhurdeb *m*; **to form ~,** sinidro. **2.** *(= dregs)*: sorod *pl*, gwaddod *m*, gwaddodion *pl*, gwaelodion *pl*, swtrach *m*. **3.** *(a) (= rubbish)*: sothach *pl*, sorod, siwrwd *pl*, ysbwriel *m*, *N: F:* 'nialwch; *(b) F: (= people)*: gwehilion *pl*, ciwed *f*, *N:* taclau *pl*, rapsgaliwns *pl*, hen garsiwn *mf*, cari-dyms *pl*, hepil *mf*, *S.W:* reps *pl*, rodnis *pl*.
drossy *a.* sothachlyd, diwerth.
drought *n.* sychder(-au) *m*, sychdwr *m*, *occ:* sychin *f*, cyfnod(-au) (*m*) o sychder, cyfnod sych.
droughtiness *n.* sychder *m*.
droughty *a.* sych, sychedig.
drouth *n.*, **drouthy** *a.* = **drought, droughty**.
drove[1] *n.* **1.** *(a)* gyr(-roedd) *m*, diadell(-oedd) *f*; *(of pigs)*: cenfaint (cenfeiniau, cenfeinoedd) *f*; *(of sheep)*: praidd (preiddiau) *m*; *(b) F: (of people)*: haid (heidiau) *f*, twr (tyrrau) *m*, torf(-|eydd,-oedd) *f*, tyrfa(-oedd) *f*, llu(-oedd) *m*, *S:* crugyn *m*, *N:* fflyd(-oedd) *f*; **in droves,** yn llu[-oedd], yn heidiau, yn un fflyd, yn fyddin, yn fintai. **2.** *Tls:* cŷn (cynion) (*m*) rhigoli. **~-road** *n.* ffordd (*f*) borthmyn (ffyrdd porthmyn). **~-work** *n.* *Stonew:* wyneb(-au) nadd *m*, carreg (cerrig) nadd *f*.
drove[2] *v. See* **drive**[2].
drove[3] *v.t.*, **droving** *vn.* porthmona, gyrru gwartheg.
drover *n.* porthmon (porthmyn) *m*, gyrrwr (gyrwyr) *m*; **to work as a ~,** porthmona.
droveway *n.* gyrlwybr(-au) *m*, ffordd (*f*) borthmyn (ffyrdd porthmyn).
drown *v.t.* **1.** boddi; **to ~ oneself,** eich boddi'ch hun[an], *Lit: occ:* ymfoddi; **to be drowned,** *v.i.* **to ~,** *(by accident)*: boddi, cael eich boddi; **a drowning man,** dyn yn boddi, dyn ar foddi; **drowned at sea,** wedi boddi yn y môr, a foddwyd yn y môr; *F:* **to ~ one's sorrow in drink,** boddi'ch gofidiau mewn diod; **they were drowned out of house and home,** gwelsant foddi eu cartref; gyrrwyd hwy o'u cartref gan lifogydd. **2.** *(= flood)*: gorlifo, boddi. **3.** *(sound, voice)*: boddi, gorlethu, llethu, mygu.
drowned *a.* boddedig, a foddwyd, wedi['ch *&c*] boddi; **like a ~ rat,** yn wlyb domen, yn wlyb at eich croen; *Geog:* **~ lands,** tiroedd dan ddŵr, tiroedd gorlifedig/boddedig.
drowning[1] *a.* yn boddi, ar foddi.
drowning[2] *vn.* boddi, boddiad(-au) *m*; **death by ~,** marw trwy foddi. *(= flooding)*: gorlifiad(-au) *m*, gorlifo *vn*.
drowse[1] *v.i.&t.* **1.** *v.i.* pendwmpian, hepian, *N.W: occ:* dwmpian; **to ~ away/off,** pendwmpian, hepian cysgu, pendrymu, mynd i gysgu ar eich trwyn. **2.** *v.t.* **to ~ the time away,** cysgu ei hochor hi, treulio amser yn pendwmpian.
drowse[2] *n.* = **drowsiness.**
drowsily *adv.* yn gysglyd.
drowsiness *n.* syrthni *m*, cysgadrwydd *m*.
drowsing, drowsy *a.* cysglyd, swrth, pendrwm (*f.* pendrom, *pl.* pendrymion); **a ~ afternoon,** prynhawn cysglyd/dioglyd. **~-head** *n.* cysgadur(-iaid) *m*, cysgadures(-au) *f*.
drub *v.t.&i.* curo, dyrnu, ffonodio, pastynnu, cystwyo, pwyo, *N:* colbio, waldio, walbio, stido, dobio, *S:* wado, pwno, ffusto; *(in fight)*: *S:* maeddu, *S.W:* beito; **to ~ sth into s.o.'s head,** dyrnu/pwnio/pwyo rhth i ben rhn.
drubber *n.* = **beater 1, cudgeller.**
drubbing *n.* curfa (curf|eydd, curfâu) *f*, crasfa (crasf|eydd) *f*, cystwyad(-au) *m*, cosfa (cosf|eydd) *f*, *F:* cot: coten *f*, *N:* cweir (-iau) *m*, colbiad(-au) *m*, stid *f*, sgwrfa (sgwrfâu) *f*; **we gave them the ~ of their life,** *S:* fe wadon ni'u henaid nhw mas.
drudge[1] *n.* slaf(-iaid) *m&f*.
drudge[2] *v.i.&t.* **1.** *v.i.* slafio, ymlafnio, llafurio, dygnu arni; **to ~ and slave,** slafio gweithio. **2.** *v.t.* gweithio (rhn) yn galed.
drudgery *n.* slafdod *m*, slafwaith *m*, gwaith caled *m*, caledwaith *m*, llafurwaith *m*.
drudging *a.* llafurus.
drug[1] *n.* **1.** cyffur(-iau) *m*, *F:* drỳg(-iau) *m*; *F:* **truth ~,** cyffur dweud y gwir, cyffur cyffesu; **to be on drugs,** cymryd cyffuriau, bod ar gyffuriau, *F:* drygio. **2. this is a ~ on the market,** 'does dim galw am hwn; 'does dim gwerthu ar hwn; mae gormod o hwn ar werth. **~ abuse** *n.* camddefnydd (*m*) ar/o gyffuriau, camddefnyddio (*vn*) cyffuriau. **~ addict** *n.* caeth(-ion) (*m*) i gyffuriau, caethes(-au) (*f*) i gyffuriau. **~ addiction** *n.* caethiwed (*m*) i gyffuriau. **~ dependency** *n.* dibyniaeth (*f*) ar gyffuriau. **~ fiend** *n.* = **drug-addict.** **~ habit** *n.* arfer (*vn*) cyffuriau, cast (*m*) cyffuriau, drygio *vn*. **~ pusher** *n.* gwerthwr (gwerthwyr) (*m*) cyffuriau, *N:* hwrjwr(-s) (*m*) drygiau, *S:* hwtrwr (hwtrwyr) (*m*) drygiau. **~ pushing** *vn.* gwerthu cyffuriau, *N: F:* hwrjo drygiau, *S:* hwtro drygiau. **~ resistance** *n.* ymwrthod (*vn*) â chyffuriau, ymwrthodiad (*m*) â chyffuriau. **~ traffic** *n.* masnach (*f*) gyffuriau. **~ trafficker** *n.* = **drug-pusher.** **~ trafficking** *vn.* = **drug-pushing**.
drug[2] *v.t.&i.* **1.** *v.t.* rhoi cyffur i rn, cyffurio rhn, *F:* drygio rhn. **2.** *v.i.* cymryd cyffuriau, *F:* drygio.
drugged *a.* dan gyffur, wedi cael cyffur, cyffuriedig, drygiedig.
drugget *n. Tex:* dryget *m*; *(mat)*: mat bras (matiau breision) *m*. **~ pin** *n.* hoelen (*f*) fatiau (hoelion matiau).
druggist *n.* fferyllydd (fferyllwyr) *m*, *F:* drygist(-iaid) *m*.
druggy *a.* cyffurllyd.
drugmaker *n.* cyffuriwr (cyffurwyr) *m*.
drugstore *n. U.S:* siop(-au) (*f*) drygist. **~ cowboy** *n.* cowboi(-s) (*m*) siop drygist.
druid[1] *n.* derwydd(-on) *m*; **the Order of Druids,** Urdd (*f*) y Derwyddon. **~'s altar** *n.* cromlech(-i) *f*, coeten (*f*) Arthur. **Druids' Circle** *W.Pl.n.* Y Meini Hirion *pl*. **~ stone** *n.* maen hir (meini hirion) *m*.
Druid[2] *W.Pl.n.* Y Ddwyryd *f*.
druidess *n.f.* derwyddes(-au).
druidical *a.* derwyddol.
druidism *m.* derwyddiaeth *f*.
drum[1] *n.* **1.** *Mus:* drwm (drymiau) *m*, *Lit:* tabwrdd (tabyrddau) *m*; **~ and sticks,** drwm a ffyn; **big ~, bass ~,** drwm bas, drwm mawr; **long ~, tenor ~,** drwm tenor; **side-~,** drwm bach, drwm ochr; **snare ~,** drwm tannau; *S.a.* **kettle-drum;** *F:* **my heart was beating like a ~,** 'roedd fy nghalon yn curo fel gordd. **2.** *(sound)*: curiad(-au) *m*, drymiad(-au) *m*, tabyrddu *vn*, tabyrddiad(-au) *m*, sŵn (*m*) drwm/tabwrdd. **3.** *Anat: (of ear)*: tympan(-au) *f*, *F:* drwm. **4.** *(a) (for oil &c)*: drwm, baril(-au) *mf*; *(b)* **concrete mixing ~,** corddwr (corddwyr) (*m*) sment; *(of revolver)*: drwm. **5.** *(a) Arch: (of column)*: baril; *(b) (of capstan, winch)*: gwerthyd(-au) *f*, baril. **6.** *(of brake, of revolver)*: drwm. **7.** *Ich:* = **drumfish.** **8.** *F:* = **brothel.** **9.** *Geog:* = **drumlin.** **~ brake** *n.* brâc (braciau) (*m*) drwm, brêc (breciau) (*m*) drwm. **~ major** *n.* **1.** arweinydd (*m*) band (arweinwyr/arweinyddion bandiau). **2.** *Mil: A:* prif dabyrddwr (~ dabyrddwyr) *m*. **~ majorette** *n.f.* blaenores (*f*) band (blaenoresau bandiau), ***majorette(-s)***. **~ printer** *n.* *Cmptr:* drwm-argraffydd(-ion) *m*. **~ roll** *n.* sŵn (*m*) drwm, dadwrdd (*m*) drwm, tabyrddiad(-au) *m*.
drum[2] *v.i.&t.* **1.** *v.i.* curo [drwm], tabyrddu, drymio, drymian; **to ~ on the window-panes,** curo ar/wrth y ffenestr; *(b) (of insects)*: drymio, drymian; *(c) (of car &c)*: drymio, drymian, atseinio, dirgrynu. **2.** *v.t.* **to ~ (a tune on sth),** chwarae, curo, tabyrddu, drymio (tôn ar rth); **to ~ one's fingers,** drymio'ch bysedd, drymian eich bysedd; *F:* **to ~ sth into s.o.'s head,** pwnio rhth i ben rhn. **~ out** *v.t. Mil:* **to ~ s.o. out,** diarddel/diraddio rhn, taflu rhn allan [o rth]. **~ up** *v.t. F:* **to ~ up support for sth,** curo'r drwm dros rth, casglu cefnogwyr/cefnogaeth i rth; *F:* **to ~ up tea,** gwn|eud te; **I'll ~ us up some sandwiches,** mi ga' i frechdanau inni.
drum[3] *n. Geog:* trum(-iau) *fm*, cefn(-au) *m*, cefnen(-nau) *f*, crib(-au) *f*, esgair (esgeiriau) *f*.
drumbeat *n.* curiad (*m*) drwm (curiadau drwm/drymiau), tabyrddiad(-au) *m*.
drumbeater *n.* tabyrddwr (tabyrddwyr) *m*, drymiwr: drwmwr (drymwyr) *m*.
drumbeating *vn.* curo drwm, tabyrddu, drymio, drymian.
drumfire *n. Mil:* cenllif (*m*) o danio, cenllif tân.
drumfish *n. Ich:* drymiwr (drymwyr) (*m*) môr.
drumhead *n.* **1.** croen (*m*) drwm (crwyn drymiau). **2.** *Mec.E:* pen (*m*) capstro (pennau capstroeon). **3.** *pl. Bot:* amlaethai pengrwn *m* (*pronounced* ng-g), llaethlys pengrwn *m*. **~ cabbage** *n. Bot:* bresychen bengron (bresych pengrwn) *f*. **~ court martial** *n.* cwrt-marsial diannod *m*, cwrt-marsial ar y maes. **~ service** *n.* gwasanaeth(-au) (*m*) awyr agored.
drumlin *n. Geol:* graeanfryn(-iau) *m*, drymlin(-oedd) *m*.

drumlinoid *a. Geol:* drymlinaidd.
drummer *n.* **1.** drymiwr (drymwyr) *m*, drwmwr (drymwyr) *m*, dr|ymwraig *f*, curwr (*m*) drwm (curwyr drymiau), *Lit:* tabyrddwr (tabyrddwyr) *m*, tab|yrddwraig *f*; **big ~,** curwr y drwm mawr (curwyr y drymiau mawrion). **2.** *U.S: (= commercial traveller):* trafaeliwr (trafaelwyr) *m*, trafeiliwr (trafeilwyr) *m*. **3.** *Ich:* = **drumfish. ~-boy** *n.* drwmwr bach *m*.
drumming[1] *a.* tabyrddol; **a ~ noise,** sŵn (*m*) drwm/drymio/drymian.
drumming[2] *vn.* **1.** curo, drymio, drymiad(-au) *m*, sŵn (*m*) drwm, sŵn tabwrdd, *Lit:* tabyrddu, tabyrddiad(-au) *m*. **2.** *(of insect):* drymio, drymian *vn*; *(of grouse):* sŵn (*m*) curo/drymio/drymian. **3.** *F: (of car):* sŵn (*m*) drymio/drymian.
drumstick *n.* **1.** *Mus:* ffon (*f*) dabwrdd (ffyn tabwrdd), ffon guro drwm (ffyn curo drwm), drymffon (drymffyn) *f*. **2.** *Cu:* coes (*f*) cyw (coesau cywion). **~ tree** *n. Bot:* coeden (*f*) ddrymffyn (coed drymffyn).
drumwood *n. Bot:* *drymwydden (drymwydd) *f*.
drunk *pred.a. & n.* **1.** *pred.a.* *(a)* meddw, wedi meddwi, *Lit: occ:* brwysg, *N: F:* chwil, wedi ei dal hi, *S: F:* twll; **to get ~,** meddwi, *N: F:* ei dal hi, *S: F:* ei dala hi, *occ:* cnapo; **half ~,** hanner meddw, lledfeddw; **to get s.o. half ~,** hanner meddwi rhn, lledfeddwi rhn; **dead ~, blind ~,** meddw fawr, meddw gaib, meddw dwll, *N:* chwil gaib [racs], chwil ulw [gaib/beipen], yn feddw chwildri[n]s mân, yn chwildrins ulw, yn chwil ulw bitsh *&c*, *S:* wedi ei dala hi'n dwll, *N:* wedi'i dal hi'n racs, *S. W: occ:* ar y sliw fawr, heb ddim bagl o dano, ar y ffwdlen; **(as ~) as a fiddler, as a lord, as an owl,** meddw gaib *&c*; (mor feddw) â'r hopsyn; (cyn feddwed) â'r dwsel, â'r hoeden, â'r horsen, *N. W:* â'r beipen; *Jur:* **~ and disorderly,** meddw ac afreolus; *Jur:* **~ and incapable,** meddw ac analluog; *(b) (with success &c):* meddw (ar lwyddiant &c); **~ with carnage,** meddw gan/ar laddfa/ladd. **2.** *n.* *(a)* = **drunkard**; *(b) n. F: (= drinking-bout):* sbri *m*, sesiwn (sesiynau) *f*, *S:* criws *m*, yfwch *m*.
drunkard *n.* meddwyn (meddwon) *m*, diotwr (diotwyr) *m*, yfwr mawr (yfwyr mawrion) *m*, llymeitiwr (llymeitwyr) *m*, *Lit:* brwysgwr (brwysgwyr), *F:* potiwr (potwyr) *m*, slotiwr (slotwyr) *m*, sotyn meddw *m*, rafiwr (-s, rafwyr) *m*, rafin(-iaid) *m*, rafin boi(-s) *m*, potyn meddw *m*, diotyn *m*; **drunkards** *pl*, *occ:* meddgwn.
drunken *a.* meddw; *S.a.* **drunk; ~ driving,** gyrru tra'n feddw, gyrru yn eich diod; **~ driver,** gyrrwr meddw, gyrrwr wedi cael diod, gyrrwr yn ei ddiod; **a ~ gait,** cerddediad (*m*) dyn meddw, *N. W: F:* coesau cwrw; **a ~ state,** cyflwr meddw; *Carp:* **~ saw,** llif(-au) chwil *f*, llif gam (llifau ceimion); **~ screw,** sgriw(-iau) chwil *f*, sgriw gam (sgriwiau ceimion); **~ thread,** edau (edeifion) chwil *f*, edau gam (edeifion ceimion).
drunkenly *adv.* **1.** yn feddw. **2.** *(= crooked, awry):* yn gam, ar ŵyr, ar slent, ar ogwydd, *F:* ar sgi-wiff, *S.E:* acha wew[c], *N:* bob sut.
drunkenness *n.* m|eddwdod *m* (*usu.pronounced* m|edd-dod), *Lit: occ:* brwysgedd *m*, *S: occ:* yfwch *m*.
drunkometer *n. U.S:* = **breathalyser**.
drupaceous *a. Bot:* amffrwythol, aeronol.
drupe *n. Bot:* aeronen (aeron) *f*, amffrwyth(-au) *m*.
drupel, drupelet *n.* aeronen (aeron) *f*, drwpled(-au) *m*.
druse[1] *n. Geol:* grisial *m*, haen (*f*) o risial; *(cavity):* grisgeuedd *m*.
Druse[2] *n. & attrib. Rel:* **1.** *n.* Drŵs (Drwsiaid) *m&f*. **2.** *attrib.* Drwsaidd; **a ~ village,** un o bentrefi'r Drwsiaid.
druxiness *n. Carp:* marciau gwynion *pl*.
dry[1] *a.* **1.** *(most senses):* sych (*f. occ:* sech, *pl.* sychion); *(well, cow):* hysb (*f.* hesb, *pl.* hysbion); *(skin, fruit):* crin(-ion), *occ:* gwystyn; *(= thirsty):* sychedig; **(as ~) as dust, as a bone,** (cyn syched) â sglodyn, â'r corcyn, â'r corn, â'r carth, â'r ysbwrn; (cyn grined) â llinwydd yr odyn; (mor sych) â'r cricsyn; **rough ~,** *(i)* bras sych; *(ii) v.t.* bras-sychu; *Geog:* **~ gap,** adwy sych *f*; **~ land,** tir(-oedd) sych *m*, sychdir(-oedd) *m*, tir cras, crastir(-oedd) *m*; **to pump a well ~,** dihysbyddu/disbyddu ffynnon; **to wring linen ~,** gwasgu lliain yn sych; **to run ~, to go ~,** sychu, mynd yn sych, mynd yn hysb/hesb; **drip ~,** *(i) a.* dripsych; *(ii) v.i.* dripsychu; *S.a.* **high I, wall[1], ice[1].** *F:* **I feel ~,** mae syched arna' i; *(wine):* sych; **medium ~,** lled-sych; *(of country):* **to go ~,** gwahardd alcohol. **2.** *(= uninteresting):* sych, diflas, anniddorol; **as ~ as dust,** cyn ddiflased â'r dŵr, sych grimp. **3.** *(a) (smile, humour):* sych, sychlyd; **he's a ~ stick,** hen grystyn sych ydi o; hen grimpyn ydi o; un sychlyd ydyw; *(b) (= meagre, bare):* moel(-ion), noeth(-ion), plaen, prin(-ion); **~ facts,** ffeithiau moel; **a ~ reception,** croeso glas *m*, glas groeso; **to give s.o. a ~ reception,** glasgroesawu rhn. **dry-as-dust 1.** *a.* sych, anniddorol, diflas, sychlyd, sych-dduwiol. **2.** *n.* dyn(-ion) sych *m*, crimpyn(-nod) *m*, *S. W:* sychbin(-nau) *m*. **~ battery** *n.* batri(-s, batrïau) sych *m*. **~-bulb** *n. (thermometer):* thermomedr(-au) sych *m*. **~ cell** *n. El:* cell(-oedd) sych *f*. **~-clean** *v.t.* sychlanh|au. **~-cleanable** *a.* sychlanhadwy. **~-cleaned** *a.* sychlan, a sychlanhawyd. **~-cleaner's** *n.* siop (*f*) lanh|au dillad, sych-lanhawyr *pl*. **~-cleaning** *vn.* sych-lanhau. **~ copy process** *n. Lib:* proses (*f*) copïo sych. **~-cure** *v.t.* sychu, halltu, cochi. **~-dock[1] 1.** *v.t.* **to ~-dock a ship,** hwylio llong i ddoc sych, mynd â llong i ddoc sych. **2.** *v.i.* *(of ship):* mynd/hwylio i ddoc sych. **~-dock[2]** *n.* doc(-iau) sych *m*. **~-eyed** *a.* diddagrau, llygatsych; **to look at sth ~-eyed,** edrych ar rth yn ddigyffro. **~-farming** *vn.* amaethu/ffermio sych, sych-ffermio. **~ farm** *n.* fferm(-ydd) sych *f*. **~-farm** *v.t.* sych-ffermio. **~ farmers** *n.pl.* sych-ffermwyr. **~-fly[1]** *a.* â phluen sych. **~-fly[2]** *v.i.* pysgota â phluen sych. **~-foot[-ed]** *a. & adv.* **1.** *a.* troetsych. **2.** *adv.* yn droetsych. **~ gangrene** *n. Med:* madredd sych *m*. **~ goods** *n.pl. Com: U.S:* brethynnau, llieiniau, defnyddiau. **~ kiln** *n.* odyn sych (odynau sychion) *f*. **~ law** *n. U.S:* deddf (*f*) gwahardd diod. **~ measure** *n.* mesur sych (mesurau sychion) *m*. **~ mop** *n.* mop(-iau) (*m*) sychu llawr. **~-nurse[1]** *n.* mamaeth(-od) *f*. **~-nurse[2]** *v.t.* mamaethu, llawfaethu, gwarchod. **~-plate** *n.* plât (platiau) sych *m*. **~-point** *n. Engr:* pwyntil(-au) sych *m*; *(process):* sychbwynt *m*, ysgythru (*vn*) sych; *(engraving):* ysgythriad(-au) sych *m*; *Geog:* **~-point site,** safle(-oedd) sych *m*. **~-proof** *v.t.* diddosi. **~ rot[1]** *n.* **1.** pydredd sych *m*, braen sych *m*, sych-bydredd *m*. **2.** *F:* **political ~ rot,** pydredd gwleidyddol. **~-rot[2]** *v.t.&i.* pydru. **~ run** *n.* practis(-iau) *m*, ymarfer(-ion) *f*; *Cmptr:* ffug-rediad(-au) *m*. **~-salt** *v.t.* halltu. **~-salter** *n.* sychnwyddwr (sychnwyddwyr) *m*. **~-saltery** *n.* siop(-au) (*f*) sychnwyddau. **~-shod** *a. & adv.* **1.** *a.* troetsych. **2.** *adv.* yn droetsych. **~-stone** *a.* o gerrig sychion. **~-stone wall** *n.* clawdd sych (cloddiau sychion) *m*, wal sych (waliau sychion) *f*. **~ weight** *n.* pwysau sych *m*, pwysau sych[-ion] *pl*. **~ well** *n. U.S:* ffos (*f*) gerrig (ffosydd cerrig). **~-wash** *n. Dom.Ec:* golch sych *m*, golchi (*vn*) sych.
dry[2] *v.t.&i.* **1.** *v.t.* sychu, *occ: (of sun &c):* crasu; **wind that dries [up] the skin,** gwynt sy'n sychu'r/crino'r/gwystno'r croen; *Dom.Ec:* **rough-~,** bras-sychu. **2.** *v.i.* sychu, mynd yn sych; *(of cow, well, inspiration &c):* hesbio, mynd yn hysb/hesb; **to put clothes out to ~,** taenu/tannu dillad [i sychu]; *Dom.Ec:* **drip-~,** dripsychu. **~ off** *v.i. Husb: (of cow):* hesbio, mynd yn hysb/hesb. **~ out** *v.t.&i.* sychu. **~ up** *v.i.* **1.** *(of well, pool):* mynd yn sych/hysb, sychu. **2.** *F: (= stop talking):* tewi, distewi, peidio â siarad; **he dried up,** fe aeth yn hesb; fe aeth yn nos arno; fe ballodd ei eiriau; *P:* **~ up!** taw (tewch)! cau dy geg (caewch eich cegau)! *S:* cau dy ben (caewch eich pennau)! **3.** *(dishes): (a) v.t.* sychu; *(b) v.i.* sychu llestri.
dry[3] *n.* **1.** *(= dry place):* lle sych *m*; **come into the ~,** dewch i mewn o'r glaw; dewch i le sych. **2.** = **prohibitionist.**
dryable *a.* sychadwy.
dryad *n.f. Myth:* duwies y coed (duwiesau'r coed). **~'s saddle** *n. Fung:* cyfrwy(-au) cennog *m*.
dryer *n.* **1.** sychwr (sychwyr) *m*, sychydd(-ion) *m*; **convector ~,** sychwr darfudol; **rotary ~,** sychwr tro/troi; **spin-~,** troellwr (troellwyr) (*m*) sychu, sychdroellwr (sychdroellwyr) *m*; **tumble-~,** taflwr (taflwyr) (*m*) sychu, sychdaflwr (sychdaflwyr) *m*.
drying *vn.* **1.** sychiad(-au) *m*, sychu; **spin-~,** sychdroelli; **tumble-~,** sychdaflu. **~-cabinet/-cupboard/-closet** *n.* cwpwrdd (cypyrddau) (*m*) sychu. **~-oil** *n.* olew (*m*) caledu. **~-rack** *n.* rhesel(-i) (*f*) sychu.
drylot *n. Husb: U.S:* llain (*f*) besgi (lleiniau pesgi).
dryly *adv.* yn sych; *(in manner):* yn sychlyd.
dryness *n.* **1.** sychder *m*, sychdwr *m*, craster *m*. **2.** *(of tone &c):* sychder, gerwinder *m*. **3.** *(of lecture &c):* diflastod *m*.
dryopithecine *a. & n.* **1.** *a.* dryopithecaidd. **2.** *n.* dryopitheciad (dryopitheciaid) *m*.
drysalter *n.* = **dry-salter.**
drystone *a.* o gerrig sychion; moel(-ion); *S.a.* **dry-stone.**
duad *n.* = **pair.**

dual *a. & n.* **1.** *a.* deuol, dwbl, deublyg, dyblyg; *I.C.E:* **~ ignition,** tanio (*vn*) dwbl; **~ tyres,** teiars dwbl; *Aut:* **~ carriageway,** ffordd ddeuol (ffyrdd deuol) *f*; **~ control,** rheolaeth ddyblyg *f*; **~ economy,** ec|onomi ddeuol *f*; *W.Tel:* **~ loudspeakers,** cyrn siarad dyblyg/cysylltiedig; *Psy:* **~ personality,** personoliaeth ddeuol/ddwbl/ddeublyg *f*; *Joc:* Wil dau hanner, Huwcyn a Huw. **2.** *Gram:* *(a) a.* deuol; *(b) n.* deuol *m.* **~-purpose** *a.* deubwrpas. **~ spectrum process** *n.* proses (*f*) sbectrwm deuol.

dualism *n.* deuoliaeth(-au) *f.*

dualist *n.* deuolwr: deuolydd (deuolwyr) *m*, deuoliaethwr: deuoliaethydd (deuoliaethwyr) *m.*

dualistic *a.* deuolaidd, deuoliaethol.

dualistically *adv.* yn ddeuolig.

duality *n.* deuoliaeth(-au) *f*, deuolrwydd *m*, deublygrwydd *m*, deuoldeb *m.*

dualize *v.t.* deuoli.

dually *adv.* yn ddeuol *&c.*

dub[1] *v.t.* **1.** *(a)* **to ~ s.o. a knight,** urddo rhn yn farchog; *(b)* **to ~ s.o. a quack,** galw rhn yn grachfeddyg. **2.** *Leath:* iro, seimio, dwbio.

dub[2] *v.t.* *Cin: T.V: (voice):* trosleisio; *(sound):* cymathu.

dubber *n.* *Cin:* trosleisiwr (trosleiswyr) *m.*

dubbin *n.* *Leath:* dwbin *m*, saim *m*, iraid *m.*

dubbing *vn.* = **dub**[2]. **~ sheet/chart** *n.* taflen (*f*) gymathu (taflenni cymathu). **~ mixer** *n.* cymathwr (cymathwyr) *m.*

dubiety *n.* amheuaeth *f*, ansicrwydd *m*, petruster *m*, amheuon *pl.*

dubious *a.* **1.** *(= uncertain):* amh|eus, ansicr, amwys. **2.** *(= disreputable):* amheus, brith(-ion), broc; **a ~ character,** cymeriad broc. **3.** *(= hesitant):* petrus, amheus, ansicr, amheuol, amheugar.

dubiously *adv.* yn amh|eus, yn ansicr.

dubiousness *n.* **1.** *(= uncertainty):* ansicrwydd *m*, amwysedd *m.* **2.** *(= disreputable nature):* cymeriad amh|eus *m*, natur amheus *f.* **3.** *(= hesitation):* ansicrwydd *m*, petruster *m*, petrustod *m.*

dubitable *a.* amh|eus.

dubitation *n.* amheuaeth *f*, petruster *m*, petrustod *m.*

dubitative *a.* amh|eus, amheuol, petrus, amheugar.

dubitatively *adv.* yn betrus *&c.*

Dublin *Pr.n.* *Geog:* Dulyn *f.* **~ [Bay] prawn** *n.* *Crust:* cimwch (cimychiaid) (*m*) Norwy; *pl.* = **scampi.**

Dubliner *n.* Dulynwr (Dulynwyr) *m*, Dul|ynwraig *f*, Dulyniad (Dulyniaid) *m&f*; *pl.* pobl (*f or pl*) Dulyn.

Dubricius *Pr.n.m.* Dyfrig.

ducal *a.* dugol, dugaidd.

ducally *adv.* yn ddugol, yn ddugaidd; fel dug.

ducat *n.* *Num:* dwcat(-au) *m.*

duce *n.* *Pol:* pennaeth (penaethiaid) *m*, *duce m.*

duces tecum *Lt.Jur:* dygiad (*m*) dogfen.

duchess *n.f.* duges(-i,-au).

duchesse *n.* **1.** *Needlew:* **~ lace,** lasiau (*pl*) tudded; **~ set,** matiau (*pl*) *duchesse.* **2.** *Cu:* **~ potatoes,** tatws/tato *duchesse.*

duchy *n.* dugiaeth(-au) *f.*

duck[1] *n.* **1.** *(a) Orn:* hwyad: hwyaden (hwyaid) *f*; *N: F:* chwaden (chwyad, chwid) *f*; **bar ~, barrow ~,** = **sheld duck**; **call ~,** hwyaden hudo, hudhwyaden (hudhwyaid) *f*; **eider ~,** *(Somateria mollissima):* hwyaden fwythblu (hwyaid mwythblu); **ferruginous ~,** *(Aythya nyroca):* hwyaden lygadwen (hwyaid llygadwyn), hwyaden frech (hwyaid brych); **harlequin ~,** *(Histrionicus):* hwyaden seithliw, hwyaden Ynys yr Ia; **long-tailed ~,** *(Clangula hiemalis):* hwyaden gynffon wennol (hwyaid cynffon wennol); **mandarin ~,** *(Aix galericulata):* hwyaden (*f*) f|andarin (hwyaid m|andarin); **mussel ~,** = **sheld duck; ring-necked ~,** *(A. collaris):* hwyaden dorchog (hwyaid torchog); **ruddy ~,** *(Oxyura jamaicensis):* hwyaden goch (hwyaid cochion), hwyaden goch yr eithin; **scaup ~,** *(A. marila):* hwyaden benddu (hwyaid penddu), hwyaden lygad arian (hwyaid llygad arian), llygad (*m*) arian; **St. Cuthbert's ~, cuddy ~,** = **eider duck; tufted ~,** *(A. fuligula):* hwyaden gopog (hwyaid copog); **velvet ~,** *(Melanitta fusca):* hwyaden felfed (hwyaid melfed); **whew ~,** = **widgeon; wild ~,** = **mallard; to take to sth like a ~ to water,** cynefino â rhth fel hwyaden â nofio, cymryd at rth fel hwyaden at ddŵr; **to play at ducks and drakes,** *N.W:* sglentio cerrig, *S.W:* chwarae dip-dap-do/dic-dac-do, chwarae dwci, chwarae ceiliog y dŵr, chwarae dili-dac-do; **to play ducks and drakes with one's money,** afradloni'ch/gwastraffu'ch arian, taflu'ch arian i'r gwynt; **a sitting ~,** cocyn hitio hawdd, cocyn annel hawdd, targed hawdd; *F:* **like water on a ~'s back,** fel glaw/dŵr dros gefn hwyaden; **to look like a dying ~,** *(in a thunderstorm):* edrych fel iâr ar y glaw; *(b) Ich:* **Bombay ~,** b|ymalo(-s) *m.* **2.** *(a) F:* **lame ~,** hwyaden gloff (hwyaid cloff/cloffion), ffowlyn cloff (ffowls cloff/cloffion) *m*, un o'r cloffion, un o'r gweiniaid/gweinion; *attrib.* cloff, wedi cloffi; *S.a.* **dead;** *(b) P:* **duck[s], ducky,** 'ngharaid i, cariad, 'mach i, 'mychan i *m*, 'mechan i *f*, *N: occ:* cyw *m*, tshiwcs *m*, del *m*, yr aur *m*; *(c) Cr:* dim *m*; **to make a ~,** sgorio dim; **out for a ~,** allan heb sgorio [dim], allan heb rediad; **to break one's ~,** dechrau sgorio; **~'s egg,** dim yw dim. **3.** *Mil:* cerbyd(-au) (*m*) tir-môr, lori-gwch (~-gychod) *m.* **~-bill** *n.* *Z:* hwyadbig(-au) *m.* **~-bill wheat** *n.* *Bot:* gwenith coch *m*, gwenith N|ormandi. **~-boards** *n.pl.* ystyllod. **~ call** *n.* galwr (galwyr) (*m*) hwyaid. **~ decoy** *n.* hudwr (hudwyr) (*m*) hwyaid. **~-footed** *a.* = **flat-footed. ~-gun** *n.* *Sm.a:* dryll(-iau) (*m*) hela, dryll [saethu] hwyaid. **~-hawk** *n.* *Orn:* = **marsh-harrier, peregrine. ~ pond** *n.* pwll (pyllau) (*m*) hwyaid, hwyadlyn(-nau,-noedd) *m.* **~'s arse** *n.* *F:* tin (*m*) hwyaden, cwt (*f*) hwyaden. **~'s disease** *n.* *Joc:* coesau bychain *pl*, baglau bach *pl.* **~-shooting** *vn.* saethu hwyaid. **~-shot** *n.* haels *pl.* **~ sickness** *n.* clefyd (*m*) yr hwyaid. **~'s meat** *n.* *Bot:* = **duckweed. ~ soup** *n.* *U.S: F: (= easy task):* gwaith hawdd *m*, chwarae (*m*) plant, peth hawdd fel baw/dŵr.

duck[2] *n.* *Tex:* lliain gwyn *m.* **~ trousers,** *F:* **ducks** *n.* trowsus/trwser gwyn *m*, trowsus/trwser lliain.

duck[3] *n.* **1.** *See* **ducking. 2.** *(movement of head):* gwyriad(-au) (*m*) pen, dowciad(-au) *m.*

duck[4] *v.i.&t.* **1.** *v.i.* *(a)* plymio, *N: occ:* towcio, dowcio; *(b)* gostwng/gwyro pen, dowcio pen. **2.** *v.t.* *(a)* **to ~ s.o.,** trochi (rhn), rhoi trochfa (i rn), *N: F:* towcio, dowcio (rhn); *(b)* **to ~ one's head,** gostwng/gwyro/dowcio pen; *(c) (= avoid):* osg|oi.

ducker *n.* *Orn:* = **grebe (little).**

ducking *vn.* trochfa (trochf|eydd) *f*, trochiad(-au) *m*; **to give s.o. a ~,** dowcio/trochi rhn, rhoi/dodi pen rhn dan ddŵr; *S.a.* **duck**[4]; *Box:* dowcio. **~-stool** *n.* stôl (*f*) drochi (stoliau trochi), stôl ddowcio (stoliau dowcio), cadair (*f*) drochi (cadeiriau trochi).

duckling *n.* *Orn:* cyw (*m*) hwyaden (cywion hwyaid), hwyaden/hwyad fach (hwyaid bach) *f.*

duckpin *n.* *U.S: Bowling:* pin(-nau) cwta *m.*

duckstone *n.* dwci(-s) *m*, *N.W:* s[g]lentan (s[g]lentiau) *f*, *S:* ceiliog(-od) (*m*) y dŵr; **to play duckstones,** *N:* sglentio cerrig, *S:* chwarae ceiliog y dŵr, chwarae dip-dap-do *or* dic-dac-do *or* dili-dac-do, chwarae dwci.

ducktail *n.* *Hairdr:* cynffon (*f*) hwyaden, cwt (*f*) hwyaden.

duckweed *n.* *Bot: (Lemna minor):* bwyd (*m*) yr hwyaid, llinad (*m*) y dŵr; **fat ~, gibbous ~,** *(L. gibba):* llinad y dŵr crythog; **greater ~,** *(Spirodela polyrhiza):* llinad mawr; **ivy[-leaved] ~,** *(L. trisulca):* llinad eiddew[ddail]; **least ~, rootless ~,** *(Wolffia arrhiza):* llinad di-wr|aidd.

ducky *n. & a.* **1.** *n.* *P:* cariad *m&f*, anwylyn *m*, *N:* cyw *m*, del *m&f*, yr aur *m*; **[my] ~,** fy nghariad bach. **2.** *a.* *F:* annwyl, pert, neis, del, *N.W: occ:* smêc.

duct[1] *n.* **1.** *(for water):* pibell (*f*) ddŵr (pibelli dŵr), peipen (*f*) ddŵr (peipiau dŵr), cwndid(-au) *m.* **2.** *El.E:* cwndid. **3.** *Anat: Bot:* dwythell(-au) *f*, pibell, pib(-au) *f*; **auditory ~,** dwythell y glust; **thoracic ~,** dwythell y thoracs; **bile ~,** dwythell y bustl.

duct[2] *v.t.* cario, cludo, dwyn (rhth) [trwy bibell *&c*].

ductile *a.* **1.** *(metal &c):* hydwyth, hawdd ei drin, hydrin, hydyn, ystwyth. **2.** *(character):* hywedd, hydrin, hyblyg, hawdd eich trin/trafod.

ductility *n.* hyblygrwydd(-au) *m*, hydwythedd *m*, hydrinedd *m*, hydynrwydd *m.*

ducting *n.* tiwbiau *pl*, peipiau *pl*, ffyrdd *pl*; **air-~,** ffyrdd aer/awyr.

ductless *a.* *Anat:* diddwythell, heb ddwythell, caeëdig.

ductule *n.* *Anat:* dwythell fach (dwythellau bach) *f.*

dud *a. & n.* *F:* **1.** *a.* diwerth, da i ddim; *Artil:* **~ shell,** pelen ddiwerth (pelennau diwerth) *f*, pelen glwc (pelennau clwc); **~ cheque,** siec ddiwerth (sieciau diwerth) *f.* **2.** *n.* peth(-au) (*m*) diwerth, peth da i ddim; **he's a ~,** dyn diffaith, dyn da i ddim (yw ef); **the note was a ~,** nodyn ffug oedd ef. **3. duds** *n.pl.* *O: (= clothes):* dillad, *S.W:* rhangau, bralau, carpiau, dilletach.

dude *n.* *U.S: F:* **1.** *(= fop):* coegyn(-nod, coegiaid) *m*, swanc(-s) *m.* **2.** cowboi(-s) (*m*) drama, diwd(-s). ~ **ranch** *n.* fferm (*f*) fyddigions (ffermydd byddigions).

dudgeon *n.* tymer ddrwg *f*, *Lit:* dig *m*, dicter *m*, dicllonder *m*, digofaint *m*; **in high ~**, yn ddig dros ben, yn fawr eich dig, ar gefn eich ceffyl gwyn, yn gynddeiriog, *S:* mewn natur wyllt; *See* **angry, anger**[1].

dudish *a. U.S:* diwdlyd, ffug, coegynnaidd.

dudishly *adv.* yn ddiwdlyd *&c.*

Dudleston *Eng.Pl.n.* Llandudlyst (*f*) yn y Traean, Didlystwn *mf.*

due[1] *a. & adv.* **1.** *a.* *(a) (payment):* dyledus, dyladwy; *(bill):* taladwy, i'w dalu; **debts ~ (to us, to the firm),** dyledion i'w talu, dyledion yn daladwy, dyledion yn ddyledus (inni, i'r cwmni); **debts ~ (by us, by the firm),** dyledion (sydd arnom, sydd ar y cwmni); *(bills &c):* **to fall ~**, dod yn ddyledus; **when ~**, pan fo'n ddyledus; **praise where praise is ~**, clod lle mae clod yn ddyledus; *F:* **I'm ~ for a holiday,** mae'n [hen] bryd imi gael gwyliau; 'rwyf i fod i gael gwyliau; *(b) (= merited, fair):* teg, cyfiawn, haeddiannol, iawn; **it is ~ to him (to say)...,** chwarae teg iddo, a bod yn deg ag ef, mewn tegwch ag ef (rhaid dweud) ...; *(= required):* dyladwy, gofynnol, angenrheidiol, iawn, priodol; **with ~ care,** â phob gofal, â'r gofal priodol/dyladwy; **in ~ form,** yn y ffurf gywir/ddyladwy, yn rheolaidd, yn ôl y rheolau, yn ôl y drefn, yn weddus ac mewn trefn; *Jur:* **~ care and attention,** gofal a sylw dyladwy; **in accordance with ~ process of law,** yn ôl trefn briodol y gyfraith; **after ~ consideration,** erbyn ystyried, ar ôl ystyriaeth briodol; *S.a.* **course**[1] **1, deference; respect**[1] **3, time**[1] **5**; *(c) (= in consequence of):* **~ to sth,** oherwydd rhth, o achos rhth, o ganlyniad i rth, *Lit:* oblegid rhth; **it is ~ to him, that...,** o'i herwydd ef y...; o'i achos ef y...; **what is it ~ to?** beth yw achos hyn? *(d) (= expected)* **the train is ~ [to arrive], the train is ~ in (at two o'clock),** dylai'r tren gyrraedd, mae'r tren i fod i gyrraedd (am ddau o'r gloch). **2.** *adv.* **~ north,** yn syth/union i'r gogledd.

due[2] *n.* **1.** haeddiant *m*; **to give s.o. his ~**, rhoi ei haeddiant i rn; **give the Devil his ~**, chwarae teg i'r Diafol; **to pay one's dues,** talu'ch dyledion. **2.** *pl.* *(a)* **taxes and dues,** trethi a thollau; *Nau:* **port dues,** tollau porthladd; *(b) U.S:* = **subscription 3.**

duel[1] *n.* **1.** [g]ornest(-au) *f*, ymladdfa (ymladdf|eydd) *f*, cyfranc (cyfrangau) *f*; **to fight a ~**, ymladd gornest, gornestu, croesi cleddyf/cleddyfau; **to fight duels,** ymladd gornestau, gornesta. **2.** *(= contest):* ymryson(-au) *m*, ymrysonfa (ymrysonf|eydd) *f*, brwydr(-au) *f*, gornest.

duel[2] *v.i.* *(once):* ymladd gornest, gornestu; *(repeatedly):* ymladd gornestau, gornesta; **to ~ with s.o.,** croesi cleddyfau â rhn, ymladd gleddyf yng nghleddyf â rhn.

dueller, duellist *n.* gornestwr (gornestwyr) *m*; *(= swordsman):* cleddyfwr (cleddyfwyr) *m.*

duende *n.* swyn *m*, swyngyfaredd *f* (*pronounced* ng-g).

duenna *n.f.* gwarch|odwraig (gwarchodwragedd), cymdeithes(-au).

duet[1] *n.* deuawd(-au) *mf.*

duet[2] *v.i.* canu deuawd, deuawdu.

duettist *n.* deuawdwr (deuawdwyr) *m*, deu|awdwraig (deuawdwragedd) *f.*

duff[1] *n.* **1.** *(= pudding):* pwdin(-au) *m*; **plum ~**, pwdin cyrains. **2.** *(= humus):* deilbridd *m.* **3.** *(= fine coal):* glo (*m*) cwlwm, glo mân *n*, slecs *pl.*

duff[2] *v.t.* **1.** *P:* **to ~ s.o. up,** rhoi cweir/curfa/crasfa i rn; *S.a.* **beat**[2], **beating. 2.** *Golf:* *(= miss):* methu. **3.** *P:* *(= steal):* dwyn, dwgyd.

duff[3] *a. P:* *(= useless):* diwerth, da i ddim.

duffel *n.* **1.** dyffl *m*, brethyn garw *m.* **2.** *U.S:* *(usu. duffle):* = **kit**[1]. **~ bag** *n. Mil: &c:* bag(-iau) (*m*) dyffl. **~-coat** *n.* côt (*f*) ddyffl (cotiau dyffl).

duffer *n. F: Sch: O:* *(= dunce):* hurtyn (hurtod) *m*, twpsyn (twps, twpsod) *m*, un (rhai) diffaith *m*, iolyn (iolod) *m*, pen (*m*) dafad (pennau defaid), penbwl (penbyliaid) *m*, brebwl *m*; *Sp:* rhn (rhai) di-glem; **he's a ~ at football,** 'does ganddo ddim clem sut i chwarae pêl droed.

duffle *n.* = **duffel.**

Duffryn *W.Pl.n.* Dyffryn *m.*

dug[1] *n.* teth(-i) *f*; **having dugs,** tethog.

dug[2] *v. See* **dig**[2]. **~-out** *n.* **1.** *Nau:* ceufad(-au) *m.* **2.** *Mil:* lloches(-au) *f*, ffos(-ydd) (*f*) ymochel, twll (tyllau) (*m*) ymochel.

dugong *n. Z:* morfuwch (morfuchod) *f*, dwgong(-iaid) *m.*

duiker[1] *n. Z:* gafrewig(-od) (*f*) y Penrhyn.

duiker[2] *n. Orn:* mulfran (mulfrain) (*f*) y Penrhyn.

duke[1] *n.* dug(-iaid) *m*; **D~ of Argyll's tea-plant** *n. Bot: See* **tea-plant. D~ of Burgundy fritillary** *n. Ent: (Hanearis lucina):* brith (*m*) Bwrgwyn.

duke[s][2] *n.pl. F:* *(= fists):* dyrnau.

dukedom *n.* dug[i]aeth(-au) *f.*

Dulas Island *Pr.n. W.Geog:* Ynys (*f*) Dulas, Ynys Gadarn.

dulcet *a. Lit:* persain, melys, hyfryd, pêr, peraidd.

dulcetly *adv.* yn bersain *&c.*

dulcification *n.* pereiddiad *m*, melysiad *m*; *vn.* = **dulcify.**

dulcify *v.t.* **1.** melysu, pereiddio. **2.** = **mollify.**

dulcimer *n. Mus:* dwsmel(-au) *m*, d|wlsimer (dwlsimerau) *m.*

dulcitone *n. Mus:* perdoneg(-au) *f* *(also = piano)*, d|ylsiton (dylsitonau) *m.*

dulia *n. Ecc:* addoliad *m.*

dull[1] *a.* **1.** *(a) (= dim-witted):* twp, dwl, di-glem, diddeall, anneallus, araf, hurt, pendew; *Sch:* **the ~ pupils,** y disgyblion araf, *F:* y twps, y twpsod; *(b)* **a ~ sense of touch,** cyffyrddiad dideimlad; **~ hearing,** clyw trwm; **~ sight/vision,** golwg pŵl/gwael; **to be ~ of sight,** gweld yn wael; **to be ~ of hearing,** bod yn drwm eich clyw. **2.** *(a) (pain):* mud(-ion); **a ~ ache,** poen mud/fud (*mf*) (poenau mud), mud boen(-au) *mf*, mud wayw (~-wewyr) *m*; *(b) (sound):* aneglur, marw, marwaidd, lleddf. **3.** *Com:* *(market):* di-fynd, llonydd, disymud, difywyd, marwaidd, distaw, dilewy[r]ch, araf; **the ~ season,** y trai *m.* **4.** *(= depressed):* trist, prudd, digalon, isel, diflas, di-ffrwt, di-hwyl; **I feel ~**, 'rwy'n teimlo'n isel; mae'r felan arna' i; **in a ~ mood,** yn ddi-hwyl, mewn hwyl ddiflas. **5.** *(= uninteresting):* diflas, anniddorol, syrffedus, sych, undonog; **as ~ as ditch-water,** mor ddiflas â dŵr [pwll], yn ddigon i yrru'r felan arnoch, *N.W: F:* yn ddigon i godi pip arnoch; **a deadly ~ task,** gwaith anniddorol tu hwnt, gwaith llethol o ddiflas; **a thoroughly ~ evening,** noswaith ddiflas i'w rhyfeddu. **6.** *(= blunt):* pŵl, *S:* heb awch, di-awch, *N:* heb fin, di-fin, *S.W: occ:* dwl; *(tool &c):* **to become ~**, pylu, colli awch, colli min. **7.** *(colour, surface):* pŵl, dwl, dilewy[r]ch, llwydaidd, afloyw, gwelw; *(eyes):* difywyd, swrth, dilewy[r]ch, pŵl, marwaidd; *(tone, voice):* difywyd, di-liw; **a ~ fire,** tân mud. **8.** *(weather):* cymylog, llwydaidd, tywyll, du, dwl; **to become ~**, cymylu, dylu. **~-eared** *a.* clustdew. **~-eyed** *a.* swrth yr olwg, â llygaid pŵl, *Lit:* llygatbwl. **~-witted** *a.* twp, dwl, hurt, araf, pŵl [eich deall], anneallus, diddeall, pendew. **~-wittedness** *n.* = **dullness 1.**

dull[2] *v.t.&i.* I. *v.t.* **1.** *(a) (a person):* hurtio, syfrdanu; *(b) (spirit):* pylu, trymh|au. **2.** *(tool):* pylu. **3.** *(a) (sound):* pylu, lleddfu, marweiddio; *(colour &c):* pylu, tywyllu; *(b) (pain):* lliniaru, lleddfu; *(pleasure):* lleih|au, pylu. II. *v.i.* **1.** *(of senses &c):* merwino, gwanh|au, pylu, gwanio; *(of hearing):* trymhau. **2.** *(of sight, colour):* pylu, gwanhau, gwanio. **3.** *(of metal &c):* pylu, colli llewy[r]ch, colli sglein; *(of material):* colli lliw, mynd yn ddi-liw.

dullard *n.* twpsyn(-nod, twps, twpsod) *m*, delff(-od) *m*, hurtyn (hurtod) *m*, penbwl (penbyliaid) *m*, brebwl (brebyliaid) *m*, dwlbyn (dwlbod) *m*, pen (*m*) dafad (pennau defaid), pen swejen, *S.W:* slej(-is) *m.*

dullish *a.* braidd yn ddwl *&c*, go ddwl *&c*, pŵl.

dullishly *adv.* yn o ddwl, yn eithaf dwl *&c.*

dullness *n.* **1.** *(of spirit):* hurtrwydd *m*, hurtwch *m*, arafwch *m*, twpdra *m*, hurtni *m*, dylni: dwlni *m*; *(of sight & most senses):* pylni *m*, dylni; **~ of hearing,** trymder (*m*) clyw. **2.** *(of sound):* aneglurder *m*, dylni, pylni, marw|eidd-dra, lleddfdra *m.* **3.** *(= boring nature):* diflastod *m*, undonedd *m*, marweidd-dra *m*, natur anniddorol/ddiflas *f.* **4.** *Com:* *(of business):* arafwch *m*, llonyddwch *m*, diffyg (*m*) llewy[r]ch, diffyg symud, marweidd-dra *m.* **5.** *(of tool &c):* pylni *m*, diffyg awch/min. **6.** *(of colour):* pylni, dylni.

dully *adv.* **1.** *(= stupidly):* yn dwp, yn araf *&c.* **2.** *(fire burning &c):* yn fud, yn farwaidd *&c.* **3.** *(= slowly):* yn araf *&c.* **4.** *(= sadly):* yn brudd *&c.* **5.** *(= boringly):* yn ddiflas *&c.*

dulness *n.* = **dullness.**

dulse *n. Alg:* delysg *m.*

duly *adv.* **1.** *(= as is right):* yn weddus, yn iawn, yn briodol, fel y dylid, fel sy'n weddus/briodol; *Jur:* **~ made in that behalf,** wedi ei wneud yn rheolaidd i'r pwrpas hwnnw. **2.** *(= punctually):* mewn da bryd, yn brydlon, mewn pryd.

duma *n. Hist: Pol:* dwma (dwmâu) *mf.*

dumb *a.* **1.** mud; **deaf and ~,** mud a byddar; *(= silent):* mud, tawedog, dywedwst, *occ:* di-ddweud, *S: F:* gwedwst; **born ~,** yn fud o'ch geni; *F:* **~ as a fish, ~ as an oyster,** mor ddistaw â'r bedd; **to strike s.o. ~,** *(i)* taro rhn yn fud; *(ii) F: (= surprise):* syfrdanu/synnu rhn; **~ animals,** anifeiliaid mud[-ion], creaduriaid mud[-ion]; **~ show,** mud chwarae(-on) *m*, sioe fud (sioeau mud) *f*, meim(-iau) *mf*; **to act a scene in ~ show,** meimio golygfa. **2.** *(= wanting some essential detail): Med:* **~ ague,** twymyn fud *f*, crud mud *m*, crud a mwyth; **~ piano,** piano heb dannau, piano mud; **~ barge,** cwch (cychod) llusg *m*, bad(-au) llusg *m*; *Nau:* **~ craft,** llong heb hwyliau, llong foel (llongau moelion). **3.** *F: (= stupid):* twp, hurt, pendew, penchwiban; **a ~ blonde,** blonden dwp (blondiaid twp) *f*, twpsen benfelen (twpsennod/twps/twpsod penfelyn) *f*; **a ~ cluck,** *F:* = **dullard.** **~-bell** *n.* **1.** *(in bell-ringing):* cloch fud (clychau mud) *f.* **2.** *Gym:* pwysau (*m or pl*) codi, dymbel(-au) *m*; *F: See* **dumb 3.** **~ cane** *n. Bot:* cansen fud (cans mud) *f.* **~-iron** *n. Mec.E:* haearn (heyrn) mud *m.* **~ nettle** *n. Bot:* marddanhadlen wen (marddanadl gwynion) *f.* **~ terminal** *n. Cmptr:* terfynell fud (terfynellau mud) *f.* **~ waiter** *n.* **1.** *(= moveable table):* bwrdd (byrddau) (*m*) gweini. **2.** *(= lift):* lifft (*f*) lestri (lifftiau llestri).

Dumbarton *Scot.Pl.n. A:* Din (*m*) Alclud.

Dumbartonshire *Scot.Pl.n.* Swydd (*f*) Din Alclud.

dumbfound *v.t.* syfrdanu, synnu, hurtio, *S.W: occ:* swrddanu.

dumbfounded *a.* syn, syfrdan, hurt, wedi'ch syfrdanu/hurtio; **I am ~,** 'rwy'n synnu ar fy hyd.

dumbhead *n. P:* = **dullard.**

dumble *Pr.n. Geog:* ceunant (ceunentydd) *m.*

dumbly *adv.* yn fud &c, heb ddweud/yngan gair, heb ddweud gair o'ch pen.

dumbness *n.* **1.** mudandod *m.* **2.** *F: (= silence):* distawrwydd *m.* **3.** *F: (= stupidity):* twpdra *m*, dylni *m*, hurtrwydd *m*, hurtni *m.*

dumbstruck *a.* syfrdan, syn, mud gan syfrdandod.

dumdum *n. & a.* **~ bullet,** bwled d[d]ymdym (bwledi dymdym) *mf.*

dummy¹ *n.* **1.** *(= stooge):* dyn(-ion) gwellt *m.* **2.** *(a) Dressm: Tail: Publ: Cmptr:* dymi(-s, dymïau) *m*; *(ventriloquist's):* dymi, dol(-iau) *f*; *(b) Fb:* **to give/sell the ~,** ffug-basio, rhoi ffug-bas; *(c)* **baby's ~,** teth/tethen (*f*) lwgu (tethau/tethi llwgu), teth gysur (tethau/tethi cysur), diti(-s) *f*, dymi(-s) *f.* **3.** *Cards:* mudan(-od) *m*, dymi(-s) *m*; **to be/play ~,** chwarae mudan/dymi; **~ bridge,** ***bridge*** i dri, ***bridge*** mudan/dymi. **4.** *attrib.* ffug, coeg; **~ cartridge,** cetrisen (cetris) ffug *f*; **~ run,** ymarfer(-ion) ffug *f*, ffugrediad(-au) *m*; *Mus:* **~ pipe,** *(on organ):* pib/piben fud (pibau mud) *f*, pibell fud (pibellau mud) *f*; *Mth:* **~ variable,** newidyn(-nau) ffug *m.*

dummy² *v.i.* **1.** *Fb:* ffugio pas, ffug-basio. **2. to ~ up,** *F:* tewi, cau'ch ceg, cadw cyfrinach.

dumortierite *n. Min:* dum|ortierit *m.*

dump¹ *n.* **1.** *(= thud):* dwndwr *m*, dwmbwr *m*, twrw *m.* **2.** *(of rubbish):* tomen(-ni) *f* [[y]sbwriel], *Adm:* arllwysfa (arllwysf|eydd) *f*, *occ:* tip(-iau) *m*, dymp(-iau) *mf.* **3.** *(= depot):* storfa (storf|eydd) *f*, cronfa (cronf|eydd) *f*; *Mil:* **ammunition ~,** storfa (*f*) arfau. **4.** *F:* **what a ~!** am dwll (*m*) o le! **5.** *Cmptr:* tomen, dymp. **~ truck** *n.* lori (*f*) ddadlwytho (loriau dadlwytho).

dump² *v.t.* **1.** *(a) (= unload):* dadlwytho (rhth); gollwng, gadael, llympio, *F:* dympio (llwyth o rth); **to ~ your children on s.o. else,** dympio'ch/gwthio'ch plant ar rn arall, gadael eich plant yng ngofal rhn arall; *(b)* **to ~ sth [down],** taflu/gollwng rhth [i lawr]; *(c) (= get rid of sth):* cael gwared â rhth, cael ymadael â rhth, *S: occ:* gwaredu rhth. **2.** *(= hoard, stock):* crynh|oi, casglu, storio, stocio. **3.** *Com: Econ:* **to ~ goods on a foreign market,** taflu/gwaredu/dympio nwyddau ar farchnad dramor. **4.** *Cmptr:* tomennu, dympio.

dumper[-truck] *n.* dadlwythwr (dadlwythwyr) *m*, llympiwr (llympwyr) *m.*

dumpily *adv.* yn fyrdew &c.

dumpiness *n.* byrdewdra *m.*

dumping *vn.* taflu, dadlwytho. **~ ground** *n.* tomen(-ni) *f*, tir(-oedd) (*m*) dadlwytho.

dumpling *n.* **1.** *Cu:* twmplen(-ni, twmplins) *f*; **apple ~,** twmplen afalau. **2.** *F:* **little ~,** *(boy):* stwcyn(-nod) bach *m*, pwtyn (pytiau) *m*, pwlffyn (pwlffod) *m*, bwlffyn (bwlffod) *m*; *(girl):* twmplen (twmplins) *f*, *S.W:* cronnen *f*, croten (crotesi) *f*, *N.W:* pwlffan (pwlffod) *f*; **my little ~!** 'nhwmplen fach i, 'nhwmplin 'fala i! *N:* fy mhwt[yn] [mêl annwyl] i! 'nghalon bapur i! 'nghyw bach i! 'nghwrcwd bach i!

dumps *n.pl. F:* y felan *f*, y falen *f*, iselder (*m*) ysbryd, *occ:* isel-ysbryd *m*; **I'm down in the ~,** mae'r felan/falen arna' i.

dumpty *n.* = **pouffe.**

dumpy *a. & n.* **1.** *a.* byrdew(-ion), pwt, llond eich croen, crwn (*f.* cron, *pl.* crynion); **a ~ little man,** *N.W:* pwt/pwtyn *m* [o ddyn], torpwth *m*, pwlffyn (pwlffod) *m*, bwlffyn (bwlffod) *m*, stwcyn bach *m*, *S.W:* stoncyn bach *m*; **a ~ little woman,** pwten *f*, pwtog *f*, *N:* pwlffen (pwlffod) *f*, stoncen(-nod) *f*, stwcen(-nod) *f.* **2.** *n.* *(a) (umbrella):* ymbarél (ymbareli) cwta *m*, ymbrelo(-s) cwta *m*; *(b)* = **pouffe.** **~ level** *n. Surv:* lefel bwt (lefelau pwt) *f.*

dun¹ *a. & n.* **1.** a. *(a)* llwyd(-ion), llwydaidd, dulwyd(-ion), llwyd-ddu(-on), gwineuddu(-on), *A:* dwn; *Myth:* **the D~ Cow,** y Fuwch Frech/Gyfeiliorn *f*; *(b) Poet:* tywyll; **yellow-~,** melynddu(-on). **2.** *n.* *(a) (horse):* ceffyl(-au) gwineuddu *m*; *(b) Fish:* llwydyn (llwydion, llwydiaid) *m.* **~-bar** *n. Ent:* gwyfyn(-od) barlwyd *m.* **~ bird** *n. Orn:* hwyaden bengoch (hwyaid pengoch) *f* (*pronounced* ng-g). **~ diver** *n. Orn:* hwyaden ddanheddog (hwyaid danheddog) *f.* **~ sentinel** *n. Moll:* môr-falwen lwyd (~-falwod llwydion) *f.*

dun² *n.* **1.** *(a) (= creditor):* echwynnwr (echwynwyr) *m*; *(= debt-collector):* casglwr (casglwyr) (*m*) dyledion, plagiwr (plagwyr) *m*, bwmbeili (bwmbeilïod) *m*, *A:* ceisiad (ceisiaid) *m.* **2.** *(= demand for payment):* cais (ceisiadau) *m* [am dâl].

dun³ *v.t.* plagio (rhn) [am ddyledion]; **to be dunned on all sides,** bod yn swp o ddyled, *N.W:* bod yn fyw o ddlêd.

dunce *n. Sch:* dŷns (dynsys, dynsus) *m*, twpsyn (twpsod) *m*, penbwl (penbyliaid) *m*; **I'm a real ~ in history,** wn i ddim oll am hanes. **~'s cap** *n.* cap (*m*) twpsyn (capiau twpsod/twps), cap dŷns (capiau dynsus), cap papur, *S.W: O:* capan (*m*) penbwl (capanau penbyliaid).

Dundee cake *n. Cu:* teisen(-nau)/cacen(-nau) (*f*) Dundee, teisen/cacen almon.

dunderhead *n. F:* twpsyn (twpsod) *m*, hurtyn (hurtod) *m.*

dunderheaded *a.* twp, hurt, gwirion, penwan, hanner-pan; *See* **fool¹, foolish.**

Dundreary *Pr.n.* **~ whiskers, Dundrearies,** locsyn (*m*) clust.

dune *n.* **[sand-]~,** twyn(-i) *m* [tywod], *occ:* tywodfryn(-iau) *m*; **advanced ~,** twyn blaen, blaen-dwyn(-i) *m*; **attached ~,** twyn cysylltiedig; **crescentic ~,** twyn cilgant; **embryo ~,** egin-dwyn(-i) *m*; **fixed ~,** twyn sefydlog; **fore ~,** cyn-dwyn(-i) *m*; **grey ~,** twyn llwyd (twyni llwydion); **head ~,** twyn pen; **migratory ~,** twyn mudol; **seif ~,** twyn seiff; **tail ~,** twyn cynffon, cynffondwyn(-i) *m*; **wake ~,** twyn ôl, ôl-dwyn(-i) *m*; **polycyclic ~,** twyn amlgylchredol; ***remanié***, **~** twyn ***remanié***; **senile ~,** hen dwyn; **white ~,** twyn gwyn (twyni gwynion). **~ buggy** *n.* siandri (*f*) dywod (siandris tywod). **~ community** *n.* cymuned (*f*) dwyn (cymunedau twyni). **~ felwort** *n. Bot:* crwynllys (*m*) y tywod. **~ fescue** *n. Bot:* peis[g]wellt (*m*) y twyni, peis[g]wellt uncib. **~ slack** *n.* llac(-iau) (*m*) twyni. **~ stork's bill** *n. Bot:* pig (*f*) crëyr y twyni.

duneland *n.* twyndir(-oedd) *m.*

dunelike *a.* fel twyn, twynaidd.

dung¹ *n.* **1.** *(of cattle, horse):* tail *m*, tom *f*, *occ:* baw *m*, biswail *m*, *S.W:* dom *fm*; *(of sheep, goat):* cagl(-au) *m*; **thin/liquid ~,** pibion *pl*, traddion *pl*; **dried cow-~,** gleuhaden (gleuad) *f*; **full of ~,** tomlyd. **2.** *Agr:* gwrtaith *m*, achles *f*, tail, tom, dom. **~-barrow** *n.* carthglwyd(-i) *f.* **~-beetle** *n. Ent:* **1.** *(Aphodius):* chwilen (chwilod) (*f*) y dom. **2.** = **dor-beetle.** **~-cart** *n. S:* cart (ceirt) (*m*) teilo, *N:* trol (*f*) dail (troliau tail). **~-chafer** *n. Ent:* = **dung-beetle.** **~-fork** *n.* teilfforch (teilffyrch) *f*, fforch (*f*) dail (ffyrch tail), fforch deilo (ffyrch teilo), *S.W:* crwca(-od) *m.* **~-fly** *n. Ent: S:* cleren (clêr) (*f*) y dom, *N:* pryf(-ed) (*m*) tail. **~ roundhead** *n. Fung:* pengrwn (pengrynion) (*m*) y dom/tail (*pronounced* ng-g).

dung² *v.t.&i.* **1.** *v.t. Agr:* teilo, gwrteithio, achlesu, tomi, *S.W:* sgwaru dom. **2.** *v.i.* *(of animal):* tomi, domi, teilo, gollwng tom/tail, bisweilio, bwrw biswail, *S.W:* domi; **to ~ thin,** *S:* traddu, *N:* pibo, sgothi.

dungaree *n.* **1.** *Tex:* c|alico bras *m.* **2.** *pl. Ind:* ofarôl(-s) *mf*, dyngarîs *pl* (*pronounced* ng-g).

dungeon *n.* daeargell(-oedd) *f*, daeardy (daeardai) *m*, dwnsiwn (dwnsiynau) *m.*
dunghill *n.* tomen (*f*) dail (tomenni tail).
Dungleddy *W.Pl.n.* Daugleddau *m.*
dungworm *n. Ann:* llyng[h]yren (llyngyr) (*f*) y dom/tail.
dungy *a.* tomlyd.
dunite *n. Geol:* dwnit *m.*
dunitic *a. Geol:* dwnitig.
duniwassal *n. Scot:* gŵr (gwŷr) bonheddig *m.*
dunk[1] *n.* dowc(-iau) *m.* **~ shoot** *n. Basketball:* dowc(-iau) *m.*
dunk[2] *v.t.* **1.** gwlychu, trochi, *N:* towcio, dowcio. **2.** *Basketball:* dowcio.
Dunker *n. Rel: U.S:* Bedyddiwr (Bedyddwyr) Almaenaidd *m.*
dunlin *n. Orn:* pibydd(-ion) (*m*) y mawn, llwyd(-iaid) (*m*) y tywod, pibydd rhuddgoch, llygad (*m*) yr ych, aderyn (adar) (*m*) yr ych.
dunnage *n.* **1.** *Nau:* pacin *m.* **2.** *F: (= baggage):* paciau.
dunnite *n. Exp:* dunnit *m.*
dunno *v.i.&t. N:* dwn 'im, *S:* 'sai'n gwbod.
dunnock *n. Orn:* llwyd(-iaid) (*m*) y berth; *See* **sparrow (hedge) 2.**
dunny *n.* **1.** *Scot: (= cellar):* seler(-i,-ydd) *f*; *(= passage):* mynedfa (mynedf|eydd) *f.* **2.** *Aust: N.Z: (= toilet):* tŷ (tai) bach *m.*
Dunraven *W.Pl.n.* Dwnrhefn *m.*
Dunvant *W.Pl.n.* Dynfant *m (formerly Dyfnant).*
duo *n.* deuawd(-au) *mf.*
duodecagon *n.* deuddengochron(-au) *m.*
duodecahedral *a.* deuddengochrog.
duodecahedron *n.* deuddengochron(-au) *m.*
duodecillion *n. Mth:* deuddengiliwn (deuddengiliynau) *mf.*
duodecimal *a. & n.pl.* **1.** *a.* deuddegol. **2.** *n.pl.* deuddegolion.
duodecimo *n. Typ:* deuddecplyg *m.*
duodenal *a. Anat:* dwodenol; **~ ulcer,** dolur (*m*)/briw (*m*) [ar] y dwodenwm.
duodenary *a.* deuddegol, fesul deuddeg.
duodenitis *n. Med:* llid (*m*) ar y dwodenwm.
duodenum *n. Anat:* dwodenwm (dwodena) *m.*
duologue *n.* ymddiddan(-ion) *m* [rhwng dau], dadl(-euon) (*f*) dau.
duomo *n. Ecc:* cadeirlan(-nau) *f.*
duopolistic *a. Pol.Ec:* deuopolistig.
duopoly *n. Pol.Ec:* deu|opoli *m.*
duotone *a. & n.* **1.** *a.* deuliw. **2.** *n.* llun(-iau) deuliw *m.*
dupable *a.* diniwed, hygoelus, hawdd eich twyllo, *Lit:* hydwyll.
dupe[1] *n.* diniweityn (diniweitiaid) *m*, gwirionyn (gwirioniaid) *m*, symlyn *m*, dyn(-ion) hydwyll *m*, ffwlcyn (ffwlcod) *m*; *pl.* pobl wirion/ddiniwed *f or pl*; **I was her ~,** twyllwyd fi ganddi hi.
dupe[2] *v.t.* twyllo, *F:* gwn|eud, *N.W: occ:* cwsnio, rogio.
duper *n.* twyllwr (twyllwyr) *m*, t|wyllwraig *f.*
dupery *n.* twyll *m*, hoced *f*, twyllo *vn.*
dupion *n. Tex:* dwpion *m.*
duple *a. Mus:* dyblyg/deublyg; **~ minor set,** set ddeubar (setiau deubar) *f*; **~ time,** amser dyblyg *m*, amser dau.
duplet *n. Mus:* dwbled(-i,-au) *m.*
duplex[1] *a. & n.* **1.** *a.* dwbl, deublyg, dyblyg; *Cmptr:* dwplecs; *(flat):* deulawr; *(house):* dau deulu. **2.** *n.* *(a) U.S:* **~ [house],** tŷ (tai) dwbl *m*; **~ [apartment],** fflat ddeulawr (fflatiau deulawr) *f*; *(b) Cmptr:* dwplecs(-au) *m*; **full-~,** dwplecs llawn; **half-~,** hanner dwplecs.
duplex[2] *v.t.* **1.** dyblu. **2.** *W.Tel:* dyblygu.
duplexer *n. W.Tel:* switsh(-is) dwbl *m.*
duplicate[1] *a. & n.* **1.** *a.* dyblyg; **~ copy,** copi (copïau) (*m*) dyblyg, ail gopi (~ gopïau). **2.** *n.* copi (copïau) *m*, dyblygiad(-au) *m*, dyblygeb(-au) *f*; *Jur:* **~ or counterpart document,** dyblygeb neu wrthran i ddogfen; **in ~,** gyda chopi yn ddyblyg, ar ffurf ddyblyg; **this is an exact ~ of the other,** mae hwn yr un ffunud yn union â'r llall; *S:* mae hwn yn gymwys fel y llall.
duplicate[2] *v.t.* dyblygu; *(also, = make copies):* lluosogi.
duplicated *a.* dyblygedig.
duplicating *vn.* dyblygiad *m*, dyblygu *vn*, lluosogiad *m*, lluosogi *vn.* **~-machine** *n.* = **duplicator.** **~-paper** *n.* papur(-au) (*m*) dyblygu.
duplication *n.* dyblygiad(-au) *m*, dyblygu *vn.*
duplicative *a.* dyblygol.
duplicator *n.* lluosogwr: lluosogydd (lluosogwyr) *m*, dyblygwr: dyblygydd (dyblygwyr) *m.*
duplicitous *a.* twyllodrus, dauwynebog.
duplicitously *adv.* yn dwyllodrus *&c.*
duplicity *n.* dauwynebogrwydd *m*, dichell *f*, twyll *m*; **to practise ~,** chwarae'r ffon ddwybig.
durability *n.* gwydnwch: gwytnwch *m*, cryfder: cryfdwr *m*, parhauster *m*, soletrwydd *m*, cadernid *m*, parhad *m*, hirbarhad *m*, *F: occ:* para *vn.*
durable *a. & n.pl.* **1.** *a.* gwydn, cryf(-ion), parhaol, parh|aus, durol, cadarn (cedyrn), solet, tebyg o barh|au, annarfodedig, hirbarhaol, hirbarh|aus, *S.W: occ:* gwyddyn, dalus; **~ goods,** nwyddau para/parhaol, nwyddau a phara ynddynt; **~ press,** *See* **press[1] 5. 2.** *n.pl.* nwyddau parhaol.
durableness *n.* = **durability.**
durably *adv.* yn gryf *&c.*
duralumin, duraluminium *n. R.t.m: Metall:* dwr|alwmin *m.*
dura *n.* = **durra.**
dura-mater *n. Anat:* breithell dew *f*, ***dura-mater*** *f.*
duramen *n. Bot:* rhuddin *m.*
durance *n.* carchariad *m*; **in ~ vile,** mewn carchar tywyll du.
durante minore aetate *Lt.phr. Jur:* tra erys yn lleiafrydd.
duration *n.* parhad *n*, hyd *m*, ystod *f*; *Med: (of heartbeat):* amser (*m*) parhad; **~ of stay,** hyd arhosiad; **for the ~,** hyd y diwedd, am amser maith; *Parl:* **~ of Parliament,** ystod y Senedd, parhad y Senedd; **a course of a year's ~,** cwrs yn para blwyddyn; **to have a ~ of six months,** para chwe mis.
durative *a. Gram:* parhaol.
durbar *n.* llys(-oedd) *m*, cynulliad(-au) *m.*
Durendal, Durendard *Pr.n.m. Lit:* Dwrendardd, Dwrndal.
duress *n.* gorfodaeth *f*; **(to act) under ~,** (gwneud rhth *&c*) dan orfodaeth/orfod, o'ch anfodd, yn groes i'ch dymuniad, yn groes i'ch ewyllys.
Durham *Eng.Pl.n.* Dyrham *f*, *A:* Caerweir *f.* **~ cattle** *n.* gwartheg byrgorn *pl*, da byrgorn *pl.* **~ cow** *n.* buwch fyrgorn (buchod byrgorn) *f. S.a.* **burr[2] 2.**
durian *n. Bot:* **1.** *(fruit):* dwrian(-au) *m.* **2.** *(tree):* coeden (*f*) ddwrian (coed dwrian).
duricrust *n. Geog:* cramen galed (cramennau caled) *f.*
during *prep.* yn ystod, [trwy] gydol; **~ the day,** yn ystod y dydd, yng nghorff y dydd, liw dydd, trwy gydol y dydd; **~ his life,** yn ystod ei fywyd/oes, tra oedd yn byw, ar hyd ei oes, [trwy] gydol ei oes; **~ that time,** *(= at that time):* [yn ystod] yr adeg honno, bryd hynny; *(= meantime):* yn y cyfamser.
durmast *n. Bot:* **~ oak,** derwen ddigoes (derw digoes) *f*, derwen ddail digoes (derw dail digoes).
duro *n. Num:* doler(-i) (*f*) arian.
duroc *n. U.S: Husb:* dwroc(-iaid) *m.*
durometer *n.* dwromedr(-au) *m.*
durra *n. Bot:* dwra *m*, sorgwm *m.*
durst *v. See* **dare.**
durum *n. Bot:* gwenith caled *m.*
dusk[1] *a. & n.* **1.** *a.* tywyll; **it is growing ~,** mae hi'n nosi/tywyllu; *occ:* mae hi'n cyfnosi. **2.** *n.* cyfnos(-au) *m*, tywyllwch *m*, gwyll *m*, llwydwyll *m*, llwyd-dywyll *m*, *Lit: occ:* cyflychwr *m*; **at ~,** gyda'r nos, pan fo hi'n nosi, gyda'r cyfnos, yn y gwyll, rhwng dau liw, ym min tywyllnos, rhwng dau olau, pan fo gyfliw gŵr a llwyn, *S.W: occ:* ar awr y teiliwr, wedi bo nos.
dusk[2] *v.i.* nosi, tywyllu, *occ:* cyfnosi.
duskily *adv.* yn dywyll.
duskiness *n.* **1.** *(= darkness):* tywyllwch *m.* **2.** *(of skin):* pryd tywyll *m.*
dusky *a.* **1.** *(= shadowy):* tywyll. **2.** *(= dark-skinned):* pryd tywyll, tywyll [eich croen], croendywyll. **~ Lizzie** *n. Bot:* Betsan goesgoch *f*, Leusa dywyll *f.*
dust[1] *n.* **1.** llwch *m*, *S:* lluwch *m*, *S: F:* dwst *m*; *S.a.* **sawdust;** **a fleck/mote of ~,** llychyn: llwchyn *m*; **to cover sth with ~,** llychwino rhth; **in the ~,** *(= humiliated):* yn llyfu'r llwch; **to reduce sth to ~,** malurio rhth yn yfflon, malu rhth yn llwch; **to bite the ~,** cwympo, llyfu'r llwch, llyfu'r llawr; *F:* **to throw ~ in s.o.'s eyes,** taflu llwch i lygaid rhn; **to shake the ~ off one's feet,** ysgwyd y llwch oddi ar eich traed, canu'n iach [i rywle], troi cefn [ar rywle]; **you wouldn't see me for ~,** ni welech chi mohonof gan lwch; *F:* **to kick up a ~, to raise a ~,** creu/codi helynt (**about sth,** yngh|ylch rhth), *S.W: occ:* gwn|eud swae

(am rth). **2.** *(of the dead):* llwch *m*, *occ:* pridd *m*; **ashes to ashes, ~ to ~,** lludw i'r lludw, pridd i'r pridd; **in the ~,** *(= dead):* yn isel eich pen, yn y bedd, gyda llwch y llawr. **3.** *(= pollen):* paill *m*. **~-bath** *n.* bath (*m*) llwch, baddon(-au) (*m*) llwch; **to take a dust-bath,** ysgeintio llwch, ymdreiglo/rowlio mewn llwch. **~ board** *n.* bwrdd (byrddau) (*m*) llwch. **~ bowl** *n. Geog:* powlen (*f*) lwch (powlenni llwch), basn(-au) (*m*) llwch. **~-box** *n.* blwch (blychau) (*m*) llwch. **~ brand** *n. Husb:* penddu *m*. **~-cart** *n.* lori (*f*) ludw (loriau lludw), trol (*f*) ludw (troliau lludw). **~-cloth** *n.* *(cover):* gorchudd(-ion) *m*. **~-coat** *n. Cost:* côt (*f*) lanh|au (cotiau glanhau). **~-colour** *n.* llychliw *m*, llwyd *m*. **~-coloured** *a.* o liw llwch, llychliw, lludlyd, llwyd, llwydaidd, llwydfrown. **~-cover** *n. Bookb:* siaced (*f*) lwch (siacedi llwch). **~-destructor** *n.* llosgwr (llosgwyr) (*m*) [y]sbwriel. **~-devil** *n.* cythraul (cythreuliaid) (*m*) llwch. **~-jacket** *n.* = **dust-cover**. **~-louse** *n. Ent:* lleuen (*f*) lwch (llau llwch). **~-mop** *n.* mop(-iau) (*m*) tynnu llwch. **~-proof** *a.* llwch-glos, diogel rhag llwch. **~-sheet** *n.* gorchudd(-ion) *m*. **~-shoot** *n.* tomen(-ni) *f*. **~-shot** *n. Sm.a.* peledi mân *pl*, haels mân *pl*. **~-storm** *n. Meteor:* storm (*f*) lwch (stormydd llwch). **~-trap** *n.* trap(-iau) (*m*) llwch. **~-up** *n. F:* ysgarmes(-oedd) *f*, *N.W:* cwffas[t]: cwffans *f*. **~-wrapper** *n.* = **dust-jacket**.

dust² *v.t.&i.* **1.** *v.t.* *(= sprinkle): Cu: Agr:* ysgeintio, taenellu; *(= remove dust):* tynnu llwch (oddi ar rth); *F:* dwstio, dystio (rhth); **to ~ a table,** tynnu cadach dros fwrdd, tynnu llwch oddi ar fwrdd. **2.** *v.i.* tynnu llwch, *F:* dwstio, dystio, *S.W: occ:* gwn|eud y dwt, twtian.

dustbin *n.* tun(-iau) (*m*) lludw, tun sbwriel, bin(-iau) (*m*) lludw, bin (*f*) ludw (biniau lludw), *S.W:* bin fflwcs.

duster *n.* **1.** *(cloth):* clwtyn (clytiau) *m*, cadach(-au) *m*, sychwr (sychwyr) (*m*) llwch, clwt (clytiau) (*m*) tynnu llwch; **feather ~,** brwsh(-is) (*m*) plu[f], ysgub (*f*) blu[f] (ysgubau plu[f]); *S.a.* **palm¹**. **board ~,** sychwr (sychwyr) *m*. **2.** *(pers.): (a) (cleaner):* glanhäwr (glanhawyr) *m*, glanhawraig *f*; *(b) Agr:* taenellwr (taenellwyr) (*m*) llwch, taenwr (taenwyr) (*m*) llwch. **~ coat** *n.* côt (*f*) ddwster (cotiau dwster), côt haf.

dustheap *n.* tomen (*f*) ludw (tomenni/tomennydd lludw).

dustily *adv.* yn llychlyd.

dustiness *n.* llychlydrwydd *m*; **I well remember the length of the journey and the ~ of the road,** cofiaf yn dda mor hir oedd y daith ac mor llychlyd y ffordd.

dusting *vn.* **1.** *(a) (= sprinkling): Cu: Agr:* ysgeintiad(-au) *m*, taenelliad(-au) *m*, ysgeintio, taenellu. **2.** *(a) (= cleaning):* dwstiad(-au) *m*, glanhad *m*; *vn.* = **dust² 2. to give sth a ~,** tynnu llwch oddi ar rth; *(b) F:* = **beating. 3.** *Nau: (= bad weather):* drycin *m*, tywydd mawr *m*. **~-powder** *n.* powdwr (*m*) talc.

dustless *a.* di-lwch.

dustlike *a.* fel llwch, llychlyd.

dustman *n.m.* dyn(-ion) lludw, dyn y biniau, dyn trol ludw, dyn lori ludw; *Adm:* casglwr (casglwyr) [y]sbwriel.

dustpan *n.* **1.** rhaw (*f*) lwch (rhofiau/rhawiau llwch), padell (*f*) lwch (padelli/padellau llwch). **2.** *(under coal fire):* padell ludw (padelli lludw).

dusty *a.* **1.** llychlyd, yn llwch i gyd. **2.** *(= boring):* diflas, anniddorol, sych. **3.** *F: O:* **it's not so ~,** mae'n o lew; mae'n eithaf da; *S:* 'dyw e ddim yn ffôl. **4. to get a ~ answer,** cael ateb amwys/ansicr/anfoddhaol. **~ clover** *n. Bot:* meillion (*pl*) arian. **~ husband** *n. Bot:* berwr (*m*) yr Alpau. **~ miller** *n.* **1.** *Bot: (a)* = **cineraria**; *(b) (Primula auricula):* briallu lludlyd *pl*, clust (*f*) yr arth; *(c) (Cerastium tomentosum):* clust llygoden flewog. **2.** *Ent:* gwyfyn(-od) blodiog *m*. **3.** *Fish:* pluen lychlyd (plu llychlyd) *f*.

Dutch *a.* & *n.* **1.** *a.* Iseldiraidd, Iseldirol, Isalmaenig, Isellmynig, Holandaidd; *(in language):* Iseldireg, Isalmaeneg; **the ~ Government,** Llywodraeth (*f*) yr Iseldiroedd; **he is ~,** Iseldirwr (*m*) yw ef; **she is ~,** Iseld|irwraig yw hi; *Bot:* **~ agrimony,** byddon chwerw *m*, bedwen chwerw *f*, cywarch gwyllt *m*; **~ auction,** ocsiwn (ocsiynau) (*f*) o chwith; **~ bargain,** bargen (*f*) dafarn (bargeinion tafarn); *Agr:* **~ barn,** helm(-i,-ydd) *f*, sied (*f*) wair (siediau gwair); *Bot:* **~ beech,** = **poplar (white)**; **~ belted cattle,** gwartheg cenglog; **~ brass,** = **Dutch metal. ~ cap** *(a) Cost:* cap(-iau) (*m*) lasiau; *(b) (contraceptive):* diaffram (diafframau) *m* [atal cenhedlu]; **~ cheese** *(a)* cosyn, caws (*m*) Holand; *(b) (= cottage cheese):* ceulfraen *m*, colfran *m*; *Bot:* **~ clover,** = **clover (white)**; **~ courage,** dewrder (*m*) potel gwrw, plwc (*m*) potel gwrw; **~ doll,** dol gymalog (doliau cymalog) *f*; **~ elm disease,** clefyd (*m*) llwyfen yr Isalmaen; *Bot:* **~ flax,** cydllin *m*; **~ foil,** = **Dutch metal**; **~ hoe,** sgyfflar(-s) *m*, sgyfflwr(-s) *m*, chwynnogl (*mf*) [g]wthio (chwynoglau gwthio), hof (*f*) wthio (hofiau gwthio); *Bot:* **~ honeysuckle,** gwyddfid (*f*) Holand; *Art:* **~ interior,** mewnlun(-iau) Iseldiraidd *m*; *Metall:* **~ leaf/metal,** aur ffug *m*, tombac *m*, aloi(*m*)'r Iseldir; **~ oven,** ffwrn (ffyrnau) agored *f*, popty (poptai) agored *m*, *N.W: occ:* sgiwad *f*, *M.W:* bonet(-i) *f*, *S:* ffwrn dun (ffyrnau tun); *Bot:* **~ rush,** marchrawn (*m*) y gaeaf, rhonwellt (*m*) y gaeaf, brwynen (brwyn) nadd *f*; **~ treat,** trêt (tretiau) (*m*) cybydd; **to talk to s.o. like a ~ uncle,** dweud y drefn wrth rn; **~ wife,** *(a) (bolster):* gobennydd (gobenyddiau, gobenyddion) *m*; *(b) (frame):* fframwaith (fframweithiau) *m*, ffrâm (fframiau) *f*. **2.** *n.* *(a) pl.* **the ~ [people],** yr Iseldirwyr, yr Isalmaenwyr, *occ:* yr Holandiaid; **Pennsylvania ~,** Almaenwyr Pensylfania; **to beat the ~,** *F:* gwn|eud camp/gorchest, rhagori; *F:* **in ~,** mewn gwarth, dan gabl, dan gwmwl; *(b) Ling:* Iseldireg *f*, *m*, Isalmaeneg *f*, *m*; **Cape ~,** Affricâns *f*, Iseldireg y Penrhyn; **High ~,** *(i)* = **High German**; *(ii)* Iseldireg; **Low ~,** Iseldireg, Isalmaeneg; *S.a.* **double Dutch**; *(c) F:* = **duchess.**

Dutchman *n.m.* **1.** *(a)* Iseldirwr (Iseldirwyr), *occ:* Isalmaenwr (Isalmaenwyr) *m*, Holandwr (Holandwyr), Holandiad (Holandiaid); *(b) Nau:* llongwr (llongwyr) tramor; **or I'm a ~,** neu mi fwyta' i fy het! **I'm a ~ if I do,** dros fy nghrogi y gwna' i; mi lynca' i fy het os gwna' i; **well, I'm a ~!** 'dawn i byth o'r fan! **the Flying ~,** yr Holandwr Hedegog. **~ Bank** *W.Pl.n.* Y Draethell *f*. **~'s breeches** *n. Bot:* clôs (*m*) pen-glin. **~'s pipe** *n. Bot:* pen (*m*) cetyn, esgorllys caled *m*.

Dutchwoman *n.f.* Iseld|irwraig (Iseldirwragedd), Isalmaenes(-au), Holandes(-au).

duteous *a.* ufudd, *occ:* ufuddgar.

duteously *adv.* yn ufudd.

duteousness *n.* uf|udd-dod *m*.

dutiable *a.* trethadwy, tolladwy.

dutiful *a.* ufudd, llawn parch, mawr eich gofal, ymgeleddgar; **a ~ husband,** gŵr gofalus o'i wraig, gŵr cydwybodol.

dutifully *adv.* yn ufudd &c.

dutifulness *n.* uf|udd-dod *m*.

duty *n.* **1.** *(= respect):* parch *m*, gwrogaeth *f*; **to pay one's ~ to s.o.,** rhoi gwrogaeth i rn, talu parch i rn. **2.** *(= obligation):* dyletswydd(-au) *f*; **I shall make it my ~ to help him; I shall make it a point of ~ to help him,** mi ofalaf am ei helpu; mi wnaf ymorol amdano; **as in ~ bound,** fel y mae'n rhwym arnaf ei wneud; **from a sense of ~,** o ran dyletswydd, gan ei theimlo hi'n ddyletswydd arnoch; **to pay a ~ call,** galw heibio o ran dyletswydd; *Med: F:* **have you done your ~?** [a] gefaist ti dy weithio ([a] gawsoch chi'ch gweithio)? wyt ti wedi gwneud dy fusnes (ydych chi wedi gwneud eich busnes)? *S:* [a] gefaist ti dy gorff i lawr ([a] gawsoch chi'ch corff i lawr)? **to enter upon one's duties, to take up one's duties,** dechrau gwaith, ymgymryd â'ch swydd; **~ of care,** dyletswydd gofal; **to do ~ for s.o.,** *(a) (= replace):* cymryd lle rhn; *(b) (= serve as, pass for):* gwneud y tro fel rhth, gwneud yn lle rhth. **3.** *Mil: &c:* **on ~,** ar ddyletswydd, ar wasanaeth, ar waith, ar alwad; **I was off ~ yesterday,** 'doeddwn i ddim ar ddyletswydd ddoe; **to do dinner ~,** goruchwylio cinio, bod ar ddyletswydd cinio. **4.** *(= tax):* toll(-au) *f*; **customs ~,** tolldal(-iadau) *m*, toll ecséis, tollgwstwm *f*; **differential ~,** toll wahaniaethol; **discriminatory ~,** toll wahaniaethol yn erbyn; **death ~,** toll marwolaeth; **estate ~,** treth (*f*) ystadau; **export ~,** toll allforio; **import ~,** toll fewnforio (tollau mewnforio); **liable to ~,** tolladwy; **preferential ~,** toll wahaniaethol; **~ paid,** talwyd y doll; **stamp ~,** toll stamp, treth stamp, stampdoll(-au) *f*. **5.** *Mec.E:* **heavy-~ engine,** motor(-au) (*m*) gwaith trwm. **~-free** *a. Cust:* di-doll, tollrydd(-ion). **~-paid** *a.* tolledig. **~-man** *n.m.* dyletswyddog(-ion), dyn(-ion) ar ddyletswydd. **~ officer** *n.* swyddog(-ion) (*m*) ar ddyletswydd.

duumvir *n. Hist:* deuwriad (deuwriaid) *m*; **the Duumvirs,** y Ddeuwr/Ddeuwyr.

duumviral *a. Hist:* deuwrol.

duumvirate *n. Hist:* deuwr[i]aeth(-au) *f*; *(persons):* Deuwr *pl*, Deuwyr *pl*.

duvet *n.* carthen (*f*) blu (carthenni plu), ***duvet(-s)*** *m*.

dwale *n. Bot:* = **belladonna.**

dwarf¹ *n. & a.* **1.** *n.* corrach (corachod) *m, Lit: occ:* cor(-rod) *m,* corryn (corynnod) *m, N.W: occ:* cwrach(-od) *m; (female):* coraches(-au) *f,* corres (coresau) *f,* corren (corrod) *f.* **2.** *a.* cor[-] *(before noun + soft mut.),* corachaidd, coraidd; bychan (*f.* bechan, *pl.* bychain). **~ bean** *n.* corffäen: corffafen (corffa) *f.* **~ plant** *n.* corblanhigyn (corblanhigion) *m.* **~ star** *n. Astr:* seren gorachaidd (sêr corachaidd) *f,* corseren (corser) *f.* **~ willow** *n.* corhelygen (corhelyg) *f,* yr helygen leiaf (yr helyg lleiaf) *f,* helygen y f|ydwraig.

dwarf² *v.t.* **1.** *(= stunt):* corachu, swbachu, sybachu, crabio, corri, corio, lleih|au, bychanu. **2. the castle dwarfed the other buildings,** 'roedd yr adeiladau eraill yn fychain o'u cymharu â'r castell; 'roedd y castell yn gawraidd wrth ochr yr adeiladau eraill.

dwarfish *a.* corachaidd, corraidd.

dwarfishly *adv.* yn gorachaidd *&c.*

dwarfishness, dwarfism *n.* corachedd *m.*

dwarflike *a.* = **dwarfish.**

dwell¹ *n. Mec.E:* saib (seibiau) *m.*

dwell² *v.i.* **1.** *Lit:* **to ~ (in a place),** byw, *Lit:* trigiannu, trigo, anheddu, preswylio (mewn lle). **2.** *(= remain):* aros, sefyll; **her memory dwells with me,** mae'r cof amdani yn aros gyda mi. **3. to ~ on sth,** ymhelaethu ar rth, ymdrin â rhth, oedi gyda rhth, aros gyda rhth, ymdr|oi gyda rhth; **we will not ~ on that,** nid awn ni ddim ar ôl hynny: fe drown ni'r sgwrs. *Mus:* **to ~ on a note,** aros ar nodyn, dal nodyn, pwysleisio nodyn.

dweller *n.* preswylydd(-ion, preswylwyr) *m,* pres|wylwraig *f,* trigiannydd (trigianwyr) *m,* anheddwr (anheddwyr) *m.*

dwelling *vn. & n.* **1.** *vn. (action):* arhosiad(-au) *m,* preswyliad(-au) *m; vn.* = **dwell¹**; *(upon fact &c):* pwyslais *m* **(on sth,** ar rth). **2.** *n. (place):* anheddle (aneddleoedd) *m,* annedd (anheddau) *f,* preswyl *m,* preswylfa (preswylf|eydd) *f,* preswylfod(-au) *m,* cartref(-i) *m; Archeol:* **pile-~,** annedd ar byst, crannog (cranogau) *m,* llyndref(-i) *f;* **pit-~,** annedd pant; **lake-~,** llyndy (llyndai) *m,* crannog (cranogau) *m.* **~-house** *n.* tŷ (tai) *(m)* annedd, anh|edd-dy (~-dai) *m.* **~-place** *n.* anheddle, preswylfa.

dwindle *v.i.* darfod, lleih|au, gwanh|au, gwanio, edwino, diflannu, *Lit:* edwi.

dwindling¹ *a.* lleihaol, gostyngol, lleilai, prinnach [brinnach], *Lit:* edwin; **a ~ number of people,** llai a llai o bobl.

dwindling² *vn.* lleihad *m,* prinhad *m, Lit: occ:* edwin *m; vn.* = **dwindle.**

dy *n. Geol: (= sediment):* llaid *m,* gwaddod *m.*

dyad *n.* dau (deuoedd) *m,* cwpwl (cyplau) *m; Ph: Mth:* deuad(-au) *m.*

dyadic *a. & n.* **1.** *a.* deuol. **2.** *n.* mynegiad(-au) dyadig *m.*

dyadically *adv.* yn ddeuol.

Dyak *n.* Daiac(-iaid,-od) *m&f.*

dyarchy *n.* = **diarchy.**

dybbuk *n.* ellyll(-on) *m,* cythraul (cythreuliaid) *m.*

dye¹ *n. (a) Dy:* lliw(-iau) *m, occ:* lliwur(-au) *m,* llifyn(-nau, llifion) *m;* **fast ~,** lliw *&c* anniflan/cadarn/parhaol; **fluorescent ~,** lliw fflworolau; **loose ~,** lliw llac; **non-toxic ~,** lliw diogel/anwenwynol; **vegetable ~,** lliw llysieuol; *(b) Lit: O:* **(a villain) of the deepest ~,** (dihiryn) dybryd, ysgeler, gyda'r gwaethaf, i'r carn, o'r iawn ryw, o'r math gwaethaf. **~-line** *n.* lliflin(-au) *f.* **~-works** *n.* gwaith *(m)* lliwio, lliwdy (lliwdai) *m.*

dye² *v.t.* lliwio, llifo; **to ~ sth black,** llifo rhth yn ddu, duo rhth; **to have a dress dyed,** cael llifo gwisg; **material that dyes well,** defnydd sy'n cymryd ei lifo; **to tie and ~,** clymu a llifo; *S.a.* **wool 1.**

dyeable *a.* lliwiadwy.

dyed *a.* llifedig, lliwiedig, wedi ei lifo/liwio; **~ in the wool, ~ in the grain,** *(colour):* annileadwy; *(pers.):* rhonc, cadarn, argyhoeddedig, digymrodedd, i'r gwr|aidd, hyd at fôn ei wallt. **~ sea-grass** *n. Bot:* morwellt llifedig *m.*

dyeing *vn.* = **dye².**

dyer *n.* lliwydd(-ion) *m,* lliwiwr (lliw-wyr) *m.* **~'s broom, ~'s greenweed** *n. Bot:* banhadlen aur *f,* banhadlos *pl,* eurfanadl *pl,* corfanadl *pl,* melynog *(m)* y waun, llysiau melyn *pl,* marddanhadlen felen *f.* **~'s bugloss** *n. Bot:* bwglos *(m)* y lliwydd. **~'s moss** *n. Bot:* cen *(m)* y lliwydd. **~'s oak** *n. Bot:* **1.** derwen *(f)* y lliwydd (derw'r lliwydd). **2.** *U.S:* derwen felen (derw melyn). **~'s rocket** *n. Bot:* melengu *f (pronounced* ng-g), cynffon *(f)* titw, llysiau *(pl)* titw, lliwlys *m.* **~'s tickseed** *n. Bot:* trogenllys *(m)* y lliwydd. **~'s woad** *n.* = **woad².** **~'s weed** *n.* = **dyer's broom.**

dyestone *n.* calch coch *m,* calch rhydlyd.

dyestuff *n.* = **dye¹ 1.** *(a).*

dyeweed *n.* = **dyer's broom.**

dyewood *n. Bot:* blacwd *m.*

Dyfed *Pr.n. W.Geog:* Dyfed *f; S.a.* **Demetian.**

dying *a.* ar farw, yn marw, ar drengi, ar eich terfyn, ar ddarfod [amdanoch]; **to one's ~ day,** hyd ddydd eich marw, am weddill eich oes, ddyddiau'ch oes.

dyke¹ *n.* **1.** *(a) (= wall):* clawdd (cloddiau) *m,* gorglawdd (gorgloddiau) *m,* arglawdd (argloddiau) *m;* **boundary ~,** clawdd terfyn; **cross ~,** croesglawdd (croesgloddiau) *m;* **Offa's D~,** Clawdd Offa; **Wat's D~,** Clawdd Wat; *(= sea-dyke):* argae(-au) *m,* clawdd llanw, morglawdd (morgloddiau) *m, N.W: occ:* cob(-iau) *m; (b) (= causeway):* sarn(-au) *f,* cawsai *mf.* **2.** *(= ditch):* ffos(-ydd) *f.* **3.** *Geol:* deic(-iau) *m.* **~ swarm** *n.* clwstwr (clystyrau) *(m)* o ddeiciau.

dyke² *v.t.* **1.** *(= embank):* argloddio, gorgloddio. **2.** *(= drain):* cwteru, ffosi, sychu.

dynamic *a. & n.* **1.** *a. (a)* dynamig, deinamig, grymus, nerthol, llawn ynni, egnïol, gweithredol; *Rel:* **~ monarchian,** monarchydd dynamig *m;* **a ~ personality,** cymeriad grymus; *(b) Med: Mus: Ph:* dynamig, deinamig; *Cmptr:* **~ allocation,** dyraniad(-au) dynamig *m,* dyrannu *(vn)* dynamig; **~ data structure,** adeiledd *(m)*/adeiladwaith *(m)* data dynamig; *Ch:* **Specific ~ Action,** Gweithred Ddynamig Benodol *f; Cmptr:* **~ memory,** cof dynamig *m;* **~ random access memory,** cof *(m)* hapgyrch dynamig; **~ store,** storfa ddynamig (storf|eydd dynamig) *f.* **2.** *n. (a)* ynni *m,* egni *m,* dynameg: deinameg *f; (b) Mus:* dynamig(-au) *m.*

dynamical *a.* dynamig, dynamegol.

dynamically *adv.* yn ddynamig *&c.*

dynamicist *n.* dynamegwr (dynamegwyr) *m.*

dynamics *n.pl.* dynameg: deinameg *f;* **universal ~,** dynameg/deinameg gyffredinol.

dynamism *n.* dynamiaeth *f; (of pers.):* deinamigrwydd *m,* dynamigrwydd *m,* grym *m,* ynni *m,* egni *m.*

dynamist *n.* dynamydd (dynamwyr) *m.*

dynamistic *a. Phil:* dynamistig.

dynamite¹ *n.* d|ynamit *m, F:* d|einameit *m.*

dynamite² *v.t.* ffrwydro, dynamitio, deinameitio, *F: occ:* saethu, chwythu; tanio (rhth) yn yfflon.

dynamiter *n.* ffrwydrwr (ffrwydrwyr) *m,* dynamitiwr (dynamitwyr) *m,* deinameitiwr (deinameitwyr) *m.*

dynamitic *a.* dynamitig.

dynamo *n.* d|ynamo(-s) *m,* d|einamo(-s); *F:* **he's a real ~,** mae'n llawn mynd/ynni. **~-electric** *a.* dynamo-drydanol.

dynamograph *n.* dyn|amograff (dynamograffau) *m.*

dynamometric *a.* dynamometrig.

dynamometry *n.* dynamometreg *f.*

dynamotor *n.* dynamotor(-au) *m.*

dynast *n.* teyrn(-edd) *m,* brenin (brenhinoedd) *m.*

dynastic *a.* breninlinol, llinachol, llinachyddol, dynastig, dynastaidd.

dynasticism *n.* llinachyddiaeth *f.*

dynastically *adv.* yn freninlinol, o ran llinach.

dynasty *n.* brenhinlin (breninlinau) *f,* llinach(-au) *f,* teyrnach(-au) *f,* brenhingyff (breningyffion) *m (pronounced* ng-g), teyrnlin(-au) *f.*

dynatron *n.* d|ynatron (dynatronau) *m.*

dyne *n. Ph: Meas:* dein(-iau) *m.*

Dynevor *W.Pl.n.* Dinefwr *mf.*

dynode *n. El.E:* dynod(-au) *m.*

Dyophysites *n.pl. Rel:* Deuffysiaid.

Dyotheletes *n.pl.* Deutheletiaid.

dysarthria *n. Med:* dysarthria *m.*

dysbasia *n. Med:* dysbasia *m.*

dyschondroplasia *n. Med:* dyscondroplasia *m.*

dyscrasia *n.* anhwylder(-au) *m.*

dysenteric *a. Med:* dysenterig.

dysentery *n. Med:* d|ysent[e]ri *m.*

dysfunction *n.* camweithrediad(-au) *m* **(in/of sth,** ar ran rhth); trafferth(-ion) *f* (gyda rhth), *occ:* anghaffael *m*, aflwydd(-au) *m* **(in sth,** ar rth); **sexual ~,** trafferthion rhywiol *pl.*
dysfunctional *a.* camweithredol.
dysgenesis *n. Biol:* camddatblygiad *m*, dirywiad *m*.
dysgenic *a.* dysgenig, diffygiol, dirywiadol.
dysgenics *n.pl.* dysgeneg *f*.
dysgraphia *n.* camysgrifen *f*, camysgrifennu *vn.*
dyskinesis *n.* camsymud *vn*, camsymudiad(-au) *m*.
dyskinetic *a.* camsymudol.
dyslectic *a.* = **dyslexic.**
dyslexia *n.* dyslecsia *m*, geirddallineb *m*.
dyslexic *a.* & *n.* **1.** *a.* dyslecsig, geirddall. **2.** *n.* dyslecsig(-ion) *m&f.*
dyslogistic *a.* anghymeradwyol.
dyslogistically *adv.* yn anghymeradwyol.
dysmenorrhoea *n. Med:* dysmenorhea *m*, poen (*mf*) misglwyf, misglwyf poenus *m*, mislifboen *mf.*
dysmenorrhoeal, dysmenorrhoeic *a. Med:* dysmenorheol.
dyspareunia *n. Med:* dysparewnia *m*.
dyspepsia *n. Med:* diffyg (*m*) traul/treuliad, camdreuliad *m*, dyspepsia *m*.
dyspeptic *a.* & *n. Med:* **1.** *a.* camdreuliol, dyspeptig; *Fig:* sur, piwis, blin. **2.** *n.* dyspeptig(-ion) *m&f.*
dyspeptically *adv.* yn sur &c.
dysphagia *n. Med:* dysffagia *m*, anhawster (*m*) llyncu.
dysphagic *a. Med:* dysffagig.
dysphasia *n. Med:* dysffasia *m*.
dysphasic *a. Med:* dysffasig.
dysphemism *n.* *casair (caseiriau) *m*.
dysphemistic *a.* *caseiriol.
dysphonia *n.* nam (*m*) ar leferydd, camleferydd *m*, camlefaru *vn*, camleisio *vn.*
dysphonic *a.* camleisiol, camlafarol.
dysphoria *n.* anesmwythder *m*, pryder *m*.
dysphoric *a.* anesmwyth, pryderus.
dysplasia *n. Med:* dysplasia *m*, camdyfiant (camdyfiannau) *m*.
dysplastic *a.* camdyfol, dysplastig.
dyspnoea *n. Med:* caethder: caethdra *m* [anadl], caethni *m*, diffyg (*m*) anadl.
dyspnoeic *a.* caeth/llafurus eich anadl, byr eich gwynt, byrwyntol.
dyspraxia *n.* dyspracsia *m*.
dysprosium *n. Ch:* dysprosiwm *m*.
dysrhythmia *n. Physiol:* camguriad(-au) *m*.
dysrhythmic *a.* camguriadol.
dystopia *n.* *amharadwys(-au) *f*, dystopia (dystopiâu) *f*.
dystopian *a.* dystopaidd.
dystrophic *a.* **1.** *Med:* camfaethol, dystroffig. **2.** *Nat.Hist:* llwyd(-ion), dystroffig.
dystrophy *n. Med:* d|ystroffi *m*, nychdod *m*; **muscular ~,** nychdod cyhyrol *m*, d|ystroffi'r cyhyrau.
dysuria *n. Med:* carchar (*m*) dŵr, [y] tostedd *m*, troethi (*vn*) poenus, dyswria *m*.
dysuric *a. Med:* tosteddol, dyswrig.
dzho *n.* = **dzo.**
dziggetai *n. Z:* asyn(-nod) (*m*) Tib|et.
dzo *n. Z:* dso(-aid) *m*.
Dzungaria *Pr.n. Geog:* Swngaria *f* (*pronounced* ng-g).

E

E, e *n.* **1.** [y llythyren] e(-au) *f*; *Tp:* **E for Edward,** E am Edward. **2.** *Mus:* **key of E flat,** cywair meddalnod E. **E-boat** *n.* cwch (cychod) (*m*) torpidos. **E.C., E.E.C. (the)** *n.* y Gymuned [Ewropeaidd], y Farchnad Gyffredin. **e.g.** *abbr.* e.e. (= er enghraifft). **E layer** *n. Meteor:* haen (*f*) E. **E region** *n. Meteor:* cylch (*m*) E.

each *a. & pron.* **1.** *a.* pob *(precedes noun):* **~ man,** pob dyn, pob un, pob un dyn, pawb; **~ day,** pob dydd; *adv.* bob dydd, beunydd, yn feunyddiol; **~ one of us,** pob un ohonom, pawb ohonom; **on ~ side,** ar bob tu, ar y naill ochr a'r llall, o'r ddeutu; **~ and every,** pob [un]; **~ and every person,** pob copa walltog *f*, *F:* pob un wan jac; *Rac:* **~ way,** pob ffordd. **~ time,** pob tro; *adv.* bob tro, bob amser. **2.** *pron. (a)* pob un *m*, pawb *m*, pobun *m*; **~ of us,** pawb ohonom; *(b)* **we ~ earn one pound; we earn one pound ~,** 'rydym yn ennill punt yr un; 'rydym yn ennill punt y pen; *S:* 'ryn ni'n ennill bob i/o bunt; **three groups of ten men ~,** tri grŵp o ddeg dyn yr un; *(c)* **~ other, ~ to ~,** y naill y llall, ei gilydd; **we gave ~ other presents,** rhoesom anrhegion i'n gilydd; rhoesom anrhegion y naill i'r llall; **we were separated from ~ other,** gwahanwyd ni oddi wrth ein gilydd; **the sides of two triangles are equal ~ to ~,** mae ochrau dau driongl yn gyhyd y naill â'r llall.

eager *a.* awyddus, awchus, taer, eiddgar (**for sth,** am rth); chwannog (i rth); **~ for gain,** awyddus am elw, |elwgar, ariangar (*pronounced* ng-g), esgud am arian; **to be ~ to do sth,** bod yn awyddus *&c* i wneud rhth, dyh|eu am wneud rhth; **to be ~ for/after fame,** dyheu am enwogrwydd; **he was ~ to be off,** 'roedd ar dân [o] eisiau cychwyn; *F:* **an ~ beaver,** rhn (rhai) diwyd/brwd/brwdfrydig/selog, selogyn (selogion) *m*, *N.W: occ:* slanwr(-s, slanwyr) *m*; **an ~ desire,** dyhead(-au) *m*, awch *m*, eiddgarwch *m* (**for sth,** am rth); *B:* awyddfryd *m*; **~ pursuit,** ymlidiad dyfal *m*, ymlid (*vn*) dyfal; **in ~ pursuit of the enemy,** yn daer yn ymlid y gelyn, wrth sodlau'r gelyn, ar warthaf y gelyn.

eagerly *adv.* yn awyddus *&c*; gydag awydd/awch.

eagerness *n.* awydd *m*, awch *m*, dyhead(-au) *m* (**for sth,** am rth); *(= readiness):* parodrwydd *m*, esgudrwydd *m*, eiddgarwch *m* (**to do sth,** i wneud rhth); **~ for praise,** awydd/syched (*m*) am glod; **~ for gain,** gwanc (*m*) am elw.

eagle *n.* **1.** *Orn: Her:* eryr(-od) *m*; *(female):* eryres(-au) *f*; **bald ~, white-headed ~,** *(Haliaeetus leucocephalus):* eryr moel, eryr penfoel, eryr penwyn; **crested serpent-~,** sarff-eryr(-od) copog *m*; **fish ~, white-tailed ~, sea ~,** *(H. albicilla):* eryr tinwyn, eryr cynffonwyn, eryr y môr, môr-eryr(-od); **golden ~,** *(Aquila chrysaetos):* eryr aur, eryr euraid[d], eryr melyn; **harpy ~,** *(Thrasaetus harpyia):* eryr cribog; **imperial ~,** *(A. heliaca):* eryr ymerodrol; **spotted ~,** *(A. clanga):* eryr brith (eryrod brithion); **tawny ~, steppe ~,** *(A. rapax):* eryr llwydfelyn; **wedgetailed ~,** *(Uroaetus audax):* eryr cynffonfain. **2.** *Her:* **double ~,** eryr deuben. **3.** *Ecc: (lectern):* darllenfwrdd (darllenfyrddau) *m*. **4.** *(a)* **the Roman Eagles,** Eryrod Rhufain, yr Eryrod Rhufeinig; *(b). Fr.Hist:* **the Imperial E~,** yr Eryr Ymerodrol. **5.** *Num: U.S: (= 10 dollars):* eryr. **6.** *Golf:* eryr. **~ eye** *n.* llygad (*m*) eryr, llygad eryraidd, llygad barcut, craffter *m*. **~-eyed** *a.* craff, llygatgraff, â llygad barcut, llygadus, llygadog, llygadlym(-ion). **~-fisher** *n. Orn:* = **osprey. ~ hawk** *n. Orn: (Morphinius):* eryrwalch (eryrweilch) *m*. **~-like** *a.* eryraidd. **~-owl** *n. Orn:* tylluan gorniog (tylluanod corniog) *f*; **European ~-owl,** tylluan fawr (tylluanod mawrion), tylluan eryraidd. **~-ray, ~-skate** *n. Ich:* morgath(-od) adeiniog *f*. **~-stone** *n. Min:* eryrfaen (eryrfeini) *m*, maen (meini) (*m*) eryr, eryrai *m*. **~-vulture** *n. Orn:* eryr-fwltur(-iaid) *m*. **~-wood** *n. Bot: (tree):* eryrwydden (eryrwydd) *f*; *(resin):* eryrgoed *m*.

eaglet *n. Orn:* cyw (*m*) eryr (cywion eryrod), *occ:* eryran(-od) *m*.

eagre *n. Geog:* **= bore[5]**.

ealdorman *n. Hist:* henadur(-iaid) *m*, prifynad(-on) *m*.

ear[1] *n.* **1.** clust(-iau) *f*; *Med:* **~ specialist,** arbenigwr (arbenigwyr) (*m*) ar y clyw, meddyg(-on) (*m*) y clyw; **your ears must have burned; your ears must have been tingling,** rhaid bod dy glustiau di'n llosgi; **she has sharp ears,** mae ganddi glust fain/denau; *F:* **I'm up to the ears in work; I'm over head and ears in work;** 'rwyf hyd at fy nghlustiau mewn gwaith; **things were falling about my ears,** 'roedd pethau'n syrthio am fy mhen; *S.a.* **debt, love[1]**; **to set people by the ears,** gyrru pobl yn benben; *F:* **to send s.o. away with a flea in his ~,** anfon rhn ymaith a'i gynffon yn ei afl; **he went off with a flea in his ~,** fe aeth ymaith yn glustlipa/glustlibyn; *P:* **a thick ~,** bonclust *m*, clusten *f*, *S: occ:* cleren *f*; *S.a.* **box[5] 1**; *Prov:* **walls have ears,** mae gan gloddiau glustiau; *Prov:* **little pitchers have long ears,** mae gan foch bach glustiau mawr; **to prick one's ears,** moeli clustiau, clustfeinio, *occ:* gwn|eud clust hwch mewn haidd; *F:* **to be all ears,** bod yn glustiau i gyd; **she has an ~; she has a fine/good ~,** mae ganddi glust dda/fain; **to play by ~,** chwarae yn ôl y glust, chwarae'n reddfol; **to keep one's ears open, to keep one's ears to the ground,** bod yn effro i bob si, cadw'ch clustiau ar agor; **to turn a deaf ~,** troi clust fyddar; **I have his ~,** mae'n gwrando arnaf i; mae'n gwrando ar fy nghyngor i; **to gain s.o.'s ~,** cael clust rhn, cael gwrandawiad gan rn; **to give/lend an ~ to s.o., to lend one's ~ to s.o.,** gwrando ar rn, gostwng clust at rn, *Lit:* erglywed rhn, ymwrando ar rn; **to close one's ears to the truth,** cau clustiau i'r gwirionedd, anwybyddu'r gwirionedd, bod yn glustfyddar i'r gwirionedd; **if it should come to the ears of X,** petai'n dod i glyw X, petai X yn clywed amdano; **you'll be out on your ~,** fe fyddi allan ar dy din; **in [at] one ~ and out [at] the other,** i mewn trwy un glust ac allan trwy'r llall; **I'd give my ears for it,** mi rown i bopeth/unrhyw beth amdano; **wet behind the ears,** dibrofiad, anaeddfed, diniwed; **she's still wet behind the ~,** *N.W: occ:* 'dydi ôl y rhwymyn ddim wedi gwisgo oddiar ei bol hi eto; **a word in your ~,** rhyngoch chi a minnau. **2.** *Tchn: (of cup, vase &c):* clust(-iau) *f*, *occ:* dolen(-nau) *f*. **3.** *Bot:* **Jew's ear,** clust yr Iddew, clust yr ysgaw, clustiau Suddas; *Bot:* **cat's ~,** clust y gath, melynydd *m*. **~-discharge** *n.* rhedlif (*m*) clust. **~-drop** *n. Cost:* clustdlws (clustdlysau) *m*. **~-drops** *n.pl.* **1.** *Med:* diferion clustiau. **2.** *Bot:* = **fuchsia. ~-drum** *n. Anat:* tympan (*m*) y glust (tympanau clustiau), drwm (*m*) y glust (drymiau clustiau), pilen (*f*) y glust (pilennau clustiau). **~-flap** *n.* **1.** *Anat:* clusten(-nau,-ni) *f*, cwr (*m*) y glust (cyrrau clustiau). **2.** *Cost:* llabed(-au,-i) *f*. **~ flick** *n.* plwc (*m*) clust. **~-muff** *n.* clustgap(-iau) *m*, mwff (*m*) clust (myffiau clustiau). **~ ossicle** *n. Anat:* clust-osigl(-au) *m*, esgyrnyn (*m*) y glust (esgyrnynnau'r glust), osigl (*m*) y glust (osiglau'r glust). **~-pendant** *n.* clustdlws (clustdlysau) *m*. **~-pick** *n.* glanhäwr (glanhawyr) (*m*) clustiau, clustbig(-au) *f*. **~-pick fungus** *n. Fung:* clustbig (*f*) y conwydd. **~-piece** *n. Tp:* clustffon(-au) *m*. **~-piercing** *a.* byddarol. **~-plug** *n.* plwg (*m*) clust (plygiau clustiau). **~-ring** *n.* clustdlws (clustdlysau) *m*, clustfodrwy(-au) *f*; *Archeol:* **basket ~-ring,** clustdlws basged; **dropper ~-ring ~,** clustdlws crog; **stud ~-ring,** styden (*f*) glust (styds/stydiau clustiau). **~ shell** *n. Conch:* clust (*f*) fôr (clustiau môr). **~-shield** *n. Fb:* clawr (*m*) clust (cloriau clustiau). **~-snail** *n. Moll:* malwen glustiog (malwod clustiog) *f*. **~-splitting** *a.* byddarol. **~ stone** *n.* clustgarreg (clustgerrig) *f*. **~-trumpet** *n.* corn (*m*) clust (cyrn clustiau), corn clywed. **~-wax** *n. Physiol:* cŵyr (*m*) clustiau.

ear[2] *n. Husb: (of corn):* tywysen(-nau, tywys) *f*; **wheat in the ~,** gwenith yn tywysennu/hedeg, *S.W: occ:* llafur yn hodi. **~-blight** *n.* malltod coch *m*, cawod goch *f*, rhwd *m*. **~-cockle** *n.*

crych *m*, tywys crych *pl*. **~ rot** *n. Husb:* clwy(*m*)'r tywysennau, pydredd (*m*) tywysennau.

ear³ *v.i. (of corn):* tywysennu, hadu, hedeg, *S. W: occ:* hodi.

earache *n. Med: N:* pigyn (*m*) yn y glust, pigyn clust, *S:* clust dost (clustiau tost) *f*.

eared¹ *a. (wheat &c):* tywysennog, yn y dywysen, yn hodi, yn hadu, yn ei hosan; **full-eared corn,** ŷd llawn ei dywysen.

eared² *a. (animal &c):* clustiog; **big-~, long-~,** hirglust, clustir, clustfawr, clustiog, clustlaes; **crop-~,** clustgwta (*f.* clustgota), diglust; **deaf-~,** clustfyddar, byddar, clustrwm, clustdrwm; **lop-~, flop-~,** clustlipa, clustlaes, clustlibin; **red-~,** clustgoch; **sharp-~,** clustfain, main eich clust, clustdenau; *S.a.* **dog-eared.**

earful *n.* llond (*m*) clust; **get an ~ of this,** gwrando (gwrand|ewch) ar hyn; clyw(-ch) hyn; **to give s.o. an ~,** eu dweud hi wrth rn, arthio ar rn, dweud y drefn wrth rn, rhoi pryd o dafod i rn, rhoi llond pen i rn *&c*.

earing¹ *n. Nau:* clustraff(-au) *f*.

earing² *vn. B:* aredig.

earl *n.* iarll (ieirll) *m*. **E~ Marshal** *n.* Iarll Farsial(-iaid) *m*.

earldom *n.* iarllaeth(-au) *f*.

earless *a.* diglust, heb glust/glustiau.

earliness *n.* cynharwch *m*.

earlobe *n. Anat:* llabed (*m*) clust (llabedi clustiau).

earlock *n. Hairdr:* cudyn (*m*) clust (cudynnau clustiau), clustgudyn (-nau) *m*.

early *a. & adv.* I. *a.* **1.** cynnar (*comp.forms:* cynhared, cynted; cynharach, cynt; cynharaf, cyntaf); *occ:* buan; *(with ref. to morning):* bore, boreol, plygeiniol; *(a)* **the ~ cock,** y ceiliog plygeiniol; **in the ~ morning,** ben bore, yn fuan, yn gynnar yn y bore, yn y bore bach, yn foreol, yn blygeiniol; **very ~,** yn fore fore, yn gynnar iawn, yn gynnar gynnar; **you're ~ today,** 'rydych chi'n fore/gynnar heddiw; **in the ~ afternoon,** yn gynnar yn y prynhawn, ddechrau'r prynhawn; **to have an ~ dinner,** ciniawa'n gynnar, cael cinio cynnar; **to be an ~ riser,** bod yn foregodwr, codi'n fore, codi'n gynnar; *F:* **an ~ bird,** boregodwr (boregodwyr) *m*, boreg|odwraig *f*, *Joc:* seren fore *f*; *S.a.* **bird 1**; *Prov:* **~ to bed, ~ to rise,** a orffwys yn gynnar a gaiff godi'n fore; **~ to bed, ~ to rise, makes a man healthy, wealthy and wise,** a chynnar i'r gwely a chynnar i godi, ddwg iechyd, doethineb a chyfoeth gwir iti; **~ arrival,** cyrraedd cyn pryd, cyrraedd mewn pryd, cyrraedd mewn da bryd, cyrraedd yn brydlon; **to keep ~ hours,** cadw oriau cynnar, noswylio a chodi'n gynnar; **in ~ spring,** yn y gwanwyn cynnar, [ar] ddechrau'r gwanwyn, yn nechrau'r gwanwyn; **during the earlier months of the year,** yn ystod misoedd cyntaf y flwyddyn; *Com:* **~ closing day,** diwrnod (*m*) cau'n gynnar; *Th:* **~ doors,** drysau cynnar; **~ warning,** rhybudd cynnar *m*; **it is ~ days yet to make up one's mind,** mae'n ddigon buan/cynnar o hyd i benderfynu; *(b)* **the earliest times,** y cyfnodau cynharaf; **E~ Christian art,** celfyddyd (*f*) Cristnogaeth Gynnar, celfyddyd Gristnogol Gynnar; **E~ English Gothic style,** arddull (*f*) Othig Seisnig Gynnar; **the E~ Church,** yr Eglwys (*f*) Fore; **the ~ Christians,** y Cristnogion bore/cyntaf/cynnar; **in the ~ eighteenth century,** ar ddechrau'r ddeunawfed ganrif, yn gynnar yn y ddeunawfed ganrif; **in ~ days,** *(i) (= olden times):* ddyddiau [a] fu, yn yr hen oesoedd, *N:* ers talwm, *S:* ers [ll]awer dydd; *(ii) (= initially):* ar y dechrau, yn gynnar; **at an ~ date,** yn gynnar; *Hist. of Art:* **the ~ masters,** y meistri bore/cynnar; *(c)* **~ youth,** bore (*m*) oes, llencyndod *m*, glaslencyndod *m*; **in his earliest youth,** ym more ei oes; **~ age,** plentyndod *m*; **at an ~ age,** yn blentyn, yn eich plentyndod, yn gynnar yn eich oes, yn ifanc; **~ neo-natal,** newydd-enedigol cynnar; **my earliest recollections,** fy atgofion cynharaf oll. **2.** *(= hasty, premature):* annhymig, cyn ei amser, cynamserol, cyn pryd; **~ death,** marwolaeth annhymig *f*; **~ ripening,** aeddfedu cynnar; **~ beans,** ffa cynnar; **~ blight,** clwyf tatws cynnar. **3.** *(= imminent, future):* buan (*comp.forms:* cynted, cynt, cyntaf); **at an ~ date,** *(= soon):* cyn bo hir, yn fuan; **at an earlier date,** *(in the past):* yn gynt, yngh|ynt, gynt; **at the earliest possible moment,** cyn gynted [oll/fyth] ag sy'n bosibl; *S.a.* **convenience 1.** II. *adv.* **1.** *(a)* yn gynnar, yn fore, yn fuan, *occ:* yn foreol, yn blygeiniol; **earlier,** yn gynharach, yn gynt, ynghynt; **~ on,** yn gynharach, gynnau [fach]; **earlier than sth,** cyn rhth; **Wednesday at the earliest,** dydd Mercher a dim cynt, nid cyn dydd Mercher, dydd Mercher yn y fan gyntaf; **too ~,** [yn] rhy gynnar, [yn] rhy fuan, cyn pryd, yn annhymig; **I am half an hour ~,** 'rwyf i hanner awr yn gynnar; **~ in the morning,** yn gynnar yn y bore, yn y bore bach, ben bore, yn foreol, yn blygeiniol; **it was ~ in the afternoon,** 'roedd hi'n gynnar yn y prynhawn; dechrau'r prynhawn oedd hi; **~ in the evening,** yn gynnar gyda'r nos; **~ enough,** *(in time):* yn ddigon cynnar/buan, mewn pryd, mewn da bryd, yn brydlon; **~ in the winter,** ar ddechrau'r gaeaf, ar gychwyn y gaeaf, yn gynnar yn y gaeaf; **~ in the year,** ym misoedd cyntaf y flwyddyn, yn nechrau'r flwyddyn; **~ in his life,** ym more ei oes, yn ei lencyndod, yn gynnar yn ei oes, yn blentyn, yn llanc; **~ in his career,** ar ddechrau'i yrfa; **as ~ as the tenth century,** mor gynnar â'r ddegfed ganrif; **as ~ (as possible),** mor fuan, cyn gynted (ag sy'n bosibl, ag y bo modd); **to die ~,** *(i) (young):* marw'n ifanc; *(ii) (untimely):* marw'n annhymig; **~ in the list,** ar ddechrau'r rhestr, ar flaen y rhestr.

earlywood *n. Bot:* gwanwyngoed *pl* (*pronounced* ng-g).

earmark¹ *n.* **1.** *Husb:* clustnod (clustnodau) *m*, nod (*m*) clust (nodau clustiau); **without earmark,** *(sheep):* clustgyfan. **2.** *Fig:* nodwedd(-ion) *f*, hynodwedd(-ion) *f*.

earmark² *v.t.* clustnodi.

earn *v.t.* **1.** ennill; **to ~ one's living by writing,** ennill eich tamaid fel awdur. **2.** *(= merit):* haeddu.

earned *a.* **1.** enilledig; **~ income,** enillion *pl*, incwm (*m*) gwaith, incwm a enillwyd, cyflog(-au) *m*. **2. well-~,** haeddiannol.

earner *n.* **1.** enillwr (enillwyr) *m*, en|illwraig *f*. **2.** *F:* **a nice little ~,** joben fach (*f*)/jobyn bach (*m*) a fydd yn talu'n dda.

earnest¹ *a. & n.* **1.** *a.* *(a) (pers.):* difrif, o ddifrif, *S: occ:* prysur; *(= conscientious):* cydwybodol, o ddifrif; **an ~ worker,** gweithiwr diwyd/dyfal/dygn/selog/ymroddedig/glew; *(b) (= convinced):* o ddifrif, cydwybodol, argyhoeddedig, selog; **an ~ Christian,** Cristion argyhoeddedig/selog; *(c) (= insistent):* taer; **an ~ request,** erfyniad(-au) taer *m*, taer erfyniad; **an ~ prayer,** gweddi daer/frwd (gweddïau taer/brwd) *f*; **an ~ effort,** ymdrech lew (ymdrechion glew) *f*. **2.** *n.* **in ~,** o ddifrif, *S: occ:* yn brysur; **to be in ~,** bod o ddifrif [calon]; **it is raining in real ~,** mae'n bwrw glaw o ddifrif; **he is very much in ~,** mae ef o ddifrif calon; *S.a.* **dead I. 5.**

earnest² *n.* **1.** *Com: &c:* ernes(-au) *f*, *S.W: occ:* ern *f*. **2.** *(= guarantee):* ernes, [g]warant(-au) *f*.

earnestly *adv.* yn ddifrif, o ddifrif *&c*; yn daer *&c*.

earnestness *n. (of manner):* difrifwch *m*, difrifoldeb *m*; *(of request):* taerineb *m*.

earning *a.* enillol.

earnings *n.pl.* enillion *pl*; **~ per share,** enillion y gyfran; **average ~,** enillion ar gyfartaledd, cyfartaledd (*m*) enillion; **invisible ~,** enillion anweladwy; **transfer ~,** enillion trosglwyddo; **visible ~,** enillion gweladwy. **~-related benefit** *n.* budd-dâl (*m*) yn ôl enillion. **~ rule** *n.* rheol(-au) (*f*) enillion.

earphone *n.* clustffon(-au) *mf*.

earshot *n.* clyw *m*; **out of ~,** allan o glyw; **within ~,** o fewn clyw.

earth¹ *n.* **1.** daear(-oedd) *f*; **the E~,** y Ddaear *f*, y byd *m*, *Lit: occ:* y ddaearen *f*, *Poet. occ:* daer *f*, y ddaer; **Mother E~,** Ein Mam y Ddaear, y Fam Ddaear; **the whole ~,** y ddaear gron, y byd crwn [cyfan], y byd yn grwn; *B:* **in ~ as it is in heaven,** megis yn y nef, felly ar y ddaear hefyd; **(he is just back) from the ends of the ~,** (mae newydd ddychwelyd) o bellafoedd [y] byd, o ben draw'r byd; **to the ends of the ~,** hyd eithaf y ddaear, hyd eithafoedd byd; **the four corners of the ~,** pedwar ban (*m*) byd; **on ~,** ar y ddaear, ar wyneb y ddaear, *S: occ:* ar affeth hon y ddaear; **he looked like nothing on ~,** 'doedd yn debyg i ddim ar wyneb y ddaear; *S. W:* 'roedd y drych rhyfedda' arno; **on ~,** ar y ddaear; **nothing on ~ would make me go there,** nid awn i yno dros fy nghrogi; nid awn i yno er un dim ar wyneb y ddaear; *F:* **where on ~ have you been?** ble ar wyneb y ddaear y buost ti? **why on ~?** pam yn y byd? pam ar wyneb y ddaear? **it cost the ~,** fe gostiodd ffortiwn; **I'd give the ~ to know,** mi rown i'r byd am wybod; *F:* **to come back to ~,** dod yn ôl i'r ddaear, dihuno/deffro o'ch breuddwyd; **I'd move heaven and ~ to do it,** mi symudwn i'r môr a'r mynydd i'w wneud; *Lit:* **there are more things in heaven and ~,** mae mwy o bethau yn y nef a'r ddaear hon...; amlach dirgelion daear a nef...; **down-to-~,** *a.* di-lol, call, plaen, diffwdan, â'ch traed ar y ddaear. **2.** *(= land, soil):* daear, tir(-oedd) *m*, pridd(-oedd) *m*, *Poet:* gweryd(-au,-on) *m*, priddell(-au) *f*; *Mil:* **scorched ~ policy,** polisi tir llosg; **fuller's ~,** pridd [y] pannwr; *Ch:* **rare ~,** prinfwyn *m*; **skeletal ~,** pridd crai;

to till the ~, trin y tir; **heavy ~,** tir/pridd trwm. **3.** *El.E:* daear; **~ to frame,** *(of a car &c):* cysylltiad â'r ffrâm. **4.** *(of fox &c):* daear (deyerydd, daeërydd) *f, occ:* gwâl (gwalau) *f,* ffau (ffeuau, ffeuoedd) *f, S.W:* cwâl (cwalau) *f; (of fox):* **to go to ~,** mynd i'r ddaear, daearu, *S.W:* cwalo; **gone to ~,** ynghudd, ynghladd, yn eich daear; **to run (a fox &c) to ~,** *(i)* hela (llwynog *&c*) i'w ddaear; *(ii) Fig: (= trace sth):* olrhain rhth, darganfod ffynhonnell rhth, dod o hyd i rth. **~-ball** *n. Fung: (Scleroderma citrinum):* coden(-nau) euraid *f.* **~-board** *n. Agr:* chwelydr(-au) *f,* ystyllen *(f)* bridd (ystyllod pridd). **~-born** *a. & n.* **1.** *a.* meidrol, daear-anedig. **2.** *n.* meidrol(-ion) *m&f,* meidrolyn (meidrolion) *m,* daear-anedig(-ion) *m&f; Coll.* plant y llawr. **~-bound** *a.* **1.** *(= attached to earth):* daearol, daeargaeth, caeth i'r ddaear. **2.** *(= moving towards earth):* daeargyrchol, yn anelu am y ddaear, ar ei ffordd i'r ddaear, ar daith i'r ddaear, yn dod am y ddaear. **~ cable** *n.* cebl(-au) *(m)* daear. **~-closet** *n. Hyg:* closet(-i,-iau) *(m)* pridd. **~-demon** *n.* daear-ddemon(-iaid) *m.* **~-fan** *n. Fung: (Thelephora terrestris):* gwyntyll *(f)* y pinwydd (gwyntyllau'r pinwydd). **~ flow** *n. Geog:* llif *(m)* daear, tirlif(-au) *m.* **~-gall** *n. Bot:* = **centaury (lesser).** **~ leakage** *n.* colled *(f)* yn y ddaear, gollyngiad *(m)* yn y ddaear. **~-light** *n.* daeargan *m,* llewy[r]ch *(m)* daear. **~-louse** *n. Ent:* lleuen *(f)* y pridd (llau'r pridd). **~-moss** *n. Bot:* mwsogl *(m)* y ddaear, daearfwsogl *m.* **~-mother** *n.* daearfam(-au) *f.* **~ movement** *n.* symudiad(-au) *(m)* daear. **~-nut** *n. Bot:* cneuen *(f)* ddaear (cnau daear), cloryn (clôr, cylor) *m,* cloren (clôr, cylor) *f; pl.occ:* bywi; **great ~-nut,** cneuen ddaear gron (cnau daear crwn). **~-pea** *n. Bot:* daearbysen (daearbys) *f.* **~ pigment** *n.* priddliw(-iau) *m.* **~ sciences** *n.pl.* gwyddorau daear. **~-shaker** *n.* ysgytwad(-au) *m,* daeargryn(-fâu,-f|eydd) *f.* **~-shaking** *a.* ysgytwol, daeargrynol, daeargrynfaol. **~-shine** *n.* = **earth-light.** **~-smoke** *n. Bot:* = **fumitory.** **~-star** *n. Fung:* seren (sêr) *(f)* y ddaear. **~-tongue** *n. Fung:* tafod *(m)* y ddaear (tafodau'r ddaear). **~-tremor** *n.* daeargryd(-iau) *m,* daeargrynfa (daeargrynfâu, daeargrynf|eydd) *f,* crynfa (crynfâu, crynf|eydd) *(f)* daear.

earth² *v.t.&i.* **1.** *v.t.* *(a) Hort:* **to ~ [up] potatoes &c,** priddo/claddu tatws/tato; *(b) El:* daearu (rhth), cysylltu (rhth) â'r ddaear. **2.** *v.i. Ven: (of fox):* daearu, mynd i'r ddaear, *S:* gwalo, cwalo.

earthen *a.* pridd, o bridd, *Lit:* priddin.

earthenware *n. & a.* **1.** *n.* llestri *(pl)* pridd, priddwaith *m,* priddlestri *pl;* **glazed ~,** priddwaith gwydrog. **2.** *a.* pridd.

earthily *adv.* **1. to laugh ~,** chwerthin yn fras. **2.** yn ddaearol.

earthiness *n.* **1.** *(of humour &c):* brastod *m,* blas *(m)* [y] pridd. **2.** *Theol:* daearoldeb *m.*

earthlike *a.* **1.** *(= like soil):* priddaidd, priddlyd, fel pridd, fel daear. **2.** *Astr:* **E~,** fel y Ddaear.

earthliness *n.* daearoldeb *m,* daearolder *m.*

earthling *n.* daearolyn (daearolion) *m,* meidrolyn (meidrolion) *m,* daearblentyn (daearblant) *m.*

earthly *a.* **1.** daearol. **2.** *F:* **there is no ~ reason,** 'does dim rheswm yn y byd; 'does dim rheswm ar wyneb y ddaear; **for no ~ reason,** heb reswm yn y byd; **he hasn't an ~ chance;** *P:* **he hasn't an ~,** 'does ganddo'r un gobaith yn y byd; 'does ganddo ddim gobaith ar wyneb y ddaear; *S.W:* 'does dim gobaith/hôps caneri melyn gydag e; *N:* 'does ganddo fo ddim gobaith mul yn y Grand National. **~ minded** *a.* bydol, cnawdol.

earthquake *n.* daeargryn(-fâu,-f|eydd) *mf.*

earthward[s] *a. & adv.* **1.** *a.* daeargyrch, daeargyrchol. **2.** *adv.* tua'r ddaear.

earthwolf *n. Z:* = **aardwolf.**

earthwork *n.* **1.** *(= embankment):* clawdd (cloddiau) *m,* gwrthglawdd (gwrthgloddiau) *m.* **2.** *pl. Civ.E:* **"earthworks",** "cloddio" *vn.* **3.** *Archeol:* cloddwaith (cloddweithiau) *m.*

earthworm *n. Ann: N:* pryf(-ed) *(m)* genwair, *N.W: occ:* llyng[h]yren *(f)* ddaear (llyngyr daear), *S:* mwydyn (mwydod, mwydon) *m, Lit:* abwydyn (abwydod) *m.*

earthy *a.* **1.** priddlyd, daearol; *B:* **of the earth ~,** o'r ddaear yn ddaearol; **an ~ taste,** blas *(m)* y pridd. **2.** *(pers.):* agos i'r pridd, priddlyd, di-lol, plaen; *(humour):* a blas y pridd arno, bras; **~ jokes,** cellwair bras/priddlyd *m,* brastod *m,* iaith fras *f.* **an ~ laugh,** chwerthiniad bras *m.*

earwig *n. Ent:* **1.** pryf(-ed) clustiog *m,* chwilen *(f)* glust (chwilod clust), pryf clust, pryf clustiau, pryfyn (pryfed) *(m)* clust. **2.** *U.S: (= small centipede):* cantroed bychan (cantroediaid bychain) *m.*

earwitness *n.* clustdyst(-ion) *m.*

earworm *n. Ent:* **corn ~,** lindysyn (lindys) *(m)* yr ŷd.

earwort *n. Bot:* clustlys *m.*

ease¹ *n.* **1.** *(a) (of mind):* tawelwch *(m)* meddwl, llonyddwch *(m)* meddwl, meddwl tawel *m; (of body):* cysur *m,* esmwythdra *m,* esmwythyd *m,* gorffwystra *m;* **to be/feel at ~,** bod yn gartrefol/esmwyth/gysurus, teimlo'n gartrefol *&c;* **ill at ~,** anesmwyth, anniddig; **at ~,** *(i) (bodily):* cysurus, esmwyth [arnoch]; *(ii) (in mind):* tawel eich meddwl, dibryder, diofal, cartrefol; **to put/set s.o. at his ~,** gwn|eud rhn yn gartrefol; **to set s.o.'s mind at ~,** tawelu/llonyddu/esmwytho meddwl rhn; **to take one's ~,** ymlacio, hamddena, ei chymryd hi'n araf deg, cael hoe fach, cymryd seibiant, dadflino, bwrw blinder, *Lit:* dadluddedu; *Mil:* **to stand at ~,** ymlacio; **stand at ~!** ymlaciwch! *(b)* **~ from pain,** rhyddhad *(m)* o boen, lleddfiad *(m)* poen; *S.a.* **bed¹, chapel.** **2.** *(a) (= leisure):* hamdden *f;* **(to do sth) at one's ~,** (gwneud rhth) wrth eich pwysau, yn hamddenol; *(b) (= idleness):* segurdod *m,* diogi *m;* **to live a life of ~,** hamddena, byw'n segur/hamddenol, byw'n gysurus, byw wrth eich bodd, byw bywyd braf, byw fel gŵr bonheddig. **3.** *(= facility, easiness):* rhwyddineb *m,* hawster *m;* **with ~,** heb anhawster, yn hawdd, yn rhwydd, yn ddidrafferth; *(of manner):* esmwythdra, llyfnder *m.*

ease² *v.t.&i.* **1.** *(a) v.t. (pain &c):* lleddfu, lliniaru, esmwytho, *occ:* llaesu; *(mind):* tawelu, llonyddu; *(b) v.i.* **the pain has eased,** mae'r boen wedi lleddfu; nid yw'r boen gynddrwg. **2.** *v.t.* **to ~ oneself of a burden,** cael gwared â baich, cael ymadael â baich, bwrw'ch baich; **to ~ nature, to ~ oneself,** gwn|eud eich busnes, gwneud eich llwyth, gwneud eich rhaid, mynd i rywle, *N: F:* mynd i'r lle chwech, troi clôs; *F:* **to ~ s.o. of her purse,** dwyn pwrs rhn, mynd â phwrs rhn. **3.** *v.t.* *(a) (= loosen, move gently):* llacio, *occ:* esmwytho; **to ~ oneself into sth,** ymlithro i rth; *Mch: (pressure):* ysgafnu, gostwng; *(speed):* lleih|au, gostwng, arafu; **to ~ [the strain on] a girder,** ysgafnu'r straen ar drawst; *Mil:* **to ~ springs,** llacio bollt [reiffl]; *Nau:* **~ the engines!** araf deg! **to ~ the helm [down],** lleihau'r tro [ar y llyw], dirwyn y llyw, llacio'r llyw; *Row:* **~ all!** arafwch! dyna chi! daliwch arni! **~ off 1.** *v.t. Nau:* llacio, rhyddh|au; *(= free, clear):* rhyddhau, clirio. **2.** *v.i.* *(a)* = **ease up 2** *(a); (b) Nau: (= drift off):* llithro, symud [o'r lan]. **~ up 1.** *v.t.&i. Nau:* llacio, rhyddhau. **2.** *v.i.* *(a) F: (= relax):* ei chymryd hi'n araf deg, cymryd seibiant, cymryd hoe fach, gweithio'n arafach, arafu; *(b) (of rain):* arafu; *(of pain):* lleddfu, esmwytho, ysgafnu.

easeful *a. Lit:* **1.** *(= comforting):* cysurus, cysurlon, lliniarol, lliniarus, lleddfol. **2.** *(= idle):* segur, diog, dioglyd.

easefully *adv. Lit:* yn gysurus *&c;* yn ddioglyd *&c.*

easefulness *n. Lit:* **1.** = **ease¹ 1.** **2.** *(= idleness):* diogi *m,* seguryd *m.*

easel *n.* stand(-iau) *mf,* îsl(-s) *m.*

easeless *a.* *(= uncomfortable):* digysur; *(= unrelieved):* diorffwys; *(= worried):* anesmwyth, pryderus, anniddig.

easement *n. Jur:* hawddfraint (hawddfreintiau) *f;* **equitable ~,** hawddfraint ecwitïol; **quasi-~,** lled-hawddfraint *f.*

easily *adv.* **1.** *(= tranquilly):* yn hamddenol, yn dawel, yn llonydd, yn ddiofal *&c;* **to take life/things ~,** ei chymryd hi'n araf deg. **2.** *(a) (= gently):* yn dawel, yn ddi-stŵr, yn rhwydd; *(b) (= in comfort):* yn gysurus; **the car holds six people ~,** fe ddeil y car chwech yn braf/hawdd/gysurus. **3.** *(= without difficulty):* yn hawdd, yn rhwydd, heb drafferth, yn ddidrafferth; **to speak ~,** siarad yn rhugl/llithrig/rhwydd; **he came in ~ first,** fe ddaeth yn gyntaf o bell ffordd; *S.W:* fe ddaeth yn gyntaf o hewl; **he is ~ forty,** mae'n ddeugain oed o leiaf; mae'n ddeugain oed a mwy; mae'n ddeugain oed da; **this is ~ done,** mae'n hawdd gwneud hyn; hawdd [yw] gwneud hyn; hawdd y gwneir hyn; **this is not ~ achieved,** nid ar chwarae bach y cyflawnir hyn.

easiness *n.* **1.** *(= comfort):* = **ease¹ 1.** **2.** *(of manner, movement):* esmwythdra *m,* llyfnder *m,* llyfndra *m,* rhwyddineb *m.* **3.** *(= nonchalance):* diofalwch *m,* difaterwch *m,* difrawder *m.* **4.** *(of task):* hawster *m,* hawstra *m,* rhwyddineb. **5.** *(= easy temperament):* hynawsedd *m,* rhadlonrywdd *m.*

easing *vn. See* **ease²**; *(of suffering):* rhyddhad *m* [o boen], esmwythad *m* [ar boen]; **an ~ of pain,** lliniaru (*vn*) poen; *(of tension):* llacio *vn.*

east *n., adv. & a.* **1.** *n. (a)* dwyrain *m*; **a house facing [the] ~,** tŷ yn wynebu'r dwyrain; **on the ~, to the ~,** i'r dwyrain; *(b) Geog: Pol:* **the E~,** y Dwyrain; **the Far E~,** y Dwyrain Pell; **the Middle E~,** y Dwyrain Canol; **the Near E~,** y Dwyrain Agos; *(c) (pers.): Cards: &c: (esp. bridge):* dwyrain *m*, dwyreiniwr *m.* **2.** *adv.* i'r dwyrain, tua'r dwyrain. **3.** *a.* dwyreiniol, o'r dwyrain, y dwyrain; **~ wind,** gwynt (*m*) y dwyrain, gwynt o'r dwyrain, *Lit:* dwyreinwynt *m, occ:* gwynt dwyreiniol, *occ:* gwynt traed y meirw; *(in Wales):* gwynt coch Amwythig, gwynt yr hen Bengwern (*pronounced* ng-g); **~ window,** ffenestr ddwyreiniol; **~ by north,** dwyrain wrth/at y gogledd; **~ by south,** dwyrain wrth/at y de. **~ End (the)** *Pl.n.* Dwyrain (*m*) Llundain. **E~ Ender** *n.* un o Ddwyrain Llundain; **~ Enders,** pobl (*f or pl*) Dwyrain Llundain. **E~ European 1.** *a.* o Ddwyrain Ewrop, Dwyrain-Ewropeaidd. **2.** *n.* Dwyrain-Ewropead (~-Ewropeaid) *m&f.* **E~ German 1.** *a.* o Ddwyrain yr Almaen, Dwyrain-Almaenaidd. **2.** *n.* Dwyrain-Almaenwr (~-Almaenwyr) *m*, Dwyrain-Almaenes(-au) *f*; *pl.* Almaenwyr y Dwyrain, pobl Dwyrain yr Almaen. **E~ Germanic** *n. & a. Ling:* Germaneg *(f, m)* y Dwyrain. **E~ Indiaman** *n. Nau:* llong (*f*) yr India (llongau'r India), dwyreinlong(-au) *f.* **E~ Indian 1.** *a.* o India'r Dwyrain, Dwyrain-Indiaidd. **2.** *n.* Dwyrain-Indiad (~-Indiaid) *m&f.* **E~ Indies** *Pr.n. Geog:* India(*f*)'r Dwyrain. **E~ Mouse** *W.Pl.n.* Ynys (*m*) Amlwch. **~-north-~** *n.* dwyrain-ogledd-ddwyrain. **E~ Pakistan** *Pr.n. Geog:* Dwyrain (*m*) Pacist|an, Pacistan Ddwyreiniol *f.* **E~ Prussia** *Pr.n. Geog:* Dwyrain (*m*) Prwsia, Prwsia Ddwyreiniol *f.* **E~ Riding (the)** *Pr.n. Geog:* y Traean Dwyreiniol *m.* **E~ Side (the)** *Pl.n. U.S:* Dwyrain (*m*) Manhattan. **~-south-~** *n.* dwyrain-dde-ddwyrain.

castabout *adv.* = **eastwards.**

eastbound *a.* ar y ffordd i'r dwyrain, tua'r dwyrain.

Easter[1] *n.* [y] Pasg *m*; **to do one's ~ duties,** cymuno adeg y Pasg. **~ cactus** *n. Bot:* cactws (*m*) y Pasg. **~ egg** *n.* ŵy (wyau) (*m*) Pasg. **~ flower** *n. Bot:* fflamgoed y Pasg. **~ lily** *n. Bot:* lili laes (liliau llaes) *f*, lili'r Grog, lili'r Pasg. **~ Island** *Pr.n. Geog:* Ynys (*f*) y Pasg. **~ Monday** *n.* [dydd] Llun (*m*) y Pasg. **~ Sunday** *n.* [dydd] Sul (*m*) y Pasg.

easter[2] *n. Meteor:* gwynt (*m*) y dwyrain, gwynt o'r dwyrain, gwynt dwyreiniol, dwyreinwynt *m, occ:* gwynt traed y meirw.

easterly *a., adv. & n.* **1.** *a.* dwyreiniol, i'r dwyrain, tua'r dwyrain; *See* **east. 2.** *adv.* tua'r dwyrain. **3.** *n.* = **easter[2].**

eastern *a.* dwyreiniol; *U.S:* **E~ Time,** Amser (*m*) y Dwyrain; *Hist:* **the E~ Question,** Pwnc (*m*) y Dwyrain; **the ~ hemisphere,** yr hanergylch dwyreiniol, hanergylch y dwyrain. **E~ Cleddau** *Pr.n. W.Geog:* Cleddy Ddu *f.* **E~ Orthodox** *a.* Dwyreiniol Uniongred (*pronounced* ng-g); **the ~ Orthodox Church,** Eglwys (*f*) Uniongred y Dwyrain.

easterner *n.* dwyreiniwr (dwyreinwyr) *m*, dwyr|einwraig (dwyreinwragedd) *f.*

easternize *v.t.* dwyreineiddio.

easternmost *a.* mwyaf dwyreiniol, pellaf i'r dwyrain.

Eastertide *n.* adeg (*f*) y Pasg, y Pasg *m*, gwyliau(*pl*)'r Pasg.

easting *n. Geog:* dwyreiniad(-au) *m.*

eastward *n. & a.* **1.** *n.* **to the ~,** tua'r dwyrain. **2.** *a.* dwyreiniol, i'r dwyrain, yn y dwyrain.

eastwards *adv.* tua'r dwyrain.

easy *a. & adv.* I. *a.* **1** *(a) (= comfortable):* esmwyth, cysurus, *N:* braf; **~ chair,** cadair (cadeiriau) esmwyth *f*; **to feel easier,** teimlo'n esmwythach/brafiach; *(b) (mentally):* tawel/llonydd eich meddwl; **to make one's mind ~ about sth,** eich sicrh|au'ch hun ynghylch rhth, tawelu'ch meddwl ynghylch rhth; **an ~ life,** bywyd dibryder/braf, hawddfyd *m*; **to be on E~ Street,** bod mewn hawddfyd, byw bywyd braf, ei chael hi'n hawdd/braf. **2.** *(a) (manner &c):* rhwydd, esmwyth, llithrig; **an ~ style,** arddull rwydd *f*; *(b)* **a coat of an ~ fit,** côt a digon o le ynddi, côt yn ffitio'n hawdd/braf/esmwyth; *(c)* **~ movement,** symudiad llithrig/esmwyth/llyfn/rhwydd; *Nau:* **~ rolling,** siglad esmwyth *m*; *(d) (= loose):* llac; *Mec.E:* **an ~ fit,** ffitiad llac *m.* **3.** *(a) (= not difficult):* rhwydd, hawdd (*comp. forms:* hawsed, haws, hawsaf; *also,* hawdded, hawddach, hawddaf), didrafferth; **an ~ task,** gorchwyl hawdd; **that is ~ to see,** hawdd gweld hynny; mae hynny'n amlwg; **a place ~ of access,** lle hawdd mynd ato, *Lit:* lle hygyrch; **~ on the eye,** prydweddol, prydferth, tlws (*f.* tlos, *pl.* tlysion), hardd (heirdd); **it is ~ to say...,** digon hawdd dweud...; **a woman of ~ virtue,** merch hawdd ei chael/chocsio, merch anniwair, merch amh|eus ei diweirdeb, merch lac ei moesau; **a house within ~ distance/reach of sth,** tŷ o fewn cyrraedd hawdd i rth; *F:* **(as ~) as anything, as pie, as falling off a log,** *N:* (hawdd) fel dŵr/baw, (cyn hawsed) â thynnu llaw dros wyneb, ag a allai fod, â dim; *P: esp. U.S: (of pers.):* **an ~ mark/touch,** un hawdd ei dwyllo; **to be ~ meat for s.o.,** bod yn ysglyfaeth/brae hawdd i rn; *(b) (pers.):* hawdd eich trin/trafod, hawdd gwneud â chi, hawdd eich plesio, hydrin, hynaws, *S.W: occ:* gwirion; **an ~ person to get on with,** rhn hawdd dygymod/cyd-dynnu/gwneud ag ef, rhywun agos atoch; *F:* **I'm ~ ,** ni waeth gen i pa un; 'does dim gwahaniaeth/ots gen i y naill ffordd na'r llall; *S.a.* **free[1] 5;** *(c)* **to travel by ~ stages,** teithio wrth eich pwysau, *N:* mynd o dow i dow; **at an ~ trot,** ar duth esmwyth; *Com:* **by ~ payment, on ~ terms,** ar delerau hawdd; *Sp: &c:* **to come in an ~ first,** ennill o bell ffordd, bod ar y blaen yn rhwydd, *S.W:* ennill o hewl; *F:* **to make ~ money,** gwneud arian yn hawdd/rhwydd, gwneud arian fel y mwg. **4.** *Com:* **an ~ market,** marchnad dawel/lac *f*; *St.Exch:* **cotton was easier,** gostyngodd/llaciodd/ysgafnodd cotwm. **5.** *Cards:* **honours ~,** gêm gyfartal *f.* II. *adv. F:* **1.** *(a)* **to take life/things/it ~** ei chymryd hi'n araf deg, ei chymryd hi'n bwyllog, cymryd pethau'n dawel; *F:* **take it ~!** gan bwyll! ara' deg! **to go ~ with/on s.o.,** arbed rhn, peidio â phwyso/gwasgu ar rn, peidio â bod yn rhy galed ar rn, bod yn drugarog wrth rn, maddau'n hawdd i rn, peidio â chosbi rhn ormod; **swimming came ~ to him,** deuai nofio'n hawdd iddo; *(b) Nau: Row:* **~ [ahead]!** ymlaen yn araf! **~ all!** dyna chi! dyna ddigon! *(c) Mil:* **stand ~!** ymlaciwch [yn llwyr]! **2.** *P:* **~ come, ~ go,** a geir yn rhad/rhodd a gerdd yn rhwydd; a ddêl yn rhad a red yn rhwydd; **~ does it,** gan bwyll; araf deg; yn araf deg mae dal iâr; *F:* **easier said than done,** haws dweud na gwneud; haws dweud mynydd na mynd drosto; hawdd yw dwedyd "dacw'r Wyddfa", nid eir drosti ond yn ara'. **~-feed** *v.t. Husb:* rhwydd-borthi. **~-going** *a.* *(a) (pers.): (= unworried):* dibryder, diofal, didaro, didrafferth, difraw, *S.W: occ:* hyfol; *(b) (= undemanding, not strict):* hawdd eich plesio, anneddfol, hyblyg, rhwydd eich ffordd; *(c) (= easy to deal with):* hawdd eich trin/trafod, hawdd dygymod â chi, hawdd gwneud â chi, *Lit:* hydrin. **~-goingness** *n.* natur ddibryder *f &c*, rhwyddineb *m.* **~-peasy** *a. & int. F:* hawdd fel dŵr/baw.

eat *v.t.&i.* *(a)* bwyta; **to ~ one's breakfast,** bwyta'ch brecwast, brecwasta, brecwesta; **to ~ one's lunch/dinner,** bwyta'ch cinio, ciniawa; **to ~ one's supper,** bwyta'ch swper, swpera; *Sch: Jur:* **to ~ one's dinners,** ciniawa; **we ~ at seven,** 'rydym ni'n ciniawa am saith; **~ to live, do not live to ~,** bwyta i fyw, nid byw i fwyta; **to ask for sth to ~,** gofyn am rth i'w fwyta; **fit to ~,** bwytadwy; **to ~ like a wolf/horse,** bwyta fel ceffyl, *N.W: occ:* bwyta fel Siôn Hafarch, bwyta fel petaech wedi dod o warchae, cythru bwyta, sglaffio bwyta, llebio bwyta; llowcio, claddu, slaffio, cojo [bwyd]; claddu dan yr hen drefn; *S.a.* **fill[1] 1; to ~ one's heart out,** dihoeni, nychu, magu gofidiau; *F:* **~ your heart out, Sinatra!** gamp iti wneud cystal, Sinatra! *F:* **I had him eating out of my hand,** 'roedd ef fel ci/gwas bach imi; fe wnâi unrhyw beth i'm plesio i; fe wnâi bopeth a fynnwn i; **to ~ one's words,** llyncu'ch geiriau, troi yn eich carn, troi yn eich cogwrn; **to ~ a play,** llyncu drama; *(of insect, worm):* **to ~ into wood,** tyllu/turio i mewn i bren. **2.** *F:* **what's eating you,** beth sy'n bod arnat ti? beth sy'n dy gnoi di? beth yw'r cnoi sydd arnat ti? *N:* be haru ti? *S: occ:* be sy' 'da ti? **~ away** *v.t. (a) (= erode):* bwyta, treulio, erydu; *(foundations):* tanseilio; *(b) (of acid):* ysu, rhydu. **~-by date** *n. Com:* dyddiad(-au) olaf (*m*) bwyta. **~ off** *v.t.* **to ~ its head off,** *(of horse &c):* claddu/[y]sglaffio bwyd, bwyta'n awchus. **~ out** *v.i.* mynd allan/mas i giniawa. **~ up** *v.t.* **1.** bwyta rhth i gyd; **~ it up!** llynca fo/fe (llyncwch o/e)! i lawr ag o/e! *(of car &c):* **to ~ up the miles,** llyncu'r milltiroedd. **2.** *(= consume wastefully):* difa, llyncu, traflyncu, treulio, ysu; **a stove that eats up coal,** stôf sy'n llyncu glo. **3.** *F:* **she is eaten up with pride/ambition,** mae balchder/uchelgais yn ei hysu hi; **to be eaten up with rheumatism,** cael eich ysu gan wynegon/grydcymalau.

eatable *a. & n.pl.* **1.** *a.* bwytadwy. **2.** *n.pl.* bwydydd.

-eaten *a.* **half-~ food,** bwyd wedi hanner ei fwyta; **moth-~ clothes,**

dillad a thwll/thyllau pryf ynddynt, dillad yn dwll/dyllau pryf drwyddynt; **worm-~ wood,** pren a thwll/thyllau pryf ynddo, pren yn dwll/dyllau pryf drwyddo.

eater *n.* **1.** bwytäwr (bwytawyr) *m,* bwyt|awraig *f;* **he's not a big ~,** nid yw'n bwyta llawer; bwytäwr bach ydyw. **2. these apples are good eaters,** mae'r afalau hyn yn rhai da i'w bwyta; afalau bwyta da yw'r rhain.

eatery *n.* tŷ (tai) (*m*) bwyta, lle(-oedd) (*m*) bwyta, *Lit:* bwyty (bwytai) *m.*

eating *vn.* bwyta; **partridges make good ~,** fe wna petris bryd da; mae petris yn dda i'w bwyta. **~ apple** *n.* afal(-au) (*m*) bwyta. **~ chocolate** *n.* siocled (*m*) bwyta. **~-house** *n.* tŷ (tai) (*m*) bwyta, *Lit:* bwyty (bwytai) *m.*

eats *n.pl. F:* bwyd *m,* bwydydd *pl.*

eau *n.* **~ de cologne** *n.* dŵr (dyfroedd) persawrus *m,* ***eau* (*m*) *de cologne*,** *F:* ô-di-colôn *m.* **~-*de-Nil*** **1.** *a.* melynwyrdd (*f.* melynwerdd, *pl.* melynwyrddion). **2.** *n.* melynwyrdd *m.* **~-*de-vie*** *n.* brandi *m.*

eaves *n.pl. Const:* bargod *m,* bargodion *pl,* bondo *m;* **closed ~,** bondo caeëdig; **flush ~,** bondo cyfwyneb; **open ~,** bondo agored; **projecting ~,** bondo ymestynnol.

eavesdrop *v.i.* clustfeinio, gwrando **(on s.o.,** ar rn).

eavesdropper *n.* clustfeiniwr (clustfeinwyr) *m,* clustf|einwraig *f.*

ebb[1] *n.* **1.** trai *m,* distyll(-ion) *m;* **~ and flow,** llanw a thrai; **the set of the ~,** cyfeiriad y trai; **the slack of the ~,** distyll (*m*) trai. **2.** *Fig:* trai; **the patient is at a low ~,** mae hi'n drai ar y claf; mae bywyd y claf yn treio; **his fortunes were at a low ~,** 'roedd hi'n fain iawn arno. **~-tide** *n.* trai *m,* distyll *m.*

ebb[2] *v.i.* **1.** *(of tide):* treio, mynd ar drai, mynd yn ddistyll, adlifo, *S: occ:* mynd mas; **to ~ and flow,** treio a llenwi, codi a gostwng, mynd ar drai ac ar lanw; **the tide is ebbing,** mae'r môr/llanw ar drai/ddistyll. **2.** *(of life &c):* treio, edwino, gwanychu, gwanio, bod/mynd ar drai; *(of strength):* diffygio, pallu.

ebbing *a.* treiol, ar drai; **~ strength,** nerth (*m*) diffygiol/gwannach/lleilai, *Lit: occ:* edwin/palledig.

Ebboth *W.Pl.n. Hist:* Ebwy *f.*

Ebbw *Pr.n. W.Geog:* Ebwy *f.* **~ Vale** *W.Pl.n.* Glynebwy *m, formerly* Pen-y-cae *m.*

Ebenezer[1] *Pr.n.m. B:* Ebeneser, *F:* Eben, Eban.

Ebenezer[2] *W.Pl.n.* Deiniolen *f.*

Ebionism *n. Rel.Hist:* Ebioniaeth *f.*

Ebionite *n. Rel.Hist:* Ebioniad (Ebioniaid) *m&f.*

ebo[e] *n. Bot:* coeden (coed) (*f*) ebo.

ebon *a.* **= ebony 2.**

ebonite *n.* |ebonit *m.*

ebonize *v.t.* eboneiddio.

ebony *n. & a.* **1.** *n.* *(a) (wood):* |eboni *m;* *(b) (tree):* coeden (coed) (*f*) eboni. **2.** *a.* du, duloyw, ebonaidd. **~ speedwort** *n. Bot:* duegredynen dduloyw (duegredyn duloyw) *f.*

Eboracum *Lat.Pl.n.* Efrog *f.*

ebracteate *a. Bot:* diflodeulen, di-fract.

ebriety *n. Lit:* m|eddwdod *m* (*usu. pronounced* m|edd-dod), brwysgedd *m.*

ebullience, ebulliency *n.* brwdfrydedd *m,* brwdaniaeth *f,* afiaith *m,* bywiogrwydd *m,* asbri *m,* nwyf *m,* nwyfiant *m,* hoen *f.*

ebullient *a.* **1.** *(= boiling):* berwedig. **2.** *(= exuberant):* brwd, brwdfrydig, afieithus, hoenus, nwyfus, bywiog, hwyliog, llawn asbri, mewn hwyliau, llawn sêl.

ebulliently *adv.* **1.** yn ferwedig. **2.** yn frwd *&c.*

ebullioscopic *a. Ch:* ebwliosgopig.

ebullioscopy *n. Ch:* ebwli|osgopi *m.*

ebullition *n.* **1.** *(= boiling):* berw *m,* gorferwad *m,* berwad *m.* **2.** *Ph:* byrlymu *vn.* **3.** *(= outburst):* ffrwydrad(-au) *m.*

ecad *n. Nat.Hist:* ecad(-au) *m.*

écarté *n. Cards: Danc:* ***écarté(-s)*** *m.*

ecaudate *n. Z:* heb gynffon, digynffon, heb gwt, cwta (*f.* cota).

eccentric *a. & n.* **1.** *a.* *(a) Ph: Geom: &c:* ecsentrig, echreiddig, anechelog; **~ centre,** allganol(-au) *m;* **~ circle,** allgylch(-oedd) *m;* *(b) (= bizarre):* hynod, od, rhyfedd, gwreiddiol, ecsentrig. **2.** *n.* *(a) (pers.):* un hynod *&c;* ecsentrig(-ion) *m&f;* *(b) Mec.E:* echreiddig(-ion) *m,* ecsentrig(-ion) *m.*

eccentrically *adv.* **1.** *Ph: &c.* yn echreiddig *&c.* **2.** yn hynod *&c.*

eccentricity *n.* **1.** *Ph: Geom: &c:* echreiddiad(-au) *m,* echreiddigrwydd *m,* ecsentrigrwydd *m.* **2.** *(of pers.):* hynodrwydd *m,* hynodion *pl,* gwreiddioldeb *m,* odrwydd *m,* ecsentrigrwydd *m;* **it was then that I realized his ~,** dyna'r pryd y gwelais un mor od oedd.

ecchymosis *n. Med:* clais (cleisiau) *m.*

ecchymotic *a. Med:* cleisiog.

Eccles *Eng.Pl.n.* **~ cake** *n. Cu:* teisen (*f*) gyrains (teisennau cyrains), *F:* ecl(-s) *f.*

ecclesia *n. Gr.Ant:* cynulliad(-au) *m.*

ecclesial *a.* eglwysig.

Ecclesiastes *Pr.n. B:* [Llyfr *m*] y Pregethwr *m.*

ecclesiastic *a. & n.* **1.** *a.* eglwysig, clerigol. **2.** *n.* clerigwr (clerigwyr) *m,* gŵr (gwŷr) eglwysig, eclesiastydd(-ion) *m,* eglwyswr (eglwyswyr) *m.*

ecclesiastical *a.* eglwysig.

ecclesiastically *adv.* yn eglwysig.

ecclesiasticism *n.* eglwysigiaeth *f,* eglwysyddiaeth *f.*

Ecclesiasticus *Pr.n. B:* [Llyfr *m*] Ecclesiasticus *m,* Doethineb (*m*) Iesu fab Sirach.

ecclesiologic[al] *a.* eglwysigol.

ecclesiologist *n.* eglwysegydd: eglwysegwr (eglwysegwyr) *m.*

ecclesiology *n.* eglwyseg *f,* eglwysoleg *f.*

eccrine *a. Physiol:* ecrin, ecrinaidd.

eccrinology *n.* ecrinoleg *f.*

eccrisis *n. Physiol:* ysgarthu *vn.*

eccritic *a. & n.* **1.** *a.* ysgarthol. **2.** *n.* ysgarthwr (ysgarthwyr) *m.*

ecdysiast *n.* diosgwr (diosgwyr) *m.*

ecdysis *n. Biol:* diosgiad(-au) *m,* diosg *vn,* ecdysis(-au) *m,* bwrw (*vn*) croen.

ecdysone *n. Bio-Ch:* |ecdyson *m.*

ecentre *n.* *(= ex-centre):* allganol(-au) *m.*

ecesis *n. Biol:* plwyfiad *m,* plwyfo *vn,* cynefino *vn.*

echard *n. Nat.Hist:* dŵr clöedig *m.*

echelon[1] *n.* **1.** *Mil:* *(= formation):* |esielon (esielonau) *m;* **in ~ formation,** ar ffurf esielon. **2.** *(of society, firm &c):* esielon, haen(-au) *f,* lefel(-au) *f,* gwastad (-oedd) *m.*

echelon[2] *v.t. Mil:* esieloni.

echeloned *a.* esielonaidd.

echeveria *n. Bot:* ***echeveria(-s)*** *m.*

echidna *n. Z:* grugarth bigog (grugeirth pigog) *f,* ecidna(-od) *m.*

echinate *a. Biol:* dreiniog, draenogog, draenogaidd, pigog, saethflewog.

echinid *n. Z:* ecinid(-au) *m.*

echinite *n. Geol:* draenogfaen (draenogfeini) *m,* ecinit(-au) *m.*

echinococcosis *n. Path:* ecinococosis *m.*

echinococcus *n. Ann:* ecinococws (ecinococi) *m.*

echinoderm *n. Z:* ec|inoderm (ecinodermiaid) *m,* draengroenog(-ion) *m* (*pronounced* ng-g).

echinodermata *n.pl. Z:* draengroenogion (*pronounced* ng-g), ecinodermiaid.

echinodermatous *a.* ecinodermaidd, draenogaidd.

echinoid *n. Z:* **= echinus.**

echinops *n. Bot:* ysgallen bengron (ysgall pengrwn) *f* (*pronounced* ng-g).

echinulate *a.* pigog, draenogaidd.

echinulation *n.* pigau *pl,* pigogrwydd *m.*

echinus *n. Z:* draenog(-od) (*m*) môr, môr-ddraenog(-od) *m.*

echium *n. Bot:* **= bugloss (viper's).**

echiuroid *n. Ann:* eciwroid(-au) *m.*

echo[1] *n.* atsain (atseiniau) *f,* adlais (adleisiau) *m,* eco(-au) *m, occ:* adlef(-au) *f, N: F:* carreg (*f*) ateb; **(to cheer s.o.) to the ~,** (cymeradwyo rhn) yn fyddarol, nes bod y lle'n diasbedain. **~ chamber** *n.* siambr(-au) (*f*) atsain. **~ chorus** *n.* côr (corau) (*m*) atsain. **~ organ** *n.* organ(-au) (*f*) atsain. **~-sounder** *n.* seinblymiwr (seinblymwyr) *m,* ecoseiniwr (ecoseinwyr) *m.* **~-sounding**[1] *vn.* ecoseinio, seinblymio. **~-sounding**[2] *n.* ecoseiniad(-au) *m,* seinblymiad(-au) *m.*

echo[2] *v.t.&i.* **1.** *v.t.* atseinio, adleisio (rhth); taflu (rhth) yn ei ôl, *occ:* adlefain (rhth), *S: occ:* ego; **to ~ s.o.'s opinions,** adleisio/ailadrodd barn rhn. **2.** *v.i.* atseinio, seinio, diasbedain.

Echo[3] *acronym:* **~ virus** *n.* echofirws (echofirysau) *m.*

echocardiogram *n. Med:* ecoc|ardiogram (ecocardiogramau) *m.*

echocardiographic *a. Med:* ecocardiograffig.

echocardiography *n. Med:* ecocardiograffeg *f.*

echoencephalogram, echoencephalograph *n. Med:* eco-enseff|alogram (~-enseffalogramau) *m,* eco-ens|effalograff (~-enseffalograffau) *m.*

echoencephalography *n. Med:* eco-enseffalograffeg *f.*
echoey *a.* adleisiol, atseiniol, ecoaidd, llawn eco, llawn adlais.
echogram *n.* |ecogram (ecogramau) *m.*
echograph *n.* |ecograff (ecograffau) *m.*
echoic *a.* atseiniol, adleisiol, dynwaredol; *Ling:* **~ word,** adleisair (adleiseiriau) *m.*
echoism *n.* **1.** *(= onomatopoeia):* geirluniaeth *f.* **2.** = **vowel harmony**.
echolalia *n. Psy:* ecoleferydd *m,* ecolalia *m.*
echolalic *a. Psy:* ecolefarol.
echoless *a.* diadlais, dieco.
echolocation *n.* ecoleoli *vn,* ecoleoliad(-au) *m.*
echondroma *n. Med:* econdroma(-ta) *m.*
echondromatous *a. Med:* econdromaidd.
echopractic *a. Psy:* dynwaredol.
echopraxia, echopraxis *n. Psy:* dynwared *vn,* dynwarediad(-au) *m.*
ecircle *n.* allgylch(-au) *m.*
éclair *n. Cu:* ***éclair(-s)*** *mf.*
éclaircissement *n.* eglurhad (eglurhadau) *m,* esboniad(-au) *m.*
eclampsia *n. Path:* eclampsia *m.*
eclamptic *a. Path:* eclamptig.
éclat *n.* **1.** *(= acclaim):* bri *m,* llwyddiant *m,* cymeradwyaeth *f.* **2.** *(= display):* swae *f,* rhwysg *m,* gorchest *f;* **with great ~,** yn orchestol.
eclectic *a. & n.* **1.** *a.* eclectig, detholiadol. **2.** *n.* eclectydd(-ion) *m,* eclectig(-ion) *m&f.*
eclectically *adv.* yn eclectig.
eclecticism *n.* eclectigiaeth *f.*
eclipse[1] *n.* **1.** *(a) Astr:* diffyg(-ion) *m* [ar yr haul, ar y lleuad], ecl|ips (eclipsau) *m, F:* clip(-iau) *m, occ:* clips(-ys) *m,* clipsi *m;* **solar ~,** eclips haul, diffyg ar yr haul, *F:* clip ar yr haul; **lunar ~,** eclips lleuad, eclips lloerol, diffyg ar y lleuad, *F:* clip ar y lleuad; **in ~,** mewn cysgod; *(b) (of lighthouse light):* tywylliad *m.* **2.** *Fig:* **under an ~,** dan gwmwl, dan gysgod. **~ plumage** *n. Orn:* plu *(pl)* mudo.
eclipse[2] *v.t.* **1.** *Astr:* achluddo, eclipsio, cuddio, tywyllu, cysgodi (rhth); taflu cysgod (ar rth). **2.** *Fig: (= surpass):* rhagori (ar rth), rhoi/dodi (rhth) yn y cysgod, bwrw (rhth) i'r cysgod.
eclipsing *a. Astr:* achluddol.
eclipsis *n. Phon:* eclipsis(-au) *m.*
ecliptic *a. & n.* **1.** *a.* ecliptig, heulrodol. **2.** *n. Astr:* ecliptig *m,* heulrawd: heulrod *m,* cylch *(m)* y diffygion, diffyglain *mf,* diffyglin(-iau) *f.*
eclogite *n. Miner:* |eclogit *m.*
eclogue *n. Lit:* bugeilgerdd(-i) *f,* eclog(-au) *mf.*
eclosion *n. Biol:* de[h]oriad *m,* deor *vn.*
ecocatastrophe *n.* ecodrychineb(-au) *mf.*
ecocide *n.* ecoladdiad(-au) *m.*
ecoclimate *n.* ecohinsawdd (ecohinsoddau) *f.*
ecocline *n.* |ecoclin (ecoclinau) *m.*
ecological *a.* ecolegol; **~ niche,** cilfach(-au) ecolegol *f.*
ecologically *adv.* yn ecolegol.
ecologist *n.* ecolegwr: ecolegydd (ecolegwyr) *m.*
ecology *n.* ecoleg *f;* **seashore ~,** ecoleg y traeth.
econometric[al] *a.* econometrig.
econometrically *adv.* yn econometrig.
econometrician *n.* econometrigwr (econometrigwyr) *m,* econometrydd(-ion) *m.*
econometrics *n.pl.* econometreg *f.*
econometrist *n.* = **econometrician.**
economic *a.* economaidd.
economical *a.* **1.** *(pers.):* cynnil, darbodus, darbodol, diwastraff, *N.W: occ:* fforddiol. **2.** *(method, apparatus &c):* economaidd, diwastraff, darbodus.
economically *adv.* **1.** *(= thriftily):* yn ddarbodus. **2.** yn economaidd.
economics *n.pl.* economeg *f.*
economist *n.* economydd(-ion) *m,* economegwr: economegydd (economegwyr) *m;* **agricultural ~,** agronomydd(-ion) *m.*
economization *n.* cynildeb *m,* darbodaeth *f; vn.* = **economize.**
economize *v.i.* cynilo, gwn|eud cynilion/arbedion, cwtogi/arbed [ar wario], *S.W:* tolio; **we'll have to ~,** bydd yn rhaid inni arbed arian; bydd yn rhaid inni godi'r rhesel/rhastl; *S.W:* bydd yn rhaid inni dolio.
economizer *n.* cynilydd: cynilwr (cynilwyr) *m,* darbodwr (darbodwyr) *m.*
economy *n. & attrib.* **1.** *(= thrift):* cynildeb *m,* darbodaeth *f;* **to practise ~,** cynilo, bod yn gynnil/ddarbodus, arbed arian, edrych yn llygad y geiniog, *S.W:* tolio; **economies of scale,** arbedion maint. **2.** *(of country):* ec|onomi (economïau) *fm;* **peasant ~,** economi [g]wladaidd; **planned ~,** economi gynlluniedig/cynlluniedig; **subsistence ~,** economi ymgynhaliol; **balanced ~,** economi gytbwys/cytbwys; **domestic ~,** *(a)* economi gartref/cartref, *(b)* = **domestic science. 3.** *A: (= system):* cyfundrefn(-au) *f; (divine):* trefn ddwyfol (trefnau dwyfol) *f;* **political ~,** economeg wleidyddol, gwleidyddiaeth *f.* **4.** *attrib.* darbodus; **~ car,** car cynnil ar betrol; **~ measures,** mesurau cynilo, mesurau atal gwastraff; *Aut:* **~ run,** cystadleuaeth *(f)* gynilo; **~ size,** maint darbodus *m.*
ecospecies *n.* ecorywogaeth(-au) *f.*
ecospecific *a.* ecobenodol.
ecosphere *n.* |ecosffer (ecosfferau) *m.*
écossaise *n. Danc:* ***écossaise(-s)*** *f.*
ecosystem *n.* ecosystem(-au) *f.*
ecotone *n.* cyffindir(-oedd) *m.*
ecotype *n.* |ecoteip (ecoteipiau) *m.*
ecotypic *a.* ecotypig.
ecotypically *adv.* yn ecotypig.
écraseur *n. Surg:* dolen *(f)* dagu (dolennau tagu), llindag(-au) *m.*
écru *a. & n.* lliw *(m)* crai.
ecstasize *v.i.* perlesmeirio, perlewygu, gorawenu **(over sth,** dros rth, uwchben rhth).
ecstasy *n.* perlewyg(-on) *m,* perlesmair (perlesmeiriau) *m,* llesmair (llesmeiriau) *m,* |ecstasi (ecstasïau) *m, A:* gorawen *f;* **to be in an ~ of joy, to go into ecstasies (over sth),** perlesmeirio/gorawenu/perlewygu (dros rhth).
ecstatic *a. & n.* **1.** *a.* perlewygol, llesmeiriol, perlesmeiriol, gorawenus, ecstatig. **2.** *n.* ecstatig(-ion) *m&f,* perlesmeiriwr (perlesmeirwyr) *m,* perlewygwr (perlewygwyr) *m.*
ecstatically *adv.* yn berlewygol *&c;* **~ happy,** yn orawenus ddedwydd, mewn dedwyddwch pur.
ecthlipsis *n. Pros:* ôl-drychiad(-au) *m.*
ecthyma *n. Vet:* ceg ddolurus *f,* ecthyma *m.*
ectoblast *n. Biol:* |ectoblast (ectoblastau) *m.*
ectoblastic *a. Biol:* ectoblastig.
ectocommensal *n. Biol:* ectocomensal(-iaid) *m.*
ectoderm *n. Biol:* |ectoderm *m,* echgroen *m.*
ectodermal, ectodermic *a. Biol:* ectodermig.
ectogenesis *n. Biol:* ectog|enesis *m.*
ectogenetic *a. Biol:* ectogenetig.
ectogenic, ectogenous *a. Biol:* ectogenig.
ectomere *n. Biol:* |ectomer (ectomerau) *m.*
ectomeric *a. Biol:* ectomerig, ectomeraidd.
ectomorph *n. Physiol:* |ectomorff (ectomorffau) *m.*
ectomorphic *a. Physiol:* ectomorffig.
ectomorphy *n. Physiol:* ectomorffedd *m.*
ectoparasite *n. Z:* ectop|arasit (ectoparasitau, ectoparasitiaid) *m.*
ectoparasitic *a. Z:* ectoparasitig.
ectopia *n. Path:* ectopia *m.*
ectopic *a. Path:* ectopig.
ectoplasm *n. Psychics:* |ectoplasm *m.*
ectoplasmic *a. Psychics:* ectoplasmig.
ectosarc *n. Biol:* |ectosarc *m.*
ectosteal *a. Anat:* ar yr asgwrn.
ectostosis *n. Anat:* ectostosis *m.*
ectotherm *n. Z:* |ectotherm (ectothermiaid) *m,* creadur(-iaid) *(m)* gwaed oer.
ectothermic *a. Z:* ectothermig, [â] gwaed oer.
ectotrophic, ectotropic *a.* ectotroffig.
ecu *n. Num:* ***ecu(-s)*** *m;* **hard ~,** ***ecu*** caled.
Ecuador *Pr.n. Geog:* |Ecwador *f.*
Ecuadorian *a. & n.* **1.** *a.* Ecwadoraidd; **the ~ government,** llywodraeth |Ecwador; **he's ~,** un o Ecwador ydyw; Ecwadoriad ydyw. **2.** *n.* Ecwadoriad (Ecwadoriaid) *m&f.*
ecumene *n.* y byd cyfannedd *m.*
ecumenical *a. Rel:* ec[i]wmenaidd; **E~ Councils,** [y] Cynghorau Ec[i]wmenaidd; **E~ Creeds,** y Credoau Ec[i]wmenaidd; **the E~ Movement,** y Mudiad Eciwmenaidd.
ecumenicalism *n. Rel:* ec[i]wmeniaeth *f.*

ecumenically *adv. Rel:* yn ec[i]wmenaidd.
ecumenicism *n.* ec[i]wmeniaeth *f.*
ecumenicist *n. Rel:* ec[i]wmenydd (ec[i]wmenwyr) *m*, ec[i]wmeniad (ec[i]wmeniaid) *m&f.*
ecumenicity, ecumenism *n.* ec[i]wmeniaeth *f.*
ecumenics *n.pl.* ec[i]wmeneg *f.*
ecumenist *n.* = **ecumenicist**.
eczema *n. Med:* |ecsema *m*, llid (*m*) ar y croen, *S.W: occ:* clewri *m.*
eczematous *a. Med:* ecsemataidd.
edacious *a.* barus, bwytëig, gwancus, rheibus, glwth.
edacity *n.* barusrwydd *m*, rheibusrwydd *m*, rhaib *f*, gwanc *m*, glythineb *m.*
edaphic *a.* edaffig, [o'r] pridd.
edaphically *adv.* yn edaffig, o'r pridd.
Edda *Pr.n. Lit:* **Elder ~, Poetic ~,** Hengerdd (*f*) Ynys yr Iâ (*pronounced* ng-g), yr Eda Hŷn *m*; **Younger ~, Prose ~,** yr Eda Iau.
Edderton *W.Pl.n.* Brynedryd *m.*
Eddic *a. Lit:* Edig.
eddo *n. Bot:* taten flewog (tatws/tato blewog) *f.*
eddy[1] *n. (of water, smoke):* troell(-au) *f*, chwyrlïad (chwyrliadau) *m*, trolif(-au) *m.* **~-chamber** *n.* siambr (*f*) droellau (siambrau troellau). **~ current** *n. E:* cerrynt (cerhyntau) (*m*) trolif. **~-wind** *n. Nau:* trowynt(-oedd) *m*, awel (*f*) dro (awelon tro).
eddy[2] *v.i.* troelli, troi, chwyrlïo.
eddying *a.* troellog, chwyrlïog, chwyrlïol.
edelweiss *n. Bot:* troed (*m*) y llew, *edelweiss m.*
edema *n.* = **oedema**.
edematous *a.* = **oedematous**.
Eden *Pr.n.* **1. the Garden of ~,** Gardd (*f*) Eden. **2.** *Fig:* paradwys(-au) *f*, gwynfa(-oedd) *f*, Eden *f.*
Edenhope *Eng.Pl.n.* Ednob *mf.*
Edenic *a.* Edenaidd, paradwysaidd.
edentate *a. & n. Z:* **1.** *a.* diddannedd, mantach. **2.** *n.* diddanheddog (diddaneddogion) *m&f.*
edentulous *a.* diddannedd.
edge[1] *n.* **1.** *(of blade): N:* min *m*, *S:* awch *m*, *occ:* awchyn *m*; *(rough edge): N.W: occ:* edau *f*; **back ~,** adfin(-ion) *m*; **to put an ~ on a blade,** hogi/awchu llafn, rhoi awch/min ar lafn; **to take the ~ off sth,** pylu [min/awch] rhth; **not to put too fine an ~ on it,** a siarad heb flewyn ar dafod, a siarad yn blwmp ac yn blaen. **2.** *(a) (of stone &c):* congl(-au) *f*, cornel(-i,-au) *f*, ymyl(-on) *mf*; **jagged edges of a rock,** *N.W:* dannedd craig; *(= crest or ridge):* trum(-iau) *f*, crib(-au) *f*, cefn(-au) *m*, esgair (esgeiriau) *f*, *S: occ:* cripyn *m*; *(b) Carp: Tls:* **straight ~,** ymyl syth. **3.** *(= side):* ymyl; *Bookb:* **gilt edges,** ymylon aur/euraid[d], eurymylon; **bevelled ~,** ymyl pefel/befel; **cutting ~,** ymyl dorri/torri; **easy flow ~,** ymyl llifo'n rhwydd; **face ~,** ymyl [g]weithiol; **gashed ~,** ymyl wedi'i niweidio; **leading ~,** blaenymyl(-on) *mf*; **lower ~,** godre(-on) *m*; **raw ~,** ymyl crai/grai (ymylon crai); **safe ~,** ymyl [d]diogel (ymylon diogel); **sawtooth ~,** ymyl [l]lifddanheddog (ymylon llifddanheddog); **waney ~,** ymyl [d]di-lif (ymylon di-lif); **wired ~,** ymyl [g]wifrog (ymylon gwifrog); **~ to ~ ,** minfin; *Needlew: Carp:* ymyl wrth ymyl; **~ of ebbing sea,** blaen (*m*) môr; **the ~ of the water,** min y dŵr, *Poet:* min y don; **working ~,** ymyl [g]weithio; **on ~,** *(i) (brick):* ar ei hymyl, ar ei hochor; *(ii) (= nervous):* ar bigau drain, nerfus, cynhyrfus; **it sets my teeth on ~,** mae'n codi'r d[e]incod ar fy nannedd i; **she gave him the rough/sharp ~ of her tongue,** fe roes hi bryd o dafod iddo; fe ddywedodd y drefn wrtho; *S.W:* fe gafodd glywed ei hanes ganddi; fe gafodd dermad/drinad/gymhwysad/gymhenfa/'stwthad/demprad ganddi; fe gafodd ei gwybod hi ganddi; rhoes hi hâr iddo; *N.W:* cafodd ei strelio ganddi; cafodd rali ganddi; cafodd ei bader ganddi; cafodd y drefn ganddi; **his nerves are all on ~,** mae ar bigau drain; mae fel cath ar farwor; mae fel gafr ar d'ranau; *S.W:* mae fel iâr ar dyrfau; mae'n rhy aflonydd i roi wyau dano i ori. **4.** *(of stream):* glan(-nau, *occ:* glennydd) *f*, *Poet:* min; **undercut ~,** torlan(-nau, torlennydd) *f*, ceulan(-nau, ceulennydd) *f*; *(of town, crowd, wood &c):* cwr (cyrion) *m*, *occ:* ymyl, godre; *(of material):* godre, ymyl, bordor(-au) *m*; **at the ~ of a precipice,** ar ymyl/fin dibyn; **on the ~ of doing sth,** ar fin/fedr gwneud rhth; *Fig:* **on the ~ of a discovery,** ar fin darganfod rhth, *occ:* ar fedr darganfod rhth; **to have the ~ on s.o.,** bod â mantais ar rn, cael y blaen ar rn. **~ effect** *n. Biol:* effaith (*f*) ymyl. **~-grain, ~-grained** *a. Carp:* rheidd-doredig, rheiddlifiedig. **~ guide** *n. Cmptr:* ffin-ganllaw(-iau) *mf.* **~-joint**[1] *n. Carp:* uniad(-au) minfin *m*, ymyluniad(-au) *m.* **~-joint**[2] *v.t. Carp:* ymyluno, minfinio. **~ markings** *n.pl. Aut: Carp:* marciau ymyl. **~-notched** *a. Lib:* rhiciog. **~ number**[1] *n. Cin:* rhif(-au) (*m*) ymyl, ymylrif(-au) *m.* **~-number**[2] *v.t. Cin:* ymylrifo. **~-punched** *a. Lib:* rhiciog. **~-stitch** *v.t. Needlew:* ymylbwytho. **~-tool** *n.* erfyn (arfau) miniog *m*, arf(-au) miniog *m*, erfyn awch, haearn (heyrn) (*m*) awch. **~ treatment** *n. Carp:* triniaeth (*f*) ymyl.
edge[2] *v.t.&i.* **1.** *(= sharpen):* hogi, awchu, awchlymu (rhth); *N:* rhoi min, *S:* dodi awch (ar rth). **2.** *(border):* ymylu, *occ:* godrefu. **3. to ~ one's way into a room,** sleifio i mewn i ystafell; **to ~ through a crowd,** elino/ymelino/ymwthio trwy dyrfa; **to ~ forward,** sleifio/ymwthio ymlaen, *occ:* modfeddu ymlaen; **to ~ sth into a corner,** gwthio rhth i gornel. **~ away** *v.i.* cilio, sleifio draw, mynd wysg eich ochr, *S:* mynd llwrw eich ochr. **~ in** *v.t.* **to ~ in a word,** cael/sleifio gair i mewn.
edgebone *n. Anat:* asgwrn (*m*) y dynïen.
edged *a.* **1.** *(tool &c):* **sharp-~,** miniog, awchus, llym (*f.* llem, *pl.* llymion), awchlym, â min, ag awch; *Fig:* **to play with ~ tools,** chwarae â thân; **double-~,** deufin, deufiniog. **2.** *(dress, road &c):* ymylog; wedi ei [h]ymylu, wedi ei [g]odrefu (**with sth,** â rhth); **~ in red,** ag ymyl goch/coch; **(lawn) ~ with flowers,** (lawnt) a blodau ar ei hymyl, ag ymyl o flodau.
edgeless *a.* pŵl, di-awch, di-fin, heb fin, heb awch.
edger *n.* torrwr (torwyr) (*m*) ymylon, peth(-au) (*m*) torri ymylon.
edgeways, edgewise *adv.* **[seen] ~,** [a welir] o'r ochr; **[placed] ~,** [a ddodir] ar ei ochr; *F:* **I couldn't get a word in ~,** allwn i ddim cael gair i mewn [ar ei gil]; allwn i ddim cael fy mhig i mewn.
edgily *adv.* yn nerfus *&c*; *See* **edgy**.
edginess *n.* nerfusrwydd *m.*
edging *n. & vn. Dressm: &c:* **1.** *n.* ymylwaith *m*, ymylwe(-oedd) *f*, godre(-on) *m*; *(= fringe):* eddi *pl*, rhidens *pl*; **shell ~,** ymylwaith cragen; *Hort:* godre. **2.** *vn.* torri ymylon. **~-shears** *n.pl. Hort:* siswrn (sisyrnau) (*m*) torri ymylon, siswrn godreon.
edgy *a.* **1.** *(rock &c):* danheddog, ysgythrog. **2.** *F: (pers.): (a) (= easily annoyed):* pigog, piwis, blin, croendenau; *(b) (= nervous):* nerfus, ar bigau drain, fel gafr ar d'ranau *&c*; *See* **edge**[1] **3.**
edh *n. Alph:* [y llythyren] edd(-au) *f.*
edibility *n.* ansawdd bwytadwy/fwytadwy *mf*, bwytadwyedd *m*; **I have doubts about its ~,** 'rwy'n amau a ellir ei fwyta.
edible *a. & n.pl.* **1.** *a.* bwytadwy, da i'w fwyta. **2.** *n.pl.* bwydydd, ymborth *m.*
edibleness *n.* = **edibility**.
edict *n. Hist:* gorchymyn (gorchmynion) *m*, *occ:* cyhoeddeb(-au) *f.*
edictal *a.* gorchmynnol, *occ:* cyhoeddebol.
edification *n.* hyfforddiant *m*, hyfforddiad *m*, addysgiad *m*, goleuad *m*, gwellhad *m*, *occ:* adeiladaeth *f*; **for s.o.'s ~,** er budd/lles rhn.
edificatory *a.* addysgiadol, dyrchafol, buddiol, llesol.
edifice *n.* **1.** *(= building):* adeilad(-au) *m.* **2.** *(= system, structure):* adeiladwaith *m.*
edify *v.t.* addysgu, hyfforddi, dyrchafu, goleuo.
edifying *a.* hyfforddiol, hyfforddiadol, addysgol, goleuol, dyrchafol, llesol, buddiol.
Edinburgh *Pl.n.* Caeredin *f*, *A:* Din Eiddyn *m.*
edit[1] *n.* golygiad(-au) *m.*
edit[2] *v.t.* golygu; *Cmptr:* **link-~,** cyswllt-olygu.
editable *a.* golygadwy.
edited *a.* golygedig.
editing *vn.* = **edit**[2].
editio princeps *n.* [yr] argraffiad(-au) cyntaf *m.*
edition *n.* **1.** *Publ:* argraffiad(-au) *m*, *occ:* golygiad(-au) *m.* **2.** *(of objet d'art &c):* cyhoeddiad(-au) *m*, cynhyrchiad (cynyrchiadau) *m.* **~ binding** *n.* rhwymiad (*m*) cyhoeddwr. **~ statement** *n.* datganiad (*m*) argraffiad.
editor *n.* golygydd(-ion) *m*; *Cmptr:* **full screen ~,** golygydd sgrîn, sgrîn-olygydd(-ion) *m*; **line ~,** llin-olygydd(-ion) *m*; **link-~,** cyswllt-olygydd(-ion) *m*; **text ~,** testun-olygydd(-ion) *m.*
editorial *a. & n.* **1.** *a.* golygyddol. **2.** *n. Journ:* golygyddol(-ion) *m*, llith olygyddol (llithiau golygyddol) *f*, erthygl olygyddol (erthyglau golygyddol) *f*, colofn olygyddol (colofnau golygyddol) *f.*

editorialist *n.* awdur(-on) (*m*) llithiau golygyddol.

editorialization *n.*, **editorialize** *v.i.* golygyddu, golygydda.

editorializer *n.* golygyddwr (golygyddwyr) *m.*

editorially *adv.* yn olygyddol.

editorship *n.* golygyddiaeth(-au) *f.*

editress *n.f.* golygyddes(-au).

Edlogan *W.Pl.n.* Edeligion *mf.*

Edomite *n. B:* Edomiad (Edomiaid) *m&f.*

educability *n.* natur addysgadwy *f*, addysgadwyedd *m*; **I doubt his ~,** 'rwy'n amau a ellir dysgu dim iddo.

educable *a.* addysgadwy.

educate *v.t.&i.* **1.** addysgu. **2. to ~ s.o.'s taste,** meithrin chwaeth rhn. **3.** *(animals):* hyfforddi, dysgu, hyweddu.

educated *a.* addysgedig, *occ:* dysgedig, hyddysg; **an ~ man,** dyn wedi cael addysg, *occ:* ysgolh|aig (ysgolheigion), ysgolor(-ion); **an ~ guess,** amcan call/synhwyrol *m*; **to make an ~ guess,** dyfalu'n gall/synhwyrol/ddeallus.

educatedly *adv.* yn addysgedig *&c.*

educatedness *n.* hyddysgedd *m*, hyddysgrwydd *m*, addysgedigrwydd *m.*

education *n.* **1.** addysg *f*; **adult ~,** addysg [i] oedolion; **consumer ~,** addysg i brynwyr/ddefnyddwyr, addysg/addysgu prynwyr; **further ~,** addysg bellach; **health ~,** addysg iechyd; **higher ~,** addysg uwchradd/uwchraddol/uwch; **intermediate ~,** addysg ganolradd[ol]; **nursery ~,** addysg feithrin; **primary ~,** addysg gynradd; **progressive ~,** addysg arbrofol; **secondary ~,** addysg uwchradd; **tertiary ~,** addysg drydyddol; **General Certificate of E~,** Tystysgrif (*f*) Addysg Gyffredinol; **General Certificate of Secondary E~ (GCSE),** Tystysgrif Gyffredinol Addysg Uwchradd (TGAU). **2.** *(of animals):* hyfforddiant *m.* **~ officer** *n.* swyddog(-ion) (*m*) addysg. **~ welfare officer** *n.* swyddog lles addysgol.

educational *a.* addysgol.

educationalist *n.* addysgwr: addysgydd (addysgwyr) *m*, addysg|wraig (addysgwragedd) *f.*

educationally *a.* yn addysgol; **~ subnormal,** addysgol isnormal.

educationist *n.* = **educationalist.**

educative *a.* addysgiadol.

educator *n.* addysgwr: addysgydd (addysgwyr) *m.*

educe *v.t.* edwytho.

educible *a.* edwythadwy.

educt *n. Ch:* edwyth(-au) *m.*

eduction *n.* edwythiad(-au) *m*, edwytho *vn*; **~ of correlates,** edwythiad cydberthynas; **~ of relations,** edwythiad perthynas.

eductive *a.* edwythol.

eductor *n.* edwythydd(-ion) *m.*

edulcorate *v.t.* croywi, puro, pureiddio.

edulcoration *n.* croywad *m*, puredigaeth *f*, pureiddiad *m*; *vn.* = **edulcorate.**

edulcorative *a.* croywol, purol, pureiddiol.

Edward *Pr.n.m.* Edward, Edwart, *occ:* Iorwerth; *S.a.* **Ned, Neddy, Ted, Teddy;** *Hist:* **~ the Confessor,** Edward Gyffeswr; **~ the Elder,** Edward yr Hynaf; **~ the Martyr,** Edward Ferthyr.

Edwardian *a. & n.* **1.** *a.* Edwardaidd, [o oes] Edward; *Hist:* **the ~ Conquest,** Goresgyniad (*m*) Edward I; **the ~ Settlement,** Trefniant Edward I. **2.** *n.* Edwardiad (Edwardiaid) *m&f.*

Edwinsford *W.Pl.n.* Rhydodyn *f.*

eel *n. Ich: (Anguilla anguilla):* llysywen(-nod, llysywod), *N: F:* 'slywen ('slywod) *f*, *S.W:* llyswennan (llyswennod) *f*; **to catch eels,** llyswenna; **broad-nosed ~,** *(A. latirostris):* llysywen drwynllydan (llysywod trwynllydan); **conger ~,** *(Conger conger):* congren (congrod) *f* (*pronounced* ng-g), llysywen fôr (llysywod môr); **cusk-~,** cysglysywen (cysglysywod) *f*; **deep-sea ~,** *(Histiobranchus infernalis):* llysywen y dyfnfor; **electric ~,** *(Electrophorus electricus):* llysywen drydanol (llysywod trydanol); **freshwater ~,** llysywen rawn (llysywod rhawn); **frog-mouthed ~,** llysywen gegfawr (llysywod cegfawr); **garden ~,** *(Hetero conger):* llysywen y cwrel; **lamper ~,** = **lamprey; gulper ~,** *(Eurypharynx):* llowciwr (llowcwyr) *m*; **horn-~,** = **pipe-fish; moray ~,** *(Muraena):* llysywen noeth, llysywen farus (llysywod barus); **sand-~,** *(Ammodytes):* llymrïen (llymrïaid, llymrïod) *f*; **greater sand-~,** *(Amm. lanceolatus):* llymrïen fawr (llymrïod mawrion); **lesser sand-~,** *(Amm. tobianus):* llymrïen fach; **smooth sand-~,** *(Gymnammodytes semisquamatus):* llymrïen lefn (llymrïod llyfn); **to catch sand-eels,** llymrieita; **silver ~,** llysywen ariannaidd; **snake-~,** *(Ophichthys):* llysywen neidraidd; **snipe-~,** *(Nemichthys scolopaceus):* llysywen bigfain (llysywod pigfain); **spiny ~,** *(Mastacembelus):* llysywen bigog (llysywod pigog); **vinegar ~,** *(Anguillula aceti):* llyng[h]yren (llyngyr) (*f*) finegr; *S.a.* **cusk-eel. ~-basket, ~-buck** *n.* cawell (cewyll) (*m*) llysywod. **~-grass** *n. Bot: (Zostera):* gwellt (*m*) y gamlas; **dwarf ~-grass,** *(Z. noltii):* corwellt (*m*) y gamlas; **narrow-leaved ~-grass,** *(Z. angustifolia):* gwellt y gamlas culddail. **~-like** *a.* llysywennaidd. **~-pond** *n.* pwll (pyllau) (*m*) llysywod. **~-pout** *n. Ich:* **1.** *(= blenny):* *(Zoarces viviparus):* gweflogyn (gweflogion) *m*; **Esmark's ~-pout,** *(Lycodes esmarkii):* gweflogyn Esmark; **Sars's ~-pout** *(Lycenchelys sarsii):* gweflogyn Sars; **Valil's ~-pout,** *(Lycodes valilii):* gweflogyn Valil. **2.** *(= burbot):* llofen(-nod) *f.* **~-prong** *n.* = **eel-spear. ~-skin** *n.* croen (*m*) llysywen (crwyn llysywod). **~-spear** *n.* tryfer(-i) *f.*

eelworm *n. Ann:* llyng[h]yren (*f*) lysiau (llyngyr llysiau); **leaf ~,** *(Ditylenchus):* llyng[h]yren y dail; **potato[-root] ~,** *(Heterodera rostockiensis):* llyng[h]yren datws/dato (llyngyr tatws/tato); **root-knot ~,** *(Meloidogyne):* llyng[h]yren gwr|aidd cnapiog; **sugar-beet ~,** *(H. schachtii):* llyng[h]yren y betys.

eely *a.* llysywennaidd; *(= evasive):* llithrig, aflonydd, *F:* fel 'slywen.

e'en *adv. Poet:* = **even³.**

e'er *adv. Poet:* = **ever.**

eerie *a.* annaearol, iasol, iasoer, arswydus.

eerily *adv.* yn annaearol *&c.*

eeriness *n.* annaearoldeb *m*, iasolrwydd *m*, iasoldeb *m*, arswyd *m*, ias *f.*

eff *v.t.&i. P:* **1. to ~ off,** *See* **beat it (beat² 1). 2.** *(= swear):* rhegi; **to ~ and blind,** rhegi a sincio, damio a sincio, rhegi a rhwygo, diawlio ac ufferneiddio.

efface *v.t.* **1.** *(= wipe out):* dil|eu, difodi (rhth); ysgubo/sychu (rhth) ymaith. **2. to ~ oneself,** mynd o'r golwg, cilio rhag sylw, swilio, bod yn ddiymhongar (*pronounced* ng-g), osg|oi sylw. **3.** *(= surpass, excel):* rhagori (ar rth).

effaceable *a.* dileadwy.

effacement *n.* dilead(-au) *m*, difodiad(-au) *m*; *S.a.* **self-effacement.**

effacer *n.* dilëydd(-ion) *m.*

effect¹ *n.* **1.** *(a)* effaith (effeithiau) *f*; **after-~,** sgîl-effaith (~-effeithiau) *f*, ôl-effaith (~-effeithiau) *f*; **halo ~,** effaith lleugylch; *Econ:* **impact ~,** traweffaith *f*; **mental ~,** effaith amgyffredol; **side-~,** sgîl-effaith; **to use a sword to good ~,** defnyddio cleddyf yn effeithiol/gelfydd; **to have an ~ (on s.o.),** effeithio, cael effaith (ar rn); **to be of no ~, to have/produce no ~,** methu â chael effaith; **nothing has any ~,** 'does dim yn tycio; **nothing has any ~ on him,** 'does dim ym mennu/tarfu arno; **it has little ~,** mae'n aneffeithiol; **to have a disrupting ~ on sth,** tarfu ar rth; **to have a limiting ~ on sth,** cyfyngu ar rth; **to take ~,** *(i) (of drug &c):* cael effaith, gweithio, effeithio; *(ii) (of regulation):* dod i rym; **of no ~,** *(i)* aneffeithiol, dieffaith, heb effaith, aflwyddiannus, ofer, seithug; *(ii) Jur:* dieffaith; **to give ~ to sth,** gweithredu rhth, rhoi rhth mewn grym; **with ~ (from Monday on),** yn effeithiol, mewn grym (o ddydd Llun ymlaen); **to carry/put sth into ~,** gweithredu rhth, rhoi rhth ar waith, *occ:* effeithioli rhth. **2.** *(= sense, tenor):* perwyl *m*; **to the same ~,** i'r un perwyl. **3.** *(a) Th: Mus: pl.* **sound effects,** effeithiau sain; **stage effects,** effeithiau llwyfan; **effects man,** trefnydd(-ion) (*m*) effeithiau; **effects projector,** taflunydd(-ion) (*m*) effeithiau; *(b)* **words meant for ~,** geiriau i greu argraff/effaith, geiriau i ddwyn perswâd; **to do sth for ~,** gwneud rhth o ran gorchest, gwneud gorchest o rth, ymorchestu yn rhth, gwneud rhth er mwyn creu effaith. **4. in ~,** mewn gwirionedd, i bob diben, i bob pwrpas. **5.** *pl.* **[personal] effects,** eiddo personol *m*, meddiannau *pl*, *F:* trugareddau *pl.* **6.** *Bank:* **"no effects",** "dim arian".

effect² *v.t.* *(= cause):* achosi, peri; *(= accomplish):* gwireddu, cyflawni, gwn|eud, gweithredu, *occ:* effeithioli; **to ~ an entrance,** llwyddo i fynd i mewn, medru/gallu mynd i mewn; **to ~ a payment,** gwneud taliad, talu; **to ~ coverage of sth,** cwmpasu rhth; **to ~ a compromise,** cyfaddawdu; **to ~ staff economies,** cynilo ar staff.

effective *a. & n.pl.* **1.** *a. (a)* effeithiol; *(b) (= actual):* go iawn, gwirioneddol, effeithiol; *Geog:* **~ rainfall,** glawiad effeithiol *m*; *Aut:* **~ green time,** amser gwyrdd effeithiol *m*; *Mec.E:* **~ power,** nerth effeithiol *m*; *(c)* **an ~ contrast,** cyferbyniad effeithiol/trawiadol; *(d) Mil:* **~ troops,** milwyr atebol/iach/defnyddiol/parod/effeithiol/cymwys; *(e) (decree &c):* mewn grym, effeithiol; **to become ~,** dod i rym. **2.** *n.pl. Mil:* **effectives,** milwyr effeithiol *&c*.
effectively *adv.* **1.** gydag effaith, yn effeithiol. **2.** *(= really):* mewn gwirionedd, yn sicr, i bob pwrpas, i bob diben. **3.** *(= strikingly):* yn effeithiol, yn drawiadol.
effectiveness, effectivity *n.* effeithioldeb *m*, effeithiolrwydd *m*.
effectless *a.* di-rym, dirym, dieffaith, aneffeithiol, ofer, seithug, diffrwyth, di-fudd, di-les, diles.
effector *n. Biol:* effeithiwr (effeithwyr) *m*, effeithydd(-ion) *m*.
effectual *a.* **1.** effeithiol. **2.** *(= valid):* mewn grym.
effectuality *n.* effeithioldeb *m*, effeithiolrwydd *m*.
effectually *adv.* yn effeithiol.
effectualness *n.* = **effectuality**.
effectuate *v.t.* achosi, peri, gwireddu, effeithioli.
effectuation *n.* effeithiad *m*, gwireddiad *m*; *vn.* = **effectuate**.
effeminacy *n.* mercheteiddiwch *m*, anwrolder *m*, anwroldeb *m*, anwr|eidd-dra *m*, natur ferchetaidd *f*, *F:* pansieiddiwch *m*.
effeminate *a. & n.* **1.** *a.* merchetaidd, *Lit:* anwrol, anwraidd, *F:* cadiffanllyd, pansïaidd. **2.** *n.* dyn(-ion) merchetaidd *m*, *F:* cadi-ffan(-iaid,-s) *m*, cadi-ffan[n]i(-s) *m*, cadi Martha(-s) *m*, pansan (pansis) *m*, pais *(f)* o ddyn, Meri Jên *f*.
effeminately *adv.* yn ferchetaidd.
effendi *n.* effendi(-s) *m*.
efferent *a. Physiol:* allgludol, efferol.
efferently *adv.* yn allgludol *&c*.
effervesce *v.i.* byrlymu, ewynnu, eferwi, *S:* bermanu, burmanu, gweithio.
effervescence *n.* bwrlwm *m*, byrlymiad *m*, byrlymu *vn*, berw *m*, ewynnedd *m*, ewyn *m*, eferwad *m*.
effervescent *a.* byrlymol, ewynnog, eferw.
effervescently *adv.* yn fyrlymol *&c*.
effervescing *a.* = **effervescent**.
effete *a.* diegni, diynni, llesg, llipa, tila, diffrwyth, di-rym, llegach, aneffeithiol.
effetely *adv.* yn ddiegni *&c*.
effeteness *n.* diffyg *(m)* egni/ynni, anegni *m*, diffrwythdra *m*, llesgedd *m*.
efficacious *a.* effeithiol, effeithlon.
efficaciously *adv.* yn effeithiol *&c*.
efficaciousness, efficacity, efficacy *n.* effeithiolrwydd *m*, effeithlonrwydd *m*.
efficiency *n.* **1.** effeithiolrwydd *m*, effeithlonrwydd *m*; **high-~ engine,** peiriant tra effeithlon *m*, motor tra effeithlon *m*. **~ apartment** *n. U.S:* fflat *(f)* gyfyngedig (fflatiau cyfyngedig). **~ bar** *n. Sch:* atalbwynt(-iau) *m*, bar(-iau,-rau) *(m)* cyflog. **~ pay** *n. Mil:* tâl *(m)* effeithlonrwydd.
efficient *a.* effeithlon, *occ:* effeithiol. *S.a.* **cause**[1].
efficiently *adv.* yn effeithlon.
effigy *n.* delw(-au) *f*; *(funerary):* corffddelw(-au) *f*; **to burn/hang s.o. in ~,** llosgi/crogi delw o rn.
effloresce *v.i.* **1.** *(of flower):* blodeuo, blaguro. **2.** *Ch:* ewlychu.
efflorescence *n.* **1.** blodeuad *m*, blagur *pl*. **2.** *Ch:* ewlychiad(-au) *m*.
efflorescent *a.* **1.** blodeuol. **2.** *Ch:* ewlychol.
effluence *n.* dylif(-au,-ion) *m*, dylifiad(-au) *m*, elifiant (elifiannau) *m*.
effluent *a. & n.* **1.** *a.* goferol, dylifol, elifol, carthffrydiol. **2.** *n.* carthffrwd (carthffrydiau) *f*, elifiant (elifiannau) *m*, elifyn (elifion) *m*; **trade ~,** carthffrwd fasnachol (carthffrydiau masnachol).
effluvium *n.* **1.** *(= exhalation):* tawch(-ion) *m*. **2.** *(= stench):* drewdod *m*.
efflux, effluxion *n.* **1.** goferiad(-au) *m*, allrediad(-au) *m*, dylifiad(-au) *m*, ffrydiad(-au) *m*. **2.** *(of river):* aber(-oedd) *mf*, aberiad(-au) *m*.
effort *n.* **1.** *(a) (= attempt): (a)* ymdrech(-ion) *mf*, ymgais *mf*, cais *m*; *(= exertion):* egni (egnïon) *m*; **to make an ~ (to do sth),** ymegnïo, egnïo, ymdrechu, gwn|eud ymdrech (i wneud rhth); **to make a great ~ (in doing sth),** ymlafnio, bustachu, *N.W: F:* styffigan, stryffaglian, stryffaglo (gwneud rhth); **make an ~!** gwna (gwnewch) ymdrech! *N.W: occ:* ceirch iddi! *N:* styria (styriwch)! *S:* siapa (siapwch) hi! **to spare no ~, to make every ~, to make one's best efforts,** rhoi pob gewyn ar waith, gweithio â'ch deng ewin, gwneud eich gorau glas; **with no ~ at all,** yn ddiymdrech; **despite all efforts,** er gwaethaf pob ymdrech; *(b) Joc:* **you've seen his latest ~?** [a] welsoch chi ei gynnig/syniad/stynt diweddaraf ef? **that's a pretty good ~,** dyna gynnig go dda. **2.** *Mec:* egni (egnïon) *m*.
effortful *a.* egnïol, ymdrechgar.
effortless *a.* diymdrech, hawdd, rhwydd.
effortlessly *adv.* yn ddiymdrech.
effortlessness *n.* rhwyddineb *m*, hawster *m*, diffyg *(m)* ymdrech.
effrontery *n.* digywil|ydd-dra *m*, haerllugrwydd *m*, beiddgarwch *m*, hyfdra *m*, wyneb *m*, ehofnder *m*, ehofndra *m*.
effulgence *n.* disgleirdeb *m*, llacharder *m*, llewy[r]ch *m*, ysblander *m*, gloywder *m*.
effulgent *a.* llachar, disglair, gloyw.
effulgently *adv.* yn llachar *&c*.
effuse[1] *a.* ar led, llac, ar daen, llaes.
effuse[2] *v.t.* tywallt, arllwys, rhyddh|au, gollwng, taenu.
effusion *n.* **1.** *(of blood, feeling):* tywalltiad(-au) *m*, arllwysiad(-au) *m*, bwrlwm (byrlymau) *m*, byrlymiad(-au) *m*, allrediad(-au) *m*. **2.** *Pej:* truth *m*, ffregod *f*; **have you ever read such an ~?** [a] welsoch chi erioed y fath druth?
effusive *a.* byrlymus, byrlymol, afieithus, llifeiriol; **he was ~ in his thanks,** yr oedd yn llaes ei ddiolch; yr oedd yn byrlymu â diolchiadau; **to be ~ in one's compliments,** canmol yn llaes.
effusively *adv.* yn fyrlymus *&c*; **to thank s.o. ~,** diolch yn llaes i rn.
effusiveness *n.* natur fyrlymus *f*, afiaith *m*.
eft *n.* = **newt.**
EFTA *n.* **European Free Trade Association,** CFRE (Cymdeithas *(f)* Fasnach Rydd Ewrop).
eftsoons *adv. A: Joc:* yn fuan, yn y man, toc.
egad *int. A: Joc:* ar f'enaid i! ar fy llw!
egalitarian *a. & n.* **1.** *a.* cydraddol, egalitaraidd. **2.** *n.* cydraddolwr (cydraddolwyr) *m*, cydradd|olwraig *f*, egalitarydd(-ion) *m*, egalitariad (egalitariaid) *m&f*.
egalitarianism *n.* cydraddoliaeth *f*, egalitariaeth *f*.
egest *v.t.* arloesi, chwydu.
egesta *n.pl.* chwŷd *m*, chwydfa *f*.
egestion *n. (of amoeba):* allfwrw *vn*, allfwriad *m*.
egestive *a.* arloesol, chwydol.
egg[1] *n.* **1.** ŵy (wyau) *(S: pronounced:* wî) *m*; **to lay eggs,** dodwy [wyau]; **battery ~,** ŵy caetsh; **dehydrated ~, dried ~,** ŵy sych (wyau sychion), powdwr *(m)* ŵy/wyau; **free-range ~,** ŵy maes, ŵy buarth; **soft-boiled ~,** ŵy wedi'i led-ferwi; **nest-~,** *(a)* ŵy addod, *S.W:* ŵy addo; *(b) Fig:* hosan *f*, celc *m*, ceiniog *(f)* wrth gefn, arian *(m)* wrth gefn. **soft ~,** ŵy meddal, *S.W:* meddalwy; **shell-less ~,** *N:* ŵy heb blisgyn, *S:* ŵy heb fasgl, *S.E:* ŵy llaith; **Scotch ~,** ŵy [mewn] sosej, ŵy [mewn] selsig; **scrambled eggs,** wyau wedi'u sgramblo; **to have all one's eggs in one basket,** rhoi'ch/dodi'ch wyau i gyd yn yr un fasged; *Prov:* **to kill the goose that lays the golden eggs,** lladd yr iâr a cholli'r cywion; *Prov:* **to teach one's grandmother to suck eggs,** dysgu pader i berson; yr oen yn dysgu i'r ddafad bori; **as sure as eggs is eggs,** cyn sicred â phader, cyn sicred â bod bara mewn torth, cyn sicred â'r farn, mor sicr â Mawrth yn y Grawys, cyn sicred â dim; **a bad ~, an addled ~,** *(i) N:* ŵy clonc, cloncwy(-au) *m*, *M.W:* ŵy gorllyd, *occ:* ŵy clwca, *S:* ŵy clwc; *S.a.* **duck**[1]; *(ii) Fig: (= rogue):* dihiryn (dihirod), adyn(-ion) *m*; **a tough ~,** un (rhai) garw; **a good ~,** *N:* hen foi(-s) iawn, *S:* bachan piwr *m*. **2.** *Needlew:* **darning-~,** mwdwl (mydylau) *m*, pellen *(f)* wnïo (pellenni gwnïo). **~ and anchor** *n. Arch:* ŵy ac angor, ŵy a thafod. **~-and-bacon daffodil** *n. Bot:* gylfinog *(f)* wyau-a-bacwn. **~ and dart** *n. Arch:* ŵy a saethell. **~-and-spoon race** *n.* ras(-ys) *(f)* ŵy a llwy, ras ŵy ar lwy. **~-beater** *n.* **1.** = **egg-whisk. 2.** *U.S: F:* = **helicopter**. **~-bound** *a.* wyrwym, yn methu dodwy. **~-burger** *n.* brechdan(-au) *(f)* ŵy. **~-case** *n. Ent:* chwiler(-od) *m*. **~-cell** *n.* = **ovum**. **~-cosy** *n.* cap *(m)* ŵy (capiau wyau). **~-cup** *n.* cwpan *(mf)* ŵy (cwpanau wyau), ecob(-au) *m*, *S.W:* egob *mf*. **~ custard** *n. Cu:* cwstard *(m)* ŵy. **~-flip** *n.* maidd *(m)* yr iâr, maidd ŵy, ŵy wedi'i guro [â llefrith], *S.W:* ŵy wedi'i ffusto [â llaeth]. **~-man, ~-merchant** *n.m.* dyn(-ion) wyau, gwerthwr (gwerthwyr) wyau. **~-membrane** *n.* pilen(-ni) *(f)* ŵy, *N.W:* dim

(*m*) ŵy. **~-nog** *n.* = **egg-flip. ~-plant** *n. Bot:* ŵylys(-iau) *m.* **~-plum** *n. Hort:* eirinen felen (eirin melyn) *f.* **~-powder** *n.* powdwr (*m*) wyau. **~ roll** *n. Cu:* rholyn (rholiau) (*m*) ŵy. **eggs and bacon** *n. Bot:* = **trefoil (bird's foot)**. **~-shaped** *a.* fel ŵy, ŵyffurf, siâp ŵy. **~-slice** *n. Cu:* [y]sbodol(-au) *f.* **~-spoon** *n.* llwy (*f*) ŵy (llwyau wyau). **~-stand** *n.* rhesel(-i) (*f*) wyau. **~ tempera** *n.* t|empera (*m*) ŵy. **~-timer** *n. Cu:* peth(-au) (*m*) berwi ŵy. **~-tooth** *n.* dant (dannedd) (*m*) ŵy. **~-whisk** *n.* chwip(-iau) (*f*) wyau, chwisg(-iau) (*f*) wyau, curwr (curwyr) (*m*) wyau. **~-white** *n.* gwynwy(-au) *m*, *N:* gwynwy ŵy, *occ:* gwyn (*m*) ŵy. **~-yolk** *n.* melynwy(-au) *m*, *N:* melynwy ŵy, *occ:* melyn (*m*) ŵy.

egg² *v.t.* **to ~ (s.o. on to do sth),** annog, annos, cymell, *N. W: occ:* cynnwys, *S. W:* cocso (rhn i wneud rhth).

egg³ *v.t.* **1.** *(= cover with egg):* gorchuddio (rhth) ag ŵy, rhoi/dodi ŵy (ar/dros rth), wyo (rhth). **2.** *(= pelt with eggs):* peledu (rhn) ag wyau, taflu wyau (at rn).

eggar, egger *n. Ent:* ŵylun (wyluniau) *m*; **grass ~,** *(Lasiocompa trifolii):* ŵylun y gwair; **[oak] ~,** *(L. quercus):* ŵylun y derw; **northern ~,** *(L. quercus callunae):* ŵylun y grug; **small ~,** *(Eriogaster lanestris):* ŵylun bach.

egghead *n. F:* deallusyn (deallusion) *m.*

eggheaded *a.* deallusol.

eggheadedness *n.* deallusoldeb.

eggless *a.* heb ŵy/wyau, di-ŵy, diwyau.

eggshell *n. N: S. W:* plisgyn (*m*) ŵy (plisg wyau), *S:* masgl (*f*) ŵy (masglau wyau). **~ china** *n. (i) (fragile):* tsieni brau *m*; *(ii) (slightly glossy):* tsieni plisgyn ŵy.

eglantine *n. Bot: S:* drysïen bêr (drysi pêr) *f*, rhoslwyn(-i) pêr *m*, miaren (*f*) Fair (mieri Mair); *See* **brier.**

Eglwyscummin *W.Pl.n.* Eglwys Gymyn *f.*

ego *n.* **1.** *Phil: Psy:* **the ~,** yr hunan *m*, y myf|i *m*, yr ego *m.* **2.** *F: (= pride, self-respect):* balchder *m*, hunanfalchder *m*; **he has an inflated ~,** mae'n llawn ohono'i hun; mae ganddo feddwl uchel ohono'i hun; *F:* **a big ~,** fi fawr *mf*; **to bolster/boost s.o.'s ~,** rhoi hwb i hyder rhn. **~ complex** *n.* cymhleth (*m*) yr ego. **~-defence** *n.* ego-amddiffyniad *m.* **~-ideal** *n. Psy:* hunan-ddelfryd *f.* **~ involvement** *n.* ego-ymhlygiad *m*, hunan-ymhlygiad *m.* **~-trip¹** *n.* hunanfoddhad *m*; **to go on an ~-trip,** eich boddio'ch hunan, dilyn eich mympwy. **~-trip²** *v.i.* eich boddio'ch hunan, dilyn eich mympwy.

egocentric *a. & n. Psy:* **1.** *a.* myfïol, hunanganolog (*pronounced* ng-g), egosentrig, hunangreiddiol (*pronounced* ng-g); *(= selfish):* hunanol. **2.** *n.* un (rhai) myfïol *&c*, myfïwr (myfïwyr) *m*, myfïwraig *f*, egosentrig(-ion) *m&f.*

egocentrically *adv.* yn fyfïol *&c.*

egocentricity, egocentrism *n.* myfïoldeb *m*, hunanganologrwydd *m* (*pronounced* ng-g), egosentrigedd *m.*

egoism *n.* myfïaeth *f*, egoistiaeth *f*, hunanyddiaeth *f.*

egoist *n.* myfïwr (myfïwyr) *m*, myfïwraig *f*, egoist(-iaid) *m&f.*

egoistic[al] *a.* myfïol, egoistaidd, egoistig.

egoistically *adv.* yn fyfïol *&c.*

egomania *n.* egomania *m*, myfïaeth *f.*

egomaniac *n.* egomaniad (egomaniaid) *m&f*, myfïwr (myfïwyr) *m*, myfïwraig *f*, *F:* fi fawr *mf.*

egomaniacal *a.* egomanaidd, myfïol.

egomaniacally *adv.* yn egomanaidd.

egotism *n.* egotistiaeth *f*, hunanoldeb *m*, hunanbwysigrwydd *m.*

egotist *n.* |egotist (egotistiaid) *m&f*, *F: occ:* fi fawr *m.*

egotistic[al] *a.* egotistaidd, hunanol, hunanbwysig.

egotistically *adv.* yn egotistaidd *&c.*

egotize *v.i.* hunanfoli, eich brolio'ch hunan.

egregious *a.* **1.** *(= shocking, extreme):* dybryd, garw, o'r mwyaf. **2.** *Lit: (= remarkable):* hynod, eithriadol, anarferol, heb eich tebyg.

egregiously *adv.* **1.** yn ddybryd *&c.* **2.** yn hynod *&c.*

egregiousness *n.* hynodrwydd *m.*

Egremont *W.Pl.n.* Egrmwnt *mf.*

egress¹ *n.* **1.** ffordd (ffyrdd) (*f*) allan, *Adm: occ:* allanfa (allanf|eydd) *f.* **2.** *Astron:* mynediad(-au) (*m*) allan, diwedd (*m*) ecl|ips.

egress² *v.i.* mynd allan.

egression *n.* mynediad(-au) (*m*) allan, mynd (*vn*) allan.

egressive *a.* allgyrchol, all-lifeiriol.

egret *n.* **1.** *Orn:* **little ~,** crëyr (crehyrod) bach copog *m*, y crëyr copog lleiaf. **2.** *Bot:* gwlanblu *pl.*

Egypt *Pr.n. Geog:* yr Aifft *f.*

Egyptian *a. & n.* **1.** *a.* Eifftaidd; *(in language):* Eiffteg; **he's ~,** Eifftiad yw ef; **the ~ government,** llywodraeth yr Aifft; *Bot:* **~ bean,** ffeuen (*f*) yr Aifft (ffa'r Aifft); **~ clover,** meillion (*pl*) yr Aifft; **~ cotton,** cotwm (*m*) yr Aifft; **~ kidney bean,** ffeuen biws (ffa piws) (*f*) yr Aifft; *Bot:* **~ lily,** = **arum lily, calla lily; ~ lotus,** lotws (*m*) yr Aifft (lotysau'r Aifft), lili (*f*) ddŵr (lilïau dŵr) yr Aifft; **~ onion,** winiwnsyn (win[i]wns) (*m*) yr Aifft, nionyn (nionod) (*m*) yr Aifft; **~ paper rush,** brwynen (*f*) bapur (brwyn papur) yr Aifft; **~ rose,** = **scabious (sweet); ~ star cluster,** clwstwr (*m*) sêr yr Aifft. **2.** *n. (a) Ethn:* Eifftiwr (Eifftwyr) *m*, Eifftiad (Eifftiaid) *m&f*, Eifftes(-au) *f*; *(b) Ling:* Eiffteg *f, m.*

Egyptianization *n.*, **Egyptianize** *v.t.* Eiffteiddio.

Egyptological *a.* Eifftolegol.

Egyptologist *n.* Eifftolegwr: Eifftolegydd (Eifftolegwyr) *m.*

Egyptology *n.* Eifftoleg *f.*

eh *int.* **1.** beth? be'? sut? **2.** *(at end of sentence):* *N:* yntê? tê? *S:* yntefe? ontefe? ondife?

eider [duck] *n. Orn: (Somateria mollissima):* hwyaden fwythblu (hwyaid mwythblu) *f*; **king ~,** *(S. spectabilis):* hwyaden fwythblu'r Arctig; **spectacled ~,** *(Arctonetta fischeri):* hwyaden fwythblu sbectolog.

eiderdown *n.* **1.** plu (*pl*) hwyaid. **2.** *(quilt):* cwrlid(-au) (*m*) plu, cwrpan(-au) *m* [o blu].

eidetic *a. & n.* **1.** *a.* darluniol, eidetig, eidetaidd. **2.** *n.* eidetig(-ion) *m&f*, darluniwr (darlunwyr) *m.*

eidetically *adv.* yn ddarluniol.

eidolon *n.* drychiolaeth(-au) *f*, ysbryd(-ion) *m.*

eigen *a. Mth: Ph:* eigen; priod- *(before noun + soft mut.)*. **~ frequency** *n.* priod amledd(-au) *m.* **~ function** *n.* priod ffwythiant (~ ffwythiannau) *m*, ffwythiant (ffwythiannau) eigen *m.* **~ value** *n.* gwerth(-oedd) (*m*) eigen. **~ vector** *n.* priod fector(-au) *m*, fector(-au) eigen *m.*

eight *num. a. & n.* **1.** *a.* wyth; *(a)* wyth *is foll. by a sing. noun, or by* o + *n.pl.*: **~ men,** wyth dyn, wyth o ddynion; **eight people,** wyth o bobl; *(b)* wyth *is foll. by the unmutated form of the noun:* **~ houses,** wyth tŷ; **~ horses,** wyth ceffyl, *or by the soft mutation (except of* m, d*)*; **~ pounds,** *(money):* wyth bunt, wythbunt; *(weight):* wyth bwys, wythbwys; **~ hundred,** wyth cant/gant, wythgant; **~ hundred years,** wyth can/gan mlynedd, wythgan mlynedd; **~ hundred years old,** wyth gan mlwydd oed; **~ thousand,** wyth mil; **~ places,** wyth lle/le; **~ times,** wyth gwaith, wythwaith; **~ or nine times,** wythwaith neu naw, wyth neu naw gwaith; **the ~ times table,** y tabl wyth; **~ or nine pence,** wyth geiniog neu naw; **~ men,** wyth dyn, *occ:* wythnyn; **~ girls,** wyth merch; *(c)* wyth *is foll. by the nasal mut. of* blwydd, blynedd *and occ. of* diwrnod: **~ years,** wyth mlynedd; **~ years old,** wythmlwydd oed, wyth oed; **~ days,** wyth niwrnod/diwrnod; *(d)* **in/of ~ parts,** wythran; **having ~ turns,** wythdro; **having ~ feet,** wythdroed; **of ~ kinds/sorts,** wythryw; **~ and sixpence,** *(in old currency):* wyth [swllt] a chwech; **the ~ of us,** yr wyth ohonom; **there were ~ of us,** 'roedd wyth ohonom; *occ:* 'roeddem ni'n wyth; *Danc:* **figure ~,** ffigiwr (*m*) wyth; **number ~,** rhif wyth; *Sp:* wythwr (wythwyr) *m*; **page ~,** tudalen wyth; **it's ~ o'clock,** mae hi'n wyth o'r gloch; *occ:* mae hi'n wyth ar y gloch; *F:* **he's had one over the ~,** mae wedi cael gormod i'w yfed; mae wedi cael diferyn yn ormod. **2.** *n. Sp: &c:* wyth(-au) *m*; *(player):* wythwr (wythwyr) *m*; **Eights' Week,** Wythnos (*f*) y Rasys Cychod/Badau. **~ ball** *n. Sp:* pêl (peli) (*f*) wyth. **~ day clock** *n.* cloc(-iau) (*m*) wyth niwrnod, *N. W: occ:* cloc pen dafad. **~-eyed** *a.* ag wyth llygad. **~-day** *attrib.* wyth niwrnod. **~-legged** *a.* ag wyth coes/goes, wythgoes. **~-yearly** *a.* bob wyth mlynedd, wythmlynyddol, wythmlwyddol.

eighteen *num. a. & n.* **1.** *a.* deunaw, *less idiomatically* un deg [ac] wyth; *(a)* deunaw *and* un deg [ac] wyth *are foll. by a sing. noun or* o + *n.pl.*; **~ men,** deunaw dyn, deunaw o ddynion, un deg [ac] wyth dyn, un deg [ac] wyth o ddynion; **~ people,** deunaw o bobl; **the ~ of us,** y deunaw ohonom, ni'n deunaw; *(b)* deunaw *is foll. by the unmutated form of the noun:* **~ times,** deunaw gwaith; **~ pence,** deunaw ceiniog; **~ pounds,** *(money):* deunaw punt; *(weight):* deunaw pwys; **~ hundred,** deunaw cant; **~ thousand,** deunaw mil; **the year 1800,** y flwyddyn mil wyth gant; **1815,** mil wyth un pump; **the 1800s,** degawd cynta'r bedwaredd ganrif ar bymtheg; **the 1820s,** dau ddegau'r bedwaredd ganrif ar bymtheg; *(c)* deunaw *is foll. by the nasal* *mut. of* blwydd, blynedd, diwrnod: **~ years,** deunaw mlynedd; **~ years old,** deunaw [mlwydd] oed; **~ days,** deunaw niwrnod; *(d)* **page ~,** tudalen deunaw; **psalm ~,** salm deunaw, y ddeunawfed salm. **2.** *n.* deunaw(-iau) *m.*

eighteenmo *n.* deunawmhlyg *m.*

eighteenth *num. a. & n.* **1.** *a.* deunawfed, *foll. by soft mut. of fem. noun; and is itself mutated after the article:* **the ~ man,** y deunawfed dyn; **the ~ year,** y ddeunawfed flwyddyn; **the ~ part,** y ddeunawfed ran; **the ~ time,** y ddeunawfed waith; **her ~ birthday,** ei phen blwydd yn ddeunaw [oed], pen ei blwydd yn ddeunaw [oed], ei deunawfed pen blwydd; **~ anniversary,** deunawmlwyddiant (deunawmlwyddiannau) *m.* **2.** *n.* deunawfed(-au) *m&f*; **the ~ of July,** y deunawfed o Orffennaf, Gorffennaf y deunawfed; **Louis the E~,** Lewis y Deunawfed; *Mth:* deunawfed(-au) *mf,* un rhan *(f)* o ddeunaw; **seven eighteenths,** saith rhan o ddeunaw.

eighteenthly *adv.* yn ddeunawfed.

eightfold *a. & adv.* **1.** *a.* wythblyg, wythplyg; *Rel:* **the E~ Path,** y Llwybr Wythplyg *m*; **our aims are ~,** mae gennym wyth amcan. **2.** *adv.* wythwaith, wyth gwaith, yn wythblyg.

eighth *num. a. & n.* **1.** *a.* wythfed, *foll. by soft mut. of fem. noun*; **the ~ day,** yr wythfed dydd; **the ~ girl,** yr wythfed ferch; **an ~ part,** wythfed ran; **the ~ time,** yr wythfed waith; **my ~ birthday,** fy mhen blwydd yn wyth [oed], pen fy mlwydd yn wyth [oed], fy wythfed pen blwydd; *Mus: U.S.:* **~ note,** cwafer (cwafrau) *m.* **2.** *n.* wythfed(-au) *m&f*; **the ~ of May,** yr wythfed *(m)* of Fai, Mai'r wythfed; **Henry the E~,** Harri'r Wythfed; *Mth:* wythfed(-au) *mf,* un rhan *(f)* o wyth; **five eighths,** pum rhan o wyth, pum wythfed. **~-rate** *a.* wythfed radd.

eighthly *adv.* yn wythfed.

eightieth *num. a. & n.* **1.** *a.* pedwar ugeinfed, *less idiomatically* wyth degfed *foll. by the soft mut. of a fem. noun:* **the ~ year,** y bedwar ugeinfed flwyddyn; **the ~ time,** y bedwar ugeinfed waith; **the ~ part,** un rhan o bedwar ugain; **his ~ birthday,** ei ben blwydd yn bedwar ugain [oed], pen ei flwydd yn bedwar ugain [oed], ei bedwar ugeinfed pen blwydd; **~ anniversary,** pedwarugeinmlwyddiant (pedwarugeinmlwyddiannau) *m.* **2.** *n.* pedwar ugeinfed(-au) *m&f,* wyth degfed(-au) *m&f*; *Mth:* pedwar ugeinfed(-au) *mf,* un rhan *(f)* o bedwar ugain, un rhan o wyth deg; **seven eightieths,** saith rhan o bedwar ugain.

eightpence *n.* wyth geiniog *f.*

eightpenny *a.* wyth geiniog.

eightsome *a. Danc:* **~ reel,** rîl (riliau) *(f)* wyth.

eighty *num. a. & n.* **1.** *a.* pedwar ugain, *less idiomatically* wyth deg; *(a) foll. by a sing. noun or* o + *n.pl.:* **~ times,** pedwar ugain gwaith, pedwar ugain o weithiau, wyth deg gwaith, wyth deg o weithiau; **~ men,** pedwar ugain dyn, pedwar ugain o ddynion; **~ people,** pedwar ugain o bobl; *(b)* pedwar ugain *is foll. by the nasal mut. of* blwydd, blynedd *and* diwrnod; **~ years old,** pedwar ugain [mlwydd] oed; **~ years,** pedwar ugain mlynedd; **~ days,** pedwar ugain niwrnod; *(c)* **page ~,** tudalen pedwar ugain, tudalen wyth deg. **2.** *n.* pedwar ugain (~ ugeiniau) *m,* wyth deg(-au) *m*; **in her eighties,** dros ei phedwar ugain [oed], yn ei phedwar ugeiniau, yn ei hwyth degau; **the Eighties,** *(era):* yr Wyth Degau; **the 1980s,** wyth degau'r ugeinfed ganrif. **~-eight** *a. & n.m.* wyth a phedwar ugain, *occ:* pedwar ugain ac wyth, *less idiomatically* wyth deg [ac] wyth; *(a) foll. by sing. noun, or* o + *n.pl.*; **~-eight books,** wyth llyfr a phedwar ugain, wyth a phedwar ugain o lyfrau, wyth deg [ac] wyth llyfr, wyth deg wyth o lyfrau; *(b)* wyth *may be foll. by the soft mut. or by the unmutated consonant:* **~-eight pounds,** *(money):* wyth bunt/punt a phedwar ugain; *(weight):* wyth bwys/pwys a phedwar ugain; *the consonants* d *and* m *do not usu. mutate:* **~-eight doors,** wyth drws a phedwar ugain; **~-eight thousand,** wyth mil a phedwar ugain; *(c)* wyth *is foll. by the nasal mut. of* blwydd, blynedd *and* diwrnod: **~-eight years,** wyth mlynedd a phedwar ugain; **~-eight years old,** wyth [mlwydd] a phedwar ugain oed; **~-eight days,** wyth niwrnod a phedwar ugain; *(d)* **the year 1588,** y flwyddyn mil pump wyth wyth. **~-eighth 1.** *a. & n.* wythfed a phedwar ugain, *less idiomatically* wyth deg [ac] wythfed; wythfed *is foll. by the soft mut. of a fem. noun:* **the ~-eighth girl,** yr wythfed ferch a phedwar ugain; **his ~-eighth birthday,** ei ben blwydd yn wyth a phedwar ugain [oed]. **2.** *n. Mth:* un rhan *(f)* o wyth deg [ac] wyth. **~-fifth 1.** *a. & n.* pumed a phedwar ugain, wyth deg a phumed; pumed *is foll. by the soft mut. of a fem. noun, and is itself mutated after the article:* **the ~-fifth year,** y bumed flwyddyn a phedwar ugain; **the ~-fifth psalm,** salm wyth deg a phump; **your ~-fifth birthday,** eich pen blwydd yn bump a phedwar ugain [oed]. **2.** *n. Mth:* un rhan *(f)* o bump a phedwar ugain, un rhan o wyth deg a phump. **~-first 1.** *a. & n.* unfed a phedwar ugain, *occ:* cyntaf ar ôl y pedwar ugain, wyth deg ac unfed; unfed *is foll. by the soft mut. of a fem. noun:* **the ~-first year,** yr unfed flwyddyn a phedwar ugain; cyntaf *follows the noun:* **the ~-first psalm,** y salm gyntaf ar ôl y pedwar ugain; **her ~-first birthday,** ei phen blwydd yn un a phedwar ugain [oed]. **2.** *n. Mth:* un rhan *(f)* o un a phedwar ugain, un rhan o wyth deg ac un. **~-five** *a. & n.* pum ... a phedwar ugain, pedwar ugain a phum ..., wyth deg pum ..., wyth deg a phum ...; **~-five men,** pum dyn a phedwar ugain, wyth deg pum dyn, wyth deg a phum dyn; **there were ~-five,** 'roedd yno wyth deg a phump; pum *is foll. by the nasal mut. of* blwydd, blynedd, diwrnod; **~-five years,** pum mlynedd a phedwar ugain; **~-five years old,** pum mlwydd a phedwar ugain [oed]; **~-five days,** pum niwrnod a phedwar ugain, wyth deg a phum niwrnod; pum *does not mutate a fem. noun nor is it mutated after the article:* **the five pennies,** y pum ceiniog; **~-five times,** pum gwaith a phedwar ugain; **1785,** mil saith wyth pump. **~-four 1.** *a. m.* pedwar a phedwar ugain, *f.* pedair a phedwar ugain, pedwar ugain a phedwar/phedair, wyth deg a phedwar/phedair, wyth deg pedwar/pedair; *neither* pedwar *nor* pedair *mutate the foll. noun:* **the ~-four years,** y pedair blynedd a phedwar ugain; **the ~-four days,** y pedwar diwrnod a phedwar ugain; **~-four times,** pedair gwaith a phedwar ugain; **1984,** mil naw wyth pedwar. **2.** *n.* pedwar a phedwar ugain *m,* pedwar ugain a phedwar *m,* wyth deg a phedwar *m,* wyth deg pedwar *m.* **~-fourth 1.** *a. & n.* pedwerydd *(m)* a phedwar ugain, pedwaredd *(f)* a phedwar ugain; wyth deg a phedwerydd/phedwaredd, wyth deg pedwerydd/pedwaredd; pedwaredd *is mutated after the article and mutates the noun following:* **the ~-fourth year,** y bedwaredd flwyddyn a phedwar ugain; **her ~-fourth birthday,** ei phen blwydd yn bedair a phedwar ugain [oed]; **the ~-fourth hymn,** y pedwerydd emyn ar ôl y pedwar ugain. **2.** *n. Mth:* un rhan *(f)* o bedair a phedwar ugain; un rhan o wyth deg a phedair. **~-nine** *a. & n.m.* naw a phedwar ugain, pedwar ugain a naw, wyth deg [a] naw; naw *is foll. by the nasal mut. of* blwydd, blynedd, diwrnod; **~-nine years,** naw mlynedd a phedwar ugain; **~-nine years old,** naw mlwydd a phedwar ugain oed; **~-nine days,** naw niwrnod a phedwar ugain; *otherwise* naw *does not mutate the noun:* **~-nine girls,** naw geneth a phedwar ugain, naw a phedwar ugain o enethod, wyth deg [a] naw geneth, wyth deg [a] naw o enethod; **~-nine times,** naw gwaith a phedwar ugain, wyth deg [a] naw o weithiau; **1789,** mil saith wyth naw. **~-ninth 1.** *a. & n.* nawfed a phedwar ugain, wyth deg a nawfed; nawfed *is foll. by the soft mut. of a fem. noun:* **the ~-ninth time,** y nawfed waith a phedwar ugain; **his ~-ninth birthday,** ei ben blwydd yn naw a phedwar ugain [oed]. **2.** *n. Mth:* un rhan *(f)* o naw a phedwar ugain, un rhan o wyth deg [a] naw. **~-one** *a. & n.m.* un a phedwar ugain, pedwar ugain ac un, wyth deg [ac] un, *foll. by sing. noun or* o + *n.pl.*; un *is foll. by the soft mut. of a fem. noun:* **~-one sheep,** un ddafad a phedwar ugain; *(but not of* rh-, ll-: **~-one spades,** un rhaw a phedwar ugain; **~-one ships,** un llong a phedwar ugain); *it is foll. by the soft mut. of all fem. adjs. including those beginning with* ll-, rh-; *it is foll. by the nasal mut. of* blynedd, blwydd: **~-one years,** un mlynedd a phedwar ugain; **~-one years old,** un [mlwydd] a phedwar ugain [oed]; **1881,** mil wyth wyth un. **~-second 1.** *a. & n.* ail a phedwar ugain, wyth deg ac eilfed; ail, eilfed *are now usu. foll. by the soft mut.:* **the ~-second year,** yr ail flwyddyn a phedwar ugain; **the ~-second psalm,** yr ail salm ar ôl y pedwar ugain; **the ~-second time,** yr eilwaith a phedwar ugain; **my ~-second birthday,** fy mhen blwydd yn ddwy a phedwar ugain [oed]. **2.** *n. Mth:* un rhan *(f)* o ddwy a phedwar ugain, un rhan o wyth deg a dwy. **~-seven** *a. & n.m.* saith a phedwar ugain, pedwar ugain a saith, wyth deg [a] saith, *foll. by sing. noun or* o + *n.pl.:* saith *may be foll. by the unmutated form or by the soft mut. (except of* m-, d-*)*; **~-seven towns,** saith tref/dref a phedwar ugain, saith a phedwar ugain o drefi, wyth deg [a] saith o drefi, wyth deg [a] saith tref; **~ seven pence,** saith geiniog a phedwar ugain, wyth deg [a] saith ceiniog/geiniog; **~-seven girls,** saith merch a phedwar ugain, wyth deg [a] saith o ferched; ~ **seven sheep,** saith dafad a phedwar ugain, wyth deg [a] saith o ddefaid; **~-seven times,** seithwaith a phedwar ugain; saith *is foll. by the nasal mut. of* blynedd, blwydd *and occ. of* diwrnod; **~-seven years,** saith mlynedd a phedwar ugain; **~-seven years old,** seithmlwydd a phedwar ugain [oed]; **~-seven days,** saith niwrnod/diwrnod a phedwar ugain; **the year 1487,** y flwyddyn mil pedwar wyth saith; **1687,** mil chwech wyth saith. **-seventh 1.** *a. & n.* seithfed a phedwar ugain, wyth deg [a] seithfed; seithfed *is foll. by the soft mut. of a fem. noun*; **the ~-seventh chapter,** y seithfed bennod a phedwar ugain; **the ~-seventh psalm,** y seithfed salm ar ôl y pedwar ugain; **his ~-seventh birthday,** ei ben blwydd yn saith a phedwar ugain mlwydd [oed]. **2.** *n. Mth:* un rhan (*f*) o saith a phedwar ugain, un rhan o wyth deg [a] saith. **~-six 1.** *a.* chwe . . . a phedwar ugain, pedwar ugain a chwe . . ., wyth deg [a] chwe . . . *foll. by sing. noun, or* wyth deg a chwech + *n.pl.*; chwe *is foll. by the spirant mut. of* p-, t-, c-: **~-six horses,** chwe cheffyl a phedwar ugain; **~-six houses,** chwe thŷ a phedwar ugain; **~-six pence,** chwecheiniog a phedwar ugain; **~-six pounds,** *(money):* chwephunt a phedwar ugain; *(weight):* chwephwys a phedwar ugain; **~-six years,** chwe blynedd a phedwar ugain; **~-six years old,** chwe blwydd a phedwar ugain oed, chwech a phedwar ugain oed. **2.** *n.* chwech a phedwar ugain *m*, pedwar ugain a chwech, wyth deg [a] chwech; **1586,** mil pump wyth chwech. **~-sixth 1.** *a. & n.* chweched a phedwar ugain, wyth deg [a] chweched; chweched *is foll. by the soft mut. of a fem. noun:* **the ~-sixth year,** y chweched flwyddyn a phedwar ugain; **the ~-sixth psalm,** y chweched salm ar ôl y pedwar ugain; **the ~-sixth time,** y chweched waith a phedwar ugain; **his ~-sixth birthday,** ei ben blwydd yn chwech a phedwar ugain [oed]. **2.** *n. Mth:* un rhan (*f*) o chwech a phedwar ugain, un rhan o wyth deg [a] chwech. **~-third 1.** *a. & n. m.* trydydd a phedwar ugain, *f.* trydedd a phedwar ugain, wyth deg a thrydydd/thrydedd, wyth deg trydydd/trydedd; trydedd *is mutated after the article and is foll. by the soft mut. of a fem. noun:* **the ~-third time,** y drydedd waith a phedwar ugain; **her ~-third birthday,** ei phen blwydd yn dair a phedwar ugain [oed]; **the ~-third hymn,** y trydydd emyn ar ôl y pedwar ugain. **2.** *n. Mth:* un rhan (*f*) o dair a phedwar ugain, un rhan o wyth deg a thair. **~-three** *a. & n. m.* tri a phedwar ugain, *f.* tair a phedwar ugain, pedwar ugain a thri/thair, wyth deg a thri/thair, wyth deg tri/tair; tri *is foll. by the spirant mut. of* p-, t-, c-; **~-three houses,** tri thŷ a phedwar ugain; **~-three horses,** tri cheffyl a phedwar ugain; **~-three poles,** tri pholyn a phedwar ugain; tair *is not mut. after the article and does not mut. a fem. noun:* **the ~-three times,** y tair gwaith a phedwar ugain; **the ~-three years,** y tair blynedd a phedwar ugain; **~-three times,** teirgwaith a phedwar ugain; **1483,** mil pedwar wyth tri. **~-two** *a. & n. m.* dau a phedwar ugain, dwy a phedwar ugain, pedwar ugain a dau/dwy, wyth deg [a] dau/dwy *foll. by sing. noun or by* o + *n.pl.*; dau/dwy *are mutated after the article and are foll. by the soft mut.*. **the ~-two men,** y ddau ddyn a phedwar ugain; **the ~-two girls,** y ddwy ferch a phedwar ugain; **~-two times,** dwywaith a phedwar ugain; **the ~-two years,** y ddwy flynedd a phedwar ugain; **~-two years old,** dwyflwydd a phedwar ugain oed; **1882,** mil wyth wyth dau.

eightyfold *a. & adv.* **1.** *a.* pedwar-ugeinplyg. **2.** *adv.* bedwar ugain gwaith [gymaint].

eigne *a. Jur:* blaenaf, hynaf.

eikon *n.* eicon(-au) *m.*

eikonogen *n. Phot:* eic|onogen (eiconogenau) *m.*

einkorn *n. Bot:* eincorn *m.*

Einsteinian *a.* Einsteinaidd.

einsteinium *n. Ch:* einsteiniwm *m.*

eirenic *a.* heddychol.

eirenicon *n.* hedd-offrwm (~-offrymau) *m*, eir|enicon (eireniconau) *m.*

Eire *Pr.n. Geog:* Eire *f*, Iwerddon *f.*

eisteddfod *n.* eisteddfod(-au) *f*, *F:* 'steddfod(-au) *f*; **are you going to the ~ this year?** *N: F:* wyt ti am [y] 'steddfod eleni? **local ~,** eisteddfod bro; **provincial ~,** eisteddfod daleithiol (eisteddfodau taleithiol); **the [Llangollen] International [Musical] E~,** yr Eisteddfod Gydwladol, Eisteddfod Llangollen; **National E~,** Eisteddfod Genedlaethol (Eisteddfodau Cenedlaethol), prifwyl(-iau) *f*; **the Royal National E~ of Wales,** Eisteddfod Genedlaethol Frenhinol Cymru; **the National E~,** yr Eisteddfod Genedlaethol, y Brifwyl *f*, *F:* y Genedlaethol; **frequenter of eisteddfodau,** eisteddfodwr (eisteddfodwyr) *m*, eisteddf|odwraig (eisteddfodwragedd) *f*; **to visit/frequent eisteddfodau,** eisteddfota.

eisteddfodic *a.* eisteddfodol.

either *a., pron., conj. & adv.* **1.** *a. & pron. (a) (= both):* y naill a'r llall; y ddau (*m*), y ddwy (*f*) + *soft mut.*; **on ~ side,** o bobtu, ar bob ochr, o'r naill du a'r llall (**of sth,** i rth); **at ~ end,** ym mhob pen, yn y ddau ben, *occ:* yn y ddeupen; *(b) (one or other):* y naill neu'r llall, un neu'r llall; **~ of them,** [unrhyw] un ohonynt, y naill neu'r llall ohonynt; *(after neg.):* yr un; **I don't believe ~ of you,** nid wyf yn credu'r un ohonoch; nid wyf yn credu'r naill na'r llall ohonoch; **(you can do it) ~ way,** (gellwch chi ei wneud) y naill ffordd neu'r llall, mewn unrhyw ffordd; **(do you want this one or that?) - ~,** (pa un a fynnwch chi?) - unrhyw un, [ni] waeth pa un. **2.** *conj. & adv. (a)* naill ai. . . neu [ynteu]; un ai. . . neu [ynteu]; **~ come in or go out,** un/naill ai dewch i mewn neu [ynteu] ewch allan; *(b) after neg., hardly, scarcely, very, little &c; not. . .* **either,** na. . . [y]chwaith; **nor I ~!** na minnau [y]chwaith! **it's an ~ or choice,** mae'n ddewis anorfod/anochel; y naill beth neu'r llall yw hi.

ejaculate¹ *n. Physiol:* had (*m*) bwrw, alldafliad(-au) *m*, allfwriad (-au) *m.*

ejaculate² *v.t.* **1.** *Physiol:* alldaflu, allfwrw, ffrydio. **2.** *(words):* ebychu, gweiddi (rhth) yn sydyn, *occ:* llefain; **("Heavens!") he ejaculated,** ("Nefoedd!") meddai'n sydyn, ebychodd, gwaeddodd, llefodd.

ejaculation *n.* **1.** *Physiol:* ffrydiad(-au) (*m*) had, had-ffrydiad(-au) *m*, tafliad(-au) (*m*) had, had-dafliad(-au) *m*; *vn.* = **ejaculate² 1. 2.** *(= exclamation):* ebwch (ebychau) *m*, ebychiad(-au) *m.*

ejaculatory *a.* **1.** ebychiadol; **~ prayer,** saeth-weddi (~-weddïau) *f*, *F:* gweddi (gweddïau) (*f*) o'r frest. **2.** *Anat:* **~ duct,** dwythell(-au) ffrydiol *f.*

eject *v.t.&i.* **1.** *v.t. (a) (flame, bile &c):* bwrw/taflu/saethu (rhth) allan/mas, ffrydio, pistyllio, *occ:* chwydu; *(b) (gatecrasher &c):* troi/taflu/hel/bwrw (rhn) allan, *S:* taflu/towlu (rhn) mas; *(from a society):* diarddel; *(from a post):* diswyddo; *Jur:* **to ~ a tenant,** troi/bwrw tenant allan/mas, difeddiannu tenant. **2.** *v.i. (of pilot):* **to ~ from an aeroplane,** ymdaflu/ymsacthu o awyren.

ejecta *n.pl.* chwŷd *m*, chwydfa *f.*

ejectable *a.* alldafladwy.

ejection *n.* **1.** *(of flame &c):* ffrydiad(-au) *m*, ffrwd (ffrydiau) *f*, tafliad(-au) allan *m*, alldafliad(-au) *m*; *vn.* = **eject 1. 2.** *(= expulsion):* diarddeliad(-au) *m*; *(from a post):* diswyddiad(-au) *m*; *(= eviction):* dadfeddiant (dadfeddiannau) *m*, troad(-au) (*m*) allan/mas; *S.a.* **eject 2. ~ seat** *n.* = **ejector seat.**

ejective *a. & n.* **1.** *a.* alldafliadol, allwthiol. **2.** *n.* alldafliad(-au) *m.*

ejectment *n.* = **ejection.**

ejector *n.* **1.** *Sm.a: Mch:* alldaflwr (alldaflwyr) *m.* **2.** *Ecc:* **Committee of Ejectors,** Pwyllgor (*m*) y Diarddelwyr, Pwyllgor y Diswyddwyr. **~ seat** *n.* sedd(-au) (*f*) alldaflu.

ejusdem generis *Lt.adv.phr. Jur:* ***ejusdem generis,*** un o'r natur.

eka- *pref. Ch:* eca-.

eke¹ *v.t.* cynyddu (rhth), ychwanegu (at rth); **to ~ out a living,** hel/crafu bywoliaeth, byw o'r llaw i'r genau, hel tamaid, ceisio cael y ddau ben llinyn ynghyd, crafu rhth at fyw; **to ~ out one's food,** gwn|eud i fwyd bara, dogni bwyd; **to ~ out one's income (by writing),** ennill rhth dros ben, crafu ceiniog (drwy ysgrifennu).

eke² *adv. A:* hefyd.

ekistic *a.* anheddol, trigiannol.

ekistician *n.* aneddegwr: aneddegydd (aneddegwyr) *m.*

ekistics *n.pl.* anheddeg *f*, trigianneg *f*, ecisteg *f.*

ekka *n. Veh:* cerbyd(-au) *m*, trap(-iau) *m.*

ektexine *n. Bot:* ectecsin *m.*

el *n. Alph:* [y llythyren] el(-iau) *f*; **(Welsh) double ~,** ell(-iau) *f.*

elaborate¹ *a. (mechanism &c):* cymhleth; *(precautions &c):* cymhleth, trafferthus, llafurus, llafurfawr, tra gofalus.

elaborate² *v.t.&i.* **1.** *v.t. (a)* **to ~ a theory,** adeiladu/datblygu damcaniaeth, gweithio damcaniaeth allan/mas; *(work of art):* coethi, cywreinio, caboli; *(b) Physiol: (= produce):*

cynhyrchu. **2.** *v.i.* manylu, ymhelaethu, mynd ymhellach; **I will not ~,** nid af i ddim i fanylu; nid af i ddim ar ôl hynny.

elaborated *a.* manwl, manylach, cymhleth, cywrain; *S.a.* **code**[1].*adv.* yn gymhleth *&c.*

elaborateness *n.* *(= complexity):* cymhlethdod *m*, cywreinrwydd *m*, coethder *m*; *(= minuteness of research):* manyldeb *m*, manylder *m*, cywirdeb *m*, llafurusrwydd *m*, manwl gywirdeb *m*.

elaboration *n.* **1.** *(= working out):* datblygiad(-au) *m*; *vn.* = **elaborate**[2] **1.** *(a)*. **2.** *Physiol:* cynhyrchiad(-au) *m*. **3.** *Carp:* *&c:* manylder *m*.

elaborative *a.* datblygol; *Physiol:* cynhyrchol.

elaborator *n.* datblygwr: datblygydd (datblygwyr) *m*, cynhyrchydd (cynhyrchwyr) *m*.

Elamite *a.* & *n.* **1.** *a.* Elamaidd; *(in language):* Elameg. **2.** *n.* *(a)* *Ethn:* Elamiad (Elamiaid) *m&f*; *(b)* *Ling:* Elameg *f*, *m*.

élan *n.* asbri *m*, ynni *m*, bywyd *m*, afiaith *m*, hoen *f*, hoender *m*; ~ ***vital***, hoenusrwydd *m*, egni bywiol *m*.

eland *n.* *Z:* eland(-iaid) *m*.

elapid *a.* & *n.* *Z:* **1.** *a.* elapidaidd. **2.** *n.* |elapid (elapidau) *m*.

elapse[1] *n.* ysbaid (ysbeidiau) *mf*.

elapse[2] *v.i.* *(of time):* mynd heibio, treiglo.

elapsed *a.* **~ time,** amser a aeth heibio, amser treigledig, amser a dreiglodd.

elasmobranch *n.* *Z:* elasmobranciad (elasmobranciaid) *m&f*.

elasmosaurus *n.* *Paleont:* el|asmosor (elasmosoriaid) *m*.

elastase *n.* *Bio-Ch:* elastas *m*.

elastic *a.* & *n.* **1.** *a.* *(a)* ystwyth, *Lit:* hyblyg, hydwyth, *F:* elastig, *S.E:* *occ:* anelog; **~ limit,** terfyn (*m*) hyblygrwydd; **to become ~,** ystwytho, mynd yn ystwyth; *Ph:* **~ energy,** egni elastig *m*; **~ collision,** gwrthdrawiad(-au) elastig *m*; *(b)* *F:* *(rule, conscience &c):* ystwyth, hyblyg, llac, fel 'lastig. **2.** *n.* elastig(-au) *m*, *F:* 'lastig *m*; **shirring ~,** elastig cygrychu. **~ band** *n.* dolen(-nau,-ni) (*f*) 'lastig.

elastically *adv.* yn ystwyth *&c.*

elasticated *a.* elastigedig, hyblygedig, ystwythedig.

elasticity *n.* hyblygrwydd *m*, ystwythder *m*, hydwythedd *m*, elastigrwydd *m*, elastigedd *m*; *Econ:* **cross ~,** croes-hydwythedd *m*; **~ of substitution,** hydwythedd amnewid; *(of character):* hyblygrwydd *m*; *(of body):* ystwythder *m*.

elasticize *v.t.* hyblygu, ystwytho, elastigo.

elasticized *a.* elastigedig.

elastin[e] *n.* *Bio-Ch:* elastin *m*.

elastomer *n.* *Ch:* el|astomer (elastomerau) *m*.

elastomeric *a.* *Ch:* elastomeraidd, elastomerig.

elastrator *n.* hydwythydd(-ion) *m*.

elate *v.t.* calonogi, ysbrydoli, sirioli (rhn); codi calon (rhn).

elated *a.* llon, llawen, siriol, wrth eich bodd, uwch ben eich digon, wedi cael modd i fyw, gorfoleddus, gorawenus, calonnog, hwyliog, ar eich uchelfannau.

elatedly *adv.* yn llon *&c.*

elatedness *n.* = **elation.**

elater *n.* **1.** *Ent:* chwilen glec (chwilod clec) *f*. **2.** *Bot:* taenwr (taenwyr) (*m*) hadau.

elaterid *a.* & *n.* **1.** *a.* elateraidd. **2.** *n.* = **elater 1**.

elaterin *n.* *Ch:* el|aterin *m*.

elaterite *n.* *Miner:* el|aterit *m*.

elaterium *n.* *Pharm:* elateriwm *m*.

elation *n.* **1.** gorfoledd *m*, balchder *m*, llawenydd *m*, sirioldeb *m*, hwyliau da *pl*, gorawen *f*. **2.** *Ph:* ymlediad(-au) *m*.

elbow[1] *n.* **1.** penelin(-oedd) *mf*; **capped ~,** dŵr (*m*) ar y penelin; **to rest one's ~ (on sth),** penelino, pwyso penelin (ar rth); **to rest one's elbows on the bar,** *S.W:* *occ:* bod yn llorpod ar y bar; **his coat was out at elbows,** 'roedd penelinoedd ei gôt yn dyllau; *F:* *(pers.):* **he was out at elbows,** 'roedd ei benelinoedd yn dangos; *V:* **he doesn't know his arse from his ~,** ni ŵyr ba un yw ei benelin a pha un yw ei ben ôl; *F:* **to lift one's ~,** codi'r bys bach; **up to the elbows in work,** hyd at eich clustiau/ceseiliau mewn gwaith; **to rub elbows with s.o.,** rhwbio penelinoedd â rhn, ymrwbio yn rhn; **at s.o.'s ~,** wrth ochr rhn, ar bwys rhn, wrth benelin rhn; **to stick out one's elbows,** lledu'ch penelinoedd; **to give s.o. the ~,** cael gwared â rhn, cael ymadael â rhn; *Geog:* **~ of capture,** elin (*f*) ladrad (elinau/elinoedd lladrad). **2.** *(a)* *(of piping):* plygiad(-au) (*m*) penelin. **~-board** *n.* *Const:* linter (*f*) ffenestr (linteri ffenestri). **~-chair** *n.* *U.S:* = **armchair.** **~ crutch** *n.* bagl (*f*) penelin (baglau penelinoedd). **~-grease** *n.* *F:* eli (*m*) penelin, nerth (*m*) bôn braich; **put a bit of ~-grease into it!** rhowch dipyn bach o fôn braich ynddi! *N.W:* *occ:* ceirch iddi! **~-high** *adv.* hyd at y penelin. **~-joint** *n.* **1.** *Anat:* cymal (*m*) [y] penelin (cymalau penelinoedd). **2.** *Mec.E:* *&c:* plygiad(-au) *m*. **~-rest** *n.* linter(-i) *f*. **~-room** *n.* lle (*m*) i droi/symud.

elbow[2] *v.t.&i.* *(a)* gwthio/pwnio (rhn) â'ch penelin; cilgwthio, elino, penelino (rhn); rhoi hergwd (i rn); *S.W:* *occ:* lwndo, hwpo (rhn); *(b)* **to ~ [one's way] through the crowd,** ymelino/ymwthio trwy'r dorf, *S.W:* hwpo trwy'r dorf.

elbowing *vn.* eliniad(-au) *m*, hergwd *m*, peneliniad(-au) *m*; *S.a.* **elbow**[2].

eld *n.* *A:* *Poet:* **1.** *(= old age):* henaint *m*, penwynni *m*. **2.** *(= olden times):* yr hen amser gynt *m*, ers talwm *m*, y cynoesoedd *pl*.

elder[1] *a.* & *n.* **1.** *a.* hŷn; *(of two):* hynaf; **his ~ brother,** ei frawd hŷn; **Pliny the E~,** Plini'r Hynaf; **which is the ~?** p'run yw'r hynaf? *Cards:* **~ hand,** chwaraewr cyntaf *m*; **~ statesman,** gwladweinydd (gwladweinwyr) hŷn *m*, hen wladweinydd, *Fig:* hynafgwr (hynafgwyr) *m*; **the E~ Statesmen,** Hynafgwyr y Senedd. **2.** *n.* *(a)* hynaf(-iaid) *m*, hynafgwr (hynafgwyr) *m*, henuriad (henuriaid) *m*; *(b)* **obey your elders,** gwna fel y mae rhai hŷn yn dweud; **village elders,** hynafgwyr y pentref; *(c)* *Ecc:* henadur(-iaid) *m*, blaenor(-iaid) *m*, diacon(-iaid) *m*, henuriad.

elder[2] *n.* *Bot:* **~ [tree],** *(Sambucus nigra):* ysgawen (ysgaw) *f*; **Alpine ~,** = **elder**[2] **(red-berried)**; **box ~,** *(Acer negundo):* masarnen (masarn) onennaidd *f*; **dwarf ~, dog-~,** *(S. ebulus):* ysgawen Fair (ysgaw Mair); **ground ~,** *(Aegopodium podagraria):* llysiau(*pl*)'r gymalwst, cythraul (*m*) y gerddi, onnen bêr, onnen y ddaear; **false ~,** *(Premna gaudichaudii):* ffug-ysgawen (~-ysgaw) *f*; **marsh-~,** *(Iva frutescens):* *(i)* = **guelder rose;** *(ii)* *U.S:* ysgawen y morfa; **red-berried ~,** *(S. racemosa):* ysgawen rawngoch (ysgaw grawngoch) (*pronounced* ng-g). **~-berry** *n.* eirinen (eirin) (*f*) ysgaw; **~-berry cluster,** cnot(-iau) (*m*) ysgaw; **~-berry wine,** gwin (*m*) ysgaw[en], gwin eirin ysgaw. **~-flower** *n.* blodeuyn (*m*) [yr] ysgaw (blodau['r] ysgaw); **~-flower wine,** gwin (*m*) blodau ysgaw[en]. **~ moth** *n.* *Ent:* gwyfyn(-od) (*m*) yr ysgaw. **~-pith** *n.* caws (*m*) ysgaw. **~-scented orchid** *n.* *Bot:* tegeirian ysgawennaidd *m*.

elderly *a.* & *n.* **1.** *a.* oedrannus, mewn oed, mewn tipyn o oed, mewn gwth o oedran. **2.** *n.* **the ~,** yr hen *pl*, hen bobl *f or pl*, yr henoed *pl*, pobl hŷn *f or pl*, yr oedrannus *pl*.

eldership *n.* henadur[i]aeth(-au) *f*.

eldest *a.* hynaf; **~ hand,** chwaraewr cyntaf *m*.

Eldorado *n.* Gwlad (*f*) yr Aur, Eldorado *f*.

eldritch *a.* *Scot:* annaearol, arswydus, bwganllyd, erchyll, echryslon, dychrynllyd.

Eleatic *a.* & *n.* **1.** *a.* Eleatig. **2.** *n.* Eleatig(-ion) *m*.

Eleaticism *n.* Eleatigiaeth *f*.

elecampane *n.* *Bot:* marchalan *m*, llwyglys *m*, clafrllys mawr *m*, dail (*pl*) crach.

elect[1] *a.* & *n.* **1.** *a.* etholedig; darpar + *soft mut.*; **the Mayor E~,** y Maer Etholedig, y Darpar Faer. **2.** *n.* *(a)* *Theol:* **the E~,** yr Etholedigion *pl*; *(b)* *F:* *Joc:* yr etholedig rai.

elect[2] *v.t.* **1. to ~ to do sth,** dewis gwneud rhth; *Jur:* **to ~ for summary trial,** dewis treial diannod; *Jur:* **to ~ domicile,** dewis aneddle. **2.** *Pol:* ethol; **to ~ s.o. [a] member, to ~ s.o. to be a member,** ethol rhn yn aelod.

electability *n.* etholadwyedd *m*.

electable *a.* etholadwy, agored i'ch ethol, ar dir i'ch ethol.

election *n.* **1.** etholiad(-au) *m*, *F:* lecsiwn (lecsiynau) *mf*; *(action):* ethol *vn*; **general ~,** etholiad cyffredinol; **by-~,** isetholiad(-au) *m*; *S.a.* **agent; Elections (Welsh Forms) Act,** Deddf (*f*) Etholiadau (Ffurflenni Cymraeg); *Jur:* **Equitable Doctrine of E~,** Gwerseb (*f*) Ecwitïol Etholiad; **~ petition,** deiseb (*f*) etholiadol/etholiad. **2.** *Theol:* etholedigaeth *f*.

electioneer[1] *v.t.* ymgyrchu, *F:* lecsiyna.

electioneer[2] *n.* ymgyrchwr: ymgyrchydd (ymgyrchwyr) *m*, ymg|yrchwraig (ymgyrchwragedd) *f*, *F:* lecsiynwr (lecsiynwyr) *m*, lecs|iynwraig (lecsiynwragedd) *f*.

electioneering[1] *a.* etholiadol, ymgyrchol, *F:* lecsiynol.

electioneering[2] *vn.* = **electioneer.**

elective *a.* & *n.* **1.** *a.* *(a)* *Pol:* etholiadol; **~ franchise,** etholfraint (etholfreintiau) *f*; **~ monarchy,** brenhiniaeth etholedig *f*; *(b)*

Sch: U.S: (= optional): dewisol; ~ **subject,** pwnc dewis *m*; ~ **amnesia,** anghofrwydd dewisol *m*; ~ **mute,** mudan(-od) dewisol *m*; ~ **mutism,** mudandod dewisol *m*. **2.** *n. U.S:* cwrs (cyrsiau) dewis *m*.
electively *adv.* yn ddewisol.
electiveness *n.* dewisolrwydd *m*.
elector *n.* **1.** etholwr (etholwyr) *m*, pleidleisiwr (pleidleiswyr) *m*. **2.** *Hist:* etholydd(-ion) *m*; **E~ Archbishop,** Etholydd Archesgob; **Prince E~,** Etholydd Tywysogol; ~ **Palatine,** Etholydd P|alatin.
electoral *a.* etholiadol; ~ **reform,** diwygio/diwygiad etholiadol, diwygio'r drefn bleidleisio.
electorate *n.* **1.** *Hist:* etholyddiaeth *f*. **2.** *Pol:* etholaeth(-au) *f*, pleidleiswyr *pl*, etholwyr *pl*.
electorship *n. Hist:* etholyddiaeth(-au) *f*.
Electra *Pr.n.f.* ~ **complex,** cymhlethdod (*m*) Electra.
electress *n.f. Hist:* etholyddes(-au).
electret *n. El.E:* electred(-au) *m*.
electric *a. & n.* **1.** *a.* trydan, trydanol, *F:* letrig; ~ **blue** *a. & n.* durlas (durleision) (*m*), glas trydanol *m*; ~ **eye,** llygad (llygaid) trydan *m*; ~ **light,** golau (*m*) trydan, goleuni (*m*) trydan; *Ent:* ~ **light bug,** chwilen (chwilod) (*f*) y golau; ~ **power point,** pwynt(-iau) (*m*) trydan; *Ich:* ~ **ray,** rhaien drydan (rhaiod trydan) *f*, sythbysg(-od) *m*, cath (*f*) fôr drydan (cathod môr trydan), cath fôr letrig; **marbled ~ ray,** *(Torpedo marmorata):* morgath letrig fraith (morgathod letrig braith); ~ **torch,** fflaslamp(-au) *f*; *S.a.* **eel, chair[1]**. **2.** *(a) n.* trydan *m*, *F:* letrig *m*; *(b) pl.* **electrics,** offer trydanol, peiriannau trydanol, trydanolion.
electrical *a.* **1.** trydanol; ~ **fitter,** trydanwr (trydanwyr) *m*. **2.** *Fig:* trydanol, gwefreiddiol.
electrically *adv.* yn drydanol &c; â thrydan, gan drydan.
electricalness *n.* gwefreiddioldeb *m*.
electrician *n. Ind:* trydanwr: trydanydd (trydanwyr) *m*.
electricity *n.* **1.** trydan *m*, *F:* letrig *m*. **2.** *(= study of):* trydaneg *f*.
electrification *n.* trydaniad(-au) *m*, trydaneiddiad(-au) *m*, trydaneiddio *vn*, trydanu *vn*.
electrify *v.t.* **1.** trydaneiddio, trydanu. **2.** *Fig:* gwefreiddio.
electrifying *a.* gwefreiddiol.
electro[1] *n. & v.t. F: See* **electroplate[1,2], electrotype[1,2]**.
electro-[2] *comb.fm.* electro-.
electroacoustic *a.* electroacwstig.
electroacoustics *n.pl.* electroacwsteg *f*.
electroactive *a.* electroweithredol.
electroanalysis *n.* electroddadansoddiad *m*, electroddadansoddi *vn*.
electroanalytic[al] *a.* electroddadansoddol.
electrobiology *n.* electrobioleg *f*.
electrocardiogram *n. Med:* electroc|ardiogram (electrocardiogramau) *m*.
electrocardiograph *n. Med:* electroc|ardiograff (electrocardiograffau) *m*.
electrocardiographic *a. Med:* electrocardiograffig
electrocardiography *n. Med:* electrocardiograffeg *f*.
electrochemical *a. & n.* **1.** *a.* electrocemegol; ~ **equivalent,** cywerth(-oedd) electrocemegol *m*. **2.** *n.* electrocemigyn (electrocemigion) *m*.
electrochemistry *n.* electrocemeg *f*.
electroconvulsive *a.* electrogynhyrfol.
electrocorticogram *n.* electroc|orticogram (electrocorticogramau) *m*.
electroculture *n.* electrofeithrin *vn*.
electrocute *v.t.* trydanu (rhn), lladd (rhn) â thrydan; *(execute):* dienyddio (rhn) â thrydan.
electrocution *n.* trydaniad(-au) *m*, trydanu *vn*; *Med: Jur:* trydanladdiad(-au) *m*.
electrode *n.* electrod(-au) *m*.
electrodeposit[1] *n.* electroddyddodiad(-au) *m*.
electrodeposit[2] *v.t.* electroddyddodi.
electrodeposition *n.* electroddyddodiad(-au) *m*.
electrodialyse *v.t.* electrodialysu.
electrodialyser *n.* electrodialyswr (electrodialyswyr) *m*.
electrodialysis *n.* electrodi|alysis *m*.
electrodialytic *a.* electrodialytig.
electrodynamic *a.* electrodynamig.
electrodynamics *n.pl.* electrodynameg *f*.
electrodynamometer *n.* electrodynamomedr(-au) *m*.
electroencephalogram *n. Med:* electro-ens|effalogram (electroenseffalogramau) *m*.
electroencephalograph *n. Med:* electro-ens|effalograff (electroenseffalograffau) *m*.
electroencephalography *n. Med:* electro-enseffalograffeg *f*.
electrofacing *vn.* electrowynebu.
electrofishing *vn.* electrobysgota.
electroform *v.t.* electroffurfio.
electrogenesis *n.* electrog|enesis *m*.
electrogenic *a.* electrogenig.
electrogram *n.* el|ectrogram (electrogramau) *m*.
electrohydraulic *a.* electrohydrolig.
electrojet *n.* electro-jet(-iau) *f*.
electrokinetic *a.* electrocinetig.
electrokinetics *n.pl.* electrocineteg *f*.
electroless *a.* dielectro.
electrolier *n.* electroganhwyllyr (electroganwyllyron) *m*.
electrologist *n.* electrolegydd (electrolegwyr) *m*.
electroluminescence *n. Ph:* electro-ymoleuedd *m*.
electroluminescent *a. Ph:* electro-ymoleuol.
electrolyse *v.t. Ch:* electrolysu, electroleiddio.
electrolysis *n. Ch:* electr|olysis *m*.
electrolyte *n. Ch:* el|ectrolyt (electrolytau) *m*.
electrolytic *a. Ch:* electrolytig.
electrolytically *adv.* yn electrolytig.
electromagnet *n. Ph:* electromagned(-au) *m*.
electromagnetic *a. Ph:* electromagnetig, electromagnetaidd.
electromagnetism *n. Ph:* **1.** *(study):* electromagneteg *f*. **2.** *(phenomenon):* electromagnetedd *m*.
electromechanical *a.* electrobeiriannol.
electrometallurgy *n.* electrometeleg *f*.
electrometer *n.* electromedr(-au) *m*.
electrometric *a.* electrometrig.
electromotive *a.* electromotif.
electromotor *n.* electromotor(-au) *m*.
electromyogram *n. Med:* electrom|yogram (electromyogramau) *m*.
electromyograph *n. Med:* electrom|yograff (electromyograffau) *m*.
electromyographic[al] *a. Med:* electromyograffig.
electromyography *n. Med:* electromyograffeg *f*.
electron *n.* electron(-au) *m*. ~ **acceptor** *n.* derbynnydd (*m*) electronau. ~ **affinity** *n.* affinedd electronol *m*. ~ **beam** *n.* pelydr(-au) (*m*) electronau. ~ **cloud** *n.* cwmwl (*m*) electronau; ~ **cloud overlap,** gorgyffyrddiad (*m*) cymylau electronig. ~ **donor** *n.* cyfrannwr (cyfranwyr) (*m*) electronau. ~ **gas** *n.* nwy (*m*) electronau. ~ **gun** *n.* dryll(-iau) (*m*) electronau. ~ **lens** *n.* lens(-ys) electronig *f*. ~ **micrograph** *n.* m|icrograff (micrograffau) electronig *m*. ~ **microscope** *n.* m|icrosgop (microsgopau) electronig *m*. ~ **microscopist** *n.* microsgopydd(-ion) electronig *m*. ~ **microscopy** *n.* microsgopeg electronig *f*. ~ **multiplier** *n.* lluosogwr (lluosogwyr) (*m*) electronau. ~ **optics** *n.pl.* opteg electronig *f*. ~ **pair** *n.* pâr (parau) electronig *m*; ~ **pair replusion theory,** damcaniaeth (*f*) gwrthyrru parau electronig. ~ **transfer/transport** *n.* trosglwyddo (*vn*) electronau. ~ **tube** *n.* tiwb(-iau) (*m*) electronau. ~ **tunnelling** *vn.* electron-dynelu. **~-volt** *n.* electron-folt(-iau) *fm*.
electronegative *a. & n.* **1.** *a.* electronegyddol. **2.** *n.* electronegydd(-ion) *m*.
electronegativity *n.* electronegatifedd *m*.
electronic *a. & n.pl.* **1.** *a. (= pertaining to electronics):* electronig; *(pertaining to electrons):* electronaidd; ~ **data processing,** prosesu (*vn*) data electronig. *Cmptr:* ~ **mail,** llythyru (*vn*) electronig. **2.** *n.pl.* **electronics,** electroneg *f*.
electro-oculogram *n. Med:* electro-|ocwlogram (electro-ocwlogramau) *m*.
electro-oculography *n.* electro-ocwlograffeg *f*.
electro-optic[al] *a.* electro-optig.
electro-optics *n.pl.* electro-opteg *f*.
electro-osmosis *n. Ch:* electro-osmosis *m*.
electropathic *a. Med:* electropathig.
electropathy *n. Med:* electropatheg *f*.
electrophile *n. Ch:* el|ectroffil (electroffilau) *m*.
electrophilicity *n.* electroffiledd *m*.

electrophonic *a.* electroffonig.
electrophoresis *n. Ph:* electrofforesis *m.*
electrophoretic *a. Ph:* electrofforetig.
electrophoretogram *n. Ph:* electroffor|etogram (electrofforetogramau) *m.*
electrophorus *n. Ph:* electr|offorws (electr|offori) *m.*
electrophotographic *a. Ph:* electroffotograffig.
electrophotography *n.* electroffotograffeg *f.*
electrophysiological *a.* electroffisiolegol.
electrophysiologist *n.* electroffisiolegwr: electroffisiolegydd (electroffisiolegwyr) *m.*
electrophysiology *n.* electroffisioleg *f.*
electroplate[1] *n.* el|ectroplat (electroplatiau) *m.*
electroplate[2] *v.t.* electroplatio.
electropositive *a. & n. Ph:* **1.** *a.* electroposidiol, electrop|ositif. **2.** *n.* electrop|ositif (electropositifau) *m.*
electropositivity *n. Ph:* electropositifedd *m.*
electroretinogram *n. Med:* electroret|inogram (electroretinogramau) *m.*
electroretinograph *n. Med:* electroret|inograff (electroretinograffau) *m.*
electroretinographic *a. Med:* electroretinograffig.
electroretinography *n. Med:* electroretinograffeg *f.*
electroscope *n.* el|ectrosgop (electrosgopau) *m.*
electro-shock *n.* sioc drydan[ol] (siociau trydan[ol]) *f*; **~-~ treatment,** triniaeth (*f*) drydanu, triniaeth sioc [drydan].
electrostatic *a. Ph:* electrostatig.
electrostatics *n.pl. Ph:* electrostateg *f.*
electrostriction *n. Ph:* electro-anffurfiad *m*, electro-anffurfio *vn.*
electrosurgery *n. Surg:* electrolawfeddygaeth *f*, electrolawdriniaeth *f.*
electrosurgical *a. Surg:* electrolawfeddygol.
electrotechnic[al] *a.* electrotechnegol.
electrotechnics *n.pl.* electrotechneg *f.*
electrotechnological *a.* electrotechnolegol.
electrotechnology *n.* electrotechnoleg *f.*
electrotherapeutic[al] *a. Med:* electrotherapiwtig.
electrotherapeutics *n.pl. Med:* electrotherapiwteg *f.*
electrotherapist *n. Med:* electroth|erapydd (electrotherapyddion) *m.*
electrotherapy *n. Med:* electroth|erapi *m.*
electrothermal *a. Ph:* electrothermol.
electrothermic, electrothermionic *a.* electrothermig.
electrotonic *a. Physiol:* electrotonig.
electrotonus *n. Physiol:* electrotonws *m.*
electrotype[1] *n.* el|ectroteip (electroteipiau) *m.*
electrotype[2] *v.t.* electroteipio.
electrotyper *n.* electroteipydd(-ion) *m.*
electrovalence, electrovalency *n. Ch:* electrof|alensi *m.*
electrovalent *a. Ch:* electrofalent.
electrowinning *vn.* electro-adfer.
electrum *n. Metall:* electrwm *m.*
electuary *n.* cyffaith (cyffeithiau) *m*, moddion melys *m or pl*, ffisig melys *m.*
eledoisin *n. Bio-Ch:* eledoisin *m.*
eleemosynary *a.* elusennol.
elegance *n.* ceinder *m*, ceinwychder *m*, gwychder *m*, dillynder *m*, syberwyd *m.*
elegant *a.* **1.** *(style &c):* cain (ceinion), ceinwych, *Lit:* dillyn, syber; *(in dress):* trwsiadus, ceinwych. **2.** *U.S: F:* = **excellent.**
elegantly *adv.* yn gain *&c.*
elegiac[al] *a. & n.pl.* **1.** *a.* marwnadol, galarnadol; *Pros:* elegeiog. **2.** *n.pl.* **elegiacs,** m|arwnad(-au) *f (usu. pronounced* marnad), llinellau marwnadol; **a poem written in elegiacs,** cerdd yn y mesur elegeiog.
elegiacally *adv.* yn farwnadol, yn elegeiog.
elegist *n.* marwnadwr (marwnadwyr) *m*, galarnadwr (galarnadwyr) *m.*
elegit *n. Jur:* elegit(-au) *m.*
elegize *v.i.&t.* marwnadu, galarnadu (dros rn); canu marwnad (rhn, i rn).
elegy *n.* m|arwnad (marwnadau) *f (usu. pronounced* marnad), galargan(-au,-euon) *f.*
element *n.* **1.** elfen(-nau) *f*; **to brave the elements,** wynebu'r gwynt a'r glaw, herio'r tywydd mawr; **to be in one's ~,** teimlo'n gartrefol, bod yn eich elfen, *S: occ:* bod yn eich cywair, elfentu; **to be out of one's ~,** teimlo'n anghartrefol. **2. the personal ~,** yr elfen bersonol. **3.** *Ch:* elfen; **reduction to elements,** elfeniad(-au) *m*; **identity ~,** elfen unfathiant; **inverse ~,** elfen wrthdro (elfennau gwrthdro); **self-inverse ~,** elfen hunanwrthdro; *Biol:* **trace ~,** elfen hybrin. **4.** *pl. Mth: Log: (= rudiments):* elfennau; **Euclid's Elements,** Elfennau Ewclid. **5.** *Rel: (= bread and wine):* yr Elfennau.
elemental *a. & n.* **1.** *a.* elfennaidd, elfennol; *Rel:* elfennig; **~ worship,** addoliad (*m*) yr elfennau. **2.** *n.* ysbryd(-ion) *m*, ellyll(-on) *m.*
elementalism *n. Rel:* elfen-addoliad *m*, elfen-addoli *vn.*
elementally *adv.* yn elfennaidd, yn elfennol, o ran [yr] elfennau.
elementarily *adv.* yn elfennol, yn syml.
elementariness *n.* elfenoldeb *m*, symlrwydd *m*, symlder *m.*
elementary *a.* **1.** elfennol; **~ school,** ysgol gynradd (ysgolion cynradd) *f*, ysgol elfennol, *F:* ysgol fach (ysgolion bach); *Ph:* **~ particle,** gronyn elfennol *m*; *F: (= easy):* hawdd, syml (*f.* seml). **2. ~ prudence,** y gofal symlaf/lleiaf, y gofal mwyaf elfennol.
elemi *n. Bot:* |elemi(-s, elemïau) *m.*
elenchus *n. Phil:* elenc[h]ws *m.*
elenctic *a. Phil:* elenctig.
eleoptene *n. Ch:* eleopten(-au) *m.*
elephant *n.* **[bull] ~,** |eliffant (eliffantod) *m*; **cow ~,** eliffantes(-au) *f*; **young ~, ~ calf,** eliffant bach/bychan, llo(-i) (*m*) eliffant; **to see pink elephants,** *N:* gweld y bliws, *S. W:* cael yr orors; **a white ~,** eliffant gwyn; **sea-~,** eliffant y môr. **~ apple** *n. Bot:* afal (*m*) [yr] eliffant (afalau['r] eliffant). **~ beetle** *n. Ent:* chwilen gawraidd (chwilod cawraidd) *f*, cawr-chwilen (~-chwilod) *f.* **~ bird** *n. Orn:* aderyn (adar) (*m*) eliffant. **~ creeper** *n. Bot:* taglys (*m*) yr eliffant. **~ driver** *n.* gyrrwr (*m*) eliffant (gyrwyr eliffantod). **~ fish** *n. Ich:* pysgodyn (pysgod) trwynog *m.* **~ grass** *n. Bot: (Typha elephantina):* hesgen (hesg) (*f*) eliffant. **~ hawkmoth** *n. Ent: (Deilephila elpenor):* gwalchwyfyn(-od) (*m*) yr helyglys. **~ leg** *n.* = **elephantiasis. ~ seal** *n. Z:* eliffant(-od) (*m*) môr. **E~ Mountain** *Pr.n. W.Geog:* y Mynydd Mawr *m*, Mynyddfawr *m*, *F: (locally):* Mynydd Grug. **~'s ear** *n. Bot:* **1.** *(= begonia):* clust (*f*) y mochyn. **2.** *(= taro):* clust (*f*) yr eliffant. **~'s ear fern** *n. Bot:* rhedynen (rhedyn) (*f*) clust eliffant. **~'s foot** *n. Bot:* troed (*mf*) [yr] eliffant. **~ shrew** *n. Z:* chwistlen drwynog (chwistlod trwynog) *f.* **~ snout, ~ trunk** *n. Ich:* trwyn(-au) (*m*) eliffant. **~'s tooth cactus** *n. Bot:* cactws (cacti) ysgythrog *m.* **~-tooth shell, ~ tusk** *n. Conch:* corn (*m*) y fuwch. **~ thorn** *n. Bot:* draenen (drain) (*f*) eliffant. **~ trunk plant** *n. Bot:* yr ungorn *m (pronounced* ng-g), trwyn (*m*) eliffant. **~ tortoise** *n. Rept:* crwban(-od) cawraidd *m.* **~ wood** *n. Bot:* coeden (coed) (*f*) eliffant.
elephantiasis *n. Med:* eliffantiasis *m.*
elephantine, elephantoid *a.* eliffantaidd, eleffantaidd.
Eleusinian *a. Gr.Ant:* Elewsinaidd; **the ~ Mysteries,** y Dirgelion Elewsinaidd, Dirgelion Elewsis.
elevate *v.t.* codi, *S: occ:* cwnnu, *Lit:* dyrchafu, dyrchafael; *(style):* aruchelu, dyrchafu; *(voice):* codi; *Ecc:* **to ~ the Host,** dyrchafu'r Aberth.
elevated *a.* **1.** uchel, aruchel, dyrchafedig; *F:* **to be [slightly] ~,** *(= merry):* bod yn uchel eich ysbrydoedd, bod ar eich uchelfannau, bod mewn hwyliau [uchel], bod yn hwyliog. **2.** *(overhead):* uwch ben, uwch eich pen; *U.S:* **~ railroad,** rheilffordd (*f*) uwch ben.
elevating *a.* **1.** *(discourse &c):* dyrchafol. **2.** *Av:* **~ power,** nerth (*m*) codi, nerth esgyn. **~-screw** *n.* sgriw (*f*) godi (sgriwiau codi).
elevation *n.* **1.** *(action):* dyrchafiad(-au) *m*, codiad(-au) *m*, dyrchafu *vn*, codi *vn*; *(esp. = promotion):* dyrchafiad, dyrchafu; **the E~ of the Host,** Dyrchafiad yr Aberth; *Ph: (of boiling point):* codiad. **2.** *Geog: (= altitude):* uchder(-au) *m*, uchdwr *m*; **~ above sea-level,** uchder uwch ben y môr. **3.** *(= hill):* bryn(-iau) *m*, bryncyn(-nau) *m*, codiad(-au) *m*, rhipyn *m*, uchelfan(-nau) *mf*, tir(-oedd) uchel *m*, trum(-iau) *fm*, esgair (esgeiriau) *f.* **4.** *Geom.Draw: Arch:* golwg (golygon) *mf*, gweddlun(-iau) *m*; **auxiliary ~,** gweddlun/golwg ategol; **sectional ~,** gweddlun trychiadol, trychlun(-iau) *m*; **end ~,** talcenlun(-iau) *m*; **side ~,** ystlyslun(-iau) *m*; **front ~,** blaenlun(-iau) *m*; **rear ~,** cefnlun(-iau) *m.* **5.** *(= dignity):* arucheledd *m*, urddas *m.* **6.** *Ballet:* dychlamiad(-au) *m*, dyrchafiad(-au) *m.*

elevational *a. Arch: Surv:* gweddluniol.

elevator *n.* 1. *(a)* codwr (codwyr) *m*, peiriant (peiriannau) *(m)* codi; **grain ~,** codwr *(m)* grawn; *(b) U.S:* lifft(-iau) *f*, esgynnydd (esgynyddion) *m*. 2. *pl.* **elevators,** *Cost:* sodlau dodi, sodlau gosod. **~ stage** *n. Th:* llwyfan d[d]eulawr (llwyfannau deulawr) *mf*.

eleven *num. a. & n.* 1. *a.* un ar ddeg, *less idiomatically* un deg [ac] un; *foll. by sing. noun or by* o + *n.pl.:* **~ men,** un dyn ar ddeg, un ar ddeg o ddynion; un *is foll. by the soft mut. of a fem. noun:* **~ girls,** un ferch ar ddeg; **~ people,** un ar ddeg o bobl; **the ~ of us,** yr un ar ddeg ohonom; **~ pence,** un geiniog ar ddeg; **~ times,** un waith ar ddeg; *but* ll-, rh- *do not mutate:* **~ places,** un lle ar ddeg; **~ rows,** un rhes ar ddeg; un *is foll. by the nasal mut. of* blwydd, blynedd; **~ years old,** un mlwydd ar ddeg oed; **~ years,** un mlynedd ar ddeg; **~ pounds,** *(weight):* un pwys ar ddeg; *(money):* un bunt ar ddeg; **the ~ times table,** y tabl un ar ddeg; **~ o'clock,** un ar ddeg o'r gloch; **the year 1100,** y flwyddyn un cant ar ddeg, y flwyddyn mil a chant; **the year 1176,** y flwyddyn mil cant saith chwech. 2. *n. (a) Sp: &c:* un ar ddeg(-au) *m*; **the first ~,** y tîm cyntaf; **the second ~,** yr ail dîm; *(b) pl.* **elevenses,** te *(m)* d[d]eg, *N:* paned *(f)* un ar ddeg, *S:* dishgled *(f)* un ar ddeg. **~ o'clock lady** *n. Bot:* = **star of Bethlehem.**

eleventh *num. a. & n.* 1. *a.* unfed ar ddeg; **the ~ day,** yr unfed dydd ar ddeg; unfed *is foll. by the soft mut. of a fem. noun:* **the ~ time,** yr unfed waith ar ddeg; **at the ~ hour,** ar yr unfed awr ar ddeg, ar y funud olaf un, *N. W: F:* yn ben set; **the ~ row,** yr unfed res ar ddeg; **the ~ ship,** yr unfed long ar ddeg; **the ~ psalm,** yr unfed salm ar ddeg, salm un ar ddeg; **my ~ birthday,** fy mhen blwydd yn un ar ddeg [oed]; **the year 1911,** y flwyddyn mil naw un ar ddeg, y flwyddyn mil naw un un. 2. *n.* unfed *(m&f)* ar ddeg; **Louis the E~,** Lewis yr Unfed ar Ddeg; **the ~ of October,** yr unfed ar ddeg o Hydref, Hydref yr unfed ar ddeg; *Mus:* **chord of the ~,** cord *(m)* unfed ar ddeg; *Mth:* un rhan *(f)* o un ar ddeg.

eleventhly *adv.* yn unfed ar ddeg.

elevon *n. Aeronaut:* |elefon (elefonau) *m*.

elf *n.* coblyn(-nod,-iaid) *m*, pwca(-od) *m*, dynan *m*, dynyn *m*, ellyll(-on) bach *m*, ellyllyn *m*, ellylles fach (ellyllesau bach) *f*. **~-arrow, ~-bolt, ~-dart.** *n.* saeth *(f)* ellyll (saethau ellyllon). **~-child** *n.* plentyn (plant) *(m)* ellyllon. **~-cup** *n.* 1. carreg *(f)* â thwll. 2. *Fung:* **orange ~-cup, orange-peel ~-cup,** *(Peziza aurantia):* croen *(m)* oren; **scarlet ~-cup,** *(P. coccinea):* cwpan *(m)* Robin goch. **~-fire** *n.* ellylltan *m*, ellyll-dân *m*, tân *(m)* ellyll. **~-land** *n.* tir *(m)* y dyneddon, gwlad *(f)* y Tylwyth Teg. **~-like** *a.* = **elfin.** **~-lock** *n.* cudyn *(m)* ellyll (cudynnau ellyllon).

elfin *a.* coblynnaidd, fel pwca/coblyn; **an ~ face,** wyneb bychan tlws *m*; **an ~ grot,** ogof *(f)* Tylwyth Teg.

elfish *a.* coblynnaidd, fel coblyn/pwca; *(= mischievous):* direidus, castiog.

elfishly *adv.* yn goblynnaidd *&c*.

elfishness *n.* coblyneiddiwch *m*; *(= mischief):* direidi *m*, castiogrwydd *m*; *(of face &c):* tlysni bychan *m*.

elicit *v.t.* tynnu/dwyn (rhth) allan; **to ~ the facts,** dod i hyd i'r ffeithiau, mynnu cael y ffeithiau, dod â'r ffeithiau i'r golwg *or* i olau dydd, *N. W:* dod â'r ffeithiau i'r fei, *S:* dod â'r ffeithiau ar glawr; **to ~ a reply from s.o.,** ysgogi/ennyn ateb gan rn, llwyddo i gael ateb gan rn.

elicitation *n. vn.* = **elicit.**

elicitor *n.* datgelwr (datgelwyr) *m*, datguddiwr (datguddwyr) *m*, ysgogwr (ysgogwyr) *m*.

elide *v.t.* gollwng, colli, trychu.

elided *a.* seingoll (*pronounced* ng-g), trychedig.

eligibility *n.* cymhwyster *m*.

eligible *a.* 1. cymwys (*comp. forms:* cymhwysed, cymhwysach, cymhwysaf) (*for sth,* ar gyfer rhth); **~ to serve as a juryman,** cymwys i fod yn rheithiwr; **~ to receive benefits,** â hawl i fudd-daliadau. 2. **an ~ young man,** darpar ŵr da, gŵr cymwys i'w briodi, llanc priodadwy; *F:* **he's ~,** mae'n gymwys; mae ar gael; mae'n rhydd i briodi.

eligibly *adv.* yn gymwys *&c*.

Elijah *Pr.n.m.* Elias.

eliminable *a.* dileadwy, deoladwy.

eliminant *n.* dilëydd(-ion) *m*.

eliminate *v.t.* 1. dil|eu, *occ:* deol (rhth); bwrw/taro (rhth) allan; cael gwared (â rhth); cael ymadael (â rhth); *Mth:* dileu; *(= ignore):* anwybyddu. 2. *Med: (= excrete):* ysgarthu.

eliminating *a.* **~ contest,** rhagbrawf (rhagbrofion) *m*.

elimination *n.* 1. deoliad(-au) *m*, dilead(-au) *m*; *vn.* = **eliminate;** *Mth:* **~ by substitution,** dil|eu trwy amnewid. 2. *Physiol: (= excretion):* ysgarthiad *m*, ysgarthu *vn*. **~ reaction** *n. Ch:* adwaith (adweithiau) *(m)* dileu.

eliminative *a.* = **eliminatory.**

eliminator *n. W.Tel: &c.* dilëydd(-ion) *m*.

eliminatory *a.* dileol; *Physiol:* ysgarthol; *S.a.* **eliminating.**

elinvar *n. Metall:* |elinfar *m*.

Elisha *Pr.n.m.* Elis|eus.

elision *n.* 1. *Phon:* seingoll(-iadau) *m* (*pronounced* ng-g), trychiad(-au) *m*. 2. *Log: (in inference):* echlysiant *m*, hepgor *vn*.

élite *n.* goreuon *pl*, blaenwyr *pl*, goreugwyr *pl*, elît *mf*, ***élite*** *mf*; *Iron:* [yr] etholedigion *pl*, yr etholedig rai *pl*.

élitism *n.* elitiaeth *f*.

élitist *n. & attrib.* 1. *n.* elitydd(-ion, elitwyr) *m*. 2. *attrib.* elitaidd.

elittoral *a. Geog:* **~ zone,** cylchfa alldraethol *f*.

elixir *n.* 1. elicsir(-au) *m*; *Med:* tintur(-iau) *m*. 2. *(= quintessence):* hanfod *m*.

Elizabeth *Pr.n.f.* El|isabeth; *occ:* |Elsabeth, Elsbeth, Elsa; *S.a.* **Betty, Lisa, Liz, Liza, Lizzie, Lizzy.**

Elizabethan *a. & n.* 1. *a.* Elisabethaidd; **the ~ Age,** Oes *(f)* El|isabeth; **~ literature,** llenyddiaeth oes Elisabeth. 2. *n.* Elisabethiad (Elisabethiaid) *m&f*, gŵr (gwŷr) *(m)* o oes Elisabeth, gwr|aig (gwragedd) *(f)* o oes Elisabeth; *pl.* **Elizabethans,** pobl *(f or pl)* oes Elisabeth.

elk *n. Z:* elc(-iaid,-od) *m*, cawrgarw (cawrgeirw) *m*. **~-hound** *n. Z:* ci (cŵn) *(m)* ceirw. **~ nut** *n. Bot:* elcgneuen (elcgnau) *f*. *S.a.* **Cape.**

Elkesaites *n.pl. Rel.Hist:* Elceseaid.

elkhorn fern *n. Bot:* corn *(m)* yr elc, corn carw mawr.

elkwood *n. Bot:* elcwydden (elcwydd) *f*.

ell *n. A: Meas:* hirlath(-au) *f*, cyfelin(-au) *f*, elinad(-au) *m*; **give him an inch, an he'll take an ~,** *See* **inch.**

ellagic *a. Ch:* elagig.

elleck *n. Ich:* = **gurnard (red).**

ellipse¹ *n. Geom:* hirgylch(-au) *m*, elíps (elipsau) *m*.

ellipse², ellipsis *n. Gram:* hepgoriad *m*, coll *(m)* geiriau, diffygiad (-au) *m*, elipsis(-au) *m*.

ellipsoid *a. & n.* 1. *a.* elipsoid, hirgylchol. 2. *n.* elipsoid(-au) *m*.

ellipsoidal *a.* elipsoidaidd.

ellipticfall] *a.* 1. *Geom:* hirgrwn (*f.* hirgron, *pl.* hirgrynion), hirgylchog, eliptaidd, eliptig. 2. *Gram:* eliptig, eliptaidd, hepgorol.

elliptically *adv.* yn eliptig.

ellipticity *n.* eliptigrwydd *m*.

elm *n.* **common ~, English ~,** *(Ulmus procera):* llwyfen(-ni) *f*, llwyfanen (llwyfain) *f*, llwyfan (llwyfenni) *f*, *S. W: occ:* elmen (elm) *f*; **Cornish ~, narrow-leaved ~,** *(U. angustifolia):* llwyfen Cernyw; **Dr. Plot's ~,** *(U. plotii):* llwyfen Plot, **Dutch ~,** *(U. hollandica):* llwyfen yr Isalmaen; **fluttering ~,** *(U. laevis):* llwyfen grynedig (llwyfenni crynedig); **Huntingdon ~,** *(U. vegeta):* llwyfen Huntingdon; **broad-leaved ~, wych-~,** *(U. glabra):* llwyfen lydanddail (llwyfenni llydanddail); **small ~, smooth-leaved ~,** *(U. minor/carpinifolia):* llwyfen lyfnddail (llwyfenni llyfnddail). **~ aphid** *n. Ent: (Eriosoma ulmi):* lleuen (llau) *(f)* dail llwyfen. **~ blight,** [Dutch] **~ disease** *n.* clefyd *(m)* llwyfen yr Isalmaen. **~ bark beetle** *n. Ent:* chwilen (chwilod) *(f)* rhisgl y llwyfen. **~ gall-bug** *n. Ent: (Anthocoris gallarum ulmi):* pryf(-ed) *(m)* dail llwyfen.

Elmet *Eng.Pl.n.* Elfed *f*.

Elmo *Pr.n.m.* **St. ~'s fire,** tân *(m)* rigin, llewyrn *(m)* llong, ellylltan *m*.

elmy *a.* llawn coed llwyf, llwyfennog, llwyfog.

elocute *v.i. Joc:* areithio, traethu.

elocution *n.* llefaryddiaeth *f*, areithyddiaeth *f*, siarad *(vn)* cyhoeddus, llafareg *f*, llefareg *f*.

elocutionary *a.* llefaryddol, areithyddol, llafaregol.

elocutionist *n. & a.* 1. *(= teacher):* llafaregydd(-ion) *m*, athro (athrawon) *(m)* llefaru. 2. *(= speaker):* areithydd(-ion) *m*.

elodea *n. Bot:* elodea(-s, elodeau) *mf*, alaw(-on) *(m)* C|anada.

Elohist *n. Rel:* Elohydd(-ion) *m*.

elongate¹ *v.t.&i.* 1. *v.t.* estyn, hwyh|au. 2. *v.i.* ymestyn, hwyhau.

elongate², elongated *a.* hir(-ion), hirfain, estynedig, hirgul(-ion).

elongation *n.* **1.** estyniad(-au) *m*, ymestyniad(-au) *m*, hwyhad (hwyadau) *m*; *vn.* = **elongate**. **2.** *Astr:* pellter(-au) *m*.
elope *v.i.* ffoi, dianc, rhedeg ymaith (**from home &c**, oddi cartref &c); *abs.* dianc i briodi, *F:* rhedeg i ffwrdd i briodi.
elopement *n.* ffoad(-au) *m*, ffoëdigaeth(-au) *f*, diflaniad(-au) *m*; *(marriage):* priodas(-au) (*f*) ffo; **after their ~ . . .**, wedi iddynt ffoi gyda'i gilydd. . . .
eloper *n.* ffoadur(-iaid) *m*, ffoadures(-au) *f*, ffoëdig(-ion) *m&f*, dihangwr (dihangwyr) *m*, dih|angwraig (diangwragedd) *f*; *(marrying):* priodfab (priodfeibion) (*m*) ffo, priodferch(-ed) (*f*) ffo; **the elopers**, y pâr ffoëdig *m*, y cariadon ffoëdig, y ffoëdigion.
eloping *a.* ffoëdig, ffo, ar ffo.
eloquence *n.* huodledd *m*.
eloquent *a.* huawdl (*comp. forms:* huotled, huotlach, huotlaf).
eloquently *adv.* yn huawdl.
else *adv. & a.* **1.** *adv.* neu + *soft mut.*; **come in or ~ go out**, [un ai] dewch i mewn neu ewch allan; **give me back my book, or ~ . . .**, gwell iti roi fy llyfr yn ôl imi, neu. . . . **2.** *(a) (i) a. or adv.* arall, *Lit: occ:* amgen; **anyone ~, anybody ~**, unrhyw un arall, rhywun arall; *(after neg.):* neb arall; **did you see anybody ~?** a welsoch chi rywun arall? **didn't you see anyone ~?** oni welsoch chi neb arall? **anyone ~ would have gone**, byddai unrhyw un arall *or* pawb arall, *or* pob un arall wedi mynd; **anything ~**, *(i)* unrhyw beth arall; *(after neg.):* dim [byd] arall; **anything ~ Madam?** unrhyw beth arall, Madam? *(ii) (= everything):* **all ~**, popeth arall, unrhyw beth arall; **someone ~, somebody ~**, rhywun arall, un arall; **something ~**, rhywbeth arall, *Lit:* rhywbeth amgen; **little ~**, fawr ddim arall; **little ~ remained**, 'doedd fawr ddim arall ar ôl; **much ~ could be said**, gellid dweud llawer rhagor; **no-one ~, nobody ~**, neb arall; **nothing ~**, dim [byd] arall; **who ~?** pwy arall? **what ~?** [pa] beth arall? **what ~ can I do?** beth arall a allaf i ei wneud? **what ~ shall we do?** beth arall a wnawn ni? *N.W: occ:* beth a wnawn ni arall? **where ~?** ble arall? **everyone ~**, pawb arall; **everything ~**, popeth arall; **everywhere ~**, pob man arall; *adv.* ym mhobman arall; **somewhere ~**, *U.S:* **some place ~**, rhywle arall; *adv.* yn rhywle arall, rywle arall; **nowhere ~**, [yn] unman arall, [yn] unlle arall, dim un man arall; **nowhere ~ is so beautiful**, nid oes unman arall mor hardd; **nowhere ~ can you find it**, ni chewch mohono yn unman arall; **anywhere ~**, yn rhywle arall, yn unrhyw le arall, ym mhobman arall; **how ~?** sut arall? pa fodd arall?
elsewhere *adv.* yn rhywle arall, rywle arall, mewn man arall, *occ:* fan arall.
eluant *n. Ch:* = **eluent**.
eluate *n. Ch:* distreulyn (distreulion) *m*, echludyn (echludion) *m*.
elucidate *v.t.&i.* egluro, esbonio, goleuo (rhth); taflu goleuni (ar rth); *(a mystery):* datrys.
elucidation *n.* eglurhad (eglurhadau) *m*, esboniad(-au) *m*; *(of mystery):* datrysiad(-au) *m*; *vn.* = **elucidate**.
elucidative *a.* = **elucidatory**.
elucidator *n.* eglurwr (eglurwyr) *m*, esboniwr (esbonwyr) *m*.
elucidatory *a.* eglurhaol, esboniadol.
elucubrate *v.t.* myfyrio.
elucubration *n.* myfyrdod(-au) *m*.
elude *v.t.* osg|oi (rhth), dianc (rhag rhth).
eluent *n. Ch:* echludydd(-ion) *m*, distreulydd(-on) *m*.
elusion *n.* osgoad(-au) *m*.
elusive *a.* *(a) (= hard to catch):* anodd eich dal, annaliadwy, di-ddal, anghaffaeladwy; **an ~ book**, llyfr anodd dod o hyd iddo; *(b) (= hard to define):* anniffiniadwy, anniffiniol.
elusively *adv.* yn ddi-ddal *&c*.
elusiveness *n.* anhawster (*m*) dal/dala/cael/darganfod; **the ~ of this animal**, anhawster dal/darganfod yr anifail hwn; **the ~ of this book**, anhawster darganfod y llyfr hwn; **(this author's) ~**, gochelgarwch *m*, swildod *m* (yr awdur hwn); **I noticed his ~**, sylwais nad oedd dim dal arno.
elusory *a.* = **elusive**.
elute *v.t. Ch:* distreulio, echludo.
elution *n. Ch:* distreuliad(-au) *m*, echludiad(-au) *m*; *vn.* = **elute**.
elutriate *v.t.* glân-olchi.
elutriation *n. Ch:* glân-olchi *vn*, glân-olchiad(-au) *m*.
elutriator *n. Ch:* glân-olchydd(-ion) *m*.
eluvial *a. Geol:* echlifol, allwaddodol.
eluviate *v.i. Geol:* echlifo, allwaddodi.
eluviation *n. Geol:* echlifiant (echlifiannau) *m*, allwaddodiad(-au) *m*.
eluvium *n. Geol:* allwaddodd(-ion) *m*.
elvan *n. Geol:* elfan *m*.
Elvel *W.Pl.n.* Elfael *f*.
elver *n.* llysywen ifanc (llysywennod ifainc) *f*, llysywennan (llysywod) *f*, llysywennig (llysywenigion) *f*.
elves *n.pl. See* **elf**.
elvish *a.* = **elfin, elfish.**
Ely *Pr.n. W.Geog:* **1.** *(river):* Elái *f*. **2.** *(district):* Trelái *f*.
Elysian *a. Myth:* Elysaidd, Paradwysaidd, gwynfydedig; **the ~ Fields**, y Meysydd Elysaidd, Meysydd Elysiwm.
Elysium *Pr.n. Myth:* Elysiwm *m*, Gwynfa *f*, Gwynfyd *m*, Paradwys *f*.
elytroid *a. Ent:* elytraidd.
elytron, elytrum *n. Ent:* elytron (elytra) *m*.
em *n. Typ:* em(-iau) *f*.
'em *pron.* = **them.**
emaciate *v.t.* **1.** *(body):* teneuo, curio, nychu. **2.** *(soil):* teneuo, tlodi.
emaciated *a.* esgyrnog, llwglyd, tenau (teneuon), di-gnawd, curiedig, nychlyd, culwedd; *(esp. of animal):* cul(-ion); **he was ~**, nid oedd ond croen ac asgwrn/esgyrn; yr oedd golwg lwglyd arno; **to become ~**, dihoeni, nychu, edwino, culh|au, curio; *(esp. of animal):* culhau.
emaciation *n.* teneuder *m*, teneudra *m*, teneuwch *m*, nychdod *m*; *(of animal):* culhad *m*.
emanate *v.i.* deillio, hanu, tarddu, llifo; *(light &c):* ffrydio, pelydru, tywynnu; *(gas):* tarthu, codi.
emanation *n.* **1.** deilliad(-au) *m*, tarddiad(-au) *m*, deilliant (deilliannau) *m*; *(of light):* tywyniad(-au) *m*; *Fig: (of virtues &c):* ffrwd (ffrydiau) *f*, ffrydiad(-au) *m*. **2.** *Ch:* tarth(-au) *m*, tarthiad(-au) *m*.
emanational, emanative *a.* **1.** deilliadol, tarddiadol; *(light):* pelydrol, tywynnol. **2.** *Ch:* tarthol, tarthiadol.
emancipate *v.t.* rhyddfreinio, rhyddh|au, gwaredu.
emancipated *a.* rhydd(-ion), dilyff|ethair, rhyddfreiniedig, gwaredig(-ion).
emancipation *n.* rhyddfreiniad *m*, rhyddhad *m*, gwaredigaeth *f*, rhyddfreinio *vn*; **~ of women**, rhyddfreinio merched; **Catholic ~**, rhyddfreinio'r Pabyddion.
emancipationist *n.* rhyddfreiniwr: rhyddfreinydd (rhyddfreinwyr) *m*.
emancipator *n.* rhyddhäwr (rhyddhawyr) *m*, gwaredwr (gwaredwyr) *m*.
emancipatory *a.* rhyddfreiniol, gwaredol.
emancipist *n. Hist:* cyn-garcharor(-ion) *m*.
emarginate *a. Bot:* hiciog, rhiciog.
emargination *n. Bot:* hiciogrwydd *m*, rhiciogrwydd *m*, hiciau *pl*, rhiciau *pl*.
emasculate[1] *a.* disbaidd, disbaddedig(-ion), ysbaddedig(-ion).
emasculate[2] *v.t.* **1.** *(= castrate):* disbaddu, ysbaddu, cyweirio (rhn); torri (ar rn). **2.** *(in language &c):* glastwreiddio, dirymu, tlodi, gwanh|au, gwanychu.
emasculated *a.* = **emasculate**[1].
emasculation *n.* disbaddiad(-au) *m*, ysbaddiad(-au) *m*, cyweiriad(-au) *m*; *vn.* = **emasculate**.
emasculator *n.* disbaddwr (disbaddwyr) *m*, ysbaddwr (ysbaddwyr) *m*, cyweiriwr (cyweirwyr) *m*.
emasculatory *a.* disbaddol, ysbaddol.
embalm *v.t.* **1.** *(body):* balmeiddio, pêr-eneinio, embalmio. **2.** *(air &c):* perarogleuo, pereiddio, persawru.
embalmer *n.* pêr-eneiniwr (~-eneinwyr) *m*.
embalming, embalmment *n.* pêr-eneiniad *m*, perarogliad *m*; *vn.* = **embalm.**
embank *v.t.* argloddio (rhth), codi clawdd/cloddiau/arglawdd/ argloddiau o boptu rhth.
embanked *a.* cloddiog, argloddiedig; *(railway):* ar arglawdd, ar gob; *(river):* rhwng argloddiau; *Archeol:* **~ circle**, cylch(-oedd) cloddiog *m*.
embankment *n.* **1.** = **embank. 2.** *(under railway, canal):* arglawdd (argloddiau) *m*, gorglawdd (gorgloddiau) *m*; *(crossing strait):* còb (cobiau) *m*; **Stanley E~**, Còb Caergybi, Còb Fali; *(of river):* clawdd (cloddiau) *m*, arglawdd, gorlan(-nau) *f*; **the Thames E~**, Glan(-nau) (*f*) Tafwys; *(= slope):* llethr(-au) *f*.

embarcadère *n.* glanfa (glanf|eydd) *f.*
embargo¹ *n.* gwaharddiad(-au) *m*, embargo(-s,-au) *m*, llongwahardd *m*; **to put an ~ on sth,** gwahardd rhth.
embargo² *v.t.* gwahardd.
embargoed *a.* gwaharddedig.
embark *v.t.&i.* **1.** *v.t.* **to ~ soldiers,** rhoi/dodi milwyr ar long. **2.** *v.i.* *(a)* mynd/esgyn ar [fwrdd] llong, byrddio llong; *(b)* **to ~ in/on/upon sth,** ymgymryd â rhth, dechrau/cychwyn ar rth.
embarkation, embarkment *n.* **1.** esgyniad (*m*) i long, byrddio *vn.* **2.** *(on a project &c):* dechreuad *m*, cychwyniad(-au) *m*; *vn.* = **embark 1, 2. ~ card** *n.* cerdyn (cardiau) (*m*) byrddio.
embarras de choix *Fr.phr.* gormod (*m*) o ddewis.
embarras de richesse(s) *Fr.phr.* gormod (*m*) o gyfoeth.
embarrass *v.t.* **1.** swilio, chwithigo, annifyrru, *F:* emb|arasio; **to ~ s.o.,** codi cywilydd/swildod ar rn, peri i rn deimlo'n annifyr/chwithig/swil. **2.** = **encumber, impede.**
embarrassable *a.* swil, annifyradwy.
embarrassed *a.* **1.** annifyr, chwithig, swil, a chywilydd arnoch, *F:* mewn embaras; **she's easily ~,** hawdd codi cywilydd arni; hawdd peri iddi swilio. **2.** *(financially):* prin o arian, yn fain arnoch, mewn trafferth ariannol.
embarrassedly *adv.* yn chwithig *&c*, *F:* mewn embaras.
embarrassing *a.* annifyr, chwithig, digon i godi cywilydd arnoch, *F:* embaras.
embarrassingly *adv.* yn annifyr *&c*; **~ close,** yn annifyr o agos; **most ~ to me,** er mawr annifyrrwch/annifyrdod/chwithigrwydd i mi.
embarrassment *n.* **1.** *(a) (feeling):* chwithigrwydd *m*, cywilydd *m*, teimlad annifyr *m*, annifyrrwch *m*, annifyrdod *m*; *(b) (thing):* peth(-au) annifyr *&c m*, *F:* hen beth cas *m*, embaras *m*. **2.** *(financial):* cyfyngder *m*, trafferth [ariannol] *f.*
embassage *n. Dipl:* comisiwn (*m*) llysgennad.
embassy *n.* llysgenhadaeth (llysgenadaethau) *f*, *occ:* llysgenhaty (llysgenhatai) *m.*
embattle¹ *v.t. Mil:* (*= array*)*:* byddino, mwstro, trefnu, rhestru (rhn) [ar gyfer brwydr], *Lit:* lluydda, lluyddu.
embattle² *v.t.* **1.** (*= fortify*)*:* cadarnh|au. **2.** (*= crenellate*)*:* gwalcio, cyfylchu, crenelu.
embattled¹ *a. Mil:* **1.** (*= arrayed*)*:* byddinog, lluyddog. **2.** (*= hemmed in*)*:* dan warchae, gwarchaeëdig, amgylchynedig.
embattled² *a.* **1.** (*= fortified*)*:* caerog. **2.** *Arch: Her:* (*= crenellated*)*:* gwalciog, cyfylchog, crenelog.
embattlement *n.* = **battlement.**
embattlemented *a. Arch:* = **embattled².**
embay *v.t.* **1.** (*= shelter in bay*)*:* cau (rhth) [mewn bae], amgáu, cilfachu. **2. to ~ a coastline,** ffurfio baeau/cilfachau mewn glan môr.
embayed *a.* amgaeëdig, amfaeëdig; *(coast):* cilfachog, amfaeog.
embayment *n.* **1.** *Geog:* amfae(-au) *m.* **2.** (*= alcove*)*:* cilfach(-au) *f.*
embed *v.t.* **to ~ (sth) [in sth],** gosod, plannu, *N: F:* sodro/rhoi (rhth) yn sownd [yn rhth]; **embedded in the ground,** planedig yn y ddaear; **a splinter embedded in the skin,** fflewyn yn sownd yn y croen.
embedding *vn. Ling:* gwelyad *m.*
embedment *n.* gosodiad *m*, gosod *vn*, sefydliad *m*, sefydlu *vn.*
embellish *v.t.* addurno, harddu, prydferthu (rhth); ychwanegu (at rth); *Lit:* tecáu, gwychu (rhth).
embellishment *n.* addurniad(-au) *m*, harddiad(-au) *m*; *vn.* = **embellish.**
ember¹ *usu.pl.* marworyn (marwor) *m*, *F:* colsyn (cols, colsion) *m*, *N.W: occ:* tewyn(-ion) *m*; *pl.* **embers,** marwydos.
Ember² *attrib. Ecc:* **~ Days,** Dyddiau'r Cydgoriau.
ember³ *n. Orn:* **~ goose,** *(Gaviaemmer):* trochydd(-ion) mawr *m.*
embezzle *v.t.* dwyn, lladrata, darguddio, darnguddio (*pronounced* ng-g); *Jur:* embeslo, embeslu.
embezzlement *n.* lladrad(-au) *m*, darnguddiad(-au) *m* (*pronounced* ng-g); *Jur:* embeslad (-au) *m*; *vn.* = **embezzle.**
embezzler *n.* lleidr (lladron) *m*, darnguddiwr (darnguddwyr) *m* (*pronounced* ng-g); *Jur:* embeslwr (embeslwyr) *m.*
embitter *v.t.* chwerwi, suro.
embittered *a.* chwerw(-on), sur(-ion); **to become ~,** chwerwi, suro, mynd yn chwerw/sur.
embittering *a.* chwerwol, surol.
embitterment *n.* **1.** *(action):* chwerwad *m*, chwerwi *vn.* **2.** (*= bitterness*)*:* chwerwedd *m*, chw|erwder *m* (*usu. pronounced* chwerder).
emblaze¹ *v.t.* (*= adorn*)*:* addurno.
emblaze² *v.t.* **1.** = **illuminate. 2.** (*= set ablaze*)*:* cynnau.
emblazon *v.t.* **1.** (*= adorn*)*:* addurno. **2.** (*= portray*)*:* arddangos, darlunio, portreadu. **3.** (*= extol*)*:* amlygu, mawrygu.
emblazoner *n.* herodr(-on) *m.*
emblazonment, emblazonry 1. (*= heraldry*)*:* herodraeth *f.* **2.** (*= gorgeous display*)*:* ysblander *m.*
emblem¹ *n.* arwydd(-ion) *mf*, arwyddlun(-iau) *m*, symbol(-au) *m*, emblem (-au) *f.* **~ book** *n.* arwyddlyfr(-au) *m*, llyfr(-au) (*m*) emblemau.
emblem² *v.t.* = **emblematize.**
emblematic[al] *a.* arwyddluniol, emblemataidd, emblematig, cynrychioliadol.
emblematically *adv.* yn arwyddluniol *&c.*
emblematist *n.* arwyddluniwr (arwyddlunwyr) *m.*
emblematize *v.t.* arwyddo, arwyddlunio, cynrychioli.
emblement *n.usu.pl. Jur:* cynnyrch (cynhyrchion) *m*, cnwd (cnydau) *m*, tâl (*m*) cnydau.
embodier *n.* corfforwr (corfforwyr) *m*, corff|orwraig *f*, ymgorfforwr (ymgorfforwyr) *m*, ymgorff|orwraig *f.*
embodiment *n.* corfforiad(-au) *m*, ymgorfforiad(-au) *m.*
embody *v.t.* **1.** (*= incarnate*)*:* corffori, ymgorffori. **2.** (*= make real*)*:* gwireddu; (*= personify*)*:* ymgorffori, personoli. **3.** (*= incorporate*)*:* cynnwys, ymgorffori. **4.** (*= assemble*)*:* cynnull, cyfuno, crynh|oi.
embolden *v.t.* calonogi, annog, *Lit: occ:* gwroli, hyfh|au; **I felt emboldened to ask,** teimlais yn ddigon dewr i ofyn.
embolectomy *n. Med:* emboll|ectomi (embolectomïau) *m.*
embolic *a. Med:* embolig.
embolism *n.* **1.** *Med:* emboledd(-au) *m.* **2.** (*= intercalation in calendar*)*:* gorymddwyn *m.*
embolismic *a.* gorymddwyn, gorymddygol.
embolite *n. Ch:* |embolit *m.*
embolization *n.* gorymddwyn *vn.*
embolus *n. Med:* |embolws (|emboli, embolysau) *m.*
emboly *n. Path:* |emboli (embolïau) *m*; *S.a.* **invagination.**
embonpoint *n.* = **paunch, plumpness.**
embosom *v.t. Lit:* (*= embrace*)*:* mynwesu, cofleidio; (*= enclose*)*:* amgylchynu, amgáu.
emboss *v.t.* boglynnu.
embossable *a.* boglynadwy.
embossed *a.* boglynnog.
embosser *n.* boglynnwr (boglynwyr) *m.*
embossing *n.* [gwaith *m*] boglynnu *vn*, boglynwaith *m.* **~-punch** *n.* ebill(-ion) (*m*) boglynnu.
embossment *n.* boglyniad(-au) *m.*
embouchure *n.* **1.** *(of river):* aber(-oedd) *mf*; *(of valley):* pen(-nau) isaf *m*, genau (geneuau) *m.* **2.** *Mus:* genau (geneuau) *m*, cetyn (*m*) ceg (catiau ceg).
embowed *a.* bwaog.
embower *v.t. Lit:* cysgodi, cuddio (rhth) [mewn deildy].
embowered *a.* [cuddiedig] mewn deildy, cysgodol, dan y gw|yrdd-ddail, dan gysgod [y] dail.
embrace¹ *n.* cofleidiad(-au) *m*, coflaid (cofleidiau) *f*, *Lit: occ:* anwesiad(-au) *m*, cofl(-au) *f*, côl *f*; **to give s.o. an ~, to enfold s.o. in an ~,** cofleidio rhn; **in his ~,** yn ei gôl ef; **in her ~,** yn ei chôl hi, **in their ~,** yn eu côl hwy.
embrace² *v.t.* **1.** cofleidio, anwesu, *Lit: occ:* mynwesu, breicheidio. **2. to ~ an opportunity,** achub cyfle, dal/elwa/manteisio ar gyfle; **to ~ a career,** cychwyn ar yrfa; **to ~ a cause,** cofleidio achos; **to ~ developments,** croesawu datblygiadau. **3.** (*= include*)*:* cynnwys, cwmpasu, amgyffred.
embraceable *a.* **1.** cofleidiadwy. **2.** cynwysadwy, cwmpasadwy.
embracement *n.* = **embrace¹,².**
embracer¹ *n.* cofleidiwr (cofleidwyr) *m*, cofl|eidwraig (cofleidwragedd) *f.*
embracer² *n. Jur:* rhaithymyrrwr (rhaithymyrwyr) *m.*
embracery *n. Jur:* rhaithymyrraeth *f.*
embracingly *adv.* yn gofleidiol.
embracive *a.* **1.** cofleidiol. **2.** (*= comprehensive*)*:* cynhwysol, hollgynhwysol, ollgynhwysol.
embranchment *n.* cangheniad (cangeniadau) *m*, fforchogiad(-au) *m*, fforchogedd(-au) *m.*

embrangle *v.t.* drysu, cymysgu.
embrangled *a.* dryslyd, cymysglyd.
embranglement *n.* dryswch *m*, cymysgwch *m*.
embrasure *n. Arch:* agorfa(-oedd) *f*; *(for gun):* twll (tyllau) *(m)* saethu.
embrittle *v.t.&i.* **1.** *v.t.* breuo (rhth), gwn|eud (rhth) yn frau/fregus. **2.** *v.i.* mynd yn frau/fregus, breuo.
embrittlement *n.* breuad *m*, breuo *vn*.
embrocate *v.t.* rhwbio (rhth) ag eli *&c*.
embrocation *n.* eli (eliau, elïoedd) *m*, oel/olew *(m)* cryd cymalau, *occ:* naw math o oel, *N.W: F:* oel Morys Ifans, *Lit:* ennaint (eneiniau) *m*.
embroider *v.t.&i.* **1.** *v.t.* *(a) Needlew:* brodio, *occ:* brwydo; *(b)* **to ~ a story,** addurno hanes, brodio ar gynfas stori, *F:* ei 'mystyn hi, 'mystyn stori. **2.** *v.i.* brodio, gwn|eud brodwaith, gwneud gwaith brodio.
embroidered *a.* brodiog.
embroiderer *n.* brodiwr (brodwyr) *m*, br|odwraig (brodwragedd) *f*.
embroidery *n.* **1.** *Needlew:* brodwaith *m*, gwaith *(m)* brodio, *Lit: occ:* brwydwaith *m*, *S.W: occ:* gimp *m*; **free machine ~,** brodwaith rhydd â pheiriant. **2.** *F: (of story):* brodwaith, addurniadau *pl*. **~ frame** *n.* ffrâm *(f)* frodio [gron] (fframau brodio [crynion]). **~ scissors** *n.* siswrn (sisyrnau) *(m)* brodio.
embroil *v.t.* **1.** *(= confuse):* drysu. **2.** *(= set people at loggerheads):* codi/creu helynt/terfysg/ymrafael/cynnen [rhwng pobl a'i gilydd], corddi pobl, gyrru pobl yn benben, tynnu pobl ym mhennau ei gilydd, *occ:* gyrru rhwng pobl, *S:* hala rhwng pobl; **a motorist embroiled with the law,** modurwr mewn trafferth/helynt gyda'r gyfraith, modurwr wedi tynnu'r gyfraith yn ei ben.
embroiled *a.* dryslyd, wedi'ch drysu/maglu **(in sth,** yn rhth).
embroilment *n.* **1.** *(= confusion):* dryswch *m*. **2.** *(= tumult):* cynnen *f*, terfysg(-oedd) *m*, cynnwrf *m*, cythrwfl *m*, ymrafael *m*.
embrown *v.t.* brownio, tywyllu (rhth); gwn|eud (rhth) yn frown/llwyd.
embryo *n. Biol:* rhith(-iau) *m*, embryo(-nau) *m*; *(of animal):* milrith(-iau) *m*, embryo; *(of plant):* hadrith(-iau) *m*, hadrithyn (hadrithiau) *m*, embryo; **in ~,** *(i) Med:* yn y rhith, yn y cyflwr embryonig; *(ii) Fig:* **plan in ~,** cynllun embryonig *m*, cnewyllyn *(m)* cynllun, braslun *(m)* cynllun, cynllun bras. **~ bud** *n. Bot:* rhithflaguryn (rhithflagur) *m*. **~-cell** *n. Biol:* cell(-oedd) embryonig *f*. **~ sac** *n.* coden *(f)* embryo (codennau embryonau).
embryogenesis *n. Biol:* embryog|enesis *m*.
embryogenetic, embryogenic *a. Biol:* embryogenig.
embryogeny *n.* = **embryogenesis.**
embryologic[al] *a.* embryolegol.
embryologist *n.* embryolegwr: embryolegydd (embryolegwyr) *m*.
embryology *n.* embryoleg *f*.
embryonal *a.* embryonig.
embryonated *a.* embryonog.
embryonic *a.* **1.** *Biol:* embryonig, rhithiol, embryonaidd. **2.** *Fig:* annatblygedig, anaeddfed, elfennol, dechreuol, cychwynnol; **~ plan,** rhith o gynllun, cnewyllyn *(m)* cynllun; **the scheme is still at an ~ stage,** mae'r cynllun eto yn ei ddyddiau cynnar; mae'n dal yn ddyddiau cynnar ar y cynllun.
embryonically *adv.* yn embryonig *&c*.
embryophyte *n. Bot:* |embryoffyt (embryoffytau) *m*.
embryotic *a.* = **embryonic.**
embus *v.i.&t.* **1.** *v.i.* mynd/esgyn ar fws, mynd i mewn i fws. **2.** *v.t.* dodi/rhoi (rhn) mewn bws *or* ar fws.
emcee[1] *n. F:* arweinydd(-ion, arweinwyr) *m*.
emcee[2] *v.t. F:* arwain.
emend *v.t.* diwygio, cywiro.
emendable *a.* diwygiadwy, cywiradwy.
emendate *v.t.* = **emend.**
emendation *n.* diwygiad(-au) *m*, cywiriad(-au) *m*; *vn.* = **emend.**
emendator *n.* diwygiwr (diwygwyr) *m*, cywirwr (cywirwyr) *m*.
emendatory *a.* diwygiadol, cywiriadol.
emended *a.* diwygiedig, cywiredig.
emender *n.* = **emendator.**
emerald *n. & attrib.* **1.** *(a)* |em[e]rald(-s, em[e]raldiau) *m*, *Lit:* emrallt(-au) *m*, gwyrddem(-au) *fm*, gwyrddfaen (gwyrddfeini) *m*; *(b) Ent:* **brilliant ~,** *(dragonfly): (Somatochlora metallica):* gwyrddwesyn(-nod) llachar *m*; **downy ~,** *(Cordulia aena):* gwyrddwesyn blewog; **northern ~,** *(S. arctica):* gwyrddwesyn y gogledd; **orange-spotted ~,** *(C. cuitisii):* gwyrddwesyn aur. **2.** *attrib.* gwyrdd *(f.* gwerdd, *pl.* gwyrddion); **~-green** *n. & a.* gwyrddloyw(-on), lliw emrallt *m*. **the E~ Isle,** yr Ynys Werdd *f*, Iwerddon *f*. **~[-moth]** *n. Ent:* [gwyfyn(-od)] emrallt *m*; **blotched ~,** *(Comibaena bajularia):* emrallt hardd; **common ~,** *(Hemithea aestivaria):* emrallt cyffredin; **Essex ~,** *(Thetidia smaragdaria):* emrallt y morfa; **grass ~,** *(Pseudoterpna pruinata):* emrallt yr eithin; **large ~,** *(Geometra papilonaria):* emrallt mawr; **light ~,** *(Campaea marginata):* emrallt gwelw; **little ~,** *(Jodis lactearia):* emrallt bychan; **small ~,** *(Hemistola chrysoprasaria):* emrallt bach; **small grass ~,** *(Chlorissa viridata):* emrallt bach yr eithin; **Sussex ~,** *(Thalea fimbrialis):* emrallt y milddail. **~ ripple** *n. Bot:* crychion gwyrdd *pl*.
emerge *v.i.* **1.** dod allan, ymddangos, *S:* dod mas; *Lit:* ymgodi, ymdarddu; *Mth: Ph:* allddod. **2.** *(= become visible):* dod i'r golwg, dod i'r wyneb, dod i'r golau, dod yn amlwg, ymddangos, *N.W: F:* dod i'r fei, *S: F:* dod ar glawr; **(from these facts) it emerges that...,** (oddi wrth y ffeithiau hyn) mae'n amlwg..., fe welir bod... *&c*; **the general picture that emerges,** y darlun cyffredinol a geir. **3.** *(of nation):* datblygu, aeddfedu, ymgodi.
emerged *a.* cyfodedig, cyfodol, wedi dod allan; *Ph: Mth:* allddyfodol.
emergence *n.* ymddangosiad(-au) *m*, ymdarddiad *m*, cyfodiad(-au) *m*. *S.a.* **coast**[1].
emergency *n. & attrib.* **1.** argyfwng (argyfyngau) *m*, cyfyngder(-au) *m*; **in an ~,** mewn argyfwng; **to rise to an ~,** delio ag argyfwng; **in case of ~,** mewn argyfwng, *F:* mewn/rhag taro, at raid. **2.** *attrib.* brys *m e.g.: Med:* **an ~ [case],** achos(-ion) argyfyngus *m*, achos brys. **~ admission** *n.* derbyniad(-au) brys *m*. **~ brake** *n.* brâc (braciau) *(m)* argyfwng, brâc wrth gefn. **~ exit** *n.* allanfa *(f)* argyfwng, allanfa frys (allanf|eydd brys), drws (drysau) *(m)* dianc; *P.N:* allan ar frys. **~ lay-by** *n.* cilfan(-nau) *(mf)* argyfwng. **~ legislation** *n.* deddfu *(vn)* argyfwng, deddfwriaeth *(f)* argyfwng. **~ operation** *n.* triniaeth *(f)* argyfwng, triniaeth frys (triniaethau brys). **~ powers** *n.* pwerau/galluoedd argyfwng. **~ repairs** *n.* atgyweiriadau/trwsiadau brys. **~ stop** *n.* stop(-iau) *(m)* argyfwng, stop brys. **~ ward** *n.* ward(-iau) *(f)* achosion brys.
emergent *a. & n.* **1.** *a.* yn dod allan/mas; *Ph:* **~ beam,** pelydryn (pelydrau) allddyfodol *m*. **~ nation,** cenedl newydd ymddangos, cenedl annibynnol newydd.
emerita *a.* **Professor E~,** Athro Em|erita.
emeritus *a.* **Professor E~,** Athro Em|eritws *m*.
emersed *a.* ar yr wyneb, arwyneb[ol].
emersion *a.* ymddangosiad(-au) *m*; *Astron:* [ail]ymddangosiad(-au) *m*.
emery *n.* |emeri *m*, powdwr *(m)* llathru, powdwr gloywi. **~-board** *n.* bwrdd (byrddau) *(m)* llathru, bwrdd emeri. **~-cloth** *n.* clwt (clytiau) *(m)* emeri, clwt[yn] (clytiau) *(m)* llathru. **~-paper** *n.* papur *(m)* llathru, papur emeri. **~-powder** *n.* powdwr emeri. **~-wheel** *n.* olwyn *(f)* lathru (olwynion llathru), olwyn emeri.
emesis *n. Med:* cyfog *m*, cyfogi *vn*, chwydu *vn*.
emetic *a. & n.* **1.** *a.* cyfogol, cyfogbair, emetig. **2.** *n.* cyfoglyn(-noedd,-nau) *m*, emetig(-ion) *m*.
emetically *adv.* yn gyfogol *&c*.
emetine *n. Pharm:* |emetin *m*.
emictory *n. Med:* = **diuretic.**
emigrant *a. & n.* **1.** *a.* ymfudol, *occ:* allfudol. **2.** *n.* ymfudwr (ymfudwyr) *m*, ymf|udwraig (ymfudwragedd) *f*, *occ:* allfudwr (allfudwyr) *m*, allf|udwraig (allfudwragedd) *f*.
emigrate *v.i.* ymfudo, *occ:* allfudo, *F:* mudo; *F:* **he's emigrated,** mae wedi gadael y wlad; mae wedi mynd i wlad arall; mae wedi newid gwlad; *(overseas):* mae wedi mynd dros y môr/dŵr; mae wedi mynd i'r gwledydd pell.
emigration *n.* ymfudiad(-au) *m*, ymfudo *vn*, *occ:* allfudiad(-au) *m*, allfudo *vn*.
emigratory *a.* ymfudol, *occ:* allfudol.
emigré *n.* ymfudwr (ymfudwyr) *m*, alltud(-ion) *m*.
emigrée *n.f.* ymf|udwraig (ymfudwragedd) *f*, alltudes(-au).
eminence *n.* **1.** *(= rising ground):* codiad(-au) *m* [tir], bryn(-iau) *m*, rhipyn (rhipiau) *m*, bryncyn(-nau) *m*, cnwc (cnyciau) *m*, *N:*

poncen (ponciau) *f*, ponc(-iau) *f*, poncyn (ponciau) *m*. **2.** *(of pers.):* bri *m*, enwogrwydd *m*, amlygrwydd *m*. **3.** *Ecc: (title of cardinal):* **Your E~,** Eich Arucheledd *m*. **4. grey ~,** *See foll.*

éminence grise *n.* dylanwad cudd *m*, dylanwadwr (dylanwadwyr) cudd *m*.

eminency *n.* = **eminence.**

eminent *a.* amlwg, enwog; *Jur:* **~ domain,** tra-arglwyddiaeth *f*. *S.a.* **cause**[1].

eminently *adv.* **an ~ respectable family,** teulu hynod o barchus, teulu gyda'r mwyaf parchus; *or* tra + *spirant mut.*; **he was ~ suitable to do the work,** yr oedd yn dra chymwys i wneud y gwaith; yr oedd yn gwbl gymwys i wneud y gwaith.

emir *n.* emir(-iaid) *m*.

emirate *n.* emir[i]aeth(-au) *f*.

emissary *n.* cennad (cenhadon) *mf*.

emission *n.* lledaeniad(-au) *m*, lledaenu *vn*, gollyngiad(-au) *m*, gollwng *vn*; *(of light):* tywyniad(-au) *m*, tywynnu *vn*, pelydriad(-au) *m*, pelydru *vn*; *(of fluid):* gollyngiad; *(of gas, smell):* tarthiad(-au) *m*, tarthu *vn*, gollyngiad, gollwng, rhyddhad *m*, rhyddh|au *vn*; *Atom.Ph:* gollyngiad; *(of banknotes &c):* cyhoeddiad(-au) *m*, cyhoeddi *vn*; *(of radio signal):* allyriad(-au) *m*, allyrru *vn*. **~spectrum** *n.* sbectrwm *(m)* allyrru.

emissive *a.* gollyngol, allyrrol, lledaenol, pelydrol, tywynnol, llewy[r]chol.

emissivity *n.* allyrredd *m*, pelydredd *m*.

emit *v.t.* **1.** rhyddh|au, lledaenu, lledu, gollwng, allyrru; anfon (rhth) allan; *(radiation):* gollwng; *(light):* pelydru, tywynnu; *(gas, smell):* gollwng, rhyddhau, tarthu; *(radio signal):* allyrru. **2.** *(banknotes, opinion):* cyhoeddi.

emitter *n.* gollyngwr (gollyngwyr) *m*, lledaenwr (lledaenwyr) *m*, rhyddhäwr (rhyddhawyr) *m*; *(of light):* tywynnwr (tywynwyr) *m*, pelydrwr (pelydrwyr) *m*; *El.E: Cmptr:* allyrrwr: allyrrydd (allyrwyr) *m*.

emmenagogue *n. Pharm:* cyffur(-iau) misglwyfbair *m*.

emmer *n. Bot: Husb:* gwenith *(m)* yr Almaen, emer *m*.

emmet *n. Dial:* = **ant.**

emodin *n. Pharm:* |emodin *m*.

emollient *a. & n.* **1.** *a. (a) Med:* meddalhaol; *(b) Fig:* esmwythaol, lliniarol, lleddfol. **2.** *n.* eli (elïau) *(m)* esmwythaol/lliniarol/lleddfol, lliniarydd(-ion) *m*, esmwythäwr (esmwythawyr) *m*.

emolument *n.usu.pl.* cyflog(-au) *m*, enillion *pl*, tâl *m*.

emote *v.i.* mynegi/dangos teimlad.

emotion *n. (a) (= feeling):* teimlad(-au) *m*, emosiwn (emosiynau) *m*; *(also): (= excitement):* cyffro(-adau) *m*, *occ:* cynnwrf (cynhyrfau) *m*, ysmudiad(-au) *m*; **to appeal to the emotions,** apelio at y teimladau; **(a voice) touched with ~,** (llais) llawn teimlad, teimladol, teimladwy; **tender ~,** tynerwch *m*; **disinterested emotions,** emosiynau anhunangar *(pronounced* ng-g); **derived emotions,** emosiynau deilliedig.

emotional *a.* **1.** *(pers.):* teimladwy, dwys, teimladol, emosiynol, dan deimlad, angerddol; **to get ~,** cynhyrfu, cyffr|oi. **2.** *(= pertaining to emotion):* emosiynol, teimladol, ysmudiadol; **~ abuse,** camdriniaeth *(f)* emosiynol, cam-drin *(vn)* emosiynol; **~ blackmail,** blacmel emosiynol *m*; **~ blocking,** ataliad emosiynol *m*; **~ deprivation,** amddifadiad emosiynol *m*; **~ disturbance,** cythrwfl emosiynol *m*, dryswch emosiynol *m*, cynnwrf *(m)* meddwl, cynhyrfiad *(m)* meddwl, cynnwrf emosiynol, aflonyddwch emosiynol *m*; **~ insecurity,** ansicrwydd emosiynol *m*; **~ stability,** sefydlogrwydd emosiynol *m*.

emotionalism *n.* emosiynoldeb *m*, teimladrwydd *m*, gordeimladrwydd *m*.

emotionalist *n.* emosiynolydd(-ion) *m*, emosiynolwr (emosiynolwyr) *m*, rhn (rhai) emosiynol/teimladwy/gordeimladwy.

emotionalistic *a.* gordeimladol, goremosiynol.

emotionality *n.* teimladrwydd *m*, emosiynoldeb *m*.

emotionalize *v.t.* teimladoli, emosiynoli.

emotionally *adv.* yn deimladol/emosiynol *&c*; **~ disturbed,** emosiynol [gythryblus], aflonydd, mewn cynnwrf emosiynol.

emotionless *a.* dideimlad, diemosiwn, digynnwrf, digynhyrfiad.

emotionlessness *n.* dideimladrwydd *m*, diffyg *(m)* teimlad/emosiwn/cynhyrfiad.

emotive *a.* cynyrfiadol, cynhyrfiol, cyffroadol, ysmudiadol, emosiynol.

emotively *adv.* yn gynyrfiadol *&c*.

emotivity *n.* cynyrfusrwydd *m*, ysmudiadedd *m*, emosiynoldeb *m*.

empanada *n. Cu:* empanada(-s) *f*.

empanel *v.t. Jur:* panelu.

empathetic *a. Psy:* = **empathic.**

empathetically *adv.* yn empathig.

empathic *a.* empathig.

empathist *n. Psy:* empathydd(-ion) *m*.

empathize *v.i.* empatheiddio.

empathy *n. Psy:* |empathi *m*.

empennage *n. Av:* esgyll *pl*.

emperor *n.* **1.** ymerawdwr (ymerawdwyr) *m*, ymherodr (ymerodron) *m*; **the Holy Roman E~,** yr Ymerawdwr Glân Rhufeinig. **2.** *Ent:* **purple ~,** ymerawdwr y deri, boneddiges borffor (boneddigesau porffor) *f*. **~ penguin** *n. Orn:* pengwin *(m)* ymerodrol.

emperorship *n. (a) (reign):* ymerodraeth(-au) *f*, teyrnasiad *(m)* ymerawdwr; *(b) (throne):* gorsedd *(f)* ymerawdwr *&c* (gorseddau ymerawdwyr); *(crown):* coron *(f)* ymerawdwr (coronau ymerawdwyr).

empery *n. Poet:* arglwyddiaeth(-au) *f*, teyrnas(-oedd) *f*.

emphasis *n.* pwyslais (pwysleisiadau) *m*, *occ:* pwys *m*; **to ask with ~,** gofyn yn daer; **to lay ~ on a fact,** pwysleisio ffaith, dodi/rhoi pwyslais ar ffaith.

emphasize *v.t.* pwysleisio, ategu.

emphasized *a.* â phwyslais, pwysleisiedig.

emphasizer *n. W.Tel:* pwysleisydd(-ion) *m*.

emphasizing *a.* pwysleisiol, ategol.

emphatic *a.* **1.** pendant, grymus. **2.** *Gram:* pwysleisiol.

emphatically *adv.* **1.** yn bendant; **to deny sth ~,** gwadu rhth ar ei ben. **2.** *(= insistently):* yn daer, gyda phwyslais.

emphysema *n. Med:* emffysema *m*.

emphysematous *a. Med:* chwyddedig, emffysemaidd.

empire *n. & attrib.* **1.** *n.* ymerodraeth(-au) *f*; *Hist:* **the Roman E~,** yr Ymerodraeth Rufeinig, Ymerodraeth Rufain; **the Holy Roman E~,** yr Ymerodraeth Lân Rufeinig, yr Ymerodraeth Rufeinig San[c]taidd. **2.** *attrib.* **~ style,** arddull ymerodrol *f*; *U.S:* **the E~ City, the E~ State,** Efrog Newydd *f*. **~-builder** *n.* ehangwr (ehangwyr) *m* [terfynau], saer (seiri) *(m)* ymerodraeth. **~-building** *vn.* ehangu terfynau, creu ymerodraeth[-au].

empiric[al] *a.* emp[e]iraidd, emp[e]irig, emp[e]iryddol.

empirically *adv.* yn emp[e]iraidd *&c*.

empiricism *n.* emp[e]iriaeth *f*.

empiricist *n.* emp[e]irydd(-ion) *m*.

empirocriticism *n.* emp[e]irofeirniadaeth *f*.

emplace *v.t.* gosod, dodi, lleoli.

emplacement *n. Mil:* safle(-oedd) *m*, lleoliad(-au) *m*, *esp. Artil:* llwyfan(-nau) *m* [magnel].

emplane *v.i.&t.* **1.** *v.i.* esgyn/mynd i awyren. **2.** *v.t.* rhoi/dodi (rhth) mewn awyren.

employ[1] *n.* gwasanaeth *m*; **in the ~ of s.o.,** yn gyflogedig gan rn, yn gweithio i rn, yng ngwasanaeth rhn.

employ[2] *v.t.* **1.** *(workers):* cyflogi. **2.** *(= use):* defnyddio; **to ~ oneself, to be employed (in doing sth),** bod wrthi'n brysur (yn gwneud rhth); **to ~ methods,** defnyddio/arfer dulliau; **to be employed as a carpenter,** gweithio fel saer coed; **to keep s.o. well employed,** rhoi digon i'w wneud i rn, cadw rhn yn brysur, cadw rhn yn ei waith; **he'd be better employed...,** fe fyddai'n well/rheitiach iddo...; byddai'n ddi-fai swydd iddo...; *N.W:* mi fuasai'n ffitiach/harddach iddo....

employability *n.* **1.** *(of thg):* defnyddioldeb *m*. **2.** *(of pers.):* cyflogadwyedd *m*, addasrwydd *(m)* i waith; **I have doubts about his ~,** 'rwy'n amau a ellir ei gyflogi; 'rwy'n amau a all wneud unrhyw waith.

employable *a. & n.* **1.** *a.* cyflogadwy; **non-~,** anghyflogadwy. **2.** *a. (= usable):* defnyddiol, defnyddiadwy. **3.** *n.* rhn cyflogadwy, rhn y gellir ei gyflogi, rhn y gellir cael gwaith iddo.

employed *a.* cyflogedig; **self-~,** hunangyflogedig *(pronounced* ng-g).

employee *n.* gweithiwr (gweithwyr) *m*, gw|eithwraig (gweithwragedd) *f*, gŵr (gwŷr) cyflog *m*, merch *(f)* gyflog

(merched cyflog), gwr|aig (*f*) gyflog (gwragedd cyflog), cyflogedig(-ion) *m&f*; *pl.* **employees,** gweithwyr *pl*, staff *m*.
employer *n.* **1.** *Ind:* cyflogwr (cyflogwyr) *m*, cyfl|ogwraig *f*. **2.** *(= user):* defnyddiwr (defnyddwyr) *m*, defn|yddwraig *f*.
employment *n.* **1.** *(= use):* defnydd *m* **(of sth,** o/ar rth). **2.** *(= work):* gwaith *m*; **to find ~,** cael swydd, *N.W: F:* cael bachiad (*m*); **in ~,** mewn gwaith. **3.** *Pol.Ec:* cyflogaeth *f*; **full ~,** cyflogaeth lawn, llawn gyflogaeth; **casual ~,** cyflogaeth/gwaith ysbeidiol/achlysurol; *Jur:* **common ~,** cyflogaeth gyffredin; **contract of ~,** contract cyflogaeth; **Department of E~,** Adran (*f*) Gyflogi *f*. **~ agency** *n.* swyddfa (*f*) gyflogi (swyddf|eydd cyflogi). **~ exchange** *n.* canolfan (*mf*) gwaith/waith (canolfannau gwaith), swyddfa (*f*) gyflogaeth (swyddf|eydd cyflogaeth), swyddfa gyflogi.
empoison *v.t. Lit:* gwenwyno.
empoisonment *n.* gwenwyniad *m*, gwenwyno *vn*.
empolder *v.t.* = **impolder.**
emporium *n. Lit:* emporiwm (emporia) *m*, maelfa (maelf|eydd) *f*, marchnadfa(-oedd) *f*, siop(-au) *f*.
empower *v.t.* **1.** *(= enable):* galluogi. **2.** *(= authorize):* awdurdodi (rhn i wneud rhth), rhoi hawl (i rn wneud rhth).
empowered *a.* ag awdurdod, awdurdodedig.
empowerment *n.* hawl *f*, trwydded *f*, awdurdod *m*; *vn.* = **empower.**
empress *n.f.* ymerodres(-au).
empressement *n.* gwreso[w]grwydd *m*.
emprise *n. A:* anturiaeth(-au) *f*, antur(-iau,-iaethau) *f*.
emptily *adv.* yn wag.
emptiness *n.* gwacter *m*, gwactod *m*, gwagle *m*.
empty[1] *a. & n.* **1.** *a.* gwag (gweigion), *Lit: occ:* cau, coeg; **an ~ nut,** cneuen goeg (cnau coeg) *f*; **~ words,** geiriau ofer/gweigion; **~ threats,** bygythion gwag/gweigion, gwag fygythion; *Prov:* **~ vessels make the most sound,** mwyaf [eu] trwst, llestri gweigion; bas dwfr man y llefair. **2.** *n.pl. Com:* **empties,** poteli (*&c*) gweigion. **~-handed** *a.* gwaglaw, *S.W: occ:* llaw-wag; **to return ~-handed,** dod yn ôl yn waglaw, *N.W: occ:* dod yn ôl heb na hwg na gwg. **~-headed** *a.* penwag, hurt, gwirion, dwl, twp, fel delff, fel coes brwsh, fel caib, fel meipen, *N.W: occ:* di-ben, *S.W: occ:* pen whilber.
empty[2] *v.t.&i.* **1.** *v.t.* gwagio, gwacáu; *(wagon):* dadlwytho; *(water from boat &c):* disbyddu, *N.W: F:* 'sbyddu. **2.** *v.i.* *(a) (of river &c):* ymarllwys, arllwys; *(b) (of hall &c):* gwagio, gwacáu, mynd yn wag.
empurple *v.t.* cochi, rhuddo, glasgochi, porffori (rhth); gwn|eud (rhth) yn borffor/goch.
empyaemia, empyema *n. Med:* empyema *m*, crawnboer *m*.
empyemic *a.* empyemig, crawnboerol.
empyreal *a.* wybrennol, nwyfreol.
empyrean *a. & n.* **1.** *a.* = **empyreal. 2.** *n.* wybren(-nau) *f*, nwyfre(-oedd) *m*.
em quad *n. Typ:* cwad(-iau) (*m*) em.
emu *n. Orn:* em[i]w(-iaid,-od) *m*.
emulate *v.t.* **1.** *(= compete):* cystadlu, cydymgeisio, cydgeisio, ymgiprys (â rhn). **2.** *(= imitate):* efelychu, dynwared (rhn).
emulation *n.* **1.** *(= rivalry):* cystadleuaeth *f*, cydymgais *m*, ymgiprys *m*; *vn.* = **emulate 1. 2.** *(= imitation):* efelychiad(-au) *m*, dynwarediad(-au) *m*; *vn.* = **emulate 2.**
emulative *a.* **1.** *(= rival):* cydymgeisiol, cystadleuol. **2.** *(= imitative):* efelychiadol, dynwaredol.
emulatively *adv.* **1.** yn gystadleuol *&c*. **2.** yn efelychiadol *&c*.
emulator *n.* efelychwr: efelychydd (efelychwyr) *m*, cydymgeisiwr: cydymgeisydd (cydymgeiswyr) *m*, dynwaredwr (dynwaredwyr) *m*, cystadleuydd (cystadleuwyr) *m*.
emulous *a.* dynwaredgar, efelychiadol; *(= ambitious):* uchelgeisiol; *(= competitive):* cystadleugar.
emulously *adv.* yn efelychiadol *&c*; mewn cystadleuaeth, yn gystadleuol, yn gystadleugar.
emulousness *n.* dynwaredgarwch *m*; *(= ambition):* uchelgais *m*; *(= competitiveness):* cystadleugarwch *m*.
emulsible, emulsifiable *a.* emylsiadwy.
emulsification *n.* emylsiad(-au) *m*, emylseiddio *vn*.
emulsified *a.* emylsiog.
emulsifier *n.* emylsydd(-ion) *m*.
emulsify *v.t.* emylsio.
emulsion *n. Ch:* emylsiwn (emylsiynau) *m*. **~ paint** *n.* paent (*m*) emylsiwn.
emulsive *a.* emylsol.
emulsoid *n. Ch:* emylsoid(-au) *m*.
emulsoidal *a. Ch:* emylsoidaidd.
emunctory *n. Anat:* organ(-au) (*f*) ysgarthu, ysgarthwr (ysgarthwyr) *m*.
en[1] *n. Typ: (letter):* en(-iau) *f*. **~ quadrat** *n. Typ:* cwadrat(-iau) (*m*) en.
en[2] *Fr.prep.* **~ *bloc*** *adv.* yn un talp, i gyd gyda'i gilydd, yn ei grynswth. **~ *brosse*** *adv.* yn wrych[i]og. **~ *face*** *a.* gyferbyn. **~ *famille*** *adv.* gartref, gyda'r teulu. **~ *garçon*** *adv. & pred.a.* [fel] hen lanc. **~ *masse*** *adv.* yn llu, yn un fflyd. **~ *passant*** *adv.* wrth fynd heibio. **~ *prise*** *a. Chess:* mewn perygl, ***en prise***. **~ *rapport*** *a.* yn gytûn, mewn cytundeb. **~ *route*** *adv.* ar y ffordd, ar y daith. **~ *suite*** *a. & adv.* yn un rhes, ar ôl ei gilydd, yn gyfres, yn gysylltiedig; **bedroom with bathroom ~ *suite*,** ystafell wely gydag ystafell ymolchi yn gysylltiedig.
enable *v.t.* **1. to ~ s.o. to do sth,** galluogi rhn i wneud rhth; **this will ~ them to continue,** bydd hyn yn fodd[-ion] iddynt barhau. **2.** *Jur: (= authorize):* awdurdodi rhn i wneud rhth, rhoi hawl i rn wneud rhth. **3.** *(= make possible):* galluogi, hwyluso; *Cmptr:* **to ~ interrupts,** galluogi/hwyluso ymyriadau.
enabler *n.* galluogwr (galluogwyr) *m*.
enabling *a. Jur:* **~ act,** deddf (*f*) ganiatáu/alluogi (deddfau caniatáu/galluogi); *U.S: (legalizing unlawful act):* deddf (*f*) gyfreithloni (deddfau cyfreithloni). **~ signal** *n. Cmptr:* signal(-au) (*m*) galluogi.
enact *v.t.* **1.** *Jur: (a) (= give order):* deddfu, ordeinio, gorchymyn, erchi; *(b) (a law):* cyhoeddi, datgan. **2.** *Th: &c: (= perform):* perfformio, actio, chwarae, cyflawni, dangos, cyflwyno.
enaction *n.* = **enactment.**
enactive *a.* deddfwriaethol.
enactment *n.* **1. the ~ of a law,** mabwysiad (*m*) deddf; *abs.* deddfiad(-au) *m*, deddfu *vn*. **2.** *(= single law):* deddf(-au) *f*. **3.** *(= performance):* perfformiad(-au) *m*, perfformio *vn*.
enactor *n.* **1.** *Jur:* deddfwr (deddfwyr) *m*. **2.** *Th:* perfformiwr (perfformwyr) *m*, actiwr (actwyr) *m*, chwaraewr (chwaraewyr) *m*.
enactory *a. Jur:* deddfwriaethol.
enamel[1] *n.* enamel(-au) *m*; **the ~ of the teeth,** enamel y dannedd; **cracked/crackle ~,** enamel cracellog; **crushed ~,** enamel mâl; **opaque ~,** enamel didraidd; **slush ~,** enamel llaid; *U.S:* **nail ~,** lliw (*m*) ewinedd, farnis[h] (*m*) ewinedd. **~ paint** *n.* paent(-iau) (*m*) enamel. **~ thread** *n.* edau (edeifion) (*f*) enamel.
enamel[2] *v.t.* enamlo; *(paper):* gloywi, llathru; *Phot:* gloywi.
enamelled *a.* enamel, enamlog; **~ saucepan,** sosban (sosbenni) (*f*) enamel.
enameller *n.* = **enamellist.**
enamelling *vn.* enamliad *m*, enamlo; *(of paper &c):* gloywad *m*, gloywi, llathru.
enamellist *n.* enamlwr: enamlydd (enamlwyr) *m*.
enamelware *n.* llestri (*pl*) enamel.
enamelwork *n.* gwaith (*m*) enamel.
enamine *n. Bio-Ch:* |enamin *m*.
enamour *v.t.* **to ~ s.o.,** ennyn serch yn rhn, swyno rhn; **I'm not too enamoured of the idea,** nid wyf yn rhy hoff o'r syniad; nid wyf yn or-hoff o'r syniad; **to be enamoured of/with s.o.,** ymserchu yn rhn, bod mewn cariad â rhn; **to be enamoured of/with sth,** ymserchu yn rhth, gwirioni ar rth, *F:* dotio ar rth, mopio'ch pen am/ar rth, drysu'ch pen am rth, *S.W: occ:* elfentu yn rhth.
enanthema *n. Med:* en|anthema (enanthemata) *m*.
enantiomer *n.* en|antiomer (enantiomerau) *m*.
enantiomeric *a.* enantiomerig.
enantiomorph *n.* en|antiomorff (enantiomorffau) *m*.
enantiomorphic *a.* enantiomorffig.
enantiomorphism *n.* enantiomorffedd *m*.
enantiomorphous *a.* = **enantiomorphic.**
enantiosis *n. Rhet:* |eironi *m*.
enargite *n. Miner:* enargit *m*.
enarthrosis *n. Anat:* cambwl (cambylau) *m*.
enation *n. Path:* ardyfiant (ardyfiannau) *m*.
encaenia *n. Sch:* diwrnod(-iau) (*m*) coffa.
encage *v.t.* cawellu (rhn), carcharu/cau/caethiwo/rhoi/dodi/gosod (rhn) [mewn caets].
encamp *v.t.&i.* gwersyllu.

encampment *n.* **1.** gwersyll(-oedd) *m*, gwersyllfan(-nau) *mf.* **2.** *(action):* gwersyllu *vn.*
encapsulate *v.t.&i.* **1.** *v.t.* *(i)* *(= enclose):* amgáu. *(ii)* *(= summarize):* crynh|oi. **2.** *v.i.* ymgrynh|oi.
encapsulation *n.* **1.** amgaead(-au) *m*, amgáu *vn.* **2.** crynhoad (crynoadau) *m*, crynh|oi *vn.*
encapsule *v.t.* = **encapsulate**.
encase *v.t.* **1.** *(= enclose):* cau am (rth), cau (rhth) i mewn. **2.** *(= cover):* clorio, casio, blychu, gorchuddio, amwisgo, amglorio.
encasement *n.* **1.** clawr (cloriau) *m*, amwisg(-oedd) *f*, amlen(-ni) *f*, amgaead(-au) *m*, amglawr (amgloriau) *m.* **2.** *Anat:* *cambyliad(-au) *m.*
encash *v.t.* newid/troi (rhth) yn arian parod.
encashable *a.* newidiadwy [am arian].
encashment *n.* **1.** *(action):* newidiad *m*, cyfnewidiad *m* [am arian]. **2.** *(= sum received):* arian parod *m*, derbyniad *m.*
encaustic *a.* & *n.* *Art:* **1.** *a.* llosgliw. **2.** *n.* gwaith llosg *m*, llosgliwio *vn.*
enceinte *a.* & *n.* **1.** *a.* = **pregnant**. **2.** *n.* *Fort:* caeadle(-oedd) *m.*
encephalic *a.* ymenyddiol, enseffalig.
encephalitic *a.* *Med:* enseffalitig.
encephalitis *n.* *Med:* llid (*m*) yr ymennydd, enseffalitis *m*; ~ **lethargica**, y clefyd cysglyd *m.*
encephalitogenic *a.* *Med:* enseffalitogenig.
encephalogram *n.* *Med:* ens|effalogram (enseffalogramau) *m.*
encephalograph *n.* *Med:* ens|effalograff (enseffalograffau) *m.*
encephalography *n.* *Med:* enseffalograffeg *f.*
encephalomyelitis *n.* *Med:* enseffalomyelitis *m.*
encephalomyocarditis *n.* *Med:* enseffalomyocarditis *m.*
encephalon *n.* *Anat:* ymennydd (ymenyddiau) *m.*
encephalopathic *a.* *Med:* enseffalopathig.
encephalopathy *a.* *Med:* enseffal|opathi *m*, ymenyddglwyf *m.*
enchain *v.t.* *Lit:* **1.** cadwyno. **2.** *(= secure attention &c):* dal, rhaffu.
enchainment *n.* **1.** cadwyniad *m*, cadwyno *vn.* **2.** *Th:* dolenddawns(-iau) *f.*
enchant *v.t.* swyngyfareddu (*pronounced* ng-g), cyfareddu, hudo, dewino.
enchanted *a.* swyn, swynedig, hud, dan gyfaredd.
enchanter *n.* swynwr (swynwyr) *m*, dewin(-iaid) *m*, swyngyfareddwr (swyngyfareddwyr) *m* (*pronounced* ng-g), *Lit:* *occ:* hudol(-ion) *m*; *W.Anthr:* rheibiwr (rheibwyr) *m.* ~'s **nightshade** *n.* *Bot:* *(Circaea lutetiana):* llysiau(*pl*)'r swynwr, llysiau Steffan, swynyddlys *m*, mochlys [duon] *pl*; **upland ~'s nightshade,** *(C. intermedia):* llysiau Steffan y ffridd; **Alpine ~'s nightshade,** *(C. alpina):* llysiau Steffan mynyddig.
enchanting *a.* swynol, cyfareddol, swyngyfareddol (*pronounced* ng-g), hudol, hudolus.
enchantingly *adv.* yn swynol *&c.*
enchantment *n.* **1.** *(= sorcery):* swyn(-ion) *m*, dewiniaeth *f*, hudoliaeth(-au) *f*, cyfaredd(-au,-ion) *f*, hud(-ion) *m*, swyngyfaredd(-ion) *f* (*pronounced* ng-g). **2.** *(= feeling of delight):* swyn, cyfaredd, hyfrydwch *m.*
enchantress *n.f.* **1.** *(= sorceress):* dewines(-au) *f*, hudoles(-au) *f*, s|wynwraig (swynwragedd) *f*, rheibes(-au) *f.* **2.** *(= beautiful woman):* hudoles, swynwraig.
enchase *v.t.* *(= set):* dodi, gosod; *(= adorn):* addurno; *(= inlay):* brithosod; *(= engrave):* ysgythru; *(= enclose):* amgáu, amglorio, fframio.
enchilada *n.* *Cu:* ensilada(-s) *f.*
enchiridion *n.* llawlyfr(-au) *m.*
enchondroma *n.* *Med:* encondroma(-ta) *m.*
enchondromatous *a.* *Med:* encondromaidd.
enchytralid worm *n.* *Ann:* abwydyn gwyn (abwyd gwynion) *m.*
encipher *v.t.* seiffro.
encipherer *n.* seiffrwr (seiffrwyr) *m.*
encipherment *n.* seiffro *vn.*
encircle *v.t.* amgylchynu, amgylchu, cwmpasu, cylchu, cylchynu (rhth); cau (am rth).
encircled *a.* amgylchynedig, amgylchedig.
encirclement *n.* = **encircling 2**.
encircling *a.* & *vn.* **1.** *a.* oddi amgylch, amgylchynol, amgylchol, o gwmpas, cwmpasol. **2.** *vn.* amgylchyniad(-au) *m*, cylchyniad(-au) *m*; *vn.* = **encircle.**

enclasp *v.t.* gafael, cydio (yn rhth); dal (rhth) mewn coflaid; cofleidio (rhth).
enclave[1] *n.* cilfach(-au) *f*, clofan(-nau) *m*, mewngload(-au) *m* (*pronounced* ng-g).
enclave[2] *v.t.* cilfachu, mewngl|oi, ynysu.
enclitic *a.* & *n.* **1.** *a.* gogwyddol, enclitig. **2.** *n.* *Gram:* gair (geiriau) gogwydd *m*, gogwyddair (gogwyddeiriau) *m.*
enclose *v.t.* **1.** *(a)* *(cattle, field &c):* cau (rhth) i mewn, cau (am rth), amgáu (rhth) [â rhth]; *(b)* *(a machine &c):* amgáu, gorchuddio, casio, amguddio, amwisgo. **2.** *Ecc:* *(monks &c):* neilltuo. **3.** *(in letter &c):* amgáu. **4.** *(= surround):* amgylchynu, amgylchu.
enclosed *a.* caeëdig, amgaeëdig; *Corr:* ~ **[herewith] please find...**, fe gewch yn amgaeëdig...; *Mus:* ~ **choir organ,** organ (*f*) gôr gaeëdig (organau côr caeëdig) *f*; ~ **solo organ,** organ solo gaeëdig.
enclosure *n.* **1.** *(a)* *(action):* amgaead(-au) *m*, amgáu *vn*, cau *vn*; *Pol:* **the E~ Movement,** Mudiad (*m*) Cau Tiroedd [Comin]; **E~ Acts,** Deddfau Cau Tiroedd [Comin]; *(b)* *Ecc:* neilltuad *m.* **2.** *(a)* *(= field):* cae(-au) *m*, tir(-oedd) caeëdig/amgaeëdig *m*, clostir(-oedd) *m*; *(b)* *(= enclosing wall):* amgae(-au) *m*, magwyrydd *pl*; *(c)* *Archeol:* **banjo ~,** lloc(-iau) (*m*) banjo; **mortuary ~,** corfflan(-nau) *f*; **palisade ~,** lloc palis; **pastoral ~,** lloc bugeiliol, ffald(-iau) *f*; **rath ~,** rhathlan(-nau) *f*; **rectangular ditched ~,** clostir ffos hirsgwar; **rectilinear ~,** clostir unionlin; *(b)* *Turf:* *Sp:* *(= enclosed space):* lloc(-iau) *m*, caeadle(-oedd) *m.* **3.** *Com:* *(in letter):* amgaead(-au) *m*, peth(-au) amgaeëdig *m*; **enclosures,** dogfennau amgaeëdig, amgaeëdigion.
encode *v.t.* ysgrifennu (rhth) mewn côd; codio, seiffro (rhth); *Cmptr:* amgodio; *T.V:* trosi.
encoder *n.* codydd(-ion) *m*, codyddes(-au) *f.*
encomiast *n.* **1.** *(= praiser):* molwr (molwyr) *m*, moliannwr (moliannydd) *m*, clodforwr (clodforwyr) *m.* **2.** *(= flatterer):* gwenieithwr (gwenieithwyr) *m*, sebonwr (sebonwyr) *m.*
encomiastic *a.* **1.** clodforol, moliannus. **2.** *(= flattering):* gwenieithus.
encomium *n.* molawd(-au) *m*, moliant (moliannau) *m.*
encompass *v.t.* **1.** *(= surround):* amgylchynu, amgylchu, cylchynu, cwmpasu, amgynnwys. **2.** *(= contain):* cau (rhth) i mewn, cau (ar rth). **3.** *(= bring about):* peri, achosi.
encompassment *n.* amgylchyniad *m*, cylchyniad *m*, cwmpasiad *m*; *vn.* = **encompass**.
encopretic *a.* difwynol, yn baeddu, *S:* yn trochi.
encore[1] *n.* & *int.* **1.** *n.* encôr (encorau) *mf.* **2.** *int.* eto! unwaith eto! mwy! rhagor! ychwaneg!
encore[2] *v.t.* **to ~ a singer,** galw am gân arall gan ganwr.
encounter[1] *n.* **1.** cyfarfod(-ydd) *m*, cyfarfyddiad(-au) *m*, ymgyfarfyddiad(-au) *m*, cyfranc (cyfrangau) *f.* **2.** *(= match, contest):* [g]ornest(-au) *f.* ~ **group** *n.* cylch(-oedd) (*m*) cwrdd/ymgyfarfod.
encounter[2] *v.t.* cyfarfod, cwrdd (rhn, â rhn); dod ar draws (rhn); taro (ar rn); **this is encountered in...**, ceir hyn yn...; **these are some problems they may ~,** dyma rai problemau a all ddod i'w rhan.
encourage *v.t.* **1.** *(= embolden):* cefnogi, calonogi, gwroli, hybu (rhn); *N.W:* *occ:* magu elfen (yn rhn). **2.** *(= urge):* annog, symbylu, cymell, *N.W:* cynnwys, swcro. **3.** *(arts &c):* cefnogi, noddi.
encouragement *n.* cefnogaeth *f*, anogaeth *f*, calondid *mf*, hwb *mf*, *S.W:* *occ:* cefnoctid *m*, *N.W:* *occ:* swcwr *m.*
encourager *n.* cefnogwr: cefnogydd (cefnogwyr) *m*, anogwr: anogydd (anogwyr) *m*, symbylwr: symbylydd (symbylwyr) *m.*
encouraging *a.* **1.** *(attitude):* calonogol. **2.** *(prospects):* gobeithiol.
encouragingly *adv.* **1.** yn gefnogol. **2.** yn galonogol; er calondid.
encrimson *v.t.* cochi.
encrinite *n.* *Paleont:* encrinit(-au) *m.*
encroach *v.i.* tresmasu, ennill tir; *Jur:* llechfeddiannu; *(= overlap):* gorgyffwrdd (â rhth); **to ~ [upon] sth,** ennill ar rth, llechfeddiannu rhth; **the sea is encroaching upon the land,** mae'r môr yn ennill/tresmasu ar y tir; mae'r môr yn bwyta'r tir; **to ~ upon one's time,** mynd ag amser rhn; **to ~ on s.o.'s rights,** ymyrryd â hawliau rhn.

encroacher *n.* tresmaswr: tresmasydd (tresmaswyr) *m*, tresbaswr: tresbasydd (tresbaswyr) *m*.
encroachment *n.* tresmas(-au) *m*, tresbas(-au) *m*, tresmasiad(-au) *m*, tresbasiad(-au) *m*; *Jur:* llechfeddiant (llechfeddiannau) *m*; *(= overlapping):* gorgyffwrdd *vn*, gorgyffyrddiad(-au) *m*.
encrust *v.t.&i.* **1.** *v.t.* crawennu, cramennu, crofennu, crestennu; gorchuddio (rhth) [â chrawen]. **2.** *v.i.* ymgrawennu, ymgrofennu, *N.W: occ:* cremstio.
encrustation *n.* craweniad(-au) *m*, crofeniad(-au) *m*, cramen(-nau) *f*, crawen(-nau) *f*, crofen(-nau) *f*, *N.W: occ:* cremst(-iau) *mf*; *vn.* = **encrust**.
encrusted *a.* crawennog, cramennog, crofennog, terrig, yn grystyn, *F:* yn blastar, *N.W: (with dirt):* yn drybola, yn derrig [o faw *&c*].
encrustment *n.* = **encrustation**.
encrypt *v.t.*, **encryption** *n.* = **encipher, encode**.
enculturation *n.* = **socialization**.
encumber *v.t.* **1.** *(= weigh down):* llwytho, gorlwytho, beichio, pynio. **2.** *(= hamper):* llyffetheirio, llesteirio, cloffrwymo, hualu, rhwystro, *Lit:* lluddias.
encumbered *a.* **1.** llwythog, gorlwythog, beichiog; **~ with sth,** *occ:* dan faich rhth, dan faich o rth. **2.** llyffetheiriog, cloffrwymedig, hualog; **~ estate,** ystad dan lyffethair.
encumberment, encumbrance *n.* **1.** *(= burden):* baich (beichiau) *m*; *(= fetter):* llyffethair (llyffetheiriau) *f*, cloffrwym(-au) *m*, hual (-au) *m*, *N.W: occ:* dormach(-au) *mf*; **to be an ~ to s.o.,** bod yn faich ar rn; **without [family] encumbrances,** heb lyffetheiriau teuluol. **2.** *Jur:* llyffethair; **free from encumbrances,** dilyffethair.
encumbrancer *n.* llyffetheiriwr (llyffetheirwyr) *m*.
encyclical *a. & n.* **1.** *a.* cylchlythyrol, cylchredol, cyffredinol. **2.** *n.* cylchlythyr(-au) *m*.
encyclopaedia *n.* gwyddoniadur(-on) *m*; **a walking ~,** gwyddoniadur ar ddwy droed, *F:* hen ben *m*, 'sglaig *m*.
encyclopaedic *a.* gwyddoniadurol, hollgynhwysfawr.
encyclopaedically *adv.* yn wyddoniadurol *&c*.
encyclopaedism *n.* gwyddoniaduraeth *f*.
encyclopaedist *n.* gwyddoniadurwr (gwyddoniadurwyr) *m*.
encyst *v.t.* systio, codennu.
encystation *n.* systiad(-au) *m*, systio *vn*, codennu *vn*, codeniad(-au) *m*.
encysted *a.* systiedig, codennog.
encystment *n.* = **encystation**.
end[1] *n. & attrib.* I. *n.* **1.** *(a) (= extremity):* pen(-nau) *m*; *(= finish):* diwedd(-ion) *m*, terfyn(-au) *m*, diweddiad(-au) *m*; **both ends, two ends,** deupen *m*, *but note soft mut.:* **in both ends,** yn y ddeupen; *(of book, play &c):* diweddglo(-eon) *m*; *(of a procession):* rhan olaf *f*, *N:* cynffon *f*, *S:* cwt *f*; **front ~,** blaen(-au) *m*, pen blaen; *S.a.* **back-end**; **back ~,** pen(-nau) ôl; **far ~,** pen pellaf, pen eithaf, eithaf(-ion) *m*; **the ~ of a chain,** cynffon (*f*) tsiaen; **the ~ of a roller,** *S:* talcen (*m*) rowl; **he has it at his fingers' ends,** mae ganddo ar flaenau/bennau ei fysedd; **to burn the candle at both ends,** llosgi'r gannwyll yn ei deupen; **the upper ~ of a table,** pen uchaf bwrdd/bord; **the back ~ of a cart,** *N:* tin (*f*) trol, *S:* tin cart; *Swim:* **deep ~,** y pen dwfn/dyfnaf; **shallow ~,** y pen bas/basaf; **the thin ~ of the wedge,** blaen (*m*) y gyllell; **the ~ of a tunnel,** pen draw/pellaf tynel; *Fb:* **to change ends,** newid pen; **to go off the deep ~,** gwylltio, colli'ch limpin, *N.W:* cael gwyllt, myllio, *S:* mynd mas o'ch clocs, mynd yn grac; **the ~ house,** y tŷ pen; *P:* **it's the ~,** *(of endurability):* mae'n ormod; dyna'r diwedd; dyna ben arni; **to get/have hold of the wrong ~ of the stick,** methu'n arw, camgymryd yn llwyr, camsynio'n llwyr, camddeall rhth yn llwyr; **to begin/start at the wrong ~,** rhoi'r drol o flaen y ceffyl; **there's no problem at my ~,** 'does dim anhawster yn y pen yma; **to keep one's ~ up,** *(i) Cr:* cadw'r wiced; *(ii) F:* cynnal eich pen i'r baich, dal ati, peidio â digalonni, chwarae'ch rhan; **keep your ~ up!** paid (peidiwch) [â] digalonni! *adv.phr.* **laid ~ on, ~ to ~,** [yn gorwedd] benben, yn ei hyd; **all ends up,** yn llwyr, yn gyfan gwbl; *Nau:* **~ for ~,** o chwith, dinben drosben; **from ~ to ~,** o un pen i'r llall, o ben bwy gilydd, o'r naill ben i'r llall; **on ~,** *(i) (standing):* [yn sefyll] ar eich pen, ar eich talcen; **to turn a table on ~,** troi bwrdd ar ei ben/dalcen; **(a barrel) standing on ~,** (casgen) yn sefyll, ar ei thraed; *S.a.* **hair** I; *(ii)* **for two hours on ~,** am ddwy awr gron; *(= since two hours):* ers dwy awr gron, *S: occ:* am ddwy awr o'r bron; **straight on ~, right on ~,** un ar ôl y llall, yn olynol, *S: occ:* o'r bron; **the ~ of the road,** y diwedd, y pen pellaf, pen yr yrfa, pen y daith, yr eithaf *m*, yr eithafbwynt *m*; *Nau: (of ships):* **to meet ~ on,** mynd yn benben; *S.a.* **dead-end, loose[1]** I; *(b) I.C.E:* **big ~,** pen mawr; **small ~,** pen bychan; *(c)* **cigarette-~,** stwmp (*m*) sigarét (stwmps sigaréts), bonyn (*m*) sigarét (bonion sigaréts); **candle-~,** snyffyn (snyffiau) *m*, bonyn/bôn (*m*) cannwyll (bonion canhwyllau); **rope's ~,** pen rhaff (pennau rhaffau), rheffyn(-nau) *m*; **odds and ends,** mân bethau, manion [bethau], petheuach, trugareddau, hyn a'r llall, tameidiau, tameidiach, gweddillion, *S:* trang[l]wns, trangwls (*both pronounced* ng-g), capasgleddau; **a few odds and ends of furniture,** ambell ddodrefnyn; **a few odds and ends of material,** ambell ddarn o frethyn, mân ddarnau o frethyn; **a few odds and ends of information,** ychydig bytiau o wybodaeth, mân ddarnau o wybodaeth, mân wybodaethau, tameidiau gwybodaeth; *(d) Sp: U.S:* chwaraewr (chwaraewyr) (*m*) pen. **2.** *(= limit &c):* terfyn, pen, eithaf(-oedd) *m*; **journey's ~,** pen/diwedd/terfyn y daith; **at the ~ of the street,** ym mhen y stryd; **to the ends of the earth,** hyd eithafoedd y ddaear, hyd eithaf y ddaear, i ben pella'r byd, hyd bellafoedd byd. **3.** *(of time, period):* terfyn, diwedd, diweddiad; *Cmptr:* **~ of data,** diwedd y data; **~ of field,** diwedd maes; **~ of file,** diwedd ffeil; **~ of job,** diwedd gorchwyl; **~ of... marker,** marciwr (marcwyr) (*m*) diwedd...; **~ of record,** diwedd cofnod; **~ of run,** diwedd rhediad; **~ of tape,** diwedd tâp; **at the ~ of day,** ar derfyn [y] dydd; **at the ~ of the month,** ar ddiwedd y mis; **at the ~ of a month,** ar ôl mis, ym mhen mis, ar ben mis, ar ddiwedd mis; **to the ~ of all time,** hyd ddiwedd amser, hyd byth; **the lease is at an ~,** mae'r brydles ar ben; mae'r brydles wedi dod i ben; **the ~ of the world,** diwedd y byd; **we shall never hear the ~ of the matter,** [ni] chlywn ni byth mo'i diwedd hi; **I knew what the ~ would be,** mi wyddwn beth fyddai diwedd y gân; **without ~,** diddiwedd, diderfyn, heb derfyn *&c*; *Lit:* diddarfod, anorffen; **world without ~,** byth bythoedd, yn oes oesoedd, am byth, hyd byth, yn dragywydd; **and there's an ~ of it!** a dyna ben arni! [ni] waeth un gair na chant! dyna'i diwedd hi! dyna ddarfod arni! **that's the ~ of that,** dyna ben ar hynna; *S.W: occ:* dyna'i hangladd hi nawr; **there's no end to it,** 'does dim diwedd arni; **to make an ~ of sth, to put an ~ to sth, to bring sth to an ~,** rhoi pen/terfyn/diwedd ar rth, dirwyn rhth i ben, dod â rhth i ben, darfod/cwblh|au/gorffen/terfynu/diweddu rhth, *S:* cwpla/dibennu rhth; *(= abolish):* diddymu/dil|eu rhth; **to make [both] ends meet,** cael deupen llinyn ynghyd; **to draw to an ~,** tynnu i'r terfyn, tynnu tua'r terfyn, dirwyn i ben, dod i ben talar; **to bring (a meeting &c) to an ~,** dod â chyfarfod i'w derfyn, *F:* cau pen y mwdwl, cau pen y das, rhoi pen ar y mwdwl; **to come to an ~,** dod i ben, gorffen, terfynu, darfod, *S:* cwpla, dibennu; **to come to the ~ [of a meeting],** dod i ben y gyrnen, dod i ben y mwdwl, mynd yn amser cau'r siop, dod i ben y dalar; **to be at an ~,** *(i) (of resources):* bod ar ddarfod, darfod, dod i ben, *N.W: occ:* pallu; *(ii) (of time):* dod i ben/derfyn; **the time is at an ~,** mae'r amser ar ben/derfyn; **I'm at the ~ of my resources,** 'does gennyf ddim rhagor wrth gefn; **to be at one's wits' ~,** methu gwybod [pa] beth i'w wneud nesaf, bod mewn cyfyng-gyngor; **at the ~ of one's tether,** ar ben eich tennyn; **I've come to the ~ of my patience; my patience is at an ~,** 'rwyf wedi colli f'amynedd yn llwyr; **at a loose ~,** heb ddim i'w wneud; **we've come to the ~ of our victuals,** 'does gennym ni ddim rhagor o fwyd; *N.W: occ:* mae hi'n smit bwyd arnom ni; **in the ~,** *(i)* yn y pen draw, yn y diwedd, ym mhen yr hir a'r hwyr, wedi'r cwbwl; *(ii) (at last):* o'r diwedd; **without ~,** diddiwedd, diderfyn, heb ddiwedd/derfyn, *Lit:* diddarfod, anorffen; *P:* **no ~ (of sth),** digon *m*, digonedd *m*, peth wmbredd *m*, faint [a] fynnoch, *N:* llond (*m*) gwlad, *F:* peth coblyn/cebyst *&c*, *S:* pŵer (o rth); *occ:* (rhth) di-wedd; *P:* **it'll do you no ~ of good,** fe wnaiff fyd o les ichi; *S.W:* fe wnaiff bŵer o ddaioni ichi; **he's no ~ of a fool,** mae'n un gwirion ofnadwy; *N: occ:* mae'n andros o ben dafad; *S:* fu erioed shwd dwpsyn; **I like her no ~,** 'rwy'n ei hoffi'n fawr iawn; 'rwy'n hoff iawn ohoni; *S:* 'rwy'n dwli arni; *N:* 'rydw i'n dotio ati; 'rydw i wedi mopio arni; *P:* **no ~ of money,** llond gwlad o arian, digonedd o arian; **he thinks no ~ of himself,** mae'n ei feddwl ei hun yn arw/ofnadwy; mae ganddo feddwl mawr/uchel/aruthrol ohono'i hun; mae'n uchel iawn yn ei olwg ei hun; *S: occ:* mae'n meddwl taw fe yw top y tebot; **to come to a**

bad ~, dod i ddiwedd drwg; **he'll come to a bad ~,** ddaw o/e ddim i ddiwedd da; **to meet one's ~,** mynd i'ch tranc, marw, trengi, *N: F:* mynd i'ch aped; **he's near his ~,** 'does dim ond ei fod ef; mae'n tynnu at ei derfyn/ddiwedd; **to come to an untimely ~,** marw'n annhymig, marw cyn pryd. **4.** *(= aim, purpose):* diben(-ion) *m*, amcan(-ion) *m*, bwriad(-au) *m*, pwrpas(-au) *m*, nod(-au) *mf*, perwyl(-ion) *m*; **private ends,** dibenion personol; **for his own ends,** er ei fwyn ef ei hun, i'w ddibenion ei hun; **the ~ justifies the means,** mae'r diben yn cyfiawnhau'r modd; **to gain/attain one's ends,** cyrraedd eich nod/amcan, llwyddo yn eich amcan[-ion]; **to what ~?** i ba ddiben? i ba bwrpas? er mwyn [pa] beth? **with this ~ in view, for this ~,** i'r perwyl hwn, gyda'r bwriad hwn [mewn golwg]; **to this, the ~ that we may obtain forgiveness,** er mwyn cael ohonom faddeuant, er mwyn inni gael maddeuant, *Lit:* fel y caffom faddeuant, modd y caffom faddeuant. II. *attrib.* terfynol, olaf; **~ result,** canlyniad(-au) terfynol *m*. **~-board[1]** *n. T.V:* ôl-glepiwr (~-glepwyr) *m*. **~-board[2]** *v.t. T.V:* ôl-glepio. **~-elevation** *n. Arch:* talcenlun(-iau) *m*. **~-game** *n. Bridge: Chess:* terfyn (*m*) chwarae; *S.a.* **Endgame.** **~ grain** *n. Carp:* graen (*m*) pen; *attrib.* â graen y pen at allan. **~ knife tool** *n. Tls:* erfyn (arfau) (*m*) pen min cyllell. **~ line** *n. Sp:* llinell (*f*) derfyn (llinellau terfyn). **~-man** *n.* **1.** = **corner-man. 2.** *(in queue &c):* yr olaf (*m*) yn y rhes, *S. W:* ola'r gwt. **3.** *Th:* dyn(-ion) (*m*) pen. **~ matter** *n. Bookb:* diweddion *pl*. **~-note** *n.* nodyn (nodiadau) terfynol *m*, ôl-nodyn (~-nodion) *m*. **~-organ** *n. Biol:* terfynell(-au) *f*, terfynolyn (terfynolion) *m*, organ derfynol (organau terfynol) *f*. **~-paper** *n. Bookb:* tudalen weili (tudalennau gweili) *f*, dalen (*f*) glawr (dalennau clawr); **marbled ~-paper,** dalen glawr farmor (dalennau clawr marmor). **~ plate** *n. Anat:* ff[e]ibrau terfynol *pl*. **~-play** *n.* **1.** *Mec.E:* llacrwydd (*m*) pen. **2.** *Bridge:* y rhan olaf *f*, y chwarae terfynol *m*. **~-point** *n.* diweddbwynt(-iau) *m*, diwedd(-au) *m*, pwynt(-iau) (*m*) terfyn. **~-product** *n.* cynnyrch (cynhyrchion) terfynol *m*; **~-product inhibition,** lluddiant (*m*) gan gynnyrch terfynol. **~-stopped** *a. Pros:* pengaead (*pronounced* ng-g). **~ table** *n. Furn:* ystlysfwrdd (ystlysfyrddau) *m*. **~-thrust** *n. Mec.E:* gwthiad (*m*) pen, gwthiad echelinol. **~ user** *n.* defnyddiwr (defnyddwyr) olaf *m*.

end[2] *v.t.&i.* **1.** *v.t.* gorffen, darfod, diweddu, *S:* cwpla, dibennu, *F:* 'bennu, *Lit:* terfynu, cwblh|au; *(programme, speech &c): occ:* cloi; **to ~ war,** rhoi terfyn/pen/diwedd ar ryfel; **to ~ it all,** *(= commit suicide):* rhoi pen ar y cwbl, gwn|eud amdanoch chi'ch hun; **to ~ off/up a speech with a quotation,** gorffen/cloi araith â dyfyniad; **it is ended and done with,** dyna ben ar y mater. **2.** *v.i.* gorffen, dod i ben, diweddu, darfod, cloi, *Lit:* terfynu; *F: (of meeting &c):* dod i ben y dalar, dod i ben y gyrnen; **all stories ~ [up] like that,** dyna ddiwedd pob stori; mae pob stori'n gorffen fel yna; **he ended by insulting me,** diweddodd/gorffennodd drwy fy sarhau i; yn y diwedd fe'm sarhaodd i; **to ~ in a point,** diweddu mewn pwynt; *F:* **to ~ in smoke,** troi'n fwg, mynd yn ffliwt, mynd yn fflemp, mynd i'r gwellt; **to ~ up in Cardiff,** dod/mynd i Gaerdydd yn y diwedd, glanio yng Nghaerdydd yn y diwedd, dod i ben eich taith yng Nghaerdydd; **you'll ~ up in jail,** mynd i'r carchar fydd dy hanes di; yn y carchar y byddi di ar dy ben; carchar fydd dy ddiwedd/hanes di; **to ~ up as an M.P.,** mynd yn A.S. yn y diwedd; ei gorffen hi'n A.S.

endamage *v.t.* = **damage[2]**.

endamoeba *n. Biol:* endameba (endamebâu) *m*.

endamoebic *a. Biol:* endamebaidd.

endanger *v.t.* rhoi (rhth) mewn perygl, peryglu (rhth), *Lit: occ:* enbydu (rhth).

endangered *a.* mewn perygl.

endangering *a.* peryglus, *F: N:* peryg, perig, *S:* danjerus, dansherus.

endangerment *n.* perygl(-on) *m*, peryglu *vn*.

endarch *a. Biol:* endarchaidd.

endarchy *n. Biol:* endarchedd *m*.

endarterectomy *n. Med:* endarter|ectomi (endarterectomïau) *m*.

endarteritis *n. Med:* endarteritis *m*.

endbrain *n. Anat:* = **telencephalon.**

endear *v.t.* gwn|eud (rhth) yn annwyl, anwylo (rhth); **to ~ oneself to s.o.,** ennyn/ennill hoffter rhn.

endearing *a.* **1.** hoffus, annwyl, serchus, serchog. **2.** *(word):* tyner, caruaidd, serchog.

endearingly *adv.* **1.** yn annwyl *&c*. **2.** yn dyner *&c*.

endearment *n.* gair (geiriau) tyner *m*; **a term of ~,** gair anwes.

endeavour[1] *n.* ymdrech(-ion) *mf*, ymgais *mf*; **to make every ~,** gwneud pob ymdrech, gwneud eich gorau glas, rhoi pob gewyn ar waith.

endeavour[2] *v.i.* ymdrechu, ymgeisio (i wneud rhth); ceisio (gwneud rhth); *S. W: occ:* brochestu (i wneud rhth).

endecagon *n. Geom:* end|ecagon (endecagonau) *m*.

endecasyllabic *a. Pros:* ag un sillaf ar ddeg, unarddecsill.

endecasyllable *n. Pros:* llinell(-au) unarddecsill *f*.

endemic *a. & n.* **1.** *a.* endemig; *F:* **pilfering is ~ here,** mae lladrata'n rhemp yma. **2.** *n. (disease):* clefyd(-au) endemig *m*; *(plant):* planhigyn (planhigion) endemig/brodorol *m*.

endemically *adv.* yn endemig.

endemicity, endemism *n.* endemigrwydd *m*.

endergonic *a.* egnïol, endergonig.

endermic *a.* endermig, ar y croen, trwy'r croen.

endermically *adv.* yn endermig, ar y croen, trwy'r croen.

endexine *n. Biol:* endecsin(-au) *m*.

Endgame *Pr.n. Th:* Diweddgan *f*.

ending *vn.* **1.** *See* **end[2]**. **2.** *(of book, play &c):* diwedd *m*, diweddglo(-eon) *m*, diweddiad(-au) *m*. **3.** *Gram:* terfyniad(-au) *m*.

endistance *v.t.* dieithrio.

endive *n. Bot: (Cichorium endivia):* ysgall (*pl*) y meirch, ysgellog *m*; *Cu:* endif *mf*; **broad-leaved ~,** ysgellog llydanddail; **curled ~,** ysgellog crych; *U.S:* **[French] ~, = chicory.**

endleaf *n.* = **end-paper.**

endless *a.* **1.** *(a) (journey &c):* diddiwedd, diderfyn, di-ben-draw, diddarfod, *Lit: occ:* anorffen; *(b) Tchn:* **~ band/belt,** belt diddiwedd/di-dor *m*; **~ screw,** sgriw ddiddiwedd (sgriwiau diddiwedd) *f*. **2.** *(a) (time):* tragwyddol, tragywydd, diddiwedd, diderfyn; **his ~ complaining,** ei gwynion tragwyddol; *(b) (pain &c):* diddiwedd, di-ball, di-baid, di-dor, parh|aus, parhaol, gwastadol.

endlessly *adv.* yn ddiddiwedd *&c*; byth a hefyd, yn wastad, yn wastadol, dragywydd, dragwyddol.

endlessness *n.* annherfynoldeb *m*, dibendrawdod *m*, parhad [diddiwedd] *m*; *(of extent):* anfeidroldeb *m*, anfesuroldeb *m*, ehangder *m*; **I was dismayed when I realized the ~ of the task,** digalonnais pan welais mor ddi-ben-draw oedd y gwaith.

endmost *a.* agosaf i'r pen, nesaf at y pen, yn y pen, eithaf, pellaf, olaf.

endobiotic *a. Biol:* endobiotig.

endoblast *n. Biol:* |endoblast (endoblastau) *m*.

endoblastic *a. Biol:* endoblastig.

endocardial *a. Anat:* endocardaidd.

endocarditis *n. Med:* endocarditis *m*, llid (*m*) falfiau'r galon.

endocardium *n. Anat:* endocardiwm (endocardia) *m*.

endocarp *n. Bot:* |endocarp (endocarpau) *m*.

endocarpal *a. Bot:* endocarpaidd.

endocentric *a. Gram:* endosentrig.

endochondral *a. Anat:* endocondraidd.

endocranial *a.* creuanol, y tu mewn i'r greuan; **~ cast,** cast(-au) (*m*) creuanol.

endocrine *a. & n.* **1.** *a.* |endocrin, endocrinaidd, diddwythell. **2.** *n.* |endocrin (endocrinau) *m*.

endocrinologic[al] *a.* endocrinolegol.

endocrinologist *n.* endocrinolegydd: endocrinolegwr (endocrinolegwyr) *m*.

endocrinology *n.* endocrinoleg *f*.

endocycle *n. Biol:* |endoseicl (endoseiclau) *m*.

endocyst *n. Biol:* |endosyst (endosystiau) *m*.

endocytic *a. Biol:* endosytig.

endocytosis *n. Biol:* endosytosis *m*.

endocytotic *a. Biol:* endosytotig.

endoderm *n. Biol:* |endoderm (endodermau) *m*.

endodermal, endodermic *a. Biol:* endodermaidd, endodermig.

endodermis *n. Biol:* endodermis *m*.

endodontia *n. Dent:* endodonteg *f*.

endodontic *a. Dent:* endodontig.

endodontics *n.pl. Dent:* endodonteg *f*.

endodontist *n. Dent:* endodontydd(-ion) *m*.

endoenzyme *n. Bio-Ch:* endo-ensym(-au) *m*.

endoergic *a. Ph:* endo-ergaidd, egni-lyncol.

endoerythrocytic *a. Biol:* endo-erythrosytig.

endogamic, endogamous *a. Anthr:* ymbriodasol, mewnbriodasol.
endogamy *n. Anthr:* ymbriodas *f*, ymbriodi *vn*, mewnbriodas *f*, mewnbriodi *vn*.
endogen *n. Bot:* = **monocotyledon**.
endogenesis *n. Geog:* mewndarddiad *m*.
endogenic, endogenous *a.* mewndarddol, o darddiad mewnol, endogenig; ~ **depression,** iselder mewndarddol *m*.
endogeny *n. Biol:* mewndarddiad *m*.
endolithic *a. Bot:* endolithig, mewn cerrig.
endolymph *n. Anat:* |endolymff *m*.
endolymphatic *a. Anat:* endolymffatig.
endometrial *a. Anat:* endometriaidd.
endometriosis *n. Med:* endometriosis *m*.
endometritis *n. Med:* llid (*m*) ar y groth.
endometrium *n. Anat:* endometriwm (endometria) *m*.
endomitosis *n. Biol:* endomitosis *m*.
endomitotic *a. Biol:* endomitotig.
endomixis *n. Z:* endomicsis *m*.
endomorph *n.* **1.** *Cryst: &c:* |endomorff (endomorffau) *m*. **2.** *Anthr:* endomorff (endomorffiaid) *m*.
endomorphic *a. Cryst: &c:* endomorffig.
endomorphism *n. Geol: Mth:* endomorffedd(-au) *m*.
endomorphy *n. Anthr:* endomorffedd *m*.
endonuclease *n. Bio-Ch:* endon|iwcleas (endoniwcleasau) *m*.
endoparasite *n. Z:* endop|arasit (endoparasitiaid) *m*.
endoparasitism *n. Z:* endoparasitedd *m*.
endopeptidase *n. Bio-Ch:* endop|eptidas (endopeptidasau) *m*.
endoperoxide *n. Bio-Ch:* endoperocsid(-au) *m*.
endophagous *a.* mewnysol.
endophyte *n. Bot:* |endoffyt (endoffytau) *m*.
endophytic *a. Bot:* endoffytig.
endoplasm *n. Biol:* |endoplasm (endoplasmau) *m*.
endoplasmic *a. Biol:* endoplasmig; ~ **reticulum,** rhwydwaith endoplasmig *m*.
endopodite *n. Crust:* end|opodit (endopoditau) *m*.
endopoditic *a. Crust:* endopoditig.
endopolyploid *a. Biol:* endop|olyploid, endopolyploidaidd.
endopolyploidy *n. Biol:* endopolyploidedd.
endoprocta *n. Z:* mat(-iau) (*m*) môr.
endoradiosonde *n.* endor|adiosond (endoradiosondau) *m*.
endorsable *a.* **1.** *(cheque &c):* arnodadwy. **2.** *(= supportable):* cefnogadwy. **3.** *(= confirmable):* ategadwy, cadarnhadwy.
endorse *v.t.* **1.** *(cheque &c):* arnodi, cefn-nodi, ardystio; **to ~ sth on a document, to ~ a document with sth,** crybwyll rhth ar gefn dogfen; *Com:* **to ~ a bill,** arnodi/ardystio bil; **to ~ back a bill to drawer,** gwrth-arnodi bil. **2.** *(= support):* cymeradwyo, cefnogi; *(= confirm):* ategu, cadarnh|au.
endorsed *a. Fin:* arnodedig, ardystiedig.
endorsee *n. Fin:* ardystiedig(-ion) *m&f*.
endorsement *n.* **1.** *vn.* = **endorse. 2.** *(= note):* arnodiad(-au) *m*, cefnysgrif(-au) *f*, cefn-nodyn (~-nodion) *m*, cefn-nodiad(-au) *m*. **3.** *(= support):* cefnogaeth *f*, cymeradwyaeth *f*; *(= confirmation):* ategiad(-au) *m*, cadarnhad *m*.
endorser *n.* **1.** *Fin:* arnodwr (arnodwyr) *m*, cefn-nodwr (~-nodwyr) *m*. **2.** = **supporter.**
endoscope *n. Med:* |endosgop (endosgopau) *m*.
endoscopic *a. Med:* endosgopig.
endoskeletal *a.* mewnysgerbydol.
endoskeleton *n. Anat:* mewnysgerbwd (mewnysgerbydau) *m*, ysgerbwd (ysgerbydau) mewnol *m*.
endosmosis *n. Biol:* endosmosis *m*.
endosmotic *a. Biol:* endosmotig.
endosmotically *adv.* yn endosmotig; trwy endosmosis.
endosperm *n. Bot:* |endosberm (endosbermau) *m*.
endospermic, endospermous *a. Bot:* endosbermig.
endospore *n. Bact:* |endosbor (endosborau) *m*.
endosporic, endosporous *a. Bact:* endosborig.
endosteal *a. Anat:* mewnesgyrnol, endosteol.
endosteally *adv. Anat:* yn fewnesgyrnol, y tu mewn i'r asgwrn.
endosternite *n. Z:* endosternit(-au) *m*.
endosteum *n.* endostëwm (endostea) *m*.
endostyle *n. Z:* |endostyl (endostylau) *m*.
endosulfan *n. Ch:* endosylffan *m*.
endosymbiosis *n. Biol:* endosymbiosis *m*.
endothecium *n. Z:* endotheciwm (endothecia) *m*.
endothelial *a. Biol:* endothelaidd.
endothelioma *n. Path:* endothelioma(-ta) *m*.
endothelium *n. Biol:* endotheliwm (endothelia) *m*.
endotheloid *a.* endothelaidd.
endotherm *n. Z:* |endotherm (endothermiaid) *m&f*, anifail (anifeiliaid) (*m*) gwaed twym/cynnes.
endothermic *a.* endothermig; *Z:* â gwaed twym/cynnes, twym/cynnes ei *(&c)* waed.
endotoxic *a.* endotocsig.
endotoxin *n.* endotocsin(-au) *m*, gwenwyn(-au) mewnol *m*.
endotracheal *a.* endotrac[h]eaidd, yn y corn gwddf, trwy'r corn gwddf.
endotrophic, endotropic *a.* endotroffig, endotropig.
endow *v.t.* gwaddoli, cynysgaeddu, donio, breintio.
endowed *a.* gwaddoledig; **well-~,** â chryn waddol/gynhysgaeth, tra gwaddolog, cefnog; *(physically):* lluniaidd; **ill-~ with patience,** heb fawr o amynedd, prin o amynedd; **~ with great talents,** wedi'ch cynysgaeddu â thalentau mawr, tra dawnus, tra thalentog; **a girl ~ with considerable beauty,** merch yn meddu ar gryn brydferthwch.
endowment *n.* **1.** *(a) (action):* gwaddoliad *m*, cynysgaeddiad *m*; *vn.* = **endow**; *(b) (= money given):* gwaddol(-ion) *m*, gwaddoliad(-au) *m*, cynhysgaeth (cynysgaethau) *f*. **2.** *(= talent):* dawn (doniau) *f*, talent(-au) *f*; **a man with great physical ~,** dyn cyhyrog, dyn o gryn gorffolaeth. *(= physical charms):* nodwedd(-ion) *f*, priodoledd(-au) *m*. **~ assurance** *n.* yswiriant (*m*) gwaddol. **~ mortgage** *n.* morgais (morgeisiau, morgeisi) (*m*) gwaddol. **~ policy** *n.* p|olisi (polisïau) (*m*) gwaddol.
endozoic *a. Z:* endosöig.
endrin *n. Ch:* endrin *m*.
endue *v.t. Lit:* **1.** *(clothes):* gwisgo. **2. to ~ s.o. with sth,** arwisgo, cynysgaeddu (rhn â rhth); **to ~ s.o. with powers,** awdurdodi rhn, rhoi hawl i rn.
endura *n. Rel.Hist:* ympryd(-iau) *m* [hyd angau].
endurability *n.* dioddefadwyedd *m*, goddefadwyedd *m*.
endurable *a.* dioddefadwy, goddefadwy.
endurableness *n.* = **endurability.**
endurably *adv.* yn ddioddefadwy *&c*.
endurance *n.* **1.** gwytnwch: gwydnwch *m*, dycnwch: dygnwch *m*, dioddefgarwch *m*; **to have great powers of ~,** bod yn un dygn iawn, medru dal ati; **beyond ~,** annioddefol. **2.** *(= patience):* amynedd *m*, hiramynedd *m*, hirymaros *m*, hirymarhouster *m*. **~ test** *n.* *(i) (of material &c):* prawf (profion) (*m*) gwytnwch; *(ii) (of soldier &c):* prawf dycnwch.
endure *v.t.&i.* **1.** *v.t.* dioddef, goddef, *S.W: occ:* sefyll, haru, harin[g] (rhth); *Lit:* cydymdd|wyn, ymdd|wyn (â rhth); **to ~ patiently,** hirymaros; *B:* **charity ... endureth all things,** y mae cariad ... yn ymaros â phob dim; **I can't ~ being disturbed,** ni allaf i ddim dioddef i neb aflonyddu arnaf. **2.** *v.i.* para, parh|au, goroesi, aros, dal [mewn bodolaeth].
enduring *a.* **1.** parhaol, parh|aus, bythol, oesol, cadarn, durol. **2.** *(= patient):* amyneddgar, hirymarh|ous.
enduringly *adv.* yn barhaol *&c*, dros byth.
enduringness *n.* gwydnwch: gwytnwch *m*, parhauster *m*, parhad *m*, *F:* para *vn*.
enduro *n. Sp:* ras (*f*) ddal ati (rasys dal ati).
endways, endwise *adv.* **1.** *(a) (= upright):* [yn sefyll] yn syth, ar eich pen, ar eich talcen; *(b) (= laid):* **~-ways on,** [yn gorwedd] â'i ben yml|aen. **2.** *(= end to end):* yn benben. **3.** *(= longitudinally):* yn hydredol, ar ei hyd, yn ei hyd.
enema *n.* |enema(-s, enemâu) *mf*, *Lit:* rhefrolch(-ion) *m*.
enemy *n. & attrib.* **1.** *n.* *(a)* gelyn(-ion) *m*, *Lit: occ:* gelyn-ddyn (-ion) *m*, *fem. occ:* gelynes(-au) *f*; **arch-~,** archelyn(-ion) *m*, gelyn pennaf, carn-elyn(-ion) *m*, pen-gelyn(-ion) *m*, *occ:* gelyn glas *m*; **to be one's own [worst] ~,** bod eich gelyn pennaf eich hun; **a deadly ~,** gelyn glas, gelyn marwol; **the ~ within,** y gelyn mewnol; *S.a.* **alien**; *(b) Coll:* **the ~,** y gelyn; **the ~,** *(= Devil):* y Diafol *m*, yr Hen Was *m*; **how goes the ~,** *F:* faint o'r gloch yw hi? **2.** *attrib.* **the ~ fleet,** llynges (*f*) y gelyn; **destroyed by ~ action,** dinistriwyd gan ymosodiad y gelyn. **~-occupied** *a.* ym meddiant y gelyn, dan sawdl y gelyn.
Eneolithic *a. Archeol:* Eneolithig.
energetic *a. & n.pl.* **1.** *a.* *(pers.):* egnïol, egnïaidd, llawn egni/ynni; *(reaction):* egnïol, grymus. **2.** *n.pl.* **energetics,** egnïeg *f*.

energetically *adv.* yn egnïol *&c*; **to do sth ~,** ymegnïo i wneud rhth, *F:* gwneud rhth fel lladd nadroedd.
energid *n. Biol:* energid(-au) *m.*
energism *n. Theol:* egnïaeth *f.*
energize *v.t.* **1.** grymuso, nerthu, bywiogi, bywiocáu, symbylu, sbarduno (rhn); rhoi ynni/egni (i rn, yn rhn). **2.** *Tchn: El:* egnioli.
energized *a.* egnïoledig.
energizer *n.* egniolydd(-ion) *m*, egniolwr (egniolwyr) *m.*
energizing *a.* **1.** egnïol, grymusol, bywiocaol. **2.** *El:* egniol.
energumen *n.* cythreulig(-ion) *m*, eithafwr (eithafwyr) *m*, penboethyn (penboethiaid) *m*, ffanatig(-iaid) *m.*
energy *n.* **1.** egni (egnïon) *m*, ynni *m*, nerth(-oedd) *m*, grym(-oedd) *m*, grymuster(-au) *m*, cryfder *m*; **to devote one's energies to sth,** ymegnïo/egnïo i wneud rhth, cysegru'ch egnïon i rth. **2.** *Ph:* ynni, egni; **binding ~,** egni uno; **dissociation ~,** egni daduno; **mass ~,** màs-ynni *m.* **~-absorbing barrier** *n.* rhwystr(-au) (*m*) ynni-amsugnol. **~ flow** *n.* llif(-oedd) (*m*) egni. **~ gap** *n.* bwlch (*m*) ynni. **~ level** *n.* lefel(-au) (*f*) egni. **~-rich bond** *n.* bond(-iau) egnioledig *m.* **~ transfer** *n.* trosglwyddo (*vn*) egni. **~ value of food** *n.* gwerth (*m*) egni bwyd.
enervate[1] *v.t.* gwanychu, gwanh|au, llesgáu, meddalu, dinerthu.
enervate[2] *a.* dinerth, di-nerth, di-rym, llesg, egwan, gwanllyd, llegach, nychlyd, diegni, diynni, *F:* gwantan.
enervation *n.* gwanychiad(-au) *m*; *vn.* = **enervate**[1].
enervative *a.* gwanychol, gwanhaol, llesgaol.
enfeeble *v.t.* gwanh|au, *Lit:* gwanychu, eiddilo, llesgáu, dinerthu.
enfeebled *a.* gwan (gweinion), gwannaidd, gwanllyd, llegach, llesg, eiddil, egwan, musgrell, nychlyd, *F:* gwantan.
enfeeblement *n.* gwanychiad(-au) *m*, gwanhad *m*; *vn.* = **enfeeble**.
enfeoff *v.t. Hist:* enffeodu.
enfeoffment *n. Hist:* enffeodaeth(-au) *f.*
enfetter *v.t.* llyffetheirio, caethiwo, gefynnu, garglymu, hualu, cloffrwymo (rhth); rhoi (rhth) mewn cyffion/hualau/llyffethair.
enfever *v.t.* codi twymyn (ar rn/rth).
enfilade[1] *n.* enffilâd (enffiladau) *m.*
enfilade[2] *v.t.* enffiladu, ystlys-danio [ar hyd rhes], saethu ar hyd rhes.
enflame *v.t.* tanio.
enfold *v.t.* lapio; **to ~ s.o. in one's arms,** cofleidio rhn.
enforce *v.t. (a rule &c):* gorfodi; **to ~ one's rights,** mynnu'ch hawliau; **to ~ obedience,** mynnu/cymell ufudd-dod; **to ~ the law,** gweithredu'r gyfraith, rhoi'r gyfraith mewn grym, gorfodi'r gyfraith; **to ~ a contract against s.o.,** gorfodi contract yn erbyn rhn; **to ~ a blockade,** gwn|eud blocâd yn effeithiol, grymuso blocâd; **to ~ a demand,** cymell cais; **to ~ a judgement,** gorfodi dyfarniad.
enforceability *n.* gorfodadwyedd *m*; **I doubt the ~ of such a rule,** 'rwy'n amau a ellir gorfodi rheol o'r fath.
enforceable *a.* cymelladwy, gorfodadwy.
enforced *a.* gorfodol, gorfod, cymelledig, dan orfodaeth; *(= unavoidable):* anorfod, anochel.
enforcement *n.* gorfodaeth *f*, gorfodiad *m*; *vn.* = **enforce**.
enforcer *n.* gorfodwr (gorfodwyr) *m*, cymhellwr (cymhellwyr) *m.*
enfranchise *v.t.* **1.** *(= free):* **to ~ a slave,** rhyddh|au caethwas. **2.** *Pol: (= give vote to):* rhyddfreinio, etholfreinio. 3. *Jur:* **to ~ a lease,** breinio prydles.
enfranchisement *n.* **1.** *(of slaves):* rhyddhad *m*, rhyddh|au *vn.* **2.** *(a) Pol:* rhyddfraint (rhyddfreintiau, rhyddfreiniau) *f*, etholfraint (etholfreintiau, etholfreiniau) *f*, hawl(-iau) (*f*) pleidleisio; *vn.* = **enfranchise**. 3. *Jur:* **leasehold ~,** breiniad (*m*) prydlesoedd, breinio (*vn*) prydlesoedd.
eng *n. Phon:* eng(-iau) *f.*
engage *v.t.&i.* **1.** *v.t. (= pledge):* addunedu; **to ~ one's word,** addunedu, rhoddi'ch gair, mynd ar eich llw, tyngu llw, rhoi'ch cred, ymwystlo, ymrwymo; **to ~ one's honour,** gwystlo'ch anrhydedd; **I would ~ my very life upon it,** mi fentrwn fy mywyd arno; **to ~ [oneself] to do sth,** ymrwymo i wneud rhth, ymgymryd â gwneud rhth. **2.** *(a) (workers):* cyflogi; *(b) (a room, taxi):* llogi, hurio. **3.** *(affection):* ennill, denu; *(attention):* ennill, denu, dal; **to ~ s.o. in conversation,** tynnu/cychwyn sgwrs â rhn, dal pen rheswm â rhn, siarad/ymgomio/ymddiddan â rhn. **4. to ~ the enemy,** mynd i'r afael â'r gelyn, ymosod ar y gelyn. **5.** *(a)* **to ~ a gear,** cysylltu/cydio gêr, *N.W: F:* mynd i'r afael; *(b) (of cog-wheel): v.i.* cydio, cysylltu. **6.** *Arch:* **to ~ a pillar into a wall,** cloi piler mewn mur. **7.** *Fenc:* cyweddu. **~ in** *v.i.* **to ~ in conversation,** sgwrsio, dal pen rheswm, *Lit:* ymgomio, ymddiddan (**with s.o.,** â rhn); **to ~ in sth,** ymh|el â rhth, ymr|oi i rth, arfer gwneud rhth, ymgymryd â rhth; **to be engaged in doing sth,** bod wrthi'n gwneud rhth; **to ~ in politics,** gwleidydda; **to ~ in battle,** brwydro; **to ~ in writing,** llenydda; **to ~ in religion,** crefydda, capela, eglwysa.
engagé *a.* ymrwymedig, ***engagé***.
engaged *a.* **1.** *(to be married):* wedi dyweddïo, dyweddïedig; **to get ~,** dyweddïo. **2.** *(= busy):* **are you ~?** ydych chi'n brysur? *(to taxi-driver &c):* ydych chi'n rhydd? **3. this seat is ~,** mae rhn yn y sedd hon; mae rhn yn eistedd yma; *Tp:* **line ~,** llinell/lein yn brysur; **the line is ~,** mae'r lein/llinell yn brysur; 'dyw'r llinell/lein ddim yn rhydd; mae rhn ar y lein/llinell; *Tp:* **~ signal,** arwydd prysurdeb. **4.** *Mec.E: (gear-wheels &c):* ynghl|o, cysylltiedig, mewn cyswllt; **5.** *Arch:* **~ column,** colofn gyswllt (colofnau cyswllt) *f*, piler(-i) clo *m.*
engagement[1] *n.* **1.** *(= promise):* ymrwymiad(-au) *m*, addewid(-ion) *mf*; **to enter into an ~,** ymrwymo, cytuno (i wn|eud rhth); addo (gwneud rhth); *Com:* **to meet an engagement,** cywiro addewid; **owing to a previous ~,** oherwydd ymrwymiad cynharach; **social engagements,** galwadau cymdeithasol; **I have an ~,** mae gennyf ymrwymiad/gyhoeddiad/alwad/oed. **2.** *(a) (of domestics):* cyflogi *vn*, cyflogiad *m*; *(b) (= position):* swydd(-i) *f*, gwaith *m.* **3.** *(to marry):* dyweddïad(-au) *m*, dyweddïo *vn*, *N.W: occ:* cytundeb(-au) (*m*) priodas. **4.** *Mil: Navy:* brwydr (brwydrau) *f*, ymladdfa (ymladdf|eydd) *f*, brwydro *vn*, ymladd *vn.* **5.** *Mec.E: (of gear):* cydiad *m*, cysylltiad *m.* **6.** *Fenc:* **change of ~,** newid (*m*) cyweddiad; **double ~,** cyweddiad dwbl *m.* **~ ring** *n.* modrwy (*f*) ddyweddïo (modrwyau dyweddïo).
engagement[2] *n. Lit: (= commitment):* ymrwymiad *m*, rhwymedigaeth *f.*
engaging *a.* dymunol, atyniadol, dengar (*pronounced* ng-g), hoffus, annwyl, swynol, serchog, serchus, enillgar, *N: F:* clên.
engagingly *adv.* yn ddymunol *&c.*
engarland *v.t.* coroni, addurno [â garlant]; garlantu, coronblethu.
engender *v.t.* **1.** *(= cause):* peri, achosi, ennyn, creu, magu, meithrin, ysgogi; **to be engendered by sth,** deillio/hanu o rth. **2.** *A: (= beget):* cenhedlu.
engild *v.t.* euro, goreuro.
engine[1] *n.* **1.** *(= machine):* peiriant (peiriannau) *m*, *F:* injan(-s) *f*, *S:* injin(-s) *f.* **2.** *(a)* **[steam] ~,** *Lit:* peiriant ager, ager-beiriant (~-beiriannau), *F:* injan stêm; *(b) Rail:* locomotif(-au) *mf*, *F:* injan. **3.** *(of motor-car &c):* motor(-au) *m*; **atomic powered ~,** motor pŵer atomig. **inboard ~,** motor mewnol, motor tu mewn; **internal combustion ~,** motor tanio mewnol, motor tanio tu mewn; **outboard ~,** motor allanol, motor tu allan; **overhead valve ~,** motor falfiau uwch ben; **rotary ~,** motor tröl/tro; **side-valve ~,** motor falfiau ochr; **two-stroke ~,** motor deudrawiad, motor dwystroc. **~-driver** *n.* gyrrwr (*m*) trên (gyrwyr trenau). **~-oil** *n.* olew (*m*) peiriannau, oel (*m*) treuliau. **~-room** *n.* ystafell(-oedd) (*f*) yr injan. **~-shed** *n. Rail:* cwt (cytiau) (*m*) locomotifau, *F:* cwt injans. **~-turning** *vn.* turnio peiriannol, turnio â pheiriant.
engine[2] *v.t.* gosod motor/peiriant (yn rhth).
-engined *a. comb.fm.* â motor/pheiriant.
engineer[1] *n.* **1.** peiriannydd: peiriannwr (peirianwyr) *m.* **2.** *(of a plan &c):* dyfeisydd: dyfeisiwr (dyfeiswyr) *m.* **~'s vice** *n. Metalw: &c:* feis b|aralel (feisiau p|aralel) *f.*
engineer[2] *v.t.* **1.** adeiladu, saernïo. **2.** *(a plan &c):* trefnu, cynllunio, cynllwynio, llunio, dyfeisio; **he engineered it (so that his friend became chairman),** fe'i gweithiodd hi, gweithiodd bethau (fel bod ei gyfaill yn dod yn gadeirydd).
engineering *vn. & attrib.* **1.** *vn. (a)* peirianyddiaeth *f*, peirianneg *f*; **advanced ~,** peirianneg uwch; *(b) usu. Pej:* cynllwynio, cynllwynion *pl*, gweithio (*vn*) pethau. **2.** *attrib.* peirianyddol, peirianegol; **~ science,** peirianneg *f.*
enginery *n.* peiriannau *pl*, peirianwaith *m.*
engird *v.t.* = **gird**[2].
engirdle *v.t.* amgylchu, amgylchynu, amwasgu, amrwymo, gwregysu, amwregysu.
englacial *a. Geog:* mewnrewlifol.

England *Pr.n. Geog:* Lloegr *f*; **~ and Wales,** Cymru a Lloegr; **New ~,** Lloegr Newydd; **Little ~ beyond Wales,** Sir Benfro Saesneg *f*, De (*m*) Sir Benfro; **the Church of ~,** Eglwys Loegr.

Englander *n.* Sais (Saeson) *m*; **Little ~,** pleidiwr (pleidwyr) (*m*) Lloegr Fach; **New ~,** un o bobl Lloegr Newydd, Lloegriad Newydd.

Englefield *W.Pl.n.* Tegeingl *f*.

English[1] *a. & n.* 1. *a.* Seisnig, o Loegr, *Pej:* Seisnigaidd; *(in language):* Saesneg; **an ~ poet,** bardd Saesneg; *(if an Englishman):* bardd o Sais; **the ~ Parliament,** Senedd Lloegr; **~ Law,** Cyfraith L[l]oegr; *Arch:* **early ~ style,** arddull [G]othig gynnar *f*; **the ~ language,** [yr iaith] Saesneg *f*, *Joc:* [yr iaith fain, iaith yr "S"; **the ~ Channel,** Y Sianel, *A:* Môr (*m*) Udd; **to become ~,** *(of area):* seisnigo, ymseisnigo; **~ people,** Saeson *pl*, *occ: Pej:* plant (*pl*) Alis, *Lit: occ:* hil (*f*) Hors a Hengist (*pronounced* ng-g); *Mus:* **~ flute, = recorder 4**; *Mus:* **~ suites,** y cyfresi Seisnig; *Mus:* **~ horn,** corn (cyrn) Seisnig *m*. **2.** *n.* **1.** *(a) Ling:* Saesneg *f*, *m*, yr iaith Saesneg, *Joc:* yr iaith fain, iaith yr "S"; **what is the ~ for...?** sut mae dweud yn Saesneg...? beth yw'r gair Saesneg am...? beth ddywed y Sais am...? **the King's/Queen's ~,** Saesneg safonol; **in plain ~,** mewn Saesneg plaen, heb flewyn ar eich tafod, yn ddifloesgni; **Middle ~,** Saesneg Canol; **Old ~,** Hen Saesneg; *(b) Ethn: Coll:* Saeson *pl*, *Pej:* plant Alis; *(c) Bill: (= side):* troad *m*, troelliad *m*; **body ~,** ystum gorfforol *f*. **~-born** *a.* a aned yn Lloegr, Seisnig; **an ~[-born] poet,** bardd o Sais. **~-speaker** *n.* siaradwr (siaradwyr) (*m*) Saesneg, siar|adwraig (*f*) Saesneg, *F:* Sais (Saeson) *m*, Saesnes(-au) *f*; **you're a good ~-speaker,** 'rwyt ti'n Sais da; mae gen ti Saesneg da. **~-speaking** *a.* Saesneg [eich iaith]; *(Welshman, = not Welsh-speaking):* di-Gymr|aeg.

english[2] *v.t.* trosi rhth i'r Saesneg.

Englishman *n.* Sais (Saeson) *m*; *S.a.* **castle**[1].

Englishness *n.* Seisnigrwydd *m*.

Englishry *n.* Saesonaeth(-au) *f*.

Englishwoman *n.f.* Saesnes(-au).

englut *v.t.* llowcio, lleibio.

englyn *n. W.Pros:* englyn(-ion) *m*; **to write englyns,** englyna; **a writer of englyns,** englynwr (englynwyr) *m*, engl|ynwraig (englynwragedd) *f*.

engorge *v.t.&i.* **1.** *v.t.* *(= gorge):* traflyncu, claddu, llowcio, lleibio, *S.W: occ:* awffan (rhth); *N.W:* cythru (i rth), s[g]laffio (rhth); *S.W:* conio (ar/at rth); *(= swell):* chwyddo, gorlenwi. **2.** *v.i.* ymlenwi â gwaed.

engorged *a. Anat: &c:* chwyddedig, tagedig [â gwaed]; gorlawn [o waed]; llawn [gwaed].

engorgement *n.* gorlawnder *m*.

engraft *v.t.* impio.

engrail *v.t. Her: Num:* engraelio (*pronounced* ng-g), minfylchu, danheddu, rhicio.

engrailed *a. Her: Num:* engraelog (*pronounced* ng-g), minfylchog, danheddog, rhiciog; *S.a.* **cross**[1].

engrain *v.t.* = **ingrain**.

engram *n.* engram(-au) *m* (*pronounced* ng-g). **~ complex** *n.* cymhleth(-au) (*m*) engram.

engrammatic, engrammic *a.* engramatig, engramig (*both pronounced* ng-g).

engrave *v.t.* ysgythru; llingerfio, engrafu, engrafio (*all pronounced* ng-g). **engraved on the memory,** wedi'i argraffu ar y cof.

engraver *n.* ysgythrwr (ysgythrwyr) *m*, engrafwr (engrafwyr) *m* (*pronounced* ng-g). **~ beetle** *n. Ent:* = **bark beetle**.

engraving *n. & vn.* **1.** *n.* engrafiad(-au) *m* (*pronounced* ng-g), ysgythriad(-au) *m*; **line-~,** llin-engrafiad(-au) *m*. **2.** *vn.* *(process):* = **engrave.**

engross *v.t.* **1.** *Jur: &c: (a) (copy):* braslythrennu; *(b) (= put in legal form):* rhoi (rhth) mewn ffurf gyfreithiol. **2.** *(= absorb, occupy attention):* llwyrfeddiannu, diddori; **engrossed in one's work,** â'ch holl sylw/fryd ar eich gwaith, yn ddwfn yn eich gwaith, wedi llwyr ymgolli yn eich gwaith; **to become engrossed in sth,** ymddiddori fwyfwy yn rhth, rhoi'ch holl sylw i rth, mynd i afael rhth, dod dan gyfaredd rhth, llwyr ymgolli yn rhth.

engrossed *a.* wedi ymgolli (**by sth,** yn rhth), wedi'ch llwyrfeddiannu (gan rth).

engrossedly *adv.* wedi ymgolli.

engrosser *n. Jur:* braslythrennwr (braslythrenwyr) *m*.

engrossing *a.* diddorol, gafaelgar, cyfareddol, llwyrfeddiannol.

engrossingly *adv.* yn ddiddorol *&c.*

engrossment *n.* **1.** *Jur:* copi (copïau) cymen *m*; *(action):* braslythrennu *vn.* **2.** *(of attention):* llwyrfeddiant *m*. **3.** *Econ.Hist:* cwblfeddiant (cwblfeddiannau) *m*.

engulf *v.t.* llyncu, traflyncu.

engulfment *n.* traflwnc *m*, traflyncu *vn.*

enhalo *v.t.* lleugylchu.

enhance *v.t.* **1.** *(= increase):* mwyh|au, chwyddo, cynyddu (rhth); ychwanegu (at rth); **to ~ the beauty of sth,** harddu rhth fwyfwy, tanlinellu/pwysleisio harddwch rhth, tynnu sylw at harddwch rhth; **to ~ the value of sth,** codi gwerth rhth. **2.** *(= beautify, improve):* gwella, gloywi, mireinio, tecáu, dyrchafu, hyrwyddo, hybu, cyfoethogi.

enhanced *a.* gwell, uwch, dyrchafedig; **his ~ reputation,** cynnydd (*m*) ei glod.

enhancement *n.* ychwanegiad(-au) *m* (at rth); estyniad(-au) *m*, mwyhad(-au) *m* (o rth); cynnydd *m*, gwelliant (gwelliannau) *m* (yn rhth); *vn.* = **enhance.**

enhancing *a.* gwellhaol, tecaol, dyrchafol; **life-~,** yn gwella bywyd.

enharmonic *a. Mus:* enharmonaidd, enharmonig.

enharmonically *adv.* yn enharmonaidd.

enigma *n.* dirgelwch (dirgelion) *m*, *occ:* pos(-au) *m*, enigma (enigmâu) *f*.

enigmatic[al] *a.* enigmatig, enigmataidd, dyrys, dirgel, aneglur; *(manner, reply):* enigmatig, enigmataidd, anchwiliadwy, annirnad.

enigmatically *adv.* yn enigmatig *&c.*

enisle *v.t. Lit:* ynysu.

enjambement *n. Pros:* llinell gyrch (llinellau cyrch) *f*.

enjoin *v.t.* **1. to ~ (s.o. to do sth),** annog, siarsio, cyfarwyddo (rhn i wneud rhth); gorchymyn, *Lit:* erchi (i rn wneud rhth); **to ~ sth on s.o.,** argymell/annog rhth ar rn. **2.** *Jur: (= prohibit):* gwahardd (rhn rhag gwneud rhth); gwarafun, nadu (i rn wneud rhth).

enjoy *v.t.* **1.** mwynh|au, blasu (rhth); cael blas (ar rth); cael mwynhad (o rth); **to ~ one's dinner,** mwynhau'ch cinio, cael blas ar eich cinio; **to ~ reading a book,** cael blas ar lyfr, mwynhau darllen llyfr; **to ~ oneself,** cael hwyl; *(Anglicism):* eich mwynh|au'ch hun, *S: F:* joio; **to ~ oneself immensely,** cael hwyl aruthrol, cael hen hwyl, *occ:* cael hwyl a hanner, *S.W:* joio mas draw; **did you ~ yourself?** gefaist ti (gawsoch chi) hwyl? **to ~ doing sth,** cael hwyl ar wneud rhth, mwynhau/hoffi gwneud rhth. **2.** *(= possess):* mwynhau, perchenogi (rhth); meddu (ar rth); **to ~ good health,** bod mewn iechyd da, bod yn iach [fel cricsen, fel cneuen *&c*]; *Iron:* **to ~ poor health,** bod yn wael eich iechyd *&c*; *abs.* cwyno. **3.** *(= possess woman):* meddiannu merch, *B:* adnabod merch.

enjoyable *a.* dymunol, braf, difyr, diddan, mwyn, pleserus, hyfryd; **we had a most ~ evening,** fe gawsom noson fendigedig; fe gawsom noson ddifyr dros ben.

enjoyableness *n.* hyfrydwch *m*, mwyniant *m*, dymunoldeb *m*; **I realized its ~,** gwelais mor ddymunol y gallai fod.

enjoyably *adv.* yn ddymunol *&c.*

enjoyment *n.* **1.** *Jur:* meddiant *m*, perch[e]nogaeth *f* (ar rth). **2.** *(= pleasure):* hwyl *f*, mwynhad *m*, pleser *m*, *Lit: occ:* mwyniant *m*.

enkindle *v.t.* ennyn, cynnau, tanio, cychwyn, deffro, cyffr|oi.

enlace *v.t.* *(= entwine):* ymblethu, ymgordeddu, cordeddu, ymlapio (am rth); amglymu (rhth); *(= enfold):* lapio; *(= embrace):* cofleidio.

enlacement *n.* lapiad(-au) *m*, cyfrodeddiad(-au) *m*, cordeddiad(-au) *m*, cofleidiad(-au) *m*; *vn.* = **enlace.**

enlarge *v.t.&i.* **1.** *v.t.* *(a)* gwn|eud (rhth) yn fwy; mwyh|au, helaethu, estyn, ehangu, chwyddo, cynyddu (rhth); *(a hole):* lledu; *(wealth &c):* ychwanegu (at rth); *Phot:* mwyhau, chwyddo (lluniau); gwneud (lluniau) o fach i fawr; *Needlew:* helaethu; *(b) (intelligence):* datblygu, cynyddu; *(an idea):* datblygu; *Jur:* **to ~ recognizances,** estyn ymrwymiadau. **2.** *v.i.* *(a)* mynd yn fwy, cynyddu, tyfu, prifio, chwyddo, ymestyn, ehangu, ymhelaethu; *(b)* **to ~ upon sth,** ymhelaethu ar rth.

enlargeable *a.* estynadwy, datblygadwy, helaethadwy, cynyddadwy, chwyddadwy; *Phot:* chwyddadwy.

enlarged *a.* mwy, wedi ei fwyh|au; *Med:* ~ **heart,** calon ordyfol, calon wedi gordyfu; *Cmptr: &c:* ~ **image,** delwedd fwy *f.*
enlargement *n.* mwyhad *m*, helaethiad(-au) *m*, estyniad(-au) *m*, ymestyniad(-au) *m*, ymhelaethiad(-au) *m*, helaethiad(-au) *m*; *vn.* = **enlarge**; *Phot:* mwyhad, helaethbrint(-iau) *m*; *Med:* chwyddiad(-au) *m*, gordyfiant (gordyfiannau) *m*; *Jur:* ~ **of powers clause,** cymal (*m*) ehangu pwerau. ~ **factor** *n. Mth:* ffactor(-au) (*m*) helaethiad.
enlarger *n. Phot:* chwyddwr (chwyddwyr) *m*, peiriant (peiriannau) (*m*) mwyh|au, mwyhäwr (mwyhawyr) *m*, helaethydd(-ion) *m.*
enlighten *v.t.* goleuo; **to ~ s.o. on sth,** goleuo/hysbysu rhn ynghylch rhth, rhoi rhn ar ben y ffordd ynghylch rhth.
enlightened *a.* goleuedig; **in these ~ days,** yn yr oes oleuedig hon.
enlightenment *n.* **1.** *(= information):* goleuni *m* (**on sth,** ar rth), eglurhad *m* o/ar rth. **2.** *(= state of being enlightened):* goleuedigaeth *f*, goleuedigrwydd *m*; *Hist:* **the E~, the Age of E~,** yr Oes Oleuedig *f*, [Cyfnod] yr Ymoleuo.
enlist *v.t.&i.* **1.** *v.t.* *(a) Mil:* listio, *Lit:* rhestru; *(b) (= secure):* sicrh|au (rhth), cael gafael (ar rth), ymorol (am rth); **to ~ s.o.'s help,** ymorol am [gael] help rhn, sicrhau help rhn. **2.** *v.i.* listio, ymrestru.
enlisted *a. Mil: U.S:* rhestredig, ar restr, wedi listio; ~ **man,** gŵr (gwŷr) (*m*) rhif, milwr (milwyr) cyffredin *m.*
enlistee *n. U.S:* = **enlisted man.**
enlistment *n.* ymrestriad(-au) *m*, listiad(-au) *m*; *vn.* = **enlist.**
enliven *v.t.* bywiogi, bywiocáu, sirioli; *(= stimulate):* [y]sbarduno, symbylu.
enlivenment *n.* bywiocâd *m*, bywiogrwydd *m*, sirioldeb *m*; *vn.* = **enliven.**
enmesh *v.t.* rhwydo, maglu, dal, dala.
enmeshment *n.* magl[i]ad(-au) *m*; *vn.* = **enmesh.**
enmity *n.* gelyniaeth *f*, cas *m*, casineb *m*, atgasedd *m*, digasedd *m.*
ennage *n. Typ:* eniau *pl.*
ennead *n.* nawawd(-au) *m*, naw(-iau) *m.*
enneandrous *a. Bot:* naw friger.
enneasyllabic *a. Pros:* nawsill, nawban; *W.Pros:* ~ **line,** llinell(-au) nawsill/nawban *f*, cyhydedd nawban *f*, cyhydedd drosgl.
ennentic[al] *a.* nawledol.
ennoble *v.t.* **1.** *(= bestow title on s.o.):* bonheddu, urddo, anrhydeddu (rhn); rhoi teitl (i rn). **2.** *(= dignify):* rhoi urddas (i/ar rn), urddasoli (rhn).
ennoblement *n.* **1.** *(with title):* urddiad(-au) *m*, urddo *vn.* **2.** *(= making dignified):* urddasoliad *m*, urddasiad *m*, urddasoli *vn.*
ennobler *n.* **1.** anrhydeddwr (anrhydeddwyr) *m.* **2.** urddasolwr (urddasolwyr) *m.*
ennobling *a.* urddasol, sy'n rhoi urddas.
ennui *n.* diflastod *m*, syrffed *m.*
enol *n. Ch:* enol(-au) *m.*
enolase *n. Bio-Ch:* |enolas (enolasau) *m.*
enolic *a. Ch:* enolig.
enologist *n.* = **oenologist.**
enology *n.* = **oenology.**
enormity *n.* **1.** *(of size):* anferthedd *m*, anferthwch *m*, aruthredd *m.* **2.** *(of crime):* anfadrwydd *m*, ysgelerder *m*, enbydrwydd *m.*
enormous *a.* anferth, enfawr, aruthrol, *Lit:* dirfawr, cawraidd, anferthol; **(we had) ~ fun,** (fe gawsom ni) hwyl anfarwol/aruthrol, hen hwyl, hwyl a hanner, *N: F:* hwyl garw/ofnadwy, andros o hwyl; **an ~ thing,** clamp (*m*) o beth, clobyn (*m*)/cloben (*f*) o beth, *N.W: F:* homar (*m*) o beth, andros (*m*) o beth, *S.W:* clorwth *m*, hwdwg *m*, swabin *m*, sgrongol *m* [o beth].
enormously *adv.* yn aruthrol *&c*, *S.W: occ:* i'w r[h]yfeddu; **(to enjoy sth) ~,** (mwynhau rhth) yn fawr iawn, yn aruthrol, *N:* yn arw iawn, yn ofnadwy; *S.W:* (joio rhth) mas draw.
enormousness *n.* anferthedd *m*, anferthwch *m*, aruthredd *m.*
enosis *n. Pol:* enosis *m*, uniad *m.*
enough *n. & adv.* **1.** *n.* digon *m*, digonedd *m*, *S: occ:* gwala *m*; **~ and to spare,** gwala a gweddill, digon a pheth dros ben; **~ money,** digon/digonedd o arian; **we have apples ~,** mae gennym ddigon/ddigonedd o afalau; *F:* **I've had ~ of it,** 'rwyf wedi cael digon arno; 'rwyf wedi cael llond bol arno; **to have ~ food,** *S:* cael eich gwala o fwyd; *Prov:* **~ is as good as a feast,** gormod o ddim nid yw dda; gormod o bwdin dagith gi; mae gormod yn waeth na rhy fach; digon dyn, llond bol mochyn/ci; **that's ~,** dyna [hen] ddigon; **~ is ~,** digon yw digon; **~ to endanger one's life,** digon amdanoch, digon am eich bywyd; **more than ~,** mwy na digon, digonedd, mwy nag sydd ei eisiau; **he doesn't know when he's had ~,** *(food):* nid yw'n gwybod ei ddigon; **have you ~ to pay the bill?** oes gennych chi ddigon i dalu'r bil? **(he has ~) to live on,** (mae ganddo ddigon) wrth gefn, i fyw arno, at ei fyw; **it's ~ to make you despair,** mae'n ddigon i'ch gwangalonni; **~ said!** gair i gall! tawed y callaf! y callaf [a] dawo! **I had ~ to do to catch the train,** cymaint ag a allwn ei wneud oedd dal y trên; **I have ~ to do cleaning this house,** 'rwyf yn fy ngwaith yn glanhau'r tŷ 'ma; **it was ~ to drive one crazy,** 'roedd yn ddigon i'ch gyrru o'ch cof; *S.a.* **spare**[2] **2. 2.** *adv.* *(a)* **good ~,** digon da, *occ:* da ddigon; **he loved her ~ (to forgive her),** fe'i carai hi ddigon *or* yn ddigon da *or* o'r gorau (i faddau iddi); *F:* **a good ~ thing,** peth digon da, purion peth, eithaf peth, *N.W: occ:* di-fai peth; **it's a good ~ reason (for sth),** mae'n esgus cystal â dim, mae'n esgus digon da (dros rth); **fair ~,** digon teg, *Lit: occ:* teg ddigon; **it's true ~,** mae'n ddigon gwir; *S:* mae'n wir ei wala; **large ~,** digon mawr, digon o faint; **he looks well ~,** mae golwg eithaf da arno; **it's good ~ for him,** mae'n ddigon da iddo ef; *N.W: occ:* mae'n ddi-fai iddo fo; *(b) (intensive):* **you know well ~ what I mean,** fe wyddoch yn iawn/burion beth sydd gennyf dan sylw; **curiously ~,** fel y mae hi ryfeddaf, yn rhyfedd ddigon, yn ddigon rhyfedd; *S.a.* **sure 2**; *(c) (disparaging):* **(she sings) well ~,** (mae hi'n canu'n) o lew, ddigon da, eithaf da; **it is good ~ in its way, but. . .,** fe wnaiff y tro, ond. . .; *S:* 'dyw e ddim yn ffôl, ond. . . .
enounce *v.t.* llefaru, ynganu, cynanu, dweud, geirio.
enouncement *n.* ynganiad(-au) *m*, cynaniad(-au) *m*; *vn.* = **enounce.**
enow *Poet: a. & adv.* = **enough.**
enphytotic *a. & n. Biol:* **1.** *a.* enffytotig. **2.** *n.* enffytotig(-ion) *m&f.*
enplane *v.i.* = **emplane.**
enquire *n.* = **inquire.**
enquiry *n.* = **inquiry.**
enrage *v.t.* cynddeiriogi, gwylltio, ffyrnigo; **to be enraged by sth,** gwylltio wrth rth; *See* **angry, anger**[1],[2].
enraged *a.* gwyllt, cynddeiriog, ffyrnig, lloerig, *Lit:* llidiog, *N:* candryll, *S: F:* crac, penwan (**by sth,** o achos rhth); **he rushed out ~,** *N: F:* rhuthrodd allan yn ei wyllt/gythraul.
enrapt *a.* **1.** *(= absorbed):* wedi ymgolli, wedi'ch llwyr feddiannu, dan gyfaredd. **2.** *(= overjoyed):* gorawenus, mewn perlesmair.
enrapture *v.t.* swyno, swyngyfareddu (*pronounced* ng-g), cyfareddu, gorlonni, gorawenu (rhn); anfon (rhn) i berlesmair/berlewyg; gwn|eud i rn berlesmeirio/berlewygu; **to be enraptured by sth,** perlesmeirio uwch ben rhth *or* dros rth.
enraptured *a.* gorawenus, gorhoenus, mewn perlesmair, mewn perlewyg (**by sth,** o achos rhth).
enregister *v.t.* = **register**[2].
enrich *v.t.* cyfoethogi.
enriched *a.* cyfoethocach.
enricher *n.* cyfoethogwr: cyfoethogydd (cyfoethogwyr) *m.*
enrichment *n.* cyfoethogiad(-au) *m*, cyfoethogi *vn.*
enrobe *v.t.* arwisgo (**s.o. with sth,** rhn â rhth).
enrockment *n. Civ.E:* *amgarreg *f.*
enrol *v.t.&i.* **1.** *v.t.* *(students, members of a society):* cofrestru; *(soldiers):* listio; *(workers):* cyflogi; *(document):* cofrestru, rhestru. **2.** *v.i.* **to ~ [oneself] in the army,** ymrestru yn y fyddin, ymuno â'r fyddin, *F:* listio yn y fyddin; *(in a society):* ymaelodi; **to ~ (for a course of lectures),** cofrestru, ymrestru, *F:* rhoi'ch enw i lawr (am gyfres o ddarlithoedd).
enrollee *n.* cofrestredig(-ion) *m&f*, ymaelodwr (ymaelodwyr) *m*, ymael|odwraig (ymaelodwragedd) *f.*
enrolment *n.* cofrestr[i]ad(-au) *m*; *U.S:* *(= number of students):* nifer (*f*) y myfyrwyr; *(in army):* ymrestriad(-au) *m*; *(of workers):* cyflogiad(-au) *m*; *vn.* = **enrol.**
enroot *v.t.* gwreiddio, sefydlu.
ens *n.* endid(-au) *m*, haniaeth(-au) *f.*
ensanguine *v.t. Lit:* gwaedu.
ensanguined *a.* gwaedlyd, yn waed i gyd, *Lit:* yn waedryar, yn waedryal, *N: F:* yn waed yr ael.
ensconce *v.t.* ymsefydlu, ymddiogelu, cartrefu; **(to ~ oneself) in a corner, in an armchair,** (swatio) mewn cornel, mewn cadair freichiau.
ensemble *n.* **1.** cyfanrwydd *m*, crynswth *m.* **2.** *Cost: Mus: Mth:*

&c: ***ensemble(-s)*** *m*; *Th:* cydeffaith *f*; **grand canonical ~,** ***ensemble*** canonaidd mawreddog.
enserf *v.t.* = **enslave.**
enserfment *n.* = **enslavement.**
ensheathe *v.t.* gweinio.
enshrine *v.t.* cadw (rhth) [yn gysegredig]; diogelu, corffori, cynnwys.
enshrinement *n. vn.* = **enshrine.**
enshroud *v.t.* cuddio, gorchuddio, amd|oi; claddu (rhth) yn llwyr.
enshrouded *a.* amdoëdig; **~ in fog,** dan orchudd o niwl.
enshrouding *a.* amdöol, amwisgol, gorchuddiol.
ensiform *a.* ar ffurf cleddyf, cleddyfol.
ensign *n.* **1.** baner(-i) *f*, lluman(-au) *m*; **red ~,** lluman coch; **white ~,** lluman gwyn. **2.** *(a) Mil: A:* banerwr (banerwyr) *m*, llumanwr (llumanwyr) *m*; *(b) U.S: Navy:* is-swyddog(-ion) *m*.
ensignship *n.* swydd (*f*) banerwr.
ensilage[1] *n. Husb:* silwair *m*.
ensilage[2], **ensile** *v.t. Husb:* silweirio.
ensky *v.t.* codi/dyrchafu (rhth) i'r awyr.
enslave *v.t.* **1.** caethiwo (rhn), gwn|eud (rhn) yn gaeth, gwneud caethwas (o rn). **2.** *Fig:* **to ~ s.o.'s heart,** ennill calon rhn.
enslavement *n.* caethiwed *m*, caethiwo *vn.*
enslaver *n.* caethiwydd(-ion) *m*.
ensnare *v.t.* **1.** maglu, rhwydo. **2.** *Fig:* denu, hud-ddenu, hudo.
ensoul *v.t.* ysbrydoli, bywiocáu, bywiogi.
ensphere *v.t. Lit:* cau, amgáu, amgylchu.
ensue *v.i.* dilyn, canlyn; **a long silence ensued,** bu tawelwch hir.
ensuing *a.* canlynol, nesaf, dilynol, yn dilyn, a ddilynodd.
ensure *v.t.* **1.** *(= make safe):* sicrh|au, diogelu (**sth from/against sth,** rhth rhag rhth). **2.** *(success &c):* sicrhau. **3.** **to ~ that . . . ,** gofalu/ymorol bod/mai . . . .
enswathe *v.t.* lapio, amrwymo, rhwymo, rhwymynnu.
enswathement *n.* rhwymynnau *pl*; *vn.* = **enswathe.**
entablature *n. Arch:* goruwchadail (goruwchadeiliau) *fm*, goruwchadeilad(-au) *m*.
entablement *n. Arch:* llwyfan(-nau) *mf*.
entail[1] *n. Jur:* **1.** entael(-iau) *m*. **2.** *Fig:* *(= inheritance):* etifeddiaeth *f*, treftadaeth *f*, cynhysgaeth *f*.
entail[2] *v.t.* **1.** *Jur:* entaelio. **2.** *(= cause):* peri, achosi, golygu. **3.** *Log:* dibynnu.
entailed *a. Jur:* entaeliedig.
entailer *n.* entaeliwr (entaelwyr) *m*.
entailment *n.* **1.** *Jur:* entaeliad(-au) *m*. **2.** *(= condition):* amod(-au) *fm*.
entamoeba *n. Z:* entameba (entamebâu) *m*.
entangle *v.t.* **1.** drysu; **to become entangled,** drysu, mynd yn g[y]lymau, mynd yn ddryslyd, cordeddu, ymgordeddu; *N.W: occ:* manglio, banglio, ringlo *(all pronounced* ng-g); **to get entangled (in seaweed),** mynd yn sownd/yngh|wm, dal eich traed (mewn gwymon); **to get entangled (in a shady business),** cael eich clymu, mynd ynghlwm (wrth rth amheus).
entanglement *n.* drysi *m*, drysni *m*, tryblith *m*, dryswch *m*, c[y]lymau *pl*, magl(-au) *f*; *vn.* = **entangle.**
entangler *n.* dryswr (dryswyr) *m*.
entasis *n. Arch:* entasis(-au) *m*, crymedd(-au) *m*.
entelechy *n. Phil:* sylweddoliad(-au) *m*, ent|elechi *m*.
entente *n.* dealltwriaeth(-au) *f*, cyd-ddealltwriaeth(-au) *f*, ***entente(-s)*** *f*; ***E~ Cordiale, Entente Cordiale.***
enter *v.i.&t.* I. *v.i.* mynd/dod i mewn (i rywle), *occ:* treiddio (i rywle); *Th:* **~ Hamlet,** daw Hamlet i mewn; *A:* ***enter*** **Hamlet.** II. *v.t.* **1.** *(a)* **to ~ a place,** mynd [i mewn] i le, *N.W: occ:* deintio [i mewn] i rywle, deintio at rywle; *(of road, river):* ymuno; **the Alwen enters the Dee,** y mae Alwen yn ymuno â Dyfrdwy; *S.a.* **head**[1] **2**; **to ~ a vehicle,** mynd i mewn i gerbyd, *occ:* esgyn i gerbyd. **2.** **to ~ the Army/Navy,** ymuno â'r Fyddin/Llynges, mynd i'r Fyddin/Llynges. **3.** *(a)* **to ~ (a name on a list),** dodi, rhoi, taro, torri, ysgrifennu, cofnodi (enw ar restr); **to ~ a horse for a race,** rhoi/dodi ceffyl mewn ras; *abs.* **to ~ for a race,** cynnig/ymgynnig mewn ras, rhoi'ch enw [i lawr] ar gyfer ras; *S.a.* **examination 2**; *(b) Com:* **to ~ [up] an item in a ledger,** dodi/cofnodi eitem mewn llyfr cyfrifon; **~ that to me,** rhowch/dodwch hwnna ar fy nghyfrif i; rhowch/dodwch hwnna ar fy nghyfer i; **to ~ sth in a diary,** ysgrifennu rhth mewn dyddiadur; *(c)* **to ~ an action against s.o.,** cychwyn achos yn erbyn rhn; **to ~ a protest,** gwn|eud protest, protestio, cofnodi protest; *(d) Cmptr:* rhoi/dodi (rhth) [i mewn], bwydo. **~ into** *v.i.* **1.** mynd i mewn (i rth); *(a) (= begin):* dechrau, cychwyn; **to ~ into relations with s.o.,** dechrau ymwn|eud â rhn, dechrau perthynas â rhn; **to ~ into a bargain/contract,** taro bargen; **to ~ into an agreement,** gwneud/llunio cytundeb, dod i gytundeb, cytuno; **to ~ into conversation with s.o.,** cychwyn/dechrau/taro sgwrs â rhn; **to ~ into explanations,** rhoi esboniad/eglurhad, esbonio, egluro, dechrau egluro/esbonio rhth; *Jur:* **to ~ into a recognizance,** gwneud ymrwymiad; *(b) (= participate):* cyfranogi o rth, chwarae/cymryd rhan mewn rhth. **2.** **to ~ into s.o.'s feelings,** cydymdeimlo â rhn, rhannu teimladau rhn; **to ~ into the spirit of the game,** mynd i ysbryd y chwarae, ymuno yn yr hwyl. **~ on/upon** *v.i.* dechrau, cychwyn (rhth, ar rth); ymgymryd (â rhth). **~ up** *v.t.* cofnodi, cofrestru.
enterable *a.* **1.** *(house &c):* y gellir mynd iddo. **2.** *Com: (item &c):* cofnodadwy, cofrestradwy.
enteral *a.* = **enteric.**
enterally *adv.* yn ymysgarol *&c.*
enteric *a. Med:* ymysgarol, coluddol, enterig; **~ fever,** y dwymyn (*f*) goludd, y teiffoid *m*; **~ canal,** pibell (*f*) faeth.
enteritis *n. Med:* enteritis *m*, llid (*m*) yr ymysgaroedd, llid y coluddion, coluddwst *m*.
enterobacterial *a. Bact:* enterobacteraidd.
enterobacterium *n. Bact:* enterobacteriwm (enterobacteria) *m*.
enterobiasis *n. Path:* enterobiasis *m*.
enterochromaffin *a. Med:* enterocr|omaffin.
enterococcal *a. Bact:* enterococaidd.
enterococcus *n. Bact:* enterococws (enterococi) *m*.
enterocoel[e] *n. Surg:* |enterosel (enteroselau) *m*.
enterocoelic, enterocoelous *a.* enteroselig.
enterocolitis *n. Med:* enterocolitis *m*.
enterogastrone *n. Bio-Ch:* enterogastron *m*.
enterohepatitis *n. Med:* enterohepatitis *m*.
enterokinase *n. Bio-Ch:* enterocinas *m*.
enteron *n. Anat:* |enteron (enteronau) *m*.
enteropathogenic *a. Med:* enteropathogenig.
enteropathy *n. Med:* enter|opathi *m*.
enterostomal *a. Surg:* enterostomaidd.
enterostomy *n. Surg:* enter|ostomi (enterostomïau) *m*.
enterotomy *n. Surg:* enter|otomi (enterotomïau) *m*.
enterotoxaemia *n. Med:* enterotocsemia *m*.
enterotoxin *n. Bact:* enterotocsin(-au) *m*.
enteroviral *a. Med:* enterofiral.
enterovirus *n. Med:* enterofirws (enterofirysau) *m*.
enterprise *n.* **1.** *(= business):* menter (mentrau) *f*, busnes(-i,-au,-ion) *m*, antur(-iau,-ion) *f*, anturiaeth(-au) *f*; *Pol.Ec:* **private ~,** menter breifat; **free ~,** menter rydd, rhydd-fenter *f*; **state ~,** menter y wladwriaeth, menter wladol, anturiaeth wladol. **2.** *(= venturesomeness):* menter *f*, mentrusrwydd *m*, parodrwydd (*m*) i fentro, blaengarwch *m* (*pronounced* ng-g), esgudrwydd *m*; **he has no ~,** 'does dim mynd ynddo; mae'n ddifenter; un digychwyn/digynnig ydyw; *S:* 'does dim gâm ynddo fe. **3.** *(= venture):* menter, antur, anturiaeth. **~ zone** *n.* ardal (*f*) fenter (ardaloedd menter).
enterpriser *n.* mentrwr (mentrwyr) *m*, anturiwr (anturwyr) *m*, anturiaethwr (anturiaethwyr) *m*.
enterprising *a.* mentrus, anturiaethus, anturus, esgud, blaengar (*pronounced* ng-g), parod i fentro.
enterprisingly *adv.* yn fentrus *&c.*
entertain *v.t.* **1.** *(= amuse):* difyrru, diddanu, *occ:* adlonni. **2.** *(socially):* gwah|odd, croesawu, gwesteia, *occ:* derbyn; **to ~ s.o. to dinner,** gwahodd rhn i ginio/giniawa; **they ~ a great deal,** maent yn groesawgar iawn; maent yn gwahodd llawer i'w tŷ. **3.** *(proposition &c):* croesawu, derbyn. **4.** *(idea, illusions):* mwytho, coleddu, magu, meithrin; *(= consider):* ystyried; **to ~ doubts about sth,** amau rhth, bod yn amh|eus yngh|ylch rhth; **to ~ fears (about sth),** ofni, bod yn ofnus (ynghylch rhth); **to ~ hopes,** gobeithio, mwytho/coleddu/magu gobeithion.
entertainer *n.* **1.** *(= host):* gwesteiwr (gwesteiwyr) *m*, gwest|eiwraig (gwesteiwragedd) *f*. **2.** *(= amuser):* difyrrwr (difyrwyr) *m*, difl|yrwraig *f*, diddanwr (diddanwyr) *m*, didd|anwraig *f*.
entertaining *a.* difyr, difyrrus, diddan, adloniadol.
entertainingly *adv.* yn ddifyr *&c.*
entertainment *n.* **1.** *(a)* difyrrwch *m*, diddanwch *m*, adloniant

(adloniannau) *m*, *occ:* hwyl *f*; **much to the ~ of the crowd,** er mawr ddifyrrwch i'r dorf; **it was great ~,** 'roedd yn hwyl aruthrol; *(b) Th:* difyrrwch, sioe(-au) *f*; *(Welsh folk-evening):* noson lawen (nosweithiau llawen) *f*, ysgubor lawen (ysguboriau llawen) *f*. **2.** *(= hospitality):* croeso *m*, croesawu *vn*. **~ allowance** *n.* lwfans(-au) (*m*) croesawu. **~ committee** *n.* pwyllgor (*m*) adloniannau. **~ tax** *n.* treth (*f*) ar adloniant.

enthalpy *n. Ph:* |enthalpi *m*, gwres cyfan *m*.

enthral[l] *v.t.* *(= captivate):* hudo, cyfareddu, swyngyfareddu (*pronounced* ng-g), hoelio sylw (rhn); gafael (yn rhn).

enthralled *a.* dan gyfaredd; **to be ~ by sth,** cael eich cyfareddu gan rth, bod dan gyfaredd rhth, bod yng ngafael rhth.

enthralling *a.* gafaelgar, swynol, cyfareddol, swyngyfareddol (*pronounced* ng-g).

enthrallingly *adv.* yn afaelgar *&c*.

enthralment *n.* cyfaredd *f*, swyngyfaredd *f* (*pronounced* ng-g), cyfareddiad(-au) *m*; *vn.* = **enthral**.

enthrone *v.t.* gorseddu.

enthronement, enthronization *n.* gorseddiad(-au) *m*, gorseddu *vn*.

enthuse *v.i.&t.* *F:* **1.** *v.i.* mynd yn frwd/frwdfrydig/selog, brwdfrydu (dros rth, ynghlylch rhth); canmol (rhth). **2.** *v.t.* llanw/llenwi rhn â brwdfrydedd, tanio brwdfrydedd rhn, ennyn diddordeb rhn.

enthusiasm *n.* brwdfrydedd *m*, brwdaniaeth *f*, sêl *f*, eiddgarwch *m*; *Rel.H:* penboethni *m*.

enthusiast *n.* **1.** rhn (rhai) brwdfrydig/selog (**for sth,** dros rth); *pl.* selogion. **2.** *Rel.H:* penboethyn (penboethiaid) *m*, penboethen (penboethiaid) *f*.

enthusiastic *a.* brwd, brwdfrydig, selog, eiddgar (**for sth,** dros rth, o blaid rhth); **an ~ fisherman,** pysgotwr selog; **to become/wax ~ over sth,** mynd i hwyl dros rth.

enthusiastically *adv.* yn frwd *&c*.

enthymeme *n. Log:* |enthymem (enthymemau).

entice *v.t.* hudo, denu, hud-ddenu, *Lit: occ:* llithio; **to ~ s.o. to do sth,** cael gan rn wneud rhth, denu rhn i wneud rhth, *S.E:* carddenu/*S.W:* cocso/capian/hysan rhn i wneud rhth, *N.W: occ:* cynnwys rhn i wneud rhth; **to ~ s.o. away,** denu/hudo rhn ymaith.

enticement *n.* **1.** *(= enticing):* hudoliaeth *f*, llithiad(-au) *m*, deniad (-au) *m*; *Jur: (of a spouse):* denu *vn*; *vn.* = **entice**. **2.** *(= lure[1]):* atyniad(-au) *m*, abwyd *m*, llith(-iau) *m*.

enticing *a.* deniadol, dengar (*pronounced* ng-g), hudolus.

enticingly *adv.* yn ddeniadol *&c*.

entire *a. & n.* **1.** *a.* *(a)* cyfan (cyfain), cyflawn, cyfan gwbl; holl *(before noun + soft mut.)*; **the ~ population,** y boblogaeth i gyd, yr holl boblogaeth, y boblogaeth gyfan, pawb oll; **to be ~,** bod yn gyfan; *(b) (= unqualified, utter):* llwyr, hollol; **an ~ success,** llwyddiant llwyr/hollol; *(c) Bot: (leaves):* cyfan. **2.** *n.* *(= uncastrated animal):* anifail cyfan (anifeiliaid cyfain) *m*, anifail *&c* heb dorri arno, anifail heb ei gyweirio/ddisbaddu.

entirely *adv.* **1.** *(qualifying verb):* yn llwyr, yn gyfan gwbl, yn hollol; **to agree with s.o.,** cytuno'n llwyr/hollol a rhn; **it was your fault ~,** arnat ti yr oedd y bai i gyd *or* yn gyfan gwbl; **they were ~ wiped out,** difodwyd hwy i gyd *or* yn llwyr; **to do sth ~ for s.o.'s benefit,** gwneud rhth yn unswydd/unig er lles rhn; *Jur:* **~ and absolutely,** yn llwyr a diamod. **2.** *(qualifying a.):* cwbl, hollol, cyfan gwbl; **~ unnecessary,** hollol/cwbl ddianghenraid; **you are ~ mistaken,** 'rydych yn hollol/gwbl anghywir.

entireness, entirety *n.* cyfanrwydd *m*, crynswth *m*, cyflawnder *m*, cyflawnrwydd *m*; **in its ~,** yn ei grynswth, yn gyfan, yn ei gyfanrwydd; **(to fulfil an order) in its ~,** (cyflawni gorchymyn) yn llwyr, i'r eithaf.

entitative *a. Phil:* endidol.

entitle *v.t.* **1.** *(a book):* rhoi teitl i/ar lyfr; **the book is entitled . . .,** enw'r llyfr yw . . . . **2.** *(pers.):* teitlu rhn, rhoi teitl i rn, urddo rhn. **3. to ~ s.o. to do sth,** awdurdodi rhn i wneud rhth, rhoi hawl i rn wneud rhth.

entitled *a.* **1.** *(book &c):* yn dwyn [y] teitl *or* [yr] enw. **2.** *(= authorized):* â hawl, awdurdodedig; **to be ~ to do sth,** bod â hawl i wneud rhth; **to be ~ to say that . . .,** gallu dweud yn deg fod . . . .

entitlement *n.* hawl(-iau) *f* (**to sth,** i/ar rth).

entity *n. Phil:* endid(-au) *m*, hanfod(-au,-ion) *m*.

entoblast *n. Anat:* = **hypoblast**.

entoblastic *a. Anat:* = **hypoblastic**.

entoderm *n. Biol:* = **endoderm**.

entodermal, entodermic *a. Biol:* = **endodermal, endodermic**.

entomb *v.t.* claddu, *Lit: occ:* daearu.

entombment *n.* claddedigaeth(-au) *f*, *Lit: occ:* daeariad(-au) *m*; *vn.* = **entomb**.

entomic *a. Ent:* trychfilaidd, pryfedol.

entomofauna *n.pl. Ent:* pryfed, trychfilod.

entomogenous *a.* entomogenaidd.

entomological *a.* entomolegol, pryfetegol.

entomologist *n.* entomolegwr: entomolegydd (entomolegwyr) *m*, pryfetegwr: pryfetegydd (pryfetegwyr) *m*.

entomology *n.* pryfeteg *f*, pryfyddiaeth *f*, entomoleg *f*.

entomophagan *n. Z:* pryfyswr (pryfyswyr) *m*.

entomophagous *a. Bot: Z:* pryfysol.

entomophilous *a. Bot:* pryfbeilliedig.

entomophily *n.* pryfbeilliad *m*, pryfbeillio *vn*.

entomostracan *a. & n. Z:* **1.** *a.* entomostracaidd. **2.** *n.* entomostracad (entomostracaid) *m&f*.

entomostracous *a.* = **entomostracan 1**.

entoproct *a. & n.* **1.** *a.* entoproctaidd. **2.** *n.* |entoproct (entoproctau) *m*.

entoproctous *a.* = **entoproct 1**.

entourage *n.* **1.** *(= surroundings):* amgylchfyd *m*. **2.** *(= attendant persons):* gosgordd *f*, canlynwyr *pl*, cymdeithion *pl*, *Lit: occ:* rhwter *m*.

entozoa *n.pl. Ann:* llyngyr.

entozoan *a. & n. Ann:* **1.** *a.* entosoaidd, llyng[h]yrol. **2.** *n.* entosoad (entosoaid) *m&f*, llyng[h]yren (llyngyr) *f*.

entozoic *a. Biol:* entosöig.

entr'acte *n. Th:* **1.** ***entr'acte(-s)*** *m*, eitem(-au) (*f*) egwyl. **2.** *(= interval):* egwyl(-iau,-ion) *f*.

entrails *n.pl.* **1.** perfedd *m*, perfeddion, *Lit:* ymysgaroedd, coluddion; **calf's ~,** *S.W: occ:* bwced (*m*) llo; **pig's ~,** perfedd mochyn, *N.E: occ:* wmblws *pl*. **2.** *Fig: (of earth &c):* perfedd, canol *m*.

entrain[1] *v.t.&i.* **1.** *v.t.* **to ~ soldiers,** rhoi/dodi milwyr ar drên. **2.** *v.i.* mynd ar drên, esgyn i drên.

entrain[2] *v.t.* *(= drag along):* llusgo, cario, cludo.

entrainer *n.* llusgwr (llusgwyr) *m*.

entrainment *n.* llusgiant *m*, cludiant *m*; *vn.* = **entrain[2]**.

entrammel *v.t.* = **entangle**.

entrance[1] *n.* **1.** *(a) (action):* mynediad(-au) (*m*) i mewn, dyfodiad(-au) (*m*) i mewn; **to make one's ~,** *(on stage):* dod i'r llwyfan, dod yml|aen; **after having made his ~,** wedi iddo ddod i mewn; **actor's ~ [on the stage],** ymddangosiad(-au) *m*, mynediad i'r llwyfan; *Th:* **missed ~,** mynediad hwyr, methu (*vn*) dod i mewn; *(b) (= access):* **to give ~ to a room,** arwain i ystafell, rhoi mynediad i ystafell. **2.** *(= way in):* mynedfa (mynedf|eydd) *f*, ffordd (ffyrdd) (*f*) i mewn; **main ~,** prif fynedfa; **side ~,** drws (drysau) (*m*) ochr/ystlys, mynedfa o'r ochr; *Archeol:* **antennae ~,** mynedfa gorniog (mynedfeydd corniog); **barbican ~,** mynedfa dyrog (mynedfeydd tyrog); **complex design ~,** mynedfa cynllun cymhleth; **inturned ~,** mynedfa fewndro/fewndroëdig (mynedfeydd mewndro/mewndroëdig); **monumental ~,** mynedfa gofebol (mynedfeydd cofebol); **multiple ~,** mynedfa gyfansawdd (mynedfeydd cyfansawdd); **out-turned ~,** mynedfa alldro; **overlapping ~,** mynedfa orgyffwrdd (mynedfeydd gorgyffwrdd); **zig-zag ~,** mynedfa igam ogam. **3.** *Ecc:* **the greater ~,** y prif eisodos; **the lesser ~,** yr is-eisodos *m*. **~ cue** *n.* ciw(-iau) (*m*) dyfod. **~ fee** *n.* **1.** *(to museums &c):* tâl (taliadau) (*m*) mynediad. **2.** *(of society &c):* tâl aelodaeth. **~ gate** *n.* mynedfa, clwyd(-i) (*f*) mynediad.

entrance[2] *v.t.* swyno, cyfareddu, swyngyfareddu (*pronounced* ng-g) (rhn); bwrw (rhn) i lesmair/berlesmair/berlewyg; **to be entranced,** perlesmeirio, perlewygu, mynd i berlewyg/berlesmair (**by sth,** dros rth); cael eich swyno/cyfareddu (gan rth).

entranced *a.* **~ by sth,** dan gyfaredd/swyn/hudoliaeth rhth, wedi'ch cyfareddu/swyno/hudo gan rth, mewn perlewyg/perlesmair o achos rhth.

entrancement *n.* **1.** *vn.* = **entrance[2]**. **2.** hud *m*, swyn *f*, cyfaredd *mf*, hudoliaeth *f*.

entrancing *a.* swynol, hyfryd, llesmeiriol, perlesmeiriol, perlewygol, hudolus.

entrancingly *adv.* yn swynol *&c*.

entrant *n.* 1. rhn (rhai) sy'n dod i mewn. 2. *(in an examination or competition):* ymgeisydd (ymgeiswyr) *m.* 3. *(in a profession):* dechreuwr (dechreuwyr) *m*, newyddian(-od) *m*, *occ:* prentis(-iaid) *m.*

entrap *v.t.* 1. = **trap**². 2. **to ~ s.o. into doing sth,** llithio/hudo/twyllo rhn i wneud rhth.

entrapment *n.* llithiad(-au) *m*, hudoliad(-au) *m*; *vn.* = **entrap.**

entreat *v.t.* **to ~ (s.o. to do sth),** ymbil, deisyf, crefu, erfyn, eiriol, *S.W: occ:* ymhŵedd (ar rn i wneud rhth); *Lit:* atolygu, atolwg (i rn wneud rhth); **I ~ your indulgence,** erfyniaf eich cydymddygiad; *Lit:* **I ~ you,** atolwg.

entreating *a.* ymbilgar, erfyniol, taer.

entreatingly *adv.* yn ymbilgar *&c.*

entreatment, entreaty *n.* erfyniad(-au) *m*, ymbil(-iau) *m*, deisyfiad(-au) *m*, cais (ceisiadau) *m*, atolygiad(-au) *m*; **at the urgent ~ of s.o.,** ar gais taer rhn; **a look of ~,** golwg ymbilgar *f.*

entrecôte *n. Cu:* ***entrecôte*** *f.*

entrée *n. (= right of entry):* 1. hawl (*f*) mynediad/mynd. 2. *Cu:* ***entrée(-s)*** *f.*

entremets *n. Cu:* ***entremets*** *m. inv.*

entrench *v.t.&i.* 1. *v.t.* *(a) Mil: (= surround with trench):* amgloddio (rhth), cloddio ffosydd (oddi amgylch rhth); **to ~ oneself,** *(= dig oneself in):* ymgloddio; *(b) (= establish):* sefydlu, cadarnh|au; *(= safeguard):* sicrh|au, gwarantu. 2. *v.i.* **to ~ upon sth,** tresmasu/tresbasu ar rth.

entrenched *a.* 1. *(troops):* ymgloddedig; *Geog:* **~ meander,** ystum rychog (ystumiau rhychog), ystum gulrychog (ystumiau culrychog). 2. *(habits &c):* **customs entrenched by tradition,** arferion a gadarnhawyd gan draddodiad, arferion sydd wedi eu hen sefydlu gan draddodiad, arferion wedi hen ymwreiddio; **~ attitudes,** agweddau sydd wedi hen galedu; **an ~ position,** safle/safbwynt di-syfl/diysgog/disymud *m*; **~ clause,** cymal di-syfl *m*; **~ provision,** amod ddi-syfl (amodau di-syfl) *f.*

entrenchment *n. Mil:* ffosydd *pl*, amglawdd (amgloddiau) *m*, ymgloddio *vn*, ymgloddiad(-au) *m.*

entrepôt *n.* ***entrepôt(-s)*** *m*, storfa (storf|eydd) *f*, stordy (stordai) *m.* **~ port** *n.* porthladd(-oedd) (*m*) ***entrepôt***, *trwyborth (trwybyrth) *f.* **~ trade** *n.* masnach (*f*) drwyborth/***entrepôt.***

entrepreneur *n.* ***entrepreneur(-s)*** *m*, entrepreneur(-iaid) *m*, mentrwr (mentrwyr) *m.*

entrepreneurial *a.* entrepreneuraidd, mentergar.

entrepreneurship *n.* entrepreneuriaeth *f*, mentergarwch *m.*

entresol *n. Arch:* rhynglawr (rhyngloriau) *m.*

entropy *n. Ph:* |entropi *m.*

entrust *v.t.* ymddiried; **to ~ sth to s.o.,** ymddiried rhth i rn, rhoi/dodi rhth yng ngofal rhn.

entrustment *n.* ymddiried *vn.*

entry *n.* 1. *(a)* mynediad(-au) *m*; *P.N:* **no ~,** dim mynediad; **no ~ except for access,** hawl ymw|eld yn unig; *Jur:* **right of ~,** hawl mynediad; *Jur:* **forcible ~,** mynediad trwy rym; *(b)* **to make one's ~,** dod i mewn, ymddangos, cyrraedd; *Th:* dod i'r llwyfan, dod yml|aen, dod allan; *(c) Mus:* ***entrée(-s)*** *mf*, cydiad(-au) *m*; **to make an ~,** cydio, taro; *(in composition):* caniad(-au) *m*; *(d) (into politics &c):* cychwyniad *m*, cychwyn *vn* **(into sth,** ar rth); mynediad (i rth); *(e) Jur: (= taking possession):* meddiant *m*; *(f) Sch:* **staggered ~,** mynediad cyfnodol; **terminal ~,** mynediad dechrau tymor; **a five form ~,** mynediad pum dosbarth; *(g) (= alley, passage):* ale(-au) *f*, entri(-s, entrïoedd) *f.* 2. *(a) (in ledger &c):* cofnod(-ion) *m*, cofnodiad(-au) *m*, eitem (-au) *f*; **single ~,** cofnod sengl; **double ~,** cofnod dwbl; *Cmptr:* **limit on ~,** cyfyngiad (*m*) ar gofnod; *(in dictionary, log &c):* nodyn (nodion) *m*, ysgrif(-au) *f.* 3. *Sp: (= competitor):* cystadleuydd (cystadleuwyr) *m*, ymgeisydd (ymgeiswyr) *m.* 4. *Cmptr: Ph:* treiddiad(-au) *m.* 5. *(= item offered in competition):* cynnig (cynigion) *m*, cais (ceisiadau) *m.* **~ form** *n.* ffurflen (*f*) gais (ffurflenni cais), ceislen(-ni) *f.* **~ point** *n.* mynedfa (mynedf|eydd) *f.* **~ word** *n.* prifair (prifeiriau) *m.*

entryism *n. Pol:* ymdreiddiad *m*, ymdreiddio *vn.*

entryist *n. & attrib.* 1. *n.* ymdreiddiwr (ymdreiddwyr) *m.* 2. *attrib.* ymdreiddiol.

entwine *v.t.&i.* 1. *v.t.* **to ~ sth about sth,** clymu, plethu, cyfrodeddu, cordeddu, nyddu, clymu (rhth am rth). 2. *v.i.* ymglymu, ymblethu, ymgordeddu, ymnyddu (**about sth,** am rth).

enucleate *v.t. Surg: (= remove nucleus):* dignewyllu; **to ~ an eyeball,** tynnu llygad o'r twll.

enucleation *n. vn.* = **enucleate.**

enumerability *n.* rhifadwyedd *m*, cyfrifadwyedd *m.*

enumerable *a.* rhifadwy, cyfrifadwy.

enumerate *v.t.* rhifo, cyfrif; *(= list):* rhestru, nodi, enwi [fesul un]; **to ~ principles,** cyflwyno egwyddorion.

enumeration *n.* cyfrifiad(-au) *m*, rhifiad(-au) *m*, rhifiant *m*; *vn.* = **enumerate.**

enumerative *a.* cyfrifiadol, rhifiadol; *Lib:* rhestrol.

enumerator *n.* cyfrifwr (cyfrifwyr) *m*, rhifwr (rhifwyr) *m*, rhestrwr (rhestrwyr) *m.*

enunciable *a.* 1. *(= stateable):* datganadwy, mynegadwy, cyhoeddadwy. 2. *(= pronounceable):* cynanadwy, ynganadwy, llefaradwy.

enunciate *v.t.* 1. *(= state):* datgan, mynegi, cyhoeddi (rhth); dweud rhth ar goedd. 2. *(= pronounce):* cynanu, ynganu, llefaru, geirio; **to ~ clearly,** geirio'n eglur/groyw.

enunciation *n.* 1. *(= statement):* datganiad(-au) *m*, cyhoeddiad(-au) *m*; *vn.* = **enunciate** 1. 2. *(= pronunciation):* cynaniad(-au) *m*, ynganiad(-au) *m*, geiriad(-au) *m*, lleferydd *m*; *vn.* = **enunciate** 2.

enunciative *a.* 1. *(= declaratory):* datganiadol, cyhoeddiadol. 2. *(utterance):* cynaniadol, ynganiadol, llafarol.

enunciator *n.* 1. *(= declarer):* datgeiniad (datgeiniaid) *m&f*, datganwr (datganwyr) *m*, cyhoeddwr (cyhoeddwyr) *m.* 2. *(= pronouncer):* geiriwr (geirwyr) *m*, ynganwr (ynganwyr) *m*, cynanwr (cynanwyr) *m.*

enure *v.t.* = **inure.**

enuresis *n. Med:* enwresis *m*, gwlychu(*vn*)'r gwely.

enuretic *a.* enwretig, yn gwlychu.

envelop *v.t.* amgáu, gorchuddio, *F:* lapio; *(of mist):* amd|oi, gord|oi; *Mil:* amgylchynu, amgylchu.

envelope *n.* 1. *Biol: &c: (of an organ &c):* gwisg(-oedd) *f*, amwisg(-oedd) *f*, *occ:* amlen(-ni) *f*, gorchudd(-ion) *m.* 2. *(of letter):* amlen, *S.W:* cas(-iau,-ys) (*m*) llythyr, casyn (*m*) llythyr; **window ~, ~ with transparent window,** amlen ffenestr, amlen ffenestrog. 3. *(of balloon):* amlen.

enveloped *a.* gorchuddiedig, dan orchudd.

enveloper *n.* gorchuddiwr (gorchuddwyr) *m.*

enveloping *a.* 1. gorchuddiol. 2. *Mil:* **~ movement,** amgylchyniad(-au) *m.*

envelopment *n.* 1. *(= covering):* gorchuddiad(-au) *m*, amgaead(-au) *m*, gorchudd(-ion) *m.* 2. *Mil: (= surrounding):* amgylchyniad(-au) *m*; *vn.* = **envelop.**

envenom *v.t.* gwenwyno.

envenomization *n.* gwenwyno *vn*, gwenwyniad(-au) *m.*

enviable *a.* chwenychadwy, dymunadwy, i'w [fawr] chwennych, i genfigennu/eiddigeddu wrtho, dymunol, rhagorol.

enviableness *n.* dymunoldeb *m*, rhagoroldeb *m.*

enviably *adv.* **she was ~ gifted,** 'roedd ganddi ddoniau i'w mawr chwenychu; **he was ~ placed,** 'roedd mewn lle i genfigennu wrtho.

envied *a.* *(a)* **~ wealth,** cyfoeth yn destun cenfigen, cyfoeth yn ennyn/peri cenfigen; *(b)* **a much-~ man,** dyn y cenfigennir wrtho, dyn â llawer o genfigen iddo.

envier *n.* cenfigennwr (cenfigenwyr) *m*, cenfig|enwraig *f*, eiddigeddwr (eiddigeddwyr) *m*, eiddig|eddwraig *f* **(of s.o.,** wrth rn).

envious *a.* cenfigennus, cenfigenllyd, eiddigeddus, eiddigus, llawn cenfigen/eiddigedd **(of s.o.,** o rn); *N:* gwenwynllyd, llawn gwenwyn (i rn); **to be ~ of s.o.,** cenfigennu/eiddigeddu wrth rn, *N:* bod â gwenwyn i rn, bod wenwyn i rn.

enviously *a.* yn genfigennus *&c*; gyda chenfigen.

enviousness *n.* = **envy**¹

environ *v.t.* amgylchynu, amgylchu (rhth); ymgasglu, tyrru, ymdyrru, ffurfio cylch (am rth, o amgylch rhth).

environment *n.* amgylchedd(-au) *m*, amgylchfyd(-oedd) *m*; **immediate ~,** amgylchedd cynefin, amgylchedd agosaf; *Pol:* **Department of the E~,** Adran (*f*) yr Amgylchedd.

environmental *a.* amgylcheddol, yr amgylchedd/amgylchfyd; **E~ Health Department,** Adran (*f*) Iechyd yr Amgylchedd; **~ services,** gwasanaethau amgylchedd/amgylchiadol; **~ studies,** astudiaethau amgylcheddol, astudiaethau'r amgylchedd/amgylchfyd.

environmentalism *n.* amgylcheddaeth *f*, amgylchfydaeth *f*.
environmentalist *n.* & *attrib.* **1.** *n.* amgylchfydwr (amgylchfydwyr) *m.* amgylcheddwr (amgylcheddwyr) *m.* **2.** *attrib.* amgylcheddol, amgylchfydol.
environmentally *adv.* yn amgylcheddol *&c.*
environs *n.pl.* cyffiniau, amgylchoedd, amgylchion, tueddau, cylch *m*, ardal *f*, cymdogaeth *f*.
envisage *v.t.* **1.** *(= face):* wynebu. **2.** *(= contemplate, foresee):* rhagw|eld, dychmygu. **3.** *(= consider, view):* ystyried, gweld.
envisagement *n. vn.* = **envisage 2.**
envision *v.t.* darlunio.
envoi *n. Pros.* ***envoi(-s)*** *m.*
envoy *n.* llysgennad (llysgenhadon) *m*, cennad (cenhadon) *m&f*, negeseuwr (negeseuwyr) *m*, negesydd(-ion, negeswyr) *m*; ~ **extraordinary,** cennad arbennig.
envoyship *n.* cenhadaeth *f*, swydd (*f*) cennad/llysgennad (swyddi cenhadon/llysgenhadon).
envy[1] *n.* **1.** cenfigen *f*, eiddigedd *m* **(of s.o.,** wrth rn); gwenwyn *m* (i rn); *F:* **I was green with ~,** 'roeddwn yn las gan genfigen. **2. to be the ~ of s.o.,** bod yn destun/achos cenfigen i rn.
envy[2] *v.t.* cenfigennu, eiddigeddu (wrth rn); *N.W:* bod â gwenwyn (i rn); **I ~ him his success,** 'rwy'n genfigennus o'i lwyddiant; 'rwy'n cenfigennu wrth ei lwyddiant; 'rwy'n gwarafun iddo ei lwyddiant; **to be envied by s.o.,** ennyn cenfigen rhn *or* i rn, bod yn destun cenfigen rhn *or* i rn.
envyingly *adv.* yn genfigennus *&c.*
enwind *v.t.* ymglymu, ymblethu, ymgordeddu (am rth, o amgylch rhth).
enwrap *v.t.* lapio.
enwreathe *v.t.* ymdorchi (am rth).
Enzed *n.* *(= New Zealander):* Selandwr (Selandwyr) Newydd *m*, dyn(-ion) (*m*) o Seland Newydd, merch(-ed) (*f*) o Seland Newydd.
enzootic *a.* & *n.* **1.** *a.* ensöotig, heintus. **2.** *n.* ensöotig(-ion) *m*, haint (heintiau) lleol *m.*
enzygotic *a. Biol:* ensygotig.
enzymatic *a. Bio-Ch:* ensymatig.
enzymatically *adv.* yn ensymatig.
enzyme *n. Bio-Ch:* ensym(-au) *m.* ~ **activity** *n.* actifedd(-au) (*m*) ensymig. ~ **activator** *n.* symbylydd (symbylwyr) (*m*) ensym. ~ **inhibition** *n.* lluddiant (*m*) ensym. ~ **prosthetic group** *n.* grŵp (grwpiau) (*m*) prosthetig ensym. ~ **specificity** *n.* sbesiffigedd (*m*) ensymig.
enzymic *a. Bio-Ch:* ensymig.
enzymology *n. Bio-Ch:* ensymoleg *f*.
eo nomine *Lt.phr.* wrth yr enw hwnnw.
Eocene *a.* & *n. Geol:* **1.** *a.* Eosen. **2.** *n.* yr oes Eosen *f*.
eohippus *n. Paleont:* *gwawrgeffyl(-au) *m*, eohipws (eohipysiaid) *m.*
eolian *a.* eolaidd.
eolith *n. Archeol:* |eolith (eolithau) *mf*.
eolithic *a. Archeol:* eolithig.
eon *n.* = **aeon.**
Eonism *n. Psy:* Eoniaeth *f*.
eosin *n. Dy: Ch:* ëosin *m.*
eosinophil *a.* & *n. Ch:* **1.** *a.* eosinoffilig. **2.** *n.* eos|inoffil (eosinoffilau) *f*, cell(-oedd) eosinoffilig *f*.
eosinophilia *n.* eosinoffilia *m.*
eosinophilic *a. Med:* eosinoffilig.
eozoic *a.* & *n. Geol:* **1.** *a.* eosöig. **2.** *n.* eosöig(-ion) *m.*
epact *n. Astr:* oed (*m*) y lleuad [ar ddydd Calan], epact *m.*
epaenid *n. Bot:* epaenid(-au) *m.*
eparch *n. Ecc:* eparch(-iaid) *m.*
eparchy *n. Ecc:* eparchaeth(-au) *f*.
epaulette *n. Cost:* ***epaulette(-s)*** *m*, ysgwyddarn(-au) *m.*
épée *n.* cleddyf(-au) blaenbwl *m*, ***épée(-s)*** *f*.
épéeist *n.* cleddyfwr (cleddyfwyr) *m.*
epeiric *a. Geol:* epeirig.
epeirogenesis *n. Geol:* epeirog|enesis *m.*
epeirogenetic *a. Geol:* epeirogenetig.
epeirogenic *a. Geol:* epeirogenig.
epeirogenically *adv.* yn epeirogenig.
epeirogeny *n.* = **epeirogenesis.**
epenthesis *n.* epenthesis *m*, rhyngosodiad(-au) *m*, llythyren (llythrennau) (*f*) ymsang.
epenthetic *a.* epenthetig, ymwthiol, rhyngosodol, ymsangol.
epergne *n. Furn:* ***epergne(-s)*** *f*.
epexegesis *n.* atodair (atodeiriau) *m.*
epexgetic[al] *a.* atodeiriol.
ephah *n. Meas: B:* effa (effâu) *f*.
ephebe *n. Gr.Ant.* glaslanc(-iau) *m.*
ephebic *a. Gr.Ant:* glaslancaidd; ~ **education,** addysg glaslanciau.
ephebus *n.* = **ephebe.**
ephedra *n. Bot:* llwyn(-i) (*m*) rhawn, effedra (effedrâu) *m.*
ephedrin[e] *n. Pharm:* |effedrin *m.*
ephemera *n.pl.* **1.** *Ent:* trychfilod undydd, pryfed undydd. **2.** *Lib:* *&c:* eff|emera.
ephemeral *a.* & *n.* **1.** *a.* dros dro, undydd[-unnos], byrhoedlog, darfodedig; **an ~ publication,** cylchgrawn byrhoedlog; **their beauty is ~,** darfodedig yw eu harddwch. **2.** *n. Bot:* blodyn (blodau) (*m*) undydd, planhigyn (planhigion) (*m*) undydd.
ephemerality *n.* byrhoedledd *m.*
ephemerally *adv.* yn fyrhoedlog, dros dro *&c.*
ephemerid *n.* & *a.* **1.** *n. Ent:* gwas (gweision) (*m*) y neidr. **2.** *a.* undydd[-unnos].
ephemeris *n.* almanac(-iau) seryddol *m*, eff|emeris (effemerisau) *m.* ~ **time** *n.* amser planedol *m*, amser effemeris.
ephemeron **1.** = **ephemera 1. 2.** *Lib:* eff|emeron (eff|emera) *m.*
ephemerous *a.* = **ephemeral.**
Ephesians *n. B:* Effesiad (Effesiaid) *m&f*.
ephod *n. Jew.Cost:* effod(-au) *m.*
ephor *n. Gr.Ant:* effor(-iaid) *m*, prif ynad(-on) *m.*
ephorate, ephorship *n. Gr.Ant:* effor[i]aeth(-au) *f*.
Ephraim *Pr.n.m. B:* Effraim.
Ephraimite *n. B:* Effraimiad (Effraimiaid) *m&f*.
epiblast *n. Biol:* |epiblast (epiblastau) *m.*
epiblastic *a. Biol:* epiblastig.
epibolic *a. Biol:* epibolig, amdyfol.
epiboly *n. Biol:* epiboledd *m*, amdyfiant *m*, amdwf *m*, amdyfu *vn.*
epic *a.* & *n.* **1.** *a.* arwrol, epig; *Th:* ~ **play,** drama (dramâu) epig *f*; ~ **simile,** cyffelybiaeth(-au) epig *f*; ~ **journey,** taith arwrol *f*. **2.** *n.* arwrgerdd(-i) *f*, *occ:* epig(-au) *f*; **beast ~,** anifeilgerdd(-i) *f*; **mock ~,** ffug arwrgerdd.
epical *a.* **1.** *(= pertaining to epic):* epig, epigol, chwedlonol. **2.** *(= heroic):* arwrol.
epically *adv.* yn arwrol.
epicalyx *n. Bot:* epicalycs(-au) *m*, argwpan(-au) *mf*.
epicanthic *a. Anat:* epicanthig.
epicardial *a. Anat:* epicardaidd.
epicardium *n. Anat:* epicardiwm (epicardia) *m.*
epicarp *n. Bot:* argroen (argrwyn) *m*, allgroen (allgrwyn) *m.*
epicedium *n. Lit:* m|arwnad (marwnadau) *f* (*usu. pronounced* marnad), galargan(-au,-euon) *f*, galargerdd(-i) *f*.
epicene *a.* & *n.* **1.** *a.* *(a)* deurywiol, deuryw; *Gram:* deuryw; *(b)* *(= sexless):* diryw; *(c)* *(= effete):* merchetaidd. **2.** *n.* deurywiolyn (deurywiolion) *m.*
epicenism *n.* deurywiaeth *f*.
epicentral *a. Geol:* uwchganolbwyntiol.
epicentre *n. Geol:* uwchganolbwynt(-iau) *m.*
epicheirema *n. Phil:* epiceirema *m.*
epichlorohydrin *n. Ch:* epiclorohydrin *m.*
epiclesis *n. Ecc:* epiclesis *m*, arddeisyfiad *m.*
epicondylitis *n. Med:* epicondylitis *m.*
epicontinental *a. Geog:* argyfandirol.
epicotyl *n. Bot:* epicotyl(-au) *m.*
epicranial *a. Anat:* argreuanol, ar y benglog (*pronounced* ng-g), ar y greuan.
epicritic *a. Psy:* epicritig.
epicure *n.* |epicur (epicuriaid) *m*, epicuriad (epicuriaid) *m&f*.
Epicurean *a.* & *n. Phil:* *&c:* **1.** *a.* Epiciwraidd, Epicuraidd, Epicureaidd. **2.** *n.* Epiciwriad (epiciwriaid) *m&f*, Epicuriad (Epicuriaid) *m&f*, Epicuread (Epicureaid) *m&f*.
Epicureanism *n. Phil:* *&c:* Epicuriaeth *f*, Epicureaeth *f*, Epiciwriaeth *f*.
epicuticle *n. Ent:* *arlasgroen (arlasgrwyn) *m.*
epicuticular *a. Ent:* *arlasgroenol.
epicycle *n. Astr:* argylch(-au) *m*, argant(-au) *m.*
epicyclic *a. Mec.E:* argylchol.
epicycloid *n. Geom:* argylchlin(-iau) *f*, episeicloid(-au) *m.*
epicycloidal *a. Geom:* argylchlin[i]ol, episeicloidaidd.

epideictic *a.* arddangosol.
epidemic *a.* & *n.* **1.** *a.* *(a) Med:* heintus, epidemig; *(b) (= widespread):* ymdaenol, ymledol, cyffredin, ar led, epidemig; **to reach ~ proportions,** tyfu'n/chwyddo'n/ymledu'n aruthrol. **2.** *n.* haint (heintiau) *mf*, epidemig(-ion) *m.*
epidemical *a.* heintus, epidemig.
epidemicity *n.* epidemigrwydd *m*, heintusrwydd *m.*
epidemiologic[al] *a.* epidemiolegol.
epidemiologist *n.* epidemiolegydd (epidemiolegwyr) *m.*
epidemiology *n.* epidemioleg *f.*
epidendrum *n. Bot:* epidendrwm (epidendra) *m.*
epidermal, epidermic *a.* epidermol, epidermig, uwchgroenol.
epidermis *n. Anat:* epidermis(-au) *m*, argroen (argrwyn) *m*, uwchgroen (uwchgrwyn) *m.*
epidermoid[al] *a.* epidermaidd.
epidiascope *n.* epid|iasgop (epid|iasgopau) *m.*
epididymal *a.* argeilliol, epididymol.
epididymis *n. Anat:* argaill (argeilliau) *f*, epid|idymis (epididymisau) *m.*
epididymitis *n. Med:* llid (*m*) yr argaill.
epidote *n. Miner:* |epidot *m.*
epidural *a. Anat:* epidwrol.
epifauna *n.pl.* arfilod.
epifaunal *a.* arfilaidd.
epigamic *a.* epigamig.
epigastric *a. Anat:* epigastrig, uwchgyllaol, argyllaol, rhumenol.
epigastrium *n. Anat:* epigastriwm (epigastria) *m*, uwchgylla (uwchgyllâu) *m*, rhumen(-au) *f*, argylla (argyllâu) *m.*
epigeal *a. Bot:* arddaearol.
epigene *a. Geol:* epigenaidd.
epigenesis *n. Biol:* epig|enesis *m.*
epigenetic *a. Biol:* epigenetig.
epigenous *a. Bot:* ardyfol.
epigeous *a. Bot:* arddaearol.
epiglottal, epiglottic *a.* ardafodol, epiglotig.
epiglottis *n.* epiglotis(-au) *m*, ardafod(-au) *m*, *S: occ: F:* clac (*m*) y gwddwg.
epigone[1] *n. Hist:* olynydd (olynwyr) *m.*
epigone[2] *n. Bot:* |epigon (epigonau) *m.*
epigonic *a. Bot:* epigonig.
epigonism *n.* epigoniaeth *f.*
epigonous *a.* = **epigonic.**
epigonus *n.* = **epigone.**
epigram *n.* |epigram (epigramau) *m.*
epigrammatic[al] *a.* epigramatig, epigramaidd, epigramataidd; *(loosely):* bachog, cryno, ffraethlym (*f.* ffraethlem, *pl.* ffraethlymion).
epigrammatism *n.* epigramatiaeth *f.*
epigrammatist *n.* epigramwr (epigramwyr) *m*, epigramydd(-ion) *m*; *W.Pros:* englynwr (englynwyr) *m.*
epigrammatize *v.t.&i.* epigramu.
epigraph *n.* arysgrif(-au) *f.*
epigrapher *n.* = **epigraphist.**
epigraphic[al] *a.* arysgrifol.
epigraphist *n.* arysgrifwr (arysgrifwyr) *m.*
epigraphy *n.* arysgrif[i]aeth *f.*
epigynous *a. Bot:* epigynaidd.
epigyny *n. Bot:* epigynedd *m.*
epilate *v.t.* = **depilate.**
epilation *n.* = **depilation.**
epilepsy *n.* epilepsi *m*, *F:* ffitiau *pl*, clefyd (*m*) cwympo, *occ:* clwy (*m*) digwydd.
epileptic *a.* & *n.* **1.** *a.* epileptig. **2.** *n.* epileptig(-ion) *m&f.*
epileptically *adv.* yn epileptig.
epileptiform *a. Med:* epil|eptiffurf.
epileptogenic *a. Med:* epileptogenig.
epileptoid *a.* epileptaidd.
epilimnion *n. Geog:* epilimnion (epilimnia) *m.*
epilogist *n.* epilogwr (epilogwyr) *m.*
epilogue *n.* diweddglo(-eon) *m*, |epilog (epilogau) *m.*
epimer *n. Bio-Ch:* |epimer (epimerau) *m.*
epimerase *n. Bio-Ch:* ep|imeras (epimerasau) *m.*
epimere *n. Biol:* epimêr (epimerau) *m.*
epimeric *a. Bio-Ch:* epimerig.
epimerism *n. Bio-Ch:* epimeredd *m.*
epimerization *n.*, **epimerize** *v.t. Bio-Ch:* epimereiddio.
epimorphic *a. Ph:* epimorffig.
epinasty *n. Bot:* |epinastedd *m.*
epinephrine *n. Ch:* = **adrenalin.**
epi-Palaeolithic *a. Archeol:* ar-Baleolithig.
epipetalous *a. Bot:* epipetalog, arbetalog.
epiphanic *a. Ecc:* ymddangosol, epiffanïaidd.
Epiphany *n.* **1.** *Ecc: (season):* yr Ystwyll *m*, *F:* distyll (*m*) y gwyliau; *(day):* dydd (*m*) gŵyl Ystwyll, y Seren-ŵyl *f.* **2.** *Theol:* ep|iffani (epiffanïau) *m*, ymddangosiad(-au) *m*, ymddatguddiad(-au) *m.*
epiphenomenal *a.* epiffenomenaidd.
epiphenomenalism *n.* epiffenomeniaeth *f.*
epiphenomenon *n.* epiffen|omenon (epiffen|omena) *m*, epiffenomen(-au) *m.*
epiphyseal *a. Med:* ardyfiannol.
epiphysiodesis *n. Med:* epiffysiodesis *m.*
epiphysis *n. Anat:* epiffysis(-au) *m*, cambwl (cambylau) *m*, ardyfiant (ardyfiannau) *m.*
epiphytal *a.* = **epiphytic.**
epiphyte *n. Bot:* ardyfwr (ardyfwyr), |epiffyt (epiffytau) *m.*
epiphytic *a.* epiffytig, epiffytol, ardyfiannol, ardyfol.
epiphytically *adv.* yn epiffytig *&c.*
epiphytology *n.* epiffytoleg *f.*
epiphytotic *a.* epiffytotig.
epiplatys *n. Ich:* epiplatys(-au) *m.*
epipleural *a. Anat:* arasennol.
epirogenetic, epirogenic *a.* epeirogenig.
epirogeny *n.* = **epeirogenesis.**
Epirot[e] *a.* & *n.* **1.** *a.* Epeirotaidd. **2.** *n.* Epeirot(-iaid) *m&f.*
episcia *n. Bot:* episgia (episgiâu) *f.*
episcopacy *n.* **1.** esgobyddiaeth *f.* **2.** *Coll:* **the ~**, yr esgobion *pl.*
episcopal *a.* esgobol, esgobaidd; **~ ring,** modrwy (*f*) esgob; **~ church,** eglwys esgobol *f.*
episcopalian *a.* & *n.* **1.** *a.* esgobyddol, episgopalaidd, esgobwrol. **2.** *n.* esgobaethwr (esgobaethwyr) *m*, esgobwr (esgobwyr) *m*, esgobydd(-ion) *m*, episgopaliad (episgopaliaid) *m&f.*
episcopalianism *n.* episgopaliaeth *f*, esgobwriaeth *f.*
episcopally *adv.* yn esgobol *&c.*
episcopate *n.* **1.** esgobaeth(-au) *f.* **2.** *Coll:* **the ~**, yr esgobion *pl.*
episcope *n. Opt:* |episgop (episgopau) *m.*
episematic *a. Z:* episematig.
episiotomy *n. Surg:* episi|otomi (episiotomïau) *m.*
episode *n.* **1.** *(of story &c):* pennod (penodau) *f*, rhan(-nau) *f*, |episod (episodau) *mf.* **2.** *Mus:* atgan(-au) *f*, gogyfran(-nau) *f.* **3.** *Gr.Th:* episod. **episodic[al]** *a.* episodaidd, episodig; *(= disconnected):* digyswllt, ysbeidiol.
episodically *adv.* yn episodaidd *&c.*
episomal *a. Biol:* episomaidd.
episome *n. Biol:* |episom (episomau) *m.*
epistasis, epistasy *n. Biol:* epistasis *m.*
epistatic *a. Biol:* epistatig.
epistaxis *n.* gwaedlif(-oedd) (*m*) o'r trwyn, ffroenwaediad(-au) *m*, trwynwaedlif(-oedd) *m.*
epistemic *a. Phil:* epistemig.
epistemically *adv. Phil:* yn epistemig.
epistemological *a. Phil:* epistemolegol, epistemegol, gwybodegol.
epistemologist *n. Phil:* epistemegwr: epistemegydd (epistemegwyr) *m*, epistemolegwr: epistemolegydd (epistemolegwyr) *m*, gwybodegwr: gwybodegydd (gwybodegwyr) *m.*
epistemology *n. Phil:* epistemoleg *f*, epistemeg *f*, gwybodeg *f.*
epistle *n.* **1.** epistol(-au) *mf*, llythyr(-au,-on) *m*; **the Catholic Epistles,** yr Epistolau Catholig/Cyffredinol. **2.** *F: (= letter):* epistol, llythyr, llith(-iau) *f*, truth *m.* **~side** *n.* ystlys (*mf*) y llith.
epistler *n.* epistolwr: epistolydd (epistolwyr) *m*, llythyrwr (llythyrwyr) *m*, llyth|yrwraig (llythyrwragedd) *f.*
epistolary *a.* & *n.* **1.** *a.* epistolaidd, llythyrol, trwy epistol, trwy lythyr. **2.** *n.* epistoliadur(-on) *m*, llyfr(-au) (*m*) epistolau.
epistoler *n. Ecc:* epistolwr (epistolwyr) *m.*
epistrophe *n. Rh:* troellymadrodd(-ion) *m.*
epistyle *n.* = **architrave.**
episyllogism *n. Log:* argyfresymiad(-au) *m.*
epitaph *n.* beddargraff(-iadau) *m.*
epitaphial, epitaphic *a.* coffaol.

epitasis *n. Th:* epitasis(-au) *m.*
epitaxial *a. Cryst:* epitacsiol.
epitaxy *n. Cryst:* epitacsi *m.*
epithalamium *n.* priodasgerdd(-i) *f*, cerdd (*f*) briodas (cerddi priodas).
epithelial *a.* = **epithelioid.**
epithelialization *n.*, **epithelialize** *v.t.* = **epithelization, epithelize.**
epithelioid *a. Biol:* epithelaidd.
epithelioma *n. Biol: Med:* dafad[en] wyllt (dafadennau gwyllt) *f*, epithelioma(-ta) *m.*
epitheliomatous *a. Med:* epitheliomaidd.
epithelium *n. Biol:* epitheliwm (epithelia) *m*; **ciliated ~,** epitheliwm blewynnol; **columnar ~,** epitheliwm colofnog; **cuboid ~,** epitheliwm ciwboid; **germinal ~,** epitheliwm cenhedlu; **pavement ~,** epitheliwm palmantaidd; **stratified ~,** epitheliwm haenedig.
epithelization *n.*, **epithelize** *v.t.* epitheleiddio.
epithet *n.* **1.** *Gram:* ansoddair (ansoddeiriau) *m*, *occ:* |epithed (epithedau) *m.* **2.** *(= title):* cyfenw(-au) *m*, enw(-au) (*m*) dodi. **3.** *(= insult):* difenwad(-au) *m.*
epithetic[al] *a.* epithetig, ansoddeiriol, disgrifiadol.
epitome *n.* **1.** *(= summary):* crynhoad (crynoadau) *m*, crynodeb(-au) *m*, talfyriad(-au) *m*, cywasgiad(-au) *m*; *Archives:* **~ of title,** talfyriad o deitl; **~ of will,** talfyriad o ewyllys. **2.** *(= embodiment):* ymgorfforiad(-au) *m*, crynhoad.
epitomist *n.* epitomydd(-ion) *m.*
epitomize *v.t.* **1.** *(= summarize):* crynh|oi, talfyrru, cywasgu (rhth); gwn|eud crynhoad (o rth). **2.** *(= represent, embody):* crynhoi/cyfl|eu (rhth) i'r dim, ymgorffori (rhth), bod yn fodel (o rth).
epitrochoid *n. Mth:* epitrocoid(-au) *m.*
epitrochoidal *a. Mth:* epitrocoidol.
epizoal, epizoan, epizoic *a. Bot:* episöig.
epizoism *n. Bot:* episöedd *m.*
epizoite, epizoon *n.* episöon (episoa) *m.*
epizootic *a. & n.* **1.** *a.* episöotig. **2.** *n.* haint (heintiau) episöotig *mf.*
epizootically *adv.* yn episöotig.
epizoot[i]ologic[al] *a.* episöotiolegol.
epizoot[i]ology *n.* episöotioleg *f.*
epoch *n.* cyfnod(-au) *m*, oes(-au,-oedd) *f*; *Geol:* epoc(-au) *mf*; **to make/mark an ~,** agor cyfnod newydd. **~-making, ~-marking** *a.* hanesyddol.
epochal *a.* hanesyddol.
epode *n. Pros:* epod(-au) *f.*
eponym *n.* |eponym (eponymau) *m.*
eponymic *a.* eponymig.
eponymous *a.* eponymaidd.
eponymy *n.* eponymedd *m.*
épopée, epos *n.* = **epic.**
epoxide *n. Ch:* epocsid(-au) *m.*
epoxidize *v.t. Ch:* epocsideiddio.
epoxy[1] *a.* **~ resin,** epocsi-resin *m.*
epoxy[2] *v.t.* epocsio.
EPROM *acronym Cmptr:* **to blow an ~,** chwythu EPROM.
epsilon *n. Gr.Alph:* |epsilon (epsilonau) *f.*
Epsom salts *n.pl.* halwynau Epsom.
epulis *n. Med:* epwlis(-au) *m.*
epyllion *n. Lit:* arwrgerdd fach (arwrgerddi bach) *f.*
equability *n.* **1.** *(of climate &c):* cymedroldeb *m*, cyfartalrwydd *m*, gwastadrwydd *m*, cysondeb *m*, cymesuredd *m.* **2.** *(of character):* cymesuredd, gwastadrwydd, cymedroldeb, gwadalwch *m.*
equable *a.* gwastad, cyfartal, cymedrol, cyson; *(pers.):* pwyllog, cyson, cymedrol, digyffro, gwastad, gwastadfryd, digynnwrf; **an ~ temperament,** natur wastad *f*; **an ~ climate,** hinsawdd gymedrol *f.*
equableness *n.* = **equability.**
equably *adv.* yn wastad *&c.*
equal[1] *a. & n.* **1.** *a. (a)* cydradd, cyfartal, yr un faint, unfaint, *occ:* cydraddol (**to/with sth,** â rhth); *esp. Mth: Cmptr:* hafal (i rth); *Mth: Ph:* **~ and opposite,** hafal/unfaint a dirgroes; **to fight on ~ terms,** ymladd yn gyfartal; **~ opportunity,** cyfle cyfartal *m*; **of ~ size,** cymaint, o'r un faint, *Lit: occ:* unfaint (**to/with sth,** â rhth); **of ~ worth/value,** cystal, cyfwerth, o'r un [g]werth (â rhth); **of ~ height,** cyf|uwch (â rhth); **of ~ length,** cyh|yd (â rhth); **of ~ breadth,** cyfled (â rhth); **of ~ weight,** cytbwys (â rhth); **of ~ rank,** cyfurdd, cyfurddol (â rhth); *Mth: Ph:* **of ~ magnitude,** unfaint, cymaint (â rhth); *Mth: Ph: Cmptr:* **~[s] sign,** hafalnod(-au) *m*; **to be on ~ terms with s.o.,** bod yn gyfartal â rhn; **all other things being ~,** a phopeth arall yn gyfartal; *Mus:* **~ temperament,** tiwnio (*vn*) cyfartal; *F:* **to get ~ with s.o.,** dial ar rn, talu'r hen bwyth i rn, talu'r pwyth [yn ôl] i rn, rhoi dau chwech am swllt i rn; **twice three is ~ to six,** mae dau dri yn hafal i chwech; **to speak English and Welsh with ~ ease,** siarad Saesneg a Chymraeg yr un mor rhwydd/rhugl; **to come ~ second with Jones,** dod yn gyfartal ail â Jones; *(b) (= adequate):* hafal, digonol, cymwys, atebol (i rth); **to be ~ to doing sth,** bod yn alluog/atebol i wneud rhth, medru/gallu gwneud rhth; **I don't feel ~ to [doing] it,** 'dwyf i ddim yn teimlo y gallaf ei wneud; *(c)* = **equable. 2.** *n.* cydradd(-au) *m&f*, cydraddol(-ion) *m*, cyfartal(-au,-ion) *m&f*, cyfurddor(-iaid,-ion) *m*; **your equals,** eich cydraddolion, eich tebyg, rhai cydradd â chi; **he has no ~,** 'does neb yn hafal iddo; *occ:* 'does yr un ato; **you will not find his ~,** [ni] chewch chi neb tebyg iddo; [ni] chewch chi mo'i gyffelyb/debyg/gystal/hafal; *F: occ:* chewch chi'r un ato; **without ~,** heb eich ail, digymar, dihafal, dihefelydd, di-ail; **to treat s.o. as an ~,** trin rhn fel rhn cydradd; *Mth:* **let X be the ~ of Y,** boed i Y hafalu Y; *Mth:* **if equals be added to equals,** os ychwanegir hafal at hafal. **~-area** *a.* **an ~-area map,** map rhannau cyfartal.
equal[2] *v.t.* bod yn hafal (i rth); bod cystal/cymaint/cydradd/cyfartal *&c* (â rhth); *occ:* cyfartalu (â rhth); *Mth:* hafalu (rhth); **he equals me in strength,** mae ef llawn mor gryf â mi; mae ef cyn gryfed â mi; **he is equalled by no one in strength,** [ni] chewch chi neb sydd mor gryf ag ef; **(a man) not to be equalled,** (dyn) heb ei ail, digymar, heb ei debyg/gyffelyb/hafal; **twice three equals six,** mac dwywaith tri yn hafal i chwech.
equalitarian *n. & a.* = **egalitarian.**
equalitarianism *n.* = **egalitarianism.**
equality *n.* cydraddoldeb *m*, cyfartalwch *m*, cyfartalrwydd *m*; *Mth: Cmptr:* hafaledd(-au) *m*; **~ of opportunity,** cydraddoldeb cyfle. **E~ State** *n. U.S:* Wyoming *f*, y Dalaith Gydradd *f.*
equalization *n.* cydraddoliad(-au) *m*, cyfartaliad(-au) *m*; *vn.* = **equalize.**
equalize *v.t.&i.* **1.** *v.t. (a)* cydraddoli, cyfartalu, gwastatáu; *Fb:* **to ~ [the score],** cael sgôr gyfartal, cyfartalu; *(b) Ph: Cmptr: &c:* cyfartalu, hafalu, cydadfer. **2.** *v.i. (a)* dod yn gyfartal/gydradd, ymgydraddoli, ymgyfartalu; *(b) Ph: &c:* ymadfer, ymgyfartalu, mynd yn gydradd.
equalizer *n.* **1.** cydraddolwr (cydraddolwyr) *m*, cyfartalwr (cyfartalwyr) *m.* **2.** *Fb:* gôl (*f*) gyfartalu (goliau cyfartalu).
equally *adv.* yn gydradd, yn gyfartal, gymaint, i'r un graddau [â...]; yr un mor... â...; *(= fairly):* yn deg. *with adjectives:* yr un mor + *soft mut. in a.*; llawn cyn + *soft mut.* + *equative form*; *e.g.* **~ true,** yr un mor wir, llawn cyn wired; **~ good,** [yn] llawn cystal, yr un mor dda, *S.W: occ:* [yn] aml cystled; **~ exhausted,** yr un mor flinedig, llawn mor flinedig; **~ bad,** llawn cynddrwg, yr un mor ddrwg; **~ long,** llawn cyh|yd, yr un mor hir; **~ high,** llawn cyf|uwch, llawn cyn uched, yr un mor uchel; **~ wide,** llawn cyfled, llawn cyn lleted, yr un mor llydan; **~ big,** llawn cymaint, yr un mor fawr; **~ small,** llawn cyn lleied, yr un mor fach/fychan; **divide it ~,** rhennwch ef yn gyfartal; *Mth:* **these are ~ alike,** mae'r rhain yn hafal debyg; **~ alike principle,** egwyddor (*f*) tebygrwydd hafal; **~ with s.o.,** [yn] gymaint â rhn, yn deg; **I disliked both ~,** 'roedd y naill mor gas gennyf â'r llall; 'roeddwn yn casáu'r naill gymaint â'r llall; **both parties need ~ to face these problems,** mae llawn cymaint o angen i'r ddwy blaid wynebu'r problemau hyn.
equanimity *n.* pwyll *m*, pwyllogrwydd *m*, gwastadfrydedd *m*, tawelwch (*m*) meddwl; **with ~,** yn ddidaro/ddibryder/ddigynnwrf, heb anesmwytho; **to recover one's ~,** ymbwyllo.
equatable *a.* cydradd, cyfartal, cyfystyr, hafaladwy (**with sth,** â rhth).
equate *v.t.&i.* **1.** *v.t. (i) (= make equal):* cydraddoli, cyfartalu, cymesuro; *Mth:* hafalu. *(ii) (= regard as equal):* cyfystyru, cymharu. **2.** *v.i.* cyfateb (i rth); cymharu, bod yn gyfartal/gydradd, bod yr un fath (â rhth).
equation *n.* **1.** *(a) Astr: (= allowance for inaccuracy):* **~ of time,** cymhwysiad (cymwysiadau) (*m*) amser; *(b) Psy:* **personal ~,** *(= bias):* rhagfarn(-au) *f.* **2.** *Mth: Cmptr:* hafaliad(-au) *m*;

biquadratic ~, hafaliad pedradd; **third degree [cubic] ~,** hafaliad gradd tri [ciwbig]; **differential ~,** hafaliad differol; **first order differential ~,** hafaliad differol trefn un; **first degree [linear] ~,** hafaliad unradd [llinol]; **second degree [quadratic] ~,** hafaliad dwyradd [cwadratig]; **quartic ~,** hafaliad cwartig; **simultaneous ~,** hafaliad cydamserol; **forms of ~ of the circle,** ffurfiau hafaliad y cylch. **3.** *(= making equal):* cyfartaliad *m*, hafaliad *m*; *vn.* = **equate.**

equational *a. Mth:* hafaliadol.

equative *a. W.Gram:* cyfartal; **~ degree,** y radd gyfartal *f.*

equator *n. Geog:* cyhydedd(-au) *m*; **celestial ~,** cyhydedd wybrennol.

equatorial *a. & n.* **1.** *a.* cyhydeddol. **2.** *n.* t|elesgop (telesgopau) cyhydeddol *m.*

equatorward *adv. & a.* tua'r cyhydedd.

equerry *n.* gwastrawd (gwastrodion) *m*, marchwr (marchwyr) *m.*

equestrian *a. & n.* **1.** *a.* marchogol. **2.** *n.* marchog(-ion) *m*; *S.a.* **equestrienne.**

equestrianism *n.* marchogyddiaeth *f.*

equestrienne *n.f.* marchoges(-au).

equiangular *a. Geom:* hafalonglog.

equicaloric *a. Ph:* hafalgalorig.

equidae *n.pl. Z:* ***equidae,*** ceffylau.

equidistance *n.* cytbellter *m*, yr un pellter *m.*

equidistant *a.* cytbell, *F:* yr un mor bell (**from sth/s.o.,** oddi wrth rth/rn).

equilateral *a. Geom:* cyfochrol, hafalochrog, â phob ochr yn gyfartal.

equilibrate *v.t.&i.* **1.** *v.t.* cydbwyso, cyfantoli. **2.** *v.i.* cyrraedd cydbwysedd, cytbwyso.

equilibration *n.* cyfantoliad *m*; *vn.* = **equilibrate.**

equilibrator *n.* cydbwyswr (cydbwyswyr) *m*, cyfantolwr (cyfantolwyr) *m.*

equilibratory *a.* cydbwysol, cyfantolaidd.

equilibrist *n.* **1.** cydbwyswr (cydbwyswyr) *m*, cyfantolwr (cyfantolwyr) *m.* **2.** *(acrobat):* rhaff-rodiwr (~-rodwyr) *m*, cydbwyswr (cydbwyswyr) *m.*

equilibristic *a.* **1.** cytbwysol. **2.** *(acrobatic):* rhaff-rodiol.

equilibrium *n.* cydbwysedd(-au) *m*, *occ:* cyfantoledd(-au) *m*; **stable ~,** cydbwysedd sefydlog; **unstable ~,** cydbwysedd ansad/ansefydlog. **~ constant** *n. Ph:* cysonyn (cysonion) (*m*) cydbwysedd.

equimolal, equimolar *a. Ph:* *cydfolaidd.

equine *a. & n.* **1.** *a.* fel ceffyl, ceffylaidd; **the ~ race,** ceffylau *pl.* **2.** *n.* ceffyl(-au) *m*; *pl.* **the equines,** teulu(*m*)'r ceffyl.

equinoctial *a. & n.* **1.** *a.* cyhydeddol, cyhydnosol, cyhydol; **~ line, ~ circle,** llinell (*f*) y cyhydedd, cylch (*m*) y cyhydedd, cyhydlin *f*, cyhydeddlain *f*, cyhydedd wybrennol *m*; **~ point,** pwynt cyhydeddol *m*; **~ tide,** llanw(*m*)'r gyhydnos; **~ year,** y flwyddyn gyhydeddol/gyhydnosol *f*; **~ gales,** stormydd yr hydref. **2.** *n.* cylch (*m*) y cyhydedd, cyhydlin *f*, llinell (*f*) y cyhydedd.

equinox *n.* cyhydnos(-au) *f*, *A:* alban(-au) *mf*; **autumnal ~,** cyhydnos yr hydref, *Lit: occ:* Alban Elfed; **vernal ~,** cyhydnos y gwanwyn, *Lit:occ:* Alban Eilir.

equip *v.t.* **1.** cyflenwi, cyfarparu, cyweirio, cymhwyso (rhth â rhth); gosod rhth (ar rth, yn rhth); **to ~ oneself (for a journey),** darparu [angenrheidiau], hwylio'ch pethau, ymorol ynghylch offer, ymbarat|oi (ar gyfer taith); *Sch:* **to ~ pupils with knowledge,** rhoi gwybodaeth i ddisgyblion; **to ~ pupils to make the most of their education,** galluogi/cymhwyso disgyblion i wneud y gorau o'u haddysg. **2.** *(house &c):* dodrefnu; *(factory):* offeru; **to ~ a kitchen with fittings,** gosod offer mewn cegin. **3.** *(army &c with weapons):* arfogi.

equipartition *n.* cydraniad(-au) *m*, cydrannu *vn.*

equipluve *n. Geog:* glawlin gymarebol (glawlinau cymarebol) *f.*

equipment *n.* **1.** *(action):* *vn.* = **equip. 2.** *n.* angenrheidiau *pl*, cyfarpar *m*, celfi *pl*, offer *pl*, arfau *pl*; *(of army, ship &c):* arfogaeth *f*; *(of factory &c):* offer, peiriannau *pl*; **electrical ~ of a motor car,** cyfarpar trydanol car; **camping ~,** offer gwersylla; **fixed ~,** cyfarpar sefydlog.

equipoise[1] *a. & n.* **1.** *n.* *(a)* *(= equilibrium):* cydbwysedd *m*; *(b)* *(= counterbalance):* gwrthbwys(-au) *m*, gwrthbwysedd *m.*

equipoise[2] *v.t.* gwrthbwyso.

equipoised *a.* cytbwys.

equipollence, equipollency *n.* cydnertholdeb *m.*

equipollent *a. & n.* **1.** *a.* cydnerthol. **2.** *n.* peth(-au) cydnerthol *m.*

equiponderant *a. & n.* **1.** *a.* gwrthbwysol, cyfantol. **2.** *n.* gwrthbwys(-au) *m.*

equiponderate *v.t.&i.* **1.** *v.t.* gwrthbwyso, cyfantoli. **2.** *v.i.* cydbwyso.

equipotent *a.* cyfrym, cyfrymus.

equipotential *a.* unbotensial.

equipped *a.* cyfarparedig; **a kitchen ~ with many gadgets,** cegin wedi ei dodrefnu â llawer o ddyfeisiau, cegin gyflawn o bob dyfais; *Jur:* **going ~ for stealing,** rhodio â chyfarpar lladrata; **well-~** *a.* cyflawn (**with sth,** o rth), darparedig (â rhth); *(= armed):* arfog; *(= well-qualified):* cymwys, tra chymwys; **ill-~** *a.* anghyflawn, gwael eich offer *&c*; *(for task &c):* anghymwys (**for sth,** ar gyfer rhth); *See* **equip.**

equiprobabilism *n. Phil:* cyd-debygoliaeth *f.*

equiprobability *n. Log:* cyd-debygolrwydd *m.*

equiprobable *a. Log:* cyd-debygol.

equisetum *n. Bot:* rhawn (*pl*) march, marchrawn *pl.*

equitability *n.* **1.** *(= fairness):* tegwch *m.* **2.** *Com:* ecwitïaeth *f.*

equitable *a.* **1.** *(= fair):* teg, cyfiawn. **2.** *Jur: Com:* ecwitïol; **~ charge,** arwystl(-on) ecwitïol *m*; **~ doctrine,** gwerseb(-au) ecwitïol *f*; **~ easement,** hawddfraint ecwitïol *f*; **~ maxims,** gwirebau ecwitïol; **~ mortgage,** morgais ecwitïol *m*; **~ waste,** gwastraff ecwitïol *m.*

equitableness *n.* tegwch *m*, cyfiawnder *m.*

equitably *adv.* yn deg *&c.*

equitant *a. Bot:* *(= straddling):* marchogol; *(= overlapping):* gorgyffyrddol.

equitation *n.* marchogaeth *vn.*

equity *n.* **1.** *(= fairness):* cyfiawnder *m*, uniondeb *m*, tegwch *m*, chwarae teg *m.* **2. E~,** *Th:* ***Equity*** *m*, Undeb (*m*) yr Actorion. **3.** *Fin: Jur:* |ecwiti *m*; **in law and in ~,** mewn cyfraith ac [mewn] ecwiti; **~ of redemption,** ecwiti adbryniad; *Com:* **~ securities, equities,** soddgyfrannau.

equivalence, equivalency *n.* cy[f]werthedd *m*, cywerth(-oedd) *m*; *Fin:* **~ of exchange,** cy[f]werthedd cyfnewid; *Log:* **~ of propositions,** hafalrwydd (*m*) gosodiadau. **~ relation** *n. Mth:* perthynas (*f*) cywerthedd.

equivalent *a. & n.* **1.** *a.* cyfwerth, cywerth, cyfartal, cydradd (**to sth,** â rhth); hafal (i rth); *Mth:* **~ fractions,** ffracsiynau cy[f]werth; *Ph:* **~ lens,** lens gy[f]werth (lensys cy[f]werth) *f*; *Mth:* **~ sets,** setiau cy[f]werth; *Cmptr:* **~ systems,** systemau cy[f]werth; *Ch:* **~ weight,** pwys cy[f]werth *m.* **2.** *n.* peth(-au) cy[f]werth *m* (â rhth), cyfwerth(-oedd) *m* (rhth, â rhth); **to be the ~ of sth,** cyfateb i rth.

equivocal *a.* **1.** *(a)* *(= ambiguous):* amwys, mwys; *(b)* *(= uncertain):* amhendant, ansicr. **2.** *(= questionable):* amh|eus.

equivocality *n.* amwyster *m*, amhendantrwydd *m*, ansicrwydd *m*, natur amh|eus *f.*

equivocally *adv.* yn amwys *&c.*

equivocalness *n.* = **equivocality.**

equivocate *v.i.* anwadalu, bod yn amwys, mwyseirio, cuddio'r gwir.

equivocation *n.* anwadalwch *m*, mwyseiriad(-au) *m*, amwysedd *m*, twyll *m*, mwysedd *m*; *vn.* = **equivocate; without ~,** yn ddibetrus, heb hel dail, heb flewyn ar eich tafod.

equivocator *n.* rhn (rhai) anwadal, anwadalwr (anwadalwyr) *m*, celwr (celwyr) (*m*) gwirionedd, mwyseiriwr (mwyseirwyr) *m*, twyllwr (twyllwyr) *m*, mwyswr (mwyswyr) *m*, mwyseddwr (mwyseddwyr) *m.*

equivok, equivoque *n.* mwysair (mwyseiriau) *m*, gair (geiriau) mwys *m.*

er *int.* ym, y.

era *n.* cyfnod(-au) *m*, oes(-au,-oedd) *f*; *Geog:* gorgyfnod(-au) *m*; **the Christian ~,** y cyfnod Cristionogol; **before the Christian ~,** cyn cred, cyn Crist; **Common E~,** Oed (*m*) Crist.

eradicable *a.* diwreiddiadwy, dadwreiddiadwy, dileadwy.

eradicate *v.t.* **1.** *(plant):* diwreiddio, dadwreiddio. **2.** *(abuse &c):* dil|eu, difodi (rhth); cael gwared/ymadael (â rhth, ar rth).

eradication *n.* **1.** *(of plant):* diwreiddiad *m*, dadwreiddiad *m*; *vn.* = **eradicate. 2.** *(of an abuse):* dil|ead (dileadau) *m*, difodiad(-au) *m*, difodiant *m*; *vn.* = **eradicate.**

eradicative *a.* diwreiddiol, dileol.

eradicator *n.* diwreiddiwr (diwreiddwyr) *m*, difodwr (difodwyr) *m.*

erasability *n.* dileadwyedd *m.*
erasable *a.* dileadwy.
erase *v.t.* dil|eu (rhth), rhwbio (rhth) allan, *S:* rhwto (rhth) mas.
erased *a.* dileëdig, *S.a.* **arm**[2].
eraser *n.* **1.** dilëwr (dilëwyr) *m*, rhwbiwr (rhwbwyr) *m;* **bulk ~,** swm-ddilëwr. **2.** *(= rubber):* rhwbiwr, rwber(-au,-i) *m.*
Erasmian *a.* Erasmaidd.
Erastian *a.* & *n.* **1.** *a.* Erastaidd. **2.** *n.* Erastiad (Erastiaid) *m&f,* Erastydd(-ion) *m.*
Erastianism *n.* Erastiaeth *f.*
Erastianize *v.t.* Erasteiddio.
erasure *n.* dilead(-au) *m; vn.* = **erase.**
Erbistock *W.Pl.n.* |Erbistog *mf.*
erbium *n. Ch:* erbiwm *m.*
ere *prep. & conj. A: & Poet:* **1.** *prep.* cyn; **~ long,** cyn bo hir. **2.** *conj.* cyn; **~ now,** cyn hyn, bellach; *for construction, See* **before.**
erect[1] *a. (pers.):* yn sefyll, ar eich traed, syth, unionsyth, union, talsyth, yn eich sefyll, ar eich sefyll; **with tail ~,** â'r gynffon/gwt i fyny, gan godi cynffon/cwt; **with head ~,** yn dalog, yn benuchel, yn bensyth, yn dalsyth, â'ch pen i fyny, yn syth; **to stand ~,** sefyll yn syth/unionsyth, ymsythu; *Cmptr:* **~ image,** delwedd unionsyth *f;* **~ penis,** *N:* pidyn a min arno, *S:* cal[a] ar ei chodiad, cala a chodiad arni, cala yn cwnnu.
erect[2] *v.t.* **1.** *(mast &c):* codi, cyfodi (rhth); gosod/dodi (rhth) yn ei le, gosod/dodi (rhth) ar ei draed; sythu (rhth); **to ~ a duchy into a principality,** codi/dyrchafu dugiaeth yn dywysogaeth. **2.** *(= build):* codi, adeiladu. **3.** *Opt:* sythu.
erectable *a.* codadwy.
erectile *a.* codol, cyfodol, ymgodol; **~ tissue,** cnodwe ymgodol.
erectility *n.* ymgodoldeb *m.*
erecting *a. Opt:* **~ prism,** prism *(m)* sythu.
erection *n.* **1.** *vn.* = **erect**[2]. **2.** *(structure):* adeilad(-au) *m.* **3.** *(of penis):* codiad(-au) *m, N:* min *m, S:* cwnnad (cwnadau) *m.*
erectly *adv.* yn syth *&c.*
erectness *n.* sythni *m,* talsythni *m.*
erector *n.* codwr (codwyr) *m,* cyfodwr (cyfodwyr) *m; (of building):* adeiladwr: adeiladydd (adeiladwyr) *m.* **~ muscle** *n.* cyhyr(-au) *(m)* sythu, cyhyryn (cyhyrau) *(m)* sythu, sythwr (sythwyr) *m.*
eremite *n.* = **hermit.**
eremitic[al] *a.* meudwyol, meudwyaidd.
eremurus *n. Bot:* lili gynffonnog (lilis/liliau cynffonnog) *f.*
erepsin *n. Bio-Ch:* erepsin *m.*
erethism *n. Med:* gorgyffro *m.*
erethismic *a. Med:* gorgyffr|ous.
erg[1] *n. Ph.Meus:* erg(-au) *m.*
erg[2] *n. Geog:* twyndir(-oedd) *m.*
ergastic *a. Biol:* ergastig.
ergastoplasm *n. Biol:* erg|astoplasm *m.*
ergastoplasmic *a. Biol:* ergastoplasmig.
ergative *a. Ling:* gweithredus.
ergo *Lt.adv.* felly, o ganlyniad, o'r herwydd, gan hynny, *ergo.*
ergodic *a. Mth:* ergodig.
ergodicity *n. Mth:* ergodigrwydd *m.*
ergograph *n.* |ergograff (ergograffau) *m.*
ergometer *n.* ergomedr(-au) *m.*
ergometric *a.* ergometrig.
ergonomic *a.* ergonomig.
ergonomics *n.pl.* ergonomeg *f.*
ergonomist *n.* ergonomegwr: ergonomegydd (ergonomegwyr) *m.*
ergonovine *n. Bio-Ch:* erg|onofin *m.*
ergosterol *n. Bio-Ch:* erg|osterol *m.*
ergot *n. Fung: (Claviceps purpurea):* mall *(m)* rhyg, malltod *(m)* rhyg, mallryg *m,* grawn corniog *pl,* ergot *m.*
ergotamine *n. Pharm:* erg|otamin *m.*
ergotic *a. Med: Fung:* ergotig.
ergotism *n. Med:* ergotiaeth *f.*
ergotized *a.* ergotaidd.
erica *n. Bot:* = **heath 2.**
ericaceous, ericoid *a.* grugaidd.
erigeron *n. Bot:* = **fleabane.**
Erin *Pr.n. Poet:* Erin *f; S.a.* **Ireland.**
Erinys *n. Gr.Myth:* Ellylles(-au) *f.*
eriophyid *a. & n. Ent:* **1.** *a.* erioffyidaidd. **2.** *n.* erioffyid(-au) *m.*
eristic *a. & n.* **1.** *a.* dadleugar, ymrysongar (*pronounced* ng-g), taer. **2.** *n. (a) (= arguer):* taerwr (taerwyr) *m,* dadleuwr (dadleuwyr) *m; (b) (art):* taeru *vn,* dadlau *vn,* ymresymeg *f.*
eristically *adv.* yn ddadleuol.
erk *n.* **1.** *Navy:* = **rating;** *Aer:* = **aircraftman. 2.** *Pej:* pwdryn (pwdrod) *m, N:* crinc(-od) *m.*
erl-king *n. Myth:* ellyll-frenin *m.*
ermine *n. Z:* **1.** carlwm (carlymiaid, carlymod) *m.* **2.** *(fur):* ffwr *(m)* carlwm, ermin *m.* **~ moth** *n. Ent:* gwyfyn(-od) *(m)* mannog; **buff ~ moth,** *(Spilosoma lutea):* mannog llwydfelyn; **small ~ moth,** *(Tinaeodea: Yponomeuta):* mannog bychan; **water ~ moth,** *(S. urticae):* mannog y dŵr; **white ~ moth,** *(S. lubricipeda):* mannog gwyn.
ermined *a.* mewn ermin, erminog.
ern[e] *n. Orn:* eryr(-od) *(m)* môr.
erode *v.t.&i.* **1.** *v.t.* erydu, treulio; *(of acid):* ysu, difa. **2.** *v.i.* erydu.
eroded *a.* wedi erydu, erydog, erydedig, treuliedig, erydlyd; **~ surface,** arwyneb erydog *m.*
erodibility *n.* natur erydadwy *f.*
erodible *a.* erydadwy.
erogenic, erogenous *a.* erogenaidd, nwydus; **~ zone,** parth(-au) nwydus *m.*
Eros *Pr.n.m. Myth:* Eros; **e~,** *(= love):* serch *m.*
erose *a. Bot:* anwastad, bylchog.
erosible *a.* = **erodible.**
erosion *n.* erydiad *m,* treuliad *m,* ysiad *m; vn.* = **erode;** *Geog:* erydiad; **active ~,** erydiad gweithredol; **cycle of ~,** cylchred *(mf)* erydu; **differential ~,** erydiad gwahaniaethol; **glacial ~,** erydiad rhewlif/rhewlifol; **headward ~,** blaen-erydu *vn;* **selective ~,** erydiad dethol; **wind ~,** erydiad gwynt. **~ platform** *n.* llwyfan(-nau) *(mf)* erydu. **~ surface** *n.* arwyneb(-au) *(m)* erydiad.
erosional *a.* erydol.
erosive *a.* erydol, ysol; **~ agent,** erydydd(-ion) *m.*
erosiveness, erosivity *n.* erydoldeb *m.*
erotic *a.* erotig.
erotica *n.pl.* er|otica, llenyddiaeth erotig *f,* llyfrau erotig *pl.*
erotical *a.* = **erotic.**
eroticism *n.* erotiaeth *f,* erotigiaeth *f.*
eroticist *n.* erotydd(-ion) *m.*
eroticization *n.,* **eroticize** *v.t.* erotigeiddio.
erotism *n.* erotiaeth *f.*
erotogenic, erotogenous *a.* = **erogenic.**
erotology *n.* erotoleg *f.*
erotomania *n.* erotomania *m,* trachwant *m,* blysigrwydd *m,* trythyllwch *m.*
erotomaniac *n.* erotomaniad (erotomaniaid) *m&f.*
err *v.i. (a) (= wander):* crwydro, mynd ar gyfeiliorn, cyfeiliorni; *(b) (= sin):* pechu, cyfeiliorni, mynd ar gyfeiliorn; **he does not ~ on the side of modesty,** nid swildod yw ei fai mawr; **to ~ on the side of leniency,** bod yn rhy drugarog; *Ecc:* **we have erred and strayed from thy ways like lost sheep,** nyni a aethom ar gyfeiliorn allan o'th ffyrdd fel defaid ar gyfrgoll; **to ~ on the right side,** pechu ar yr ochr orau; **to ~ out of ignorance,** pechu trwy anwybodaeth; *Prov:* **to ~ is human,** heb ei fai, heb ei eni; *Lit:* **to ~ is human, to forgive is divine,** dyn a grwydra, Duw a faddau; *(c) (= be mistaken):* camgymryd, gwneud camgymeriad, cyfeiliorni, methu, camsynied, camsynio, *S. W: occ:* camstaco.
errancy *n.* amryfusedd(-au) *m,* cyfeiliorni *vn,* cyfeiliornedd *m,* cyfeiliornusrwydd *m,* cyfeiliornad(-au) *m.*
errand *n.* **1.** neges(-au,-euon,-euau,-i) *f, occ:* perwyl(-ion) *m;* **to go/run errands,** gwn|eud negesi, mynd ar neges, mynd ar berwyl, mynd i neges; **to go on an ~ of mercy,** mynd i wneud cymwynas. **2.** *(= object of journey):* perwyl, cenadwri (cenadwrïau) *f.* **~-boy** *n.* neges[eu]ydd(-ion) *m,* gwas (gweision) *(m)* negesau.
errant *a.* **1.** *(= wandering):* crwydrol, crwydraidd, crwydredig, crwydrad, ar grwydr, ar gyfeiliorn, ar ddisberod; **knight ~,** marchog(-ion) *(m)* crwydrad. **2.** *(a) (= incorrect):* cyfeiliornus, anghywir; *(b)* **~ child,** plentyn cyfeiliornus/ anystywallt.
errantly *adv.* yn grwydrol *&c;* ar grwydr.
errantry *n.* crwydredigaeth *f;* **knight ~,** marchogwriaeth grwydrad *f.*
errata *n.* rhestr *(f)* gwallau, *errata.*

erratic *a. & n.* **1.** *a. (i) Med: (pain):* crwydrol, ysbeidiol; *(ii) (heartbeat):* afreolaidd, afreolus, di-drefn, anhrefnus, eratig, aflywodraethus; *Aut:* ~ **driving,** gyrru ansicr/diamcan/igam-ogam; *(iii) (pers.):* ansefydlog, anwadal, annibynadwy, anghyson, diofal, di-ddal, nad oes dim dal arnoch, *F:* chwit-chwat, chwim-chwam. **2.** *n. Geol:* ~ **[block],** maen (meini) *(m)* dyfod, maen crwydr.

erratical *a.* = **erratic 1.**

erratically *adv.* yn ddi-drefn, yn afreolaidd, yn anhrefnus, yn eratig, yn ddiamcan; heb drefn, rywsut-rywsut, unrhyw sut, bob sut; **to work ~,** gweithio bob yn ail â pheidio, gweithio pyliau, *N.W: occ:* gweithio pycsiau, pycsio gweithio.

erratum *n.* gwall(-au) *m.*

erroneous *a.* anghywir, cyfeiliornus, gwallus.

erroneously *adv.* ar gam, trwy gamgymeriad, mewn camgymeriad, yn gam, yn anghywir *&c;* **~ or not,** yn gam neu'n gywir.

erroneousness *n.* gwallusrwydd *m,* cyfeiliorni *vn,* cyfeiliornusrwydd *m,* gwallusrwydd *m,* anghywirdeb *m.*

error *n.* **1.** gwall(-au) *m,* camgymeriad(-au) *m,* camsyniad(-au) *m,* amryfusedd(-au) *m,* cyfeiliornad(-au) *m;* **~ of/in judgment,** camfarn(-au) *f;* **printer's ~,** gwall argraffu; **typing ~,** gwall teipio; **clerical ~,** gwall copïwr/clerc, gwall copïo, amryfusedd; **compensating ~,** gwall cyfadfer; *Com:* **errors and omissions excepted,** ac eithrio pob gwall a gomeddiad; **~ of commission,** gwall trwy gamwaith; **~ of principle,** gwall egwyddor; **mean ~,** cyfeiliornad cymedrig; **probable ~,** cyfeiliornad tebygol; **random ~,** hap-gyfeiliornad(-au) *m;* **standard ~,** cyfeiliornad safonol; **systematic ~,** cyfeiliornad systematig; **~ of omission,** gwall trwy esgeulustod; *Mil:* **~ in range,** gwall anelu; **to make/commit an ~,** gwn|eud camgymeriad, camgymryd, methu, cyfeiliorni, *S.W: occ:* camstaco; **it is an ~ to suppose...,** anghywir fyddai tybio...; byddai rhn ar fai yn tybio.... **2.** *(a)* **to be in ~,** cyfeiliorni, bod ar fai; **goods sent in ~,** nwyddau a anfonwyd trwy amryfusedd/gamgymeriad; *(b)* **he has seen the ~ of his ways,** mae wedi gweld ei gamgymeriad; mae wedi diwygio; mae wedi cael diwygiad; *F: occ:* mae wedi cael tro; mae wedi dod at ei goed. **3.** *(of conduct):* cyfeiliornad, crwydr[i]ad(-au) *m.* **~ character** *n. Cmptr:* gwallnod(-au) *m.* **~ code** *n. Cmptr:* côd (codau) *(m)* gwallau. **~ checking code** *n.* côd archwilio/edrych gwallau. **~ correcting code** *n.* côd cywiro gwallau. **~ detecting code** *n.* côd darganfod gwallau. **~ diagnostics** *n.pl. Cmptr:* diagnosteg *(f)* gwallau. **~ handling** *vn. Cmptr:* trin gwallau. **~ interrupt** *n. Cmptr:* ymyriad *(m)* gwall (ymyriadau gwallau). **~ list** *n. Cmptr:* rhestr *(f)* wallau (rhestrau gwallau). **~ message** *n. Cmptr:* gwall-neges(-au) *f.* **~ range** *n. Cmptr:* amrediad(-au) *(m)* gwallau. **~ routine** *n. Cmptr:* rheolwaith (rheolweithiau) *(m)* gwallau. **~ trap** *n. Cmptr:* magl *(f)* wallau (maglau gwallau), trap(-iau) *(m)* gwallau. **~ trapping** *vn. Cmptr:* maglu gwallau.

errorless *a.* diwall, di-wall, cywir.

ersatz *n. & a.* **ersatz** *(m).*

Erse *n. & a. Ling:* **1.** *(of Scotland):* Gaeleg *(f, m).* **2.** *(of Ireland):* Gaeleg, Gwyddeleg *(f, m).*

erstwhile *adv. & a.* **1.** *adv. A: Poet:* gynt, o'r blaen, yn flaenorol, cyn hyn, cyn hynny. **2.** *a.* cynt, blaenorol; cyn- *(before noun + soft mut.).*

Erthig *W.Pl.n.* Erddig *mf.*

erubescent *a.* gwridog, gwritgoch, gwridol, yn gwrido/cochi.

erucic *a. Ch:* erwsig.

eruct *v.i.* bytheirio.

eructation *n.* bytheiriad(-au) *m,* bytheirio *vn; (of volcano):* echdoriad(-au) *m; See* **erupt, eruption.**

erudite *a.* dysgedig, dyfnddysg, gwybodus, hyddysg.

eruditely *adv.* yn ddysgedig *&c.*

erudition *n.* dysg *f,* gwybodaeth *f.*

erumpent *a.* ffrwydrol.

erupt *v.i.* **1.** *(of teeth):* dod trwodd, torri [trwodd]; *(of rash):* tarddu, cructarddu, brigo, ymddangos, torri allan/mas. **2.** *(of volcano):* ffrwydro.

eruption *n.* **1.** *(a) (of volcano):* ffrwydr[i]ad(-au) *m,* ymrwygiad(-au) *m,* echdoriad(-au) *m;* **solar ~,** echdoriad haul/heulol; *(b) (of rage, mirth):* ffrwydr[i]ad *m,* hwrdd (hyrddiau) *m.* **2.** *(of rash):* cructardd *m,* tarddiant *m,* tarddiad *m,* echdarddiant *m,* brigiant *m, N: occ:* cafod: cawod(-ydd) *f; (of teeth):* toriad *(m)* trwodd, ymddangosiad *m.*

eruptive *a. (volcano):* ffrwydrol, ymrwygol; *(laughter &c):* ffrwydrol, hyrddiol; *(disease):* cructarddol; **~ process,** brigwthiad(-au) *m.*

eruptively *adv.* yn ffrwydrol *&c.*

eruptiveness, eruptivity *n.* ffrwydroldeb *m,* natur ffrwydrol *f &c.*

eryngo *n. Bot: (Eryngium):* celynnen (celyn) *(f)* y môr, ysgallen ganpen (ysgall canpen) *f,* boglynnon arfor *m,* ysgallen foglynnog (ysgall boglynnog), môr-gelynnen (~-gelyn) *f;* **Alpine ~,** *(E. alpinum):* boglynnon yr Alpau; **field ~,** *(E. campestre):* boglynnon y maes, ysgallen ganpen (ysgall canpen); **Pyrenean ~,** *(E. bourgatii):* boglynnon y Pyreneau; **silver ~,** *(E. spinalba):* boglynnon arian.

erysipelas *n. Med: N:* tân *(m)* iddwf, tân iddew, *S:* fflamwydden *f,* fflam *(f)* iddwf, *occ:* fflamwydden dân, fflamiddwn *f,* tandde *m. N:* y gafod *f,* y fendigaid *f,* y fyddigaid *f.*

erysipeloid *a. Med:* fflamwyddol.

erythema *n.* cochni *m,* gwritgochni *m.*

erythemal, erythematous *a.* cochlyd, gwritgoch.

erythorbate *n. Ch:* erythorbat *m.*

erythorbic *a. Ch:* erythorbig.

erythr[a]emia *n. Med:* erythremia *m.*

erythrism *n.* gorgochni *m.*

erythrismal, erythristic *a.* gor-goch.

erythrite *n. Miner:* erythrit *m.*

erythroblast *n. Biol:* er|ythroblast (erythroblastau) *m.*

erythroblastic *a. Biol:* erythroblastig.

erythroblastosis *n. Med:* erythroblastosis *m.*

erythrocyte *n. Biol:* corffilyn coch (corffilynnau/corffilod cochion) *m* [y gwaed], er|ythrosyt (erythrosytau) *m.*

erythrocytic *a. Biol:* erythrosytig.

erythrocytometer *n. Med:* erythrosytomedr(-au) *m.*

erythroid *a. Biol:* erythroid.

erythromycin *n. Pharm:* erythromysin *m.*

erythron *n. Biol:* erythron *m.*

erythropoiesis *n. Biol:* erythropoiesis *m,* creu *(vn)* celloedd coch.

erythropoietic *a. Biol:* erythropoietig.

erythropoietin *n. Bio-Ch:* erythropoietin *m.*

erythrosin[e] *n. Dy:* er|ythrosin (erythrosinau) *m.*

escadrille *n. Mil: Nav:* escadril (escadrilau) *f.*

escalade[1] *n.* esgyniad(-au) *m,* esgynfa (esgynfâu, esgynf|eydd) *f,* dringfa (dringf|eydd) *f* [ag ysgol].

escalade[2] *v.t.* dringo/esgyn [muriau] ag ysgol[-ion].

escalader *n.* dringwr (dringwyr) *(m)* ysgolion, dr|ingwraig *(f)* ysgolion.

escalate *v.t.&i.* dwysáu, datblygu, cynyddu, estyn, ymestyn, helaethu, gwaethygu; *(of prices):* codi.

escalation *n. Pol: Mil:* dwysâd *m,* estyniad(-au) *m,* helaethiad(-au) *m,* cynnydd *m,* gwaethygiad(-au) *m; (of prices):* cynnydd, codiad(-au) *m; S.a.* **escalate.**

escalator *n.* grisiau symudol *pl,* esgaladur(-on) *m.* **~-clause** *n. Com:* cymal(-au) *(m)* codi [prisiau *&c*].

escalatory *a.* dwysaol, gwaethygol, lledol.

escallop *n.* = **scallop, escalope.**

escalope *n. Cu:* sgalop(-au) *m,* golwyth(-i,-on) *m,* tafell(-i,-au) *f.*

escapable *a.* gocheladwy.

escapade *n.* anturiaeth(-au) *f,* antur(-iau) *f,* pranc(-iau) *m,* direidi *m,* stranc(-iau) *f,* cast(-iau) *m, N: F:* giamocs *pl.*

escape[1] *n.* **1.** *(a)* dihangfa (diangf|eydd) *f, occ:* dihangiad (diangiadau) *m,* ffoëdigaeth(-au) *f;* **an ~ from prison,** dihangfa/dihangiad o garchar; **there have been many escapes from this prison,** mae sawl un wedi dianc o'r carchar hwn; bu llawer o ddianc o'r carchar hwn; **an ~ from tedium,** dihangfa rhag diflastod; **to make one's ~,** dianc, diengyd; **to make good one's ~,** llwyddo i ddianc, achub eich croen, dianc yn ddianaf/groeniach, dianc â chroen cyfan; **a narrow ~,** dihangfa gyfyng; *int.* **narrow ~!** cael a chael! **to have a narrow ~,** dianc o drwch blewyn, dianc â chroen eich dannedd, cael dihangfa gyfyng; **he had a narrow ~ from falling,** ni bu ond y dim iddo gwympo/ddisgyn; cael a chael fu hi na syrthiodd/chwympodd; **there's no ~ from it,** 'does dim dianc rhagddo; 'does dim modd ei osg|oi; mae'n anochel; **way of ~,** dihangfa, ffordd (ffyrdd) *(f)* ymwared; *(b) (of gas &c):* gollyngiad(-au) *m,* rhyddhad (rhyddhadau) *m; (c)* **~ from the earth's gravitational pull,**

ymryddhad/rhyddhad (*m*) o dynfa'r ddaear. **2. [fire-]~,** dihangfa dân (diangfeydd tân), grisiau (*pl*) tân. **3.** *Bot:* dihangwr (dihangwyr) *m*, dihangydd (diangyddion) *m*. **~-artist** *n.* = **escapologist**. **~ clause** *n.* cymal(-au) dihangol *m*. **~-hatch** *n.* dihangdwll (diangdyllau) *m*. **~ [key]** *n.* *Cmptr:* allwedd (*f*) ddianc (allweddi dianc), bysell (*f*) ddianc (bysellau dianc). **~ lane** *n.* lôn (*f*) ddianc (lonydd dianc). **~-pipe** *n.* pibell (*f*) ryddh|au (pibelli rhyddh|au). **~ road** *n.* ffordd (ffyrdd) (*f*) ymwared, ffordd ddianc (ffyrdd dianc). **~-shaft** *n.* siafft (*f*) ddianc (siafftiau dianc). **~-valve** *n.* falf (*f*) ryddhau (falfiau rhyddhau), falf ollwng (falfiau gollwng), falf chwythu. **~ velocity** *n.* cyflymder (*m*) dianc/ymryddhau. **~ wheel** *n.* olwyn (*f*) ollwng (olwynion gollwng).

escape² *v.i.&t.* **1.** *v.i.* dianc, *occ:* ffoi, cael ymwared, *F:* diengyd, *N: occ:* dengid, denig, *S: occ:* cilio, gwân, gwanu; **to ~ from prison,** dianc o garchar; **to ~ from one's worries,** dianc rhag eich pryderon; **to ~ to the mountains,** dianc/ffoi i'r mynyddoedd; **(to ~) unscathed,** (dianc) yn ddianaf, â chroen cyfan, yn groeniach; **(to ~) by the skin of one's teeth,** (dianc) o drwch blewyn, â chroen eich dannedd; **he escaped with bruises,** bu'n ddianaf ond am gleisiau; *(of gases, fluids):* gollwng, colli. **2.** *v.t. (a) (of pers.): (= avoid):* osg|oi, gochel; **to ~ pursuit,** osgoi'ch ymlidwyr, mynd yn ddihangol; **he narrowly escaped death,** ni bu ond y dim iddo gael ei ladd; cael a chael fu hi na laddwyd mohono; *N.W: occ:* mi fuo'r drws nesa' i gael ei ladd; **it's amazing how he escaped injury,** mae'n syndod/rhyfeddod [fel] nad anafwyd mohono; *S:* mae'n syndod ei fod wedi ei achub cystal; *(b) (of thgs):* **to ~ notice,** mynd heb dynnu sylw; **to ~ one's memory,** mynd yn angof; **that fact escaped me,** sylwais i ddim ar y ffaith yna; **his name escapes me,** allaf i ddim cofio'i enw; *(c)* **an oath escaped him,** daeth rheg o'i wefusau; gollyngodd reg; **not a word escaped his lips,** nid ynganodd air; ni ddaeth gair o'i enau.

escaped *a.* wedi dianc, ffoëdig, dihangol, ar ffo, *S:* ar gil.

escapee *n.* ffoadur(-iaid) *m*, ffoadures(-au) *f*; *S.a.* **escaper**.

escapement *n.* **1.** *Clockm: &c:* (*)gollyngiad(-au) *m*. **2.** *Carp:* cilfa (cilfâu) *f*.

escaper *n.* dihangwr (dihangwyr) *m*, dihangydd (diangyddion) *m*, dih|angwraig *f*; *S.a.* **escapee**.

escapism *n.* dihangdod *m*.

escapist *a. & n.* **1.** *a.* dihangfaol, dihangol; **~ drama,** drama ddihangol; **~ literature,** llenyddiaeth dihangfa. **2.** *n.* dihangfäwr (dihangfawyr) *m*, dihangwr (dihangwyr) *m*, dihangfäwraig *f*, dih|angwraig *f*.

escapologist *n.* dihangwr (dihangwyr) *m*, dih|angwraig *f*, campwr (campwyr) (*m*) dianc, c|ampwraig (*f*) ddianc.

escapology *n.* campau (*pl*) dianc, dihangeg *f*.

escargot *n.* *Cu:* = **snail**.

escarole *n.* *Bot:* = **endive**.

escarp¹ *n.* **1.** = **scarp**. **2.** *Arch:* erchwyn(-ion) *mf*.

escarp² *v.t.* sgarpio.

escarpment *n.* *Geog:* tarren (tarenni) *f*, sgarp(-iau) *m*.

eschalot *n.* *Bot:* = **shallot**.

eschar¹ *n.* *Med:* crachen(-ni, crachod) *f*, cramen(-ni) *f*.

eschar² *n.* *Geog:* = **eskar, esker**.

escharotic *a. & n.* **1.** *a.* crachennol, cramennol. **2.** *n.* cramenydd(-ion) *m*.

eschatological *a.* *Theol:* diwethafiaethol, diwethafol, diwethafaidd, esc[h]atolegol.

eschatologist *n.* *Theol:* diwethafwr (diwethafwyr) *m*, esc[h]atolegwr: esc[h]atolegydd (esc[h]atolegwyr) *m*.

eschatology *n.* *Theol:* esc[h]atoleg *f*, diwethafiaeth *f*.

escheat¹ *n.* fforffed(-ion,-au) *m*, siêd (siedau) *m*. **~ land** *n.* tir(-oedd) (*m*) diarddel, diarddel(-ion) *m*, tir siêd, *occ:* mardir(-oedd) *m*.

escheat² *v.t.&i.* **1.** *v.t.* siedu. **2.** *v.i.* mynd yn fforffed, mynd yn ddiarddel[w], mynd yn siêd, siedu.

escheatable *a.* siedadwy.

escheated *a.* diarddel, siêd.

escheator *n.* siedwr (siedwyr) *m*.

eschew *v.t.* *O:* gochel, osg|oi (rhth); ymgadw (rhag rhth); rhoi diofryd (i rth); **to ~ sth,** rhoi'r gorau i rth.

eschewal *n.* gocheliad(-au) *m*, gochel *vn.*

escolar *n.* *Ich:* esgolar(-iaid,-od) *m*.

escort¹ *n.* *(a) Mil: &c:* gosgordd(-ion,-au) *f*, gosgorddlu(-oedd) *m*; **under the ~ of s.o.,** dan hebryngiad rhn; *(b) (= companion):* cydymaith (cymdeithion) *m*, cymdeithes(-au) *f*; *(to dance &c):* cymar (cymheiriaid) *m*, partner(-iaid) *m*, partneres(-au) *f*, cymhares (cymaresau) *f*. **~-agency, ~-service** *n.* gwasanaeth (*m*) partneru.

escort² *v.t.* danfon, hebrwng; **may I ~ you home?** [a] gaf i eich danfon chi adref?

escribe *v.t.* *Mth:* allgylchu.

escribed *a.* **~ circle,** allgylch(-au) *m*.

escritoire *n.* *Furn:* desg(-iau) (*f*) ysgrifennu.

escrow¹ *n.* *Jur:* **1.** cytundeb(-au) *m*, ysgrow *m*. **2.** *U.S:* **in ~,** mewn ysgrow.

escrow² *v.t.* *U.S:* ysgrowio (rhth), rhoi (rhth) ar gadw.

escudo *n.* *Num:* esgwdo(-s) *m*.

escuerzo *n.* *Rept:* **horned ~,** broga(-od, brog|aid) corniog *m*; **painted ~,** broga brith (brogaod/brogaid brithion).

esculent *a. & n.* **1.** *a.* bwytadwy. **2.** *n.* bwyd(-ydd) *m*.

escutcheon *n.* **1.** *(a) Her:* arfbais (arfbeisiau) *f*, pais (peisiau) (*f*) arfau; **a blot on one's ~,** mefl ar eich enw da; *(b) N.Arch:* tarian(-au) *f*. **2.** *Tchn:* caead(-au) *m* [twll clo], esgytsiwn (esgytsiynau) *m*.

esemplastic *a.* esemplastig, cyfannol.

eserine *n.* *Pharm:* |eserin *m*.

eskar, esker *n.* *Geol:* esgair (esgeiriau) *f*, cefnen(-nau) *f*, trum(-iau) *fm*; **beaded ~,** esgair gnapiog (esgeiriau cnapiog).

Eskimo *a. & n.* **1.** *a.* |Esgimo, Esgimoaidd; *(in language):* Esgimöeg. **2.** *n.* *(a) Ethn:* |Esgimo(-s, Esgimoaid) *m*, Esgimöes(-au) *f*; *F:* **to sell a fridge to an ~,** gwerthu côt groen i Hotentot; *(b) Ling:* Esgimöeg *f*, *m*. **~ curlew** *n.* *Orn:* gylfinir(-od,-iaid) (*m*) y Gogledd. **~ dog** *n.* ci (cŵn) (*m*) Esgimo. **~ roll** *n.* *Sp:* rholiad (*m*) esgimo.

Eskimoan *a.* = **Eskimo 1**.

esophageal *a.* *Anat:* **oesophagaeal.**

esophagus *n.* *Anat:* **oesophagus.**

esoteric[al] *a.* esoterig, esoteraidd, dirgelaidd, cêl, cudd, cyfrin, cyfriniol, cyfrinachol; *(= unintelligible):* astrus, tywyll.

esoterica *n.pl.* cyfrinion, dirgelion, dirgeledigaethau, pethau esoterig, cyfrin bethau.

esotericism *n.* esoteriaeth *f*.

esotericist *n.* esoterydd(-ion) *m*.

espadrille *n.* *Cost:* ***espadrille(-s)*** *mf.*

espagnolette *n.* clicied(-au) *f*.

espalier *n.* **1.** *(= lattice):* delltwaith *m*, rhwyllwaith *m*. **2.** *Hort:* **fan-shaped ~,** gwyntyll(-au) *f*, llwyn(-i) gwyntyllaidd *m*.

esparto *n.* *Bot:* **~ [grass],** [glaswellt *m*] esparto *m*.

especial *a.* arbennig, neilltuol; **in ~,** yn arbennig, yn enwedig; **for your ~ benefit,** er dy les arbennig/neilltuol di, er dy fwyn di'n arbennig/neilltuol.

especially *adv.* **1.** *(qualifying a. or adv.):* **an ~ good meal,** pryd da dros ben, pryd arbennig/neilltuol/eithriadol [o] dda, pryd da [y] tu hwnt; **(she worked) ~ quickly,** (gweithiodd) yn arbennig/neilltuol o gyflym, yn gyflym dros ben, yn gyflym [y] tu hwnt; **he is not ~ intelligent,** nid yw'n arbennig/neilltuol/eithriadol [o] ddeallus. **2.** *(qualifying verb, noun or adv.): (= above all):* yn arbennig/neilltuol/enwedig, yn anad dim/neb, uwchl|aw popeth/pawb; **wine ~ is dear,** mae gwin yn enwedig *or* yn anad dim yn ddrud; **(I admire her) ~,** ('rwy'n ei hedmygu hi)'n arbennig, yn anad neb, uwchlaw pawb, yn fwy na neb; **(I love travelling) ~ in France,** ('rwy'n hoffi teithio) yn enwedig/arbennig yn Ffrainc, yn Ffrainc yn anad unman/unlle, yn fwy nag yn unman; **he could go, ~ now that he's better,** gallai fynd, yn enwedig 'nawr ac yntau'n well.

Esperantist *n. & attrib.* **1.** *n.* Esperantydd(-ion) *m*. **2.** Esperantaidd.

Esperanto *n.* *Ling:* Esperanto *f*, *m*.

espial *n.* canfyddiad(-au) *m*.

espionage *n.* ysbïwriaeth *f*, ysbïo *vn.*

esplanade *n.* rhodfa (*f*) lan môr (rhodf|eydd glan môr), promenâd (promenadau) *m*.

espousal *n.* **1.** *A:* **= betrothal, marriage**. **2. ~ of a cause,** cefnogaeth (*f*) i achos, mabwysiadu (*vn*) achos; *S.a.* **espouse 2**.

espouse *v.t.* **1.** *A: Lit:* priodi. **2.** *(a cause):* cefnogi, mabwysiadu, pleidio, noddi, arddel.

espouser *n.* cefnogwr (cefnogwyr) *m*, pleidiwr (pleidwyr) *m*,

arddelwr (arddelwyr) *m*, cefn|ogwraig *f*, pl|eidwraig *f*, ardd|elwraig *f*.
espresso *a.* & *n.* **1.** ~ **[coffee]**, coffi espreso *m.* **2.** ~ **[machine]**, peiriant (peiriannau) espreso *m.*
esprit *n.* **1.** *(= vivacity):* arial *m*, bywiogrwydd *m*, sioncrwydd *m.* **2.** *(= wit):* ffraethineb *m.* ~ ***de corps*** *n.* cyd-dynnu *vn*, cydymdeithas *f*, ***esprit de corps*** *m.*
espy *v.t.* gweld, canfod (rhth); cael cip/cipolwg (ar rth).
Esquimau *a.* & *n.* = **Eskimo.**
esquire *n.* yswain (ysweiniaid) *m*, ysgwier(-iaid) *m*; **John Jones, Esq,** John Jones, Ysw; ~ **of the king's body,** ysgwier o gorff y brenin, ysgwier o gorfflu'r brenin.
essay[1] *n.* **1.** *(= attempt):* ymgais (ymgeisiadau) *mf*, ymdrech(-ion) *fm* (i wn|eud rhth); cynnig (cynigion) *m* (ar rth). **2.** *(a) Lit:* ysgrif(-au) *f*; *(b) Sch:* traethawd (traethodau) *m.* **3.** *(of stamp, banknote):* proflen(-ni) *f*.
essay[2] *v.t. Lit:* **1.** *(= test):* rhoi cynnig/prawf (ar rth). **2.** *(= attempt):* ceisio (gwn|eud rhth), rhoi cynnig (ar rth).
essayer *n.* arbrofwr (arbrofwyr) *m* (â rhth).
essayist *n. Lit:* awdur(-on) *(m)* ysgrifau, ysgrifwr (ysgrifwyr) *m*, ysgr|ifwraig (ysgrifwragedd) *f*.
essayistic *a.* ysgrifol, ysgrifaidd.
essence *n.* **1.** hanfod(-au,-ion) *m*, craidd *m*; **in ~,** yn hanfodol, yn ei hanfod, yn y bôn; **the ~ of the matter,** craidd y peth; **of the ~,** hanfodol, anhepgor, angenrheidiol; **time is of the ~,** mae amser yn hanfodol. **2.** *Cu:* nodd(-ion) *m*, rhinflas(-au) *m*, rhin(-iau) *m.* **3.** *(perfume &c):* peraroglau (perarogleuon) *m*, perarogl(-au) *m*; *(of a place):* naws *f*, rhin *f*.
Essene *a.* & *n. Rel.Hist:* **1.** *a.* Esenaidd. **2.** *n.* Eseniad (Eseniaid) *m&f*.
Essenian, Essenic *a. Rel.Hist:* Esenaidd.
Essenism *n. Rel. Hist:* Eseniaeth *f*.
essential *a.* & *n.* **1.** *a. (a)* hanfodol, angenrheidiol, anhepgorol, anhepgor; **it is ~ that you go,** rhaid ichi fynd; **prudence is ~,** rhaid wrth bwyll; *Mus:* ~ **notes,** nodau anhepgor; *(b) See* **oil**[1] **3. 2.** *n.usu.pl.* hanfod *m*, hanfodion *pl*, anhepgorion *pl*; **reduced to its essentials,** yn y bôn.
essentialism *n.* hanfodaeth *f*.
essentialist *n.* hanfodwr: hanfodydd (hanfodwyr) *m.*
essentiality *n.* hanfodoldeb *m*, natur hanfodol *f*.
essentially *adv.* yn hanfodol *&c*; yn ei hanfod, yn y gwr|aidd, yn y bôn.
essentialness *n.* hanfodolrwydd *m*, hanfodoldeb *m*, anhepgoredd *m.*
Essex skipper *n. Ent:* gwibiwr (gwibwyr) *(m)* Essex, gwibiwr bach cornddu. *S.a.* **emerald.**
essoin[1] *n. Jur:* aswyn *f*, esgus(-ion) *m*; **foreign ~,** aswyn dramor.
essoin[2] *v.t. Jur:* aswyno.
essonite *n. Lap:* |esonit (esonitau) *m.*
establish *v.t.* **1.** *(a) (foundations):* gosod; *(one's credit):* sefydlu; *(b) Jur:* **to ~ one's right,** bwrw hawl, profi hawl. **2.** *(government, church):* sefydlu; *(a firm, a custom):* sefydlu, cychwyn; *(= appoint):* penodi, sefydlu; **to ~ a reputation for scholarship,** ennill bri/enw am ysgolheictod, ymsefydlu fel ysgolhaig; **to ~ s.o. oneself [in business],** ymsefydlu mewn busnes; **to ~ oneself in the country,** mynd i fyw i'r wlad, ymsefydlu/ymgartrefu yn y wlad. **3.** *(fact &c):* cadarnh|au, profi, dangos; **to ~ s.o.'s identity,** darganfod pwy yw rhn.
establishable *a.* sefydladwy; *(fact):* profadwy, dangosadwy.
established *a.* **1.** sefydlog, sefydledig, safadwy; *(fact):* profedig, diogel, diamau, diymwad, cadarn, dilys; **well-~,** cadarn, sefydlog, sefydledig, safadwy, ar sail gadarn, wedi hen sefydlu/ymsefydlu, wedi hen ennill ei blwyf; **long-~,** hirsefydlog. **2. the ~ church,** yr eglwys wladol *f*, yr eglwys sefydledig.
establisher *n.* **1.** sefydlydd: sefydlwr (sefydlwyr) *m.* **2.** *T.V:* lleolwr (lleolwyr) *m.*
establishment *n.* **1.** sefydliad(-au) *m*; *(action):* sefydlu *vn*; *See* **establish. 2.** *(= business &c):* sefydliad, cwmni (cwmnïau, cwmnïoedd) *m*, tŷ (tai) *(m)* masnach. **3.** *(a) (= personnel):* staff *m*, gweithwyr *pl*; **to keep up an ~,** cynnal preswylfa sylweddol; *(b) Mil: Navy:* llu(-oedd) *m*, corfflu(-oedd) *m*, nifer(-oedd) *mf*, nerth(-oedd) *m*; **peace ~,** niferoedd arfog ar adeg heddwch; **war ~,** niferoedd arfog ar adeg rhyfel. **4. the ~,** *(a) (church):* yr eglwys wladol, Eglwys Loegr; *(b)* y sefydliad. ~ **committee** *n.* pwyllgor(-au) *(m)* staffio.
establishmentarian *a.* & *n. Hist:* **1.** *a. (a)* sefydliadol; *(b) (Anglican):* eglwysyddol. **2.** *n. (a)* sefydliadwr (sefydliadwyr) *m*; *(b) (Anglican):* eglwysydd(-ion) *m.*
establishmentarianism *n. (a)* sefydliadaeth *f*; *(b) (= Anglicanism):* eglwysyddiaeth *f*.
estate *n.* **1.** cyflwr (cyflyrau) *m*, stad(-au) *f*, ystâd(-au) *f*; **man's ~,** oedran *(m)* gŵr, cyflawn oedran; *Ecc:* **the holy ~ of matrimony,** ystad sanctaidd priodas, glân ystad priodas. **2.** *(= social class):* dosbarth(-iadau) *m*, gradd(-au) *f*; **of low ~,** isel radd; **of high ~,** uchel radd, uchelwrol, o uchel radd. **3.** *Hist:* ystad, gradd; **the Third E~,** y Drydedd Ystad, y Drydedd Radd, y Bwrdeiswyr *pl*; *Hist:* **the Estates-General,** yr Ystadau Cyffredinol; **the Three Estates of the Realm,** Tair Ystad y Deyrnas, Tair Gradd y Deyrnas; *Joc:* **the Fourth E~,** y Wasg *f*. **4.** *Jur: (a)* ystad, eiddo *m*; **personal ~,** eiddo personol *m*, ystad bersonol (ystadau personol); **life ~,** ystad am oes; *S.a.* **real 2**; *(b) (of deceased pers.):* ystad. **5.** *(a) (lands):* tir(-oedd) *m*, meddiant (meddiannau) *m*, tiriogaeth(-au) *f*, ystad, stad; *(b)* **housing ~,** [y]stad [o] dai; **council ~,** [y]stad [dai] cyngor ([y]stadau [tai] ~); **industrial ~,** [y]stad ddiwydiannol ([y]stadau diwydiannol); **trading ~,** [y]stad fasnach ([y]stadau masnach). ~ **agency** *n.* swyddfa (swyddf|eydd) *(f)* gwerthu tai/eiddo. ~ **agent** *n.* gwerthwr (gwerthwyr) *(m)* tai/eiddo, gwerthwr tir a thai. ~ **car** *n. Aut:* car (ceir) *(m)* [y]stad. ~ **duty**, *U.S:* ~ **tax** *n.* treth *(f)* [ar] etifeddiaeth, treth [ar] [y]stad.
esteem[1] *n.* parch *m* **(for s.o,** [tuag] at rn); edmygedd *m*, meddwl uchel *m* (o rn); **to hold s.o. in high ~,** edmygu/parchu rhn, meddwl yn fawr/uchel o rn, bod â rhn yn uchel yn eich llyfrau, meddwl y byd o rn; **to hold sth in low ~,** dirmygu/dibrisio rhth, bod yn ddibris o rth, meddwl dim o rth; **to rise/fall in s.o.'s ~,** codi/disgyn yng ngolwg rhn; **he has risen in my ~,** mae gen i fwy o olwg arno; mae gen i fwy o barch ato.
esteem[2] *v.t.* **1.** parchu, edmygu. **2.** cyfrif, ystyried; **to ~ oneself happy,** eich cyfrif eich hun yn hapus; **I shall ~ it [as] a favour,** byddaf yn ei hystyried yn gymwynas.
esteemed *a. Com:* **your ~ custom,** eich cefnogaeth werthfawr; **your ~ order,** eich archeb werthfawr; **a man highly ~,** gŵr uchel ei glod/barch; **he is not highly ~ by the people,** *S. W: occ:* 'does dim llawer o gewc gan y bobl arno.
ester *n. Ch:* ester(-au) *m.*
esterase *n. Bio-Ch:* |esteras (esterasau) *m.*
esterification *n. Ch:* esteriad *m*, esteru *vn.*
esterify *v.t. Ch:* esteru.
esthesia *n.* esthesia *m*, hydeimledd *m.*
esthesiometer *n.* esthesiomedr(-au) *m.*
esthesis *n.* esthesis *m*, teimlad *m.*
esthete, esthetic, esthetics *See* **aesthete, aesthetic, aesthetics.**
estimable *a.* **1.** *(= respectable):* teilwng, parchus, hybarch, cymeradwy. **2.** *(= that can be estimated):* amcangyfrifadwy *(pronounced* ng-g).
estimableness *n.* **1.** *(= respectability):* parch *m*, parchusrwydd *m.* **2.** *(possibility of being estimated):* amcangyfrifadwyedd *m* *(pronounced* ng-g), niferadwyedd *m.*
estimate[1] *n.* amcangyfrif(-on) *m* *(pronounced* ng-g), *occ:* amcan *m*, *occ:* brasgyfrif(-on) *m*, **a rough ~,** amcan bras, bras amcan; **on/at a rough ~,** yn fras, ar amcangyfrif bras; **at the lowest ~,** [yn y] fan leiaf; **at the highest ~,** [yn y] fan bellaf; **to make an ~,** rhoi amcangyfrif, bwrw amcan, *N: F: occ:* clandro; **to put in an ~,** cyflwyno amcangyfrif; *Mth:* **biased ~,** amcangyfrif â thuedd; **navy estimates,** cyllid *(m)* y llynges. **estimates committee** *n.* pwyllgor *(m)* amcangyfrifon.
estimate[2] *v.t.* cyfrif, amcangyfrif *(pronounced* ng-g), brasgyfrif (rhth); bwrw amcan (o rth); *N: F: occ:* clandro (rhth); **his fortune is estimated at. . .,** credir/tybir ei fod yn werth. . . .
estimated *a.* tybiedig, amcangyfrifedig *(pronounced* ng-g); ~ **figures,** ffigurau amcan.
estimation *n.* **1.** *(= judgement):* barn(-au) *f*, tyb *mf*, meddwl *m*; **in my ~,** yn fy marn i, yn fy nhyb i, i'm tyb i, yn fy meddwl i, yn fy ngolwg i; **she's gone up in my ~,** mae gen i fwy o feddwl ohoni; mae gen i fwy o olwg arni. **2.** *(= estimate):* amcangyfrif(-on) *m* *(pronounced* ng-g); *Mth:* ~ **of error,** amcangyfrif cyfeiliornad; *S.a.* **estimate**[1]. **2.** = **esteem**[1] ~ **sampling** *n.* samplu *(vn)* amcangyfrifol *(pronounced* ng-g).
estimative *a.* amcangyfrifol *(pronounced* ng-g), bras, prisiadol.
estimator *n.* **1.** *(pers.):* amcangyfrifwr (amcangyfrifwyr) *m*

(*pronounced* ng-g); **2.** *Econ:* amcaneb(-au) *f*; *Mth:* amcangyfrifyn(-nau) (*pronounced* ng-g) *m*.
estival *a.* hafol, hafaidd, [yr] haf.
estivate *v.i.* bwrw'r haf, treulio'r haf; *Ent:* hafgysgu.
estivation *n. Ent:* hafgwsg *m*, hafgysgu *vn*.
Estonian *a. & n.* **1.** *a.* Estonaidd; *(in language):* Estoneg; **he's ~,** Estoniad yw ef; **the ~ government,** llywodraeth Estonia. **2.** *n.* *(a)* Estoniad (Estoniaid) *m&f*; *(b) Ling:* Estoneg *f*, *m*.
estop *v.t. Jur:* rhwystro, atal, estopio.
estopped *a. Jur:* dan estopel **(by s.o. from doing sth,** gan rn rhag gwneud rhth); estopiedig.
estoppel *n. Jur:* rhwystr(-au) *m*, llestair (llesteiriau) *m*, lluddiad(-au) *m*, estopel *m*.
estovers *n.pl.* **1.** *(= necessities):* angenrheidiau, cyfreidiau. **2.** *Jur:* **[right of] common of ~,** hawl *(f)* casglu cynnud, cytawl *(f)* cynuta.
estrade *n.* llwyfan(-nau) *mf*.
estradiol *n. Pharm:* estradiol *m*.
estragon *n. Bot:* = **tarragon.**
estral *a.* = **oestrous.**
estrange *v.t. (a)* **to ~ s.o.,** dieithrio rhn; **to become estranged (from s.o.),** ymddieithrio, ymbellh|au (oddi wrth rn); **they have become estranged,** 'does dim llawer o dda/Gymraeg rhyngddynt; **estranged friends,** cyfeillion wedi ymddieithrio, cyfeillion heb fod ar delerau, cyfeillion heb fod da/Cymraeg rhyngddynt; *(b)* **to ~ s.o. from s.o.,** troi rhn yn erbyn rhn arall, *S.W: occ:* hala rhwng rhn a rhn arall.
estrangement *n.* dieithriad *m*, ymddieithriad *m*, dieithrwch *m*, dieithrio *vn*, ymddieithrio *vn*, pellh|au *vn*, ymbellh|au *vn*.
estray *n.* = **stray**[1].
estrayer *n.* dieithrwr: dieithrydd (dieithrwyr) *m*.
estreat[1] *n. Jur:* ystrêd (ystredau) *f*; **~ of bail,** ystrêd mechnïaeth.
estreat[2] *v.t. Jur:* ystredu.
estrin *n. Bio-Ch:* estrin(-au) *m*.
estriol *n. Bio-Ch:* estriol *m*.
estrogen *n. Bio-Ch:* |estrogen *m*.
estrogenic *a. Bio-Ch:* estrogenig.
estrogenically *adv. Bio-Ch:* yn estrogenig.
estrone *n. Bio-Ch:* estron *m*.
estrous, estrual *a.* = **oestrous.**
estrum, estrus *a.* = **oestrum.**
estuarial, estuarine *a.* aberol.
estuary *n.* aber(-oedd) *mf*, *occ:* moryd(-iau) *f*, genau *(m)* afon (geneuau afonydd); **constructed ~,** moryd wn|eud (morydiau gwneud).
esurience, esuriency *n.* barusrwydd *m*, newyn *m*, gwanc *m*, awch *m*, chwant *m* [am fwyd]; gwancusrwydd *m*, bolrythni *m*.
esurient *a. Joc: A:* barus, ar eich cythlwng, gwancus, bolrwth.
esuriently *adv. A:* yn farus *&c*.
eta *n. Gr.Alph:* eta (etâu) *f*.
etaerio *Bot:* cyfunffrwyth(-au) *m*.
étagère *n.* dresel(-iau,-i,-ydd) *f*, *étagère(-s) f*.
etalon *n. Ph:* |etalon (etalonau) *m*.
etamin[e] *n. Tex:* |etamin *m*.
etcetera *Lt.phr. & n.pl.* **1.** *Lt.phr. (abbr. etc):* ac yn y blaen, ac felly yml|aen, ac ati [hi], *N.W: F:* a ballu (= a rwbath felly). **2.** *n.pl.* y pethau arferol/ychwanegol, y gweddill *m*.
etch *v.t.&i.* ysgythru. **~ marks** *n.pl. Geol:* nodau ysgythru. **~ plain** *n. Geog:* gwastadedd(-au) *(m)* ysgythru.
etchant *n.* ysgythrydd(-ion) *m*.
etcher *n.* ysgythrwr (ysgythrwyr) *m*.
etching *vn. & n.* **1.** *vn.* ysgythru; **dry-point ~,** ysgythru sychbwynt; **soft-ground ~,** ysgythru ar rwnd meddal. **2.** *n. (print):* ysgythriad(-au) *m*. **~-ground** *n.* grwnd *(m)* ysgythru. **~-needle** *n.* nodwydd(-au) *(f)* ysgythru.
eternal *a. & n.* **1.** *a. (a)* tragwyddol, tragywydd, bythol; **~ life,** bywyd tragwyddol *m*; **the E~ City,** y Ddinas Dragwyddol *f*; *(b) F:* tragwyddol, diddiwedd, di-baid, parh|aus, diddarfod, di-ben-draw; **the ~ triangle,** y triongl tragwyddol *m*. **2.** *n.* **the E~,** y Tragwyddol *m*.
eternalize *v.t.* = **eternize.**
eternally *adv.* **1.** *(= forever):* yn dragywydd, yn dragwyddol, am byth, hyd byth. **2.** *(= continually):* byth a hefyd, yn barh|aus, [yn] dragywydd, [yn] dragwyddol.
eternalness *n.* tragwyddolrwydd *m*, bytholrwydd *m*.
eternity *n. (a)* tragwyddoldeb(-au) *m*; *(b) pl.* **the eternities,** y gwirioneddau tragwyddol, y tragwyddolion bethau, y bythol bethau. **~ ring** *n.* modrwy dragwyddol (modrwyau tragwyddol).
eternization *n.*, **eternize** *v.t.* tragwyddoli, anfarwoli, bytholi.
Etesian *a. & n.* **1.** *a. Meteor:* Etesaidd. **2.** *n.* gwynt(-oedd) *(m)* haf.
ethacrynic *a. Ch:* ethacrynig.
ethambutol *n. Pharm:* eth|ambwtol *m*.
ethane *n. Ch:* ethan *m*.
ethanedioic *a. Ch:* ethanedïoig, ocsalig.
ethanediol *n. Ch:* ethanedïol *m*.
ethanoic *a. Ch:* ethanöig.
ethanol *n. Ch:* |ethanol *m*.
ethanolamine *n. Ch:* ethan|olamin *m*.
Ethelred *Pr.n.m. Hist:* **~ the Unready,** Ethelred y Digyngor.
ethene *n. Ch:* ethen *m*.
ether *n. Ph: Ch: Med:* ether *m*; *F:* **over the ~,** ar y radio, ar donnau'r awyr. **~ meth** *n.* ether meth *m*.
ethereal *a.* **1.** etheraidd; *(= light, airy):* ansylweddol, ysgafn, awyrol, wybrennol; *(= heavenly):* nefol, nefolaidd; *(= unearthly):* arallfydol, annaearol. **2.** *Ch: (liquid):* anweddol, etheraidd.
ethereality *n.* ansylweddoldeb *m*, ysgafnder *m*, awyroldeb *m*, ethereiddiwch *m*.
etherealization *n.*, **etherealize** *v.t.* ethereiddio, etheru, awyroli, ansylweddoli, nefoleiddio.
ethereally *adv.* yn ansylweddol *&c*.
etheric, etherish *a.* etheraidd.
etherization *n.* ethereiddiad *m*, ethereiddio *vn*, etheru *vn*.
etherize *v.t.* etheru, ethereiddio.
etherizer *n.* ethereiddiwr (ethereiddwyr) *m*.
etherlike *a.* = **etheric.**
ethic[1] *a. & n.* **1.** *a. (a) Phil:* moesegol, ethegol, ethig; **~ neutrality,** niwtraliaeth foesegol *f*; **~ relativism,** perthynolaeth foesegol *f*; **~ values,** gwerthoedd moesegol; *(b) (= morally correct):* moesol, egwyddorol, anrhydeddus, iawn, teg; *(b) Gram:* **~ dative,** derbyniol ethig *m*, dadïol ethig *m*. **2.** *n.* etheg *f*, moeseg *f*, moesoldeb *m*; *pl.* **ethics,** etheg, moeseg; **the Protestant ~,** y foeseg Brotestannaidd.
ethical *a. & n.* **1.** *a.* = **ethic**[1]. **2.** *n. Pharm:* cyffur(-iau) cymeradwy *m*.
ethicality *n.* moesoldeb *m*.
ethically *adv.* yn foesol; *Phil:* yn foesegol.
ethicalness *n.* = **ethicality.**
ethician, ethicist *n.* ethegwr: ethegydd (ethegwyr) *m*, moesegwr: moesegydd (moesegwyr) *m*.
ethicize *v.t.* moesoli.
ethics *n.pl.* moeseg *f*, etheg *f*.
ethinyl *n.* ethinyl *m*.
ethion *n. Ch:* ethion *m*.
ethionamide *n. Pharm:* ethi|onamid *m*
ethionine *n. Bio-Ch:* ethïonin *m*.
Ethiopia *Pr.n. Geog:* Ethiopia *f*.
Ethiopian *a. & n.* **1.** *a.* Ethiopaidd; *(in language):* Ethiopeg; **he's ~,** Ethiopiad yw ef; **the ~ government,** llywodraeth Ethiopia. **2.** *n.* Ethiopiad (Ethiopiaid) *m&f*, Ethiopes(-au) *f*; *A: (= negro):* Ethiop(-iaid) *m*.
Ethiopic *a. & n. Ling:* **1.** *a.* Ethiopig, Ethiopaidd. **2.** *n.* Ethiopeg *f*, *m*.
ethmoid *a. & n. Anat:* rhidyllog, ethmoidol; **~ [bone],** bôn *(m)* [y] trwyn (bonion trwynau).
ethmoidal *a. Anat:* ethmoidol.
ethnarch *n.* pencenedl (pencenhedloedd) *m*, ethnarch(-iaid) *m*.
ethnarchy *n.* ethnarchiaeth(-au) *f*.
ethnic[al] *a. & n.* **1.** *a.* cenhedlig, ethnig; **~ mosaic,** brithwaith ethnig *m*. **2.** *n. U.S:* cenedlddyn(-ion) *m*, ethnig(-ion) *m&f*.
ethnically *adv.* yn genhedlig, o ran cenedl.
ethnicity *n.* ethnigrwydd *m*, cenedligrwydd *m*.
ethnics *n.pl.* ethnoleg *f*.
ethnobiological *a.* ethnobiolegol.
ethnobiology *n.* ethnobioleg *f*.
ethnocentric *a.* ethnosentrig.
ethnocentricism, ethnocentricity, ethnocentrism *n.* ethnosentrigrwydd *m*.
ethnographer *n.* ethnograffwr: ethnograffydd (ethnograffwyr) *m*.

ethnographic[al] *a.* ethnograffig.
ethnography *n.* ethnograffeg *f.*
ethnologic[al] *a.* ethnolegol.
ethnologist *n.* ethnolegydd: ethnolegwr (ethnolegwyr) *m.*
ethnology *n.* ethnoleg *f*, ethneg *f.*
ethnomusicological *a.* ethnogerddorol.
ethnomusicologist *n.* ethnogerddoregwr (ethnogerddoregwyr) *m.*
ethnomusicology *n.* canu (*vn*) gwerin, cerddoriaeth (*f*) werin, ethnogerddoreg *f.*
ethnopsychology *n.* ethnoseicoleg *f.*
ethnoscience *n.* gwyddoniaeth (*f*) werin.
ethological *a.* etholegol.
ethologist *n.* etholegwr: etholegydd (etholegwyr) *m.*
ethology *n. Biol:* etholeg *f.*
ethos *n.* ethos *m*, ysbryd *m*, cymeriad *m*, naws *f*, natur *f.*
ethoxy- *comb.fm. Ch:* ethocsi-.
ethoxyl *n. Ch:* ethocsyl *m.*
ethyl *n. Ch:* ethyl *m.* **~ cellulose** *n.* ethyl-s|eliwlos *m.* **~ ether** *n.* ethyl-ether *m.*
ethylate *v.t.*, **ethylation** *n.* ethyladu.
ethylene *n. Ch:* |ethylen *m.*
ethylenic *a. Ch:* ethylenig.
ethylic *a. Ch:* ethylig.
ethyne *n. Ch:* = **acetylene.**
ethynyl *n. Ch:* = **ethinyl** *m.*
etic *a. Ling:* etig.
etiolate *v.t.* gwelwi, gwynnu.
etiolated *a. (a) (= pale):* gwelw(-on), llwydaidd, llwydwelw(-on); *(b) (= sickly):* nychlyd, gwannaidd, gwantan, llegach; *(c) (= spindly):* heglog.
etiolation *n.* gwelwder *m*, llwydni *m*, nychdod *m.*
etiologic[al] *a.* achosegol.
etiology *n.* achoseg *f.*
etiquette *n.* defod *f*, moesau *pl*, moes *f*, cwrteisi *m*, moesgarwch *m*, moesddefod *f*, safon (*f*) ymddygiad, ymddygiad safonol *m*; **court ~,** defodau'r llys, moes y llys a'i ddefod; **the ~ of the bar,** rheolau(*pl*)'r bar.
etna *n. Hist:* llestr(-i) (*m*) poethi.
Eton *Pr.n.* **~ blue** *a. & n.* glas golau (*m*). **~ collar** *n.* coler (*mf*) Eton. **~ College** *Pr.n.* Ysgol (*f*) Eton. **~ crop** *n.* crop (*m*) Eton, toriad cwta *m.* **~ jacket** *n.* siaced gota (siacedi cwta) *f*, siaced Eton.
Etonian *a. & n.* **1.** *a.* Etonaidd, [o] Eton. **2.** *n.* Etoniad (Etoniaid) *m&f.*
étrier *n. Mount:* ysgol (*f*) raff (ysgolion rhaffau).
Etruria *Pr.n. Geog:* Etrwria *f.*
Etrurian *a. & n.* **1.** *a.* Etrwraidd, [o] Etrwria. **2.** *n.* Etrwriad (Etrwriaid) *m&f.*
Etruscan *a. & n.* **1.** *a.* Etrwsgaidd; *(in language):* Etrwsgeg. **2.** *n. (a) Ethn:* Etrwsgiad (Etrwsgiaid) *m&f. (b) Ling:* Etrwsgeg *f*, *m.*
Etruscologist *n.* Etrwsgolegwr: Etrwsgolegydd (Etrwsgolegwyr) *m.*
Etruscology *n.* Etrwsgoleg *f.*
étude *n. Mus:* **étude(-s)** *f.*
etymologic[al] *a.* geirdarddol, geirdarddiadol, etymolegol.
etymologically *adv.* yn eirdarddol *&c*; trwy darddiad.
etymologist *n.* geirdarddwr (geirdarddwyr) *m*, etymolegwr: etymolegydd (etymolegwyr) *m*, tarddwr (tarddwyr) (*m*) geiriau.
etymologize *v.t.&i.* **1.** *v.t.* tarddu. **2.** *v.i.* geirdarddu, etymolegu, tarddu geiriau.
etymology *n.* **1.** *(study):* geirdarddiad *m*, geirdarddeg *f*, etymoleg *f.* **2.** *(of word):* tarddiad(-au) *m*; **folk ~,** tarddiad gwerin.
etymon *n.* tarddair (tarddeiriau) *m*, gwreiddair (gwreiddeiriau) *m.*
eubacterium *n. Bact:* ewbacteriwm (ewbacteria) *m.*
eucaine *n. Ch:* ewcen *m.*
eucalypt *n.* = **eucalyptus.**
eucalyptol[e] *n.* ewcalyptol *m.*
eucalyptus *n. Bot:* coeden (coed) (*f*) ewcalyptws.
eucaryote *n. Biol:* ewc|aryot (ewcaryotau) *m.*
eucaryotic *a. Biol:* ewcaryotig.
eucharis *n. Bot:* |ewcaris (ewcarisau) *mf*, lili(*f*)'r |Amason (liliau'r Amason).
Eucharist *n. Ecc:* y cymun(-au) *m*, cymundeb(-au) *m*, y sagrafen *f*, yr |Ewc[h]arist *mf.*
Eucharistic *a.* Ewc[h]aristig.
Euchite *n. Rel.Hist:* Ewchiad (Ewchiaid) *m&f.*
euchlorine *n. Ch:* |ewclorin *m.*
euchre[1] *n. Cards:* ewcr *m.*
euchre[2] *v.t.* = **cheat**[2].
euchromatic *a. Bio-Ch:* ewcromatig.
euchromatin *n. Bio-Ch:* ewcr|omatin *m.*
euclase *n. Miner:* ewclas *m.*
Euclid *Pr.n.m.* Ewclid.
Euclidean, Euclidian *a.* Ewclidaidd; **~ geometry,** geometreg (*f*) Ewclid.
eucrite *n. Geol:* ewcrit *m.*
eucritic *a. Geol:* ewcritig.
eud[a]emonia *n. Phil:* gwynfyd *m.*
eud[a]emonic *a. & n.pl. Phil:* **1.** *a.* ewdemonaidd, ewdemonig, gwynfydol. **2.** *n.pl.* ewdemoneg *f*, gwynfydeg *f.*
eud[a]emonism *n. Phil:* ewdemoniaeth *f.*
eud[a]emonist *n. Phil:* ewdemonydd(-ion) *m.*
eud[a]emonistic *a. Phil:* ewdemonig.
eudiometer *n. Ch:* ewdiomedr(-au) *m.*
eudiometric[al] *a. Ch:* ewdiometrig.
eudiometry *n. Ch:* ewdiometreg *f.*
Eudoxianism *n. Rel.Hist:* Ewdocsiaeth *f.*
eugenic *a.* ewgenaidd, ewgenig.
eugenically *adv.* yn ewgenaidd *&c.*
eugenicist *n.* ewgenegwr: ewgenegydd (ewgenegwyr) *m.*
eugenics *n.pl.* ewgeneg *f.*
eugenol *n. Ch:* |ewgenol *m.*
eugeosynclinal *a. Geol:* ewgeosynclinol.
eugeosyncline *n. Geol:* ewgeosynclin(-au) *m.*
euglena *n. Z:* ewglena (ewglenâu) *m.*
euglenoid *a. & n. Z:* **1.** *a.* ewglenoidaidd. **2.** *n. Alg:* ewglenoid(-au) *m.*
euglobulin *n. Bio-Ch:* ewgl|obwlin *m.*
euhemerism *n.* ewhemeriaeth *f.*
euhemerist *n.* ewhemerydd(-ion) *m.*
euhemeristic *a.* ewhemeryddol, ewhemerol.
euhemerize *v.t.* ewhemereiddio, ewhemeroli.
euhemerized *a.* ewhemereiddiedig.
eukaryote *n. Biol:* ewcaryot(-au) *m.*
eukaryotic *a. Biol:* ewcaryotig.
eulachon *n. Ich:* = **candlefish.**
eulamellibranch *n. Moll:* ewlam|elibranc (ewlamelibranciaid) *m.*
eulamellibranchiate *a. & n.* **1.** *a.* ewlamelibrancaidd. **2.** *n.* ewlam|elibranc (ewlamelibranciaid) *m.*
eulogist *n.* canmolwr (canmolwyr) *m*, molwr (molwyr) *m*, moliannwr (molianwyr) *m*, clodforwr (clodforwyr) *m.*
eulogistic[al] *a.* canmoliaethus, moliannus, clodforus; **~ poetry,** canu (*vn*) moliant/mawl.
eulogium *n.* = **eulogy.**
eulogize *v.t.* canmol, moli, moliannu, clodfori (rhn); canu clodydd (rhn).
eulogizer *n.* canmolwr (canmolwyr) *m*, molwr (molwyr) *m*, moliannwr (molianwyr) *m*, clodforwr (clodforwyr) *m.*
eulogy *n.* **1.** molawd(-au) *mf*, moliant *m*, clod(-ydd) *m*, mawl *m.* **2.** *U.S: (= funeral oration):* araith (areithiau) angladdol *f.*
Eumenides *n.pl. Gr.Myth:* yr Ellyllesau, y Deraon.
eumorphic *a.* ewmorffig.
Eunomianism *n. Rel.Hist:* Ewnomiaeth *f.*
eunuch *n.* eunuch(-iaid) *m.*
eunuchism *n.* eunuchaeth *f*, eunuchdod *m.*
eunuchoid *a. & n.* **1.** *a.* eunuchaidd, ysbaddedig. **2.** *n.* rhn (rhai) eunuchaidd.
euonymus *n. Bot:* = **spindle tree.**
eupatrid *n. Gr.Ant:* pendefig(-ion) *m.*
eupepsia *n. Med:* *iawndreuliad *m*, ewpepsia *m.*
eupeptic *a. Med:* hydraul, hydreulol, stumogus, ewpeptig.
eupeptically *adv. Med:* yn hydraul *&c.*
euphausiid *n. Crust:* ewffawsiid(-au) *m.*
euphemism *n.* mwythair (mwytheiriau) *m*, gair (geiriau) teg/llednais *m*, lledneisair (lledneiseiriau) *m*, lledneiseb(-ion) *f.*
euphemist *n.* mwytheiriwr (mwytheirwyr) *m.*
euphemistic *a.* mwytheiriol, llednais.

euphemistically *adv.* yn llednais *&c.*
euphemize *v.t.* lledneisio, mwytheirio.
euphemizer *n.* mwytheiriwr (mwytheirwyr) *m.*
euphenic *a.* ewffenig.
euphenics *n.* ewffeneg *f.*
euphonic *a.* persain, perseiniol.
euphonically *adv.* yn bersain *&c.*
euphonious *a.* = **euphonic**.
euphoniously *adv.* yn bersain *&c.*
euphoniousness *n.* perseinedd *m.*
euphonium *n. Mus:* ewffoniwm (ewffonia, ewffoniymau) *m.* ~ **player** *n.* ewffonydd(-ion) *m.*
euphonize *v.t.* perseinio (rhth), gwn|eud (rhth) yn bersain.
euphonon *n. A.Mus:* perseinion(-au) *m.*
euphony *n.* perseinedd *m*, perseinder *m*, peroriaeth *f.*
euphorbia *n. Bot:* = **spurge**.
euphoria *n.* perlesmair *m*, gorawen *f*, gorfoledd *m*, ewfforia *m*, dedwyddwch *m*, teimlad braf *m.*
euphoriant *a.* & *n. Pharm:* **1.** *a.* perlesmeiriol. **2.** *n.* perlesmeirydd(-ion) *m.*
euphoric *a.* perlesmeiriol, dedwydd, braf, ewfforig, gorawenus, gorfoleddus.
euphorically *adv.* yn ddedwydd *&c*; mewn perlesmair/gorawen/gorfoledd.
euphotic *a. Biol:* ewffotig.
euphrasy *n. Bot:* = **eyebright**.
Euphrates *Pr.n. Geog:* Ewffrates *f.*
euphuism *n. Lit:* ewffiwyddiaeth *f.*
euphuist *n. Lit:* ewffiwydd(-ion) *m.*
euphuistic[al] *a.* ewffiwistaidd, ewffiwyddol.
eupion[e] *n. Ch:* ewpion *m.*
euplastic *a.* ewplastig.
euploid *a.* & *n. Biol:* **1.** *a.* ewploid. **2.** *n.* ewploid(-au) *m.*
euploidy *n. Biol:* ewploidedd *m.*
eupnea *n. Med:* anadlu (*vn*) rhwydd.
eupneic *a. Med:* rhwyddanadlol.
eupnoea *n.* = **eupnea**.
Euramerican *a.* = **Euro-American**.
Eurasia *Pr.n. Geog:* Ewrasia *f.*
Eurasian *a.* & *n.* **1.** *a.* Ewrasiaidd. **2.** *n.* Ewrasiad (Ewrasiaid) *m&f.*
Euratom *Pr.n.* Ewratom *m.*
eureka *int.* dyna fe/fo! dyna hi! mi 'i gwela' i hi! mi wn i beth!
eurhythmic[al] *a.* ewrhythmig.
eurhythmics *n.pl.* ewrhythmeg *f.*
eurhythmy *n.* ewrhythmedd *m.*
Euripidean *a. Gr.Lit:* Ewripideaidd.
euripus *n. Geog:* culfor(-oedd) *m.*
euro *n. Z:* iwro(-aid,-s) *m.*
Euro-American *a.* Ewro-Americanaidd.
Eurobond *n.* |Ewrobond (Ewrobondiau) *m.*
Eurocommunism *n. Pol:* Ewrocomiwnyddiaeth *f.*
Eurocommunist *a.* & *n.* **1.** *a.* Ewrocomiwnyddol. **2.** *n.* Ewrocomiwnydd(-ion) *m.*
Eurocrat *n.* |Ewrocrat (Ewrocratiaid) *m.*
Eurodollar *n.* Ewrodoler(-i) *f.*
Euroelection *n.* etholiad(-au) Ewropeaidd *m.*
Euromarket, Euromart *n.* y Farchnad Gyffredin *f.*
Europa *Pr.n.f. Gr.Myth: Astr:* Ewropa.
Europe *Pr.n. Geog:* Ewrop *f.*
European *a.* & *n.* **1.** *a.* Ewropeaidd; **the ~ continent,** cyfandir Ewrop; **the ~ [Economic] Community,** y Gymuned [Economaidd] Ewropeaidd *f*, *F:* y Farchnad Gyffredin *f*; ~ **Free Trade Association,** Cymdeithas Fasnach Rydd Ewrop *f*; *U.S:* ~ **plan,** [yn ôl] dull Ewrop. **2.** *n.* Ewropead (Ewropeaid) *m&f.*
Europeanism *n.* Ewropeaeth *f.*
Europeanization *n.*, **Europeanize** *v.t.* Ewropeiddio.
europium *n. Ch:* ewropiwm *m.*
Europocentric *a.* Ewropganolog, Ewroposentrig.
Europocentrism *n.* Ewroposentrigrwydd *m.*
Eurosize *a.* |Ewrofaint.
Eurovision *n.* Ewrodeledu *m.*
Eurovote *n.* pleidlais Ewropeaidd *f.*
Eurus *Pr.n.* y Dwyreinwynt *m.*
eurybathic *a. Z:* ewrybathig.
euryhaline *a. Z:* ewryhalinaidd.
eurypterid *a.* & *n. Z:* **1.** *a.* ewrypteridaidd. **2.** *n.* ewr|ypterid (ewrypteridau) *m.*
eurytherm *n. Z:* |ewrytherm (ewrythermau) *m.*
eurythermal, eurythermous *a. Z:* ewrythermaidd.
eurytopic *a. Z:* ewrytopig.
eurytropic *a. Z:* ewrytropig.
eusporangiate *a. Bot:* ewsborangaidd.
Eustachian *a.* Eustachiaidd; *Anat:* ~ **tube,** tiwb(-iau) (*m*) Eustachio.
eustasy *n. Geog:* |ewstasi *m.*
eustatic *a. Geog:* ewstatig; *Archeol:* ~ **fall,** gostyngiad ewstatig *m*; ~ **recovery,** adferiad ewstatig *m*; ~ **rise,** esgyniad ewstatig *m.*
eustele *n.* |ewstele (ewsteleau) *f.*
eustyle *a.* & *n. Arch:* **1.** *a.* ewstylaidd. **2.** *n.* ewstyl(-au) *m.*
eutaxy *n.* trefn dda *f*, trefnusrwydd *m.*
eutectic *a.* & *n. Ch:* **1.** *a.* ewtectig, hydawdd, hawdd ei doddi. **2.** *n.* ewtectig(-ion) *m.*
eutectoid *a.* = **eutectic 1**.
euthanasia *n.* ewthanasia *m.*
euthanasic *a.* ewthanasig.
euthenics *n.pl.* ewtheneg *f.*
euthenist *n.* ewthenydd(-ion) *m.*
eutherian *a.* & *n. Z:* **1.** *a.* ewtheraidd. **2.** *n.* ewtheriad (ewtheriaid) *m&f.*
euthyroid *a.* ewthyroid.
eutrophic *a.* ewtroffaidd, ewtroffig.
eutrophicate *v.t.*, **eutrophication** *n.* ewtroffeiddio.
eutrophy *n.* ewtroffedd *m.*
Eutychian *a.* & *n. Rel.Hist:* **1.** *a.* Ewtychaidd. **2.** *n.* Ewtychiad (Ewtychiaid) *m&f.*
Eutychianism *n. Rel.Hist:* Ewtychiaeth *f.*
euxenite *n. Miner:* |ewcsenit *m.*
evacuate *v.t.* **1.** *(a) (fort &c):* gwacáu, gwagio; **to ~ a house,** gadael tŷ yn wag, mudo o dŷ; **to ~ a fort,** ymadael â chaer, cilio/ymgilio o gaer; *(b)* **to ~ the bowels,** ysgarthu, *N: F:* cael eich gweithio, *S: F:* cael eich corff i lawr; *(c) Ph:* **to ~ a container of gases,** gwagio/gwacáu cynhwysydd o nwyon, dadnwyo cynhwysydd. **2.** *(wounded, children &c):* symud, mudo. **3.** *(= expel gases):* chwythu (rhth) [allan].
evacuation *n.* **1.** *(of town &c): (with active force):* gwacâd *m*, gwagio *vn*, gwacáu *vn*; *(with intransitive force):* ymadawiad *m* (â rhth), ymgiliad *m* (o rth). **2.** *(a) (of bowels):* ysgarthiad(-au) *m*; **have you had an ~ today?** a gawsoch chi'ch gweithio heddiw? *S:* a gawsoch chi'ch corff i lawr heddiw? *(b) usu.pl.* carthion *pl*, tom *f*, tail *m.* **3.** *(of wounded, children &c):* mudo *vn*, mudfa(-oedd, mudf|eydd) *f.*
evacuative *a.* carthol.
evacuee *n.* plentyn (plant) noddedig *m*, noddedig(-ion) *m&f*, *F:* plentyn (plant) (*m*) cadw/dŵad, faciwî(-s) *m&f.*
evadable *a.* gocheladwy; *(tax):* efadadwy.
evade *v.t.* **1.** osg|oi, gochel; *Jur:* **to ~ taxes,** efadu trethi. **2.** *(of things):* **his name evades me,** alla' i ddim cofio'i enw.
evaded *a. See* **cadence**.
evader *n.* osgöwr (osgowyr) *m*; *Jur: (of taxes):* efadwr (efadwyr) *m.*
evaginate *v.t. Med:* allweinio.
evagination *n. Med:* allweiniad(-au) *m*, allweinio *vn.*
evaluate *v.t.* pennu/cyfrif/mesur gwerth (rhth), prisio (rhth), mantoli/mesur/amcangyfrif (*pronounced* ng-g) gwerth (rhth), rhoi gwerth (ar rth), cloriannu (rhth), pwyso a mesur (rhth), mesur a phwyso (rhth); *Mth:* enrhifo (rhth).
evaluation *n.* prisiad(-au) *m*; *Sch:* asesiad(-au) *m*, arfarniad(-au) *m*; *Mth:* enrhifiad(-au) *m*; *vn.* = **evaluate**.
evaluative *a.* gwerthgyfrifol, arfarnol, prisiol; **an ~ statement,** datganiad (*m*) gwerth.
evaluator *n.* prisiwr (priswyr) *m*, arfarnwr (arfarnwyr) *m.*
evanesce *v.i.* diflannu, mynd o'r golwg, darfod, edwino, pylu.
evanescence *n* byrhoedledd *m*, darfodedigrwydd *m*, diflanedigrwydd *m.*
evanescent *a.* darfodedig, diflannol, diflanedig, edwinol, edwin; *(glory &c):* byrhoedlog, darfodedig.
evanescently *adv.* yn fyrhoedlog *&c*; dros dro.
evangel *n.* = **gospel**.

evangelic[al] *a. & n.* **1.** *a.* efengylaidd. **2.** *n.* efengylwr (efengylwyr) *m*, efeng|ylwraig *f*, efengyles(-au) *f*.
evangelicalism *n.* efengyliaeth *f*, efengylyddiaeth *m*.
evangelically *adv.* yn efengylaidd.
evangelism *n.* efengyliaeth *f*, efengylu *vn*.
evangelist *n.* efengylwr: efengylydd (efengylwyr) *m*, efeng|ylwraig *f*, efengyles(-au) *f*.
evangelistic *a.* efengylaidd, efengylyddol.
evangelistically *adv.* yn efengylaidd *&c*.
evangelization *n.*, **evangelize** *v.t.* efengylu, efengyleiddio (rhn), pregethu'r/cyhoeddi'r efengyl (i rn).
evanish *v.i. Lit:* diflannu, darfod.
evanishment *n.* diflaniad(-au) *m*.
Evan *Pr.n.m.* Ifan, Ieuan, Ianto.
Evans *W.Pr.n.* Ifans(-iaid), *N: F:* Ifas(-ys).
evaporable *a.* anweddadwy.
evaporate *v.t.&i.* **1.** *v.t.* anweddu, ageru; **to ~ sth down,** lleih|au (rhth) trwy anweddu. **2.** *v.i.* *(of liquid):* anweddu, tarthu, troi'n anwedd, ymanweddu; *Fig: (of hopes &c):* diflannu, mynd i'r gwynt.
evaporated *a.* **~ milk,** llaeth anwedd *m*, llaeth anweddog.
evaporating[1] *a.* anweddol.
evaporating[2] *vn.* **~ basin,** dysgl(-au) *(f)* anweddu.
evaporation *n.* anweddiad(-au) *m*, anweddu *vn*, tarthiad *m*, tarthu *vn*.
evaporative *a.* anweddol.
evaporatively *adv.* yn anweddol.
evaporativity *n.* anweddoldeb *m*.
evaporator *n. Ind:* anweddydd(-ion) *m*, berwedydd(-ion) *m*.
evaporimeter *n. Ph:* anemomedr(-au) *m*.
evaporite *n. Geol:* anweddfaen (anweddfeini) *m*.
evaporitic *a. Geol:* anweddfeinig.
evapotranspiration *n.* anwedd-drydarthiad *m*, anwedd-drydarthu *vn*.
evasion *n.* **1.** *(= action of evading):* gocheliad(-au) *m*, osgoad(-au) *m*; *vn.* = **evade**. **2.** *(= subterfuge, excuse):* esgus(-ion) *m*, esgusawd (esgusodion) *m*, ystryw(-iau) *m*, dichell(-ion) *f*, rhithesgus(-ion) *m*; **to resort to evasions, to use evasions,** ymesgusodi, hel esgusion; **(to speak) without ~,** (siarad) yn blwmp ac yn blaen, heb flewyn ar dafod. **3.** *Jur: Fin:* efasiwn (efasiynau) *m*, efadu *vn*; **tax-~,** efadu trethi.
evasive *a.* gochelgar, annaliadwy, di-ddal, osgoilyd, amharod i ateb, anodd eich dal/dala, *S.W: occ:* gwagelog, carcus; **~ action,** mesurau osg|oi; **to take ~ action,** gweithredu er mwyn osgoi rhth; **to give an ~ answer,** ateb yn ochelgar, osgoi ateb yn syth, rhoi ateb anunion.
evasively *adv.* yn ochelgar *&c*.
evasiveness *n.* gochelgarwch *m*, amharodrwydd *(m)* i ateb.
Eve[1] *Pr.n.f.* Efa. **~'s cushion** *n. Bot:* = **Dovedale moss**.
eve[2] *n.* **1.** *(a) Ecc:* noswyl(-iau) *f*, gwylnos(-au) *f*; *(b) (= night before):* noswyl, y noson *(f)* cyn (rhth), y noson gynt; **Christmas ~,** noswyl [y] Nadolig, y noson cyn y Nadolig; **the ~ of St. John,** noswyl Ifan; **New Year's ~,** nos Galan. **2.** **on the ~ of sth,** ar drothwy rhth, ychydig cyn rhth *&c*.
evection *n. Astr:* echgludiad *m*.
even[1] *n. Poet: (= evening):* min *(m)* nos, yr hwyr *m*, cyfnos(-au) *m*, hwyrddydd *m*, hwyrnos(-au) *f*; **light at ~,** goleuni yn yr hwyr.
even[2] *a.* **1.** *(a) (surface):* gwastad, llyfn *(f.* llefn, *pl.* llyfnion); **on an ~ keel,** yn gorwedd yn wastad/ddiwyro; **to keep things on an even ~,** cadw'r ddysgl yn wastad; *(b)* **to be ~ with sth,** bod yn gydwastad â rhth; *(c) (of spacing, weights &c):* cyfartal, cytbwys; **to make sth ~,** gwastatáu, llyfnh|au, llyfnu, cywiro, unioni; **to make two planks ~,** gosod dwy astell yn finfin. **2.** *(breath, pulse):* gwastad, cyson; **an ~ pace,** cyflymdra cyson *m*, tuth cyson *m*; **an ~ temper,** cymedroldeb *m*, tymer wastad *f*; **of ~ temper,** cymedrol, digyffro, gwastad, tawelfrydig, addfwyn, *F:* côm. **3.** *(a)* **~ bet,** bet gyfartal/cyfartal (betiau cyfartal) *fm*; **to lay ~ odds,** *F:* **to lay evens,** cynnig ods cyfartal; **an ~ chance,** siawns deg *f*; **we have an ~ chance of success,** mae cystal gobaith inni lwyddo ag i fethu; *(b) Games:* cyfartal; **to be ~,** bod yn gyfartal; *F:* **to get ~ (with s.o.),** dial (ar rn); talu'r pwyth yn ôl, talu'r hen bwyth, talu'r hen chwech [yn ôl] (i rn); **I'll be ~ with him yet,** mi ga' i ddial arno fo/fe eto; mi dala' i'r pwyth yn ôl iddo; fe gaiff weld peth arall; *S.a.* **break**[2]; *(c)* **~ bargain,** bargen deg *f*, *N.W: occ:* ffair benben *f*; *F:* **to divide sth ~ Stephen[s],** rhannu rhth yn deg/gyfartal. **4.** *(a) Mth:* gwastad; **~ function,** eil-ffwythiant (~-ffwythiannau) *m*; **~ number,** eilrif(-au) *m*, rhif(-au) gwastad *m*; **odd or ~,** odrif neu eilrif; *Cmptr:* **~ parity,** eilbaredd(-au) *m*; *(b)* **~ money,** arian *(m)* yn grwn, swm crwn *m* [o arian]; **an ~ dozen,** dwsin crwn, dwsin union. **5.** *Com:* **of ~ date,** o'r un dyddiad. **~-handed** *a.* diduedd, teg, amhleidiol, amhartïol. **~-handedly** *adv.* yn ddiduedd *&c*. **~-handedness** *n.* tegwch *m*, didueddrwydd *m*, amhleidioldeb *m*.
even[3] *adv.* **1.** *(with comparative adv.):* byth, fyth *(after a.) or* hyd yn oed *(after a.) or* hyd yn oed yn + *soft mut. before a.*; **~ more stupid,** yn fwy twp byth/fyth, hyd yn oed yn fwy twp; **that would be ~ worse,** byddai hynny'n waeth fyth; **~ sadder than usual,** hyd yn oed yn dristach nag arfer. **2.** *(in other contexts):* **~ the cleverest,** hyd yn oed y mwyaf peniog; **~ the children knew,** 'roedd hyd yn oed y plant yn gwybod; fe wyddai'r plant hyd yn oed; **to love ~ one's enemies,** caru hyd yn oed eich gelynion, caru'ch gelynion hyd yn oed; **I never ~ saw it,** [ni] welais i mohono hyd yn oed; **~ without speaking,** heb siarad hyd yn oed, heb hyd yn oed siarad. **3.** **~ if/though he failed,** *(a) (with past reference): (= ~ if he did fail):* hyd yn oed os methodd, hyd yn oed os bu iddo fethu; *(b) (hypothetical): (= ~ if he were to fail):* hyd yn oed pe methai, hyd yn oed petai'n methu, hyd yn oed pe byddai'n methu; **if ~ one could speak to him,** pe gallai dyn ond siarad ag ef; **~ now,** y funud hon, y munud hwn, yr eiliad hon, ar hyn o bryd; *(= already):* eisoes, yn barod; **~ then,** hyd yn oed y pryd hynny, eis[i]oes; **~ afterwards,** hyd yn oed wedyn; **~ as I was deploring his absence,** a minnau'n gresynu nad oedd yno. **4.** **~ so,** *(a) (= nevertheless):* er hynny, a hyd yn oed wedyn, ac eto i gyd, 'tae waeth am hynny; *(b) (= just so):* felly'n union; *B:* **~ so must the Son of Man be lifted up,** felly y mae yn rhaid dyrchafu Mab y Dyn. **5.** **she is pretty, ~ beautiful,** mae hi'n bert, ie, yn hardd; mae hi'n brydferth neu'n hardd hyd yn oed; *B:* **God, ~ our own God,** Duw, sef ein Duw ni.
even[4] *v.t.* **1.** *(a surface):* gwastatáu, llyfnh|au, llyfnu. **2.** *(spaces &c):* gwn|eud (rhth) yn gyfartal/wastad; cyfartalu, cydraddoli; *(weights):* cydbwyso, cyfantoli; *Typ:* **to ~ [out] the spacing,** cysodi'n wastad; *F:* **that will ~ things out,** fe wnaiff hynny bethau'n wastad.
evener *n.* gwastatäwr: gwastatäydd (gwastatawyr) *m*.
evenfall *n.* = **evening**.
evening *n.* **1.** noswaith (nosweithiau) *f*, noson *f*, min *(m)* nos, *Lit:* hwyr(-au) *m*, hwyrnos(-au) *f*, hwyrddydd(-iau) *m*, cyfnos(-au) *m*, *N: occ:* gyda'r nos(-au) *f*, *S: occ:* diwetydd *m*, *S.W:* brig *(m)* y nos, brig yr hwyr; **a long ~,** hirnos(-au) *f*; **good ~!** noswaith dda! **tomorrow ~,** nos yfory; **yesterday ~,** neithiwr; **the ~ before yesterday,** echnos; **in the ~,** yn yr hwyr, gyda'r nos, gyda'r hwyr, fin nos; **the ~ was drawing on,** 'roedd hi'n hwyrh|au/nosi; **at nine o'clock in the ~,** am naw o'r gloch y nos; **[on] that ~,** [ar] y noson honno; **in the ~ of one's life,** yn hwyrddydd eich bywyd; **on the ~ of the first day of May,** noson calan Mai; **on the ~ of the next day,** [ar] noson y diwrnod wedyn, noson/nos drannoeth; **the ~ before, the previous ~,** y noson cynt; **one fine summer ~,** un noson braf o haf; *W.Anthr:* **musical/merry ~,** noson lawen (nosweithiau llawen); **every ~,** pob nos, *adv.* bob nos, beunos; **every Monday ~,** pob nos Lun, *adv.* bob nos Lun; **all the ~,** drwy'r noson, drwy'r gyda'r nos; **long winter evenings,** nosweithiau hir y gaeaf, hirnosau'r gaeaf. **~ class** *n.* dosbarth(-iadau) *(m)* nos. **~ clothes** *n.pl. (after work):* dillad ail orau, dillad diwetydd, dillad noson waith. **~ dress** *n. (formal):* gwisg(-oedd) hwyrol *f*, gwisg hwyrnos, hwyrwisg(-oedd) *f*. **~ flower** *n. Bot:* blodyn *(m)* yr hwyr (blodau'r hwyr). **~ paper** *n.* papur(-au) hwyrol *m*, papur gyda'r nos. **~ performance** *n. Th:* perfformiad(-au) hwyrol *m*. **~ prayers** *n. Ecc:* hwyrol weddi *f*. **~ primrose** *n. Bot: (Oenothera biennis):* melyn *(m)* yr hwyr; **fragrant ~ primrose,** *(O. stricta):* melyn yr hwyr pêr/peraroglus; **large-flowered ~ primrose,** *(O. erythrosepala):* melyn yr hwyr mwyaf; **small-flowered ~ primrose,** *(O. parviflora):* melyn yr hwyr mân-flodeuog; **Welsh ~ primrose,** *(O. cambrica):* melyn yr hwyr Cymreig. **~-school** *n.* ysgol(-ion) *(f)* nos. **~ star** *n. Astr:* seren *(f)* yr hwyr, Gwener *f*.
evenings *adv.* **he goes running ~,** bydd yn mynd i redeg gyda'r nos[-au].
Evenjobb *W.Pl.n.* Einsiob *mf*.

evenly *adv.* **1.** *(= smoothly):* yn wastad, yn llyfn. **2.** *(a) (= regularly):* yn gyson, yn wastad; *(= justly, equally):* yn deg, yn gyfartal; *(b)* **~ matched,** cyfartal [y naill â'r llall], cymharus.
evenness *n.* **1.** *(= smoothness):* gwastadrwydd *m*, llyfnder *m*, llyfndra *m*. **2.** *(of temperament):* gwastadrwydd, tawelwch *m*, llonyddwch *m*.
evensong *n. Ecc:* hwyrol weddi *f*, gosber(-au) *mf*.
event *n.* **1. in the ~ of his refusing,** pet|ai'n gwrthod, pe gwrthodai, pe byddai'n gwrthod, os digwydd iddo wrthod, os bydd yn [digwydd] gwrthod, a'i fod yn gwrthod, os gwrthyd. **2.** *(a) (= happening):* digwyddiad(-au) *m*; **quite an ~,** eithaf digwyddiad, cryn achlysur, tipyn o beth, *N.W: occ:* tipyn o sbloet; **in the course of events,** gyda threigl amser, ymh|en yr hir a'r hwyr; **current events,** digwyddiadau'r dydd, helyntion y dydd; *Lit:* **coming events cast their shadows before,** mae'r dyfodol yn taflu ei gysgod; *(b) (= result):* canlyniad(-au) *m*; **in either ~ you will lose nothing,** sut bynnag y bydd hi ni chollwch chi ddim; **to be wise after the ~,** bod yn ddoeth drannoeth; **in the ~,** fel y bu hi, fel y digwyddodd hi; **in any/either ~, at all events,** beth bynnag, sut bynnag, pa un bynnag, *N:* 'ta waeth, *S:* 'ta beth, 'ta p'un. **3.** *Sp:* gornest(-au) *f*; **field events,** mabolgampau; **track events,** gornestau rasio; **double events,** cyd-ddigwyddiad(-au) *m*. **4.** *Ph: Th:* digwyddiad. **~-handling** *vn. Cmptr:* trin digwyddiadau. **~ horizon** *n. Ph:* gorwel (*m*) digwyddiad.
eventful *a.* **1.** *(story, life):* cyffr|ous, cynhyrfus, digwyddlawn, digwyddlon, llawn digwydd, llawn digwyddiadau, cythryblus, helyntus. **2.** *(week &c): (= memorable):* cofiadwy, bythgofiadwy.
eventfully *adv.* **1.** yn gyffr|ous *&c.* **2.** yn gofiadwy *&c.*
eventfulness *n.* cynyrfusrwydd *m*, digwyddlondeb *m*, cyffro *m*, cynnwrf *m*, cythrwbl *m*.
eventide *n.* = **evening**. **~ home** *n.* cartref(-i) (*m*) henoed, cartref hen bobl.
eventless *a.* diddigwydd, diddigwyddiad, digynnwrf.
eventration *n. Surg:* diberfeddiad(-au) *m*, diberfeddu *vn.*
eventual *a. (= resultant):* dilynol, canlyniadol; *(= ultimate):* terfynol; *(= possible):* dichonol, dichonadwy; **they trusted in our ~ success,** 'roeddent yn hyderus y llwyddem yn y pen draw; **his ~ arrival surprised us,** pan gyrhaeddodd o'r diwedd fe'n synnodd ni; **an ~ agreement is unlikely,** mae'n annhebyg y ceir cytundeb yn y pen draw.
eventuality *n.* digwyddiad(-au) posibl *m*, posibilrwydd *m*, posibiliad(-au) *m*; **in that ~,** os digwydd hynny.
eventually *adv.* yn y diwedd, yn y pen draw, ymh|en yr hir a'r hwyr, ymhen amser.
eventuate *v.i.* arwain (at rth), diweddu (mewn/yn rhth); **discussions which eventuated in an Act of Parliament,** trafodaethau a arweiniodd at Ddeddf Seneddol, trafodaethau gyda Deddf Seneddol yn ganlyniad iddynt.
ever *adv.* **1.** *(a) (in present & future time):* byth; **I read seldom if ~,** anaml y byddaf yn darllen, os byth; *Lit:* ni fyddaf yn darllen odid fyth, **now if ~ is the time to...;** dyma'r adeg os byth i...; dyma'r amser yn sicr i...; **if ~ I catch him,** os byth y daliaf ef; **nothing ~ happens,** 'does dim byth yn digwydd; **he hardly/ scarcely ~ smokes,** 'dyw ef byth bron yn smygu; **do you ~ miss the train?** a fyddwch chi'n colli'r trên weithiau? a fyddwch chi'n colli'r trên ambell waith? *(b) (in past time):* er|ioed; **did you ~ miss the train?** a gollasoch chi'r trên erioed? **he is a thief if ~ there was one,** lleidr yw ef os bu un erioed; **I haven't ~ been there,** ni fûm i erioed yno; (*whereas* nid wyf byth wedi bod yno = **I still haven't been there**); **did you ~ see her?** a welsoch chi hi erioed? (*whereas* a welsoch chi hi byth = **have you seen her yet?**); **I didn't see him ~ again,** ni welais i mohono byth wedyn; **it started to rain faster than ~,** dechreuodd fwrw glaw'n gynt nag erioed; **it is as warm as ~,** mae hi llawn mor dwym ag erioed; *S.a.* **worse 3**; *(c)* **(they lived happy) ~ after,** (buont fyw'n ddedwydd) byth oddi ar hynny, o hynny ymll|aen, byth wedyn; *(d)* **~ since [then],** byth er hynny, byth oddi ar hynny, byth o'r adeg honno. **2.** *(a) (= always):* bob amser, yn wastad, yn wastadol, yn dragywydd, erioed, yn dragwyddol, *Lit: occ:* [yn] dragyfyth; **~-increasing influence,** dylanwad bythol gynyddol, dylanwad sy'n cynyddu'n gyson; **~ greater,** mwyfwy; *adv.* [yn] fwyfwy; **~ better,** gwellwell; *adv.* [yn] wellwell; **~ smaller,** [yn] lleilai; **~ worse,** gwaethwaeth; *adv.* waethwaeth; *Corr:* **yours ~,** yr eiddoch yn llwyr, yr eiddoch fyth; **~ and anon,** byth a beunydd, byth a hefyd, *N: F:* rownd y bedlan, ar hyd y bedlan, rownd y ril; *(b)* **for ~,** am byth, yn dragywydd, *Lit:* byth bythoedd, byth fythoedd, hyd byth; **for ~ and ~, Amen,** yn oes oesoedd, Amen; **you'll be here for ~,** yma y byddwch chi; fe fyddwch yma am oesoedd; fe fyddwch yma am oes mul; fe fyddwch yma am dragwyddoldeb; fe fyddwch yma tan ddydd Sul y pys; **gone for ~,** wedi mynd am byth; **for ~ and a day,** am dragwyddoldeb a diwrnod dros ben; **for ~ and ~,** am byth bythoedd, yn oes oesoedd; tra hedd, tra haul; **Wales for ~!** Cymru am byth! **to live for ~,** byw am byth; **he is for ~ grumbling,** mae ef byth a beunydd/hefyd yn cwyno; **~ and again, ~ and anon,** *(= occasionally):* 'nawr ac yn y man, bob hyn a hyn, weithiau, o dro i dro, ambell waith, ar dro, *S.W: occ:* 'nawr ac eilwaith. **3.** *(intensive):* *(a)* byth, fyth; **as quick as ~ you can,** cyn gynted byth ag y medrwch; **as soon as ~ he comes home,** cyn gynted byth ag y daw adref; **the worst ~,** y gwaethaf eto; **the best ~,** y gorau eto; *F:* **~ so difficult,** anodd dros ben, anodd y tu hwnt, anodd ofnadwy, enbyd/aruthrol o anodd, andros/coblyn o anodd *&c*; **~ so far,** pell ofnadwy, *N.W: occ:* pell bystiffol, pell gystiffol; *F:* **~ so much easier,** cymaint yn haws, tipyn yn haws, haws o dipyn, llawer haws, *F:* lot yn haws; **~ so long ago,** amser maith yn ôl, *S:* 'slawer dydd, *N:* ers talwm iawn; **~ so many times,** sawl gwaith/tro, llaweroedd o weithiau; *P:* **thank you ~ so much,** diolch yn fawr iawn i chi; llawer iawn o ddiolch i chi; *N.W: Joc:* diolch yn dew [ac yn denau]; *S.W: occ:* diolch yn dalpe; *(b)* **how ~ (did you do that)?** sut ar y ddaear, sut yn y byd (y gwnaethoch chi hynna)? **what ~ shall we do?** beth [yn y byd] a wnawn ni? **what ~'s the matter with you?** beth sy'n bod arnat ti, da ti (beth sy'n bod arnoch chi, da chi)? **what ~ can it be?** beth ar y ddaear *or* yn y byd a all ef fod, dywedwch? **when ~ will he come?** pryd ar y ddaear y daw ef? **where ~ can she be?** ble yn y byd *or* ble ar wyneb y ddaear y gall hi fod? **who ~ told you that?** pwy yn y byd a ddywedodd hynny wrthych chi? **why ~ not?** a pham lai? **why ~ didn't you say?** pam na fuasech chi'n dweud? *F:* **well, did you ~!** wel eto fyth! welsoch chi erioed y fath beth? glywsoch chi erioed y fath beth? *S:* glywsoch chi erioed shwd/shwt beth? *N:* glywsoch chi erioed ffasiwn/rotsiwn beth? **~-burning** *a.* anniffodd, diddiffodd. **~-changing** *a.* symudliw, newidiol, cyfnewidiol. **~-loving** *a.* bythol-gariadus. **~-memorable** *a.* bythgofiadwy. **~-open** *a.* bythol-agored. **~-popular** *a.* bythol-boblogaidd. **~-ready** *a.* bythol-barod.
Everglades (the) *n.pl. Geog:* y Bytholwerni.
evergreen *a. & n.* **1.** *a.* bytholwyrdd(-ion), bythwyrdd(-ion), anwyw; **an ~ topic,** pwnc bythol ddiddorol; **~ blueberry,** llusen fytholwyrdd (llus bytholwyrdd) *f*; **~ oak,** derwen fytholwyrdd (derw bytholwyrdd) *f*, derwen anwyw, *Lit: occ:* glastannen *f*. **2.** *n.* coeden fytholwyrdd (coed bytholwyrdd[-ion]) *f*.
everlasting *a. & n.* **1.** *a.* *(a)* tragwyddol, bythol; *(b) (plant):* bythol, anfarwol, anwyw; **~ flower,** *(i)* blodyn (blodau) anwyw *m*; *(ii) Bot: (Helichrysum):* eurben(-nau) *m*; *(c) (object):* cryf, parhaol, cadarn, durol, diddarfod, sy'n parh|au/para am byth, *S: occ:* dalus, *Lit: occ:* anhydraul; *(d) F: (complaints &c):* tragwyddol, diddiwedd, di-baid, parh|aus. **2.** *n.* *(a) (= eternity):* tragwyddoldeb *m*; **the E~,** Duw *m*, y Tragwyddol Dduw, y Bod Mawr *m*, y Brenin Mawr *m*, yr Anfeidrol *m*; *(b) Bot:* **Australian ~,** *(Helipterum manglesii):* edafeddog (*f*) Awstralia; **mountain ~,** *(Antennaria dioica):* edafeddog y mynydd; **pearly ~,** *(Anaphalis margaritacea):* edafeddog dlysog, hir ei hoedl *f*. **~ grass** *n. Bot: (Erichloa):* glaswellt parhaol *m*. **~ pea** *n. Bot:* **broad-leaved ~-pea,** *(Lathyrus latifolius):* ytbysen barhaus lydanddail (ytbys parhaus llydanddail) *f*; **narrow-leaved ~-pea,** *(L. sylvestris):* ytbysen barhaus gulddail (ytbys parhaus culddail).
everlastingly *adv.* **1.** yn dragwyddol, hyd byth. **2.** *F:* yn ddiddiwedd, yn ddi-baid, yn wastadol, byth a beunydd/hefyd.
everlastingness *n.* tragwyddolrwydd *m*, bytholrwydd *m*.
evermore *adv.* **for ~,** am byth, yn dragywydd, yn oes oesoedd, tros fyth, hyd byth, byth mwy, byth bythol; **their name liveth ~,** eu henwau nid ânt yn angof.
eversible *a. Surg:* echdroadwy.
eversion *n. Surg:* echdroad(-au) *m*, allweiniad(-au) *m*.
evert *v.t. Surg:* echdroi, allweinio.
everted *a. Surg:* echdroëdig, allweiniedig.
every *a.* *(a)* pob; **~ day,** pob dydd/diwrnod, *adv.* bob dydd,

beunydd, yn feunyddiol; **~ Welshman,** pob Cymro; **~ sane person,** pawb call; **his desire to meet your ~ wish,** ei awydd i'ch boddhau ym mhob dim; **~ other day, ~ second day,** bob yn ail ddydd, bob yn eilddydd; **~ other Sunday,** bob yn ail ddydd Sul; **~ three days,** bob yn dridiau; **~ third man (was chosen),** (dewiswyd) un dyn o bob tri, un dyn ym mhob tri; **~ time,** bob tro, yn ddieithriad, bob gafael; **to do sth ~ quarter of an hour,** gwneud rhth bob chwarter awr; **~ so often,** bob hyn a hyn, yn awr ac yn y man, yn awr ac eilwaith, *S. W:* nawr ac 'lŵeth; *S.a.* **now** I. 1; **~ few minutes,** *F:* bob yn ail â pheidio; **~ last one,** pob un yn ddieithriad; *(of persons only):* pob copa walltog; **I expect him ~ minute,** 'rwy'n ei ddisgwyl unrhyw funud; *U.S:* **~ which way,** ym mhob cyfeiriad, i bob cyfeiriad, bob sut; *(b) (intensive):* **(he was) ~ inch a Welshman,** ('roedd) yn Gymro o waed coch cyfan, yn Gymro glân gloyw, yn Gymro i'r gwr|aidd/carn; **(he was) ~ inch a . . .,** ('roedd) yn . . . hyd at fôn ei wallt, hyd at fêr ei esgyrn; **I have ~ reason to believe that . . .,** mae gennyf bob achos/lle i gredu . . .; mae lle cryf gennyf i gredu. . .; **he is ~ bit as good as the other,** mae ef cystal bob tamaid â'r llall; mae ef llawn cystal â'r llall; **I shall give you ~ assistance,** mi wnaf bopeth a allaf i'ch helpu; mi'ch helpaf chi orau y gallaf; *(c)* **~ one,** pob un, pawb; **~ one of us,** pawb ohonom, pob un ohonom; **~ one of us knows,** fe ŵyr pawb [ohonom]; mae pawb ohonom yn gwybod; mae pob un ohonom yn gwybod; *S.a.* **everyone; ~ man for himself,** pawb drosto'i hun; *F:* **~ man Jack of them,** pob copa walltog ohonynt, *F: occ:* pob [un] wan jac ohonyn nhw, bod ag un, bod yg un.

everybody *indef.pr.* = **everyone.**

everyday *a. (= daily):* beunyddiol, pob/bob dydd, byw-bob-dydd; *(= commonplace):* cyffredin, arferol; **my ~ clothes,** fy nillad pob dydd, fy nillad gwaith; **~ Welsh,** Cymraeg pob dydd; **words in ~ use,** geiriau a ddefnyddir yn gyffredin *or* bob dydd.

everydayness *n.* beunyddioldeb *m.*

everyman *n.* pobun *m.*

everyone *indef.pr.* pawb, *Lit:* pobun; **as ~ knows,** fel y gŵyr pawb, *Lit:* fel y gwyddys; **~ else knows it,** fe'i gŵyr pawb arall; **~ we know,** pawb y gwyddom amdano/amdanynt, pawb yr ydym yn eu hadnabod, pawb o'n cydnabod, pawb sy'n adnabyddus inni.

everyplace *adv.* = **everywhere 2.**

everything *indef.pr. (a)* popeth *m,* pob peth *m, occ:* y cyfan *m,* pob dim *m; Prov:* **~ in its place and a place for ~,** lle i bopeth a phopeth yn ei le; **~ good,** popeth da, popeth sy'n dda; *(b) (predicate):* **money is ~,** mae arian yn bopeth; arian yw popeth; arian piau hi; **she is very pretty - beauty isn't ~,** mae hi'n bert iawn - 'dyw pertrwydd ddim yn bopeth.

everytime *adv.* bob amser, bob tro, bob gafael, bob cynnig.

everyway *adv.* ym mhob ffordd.

everywhere *n. & adv.* **1.** *n.* pobman *m,* pob man *m.* **2.** *adv.* ym mhobman, ym mhob man; **you can't be ~ at once,** fedrwch chi mo'i dal hi ym mhob man; **~ you go,** [i] ble bynnag yr ewch, *Lit:* ble bynnag yr eloch.

Evesham *Eng.Pl.n.* Efsam *f.*

evict *v.t.* gyrru/troi/hel (rhn) allan, troi (rhn) o'i dŷ/gartref; *Jur:* dadfeddiannu (rhn); *F:* rhoi (rhn) ar y clwt, rhoi (rhn) yn y lôn/stryd.

evictee *n.* dadfeddianedig(-ion) *m&f,* rhn (rhai) digartref *m.*

eviction *n.* troad(-au) *(m)* allan, troi *(vn)* allan; *Jur:* dadfeddiant *m,* dadfeddiannaeth *f;* **following his ~,** ar ôl iddo gael ei droi allan o'i gartref. **~ order** *n.* gorchymyn (gorchmynion) *(m)* troi allan.

evictor *n.* tröwr (trowyr) *(m)* allan, dadfeddiannwr (dadfeddianwyr) *m.*

evidence[1] *n.* **1.** *(a)* tystiolaeth(-au) *f;* **in ~,** mewn tystiolaeth; **to fly in the face of ~,** gwrthod derbyn y dystiolaeth, anwybyddu'r dystiolaeth; *(b)* **to be in ~,** bod yn amlwg; **this type of book is much more in ~ today,** gwelir llawer mwy o'r math hwn o lyfr heddiw; **a man much in ~,** dyn amlwg iawn, dyn blaenllaw iawn; **to be much less in ~,** bod yn llawer llai amlwg; **there is little ~ of it,** nid oes fawr o arwydd ohono. **2.** tystiolaeth, arwydd(-ion) *mf,* nod(-au) *mf,* marc(-iau) *m,* ôl (olion) *m;* **to bear/give ~[-s] of sth,** dwyn olion/arwydd/nod rhth, amlygu rhth, tystio i rth; **to give ~ of intelligence,** amlygu/dangos deallusrwydd. **3.** *Jur:* tystiolaeth; **admissible ~,** tystiolaeth dderbyniol; **circumstantial ~,** tystiolaeth amgylchiadol; **inadmissible ~,** tystiolaeth annerbyniol; **conflict of ~,** croeseb [mewn] tystiolaethau; **conflicting ~,** tystiolaeth groesebol; **corroboration of ~,** cyfnerthiad *(m)* o dystiolaeth, ategu *(vn)* tystiolaeth; **~ in chief,** y dystiolaeth gyntaf; **hearsay ~,** tystiolaeth achlust, tystiolaeth ail law; **material ~,** tystiolaeth berthnasol; **parol/oral ~,** tystiolaeth lafar; **uncorroborated ~,** tystiolaeth ddigadarnhad/ddigyfnerthiad; **documentary ~, ~ in writing, written ~,** tystiolaeth ddogfennol, tystiolaeth ysgrifenedig; **to give ~,** rhoi tystiolaeth, tystiolaethu; **the ~ was strongly against him,** 'roedd tystiolaeth gref yn ei erbyn. **4.** *Jur: (pers.):* tyst(-ion) *m;* **the ~ for the prosecution,** tystion yr erlyniaeth; **the ~ for the defence,** tystion yr amddiffyniad; **to turn King's/Queen's ~,** tystio dros y goron; *U.S:* **to turn state's ~,** tystio dros y wladwriaeth.

evidence[2] *v.t.* amlygu, dangos, tystio.

evident *a.* amlwg, eglur; **(he had drunk too much) as was ~ from his gait,** ('roedd wedi yfed gormod) a hynny'n amlwg ar ei gerddediad, fel yr oedd ei gerddediad yn tystio.

evidential, evidentiary *a. Jur:* tystiolaethol; **the ~ burden,** y baich tystiolaethol *m.*

evidently *adv.* yn amlwg, yn eglur; **he was ~ afraid,** 'roedd yn amlwg bod ofn arno.

evil *a. & n.* **1.** *a. (a)* drwg; *(comp. forms:* cynddrwg, gwaeth, gwaethaf), *Lit: occ:* anfad, drygionus, cythreulig, mall, ysgeler; **house of ~ repute,** tŷ ac enw drwg iddo, puteindy (puteindai) *m;* **~ tidings,** newyddion drwg/blin; **an ~ man,** dyn drwg/drygionus, dihiryn (dihirod) *m, F:* cythraul (cythreuliaid) drwg *m;* **an ~ omen,** drwgargoel(-ion) *f;* **of ~ omen,** drwgargoelus, drygargoelus, anlwcus; **an ~ smell,** drewdod *m;* **an ~ deed,** anfadwaith *m,* camwedd(-au) *m;* **an ~ day,** diwrnod trychinebus/adfydus/anffodus *m,* dydd *(m)* aflwydd; **an ~ tongue,** tafod maleisus *m;* **to fall on ~ days,** taro ar ddyddiau drwg, mynd i adfyd; *(of house &c):* mynd rhwng y cŵn a'r brain, mynd a'i ben iddo; *(b)* dieflig, cythreulig, drwg, aflan, niweidiol; **an ~ spirit,** ysbryd(-ion) aflan *m,* diafol(-iaid) *m,* cythraul (cythreuliaid) *m;* **the E~ One,** y Gŵr Drwg *m,* y Diafol *m,* yr Hen Was *m;* **an ~ influence,** dylanwad drwg *m;* **~ eye,** llygad drwg/mall *m;* **to put the ~ eye on s.o.,** witsio/rheibio rhn. **2.** *n. (a) (= abuse, harm):* drwg (drygau) *m, occ:* mall(-au) *f;* **a social ~,** drwg cymdeithasol; **the lesser of two evils,** y lleiaf o ddau ddrwg; *(b) (as abstract force):* drygioni *m,* mall *f usu.* y Fall *f;* **the forces of E~,** nerthoedd y Fall; **to speak ~ of s.o.,** lladd ar rn, enllibio rhn; *(c) Med:* **the king's ~,** clwy(*m*)'r brenin, manwynau *pl,* manwynion *pl.* **~-doer** *n.* drwgweithredwr (drwgweithredwyr) *m,* drwgweithr|edwraig *f.* **~-doing** *n.* gwn|eud *(vn)* drwg/drygioni, anfadwaith *m.* **~-looking** *a.* a golwg filain arnoch, milain/mileinig yr olwg. **~-minded** *a.* drygionus, maleisus, llygredig. **~-mindedly** *adv.* yn ddrygionus *&c.* **~-mindedness** *n.* meddwl drwg *m,* malais *f.* **~-smelling** *a.* drewllyd, drwg, drycsawrus. **~-speaking, ~-tongued** *a.* tafotrwg, maleisus, difenwol, enllibus; **an evil-tongued person,** *F:* hen dafod cas *m.*

evilly *adv.* yn ddrygionus *&c.* **~-disposed** *a.* maleisus, milain, mileinig, drygionus, drwg eich bwriad.

evilness *n.* drygioni *m,* ysgelerder *m,* anfadrwydd *m.*

evince *v.t.* dangos, arddangos, amlygu, mynegi; **to ~ curiosity,** dangos chwilfrydedd.

evincible *a.* dangosadwy, arddangosadwy, amlygadwy, mynegadwy.

evincive *a.* amlygol, dangosol.

eviscerate *v.t.* diberfeddu.

evisceration *n.* diberfeddiad(-au) *m,* diberfeddu *vn.*

evitable *a.* osgoadwy, gocheladwy.

evocable *a.* atgofiadwy.

evocation *n.* **1.** *(= summons):* galwad(-au) *f,* gwŷs (gwysion) *f; (of spirit):* consuriad(-au) *m,* consurio *vn.* **2.** *(= calling to mind):* atgof(-ion) *m* (am rth); *vn.* = **evoke.**

evocative *a.* atgofus.

evocatively *adv.* yn atgofus *&c.*

evocativeness *n.* atgofusrwydd *m.*

evocator *n.* atgofiwr: atgofydd (atgofwyr) *m.*

evocatory *a.* atgofus, atgoffaol.

evoke *v.t.* **1.** *(a spirit):* galw, codi, consurio. **2.** *(response,* *laughter):* ennyn, peri, achosi, ysgogi, deffro; **to ~ memories of sth,** dwyn rhth i gof, deffro atgof am rth.

evolute¹ *n. Mth:* **~ curve,** |efoliwt (efoliwtiau) *mf.*

evolute² *v.t.* datblygu, esblygu.

evolution *n.* **1.** *(a)* tyfiant *m*, datblygiad(-au) *m*; *(b)* **the ~ of events,** cwrs (*m*) digwyddiadau; *(c) Biol:* esblygiad. **2.** *(of troops, ships, acrobat):* symudiad(-au) *m*. **3.** *Geom:* esblygiad. **4.** *(of gas, heat):* rhyddhad *m*.

evolutional *a. Biol:* esblygiadol; **~ theory,** damcaniaeth (*f*) esblygol.

evolutionarily *adv.* yn esblygol; drwy esblygiad.

evolutionary *a.* esblygol, esblygiadol.

evolutionism *n. Biol:* esblygiadaeth *f.*

evolutionist *n. Biol:* esblygiadwr: esblygiadydd (esblygiadwyr) *m.*

evolutionistic *a. Biol:* esblygiadyddol.

evolutive *a.* esblygol.

evolve *v.t.&i.* **1.** *v.t. (a) (a plan &c):* datblygu, dyfeisio; *(= deduce):* diddwytho; *(b) Ch:* gollwng, rhyddh|au, cynhyrchu. **2.** *v.i. (a) (of events):* datblygu, dilyn eu cwrs, ymffurfio; *(b) Biol:* datblygu, esblygu.

evolved *a.* datblygedig; *Biol: &c:* esblygedig; **highly-~,** tra datblygedig; *Biol:* tra esblygedig; *Ch:* **~ gases,** nwyon cynyrchedig.

evolvement *n.* datblygiad *m*, ymddatblygiad *m*, twf *m*, tyfiant *m*.

evolver *n.* **1.** *Biol:* datblygwr (datblygwyr) *m.* **2.** *(of plan):* dyfeisiwr: dyfeisydd (dyfeiswyr) *m*, dyf|eiswraig (dyfeiswragedd) *f.*

evonymus *n.* = **euonymus.**

evulsion *n.* diwreiddiad(-au) *m*, diwreiddio *vn.*

evzone *n. Gr.Mil:* efson(-iaid) *m.*

ewe¹ *n.* dafad (defaid) *f*, mamog(-iaid) *f*; **cast/draft ~,** dafad ddidol (defaid didol); **breeding ~,** *S: occ:* mamogen (mamogod) *f*, dafad fagu (defaid magu); **yearling ~,** hesben: hesbin(-od) *f*; **pregnant ~,** dafad gyfoen (defaid cyfoen), dafad drom (defaid trymion). **~ lamb** *n.* oen (ŵyn) benyw *m*, *N:* oen fanw/banw (ŵyn beinw) *m*; *B:* yr oenig fechan *f.* **~-neck** *n.* gwar cul (gwarrau culion) *m.* **~-necked** *a.* gwargul.

Ewe² *n. Ling:* Ewe *f, m.*

ewer *n. O:* [y]stên ([y]stenau) *f*, piser(-i) *m*, jwg (*mf*) d[d]ŵr (jygiau dŵr), ewr(-au) *f*, *Lit:* dyfrlestr(-i) *m.*

ewery *n.* ewri (ewrïau) *f.*

Eweston *W.Pl.n.* Trewên *f.*

Ewloe *W.Pl.n.* Ewlo *mf.*

Ewyas *Eng.Pl.n.* Euas *f.*

ex¹ *Lt.prep.* **1.** *(= out of):* **~ *cathedra*** *a. & adv.* o'r gadair. **~-centre** *n. Mth:* allganol(-au) *m.* **~-circle** *n. Mth: Ph:* allgylch(-oedd) *m.* **~-directory** *a.* heb fod yn y llyfr, heb eich rhestru; **I'm ~-directory,** nid wyf i yn y llyfr. **~ dividend** *adv.* heb ddifid|end. **~-factory** *a.* o'r ffatri. **~ *gratia*** *a.* fel ffafr; **~ *gratia* payment,** cydnabyddiaeth *f.* **~ *libris*** *a.* **~ *libris* John Jones,** un o lyfrau John Jones. **~ *nihilo*** *a. & adv.* o ddim. **~ *officio*** *a. & adv.* yn rhinwedd eich swydd. **~ *parte*** *a. & adv.* unochrog, ar y naill ochr, o'r untu, ar y naill du. **~ *post facto*** *a. & adv.* wedi'r ffaith. **~-quay** *a.* o'r cei. **~-ship** *a.* [allan] o long. **~-store** *a.* [allan] o'r storfa. **~ *voto*** *adv. & n. Ecc: (a) adv.* i wireddu llw; *(b) n.* offrwm (offrymau) (*m*) llw. **~-works** *a.* o'r gwaith.

ex-² *pref. (= former):* cyn- *& soft mut.* **~-husband** *n.* cyn-ŵr (~-wŷr) *m.* **~-minister** *n.* cyn-weinidog(-ion) *m.* **~-schoolmistress** *n.f.* cyn-ysgolfeistres(-i). **~-servant** *n.* cyn-wasanaethwr (~-wasanaethwyr) *m.* **~-service** *a.* cyn-filwrol. **~-serviceman** *n.m.* cyn-filwr (~-filwyr). **~-wife** *n.* cyn-wr|aig (~-wragedd) *f.*

exacerbate *v.t.* ffyrnigo, llidio, cythruddo, gwaethygu, dwysáu.

exacerbation *n.* gwaethygiad(-au); *vn.* = **exacerbate.**

exact¹ *a.* cywir, manwl, union, cymwys, union gywir, manwl gywir, *N: F:* cysáct; union *can precede n. + soft mut. or follow:* **to give ~ details,** rhoi manylion; **to be more ~,** bod yn fwy manwl; manylu (**about sth,** yngh|ylch rhth); **an ~ science,** gwyddor fanwl *f*; **an ~ copy (of a document),** copi manwl gywir, copi union (o ddogfen); **the ~ word,** yr union air; **the public must tender the ~ amount,** rhaid i'r cyhoedd gynnig yr union swm; **to be ~ in carrying out one's duties,** cyflawni'ch dyletswyddau'n fanwl gywir; **~ in business,** manwl gywir mewn busnes.

exact² *v.t.* hawlio, mynnu (**sth from s.o.,** rhth gan rn); gwasgu (am rth gan rn, ar rn am rth); *occ:* gyrru (ar rn am rth); **to ~ taxes from s.o.,** trethu rhn, mynnu trethi gan rn, gwasgu ar rn am drethi.

exactable *a.* hawl[i]adwy.

exacting *a. (pers.):* llym (*f.* llem, *pl.* llymion), *Pej:* gormesol, gorthrymus; *(work):* manwl, llethol, gormesol, gordrethol, sy'n dreth arnoch, sy'n gofyn llawer gennych; **to be too ~ with s.o.,** gofyn gormod gan rn.

exactingly *adv.* yn llym *&c*; yn fanwl *&c.*

exactingness *n. (of pers.):* llymder *m*; *(of work):* **(I had not realized) the ~ of the task,** (nid oeddwn wedi amgyffred) cymaint o dreth oedd y gwaith, cymaint yr oedd y gwaith yn ei ofyn.

exaction *n.* hawliad(-au) *m*, trethiant (trethiannau) *m*, cribddail *m*; *vn.* = **exact².**

exactitude *n.* = **exactness.**

exactly *adv.* yn gywir, yn union, yn gymwys, yn hollol, i'r dim; **I don't know ~ what happened,** wn i ddim beth yn union a ddigwyddodd; **~ [to number or amount],** *S.W: occ:* ar ben cyfrif; *int.* **~!** yn hollol! i'r dim! yn union! *S:* yn gwmws! **three months ~,** tri mis [yn] union, tri mis ar ei ben; **he is not ~ a scholar,** nid ysgolhaig mohono'n hollol.

exactness *n.* manyldeb *m*, manylder *m*, manylrwydd *m*, manwl gywirdeb *m*, cywirdeb *m*.

exactor *n.* mynnwr (mynwyr) *m*, cribddeiliwr (cribddeilwyr) *m*, hawlydd(-ion) *m*, hawliwr (hawlwyr) *m*, trethwr (trethwyr) *m*.

exaggerate *v.t.&i.* chwyddo, gorliwio, gor-ddweud, gor-wn|eud, camddarlunio, ystumio, gorbwysleisio (rhth); *abs.* arfer gormodiaith, gormodieithu (am rth); gwneud môr a mynydd (o rth); *S.W: occ:* ei [hy]mestyn hi, ei rhaffo hi, ei whampo hi, *N.W: occ:* dweud mwy, stretsio; **don't ~!** paid (peidiwch) â'u dweud nhw!

exaggerated *a.* **1.** gormodol, rhonc, wedi ei or-wn|eud/or-ddweud/orliwio *&c*; **to attach an ~ importance to sth,** rhoi gormod o bwyslais ar rth. **2.** *Med: (overgrown):* rhy fawr, wedi gordyfu, chwyddedig.

exaggeratedly *adv.* yn ormodol *&c.*

exaggeratedness *n.* gormodedd *m*.

exaggeration *n.* **1.** *(= exaggerated version):* gorliwiad(-au) *m*, gorliwio *vn*, camddarlun(-iau) *m*, ystumiad(-au) *m*, camliwiad(-au) *m*, gor-ddweud *vn*, gor-wn|eud *vn*, camlunio *vn*, ystumio *vn*; **that is an ~ of his views,** dyna orliwiad o'i ddaliadau; dyna orliwio/ystumio [ar] ei ddaliadau. **2. it would be an ~ on my part to say,** gormodiaith (*f*) fyddai imi ddweud. . .; byddwn yn gor-ddweud/gorliwio pe dywedwn. . .. **3. ~ of sth's importance,** gorbwyslais (*m*) ar rth.

exaggerative *a. (in language):* gorliwiol, gorbwysleisiol, camddarluniol, camliwiol, gormodieithol, gormodieithus.

exaggerator *n.* gorliwiwr (gorliw-wyr) *m*, camliwiwr (camliw-wyr) *m*, camddarluniwr (camddarlunwyr) *m*, gorddywedwr (gorddywedwyr) *m*.

exaggeratory *a.* = **exaggerative.**

exalt *v.t.* **1.** *(= promote):* dyrchafu, codi, urddo. **2.** *(= praise):* canmol, moli, mawrygu, clodfori; **to ~ s.o. to the skies,** canu clodydd rhn, canmol rhn i'r entrychion/cymylau. **3.** *(imagination):* dyrchafu.

exaltation *n.* **1.** *(= promotion):* dyrchafiad(-au) *m*; *vn.* = **exalt;** *Theol:* tradyrchafiad *m*; **E~ of the Cross,** Dyrchafiad y Groes, Gŵyl (*f*) y Grog. **2.** *(= praise):* gwerthfawrogiad(-au) *m*, mawrygiad(-au) *m*. **3.** *(= high spirits):* hwyl *f*, hwyliau *pl*, gorawen *f*, gorfoledd *m*.

exalted *a.* **1.** *(= important):* dyrchafedig, uchel, aruchel, pwysig. **2.** *(= impassioned):* dyrchafedig, hwyliog, cynhyrfus; **to speak in an ~ strain,** llefaru'n ddyrchafedig; *(of preacher):* mynd i hwyl.

exaltedly *adv.* yn ddyrchafedig; yn hwyliog.

exaltedness *n.* hwyl *f*, hwyliogrwydd *m*, ysbrydion uchel *pl.*

exalter *n.* dyrchafwr (dyrchafwyr) *m*, dyrch|afwraig *f.*

exam *abbr.* = **examination.**

examen *n.* astudiaeth(-au) *f*, dadansoddiad(-au) *m*.

examinable *a.* **1.** *(object):* archwiliadwy. **2.** *Sch:* arholadwy.

examinant *n.* **1.** = **examiner. 2.** = **examinee.**

examination *n.* **1.** *(= inspection):* archwiliad(-au) *m*; *(action):* archwilio *vn.* **2.** *Sch:* arholiad(-au) *m*; **entrance ~,** arholiad mynediad; **sessional ~,** arholiad pen blwyddyn, arholiad blynyddol; **terminal ~,** arholiad pen tymor; **preliminary ~,**

rhagbrawf (rhagbrofion) *m*; **to go up for an ~, to sit/enter for an ~,** sefyll arholiad (*not* eistedd arholiad). **3.** *Jur:* croesholiad(-au) *m*; *Jur:* **re-~,** ail-holiad(-au) *m*. **~-in-chief** *n. Jur:* blaen holiad(-au) *m*, prif holiad(-au) *m*. **~ paper** *n*. papur(-au) (*m*) arholiad. **~ qualification** *n*. cymhwyster (cymwysterau) (*m*) arholiadol.

examinational, examinatorial *a*. arholiadol.

examine *v.t.* **1.** *(= inspect):* archwilio; **to ~ luggage,** chwilio trwy baciau, archwilio paciau; **to ~ a question thoroughly,** gwyntyllu pwnc yn fanwl. **2.** *Jur:* croesholi, holi; **re-~,** ail-holi; **~ in chief,** prif-holi, blaen holi. **3.** *Sch:* arholi.

examinee *n. Sch:* ymgeisydd (ymgeiswyr) *m*; *F:* **he's a good/poor ~,** mae'n un da/gwael mewn arholiad.

examiner *n.* **1.** *(= inspector):* archwiliwr (archwilwyr) *m*, archw|ilwraig (archwilwragedd) *f*. **2.** *Sch:* arholwr (arholwyr) *m*, arh|olwraig (arholwragedd) *f*.

examining *a. Jur:* **~ magistrate,** ynad(-on) (*m*) archwilio/archwiliadol.

example[1] *n.* **1.** enghraifft (enghreifftiau) *f*, esiampl(-au) *f*, *occ:* patrwm *m*; **counter-~,** gwrth-enghraifft (~-enghreifftiau) *f*; **for ~, by way of ~,** er enghraifft. **2.** *(= precedent):* cynsail (cynseiliau) *f*, rhag-esiampl(-au) *f*; **conduct beyond/without ~,** ymddygiad heb ei debyg o'r blaen; **to set an ~,** gosod esiampl, bod yn batrwm i bobl eraill; **to take s.o. as an ~,** *(= model):* cymryd rhn yn batrwm, efelychu rhn; **to make an ~ of s.o.,** cosbi rhn, gwneud esiampl o rn.

example[2] *v.t.* enghreifftio.

exanimate *a*. marw, difywyd, dieinioes, diysbryd, dienaid, trancedig, wedi trengi.

exanthem[a] *n. Med:* brech(-au) *f*, cructarddiad(-au) *m*, cructardd *m*.

exanthematic, exanthematous *a. Med:* cructarddol.

exarate *a. Ent:* dilyffethair.

exarch[1] *n. Ecc: Hist:* ecsarch(-iaid) *m*, rhaglaw(-iaid) *m*.

exarch[2] *a. Bot:* ecsarchaidd.

exarchate *n. Hist:* rhaglawiaeth(-au) *f*, ecsarchaeth(-au) *f*.

exasperate *v.t.* **1.** *(= make worse):* gwaethygu, difrifoli, dwysáu. **2.** *(= irritate):* gwylltio, ffyrnigo, cynddeiriogi, cythruddo, digio, llidio, *F:* pryfocio.

exasperated *a*. diamynedd, dig, dicllon, cynddeiriog, byr eich tymer, llidiog, llidus, *N:* blin, *S:* crac **(by/at sth,** wrth rth). **exasperated at/by his insolence,** wedi digio wrth ei haerllugrwydd, yn ddig wrtho am ei haerllugrwydd.

exasperatedly *adv*. yn ddig *&c*.

exasperating *a*. cythruddol, pryfoclyd, llidiol, digon â gwylltio rhn, digon i'ch gwylltio.

exasperatingly *adv*. yn bryfoclyd *&c*.

exasperation *n.* **1.** *(= worsening):* gwaethygiad *m*, dwysâd *m*; *vn.* = **exasperate 1. 2.** *(= irritation):* gwylltineb *m*, cythrudd *m*, ffyrnigrwydd *m*, dicter *m*, dig *m*, diffyg (*m*) amynedd; **to drive s.o. to ~,** gwylltio rhn *&c*, *S:* danto rhn, hala rhn yn grac.

Excalibur *Pr.n. Myth:* Caledfwlch *m*.

excardination *n. Ecc:* trosglwyddiad (*m*) clerigwr (trosglwyddiadau clerigwyr).

excarnation *n. Archeol:* dignodio *vn*.

excavate *v.t.&i.* cloddio, tyllu, palu, turio, tyrchu, tyrchio (yn rhywle); **to ~ a hole,** cloddio/palu/torri twll; **to ~ a treasure,** cloddio/palu trysor i'r wyneb, datgladdu/datgloddio trysor.

excavated *a. (hole):* cloddiedig; *(building, treasure):* datgladdedig, datgloddedig.

excavation *n*. cloddiad(-au) *m*, turiad(-au) *m*; *vn.* = **excavate**; *Archeol:* cloddfa (cloddf|eydd) *f*; **the excavations at Pompeii,** y cloddfeydd/cloddio ym Mhompeii; **area ~,** cloddfa randirol (cloddfeydd rhandirol); **rescue ~,** cloddfa achub; **total ~,** cloddfa lwyr (cloddfeydd llwyr).

excavational *a*. cloddiol, cloddfaol.

excavator *n.* **1.** *Civ.E:* turiwr (turwyr) *m*, peiriant (peiriannau) (*m*) turio, *F:* jac(-iau) (*m*) codi baw. **2.** *Archeol:* cloddiwr (cloddwyr) *m*, cl|oddwraig (cloddwragedd) *f*.

exceed *v.t.* *(a)* mynd/bod yn fwy na rhth, mynd heibio i rth, mynd ymhellach na rhth, mynd dros ben rhth; **not exceeding ten pounds,** heb fod yn fwy na deg punt; **to ~ one's instructions,** mynd y tu hwnt i'ch cyfarwyddyd, *F:* mynd dros ben llestri; *Aut:* **to ~ the speed limit,** goryrru, gyrru'n rhy gyflym, torri'r cyfyngiad ar gyflymder, *F:* gyrru; *(b) (= surpass):* rhagori (ar rth); **to ~ everyone else,** rhagori ar bawb arall, bod yn well na phawb arall; **it exceeded my expectations,** 'roedd yn well na'r disgwyl; 'roedd y tu hwnt i'm disgwyl; cefais fy siomi ar yr ochr orau.

exceeding *a. & adv.* **1.** *a.* gormodol. **2.** *adv. A:* = **exceedingly.**

exceedingly *adv*. tra (*before a. + spirant mut. of* p, t, c): iawn; dros ben, [y] tu hwnt *(after a.)*; **~ nasty,** tra chas, cas iawn, cas dros ben, cas [y] tu hwnt.

excel *v.t.&i.* **1.** *v.i.* rhagori, tra-rhagori, bod yn well **(in/at sth,** mewn rhth, ar rth); **to ~ in an art,** rhagori mewn celfyddyd; **to ~ at a game,** rhagori mewn gêm; **to ~ at doing sth,** rhagori ar wneud rhth. **2.** *v.t.* **to ~ s.o.,** rhagori (ar rn), bod yn well (na rhn), bod ar y blaen (i rn), bod yn drech (na rhn); **to ~ oneself,** gwn|eud yn well na'r disgwyl, rhagori arnoch eich hun; **to ~ all one's rivals,** trechu'ch/curo'ch cystadleuwyr, rhagori ar eich cystadleuwyr.

excellence *n*. rhagoriaeth(-au) *f*, ardderchо[w]grwydd *m*, rhagoroldeb *m*, campusrwydd *m*, gwychder *m*.

excellency *n*. ardderchо[w]grwydd *m*; **His E~,** Ei Ardderchо[w]grwydd; **Their Excellencies,** Eu Hardderchо[w]grwydd.

excellent *a*. ardderchog, rhagorol, campus, gwych, godidog, dihafal, di-ail, *F:* bendigedig, *N.W:* siort orau.

excellently *adv*. yn ardderchog *&c*.

excelsior *int. & R.t.m:* **1.** *int.* **excelsior!** yml|aen! yn uwch [ac yn uwch]! dring i fyny! i fyny bo'r nod! **2.** *R.t.m.* naddion *pl*, ***excelsior*** *m*.

except[1] *v.t.&i.* **1.** *v.t.* eithrio, hepgor (rhth); gadael (rhth) allan. **2.** *v.i. Jur:* **to ~ to/against sth,** gwrthwynebu rhth.

except[2] *prep. & conj.* **1.** *prep. (a)* ac eithrio (ac *is pronounced* ag), hebl|aw (rhth); ond (am rth); ar wahân (i rth), *Lit:* namyn, oddig|erth, oddieithr (rhth); **he does nothing ~ eat and drink,** nid yw'n gwneud dim ond bwyta ac yfed; **all ~ three were killed,** lladdwyd pawb ond tri; *Lit:* lladdwyd pawb namyn tri; **nobody heard it ~ myself,** ni chlywodd neb mohono ond/heblaw fi *or* ac eithrio mi; **~ by agreement between the parties,** ac eithrio trwy gytundeb rhwng y ddwy blaid; *(b)* **~ for,** heblaw (am rth), ar wahân (i rth); **the dress is ready ~ for the buttons,** mae'r ffrog yn barod heblaw am y botymau. **2.** *(a) conj. A: & Lit:* oni[d], onis, os na[d]..., onib|ai, oddieithr; **~ he be born again,** onibai ei eni eto, onis genir ef eto, oddieithr ei eni eto; *(b) conj.phr.* **~ that,** heblaw bod..., ar wahân i'r ffaith bod..., ac eithrio bod..., oddieithr/oddigerth bod...; **it is right ~ that the accents are omitted,** mae'n gywir heblaw bod yr acenion ar goll.

excepted *a.* **1.** = **except; yourself ~,** ac eithrio chwi, gan eich eithrio chwi. **2.** *Adm:* **~ district,** ardal(-oedd) eithriedig *f*.

excepting *prep. & conj.* = **except**[2].

exception *n.* **1.** eithriad(-au) *m*; **an ~ to the rule,** eithriad i'r rheol; **the ~ proves the rule,** mae'r eithriad yn brawf ar y rheol; **with that ~ (we are agreed),** ac eithrio hynny, hebl|aw [am] hynny ('rydym yn gytûn); **without ~,** yn ddieithriad, heb eithriad, yn ddiwahân; **with the ~ of,** ac eithrio..., heblaw...; **with certain exceptions,** gyda rhai eithriadau. **2.** *(= objection):* gwrthwynebiad(-au) *m*; **to take ~ to sth,** *(i) (= find fault):* gweld beiau/brychau yn rhth; *(ii) (= be offended):* digio wrth rth, *S.W:* gweld [yn] chwith; **he had taken ~,** yr oedd wedi cymryd ato; yr oedd wedi digio; **~ was taken to his youth,** gwrthwynebwyd ef ar sail ei ieuenctid; *Jur:* **to take ~ to a witness,** gwrthwynebu tyst, bod yn anfodlon ar dyst; **to take ~ to s.o.'s doing sth,** anghymeradwyo/gwrthwynebu bod rhn yn gwneud rhth, bod yn anfodlon i rn wneud rhth.

exceptionability *n*. annerbynioldeb *m*.

exceptionable *a*. beiadwy, beius, gwrthodadwy, agored i feirniadaeth, annerbyniol.

exceptional *a*. eithriadol, arbennig, anarferol, neilltuol.

exceptionality *n*. eithriadoldeb *m*, arbenigrwydd *m*, neilltuoldeb *m*, anarferoldeb *m*.

exceptionally *adv*. yn eithriadol; *(= rarely):* fel eithriad; **~ cheap,** arbennig/eithriadol/anghyffredin o rad, rhad eithriadol.

exceptionalness *n.* = **exceptionality.**

exceptive *a*. eithriol.

excerpt[1] *n*. rhan(-nau) *f*, dyfyniad(-au) *m*, detholiad(-au) *m*.

excerpt[2] *v.t.* dyfynnu, dethol.

excerpter *n*. detholwr: detholydd (detholwyr) *m*.

excerptible *a*. detholadwy, dyfynadwy.

excerption *n.* = **excerpt**[1],[2].
excerptor *n.* = **excerpter**.
excess *n. & attrib.* 1. *n. (a) (= too much):* gormod *m*, gormodedd(-au) *m*, gormodaeth *f*, gormodrwydd *m*; **~ of precaution,** gorofal *m*; **in ~, to ~,** yn ormodol, i ormodedd, ormod, yn rhy bell; **in ~ of,** yn fwy na...; *(b) (= debauchery):* rhysedd *m*, anghymedroldeb *m*, drygau *pl*; *(of cruelty):* ci|eidd-dra *m*, cig|ydd-dra *m*, bryntni *m*, creulondeb(-au) *m*, creulonder(-au) *m*; **to commit excesses,** mynd dros ben llestri, mynd yn rhemp; *(of cruelty):* gwneud creulonderau. 2. *attrib.* gormodol, dros ben; **~ fare,** tâl atodol/ychwanegol *m*; *Ins:* tâl dros ben; **~ luggage,** paciau dros ben; **~ postage,** tâl post ychwanegol; **~ profits,** gorelw *m*, elw *(m)* dros ben.
excessive *a.* gormodol, eithafol, anghymedrol, anghymesur.
excessively *adv.* i ormodedd, yn ormodol, yn eithafol, y tu hwnt i fesur, tros ben mesur; gor- + *soft mut.*, rhy + *soft mut. (before a.)*; **~ full,** gorlawn, rhy lawn.
excessiveness *n.* gormodedd *m*, anghymedroldeb *m*, anghymesurdeb *m*, eithafrwydd *m*, rhemp *m*.
exchange[1] *n.* 1. cyfnewid(-iau) *m*; *Ph:* **heat~,** cyfnewid gwres; **~ and barter,** *N:* ffeirio *vn*, *S:* trwco *vn*; **fair ~,** cyfnewid teg, *N: occ:* ffair benben; *Prov:* **[fair] ~ is no robbery,** nid lladrad mo cyfnewid; **in ~ (for sth),** yn gyfnewid (am rth); *Jur:* **deed of ~,** gweithred *(f)* gyfnewid (gweithredoedd cyfnewid). 2. *Fin: (of money):* **foreign ~,** cyfnewid tramor; **forward ~,** blaengyfnewid *m (pronounced* ng-g); **[rate of] ~,** cyfradd *(f)* gyfnewid (cyfraddau cyfnewid); **par of ~,** par *(m)* cyfnewid; **spot ~,** cyfnewid ar y pryd; **bill of ~,** bil(-iau) *(m)* cyfnewid, nodyn (nodau) *(m)* cyfnewid. 3. *(place):* cyfnewidfa (cyfnewidf|eydd) *f*; **stock ~,** cyfnewidfa stoc/stociau; **corn ~,** cyfnewidfa ŷd; **telephone ~,** cyfnewidfa ffôn, cyfnewidfa deleffon (cyfnewidfeydd teleffon); **employment/labour ~,** swyddfa *(f)* gyflogi (swyddf|eydd cyflogi). 4. *(of words):* **there were sharp exchanges [in the House of Commons],** bu croesi cleddyfau, bu cryn ymosod y naill ar y llall, buwyd yn ffeirio geiriau llymion, dywedwyd pethau hallt [yn Nhŷ'r Cyffredin]. **~ broker** *n.* brocer(-iaid) *(m)* cyfnewid. **~ control** *n.* rheolaeth *(f)* ar gyfnewid, rheoliad(-au) *(m)* cyfnewid. **~ control restriction** *n.* cyfyngu *(vn)* ar gyfnewid tramor, cyfyngiad (-au) *(m)* ar gyfnewid tramor. **~ equalization account** *n.* cronfa (cronf|eydd) *(f)* cysoni cyfnewid. **~ student** *n.* myfyriwr (myfyrwyr) *(m)* cyfnewid. **~ theory** *n.* theori *(f)* cyfnewid.
exchange[2] *v.t.* cyfnewid, *N:* ffeirio, *S:* trwco, *occ:* tripo, twco; **to ~ sth for sth,** cyfnewid/ffeirio/trwco rhth am rth; **to ~ glances,** ciledrych y naill ar y llall, ciledrych ar eich gilydd; **to ~ blows,** dyrnu'ch gilydd; **to ~ fire,** tanio ar eich gilydd, saethu at eich gilydd.
exchangeability *n.* cyfnewidiadwyedd *m*; **their ~ was obvious,** yr oedd yn amlwg y gellid eu cyfnewid.
exchangeable *a.* cyfnewidiadwy.
exchangee *n.* cyfnewidedig(-ion) *m&f*.
exchanger *n.* cyfnewidiwr (cyfnewidwyr) *m*, *N:* ffeiriwr (ffeirwyr) *m*, *S:* trwcwr(-s) *m*.
exchequer *n.* **the E~,** y Trysorlys *m*; *Hist:* y Siecr *m*; **the Chancellor of the ~,** Canghellor *(m)* y Trysorlys; **Court of E~,** Cwrt y Siecr; *F: Joc:* **my ~ is empty,** 'does gen i ddim ar f'elw; 'does dim yn y cadw-mi-gei; prin yw'r arian yn y god. **~ contribution** *n.* cyfraniad *(m)* y Trysorlys (cyfraniadau'r Trysorlys). **~ grant** *n.* grant *(m)* y Trysorlys (grantiau'r Trysorlys).
excipient *n. Pharm:* llenwydd(-ion) *m*, llanwydd(-ion) *m*.
exciple *n. Bot:* cantel(-au) *m*.
excisable *a.* trethadwy, tolladwy.
excise[1] *n. Adm:* toll(-au) *f*, ecséis *m*, toll gartref (tollau cartref). **~-bond** *n. Cust:* tollrwym(-au) *m*. **~ office** *n.* swyddfa*(f)*'r doll (swyddf|eydd tollau). **~ tax** *n.* treth *(f)* doll (trethi toll).
excise[2] *v.t.* tolli, trethu, ardrethu.
excise[3] *v.t. Surg:* torri (rhth) [allan/mas], *occ:* trychu (rhth).
excised *a.* toredig, *occ:* trychedig.
exciseman *n.* swyddog(-ion) *(m)* yr ecséis, ecseismon (ecseismyn) *m*.
excision *n.* toriad(-au) *m*, trychiad(-au) *m*; *vn.* = **excise**[3].
excitability *n.* 1. cyffrousrwydd *m*, cynhyrfedd *m*, cynyrfusrwydd *m*. 2. *El: Physiol:* cynhyrfedd *m*.
excitable *a.* 1. *(pers.):* cynyrfadwy, hawdd eich cynhyrfu, cynhyrflyd, cynhyrfus, cynhyrfawr, emosiynol, gwyllt, nwydwyllt. 2. *El: Physiol:* cynyrfadwy.
excitableness *n.* = **excitability**.
excitant *a. & n. Med:* 1. *a.* cynhyrfol. 2. *n.* cynhyrfydd (cynyrfyddion) *m*.
excitation *n.* 1. *Physiol:* cyffro(-adau) *m*, cyffroad(-au) *m*, cynhyrfiad (cynyrfiadau) *m*, ysgogiad(-au) *m*. 2. *El:* cynhyrfiad (cynyrfiadau) *m*; *vn.* = **excite**.
excitative, excitatory *a.* cynhyrfol; *(= stimulating):* cymelliadol, anogol.
excite *v.t.* 1. cynhyrfu, cyffr|oi, ennyn, deffro, tanio; **to ~ s.o.'s curiosity,** tynnu sylw rhn, ennyn chwilfrydedd rhn; **to ~ s.o.'s interest,** deffro diddordeb rhn; **to ~ a desire in s.o.,** deffro/codi blys/chwant ar rn; **to ~ a mob,** cynhyrfu/cyffroi torf. 2. *Physiol: El: Ph:* cynhyrfu.
excited *a.* 1. *El: Physiol:* cynhyrfus, cynyrfedig. 2. *(pers.):* wedi cynhyrfu, cynhyrfus, cynhyrflyd, llawn cynnwrf, llawn cyffro, cyffroëdig, cynyrfedig, yn gynnwrf i gyd, yn gyffro i gyd; **don't get ~,** paid (peidiwch) â chynhyrfu! gan bwyll! ara' deg! *S:* paid *&c* â gwylltu! *N:* paid *&c* â ffrwcsio! **to be/get ~,** cynhyrfu, cyffr|oi; **he gets ~ over nothing,** mae'n cynhyrfu ynghylch y peth lleiaf.
excitedly *adv.* yn gynhyrfus *&c*; mewn cynnwrf/cyffro, yn llawn cynnwrf/cyffro, yn gyffro/gynnwrf i gyd.
excitement *n.* 1. *Physiol:* cynhyrfiad (cynyrfiadau) *m*. 2. cyffro(-adau) *m*, cynnwrf (cynyrfiadau) *m*; **in great ~,** yn gynnwrf i gyd, yn llawn cyffro; *F:* **what's all the ~ about?** beth sy'n bod? beth yw'r helynt?
exciter *n.* cynhyrfwr (cynhyrfwyr) *m*, cynh|yrfwraig *f*, cyffröwr (cyffrowyr) *m*, cyffröwraig *f*.
exciting[1] *a.* cynhyrfus, cyffr|ous, llawn cynnwrf/cyffro.
exciting[2] *vn.* **~ battery** *n.* batri(-s) *(m)* cynhyrfu. **~ dynamo** *n.* deinamo(-s) *(m)* cynhyrfu.
excitingly *adv.* yn gyffr|ous *&c*.
excitingness *n.* natur gyffr|ous *f*, cyffrouster *m*.
exciton *n. Ph:* *cynhyrfon (cynyrfonau) *m*.
excitonic *a. Ph:* *cynyrfonig.
exclaim *v.i.&t.* 1. *v.i.* ebychu, gweiddi, bloeddio, llefain; **to ~ at/against an injustice,** taranu yn erbyn anghyfiawnder. 2. *v.t.* ebychu.
exclaimer *n.* gwaeddwr (gwaeddwyr) *m*, gw|aeddwraig *f*, ebychwr (ebychwyr) *m*, eb|ychwraig *f*, bloeddiwr (bloeddwyr) *m*, bl|oeddwraig *f*.
exclamation *n.* ebwch (ebychau) *m*, ebychiad(-au) *m*, ebychair (ebychiriau) *m*. **~ mark,** *U.S.* **~ point** *n.* ebychnod(-au) *m*, rhyfeddnod(-au) *m*.
exclamatory *a.* ebychiadol.
exclave *n. Pol:* allglofan(-nau) *mf*.
exclosure *n. For:* *gwaharddle(-oedd) *m*.
excludability *n.* eithriadwyedd *m*, gwaharddadwyedd *m*, deoladwyedd *m*; **their ~ was argued on legal grounds,** dadleuwyd ar dir cyfreithiol y gellid eu heithrio/gwahardd.
excludable *a.* eithriadwy, gwaharddadwy, deoladwy.
exclude *v.t.* 1. *(a)* cau/cadw (rhth) allan/mas; **to ~ the sun,** cau'r haul allan; *(b)* **aliens are excluded from these posts,** ni chaiff estroniaid ddal y swyddi hyn; gwaherddir y swyddi hyn i estroniaid; *Ecc:* **to ~ s.o. from the sacraments,** nacáu/gwrthod y sagrafennau i rn. 2. *(= prevent):* nadu, gwahardd, cau allan; **to ~ the possibility of sth happening,** nadu/rhwystro i rth ddigwydd; **this excludes all possibility of doubt,** 'does dim lle i amheuaeth bellach. 3. *(= expel, shut out):* cau (rhth) allan; **to ~ s.o. from a society,** diarddel/deol rhn o gymdeithas.
excluded *a.* 1. deoledig, diarddeledig, ar wahân, anghynwysedig, neilltuedig, wedi'ch cau allan; **to feel ~,** teimlo [eich bod] allan ohoni; **these books ~, all are for sale,** ac eithrio'r llyfrau hyn, maent oll ar werth. 2. *Log:* **~ middle,** canol anghynwysedig.
excluder *n.* 1. deholwr (deholwyr) *m*, gwrthodwr (gwrthodwyr) *m*, cauwr (cauwyr) *(m)* allan. 2. **draught-~,** rhimyn(-nau) *(m)* drafft[iau], peth(-au) *(m)* atal drafft[iau].
excludible *a.* = **excludable**.
excluding *prep.* gan eithrio, ac eithrio; hebl|aw am + *soft mut.*; oni bai am + *soft mut.*
exclusion *n.* 1. *(of sun &c):* cau *(vn)* allan/mas, cadw *(vn)* allan/mas; **the ~ of noise was difficult,** bu'n anodd cau sŵn allan. 2. **to the ~ of all else,** ac eithrio popeth arall, hyd at anwybyddu

popeth arall, ar draul popeth arall. 3. *(from club &c):* gwaharddiad(-au) *m* (**of s.o.,** ar rn); **the ~ of s.o. from the sacraments,** gwrthod (*vn*) y sagrafennau i rn, gwrthodiad (*m*) y sagrafennau i rn. **~ order** *n. Jur:* gorchymyn (gorchmynion) (*m*) cadw allan. **~ principle** *n.* egwyddor (*f*) wahardd. **~ zone,** ardal wahareddig (ardaloedd gwaharddedig) *f.*
exclusionary *a.* gwaharddol, gwrthodol.
exclusionist *n. & attrib.* **1.** *n.* gwaharddwr (gwaharddwyr) *m,* gwrthodwr (gwrthodwyr) *m.* **2.** *attrib.* = **exclusionary.**
exclusive *a., adv. & n.* **1.** *a.* **two qualities that are mutually ~,** dwy nodwedd sy'n nacáu'r naill y llall, dwy nodwedd nad ydynt yn cyd-fynd. **2.** *(a) (= sole, unique):* unigryw, unig o'i fath; **an ~ interview,** cyfweliad dethol/cyfyngedig/unigryw *m;* **~ contract,** cytundeb cyfyngol *m;* **the ~ work of X,** gwaith X yn unig; **his ~ occupation,** ei unig waith; **~ rights,** hawliau neilltuedig/unigryw; **a story ~ to this paper,** hanes yn y papur hwn yn unig, hanes cyfyngedig i'r papur hwn; *(c) U.S: (= choice):* dethol, detholedig; **a very ~ club,** clwb tra dethol; *(d)* **an ~ profession,** galwedigaeth gyfyngedig/gaeëdig/neilltuedig *f;* *(e) Rel:* neilltuedig; **the E~ Brethren,** y Brodyr Neilltuedig. **3.** *adv.* **rent 300 pounds a year ~,** rhent o 300 punt y flwyddyn heb gyfrif taliadau eraill; **(price of the dinner) ~ of wine,** (pris y cinio) heb gynnwys gwin, hebl|aw gwin. **4.** *n. Journ:* ysgrif gyfyngedig/ddethol *f;* *Journ:* **"~!"** "yn y papur hwn yn unig!"
exclusively *adv.* yn unig; **published ~ by us,** cyhoeddir gennym ni yn unig; nis cyhoeddir gan neb arall; **he was ~ concerned with his work,** nid ymboenai am ddim ond ei waith; **he lived ~ on vegetables,** ni fwytâi ddim ond llysiau; bwytâi lysiau yn unig; llysiau oedd ei unig fwyd; yr oedd yn byw ar lysiau a dim arall.
exclusiveness *n.* detholusrwydd *m,* detholrwydd *m,* natur ddethol/gyfyngedig *f.*
exclusivism *n.* neilltuolaeth *f.*
exclusivist *n. & attrib.* **1.** *n.* neilltuolydd(-ion) *m.* **2.** *a.* neilltuolaidd.
exclusivity *n.* = **exclusiveness.**
excogitable *a.* dychmygadwy, dyfeisiadwy, dichonadwy.
excogitate *v.t.* myfyrio, dychmygu; *(= continue):* dyfeisio, dyfalu, cynllunio.
excogitation *n.* **1.** *(= thought):* meddwl (meddyliau) *m,* myfyrdod(-au) *m,* myfyrion *pl,* dyfaliad(-au) *m.* **2.** *(= plan, device):* dyfais (dyfeisiau) *f,* cynllun(-iau) *m.* **3.** *(action): vn.* = **excogitate.**
excogitative *a.* meddyliol, myfyriol; *(= inventive):* dyfeisiol.
excommunicant *n.* = **excommunicator.**
excommunicate[1] *v.t. Ecc:* esgymuno, ysgymuno.
excommunicate[2] *a. & n.* **1.** *a.* esgymun, ysgymun, esgymunedig, ysgymunedig. **2.** *n.* esgymunedig(-ion) *m&f,* ysgymunedig(-ion) *m&f.*
excommunication *n.* esgymuniad(-au) *m,* ysgymuniad(-au) *m,* esgymundod(-au) *m,* ysgymundod(-au) *m,* ysgymuno *vn,* esgymuno *vn.*
excommunicative *a.* esgymunol, ysgymunol.
excommunicator *n.* esgymunwr (esgymunwyr) *m,* ysgymunwr (ysgymunwyr) *m.*
excommunicatory *a.* esgymunol, ysgymunol.
excoriate *v.t.* **1.** *(= flay):* blingo, digroeni, pilio, hifio. **2.** *Fig: (= censure):* fflangellu, ffrewyllu, llachio, cystwyo (rhn); tynnu carrai o groen (rhn); rhoi croen (rhn) ar y pared.
excoriated *a. Med:* ysgythredig.
excoriation *n.* **1.** blingiad(-au) *m,* digroeniad(-au) *m,* piliad(-au) *m,* hifiad(-au) *m;* *Med:* ysgythriad(-au) *m.* **2.** *(= censure):* cystwyad(-au) *m,* fflangelliad(-au) *m,* ffrewylliad (-au) *m;* *vn.* = **excoriate.**
excrement *n.* carth(-ion) *m,* ysgarthiad(-au) *m,* ysgarthion *pl, F:* baw *m,* tail *m,* tom *f.*
excremental, excrementitious *a.* ysgarthol, tomol, tomlyd.
excrescence, excrescency *n.* tyfiant (tyfiannau) *m,* ardyfiant (ardyfiannau) *m,* gorthwf (gorthyfion) *m,* atwf (atyfion) *m.*
excrescent *a.* **1.** gorthyfol, gormodol, dros ben. **2.** *Gram:* **~ letter,** llythyren (*f*) lanw/ymsang/ymsangol (llythrennau llanw/ymsang/ymsangol).
excrescential *a.* tyfiannol, ardyfiannol, gorthyfol.
excreta *n.pl.* carthion, ysgarthion, *F:* baw *m,* tom *f,* tail *m.*
excretal *a.* carthol, ysgarthol.
excrete *v.t.* ysgarthu, alldaflu, *F:* bawa, tomi, gollwng.
excreter *n.* ysgarthwr (ysgarthwyr) *m.*
excretion *n.* ysgarthiad(-au) *m,* ysgarthu *vn.*
excretive, excretory *a.* ysgarthol.
excruciate *v.t. Lit:* arteithio, poenydio, dirdynnu.
excruciating *a.* arteithiol, poenydiol, dirdynnol, echrydus; **an ~ joke,** jôc echrydus *f.*
excruciatingly *adv.* **1.** yn arteithiol *&c.* **2.** *F:* **it's ~ funny,** mae'n anfarwol [o] ddoniol; mae'n ddoniol i'w ryfeddu.
excruciation *n.* dirdyniad(-au) *m,* arteithiad(-au) *m;* *vn.* = **excruciate.**
exculpate *v.t.* difeio, dieuogi (rhn); rhyddh|au (rhn) o fai; *(loosely):* esgusodi (rhn).
exculpation *n.* difeiad(-au) *m,* dieuogiad(-au) *m;* *(loosely):* esgusodiad(-au) *m;* *vn.* = **exculpate.**
exculpatory *a.* difeiol, dieuogol; *(loosely):* esgusodol.
excurrent *a.* allredol.
excursion *n.* **1.** gwibdaith (gwibdeithiau) *f,* pleserdaith (pleserdeithiau) *f, F:* sgyrsion(-s) *mf,* trip(-iau) *m;* **Sunday school ~,** trip ysgol Sul. **2.** *(= digression):* crwydrad(-au) *m,* crwydro *vn.* **3.** *Astron:* gwyriad(-au) *m;* *S.a.* **alarm. ~ ticket** *n.* tocyn(-nau) (*m*) gwibdaith. **~ train** *n.* trên (trenau) (*mf*) gwibdaith, trên sgyrsion.
excursional, excursionary *a.* gwibdeithiol.
excursionist *n.* gwibdeithiwr (gwibdeithwyr) *m,* gwibd|eithwraig *f.*
excursive *a.* crwydrol, gwibiol; *(= digressive):* gwasgarog, gwasgaredig.
excursively *adv.* yn grwydrol *&c;* gan grwydro, ar wasgar.
excursiveness *n.* natur grwydrol *f,* crwydroldeb *m,* gwasgaro[w]grwydd *m.*
excursus *n.* **1.** trafodaeth(-au) *f.* **2.** *(= digression):* crwydrad(-au) *m.*
excusable *a.* esgusadwy, esgusodol, maddeuadwy.
excusableness *n.* esgusodoldeb *m.*
excusably *adv.* yn esgusadwy *&c.*
excusatory *a.* esgusodol, ymddiheurol.
excuse[1] *n.* esgus(-ion) *m, occ:* esgusawd (esgusodion) *m;* **an ~ for sth,** *(= poor specimen):* esgus o rth, edlych (*m*) o rth; **his conduct admits of no ~,** mae ei ymddygiad yn anesgusadwy; ni ellir esgusodi'i ymddygiad; **ignorance of the law is no ~,** nid yw anwybodaeth o'r gyfraith yn esgus; **without ~,** heb esgus, diesgus; **he's got an ~ for everything,** *S. W:* mae ganddo eli at bob clwyf; **by way of ~ he alleged that...,** fel esgus fe honnodd fod... *&c;* **to make an ~ of sth,** cymryd rhth yn esgus; **to make excuses,** hel esgusion, ymesgusodi.
excuse[2] *v.t.* *(a)* esgusodi; **to (~ s.o. for sth),** esgusodi (rhn am rhth), maddau (rhth i rn, i rn am rth); **~ my being late,** mae'n ddrwg gen i fy mod i'n hwyr; maddeuwch i mi am fod yn hwyr; esgusodwch fi am fod yn hwyr; **he may be excused for laughing,** gellir maddau iddo am chwerthin; **if you will ~ the expression,** os caf ddweud felly; os goddefwch yr ymadrodd; **to ~ oneself,** ymddiheuro, ymesgusodi; **to ~ oneself from doing sth,** ymesgusodi rhag gwneud rhth; **~ me!** *(i)* esgusodwch fi! wnewch chi f'esgusodi fi? *(ii) (= pardon):* mae'n ddrwg gen i; mae'n flin gen i; **~-me dance,** dawns (*f*) ymyrryd; *Sch:* **may I be excused?** gaf i fynd allan/mas? **to ~ s.o. from attendance,** esgusodi rhn rhag bod yn bresennol; *Jur:* aswyno rhn; **to ~ s.o. from doing sth,** esgusodi rhn rhag gwneud rhth; **he was excused [from] attendance,** cafodd beidio â dod; *F:* **~ me not getting up,** maddeuwch i mi am beidio â chodi; *Mil: Navy:* **to be excused a fatigue,** cael peidio â gwneud dyletswydd; **on the excused list,** rhydd o ddyletswydd.
excuseless *a.* diesgus.
excuser *n.* esgusodwr (esgusodwyr) *m,* esgus|odwraig *f.*
Exe *Eng.Pl.n.* [Afon] Wysg *f.*
exeat *n. Ecc: Sch:* ***exeat*** *m,* cennad (cenhadau) *m.*
exec *n. F:* pwyllgor(-au) (*m*) gwaith.
execrable *a.* **1.** melltigedig, ffiaidd, ysgeler, melltigaid, echryslon, erchyll, echrydus. **2.** *(in weakened sense):* ofnadwy, alaethus, truenus, echrydus [o wael], *F:* trybeilig, sobor, coch; **~ handwriting,** ysgrifen ofnadwy.
execrableness *n.* **1.** melltigedigrwydd *m,* ysgelerder *m,* echryslonrwydd *m,* echryslonder *m,* erchyllter *m,* erchylltra *m,* echrydusrwydd *m.* **2.** *(in weakened sense):* truenusrwydd *m,* trybeiligrwydd *m,* cochni *m.*

execrably *adv.* **1.** yn erchyll *&c.* **2.** yn ofnadwy.
execrate *v.t.* **1.** *(= detest):* ffieiddio, casáu. **2.** *abs. (= curse):* melltithio, rhegi, melltigo.
execration *n.* **1.** *(= hate):* casineb *m*, atgasedd *m*, cas *m* (**of sth,** tuag at rth); ffieiddiad *m* (o rth); **they were held in ~,** caseid hwy â chas perffaith; 'roeddynt yn gas eu hwynebau. **2.** *(= curse):* melltith(-ion) *f*, rheg(-f|eydd) *f*, difenwad(-au) *m*; *vn.* = **execrate.**
execrative *a.* melltithiol, melltigol, rheglyd, difenwol.
execrator *n.* melltithiwr (melltithwyr) *m*, ffieiddiwr (ffieiddwyr) *m*, casäwr (casawyr) *m*, rhegwr (rhegwyr) *m*.
execratory *a.* = **execrative.**
executable *a.* gweithredadwy.
executant *n. Mus:* perfformiwr (perfformwyr) *m*, perff|ormwraig (perfformwragedd) *f*, chwaraewr (chwaraewyr) *m*, chwar|aewraig (chwaraewragedd) *f*, datgeiniad (datgeiniaid) *m&f*.
execute *v.t.* **1.** *(a) (work):* cyflawni, gwn|eud; **to ~ an order,** ufuddh|au i orchymyn, gwn|eud yn ôl gorchymyn; *Com:* cyflawni archeb; *Jur:* **to ~ a deed,** cyflawni/llofnodi gweithred; *(b) (music):* perfformio, chwarae, canu. **2.** *(criminal):* dienyddio (rhn), rhoi (rhn) i farwolaeth. **~ cycle** *n. Cmptr:* cylchred (*fm*) [g]weithredu (cylchredau gweithredu). **~ key** *n. Cmptr:* gweithredwr (gweithredwyr) *m*. **~ phase** *n. Cmptr:* gwedd (*f*) weithredu (gweddau gweithredu).
executed *a.* **1.** *(a) Jur:* cyflawnedig, gorffenedig; *(b) Mus:* perfformiedig. **2.** *(criminal):* dienyddiedig.
execution *n.* **1.** *(of order, judgement &c):* gweithrediad *m*, gweithredu *vn*, cyflawniad *m*, cyflawni *vn*; *S.a.* **stay**[1] **2.** *(b).* **2.** *(of pianist &c):* perfformiad *m*, arddull *f*, dull *m* [o chwarae]. **3.** *(of murderer):* dienyddiad(-au) *m*, dienyddio *vn*. **~ time** *n. Cmptr:* amser(-au) (*m*) gweithredu.
executioner *n.* dienyddiwr (dienyddwyr) *m*.
executive *a. & n.* **1.** *a.* **~ powers,** pwerau gweithredol; **~ committee,** pwyllgor(-au) (*m*) gwaith; **~ council,** cyngor gweithredol *m*; **~ officer,** swyddog(-ion) gweithredol *m*; **~ order,** gorchymyn(-ion) gweithredol *m*; *Cmptr:* **~ program,** rhaglen (*f*) oruchwylio (rhaglenni goruchwylio); **~ secretary,** ysgrifennydd-weithredwr (~-weithredwyr) *m*. **~ session,** sesiwn weithredol (sesiynau gweithredol) *f*. **2.** *n. (a) (of company):* gweithredydd: gweithredwr (gweithredwyr) *m*, swyddog(-ion) gweithredol *m*, gweithr|edwraig *f*; *(of local authority):* **chief ~,** prif weithredwr; *(b) (committee):* pwyllgor(-au) (*m*) gwaith; *(c) (branch of government):* **the ~,** yr adran weithredol *f*, y weithrediaeth *f*; *(d) Cmptr:* goruchwylydd(-ion) *m*; *(e) attrib.* **~ house,** tŷ (tai) uwchraddol/dethol *m*; **~ jet,** jet breifat/bersonol (jetiau preifat/personol) *f*; **~ suite,** ystafelloedd uwchraddol/dethol *pl*.
executor *n.* **1.** *(of writ &c):* gweithredwr (gweithredwyr) *m*, cyflawnwr (cyflawnwyr) *m*. **2.** *(of will):* ysgutor(-ion) *m&f*; **~ *de son tort*,** ysgutor yn ei gamwedd.
executorial *a.* ysgutorol.
executorship *n.* ysgutoriaeth(-au) *f*.
executory *a. Jur: (= not completed):* anorffenedig, anghyflawnedig.
executrix *n.f.* ysgutores(-au).
exedra *n. (a) (room):* ymgomfa (ymgomf|eydd) *f*; *(b) (seat):* ecsedra (ecsedrâu) *f*.
exegesis *n.* esboniad(-au) *m*, dehongliad (deongliadau) *m*, esbonio *vn*, dehongli *vn*.
exegete *n.* esboniwr (esbonwyr) *m*, dehonglwr (dehonglwyr) *m*.
exegetic[al] *a.* esboniadol, de[h]ongliadol.
exegetist *n.* = **exegete.**
exemplar *n.* enghraifft (enghreifftiau) *f*, esiampl(-au) *f*, patrwm (patrymau) *m*, cynddelw(-au) *f*, egluryn(-nau) *m*.
exemplarily *adv.* yn ganmoladwy, yn b|enigamp, tan gamp.
exemplariness *n.* rhagoriaeth *f*, rhagoroldeb *m*.
exemplarism *n.* patrymiaeth *f*.
exemplarist *a. & n.* **1.** *a.* patrymyddol. **2.** *n.* patrymyddwr (patrymyddwyr) *m*.
exemplarity *n.* = **exemplariness.**
exemplary *a.* **1.** rhagorol, canmoladwy, p|enigamp; **an ~ husband,** patrwm o ŵr, gŵr delfrydol/perffaith, gŵr heb ei fai; **his behaviour was ~,** 'roedd ei ymddygiad yn batrwm i eraill; **in an ~ manner,** yn rhagorol. **2.** *(punishment &c):* rhybuddiol; *Jur:* **~ damages,** iawndal cosbedigaethol *m*; *S.a.* **cause**[1].
exempli gratia *Lt.adv.* er enghraifft.
exemplifiable *a.* enghreifftiadwy.
exemplification *n.* **1.** enghreifftiad(-au) *m*, enghreifftio *vn*. **2.** = **example. 3.** *Jur:* dyblygiad(-au) *m*, copi (copïau) swyddogol *m*; *Archives:* amlygeb(-ion) *f*.
exemplifier *n.* enghreifftiwr (enghreifftwyr) *m*.
exemplify *v.t.* **1.** dangos, enghreifftio, arddangos, amlygu (rhth); bod yn enghraifft, rhoi enghraifft (o rth); **to ~ and illustrate,** egluro ac eglurebu. **2.** *Jur:* copïo/dyblygu (rhth) [dan sêl], enghreifftio.
exemplum *n.* esiampl(-au) *f*, dameg (damhegion) *f*.
exempt[1] *a. & n.* **1.** *a.* rhydd (o rth); esgusodedig, eithriedig, wedi'ch esgusodi (rhag rhth); **~ from tax,** di-dreth, heb dreth. **2.** *n.* rhn (rhai) rhydd [o dreth *&c*].
exempt[2] *v.t.* esgusodi (rhn rhag rhth); eithrio, rhyddh|au (rhn o rth); **to ~ s.o. from blame,** difeio rhn.
exemptible *a.* esgusadwy, eithriadwy.
exemption *n.* rhyddhad(-au) *m*, esgusodiad(-au) *m*, esgusodi *vn*, rhyddh|au *vn*; **to gain ~,** cael eich rhyddhau (o rth), cael eich esgusodi/eithrio (rhag rhth); **to grant s.o. ~ from tax,** eithrio rhn rhag talu treth.
exenterate[1] *a.* diberfedd.
exenterate[2] *v.t.* diberfeddu.
exenteration *n.* diberfeddiad(-au) *m*, diberfeddu *vn*.
exequatur *n.* awdurdodiad(-au) *m*, cennad (cenhadau) *m*.
exequy *n.usu.pl.* **exequies,** arwyl(-ion) *f*, defodau angladdol *pl*, angladd(-au) *mf*.
exercisable *a.* arferadwy, ymarferadwy.
exercise[1] *n.* **1.** *(a) (= use, practice):* arfer *mf*, ymarfer *mf*; **by the ~ of tact,** trwy arfer doethineb; *(b) (= performing):* gweithrediad *m*, cyflawniad *m*, perfformiad *m*; **in the ~ of one's duties,** wrth gyflawni'ch dyletswyddau. **2.** *Sch: &c: (= training, exertion):* ymarfer(-ion) *mf*, ymarferiad(-au) *m*; **to take ~,** ymarfer, gwn|eud ymarferion; **abdominal ~,** ymarfer dorrol/torrol, ymarfer r[h]umenol; **agility ~,** ymarfer ystwytho; **compensatory ~,** ymarfer gyfadferol/cyfadferol; **dorsal ~,** ymarfer uwchgefn; **lateral ~,** ymarfer ystlysol/ochrol; **remedial ~,** ymarfer adfer; **trunk ~,** ymarfer bôn corff. **3.** *(= labour, endeavour):* gwaith *m*, llafur *m*, ymdrech(-ion) *f*; **the ~ was in vain,** ofer fu'r ymdrech. **~ book** *n.* llyfr(-au) (*m*) ymarferion, llyfr ysgrifennu, *F:* copi (copïau) *m*. **~ price** *n. Com:* pris(-iau) (*m*) ymarferiad.
exercise[2] *v.t.&i.* **1.** *v.t. (= use):* arfer, ymarfer; **to ~ an influence,** arfer dylanwad, dylanwadu; **to ~ your right,** arfer eich hawl; **to ~ duties,** cyflawni dyletswyddau. **2. to ~ oneself,** *abs.* **to ~,** ymarfer, gwneud ymarferion [corfforol]; **to ~ one's muscles,** ymarfer eich cyhyrau; **to ~ one's wits in order to do sth,** ymegnïo i wneud rhth, dyfeisio ffordd o wneud rhth; **to ~ the dog,** mynd â'r ci am dro. **3.** *(= perplex, worry):* **to ~ s.o.'s patience,** trethu amynedd rhn, **[the problem] is exercising my mind,** [mae'r broblem] yn fy mhoeni, yn achosi/peri pryder i mi, yn dreth ar fy meddwl, yn trethu fy meddwl, yn benbleth i mi; **I am very much exercised about him,** 'rwy'n ymboeni'n/pryderu'n/poeni'n arw yn ei gylch.
exerciser *n.* arferwr (arferwyr) *m*; *(esp. physical):* ymarferwr (ymarferwyr) *m*, ymarf|erwraig *f*.
exergonic *a. Ph:* ecsergonig, egni-ryddhaol.
exergual *a. Num:* amofodol.
exergue *n. Num:* amofod *m*.
exert *v.t.* **1.** arfer, gweithredu (rhth); rhoi (rhth) ar waith; **the sun exerts a pull on its planets,** mae'r haul yn tynnu ar ei blanedau; **to ~ influence,** dylanwadu; *Ph:* **to ~ a force,** rhoi grym; **force exerted on the particle,** grym a roir ar y gronyn. **2. to ~ oneself [to do sth],** ymdrechu, gwn|eud ymdrech, ymegnïo, ymlafnio, ymdrafferthu, mynd i drafferth, gwneud eich gorau glas, rhoi pob gewyn ar waith, gweithio nerth deng ewin, tynnu ewinedd o'r blew, dygnu arni [i wneud rhth]; **it's time you exerted yourself,** mae'n bryd iti ystwyrian; mae'n bryd iti dynnu d' ewinedd o'r blew.
exertion *n.* **1.** *(= use, exercise):* defnydd *m*, arfer *mf*, ymarfer *mf*; **the ~ of force,** arfer/defnyddio grym, y defnydd o rym. **2.** *(= effort):* ymdrech(-ion) *f*, ymegnïad *m*. **3.** *(= strain, fatigue):* blinder *m*, trafferth *f*, *N.W: F:* strach *m*, stryffig *m*.

exertive *a.* egnïol, ymegnïol.
Exeter *Eng.Pl.n.* Caerwysg *f.*
exeunt *v.i. Th:* allan â hwy, ânt allan; **~ *omnes*,** â pawb allan.
exfoliate *v.t.&i. Bot: & Geol:* diblisgo, digennu, hifio, fflochennu.
exfoliation *n. Bot: & Geol:* diblisgiad *m*, digeniad *m*, hifiad *m*, fflocheniad *m*; *vn.* = **exfoliate**.
exfoliative *a.* digennol, diblisgol, hifiol, fflochennol.
exhalant *a. & n.* **1.** *a.* allanadlol. **2.** *n.* allanadlydd(-ion) *m.*
exhalation *n.* **1.** *(breathing):* allanadliad(-au) *m*, anadliad *m*, chwyth *m*, chwythad *m*; *vn.* = **exhale**. **2.** *(= vapour):* tarth(-au,-oedd) *m*, tawch(-ion) *m*, naws(-au) *f.*
exhale *v.t.&i.* **1.** *v.t.* anadlu/chwythu (rhth) allan/mas, allanadlu. **2.** *v.i. (of vapour &c):* codi, nawsio.
exhaled *a.* allanadlol, allanadledig.
exhaler *n.* allanadlwr (allanadlwyr) *m.*
exhaust¹ *n. I.C.E:* nwy llosg *m*, nwyon llosg, *F:* mwg *m.* **~ fan** *n.* gwyntyll (*f*) wagio/wacáu (gwyntyllau gwagio/gwacáu). **~ gas** *n.* nwy(-on) (*m*) gwacáu, nwy llosg, *F:* mwg *m.* **~[-pipe]** *n.* peipen/pibell (*f*) fwg (peipiau/pibellau mwg), peipen/pibell wagio/wacáu (peipiau/pibellau gwagio/gwacáu), *F:* ecsôst(-s) *mf*, peipen ecsôst. **~ pump** *n.* pwmp (pympiau) (*m*) gwagio/ gwacáu. **~ stroke** *n.* strôc (*f*) wacáu/wagio (strociau gwacáu/ gwagio).
exhaust² *v.t.* **1.** *(= use up):* di[hy]sbyddu, *occ:* hysbyddu; **to ~ a subject,** dihysbyddu pwnc; **to ~ one's energies,** dihysbyddu'ch egnïon. **2.** *(= empty):* gwagio, gwacáu. **3. to ~ oneself,** blino, diffygio, ymlâdd, eich lladd eich hun, *N.W: F:* hario, fflarbio, *S.W:* palo, ffwndo.
exhausted *a.* **1.** *(= tired):* blinedig, lluddedig, wedi diffygio, wedi blino'n lân/llwyr, wedi ymlâdd, *N.W: F:* wedi hario, wedi fflarbio, *N.E:* wedi ffagio, *S.W:* wedi palo/ffwndo. **2.** *(air, resources &c):* disbyddedig; *(bulb):* gwag (gweigion); *(well, source of liquid):* hysb (*f.* hesb, *pl.* hysbion); *(of well):* **to become ~,** hysbio, hesbio, mynd yn hysb/hesb.
exhauster *n.* disbyddwr (disbyddwyr) *m*, dihysbyddwr (dihysbyddwyr) *m.*
exhaustibility *n.* disbyddadwyedd *m.*
exhaustible *a.* disbyddadwy.
exhausting *a.* blin(-ion), blinedig, blinderus, llafurus, *occ:* lluddedig; **the journey was ~,** *F:* 'roedd y daith yn lladdfa.
exhaustingly *adv.* yn flinderus *&c.*
exhaustion *n.* **1.** *Ph: &c: (= emptying):* gwacâd *m*, gwagiad *m*, dihysbyddiad *m*, disbyddiad *m*; *Ph: (method):* dull(-iau) (*m*) dihysbyddu/disbyddu; *vn.* = **exhaust²**. **2.** *(= fatigue):* blinder *m*, lludded *m.*
exhaustive *a.* trylwyr, llwyr, llawn, cyflawn, trwyadl, cynhwysfawr, *occ:* disbyddol, dihysbyddol.
exhaustively *adv.* yn drylwyr *&c.*
exhaustiveness, exhaustivity *n.* trylwyredd *m*, llwyredd *m*, llwyrdeb *m.*
exhaustless *a.* dihysbydd, diddiwedd.
exhaustlessly *adv.* yn ddihysbydd.
exhaustlessness *n.* dihysbyddrwydd *m.*
exhibit¹ *v.t.* dangos, arddangos.
exhibit² *n.* arddangosyn (arddangosion) *m*, dangosbeth(-au) *m*, dangosyn (dangosion) *m*, peth(-au) (*m*) ar ddangos.
exhibiter *n.* = **exhibitor**.
exhibition *n.* **1.** *(= show):* arddangosfa (arddangosf|eydd) *f*, *occ:* arddangosiad(-au) *m*; **to make an ~ of oneself,** eich gwn|eud eich hun yn destun siarad/sbort; gwneud sioe (*f*) ohonoch eich hun, eich dangos eich hun; **an ~ of bad taste,** arddangosiad o ddiffyg chwaeth. **2.** *(= scholarship):* ysgoloriaeth(-au) *f.*
exhibitioner *n. Sch:* ysgolor(-ion,-iaid) *usu.m.*
exhibitionism *n.* arddangosiaeth *f*, gorchestu *vn*, *F:* hen orchest *f*, eich dangos (*vn*) eich hun.
exhibitionist *n.* gorchestwr (gorchestwyr) *m*, gorch|estwraig *f*, ymorchestwr (ymorchestwyr) *m*, ymorch|estwraig *f*; *Psy:* ymarddangosydd(-ion) *m.*
exhibitionistic *a.* ymorchestol; *Psy:* ymarddangosol.
exhibitive *a.* arddangosol, arddangosiadol.
exhibitor *n.* arddangoswr (arddangoswyr) *m*, arddang|oswraig *f.*
exhibitory *a.* = **exhibitive**.
exhilarant *a. & n.* **1.** *a.* llonnol. **2.** llonnwr (llonwyr) *m.*
exhilarate *v.t.* bywiogi, sirioli, llonni, bywh|au, *occ:* bywiocáu, arialu.
exhilarated *a.* llon, bywiog, sionc, hoenus, llawn asbri, nwyfus, arialus, calonnog, gorawenus, gorfoleddus, gorhoenus, wrth eich bodd, wedi cael modd i fyw, uwch ben eich digon, ar uchelfannau'r maes.
exhilarating *a.* llonnol, bywiogol, bywiocaol, bywiocáus, llawenychol; **an ~ walk,** tro iachusol/bywiogol/bywiocáus *m.*
exhilaratingly *adv.* yn llonnol.
exhilaration *n.* llawenydd *m*, bywiogrwydd *m*, gorawen *f*, gorfoledd *m*, gorhoen *f.*
exhilarative *a.* = **exhilarating**.
exhilarator *n.* siriolwr (siriolwyr) *m*, llonnwr (llonwyr) *m.*
exhort *v.t.* annog, annos, argymell, cymell, siarsio.
exhortation *n.* anogaeth(-au) *f*, anogiad(-au) *m*, siars(-au) *f*; *vn.* = **exhort**.
exhortative, exhortatory *a.* anogaethol, anogol.
exhorter *n.* anogwr (anogwyr) *m*, cymhellwr (cymhellwyr) *m*, argymhellwr (argymhellwyr) *m*, siarsiwr (siarswyr) *m.*
exhumation *n.* datgladdiad(-au) *m*, datgladdu *vn.*
exhume *v.t.* datgladdu.
exhumed *a.* datgladdedig.
exhumer *n.* datgladdwr (datgladdwyr) *m.*
exigence, exigency *n.* **1.** *(= requirement):* gofyn(-ion) *m* (am rth), galwad(-au) *f* (am rth), angen (anghenion) *m*, anghenraid (angenrheidiau) *m*, rhaid (rheidiau) *m*, rheidrwydd *m*, eisiau *m.* **2.** *(= emergency):* cyfyngder(-au) *m*, argyfwng (argyfyngau) *m*, achos (-ion) (*m*) brys. **3.** *(= exigent nature):* taerineb *m*, taerni *m.*
exigent *a.* **1.** *(= urgent, pressing):* taer, brys, argyfyngus. **2.** *(= exacting):* llym (*f.* llem, *pl.* llymion), sy'n gofyn/mynnu llawer [gan rn], sy'n dreth [ar rn].
exigently *adv.* yn daer *&c.*
exigible *a.* hawladwy, gofynadwy, y gellir ei hawlio/ofyn/fynnu [gan rn].
exiguity *n.* **1.** *(= smallness):* bychander *m*, bychandra *m*, eiddilwch *m.* **2.** *(= meagreness):* prinder(-au) *m.*
exiguous *a.* **1.** *(= tiny):* bach, bychan (*f.* bechan, *pl.* bychain), *occ:* tila, pitw. **2.** *(= scanty):* prin(-ion).
exiguously *adv.* yn fychan *&c.*
exiguousness *n.* = **exiguity**.
exile¹ *n.* **1.** *(= banishment):* alltudiaeth(-au) *f*, *occ:* alltudedd *f*; *B:* **the E~,** y Gaethglud *f*; **the Welsh in ~,** y Cymry ar wasgar, Cymry alltud. **2.** *(pers.):* alltud(-ion) *m&f.*
exile² *v.t.* alltudio.
exiled *a.* alltud, alltudiedig.
exilian, exilic *a. Rel.Hist:* caethgludol, y Gaethglud; **~ period,** cyfnod (*m*) y Gaethglud; **post-~** *a.* wedi'r Gaethglud; **pre-~** *a.* cyn y Gaethglud.
exine *n. Biol:* ecsin(-au) *m.*
exist *v.i.* **1.** *(= be):* bod, bodoli, *occ:* hanfod. **2.** *(= live):* byw, bod.
existence *n.* bod *m*, bodolaeth(-au) *f*; *Phil: occ:* dirfod *m*; *(= life):* bywyd *m*; **in ~,** mewn bod, ar gael, mewn bodolaeth, *S: occ:* ar glawr; **the struggle for ~,** y frwydr (*f*) i fyw.
existent *a.* sy'n bod, sy'n bodoli; *(= present):* sydd ohoni, presennol.
existential *a. Phil:* dirfodol; **~ import,** ystyr ddirfodol *f.*
existentialism *n. Phil:* dirfodaeth *f.*
existentialist *n. & attrib. Phil:* **1.** *n.* dirfodwr (dirfodwyr) *m*, dirf|odwraig (dirfodwragedd) *f.* **2.** *attrib.* dirfodol.
existentialistic *a.* = **existentialist 2**.
existentially, existentialistically *adv. Phil:* yn ddirfodol.
existing *a.* mewn bod, mewn bodolaeth, sy'n bod/bodoli, sydd ohoni; **in ~ circumstances,** yn yr amgylchiadau presennol, yn yr amgylchiadau sydd ohoni; *Jur:* **~ use,** defnydd (*m*) sy'n bodoli.
exit¹ *n.* **1.** *(= going out):* **exit** *f*, ymadawiad *m*, mynediad(-au) (*m*) allan; **to make one's ~,** mynd [allan], ymadael, *S:* mynd mas. **2.** *(= way out):* **exit** *f*, ffordd (ffyrdd) (*f*) allan, allanfa (allanf|eydd) *f*, llwybr(-au) (*m*) allan; *(on motorway):* mynedfa (mynedf|eydd) (*f*) allan; *(on sign):* "allan"; **emergency ~,** allanfa argyfwng, allanfa frys (allanfeydd brys), drws (drysau) (*m*) dianc; *(on sign):* "allan ar frys". **3.** *Cmptr:* allan *m*, allanfa. **~ counter** *n.* allanfa. **~ cue** *n. Th:* ciw(-iau) (*m*) mynd allan. **~ line** *n.* llinell(-au) (*f*) mynd allan.
exit² *v.i.* **1.** mynd allan, ymadael, *S:* mynd mas; *Th:* **~ Macbeth,** â Macbeth allan. **2.** *Cmptr:* allanu.

exobiological *a.* ecsobiolegol.
exobiologist *n.* ecsobiolegydd (ecsobiolegwyr) *m.*
exobiology *n.* ecsobioleg *f.*
exocarp *n. Bot:* plisgyn (plisg) *m*, croen (crwyn) *m.*
exocentric *a. Gram:* echgreiddig, allgreiddig.
exocrine *a. Physiol:* |ecsocrin, allnawsiol.
exocyclic *a. Ch:* allgylchol.
exocytosis *n. Biol:* ecsosytosis *m.*
exodermis *n. Bot:* ecsodermis *m.*
exodontia *n.*, **exodontics** *n.pl.* deintyddiaeth *f.*
exodontist *n.* deintydd(-ion) *m.*
exodus *n.* |ecsodus *m*, ymadawiad(-au) *m*, mynediad (*m*) allan; *B:* Ecsodus.
exoenzyme *n. Bio-Ch:* ecso-ensym(-au) *m.*
exoergic *a.* ecso-ergaidd, egni-ryddhaol.
exoerythrocytic *a. Bio-Ch:* ecsoerythrosytig.
exogamic, exogamous *a.* allbriodasol.
exogamy *n.* allbriodas *f*, allbriodi *vn.*
exogenesis *n. Geog:* alldarddiad *m.*
exogenic *a.* alldarddol.
exogenous *a. Biol:* alldarddol, oddi allan.
exomologesis *n. Theol:* ecsomologesis *m.*
exompholos *n. Med:* torfogail *m.*
exon *n. Mil:* prif iwmon (~ iwmyn) *m.*
exonerate *v.t.* rhyddh|au (rhn) [o fai]; difeio, dieuogi, esgusodi, diheuro.
exoneration *n.* rhyddhad *m*, difeiad *m*, difeio *vn.*
exonerative *a.* difeiol.
exonerator *n.* difeiwr (difeiwyr) *m.*
exonuclease *n. Bio-Ch:* ecsoniwcleas(-au) *m.*
exoparasite *n.* = **ectoparasite**.
exopeptidase *n. Bio-Ch:* ecsop|eptidas (ecsopeptidasau) *m.*
exoperidium *n. Bot:* = **peridium**.
exophthalmia *n. Med:* llygatchwydd *m.*
exophthalmic *a. Med:* llygatchwyddol.
exophthalmos, exopthalmus *n.* = **exophthalmia**.
exopleura *n. Bot:* hadgroen (hadgrwyn) *m.*
exopodite *n. Crust:* allaelod(-au) *m.*
exorability *n.* natur gymodlon *f*, cymodlonrwydd *m*, cymodlondeb *m.*
exorable *a.* cymodlon.
exorbitance *n.* gormodedd *m*, afresymoldeb *m*, anghymedrolrwydd *m*, anghymesuredd *m*; *abs.* (*= dearness*): drutgost *f*, drudfawredd *m*, pris uchel *m*, cost uchel/afresymol *f*, pris uchel/afresymol *m.*
exorbitant *a.* afresymol, eithafol, gormodol, anghymedrol, anghymesur, y tu hwnt i fesur, heb na rheol na rheswm; *abs.* (*= dear*): *N:* drud(-ion), *S: occ:* prid; **an ~ price**, crocbris(-iau) *m.*
exorbitantly *adv.* yn ormodol *&c*; yn ddrud *&c.*
exorciser *n.* = **exorcist**.
exorcism *n.* **1.** (*of house &c*): dadreibiad *m*, dadreibio *vn*, datswyno *vn.* **2.** (*of spirit*): bwrw (*vn*) allan, allfwrw *vn*, allfwriad *m.*
exorcist *n.* **1.** bwriwr (bwrwyr) (*m*) cythreuliaid, dadreibiwr (dadreibwyr) *m.* **2.** *R.C.Ch:* benediad (benediaid) *m*, allfwriwr (allfwrwyr) *m.*
exorcistic[al] *a.* dadreibiol.
exorcize *v.t.* **1.** (*pers., house*): dadreibio, datswyno; **to ~ a house,** gwaredu tŷ o gythraul/ysbryd, bwrw ysbryd/cythraul allan o dŷ. **2.** (*spirit*): bwrw allan, allfwrw.
exordial *a.* rhagarweiniol.
exordium *n.* rhagymadrodd(-ion) *m*, rhagarweiniad(-au) *m*, rhagdraeth(-au) *m*, rhagair (rhageiriau) *m*, rhaglith(-iau,-oedd) *f.*
exoskeletal *a.* allsgerbydol.
exoskeleton *n.* [y]sgerbwd ([y]sgerbydau) allanol *m*, allsgerbwd (allsgerbydau) *m.*
exosmosis *n. Biol:* allnawsiad *m.*
exosmotic *a.* allnawsol.
exosphere *n.* |ecsosffer (ecsosfferau) *m.*
exospheric *a.* ecsosfferig.
exospore *n. Bot:* |ecsosbor (ecsosborau) *m.*
exosporous *a. Bot:* ecsosboraidd.
exostasia *n.* ecsostasia *m.*
exostosis *n. Med:* ecsostosis *m*, echasgwrn (echesgyrn) *m.*
exoteric *a.* ecsoterig.
exoterically *adv.* yn ecsoterig.
exothermal *a. Ch:* ecsothermig.
exothermally *adv. Ch:* yn ecsothermig.
exothermic *a. Ch:* ecsothermig.
exotic *a. & n.* **1.** *a.* (*a*) (*= foreign*): dieithr, estron, estronol; (*b*) (*= colourful*): ecsotig, lliwgar; (*c*) *Geog:* (*river*): alldarddol. **2.** *n. Hort: Bot:* planhigyn (planhigion) dieithr/ecsotig/estron *m*, dieithryn (dieithriaid) *m*, ecsotig(-ion) *m.*
exotica *n.pl.* **exotica,** pethau anghyffredin.
exotically *adv.* yn lliwgar *&c.*
exoticism *n.* **1.** (*= foreign-ness*): dieithrwch *m*; (*= colourfulness*): lliwgarwch *m*, ecsotigiaeth *f.* **2.** (*= foreign idiom*): estronair (estroneiriau) *m.* **3.** (*= any foreign thing*): peth(-au) dieithr/estron *m*, estronbeth(-au) *m.*
exoticness *n.* dieithrwch *m*, ecsotigrwydd *m.*
exotoxin *n. Bio-Ch:* ecsotocsin(-au) *m.*
expand *v.t.&i.* **1.** *v.t.* (*= make larger*): ehangu, chwyddo, helaethu, estyn, hwyh|au, ymestyn; (*wings*): lledu, estyn; (*muscles*): lledu, chwyddo. **2.** *v.i.* (*a*) (*= grow larger*): ehangu, ymledu, ymehangu, ymhelaethu, tyfu, chwyddo, helaethu, estyn, ymestyn, *occ:* prifio; (*b*) (*= open out*): ymledu, ymagor; (*of chest*): chwyddo, ymchwyddo; (*of intelligence*): ymestyn, datblygu; (*of bud*): ymagor. (*c*) (*= become genial*): ymagor; (*d*) **to ~ upon sth,** ymhelaethu ar rth.
expandable *a.* estynadwy, eangadwy, helaethadwy, ymestynadwy, lledadwy, chwyddadwy.
expanded *a.* estynedig, helaeth, helaethedig, helaethach, wedi ei helaethu, a helaethwyd, hwy, mwy, chwyddedig; **~ metal,** metel ymledol *m*, metel rhwyllog; **an ~ version,** fersiwn hwy/[l]lawnach *mf*; **an ~ metaphor,** trosiad estynedig *m.*
expander *n.* helaethwr (helaethwyr) *m*, ehangwr (ehangwyr) *m*, lledwr (lledwyr) *m*; *Gym:* **chest-~,** lledwr (lledwyr) (*m*) brest.
expandible *a.* = **expandable**.
expanding *a.* ehangol, ymledol, ymestynnol, yn ymestyn, yn tyfu, yn ehangu *&c*; **an ~ business,** busnes sy'n tyfu; *Tls:* **~ reamer,** agorell gymwysadwy *f*; **~ trunk,** cist estynadwy *f*; **the ~ universe,** y bydysawd ymledol.
expanse *n.* ehangder (eangderau) *m.*
expansibility *n.* ymestynnedd *m*, estynadwyedd *m.*
expansible *a.* = **expandable**.
expansile *a.* **1.** = **expandable**. **2.** (*= pertaining to expansion*): estyniadol, eangiadol, ymledol, ymehangol, ymchwyddol, ymdaenol.
expansion *n.* ehangiad *m*, ymehangiad *m*, twf *m*, tyfiant *m*, helaethiad *m*, ymlediad *m*, ymchwydd *m*; *vn.* = **expand**; **the ~ of the University,** ehangu'r Brifysgol. **~ bolt** *n.* bollten (bolltiau) (*f*) ymestyn. **~ slot** *n. Cmptr:* agen(-nau) (*f*) ehangu. *S.a.* **bend**[1].
expansional, expansionary *a.* ehangol, ymehangol, ymledol, ymchwyddol.
expansionism *n.* ymlediaeth *f*, ehangiaeth *f.*
expansionist *n. & attrib.* **1.** *n.* ehangwr (ehangwyr) *m*, eh|angwraig *f.* **2.** *attrib.* ehangol, e[h]angiadol, ymledol.
expansionistic *a.* = **expansionist 2**.
expansive *a.* **1.** (*force*): ymehangol, ymledol, lledol, ehangol. **2.** (*pers.*): rhadlon, ymagorol, calonnog, hwyliog, ffri, llawn hwyliau. **3.** (*= wide*): eang, llydan (llydain), helaeth; *Carp:* **~ bit,** ebill(-ion) (*m*) ymledu; *Lib:* **~ classification,** dosbarthiad(-au) ymledol *m.*
expansively *adv.* yn rhadlon, yn ffri *&c.*
expansiveness, expansivity *n.* hwyliogrwydd *m*, hwyliau da *pl*, rhadlondeb *m*, rhadlonder *m*, rhadlonrwydd *m*, ymagoroldeb *m*, natur galonnog/ffri *f.*
expatiate *v.i.* ymhelaethu, manylu, traethu (**on sth,** ar/am rth); bwrw drwyddi (am rth).
expatiation *n.* ymhelaethiad *m*, traethiad *m*, anerchiad(-au) *m*; *vn.* = **expatiate**.
expatiator *n.* ymhelaethwr (ymhelaethwyr) *m*, traethwr (traethwyr) *m.*
expatriate[1] *n. & a.* **1.** *a.* alltud, oddi cartref, ar wasgar. **2.** *n.* alltud(-ion) *m&f.*
expatriate[2] *v.t.* alltudio, deol.
expatriation *n.* alltudiaeth *f*, alltudio *vn*, deol *vn.*
expect *v.t.* **1.** disgwyl (rhth, am rth, wrth rth), *S: occ:* erfyn (rhth); (*= wait for*): aros (rhth, am rth); **I've been expecting him (for**

hours), 'rwyf yn ei ddisgwyl, 'rwyf yn aros amdano (ers oriau); **I ~ you to be punctual,** 'rwy'n disgwyl ichi fod yn brydlon; **I expected as much,** 'dyna 'roeddwn i'n ei ddisgwyl; **as one might ~,** fel y disgwyliech, fel y byddid yn disgwyl; *F:* **she's expecting,** mae hi'n disgwyl; *occ:* mae ganddi obaith magu; mae hi dan ei gofal; *N. W: occ:* mae hi'n magu mân esgyrn; **it was better than I expected,** cefais fy siomi o'r ochr orau; **it is to be expected that...,** y tebyg yw bod...; gellir disgwyl bod...; **it is hardly to be expected that...,** nid oes fawr o obaith bod...; ni ellir disgwyl bod...; **it is not expected of you,** ni ddisgwylir hynny gennych; ni ddisgwylir hynny ar eich rhan. **2.** *F:* **I ~ so,** mae'n siŵr [gen i], debyg gen i, siŵr o fod, 'rwy'n barnu, debygwn i, dybiwn i, buaswn i'n meddwl, *S:* gwl|ei, *N:* 'ddyliwn i, decin-i (= debyg gen i), d|ecini; **I ~ you're right,** 'rwy'n siŵr dy fod di'n iawn; **I don't ~ so,** 'dydw i ddim yn meddwl; mae'n amh|eus gen i; mae'n gwestiwn gen i; *N. W:* digon o waith [bod hynny'n wir *&c*], *S. W:* digwyddiad [bod hynny'n wir *&c*].

expectable *a.* disgwyliadwy.

expectably *adv.* yn ddisgwyliadwy; fel y gellid disgwyl.

expectance, expectancy *n.* **1.** *(= anticipation):* disgwyl *m*, disgwyliad *m*, disgwylgarwch *m*. **2. life ~,** disgwyliad *(m)* einioes.

expectant *a.* **1.** disgwylgar, gobeithiol. **2. ~ mother,** mam feichiog (mamau beichiog) *f*, mam yn disgwyl, mam dan ei gofal.

expectantly *adv.* yn ddisgwylgar, yn obeithiol.

expectation *n.* **1.** disgwyliad(-au) *m*, *occ:* disgwyl *m*; **to come up to expectations,** cwrdd â'r disgwyliadau; **to fall short of expectations,** siomi'r disgwyliadau; **contrary to all expectations,** yn groes i bob disgwyl; **beyond all expectations,** y tu hwnt i bob disgwyl; **better than ~,** gwell na'r disgwyl; **in ~ of sth,** gan ddisgwyl rhth; *Econ:* **adaptive ~,** disgwyl addasol. **2.** *pl.* **expectations,** disgwyliadau, gobeithion, rhagolygon; **to have great expectations,** disgwyl pethau gwych i ddyfod. **3.** *(= probability):* tebygrwydd *m*, gobeithion *pl*, rhagolygon *pl*; **~ of life,** disgwyliad *(m)* einioes; **~ of life tables,** tablau hirhoedledd.

expectative *a.* disgwyliol.

expected *a.* disgwyliedig.

expectedly *adv.* yn ddisgwyliedig.

expectedness *n.* disgwyliedigrwydd *m*.

expecting *a.* = **expectant**.

expectorant *a. & n. Pharm:* **1.** *a.* pesychol. **2.** *n. N:* ffisig(-au) *(m)* pesychu, *S:* moddion *(m or pl)* pesychu.

expectorate *v.t.&i.* poeri, pesychu.

expectoration *n.* **1.** *(action):* poeri *vn*. **2.** *(= spit):* poer(-ion) *m*, poeryn (poerion) *m*, poerad(-au) *m*.

expedience, expediency *n.* hwylustod *m*, buddioldeb *m*, cyfleuster *m*, cyfleustra *m*, mantais *f*.

expedient *a. & n.* **1.** *a.* cyfl|eus, hwylus, buddiol, manteisiol. **2.** *n.* cynllun(-iau) *m*, dyfais (dyfeisiau, dyfeisiadau) *f*; dull(-iau) *m*, ffordd (ffyrdd) *f*, modd(-ion) *m* [o wn|eud rhth], ystryw(-iau) *m*, cast(-iau) *m*; **a temporary ~,** ateb(-ion) *(m)* dros dro.

expediently *adv.* yn gyfl|eus *&c*.

expedite *v.t.* **1.** *(= make easier):* hwyluso, rhwyddh|au, hyrwyddo. **2.** *(= speed up):* cyflymu, prysuro.

expediter *n.* **1.** rhwyddhäwr (rhwyddhawyr) *m*, hyrwyddwr: hyrwyddydd (hyrwyddwyr) *m*, cyflymwr: cyflymydd (cyflymwyr) *m*, prysurwr: prysurydd (prysurwyr) *m*. **2.** *(= sender):* anfonwr (anfonwyr) *m* *(not* danfonwr = **deliverer**).

expedition *n.* **1.** *Mil:* cyrch(-oedd) *m*, ymgyrch(-oedd) *mf*, rhyfelgyrch(-oedd) *m*. **2.** *(a) (= journey):* taith (teithiau) *f*, ymdaith (ymdeithiau) *f*; *Hist:* alltaith (allteithiau) *f*, hirdaith (hirdeithiau) *f*; **the Everest ~,** y cyrch ar Everest; *(b)* **a shopping ~,** tro *(m)* o amgylch y siopau, hynt *(f)* siopa, taith siopa; *(c) (group of people):* mintai (minteioedd) *f*. **3.** *(a) (= promptness):* prydlonrwydd *m*, prydlondeb *m*; *(b) (= speed, haste):* cyflymder *m*, cyflymdra *m*, *occ:* buandra *m*, sydynrwydd *m*, brys *m*; **with all ~,** gynted ag y bo modd, gynted fyth ag y gellir.

expeditionary *a. Mil:* **~ force,** byddin ymgyrchol/ymdeithiol *f*.

expeditious *a.* **1.** *(= quick):* buan (buain), cyflym, sydyn, chwim, ebrwydd. **2.** *(= prompt):* prydlon, diymdr|oi. **3.** *(= unhindered):* rhwydd, hwylus, dirwystr, dilestair.

expeditiously *adv.* yn fuan *&c*.

expeditiousness *n.* = **expedition 3**.

expeditor *n.* = **expediter**.

expel *v.t.* **1.** *(= drive out):* bwrw/gyrru (rhth) allan, *N:* hel (rhth) allan, *S:* bwrw (rhth) mas; **to ~ the enemy,** gyrru'r gelyn ymaith. **2.** *(from club &c):* diarddel, diaelodi (rhn); bwrw/torri/taflu (rhn) allan/mas; danfon, *Lit: occ:* deol. **3.** *(bullet from gun &c):* poeri; *(gas &c):* allyrru.

expellable *a.* **1.** *(gas &c):* allyradwy. **2.** *(pers.):* diarddeladwy, deoladwy.

expellee *n.* deoledig(-ion) *m&f*; *(= exile):* alltud(-ion) *m&f*.

expellent *a.* allyrrol.

expeller *n.* **1.** bwriwr (bwrwyr) *(m)* allan/mas. **2.** *(of pers.):* diarddelwr (diarddelwyr) *m*, *Lit: occ:* deholwr (deholwyr) *m*. **2.** *pl.* **expellers,** soeg *m*, gwaddod(-au,-ion) *m*.

expend *v.t.* **1.** *(money):* gwario; *(= use up):* dihysbyddu, disbyddu (rhth); defnyddio (rhth) yn llwyr. **2.** *(time):* treulio, *less correctly:* gwario; **to ~ efforts/patience on sth,** cysegru egnïon/amynedd i rth, ymdrafferthu â rhth, mynd i drafferth â rhth. **3.** *Nau:* dirwyn, ceirsio.

expendability *n.* hepgoradwyedd *m*, natur hepgoradwy *f*; **I could see its ~,** gallwn weld bod modd ei hepgor.

expendable *a. & n.* **1.** *a. (a) (cash &c):* treuliadwy, gwariadwy; *(time):* treuliadwy; *(efforts):* cysegradwy; *(b) (= dispensable):* hepgoradwy, aberthadwy; *(= unimportant):* diwerth, dibwys. **2.** *n.* peth(-au) hepgoradwy *m*.

expender *n.* *(of money):* gwariwr (gwarwyr) *m*; *(of time):* treuliwr (treulwyr) *m*; *(of efforts):* cysegrwr (cysegrwyr) *m*.

expenditure *n.* gwario *vn*, gwariant (gwariannau) *m*, traul (treuliau) *f*; **the ~ of money on luxuries,** gwario arian ar foethau; **consumer ~,** gwario prynwyr/defnyddwyr; **excess ~,** gorwariant *m*, gorwario *vn*; **incurred ~,** gwariant gwirioneddol; **investment ~,** gwariant buddsoddi.

expense *n.* cost(-au) *f*, traul (treuliau) *f*; **at the public ~,** ar draul y cyhoedd, ar bwrs y wlad; **free of ~,** yn rhad ac am ddim; **travelling expenses,** costau/treuliau teithio; **running expenses,** *(of car, house &c):* costau cynnal; **with all expenses paid,** a'r holl gostau wedi eu talu, gan dalu'r holl draul/gostau; **with no ~ spared,** heb arbed unrhyw gost; **regardless of ~,** heb gyfri'r draul, costied a gostio; **incidental expenses,** mân dreuliau; **to cover one's expenses,** cael eich arian yn ei ôl, *N. W: occ:* cadw'ch pen; **to go to great ~,** mynd i gost fawr; **to put s.o. to ~,** gwneud i rn fynd i gost, achosi cost i rn; **at the ~ of sth,** ar draul rhth, ar gorn rhth, *occ:* ar gefn rhth; **at great ~,** drwy fawr draul; **(to have fun) at s.o.'s ~,** (cael hwyl) ar draul rhn, ar gorn rhn, am ben rhn. **~ account** *n.* cyfrif(-on) *(m)* treuliau.

expensive *a.* drud(-ion), *Lit:* drudfawr, costus, *S: occ:* prid.

expensively *adv.* yn ddrud, yn brid *&c*.

expensiveness *n.* drudaniaeth *f*, drutwch *m*, cost *f*, pris uchel *m*, costusrwydd *m*.

experience¹ *n.* profiad(-au) *m*; *occ: (= event):* tro(-eon) *m*; **by ~,** o brofiad, trwy brofiad; **of no ~,** dibrofiad.

experience² *v.t.* profi (rhth), cael profiad (o rth); *(= sense):* teimlo, clywed (rhth); **to ~ difficulty,** cael anhawster/trafferth; **to ~ religion,** cael tröedigaeth, cael crefydd.

experienceable *a.* profiadwy.

experienced *a.* profiadol; *occ: (horse &c):* hywaith.

experiential *a.* profiadol.

experientialism *n.* profiadaeth *f*.

experientialist *n.* profiadwr: profiadydd (profiadwyr) *m*.

experientially *adv.* yn brofiadol; o brofiad.

experiment¹ *n.* arbrawf (arbrofion) *m*; **control ~,** arbrawf cymharu; **controlled ~,** arbrawf rheoledig, arbrawf dan reolaeth.

experiment² *v.i.* arbrofi.

experimental *a.* arbrofol; **the ~ method,** y dull arbrofol; **~ procedure,** dull o weithredu arbrawf.

experimentalism *n.* arbrofoliaeth *f*.

experimentalist *n.* arbrofolwr (arbrofolwyr) *m*.

experimentally *adv.* drwy arbrawf, yn arbrofol.

experimentation *n.* arbrofi *vn*, arbrofion *pl*.

experimenter *n.* arbrofwr (arbrofwyr) *m*, arbr|ofwraig *f*.

expert *a. & n.* **1.** *a. (a)* arbenigol, cyfarwydd; **~ opinion,** barn yr arbenigwyr; **an ~ opinion,** barn arbenigol, barn arbenigwr/arbenigwyr; *Jur:* **~ witness,** tyst(-ion) arbenigol *m*; *Cmptr:* **~ system,** system(-au) arbenigol *f*; *(b) (touch, handling &c):* cyfarwydd, deheuig, dehau, medrus, *Lit:* hyfedr, hyffordd, *S: occ:* ffforddus. **2.** *n.* *(a) (with special knowledge):* arbenigwr (arbenigwyr) *m*, awdurdod(-au) *m*, arben|igwraig *f*; *(b) (with exceptional skill):* meistr(-i) *m*, *N: F:* giamstar(-s) *m*, giamblar(-s) *m*, hen law(-iau) *f*, hen ben(-nau) *m*, *S:* gamster(-s) *m*, cliper(-s) *m*.

expertise *n.* **1.** *(= knowledge):* gwybodaeth arbenigol *f*, gwybodaeth arbenigwr. **2.** *(= skill):* medr *m*, medrusrwydd *m*, deheurwydd *m* **(in sth,** gyda rhth); meistrolaeth *f* (ar rth).

expertism *n.* = **expertise.**

expertize *v.i.&t.* barnu (rhth) yn fedrus, asesu (rhth).

expertly *adv.* yn fedrus *&c.*

expertness *n.* = **expertise.**

expiable *a.* maddeuadwy, dileadwy.

expiate *v.t.* **to ~ a sin,** gwn|eud iawn am bechod, dioddef cosb am bechod; **to ~ an injury,** unioni cam.

expiation *n.* iawn *m*; gwn|eud (*vn*) iawn **(for/of sth,** am rth).

expiator *n.* talwr (talwyr) (*m*) iawn **(of/for sth,** am rth).

expiatory *a.* iawnol, cymodol, dyhuddol; **an ~ deed,** gweithred o iawn.

expiration *n.* **1.** *(of air):* anadliad (*m*) allan, allanadliad(-au) *m*; *vn.* = **expire. 2.** *(= ending):* diwedd *m*, pen *m*, terfyn *m*.

expiratory *a.* allanadlol.

expire *v.t.&i.* **1.** *v.t. (air):* allanadlu, anadlu (rhth) allan, *S:* anadlu (rhth) mas. **2.** *v.i. (a) (= end):* darfod, gorffen, dod i ben/derfyn, diweddu, terfynu, *S:* cwpla, dibennu; *(b) (= die):* marw, trengi, darfod.

expired *a.* **1.** *(= finished):* wedi darfod/gorffen, wedi dod i ben. **2.** *(= dead):* marw, wedi marw. **3.** *(air, gases):* allanadledig.

expiring *a.* **1.** *(= dying):* ar drengi, yn trengi, yn marw. **2.** *(= ending):* yn dod i ben *&c*; **his ~ breath,** ei anadl olaf, ei olaf chwyth.

expiry *n.* diwedd *m*, terfyn *m*, terfyniad *m*.

explain *v.t.* egluro, esbonio **(sth to s.o.,** rhth i/wrth rn); **~ the action of . . .,** eglurwch sut y mae . . . yn gweithredu/gweithio; **to ~ oneself,** eich egluro'ch hun, egluro'ch meddwl, egluro'ch gweithred; **to ~ sth away,** *(i) (misdeed):* esgusodi rhth; *(ii) (mystery &c):* ceisio egluro rhth.

explainable *a.* egluradwy, esboniadwy.

explainer *n.* eglurwr: eglurydd (eglurwyr) *m*, esboniwr (esbonwyr) *m*, esb|onwraig *f*.

explanation *n.* eglurhad (eglurhadau) *m*, esboniad(-au) *m*.

explanative *a.* eglurhaol, esboniadol.

explanatively, explanatorily *adv.* yn eglurhaol *&c.*

explanatory *a.* = **explanative.**

explant[1] *n.* allblaniad(-au) *m*.

explant[2] *v.t.* allblannu.

explantation *n.* = **explant**[1,2].

expletive *a. & n.* **1.** *a.* llanw. **2.** *n. (a) (word filling out line):* gair (geiriau) (*m*) llanw; *(b) (= oath):* rheg(-f|eydd) *f*, llw(-on) *m*; *(c) (= exclamation):* ebychiad(-au) *m*, *occ:* ebwch (ebychau) *m*.

expletory *a.* = **expletive.**

explicable *a.* egluradwy, esboniadwy.

explicably *adv.* yn egluradwy *&c.*

explicate *v.t.* **1.** *(= explain):* egluro, esbonio, dehongli. **2.** *(= develop):* datblygu.

explication *n.* eglurhad (eglurhadau) *m*, esboniad(-au) *m*.

explicative *a. & n.* **1.** *a.* eglurhaol, esboniadol. **2.** *n.* = **explanation.**

explicatively *adv.* yn eglurhaol *&c.*

explicator *n.* eglurwr (eglurwyr) *m*, esboniwr (esbonwyr) *m*.

explicatory *a.* = **explicative.**

explicit[1] *a.* **1.** *(= clear):* croyw, pendant, penodol, diamwys, clir, eglur, manwl, amlwg. **2.** *(nude picture &c):* cignoeth, di-gêl, dinoethol, sy'n dangos popeth. **3.** *(= opp. of implicit):* echblyg, esblyg; **~ faith,** ffydd echblyg *f*.

explicit[2] *n.* diweddglo(-eon) *m*.

explicitly *adv.* **1.** yn groyw *&c.* **2.** yn gignoeth *&c.* **3.** yn echblyg *&c.*

explicitness *n.* **1.** croywder *m*, eglurder *m*, pendantrwydd *m*, diamwysedd *m*. **2.** *(of nude picture &c):* cignoethni *m*, dinoethni *m*. **3.** *(= opp. of implicitness):* echblygrwydd *m*, esblygrwydd *m*.

explode *v.t.&i.* **1.** *(explosive):* chwythu, tanio, *Lit:* ffrwydro. **2.** *(theory &c):* chwalu, dymchwel.

exploded *a.* **1.** ffrwydredig, chwilfriw; **~ view,** darlun (*m*) ar daen, darlun taenedig/gwasgaredig, golwg daenedig *f*. **2. an ~ theory,** damcaniaeth wedi chwythu ei phlwc, damcaniaeth wedi ei chwalu/dymchwel.

explodent *n.* = **explosive 2.**

exploding *a.* ffrwydrol.

exploit[1] *n.* camp(-au) *f*, gorchest(-ion) *f*, gwrhydri *m*.

exploit[2] *v.t.* **1.** *(= develop):* defnyddio, datblygu, *occ:* gweithio. **2.** *Pej: (= use unfairly):* camddefnyddio, ecsbloetio (rhth); manteisio [i'r eithaf], elwa, ymelwa (ar rth); gwn|eud yn fawr (o rth).

exploitable *a.* defnyddiadwy, ecsbloetiadwy.

exploitation *n.* ymelwad *m*, elwa *vn*, ymelwa *vn*; *Pej:* ecsbloetiaeth *f*, ecsbloetio *vn*; **~ of resources,** datblygu (*vn*) adnoddau.

exploitative *a.* ymelwol **(of sth,** ar rth), ecsbloetiol.

exploiter *n.* ymelwr (ymelwyr) *m* **(of sth,** ar rth); *Pej:* ecsbloetiwr (ecsbloetwyr) *m*, ecsbl|oetwraig *f*.

exploitive *a.* = **exploitative.**

exploration *n.* **1.** *(= investigation):* ymchwiliad(-au) *m* (i rth), archwiliad(-au) *m* (o rth); *Med:* archwiliad [mewnol]. **2.** *(journey):* taith (teithiau) (*f*) ymchwil, *occ:* fforiad(-au) *m*; *vn.* = **explore.**

explorational, explorative *a.* = **exploratory.**

exploratively *adv.* yn archwiliadol.

exploratory *a.* archwiliol, ymchwiliol; *occ:* cychwynnol, arbrofol, fforiol; **~ behaviour,** gweithgaredd(-au) (*m*) chwilio; **~ talks,** trafodaethau cychwynnol.

explore *v.t.&i.* *(a)* chwilio, archwilio, edrych, chwilota; **to ~ every avenue,** chwilio pob ffordd; **to ~ the bed of the ocean,** archwilio gwaelod y môr; **to ~ the possibilities,** archwilio'r posibiliadau, trafod y posibiliadau; **let's go and ~,** dowch inni fynd i chwilota; dowch inni weld [pa] beth [a] welwn ni; *(b)* **to ~ a country,** anturio trwy wlad, archwilio gwlad, *occ:* fforio/arloesi gwlad; **to ~ the country,** edrych y wlad; **he spent years exploring in Africa,** treuliodd flynyddoedd yn arloesi/fforio yn Affrica.

explorer *n.* **1.** *(of possibilities &c):* archwiliwr (archwilwyr) *m*, chwilotwr (chwilotwyr) *m*. **2.** *(of country):* fforiwr (fforwyr) *m*, arloeswr (arloeswyr) *m*; **under-sea ~,** chwilotwr tanddwr.

explosibility *n.* natur ffrwydrol/ffrwydradwy *f*, ffrwydroldeb *m*.

explosible *a.* ffrwydradwy, ffrwydrol.

explosion *n.* **1.** taniad(-au) *m*, ffrwydr[i]ad(-au) *m*, *F:* clec(-iadau) *f*. **2.** *Min:* taniad, tanchwa *f*, *S:* tanad(-on) *m*, *occ:* tanfa (tanfeion) *f*, fflachad(-au) *f*.

explosive *a. & n.* **1.** *a.* ffrwydrol; *(temper):* chwyrn, ffyrnig, tanbaid, gwyllt. **2.** *n. (a)* ffrwydryn (ffrwydron) *m*, *occ:* ffrwydrydd(-ion) *m*, defnydd(-iau) ffrwydrol *m*; **high ~,** ffrwydryn ffyrnig; *(b) Phon:* ffrwydrol(-ion) *m*, sain (seiniau) ffrwydrol *f*.

explosively *adv.* yn ffrwydrol, yn chwyrn *&c.*

explosiveness *n.* ffrwydroldeb *m*.

exponent *n.* **1.** *(a) (= interpreter):* esboniwr (esbonwyr) *m*, esb|onwraig *f*, dehonglwr (dehonglwyr) *m*, mynegwr (mynegwyr) *m*, *occ:* esbonydd(-ion) *m*; *(b) (= advocate):* pleidiwr (pleidwyr) *m*, pl|eidwraig (pleidwragedd) *f*; cynheiliad (cynheiliaid) *m&f*; *(c) (= performer):* perfformiwr (perfformwyr) *m*, perff|ormwraig *f*, chwaraeydd(-ion) *m*, chwaraewr (chwaraewyr) *m*, chwar|aewraig *f*; **an ~ of the harp,** telynor(-ion) *m*, telynores(-au) *f*; **an ~ of cynghanedd,** cynganeddwr (cynganeddwyr) *m*, cyngan|eddwraig *f*. **2.** *Mth:* mynegrif(-au) *m*, esbonydd(-ion) *m*.

exponential *a.* **1.** *Mth:* mynegrifol, esbonyddol. **2.** *(loosely = more and more rapidly):* cynt gynt, cyflymach gyflymach.

exponible *a. Log:* esboniadwy.

export[1] *v.t.&i.* allforio.

export[2] *n. & attrib.* **1.** *n. (= thing exported):* allforyn (allforion) *m*; **for ~,** i'w allforio; **invisible exports,** allforion anweledig; **unrequited ~,** allforyn dyled. **2.** *attrib.* **E~ Credits Guarantee Department** *n.* Adran (*f*) Warantu Credyd Allforol. **~ duty** *n.* treth(-i) (*f*) allforio. **~ industry** *n.* diwydiant (diwydiannau) (*m*) allforio/allforion. **~ trade** *n.* masnach (*f*) allforio, masnach dramor.

exportability *n.* natur allforiadwy *f*; **I believe in the ~ of these goods,** 'rwy'n credu y gellir allforio'r nwyddau hyn.

exportable *a.* allforiadwy.

exportation *n.* allforiad *m*, allforio *vn*.

exporter *n.* allforiwr (allforwyr) *m.*
expose *v.t.* **1.** dinoethi, datgelu, datguddio, dadlennu, amlygu (rhth); dwyn (rhth) i'r amlwg/golwg; **to ~ goods for sale,** rhoi/dodi/gosod/cynnig nwyddau ar werth; **to ~ s.o.,** datgelu'r gwir am rn; **to ~ oneself to danger,** eich peryglu'ch hun, eich rhoi'ch hun mewn perygl; **to ~ s.o. to work,** cyflwyno rhn i waith; **to ~ one's ignorance,** dangos eich anwybodaeth; **to ~ oneself indecently,** eich dinoethi'ch hun yn anweddus. **2.** *Phot:* dinoethi, goleuo, datguddio, dadlennu. **3.** *Ph:* **to ~ sth to gas,** rhoi/dodi rhth mewn nwy; **to ~ sth to 37 degrees for. . .,** rhoi/dodi (rhth) ar 37 gradd am. . .; **to ~ sth to light,** dodi/rhoi (rhth) yn y golau.
exposé *n.* **1.** *(= statement):* datganiad(-au) *m.* **2.** *(= explanation):* esboniad(-au) *m*, eglurhad (eglurhadau) *m.* **3.** *(= disclosure):* datgeliad(-au) *m*, dadleniad(-au) *m.*
exposed *a.* **1. ~ goods,** nwyddau ar ddangos, nwyddau ar gynnig, nwyddau yn y golwg, nwyddau yn yr amlwg; **over-~,** goramlwg, rhy amlwg; *Phot:* rhy olau, wedi ei oroleuo, wedi cael gormod o olau; **an actor who has been over-~,** actor a gafodd ormod o sylw. **2.** dadorchuddiedig, datgeledig, dadlenedig; **~ to the weather,** agored i'r tywydd, digysgod, *N:* amlwg; **~ to the sun,** yn llygad yr haul; **~ to the wind,** yn nannedd y gwynt. **3.** *Mil:* **an ~ flank,** ystlys/ochr ddiamddiffyn/agored/ddigysgod. **4. to be ~ to ridicule,** bod/mynd yn gyff gwawd. **5.** *Phot: (film):* datguddiedig, dinoethedig, dadlenedig. **6.** *Mus:* **~ fifth,** pumed(-au) noeth *m*; **~ octave,** wythfed(-au) noeth *m.*
exposer *n.* dadorchuddiwr (dadorchuddwyr) *m*, datgelwr: datgelydd (datgelwyr) *m*, dinoethwr: dinoethydd (dinoethwyr) *m*, datguddiwr (datguddwyr) *m*, dadlennwr (dadlenwyr) *m.*
exposit *v.t.* egluro, esbonio, dehongli.
exposition *n.* eglurhad (eglurhadau) *m*, esboniad(-au) *m*, dehongliad (deongliadau) *m*, dangosiad(-au) *m*, traethiad(-au) *m*, traethu (*vn*) ac egluro *vn*; *Mus:* dangosiad(-au) *m.*
expositional, expositive *a.* **= expository.**
expositor *n.* dehonglwr (dehonglwyr) *m*, dehonglydd (deonglyddion) *m*, esboniwr (esbonwyr) *m*, esbonydd(-ion) *m.*
expository *a.* esboniadol, eglurhaol, deongliadol.
expostulate *v.i.* ymliw, cyfymliw **(with s.o.,** â rhn); ymbil, erfyn (ar rn); protestio (wrth rn).
expostulation *n.* ymliw(-iau) *m*, ymbiliad(-au) *m*, [taer] erfyniad(-au) *m*, protest(-iadau) *f.*
expostulatory *a.* erfyniol, ymliwiol, cyfymliwiol.
exposure *n.* **1.** *(a) (to air, light &c):* datguddiad(-au) *m*, datguddio *vn*, dinoethiad(-au) *m*, dinoethi *vn*; **indecent ~,** dinoethiad anweddus; **to die of ~,** marw o oerfel; *(b) Phot:* dadleniad *m*, datguddiad, dinoethiad, goleuad *m*, amlygiad(-au) *m*; **film with twenty exposures,** ffilm ag ugain ffrâm (*f*)/llun (*m*); **double ~,** llun dwbl. **2.** *(of goods):* dangos *vn*, dangosiad *m. Jur: (= abandonment of baby):* gadawiad *m*, gadael (plentyn) heb gysgod. **3.** *(of crime &c):* datguddiad, dadleniad, datgeliad *m*, dinoethiad; *vn.* **= expose 1. 4.** *(= orientation of place):* agwedd *f*, golwg *mf* (ar rth); **with a southerly ~,** yn wynebu'r de. **~ draft** *n.* dogfen (*f*) drafod (dogfennau trafod). **~ meter** *n.* deial(-au) (*m*) goleuni, mesurydd(-ion) (*m*) goleuni. **~-time** *n. Phot:* amser (*m*) datguddio/dinoethi.
expound *v.t.&i.* **1.** *v.t. (a) (= set out):* traethu, gosod (rhth) allan; *(b) (= explain):* egluro, esbonio, dehongli. **2.** *v.i.* traethu.
expounder *n.* **1.** traethydd(-ion) *m*, traethwr (traethwyr) *m.* **2. = expositor.**
express[1] *a., adv. & n.* **1.** *a. (a) (= exact):* union, cywir, ffyddlon, penodol; **he was the ~ image of his father,** 'roedd yr un ffunud â'i dad; *(b) (order &c):* ffurfiol, diamwys, clir, eglur, pendant, penodol, amlwg, croyw(-on), *occ:* hysbysol, hysbys; *Jur:* datganedig; **for this ~ purpose,** yn un swydd; **~ instructions,** cyfarwyddiadau pendant; **~ intention,** bwriad hysbys/clir/eglur; *(c) (post &c): (= fast):* cyflym, buan; **~ delivery,** danfoniad (*m*) brys, cludiad (*m*) brys; *(d) U.S:* **~ company,** cwmni negeswyr. **2.** *adv.* yn gyflym, ar frys, *F:* chwap, chwipyn. **3.** *n. (a) (= messenger):* negesydd (negeswyr) *m*; *(b) Rail:* **~ [train],** trên cyflym/gyflym (trenau cyflym); *(c) U.S:* **pony ~,** post (*m*) merlod.
express[2] *v.t.* **1.** *(= squeeze out):* gwasgu (rhth) allan/mas. **2.** *(= make known):* mynegi, cyfl|eu, lleisio, llefaru, dangos, datgan, dweud, traethu; **to ~ oneself,** eich mynegi'ch hun, dweud eich meddwl; **to ~ oneself strongly,** siarad yn gryf.
express[3] *v.t. Post: &c:* anfon (rhth) ar frys, brysio (rhth) at rn.
expressage *n.* **1.** cludiad (*m*) brys. **2.** *(fee):* tâl (taliadau) (*m*) cludiad brys.
expresser *n.* mynegwr: mynegydd (mynegwyr) *m*, lleisiwr: lleisydd (lleiswyr) *m*, datganwr (datganwyr) *m.*
expressible *a.* mynegadwy, traethadwy, datganadwy.
expression *n.* **1.** *(of juice):* gwasgiad *m*, gwasgu *vn.* **2.** *(of thought &c):* mynegiant *m*, mynegiad(-au) *m*, mynegi *vn*; **to give ~ to sth,** mynegi rhth, rhoi mynegiant i rth, rhoi llais i rth; **to sing with ~,** canu â mynegiant; **beyond ~,** anhraethol, y tu hwnt i fynegiant, y tu hwnt i eiriau, *Lit: occ:* anhydraeth; **self-~,** hunanfynegiant *m.* **3.** *(a) (= phrase):* ymadrodd(-ion) *m*, gair (geiriau) *m*, dywediad(-au) *m*, pri|od-ddull (priod-ddulliau) *m*; **an unguarded ~,** gair diofal; *(b) Mth: Cmptr:* mynegiad. **4.** *(of face):* golwg *usu.f*, edrychiad(-au) *m*, *occ:* mynegiant *m.* **~-mark** *n. Mus:* marc(-iau) (*m*) mynegiant.
expressional *a.* mynegiannol.
expressionism *n. Th:* mynegiadaeth *f.*
expressionist *n. & attrib. Th:* **1.** *n.* mynegiadwr (mynegiadwyr) *m.* **2.** *attrib.* mynegiadol.
expressionistic *a.* mynegiadol.
expressionistically *adv.* yn fynegiadol.
expressionless *a.* difynegiant, digyffro, llonydd, digynnwrf.
expressionlessness *n.* diffyg (*m*) mynegiant; **I remember the ~ of his face,** 'rwy'n cofio mor ddifynegiant oedd ei wyneb.
expressive *a.* llawn mynegiant, mynegol, *occ:* mynegiannol; **~ of sth,** yn mynegi (rhth), yn dangos (rhth); *Lib:* **~ notation,** nodiant (nodiannau) mynegiannol *m.*
expressively *adv.* â mynegiant, yn llawn mynegiant.
expressiveness, expressivity *n.* mynegiant *m*, mynegolrwydd *m.*
expressly *adv.* **1.** *(= formally):* yn ffurfiol *&c.* **2.** *(= on purpose):* yn unswydd, yn arbennig.
expressman *n.m. U.S:* negesydd (negeswyr).
expressway *n.* ffordd gyflym (ffyrdd cyflym) *f.*
expropriate *v.t.* difeddiannu.
expropriation *n.* difeddianiad *m*, difeddiannu *vn.*
expropriator *n.* difeddiannwr: difeddiannydd (difeddianwyr) *m.*
expugnable *a.* goresgynadwy, trechadwy.
expulsion *n.* **1.** *(of enemy &c):* gyriad (*m*) allan/mas, allyriad *m*; *S.a.* **expel. 2.** *(from school &c):* diarddeliad(-au) *m*, diarddel *vn*, troad (*m*) allan. **3.** *(in childbirth &c):* allwthiad(-au) *m.*
expulsive *a.* allyrrol, allwthiol.
expunction *n.* dilead(-au) *m*, diddymiad(-au) *m.* **~ dots** *n.pl.* dotiau dil|eu.
expunge *v.t.* dil|eu, diddymu (rhth); croesi (rhth) allan/mas; *N:* rhwbio (rhth) allan; *S:* rhwto (rhth) mas.
expunged *a.* dilëedig.
expunger *n.* dilëwr (dilewyr) *m.*
expurgate *v.t.* puro, puredigo, glanh|au, sensro, nithio, chwynnu; *Theol:* esburo.
expurgated *a.* sens[o]redig, puredig, chwynedig, wedi ei lanh|au/buro/buredigo/nithio/chwynnu/sensro.
expurgation *n.* glanhad *m*, puredigaeth *f*, nithiad *m*; *vn.* **= expurgate**; *Theol:* esburedigaeth *f.*
expurgator *n.* glanhäwr (glanhawyr) *m*, puredigwr (puredigwyr) *m*, nithiwr (nithwyr) *m*, sensor(-iaid) *m.*
expurgatorial, expurgatory *a.* glanhaol, puredigol, puredigaethol, nithiol, sensorol; *Theol:* esburedigol.
exquisite *a. & n.* **1.** *a. (a) (= refined, beautiful):* cain (ceinion), celfydd, coeth, cywrain, *Lit: occ:* cyfewin, mirain, dichlyn, dillyn, meinwych(-ion), meindlws (*f.* meindlos, *pl.* meindlysion), odiaeth, odiaethol; **~ taste,** chwaeth goeth; *(b) (= acute, keenly felt):* dwysbigol, treiddgar, angerddol, odiaeth; **~ sensibility,** hydeimledd dwysbigol *m*; **~ pain,** dygn boen, poen tost/dost/tostlym/dostlem; **~ pleasure,** pleser odiaeth/odiaethol/angerddol/dwys/llesmeiriol/perlesmeiriol. **2.** *n.* pefryn(-nod) *m.*
exquisitely *adv.* yn gain *&c.*
exquisiteness *n.* **1.** *(of workmanship &c):* ceinder *m*, coethder *m*, cywreinder *m*, cywreinrwydd *m*, mireinder *m*, dichlynedd *m*, dillynder *m.* **2.** *(of pain &c):* dwyster *m*, toster *m*, llymder *m*,

tostrwydd *m*, tostlymder *m*; *(of pleasure):* dwyster *m*, angerddoldeb *m*.
exsanguinate *v.t.* gwaedu (rhth) [yn llwyr].
exsanguination *n.* gwaediad(-au) *m*, gwaedu *vn.*
exscind *v.t.* = **excise.**
exsert *v.t.* *Biol:* gwthio (rhth) allan/mas, allwthio.
exserted *a.* allwthiedig.
exsertile *a.* allwthiol.
exsertion *n.* allwthiad(-au) *m*, allwthio *vn.*
exsiccate *v.t.*, **exsiccation** *n.* sychu['n llwyr].
exstipulate *a.* *Bot:* anstipylog.
exsufflation *n.* allanadliad(-au) *m*, allanadlu *vn.*
extant *a.* mewn bod, mewn bodolaeth, yn bodoli, ar gael, ar glawr, ar gadw, i'w gael, sy'n goroesi, a adawyd, a oroesodd.
extemporaneiety *n.* = **extemporariness.**
extemporaneous *a.* byrfyfyr, o'r frest, ar y pryd, difyfyr.
extemporaneously *adv.* yn fyrfyfyr *&c*; o'r frest, ar y pryd.
extemporaneousness *n.* = **extemporariness.**
extemporarily *adv.* = **extempore 2.**
extemporariness *n.* natur fyrfyfyr *f*, byrfyfyrdod *m*.
extemporary *a.* = **extempore 1.**
extempore *a. & adv.* **1.** *a.* = **extemporaneous**; *(i)* ~ **performance,** datganiad(-au) *(m)* ar y pryd; *(ii)* ~ **composition,** darn(-au) difyfyr *m*. **2.** *adv.* ar y pryd, o'r frest, yn ddifyfyr, yn fyrfyfyr.
extemporization *n.* siarad difyfyr/byrfyfyr *m*, traethiad(-au) difyfyr/byrfyfyr *m*.
extemporize *v.t.&i.* siarad yn ddifyfyr/fyrfyfyr, traethu o'r frest; *Mus:* chwarae/cyfansoddi/canu/datgan ar y pryd *or* yn ddifyfyr.
extemporized *a.* byrfyfyr, difyfyr, o'r frest.
extend *v.t.&i.* I. *v.t.* **1.** *(= lay out):* estyn; **to ~ oneself on a sofa, to ~ one's limbs on a sofa,** estyn eich hyd ar soffa, gorwedd ar soffa; *(b) Book-k:* cario (rhth) yn ei flaen; *(c)* **to ~ a horse,** marchogaeth ceffyl i'r eithaf; **this work does not ~ me,** nid yw'r gwaith hwn yn fy estyn fel y dylai. **2.** *(= prolong):* estyn, hwyh|au; *Fin: (= postpone):* gohirio. **3.** *(territory):* ehangu, estyn, lledu, helaethu (rhth); ychwanegu (at rth). **4.** *(hand, welcome):* estyn, cynnig; **to ~ an invitation,** estyn gwahoddiad. **5.** *Jur:* asesu, prisio. II. *v.i.* ymestyn, cyrraedd (**to sth,** at rth); *(of period of time):* ymestyn, parh|au, para.
extendable, extendible *a.* estynadwy, ymestynnol.
extended *a.* estynedig, ymestynnol; *(= prolonged):* maith (meithion); parhaol, hirbarhaol, hirfaith (hirfeithion); *(= extensive):* eang, helaeth; *Mus:* ~ **compass,** amrediad(-au) estynedig *m*, cwmpas(-au) estynedig *m*; ~ **family,** teulu estynedig. **~-play** *a. & n.* **1.** *a.* hwy, estynedig. **2.** *n.* record(-iau) estynedig *f*.
extendedly *adv.* yn estynedig *&c.*
extendedness *n.* **1.** *(of time):* parhad *m*, meithder *m*, hirfeithder *m*. **2.** *(of space):* ehangder *m*, helaethrwydd *m*. **3.** = **extent.**
extender *n.* estynnydd (estynyddion) *m*, estynnwr (estynwyr) *m*, ~ **sheet** *n.* taflen(-ni) *(f)* estyn.
extensibility *n.* natur estynadwy *f*, estynadwyedd *m*, estynoldeb *m*.
extensible, extensile *a.* estynadwy, estynnol.
extension *n.* **1.** *(action):* estyniad(-au) *m*, hwyhad(-au) *m*, helaethiad(-au) *m*, ehangiad (eangiadau) *m*; *vn.* = **extend. 2.** *(= increase):* estyniad, cynnydd *m*, twf *m*, ehangiad, helaethiad, ymestyniad *m*; *(of muscles):* ymestyniad. **3.** *(= added part): Tp: Const: &c:* estyniad; **to build an ~ to a house,** codi estyniad i dŷ, *F:* codi darn ar/at dŷ, rhoi darn mewn tŷ. **4.** *Phil:* estyniad, estwysiad *m*. ~ **course** *n.* cwrs (cyrsiau) *(m)* estyn. ~ **ladder** *n.* ysgol(-ion) *(f)* estyn. ~ **organ** *n.* organ(-au) *(f)* estyn. ~ **piece** *n.* darn(-au) *(m)* estyn. ~ **work** *n.* gwaith allanol *m*.
extensional *a.* estynnol.
extensionality *n.* estynoldeb *m*.
extensionally *adv.* yn estynnol.
extensity *n.* estyniad(-au) *m*, ymestyniad(-au) *m*.
extensive *a.* eang, helaeth, ar raddfa fawr; *Ph:* estynnol.
extensively *adv.* yn eang *&c*; **to use sth ~,** defnyddio llawer ar rth, gwn|eud defnydd helaeth o rth.
extensiveness *n.* ehangder *m*, ehangrwydd *m*, helaethder *m*, helaethdra *m*, helaethrwydd *m*.
extensometer *n.* mesurydd(-ion) *(m)* estyniad.
extensor *n.* *Anat:* estynnydd (estynyddion) *m*; ~ **muscle,** cyhyr(-au) estynnol *m*, cyhyryn (cyhyrau) estynnol *m*, cyhyr/cyhyryn estyn.
extent *n.* **1.** *(= size):* hyd *m*, hyd a lled *m*, maint *m*, mesur *m*; **what's the ~ of the park?** pa mor fawr yw'r parc? beth yw maint y parc? **the ~ of the damage,** maint y niwed; *Ch:* ~ **of reaction,** ymlediad *(m)*/lledaeniad *(m)* yr adwaith. **2.** *(= large space):* ehangder (eangderau) *m*, ehangrwydd *m*, helaethder *m*, helaethrwydd *m*, helaethdra *m*; **a large ~ of ground,** tir(-oedd) helaeth *m*. **3.** *Jur:* stent: yst|ent(-i,-iau) *mf.* **4.** *(= degree):* graddau *pl*, mesur *m*; **to a certain ~,** i [ryw] raddau, i [ryw] fesur; **to a great ~,** i raddau helaeth, i raddau mawr; **to such an ~,** i'r fath raddau; **to what ~?** i ba raddau? **to the full ~ of his power,** hyd eithaf ei allu, hynny a allai; **in debt to the ~ of a hundred pounds,** mewn dyled o ganpunt.
extenuate *v.t.* lleih|au, lleddfu, ysgafnu; *(= exonerate):* esgusodi.
extenuating *a.* lleihaol, lleddfol, esgusodol; **I must plead ~ circumstances,** rhaid imi bledio amgylchiadau sy'n lleih|au fy mai.
extenuation *n.* esgus(-ion) *m*, lleihad *m*, lleddfiad *m*; **in ~ of sth,** yn esgus dros rth, er mwyn lleddfu/lleih|au rhth.
extenuative *a.* = **extenuating.**
extenuator *n.* *(of paint):* teneuwr (teneuwyr) *m*.
extenuatory *a.* **1.** *(= thinning):* teneuol. **2.** = **extenuating.**
exterior *a. & n.* **1.** *a.* allan, allanol, y tu allan, nesaf allan, oddi allan, *S:* maes, y tu faes, *S: F:* mas, y tu fas; **the ~ surface,** yr wyneb allanol *m*, yr ochr allanol *f*; *T.V:* ~ **shot,** llun (-iau) *(m)* tu allan. **2.** *n.* tu allan *m*, ochr allan *f*, *S:* tu fas *m*, ochr fas *f*; *(= appearance):* ymddangosiad *m*, gwedd allanol *f*; *Cin: Th:* golygfa (golygf|eydd) allanol *f*.
exteriority *n.* allanoldeb *m*.
exteriorization *n.* allanoli *vn*, allanoliad(-au) *m*.
exteriorize *v.t.* allanoli.
exteriorly *adv.* y tu allan, *S:* y tu fas.
exterminate *v.t.* difa, difodi, dil|eu, difetha, dinistrio, *S:* strŵa, *Lit:* distrywio.
exterminating *a.* difaol, dinistriol, difodol, distrywiol.
extermination *n.* difodiant *m*, difodiad(-au) *m*, dilead(-au) *m*, distrywiad(-au) *m*; *(= massacre):* cyflafan(-au) *f*, lladdfa (lladdf|eydd) *f*; *vn.* = **exterminate.** ~ **camp** *n.* gwersyll(-oedd) *(m)* difodi.
exterminator *n.* difäwr (difawyr) *m*, dinistriwr (dinistrwyr) *m*, distrywiwr (distryw-wyr) *m*.
exterminatory *a.* = **exterminating.**
extern *n.* *U.S: Med:* meddyg(-on) allanol *m*.
external *a. & n.* **1.** *a.* allanol, y tu allan, *S:* [y] tu fas; ~ **combustion engine,** motor tanio tu allan; ~ **evidence,** tystiolaeth ar y tu allan; **for ~ use,** i'w ddefnyddio o'r tu allan; ~ **examiner,** arholwr allanol; *Cmptr:* ~ **memory,** cof(-au) allanol *m*; *Pol:* ~ **affairs,** materion tramor; ~ **relations,** cysylltiadau allanol. **2.** *n.pl.* *(a)* allanolion [bethau]; **the ~ of religion,** allanolion bethau crefydd; **do not judge by ~,** peidiwch â barnu yn ôl allanolion; *Prov:* nid wrth ei big y mae prynu cyffylog; *(b) (examinations):* arholiadau allanol.
externalism *a.* allanoliaeth *f*.
externality *n.* *Log:* allanoldeb *m*.
externalization *n.* allanoliad(-au) *m*, allanoli *vn.*
externalize *v.t.* allanoli.
externally *adv.* yn allanol, o'r tu allan, ar y tu allan, y tu allan, *S:* y tu fas.
externat *n.* *Sch:* ysgol ddyddiol (ysgolion dyddiol) *f*.
externship *n.* *U.S: Med:* swydd *(f)* meddyg allanol (swyddi meddygon allanol).
exteroceptive *a.* *Physiol:* *alldderbyniol.
exteroceptor *n.* *Physiol:* *alldderbynnydd (alldderbynyddion) *m*.
exterritorial *a.* = **extraterritorial.**
exterritoriality *n.* = **extraterritoriality.**
extinct *a.* marw (meirw, meirwon), wedi marw, darfodedig, wedi darfod, diflanedig, wedi diflannu, wedi mynd i ddifancoll, wedi peidio, wedi darfod amdanoch *&c*; *(fire, volcano):* diffoddedig, wedi diffodd, wedi marw; **an ~ species,** rhywogaeth ddiflanedig, rhywogaeth wedi darfod amdani; **to become ~,** marw, trengi, diflannu, dod i ben; darfod [amdanoch].
extinction *n.* **1.** *(= death, end):* marwolaeth *f*, diwedd *m*, tranc *m*; **(a species) headed for ~,** (rhywogaeth) ar drengi, ar ei ffordd i

ddifodiant, yn mynd i'w cholli. **2.** *(action):* difodiant *m*, dilead *m*, difodi, dil|eu, diddymu. **3.** *(of light):* diffoddiad *m*, diffodd *vn.*

extinctive *a.* *(= extinguishing fire):* diffoddol; *(= extinguishing species &c):* difodol, dileol.

extinguish *v.t.* **1.** *(light &c):* diffodd. **2.** *(= destroy, abolish):* diddymu, dil|eu, difodi.

extinguishable *a.* **1.** *(fire &c):* diffoddadwy. **2.** *(title &c):* dileadwy, diddymadwy.

extinguished *a.* **1.** diffoddedig. **2.** dileëdig, diddymedig.

extinguisher *n.* diffoddwr (diffoddwyr) *m*, peth(-au) (*m*) diffodd. **~ stake** *n.* *Metalw:* bonyn (bonion) hirbig *m.*

extinguishing *a.* = **extinctive.**

extinguishment *n.* = **extinction.**

extirpate *v.t.* **1.** *(= uproot):* diwreiddio. **2.** *(= destroy):* difa, dil|eu, dinistrio, difodi, difetha, distrywio.

extirpation *n.* **1.** *(= uprooting):* diwreiddiad *m*, diwreiddio *vn.* **2.** *(= destruction):* dilead *m*, dinistr *m*, difodiant *m*, distryw *m*; *vn.* = **extirpate 2.**

extirpative *a.* *(= uprooting):* diwreiddiol; *(= destructive):* difaol, dinistriol, difodol.

extirpator *n.* *(= uprooter):* diwreiddiwr (diwreiddwyr) *m*; *(= destroyer):* difâwr (difawyr) *m*, dinistriwr (dinistrwyr) *m*, difodwr (difodwyr) *m.*

extol *v.t.* clodfori, canmol, dyrchafu, mawrh|au, mawrygu, moli, moliannu, brolio, canu clodydd, seinio clodydd (rhn); *S. W: occ:* rhico (gyda rhn); **to ~ s.o. to the skies,** canmol rhn i'r cymylau, dyrchafu rhn i'r entrychion.

extoller *n.* canmolwr (canmolwyr) *m*, canm|olwraig *f*, clodforwr (clodforwyr) *m*, clodf|orwraig *f*, mawrygwr (mawrygwyr) *m*, molwr (molwyr) *m*, m|olwraig *f*, moliannwr (molianwyr) *m*, broliwr (brolwyr) *m*, br|olwraig *f.*

extolment *n.* clodforiad *m*, moliant *m.*

extort *v.t.* gwasgu/mynnu (rhth) drwy drais (gan rn); **to ~ a confession from s.o.,** gwasgu cyffes o rn, gorfodi rhn i gyffesu; **to ~ money,** gwasgu arian oddi ar rn, cribddeilio arian gan rn, gorelwa ar rn, gordrethu rhn, gorfodi rhn i roi arian.

extorter *n.* cribddeiliwr (cribddeilwyr) *m.*

extortion *n.* cribddail *m*, cribddeiliaeth *f*, gordreth *f*, gorelwa *vn.*

extortionary *a.* gordrethol, cribddeilgar.

extortionate *a.* gordrethol, afresymol, gormodol; **an ~ price,** crocbris (-iau) *m*; **an ~ rent,** crocrent(-i) *m.*

extortionately *adv.* yn ordrethol *&c.*

extortioner, extortionist *n.* cribddeiliwr (cribddeilwyr) *m*, cribddeiliad (cribddeiliaid) *m&f*, gordrethwr (gordrethwyr) *m.*

extortive *a.* = **extortionary.**

extra *a., adv. & n.* I. *a.* *(a) (= additional):* ychwanegol, yn ychwaneg, dros ben, *M.W: F: occ:* yn feindin; **~ charge,** tâl ychwanegol; **~ time,** amser dros ben; **~ pay for ~ work,** rhagor o dâl am ragor o waith; *(b) F: (= excellent):* da iawn, da dros ben, p|enigamp: penig|amp, rhagorol, campus, gwych. II. *adv.* **1.** *(= superlatively):* iawn, dros ben, y tu hwnt *(after a.)*; tra- + *spiral mut. of* p, t, c *(before a.)*; **~ strong,** cryf dros ben, cryf iawn, tu hwnt o gryf, arbennig o gryf, tra chryf; **~ fine quality,** ansawdd tra rhagorol, ansawdd eithriadol [o] dda; *Typ:* **~ bold,** tra-amlwg; **~-condensed,** tra-main; **~ illustrated,** gyda deunydd ychwanegol; **~ special,** arbennig iawn. **2.** *(= in addition):* yn ychwaneg, yn ychwanegol; **postage ~,** cludiad yn ychwanegol, heb gynnwys cludiad. III. *n.* **1.** *(= supplement):* ychwanegiad(-au) *m*; *Journ:* **football ~,** argraffiad pêl-droed; *pl.* **extras,** manion ychwanegol. **2.** *Cin: Th:* rhodiwr (rhodwyr) *m*, ecstra(-s) *m&f.*

extracanonical *a.* anghanonaidd.

extracellular *a.* *Biol:* allgellog.

extrachromosomal *a.* *Biol:* allgromosomaidd.

extracorporeal *a.* allgorfforol, allan o'r corff, allan o'r cnawd.

extracranial *a.* y tu allan i'r benglog (*pronounced* ng-g), allgreuanol.

extract[1] *n.* **1.** *(from book &c):* darn(-au) *m*, detholiad(-au) *m*, rhan(-nau) *f*, dyfyniad(-au) *m*; *pl.* **extracts,** detholion, pigion. **2.** *(of meat &c):* rhin *m*, trwyth(-au) *m.* **3.** *Med:* echdyniad(-au) *m*, trwyth; *Biol: Ch:* echdynnyn (echdynion) *m.* **4.** *Cmptr:* echdyniad. **5.** *Geog: (map):* rhanfap(-iau) *m.*

extract[2] *v.t.* **1.** *(= take out):* tynnu (rhth) [allan]; **to ~ a tooth,** tynnu dant. **2.** *(= obtain):* cael (rhth gan rn); **I was able to ~ a pound from him,** mi lwyddais i gael punt o'i groen. **3.** *(= obtain by force):* gwasgu (rhth o rn); **to ~ a confession from s.o.,** gwasgu cyffes o rn, gorfodi rhn i gyffesu, mynnu cyffes gan rn. **4. to ~ coal from the earth,** cloddio/turio/tyrchu glo o'r ddaear. **5. to ~ the essence from sth,** distyllu'r rhin o rth. **6. to ~ passages from a book,** dethol darnau o lyfr. **7.** *Mth: (= compute):* cyfrifannu; *Cmptr:* echdynnu.

extractability *n.* tynadwyedd *m.*

extractable, extractible *a.* tynadwy.

extraction *n.* **1.** *(= taking out):* tyniad(-au) *m*, tynfa (tynf|eydd) *f*; *vn.* = **extract[2]**; *Dent:* **two extractions and one filling,** tynnu dau ddant a llenwi un; *Mill:* **flour ~,** echdynnu blawd. **2.** *(= descent):* tras *f*, cyff *m*, gwaed *m*, gwaedoliaeth *f*, gwehelyth *mf*, hil *f*, llinach *f*, tarddiad *m*, ach *f*, achau *pl*; **he is of Welsh ~,** mae'n Gymro o waed; mae'n Gymro o ran tarddiad; mae o dras Gymreig; **of good ~,** diledryw, o deulu da, o waed da; **of base ~,** lledach, lledryw, o isel radd. **3.** = **extract[1].**

extractive *a. & n.* **1.** *a.* tynnol, alldynnol, echdynnol; **~ industry,** diwydiant cloddiol *m.* **2.** *n.* = **extract[1].**

extractor *n.* **1.** tynnwr (tynwyr) *m*, alldynnwr (alldynwyr) *m*, echdynnwr (echdynwyr) *m.* **2.** *(of essences):* distyllwr (distyllwyr) *m.* **3.** *(of coal &c):* cloddiwr (cloddwyr) *m.* **~ fan** *n.* ffan(-iau) (*f*) echdynnu, ffan wagio (ffaniau gwagio).

extracurricular *a.* y tu allan i'r cwrs, allgyrsiol.

extraditable *a.* estraddodadwy.

extradite *v.t.* estraddodi.

extradition *n.* estraddodiad(-au) *m*, estraddodi *vn.* **~ proceedings** *n.* achos(-ion) (*m*) estraddodi. **~ treaty** *n.* cytundeb(-au) (*m*) estraddodi.

extrados *n.* *Arch:* ecstrados(-au) *m*, allgromlin(-iau) *f.*

extragalactic *a.* *Astr:* allalaethol.

extrahepatic *a.* *Anat:* y tu allan i'r iau/afu.

extrajudicial *a.* *Jur:* allfarnwrol, y tu allan i'r llys.

extralegal *a.* anghyfreithlon, y tu allan i'r gyfraith.

extralegally *adv.* yn anghyfreithlon.

extralimital *a.* allffiniol, y tu hwnt i'r ffin.

extralinguistic *a.* anieithyddol, ar wahân i iaith, y tu hwnt i iaith.

extrality *n.* = **extraterritoriality.**

extramarital *a.* y tu allan i briodas.

extrametrical *a.* *Pros:* gorsillafog.

extramundane *a.* arallfydol.

extramural *a.* allanol, *occ:* allanfurol; **~ studies,** efrydiau allanol; **~ class,** dosbarth(-iadau) allanol.

extramusical *a.* angherddorol.

extraneous *a.* **1.** *(= outside):* allanol, o'r tu allan; *(= foreign):* estron, dieithr; **~ interference,** ymyrraeth o'r tu allan. **2.** *(= irrelevant):* amherthynol, amherthnasol; **this is ~ to the matter,** nid oes a wnelo hyn ddim â'r peth; **3.** *(= unnecessary):* afraid, diangen, di-alw-amdano, dianghenraid.

extraneously *adv.* **1.** o'r tu allan. **2.** yn ddiangen *&c.*

extraneousness *n.* **1.** *(= foreign-ness):* dieithrwch *m.* **2.** *(= unnecessariness):* afreidioldeb *m*, diangenrheidrwydd *m.*

extranuclear *a.* *Biol: Ph:* allgnewyllol.

extraocular *a.* *Anat:* echlygadol.

extraordinarily *adv.* yn anghyffredin *&c*; **~ good,** [yn] eithriadol [o] dda, da odiaeth, neilltuol [o] dda, da i'w ryfeddu, da tu hwnt.

extraordinariness *n.* hynodrwydd *m*, odrwydd *m*, anarferoldeb *m*, natur anghyffredin *f*, anghyffredinedd *m.*

extraordinary *a. & int.* **1.** *(= unusual):* anarferol, anghyffredin, neilltuol, eithriadol, hynod, od, odiaeth, rhyfedd, allan o'r cyffredin, nodedig. **2.** *(= special):* arbennig; **envoy ~,** cennad arbennig; **Wales Herald E~,** Herald Arbennig Cymru. **3.** *int.* **extraordinary!** rhyfedd iawn! 'dawn i byth o'r fan! 'tawn i'n marw! 'welais i erioed y fath beth! *N. W: occ:* ofnatsan las!

extraparochial *a.* amhlwyfol, allblwyfol.

extrapolate *v.t.&i.* allosod.

extrapolation *n.* allosodiad(-au) *m*, allosod *vn.*

extrapolative *a.* allosodol.

extrapolator *n.* allosodwr (allosodwyr) *m.*

extraposition *n.* *Gram:* allddodiad (allddodiaid) *m*, allddodi *vn.*

extraprofessional *a.* allalwedigaethol.

extrasensory *a.* allsynhwyrol, allsynhwyraidd; **~ perception,** canfyddiad allsynhwyraidd *m.*

extrasystole *n.* *Physiol:* *camguriad(-au) *m.*

extrasystolic *a. Physiol:* *camguriadol.
extraterrestrial *a. & n.* **1.** *a.* allfydol. **2.** *n.* allfydolyn (allfydolion) *m.*
extraterritorial *a.* alltiriogaethol.
extraterritoriality *n.* alltiriogaethedd *m.*
extratropical *a. Geog:* alltrofannol.
extrauterine *a.* y tu allan i'r groth, allgrothol.
extravagance, extravagancy *n.* **1.** *(= excessiveness):* gormod *m*, gormodedd *m*; *(of words):* gor-ddweud *vn*, gormodiaith *f*; *(of deeds):* rhysedd *m*; *(of colours, décor &c):* afradlondeb *m*, afradlonedd *m*, afradlonrwydd *m*. **2.** *(= waste):* afradlondeb, afradlonedd, afradlonrwydd *m*, gwastraff *m*, gorwario *vn*, gorwariant *m*.
extravagant *a.* **1.** *(= excessive):* gormodol, eithafol, afresymol, *occ:* aflywodraethus, direol; *(decoration):* afrad, afradlon; ~ **praise,** canmoliaeth ormodol; ~ **claims,** honiadau gwyllt/eithafol. **2.** *(= wasteful):* afrad, afradlon, gwastraffus, gwastrafflyd, *S.W:* halfawr, halfor.
extravagantly *adv.* yn afradlon *&c*; **to talk ~,** siarad yn anghyfrifol, gor-ddweud, *S:* siarad yn eich cyfer, *N:* siarad ar eich cyfer.
extravagantness *n.* = **extravagance.**
extravaganza *n.* swae(-au) *f*, strafagansa(-s) *f.*
extravagate *v.i. Lit:* **1.** *(= stray):* crwydro ar gyfeiliorn. **2.** *(= go too far):* mynd dros ben llestri, mynd yn rhy bell, cyfeiliorni.
extravasate[1] *n.* elifyn (elifion) *m*, nawsiad(-au) *m.*
extravasate[2] *v.i. Med:* nawsio, elifo.
extravasation *n.* nawsio *vn*, nawsiad *m*, elifiad(-au) *m*, elifo *vn.*
extravascular *a.* allf|asgwlar.
extravehicular *a.* allgerbydol.
extraversion *n.* = **extroversion.**
extraversive *a.* allblyg.
extravert *a. & n.* = **extrovert.**
extraverted *a.* = **extroverted.**
extremal *a. Mth:* eithafol.
extreme[1] *a. & n.* **1.** *(a) (= furthest):* pellaf, eithaf, diwethaf; **the ~ west,** y gorllewin eithaf, y gorllewin pell; **the ~ house,** y tŷ pellaf, y tŷ pen; **the ~ end,** y pen pellaf un, y pen draw eithaf; **the ~ penalty of the law,** cosb eithaf y gyfraith; *Prov:* ~ **right is ~ wrong,** *Prov:* eithaf cyfraith yw eithaf camwedd; ~ **value,** gwerth eithaf *m*; *(b) (= final):* eithaf, olaf; **the ~ end,** y terfyn eithaf; ~ **unction,** olew *(m)* ac angen *m*, eneiniad *(m)* y claf, yr eneiniad olaf, cymun *(m)* angau, cymun olaf, olew olaf; **to administer ~ unction,** periglo, rhoi/dodi olew ac angen, gweinyddu'r eneiniad olaf; *(c) (= very great):* mawr, dirfawr, enbyd, aruthrol, dybryd, *occ:* gor- + *soft mut.*; tra- + *spirant mut. of* p, t, c; ~ **pain,** poen [d]dirfawr *mf*; ~ **patience,** maith amynedd, hirymaros *m*; ~ **old age,** henaint mawr *m*, gwth *(m)* o oedran, penwynni *m*; ~ **danger,** dirfawr berygl *m*, perygl enbyd; *(d) (= immoderate):* eithafol, anghymedrol, direol, aflywodraethus; *(e) Cin:* ~ **close-up,** saethiad manwl *m*. **2.** *n.* eithaf(-ion) *m*, pegwn (pegynau) *m*; **from one ~ to another,** o un eithaf i'r llall; **in the ~,** dros ben, y tu hwnt, i'r eithaf, *N: occ:* ar y naw; **to go to extremes,** mynd i eithafion; **the extremes of the earth,** eithafoedd/pellafoedd y ddaear, cyrrau/cyrion pella'r ddaear.
extremely *adv.* **1.** *(qualifying a verb):* yn eithafol, yn enbyd, yn aruthrol; **to dislike s.o. ~,** casáu rhn yn aruthrol; **to act ~,** gweithredu'n eithafol/anghymedrol. **2.** *(qualifying an adjective): S.a.* **awfully**. *(a) adverbs and adverbial phrases which can only follow the adjectives*; iawn, dros ben, i'r eithaf, i'w ryfeddu, ofnadwy, *N: F:* ar y naw, ofnatsan, *S.W:* ofnadw, ryfeddaf, *Lit:* odiaeth; *(b) adjectives which can follow the adjective, or are followed by* o *(+ soft mut.) + adjective*; *in the literary style the* o *is occ. omitted, but the soft mutation remains:* eithriadol, anghyffredin, aruthrol, enbyd, anarferol, *Lit: occ:* enbydus, *F:* ofnadwy, cynddeiriog, melltigedig, cythreulig, *S.W:* anafus, anrhywedd, ombeidus, rhyfedd; *e.g.* **it's ~ cold,** mae hi'n oer aruthrol; mae hi'n aruthrol [o] oer; *S.W:* mae hi'n rhyfedd o oer; mae hi'n oer ryfeddaf; *(c) Lit:* tra + *spirant mut. of* p, t, c *precedes the adjective:* ~ **ready,** tra pharod; *(d)* **it's ~ dangerous,** mae'n berygl bywyd; **it's ~ good,** mae'n dda iawn *&c*; *S: occ:* mae'n dda digynnig; ~ **high frequency,** amledd eithriadol uchel; ~ **low frequency,** amledd eithriadol isel.
extremeness *n.* eithafrwydd *m.*
extremism *n.* eithafiaeth *f*, eithafrwydd *m*, anghymedroldeb *m.*
extremist *a. & n.* **1.** *a.* eithafol, *Pej:* penboeth. **2.** *n.* eithafwr (eithafwyr) *m*, eith|afwraig *f*; *Pej:* penboethyn (penboethiaid) *m*, penboethen (penboethiaid) *f.*
extremity *n.* **1.** *(= very end):* eithaf(-ion,-oedd) *m*, pen draw *m*, pen(-nau) pellaf *m*, cwr (cyrrau/cyrion) pellaf *m*; **extremities of a vale,** eithafoedd dyffryn; **the extremities of the earth,** cyrion/cyrrau pella'r ddaear, eithafoedd/pellafoedd y ddaear. **2.** *(= tip):* blaen(-au) *m*, pen(-nau) *m*. **3. the extremities,** *(= hands and feet):* y traed a'r dwylo. **4.** *(= danger, difficulty &c):* perygl(-on) *m*, cyfyngder(-au) *m*, enbydrwydd *m*, *occ:* gwasgfa (gwasgfeydd) *f*, caethgyfle *m*, trybini *m*, cyfyng-gyngor *m*; *(= hardship):* caledi *m*, cyni *m*. **5.** *pl. A: (= extreme measures):* eithafion.
extremize *v.t.* eithafu.
extremum *n. Mth:* eithaf(-ion) *m.*
extricable *a.* rhyddhadwy, datodadwy.
extricate *v.t.* rhyddh|au, datod, datrys, datglymu, dad-ddrysu (rhth); cael/tynnu (rhth) yn rhydd.
extrication *n.* rhyddhad *m*, datodiad *m*, datrysiad *m*, datglymiad *m*; *vn.* = **extricate.**
extrinsic[al] *a.* **1.** *(= external):* allanol. **2.** *(= not essential):* anhanfodol, anghynhenid, diangen, dieisiau.
extrinsically *adv.* oddi allan, o'r tu allan; yn anhanfodol *&c.*
extrorse *a.* echdroëdig, alldroëdig, echdro.
extrorsely *adv.* yn echdroëdig *&c.*
extroversion *n. Psy:* allblygedd *m*, allblygiad *m*, alldro *m.*
extrovert *a. & n. Psy:* **1.** *a.* allblyg, allblygol, alldroëdig, *F:* hwyliog, uchel eich cloch. **2.** *n.* rhn (rhai) allblyg/alldro, *F:* rhn hwyliog, rhn uchel ei gloch.
extroverted *a.* = **extrovert 1.**
extrudability *n.* natur allwthiadwy *f.*
extrudable *a.* allwthiadwy.
extrude *v.t. &i.* **1.** *v.t.* gwthio (rhth) allan/mas, allwthio. **2.** *v.i.* ymwthio allan, allwthio.
extruded *a.* allwthiedig, allwthiol.
extruder *n.* allwthiwr (allwthwyr) *m.*
extrusile *a.* allwthiol.
extrusion *n.* allwthiad(-au) *m*, allwthio *vn.*
extrusive *a.* allwthiol.
exuberance *n.* **1.** *(= high spirits):* hwyl *f*, hwyliau [da] *pl*, hwyliogrwydd *m*, afiaith *m*, gorawen *f*, gorfoledd *m*, gorohïan *f*, brwdaniaeth *f*, brwdfrydedd *m*, sêl *f*. **2.** *(= abundance):* digonedd *m*, toreth *f*, llawnder *m.*
exuberant *a.* **1.** *(= high spirited):* afieithus, brwd, brwdfrydig, gorawenus, gorfoleddus, hwyliog, mewn hwyliau, ar eich llawn hwyl, ar eich uchelfannau, yn eich afiaith, ar ben eich digon. **2.** *(= luxuriant):* toreithiog, afradlon.
exuberantly *adv.* **1.** yn afieithus *&c*; ag afiaith, mewn gorfoledd. **2.** yn doreithiog *&c.*
exuberate *v.i.* gorawenu, gorohïan.
exudate[1] *n.* naws(-au) *f*, nawsiad(-au) *m*, archwysiad(-au) *m.*
exudate[2] *v.i.* archwysu, nawsio.
exudation *n.* archwys *m*, chwysiant *m*, naws *f*, nawsiad *m.*
exudative *a.* nawsiol, archwysol.
exude *v.t. &i.* **1.** *v.t. (a) (sweat &c):* diferu, nawsio, chwysu, archwysu; *(b)* **the rose exuded a sweet perfume,** codai/deuai aroglau pêr o'r rhosyn; *N:* 'roedd y rhosyn yn ogleuo'n bêr; *S:* 'roedd y rhosyn yn gwynto'n bêr; *(c)* **she exuded charm,** 'roedd hi'n nawsio/diferu/dihidlo swyn. **2.** *v.i.* nawsio.
exult *v.i.* gorfoleddu, llawenh|au, llawenychu, gorawenu, gorohïan.
exultance, exultancy *n.* = **exultation.**
exultant *a.* gorfoleddus, gorawenus, llawen, llon, balch.
exultantly *adv.* yn orfoleddus; mewn gorfoledd.
exultation *n.* gorfoledd *m*, gorawen *f*, gorohïan *f*, llawenydd *m.*
exulting *a.* = **exultant.**
exurb *n.* *alldref(-i) *f.*
exurban *a.* *alldrefol.
exurbanite *n.* *alldrefwr (alldrefwyr) *m*, alldr|efwraig *f.*
exurbia *n.* *alldrefi *pl.*
exuviae *n.* **1.** *(skin):* hengroen *m* *(pronounced* ng-g). **2.** *(hair):* henflew *pl.*
exuvial *a.* bwriedig, a fwriwyd, wedi ei fwrw, hen.
exuviate *v.i.*, **exuviation** *n.* bwrw; *(hair):* bwrw blew, *occ:* bwrw

henflew; *(feathers)*: bwrw plu; *(skin)*: bwrw croen/hengroen (*pronounced* ng-g).

eyas *n. Orn:* hebog ifanc (hebogiaid ifainc) *m*, cyw(-ion) *(m)* hebog.

eye[1] *n.* **1.** *(a) (= organ of sight)*: llygad (llygaid, *F: occ:* llygadau) *m, occ: f; pl.* **eyes,** *Lit: occ:* golygon; **a black ~,** *(i) (colour of iris)*: llygad du; *(ii) (= bruising)*: llygad ddu *f, occ:* llygad loyw; **evil ~,** llygad drwg, llygad mall, drwglygad *m*; **glass ~,** llygad gwydr, *N.W:* llygad tsieni; **goggle ~,** llygad llo, llygad buwch, llygad rhwth, llygad yn sefyll allan, llygad ar wyneb y croen; **goggle eyes,** *N.W:* llygaid fel dwy watsh; **leering ~,** llygad gafr; **projecting eyes,** *N.W:* llygaid ar wyneb y croen; **roving ~,** llygad crwydrol; **he had a roving ~,** 'roedd ganddo lygad am y merched; **with a roving ~,** llygatwib, llygadog; **sunken eyes,** llygaid yn bantiau dyfnion; **a squinting ~,** llygad cam, llygad tro, llygad croes; **wall ~,** *(i) (opaque)*: llygad brith, llygad gwyn, llygad gorwyn; *(ii) (squinting)*: llygad tro; **to put out s.o.'s eyes,** tynnu llygaid rhn; **to look on with dry eyes,** gwylio'n llygatsych, gwylio heb wylo; **that made him open his eyes,** dyna agoriad llygaid iddo; **that's one in the ~ for him,** dyna un iddo fo/fe; *N:* dyna'i sodro fo'n sownd; dyna bulsan iddo fo; dyna halen yn ei botes o; **to do s.o. in the ~,** rhoi sbrag yn olwyn rhn, rhoi halen ym mhotes rhn, twyllo/gwn|eud rhn; **(to do sth) with one's eyes open,** (gwneud rhth) yn hollol ymwybodol, â'ch llygaid ar agor; **(to do sth) with one's eyes shut,** (gwneud rhth) yn rhwydd/ddidrafferth, â'ch llygaid ar gau; *B:* **an ~ for an ~,** llygad am lygad; **the twinkling of an ~,** amrantiad *m*, trawiad *(m)* amrant, chwinc *m*, chwinciad *m*; **to shut one's eyes to sth, to turn a blind ~ to sth,** cau'ch llygad/llygaid ar rth, anwybyddu rhth, gwrthod gweld rhth, cymryd arnoch beidio â gweld rhth; **all eyes,** yn llygaid i gyd, llygeidiog, busneslyd; **to show the whites of one's eyes,** dangos gwyn eich llygaid; **mind your ~,** cymer ofal, gwylia dy hun, gwylia dy lygad; **in the mind's ~,** yn y dychymyg; **the ~ of the storm,** llygad y ddrycin; **up to the eyes in work,** at eich clustiau mewn gwaith; **mortgaged up to the eyes,** â morgais hyd at y carn; **my ~!** wir! myn diain i! 'tawn i'n marw! 'dawn i byth o'r fan! 'tawn i'n glem! myn brain i! myn uffach i! myn cebyst i! *V:* o ddiawl! **to pipe one's ~, to cry one's eyes out,** wylo'n hidl, beichio wylo, *S:* llefain y glaw, *S.W:* llefain morders; **that's all my ~ [and Betty Martin]!** *N:* lol i gyd! lol botes maip! rwtsh! *S:* dwli! **he raised his eyes heavenwards,** *Lit:* cododd ei olygon tua'r Nef; **to look s.o. in the ~,** edrych ym myw llygad rhn; **to see ~ to ~ with s.o.,** gweld llygad yn llygad â rhn, cyd-fynd/cydsynio â rhn; **to go into sth with one's eyes open,** gwybod pa beth yr ydych yn ei wneud, mynd i rth â'ch llygaid yn agored, mynd i rth yn fwriadol; **he couldn't keep his eyes open,** 'roedd yn cysgu wrth/ar ben ei draed; **to clap/set eyes on sth,** gweld rhth, taro llygad ar rth; **to run one's ~ over sth,** bwrw golwg dros rth, taflu llygad dros rth; **where are your eyes?** wyt ti'n ddall? **you can see that with half an ~,** fedrwch chi mo'i fethu; mae'n gwbl amlwg; fe welwch hynny ar unwaith; **to do sth under s.o.'s ~,** gwneud rhth dan lygad/wyliadwriaeth rhn; **he has eyes at the back of his head,** mae ganddo lygad barcud; mae'n gweld fel cath; **to keep a sharp ~ on sth,** cadw llygad [barcud] ar rth, gwylio/gwarchod rhth; **to keep an ~ out for sth,** edrych a welwch chi rth, cadw'ch llygaid ar agor am rth, bod â llygad ar eich ysgwydd am rth; **to keep a weather ~,** bod â llygaid yn eich pen, bod â llygad ar eich ysgwydd; **to keep one's eyes open/skinned,** cadw llygad ar agor, bod â llygad ar eich ysgwydd; **to have eyes only for s.o.,** gweld neb ond rhn; **to open one's eyes wide,** llygadrythu; **to screw up one's eyes,** gwneud llygaid bach; **to make s.o. open his eyes,** agor llygaid rhn, synnu/syfrdanu rhn; **she's easy on the ~,** mae hi'n werth ei gweld; mae hi'n werth edrych arni; mae hi'n wledd i'r llygad; **a sight for sore eyes,** rhth gwerth ei weld, balm i'r llygad; **apple/pupil of the ~,** cannwyll *(f)* llygad (canhwyllau llygaid), *Lit: occ:* mablygad (mablygaid) *m*; **she's the apple of my ~,** hi yw cannwyll fy llygad; **he's the apple of her ~,** fe yw ei bachgen gwyn hi; **the white of the ~,** gwyn *(m)* y llygad; **the corner of the ~,** cil *(m)* llygad, cornel *(f)* llygad; *(b) (= attention)*: sylw *m*; **to catch s.o.'s ~,** dal sylw rhn, tynnu sylw/llygad rhn; **to get one's ~ in,** dod iddi, ymarfer/magu llygad; **to catch the Speaker's ~,** dal llygad y Llefarydd, dal sylw'r Llefarydd; *(= view, judgement)*: golwg *mf*; **in my eyes,** i'm golwg i, yn fy marn i, i'm tyb i; **in his own eyes,** yn ei olwg ei hun, yn ei dyb ei hun; **in the eyes of the law,** yng ngolwg y gyfraith; **with an ~ to sth,** gyda golwg ar rth; *(c)* **to make eyes at s.o., to give s.o. the glad ~, to make sheep's eyes at s.o.,** llygadu rhn yn gariadus, *F:* edrych fel llo ar rn, *N.W: occ:* gwneud pâr ar rn, *Lit:* taflu/gwneud llygad/llygaid gafr ar rn; *Mil:* **eyes right!** edrychwch i'r dde! **eyes front!** edrychwch o'ch blaen! *(d)* **to give an ~ to sth,** cadw llygad ar rth, rhoi sylw i rth; **to keep a strict ~ on s.o.,** gwylio rhn â llygad barcud; **keep your ~ on him!** paid â cholli golwg arno! cadw dy lygad arno! **to have one's ~ on sth,** llygadu rhth, bod â llygad ar rth; **with an ~ to the future,** gyda golwg ar y dyfodol; **she was all eyes,** 'roedd hi'n llygaid i gyd; *(e)* **he has an ~ for a horse,** mae'n un da am ddewis ceffyl; mae'n llygadog am geffyl; **he had his ~ well in,** 'roedd ganddo lygad cyfarwydd; *(f)* **in the public ~,** yn llygad y cyhoedd; *(g)* **private ~,** ditectif(-s) preifat *m*. **2.** *(a) (of peacock's tail)*: llygad, ceiniog(-au) *f*; *(b) Hort:* eginyn (egin) *m*, llygad. **3.** *(= hole)*: *(a)* **~ of needle,** crau (creuau) *(m)* nodwydd, *incorrectly* crai nodwydd; **the ~ of an axe,** crau bwyell; *(b)* **hook and ~,** bach a llygad, bach a dolen *(f)*; *(c) Cu:* **the Pope's ~,** cneuen *(f)* y forddwyd. **4.** *El.E:* **magic ~,** llygad hud; **the bull's ~,** canol y nod; *S.a.* **bull**[1]. **5. in the wind's ~,** yn nannedd y gwynt; **the ~ of the sun,** llygad yr haul. **6.** *Nau:* blaen *(m)* llong. **~-bank** *n.* banc(-iau) *(m)* llygaid. **~-bath** *n.* cwpan *(mf)* llygad (cwpanau llygaid). **~-bolt** *n.* powlten *(f)* lygadog (powltiau llygadog), llygadfollt(-iau) *f*, bollten lygadog (bolltiau llygadog) *f*. **~-catcher** *n.* peth(-au) sy'n dal sylw, rhth sy'n llygad-dynnu, atyniad(-au) *(m)* llygad, llygad-dynnwr (~-dynwyr) *m*. **~-catching** *a.* trawiadol, llygad-dynnol, sy'n dal sylw, sy'n taro'r llygad. **~ contact** *n.* cyswllt *(m)* llygad. **~-cup** *n.* = **eye-bath. ~ dialect** *n.* argraff seinegol *f*. **~-dropper** *n.* hidlwr (hidlwyr) *(m)* diferion. **~-fixation** *n.* llygad-sefydledd *m*. **~ lens** *n.* lens *(f)* lygad (lensys llygaid). **~-level** *n.* lefel *(f)* y llygaid, uchder *(m)* y llygaid. **~-line** *n. Phot:* llinell(-au) *(f)* edrych. **~-liner** *n.* pensel *(f)* linellu (penselau/penseli llinellu). **~-opener** *n.* agoriad *(m)* llygad (agoriadau llygaid). **~-opening** *a.* sy'n agor llygad/llygaid. **~-popper** *n.* peth(-au) syfrdanol *m*. **~-popping** *a.* syfrdanol. **~-rhyme** *n. Pros:* odl *(f)* lygad (odlau llygaid). **~-ring** *n.* cylch *(m)* llygad. **~-servant** *n.* gwas *(m)* llygad (gweision llygaid), morwyn *(f)* lygad (mor[w]ynion llygaid), llygad-wasanaethwr (~-wasanaethwyr) *m*, llygad-wasan|aethwraig (~-wasanaethwragedd) *f*. **~-service** *n.* llygad-wasanaeth *m*. **~-shade** *n.* cysgod *(m)* llygad (cysgodion llygaid). **~-shadow** *n.* colur *(m)* llygaid. **~-socket** *n.* twll *(m)* llygad (tyllau llygaid). **~-splice** *n.* plethen *(f)* lygad (plethi llygaid). **~-stalk** *n. Z:* coesyn *(m)* llygad (coesynnau llygaid). **~-strain** *n.* straen *(m)* ar y llygaid. **~-tooth** *n.* dant *(m)* llygad (dannedd llygaid), ysgithrddant (ysgithrddannedd) *m*, *F:* dant ci (dannedd cŵn); **to cut one's ~-teeth,** dod i oed [dyn], dod i'ch llawn dwf, gwybod [pa] beth yw beth, ei deall hi'n iawn; *F:* **I'd give my ~-teeth for it,** mi rown fy llaw dde i'w gael.

eye[2] *v.t.* llygadu, gwylio (rhth); *Lit:* tremio (ar rth).

eyeball[1] *n.* cannwyll *(f)* [y] llygad (canhwyllau llygaid), pelen *(f)* y llygad (pelenni'r llygaid), *Lit: occ:* mablygad (mablygaid) *m*, byw(*m*)'r llygad (bywion llygaid), afal *(m)* llygad (afalau llygaid); **to meet ~ to ~,** dod wyneb yn wyneb, dod drwyn yn drwyn; **they were ~ to ~,** 'roeddynt yn edrych ym myw llygaid ei gilydd; **~ to ~ confrontation,** cyfwynebiad byw llygad.

eyeball[2] *v.t.* edrych ym myw llygad (rhn).

eyeblack *n.* du *(m)* llygaid, masgara *m*.

eyebright *n. Bot:* *(Euphrasia officinalis)*: effros *pl*, arian gwynion *pl*, ewffrasi *m*, gloywlys *m*, golyglys *m*, llygad siriol *m*, llysiau(*pl*)'r llygaid, torfagl *m*, goleudrem *m*, golwg *(m)* Crist, llygad *(m)* Crist, llygaid *(pl)* Crist, llygad eglur; **Alpine ~,** *(E. alpina)*: effros yr Alpau; **broad-leaved ~,** *(E. tetraquetra)*: effros llydanddail; **chalk-hill ~,** *(E. pseudokerneri)*: effros y calch; **common/woodland ~,** *(E. nemorosa)*: effros y coed; **common slender ~,** *(E. micrantha)*: effros eiddil; **dwarf ~,** *(E. minima)*: coreffros *pl*; **dwarf Welsh ~,** *(E. cambrica)*: coreffros Cymreig; **English sticky ~,** *(E. anglica)*: effros Seisnig; **greater ~,** *(E. arctica)*: effros mawr; **hairy-leaved ~,** *(E. curta)*: effros blewog; **Irish ~,** = **eyebright (narrow-leaved); large-flowered ~,** *(E. rostkoviana)*: effros gludiog mawr; **little kneeling ~,** *(E. confusa)*: effros gliniog; **mountain sticky ~,** *(E. montana)*: effros gludiog y mynydd; **narrow-leaved ~,** *(E. salisburgensis)*:

effros culddail; **short-haired ~,** *(E. brevipila):* effros mân-flewog; **slender Scottish ~,** *(E. scottica):* effros eiddil yr Alban; **small-flowered ~,** *(E. hirtella):* effros gludiog bach; **Snowdon ~,** *(E. rivularis):* effros yr Wyddfa.

eyebrow *n.* ael(-iau) *f*; **to knit one's eyebrows,** crychu aeliau, ffromi, cuchio, gwn|eud cuwch; **to raise one's eyebrows,** crychu talcen, codi'ch aeliau; **he never raised an ~,** ni synnodd ddim; *P:* **he's hanging on by his eyebrows,** prin ddal ei afael y mae ef. **~ pencil** *n.* pensel(-i) (*f*) aeliau.

-eyed *a.* â llygaid; *(feather &c):* llygadog; **black-~, dark-~,** llygatddu, â llygaid duon; **bleary-~,** llygatgoch, â llygaid molog/molglafaidd; **blue-~,** llygatlas, â llygaid gleision; *Fig:* **blue-~ boy,** ffefryn(-nau) *m*, bachgen gwyn (bechgyn gwynion) *m*; **bright-~,** â llygad byw/gloyw/pefriog; *F:* **bright-~ and bushy-tailed,** sionc fel y wiwer/gog; **cross-~,** â llygad/llygaid croes, llygatgroes, llygatgam; **dull-~,** â llygaid pwl, llygatbwl; **goggle-~, staring-~,** llygadrwth, llygadfawr, â llygaid llo; **green-~,** llygatwyrdd, â llygaid gwyrddion; **grey-~,** llygatlwyd, â llygaid llwydion; **merry-~,** llygatlon, â llygaid llon/siriol; **one-~,** [ag] un llygad, unllygeidiog; **red-~,** llygatgoch, â llygaid cochion; **sharp-~,** â llygaid craff/llym, llygatgraff, llygatlym, llygadog; **squint-~, = cross-eyed; starry-~,** â llygaid serennog; **wall-~,** llygatfrith, â llygaid brithion, â llygaid tro.

eyeful *n.* llond (*m*) llygad **(of sth,** o rth), golwg *f* (ar rth), *N: F:* sbec: sbêc *f*, *N.W: occ:* stag *mf*, *S.W:* cewc *m*, pip *m* (ar rth); **get an ~ of her!** edrych(-wch) arni hi! *S:* dishgwl (shgwlwch) arni hi!

eyeglass *n.* gwydryn (*m*) llygad (gwydrynnau llygaid).

eyehole *n.* **1.** *(= eye-socket):* twll (*m*) llygad (tyllau llygaid). **2.** *(peep-hole):* twll sbecian; *(in door):* llygad (*m*) drws (llygaid drysau). **3.** *(of shoe):* twll (*m*) carrai (tyllau careiau).

eyelash *n.* blewyn (*m*) amrant (blew amrant/amrannau), blewyn llygad (blew llygad/llygaid), amranflewyn (amranflew) *m*. **~ fungus** *n. Fung:* llygaid cochion *pl.*

eyeless *a.* dilygad, dilygaid, heb lygad/lygaid.

eyelet *n.* twll (tyllau) *m*, llygaden(-nau) *f*. **~-hole** *n.* twll (tyllau) llygaden. **~ pliers** *n. Tls:* gefel (*f*) lygaden (gefeiliau llygaden). **~ punch** *n.* pwnsh(-is) (*m*) llygaden.

eyeleteer *n. Needlew:* tyllwr (tyllwyr) *m.*

eyelid *n.* amrant(-au, amrannau) *m*, *S:* clawr (*m*) llygad (cloriau llygaid); *S.a.* **bat**[5].

eyelike *a.* llygadaidd, fel llygad.

eyepatch *n.* clwt (*m*) llygad (clytiau llygaid), *S:* clepyn (clepau) *m* [ar lygad], llygad latsh *m.*

eyepiece *n.* sylladur(-on) *m.*

eyer *n.* llygadwr (llygadwyr) *m*, llyg|adwraig *f*; syllwr (syllwyr) *m*, s|yllwraig *f* **(of sth,** ar rth).

eyeshot *n.* golwg *m*; **in ~,** o fewn golwg; **beyond ~, out of ~,** allan o'r golwg.

eyesight *n.* golwg *m.*

eyesore *n.* dolur(-iau) (*m*) llygad.

eyespot *n. Z:* smotyn (*m*) llygad (smotiau llygaid).

eyestone *n.* carreg (*f*) lygad (cerrig llygaid).

eyestrings *n.pl.* cyhyrau llygad/llygaid.

eyewash *n.* **1.** *Med:* eli (*m*) llygad, golch (*m*) llygad. **2.** *F:* (*= bunkum):* lol *f*, dwli *m*, twyll *m*, rhagrith *m*, truth *m*, hoced *f*. **3.** *(= flattery):* gweniaith *f*, sebon *m.*

eyewater *n.* **1.** *(= tears):* dagrau *pl.* **2. = eyewash 1.**

eyewink *n.* **1.** *(= wink):* winc(-iau) *f*, chwinc(-iau) *f*, winciad(-au) *m*, chwinciad(-au) *m*. **2.** *(= look):* golwg *mf*, cipolwg (cipolygon) *mf*, cip(-iadau) *mf.*

eyewitness *n.* llygad-dyst(-ion) *m.*

eyot *n. Geog:* ynysig(-au) *f.*

eyra *n. Z:* eyra(-od) *m.*

eyre *n. Jur:* cylchdaith (cylchdeithiau) *f*; *S.a.* **bailiff.**

eyrie, eyry *n.* **1.** *(= eagle's nest):* nyth (*mf*) eryr (nythod eryrod). **2.** *(= nest of eagles):* nythaid (nytheidiau) (*f*) o eryrod. **3.** *Fig:* *(= high place):* uchelfan(-nau) *f*, uchelgaer (uchelgciri) *f.*

Eytie *n. P:* Eidalwr (Eidalwyr) *m.*

Eyton 1. *W.Pl.n.* Eutun *mf*, *A:* Trefwy *f*. **2.** *Eng.Pl.n.* Eutun *mf.*

Ezekiel *Pr.n.m. B:* Eseciel.

Ezra *Pr.n.m. B:* Esra.

F

F, f *n.* [y llythyren] F, f *f.* **1.** *(in W. alphabet): pronounced:* èf (efiau) *f.* **2.** *(in Eng. alphabet): pronounced:* eff(-iau) *f*; **F for Frederic,** Ff am Ffredrig. **F-distribution** *n.* dosbarthiad *(m)* F. **F-hole** *n. Mus:* twll (tyllau) *(m)* F, seindwll (seindyllau) *m.* **F2 layer** *n. Meteor:* haen *(f)* F2. **F region** *n. Meteor:* cylchfa *(f)* F. **F-stop** *n. Phot:* stop(-iau) *(m)* F. **F.U.W.** *abbr. (Farmers' Union of Wales):* U.A.C (Undeb Amaethwyr Cymru). **F.W.A.** *abbr. (Free Wales Army):* B.Rh.C. (Byddin Rhyddid Cymru).

fa *n. Mus:* ffa *f.* **~-la** *n.* ffa-la(-s) *f.*

fab *abbr. (= fabulous): F:* grêt, gwych, *occ:* bendigêd, ardd|erch.

fabaceous *a. Bot:* ffäaidd.

Fabian *a. & n.* **1.** *a.* Ffabiaidd; **the ~ Society,** Cymdeithas *(f)* y Ffabiaid. **2.** *n.* Ffabiad (Ffabiaid) *m&f.*

Fabianism *n.* Ffabiaeth *f*, Ffabianaeth *f.*

Fabianist *n.* = **Fabian 2.**

fable[1] *n.* **1.** *(= tale):* chwedl(-au, *occ:* -euon) *f*; *Theol:* ffabl(-au) *f.* **2.** *(= falsehood):* celwydd(-au) golau *m*, anwiredd(-au) *m*, stori (storïau, straeon) *f*, dychymyg (dychmygion) *m*, honiad(-au) *m*; **to sort out fact from ~,** nithio gwir a gau.

fable[2] *v.t.* dweud chwedlau, chwedleua.

fabled *a.* **1.** *(a) (= legendary):* chwedlonol; *(b) (= famous):* enwog, mawr eich bri. **2.** *(= imaginary):* honedig, dychmygol.

fabler *n.* chwedleuwr (chwedleuwyr) *m*, chwedl|euwraig *f*; *W. Lit:* cyfarwydd(-iaid) *m.*

fabliau *n. Lit:* ***fabliau(-x)*** *m.*

fabric *n.* **1.** *Tex:* deunydd(-iau) *m*, defnydd(-iau) *m*; *(esp. artificial):* ffabrig(-au) *m*; *(= cloth):* brethyn(-nau) *m*, gwe (-oedd) *f*; **bonded ~,** ffabrig bond; **brushed nylon ~,** ffabrig neilon gwlanog; **dress ~,** defnydd ffrogiau; **fine ~,** ffabrig main; **furnishing ~,** ffabrig dodrefnu; **jersey ~,** defnydd jyrsi; **sailcloth ~,** defnydd hwyliau; **spun rayon ~,** ffabrig rayon/reion nyddedig; **stretch ~,** ffabrig ymestyn; **towelling ~,** defnydd llieiniau/tyweli. **2.** *(of building):* adeiladwaith *m*, adeiledd *m*; **towards the upkeep of the ~,** tuag at gynnal yr adeilad. **3.** *(= texture, tissue):* gwe, gwneuthuriad *m*, adeiledd, cyfansoddiad(-au) *m*, gwead(-au) *m*, patrwm (patrymau) *m.* **~ binding** *n.* rhwymiad(-au) *(m)* ffabrig.

fabricant *n.* = **fabricator 1.**

fabricate *v.t.* **1.** *(= manufacture):* llunio, gwn|eud, gwneuthur, cynhyrchu; *(boats, machines &c):* saernïo, adeiladu; *(cloth):* gweu, nyddu, ystofi. **2.** *(= invent, forge):* ffugio, dyfeisio; **to ~ lies,** dweud celwyddau, celwyddo, celwydda, palu celwyddau, dyfeisio celwyddau, rhaffu celwyddau.

fabricated *a.* **1.** *(= manufactured):* lluniedig, gwneuthuredig, dyfeisiedig. **2.** *(= invented):* ffug, ffugiedig, a ddyfeisiwyd/ffugiwyd; *(story):* celwyddog.

fabrication *n.* **1.** *(= process):* gwneuthuriad *m*; *vn.* = **fabricate. 2.** *(= object):* ffabrigiad(-au) *m*, peth(-au) *(m)* gwn|eud/gwneuthur/gwneuthuredig. **3.** *(= falsehood):* stori (straeon) ffug *f*, celwydd(-au) *m*, anwiredd (-au) *m*; *(= forgery):* ffug(-ion) *m*, ffugiad(-au) *m.*

fabricator *n.* **1.** *(= maker):* gwneuthurwr (gwneuthurwyr) *m*, dyfeisiwr (dyfeiswyr) *m*, lluniwr (llunwyr) *m*; *(of boat &c):* saer (seiri) *m*; *Archeol:* arfluniwr (arflunwyr) *m.* **2. a ~ of lies,** chwedleuwr (chwedleuwyr) *m*, celwyddgi (celwyddgwn) *m*, celwyddwr (celwyddwyr) *m*, palwr (palwyr) *(m)* celwyddau, rhaffwr (rhaffwyr) *(m)* celwyddau.

fabular *a.* chwedlonol.

fabulist *n.* **1.** *(= story-teller):* chwedleuwr (chwedleuwyr) *m*, damhegwr (damhegwyr) *m.* **2.** *(= liar):* celwyddwr (celwyddwyr) *m*, celwyddgi (celwyddgwn) *m.*

fabulosity *n.* chwedlonoldeb *m*, chwedlonolrwydd *m*, natur chwedlonol/anhygoel *f.*

fabulous *a.* **1.** *(= legendary):* chwedlonol. **2.** *(= untrue):* ffugiol, di-sail, anhygoel. **3.** *F: (= wonderful):* ardderchog, gwych, campus, p|enigamp, penig|amp, aruthrol, bendigedig; **a ~ price,** crocbris(-iau) *m*; **~ wealth,** cyfoeth aruthrol/anhygoel *m.*

fabulously *adv.* **1.** yn chwedlonol *&c.* **2.** *F: (a)* **~ rich,** yn eithriadol/anhygoel/aruthrol [o] gyfoethog; *(b)* **~ dressed,** wedi'ch gwisgo'n ardderchog *&c.*

fabulousness *n.* **1.** = **fabulosity. 2.** *F:* aruthredd *m*, gwychder *m*, harddwch *m.*

façade *n.* **1.** *Arch:* talwyneb(-au) *m*, ffasâd (ffasadau) *m.* **2.** *(= pretence):* ymddangosiad *m*, rhith *m*, esgus *m*, *occ:* cochl *f*; **behind a ~ of respectability,** dan gochl parchusrwydd.

face *n.* **1.** wyneb(-au) *m*, *(often, less correctly):* gwyneb(-au) *m*, *F:* gwep(-iau) *f*, *Lit: occ:* wynepryd *m*; **a babyish ~,** wyneb babi/babïaidd, *N.W: occ:* ceg *(f)* doffi; **a long ~,** wyneb hir/llaes/hirllaes, gwep laes, *S.W:* swch *f*, *N.W: F:* wyneb fel mis pump; **to pull a long ~,** gwn|eud gwep, *N:* tynnu/gollwng tursiau, *S.W:* gwneud cwpse, bod â jib fawr, *S.E:* gollwng eich gwep; **~ to ~ with s.o.,** wyneb yn wyneb â rhn, *Lit: occ:* ael yn ael â rhn; **to come ~ to ~ with s.o.,** *N.W: occ:* mynd i abwch/abwd rhn; **to set one's ~ against sth,** gwrthwynebu rhth, gwrthod derbyn rhth; gosod eich bryd yn erbyn rhth; **the side of the ~,** cern(-au) *f*; **in the ~ of danger,** yn wyneb perygl; **to fly in the ~ of Providence,** rhyfygu, herio Rhagluniaeth; **to fly in the ~ of authority,** herio awdurdod; **in the ~ of all men,** yng ngŵydd pawb; **to look s.o. in the ~,** edrych ym myw llygad rhn; **I'm a good judge of faces,** mi allaf i nabod rhn ar ei olwg/wyneb; **to make/pull faces,** gwneud ystumiau, tynnu wyneb[-au], *N: F:* gwneud ceg hyll, tursio, gwneud/tynnu tursiau, gwneud migmars, *S: F:* gwneud cleme/cwpse/llunie/siapse/mosiwns, siapso, tynnu gwep[-e]; **I couldn't keep a straight ~,** allwn i ddim peidio â gwenu; **to put a good/brave ~ on a bad business,** wynebu anffawd orau y gallwch, *N: occ:* dal blawd wyneb; *F:* **to put one's ~ on,** *F:* rhoi powdwr a phaent, *S.W:* jimo, pinco, jimoni; **I said so to his ~,** mi ddywedais i hynny yn ei wyneb; **to lie ~ down,** gorwedd ar eich wyneb; **to lie ~ up,** gorwedd ar eich cefn; **his ~ fell,** syrthiodd ei wyneb/wep. **2.** *(= effrontery):* wyneb *m*, wynebgaledwch *m*, digywil|ydd-dra *m*, haerllugrwydd *m*, hyfdra *m*, e[h]ofnder *m*, e[h]ofndra *m*, *N: occ:* powldra *m*; **she had the ~ to deny it,** fe fu hi'n ddigon digywilydd/eofn/hyf i'w wadu. **3.** *(a)* **to save one's ~,** arbed eich hunan-barch, arbed eich wyneb; **to lose ~,** colli parch, colli enw da, cael eich cywilyddio, colli wyneb; *(b)* **on the ~ of it,** yn ôl pob golwg, ar yr olwg gyntaf, ar yr wyneb; **his evidence is false on the ~ of it,** mae ei dystiolaeth yn amlwg [i'w gweld] yn gelwyddog. **4.** *(= surface): (a) (of earth, dial, type, coin, cliff):* wyneb(-au) *m*; **working ~,** wyneb gwaith; *(b) (of building):* blaen(-au) *m*, talwyneb(-au) *m*, ffasâd (ffasadau) *m*; *(c) Min:* **coal-~,** *N:* talcen(-ni) *m* [glo], *S:* ffas *f* [lo] (ffasys, ffasau [glo]); **inner ~,** wyneb mewnol; **longwall ~,** ffas wal hir; **outer ~,** wyneb allanol; *(d) Typ:* wyneb teip. **~-ache** *n.* poen *(mf)* yn yr wyneb, gwayw *(m)* yn yr wyneb. **~ card** *n.* = **court-card. ~-centred** *a.* wynebganolog; **-centred cubic,** ciwbig wynebganolog. **~-cleanser** *n.* glanhäwr (glanhawyr) *(m)* wyneb, hufen(-au) *(m)* glanhaol. **~-cloth** *n.* clwt (clytiau) *(m)* 'molchi, clwt sychu wyneb, cadach(-au) *(m)* gwlanen, *N.W: occ:* clwt gwlanen, *S:* lliain (llieiniau) *(m)* ymolchi/ymolch, clwtyn *(m)* ymolchi/ymolch. **~-cream** *n.* hufen(-nau) *(m)* wyneb. **~-edge** *n. Carp:* ymyl [g]weithiol (ymylon gweithiol) *mf.* **~-flannel** *n.* = **face-cloth. ~-fly** *n. Ent:* pryf(-ed) *(m)* wyneb. **~-fungus** *n. Joc:* barf(-au) *f*, locsyn *m*, wisgers *pl.* **~-harden** *v.t.* wyneb-galedu. **~-lift** *n.*, **~-lifting** *vn.* newid(-iadau) *(m)* gwedd; **she had a ~-lift,** cafodd newid ei gwedd. **~-mark** *n.* marc(-iau) *(m)* wyneb. **~-off**

n. Sp: cychwyn *vn*, cychwyniad(-au) *m*. **~-plate** *n.* plât (platiau) (*m*) wyneb. **~-powder** *n.* powdwr (powdrau) (*m*) wyneb. **~-saver** *n.* peth(-au) (*m*) arbed wyneb/anrhydedd/teimladau/cywilydd, arbedwr (arbedwyr) (*m*) wyneb *&c*; **it provided a ~-saver for the government,** bu'n foddion i arbed wyneb y llywodraeth. **~-saving** *a.* sy'n arbed teimladau/anrhydedd/wyneb, i ochel/osgoi cywilydd. **~ side** *n.* wyneb (*m*) gwaith, ochr (*f*) waith (ochrau gwaith). **~-to-~** *a. & adv.* wyneb yn wyneb. **~-towel** *n.* lliain (llieiniau) (*m*) sychu wyneb. **~ value** *n.* wynebwerth(-oedd) *m*, gwerth(-oedd) enwol *m*; **to take sth at its ~ value,** derbyn rhth ar ei olwg; **~ veneer** *n.* argaen(-au) (*f*) wyneb. **~-worker** *n.* gweithiwr (gweithwyr) (*m*) wrth y talcen/ffas.

face² *v.t.* **1.** wynebu; **(the problem) that faces us,** (yr anhawster) o'n blaen, sy'n ein hwynebu; **to be faced with sth,** wynebu rhth, bod wyneb yn wyneb â rhth, bod yng ngŵydd rhth; **faced with the evidence he confessed,** yn wyneb y dystiolaeth fe gyfaddefodd; *F:* **to ~ the music,** wynebu'r canlyniadau, wynebu'r gosb. **2.** *(= be opposite):* wynebu (rhth, ar rth), bod gyferbyn (â rhth), bod dros y ffordd (i rth), *N.W: occ:* ffryntio (rhth), *S.W:* bod goddyreb (â rhth); **a window that faces the garden,** ffenestr yn wynebu'r ardd; **facing the sun,** yn wyneb haul, yn llygad yr haul; **the picture facing page ten,** y darlun gyferbyn â thudalen deg. **3.** *(a)* troi; **~ this way!** trowch y ffordd hyn! **about ~!** ar eich sawdl, trowch! *Mil:* **right ~!** i'r dde, trowch! *(b) Cards:* **to ~ a card,** troi cerdyn. **4.** *(a) Tchn: (= dress surface of sth):* trin, caboli; *(b) Const:* **to ~ a wall,** gorchuddio mur, rhoi wyneb ar fur, *occ:* wynebu mur, *N.W:* ffryntio wal; *(c) Cost:* **a coat faced with silk,** cot â ffesin sidan. **~ about** *v.i. Mil:* troi ar eich sawdl. **~ down** *v.t.* **to ~ s.o. down,** trechu/bygylu rhn. **~ off** *v.t. Sp:* cychwyn, ailgychwyn. **~-off** *n.* cychwyniad(-au) *m*, ailgychwyniad(-au) *m*. **~ out** *v.t.* **to ~ sth out,** dod trwy rth yn eofn/ddigywilydd, *N.W: occ:* dal blawd wyneb. **~ up** *v.t.* **to ~ [up to] sth,** wynebu rhth, peidio ag osg|oi rhth.

faced *a.* **1.** *Tex:* **~ cloth,** brethyn main *m*; *Needlew:* **~ opening,** agoriad (*m*) wedi'i wynebu, agoriad ffesin. **2. -faced,** -wynebog; **bare-~,** *(a) (= brazen):* wynebgaled, digywilydd, eofn, hyf, haerllug, *S:* ewn; *(b) (= hairless):* wynebnoeth; **flat-~,** [ag] wyneb fflat, *Lit: occ:* wynepclawr; **long-~,** wynebIacs, gweplaes, trist, â gwep hir/hirllaes, *occ* sobor; **pale-~,** gwelw(-on), llwyd(-ion), llwydaidd, wyneblas, wyneblwyd, llwydwelw; **po-~,** *F:* sobor, difrifol, di-wên, sychlyd, sychdduwiol; **red-~,** gwridog, wynepgoch, [ag] wyneb coch/gwridog; **sad-~,** wynepdrist, wyneplaes, trist/digalon yr olwg, â golwg drist/ddigalon; **two-~,** dauwynebog, rhagrithiol.

faceless *a.* anadnabyddus, diwyneb, dienw, anhysbys, anweladwy, anweledig, o'r golwg, cuddiedig, anamlwg.

facelessness *n.* anhysbysrwydd *m*, anamlygrwydd *m*, diwynebrwydd *m*.

facer *n.* **1.** *(pers.):* wynebwr (wynebwyr) *m*, wyn|obwraig *f*. **2.** *(= poser):* anhawster (anawsterau) *m*, problem(-au) *f*, pos(-au) *m*; **that's a ~!** dyna beth dyrys! dyna gwestiwn anodd!

facet¹ *n.* **1.** *(of gem &c):* ffased(-au) *mf*, wynebyn(-nau) *m*. **2.** *Fig:* gwedd(-au) *f*, agwedd(-au) *f* **(of sth,** ar rth). **~ analysis** *n.* dadansoddiad(-au) ffasedol *m*. **~ formula** *n.* fformiwla (fformiwlâu) ffasedol *f*. **~ indicator** *n.* nod(-au) (*m*) ffased. **~ retrieval system** *n.* system(-au) (*f*) adfer [gwybodaeth] ffasedol.

facet² *v.t.* ffasedu.

faceted *a.* wynebog, ffasedog, ffasedol; *Archeol:* **~ butt,** bôn (bonion) ffasedog *m*; **~ classification,** dosbarthiad(-au) ffasedol *m*; **~ notation,** nodiant (nodiannau) ffasedol *m*; **many-~,** amlochrog, amlweddog.

facetiae *n.pl.* **1.** difyrion, diddanion, digrifion, ffraethebion. **2.** *Lib:* maswedd *m*, llyfrau masweddus.

facetious *a.* cellweirus, ffraeth, doniol, arabus, [y]smala, gwamal; **I'm not being ~,** nid cellwair/gwamalu yr ydw i.

facetiously *adv.* yn gellweirus *&c.*

facetiousness *n.* donioldeb *m*, arabedd *m*, digrifwch *m*, ffraethineb *m*, cellwair *m*, gwamalrwydd *m*, gwamalwch *m*, [y]smaldod *m*.

facia *n.* = **fascia.**

facial *a. & n.* **1.** *a.* wynebol; **~ nerve,** nerf (*f*) yr wyneb (nerfau'r wyneb), nerf wynebol. **2.** *n.* triniaeth(-au) (*f*) [i'r] wyneb, trin (*vn*) wyneb, *prydweddiad(-au) *m*.

facially *adv.* yn wynebol, yn ôl yr wyneb.

-facient *a. comb.fm.* -bair.

facies *n.* **1.** gwedd(-au) *f*, wynepryd *m*. **2.** *Geol:* ansawdd (ansoddau, ansoddion) *mf*, cyfansoddiad(-au) *m*.

facile¹ *a. usu. Pej:* rhy hawdd, rhy rwydd, gor-rwydd, arwynebol; *(= fluent):* rhugl.

facile² *Lt.a.* **~ *princeps*,** y gorau o bell ffordd.

facilely *adv.* yn rhy hawdd *&c.*

facileness *n.* gor-rwyddineb *m*, arwynebolrwydd *m*.

facilitate *v.t.* hyrwyddo, hwyluso, rhwyddh|au, hybu, cynorthwyo.

facilitated *a.* hyrwyddedig, cynorthwyedig; **~ transport,** cludiant cynorthwyedig *m*.

facilitation *n.* rhwyddhad *m*, hyrwyddiad *m*; *Ling:* cydredaeth *f*; *vn.* = **facilitate.**

facilitative *a.* hyrwyddol, rhwyddhaol.

facilitator *n.* hwyluswr: hwylusydd (hwyluswyr) *m*, hyrwyddwr (hyrwyddwyr) *m*, rhwyddhäwr (rhwyddhawyr) *m*.

facility *n.* **1.** *(= ease in speaking &c):* rhwyddineb *m*, llithrigrwydd (*m*) ymadrodd, dawn (*f*) ymadrodd, dawn dweud; *(= dexterity):* deheurwydd *m*. **2.** *(= opportunity, equipment):* cyfleuster(-au) *m*, cyfleustra *m*.

facing¹ *a.* ar gyfer, yn wynebu (rhth); gyferbyn (â rhth); *S.W:* goddyreb (â rhth).

facing² *vn. & n.* **1.** *vn. (action):* = **face² 4. 2.** *n. Const: (of wall):* arwyneb(-au) *m*, wynebiad(-au) *m*. **3.** *Cost:* ffesin(-au) *m*, arwyneb, wynebyn(-nau) *m*; **applied ~,** ffesin gosod; **armhole ~,** ffesin twll llawes; **back ~,** ffesin cefn; **crossway ~,** ffesin croes; **front ~,** ffesin blaen; **shaped ~,** ffesin wedi'i lunio/siapio. **~ sand** *n.* tywod (*m*) arwynebu/wynebu. **~ tool** *n. Tls:* erfyn (arfau) (*m*) wynebu.

facsimile¹ *n.* copi (copïau) union/cywir *m*, atgynhyrchiad (atgynyrchiadau) *m*, adlun(-iau) *m*, ffacs|imili (ffacsimilïau) *m*; **this is a ~ of that,** mae hwn yr un ffunud â'r llall; **in ~,** yn union, i'r dim. **~ edition** *n.* argraffiad(-au) (*m*) adlun. **~ reprint** *n.* adargraffiad(-au) (*m*) adlun.

facsimile² *v.t.* atgynhyrchu, copïo, adlunio.

fact *n.* **1.** ffaith (ffeithiau) *f*; **to bow before the facts,** derbyn y ffeithiau, ildio i'r ffeithiau; **to look facts in the face,** gweld pethau fel y maent, wynebu'r gwir am bethau, wynebu ffeithiau; **~ and fiction,** ffaith a ffug, ffaith a dychymyg, y gwir a'r gau; **it's a ~ of life,** mae'n ffaith [annifyr]; mae'n digwydd bod yn wir; mae'n un o ffeithiau bywyd; *F:* **have you been told the facts of life,** wyt ti'n gwybod pob peth? **to tell children the facts of life,** dweud pob peth wrth blant, dweud wrth blant o ble y maent wedi dod; **owing to the ~ that...,** oherwydd bod...; **apart from the ~ that...,** ar wahân i'r ffaith bod..., ac eithrio bod...; **I know for a ~ that...,** mi wn yn sicr bod...; **the ~ is, I've no money,** y gwir yw, 'does gen i ddim arian; **is it a ~ that...?** a yw hi'n wir bod...? **in ~,** mewn gwirionedd, a dweud y gwir, *F:* dyna'r gwir, ffaith/ffact i chi; **in point of ~, as a matter of ~,** fel mater o ffaith, mewn gwirionedd, y ffaith amdani yw..., a dweud y gwir, fel y mae'n digwydd; **by the mere ~ of/that...,** yn unig oherwydd bod...; **(the ~) of my having seen him,** (y ffaith) imi ei weld, fy mod wedi ei weld. **2.** *(= crime):* trosedd(-au) *mf*, gweithred(-oedd) *f*, *Jur:* ffaith *f*; *Jur:* **question of ~,** cwestiwn o ffaith; **to confess the ~,** addef trosedd; *S.a.* **accessory. ~-finder** *n.* ymchwiliwr: ymchwilydd (ymchwilwyr) *m*. **~-finding** *a.* ymchwiliol.

factice *n. Tex:* ffactis *m*.

facticity *n.* ffeithioldeb *m*, ffeithiolrwydd *m*.

faction¹ *n.* **1.** *(= group):* carfan(-au) *f*, ymblaid (ymbleidiau) *f*, plaid (pleidiau) *f*, clymblaid (clymbleidiau) *f*. **2.** *(= party spirit):* pleidgarwch *m*, clymbleidiaeth *f*; *(= discord):* cynnen *f*.

faction² *n.* *(= fictionalized fact):* *ffeithlen(-ni) *f*.

factional *a.* clymbleidiol, pleidgar, cynhennus, rhanedig.

factionalism *n.* clymbleidiaeth *f*, pleidgarwch *m*, ysbryd pleidiol *m*; *(= discord):* ymraniadau *pl*, ymrannu *vn*, carfanu, ymgarfanu, cynnen *f*.

factionally *adv.* yn glymbleidiol *&c.*

factious *a.* cynhennus, cecrus, ymranedig.

factiously *adv.* yn gynhennus *&c.*

factiousness *n.* = **factionalism**.
factitious *a.* dyfeisiedig, gwneuthuredig, artiffisial, ffug, ffugiol, ffugiedig, gwn|eud; **a ~ tale,** chwedl wneud.
factitiously *adv.* yn ffugiol.
factitiousness *n.* ffugioldeb *m.*
factitive *a. Gram:* gwneuthurol.
factitively *adv. Gram:* yn wneuthurol.
factor[1] *n.* **1.** *(pers.): (a) Com: (= merchant):* marsiandwr (marsiandwyr) *m,* gwerthwr (gwerthwyr) *m,* masnachwr (masnachwyr) *m,* deliwr (delwyr) *m,* cyflenwr (cyflenwyr) *m; (b) Scot: (= steward):* goruchwyliwr (goruchwylwyr) *m,* stiward(-iaid) *m.* **2.** *(a) Mth: &c:* ffactor(-au) *m;* **prime ~,** ffactor cysefin; *(b) Mec.E: &c:* **~ of safety,** cyfernod *(m)* diogelwch. **3.** *(= circumstance, element):* ffactor(-au) *m,* elfen(-nau) *f,* achos(-ion) *m;* **an additional complicating ~,** cymhlethdod ychwanegol *m;* **dominant ~,** ffactor trech/trechaf; **environmental ~,** ffactor amgylcheddol; **fixed ~,** ffactor sefydlog; **causative ~,** ffactor achosol; **manual ~,** ffactor deheurwydd llaw; **passive ~,** ffactor goddefol; **power ~,** ffactor pŵer; **recessive ~,** ffactor enciliol; **specific ~,** ffactor penodol; **unspecific ~,** ffactor amhenodol; **variable ~,** ffactor cyfnewidiol. **~ analysis** *n.* dadansoddi *(vn)* ffactorau. **~-analytic** *a.* ffactor-ddadansoddol. **~ cost** *n.* cost *(f)* cynhyrchu. **~ theories** *n.* theorïau ffactoraidd.
factor[2] *v.t.&i.* ffactorio, ffactoreiddio.
factorable *a.* ffactoradwy.
factorage *n. Fin:* comisiwn *m.*
factorial *a. & n. Mth:* **1.** *a.* ffactorol, ffactoraidd. **2.** *n.* ffactorol(-ion) *m.*
factorizable *a.* ffactoradwy.
factorization *n.* ffactoriad(-au) *m,* ffactorio *vn.*
factorize *v.t.,* **factorizing** *vn.* ffactorio.
factory 1. *Com: (= trading station):* masnachdy (masnachdai) *m.* **2.** *Ind: (= workshop):* gwaith (gweithf|eydd) *m,* ffatri (ffatrïoedd) *f;* **advance ~,** ffatri barod (ffatrïoedd parod), blaen-ffatri (~-ffatrïoedd) *f;* **purpose-built ~,** ffatri bwrpas (ffatrïoedd pwrpas), ffatri i bwrpas. **Factories Act** *n.* Deddf *(f)* Ffatrïoedd. **~ farm** *n.* fferm ddiwydiannol (ffermydd diwydiannol) *f.* **~ farming** *vn.* ffermio diwydiannol. **~ legislation** *n.* deddfwriaeth *(f)* ffatrïoedd. **~ ship** *n.* llong(-au) *(f)* ffatri. **~ system** *n.* cyfundrefn(-au) *(f)* ffatrïoedd, system(-au) *(f)* ffatrïoedd. **~ worker** *n.* gweithiwr (gweithwyr) *(m)* ffatri, gw|eithwraig (gweithwragedd) *(f)* ffatri.
factotum *n.* gwas (gweision) *(m)* pob gwaith, Siôn *(m)* pob swydd, *S.W:* gwas (gweision) twt *m.*
factual *a.* ffeithiol.
factualism *n.* ffeithiolaeth *f.*
factualist *n.* ffeithiolwr: ffeithiolydd (ffeithiolwyr) *m.*
factuality *n.* ffeithioldeb *m.*
factually *adv.* yn ffeithiol, o ran ffaith, o ran y ffeithiau.
factualness *n.* = **factuality**.
factum *n. Jur:* **1.** *(= deed):* gweithred(-oedd) *f.* **2.** *(= statement):* datganiad(-au) *m.*
facture *n.* gwneuthuriad *m,* ansawdd *mf.*
facula *n. Astr:* man(-nau) *m.*
facular, faculous *a. Astr:* mannog.
facultative *a.* goddefol, yn ôl dewis, dewisol; *Biol:* anghyfyng, anghyfyngedig, digyfyngiad, cyneddfol, amryddawn.
facultatively *adv.* yn oddefol *&c;* yn ôl dewis.
faculty *n.* **1.** *(a) (= mental power):* gallu(-oedd) meddyliol *m,* cynneddf (cyneddfau) *f,* galluedd *m;* **to be in possession of all one's faculties,** meddu ar eich holl gyneddfau, *F:* bod yna i gyd, bod o gwmpas eich pethau; *(b) (= gift, talent):* gallu, dawn (doniau) *f;* **to have the ~ of observation,** bod yn graff/llygatgraff. **2.** *Sch:* cyfadran(-nau) *f; U.S:* **the ~,** y darlithwyr *pl,* y staff *m.* **3.** *(= permission, freedom):* caniatâd *m,* cennad *mf,* trwydded(-au) *f,* rhyddid *m,* hawl(-iau) *f;* **to get/obtain a ~ to do sth,** cael gwneud rhth; *Ecc:* **Court of Dispensations, Licences and Faculties,** Llys y Gollyngiadau, y Trwyddedau a'r Galluedau. **~ theory** *n.* damcaniaeth *(f)* y cyneddfau.
fad *n.* chwiw(-iau) *f,* mympwy(-on) *m,* ffasiwn (ffasiynau) *mf,* chwilen *f, N:* cysêt *m;* **he has a ~,** mae ganddo chwilen yn ei ben; *N.W:* mae 'na ryw ferw yn 'i ben o; **what's her latest ~?** *N.W: occ:* efo beth mae hi'n berwi'i phen rŵan?
faddish *a.* = **faddy**.
faddishness, faddism *n.* mympwyoldeb *m,* mursendod *m,* chwiwgarwch *m,* cysêt *m.*
faddist *n.* rhn (rhai) mympwyol/cysetlyd/chwiwgar, mympwywr (mympwywyr) *m,* cranc(-od) *m,* ffadi(-s) *m&f;* **food ~,** cranc bwyd.
faddy *a.* dicra, mympwyol, anodd eich plesio, mursennaidd, ffadi, cysetlyd, chwiwgar, *N: F:* misi, pyticlar; **to be ~,** *N.W: occ:* cysetio, penferwi, berwi'ch pen.
fade[1] *n.* pyliad(-au) *m;* **to do a ~,** *F:* diflannu.
fade[2] *v.i., v.t. & n.* **1.** *(a) (of flower):* gwywo, colli lliw; *(of material, colour):* pylu, colli lliw, *M.W: occ:* diffiwgro; **to ~ from one's memory,** mynd/diflannu o'ch cof, mynd dros gof, mynd i ebargofiant; *(b)* **to ~ away/out,** *(= disappear):* diflannu; *(= waste away):* darfod, edwino, gwanh|au, dihoeni, gwanio, gwanychu, nychu, *Lit:* edwi, *S.E: occ:* ffio, *S.W: occ:* diharpo, *N.W: occ:* diharffo; **she was fading away,** 'roedd hi'n dihoeni; *(c) (of brakes, sound):* pylu, gwanhau; **her smile faded away,** diflannodd/diffoddodd/pylodd ei gwên; *(d) Cin: Th:* **to ~ into a scene,** ymdoddi i olygfa; *(e) (of golf-ball):* gwyro; **to ~ out,** diffodd, pylu, toddi allan [o olygfa], tywyllu'n araf. **2.** *v.t. (a)* afliwio, pylu; **curtains faded by the sun,** llenni wedi colli eu lliw yn yr haul; *(light):* pylu, gostwng, diffodd; *(sound):* gostwng, diffodd, distewi; *(b) Cin:* **to ~ one scene into another,** toddi un olygfa i'r llall; *(c) El. Mus:* **to ~ sound in,** mewnhidlo/codi sŵn; **to ~ sound out,** allhidlo/diffodd sŵn. **~ down** *v.t. Cin: &c:* pylu. **~-in** *n. Cin: &c:* ymdoddiad(-au) *m,* ymdoddi *vn.* **~-out** *n. Cin: &c:* pyliad(-au) *m,* pylu *vn,* diffoddiad(-au) *m,* diffodd *vn.* **~-up** *v.t. Cin: &c:* cryfh|au.
fadeaway *n.* diflaniad *m,* darfyddiad *m,* edwiniad *m,* dihoeniad *m,* diffoddiad *m; vn.* = **fade away**.
faded *a.* **1.** *(flower):* gwywedig, gwyw, wedi gwywo. **2.** *(material, colour):* pŵl, wedi pylu, wedi colli ei liw, afliwiedig, *F:* wedi ffedio, *N.W: occ:* carllwyd. **3.** *(hopes &c):* diflanedig, darfodedig.
fadedly *adv.* yn wywedig *&c.*
fadeless *a.* anniflan, anniflannol, anniflanedig, anwyw, anwywedig, anwywol, anwywadwy, bythwyrdd, bytholwyrdd.
fadelessly *adv.* yn anniflannol *&c.*
fader *n.* **1.** pylwr (pylwyr) *m.* **2.** *W.Tel:* potensiomedr(-au) *m.*
fading[1] *a. (a) (flower):* gwyw, gwywedig; *(b) (colour):* di-liw, gwanllyd; *(c) (light):* gwan, pŵl, gwelw; *(d) (sound):* sy'n tewi, sy'n distewi; *(e) (hopes):* sy'n gwanh|au/lleih|au/pallu/diflannu/pylu.
fading[2] *vn.* = **fade**[2] **1.** *(a) (of plant):* gwyw[i]ad *m,* gwywo; *(b) (of material, colour):* pyliad *m,* pylu; *(c) (of light):* gwanhad *m,* pyliad *m,* gwanychiad *m; (d) (of sound):* gwanhad, diffoddiad *m,* distawiad *m.*
faecal *a.* ysgarthol, tomol, ymgarthol.
faeces *n.pl.* ysgarthion, ymgarthion, *F:* tom *f.*
faecolith *n. Med:* carreg *(f)* faw (cerrig baw).
faerie *a. & n.* **1.** *a.* dychmygol, arallfydol, annaearol, rhithiol. **2.** *n. A:* gwlad *(f)* hud a lledrith, [gwlad] y tylwyth teg.
Faeroese *a. & n.* = **Faroese**.
faery *a. & n.* = **faerie**.
faff *v.i. F:* **to ~ about,** ffwdanu, *N.W:* stwnsian, stwna, piltran, ponsio, *S:* ffwlffacan, bwlffacan; *S.a.* **dither**[2].
fag[1] *n.* **1.** *F: (a) (= bother, task):* trafferth *f, N: F:* strach *mf,* strachod *pl,* st[r]yffig *mf; (b) (= exhaustion):* blinder *m, Lit:* lludded *m;* **brain-~,** blinder meddwl. **2.** *Sch:* gwas (gweision) bach *m.* **3.** *P: (= cigarette):* sigarét(-s, sigareti) *f, F:* ffag(-s) *f,* ffagen (ffags) *f.* **4.** *P:* = **faggot**[1] **4. ~-end** *n. F:* **1.** *(a) (of material &c):* pwt (pytiau) *m,* gweddill(-ion) *m, S.W:* gobedyn (gobedau) *m; (b) (of winter &c):* cwt *m,* diwedd *m,* terfyn *m,* cynffon *f.* **2.** *(of cigarette):* stwmp(-s, stympiau) *m,* bonyn (bonion) *m,* stwmpyn (stwmps) *m.*
fag[2] *v.i.&t.* **1.** *(a) v.i.* llafurio, dygni arni, pydru arni, ffagio; **to ~ oneself out,** eich blino'ch hun, ymlâdd, blino'n lân, *N.W:* eich hario'ch hun, ffagio, bustachu; *(b) v.t.* blino. **2.** *v.i. Sch:* **to ~ (for a senior),** bod yn was bach, gwn|eud negesi, ffagio (i fachgen hŷn).
fagged *a.* blin, blinedig, wedi blino'n deg/lân, wedi diffygio, wedi ymlâdd, *Lit:* lluddedig, blinderog, blinderus, *N.W: F:* wedi hario, wedi ffagio, *S: occ:* wedi stago, wedi blino'n geg, *S.W:*

occ: wedi lasto, wedi ffwndo, wedi blino'n gorn, wedi hobo, wedi sando, wedi palo.

faggot[1] *n.* **1.** *(a) (of wood):* ffagod(-au) *f*, ffagoden(-nau,-ni) *f*, *N.E: occ:* cidysen (cidys) *f*, *N.W:* ffagal (ffaglau) *m*, *A:* ffasg(-au) *f*; *(b) Metall: (of rods):* ffasgell(-au,-i) *f*. **2.** *Cu:* ffagotsen (ffagots) *f*. **3.** *(= woman): Pej:* [hen] sguthan, hen het, hen fulfran, hen hesbwrn, hen gyrbiban, [hen] ffagwd/ffagwt, hen ffachgwd, hen fflegan, hen fursen. **4.** *(= homosexual):* pansi(-s) *m*, Meri Jên(-s) *f*, cadi-ffan[i](-s) *m*, cadi-martha(-s) *m*, *N.W: occ:* mifi-mahafan *m*, pansan (pansis) *m*, *S.W: occ:* ceiliogiar (ceiliogieir) *m*. **~-stitch** *n. Needlew:* pwyth(-au) (*m*) ffagod. **~-vote** *n. Hist:* pleidlais (*f*) wellt.

faggot[2] *v.t.&i.* ffagodi.

faggotting *n. Needlew:* ffagodwaith *m*, ffagodi *vn.*

faggotty *a. F: (= homosexual):* pansïaidd, merchetaidd, cadiffanllyd.

fagotto *n. Mus:* ffagoto (ffagoti) *m*.

fah *n. Mus:* ffa *f*.

Fahrenheit *a.* Fahrenheit.

faience *n.* ***faience*** *m*.

fail[1] *n. Sch:* methiant (methiannau) *m*; **how many fails were there this year?** faint a fethodd eleni? **without ~,** yn ddi-feth, yn ddi-ffael. **~-safe** *a.* **~-safe device,** dyfais (*f*) fethu diogel (dyfeisiau methu diogel).

fail[2] *v.i.&t.* **1.** *v.i. (a) (foll. by infinitive):* methu, pallu, *S: F:* ffaelu, *Lit: occ:* gomedd; **don't ~ to come,** cofiwch ddod; gofalwch chi ddod; dewch, da chi; **to ~ to do sth,** peidio â gwneud rhth; **to ~ to pay,** peidio â thalu; **I shall not ~ to do so,** fe'i gwnaf yn ddi-ffael; byddaf yn sicr o'i wneud; **I ~ to see why,** ni allaf weld paham; 'rwy'n methu â gweld paham; **he failed to come,** ni ddaeth; ni allodd ddod; methodd â dod; **things that cannot ~ to be seen,** pethau na ellir eu methu; *(b) (= weaken):* gwanh|au, diffygio, pallu, gwanio, edwino, pylu; *S.W: occ:* diharpo; **my strength is failing,** mae fy nerth yn pallu/diffygio; **his sight is failing,** mae ei olwg yn pylu/gwanhau/tywyllu; *(c) (= not succeed):* methu, bod yn fethiant, bod yn ofer, mynd i'r gwellt, mynd i'r wal, mynd i'r clawdd, *N.W: occ:* heglio; **the attempt failed,** bu'r ymgais yn ofer/fethiant; methu a wnaed; methodd yr ymdrech; ofer fu'r ymdrech; **to ~ in one's duty,** methu yn eich dyletswydd, esgeuluso'ch dyletswydd, peidio â gwneud eich dyletswydd; **the electricity failed,** diffoddodd/pallodd y trydan; torrwyd y trydan; **his heart failed,** diffygiodd ei galon; peidiodd ei galon â churo; **the play failed,** bu'r ddrama'n fethiant; **the engine failed,** diffygiodd/pallodd y motor; **she failed in her promise,** fe dorrodd hi ei gair/haddewid; *Com:* methu, torri, mynd yn fethiant; *(of pers.):* mynd yn fethdalwr, torri; **their business failed,** aeth yr hwch drwy'r siop; torrodd/methodd eu busnes; bu eu busnes yn fethiant; *S.W: occ:* fe aethon nhw i Dre-din; **to ~ safe,** methu'n ddiogel. **2.** *v.t. (a) (= disappoint, let down):* siomi; **the wind failed us,** ni chawsom wynt; siomodd y gwynt ni; **she failed me,** siomwyd fi ganddi, cefais fy siomi ganddi; *(b)* **my memory often fails me,** mae fy nghof yn pallu'n/diffygio'n aml; *N.W: occ:* mae fy nghof i'n stiffio; **his heart failed him,** digalonnodd; gwangalonnodd (*pronounced* ng-g); pallodd ei ddewrder; *(c)* **to ~ an examination,** methu arholiad, *S: occ:* fflato; *(d) (candidate):* methu.

failed *a.* aflwyddiannus, ffaeledig, wedi methu.

failing[1] *n.* **1.** *(a)* = **failure 1**; *(b) (of strength &c):* diffyg *m*, diffygiad *m*, gwanhad *m*; *(c) (= fault):* ffaeledd(-au) *m*, gwendid(-au) *m*, bai (beiau) *m*, *occ:* ffawt(-iau) *mf*; **the best have their failings,** *Prov:* heb ei fai, heb ei eni.

failing[2] *prep.* yn niffyg (rhth), heb (rth); **~ so and so,** yn absenoldeb hwn a hwn; **buy honey, ~ that buy sugar,** pryn fêl, ac os nad oes mêl pryn siwgwr.

failing[3] *a.* diffygiol, gwanhaol, llesg, methedig, egwan, edwinol, nychlyd, *S:* ffaeledig; **never-~,** diball, di-feth, di-ffael; *(= inexhaustible):* dihysbydd.

failingly *adv.* yn aflwyddiannus *&c.*

faille *n. Tex:* ***faille*** *m*.

failure *n.* **1.** methiant (methiannau) *m*, esgeulustod *m*, anallu *m*, diffyg(-ion) *m*, methu *vn*, pallu *vn*, peidio *vn*; **~ to keep a promise,** tor-addewid(-ion) *m*, methiant i gadw addewid, methu cadw gair; **~ to observe a rule,** diffyg sylw i reol; **~ to pay a bill,** esgeuluso talu bil, anallu i dalu bil, peidio â thalu bil; **~ to thrive,** *(i)* diffyg cynnydd; *(ii) Med:* anffyniant *m*; *(b) (of electricity &c):* toriad(-au) *m*, diffoddiad(-au) *m*; diffyg *m*, pall *m* (ar rth); *S.a.* **heart-failure**; *(of machine &c):* diffyg, toriad, aflwydd *m*, cam-hwyl *f* (ar rth). **2.** *(= lack of success):* methiant (methiannau) *m*, aflwyddiant (aflwyddiannau) *m*; *Com:* methiant; **the whole thing was a ~,** 'roedd y cyfan yn fethiant; *S.W:* aeth y cwbwl yn ffradach; **to court ~,** gwahodd gofidiau; **the attempt was doomed to ~,** nid oedd gobaith i'r ymgais lwyddo; 'roedd methiant yr ymgais yn anochel/anorfod; *Lit:* ni allai na fethai'r ymgais. **3.** *(= unsuccessful person, play, attempt &c):* methiant.

fain[1] *pred.a. & adv. A: Lit:* **1.** *pred.a. (= willing):* parod, yn barod; *(= obliged):* dan orfod. **2.** *adv.* **I would ~ do it,** hoffwn ei wneud; fe fyddai'n dda gennyf ei wneud.

fain[2] *int. (in children's games):* bar.

fainéant *a. & n.* **1.** *a.* diog, dioglyd, segur, ofer, da i ddim, diffaith; *Fr.Hist:* **the F~ Kings,** y Brenhinoedd Diffaith. **2.** *n.* diogyn(-nod) *m*, segurwr (segurwyr) *m*, oferwr (oferwyr) *m*, *S:* pwdryn (pwdrod) *m*.

fains *int.* = **fain**[2].

faint[1] *a.* **1.** *(= timid):* ofnus, gwan (gweinion), gwangalon (*pronounced* ng-g), swil; **a ~ heart,** calon wan; *Prov:* **~ heart ne'er won fair lady,** gwan ei galon a gyll y ferch; i'r dewr yr â'r da; y dewr biau'r dydd. **2.** *(= weak): (a)* gwan, egwan; *(= slight):* bychan (*f.* bechan, *pl.* bychain), disylw, tila, pitw; **a ~ hope,** gobaith gwan/egwan, gwanobaith (gwanobeithion) *m*; **a ~ voice,** llais gwan/egwan; **a ~ improvement,** gwellhad bychan; **a ~ difference,** gwahaniaeth tila; *(b) (colour):* gwelw, golau, di-liw; *(star &c):* aneglur, gwan, pŵl, dilewy[r]ch; *(sound, breeze):* ysgafn; *(idea &c):* brith *(precedes noun + soft mut.)*, aneglur; *(after neg.):* lleiaf; **I have a ~ recollection of him,** mae gen i frith gof amdano; **(I haven't) the faintest idea,** ('does gen i) mo'r syniad lleiaf, yr un clem, ddim amcan; **I haven't the faintest interest in it,** 'does gen i mo'r diddordeb lleiaf ynddo. **3.** *(health):* gwan (gweinion); **to feel ~,** diffygio, teimlo'n wanllyd, teimlo'n llegach, *N.W:* teimlo'n gwla, *S: occ:* gwaclu, delwi; **I feel ~,** mae'r bendro arna' i; mae fy mhen i'n troi; 'rwy'n teimlo'n chwil. **4.** = **feint.** **~-heart** *n.* rhn (rhai) gwangalon *&c*, gwangalonnwr (gwangalonwyr) *m* (*pronounced* ng-g), llwfryn(-nod) *m*, llwfrgi (llwfrgwn) *m*, llwfrddyn(-ion) *m*, *S: occ:* ffrigyn *m*. **~-hearted** *a.* gwangalon (*pronounced* ng-g), anwrol, swil, llwfr. **~-heartedly** *a.* yn wangalon *&c.* **~-heartedness** *n.* gwangalondid *m* (*pronounced* ng-g), swilder *m*, anwroldeb *m*, llwfrdra *m*.

faint[2] *n.* llewyg(-on) *m*, *Lit:* llewygfa (llewygfâu, llewygf|eydd, llewygfaon) *f*, llesmair (llesmeiriau) *m*, *N:* gwasgfa (gwasgf|eydd) *f*, *S.W:* pangfa (pangf|eydd) *f*; **a dead ~,** marwlewyg *m*; **in a dead ~,** yn anymwybodol.

faint[3] *v.i.* llewygu, *Lit:* llesmeirio, *S.W: occ:* pango, delwi, *N:* cael gwasgfa, *N.W: occ:* mynd yn llech, *S: occ:* cael haint.

fainting[1] *a.* llewygol.

fainting[2] *vn.* = **faint**[3]. **~ fit** *n.* = **faint**[2].

faintish *a.* gwannaidd, gwanllyd, lled wan, braidd yn wan, go wan, eithaf gwan.

faintishness *n.* gwaneiddiwch *m*, lledwendid *m*.

faintly *adv.* **1. (to answer) ~,** (ateb) yn wan/egwan/wannaidd, mewn llais gwan, mewn llais bach. **2.** *(= slightly):* ychydig, fymryn, dipyn, *occ:* [o'r] braidd, prin; **~ sweet,** fymryn yn felys; **~ visible,** prin i'w weld, o'r braidd yn weladwy; **a ~ sarcastic tone,** goslef braidd yn wawdlyd.

faintness *n.* **1.** *(of voice):* gwendid *m*; *(of breeze):* ysgafnder *m*; *(of star &c):* pylni *m*, diffyg (*m*) llewy[r]ch. **2.** *(physical):* gwendid, llesgedd *m*; **~ of heart,** *(= timidity):* gwendid calon, gwangalondid *m* (*pronounced* ng-g).

fair[1] *n.* ffair (ffeiriau) *f*; **cattle-~,** ffair anifeiliaid, ffair wartheg (ffeiriau gwartheg); **fun-~,** ffair bleser (ffeiriau pleser), ffair wagedd (ffeiriau gwagedd), *F:* sioe(-au) *f*; **goose-~,** ffair wyddau (ffeiriau gwyddau); **hiring-~,** ffair gyflogi (ffeiriau cyflogi), ffair bentymor (ffeiriau pentymor); **honey-~,** ffair fêl (ffeiriau mêl); **horse-~,** ffair geffylau (ffeiriau ceffylau); **May ~,** ffair Galan Mai (ffeiriau Calan Mai), *F:* ffair Glame (ffeiriau Clame); **Menai Bridge F~,** Ffair y Borth; **November ~,** ffair Galan Gaeaf, *F:* ffair Glangaeaf (ffeiriau Clangaeaf) (*pronounced* ng-g), *occ:* ffair Gaeaf; **seed-oats ~,** ffair hadyd; *Lit:* **Vanity F~,** Ffair Wagedd; **wool ~,** ffair wlân (ffeiriau gwlân); **World F~**, Ffair y Byd; **the day after the ~**, trannoeth y ffair, *occ:* diwrnod ffair wen; **you're a day after the ~**, 'rydych chi ddiwrnod ar ôl y ffair; 'rydych chi'n rhy hwyr; 'rydych chi ar ei hôl hi. **~-ground** *n.* cae (*m*) ffair (caeau ffeiriau).

fair² *a. & adv.* I. *a.* **1.** *(a) (= beautiful):* teg (*comp. forms:* teced, tecach, tecaf), hardd (heirdd), prydferth, tlws (*f.* tlos, *pl.* tlysion; *comp. forms:* tlysed, tlysach, tlysaf), glân, prydweddol, glandeg; **a ~ maid,** rhiain deg (rhianedd teg) *f*, morwyn deg (mor[w]ynion teg) *f*; **the ~ sex,** y rhyw deg *f*; *(b) A: (= kind): A:* **thank you, ~ sir,** diolch wrda; **and now, ~ reader,** ac yn awr, ddarllenydd mwyn/hynaws. **2.** *(= specious, plausible):* teg; **~ speeches,** geiriau teg/mwyndeg, gweniaith *f*; *Prov:* **~ words butter no parsnips,** ni lenwir cylla gwag â geiriau teg; ni wna geiriau teg hau'r tir. **3.** *(hair &c):* golau, melyn; *(pers.):* pryd golau, melynwallt, gwallt golau/melyn, penfelyn (*f.* penfelen, *pl.* penfelynion). **4.** *(a) (= clean, clear): Nau:* **~ water,** dŵr llyfn; **~ copy,** copi glân/teg; *(b) (as intensive): P:* **it's a ~ swindle,** twyll pur/glân ydyw; **it's a ~ treat,** mae'n beth braf iawn; *(c) (= just):* teg, *occ:* gonest, cyfiawn; **not ~,** annheg; **~ play, ~ shake,** chwarae teg *m*, tegwch *m*, cyfle teg *m*, siawns deg *f*; **~ trade,** masnach deg *f*; **a ~ deal,** bargen deg *f*; **~ dealing,** masnachu teg, delio teg; **~ rent,** rhent teg *m*; **to give s.o. a ~ deal,** rhoi chwarae teg i rn, delio'n deg â rhn; **it's not ~!** 'dyw hi ddim yn deg! mae'n annheg! **~ game,** ysglyfaeth deg/barod *f*, testun (*m*) sbort, cocyn (*m*) hitio (**for s.o.,** i rn); **as is/was only ~,** fel sydd/oedd yn deg; fel nad yw/oedd ond teg; **~ enough!** digon teg! o'r gorau! iawn! cytuno! purion! **by ~ means or foul,** trwy deg neu dwyll, trwy deg neu hagr, trwy deg neu drais; **a ~ exchange,** cyfnewid (*vn*) teg, *N.W: occ:* ffair benben *f*; **~ play! ~ do's! fair's ~!** chwarae teg! *Jur:* **~ comment,** sylwadaeth deg *f*, sylw teg *m*; **a ~ and accurate report,** adroddiad teg a chywir; **he's in a ~ way; he's set ~ to succeed,** mae'n debyg o lwyddo; mae pob argoel y bydd yn llwyddo; *Prov:* **all's ~ in love and war,** teg pob twyll mewn cas a chariad. **5.** *(a) (= passable):* gweddol, go lew, go dda, lled dda, eithaf [da], cymedrol, rhesymol, *S:* dim yn ffôl, *S.W:* oilyn; **a ~ number of people,** nifer gweddol o bobl, nifer go lew o bobl, *N.W: occ:* pobol reit ddel; **he has a ~ chance of success,** mae ganddo obaith gweddol o lwyddo; mae siawns go dda y llwydda; **to obtain a ~ mark,** cael marc gweddol dda; **it is ~ to middling,** mae'n eithaf da; mae'n o lew; fe wnaiff y tro; *S:* 'dyw e ddim yn ffôl; *(b) (= considerable):* teg, eithaf, sylweddol, go lew. **6.** *(a) (wind &c):* teg; **a ~ wind,** gwynt teg; **~ weather,** hindda *f*, hinon *f*, tywydd teg/braf *m*, *S:* tywydd ffein; **the weather is set ~,** mae hi am dywydd braf; mae'r tywydd braf am barh|au; mae hi'n addo'n braf; *Fig:* **Wales set ~ to win,** gobaith ennill gan Gymru; Cymru'n debyg o ennill; Cymru â gobaith da/teg o ennill; gobaith da i Gymru ennill; Cymru â siawns dda o ennill; golwg y bydd Cymru'n ennill. II. *adv.* **1.** *A:* **to speak s.o. ~,** cyfarch rhn yn gwrtais. **2.** *F:* **to play ~,** chwarae'n deg; *S.a.* **bid² 2**; **to fight ~,** ymladd yn deg. **3. ~ and square** *(a) a.* teg, gonest, didwyll, diddichell, heb ystrywiau; *(b) adv.* yn deg; *(= exactly):* yn union. **4. to write sth out ~,** copïo rhth yn daclus/lân. **~-faced** *a.* **1.** teg [o bryd, yr olwg], prydweddol; *S.a.* **fair² I. 1. 2.** *(brickwork):* glân, heb blastar. **~-haired** *a.* melynwallt, [â] gwallt melyn, penfelyn (*f.* penfelen, *pl.* penfelynion), [â] gwallt golau; *U.S: P:* **~-haired boy,** ffefryn(-nau,-nod) *m*, bachgen (bechgyn) gwyn *m*. **~-lead** *n. Nau:* chwerfan glir (chwerfannau clir) *f*. **~ maid of February** *n. Bot:* = **snowdrop**. **~ maid of France** *n. Bot:* = **saxifrage (meadow)**. **~ maid of Kent** *n. Bot:* = **buttercup**. **~-minded** *a.* teg, cyfiawn [eich barn, eich bryd], diduedd, amhleidiol. **~-mindedness** *n.* tegwch *m* [barn], cyfiawnder *m*, amhleidgarwch *m*. **~-sized** *a.* gweddol [fawr], go lew [o fawr], eithaf [mawr], eang, helaeth, braf, *S.W: occ:* diogel, jogel, *N.W: occ:* clyfar, nobl. **~-spoken** *a.* **1.** *(= flattering):* gwenieithus, geirdeg. **2.** *A: (= courteous):* moesgar, cwrtais. **~-trade** *v.t.* masnachu (rhth) yn deg. **~-trader** *n.* masnachwr (masnachwyr) teg *m*. **~-weather** *a.* **~-weather friend,** cyfaill (*m*) hindda, cyfaill tywydd teg.

fair³ *v.i.&t.* **1.** *v.i. (of weather):* **to ~ up,** brafio, codi'n braf, *M.W:* ffeinh|au, *N:* codi. **2.** *v.t. Nau:* llyfnu, unioni.

Fairbourne *W.Pl.n.* Y Friog *f*, *formerly:* Morfa (*m*) Henddol.

fairing¹ *vn.* **1.** *Av: Aut: (= process):* llyfnu, llyfnh|au. **2.** *(structure):* llilíniwr (llilinwyr) *m*.

fairing² *n. (= present):* ffeiryn(-s) *m*.

fairish *a.* **1.** gweddol, go lew, eithaf da, pur dda *&c.* **2.** *(= fairly blonde):* eithaf golau, go olau; *See* **fair² 5** *(a)*.

fairishly *adv.* yn weddol, yn o lew *&c.*

fairly *adv.* **1.** *(= justly):* yn deg, yn gyfiawn. **2.** *P: (= completely):* yn llwyr, yn lân; **we were ~ caught in the trap,** daliwyd ni'n deg/sownd yn y fagl. **3.** *(= actually):* **he ~ jumped for joy,** ni fedrai lai na neidio mewn gorfoledd; **they ~ screamed with delight,** ni fedrent lai na sgrechian gan lawenydd. **4.** *(= passably):* yn weddol, yn o lew, yn eithaf; **~ good,** gweddol dda, go lew [o dda], eithaf da, rhesymol; **it is ~ certain,** mae hi agos yn sicr; mae hi'n weddol/lled sicr; **he's ~ well,** *N:* mae o'n o lew; *S.W:* mae e'n ail ei le; mae e'n oilyn; **a ~ long time,** *S:* sbel fach *f*. **5. ~ and squarely** *(a) (= in the middle):* yn union, yn y canol; *(b) (= honestly):* yn deg.

fairness *n.* **1.** *(of hair):* lliw melyn *m*, melynder *m*, melyndra *m*, *occ:* goleuliw *m*, goleuder *m*. **2.** *(= justice):* tegwch *m*, cyfiawnder *m*, chwarae teg *m*; **in all ~,** gyda phob tegwch.

fairwater *n. Nau:* torddwr (torddyfroedd) *m*.

Fairwater *W.Pl.n.* Tyllgoed *m*.

fairway *n. Golf:* ffordd deg (ffyrdd teg) *f*, ffordd glir (ffyrdd clir); *Nau:* sianel (*f*) fordwyo (sianelau mordwyo), sianel glir (sianelau clir).

Fairwood Common *W.Pl.n.* Mynydd (*m*) Llwynteg.

fairy *n. & a.* **1.** *n.* *(a)* [un o'r] tylwyth teg *m*; *(collective noun, occ: used as a sing; the sing.* tylwythyn teg, tylwythen deg *is occ. used):* **I saw a ~,** mi welais un o'r tylwyth teg; mi welais dylwyth teg; *S.a.* **goblin, elf, imp**; *pl.* **fairies,** tylwyth teg, *S.W:* dynion bach teg, plant Rhys Ddwfn, y mamau, *S.E: occ:* plant Annwn; **the wicked ~,** yr ellylles *f*; *(b)* = **homosexual**. **2.** *a. (= tiny):* bychan (*f.* bechan, *pl.* bychain), cor- + *soft mut.* **fairies' bonnets** *n.pl. Fung:* cap(-iau) (*m*) inc clystyrog. **fairies' table** *n. Fung:* ambarél (*m*) bwgan. **~ bluebird** *n. Orn:* cefnlas bychan *m*. **~ borage** *n. Bot:* glesyn (*m*) yr Alpau. **~ butter** *n. Fung:* ymenyn (*m*) y wrach. **~ cake** *n. Cu:* teisen fechan (teisennau bychain). **~ cheeses** *n.pl. Bot:* = **mallow (dwarf)**. **~ club** *n. Fung:* = **club fungus**. **~ creeper** *n. Bot:* = **fumitory (climbing)**. **~-cycle** *n.* beic bychan (beiciau bychain) *m*. **~ fern** *n. Bot:* pelydr bychan *m*; *S.a.* **pellitory**. **~ fingers** *n. Bot:* = **foxglove**. **~ flax** *n. Bot:* llin (*m*) y tylwyth teg, llin [llygad] y mynydd. **~ floating moss** *n. Bot:* mwsogl (*m*) y tylwyth teg. **~-fly** *n. Ent:* *corbryf(-ed) *m*. **~ footsteps** *n. Iron:* **his ~ footsteps,** sŵn ei draed bach, ei gerddediad ysgafndroed. **~ forget-me-not** *n. Bot:* = **fairy borage**. **F~ Glen** *W.Pl.n.* **1.** *(near Betws y Coed):* Ffos (*f*) Anoddun. **2.** *(near Dwygyfylchi):* Nant (*f*) Daear Llwynog. **~ godmother** *n.f.* *(i) (= benefactress):* cymwyn|aswraig (cymwynaswragedd), n|oddwraig (noddwragedd); *(ii) Th:* dewines garedig/dda (dewinesau caredig/da). **~ grass** *n. Bot:* = **quaking grass**. **~ heron's bill** *n. Bot:* pig (*m*) y crëyr bychan. **~ hounds** *n.pl. W.Anthr:* cŵn wybr, cŵn Annwn, cŵn y fall, *S: occ:* cŵn bendith y mamau. **~ lights** *n.pl.* goleuadau mân/bach. **~ lily** *n. Bot:* lili (*f*) Per|iw. **~ martin** *n. Orn:* corwennol (corwenoliaid) *f*. **~ money** *n.* arian (*m*) y tylwyth teg. **~ play** *n. Th:* drama (*f*) dylwyth teg (dramâu tylwyth teg). **~ primrose** *n. Bot:* corfriallen (corfriallu) *f*. **~ queen** *n.* brenhines (*f*) y tylwyth teg (breninesau'r tylwyth teg). **~ ring** *n. Fung:* cylch(-oedd) (*m*) y tylwyth teg, *S.W:* ring (*m*) y gŵr drwg, *M.W:* buarth (*m*) y tylwyth teg. **~ ring mushroom** *n. Fung:* bwyd (*m*) yr ellyllon, madarch (*m*) cylch, madarch ellyllon. **~ rose** *n. Bot:* rhosyn (*m*) y tylwyth teg (rhosynnau'r tylwyth teg). **~ shrimp** *n. Crust:* berdysyn (berdys) gwisgi *m*. **~ sparks** *n.pl.* ellylltan *m*, tân (*m*) llwynog, llewy[r]n *m*. **~ story** *n.* stori (*f*) dylwyth teg (storïau/straeon tylwyth teg). **~-tale 1.** *n.* = **fairy story**. **2.** *attrib.* arallfydol, lledrithiol, rhamantus. **~ wallflower** *n. Bot:* murwyll bychan *m*.

fairyland *n.* gwlad (*f*) y tylwyth teg, gwlad hud a lledrith, *A: Lit:* Annw[f]n *m*.

fairylike *a.* tylwyth-tegaidd, fel y tylwyth teg.

faisandé *a.* mursennaidd, ffug.

fait accompli *n.* ***fait(-s) accompli(-s)*** *m*.

faith *n.* **1.** *(a) (= trust):* ffydd *f*, hyder *m*, ymddiriedaeth *f*, ymddiried *m*; **to have ~ in s.o.,** bod â ffydd yn rhn, ymddiried/credu yn rhn, *occ:* hyderu yn rhn, ffyddio yn rhn; **to have ~ in God,** ymddiried yn Nuw, bod â ffydd yn Nuw; **to pin one's ~ onto s.o.,** dibynnu'n llwyr ar rn, ymddiried yn llwyr yn rhn, gosod eich ffydd ar rn; *(b) (religious):* ffydd; **explicit ~,** ffydd echblyg; **formed ~,** ffydd ffurfiedig; **implicit ~,** ffydd ymhlyg; **incipient ~,** ffydd ddechreuol; **unformed ~,** ffydd anffurfiedig; **Pillars of F~,** *(in Islam):* Colofnau Ffydd; **justification by ~,** cyfiawnhad trwy ffydd; *(c) (= system of belief):* crefydd(-au) *f,* ffydd, cred(-au) *f,* credo(-au) *mf;* **the Christian ~,** y ffydd Gristnogol; **the Ages of F~,** Oesoedd Cred; **brother in the ~,** brawd (brodyr) *(m)* [yn y] ffydd; **sister in the ~,** chwaer (chwiorydd) *(f)* [yn y] ffydd; **political ~,** credo [g]wleidyddol; **to belong to the same ~,** perthyn i'r un grefydd, arddel yr un ffydd; **to die in the ~,** marw yn y ffydd; **in ~, by my ~,** *A:* myn fy nghred, ar fy ngair, ar fy llw. **2.** *(= promise):* addewid(-ion) *mf,* gair *m, occ:* cred; **bad ~,** anonestrwydd *m,* rhagrith *m,* annidwylledd *m,* anniffuantrwydd *m,* ffuantusrwydd *m;* **good ~,** didwylledd *m,* diffuantrwydd *m,* gonestrwydd *m;* **in all good ~,** yn ddidwyll, gyda phob ewyllys da; **punic ~,** bradwriaeth *f,* brad *m;* **to keep ~ with s.o.,** cadw'ch gair i rn, dal yn ffyddlon i rn, cadw ffydd â rhn; **to break ~ with s.o.,** torri'ch gair/addewid i rn, torri ffydd/amod â rhn. **~-cure** *n.* iachâd *(m)* trwy ffydd. **~-curer, ~-healer** *n.* iachäwr (iachawyr) *(m)* trwy ffydd. **~-healing** *vn.* iach|au trwy ffydd.

faithful *a. & n.pl.* **1.** *a.* *(= loyal):* ffyddlon, teyrngar (*pronounced* ng-g), cywir, *F:* triw; *(b) (= exact):* ffyddlon, cywir, union gywir, dibynadwy, manwl gywir. **2.** *n.pl. Ecc:* **the ~,** y ffyddloniaid; *(of Islam):* credinwyr *m;* **one of the ~,** credadun *m,* crediniwr *m,* ffyddiwr *m.*

faithfully *adv.* **1.** yn ffyddlon, yn deyrngar (*pronounced* ng-g); *Corr:* **[we remain] yours ~,** [yr eiddoch] yn gywir, yn bur; **he promised ~ to come tomorrow,** fe addawodd yn bendant/ddi-ffael ddod yfory; aeth ar ei lw y daw yfory. **2.** *(= exactly):* yn ffyddlon, yn gywir *&c.*

faithfulness *n.* **1.** *(= loyalty):* ffyddlondeb *m,* teyrngarwch *m* (*pronounced* ng-g). **2.** *(= exactness):* ffyddlondeb, cywirdeb *m,* manylder *m,* manyldeb *m,* manwl gywirdeb *m.*

faithist *n.* ffyddydd(-ion) *m.*

faithless *a.* **1.** *(= unbelieving):* di-ffydd, di-gred, anghrediniol, anghred. **2.** *(= false):* anffyddlon, annheyrngar (*pronounced* ng-g), bradwrus, twyllodrus, dichellgar, *F:* ffals.

faithlessly *adv.* **1.** yn ddi-ffydd *&c.* **2.** yn anffyddlon *&c.*

faithlessness *n.* **1.** *(= lack of faith):* diffyg *(m)* ffydd, anghred *f,* anghrediniaeth *f,* anffyddiaeth *f.* **2.** *(= disloyalty):* anffyddlondeb *m,* ffalster *m,* annheyrngarwch *m* (*pronounced* ng-g).

fake[1] *n.* **1.** *F:* ffug(-ion) *m,* ffugwaith (ffugweithiau) *m,* ffugiad (-au) *m,* ffugbeth(-au) *m;* *(pers.):* ffugiwr (ffugwyr) *m,* ff|ugwraig *f.* **2.** *Nau:* torch(-au) *f,* ce[i]rsiad(-au) *m.*

fake[2] *v.t. F:* **1.** *(accounts, furniture &c):* ffugio. **2.** *(= pretend):* smalio, cogio, cymryd arnoch; **he's only faking [illness],** ffugio/cogio bod yn wael y mae; *N.W: occ:* ystumiau sy' arno fo; **to ~ up a story,** dyfeisio stori gelwyddog; **to ~ up a contraption,** llunio/dyfeisio/clytio peiriant. **3.** *Nau:* *(= coil):* ce[i]rsio, torchi.

fake[3], **faked** *a.* ffug, ffugiedig, rhithiol; *(= pretended):* smalio, cogio bach.

faker *n.* ffugiwr (ffugwyr) *m;* *(= pretender):* smaliwr (smalwyr) *m,* cogiwr (cogwyr) *m.*

fakery *n.* ffug(-ion,-iadau) *m,* twyll *m.*

fakir *n.* ffacir(-iaid) *m.*

Falange *Pr.n. Pol:* y Ffalanche *m.*

Falangism *n. Pol:* Ffalanchaeth *f.*

Falangist *a. & n. Pol:* **1.** *a.* Ffalanchaidd. **2.** *n.* Ffalanchydd (Ffalanchwyr) *m.*

falbala *n. Cost:* ffalbala(-s) *mf,* godre(-on) crych *m,* ymylwaith *m,* *F:* rhidens *pl,* eddi *pl, Lit: A:* amaerwy(-on) *m.*

falcate *a.* crymanaidd, crymanog.

falchion *n. Arms:* cleddyf cam (cleddyfau ceimion) *m,* cleddyf crwca, crymgledd(-yfau) *m.*

falciform *a. Anat:* = **falcate.**

falcon *n.* **1.** *Orn:* *(Falco):* hebog(-au,-iaid,-od) *m, occ: f,* gwalch (gweilch) *m;* *(female):* heboges(-au) *f,* gwalches(-au) *f;* **to hunt with falcons,** heboca; **Barbary ~,** *(F. pelegrinoides):* hebog llwyd, heboges lwyd (hebogesau llwyd); **Eleonora's ~,** *(F. eleonorae):* hebog Eleonora; **Greenland ~,** *(F. candicaris):* hebog yr Ynys Las; **Iceland ~,** *(F. islandus):* hebog Gwlad yr Iâ; **lanner ~,** *(F. biarmicus):* hebog gwlanog, heboges wlanog (hebogesau gwlanog); **peregrine ~,** *(F. peregrinus):* hebog tramor, heboges dramor (hebogesau tramor), cudyll glas (cudyllod gleision) *m,* hebog glas, heboges las (hebogesau glas), gwalch glas (gweilch gleision); **red-footed ~,** *(F. respertinus):* hebog coesgoch; **saker ~,** *(F. sacer):* hebog gwlanog mawr; **sooty ~,** *(F. concoler):* hebog du; **stone-~,** = **merlin. 2.** *A: Artill:* ffawcun(-iaid) *m,* ffawcon(-iaid) *m.* **~-gentle** *n.* = **goshawk, falcon.**

falconer *n.* hebogydd(-ion) *m,* gweilchydd(-ion) *m.*

falconet *n.* **1.** *Orn:* *(a) (= small Asiatic falcon):* corhebog(-au,-iaid,-od) *m;* *(b) (= Australian shrike):* cigydd(-ion) hebogaidd *m.* **2.** *A: Artill:* ff|awconet (ffawconetiaid) *m.*

falconry *n.* hebogyddiaeth *f,* heboca *vn,* gwalchyddiaeth *f.*

faldage *n. Hist:* celfraint *f,* ffaldfraint *f,* ffald-dâl *m.*

falderal *n.* **1.** ffaldirál(-s) *m,* geriach *m, N:* ffigiari(-s) *m, M.W:* clawets *pl.* **2.** *U.S:* = **nonsense.**

faldstool *n.* **1.** *(of bishop):* cadair *(f)* esgob (cadeiriau esgobion). **2.** *(= desk):* desg *(f)* weddïo (desgiau gweddïo).

Falernian *a. & n.* **~ [wine],** gwin Ffalernaidd *m,* gwin Ffalernwm.

Faliscan *a. & n.* **1.** *a.* Ffalisgaidd; *(in language):* Ffalisgeg. **2.** *n.* *(a) Ethn:* Ffalisgiad (Ffalisgiaid) *m&f;* *(b) Ling:* Ffalisgeg *f, m.*

fall[1] *n.* **1.** *(a)* cwymp(-[i]au) *m,* cwymp[i]ad(-au) *m,* codwm (codymau) *m, occ:* disgyniad(-au) *m,* syrthiad(-au) *m, S.W:* cwdwm *m, N.W: occ:* clenc *f,* clefran *f, S.W:* twmlad *f; Th:* **~ of curtain,** cwymp y llen; **to have a ~,** cael codwm, cwympo, syrthio, disgyn; **to ride for a ~,** *(i) (= furiously):* mynd fel cath i gythraul, mynd fel Jehu; *(ii) Fig:* mynd i'ch crogi, mynd am godwm; *(b) Wr:* codwm; **to try a ~ (with s.o.),** ymaflyd codwm, ymgodymu (â rhn); **to give s.o. a ~,** codymu rhn; *(c) (of snow):* cnwd (cnydau) *m,* trwch *m, S: occ:* clwm *m;* *(of rain &c):* cawod(-ydd) *f;* *(d) (in mine, quarry):* cwymp, *N.W: occ:* rwb (rybiau) *mf.* **2. the ~ of the year,** *U.S:* **the ~,** yr hydref *m.* **3.** *(a) usu.pl.* *(= waterfall):* rhaeadr(-au, rhëydr) *f, S: occ:* sgwd (sgydau) *f;* *(b) Hyd.E:* *(= distance fallen):* codwm, [pellter *m*] cwymp, disgynfa (disgynf|eydd) *f,* disgyniad, syrthiad. **4.** *(of waters):* trai *m;* *(of weight):* lleihad *m;* *(of barometer):* cwymp, disgyniad, syrthiad; *(of rock):* cwymp; *(= slope):* disgynfa, goleddf *m,* gogwydd *m;* *(of prices):* cwymp. **5.** *Theol:* **the F~,** y Cwymp *m, occ:* y Codwm *m;* **the ~ from grace,** y cwymp oddi wrth ras. **6.** *(of fortress &c):* cwymp, dinistr *m,* distryw *m,* dymchweliad *m.* **7.** *(a) Mec:* tynraff(-au) *f;* *(b) pl. Nau:* rhaffau gollwng. **8.** *(of lambs &c):* wynad *m,* wyna *vn.* **9.** *Ecc: Furn:* *(of pulpit):* lliain *(m)* pulpud (llieiniau pulpudau). **~ guy** *n. F:* bwch (bychod) dihangol *m, F:* pric *(m)* pwdin. **~-line** *n. Geog:* llinell *(f)* gwymp (linellau cwymp). **~-pipe** *n. Const:* peipen *(f)* law (peipiau glaw), *S:* piben *(f)* law (pibenni glaw), *N:* peipen *(f)* landar (peipiau landeri). **~-trap** *n. Ven:* pydew(-au) *m.*

fall[2] *v.i.* **1.** *(a)* cwympo, syrthio, disgyn; **to ~ to the ground,** cwympo *&c* i'r llawr; **to ~ off a ladder,** cwympo *&c* oddi ar ysgol; **to ~ downstairs,** cwympo *&c* i lawr y grisiau, *S.W:* twmlo lawr y stâr; **to ~ full length,** cwympo *&c* ar eich hyd; **to ~ on one's feet,** cwympo *&c* ar eich traed; **to ~ on one's knees,** cwympo *&c* ar eich gliniau; **to ~ doubled up,** *N.W:* syrthio yn eich deublyg; *Fig:* **to ~ on one's face,** methu'n alaethus; *B:* **how are the mighty fallen,** pa fodd y cwympodd y cedyrn; **to let sth ~,** gollwng rhth, *M.W: occ:* disgyn rhth; **the proposal fell to the ground,** aeth y cynnig i'r gwellt; **to let ~ a remark,** gwn|eud sylw; **to ~ in a heap,** syrthio'n un pentwr, *N:* syrthio'n glewtan/glowtan/swp/swpan/job/fflemp, disgyn yn glwt/glats; **to fall with a crash,** syrthio'n swnllyd, syrthio'n glec, *S:* cwympo'n glwriwns, cwympo'n geg, *S.W:* cwympo plwnsh, cwympo'n fflachdar/garlibwns/rhondyn/slabart/glotsen, *M.W: occ:* cwympo'n fflechdan; *Fig:* **to ~ flat,** mynd i'r wal, mynd yn ffliwt, mynd yn fflemp; **night is falling,** mae hi'n nosi/tywyllu/llwydnosi; **night fell,** daeth y nos; **when night falls,** pan fo hi'n nosi/tywyllu, pan ddaw'r nos; *(b)* **his hair fell to his shoulders,** disgynnai/hongiai ei wallt at ei ysgwyddau; **to ~ in folds,** hongian yn blygion; **to ~ home,** *(= curve inward):* goleddfu, mynd ar oleddf; **(they were) falling about with laughter,** ('roeddent) yn eu lladd eu hunain yn chwerthin, bron marw chwerthin, yn powlio chwerthin, *N.W:* yn g'lana chwerthin, *Lit:* yn bwrw'u cyrn yn chwerthin; *(c) (of feast, date):* syrthio, digwydd. **2.** *(a) O:* **to ~ in battle,** cwympo/syrthio mewn brwydr; **to ~ to an enemy,** cwympo i elyn, cwympo o flaen gelyn; **to ~ in love (with s.o.),** cwympo/syrthio mewn cariad (â rhn), *Lit:* ymserchu (yn rhn); **he's fallen completely for that girl,** *S:* mae e wedi dwli ar y ferch 'na; *N.W:* mae o wedi drysu/hulpio/holpio am yr hogan 'na; **he fell head over heels in love,** fe syrthiodd dros ei ben a'i glustiau mewn cariad; **to ~ silent,** tewi; **to ~ asleep,** syrthio i gysgu; *Lit:* **he fell asleep in the Lord,** hunodd yn yr Arglwydd; **to ~ ill/sick,** clafychu, mynd yn wael/sâl; **to ~ foul of s.o.,** dod/mynd i wrthdrawiad â rhn, ennyn/tynnu gwg rhn, tynnu rhn yn eich pen, pechu/troseddu yn erbyn rhn, tramgwyddo rhn, sathru ar gyrn rhn; **to ~ foul,** *(of ships):* gwrthdaro [â'i gilydd], mynd i/yn erbyn ei gilydd; **to ~ [to temptation],** ildio i demtasiwn, syrthio, cwympo; **to ~ from grace,** cwympo oddi wrth ras; **to ~ into a rage,** gwylltio, cynddeiriogi *&c*; *See* **angry**; *(b) (of building, government &c):* cwympo, syrthio; *(of bridge):* ysigo *&c*. **3.** *(a) (of tide):* treio, distyll; *(of barometer):* gostwng, disgyn, syrthio, suddo; *(of wind, sea):* gostegu, tawelu, *N.W: occ:* hwylio i lawr; *(of price):* gostwng, cwympo *&c*; *F:* **his stock is falling,** mae tipyn o ladd arno; mae llai o barch iddo [nag a fu]; *(b) (of ground):* disgyn, mynd ar ei waered, mynd ar oleddf; *Mth: (of curve):* disgyn; **his face fell,** llaesodd ei wyneb; aeth yn weplaes; syrthiodd ei wyneb/wep; *N.W:* mi ollyngodd ei guchiau; *(c) Nau:* **to ~ to leeward,** mynd/gwyro oddi wrth y gwynt *or* rhag y gwynt; *(d) (of river):* aberu, ymarllwys, llifo. **4.** *(a) (of sunlight):* syrthio, tywynnu; **a sound fell [up]on my ears,** trawodd sŵn ar fy nghlyw; *(b)* **to ~ upon s.o.'s neck,** anwesu rhn; **to ~ on one's food,** cythru i'ch bwyd; **to ~ [up]on the enemy,** ymosod/syrthio ar y gelyn. **5.** *(a)* **to ~ to s.o.'s share,** syrthio i ran rhn; **the blame fell on them,** syrthiodd y bai arnynt; *(of estate):* disgyn, dod (i rn); **revenue that falls to the Crown,** incwm sy'n mynd i'r Goron; **it fell to me to do it,** arnaf fi y syrthiodd y dasg o'i wneud; bu'n rhaid i mi ei wneud; fi fu raid ei wneud; i'm rhan i y daeth ei wneud; **the reponsibility falls on me,** myfi biau'r cyfrifoldeb; **it falls (within article ten),** cynhwysir ef, mae'n dod (o dan adran deg); **the subject falls into three divisions,** rhennir y pwnc yn dair adran (*not* i dair); *(b) (of pers.):* **to ~ under suspicion,** dod o dan amheuaeth; *(c)* **I soon fell into their ways,** buan y deuthum yn gynefin â'u dulliau; **to ~ into a habit,** mynd/syrthio i gast, magu cast; **to ~ into error,** cyfeiliorni, mynd ar gyfeiliorn; **to ~ on evil times,** wynebu drygfyd, profi adfyd, cymryd eich codwm; **we fell on evil/hard times,** daeth adfyd i'n rhan; daeth dyddiau blin arnom; fe aeth yn fain/galed arnom. **6.** *pred.* **to ~ flat,** syrthio'n glewten; *Fig:* mynd yn fflemp/ffliwt; **the joke fell flat,** methu a wnaeth y jôc; *(of post):* **to fall vacant,** mynd/dod yn wag; **to ~ short,** bod yn fyr, syrthio'n fyr (o rth); methu digoni (rhth); peidio â chyrraedd nod; bod yn brin (o wneud rhth); bod yn ddiffygiol; **to ~ short of expectations,** siomi'r disgwyliadau; *(b)* **to ~ a victim to sth,** syrthio'n ysglyfaeth i rth, bod/mynd yn ysglyfaeth i rth. **7. to ~ to [doing] sth,** dechrau gwneud rhth, mynd ati i wneud rhth; **to ~ to [eating],** cythru i'ch bwyd, dechrau bwyta; **they fell to work again,** aethant ati eto. **8.** *(= be born):* **lambs ~,** genir/bwrir ŵyn. **~ apart** *v.i.* chwalu, syrthio'n ddarnau/dipiau, breuo, dadfeilio, dod oddi wrth ei gilydd; *S.a.* **bit²**. **~ astern** *v.i.* = **fall behind**. **~ away** *v.i.* **1.** *(of ground &c):* disgyn, mynd ar i waered, mynd ar oleddf, goleddfu, pantio. **2.** *(from church &c):* gwrthgilio (o rth), troi cefn (ar rth), troi cefn (ar rth), gadael (rhth); *S.a.* **fall off**. **3.** *(of stage, of rocket &c):* cwympo'n/syrthio'n ôl. **~ back** *v.i.* **1.** syrthio'n/cwympo'n ôl. **2.** *(a) (of outpost):* cilio; *(b)* **to ~ back on substitutes,** troi at ddirprwyon, syrthio'n ôl ar ddirprwyon; **(a sum put by) to ~ back on,** (swm wedi ei gelcio) wrth gefn, i droi ato, at raid. **~-back** *a.* wrth gefn; **a ~-back position,** lle (*m*) i gilio iddo, lle i gamu'n ôl iddo. **~ behind** *v.i.* aros ar ôl, cael eich gadael ar ôl, colli tir, syrthio'n ôl, colli yn y ras. **~ down** *v.i.* cwympo, syrthio [i lawr]; **to ~ down (before s.o.),** ymgreinio, gwarogi, *F: occ:* mynd ar eich bol (o flaen rhn). **2.** *(a) (of building):* chwalu, dymchwel, cwympo, syrthio; *(b) U.S: F: (of plan):* mynd i'r gwellt, methu, mynd yn ofer; **to ~ down on a job,** methu gwneud gwaith yn iawn. **~ for** *v.ind.t. F:* **1. to ~ for s.o.,** syrthio/cwympo mewn cariad â rhn, *Lit:* ymserchu yn rhn; **to ~ for a plan,** derbyn/mabwysiadu cynllun. **2.** *(= be deceived):* llyncu (rhth); **he fell for it,** fe'i llyncodd hi; fe gymerodd ei ddal; **he fell for the trick,** fe lyncodd y tric; fe gymerodd ei ddal gan y tric. **~ in** *v.i.* **1.** *(a) (of roof, bridge):* cwympo [tani, i mewn], syrthio, ysigo; *(b) (of cheeks):* pantio; *(c) (into water):* cwympo, syrthio [i ddŵr]. **2.** *Mil: (of troops):* ymgynnull, ffurfio rhengoedd; *(of soldier):* mynd i'r rheng; **fall in!** mewn rheng! ymgynnull! **3.** *(a) (of lease &c):* dod i ben, darfod; *(b) (of debt):* dod yn ddyledus. **4.** *(a)* **to ~ in with s.o.,** taro ar rn, cwrdd â rhn; **to ~ in with bad company,** mynd i gwmni drwg, taro ar gwmni drwg; *(b)* **to ~ in with s.o.'s opinions,** cytuno â rhn, cyd-fynd â rhn, bod yn unfarn â rhn; **to ~ in with a proposal,** derbyn cynnig; *(= conform):* cydymffurfio (â rhth); *(c) (of plan &c):* **to ~ in (with sth),** cyd-fynd, cyd-daro (â rhth). **~-in** *n.* cynulliad *m*, ymgynnull *vn.* **~ into** *v.i.* **1.** *Mil:* **to ~ into line,** ffurfio rheng. **2. the house fell into disuse,** aeth y tŷ'n wag. **3. to ~ into a conversation (with s.o.),** cychwyn/taro sgwrs (â rhn). **4. to ~ into an error,** cyfeiliorni, camgymryd, camsynied. **~ off** *v.i.* **1. his hat fell off,** cwympodd/syrthiodd ei het oddi ar ei ben. **2.** *(of congregation, profits):* lleih|au, prinh|au, gostwng, diflannu; *(of speed):* arafu, lleihau, gostwng; *(of zeal):* oeri, claearu, lleihau, pallu, gostwng; *(of skill):* dirywio, edwino; *(of beauty):* dirywio, gwywo, pylu. **3.** *Nau:* gwyro oddi wrth y gwynt, gwyro rhag y gwynt. **~ out** *v.i.* **1.** cwympo, syrthio, disgyn [allan, mas]; **his hair was falling out,** 'roedd yn colli ei wallt; *(of animal):* 'roedd yn bwrw'i flew. **2.** *Mil:* camu allan. **3.** *(= quarrel):* anghytuno, anghydw|eld, ffraeo, cweryla, *S: F:* cwmpo mas **(with s.o,** â rhn); **they've fallen out,** mae hi'n ddrwg rhyngddyn' nhw; 'does dim Cymraeg rhyngddyn' nhw; *S.W: V:* mae rhyw rech groes rhyngddyn' nhw; **to ~ out of favour with s.o.,** colli ffafr rhn, pechu rhn, pechu yn erbyn rhn. **4. things fell out well,** fe aeth popeth i'r dim; **it [so] fell out that . . .,** fe ddigwyddodd mai . . . . **~-out** *n.* **1.** *Ph:* alldafliad(-au) *m*, llwch ymbelydrol *m*. **2.** *Fig: (= results, products):* adladd *m*. **~-out shelter** *n.* lloches wrthatomig (llochesau gwrthatomig) *f*. **~ over** *v.i.* **1.** cael codwm, cwympo, syrthio [drosodd, i lawr], *S.W: occ:* trolian. **2. to ~ over an obstacle,** baglu ar draws rhwystr, baglu dros rwystr; **to ~ over backwards (to please s.o.),** gwneud eich gorau glas, gwneud popeth posibl, sefyll ar eich pen (i blesio rhn); **publishers were falling over each other for his new book,** 'roedd cyhoeddwyr yn baglu ar draws ei gilydd i gael ei lyfr diweddaraf; **no need to ~ over oneself to invite him,** *S.W:* 'does dim isie pilo wye i ofyn iddo ddod. **~ through** *v.i. (of scheme):* methu, mynd i'r gwellt, mynd i'r wal, mynd i'r clawdd, aflwyddo, erthylu, *F:* mynd yn ffliwt. **~ to** *v.i.* mynd ati, cychwyn arni, dechrau. **~ together** *v.i. Ling:* dod yn unffurf, cyd-fynd, cydweddu.

fallacious *a.* cyfeiliornus, twyllodrus, camarweiniol, gau.

fallaciously *adv.* yn gyfeiliornus *&c*.

fallaciousness *n.* natur gyfeiliornus *f*, twyllresymeg *f*, geudeb *m*.

fallacy *n.* **1.** *(= mistaken belief):* cam-dyb (camdybiau) *mf*, camsyniad(-au) *m*, geudyb(-iau) *mf*, cyfeiliornad(-au) *m*, camgymeriad(-au) *m*, gwall(-au) *m*, twyllresymeg *f*; *Lit:* **the pathetic ~,** y camsyniad teimladol *m*; **the affective ~,** y camsyniad effaith; **the intentional ~,** y camsyniad bwriad. **2.** *Log:* twyllresymiad(-au) *m*, gwall.

fal-lal *n. A:* = ***falbala***.

fallalery *n.* ffoldiról *f*, ffal-lal *f*.

fallen *a.* & *n.pl.* **1.** *a.* syrthiedig, cwympedig; *(= sinful):* pechadurus; **~ humanity,** teulu(*m*)'r codwm, hil (*f*) syrthiedig Adda; **a ~ angel,** angel syrthiedig; **~ arches,** traed fflat-wadn; **a ~ woman,** merch wedi cwympo, merch bechadurus, merch ddrwg. **2.** *n.pl.* **the ~,** y meirwon, y rhai a gwympodd, y cwympedigion, y lladdedigion.

faller *n.* syrthiwr (syrthwyr) *m*, cwympwr (cwympwyr) *m*; *Rac:* **three fallers at the ditch,** tri cheffyl yn cwympo/disgyn/syrthio wrth y clawdd.

fallfish *n. Ich: Z:* cochgangen (cochgangod) *f*.

fallibility *n.* ffaeledigrwydd *m*.

fallible *a.* ffaeledig, *Lit:* hyball, hyfeth.

fallibly *adv.* yn ffaeledig *&c*.

falling¹ *a.* cwympol, disgynnol, disgynedig, gostyngol, lleihaol; **~ body/market/temperature,** corff/marchnad/tymheredd sy'n syrthio; *Phon:* **~ diphthong,** deusain ddisgynedig/rywiog/lleddf (deuseiniaid disgynedig/rhywiog/lleddf) *f*; **~ accent,** acen ddisgynedig (acenion disgynedig) *f*; **~ rhythm,** rhythm disgynedig *m*; **~ rolls,** gostyngiad (*m*) mewn nifer. **~ sickness** *n. A:* = **epilepsy**. **~ star** *n.* seren wib (sêr gwib) *f*.

falling² *vn.* **~ in 1.** *(of roof):* cwymp *m*, cwympiad(-au) *m*; *(of* *cheeks &c):* pantiad *m.* **2.** *Mil:* ymgynulliad *m*, ymgynnull *vn.* **3.** *(of lease):* terfyn(-au) *m*, terfyniad(-au) *m.* **4.** *(= meeting):* cyfarfyddiad(-au) *m.* **5.** *(= agreement):* cydsyniad(-au) *m.* **~ off 1.** *(= defection):* enciliad *m*, ymneilltuad *m.* **2.** *(= decrease):* lleihad *m*, gostyngiad *m.* **~ out** *vn.* ymrafael(-ion) *m*, anghydfod(-au) *m*, anghytundeb(-au) *m.*

falloff *n.* lleihad(-au) *m*, gostyngiad(-au) *m.*

Fallopian *a.* **~ tubes,** tiwbiau Fallopio, tiwbiau Ffalopaidd.

fallout *n.* = **fall-out.**

fallow[1] *n. & pred.a. Agr:* **1.** *n.* braenar(-au) *m*; **April ~,** braenar Ebrill; **autumn ~,** braenar Mihangel; **bastard ~,** braenar haf; **summer ~,** hafar *m*, braenar haf; **dunged ~,** braenar tom; **green ~,** braenar glas; **hot ~, limed ~,** braenar brwd, braenar calch; **manured ~,** braenar tail; **marled ~,** braenar marl; **one year ~,** braenar blwydd; **pared and burnt ~,** braenar didon a golosg; **partially pared or burnt ~,** braenar brith; **sand and seaweed ~,** braenar tywod a gwymon; **second ~,** adfraenar *m*; **spring ~,** braenar gwanwyn, braenar Gŵyl Fair; **winter ~,** braenar gaeaf; **~ of two tilths,** braenar deuar; **~ of three tilths,** braenar triar; **~ with lime added to the charred sods,** braenar llosg a chalch. **2.** *pred.a.* yn fraenar, heb ei drin; **to lie ~,** gorwedd yn fraenar; **a mind that lies ~,** meddwl heb ei ddatblygu.

fallow[2] *v.t.* braenaru (tir), troi (tir) yn fraenar; *(in summer): N.W:* hafru (tir).

fallow[3] *a. See* **deer.**

fallowness *n.* braenarwch *m.*

falls *n.pl. See* **fall**[1] 3.

false *a.* **1.** *(= mistaken, misleading):* camarweiniol, anghywir, annilys, anwireddus, cyfeiliornus, *Lit: occ:* anwir (*not* ffals); **~ alarm,** *(i) (fright):* dychryn(-iadau) di-sail/diachos *m*, braw di-sail/diachos *m*; *(ii) (warning):* camrybudd(-ion) *m*; **to take a ~ step,** cymryd cam gwag; **to be in a ~ position,** bod mewn lle cas/annifyr *m*; **~ analogy,** camgydweddiad(-au) *m*; **a ~ impression,** camargraff(-iadau) *f*, camddarluniad(-au) *m*; **a ~ report,** adroddiad(-au) camarweiniol *m*, camadroddiad(-au) *m*; **a ~ description,** disgrifiad(-au) camarweiniol *m*, camddisgrifiad(-au) *m*; **~ interpretation,** camddehongliad (camddeongliadau) *m*; **to put a ~ interpretation on sth,** camddehongli rhth, dehongli rhth ar gam, dehongli rhth o chwith, cymryd rhth yn groes; *Lib:* **~ date,** ffug ddyddiad(-au) *m*; **~ link,** ffugddolen(-nau) *f*; *Cmptr:* **~ sort,** adfer (*vn*) annilys; **a ~ scent,** trywydd(-au) anghywir *m*, camdrywydd(-au) *m.* **2.** *(a) (= deceitful):* bradwrus, ffals (ffeilsion), anffyddlon, ystumddrwg, twyllodrus, celwyddog, dichellgar; **a ~ smile,** gwên deg/ffals; **a ~ friend,** cyfaill twyllodrus/ffals/anghywir/gwael, *Lit:* cyfaill gau, gau-gyfaill; *(promise):* celwyddog, twyllodrus; **you ~ rogue,** y gwalch celwyddog; **as ~ as dice,** ffals fel y gath, mor ffals â Sion Rhydderch; **a ~ trick,** dichell(-ion) *f*, ystryw(-iau) *mf*, twyll *m*; *Jur:* **~ pretences,** haeriadau anwir, twyll *m*; *F:* **he got the job by ~ pretences,** fe gafodd y swydd trwy dwyll; **to be ~ to one's husband/wife,** bod yn anffyddlon i'ch gŵr/gwraig; **~ witness,** gau dyst(-ion) *m*, anudonwr (anudonwyr) *m*, tyst anudonus; **to bear ~ witness,** tyngu anudon, dwyn camdystiolaeth (*f*), dwyn anudonedd (*m*), camdystiolaethu; **to give ~ information,** rhoi gwybodaeth anwir/anghywir; **a ~ oath,** anudon *m*, llw celwyddog *m*; **~ apostle,** gau apostol(-ion) *m*; **~ belief,** gau gred *f*, geugred *f*, geudyb(-iau) *mf*, geufarn(-au) *f*; **~ Christ,** gau Grist(-iau) *m*; **~ doctrine,** gau athrawiaeth(-au) *f*; **~ modesty,** ffug wylder *m*, ffug wyl|eidd-dra *m*, mursendod *m*; **~ prophecy,** gau broffwydoliaeth(-au) *f*; **~ prophet,** gau broffwyd(-i) *m*; **~ religion,** gau grefydd(-au) *f*; **to sail under ~ colours,** hwylio dan faneri ffug, cogio/smalio [bod yn rhth arall]; **a ~ appearance (of sth),** rhith(-iau) *m* (o rth); *(b) (= wrongful):* anghyfreithlon, ar gam; cam- + *soft mut.*; **~ imprisonment,** carchariad(-au) (*m*) ar gam, camgarchariad(-au) *m*, carcharu (*vn*) ar gam; **~ accuser,** camgyhuddwr (camgyhuddwyr) *m*; **~ accusation,** camgyhuddiad(-au) *m*, cyhuddiad(-au) (*m*) ar gam, camachwyniad(-au) *m*; **~ arrest,** [a]restiad(-au) (*m*) ar gam, cam[a]restiad(-au) *m*; *(c) (= unsound, misplaced, mistaken): Log:* **~ alternative,** twyll-ddewis(-ion) *m*, gauddewis(-ion) *m*; **~ cause,** achos(-ion) gau *m*; **~ syllogism,** gau gyfresymiad(-au) *m*, tywll-gyfresymiad(-au) *m*; *Mus:* **~ close,** diweddeb(-au) annisgwyl *f*; *Gram:* **~ concord,** camgytundeb(-au) *m*; *Mus:* **~ entry,** camgydiad(-au) *m*; **~ reasoning,** camresymu *vn*, camresymiad(-au) *m*, geuddadl(-euon) *f*; **~ relation,** camberthynas(-au) *f*; *Pros:* **~ accent,** camacen(-ion) *f*, camaceniad(-au) *m*; *Mus:* **~ note,** nodyn (nodau) anghywir *m*; *Pros:* **~ quantity,** hyd(-oedd) anghywir *m*; **~ rhyme,** twyllodl(-au) *f*; **~ confidence,** gwag-hyder *m*, coeghyder *m*; **a ~ dream,** breuddwyd gwag/ofer *m*, breuddwyd gwrach; **a ~ hope,** gobaith gwag/ofer *m*; **~ horizon,** ffug orwel(-ion) *m*; **~ judgement,** camfarn(-au) *f.* **3.** *(a) (= pretended, forged):* ffug, ffugiedig, annilys; **~ coin,** darn (*m*) arian ffug, *F:* darn arian drwg; **~ document,** dogfen(-nau) ffug *f*; **~ pregnancy,** ffug feichiogrwydd *m*; **~ pride,** coegfalchder *m*, coegfalchedd *m*; **~ shame,** cywilydd ffug *m*; **a ~ start,** camgychwyn(-iadau) *m*, camgychwyniad(-au) *m*; *Ecc:* **the False Decretals,** y Ffug Ganonau, y Canonau Ffug; *(b) (= artificial):* gosod, dodi, gwn|eud, ffug (*not* ffals); **~ attic,** coglofft(-ydd) *f*, croglofft(-ydd) *f*; **~ bottom,** gwaelod(-ion) ffug/dwbl *m*; *Th:* **~ calves,** ffug grothau coes; **~ ceiling,** nenfwd (nenfydau) gosod/dodi/ffug *m*; **~ entrance,** ffug fynedfa (~ fynedf|eydd) *f*; **~ front,** ffrynt(-iau) ffug *mf*; *Nau:* **~ keel,** cêl (celiau) (*m*) gosod, cêl ffug; *Th:* **~ proscenium,** ffug broseniwm *m*; **~ teeth,** *N:* dannedd gosod, *S:* dannedd dodi; *(c) In names of plants &c:* ffug- + *soft mut.*, *occ:* geu- + *soft mut.*, coeg + *soft mut.*; *for such names See under the name of the plant &c*; **~ acacia,** *See* **acacia**; *Bot:* **~ brome,** *(Brachypodium):* breichwellt *m*; **chalk/heath ~ brome,** *(B. pinnatum):* breichwellt y waun; **slender/wood ~ brome,** *(B. sylvaticum):* breichwellt y coed, pawrwellt [eiddil] (*m*) y goedwig; *Geol:* **~ bedding,** ffug haenau *pl*; **~ dawn,** gwawr ffug *f*; **~ fire,** gwylltan *m*, tân (*m*) llwynog, ellylltan *m*; *Bot:* **~ fruit,** ffug ffrwyth(-au) *m*; *Anat:* **~ rib,** asen fer (asennau byrion) *f*; *Bot:* **~ root,** ffug wreiddyn (~ wr|aidd/wreiddiau); *Arach:* **~ scorpion,** ffug sgorpion(-iaid) *m*; *Lap:* **~ topaz,** ffug dopas(-au) *m*; *Z:* **~ vampire,** ffug fampir(-iaid) *mf.* **4.** *adv.* **to play s.o. ~,** gwn|eud cam â rhn, gwneud tro gwael â rhn, twyllo rhn, bradychu rhn; **to sing ~,** canu allan o diwn. **~-hearted** *a.* ffals, twyllodrus, bradwrus, dichellgar, anffyddlon, rhagrithiol, anghywir, *Lit:* bradog. **~-heartedly** *adv.* yn ffals *&c.* **~-heartedness** *n.* ffalster *m*, anffyddlondeb *m*, anghywirdeb *m*, dichell *f*, ffalsedd *m*, brad *m*, rhagrith *m*, twyll *m.*

falsehood *n.* **1.** anwiredd *m*; **to distinguish between truth and ~,** nithio gwir a gau, gwahaniaethu rhwng gwir ac anwir, gwahaniaethu rhwng gwirionedd ac anwiredd. **2.** *(= lie):* celwydd(-au) *m*, anwiredd(-au) *m.*

falsely *adv.* **1.** *(= incorrectly):* yn anghywir, ar gam; **to interpret sth ~,** camddehongli rhth; **to accuse s.o. ~,** camgyhuddo rhn, cyhuddo rhn ar gam; **he was ~ imprisoned,** carcharwyd ef ar gam. **2.** *(= deceitfully):* yn ffals, yn gelwyddog *&c*; drwy dwyll.

falseness *n.* **1.** *(= incorrectness):* anwiredd *m*, anghywirdeb *m*, gwallusrwydd *m*; *(= sham nature):* ffugioldeb *m*, ffalsedd *m.* **2.** *See* **false-heartedness.** **3.** *(of doctrine &c):* geuedd *m*, geudeb *m.*

falsetto *n. & attrib.* ffalseto (ffalseti) *m*, ***falsetto (falsetti)*** *m*, meinlais *m.*

falsework *n. Const:* ffugwaith *m*, fframwaith (*m*) dros dro.

falsies *n.pl. F:* bronnau gosod.

falsifiability *n.* **1.** *(= possibility of falsifying):* natur ffugiadwy *f*, posibilrwydd (*m*) ffugio. **2.** *Jur:* = **disprovability.**

falsifiable 1. *a.* ffugiadwy. **2.** *Jur:* gwrthbrofadwy.

falsification *n.* ffugiad(-au) *m*, anwireddiad(-au) *m*, anwiriad(-au) *m*, ffugio *vn*, anwirio *vn*, anwireddu *vn.*

falsifier *n.* ffugiwr (ffugwyr) *m*, ff|ugwraig *f*, anwireddwr (anwireddwyr) *m*, anwir|eddwraig *f.*

falsify *v.t.* **1.** *(a) (accounts &c):* ffugio, anwireddu, anwirio; *(b) (facts):* ystumio, gwyrdr|oi. **2.** *(a) (= prove sth false):* profi ffugioldeb rhth; *(b) (= disappoint):* siomi, twyllo.

falsity *n.* = **falseness.**

Falstaffian *a.* Ffalstaffaidd, fel Ffalstaff.

faltboat *n.* = **foldboat.**

falter[1] *n.* petruster *m*, petrustod *m*, arafwch *m.*

falter[2] *v.i.&t.* **1.** *v.i.* *(a) (of voice):* petruso, crynu; *(b) (of pers.):* petruso; *(of efforts):* arafu. **2.** *v.t.* **to ~ sth out,** dweud rhth mewn llais petrus/crynedig, dweud rhth yn betrus/gryglyd; **"I wonder", she faltered,** "tybed", meddai'n betrus.

falterer *n.* petruswr (petruswyr) *m*, petr|uswraig *f.*

faltering *a.* *(voice):* petrus, petrusgar, ansicr, crynedig;

(footsteps, gait): gweglyd, sigledig, an-sad, ansad, simsan, ansicr.

falteringly *adv.* yn betrus *&c*; yn weglyd *&c*.

faltung *n.* ffaltwng (ffaltyngau) *m*.

fame¹ *n.* **1.** enwogrwydd *m*, bri *m*, clod *m*, enw [da] *m*; **of good ~,** enwog, hyglod, clodfawr, mawr eich bri, ag enw da; **~ and fortune,** clod a golud, cyfoeth (*m*) a chlod; **of ill ~,** drwg-enwog; *Lit: occ:* **house of ill ~,** puteindy (puteindai) *m*. **2.** *A: (= rumour)*: sôn *m*, si (sïon) *m*, gair *m*, hanes(-ion) *m*.

fame² *v.t. A:* **1.** *(= make famous)*: enwogi. **2. it is famed that ...,** fe honnir/sonnir/ddywedir bod ...; **he is famed to have killed a lion,** fe ddywedir iddo ladd llew; mae hanes iddo ladd llew.

famed *a.* enwog, mawr eich bri, adnabyddus, hysbys, *Lit:* clodfawr, hyglod; **ill-~,** drwg-enwog; **a house ~ for its hospitality,** tŷ y mae sôn am ei groeso, tŷ enwog am ei groeso; **to be ~ for sth,** bod yn enwog am rth.

familial *a.* **1.** teuluol, teuluaidd. **2.** *Med: (= inborn)*: etifeddol, cynhenid.

familiar *a. & n.* I. *a.* *(a) (= on close terms)*: cydnabyddus, cyfeillgar (**with s.o.,** â rhn); agos (at rn); *N.W: F:* cybyddus (â rhn); **they are very ~,** maen' nhw'n glòs iawn [at ei gilydd]; maen' nhw'n llawiau mawr; *(b) (= presumptuous)*: hyf (**with s.o.,** ar rn); eofn, braidd yn ddigywilydd (gyda rhn); *S:* ewn, *N.W: occ:* rhydd (â rhn); **you are too ~,** 'rydych yn mynd braidd yn hyf/ewn; *(c) Rel:* **~ spirit,** dyfyn-ysbryd(-ion) *m*; *(d) (= well-known)*: cynefin, cyfarwydd, adnabyddus, hysbys, arferol, arferedig, cyffredin; **to be on ~ ground,** bod yn eich cynefin; *(e) (pers.)*: **to be ~ with s.o.,** adnabod rhn yn dda, bod yn gynefin/gyfarwydd â rhn; **to make oneself ~ (with a language),** ymgynefino, cynefino, cyfarwyddo, ymgyfarwyddo (â iaith). II. *n. Rel:* **1.** *(= demon)*: ysbryd(-ion) (*m*) dewiniaeth, ysbryd teuluol, dyfyn-ysbryd(-ion) *m*. **2.** *(= friend)*: cyfaill (cyfeillion) *m*, cydnabod *m* (*sing. & pl, occ: with pl.* cydnabyddiaid). **3.** *R.C.Ch:* teulüwr (teuluwyr) *m*.

familiarity *n.* **1.** *(= friendship)*: cyfeillgarwch *m*, agosrwydd *m*, perthynas glòs/agos *f*, *occ:* agosatrwydd *m*, *S: occ:* cyfar|wydd-deb *m*. **2.** *(= knowledge of sth)*: cynefindra *m* (â rhth), adnabyddiaeth fanwl *f* (o rth). **3.** *(of thing)*: cynefindra; *Prov:* **~ breeds contempt,** ni bydd hybarch rhy gynefin; cyffredin pob cynefin/cyfarwydd: dibarch rhy gyffredin; cynefindra a fag ddirmyg. **4.** *(a) (= presumptious behaviour)*: e[h]ofnder *m*, e[h]ofndra *m*, digywil|ydd-dra *m*, hyfdra *m*; *(b) in pl. (= unwelcome attentions)*: **to indulge in familiarities with a girl,** mynd braidd yn hyf/ewn ar ferch, dechrau ymh|el â merch, *N.W: F: occ:* mela merch.

familiarization *n.* ymgyfarwyddiad *m*, ymgynefiniad *m*; *vn.* = **familiarize**.

familiarize *v.t.* **1.** cynefino, cyfarwyddo; **to ~ oneself (with sth),** dod yn gynefin/gyfarwydd, ymgynefino, ymgyfarwyddo, cynefino, cyfarwyddo (â rhth). **2. to ~ sth,** gwn|eud rhth yn gynefin/gyfarwydd.

familiarly *adv.* **1. to greet s.o. ~,** cyfarch rhn yn gyfeillgar/ddi-lol/ddiseremoni/anffurfiol. **2.** *(= commonly)*: yn gyffredin, fel arfer.

familiarness *n.* = **familiarity**.

familism *n.* teuluaeth *f*.

familist *n. Rel.Hist:* teulüydd (teuluyddion) *m*.

family *n. & attrib.* **1.** *n.* teulu(-oedd) *m*, *S:* tylwyth(-au) *m*; **atomistic ~,** teulu atomaidd; **conjugal ~,** teulu'r gŵr, teulu'r wr|aig; **consanguine ~,** gwehelyth (*mf*) gwaed; **extended ~,** teulu estynedig; **matrilineal ~,** teulu mamlinachol; **matrilocal ~,** teulu yng nghynefin y wraig; **monogamous ~,** teulu un briodas; **nuclear ~,** teulu cnewyllol; **one-parent ~,** teulu un rhiant; **primary ~,** teulu elfennol; **stem ~,** teulu gwreiddiol; **super ~,** uwch-deulu(-oedd) *m*; *Rel.Hist:* **the F~ of Love,** Teulu Cariad; **to be one of the ~,** perthyn i'r teulu/tylwyth; **to take after the ~,** tynnu ar ôl y teulu/tylwyth; *F:* **she is in the ~ way,** mae hi'n disgwyl; mae hi dan ei gofal; *N.W: occ:* mae hi'n magu mân esgyrn; mae 'na sein teulu arni; *S: occ:* mae hi'n cario'r drwm; mae hi wedi llyncu corryn; mae hi'n fraishg fowr; **wrongdoing runs in the ~,** rhai drwg ydyn' nhw o hil gerdd; mae drygioni yn y teulu i gyd; mae drygioni yng ngwaed y teulu; mae drygioni yn nhoriad eu bogeiliau nhw. **2.** *attrib.* teuluol, cartref, *occ:* teuluaidd. **~ allowance** *n.* lwfans(-iau,-ys) (*m*) teulu. **~ advice centre** *n.* canolfan(-nau) (*mf*) cynghori teuluoedd. **~ Bible** *n.* Beibl(-au) teuluol *m*. **~ casework** *n.* achoswaith (*m*) teulu, gwaith (*m*) achos gyda theulu. **~ caseworker** *n.* gweithiwr (gweithwyr) (*m*) achos teulu. **~ circle** *n.* cylch(-oedd) (*m*) teulu/teuluol, aelwyd(-ydd) *f*. **F~ Compact** *n. Hist:* y Cytundeb Teuluol *m*. **~ dinner** *n.* cinio (ciniawau) teuluol *m*, cinio cartref. **F~ Division [of the High Court]** *n. Jur:* Adran Deuluol *f* [yr Uchel Lys]. **~ doctor** *n.* meddyg(-on) teuluol *m*, meddyg teulu; **the ~ doctor,** meddyg y teulu. **~ dynamics** *n.pl.* deinameg/dynameg (*f*) teulu. **~ expenditure survey** *n.* arolwg (*m*) gwariant/gwario teuluol. **~ grouping** *vn. Sch:* grwpio pob oed. **~ guidance centre** *n.* canolfan cyfarwyddo teuluoedd. **~ hotel** *n.* gwesty(-au, gwestai) teuluol *m*. **~ income supplement** *n.* atodiad(-au) (*m*) incwm teulu. **~ law** *n.* cyfraith deuluol *f*, cyfraith y teulu. **~ life** *n.* bywyd teuluol *m*. **~ likeness** *n.* tebygrwydd teuluol *m*. **~ man** *n.m.* penteulu(-oedd), rhn hoff o'i gartref (rhai hoff o'u cartref), dyn(-ion) teuluaidd/teulugar, dyn ei deulu (dynion eu teuluoedd). **~ name** *n.* enw(-au) teuluol *m*; *S.a.* **surname¹**. **~ planning** *vn.* cynllunio teulu. **~ practitioner** *n.* = **family doctor**. **~ prayers** *n.* dyletswydd deuluaidd/deuluol *f*; **to say ~ prayers,** cadw dyletswydd [deuluaidd/deuluol]. **~-size** *a.* o faint teuluol. **~ structure** *n.* adeiledd (*m*)/adeiladwaith (*m*) teulu/teuluol. **~-style** *a. & adv.* yn null y teulu. **~ therapy** *n.* th|erapi (*m*) teulu/teuluol. **~ tree** *n.* achres(-i) *f*, siart(-iau) (*fm*) achau, cart(-iau) (*fm*) achau, tabl(-au) (*m*) achau (*not* coeden deulu); **I'm working on my ~ tree,** 'rwyf wrthi'n hel fy achau.

famine *n.* **1.** newyn(-au) *m*; **to die of ~,** marw o newyn, *N:* llwgu i farwolaeth. **2.** *(= scarcity)*: prinder(-au) *m*, *N.W: occ: F:* smit *m*; **at ~ prices,** am grocbris.

famish *v.t.* newynu, llwgu.

famished, famishing *a.* newynog, llwglyd, ar lwgu, ar eich cythlwng.

famishment *n.* llwgu *vn*, newynu *vn*, newyn *m*, llwgfa *f*.

famous *a.* **1.** enwog, mawr eich bri, hysbys, adnabyddus, *Lit:* hyglod, clodfawr. **2.** *F: (= excellent)*: campus, gwych, p|enigamp, penig|amp, ardderchog, tan gamp, bendigedig, *N.W:* o'r siort orau, *S: occ:* ffamws.

famously *adv. F:* yn gampus *&c*, *S: occ:* yn ffamws, *N.W:* siort orau.

famousness *n.* = **fame¹**.

famulus *n.* gwas (gweision) *m*.

fan¹ *n.* **1.** *(= ventilator, ladies' fan, winnowing-fan)*: gwyntyll(-au) *f*, *F:* ffan(-iau) *f*; **winnowing-~,** gwyntyll nithio. **2.** *Aut: &c:* ffan; **extractor ~,** ffan echdynnu, ffan wagio (ffaniau gwagio). **3.** *Geog:* bwa (bwâu) *m*; **alluvial ~,** bwa llifwaddod. **4.** *Ling:* **the Rhenish ~,** gwyntyll y Rheindir. **5.** *attrib.* bwaog, ar daen, taen. **~ belt** *n.* ffanbelt(-iau) *m*. **~ dance** *n.* dawns (*f*) wyntyll (dawnsiau gwyntyll), ffanddawns(-iau) *f*. **~ dancer** *n.* ffandd|awnswraig (ffanddawnswragedd) *f*. **~ heater** *n.* chwythwr (chwythwyr) (*m*) gwres, ffan dwymo (ffaniau twymo), gwyntyll dwymo (gwyntyllau twymo). **~ mussel** *n.* *Moll:* cragen (*f*) adain (cregyn adenydd), cragen wyntyll (cregyn wyntyll). **~-jet** *n. Aer:* ffanjet(-iau) *f*. **~ palm** *n. Bot:* palmwydden fwaog (palmwydd bwaog) *f*. **~-shaped** *a.* gwyntyllaidd, siâp gwyntyll/ffan, bwaog, ar daen. **~-tailed** *a.* *Arch:* cynffon-daen, gwyntyllog. **~ tracery** *n. Arch:* treswaith bwaog *m*. **~ vaulting** *n. Arch:* fowtio (*vn*) bwaog, ffanfowt(-iau) *f*. **~-worm** *n. Ann:* llyng[h]yren wyntyllog (llyngyr gwyntyllog) *f*, llyngyr (*f*) wyntyll (llyngyr gwyntyll).

fan² *v.t.* **1.** *Husb:* nithio, gwyntyllu. **2.** *(= cool)*: oeri (rhn) â gwyntyll; gwyntyllu, *F:* ffanio (rhn); *(of breeze)*: oeri (rhth), chwythu (ar rth). **3.** *v.t.* **to ~ a fire,** megino tân, chwythu ar dân; **to ~ a quarrel,** megino ffrae. **~ out 1.** *v.i.* **to ~ out,** ymdaenu, mynd ar daen, ymledu; *(of searchers &c)*: ymwasgaru, gwasgaru, ymrannu. **2.** *v.t.* *(a)* **to ~ sth out,** taenu/lledu rhth, rhoi rhth ar daen; *(of peacock)*: castellu; **a peacock fanning out its tail,** paun yn castellu/codi ei gynffon/gwt; *(b) Baseball:* taro (rhn) allan.

fan³ *n.* cefnogwr (cefnogwyr) *m*, cefn|ogwraig *f* (**of sth,** i rth); rhn (rhai) selog *m*, selogyn (selogion) *m* (dros rth); dilynwr (dilynwyr) *m*, dil|ynwraig *f*, pleidiwr (pleidwyr) *m*, pl|eidwraig *f*, edmygwr: edmygydd (edmygwyr) *m* (rhth); **football fans,** dilynwyr pêl droed, selogion pêl droed. **~ club** *n.* clwb (clybiau) (*m*) cefnogwyr/edmygwyr. **~ letter** *n.* llythyr(-au) edmygol *m*,

llythyr edmygwr (llythyrau edmygwyr). ~ **mail** *n.* llythyrau (*pl*) cefnogwyr/edmygwyr, llythyrau edmygol.
Fanagalo, Fanakolo *n. Ling:* Ffanagalo *f, m.*
fanatic *a. & n.* **1.** *a.* ffanaticaidd, ffanatigaidd, eithafol, penboeth. **2.** *n.* ffanatig(-iaid) *m&f*, eithafwr (eithafwyr) *m*, eith|afwraig (eithafwragedd) *f*, penboethyn *m*, penboethen *f* (penboethiaid).
fanatical *a.* = **fanatic 1.**
fanatically *adv.* yn benboeth *&c.*
fanaticalness, fanaticism *n.* ffanaticiaeth *f*, ffanatigiaeth *f*, ffanatigrwydd *m*, eithafrwydd *m*, penboethni *m.*
fanaticize *v.i.&t.* **1.** *v.i.* mynd yn benboeth, mynd yn eithafol, penboethi. **2.** *v.t.* troi/gwn|eud (rhn) yn benboeth; penboethi, ffanatigeiddio, eithafoli (rhn).
fancied *a.* **1.** *(= imagined):* dychmygol, tybiedig, ffansïol. **2.** **a much ~ horse,** ceffyl a llawer yn ei hoffi/ffansïo.
fancier *n.* ffansïwr (ffansiwyr) *m*; **pigeon ~,** bridiwr (bridwyr) (*m*) colomennod, colomennwr (colomenwyr) *m.*
fanciful *a.* **1.** *(pers.):* mympwyol, penchwiban, gwamal, anwadal. **2.** *(= very ornate, odd-looking):* addurnedig, cywrain, rhyfedd, rhyfeddol, ffantastig, hynod, od, coegwych. **3.** *(= imaginary):* dychmygol, tybiedig, rhithiol, ffansïol.
fancifully *adv.* **1.** yn fympwyol *&c.* **2.** yn gywrain *&c.* **3.** yn ddychmygol *&c*; mewn dychymyg.
fancifulness *n.* **1.** *(of pers.):* mympwyon *pl*, penchwibandod *m*, gwamalrwydd *m*, anwadalwch *m.* **2.** *(of design &c):* cywreinrwydd *m*, hynodrwydd *m*, odrwydd *m*, golwg ryfeddol *f &c.* **3.** *(= imaginary nature):* rhithioldeb *m*, natur ddychmygol/ffansïol *f.*
fanciless *a.* diddychymyg.
fancily *adv.* yn ffansi *&c.*
fanciness *n.* = **fancifulness 2.**
fancy[1] *n. & a.* I. *n.* **1.** *(a) (= faculty of imagination):* dychymyg *m*, *occ:* ffansi *f*, *Lit: occ:* darfelydd *m*; **the land of ~,** gwlad (*f*) hud a lledrith; *A:* **in ~ I saw . . .,** yn fy nychymyg mi welwn . . .; *(b) (= imagined thing):* dychymyg (dychmygion) *m*, rhithdyb(-iau) *f*, *S.W: occ:* consáint: cwnsáint *m*; *Mus: &c:* ffansi (ffansïau, ffansïon) *f*; **it's only ~!** dychymyg pur! **to indulge in fancies,** ffansïa, magu ffansïon, synfyfyrio, delwi, hel meddyliau, codi cestyll yn Sbaen, breuddwydio wrth ewyllys; *(c) (= idea):* syniad(-au) *m*; **I have a ~ that . . .,** mae gennyf syniad bod/mai . . . . **2.** *(a) (= whim, desire):* mympwy(-on) *m*, awydd(-au) *m*, blys(-iau) *m*, chwant(-au) *m*, *F:* ffansi (ffansïau, ffansïon) *f*; **just as the ~ takes me,** yn ôl fy ffansi, fel y mynnaf, *Lit:* fel y mynnwyf; **I have a ~ to go there,** mae arna i awydd/flys/chwant mynd yno; *N.W:* mae gen i ffansi mynd yno, 'rydw i'n ffansïo mynd yno; *(b) (= taste, liking):* bryd *m*, hoffter *m*, blys, chwant; **it took my ~,** fe aeth â'm bryd; fe'm plesiodd; fe'm swynodd; *F:* **that suits my ~,** fe wna'r tro i'r dim i mi; **according to one's ~,** yn ôl eich bryd/ffansi, fel y mynnwch/mynnoch; **sth to everyone's ~,** rhth at ddant pawb; **to catch/take the ~ of s.o.,** plesio/boddio rhn, mynd â bryd rhn; **to take a ~ to sth,** ffansïo rhth, cael awydd rhth, *S.W: occ:* chwantu rhth; **he took a ~ to it,** *(i.e. and took it):* *N:* fe welodd ei wyn arno. **3.** *(= art of breeding fancy animals):* ffansi *f*, magwraeth *f*; *(= breeders, fanciers):* ffansïwyr *pl*, bridwyr *pl*; **the boxing ~,** selogion/cefnogwyr paffio. **4.** *(cake):* teisen(-nau) ffansi *f.* II. *a.* **1.** *a. (= ornate):* ffansi, addurnedig, addurnol, cywrain; *(flowers):* amryliw, trilliw, ffansi; *(= of superior quality):* ffansi, amheuthun; **~ dress,** gwisg(-oedd) ffansi *f*; **~ goods,** nwyddau ffansi. **2.** *(= whimsical, extravagant):* mympwyol, afresymol; **at a ~ price,** am bris afresymol, am grocbris (*m*); *Hist:* **~ franchise,** etholfraint fympwyol *f.* **3.** *(= imaginary):* ffansïol, gwag, di-sail, gwirion; **don't go getting any ~ ideas,** paid â chael rhyw hen syniadau gwirion yn dy ben. **4.** *F:* **~ man,** cariad(-on) *m*, *occ:* carmon (carmyn) *m*, *S:* sboner(-s) *m*; **~ woman,** cariad(-on) *f*, meistres(-i) *f*, *S:* wejen (wejis) *f*, *N.W: occ:* fodan (fodins) *f*; **~ dog,** ci (cŵn) ffansi *m*, *V:* ci rhech. **~-free** *a.* rhydd, penrhydd; **footloose and ~-free,** a'ch traed a'ch pen yn rhydd, rhydd eich traed a'ch pen, troedrydd a phenrhydd.
fancy[2] *v.t.* **1.** tybio, meddwl, dychmygu, credu, *S.W: occ:* conseintio; **he fancies he knows the lot,** mae'n meddwl ei fod yn gwybod y cyfan; **I ~ he is out,** 'rwy'n credu ei fod ef allan; **he fancied he heard footsteps,** tybiodd/meddyliodd iddo glywed sŵn traed. **2.** *F:* **fancy! just ~! ~ now! ~ that!** 'dawn i byth o'r fan! 'tawn i'n marw! glywsoch chi'r fath beth! tewch, da chi! 'chlywais i mo'r fath beth! pwy fyddai'n meddwl! meddyliwch! chlywais i ffasiwn beth! *N:* chlywais i rotsiwn beth! *S:* gwedwch y gwir! *F:* **~ meeting you here!** pwy fyddai'n meddwl/disgwyl taro arnoch chi yma! *F:* **(~) his believing it!** (a meddwl) iddo gredu hynny, ei fod wedi credu hynny! **2.** *(= like):* **to ~ sth,** ffansïo rhth, teimlo awydd rhth, cael awydd rhth, chwantu rhth, *Lit:* rhoi'ch bryd ar rth; **to ~ s.o.,** ffansïo rhn, *Lit:* ymserchu yn rhn; **I don't ~ his offer,** 'does gen i fawr o feddwl o'i gynnig e; 'does gen i fawr o awydd derbyn ei gynnig e; **to ~ oneself,** eich meddwl eich hun; **she fancies herself a great deal,** mae ganddi feddwl mawr ohoni ei hun; **he fancies his chances,** mae'n meddwl fod ganddo siawns. **3.** *(= breed, grow):* magu, meithrin, bridio; *(plants):* tyfu. **4.** **~ up** *v.t.* **to ~ up an old dress with lace,** addurno/trimio hen ffrog â les.
fancywork *n. Needlew:* gwaith ffansi *m.*
fandangle *n.* **1.** *(= fantastic ornament):* ffigiari(-s) *m*, ffaldirál(-s) *m*, ffril(-s,-iau) *m*, *M.W:* clawets *pl.* **2.** *(= nonsense):* sothach *m*, *N:* lol *f*, *S:* dwli *m*, ffal-lal *f.*
fandango *n.* **1.** *Danc: Mus:* ffandango(-s) *f* (*pronounced* ng-g). **2.** *F: (= tomfoolery):* lol *f*, lolian *vn*, dwli *m*, chwarae (*vn*) bili-ffŵl.
fandom *n. Coll:* dilynwyr *pl*, canlynwyr *pl*, caredigion *pl*, selogion *pl*, edmygwyr *pl.*
fane *n. Poet:* teml(-au) *f.*
fanfare *n.* ffanffer(-au) *f.*
fanfaronade *n.* **1.** *(= brag, rant):* brygowthan *vn*, brolian *vn*, bocsach *m*, ymffrost *m.* **2.** = **fanfare.**
fanfold paper *n. Cmptr:* papur ffanblyg *m*, papur igam-ogam.
fang[1] **1.** *(a) (of dog, snake):* dant (dannedd) *m*; **~ to ~,** dant yn nant; *(b) (of boar &c):* ysgithr(-au) *m.* **2.** *(= tang of tool):* colsaid (colseidiau) *m*, coliant *m*, colsiant *m*, colsant *m.* **3.** *(= root of tooth):* gwreiddyn (gwreiddiau) *m.*
fang[2] *v.t.* **1.** *(= bite):* brathu, ysgythru. **2.** *(= prime pump):* llenwi, cychwyn.
fanged *a.* ysgithrog, ysgythrog.
fanglomerate *n. Geog:* bwa (bwâu) (*m*) malurion.
fanion *n. Surv:* ffaniwn (ffaniynau) *m*, penwn (penynau) *m.*
fanlight *n.* ffenestr(-i) (*f*) linter.
fanlike *a.* gwyntyllaidd, fel gwyntyll, fel ffan.
fanner *n. Agr:* gwyntyllwr (gwyntyllwyr) *m.*
fanny[1] *n. F:* **1.** *Nau: F:* piser(-i) *m*, can(-iau) *m.* **2.** *U.S: F: (= backside):* tin (tinau) *f*, pen ôl (penolau) *m.* **3.** *V: (= female pudenda):* *N.W:* cojen (cojis) *f*, pethma *m*, *S: occ:* fflabatsh *f*, siolen *f*, bechingalw *m* (*pronounced* ng-g), siobet *f.*
fanny[2] *v.t. (= persuade):* cocsio, perswadio.
Fanny Adams *Pr.n. P:* **1.** *Nau:* cig (*m*) tun, lobsgóws *m.* **2.** *V:* **sweet ~ ~,** affliw (*m*) o ddim, diawl (*m*) o ddim byd, cythraul (*m*) o ddim, uffern (*f*) o ddim.
fantabulous *a. P:* bondigodig, gwych, p|enigamp, penig|amp, tan gamp, bondibethma, *N.W:* [o'r] siort orau.
fantail *n.* **1.** *Orn: (a) (pigeon):* colomen gynffon-daen (colomennod cynffon-daen) *f*; *(b) (flycatchcer, Rhipidura):* gwybedwr (gwybedwyr) (*m*) cynffon-daen. **2.** *(of windmill):* gwyntyll(-au) *f.* **3.** *(fan-shaped tail/stern):* cynffon(-nau) (*f*) ar daen, cynffon daen (cynffonnau taen).
fan-tan *n. Games:* ffan-tan *mf.*
fantasia *n. Mus:* ffantasia(-s, ffantasiâu) *f.*
fantasied *n.* dychmygol.
fantasist *n.* breuddwydiwr (breuddwydwyr) *m*, breudd|wydwraig *f*, ffantasïwr (ffantasïwyr) *m*, ffantasïwraig *f.*
fantasize *v.i.* breuddwydio, ffantasïo (**about sth,** am rth); dychmygu (rhth).
fantast *n.* breuddwydiwr (breuddwydwyr) *m*, gweledydd(-ion) *m.*
fantastic *a.* **1.** *(= fanciful, bizarre):* rhyfedd, rhyfeddol, hynod, cywrain, ffantastig, anghyffredin; *(= capricious):* mympwyol; **a ~ tale,** hanes anhygoel. **2.** *(= tremendous):* aruthrol, enbyd, ffantastig, anhygoel. **3.** *F: (= excellent):* p|enigamp, penig|amp, gwych, bendigedig, tan gamp, di-ail, di-guro, ffantastig.
fantastical *a.* = **fantastic 1.**
fantasticality *n. (= capriciousness):* mympwyoldeb *m*, hynodrwydd *m*, mympwy(-on) *m.*

fantastically *adv.* **1.** yn hynod *&c.* **2.** yn aruthrol *&c.* **3.** yn b|enigamp *&c.*
fantasticalness *n.* = **fantasticality.**
fantasticate *v.t.* hynodi, cywreinio (rhth); gwn|eud (rhth) yn rhyfedd *&c.*
fantastication *n. vn.* = **fantasticate.**
fantastico *n.* ffant|astico(-s) *m.*
fantasy[1] *n.* **1.** *(= faculty of imagination):* dychymyg *m*, *Lit: occ:* darfelydd *m*. **2.** *(= daydream):* breuddwyd(-ion) *m*, dychymyg (dychmygion) *m*, ff|antasi (ffantasïau) *mf*, gweledigaeth(-au) *f*. **3.** *(= whim, idea):* mympwy(-on) *m*. **4.** = **fantasia.**
fantasy[2] *v.t.&i.* **1.** *v.t.* *(= portray in the mind):* dychmygu. **2.** *v.i.* ffantasïo, ffantasïa, creu ffantasïau, creu dychmygion, breuddwydio wrth ewyllys.
Fante, Fanti *a.* & *n.* **1.** *a.* Ffanti, Ffantïaidd; *(in language):* Ffantïeg. **2.** *n.* *(a) Ethn:* Ffanti (Ffantïaid) *m&f*; *(b) Ling:* [yr iaith] Ffanti *f, m*, Ffantïeg *f, m*.
fantoccini *n.pl. Th:* pypedau.
fantods *n.pl. F:* **to get/have the ~,** bod yn aflonydd, bod fel cath ar farwor, bod fel gafr ar d'ranau *&c.*
fanwise *a. & adv.* ar daen.
fanzine *n. P:* *ffanlyfr(-au) *m*, ffansîn(-s) *m*.
faquir *n.* = **fakir.**
far[1] *adv.* **1.** *(a)* yn bell, ymh|ell; **to go ~,** mynd yn bell, mynd ymhell; **to go ~ (into sth),** treiddio'n ddwfn, mynd yn bell (i rth); **(to carry a canal) as ~ as the sea,** (adeiladu camlas) hyd at y môr, cyn belled â'r môr; **how ~ do you agree?** i ba raddau y cytunwch? **how ~ is it (from A to B)?** pa mor bell yw hi, faint yw hi, faint [o ffordd] sydd (o A i B)? **so ~ and no further,** hyd yma a dim pellach; **thus ~,** hyd yn hyn, hyd yma; **from ~ and near,** o bell ac agos; **as ~ as the eye can see,** hyd y gwêl llygad; **from ~,** o hirbell, o bellter ffordd; **to live ~ away/off,** byw yn bell i ffwrdd; **~ and wide,** ym mhobman, ar bob tu, ar bob ochr; *Prov:* **he who goes ~ will prosper,** y ci a gerddo a gaiff; **a stake driven ~ into the ground,** postyn wedi ei yrru'n ddwfn i'r ddaear; **not ~ from sth,** heb fod ymhell oddi wrth rth, *Lit:* nid nepell oddi wrth rth (*not* nepell); *(b)* **that will go ~ (to make up for the loss),** fe wnaiff hynny lawer, fe aiff hynny bell ffordd (i wneud iawn am y golled); **to make sth go ~,** gwneud i rth barh|au, estyn rhth; **to go so ~ as to do sth,** mentro gwneud rhth, mynd mor bell â gwneud rhth; **he has gone too ~ to turn back,** mae wedi mynd yn rhy bell i droi'n ôl; **that is going too ~,** dyna fynd yn rhy bell; dyna fynd dros ben llestri; **to carry a joke too ~,** mynd dros ben llestri; **how ~ have you got in your work?** ble 'rydych chi arni yn eich gwaith? **go as ~ as you like,** ewch mor bell ag y mynnoch; **as ~ as is possible,** hyd y gellir; **as ~ as I know,** hyd y gwn i, am a wn i; **as ~ as that goes,** o ran hynny; **I will help you as ~ as I can,** fe'ch helpaf gyhyd/gymaint ag y gallaf; **in so ~ as I understand him,** i'r graddau yr wyf yn ei ddeall; **I am ~ from believing her,** 'rwy'n bell o fod yn ei chredu; mae'n anodd gennyf ei chredu; **~ from admiring him, I can't stand him,** alla' i mo'i ddioddef, heb sôn am ei edmygu; *Lit:* ni allaf mo'i ddioddef, chwaethach ei edmygu; **he is ~ from happy,** mae'n bell o fod yn hapus; **~ from it!** dim o gwbwl! dim o'r fath beth! **not ~ from it,** yn ddigon agos, o fewn tipyn; **~ be it from me to say so,** nid fy lle i yw dweud hynny; **he's not ~ off sixty,** mae'n tynnu at ei drigain oed; **by ~ (the best),** (y gorau) o bell ffordd, o ddigon, o lawer, *F:* o beth coblyn/cythraul/cytrin, *S:* o hewl; **it is ~ too common,** mae'n rhy gyffredin o lawer. **2.** *(of time):* **so ~,** hyd yn hyn, hyd yma; **so ~ so good,** popeth yn iawn hyd yma; **as ~ as I could,** cyhyd ag y gallwn; **not so ~,** *(= not yet):* ddim hyd yn hyn, ddim eto; **as ~ back as I can remember,** byth er pan allaf gofio, mor bell yn ôl ag y gallaf gofio; **as ~ back as 1900,** mor bell yn ôl â mil naw cant; **he did not look so ~ into the future,** nid edrychai mor bell ymlaen i'r dyfodol; **it was ~ into the night,** 'roedd hi'n bell i'r nos; 'roedd hi'n berfeddion y nos; 'roedd hi'n oriau mân y bore; *N.W: occ:* 'roedd hi wedi mynd yn llawer o'r nos. **3.** *(with qualifying adjectives, adverbs &c):* o lawer, o ddigon, o bell ffordd; **it is ~ better,** mae'n well o lawer; mae'n llawer gwell; **it is ~ more serious,** mae'n llawer mwy difrifol; mae'n fwy difrifol o lawer; **she was ~ and away the best,** hi oedd yr orau o ddigon; **the night was ~ advanced/spent,** 'roedd y nos wedi cerdded ymhell; **he is ~ gone,** mae hi ar ben arno; **few and ~ between,** prin ac anaml; **I had ~ rather he went,** byddai'n well o lawer gen i iddo fynd. **~ back** *a. F:* **he's very ~ back,** mae ganddo acen grand/goeth iawn; *Pej:* mae ganddo lediaith.
far[2] *a.* **1.** pell, *occ:* pellennig, anghysbell; **in the ~ distance,** yn y pellter, draw ymh|ell, ymhell draw; **a ~ country,** gwlad bell *f*; **the F~ East,** y Dwyrain Pell *m*. **2. the ~ end of the garden,** pen pella'r ardd, pen draw'r ardd; **the ~ side of the road,** yr ochr draw (*f*) i'r ffordd, y tu draw (*m*) i'r ffordd; **it's a ~ cry [from one thing to another],** mae byd o wahaniaeth [rhwng y naill beth a'r llall]; *Pol:* **the ~ left,** y chwith eithaf *f*. **~-away** *a.* pell, pellennig, anghysbell, hirbell; **with a ~-away look in his eyes,** gyda golwg bell/freuddwydiol yn ei lygaid; **his mind is ~-away somewhere,** mae ei feddwl yn crwydro; mae ei feddwl ar grwydr; mae ei feddwl yn bell; *N.W: F: occ:* mae o'n hwi-hwi yn rhywle. **~-famed** *a.* enwog, pell eich clod. **~-fetched** *a.* anhygoel, annhebygol. **~-fetchedness** *n.* annhebygolrwydd *m*. **~-flung** *a.* *(widespread):* helaeth, eang; *(= distant):* pellennig, anghysbell. **~-off** *a.* pell, pellennig, anghysbell. **~-out** *a.* **1.** pell, pellennnig. **2.** *F:* gwreiddiol, hynod, pell ar y blaen. **~ point** *n.* *Opt:* pellafbwynt(-iau) *m*. **~-reaching** *a.* **1.** *(survey &c):* cynhwysfawr, trylwyr, treiddgar. **2.** *(consequences):* pellgyrhaeddol, cyrhaeddbell. **~-red** *a.* coch pell. **~-seeing** *a.* pell eich gweledigad, pellweledol, rhagweledol, craff. **~-sighted** *a.* **1.** = **far-seeing. 2.** *Med:* pell eich golwg, hir eich golwg. **~-sightedly** *adv.* yn bellweledol *&c.* **~-sightedness** *n.* **1.** gweledigad pell *m*, pellweledigad *m*, rhagweledigad *m*, craffter *m*. **2.** *Med:* golwg pell *m*.
farad *n. El.Meas:* ffarad(-au) *mf*.
faradaic *a.* ffaradig.
faraday *n. Ph:* ***faraday(-s)*** *m*. **F~ cage** *n.* caetsh(-is) (*m*) Faraday. **F~'s constant** *n.* ***faraday(-s)*** *m*. **F~ effect** *n.* effaith (*f*) Faraday.
faradic *a.* ffaradig.
faradimeter *n.* = **faradmeter.**
faradism *n.* ffaradiaeth *f*.
faradmeter, faradometer *n. El:* ff|aradmedr (ffaradmedrau) *m*.
farandole *n. Danc:* ffarandôl (ffarandolau) *f*.
farce[1] *n.* **1.** *Th:* ffars(-iau) *f*. **2.** *Cu:* stwffin *m*.
farce[2] *v.t. Cu:* stwffio.
farceur *n. Th:* ffarsiwr: ffarsydd (ffarswyr) *m*.
farcical *a.* ffarsaidd, gwirion bost, chwerthinllyd, hurt; *(= futile):* ofer.
farcicality *n.* ffarseiddiwch *m*, gwiriondeb *m*, hurtrwydd *m*, hurtwch *m*, hurtni *m*.
farcically *adv.* yn wirion *&c.*
farcy *n. Vet:* y clefri/clafri mawr *m*, y clwy clapiog *m*, ffarsi *m*; *S.a.* **glanders; water ~,** clefri/clafri dyfrllyd.
fard *v.t.* coluro, peintio, paentio.
farded *a.* coluredig, peintiedig, paentiedig.
fardel *n. A:* ffardel: ffardial(-s) *mf*; *S.a.* **burden**[1], **bundle**[1].
fare[1] *n.* **1.** *(a) (= price of ticket):* pris(-iau,-oedd) *m*, tâl (taliadau) *m* [am daith, am le *&c*]; **single ~,** [pris] tocyn (*m*) un ffordd; **return ~,** [pris] tocyn dwy ffordd, [pris] tocyn dychwelyd; **excess ~,** tâl atodol/ychwanegol *m*; **"any more fares please"?** "oes gan bawb docyn?" "unrhyw un heb dalu?" **"fares, please!"** "tocynnau, os gwelwch yn dda!" *(b) (= passenger):* teithiwr (teithwyr) *m*, t|eithwraig *f*. **2.** *(= food):* bwyd *m*, lluniaeth *m*, ymborth *m*; **bill of ~,** bwydlen(-ni) *f*.
fare[2] *v.i.* **1.** *A: & Lit: (= travel):* teithio, rhodio; **to ~ forth,** rhodio allan, mynd ar grwydr, cychwyn ar daith. **2. to ~ well,** gwn|eud yn dda, dod ymll|aen, dod yn eich blaen, llwyddo, byw yn llewyrchus, byw'n dda eich byd, *A:* ffario; **to ~ ill,** aflwyddo, gwneud yn wael, gwaelu, gwaethygu, dirywio; *(of village &c):* mynd rhwng cŵn a brain; **to ~ alike,** cael yr un lwc, rhannu'r un ffawd; *Poet:* **~ thee well,** yn iach iti (ichwi)! bydd(-wch) wych! *Lit:* **how fares it with you?** pa hwyl? sut hwyl sydd? **3.** *A: (= eat, be fed):* bwyta; **we fared well,** cawsom ein digoni. **~-you-well** *n.* *U.S: F:* **to a ~-you-well,** i'r dim.
faren *n. Ich:* ffaren(-nod) *mf*.
farewell *int. & n.* **1.** *int.* ffarw|el! *Lit:* ff|arwel! yn iach! bydd(-wch) wych! *F:* da boch! **2.** *n.* ffarwel *mf*, ffarweliad(-au) *m*; **to bid ~,** canu'n iach (**to somewhere,** i rywle), ffarwelio (â rhywle); **a ~ dinner,** cinio ffarwelio/ffarwel.
farfal, farfel *n. Cu:* ffarffal: ffarffel *m*.
farina **1.** *(= flour):* blawd (blodiau) *m*, *S:* can *m*; *(= powder):*

powdwr (powdrau) *m*. **2.** *Bot: (= pollen):* paill *m*. **3.** *Ch:* = **starch.**

farinaceous *a.* blodiog, cannog; *Bot:* peilliog.

farinha *n. Cu:* blawd (*m*) casafa, ffarina *m*.

farkleberry *n. Bot: (berry):* (*)llusen sur (llus/llusi surion); *(tree):* coeden (coed) (*f*) llus[i] surion.

farl *n. Cu:* teisen (*f*) geirch (teisennau ceirch), bara (*m*) ceirch; **potato ~,** teisen dato/datws (teisennau tato/tatws).

farlowella *n. Ich:* ffarlowela(-od) *m*.

farm[1] *n.* **1.** ffarm (ffermydd) *f*, fferm(-ydd) *f*, *N.W: occ:* fferam *f*; **arable ~,** fferm âr; **collective ~,** fferm gyfunol (ffermydd cyfunol); **dairy ~,** fferm laeth (ffermydd llaeth); **factory ~,** fferm ddiwydiannol (ffermydd diwydiannol); **home ~,** fferm y faenor, fferm y plas; **mixed ~,** fferm gymysg (ffermydd cymysg); **sheep ~,** fferm ddefaid (ffermydd defaid); **small ~,** tyddyn(-nod,-nau) *m*; **state ~,** fferm wladwriaethol (ffermydd gwladwriaethol); **stock ~,** fferm stoc. **2.** *(for breeding animals, fish &c):* ffarm, fferm, bridfa (bridf|eydd) *f*, magwrfa (magwrf|eydd) *f*; *(for fish):* deorfa (deorf|eydd) *f*; *(for children):* meithrinfa(-oedd, meithrinf|eydd) *f*. **~ building** *n.* tŷ (tai) (*m*) allan, *S:* tŷ mas, *N: occ:* eil(-iau) *f*, *S.E:* tŷ anifeiliaid, ysgubor(-iau) *f*; *pl. N:* beud|ai. **~-hand, ~ labourer, ~ lad, ~ servant** *n.* gwas (*m*) ffarm/fferm (gweision ffermydd). **~-maid** *n.* morwyn (*f*) ffarm/fferm (mor[w]ynion ffermydd); **chief ~-maid,** morwyn fawr (mor[w]ynion mawr); **youngest ~-maid,** morwyn fach (mor[w]ynion bach). **~-worker** *n.* gweithiwr (gweithwyr) (*m*) fferm; **chief/head ~-worker,** hwsmon (hwsmyn) *m*, pen-gwas (~-gweision) *m*; **to become a ~-worker,** *F:* mynd i weini [ffarmwrs].

farm[2] *v.i.&t.* **1.** ffermio, ffarmio, *Lit:* amaethu; **to ~ sheep,** ffermio defaid, cadw defaid, *N: occ:* trin defaid; **to ~ fish,** ffermio/magu/bridio pysgod. **2.** *Cr:* **to ~ the balls bowled,** cywain y peli a fowlir. **~ out** *v.t. (a tax):* ffermio/ffarmio treth, is-osod/tan-osod treth; **to ~ out (work),** gosod, dirprwyo, dosbarthu (gwaith); anfon (gwaith) allan/mas; *(= hire out):* hurio (gweithwyr *&c*) allan; **to ~ out children,** anfon/rhoi plant allan i'w magu, rhoi plant ar faeth.

farmer *n.* **1.** ffermwr (ffermwyr) *m*, ffarmwr(-s) *m*, *Lit:* amaethwr (amaethwyr) *m*, *occ:* amaethydd(-ion) *m*; **small ~,** tyddynnwr (tyddynwyr) *m*. **2.** *Fr.Hist:* **~ of revenues, tax-~,** ffermwr trethi. **3.** *(of fish, animals &c):* magwr (magwyr) *m*, bridiwr (bridwyr) *m*. **~ cheese** *n.* ceulfraen/colfran sych *m*. **~'s lung** *n. Med:* clefyd (*m*) y ffarmwr, mogfa(*f*)'r fuwch, mogfa'r ffermwr.

farmerette *n.f.* **1.** *(= female farmer):* ff|ermwraig (ffermwragedd). **2.** *(farm-hand):* morwyn(-ion, morynion) fferm.

Farmers *W.Pl.n.* Ffarmers *m*, Bron Fana *f*, Pentre Fana *m*.

farmhouse *n.* tŷ (*m*) fferm/ffarm (tai ffermydd), ffermdy (ffermdai) *m*, *Lit: occ:* amaethdy (amaethdai) *m*; *(for summer season):* hafod(-ydd) *f*, hafoty (hafotai) *m*; *(for winter):* hendref(-i,-ydd) *f*; **to stay in a ~,** *(in summer):* hafota; *(in winter):* hendrefu.

farming[1] *a.* amaethyddol.

farming[2] *vn.* **1.** amaethyddiaeth *f*, amaeth *m*, amaethu, ffermio, ffarmio, *occ:* ffarmwriaeth *f*; **arable ~,** ffermio tir âr; **beef ~,** ffermio cig eidion; **dairy ~,** ffermio gwartheg llaeth; **extensive ~,** ffermio bras/eang; **factory ~,** ffermio diwydiannol; **hill ~,** ffermio mynydd; **intensive ~,** ffermio dwys/arddwys; **ley ~,** ffermio gwyndwn; **livestock ~,** ffermio da byw; **mechanized ~,** ffermio mecanyddol; **pastoral ~,** ffermio bugeiliol; **peasant ~,** ffermio gwledig/gwladaidd/gwerin; **sheep ~,** ffermio defaid; **stock ~,** ffermio stoc; **subsistence ~,** ffermio ymgynnal/ymgynhaliol; **truck ~,** ffermio tryc. **2.** *(of fish, milk &c):* magu, meithrin, ffarmio, ffermio, magwraeth *f*, meithriniaeth *f*, meithriniad *m*. **~-out** *n. (of work):* dosbarthiad *m*, dosbarthu *vn*; *See* **farm**[2].

farmland *a.* tir(-oedd) (*m*) amaeth/amaethu/ffarmio.

farmstead *n.* = **farm**[1].

farmwife *n.f.* gwr|aig ffermwr/ffarmwr (gwragedd ffermwyr/ffarmwyr), gwraig fferm/ffarm (gwragedd ffermydd), ff|ermwraig (ffermwragedd), *Lit: occ:* am|aethwraig (amaethwragedd) *f*.

farmyard *n. & attrib.* **1.** *n.* buarth(-au) *m*, *S: (also):* clos(-ydd) *m*, beili (beilïau) *m*, iard(-iau, ierdydd) *f*, *N.E:* hewl(-ydd) *f*, *N.W: occ:* cow[r]t(-iau,-ydd) *m*, *S.W: occ:* ffald(-au) *f*, *S.E:* cwrt (-iau) *m*. **2.** *attrib.* **~ animal,** anifail (anifeiliaid) (*m*) fferm.

Farndon *Eng.Pl.n.* Rhedynfre *f*.

farnesol *n. Ch:* ff|arnesol *m*.

farness *n.* pellter *m*.

faro *n. Cards:* ffaro *m*.

Faroe Islands, the Faroes *Pr.n.pl. Geog:* Ynysoedd Ffaröe. **Faroe sunset shell** *n. Moll:* cragen (cregyn) (*f*) machlud Ffaröe.

Faroese *a. & n.* **1.** *a.* Ffaroaidd; *(in language):* Ffaröeg; **he's ~,** Ffaroad yw ef; **the ~ Parliament,** Senedd Ynysoedd Ffaröe. **2.** *n. (a) Ethn:* Ffaroad (Ffaroaid) *m&f*; *(b) Ling:* Ffaröeg *f*, *m*.

farouche *a.* swil, ofnus.

farouchely *adv.* yn swil *&c*.

farraginous *a.* cymysglyd.

farrago *n.* cybolfa (cybolf|eydd) *f*, cawdel (cawdelau) *mf*, cymysgedd(-au) *m*, cymysgwch *m*, cymysgfa (cymysgf|eydd) *f*, tryblith(-oedd) *m*.

farrier *n.* **1.** *(= smith):* gof(-aint) *m*. **2.** *A: (= horse-doctor):* milfeddyg(-on) *m*, marchfeddyg(-on) *m*, *F:* ffariar(-s) *m*, ffarier(-s) *m*; **to practise as a ~,** ffario, ffariera.

farriery *n.* **1.** *(= vet's surgery):* milfeddygfa (milfeddygf|eydd) *f*, *F:* lle (*m*) ffariar (lleoedd ffariars). **2.** *A: (= veterinary science):* milfeddygaeth *f*, ffarieraeth *f*, ffariaeth *f*, ffario *vn*, ffariera *vn*.

farrow[1] *n.* **1.** torllwyth(-i) *f*, torraid (toreidiau) *f*.

farrow[2] *v.i.* gorddodwi, mocha, bwrw perchyll, dod â pherchyll, dod â moch bach; **farrowing house,** cwt (cytiau) (*m*) dod â moch bach, cwt mocha.

farrow[3] *a. (cow):* anghyflo, hesb; **~ cow,** myswynog(-ydd) *f*, *F:* swynog(-ydd) *f*.

farrowing fever *n. Vet:* twymyn (*f*) geni/esgor.

farruca *n. Danc:* ffarwca *f*.

fart[1] *n.* **1.** *V:* rhechen (rhechod) *f*, rhech(-od) *f*, *occ:* pwmp(-od,-s) *f*, pwmpen (pwmpod) *f*, pwmp o rech, *S:* cnec(-iau,-ion) *f*; **a silent ~,** *S:* fflair: fflêr: ffleiren (ffleiriau) *f*, *S.W: occ:* brwpsen (brwps) *f*. **2.** *(pers): V:* rhechwr (rhechwyr) *m*; **he's a real ~,** mae fel rhech mewn potel; **you old ~,** yr hen rechwr.

fart[2] *v.i. V:* rhechain, rhechan, rhechu, rhechian, rhoi/gollwng/taro rhech, *S:* taro cnec, cnecio, cnecu, cnecan, ffleran, rhapo brethyn, *N.W: occ:* ffrwtian, tyrfu; **to ~ silently,** *S:* ffleir[i]o, ffleiran.

farter *n. V:* rhechwr (rhechwyr) *m*, *occ:* pwmpiwr (pwmpwyr) *m*, ffleiriwr (ffleirwyr) *m*, ffleiryn *m*.

farther *adv. & a. (comp. of far):* **1.** *adv. (a)* ymhellach; **~ off,** ymhellach draw; **~ on,** ymhellach yml|aen; **nothing is ~ from my thoughts,** 'does dim sy ymhellach o'm meddwl i; *F:* **to wish s.o. ~,** dymuno gweld cefn rhn; **~ back,** ymhellach yn ôl, yn fwy i'r cefn; **~ back than sth,** ymhell cyn rhth, o flaen rhth, yn gynt na rhth. **2.** *a.* pellach; *(of two things):* pellaf, eithaf; **London is ~ than Cardiff,** y mae Llundain yn bellach na Chaerdydd; **at the ~ end of the room,** ym mhen pellaf/eithaf yr ystafell; ym mhen draw'r ystafell.

farthermost *a.* eithaf, pellaf [un], mwyaf anghysbell, pellaf draw.

farthest *a. & adv. (sup. of far):* **1.** *a. (a)* **the ~ [off],** y pellaf [un], yr eithaf; **in ~ Siberia,** ym mhellafoedd Siberia, yn eithafoedd Siberia, ym mhen draw Siberia; *(b) (route &c):* pellaf, meithaf, hwyaf. **2.** *adv.* bellaf.

farthing *n. A: Num:* ffyrlingen (ffyrlingau, ffyrlingod) *f*, ffyrling(-au,-od) *f*, ffardin[g]: ffarddin *mf*, *F: occ:* ffado: ffaden *f*; **(I haven't) a brass ~,** ('does gen i)'r un ffyrling goch ar f'elw; *N.W: occ:* ('does gen i)'r un rabsan, 'r un bacsan beni, 'r un badlan goch, 'r un ffado/ffadan goch, 'r un ddimai goch y delyn, *N.E:* yr un fflipen; **(it doesn't matter) a ~,** (nid yw'n werth) ffyrling, botwm corn, ffeuen *&c*.

farthingale *n. A: Cost:* cylchbais (cylchbeisiau) *f*, peisgylch(-au) *m*, ff|ardingal(-s) *f* (*pronounced* ng-g).

farthingdeal *n. A: Meas:* chwarter (*m*) erw, ff|arddindel (ffarddindelau) *f*.

Farthing's Hook *W.Pl.n.* Clunffwrddin *m*.

farting *a.* rhechlyd, *S:* cneciog, ffleirllyd, ffleiriog.

fartlek *n Sp:* ffartlec *m*.

fasces *n.pl. Rom.Hist:* ffasgau.

fascia *n.* **1.** *Arch:* talaith (taleithiau) *f*, ffasgia (ffasgiâu) *m*, rhimyn(-nau) *m*. **2.** *Anat:* ffasgau *pl*, ffasgwe(-oedd) *f*, gweinwe(-oedd) *f*, ffasgell(-au) *f*. **3.** *Bot: Astr: Conch: Z:* ysnoden(-ni) *f*, gwregys(-au) *m*, ffunen(-nau,-ni) *f*. **4.** *(usu.*

facia): Com: wynebfwrdd (wynebfyrddau) *m.* **5.** *(usu. facia): Aut:* = **dashboard. ~ board** *n. Carp:* astell (*f*) dywydd (estyll tywydd).

fascial *a. Anat:* ffasgweol, ffasgol.

fasciate[d] *a.* **1.** *Bot:* ffasgellog, sypynnog. **2.** *(= striped):* ysnodennog, rhesog.

fasciation *n.* ffasgelliad *m.*

fascicle *n.* **1.** *Bot:* ffasgell(-au,-i) *f*, sypyn(-nau) *m.* **2.** *Bookb:* rhifyn(-nau) *m*, rhan(-nau) *f*, rhan-argraffiad(-au) *m.*

fascicled, fascicular, fasciculate, fasciculated *a.* ffasgellog, sypynnog.

fasciculation *n.* ffasgelliad *m*, sypyniad *m.*

fascicule, fasciculus *n.* = **fascicle.**

fasciitis *n. Med:* llid (*m*) y ffasgell.

fascinate *v.t.* hudo, swyno, cyfareddu, llygad-dynnu, hud-ddenu.

fascinated *a.* astud, dan gyfaredd, wedi'ch cyfareddu.

fascinatedly *adv.* dan gyfaredd *&c*, yn astud, yn llawn diddordeb.

fascinating *a.* **1.** *(= charming):* swynol, cyfareddol, hudol, hudolus, deniadol. **2.** *(= very interesting):* cyfareddol, diddorol iawn.

fascinatingly *adv.* yn gyfareddol *&c.*

fascination *n.* **1.** *(= casting of spell):* cyfareddiad *m*, cyfareddu *vn.* **2.** *(= charm):* cyfaredd(-ion) *f*, swyn(-ion) *m*, hud *m*, hudoliaeth(-au) *f*, atyniad(-au) *m.* **3.** *(= interest):* diddordeb *m* **(with sth,** yn rhth).

fascinator *n.* **1.** cyfareddwr (cyfareddwyr) *m*, swynwr (swynwyr) *m.* **2.** *Cost:* sgarff(-iau) *mf.*

fascine *n. Mil: Civ.E:* ffagod(-au) *f*, ffagoden(-ni,-nau) *f.*

fascioliasis *n. Med:* ffasgioliasis *m*; *Vet:* braenedd *m*, pwd *m.*

fascism *n. Pol:* ffasg[i]aeth *f*, *occ:* ffasistiaeth *f.*

fascist *a. & n. Pol:* **1.** *a.* ffasgaidd, *occ:* ffasistaidd. **2.** *n.* ffasgydd(-ion, ffasgwyr) *m*, ffasgiad (ffasgiaid) *m&f*, *occ:* ffasist (-iaid) *m&f.*

fascistic *a. Pol:* ffasgaidd, *occ:* ffasistaidd.

fascistically *adv. Pol:* yn ffasgaidd *&c.*

fascistization *n.*, **fascistize** *v.t.* ffasgeiddio.

fash *v.t.* **to ~ oneself,** ymdrafferthu, mynd i drafferth, ymboeni.

fashion[1] *n.* **1.** *(= shape, form):* ffurf(-iau) *f*, gwedd(-au) *f*, gwneuthuriad *m*, llun *m*, *occ:* dull *m*; *(of coat &c):* toriad *m*; *(= manner):* dull(-iau) *m*, modd(-au) *m*, ffordd (ffyrdd) *f*, *Lit:* dullwedd(-au) *f*; **in the French ~,** yn y dull Ffrengig; **I love you in my ~,** 'rwy'n dy garu yn fy ffordd fy hun; **after the ~ of s.o.,** yn null rhn; **after a ~,** i ryw raddau, rywsut neu'i gilydd, yn weddol, yn o lew, ryw ffordd; **he did it after a ~,** *N.W:* fe'i gwnaeth o ryw lun; **after this ~,** fel hyn, fel a ganlyn; **after one's usual ~,** yn ôl eich arfer; **in what ~?** [pa] sut? pa fodd? ym mha fodd? *Lit:* **what ~ of man is he?** pa fath ddyn yw ef? **2.** *(= custom):* arfer(-ion) *mf*, arferiad (arferion) *m*, defod(-au) *f.* **3.** *(of clothes &c):* ffasiwn (ffasiynau) *mf*; **in [the] ~,** mewn ffasiwn, yn y ffasiwn, ffasiynol; **out of ~,** hen ffasiwn, allan o'r ffasiwn; **to bring sth into ~,** gwn|eud rhth yn ffasiynol; **to come into ~,** dod yn ffasiwn, dod yn ffasiynol; **to lead/set the ~,** creu'r ffasiwn; **a man of ~,** dyn yn y ffasiwn, dyn trwsiadus. **~-book** *n.* llyfr(-au) (*m*) ffasiynau. **~-conscious** *a.* ffasiyngar (*pronounced.* ng-g), yn dilyn y ffasiwn, effro i'r ffasiwn, ymwybodol o'r ffasiwn. **~ disc** *n.* disg(-iau) (*m*) ffasiwn. **~ house** *n.* tŷ (tai) (*m*) ffasiwn. **~-plate** *n.* **1.** llun(-iau) (*m*) ffasiynau. **2.** *(= elegant person):* dyn(-ion) ffasiynol/trwsiadus/ceinwych *m*, merch(-ed) ffasiynol *&c f*; **she looks like a ~-plate,** mae hi fel pin mewn papur; mae hi'n grand i'w ryfeddu. **~ show** *n.* sioe (*f*) ddillad (sioeau dillad), sioe ffasiynau.

-fashion[2] yn null (rhth); *e.g.* **to move crab-~,** symud yn null cranc, symud fel cranc.

fashion[3] *v.t.* **1.** *(= shape):* ffurfio, llunio, gwn|eud; *(stockings):* cymesuro; *(pottery):* llunio, mo[w]ldio; *(wood):* llunio, caboli, naddu, gweithio, cerfio, saernïo; *(with lathe):* turnio. **2.** *(= adapt):* addasu, cymhwyso.

fashionability *n.* lluniadwyedd *m.*

fashionable *a.* ffasiynol.

fashionableness *n.* ffasiynoldeb *m.*

fashionably *adv.* yn ffasiynol.

fashioned *a.* **1.** *(= shaped):* ffurfiedig, lluniedig; **old-~,** hen ffasiwn; **new-~,** ffasiwn newydd; *(= stockings &c):* cymesur; *(wood &c):* lluniedig, caboledig, cerfiedig, wedi ei naddu/durnio/saernïo. **2.** *(= adapted):* addas, addasedig, cymwys, atebol **(for sth,** i rth).

fashioner *n.* lluniwr (llunwyr) *m*, ll|unwraig (llunwragedd) *f.*

fast[1] *n.* ympryd(-au) *m*; **to break one's ~,** torri ympryd; *(= breakfast):* brecwasta. **~-day** *n.* dydd(-iau) (*m*) ympryd.

fast[2] *v.i.* ymprydio; *Med:* **to be taken fasting,** i'w gymryd ar stumog wag.

fast[3] *a. & adv.* **I.** *a.* **1.** *(a) (= fixed) (knot &c):* tyn[n], sownd, ffest; *(grip, hold):* tyn[n], di-ysgog, di-syfl, cadarn, sicr, diogel, ffest; **(feet) ~ (in the mud),** (traed) yn sownd, wedi eu dal (yn y llaid); **to make a rope ~,** clymu/tynh|au rhaff, rhoi rhaff yn sownd; **to have ~ hold of sth,** dal rhth yn dyn[n], cydio/gafael yn dyn[n] yn rhth, dal craff ar rth; *(friend):* cadarn, dibynadwy, cywir, triw, *N.E:* solat, *S:* piwr; *(b) Nau:* [yn] sownd, ynghl|wm **(in sth,** yn rhth); **to make a boat ~,** clymu/rhoi cwch yn sownd, *F:* gwn|eud cwch yn ffast; *(c) (door &c):* caëedig, yn dyn[n] *&c*; *(d) (colour):* anniflan, safadwy, cadarn, cryf, solet, sy'n dal, parhaol. **2.** *(a) (= rapid):* cyflym (*comp. forms:* cyflymed, cyflymach, cyflymaf), buan (*comp. forms:* cynted, cynt, cyntaf), *S:* clou, clau, *S.E:* rhwydd, *N: F:* sydyn, *N.W: occ:* cwit, *Lit:* chwimwth, chwim, esgud; **(as ~) as light,** (mor gyflym) â mellten [i bren], â'r gwynt; **to make a ~ buck,** troi ceiniog fach sydyn, gwneud/ennill punten sydyn; **~ lane,** lôn gyflym (lonydd cyflym) *f*; *Cmptr:* **~ access storage,** storfa fuangyrch (storf|eydd buangyrch) *f* (*pronounced* ng-g); **he's a ~ worker,** *(with girls):* mae'n un cyflym (gyda merched); **you're a ~ worker!** chollaist ti ddim amser! *(b)* **to pull a ~ one on s.o.,** gwneud rhn dan ei drwyn, *N.W: F: occ:* cael ffatsh ar rn; **that's a ~ one!** dyna dro llwynog! dyna dro gwael/sâl/ffadin/ystumddrwg! **3.** *(clock, watch):* buan, yn ennill, ar y blaen, *M.W: occ:* ffest, *S: occ:* heini[f], *F:* ffast, *N.W: occ:* cwit; **the clock is five minutes ~,** mae'r cloc bum munud yn fuan. **4.** *F: (a) (= loose-living): O:* **the ~ set,** y criw ofer/afradlon/gwyllt *m*; *(b) (= emancipated): Pej:* hoedennaidd, poeth; **she's a ~ girl,** tipyn o hoeden/lances yw hi; un boeth yw honna. **II.** *adv.* **1.** *(= tightly):* yn dyn[n]; **to hold sth ~,** dal rhth yn dyn[n]; *(of thing):* **to hold ~,** dal yn dyn[n]/sownd, glynu/aros yn ei le, peidio â symud; **to stand ~,** gwrthod symud, dal eich tir, peidio ag ildio, sefyll yn eich rhych; **to stick ~,** glynu'n sownd/dyn[n]; **to be tied ~,** bod ynghl|wm **(to sth,** wrth rth); **to sleep ~,** cysgu'n drwm/sownd, *S.W: occ:* cysgu'n holbidág; **eyes shut ~,** llygaid wedi eu cau'n dyn[n]: *F:* **to play ~ and loose (with s.o.),** twyllo (rhn); chwarae'r ffon ddwybig, chwarae bili-ffŵl, chwarae hen rics, *S:* chwarae'r bêr, chwarae whit a whiw, chwarae cilbwti (â rhn); *Prov:* **~ bind, ~ find,** os diogel y gwneir, diogel y ceir. **2.** *(= rapidly):* yn gyflym, yn fuan, *S:* yn glou; **he ate the sandwiches as ~ as she could make them,** bwytâi'r brechdanau cyn gyflymed ag y gallai hi eu torri; **(he ran away) as ~ as he could,** (rhedodd i ffwrdd) nerth ei draed/garnau, *S.W:* (rhedodd bant) fel cath ar dân, yn 'i hyd; **the car went as ~ as possible,** aeth y car nerth ei olwynion; **(to go) ~,** (mynd) ar garlam, fel cath i gythraul, fel cath am lefrith, fel yr andros, fel taranau, fel coblyn, fel mellten [i bren], fel fflam, fel y gwynt, fel chwrli, fel bwgan, fel mwg, fel gwennol y gwehydd, fel slecs, fel sleifars, fel fflamiau, ar sgri wyllt; sgrialu/sgrafangu/taranu mynd *&c*; **it's raining ~,** mae'n bwrw fel o grwc; mae'n arllwys/dymchwel y glaw; *N:* mae'n tresio/stido bwrw *&c*; mae'n pistyllio'r glaw; *S.W:* mae'n ei diwel hi; **not so ~!** ara deg! gan bwyll! dal(-iwch) arni! **3.** *(= close):* **~ by sth,** wrth ymyl rhth, ar bwys rhth, gerll|aw rhth. **~-talk** *v.t. U.S:* perswadio, cocsio.

fastback *n. Aut:* (*)car (ceir) cefnslip/cefnllithrig *m.*

fasten *v.t.&i.* **1.** *v.t. (a)* sicrh|au, tynh|au, *F:* ffasno; rhoi (rhth) yn sownd; *(boat, rope, string):* clymu (rhth) [yn dyn[n], yn sownd]; *(with hook):* bachu (rhth) [yn sownd]; *(with nails):* hoelio; *(with a chain):* cadwyno; *(door):* cau (rhth) [yn dyn[n], yn sownd], bolltio, cloi, cliciedu; *(button, dress):* cau, botymu; *(parcel &c):* clymu, rhwymo (rhth) [yn dyn[n], yn sownd]; *(shoe):* cau, *S.W:* laso; *(zip):* cau; **to ~ sth down,** sicrhau rhth yn ei le; **to ~ two things [together],** cydio dau beth [yn ei gilydd], rhoi dau beth yn sownd [yn ei gilydd]; **to ~ off a thread,** clymu edau; *Carp:* **fastening-screw,** sgriw(-iau) (*f*) sicrh|au; *(b)* **to ~ one's eyes on s.o.,** syllu/craffu ar rn, hoelio'ch sylw ar rn; **to ~ the blame on s.o.,** bwrw'r/dodi'r/rhoi'r bai ar rn; **to ~ a nickname on s.o.,** rhoi llysenw ar rn; **to ~ a crime on s.o.,** cyhuddo rhn o drosedd, beio rhn am drosedd. **2.** *v.i. (a)* cau; **it**

won't ~ properly, wnaiff o ddim cau'n iawn; *N: occ:* mae o'n cau cau; *(b)* cydio, gafael, yn dyn[n] **(onto sth,** yn rhth**)**; **the dog fastened onto his leg,** cydiodd y ci yn dyn[n] yn ei goes; **to ~ upon a pretext,** dal ar esgus.

fastened *a.* **1.** *(zip, button &c):* caeëdig, wedi ei gau/chau; **~ buttons/shoelaces,** botymau/careiau wedi eu cau. **2. ~ (to sth),** rhwymedig, clymedig, wedi ei glymu/chlymu (i/wrth rth); sownd (yn rhth); **a boat ~ to a post,** cwch/bad wedi ei glymu/rwymo i/wrth bostyn.

fastener *n. (in most senses):* caewr (caewyr) *m*, peth(-au) *(m)* cau; *(= hook, of dress, of window):* bachyn (bachau) *m*, bach(-au) *m*; *(= bolt):* ystwffwl (ystyffylau) *m*, bollten(-nau,-ni) *f*, bollt(-[i]au) *mf*, powlten (powltiau) *f*; **corrugated ~,** hoelen rychog *f*; **patent ~, snap-~,** *(of purse, book, glove, dress):* botwm (botymau) *(m)* gwasgu, botwm clec, ffasner(-i) *m*; **press-stud ~,** styden *(f)* wasgu (styds gwasgu); **zip-~,** sip(-iau) *m*, zip(-iau) *m*.

fastening *vn. & n.* **1.** *vn.* = **fasten. 2.** *n. (= fastener):* ffasnin(-au) *m*.

faster *n.* ymprydiwr (ymprydwyr) *m*, ympr|ydwraig (ymprydwragedd) *f*.

fastidious *a.* dicra, mursennaidd, anodd eich plesio, cysetlyd, *Lit:* anhyfodd, cymhengoeg (*pronounced* ng-g), *N: F:* misi, pyticlar.

fastidiously *adv.* yn ddicra *&c.*

fastidiousness *n.* dicräwch *m*, mursendod *m*.

fastigiate *a.* pigfain.

fastigium *n. Med:* anterth(-au) *m*, uchafbwynt(-iau) *m*.

fastness *n.* **1.** *(a) (= rapidity):* cyflymder *m*, cyflymdra *m*, *Lit:* buander *m*, buandra *m*; *(b) (of conduct):* penchwibandod *m*. **2.** *(of stake in ground, colour):* sadrwydd *m*, sefydlogrwydd *m*, cadernid *m*, sowndrwydd *m*. **3.** *(= stronghold):* cadarnle(-oedd) *m*.

fastuous *a.* = **ostentatious, haughty.**

fat[1] *a.* **1.** tew(-ion); *(pers.):* tew, llond eich croen, blonegog, boliog, *S.E: occ:* rhef, *M.W: occ:* symgar; *(cattle):* tew, tewion, pasgedig; **to grow ~,** tewychu, tewh|au, pesgi, mynd yn dew, *F:* twchu, magu bol, magu cest, magu bloneg, *S:* mynd ar led i gyd, *N. W: occ:* plympio; *F:* **~ cat,** *(= wealthy person):* rhn (rhai) blonegog; *(= contributor of funds):* noddwr (noddwyr) *m*, n|oddwraig (noddwragedd) *f*; **a ~ man,** *N: F:* trolyn, torgwd, pathew, pwlffyn, dyn casol, horwth, stwcyn, stowcyn, stordyn, torpwth, straffwch, *S:* stegyn [o ddyn], pwnshyn, stoncyn; **a ~ woman,** *N: F:* trwlen, clompen, croten, cowled, tryndlen, pwlffen, *occ:* mwthlan dew, *S:* sopen, pwnsien, stoncen, stegen, soga, twmpen, clatshen; **as ~ as a pig,** cyn dewed â mochyn/hwch, *S.* tew fel sachabwndi, cyn dewed â'r wadd, *N:* tew fel twrch, *occ:* tew fel bwi. **2.** *(a) (= thick, greasy):* bras (breision); **~ meat,** cig bras *m*, cig gwyn; **~ soil,** pridd bras *m*, pridd cleiog; **~ type,** teip bras/estynedig *m*; **to give a ~ laugh,** chwerthin yn fras; *Aut:* **a ~ spark,** gwreichionen fras *f*; **~ lime,** calch brwd *m*, calch byw; **~ coal,** glo meddal *m*, glo rhwym; *(b) (= fertile, profitable):* bras, cyfoethog, toreithiog; **~ land,** tir bras *m*; *Th:* **a ~ part,** part bras (partiau breision) *m*; **a ~ job,** swydd fras (swyddi breision) *f*; **a ~ salary,** cyflog mawr *m*. **3.** *(= thick):* tew, trwchus, praff (preiffion), *Lit: occ:* ffyrf (*f.* fferf, *pl.* ffyrfion); **a ~ volume,** cyfrol drwchus (cyfrolau trwchus) *f*; **a ~ wallet,** waled lawn/foliog (waledi llawn/boliog) *f*; **a ~ roll of notes,** rholyn *(m)* tew o bapurau punnoedd. **4.** *(= slow-witted, sluggish):* tewdrwm, araf eich meddwl. **5.** *F: Iron:* **a ~ lot of good it will do you!** bach o les wnaiff hynna iti! *F:* **a ~ lot of difference it makes to you!** bach o wahaniaeth yw e gen ti! *F:* **a ~ lot you know about it!** faint/be' wyddost ti amdani? *F:* **~ chance**! go brin! *N.W:* digon o waith! **~-bellied** *a.* boliog, boldew; **a ~-bellied person,** torgwd *m*, horwth *m*; *S.a.* **fat**[1]. **~-head** *n.* **1.** pen *(m)* dafad (pennau defaid), twpsyn(-nod, twpsod, twps) *m*, penbwl (penbyliaid) *m*; *S.a.* **fool**[1]. **2.** *Ich:* pendew(-ion) *m*. **~-headed** *a.* twp, pendew, penbylaidd, pendafadaidd, hurt, hanner-pan *&c*; *S.a.* **foolish, dim. ~-headedly** *adv.* yn dwp *&c.* **~-headedness** *n.* twpdra *m*, hurtwch *m*, penbyll|eidd-dra *m*. **~ hen** *n. Bot: (Chenopodium album):* troed *(m)* yr ŵydd, gŵydd-droed gwyn *m*, tafod *(m)* yr oen, blodau(*pl*)'r domen. **~-tailed** *a.* cynffondew. **~-witted** *a.* = **fat-headed.**

fat[2] *n.* **1.** *(= grease esp. for cooking):* saim (seimiau) *m*, braster(-au) *m*, *S: occ:* sâm *m*; *(esp. of pig, human being):* bloneg *m*; **animal ~,** *(about the entrails):* gwêr *m* [y perfedd], gweren *(f)* fol; **goose-~,** saim gŵydd; *Cu:* **frying ~,** saim ffrio; **waste ~, ~ scraps,** seimiach *pl*, *S:* criwson *pl*; **clarified ~,** saim gloyw/croyw; **a leaf of [pig] ~,** blonegen *f*, *S. W:* siôl *(f)* mochyn; **to put on ~,** ennill pwysau, mynd yn dew, tewh|au, tewychu, twchu, magu bloneg; *(of animal):* pesgi; **you've too much ~,** mae gormod o floneg arnat ti; *F:* **to chew the ~ (with s.o.),** sgwrsio, dal pen rheswm (â rhn); **to shed/lose ~,** colli pwysau/bloneg, teneuo, meinio; **the ~ is in the fire,** fe fydd hi'n helynt 'nawr; mae'r huddygl yn y potes; fe fydd y gwyddau yn y ceirch; *N: F:* mi fydd 'na le rwan. **2.** *(of meat):* meingig gwyn *m* (*pronounced* ng-g), cig gwyn *m*, cig bras, braster *m*; **to live off the ~ of the land,** byw'n fras, byw ar dda'r wlad. **~ body, ~ depot** *n. Biol:* storfa (storf|eydd) *(f)* braster. **~-soluble** *a.* hydawdd mewn braster, braster-hydawdd. **~ store** *n.* = **fat body.**

fat[3] *v.t.&i. Husb:* = **fatten**; *S.a.* **fatted.**

fatal *a.* **1.** *(= inevitable, fated):* tyngedfennol, anochel, anorfod; *(= important):* tyngedfennol, pwysig, tynghedus. **2.** *(= deadly):* angheuol, marwol; *(weakened sense):* **it's ~ to let her near a kitchen,** mae'n beryg bywyd gadael iddi fynd yn agos i gegin; *(= injurious):* andwyol, niweidiol, dinistriol; **a ~ mistake,** camgymeriad dybryd/enbyd *m*; *Cmptr:* **~ error,** gwall(-au) angheuol *m*.

fatalism *n.* **1.** *Phil:* tynghediaeth *f*, tyngedfennaeth *f*. **2.** *F: (in weakened sense):* ffataliaeth *f*.

fatalist *n.* **1.** *Phil:* tyngedfennydd (tyngedfenyddion) *m*. **2.** *(in weakened sense):* ffatalydd(-ion) *m*.

fatalistic *a.* **1.** *Phil:* tyngedfenyddol. **2.** *(in weakened sense):* ffatalaidd.

fatalistically *adv.* yn ffatalaidd *&c.*

fatality *n.* **1.** *(= fate):* ffawd *f*, tynged *f*, yr anochel *m*. **2.** *(= fatal character):* anocheledd *m*, tyngedfenoldeb *m*. **3.** *(= death):* trychineb(-au) *mf*, marwolaeth(-au) *f*, angau *m*; **~ rate,** cyfradd *(f)* marwolaethau; **there were many fatalities,** lladdwyd llawer.

fatally *adv.* **1.** *(= inevitably):* yn anochel. **2.** *(= mortally):* yn angheuol.

fata morgana *n.* ***fata morgana*** *f*.

fatback *n. Cu:* bloneg *(m)* cefn, blonegen *(f)* cefn.

fate[1] *n.* **1.** ffawd *f*, tynged *f*, *occ:* rhan *f*; **the Fates,** y Tynghedau; **(to leave s.o.) to his ~,** (gadael rhn) i'w dynged; **(as sure) as ~,** (cyn sicred) â dim, â'r farn; (mor sicr) â Mawrth yn y Grawys, â bod bara mewn torth; **to decide/fix s.o.'s ~,** pennu tynged rhn; **his ~ was sealed,** 'roedd ei dynged yn anochel; 'roedd ei dynged wedi ei selio. **2.** *(= death):* tranc *m*, angau *m*.

fate[2] *v.t.* tynghedu; **it was fated to be so,** felly y tynghedwyd pethau; *F:* fel'na 'roedd hi i fod; **he was fated to meet her,** 'roedd wedi ei dynghedu i'w chyfarfod hi.

fated *a.* tynghedlon, anochel, anorfod; **ill-~,** anffodus, anffortunus, drwg eich tynged.

fateful *a.* **1.** *(= prophetic):* proffwydol, daroganol. **2.** *(= decisive):* tyngedfennol, tynghedus. **3.** *(= inevitable):* anochel, anorfod.

fatefully *adv.* **1.** yn broffwydol *&c.* **2.** yn dyngedfennol *&c.* **3.** yn anochel *&c.*

fatefulness *n.* tyngedfenoldeb *m*, tynghedusrwydd *m*; *(= inevitability):* anocheledd *m*; **the ~ of the event became clear,** daeth yn eglur mor dyngedfennol oedd y digwyddiad.

father[1] *n.* **1.** tad(-au) *m*; **like a ~,** yn dadol, fel tad; **yes ~,** ie, [fy] nhad; **F~ always used to say. . .,** byddai Tada *or* byddai fy nhad yn arfer dweud. . .; *F:* **to talk to s.o. like a ~,** dweud y drefn yn dadol wrth rn; *Th:* **heavy ~,** tad llawdrwm/gormesol; **the ~ of the family,** penteulu(-oedd) *m*; *Prov:* **the wish is ~ to the thought,** *Prov:* breuddwyd gwrach wrth ei hewyllys; *Prov:* **the child is ~ of/to the man,** yn y cenau mae y cadno; y plentyn yw tad y dyn; **on his ~'s side,** o du ei dad, ar ochr ei dad; *Prov:* **like ~, like son,** fel y tadau y ceir y plant; fel y crafa'r iâr fe biga'r cyw; fel y tad y bydd y mab; fel y bo dyn y bydd ei lwdn; tebyg i hwrdd fydd ei lwdn; mae gwaed y ceiliog yn y cyw; *N: F:* mwnci'i dad, mwnci'i fab; **foster-~,** tad maeth, tadmaeth(-au,-od) *m*, *occ:* maethdad(-au) *m*; **adoptive ~,** tad mabwysiadol, tad trwy fabwysiad; **Fathers' Day,** dydd Sul *(m)* y Tadau; *F:* **there was the ~ and mother of a row,** fe aeth hi'n andros o ffrae; dyna hi'n ffrae enbyd; fe fu'r ffrae fwyaf erioed. **2.** *pl.* **our fathers,** ein cyndadau, ein cyndeidiau; **Land of my Fathers,** Hen Wlad fy Nhadau. **3.** *(= founder, originator):* tad, crëwr (crewyr) *m*, cychwynnydd: cychwynnwr (cychwynwyr) *m*, sefydlydd: sefydlwr (sefydlwyr) *m*; **the Fathers of the Church,** y Tadau Eglwysig; **the Apostolic Fathers,** y Tadau Apostolaidd; **the Desert Fathers,** Tadau'r Diffeithwch; **the Pilgrim Fathers,** y Tadau Pererin. **4.** *Theol:* **God the F~,** Duw Dad. **5.** *Ecc: (a)* **the Holy F~,** y Pab *m*; **~ confessor,** tad gyffeswr (tadau cyffeswyr); *(b) (as priest's title):* **F~ Daniel,** y Tad Daniel; **Right/Most/ Reverend ~ in God,** Hybarch Dad yn Nuw. **6.** *(= senior person):* henuriad (henuriaid) *m*; **the City Fathers,** Henuriaid y Ddinas; **the Village Fathers,** Hynafgwyr y Pentref; *Rom.Hist:* **the Conscript Fathers,** Seneddwyr Rhufain; *Parl:* **F~ of the House,** Tad y Tŷ. **7. F~ Christmas,** Siôn Corn; **F~ Thames,** Hen Afon *(f)* Tafwys; **F~ Time,** yr Hen Ŵr Amser, y Tad Amser; **~-figure** *n.* ffigur (ffigurau) tadol *m*. **~-image** *n.* tad-ddelwedd(-au) *f*. **~-in-law** *n.* tad(-au)-yng-nghyfraith, *A: B:* chwegrwn (chwegryniaid) *m*. **~-lasher** *n. Ich:* llyffant (llyffaint) *(m)* môr, sarff (seirff) *(f)* y môr. **~ tape** *n. Cmptr:* mam-dâp (~-dapiau) *m*.

father² *v.t.* **1.** *(a child):* cenhedlu; *(a project):* creu, dyfeisio, dychmygu, cychwyn. **2.** *(= adopt):* mabwysiadu (rhn), bod yn dad (i rn). **3. to ~ a child/book on s.o. else,** tadogi llyfr/plentyn ar rn arall.

fatherhood *n.* tadolaeth *f*.

fatherland *n.* mamwlad (mamwledydd) *f*.

fatherless *a.* di-dad, heb dad, amddifad [o dad].

fatherlike *a.* tadol.

fatherliness *n.* tadolrwydd *m*, natur dadol *f*, tadoldeb *m*.

fatherly *a. & adv.* **1.** *a.* tadol. **2.** *adv.* yn dadol, fel tad.

fathom¹ *n. Nau:* gwr[h]yd (gwrhydau) *m*.

fathom² *v.t.* **1.** *Nau:* plymio, gwrhydio. **2. to ~ a mystery,** mynd i waelod dirgelwch, ymchwilio/treiddio i ddirgelwch, plymio dirgelwch; **I couldn't ~ his reason,** ni allwn ddeall/amgyffred/ ddirnad ei reswm.

fathomable *a.* dirnadwy, amgyffredadwy.

fathometer *n.* eco-seiniwr (~-seinwyr) *m*.

fathomless *a.* diwaelod, annirnadwy, annirnad, anhreiddiadwy.

fathomlessly *adv.* yn ddiwaelod *&c*.

fathomlessness *n.* diwaelodrwydd *m*, annirnadwyedd *m*, anhreiddiadwyedd *m*.

fatidic[al] *a.* proffwydol, daroganol.

fatigability *n.* lluddedadwyedd *m*.

fatigable *a.* lluddedadwy.

fatigue¹ *n.* **1.** *(a) (= tiredness):* blinder *m*, lludded *m*, llesgedd *m*; **to recover from ~,** bwrw blinder, bwrw blino, bwrw lludded; *(b) Tchn:* **metal ~,** lludded metel; *S.a.* **battle, combat**; *(c) Med: (of muscle):* lludded [cyhyrol]. **2.** *Mil:* dyletswydd(-au) *f*. **3.** *pl.* = **fatigue-dress**. **~-party** *n.* carfan *(f)* ddyletswydd (carfanau dyletswydd). **~-dress** *n.* gwisg *(f)* ddyletswydd (gwisgoedd dyletswydd).

fatigue² *v.t.* **1.** blino, *Lit:* lluddedu. **2.** *Tchn:* lluddedu.

fatigued *a.* blinedig, wedi ymlâdd, *N: F:* wedi hario, *Lit:* lluddedig, blin; **to be/become ~,** blino, ymlâdd, diffygio, *Lit:* lluddedu.

fatiguing *a.* blinderus, blinderog, blin, blinedig.

fatiguingly *adv.* yn flinderus *&c*.

fatling *n. (calf):* llo(-i) pasgedig *m*; *(lamb):* oen (ŵyn) pasgedig *m*; *B:* anifail bras (anifeiliaid breision) *m*.

fatly *adv.* **1.** yn dew *&c*. **2. to laugh ~,** chwerthin yn fras.

fatness *n.* tewder *m*, tewdra *m*, braster *m*.

fatshedera *n. Bot:* ffatshedera(-s) *m*.

fatso *n.* bol mawr *m*, bol uwd; *S.a.* **fatty 2**.

fatstock *n.* da tewion *pl*.

fatted *a. A:* pasgedig.

fatten *v.i.&t.* tewychu, pesgi, *occ:* pwyntio, *Lit:* tewh|au; *S: (pigs):* lardo.

fattener *n.* pesgwr (pesgwyr) *m*.

fattening *a.* **1.** *(food &c):* bras, sy'n tewychu, tewychol, tewhaol, *F:* sy'n eich gwn|eud chi'n dew.

fattiness *n.* brasterogrwydd *m*, braster *m*, bloneg *f*; *S.a.* **fat² 1, 2.**

fattish *a.* tewaidd, gweddol dew, eithaf tew, go dew, pur dew.

fatty *a. & n.* **1.** *a. (a)* bras (breision), seimlyd, brasterog, gwerennog; **~ food,** bwyd bras/seimlyd *m*; *Ch:* **~ acid,** asid brasterog *m*; **poly-unsaturated ~ acid,** asid brasterog aml-annirlawn; **saturated ~ acid,** asid brasterog dirlawn; **unsaturated ~ acid,** asid brasterog annirlawn; **~ marrow,** mêr brasterog *m*; *(b) (tissue &c):* gwyn, blonegog, gwerog; **~ degeneration, ~ heart,** dirywiad brasterog *m*, calon werog *f*. **2.** *n. F:* bol(-iau) mawr *m*; *See* **fat¹**

fatuity *n.* ynfydrwydd *m*, ffolineb *m*, gwiriondeb *m*, hurtrwydd *m*, penwendid *m*, ffwlbri *m*.

fatuous *a.* gwirion, hurt, penwan, ffôl, ynfyd, di-glem, disynnwyr.

fatuously *adv.* yn wirion *&c*.

fatuousness *n.* = **fatuity**.

faubourg *n.* maestref(-i) *f*.

fauces *n. Anat:* argeg *f*, porth *(m)* y llwnc.

faucet *n.* tap(-iau) *m*, *N: occ:* feis(-iau) *f*, dwsel(-au) *m*.

faucial *a. Anat:* argegol.

faugh *int.* pach!

fault¹ *n.* **1.** *(= defect, weakness):* bai (beiau) *m*, diffyg(-ion) *m*, gwendid(-au) *m*, nam(-au) *m*, *N.E: occ:* nag *m*, *N.W: occ:* ffawt(-[i]au) *fm* **(with/in sth,** ar rth); *Prov:* **no one is without his faults,** heb ei fai, heb ei eni; **that's his main ~,** dyna'i brif fai; *S:* mae hwnna'n bechod parod ynddo fe; **to find ~ with s.o.,** beio rhn, gweld bai ar rn, lladd ar rn; **to look for faults,** hel beiau, codi beiau, pigo beiau **(with sth,** yn rhth); **to acknowledge one's faults,** syrthio ar eich bai; **see your own faults first,** *S:* cymer gip dan dy gesail [dy hun]; **to find ~ [in others],** codi brychau, hel beiau, *N. W:* mynd â'ch cyrn o dan bawb, hel bri y naill y llall, clercian, *S.W: occ:* magneitha; **generous to a ~,** rhy hael o'r hanner; **sold with all faults,** gwerthir ar fenter y prynwr; **I can find no ~ in it,** ni welaf i ddim o'i le arno; **there's some ~ (in this machine),** mae rhth yn bod, mae rhth o'i le, mae rhyw gam-hwyl *(f)* (ar y peiriant hwn); **the machine developed a ~,** fe aeth rhth o'i le ar y peiriant. **2.** *(= blame):* bai *m*; **at ~, in ~,** ar fai, yn feius; **whose ~ it it?** ar bwy mae'r bai? bai pwy ydyw? **it is nobody's ~ but your own,** eich bai chi yn unig ydyw. **3.** *Ten:* ffawt; **double ~,** ffawt [d]dwbl; **foot ~,** ffawt troed/droed. **4.** *(a) Ven: (of hounds):* **to bark at ~,** cyfarth ar gam; **to be at ~,** *(= puzzled):* ffwndro, hwntro, drysu; *(b)* **memory at ~,** cof gwallus/ffwndrus, cof ar fai. **5.** *Geol:* ffawt, toriad(-au) *m*; *Min: S:* ffôt (ffotau) *f*, *Min: N.W:* s[g]lont(-iau) *f*; **block ~,** ffawt bloc; **cross ~,** ffawt croes; **oblique ~,** ffawt arosgo; **reverse ~,** ffawt cilwthiol; **shear ~,** ffawt torri; **step ~,** ffawt gris; **strike-slip ~,** ffawt streic-rwyg; **tear ~,** ffawt rhwyg; **thrust ~,** ffawt ymwthiol; **trough ~,** ffawt cafn. **~-finder** *n.* **1.** *(= pers.):* pigwr (pigwyr) *(m)* beiau, beiwr (beiwyr) *m*, un (rhai) am bigo beiau, *N: F: occ:* corniwr (cornwyr) *m*. **2.** *El.E:* synhwyrydd (synwyryddion) *(m)* namau. **~-finding¹** *a.* beirniadol, crachfeirniadol, barnllyd, cysetlyd, *N.W: occ:* beiog. **~-finding²** *vn.* pigo beiau, crachfeirniadu, gweld bai. **~-line** *n.* ffawtlin(-iau) *f*. **~-plane** *n.* plân *(m)* ffawt (planau ffawtiau). **~-rate** *n.* cyfradd *(f)* ddiffygion (cyfraddau diffygion). **~-scarp** *n.* sgarp *(m)* ffawt (sgarpiau ffawtiau). **~-zone** *n.* cylchfa(-oedd) *(f)* ffawtio.

fault² *v.t.* beio (rhn), gweld bai (ar rn); **I can't ~ it,** ni welaf i ddim o'i le arno.

faulted *a. Geol:* toredig, ffawtiedig.

faultily *adv.* yn ddiffygiol, yn anghywir, ar gam, yn wallus, o chwith.

faultiness *n.* **1.** diffygioldeb *m*, anghywirdeb *m*, gwallusrwydd *m*, amherffeithrwydd *m*, gwendid *m*. **2.** *Geol:* natur doredig *f*, toriant *m*.

faulting *n. Geol:* ffawtiad *m*, ymdoriad *m*, ymdorri *vn*.

faultless *a.* di-fai, di-nam, di-fefl, perffaith, cywir; *(= innocent):* dieuog, difeius, diniwed; *Lit:* dinam, difai.

faultlessly *adv.* yn ddi-fai *&c*; **~ (dressed),** (wedi'ch gwisgo) fel pin mewn papur, yn drwsiadus, heb flewyn o'i le.

faultlessness *n.* difeiusrwydd *m*, perffeithrwydd *m*; *(= innocence):* dieuogrwydd *m*, diniweidrwydd *m*.

faulty *a. (work &c):* diffygiol, gwallus, amherffaith, beius, a rhth o'i le arno, a diffyg arno; *(style, reasoning):* anghywir, gwallus; *Gram:* **~ construction,** tor *(m)* cystrawen.

faun *n. Myth:* ellyll(-on) *m*, ffawn(-iaid) *m*.

fauna *n.* milod *pl*, anifeiliaid *pl*, ffawna *pl*; **~ and flora,** ffawna a fflora, anifeiliaid a phlanhigion.

faunal *a.* milodol.

faunist *n.* milodydd(-ion) *m*.

faunistic[al] *a.* milodyddol.

Faustian *a.* Ffawstaidd; **a ~ bargain,** bargen Ffawst.

faute de mieux *adv. & a.* yn niffyg dim gwell.

fauteuil *n.* cadair (cadeiriau) *f*, sedd(-au) *f*.

fauve *n. Art:* ***fauve(-s)*** *m.*

fauvism *n. Art:* ffofyddiaeth *f*.

fauvist *n. Art:* **1.** *n.* ffofydd(-ion) *m.* **2.** *attrib.* ffofyddol.

faux- *Fr.a.* ffug- + *soft mut.*, gau- + *soft mut.* **~ *bonhomme*** *n.* ffug-fonheddwr (~-fonhedwyr) *m*, dyn(-ion) (*m*) gwên-blês, dyn gwên-deg. **~-*bourdon*** *n. Mus:* ***faux-bourdon(-s)*** *m.* **~-*naif*** *a. & n.* **1.** *a.* ffug-ddiniwed. **2.** *n.* rhn (rhai) ffug-ddiniwed. **~ *pas*** *n.* cam gwag (camau gweigion) *m*, camgymeriad(-au) *m*.

fava bean *n.* = **bean (broad).**

favonian *a. Lit:* ffafonaidd.

favour[1] *n.* **1.** *(= approval):* ffafr *f*, cymeradwyaeth *f*, nawdd *m*, cefnogaeth *f*, bri *m*, parch *m*; **to find ~ with s.o., to win/gain s.o.'s ~,** ennill ffafr rhn, ennill bodd rhn, *Lit:* rhyngu bodd rhn; **in ~ (with s.o.),** derbyniol, cymeradwy, da, mewn parch, mewn bri, *N.W: occ:* uchel (gan rn); **to be in ~ (with s.o.)** cael croeso/derbyniad (gan rn), bod yn ffafr (rhn), cael eich ffafrio/cymeradwyo (gan rn); **high in the King's ~,** uchel yn ffafr y Brenin, uchel yng nghyngor y Brenin; **to be restored to ~, to return to ~,** dod yn ôl i fri/ffafr, adennill bri/parch/ffafr; **to look with ~ (on sth),** cymeradwyo, cefnogi, ffafrio (rhth); edrych yn ffafriol (ar rth); **to lose ~, to be out of ~,** colli bri/ffafr, bod/mynd allan o fri, bod/mynd yn amhoblogaidd; *(of style): (also):* bod yn anffasiynol, mynd/bod allan o'r ffasiwn; **to bring sth into ~,** rhoi bri ar rth, creu ffasiwn am rth. **2.** *(= good turn):* cymwynas(-au) *f*, ffafr(-au) *f*, *S: occ:* lwysen *f*; **to ask a ~ of s.o.,** gofyn cymwynas/ffafr gan rn *or* ar law rhn, mynd/dod ar ofyn rhn; **do me the ~ (of accepting this),** byddwch mor garedig, byddwch gystal (â derbyn hwn); **to do s.o. a ~,** gwneud cymwynas â rhn; **he'll always do you a ~,** mae'n gymwynasgar iawn; mae'n barod ei gymwynas; **to curry ~ (with s.o.),** seboni (rhn); cynffonna, cynffonlonni, cwtwslonni (ar rn); crefu ffafr (rhn); mynd i lawes, mynd i fyny llawes (rhn); *Iron:* **do me a ~!** pwy wyt ti'n ei feddwl ydw i? *O: (in letter):* **your ~ of the 15th,** eich llythyr caredig dyddiedig y 15ed. **3.** *(a) (= partiality):* ffafraeth *f*; **to show ~ towards s.o.,** ffafrio/pleidio rhn, ochri [â] rhn, dangos ffafr i rn, derbyn wyneb rhn, dangos wyneb i rn, *A:* derbyn cyflwr/braint rhn; **without fear or ~,** yn ddiduedd, yn ddi-dderbyn-wyneb, heb dderbyn wyneb; **to be in ~ of sth,** bod o blaid rhth, ffafrio/pleidio rhth, ochri [â] rhth; *(b) (= aid):* nawdd *m*, cymorth *m*; **under ~ of night,** dan lenni'r nos. **4.** *prep.phr.* **in ~ of s.o.,** *(= to s.o.'s advantage):* er budd rhn, er lles rhn, er mwyn rhn, er mantais i rn, o blaid rhn, yn ffafr rhn; **to make a will in ~ of s.o.,** gwneud ewyllys o blaid rhn; **to abdicate in ~ of s.o.,** ymddeol o'r orsedd er mwyn rhn; **he had everything in his ~,** 'roedd popeth o'i blaid; 'roedd pob mantais ganddo; **cheques to be drawn in ~ of the treasurer,** dylid ysgrifennu sieciau yn enw'r trysorydd. **5.** *(= rosette, badge, ribbon):* ysnoden(-ni) *f*, r[h]uban(-nau) *m*, lliw(-iau) *m*. **6.** *A: (= permission):* **by your ~,** gyda'ch cennad, gyda'ch caniatâd, os caf ddweud *&c*; **under ~,** os caf ddweud. **7.** *A: (= looks, countenance):* gwedd *f*, golwg *f*, pryd *m*, wynepryd *m*.

favour[2] *v.t.* **1.** *(= approve):* ffafrio, cefnogi, pleidio, cymeradwyo, croesawu, derbyn, bod o blaid (rhn, rhth); **I ~ this idea rather than the others,** gwell gennyf y syniad hwn na'r lleill; **they didn't ~ the idea,** *F:* 'doedd y syniad ddim yn eu taro; **(a place) favoured by visitors,** (lle) hoff gan ymwelwyr, a ddewisir gan ymwelwyr. **2.** *(= oblige with sth):* gwn|eud cymwynas â rhn, rhoddi/caniatáu rhth i rn, breintio rhn â rhth; **to ~ s.o. with an interview,** caniatáu cyfweliad i rn, cytuno i weld rhn; **to be favoured with an order,** derbyn archeb; **to be favoured with a visit from s.o.,** cael y fraint o groesawu [ymweliad] rhn. **3.** *(a) (= treat with partiality):* ffafrio, pleidio, ochri rhn; *(b) (= facilitate, aid):* ffafrio, hwyluso, gwella, hyrwyddo; *(= encourage):* noddi, meithrin, swcro, cefnogi; **a device that favours combustion,** dyfais sy'n hybu tanio. **4.** *(= confirm):* cadarnh|au, cefnogi. **5.** *(= resemble):* tebygu, ymdebygu, bod yn debyg (i rn).

favourable *a.* *(= advantageous):* ffafriol, buddiol, llesol, manteisiol; **~ weather,** tywydd ffafriol/teg; **a ~ reception,** derbyniad gwresog/croesawgar/ffafriol; **~ wind,** gwynt teg/hwylus/ffafriol; **~ prospects,** argoelion addawol/ffafriol; *(= encouraging):* ffafriol, cydsyniol, pleidiol, cefnogol **(to sth,** i rth); **~ terms,** amodau/telerau manteisiol/ffafriol; **a ~ report,** adroddiad ffafriol/cefnogol/cadarnhaol; **he is ~ to the plan,** mae o blaid y cynllun; **to put a ~ construction on sth,** gweld yr ochr orau i rth; **to look on sth with a ~ eye,** edrych yn ffafriol ar rth; **a climate ~ to growing oranges,** hinsawdd addas/gymwys/ffafriol i dyfu orennau.

favourableness *n.* **1.** *(of pers. to idea &c):* ffafrioldeb *m*, pleidioldeb *m*, cefnogaeth *f* **(to sth,** i rth); parodrwydd (*m*) i gefnogi (rhth). **2.** *(of weather, prospects &c):* tegwch *m*, gwychder *m*, ffafrioldeb. **3.** *(of climate &c):* addaster *m*, cymhwyster *m*, mwynder *m*, ffafrioldeb. **4.** *(= convenience):* hwylustod *m*, mantais *f*.

favourably *adv.* yn ffafriol *&c*; **I was ~ impressed,** cefais argraff ffafriol; cefais fy moddio/mhlesio; **to report ~ on sth,** adrodd o blaid rhth; **~ disposed towards sth,** cefnogol/pleidiol i rth, ffafriol i rth, o blaid rhth; *S.a.* **progress[2].**

favoured *a.* **1.** *(= preferred): (a)* dethol, detholedig, dewisol; **a spot ~ by tourists,** llecyn hoff gan ymwelwyr, llecyn a ddewisir/fynychir gan ymwelwyr, y lle gorau gan ymwelwyr; **a little-~ plan,** cynllun heb fawr o gefnogaeth iddo; *(b) (= given [unfair] advantage):* ffafriedig, detholedig, dethol; **the ~ few,** yr ychydig ddetholedigion, yr etholedig rai; **most ~ nation,** gwlad dra-ffafriedig, y wlad fwyaf ffafriedig; *(c) B:* **hail, thou that art highly ~,** henffych well, yr hon a gefaist ras. **2.** *(pers.):* **well-~,** golygus, teg, hardd (heirdd), prydferth, prydweddol; **hard-~, ill-~,** diolwg, hagr, salw, plaen, anhardd, anolygus, anatyniadol.

favourer *n.* ffafriwr (ffafrwyr) *m*, cefnogwr (cefnogwyr) *m*, cefn|ogwraig *f*, pleidiwr (pleidwyr) *m*, pl|eidwraig *f*.

favourite *n. & a.* **1.** *n.* ffefryn(-nau) *m*, *occ:* ffafren *f*, *Lit:* anwylyn (anwyliaid) *m*, hoff ddyn(-ion) *m*, dewisddyn(-ion) *m*; *(thing):* ffefryn, *Lit:* dewisbeth(-au) *m*, prif hoffter(-au) *m*; **to be s.o.'s ~,** bod yn ffefryn gan rn; **this song is my ~,** dyma fy hoff gân; dyma'r gân orau gen i; *(food):* **I've made your ~,** 'rwyf wedi gwneud dy hoff fwyd di; **I brought your favourites,** 'rwyf wedi dod â dy hoff bethau di; **~ child,** bachgen gwyn *m*, bach (*m*) y fam, *S.W:* bach y fam-gu; **he is a universal ~,** mae'n hoff/annwyl/ffefryn gan bawb; *Rac:* **to back the ~,** betio ar y ffefryn. **2.** *a.* hoff *(can precede noun, + soft mut.)*; **my ~ son,** fy hoff fab, y mab gorau gennyf, y mab sydd well/orau gennyf; *Sp:* **~ event,** gornest boblogaidd *f*.

favouritism *n.* ffafr[i]aeth *f*; **to show ~,** rhoi ffafriaeth, *N.W: occ:* gwneud potes o un a chig o'r llall.

favus *n. Med:* ffafws *m*.

Fawkes (Guy) *Pr.n.m.* Guto Ffowc.

fawn[1] *n.* **1.** *Z:* clain (clanedd) *f*, rhydain *f*, llwdn (llydnod) *m*, ewig(-od) *f*, iyrchyn (iyrchod) *m*, iyrchell(-od) *f*, carw ifanc (ceirw ifainc) *m*; **in ~,** *(deer):* torrog, llawn. **2.** *(colour):* melynllwyd (*f. occ:* melenllwyd, *pl.* melynllwydion), llwydfelyn (*f.* llwydfelen, *pl.* llwydfelynion). **~ lily** *n. Bot:* = **violet (dog's tooth).**

fawn[2] *v.ind.t.* **to ~ (upon s.o.),** *(= grovel):* cynffonna, cynffonni, cynffonlonni, cwtwslonni (ar rn); swatio (i rn); ymgreinio (o flaen rhn); *N.E: occ:* rhonellu; *(= flatter):* seboni, gwenieithio (rhn); ffalsio (ar rn); gwerthu sebon/lledod/blawd (i rn).

fawn[3] *v.t.&i.* *(of deer):* llydnu, bwrw llydnod.

fawner *n.* cynffonnwr (cynffonwyr) *m*, cynffonnes (cynffonesau) *f*, cynff|onwraig *f*, cynffongi (cynffongwn) *m* *(pronounced* ng-g), sebonwr (sebonwyr) *m*, seb|onwraig *f*, crafwr (crafwyr) *m*, cr|afwraig *f*, gwenieithiwr (gwenieithwyr) *m*, gwen|ieithwraig *f*, taeog(-ion) *m*.

fawning *a. & vn.* **1.** *a.* gwenieithus, ffals, sebonllyd, cynffonllyd, cynffongar *(pronounced* ng-g), gwasaidd, taeogaidd. **2.** *vn.* cynffoneiddiwch *m*, gwas|eidd-dra *m*, taeogrwydd *m*, cynffongarwch *m* *(pronounced* ng-g); *S.a.* = **fawn[2].**

fawningly *adv.* yn wenieithus *&c*.

fawny *a.* = **fawn[1] 2.**

fax[1] *n.* ffacs(-[i]au) *mf*.

fax[2] *v.t.* ffacsio.

fay *n. & a.* = **fairy.**

faze *v.t.* drysu (rhn); tarfu, mennu (ar rn).

fealty *n.* *(= oath)* llw (*m*) ffyddlondeb, gwrogaeth *f*; *(= allegiance):* teyrngarwch *m* *(pronounced* ng-g).

fear[1] *n.* ofn(-au) *m*, braw(-iau) *m*, dychryn(-iadau,-f|eydd) *m*, arswyd(-au,-ion) *m*, *S:* ofon (ofnau) *m*, *S.W: occ:* bredych *m*, abwth *m*; **to be in ~ of sth,** ofni rhth, arswydo rhag rhth, bod ag ofn rhth; **I was/went/stood in ~ of them,** 'roedd arnaf eu hofn; **to inspire ~ in s.o.,** codi ofn/arswyd ar rn, *S:* hala ofon ar rn; **I was in ~ of/for my life,** 'roedd arnaf ofn am fy mywyd; **to shake with ~,** crynu gan ofn; **for ~ of [making] a mistake,** rhag ofn [gwneud] camgymeriad; **without ~,** diofn, di-ofn, diarswyd, eofn; *S.a.* **favour¹**; **for ~ we should forget,** rhag [ofn] inni anghofio; **for ~ you might not see her,** rhag ofn na welwch mohoni; **to have ~ for s.o., to have ~ for s.o.'s safety,** ofni dros rn; **the ~ of God,** ofn Duw; *F:* **to put the ~ of God into s.o.,** rhoi ofn yr Arglwydd ar rn; *F:* **no ~!** dim peryg! *N:* dim ffiars o beryg! **he was beside himself with ~,** *N.W:* 'roedd arno ofn trwy waed ei galon; 'roedd arno ofn ar ei hyd; *V:* 'roedd arno ofn trwy'i din; *S:* 'roedd llond bola o ofon arno fe; *V:* fe gafodd dwll tin o ofn.

fear² *v.t.&i.* ofni (rhth), arswydo (rhag rhth), bod ag ofn (rhth) [arnoch]; **to ~ for s.o.,** poeni/anesmwytho ynghylch rhn, ofni/pryderu ynghylch rhn; **I ~ it is too late,** mae arnaf ofn ei bod yn rhy hwyr; **I ~ he may fail,** mae arnaf ofn iddo fethu; mae arnaf ofn y gall fethu; **I ~ (I don't know),** mae arnaf ofn, mae'n ddrwg gennyf (na wn i ddim).

fearful *a.* **1.** *(= awful): (a)* ofnadwy, dychrynllyd, arswydus, brawychus, *Lit:* echrydus, erchyll, erch, echryslon; *(b) F:* **a ~ mess,** llanast ofnadwy/enbyd/trybeilig. **2.** *(= afraid):* ofnus, ofnog, dychrynedig, mewn braw, mewn ofn *&c*, llawn dychryn *&c*.

fearfully *adv.* **1.** *(= awfully):* yn ofnadwy *&c*; *F:* **~ rich,** cefnog y tu hwnt, cefnog dros ben, ofnadwy o gefnog. **2.** *(= in fear):* yn ofnus, mewn braw *&c*.

fearfulness *n.* **1.** *(= awfulness):* echryslonrwydd *m*, ofnadwyedd *m*, ofnadwyaeth *f*, erchyllter *m*, erchylltra *m*, natur ofnadwy *&c f.* **2.** *(= fear):* ofnusrwydd *m*, ofn *m*; *See* **fear¹**.

fearless *a.* diofn, di-ofn, diarswyd, di-fraw, difraw, eofn, dewr, gwrol, heb ofn *&c*.

fearlessly *adv.* yn eofn *&c*; heb ofn *&c*.

fearlessness *n.* e[h]ofnder *m*, e[h]ofndra *m*, dewrder *m*, gwroldeb *m*, diffyg *(m)* ofn.

fearsome *a.* arswydus, dychrynllyd, ofnadwy, *Lit:* echryslon, erch, erchyll.

fearsomely *adv.* yn arswydus *&c*.

fearsomeness *n.* echryslonrwydd *m*, ofnadwyedd *m*, ofnadwyaeth *f*; golwg arswydus *(f)* **(of sth,** ar rth); *S.a.* **fearfulness**.

feasibility *n.* posibilrwydd *m*, dichonoldeb *m*, dichonolrwydd *m*, ymarferoldeb *m*, tebygolrwydd *m*. **~ study** *n.* astudiaeth(-au) *(f)* dichonoldeb.

feasible *a.* *(= practicable):* dichonadwy, dichonol, posibl, ymarferol; *Ph:* **basic ~ solution,** datrysiad dichonadwy sylfaenol *m*; *(= likely):* tebygol; *(= convenient):* hwylus; *(= credible):* credadwy.

feasibleness *n.* = **feasibility**.

feasibly *adv.* yn ymarferol *&c*.

feast¹ *n.* **1.** *Ecc: &c:* gŵyl (gwyliau) *f*; *B:* **the F~ of Tabernacles,** Gŵyl y Cynnull, Gŵyl y Pebyll; *Rel:* **the F~ of Lanterns,** Gŵyl y Llusernau; **movable ~,** gŵyl symudol; **immoveable ~,** gŵyl ansymudol; **a solemn ~,** uchelwyl(-iau) *f.* **2.** *(= banquet):* gwledd(-oedd) *f*, gloddest(-au) *f*, *S:* ffest(-au,-i) *f*; **wedding ~,** neithior(-au) *f*, gwledd *(f)* briodas (gwleddoedd priodas); **harvest ~,** swper *(m)* cynhaeaf [gwair/ŷd], *N.W:* boddi *(vn)* cynhaeaf; **enough is as good as a ~,** digon yw digon o fêl; nid da rhy o ddim; nid da gormod o ddim; gormod o ddim nid yw dda. **~-day** *n.* dydd(-iau) *(m)* gŵyl, dygwyl(-iau) *fm*; **~-day and week-day,** gŵyl a gwaith.

feast² *v.i.&t.* **1.** *v.i.* gwledda, gloddesta, *F: occ:* bolera. **2.** *v.t.* **to ~ away the night,** treulio'r nos yn gwledda; **to ~ s.o.,** rhoi gwledd i rn; **to ~ one's eyes on sth,** boddio'ch llygaid ar rth, gwledda â'ch llygaid ar rth.

feaster *n.* gwleddwr (gwleddwyr) *m*, gwl|eddwraig *f*, gloddestwr (gloddestwyr) *m*, glodd|estwraig *f.*

feasting *vn.* = **feast²**.

feat¹ *n.* camp(-au) *f*, gorchest(-ion) *f*, *F:* strocen *f*, strôc *f.*

feat² *a.* *A:* deheuig, dehau, deche, dethe, gwisgi, sionc, heini, medrus.

feather¹ *n.* **1.** pluen (plu) *f*, plufyn (plu, *S.W:* pluf) *m*; **down feathers,** sidanblu, manblu, plucan; *O:* **to show the white ~,** cachgïo, llyfrh|au, llwfrh|au, dangos ofn, eich dangos eich hun yn llwfr, eich dangos eich hun yn gachgi; **to ruffle s.o.'s feathers,** codi gwrychyn rhn, sathru ar gorn rhn, tynnu blewyn o drwyn rhn, pechu yn erbyn rhn; *F:* **you could have knocked me down with a ~!** fe fu bron imi â syrthio/chwympo/llewygu; *N:* roeddwn i wedi synnu ar fy hyd; *S:* roeddwn i wedi synnu ar fy nhraws; *U.S:* **red ~ campaign,** casgliad *m* [at elusen]; **to pluck [off] feathers,** pluo, dibluo; *Prov:* **birds of a ~ flock together,** adar o'r un lliw ehedant i'r un lle; *Prov:* **fine feathers make fine birds,** teg pob hardd; *F:* **that's a ~ in his cap,** dyna bluen yn ei het/gap; dyna glod iddo. **2.** *pl. (on legs of hens, dogs, horses):* bacsiau. **3.** *(of arrow):* asgell (esgyll) *f.* **4.** *Mec.E: Min:* adain (adenydd) *f*, deilen (dail) *f*; **plug and feathers,** plwg ac adenydd, plwg a dail. **5.** *(in gem):* edau (edafedd) *f.* **6.** *Sp:* = **feathering**. **~ bed¹** *n.* **1.** gwely(-au) *(m)* plu. **2.** *U.S: (= sinecure):* segurswydd(-i) *f*, lle(-oedd) braf *m*. **~-bed²** *v.i.&t.*, **~-bedding** *vn.* clustogi, mwytho. **~-brain** *n.* lolyn(-nod) *m*, hurtyn(-nod) *m*, gwirionyn *m*, un (rhai) penwan *&c*; *S.a.* **fool¹**. **~-brained** *a.* penchwiban, dwl, ffôl, hurt, penwan, penysgafn, gwamal; *S.a.* **foolish**. **~ cactus** *n. Bot:* cactws pluog *m*. **~ duster** *n.* brwsh(-is) *(m)* plu, ysgub *(f)* blu (ysgubau plu). **~ duster palm** *n. Bot:* palmwydden bluog (palmwydd pluog) *f*. **~-edge** *n.* min main *m*, min pluen. **~-fern** *n. Bot:* erwaint pluog *pl*. **~-footed** *a. (hen &c):* [â throed] bacsiog. **~-grass** *n. Bot:* pluwellt *m*. **~-head** *n.* = **feather-brain**. **~-headed** *a.* = **feather-brained**. **~-hyacinth** *n. Bot:* pwysi(*m*)'r gog pluog. **~-mite** *n. Ent:* gwiddonyn (gwiddon) *(m)* y plu. **~-moss** *n. Bot: (Hypnum):* plufwsogl *m*, mwsogl pluog. **~-palm** *n. Bot:* palmwydden bluog (palmwydd pluog) *f*, plu-balmwydden (~-balmwydd) *f*. **~-pated** *a.* = **feather-brained**. **~-pink** *n. Bot:* penigan(-au) *m*. **~-stitch¹** *n. Needlew:* pwyth(-au) *(m)* pluen. **~-stitch²** *v.t.* rhoi/dodi pwyth pluen yn rhth. **~-top grass** *n. Bot:* = **bush-grass**. **~-tree** *n. Bot:* coeden bluog (coed pluog) *f*. **~-tuft** *n. Fung:* tusw(-au) *(m)* plu. **~-veined** *a. Bot:* plu-wythiennog. **~-weed** *n. Bot: U.S:* edafeddog bluog *f.*

feather² *v.t.&i.* **1.** *v.t. (a)* pluo, *S.W:* plufio; *F:* **to ~ one's nest,** pluo'ch nyth, elwa, ymelwa, budrelwa, *N: occ:* hel mêl i'r cwch; **to tar and ~ s.o.,** rhoi col-tar a phlu ar rn; *(b) Row:* **to ~ an oar,** pluo/fflatio rhwyf; *(c) Av:* pluo; *(d) (an arrow):* adeinio, asgellu. **2.** *v.i. (a) (of young birds):* magu plu; *(b) Ven: (of hound):* crynu; *(c) (= float):* nofio, ymsymud.

feathered *a.* pluog, *S: occ:* pluf[i]og; *(hens', dogs' and horses' legs):* bacsiog; *(arrow):* asgellog. *Bot:* **~ columbine,** arianllys pluog *m*; *Bot:* **~ gillyflower,** = **feather-pink**.

featheriness *n.* plu[f]ogrwydd *m*; *(= lightness):* ysgafnder *m*.

feathering *vn. & n.* **1.** *vn. Row: &c: See* **feather² 1** *(b)*. **2.** *n. (a) (= plumage):* plu *pl*; *(b) (of arrow):* esgyll *pl*; *(c) (of birds', dogs' and horses' legs):* bacsiau *pl*; *(d) Arch:* ceiliog(-od) *m*.

featherless *a.* heb blu, moel(-ion), noeth(-ion), di-blu.

featherlet *n.* plufyn (plu) *m*.

featherweight *a. & n.* **1.** *a.* ysgafn fel pluen. **2.** *n. Box: (a)* pwysau *(m or pl)* plu; *(b) (boxer):* paffiwr (paffwyr) *(m)* pwysau plu, bocsiwr (bocswyr) *(m)* pwysau plu; *(c)* **~ contest,** gornest *(f)* bwysau plu (gornestau pwysau plu).

feathery *a.* **1.** pluog, *S: occ:* pluf[i]og; *(birds', dogs', horses' legs):* bacsiog. **2.** *Fig:* ysgafn (ysgeifn). **~ star** *n. Z:* seren [fôr] bluog (sêr [môr] pluog) *f*; **rosy ~ star,** *(Antedon bifida):* seren bluog binc (sêr pluog pinc).

featly *a. & adv.* yn ddeheuig *&c*; *See* **feat²**; **to foot it ~,** dawnsio'n ysgafndroed.

feature¹ *n.* **1.** *usu.pl.* **the features,** *(of the face):* wyneb(-au) *m*, wynepryd *m*; pryd *(m)* a gwedd *f* [yr wyneb]. **2.** *(a) (= characteristic):* nodwedd(-ion) *f* **(of sth,** ar rth), *occ:* arwedd(-au,-ion) *f*; *Ph:* **characteristic ~,** arwedd nodweddiadol; **physical ~,** nodwedd gorfforol (nodweddion corfforol); **to be a ~ of sth,** nodweddu rhth; *(b)* **to make a ~ of sth,** rhoi sylw arbennig i rth; *T.V: &c:* **a ~ [progamme],** rhaglen(-ni) *(f)* nodwedd; *Cin:* **B-~,** llun bach (lluniau bychain) *m*. **3.** *(of newspaper &c):* ysgrif(-au) *(f)* nodwedd. **~ card** *n. Lib:* cerdyn (cardiau) *(m)* nodwedd. **~ film** *n.* llun mawr (lluniau mawrion) *m*, prif lun(-iau), prif ffilm(-iau) *f*. **~ heading** *n. Lib:* pennawd (penawdau) *(m)* nodwedd. **features editor** *n. Journ:* golygydd(-ion) *(m)* ysgrifau [nodwedd].

feature² *v.t.&i.* **1.** *v.t.* dangos, portreadu, darlunio, amlygu (rhth); rhoi lle amlwg/blaenllaw (i rth); **a play featuring so-and-so,** drama â hwn-a-hwn yn y brif ran, drama gyda hwn-a-hwn; *Journ:* **to ~ a piece of news,** rhoi lle amlwg i newydd. **2.** *v.i.* ymddangos.

-featured *a.* **fine-~,** prydweddol, golygus; **a rugged-~ man,** dyn garw ei wedd/bryd/wyneb/olwg, dyn garw yr olwg; **a pleasant-~ man,** dyn a golwg ddymunol arno, dyn dymunol ei wedd/bryd.

featureless *a.* dinodwedd, undonog, plaen, unffurf.

featurelessness *n.* undonedd *m*, plaender *m*, plaendra *m*, unffurfedd *m*, unffurfiaeth *f*.

febrific *a.* = **feverish.**

febrifugal *a.* gwrthdwymynol, twymynleddfol.

febrifuge *n. & a.* **1.** *n. Pharm:* gwrthdwymyn(-au) *m*, twymynleddfydd(-ion) *m*. **2.** *a.* = **febrifugal.**

febrile *a.* twymynol, *Lit: occ:* cryd[i]ol; *(= feverish):* a gwres arnoch, gwresog, *N.W: occ:* ffefrus; **~ convulsion,** *F:* cyffylsiwn(-s) (*m*) gwres, ffit (*f*) wres (ffitiau gwres).

febrility *n.* gwres *m*, gwresaint *m*, twymynoldeb *m*.

Febronianism *n. Rel.Hist:* Ffebroniaeth *f*.

February *n.* Chwefror *m*, *occ:* Chwefrol *m*, *F:* y mis bach *m*; **~ fill-dyke,** Chwefror a leinw'r cloddiau. **~ red** *n. Ent:* gwybedyn coch (gwybed cochion) *m*.

fecal *a.* = **faecal.**

feces *n.pl.* = **faeces.**

feckless *a.* di-ddim, didoreth, diafael, diegni, di-fynd, da i ddim, di-sut, di-glem, disyniad, di-lun, llibin, anabal, analluog, diamcan, diffaith, *N.W: occ:* di-gès, *N.E: occ:* di-âm.

fecklessly *adv.* yn ddi-ddim *&c.*

fecklessness *n.* diddimdod *m*, disutrwydd *m*, diglemdod *m*, llibindod *m*, diamcanrwydd *m*, diffyg (*m*) egni, diffeithder *m*, diffeithdra *m*, *S:* didorethrwydd *m*, didoreithiwch *m*.

feculence *n.* **1.** *(= sediment):* gwaddod(-ion) *m*, gwaelodion *pl.* **2.** *(= filth, foulness):* budreddi *m*, budredd *m*, brynti *m*, bryntni *m*.

feculent *a.* **1.** *(= full of sediment):* gwaddodlyd. **2.** *(= foul-smelling):* drewllyd.

fecund *a.* **1.** *(= fertile):* ffrwythlon, epiliog, epilgar, hiliog, cynhyrchiol, toreithiog. **2.** *(= fertilizing):* ffrwythlon, ffrwythlonol.

fecundate *v.t.* ffrwythloni.

fecundation *n.* ffrwythloniad *m*, ffrwythloni *vn.*

fecundity *n.* ffrwythlondeb *m*, ffrwythlonder *m*, ffrwythlonedd *m*, ffrwythlonrwydd *m*, epiliogrwydd *m*, epilgaredd *m*.

fed *a.* **well-~,** porthiannus; **ill-~,** llwglyd. **~ up** *a.* wedi hen flino, wedi hen alaru, *S:* wedi danto (**with sth,** ar rth); wedi cael llond bol/bola (o rth).

fedayeen *n.pl.* herwfilwyr.

federal *a. & n.* **1.** *a.* *(a) Pol: &c:* ff|ederal, *occ:* cyfundodol; **~ court,** llys(-oedd) ffederal *m*; **~ district,** rhanbarth(-au) ffederal *m*; **F~ Reserve Bank,** Banc (*m*) y Gronfa Ffederal; *Econ:* **F~ Reserve System,** Crondrefn Ffederal *f*; *(b) Theol:* cyfamodol; **~ theology,** diwinyddiaeth gyfamodol *f*, diwinyddiaeth y cyfamod. **2.** *n. U.S: Hist:* cyfundebwr (cyfundebwyr) *m*, cyfundodwr (cyfundodwyr) *m*.

federalism *n.* ffederaliaeth *f*, *occ:* cyfundodaeth *f*.

federalist *n. & attrib.* **1.** *n.* ffederalwr: ffederalydd (ffederalwyr) *m*; *S.a.* **federal 2. 2.** *attrib.* ffederalaidd.

federalization *n.*, **federalize** *v.t.* ffederaleiddio, *occ:* cyfundodi.

federally *adv.* yn ff|ederal *&c.*

federate[1] *a.* = **federated.**

federate[2] *v.t.&i.* **1.** *v.t.* cyfuno, cynghreirio, ffedereiddio. **2.** *v.i.* ymgynghreirio, ymgyfuno, ffedereiddio.

federated *a.* cyfundodol, cyfunol, ff|ederal.

federation *n.* ffederasiwn (ffederasiynau) *mf*, cyfundeb(-au) *m*, cynghrair (cynghreiriau) *mf*, undeb(-au) *mf*, cyfundod(-au) *m*.

federative *a.* cyfundodol, cyfunol.

federatively *adv.* yn gyfundodol.

fedora *n. Cost: U.S:* het feddal (hetiau meddal) *f*, ffedora(-s) *f*.

fee[1] *n.* **1.** *(a) Hist: (= fief):* ffi (ffioedd) *f*, tirafael(-ion) *m*, tirddaliad(-au) *m*; **knight's ~,** ffi marchog; *(b) Jur:* **~ farm,** ffi fferm; **~ patent,** ffi batent; **~ simple,** ffi rydd, ffi seml, perch[e]nogaeth gyflawn *f*; **~ simple absolute,** ffi seml absoliwt; **~ tail,** ffi entael, ffi gynffon. **2.** *(= payment):* tâl (taliadau) *m*, ffi (ffioedd) *f*; *Post:* **late ~,** tâl ychwanegol; **retaining ~,** tâl cadw; **search ~,** tâl chwilio.

fee[2] *v.t.* talu, cyflogi, hurio, llogi.

feeble *a.* gwan (gweinion), gwachul, eiddil, gwantan, gwanllyd, egwan, tila, llegach, musgrell, diegni, llesg, *S.W: occ:* diwryg, didla, dila, pilffryn, ffrilaidd, ffril, dichwedd, lleglog, siwrwg; *(light):* gwan, pŵl; *(work):* tila; *(mind):* araf; **a ~ person,** llipryn(-nod) *m*, *S:* ceglyn *m*, ffiblyn *m*, cymhercyn *m*; *F:* **he's a ~ type,** mae o/e fel breuddwyd; mae o/e fel doli glwt; *N:* mae o fel brechdan. **~-minded** *a.* araf/gwan eich meddwl. **~-mindedly** *adv.* yn araf eich meddwl *&c.* **~-mindedness** *n.* gwendid (*m*) meddwl.

feebleness *n.* eiddilwch *m*, gwendid *m*, llesgedd *m*, musgrellni *m*, musgrelli *m*; *(of light):* pylni *m*, gwendid.

feeblish *a.* gwantan *&c*; go wan, braidd yn wan, pur wan, eithaf gwan *&c*; *See* **feeble.**

feebly *adv.* yn wan *&c.*

feed[1] *n.* **1.** *(a) (esp. for an animal):* porthiant *m*, ymborth *m*, lluniaeth *m*, *N:* ebran(-nau) *m*, *S:* gogor(-ion) *f*, bwyd(-ydd) *m*, *F:* ffid(-iau) *f*; *(esp. for calves):* llith *m*, *S.W:* lwtsh *m*; *F:* **he's off his ~,** 'does arno ddim awydd bwyd; 'does ganddo ddim archwaeth; 'does dim chwant bwyd arno; *(of fish):* **on the ~,** yn bwyta; **out at ~,** yn pori; **a ~ of hay for the cattle,** *N:* gosod (*m*) o wair i'r gwartheg; *(b) (= ration):* dogn(-au) *m*; **to give a horse a ~ of oats,** bwydo ceffyl â cheirch, rhoi ei geirch i geffyl; *(c) F: (= meal):* bol[i]aid (boleidiau) *m*, llond (*m*) bol[a], sgram(-s) *f*, ffiden *f*, ffid(-iau) *f*, *N.W: occ:* crylaid (cryleidiau) *m*, llond cetog, llond ceubal, llond cratsh; **to have a good ~,** bwyta llond eich bol[a], bwyta'ch gwala [a'ch gweddill]. **2.** *Tchn: (a) (of boiler, machine &c):* porthiant, *F:* ffid; **automatic ~,** porthiant awtomatig; **climbing ~,** porthiant dringol; **conventional ~,** porthiant confensiynol; **gravity ~,** porthiant disgynnol, porthiant pwysau; **intermittent ~,** porthiant ysbeidiol; **pump ~,** porthiant pwmpio/pwmpiedig; **forced ~, pressure ~,** porthiant dan bwysau; **sensitive ~,** porthiant sensitif; *(b) (= pipe):* pibell (*f*) borthi (pibelli porthi); *(c) (of machine-tool):* blaensymudiad *m*, blaensymudydd(-ion) *m*; *(d) Cmptr:* porthwr (porthwyr) *m*; **form-~,** dalen-borthwr (~-borthwyr) *m*, porthwr dalennau; **line-~,** llin-borthwr (~-borthwyr) *m*; *(e) Econ:* **stock ~,** stoclif *m*. **3.** *Th:* porthwr (porthwyr) *m*. **~-dog** *n. Needlew:* ffidiwr (ffidwyr) *m*. **~-holes** *n.pl. Cmptr:* tyllau porthi. **~-pipe** *n.* pibell (*f*) borthi (pibelli porthi). **~-shaft** *n.* siafft (*f*) borthi (siafftiau porthi). **~-tank** *n. Rail:* tanc(-iau) (*m*) dŵr; *I.C.E:* tanc porthi, seston(-au) *f*. **~-wire** *n. El.E:* gwifren (*f*) borthi (gwifrau porthi). *S.a.* **bar[1]**.

feed[2] *v.t.&i.* I. *v.t.* **1.** *(a)* bwydo, *occ:* porthi, diwallu; **(to ~ s.o.) on/with sth,** (bwydo rhn) ar rth, â rhth; **to ~ an animal,** porthi/llithio anifail, rhoi llith i anifail; **to ~ a calf with milk,** *S:* llaetho llo, **he feeds himself pretty well,** *S: Iron:* mae e'n ei seimo'i hunan yn lled dda; *N:* mae o'n hel am ei fol; *(b)* **a field that feeds three cows,** porfa ddigon i dair buwch, cae â lle i dair buwch bori; *(c)* **to ~ a pig up,** pesgi mochyn; *(d)* **to ~ information back,** anfon gwybodaeth yn ôl, *occ:* atborthi gwybodaeth. **2. to ~ a machine,** porthi, cyflenwi, bwydo peiriant (**with sth,** â rhth); *(a furnace):* llwytho, llenwi, porthi; *Mec.E:* **to ~ the tool to the work,** symud y teclyn at y gwaith; *Fb:* **to ~ the forwards,** porthi'r blaenwyr, pasio'r bêl i'r blaenwyr; *Th:* **to ~ an actor,** porthi actor. II. *v.i.* bwyta; **to ~ upon sth,** ymborthi ar rth, bwyta rhth; *(of animal):* **to ~ out of s.o.'s hand,** bwyta o law rhn. **~ up** *v.t.* **1.** *(an animal):* pesgi. **2.** *F:* **I'm fed up,** 'rwyf wedi cael hen ddigon; 'rwyf wedi cael llond bol[a]; 'rwyf wedi hen alaru/syrffedu; 'rwyf wedi diflasu'n llwyr; *S:* 'does dim hwyl ci arna' i; 'rw' i wedi danto'n lân; **to get fed up (with sth),** blino, diflasu, alaru, syrffedu (ar rth); cael llond bol (o rth); *S:* danto, cael cas (ar rth); penddaru; *N.W: occ:* mynd yn sowldiwr. **~-back[1]** *n. (in technical senses):* adlif(-oedd) *m*, atborth(-ion) *m*, atborthiant *m*; *(= reaction):* adwaith *m*, ymateb *m*; *(from microphone):* atsain *f*, gwich *f*. **~ back[2]** *v.t.* atborthi (rhth), porthi (rhth) yn ei ôl; *T.V: (audio):* atseinio, gwichian, amlseinio; *(video):* aml-lunio.

feeder *n.* **1.** *(a) Husb: (of animals):* porthwr (porthwyr) *m*; *(b)* = **eater**; **a heavy ~,** bwytäwr (bwytawyr) mawr *m*, un bwyt|eig/barus/gwancus/glwth, bolgi (bolgwn) *m*, bolerwr (bolerwyr) *m*, un am ei fol (rhai am eu boliau). **2.** *(a) (= bib):* brat(-iau) (*m*) bwyd, bib(-iau) *mf*; *(b) (= bottle):* potel *f* [fwydo] (poteli [bwydo]). **3.** *Hyd.E: (= stream):* rhagnant (rhagnentydd) *f*; *(of canal):* ffos (*f*) borthi/gyflenwi (ffosydd porthi/cyflenwi); *(of motorway &c):* ffordd (*f*) gyswllt (ffyrdd cyswllt); *(of*

railway): cangen (canghennau) *f.* **4.** *Ind:* **mechanical ~,** porthwr peiriannol, llwythwr (llwythwyr) *m*; *(= hopper):* hopren(-nau) *mf.* **~ cable** *n. El.E:* cebl(-au) (*m*) cyflenwi/porthi.
feedhead *n. Plumb:* seston(-au) *f.*
feeding *vn.* **1.** bwydo, porthi, ymborthi; **demand ~,** bwydo ar alw; **mixed ~,** bwydo cymysg; **prop ~,** bwydo ar eistedd. **2.** *(of boiler &c):* porthiant *m*, cyflenwad *m*; *Mec.E: (of work to machine-tool):* symudiad *m*, blaensymudiad *m.* **~-bottle** *n.* potel (*f*) fwydo (poteli bwydo). **~-cup** *n.* cwpan(-au) (*m*) bwydo, cwpan (*f*) fwydo (cwpanau bwydo). **~-time** *n.* amser (*m*) bwydo, adeg (*f*) fwydo (adegau bwydo).
feedlot *n.* man(-nau) (*m*) bwydo.
feedstock *n. Ind:* defnydd crai *m*, porthiant *m.*
feedstuff *n.* bwyd(-ydd) *m*, porthiant *m.*
feel[1] *n.* **1.** *(= sense of touch):* cyffyrddiad *m*; **sth rough to the ~,** rhth garw i'w gyffwrdd *or* i'r cyffyrddiad; **2.** *(= sensation imparted by sth):* teimlad *m*; **to know sth by the ~ [of it],** adnabod rhth wrth ei deimlad/deimlo; **to get the ~ of the house,** teimlo naws (*f*) y tŷ, teimlo awyrgylch (*m*) y tŷ; **to get the ~ (of sth),** dod yn gyfarwydd, ymgyfarwyddo (â rhth); dod i adnabod (rhth); dod i gartrefu/arfer (â rhth).
feel[2] *v.t.&i.* **1.** *(a) v.t. (= touch):* teimlo (rhth), cyffwrdd (â rhth), *occ:* byseddu (rhth); **to ~ (a material),** byseddu, bodio, *S:* swmpo (deunydd); *(b) v.t.&i.* **to ~ [about] (for sth), to ~ (after sth),** chwilota, palfalu, ymbalfalu (am rth); **to ~ about in the dark,** ymbalfalu yn y tywyllwch; **to ~ one's way,** teimlo'ch ffordd, ymbalfalu am eich ffordd, ymbalfalu'ch ffordd; **to ~ in one's pockets for sth,** chwilota trwy'ch pocedi am rth; *V:* **to ~ a girl up,** byseddu merch, *S.W:* twro merch, *N: occ:* mela (= ymhel â) merch. **2.** *v.t. (= sense):* teimlo, clywed, synhwyro; **I felt the floor tremble,** teimlais/clywais y llawr yn crynu; **to ~ sth keenly,** teimlo rhth i'r byw; **I felt an urge to go there,** daeth arnaf awydd mynd yno; **to ~ the effect of sth,** clywed effaith rhth, gwybod/clywed oddi wrth rth; **the effect will be felt,** fe glywir yr effaith; **~ the weight of this,** clywch/teimlwch bwysau hwn; **to ~ the cold,** teimlo'r oerfel, bod yn rhynllyd, bod yn driglyd; **to ~ the draught,** *Fig:* ei chlywed hi'n fain [arnoch], ei chael hi'n fain; **to make one's authority felt,** peri teimlo'ch awdurdod; **to ~ an interest (towards/in s.o.),** ymddiddori yn rhn, teimlo diddordeb (yn rhn); **I felt for him,** 'roeddwn yn teimlo drosto; *V:* **to ~ one's oats,** clywed oglau/blas ar eich dŵr; **to ~ for/with s.o. (in his sorrow),** cydymdeimlo â rhn, teimlo dros rn (yn ei loes); **I ~ I shall succeed,** mae gennyf deimlad y llwyddaf; 'rwy'n teimlo y llwyddaf; **I felt it necessary to interfere,** bernais fod rhaid ymyrryd; *Nau:* **the ship feels her helm,** mae'r llong yn ateb y llyw. **3.** *v.i. (of pers.):* **to ~ cold,** teimlo'n oer, rhynnu, ei chlywed hi'n oer, *N: F:* starfio, *S.W:* sythu; *(of thg):* teimlo'n oer; **to ~ ill,** *N:* teimlo'n wael/sâl, cwyno, *S.W:* teimlo'n anhwylus, teimlo'n dost; **to ~ all the better for sth,** teimlo'n well oherwydd rhth *or* ar ôl rhth; **he doesn't ~ quite himself,** nid yw'n teimlo'n iawn/dda; mae'n teimlo'n bethma/bechingalw (*pronounced* ng-g); mae'n teimlo'n ddi-hwyl; nid yw mewn hwyliau da; **to ~ up to [doing] sth,** teimlo'n barod/alluog/abl i wneud rhth, bod mewn hwyliau i wneud rhth; **I ~ as if I were dreaming,** 'rwyf [yn teimlo] fel petawn yn breuddwydio; 'rwy'n teimlo fy mod yn breuddwydio; **to ~ like doing sth,** cael/clywed/teimlo awydd gwneud rhth, bod mewn hwyliau i wneud rhth; *Anglicism:* teimlo fel gwneud rhth; **if you ~ like it,** os teimlwch/clywch ar eich calon [yr hoffech ei wneud]; os teimlwch felly, os teimlwch yr awydd; **to ~ at a loss,** teimlo'n chwith; **do you ~ like some cheese?** gymerwch chi dipyn o gaws? **I ~ like a cup of tea,** mi hoffwn i gwpaned/ddishgled o de; fe fyddai'n dda gen i gael cwpaned/dishgled o de; fe fyddai cwpaned/dishgled o de yn dderbyniol iawn; **I didn't ~ much like going,** *N:* 'doedd arna' i fawr o daro mynd. **4.** *v.i.* **to ~ hard/soft,** teimlo'n galed/feddal; **the room feels cosy,** mae'r ystafell i'w chlywed yn glyd; mae'r ystafell i'w theimlo'n glyd; **it feels like a swelling,** mae'n teimlo fel chwydd.
feeler *n.* **1.** *(of insect &c):* teimlydd(-ion) *m*, teimlyr(-au) *m*; *(of snail):* corn (cyrn) *m*; *(of cat &c):* blewyn (blew) *m*; *(of octopus &c):* braich (breichiau) *f.* **2. to put/throw out feelers,** gweld sut mae'r gwynt yn chwythu, teimlo'r dŵr, mentro [gwn|eud] awgrym, cynnig awgrym, taro'r post i'r pared glywed, rhoi cic i'r post i'r llidiard glywed. **3.** *Mec.E:* (*)llafn(-au) (*m*) mesur trwch; **set of feelers,** medrydd(-ion) (*m*) trwch, llafnau (*pl*) mesur trwch. **~ gauge** *n.* = **set of feelers.**
feeling[1] *a.* teimladwy, teimladol, llawn teimlad, emosiynol, dwys, angerddol, gwresog, llawn cynnwrf; *(= sympathetic):* cydymdeimladol, llawn cydymdeimlad.
feeling[2] *n.* **1.** *(= action):* cyffyrddiad *m*, byseddiad *m*; *vn.* = **feel**[2]. **2.** *(= sense of touch):* cyffyrddiad. **3.** *(a) (= sensation, emotion):* teimlad(-au) *m*, ymdeimlad(-au) *m*, synhwyriad (synwyriadau) *m*; **to have no feelings,** bod yn ddideimlad, bod heb deimladau; **(to speak) with ~,** (siarad) yn wresog, â theimlad, ag angerdd, yn deimladol, yn ddwys, yn angerddol; **to have no ~ in one's arm,** bod heb deimlad yn eich braich; **to have kindly feelings towards s.o.,** teimlo'n garedig tuag at rn; **intense ~,** angerdd *m*, dwysdeimlad(-au) *m*; **the ~ of the meeting,** teimlad y cyfarfod, barn (*f*) y cyfarfod; **public ~,** barn y bobl, barn y wlad, y farn gyhoeddus; **~ is running very high on the subject,** mae cryn deimlad/gynnwrf ynghylch y peth; mae teimladau cryfion ynghylch y peth; **feelings ran high that night,** fe aeth hi'n wyllt y noson honno; **class ~,** teyrngarwch (*m*) dosbarth; **no hard feelings!** dim dicach! *(b) (= sensitivity):* teimlad (**for sth,** at rth); ymdeimlad *m*, cydymdeimlad (â rhth); **to have a ~ for nature,** ymdeimlo â natur; **to have a ~ for music,** gwerthfawrogi cerddoriaeth, ymdeimlo â cherddoriaeth.
feelingly *adv.* yn deimladol, â chydymdeimlad, yn gydymdeimladol, yn ddwys, yn angerddol, gydag angerdd.
feelingness *n.* teimlad *m*, angerdd *m*, angerddoldeb *m*, teimladrwydd *m.*
feet *n.pl. See* **foot**; **~ first** *adv.* a'ch traed yn gyntaf, wysg eich traed, *occ:* gerfydd eich traed.
feign *v.t.&i.* **1.** *v.t.* cogio, smalio, ffugio, esgus, honni; **to ~ surprise,** smalio syndod, cogio cael eich synnu, cymryd arnoch gael eich synnu; **to ~ death,** cogio bod yn farw; **to ~ ignorance,** ffugio/cogio anwybodaeth, *N: occ:* taflu dieithr, bwrw dieithr, peidio â chymryd arnoch. **2.** *v.i.* **to ~ sick,** cogio/smalio gwaeledd, cogio/smalio bod yn wael.
feigned *a.* ffug, ffugiol, honedig, *N: F:* cogio bach, smalio bach; *(= imaginary):* dychmygol.
feigner *n.* cogiwr (cogwyr) *m*, c|ogwraig *f*, smaliwr (smalwyr) *m*, sm|alwraig *f*, ffugiwr (ffugwyr) *m*, ff|ugwraig (ffugwragedd) *f.*
feigning *vn.* ffug *m*, ffuant *m*, twyll *m*, rhagrith *m*; *S.a.* **feign.**
feint[1] *n.* **1.** ymosodiad(-au) ffug *m*, esgus (*m*) ymosod; *Fenc:* **~ of disengagement,** datgyweddiad(-au) ffug *m.* **2. to make a ~ of doing sth,** cogio/smalio/ffugio/esgus gwneud rhth.
feint[2] *v.i.* esgus ymosod, ffugio/esgus [ymosod, ymosodiad] (**at/upon/against s.o.,** ar rn).
feint[3] *a. & adv. Com:* ysgafn (ysgeifn); **paper with ~ lines, ~-ruled paper,** papur â llinellau ysgafn/ysgeifn.
feistily *adv. U.S: F:* yn ewn *&c.*
feistiness *n. U.S: F:* e[h]ofnder *m*, e[h]ofndra *m*, talogrwydd *m.*
feisty *a. U.S: F:* ewn, talog.
felafel *n. Cu:* ffelaffel(-s,-au) *m.*
feldspar *n. Miner:* ffelsbar *m.*
feldspathic *a. Miner:* ffelsbathig.
Félibre *n. Lit.Hist:* ***Félibre(-s)*** *m&f.*
Felibrism *n. Lit. Hist:* Ffelibr[i]aeth *f.*
felicific *a. Phil:* dedwyddol, llawenychol.
felicitate *v.t.* llongyfarch (*pronounced* ng-g).
felicitations *n.pl.* llongyfarchion, llongyfarchiadau (*both pronounced* ng-g).
felicitator *n.* llongyfarchwr (llongyfarchwyr) *m* (*pronounced* ng-g).
felicitous *a.* cymwys, addas, priodol, ffodus; sy'n taro i'r dim.
felicitously *adv.* yn gymwys *&c*; i'r dim.
felicitousness *n.* priodoldeb *m*, addasrwydd *m*, addaster *m*, ffodusrwydd *m*, cymhwyster *m.*
felicity *n.* **1.** *(= happiness):* dedwyddwch *m*, dedwyddyd *m*, gwynfyd *m*, llawenydd *m*, ffodusrwydd *m.* **2.** *(of phrase &c):* addasrwydd *m*, addaster *m*, cymhwyster *m*, priodoldeb *m.*
felid *a. Z:* cathfilaidd.
felidae *n.pl. Z:* y cathfilod.
feline *a. & n. Z:* **1.** *a.* cathaidd, [fel] cath, [fel] cathod; **~ distemper,** distempr (*m*) cathod. **2.** *n.* cath(-od) *f.*
felinely *adv. Z:* yn gathaidd, fel cath *&c.*
felinity *n. Z:* catheiddiwch *m*, cath|eidd-dra *m*, natur (*f*) cath.

fell[1] *n.* **1.** *(= fur, hide):* croen (crwyn) *m.* **2.** *(= fleece):* cnu (cnufiau) *m*, cnuf(-iau) *m.*

fell[2] *n.* **1.** *(= moorland):* gwaun (gweunydd) *f*, rhos(-ydd) *f*, ffridd(-oedd) *f*, rhostir(-oedd) *m*, gweundir(-oedd) *m*, myn|ydd-dir (mynydd-diroedd) *m.* **2.** *A: (= hill):* bryn(-iau) *m*, clogwyn(-i) *m.*

fell[3] *v.t.* **1.** *(a) (an opponent, ox &c):* llorio; *(b)* **to ~ a tree,** cymynu coeden, torri coeden [i lawr], *occ:* disgyn/cwympo coeden, *S:* towlu coeden. **2.** *Needlew:* **to ~ a seam,** fflatio gwnïad.

fell[4] *a. Lit: (= fierce, cruel):* ffyrnig, creulon, cas, ysgeler, enbyd, adwythig, mall; **at one ~ swoop,** ar un tro, ag un ergyd, ag un ddyrnod, dan un.

fell[5] *v. See* **fall**[2].

fellable *a.* cwympadwy.

fellah *n.* **1.** *(= Arab peasant):* gwladwr (gwladwyr) *m*, gwerinwr (gwerinwyr) *m.* **2.** = **fellow.**

fellate *v.t.*, **fellatio[n]** *n.* sugno cala, calsugnu.

fellator *n.* calsugnwr (calsugnwyr) *m.*

fellatrix *n.f.* cals|ugnwraig (calsugnwragedd).

felled *a.* **1.** *(tree):* cwympedig. **2.** *Needlew:* gorweddol, fflat, ffel; **~ seam,** gwnïad ffel, sêm ffel.

feller *n.* **1.** cymynwr (cymwynwyr) *m*, cymynydd(-ion) *m*, cwympwr (cwympwyr) *(m)* coed. **2.** *F:* **young ~-me-lad,** llanc(-iau) mawr *m*; **come here, young ~-me-lad,** tyrd yma 'ngwas [bach] i; tyrd yma 'machgen glân i; *S:* dere 'ma gw' boi.

felling *vn.* cymyn[i]ad *m*; **tree-~,** cwympo/torri coed; *S.a.* **fell**[3]. **~-axe** *n.* cymynai (cymyneion) *f*, cymynen(-nau) *f*, bwyell *(f)* dorri coed (bwyelli/bwyeill torri coed).

fellmonger *n.* crwynwr (crwynwyr) *m*, barcer(-iaid) *m*, lledrwr (lledrwyr) *m*, cwriwr (cwrwyr) *m.*

fellmongering, fellmongery *n.* crwynwriaeth *f*, barceriaeth *f*, crefft *(f)* y crwynwr *&c.*

fellness *n.* ffyrnigrwydd *m*, creulonder *m*, enbydrwydd *m*, ysgelerder *m.*

felloe *n. N:* camog(-au) *f*, *S:* cwrbyn (cwrbiau) *m*, cwrb (cyrbau) *m*, cwrp(-au) *m*, cwrpin (cwrpau) *m*; **to fit felloes,** *S:* cwrbo, cyrbo, *N. W:* cylchio.

fellow *n.* **1.** *(= companion):* cymar (cymheiriaid) *m&f*, cymhares (cymaresau) *f*, cydymaith (cymdeithion) *m*, cymrawd (cymrodyr) *m*, partner(-iaid) *m*, partneres(-au) *f*; *(in compound nouns):* cyd[-] + *soft mut., e.g.* **~-sufferer,** cyd-ddioddefwr (~-ddioddefwyr) *m*; **~-being, ~-man,** c|yd-ddyn (cyd-ddynion) *m*; **~-feeling,** cydymdeimlad *m*; **~-countryman,** cydwladwr (cydwladwyr) *m*; **~-Welshman,** cyd-Gymro (~-Gymry) *m*; **~-servant,** cydwasanaethwr (cydwasanaethwyr) *m*, cydwasanaethyddes(-au) *f*; **~-student,** cydfyfyriwr (cydfyfyrwyr) *m*, cydfyf|yrwraig (cydfyfyrwragedd) *f*; **~-worker,** cydweithiwr (cydweithwyr) *m*, cydw|eithwraig (cydweithwragedd) *f.* **2.** *(= counterpart, match): (of pers.):* cymar, cymhares, y llall *mf*, yr un arall *mf*, eich tebyg *m*; *(of thing):* partner, partneres, y llall, yr un arall; *(= contemporary):* cyfoeswr (cyfoeswyr) *m*, cyf|oeswraig *f*; *(in age):* cyfoed(-ion) *m.* **3.** *Sch:* cymrawd (cymrodyr) *m.* **4.** *F: (= man, boy):* bachgen (bechgyn) *m*, creadur(-iaid) *m*, creadures *f*, boi(-s) *m*, cono(-s) *m*, pegor(-s,-iaid) *m*, *N. W: occ:* co (cofis) *m*, cofi(-s) *m*, *S:* bachan *m*, ffelo(-s) *m*; **an old ~,** *N:* hen begor, hen greadur, hen gono, *S. W:* clerchyn *m*; **poor ~!** druan ag ef! druan ohono! *S:* pŵr dab! pŵr ffelo! **my dear ~, my good ~,** gyfaill annwyl, ddyn glân; **(come on) old ~,** (tyrd) yr hen goes, *N. W:* yr hen gâr, yr hen law; **a nice old ~,** hen fachgen/greadur annwyl, hen begor hoffus; **he's a queer ~,** *N:* hen gono rhyfedd ydi o; *S:* bachan broc yw e; **he's a good ~,** *N:* hen foi clên/iawn ydi o; *occ:* hogyn nobl/clyfar ydi o; *S:* bachan piwr yw e; **stout ~!** da ti! da chi! da was! **a good-for-nothing ~,** creadur diffaith, creadur da-i-ddim, *S:* pwdryn (-nod, pwdrod) *m*; *O:* **why can't you let a ~ alone!** pam na adewch chi lonydd i ddyn/rywun? **a ~ doesn't like being treated like that,** 'does neb yn hoffi cael ei drin fel yna. **~-my-lad** *n. usu.int.* **young ~-my-lad,** 'ngwas [bach] i. **~-traveller** *n. Pol:* cyd-deithiwr (~-deithwyr) *m*, cydfforddolyn (cydfforddolion) *m.* **~-travelling**[1] *a.* cyd-deithiol. **~-travelling**[2] *vn.* cyd-deithio.

fellowly *a. & adv.* **1.** *a.* cymdeithasgar, *occ:* cwmnigar. **2.** *adv.* yn gymdeithasgar.

fellowship *n.* **1.** *(= camaraderie):* cyfeillach *f*, cymdeithas *f*, cwmni *m*, cwmnïaeth *f.* **2.** *(= association, fraternity):* cymdeithas(-au) *f*, brawdoliaeth(-au) *f*; **F~ of Reconciliation,** Cymdeithas y Cymod. **3.** *Sch:* cymrodoriaeth(-au) *f.*

felly *n.* = **felloe.**

felo de se *n.* **1.** *(pers.):* hunanleiddiad (hunanleiddiaid) *m&f.* **2.** *(crime):* hunanladdiad(-au) *m.*

felon[1] *n.* ffelwn: ffelon(-iaid) *m.*

felon[2] *n.* = **whitlow.**

felonious *a.* troseddol, ffelwniaethus, ffelonaidd.

feloniously *adv.* yn droseddol *&c.*

feloniousness *n.* troseddoldeb *m.*

felonry *n. Coll:* troseddwyr *pl*, ffelwniaid: ffeloniaid *pl.*

felonwort *n. Bot:* = **bittersweet, celandine (greater), herb Robert.**

felony *n.* trosedd(-au) *m*; *Jur:* ffelwniaeth: ffeloniaeth(-au) *f.*

felsenmeer *n. Geog:* ff|elsenmer *m*, cludair (cludeiriau) *f.*

felsite *n. Miner:* ffelsit *m.*

felsitic *a. Miner:* ffelsitaidd.

felspar *n.* = **feldspar.**

felt[1] *n.* ffelt *m*, *A:* brethyn llawban *m*; **a maker of ~ hats,** ffèltiwr (ffeltwyr) *m*; **roofing-~,** ffelt toi; **~ pen** *n.* pin(-nau) *(m)* [blaen] ffelt, ysgrifbin(-nau) *(m)* blaen felt. **~-tip** *n. (i)* blaen *(m)* ffelt; *(ii)* = **felt pen. ~-work** *n.* ffeltwaith *m*, gwaith *(m)* ffelt.

felt[2] *v.t.&i.* ffeltio.

felt[3] *p.p. See* **feel**[2]; **a deeply-~ emotion,** teimlad angerddol, teimlad dwys. teimlad dwfn ei wreiddiau; **a long-~ lack,** diffyg y buwyd yn ymwybodol ohono ers tro, diffyg a deimlwyd ers tro.

felted *a.* ffeltiog.

felting *n. & vn.* **1.** *n.* ffeltin *m.* **2.** *vn.* ffeltio.

felucca *n. Nau:* ffelwca(-s) *f.*

felwort *n. Bot:* **dune ~,** *(Gentiana uliginosa):* crwynllys *(m)* y tywod/twyni; **dwarf English ~,** *(G. anglica):* crwynllys Lloegr; **field ~,** *(G. campestris):* crwynllys y maes; **marsh ~,** *(G. pneumonanthe):* crwynllys y gors; **northern ~,** *(G. aureal septentrionalis):* crwynllys y gogledd; **scarce autumn ~,** *(G. germanica):* crwynllys prin; **autumn ~,** *(Gentianella amarella):* crwynllys chwerw, crwynllys yr Hydref.

female *a. & n.f.* **1.** *a. (a) (pers.):* benywaidd, *occ:* benywol; **~ child,** geneth(-od) *f*; **~ slave,** caethes(-au) *f*, caethferch(-ed) *f*; **male and ~ candidates,** ymgeiswyr yn ddynion a gwragedd, ymgeiswyr yn feibion a merched; **~ impersonator,** dynwaredwr *(m)* merched; **~ education,** addysg *(f)* merched, addysg i ferched; *Metalw:* **~ screw,** sgriw fenyw (sgriwiau benyw) *f*; **~ suffrage,** hawl *(f)* merched i bleidleisio, pleidlais *(f)* i ferched; *(b) (animals, plants):* benyw, *N:* banw *(pl.* beinw); **~ fern,** rhedynen fenyw (rhedyn benyw) *f*; **~ cat,** cath fenyw (cathod benyw) *f.* **2.** *n.f. (a) Jur: (pers.):* gwr|aig (gwragedd), merch(-ed), benyw(-od), menyw(-od); *S.a.* **she;** *(b) (= animal):* benyw.

femaleness *n.* benyweiddiwch *m*, benyw|eidd-dra *m.*

feme *n.f. Jur:* **~ *covert,*** gwr|aig briod (gwragedd priod), gwraig wriog (gwragedd gwriog); **~ *sole,*** benyw(-od) sengl, merch(-ed) sengl.

feminine *a.* benywaidd; *Mus:* **~ cadence,** diweddeb fenywaidd (diweddebau benywaidd) *f*; *Gram:* **of the ~ [gender],** o'r genedl fenywaidd; **the ~,** y benywaidd *m.*

femininely *adv.* yn fenywaidd; fel merch *&c.*

feminineness, femininity *n.* benyweiddiwch *m*, benyw|eidd-dra *m.*

feminism *n.* benywyddiaeth *f*, ffeministiaeth *f*, ffeminyddiaeth *f.*

feminist *n. & a.* **1.** *n.* benywydd(-ion) *m&f*, ffeminydd(-ion) *m*, ffeminyddes(-au) *f.* **2.** *a.* benywyddol, ffeministaidd, ffeminyddol.

feministic *a.* = **feminist 2.**

feminity *n.* = **femininity.**

feminization *n.*, **feminize** *v.t.* benyweiddio.

femme fatale *n.f. femme(-s) fatale(-s)*, hudoles(-au).

femoral *a.* morddwydol, clunol, y forddwyd/glun; **~ artery,** rhedweli*(f)*'r forddwyd, |arteri*(f)*'r forddwyd.

femtometre *n. Meas:* ffemtometr(-au) *m.*

femur *a. Anat:* morddwyd(-ydd) *f*, clun(-iau) *f*, asgwrn *(m)* y forddwyd, asgwrn y glun, ffemwr (ffemyrau) *m.*

fen *n.* cors(-ydd) *f*, corstir(-oedd) *m*, mign(-edd) *f*, mignen(-ni) *f*, siglen(-nydd) *f*, tonnen (tonenni) *f*, ffen(-iau) *mf.* **~-berry** *n. Bot:* = **cranberry. ~-duck** *n. Orn:* = **shoveller 2. ~-fire** *n.* = **will-o'-the-wisp. ~-goose** *n. Orn:* = **goose (greylag). ~ orchid** *n.*

Bot: (Liparis lorselii): tegeirian (*m*) y fign (tegeirianau'r fign), gef|ell-lys (*m*) y fignen. **~-rue** *n. Bot: (Thalictrum flavum):* troed (*m*) y barcud, arianllys *m.* **~-sedge** *n. Bot: (Juncus acutus):* llymfrwynen (llymfrwyn) *f.*

fence[1] *n.* **1.** ffens(-ys,-iau) *f*; *(wooden):* palis(-iau) (*m*) coed; *M.W:* sietin *m*, peilin *m*, peils *pl*; **adjustable ~,** ffens gymwysadwy (ffensys cymwysadwy); **ripping ~,** ffens rwygo (ffensys rhwygo); **sunk ~,** ffos(-ydd) *f*; *(moveable):* **wattle ~,** clwyden(-ni,-nau) *f*, pleiden(-ni) *f*, adwy(-au,-on) *f*, ffens bleth (ffensys pleth), bangor(-au) *f* (*pronounced* ng-g), *S.W:* bwlch (bylchau) (*m*) pleth; **to sit on the ~,** dal y ddysgl yn wastad, eistedd ar [ben] y clawdd, peidio ag ochri, aros yn amhleidiol, eistedd ar y gamfa, eistedd ar ben llidiart; **to mend one's fences with s.o.,** cymodi â rhn. **2.** *Ind: Mec.E: (= guard):* ffens, ffendar(-s, ffenderydd) *f*, giard(-iau) *mf*, amddiffynfa (amddiffynf|eydd) *f.* **3.** *(= receiver of stolen goods):* derbynnydd (derbynwyr) (*m*) nwyddau lladrad, ffensiwr (ffenswyr) *m.* **~-sitter** *n.* Sioni (*m*) bob ochr, eisteddwr (eisteddwyr) (*m*) pen clawdd. **~-sitting** *vn.* eistedd ar ben clawdd *&c.*

fence[2] *v.t.&i.* **1.** *v.i.* cleddyfa, ffensio, ymladd cleddyfau, croesi cleddyfau (**with s.o.,** â rhn); **to ~ with a question,** osg|oi ateb cwestiwn. **2.** *v.t.* **to ~ in a field,** ffensio cae, cau/caead/amgáu cae [â ffens]; **a fenced field,** coetgae(-au) *m*; **to ~ off a corner of a field,** neilltuo/gwahanu congl o gae [â ffens], ffensio congl o gae. **3.** *abs. P: (= receive stolen goods):* derbyn [nwyddau lladrad], ffensio.

fenced *a.* caeëdig, wedi ei ffensio, â ffens, *N.W: occ:* caead; **~ in,** amgaeëdig.

fenceless *a.* **1.** *(field &c):* agored, heb ffens. **2.** *Poet:* diamddiffyn.

fencelessness *n.* **1.** *(of field &c):* agoredrwydd *m*, diffyg (*m*) ffensys. **2.** *Poet:* = **defencelessness.**

fencer *n.* **1.** *(with sword):* cleddyfwr (cleddyfwyr) *m*, ffensiwr (ffenswyr) *m*, chwaraewr (chwaraewyr) (*m*) cleddyfau. **2.** *(horse):* neidiwr (neidwyr) *m*, *N.W:* swalpiwr (swalpwyr) *m.* **3.** *(= maker of fences):* ffensiwr (ffenswyr) *m*, *occ:* cauwr (cauwyr) *m.*

fencible *n. Mil:* amddiffynnwr (amddiffynwyr) *m.*

fencing *vn. & n.* **1.** *vn.* *(a) Sp:* cleddyfaeth *f*, cleddyfa, croesi cleddyfau, ymladd cleddyfau; *(b) vn.* amgaead *m*; *S.a.* **fence**[2] **2.** **2.** *n. (= fences):* ffensys *pl*, ffensin *m*, caead(-au,-on) *m*, *M.W:* sietin *m.* **3.** *Ind: Mec.E:* offer (*pl*) amddiffyn, giardiau *pl*, ffendar(-s, ffenderydd) *f.* **~-bout** *n.* gornest (*f*) gleddyfau (gornestau cleddyfau). **~-master** *n.* athro (athrawon) (*m*) cleddyfaeth. **~-match** *n.* = **fencing-bout.** **~-school** *n.* ysgol (*f*) gleddyfaeth (ysgolion cleddyfaeth).

fend *v.t.&i.* **1.** *v.t. (shot &c):* cadw (ergyd *&c*) draw, troi (ergyd *&c*) heibio. **2.** *v.i.* **to ~ for oneself,** ymorol/gofalu amdanoch eich hunan, gwn|eud drosoch eich hun.

fender *n.* ffender(-s,-ydd) *f*, ffendar(-s, ffenderydd) *f*; *Nau:* clustog(-au) *f*, *N.W:* pwdin(-s) *m.* **~-stool** *n.* stôl (stolion) (*f*) ffendar.

fenestra *n. Med:* ffenestr(-i) *f.*

fenestral *a.* ffenestraidd, ffenestrol.

fenestrate *a. Z: Bot:* ffenestrog.

fenestrated *a.* â ffenestr[-i], ffenestrog.

fenestration *n.* ffenestriad *m*, ffenestru *vn.*

fenestrella *n. Arch: Ecc:* ffenestrig(-au) *f.*

Fenian *a. & n. Hist:* **1.** *a.* Ffeniaidd; **the ~ Brotherhood,** Brawdoliaeth (*f*) y Ffeniaid; **the ~ Movement,** Mudiad (*m*) y Ffeniaid. **2.** *n.* Ffeniad (Ffeniaid) *m&f.*

Fenianism *n. Hist:* Ffeniaeth *f.*

fenks *n.pl.* creision, seimiach.

fenland *n.* corstir(-oedd) *m*, ffendir(-oedd) *m.*

fenman *n.m.* corstirwr (corstirwyr).

fennec *n. Z:* corlwynog(-od) *m*, corgadno (corgadn|oid) *m*, ffennec (ffeneciaid) *m.*

fennel *n. Bot: (Foeniculum vulgare):* ffenigl *m*, ffunell *f*; **hog's ~,** *(Peucedanum officinale):* ffenigl y moch, ffenigl yr hwch, pyglys *m*; **dog['s] ~,** *(Anthemis cotula):* ffenigl y cŵn, camri(*m*)'r cŵn; **giant ~,** *(Ferula communis):* marchffenigl *m*, cedowydd *pl*; **sea ~,** *(= rock samphire):* ffenigl y môr; **sweet ~,** ffenigl pêr. **~-flower** *n. Bot: (Nigella sativa):* blodyn (blodau) (*m*) ffenigl.

Fennoscandia *n. Pol: &c:* Ffenosgandia *f.*

Fennoscandian *a. Pol:* Ffenosgandiaidd.

fenny *a.* corsiog, corslyd.

fenugreek *n. Bot:* **bird's foot ~,** *(Trifolium ornithopodioides):* troed (*m*) yr aderyn, corfeillionen wen (corfeillion gwynion) *m*; **classical ~,** *(Trigonella foenum-graecum):* ff|enigrig *m*, groegwyran *m.*

feodary *n.* ff|edari (ffedarïaid) *m.*

feoff[1] *n.* = **fief.**

feoff[2] *v.t.* = **enfeoff.**

feoffee *n. Hist: Jur:* ffeodedig(-ion) *m&f*; **~ for impropriation,** ffeodedig amfeddiad; **~ in trust,** ffeodedig tan ymddiried.

feoffer *n.* ffeffwr (ffeffwyr) *m.*

feoffment *n. Hist: Jur:* goresgyn(-iadau) *mf*, ffeffiad(-au) *m*; **~ to uses,** ffeffiad er dibenion.

feoffor *n.* = **feoffer.**

fer de lance *n. Rept:* ***fer(-s)*** (*m*) ***de lance.***

ferae naturae *Lt.phr.* o natur wyllt, cynhenid wyllt.

feral *a.* gwyllt, lledwyllt, hanner gwyllt, wedi mynd yn wyllt.

ferbam *n. Ch:* fferbam *m.*

feretory *n. Ecc:* creirfa (creirf|eydd) *f.*

feria *n. R.C.Ch:* dydd(-iau) (*m*) gwaith.

ferial *a.* **1.** *Ecc:* **~ day,** diwrnod(-iau) cyffredin *m* [o'r wythnos], dydd(-iau) (*m*) gwaith, diwrnod fferial. **2.** *Scot.Jur:* **~ day,** dydd(-iau) dyddon *m.*

ferine *a.* = **feral.**

ferinity, ferity *n.* gwylltineb *m*, natur wyllt *f.*

fermata *n. Mus:* hirnod(-au) *m*, daliant (daliannau) *m.*

ferment[1] *n.* **1.** *(= leaven):* eples *m*, surdoes *m*, lefain *m*, *N:* burum *m*, *S:* berman *m*, berem *m.* **2.** *(a) (of liquids):* eplesiad *m*, gwaith *m*; *(b) (= excitement):* cynnwrf *m*, cyffro *m*, berw *m*, terfysg(-oedd) *m*, stŵr *m*; **the whole town was in a state of ~,** 'roedd yr holl dref yn ferw gwyllt; 'roedd y dref yn ferw drwyddi.

ferment[2] *v.i.&t.* **1.** *v.i.* *(a) (of wine &c):* eplesu, gweithio, ymweithio, *S:* bermanu, burmanu, bermo, burmo, *S.W: occ:* chwarae; *(of grain &c):* twymo; *(b) (of sedition):* mudferwi, mudlosgi; *(of people):* cynhyrfu, cyffr|oi, terfysgu, ystwyrian. **2.** *(a) v.t. (wine &c):* eplesu, lefeinio. *(b) (= excite):* cynhyrfu, cyffr|oi.

fermentable *a.* eplesadwy, lefeiniadwy, gweithiadwy.

fermentation *n.* **1.** *(of wine &c):* eplesiad(-au) *m*, gwaith *m*, ymwaith *m*; *S.a.* **effervescence.** **2.** *(= excitement): See* **ferment**[1] **2** *(b).* **~ science** *n.* epleseg *f.*

fermentative *a.* eplesol, ymweithiol.

fermented *a.* lefeiniedig, eplesedig, alcoholaidd.

fermenter *n.* **1.** *(of wine &c):* eplesydd(-ion) *m.* **2.** *(of sedition &c):* cynhyrfwr (cynhyrfwyr) *m*, cyffröwr (cyffrowyr) *m.*

fermenting *a.* eplesol, burmog, burmanog, burumaidd, burumog, sy'n gweithio, sy'n twymo, sy'n eplesu.

fermi *n. Ph:* ***fermi*** *m.*

fermion *n. Ph:* ffermion(-au) *m.*

fermium *n. Ch:* ffermiwm *m.*

fern *n. Bot:* rhedynen (rhedyn) *f*, *occ:* llawredynen (llawredyn) *f*; **full of ferns,** rhedynog; **to gather ferns,** rhedyna; **asparagus ~,** *(Asparagus sprengeri):* merllys rhedynog *m*; **beech-~,** *(Thelypteris phegopteris):* llawredynen y ffawydd; **bladder ~,** *(Cystopteris):* rhedynen godog (rhedyn codog); **bristle ~,** *(Trichomanes):* rhedynen wrychog (rhedyn gwrychog), gwrychredynen (gwrychredyn) *f*; **buckler-~,** *See* **buckler**; **Cretan ~,** *(Pteris cretica):* rhedynen Creta; **cup ~,** *(Cyathea):* ffiolredynen (ffiolredyn) *f*, cibredynen (cibredyn) *f*; **finger ~,** *(Asplenium ceterach):* bysredynen (bysredyn) *f*, duegredynen (duegredyn); *S.a.* **spleenwort**; **hard ~,** *(Blechnum):* gwibredynen (gwibredyn) *f*, rhedynen fras (rhedyn breision), rhedynen wib (rhedyn gwib); *S.a.* **crape, deer, elkhorn, feather, filmy**; **flowering ~, royal ~, water ~,** *(Osmunda regalis):* cyfrdwy *f*, lloer-redynen (~-redyn) *f*, lloerlys: lloerllys *m*, rhedynen flodeuog (rhedyn blodeuog), rhedynen Crist, rhedynen gyfrdwy (rhedyn cyfrdwy), rhedynen y dŵr; **holly ~,** *(Polystichum lonchitis):* rhedynen gelyn (rhedyn celyn), celynredynen (celynredyn) (*f*) yr Wyddfa; **Killarney ~,** *(T. speciosum):* rhedynen wrychog (rhedyn gwrychog); **lady ~,** *(Athyrium filix-femina):* marchredynen fenyw (marchredyn benyw); **lemon-scented ~,** *(Th. limbosperma):* marchredynen y mynydd; **maidenhair ~,** *(Adiantum capillus-veneris):* briger *(mf)* Gwener, gwallt *(m)* y forwyn, gwallt Mair, gwallt Gwener, gwallt y ddaear, diwlith *m*, diwlydd *m*; **male ~,** *(Dryopteris filix-mas):* marchredynen wryw (marchredyn gwryw) *f*, rhedynen y cadno; **marsh ~,** *(Th. palustris):* marchredynen y gors; **mountain ~,** *(Th. oreopteris):* rhedynen Fair (rhedyn Mair), rhedynen y mynydd, marchredynen y mynydd, canllys *m*; **oak ~,** *(Gymnocarpium robertianum):* llawredynen y derw, rhedynen y meirch; **parsley ~,** *(Cryptogramma crispa):* rhedynen y chwarel, rhedynen y mynydd, adeinredynen (adeinredyn) y chwarelau, rhedynen bersli (rhedyn persli); **rustyback ~,** *(Ceterach officinarum):* rhedynen gefngoch (rhedyn cefngoch) (*pronounced* ng-g); **shield-~,** *(Polystichum):* marchredynen (marchredyn) *f*; **female/soft shield-~,** *(P. setiferum):* marchredynen fenyw (marchredyn benyw); **heath shield-~,** = **mountain fern; prickly/hard shield-~,** *(P. aculeatum):* marchredynen wrychog (marchredyn gwrychog) *f*; **close-leaved prickly shield-~,** *(P. lobatum):* marchredynen glustiog (marchredyn clustiog); **lesser crested shield-~,** *(P. spinulosum):* marchredynen eddïog; **great crested shield-~,** *(P. dilatatum):* marchredynen eang; **stone-~,** *(Asplenium ceterach):* adeinredynen (adeinredyn) *(f)* y chwarelau; **tree ~,** *(Cyatheacea):* coedredynen (coedredyn) *f*; **Tunbridge filmy-leaved ~,** *(Hymenophyllum Tunbridgense):* rhedynach teneuwe *pl*; **wall ~,** *(Polypodium):* rhedynen y fagwyr, rhedynen yr ogofâu, llawredynen (llawredyn) *f*. **~-ally** *n. Bot:* = **fernwort. ~-brake** *n. Nat.Hist:* rhedynog(-ydd) *f*. **~-chafer** *n. Ent: (Scarabaeus solstitialis):* chwilen (chwilod) *(f)* y rhedyn. **~-grass** *n. Bot: (Desmaxeria rigida):* gwernwellt anhyblyg *m*; **sea ~-grass** *(D. marina):* gwernwellt arfor. **~-leaved** *a.* rhedynddail, rhedynog. **~ moss** *n. (Fissidens):* mwsogl rhedynog *m*. **~-owl** *n. Orn:* = **nightjar. ~ palm** *n. Bot: (Cycas revoluta):* palmwydden redynog (palmwydd rhedynog) *f*. **~ seed** *n.* llwch *(m)* rhedyn, had *(m)* rhedyn. **~ tree** *n. Bot:* coedredynen (coedredyn) *f*. **~ web** *n. Ent: (Melerontha horticola):* rhedynwe(-oedd) *f*.

fernbird *n. Orn: (Sphenolacus punctatus):* aderyn (adar) *(m)* [y] rhedyn.

fernbug *n. Ent: (Bryocoris ptevidis):* pryf(-ed) *(m)* [y] rhedyn.

Ferndale *W.Pl.n.* Glyn Rhedynog *m*.

fernery *n.* = **fern-brake**.

fernleaf *n. Algae: (Callithamnion gracillimum):* gwymon rhedynog *m*.

Ferns *Irish Pl.n.* Dinas *(f)* Gwernin.

fernwort *n. Bot:* *rhedynllys *m*.

ferny *a.* rhedynog; **~ stone,** *(fossil):* carreg redynog (cerrig rhedynog) *f*.

ferocious *a.* ffyrnig.

ferociously *adv.* yn ffyrnig.

ferociousness, ferocity *n.* ffyrnigrwydd *m*.

ferrate *n. Ch:* fferrad (fferadau) *m*.

ferredoxin *n. Ch:* fferedocsin *m*.

ferrel *n.* = **ferrule**.

ferret[1] *n. Z:* ffured(-au) *f*, ffuret(-i) *f*, *S.W: occ:* ffurell(-au) *f*; **polecat-~,** ffwlbart-ffured(-au) *f*.

ferret[2] *v.i.&t.* **1.** *v.i.* ffureta, *occ:* ffuredu; **to ~ about (for sth),** ffureta, ffuredu, chwilota, chwilio a chwalu, tyrchu, tyrchio, *N:* swlffa, jwlffa, *S.W: occ:* ffurella (am rth). **2.** *v.t. F:* **to ~ sth out,** olrhain rhth, dod i hyd i rth, cael cyfrinach rhth, darganfod rhth, datgelu rhth, dod â rhth i'r golwg/fei, dod â rhth i olau dydd.

ferret[3] *n.* **to have a ~ for sth,** ffureta *&c* am rth; *See* **ferret**[2].

ferreter *n.* **1.** *(poacher &c):* ffuretwr (ffuretwyr) *m*, ffuredwr (ffuredwyr) *m*. **2.** *(= rummager):* ffuretwr: ffuredwr (ffuredwyr), ffur|etwraig *f*, chwilotwr (chwilotwyr), chwil|otwraig *f*.

ferreting[1] *vn.* ffureta.

ferreting[2] *n. Tex:* incil *(m)* sidan.

ferrety *a.* fel ffuret, ffuredlyd, ffuredaidd, ffuretaidd.

ferriage *n.* porthdal *m*.

ferric *a. Ch:* fferrig, *F:* haearn.

ferricyanide *n. Ch:* fferis|eianid *m*.

ferriferous *a. Geol:* haearnddwyn.

ferrimagnet *n. Ph:* fferimagned(-au) *m*.

ferrimagnetic *a. Ph:* fferimagnetig.

ferrimagnetically *adv.* yn fferimagnetig.

ferrimagnetism *n. Ph:* fferimagnetedd *m*.

Ferris wheel *n.* olwyn fawr (olwynion mawr) *f*.

ferrite *n. Ch:* fferrit *m*. **~ core** *n.* craidd (creiddiau) *(m)* fferrit.

ferritic *a. Ch:* fferitig.

ferritin *n. Ch:* fferitin *m*.

ferrocene *n. Ch:* ff|erosen *m*.

ferrochrome, ferrochromium *n.* ff|erocrom *m*.

ferroconcrete *n. & attrib.* concrit *(m)* dur, fferoconcrit *m*.

ferrocyanic *a. Ch:* fferoseianig.

ferrocyanide *n. Ch:* fferos|eianid *m*.

ferroelectric *a.* fferodrydanol, fferoelectrig.

ferroelectricity *n.* fferodrydan *m*.

ferromagnesian *a. Ch:* fferomagnesaidd.

ferromagnetic *a. Ph:* fferomagnetig.

ferromagnetism *n. Ph:* fferomagnetedd *m*.

ferrosilicon *n. Ch:* fferos|ilicon *m*.

ferrotype[1] *n. Phot:* ff|eroteip *m*.

ferrotype[2] *v.t.* fferoteipio.

ferrous *a. Ch:* fferrus, haearnaidd.

ferruginous *a.* rhydlyd, rhydliw; *Orn:* **~ duck,** *(Aythya nyrosa):* hwyaden lygadwen (hwyaid llygadwyn) *f*.

ferrule[1] *n.* amgarn(-au) *m*, *N:* ffurel(-au) *m*, *S.E:* ffyrol(-au) *m*, *S.W:* fferel(-au) *m*.

ferrule[2] *v.t.* ffurelu.

ferry[1] *n.* **1.** *(= crossing-place):* fferi (fferïau) *f*, *A:* porth (pyrth) *f*, porthfa (porthfâu, porthf|eydd) *f*. **2.** *(= boat):* fferi (fferïau) *f*, llong(-au) *(f)* fferi, *N:* cwch (cychod) *(m)* fferi, *S:* bad(-au) *(m)* fferi, *A:* ysgraff(-au) *f*, porthfad(-au) *m*. *S.a.* **air ferry. ~ dues** *n.pl.* porthdal *m*, porthdaliadau. **~ glide** *n. Canoeing:* llithriad(-au) *(m)* fferi.

ferry[2] *v.i.&t.* **1.** *v.i.* **to ~ across/over a river,** croesi afon mewn cwch/bad. **2.** *v.t.* **to ~ s.o. across a river,** cludo rhn dros afon, mynd â rhn dros afon [mewn cwch]; *F:* **will you ~ me across?** a ewch chi â mi drosodd? *N: F:* [a] rowch chi bas imi drosodd? **to ~ children to school,** cario plant i'r ysgol.

ferryboat *n.* = **ferry**[1] **2.**

ferryman *n.m.* fferïwr (fferiwyr), cychwr (cychwyr), badwr (badwyr), *A:* ysgraffwr (ysgraffwyr).

Ferryside *W.Pl.n.* Glanyferi *or* Glan[y]fferi *f*.

fertile *a. (land &c):* ffrwythlon, cynhyrchiol, bras, cnydfawr, toreithiog; *(seed, egg &c):* ffrwythlon; *Archeol:* **the F~ Crescent,** y Cilgant Toreithiog/Ffrwythlon *m*.

fertilely *adv.* yn ffrwythlon *&c*.

fertileness *n.* = **fertility**.

fertility *n.* ffrwythlondeb *m*, ffrwythlonder *m*, ffrwythlonrwydd *m*, ffrwythlonedd *m*. **~ cult** *n.* cwlt (cyltiau) *(m)* ffrwythlondeb. **~ god** *n.* duw(-iau) *(m)* ffrwythlondeb.

fertilizable *a.* ffrwythlonadwy; *(land):* gwrteithiadwy.

fertilization *n.* **1.** *(of egg &c):* ffrwythloniad *m*, ffrwythloni *vn.* **2.** *(of land): (with manure &c):* gwrteithiad *m*, achlesiad *m*, gwrteithio *vn*, achlesu *vn*.

fertilizational *a.* ffrwythlonol.

fertilize *v.t.* **1.** *(= egg, land):* ffrwythloni. **2.** *(= manure):* gwrteithio, achlesu.

fertilizer *n.* **1.** *(pers.): (a) Agr:* gwrteithiwr (gwrteithwyr) *m*; *(b) Fig: Biol:* ffrwythlonwr (ffrwythlonwyr) *m*. **2.** *(= manure &c):* gwrtaith (gwrteithiau) *m*, achles(-au) *mf*, *N.W: (of manure, lime & earth):* pastai *m*; *S.W: occ: (in pellet form):* cesair *pl*.

fertilizing *a.* ffrwythlonol.

ferula *n.* = **fennel (giant)**.

ferule[1] *n.* gw[a]roden(-nau) *f*, gwialen (gwiail) *f*.

ferule[2] *v.t.* gw[a]rodennu (rhth), curo (rhth) â gwaroden.

ferulic *a. Ch:* fferwlig.

fervency *n.* **1.** *(= ardour):* brwdfrydedd *m*, brwdaniaeth *f*, tanbeidrwydd *m*, sêl *f*, eiddgarwch *m*, taerineb *m*, angerdd *m*, *Lit:* aidd *m*. **2.** *A: Lit: (= heat):* gwres *m*.

fervent *a.* brwd, brwdfrydig, tanbaid, selog, eiddgar, angerddol, taer, gwresog.

fervently *adv.* yn frwd *&c*.

fervid *a.* = **fervent**.

fervidly *adv.* = **fervently**.

fervour *n.* = **fervency**.

Fescennine *a. Lat.Lit:* Ffesgennaidd; *(= obscene):* anllad, anweddus; *(= scurrilous):* gwatwarus, goganus, dychanol.

fescue *n.* **1.** *(= stick):* ffon (ffyn) *f*, ffestro *m*, pwyntil(-au) *m*. **2.**

Bot: ~ **[grass]**, *(Festuca):* peis[g]wellt *m*, melys *m*, melyslys *m*, *A: or Lit: occ:* gwrwgawn *pl*; **barren ~**, *(Vulpia bromoides):* peis[g]wellt anhiliog; **bearded ~**, *(V. ambigua):* peis[g]wellt coliog; **Chewing's ~**, *(F. nigrescens):* peis[g]wellt tywyll; **creeping ~**, *(F. rubra):* peis[g]wellt coch/ymdaenol; **dual ~**, *(V. fasciculata):* peis[g]wellt uncib; **dune ~**, = **fescue (single-glumed)**; **fine-leaved sheep's ~**, *(F. tenuifolia):* peis[g]wellt meinddail; **giant [meadow] ~**, *(F. gigantea):* peis[g]wellt mawr; **greenleaf ~**, *(F. viridula):* peis[g]wellt lledwyrdd; **hard ~**, *(F. longifolia):* peis[g]wellt caled/hirddail; **hybrid ~**, *(F. foliaceum):* peis[g]wellt croesryw; **meadow ~**, *(F. pratensis):* peis[g]wellt y waun, melys y weirglodd; **rat's tail ~**, *(V. myuros):* peis[g]wellt y fagwyr; **red meadow ~**, = **fescue (creeping)**; **rigid ~**, *(Catapodium rigidum):* peis[g]wellt talsyth; **rush-leaved ~**, *(F. juncifolia):* peis[g]wellt brwynddail; **sheep's ~**, *(F. ovina):* peis[g]wellt [y] defaid, peis[g]wellt y waun, melys y defaid; **single-glumed ~**, *(V. membranacea):* peis[g]wellt uncib, peis[g]wellt y twyni; **squirreltail ~**, = **fescue (barren)**; **tall ~**, *(F. arundinacea):* peis[g]wellt hir/hydwf/tal, gwrwgawn *pl*; **viviparous ~**, *(F. vivipara):* peis[g]wellt bywhiliog/eginol; **wood ~**, *(F. altissima):* peis[g]wellt y coed. **~ foot** *n. Vet:* clwy(*m*)'r peis[g]wellt.

fess[e] *n. Her:* ffunen(-nau,-ni) *f*, ysnoden(-ni) *f*.

fest *n. U.S:* gŵyl (gwyliau) *f*.

festal *a.* **1.** *Ecc:* gŵyl. **2.** = **festive**.

festally *adv.* = **festively**.

fester[1] *n. Med:* casgliad(-au) *m*, crawniad(-au) *m*, dolur(-iau) *m*, cornwyd(-ydd) *m*, *S:* crynhoad (crynoadau) *m*, *N. W:* anafod(-au) *m*.

fester[2] *v.i.&t.* **1.** *v.i.* *(a) (of wound):* casglu, crawni, gori, llidio, crynh|oi, magu; *(b) (= rot):* madru, pydru, braenu; *(c) (of resentment):* casglu, mudlosgi, crynh|oi, magu. **2.** *v.t.* *(a) (a wound):* llidio, gwenwyno. *(b) (= rot):* madru, pydru, braenu.

festering[1] *a.* **1.** *(= ulcerous):* dolurus, llidus, crawnllyd, crawniog, gorllyd. **2.** *(= rotting):* braenllyd, pydredig, pwdr, madreddog.

festering[2] *n.* **1.** casgliad *m*, crawniad *m*, *S: occ:* magwriaeth *f*. **2.** *(= putrefaction):* madredd *m*, pydredd *m*, braeniad *m*, braenedd *m*, braendod *m*.

festinate[1] *a.* = **hasty**.

festinate[2] *v.i.* = **hasten**.

Festiniog *W.Pl.n.* Ffestiniog *f*, *F:* 'Stiniog *f*; **the ~ Railway**, Rheilffordd Ffestiniog, *F:* y Lein Bach *f*; **Blaenau ~**, Blaenau Ffestiniog.

festival *n.* gŵyl (gwyliau) *f*; **singing ~**, cymanfa (*f*) ganu (cymanfaoedd canu); **preaching ~**, cwrdd (cyrddau) (*m*) pregethu, cyfarfod(-ydd) (*m*) pregethu, *S:* cwrddau mawr *pl*; **harp ~**, gŵyl gerdd dant (gwyliau cerdd dant); **harvest ~**, diolchgarwch *m*, gŵyl [d]diolchgarwch (gwyliau diolchgarwch); **high ~**, uchelwyl(-iau) *f*; **grand/solemn ~**, prifwyl(-iau) *f*. **~-goer** *n.* mynychwr (mynychwyr) (*m*) gwyliau. **~ theatre** *n.* theatr(-au) (*f*) gŵyl.

festive *a.* **1. ~ day**, dydd(-iau) (*m*) gŵyl, dygwyl(-iau) *m*; *F:* **the F~ Season**, y Gwyliau *pl*, y Nadolig *m*. **2.** *(= merry):* siriol, llawen, llon, hwyliog; **in ~ mood**, yn llawn hwyl, mewn hwyliau da.

festively *adv.* yn siriol *&c.*

festiveness *n.* **1.** ysbryd (*m*) gŵyl. **2.** = **merriment**.

festivity *n.* miri *m*, rhialtwch *m*, gorfoledd *m*, hwyl *f*; *pl.* **festivities**, dathliadau.

festoon[1] *n.* **1.** garlant(-au) *m*, coronbleth(-au) *f*, rhaff (*f*) flodau (rhaffau blodau), plethdorch(-au) *f*, r[h]uban(-au) *m*. **2.** *Ent:* y rhuban *m*. **~ curtain** *n. Th:* llen blyg (llenni plyg) *f*.

festoon[2] *v.t.* garlantu, addurno (rhth) [â blodau *&c*]; gosod, taenu blodau *&c* (ar rth).

festooned *a.* addurnedig, garlantog, rhubanog; **~ with flowers**, yn flodau i gyd, yn dorchau o flodau, yn gyforiog o flodau.

festoonery *n.* r[h]ubanau *pl*, garlantau *pl*.

festschrift *n. Lit:* cyfrol (*f*) deyrnged (cyfrolau teyrnged) (*pronounced* ng-g).

feta *n. Cu:* ffeta *m*.

fetal *a.* = **foetal**.

fetation *n. Physiol:* beichiogiad *m*, beichiogi *vn*.

fetch[1] *v.t.* **1.** *(a) (= seek): Lit:* cyrchu, ceisio, ymofyn, mynd i 'mofyn (rhth); *S:* mynd i mo'yn/ôl/hôl (rhth), [h]ercyd (rhth); *N:* mynd i nôl (rhth); **go and ~ him**, *N:* dos i'w nôl o; *S:* cer i'w mo'yn e; *occ:* cer i'w ercyd/ôl/hôl e; *(b) (= bring):* dod (â rhth); *(= pass, reach over):* estyn; **fetch me a loaf**, *(a)* dewch â thorth imi, ewch i nôl/mofyn torth imi; *(b)* estynnwch dorth imi; **to ~ and carry for s.o.**, gwn|eud negesi dros rn, bod yn was bach i rn, bod yn gi rhedeg i rn, rhedeg a chario i rn, *S:* ôl ac estyn i rn, *N:* nôl a danfon i rn. **2. it fetched a high price**, fe aeth am bris uchel; *(= cause, elicit):* ennyn, peri, achosi; **to ~ tears**, ennyn dagrau, peri wylo. **3.** *(= charm, attract):* denu. **4. to ~ a sigh**, och[e]neidio, rhoi ochenaid; **to ~ a groan**, griddfan; **to ~ one's breath**, cael eich gwynt atoch; *F:* **to ~ s.o. a blow/kick**, estyn/rhoi ergyd/cic i rn. **5.** *Nau: (= reach):* cyrraedd; **to ~ into port**, cyrraedd porthladd. **6.** *Cmptr:* cywain; **~/execute cycle**, cylchred(-au) (*m*) cywain/gweithredu. **~ about** *v.i. Nau:* gwyro, troi; **~ back/down/in**, = **bring back** *&c.* **~ up 1.** *v.t.* = **bring up**. **2.** *v.i. Nau:* glanio, tirio; cyrraedd porthladd; *F:* **we fetched up in a cheap hotel**, daethom i ben ein taith mewn gwesty rhad; **he'll ~ up in prison**, yn y carchar y bydd ef ryw ddydd; **he fetched up in the dung-heap**, fe laniodd yn y domen dail.

fetch[2] *n. (= wraith, double):* drychiolaeth(-au) *f*, rhith(-iau) *m*, lledrith(-iau) *m*. **~-candle**, **~-light** *n.* cannwyll (*f*) gorff (canhwyllau cyrff).

fetcher *n.* cyrchwr (cyrchwyr) *m*, ymofynnwr (ymofynwyr) *m*.

fetching *a.* deniadol, dengar (*pronounced* ng-g), hudolus, atyniadol.

fetchingly *adv.* yn ddeniadol *&c.*

fête[1] *n. Ecc:* gŵyl (gwyliau) *f*; *(in Wales): occ:* cymanfa(-oedd) *f*; *(for charity &c):* ffair (ffeiriau) *f*, ffest(-au,-i) *f*; **garden ~**, garddwest(-i) *f*; **village ~**, *(on saint's day):* gwylmabsant(-au, gwyliau mabsant) *f*; **~ *champêtre***, gŵyl awyr agored.

fête[2] *v.t. (an event):* dathlu; *(a person):* croesawu, anrhydeddu.

fetial *a. & n. Rom.Ant:* **1.** *a.* herodrol. **2.** *n.* herodr(-on) *m*.

feticide *n.* rhithladdiad(-au) *m*, ffetysladdiad(-au) *m*.

fetid *a.* drewllyd.

fetidity *n.* drewdod *m*.

fetidly *adv.* yn ddrewllyd.

fetidness *n.* drewdod *m*.

fetish *n.* **1.** *(amulet &c):* swynogl(-au) *f*, ffetis(-iau) *m*. **2.** *Fig:* **to make a ~ of sth**, gwneud eilun (*m*) o rth.

fetishism *n.* ffetisiaeth *f*.

fetishist *n.* ffetisiwr (ffetiswyr) *m*, ffetisydd(-ion) *m*.

fetishistic *a.* ffetisaidd.

fetlock *n. Vet:* **1.** *(= joint):* egwyd(-ydd) *f*, swrn (syrnau) *m*, *S. W: occ:* siwrlen (siwrls) *f*. **2.** *(= tuft of hair):* cudyn (*m*) egwyd (cudynnau egwydydd), bacsen (bacs[i]au) *f*; **a horse with hairy fetlocks**, ceffyl bacsiog.

fetologist *n.* ffetolegydd(-ion, ffetolegwyr) *m*.

fetology *n.* ffetoleg *f*.

fetor *n.* drewdod *m*.

fetter[1] *n.* llyffethair (llyffetheiriau) *f*, gefyn(-nau) *m*, hual(-au) *m*, garglwm (garglymau) *m*, cloffrwym(-au) *m*; **leg-~**, llyffethair, hual(-au) *m*; *S.a.* **stock[1] 3**; **sheep-~**, *N:* carchar *m* [dafad] (carcharau [defaid]), *S:* sgip(-s) *f*, *S. W:* garglwm, offer (*m*) llinyn gar.

fetter[2] *v.t.* llyffetheirio, cloffrwymo, carcharu, hualu, gefynnu, garglymu; *(= impede):* rhwymo, rhwystro, atal, cyfyngu, llyffetheirio, llesteirio; **to ~ a sheep**, *N:* carcharu dafad, rhoi carchar ar ddafad, *S:* sgipo dafad, *S. W:* offeru dafad.

fettered *a.* rhwym, rhwymedig, llyffetheiriog, hualog, gefynnog, troedrwym; *(sheep): N:* mewn carchar.

fetterlock *n.* clo(-eon) (*m*) egwyd.

fettle[1] *n.* cyflwr (cyflyrau) *m*; **he's in fine ~**, mae'n iach a heini; mae mewn hwyliau/ysbrydoedd da; **he looks in ~ fettle**, mae golwg gasol/bwyntus arno; mae mewn cas cadw da.

fettle[2] *v.t.* tocio, twtio, tacluso, taclu.

fettling *vn.* tocio, twtio *&c*; *Metalw:* ffetlo.

fettuccine, fettucini *n.* ***fettuccine: fettucini*** *m*.

fetus *n.* = **foetus**.

feu[1] *n. Scot.Jur:* ***feu(-s)*** *m*.

feu[2] *v.t. Scot.Jur:* gosod.

feud[1] *n.* gelyniaeth *f*, cynnen (cynhennau) *f*, ymrafael(-ion) *m*; *A: W.Jur:* galanas(-au) *f*.

feud[2] *v.i.* ymrafael, cynnal gelyniaeth, ymgecru, cynhennu; *F:* **they are always feuding**, maent o hyd yng ngyddfau ei gilydd.

feud[3] *n. Jur:* = **fee[1] 1**.

feudal *a.* ffiwdal, ffiwdalaidd.
feudalism *n.* ffiwdaliaeth *f.*
feudalist *n.* ffiwdalydd(-ion) *m.*
feudalistic *a.* ffiwdalaidd.
feudality *n.* ffiwdaliaeth *f.*
feudalization *n.*, **feudalize** *v.t.* ffiwdaleiddio, ffiwdalh|au.
feudally *adv.* yn ffiwdal[aidd].
feudary *n.* = **feodary**.
feudatory *a. & n.* **1.** *a.* gwrogaethol. **2.** *n.* deiliad (deiliaid) *(m)* dan wrogaeth, gŵr *(m)* i'w arglwydd (gwŷr i'w harglwydd), gwarogwr (gwarogwyr) *m.*
feuder *n.* cynhennwr (cynhenwyr) *m*, cynh|enwraig *f*, ymrafaeliwr (ymrafaelwyr) *m*, ymraf|aelwraig *f.*
feuding *a.* cynhennus, ymrafaelgar, cecrus, ffraegar.
feudist[1] *n.* *(= specialist in feudal law):* ffiwdaliaethwr: ffiwdaliaethydd (ffiwdaliaethwyr) *m.*
feudist[2] *n.* = **feuder**.
feuilleton *n. Journ:* adran(-nau) *(f)* ysgrifau/adolygiadau.
feuilletonism *n. Journ:* adolygu *vn.*
feuilletonist *n. Journ:* adolygwr: adolygydd (adolygwyr) *m*, ysgrifwr (ysgrifwyr) *m.*
feuilletonistic *a. Journ:* adolygol, ysgrifol.
fever *n. Med: (a)* twymyn(-au) *f*, cryd(-iau) *m*, *occ:* clefyd gwresog *m*, clefyd y gwres, yr haint *(mf)* gwres, haint gwresog, gwresaint *mf*; **~ and ague,** cryd a mwyth; **scarlet ~,** y dwymyn goch, y clefyd coch, y frech [y]sgarlad *f*; **undulant ~,** y dwymyn donnol; **miliary ~,** y clefyd bychan; *Vet:* **fog ~,** clefyd yr adladd; **mud ~,** llaid *m* [ar draed ceffylau]; **to be in a ~,** bod mewn twymyn, bod dan dwymyn, bod a thwymyn arnoch; **one day ~,** cryd undydd, bradgyfarfod(-ydd) *m*, *N: occ:* atgyfarfod(-ydd) *m*; **a fit/attack of ~,** pwl *(m)* o dwymyn, hwrdd *(m)* o'r cryd, *occ:* llucheden *f*; **a ~ of excitement,** cyffro gwyllt *m*; **intermittent ~, remitting ~,** twymyn ysbeidiol, twymyn donnol, *W.Med:* cryd y wrach, yr hen wrach *f*; *(b) (= temperature):* gwres *m.* **~ blister** *n.* = **cold sore**. **~-fly** *n. Ent: (Dipophis febrilis):* gwybedyn (gwybed) blewog *m.* **~ heat** *n.* gwres *(m)* twymyn. **~ pitch** *n.* berw gwyllt *m*; **at ~ pitch,** yn ferw gwyllt. **~-plant** *n. Bot:* = **primrose (evening)**. **~-root** *n. Bot: (Triosteum perfoliatum):* twymynlys *m*, crydlys *m.* **~ therapy** *n. Med:* triniaeth *(f)* â thwymyn. **~-tree** *n. Bot:* **1.** *(Eucalyptus globulus):* coeden (coed) *(f)* ewcalyptws. **2.** *U.S: (Pinckneya pubens):* coeden dwymyn (coed twymyn). **~-twig** *n. Bot: (Celastrus scandens):* *ffug-elinog *mf.*
feverbush *n. Bot:* **1.** *(Benzoin):* benswyn pêr. **2.** = **winterberry**.
fevered *a.* gwresog, twymynol, dan dwymyn, a thwymyn arnoch; **a ~ brow,** talcen gwresog.
feverfew *n. Bot: (Chrysanthemum parthenium):* y wermod wen *f*, chwerwyn gwyn *m*, chwerwyn yr ardd, tormwyth *m*, tarfgryd *m*, amranwen *f.*
feverish *a.* **1.** *Med:* twymynol, â thwymyn, llawn twymyn, mewn gwres, a gwres arnoch. **2.** *(climate):* afiach. **3.** *(activity):* gwyllt, prysur iawn; **there was ~ activity,** 'roedd hi'n ferw gwyllt; 'roedd hi fel ffair; 'roedd hi fel diwrnod lladd mochyn; *(= restless):* aflonydd, llawn cyffro/cynnwrf, cynhyrflyd.
feverishly *adv.* yn wyllt, yn brysur &c; **to work ~,** *F:* gweithio fel lladd nadroedd, bod wrthi fel beili mewn sasiwn.
feverishness *n.* **1.** *Med:* gwres [twymynol] *m*, twymynoldeb *m.* **2.** *(of activity):* prysurdeb gwyllt *m*, gwylltineb *m.*
fevernut *n. Bot: (Guilandina crista):* cneuen *(f)* fondwc (cnau bondwc).
feverous *a.* twymynol, llawn twymyn.
feverously *adv.* yn dwymynol, yn llawn twymyn.
feverweed *n. Bot:* **1.** = **eryngo (field)**. **2.** *U.S: (Verbena stricta):* ferfaen syth *f*, mwythlys *m*, llysiau*(pl)*'r cryd.
feverwort *n. Bot:* = **fever-root**.
few *a. & n.* **1.** *(a)* rhai *not foll. by mut.*; ychydig + *soft mut.*, ambell + *soft mut.* + *sing. noun*; **a ~ words,** ambell air, rhai geiriau, gair neu ddau, ychydig [o] eiriau; **a good ~ sth,** tipyn go lew o rth, *S: occ:* cwpwl piwr o rth; **a man of ~ words,** dyn tawedog, dyn prin ei eiriau; **a good ~ people,** nifer [d]da o bobl, *N.W: occ:* pobol reit ddel; **one of the ~ people who . . .,** un o'r ychydig rai sydd . . ., un o'r bobl brin hynny sydd . . .; **during the last ~ days,** yn ystod yr ychydig ddyddiau diwethaf; **with ~ exceptions,** gydag eithriadau prin, gydag ychydig eithriadau, gyda rhai eithriadau; **every ~ days,** bob hyn a hyn, bob yn ail a thrydydd diwrnod; **a ~ times,** ambell waith, weithiau, o dro i dro, ar dro, dro neu ddau, un waith neu ddwy, rai troeon; *(b)* **a ~,** rhai *pl*; **a ~ more days,** rhai dyddiau eto, ychydig o ddyddiau yn rhagor; **in a ~ minutes,** mewn ychydig funudau, gyda hyn, *N: F:* toc; *(c) (pred. use):* prin, ychydig, anaml, anfynych; **visitors are ~ and far between,** prin/anaml yw'r ymwelwyr. **2.** *(a) (with noun function):* ychydig; **~ of them (had travelled),** ychydig ohonynt, rhai yn unig ohonynt (a fuasai oddi cartref); **there are a ~ of us,** y mae ychydig ohonom; **there are ~ of us,** ychydig sydd ohonom; ychydig ohonom sydd; **the fortunate/favoured ~,** yr ychydig ffodus, y ffodusion prin, y lleiafrif ffodus, y rhai ffodus; *(b)* rhai, *occ:* rhywrai, ambell un; **a ~ thought otherwise,** tybiai rhai fel arall; tybiai ambell un fel arall; **~ though otherwise,** ychydig a dybiai fel arall; *F:* **(there were) a good ~** *or* **quite a ~ (of them),** ('roedd) nifer go lew/dda, tipyn go lew, amryw, eithaf twr, dyrnaid go dda (ohonynt); **some ~,** rhyw ychydig; **there are ~ if any of them,** nid oes odid ddim ohonynt; nid oes ond ychydig, os dim ohonynt; ychydig, os dim, sydd ohonynt; **~ if any believe this,** nid oes odid neb yn credu hyn; *F:* **he's had a ~,** mae wedi cael diferyn neu ddau.
fewer *a.* **1.** llai [o rth]; **~ people came,** daeth llai o bobl; **~ than expected,** llai na'r disgwyl; **no ~ than . . .,** cymaint â . . ., nid llai na. . . . **2.** *(pred. use):* prinnach, anamlach, llai, llai niferus; **accidents are ~,** mae damweiniau yn brinnach; mae llai o ddamweiniau. **3. the ~ the better,** gorau po leiaf; **the ~ people there are, the quieter it is,** lleia'n y byd o bobl sydd yna, tawela'n y byd yw hi.
fewest *a.* **1.** y lleiaf *m*, y nifer isaf *mf* [o rth]; **the ~ visitors,** y nifer isaf o ymwelwyr. **2.** *(pred. use):* prinnaf, anamlaf, lleiaf niferus; **there the houses are ~,** dyna ble y mae'r tai [yn] brinnaf.
fewness *n.* prinder *m*, anamlder *m.*
fey *a.* **1.** *(= about to die):* ar farw, ar drengi, dan dynged. **2.** *(= deranged):* dryslyd, lloerig. **3.** *(= clairvoyant):* clirweledol, claerweledol. **4.** *(= elfin, whimsical):* rhyfedd, hynod, tylwythtegaidd, arallfydol, breuddwydiol; **she's rather ~,** mae hi fel un o'r tylwyth teg; mae hi fel rhyw dylwyth teg.
feyness *n.* arallfydolrwydd *m*, breuddwydioldeb *m.*
fez *n. Cost:* ffès (ffesiau) *mf.*
fezzed *a.* yn gwisgo ffès, a ffès am eich pen.
Ffynnondruidion *W.Pl.n.* Ffynnon-dridian *f.*
fiacre *n.* ***fiacre(-s)*** *m*, cerbyd(-au) *m.*
fiancé *n.* dyweddi (dyweddïon, dyweddïau) *m*, darpar ŵr (~ wŷr) *m*; *(loosely):* cariad(-on) *m.*
fiancée *n.* dyweddi (dyweddïau, dyweddïon) *f*, darpar wraig (~ wragedd) *f*; *(loosely):* cariad(-on) *f.*
fianchetto[1] *n. Chess:* ystlysiad *m.*
fianchetto[2] *v.t. Chess:* ystlysu.
fiasco *n.* methiant (methiannau) *m*, ffiasgo(-s) *mf*, llanast[r](-au) *m*, trychineb(-au) *m*; **the project was a ~,** methiant/trychineb fu'r cynllun; fe aeth y cynllun yn llanast/ffliwt; fe aeth hi'n ffliwt ar y cynllun; fe aeth y cynllun yn **draed moch**; *S.* fe aeth y cynllun yn ffradach.
fiat *n.* **1.** *(= authorization):* caniatâd *m*, cennad *f*, awdurdodiad *m.* **2.** *(= order):* gorchymyn (gorchmynion) *m*, *Lit:* arch (eirchion, eirchiau) *f*; **by ~,** trwy orchymyn. **~ money** *n. Fin:* arian *(m)* gorchymyn/anarnewidiol.
fib[1] *n.* anwiredd(-au) *m*, celwydd(-au) golau *m*, *S: F:* ffiben (ffibs) *f*, *S:* lach *m*; *pl.* **fibs,** *N.W: occ:* lỳrcs; **don't tell fibs,** *F:* paid (peidiwch) â'u dweud nhw! *S: occ:* gad dy ffiban!
fib[2] *n.* dweud celwydd[-au], eu dweud nhw, palu celwyddau, rhaffu celwyddau, eu rhaffu nhw, *S: F:* ffiban, *S.E:* lachan, *N.W: occ:* dweud lỳrcs.
fibber *n.* celwyddgi (celwyddgwn) *m*, celwyddwr (celwyddwyr) *m*, palwr (palwyr) *(m)* celwyddau, rhaffwr (rhaffwyr) *(m)* celwyddau, *F:* Wil *(m)* celwydd golau.
fiberization *n.*, **fiberize** *v.t.* ff[e]ibreiddio.
fibre *n.* **1.** *Tex:* ff[e]ibr(-au) *m*, ff[e]ibryn(-nau) *m*, edefyn(-nau) *m*; **animal ~,** ff[e]ibr anifail; **blended ~,** ff[e]ibr cymysg; **continuous ~,** ff[e]ibr di-dor; **flax ~,** ff[e]ibr llin; **man-made ~,** ff[e]ibr gwn|eud/synthetig/gwneuthuredig; **natural ~,** ff[e]ibr naturiol; **peat fibres,** m|anwraidd *(m)* mawn, ff[e]ibrau mawn; **raw ~,** ff[e]ibr crai; **regenerated ~,** ff[e]ibr atgynyrchedig; **staple ~,** ff[e]ibr stapl/toredig; **synthetic ~,** ff[e]ibr synthetig; **wood-fibres,** coedlinion, ff[e]ibrau coed/pren; **vegetable ~,** ff[e]ibr llysiau/llysieuol. **2.** *Anat:* ff[e]ibr; **nerve ~,** ff[e]ibryn/edefyn

nerfol *m*. **3.** *(= character)*: cymeriad *m*, rhuddin *m*; **he lacks moral ~**, 'does dim rhuddin ynddo; **a man of coarse moral ~**, dyn aflednais/cwrs. **4.** *(food)*: ff[e]ibr. **~ content** *n*. cynnwys (*m*) ff[e]ibr. **~ fill** *n*. llenwad (*m*) ff[e]ibrau/ff[e]ibrog. **~ mat** *n*. mat(-iau) (*m*) ff[e]ibr. **~ optics** *n*. opteg (*f*) ff[e]ibrau.
fibreboard *n*. bwrdd (*m*) ff[e]ibr/ff[e]ibrau.
fibred *a*. ff[e]ibrog, edafog.
fibreglass *n*. gwydr (*m*) ff[e]ibr; **a ~ boat**, cwch plastig [gwydr].
fibreless *a*. di-ff[e]ibr, heb ff[e]ibrau.
fibrescope *n*. ff[e]ibrsgop(-au) *m*.
fibriform *a*. ff[e]ibraidd, edafaidd, ar ffurf ff[e]ibrau, edafog, ff[e]ibriffurf.
fibril *n*. *Biol:* ffibril(-au) *m*.
fibrillar[y] *a*. ffibrilaidd.
fibrillate *v.i.&t*. *Med:* ffibrilio.
fibrillation *n*. *Med:* ffibriliad(-au) *m*.
fibrilliform, fibrillose *a*. ffibrilaidd.
fibrin *n*. *Bio-Ch:* ffibrin *m*.
fibrinogen *n*. *Bio-Ch:* ffibr|inogen *m*.
fibrinoid *n*. ffibrinoid(-au) *m*.
fibrinolysin *n*. *Bio-Ch:* ffibrinolysin *m*.
fibrinolysis *n*. *Bio-Ch:* ffibrindoddiant *m*, ffibrinolysis *m*.
fibrinolytic *a*. *Bio-Ch:* ffibrinolytig, ffibrindoddol.
fibrinous *a*. *Bio-Ch:* ffibrinaidd.
fibroblast *n*. *Biol:* ff|ibroblast (ffibroblastau) *m*.
fibroblastic *a*. *Biol:* ffibroblastig.
fibrocement *n*. ffibro-sment *m*.
fibrocystic *a*. ffibrosystig.
fibrocyte *n*. ff|ibrosyt (ffibrosytau) *m*.
fibroid *a. & n*. **1.** *a*. ffibraidd. **2.** *n*. ffibroid(-au) *m*, ffibroma(-ta) *m*.
fibroin *n*. *Bio-Ch:* ffibröin *m*.
fibroma *n*. *Med:* ffibroma(-ta) *m*.
fibromatous *a*. *Med:* ffibromataidd.
fibrosarcoma *n*. *Med:* ffibrosarcoma(-ta) *m*.
fibrosis *n*. *Med:* ffibrosis *m*.
fibrositic *a*. ffibrositig.
fibrositis *n*. *Med:* ffibrositis *m*.
fibrotic *a*. ffibrotig.
fibrous *a*. **1.** *Tex:* *&c:* edafeddog, llinynnog, ff[e]ibrog. **2.** *Anat:* *&c:* ff[e]ibrog.
fibrously *adv*. **1.** yn edafeddog *&c*. **2.** yn ff[e]ibrog.
fibrousness *n*. edafeddogrwydd *m*, ff[e]ibrogrwydd *m*.
fibrovascular *a*. ffibrof|asgwlaidd.
fibster *n*. = **fibber**.
fibula *n*. **1.** *Rom.Ant:* gwäeg (gwaegau) *f*, bwcl (byclau) *m*, clesbyn (clasbiau) *m*, clasb(-iau) *m*, ff|ib[i]wla (ffib[i]wlâu) *mf*. **2.** *Anat:* crimog(-au) *f*, ffib[i]wla.
fibular *a. & n*. *Anat:* **1.** *a*. crimogol, y grimog. **2.** *n*. bwcl (byclau) *m*, clesbyn (clasbiau) *m*, clasb(-iau) *m*.
fiche *n*. = **microfiche**.
fichu *n*. *Cost:* ***fichu(-s)*** *mf*.
ficin *n*. *Bio-Ch:* ffisin *m*.
fickle *a*. anwadal, oriog, cyfnewidiol, gwamal, chwit-chwat, di-ddal, nad oes dim dal arnoch, *N.W:* *occ:* chwim-chwam, chwidl-chwadl, *S.W:* didoreth, *occ:* trohidyn, *S.E:* diwadal, shigl-i-gwt; **a ~ person**, anwadalwr (anwadalwyr) *m*, anwad|alwraig *f*, *S:* s[h]igl-i-gwt *m*.
fickleness *n*. anwadalwch *m*, cyfnewidioldeb *m*, gwamalrwydd *m*, chwitchwatrwydd *m*, oriogrwydd *m*, *S.W:* *occ:* didoreithrwydd *m*, didoreithiwch *m*.
fickly *adv*. yn anwadal *&c*.
fico *n*. = **fig[2]**.
fictile *a*. priddin, o bridd.
fiction *n*. **1.** *(= feigning, fancy, invention)*: ffug(-ion) *m*, ffugiant (ffugiannau) *m*, ffugiad(-au) *m*, ffugiaeth(-au) *f*, dychymyg (dychmygion) *m*, *occ:* celwydd(-au) *m*, anwiredd(-au) *m*, stori ddychmygol (storïau dychmygol); **polite ~**, celwydd golau; **it's pure ~!** dychymyg pur! celwydd noeth! *Jur:* **legal ~, ~ of law**, dychmygiad cyfreithiol *m*. **2.** *(= novels)*: ffuglen *f*, fficsiwn *m*, nofelau *pl*, ffugchwedlau *pl*, gweithiau ffuglennol *pl*; **light ~**, nofelau ysgeifn; **science ~**, ffuglen wyddonol *f*. *S.a.* **fact, truth**.
fictional *a*. ffuglennol, mewn ffuglen.
fictionalization *n*., **fictionalize** *v.t*. ffuglenoli.
fictionalized *a*. ffuglennol; **~ documentary**, rhaglen (*f*) ddogfen ffuglennol (rhaglenni dogfen ffuglennol); **~ life**, cofiant (cofiannau) ffuglennol *m*.
fictionally *adv*. yn ffuglennol, fel ffuglen, ar lun stori.
fictioneer, **fictionist** *n*. awdur(-on) (*m*) ffuglen, ffuglennwr (ffuglenwyr) *m*.
fictionization *n*., **fictionize** *n*. = **fictionalize**.
fictitious *a*. ffug, ffugiol, ffugiedig, dychmygol, *F:* cogio bach, smalio bach; **a ~ tale**, *F:* stori wn|eud (storïau gwneud); *Publ:* **~ imprint**, argraffnod(-au) ffug *m*, gwasgnod(-au) ffug *m*.
fictitiously *adv*. yn ffug *&c*.
fictitiousness *n*. ffugioldeb *m*, natur ddychmygol *f*, ffugiolrwydd *m*.
fictive *a*. ffugiol, dychmygol; **~ kinship**, carennydd gwn|eud.
fid *n*. **1.** *Nau:* pin(-nau) *mf*, gwarbin(-nau) *m*, lletem(-au) *f*. **2.** *Ropem:* gweillen: gweyllen (gweill: gweyll) *f*.
fiddle[1] *n*. **1.** *Mus:* *F:* *(a)* ffidl(-au) *f*, ffidil (ffidlau) *f*; *W:* *A:* crwth (crythau) *m*; *(b)* *(player)*: ffidlwr (ffidlwyr) *m*, ffidler(-iaid) *m*, ffidleres(-au) *f*; *W:* *A:* crythor(-ion,-iaid) *m*, crythores(-au) *f*; **to play first ~**, *Fig:* bod yn geffyl blaen; **to play second ~ to s.o.**, dod yn ail i rn; *Prov:* **there's many a good tune played on an old ~**, gellir rhoi ergyd gymwys â hen fwa; **as fit as a ~**, cyn iached â'r gneuen; **a face as long as a ~**, wyneb hir/llaes (*m*) [fel ffidil], gwep laes *f*. **2.** *Nau:* rhesel(-i) *f*. **3.** *(= swindle)*: twyll *m*, ffidil; **he's on the ~**, mae'n twyllo; mae'n pluo'i nyth; *N:* mae'n rogio; mae'n hel mêl i'r cwch. **~-back 1.** *a*. *crythgefn, cefn crwth. **2.** *n*. *Ent:* (*)chwilen grythgefn (chwilod crythgefn) *f*. **~ beetle** *n*. *Ent:* chwilen (chwilod) (*f*) ffidil. **~-block** *n*. *Mec.E:* pwli(-s) (*m*) ffidil, chwerfan(-au) (*f*) ffidil. **~-bow** *n*. *Mus:* bwa (*m*) ffidil (bwâu ffidlau). **~-de-dee, ~-faddle 1.** *int*. *N:* twt lol! lol botes maip! tyrd o 'na! *S:* dwli! **2.** *n*. *N:* lol *f*, rwdl-mi-ri *mf*, rwtsh-ratsh *m*, *S:* dwli *m*. **~-dock** *n*. *Bot:* *(Rumex pulcher)*: tafolen grythddail (tafol crythddail) *f*, tafolen ganolfain (tafol canolfain). **~-fish** *n*. *Ich:* *(= angelfish)*: maelgi (maelgwn) *m*. **~-grass** *n*. *Bot:* = **willow-herb (hairy)**. **~-head** *n*. *Nau:* *Arch:* pen (*m*) ffidil (pennau ffidlau). **~ pattern** *a*. *(of cutlery)*: carn crwth, carn ffidil. **~-shaped** *a*. crythaidd, crythffurf, fel ffidil/crwth. **~-string** *n*. tant (tannau) (*m*) ffidil; *W.Mus:* *A:* tant crwth.
fiddle[2] *v.t.&i*. **1.** *Mus:* chwarae ffidil, *occ:* ffidlera, *W.Mus:* *A:* chwarae crwth, crythorio, crytha, crythu; *F:* **to ~ while Rome burns**, chwarae'r crwth a Rhufain yn llosgi. **2.** *(b)* **to ~ [about] (with sth)**, ffidlo, ffidlan, *N:* piltran, stwna, mela, poitsio, potsian, *S.W:* chwilibawan, bwdlan, *S.E:* ffrigan, doban (â rhth); **don't ~ with it**, gad(-wch,-|ewch) lonydd iddo; **to ~ away one's time**, lolian, gwastraffu amser, *S:* bradu amser; *(b)* **to ~ the accounts**, ffidlo'r llyfrau, ffidlan y llyfrau.
fiddler *n*. **1.** *Mus:* ffidlwr (ffidlwyr) *m*, ffidler(-iaid) *m*, ffidleres(-au) *f*, *W.Mus:* *A:* crythor(-ion,-iaid) *m*, crythores(-au) *f*. **2.** *(= swindler)*: twyllwr (twyllwyr) *m*, t|wyllwraig (twyllwragedd) *f* hocedwr (hocedwyr) *m*, hoc|edwraig *f*, *S:* cafflwr (cafflwyr) *m*. **3.** *Orn:* = **sandpiper**. **~ crab** *n*. *Crust:* cranc(-od) llygatgoch *m*. **~ duck** *n*. *Orn:* hwyaden dorddu (hwyaid torddu) *f*. **~ fish** *n*. *Ich:* = **guitarfish**. **F~'s Green** *Pr.n*. *Joc:* Ynys (*f*) yr Hud.
fiddlestick *n. & int*. **1.** *n*. bwa (bwâu) (*m*) ffidil, bwa crwth. **2.** *int*. **fiddlesticks!** *N:* lol [botes maip]! twt lol! *S:* dwli!
fiddlewood *n*. *Bot:* crythwydden (crythwydd) *f*.
fiddling[1] *a*. **1.** pitw, dibwys, disylw, diwerth, tila, gwacsaw, ofer. **2.** = **fiddly**.
fiddling[2] *vn*. = **fiddle[2]**.
fiddly *a*. trafferthus; **a ~ job**, *S:* pidlyn (*m*) o waith.
fideism *n*. ffyddiaeth *f*.
fideist *n*. ffyddiwr (ffyddwyr) *m*.
fideistic *a*. ffyddiaethol.
Fidelism *n*. *Pol:* = **Castroism**.
fidelity *n*. **1.** *(= loyalty)*: ffyddlondeb *m*. **2.** *(= accuracy)*: cywirdeb *m*; **high ~**, manwl gywirdeb, tra-chywirdeb *m*; **high ~ equipment**, offer tra-chywir.
fidget[1] *n*. **1.** gwingiad(-au) *m*, ymnyddiad(-au) *m*, gwringell (gwringhellau) *f*, gwringhelliad (gwringelliadau) *m*; **to have the fidgets**, bod yn aflonydd/anesmwyth, cynrhoni, *S.W:* *occ:* bigitan, *S.E:* bod yn annêd. **2.** *(pers.)*: cynrhonyn *m*, *N.W:* cnonyn (cnonod) *m*; **he's a ~**, un aflonydd yw ef.
fidget[2] *v.i.&t*. **1.** *v.i.* *(a)* *(= wriggle)*: gwingo, pystylad, cynrhoni, *N:* *F:* cyrnoni, cnoni, *occ:* sgrwthial, styffigan, *S.W:* *occ:* bigitan; *(to child)*: **don't ~!** bydd yn llonydd! *S.W:* *occ:* paid â

bigitan! *(b) (= worry):* anesmwytho, pryderu, poeni. **2.** *v.t. (= irritate):* aflonyddu, tarfu (ar rn).

fidgetiness *n.* anesmwythdra *m*, aflonyddwch *m*.

fidgeting[1] *a.* = **fidgety**.

fidgeting[2] *vn.* = **fidget**[1] **1**.

fidgety *a.* aflonydd, anesmwyth, gwinglyd, nerfus, diamynedd, *S.W: occ:* annaturus, anhywedd, anhŵeth, *S.E:* annêd.

Fido *Pr.n.* **1.** *(typical dog's name):* Pero, Tango (*pronounced* ng-g), Carlo, Smot. **2.** *Mil: Av: (= Fog Investigation Dispersal Operation): Fido.*

fiducial *a. Astron: Surv:* sefydlog, sylfaenol.

fiduciary *a. & n.* **1.** *a.* ymddiriedol. **2.** *n.* ymddiriedolwr (ymddiriedolwyr) *m*, ymddiried|olwraig *f*.

fidus Achates *Lat.n.* cyfaill cywir *m*.

fie *int. A:* ffei! ych a fi! ~ **upon you!** rhag dy gywilydd di (rhag eich cywilydd chi)! rhag cywilydd iti (ichi)! ffei ohonot ti (ohonoch chi)! *N.E: occ:* heit ohonot ti (ohonoch chi)!

fief *n. Hist:* ffiff(-iau) *m*, tir(-oedd) *(m)* ar rent, *S:* maenor [wrogaethol] (maenorau [gwrogaethol]) *f*, *N:* maenol [wrogaethol] (maenolau [gwrogaethol]) *f*.

fiefdom *n. Hist:* maenoriaeth(-au) *f*.

field[1] *n.* **1.** *Agr: (enclosed):* cae(-au) *m*, *S.W: occ:* parc (perci) *m*, *Lit:* maes (meysydd) *m*; *S.a.* **fallow**; **ploughed ~**, cae wedi'i aredig, cae tro, cae troi; **paddy-~**, cae reis; *Hist:* **the three ~ system**, y gyfundrefn drimaes *f*; **the beasts of the ~**, anifeiliaid y maes; **sloping ~**, *S.W:* bron(-nydd) *f*; *(small):* **enclosed ~**, coetgae(-au) *m*, crofften (crofftydd, crofftau), crofft(-ydd,-au) *f*, cotel(-au) *f*, erw fach *f*, clos(-ydd) *m*, *N.W:* llain (lleiniau) *f*, clwt (clytiau) *m*, *S.W:* bwrgetsh *m*. **2.** *Mil:* **the ~ of battle**, maes y frwydr, *Lit:* maes y gad, cadfaes (cadfeysydd) *m*; **~ of honour**, maes anrhydedd, maes ymwan; **to take the ~**, *(i) Mil:* mynd i ryfel, cychwyn ymgyrch; *(ii) Sp:* dod/mynd i'r maes; *Cr:* mynd i fatio; *Hist:* **the F~ of the Cloth of Gold**, Maes y Brethyn Aur/Euraid; **to win the ~**, trechu, ennill y frwydr; **to hold the ~**, *(i) Mil:* dal y maes, dal eich tir; *(ii) (of theory):* dal tir, dal mewn grym; **to quit the ~**, gadael y maes, cilio; **a fair ~ and no favour**, gornest deg *f*, chwarae teg *m*. **3.** *Sp: (a) (= ground):* maes, cae; **playing-~**, maes/cae chwarae; **rugby ~**, cae rygbi; *(b) (= team): Cr:* **to place the ~**, gosod y tîm, gosod y maeswyr; **the deep ~**, y pellter *m*, y maes pell, pen draw(*m*)'r maes; *(c) Turf:* **the ~**, *(= runners):* y ceffylau *pl*, y rhedwyr *pl*; *(d) (= contestants):* cystadleuwyr *pl*; **to be first in the ~**, bod yn geffyl blaen, bod yn gyntaf yn y maes; *F:* **to play the ~**, chwarae'r maes. **4.** *(a) (of oil, coal, gold &c):* maes, ardal(-oedd) *f*; **ice-~**, maes rhew/iâ; **hunting-~**, maes hela; *Myth:* **the Elysian Fields**, y Meysydd Elysaidd, Meysydd Elysiwm, y Meysydd Dedwydd; *(b) Her:* maes. **5.** *(= sphere of activity):* maes, *occ:* byd(-oedd) *m*; **missionary ~**, maes cenhadol; **~ of conjecture**, maes y damcaniaethau; **you have a clear ~ before you**, mae gennych faes agored o'ch blaen; **in the political ~**, ym myd gwleidyddiaeth, yn y maes gwleidyddol; **there is a great ~ for the product**, mae marchnad *(f)* eang ar gyfer y cynnyrch; **magnetic ~**, maes magnetig; *Geog:* **Accumulated Information F~**, Maes Gwybodaeth Gronedig; **Information Probability F~**, Maes Tebygolrwydd Gwybodaeth; **Mean Information F~**, Maes Gwybodaeth Gymedrig. **6.** *(a) Opt:* **~ of vision**, maes gweledigaeth; *(of telescope):* rhychwant *m*; *Ph:* **gravitational ~**, maes disgyrchedd. **7.** *attrib.* [yn y] maes; *Mil:* cad[-] + *soft mut.*; *for many names of plants, birds &c beginning with* **field**, *See the second element.* **~ allowance** *n.* lwfans(-iau) *(m)* maes y gad. **~ archaeology** *n.* archeoleg *(f)* maes. **~ artillery** *n. Mil:* gynnau *(pl)* maes, *Lit: occ:* cyflegrau *(pl)* maes; *(men):* magnelwyr maes, cadfagnelwyr *pl*. **~ ash** *n. Bot:* = **rowan**. **~ balsam** *n. Bot:* edafeddog bêr *f*. **~ basil** *n. Bot:* sebonllys *(m)* y maes. **~ bean** *n. Bot:* ffeuen/ffäen *(f)* y maes (ffa'r maes). **~ beet** *n. Bot:* = **mangel-wurzel**. **~-book** *n.* nodlyfr(-au) *m*. **~ boot** *n.* botasen (botasau) *f*, bwtsiasen (bwtsias) *f*. **~ capacity** *n.* cynhwysedd *(m)* maes. **~ club** *n.* clwb (clybiau) *(m)* natur, clwb awyr agored. **~ coil** *n. El:* torch *(f)* faes (torchau maes). **~ corn** *n. Husb:* india-corn *m*. **~-cornet** *n. Jur: S.Afr:* ynad(-on) gwledig *m*. **~ cress** *n. Bot:* = **pepperwort**. **~ cricket** *n. Ent:* cricsyn(-nod, crics) *(m)* y maes, cric[i]edyn/criced *(m)* y maes (cric[i]edau'r maes). **~ cypress** *n. Bot:* = **bugle (yellow)**. **~ daisy** *n. Bot:* = **daisy (oxeye)**. **~-day** *n.* **1.** *Mil:* diwrnod *(m)* [yn y] maes. **2.** *Fig:* diwrnod mawr, diwrnod i'r brenin; **the critics will have a ~-day with this,** bydd hyn yn fêl ar fysedd y beirniaid; fe gaiff y beirniaid hwyl anfarwol â hyn. **~ dog** *n. Ven:* ci (cŵn) *(m)* hela. **~ dressing** *n. Mil:* **1.** *(pack):* pecyn(-nau) *(m)* rhwymynnau. **2.** *(treatment):* triniaeth *(f)* dros dro. **~ duck** *n. Orn:* = **bustard (little)**. **~ events** *n.pl. Sp:* mabolgampau. **~-garlic** *n. Bot:* = **garlic (crow)**. **~-glass** *n.*, **~-glasses** *n.pl.* [y]sbienddrych(-au) *m*, *F:* sbienglas(-ys) *m* (*pronounced* ng-g). **~-gun** *n.* gwn (gynnau) *(m)* maes, cadfagnel(-au) *f*. **~ goal** *n. Sp:* gôl *(f)* faes (goliau maes). **~-hand** *n. Agr:* gwas *(m)* ffarm (gweision ffarm/ffermydd). **~ hockey** *n. Sp:* hoci *m*. **~ hospital** *n.* ysbyty (ysbytai) *(m)* maes. **~ house** *n. Sp:* campfa (campf[]eydd) *f*. **~ judge** *n. Fb:* dyfarnwr (dyfarnwyr) *(m)* maes. **~ kitchen** *n. Mil:* cegin(-au) symudol *f*, cegin faes (ceginau maes). **~ lark** *n. Orn:* = **lark (field)**. **~ layer** *n. Nat.Hist:* haen *(f)* y glaswellt. **~ lens** *n.* lens(-ys) isaf *f*. **~ lily** *n. Bot:* = **lily (meadow)**. **~ madder** *n. Bot:* = **madder**. **~ magnet** *n. El:* magned(-au) *(m)* maes. **~ marigold** *n. Bot:* = **marigold (field)**. **F~ Marshal** *n. Mil:* Cadlywydd(-ion) *m*, Cadfarsial(-iaid) *m*, Maeslywydd (-ion) *m*. **~ mint** *n. Bot:* = **catmint**. **~ mouse** *n. Z:* llygoden (llygod) *(f)* y maes, llygoden yr ŷd, llygoden pen bawd. **~ mushroom** *n. Fung:* madarchen (madarch) *(f)* y maes. **~ mustard** *n. Bot:* = **charlock**. **~ nigelweed** *n. Bot:* = **corn-cockle**. **~ officer** *n. Mil:* swyddog(-ion) *(m)* maes. **~ pea** *n. Bot:* pysen (pys) *(f)* y maes. **~ poppy** *n. Bot:* = **poppy (corn)**. **~-rush** *n. Bot:* = **woodrush**. **~ service** *n. Mil:* gwasanaeth *(m)* yn y maes. **~ sketch** *n.* braslun(-iau) *(m)* maes. **~ soapwort** *n. Bot:* = **cow-basil**. **~ sorrel** *n. Bot:* = **sorrel (sheep's)**. **~ spaniel** *n.* sbaengi(*m*)'r maes (sbaengwn y maes) (*pronounced* ng-g). **~ speedwell** *n. Bot:* = **speedwell (field)**. **~ sport[-s]** *n.* helwriaeth *f*, hela *(vn)* a physgota *vn*. **~ studies** *n.pl.* astudiaethau maes. **~ survey** *n.* arolwg (arolygon) *(m)* maes. **~ theory** *n. Mth:* theori *(f)* maes. **~ telegraph** *n.* t|elegraff symudol *m*, telegraff maes. **~-test**[1] *v.t.* maes-brofi. **~ test**[2] *n.* prawf (profion) *(m)* maes. **~ titling** *n. Orn:* = **pipit (tree)**. **~ trial** *n.* treial(-on) *(m)* maes. **~ trip** *n.* taith (teithiau) *(f)* natur, taith allan, taith i'r maes. **~ upgradable** *a. Cmptr:* maes-uwchraddadwy. **~ vole** *n. Z:* = **vole (field)**. **~-winding** *n. El:* weindiad(-au) anwythol *m*. **~-work** *n.* **1.** *Mil:* maeswaith (maesweithiau) *m*. **2.** gwaith *(m)* [yn y] maes, gwaith ymarferol. **~-worker** *n.* gweithiwr (gweithwyr) *(m)* [yn y] maes, gw|eithwraig (gweithwragedd) *(f)* yn y maes. **~ wormwood** *n.* = **wormwood (field)**.

field[2] *v.i.&t. Cr:* **1.** *v.i.* maesu, ffildio. **2.** *v.t.* **to ~ a ball**, dal pêl; **to ~ a team**, rhoi tîm ar y maes; *Fig:* **to ~ a series of questions**, delio â rhes o gwestiynau.

fielder *n. Cr:* maeswr (maeswyr) *m*, ffildiwr (ffildwyr) *m*.

fieldfare *n. Orn:* caseg (cesig) *(f)* y ddrycin, aderyn (adar) *(m)* yr eira, caseg yr eira, bronfraith (bronfreithod) *(f)* yr eira, socan lwyd (socanod llwydion) *f*, socas lwyd (socasau llwydion) *f*, sogiar (sogieir) *f*, cefnllwyd(-ion) *f*.

fielding *vn.* maesu, ffildio.

fieldpiece *n.* gwn (gynnau) mawr *m*, magnel(-au) *f*.

fieldsman *n.m. Cr:* = **fielder**.

fieldstone *n.* maen garw (meini geirwon) *m*.

fieldstrip *v.t. Mil:* datod, datgymalu.

fiend *n.* **1.** cythraul (cythreuliaid) *m*, ellyll(-on) *m*, cythreules(-au) *f*, ellylles(-au) *f*; **the Foul F~**, y Diafol *m*, y Cythraul *m*, Satan *m*, *Lit: occ:* yr Anras *m*; *F: (= very cruel or wicked person):* cythraul, adyn *m*; **sex ~**, treisiwr (treiswyr) *m*. **2.** *F: (= addict, enthusiast):* addolwr (addolwyr) *m*, add|olwraig (addolwragedd) *f*, un selog (selogion) *m*; **dope-~**, caeth(-ion) *(m)* i gyffuriau, *F:* drygiwr(-s) *m*; **fresh-air ~**, addolwr/addolwraig awyr iach, *F:* cythraul am awyr iach.

fiendish *a.* cythreulig, dieflig, uffernol, ellyllaidd, ellyllig, satanaidd; *(= cruel): (also):* creulon, annynol.

fiendishly *adv.* yn gythreulig *&c*.

fiendishness *n.* cythreuligrwydd *m*, diefligrwydd *m*; *(= cruelty): (also):* creulondeb *m*.

fiendlike *a.* = **fiendish**.

fierasfer *n. Ich:* *perlbysgodyn (perlbysgod) *m*.

fierce *a.* ffyrnig, gwyllt(-ion), cynddeiriog, *Lit:* llidiog, llidus, *N.W: occ:* tanbaid, *S: occ:* ffirs, ffirst; *(desire):* angerddol, dwys, brwd; *(sun):* tanbaid; *(storm, battle):* ffyrnig, egr, *F:* eger; *(look): N.W:* stowt; *(wind):* brochus, eg[e]r; **to grow/wax ~**, ffyrnigo, gwylltio, cynddeiriogi; *(of wind):* brochi, egru,

gerwino; *(of sun):* tanbeidio; **the weather has been ~,** fe fu hi'n dywydd garw/egr/gerwin; *Aut:* **~ brake,** brâc eg[e]r.
fiercely *adv.* yn ffyrnig *&c.*
fierceness *n.* **1.** ffyrnigrwydd *m,* gwylltineb *m,* cynddaredd *f; (of wind, also):* egrwch *m,* gerwindeb *m,* rhyferthwy *m; (of passions):* angerdd *m,* angerddoldeb *m; (of sun, fire):* tanbeidrwydd *m.* **2.** *Aut: (of brakes, clutch):* egrwch *m.*
fierily *adv.* yn danbaid *&c.*
fieriness *n.* **1.** *(of sun &c):* tanbeidrwydd *m,* tanllydrwydd *m.* **2.** *(also, of passions):* brwdfrydedd *m,* sêl *f,* angerdd *m,* angerddoldeb *m.*
fiery *a.* **1.** tanbaid, tanllyd, fflamllyd, fflamboeth, gwresog, poeth, eirias, eiriasboeth, chwilboeth; **~ red,** fflamgoch; **~ taste,** blas poeth/chwilboeth. **2.** *(= passionate):* tanbaid, gwyllt, brwd, brwdfrydig, angerddol; *(= angry):* cynddeiriog; *Lit:* **a fiery steed,** march nwydus. **3.** *(gas):* hylosg, hyfflam.
fiesta *n.* gwylmabsant(-au, gwyliau mabsant) *f,* gŵyl (gwyliau) *f,* ffiesta(-s, ffiestâu) *f.*
fife[1] *n. Mus:* chwibanogl(-au) *f,* pib [feinlais] (pibau [meinlais]) *f,* cadbib(-au) *f,* ffeiff(-iau) *m.*
fife[2] *v.i. Mus:* chwibanogli, canu chwibanogl.
fife-rail *n. Nau:* cledren *(f)* rwymo (cledrau rhwymo).
fifer *n.* chwibanoglwr (chwibanoglwyr) *m,* ffeiffer(-iaid) *m,* cadbibydd(-ion) *m.*
fifteen *num. a. & n.* **1.** *a.* pymtheg, *less idiomatically* un deg a phum[p], un deg pum[p]; *foll. by a sing. noun or* o + *n.pl.*; pymtheg *is foll. by the nasal mut. of* blwydd, blynedd, diwrnod; *before them, and before nouns beginning with* m-, *it changes to* pymtheng: **~ years,** pymtheng mlynedd; **~ years old,** pymtheng mlwydd [oed], pymtheg oed; **~ days,** pymtheng niwrnod; **~ minutes,** pymtheng munud, chwarter awr; **ten ~,** chwarter wedi deg; **~ hundred,** pymtheg cant; **~ people,** pymtheg o bobl; **the year ~ hundred,** y flwyddyn pymtheg cant, y flwyddyn mil pum cant; **the ~ hundreds,** y mil pum degau; **~ thousand,** pymtheng mil; **~ times,** pymthengwaith, pymtheg gwaith; **the ~ times table,** y tabl pymtheg; **~ eighty eight,** mil pump wyth wyth. **2.** *n.* pymtheg(-au) *m*; **rugby ~,** tîm (timau) *(m)* rygbi; **the first ~,** y tîm cyntaf; **the second ~,** yr ail dîm.
fifteenth *num. a. & n.* **1.** *a.* pymthegfed, *less idiomatically* un deg a phumed, un deg pumed; *foll. by the soft mut. of a fem. noun, and is itself mutated after the article:* **the ~ time,** y bymthegfed waith; **your ~ birthday,** dy ben blwydd yn bymtheg [oed]; **~ anniversary,** pymthengmlwyddiant (pymthengmlwyddiannau) *m.* **2.** *n.* pymthegfed(-au) *m&f*; **the ~ of May,** y pymthegfed o Fai, Mai'r pymthegfed; **Louis the F~,** Lewis y Pymthegfed; *Mth:* un rhan *(f)* o bymtheg; **seven fifteenths,** saith r[h]an o bymtheg.
fifteenthly *adv.* yn bymthegfed.
fifth *num. a. & n.* **1.** *a.* pumed; *foll. by soft mut. of a fem. noun, and is then mutated after the article:* **the ~ time,** y bumed waith; *Hist:* **the F~ Monarchy,** y Bumed Frenhiniaeth *f*; **a F~ Monarchist,** un o Wŷr y Bumed Frenhiniaeth; *Fr.Hist:* **the F~ Republic,** y Bumed Weriniaeth; **the ~ column,** y bumed golofn; **~ columnist,** pumed golofnydd (~ golofnwyr) *m,* bradwr (bradwyr) *m,* ysbïwr (ysbiwyr) *m*; **~ columnism,** brad *m,* bradwriaeth *f*; **~ wheel,** olwyn(-ion) sbâr *f*; **your ~ birthday,** dy ben blwydd yn bum mlwydd oed, dy ben blwydd yn bump oed; **~ anniversary,** pumlwyddiant (pumlwyddiannau) *m.* **2.** *n.* pumed(-au) *m&f*; **Henry the F~,** Harri'r Pumed; *Mus:* pumed *m*; **consecutive ~,** pumed dilynol; **diminished ~,** pumed cywasgedig; **exposed ~,** pumed noeth; **hidden ~,** pumed cudd; **parallel ~,** pumed cyfochrog; **the ~ of January,** Ionawr y pumed, y pumed o Ionawr; *Mth:* pumed *mf,* un rhan *(f)* o bump; **three fifths,** tair rhan o bump. **~-former** *n.* disgybl(-ion) *(m)* pumed dosbarth. **~-rate** *a.* pumed radd. **~-rater** *n.* un (rhai) *(m)* pumed radd, un *(f)* bumed radd (rhai pumed radd).
fifthly *adv.* yn bumed.
fiftieth *num. a. & n.* **1.** *a.* hanner canfed, *less idiomatically* pum degfed; *foll. by the soft mut. of a fem. noun:* **the ~ time,** yr hanner canfed waith; **~ anniversary,** hanner canmlwyddiant (~ canmlwyddiannau) *m*; **my ~ birthday,** fy mhen blwydd yn hanner cant [oed]. **2.** *n.* hanner canfed(-au) *m&f,* pum degfed(-au) *m&f*; *Mth:* un rhan *(f)* o hanner cant.
fifty *num. a. & n.* **1.** *a.* hanner can ..., *less idiomatically* pum deg..., *Lit: occ:* deg a deugain, deugain a deg *foll. by a sing. noun, or* hanner cant + o + *n.pl.*; **~ acres,** hanner can erw; **~ men,** hanner can dyn, hanner cant o ddynion; **~ times,** hanner can gwaith, hanner cant o weithiau; *it is foll. by the nasal mut. of* blynedd, blwydd, diwrnod: **~ years,** hanner can mlynedd; **~ years old,** hanner canmlwydd [oed]; **~ days,** hanner can niwrnod; **~ pounds,** *(money):* hanner canpunt; *(weight):* hanner canpwys. **~ pence,** hanner can ceiniog; **~ pence piece,** pis[h]lyn (pisiau) *(m)* hanner cant, *O:* pis[h]lyn chweugain; **1650,** mil chwech pum deg; **at 7.50,** am ddeng munud i wyth. **2.** *n.* hanner cant (~ cannoedd) *m,* pum deg(-au) *m*; **she's in her fifties,** mae hi dros ei hanner cant; mae hi yn ei phum degau; **the Fifties,** *(era):* y Pum Degau; **the 1750's,** pum degau'r ddeunawfed ganrif. **~-eight** *a. & n.m.* wyth a hanner cant, hanner cant ac wyth, pum deg [ac] wyth; *for construction See* **eight, eighty-eight. ~-eighth** *a. & n.* wythfed a hanner cant, hanner cant ac wythfed, pum deg [ac] wythfed; *for construcction See* **eighth, eighty-eighth. ~-fifth** *a. & n.* pumed a hanner cant, hanner cant a phumed, pum deg a phumed, pum deg pumed; *for construction See* **fifth, eighty-fifth. ~-fifty** *adv.* hanner a hanner, hanner yn hanner; **to go ~-fifty with s.o.,** rhannu'n gyfartal â rhn, mynd hanner a/yn hanner â rhn. **~-first** *a. & n.* unfed a hanner cant, hanner cant ac unfed, pum deg [ac] unfed, cyntaf ar ôl yr hanner cant; *for construction See* **first, eighty-first. ~-five** *a. & n.m.* pum[p] a hanner cant, hanner cant a phum[p], pum deg a phum[p], pum deg pum[p]; *for construction See* **five, eighty-five. ~-four** *a. & n.* pedwar *(m)* a hanner cant, pedair *(f)* a hanner cant, hanner cant a phedwar/phedair, pum deg a phedwar/phedair, pum deg pedwar/pedair; *for construction See* **four, eighty-four. ~-fourth** *a. & n.* pedwerydd *(m)* a hanner cant, pedwaredd *(f)* a hanner cant, hanner cant a phedwerydd/phedwaredd, pum deg a phedwerydd/phedwaredd, pum deg pedwerydd/pedwaredd; *for construction See* **fourth, eighty-fourth. ~-nine** *a. & n.m.* naw a hanner cant, hanner cant a naw, pum deg [a] naw; *for construction See* **nine, eighty-nine. ~-ninth** *a. & n.* nawfed a hanner cant, hanner cant a nawfed, pum deg [a] nawfed, nawfed ar ôl yr hanner cant; *for construction See* **ninth, eighty-ninth. ~-second** *a. & n.* ail a hanner cant, hanner cant ac ail, pum deg ac eilfed, ail ar ôl yr hanner cant; *for construction See* **second, eighty-second. ~-seven** *a. & n.m.* saith a hanner cant, hanner cant a saith, pum deg [a] saith; *for construction See* **seven, eighty-seven. ~-seventh** *a. & n.* seithfed a hanner cant, hanner cant a seithfed, pum deg [a] seithfed, seithfed ar ôl yr hanner cant; *for construction See* **seventh, eighty-seventh. ~-six** *a. & n.* chwe[ch] a hanner cant, hanner cant a chwe[ch], pum deg [a] chwe[ch]; *for construction See* **six, eighty-six**; *n. F: (weight):* hannercanpwys(-i) *m,* pwysau *(m or pl)* hanner cant. **~-sixth** *a. & n.* chweched a hanner cant, pum deg [a] chweched, chweched ar ôl yr hanner cant; *for construction See* **sixth, eighty-sixth. ~-third** *a. & n.* trydydd *(m)* a hanner cant, trydedd *(f)* a hanner cant, pum deg a thrydydd/thrydedd, pum deg trydydd/trydedd, trydydd/trydedd ar ôl yr hanner cant; *for construction See* **third, eighty-third. ~-three** *a. & n.* tri *(m)* a hanner cant, tair *(f)* a hanner cant, hanner cant a thri/thair, pum deg a thri/thair, pum deg tri/tair; *for construction See* **three, eighty-three. ~-two** *a. & n.* dau *(m)* a hanner cant, dwy *(f)* a hanner cant, hanner cant a dau/dwy, pum deg [a] dau/dwy; *for construction See* **two, eighty-two.**
fiftyfold *a. & adv.* **1.** *a.* hanner canplyg. **2.** *adv.* hanner can gwaith, ar ei hanner canfed, hanner can cymaint, gymaint hanner canwaith.
fig[1] *n.* **1.** *Bot: (Ficus): (fruit):* ffigsen (ffigs) *f, Lit:* ffigysen (ffigys) *f*; **Bengal ~,** *(F. Benghalensis):* ffigysen Bengâl *(pronounced* ng-g), ffigysen flewog (ffigys blewog); **climbing ~,** *(F. pumila):* ffigysen ddringol (ffigys dringol); **fiddle-leaf ~,** *(F. lyrata):* ffigysen grythddail (ffigys crythddail); **mistletoe ~,** *(F. diversifolia):* ffigysen amryddail; **trailing ~,** *(F. radicans variegata):* ffigysen fraith (ffigys brithion); **weeping ~,** *(F. Benjamina):* ffigysen wylofus (ffigys wylofus). **2.** *F:* **a ~ for what he thinks!** naw wfft i'w farn o/e! **I don't care a ~,** ni waeth gen i damaid; nid wy'n hitio/malio botwm corn; nid wy'n hitio/malio ffeuen/taten/*S.W:* ffrig. **~-apple** *n. Bot:* ffigys-afal(-au) *m.* **~ banana** *n. Bot:* *corfanana(-s) *m.* **~-bird** *n. Orn:* eurgeg *(f)* y ffigys, ffigysor(-ion,-iaid) *m.* **~-eater** *n. Ent: (Allorhina nitida):* chwilen (chwilod) *(f)* ffigys. **~-gnat** *n. Ent:* gwybedyn

(gwybed) (*m*) ffigys. **~-leaf** *n. Bot:* deilen (dail) (*f*) ffigys. **~-moth** *n. Ent:* gwyfyn(-od) (*m*) ffigys. **~ marigold** *n. Bot: (Mesembryanthemum crystallinum):* gold (*m*) ffigys. **~-shell** *n. Conch:* cragen (cregyn) (*f*) ffigys. **~-tree** *n. Bot: (ficus):* coeden (coed) (*f*) ffigys, ffigysbren(-nau) *m*, ffigyswydden (ffigyswydd) *f*. **~-wasp** *n. Ent:* pryf(-ed) (*m*) ffigys.

fig[2] *n. F:* **in full ~,** yn eich dillad gorau, yn eich dillad parch.

fig[3] *v.t.* **to ~ s.o. out in sth,** gwisgo/taclu rhn mewn rhth.

fight[1] *n.* **1.** *(= battle):* brwydr(-au) *f*, *Lit:* ymladdfa (ymladdf|eydd) *f*, cad(-au) *f*; **sham ~,** ffug-ymladdfa *f*. **2.** *(a) (= scrimmage):* ymladdfa, ymladd(-au) *m*, ymdaro *vn*, [y]sgarmes(-au,-oedd) *f*, *F:* ffeit(-s) *f*, *N.W: F:* cwffas[t] *f*; **free ~,** [y]sgarmes; *S.a.* **free-for-all; running ~,** brwydr barhaol (brwydrau parhaol); **they had a ~,** buont yn ymladd/cwffio; fe aeth yn daro rhyngddynt; *(b) Box:* gornest(-au) *f*, ymryson(-au) *m*, paffio *vn*; **stand-up ~,** ymladdfa deg (ymladdf|eydd teg), gornest deg (gornestau teg) *f*: **I have fought the good ~,** *See* **fight[2]**: **hand to hand ~,** ymladd/ymladdfa/brwydr â dyrnau, *Lit: occ:* gornest lawlaw (gornestau llawlaw); **the ~ game,** paffio *vn*, bocsio *vn*. **3.** *(= campaign, struggle):* brwydr, ymgyrch(-oedd) *mf*; **to carry on a ~ (against sth),** brwydro, ymgyrchu, cynnal ymgyrch (yn erbyn rhth); **to show ~,** dangos dewrder, dangos parodrwydd i ymladd, gwrthwynebu, gwrthsefyll, peidio ag ildio; *Sp: &c:* **to put up a good ~,** rhoi cyfrif da ohonoch eich hun; **there was no ~ left in him,** 'doedd dim ysbryd/nerth/mynd/ffrwt ynddo; 'roedd wedi colli ei ffrwt; 'roedd yn ddi-ffrwt/ddi-fynd.

fight[2] *v.i.&t.* **1.** *v.i.* ymladd, brwydro; *(with fists):* paffio, cwffio, *S.W: occ:* padlan, padlo, colbo; **to ~ against disease,** ymladd [ag] afiechyd, brwydro yn erbyn afiechyd; **to ~ to the finish,** ymladd i'r pen/eithaf, *N.W: occ:* ymladd dau fywyd; **to ~ against sleep,** gwrthod cysgu, gwrthod mynd i gysgu, brwydro/ymladd â chwsg *or* yn erbyn cwsg, *N: F:* cwffio cwsg; **they began to ~,** dechreuasant ymladd; aethant i ymladd; fe aeth yn ymladd/daro rhyngddynt; **to ~ shy of sth,** osg|oi [gwn|eud] rhth; **to ~ for sth,** ymladd/cwffio dros rth; **to ~ back,** ymladd yn ôl, gwrthwynebu, gwrthsefyll; *Biol:* **~ or flight,** ymladd neu ffoi; *Prov:* **he who fights and runs away, lives to ~ another day,** iacha'i groen, croen cachgi/llwfrgi; iach pen cachgi drannoeth; call a geidw ei groen yn gyfan. **2.** *v.t. (a)* **to ~ a battle,** ymladd brwydr, brwydro; **to ~ one's way out,** ymladd eich ffordd allan, *S:* ffusto'ch ffordd drwodd; **to ~ a case,** ymladd achos; *B:* **I have fought the good ~,** mi a ymdrechais ymdrech deg; *(b)* **to ~ s.o.,** ymladd â rhn, ymladd yn erbyn rhn, *N: F:* cwffio efo rhn; *(c) (dogs, cocks &c):* ymladd; **to ~ one's ships [in battle],** cad-drefnu llongau. **~ down** *v.t.* trechu, gorchfygu (rhth); brwydro (yn erbyn rhth); ymladd (â rhth). **~ off** *v.t.* **1. to ~ off the enemy,** gwthio'r gelyn yn ei ôl, *A:* gwrthladd y gelyn. **2. to ~ off an illness,** gwrthsefyll gwaeledd, ymladd/brwydro yn erbyn gwaeledd. **~ out** *v.t.* **to ~ it out,** penderfynu rhth trwy ymladd, ymladd rhth i'r pen/eithaf.

fighter *n.* **1.** *(pers.):* ymladdwr (ymladdwyr) *m*, yml|addwraig *f*, brwydrwr (brwydrwyr) *m*; *(= campaigner):* ymgyrchydd: ymgyrchwr (ymgyrchwyr) *m*; *(with fists):* paffiwr (paffwyr) *m*, *N:* cwffiwr(-s, cwffwyr) *m*. **2.** *Av:* awyren(-nau) (*f*) ymladd, cad-awyren(-nau) *f*. **~-bomber** *n.* awyren ymladd a bomio, cad-awyren fomio (~-awyrennau bomio). **F~ Command** *n. Mil:* Rheolaeth (*f*) Awyrennau Ymladd. **~-pilot** *n.* peilot (*m*) awyren ymladd (peilotiaid awyrennau ymladd), peilot cad-awyren (peilotiaid cad-awyrennau). **~-rocket** *n.* roced(-i) (*f*) ymladd.

fighting[1] *a.* ymladdol, brwydrol, ymladdgar.

fighting[2] *vn. See* **fight[1]2. ~ chair** *n. U.S:* cadair (*f*) osod (cadeiriau gosod). **~ chance** *n.* gobaith teg *m*, cyfle teg *m*. **~ cock** *n.* ceiliog(-od) (*m*) ymladd, ceiliog talwrn; **to live like a ~ cock,** byw'n fras. **~ drunk** *a.* meddw ymladdgar, ymladdgar feddw, meddw a gwyllt. **~ fish** *n. Ich:* pysgodyn (pysgod) (*m*) ymladd/ymladdgar. **~ fit** *a.* cyn iached â'r gneuen, atebol/ab[a]l i unrhyw beth. **~ fund** *n.* cronfa (cronf|eydd) (*f*) ymgyrchu/ymladd. **~ mad** *a.* candryll, cynddeiriog, gwyllt, wedi gwylltio, lloerig. **~ men** *n.pl. Mil:* milwyr parod, gwŷr arfog. **~ talk** *n.*, **~ words** *n.pl.* her *f*, geiriau heriol/herfeiddiol *pl*; **that's ~ talk,** 'rwyt ti'n gofyn amdani. **~-top** *n. Nau:* bwrdd (byrddau) (*m*) tanio. **~-trim** *n.* **in ~-trim,** parod i frwydr, parod i ymladd, parod amdani.

figment *n.* dychymyg (dychmygion) *m*, rhith(-iau) *m*, ffug(-ion) *m*, rhithdyb(-iadau) *mf*, dyfais (dyfeisiau) *f* (ar ran rhn); **it's a ~ of your imagination,** dychmygu pethau yr ydych; chi sy'n dychmygu pethau; ffrwyth eich dychymyg ydyw.

figuline *a.* pridd, priddin, o bridd.

figura *n. Theol:* ffigur(-au) *mf*, darlun(-iau) *m*, *occ:* drych(-au) *m*.

figurable *a.* darluniadwy.

figural *a.* ffigurol.

figurant *n. Danc:* dawnsiwr (dawnswyr) *m* [yn y côr], côr-ddawnsiwr (~-ddawnswyr) *m*.

figurante *n. Danc:* d|awnswraig (dawnswragedd) *f* [yn y côr], côr-dd|awnswraig (~-ddawnswragedd) *f*.

figuration *n.* **1.** *(= representation):* darlun(-iau) *m*, darluniad(-au) *m*; *(= allegory):* dameg (damhegion) *f*, arwyddlun(-iau) *m*, cyffelybiaeth(- au) *f*. **2.** *(= shape, outline):* gwedd(-au) *f*, ffurf(-iau) *f*, amlinell(-au) *f*. **3.** *Mus:* addurniad *m*, addurno *vn*.

figurative *a.* **1.** *(= emblemative):* ffiguraidd, damhegol, cyffelybiaethol. **2.** *(= metaphorical):* ffigurol, trosiadol.

figuratively *adv.* **1.** yn ffiguraidd. **2.** yn ffigurol *&c*.

figurativeness *n.* **1.** natur arwyddluniol *f*. **2.** natur ffigurol *f*.

figure[1] *n.* **1.** *(a) (= form, shape):* ffurf(-iau) *f*, llun(-iau) *m*; *(b) (of person, body):* ffurf, corff *m*, siâp (*m*) corff, *Lit:* llun, *F:* ffig[i]wr (ffigyrau) *mf*, *S.E:* corffyn *m*; **she has a fine ~,** mae ganddi gorff lluniaidd; mae hi'n lluniaidd; *F:* mae hi'n siapus; mae ganddi ffig[i]wr da; **to keep one's ~,** cadw'ch ffig[i]wr, cadw'n denau, peidio â thwchu, peidio ag ennill pwysau; **to watch one's ~,** gofalu am eich ffig[i]wr. **2.** *(= person as seen):* ffig[i]wr, rhywun (rhywrai) *m*; **his commanding ~,** ei ymarweddiad urddasol/awdurdodol; **I saw a ~ emerge from the wood,** gwelais rywun yn dod o'r coed; **a ~ of fun,** testun (*m*) sbort, testun chwerthin, cyff (*m*) gwawd, *N: F:* pricsiwn *m*; **a fine ~ of a man,** dyn nobl/urddasol yr olwg, *N.W: F:* palff o ddyn, paladr o ddyn, slasyn o ddyn; **a fine ~ of a woman,** gwraig dal a lluniaidd, slasen o wraig *&c*, *N: F:* pladres [o ddynes], strapen [o ddynes], *S.W: F:* clatsien [o fenyw]; **the central ~ of a drama,** y prif gymeriad (*m*) mewn drama; **a public ~,** ffig[i]wr cyhoeddus, rhn enwog (enwogion) *m*; **to cut a sorry ~,** edrych yn dila, creu argraff wael, rhoi cyfrif gwael ohonoch eich hun. **3.** *Art:* **lay ~,** ffig[i]wr (*m*) gosod, dyn(-ion) (*m*) pren. **4.** *(a) Geom:* ffig[i]wr, ffigur(-au) *m*; *(b) (= illustration of text):* darlun(-iau) *m*, llun(-iau) *m*, diagram(-au) *m*, ffigur; *S.a.* **carpet[1]**. **5.** *(a) (= number):* rhif(-au) *m*, ffig[i]wr, ffigur; **double ~,** rhif dwbl; **carrying ~,** rhif i'w gario; **to work out figures,** gweithio ffigyrau; *F:* gwn|eud sỳm/swm, *S.W: occ:* ffiwgro, *N.W:* clandro; **in round figures,** i'r ffig[i]wr agosaf; **significant ~,** rhif ystyrlon; **a mistake in the figures,** gwall yn y swm/cyfrif; **to fetch a high ~,** mynd am bris uchel; **his income runs into five figures,** mae'n ennill mwy na deng mil y flwyddyn; *Med:* **~ of eight bandage,** rhwymyn ffig[i]wr wyth; *(b) pl.* **figures,** *(of a plan &c):* manylion, costau, ystadegau, ffigyrau. **6. ~ of speech,** ffigur ymadrodd; *(loosely):* troad(-au) (*m*) ymadrodd, dull(-iau) (*m*) ymadrodd, *F:* ffordd (*f*) o siarad. **7.** *Gram:* tor (*m*) cystrawen. **8.** *Mus: Log: (of syllogism):* ffigur. **9.** *Mus:* dernyn o alaw (dernynnau o alaw/alawon). **~-conscious** *a.* gofalus o'ch ffig[i]wr. **~-head** *n.* **1.** *N.Arch:* blaenddelw(-au) *f*, bolsbryd(-au) *m*. **2.** *Fig:* *rhithlywydd(-ion) *m*, *rhithbennaeth (rhithbenaethiaid) *m*, arweinydd (arweinwyr) (*m*) mewn enw. **~ skater** *n.* sglefriwr (sglefrwyr) (*m*) ffigyrau, sgl|efrwraig (*f*) ffigyrau. **~ skating** *vn.* sglefrio ffigyrau.

figure[2] *v.t.&i.* **1.** *v.t.* *(a) (= represent):* darlunio, cynrychioli, cyfl|eu; *(b)* **to ~ sth to oneself,** dychmygu rhth; *(c) U.S: F: (= reckon):* **I figured him for dead,** mi feddyliais/dybiais ei fod wedi marw; *(d) Tex:* patrymu, addurno, ffiguro; *(e) Mus:* rhifoli. **2.** *v.i.* *(a)* cyfrif, rhifo; *(b) U.S:* **to ~ on a success,** disgwyl/erfyn llwyddiant, dibynnu ar lwyddiant; *(c)* **his name figures on the list,** gwelir/ymddengys ei enw ar y rhestr; mae ei enw i'w weld ar y rhestr; rhestrir ei enw; *U.S: (= consider):* tebygu, tybio, ystyried, meddwl; **he figured it was useless,** fe'i hystyriodd hi'n ofer; **(it's too late) I ~,** (mae'n rhy hwyr) mae'n debyg gen i, mi dybiwn i, debygwn i, *N: F:* decin-i, d|ecini, *S:* sbo, gwl|ei; *(d)* **that figures,** mae hynny'n gwneud synnwyr; hawdd deall hynny; debyg iawn. **~ in** *v.t.* **to ~ in occasional expenses,** cynnwys mân gostau. **~ out** *v.t. (= work out):* gweithio swm, clandro; **the total figures out at fifty pounds,** swm y cyfan yw hanner can punt; **to ~ out a solution,** meddwl am ateb, darganfod ateb; **to ~ out a problem,** datrys problem; *U.S: (= understand):* deall; **I can't ~ it out,** ni allaf mo'i ddeall; mae y tu hwnt i mi.

figured *a.* **1.** *Tex:* patrymog, ffigurog. **2.** *Mus:* **~ bass,** bas(-au) rhifolog/rhifoledig *m.*

figurine *n.* ffiguryn(-nau) *m*, model(-au) bach *m.*

figuring *vn. Mus: (of chords):* rhifoli cordiau.

figwort *n. Bot: (Scrophularia nodosa):* dail duon da *pl*, dail duon bach, deilen ddu dda *f*, meddyges ddu *f*, meddyges las, craith unnos *f*, gwenith (*m*) y gân, gwrnerth *mf*, *(less correctly):* gornerth, goreunerth; **balm-leaved ~,** *(S. scorodonia):* gwrnerth gwenynddail; **yellow ~,** *(S. vernalis):* gwrnerth y dŵr, gwrnerth melyn; **water ~,** *(S. auriculata):* gwrnerth y dŵr, danhogen (*f*) y dŵr, y benddu *f*; **French ~,** *(S. canina):* gwrnerth y cŵn, gwrnerth Ffrainc; **green ~,** *(S. umbrosa):* gwrnerth las, gwrnerth foel, gwrnerth gorllewinol.

Fiji *Pr.n. Geog:* Ffiji *f.*

Fijian *a.* & *n.* **1.** *a.* Ffijïaidd; *(in language):* Ffijïeg; **the ~ government,** llywodraeth Ffiji; **she's ~,** un o Ffiji yw hi. **2.** *n. (a) Ethn:* Ffijïad (Ffijïaid) *m&f*; *(b) Ling:* Ffijïeg *f*, *m.*

filament *n.* **1.** edefyn(-nau) *m*; *Bot:* ff|ilament (ffilamentau) *m.* **2.** *El:* gwifren (gwifrau) *f*, ffilament.

filamentary *a.* = **filamentous.**

filamented *a.* edefynnog.

filamentous, filar *a.* edefynnaidd, edefynnog, ffilamentog, edafog.

filaria *n. Ann:* ffilaria (ffilariâu) *f*, *F:* llyng[h]yren (llyngyr) *f.*

filarial *a.* ffilariaidd, llyng[h]yrol.

filariasis *n. Med:* ffilariasis *m.*

filariid *a.* & *n.* **1.** *a.* ffilariaidd. **2.** *n.* = **filaria.**

filature *n. (process):* dirwyn *vn*, dirwyniad *m*; *(place):* dirwyndy (dirwyndai) *m.*

filbert *n.* cneuen (*f*) gollen (cnau cyll), cneuen ardd (cnau gardd), cneuen farfog (cnau barfog), cneuen Sbaen.

filch *v.t. F:* dwyn, *F:* dwgyd, *S.W:* dwgy[n]; *N.W:* gweld eich gwyn (ar rth), rhoi'ch pump (ar rhth); progio, dwgyd, bachu (rhth); *Lit:* chwiwladrata (rhth); *Joc:* **s.o.'s filched the apples,** mae'r afalau wedi magu traed.

filcher *n.* lleidr (lladron) *m*, lladrones(-au) *f*, chwiwleidr (chwiwladron) *m*, chwiwladrones(-au) *f*, *N.W:* progiwr (progwyr) *m.*

file[1] *n. Tls:* rhathell(-au) *f*, durlif(-iau) *f*, *F:* ffeil(-iau) *f*; **bastard cut ~,** ffeil fastard (ffeiliau bastard); **cabinet ~,** ffeil gabinet (ffeiliau cabinet); **dead smooth cut ~,** ffeil orlefn (ffeiliau gorlyfn); **cross-cut ~,** ffeil groes (ffeiliau croes); **double-cut ~,** ffeil doriad dwbl (ffeiliau toriad ~); **flat ~,** ffeil fflat; **half round ~,** ffeil hanner cron (ffeiliau hanner crwn); **middle cut ~,** ffeil orfras (ffeiliau gorfras); **needle ~,** ffeil nodwydd; **rat-tail ~,** ffeil fain gron (ffeiliau meinion crynion); **rough cut ~,** ffeil frasddant (ffeiliau brasddant); **second cut ~,** ffeil eildor; **smooth ~,** ffeil lefn (ffeiliau llyfnion); **square ~,** ffeil sgwâr; **three-cornered ~, three-square ~, triangular ~,** ffeil driongl (ffeiliau triongl); **warding ~,** ffeil wardio. **~ card** *n.* **1.** *Metalw:* brwsh(-is) (*m*) ffeiliau. **2.** *See after* **file[3]**. **~-fish** *n. Ich:* pysgodyn garw (pysgod geirwon) *m*, g|arwbysg(-od) *m.* **~-handle** *n.* carn (*m*) ffeil (carnau ffeiliau). **~-shell** *n. Moll: (Lima bians):* cragen arw (cregyn geirwon) *f.*

file[2] *v.t. (with* **file[1]***):* llyfnu, llyfnh|au, *Lit:* rhygnu, rhathellu, rhathu, *F:* ffeilio; **to ~ sth down,** llyfnu/llyfnhau rhth.

file[3] *n.* **1.** *(a)* **bill ~, spike ~,** hoelen (*f*) bapurau (hoelion papurau); **box-~,** blwch (blychau) (*m*) ffeilio; *(b) (= cupboard, cabinet):* cwpwrdd (cypyrddau) (*m*) ffeilio/ffeiliau. **2.** *(= dossier):* coflen(-ni) *f*, cofnod(-ion) *m*, ffeil(-iau) *f*; *S.a.* **subfile; suspended files,** ffeiliau crog; *(of newspaper):* ffeil, ôl-rifynnau *pl.* **3.** *Cmptr:* ffeil; **random access ~,** ffeil hapgyrchu; **sequential ~,** ffeil ddilyniannol. **~ card** *n.* cerdyn (cardiau) (*m*) ffeil, *N:* cardyn (cardiau) (*m*) ffeil, *S:* carden (cardiau) (*f*) ffeil. **~ clerk** *n.* clerc(-od) (*m*) ffeilio. **~ copy** *n.* copi (copïau) (*m*) cadw. **~ creation** *n. Cmptr:* creu (*vn*) ffeil, ffeil-gread *m.* **~ extent** *n.* maint (meintiau) (*m*) ffeil. **~ handling** *vn.* trafod ffeiliau. **~ librarian** *n.* llyfrgellydd (llyfrgellwyr) (*m*) ffeiliau. **~ maintenance** *n.* cynnal (*vn*) ffeil, cynhaliaeth (*f*) ffeil. **~ name** *n.* enw (*m*) ffeil (enwau ffeiliau). **~ processing** *vn.* prosesu ffeil. **~ protection** *n.* diogelu (*vn*) ffeil, diogelwch (*m*) ffeiliau. **~ protection code** *n.* côd (*m*) diogelu ffeil. **~ recovery** *n.* adfer (*vn*) ffeil. **~ store** *n.* storfa (storf|eydd) (*f*) ffeiliau.

file[4] *v.t. (with* **file[3]***):* **1.** ffeilio, dosbarthu, rhencio. **2.** *Jur:* **to ~ a petition,** gwn|eud/cofnodi cais. **3.** *Journ:* **to ~ a story,** anfon newydd i bapur, ffeilio stori.

file[5] *n. Mil: &c: (= line of men one behind another):* llinell(-au) *f*; **in single ~, in Indian ~,** yn un llinell, yn un llinyn, un ar ôl y llall; **to close files,** closio at eich gilydd; *S.a.* **rank[1]**. **~-closer** *n. Mil:* yr olaf (*m*) mewn llinell. **~-leader** *n. Mil:* y cyntaf (*m*) mewn llinell.

file[6] *v.i.* gorymdeithio, mynd yn un llinell; **to ~ off,** mynd o un i un; **to ~ past the war memorial,** gorymdeithio heibio i'r gofeb ryfel; **to ~ in/out,** mynd i mewn/allan fesul un.

filemot *a.* & *n.* **1.** *a.* llwydfelyn (*f.* llwydfelen, *pl.* llwydfelynion). **2.** *n.* llwydfelyn *m.*

filet *n.* ffiled(-au,-i) *f.* **~ darning** *vn.* ffiledu.

filial *a.* mabol, mabaidd, fel mab/merch, ffiliol; **first ~ generation,** cenhedlaeth fabol gyntaf *f.*

filially *adv.* yn fabol, fel mab, fel merch.

filiation *n.* **1.** *(a) (= relationship):* perthynas *f*, cysylltiad(-au) *m* **(to sth,** â rhth); *(of son to father):* maboliaeth *f*, tarddiad *m*, tras(-au) *f*, llinach(-au) *f*; *(b) Jur:* = **affiliation. 2.** *(= offshoot):* cangen (canghennau) *f*, cangheniad (cangeniadau) *m.* **3.** *(= process of derivation):* olrhain *vn*, olrheinio *vn*, olrheiniad *m.*

filibeg *n. Scot: Cost:* cilt(-iau) *m.*

filibuster[1] *n.* **1.** *Hist: (a) (= pirate):* môr-leidr (~-ladron) *m*; *(b) (= guerilla):* herwfilwr (herwfilwyr) *m.* **2.** *Pol: U.S: (a) (= obstructionist):* ffilibystrwr (ffilibystrwyr) *m*, herwddadleuwr (herwddadleuwyr) *m*; *(b) (= obstruction):* ffilibystrad(-au) *m*, herwddadlau *vn.*

filibuster[2] *v.i.* **1.** *Hist:* herwa, môr-ladrata, môr-herwa. **2.** *Pol: U.S:* ffilibystro, herwddadlau.

filibusterer *n.* = **filibuster[1,2]** *(a).*

filiform *a.* edeuffurf.

filigree[1] *n.* eurllin *m*, eurgrwydr *f*, eurwe *f*, arianwe *f*, arianllin *m*, ff|iligri *m.*

filigree[2] *v.t.* ffiligrïo, eurgrwydro.

filigreed *a.* eurweog, arianweog, arianllin, eurllin, eurgrwydr, ffiligrïog.

filing[1] *vn.* & *n.* **1.** *vn.* rhathelliad(-au) *m*; **draw-~,** darffeilio; *S.a.* **file[2]**. **2.** *n.usu.pl.* naddyn (naddion) *m*; *Metalw:* durlifyn (durlifion) *m.* **~-machine** *n.* peiriant (peiriannau) (*m*) llyfnu, llyfnwr (llyfnwyr) *m.*

filing[2] *vn.* **1.** dosbarthiad *m*, dosbarthu; *S.a.* **file[4]**. **~-cabinet** *n.* cwpwrdd (cypyrddau) (*m*) ffeilio. **~-clerk** *n.* clerc(-od) (*m*) ffeilio. **~-code** *n.* côd (codau) (*m*) ffeilio. **~-title** *n. Lib:* teitl(-au) (*m*) ffeilio. **2.** *Jur: (of petition):* cofnodiad *m*, cofnodi *vn*, cofnod(-ion) *m.*

filiopietistic *a.* ffiliopietistaidd.

Filipina *n. Ethn:* Ffilipiniad (Ffilipiniaid) *f*, Ffilipina(-s) *f.*

Filipino *a.* & *n.* **1.** *a.* Ffilipino, Ffilipinaidd. **2.** *n.* Ffilipiniad (Ffilipiniaid) *m&f*, Ffilipino(-s) *m.*

fill[1] *n.* **1.** *(of food):* digon *m*, digonedd *m*, llond (*m*) bol/bola, boliaid: boliad: bolaid (boleidiau) *m*, *S:* gwala *f*; **to have one's ~ (of sth),** cael bolaid, cael eich gwala, cael llond [eich] bol (o rth); *(= surfeit):* cael llond bol (o rth); alaru, syrffedu (ar rth); **to eat one's ~,** cael eich gwala o fwyd, *N. W: F:* hel yn eich bol/crombil/bôs/cetog; **when he had taken his ~,** wedi iddo gael ei wala/ddigoni; **to drink one's ~,** cael digon i'w yfed. **2.** llond *m*, llenwad(-au) *m*, *A:* llonaid (lloneidiau) *m*; *Geog:* **valley ~,** llenwad dyffryn; *(= load):* llwyth(-i) *m*; **a ~ (of tobacco),** catiaid: cataid: catiad *m*, pibellaid *f*, llond pibell, llond cetyn (o faco); **a ~ of ink,** llenwad o inc.

fill[2] *v.t.&i.* I. *v.t.* **1.** *(a)* llenwi, *S:* llanw **(sth with sth,** rhth â rhth, rhth yn llawn o rth); **to ~ a truck,** llenwi/llwytho wagen; **well-filled pockets,** pocedi llawn; **(a hall) filled to overflowing,** (neuadd) dan ei sang, yn llawn dop; *(b)* **to ~ the air with one's cries,** gweiddi nerth eich pen, gweiddi nes bod pawb yn clywed, gweiddi nes bod y lle'n diasbedain, gweiddi dros bob man; **he is filled with despair,** mae'n llawn anobaith; **to ~ s.o. with horror,** codi arswyd ar rn; **to ~ s.o. with enthusiasm,** ennyn/codi brwdfrydedd yn rhn. **2.** *(a tooth, hole, gap &c):* llenwi, llanw, cau, *occ:* topio; **to ~ [up] a vacancy,** llenwi lle gwag; **to ~ a pipe,** *N.W:* llwytho cetyn. **3.** *(= occupy): (a)* **(a post) he has filled (for some time),** (swydd) y mae'n ei dal, y bu ynddi (ers tro); **to**

~ the bill, gwn|eud y tro [yn iawn, yn burion]; **to ~ s.o.'s shoes,** llenwi/cymryd lle rhn; *Th:* **to ~ a part,** cymryd rhan, chwarae rhan; *(b)* **the thoughts that filled his mind,** y pethau a âi trwy ei feddwl. **4. to ~ every requirement,** ateb pob diben/gofyn; *Com:* **to ~ an order,** cyflenwi archeb. II. *v.i.* **1.** llenwi, mynd yn llawn, ymlenwi; **the hall is beginning to ~,** mae'r neuadd yn dechrau llenwi. **2.** *Nau: (of sails):* llenwi, bolio, bochio; **~ away** *v.i. Nau:* trimio hwyl i ddal y gwynt. **~ in** *v.t.* **1.** llenwi, *S:* llanw; **to ~ in the date/name,** dodi'r/rhoi'r dyddiad/enw i mewn; **to ~ [in, up] a form,** llenwi/llanw/cwblh|au ffurflen; *F:* **to ~ in time,** treulio amser, llenwi amser; *F:* **to ~ s.o. in,** *(= beat up): N:* colbio/leinio/waldio rhn, rhoi cweir i rn, *S:* ffusto/bwrw/wado rhn, rhoi hemad i rn; *S.a.* **beat²**; *F:* **to ~ s.o. in on sth,** rhoi rhn ar ben y ffordd ynghylch rhth. **2.** *v.i.* **to ~ in for s.o.,** llenwi lle rhn. **~-in** *n.* **1.** *(= substitute):* llenwad(-au) *m*, rhn (rhai) llanw. **2.** *U.S:* **to give s.o. a ~-in,** rhoi rhn ar ben y ffordd. **~ out 1.** *v.t. (a) (balloon &c):* llenwi, llanw, chwyddo, chwythu; *(b) (speech &c):* chwyddo; *(c) U.S: (a form):* cwblhau, llenwi. **2.** *v.i. (of balloon, sail): (a)* llenwi, llanw, mynd yn llawn, *Lit:* ymlenwi, chwyddo, bolio, bochio, bolchwyddo; *(b) (= put on weight):* llenwi, ennill pwysau, prifio, pesgi, tewh|au, tewychu, *F:* twchu, *N.W: occ: F:* lystïo; **her cheeks are filling out,** mae ei bochau'n dechrau llenwi. **~ up** *v.t.&i.* **1.** *v.t. (a)* llenwi (rhth) [yn llawn], *S:* llenwi (rhth) hyd y fŷl, *S.W: occ:* llenwi rhth hyd y twret; *abs.* **to ~ up with petrol,** llenwi'r tanc â phetrol, rhoi llond tanc o betrol; **~ her up!** llanwch hi! ei llond hi! *(b) (hole &c):* cau, llenwi, *N.W: occ:* topio; *(c) (form, cheque):* cwblhau, llenwi. **2.** *v.i.* llenwi. **~-up** *n.* **stop at the garage for a ~-up,** arhoswch yn y garej i gael llenwi'r tanc.

fille *n.f.* **~ *de chambre*,** morwyn(-ion, morynion) ystafell; **~ *de joie*,** putain (puteiniaid).

filled *a.* llawn, llond (**with sth,** o rth); *occ:* llenwedig, llanwedig; **half-~,** hanner llawn; **it's ~ with water,** mae'n llawn dŵr; mae'n llawn o ddŵr; mae ei lond o ddŵr.

filler *n.* **1.** *(pers.):* llenwr (llenwyr) *m*, llanwr (llanwyr) *m*. **2.** *(thing):* llanwydd(-ion) *m*, llenwydd(-ion) *m*, llenwad(-au) *m*, llanwad(-au) *m*, *N.W: occ:* topyn (topins) *m*; **paste ~,** llanwad pâst; *Journ:* darn(-au) *(m)* llanw, pwt (pytiau) *(m)* llanw. **~ cap** *n.* cap(-iau) *m* [petrol *&c*]. **~ light** *n. T.V:* golau (goleuadau) *(m)* llanw.

fillet¹ *n.* **1.** *Cost:* r[h]uban(-au) *m*, ysnoden(-ni) *f*, *occ:* ffunen(-ni) *f*, *A:* talaith (taleithiau) *f*. **2.** *Cu: (of beef):* goforddwyd(-ydd) *m*, ffiled(-au,-i) *f*. **3.** *Arch:* ysnoden, cylch(-au) *m*; **facing ~,** ffiled wynebu. *Mec.E: (= rim, raised edge):* rhimyn(-nau) *m*. **4.** *(a) Her: Bookb: Typ:* llinell *(f)* ysnoden (llinellau ysnodenni) **~-border** *n.* ymyl *(mf)* r[h]imyn (ymylon rhimyn). **~ darning** *vn.* ffiledu. **~ decoration** *n.* addurn(-iadau) *(m)* ffiled. **~ steak** *n. Cu:* stecen (stêcs) *(f)* ffiled. **~ weld¹** *n.* lleinasiad(-au) *m*. **~ weld²** *v.t.* lleinasio.

fillet² *v.t.* **1.** *(= bind):* rhubanu, ysnodennu, rhwymo, clymu. *(= encircle):* amgylchu. **2.** *Cu: (= divide fish):* hollti, ffiledu; *(= remove bones):* tynnu esgyrn, diesgyrnu (rhth).

filleted 1. *(= decorated with fillets):* ysnodennog. **2.** *(= boneless):* diesgyrn, heb esgyrn. **3.** *(= split):* rhanedig, hollt.

filling¹ *a. (food):* diwallol, digonol, llenwol, sy'n diwallu, sy'n digoni, sy'n llenwi.

filling² *vn. & n.* **1.** *vn. (a)* llenwad *m*, llenwi, llanw; *(b)* **~ of a vacancy,** penodiad *(m)* i swydd, llenwi swydd. **2.** *n. (a) (substance):* llenwad(-au) *m*, defnydd(-iau) *(m)* llenwi/llanw; *(to fill hole, gap): N.W: occ:* topyn (topins) *m*; *Dent:* llenwad; **one extraction and two fillings,** tynnu un a llenwi dau; *Min: N.W: occ:* stampin *m*; *Cu:* llenwad, *See* **fill²**. **~-station** *n. Aut:* gorsaf *(f)* betrol (gorsafoedd petrol), *F:* lle(-oedd,-fydd) *(m)* petrol.

fillip¹ *n.* **1.** clip(-iau) *m*, clipen: clipan: clipsen (clips) *f*, clec *(f)* ar fawd, *Lit:* cnipws *m*, cnip *m*, *N:* clipws *m*, fflibiad(-au) *m*, niclad(-au) *m*. **2.** *(= stimulus):* hwb *m*, symbyliad(-au) *m*, ysgogiad *m*; **to give a ~ to business,** hybu busnes, rhoi hwb i fusnes.

fillip² *v.t.* **1.** *(a marble &c):* clican, clecian, clipio, *N.W: occ:* fflibio, niclo (marblen *&c*); rhoi clipws (i farblen *&c*). **2.** *(= stimulate):* hybu, ysgogi (rhth); rhoi hwb (i rth).

fillister *n. Carp:* plaen(-iau) *(m)* rabetio, ffilistr(-au) *m*.

filly *n.* **1.** *(= foal):* eboles(-i) *f*, *F:* poles(-i) *f*, *S.W: occ:* swclen *f*, *S.E: occ:* ebolesen (ebolesi) *f*, *A:* ffilog(-od) *f*. **2.** *F: (= young woman): S:* clegen (clegod) *f*, ffliwchen *f*, sgenes *f*, *N:* [l]lefren ([l]lefrod) *f*, cywen(-nod) *f*, cywennen (cywennod) *f*, glasen(-nod) *f*, llafnes(-i) *f*, cangen (cangau) *f*.

film¹ *n.* **1.** *(a) (of grime):* haen(-au) *f*, haenen(-nau,-ni) *f*, caen(-au) *f*, caenen(-nau,-ni) *f*, cramen(-nau,-ni) *f*; *(of ice):* plymen(-nau,-ni) *f*; **~ over the eye,** pilen(-nau,-ni) *f*, rhuchen(-nau,-ni) *f*; *(of boiled milk &c):* croen *m*; *(b) (of condensation):* anwedd *m*, tarth *m*, tawch *m*, agerdd *m*, *N:* anger: angar *(pronounced* ng-g) *m*, *S.W:* ffwgen *f*; *(c) (of slime, algae):* haen, haenen, caenen, croen, llysnafedd *m*, *N:* slafan *f*, snafad *m*. **2.** *Phot:* ffilm(-iau) *f*. **3.** *Cin: (a)* ffilm(-iau) *f*; *F: (shown in cinema):* llun(-iau) *m*; **silent ~,** ffilm fud (ffilmiau mud), *F:* llun distaw; **talking ~,** ffilm lafar (ffilmiau llafar), llun llafar, *F:* llun siarad; **news ~,** ffilm newyddion; **3 dimensional ~,** ffilm dri D (ffilmiau tri D); **colour ~,** ffilm liw (ffilmiau lliw), *F:* llun lliw; **full-length ~,** ffilm hir, *F:* llun mawr; **short ~,** ffilm fer, *F:* llun bach; **horror ~,** ffilm arswyd; **to shoot a ~,** gwn|eud ffilm, ffilmio; *(b)* **the films,** y s|inema, byd *(m)* ffilmiau. **~ badge** *n.* bathodyn(-nau) *(m)* ffilm. **~-goer** *n.* mynychwr (mynychwyr) *(m)* ffilmiau, myn|ychwraig *(f)* ffilmiau. **~ loop** *n.* cylch(-au) *(m)* ffilm. **~-maker** *n.* gwneuthurwr (gwneuthurwyr) *(m)* ffilmiau, gwneuthu|urwraig *(f)* ffilmiau. **~-making** *vn.* gwneud ffilmiau. **~ rights** *n.pl.* hawlfreintiau ffilm. **~-script** *n.* sgript *(f)* ffilm (sgriptiau ffilmiau). **~ star** *n.* seren (sêr) *(f)* ffilmiau. **~-strip** *n.* stribed(-i) *(m)* ffilm. **~-stock** *n.* ffilm[-iau] *(m)*, stoc *(m)* ffilmiau wrth gefn. **~ track** *n. T.V:* trac(-iau) *(m)* ffilm.

film² *v.t.&i.* **1.** *v.t. Cin:* ffilmio (rhth), gwn|eud ffilm (o rth), rhoi (rhth) ar ffilm, *F:* tynnu llun (rhth); **he films well,** mae'n hawdd tynnu ei lun. **2.** *v.i.* **to ~ [over],** *(i) (of pond &c):* croenio, croeni, magu croen/caenen, mynd yn llysnafedd i gyd; *(ii) (of eyes):* pylu.

filmcard *n.* = **microfiche.**

filmdom *n.* byd *(m)* [y] ffilmiau.

filmic *a.* ffilmol, ffilmaidd.

filmically *adv.* yn ffilmol *&c*.

filmily *adv.* yn groeniog.

filminess *n.* croeniogrwydd *m*.

filmography *n.* ffilmyddiaeth *f*.

filmset¹ *a.* ffotogysodedig.

filmset² *v.t.* ffotogysodi.

filmsetter *n.* ffotogysodwr: ffotogysodydd (ffotogysodwyr) *m*.

filmsetting *vn. Typ:* ffotogysodi, cysodi/gosod ar ffilm.

filmy *a.* **1.** *(a)* croeniog, caenennog; *(with slime):* llysnafeddog, croeniog; *(eye):* pŵl, niwlog. **2.** *(lace, cloud):* ysgafn, gwawnol, gwawnaidd, meinweog, ansylweddol, fel gwawn. **3. ~ fern** *n. Bot: (Hymenophyllum):* rhedynach *pl*; **Tunbridge ~ fern,** *(H. tunbrigense):* rhedynach teneuwc; **Wilson's ~ fern,** *(H. Wilsonii):* rhedynach Wilson.

filofax *n. R.t.m:* ff|eiloffacs (ffeiloffacs[i]au) *mf*.

filoplume *n. Orn:* edeubluen (edeublu) *f*.

filoselle *n. Tex:* edau *(f)* sidan, ***filoselle*** *m)*.

filter¹ *n.* hidlwr (hidlwyr) *m*, hidlen(-ni) *f*, hidl(-au) *f*, hidlwr (hidlwyr) *m*, hidlydd(-ion) *m*, hidlyr(-on) *m*; **air ~,** hidlwr aer/awyr. **~-bed** *n.* gwely(-au) *(m)* hidlo, haen(-au) *(f)* hidlo. **~-feeder** *n. Z:* hidlwr (hidlwyr) *(m)* bwyd. **~-funnel** *n. S:* twndish(-au) *(m)* hidlo, *N:* twmffat(-iau) *(m)* hidlo. **~-paper** *n.* papur(-au) *(m)* hidlo. **~-pump** *n.* pwmp (pympiau) *(m)* hidlo. **~-signal** *n. Veh:* arwydd(-ion) *(m)* trylifo. **~-tip 1.** *n.* blaen(-au) *(m)* hidlo. **2.** *attrib.* [â] blaen hidlo.

filter² *v.t.&i.* **1.** *v.t.* hidlo. **2.** *v.i. (a) (of water):* trylifo, diferu, hidlo, ymhidlo [drwodd], *N: occ:* nawsio; *(b) (of news &c):* treiddio; *(c)* **the crowd filtered out of the doors of the theatre,** ymlwybrodd y dorf allan trwy ddrysau'r theatr; *(of traffic):* trylifo, treiddio; *P.N:* **"~ left",** "trylifwch i'r chwith".

filterability *n.* hidladwyedd *m*.

filterable *a.* hidladwy.

filtered *a.* hidledig.

filterer *n.* hidlwr (hidlwyr) *m*.

filth *n.* **1.** *(= dirt):* budreddi *m*, baw *m*, *S:* llaca *m*, *S.W: occ:* stegets[h] *m*; *S.a.* **filthiness. 2.** *(a) (moral):* llygredd *m*, llygredigaeth *f*, budreddi [moesol], aflendid *m*, halogrwydd *m*; *(b) (= bad language):* brastod *m*, budreddi; **to talk ~,** siarad yn fras, *S:* siarad yn frwnt, *N:* siarad yn fudr.

filthily *adv.* yn aflan, yn fudr, yn frwnt *&c*.

filthiness *n.* budreddi *m*, butrwch *m*, aflendid *m*, mochyneiddiwch *m*, mochyndra *m*, mochdra *m*, bryntni *m*, brynti *m*.
filthy *a.* **1.** aflan, mochynnaidd, *N:* budr(-on), *S:* brwnt (*f.* bront, *pl.* bryntion), mochaidd, *S.W: occ:* sibwchaidd, mochynllyd; **~ lucre,** budrelw *m*; **to get ~ lucre,** budrelwa. **2.** *(talk):* aflan, bras (breision), brwnt, budr; **~ talk,** *N: occ:* araith ddrwg *f*, brastod *m.* **3. ~ weather,** tywydd mawr *m*; **what a ~ day!** am hen ddiwrnod budr! **4.** *adv.* **~ rich,** yn graig o arian, yn drewi o arian; **~ dirty,** yn faw i gyd, yn fochynnaidd fudr, yn gaglau i gyd, yn gaglog, *S:* fel strelgi o frwnt, *N: occ:* yn faw drybola.
filtrable *a.* = **filterable.**
filtrate¹ *n. Ch: &c:* hidl[i]ad(-au) *m*, hidlif(-oedd) *m*, hidl-lif (-oedd) *m.*
filtrate² *v.t.&i.* hidlo.
filtration *n.* hidl[i]ad(-au) *m*, hidlo *vn.*
filum *n.* ffilwm *m.*
fimble hemp *n. Bot:* cywarch [gwryw] *m.*
fimbria *n. Biol:* eddi *pl*, sider(-ion) *m*, rhidens *pl.*
fimbrial *a. Biol:* eddïog, siderog, rhidennog.
fimbriate[d] *a.* **1.** *Bot:* eddïog, siderog. **2.** *Her:* hemiog.
fimbriation *n.* *(= edge):* rhimyn(-nau) *m*; *(= fringe):* eddi *pl*, sider (-ion) *m*, rhidens *pl.*
fin¹ *n.* **1.** *(of fish):* asgell (esgyll) *f*; **having fins,** asgellog; **adipose ~,** asgell fras/flonegog (esgyll breision/blonegog); **anal ~,** asgell refrol (esgyll rhefrol), asgell y rhefr; **caudal ~,** asgell y gynffon/gwt, asgell gynffonnol (esgyll cynffonnol); **dorsal ~,** asgell y cefn; **medial fin,** asgell ganol (esgyll canol); **paired fins,** esgyll paredig; **pectoral ~,** asgell ddwyfronnol, bronasgell (bronesgyll) *f*; **pelvic ~,** asgell belfig (esgyll pelfig); **ventral ~,** asgell dorrol (esgyll torrol). **2.** *(of plough, rocket &c):* adain (adenydd) *f*, aden(-ydd) *f*, asgell; **~-back** *n. Z:* morfil(-od) asgellog *m.* **~-foot** *n. Orn:* aderyn (adar) cyfandroed *m.* **~-footed** *a.* **1.** *Orn:* cyfandroed. **2.** *Moll:* adeindroedog. **~-whale** *n.* = **fin-back.**
fin² *v.t.&i.* **1.** *v.t.* adeinio (rhth), rhoi adenydd/esgyll (i/ar rth). **2.** *v.i.* *(= swim underwater):* nofio dan y don, nofio dan ddŵr.
finable *a.* dirwyadwy.
finagle *v.t.&i.* twyllo, *N.W: occ:* ffinglio (*pronounced* ng-g), rogio, *S: occ:* cwsno, cafflo.
finagler *n.* twyllwr (twyllwyr) *m*, t|wyllwraig (twyllwragedd) *f*, *N.W: occ:* ffingliwr (ffinglwyr) *m* (*pronounced* ng-g), rogiwr (rogwyr) *m*, *S:* caffiwr (caffiwyr) *m.*
final *a. & n.* **1.** *a.* *(a)* olaf; **to put the ~ touches to sth,** caboli rhth, gorffen rhth yn iawn; *Com:* **the ~ date (for payment),** y dyddiad olaf *m* (ar gyfer talu); **the ~ demand,** y cais olaf *m*; *Th:* **the ~ curtain,** y llen olaf *f*; *Hist:* **the F~ Solution,** yr Ateb Terfynol; *(b)* *(= definitive):* terfynol, dibennol; **semi-~,** cynderfynol; **quarter-~,** gogynderfynol; *Jur:* **~ judgement,** dyfarniad terfynol *m*; **the umpire's decision is ~,** mae barn/penderfyniad y dyfarnwr yn derfynol; y dyfarnwr biau'r gair olaf; **am I to consider that as ~?** [ai] dyna'ch gair olaf ar y pwnc? **take this as ~,** mae hyn yn derfynol; deallwch hyn unwaith ac am byth; *(c)* *Phil:* **~ cause,** achos dibennol/terfynol *m*; *Gram:* **~ clause,** cymal (*m*) pwrpas. **2.** *n.* *(a)* *Sp:* gornest derfynol (gornestau terfynol) *f*; **the finals,** y gemau terfynol, y rownd derfynol *f*; **semi-~,** gornest/gêm gynderfynol (gornestau/gemau cynderfynol); **quarter-~,** gornest/gêm [g]ogynderfynol (gornestau/gemau gogynderfynol) (*often not mutated*); *Fb:* **Cup F~,** Gêm (*f*) Gwpan (Gemau Cwpan), Gornest Gwpan (Gornestau Cwpan), Gêm *&c* [Derfynol y] Gwpan (Gemau *&c* [Terfynol y] Gwpan); *(b)* *Sch: &c:* arholiadau terfynol, arholiadau gradd; *(c)* *(edition of newspaper):* argraffiad olaf/hwyraf *m*; *(d)* *Mus:* prif nodyn (~ nodau) *m.*
finale *n.* diweddglo(-eon) *m.*
finalism *n. Phil:* dibenyddiaeth *f*, terfynoliaeth *f.*
finalist *n.* **1.** *Sp:* terfynwr: terfynydd (terfynwyr) *m.* **2.** *Phil:* dibenyddiwr (dibenyddwyr) *m*, terfynolwr (terfynolwyr) *m.*
finalistic *a. Phil:* dibenyddiol.
finality *n. Phil: &c:* terfynoldeb *m*, terfynolrwydd *m*; **he spoke with ~,** llefarai ag awdurdod (*m*).
finalization *n.* cwblhad *m*; *vn.* = **finalize.**
finalize *v.t.* cwblh|au, terfynu, gorffen.
finalized *a.* terfynol, gorffenedig.
finally *adv.* **1.** *(= at last):* yn y diwedd, o'r diwedd. **2.** *(= definitively):* yn derfynol; *(= in short):* yn olaf, mewn gair, yn fyr, yn y pen draw; *(in list):* yn olaf.
finance¹ *n.* **1.** cyllid *m*, arian *m*; *(science, study):* arianneg *f*; **high ~,** byd (*m*) arian [mawr]. **2.** *pl. F:* **his finances are low,** 'does ganddo ddim arian; mae hi'n fain arno. **F~ Act** *n.* Deddf (*f*) Gyllid (Deddfau Cyllid). **F~ Bill** *n.* Mesur(-au) (*m*) Cyllid. **~ company, ~ house** *n.* tŷ (tai) (*m*) cyllid, ariandy (ariandai) *m.*
finance² *v.t.* ariannu, cyllido, noddi (rhth); rhoi/darparu arian (at/i rth, ar gyfer rhth).
financial *a.* cyllidol, ariannol.
financially *adv.* yn gyllidol *&c*; o ran cyllid.
financier¹ *n.* cyllidwr (cyllidwyr) *m*, ariannwr (arianwyr) *m.*
financier² *v.i. Pej:* budrelwa.
finback *n.* = **fin-back.**
finch *n. Orn:* pila(-on) *m*, llinos(-od) *f*, pinc(-od) *mf*, ysbincyn *m*, asgell (esgyll) *f*, *N.W: occ:* pwynt(-iau) *m*; *S.E: occ:* Twm tinc *m*; **bachelor ~, = chaffinch; bramble ~, = brambling; cardueline ~, = goldfinch; citril ~,** *(Chrysomitris citrinella):* pila melynwyrdd; **crimson-winged ~,** *(Rhodopechys sanguinea):* [yr] asgell goch (esgyll cochion) *f*; **desert ~,** *(Rh. obsoleta):* pila'r waun; **fallow ~, = wheatear; fire-~,** *(Euplectes):* y llinos dân; **house ~,** *(Carpodacus mexicanus):* pila M|ecsico; **mountain ~, = brambling; painted ~,** *(Cyanospiza ciris):* pila lliwgar; **pie ~, = chaffinch; purple ~,** *(Carpodacus purpureus):* pila porffor; **snow ~,** *(Montifringilla nivalis):* pila'r eira; **storm ~, = petrel (stormy); thistle ~, yellow ~, = goldfinch; trumpeter ~,** *(Rh. githaginea):* cornor(-ion,-iaid) (*m*) y graig; **zebra ~,** *(Polphila guttata):* gwehydd(-ion) rhesog; *S.a.* **bullfinch, chaffinch, goldfinch, greenfinch, hawfinch, rosefinch. ~-falcon** *n. Orn:* *(Microhierax):* (*)corhebog(-au,-iaid) *m.*
find¹ *n.* darganfyddiad(-au) *m*; **a [lucky] ~,** caffaeliad(-au) *m*; *Archeol:* **stray ~,** darganfyddiad digyswllt/crwydr.
find² *v.t.* **1.** *(a)* darganfod, cael (rhth); dod o hyd, cael hyd (i rth); taro (ar rth); dod ar draws (rhth); *F:* ffeindio (rhth); **it is found (everywhere),** fe'i ceir, mae ar gael, mae i'w gael (ym mhob man); **to ~ some difficulty in doing sth,** ei chael hi'n anodd gwneud rhth; *(b)* **to ~ s.o. at home,** cael rhn gartref; **I found him out,** *(= not at home):* cefais ei fod oddi cartref; **(you must take us) as you ~ us,** (rhaid ichi ein cymryd ni) fel yr ydym, fel y gwelwch ni; **leave everything as you ~ it,** gadewch bopeth fel y cawsoch ef; **I found myself obliged to beg,** fe'm cefais fy hun yn gorfod cardota; **many schools have found it necessary to change the curriculum,** profiad llawer ysgol yw bod angen newid y cwricwlwm; **I found it necessary to reply,** gwelwn fod rhaid ateb; **I found myself crying,** fe'm deliais i fy hun yn wylo; fe'm cefais fy hun yn llefain. **2.** *(= discover, locate):* cael, darganfod *&c, occ:* lleoli; **the [lost] key has been found,** cafwyd yr allwedd; daethpwyd o hyd i'r allwedd; *N: F:* mae'r allwedd wedi dod i'r fei; **do you know where I can ~ a second-hand lamp?** a oes gennych chi hanes lamp ail-law? **I found myself a house,** mi ddois o hyd i dŷ i mi fy hun; **~ me a house,** chwiliwch am dŷ i mi; **~ it yourself,** chwilia amdano dy hun; *P.N:* **~ a space,** chwiliwch am le gwag (*not* darganfyddwch wagle); **to ~ fault (with s.o.),** gweld bai, lladd, achwyn (ar rn); hel beiau, pigo beiau (yn rhn); **to ~ one's feet,** cael eich cefn atoch, cael eich traed danoch; **to try to ~ sth,** chwilio am rth, ceisio cael hyd i rth; **to ~ one's way to doing sth,** llwyddo i wneud rhth; **he is not to be found,** 'dyw e ddim ar gael; 'does dim golwg ohono; **to ~ an excuse to go,** hel esgus i fynd; **be sure your sin will ~ you out,** gwybyddwch y goddiwedda eich pechod chwi; **to ~ one's way home,** dod o hyd i'r ffordd adref, ffeindio'ch ffordd yn ôl adref; **the story found its way into the book,** cynhwyswyd yr hanes yn y llyfr; **to ~ oneself,** eich darganfod eich hun; dod o hyd i chi eich hun; *(= find one's vocation):* gweld eich gwaith; **how do you ~ yourself?** sut hwyl sydd arnat ti (arnoch chi)? **I can't ~ time to ...,** 'does gennyf ddim amser i ...; **his thoughts found expression in a poem,** mynegwyd ei feddyliau mewn cerdd; **he found the courage to ...,** magodd ddigon o ddewrder i ...; **I could ~ it in my heart to do sth,** mi glywn ar fy nghalon wneud rhth; mi allwn ar fy nghalon wneud rhth; **to ~ favour with s.o.,** ennill ffafr rhn, boddio/plesio rhn. **3.** *(a)* *(= see, realize):* cael, gweld, canfod, sylweddoli; **I found she had left the house,** cefais ei bod wedi gadael y tŷ; **I ~ her most attractive,** 'rwy'n ei chael/gweld hi'n ddeniadol iawn; **I ~ it is time to go,** gwelaf ei bod hi'n bryd mynd; mae'n debyg gen i ei bod hi'n bryd mynd; **this**

letter, I ~, arrived yesterday, ddoe, hyd y gwelaf *or* yn ôl a welaf, y cyrhaeddodd y llythyr hwn; *(b)* **they will ~ it easy,** byddant yn ei gweld/chael hi'n rhwydd; **I ~ it impossible to sing,** 'rwy'n methu'n lân â chanu; ni fedraf yn fy myw ganu. **4.** *Jur:* dyfarnu, cael; **to ~ s.o. guilty,** cael rhn yn euog; **to ~ for s.o.,** dyfarnu o blaid rhn, rhoi dyfarniad o blaid rhn. **5.** *(a)* **to ~ the money for an undertaking,** dod o hyd i'r arian at ryw fenter; **X finds half the money,** bydd X yn darparu hanner yr arian; *(b)* **wages fifty pounds all found,** cyflog o hanner canpunt gan gynnwys bwyd a llety; *A:* **he found himself in clothes,** prynodd ei ddillad ei hun. **~ out** *v.t.* *(a)* *(= solve):* datrys, datgelu; *(mistake, secret):* darganfod, datgelu. *abs.* **to ~ out about sth,** *(i)* *(= inquire):* holi ynghylch rhth; *(ii)* *(= discover truth):* cael gwybod y gwir am rth, cael hanes rhth; **to ~ out what's wrong,** cael gwybod beth sydd o'i le, cael gwybod beth sy'n bod, *S. W: occ:* cael gwybod y dolur; **what have you done with it? - ~ out!** beth wnaethoch chi ag e? -chwiliwch! **~ out for yourself,** chwilia/hola [drosot] dy hun; *(b)* **to ~ s.o. out,** dal rhn [ar ei fai/bai]; **to be found out,** cael eich dal; *Joc:* **thou shalt not be found out,** paid â chael dy ddal.

findable *a.* darganfyddadwy, canfyddadwy, caffaeladwy.

finder *n.* **1.** darganfyddwr (darganfyddwyr) *m*, darganf|yddwraig *f*; *F:* **finders keepers,** sy'n cael, sy'n cadw; a gaiff, a geidw; fi piau fe/fo/hi/nhw. **2.** *(a)* *Opt:* *(of telescope):* *El:* lleolwr (lleolwyr) *m*; *(b)* *Phot:* = **viewfinder**.

finding *vn.* & *n.* **1.** *(= discovery):* darganfyddiad(-au) *m*, canfyddiad(-au) *m*; darganfod *vn*, canfod *vn*; *Jur:* **~ of fact,** darganfod ffaith. **2.** *(= thing found):* caffaeliad(-au) *m*. **3.** *(= conclusion, verdict):* casgliad(-au) *m*, dyfarniad(-au) *m*. **4.** *pl.* *U.S:* *(of craftsman):* taclau *pl*, petheuach *pl*; *(= jewellery):* gemwaith *m*, tlyswaith *m*. **~ list** *n.* rhestr *(f)* leoli (rhestri lleoli).

fine[1] *n.* **1. in ~,** yn fyr, mewn byr eiriau, mewn gair, *occ:* ar fyr. **2.** *Jur:* dirwy(-on) *f*; **to impose a ~ on s.o.,** dirwyo rhn, rhoi/gosod dirwy ar rn. **3.** *Archives:* **foot of ~,** troedgytgord *m*. **4.** *Hist:* tâl (taloedd) *m*, tâl cymryd.

fine[2] *v.t.* dirwyo (rhn), rhoi/gosod dirwy (ar rn), *F:* ffeinio (rhn); **he was fined a hundred pounds,** cafodd ddirwy o ganpunt; cafodd ganpunt o ddirwy.

fine[3] *a., adv.* & *n.* I. *a.* **1.** *(a)* *(= pure):* pur, coeth; **gold twenty-two carats ~,** aur coeth dau garat ar hugain; *(b)* *(= subtle, slender):* main (meinion); **a ~ distinction,** gwahaniaeth main iawn, *F:* bach iawn o wahaniaeth; **~ tuning,** manwl diwnio, tiwnio manwl, manwl gyweirio, manwl diwnio. **2.** *(a)* *(= beautiful):* hardd (heirdd, heirddion), teg, cain (ceinion), tlws (*f.* tlos, *pl.* tlysion), *N: F:* del, *S:* pert, glân, ffein, *occ:* taliedd; *Lib:* **~ binding,** rhwymiad cain; **~ copy,** copi di-nam, copi cain; **a ~ woman,** gwraig hardd, **the ~ arts,** y celfyddydau cain; **he's got idling down to a ~ art,** mae wedi perffeithio'r grefft o ddiogi; *Prov:* **~ feathers make ~ birds,** teg pob hardd; *(b)* *Lit:* **~ sentiments,** syniadau aruchel/arddunol/dyrchafedig; **to say ~ things about s.o.,** canmol rhn, canu clodydd rhn; **to call things by ~ names,** rhoi enwau teg ar bethau; **~ words,** geiriau teg; *Prov:* **~ words butter no parsnips,** ni lenwir cylla gwag â geiriau teg. **3.** *(a)* **meat of the finest quality,** cig o'r ansawdd gorau, y cig gorau; **to appeal to s.o.'s finer feelings,** apelio at deimladau gorau rhn; **~ barley,** haidd rhywiog *m*; **slate/stone of ~ quality,** carreg rywiog *f*; **~ paper,** papur dosbarth cyntaf; *(b)* *(= excellent):* ardderchog, gwych, campus, godidog, ysblennydd, rhagorol, p|enigamp, penig|amp, heb eich ail, *occ:* rhywiog, *F:* bendigedig, *S:* ffein; **(he's a) ~ (man),** (mae'n ddyn) ardderchog, *N:* nobl, *S:* ffein, piwr, nèt, oilyn; **a ~ figure of a man,** dyn hardd/golygus, *N: F:* palat (= paladr) o ddyn nobl; **a ~ figure of a woman,** gwraig hardd/olygus, *N: F:* pladres o ddynes nobl; **a ~ display,** arddangosfa wych *f*, sioe ardderchog *f*; **a man of ~ presence,** dyn urddasol yr olwg; **a ~ piece of business,** bargen *(f)* werth chweil; **a ~ future,** dyfodol disglair *m*; **it's been a ~ thing for him,** fe wnaeth fyd o les iddo; fe fu'n fantais fawr iddo; **we had a ~ time,** cawsom hwyl anfarwol/ardderchog; cawsom amser bendigedig/braf; **[that's] ~!** o'r gorau! [dyna hi] i'r dim! purion! iawn! *S. W:* ffamws! *N. W: occ:* siort orau! **that's ~ by me,** mae hynny'n iawn gen i; iawn o'm rhan i; **a ~ fish,** pysgodyn braf/nobl, *S:* pysgodyn ffein; **~ potatoes,** tatws braf, *S:* tato ffein; *N.B:* braf *does not usually mutate*; *(c)* *Iron:* **that's all very ~, but . . .,** digon hawdd dweud hynny ond . . .; popeth yn iawn, ond . . .; **a ~ gentleman,** gŵr mawr, gŵr bonheddig; **here's another ~ mess you've got me into,** dyma andros o lanast arall y tynnaist ti fi iddo; **a ~ friend you are!** ffrind da wyt ti! **you're a ~ fellow!** un da wyt ti! *N. W:* 'rwyt ti'n un glas! hogyn del wyt tithau! *(= healthy):* da, iawn, iach; **I feel ~,** 'rwy'n teimlo'n dda; **to look ~ and healthy,** *S:* disgwyl yn llawn eich cot, *N:* edrych yn llond eich croen. **4.** *(weather):* teg, braf, *S:* ffein; **~ weather,** hindda *f*, hinon *f*, tywydd braf *m*, tywydd teg; **a ~ day,** diwrnod braf/teg *m*, *N. W: occ:* diwrnod tirion; **when the weather is ~,** pan fydd hi'n braf, *S. W:* pan fydd hi'n hindda; *(of weather):* **to become ~,** mynd yn braf, troi'n braf, *N:* codi'n braf, *occ:* brafio, *S: occ:* ffeinh|au, *S. W:* hinddanu, *S.E:* hinoni; **one ~ day,** *(in past):* pa ddydd, unwaith, un tro; *(in future):* **one of these ~ days,** rhyw ddydd a ddaw, un o'r diwrnodiau 'ma, un o'r dyddiau nesaf 'ma, un bore braf, ryw fore braf. **5.** *(a)* *(texture):* main (meinion); **~ linen,** lliain main *m*; **~ brass wire,** weiar bres fain *f*; *Cin:* **~ cut,** print(-iau) manwl *m*; **~ control,** rheolaeth fanwl *f*; *(sand, dust):* mân; **~ dust,** manlwch *m*, mân lwch *m*; **~ flour,** manflawd *m*, mân flawd *m*; **~ hairs,** manflew *pl*; **~ hay,** manwair *m*; **~ particles,** mân ronynnau, gronynnau mân; *Tls:* **~ pitch,** *(of saw &c):* pitsh ffein/mân *m*; **~ print,** print mân *m*; **~ soil,** pridd mân *m*, *S. W:* pridd yn ffluwch; *Biol:* **~ structure,** mân-adeiledd *m*; **~ structural,** mân-adeileddol; **~ mesh,** rhwydwaith mân *m*; *(b)* *(= pointed, tapering):* main, pigfain; *(writing, thread):* main; **a ~ edge,** min da/llym/awchlym *m*, awch da/llym *m*; **a ~ nib,** nib main *m*; **not to put too ~ a point on it,** a siarad yn blwmp ac yn blaen, heb flewyn ar dafod, heb hollti blew; *(c)* *Cr:* main; **~ leg,** coes fain *f*; **deep ~ leg,** coes fain bell. II. *adv.* yn dda, yn wych, yn burion, yn iawn, *S:* yn ffein, yn ffamws; **she's doing ~,** mae hi'n dod ymlaen yn wych/iawn; **I like it ~,** 'rwy'n ei hoffi'n burion; mae wrth fy modd; 'rwyf wrth fy modd gydag ef; mae'n fy mhlesio'n fawr; **how are you? - ~!** sut 'rydych chi? - iawn! go lew wir! *S.E: occ:* iawnda! **to chop [meat] ~,** torri cig yn fân; *F:* **to cut it ~, to run it ~,** gwneud rhth o fewn trwch y blewyn, gwneud rhth o fewn dim; **he cut it ~ to catch the train,** cael a chael fu hi iddo ddal y trên; *N: F:* mi aeth hi'n ben set arno i ddal y trên; **it's no good cutting prices too ~,** thâl hi ddim torri prisiau at y bôn; *Sp:* **to train a horse too ~,** hyfforddi gormod ar geffyl; *Needlew:* **to draw sth ~,** gwnïo/pwytho (rhth) yn fân, mân-bwytho (rhth). III. *n.* *(= fine weather):* tywydd braf/teg, hindda *f*, hinon *f*. **2.** *pl.* **fines,** *(flour):* peilliaid *m*, peillion *pl*, blawd mân *m*. **~-cut** *a.* a dorrwyd/falwyd yn fân; mân. **~-draw** *v.t.* **1.** *Needlew:* gwnïo/pwytho (rhth) yn fân, mân-bwytho (rhth). **2.** *(wire &c):* tynnu (rhth) yn fain. **~-drawn** *a.* *Needlew:* mân-bwythog; **~-drawn seam,** mân-bwythiad(-au) *m*, mân-wnïad (~-wniadau) *m*; *(wire, thread):* main (meinion), tenau (teneuon); *(distinction):* tra manwl, gorfanwl; **~-featured** *a.* golygus, prydweddol. **~-grain** *a.* *Phot:* graen main. **~-grained** *a.* graenus, teg eich graen, â graen teg. **~-leaved** *a.* meinddeiliog, meinddail. **~-looking** *a.* golygus, teg, hardd, prydferth [yr olwg, o bryd]. **~-spoken** *a.* dilediaith, teg eich lleferydd, geirdeg, huawdl. **~-spun** *a.* **1.** *Tex:* main (meinion), *occ:* manweaidd, manwyaidd. **2.** *(theory &c):* cywrain (cywreinion), gorgywrain (gorgywreinion). **~-tooth comb** *n.* *N:* crib mân *m*, *S:* crib fân *f*.

fine[4] *v.t.&i.* **1.** *v.t.* **to ~ beer down,** clirio cwrw, diwaddodi cwrw. **2.** *v.i.* **to ~ away/down/off,** meinh|au, tapro, mynd yn fain/bigfain.

finely *adv.* **1.** *(a)* *(= fairly, utterly):* **(he was) ~ (tricked),** (fe'i twyllwyd ef) yn lân, yn deg, i'r dim; *(b)* *(= delicately, subtly):* yn gynnil; **a ~ balanced contest,** gornest gyfartal iawn; *(c)* **to split sth ~,** mân-hollti rhth; **flour ~ powdered,** blawd wedi'i falu'n fân; **meat ~ chopped,** cig wedi'i dorri'n fân. **2.** *(= excellently):* yn goeth, yn deg, yn hardd *&c*.

fineness *n.* **1.** *(of gold &c):* coethder *m*, puredd *m*. **2.** *(= fine quality):* ansawdd [da] *m*, ansawdd [dda] *f*, rhagoriaeth *f*. **3.** *(= splendour):* tegwch *m*, gwychder *m*, ardderchowgrwydd *m*, ysblander *m*, godidowgrwydd *m*, coethder. **4.** *(of thread, stuff):* meinder *m*, teneuder *m*, teneurwydd *m*, teneuwch *m*; *(of sand, fragments &c):* manedd *m*, mander *m*, mandra *m*. **5.** *(of sentiments):* arucheledd *m*. **6.** *(of one's nature):* noblrwydd *m*, ffeindra *m*.

finery[1] *n.* *Iron:* gwychder *m*, coegwychder *m*, harddwisg(-oedd) *f*, *F: Iron:* ffrilach *pl*, ffrils *pl*, *N. W: F:* ffigiaris *pl*; **she was decked out in all her ~,** *N:* 'roedd hi wedi ei gwisgo fel cangen Mai;

'roedd hi'n gwisgo'i holl ffigiaris; 'roedd hi fel caseg sioe *or* fel ceffyl preimin; *S: occ:* 'roedd hi yn ei charpau gorau.

finery² *n. (= furnace):* ffwrnais (ffwrneisi, ffwrneisiau) *f,* coethffwrn (coethffyrnau) *f.*

fines herbes *n.pl. Cu:* sawrlysiau/perlysiau cymysg.

finesse¹ *n.* **1.** *(= stratagem):* ystryw(-iau) *f,* dichell(-ion) *f; Cards: **finesse(-s)** f.* **2.** *(= subtlety):* cynildeb *m,* craffter *m; (= cunning):* cyfrwyster *m,* cyfrwystra *m.*

finesse² *v.i.&t.* **1.** *v.i. (a)* smalio, cogio, bod yn gyfrwys; *(b) Cards:* ei mentro hi, herio. **2.** *v.t. Cards:* **to ~ a card,** mentro cerdyn; **to win a trick by ~,** ennill trwy ***finesse***.

finetop *n. Bot:* = **bent-grass.**

finfish *n.* = **fin-back.**

finger¹ *n.* **1.** bys(-edd) *m;* **first ~, index ~** bys blaen, *occ:* mynegfys(-edd) *m,* uwdfys(-edd) *m,* bys yr uwd; **middle ~, second ~,** bys canol, hirfys(-edd) *m,* canolfys(-edd) *m, V:* bys y din; **third ~, ring ~,** bys modrwy, *occ:* cwtfys(-edd) *m;* **little finger,** bys bach, *occ:* clustfys(-edd) *m;* **to twist s.o. round one's little ~,** cocsio rhn, gwn|eud fel a fynnoch chi â rhn, troi rhn o gwmpas eich bys bach; **there's more in his little ~ than there is in your whole body,** mae mwy yn ei fys bach ef nag sydd yn dy holl gorff di; **I forbid you to lay a ~ on him,** ni chei di ddim cyffwrdd ag ef; ni chei di ddim cyffwrdd pen dy fys ynddo; *F:* **to put the ~ on s.o.,** bradychu rhn, estyn bys at rn; **to lay/put one's ~ on the cause of the evil,** rhoi'ch/dodi'ch bys ar y dolur, gosod eich bys ar y dolur; taro'r hoelen ar ei phen; **to shake/wag one's ~ at s.o.,** dweud y drefn wrth rn, ceryddu rhn, estyn bys at rn; **he wouldn't lift a ~ to help you,** ni wnâi ef ddim codi bys i'ch helpu; *F:* **to pull one's ~ out,** tynnu'r ewinedd o'r blew, *V:* tynnu bys o'ch tin; **to point the ~ of scorn at s.o.,** estyn bys at rn, estyn bys yng ngwegil rhn; *F:* **to let sth slip through one's fingers,** colli cyfle, gadael i gyfle fynd heibio; **he has a ~ in every pie,** mae ganddo fys ym mhob brŵes; *occ:* mae ganddo fys ym mhob cawl; **I was all fingers and thumbs,** 'roeddwn yn fodiau i gyd; **let's keep our fingers crossed,** hei lwc y daw rhth gwell; daliwn i gredu; **fingers were made before forks,** cystal bys a bawd â chyllell a fforc; **to snap one's fingers,** rhoi clec ar eich bawd; **to burn one's fingers,** llosgi'ch bysedd; **to work one's fingers to the bone,** slafio, gweithio'n ddwbwl drebal, gweithio'ch bysedd at yr asgwrn, gweithio'ch bysedd yn bytiau, *S.W:* hemo arni; **my fingers itched to handle the books,** yr oeddwn i'n ysu am drafod y llyfrau. **2.** *Meas: (a) A:* bysfedd(-i) *f,* lled *(m)* bys; *(b) U.S:* hyd *(m)* bys. **3.** *Cu:* **fish ~,** 'sglodyn *(m)* pysgodyn ('sglodion pysgod), darn *(m)* pysgodyn (darnau pysgod). **4. dead men's fingers,** *(a) Bot:* = **orchis (early purple)**; *(b) Z:* llaw farw *f; (c) Fung: (Xylaria polymorpha):* bysedd y meirwon; **lady's ~,** *Bot: (i)* = **kidney vetch.** *(ii) (= okra):* ocra *m.* **~ alphabet** *n.* yr wyddor *(f)* fysedd. **~ and toe** *n. Hort:* = **clubroot.** **~-board** *n. Mus:* **1.** *(of violin):* crib(-au) *mf,* brân *f.* **2.** *(of piano &c):* bysfwrdd (bysfyrddau) *m,* byseddfwrdd (byseddfyrddau) *m;* **raised ~-board,** bysfwrdd/byseddfwrdd uchel. **~-bowl** *n.* dysgl *(f)* ddŵr (dysglau dŵr). **~ clam** *n. Conch:* ewin *(f)* Fair (ewinedd Mair). **~ coral** *n. Z:* bysedd *(pl)* cwrel. **~ cord** *n. Needlew:* cordyn *(m)* bys. **~ cymbals** *n.pl. Mus:* symbalau bysedd, castanedau. **~-fern** *n. Bot:* duegredynen (duegredyn) *f,* bysredynen (bysredyn) *f.* **~-fish** *n.* = **starfish.** **~-flower** *n. Bot:* = **foxglove.** **~ gauge** *n. Carp:* medrydd *(m)* bys. **~-glass** *n.* = **finger-bowl** **~-grass** *n. Bot:* byswellt *m;* **hairy ~-grass,** *(Digitaria sanguinalis):* byswellt blewog; **smooth ~-grass,** *(D. ischaenum):* byswellt llyfn; **cock's foot ~-grass,** *(Dactylis glomerata):* troed *(m)* y ceiliog. **~-hold** *n.* gafael *f* [bys], crâff *mf,* lle *(m)* i fysedd. **~-hole** *n. Mus:* twll *(m)* [i'r] bys (tyllau bysedd). **~-joint** *n. Carp:* uniad *(m)* bys (uniadau bysedd). **~ lake** *n. Geog:* llyn(-noedd) hirgul *m.* **~-licking** *a.* **~-licking good,** digon da i lyfu'ch bysedd, bys-lyfol o flasus, gwerth llyfu'ch bysedd ar ei ôl. **~ lime** *n. Bot:* *corleim(-iau) *m.* **~ language** *n.* iaith *(f)* fysedd. **~-mark** *n.* ôl *(m)* bys (olion bysedd). **~-paint¹** *n.* paent *(m)* bysedd, paent pen bys. **~-paint²** *v.i.* peintio/paentio â bys, peintio/paentio pen bys. **~-plate** *n. Carp: &c:* plât (platiau) *(m)* bysedd. **~-post** *n.* mynegbost (mynegbyst) *m.* **~ shell** *n. Conch:* bysgragen (bysgregyn) *f.* **~-sponge** *n. Z:* ysb|wng (ysbyngau) byseddol *m.* **~-stall** *n. Med:* byslen(-ni) *f,* bysledr(-au) *m,* bodle(-oedd) *m, S.W:* bwtcyn *m,* botgyn *m, S.E: occ:* bysled(-au) *m,* bysof *m,* biswg *m,* byseg(-au) *f, N.W:* byslaw *m,* myslen(-ni) *f.* **~-tight** *n.* bys-dyn[n] *m.* **~-wave** *n. Hairdr:* ton(-nau) *(f)* ben bys (tonnau pen bys).

finger² *v.t.* **1.** byseddu, bodio (rhth); ymh|el (â rhth); *N.W: occ:* hel eich bysedd (hyd rth); *N: occ:* mela (rhth); *F: (= betray):* bradychu (rhn), estyn bys (at rn). **2.** *Mus:* bysio.

fingerberry *n. Bot:* **1.** *(plant):* bysfiaren (bysfieri) *f.* **2.** *(fruit):* bysfwyaren (bysfwyar) *f.*

fingerbreadth *n.* lled *(m)* bys, bysfedd(-i) *f.*

fingered *a.* **1.** byseddog, â bysedd; **many-~,** â llawer o fysedd, tra byseddog, amlfyseddog; **rosy-~,** â bysedd rhosliw; **light-~,** *(i) (pianist &c):* [â] llaw ysgafn, ysgafn eich cyffyrddiad; *(ii) (= thieving):* [â] dwylo blewog, lladronllyd. **2.** *Mus:* wedi'i fyseddu, bysedig. **3. a much-~ book,** llyfr a fodiwyd/fyseddwyd gan lawer, llyfr a llawer o ôl bodio arno.

fingering¹ *vn.* **1.** byseddiad(-au) *m,* byseddu. **2.** *Mus:* bysiad(-au) *m,* bysio.

fingering² *n. (= wool):* edafedd *pl.*

fingerlike *a.* bysaidd, fel bys.

fingerling *n. Ich:* gleisiad (gleisiaid) *m.*

fingernail *n.* ewin(-edd) *mf.* **~ plant** *n. Bot:* ewin goch *f.*

fingerprint¹ *n.* ôl *(m)* bys (olion bysedd).

fingerprint² *v.t.* **to ~ s.o.,** cymryd olion bysedd rhn.

fingerprinting *vn.* cymryd olion bysedd.

fingertip *n.* blaen *(m)* bys (blaenau bysedd), pen *(m)* bys (pennau bysedd); **at one's fingertips,** ar flaenau'ch bysedd; **a businessman to his fingertips,** dyn busnes hyd at flaenau'i fysedd. **~ control** *n.* rheolaeth *(f)* pen bys.

fingerweed *n. Algae:* byswymon *m.*

finial *n. Arch:* terfyniad(-au) *m,* topwaith *m,* blaen(-au) *m,* pen(-nau) uchaf/pellaf *m.*

finical *a.* **1.** *(pers.):* tringar *(pronounced* ng-g), manwl gywir, gorfanwl, cysetlyd, *N: occ:* misi, ffil-ffal, *S.E: occ:* ffyrniclyd. **2.** *(task &c):* manwl, tringar.

finicality *n.* manwl gywirdeb *m,* tringarwch *m (pronounced* ng-g), manylrwydd *m.*

finically *adv.* yn fanwl *&c.*

finicalness, finickiness *n.* = **finicality.**

finicking, finicky *a.* = **finical.**

finis *n.* diwedd(-au) *m,* terfyn(-au) *m,* diweddglo(-eon) *m;* **in ~,** yn y diwedd, yn y pen draw.

finish¹ *n.* **1.** diwedd(-au) *m,* terfyn(-au) *m,* pen *m;* **(to fight [it out]) to a ~,** (ymladd) hyd yr eithaf, hyd y diwedd, i'r pen [draw]; **to be in at the ~,** bod yno ar y diwedd, gweld y diwedd; **that's the ~ of it!** *(= it's had it):* dyna ddiwedd arni! *S.W: occ:* 'na 'i hangladd hi nawr! **2.** *(a) Needlew: &c:* gorffeniad(-au) *m; (b) (of furniture &c):* caboliad(-au) *m,* gorffeniad, cabolwaith *m,* caen *f;* **fine ~,** gorffeniad ffein; **glossy ~,** gorffeniad llathraidd.

finish² *v.t.&i.* **1.** *v.t. (a)* gorffen, darfod, cwblh|au (rhth); rhoi pen (ar rth); *S:* cwpla, [di]bennu, *occ:* pennu, *Lit: occ:* diweddu, cloi (rhth); **to ~ doing sth,** gorffen/darfod gwneud rhth; **to ~ off a piece of work,** darfod/cwblhau gwaith; **to ~ off a wounded beast,** diweddu anifail clwyfedig; *Needlew:* **to ~ off,** gorffennu; **he's finished!** mae hi ar ben arno! mae hi wedi darfod arno! mae hi wedi [ch]wech arno! mae hi wedi canu arno! **~ up your food,** bwyta dy fwyd i gyd (bwytewch eich bwyd i gyd); *(b) (furniture, paper, pottery &c):* llathru, caboli, gorffennu; *(= veneer):* caenu; *(c) Husb:* pesgi, tewychu, pwyntio. **2.** *v.i. (a)* gorffen, darfod, dod i ben, peidio, terfynu; *(at end of meeting):* **(it's time for us) to ~,** (mae'n bryd inni) ddod i ben y dalar, gau'r gyrnen, gau pen y mwdwl, gau'r siop; **to ~ work,** gorffen/darfod/cwpla gwaith, rhoi'r gorau i waith, *S.W:* codi cefn, gollwng, *N.W: Min:* rhoi'ch cerrig i fyny; **his work finishes this week,** daw ei waith i ben yr wythnos hon; **haven't you finished yet?** *Iron:* ydych chi wrthi o hyd? ydych chi'n dal wrthi? **to ~ in a point,** diweddu mewn pig/pwynt; *(b)* **he finished by calling me a thief,** yn y diwedd galwodd fi'n lleidr; gorffennodd/diweddodd drwy fy ngalw i'n lleidr; *(c)* **I have finished with it,** 'rwy wedi darfod ag ef; 'does arna' i mo'i angen bellach; *F:* **he's finished with her,** mae popeth ar ben rhyngddo ef a hi; mae wedi darfod â hi; *(d) F:* **wait till I've finished with him!** aros di (arhoswch chi) nes imi ddarfod ag ef! *(e)* **to ~ fourth,** dod yn bedwerydd.

finished *a.* **1.** gorffenedig, *S.W: occ:* gorffennol; *(= dead):* wedi darfod. **2.** *(appearance):* trwsiadus, taclus, caboledig, fel pin mewn papur, *S.W:* talïaidd; **a ~ (speaker),** (siaradwr) campus, tan gamp, meistraidd, meistrolgar; *Needlew:* ~ **appearance,** gwedd orffenedig *f*; **a ~ portrait,** portread gorffenedig *m*.

finisher *n.* **1.** *Ind:* *(a)* llathrwr (llathrwyr) *m*, cabolwr (cabolwyr) *m*; *(b)* *Dressm:* gorffennwr (gorffenwyr) *m*, diweddwr (diweddwyr) *m*; *Sp: Rac:* gorffennwr. **2.** *(= crushing blow):* ergyd farwol (ergydion marwol) *f*, *F:* y farwol *f*.

finishing *vn.* diweddiad(-au) *m*, darfyddiad(-au) *m*, cwblhad *m*, gorffeniad(-au) *m*, cyflawniad(-au) *m*, perffeithiad(-au) *m*; *(of furniture, education &c):* caboliad *m*, llathriad *m*; *vn.* = **finish**[2]. ~ **cut** *n.* toriad(-au) (*m*) gorffennu. **~-line** *n.* llinell (*f*) derfyn (llinellau terfyn). **~-post** *n.* postyn (pyst) (*m*) terfyn; **the first at the ~-post,** y cyntaf/gorau yn y ras, enillydd (*m*) y ras. ~ **press** *n.* gwasg (*f*) lathru (gweisg llathru). **~-school** *n.* ysgol (*f*) berffeithio (ysgolion perffeithio). ~ **stove** *n.* stôf (*f*) lathru (stofiau llathru). ~ **tools** *n.pl.* offer gorffennu. ~ **touch** *n.* cyffyrddiad(-au) olaf *m*, *F:* twtsh(-is) olaf *m*. ~ **wax** *n.* cŵyr (*m*) gorffennu.

finite *a.* cyfyngedig, penodol, o fewn terfynau, terfynol, terfynedig, meidrol; *Mth:* meidraidd; ~ **being,** bod(-au) meidrol *m*; ~ **mood,** modd cyfyngedig *m*; ~ **verb,** berf gyfyngedig (berfau cyfyngedig) *f*; *Mus:* ~ **canon,** canon derfynedig/gyfanedig (canonau terfynedig/cyfanedig) *f*.

finitely *adv.* yn feidrol, o fewn terfynau *&c*; *Ph: Mth:* ~ **generated,** generadol feidraidd.

finiteness *n.* meidroldeb *m*, terfynedigrwydd *m*, cyfyngedigrwydd *m*.

finitism *n.* meidroliaeth *f*.

finitist *n.* meidrolwr: meidrolydd (meidrolwyr) *m*.

finitude *n.* = **finiteness.**

fink[1] *n. Orn:* gwehydd(-ion) *m*.

fink[2] *n. U.S: F:* **1.** *(= informer):* clepgi (clepgwn) *m*, hen brep(-s) *m*, chwidlwr(-s, chwidlwyr) *m*. **2.** *(= creep):* crinc(-od) *m*, pwdryn(-nod, pwdrod) *m*.

fink[3] *v.i. U.S: F:* clepian, prepian, chwidlo.

Finland *Pr.n. Geog:* Y Ffindir *m*.

Finlandize *v.t. Pol:* Ffindirio.

finless *a.* diesgyll, diadain, heb asgell/adain.

Finn *n.* Ffiniad (Ffiniaid) *m&f*.

finnan [haddock] *n. Ich: Cu:* ffinanhadin(-s) *m*, ffinihadi(-s) *m*, ffinihadog(-s) *m*.

finned *a.* **1.** *Ich:* asgellog. **2.** *Tchn:* asgellog, adeiniog.

finner *n. Z:* morfil(-od) asgellog *m*.

Finnic *a.* Ffinnaidd, Ffinnig, Ffindiraidd.

Finnish *a. & n.* **1.** *a.* Ffinnaidd; *(in language):* Ffinneg; **the ~ government,** llywodraeth y Ffindir; **she's ~,** Ffiniad yw hi. **2.** *n.* *(a) Ethn: Coll:* Ffiniaid; *(b) Ling:* Ffinneg *f*, *m*.

finnock *n. Ich: Scot:* = **trout (sea).**

Finno-Ugrian, Finno-Ugric *a. & n. Ling:* **1.** *a.* Ffinno-Wgrig, Ffinno-Wgraidd; *(in language):* Ffinno-Wgreg. **2.** *n. Ling:* Ffinno-Wgreg *f*, *m*.

finny *a.* **1.** asgellog. **2.** *(= teeming with fish):* heigiog, llawn pysgod.

finochio *n. Bot:* = **fennel (sweet).**

fiord *n.* ffiord(-au,-ydd) *mf*.

fiorin *n. Bot:* maeswellt rhedegog *m*, maeswellt gwyn y coed/waun.

fipple *n. Mus:* topyn(-nau) *m*, stopell(-au) *f*. ~ **flute** *n.* ffliwt (*f*) dopyn (ffliwtiau topyn).

fir *n.* **1.** **~[-tree],** pinwydden (pinwydd) *f*, ffynidwydden (ffynidwydd) *f*, coeden (*f*) bîn (coed pîn), *Lit:* pererinbren(-nau) *m*, pren(-nau) (*m*) ffŷr *m*, *S: occ:* y fer *f*, y ferren *f*, pren fer, coeden fer, delen (dêl) *f*; **Alpine ~,** *(Abies lasiocarpa):* pinwydden yr Alpau; **balsam ~,** *(A. balsamea):* pinwydden bêr/falmaidd (pinwydd pêr/balmaidd); **Caucasian ~,** *(A. nordmanniana):* ffynidwydden y C|awcasws, ffynidwydden Gawcasaidd; **Douglas ~,** *(Pseudotsuga meneiesii):* ffynidwydden Douglas; **giant/grand ~,** *(A. grandis):* ffynidwydden gawraidd (ffynidwydd cawraidd); **Greek ~,** *(A. cephalonica):* ffynidwydden Groeg; **hedgehog ~, Spanish ~,** *(A. pinsapo):* ffynidwydden Sbaen; **Himalaya ~,** *(A. pindrow):* pinwydden yr Himalaia; **lowland ~,** = **fir (giant/grand); noble ~,** *(A. procera):* ffynidwydden lwydlas (ffynidwydd llwydlas); **Norway ~,** *(Pinus sylvestris):* pinwydden Norwy; **red ~,** *(A. magnifica):* ffynidwydden goch (ffynidwydd cochion); **Scotch ~,** = **pine (Scots); silver ~,** *(A. alba):* ffynidwydden arian; **water ~,** *(Metasequoia):* ffynidwydden y dŵr. **white ~,** = **fir (giant/grand). 2.** *Carp:* dêl *m*, *N:* ffawydd *m*. ~ **clubmoss** *n. Bot:* *(Lycopodium selogo):* ffynidfwsogl *m*, y cnwpfwsogl syth mwyaf *m*, palf (*f*) blaidd y ffynidwydd. **~-cone** *n.* pigwrn (pigyrnau) (*m*) pinwydd/ffynidwydd, *N:* mochyn (moch) (*m*) coed. ~ **plantation** *n.* planhigfa (planhigf|eydd) (*f*) ffynidwydd.

fire[1] *n.* **1.** *(a)* tân (tanau) *m*; **to light/make a ~,** cynnau tân, gwneud tân, *S:* cynnu tân; **a prepared ~,** *N. W:* tân oer, *S: occ:* tân segur; **to lay a ~, to make up the ~,** gosod tân; **a coal ~,** tân glo, *S: occ:* tân cwlwm, tân pelau; **to cover up the ~,** anhuddo tân, *(less correctly):* enhuddo tân; *S. W:* stwmo tân, *S.E:* rhyddo/[dy]huddo tân, *N:* nyddo/nyddu tân; **a damped down ~,** tân marw; **to open up a ~,** *S:* rhythu tân; **to cook sth on a slow ~,** coginio rhth yn araf deg; **a consuming ~,** tân ysol; *(of cooking utensils):* **to stand the ~,** dal/gwrthsefyll tân; **to strike ~,** ennyn tân; *F: Joc:* **to keep the ~ warm,** swatio wrth y tân; **the ~'s gone out,** mae'r tân wedi diffodd; *Joc:* mae'r tân wedi mynd drws nesa'; **a roaring ~,** tanllwyth (*m*) o dân, *N. W: occ:* eirias (*m*) o dân, *S. W: occ:* hebres (*m*) o dân, *occ:* ranjin/ranshin (*m*) o dân; **a poor ~,** tân mud, tewyn (*m*) o dân, *S:* tân gwidw, *S. W:* seren (*f*) o dân; **electric ~,** tân trydan; **electrical ~,** tân trydanol/wybrol *m*; *Prov:* **to jump out of the frying-pan into the ~,** neidio o'r badell ffrio i'r tân, rhedeg o'r glaw dan ffrwd y pistyll, mynd/ffoi rhag yr hwrdd i gorlan y defaid, mynd dan pistyll i ochel y glaw; **we have had a ~,** fe gawsom ni dân [yn y tŷ]; fe aeth y lle acw ar dân; *(as warning):* tân! *N:* enbyd! *occ:* ffeiar! **to catch ~, to take ~, to go on ~,** mynd ar dân, *S:* cydio (*pronounced* citsio) tân; **her dress caught ~,** cydiodd y tân yn ei gwisg; aeth ei gwisg ar dân; **to set ~ to sth, to set sth on ~,** rhoi rhth ar dân; **to set the Thames on ~, to set the world on ~,** rhoi'r Aifft ar dân, *N. W.* gwneud grôt yn chwech; **you'll never set the Thames on ~,** nid ei di byth uwch bawd [na] sawdl; **on ~,** ar dân, *occ:* yngh|yn[n], ar gynn, yn llosgi; *Fig:* *(= eager):* ar dân, yn frwd [o eisiau gwneud rhth], yn eiddgar, yn fwg ac yn dân, *N. W: occ:* jest â gwefrio; **a chimney on ~,** tân simdde, simdde ar dân; ~ **in one's belly,** tân yn eich bol; *F:* **they get on like a house on ~,** maen' nhw'n cyd-dynnu'n ardderchog; maen' nhw'n dod ymlaen yn wych; *N. W:* maen' nhw'n dod ymlaen fel fflamiau; **he got on like a house on ~,** fe gafodd hwyl aruthrol arni; **to play with ~,** chwarae â thân; ~ **and brimstone,** tân a brwmstan; *Fig:* **to add fuel to the ~,** megino tân; ~ **and sword,** trais a thân, tân a chleddyf, tân a rhuthr; *Prov:* **there's no smoke without ~,** lle bo mwg bydd tân; 'does dim mwg heb dân; mae eisiau lliw i lifo/liwio; **to go through ~ and water,** mynd trwy ddŵr a thân; *(b)* *(= sparkle &c):* llewy[r]ch *m*, gwreichion *pl*, tân *m*; **the ~ of a diamond,** gwreichion diamwnd; *(c) Nau:* **St. Elmo's ~, dead-~,** tân rhgin, llewy[r]n (*m*) llong; *(d) Med:* **St. Anthony's ~,** = **erysipelas, ergotism. 2.** *(= ardour):* brwdfrydedd *m*, brwdaniaeth *f*, tanbeidrwydd *m*. **3.** *Mil:* tanio *vn*, saethu *vn*, ergydion *pl*, bwledi *pl*; **friendly ~,** bwledi'ch ochr eich hun; **to miss ~,** *See* **misfire; to open ~,** dechrau tanio *&c*; **to cease ~,** peidio [â thanio], atal tanio; *(of cannon):* distewi; **to hang ~,** *(a)* oedi tanio; *(b) Fig:* **the plan hung ~,** bu'r cynllun yn hir yn yr arfaeth; **individual ~,** tanio fel y mynnoch, tanio ar wahân; **a rapid ~ of questions,** cawod (*f*) o gwestiynau; **we came under ~,** *(a)* taniwyd arnom; bu tanio arnom; dyma danio arnom; cawsom danio arnom; *(b) Fig:* bu lladd arnom; daethom dan lach y beirniaid; beirniadwyd ni; **the line of ~,** llinell (*f*) anelu, llinell danio; **running ~,** tanio dilynol; **to be between two fires,** cael eich dal rhwng dau dân, cael eich dal rhwng dwy ochr, *Fig:* bod yn gocyn hitio, bod yn gocyn annêl; **~-ant** *n. Ent:* *(Solenopsis):* tân-forgrugyn (~-forgrug) *m*. **~-alarm** *n.* [a]larwm (*m*) tân, [a]larwm (*f*) dân, rhybudd (*m*) tân, cloch (*f*) dân (clychau tân). **~-ball** *n. Meteor: Mil:* **1.** pelen (*f*) dân (pelennau/pelenni tân), tân-belen(-nau,-ni) *f*. **2.** *Fig:* **he's a ~-ball,** mae'n llawn mynd; mae tân yn ei fol. **~-balloon** *n.* balŵn (balwnau) (*m*) tân. **~-bar** *n.* ffon (ffyn) (*f*) grât. **~-basket** *n.* basged (*f*) dân (basgedi tân). **~-beetle** *n. Ent:* *(Pyrophorus):* chwilen (*f*) dân (chwilod tân). **~-bell** *n.* cloch (*f*) dân (clychau tân). **~-belt** *n.* strimyn(-nau) (*m*) atal tân, rhwystr(-au) (*m*) tân. **~-bird** *n. Orn:* eurgeg(-au) *mf*, euryn(-nod) *m*. **~-blast** *n.* **1.** *(= explosion):* tanchwa(-oedd) *f*, *S:* tanad(-on) *m*. **2.** *(= fire-blight):* *See foll.* **~-blight** *n.* deifiad *m*. **~-bomb** *n.* bom(-iau) (*m*) tân, bom (*f*) dân (bomiau tân). **~-box** *n.* blwch (blychau) (*m*) tân. **~-brat** *n. Ent: (Thermobius furnorum):* pryf(-ed) *(m)* y popty, pryf y becws. **~-break** *n.* = **fire-belt**. **~-brick** *n.* bricsen *(f)* dân (brics tân). **~ brigade** *n.* brigâd *(f)* dân (brigadau tân), diffoddwyr *pl* [tân], tân-ddiffoddwyr *pl*, dynion *(pl)* [diffodd] tân. **~-bucket** *n.* pwced *(f)* dân (pwcedi tân). **~-bug** *n.* **1.** *Ent: (Pyrrhocoris apterus):* llysleuen danbaid (llyslau tanbaid) *f.* **2.** *F: (= arsonist):* cynheuwr *(m)* tân (cynheuwyr tanau), bonffaglwr (bonffaglwyr) *m.* **~-bush** *n. Bot:* **1.** = **firethorn**. **2.** *(Kochia):* llwyn(-i) fflamgoch *m.* **~-cherry** *n. Bot: (Prunus pennsylvanica):* ceiriosen *(f)* dân (ceirios tân). **~-clay** *n.* clai *(m)* tân. **~ company** *n.* **1.** = **fire brigade**. **2.** *Ins:* cwmni (cwmnïau) *(m)* yswiriant tân. **~-control** *n. Navy:* rheolaeth *(f)* [ar] danio. **~-cracker** *n. Pyr:* clecar(-s) *mf.* **~-cracker flower** *n. Bot: (Crossandra undulifolia):* blodyn (blodau) *(m)* clecars. **~-cracker plant** *n. Bot:* llwyn(-i) *(m)* clecars. **~-cure** *v.t.* sychu/cyweirio (rhth) o flaen tân; tân-sychu, tân-gyweirio (rhth). **~-cured** *a.* tân-sych, tân-gyweiriedig. **~-dance** *n.* dawns *(f)* dân (dawnsiau tân). **~-dancer** *n.* dawnsiwr (dawnswyr) *(m)* tân. **~ department** *n. U.S:* = **fire brigade**. **~-dog** *n.* brigwn (brigynnau) *m*, gobed(-au) *m.* **~-door** *n.* drws (drysau) *(m)* tân. **~-drake** *n. Myth:* draig danllyd (dreigiau tanllyd) *f*, draig fellt (dreigiau mellt). **~-drill[1]** *n.* = **fire-practice**. **~-drill[2]** *n. (implement):* dril(-iau) *(m)* cynnau tân. **~-eater** *n.* **1.** llyncwr (llyncwyr) *(m)* tân. **2.** *(= bellicose pers.):* chwythwr (chwythwyr) *(m)* bygythion a chelanedd, arth *(f)* o ddyn, rhn (rhai) tanbaid *m.* **~-engine** *n.* injan *(f)* dân (injins/injans tân). **~-equipment** *n.* offer *(pl)* diffodd tân. **~-escape** *n.* grisiau *(pl)* tân, dihangfa *(f)* dân (diangf|eydd tân). **~-extinguisher** *n.* diffoddwr (diffoddwyr) *(m)* tân, peth(-au) *(m)* diffodd tân, offer *(pl)* diffodd tân. **~-eyed** *a.* â llygaid tanbaid. **~-fight** *n.* ysgarmes(-au,-oedd) *f.* **~-fighter** *n.* diffoddwr (diffoddwyr) *(m)* tân, tân-ddiffoddwyr (~-ddiffoddwyr) *m.* **~-fighting** *vn.* ymladd tân, diffodd tân. **~-flare** *n. Ich:* = **stingray**. **~-float** *n.* cwch (cychod) *(m)* diffodd tân, bad(-au) *(m)* diffodd tân. **~-fungus** *n. Fung:* **pine~-fungus,** clustog *(f)* y poethfel (clustogau'r poethfel). **~-guard** *n.* **1.** sgrîn *(f)* dân (sgriniau tân), g[i]ard(-iau) *(mf)* tân. **2.** *U.S:* = **fire-watcher**. **~ hall** *n.* = **fire-station**. **~-hose** *n.* pibell *(f)* ddŵr (pibellau dŵr), pibell ddiffodd tân (pibellau diffodd tân). **~-hydrant** *n.* hydrant(-au) *m.* **~ insurance** *n.* yswiriant *(m)* [rhag] tân. **~-irons** *n.pl.* heyrn tân. **~-lighter** *n.* peth(-au) *(m)* cynnau tân, ffagl *(f)* dân (ffaglau tân). **~ lily** *n. Bot:* lili(-s, lilïau) fflamgoch *f.* **~-line** *n. For:* ffos(-ydd) *(f)* atal tân. **~-new** *n. A:* = **brand-new**. **~-office** *n. Ins:* swyddfa *(f)* dân (swyddf|eydd tân). **~-opal** *n. Miner:* opal(-au) *(m)* tân. **~-plug** *n.* plwg (plygiau) *(m)* tân. **~-policy** *n.* p|olisi (polisïau) *(m)* tân. **~-power** *n. Mil:* grym *(m)* tanio. **~-practice** *n.* ymarferiad(-au) *(m)* [diffodd] tân, ymarfer(-ion) *(mf)* [diffodd] tân. **~-proof[1],[2]** = **fireproof**. **~ precautions** *n.pl.* rhagofalon tân, gofal *(m)* rhag tân. **~-quarters** *n.pl. Nau:* safleoedd tân. **~-raiser** *n.* cynheuwr (cynheuwyr) *(m)* tân, ffaglwr (ffaglwyr) *m*, llosgwr (llosgwyr) *m.* **~-raising** *vn.* cynnau tân, dechrau tân, ffaglu. **~-ranger** *n.* gwyliwr (gwylwyr) *(m)* tân. **~-resistant, ~-resisting** *a.* **fireproof[1]**. **~ ritual** *n. Archeol:* defod *(f)* dân (defodau tân). **~ sale** *n.* arwerthiant *(m)* wedi tân. **~-screen** *n.* sgrîn *(f)* dân (sgriniau tân). **~ service** *n.* gwasanaeth *(m)* tân. **~-setting** *n.* gosodiad *(m)* tân, gosod *(vn)* tân. **~-ship** *n. Hist:* llong *(f)* dân (llongau tân), tân-long(-au) *f.* **~-shovel** *n.* rhaw *(f)* dân (rhawiau/rhofiau tân); *N: F:* sielffiar *f* [dân], siefl(-au) *f*, sieflan *f*, Siani *(f)* ffîar, *S:* llwyarn (llwyerni) *f*, triwel *(f)* dân (triweli tân), siefl *(f)* dân/ludw (sieflau tân/lludw). **~ station** *n.* gorsaf *(f)* dân (gorsafoedd tân), *N: F:* cwt (cytiau) *(m)* injan dân. **~-step** *n.* = **firing-step**. **~-stone** *n.* tywodfaen *m*, carreg *(f)* dân (cerrig tân), tân-faen (~-feini) *m.* **~-stop[1]** *n.* rhwystr(-au) *(m)* tân. **~-stop[2]** *v.t.* rhwystro tân, atal tân. **~-storm** *n.* storm *(f)* dân (stormydd tân). **~-tongs** *n.pl.* gefel *(f)* dân (gefeiliau tân). **~-trap** *n.* trap(-iau) *(m)* tân; **this house is a ~-trap,** fe âi'r tŷ 'ma'n wenfflam; fe gaech eich llosgi'n fyw yn y tŷ 'ma. **~-tree** *n. Bot:* coeden *(f)* dân (coed tân). **~-walking** *vn.* cerdded ar farwor. **~ wall** *n.* pared (parwydydd) *(m)* atal tân. **~-warden, ~-watcher** *n.* gwyliwr (gwylwyr) *(m)* tân. **~-water** *n.* gwirod(-ydd) *mf*, licar poeth *m.* **~-weld[1]** *v.t.* tân-asio, tân-weldio. **~-weld[2]** *n.* tân-asiad(-au) *m*, tân-weldiad(-au) *m*; *vn.* = **~-weld[1]**. **~-wheel tree** *n. Bot: (Stenocarpus sinuatus):* coeden (coed) *(f)* olwyn dân. **~-worship** *n.* addoli *(vn)* tân. **~-worshipper** *n.* addolwr (addolwyr) *(m)* tân, tân-addolwr (~-addolwyr) *m.*

fire[2] *v.t.&i.* I. *v.t.* **1.** *(a) (= set on fire):* rhoi (rhth) ar dân; rhoi tân (ar rth, yn rhth); tanio, cynnau (rhth); *(b) (= inspire):* cynnau/ennyn diddordeb *&c* (yn rhn); tanio, gwefreiddio (rhn). **2.** *(pottery):* tanio, crasu; *Metalw:* ffwrndanio. **3.** *Mch: &c: (fuel, locomotive, boiler &c):* tanio. **4.** *(= launch):* saethu; *abs.* **to ~ [a gun &c] at/on s.o.,** tanio [dryll] ar rn, saethu [dryll] at rn; **without firing a shot,** heb danio ergyd. **5.** *F: (= dismiss):* cael gwared â rhn, rhoi ei gardiau i rn, dangos y drws i rn, *Lit:* diswyddo rhn, *N.W:* rhoi'r hwi i rn, *S:* rhoi'r pôc i rn, *N.W: occ: Min:* dangos y bonc i rn; **you're fired!** dacw iti'r drws! dyma iti dy gardiau! II. *v.i. (of gun, engine, fuel):* tanio. **~ ahead, ~ away** *v.t.* **1.** *Mil:* tanio'[n wyllt]. **2.** *abs. F:* **~ away!** ymlaen â chi! i ffwrdd â chi! *S:* bant â chi! *S.W: occ:* bant â'r cart! *N:* tân arni! **~ off** *v.t.* saethu, tanio. **~ up 1.** *v.i.* = **flare[2] up**. **2.** *v.t. Mch: &c:* tanio.

firearm *n.* dryll(-iau) *m*, gwn (gynnau) *m*, arf(-au) *(m)* tân/tanio.

fireback *n.* **1.** cefn(-au) *(m)* tân, talpentan(-au) *m.* **2.** *Orn: (Lophura):* ffesant(-od) fflamgoch *m.*

fireboat *n.* cwch (cychod) *(m)* diffodd tân.

firebrand *n.* ffagl(-au) *f*, pentewyn(-ion) *m*; *(pers.):* penboethyn (penboethiaid) *m*, penboethen (penboethiaid) *f.*

firecrest *n. Orn: (Regulus ignicapillus):* dryw(-od) penfflamgoch *m*, dryw benfflamgoch (drywod penfflamgoch) *f.*

fired *a.* llosg; *S.a.* **fire[2]**; **~ with a new ambition, he set off,** i ffwrdd ag ef, ar dân gan uchelgais newydd.

firedamp *n.* llosgnwy *m*, nwy *(m)* pwll glo, methan *m*, damp *m.*

firedog *n. Furn:* gobed(-au) *m*, brigwn (brigynau) *m*, pentan(-au) haearn *m.*

firefly *n. Ent:* pryf(-ed) *(m)* tân; *S.a.* **glow-worm**.

firehouse *n. U.S:* = **fire station**.

fireless *a.* heb dân, di-dân.

firelight *n.* golau *(m)* tân; **by/in the ~,** wrth olau'r tân, yng ngolau'r tân.

firelock *n. Sm.a: A:* mwsged(-i) *m.*

fireman *n.m.* **1.** *(of steam engine):* taniwr (tanwyr). **2.** *(in fire brigade):* diffoddwr (diffoddwyr) tân, *Lit: (also):* tân-ddiffoddwr (~-ddiffoddwyr), *F:* dyn(-ion) injan dân; **F~ Sam,** *(children's character):* Sam Tân. **3.** *Min: N:* taniwr, *S:* ffeiarman (ffeiarmyn).

fireplace *n.* lle(-oedd) *(m)* tân, grât (gratiau) *m*, *occ:* cil *(m)* pentan.

fireproof[1] *a.* diogel rhag tân, gwrthdan, anllosgadwy, anhylosg; **~ door,** drws (drysau) *(m)* atal tân; **~ materials,** defnyddiau anhylosg; **~ dish,** dysgl(-au) *(f)* ffwrn/popty.

fireproof[2] *v.t.* diogelu (rhth) [rhag tân].

fireside *n. & a.* aelwyd(-ydd) *f*; **at the ~,** ar yr aelwyd, wrth y tân, o flaen y tân, ger y tân, ym min y tân, wrth y pentan. **~ chair** *n.* cadair *(f)* bentan (cadeiriau pentan). **~ chat** *n.* sgwrs (sgyrsiau) *(f)* cil pentan. **~ tale** *n.* chwedl *(f)* bentan (chwedlau pentan).

firethorn *n. Bot: (Pyracantha coccinea):* llosgddraenen (llosgddrain) *f*, tân-ddraenen (~-ddrain) *f.*

fireweed *n. Bot:* chwyn *(pl)* tân.

firewood *n.* coed *(m)* tân, priciau *(pl)* tân, *occ:* tanwydd *pl*, *Lit: occ:* cynnud *m*, *S.W: occ:* tanwent *m*, tanwentyn *m*; **to collect ~,** casglu coed tân, *Lit: occ:* cynuta, *S: occ:* crynh|oi coed tân, briwyta, *N:* hel priciau [tân]; **to chop ~,** torri coed tân, *N:* torri priciau [tân]; **a pile of ~,** *S:* carn *(f)* goed (carnedd coed).

firework *n.* tân gwyllt *m & inv.*

firing *vn.* **1.** *Brickm: Cer:* crasu, crasiad *m.* **2.** *(of oven, locomotive &c):* taniad *m*, tanio. **3.** *(= fuel):* tanwydd *m*, cynnud *m.* **4.** *Artil:* taniad, tanio, saethu; **barrage ~,** tanio dwys/cryno. **~-fork** *n. Metalw:* fforch *(f)* danio (ffyrch tanio). **~-line** *n.* rhes flaen (rhesi blaen) *f*, rheng flaen (rhengoedd blaen) *f*, blaen *(m)* y gad; *F:* **you'll be in the ~-line,** ti fydd yn ei chael hi; atat ti y byddan' nhw'n tanio. **~-party, ~-squad** *n.* mintai (minteioedd) *(f)* saethu. **~-pin** *n.* pin(-nau) *(m)* tanio. **~-step** *n.* gris(-iau) *(m)* tanio.

firkin *n.* ffircyn(-nau) *m*, ffircen(-nau) *f.*

firkinful *n.* ffircennaid (ffirceneidiau) *f*, llond *(m)* ffircyn/ffircen.

firm[1] *n. Com:* cwmni (cwmnïau, cwmnïoedd) *m*, busnes(-au,-ion) *m*, ffỳrm (ffyrmiau) *f*, *S: occ:* ffirm(-au) *f.*

firm[2] *a.* **1.** *(substance):* cadarn (cedyrn), cryf (*f.* cref, *pl.* cryfion), gwydn, caled (celyd), solet, *Lit: occ:* ffyrf (*f. occ:* fferf); *(post, nail):* cadarn, sownd, *Lit:* di-syfl, di-sigl, disyflyd, diysgog, safadwy; *(touch):* cadarn; **as ~ as a rock,** cadarn fel y graig, mor solet â charreg, *N:* cyn sowndied â chloch y Bala; **to rule with a ~ hand,** rheoli'n gadarn, rheoli â llaw gadarn; **to be on ~ ground,** bod ar dir sicr/cadarn. **2.** *(friendship &c):* cadarn, diysgog, di-syfl; *(intention):* sicr, cadarn, di-ildio, diysgog; *(character):* cryf, cadarn, praff; **a man of ~ character,** dyn a rhuddin ynddo; **a ~ chin,** gên benderfynol *f;* **to walk with ~ steps,** cerdded yn sicr eich cam, brasgamu'n benderfynol; **~ faith,** ffydd ddiysgog *f;* **to be ~ as to sth,** gwrthod syflyd ar rth, glynu wrth rth, bod yn ddi-droi'n-ôl ynglŷn â rhth; **to have a ~ belief that . . .,** credu'n gryf/gadarn fod . . .; **the baby is not very ~ on its feet yet,** mae'r babi'n dal yn sigledig ar ei draed. **3.** *Com: Fin: (offer, sale):* sicr, cadarn; **a ~ order,** cynnig cadarn; *St.Exch:* **the shares remain firm at . . .,** mae'r siarau'n dal eu lle am. . .; **~ underwriting,** tanysgrifennu cadarn. **4.** *adv.* **to stand ~,** sefyll yn gadarn, sefyll yn ddi-ildio, sefyll yn ddiysgog, gwrthod syflyd, sefyll yn eich rhych.

firm[3] *v.t.&i.* **1.** *v.t.* nerthu, grymuso, cadarnh|au, sicrh|au, *Lit:* ffyrfio, ffyrfh|au, ffyrfeiddio. **2.** *v.i.* cryfh|au, sadio, ffyrfio *&c.*

firmament *n.* ffurfafen(-nau) *f, occ:* wybren(-nau) *f,* nen(-nau,-noedd) *f.*

firmamental *a.* ffurfafennol, wybrennol, nefol.

firmer *n.* **~ chisel** *n. Carp:* cŷn (cynion) (*m*) ffyrf, gaing fferf (geingiau ffyrfion) *f.* **~ gouge** *n. Carp:* gaing gau gefn (geingiau cau cefn).

firmfin *n. Ich: (Cirrhites pinnulatus):* ffyrfasgell (ffyrfesgyll) *f.*

firmly *adv.* **1.** yn gadarn *&c; Fig:* fel craig safadwy; **to hold the reins ~,** dal y ffrwynau'n dyn[n]. **2.** *(tone, manner):* pendant, penderfynol.

firmness *n.* cadernid *m,* cryfder *m,* soletrwydd *m, Lit: occ:* ffyrfder *m,* ffyrfiant *m; (= resolution):* pendantrwydd *m,* penderfyniad *m.*

firmware *n. Cmptr:* cadarnwedd *f,* cadarnwar *m.*

firn *n. Geog:* ffirn(-iau) *m.*

firry *a.* pinwydd, fel pinwydd/ffynidwydd, ffynidwyddol; *(place):* llawn pinwydd/ffynidwydd.

first *num. a., n. & adv.* I. *a.* **1.** *(a)* cyntaf; *usu. follows noun:* **the ~ time,** y tro cyntaf, *occ:* y waith gyntaf; *when it precedes, it does not mutate the foll. noun:* **the ~ thing,** y cyntaf peth; **her ~ birthday,** ei phen blwydd yn un [oed], pen ei blwydd yn un [oed], ei phen blwydd cyntaf; *S.a.* **cost**[1], **cousin, cause**[1], **milk**[1]; **the ~ [day] of April,** y cyntaf o Ebrill; **the ~ of January,** y Calan *m,* dydd (*m*) Calan, Calan Ionawr; **the ~ of May,** Calan Mai, *F:* C'lanmai, C'lamai; **the ~ two acts,** y ddwy act gyntaf; **at ~ light,** gyda'r wawr; *S.a.* **dawn**[1] **1**; **to live on the ~ floor,** byw ar y llawr cyntaf; **~ name,** enw bedydd, enw cyntaf; *Jur:* **~ above mentioned,** a enwyd gyntaf uchod; **we were on ~ name terms,** "ti" a "thithau" oedd hi rhyngom; **Charles the F~,** Siarl y Cyntaf; **the ~ comers,** y rhai cyntaf i ddod, y rhai cyntaf i'r felin; **at ~ sight,** ar yr olwg gyntaf; **in the ~ place,** yn y lle cyntaf, i gychwyn, i ddechrau cychwyn, yn gyntaf peth, yn gyntaf oll; **to succeed the very ~ time,** llwyddo ar y cynnig cyntaf [un]; *Fig:* **to get to ~ base,** cymryd y cam cyntaf, **to fall head ~,** syrthio'n bendramwnwgl, cwympo din-dros-ben, cwympo yn llwrw eich pen; **to come out ~,** dod yn gyntaf; **I'll do it ~ thing,** fe'i gwnaf ar unwaith; **I'll do it tomorrow ~ thing,** fe'i gwnaf ben bore yfory; fe'i gwnaf yfory nesaf; **he went ~ thing in the morning,** *N.W: occ:* aeth ar ei godiad; **at the ~ opportunity,** ar y cyfle cyntaf, cyn gynted ag y bo modd, cyn gynted ag sy'n bosibl; **Court of F~ Instance,** Llys Gwrandawiad Cyntaf; *Th:* **~ night,** noson gyntaf (nosweithiau cyntaf) *f; Typ:* **~ edition,** argraffiad(-au) cyntaf *m; Aut:* **~ [gear],** gêr cyntaf/gyntaf *mf; Publ:* **~ impression,** printiad(-au) cyntaf *m; Mus:* **~ inversion,** gwrthdro(-eon) cyntaf *m;* **he doesn't know the ~ thing about it,** ni ŵyr mo'r peth lleiaf amdano; ni ŵyr un dim amdano; *S.a.* **form**[1] **5**; **~ school,** ysgol gynradd (ysgolion cynradd) *f; (b) (in importance, rank):* cyntaf, blaenaf, pennaf *(follow noun)*; prif *(before noun + soft mut.)*; *Rail: &c:* **to travel ~ [class],** teithio yn y dosbarth cyntaf; **the ~ men in the country,** gwŷr blaenllaw'r wlad, gwŷr blaena'r wlad, prif wŷr y wlad, *F:* yr hoelion wyth, y ceffylau blaen; **F~ Lord of the Admiralty,** Prif Arglwydd y Morlys; **~ Lord of the Treasury,** Prif Arglwydd y Trysorlys; *U.S: Mil:* **~ lieutenant,** is-gapten (~-gapteiniaid) *m,* lefftenant(-iaid) *m;* **~ sergeant,** prif ringyll(-iaid) *m; U.S:* **F~ Lady,** *(= wife of president):* prif foneddiges(-au) (*f*) [America], gwr|aig (*f*) Arlywydd (gwragedd Arlywyddion); **~ things ~,** y pethau pwysicaf yn gyntaf; **to put ~ things ~,** rhoi'r pethau cyntaf ymlaenaf; *(c)* **to have news at ~ hand,** cael newydd o lygad y ffynnon; **to see sth at ~ hand,** gweld rhth yn y fan a'r lle, gweld rhth â'ch llygaid eich hun/hunan, gweld rhth yn uniongyrchol (*pronounced* ng-g). **2.** *(in compound numbers):* unfed; **twenty-~,** unfed ar hugain; **seventy-~,** unfed ar ddeg a thrigain. II. *n.* **1.** y cyntaf *m,* y gyntaf *f;* **he was among the very ~,** 'roedd ef ymhlith y rhai cyntaf oll; **who was ~?** pwy ddaeth [yn] gyntaf? *occ:* pwy gafodd y blaen? **to come in an easy ~,** ennill yn rhwydd/braf, ennill ar eich cerdded, ennill dan ganu, *S. W:* ennill o hewl; *Sch:* **to get a ~,** cael [gradd] dosbarth cyntaf, *F:* cael cyntaf. **2.** *(= beginning):* dechrau *m,* dechreuad *m,* cychwyn *m,* cychwyniad *m;* **from ~ to last,** o'r dechrau i'r diwedd, drwodd a thro, o'r naill gwr i'r llall; **from the ~,** o'r cychwyn cyntaf; **at ~,** ar y cychwyn, ar y dechrau, i ddechrau. III. *adv.* **1.** ar y dechrau, yn gyntaf; **~ of all, ~ and foremost,** yn gyntaf oll, yn gyntaf peth, yn gyntaf dim, uwchl|aw popeth, yn anad dim, *N. W: occ:* i ddechrau cychwyn; *U.S:* **~ off,** yn gyntaf oll; **~ and last,** yn gyntaf ac [yn] olaf, drwodd a thro; **~ or last,** yn hwyr neu'n hwyrach. **2.** [am] y tro cyntaf, gyntaf; **when I ~ saw him,** pan welais i ef gyntaf, pan welais i ef am y tro cyntaf; **when did you ~ see him?** pryd y gwelsoch chi ef gyntaf? pryd y gwelsoch chi ef am y tro cyntaf? pryd y bu'r tro cyntaf i chi ei weld? **3. I'd die ~,** byddai'n well gennyf farw. **4. he arrived ~,** ef a ddaeth gyntaf; **you go ~,** dos di yn gyntaf; dos di o'm blaen i; *Prov:* **~ come ~ served,** y cyntaf i'r felin gaiff falu; *occ:* y cyntaf i'r efail gaiff bedoli; *S. W: occ:* y cyntaf i'r felin biau'r mâl; **ladies ~!** merched yn gyntaf! **women and children ~!** gwragedd a phlant yn gyntaf! **~ aid** *n.* ymgeledd *m,* cymorth cyntaf *m;* **to give ~ aid to s.o,** ymgeleddu rhn; **~ aid kit/outfit,** offer (*pl*) ymgeleddu, offer cymorth cyntaf; **~ aid station/post,** safle(-oedd) (*mf*) ymgeleddu, safle cymorth cyntaf. **~-born 1.** *a.* cyntaf-anedig. **2.** *n.* plentyn (plant) cyntaf-anedig *m.* **~-class** *a.* **1.** *Sch: Post: &c.* dosbarth cyntaf; **~-class mail,** llythyrau dosbarth cyntaf. **2.** *F:* ardderchog, rhagorol, gwych, di-ail, diguro, digymar, campus, p|enigamp: penig|amp, *F:* heb eich ail, heb eich tebyg, bendigedig, *N. W: occ:* siort orau; **a ~-class player,** chwaraewr o'r radd flaenaf. **~-day cover** *n.* amlen(-ni) (*f*) diwrnod cyntaf. **~-degree** *attrib. (i) Mth: &c:* unradd; *(ii)* **~-degree burn** *n.* llosg(-iadau) (*m*) gradd gyntaf. **~-foot**[1] *n.* yr ymwelydd (ymwelwyr) cyntaf *m.* **~-foot**[2] *v.i.* croesi'r trothwy. **~-former** *n.* disgybl(-ion) (*m*) dosbarth cyntaf. **~-fruit** *n.* blaenffrwyth(-au) *m.* **~-hand** *a.* uniongyrchol (*pronounced* ng-g); **~-hand information,** gwybodaeth o lygad y ffynnon. **~ in -~ out** *a.* cyntaf i mewn - cyntaf allan. **~-nighter** *n. Th:* gwyliwr (gwylwyr) (*m*) noson gyntaf. **~ offender** *n. Jur:* troseddwr (troseddwyr) (*m*) am y tro cyntaf, tros|eddwraig am y tro cyntaf. **~ order** *n. Cmptr:* trefn (*f*) un; *Ch:* **~ order reaction,** adwaith (adweithiau) (*m*) gradd un. **~-past-the-post** *attrib.* cyntaf yn y ras. **~-rate 1.** *a. See* **first-class 2. 2.** *adv. F:* **it is going ~-rate,** mae'n gweithio/mynd i'r dim; ni ellid mo'i well. **~-rateness** *n.* rhagoriaeth *f,* ardderchowgrwydd *m.* **~-rater** *n. F: O:* un (rhai) rhagorol/campus, *S: Min:* bachan (*m*) drwy'r tanad, un cliper. **~-string** *a.* = **first-class 2. ~-team** *a.* o'r tîm cyntaf. **~ water** *n.* y radd uchaf/flaenaf *f,* y safon uchaf *f,* y math gorau *m; F:* **a rogue of the ~ water,** cnaf o'r mwyaf, cnaf o'r math gwaethaf, cnaf gyda'r gwaethaf.

firstling *n.usu.pl.* **1.** *(= first-fruits):* blaenffrwyth(-au) *m.* **2.** *(= first-born):* cyntaf-anedig(-ion) *m&f,* anifail (anifeiliaid) cyntaf-anedig *m.*

firstly *adv.* yn gyntaf, yn y lle cyntaf, i ddechrau, *occ:* yn gyntaf oll, yn gyntaf peth, *N. W: occ:* i ddechrau cychwyn.

firth *n. Scot:* aber(-oedd) *f,* culfor(-oedd) *m,* cainc (ceinciau) (*f*) o fôr; **the F~ of Forth,** Aber Gweryd; **Solway ~,** Merin (*m*) Rheged.

fisc *n.* trysorlys *m.*

fiscal *a. & n.* **1.** *a.* cyllidol, ariannol. **2.** *n.* = **procurator-fiscal.**

fiscally *adv.* yn ariannol *&c.*

fish[1] *n.* **1.** pysgodyn (pysgod, *Lit: occ:* pysg) *m;* **he is like a ~ out of water,** mae fel pysgodyn allan o ddŵr; mae fel llong ar dir sych; **coarse ~,** pysgodyn bras; **all is ~ that comes to his net,** mae'n troi pob dŵr i'w felin; **big ~ eats little ~,** trechaf treisied, gwannaf gwichied; **I've other ~ to fry,** mae gen i bethau gwell i'w gwneud; mae gen i reitiach/ffitiach pethau i'w gwneud; **to fish other people's ~,** trin ceffyl pobl eraill; *F:* **to feed the fishes,** *(i)*

(*= drown oneself*): eich boddi'ch hun, boddi; (*ii*) *V*: (*= be sea-sick*): bod yn sâl môr, chwydu; **it's neither ~, flesh nor fowl; it's neither ~, flesh nor good red herring,** nid yw'r naill beth na'r llall; *F*: **he's a queer ~,** un rhyfedd yw e; *N*: hen gono rhyfedd ydi o; *S*: bachan broc yw e; **he's a cold ~,** hen bysgodyn oer yw e; un oeraidd/anghynnes yw e; **to cry stinking ~,** baeddu'ch nyth eich hun; codi'ch godre'ch hun; **to drink like a ~,** yfed fel ych; **there's as good ~ in the sea as ever came out of it,** mae cystal pysgod yn y môr ag a ddaliwyd erioed; **this is a pretty kettle of ~,** dyma draed moch; dyma lanast; dyma siop siafins; **that's another kettle of ~,** mater arall yw hynny; **~ and chips,** pysgod a 'sglodion; **~ and chip shop,** siop(-au) (*f*) ts[h]ips, *occ*: tafarn (*f*) datws (tafarnau tatws), *N*: siop jips (siopau ts[h]ips). **2.** *Astr*: **the Fish[es],** y Pysgod. **~-ball** *n*. *Cu*: pelen (*f*) bysgod (peli pysgod). **~-basket** *n*. cawell (cewyll) (*m*) pysgod. **~-bone** *n*. blewyn (blew) *m*. **~-bone thistle** *n*. *Bot*: (*Cnicus casabonal*): ysgallen ddreiniog (ysgall dreiniog) *f*. **~-bowl** *n*. powlen (*f*) bysgod (powliau pysgod). **~ cake** *n*. *Cu*: cacen (*f*) bysgod (cacennau pysgod), teisen (*f*) bysgod (teisennau pysgod). **~-carver** *n*. cyllell (*f*) bysgod (cyllyll pysgod). **~-crow** *n*. *Orn*: brân (brain) (*f*) y pysgod. **~-curer** *n*. halltwr (halltwyr) (*m*) pysgod. **~-duck** *n*. = **merganser**. **~ eagle** *n*. *See* **eagle**. **~-eye** *n*. llygad (*m*) pysgodyn (llygaid pysgodyn/pysgod); *Phot*: **~-eye lens,** lens lydan (lensys llydain) *f*. **~-faced** *a*. [ag] wyneb [fel] pysgodyn, pysgodlyd [yr olwg]. **~-farm** *n*. deorfa (*f*) bysgod (deorf[eydd pysgod), meithrinfa (*f*) bysgod (meithrinf[eydd pysgod), fferm (*f*) bysgod (ffermydd pysgod). **~ finger** *n*. *Cu*: darn (*m*) pysgodyn (darnau pysgod), 'sglodyn (*m*) pysgodyn ('sglodion pysgod). **~-fork** *n*. fforc (*f*) bysgod (ffyrc pysgod). **~-fry** *n*. **1.** *Fish*: silod (*pl*) pysgod. **2.** *U.S*: *Cu*: pysgod wedi'u ffrïo. **~-globe** *n*. powlen (*f*) bysgod (powlenni pysgod). **~-glue** *n*. glud (*m*) pysgod, pysglud *m*. **~-gorge** *n*. traflyncwr (traflyncwyr) *m*, llwnc (*m*) pysgota. **~-hawk** *n*. *Orn*: = **osprey**. **~-hook** *n*. bach(-au) (*m*) pysgota, bachyn (bachau) (*m*) pysgota. **~-kettle** *n*. padell (*f*) bysgod (pedyll pysgod), callor(-au) *m*. **~-knife** *n*. cyllell (*f*) bysgod (cyllyll pysgod). **~-ladder** *n*. grisiau (*pl*) pysgod. **~-liver oil** *n*. *Cu*: olew (*m*) iau/afu pysgod. **~ louse** *n*. *Crust*: lleuen (*f*) bysgod (llau pysgod). **~-market** *n*. marchnad (*f*) bysgod (marchnadoedd pysgod). **~-meal** *n*. pysg mâl *pl*, blawd (*m*) pysgod. **~-net** *n*. rhwyd(-i) *f*; **~-net stocking,** hosan rwyllog (hosanau rhwyllog) *f*. **~-paste** *n*. *Cu*: past (*m*) pysgod. **~-pole** *n*. *T.V*: polyn (polion) *m*. **~-pond, ~-pool** *n*. pysgodlyn(-noedd) *m*, pwll (pyllau) (*m*) pysgod. **~-pot** *n*. cawell (cewyll) (*m*) pysgod. **~-shop** *n*. siop (*f*) bysgod (siopau pysgod). **~-skin** *n*. croen (*m*) pysgodyn (crwyn pysgod). **~-slice** *n*. [y]sbodol (*f*) bysgod ([y]sbodolau pysgod), sleis (*f*) bysgod (sleisiau pysgod), rhawlech (*f*) bysgod (rhawlechau pysgod). **~-sound** *n*. nawf (*m*) pysgodyn (nofion pysgod), pledren(-ni) (*f*) nofio pysgodyn. **~-spear** *n*. tryfer(-i) *f*. **~ stick** *n*. *Cu*: = **fish finger**. **~ story** *n*. stori (*f*) pysgotwr (straeon pysgotwyr), stori anhygoel, stori celwydd golau. **~-strainer** *n*. hidlwr (hidlwyr) (*m*) pysgod. **~-tail¹** *n*. **~-tail burner,** llosgwr (llosgwyr) (*m*) cwt 'sgodyn. **~-tail²** *v.i*. *Aut*: siglo cynffon/cwt. **~-trap** *n*. magl (*f*) bysgod (maglau pysgod), trap(-iau) (*m*) pysgod. **~-weir** *n*. cored(-au) *f*.

fish² *v.i.&t*. **1.** *v.i*. pysgota (**for sth,** rhth *or* am rth); **to ~ by torchlight,** ffaglu afon, *N.W*: *occ*: lampio; *F*: **to ~ or cut bait,** dewis y naill beth neu'r llall; *S.a*. **angle²**; **to ~ for trout,** brithylla, pysgota am frithyll, pysgota brithyll; **to ~ for salmon,** pysgota am eog, eoca, ehoca, ehowca, *S.W*: *F*: howca, *F*: pysgota samons; **to ~ for sand-eels,** pysgota llymrïaid, llymrieita; **to ~ for flatfish,** pysgota lledod, *S.W*: *F*: fflwcsa; **to ~ for crabs,** pysgota crancod, cranga; **to ~ for compliments,** chwilio am ganmoliaeth; **to ~ in troubled waters,** pysgota mewn dŵr llwyd. **2.** *v.t*. (*a*) **to ~ up a dead body,** codi/tynnu corff o'r dŵr; (*b*) **to ~ a river,** pysgota afon; **to ~ out a part of the sea,** dihysbyddu pysgod mewn rhan o'r môr; (*c*) **to ~ out money from one's pocket,** tynnu/halio/tyrchu arian o'ch poced.

fish³ *n*. *Nau*: *Carp*: dellten (dellt) *f*. **~-bolt** *n*. *Rail*: bollten (*f*) gysylltu (bolltiau cysylltu), bollten gyswllt (bolltiau cyswllt). **~-plate** *n*. *Rail*: plât (platiau) (*m*) cysylltu/cyswllt.

fish⁴ *v.t*. *Carp*: *&c*: cydio, cysylltu.

fish⁵ *n*. (*= counter*): botwm (botymau) (*m*) corn.

fishability *n*. **(he assured me of) the river's ~,** (sicrhaodd fi) fod modd pysgota'r afon, fod yr afon yn iawn i bysgota ynddi.

fishable *a*. pysgotadwy.

fishbelly *n*. *Bot*: = **thistle (melancholy)**.

fisher *n*. **1.** pysgotwr (pysgotwyr) *m*, *occ*: pysgodwr (pysgodwyr) *m*; *B*: **I will make you fishers of men,** myfi a'ch gwnaf yn bysgodwyr dynion; *Myth*: **the F~ King,** y Brenin Bysgotwr. **2.** *Z*: bela(-od) (*m*) Pennant, bela du (belaod duon), pysgwenci (pysgwencïod) *f*.

fisherfolk *n*. pysgotwyr *pl*.

fisherman *n.m*. pysgotwr (pysgotwyr); (*= angler*): genweiriwr (genweirwyr), *N.W*: *occ*: moeriwr (moerwyr). **~-knit jersey** *n*. ga[r]nsi(-s) *f*. **~'s bend** *n*. cwlwm (c[y]lymau) (*m*) pysgotwr, cwlwm angor.

fisherwoman *n.f*. pysg|otwraig (pysgotwragedd).

fishery *n*. pysgodfa (pysgodf[eydd) *f*, lle(-oedd) (*m*) pysgota, pysgodle(-oedd) *m*; **free ~,** hawl (*f*) pysgota, hawl comin pysgota. **~ protection vessel** *n*. llong(-au) (*f*) gwarchod pysgodfeydd.

fishface *n*. wyneb (*m*) pysgodyn; **hop it, ~!** bacha' hi'r mwnci hyll *m*!

fishgig *n*. tryfer(-i) *f*.

Fishguard *W.Pl.n*. Abergw|aun *f*.

fishily *a*. **1.** (*= dully*): â llygaid pŵl. **2.** *F*: (*= dubiously*): yn amh|eus.

fishiness *n*. **1.** (*of eyes*): golwg bŵl *f*, pylni *m*. **2.** *F*: (*= dubiousness*): amheuster *m*.

fishing *vn*. pysgota; (*= angling*): genweirio, *N.W*: *occ*: moerio; **coarse ~,** pysgota bras; **deep-sea ~,** pysgota'r cefnfor; **demersal ~,** pysgota'r gwaelod; **inshore ~,** pysgota'r glannau; **pearl-~,** pysgota am berlau, pysgota perlau; **pelagic ~,** pysgota cefnforol, pysgota'r cefnfor; **trout-~,** pysgota am frithyll, pysgota brithyll, brithylla; **underwater ~,** pysgota tanddwr. **~-boat** *n*. *N*: cwch (cychod) (*m*) pysgota, *S*: bad(-au) (*m*) pysgota. **~ expedition** *n*. taith (*f*) bysgota (teithiau pysgota). **~ frog** *n*. *Ich*: llyffant (llyffaint) (*m*) [y] môr. **~-fly** *n*. *Fish*: pluen (*f*) bysgota (plu pysgota). **~-ground** *n*. pysgodfa (pysgodf[eydd) *f*. **~-hook** *n*. bach(-au) (*m*) pysgota, bachyn (bachau) (*m*) pysgota. **~-licence** *n*. trwydded (*f*) bysgota (trwyddedau pysgota). **~-line** *n*. lein (*f*) bysgota (leiniau pysgota), llinyn(-nau) (*m*) pysgota, *S.W*: *occ*: ffunen (*f*) bysgota (ffunenni/ffunennau pysgota). **~-net** *n*. rhwyd (*f*) bysgota (rhwydi pysgota). **~-rod** *n*. genwair (genweiriau) *f*, gwialen (*f*) bysgota (gwialenni pysgota), *occ*: ffon (*f*) enwair (ffyn genwair). **~-smack** *n*. *N*: cwch (cychod) (*m*) pysgota, *S*: bad(-au) (*m*) pysgota. **~ story** *n*. = **fish story**. **~-tackle** *n*. offer (*pl*) pysgota, gêr (*pl*) pysgota, genweiriau *pl*.

fishless *a*. dibysgod, dibysgodyn, heb bysgod.

fishlike *a*. pysgodaidd, pysgodlyd, fel pysgodyn.

fishmonger *n*. gwerthwr (gwerthwyr) (*m*) pysgod, dyn(-ion) (*m*) [gwerthu] pysgod; **~'s,** siop (*f*) bysgod (siopau pysgod).

fishplate *n*. = **fish³-plate**.

fishpond *n*. = **fish-pond**.

fishway *n*. ffordd (*f*) bysgod (ffyrdd pysgod).

fishwife *n.f*. **1.** pysg|odwraig (pysgodwragedd), merch(-ed) gwerthu pysgod. **2.** *Pej*: slebog(-iaid), strebog(-iaid); **she swears like a ~,** mae hi'n rhegi fel cath; *S.W*: mae hi'n rhegi fel trwper.

fishy *a*. **1.** fel pysgodyn, fel pysgod, pysgodlyd; (*= abounding in fish*): heigiog, llawn pysgod, yn heigio o bysgod; *F*: **~ eyes,** llygaid pŵl/afloyw. **2.** *F*: (*= suspicious*): amh|eus, *F*: *occ*: broc.

fisk *n*. *Scot*: trysorlys *m*.

fissile *a*. holltadwy, holltol, ymholltol; *Ph*: ymholltol.

fissility *n*. natur holltadwy *f*, holltadwyedd *m*; *Ph*: ymhollted *m*.

fission¹ *n*. ymholltiad(-au) *m*, holltiad(-au) *m*, ymhollti *vn*, hollti *vn*; *Ph*: ymholltiad. **~ bomb** *n*. bom(-iau) atomig *mf*. **~ product** *n*. cynnyrch (cynhyrchion) (*m*) ymhollti.

fission² *v.i.&t*. **1.** *v.i*. ymhollti. **2.** *v.t*. hollti.

fissionability *n*. = **fissility**.

fissionable *a*. = **fissile**.

fissional *a*. ymholltol.

fissipalmate *a*. *Z*: hollt-balfog.

fissiparous *a*. *Biol*: hollt-hiliog.

fissiparousness *n*. hollt-hiliogrwydd *m*.

fissiped *a*. & *n*. *Z*: **1.** *a*. holltroed, troedhollt, hollt-droediog. **2.** *n*. anifail (anifeiliaid) troedhollt *m*.

fissirostral *a*. *Orn*: holltylfinog.

fissure[1] *n.* **1.** hollt(-au) *f*, agen(-nau) *f*, ymholltiad(-au) *m.* **2.** *Geog:* daeardor *m.*

fissure[2] *v.t.&i.* **1.** *v.t.* hollti, agennu. **2.** *v.i.* *(of rock):* hollti, ymhollti, cracio.

fist[1] *n.* dwrn (dyrnau) *m*; **clenched ~,** dwrn caead, dwrn moel; **to make a ~,** cau'ch dwrn; **to beat with one's ~,** dyrnodio, dyrnu, ffusto, pwyo; **to shake one's ~ at s.o.,** codi'ch dwrn ar rn; *S:* dangos eich dwrn i rn; **to make a [good/poor] ~ at/of sth,** rhoi cynnig [teg/gwael] ar wneud rhth; **a blow with the ~,** *Lit:* dyrnod(-iau) *mf*; **he writes a good ~,** mae ganddo ysgrifen dda *f.* **~ fight** *n.* ymladdfa (ymladdf|eydd) *f*, *N:* cwffas[t] *f.*

fist[2] *v.t.* **1.** *(= strike):* dyrnu, dyrnodio, ffusto. **2.** *Nau:* trin, trafod, dal.

fisted *a.* dyrnog; *S.a.* **ham-~, tight-.**

fistful *n.* llond (*m*) dwrn, dyrnaid (dyrneidiau) *m.*

fistic[al] *a. Joc:* paffiol.

fisticuffs *n.pl.* dyrnu *vn*, ffustio *vn*, cwffio *vn*, paffio *vn*; **there were some ~,** fe aeth hi'n godi dyrnau.

fistmele *n. Meas:* dyrnfedd [gorniog] (dyrnfeddau [corniog]) *f.*

fistula *n. Med:* ff|istwla (ffistwlâu) *m*, pibglwyf(-au) *m*, piblinoryn (piblinorod) *m*, chwiwdwll (chwiwdyllau) *m.*

fistular, fistulous *a.* pibellog, pibglwyfus; *Vet:* **~ withers,** ysgwyddau llidus.

fit[1] *n.* **1.** *(a)* pwl (pyliau) *m*, hwrdd (hyrddiau) *m*, ffit(-iau) *f*, *N.W: occ:* cwrs (cyrsiau) *m*, pwcs (pycsiau) *m*; **a ~ of coughing,** pwl o besychu, *S: N.W: occ:* cwrs o besychu; **a ~ of laughter,** hwrdd/pwl o chwerthin; *(b) Med:* gwasgfa (gwasgf|eydd) *f*, ffit, *N: occ:* cyffylsiwn(-s), ffatan *f*; *S.a.* **apoplectic; fainting ~,** = **faint[2]**; **to fall into a ~,** cael ffit; *F:* **he will have a ~ (when he hears of it),** fe gaiff ffit, fe aiff o'i gof, *F:* fe fydd yn gweld y bliws (pan glyw amdano); **to frighten s.o. into fits,** codi arswyd ar rn, dychryn rhn i ffitiau. **2. to answer in a ~ of temper,** ateb mewn pwl o dymer ddrwg, *S.W:* ateb yn eich natur; **fits of temper,** *S.E:* pangau drwg, *N.W: occ:* hyntiau *pl*; **a ~ of crying,** pwl o wylo; **they were in fits of laughter,** *N.W:* 'roedden' nhw'n g'lana' chwerthin; *S.W:* 'roedden' nhw'n chwerthin eu bola mas; **to work by fits and starts,** gweithio bob yn ail â pheidio, gweithio hyrddiau/pyliau, gweithio ar bangau a rhuthrau, *N:* gweithio pycsiau, pycsio gweithio. **3.** *(= impulse):* chwiw(-iau) *f*, mympwy(-on) *m*, hynt(-iau) *f*; **when the ~ was on him,** pan oedd yr hynt/hwrdd arno.

fit[2] *a.* **1.** *(= suitable):* addas, cymwys, *N.W: occ:* [a]tebol, *F:* ffit **(for sth,** i rth, ar gyfer rhth); **to be ~,** gweddu, bod yn addas; **water ~ to drink,** dŵr da/addas/ffit/diogel i'w yfed, dŵr yfadwy; **meat ~ to eat,** cig da *&c* i'w fwyta, cig bwytadwy; **a dinner ~ for a king,** cinio bendigedig, cinio gwerth ei fwyta, cinio tywysogaidd, cinio digon da i frenin; **I am not ~ to be seen,** ni wiw i neb fy ngweld; *F:* 'dydw i ddim yn ffit i 'ngweld; **at a fitter moment,** ar adeg fwy addas; **to think/see ~ to do sth,** gweld yn dda wneud rhth; **do as you think ~,** gwnewch fel y gwelwch orau; **(she cried) ~ to break her heart,** (bu'n llefain, bu'n beichio wylo) nes bron â thorri'i chalon. **2.** *(a)* **~ for sth,** addas i rth, mewn cyflwr i rth; *Mil:* **~ for service,** atebol i wasanaeth milwrol; **fighting ~,** atebol i unrhyw beth, cyn iached â'r gneuen; **~ for one's job,** addas/cymwys i'ch swydd, galluog/abl i wneud eich swydd; **he is not ~ to live,** nid yw'n haeddu byw; **he is ~ for nothing,** nid yw'n dda i ddim; *Jur:* **~ for the purpose,** addas i'r pwrpas; **F~ Person Order,** Gorchymyn Person Addas; *(b) F:* **I felt ~ to drop,** 'roeddwn ar [fin] syrthio; 'roeddwn wedi ymlâdd; *S.W:* 'roeddwn i bron [â] pango. **3.** *Med: Sp:* abl-iach, ffit, heini, *N: occ:* atebol, *F:* 'tebol; **he looks very ~,** mae golwg heini/abl arno; *F:* mae cas cadw da arno; **to be ~ (again after illness),** ailhybu, bod yn holliach eto, *N.W: F:* fflonsio, criwtio (ar ôl salwch); **to keep ~,** cadw'n [a]tebol, cadw'n heini; **as ~ as a fiddle,** cyn iached â'r gneuen, cyn iached â'r cricsyn, iach fel y geirchen, mor iach â'r dydd, *S.W:* iach fel y gricsen.

fit[3] *n.* *(a) (of garment &c):* ffit(-iau) *usu.f*; **your coat is a perfect ~,** mae'ch côt chi'n ffitio i'r dim; mae'ch côt chi'n ffitio fel gwain am dwca; **my dress is a tight ~,** mae fy ngwisg i'n dyn[n] amdanaf; *(of people in a car &c):* **it was a tight ~,** 'roedd hi'n dyn[n] [yno]; *(b) Mec.E:* **easy ~,** ffit rwydd (ffitiau rhwydd); **tight ~,** ffit dyn[n] (ffitiau tyn[n]); **fits and limits,** ffitiau a therfynau; **interference ~,** ffit ymyrryd; **running ~,** ffit redegog (ffitiau rhedegog); **transition ~, sliding ~,** ffit lithro (ffitiau llithro).

fit[4] *v.t.&i.* I. *v.t.* **1.** *(clothes &c):* ffitio (rhth); **(it fits you) like a glove,** (mae'n eich ffitio) i'r dim, fel gwain am dwca, fel maneg, fel blwch. **2.** *(a) (= adapt):* addasu, cymhwyso, cyfaddasu **(sth to sth,** rhth i rth); **to make the punishment ~ the crime,** pennu cosb addas i'r trosedd; **to ~ a garment on s.o.,** ffitio dilledyn ar rn; *(b) (=fix):* gosod, dodi, rhoi **(sth on/in sth,** rhth ar rth, rhth yn rhth); **to ~ a key in a lock,** *S:* dodi allwedd mewn clo, *N:* rhoi agoriad mewn clo; **to ~ a handle to a broom,** rhoi/dodi coes ar ysgub. **3. to ~ s.o. for sth,** parat|oi rhn ar gyfer rhth. **4. to ~ sth with sth,** ffitio rhth â rhth, gosod rhth ar rth, gosod rhth yn rhth, *S: occ:* taclu rhth â rhth; **a boat fitted with two masts,** cwch wedi ei ffitio â dau hwylbren, cwch â dau hwylbren gosod. II. *v.i.* *(a)* mynd, ffitio; **to ~ [together],** mynd/ffitio gyda'i gilydd, mynd/ffitio i'w gilydd; **to ~ on sth,** mynd [yn dda] ar rth; **to ~ into sth,** mynd i rth; **to ~ happily into sth,** ymdoddi'n rhwydd i rth; **your dress fits well,** mae eich gwisg mynd yn dda amdanoch; mae eich gwisg yn ffitio'n dda. **~ in 1.** *v.t.* *(tubes &c):* gosod, dodi, ffitio (rhth yn rhth); **I'll try to ~ you in,** mi geisia' i wneud lle ichi; **we managed to ~ in a trip to London,** fe wnaethom ni gyfle i ymweld â Llundain. **2.** *v.i.* *(a)* **to ~ in (between two things),** mynd i'w le, ffitio (rhwng dau beth); *(b)* **to ~ in with sth,** cyd-fynd â rhth; **your plans do not ~ in with mine,** 'dyw eich cynlluniau chi ddim yn cyd-daro â'm rhai i. **~ out** *v.t.* gosod/dodi (rhth ar rth, rhth yn rhth); *Nau:* **to ~ out a ship,** gosod/dodi offer ar long, ffitio/arfogi/taclu/offeru llong; **to ~ s.o. out (with clothing &c),** dilladu rhn. **~ up** *v.t.* gosod; *Th:* **~-up stage,** llwyfan cludadwy/gludadwy (llwyfannau cludadwy) *mf.*

fit[5] *n. Lit: Pros:* caniad(-au) *m.*

fitch *n.* **1.** *Z:* ffwlbart(-iaid,-od) *m.* **2.** *Art. (= brush):* ffitsh(-is) *m.*

fitchew *n.* = **fitch 1.**

fitchy *a. Her: See* **cross[1]**.

fitful *a.* ysbeidiol, pyliog, mewn pyliau, afreolaidd, hyrddiog, mewn hyrddiau, *N: occ:* pycsiog, mewn pycsiau; *occ: (emotions):* oriog, anwadal; **a ~ cough,** peswch ysbeidiol.

fitfully *adv.* bob yn ail â pheidio, yn ysbeidiol, bob hyn a hyn, yn awr ac eilwaith, mewn hyrddiau, *N: occ:* mewn pycsiau, bob yn bwcs.

fitfulness *n.* natur ysbeidiol *&c f*, ysbeidioldeb *m.*

fitly *adv.* yn addas, yn gymwys *&c.*

fitment *n.* gosodyn (gosodion) *m.*

fitness *n.* **1.** *(= aptitude, aptness):* addasrwydd *m*, cymhwyster *m*, priodoldeb *m*, gwedduster *m* **(for sth,** i rth); *Aut:* **~ to drive,** cymhwyster i yrru. **2. physical ~,** heinifrwydd *m*, iechyd corfforol *m*, ffitrwydd *m*, atebolrwydd *m.*

fitt *n.* = **fit[5]**.

fitted *a.* **1.** cymesur, mesuredig, ar fesur, gosodedig, gosod; **~ carpet,** carped gosod; **~ kitchen,** cegin osod; **~ overcoat,** côt fawr ar fesur; **a chest ~ [up] with sth,** cist wedi ei haddasu/gosod/ffitio â rhth. **2.** *(=* **fit[2] 1***):* addas; **ill-~,** anaddas **(to sth,** i rth, ar gyfer rhth); **well-~,** tra addas/chymwys (i rth).

fitter *n.* **1.** *Mec.E: Aut:* gosodwr (gosodwyr) *m*, ffitiwr (ffitwyr) *m*, ffiter(-iaid) *m*, taclwr (taclwyr) *m.* **2.** *Tail:* ffitiwr (ffitwyr) *m*, addaswr (addaswyr) *m.*

fitting[1] *a.* **1.** *(= suitable):* addas, gweddus, cymwys, priodol; *(= deserved):* teilwng, haeddiannol; **it would be ~ to do this,** da [o beth] fyddai gwneud hyn; **it would be more ~ to do this,** *F:* byddai'n rheitiach/ffitiach gwneud hyn. **2. a well-~ garment,** dilledyn sy'n ffitio'n dda.

fitting[2] *vn. & n.* **1.** *vn.* *(a)* gosodiad *m*, gosod, ffitiad *m*, ffitio; **~ devices,** dyfeisiau gosod/ffitio; *(b)* **~ [on] [of clothes],** ffitiad *m*, ffitio. **2.** *n.usu.pl.* addurniadau, ffitiadau, mân daclau. **~-line** *n.* llinell (*f*) ffitio. **~-point** *n.* pwynt (*m*) ffitio. **~-room** *n.* ystafell (*f*) wisgo (ystafelloedd gwisgo).

fittingly *adv.* yn haeddiannol, yn gymwys, yn briodol, yn addas.

fittingness *n.* addasrwydd *m*, priodoldeb *m*, priodolder *m.*

five *num. a. & n.* **1.** *a.* pum, *foll. by a sing. noun, or* pump + o + *n.pl.:* **~ books,** pum llyfr, pump o lyfrau; **~ houses,** pum tŷ, pump o dai; **~ times,** pum gwaith, pump o weithiau, *Lit: occ:* pum waith, pumwaith; **~ times as much,** pum [gwaith] cymaint, cymaint bum gwaith; **the ~ times table,** y tabl pump; **~ horses,** pum ceffyl, pump o geffylau; **four or ~ times,** pedair neu bum gwaith, pedair gwaith neu bump, pedair neu bump o weithiau;

it is foll. by the nasal mut. of blynedd, blwydd *and occ. of* diwrnod; **~ years,** pum mlynedd; **~ years old,** pum mlwydd oed; **~ days,** pum niwrnod/diwrnod; *in the S.* pump *is used in all positions;* **~ hundred,** pumcant *m,* pum cant *m;* **~ hundredth,** pumcanfed; **~ thousand,** pum mil *f;* **~ thousandth,** pum milfed; **of ~ syllables,** pumsill; *Theol:* **the F~ Ways,** y Pum Llwybr/Ffordd; *F:* **bunch of fives,** [eich] pump, dwrn (dyrnau) *m; U.S: F:* **give me ~!** rho dy bump imi! *F:* **to take ~,** cymryd hoe, cymryd pum munud, *occ:* cymryd rhyw bump; *Joc:* **how many beans make ~?** sawl ffeuen sydd mewn pump? **the ~ ages before Christ,** pumoes *(m)* [y] byd; **~ and twenty,** = **twenty-five; ~ and twenty past two,** pum munud ar hugain wedi dau. **2.** *n.* pump (pumau, pumoedd) *m;* **in fives,** fesul pump, bob yn bump, yn bumau/bumoedd; **the ~ of us,** y pump ohonom, ni'n pump; *S.a.* **fives. ~ and dime/ten store** *n. U.S:* siop *(f)* bethau rhad (siopau pethau rhad). **~-bearded rockling** *n. Ich:* brithyll(-iaid,-od) *(m)* Mair pumbarf. **~-corner[s]** *n. Bot: (fruit of Styphelia):* ffrwyth(-au) *(m)* pum ochr. **~-eighth** *n. Rugby:* pum-wythfed(-au) *m.* **~ fingers** *n. Bot:* pumbys *m.* **~-finger exercise** *n.* **1.** *Mus:* ymarfer pumbys/bumbys (ymarferion pumbys) *mf.* **2.** *Fig:* chwarae *(vn)* plant. **F~ Fords** *W.Pl.n.* Pumrhyd *f.* **~ hundred** *n. Cards:* pum cant *m.* **~ o'clock shadow** *n.* bonion *(pl)* barf, *N:* bonion locsyn. **~ points** *n. Danc:* pum safle *m.* **F~ Roads** *W.Pl.n.* Pum Heol/Hewl *f.* **~-spot cichlid** *n. Ich:* cichlid(-au) pum-mannog *m.* **~-star** *a.* pum seren. **~-stones** *n.pl. Games:* [chwarae *vn*] dandis *pl.* **~-year** *attrib.* pum mlynedd.

fivefold *a. & adv.* **1.** *a.* pumplyg, pumhlyg. **2.** *adv.* gymaint bumwaith, bum [gwaith] cymaint, bum gwaith [drosodd], ar eich pumed.

fivepenny *a.* pum ceiniog. **~ piece** *n.* darn(-au) *(m)* pum ceiniog, pis[h]yn (pis[h]iau) *(m)* pum ceiniog. **~ morris** *n. Games:* [chwarae *vn*] pum ceiniog fach.

fiver *n. F:* papur(-au) *(m)* pumpunt.

fives *n. Games:* pumoedd *pl, S: F:* [chwarae *vn*] tali *m.* **~ court** *n.* cwrt (cyrtiau) *(m)* pumoedd.

fix[1] *n. F:* **1.** *(= predicament):* helbul(-on) *m,* trafferth(-ion) *f,* penbleth *mf,* cyfyng-gyngor *m, N: F:* strach *mf,* st[r]yffig *m,* picil *m, N.W: occ: (in tree, on mountain &c):* caethgyfle *m.* **2.** *Nau: Av:* lleoliad *m;* **to get a ~ on sth,** lleoli rhth. **3.** *F: (= dose of drug):* pigiad(-au) *m,* dos (dosiau) *mf.* **4.** *F: (= swindle):* twyll *m;* **it's a ~!** 'dyw hi ddim yn deg! twyll yw e! 'rych chi'n twyllo/cafflo!

fix[2] *v.t.* **1.** gosod, dodi, rhoi, *N: F:* sodro (rhth yn ei le, rhth yn sownd), *N.E: occ:* stoncio (rhth); **to ~ a stake into the ground,** gosod/dodi polyn yn y ddaear; **to ~ sth in one's memory,** dal/argraffu rhth ar eich cof; **to ~ one's eye[s] on s.o.,** syllu/craffu ar rn, hoelio'ch sylw ar rn, edrych yn graff ar rn. **2.** *(a) Phot: Bot:* sefydlogi; *(b) Med:* diheintio. **3.** sefydlu, lleoli, gosod, dodi; **to ~ a camp,** gosod gwersyll, gwersyllu; **to ~ a ship,** lleoli llong. **4.** *(a) (limit, date):* pennu, gosod, *S.W: occ:* penno; **on the date fixed,** ar y dyddiad penodedig; **there is nothing fixed yet,** 'does dim wedi'i drefnu/benderfynu/bennu eto; *(b)* **to ~ |up|on sth,** penderfynu ar rth, penderfynu o blaid rhth. **5.** *F: (a)* **I've fixed him!** mi 'i ces i o! mi 'i daliais i o! dyna'i roi o yn ei le! **I'll ~ him yet,** mi ca' i o eto; mi ro' i halen yn ei botes o! mi ofala' i amdano! *N.W: occ:* mi wna' i â'i achos o! *(b) (= bribe):* iro llaw (rhn), gofalu (am rn); *(c)* **the fight was fixed,** *(= rigged):* 'roedd yr ornest wedi ei threfnu o flaen llaw. **6.** *F: (a) (= mend): N:* trwsio, *S:* c[y]weir[i]o; *(b) U.S: (= prepare): (a meal):* parat|oi, hwylio, darparu; **to (s.o.) ~ a sandwich,** gwn|eud brechdan (i rn); **to ~ (s.o.) a drink,** arllwys/tywallt diod, gwneud diod (i rn). **7.** *Needlew: &c:* sicrh|au. **~ up** *v.t. F: (a) (= instal):* gosod, dodi, rhoi (rhth yn ei le); *(b) (= arrange, conclude):* trefnu (rhth); gofalu, ymorol (am rth); **I've fixed it up,** 'rwyf wedi trefnu'r cyfan; **it is all fixed up,** mae popeth wedi'i drefnu; *(c)* **to ~ s.o. up with sth,** [gofalu] cael rhth i rn, ymorol am rth i rn, trefnu rhth i rn, darparu rhth i rn; **I'll ~ you up for the night,** mi ga' i le i chi.

fixable *a.* gosodadwy.

fixate *v.t.&i.* **1.** *(= stare at):* llygadu (rhn); llygadrythu, rhythu (ar rn). **2.** *Psy:* sefydlogi.

fixation *n.* **1.** sefydledd *m,* sefydlogiad *m,* sefydlu *vn,* sefydlogi *vn; Bot:* **nitrogen ~,** sefydlogiad/sefydlogi nitrogen; *(loosely):* obsesiwn (obsesiynau) *m* **(with sth,** â rhth), *F:* chwilen *(f)* yn eich pen (yngh|ylch rhth).

fixative *a. & n.* **1.** *a.* sefydlogol. **2.** *n.* sefydlyn(-nau) *m.*

fixed *a.* **1.** sefydlog, diysgog, cadarn, llonydd, sownd, gosodedig, gosod; **~ charge,** tâl (taliadau) sefydlog/penodedig/gosod *m;* **~ to sth,** [yn] sownd wrth rth *or* yn rhth; **~ wheel,** olwyn(-ion) sefydlog *f,* olwyn gaeth (olwynion caeth); *Mus:* **~ notation,** nodiant (nodiannau) gosod *m; Jur:* **~ parking fine,** dirwy benodol/sefydlog *(f)* am barcio; *Ling:* **~ accent,** acen(-ion) sefydlog *f; T.V: &c:* **~-angle lens,** lens(-ys) sefydlog *f; Com:* **~ asset,** ased(-au) sefydlog *m; Com:* **~ prices,** prisiau sefydlog, prisiau gosod; **~ rule,** rheol(-au) sefydlog *f; Cmptr:* **~ field,** maes (meysydd) sefydlog *m;* **of no ~ address,** digartref, heb gartref sefydlog; **~ idea,** rhagfarn(-au) *f; Cmptr:* **~ length record,** cofnod(-ion) *(m)* hyd penodol; **~ oil,** olew sefydlog *m; Jur:* **~ penalty,** penyd sefydlog *m,* cosb benodol (cosbau penodol) *f; Row:* **~ pins,** pinnau sefydlog; *F:* **a ~ smile,** gwên galed *f, F:* gwên ci marw; **a ~ look,** edrychiad diwyro *m,* golwg ddiwyro *f;* **~ point,** pwynt(-iau) sefydlog *m;* **~ point arithmetic,** rhifyddeg *(f)* pwynt sefydlog; *Aut:* **~ time operation,** gweithrediad caeth *m; Cmptr:* **~ word length,** hyd *(m)* gair penodol; *Astr:* **~ star,** seren (sêr) sefydlog *f; U.S:* **he's well ~,** mae e'n dda ei fyd; mae e'n gefnog; mae hi'n gysurus arno; mae ganddo bopeth; **how are we ~ for time?** faint o amser sydd gennym [mewn llaw]? sut mae hi arnom ni am amser? **a ~ election,** etholiad wedi'i threfnu ymlaen llaw. **2.** *Econ:* gosodedig.

fixedly *adv.* yn graff, yn ddiwyro; **to look ~ (at s.o.),** craffu, syllu dal eich golygon (ar rn).

fixedness *n.* sefydlogrwydd *m,* llonyddwch *m.*

fixer *n.* **1.** *(pers.): occ:* **~-upper,** trefnydd(-ion) *m, F:* fficsiwr(-s) *m.* **2.** *Phot:* sefydlyn(-nau) *m.*

fixing *vn. & n.pl.* **1.** *vn.* = **fix[2]**. **2.** *n.pl. U.S:* offer, taclau; *(= trimmings):* addurniadau, *F:* ffigiaris. **~ bath** *n. Phot:* baddon(-au) *(m)* sefydlogi.

fixity *n.* sefydlogrwydd *m;* **~ of tenure,** sicrwydd *(m)* daliadaeth/deiliadaeth; **~ of purpose,** gwastadrwydd *(m)* amcan, pendantrwydd *(m)* amcan; **to lack ~ of purpose,** bod yn chwit-chwat, bod yn anwadal, bod heb wastadrwydd amcan.

fixture *n.* **1.** gosodyn (gosodion) *m,* darn(-au) *(m)* gosod; **to make sth a ~,** rhoi rhth yn sownd (yn rhth); *Joc:* **he's like one of the fixtures here,** 'does dim symud arno oddi yma; mae'n byw a bod yma; *Jur:* **trade ~,** gosodyn masnachol, gosodyn masnach. **2.** *usu.pl.* peth(-au) *(m)* gosod, celfi *(&c) (pl)* gosod/sefydlog, gosodion *pl,* sefydlogion *pl.* **3.** *Sp:* gornest(-au) *f;* **list of ~,** rhaglen *(f)* y tymor (rhaglenni'r tymor).

fizz[1] *n.* **1.** hisian *vn,* sïo *vn.* **2.** *P: O:* siampên *m.*

fizz[2] *v.i.* hisian, sïo, ffisian.

fizzle[1] *n.* hisian *m,* siffrwd *m,* ffisian *m.*

fizzle[2] *v.i.* hisian, siffrwd, sïo, ffrio, ffrwtian, ffisian, *S.W: occ:* s[h]ïal. **~ out** *v.i.* **1.** *(of rocket):* diffodd, darfod. **2.** *F: (of scheme &c):* chwythu plwc, mynd yn ffliwt, mynd i'r gwellt; **the whole affair fizzled out,** tân siafins oedd y cwbl; tân mewn eithinen oedd y cwbl: fe chwythodd y peth ei blwc.

fizzy *a. (drink):* byrlymog, pigog, ffisiog.

fjard *n. Geog:* ffiard(-au) *m.*

fjord *n. Geog:* ffiord(-au,-ydd) *m.*

flab *n. F:* bloneg *m,* pwysau *pl;* **to fight the ~,** bwrw'ch bloneg.

flabbergast *v.t. F:* syfrdanu, synnu, hurtio; **I was flabbergasted (at sth),** 'roeddwn i'n synnu ar fy hyd (at rth); *S.W: Joc: occ:* 'roeddwn i bron â llyncu llidiart.

flabbergasted *a.* syn, syfrdan, hurt, cegrwth.

flabbergasting *a.* syfrdanol, digon i'ch hurtio.

flabbily *adv.* yn llipa.

flabbiness *n.* meddalwch *m,* llipäedd *m,* llipanedd *m,* llipanrwydd *m,* llibinrwydd *m,* llacrwydd *m; abs. (= corpulence):* bloneg *m.*

flabby *a. (muscles &c):* llipa, llibyn, llibin, meddal, llac, llegach, *S.W: occ:* gwacsi; *(cheeks):* bochlaes, llaes; *(pers., character):* meddal, lliprynnaidd, llibin, llibinaidd, gwacsaw, gwan, di-asgwrn-cefn.

flabellate, flabelliform *a.* gwyntyllaidd.

flabellum *n. Anat:* fflabelwm (fflabela) *m,* gwyntyll(-au) *f.*

flaccid *n.* llipa, llaes, llibin, nychlyd, meddal, llac, *S.W:* gwacsi.

flaccidity *n.* llipäedd *m,* natur lipa *f,* llacrwydd *m.*

flaccidly *adv.* yn llipa *&c.*

flacon *n.* = **flagon.**

flag[1] *n. Bot:* gellesgen (gellesg) *f*, *A:* elestren (elestr, elystr) *f*, *N.W:* geletsh: gelaitsh *f*; **blue/cat-tail/poison ~,** *(Iris versicolor):* gellesgen las (gellesg gleision); **purple ~,** *(I. germanica):* gellesgen borffor (gellesg porffor); **sweet ~,** *(Acorus calamus):* gellesgen bêr (gellesg pêr); **water ~, yellow ~,** *(I. pseudacorus):* gellesgen felen (gellesg melyn). **~-root** *n.* = **flag**[1] **(sweet).**

flag[2] *n. Const:* carreg *(f)* lorio (cerrig llorio), llorlech(-i) *f*, llawrlech(-i) *f*, llechfaen (llechfeini) *m*, fflag(-iau) *f*, *N: occ:* fflacsen(-ni, fflacs) *f*, *S: occ:* fflagen (fflags) *f*, *S.E: occ:* taplen: tablen *f*. **~-layer** *n.* lloriwr (llorwyr) *m*.

flag[3] *v.t. (= pave, floor):* llorio, fflagio, *S:* fflago, *N:* fflacsio.

flag[4] *n.* **1.** *(= banner):* baner(-i) *usu.f*, *Lit: occ:* lluman(-au) *m*, *F:* fflag(-iau) *f*; **a ~ of convenience,** baner cyfleustra, baner gyfl|eus (baneri cyfl|eus); **to keep the ~ flying,** chwifio'r faner, cyhwfan y faner; **to hoist the ~,** codi'r faner; **to lower the ~,** gostwng y faner; **to show the ~,** dangos y faner; **~ of truce, white ~,** baner cadoediad, baner wen (baneri gwynion), fflag wen (fflagiau gwynion); **a taxi with the ~ up,** tacsi rhydd/gwag *m*. **2.** *Ven: (of dog): N:* cynffon(-nau) *f*, *S:* cwt (cytau) *mf*. **~-boat** *n.* fflaglong(-au) *f*. **~-captain** *n. Navy:* fflag-gapten (~-gapteiniaid) *m*. **~-day** *n.* diwrnod(-iau) *(m)* fflagiau. **~-lieutenant** *n.* fflag-lefftenant(-iaid) *m*. **~-list** *n.* fflagrestr(-au) *f*. **~-officer** *n.* fflagswyddog(-ion) *m*. **~-pole** *n.* polyn *(m)* fflag (polion fflagiau), *Lit:* llumanbren(-nau) *m*. **~-station** *n.* fflag-orsaf(-oedd) *f*. **~-rank** *n. Navy:* fflagreng(-oedd) *f*. **~-stick** *n.* coes *(f)* fflag (coesau fflagiau). **~-stop** *n.* stop(-iau) *(m)* arwydd. **~-wagger** *n.* **1.** *Mil:* fflagiwr (fflagwyr) *m*. **2.** *F: Pej:* chwifiwr (chwifwyr) *(m)* y faner, jingo(-aid,-s) *m* *(pronounced* ng-g). **~-wagging**[1] *a.* jingoaidd *(pronounced* ng-g), banergar. **~-wagging**[2] *vn. F:* chwifio'r faner. **~-waver** *n.* **flag-wagger.** **~-waving** *a. & vn.* = **flag-wagging**[1,2].

flag[6] *v.t.* **1.** *(= bedeck with flags):* baneru, fflagio (rhth); addurno (rhth) â baneri/fflagiau; *Lit: occ:* llumanu (rhth). **2.** *(= signal):* gwn|eud arwydd (ar rn), anfon neges (at rn) [â fflagiau]; fflagio (rhn); **to ~ a driver down,** gwneud arwydd ar yrrwr i aros, fflagio gyrrwr.

flag[7] *v.i. (of plant):* gwywo, nychu, llaesu, edwino; *(of pers.):* diffygio, llesgáu, mynd yn llesg, fflagio, gwanh|au, edwino, *S.W: occ:* palo, ffwndo; *(of attention):* diffygio, crwydro; *(of conversation):* arafu, diffygio, pallu; *(of zeal):* pylu, gwanhau, edwino, pallu.

flagellant *a. & n.* **1.** *a.* fflangellol, ymfflangellol. **2.** *n.* fflangellwr (fflangellwyr) *m*, fflang|ellwraig *f*, ffrewyllwr: ffrewyllydd (ffrewyllwyr) *m*, ffrew|yllwraig *f*, ymfflangellwr (ymfflangellwyr) *m*, ymfflang|ellwraig *f*.

flagellantism *n.* fflangellaeth *f*, ffrewyllaeth *f*.

flagellar *a. Bot: Biol:* fflangellog.

flagellate[1] *v.t.* fflangellu, ffrewyllu, chwipio.

flagellate[2] *a. & n.* **1.** *a.* fflangellog. **2.** *n.* fflangellog(-ion) *m&f*.

flagellated *a.* = **flagellate**[2].

flagellation *n.* fflangelliad(-au) *m*, ffrewylliad(-au) *m*, fflangellu *vn*, ffrewyllu *vn*.

flagellator *n.* fflangellwr (fflangellwyr) *m*, ffrewyllwr (ffrewyllwyr) *m*.

flagellatory *a.* fflangellol.

flagellum *n. Bot: Biol:* fflangell(-au) *f*, fflagelwm (fflagela) *m*.

flageolet[1] *n. Mus:* pibell(-i) *f*, chwibanogl(-au) *f*, chwît (chwitiau) *f*, fflasioled(-au) *m*.

flageolet[2] *n. Hort: Cu:* ffeuen: ffäen (ffa) Ffrengig *f*.

flagfish *n. Ich: (Jordanella floridae):* fflagbysgodyn (fflagbysgod) *m*.

flagged[1] *a. (= floored with* **flags**[2]*):* fflagiog, fflascsiog, â llawr llechi, llorlechog; **~ floor,** llawr fflacs/fflags.

flagged[2] *a. (= marked with* **flags**[4]*):* banerog, fflagiog.

flagging[1] *n. (= paving):* cerrig *(pl)* llorio/llawr, *F:* fflacs: flags *pl*.

flagging[2] *a.* diffygiol, lluddedig, llaes, palledig; **the ~ spirits of the party,** ysbryd llesg/egwan y blaid; **his ~ enthusiasm,** ei glaerineb *(m)*, y trai *(m)* ar ei frwdfrydedd.

flaggingly *adv.* yn ddiffygiol *&c.*

flaggy[1] *a.* llipa, llibin, llibyn, di-nerth, diegni.

flaggy[2] *a.* = **flagged**[1].

flagitious *a.* anfad, ysgeler, drygionus, dybryd.

flagitiously *adv.* yn anfad *&c.*

flagitiousness *n.* anfadwch *m*, ysgelerder *m*, drygioni *m*, dyhirwch *m*.

flagman *n.m.* fflagiwr (fflagwyr), fflagmon (fflagmyn).

flagon *n.* costrel(-au,-i) *f*, ffiol(-au) *f*, fflagen(-ni) *f*, cwpan(-au) *(m)* crothog; *Archeol:* **beaked ~,** costrel ylfinog (costrelau gylfinog); **wine ~,** costrel win (costreli gwin).

flagrance, flagrancy *n.* amlygrwydd *m*, eglurder *m*; *(of offence):* enbydrwydd *m*, anfadwch *m*, dybrydedd *m*, difrifoldeb *m*.

flagrant *a.* amlwg, eglur; *(offence):* enbyd, dybryd, difrifol.

flagrantly *adv.* yn amlwg *&c.*

flagship *n. Navy:* banerlong(-au) *f*, fflaglong(-au) *f*.

flagstaff *n.* = **flag-pole.**

flagstone *n.* = **flag**[2].

flail[1] *n.* **1.** *Husb:* ffust(-iau) *f*, ffust ddyrnu (ffustiau dyrnu); **swipple/handle/handstaff of a ~,** troedffust(-iau) *f*; **cap/capping of a ~,** penguwch *(m)* *(pronounced* ng-g) ffust, tepyn *(m)* ffust, pigych *(m)* ffust, *N.W:* têp *m*; **band of a ~,** tricyn *(m)* ffust; **middle band of a ~,** cwplws *(m)* ffust (cyplysau ffustiau), carrai *(f)* ffust (careiau ffustiau). **2.** *A: Arm:* dyrnflaidd (dyrnfleiddiau) *m*. **~-swipple, ~-yard** *n. Lit:* gwialenffust(-[i]au) *f*, troedffust(-[i]au) *f*, ffustwial (ffustwiail) *f*, *S.W:* ielffust(-iau) *f*, gielffust(-iau) *f*, *M.W: occ:* lemffust(-iau) *f*.

flail[2] *v.t.* **1.** *Husb:* ffust[i]o, dyrnu. *(= beat):* ffust[i]o, curo, *S:* bwrw; *S.a.* **beat**[2], **hit**[2]. **2.** *(= wave, swing):* chwyrlïo, cyhwfan, ysgwyd.

flair *n.* dawn *f*, greddf *f*, gallu *m*, medr *m*; **to have a ~ for arranging flowers,** bod â llaw dda at drefnu blodau, bod â dawn trefnu blodau; **to have a ~ for bargains,** bod yn esgud am fargen, gallu synhwyro bargen, bod â llygad am fargen, *N.W:* bod yn 'sgut am fargen; **he has a ~ for languages,** mae ganddo ddawn dysgu iaith; mae ganddo glust am iaith; mae'n dipyn o ieithmon.

flak *n.* **1.** *Mil: Av:* fflac *m*. **2.** *Fig: (= criticism):* llach *f*, beirniadaeth *f*; **he came in for some ~,** fe gafodd ei bledu; fe ddaeth dan [y] lach. **~ jacket** *n.* siaced(-i) arfog *f*.

flake[1] *n.* **1.** *(of snow):* pluen (plu) *f*, plufyn (plu, pluf) *m*, *S.E: occ:* hiffyn *m*. **2.** *(of ignited material):* fflacsen (fflacs) *f*. **3.** *(a) (of stone, metal):* fflochen(-nau,-ni, fflochiau) *f*, ffloch(-iau) *f*, fflaw(-iau) *m*, fflewyn (fflawiau) *m*, fflawen (fflawiau) *f*, fflöen *f*, *N.W: occ:* fflipan (fflipenni) *f*; *(b) Archeol:* fflewyn, naddyn (naddion) *m*; **edge trimming ~,** naddyn ymyldriniad; **faceted butt ~,** naddyn bôn ffasedog; **waste ~,** naddyn gwastraff; *(c) (of fish's flesh):* ewin(-edd) *f*, haenen (haenau) *f*; **soap ~,** fflochen (fflochiau) sebon, ewin(-edd) *(f)* sebon. **4.** *Fish:* cig *(m)* pysgod. **~ axe** *n. Archeol:* bwyell (bwyeill) *(f)* nadd, bwyell naddu. **~ culture** *n. Archeol.* diwylliant *(m)* naddion. **~ surface** *n. Archeol:* arwyneb(-au) nadd *m*. **~ tool** *n.* arf(-au) nadd *m*. *S.a.* **cornflake.**

flake[2] *v.i.* **1.** *(a) (of snow &c):* pluo, bwrw plu; *(b) (of metal &c):* fflochennu, delltennu; *(c) (of stone &c):* **to ~ [away/off],** fflawio, fflochennu, caenu; *Archeol:* naddu; *(d) Cu: (fish):* haenu. **2.** *F:* **to ~ out,** llewygu. **~ test** *n. Cu:* prawf *(m)* haenu.

flake[3] *n. (= rack for oatmeal, fish &c):* diogyn(-nod) *m*, clwyd(-i) *(f)* sychu.

flaked *a.* **1.** fflawiog; *Archeol:* **~ axe,** bwyell (bwyeill) nadd *f*; **~ maize,** indrawn fflawiog/tafellog *m*, creision *(pl)* indrawn, creision india-corn. **2.** *F:* **~ out,** wedi ymlâdd, wedi blino'n lân, wedi hario *&c*; *S.a.* **tired.**

flakiness *n.* haenedd *m*, fflawiogrwydd *m*, caenogrwydd *m*.

flaking *vn.* naddu; **bipolar ~,** naddu deubegwn; **bloc on bloc ~,** naddu cyff ar gyff; **direct percussion ~,** naddu uniongyrchol; **indirect percussion ~,** naddu anuniongyrchol; **cylindrical hammer ~,** naddu morthwyl silindraidd; **pressure ~,** pwysnaddu, gwasgnaddu; **punch ~,** pwnsh-naddu; **resolved ~,** grisnaddu; **soft hammer ~,** naddu [â] morthwyl meddal; **step ~,** grisnaddu; **stone hammer ~,** naddu [â] morthwyl.

flaky *n.* **1.** *(snow &c):* pluog, fflawiog. **2.** *(stone &c):* fflochennog, fflawiog, caenog; *Cu:* **~ pastry,** crwst haenog *m*. **3.** *U.S: F:* = **eccentric.**

flam *n.* stori (straeon) *(f)* asgwrn pen llo, celwydd(-au) golau *m*, twyll *m*, dichell(-ion) *f*.

flambé[1] *a. Cu:* fflamboeth(-ion).

flambé[2] *v.t.* fflamboethi.

flambeau *n.* ffagl(-au) *f*, ffaglen(-nau) *f*, ffagl dân (ffaglau tân), *Lit: occ:* tors (tyrs) *m*.

flamboyance, flamboyancy *n.* tanbeidrwydd *m,* lliwgarwch *m,* llacharwch *m,* blodeuogrwydd *m, F:* crandrwydd *m,* swae *f.*
flamboyant *a.* **1.** tanbaid, ymfflamychol, fflamllyd, tanllyd, lliwgar, llachar, blodeuog, *F:* crand. **2.** *Arch:* fflamddull, ffaglog.
flamboyantly *adv.* yn danbaid *&c.*
flame[1] *n.* **1.** fflam(-au) *f;* **in flames,** ar dân, yn fflam, yn wenfflam; **to burst/break into flames,** tanio, cynnau, mynd ar dân, mynd yn wenfflam. **2.** *F: (a) (= ardour):* fflam, nwyd *mf,* angerdd *m; (b) O:* **an old ~ of mine,** hen gariad imi, un o'm hen gariadon, *S.W: occ:* hen garen (*f*) i mi. **~-arrester** *n. Ind:* rhwystr(-au) (*m*) fflamau. **~ cultivator** *n.* llosgwr (llosgwyr) (*m*) chwyn. **~ failure device** *n.* dyfais (dyfeisiau) (*f*) ailgynnau fflam. **~-flower** *n. Bot: (a) (Tropaeolum speciosum):* blodyn (blodau) (*m*) fflamau, capan (*m*) y cornicyll fflamgoch; *(b) (Kniphofia):* procer poeth *m.* **~-gun** *n. Mil: &c:* gwn (gynnau) (*m*) tân. **~ of the forest/woods** *n. Bot:* coeden (coed) (*f*) fflamau. **~ nettle** *n. Bot:* fflamddanhadlen (fflamddanadl) *f.* **~-out** *n.* diffoddiad(-au) *m.* **~ pea** *n. Bot: (Chorizema):* pysen (pys) fflamgoch *f.* **~-plant** *n. Bot: (Anthurium scherzerianum):* fflamlys *m.* **~-projector** *n.* = **flame-gun.** **~-proof[1]** *a.* gwrthfflam, anhylosg, anllosgadwy, diogel rhag tân. **~-proof[2]** *v.t.* diogelu rhth (rhag tân). **~-proofer** *n.* diogelydd (diogelwyr) (*m*) rhag tân. **~-red** *a.* fflamgoch. **~-resistant** *a.* gwrthfflam, anhylosg. **~-thrower** *n.* = **flame-gun.** **~-trap** *n.* = **flame-arrester.** **~-tree** *n. Bot:* coeden (coed) (*f*) fflamau. **~ violet** *n. Bot: (Episcia cupreata):* fioled(-au) fflamgoch *f.*
flame[2] *v.i. (of fire &c):* fflamio, ffaglu, cynnau; **her cheeks flamed,** daeth y gwrid i'w gruddiau; aeth ei hwyneb yn fflam goch; cochodd ei hwyneb. **~ up** *v.i.* **1.** *(of fire):* cynnau, ffaglu, fflamio, mynd yn wenfflam, mynd yn ffluwch, tanbeidio. **2.** *(of pers.):* gwylltio, tanio, mynd yn dân byw, fflamio, mynd yn wenfflam, colli'ch limpin, tanbeidio, mynd yn danbaid, *N.W:* myllio (= ymhyllio), cael gwyllt, mynd yn [gaclwm] ulw.
flameless *a.* di-fflam, diffoddedig.
flamen *n. Rom.Ant:* offeiriad (offeiriaid) *m,* fflamen(-iaid) *m.*
flamenco *n. Danc:* fflamenco *f.*
flamer *n.* fflamiwr (fflamwyr) *m,* ffaglwr: ffaglydd (ffaglwyr) *m.*
flaming *a.* **1.** fflamllyd, fflamiol, tanbaid, tanllyd, gwenfflam; **a ~ fire,** tanllwyth (*m*) o dân, *Lit:* goddaith (f) o dân, coelcerth(-i) *f.* **2. a ~ sun,** haul tanbaid/eirias/eiriasboeth *m;* **~ red,** fflamgoch(-ion); **~ June,** mis Mehefin tanbaid. **3.** *P: See* **damned; there was a ~ row,** fe aeth hi'n ffrae benben/wyllt; fe aeth hi'n dân gwyllt/golau; fe aeth hi'n wenfflam; **a ~ liar,** cythraul celwyddog; **that ~ dog,** yr hen gi ddiawl 'na; *int. V:* **~ hell!** uffern dân! *S: occ:* yffach [y] cols! **~ dragon tree** *n. Bot: (Dracaena terminatis):* coeden (coed) (*f*) y ddraig danllyd. **~ Katy** *n. Bot: (Kalancoe Blossfeldiana):* Cadi danllyd *f.* **~ sword** *n. Bot: (Vriesia splendens):* cleddyf tanllyd *m.*
flamingly *adv.* yn fflamllyd *&c.*
flamingo *n.* fflamingo(-s) *m (pronounced* ng-g), aderyn (adar) (*m*) y fflam, edn (*m*) yr Aifft, aderyn yr Aifft; **Chilean ~,** fflamingo Chile. **~ flower, ~ plant** *n.* = **flame-plant.**
flammability *n.* hylosgedd *m.*
flammable *a. & n.* **1.** *a.* fflamadwy, llosgadwy, hylosg. **2.** *n.* defnydd(-iau) hylosg *m.*
flamy *a.* fflamllyd, fflamiol.
flan *a. Cu:* tarten(-ni) (*f*) ffrwythau, fflan(-iau) *f, occ:* teisen(-au) *f.* **~ ring** *n. Cu:* cylch(-au) (*m*) fflan; **fluted ~ ring,** cylch fflan rhychog.
flanch *v.t.&i. Const:* culh|au, meinh|au.
Flanders *Pr.n. Geog:* Fflandrys *f;* **a man of ~,** Fflandryswr (Fflandryswyr) *m,* Fflemin(-iaid) *m.*
flânerie *n.* ***flânerie*** *f.*
flâneur *n.* ***flâneur(-s)*** *m.*
flange[1] *n.* cantel(-au) *m,* asgell (esgyll) *f,* adain (adenydd) *f,* fflans(-ys) *mf;* **~ of ploughshare,** aden/asgell swch; **cooling ~,** cantel/asgell oeri. **~ coupling, ~ joint** *n.* uniad(-au) (*m*) cantelau, *N.W: Min:* ewinedd: gwinedd *pl.*
flange[2] *v.t. Tchn:* asgellu, fflansio, adeinio (rhth); rhoi/dodi cantel (ar rth).
flanged *a.* cantelog, asgellog, adeiniog; *Metalw:* **~ seam,** sêm (*f*) fflans; **~ spigot,** sbigod(-au) cantelog *m; S.a.* **axe[1].**
flanger *n.* cantelydd(-ion) *m.*
flank[1] *n.* **1.** *(a)* ystlys(-au) *f,* ochr(-au) *f; (b) Cu:* ystlys, tenewyn(-au) *m;* **thick/thin ~,** ystlys dew/denau (ystlysau tew/tenau). **2.** *(a) (of mountain &c):* llethr(-au) *f,* ystlys, lletben(-nau) *m, N.W:* llepan(-nau) *m; (b) Mil:* **to take the enemy in ~,** ymosod ar ystlys y gelyn. **~ forward** *n.* blaenasgellwr (blaenasgellwyr) *m.*
flank[2] *v.t.* **1. to ~ sth with/by sth,** ystlysu rhth â rhth; dodi/rhoi rhth rhwng rhth a rhth; **he was flanked by two policemen,** safai rhwng dau blisman; o bob tu iddo safai plisman; **a palace flanked by towers,** palas â thyrau o'i ddeutu, palas â thwr ar bob ochr iddo *or* o bobtu iddo. **2.** *Mil:* **to ~ the enemy,** ymosod ar ystlys y gelyn.
flanker *n.* **1.** *Mil: Fort:* ystlysgaer(-au) *f,* ystlyswaith *m.* **2.** *Rugby:* blaenasgellwr (blaenasgellwyr) *m.* **3.** *F: (= swindle):* twyll *m,* dichell(-ion) *f.*
flannel[1] *n.* **1.** *(a)* gwlanen(-ni,-nau) *f;* **face-~,** clwt (clytiau) (*m*) 'molchi, clwt sychu wyneb, cadach(-au) (*m*) gwlanen, *N.W: occ:* clwt gwlanen; **~ trousers,** trowsus(-au) (*m*) gwlanen; **unscoured ~,** gwlanen grai; *(b) pl.* **flannels,** = **flannel trousers;** *(cricket &c):* trowsus gwyn (trowsusau gwynion). **2.** *F: (= nonsense):* lol *f,* dwli *m,* codl *f,* sothach *m,* cybôl *m,* lap *m,* stwnsh *m,* rwdl *mf,* cleber *m; (= flattery):* gweniaith *f,* sebon *m,* lledod *pl,* blawd *m; (= bragging):* brolio *vn,* ymffrost *m,* brol *m,* bocsach *m.* **~ bush** *n. Bot: (Fremontia Californicum):* llwyn (*m*) gwlanen. **~ flower** *n. Bot: (Actinotis helianthi):* blodyn (blodau) (*m*) gwlanen. **~ maker/merchant** *n.* gwlanennwr (gwlanenwyr) *m.* **~ plant** *n. Bot:* = **Aaron's rod.**
flannel[2] *v.t.* **1.** *(= clean):* glanh|au, golchi (rhth) [â gwlanen], tynnu clwt (dros rth). **2.** *F: (= flatter):* ffalsio (i/ar rn); cynffonna, gwenieithio, gwerthu sebon/lledod/blawd (i rn).
flannelboard, flannelgraph *n.* bwrdd (byrddau) (*m*) gwlanen.
flannelette *n. Tex:* fflaneléd *m, N.W: occ:* gwlanenéd *f.*
flannelled *a.* mewn gwlanen; *Cr:* mewn trowsus gwyn.
flannelly *a.* gwlanennog, gwlanennaidd.
flannelmouth *n.* **1.** *Ich: (= blue catfish):* cathbysgodyn glas (cathbysgod gleision) *m.* **2.** = **boaster, flatterer.**
flannelmouthed *a.* = **flattering, mumbling[1].**
flap[1] *n.* **1.** *(a) (of wing):* curiad(-au) *m,* chwifiad(-au) *m; (of sail, flag &c):* clep *f,* clepian *vn; (b) (= light blow):* clipen *f,* wab *m,* clipws *m,* swaden *f,* waden *f,* ffatiad(-au) *m,* ffaten (ffatiau) *f,* ffat(-iau) *f, S:* clipsen(-ni) *f,* fflipen(-ni) *f,* fflipsen(-ni) *f, Lit:* palfod(-au) *f.* **2.** *(a) (of envelope &c):* llabed(-i,-au) *fm,* fflap(-iau) *m, occ:* tafod(-au) *m; (b) (of table):* dalen(-nau) *f, N:* lêff(-s) *f; (c) (of valve, fish's gill &c):* caead(-au) *m; (d) Av:* fflap(-iau) *m; (e)* **~ of breeches,** *S:* copis (*m*) cratsh/cretsh, copis tarw, copis tinclawr. **3.** helynt *f,* ffwdan *f, N: F:* ffrwcs *m;* **to be in a ~, to get into a ~,** drysu, methu gwybod beth i'w wneud, mynd i ffwdan, *S:* gwylltu, *N:* ffrwcsio; **there's a ~ on,** mae hi'n helynt yma; *F:* mae hi'n holics gwyllt. **~ consonant** *n. Phon:* cytsain gnithiedig (cytseiniaid cnithiedig) *f.* **~-seat** *n.* sêt glep (seti clep) *f.* **~-shutter** *n. Phot:* caead(-au) (*m*) clep. **~-valve** *n.* falf glep (falfiau clep) *f.*
flap[2] *v.t.&i.* **1.** *v.t. (a) (wings):* ysgwyd, curo, chwifio, clepian, fflapio, fflapian, clatsian; **to ~ one's arms about,** chwifio'ch breichiau; *(to warm oneself): N.W:* ymguro, *S.W:* ennill eich gwres, pwno'ch gwres; *(b) (= strike lightly): Lit:* palfodio (rhth), rhoi palfod (i rth), *N.W: F:* wabio, ffatio (rhth); **to ~ away flies,** *N:* hel pryfed i ffwrdd, *S:* erlid/siaso clêr. **2.** *v.i. (of sail, flag &c):* clepian; *(of wings, shutter):* ysgwyd, clepian, chwifio, *S.W:* clatsian. **3.** *F: (of pers.):* drysu, *S:* gwylltu, *S.W: occ:* fflychio, *N:* mynd yn holics gwyllt, ffrwcsio.
flapdoodle *n. F: S:* dwli *m,* ffrwmp *m, N:* lol (*f*) botes maip, *Lit:* ffwlbri *m,* gwiriondeb *m,* ffiloreg *f,* baldordd *m,* ffregod *f,* truth *m.*
flapjack *n.* **1.** *Cu: (a)* = **pancake.** *(b) (= oatcake):* bara (*m*) ceirch melys, fflapjac(-s) *f.* **2.** *(= compact):* cas(-ys) (*m*) powdwr, compact(-au) *m.*
flapper *n.* **1.** *(to kill flies, scare birds):* claper: clapar(-s) *m.* **2.** *(a)* = **flipper;** *(b) Crust: (= tail): N:* cynffon(-nau) *f, S:* cwt (cytau) *f.* **3.** *(a) (= young bird):* cywen(-nod) *f; (b) F: O: (= young woman):* cywen, [l]lefren (l[l]efrod) *f,* hoeden(-nod) *f.* **~-skate** *n. Ich: (Raia macrorhynchus):* morgath drwynfain (morgathod trwynfain) *f.*
flappet *n.* fflabed(-au) *f,* llabed(-i,-au) *fm.*
flappy *a.* llac, fflapiog, clepiog.
flare[1] *n.* **1.** *(a) (of flame, light):* ffagliad(-au) *m,* fflach(-iau) *f,*

fflachiad(-au) *m*, enyniad(-au) *m*, *occ:* naid (neidiau) *f*, llewy[r]ch *m*, llewyrchiad *m*; *(b) (signal):* ffagl(-au) *f*, goleuad(-au) *m*; *(fired from gun):* roced (*f*) oleuo (rocedi goleuo); *Av:* **landing-~,** ffagl lanio (ffaglau glanio); *(c) Phot:* **~[-spot],** smotyn (smotiau) (*m*) adlewy[r]ch. **2.** *(of skirt, ship's side, trouser-leg, wineglass):* ymlediad *m*, fflêr *mf*; *Carp: &c:* fflêr *m*. **~-back** *n.* *adffagliad(-au) *m*. **~-path** *n. Av:* llwybr (*m*) ffaglau.

flare² *v.i.&t.* **1.** *v.i.* *(a) (of flame):* ffaglu, *occ:* neidio, tasgu, ennyn; *(b) (of skirt):* ymledu, lledu. **2.** *v.t.* *(skirt):* lledu, fflerio. **3.** **~ up, ~ away, ~ out,** *(a) (of flame):* ffaglu, neidio, tasgu; *(b) F: (of pers.):* gwylltio, colli'ch limpin, colli'ch tymer, mynd yn dân golau, gwylltio'n ulw, ymfflamychu *&c*, gwylltio'n gandryll/gidyll; *See* **angry**; *(c) (of disease):* ailgynnau, ailgychwyn, ailennyn; *(of violence):* tanio, fflamychu. **~-up** *n.* *(a) (of flame):* ffagliad(-au) *m*, naid (neidiau) *f*; *(of disease, violence):* fflamychiad(-au) *m*, enyniad(-au) *m*, enynfa (enynf[e]ydd) *f*; *(b) F: (= angry scene):* helynt(-ion) *f*, ffrae(-on) *f*, ffrwgwd (ffrygydau) *m*; **there was a ~-up,** fe aeth hi'n helynt; fe aeth hi'n dân gwyllt/golau; fe aeth pethau'n ddrwg.

flared *a.* ymledol, ar led; **with ~ nostrils,** [yn] ffroenfoll, [yn] ffroenlydan.

flaring *a.* **1.** *(fire &c):* ffaglog, neidiol, llachar. **2.** *(skirt &c):* ymledol.

flash¹ *a. F:* **1.** *(= showy):* coegwych, *N.W: F:* swagar, crand. **2.** *(of money):* ffug, di-werth. **3.** *O:* **~ gentry,** twyllwyr *pl*, rogiaid *pl*.

flash² *n.* **1.** fflach(-iau) *f*, fflachiad(-au) *m*, *occ:* fflachen(-nau) *f*; **a ~ of lightning,** fflachiad mellten, llucheden *f*; *(of sheet lightning):* draig (dreigiau) *f*; **~ in the pan,** tân (*m*) siafins, tân [mewn] cithin; **a ~ of hope,** fflach o obaith, llygedyn (*m*) o obaith; **a ~ of wit,** ffraethineb *m*; *(of movement):* gwib(-iau) *f*, gwibiad(-au) *m*; *Journ:* **news ~,** fflach newyddion; **quick as a ~,** mewn chwinciad, mor gyflym â mellten, mor gyflym â'r wennol/gwynt, fel mellten [i] bren; **in a ~,** mewn fflach, mewn dim o amser, mewn chwinciad, mewn jiffad; **(he went) quick as a ~,** *N.W:* (mi aeth) heb sychu ei geg, chwap, yn ffrwt, ar ffrwst; *S:* (fe aeth e) whap; **quick as a ~, he struck me,** *S.W:* wyddwn i wheddel cyn iddo 'nharo i; **to go like a ~,** gwibio, mynd ar wib, mynd fel ffluwch, mynd fel milgi, mynd fel y carlwm, mynd fel fflam, mynd fel fflamiau, mynd fel cath i gythraul, mynd fel Jehu, fflamio mynd, fflachio mynd, mynd ar fflachiad. **2.** *Mil: (on uniform):* fflach. **3.** *(= pool):* pwll (pyllau) *m*; *(= sudden rush of water):* llif mawr *m*, *N.W: occ:* rwb (rybiau) *m*. **~-board** *n.* *(of mill):* baslifddor(-au) *f*. **~-bulb** *n. Phot:* bylb(-iau) (*m*) fflachio. **~ burn** *n.* llosg(-iadau) (*m*) fflach. **~ card** *n.* cerdyn (cardiau) (*m*) fflach, *S:* carden (cardiau) (*f*) fflach. **~-cube** *n. Phot:* ciwb(-iau) (*m*) fflach. **~-flood¹** *n.* gorlif(-oedd) sydyn *m*, llif(-oedd) (*m*) storm, fflachlif(-oedd) *m*. **~-flood²** *v.t.* gorlifo (rhth) yn sydyn, fflachlifo (rhth). **~-forward** *n.* fflach (*f*) ymlaen. **~-gun** *n. Phot:* gwn (gynnau) (*m*) fflachio. **~-lamp** *n.* fflachlamp(-au) *f*, *F:* fflaslamp(-au) *f*. **~-over** *n. El:* fflachiad(-au) *m*. **~-point** *n.* pwynt(-iau) (*m*) tanio, fflachbwynt(-iau) *m*. **~-powder** *n.* powdwr (*m*) fflachio. **~-tube** *n.* tiwb(-iau) (*m*) fflachio.

flash³ *v.i.&t.* **1.** *v.i.* *(a) (= ignite):* tanio, cynnau, goleuo, fflachio; *(of lightning):* fflachio, melltennu, melltio, lluchedu; *(of spark):* gwreichioni; *(of sheet lightning):* dreigio; *(of sun &c):* tywynnu, fflachio; *(of gem, star &c):* gwreichioni, disgleirio, sgleinio, fflachio, tanbeidio, caneitio; **his eyes flashed,** taniodd/fflachiodd ei lygaid; *(of lighthouse):* tywynnu, fflachio; *(of water):* codi, rhuthro, dygyfor; *(b)* **to ~ past,** saethu/gwibio/fflachio heibio, mynd heibio fel fflach; **it flashed across my mind,** fe'm trawodd; fe aeth trwy fy meddwl i; fe wibiodd trwy fy meddwl; *(c) El:* **to ~ over,** gwreichioni, fflachio; *(d) F: (= expose self indecently):* fflachio. **2.** *v.t.* *(a) (money &c):* fflachio, dangos; *(a message, headlights):* fflachio; *(b) (a lamp &c):* fflachio; **~ the sun,** *(by means of a mirror): (children's game):* dal yr haul, *N.W: occ:* chwarae llygoden fach; **he flashed his lantern on the window,** taflodd olau ei lusern ar y ffenestr; **he flashed a glance of hatred at me,** rhythodd yn gas arnaf; taflodd gipolwg llawn casineb arnaf; taflodd gilwg hyll arnaf; *(c) (a message):* anfon (neges) ar frys, fflachio (neges).

flashback¹ *v.i.* ôl-fflachio, fflachio'n ôl.

flashback² *n.* ôl-fflach(-iau) *f*.

flashed *a.* fflachedig.

flasher *n.* fflachiwr (fflachwyr) *m*.

flashily *adv.* yn grand *&c*.

flashiness *n.* coegwychter *m*, crandrwydd ffôl *m*, gwacsawrwydd *m*.

flashing¹ *a.* fflachiog, fflachiol, fflachlyd; **with ~ eyes,** â llygaid tanbaid/pefriol/gloyw, *N.W: occ:* yn edrych fel tân byw; *Aut: Nau:* **~ light,** golau (goleuadau) fflachiol *m*.

flashing² *vn. See* **flash²,³**; *also:* llewy[r]ch *m*, tanbeidrwydd *m*. **~-point** *n.* = **flash-point.**

flashing³ *n. Const:* sêl (*f*) blwm.

flashlight *n.* fflacholau (fflacholeuadau) *m*.

flashy *a.* crand, swagar, *Lit:* gorliwgar, llachar, gorlachar, coegwych, gwacsaw.

flask *n.* **1.** *(for wine &c):* fflasg(-[i]au) *f*, *occ:* costrel(-i,-au) *f*; *(thermos):* fflasg; *Ch:* **conical ~,** fflasg gonigol; **flat-bottomed ~,** fflasg fonfflat (fflasgiau bonfflat); **graduated ~,** fflasg raddedig (fflasgiau graddedig); **round-bottomed ~,** fflasg fongron (fflasgiau bongrwn) (*pronounced* ng-g); **squat ~,** fflasg fyrdew (fflasgiau byrdew); **thermos ~, vacuum ~,** fflasg thermos, fflasg wactod (fflasgiau gwactod); **volumetric ~,** fflasg safonol. **2.** *(for gunpowder):* corn (cyrn) *m*. **~ fungus** *n. Fung:* cyrn gwynion *pl*, bysedd (*pl*) y meirwon. **~ shell** *n. Conch:* fflasg (*f*) fôr (fflasgiau môr).

flaskful *n.* costrelaid (costreleidiau) *f*, fflasgaid (fflasgeidiau) *f*, llond (*m*) costrel/fflasg.

flat¹ *n.* *(= appartment):* fflat(-iau) *f*; **bachelor ~,** fflat sengl; **self-contained ~,** fflat gyflawn (fflatiau cyflawn).

flat² *a., adv. & n.* I. *a.* **1.** *(a)* gwastad; **to cut hay ~,** *S: occ:* lladd gwair yn llorfa; **to fall down ~,** syrthio/cwympo ar eich hyd, *S.W:* cwympo'n fflachdar/glotsen/glotsyn/ffwgetsh/garlibwns/slabart/rhondyn, cwympo plwnsh, cwympo ar blyg eich gwddwg, perlo, *N.W:* syrthio'n fflwmp/glewt/glewtan, *M.W:* cwympo'n glechdan; **to lie down ~ on the ground,** gorwedd ar wastad eich cefn; **(to fall) ~ on one's back,** (syrthio/cwympo) ar eich gorwedd, ar eich hyd, ar wastad eich cefn; **he fell ~ on his face,** syrthiodd/cwympodd ar ei wyneb; **to place sth ~ against a wall,** rhoi rhth i orwedd yn erbyn wal; **(to lay sth) ~,** (rhoi rhth) ar ei orwedd/wastad, *N.W:* ar ei fflat, ar ei fol; *Aut:* **(to go) ~ out,** (mynd) nerth eich olwynion, fel cath i gythraul, gyntaf y gellwch chi; *(d) (surface):* llyfn (*f.* llefn, *pl.* llyfnion), gwastad, fflat; **a ~ foot,** troed fflat[-wadn] *mf*; **a ~ nose,** trwyn cefnbant *m*; *Arch:* **~ arch,** bwa (bwâu) penfflat *m*; *Av:* **a ~ spin,** troelliad(-au) gwastad *m*; **in a ~ spin,** *Fig:* dryslyd, wedi drysu'n lân, yn ffrwcsio, yn gwylltu, mewn ffrwcs, yn ffrwcslyd; **I was in a ~ spin,** wyddwn i ddim ba ffordd i droi; **a ~ tyre,** teiar(-s) fflat *m*; **to beat/make sth ~,** curo/gwneud rhth yn fflat/wastad; gwastatáu, fflatio rhth; *Sp:* **~ race,** ras wastad *f*, rasio ar y gwastad; **~ racing,** rasio ar y gwastad; *Geom:* **~ projection,** tafluniad gwastad/geometrig; *F:* **~ as a pancake,** mor wastad â thalcen iâr, mor llyfn â charreg y drws, llyfn fel bwrdd, *S.W: occ:* fel bord o wastad, gwastad fel y ford, *N.W: occ:* fflat fel crempog, cyn wastated â'r geiniog, yn seitan ulw, yn fflat-wadan; *(e) Paint:* **~ colour,** lliw mat/fflat. **2.** *F: (= definite):* pendant, diamwys, ar ei ben/phen *&c*; **a ~ refusal,** gwrthodiad pendant, gwrthodiad ar ei ben; *F:* **no, and that's ~!** na, a dyna fo ar ei ben! na, a dyna ben arni! **3.** *(a) (= insipid, dull):* fflat, diflas, merfaidd, marwaidd, anniddorol, undonog; **a ~ voice,** llais difynegiant/gwastad; **I was feeling a bit ~,** 'roeddwn i'n teimlo braidd yn isel/ddigalon/ddi-ffrwt/ddienaid/ddi-fynd; *Com:* **a ~ market,** marchnad ddi-fynd/fflat *f*; *F:* **to fall ~,** *(of joke &c):* methu'[n lân]; *(b) (drink):* fflat, diflas, merfaidd, marw; **to go ~,** egru, mynd yn ddiflas/fflat, *S:* chwitho, fflato, *occ:* efftru, efftro. **4.** *(= uniform):* cydwastad, cyson, cyfartal, digyfnewid; **~ rate,** cyfradd unffurf *f*; *S.a.* **~-rate. 5.** *(a) Mus: &c:* fflat, o dan y nodyn, *occ:* lleddf; **~ note,** meddalnod(-au) *m*; *F:* nodyn (nodau) fflat *m*; **~ key,** cywair lleddf *m*; *(b) Phon:* gwastad; **~ articulator,** cynanwr (cynanwyr) gwastad *m*; **~ fricative,** ffrithiolen wastad (ffrithiolion gwastad) *f*. **6.** *Typ:* **~ pull,** proflen(-ni) amrwd *f*. II. *adv.* **(to lie) ~,** (gorwedd) yn wastad, yn fflat, ar eich hyd; *(= completely):* yn hollol, yn gwbl; **to turn sth down ~,** gwrthod rhth yn llwyr *or* ar ei ben; **I'm ~ broke,** 'does gen i'r un ddimai; 'does gen i'r un geiniog goch; 'does gen i'r un ffadan beni; 'does gen i'r un geiniog ar f'elw;

Mus: **to sing ~,** canu'n fflat, canu allan ohoni; **in ten seconds ~,** mewn deng eiliad union; **(the car will do a hundred) ~ out,** (fe wna'r car gant) ar ei eithaf, ar ei gyflymaf; **to go ~ out for sth,** anelu/sythu am rth, mynd yn syth am rth, mynd am rth hynny a ellwch chi. III. *n.* **1.** *(of sword):* lled *m*, llafn *m*, gwastad *m*; *(of hand):* cledr(-au) *f.* **2.** *(a) (= plain):* gwastad(-au) *m*, gwastadedd(-au) *m*, gwastatir(-oedd) *m*; *(b) (= sea-flats):* beisle(-oedd) *m*, traethell(-au) *f*, morfa(-oedd) *m*, beiston(-nau) *f*; **mud-,** fflat *(f)* laid (fflatiau llaid), traethell [leidiog] (traethellau [lleidiog]) *f.* **3.** *Rail: Rac:* **on the ~,** ar y gwastad. **4.** *(a) Nau:* = **flat-boat**; *(b) Th:* pared (parwydydd) *m*, fflat(-iau) *mf*; *Fig:* **to join the flats,** cyfannu pethau, asio/cydio pethau at ei gilydd; **backing-~,** fflat celu; **door ~,** fflat drws; **window ~,** fflat ffenestr; **fireplace ~,** fflat lle tân; **book ~, French ~,** fflat plygu, fflat llyfr, fflat Ffrengig; **~marking,** marcio fflat; **to run a ~,** rhedeg fflat. **5.** *Mus:* meddalnod(-au) *m.* **6.** *Rac:* [tymor *m*] y rasys *(pl)* [ar y] gwastad. **~-bed press** *n. (a) Laund:* peiriant *(m)* smwddio gwastad; *(b) Typ:* gwasg wastad (gweisg gwastad) *f*, gwasg fflat. **~-bit tongs** *n. Metalw:* gefel *(f)* geg fflat (gefeiliau ceg fflat). **~-boat** *n.* ysgraff(-au) *f.* **~-bottom[ed]** *a.* bonfflat, tinfflat, â gwaelod gwastad/fflat. **~-drill** *n. Carp:* dril(-iau) fflat *m.* **~-faced** *a.* [ag] wyneb fflat, *Lit: occ:* wynepclawr. **~-fish** *n. Ich:* lleden (lledod) *f*; *Coll: S.W: occ:* fflwcs *pl*; **to catch ~-fish,** *S.W: occ:* fflwcsa. **~-footed** *a.* **1.** *Med:* fflat-wadn, troedwastad, traed fflat. **2.** *(= forthright):* pendant, diamwys, plwmp a phlaen, ar ei ben, ar ei phen *&c*; **a ~-footed refusal,** gwrthodiad pendant. **3.** *(= unprepared):* heb fod yn barod; **to catch s.o. ~-footed,** dal rhn heb fod yn barod, dal rhn ar ben y gamfa. **4.** *F: (= pedestrian):* di-glem, diddychymyg; *(= clumsy):* trwsgl, lletchwith. **~-footedly** *adv.* **1.** yn fflat-wadn *&c.* **2.** yn bendant. **~-footedness** *n.* **1.** *Med:* traed fflat[-wadn] *pl.* **2.** *(= forthrightness):* pendantrwydd *m.* **3.** *(= unpreparedness):* diffyg *(m)* parodrwydd. **4.** *(= pedestrian nature):* diffyg dychymyg. **~-four** *a.* pedwar-fflat. **~-hat** *v.i. Av:* fflatio hetiau. **~-hatter** *n.* fflatiwr (fflatwyr) *(m)* hetiau. **~-head** *n.* **1.** *Rept:* neidr benfflat (nadroedd penfflat) *f.* **2.** = **fool[1]**. **3.** *Metalw:* **~ head rivet,** rhybed(-i) penfflat *m.* **~-headed** *a.* penfflat, talcen-slip; *Ent:* **~-headed borer,** turiwr (turwyr) penfflat. **~-iron** *n. Laund:* haearn (heyrn) *(m)* smwddio, hetar(-s) *(m)* smwddio, fflat(-iau) *(m)* smwddio, *S.W:* haearn stilo, stil(-s) *f.* **~ knot** *n.* = **reef knot.** **~-nosed** *a.* trwynbant, trwynfflat. **~ rammer** *n. Metalw:* hyrddwr (hyrddwyr) fflat *m.* **~-rate** *a.* un gyfradd, cyfradd unffurf, cyfradd wastad. **~-sedge** *n. Bot: (Blysmus compressus):* corsfrwynen rudd (corsfrwyn rhudd) *f*; **salt-marsh ~-sedge,** *(B. rufus):* corsfrwynen rudd y morfa. **~ silver** *n.* cyllyll *(pl)* a ffyrc *(pl)* arian. **~-stalked** *a.* gwastatgoes. **~-tail** *n. Ann:* = **earthworm.** **~-top** *n. U.S: Navy: (= aircraft-carrier):* bwrdd (byrddau) fflat *m.*

flatbug *n. Ent:* lleuen (llau) fflat *f.*

flatcar *n. U.S:* wagen(-i) fflat *f.*

flatfoot *n. F:* = **policeman.**

Flatholm[e] *W.Pl.n.* Ynys *(f)* Echni.

flatland *n.* tir(-oedd) gwastad *m*, gwastatir(-oedd) *m.*

flatlander *n.* gwastatirwr (gwastatirwyr) *m.*

flatlet *n.* fflat fach (fflatiau bach) *f.*

flatly *adv.* yn hollol, yn lân, yn llwyr, yn swta, yn blwmp ac yn blaen, yn bendant, yn ddiamwys, ar ei ben/phen *&c*; **to deny sth ~,** gwadu rhth ar ei ben; **to refuse ~,** gwrthod yn lân.

flatness *n.* **1.** gwastadrwydd *m*, fflatrwydd *m*; *Opt:* llyfnder *m.* **2.** *(of refusal &c):* pendantrwydd *m.* **3.** *(a) (= dullness, insipidity):* diflastod *m*, merf[eidd-dra *m*, undonedd *m*; *(b) (of beer &c):* fflatrwydd *m*, blas fflat/diflas *m.*

flatten *v.t.&i.* **1.** *v.t. (a)* **to ~ [down, out],** gwastadu, lefelu, gwastatáu, llyfnu, llyfnh|au, fflatio, *S: occ:* siwpsan; *(= squeeze):* gwasgu; **to ~ sth to a pulp,** *N.W:* sathru/gwasgu rhth yn seitan, *S:* gwasgu rhth yn shwps; **to ~ oneself against a wall,** ymwasgu at wal; *F:* **to ~ s.o.,** llorio rhn, rhoi rhn ar wastad ei gefn; *(b) Mus: (note):* meddalu, lleddfu; *(c) (a colour):* pylu. **2.** *v.i. (a)* mynd yn wastad/llyfn, fflatio, *Lit:* ymwastatáu, ymlyfnh|au; *(b) Mus:* gostwng traw; *(c) Av:* **to ~ out,** lefelu, ymlefelu.

flattened *a.* gwastad, gwastatedig, wedi ei fflatio; *(= trodden on):* sathredig, mathredig, yn seitan; **~ corn,** gwenith wedi gorwedd, gwenith sathredig, gwenith wedi garro, *N.W:* gwenith yn seitan; **a ~ house,** tŷ gwastad â'r llawr, tŷ wedi ei chwalu, tŷ yn garnedd.

flattener *n.* fflatiwr (fflatwyr) *m*; *F: (blow):* ergyd farwol *f*, y farwol *f.*

flattening *vn.* **1.** *See* **flatten.** **2.** *Av:* **~ out,** *(after dive):* lefeliad *m.*

flatter[1] *v.t.* **1.** gwenieithio, seboni, gorganmol (rhn), *N.W:* gwerthu lledod/sebon/blawd (i rn), ffalsio (ar rn), *S.W: occ:* pompo (rhn); **to ~ s.o. with vain hopes,** twyllo/truthio rhn â gobeithion ofer; **to ~ flatter oneself (on one's cleverness, on being clever),** ymfalchïo (yn eich medr); eich llongyfarch (*pronounced* ng-g) eich hun, eich canmol eich hun (ar eich medr). **2.** *(= charm):* swyno, cyfareddu. **3.** *(= show to advantage):* tecáu, prydferthu, harddu (rhth); rhoi golwg well, rhoi gwedd dda (ar rth).

flatter[2] *n. Tls:* llyfnwr (llyfnwyr) *m*, lefelwr (lefelwyr) *m*, gwastatwr (gwastatwyr) *m*, gwastatäwr (gwastatawyr) *m*, fflatiwr (fflatwyr) *m.*

flatterer *n.* gwenieithwr (gwenieithwyr) *m*, gwen|ieithwraig *f*, sebonwr (sebonwyr) *m*, seb|onwraig *f*, ffalsiwr (ffalswyr) *m*, ff|alswraig *f*, *Lit:* truthiwr (truthwyr) *m*, *N:* ffalsgi (ffalsgwn) *m*, gwerthwr (gwerthwyr) *(m)* sebon/lledod/blawd.

flattering *a.* **1.** *(portrait):* teg iawn, tecaol, prydferthol, ffafriol, manteisiol. **2.** *(words):* teg, clodforus, canmoliaethus, *Pej:* gwenieithus, sebonllyd, ffals, truthiol; **~ language,** gweniaith *f*, geiriau teg *pl*, *Pej:* sebon *m*, truth *m*; **~ unction,** eli *(m)* gweniaith.

flatteringly *adv.* yn wenieithus *&c*; â gweniaith.

flattery *n.* gweniaith *f*, geiriau teg *pl*, gwenieithio *vn*, ffalsio *vn*, truthio *vn*, *F:* sebon *m*, *S.W: occ:* gwên fenthyg, *Lit:* truth *m*; **~ will get you nowhere,** ni thâl ffalsio iti ddim; ni waeth iti heb â ffalsio.

flattie *n.* **1.** *(= shoe):* esgid(-iau) fflat-wadn *f.* **2.** *(= boat):* ysgraff(-au) *f.* **3.** = **policeman.**

flattish *a.* gweddol wastad/fflat, go wastad/fflat, lled wastad/fflat.

flatulence, flatulency *n.* **1.** *Med:* gwynt *m.* **2.** *(= of bombast):* gwyntogrwydd *m.*

flatulent *a.* **1.** *Med:* gwyntog, a gwynt arnoch. **2.** *(= bombastic):* gwyntog, llawn gwynt, chwyddedig.

flatulently *adv.* yn wyntog, yn chwyddedig *&c.*

flatus *n. Med:* gwynt *m.*

flatware *n.* **1.** llestri *pl.* **2.** *U.S:* = **cutlery.**

flatways, flatwise *adv.* ar eich gorwedd, ar eich fflat, ar wastad, ar eich wyneb.

flatworm *n. Ann:* llyng[h]yren ledog (llyngyr lledog) *f*, llyng[h]yren fflat.

flaunt *v.i.&t.* **1.** *v.i. (a) (of flag):* cyhwfan, chwifio; *(b) (of pers.):* rhodresa, fflawntio, *N.W:* llancio. **2.** *v.t.* **to ~ one's wealth,** arddangos eich cyfoeth, gwn|eud sioe fawr o'ch cyfoeth.

flauntingly *adv.* yn rhodresgar, yn fflawntaidd.

flaunty *a.* crand, balch, rhodresgar, gorfalch, fflawntaidd.

flautist *n. Mus:* ffliwtydd (ffliwtwyr) *m*, canwr (canwyr) *(m)* ffliwt.

flavescent *a.* melynnaidd.

flavin *n. Bio-Ch:* fflafin(-au) *m.*

flavine *n. Ch:* fflafîn *m.*

flavone *n. Bio-Ch:* fflafon *m.*

flavonoid *n. Bio-Ch:* ffl|afonoid (fflafonoidau) *m.*

flavonol *n. Bio-Ch:* ffl|afonol (fflafonolau) *m.*

flavoprotein *n. Biol:* fflafoprotein(-au) *m.*

flavour[1] *n.* **1.** *(= taste):* blas(-au) *m*, sawr(-au) *m*; *Cu: (= flavouring):* cyflas(-au) *m*, cyflasyn (cyflasion) *m*, adflas(-au) *m*; **delicate ~,** cyflas minfain/d|elicet. **2.** *Fig:* naws(-au) *f*, sawr. **3.** *F:* **he isn't the ~ of the month,** nid yw'n boblogaidd iawn ar hyn o bryd.

flavour[2] *v.t.* rhoi blas (ar rth); cyflasu, sesno, blasio, adflasu (rhth).

flavoured *a.* â blas; **highly-~,** â blas cryf; **well-~,** blasus; *(= with flavouring):* cyflasedig, â chyflas/chyflasyn.

flavourful *a.* blasus.

flavourfully *adv.* yn flasus.

flavouring *n.* cyflasyn(-nau) *m.*

flavourless *a.* diflas, di-flas, merfaidd.

flavourous, flavoursome *a.* blasus.

flaw[1] *n.* **1.** nam(-au) *m*, diffyg(-ion) *m*, bai (beiau) *m* **(in sth,** ar rth); gwall(-au) *m*, ffaeledd(-au) *m*, gwendid(-au) *m*, *Lit: occ:*

ffael(-ion) *f*, meth(-ion) *m*, mefl(-au) *f* (yn rhth); **a ~ in a scheme,** gwendid mewn cynllun; **a ~ in a document,** gwall mewn dogfen. **2.** *(in slate):* crych(-ion) *m*, las(-iau) *f*, bachiad(-au) *m*, bodiau *pl* [llaeth], smotiau *(pl)* llaeth.

flaw² *v.t.* cracio, difetha, niweidio, andwyo.

flaw³ *n. (= squall):* cwthwm (cythymau) *(m)* o wynt, storom fer (stormydd byrion) *f*.

flawed *a.* gwallus, amherffaith, diffygiol, â nam.

flawless *a.* di-fefl, heb fai, di-wall, di-nam, di-freg, perffaith, di-fwlch, *Lit:* dilychwin, difrycheulyd; **a ~ complexion,** prydwedd berffaith/lefn.

flawlessly *adv.* yn berffaith.

flawlessness *n.* perffeithrwydd *m*; *(of complexion):* llyfnder *m*.

flax *n.* **1.** *Bot:* llin(-au) *m*; **common ~, cultivated ~,** *(Linum usitatissimum):* llin [cyffredin], llin ardir, llin amaeth; **blue ~,** *(L. narbonense):* llin glas; **fairy ~, purging ~, mountain ~,** *(L. catharticum):* llin y tylwyth teg, llin [llygad] y mynydd; **false ~, Dutch ~,** *(Camelina sativa):* cydllin *m*; **flowering ~,** *(L. grandiflorum):* llin blodeuog; **pale ~,** *(L. bienne):* llin culddail; **perennial ~,** *(L. anglicum):* llin parhaol; **pink ~,** *(L. pubescens):* llin pinc; **New Zealand ~,** = **flax-lily; Pyrenean ~,** = **flax (white); spurge ~,** *(Daphne gnidium):* fflamgoed *(f)* Sbaen; **sticky ~,** *(L. viscosum):* llin gludiog; **white ~,** *(L. suffruticosum):* llin gwyn. **2.** *Tex:* lliain *m*. **~ dresser** *n.* llinwr (llinwyr) *m*, gweithiwr (gweithwyr) *(m)* lliain. **~-lily** *n. (Phormium tenax):* lili *(f)* lin (liliau llin). **~-plant** *n.* llwyn *(m)* llin. **~-seed** *n.* = **linseed.**

flaxen *a. (= of flax):* llin, o lin; *(hair &c):* melyn, golau; **~-haired,** melynwallt, penfelyn (*f.* penfelen, *pl.* penfelynion), [â] gwallt golau, [â] gwallt melyn.

flaxfield *n.* cae(-au) *(m)* llin, maes (meysydd) *(m)* llin; *S.a.* **catchfly.**

flaxweed *n.* = **toadflax.**

flaxy *a.* llinaidd, fel llin.

flay *v.t.* blingo; **I'll ~ him alive,** mi blinga' i e'n/o'n fyw! mi ro' i 'i groen e/o ar y pared!

flaying *vn.* blingiad(-au) *m*, digroeniad(-au) *m*, blingo.

flea *n. Ent:* chwannen (chwain) *f*; *S.a.* **ear¹ 1; (he sent him away) with a ~ in his ear,** (fe'i hanfonodd ymaith) a'i gynffon yn ei afl, yn benisel, *N: occ:* yn dinslip, yn dinllipa. **~-bag** *n. Mil: P:* sach *(mf)* cysgu/gysgu (sachau cysgu). **~-beetle** *n. Ent:* chwilen (chwilod) naid *f*. **~-bite** *n.* **1.** brathiad *(m)* chwannen (brathiadau chwain), pigiad *(m)* chwannen (pigiadau chwain). **2.** *F: (= mere trifle):* peth(-au) dibwys *m*, peth bychan, *V:* piso dryw bach yn y môr. **3.** *(= small spot in animal's coat):* smotyn (smotiau) *m*, man(-nau) *m*. **~-bitten** *a.* **1.** a frathwyd gan chwain, ag ôl chwain, yn frathiadau chwain [i gyd]. **2.** *(horse's coat):* mannog, smotiog. **~-bug** *n. U.S:* = **flea-beetle. ~-circus** *n.* sioe(-au) *(f)* chwain. **~-dock** *n. Bot:* = **butterbur. ~-louse** *n. Ent:* lleuen (llau) neidiol *f*. **~ market** *n.* marchnad rad (marchnadoedd rhad) *f*. **~-pit** *n. F:* twll (tyllau) *(m)* chwain, cwt (cytiau) *(m)* chwain, catsh(-is) *(m)* chwain. **~-ridden** *a.* chweinllyd, chweiniog. **~-weevil** *n. Ent:* = **flea-beetle. ~-wort** *n. Bot: (Plantago arenaria):* llysiau*(pl)*'r chwain, chweinllys *m*, llysiau'r lludw; **field ~-wort,** *(Senecio integrifolius):* chweinllys arfor, chweinllys y maes; **marsh ~-wort,** *(S. congestus):* chweinllys y morfa.

fleabane *n. Bot: (Pulicaria dysenterica):* cedo[r]wydd *pl*, llewyg *(m)* y chwannen/chwain, penfelen *f*; **blue ~,** *(Erigeron acer):* amrhydlwyd rhuddlas *m*, cedo[r]wydd glas; **boreal ~, Alpine ~,** *(E. alpinus/borealis):* amrhydlwyd y mynydd; **Canadian ~,** *(Conyza canadensis):* cedo[r]wydd C|anada; **Irish ~,** *(Inula salicina):* marchalan Gwyddelig *m*; **Mexican ~,** *(E. karvinskianus):* cedo[r]wydd y clogwyni; **neglected ~,** *(E. neglectus):* cedo[r]wydd anghofiedig; **one-flowered ~,** *(E. uniflorus):* cedo[r]wydd unflodeuog; **small ~,** *(P. vulgaris):* cedo[r]wydd bach; **variable ~,** *(E. polymorphus/glabratus):* cedo[r]wydd amrywiol.

fleahopper *n. Ent:* = **flea-beetle.**

fleam *n.* ffaim (ffleimiau) *f*.

flèche *n. Arch:* meindwr (meindyrau) *m*, ***flèche(-s)*** *f*.

fléchette *n.* saethig(-au) *f*.

fleck¹ *n.* smotyn (smotiau) *m*, brychni *m*, man(-nau) *m*, brycheuyn (brychau) *m*; *(of dust, soot):* llwchyn *m*, fflewyn (fflawiau) *m*, *S.W:* fflwcsyn *m*, ffrwcsyn *m*, *N:* fflacsyn (fflacs) *m*.

fleck² *v.t.* britho, brychu.

flecked *a.* brith (*f.* braith, *pl.* brithion), brych (*f.* brech, *pl.* brychion).

flecker *v.t.* = **fleck².**

flecnode *n.* fflecnod(-au) *m*.

flection *n.* = **flexion.**

fled *v. See* **flee.**

fledge *v.i.&t.* **1.** *v.i.* magu plu, *S:* fflwsio. **2.** *v.t.* magu.

fledged *a.* pluog, plufog, llawn plu, *S:* fflwsh; **fully-/newly-~ bird,** aderyn wedi ei fagu, aderyn pluog, aderyn llawn plu, aderyn wedi magu plu, aderyn newydd dyfu plu; **a fully-~ member (of a club),** aelod cyflawn/llawn, cyflawn aelod (o glwb); **a fully-~ poet,** bardd wedi bwrw'i brentisiaeth, bardd yn ei lawn dwf, bardd o'r iawn ryw, bardd go iawn, bardd cyflawn.

fledg|e|ling *n.* **1.** aderyn ifanc (adar ifainc) *m*, cyw(-ion) bach *m*, cyw aderyn (cywion adar), *S.W: occ:* pwtsyn *m*. **2.** *(pers.):* cyw bach, newyddian(-od) *m*, cywen(-nod) *f*, rhn (rhai) dibrofiad, prentis(-iaid) *m*, dechreuwr (dechreuwyr) *m*, dechr|euwraig *f*, dysgwr (dysgwyr) *m*, d|ysgwraig *f*; **a ~ poet,** egin-fardd (~-feirdd) *m*, *A: Lit:* disgybl (-ion) *(m)* ysbas; **a ~ preacher,** *F: Joc:* cyw *(m)* pregethwr (cywion pregethwyr).

flee *v.i.&t.* ffoi **(from sth,** rhag rhth); **to ~ a place,** ffoi o rywle; **to ~ for your life,** ffoi am eich einioes/bywyd/hoedl; **~ from the wrath to come,** ffowch rhag y farn a ddaw.

fleece¹ *n.* cnu(-oedd) *m*, cnuf(-iau) *m*, *S.W: occ:* cnaif (cneifiau) *m*, *dim.* cneifyn (cnyfe) *m*; **the Golden F~,** y Cnu Euraid, y Cnu Aur; **to wrap up fleeces after shearing,** *N.W:* cnufio.

fleece² *v.t. F:* cneifio, pluo, ysbeilio, *N.W: occ:* hifio; **I was fleeced,** cefais fy mhluo/mlingo.

fleeced *a.* **1.** *(sheep):* cneifiedig, a gneifiwyd, wedi ei chneifio. **2.** *F: (= duped):* wedi'ch pluo/blingo. **3.** *Lit:* **sky ~ with clouds,** awyr gnuog/gnufog gan gymylau.

fleecing *a. & vn.* **1.** *a.* lladronllyd. **2.** *vn.* cneifiad(-au) *m*, cneifio.

fleecy *a. (wool, cloud):* cnuog, cnufog, gwlanog. **~ milk cap** *n. Fung: (Lactarius vellereus):* cap(-iau) *(m)* llaeth gwlanog *m*.

fleeing *a.* fföedig, ffoadurus, ar ffo, ar gil, yn ffoi.

fleer¹ *n.* gwawd(-iau) *m*, gwatwariad(-au) *m*, cilwen(-au) *f*, glaswen(-au) *f*, *S.W: occ:* bips *pl*.

fleer² *v.i.* gwatwar, gwawdio (rhth); chwerthin (am ben rhth); glaswenu, cilwenu, crechwenu (ar rth); *S.W: occ:* bipsan (rhth).

fleer³ *n. (= fugitive):* ffoadur(-iaid) *m*, ffoadures(-au) *f*.

fleering *a.* gwatwarus, gwawdlyd

fleeringly *adv.* yn watwarus *&c.*

fleet¹ *n. (of ships):* llynges(-au) *f*, fflyd(-oedd) *f*; **air ~,** llynges awyr; **merchant ~,** llynges fasnach (llyngesau masnach); **fishing ~,** fflyd o gychod pysgota; *S.a.* **admiral. F~ Air Arm** *n.* Adran *(f)* Awyr y Llynges.

fleet² *a. Lit:* chwim, chwimwth, cyflym, heini, buan (buain), esgud; **~-footed** *a.* buandroed, ysgafndroed, chwim eich troed.

fleet³ *v.i. (of time &c):* gwibio/prysuro/hedfan/ehedeg heibio, mynd yn gyflym.

fleet⁴ *n.* **1.** *(= creek):* ceunant (ceunentydd) *m*. **2.** *Hist:* **the F~,** y Fflyd *f*. **F~ marriage** *n.* priodas *(f)* [yn] y Fflyd. **F~ parson** *n.* person *(m)* [yn] y Fflyd, offeiriad *(m)* [yn] y Fflyd. **F~ Street** *n.* Stryd *(f)* y Fflyd.

fleet⁵ *a. & adv.* **1.** *a. (= shallow):* bas. **2.** *adv.* yn fas.

fleeting *a. (time):* cyflym, gwib, gwibiol, diaros; **for a ~ instant,** am ennyd [fer/fach]; **a ~ glimpse,** cipolwg (cipolygon) *mf* **(of sth,** ar rth); *(happiness &c):* diflanedig, diflannol, darfodedig, byrhoedlog, dros dro, ffoadurus, fföedig; *Lit:* **the ~ years,** y blynyddoedd sy'n gwibio/prysuro heibio; **to pay s.o. a ~ visit,** taro/picio i weld rhn, galw heibio i rn.

fleetingly *adv.* yn wibiol; am ennyd.

fleetingness *n.* byrhoedledd *m*, diflanedigrwydd *m*.

fleetness *n.* cyflymder *m*, buander *m*.

Fleming *n.* Ffleminiad (Ffleminiaid) *m&f*, Fflandrysiad (Fflandrysiaid) *m&f*, Fflandryswr (Fflandryswyr) *m*, Fflemisiad (Fflemisiaid) *m&f*.

Flemingston *W.Pl.n.* Trefflemin *f*.

Flemish *a. & n.* **1.** *a.* Ffleminaidd, Fflandrysaidd; *(in language):* Fflemineg *&c*; *See below*; **he's ~,** Fflandryswr/Ffleminiad yw ef. **2.** *n. Ling:* Fflemineg *f*, *m*, Fflemiseg *f*, *m*, Fflemeg *f*, *m*. ~

giant *n. Z:* cwningen fawr (*f*) Fflandrys (cwningod mawr Fflandrys).

flench, flense *v.t.* (*= flay*): blingo, digroeni; (*= cut up*): darnio, torri, drabio.

flesh[1] *n.* **1.** (*a*) cnawd *m*; **to make s.o.'s ~ creep,** codi croen gŵydd ar rn, codi gwallt pen rhn, gyrru iasau trwy rn, *S. W:* hala ysgryd ar rn; (*= plumpness, fat*): bloneg *m*, pwysau *m or pl*; **to put on ~,** (*of animal*): pesgi, *occ:* pwyntio; (*of pers.*): tewychu, ennill pwysau, magu bloneg, rhoi pwysau, *N: F:* twchu, *Joc:* pesgi; **to lose ~,** colli pwysau, bwrw bloneg, teneuo; (*b*) *occ:* cig(-oedd) *m*; **proud ~,** *N. W:* cig marw, *S. W:* cig balch *m*; **raw ~,** cig noeth; *Ecc:* **to eat ~,** bwyta cig; **goose-~,** croen (*m*) gŵydd; *S.a.* **fish[1], horse-flesh**; (*c*) (*of fruit &c*): cig, cnawd. **2. to mortify the ~,** marweiddio'r cnawd; **it was he in the ~,** fe ydoedd yn y cnawd; **~ and blood,** cig a gwaed; **his own ~ and blood,** ei deulu, ei dylwyth, ei berthnasau, cnawd ei gnawd; **I'm only ~ and blood,** [dim ond] creadur o gig a gwaed ydw i; **it's more than ~ and blood can stand,** mae'n fwy nag y gall cig a gwaed ei oddef; (*= relatives*): perthnasau, ceraint; *B:* **all ~ is grass,** pob cnawd sydd wellt; *S.a.* **way[1] 2** (*a*); **~ and soul,** yr holl gorff; *adv.* yn gyfan gwbl; *B:* **and the Word was made ~,** a'r Gair a wnaethpwyd yn Gnawd; **to be one ~,** bod yn un cnawd; *B:* **the ~ is weak,** y cnawd sydd wan; **sins of the ~,** pechodau'r cnawd, pechodau cnawdol. **~-brush** *n.* ysgrafell(-od,-i) *f*. **~-colour** *n.* lliw (*m*) cnawd, cnodliw *m*. **~-coloured** *a.* o liw cnawd, cnodliw. **~-eating** *a.* cnawdysol, cigysol. **~-fly** *n. Ent:* cleren (*f*) gig (clêr cig), pryf(-ed) (*m*) cig. **~-fork** *n.* cigwain (cigweiniau) *f*. **~-hook** *n.* cigwain, cigfach(-au) *m*, bach(-au) (*m*) cig. **~-pink** *a.* cnodliw, pinc. **~-pots (the)** *n.pl.* **1.** *B:* y crochanau cig, **2.** *Fig:* [y] bywyd bras *m*. **~ side** *n.* tu chwith *m*. **~ tint** *n.* lliw(-iau) (*m*) cnawd, cnodliw(-iau) *m*. **~-wound** *n.* anaf(-iadau) (*m*) yn y cnawd.

flesh[2] *v.t.&i.* **1.** *v.t.* (*a dog*): annog, annos, hysian. **2.** *v.t.* (*a sword*): gwlychu, trochi. **3.** *v.t.&i.* **to ~ sth out,** gwisgo cnawd am rth.

-fleshed *comb.fm.* -gnawd.

flesher *n. Scot:* cigydd(-ion) *m*.

fleshiness *n.* cnodiogrwydd *m*, cigogrwydd *m*, tewdra *m*, bloneg *m*.

fleshings *n.pl.* (*tights*): trysanau [cigliw, cnodliw].

fleshless *a.* di-gnawd, heb gnawd, esgyrnog.

fleshliness *n.* cnawdolrwydd *m*, anlladrwydd *m*, bydolrwydd *m*, blysigrwydd *m*.

fleshly *a.* cnawdol; (*= lustful*): anniwair, anllad, chwantus, blysig; **~ desires,** chwantau'r cnawd.

fleshy *a.* tew(-ion), bras (breision), cigog, cnodiog, cnawdog, blonegog, llond eich croen; (*fruit*): noddlawn.

fletch *v.t.* pluo.

fletcher *n. A:* saer (seiri) (*m*) saethau, saethweithiwr (saethweithwyr) *m*, paledrydd(-ion) *m*.

fletching *vn.* plu *pl*, pluo.

fleur-de-lis[1] *n. Her:* fflŵr-dy-lis *mf*; *S.a.* **iris, lily.**

Fleur-de-lis[2] *W.Pl.n.* Tre-lyn *f*.

fleuret *n.* fflwred(-i) *m*.

fleuron *n.* fflwron(-au) *m*.

fleury *a. Her:* blodeuog.

flews *n.pl.* gweflau.

flex[1] *v.t.&i.* **1.** *v.t.* plygu, ystwytho; **to ~ one's muscles,** estyn eich cyhyrau, ystwytho'ch cyhyrau. **2.** *v.i.* (*of spring*): plygu; *Geol:* (*of stratum*): ysigo, camu, plygu; *Archeol:* cyrcydu.

flex[2] *n.* fflecs(-ys) *m*. **~ holder** *n.* braich (breichiau) (*f*) fflecs.

flexibility *n.* hyblygrwydd *m*, ystwythder *m*.

flexible *n.* ystwyth, hyblyg; **to make ~,** ystwytho, *S.E: occ:* distwytho; **~ and fluid,** hyblyg ac ystwyth; *Lib:* **~ binding,** clawr (cloriau) ystwyth *m*, rhwymiad(-au) ystwyth *m*; *Com:* **~ budget,** cyllideb hyblyg *f*; *Carp:* **~ coupling,** cyplydd hyblyg *m*; **~ string,** cortyn(-nau) hyblyg *m*, llinyn(-nau) hyblyg *m*; **~ character,** cymeriad hyblyg *m*; **~ cold glue,** glud oer ystwyth *m*; *Lib:* **~ notation,** nodiant hyblyg.

flexibly *adv.* yn hyblyg, yn ystwyth.

flexile *a.* = **flexible.**

flexion *n.* **1.** plygiad(-au) *m*, plygiant (plygiannau) *m*, troad(-au) *m*, ystumiad(-au) *m*. **2.** (*= curve*): cromlin(-iau) *f*. **3.** *Gram:* ffurfdro(-adau) *m*.

flexional *a. Gram:* ffurfdroadol, rhediadol.

flexionless *a. Gram:* heb ffurfdroadau, diffurfdro.

flexitime *n.* oriau hyblyg *pl*.

flexographic *a. Typ:* fflecsograffig.

flexographically *adv. Typ:* yn fflecsograffig.

flexography *n. Typ:* fflecsograffeg *f*.

flexor *n. & a.* **1.** plygydd(-ion) *m*, plygwr (plygwyr) *m*. **2.** *a.* plygol.

flexuosity *n.* troellogrwydd *m*.

flexuous *a.* troellog.

flexuously *adv.* yn droellog.

flexural *a.* plygiannol.

flexure *n.* plygiant (plygiannau) *m*.

flibbertigibbet *n.* rhn (rhai) ffl|ibidi-fflib, rhn fflib-fflab, *N.W: occ:* tali-ho *m*; (*woman*): ffifflen *f*, hobidih|oi wirion (hobidihois gwirion) *f*, merch benchwiban (merched penchwiban) *f*, hoeden(-nod) *f*, lolen(-nod) *f*, rwdlen(-nod) *f*, *N. W:* jolpen (jolpod) *f*, *N. W: occ:* sili-ffrit(-s) *f*; (*man*): lolyn(-nod) *m*, rwdlyn(-nod) *m*, *N. W:* jolpyn (jolpod) *m*.

flibbertigibbety *a.* penchwiban, rwdlynnaidd, rwdlennaidd, jolpynnaidd, jolpennaidd, ffl|ibidi-fflib, fflib-fflab.

flic *n. F:* slob(-s) *m*, slobyn (slobs) *m*.

flick[1] *n.* **1.** (*of whip*): chwipiad(-au) *m*, trawiad(-au) *m*, slas: slaes(-iau) *f*; (*of finger*): clec(-iadau) *f*, *Lit:* cnith(-ion) *m*; **at the ~ of a switch,** â chlec ar fotwm; **a ~ of the wrist,** tro (*m*) arddwrn. **~-knife** *n.* cyllell (*f*) glec (cyllell clec), *M. W: S.E:* cyllell sbring, cyllell Wyddel (cyllyll Gwyddelod); *S.a.* **switch-blade. 2.** *O: F:* **the flicks,** y pictiwrs *pl*, y pics *pl*.

flick[2] *v.t.* (*with whip &c*): llachio, cnithio, fflicio; (*with finger*): clecian, fflicio (rhth); rhoi clec (i rth) [â bys], *Lit: occ:* cnithio (rhth); **to ~ sth away/off with a duster,** chwipio rhth [ymaith] â chlwt, tynnu clwt dros rth; **to ~ through sth,** bodio trwy rth; *Hockey: Danc:* fflicio.

flick-flack *n. Gym:* fflic-fflac *m*.

flicker[1] *n.* (*a*) (*of snake's tongue*): gwib(-iau) *f*, gwibiad(-au) *m*; (*of leaf*): cryndod *m*, crynfa (crynf|eydd) *f*; **~ of the eyelids,** amrantiad(-au) *m*, ysmiciad(-au) *m*; (*of recognition, interest &c*): fflach(-iau) *f*; (*b*) (*of candle &c*): naid (neidiau) *f*, dychlamiad(-au) *m*; (*of fire*): *N. W: occ:* tewyn *m*, niryn *m*, *S. W:* magwyryn *m*; **a ~ of light,** llygedyn *m*; (*c*) *Cin: T.V:* fflachiad(-au) *m*, cryndod(-au) *m*.

flicker[2] *v.i.* (*of flame, light &c*): neidio, fflachio; (*of snake's tongue &c*): gwibio [i mewn ac allan]; **the candle flickered out,** rhoes y gannwyll un naid olaf cyn diffodd; crynodd fflam y gannwyll a diffodd.

flicker[3] *n. Orn:* cnocell (*f*) y coed (cnocellau'r coed) euraidd.

flickering[1] *a.* (*flame, light*): crynedig, fflachiog, neidiol; (*tongue*): gwibiog, gwibiol; (*needle*): siglog, crynedig; (*eyes*): ysmiciog.

flickering[2] *vn. See* **flicker[1],[2].**

flickeringly *adv.* yn grynedig *&c*.

flickertail *n. Z:* gwiwer (*f*) ddaear (gwiwerod daear).

flickery *a.* = **flickering.**

flier *n.* = **flyer.**

flies *n.pl. Th:* brig *m* [llwyfan].

flight[1] *n.* **1.** (*a*) (*of bird, aeroplane*): ehediad(-au) *m*, hediad(-au) *m*, hedfaniad(-au) *m*; **in [mid-|]~,** wrth hedfan; **in-~ meals,** prydau bwyd wrth hedfan; **trial ~,** ehediad prawf; (*of bird*): **to take ~,** codi [ar ei adain], hedfan i ffwrdd; *S.a.* **flight[2]**; (*b*) (*of missile &c*): ehediad, cwrs *m*, hynt *f*, llwybr *m*; **~ of fancy,** ehediad dychymyg; **another of his flights of fancy,** un arall o'i ddychmygion. **2. ~ of stairs,** rhes(-i) (*f*) o risiau, hyd(-au) (*m*) o risiau, rhediad(-au) (*m*) o risiau; *Rac:* **~ of hurdles,** rhes o glwydi. **3.** (*a*) (*= flock*): haid (heidiau) *f*; *F:* **in the top ~,** ym mysg y goreuon, ar y blaen; (*b*) *Av:* (*of aeroplanes*): ehediad; **the Queen's F~,** Ehediad y Frenhines, Awyrennau(*pl*)'r Frenhines; **time of ~,** amser (*m*) hedfan. **~ bag** *n.* bag(-iau) (*m*) hedfan. **~ control** *n.* rheolaeth (*f*) hedfan. **~-deck** *n. Nav: Av:* bwrdd (byrddau) (*m*) hedfan. **~ engineer** *n.* awyr-beiriannydd (~-beirianwyr) *m*. **~-feather** *n.* pluen (plu) (*f*) hedfan. **~ lieutenant** *n. Av:* awyr-lefftenant(-iaid) *m*. **~ line** *n. Av:* llinell(-au) (*f*) hedfan. **~ officer** *n.* awyr-swyddog(-ion) *m*. **~ pay** *n.* tâl (*m*) hedfan. **~ path** *n.* llwybr(-au) (*m*) hedfan. **~ plan** *n.* cynllun(-iau) (*m*) hedfan. **~-recorder** *n.* recordydd(-ion) (*m*) hedfan/ehediad. **~ sergeant** *n.* awyr-ringyll(-iaid) *m*. **~ strip** *n.* rhimyn(-nau) (*m*) glanio. **~ surgeon** *n.* awyrfeddyg(-on) *m*. **~-test** *v.t.* **to**

~-test an aeroplane, profi awyren, prawf-hedfan awyren, hedfan awyren [ar brawf].
flight[2] *n.* *(=* **escape**[1]*)*: ffoedigaeth *f, occ:* ffoad(-au) *m, (in set phrases):* ffo *m;* **to take [to] ~,** ffoi, mynd ar ffo, *occ:* mynd ar gil, *F:* cymryd y goes, ei gwadnu hi, ei g'leuo hi, ei bachu hi *&c;* **to put the enemy to ~,** gyrru'r gelyn ar ffo, ymlid y gelyn; **they were in full/headlong ~,** 'roeddent yn ffoi am eu bywydau/hoedl; *Econ:* **(the ~) from sterling,** (yr enciliad) rhag y bunt, rhag sterling.
flight[3] *v.t.&i.* **1.** *v.t.* *(a) Ven:* saethu; *(b) Cr:* **to ~ a ball,** amrywio pêl. **2.** *v.i.* **geese flighting on the marsh,** gwyddau'n heidio ar y gors.
flightily *adv.* yn benysgafn *&c.*
flightiness *n.* penysgafnder *m,* penysgafndra *m,* gwamalrwydd *m,* penchwibandod *m,* ysgafnder *m,* penwendid *m,* anwadalrwydd *m,* anwadalwch *m,* chwim-chwamrwydd *m,* chwit-chwatrwydd *m.*
flightless *a.* analluog i hedfan, diasgell.
flighty *a.* penysgafn, gwamal, penwan, penchwiban, anwadal, di-ddal, nad oes dal arnoch, chwim-chwam, chwit-chwat; **a ~ girl,** *occ:* ffifflen (ffifflod) *f, S.W:* ffriten (ffrits) *f.*
flimflam[1] *n.* lol *f,* dwli *m,* truth *m, F:* rwdl-mi-ri *mf.*
flimflam[2] *v.t.* twyllo, *Lit:* hocedu, truthio, *F: occ:* bwmbro.
flimflammer *n.* *(= deceiver):* twyllwr (twyllwyr) *m; (= talker of nonsense):* rwdlyn(-nod) *m,* rwdlen(-nod) *m,* lolyn(-nod) *m,* lolen(-nod) *f,* malwr (malwyr) *(m)* awyr, m|alwraig *(f)* awyr.
flimflammery *n.* = **flimflam**[1].
flimsily *adv.* yn simsan *&c;* **~ built,** simsan, bregus, ansefydlog.
flimsiness *n.* simsanrwydd *m,* bregusrwydd *m,* natur dila *f; (of excuse):* gwendid *m,* llesgedd *m.*
Flimston *W.Pl.n.* Trefflemin *f.*
flimsy *a.* & *n.* **1.** *a.* simsan, tila, bregus, gwan (gweinion); *(material &c):* tenau, heb lawer o swmp, di-swmp, disylwedd, diafael, *S.E: occ:* s[h]imedd, *S: occ:* gwacsa[w]; *F: (excuse &c):* gwael, tila, gwan, gwantan, llesg. **2.** *n.* papur(-au) tenau *m,* slip(-iau) *m.*
flinch[1] *v.i.* **1.** *(= recoil):* cilio['n ôl]; **to ~ from one's duty,** gwrthod/gochel eich dyletswydd; **I will not ~ from meting out severe punishment,** ni fydd arnaf ofn cosbi'n llym; **he didn't ~,** safodd yn ei garn. **2.** *(= wince):* gwingo, ysgogi.
flinch[2] *n.* gwingiad *m,* ysgogiad *m.*
flinders *n.pl.* darnau, drylliau, teilchion, ysgyrion, tipiau; **they were in ~,** 'roeddynt yn chwilfriw/gandryll; *S: F:* 'roedden' nhw'n racs jibydêrs.
fling[1] *n.* **1.** *(a) (= throw):* tafliad(-au) *m,* lluchiad(-au) *m,* lluch(-iadau) *m, S.E: occ:* weind *mf; (of horse):* tindafliad(-au) *m,* **to have a ~ at s.o.,** *(i) (of horse):* estyn cic i rn, rhoi mownt i rn; *(ii) (of pers.):* taflu weips at rn, *S.W: occ:* bipsan rhn. **2.** *Danc:* **Highland ~,** dawns *(f)* yr Ucheldiroedd (dawnsiau'r Ucheldiroedd). **3.** *F:* **to have one's ~,** cael sbri *(f),* cael hwyl *(f), N.W: occ:* taflu clocsen dros yr Wyddfa; **a last ~,** sbri olaf.
fling[2] *v.t.&i.* **1.** *v.t.* taflu, lluchio, *F:* towlu, towlyd, taflyd, *S.W: occ: F:* lwndo; *S.W:* rhoi fflingad/weind (i rth), *N.W:* rhoi ffling (i rth); *F:* **to ~ one's money out of the window,** taflu'ch/lluchio'ch arian drwy'r ffenestr, gwastraffu'ch/afradu'ch arian; **to ~ sth in s.o.'s teeth,** taflu/rhoi rhth ar draws wyneb rn; **to ~ abuse (at s.o.),** difenwi (rhn), difrïo (rhn), *N: F:* taflu weips/chweips, taflu geiriau bryntion (at rn); cega, arthio (ar rn). **2.** *v.i.* rhuthro; *(of horse):* neidio, cicio, bwrw pedolau, gwingo, tindaflu; **to ~ back defiance,** ateb yn heriol/herfeiddiol, ateb â her, herio rhn yn ei ôl; **to ~ sth open,** agor rhth led y pen, taflu rhth ar agor. **~ out 1.** *v.t.* **he flung out his arms,** estynnodd/agorodd ei freichiau. **2.** *v.i.* *(of horse):* lluchio carnau, bwrw pedolau, gwingo, tindaflu; *F:* **to ~ out at s.o.,** ymosod ar rn. **~ up 1.** *v.t.* **to ~ up one's hands,** codi'ch dwylo; *(of horse):* **to ~ up its heels,** lluchio carnau, bwrw pedolau, fflingo. **2.** *F:* **to ~ sth up,** rhoi'r gorau i rth, rhoi'r ffidil yn y to, *S.E: occ:* rhoi'r delyn yn y to, rhoi'r delyn yn y llwyn.
flinger *n.* taflwr (taflwyr) *m,* lluchiwr (lluchwyr) *m.*
flint[1] *n. Miner:* fflint(-iau) *mf, N.E: occ:* cerc *m,* cercen(-od) *f,* carreg (cerrig) *(f)* fflint, *S.W:* carreg dân (cerrig tân), *Lit:* callestr(-i, cellystr) *mf,* carreg gallestr (cerrig callestr); *S.a.* **axe**[1]; *Archeol:* **beach ~,** fflint glan môr; **a piece of ~,** callestren *f,* fflinten *f;* **percussion-headed ~,** callestren daro (callestri *&c* taro); **a heart of ~,** calon galed *f,* calon garreg, *Lit:* calon gallestr; **(as hard) as ~,** (yn galed) fel haearn Sbaen; (cyn galeted) â chraig/charreg, â'r dur, â'r pren; (mor galed) â challestr; *(of lighter, gun):* fflint, fflinten, carreg dân (cerrig tân). **~ corn** *n. Husb:* india-corn caled *m.* **~ flake** *n.* naddyn (naddion) *(m)* fflint. **~ glass** *n. Glassm:* gwydr *(m)* fflint. **~ gun** *n.* gwn (gynnau) *(m)* carreg fflint. **~ mine** *n. Archeol:* cloddfa (cloddfeydd) *(f)* fflint.
Flint[2] *W.Pl.n.* Y Fflint *f.*
flintily *adv.* yn galed.
flintiness *n.* callestrigrwydd *m,* caledwch *m.*
flintlike *a.* fflintaidd, callestraidd, callestrig.
flintlock *n. A:* gwn (gynnau) *(m)* carreg fflint.
Flintshire *Pr.n. W.Geog:* Sir *(f)* y Fflint.
flinty *a.* fel fflint, fflintaidd, *Lit:* callestraidd, fel callestr. **~-hearted** *a.* calon-galed, dideimlad, didostur.
flip[1] *n.* **1.** *(= light blow):* fflipen(-ni) *f,* fflipsen(-ni) *f,* ffliwen *f,* clipen *f, S.W:* clewten *f, Lit:* cnith(-ion) *m,* cnipws *m; See* **fillip**[1], **flick**[1]. **2.** *(of the tail):* chwifiad(-au) *m.* **3.** *Av:* tro(-eon) *m.* **4.** *(drink):* fflip *f;* **egg-~,** maidd *(m)* yr iâr. **~ side** *n.* *(of record):* y tu chwith *m,* y cefn *m.*
flip[2] *v.t.&i.* **1.** *v.t.* = **flick**[2]; **to ~ sth over,** troi rhth drosodd; **to ~ one's lid,** colli'ch limpin, gwylltio, gweld y bliws, mynd i dop y caetsh *&c.* **2.** *v.i.* **to ~ through a book,** bodio trwy lyfr.
flip[3] *a.* = **flippant.**
flip-flop[1] **1.** *n. Cost:* fflip-fflop(-s) *f.* **2.** *El: Cmptr:* deustad(-au) *m,* fflip-fflop(-iau) *m.* **3.** *Sp: (= somersault):* tin-dros-ben *m.*
flip-flop[2] *v.i.* ffit-ffatio, ffit-ffatian, fflip-fflopio, fflip-fflopian.
flippancy *n.* ysmaldod *m,* gwamaldod *m,* gwamalrwydd *m,* ysgafalwch *m,* anystyriaeth *f,* diffyg *(m)* parch, diffyg difrifoldeb.
flippant *a.* anystyriol, gwamal, ysgafn, ysgafala, ysmala.
flippantly *adv.* yn anystyriol *&c.*
flipper *n.* **1.** asgell (esgyll) *f,* aden(-ydd) fflat *f.* **2.** *P: (= hand):* llaw (dwylo) *f.* **3.** *(of pinball machine &c):* pwniwr (pwnwyr) *m.*
flipping *a. F:* = **darned;** *int.* **~ heck!** uffern dân!
flirt[1] *n.* **1.** *(girl):* hoeden(-nod) *f,* fflyrt(-od) *f,* fflyrten(-nod) *f.* **2.** *(man):* merchetwr (merchetwyr) *m,* hoetiwr (hoetwyr) *m,* fflyrtiwr (fflyrtwyr) *m.*
flirt[2] *v.t.&i.* **1.** *v.t.* *(wings):* ysgwyd; *(a fan):* siglo, symud. **2.** *v.i.* *(a) (of bird, fan):* ysgwyd, ymysgwyd; *(b) (of girl):* hoedenna; *(of man): N.W:* hoetio (am ferch, ar ôl merch); *(of either):* smalio caru, cogio caru, cyboli, fflyrtio, fflyrtian; **to ~ with an idea,** ymh|el â syniad, ymyrraeth â syniad, *N: F:* piltran â syniad.
flirtation *n. N: F:* cyboli *vn, Lit:* rhithgarwriaeth(-au) *f;* **to carry on a [little] ~ with a woman,** cellwair â merch, *N: F:* cyboli efo merch; *S.a.* **flirt**[2] **2.**
flirtatious *a.* *(girl):* hoedennaidd; *(of either sex):* pryfoclyd, fflyrtaidd, fflyrtiog, fflyrtlyd.
flirter *n.* = **flirt**[1].
flirty *a.* = **flirtatious.**
flit[1] *n.* **they've done a moonlight ~,** maen' nhw wedi ffoi dros nos; *N.W:* maen' nhw wedi hel eu pac; maen' nhw wedi codi pinnas; maen' nhw wedi mynd heb dalu.
flit[2] *v.i.* **1. to ~ [away],** gadael, ymadael, gwibio ymaith, *S.W: occ:* mudo. **2.** *Scot:* symud, mudo, ymfudo. **3.** *(of pers. bird &c):* **to ~ by,** gwibio heibio, mynd ar eich gwib, mynd fel gwennol gwehydd; **a smile flitted across his face,** gwibiodd gwên ar draws ei wyneb; **to ~ about, to ~ to and fro,** bwhwman/gweu/gwibio 'nôl a blaen.
flitch *n.* hanerob(-au) *f,* ystlys *(f)* mochyn (ystlysau moch), *F:* 'nerob (-au) *f, S: occ:* horob(-au) *f.* **~-beam** *n.* trawst(-iau) haenog *m,* trawst lletem. **~[-plate]** *n.* lletem(-au) *f.*
flitter[1] *v.i.* gwibio, *F:* fflitran.
flitter[2] *n.* gwibiwr (gwibwyr) *m.*
flittermouse *n.* = **bat**[1].
flitting[1] *vn.* **1.** *(= departure):* ymadawiad(-au) *m.* **2.** *Scot:* ymfudiad(-au) *m.* **3.** *(of bird):* gwib(-iau) *f,* gwibiad(-au) *m.*
flitting[2] *a.* gwibiog, gwibiol.
flittingly *adv.* ar wib, yn wibiog *&c.*
flivver *n. P:* siandri(-s) *f,* tracsiwn (tracsiynau) *m.*
flixweed *n. Bot: (Descurainia sophia):* piblys *m,* berwr *(m)* y fam.
float[1] *n.* **1.** *(= raft of wood &c):* cludair (cludeiriau) *f,* rafft(-iau) *f.* **2.** *(of carburettor, cistern &c):* arnofyn (arnofion) *m,* fflôt

(fflotiau) *f*; *Fish:* *(= cork):* corcas(-au) *f*, corcyn (cyrcs) *m*; *(= feather):* fflôt. **3.** *Th:* *(lighting):* **the float[s]**, golau (*m*)'r godre (goleuadau'r godre). **4.** *(a)* *(= vehicle):* car (ceir) *m*; **milk-~**, car llaeth, fan (*f*) laeth (faniau llaeth), *N:* car llefrith, fan lefrith (faniau llefrith); *(b)* *(in procession):* car sioe, car carnifal. **5.** *(= plasterer's trowel):* trywel (*mf*) l[l]yfnu (tryweli llyfnu). **~[-board]** *n.* *(of water-wheel):* rhodl(-au) *f*, astell (estyll) nawf *f*. **~ bridge** *n.* pont(-ydd) nofiol *f*. **~-chamber** *n.* *I.C.E:* siambr(-au) (*f*) nofiant. **~ glass** *n.* gwydr(-au) nofiol *m*. **~ needle** *n.* nodwydd(-au) nofiol *f*. **~ process** *n.* proses (*mf*) arnofio. **~ spot** *n.* *Th:* sbot(-iau) (*m*) godre. **~ stone** *n.* **1.** *Min:* carreg (cerrig) nofiol *f*. **2.** *Const:* carreg lyfnu (cerrig llyfnu).

float² *v.i.&t.* I. *v.i.* **1.** *(a)* nofio, *occ:* arnofio; *(b)* *Swim:* arnofio; **to ~ on the water,** nofio ar wyneb y dŵr; **a corpse that floats to the surface,** corff sy'n codi i wyneb y dŵr; **to ~ about in the air,** hofran yn yr awyr; **to ~ about in the wind,** nofio yn y gwynt; **a rumour is floating about/around,** mae si ar led. **2.** *v.t.* *(a)* *(of liquid = support):* cynnal, dal; *(wood):* nofio, arnofio; *(a ship):* lansio, cychwyn; **to ~ a grounded ship,** rhyddh|au llong a aeth yn sownd; **to ~ a boat on water,** rhoi cwch i nofio ar ddŵr, dodi bad i nofio ar ddŵr; *(b)* **to ~ a rumour,** cychwyn si, rhoi si ar led; *(c)* *Com:* *(a company):* cychwyn, lansio, sefydlu; *Fin:* **to ~ a loan,** codi benthyciad; *(d)* *(plasterer):* llyfnu.

floatable *a.* nofiadwy.

floatage *n.* **1.** *(of wood in rafts):* cludeiriad *m*, cludeirio *vn*, arnofiant *m*, arnofio *vn*. **2.** *Jur:* *(= flotsam):* broc (*m*) môr; *(= right to gather flotsam):* hawl (*f*) codi broc môr. **3.** *(= buoyancy):* hynofedd *m*, arnofiant *m*. **4.** *(= upper part of ship):* *arnofion *pl*.

floatation *n.* = **flotation.**

floater *n.* **1.** *Tchn:* = **float¹ 2. 2.** *pl.* *St.Exch:* nofion. **3.** *(= s.o. who frequently changes job):* crwydryn (crwydriaid) *m*, crwydren(-nod) *f*. **4.** *(= voter):* pleidleisiwr (pleidleiswyr) anwadal/ansefydlog *m*, pleidl|eiswraig anwadal, anwadalwr (anwadalwyr) *m*, anwad|alwraig *f*. **5.** *(= speck in eye):* brycheuyn (brychau) *m*. **6.** *F:* *(= mistake):* caff gwag (caffiau gweigion) *m*.

floating *a.* **1.** *(on water &c):* nofiol, arnofiol. **2.** *(a)* *(= unstable, fickle):* symudol, rhydd, anwadal, simsan, siglog, amhenderfynol, cyfnewidiol; **~ anchor,** angor(-au) (*m*) môr; **~ asset,** ased(-au,-ion) cylchredol/arnofiol *m*; **~ bridge,** pont(-ydd) nofiol *f*; **~ capital,** cyfalaf nofiol *m*; **~ charge,** tâl nofiol *m*; *Com:* **~ debt,** dyled(-ion) nofiol *f*; **~ dock,** doc(-iau) nofiol *m*; *Bot:* **~ heart,** *(Nymphoides lacunosum):* calon(-nau) nofiol *f*; *Geog:* *Cu:* **~ island,** ynys(-oedd) nofiol *f*; *Med:* **~ kidneys,** arennau symudol; **~ light,** goleuni nofiol *m*, golau (goleuadau) nofiol *m*; *Theol:* **~ oracles,** oraclau dienw; *Mth:* **~ point,** pwynt symudol; **~ policy,** polisi (polisïau) symudol *m*; **~ population,** poblogaeth symudol *f*; *Anat:* **~ rib,** byrasen (byrrais) *f*; *Pol:* **~ voter,** pleidleisiwr (pleidleiswyr) anwadal/ansefydlog *m*, pleidl|eiswraig anwadal/ansefydlog *f*.

floc¹ *n.* = **flocculus.**

floc² *v.i.&t.* clystyru, gronynnu.

floccinaucinihilipilification *n.* *Joc:* dibristod *m*, dibrisio *vn*.

floccose *a.* *Bot:* cedennog, casnachog; *Ch:* clystyrog; *Biol:* gronynnog.

flocculant *n.* *Ch:* clystyrydd(-ion) *m*.

flocculate¹ *v.t.&i.* *Ch:* clystyru; *Biol:* gronynnu.

flocculate² *n.* clystyriad(-au) *m*, gronyniad(-au) *m*.

flocculation *n.* *Ch:* clystyriad *m*, clystyru *vn*; *Biol:* gronyniad *m*, gronynnu *vn*.

flocculator *n.* = **flocculant.**

floccule *n.* casnodyn (casnod) *m*.

flocculence *n.* cedenogrwydd *m*, gronynogrwydd *m*, clystyrogrwydd *m*.

flocculent *a.* **1.** cedenog, cnufog, gwlanog, casnachog. **2.** *(a)* *Biol:* gronynnog; *(b)* *Ch:* clystyrog.

flocculus *n.* *Astron:* brycheuyn (brychau) *m*.

floccus *a.* & *n.* **1.** *a.* siobynnog. **2.** *n.* tusw(-au) *m*, siobyn(-nau) *m*, ceden(-au) *f*.

flock¹ *n.* **1.** *(= tuft of wool &c):* *Lit:* casnodyn (casnod) *m*, casnach *pl*, *F:* fflocsyn (fflocs) *m*, *S.W:* fflwcsyn (fflwcs) *m*, *N.W:* brychau (*pl*) gwlân. **2.** *Ch:* clystyrau *pl*. **~ bed** *n.* gwely(-au) (*m*) casnach, gwely fflocs. **~ paper** *n.* papur (*m*) casnach, papur fflocs. **~ print** *n.* print(-iau) (*m*) ffloc.

flock² *n.* *(= herd):* praidd (preiddiau) *m*, diadell(-oedd,-au) *f*, gyr(-roedd) *m*; *(of geese):* haid (heidiau) *f*; **flocks and herds,** defaid a gwartheg; **a pastor and his ~,** gweinidog a'i braidd; **(they arrived) in flocks,** (daethant) yn llu, yn lluoedd, yn llibau, yn heidiau, yn un fflyd.

flock³ *v.i.* **to ~ [together],** tyrru, heidio, ymdyrru, crynh|oi, ymgasglu, ymgynnull, hel/casglu [at eich gilydd]; *Prov:* **birds of a feather ~ together,** adar o'r un lliw a ehedant i'r un lle; **to ~ in,** heidio i mewn.

flocked *a.* fflocsiog, fflocs.

flocking *a.* **~ mordant,** glud (*m*) fflocio.

floe *n.* plymen(-nau,-ni) *f*, ffloch(-au) *m*.

flog *v.t.* **1.** chwipio, *Lit:* fflangellu, ffrewyllu; **to ~ a dead horse,** aredig tywod, *N.W:* *occ:* cicio tin caseg farw, *S:* *occ:* hela sofol haidd; **to ~ oneself,** *(= make efforts):* ymlâdd, bustachu, ymdrafferthu, ymegnïo; **to ~ a subject to death,** treulio pwnc yn ddim. **2.** *P:* *(= sell):* gwerthu.

flogger *n.* **1.** chwipiwr (chwipwyr) *m*, *Lit:* fflangellwr (fflangellwyr) *m*, ffrewyllwr (ffrewyllwyr) *m*. **2.** *F:* = **seller.**

flogging *vn.* fflangelliad(-au) *m*, chwipiad(-au) *m*, curfa (curf|eydd) *f*, crasfa (crasf|eydd) *f*, cystwyad(-au) *m*, cosfa (cosf|eydd) *f*; *vn.* = **flog.**

flong *n.* *Journ:* fflong *m*.

flood¹ *n.* **1.** *Nau:* **~ tide,** llanw *m*, gorlanw *m*, gorllanw *m*; **ebb and ~,** trai a llanw, llanw a thrai. **2.** *(a)* llif(-ogydd) *m*, *occ:* llifeiriant *m*, ffrwd (ffrydiau) *f*, ffrydlif(-au) *mf*, gorlif(-au) *m*, boddfa (boddf|eydd) *f*; *B:* **the F~,** y Dilyw *m*; **flash ~,** fflachlif(-ogydd) *m*; **sheet ~,** llenlif(-ogydd) *m*; **a ~ of lights,** llif o oleuadau; **a ~ of tears,** llif/llifeiriant/boddfa o ddagrau, *N:* *occ:* cenlli o ddagrau; **she burst into floods of tears,** dechreuodd feichio wylo; dechreuodd wylo'n hidl; *S:* dechreuodd lefain y glaw; **a ~ (of letters),** tomen *f*, pentwr *m*, cruglwyth *m* (o lythyrau). **~-plain** *n.* *Geog:* gorlifdir(-oedd) *m*, gwastatir(-oedd) (*m*) llifwaddod. **~-tide** *n.* gorllanw *m*, gorlanw *m*. **~-water** *n.* llifddwr (llifddyfroedd) *m*.

flood² *v.t.&i.* **1.** *v.t.* *(a)* boddi, gorlifo (rhth); llifo (dros rth); *Agr:* **to ~ a meadow,** dyfrio dôl; **they were flooded out of their home,** gyrrwyd/golchwyd nhw o'u cartref gan lifogydd; **the place was flooded,** 'roedd y lle'n morio/nofio; *I.C.E:* **to ~ a carburettor,** boddi carbwradur; *F:* **to be flooded with letters,** cael eich claddu/boddi dan lythyrau, bod hyd at eich clustiau/ceseiliau mewn llythyrau; *(b)* *(of rain):* **to ~ a river,** gorlenwi afon. **2.** *v.i.* *(a)* *(of river &c):* gorlifo, llenwi, codi, golchi dros ei glannau; *(b)* *I.C.E:* *(of carburettor):* boddi, gorlenwi.

flooded *a.* boddedig, dan ddŵr, gorlifedig.

flooder *n.* gorlifwr (gorlifwyr) *m*.

floodgate *n.* fflodiart: fflodiard(-au) *f*, llifddor(-au) *f*.

flooding¹ *a.* gorlanwol, gorlifol.

flooding² *vn.* llifogydd *pl*, gorlifo; *(= drowning):* boddi.

floodlight¹ *n.* llifolau (llifoleuadau) *m*; **~ [projector]** *n.* llifoleuwr (llifoleuwyr) *m*.

floodlight² *v.t.* llifoleuo.

floodlighting *vn.* llifoleuo, llifoleuadau *pl*.

floodlit *a.* llifoleuedig, dan lifoleuadau.

floodwall *n.* argae(-au) *m*.

floodway *n.* gofer(-ydd) *m*, sianel (*f*) lifogydd (sianeli llifogydd).

flooey *a.* = **awry, askew.**

floor¹ *n.* **1.** *(a)* llawr (lloriau) *m*, *S.E:* *occ:* parth(-au) *m*; *Archeol:* **chopping-~,** llawr asglodi; **threshing-~,** llawr dyrnu, talwrn (talyrnau) *m*; **tile[d] ~,** llawr teils/teiliau; **double-boarded ~,** llawr estyll dwbl; **(to throw sth) on the ~,** (taflu rhth) i'r llawr, ar y llawr, ar lawr; **to take the ~,** *(in dance-hall):* mynd ar y llawr, dechrau dawnsio; *P:* **to mop/wipe the ~ with s.o.,** llorio rhn, curo rhn yn lân/racs, *S:* wado'r enaid mas o rn, *N:* rhoi andros o gweir i rn &c; *(b)* *(of sea):* gwaelod(-ion) *m*, llawr, gwely(-au) *m*; *(of mine):* gwaelod; *(of slate quarry):* ponc(-iau) *f*, dyfn(-iau) *m*; *Archeol:* **stalagmite ~,** llawr stalagmid; *(c)* *Parl:* **the ~ of the House,** llawr y Tŷ; **to cross the ~,** newid plaid; *U.S:* **to have/take the ~,** dechrau annerch, dechrau areithio. **2.** *(= storey):* llawr; **basement/lower ~,** islawr (isloriau) *m*, y llawr isaf, y gwaelod isaf; **first ~,** y llawr cyntaf; **ground ~,** *U.S:* **first ~,** llawr isaf, llawr gwaelod; **suspended ~,** llawr crog; **upper ~,** llawr uchaf/uwch; **upstairs ~,** llawr llofft, llawr uwch; **a house on two floors,** tŷ deulawr. **~-board** *n.* astell (estyll) *f*, [e]styllen ([e]styllod) *f*; *Canoeing:* byrddau llawr *pl*. **~ brads** *n.pl.* *Carp:*

hoelion main. ~ **brush** *n.* brwsh(-is) *(m)* llawr. ~-**cloth** *n.* **1.** *(= linoleum):* oelcloth *m,* orcloth *m.* **2.** *(= cloth):* clwt (clytiau) *(m)* llawr, clwtyn (clytiau) *(m)* llawr, *N:* cadach(-au) *(m)* [golchi] llawr, *N.E:* carp(-iau) *(m)* llawr, cerpyn (carpiau) *(m)* llawr; *N.W: M.W: occ:* brat *m,* bretyn *(m)* llawr, *S: occ:* clwtyn parth. ~ **covering** *n.* gorchudd(-ion) *(m)* llawr. ~ **exercise** *n.* campau *(pl)* llawr. ~ **furnace** *n.* ffwrnais *(f)* lawr (ffwrneisiau llawr). ~ **joists** *n.pl.* distiau llawr. ~-**lamp** *n.* lamp *(f)* lawr (lampau llawr). ~-**leader** *n. U.S:* arweinydd *(m)* plaid (arweinwyr pleidiau). ~-**length** *a.* hyd at y llawr. ~ **manager** *n.* **1.** *T.V:* rheolwr *(m)* llawr (rheolwyr lloriau). **2.** = **shopwalker.** ~ **mopper** *n. Th:* dawnslamwr (dawnslamwyr) *m.* ~ **plan** *n.* cynllun(-iau) *(m)* llawr, llorgynllun(-iau) *m.* ~-**polish** *n.* cŵyr *(m)* llawr, polish *(m)* llawr. ~ **sample** *n. Com: U.S:* sampl rad (samplau rhad) *f.* ~ **show** *n.* sioe *(f)* g|abare, sioe lawr, sioe ar lawr. ~ **space** *n.* arwynebedd *(m)* llawr, lle *(m)* ar lawr. ~-**through** *n. U.S:* fflat(-iau) *(f)* llawr cyfan. ~ **waiter** *n.* gwas (gweision) *(m)* gweini. ~-**walker** *n. U.S:* = **shopwalker.**

floor² *v.t.* **1.** *Const:* llorio. **2.** *(a) (= knock down, beat):* llorio, trechu; *(b) (= baffle, reduce to silence):* llorio, trechu (rhn); *F:* cau pen (rhn); *N: occ:* rhoi caead ar biser (rhn).

floorage *n.* = **floor space.**

floorer *n. F:* **1.** *(= blow): N:* walban *f,* waldan *f,* swadan *f,* cwrban *f;* **he gave him a ~,** fe'i lloriodd ag un ergyd. **2.** *(in examination):* cwestiwn (cwestiynau) anodd *m;* **that's a ~ for you!** dyna un galed iti! dyna un i dy lorio di! **3.** *(pers.):* lloriwr (llorwyr) *m.*

flooring *vn. & n.* **1.** *vn.* lloriad *m,* llorio. **2.** *n.* llawr (lloriau) *m.* ~-**saw** *n.* llif *(f)* lorio (llifiau llorio).

floorless *a.* di-lawr, diloriau, heb lawr.

floosie, floozie *n. F:* ffolog(-od) *f,* ffolcen(-nod) *f,* hoeden(-nod) *f, N:* hulpen (hulpod) *f,* jolpen (jolpod) *f,* codlan *f,* huran *f,* sobhuran *f,* timpan *f.*

flop¹ *n. F:* **1.** *(sound):* fflop *m.* **2.** *(= failure):* methiant (methiannau) *m; Th:* ffrit(-iau) *mf;* **to be a ~,** methu, bod yn fethiant, mynd i'r wal, mynd yn fflewt/fflemp, *N:* mynd yn ffliwt; *(of business &c):* mynd â'i ben iddo, mynd rhwng cŵn a brain; *S.W: occ:* mynd i Dre-din; **his business was a ~,** aeth yr hwch drwy'r siop. **3.** *U.S: (= bed):* gwely(-au) *m, F:* ciando(-s) *m,* cae sgwâr *m,* cae'r nos. ~-**house** *n.* tŷ (tai) *(m)* cysgu, tŷ ciando.

flop² *int. & adv. F:* **to fall ~,** syrthio'n fflewt/fflemp, *S:* cwympo'n ffradach, *N.W: occ:* syrthio'n un job, syrthio'n un swp, syrthio'n swpan, syrthio'n glewtan, mynd yn slemp, slempio **(to the floor,** ar lawr). ~-**eared** *a.* clustlipa, clustlaes, clustlibin.

flop³ *v.i. F:* **1. to ~ [down],** *See* **flop².** **to ~ about,** swalpio. **2.** *(= to fail):* methu, bod yn fethiant.

flopover *n. T.V:* rowlio *vn.*

flopper *n.* fflopiwr (fflopwyr) *m,* fflempiwr (fflempwyr) *m.*

floppily *adv.* yn llipa *&c.*

floppiness *n.* llacrwydd *m,* llipandod *m,* natur lipa *f.*

floppy *a. & n.* **1.** *a.* llipa, llac; ~ **disk,** disg(-iau) hyblyg *mf,* disg llipa/lipa (disgiau llipa). **2.** *n.* = **floppy disk.**

flora *n.* **1.** fflora *pl,* planhigion *pl,* fflurdyfiant *m;* ~ **and fauna,** planhigion ac anifeiliaid, flora a ffawna. **2.** *(= treatise):* blodeulyfr(-au) *m,* blodeueg(-au) *f.*

floral *a.* blodeuol, blodeuaidd, blodeuog; *Biol:* fflurol; ~ **clock,** cloc(-iau) *(m)* blodau; *Bot:* ~ **envelope,** = **perianth;** ~ **formula,** fformiwla fflurol *f;* ~ **leaf,** blod-ddeilen (bl|od-ddail) *f;* ~ **tribute,** blodeuged(-au) *f,* tusw(-au) *(m)* o flodau.

florally *adv.* yn flodeuol *&c;* â blodau.

floreat *int.* hir oes (i rn/rth)! bwy fyddo (rhn/rhth)!

Florence *Pr.n. Geog:* Fflorens *f.*

Florentine *n. & a.* **1.** *n.* Fflorentiad (Fflorentiaid) *m&f,* Fflorensiad (Fflorensiaid) *m&f.* **2.** *a.* Fflorentaidd, Fflorensaidd, [o] Fflorens.

florescence *n.* blodeuad(-au) *m,* blodeuaeth *f.*

florescent *a.* blodeuol.

floret *n. Bot:* *ffluryn(-nau) *m,* blodigyn (blodigion) *m,* blodionyn (blodionos) *m.*

floriate *v.t. A:* *blodaddurno, *fflurio, *S.W:* fflowro.

floriated *a.* ffluredig, blodeuog, blodeuwëog, *S.W:* fflowrog.

floriation *n.* ffluriad *m.*

floribunda *a. & n.* ~ **rose,** rhosyn(-nau) toreithiog *m.*

floricultural *a.* *fflurdyfiannol.

floriculturally *adv.* yn *fflurdyfiannol.

floriculture *n.* tyfu *(vn)* blodau.

floriculturist *n.* tyfwr (tyfwyr) *(m)* blodau, t|yfwraig *(f)* blodau.

florid *a. (style &c):* blodeuog, gorwych, rhwysgfawr, gorflodeuog; *(face):* gwritgoch, gwridog, cochlyd.

Florida *n.* Ffl|orida *f.*

Floridian *n. & a.* **1.** *n.* brodor(-ion) *(m)* o Ffl|orida, Ffloridiad (Ffloridiaid) *m&f.* **2.** *a.* Ffloridaidd, [o] Fflorida.

floridity, floridness *n.* **1.** *(of style &c):* blodeuogrwydd *m,* gorflodeuogrwydd *m,* gorwychder *m,* rhwysg *m.* **2.** *(of face):* gwrid *m,* cochni *m.*

floridly *adv.* yn flodeuog *&c.*

floriferous *a.* blodeuddwyn, blodeufag, blodeuog, yn dwyn blodau.

floriferously *adv.* yn flodeuddwyn.

floriferousness *n.* blodeuogrwydd *m.*

florigen *n. Ch:* ffl|origen *m.*

florigenic *a. Ch:* fflorigenig.

florilegium *n.* blodeugerdd(-i) *f.*

florin *n. Num:* pis[h]yn (pis[h]iau) *(m)* deuswllt, darn(-au) *(m)* deuswllt, fflorin(-au) *f,* ffloring(-od) *f,* fflwring(-od) *f.*

florist *n.* **1.** gwerthwr (gwerthwyr) *(m)* blodau, gw|erthwraig *(f)* blodau. **2.** ~**'s,** *(shop):* siop *(f)* flodau (siopau blodau).

floristic *a.* blodeuegol.

floristically *adv.* yn flodeuegol.

floristics *n.pl.* blodeueg *f.*

floristry *n.* blodeuwriaeth *f,* blodeuyddiaeth *f.*

floruit *n.* cyfnod(-au) *(m)* blodeuo; **(a poet) whose ~ (was in the fifteenth century),** (bardd) a flodeuai, a oedd yn ei flodau (yn y bymthegfed ganrif).

florula *n. Nat.Hist:* blodau *pl* [llecyn], planhigion *pl* [llecyn].

flory *a. Her:* = **fleury.**

floscular, flosculous *a.* fflurynnol, blodigaidd, blodionog.

floss *n.* manblu *pl,* sidanblu *pl;* ~ **[silk],** sidan bras *m;* **candy-~,** cwmwl *(m)* siwgwr, blew *(pl)* siwgwr, candi-fflos *m;* **dental ~,** edau *(f)* ddannedd. ~-**flower** *n.* = **ageratum.**

flossy *a.* **1.** manbluog, fel manblu, sidanaidd. **2.** *F: (= showy):* crand, ffansi.

flota *n.* llynges(-au) *f.*

flotage *n.* **1.** = **flotation.** **2.** = **floatage.**

flotation *n.* **1.** *Nau:* nofiant *m,* arnofiant *m,* lansiad *m,* lansio *vn; Biol:* arnofiad *m;* **froth ~,** ymnofiad *(m)* mewn ewyn. **2.** *Com: (of firm):* cychwyniad *m,* cychwyn *vn,* sefydlu *vn; Com:* ~ **cost,** cost *(f)* arnofiant. **3.** *(of loan):* codiad *m,* codi *vn.*

flote grass *n. Bot:* glaswellt *(m)* y dŵr, gweunwellt nawf *m.*

flotilla *n.* llynges fach (llyngesau bach) *f,* llyngesan(-nau) *f.*

flotsam *n. Jur:* ~ **[and jetsam],** broc *(m)* môr, *N.W: occ:* prog *(m)* [y] môr, drec *(m)* môr, *S.W: occ:* gwrec *m.*

flounce¹ *n.* tindafliad(-au) *m,* [y]sbonc(-iau) *f,* llam(-au) *m,* ymdafliad(-au) *m,* swalp(-iau) *m,* swalpiad(-au) *m.*

flounce² *v.i.* **to ~ in/out,** tindaflu, ysboncio, swalpio, ymdaflu, ymfwrw, *S: occ:* fflwnsan, fflwnso.

flounce³ *n. Dressm:* fflowns(-iau) *f, Lit:* sider(-ion) *m;* **applied ~,** fflowns osod (fflownsiau gosod).

flounce⁴ *v.t. Dressm:* fflownsio, *Lit:* sideru.

flouncing *n.* fflowns *f,* fflownsiau *pl,* fflownsio *vn.*

flounder¹ *n. Ich:* lleden (lledod) *f,* llythïen (llythi) *f;* **Arctic ~,** *(Pleuronectes flesus): N.W:* lleden ddu (lledod duon), lleden y llaid, lleden fwd (lledod mwd), *occ:* ledi-pendryn(-s) *f;* **peacock ~,** *(Bothus lunatus):* lleden amryliw; **pole ~,** *(Glyptocephalus cynoglossus): N.W:* pysgodyn (pysgod) *(m)* witsian; **summer ~,** *(Paralichthys dentatus):* lleden yr haf.

flounder² *v.i.* **1.** *(in mud):* ymdrybaeddu, ymdreiglo, ymdrochi; **to ~ about (in the water),** ymdrochi, swalpio, *N.W:* fflatsio (yn y dŵr); *F:* **to ~,** *(in a speech):* colli'ch trywydd, colli pen llinyn; **he started to ~ in his talk,** fe gododd arno fynd ymlaen â'i sgwrs; fe aeth hi'n nos arno ar ganol ei sgwrs; ni wyddai beth nesaf i'w ddweud yn ei sgwrs; dechreuodd ymbalfalu ar ganol ei sgwrs. **2.** *(of horse):* bwrw pedolau, tindaflu, gwingo.

floundering *vn. & a.* **1.** *vn. See* **flounder¹.** **2.** *a. (a) (speech):* digyswllt, di-drefn, di-glem, anhrefnus, â dim siâp [arni]; *(b) (in water):* ymdrybaeddus, ymdreiglol.

flour¹ *n.* blawd (blodiau) *m, S.W:* fflŵr *m, S.E:* can *m;* **pure/wheaten/wheatmeal ~,** blawd gwyn, blawd gwenith, *S.W:* fflŵr gwyn, *S.E:* can; **self-raising ~,** blawd codi; **plain ~,** blawd plaen; **potato ~,** *N:* blawd tatws, *S:* can/fflŵr tato; **soft ~,** blawd main/meddal; **starch-reduced ~,** blawd â llai o starts, blawd â starts llai; **strong ~,** blawd cryf; **wholemeal ~,** blawd gwenith cyflawn, blawd gwenith trwyddo, peillia[i]d *m or pl*; **to cover/ dust sth with ~,** blodio (rhth), blawdio (rhth), ysgeintio (rhth) â blawd, *S.W:* fflwr[i]o (rhth); **~,** *(left in sieve after riddling): S.W:* talch[i]on *pl*; **~,** *(with bran removed): N.W:* peilliaid; **poor quality ~,** *N.E: occ:* sgrwfftyn *m*; **~ of rice,** blawd reis, fflŵr reis; **~ of sulphur,** fflŵr sylffwr; **to put too much water in the ~,** *(when kneading):* boddi'r melinydd. **~ bin** *n.* cist *(f)* flawd (cistiau blawd), bin *(mf)* blawd/flawd (biniau blawd), tun(-iau) *(m)* blawd, *S.W:* garnesh *f* [flawd], *occ:* hogsed *f.* **~-box, ~-dredger** *n.* ysgeintiwr (ysgeintwyr) *(m)* blawd, blwch (blychau) *(m)* blawd. **~ improvers** *n.pl.* cemegion *(pl)* aeddfedu blawd. **~-mill** *n.* melin *(f)* flawd (melinau blawd). **~-mite** *a. Ent: (Acarus siro):* gwiddonyn (gwiddon) *(m)* blawd. **~-moth** *n. Ent: (Ephestia kühniella):* gwyfyn(-od) *(m)* blawd. **~-paper** *n.* papur *(m)* blawd/fflŵr.

flour² *v.t.* **1.** *(= dredge):* blodio, blawdio, fflwrio (rhth); ysgeintio (rhth) [â blawd]. **2.** *U.S: (= mill):* melino (rhth), malu (rhth) yn flawd.

flourish¹ *n.* **1.** *(a) (= ornamental curve):* tro(-eon) *m*, addurndro(-eon) *m*, blodeuwaith *m*, addurnwaith *m*, *F:* cwafer(-s) *m*, ffigiari(-s) *m*; **to make flourishes,** *N.W: occ:* cwafrio; *(b) Rh:* addurn(-au) *m*, addurniad(-au) *m*, addurndro. **2.** *(= gesture):* chwifiad(-au) *m*, ystum(-iau) *mf*, mosiwn(-s) *m*; **he took off his hat with a ~,** tynnodd ei het ag osgo. **3.** *Mus: (a) (= fanfare):* utganiad(-au) *m*, ffanffer(-au) *f*; *(b) (= florid passage):* darn(-au) blodeuog *m*, rhan flodeuog (rhannau blodeuog) *f*; *(c) (= prelude):* blaen-gân (~-ganeuon) *f*, blaengerdd(-i) *f (pronounced* ng-g), preliwd(-iau) *m.*

flourish² *v.i.&t.* **1.** *v.i. (a) (of plant):* ffynnu, prifio, tyfu'n dda; *(b) (of pers., commerce &c):* ffynnu, llwyddo, llewy[r]chu, bod yn llewyrchus, blodeuo, bod yn dda arnoch; *(c)* blodeuo, ffynnu, bod yn eich blodau; **a poet who flourished (in the fifteenth century),** bardd a ffynnai/flodeuai, bardd a oedd yn ei flodau (yn y bymthegfed ganrif). **2.** *v.t. (sword &c):* ysgwyd, chwifio, cyhwfan.

flourisher *n.* ffynnwr (ffynwyr) *m.*

flourishing *a.* llewyrchus, llwyddiannus, ffyniannus, da eich byd, da arnoch, *F: occ:* ar i fyny.

flourishingly *adv.* yn llewyrchus *&c.*

floury *a.* **1.** blodiog, blawdiog, blodlyd, cannog, peilliog, yn flawd i gyd. **2.** *(potatoes):* blodiog *&c*, *S.W:* canllyd.

flout¹ *v.t.* gwawdio, gwatwar, wfftio, diystyru (rhth); clecio'ch bawd (ar rth); **to ~ the law,** herio'r gyfraith.

flout² *n.* gwawd(-iau) *m.*

flouter *n.* gwawdiwr (gwawdwyr) *m*, wfftiwr (wfftwyr) *m*, diystyrwr (diystyrwyr) *m.*

flow¹ *n.* **1.** llif(-au) *m*, dylifiad(-au) *m*, *occ:* llifeiriad(-au) *m*, rhediad(-au) *m*; **~ of soul,** sgwrs ddifyr/hwyliog *f*; **~ of spirits,** afiaith *m*, asbri *m*, sirioldeb *m*; **energy ~,** llif egni; **anabatic ~,** llif anabatig; **earth ~,** llif daear, tirlif(-au) *m*; *Com:* **~ of funds,** llif cyllidol; **~ pattern,** patrwm *(m)* llif; **laminar ~,** llif llafnol/ laminaraidd; **linear ~,** llif llinol; **turbulent ~,** llif terfysgol/ tyrfol; **the ~ of the tide,** y llanw *m*; *S.a.* **ebb¹ 1; to have a ready ~ of language,** siarad heb ball, siarad fel pwll y môr, siarad fel melin bupur, siarad fel melin malu metlin; *(of dress):* disgyniad *m*, llif *m*; **~ chart, ~ sheet** *n.* siart *(f)* rediad (siartiau rhediad), llifsiart(-iau) *f*, siart lif (siartiau llif). **~-metre** *n.* llif-fesurydd(-ion) *m.*

flow² *v.i.* **1.** *(a)* llifo, *occ:* dylifo, ffrydio, llifeirio; *(of river):* **to ~ into the sea,** llifo i'r môr, aberu/ymarllwys yn y môr; *(b) (of tide):* codi, llenwi; *(c) (of blood):* llifo, rhedeg, ffrydio; *(= circulate):* cylchredeg; *(of electric current):* llifo; *(d) (of dress):* disgyn yn llaes. **2.** *(= derive from):* deillio, tarddu; **a spring which flows from a rock,** ffynnon sy'n tarddu/pistyllio o graig. **3.** *(= abound):* llifeirio, bod yn gyforiog/llawn **(with sth,** o rth); gorlifo (â rhth); **a land flowing with milk and honey,** gwlad yn llifeirio o laeth a mêl. **~ back** *v.i.* llifo'n ôl, gwrthlifo, treio.

flowage *n.* llifiant *m.*

flower¹ *n.* **1.** blodyn (blodau) *m*, *Lit:* blodeuyn (blodau) *m*; **a bunch of flowers,** tusw(-au) *m*, pwysi (pwysïau) *m*, *F:* bwnsiad(-au) *m* [o flodau]; **"no flowers by request",** "dim blodau, os gwelwch yn dda". **2.** *pl.* **flowers of arsenic,** gwynlliw *m*; **flowers of sulphur,** fflŵr *(m)* sylffwr; **flowers of zinc,** fflŵr sinc; *Fung:* **flowers of tan,** melyn *(m)* y barcty. **3.** *(a) Typ:* *ffluryn(-nau) *m*; *(b)* **flowers of speech,** blodau rhethreg. **4.** *(= best):* y gorau *pl*, y pigion *pl*, y goreuon *pl*, blodau; **the ~ of chivalry,** blodau'r marchogion. **5. in ~,** mewn blodau, yn ei *(&c)* flodau, yn blodeuo; **a ~ in full ~,** blodyn yn ei lawn flodau; **to burst into ~,** blodeuo; *Lit:* **in the ~ of one's age,** ym mlodau'ch oes/einioes/dyddiau. **~-bearing** *a.* blodeuol, blodeuog, blodeuddwyn. **~-bed** *n.* gwely(-au) *(m)* blodau, *S:* pâm (pamau) *(m)* blodau. **~-bee** *n. Ent:* gwenynen (gwenyn) *(f)* y blodau. **~-bud** *n.* blaguryn *(m)* blodyn (blagur blodau). **~-bug** *n. Ent: (Anthocoris nemorum):* chwilen (chwilod) *(f)* y blodau. **~ child** *n.* plentyn (plant) *(m)* y blodau. **~ fern** *n. Bot: (Anemia):* rhedynen flodeuog (rhedyn blodeuog) *f.* **~ fly** *n. Ent:* = **hover-fly. ~-garden** *n.* gardd *(f)* flodau (gerddi blodau). **~ gentle** *n. Bot: (Amaranthus):* blodyn (blodau) *(m)* amor, llysiau *(pl)* amor. **~-girl** *n.* **1.** *(at wedding):* morwyn *(f)* briodas (mor[w]ynion priodas), morwyn flodau (mor[w]ynion blodau). **2.** *(seller):* merch(-ed) *(f)* gwerthu blodau. **~-head** *n.* pen *(m)* blodyn (pennau blodau), fflurben(-nau) *m.* **~ of a day** *n. Bot: (Tradescantia virginica):* blodyn undydd. **~ of an hour** *n. Bot: (Hibiscus trionum):* blodyn unawr. **~ of Jove** *n. Bot: (Lychnis flos Jovis):* lluglys porffor *m.* **~ of the dead** *n. Bot: (Oncidium tigrinum):* blodyn y meirwon. **~ of the gods** *n. (Disa grandiflora):* blodyn y duwiau. **~-pecker** *n. Orn:* pigwr (pigwyr) *(m)* blodau. **~ people** *n.* pobl *(f or pl)* y blodau. **~ power** *n.* grym *(m)* blodau. **~-seller** *n.* gwerthwr (gwerthwyr) *(m)* blodau, gw|erthwraig *(f)* blodau, dyn(-ion) *(m)* gwerthu blodau, merch(-ed) *(f)* gwerthu blodau. **~-shop** *n.* siop *(f)* flodau (siopau blodau). **~-show** *n.* sioe *(f)* flodau (sioeau blodau). **~-stand** *n.* bwrdd (byrddau) *(m)* blodau, stand *(mf)* blodau/flodau (standiau blodau).

flower² *v.i.* blodeuo.

flowerage *n.* blodeuad *m*, blodeuo *vn.*

flowered *a.* blodeuog, *S.W: F:* fflowrog.

flowerer *n.* blodeuwr (blodeuwyr) *m*, blod|euwraig *f.*

floweret *n.* blodeuyn (blodau) *m*, *Lit:* blodionyn (blodionos) *m*, *ffluryn(-nau) *m.*

floweriness *n.* blodeuogrwydd *m.*

flowering¹ *a.* blodeuog, blodeuol, yn ei flodau; **~ plant,** planhigyn (planhigion) blodeuol; **non-~ plant,** planhigyn anflodeuol/ diflodau.

flowering² *vn.* blodeuad(-au) *m*, blodeuo.

flowerless *a.* diflodau.

flowerlike *a.* blodeuaidd, fel blodyn.

flowerpot *n.* pot(-iau) *(m)* blodau, pot pridd, *N: F:* pot fflŵar[s].

flowery *a.* **1.** blodeuog, yn flodau i gyd, *S: F:* fflowrog. **2.** *(speech &c):* blodeuog, addurnedig.

flowing *a.* **1.** llifeiriol, yn llifo, llifol, ffrydiol; *(tide):* yn codi, yn llenwi. **2.** *(style &c):* llyfn *(f.* llefn, *pl.* llyfnion), rhwydd, rhugl, llithrig. **3.** *(movement):* llyfn; *(dress &c):* llaes, hirllaes; **a ~ beard;** barf hirllaes/laes.

flowingly *a.* yn llyfn *&c.*

flowline *n.* llinell *(f)* rediad (llinellau rhediad), lliflin(-iau) *f.*

flown *p.p. See* **fly², high-flown.**

flowstone *n. Geol:* carreg *(f)* ddylif (cerrig dylif).

Floyd *Pr.n.m.* Llwyd.

flu *n. F:* [y] ffliw *m.*

flub¹ *n. U.S: (= mess):* llanast *mf*, cawl *m*, stremp *f*, smonaeth *f*, stomp *f*, stremit *f.*

flub² *v.t.&i. U.S:* bwnglera, cawlio (rhth) *(pronounced* ng-g), gwn|eud cawl/stomp/stremp *&c* (o rth).

flubdub *n. U.S:* rwtsh *m*, rwdl *mf*, rwdlian *vn*, lol *f*, malu *(vn)* awyr, *Lit:* ffiloreg *f*, ffregod *f.*

fluctuant *a.* = **fluctuating.**

fluctuate *v.i.* **1.** amrywio, codi a gostwng, ymdonni, llifo ac adlifo; *Econ: occ:* endonni; *Ph: Mth:* tonni. **2.** *(= waver):* petruso, anwadalu.

fluctuating *a.* amrywiol, ansefydlog, cyfnewidiol, ymdonnol, cyfnodol; *Econ: occ:* endonnog; *Mus:* **~ harmony,** harmoni (harmonïau) anwadal/amrywiol *m.*

fluctuation *n.* amrywiad(-au) *m*, codiad(-au) *(m)* a gostyngiad(-au) *m*, codi *(vn)* a gostwng *vn*, anwadaliad(-au) *m*, llanw *(m)* a

thrai *m*, anwadalu *vn*, ymdonni *vn*, ymdoniad(-au) *m*, tonni *vn*, *occ:* endoniant (endoniannau) *m*, toniant (toniannau) *m*.
fluctuative *a.* tonnog; *S.a.* **fluctuating**.
flue *n.* **1.** corn (*m*) simnai (cyrn simneiau), ffliw(-iau) *f.* **2.** *Mus:* pibell(-au,-i) agored *f.* **~-brush** *n.* brwsh(-is) (*m*) glanh|au simnai. **~-cure** *v.t.* sychu (rhth) [mewn simnai]. **~-cured** *a.* wedi ei sychu [mewn simnai]. **~-pipe** *n.* *(a) Mus:* = **flue²**; *(b) Const:* pibell(-au,-i) (*f*) ffwrn. **~ stop** *n.* *Mus:* stop (*m*) pibell agored.
Fluellen¹ *Pr.n.m.* Llywelyn.
fluellen² *n.* *Bot:* **male or round-leaved ~,** *(Kickxia spuria):* llysiau (*pl*) Llywelyn [crynddail], gwrnerth *m*; **sharp-leaved ~,** *(K. elatine):* trwyn (*m*) y llo [blaenfeinddail].
'fluence *n.* dylanwad *m*; **to put the ~ on s.o.,** hypnoteiddio rhn, swyno rhn, gosod rhn dan y gyfaredd.
fluency *n.* rhwyddineb *m*, llithrigrwydd *m*, rhugldcr *m* [ymadrodd]; **to speak a language with ~,** siarad iaith yn rhugl.
fluent *a.* rhugl, rhwydd, llithrig.
fluently *adv.* yn rhugl *&c.*
flueric *a.* = **fluidic.**
fluerics *n.* = **fluidics.**
fluff¹ *n.* **1.** blew *pl*, manflew *pl*, bonblu *pl*, gwlaniach *pl*, fflwff *m*, casnach *m*, fflwcs *pl*, fflwcsach *m*, blewiach *pl*, s|aethwlan *m*; *(= nap):* ceden(-au) *f*, *N.W: occ:* sgarthion *pl*, *S.W: occ:* whithrwdd *m*, *N.E: occ:* towlion *pl*, *S.E: occ:* sgrwff *m*. **2.** *F: O:* **a little bit of ~,** *S:* clegen *f*, wejen *f*, slasien *f*, *N:* [l]lefran ([l]lefrod) *f*, cywen(-nod) *f*, *N.W:* fodan (fodins) *f.* **3.** *Th: F:* caff gwag (caffiau gweigion) *m*, camgymeriad(-au) *m*.
fluff² *v.t.&i.* **1.** *(a hide, cloth):* cedenu, eddïo (lledr *&c*); codi ceden (ar ledr); **to ~ [out] one's hair,** ffluwchio'ch gwallt; **(a bird) that fluffs [up] its feathers,** (aderyn) sy'n ysgwyd ei blu, sy'n ffluwchio'i/garwh|au'i blu. **2.** *Th: F:* **to ~ one's lines,** gwneud cawl o'ch llinellau.
fluffiness *n.* gwlanogrwydd *m*; *(of hair):* ffluwchogrwydd *m*.
fluffy *a.* gwlanog, blewog, cedenog, manflewog, *S.W:* fflwffog; *(hair &c):* ffluwchog, yn ffluwch; *Cu:* ysgafn; **a ~ little woman,** gwraig fach benysgafn. **~-minded** *a.* penchwiban, penwan, penysgafn.
flügelhorn *n.* *Mus:* ***flügelhorn(-s)*** *m*.
fluid *n.* & *a.* **1.** *n.* gwlybwr (gwlybyrau) *m*, hylif(-au) *m*. **2.** *a.* *(a) Ch:* hylif, hylifol, gwlybyrol; *Geog:* llifyddol; **~ measures,** mesurau hylifol; **~ ounce,** owns(-iau) hylifol *f*; **~ drive,** gyriant hylifol *m*; **~ mechanics,** mecaneg (*f*) hylifau/hylifol; *(b) (style):* llithrig, llyfn (*f.* llefn, *pl.* llyfnion), rhwydd, rhugl; *(opinion):* cyfnewidiol, anwadal, an-sad, amhendant, ansicr, symudol, ansefydlog.
fluidal *a.* hylifol.
fluidally *adv.* yn hylifol.
fluidic *a.* hylifegol.
fluidics *n.pl.* hylifeg *f.*
fluidify *v.t.* hylifo.
fluidity *n.* **1.** *Ch.* hylifedd(-au) *m*, llifedd(-au) *m*. **2.** *(a) (of style &c):* llithrigrwydd *m*, llyfnder *m*, llyfndra *m*, rhwyddineb *m*, rhuglder *m*; *(b) (of opinion):* anwadalwch *m*, cyfnewidioldeb *m*, amhendantrwydd *m*, ansadrwydd *m*, ansicrwydd *m*; *(c) (of situation):* cyfnewidioldeb.
fluidization *n.*, **fluidize** *v.t.* hylifo.
fluidized *a.* llifol, hylifol.
fluidizer *n.* hylifwr (hylifwyr) *m*.
fluidly *adv.* yn hylifol *&c.*
fluidness *n.* **1.** hylifedd *m*. **2.** *(of style):* llithrigrwydd *m*, llyfnder *m*, rhuglder *m*, rh|wydd-der *m*, rhwyddineb *m*. **3.** *(of opinion):* cyfnewidioldeb *m*, anwadalwch *m*, ansadrwydd *m*, amhendantrwydd *m*, ansicrwydd *m*.
fluidounce *n.* *U.S:* = **fluid ounce.**
fluidram *n.* *U.S:* dram(-au) hylifol *m*.
fluke¹ *n.* **1.** *Ich:* *(=flatfish, flounder):* lleden (lledod) *f*; **to catch ~,** *S.W:* fflwcsa. **2.** *Vet:* **~ [worm], liver ~,** llyng[h]yren (llyngyr) (*f*) yr iau/afu, pryf(-ed) (*m*) yr iau/afu, *S.W:* llythi (*f*) afu, *N: occ:* euodyn (euod) *m*; **liver ~ disease,** pwd *m*.
fluke² *n.* **1.** *Nau:* adfach(-au) *m*, gafaelfach(-au) *m* [angor]. **2.** *pl.* *(of whale's tail):* llabed *fm*, llabedau.
fluke³ *n.* ffliwc(-iau) *f*, ffliwcen *f*, *N.W: occ:* lwc (*f*) mwnci/mul, lwc bwnglar/mwngral (*both pronounced* ng-g), *S.W:* hit(-s) *f*; **by a ~,** trwy lwc, trwy hap a damwain, *N: F:* trwy lwc mul.
fluky *a.* *(= lucky):* lwcus, ffodus; *(= uncertain):* ansicr; **a ~ wind,** gwynt anwadal.
flume *n.* & *v.i.&t.* **1.** *n.* *(a) (= ravine):* ceunant (ceunentydd) *m*; *(b) (= channel):* ffos(-ydd) *f*, cwter(-ydd) *f*, cafn(-au) *m*; **log ~,** cafn boncyffion. **2.** *(a) v.i.* cwteru, gwn|eud ffos[-ydd]; *(b) v.t.* sianelu, cludo (rhth) [ar hyd ffos].
flummery *n.* *Cu:* **1.** llymru *m*, sucan gwyn *m*, brwchan *m*, *S.W: occ:* bwdran: bwdram *m*, *S.E: occ:* uwd sugaethan. **2.** *(= nonsense):* dwli *m*, lol *f*; *S.a.* **nonsense.**
flummox *v.t.* *F:* drysu, hurtio (rhn); peri penbleth (i rn).
flummoxed *a.* dryslyd, wedi drysu; **to be ~,** bod mewn penbleth.
flump¹ *n.* clewt *m*.
flump² *v.i.* cwympo'n glewt.
flung *v.* *See* **fling²**; **far-~,** gwasgarog, helaeth.
flunk *v.i.&t.* *U.S: Sch: F:* **1.** *v.i.* methu [arholiad]; **~ out,** gorfod gadael (ysgol/coleg). **2.** *v.t.* methu, gwrthod.
flunker *n.* methwr (methwyr) *m*, m|ethwraig *f.*
flunkey *n.* **1.** gwas (gweision) (*m*) gweini, gwas lifrai, *Pej:* gwas bach, ymgreiniwr (ymgreinwyr) *m*, cynffonnwr (cynffonwyr) *m*. **2.** *U.S:* = **cook¹, waiter.**
fluoboric *a.* *Ch:* fflwoborig.
fluor *n.* = **fluorite.**
fluorene *n.* *Ch:* fflwören *m*.
fluoresce *v.i.* fflworoleuo.
fluorescein *n.* *Dy:* fflworesin *m*.
fluorescence *n.* fflworoleuedd(-au) *m*.
fluorescent *a.* fflworoleuol; **~ lighting,** fflworolau (fflworoleuadau) *m*, golau/goleuni fflworolau *m*.
fluorescer *n.* *Laund:* fflworoleuwr (fflworoleuwyr) *m*.
fluoridate *v.t.*, **fluoridation** *n.* fflworideiddio *vn*.
fluoridationist *n.* fflworideiddiwr (fflworideiddwyr) *m*.
fluoride *n.* *Ch:* fflwörid (fflworidau) *m*.
fluoridization *n.* = **fluoridate, fluoridation.**
fluorimeter *n.* fflworimedr(-au) *m*.
fluorinate *v.t.*, **fluorination** *n.* **1.** = **fluoridate.** **2.** *Ch:* fflworineiddio.
fluorine *n.* *Ch:* fflwörin *m*.
fluorite *n.* *Miner:* = **fluorspar.**
fluoroborate *n.* *Ch:* fflworoborad(-au) *m*.
fluoroboric *a.* *Ch:* fflworoborig.
fluorocarbon *n.* *Ch:* fflworocarbon(-au) *m*.
fluorochrome *n.* *Bio-Ch:* fflw|orocrom (fflworocromau) *m*.
fluoroform *n.* fflw|orofform *m*.
fluorographic *a.* fflworograffig.
fluorography *n.* fflworograffeg *f.*
fluorometer *n.* fflworomedr(-au) *m*.
fluorometric *a.* fflworometrig.
fluorometry *n.* fflworometreg *f.*
fluorophosphate *n.* *Ch:* fflworoffosffad(-au) *m*.
fluorophosphoric *a.* *Ch:* fflworoffosfforig.
fluoroscope¹ *n.* fflw|orosgop (fflworosgopau) *m*.
fluoroscope² *v.t.* fflworosgopio.
fluoroscopic *a.* fflworosgopig.
fluoroscopist *n.* fflworosgopydd(-ion, fflworosgopwyr) *m*.
fluoroscopy *n.* fflworosgopeg *f.*
fluorosis *n.* *Dent:* fflworosis *m*.
fluorotic *a.* *Dent:* fflworotig.
fluorouracil *n.* *Pharm:* fflworowrasil *m*.
fluorspar *n.* *Miner:* fflwörsbar *m*.
fluphenazine *n.* *Pharm:* fflwff|enasin *m*.
flurried *a.* ffwdanus, ffwdanllyd, cynhyrflyd, llawn cynnwrf/ffwdan, yn gyffro/ffwdan i gyd, *N.W:* ffrwcslyd, ffrwcsiog, mewn ffrwcs.
flurry¹ *n.* **1.** *Nau:* hwrdd (hyrddiau) *m*, cwthwm (cythymau) *m*, cawod(-ydd) *f*, *N.W:* sgôl(-s) *f.* **2.** *(= haste):* ffrwst *m*, ffwdan *f*, cynnwrf *m*, cyffro *m*, *N.W:* ffrwcs *m*. **3.** **the death ~,** *(of a whale):* gwewyr (*m*) angau.
flurry² *v.t.* drysu, hurtio, cynhyrfu, cyffr|oi, rhusio (rhn); taflu (rhn) oddi ar ei echel; *N.W:* ffrwcsio (rhn); **he was not to be flurried,** *N.W:* 'docdd o ddim am ffrwcs; **to get flurried,** cyffroi, cynhyrfu, rhusio, *N.W: occ:* mynd yn ffrwcslyd, ffrwcsio, *S:* gwylltu.
flush¹ *n.* *Ven:* ehediad(-au) *m* [o adar].
flush² *v.i.&t.* *Ven:* codi; **to ~ out birds,** codi adar; **to ~ out enemies,** hela gelynion i'r agored.

flush³ *n.* **1.** *Hyd.E:* sgwd (sgydau) (*m*) dŵr, cwymp(-au) (*m*) dŵr, rhuthr (-au) (*m*) dŵr. **2.** *(of emotion &c):* hwrdd (hyrddiau) *m*, ymchwydd(-au,-iadau) *m*, pwl (pyliau) *m*, rhuthrad(-au) *m*; **in the first ~ of victory,** yng ngwres (*m*) y fuddugoliaeth. **3.** *(a) (= height):* anterth *m*; **in the ~ of success,** ar anterth (*m*) llwyddiant; **in the full ~ of health,** yn llawn iechyd, yng ngwrid iechyd, yn iach fel y gneuen; *(b) (= glow):* gwres *m*, gwrid *m*; *(= blush):* cochni *m*; *(in fever):* gwres; *Med:* **hot flushes,** pyliau o wres; *(= abundance):* toreth *f*, cnwd *m*, amlder *m*; *(= growth of grass &c):* blaguriad *m*, twf *m*, tyfiant *m*, ymchwydd, adlodd *m*.

flush⁴ *v.t.&i.* **1.** *v.t.* *(a)* golchi, llifolchi, carthu, glanh|au, *F:* fflwsio, fflysio; *Cmptr:* gwacáu. **to ~ [out] a drain,** llifolchi draen, rhoi sgwd o ddŵr trwy ddraen, anfon/gyrru dŵr trwy ddraen; **to ~ a lavatory,** tynnu'r dŵr [mewn tŷ bach]; **to ~ sth away,** golchi rhth [i lawr draen *&c*]; **flushing cistern,** seston (*f*) ddwrlif (sestonau dwrlif); *Husb:* cyflyru. **2.** *v.i.* *(= blush):* cochi, gwrido.

flush⁵ *n. Cards: (at poker):* cardiau unlliw *pl*, rhes(-i) *f*, rhesaid (rheseidiau) *f*; **straight ~,** rhesaid syth; **royal ~,** rhesaid reiol (rheseidiau rheiol).

flush⁶ *a.* **1.** *(a) (stream &c):* gorlawn, llawn; *(b) F: (pers.):* **I'm ~,** mae gen i ddigon o arian. **2.** *(surface &c):* minfin, gwastad, cywastad, cyfwyneb, *F:* fflwsh **(with sth,** â rhth).

flush⁷ *v.t.* *(= make level):* cyfwynebu, cywastatáu.

flush⁸ *n.* *(= wet ground):* llac(-iau) *m*, *N.W:* clwt (clytiau) (*m*) Marsli.

flushed *a.* gwritgoch, gwridog; **~ with success,** gwridog gan lwyddiant.

fluster¹ *n.* helbul *m*, trafferth *f*, cyffro *m*, tryblith *m*, trybestod *m*, cynnwrf *m*, ffwdan *f*, *N.W: F:* ffrwcs *m*, strach *mf*, st[r]yffig: straffig *mf*.

fluster² *v.t.&i.* **1.** *v.t.* drysu, hurtio, cynhyrfu, cyffr|oi, rhusio, *N.W: occ:* ffrwcsio, rhusio, *S:* gwylltu. **2.** *v.i.* cynhyrfu, cyffroi, ffrwcsio, ffwndro, *S:* gwylltu.

flustered *a.* dryslyd, cynhyrflyd, ffrwcslyd, ffwdanus, ffwndrus; **to be ~, = fluster² 2.**

flute¹ *n.* **1.** ffliwt(-iau) *f*, *occ:* ffifflen(-od) *f*, chwibanogl(-au) *f*; **alto ~,** ffliwt alto; **bass ~,** ffliwt bas; **concert ~,** ffliwt gyngerdd (ffliwtiau cyngerdd). **2. ~[-player],** ffliwtydd(-ion, ffliwtwyr) *m*. **3.** *(a) (= groove):* rhigol(-au) *f*, rhych(-au) *mf*; *(b) Laund:* crych(-ion) *m*, ffliwt(-iau) *f*.

flute² *v.t.&i.* **1.** *v.t.* **1.** *(a) (= make grooves):* rhigoli; *(b) Laund:* crychu, cwicio. **2.** *v.i.* *(= play flute, whistle &c like flute):* ffliwtian, chwibanogli.

fluted *a.* **1.** *(notes, voice):* persain, melodaidd. **2.** *(a) (column, rock face):* rhych[i]og; *(b) (dress &c):* crych, crychlyd, rhych[i]og, ffliwtiog; **~ lace,** les (*f*) ffliwt; **~ cutter,** torrell rychog (torellau rhychog) *f*; **~ edge,** ymyl r[h]ych[i]og (ymylau/ymylon rhychiog) *mf*; *Archeol:* **~ surface,** arwyneb ffliwtiog *m*.

flutelike *a.* ffliwtaidd, fel ffliwt.

fluter *n.* ffliwtydd(-ion, ffliwtwyr) *m*, canwr (canwyr) (*m*) ffliwt.

fluting *vn.* **1.** = **flute².** **2.** *(a) Arch:* rhigolau *pl*, ffliwtwaith (ffliwtweithiau) *m*; *(b) Geog:* rhychwaith (rhychweithiau) *m*; *(c) Laund:* crychau *pl*. **~-machine** *n.* peiriant (peiriannau) (*m*) rhigoli. **~-iron** *n.* haearn (heyrn) (*m*) cwicio.

flutist *n.* = **fluter.**

flutter¹ *n.* **1.** *(of bird):* ysgytwad(-au) (*m*) adenydd, curiad(-au) (*m*) adenydd, rhugliad(-au) (*m*) adenydd; *(of heart &c):* dirgryniad(-au) *m*, cryndod(-au) *m*; *(of eyelid):* amrantiad(-au) *m*, ysmiciad(-au) *m*; *(of flag):* chwifiad(-au) *m*. **2.** *(= agitation):* cyffro *m*; *S.a.* **flurry¹, fluster¹; [all] in a ~,** yn gyffro i gyd. **3.** *F:* bet(-iau) *m*; **to have a little ~,** cael bet bach, mentro tipyn, rhoi rhyw swlltyn [ar geffyl *&c*]. **~ kick** *n. Swim:* cic (*f*) lan a lawr. **~-tonguing** *vn. Mus:* cryndafodi, rhuglo tafod.

flutter² *v.i.&t.* **1.** *v.i.* *(a) (of birds):* ymysgwyd, ysgwyd/curo/rhuglo adenydd; **to ~ about,** gwibio o gwmpas; *(of flag, ribbon):* chwifio, cyhwfan; *(of leaves):* siffrwd, crynu; *(of heart):* dirgrynu, crynu; *(of eyelids):* amrantu, [y]smicio; *(b) (of pers.):* crynu. **2.** *v.t.* *(a flag):* chwifio, cyhwfan, ysgwyd; *(wings):* curo, ysgwyd; *(eyelids):* [y]smicio; *F: (= disturb):* aflonyddu (ar rn), tarfu (rhn, ar rn); **to ~ the dovecotes,** tarfu'r colomennod; **the wind fluttered the leaves,** gwnaeth y gwynt i'r dail siffrwd.

flutterboard *n. Swim:* bwrdd (byrddau) (*m*) cicio.

fluttered *a.* **1.** *(heart, wings &c):* crynedig; *(eyelids):* [y]smiciedig; *(flag):* chwifiedig. **2.** *F:* = **flustered.**

fluttering¹ *a.* *(heart, wings):* crynedig, yn crynu; *(eyelids):* [y]smiciog, yn [y]smicio; *(flag):* yn chwifio/cyhwfan.

fluttering² *vn.* ysgytwad *m*, [y]smiciad *m*; *Danc:* hwyfo; *S.a.* **flutter¹,².**

fluttery *a.* cryndodus, crynedig, dirgrynol, dychlamol.

fluty *a.* ffliwtaidd, fel ffliwt, persain.

fluvial *a.* afonol.

fluviatile *a.* afonol, afondrig.

fluvio-glacial *a. Geol:* ffrwd-rewlifol.

fluviometer *n.* mesurydd(-ion) (*m*) llif.

flux¹ *n.* **1.** *(a) A: Med:* llif(-oedd) *m*, diferlif(-au,-oedd) *m*, gwaedlif(-au,-oedd) *m*; **bloody ~, = dysentery;** *(b) (of tide &c):* llif; **~ and reflux,** llif ac adlif, llanw a thrai; **everything is in a state of ~,** mae popeth yn y pair. **2.** *Ph: El: &c* ffrwd (ffrydiau) *f*. **3.** *Metall: &c* fflwcs (fflycsau) *m*, toddydd(-ion) *m*, dylif(-ion) *m*; **active ~,** fflwcs gweithredol; **passive ~,** fflwcs goddefol. **~-line** *n.* lliflin(-iau) *f*, llinell (*f*) lif (llinellau llif). **~ valve** *n.* falf(-iau) (*f*) ffrydiau.

flux² *v.i.&t.* **1.** *v.i.* *Ph: El:* llifo, ffrydio. **2.** *v.t.* *Metall:* llif-asio, fflycsio.

fluxion *n.* *A:* dylifiad(-au) *m*, ffrydiad(-au) *m*, darlifiad(-au) *m*; *Mth:* **method of fluxions,** dull y darlifiadau.

fluxional, fluxionary *a.* dylifiadol, ffrydiadol, darlifiadol.

fly¹ *n.* **1.** *(a) Ent: N:* pryf(-ed) *m*, pry(-fed) *m*, *occ:* pryfyn(-nod, pryfed) *m*, *S:* cleren (clêr) *f*, *S.W: occ:* cylionen (cylion) *f*; **they died like flies,** buont farw yn lluoedd; *F:* **there's a ~ in the ointment,** mae rhyw ddrwg yn y caws; mae rhyw wybedyn yn yr ennaint; **~ in amber,** peth(-au) hynod *m*; **to catch flies,** *(a)* gwybeta, pryfeta; *(b) F: (= gape):* rhythu, cegrythu, bod yn gegrwth; **a ~ on the wall,** pryf ar y pared; **a ~ on the wheel,** pryf ar olwyn, *F: occ:* chwannen ar din eliffant; **there are no flies on him,** ddaliwch/wnewch chi mohono; mae e/o yna i gyd; hen gi yw ci Morgan; nid yw'n un i dorri cnau gweigion; *(b) Fish:* pluen (plu) *f*; **to rise to the ~,** codi i'r abwyd, llyncu'r abwyd. **~ agaric** *n. Fung:* amanita(*m*)'r pryfed/gwybed. **~ belt** *n.* ardal (*f*) bryfed (ardaloedd pryfed). **~-blow** *n.* *(a) (= eggs):* wŷ (*m*) pryf (wyau pryfed), chwyth (*m*) pryfed; *(b) F: (= droppings):* baw (*m*) pryfed, baw clêr. **~-blown** *a.* **1. ~-blown meat,** cig a chwyth pryf arno, cig a phryf wedi chwythu arno; *F: (reputation &c):* llychwin, wedi ei ddifetha/faeddu/ddifwyno. **2.** *(= covered with droppings):* yn faw pryfed i gyd, a baw pryfed drosto *&c*. **~-book** *n. Fish:* llyfr(-au) (*m*) plu. **~-casting** *vn. Fish:* taflu plu. **~ dope** *n.* **1.** *Fish:* farnais (*m*) plu. **2.** *(repellant):* cas (*m*) gan bryfed. **~-fish** *v.i.*, **~-fishing** *vn. Fish:* pysgota â phlu, pysgota plu. **~-flap** *n.* chwap(-iau) (*m*) pryfed. **~-infested** *a.* gwybedog, pryfedog, llawn pryfed. **~-net** *n.* rhwyd (*f*) bryfed (rhwydi pryfed). **~ honeysuckle** *n. Bot: (Lonicera xylosteum):* gwyddfid syth *m*. **~ orchid** *n. Bot: (Ophrys insectifera):* tegeirian(-au) (*m*) pryf/cleren. **~-paper** *n.* papur(-au) (*m*) dal gwybed/pryfed/clêr. **~ rod** *n. Fish:* gwialen ysgafn (gwialenni ysgeifn) *f*. **~-speck** *n.* baw (*m*) pryfed/clêr. **~-specked** *a.* yn faw pryfed/clêr i gyd. **~-spray** *n.* chwistrell (*f*) ladd pryfed/clêr (chwistrellau lladd pryfer/clêr). **~-strike** *n.* cynrhoni *vn*, cynrhon *pl*. **~-swatter** *n.* swadiwr (swadwyr) (*m*) pryfed/clêr. **~-strip** *n.* stribed(-i) (*m*) dal pryfed/clêr, stribyn(-nau) (*m*) dal pryfed/clêr. **~-tier** *n.* clymwr (clymwyr) (*m*) plu pysgota. **~-trap** *n. Bot: (Apocynum androsalmifolium):* magl (*f*) y pryfed/clêr; **Venus's ~-trap,** *(Dionaea muscipula):* magl (*f*) Gwener, genau (*pl*) Gwener, hedfagl (*f*) Gwener, gwybedfagl *f*, pennau(*pl*)'r cŵn. **~-whisk** *n.* ysgubell (*f*) bryfed/glêr (ysgubelli pryfed/clêr).

fly² *n.* **1.** *(= flight):* ehediad(-au) *m*, hedfaniad(-au) *m*; **on the ~,** ar yr adain, tra'n hedfan. **2.** *A: Veh:* fflei(-s) *m*, cerbyd(-au) *m*. **3.** *(a) (of trousers): N:* balog(-au) *mf*, *S:* copish(-iau) *m*; **do up your flies,** cau dy falog/gopish; *(b) (of flag): (= width):* lled *m*; *(c) (of tent):* llabed(-i,-au) *f*. **4.** *usu.pl. Th:* **the flies,** y brig *m*; **~ door,** drws (*m*) y brig; **~ gallery,** briglofft(-ydd) *f*; **~ ladders,** ysgolion y brig; **~ lines,** rhaffau'r brig; **~ men,** dynion [y] brig; **~ rail,** rheilen (*f*) y brig (rheils y brig). **5.** *Tchn: (in weaving):* fflei(-s) *m*, gwennol (*f*) fflei, gwennol gwehydd. **6.** *(in clockwork):* rheolwr (rheolwyr) *m*. **~ ash** *n.* lludw *m*, *N: F:* fflacs *pl*. **~ ball** *n.* pêl (peli) uchel *f*. **~-bill** *n.* *(= poster):* poster(-i) *m*, taflen(-ni) *f*. **~ boat** *n.* cwch (cychod) cyflym *m*, *S:*

bad(-au) cyflym *m.* ~ **cutter** *n. Metalw:* cŷn (cynion) hedegog *m.* ~ **press** *n. Metalw:* gwasg (gweisg) hedegog *f.* ~**-half** *n. Rugby:* gwib-hanerwr (~-hanerwyr) *m.* ~**-kick** *n. Rugby:* cic wib (ciciau gwib) *f.* ~**-nut** *n.* nyten (nytiau) adeiniog *f.* ~**-post** *v.t.* glynu posteri.

fly[3] *v.i.&t.* I. *v.i.* **1.** *(of bird, plane &c):* ehedeg, hedfan, *F:* hedeg, *N: F:* fflio; *F:* **the bird is flown,** mae'r cadno/llwynog wedi ffoi; *S.a.* **pig**[1]; **to ~ in the face/teeth of sth,** mynd yn erbyn rhth, gwrthwynebu rhth, anufuddh|au i rth, mynd yn groes i rth, herio rhth; **to ~ high,** *(i) (of birds &c):* hedfan yn uchel; *(ii) F: (= aim high):* anelu'n uchel; *(iii) (= prosper):* ffynnu; **to ~ at higher game,** *Fig:* anelu'n uwch. **2.** *(of flag &c):* cyhwfan, chwifio. **3.** *(a) (of pers.):* rhuthro; **I must ~!** rhaid imi ruthro! *(of time):* mynd, hedfan; **he flew into the room,** rhuthrodd i'r ystafell; **to ~ at s.o.,** *(i) (physically):* rhuthro ar rn, mynd am rn, cythru i rn; *(ii) (= berate):* tafodi, cymhennu (rhn); ymosod (ar rn); **to ~ at s.o.'s throat,** rhuthro/mynd i wddf rhn; **to ~ into a rage,** gwylltio, cynddeiriogi, mynd yn gynddeiriog *&c, N.W:* colli'ch limpin, myllio (= ymhyllio), cael gwyllt, cael mŷll; **the door flew open,** agorodd y drws yn chwap/chwipyn; taflwyd y drws ar agor; *(b) (of cork &c):* saethu, neidio [allan]; *(of sparks):* tasgu, gwreichioni; **to make the feathers/fur ~,** creu helynt; *F:* **to make the money ~,** blingo'r gath i'w chynffon, gwario arian fel dŵr, gwastraffu/afradu arian; **to ~ off the handle,** *(i) (of axe-head &c):* dod yn rhydd; *(ii) P:* gwylltio *&c*; *F:* **to send s.o. flying,** taflu/bwrw rhn ar ei hyd; **to send a plate flying,** lluchio/taflu plât; *(c)* **to ~ in pieces,** torri'n yfflon/deilchion/siwtrws/dipiau [mân]; *&c*; *S.W: occ:* torri'n swps; *See* **bit**[2]. **4. to let ~,** *(a missile &c):* saethu, tanio, gollwng; **to let ~ (at s.o.),** *(= fire):* *(i)* saethu (at rn), tanio (at/ar rn); *(ii) F: (= throw punch):* cynnig taro rhn, estyn ergyd i rn, anelu ergyd at rn; *(of horse):* estyn cic/mownt i rn; *(iii) (= berate):* dweud y drefn (wrth rn), rhoi pryd o dafod (i rn); tafodi, blagardio (rhn); dweud faint sydd tan 'Dolig (wrth rn). **5.** *(= flee, in pres. tenses only):* *(a)* ffoi, mynd ar ffo, mynd ar gil, encilio, cilio, dianc, dihengyd; **to send the enemy flying,** gyrru'r gelyn ar ffo/gil; **to ~ from danger,** ffoi rhag perygl; **to ~ for one's life,** ffoi am eich einioes/bywyd/hoedl; *(b) v.t.* **to ~ the country,** ffoi o'r wlad; **to ~ the coop,** *F:* cymryd y goes, ei bachu hi, ei gwadnu hi, ei g'leuo hi, ei gwân hi, rhoi/dodi traed yn y tir *&c.* II. *v.t.* **1.** *Nau:* **to ~ a flag,** cyhwfan/chwifio baner. **2. to ~ (a kite, an aeroplane),** hedfan (barcutan, awyren); **to ~ a kite,** *(to test reaction):* hedfan barcutan, codi syniad i'r gwynt; *F:* **go ~ a kite,** dos/cer i grafu; dos/cer i dy wely; *N:* dos/cer i chwarae efo dy fol; **to ~ s.o. to Cardiff,** hedfan rhn i Gaerdydd; *(b)* **to ~ the Channel,** hedfan dros y Sianel, **to ~ blind,** hedfan yn ddall; **letters are flown to London,** fe gludir llythyrau i Lundain mewn awyren. ~**-away** *a. (garment &c):* llac, llacs; *(pers.): (= flighty):* penysgafn, penchwiban, gwamal, anwadal. ~**-boy** *n. See* **fly**[4]. ~**-by** *n. U.S:* = **fly-past;** *(of spacecraft near planet):* dynesiad(-au) *m.* ~**-by-night 1.** *a. (= shady):* amh|eus, brith. **2.** *n.* aderyn (adar) *(m)* y nos, aderyn brith. ~**-by wire** *attrib.* hedfan ar weiren. ~**-by-nighter** *n.* = ~**-by-night 2.** ~**-past**[1] *n.* tros-ehediad(-au) *m.* ~**-past**[2] *v.i. Mil: Av:* hedfan drosodd/heibio.

fly[4] *a. F:* craff, hir eich pen, esgud; **a ~-boy,** *N: F:* ffleiar(-s) *m,* pryf *m,* pryfyn *m,* tipyn o [hen] bryf, *S:* hen gadn|o(-id) *m.*

flyable *a.* hedfanadwy, ehedadwy.

flyback *n. El:* dychweliad(-au) *m.*

flybug *n. Ent:* chwilen (chwilod) hedegog *f.*

flycatcher *n.* **1.** magl *(f)* bryfed/wybed/glêr (maglau pryfed/gwybed/clêr), peth(-au) *(m)* dal pryfed/gwybed/clêr. **2.** *Orn: (Muscicapa):* gwybedog(-ion) *m,* gwybedwr (gwybedwyr) *m,* cylionwr (cylionwyr) *m;* **pied ~,** *(M. hypolenca):* gwybedog/gwybedwr cefnddu/brith, clochdar(-od) *(m)* y mynydd; **red-breasted ~,** *(M. parva):* gwybedog/gwybedwr brongoch *(pronounced* ng-g); **spotted ~,** *(M. striata):* gwybedog/gwybedwr mannog/[y]smotiog.

flyer *n.* **1.** *(a) (= bird)*; ehediad (ehediaid) *m,* ehedwr (ehedwyr) *m;* *(b) (= pilot):* awyrennwr (awyrenwyr) *m,* ehedwr, hedfanwr (hedfanwyr) *m;* *(c)* **a high ~,** anelwr (anelwyr) uchel *m,* ehedwr uchel. **2.** *(a) (of windmill):* hwyl(-iau) *f,* adain (adenydd) *f;* *(b) (in weaving):* fflei(-s) *m.*

flying[1] *a.* **1.** *(bird):* hedegog, ehedol, hedfanol. **2.** *(veil &c):* llac, ysgafn, llaes; *S.a.* **colour**[1] **4. 3.** *(a) (= rapid):* chwim, cyflym, buan; ~ **column,** *(i) Mil:* colofn(-au) symudol *f;* *(ii) (= highway patrol):* heddlu(*m*)'r briffordd; *Ven:* **to take a ~ shot (at sth),** saethu (rhth) ar ei hedeg; anelu (at rth) ar antur; *(b) (= brief, hasty):* brysiog, byr (*f.* ber, *pl.* byrion), gwib; **a ~ visit,** ymweliad gwib/gwibiol; **to pay a ~ visit to s.o.,** picio i weld rhn, galw/taro ar frys i weld rhn, rhoi tro sydyn am rn; **only a ~ visit,** dim ond galw/taro heibio; *(c) Sp:* ~ **start,** cychwyn/cychwyniad ar wib/garlam; **and they're off to a ~ start!** ac i ffwrdd â nhw [ar wib/garlam]! **to get off to a ~ start,** cychwyn yn dda, cychwyn ar fantais; *Fb:* ~ **kick,** cic wib (ciciau gwib) *f.* **4.** *(= temporary):* dros dro; ~ **bridge,** pont dros dro, pont esgud; ~ **scaffold[ing],** sgaffaldiau *(pl)* dros dro, sgaffaldiau esgud; *Husb:* ~ **herd,** buches dros dro. **5.** *(= fleeing):* ar ffo, *occ:* ar gil. **6.** *Av:* ~ **bedstead,** gwely(-au) hedegog *m;* ~ **boat,** cwch (cychod) hedegog *m,* awyren *(f)* fôr (awyrennau môr); *Bot:* ~ **bent,** = **moor-grass (purple);** ~ **bomb,** bom(-iau) hedegog *mf;* *N.Arch:* ~ **bridge,** pont(-ydd) uchaf *f;* *Arch:* ~ **buttress,** pentan(-au) hedegog *m,* bwtres(-i) hedegog *f;* ~ **circus,** syrcas(-au) erobatig *f,* syrcas awyrennau, syrcas awyr; ~ **doctor,** meddyg(-on) hedegog *m,* doctor(-iaid) *(m)* awyr; **the F~ Dutchman,** yr Holandwr Hedegog *m;* *Ich:* ~ **fish,** pysgodyn (pysgod) hedegog *m;* *Z:* ~ **fox,** cadno(-id) adeiniog/hedegog, llwynog(-od) adeiniog/hedegog; *Ich:* ~ **gurnard,** gyrnat hedegog *m,* penhaearn hedegog *m;* *Nav.Arch:* ~ **jib,** jib(-iau) esgud/hedegog/ysgafn *f;* ~ **jump,** [e]hedlam(-au) *m,* [e]hednaid ([e]hedneidiau) *f;* **to take a ~ jump,** mynd ar hedlam, *S.W:* cymryd herfa; *Z:* ~ **lemur,** lemwr(-iaid) hedegog *m;* *Rept:* ~ **lizard,** madfall(-od) hedegog *f;* ~ **machine,** awyren(-nau) *f, F: occ:* llong(-au) *(f)* awyr; *Wr:* ~ **mare,** bachell *(f)* ysgwydd; ~ **officer,** swyddog(-ion) *(m)* hedfan; *Z:* ~ **phalanger,** bodfil(-od) hedegog *m;* ~ **picket,** picedwr (picedwyr) gwib *m;* ~ **saucer,** soser(-i) hedegog *f;* *Arch:* ~ **shore,** ateg *(f)* fwa (ategion bwa); ~ **squad,** gwib-heddlu(-oedd) *m,* carfan wib (carfanau gwib) *f;* ~ **squadron,** sgwadron(-au) *(f)* awyr; *Z:* ~ **squirrel,** gwiwer(-od) hedegog *f;* ~ **tackle,** tacl(-iadau) *(m)* gwib, gwibdacl(-iadau) *m,* gwibdacliad(-au) *m;* ~ **wedge,** lletem(-au) symudol *f;* ~ **wing,** adain (adenydd) hedegog *f.*

flying[2] *vn.* **1.** *(= flight):* ehediad(-au) *m,* hedfaniad(-au) *m,* ehedeg, hedfan; **blind ~,** hedfan dall; **trick ~,** campau *(pl)* hedfan. **2.** *(of sparks &c):* tasgiad *m,* tasgu, gwreichioni. **3.** *(= escape, flight):* ffoedigaeth *f.* **4.** *(a) (of kite, pigeons):* lansiad *m,* ehediad; *(b) (of flag):* chwifiad *m,* chwifio, cyhwfan. ~ **boot** *n.* botasen (botasau/bwtsias) *(f)* hedfan. ~ **club** *n.* clwb (clybiau) *(m)* hedfan. ~ **field,** ~ **ground** *n.* maes (meysydd) *(m)* awyr. ~**-height** *n.* uchder(-au)/uchdwr *(m)* hedfan. ~ **hours** *n.pl.* oriau hedfan. ~ **school** *n.* ysgol(-ion) *(f)* hedfan. ~ **sickness** *n.* salwch *(m)* awyr.

flyleaf *n.* tudalen [g]weili (tudalennau gweili) *mf,* tudalen r[h]wymo (tudalennau rhwymo).

flyover *n.* **1.** *Civ.E:* pont(-ydd) *f,* trosffordd (trosffyrdd) *f,* pontffordd (pontffyrdd) *f.* **2.** *Av:* = **fly-past**[1]

flysch *n. Geol:* fflish *m.*

flysheet *n.* **1.** *Journ:* taflen(-ni) *f.* **2.** *(of tent):* rhyddlen(-ni) *f.*

flyting *n. Hist:* ymryson(-au) [barddol] *m.*

flyunder *n.* twnel(-i) *m,* tanffordd (tanffyrdd) *f.*

flyway *n. Orn:* hynt(-iau) *f.*

flyweight *n. & a. Box:* pwysau *(m or pl)* pryf; *(boxer):* bocsiwr (bocswyr) *(m)* pwysau pryf, paffiwr (paffwyr) *(m)* pwysau pryf.

flywheel *n. Mec.E:* chwylolwyn(-ion) *f,* olwyn weili (olwynion gweili) *f.*

foal[1] *n.* ebol(-ion) *m;* *(female):* eboles(-au) *f, S.W: occ:* swclyn (swclod) *m, N.E: occ:* llwdn (llydnod) *m, N.W: occ:* cyw *(m)* caseg, cyw merlen; **small ~,** *S.W: occ:* cnyw(-ion) *m;* **mare in/with ~,** caseg gyfeb/gyfebol (cesyg cyfeb/cyfebol); **to become with ~,** cyfebru.

foal[2] *v.t.&i. (of mare &c):* bwrw ebol, dod ag ebol, *occ:* llydnu, *N.W: occ:* dod â chyw.

foam[1] *n.* **1.** ewyn *m;* *(of sea):* brigwyn *m,* distrych *m;* **(his horse was) in a ~,** ('roedd ei geffyl) yn ewynnu, yn ewynno, yn bwrw ewyn. **2.** *(= slaver):* ewyn, glafoerion *pl, N.W: occ:* ffôm *f.* **3.** *Poet: (= sea):* y don *f,* y weilgi *f,* y cefnfor *m.* **4.** *Dressm: &c (filling):* sbwng *m.* **5.** *Laund: (= suds):* trochion *pl.* ~ **extinguisher** *n.* peth(-au) *(m)* diffodd tân. ~ **flower** *n. Bot: (Tiarella cordifolia):* (*)blodyn (blodau) *(m)* ewyn. ~ **rubber** *n.*

rwber mandyllog *m.* ~ **stabilizer** *n. Laund:* sefydlogydd (*m*) trochion.

foam[2] *v.i.* *(of sea &c):* ewynnu, ewynno, trochioni, *S.W: occ:* bermu, bermanu; **to ~ at the mouth,** malu ewyn, glafoerio; *F:* **to ~ (with rage),** glafoerio, bwrw ewyn (gan gynddaredd); *(of sea):* brochi, berwi; **he was foaming with rage,** *S.E: Joc:* 'roedd e'n poeri concers.

foamback *n.* cefn (*m*) ewyn.

foambacked *a.* cefn ewyn.

foamed *a.* ewynnog, ewynnol.

foamer *n.* ewynnydd: ewynnwr (ewynwyr) *m.*

foamily *adv.* yn ewynnog *&c.*

foaminess *n.* ewynogrwydd *m.*

foaming *a.* ewynnog; *Laund:* **high-~,** llawndrochion; **low-~,** prindrochion.

foamless *a.* diewyn, marw, llonydd.

foamy *a.* ewynnog, ewynnol.

fob[1] *n.* poced(-i) *f, Lit:* llogell(-au,-i) *f.* **~-chain** *n.* giard(-iau) *mf.* **~-watch** *n.* watsh (*f*) boced (watshis poced).

fob[2] *v.t. F:* **to ~ s.o. [off],** troi rhn ymaith, gwn|eud esgus i gael gwared â rhn; **to ~ s.o. off with sth, to ~ sth off on s.o.,** rhoi rhth da i ddim i rn, gwthio rhth ar rn; **we wanted a parliament, but we were fobbed off with an elected council,** yr oedd arnom eisiau senedd, ond cawsom gyngor etholedig i'n cadw'n dawel.

focal *a.* canolbwyntiol, ffocol, ffocal; *T.V: Ph:* **~ length,** hyd(-oedd) (*m*) ffocws/ffocal; **~ point,** canolbwynt(-iau) *m.*

focalization *n.*, **focalize** *v.t.* = **focus[2].**

focally *adv.* yn ganolbwyntiol *&c.*

fo'csle *n.* = **forecastle.**

focus[1] *n.* **1.** canolbwynt(-iau) *m,* man(-nau) (*m*) canol, ffocws (ffocysau, ffoci) *m;* *(= clarity):* eglurdeb *m; Opt:* **in ~,** mewn ffocws, yn eglur; **out of ~,** *(i) (image):* aneglur, allan ohoni; *(ii) (headlamp bulb &c):* allan ohoni; **to bring sth into ~,** ffocysu rhth, dod â rhth i ffocws, canolbwyntio rhth. **2.** *(= main source):* canol *m,* canolbwynt; *(of earthquake):* llygad *m;* **he was the ~ of attention,** 'roedd llygaid pawb arno; 'roedd yn destun sylw pawb.

focus[2] *v.t.&i.* **1.** canoli, canolbwyntio **(in/on sth,** ar rth); *Opt: &c:* ffocysu; *T.V:* tynh|au ffocws; **narrowly focused on sth,** wedi'i gyfyngu (i rth); **all eyes were focused on him,** 'roedd llygaid pawb arno; 'roedd sylw pawb wedi'i hoelio arno.

focusable *a.* ffocysadwy.

focuser *n.* ffocyswr (ffocyswyr) *m.*

focusing *vn.* ffocysu, canoli, ffocysiad *m,* canoliad *m.*

fodder[1] *n.* porthiant (porthiannau) *m,* ebran(-nau) *m;* **leaf ~,** porthiant dail; **winter cattle ~,** *S.W:* [g]ogor *fm; S.a.* **cannon.** **~ crop** *n.* cnwd (cnydau) (*m*) porthi/porthiant/ebran. *S.a.* **cannon, burnet.**

fodder[2] *v.t.* porthi.

foe *n. Lit:* gelyn(-ion) *m,* gwrthwynebydd (gwrthwynebwyr) *m.*

foeman *n. A: & Lit:* gelyn(-ion) *m,* gelyn-ddyn(-ion) *m.*

foetal *a.* ffetysol, y ffetws; **~ membrane,** pilen (*f*) y ffetws.

foetid *n.* = **fetid.**

foetus *n.* ffetws (ffetysau) *m,* rhith(-iau) *m;* *(of animal):* milrhith(-iau) *m.*

foetusicide *n.* rhithladdiad(-au) *m,* ffetwsladdiad(-au) *m.*

fog[1] *n.* *(a)* niwl(-oedd) *m,* tawch(-ion) *m,* niwlen *f,* tarth(-au,-oedd) *m,* nudden(-ni) *f, N.W:* mwrllwch *m; F:* **I'm in a ~,** 'rydw i yn y tywyllwch; mae hi'n niwl arna' i; mae hi wedi mynd yn nos arna' i; *(b) Phot: (on negative):* niwlen; **advection ~,** niwl llorfudol; **frontal ~,** niwl ffrynt; **hill ~,** niwl mynydd; **radiation ~,** niwl pelydriad; **steam ~,** niwl anwedd. **~-bank** *n.* cwmwl (cymylau) (*m*) niwl. **~-bound** *a.* caeth yn y niwl, wedi'ch dal gan niwl. **~-bow, ~-dog** *n.* ci (cŵn) (*m*) drycin. **~-horn** *n. Nau:* corn (cyrn) (*m*) niwl; **a voice like a ~-horn,** llais fel tarw. **~-lamp** *n. Aut:* lamp(-au) (*f*) niwl. **~-signal** *n. (a) Nau:* arwydd(-ion) (*mf*) niwl, signal(-au) (*m*) niwl. *(b) Rail:* clecar(-s) *mf.*

fog[2] *v.t.&i.* **1.** *v.t.* *(a)* niwl[i]o (rhth), gorchuddio (rhth) â niwl, *Lit:* caddugo (rhth); *(b) F: (ideas):* drysu, cymylu, tywyllu; *(c) Phot:* niwl[i]o. **2.** *v.i.* *(of negative):* niwl[i]o.

fog[3] *n.* **1.** *Husb: (= regrowth):* adladd: adlodd *m,* ffeg *m,* ffwg *m,* ffwgws *m.* **2.** *Bot:* maswellt *m;* **soft ~,** *(Holcus mollis):* maswellt rhedegog; **Yorkshire ~,** *(H. lanatus):* maswellt s|ypwraidd *m, S.W:* cawnen benwen (cawn penwyn) *f, S.W: occ:* ffogen *f,* ffwgyn *m,* ceden *f.* **~ fever** *n. Vet:* clefyd (*m*) yr adladd.

fogey *n.* = **fogy.**

foggage *n.* = **fog[3].**

foggara *n. Geog:* ffogara (ffogarâu) *mf.*

fogger *n.* tarthydd(-ion) *m.*

foggily *adv.* **1.** yn niwl[i]og. **2.** yn ddryslyd.

fogginess *n.* **1.** niwl[i]ogrwydd *m.* **2.** *(= obscurity):* aneglurder *m,* aneglurdeb *m.*

fogging *n. Phot:* niwlen *f.*

foggy *a.* *(weather, photograph):* niwl[i]og; *S: occ:* ffoglyd; *F:* **I haven't the foggiest [idea]!** 'does gen i mo'r syniad lleiaf! 'does gen i ddim clem! *S.W: occ:* 'does dim llefeleth 'da fi! *N.W: Joc:* 'does gen i ddim obadeia!

fogless *a.* di-niwl, heb niwl.

fogy *n. F:* **old ~,** hen gono(-s) *m,* hen daid (~ deidiau) *m,* hen dad-cu *m,* hen begor(-s,-iaid) *m, N.W: occ:* hen gant *m,* hen dwrch *m,* hen dwrchyn *m,* hen dwmpath *m;* **young ~,** hen daid ifanc, hen begor ifanc, rhn hen ifanc.

fogyish *a.* hen ffasiwn, henaidd, fel hen daid/dad-cu.

fogyishness, fogyism *n.* heneiddiwch *m.*

föhn *n. Meteor:* ***föhn*** *m.*

foible *n.* **1.** gwendid(-au) *m,* man(-nau) gwan *m.* **2.** *Fenc:* ***foible(-s)*** *m.*

foil[1] *n.* **1.** *Arch:* rhychwant(-au) *m,* bwa (bwâu) *m.* **2.** *Metalw:* dalen(-nau) *f,* llafn(-au) *m,* platen (platiau) *f,* ffoil(-iau) *m,* deilen (dail) *f; Cu: &c:* papur gloyw *m,* papur arian, ffoil; *(of gem, looking-glass):* gwrthlen(-ni) *f,* gwrthddalen(-nau) *f; Fig:* cyferbyniad *m;* **to serve as a ~ to s.o.'s beauty,** bod yn wrthlen i harddwch rhn, peri i rn edrych yn harddach, dwysáu harddwch rn.

foil[2] *v.t.* **1.** *Lap:* **to ~ a gem,** gosod gem ar wrthlen. **2.** dwysáu, tanlinellu (rhth); tynnu sylw (at rth).

foil[3] *n. Fenc:* ffoel(-iau) *m,* ffwyl(-iau) *m; Lit:* **I'll be thy ~, Laertes,** ffwyl fyddaf iti, Laertes.

foil[4] *n. Ven:* trywydd *m,* ôl (olion, olau) *m.*

foil[5] *v.t.* **1.** *Ven:* drysu. **2. to ~ s.o., to ~ s.o.'s plans,** drysu/rhwystro/atal cynlluniau rhn, rhoi sbrag yn olwyn rhn, tynnu'r pinnau o olwynion rhn, *N:* rhoi ail i rn, *S.W: occ:* sbrogo rhn.

foil[6] *n.* = **hydrofoil.**

foiled[1] *a. Arch:* bwaog.

foiled[2] *a.* *(= thwarted):* siomedig, rhwystredig; *(plans):* a ddryswyd *&c;* **~ again!** methu eto!

foilist, foilsman *n. Fenc:* ffwyliwr (ffwylwyr) *m,* ffoeliwr (ffoelwyr) *m.*

foison *n. A:* toreth *f,* digonedd *m,* amlder *m,* helaethrwydd *m.*

foist *v.t.* gwthio, *N: F:* hwrjo, *S.W:* hwtran **(sth on s.o.,** rhth ar rn): **to ~ oneself on s.o.,** eich gwahodd eich hun at rn, eich gwthio'ch hun ar rn.

folacin *n. Ch:* asid ffolig *m.*

folar *a.* deiliol.

folate *n. Ch:* asid ffolig *m.*

fold[1] *n.* **1.** *(= sheepfold):* corlan(-nau) *f, occ:* defeity (defeitai) *m, S.W:* lloc(-iau) *m, M.W:* loc(-iau) *m, S.W: occ:* toc *m,* catsh: cetsh *m, S: occ:* pitffald(-au) *f,* pitwel *f,* ffald(-au) *f, N: occ:* buarth *m, S.E: occ:* gofal *m;* *(for strayed sheep): N.W:* buarth(-au) (*m*) gwarchae. **2.** *(of church):* corlan.

fold[2] *v.t. Husb:* corlannu, llocio, ffaldio, *occ:* gwarchae.

fold[3] *n.* **1.** *(= pleat &c):* plyg(-ion) *m,* plygiad(-au) *m,* crych(-ion) *m;* *(of flesh): N.W:* torch(-au) *f,* tagell (tegyll) *f.* **2.** *(= coil of serpent, rope &c):* plyg, tro(-eon) *m,* torch, *N.W: occ:* ceirsiad(-au) *m,* cersiad(-au) *m.* **3.** *(= recess, nook in mountain):* plyg, cesail (ceseiliau) *f,* cilfach(-au) *f, occ:* bach(-au) *f.* **4.** *Geol:* plyg, plygiant (plygiannau) *m;* **asymmetrical ~,** plyg anghymesur; **metapleural folds,** plygion metaplewraidd; **recumbent ~,** plyg gorweddol; **symmetric ~,** plyg cymesur; **old ~, over ~,** trosblyg(-ion) *m,* gorblyg(-ion) *m.* **~-away** *a.* plygadwy, hyblyg, plyg. **~ line** *n. Dressm: &c:* llinell (*f*) blygu (llinellau plygu). **~-out** *n.* tudalen(-nau) plyg *m,* tudalen blyg (tudalennau plyg) *f.* **~ symbol** *n. Lib:* nod (*m*) plygiad. **~-up** *a.* = **fold-away.**

fold[4] *v.t.&i.* **1.** plygu, cau; **to ~ back/down blankets,** troi/plygu blancedi'n ôl. **2. to ~ s.o. in one's arms,** cofleidio rhn; **to ~ sth in sth,** lapio rhth yn rhth; **(hills) folded in mist,** (bryniau) dan orchudd o niwl, wedi eu lapio mewn niwl. **3. to ~ one's arms,** croesi'ch/plethu'ch breichiau, *Joc:* cario'r gath, cario cathod;

to ~ one's hands, dal eich dwylo, plethu'ch dwylo. **4. to ~ out,** *(of maps &c):* agor allan, dadrowlio. **5.** *v.i.* **to ~ up,** *(of maps &c):* cau yn [ei] ôl, *N:* plygu i fyny, *S:* plygu i lan; *Fig: (of business):* mynd i'r gwellt/wal/clawdd, torri; **the firm folded up,** fe aeth yr hwch drwy'r siop; fe dorrodd y cwmni; *N. W: occ:* fe aeth y cwmni'n fflemp.

-fold[5] *suff.* -plyg; **twofold,** deublyg; **threefold,** triphlyg; **fourfold,** pedwarplyg; **fivefold,** pumplyg; **hundredfold,** canplyg.

foldable *a.* plygadwy, hyblyg, ystwyth, plyg.

foldback *n. T.V:* sain-gyfeirio *vn.*

foldboat *a.* cwch (cychod) plygu *m*, bad(-au) plygu *m*, plygfad(-au) *m*.

foldboater *n.* plygfadwr (plygfadwyr) *m*.

foldboating *vn.* plygfadu.

folded *a.* plyg, plygedig, ymhlyg; *(arms):* wedi eu croesi, ynghroes; *(hands):* wedi eu plethu, ymhleth; *Geog:* **~ beds,** haenau plyg; *Lib:* **~ leaf,** dalen blyg (dalennau plyg) *f*; *Anat:* **~ wall of the intestine,** mur(-iau) (*m*) plyg y coluddyn.

folder *n.* **1.** *(pers.):* plygwr (plygwyr) *m*, plygwraig *f*. **2.** *Tls: Bookb:* plygydd(-ion) *m*. **3.** *Com: (= circular):* cylchlythyr(-au) *m*, taflen(-ni) *f*. **4.** *(for papers &c):* ffolder(-au,-i) *mf*, amlen(-ni) *f*, coflen(-ni) *f*, cas(-ys) (*m*) dogfennau.

folderol *n.* ffoldiról *m*.

folding[1] *a.* plyg, plygu, hyblyg, plygadwy, ystwyth; **~ bars,** barrau plygu; **~ camera,** camera (camerâu) (*m*) plygu; **~ door,** drws (drysau) (*m*) plygu; **~ keel,** cilbren(-ni) (*m*) plygu, cêl (celiau) (*m*) plygu; **~ ladder,** ysgol ddwbl/gau (ysgolion dwbl/cau); **~ money,** *U.S:* arian (*m*) papur; *Carp:* **~ rule,** dwy droedfedd(-i) *f*, riwl (*f*) blygu/blŷg (riwliau plygu/plŷg); **~ table,** *S:* bord(-ydd) (*f*) adain, *N:* bwrdd (byrddau) (*m*) dalen; **~ steps,** steps cau, ysgol gau/blygu/ddwbl (ysgolion cau/plygu/dwbl); *Carp:* **~ wedges,** lletemau cyflin.

folding[2] *vn.* plygiant (plygiannau) *m*, plygiad(-au) *m*, plygu. **~-machine** *n.* plygwr (plygwyr) *m*, peiriant (peiriannau) (*m*) plygu.

foliaceous *a.* deiliog, fel dail, deilaidd; *(= laminated):* dalennog.

foliage *n.* dail *pl*, deiliant *m*, deiliach *pl*. **~ leaf** *n.* deilen (*f*) ddeiliant (dail deiliant). **~ plant** *n.* planhigyn (planhigion) (*m*) deiliant.

foliaged *a.* deiliog.

foliar *a.* deiliol; **~ disease,** clefyd dail, clefyd ar ddail.

foliate[1] *a.* deiliog, fel dail, a dail arno; *(of specified number):* -ddeiliog, -ddalen, -ddalennog, *occ:* -nalen; **five-foliate,** pumddeiliog, pumnalen; **multifoliate,** aml-ddeiliog.

foliate[2] *v.i.&t.* **1.** *v.i. (= split):* dalennu, hollti, deilio. **2.** *v.t. Arch:* deilio; *Lib:* **to ~ a book,** rhifo dalennau llyfr, dalennu llyfr.

foliated *a. Geol:* dalennog, deiliog; *Lib:* dalenedig.

foliation *n.* **1.** *(= leafiness):* deiliogrwydd *m*; *(= coming into leaf):* deiliad(-au) *m*, deilio *vn.* **2.** *(of book):* daleniad *m*, dalennu *vn.*

folic *a. Ch:* ffolig.

folie à deux *n.* ffolineb (*m*) dau

foliicolous *a.* deildrig.

folio[1] *n.* **1.** *(a) (= sheet):* dalen(-nau) unplyg *f*; *(b) Typ: &c: (= number):* rhif(-au) *m*. **2.** *(= book):* ffolio(-s) *m*, llyfr(-au) unplyg *m*; **two ~ volumes,** dwy gyfrol unplyg.

folio[2] *v.t.* rhifo.

foliole *n.* deilig(-au) *m*, bract(-au) *m*.

foliose *a.* deiliog.

folium *n. Mth:* ffoliwm (ffolia) *m*.

folk *n.* **1.** *A: (= nation):* pobl(-oedd) *f or pl*, cenedl (cenhedloedd) *f*; *for discussion on gender of* pobl *See* **people**[1]. **2.** *pl.* **folk[s],** pobl *f*; **ordinary ~,** gwerin *f*, y werin *f*, gwerinwyr *pl*, gwerin bobl, pobl gyffredin; **country ~,** pobl y wlad, pobl cefn gwlad, gwladwyr *pl*, gwerinwyr, y werin, gwerin gwlad; **good old country ~,** hen ŷd y wlad; **my folk[s],** fy nheulu, fy nhylwyth, fy mherthnasau; *(= parents):* fy rhieni; **"welcome, folks!",** "croeso, gyfeillion!" **3.** *Mus:* = **folk-music. ~-dance** *n. (a)* dawns (*f*) werin (dawnsiau gwerin); *(b) (occasion):* twmpath(-au) (*m*) dawns. **~-dancing** *vn.* dawnsio gwerin. **~ etymology** *n.* tarddiad(-au) (*m*) gwerin. **~ festival** *n.* gŵyl (*f*) werin (gwyliau gwerin). **~-group** *n. Mus:* grŵp (grwpiau) (*m*) [canu] gwerin. **~ mass** *n.* offeren (*f*) werin (offerennau gwerin). **~ medicine** *n.* **1.** meddygaeth (*f*) werin. **2.** = **folk remedy. ~ memory** *n.* cof (*m*) gwlad, cof gwerin. **~-music** *n.* canu (*m*) gwerin, cerddoriaeth (*f*) werin, *occ:* canu llofft stabal. **~-play** *n.* drama (*f*) werin (dramâu gwerin), chwarae(-on) (*m*) gwerin. **~ remedy** *n.* meddyginiaeth (*f*) werin (meddyginiaethau gwerin). **~-rhyme** *n.* hen bennill (~ benillion) *m*, pennill (penillion) (*m*) gwerin. **~-singer** *n.* canwr (canwyr) (*m*) gwerin, cantores (*f*) werin (cantoresau gwerin). **~-singing** *vn.* canu gwerin, canu cân werin, canu caneuon gwerin. **~ society** *n.* cymdeithas werinol (cymdeithasau gwerinol) *f*, gwerin-gymdeithas(-au) *f*. **~-song** *n.* cân (*f*) werin (caneuon gwerin). **~-tale** *n.* chwedl (*f*) werin (chwedlau gwerin), stori (*f*) werin (storïau/straeon gwerin). **~-ways** *n.pl.* arferion gwerin, arferion gwlad.

folkish *a.* gwerinaidd.

folkishness *n.* gwerineiddiwch *m*.

folklike *a.* gwerinaidd.

folklore *n.* llên (*f*) gwerin.

folkloric *a.* traddodiadol, llên gwerin.

folklorish *a.* llên-gwerinaidd

folklorist *n.* llên-gwerinwr (~-gwerinwyr), astudiwr (astudwyr) (*m*) llên gwerin.

folkloristic *a.* llên gwerin.

folkmoot *n. Hist:* cynulliad(-au) (*m*) gwerin.

folksily *adv.* yn werinol *&c.*

folksiness *n.* gwerineiddiwch *m*, gwerinoldeb *m*, *Pej:* ffug-werinoldeb *m*, ffug-werineiddiwch, crach-werinoldeb *m*, crach werineiddiwch *m*, coeg-werinoldeb *m*, coeg-werineiddiwch *m*.

folksy *a. U.S: F:* gwerinol, gwerinaidd, agos-atoch; *Pej:* ffug-werinol, ffug-werinaidd, crach-werinol, crach-werinaidd, coeg-werinaidd.

folkweave *n.* brethyn (*m*) cartref.

follicle *n.* **1.** *Bot:* cibyn(-nau) *m*, ffoligl(-au) *m*. **2.** *Anat:* ffoligl; **Graafian ~,** ffoligl Graaf; **hair ~,** ffoligl blewyn; **ovarian ~,** ffoligl ofaraidd. **~ mite** *n. Ent:* gwiddonyn (gwiddon) (*m*) ffoligl.

follicular *a.* ffoliglaidd; *Bot:* cibynnol.

folliculate *v.t.* ffoliglo.

folliculated *a.* ffoliglog: *Bot:* cibynnog.

folliculitis *n.* ffolicwlitis *m*.

follow *v.t.&i.* I. *v.t.* **1.** *(a)* dilyn, canlyn, *N.W:* calyn, *M.W: S.W: occ:* canllyn; **she followed me,** *occ:* daeth hi i'm canlyn; **she followed him,** *occ:* aeth hi i'w ganlyn; **to ~ s.o. about,** dilyn rhn i bob man; **to ~ s.o. in,** dilyn rhn i mewn, mynd/dod ar sawdl/sodlau rhn; **to ~ in the wake of s.o.,** dilyn yn sgîl rhn, dilyn ôl troed/traed rhn; **to ~ the hounds,** *(i)* hela; *(ii) (children's game):* chwarae cŵn cadno; *A:* **to ~ the plough,** canlyn y wedd, canlyn yr arad; *F:* **to ~ one's nose,** mynd wysg eich trwyn, canlyn llwybr eich trwyn, dilyn eich trwyn, mynd yn syth yn eich blaen; *(b)* **to ~ a road,** dilyn ffordd, mynd ar hyd ffordd; **(a boat) that follows the coast,** (cwch) sy'n mynd gyda'r glannau; *(c) (= succeed &c):* dilyn; **the years ~ one another,** mae'r blynyddoedd yn dilyn ei gilydd. **2.** *(= support):* canlyn, dilyn. **3.** *(an enemy):* dilyn, erlid, ymlid. **4.** *(fashion, advice):* dilyn; **to ~ suit,** *(= imitate):* gwn|eud yr un peth [â rhn arall], dilyn esiampl rhn arall; *(in cards):* dilyn siwt, dilyn y lliw, dilyn y cerdyn/garden arwain. **5.** *(profession):* dilyn; **to ~ the sea,** mynd i'r môr, mynd yn forwr/llongwr. **6.** *(= understand):* dilyn, deall, amgyffred, dirnad. **7. to ~ a tragedy with a light comedy,** dilyn trasiedi â chomedi ysgafn. II. *v.i.* **1. to ~ [after],** dilyn, canlyn, dod wedyn, dod nesaf; **as follows,** fel a ganlyn; **our method is as follows,** dyma yw ein dull. **2. to ~ in s.o.'s footsteps,** dilyn ôl troed/traed rhn, dilyn camre rhn, dilyn yng nghamre rhn, canlyn rhn; **to ~ close behind s.o.,** dilyn ar sodlau rhn, dilyn wrth gwt rhn. **3.** *(= result logically):* dilyn. **~-my-leader** *n. Games:* gwnewch yr un fath â fi; *Pol:* **~-my-leader policy,** polisi dynwaredol/slafaidd. **~ on** *v.i.* dal yn eich blaen, dal ati, dilyn yr un llwybr, mynd yn eich blaen, canlyn ymlaen, canlyn arni; *Cr:* **to enforce the ~-on,** gorfodi canlyn ymlaen. **~ out** *v.t.* dilyn (syniad *&c*) drwodd *or* i'r pen *or* i'r eithaf *or S:* drwyddo. **~ shot** *n.* **1.** *Bill: Golf: &c:* trawiad(-au) dilynol *m*. **2.** *Cin:* saethiad(-au) dilynol *m*. **~ through** *v.i. Golf:* dilyn (ergyd) drwodd, cyflawni strôc. **~ up** *v.t.* *(i)* dilyn (rhn) yn agos; *(ii) (a)* **to ~ up a clue,** dilyn trywydd; **to ~ up an advantage,** dal/manteisio ar gyfle; *(b)* **to ~ up a threat with action,** gweithredu bygythiad, rhoi bygythiad mewn grym. **~-up** *n.* parhad *m*, dilyniant *m*, rhth atodol/ategol/dilynol *m*; **~-up visit,** ymweliad dilynol; *Lib:* **~-up notice,** ail rybudd(-ion) *m*.

follower *n.* dilynwr: dilynydd (dilynwyr) *m*, dil|ynwraig (dilynwragedd) *f*, canlynwr: canlynydd (canlynwyr) *m*, canl|ynwraig (canlynwragedd) *f*; *(= disciple):* disgybl(-ion) *m*, disgybles(-au) *f*. *S.a.* **camp**[1].

followership *n.* dilynyddiaeth *f*.

following[1] *a.* **1.** dilynol, canlynol, nesaf, sy'n dilyn, sy'n canlyn; **please note the ~,** sylwer ar y canlynol; **the ~ pages,** y tudalennau a ganlyn; *Nau:* **~ sea,** môr ffafriol; **~ wind,** gwynt wrth gefn, gwynt yn eich cefn, gwynt ffafriol. **2. [on] the ~ day,** trannoeth, drannoeth, y diwrnod wedyn; **two days ~,** ddeuddydd yn olynol; **the ~ week,** yr wythnos wedyn, yr wythnos ddilynol.

following[2] *n.* *(a)* *(= retinue):* gosgordd(-au) *f*, dilynwyr *pl*, canlynwyr *pl*, gosgorddlu(-oedd) *m*; *(b)* *Pol: Sp: &c:* dilynwyr; *(of prophet &c):* disgyblion *pl*, dilynwyr, canlynwyr; *(= support):* cefnogaeth *f*.

following[3] *prep.* **for two days ~ the incident,** am ddeuddydd yn dilyn *or* wedi *or* ar ôl y digwyddiad.

folly *n.* **1.** ffolineb(-au) *m*, gwiriondeb(-au) *m*, hurtrwydd *m*, ffwlbri *m*, ynfydrwydd *m*, hurtni *m*, ffwlbri *m*, dwli *m*, dylni *m*, *occ:* ffoledd(-au) *m*. **2.** *(building):* ffoledd(-au) *m*, ffugadeilad(-au) *m*, ffug-gastell (~-gestyll) *m*, ffug-dŵr (~-dyrau) *m*. **3.** *usu.pl.* *Th:* rif|iw (rifiwiau) *f*.

foment *v.t.* **1.** *(= bathe):* twymolchi (rhth), rhoi eli (ar rth), powltrisio (rhth). **2.** *(= instigate):* creu, ennyn, achosi, peri, annog, cychwyn, cyffr|oi, cynhyrfu, corddi.

fomentation *n.* **1.** *Med:* twymolchiad(-au) *m*. **2.** *(of discord &c):* cynhyrfiad *m*, enyniad *m*, cychwyniad *m*; *vn.* = **foment**[2].

fomenter *n.* cyffröwr (cyffrowyr) *m*, cynhyrfwr (cynhyrfwyr) *m*, anogwr (anogwyr), *S:* pwt (*m*) y gynnen.

fomites *n.pl.* *(sing. fomes)* *Med:* magwrf|eydd.

fond *a.* **1.** *A:* *(= credulous):* diniwed, hygoelus, ffôl; **a ~ hope,** gobaith ofer *m*; *Prov:* **absence makes the heart grow fonder,** mwyna' byth y man ni bôm; man gwyn, man draw. **2.** *(a)* *(= doting):* maldodus, mwythus; *(b)* *(= affectionate):* annwyl, cariadus, caruaidd, cariadlon, serchus, serchog. **3. to be ~ of sth,** hoffi rhth, bod yn hoff o rth, *N:* bod yn arw/sgut am rth, *S.W:* *occ:* bod yn rhyfedd am rth, dwli ar rth, bod yn un jogel am rth; **I'm not all that ~ of them,** *N.W:* 'dydw i ddim felly amdanyn' nhw; **to be ~ (of sweets),** *N.W:* *occ:* bod yn sgut, bod yn un garw (am dda-da *&c*); **I'm very ~ of apples,** *N:* alla' i ddim maddau i afalau; 'rydw i'n un garw/ofnadwy am afalau; *Th:* **to be ~ of the limelight,** ceisio amlygrwydd.

fondant *n.* *Cu:* minceg *m*, ffondant(-au) *m*.

fondle *v.t.* anwylo, anwesu, tolach, maldodi, mwytho; **to ~ a cat,** *N:* rhoi mwythau i gath, *N:* *F:* rhoi o-bach i gath, *S.W:* rhoi maldod i gath, maldodi cath.

fondler *n.* anweswr: anwesydd (anweswyr) *m*, anw|eswraig *f*, maldodwr (maldodwyr) *m*, mald|odwraig *f*, mwythwr (mwythwyr) *m*, m|wythwraig *f*.

fondling *vn.* anwes *m*, maldod *m*, mwythau *pl*; *vn.* = **fondle**.

fondly *adv.* **1.** *(= naively, credulously):* yn ddiniwed, yn wirion *&c*. **2.** *(= tenderly):* yn gariadus *&c*.

fondness *n.* **1.** *(= doting):* maldod *m*, gorhoffter *m*. **2.** *(= affection):* hoffter *m* **(for s.o.,** o rn, tuag at rn); anwyldeb *m*, anwylder *m* (tuag at rn); *N.W:* *occ:* ffondrwydd *m* (o rn). **3.** *(= predilection):* hoffter **(for sth,** o rth), *F:* diléit *m* (mewn rhth).

fondue *n.* *Cu:* ***fondue(-s)*** *f*.

Fonmon *W.Pl.n.* Ffwl-y-mwn *mf*.

font[1] *n.* bedyddfaen (bedyddfeini) *mf*, maen (meini) (*m*) bedydd, *occ:* bedyddfan(-nau) *mf*. **~-name** *n.* enw(-au) (*m*) bedydd.

font[2] *n.* *Typ:* = **fount**[2].

fontal *a.* **1.** tarddol, gwreiddiol, cyntaf, cysefin, o lygad y ffynnon. **2.** *(= baptismal):* bedyddiol.

fontanel[le] *n.* *Anat:* ffontanél (ffontanelau) *m*, caead (*m*) yr iâd/benglog (caeadau'r iâd/benglog) (*pronounced* ng-g).

fontina *n.* *Cu:* ffontina *m*.

food *n.* *(a)* bwyd(-ydd) *m*; **body-building ~,** bwyd twf/tyfu/prifiant; **heat- and energy-giving ~,** bwyd gwres ac egni; **instant foods,** bwydydd parod/sydyn; **pre-packed ~,** bwyd rhagbaciedig, bwyd [mewn] paced, bwyd wedi'i bacio'n barod; **quick-frozen ~,** bwyd brysrewedig, bwyd wedi'i frysrewi; **salted ~,** bwyd hallt; **tinned ~,** bwyd tun; **protective ~,** bwyd amddiffyn; **to be off one's ~,** methu bwyta, bod heb archwaeth, *N:* *F:* sbranu/sbroni bwyd, *S.W:* bod yn anstumogus, bod heb stumog; **to be ~ for fishes,** boddi; **to be ~ for powder,** bod yn filwr/so[w]ldiwr; **to be ~ for worms,** marw, mynd yn fwyd i bryfed, mynd i'r bocs, mynd dan y dywarchen; **the Ministry of F~,** y Weinyddiaeth Fwyd *f*; **F~ and Agriculture Organisation,** Trefniadaeth (*f*) Bwyd ac Amaeth; *(b)* **skin ~,** maeth (*m*) croen, hufen (*m*) croen; *(c)* *Husb:* ymborth *m*, bwyd *m*, porthiant *m*, *N:* ebran *m*, *S:* [g]ogor *mf*; **soft ~,** *(for calves, poultry):* llith *m*; *(d)* **mental/intellectual ~,** ymborth meddyliol, bwyd i'r meddwl; **to give s.o. ~ for thought,** rhoi achos meddwl i rn, rhoi rhth i rn feddwl amdano, rhoi i rn rth i gnoi cil drosto. **~ additive** *n.* ychwanegyn (ychwanegion) (*m*) bwyd. **~-chain** *n.* cadwyn (*f*) fwyd (cadwyni/cadwynau bwydydd). **~-handler** *n.* **she is a ~-handler,** mae hi'n trin bwyd. **~ mixer** *n.* cymysgwr (cymysgwyr) (*m*) bwyd. **~ poisoning** *vn.* gwenwyn (*m*) bwyd. **~-preservation** *n.* bwyd-gadwraeth *f*, cadwraeth (*f*) bwyd, cyffeithio/preserfio bwyd. **~-preservative** *n.* cyffeithydd(-ion) (*m*) bwyd. **~ processor** *n.* prosesydd(-ion) (*m*) bwyd. **~ products** *n.pl.* bwydydd. **~ pyramid** *n.* pyramid(-iau) (*m*) bwydydd. **~ spoilage** *n.* dirywiad (*m*) bwyd, difetha (*vn*) bwyd. **~ value** *n.* gwerth maethlon *m*, maeth *m*. **~ vessel** *n.* bwydlestr(-i) *m*. **~-web** *n.* gwe (*f*) fwydydd. **~-wrap** *n.* defnydd (*m*) lapio bwyd.

foodless *a.* di-fwyd, heb fwyd.

foodlessness *n.* diffyg (*m*) bwyd.

foodstuff *n.* bwyd(-ydd) *m*.

fool[1] *n.* **1.** ffŵl (ffyliaid) *m*, ynfytyn (ynfydion) *m*, hurtyn(-nod) *m*, gwirionyn (gwirioniaid) *m*, *Lit:* ffolog(-od) *f*, symlyn (symlod) *m*, symlen (symlod) *f*, ffwlcyn(-nod) *m*, ffolcen(-nod) *f*, ffôl (ffolion, ffoliaid) *m*, ynfyd(-ion) *m*, *N:* lolyn(-nod) *m*, lembo(-s) *m*, rwdlyn(-nod) *m*, hulbost *m*, hulyn *m*, holpyn(-nod) *m*, hulpyn(-od) *m*, lemon *m*, penbwl (penbyliaid, pennau byliaid) *m*, pen (*m*) dafad (pennau defaid), pen meipen (pennau maip), lob(-iaid) *m*, lulo(-s) *m*, pen swejan (pennau swêj), llo (lloeau) [gwlyb] *m*, llo cors, coc (*m*) oen (cociau wŷn), tw-lal(-s) *m*, crinc(-s,-od) *m*, cranci *m*, jolpyn (jolpod) *m*, penci (pencwn) *m*, nionyn (nionod) *m*, wob *m*, lari(-s) *m*, tebot(-iaid) *m*, twmffat *m*, lobjoryn (lobjorod) *m*, culp *m*, ffwlbart(-iaid) *m*, hoetyn *m*, mulsyn *m*, llelo *m*, lleban(-od) *m*, jolpen (jolpod) *f*, hulpen (hulpod) *f*, ffwltan *f*, hulan *f*, *N.E:* *occ:* catffwl *m*, *S.W:* twpsyn (twps, twpsod) *m*, mwlsyn(-nod, mwlsod) *m*, iolyn (iolod) *m*, pensucan *m*, *S.W:* *occ:* ceit *m*, clemog *m*, clwbyn *m*, penioncyn *m*, clegyn *m*, ffwlcyn *m*, llorpyn *m*, llorpen *f*, clwben *f*, twpsen(-nod, twps, twpsod) *f*, *S.E:* *occ:* iolop *m*, ffrylyn *m*, jêr *m*, dwlbyn *m*, fflag(-s) *m*, ffolyn *m*, ffrolyn *m*, ionc(-s) *m*, ioncyn (ioncs) *m*, bwbach(-od) *m*, dwrbyn *m*, fflwcsyn *m*, clocsyn *m*, ffwlcen *f*, clocsen *f*, gwdihŵ(-s) *f*, dwlben *f*; **to play/act the ~,** chwarae bili-ffŵl, lolian, *N:* chwarae'n wirion, *Lit:* *occ:* chwarae'r gwas digri; **to make a ~ of oneself,** eich gwneud eich hun yn destun sbort, gwneud ffŵl ohonoch eich hun, *N.W:* mynd yn bric pwdin, mynd yn bricsiwn; *S.W:* *occ:* gwneud bacas o'ch hunan; **you ~!** y ffŵl *&c* iti (ichi)! **silly ~!** *P:* y twpsyn! yr hen ffŵl iddo/ganddo! **some ~ of a politician,** *U.S:* **some ~ politician,** rhyw dwpsyn o wleidydd, rhyw wleidydd gwirion; *B:* **the ~ hath said in his heart, there is no God,** yr ynfyd a ddywedodd yn ei galon, nid oes un Duw; *Prov:* **a ~ and his money are soon parted,** anghynnil a gyll; afrad pob ynfyd; buan y gwahenir ynfyd a'i arian; *Prov:* **there's no ~ like an old ~,** henach, henach, ffolach, ffolach; y ffolaf o bob ffôl yw'r hen ffôl; po hynaf fo'r dyn, gwaethaf ei bwyll. **2.** *(= jester, buffoon):* digrifwr (digrifwyr) *m*, gwas (gweision) digrif *m*, digrifwas (digrifweision) *m*, *A:* croesan(-iaid) *m*. **3.** *(= dupe):* **to be a ~ for one's pains,** gweithio'n ofer, cael eich siomi; **you're a ~ to yourself,** 'rwyt ti'n sefyll yn d'olau dy hun; **to make a ~ (of s.o.),** gwneud ffŵl, gwneud cyff gwawd, gwneud pric pwdin, gwneud pricsiwn (o rn); **to go on a ~'s errand,** mynd ar siwrnai seithug, *occ:* chwilio am nyth cwhwrw, chwilio am ebill deudwll; *Prov:* **a ~'s bolt is soon shot,** y ffôl a dywallt ei holl feddwl; ni chêl ynfyd ei feddwl; buan y saetha ffôl ei follt; **he's nobody's ~,** chaiff neb mo'i dwyllo fe; **to be a ~ for sth,** bod yn sgut am rth, methu maddau i rth; *Rel.Hist:* **Feast of Fools,** Gŵyl (*f*) y Ffyliaid, Gŵyl yr Ynfydion; **April ~,** ffŵl Ebrill; *S.a.* **angel. ~'s gold** *n.* aur (*m*) ffyliaid. **~'s luck** *n.* lwc (*f*) mwnci/mwngrel (*pronounced* ng-g). **~'s paradise** *n.* paradwys (*f*) ffŵl. **~'s parsley** *n. Bot: (Aethusa cynapium):* gwyn (*m*) y cloddiau, y gegiden leiaf *f*, geubersli *m*, persli(*m*)'r ffŵl, persli Ffrengig, geuberllys *m*, coegberllys *m*. **~-proof** *a. (machine):* di-feth, di-dor, sicr; *(method):* di-feth, sicr.

fool[2] *v.i.&t. F:* **1.** *v.i.* **to ~ about,** chwarae'r ffŵl, chwarae bili-ffŵl, lolian, chwarae'n wirion, rwdl[i]an, chwarae o gwmpas, *S:* whare ambiti; *(= idle):* ofera, segura, *N:* lolian, gwagswmera, *S.W:* whilibawan, didach; **stop fooling!** *N:* llai o'r lol 'ma! *S:* gad dy ddwli (gadwch eich dwli)! **to ~ about with women,** mercheta, *N:* cyboli efo merched, hoitio am ferched; **to ~ about (with sth),** potsian, potsio, *N:* piltran, stwna, ponsio, cyboli (efo rhth). **2.** *v.t.* twyllo rhn; **you could have fooled me,** fe fyddech wedi fy nhwyllo i; mi fyddwn i wedi'ch coelio chi; fyddwn i fawr callach.

fool[3] *n. Cu:* stwnsh *m*, stwmp *m*, mwtrin *m*.

foolery *n. F:* ffwlbri *m*, gwiriondeb *m*, ffolineb *m*, lol *f*, dwli *m*, lolian *vn*, *Lit:* ynfydrwydd *m*, ffoledd *m*.

foolfish *n. Ich:* **1.** = **file-fish. 2.** *(= winter flounder): (Pseudopleuronectes americanus):* lleden (lledod) (*f*) y gaeaf.

foolhardily *adv.* yn rhyfygus *&c.*

foolhardiness *n.* rhyfyg *m*, gor-ryfyg *m*, ehofndra *m*, byrbwylltra *m*, *Lit:* ehudrwydd *m*.

foolhardy *a.* rhyfygus, gor-ryfygus, eofn, metrus, gorfentrus, byrbwyll, *S:* ewn, *Lit:* ehud.

fooling *vn.* **1.** *(= foolery):* ffwlbri *m*, dwli *m*, lol *f*, lolian *vn*. **2.** *(= deceit):* twyll *m*, twyllo.

foolish *a.* ffôl, twp, gwirion, hurt, *S:* dwl, *Lit:* ynfyd, penwan, *N:* hanner-pan; **a very ~ thing to do,** peth gwirion/annoeth/ffôl/hurt iawn i'w wneud.

foolishly *adv.* yn wirion, yn annoeth *&c.*

foolishness *n.* **1.** ffolineb *m*, twpdra *m*, gwiriondeb *m*, hurtrwydd *m*, hurtwch *m*, penwendid *m*, ffwlbri *m*, *S.E: occ:* dwldod *m*, dylni *m*, *S.W:* dwli *m*, *Lit:* ynfydrwydd *m*, ffoledd *m*.

foolscap *n.* ffwlsgap *m*.

foot[1] *n.* **1.** *(a)* troed (traed) *mf*; **two feet,** deudroed, dwydroed; **big/clumsy feet,** *N: F:* heglau, *S.W:* bacsau; **he gets under your feet,** mae'n mynd o dan eich traed; **the ball of the ~,** pelen (*f*) y droed; *Vet:* **bumble ~,** troed cnapiog; **foul in the ~,** troed clonc/glonc; *S.a.* **foot-rot**; **flat ~,** troed fflat[-wadn]; *S.a.* **athlete**; **in bare feet,** yn droednoeth; **sucker feet,** sugndraed; **to put one's best ~ forward,** *(i)* rhoi'r troed gorau ymlaenaf, prysuro, hastu, brysio, brasgamu, estyn camau; *(ii) (= do one's best):* gwn|eud eich gorau glas; **to sit at s.o.'s feet,** eistedd wrth draed rhn; **at ~,** *(foal):* gydag ystlys ei fam, gyda'i fam; **mare with foal at ~,** caseg gyda'i hebol; **the ball is at your feet,** dyma'ch cyfle chi; **to have a ~ in both camps,** rhedeg gyda'r ci a chyda'r ysgyfarnog, chwarae'r ffon ddwybig, perthyn i ddwy blaid, hys gyda'r ci a hwi gyda'r cadno; **to set ~ on an island,** tirio/glanio ar ynys, rhoi troed ar ynys; **to set ~ in a house,** rhoi troed mewn tŷ, tywyllu [drws] tŷ, *N.W: occ:* gwneud troed i dŷ; **feet of clay,** traed o bridd, traed clai, troed o glai; **to knock s.o. off his feet,** llorio rhn, bwrw/taro rhn ar ei hyd; **to carry s.o. off his feet,** ysgubo rhn oddi ar ei draed, cyfareddu/swyno rhn yn lân; **to drag one's feet,** llusgo'ch traed, *Fig: (also):* llaesu dwylo; **to fall on one's feet,** syrthio/disgyn ar eich traed; **to go out feet foremost,** mynd a'ch traed yn gyntaf, estyn y fer, estyn y berrau; **to keep one's feet,** dal i sefyll, cadw ar eich traed, dal eich tir, *F:* dal ati, dal yn gadarn; **he has his feet on the ground,** mae'n hir ei ben; mae â'i draed ar y ddaear; **to rise to one's feet,** codi [ar eich sefyll, ar eich traed]; **he is on his feet again,** mae ar ei draed eto; *S: occ:* mae e'n [dechrau] geino; *S.W: occ:* mae'n dechrau blewynna eto; *N.W:* mae'n fflonsio'n arw; mae'n cael ei gefn ato; *N: (of lamb &c):* ailwera; **to be on one's feet,** sefyll, bod ar eich traed; **to set s.o. on his feet,** ailgodi rhn, ailgychwyn rhn, rhoi/codi rhn ar ei draed; **to have two left feet,** bod â dwy droed chwith, bod yn drwstan [ar] eich traed, *S.W:* bod yn lloglog; **to find one's feet,** cael eich cefn atoch, cael eich traed [oddi] tanoch; **to put one's ~ down (on sth),** sathru, sangu, *S:* damsang, damsiel (ar rth); *F:* **to put one's ~ down,** *(i) (= make stand):* gwneud safiad pendant, rhoi'ch troed i lawr, sefyll yn eich rhych; *(ii) Aut:* cyflymu, *F:* codi sbîd; **put your ~ down!** tân arni! ffwrdd â thi (chi)! **to start off on the right ~,** cychwyn yn iawn, cychwyn ar delerau da; **to start off on the wrong ~,** cychwyn yn wael; **to get one's feet wet,** gwlychu'ch traed, *Fig:* mentro i'r dwfn; **he didn't put a ~ wrong,** ni roddodd gam o'i le; ni wnaeth ddim byd o'i le; ni chafodd yr un caff gwag; **to get one's ~ in,** cael eich traed dan y bwrdd, cael eich pig i mewn; **he has one ~ in the grave,** mae ganddo un troed yn y bedd; *S.W:* mae'r wahadden wedi wincio arno fe; *N:* mae'r twrch wedi wincio arno; *occ:* mae o fel cannwyll gorff; *F:* **to put one's ~ in it,** rhoi'ch troed ynddi, cael caff gwag; **you've put your ~ in it,** *N:* dyna chi wedi ei gwneud hi rŵan; *S:* 'rych chi wedi'i chwpla hi; **to put one's feet up,** cael munud, cael pum munud, cael hoe fach, cael seibiant, cael sbel, gorffwys, rhoi'r traed i fyny; **to have/get cold feet,** gwangalonni (*pronounced* ng-g), cael traed oer; *P:* **my ~!** myn asen i! myn diain i! **holidays, my ~!** gwyliau, o ddiawl! gwyliau wir! *(b)* cerddediad *m*; **to have a light/heavy ~,** cerdded yn ysgafn/drwm, bod yn ysgafn/drwm eich troed, bod yn ysgafndroed/droetrwm; **swift of ~,** *Lit:* buandroed, cyflymdroed, chwim, chwimwth; **on ~,** *(i) (= walking):* ar eich deudroed, ar gerdded; **we must go on ~,** bydd raid inni ei cherdded hi; *(ii) (= begun):* ar gychwyn, ar droed, ar fynd, *occ:* ar hwyl; **to set sth on ~,** rhoi rhth ar hwyl, rhoi rhth ar fynd, rhoi cychwyn ar rth, cychwyn/dechrau rhth; **to set negotiations on ~,** agor/cychwyn trafodaethau; **under ~,** dan draed; **to tread s.o. under ~,** sathru ar rn, sathru rhn dan draed, gormesu rhn, *S:* damsiel ar rn, *Lit:* damsang/damsangu rhn; **to trample/tread sth under ~,** *Lit:* damsang/damsangu rhth, *N:* sathru rhth [dan draed], *S:* damsiel rhth. **2.** *(of animal):* troed (traed) *mf*; *(of horse):* carn(-au) *m*; *(of cat &c):* pawen(-nau) *f*, palf(-au) *f*, troed; **fore-feet,** traed blaen; **hind feet,** traed ôl. **3.** *Mil:* milwyr (*pl*) traed, traedfilwyr *pl*, gwŷr (*pl*) traed. **4.** *(a) (of stocking):* troed *mf*; *(b) (of furniture, ladder & most objects):* troed, gwaelod *m*, pen(-nau) isaf *m*; *(of bed):* troed, traed *pl*; *(of page):* gwaelod, troed, godre(-on) *m*, cwr (cyrion) *m*; *(of type):* gwaelod, troed; **at the ~ of the page,** ar waelod y dudalen, ar odre'r dudalen; **at the ~ of the list/class,** ar waelod y rhestr/dosbarth; **the ~ of a mountain,** troed mynydd, godre mynydd, *N.W: occ:* tin (*mf*) mynydd. **5.** *(a) Pros:* corfan(-nau) *m*; *(b) Meas:* troedfedd(-i) *f*. **6.** *(of hedge, wall, mast, tree, post &c):* bôn (bonion) *m*, *occ:* gwadn(-au) *mf*. **7.** *Ind: (= dregs):* gwaddod(-ion) *m*. **8. presser-~,** *(of sewing machine):* troedblat(-iau) *m*, gwasgell(-au) *f*, plât (platiau) (*m*) gwasgu.

~-and-mouth disease *n. Vet:* clwy(*m*)'r traed a'r genau. **~-bath** *n.* baddon(-au) (*m*) traed, bath(-s) (*m*) traed. **~-bellows** *n.* megin (*f*) droed (meginau troed). **~-brake** *n.* brâc (braciau) (*m*) troed, brêc(-s, breciau) (*m*) troed. **~-bridge** *n.* pompren(-nau) *f*, pont (*f*) droed (pontydd troed). **~-candle** *n. Ph: Meas:* canhwyllnerth-droedfedd *f*. **~-control** *n. Mec.E:* rheolydd(-ion) (*m*) troed. **~-dragging** *vn.* llusgo traed. **~-fault** *n. Ten:* ffawt (*mf*) troed/droed (ffawtiau troed). **~-gear** *n.* = **footwear. ~-glacier** *n. Geog:* troedrewlif(-au) *m*. **~ guards** *n.pl. Mil:* gwarchodlu (*m*) troedfilwyr. **~-lathe** *n.* turn (*f*) droedlath (turniau troedlath). **~-locker** *n.* cist (*f*) droed gwely (cistiau troed gwely). **~-muff** *n.* gorchudd (*m*) troed (gorchuddion traed). **~ music** *n.* miwsig (*m*) traed, cerddoriaeth (*f*) draed. **~-pace** *n.* **to go/ride at a ~-pace,** mynd wrth eich pwysau, *N: F:* mynd o dow i dow, mynd dow-dow, *S.W:* mynd ar galap clagwydd. **~-passenger** *n.* teithiwr (teithwyr) (*m*) ar droed/ddeudroed. **~-pound** *n. Ph:* pwys(-i) (*m*) troedfedd. **~-pound-second system** *n.* system (*f*) troedfedd-pwys-eiliad. **~-poundal** *n. Ph:* pwysol(-au) (*m*) troedfedd. **~-power loom** *n.* gwŷdd (gwyddion) (*m*) troedlath. **~-race** *n.* ras (*f*) draed (rasys traed), ras redeg (rasys rhedeg). **~-rest** *n.* troedfainc (troedfeinciau) *f*; *Cy:* troedle(-oedd) *m*. **~-rope** *n.* rhaff (*f*) draed (rhaffau traed). **~-rot** *n. Vet:* clwy(*m*)'r traed, pwd *m*, llaid *m*, braen (*m*) traed, cibi *f*, *S.E:* loff *m*, *S.W: occ:* lamri *f*, greso *m*. **~-rule** *n.* pren(-nau) (*m*) mesur [troedfedd]. **~-rush** *n.* cwrs (*m*) traed. **~-slog[1]** *n.* gwaith (*m*) cerdded, gwaith ei throedio hi. **~-slog[2]** *v.i.* ei cherdded hi, ei throedio hi. **~-slogger** *n.* cerddwr (cerddwyr) *m*, c|erddwraig *f*. **~-soldier** *n.* troedfilwr (troedfilwyr) *m*, milwr (milwyr) (*m*) traed, gŵr (gwŷr) (*m*) traed. **~-warmer** *n.* twymwr (twymwyr) (*m*) traed, cynheswr (cynheswyr) (*m*) traed, peth(-au) (*m*) cynhesu/twymo traed.

foot[2] *v.t.* **1.** *(a) A: (= dance):* dawnsio; *(b) F:* **to ~ it,** ei cherdded hi, ei throedio hi, ei heglu hi, rhoi traed iddi, *N: occ:* hel eich cymalau. **2.** *F:* **to ~ a bill,** talu bil. **3.** *U.S:* **to ~ [up] the account,** gwn|eud y bil. **4.** *(a stocking):* troedio, gwadnu, *S.W: occ:* gwaddnu, gwanddu.

footage *n. Cin: T.V:* hyd *m*; **we have some ~ of X,** mae gennym hen ffilm o X.
football[1] *n.* **1.** *(ball):* pêl *(f)* droed (peli troed). **2.** *(game):* pêl-droed *m, F:* ffwtbol *m*; *(as street game):* cicio *(vn)* pêl; **to play ~,** *Joc:* cicio['r] gwynt; **association ~,** pêl-droed, *F:* y bêl gron; **rugby ~,** rygbi *m.* **F~ Association (the)** *n.* y Gymdeithas Bêl-droed. **F~ League (the)** *n.* y Cynghrair *(m)* Pêl-droed. **~ ground** *n.* maes (meysydd) pêl-droed, cae(-au) *(m)* pêl-droed, *F:* cae ffwtbol, *occ:* cae cicio. **~ pool** *n.* pwll (pyllau) *(m)* pêl-droed.
football[2] *v.i.* chwarae pêl-droed, pêl-droedio.
footballer *n.* pêl-droediwr (~-droedwyr) *m*, pêl-droedwraig (~-droedwragedd) *f.*
footboard *n.* troedlath(-au) *f*, troedlas(-au) *f.*
footboy *n.* = **attendant, page-boy.**
-footed *comb.fm.* â throed/thraed, -droed, -droediog; **bare-~,** troednoeth; **broad-~,** troedlydan, llydandroed; **club-~,** troedgam, troedglwpa, troed clwb; **flat-~,** fflat-wadn, troed/traed fflat; **fleet-~,** chwim eich troed, cyflymdroed, buandroed; **four-~,** pedwartroed, pedwarcarnol; **light-~,** ysgafndroed, heini, sionc, gwisgi; **long-~,** hirdroed, troedhir; **many-~,** amldroed, amldroediog; **short-~,** troedfyr, byrdroed, byrdroediog; **splay-~,** troedgam, *F:* a'ch traed ar chwarter i dri; **sure-~,** sicr ar eich traed, sicr eich cerddediad; **two-~,** deudroed, deudroediog; **three-~,** trithroed, trithroediog. *S.a.* **cleft**[2], **cloven.**
footer[1] *n. F:* = **football.**
-footer[2] *n.* **he's a six-~,** mae'n ddwy lath o dal/daldra; mae'n ddwylath o ddyn.
footer[3] *n. Cmptr:* troedyn(-nau) *m.*
footfall *n.* sŵn *(m)* troed (~ traed).
foothill *n.* godre(-on) *m* [mynydd], bryn(-iau) *(m)* godre, troedfryn (-iau) *m.*
Foothog (the) *W.Pl.n.* Y Ffawyddog *f.*
foothold *n.* troedle(-oedd) *m*, lle(-oedd) *(m)* troed, craff *(m)* troed (craffau traed); **to get a ~,** cael troedle; *(= establish oneself):* cael eich traed danoch, ymsefydlu, cartrefu, ennill eich plwyf; **to lose one's ~,** colli troedle, colli'ch lle.
footie *n.* = **football.**
footing *n.* **1.** *(a)* **to lose one's ~,** baglu, llithro; **I missed my ~** mi faglais i; mi lithrais i; mi gefais gaff gwag; *(b)* = **foothold. 2.** *(a)* **to gain a ~,** ymsefydlu, ennill eich plwyf, cael troedle; *(b)* *(= terms):* telerau *pl*; **to be on a good ~ with s.o.,** bod ar delerau da â rhn, cyd-dynnu â rhn; **to be on an equal ~ with s.o.,** bod yn gyfartal â rhn, bod ar yr un tir/gwastad â rhn; *(c)* **to pay one's ~,** *(to a society):* talu'ch aelodaeth *(f)*, talu am eich mynediad *(m)*, *S.W:* talu ffwtin *(m)*. **3.** *Const:* gwadnau *pl*, sylfaen (sylfeini) *f.*
footle *v.i. F:* ofera, gwagswmera, *N:* stwna, potsio, potsian, ponsio, clertian; **to ~ about,** *(= play the fool):* chwarae'r ffŵl, chwarare bili-ffŵl, *S.W:* whilibawan; **to ~ away one's time,** gwastraffu'ch amser, afradu'ch amser, gwagswmera, ofera, *S.W: occ:* barcutana.
footler *n.* oferwr (oferwyr) *m*, of|erwraig *f.*
footless *a.* **1.** *Z:* di-draed, di-droed, heb droed, heb draed. **2.** *U.S:* = **futile.**
footlessness *n.* = **futility.**
footlights *n.pl. Th:* golau *(m)* godre, goleuadau godre. **~ well** *n.* cafn(-au) *(m)* golau.
footling *a. F:* pitw, distadl, di-nod, dinod, dibwys, ceiniog a dimai, gwirion, gwacsaw, tila.
footloose *a.* troedrydd, dilyffethair, â'r ffrwyn ar eich gwar; **~ and fancy free,** â'ch traed a'ch ffansi'n rhydd, troedrydd a phenrhydd, rhydd eich traed a'ch pen.
footman *n.m.* **1.** *(= soldier):* milwr troed (milwyr traed), gŵr troed (gwŷr traed). **2.** *(= servant):* gwas (gweision) *(m)* lifrai. **3.** *(= trivet):* trybedd(-au) *f*, trybed(-au) *f*, diogyn(-nod) *m.* **4.** *Ent:* troedwas (troedweision) *m*; **buff ~,** *(Eilema deplana):* troedwas llwydfelyn; **common ~,** *(E. lurideola):* troedwas cyffredin; **crimson-speckled ~,** *(Utetheisa pulchella):* troedwas brithgoch; **dingy ~,** *(E. griseola):* troedwas pyglyd; **dotted ~,** *(Pelosia muscerda):* troedwas brych; **feathered ~,** *(Spiris striata):* troedwas pluog; **four-dotted ~,** *(Cybosia mesomella):* troedwas pedwar dot; **four-spotted ~,** *(Lithosia quadra):* troedwas pedwar smotyn; **hoary ~,** *(E. caneola):* troedwas llwydwyn; **large ~,** = **footman (four-spotted); muslin ~,** *(Nudaria mundana):* troedwas meinweog; **northern ~,** *(E. sericea):* troedwas y Gogledd; **orange ~,** *(E. sororcula):* troedwas melyngoch *(pronounced* ng-g); **pigmy ~,** *(E. pigmaeola):* troedwas bach; **red-necked ~,** *(Atolmis rubricollis):* troedwas gyddfgoch; **rosy ~,** *(Miltochrista miniata):* troedwas rhudd; **round-winged muslin ~,** *(Thumatha senex):* troedwas adeingrwn *(pronounced* ng-g); **scarce ~,** *(E. complana):* troedwas prin; **small dotted ~,** *(P. obtusa):* troedwas brych bach; **speckled ~,** *(Coscinia cribraria):* troedwas brith.
footmark *n.* ôl *(m)* troed (olion traed).
footnote[1] *n.* troednodyn (troednodion, troednodiadau) *m*, nodyn (nodion, nodiadau) *(m)* godre; *(= postscript):* ôl-nodyn (~-nodiadau, ~-nodion) *m.*
footnote[2] *v.t.* troednodi.
footpad[1] *n.* lleidr (lladron) *(m)* pen ffordd.
footpad[2] *n. (of spaceship):* troed lydan (traed llydain) *f.*
footpath *n.* llwybr(-au) *m* [troed], troedffordd (troedffyrdd) *f.*
footplate *n. (of locomotive):* llawr (lloriau) *(m)* caban [trên].
footplateman *n.m. (= driver):* gyrrwr (gyrwyr) trên; *(= stoker):* taniwr (tanwyr) trên.
footprint *n.* ôl *(m)* troed (olion traed); *Cmptr:* maint *(m)* troed (~ traed).
footrope *n.* troedraff(-au) *f.*
footsie *n.* **to play ~ (with s.o.),** chwarae twtsiad/twtsied traed (efo rhn).
footsore *a.* â thraed dolurus, troedfriw.
footsoreness *n.* traed dolurus *pl.*
footstalk *n. Bot: Z:* coesyn(-nau) *m.*
footstall *n.* **1.** *Arch:* troed (traed) *mf.* **2.** *Harn:* gwarthol(-ion) *f*, gwarthafl(-au) *f.*
footstep *n.* cam(-au) *m*, sŵn *(m)* cerdded, sŵn troed; *pl. occ:* camre *m*; **to follow in s.o.'s footsteps,** dilyn camre rhn, canlyn/dilyn rhn, cerdded yn ôl troed/traed rhn.
footstone *n.* troed (traed) *mf.*
footstool *n.* troedfainc (troedfeinciau) *f*, stôl *(f)* droed (stolion traed).
footsure *a.* = **sure-footed.**
footwall *n. Min:* gwaelod caled *m*, *S.E:* pownsyn *m.*
footway *n.* = **footpath.**
footwear *n. Com:* esgidiau *pl.*
footwork *n. Footb: &c:* troedio *vn*, troedwaith *m*, symudiadau *(pl)* traed.
footy *n.* **1.** = **footsie. 2.** = **football.**
foozle[1] *v.t. & abs. Golf:* methu'r bêl, camdaro.
foozle[2] *n.* camdrawiad(-au) *m.*
fop *n. Lit:* coegyn(-nod) *m*, dandi(-s, dandïaid) *m*, ysgogyn (-nod) *m*, *N:* cocaloryn *m*, *S.W:* cocynoryn *m*, cocrori *m*, sbregach *m.*
fopling *n.* = **fop.**
foppery *n.* = **foppishness.**
foppish *a.* coegynnaidd, coegwych, coegfalch, ysgogynnaidd, dandïaidd.
foppishly *adv.* yn goegwych *&c.*
foppishness *n.* coegyndod *m*, coegfalchder *m*, dandieiddiwch *m.*
for[1] *prep.* I. **1.** am *(+ soft. mut.) with forms:* (amdanaf, amdanat, amdano, amdani; amdanom, amdanoch, amdanynt), i *(+ soft mut.)* (imi, iti, iddo, iddi; inni, ichwi, iddynt), er (erof, erot, erddo, erddi; erom, eroch, erddynt), *occ:* tros, dros *(+ soft mut.)* (trosof, trosot, trosto, trosti; trosom, trosoch, trostynt *&c*). *(a) (i)* **the Member ~ Anglesey,** yr Aelod dros Fôn, *occ:* Aelod Môn; *Tp:* **A ~ Andrew,** A am Andreas; *(ii) (= instead of):* **to act ~ s.o.,** gweithredu dros rn, gweithredu ar ran rhn, gweithredu yn lle rhn; **(he is writing) ~ me,** (mae'n ysgrifennu) drosof i, yn fy lle i, ar fy rhan i; *(b)* **he wants her ~ his wife,** mae'n dymuno ei chael yn wraig iddo; **to be hanged ~ a thief,** cael eich crogi fel lleidr; *(c)* **to be paid ~ one's services,** cael eich talu am eich gwasanaeth; *(d)* **to exchange one thing ~ another,** cyfnewid un peth am rth arall; **to sell sth ~ ten pounds,** gwerthu rhth am ddeg punt; **he'll do it ~ a fiver,** fe'i gwnaiff am bumpunt. **2.** *(a) (= in favour of):* o blaid (rhth), dros (rth); **arguments ~ and against sth,** dadleuon o blaid ac yn erbyn rhth; **he is ~ free trade,** mae ef o blaid masnach rydd; **(the exchange is) ~ us,** (mae'r raddfa gyfnewid) o'n plaid, yn ein ffafrio, o

fantais inni; *(b)* **it is not ~ you to blame him,** nid eich lle chi ydyw ei feio; nid chi piau ei feio. **3.** *(a)* **what ~?** i beth? pam? **what is it ~?** *(i) (= what use is it?):* i beth y mae'n dda? **I'll give him what ~,** mi ddyweda' i wrtho faint sydd tan 'Dolig; fe'i rho' i hi iddo; *(ii) (= for what good cause is it?):* at beth y mae o/e? **~ breakfast/lunch/tea/supper,** i frecwast/ginio/de/swper; **~ afters,** yn bwdin, i ddilyn (*not* i bwdin); **this is good ~ a cold,** mae hwn yn dda at annwyd; **fit ~ nothing,** da i ddim, diwerth; **to go ~ a walk,** mynd am dro, *S. W:* mynd am wâc; **shoes ~ men,** esgidiau i ddynion, esgidiau dynion; **I can't do it ~ the life of me,** ni allaf mo'i wneud yn fy myw; ni allaf yn fy myw ei wneud; **~ sale,** ar werth; **~ example,** er enghraifft; *P:* **you're ~ it; you're in ~ it,** fe'i cei di hi; 'rwyt ti'n ei haros hi; *S:* fe gei di glywed dy hanes; *N. W: occ:* mi fydd yn abal byw iti; mi fydd yn abal i ti a byw; **run ~ it!** gwadna hi! bagla hi! *See* **beat it**; *(b) (i)* **(to marry s.o.) ~ his money,** (priodi rhn) am ei arian, er mwyn ei arian; **to choose s.o. ~ his ability,** dewis rhn oherwydd ei allu; **he was gaoled ~ six months,** cafodd ei garcharu am chwe mis; cafodd chwe mis o garchar; **the meeting is 7.30 ~ 8.00,** mae'r cyfarfod am 7.30 i ddechrau am 8.00; **(it'll be ready) ~ Christmas/Easter,** (bydd yn barod) at y Nadolig/Pasg *or* ar gyfer y Nadolig/Pasg; *P:* **he was had ~ a mug,** cafodd ei wn|eud/dwyllo; **it's getting on ~ two o'clock,** mae hi bron yn ddau o'r gloch; mae hi'n tynnu am ddau o'r gloch; *occ:* mae hi'n gyrru ar ddau o'r gloch; **that's enough ~ now,** dyna ddigon am y tro; **(to jump) ~ joy,** (neidio) mewn llawenydd, o lawenydd, gan lawenydd; *(ii)* **I've slept all day and feel all the better ~ it,** mi gysgais drwy'r dydd ac 'rwy'n teimlo'n well o'r herwydd. **4.** *(a)* **a ship bound ~ America,** llong ar ei ffordd/hynt i America; **that's courage ~ you!** dyna ichi ddewrder! **the trains ~ Swansea,** y trenau i Abertawe; **change here ~ Aberystwyth,** newidiwch yma i fynd i Aberystwyth; *(b)* **his feelings ~ you,** ei deimladau tuag atoch chi; **she has an eye ~ colour,** mae hi'n dda am ddewis lliwiau. **5. the road is lined with trees ~ two miles,** mae coed o bobtu'r ffordd am ddwy filltir; **he's not long ~ this world,** 'does ganddo fawr o amser ar ôl; 'does dim hir oes iddo; *S: Joc:* mae'r wahadden wedi winco arno fe; *N:* mae'r twrch wedi wincio arno fo. **6.** *(a) (future):* **I am going away ~ a fortnight,** 'rwy'n mynd i ffwrdd am bythefnos; **he won't be back ~ a week,** ni fydd ef ddim yn ei ôl am wythnos; *(b) (past):* **I have not seen him ~ three years,** ni welais i mohono ers tair blynedd; *(c)* **I have been here ~ three days,** 'rydw i yma ers tridiau; **I had known him ~ years,** 'roeddwn i'n ei adnabod ers blynyddoedd; **I haven't seen him ~ a good few hours,** 'rwyf heb ei weld ers meitin. **7.** *(a)* **this box is ~ you,** mae'r blwch hwn ar eich cyfer chi; i chi mae'r blwch hwn; **a cake has been set aside ~ me,** rhoddwyd teisen o'r naill ochr ar fy nghyfer i; **to make a name ~ oneself,** gwneud enw i chi eich hun, ennill bri; **here is good news ~ you!** dyma i chi newydd da! **to write ~ the papers,** ysgrifennu ar gyfer y wasg; **I ~ one do not believe it;** 'dwyf i, yn un, ddim yn ei gredu; o'm rhan fy hun nid wyf yn ei gredu (*not* am un); **~ fear of an accident,** rhag ofn damwain; **~ my sake,** er fy mwyn i; **~ God's sake! ~ goodness' sake!** er mwyn y tad *&c*; *(b) Sch:* **(your prep) ~ tomorrow,** (eich tasg) at yfory, ar gyfer yfory. **8. I don't care ~ her at all,** 'dwyf i ddim yn ei hoffi hi o gwbl; [ni] dda gen i mohoni; **(you're the man) ~ the job,** (ti yw'r dyn) i'r swydd, ar gyfer y swydd; **oh ~ a house in the country!** o am dŷ yn y wlad! o na bai gennyf dŷ yn y wlad! pe bai gennyf dŷ yn y wlad! **now ~ it!** *(i)* dyma hi ichi! nawr/rŵan amdani! *(ii)* i ffwrdd â ni! *S. W:* bant â'r cart! **9.** *(a)* **as ~ him,** o'i ran ef, cyn belled ag y mae ef ynddi, gyda golwg arno ef, amdano ef; **as ~ that,** o ran hynny; **he is big ~ his age,** mae'n fawr o'i oed (*not* am ei oed); **~ November it's fine weather,** mae hi'n braf o fis Tachwedd (*not* am fis); **he speaks Welsh very well ~ an Englishman,** mae'n siarad Cymraeg yn dda iawn o Sais (*not* am Sais); **see ~ yourself,** gwelwch drosoch eich hun; *(b)* **~ all that,** er gwaethaf hynny oll, serch hynny; **~ all her faults, I love her still,** er gwaethaf ei holl feiau, 'rwy'n dal i'w charu hi; **~ all I know,** am a wn i; *(c)* **but ~ her I should have died,** oni bai amdani hi, byddwn wedi marw; *(d)* **translate word ~ word,** cyfieithwch air am air; **~ one enemy (he has a hundred friends),** ar gyfer pob gelyn, am bob gelyn, *S. W: occ:* i ateb pob gelyn (mae ganddo gant o ffrindiau); *(e)* **~ one thing..., and ~ another...,** yn un peth..., a pheth arall... **10.** *(= to the amount of):* **to draw on s.o. ~ fifty pounds,** codi hanner canpunt yn enw rhn; **put my name down ~ a pound,** rhowch bunt ar fy nghyfer i; rhowch bunt yn fy enw i. II. *(introducing an infinitive clause):* **1. it is easy ~ him to come,** mae'n hawdd iddo ef ddod; **it is not ~ me to decide,** nid fy lle i yw penderfynu; nid fi biau penderfynu; **~ this to be feasible,** er mwyn i hyn fod yn bosibl, er mwyn gwneud hyn yn bosibl; **it is too late ~ us to start,** mae'n rhy hwyr inni gychwyn. **2.** *(purpose):* er, er mwyn; **I have brought it ~ you to see,** 'rwyf wedi dod ag ef er mwyn i chi ei weld. **3. it's no good ~ Mr. X. to talk,** [ni] waeth i Mr. X heb â siarad. **4. he gave orders ~ the doors to be shut,** gorchymynnodd i'r drysau gael eu cau; gorchmynnodd gau'r drysau. **5. (to arrange) ~ sth to be done,** (trefnu) [cael] gwneud rhth, bod rhth yn cael ei wneud, fel bo rhth yn cael ei wneud; **(to wait) ~ sth to be done,** (aros) i rth gael ei wneud, nes bo rhth yn cael ei wneud. **6. the best plan will be ~ you to go away ~ a time,** y peth gorau fyddai i chi fynd i ffwrdd am gyfnod; **it would be a disgrace ~ you to back out now,** byddai'n gywilydd ichi roi'r gorau iddi yn awr.

for² *conj.* oherwydd, *F:* achos, *Lit:* oblegid, canys, *Lit: occ:* cans.

forage¹ *n.* **1.** porthiant *m*, [g]ogor(-ion) *mf*, ebran(-nau) *m*, bwyd (*m*) [anifeiliaid]. **2. to go on the ~,** *See* **forage²**. **~-cap** *n. Mil:* cap(-iau) (*m*) fforio/chwilota. **~ crop** *n. Agr:* cnwd (cnydau) (*m*) porthi. **~ harvesting** *vn. Agr:* cynaeafu cnwd porthi.

forage² *v.i.&t.* **1.** *v.i.* chwilota, chwilenna, *occ:* fforio, *N: F:* cymowta, mynd ar sgowt/sgiawt, mynd ar y cymówt; *F:* **to ~ (for sth),** chwilota (am rth), *S. W: occ:* twmlo (trwy rth), *N: F:* swlffa, jwlffa, helcyd (am rth). **2.** *v.t.* *(a) (= ravage):* anrheithio, ysbeilio; *(b)* **to ~ a horse,** rhoi bwyd/gogor *&c* i geffyl.

forager *n.* chwilotwr (chwilotwyr) *m*, *occ:* fforiwr (fforwyr) *m*.

foram *n.* = **foraminifer**.

foramen *n. Anat:* twll (tyllau) *m*, agorfa (agorf|eydd) *f*, agoriad(-au) *m*, fforamen (ffor|amina) *m*; **~ magnum,** fforamen mawr; **~ ovale,** fforamen hirgrwn.

foraminal, foraminate[d] *a.* tyllog, rhydwll, rhydyllog.

foraminifer *n.* fforam|iniffer (fforaminifferau) *m*.

foraminifera *n.pl.* fforaminiffera.

foraminiferal *a.* fforaminifferaidd.

foraminiferan *n.* = **foraminifer**.

foraminiferous *a.* fforaminifferaidd.

foraminous *a.* = **foraminal**.

forasmuch *adv. A:* **~ (as you have done this),** yn gymaint (â'ch bod wedi gwneud hyn); gan, am, o achos (eich bod wedi gwneud hyn); gan, am, oherwydd (ichwi wneud hyn).

foray¹ *n.* cyrch(-au,-oedd) *m*, rhuthr(-au) *m*, ymosodiad(-au) *m*; **to make a ~,** dwyn cyrch (ar rn), ymosod (ar rn); mentro (i rywle).

foray² *v.i.* herwa, anrheithio, gwn|eud cyrch, dwyn cyrchoedd, rhuthro, ymosod.

forayer *n.* anrheithiwr (anrheithwyr) *m*, cyrchwr (cyrchwyr) *m*.

forb *n. Bot:* planhigyn (planhigion) (*m*) porfa.

forbade *v. See* **forbid**.

forbear¹ *n.* *(= ancestor):* hynafiad (hynafiaid) *m&f*, cyndad(-au) *m*, cyndaid (cyndeidiau) *m*; *pl.* **forbears,** *S.E: occ:* dyn[i]on (e.g. dyn[i]on mam).

forbear² *v.i.&t.* *(a)* ymatal **(from sth,** rhag rhth), ymwrthod (â rhth); **to ~ from doing sth,** ymatal rhag gwneud rhth, peidio â gwneud rhth; *(b)* **to bear and ~,** bod yn amyneddgar.

forbearance *n.* **1.** ymwrthod *vn*, ymwrthodiad *m* **(from sth,** â rhth); ymatal *vn*, ymataliad *m* (rhag rhth). **2.** *(= patience):* amynedd *m*, dioddefgarwch *m*, hirymaros *m*, hirymarhouster *m*, maddeugarwch *m*.

forbearer *n.* ymataliwr (ymatalwyr) *m* **(from sth,** rhag rhth); ymwrthodwr (ymwrthodwyr) *m* (â rhth); rhn (rhai) amyneddgar *mf*.

forbearing *a.* amyneddgar, hirymarh|ous, dioddefgar, maddeugar.

forbid *v.t.* **1.** gwahardd, gwarafun, gomedd, gwrthod, nadu, nadel, peidio â gadael, peidio â chaniatáu **(sth to s.o.,** rhth i rn), *S: occ:* hadel (rhth i rn); **to be forbidden sth,** peidio â chael rhth; **I am forbidden tea,** nid wyf i'n cael yfed te; **to ~ s.o. the house,** gwahardd/nadu i rn ddod i'r tŷ, atal/rhwystro rhn rhag dod i'r tŷ, gwahardd rhn o'r tŷ; **my health forbids my coming,** nid yw fy iechyd yn caniatáu imi ddod; **God ~!** *Lit:* Duw a'n gwaredo rhag y fath beth! na ato Duw! **God ~ she should find out,** Duw a'i gwaredo rhag gwybod!

forbiddance *n.* gwaharddiad *m*.

forbidden *a.* **1.** *(thing):* gwaharddedig; *Ph:* ~ **line,** y llinell waharddedig *f*; **"smoking ~",** "dim ysmygu"; ~ **fruit,** *(i)* ffrwyth gwaharddedig *m*; *(ii) Bot: (Citrus decumana):* = **shaddock**. **2. you are ~ to go,** gwaherddir ichi fynd; ni chewch chi ddim mynd.
forbidder *n.* gwaharddwr (gwaharddwyr) *m*, gwah|arddwraig *f.*
forbidding *a. (place):* digroeso, anghynnes, anneniadol, annymunol, anhyfryd; *(also): (pers.):* di-serch, anserchog, anserchus, anhygar, anhynaws, annhirion; *(= stern-looking):* sarrug, cuchiog.
forbiddingly *adv.* yn ddigroeso *&c*.
forbiddingness *n.* golwg anghynnes *f*, natur ddigroeso *f &c*, anhynawsedd *m*, sarugrwydd *m*, annhiriondeb *m*.
forbore, forborne *v. See* **forbear**[2].
forby[e] *adv. (besides, moreover): A: Scot:* hebl|aw hynny, ar wahân i hynny, ar ben hynny, yn ychwanegol [at hynny].
force[1] *n.* **1.** grym(-oedd) *m*, grymuster(-au) *m*, *occ:* pwys(-au) *m*; *(= compulsion):* grym, *occ:* gorfodaeth *f*, pwysau *m or pl*; ~ **of habit,** grym arferiad; **brute ~,** nerth bôn braich, grym corfforol; **by sheer ~,** trwy rym noeth, trwy nerth bôn braich; **rule by ~,** rheolaeth trwy orfodaeth, *N.W:* cyfraith *(f)* y pastwn; ~ **of law,** grym cyfraith, grym y gyfraith; **by sheer ~ of will,** trwy rym ewyllys; **by ~ of arms,** trwy rym arfau; **by ~ of sth,** *(= by means of sth):* trwy rth, trwy rym rhth; **he fell on his head with full ~,** syrthiodd yn galed/drwm ar ei ben; *N.W:* syrthiodd ar ei ben yn ei ffors; **owing to the ~ of circumstances,** oherwydd pwysau/grym amgylchiadau; **to resort to ~,** defnyddio grym, defnyddio nerth bôn braich; **(to yield) to ~,** (ildio) dan bwysau, i bwysau, i rym; **this applies with particular ~ to our case,** mae hyn yn arbennig o wir yn ein hachos ni; **may the F~ be with you!** y Grym fo gyda chwi! boed y Grym o'ch plaid! **2.** *(a) (= energy):* egni *m*, ynni *m*, nerth *(m)* bôn braich; *(of wind):* cryfder *m*, grym, nerth; **he argued with much ~,** dadleuodd yn gryf/rymus/nerthol; **they arrived in [full] ~,** cyraeddasant yn eu grym; **they were there in [full] ~,** 'roeddent yno yn llu; *(b) Mec:* grym; **to exert a ~,** achosi grym, dwyn pwysau, rhoi grym; **centrifugal ~,** grym allgyrchol; **centripetal ~,** grym mewngyrchol; **horizontal ~,** grym llorwedd/llorweddol; **resultant ~,** grym cydeffeithiol; **vertical ~,** grym fertigol; ~ **of gravity,** grym disgyrchiant; **impulsive ~,** grym ergydiol; *S.a.* **driving**. **3.** *(military &c):* byddin(-oedd) *f*, llu(-oedd) [arfog] *m*, corfflu(-oedd) *m*; **the Allied forces,** byddinoedd y Cynghreiriaid; **the forces,** y lluoedd; **the F~,** *(= police force):* yr Heddlu; **are you still in/with the F~?** wyt ti'n dal yn blisman? **home forces,** lluoedd cartref; **labour ~,** llafurlu(-oedd) *m*, gweithwyr *pl*, cyflenwad *(m)* gweithwyr; **police ~,** heddlu(-oedd) *m*; **air ~,** llu awyr, awyrlu(-oedd) *m*; **to join forces with s.o.,** ymuno â rhn. **4.** *(a)* **there is ~ in what you say,** mae grym/gwerth *(m)* yn yr hyn a ddywedwch; *(b) (of word):* ystyr(-on) *mf*, grym; **(verb used) with passive ~,** (berf a ddefnyddir) mewn ystyr oddefol, â grym goddefol. **5.** *(of law):* **to come into ~,** dod i rym; **to put sth in ~,** rhoi (rhth) mewn grym, gweithredu (rhth); **the methods in ~,** y dulliau mewn grym. ~**cup** *n. Plumb:* cwpan *(m)* carthu. **~-feed** *v.t.* gorfodi bwyd (ar rn), bwydo (rhn) drwy orfodaeth, gorfodi (rhn) i fwyta. ~ **field** *n.* maes (meysydd) *(m)* grym. **~-out** *n. Baseball:* *allwthiad(-iau) *m*. **~-pump** *n. Hyd.E:* pwmp (pympiau) *(m)* grym. ~ **ratio** *n.* cymhareb (cymarebau) *(f)* grym.
force[2] *v.t.* **1.** *(a) (= compel):* gorfodi; **to ~ s.o.'s hand,** gorfodi rhn i weithredu, gwthio rhn i wn|eud rhth, gwthio llaw rhn; **to ~ the bidding,** cyflymu'r/gwthio'r cynigion; **to ~ the pace,** cyflymu ras, ei chyflymu hi; **she forced a smile,** glaswenodd; rhoes wên orfod; fe'i gorfododd ei hun i wenu; gwenodd gydag ymdrech; **to ~ one's voice,** gordrethu'ch llais, straenio'ch llais; *(b)* **to ~ a woman,** treisio gwraig; **to ~ a chest [open],** agor cist trwy rym; torri/cracio cist i'w hagor; **to ~ one's way,** gwthio'ch ffordd, ymwthio, eich gwthio'ch hun; **to ~ sth from s.o.'s hand,** gwasgu/tynnu rhth o law rhn; **to ~ a card on s.o.,** *N:* gwthio/gorfodi/hwrjo cerdyn ar rn, *S.W:* hwtran/hwtro carden ar rn; *(c)* **to ~ sth into sth,** gwthio rhth i rth; *(d)* **to ~ a plant,** cymell/prysuro/fforsio planhigyn; *Aut: &c:* **to ~ an engine,** gorweithio/gordrethu motor. **2.** *(a)* gorfodi, cymell; **the town was forced to capitulate,** gorfodwyd y dref i ildio; gorfu i'r dref ildio; bu'n rhaid i'r dref ildio; **I am forced to conclude that...,** rhaid imi gasglu bod...; ni allaf ond casglu bod...; gorfodir/cymhellir fi i gasglu bod...; *(b)* **to ~ a nation into war,** gorfodi cenedl i ryfela, gwthio cenedl i ryfel; *(c)* **to ~ an action on the enemy,** gorfodi brwydr ar y gelyn; *(d)* **to ~ a promise from s.o.,** gwasgu addewid [allan] o rn, mynnu addewid gan rn. ~ **back** *v.t. (a plane):* gorfodi (awyren) i droi'n ôl; **to ~ back an enemy,** gwthio/gyrru gelyn yn ei ôl, *A:* gwrthladd gelyn. ~ **down** *v.t. (plane):* gorfodi awyren i lanio; *(food):* gwthio bwyd i lawr eich corn gwddf; eich gorfodi'ch hun i fwyta; ~ **up** *v.t. (lid):* gwthio (caead) i fyny; **to ~ up prices,** gorfodi prisiau i godi, gwthio prisiau i fyny.
force[3] *n. N.Eng:* rhaeadr(-au) *f*, sgwd *m*.
force majeure *n.* gorfodaeth *f*.
forced *a.* **1.** *(= compelled):* gorfod, dan orfod, cymell, cymelledig, anorfod, anochel; ~ **bargain,** bargen gymell; ~ **labour,** llafur gorfod[ol] *m*; ~ **landing,** glanio *(vn)* argyfwng, glaniad(-au) *(m)* dan orfod; ~ **loan,** benthyciad(-au) gorfodol *m*; ~ **march,** ymdaith (ymdeithiau) *(f)* dan orfod; ~ **choice,** dewis gorfodol *m*; *Aut:* ~ **flow,** llif gwthiol/gorfod. **2.** *(= false):* ffug, glas- *(before noun)*, *occ:* gwn|eud *(after noun)*; **a ~ laugh,** glaschwerthin *vn*, glaschwerthiniad *m*, chwerthin gwneud; **a ~ smile,** glaswen(-au) *f*, gwên *(f)* fenthyg (gwenau benthyg), *occ:* gwên cath fenthyg; **to give a ~ laugh,** glaschwerthin; **to give a ~ smile,** glaswenu; **a ~ welcome,** glasgroeso *m*; **to give s.o. a ~ welcome,** glasgroesawu rhn; **a ~ style,** arddull annaturiol *f*. **3.** *Hort:* ~ **vegetables,** llysiau gorfod. **4.** *Med:* ~ **expiratory volume,** cyfaint anadlol gwthiedig.
forcedly *adv.* trwy orfodaeth, trwy rym, o reidrwydd.
forceful *a.* grymus, egnïol, nerthol, llawn ynni, penderfynol.
forcefully *adv.* yn rymus *&c*; gyda grym.
forcefulness *n.* grym *m*, grymuster *m*, nerth *m*, egni *m*, ynni *m*, penderfyniad *m*, penderfynoldeb *m*.
forceless *a.* diynni, dinerth, dirym, egwan, gwantan, llipa.
forcemeat *n. Cu:* briwgig *m*, cig mâl *m*, stwffin *m*.
forceps *n. sg. & pl. Surg:* gefel (gefeiliau) *f*, gefel fain (gefeiliau main); *Obst:* llwyau *pl*, gefel eni (gefeiliau geni); *Dent:* gefel ddannedd (gefeiliau dannedd), pinsiwrn (pinsiyrnau) *m*. ~ **delivery** *n.* geni/genedigaeth â chymorth gefel.
forcer *n.* gorfodwr (gorfodwyr) *m*, gorf|odwraig *f*.
forcible *a.* trwy rym, drwy nerth bôn braich; *Jur:* ~ **entry,** mynediad trwy rym.
forcibleness *n.* grymuster *m*.
forcibly *adv.* **1.** trwy rym *&c*, o'ch anfodd. **2.** = **forcefully.**
forcing *vn. See* **force**[2]. **~-house** *n. Hort:* tŷ *(m)* ffforsio.
forcipate *a.* gefeiliog, gefeilaidd.
ford[1] *n.* rhyd(-[i]au) *f*, *occ: Lit:* rhydle(-oedd) *m*.
ford[2] *v.t.* rhydio, beisio, croesi.
fordable *a. (river):* rhyd[i]adwy, y gellir ei rhydio; *(water):* bas, beisleog.
Forden *W.Pl.n.* Ffordun *mf*.
fordless *a.* heb ryd.
fordo *v.t. A:* lladd, dinistrio, difa, difetha.
fordone *a.* blinedig, wedi blino, wedi ymlâdd, wedi diffygio.
fore[1] *a. & n.* **1.** *a.* blaen. **2.** *n. (a) Nau:* blaen *m*, pen blaen *m*; **at the ~,** ar y blaen; *(b)* **to the ~,** yn yr amlwg; **to come to the ~,** dod i'r golwg/amlwg, dod i'r blaen. **3.** *prep.* = **before**; ~ **God,** myn Duw.
fore[2] *int. Golf:* gwyliwch! *N:* tendiwch!
fore-[3] *pref.* cyn-, rhag-, blaen-. **~-and-aft** *a. & adv. Nau:* o'r naill ben i'r llall, o un pen i'r llall, [o] benbwygilydd, yn ei hyd; **~-and-aft cap,** cap deubig *m*, cap mynd a dod; **~-and-aft rigged,** â hwyliau yn eu hyd. **~-and-after** *n. Nau:* llong(-au) *(f)* hwyliau yn eu hyd, sgwner(-i) *f*. **~-cabin** *n. Nau:* caban(-au) blaen *m*. **~-carriage** *n.* blaen *(m)* cerbyd (blaenau cerbydau). **~-deck** *n. Nau:* dec(-iau) blaen *m*. **~-edge**[1] *n. Bookb:* ymyl blaen/flaen (ymylon blaen) *mf*. **~-edge**[2] *a. Lib:* **~-edge painting,** darlun(-iau) *(m)* ymyl blaen/flaen; **~-edge title,** teitl(-au) *(m)* ymyl blaen/flaen. **~-foot** *n.* troed (traed) blaen *m*, troed flaen (traed blaen) *f*. **~-part** *n.* blaen(-au) *m*, rhan flaen (rhannau blaen) *f*; *(of train &c):* pen(-nau) blaen *m*. **~-tooth** *n.* dant (dannedd) blaen *m*; *pl.* **~-teeth,** y dannedd blaen, y gafaelion.
forearm[1] *n.* blaen *(m)* y fraich, elin(-oedd,-au) *f*. ~ **deflection** *n.* eliniad(-au) *m*.
forearm[2] *v.t.* rhagarfogi; *S.a.* **forewarn**.
forebay *n.* cafn *(m)* melin (cafnau melinau), pynfarch (pynfeirch) *m*.

forebear *v.* = **forbear**[2].
forebode *v.t.* **1.** *(of sth):* argoeli, rhagargoeli, rhagfynegi, darogan. **2.** *(of pers.):* rhagdeimlo (rhth), synhwyro (rhth) o flaen llaw.
foreboder *n.* rhagfynegydd (rhagfynegwyr) *m*, daroganwr (daroganwyr) *m*, darog|anwraig *f*.
foreboding *a. & n.* **1.** *a.* argoelus, rhagargoelus, drwgargoelus. **2.** *n.* rhagofn(-au) *m*, argoel(-ion) *f*, rhagargoel(-ion) *f*, drwgargoel(-ion) *f*.
forebodingly *adv.* yn argoelus *&c.*
forebodingness *n.* argoeledd *m*, rhagargoeledd *m*, drwgargoeledd *m*, drwgargoel(-ion) *f*.
forebrain *Anat:* blaenymennydd (blaenymenyddiau) *m*.
forecaddie *n. Golf:* cadi (cadïaid) blaen *m*.
forecast[1] *n.* rhagolwg (rhagolygon) *m*, argoel(-ion) *f*, proffwydoliaeth(-au) *f*, *Lit:* darogan *m*; **the weather ~,** rhagolygon y tywydd; **what's the weather ~ like?** *F:* pa dywydd maen' nhw'n ei addo? **racing ~, betting ~,** rhagolygon rasio.
forecast[2] *v.t.* rhagw|eld, proffwydo, darogan, rhagddw|eud.
forecaster *n.* **weather ~,** daroganwr (daroganwyr) (*m*) tywydd, proffwyd(-i) (*m*) tywydd, *F:* dyn(-ion) (*m*) tywydd, *N:* dynes (merched) (*f*) tywydd, *S:* menyw(-od) (*f*) tywydd.
forecastle *n. Nau:* fforcas *m*, ffocsl(-s) *m*.
foreclose *v.t.* blaen-gau.
foreclosure *n. Jur:* blaengaead(-au) *m* (*pronounced* ng-g), blaen-gau *vn.*
foreconscious *a. & n. Psy:* **1.** *a.* blaenymwybodol. **2.** *n.* blaenymwybod *m*.
forecourt *n.* cwrt (cyrtiau) blaen *m*, blaen-gwrt (~-gyrtiau) *m*.
foredeep *n. Geog:* blaenddwfn (blaenddyfnion) *m*.
foredoom *v.t.* rhagdynghedu, rhagddedfrydu, rhag-gondemnio.
foredoomed *a.* rhagdyngededig, rhag-gondemniedig; **a plan ~ to failure,** cynllun sy'n rhwym/sicr o fethu, cynllun na all ond methu.
foreface *n.* blaenwyneb(-au) *m*.
forefather *n.* cyndad(-au) *m*, hynafiad (hynafiaid) *m*, cyndaid (cyndeidiau) *m*. **F~ Day** *n. U.S:* Gŵyl (*f*) y Glaniad.
forefeel *v.t.* rhagdeimlo (rhth), synhwyro/teimlo (rhth) o flaen llaw.
forefinger *n.* bys(-edd) blaen *m*, mynegfys(-edd) *m*, bys yr uwd.
forefront *n.* rheng flaen (rhengoedd blaen) *f*, blaen *m*, pen blaen *m*, tu blaen *m*; **in the ~ of the battle,** yn rheng flaen y frwydr, *B:* ar gyfer wyneb y rhyfelwyr [glewaf].
foregather *v.i.* = **forgather**.
forego[1] *v.t.* blaenori (rhth); mynd, dod (o flaen rhth).
forego[2] *v.t.* = **forgo**.
foregoing *a.* blaenorol, uchod, rhagflaenorol, a grybwyllwyd eisoes, crybwylledig, rhag-grybwylledig.
foregone *a.* rhagweladwy, rhagweledig, rhagdybiadwy, rhagdybiedig, anochel; **it was a ~ conclusion,** 'roedd y peth yn anochel; gellid rhagweld y canlyniad; yr oedd y diwedd yn amlwg o'r dechrau; nid oedd dim amheuaeth beth fyddai'n canlyniad.
foreground *n. Art: Phot: (of picture &c):* tu blaen *m*, tir blaen *m*, blaendir(-oedd) *m*; **in the ~,** yn y tu blaen. **~ processing** *vn.* blaenbrosesu, prosesu blaendir.
foregut *n. Anat:* blaengoluddyn (blaengoluddion) *m* (*pronounced* ng-g).
forehand *n. & a.* **1.** *n. (of horse):* pen blaen *m*. **2.** *a. Ten:* cledr llaw.
forehanded *a. U.S:* darbodus, pwyllog.
forehandedly *adv.* yn ddarbodus *&c.*
forehandedness *n.* darbodaeth *f*, pwyll *m*.
forehead *n. Anat:* talcen(-nau,-ni) *m*, *Lit: occ:* tal *m*; **the middle of the ~,** cnewyllyn (*m*) y talcen; **receding ~,** *N.W:* talcen slip.
forehock *n. Vet:* coesgyn(-nau) blaen *m*.
forehold *n. Nau:* howld flaen (howldiau blaen) *f*.
forehoof *n. Vet:* carn(-au) blaen *m*.
foreign *a.* **1.** *(= strange, different):* estron, estronol, dieithr, *F:* dierth, diarth; **~ to/from (sth),** dieithr (i rth); *Med: &c:* **~ body,** peth(-au) dieithr *m*, darn(-au) estron *m*, corffyn(-nau) estron *m*, **~ devil,** diawl(-iaid) estron *m*; **~ word,** gair (geiriau) anghyfiaith/estron, estronair (estroneiriau) *m*. **2.** *(= from another country):* [oddi] tramor, estron, estronol, *occ:* tramorol; *(= situated abroad):* tramor; **~ countries, ~ parts,** gwledydd tramor, gwledydd dros y môr, *F:* gwledydd pell; **(he has been) in ~ parts,** (mae ef wedi bod) dros y môr, mewn gwledydd tramor, yn y gwledydd pell; *(= dealing with foreign countries):* tramor; **~ affairs,** materion tramor; **~ aid,** cymorth tramor *m*; **~ coin,** darn(-au) (*m*) arian tramor; **~ coins,** arian tramor *m*; **~ correspondent,** gohebydd (gohebwyr) tramor *m*; **~ currency translation,** trosi (*vn*) arian tramor; **~ exchange,** *(i) (place):* cyfnewidfa dramor (cyfnewidf|eydd tramor) *f*; *(ii) (money):* arian tramor; **exchange market,** y farchnad (*f*) gyfnewid tramor; **~ exchange rate,** cyfradd (*f*) gyfnewid tramor; **~ investment,** buddsoddiant tramor *m*, buddsoddi (*vn*) tramor; **~ language,** iaith dramor (ieithoedd tramor), iaith estron, *Lit:* estroniaith (estronieithoedd) *f*, *occ:* estronäeg *f*; **Welsh as a ~ language,** Cymraeg fel ail iaith, Cymraeg fel iaith fodern; **~ money order,** archeb(-ion) (*f*) arian tramor; **F~ Office,** Swyddfa Dramor (Swyddf|eydd Tramor) *f*; **~ policy,** polisi (polisïau) tramor *m*; **F~ Secretary,** Ysgrifennydd (Ysgrifenyddion) Tramor *m*; **F~ Service,** Gwasanaeth Tramor *m*; **~ trade,** masnach dramor *f*; **F~ Minister,** Gweinidog(-ion) Tramor *m*; **F~ Ministry,** Gweinyddiaeth Dramor (Gweinyddiaethau Tramor) *f*; **the F~ Legion,** y Lleng Dramor *f*; **the French ~ Legion,** Lleng Dramor Ffrainc; **the F~ and Commonwealth Office,** y Swyddfa Dramor a Chymanwlad; **~ stamp,** stamp(-iau) tramor *m*, stamp gwlad arall (stampiau gwledydd eraill). **~-born** *a.* = **foreign 1**.
foreigner *n.* estron(-iaid) *m*, estrones(-au) *f*, tramorwr (tramorwyr) *m*, tram|orwraig *f*, dieithryn (dieithriaid) *m*, dyn(-ion) dieithr *m*, merch ddieithr (merched dieithr) *f*; *pl.* **foreigners,** pobl ddieithr *f or pl*, estroniaid *pl.*
foreignism *n.* gair (geiriau) estron *m*, ymadrodd(-ion) estron *m*, estronair (estroneiriau) *m*.
foreignness *n.* estroneiddiwch *m*, dieithrwch *m*.
forejudge *v.t.* rhagfarnu.
foreknow *v.t.* rhagwybod.
foreknowledge *n.* rhagwybodaeth *f*.
foreknown *a.* rhagwybyddus.
forel *n. Lib:* fforel(-au) *mf*.
forelady *n. U.S:* = **forewoman**.
foreland *n. Geog:* **1.** *(= headland):* penrhyn(-oedd,-ion,-au) *m*, pentir(-oedd) *m*. **2.** *(= land in front of sth):* rhagdir(-oedd) *m*.
foreleg *n. Anat:* coes flaen (coesau blaen) *f*.
forelimb *n. Anat:* aelod(-au) blaen *m*, coes flaen (coesau blaen) *f*.
forelock *n. (of pers.):* cudyn(-nau) *m*, blaengudyn(-nau) *m* (*pronounced* ng-g), talgudyn(-nau) *m*; *(of horse &c):* blaen (*m*) y mwng; **he took time by the ~,** achubodd ei gyfle; daliodd ar ei gyfle.
foreman *n.m.* **1.** *Jur:* pen-rheithiwr (~-rheithwyr) *m*, blaenwr (blaenwyr) *m*. **2.** *Ind:* pen-gweithiwr (~-gweithwyr) *m*, fforman (ffformyn) *m*, *F: occ:* g[i]affer(-s,-iaid), giaffar(-s, giafferiaid) *m*.
foremanship *n.* **1.** *Jur:* blaenwriaeth *f*. **2.** *Ind:* swydd (*f*) pen-gweithiwr, swydd fforman; **he got a ~,** fe gafodd le'n fforman.
foremast *n. Nav. Arch:* hwylbren(-nau,-ni) blaen *m*, *occ:* gwernen flaen (gwernenni blaen) *f*, mast(-iau) blaen *m*.
forementioned *a.* uchod, a grybwyllwyd eisoes, rhag-grybwylledig, dywededig, rhagddywededig, a enwyd eisoes/uchod.
foremilk *n.* blaenion *pl.*
foremost *a. & adv.* **1.** *a.* cyntaf, blaenaf, blaenllaw, blaen, pennaf; prif *(before n. + soft mut.)*; **in the ~ rank,** yn y rheng flaen, yn flaenllaw; **to come ~,** dod yn gyntaf; **the ~ authority,** y prif awdurdod, yr awdurdod pennaf. **2.** *adv.* **first and ~,** yn gyntaf oll, yn bennaf oll, yn anad dim, yn flaenaf oll, yn gyntaf ac yn bennaf.
foremother *n.f.* cynfam(-au), henfam(-au).
forename *n.* enw(-au) cyntaf *m*, enw bedydd, enw blaen. **~entry** *n. Lib:* cofnod(-ion) (*m*) enw cyntaf.
forenamed *a.* = **forementioned.**
forenoon *n.* bore(-au) *m*, boreugwaith *m*.
forensic *a.* cyfreithiol, fforensig; **~ expert,** arbenigwr fforensig.
forensically *adv.* yn gyfreithiol *&c.*
foreordain *v.t.* rhagarfaethu, rhagordeinio, rhaglunio.
foreordination *n.* rhagordeiniad(-au) *m*, rhagarfaeth(-au) *f*, rhagarfaethiad(-au) *m*; *vn.* = **foreordain.**
forepart *n.* **1.** tu blaen *m*, pen(-nau) blaen *m*. **2.** *(of time):* rhan gyntaf *f*.

forepassed *a.* = **bygone**.
forepaw *n. Anat:* pawen flaen (pawennau blaen) *f.*
forepeak *n. Nau:* blaenbig(-au) *mf.*
foreplay *n.* rhagchwarae *m.*
forequarter *n.* chwarthor(-au,-ion) blaen *m.*
forereach *v.i.&t.* ennill y blaen (ar rth).
forerib *n. Anat:* asen flaen (asennau blaen) *f.*
forerun *v.t.* rhagflaenu, blaenori, rhagredeg (rhth); rhedeg, dod (o flaen rhth).
forerunner *n.* rhagredegydd (rhagredegwyr) *m*, rhagflaenydd: rhagflaenwr (rhagflaenwyr) *m.*
foresaddle *n.* chwarthorau blaen *pl.*
foresail *n. Nau:* hwyl flaen (hwyliau blaen) *f*, blaenhwyl(-iau) *f.*
foresee *v.t.* rhagw|eld, darogan, rhagwybod, *Lit:* rhagweled.
foreseeable *a.* rhagweladwy; **in the ~ future,** hyd y gellir rhagweld.
foreseeing *a.* rhagweledol, daroganol, craff, *S.W: occ:* fforcastus.
foreseen *a.* rhagweledig.
foreseer *n.* rhagweledydd (rhagweledwyr) *m.*
foreset *a. Geol:* blaen-haen.
foreshadow *v.t.* rhagfynegi, rhagarwyddo.
foreshank *n.* coes las (coesau gleision) *f.*
foresheet *n. Nau:* **1.** rhaff flaen (rhaffau blaen) *f.* **2.** *pl.* gratin blaen *m.*
foreshore *n.* blaen (*m*) traeth (blaenau traethau), *N.W: occ:* cefnfro (cefnfröydd) *f.*
foreshorten *v.t. Art:* rhagfyrh|au.
foreshortened *a. Art:* rhag-fyr.
foreshortening *n. Art:* rhagfyrhad *m*, rhagfyrh|au *vn.*
foreshow *v.t.* rhagfynegi, rhagarddangos, rhagddangos, darogan, rhagarwyddo.
foreside *n.* tu blaen *m.*
foresight *n.* **1.** *(a) Psy:* rhagwelediad *m*, rhagwelediagaeth *f*, rhagolwg *m* **(of sth,** ar rth); *(b) (= care for the future):* rhagddarbodaeth *f*, rhagofal *m*, craffter *m*; **want of ~,** diffyg (*m*) rhagofal. **2.** *Sm.a:* *anelyn blaen *m.*
foresighted *a.* rhagweledol.
foresightedly *adv.* yn rhagweledol; â rhagwelediad.
foresightedness *n.* rhagwelediad *m.*
foresightful *a.* rhagweledol.
foreskin *n. Anat:* blaengroen (blaengrwyn) *m* (*pronounced* ng-g).
forest[1] *n.* **1.** *(a)* fforest(-ydd) *f*, coedwig(-oedd) *f*, *occ:* coedwigfa (coedwigf|eydd) *f*, *Poet:* gwig(-oedd) *f*; **gallery ~,** fforest galeri; **rain ~,** fforest law (fforestydd glaw); **submerged ~,** fforest soddedig, coedwig danforol (coedwigoedd tanforol); **swamp ~,** gwern-goedwig(-oedd) *f*; **thorn ~,** fforest ddrain (fforestydd drain) *f*; *(b) Hist:* fforest, heldir(-oedd) *m*, tir(-oedd) (*m*) hela; *S.a.* **Dean, Radnor. 2.** *Fig:* **a ~ (of masts),** llu *m*, myrdd *m*, myrddiwn *m* (o hwylbrennau); **a ~ of hands,** fforest o ddwylo, dwylo lu. **~ bug** *n. Ent: (Pentatoma rufipes):* llysleuen (*f*) y goedwig (llyslau'r goedwig). **~ clearance** *n.* digoedwigo *vn.* **~ floor** *n.* llawr (lloriau) (*m*) coedwig; *Poet:* llawr y wig. **~ fly** *n. Ent: (Hippobosca aquina):* pryf(-ed) (*m*) ceffylau. **~ green** *a. & n.* gwyrdd (*m*) y goedwig. **~ guard, ~ ranger,** ceidwad (ceidwaid) (*m*) coedwig, gwarchodwr (gwarchodwyr) (*m*) coedwig, coedwigwr (coedwigwyr) *m*, fforestwr (fforestwyr) *m.* **~ law** *n. Hist:* cyfraith (*f*) fforest. **~ recession** *n.* enciliad (*m*) coedwig/coedwigoedd. **~ regeneration** *n.* ailgoedwigo *vn.* **~ tree** *n.* coeden (coed) (*f*) fforest.
forest[2] *v.t.* fforestu, coedwigo.
forestage *n.* blaen (*m*) llwyfan (blaenau llwyfannau).
forestall *v.t.* **1.** *(= anticipate):* achub y blaen (ar rn/rth), rhagflaenu (rhn/rhth), *N.W: occ:* mynd yml|aen llaw (i rn), achub blaen (rhth). **2.** *(= buy beforehand):* rhagbrynu.
forestaller *n.* achubwr (achubwyr) (*m*) blaen **(of s.o.,** ar rn).
forestalment *n.* rhagbryniant *m.*
forestation *n.* coedwigiad *m*, coedwigo *vn.*
forestay *n. Nau:* stae(-s) blaen *m.*
forested *a.* coediog.
forester *n.* fforestwr (fforestwyr) *m*, coedwigwr (coedwigwyr) *m.* **~ |moth|** *n. Ent: (Adscita statices):* coediwr (coedwyr) *m*, uwchadain werdd (uwchadenydd gwyrddion) *f*; **cistus ~ |moth|,** *(A. geryon):* coediwr bach; **scarce ~ |moth|,** *(A. globulariae):* coediwr prin.
forestland *n.* coetir(-oedd) *m*, tir(-oedd) (*m*) coedwig.
forestry *n.* coedwigaeth *f.* **F~ Commission (the)** *n.* y Comisiwn (*m*) Coedwigaeth/Coedwigo.
foreswear *v.i.* = **forswear**.
foretaste[1] *n.* rhagflas(-au) *m*, blaenbrawf (blaenbrofion) *m*, *occ:* blasyn: blesyn *m*, tamaid (*m*) i aros pryd.
foretaste[2] *v.t.* rhagflasu, blaenbrofi.
foretell *v.t.* darogan, proffwydo, rhagw|eld, rhagweled, rhagddw|eud, rhagddywedyd, rhagbroffwydo, rhagfynegi, *occ:* addo.
foreteller *n.* daroganwr (daroganwyr) *m*, proffwyd (proffwydi) *m*, rhagweledydd (rhagweledwyr) *m*, rhagfynegydd (rhagfynegwyr) *m.*
forethought *n.* **1.** *(= premeditation):* rhagfwriad *m.* **2.** *(= precaution):* rhagofal(-on) *m*, rhagddarbodaeth *f*, rhagddarpariaeth *f*, rhagfeddwl *m.*
forethoughtful *a.* rhagofalus, rhagddarbodus, rhagfeddylgar.
forethoughtfully *adv.* yn rhagofalus *&c*; â rhagofal.
forethoughtfulness *n.* = **forethought**.
foretime *n. A:* **in ~,** ers talwm, gynt, 'slawer dydd, ddydd(-iau) a fu.
foretoken[1] *n.* rhagarwydd(-ion) *mf*, argoel(-ion) *f*, rhagargoel(-ion) *f*, addewid(-ion) *m*, rhagarwyddocâd *m.*
foretoken[2] *v.t.* rhagarwyddo, argoeli, addo, rhagargoeli, rhagarwyddocáu, addo.
foretold *p.p.* = **foretell**.
foretop *n. Nau:* brig(-au) blaen *m*, blaenfrig(-au) *m.* **~ gallant-mast** *n.* hwylbren(-nau) blaenfrig uchaf *m.* **~ gallant-sail** *n.* hwyl flaenfrig uchaf (hwyliau blaenfrig uchaf) *f.* **~-man** *n.m.* blaenfrigwr (blaenfrigwyr). **~-mast** *n.* hwylbren blaenfrig *m.* **~-sail** *n.* hwyl flaenfrig *f.*
forever *adv. & n.* **1.** *adv. See* **ever 2.** *(b)*; **~ (going),** byth a hefyd, beunydd (ar fynd). **2.** *n.* **it took her ~ to find the answer,** fe fu hi am hydoedd yn dod o hyd i'r ateb; cymerodd oes i ddod o hyd i'r ateb.
forevermore *adv.* = **evermore**.
foreverness *n.* bytholrwydd *m*, byth-bytholrwydd *m.*
forewarn *v.t.* rhagrybuddio, rhaghysbysu (rhn); rhybuddio (rhn) o flaen llaw; *Prov:* **forewarned is forearmed,** arfog, a gaffo rybudd; gwell un gair ymlaen na dau yn ôl.
forewing *n. Orn:* adain flaen (adenydd blaen) *f.*
forewoman *n.f.* **1.** *Jur:* blaenores(-au). **2.** *Ind:* prif w|eithwraig (prif weithwragedd), pen-gw|eithwraig (~-gweithwragedd).
foreword *n.* rhagair (rhageiriau) *m*, rhagymadrodd(-ion) *m*, rhaglith(-iau,-oedd) *f.*
foreyard *n.* blaenlath(-au) *f.*
forfeit[1] *a. Hist: Jur:* fforffediol, fforffededig, a fforffedwyd, coll, colledig, [yn] fforffed.
forfeit[2] *n. (a)* fforffed(-ion,-iau) *mf*, dirwy(-on) *f*, cosb(-au) *f*, *A:* camlwrw (camlyrau) *m*; *(b) Games:* fforffed. **~ clause** *n. (of a contract):* cymal(-au) (*m*) fforffed.
forfeit[3] *v.t.* **1.** fforffedu; **his lands were forfeited,** fe aeth ei diroedd yn fforffed; **he forfeited his life,** aberthodd/collodd ei fywyd.
forfeitable *a.* fforffediol.
forfeited *a.* fforffededig; *Jur:* **~ recognizance,** ymrwymiad fforffededig, ymrwymiad a fforffedwyd.
forfeiter *n.* fforffedwr (fforffedwyr) *m*, fforff|edwraig *f.*
forfeiture *n.* fforffediad(-au) *m*, fforffedu *vn*, *occ:* colled *f*, colli *vn.*
forfend *v.t. A:* **God ~!** na ato Duw!
forfex *n.* siswrn (sisyrnau) *m.*
forficate *a.* fforchog.
forgather *v.i.* **1.** ymgynnull, ymgasglu, ymdyrru, *N:* hel at eich gilydd. **2. to ~ with s.o.,** cyfarfod/cwrdd â rhn, ymgyfarfod.
forgathered *a.* yngh|yd, cynulledig.
forgave *v. See* **forgive**.
forge[1] *n.* gefail (gefeiliau) *f*; *(often, less correctly):* efail (efeiliau) *f.*
forge[2] *v.t.* **1.** *(iron &c):* gyrru, gwn|eud, gweithio, ffurfio, llunio, morthwylio, *Lit: occ:* gofannu, poethofannu. **2.** *(= fake):* ffugio, ffug-ysgrifennu; **to ~ a will,** ffugio ewyllys; **to ~ a signature,** ffugio/dynwared llofnod.
forge[3] *v.i.* **to ~ ahead,** gyrru yml|aen; *(of ship):* hwylio ymlaen; *(of business):* chwipio mynd; *(of runner, car):* ennill tir, ennill y blaen.
Forge[4] *W.Pl.n.* Y Bontfaen *f.*

forgeability *n.* **1.** gwneuthuradwyedd *m*, gweithiadwyedd *m*, lluniadwyedd *m*. **2.** *(= fakeability)*: ffugiadwyedd *m*.

forgeable *a.* **1.** gwneuthuradwy, gweithiadwy, lluniadwy. **2.** *(= fakeable)*: ffugiadwy.

forged *a.* **1.** *(a) (iron)*: gyredig, morthwyliedig; *(b) Fig:* a luniwyd/grewyd; **newly-~ links,** dolennau newydd eu llunio. **2.** *(fake)*: ffug, ffugiedig.

forger *n.* **1.** *Metall:* gof(-aint) *m*. **2.** *(of signature &c)*: ffugiwr (ffugwyr) *m*, ff|ugwraig *f*.

forgery *n.* **1.** *(thing)*: dynwarediad(-au) *m*, ffug(-ion) *m*, ffugiad(-au) *m*, ffugbeth(-au) *m*; *(writing)*: ffugysgrifen *f*; **the signature was a ~,** ffug oedd y llofnod. **2.** *(action)*: ffugio *vn*, ffugiad *m*, dynwared *vn*, dynwarediad *m*.

forget *v.t.* anghofio **(sth, about sth,** rhth, am rth), *occ:* gollwng/bwrw (rhth) dros gof; **to ~ one's Welsh,** anghofio'ch Cymraeg, colli'ch Cymraeg; **~ [about] it!** anghofia fe/fo (anghofiwch e/o)! *S: occ:* bodda fe (boddwch e)! *F:* **and don't you ~ it!** cofia di hynny (cofiwch chi hynny)! **not forgetting...,** heb anghofio...; **to forgive and ~,** maddau ac anghofio; **to ~ how time goes,** colli pob syniad o amser; **that is best forgotten,** gwell anghofio hynny; **never to be forgotten,** bythgofiadwy, diangof; **not forgetting X,** heb anghofio X; **don't ~ to write,** cofia (cofiwch) ysgrifennu; *(= leave behind)*: anghofio (rhth), gadael (rhth) ar ôl; *F:* **to ~ oneself,** anghofio/colli urddas; **to ~ oneself so far as to do sth,** ymostwng i wneud rhth; **I forgot myself,** allwn i ddim peidio; mi gollais arnaf fy hun; mi gollais bob rheolaeth arnaf fy hun. **~-me-not** *n. Bot:* **common/field ~-me-not,** *(Myosotis arvensis)*: ysgorpionllys *m*, blodyn glas (blodau gleision) *m*, cwlwm *(m)* cariad cywir, blodyn cof, ysgorpionllys y meysydd, *S.E:* caru'n ofer *m*, pergof *m*, *N.W:* glas (gleision) *(m)* y gors, *Poet:* n'ad fi'n angof; **Alpine ~-me-not,** *(M. alpestris)*: ysgorpionllys y mynydd/creigiau; **bur ~-me-not,** *(Lappula myosotis)*: ysgorpionllys cynghafog; **changing ~-me-not,** *(M. discolor)*: ysgorpionllys amryliw/melyn/symudliw; **creeping/marsh ~-me-not,** *(i) (M. secunda)*: ysgorpionllys y gors, ysgorpionllys ymlusgaidd; *(ii) (Omphaloides verna)*: Mari lygadlas *f*, glesyn *(m)* y gwanwyn; **dwarf ~-me-not,** *(M. collina)*: yr ysgorpionllys lleiaf; **early ~-me-not,** *(M. ramosissima)*: ysgorpionllys gwrychog, **Jersey ~-me-not,** *(M. sicula)*: ysgorpionllys glaswelw; **Lamotte's ~-me-not** *(M. lamottiana)*: ysgorpionllys Lamotte; **rock ~-me-not,** *(O. luciliae)*: glesyn y graig; **short-leaved ~-me-not,** *(M. stolonifera)*: ysgorpionllys byrddail; **tufted** *or* **lesser water ~-me-not,** *(M. caespitosa)*: ysgorpionllys siobynnog; **water ~-me-not,** *(M. palustris/scorpioides)*: glas y gors, ysgorpionllys y gors; **wood ~-me-not,** *(M. sylvatica)*: ysgorpionllys y coed.

forgetful *a.* anghofus.

forgetfully *adv.* yn anghofus.

forgetfulness *n.* **1.** anghofrwydd *m*, anghofusrwydd *m*; **a moment of ~,** eiliad anghofus *mf*, eiliad o anghofrwydd. **2.** *(= negligence)*: esgeulustra *m*, diofalwch *m*.

forgettable *a.* anghofiadwy, hawdd ei anghofio, heb fod yn werth ei gofio.

forgetter *n.* anghofiwr (anghofwyr) *m*, angh|ofwraig *f*, un anghofus, un am anghofio.

forgework *n.* gwaith *(m)* gof.

forging *vn.* **1.** *Metalw: (work)*: gwaith *(m)* gof, gofannu, poethofannu; **drop-~,** delw-ofannu; **hammer ~,** gofaniad morthwyl. **2.** *(= iron object)*: gofaniad(-au) *m*, poethofaniad(-au) *m*. **3.** *(of documents)*: ffugio *vn*.

forgivable *a. (offence)*: maddeuadwy, maddeuol, y gellir ei faddau; *(pers)*: y gellir maddau iddo.

forgivably *adv.* yn faddeuadwy *&c*; **he might have ~ refused,** gellid maddau iddo am wrthod.

forgive *v.t.* **1.** maddau (rhth i rn, i rn am rth); **to ~ s.o. a debt,** maddau dyled i rn, rhyddhau rhn o ddyled; *B:* **~ us our trespasses,** maddau i ni ein dyledion. **2. to ~ s.o.,** maddau i rn; **I have never been forgiven for that,** ni faddeuwyd imi am hynny; ni chefais faddeuant am hynny; **~ me (but have we met before)?** maddeuwch i mi, esgusodwch fi (ond a ydym wedi cyfarfod o'r blaen)?

forgiveness *n. (a)* maddeuant *m*, pardwn *m*, *occ:* gollyngdod *m*; *(b) (of a debt)*: rhyddhad *m* [o ddyled].

forgiver *n.* maddeuwr (maddeuwyr) *m*, madd|euwraig *f*, un maddeugar/faddeugar, un am faddau.

forgiving *a.* maddeugar; *occ:* maddeuol.

forgivingly *adv.* yn faddeugar; gan faddau.

forgivingness *n.* maddeugarwch *m*.

forgo *v.t.* hepgor, gadael, ildio (rhth); ymwrthod (â rhth); ymatal (rhag rhth); rhoi diofryd (i rth); mynd (heb rth); rhoi'r gorau (i rth); *S.a.* **forego.**

forgoer *n.* hepgorwr: hepgorydd (hepgorwyr) *m*.

forgotten *a.* anghofiedig, angof, mewn angof, mewn ebargofiant, *occ:* wedi mynd tros gof; *S.a.* **forget; it's best ~,** gwell ei anghofio; gwell ei ollwng dros gof.

forint *n. Num:* fforint(-au) *mf*.

fork¹ *n.* **1.** *Agr:* fforch(-au, ffyrch) *f*, *N: occ: (also)*: caff(-iau) *m*; **two-pronged ~,** fforch ddeuddaint (ffyrch deuddaint), *S.W:* pige *(pl.* pigeiau) *m*; *S.a.* **pitchfork; hand-~,** fforch fach (ffyrch bach); **moss-~,** caff mwsogl; **dung-~,** fforch deilo (ffyrch teilo), fforch dail (ffyrch tail), *N: occ:* caff tail, *S.W:* crwca *m*, crwc *m*, *S.E: occ:* teilfforch (teilffyrch) *f*; *S.a.* **pitchfork; handle of a ~,** troed *(m)* fforch; **to use a ~,** fforchi, fforchio. **2.** *(= prop)*: fforch. **3.** *Cy:* **front forks,** fforch flaen *f*; *Mec.E:* **cardan ~,** fforch cardan; *Mus:* **tuning-~,** trawfforch (trawffyrch) *f*. **4.** *(a) (in road)*: fforch *f*, fforchiad(-au) *m*, fforchogiad(-au) *m*; *(b) (of body, trunk of tree)*: ffwrch (ffyrchau) *mf*, gafl(-au) *f*, *Lit: occ:* gwerddyr *f*, *S.W:* ffwrchogaeth *f*. **5.** *Chess:* ymosodiad(-au) dwbl *m*, fforchiad(-au) *m*. **6.** *(table)*: fforcen: fforc (ffyrc, *occ:* ffyrcs) *f*; **a ~ supper,** swper ffyrc, swper estyn ato. **~-beard** *n. Ich:* cegddu(-on) *f*, swtan (swtain) barfog *m*; **greater ~-beard,** *(Urophycis blennoides)*: cegddu fforchog; **lesser ~-beard,** *(Raniceps raninus)*: cegddu drifforch (cegdduon trifforch). **~ chuck** *n. Carp:* crafanc *(f)* fforch (crafangau ffyrch). **~-lift [truck]** *n.* wagen(-ni) *(f)* fforch godi.

fork² *v.i.&t.* **1.** *v.i. (of tree &c)*: fforchio, *occ:* fforchi, fforchogi, ymganghennu; *(of road)*: fforchio'n ddwy, ymrannu; *Aut:* **~ right for Tregaron,** trowch i'r dde am Dregaron. **2.** *v.t. (hay &c)*: fforchio (gwair), codi (gwair) [â fforch/ffyrch]. **~ out, ~ up** *v.t. P:* talu, *S.W: occ:* planco.

forked *a.* fforchog; **two-~,** *(= two pronged)*: deuddaint; **three-~,** *(= three-pronged)*: tridaint, trifforch.

forker *n.* fforchiwr (fforchwyr) *m*, ff|orchwraig *f*.

forkful *n.* fforchaid (fforcheidiau) *f*.

forking *vn.* fforchi, fforchio, ymrannu, fforchiad(-au) *m*, ymraniad(-au) *m*.

forkmoss *n. Bot: (Dicranum bryoides)*: fforchfwsogl *m*.

forky *a.* = **forked.**

forlorn *a. Lit:* **1.** *(undertaking)*: anobeithiol, diobaith, enbydus; **~ hope,** *(a) (= desperate enterprise)*: menter ddiobaith *f*; *(b) (= faint hope)*: gobaith gwan *m*, gwanobaith *m*. **2.** *(a) (= forsaken)*: amddifad, unig, gwrthodedig, diymgeledd; *(b) (= wretched)*: truan, truenus, digalon, anobeithiol, diobaith, trist, athrist; **a ~ appearance,** golwg druenus *f*; *(c) Poet: (= deprived of)*: amddifad **(of sth,** o rth).

forlornly *adv.* yn ddigalon, yn unig *&c*.

forlornness *n.* unigrwydd *m*, anobaith *m*, truenusrwydd *m*, trueni *m*, amddifadrwydd *m*, amddifadwch *m*, amddifedi *m*.

form¹ *n.* **1.** *(a)* ffurf(-iau) *f*, llun(-iau) *m*; **in the ~ of sth,** ar ffurf rhth, ar lun rhth; *occ: (of spectre &c)*: rhith(-iau) *m*; **a spirit in the ~ of a hound,** ysbryd yn rhith ci; **land-~,** tirffurf(-iau) *f*; **wave-~,** tonffurf(-iau) *f*; **the ~ and the substance,** y ffurf a'r sylwedd. **2.** *(a) (= formality, routine)*: ffurfioldeb *m*, trefn *f*; **to go through the ~ of refusing,** mynd trwy'r drefn o wrthod; **in due ~,** yn unol â'r drefn, yn weddus ac mewn trefn; **according to ~,** yn ôl trefn pethau; **everything's going according to ~,** mae popeth yn mynd yn ôl y disgwyl; **for ~'s sake,** er mwyn trefn pethau, er mwyn y drefn; **common ~,** y drefn, peth arferol *m*, arferiad *m*; **it's a mere matter of ~,** mater o drefn ydyw; peth ffurfiol ydyw; dyna drefn pethau; *(b) (= good behaviour, etiquette)*: **he knows the ~,** mae'n gwybod y drefn; *O:* **it is good ~,** mae'n gweddu'n dda; mae'n weddus/addas/foesgar/briodol/dderbyniol; dyna'r drefn; **good ~,** moesgarwch *m*, syberwyd *m*; *O:* **that is not good ~,** mae'n annerbyniol/anarferol/anfoesgar/amhriodol; mae'n groes i'r drefn; nid yw'n gweddu; nid yw'n weddus/addas/briodol; nid dyna'r arferiad/arfer; **bad ~,** anfoesgarwch *m*, ansyberwyd *m*; **it is bad ~ to do that,** nid dyna'r drefn yma; nid yw'n dderbyniol yma; croes i'r drefn yn gwneud hynna; **very bad ~!** annerbynniol/amhriodol iawn! **3.** *(a) (of words, expressions)*: dull(-iau) *m* [o siarad *&c*], ffurf;

Jur: ffurfeiriad *m*; **the correct ~ of words,** y dewis cywir o eiriau, y geiriad cywir (*m*); **it is only a ~ of speech,** nid yw ond ffordd o siarad; *(b) Adm:* ffurflen(-ni) *f*; **application ~,** ffurflen gais (ffurflenni cais), ceislen(-ni) *f*; **claim-~,** ffurflen hawlio/ hawliad; **prescribed ~,** ffurflen benodedig (ffurflenni penodedig); **proposal ~,** ffurflen gynnig (ffurflenni cynnig). **4.** *(a) Sp: (of horse, athlete):* hwyl(-iau) *f*, cyflwr *m*; **in/on ~,** mewn hwyl, ar yr hwyl, mewn cyflwr da, yn atebol, yn iach a heini; *(of s.o. cheerful):* **you're on ~, you're in great ~ (today),** 'rwyt ti mewn hwyliau da, 'rwyt ti yn yr hwyl, 'rwyt ti'n hwyliog (heddiw); **he's off ~; he's out of ~; he's in poor ~,** 'does dim hwyl arno; nid yw'n cael hwyl arni; mae'n ddi-hwyl; 'dyw e ddim yn yr hwyl; 'dyw e ddim ar ei hwyl; **he's in good/top ~, he's on ~;** mae ar ei orau; *Sp:* **return to ~,** gwellhad *m*, adferiad *m*. **5.** *Sch:* dosbarth(-iadau) *m*. **6.** *(= bench): N:* mainc (meinciau) *f*, *S:* ffwrwm (ffyrymau) *f*. **7.** *(a) Metall:* ffurf, mo[w]ld(-iau) *m*. *(b) Typ:* = **forme. 8.** *(of hare):* gwâl (gwalau) *f*. **9.** *F: (of criminal):* **has he got ~?** oes 'na hanes (*m*) iddo? **10.** *Mus:* ffurf; **binary ~,** ffurf ddwyran (ffurfiau dwyran); **block ~,** ffurf blociau; **first movement ~,** ffurf symudiad cyntaf; **fugue ~,** ffurf ffiwg; **rondo ~,** ffurf rondo; **sonata ~,** ffurf sonata; **sonata rondo ~,** ffurf rondo sonata; **ternary ~,** ffurf deiran (ffurfiau teiran); **variation ~,** ffurf amrywiadau. **~ class** *n. Gram:* **1.** *(= part of speech):* rhan(-nau) (*f*) ymadrodd. **2.** *(e.g. group of verbs):* dosbarth(-au) (*m*) ffurf. **~ critic** *n.* beirniad (beirniaid) testunol *m*, beirniad ffurf, ffurf-feirniad (~-feirniaid) *m*. **~ critical** *a.* ffurf-feirniadol. **~ criticism** *n.* ffurf-feirniadaeth *f*, beirniadaeth ffurf. **~ drag** *n. Ph:* llusgiant (*m*) corff. **~ entry** *n. Lib:* cofnod(-ion) (*m*) ffurf. **~-feed¹** *n. Cmptr:* dalen-borthi *vn*, dalen-borthiad(-au) *m*. **~-feed² [key]** *n.* dalen-borthwr (~-borthwyr) *m*, porthwr (porthwyr) (*m*) dalennau. **~-fitting** *a.* tyn[n] (tynion). **~ heading** *n. Lib:* pennawd (penawdau) (*m*) ffurf. **~ letter** *n.* llythyr(-au) ffurfiol *m*. **~-master** *n.m. Sch:* athro (athrawon) dosbarth. **~-mistress** *n.f.* athrawes ddosbarth (athrawesau dosbarth). **~-room** *n. Sch:* dosbarth(-iadau) *m*, ystafell (*f*) ddosbarth (ystafelloedd dosbarth).

form² *v.t.&i.* I. *v.t.* **1.** ffurfio, llunio, gwn|eud, mo[w]ldio, *occ:* saernïo; **to ~ sth from** *or* **out of sth,** gwneud/ffurfio rhth o rth; **to ~ a child's mind,** mo[w]ldio/ffurfio/hyfforddi meddwl plentyn. **2.** *(a) (a society &c):* ffurfio, creu, sefydlu; **to ~ oneself,** ymffurfio; **they formed themselvs into a committee,** codasant/ ffurfiasant bwyllgor; ymffurfiasant yn bwyllgor; *(b)* **to ~ a habit,** gwneud cast (**of sth,** o rth), magu cast; *(c)* **to ~ an opinion,** ffurfio barn; **I could ~ no idea of it,** ni allwn mo'i ddychmygu/amgyffred; *(d)* **to ~ a plan,** creu cynllun; **to ~ an alliance with s.o.,** ymgynghreirio â rhn; *(e) (= pronounce):* ffurfio, ynganu, cynanu. **3.** *(a)* **the coastline forms a series of curves,** mae'r arfordir ar ffurf cyfres o droadau; mae'r arfordir yn ffurfio cyfres o droadau; *Mil:* **to ~ fours,** ymffurfio'n bedwar, sefyll fesul pedwar; *(b)* **to ~ part of sth,** bod yn rhan o rth, ffurfio rhan o rth; *(c) Carp:* **forming tool,** erfyn (*m*) ffurfio. II. *v.i.* ymffurfio, ffurfio; **his style is forming,** mae'i arddull yn datblygu; *Mil:* **to ~ into line,** ymffurfio'n llinell; **to ~ into a square,** ymffurfio'n sgwâr.

-form³ *suff.* -ffurf, -iol.

formability *n.* ffurfiadwyedd *m*.

formable *a.* ffurfiadwy.

formal *a.* & *n.* **1.** *a.* ffurfiol; **to make a ~ denial,** gwadu rhth yn ffurfiol. **2.** *n. U.S: (a) (= evening dress):* gwisg(-oedd) (*f*) hwyrnos, gwisg ffurfiol; *(b) (= occasion):* noson (nosweithiau) ffurfiol *f*.

formaldehyde *n. Ch:* fform|aldehyd *m*.

formalin[e] *n. Ch:* ff|ormalin *m*.

formalism *n.* **1.** ffurfioldeb *m*, gorffurfioldeb *m*, defodaeth *f*, defodoldeb *m*. **2.** *Mth: Th: Art: &c:* ffurfiolaeth *f*.

formalist *a.* & *n.* **1.** *a.* ffurfiolaidd. **2.** *n.* ffurfiolwr (ffurfiolwyr) *m*.

formalistic *a.* ffurfiolaidd.

formalistically *adv.* yn ffurfiolaidd.

formality *n.* ffurfioldeb(-au) *m*, ffurfiolrwydd *m*; **a mere ~,** ffurfioldeb syml, mater (*m*) o ffurf; **to stand on ~,** ymddwyn yn ffurfiol, parchu ffurf, bod yn ddefodol.

formalizable *a.* ffurfioladwy.

formalization *n.*, **formalize** *v.t.* ffurfioli.

formalizer *n.* ffurfiolwr (ffurfiolwyr) *m*.

formally *adv.* **1.** *(= according to rule):* yn ffurfiol *&c*. **2.** *(= as regards form):* yn ffurfiol, o ran ffurf.

formalness *n.* = **formality.**

formant *n. Ac: Ling:* ffurfyn(-nau) *m*.

format¹ *n.* diwyg(-iau) *mf*, gwedd(-au) *f*, ffurf(-iau) *f*, fformat(-iau) *m*, ffurfiad(-au) *m*, patrwm (patrymau) *m*; *Cmptr:* trefn *f*, fformat; **~-mode** *n.* modd (*m*) fformat.

format² *v.t. Cmptr: Typ:* patrymu, trefnu, fformadu, fformatio; *T.V:* ffurfio.

formate *n. Ch:* fformad(-au) *m*.

formation *n.* **1.** *(= action of forming):* ffurfiant (ffurfiannau) *m*, ffurfiad(-au) *m*, cread *m*, creadigaeth *f*, ffurfio *vn*, creu *vn*. **2.** *(of troops):* trefn *f*, trefniant (trefniannau) *m*; **battle ~,** trefniant rhyfel; **close ~,** *(of aeroplanes):* ehediad clòs *m*; **free ~,** trefniant rhydd, trefn rydd; *S.a.* **back¹**; **to break ~,** ymwasgaru, torri rhengoedd, torri patrwm. **3.** *Geol:* ffurfiant. **~ flying** *vn.* hedfan patrymog.

formational *a.* ffurfiannol, trefniannol.

formative *a.* & *n.* **1.** *a.* ffurfiannol, ffurfeiddiol, lluniol. **2.** *n.* ffurfydd(-ion) *m*.

formatively *adv.* yn ffurfiannol *&c*.

formativeness *n.* ffurfiannedd *m*.

forme *n. Typ:* ffrâm (fframiau) *f*.

formed *a.* ffurfiedig; **well-~,** lluniaidd; **ill-~,** afluniaidd.

former¹ *a.* & *n.* **1.** *a.* blaenorol, cynharach, cynt, hen; *pref.* cyn[-] + *soft mut.*; **my ~ pupils,** fy nghyn-ddisgyblion; *Geog:* **~ lakes,** cynlynnoedd; **his ~ letters,** ei lythyrau blaenorol/cynharach; **in ~ times,** yn yr oes o'r blaen, ddyddiau a fu, yn yr amserau a fu, ers llawer dydd, ers talwm, gynt, yn yr hen oes, yn y dyddiau gynt, amser maith yn ôl; **he is a mere shadow of his ~ self,** nid yw ond cysgod o'r dyn ydoedd gynt; nid yw ond cysgod o'r dyn a arferai fod; **my ~ lodgings,** fy hen lety; **I prefer the ~ alternative to the latter,** gwell gennyf y dewis cyntaf na'r llall. **2.** *n.* **the ~,** *(of two):* y cyntaf *m*, y gyntaf *f*; **of the two methods I prefer the ~,** o'r ddau ddull, mae'n well gennyf y cyntaf.

former² *n.* **1.** *Ind:* ffurfydd(-ion) *m*, mo[w]ld(-iau) *m*. **2.** *El.E:* **winding ~,** craidd (*m*) weindiad. **3.** *Aer:* croeslath(-au) *f*.

formeret *n. Arch:* ffurfell(-i,-au) *f*.

formerly *adv.* *(a) (= previously):* gynt, o'r blaen, cyn hyn, cyn hynny; *(b) (= long ago):* ers llawer dydd, ers talwm, yn y dyddiau gynt.

formful *a.* hwyliog, afieithus, eneiniedig.

formic *a. Ch:* fformig.

formicary *n. U.S:* twmpath(-au) (*m*) morgrug.

formication *n.* morgrugo *vn*, morgrug bach *pl*.

formidability *n.* arswydlonedd *m*, aruthredd *m*.

formidable *a.* enbyd, aruthrol, aruthr, arswydus, arswydlon, i'ch ofni *&c*; *(fighter &c):* anodd eich trin/trechu *&c*, gwydn, dygn; **a ~ woman,** draig o ddynes/fenyw, dynes yn codi ofn ar rn.

formidableness *n.* *(a) (= difficulty):* anhawster *m*, enbydrwydd *m*; *(b) (= toughness):* gwydnwch *m*, dycnwch *m*; *(c) (= dreadfulness):* aruthredd *m*, arswyd *m*, arswydlonedd *m*.

formidably *adv.* yn arswydus *&c*.

formless *a.* di-ffurf, annelwig, afluniaidd, di-lun, *F:* di-siâp.

formlessly *adv.* yn ddi-ffurf *&c*.

formlessness *n.* afluni|eidd-dra *m*, diffyg (*m*) ffurf.

formline *n.* ffurflin(-au) *f*.

Formosa *Pr.n. Geog:* Fformosa *f*, Taiw|an *f*.

Formosan *a.* & *n.* **1.** *a.* [o] Fformosa, Fformosaidd; **he's ~,** un o Fformosa yw ef; *(in language):* Fformoseg. **2.** *n.* *(a) (native):* Fformosiad (Fformosiaid) *m&f*; *(b) Ling:* Fformoseg *f*, *m*.

formula *n.* & *attrib.* **1.** *n.* *(a)* ff|orm[i]wla (fform[i]wlâu) *f*, ffurfeb(-au) *f*; **displayed [graphic] ~,** fform[i]wla graffig, fform[i]wla arddangos; **structural ~,** fform[i]wla adeileddol; *(b)* **the diplomats are seeking a ~,** mae'r diplomyddion yn chwilio am ddull o gymodi. **2.** *attrib.* *(of racing car):* fform[i]wla.

formulaic *a.* fform[i]wläig.

formulaically *adv.* yn fform[i]wläig, fel ff|orm[i]wla, ar lun fform[i]wla.

formularize *v.t.* fform[i]wlareiddio.

formulary *n.* & *a.* **1.** *n.* ffurflyfr(-au) *m*; *Rel:* defodlyfr(-au) *m*; *Archives:* llyfr(-au) (*m*) fform[i]wlâu; **~ of union,** ff|orm[i]wlari (*m*) uno; *Pharm:* **National F~,** Cyffurlyfr Cenedlaethol. **2.** *a.* fform[i]wläig.

formulate *v.t.* gosod (rhth) allan; datganu, fform[i]wleiddio (rhth); **to ~ attitudes,** meithrin agweddau; **to ~ conclusions,** tynnu/ffurfio casgliadau; **to ~ courses,** creu cyrsiau.
formulation *n.* datganiad(-au) *m*, fform[i]wleiddiad(-au) *m*; *vn.* = **formulate.**
formulator *n.* lluniwr (llunwyr) *m*, fform[i]wleiddiwr (fform[i]wleiddwyr) *m*.
formulism *n.* fform[i]wlaeth *f.*
formulist *n.* fform[i]wlydd(-ion) *m*.
formulization *n.*, **formulize** *v.t.* = **formulate, formularize.**
formwork *n. Const:* (= *shuttering*): estyllod *pl*, caeadau *pl*, cloriau *pl.*
formyl *n. Ch:* fformyl *m*.
fornicate *v.i.* **1.** puteinio. **2.** *B:* (= *commit adultery*): godinebu.
fornication *n.* **1.** puteindra *m*, puteinio *vn.* **2.** *B:* (= *adultery*): godineb *m*.
fornicator *n.* **1.** puteiniwr (puteinwyr) *m*. **2.** *B:* (= *adulterer*): godinebwr (godinebwyr) *m*.
fornix *n. Anat:* bwa (bwâu) *m*.
forrader *adv. P:* **I can't get any ~,** alla' i wneud dim ohoni; alla' i ddim mynd ymhellach; **you'll be no ~,** fyddwch chi ddim elwach/callach.
forsake *v.t.* **1.** (= *leave*): gadael (rhth), ymadael (â rhth); **his confidence forsook him,** pallodd/diffygiodd ei hyder; collodd ei hyder. **2.** (= *renounce*): rhoi'r gorau (i rth), cefnu (ar rth), *Lit:* rhoi diofryd (i/ar rth); *Ecc:* **... and, forsaking all others, keep thee only unto him,** ... a chan wrthod pawb arall, dy gadw dy hun yn unig iddo ef.
forsaken *a.* unig, amddifad, gadawedig, gwrthodedig; (*place*): unig, anghyfannedd, gwag (gweigion); *S.a.* **God-~.**
forsakenness *n.* unigrwydd *m*, amddifadrwydd *m*, amddifedi *m*, gwrthodedigrwydd *m*; (*of place*): anghyfan|edd-dra *m*, gwacter *m*, unigrwydd *m*.
forsooth *adv. A:* & *Lit:* ar fy ngair! ar fy nawdd! ar fy llw! *Iron:* wir! myn brain i!
forspent *a. A:* blinedig, lluddedig, diffygiol, blin, wedi ymlâdd.
forswear *v.t.* **1.** rhoi'r gorau (i rth), ymwrthod (â rhth), rhoi diofryd (ar/i rth), diofrydu (rhth). **2. to ~ oneself,** tyngu anudon, anudoni, camdyngu.
forsworn *a.* anudonol.
forsythia *n. Bot:* clychau aur *pl.*
fort *n. Mil:* caer(-au, ceyrydd) *f*, *occ:* amgaerfa (amgaerf|eydd) *f*, amddiffynfa (amddiffynf|eydd) *f*, *A:* dinas(-oedd) *m*; *Archeol:* **contour ~,** caer gyfuchlin (ceyrydd cyfuchlin); **hill-~,** bryngaer(-au, bryngeyrydd) *f* (*pronounced* ng-g); **multivallate ~,** caer amlgloddiog; **promontory ~,** caer bentir (ceyrydd pentir); **satellite ~,** isgaer(-au, isgeyrydd) *f*; **Saxon Shore ~,** caer y Glannau Sacsonaidd; **univallate ~,** caer unclawdd; **vitrified ~,** caer wydrog (caerau gwydrog); *F:* **to hold the ~,** gofalu am y siop, cynnal yr achos; *Mil:* sefyll yn y bwlch, dal y gaer.
fortalice *n. A:* castellan(-au) *m*.
forte[1] *n.* man cryf *m*, cryfder *m*; **singing is not his ~,** nid ar ganu y mae'n rhagori; nid canu yw ei gryfder.
forte[2] *a., adv.* & *n. Mus:* ***forte,*** yn uchel; **~ *piano*** *adv.* yn uchel, yna'n ddistaw.
forth[1] *adv.* **1.** yml|aen; **to go/sally ~,** cychwyn, mynd allan, mynd yn eich blaen, mynd rhagoch; **to stretch ~ one's hand,** estyn eich llaw; **to put ~ leaves,** deilio. **2. from this time ~,** o hyn allan/ yml|aen, o'r pryd hwn allan/yml|aen. **3. and so ~,** ac felly yn y blaen, ac yn y blaen, ac ati [hi]. **4. back and ~,** yn ôl ac ymlaen, yn ôl a blaen, *Lit: occ:* ôl a gwrthol.
Forth[2] *Pr.n. Geog:* Gweryd *f*; *S.a.* **firth.**
forthcoming *a.* **1.** (*a*) (= *imminent, arriving*): gerll|aw, ar ddod, ar gyrraedd, ar y ffordd; **help is ~,** mae cymorth yn dod; mae cymorth ar y ffordd; (*b*) **no reply was ~,** ni chafwyd ateb; ni ddaeth ateb. **2. my ~ book,** fy llyfr nesaf, fy llyfr sydd ar fin ymddangos; *Cin:* **"~ attractions",** "ein lluniau nesaf". **3.** *F:* **he's ~,** mae'n agored; mae'n barod i siarad; **he's not very ~,** mae'n dawedog; nid yw'n yn barod i ddweud llawer; un distaw/di-ddweud ydyw; *S:* mae'n wedwst.
forthcomingness *n.* parodrwydd (*m*) i ateb.
forthright *adv.* & *a.* **1.** *adv.* heb flewyn ar eich tafod, yn ddi-lol, yn blwmp ac yn blaen, yn ddi-dderbyn-wyneb; **in very ~ terms,** yn bendant glir a diamwys. **2.** *a.* plaen, plwmp a phlaen, di-flewyn-ar-dafod, di-dderbyn-wyneb.
forthrightness *n.* gonestrwydd *m*, siarad plaen *m*, plaender *m*, plaendra *m*.
forthwith *adv.* ar unwaith, yn ddi-oed, yn ddiymdr|oi, rhag blaen, heb oedi, heb ymdr|oi, yn syth, ar eich union, yn y fan, *Lit:* yn ddiatreg, *N: F:* yn syth bin.
fortieth *num. a.* & *n.* **1.** *a.* deugeinfed, *less idiomatically* pedwar degfed *foll. by the soft mut. of a fem. noun and is itself mutated after the article:* **the ~ time,** y ddeugeinfed waith, *less idiomatically* y bedwar degfed waith; **my ~ birthday,** fy mhen blwydd yn ddeugain [oed]; **~ anniversary,** deugeinmlwyddiant (deugeinmlwyddiannau) *m*. **2.** *n.* deugeinfed(-au) *m&f*, pedwar degfed(-au) *m&f*; *Mth:* un rhan (*f*) o ddeugain, un rhan o bedwar deg.
fortifiable *a.* amddiffynadwy, grymusadwy, y gellir ei gadarnh|au &c.
fortification *n.* **1.** (*action*): (*a*) (*of town &c*): cadarnhad *m*, grymusiad *m*, nerthiad *m*, nerthiant *m*, cryfhad *m*, atgyfnerthiad *m*; *vn.* = **fortify**; (*b*) (*of wine*): cryfhad. **2.** *usu.pl.* **fortifications,** gwrthglawdd *m*, gwrthgloddiau *pl*, amddiffynfa *f*, amddiffynf|eydd *pl*, gwrthfur *m*, gwrthfuriau *pl*, amgaer(-au, amgeyrydd) *f*; *Archeol:* caerwaith (caerweithiau) *m*.
fortified *a. Mil:* **1.** caerog; **a ~ place/area,** cadarnle(-oedd) *m*; **~ city,** dinas gaead (dinasoedd caead) *f*. **2. ~ wine,** gwin cadarn *m*.
fortifier *n.* cryfhäwr (cryfhawyr) *m*, atgyfnerthwr: atgyfnerthydd (atgyfnerthwyr) *m*, cyfnerthwr: cyfnerthydd (cyfnerthwyr) *m*.
fortifying *a.* atgyfnerthol.
fortify *v.t.* **1.** (*town, pers.*): cryfh|au, cyfnerthu, atgyfnerthu, grymuso, cadarnh|au; **courage fortified against dangers,** dewrder arfog rhag peryglon. **2.** (*wine*): cryfh|au, cadarnh|au.
fortis *a. Phon:* **~ consonant,** cytsain gref/ffortis (cytseiniaid cryf/ ffortis) *f*.
fortissimo *a., adv.* & *n. Mus:* ***fortissimo,*** [yn] uchel iawn.
fortitude *n.* nerth (*m*) enaid, cryfder *m*, dewrder *m*, gwroldeb *m*.
fortlet *n.* caeran(-au) *f*, caer fechan (caerau bychain) *f*.
fortnight *n.* pythefnos(-au) *mf*; **this day ~, today ~,** pythefnos i heddiw; **a ~ on Monday,** pythefnos i ddydd Llun; **a ~ ago,** bythefnos yn ôl.
fortnightly *a., adv.* & *n.* **1.** *a.* pythefnosol, pob pythefnos. **2.** *adv.* bob pythefnos, yn bythefnosol. **3.** *n.* pythefnosolyn (pythefnosolion) *m*.
Fortran *n. Cmptr: Ling:* ***Fortran*** *mf.*
fortress *n.* caer(-au, ceyrydd) *f*, castell (cestyll) *m*, cadarnle(-oedd) *m*, amddiffynfa (amddiffynf|eydd) *f*; **legionary ~,** cadarnle lleng.
fortuitism *n. Phil:* damweiniolaeth *f*.
fortuitist *n. Phil:* damweiniolwr (damweiniolwyr) *m*.
fortuitous *a.* damweiniol, ar ddamwain, trwy ddamwain/hap, trwy hap a damwain.
fortuitously *adv.* yn ddamweiniol, ar ddamwain, trwy [ryw] hap, ar hap, trwy hap a damwain.
fortuitousness *n.* damweinioldeb *m*.
fortuity *n.* **1.** (= *chance occurrence*): digwyddiad(-au) *m*, hap (*f*) a damwain *f*. **2.** = **fortuitousness.**
fortunate *a.* (= *lucky*): ffodus, lwcus, *occ:* ffortunus; **how ~!** am lwc! ffodus iawn! dyna lwc/lwcus/ffodus! **how ~ you are!** gwyn eich byd chi! *Lit: A:* **the F~ Isles,** yr Ynysoedd Dedwydd.
fortunately *adv.* wrth lwc, drwy lwc, yn ffodus, yn lwcus.
fortunateness *n.* ffodusrwydd *m*.
fortune *n.* **1.** (*a*) (= *luck*): lwc *f*, *Lit:* ffawd *f*; **good ~,** lwc dda, ffawd dda; **ill ~,** anffawd (anffodion) *f*; **by good ~,** trwy lwc, wrth lwc, yn ffodus; **to try one's ~,** rhoi cynnig arni, mentro'ch siawns, mentro'ch lwc; **the goddess ~,** y dduwies ffawd; **~ favours him,** mae lwc o'i blaid; **~'s wheel,** troell (*f*) ffawd, olwyn (*f*) ffawd, rhod (*f*) ffawd; (*b*) (= *destiny*): tynged *f*, ffawd; **the fortunes of war,** ffawd rhyfel; (*c*) **to tell fortunes,** dweud ffortiwn, *A:* dweud tesni; **to tell s.o.'s ~ by cards,** darllen cardiau rhn. **2.** (*a*) (= *prosperity*): ffyniant *m*; (*b*) (= *wealth*): cyfoeth *m*, golud *m*, ffortiwn (ffortiynau) *f*; **fame and ~,** clod a golud, cyfoeth a chlod; **a man of ~,** gŵr cyfoethog/ariannog/ cefnog, gŵr y gôd (gwŷr y codau), *S. W:* gŵr abl; (*c*) **to make a ~,** gwneud eich ffortiwn; **he's worth a ~,** mae'n graig o arian; **he won a small ~,** fe enillodd arian sylweddol; fe enillodd ffortiwn; **to come into a ~,** etifeddu arian mawr; *F:* **it has cost me a [small]**

~, mae wedi costio arian mawr imi; mae wedi costio ffortiwn imi; mi delais i grocbris amdano; **there is a ~ of pictures in the house,** mae gwerth arian o luniau yn y tŷ; *(d)* **to marry a ~,** priodi arian, priodi rhn ariannog/cefnog. **~-cookie** *n. U.S:* bisgeden (bisgedi) lwcus *f*, bisgïen (bisgis) lwcus *f*. **~-hunter** *n.* heliwr (helwyr) *(m)* gwaddol, gwaddolgi (gwaddolgwn) *m.* **~-hunting** *vn.* hela gwaddol. **~-teller** *n.* dyn(-ion) *(m)* dweud ffortiwn, gwr|aig (gwragedd) *(f)* dweud ffortiwn, *N.W: occ:* dewines(-au) *f*. **~-telling** *vn.* dweud ffortiwn, darllen cardiau, darllen dail te *&c*, *N.W: occ:* dewiniaeth *f*, dweud dewiniaeth, *A:* dweud tesni.

forty *num. a. & n.* **1.** *a.* deugain, *less idiomatically* pedwar deg, *foll. by a sing. noun or by* o + *n.pl.:* **~ horses,** deugain ceffyl, deugain o geffylau, pedwar deg ceffyl, pedwar deg o geffylau; **the F~ Thieves,** y Deugain Lleidr; *(b)* deugain *is foll. by the unmutated form of the noun:* **~ times,** deugain gwaith; *but by the nasal mut. of* blynedd, blwydd, diwrnod: **~ years,** deugain mlynedd; **~ years old,** deugain mlwydd oed, deugeinmlwydd oed, deugain oed; **~ days,** deugain niwrnod; **~ hour week,** wythnos ddeugain awr; *Ecc:* **the F~ Hours,** y Deugain Awr *f*; *(c)* pedwar deg *changes to* pedwar deng *before* m-: **~ miles,** pedwar deng milltir, *and is foll. by the nasal mut. of* blwydd, blynedd, diwrnod: **~ years,** pedwar deng mlynedd; **~ years old,** pedwar dengmwlydd oed; **~ days,** pedwar deng niwrnod; *(d) F:* **~ winks,** cyntun *m*, hoe fach *f*. **2.** *n.* deugain (deugeiniau) *m*, pedwar deg(-au) *m*; **she's in her forties,** mae hi yn ei deugeiniau; mae hi yn ei phedwar degau; **the Forties,** *(era):* y Pedwar Degau; **nineteen ~,** mil naw pedwar deg; **the 1940's,** pedwar degau'r ugeinfed ganrif; *Nau:* **the Roaring Forties,** y Deugeiniau Gwyllt/Stormus; *Hist:* **the Hungry Forties,** y Pedwar Degau Newynog; **at 8.40,** am ugain munud i naw. **~-eight** *a. & n.m.* wyth a deugain, deugain ac wyth, pedwar deg [ac] wyth; *for construction See* **eight, eighty-eight.** **~-eighth** *a. & n.* wythfed a deugain, pedwar deg [ac] wythfed; *for construction See* **eighth, eighty-eighth.** **~-eightmo** *Book-b:* **1.** *a.* wythblyg a deugain. **2.** *n.* llyfr(-au) *(m)* wythblyg a deugain. **~-fifth** *a. & n.* pumed a deugain, pedwar deg a phumed, pedwar deg pumed; *for construction See* **fifth, eighty-fifth.** **~-first** *a. & n.* unfed a deugain, pedwar deg [ac] unfed; *for construction See* **first, eighty-first.** **~-five** **1.** *a.* pum ... a deugain, deugain a phum ..., pedwar deg a phum ..., pedwar deg pum ...; *for construction See* **five, eighty-five.** **2.** *n.* *(a)* pump a deugain *m*, deugain a phump, pedwar deg a phump *m*, pedwar deg pump *m*; *(b) (record):* record *(f)* bedwar deg pump (recordiau pedwar deg pump), *occ:* disg(-iau) *(m)* pedwar deg pump; *(c) (gun):* gwn (gynnau) *(m)* pedwar deg pump; *(d) Hist:* **the F~-five,** Gwrthryfel *(m)* Pedwar deg pump. **~-four** *a. & n.* pedwar *(m)* a deugain, pedair *(f)* a deugain, deugain a phedwar/phedair, pedwar deg a phedwar/phedair; *for construction See* **four, eighty-four.** **~-fourth** *a. & n.* pedwerydd *(m)* a deugain, pedwaredd *(f)* a deugain, pedwar deg a phedwerydd/phedwaredd, pedwar deg pedwerydd/pedwaredd; *for construction See* **fourth, eighty-fourth.** **~ knot** *n. Bot:* *(Alternanthera achyrantha):* deugeinglwm *m* *(pronounced* ng-g). **~-nine** *a. & n.m.* naw a deugain, deugain a naw, pedwar deg [a] naw; *for construction See* **nine, eighty-nine.** **~-niner** *n. Hist:* cloddiwr (cloddwyr) *(m)* aur [ym mhedwar deg naw]. **~-ninth** *a. & n.* nawfed a deugain, pedwar deg [a] nawfed; *for construction See* **ninth, eighty-ninth.** **~-second** *a.* ail a deugain, pedwar deg ac eilfed; *for construction See* **second, eighty-second.** **~-seven** *a. & n.m.* saith a deugain, deugain a saith, pedwar deg [a] saith; *for construction See* **seven, eighty-seven.** **~-seventh** *a. & n.* seithfed a deugain, pedwar deg [a] seithfed; *for construction See* **seventh, eighty-seventh.** **~-six** *a. & n.m. a.* chwe ... a deugain, deugain a chwe ..., pedwar deg [a] chwe ...; *for construction See* **six, eighty-six.** **~-sixth** *a. & n.* chweched a deugain, pedwar deg [a] chweched; *for construction See* **sixth, eighty-sixth.** **~ spot** *n. Orn:* *(Pardalotus quadragintus):* p|ardalot (pardalotiaid) mannog *m.* **~-third** *a. & n.* trydydd *(m)* a deugain, trydedd *(f)* a deugain, pedwar deg a thrydydd/thrydedd, pedwar deg trydydd/trydedd; *for construction See* **three, eighty-three.** **~-three** *a. & n.* tri *(m)* a deugain, tair *(f)* a deugain, deugain a thri/thair, pedwar deg a thri/thair, pedwar deg tri/tair; *for construction See* **three, eighty-three.** **~-two** *a. & n.* dau *(m)* a deugain, dwy *(f)* a deugain, deugain a dau/dwy, pedwar deg [a] dau/dwy; *for construction See* **two, eighty-two.**

fortyfold *a. & adv.* **1.** *a.* deugeinplyg. **2.** *adv.* ddeugeinwaith, gymaint ddeugeinwaith, ddeugain [g]waith drosodd.

forum *n.* **1.** *(a) Rom.Hist:* fforwm (fforymau) *m*, marchnadfa (marchnadf|eydd) *f*; *(b) (= debating chamber):* dadleufa (dadleuf|eydd) *f*, areithfa (areithf|eydd) *f*. **2.** *Fig: (= public discussion):* seiat (seiadau) *(f)* holi, trafodaeth (-au) *f*; **to hold a ~,** seiadu, cynnal seiat. **3.** *(= tribunal):* tribiwnlys(-oedd) *m*, brawdle(-oedd) *m.*

forward[1] *a., n. & adv.* I. *a.* **1.** *(a) Nau: &c:* blaen; **~ turret,** tyred (-au) blaen *m*; *Mth: Ph:* **~ arc,** arc flaen (arcau blaen) *f*; *(b)* **~ motion,** symudiad yml|aen *m*; **the ~ journey,** y siwrnai allan *f*; *Fb:* **~ pass,** pas ymlaen *m*; *Rel:* **the F~ Movement,** y Symudiad Ymosodol *m.* **2.** *(crops &c):* cynnar, cyn pryd. **3.** *(opinions; = advanced, extreme):* blaengar *(pronounced* ng-g), o flaen yr oes. **4.** *(= cheeky):* digywilydd, hyf, ymwthgar, haerllug, eofn, *S:* ewn, *S.W:* diwárdd, *N:* talgryf, powld; **to be ~ with s.o.,** mynd yn hyf/ewn ar rn. **5.** *Com: (price, delivery):* darpar + *soft mut.*; **~ contract,** darpar gytundeb(-au) *m.* II. *n. Fb: (pers.):* blaenwr (blaenwyr) *m*; **inside ~,** mewnwr (mewnwyr) *m*; **outside ~,** asgellwr (asgellwyr) *m*; **prop ~,** blaenwr prop, prop(-iaid) *m*; **flank/wing ~,** blaenasgellwr (blaenasgellwyr) *m*; **blind side wing ~,** blaenasgellwr tywyll; **open side wing-~,** blaenasgellwr agored; III. *occ:* **forwards** *adv.* **1.** *(a)* yml|aen, yn eich blaen; rhag (rhagof, rhagot, rhagddo, rhagddi; rhagom, rhagoch, rhagddynt). **from that day ~,** o'r dydd hwnnw ymlaen, o hynny allan; **to look ~ to sth,** edrych ymlaen at rth, *N:* disgwyl yn arw am rth, *S: occ:* disgwyl ymlaen at rth; *(b) Bank:* **~ rates,** darpar gyfraddau, blaengyfraddau *(pronounced* ng-g); **to move ~,** symud ymlaen, symud yn eich blaen; **~!** ymlaen! *Lit: occ:* rhagom! **the seat is too far ~,** mae'r sedd ormod ymlaen; *Fb:* **to play ~,** chwarae yn y rheng flaen, chwarae fel blaenwr; *Danc:* **~ and back a double,** llanw a thrai, dwbl ymlaen ac yn ôl; **the crew's quarters are ~,** mae lle'r criw yn y pen blaen; *(c) Com:* **[carried] ~,** ducpwyd ymlaen; **to come ~,** dod ymlaen; **2.** *(= present oneself):* eich cyflwyno'ch hun, ymgyflwyno, ymgynnig, eich cynnig eich hun; **he went ~,** aeth yn ei flaen; *Lit:* aeth rhagddo; **to put an idea ~,** cynnig syniad, rhoi syniad ymlaen; **to bring a meeting ~,** dod â chyfarfod yn nes; **she thrust herself ~,** fe'i gwthiodd ei hun ymlaen; ymwthiodd ymlaen; **he's always pushing himself ~,** rhaid iddo gael bod yn geffyl blaen; **I want to get ~ with tomorrow's work,** mae arna' i eisiau bod ar y blaen gyda gwaith yfory. **~ arrow** *n. Cmptr: &c:* saeth(-au) *(f)* ymlaen. **~ bridge** *n. Th:* pont(-ydd) *(f)* ymlaen. **~ chaining** *vn. Cmptr:* cadwyno ymlaen. **~-looking** *a.* blaengar. **~ rush** *n. Fb:* cwrs *(m)* blaenwyr.

forward[2] *v.t.* **1.** *(a plan):* hyrwyddo, hybu. **2.** *(a) (a letter):* anfon (llythyr) yml|aen, blaenyrru (llythyr) **(to s.o.,** at rn); **to ~ sth to s.o.,** anfon rhth ymlaen at rn, ailgyfeirio rhth at rn; *(b)* **to be forwarded; please ~,** anfoner ymlaen; i'w anfon ymlaen.

forwarder *n.* **1.** *(of plan):* hyrwyddwr (hyrwyddwyr) *m*, hyr|wyddwraig *f*. **2.** *(= sender):* anfonwr (anfonwyr) *m*, anf|onwraig *f*, ailgyfeiriwr (ailgyfeirwyr) *m*, ailgyf|eirwraig *f*.

forwarding *vn.* **1.** *(of project):* hyrwyddiad(-au) *m*, hwb *m*, cefnogaeth *f*, anogaeth *f* **(to sth,** i rth); *vn.* = **forward**[2] **1. 2.** *(of letter):* ailgyfeiriad *m*, anfoniad *m*; *vn.* = **forward**[2] **2. 3.** *Lib:* rhagrwymo *vn.* **~ address** *n.* cyfeiriad *(m)* anfon yml|aen. **~ agent** *n.* blaenyrrwr (blaenyrwyr) *m.*

forwardly *adv.* yn hyf *&c.*

forwardness *n.* **1.** *(= progress):* cynnydd *m.* **2.** *(of crop &c):* cynharwch *m*; *(= precocity of pupil):* rhagaeddfedrwydd *m*, datblygiad cynnar *m.* **3.** *(= pertness):* digywil|ydd-dra *m*, ehofndra *m*, hyfder *m*, hyfdra *m*, haerllugrwydd *m*, rhyfyg *m*, *N: occ:* powldra *m*, *S:* ewndra *m.*

forwearied *a. A:* blinedig, lluddedig, blin, wedi ymlâdd.

forzando *a. & adv. Mus:* ***forzando.***

fossa *n. Anat:* pant(-iau) *m*, ceudod(-au) *m*, ffos(-ydd) *f*.

fossate *a. Anat:* pantiog, ceudodol, ffosog.

fosse *n.* **1.** ffos(-ydd) *f*. **2.** *Anat:* = **fossa. F~ Way (the)** *Pr.n. Eng.Geog:* Ffordd *(f)* y Ffosydd.

fossick *v.i. F:* chwilota, *S:* chwilmentan, *N:* swlffa, jwlffa.

fossicker *n.* chwilotwr (chwilotwyr) *m*, *N:* swlffiwr (swlffwyr) *m.*

fossil *n. & a.* **1.** *n.* ffosil(-[i]au,-od) *m*, ffosilyn (ffosil[i]au, ffosilod), *occ:* cloddilyn (cloddilion) *m*; *F:* **an old ~,** hen gono *m*, hen begor *m*, hen daid *m*, hen gant *m*. **2.** *a.* ffosilaidd, ffosiledig; ~ **fuel,** tanwydd ffosiledig. ~ **collector** *n.* ffosilydd(-ion) *m*, ffosilwr (ffosilwyr) *m*.

fossilation *n.* = **fossilization.**

fossiliferous *a.* ffosilifferaidd.

fossilization *n.* ffosileiddiad *m*, caregiad *m*, ymgaregiad *m*; *vn.* = **fossilize.**

fossilize *v.t.&i.* ffosileiddio, caregu, ymgaregu.

fossilized *a.* ffosiledig, caregog; *F:* **to become ~,** ymgaregu.

fossorial *a. Z:* turiol, cloddiol.

foster[1] *v.t.* **1.** *(a child):* magu, meithrin, maethu; **to ~ out a child,** rhoi plentyn ar faeth *or* i'w faethu. **2.** *(an idea):* meithrin, coleddu, *Lit:* coledd.

foster-[2] *comb.fm.* [-]maeth, *occ:* maeth[-]. **~-brother** *n.* brawd (brodyr) maeth *m*, brawdfaeth(-od) *m*, maethfrawd (maethfrodyr) *m*. **~-care** *n.* gofal maeth *m*. **~-child** *n.* plentyn (plant) maeth *m*. **~-daughter** *n.* maethferch(-ed) *f*, merch faeth (merched maeth) *f*. **~-father** *n.* tadmaeth(-au,-od) *m*, tad(-au) maeth *m*, maethdad(-au) *m*. **~-home** *n.* cartref(-i) maeth *m*. **~-mother** *n.* mamaeth(-au,-od) *f*, mam faeth (mamau maeth) *f*. **~-parent** *n.* rhiant (rhieni) maeth *m*. **~-sister** *n.* chwaer faeth (chwiorydd maeth) *f*, chwaerfaeth(-od) *f*. **~-son** *n.* maethfab (maethfeibion) *m*, mab (meibion) maeth *m*.

fosterage *n.* maethu *vn*, meithriniad *m*, meithriniaeth *f*; rhoi (plant) ar faeth; *(system):* cyfundrefn (*f*) faeth; **in ~,** ar faeth.

fosterer *n.* maethwr (maethwyr) *m*, m|aethwraig (maethwragedd) *f*.

fostering *vn.* maethiad *m*, maethu. **F~ Allowance** *n.* Lwfans (*m*) Maethu.

fosterling *n.* plentyn (plant) maeth *m*.

fother *v.t. Nau:* cau, clytio.

fouetté *n. Ballet:* chwipiad(-au) *m*, ***fouetté(-s)*** *m*.

fought *v. See* **fight**[2].

foul[1] *a., n. & adv.* I. *a.* **1.** *(a) (= evil smelling):* drewllyd, ffiaidd, aflan, brwnt, afiach, bawaidd, mochaidd, mochynnaidd; **~ air,** awyr ddrwg/afiach *f*; **~ gas,** nwy gwenwynol *m*; *Ap:* **~ brood disease,** clefyd (*m*) y gwenyn; *(b) (thoughts):* ffiaidd, cyfoglyd, anllad, anniwair, amh|ur, mochaidd, bawlyd, mochynnaidd, *S:* brwnt (*f.* bront, *pl.* bryntion), *N:* budr(-on); *(in language):* brwnt, bras (breision), anweddus; **~ language,** iaith fras, *N.W: occ:* araith [ddrwg] *f*, brastod *m*; **the F~ Fiend,** y Diafol *m*, y Cythraul *m*, Satan *m*, *Lit: occ:* yr Anras *m*; **a ~ word,** gair bras/anweddus/hyll; *(c) (deed):* gwael, sâl, ysgeler, anfad, ffiaidd, ciaidd, *occ:* diffaith; **a ~ deed,** anfadwaith *m*; **a ~ trick,** tro sâl, tro gwael, *V:* hen dro dan din, *N.W: occ:* tro ffadin, tro Gwyddel; *(d) F:* **~ weather,** tywydd gwael/mawr/budr. **2.** *(a) (clothes &c):* brwnt, budr(-on), drewllyd; **~ water,** dŵr budr/brwnt *m*; *(stagnant):* merddwr *m*; **~ copy,** copi blêr/aflêr *m*; **~ pump,** pwmp wedi ei dagu/gau; *(b) Nau: (of ship):* **~ bottom,** gwaelod budr/brwnt; *(sea): (with seaweed):* gwymonog; *(rocky):* creigiog; *(c) Lib:* **~ case,** cas(-ys) gwyllt *m*. **3.** *Nau: (a) (anchor):* yn sownd, dryslyd, rhwym, ynghl|wm, wedi drysu; **the rope is ~,** mae'r rhaff wedi mynd yn sownd; **to run ~ of another ship,** taro/bwrw yn erbyn llong arall, gwrthdaro â llong arall; *F:* **to fall ~ of s.o.,** pechu yn erbyn rhn, ffraeo â rhn, sathru ar gyrn rhn, tynnu blewyn o drwyn rhn, tynnu rhn yn eich pen, *Lit:* ennyn gwg/llid/dig/dicter rhn; **to fall ~ of the law,** torri'r gyfraith, mynd i afael y gyfraith, tramgwyddo'r gyfraith, ennyn gwg y gyfraith. **4.** *Sp: &c: (= unfair):* annh|eg, budr, brwnt; *Sp:* **~ line,** y llinell derfyn *f*; **~ play,** *(i) Sp:* chwarae brwnt/budr/annheg *m*, camchwarae *vn*; *(ii) Jur:* anfadwaith *m*; **~ play is not suspected,** ni chredir y bu trosedd/anfadwaith; nid amheuir anfadwaith; **by fair means or ~,** trwy deg neu hag[a]r, trwy deg neu drwy drais; *Box:* **~ blow,** ergyd(-ion) isel *mf*; **~ throw,** camdaflu *vn*, camdafliad(-au) *m*. **5.** *(fish after spawning):* lleuog. II. *n.* **1.** *Sp:* chwarae annheg/budr/brwnt *m*, bagliad(-au) *m*, ffowl(-iau) *f*, *N.W: occ:* mochad *m*. **2.** *(= entanglement):* dryswch *m*. **3.** *(= collision):* gwrthdrawiad(-au) *m*. **4.** *Vet:* **~ in the foot,** troed clonc/glonc *mf*; *S.a.* **foot-rot.** III. *adv.* **to hit s.o. ~,** taro rhn yn giaidd/annheg; **to play s.o. ~,** gwn|eud tro gwael â rhn; **to fight ~,** ymladd yn frwnt/fudr. **~-mouthed** *a. (pers.):* rheglyd, budr, brwnt [eich iaith], bras, aflednais, cwrs, tafotrwg, *S.W: occ:* tafodrydd.

foul[2] *v.t.&i.* I. *v.t.* **1.** *(= soil):* baeddu, maeddu, difwyno, *S:* bryntu, brynto, *S: occ:* dwyno, *Lit:* llychwino, halogi; **a dog fouling the pavement,** ci'n bawa ar y palmant, ci'n gwn|eud ei faw ar y palmant; **to ~ one's own nest,** baeddu'ch nyth eich hun, bawa yn eich nyth eich hun; **to ~ sth up,** gwneud llanast/stomp/cawl *&c* (o rth). **2.** *(a) (= block):* cau, llenwi; *(b) Nau:* **to ~ an anchor,** clymu/drysu angor; **to ~ another ship,** taro llong arall. II. *v.i.* **1.** *(of gun barrel):* cau, llenwi; **2.** *Nau: (of anchor):* **to ~, to become fouled,** drysu, clymu, mynd yn sownd, cydio, dal (**in sth,** yn rhth). 3. *Sp:* chwarae'n fudr *&c*, ffowlio. **~-up** *n. F:* smonaeth *f*, llanast *m*, dryswch *m*, stomp *f*, cawl *m*, poitsh *m*, traed (*pl*) moch.

foulard *n. Cost:* ffunen(-nau) *f*.

fouling *vn.* ffowlio.

Foulk[es] *Pr.n.m.* Ffowc.

foully *adv.* yn ffiaidd, yn giaidd.

foulness *n.* **1.** *(a) (of air):* amhuredd *m*, drycsawr *m*, drewdod *m*; *(b) (= filth):* budreddi *m*, bryntni *m*, bryntwch *m*, mochyndra *m*. **2.** *(of language):* anweddustra *m*, anwedduster *m*, bryntni, aflednéisrwydd *m*, brastod *m*. **3.** *(of an action):* ffi|eidd-dra *m*, ci|eidd-dra *m*, mileindra *m*.

foumart *n. Z:* ffwlbart(-iaid,-od, ffwlberti) *m*.

found[1] *p.p. See* **find**[2]; **wages paid all ~,** cyflog a llety cyflawn; *Art:* **~ object,** peth(-au) (*m*) a gafwyd, gwrthrych(-au) hapgael *m*.

found[2] *v.t.* **1.** *(an institution, a building):* seilio (*not* selio), sefydlu, sylfaenu, cychwyn; **to ~ a family,** cychwyn teulu; *(an opinion):* seilio, sylfaenu; **a novel founded on fact,** nofel a seiliwyd ar ffeithiau.

found[3] *v.t. Metall:* bwrw, toddi, mo[w]ldio.

foundation *n.* **1.** *(= found*[2]*):* sefydliad(-au) *m*, cychwyniad(-au) *m*, dechreuad(-au) *m*; *vn.* = **found**[2]. **2.** *n. Const:* sylfaen (sylfeini) *f*, sail (seiliau) *f*, *occ:* grwndwal(-au) *m*, gwadn(-au) *mf*; **pile ~,** sylfaen byst (sylfeini pyst); **raft ~,** sylfaen rafft; **slab ~,** sylfaen slab; **strip ~,** sylfaen stribed; **trench ~,** sylfaen ffos; **~ of a cart,** *N.W:* gwadn trol; *(of machine, wall):* gwadnau *pl*; **to dig the foundations of sth,** cloddio sylfeini rhth, *S.W: occ:* torri grwnd rhth; **the foundations of music,** seiliau cerddoriaeth. **3.** *(a) Dressm:* sylfaen; *(b) Th: Toil:* **[make-up] ~,** coluro (*vn*) sylfaen, colur(-iau) (*m*) sylfaen. **4.** *(of theory &c):* sail, sylfaen, cynsail (cynseiliau) *f*. **5.** *(a) (= institution):* sefydliad(-au) *m*; *(b) (= endowment):* gwaddol(-au) *m*, gwaddoliad(-au) *m*; **on the ~,** ar y gwaddol. **~ garment** *n. Cost:* staes(-iau,-ys) *m*, corsed(-au) *m*. **~ pattern** *n.* patrwm (patrymau) sylfaenol *m*. **~ scholar** *n.* ysgolor(-ion) gwaddoledig *m*, ysgolor ar waddol, gwaddolog(-ion) *m&f*. **~-school** *n.* ysgol waddoledig (ysgolion gwaddoledig) *f*. **~-stone** *n.* carreg (cerrig) (*f*) sylfaen, carreg sail. **~ stop** *n. Mus:* stop(-iau) (*m*) sylfaen.

foundational *a.* **1**. sylfaenol, seiliol. **2**. cychwynnol, cychwyniadol, dechreuadol, dechreuol.

foundationer *n.* = **foundation scholar.**

foundationless *a.* di-sail, disylfaen.

founded *a.* seiliedig, **ill-~**, di-sail, disylwedd, heb unrhyw sail, ar seiliau gwael; **well-~,** teg, rhesymol, cadarn, solet, a sail dda iddo/iddi/iddynt, ar sail dda.

founder[1] *n.* sylfaenydd (sylfaenwyr) *m*, sefydlydd(-ion) *m*, sylf|aenwraig (sylfaenwragedd) *f*, sefydlwr (sefydlwyr) *m*, sef|ydlwraig (sefydlwragedd) *f*, *occ:* seiliwr (seilwyr) *m*; *(of school &c):* gwaddolwr (gwaddolwyr) *m*, gwadd|olwraig (gwaddolwragedd) *f*. **~ member** *n.* aelod(-au) (*m*) sefydlu, aelod cychwynnol/dechreuol/gwreiddiol, un o'r aelodau cyntaf, un o'r sefydlwyr/cychwynwyr. **~'s day** *n.* diwrnod (*m*) y sefydlwr.

founder[2] *n. Metall:* bwriwr (bwrwyr) *m* [haearn], toddwr (toddwyr) *m* [haearn]. **~'s hoard** *n.* celc(-iau) (*m*) toddwr.

founder[3] *v.i.* *(a) (of building &c):* dymchwel, chwalu, ysigo, cwympo, syrthio, ymddadfeilio, ymddryllio; *(b) (of horse):* cloffi, *S.W:* ffowndro; *(c) Nau: (of ship):* suddo; *(d) (of plan):* mynd i'r gwellt, methu, mynd yn ffliwt.

founder[4] *n. Vet:* **1.** *(= lameness):* cloffni *m*. **2.** *(= rheumatism):* *N:* cryd (*m*) cymalau, *S:* gwynegon *pl*.

foundered *a.* **1.** *Vet:* cloff, ffowndrus, wedi ffowndro. **2.** *Nau:* suddedig.

foundering *a.* ar fin mynd i'r gwellt, ar ddymchwel, ar suddo *&c*.

founderous *a.* corsiog, corslyd.

founding *a.* sefydlol; **~ father,** sefydlwr (sefydlwyr) *m*.

foundling *n.* plentyn (plant) caffael/cael *m*, plentyn wedi ei adael (plant wedi eu gadael).
foundress *n.f.* gwaddoles(-au), gwadd|olwraig (gwaddolwragedd).
foundry *n. Metalw:* ffowndri (ffowndrïau) *f*, *Lit:* toddle(-oedd) *m*, todd-dy (~-dai) *m*. **~ mould** *n.* mo[w]ld(-iau) (*m*) ffowndri. **~ proof** *n. Typ:* proflen(-ni) (*f*) ffowndri.
fount[1] *n. Poet: Lit:* ffynhonnell (ffynonellau) *f*, llygad (*m*) ffynnon (llygaid ffynhonnau).
fount[2] *n. Typ:* ffownt(-iau) *f*, ffont(-iau) *f*, wynebfath(-au) *m*.
fountain[1] *n. (a) (= water spring):* ffynnon (ffynhonnau) *f*, dŵr (*m*) codi; *(ornamental): F:* ffownten(-s,-ni) *f*; *A: & Lit: (= source):* ffynhonnell (ffynonellau) *f*; **~ of wisdom,** ffynhonnell doethineb; *(b) (= jet of water):* pistyll(-oedd) *m*, *occ:* ffwnt (ffyntiau) *f*. **~-head** *n.* llygad (*m*) ffynnon (llygaid ffynhonnau); *Fig:* **to go to the ~-head,** mynd at/i lygad y ffynnon. **~ palm** *n. Bot: (Livistona australis):* palmwydden (palmwydd) (*f*) y ffynnon. **~-pen** *n.* pin(-nau) (*m*) llenwi/llanw, ysgrifbin(-nau) (*m*) llenwi/llanw, llifbin(-nau) *m*. **~ plant** *n. Bot: (Amaranthus salicifolius):* blodau amor helygddail *pl*. **~ tree** *n. Bot:* **1.** = **deodar**. **2.** *(Caesalpinia pluviosa):* ffynonwydden (ffynhonwydd) *f*.
fountain[2] *v.t.&i.* pistyllio, tarddu, codi, ffynhonni.
four *num. a. & n.* **1.** *a. m.* pedwar, *f.* pedair; *(a) foll. by sing. noun or* o + *n.pl.:* **~ houses,** pedwar tŷ, pedwar o dai; **~ cats,** pedair cath, pedair o gathod; *(b) neither* pedwar *nor* pedair *mutate the noun following, nor do they mutate after the article:* **the ~ girls,** y pedair geneth (*not* y bedair geneth); **the ~ years,** y pedair blynedd (*not* y bedair blynedd); **~ years old,** pedair blwydd oed; **~ times,** pedair gwaith; **the ~ times table,** y tabl pedwar; **~ pounds,** *(money):* pedair punt; *(weight):* pedwar pwys; **~ pence/pennies,** pedair ceiniog, *O:* grôt; **~ shillings,** pedwar swllt; **~ hundred,** pedwar cant; **~ hundredth,** pedwar canfed; **~ thousand,** pedair mil; **~ thousandth,** pedair milfed; **the ~ corners of the earth,** pedwar ban (*m*) [y] byd; *Rel:* **the F~ Aryan Truths,** Pedwar Gwirionedd yr Arya; *W.Hist:* **the F~ Cantreds,** y Pedwar Cantref *m*, y Berf|eddwlad *f*; **~ times as much,** pedwar cymaint, pedair gwaith cymaint; **he came down the stairs ~ at a time,** daeth i lawr y grisiau bob yn bedwar; **the F~ Horsemen of the Apocalypse,** Pedwar Angel y Datguddiad. **2.** *n.* pedwar(-au) *m*; **in fours,** fesul pedwar, bob yn bedwar; *Mil:* **[move] to the right in fours!** i'r dde bob yn bedwar! *Pol:* **the Big F~,** y Pedwar Grym Mawr *m*; **she was on all fours,** 'roedd hi ar ei phedwar; *S: occ:* 'roedd hi ar ei phedwar agor; **to be on all fours with sth,** cyfateb yn union i rth, cyfateb i'r dim i rth; **the ~ of us,** ni'n pedwar, ni'll pedwar, y pedwar ohonom. **~ ale** *n. Hist:* cwrw (*m*) grôt. **F~ Ashes & Six Ashes** *Eng.Pl.n.* Onennau (*pl*) Meigion. **~-ball** *Golf:* **1.** *a.* pedair pêl. **2.** *n.* gêm (*f*) bedair pêl. **~-colour problem** *n.* problem (*f*) y pedwar lliw. **~-cornered** *a.* pedronglog, pedeironglog; *S.a.* **hat. ~-cycle** *a.* = **four-stroke. ~-dimensional** *a.* pedwar dimensiynol, [mewn] pedwar dimensiwn. **~-engined** *a. Av:* pedwar motor *m*. **~-eyed** *a.* **1.** â phedwar llygad, pedwarllygeidiog. **2.** *F: (= bespectacled):* sbectolog. **~-eyes** *n. (i) Ich: (Anableps):* |anableps (anablepsod) *m*, pysgodyn (pysgod) pedwarllygeidiog *m*; *(ii) F: (= pers. wearing spectacles):* sbecs *m&f*. **~-figure** *attrib.* pedwar ffig[i]wr; **~-figure tables,** tablau pedwar ffig[i]wr. **~-flush** *n. U.S: Cards:* rhesaid (rheseidiau) (*f*) o bedwar, pedwarawd (-au) *m*. **~-flusher** *n. U.S:* broliwr (brolwyr) *m*, brolgi (brolgwn) *m*, cogiwr (cogwyr) *m*, ffugiwr (ffugwyr) *m*. **~-footed** *a.* pedeirtroed, pedwartroed; *(horse &c):* pedwarcarnol. **~-hand[ed]** *a.* **1.** *(monkey):* pedeirllaw, pedrylaw, â phedair llaw. **2.** *(game):* i bedwar; *(music):* i ddau. **~ hundred** *n. U.S:* y dosbarth uchaf *m*, y pedwar cant uchaf, *Pej:* y crach *pl*, y crachach *pl*, y byddigions *pl*. **~-in-hand** *n.* **1.** cerbyd (*m*) pedwar ceffyl, gwedd (*f*) o bedwar. **2.** *U.S: Cost:* ***four-in-hand*** *m*, tei(-s) *m*. **~-lane highway** *n.* ffordd fawr (*f*) bedair lôn, priffordd (*f*) bedair lôn (priffyrdd pedair lôn). **~-leaf** *n. See foll.* **~-leaved clover** *n. Bot:* meillionen bedryollt/bedryddail (meillion pedryollt/pedryddail) *f*, *N.W: occ:* meillionen (*f*) bedair dalen (meillion pedair dalen), *S.W: occ:* deilen gynifer (dail cynifer) *f*. **~-letter word** *n.* gair bras (geiriau breision) *m*, gair anweddus, *N:* gair budr (geiriau budron), *S:* gair brwnt (geiriau bryntion). **~-master** *n. Nau:* llong (*f*) bedwar hwylbren/mast (llongau pedwar hwylbren/mast). **F~ Mile Bridge** *W.Pl.n.* Pontrhydybj|ont *f*. **~ o'clock** *n.* **1.** *Bot: (Mirabilis jalapa):* blodyn (*m*) y prynh|awn. **2.** *Orn:* = **friar-bird. ~-part** *a. Mus:* pedair rhan, i bedwar llais. **~-post** *a.* pedwar postyn. **~-poster** *n.* gwely(-au) (*m*) pedwar postyn. **~-pounder** *n. Artill:* canon(-au) (*m*) pedwar pwys. **F~ Roads** *W.Pl.n.* Pedair Heol/Hewl *f*. **~-rowed barley** *n. Husb:* haidd pedwar coliog *m*. **~-seater** *n. Aut:* car (ceir) (*m*) â phedair sedd. **~-square** *a. & adv.* **1.** *(= square):* sgwâr, *Lit:* petryal. **2.** *(= solid, resolute):* solet, cadarn, penderfynol, di-droi'n-ôl. **~-star** *a.* **~-star hotel,** gwesty (*m*) pedair seren. **~-stroke** *a.* pedair strôc. **~ terms** *n.pl. Log:* pedwar term *m*. **~-way** *a.* pedair ffordd, pedeirffordd. **~-wheel, ~-wheeled** *a.* pedrolwynog, pedair olwyn, â phedair olwyn. **~-wheeler** *n. Hist:* pedrolfen(-ni) *f*. **~-yearly** *a.* pedeirblynyddol, bob pedair blynedd.
fourchée *a. Her:* fforch[i]og.
fourchette *n. Anat:* fforchig(-au) *f*.
Fourcrosses *W.Pl.n. (nr. Pwllheli):* Y Ffôr *m*, *A:* Uwchgwystl *m*.
fourfold *a. & adv.* **1.** *a.* pedwarplyg, pedrwbl. **2.** *adv.* yn bedwar cymaint, yn bedrwbl, bedair gwaith [drosodd].
fourgon *n.* men (*f*) baciau (menni paciau).
Fourierism *n. Pol:* Fourieraeth *f*.
Fourierist *n. Pol:* Fourierydd(-ion) *m*.
fourpence *n.* grôt (grotiau) *m*, pis[h]yn (pis[h]iau) (*m*) grôt.
fourpenny *a.* grôt *m*; **to give s.o. a ~ one,** rhoi bonclust i rn; *S.a.* **blow**[5].
fourragère *n.* ***fourragère(-s)*** *f*.
fourscore *a. A: & Lit:* pedwar ugain; **~ and ten,** deg a phedwar ugain.
foursome *a. & n.* **1.** *a.* i bedwar. **2.** *n.* pedwarawd(-au) *m*, grŵp (grwpiau) (*m*) o bedwar/bedair.
fourteen *num. a. & n.* pedwar (*m*) ar ddeg, pedair (*f*) ar ddeg, un deg a phedwar/phedair, un deg pedwar/pedair; *(a) foll. by sing. noun or* o + *n.pl.:* **~ houses,** pedwar tŷ ar ddeg, pedwar ar ddeg o dai, un deg a phedwar tŷ, un deg a phedwar o dai; **~ cats,** pedair cath ar ddeg; **~ people,** pedwar ar ddeg o bobl; *(b) neither* pedwar *nor* pedair *mutate the noun following, nor are they mutated after the article:* **the ~ years,** y pedair blynedd ar ddeg (*not* y bedair blynedd ar ddeg); **~ years old,** pedair blwydd ar ddeg oed; *Pol.Hist:* **the F~ Points,** y Pedwar Pwynt ar Ddeg; **~ eighty-five,** mil pedwar wyth pump; **sixteen ~,** mil chwech un pedwar; **~ hundred,** mil pedwar cant, pedwar cant ar ddeg; **the 1400's,** degawd cynta'r bymthegfed ganrif; **~ thousand,** pedair mil ar ddeg.
fourteener *n. Pros:* llinell (*f*) bedair sill ar ddeg (llinellau pedair sill ar ddeg).
fourteenth *num. a. & n.* **1.** *a.* pedwerydd (*m*) ar ddeg, pedwaredd (*f*) ar ddeg, *less idiomatically* un deg a phedwerydd/phedwaredd, un deg pedwerydd/pedwaredd; pedwaredd *mutates after the article and mutates the noun following:* **the ~ time,** y bedwaredd waith ar ddeg; **the ~ year,** y bedwaredd flwyddyn ar ddeg; **the ~ century,** y bedwaredd ganrif ar ddeg; **my ~ birthday,** fy mhen blwydd yn bedair ar ddeg [oed]. **2.** *n.* pedwerydd (*m*) ar ddeg, pedwaredd (*f*) ar ddeg, un deg a phedwerydd/phedwaredd, un deg pedwerydd/pedwaredd; **the ~ of July, July the ~,** y pedwerydd ar ddeg o Orffennaf, Gorffennaf y pedwerydd ar ddeg; *Mth:* un rhan (*f*) o bedair ar ddeg.
fourth *num. a. & n.* **1.** *a. m.* pedwerydd, *f.* pedwaredd; pedwaredd *mutates after the article and mutates the noun following:* **the ~ gospel,** y bedwaredd efengyl; **the ~ part,** y bedwaredd ran *f*, chwarter(-i) *m*, *occ:* pedeiran(-nau) *f*; **the F~ Estate,** y Wasg *f*; *Fr.Hist:* **the F~ Republic,** y Bedwaredd Weriniaeth; **the ~ time,** y bedwaredd waith; **the ~ dimension,** y pedwerydd dimensiwn *m*; **your ~ birthday,** dy ben blwydd yn bedair [oed]. **2.** *n. (a)* pedwerydd *m*, pedwaredd *f*; **to make a ~,** *(at bridge &c):* bod yn bedwerydd/bedwaredd; **to come ~,** dod yn bedwerydd/bedwaredd; **Henry the F~,** Harri'r Pedwerydd; *(b) Mth:* pedwaredd ran *f*, chwarter(-i) *m*, un rhan (*f*) o bedair. **~-former** *n.* disgybl(-ion) (*m*) pedwerydd dosbarth. **~-rate** *a.* pedwaredd radd. **~-rater** *n.* un (rhai) (*m*) pedwaredd radd, un (*f*) bedwaredd radd (rhai pedwaredd radd).
fourthly *adv.* yn bedwerydd.
fovea *n. Anat:* pant(-iau) *m*, pantle(-oedd) *m*.
foveal, foveate *a. Anat:* pantiog.
foveola *n. Anat:* pannwl (panylau) *m*.

foveolate *a. Anat:* panylog.

fowl[1] *n.* **1.** *Lit:* aderyn (adar) *m*, *Lit: occ:* edn(-od) *mf*; *Coll:* adar *pl*, ehediaid *pl*, ednod *pl*; **the ~ of the air,** ehediaid y nefoedd; **wild ~,** *(i)* aderyn (adar) (*m*) hela; *(ii) (= waterfowl):* aderyn dŵr. **2.** *(a) Husb:* iâr (ieir) *f*, ffowlyn: ffowlsyn (ffowls) *m*; *pl.* **fowls,** *Lit:* dofednod; *(b) Cu:* **[boiling] ~,** ffowlyn berwi; **roasting ~,** ffowlyn rhostio. **~ cholera** *n. Vet:* geri (*m*) dofednod/ieir. **~-foot** *n. Bot: (Ornithopus perpusillus):* troed (*mf*) yr aderyn. **~-grass, ~ meadow-grass** *n. Bot: (Poa trivialis):* gweunwellt lledarw *m*. **~-mite** *n. Ent:* gwiddonyn (gwiddon) (*m*) yr ieir. **~ paralysis** *n. Vet:* parlys (*m*) dofednod/ieir. **~ pest** *n. Vet:* haint (*mf*) dofednod/ieir. **~ pox** *n. Vet:* brech (*f*) dofednod. **~-run** *n.* libart(-iau) *m* [ieir]. **~ roup** *n. Vet:* rŵp (*m*) dofednod/ieir. **~ typhoid** *n. Vet:* teiffoid (*m*) dofednod/ieir.

fowl[2] *v.i.* adara, ffowla, ffowlio, dal adar, rhwydo adar.

fowler *n.* adarwr (adarwyr) *m*, ffowl[i]wr (ffowlwyr) *m*, ffowler(-iaid) *m*, heliwr (helwyr) (*m*) adar.

fowling *vn.* adarwriaeth *f*; *See* **fowl**[2]. **~ piece** *n.* gwn (gynnau) (*m*) adara/ffowlio, dryll(-iau) (*m*) adara.

fox[1] *n. N:* llwynog(-od) *m*, *S:* cadn|o(-[a]id), *occ:* canddo *m*, *Joc:* Siôn (*m*) Blewyn Coch, *A:* madyn *m*; **she-~,** *N:* llwynoges(-au) *f*, *S:* cadnöes(-au) *f*, cadnawes(-au) *f*, *Joc:* Siân Slei Bach *f*; **Arctic ~,** cadno'r Arctig, cadno'r Gogledd; *Prov:* **a wise ~ never robs his neighbour's hen-roost,** ymhell o gartre y mae'r llwynog yn lladd; *N. W: occ:* mae o'n lladd yn bell *or* ymhell; *Cost:* **~ fur,** blew llwynog; *Games:* **~ and geese,** *(board game):* hela'r cadno, chwarae hwch yn yr haidd; **~ and hounds,** *(children's game):* chwarae cŵn cadno; *F:* **a sly ~,** *N:* hen lwynog, hen un ystumddrwg, pryf(-ed) *m*, pryfyn *m* [o ddyn], ffliar(-s) *m*, *S:* hen gadno o ddyn. **~ and cubs** *n. Bot: (Hieracium brunneocroceum):* heboglys melyn/euraid *m*. **~-bane** *n. Bot: (Aconitum vulparia):* (*)llewyg (*m*) y llwynog/cadno. **~-bat** *n. Z:* **1.** = **flying fox. 2.** *(= fruit-bat):* ystlum(-od) (*m*) ffrwythau. **~-brush** *n. N:* cynffon (*f*) llwynog (cynffonnau llwynogod), *S:* cwt (*f*) cadno (cytau cadno[a]id). **~-chop** *n. Bot: (Mesembryanthemum vulpinum):* (*)safn (*f*) y cadno. **~-cub** *n.* cenau (*m*) llwynog/cadno (cenawon llwynogod/cadno[a]id), llwynogyn *m*, llwynog bach, cadno bach. **~-evil** *n. Vet:* clwy(*m*)'r llwynog, moelni *m*. **~-fire** *n. U.S:* tân (*m*) llwynog, llewy[r]n *m*. **~-fish** *n. Ich: (= dragonet):* bwgan(-od) (*m*) dŵr. **~-goose** *n. Orn:* gŵydd (*f*) yr Aifft (gwyddau'r Aifft). **~-grape** *n. Bot: U.S: (Vitis labrusca &c):* gwinwydden (gwinwydd) (*f*) y cadno/llwynog. **~-hunt** *n. N:* helfa (*f*) lwynogod (helf|eydd llwynogod), *S:* helfa gadn|oid (helfeydd cadnoid). **~-hunter** *n.* heliwr (helwyr) (*m*) llwynogod/cadnoid. **~-hunting** *vn.* hela llwynogod/cadnoid, hela'r llwynog/cadno. **~-like** *a.* **1.** *Z.* llwynogaidd, cadnoaidd. **2.** *(= cunning):* ystumddrwg, cyfrwys, ffel, llechwraidd. **~-lynx** *n. Z:* lyncs coch (lyncsod cochion) *m*. **~-mark** *n.* brychni *m*, cochni *m*. **~-moth** *n. Ent:* (*)gwyfyn(-od) cringoch *m* (*pronounced* ng-g), llwynog(-od) *m*. **~-rose** *n. Bot: (Rosa spinosissima):* mwcog *m*. **~-sedge** *n. Bot:* **false ~-sedge,** *(Carex otrubae):* hesgen dywysennog (hesg tywysennog) *f*; **true ~-sedge,** *(C. vulpina):* yr hesgen dywysennog fwyaf (yr hesg tywysennog mwyaf). **~ shark** *n. Ich:* llwynog (*m*) y môr, môr-lwynog(-od) *m*. **~-sleep** *n.* cysgu (*vn*) llwynog, cwsg (*m*) llwynog/cadno, *F:* cwsg ci bwtsiwr. **~-snake** *n. Rept: U.S:* neidr gringoch (nadroedd cringoch) *f*. **~-sparrow** *n. Orn: U.S: (Passerella iliaca):* llwyd(-iaid) tingoch *m* (*pronounced* ng-g). **~-squirrel** *n. Z:* **1.** *(Scirius rufiventer):* gwiwer dorgoch (gwiwerod torgoch) *f*. **2.** *(S. niger):* gwiwer ddu (gwiwerod duon) *f*. **~-terrier** *n.* daeargi (daeargwn) *m*, ci (cŵn) (*m*) codi cadno/llwynog. **~-wedge** *n.* lletem fain (lletemau meinion) *f*.

fox[2] *v.t.* **1.** *(= stain):* brychu. **2.** *F: (= baffle):* twyllo, drysu (rhn); gwn|eud (rhn) [dan ei drwyn].

foxberry *n. Bot:* = **bearberry, cowberry**.

foxed *a.* **1.** *(book):* brycheulyd, brychlyd, brych (*f.* brech, *pl.* brychion), smotiog, rhydlyd. **2.** *(= baffled):* dryslyd, wedi'ch twyllo.

foxglove *n. Bot: (Digitalis):* bysedd (*pl*) [y] cŵn, gwniadur (*m*) Mair, bysedd yr ellyllon, menig (*pl*) ellyllon, menig y tylwyth teg, menig y llwynog, menig Mair, cleci coch *m*, *Lit:* ffion(-au) *m*, dail (*pl*) ffion y ffridd, dail ffion ffrwyth, *N:* bys coch (bysedd cochion) *m*, *occ:* blodyn (*m*) dail crach[od], blodau (*pl*) crach/crachod, dail crach, dail llwynog, bys yr ŵydd, bys cacwn, *S:* [dail] bysedd y cŵn, *S. W: occ:* clatsh (*m*) y cŵn, catrish (*pl*) y cŵn, cregish/crecish/cracish/crecs (*pl*) y cŵn, capsi(*pl*)'r cŵn, *occ:* llysiau(*pl*)'r cŵn, cnec[s] (*pl*) y cŵn, geletsh (*pl*) y cŵn; **fairy ~,** *(Erinus alpinus):* bysedd cŵn y mynydd; **white ~,** bysedd cŵn gwyn[ion], *N:* bysedd cochion gwynion; **long yellow ~,** *(D. grandiflora):* bysedd cŵn melyn mawr; **small yellow ~,** *(D. lutea):* bysedd cŵn melyn bach.

foxhole *n. Mil:* twll (tyllau) (*m*) ymochel.

foxhound *n. Ven:* bytheiad (bytheiaid, byth|eid) *m*, ci (cŵn) (*m*) hela, *S:* ci cadno.

foxily *adv.* *(= cunningly):* yn gadnoaidd *&c.*

foxiness *n.* **1.** *(= cunning):* cyfrwystra *m*, ffelni *m*, cadnoeiddiwch *m*. **2.** *(= colour):* cochni *m*, cringochni *m* (*pronounced* ng-g), lliw cochlyd *m*; *(= mould):* llwydni *m*; *Carp: (in wood):* staeniau brown *pl*. **3.** *(taste):* egrwch *m*, surni *m*.

foxing *n.* *(= brown spots, stains):* brychni *m*, cochni *m*, rhwd *m*, smotiau cochion *pl*.

foxtail *n.* **1.** *(of fox):* *N:* cynffon (*f*) llwynog (cynffonnau llwynogod), *S:* cwt (*f*) cadno (cytau cadnoaid/cadn|oid). **2.** *Bot: (a) (Alopecurus pratensis):* cynffonwellt *m*, rhonwellt (*m*) y cadno, *N:* cynffon llwynog, *S:* cwt cadno; **alpine ~,** *(A. alpinus):* cynffonwellt y mynydd; **bulbous ~,** *(A. bulbosa):* cynffonwellt oddfog; **marsh ~,** *(A. geniculatus):* cynffonwellt elinog, rhonwellt cymalog; **meadow ~,** *(A. pratensis):* cynffonwellt y maes; **orange ~,** *(A. aequalis):* cynffonwellt melyngoch (*pronounced* ng-g), cynffonwellt y llyn; **slender ~,** *(A. myosuroides):* cynffonwellt du; **tuberous ~,** = **foxtail (bulbous)**; *(b) (Acalpha hispida):* cynffon llwynog, cwt cadno; *(c) (a clubmoss, Lycopodium clavatum):* palf (*f*) y blaidd. **~ lily** *n. Bot: (Eremurus):* lili bengrych (lilis/lilïau pengrych) *f* (*pronounced* ng-g). **~ millet** *n. Bot: (Setaria italica):* cibogwellt (*m*) yr Eidal, cynffon [y] llwynog/cadno. **~ orchid** *n. Bot: (Aerides):* tegeirian (*m*) cwt y cadno. **~ pine** *n. Bot: (Pinus balfouriana):* pinwydden bengrych (pinwydd pengrych) *f*.

foxtrot[1] *n. Danc:* ffocstrot(-iau,-s) *f*.

foxtrot[2] *v.i. Danc:* ffocstrotio.

foxy *a.* **1.** *(= cunning):* cyfrwys, ystrywgar, fel llwynog, fel cadno, llwynogaidd, cadnoaidd, ystumddrwg, ffel, llechwraidd. **2.** *(hair, complexion):* coch, cochlyd. **3.** = **foxed 1. 4.** *(drink):* egr, sur.

Foy *Eng.Pl.n.* Llandyf|oi *f*.

foyer *n. Th:* cyntedd(-au,-oedd) *m*.

Fra *n.* **~ Antonio,** y Brawd (*m*) Antonio.

frabjous *a. Joc:* bondibethma.

fracas *n.* helynt(-ion) *f*, ffrwgwd (ffrygydau) *m*, *Lit:* ymryson(-au) *m*, terfysg(-oedd) *m*, ceintach(-au) *f*, *occ:* ffracas(-au) *f*, *N:* twrw *m*, stŵr *m*, ffrigwd *m*, *N.W:* ffatri *f*; **to cause a ~,** creu mwstwr, creu helynt, mwstro.

fracted *a.* toredig; *S.a.* **broken**.

fraction *n.* **1.** *(= very small part):* mymryn [lleiaf] *m*, gronyn *m*, tipyn *m*, rhithyn *m*, tameidyn *m*, *occ:* blewyn *m*; **he escaped death by a ~ [of a second, an inch &c],** bu o fewn trwch y blewyn i gael ei ladd; bu o fewn dim i gael ei ladd; ni bu ond y dim iddo gael ei ladd. **2.** *Mth:* ffracsiwn (ffracsiynau) *m*; **decimal ~,** ffracsiwn degymol/degol; **representative ~,** ffracsiwn cynrychioliadol; **vulgar ~,** ffracsiwn cyffredin: **proper ~,** ffracsiwn bondrwm; **improper ~,** ffracsiwn pendrwm; **partial ~,** ffracsiwn rhannol. **3.** *Ecc:* toriad *m*, torri *vn*. **~ inset board** *n.* bwrdd (byrddau) (*m*) ffracsiynau. **~ trough** *n.* cafn(-au) (*m*) ffracsiynau.

fractional *a.* **1.** *Mth: &c:* ffracsiynol. **2.** *F:* **a ~ difference,** gwahaniaeth main *m*, trwch blewyn (*m*) o wahaniaeth, y mymryn lleiaf (*m*) o wahaniaeth.

fractionalization *n.*, **fractionalize** *v.t.* hollti, rhannu (rhth) [yn ddarnau *&c*].

fractionally *adv.* **1.** *Mth:* yn ffracsiynol. **2.** *F:* **~ different,** mymryn yn wahanol; **he was ~ too late,** 'roedd fymryn yn rhy hwyr.

fractionary *a.* ffracsiynol.

fractionate *v.t.* ffracsiynu, isrannu, dadansoddi; **fractionating column,** colofn(-au) (*f*) ffracsiynu.

fractionation *n. vn.* = **fractionate**.

fractionator *n.* ffracsiynydd(-ion) *m*.

fractionize *v.t.* ffracsiynu.

fractious *a.* **1.** *(= irritable):* pigog, piwis, blin, croes, anynad, afrywiog. **2.** *(= unruly):* stranclyd, stranciog, afreolus, anodd eich trin, anufudd, anystywallt, anhydrin, anhydyn; **to be ~,** strancio.

fractiously *adv.* yn biwis, yn stranclyd *&c.*

fractiousness *n.* **1.** *(= irritability):* piwisrwydd *m*, croesineb *m*, anynadrwydd *m*. stranciau *pl*, strancio *vn.* **2.** *(= unruliness):* natur anystywallt *f.*

fracto- *comb.fm.* **~-cumulus** *n.* ffracto-c|wmwlws (~-c|wmwli) *m.* **~-nimbus** *n.* ffracto-nimbws (~-nimbi) *m.* **~-stratus** *n.* ffracto-stratws (~-strati) *m.*

fracture[1] *n.* **1.** *(of bone &c):* toriad(-au) *m*, amdoriad(-au) *m*, crac(-iadau) *m*; **bone-~,** torasgwrn (toresgyrn) *m*; **greenstick ~,** ysigiad(-au) *m*. **2.** *Miner:* **stress ~,** ysigiad. **3.** *Ling:* deuseiniad *m*, diptoneiddiad *m*. **4.** *Archeol:* toriad, hollt(-au) *f*; **columnar ~,** hollt golofnaidd (holltau colofnaidd); **conchoidal ~,** hollt goncoidol (holltau concoidol); **hinge ~,** hollt golfach (holltau colfach); **mechanical ~,** hollt fecanyddol (holltau mecanyddol); **pot lid ~,** hollt caead potyn; **thermal ~,** hollt thermol.

fracture[2] *v.t.* torri, ysigo.

fractured *a.* wedi torri, toredig, ysig.

fraenulum *n. Anat:* ffrwynig(-au) *f*, ffrwynyn(-nau) *m*.

fraenum *n. Anat:* ffrwyn(-au) *f.*

fragile *a.* **1.** brau, bregus, *occ:* breglyd. **2.** *(pers.):* gwan, eiddil, llegach, gwantan, egwan, *occ:* simsan, musgrell.

fragilely *adv.* yn frau, yn fregus *&c.*

fragilitas ossium *n. Med:* breuder (*m*) esgyrn.

fragility *n.* breuder *m*; *(of pers.):* eiddilwch *m*, musgrellni *m*.

fragment[1] *n.* rhan(-nau) *f*, darn(-au) *m*, dernyn(-nau) *m*, tamaid (tameidiau) *m*, tameidyn: tameityn *m*, dryll(-iau) *m*, talch: telchyn (teilchion) *m*, ysgyryn (ysgyrion) *m*, cyrbibyn (cyrbibion) *m*, *S.W: occ:* bripsyn *m*, *N.W: occ:* cilcyn(-nau) *m*; *S.a.* **bit**[2]; *Rel:* **the Zadokite Fragments,** y Dernynnau Sadocaidd; *W.Lit:* **the Computus F~,** Dernyn y Computus.

fragment[2] *v.t.&i.* **1.** *v.t.* torri, dryllio, darnio, rhannu, chwilfriwio. **2.** *v.i.* ymrannu, ymddryllio, torri['n deilchion *&c*].

fragmental *a.* = **fragmentary.**

fragmentally, fragmentarily *adv.* yn rhannol, yn anghyflawn *&c.*

fragmentariness *n.* drylliogrwydd *m*, darniogrwydd *m*, bratiogrwydd *m*, tameidioldeb *m*, anghyflawnder *m*, natur anghyflawn *&c f.*

fragmentary *a.* anghyflawn, rhannol, digyswllt, chwilfriw, drylliedig, briwsionog, bratiog, darniog, tameidiog, tameidiol.

fragmentate *v.t.&i.* = **fragmentize.**

fragmentation *n.* darniad *m*, drylliad *m*, chwilfriwiad *m*; *vn.* = **fragment**[2]. **~ bomb** *n.* bom(-iau) (*mf*) [y]sgyrion, bom chwilfriwio.

fragmented *a.* bratiog, tameidiog, ysgyriog; *Pol:* **~ opposition,** gwrthblaid ranedig/anghytûn *f*, gwrthwynebiad rhanedig *m*.

fragmentize *v.t.&i. U.S:* = **fragment**[2].

fragmentizer *n.* chwilfriwiwr (chwilfriw-wyr) *m*, drylliwr (dryllwyr) *m*, darniwr (darnwyr) *m*.

fragrance *n.* melyster *m*, melystra *m*, peraroglau (perarogleuon) *m*, persawr(-au) *m*, persawredd *m*; *(the bogus form* perarogl(-au) (*m*) *is often found in literature)*; **to have a sweet ~,** sawru, arogleuo'n felys, perarogleuo, perarogli.

fragrant *a.* persawr, pêr, peraroglus, peraroglaidd, persawrus, sawrus, melys; *Bot:* **~ evening primrose,** melyn (*m*) yr hwyr pêr/peraroglus; *Bot:* **~ orchid,** tegeirian(-au) pêr *m*.

fragrantly *adv.* yn bêr, yn bersawrus *&c.*

'fraid, 'fraidy *a.* = **afraid**; **'fraid so,** ie, mae arna' i ofn; ie, gwaetha'r modd; *N: occ:* ie, beryg; *F:* **'fraidy cat,** babi(-s) (*m*) mam, babi swci mami, *N.W: occ:* pansi(-s) *m*, pansan *m*.

frail[1] *a.* **1.** brau, bregus; *(= transient):* byrhoedlog. **2.** *(pers.):* eiddil, gwan, egwan, llesg, musgrell, gwantan, gwanllyd, llegach, *S.W. occ:* ffrilaidd, di-sut, cymhercyn, dichwaith (= di-chwaeth); **she's getting very ~,** mae hi'n dechrau torri; **a ~ old man,** hen ŵr musgrell, *S.W:* climpyn *m*; **to get ~,** gwanh|au, gwanio, llesgáu, dihoeni, nychu, *S.W:* diharpo, ffaelu, *N.W: occ:* diharffu.

frail[2] *n. Com:* **1.** cawell (cewyll) *m*. **2.** *(= contents weight):* cawellaid (cawelleidiau) *m*, llond (*m*) cawell.

frailly *adv.* **1.** yn frau *&c.* **2.** yn eiddil *&c.*

frailness, frailty *n.* **1.** *(moral & physical):* gwendid *m*; *Lit:* **~, thy name is woman!** breuder, ys gwraig yw d'enw! **2.** *(physical):* eiddilwch *m*, llesgedd *m*, musgrellni *m*. **3.** *(= transience):* breuder *m*.

fraise *n. Carp: &c:* taradr (terydr) (*m*) lledu, lledwr (lledwyr) *m*, ***fraise(-s)*** *mf.*

Fraktur *n. Typ:* ***Fraktur*** *f*, llythyren ddu *f.*

framb[o]esia *n. Med:* yr afanwst *m*.

frame[1] *n.* **1.** *(a) (= structure, build):* ffurf(-iau) *f*, saernïaeth *f*, gwneuthuriad(-au) *m*, cynllun(-iau) *m*, ffrâm (fframiau) *f*, fframwaith (fframweithiau) *m*; **~ of mind,** hwyl(-iau) *f*, hwyliau *pl*, agwedd(-au) (*f*) meddwl, tymer (tymherau) (*f*) meddwl; **~ of reference,** ffrâm (*f*) gyfeirio (fframiau cyfeirio); *(b) (= system):* **~ of government,** ffurf [ar lywodraeth], fframwaith [llywodraeth]; **the ~ of society,** cyfundrefn (*f*) cymdeithas; *Ling:* **substitution ~,** ffrâm amnewid. **2.** *(a) (= build, body):* corffolaeth *f*, maintioli *m*, maint *m*; *occ: (of animal):* cas *m*; **a man of large ~,** paladr (*m*) o ddyn, dyn corffog/cydnerth; **sobs shook her ~,** siglwyd ei chorff gan igian wylo; *(b) (in most technical senses; of building, picture, in garden, vehicle &c):* ffrâm (fframiau) *f*, fframin *m*, fframwaith; *(of bed, cart):* carfan(-au) *f*, *S.W:* cist(-iau) *f*; **basket ~,** ffrâm fasged (fframiau basged); **bent ~,** ffrâm blyg (fframiau plyg); **climbing-~,** ffrâm ddringo (fframiau dringo); **colour ~,** ffrâm liwio (fframiau lliwio); **counting-~,** ffrâm rifo (fframiau rhifo); **paint ~,** ffrâm baent (fframiau paent); **picture-~,** ffrâm bictiwr (fframiau pictiwr[-s]), fframin pictiwr; **pit-~,** fframin pwll; **timber ~,** fframwaith coed; *(c) (= rack):* clwyd(-i,-au) *f*, diogyn(-nod) *m*; *(of scythe):* *N.W:* ffrwyn(-au) *f*, *S.W:* crud(-au) *m*, cadair (cadeiriau) *f*, cawell (cewyll) *m*; *(of churn):* *S.W:* car (ceir) *m*; *(of plough):* *N.W:* gwŷdd (gwyddion) *m*, *S.W:* cwar(-rau) *m*. **3.** *Cin: T.V:* ffrâm, llun(-iau) *m*; **freeze-~,** ffrâm fferru. **4.** *(= loom):* gwŷdd (gwyddion) *m*; **stocking-~,** gwŷdd hosanau, peiriant (peiriannau) (*m*) gwau hosanau. **5.** *Bill: (snooker):* ffrâm, triongl(-au) *m*; *(= round of play):* gornest(-au) *f*. *Cmptr:* **main-~,** prif gyfrifiadur(-on) *m*. **~ aerial** *n.* erial (*mf*) troi/droi (erialau troi). **~-house** *n.* tŷ (tai) pren *m*. **~-saw** *n. Carp:* llif(-iau) (*f*) ffrâm.

frame[2] *v.t.* **1.** *(plan &c):* ffurfio, llunio; *(= express):* mynegi. **2.** *(a novel &c):* llunio, saernïo, *occ:* gweu, ystofi. *(words pronounced):* ynganu, dweud, cynanu. **3. to ~ a plot against s.o.,** cynllwynio yn erbyn rhn; *F:* **to ~ s.o.,** taflu'r bai ar rn, cyhuddo rhn ar gam, camgyhuddo rhn, fframio rhn, ffetlo rhn; **I was framed,** mi gefais y bai ar gam. **4.** *(a picture):* fframio; gosod (rhth rhwng rhth arall, rhth yn rhth arall); *T.V:* **freeze-~,** fferru ffrâm. **~-up** *n. F:* cynllwyn(-ion) *m*, ffetlad(-au) *m*, fframiad(-au) *m*.

frameable *a.* *(a) (plan &c):* ffurfiadwy, lluniadwy; *(b) (= expressible):* mynegadwy; *(c) (= pronouncable):* ynganadwy, cynanadwy; *(d) (picture):* ffram[i]adwy.

framed *a.* mewn ffrâm, fframiedig, fframiog, gosodedig; **well-~,** *(i) (physically):* cydnerth, lluniaidd; *(ii) (words):* addas, pwrpasol, priodol, dethol; **ill-~,** afluniaidd, aflêr, afler; **(a landscape) ~ in an archway,** (golygfa) wedi ei fframio â bwa, a welir trwy fwa.

framer *n.* **1.** *(of treaty &c):* lluniwr (llunwyr) *m*. **2. [picture] ~,** fframiwr (fframwyr) *m*.

framework *n.* fframwaith (fframweithiau) *m*, fframin *m*; **skeleton ~,** fframwaith bras, adeiladwaith *m*, ysgerbwd (ysgerbydau) *m*, amlinelliad(-au) *m*, esgyrn *pl*; **within the ~ of the United Nations,** o fewn fframwaith y Cenhedloedd Unedig.

framing *vn. See* **frame**[2]. **1.** *(of novel, plan &c):* saernïad *m*, cynlluniad *m*, dyfeisiad *m*, cyfansoddiad *m*. **2.** *(of words):* ynganiad *m*, cynaniad *m*; *(of thought):* mynegiant *m*. **3.** *(= false accusation):* camgyhuddiad *m*, ffetlad *m*. **4.** *(of picture):* fframiad *m*, fframin *m*. **5.** = **framework.**

franc *n. Num:* ffranc(-iau) *mf*; **Swiss ~,** ffranc y Swistir; **Belgian ~,** ffranc Belg/Belgaidd/Felgaidd.

France *Pr.n. Geog:* Ffrainc *f*; *Hist:* **Free ~,** Ffrainc Rydd.

franchise[1] *n.* **1.** *Hist: Jur:* braint (breintiau) *f*, rhyddfraint (rhyddfreintiau) *f*, hawl(-iau) *f*; *(= district):* tir(-oedd) breiniol. **2.** *Pol: (= right to vote):* etholfraint (etholfreintiau) *f*. **3.** *(= citizenship):* dinasyddiaeth *f*; **to establish one's ~,** ennill eich plwyf. **4.** *Com: (to sell sth):* hawl (*f*) gwerthu, rhyddfraint, masnachfraint (masnachfreintiau) *f*.

franchise[2] *v.t.* rhoi rhyddfraint (i rn); breinio, rhyddfreinio (rhn).

franchisee *n. Pol:* deiliad (deiliaid) (*m&f*) rhyddfraint.
franchiser *n.* **1.** = **franchisee. 2.** = **franchisor.**
franchisor *n. Pol:* rhyddfreiniwr (rhyddfreinwyr) *m.*
Francis *Pr.n.m.* Ffransis.
Franciscan *a. & n.* **1.** *a.* Ffransisgaidd; **the ~ Order,** Urdd (*f*) Sant Ffransis. **2.** *n.* Ffransisiad (Ffransisiaid) *m*, Ffransisgan(-iaid) *m*, Brawd (Brodyr) Troednoeth, Brawd Llwyd (Brodyr Llwydion).
francium *n. Ch:* ffransiwm *m.*
Franco- *comb.fm.* Ffrengig-. **~-American 1.** *a.* Ffrengig-Americanaidd. **2.** *n.* Americanwr (Americanwyr) Ffrengig *m*, Americanes(-au) Ffrengig *f*. **~-British** *a.* Ffrengig-Brydeinig. **~-German** *a.* Ffrengig-Almaenaidd. **~-Italian** *a.* Ffrengig-Eidalaidd. **~-Prussian** *a.* **the ~-Prussian War,** Rhyfel Ffrainc a Phrwsia.
francolin *n. Orn:* **black ~,** petrisen ddu (petris duon) *f.*
Francomania *n.* Ffrainc-addoliad *m.*
Francomaniac *n.* Ffrainc-addolwr (~-addolwyr) *m*, Ffrainc-add|olwraig *f.*
Franconia *Pr.n. Geog:* Ffranconia *f.*
Franconian *a. & n.* **1.** *a.* Ffranconaidd; *(in language):* Ffranconeg. **2.** *n. (a) Ethn:* Ffranconiad (Ffranconiaid) *m&f*; *(b) Ling:* Ffranconeg *f, m.*
Francophile *a. & n.* **1.** *a.* Ffrainc-garol. **2.** *n.* Ffrainc-garwr (~-garwyr) *m*, Ffrainc-g|arwraig *f.*
Francophilia *n.* Ffreincgarwch *m.*
Francophobe *a. & n.* **1.** *a.* gwrth-Ffrengig. **2.** *n.* Ffrainc-gasäwr (~-gasawyr) *m*, Ffrainc-gasäwraig *f*, gwrth-Ffrancwr (~-Ffrancwyr) *m*, gwrth-Ffr|ancwraig *f*. **2.** *a.* gwrth-Ffrengig.
Francophobia *n.* Ffrainc-gasineb *m*, gwrth-Ffrengigrwydd *m.*
Francophone *a. & n.* **1.** *a.* Ffrangeg [eich iaith], sy'n siarad Ffrangeg. **2.** *n.* siaradwr (siaradwyr) Ffrangeg, siar|adwraig (*f*) Ffrangeg; *(loosely):* Ffrancwr (Ffrancwyr) *m*, Ffrances(-au) *f.*
franc tireur *n.* herwfilwr (herwfilwyr) *m.*
frangibility *n.* breuder *m*, bregusrwydd *m.*
frangible *a.* brau (breuon), bregus, toradwy, hawdd ei dorri, *Lit:* hydor, hyfriw.
frangipane *n. Cu:* hufen (*m*) almon, pâst (*m*) almon.
frangipani *n. Bot:* jasmin coch *m.*
Franglais *n.* Ffraesneg *f, m*, ***Franglais*** *f, m.*
Frank[1] *n. Hist:* Ffranc(-od,-iaid) *m.*
frank[2] *a.* plaen, agored, didwyll, diffuant, rhydd, gonest, heb gêl; *Med:* diamheuaeth, diamau; **to be quite ~,** a siarad yn blwmp ac yn blaen, a dweud y gwir plaen, heb falu awyr, a siarad heb flewyn ar dafod, *S.W: occ:* a siarad yn doc ac yn blaen.
frank[3] *v.t. Post:* dil|eu.
frank[4] *n. Post:* dilead(-au) *m* [post]; *(= franked cover):* ffranc(-od) *m.*
frankalmoign *n. Hist:* elusendir(-oedd) *m*, ffrancalmoin(-au) *m.*
franked *a.* ffrancedig, dileëdig.
franker *n.* = **franking-machine.**
frankfurter *n. Cu:* ***frankfurter(-s)*** *mf.*
frankincense *n.* thus *m*, arogldarth *m.*
franking *vn.* dilead(-au) *m*, dil|eu, ffrancio. **~-machine** *n.* peiriant (peiriannau) (*m*) dileu/ffrancio, dilëwr (dilewyr) *m.*
Frankish *a. & n.* **1.** *a. Hist:* Ffrancaidd; *(in language):* Ffranceg. **2.** *n. Ling:* Ffranceg *f, m.*
franklin *n. Hist:* rhydd-ddeiliad (~-ddeiliaid) *m&f.*
franklinite *n. Miner:* ffr|anclinit *m.*
frankly *adv.* yn blwmp ac yn blaen *&c*; **quite ~ (you haven't a chance),** a dweud y gwir, a bod yn onest, mewn gwirionedd ('does gen ti ddim siawns).
frankness *n.* didwylledd *m*, [g]onestrwydd *m*, plaendra *m*, diffuantrwydd *m.*
frankpledge *n. Hist:* tangwystl *m*; **view of ~,** cwrt (*m*) tangwystl.
frantic *a.* **1.** gorffwyll, gorffwyllog, gwyllt; **to make ~ efforts,** rhoi pob gewyn ar waith, gweithio nerth deng ewin, ymdrechu'n wyllt, bod wrthi fel lladd nadroedd; **~ with joy,** uwch ben eich digon, yn wyllt gan orfoledd; **I was ~ with worry,** 'roeddwn bron drysu gan bryder; **it drives him ~,** mae'n ei gynddeiriogi; mae'n ei yrru o'i gof; mae'n ei yrru'n wallgof/gandryll/ gynddeiriog *&c*; *S:* mae'n ei hala fe'n benwan. **2.** *F:* **~ toothache,** dannodd wyllt/ofnadwy/gynddeiriog *f.*
frantically *adv.* yn wyllt *&c*; *(= busily):* fel lladd nadroedd, nerth deng ewin, fel beili mewn Sasiwn.
franticness *n.* gwylltineb *m*, gorffwylltra *m.*
frap *v.t. Nau:* clymu, rhwymo (rhth yn dyn[n]).
frappé *a. & n.* **1.** *a. Cu:* oer, oeredig, wedi ei oeri, ***frappé***. **2.** *n.* ***frappé(-s)*** *m.*
frass *n. Ent:* llwch (*m*) lindys, baw (*m*) lindys.
frat[1] *n. U.S: P:* aelod(-au) *m*; *See* **fraternity.**
frat[2] *v.i.* = **fraternize.**
fratchy *n. P:* blin, piwis, croes.
frater *n. Hist: (= refectory):* ffreutur(-iau) *m.*
fraternal *a.* brawdol, *occ:* brawdgarol; *U.S:* **~ order,** = **fraternity.**
fraternalism *n.* = **fraternity.**
fraternally *adv.* yn frawdol.
fraternity *n.* **1.** *(= brotherly love):* brawdgarwch *m.* **2.** *(= brotherhood, society):* brawdoliaeth(-au) *f.* **3.** *(= guild):* urdd(-au) *f.*
fraternization *n.* cyfeillach *f*, cyfeillachu *vn.*
fraternize *v.i.* cyfeillachu, cymdeithasu.
fraternizer *n.* cyfeillachwr (cyfeillachwyr) *m*, cymdeithaswr (cymdeithaswyr) *m.*
fratricidal *a.* brawdladdol.
fratricide[1] *n. (crime): (= murder of a brother):* brawdladdiad(-au) *m*, lladd (*vn*) brawd; *(of a sister):* chwaerladdiad(-au) *m*, lladd chwaer.
fratricide[2] *n. (= murderer):* brawdleiddiad (brawdleiddiaid) *m&f*; *(of a sister):* chwaerleiddiad (chwaerleiddiaid) *m&f.*
fraud *n.* **1.** *Jur:* twyll *m*, dichell(-ion) *f*, hoced(-ion) *f*; **the Statute of Frauds,** [Y]statud y Twyllau, yr Ystatud ynglŷn â Thwyllo, [Y]statud Twyllo. **2.** *F: (a) (pers.):* twyllwr (twyllwyr) *m*, t|wyllwraig *f*, ffugiwr (ffugwyr) *m*, ff|ugwraig *f*, smaliwr (smalwyr) *m*; *(b) (= disappointment):* siom(-au) *mf*, siomedigaeth(-au) *f*, siomiant (siomiannau) *m*. **~ squad** *n.* heddlu (*m*) dichellwaith/twyll.
fraudulence *n.* dichell *f*, dichellgarwch *m*, hoced *f.*
fraudulent *a.* twyllodrus, dichellgar; *Jur:* **~ conversion,** trosi twyllodrus; **~ misrepresentation,** camliwio twyllodrus.
fraudulently *adv.* yn dwyllodrus *&c*; trwy dwyll, trwy ddichell.
fraudulentness *n.* = **fraudulence.**
fraught *a.* **1.** *A:* llawn, llwythog, cyforiog (**with sth,** o rth); **~ with dangers,** [yn] llawn peryglon. **2.** *F: (= anxious, worrying):* poenus, ingol, pryderus, gofidus, llawn gofidiau.
fraxinella *n. Bot:* y dditaen wen *f.*
fray[1] *n.* **1.** *(= brawl):* ffrwgwd (ffrygydau) *m*, ffrae(-au,-on) *f*, mwstwr *m*, *N:* cwffas[t]: cwffans *f*, ffrigwd (ffrigydau) *m.* **2.** *Lit: (= battle):* brwydr(-au) *f*, ymladdfa (ymladdf|cydd) *f*, heldrin(-oedd) *f*, trin(-oedd) *f*, ymryson(-au) *m.* **3.** *Needlew: &c:* r[h]afliad *m.*
fray[2] *v.t.&i.* **1.** *v.t.* treulio, rhwbio, rhwto, *Lit:* rhathu; *F:* **my nerves are frayed [out],** mae fy nerfau i'n racs gyrbibion. **2.** *v.i. (of tissue):* treulio, r[h]aflio, breuo; *(of cloth):* r[a]flio, r[h]aflo, *N:* gwisgo.
frayed *a.* treuliedig, hendraul, r[h]aflyd, carpiog, bratiog, r[h]acslyd, r[h]afl[i]og, wedi gwisgo; **a frayed edge,** *N.W:* r[h]aflins *pl*, *S.W:* r[h]afrau *pl*; **easily ~,** *N.W: occ:* bywus.
fraying[1] *a. Needlew:* r[h]afl[i]og.
fraying[2] *vn.* = **fray[2]. ~-stock** *n.* coeden (*f*) rwbio (coed rhwbio).
frazil *n. Geog:* cloynnau *pl*, ffrasil *m.*
frazzle[1] *n. F:* **worn to a ~,** blinedig, wedi blino'n lân, wedi ymlâdd, *Lit:* lluddedig, blin, *N.W: occ:* wedi ffagio, wedi hario'n lân, wedi fflarbio, *S.W:* wedi palo'n deg, wedi ffago'n deg, *S.E: occ:* yn gèg; *P:* **to beat s.o. to a ~,** curo rhn yn lân/racs.
frazzle[2] *v.t. U.S:* **1.** = **fray[2]. 2.** *(= weary):* blino, lluddedu, *N: F:* hario, fflarbio.
freak[1] *n.* **1.** *(= caprice):* mympwy(-on) *m*, chwiw(-iau) *f*; **freaks of fashion,** mympwyon ffasiwn; **freaks of fortune,** troeon ffawd. **2.** *(a) (= monstrosity): Nat.Hist: Biol: &c:* anghenfil (angenfilod) *m*, rhyfeddod(-au) *m*, peth(-au) hynod *m*; *pl.* hynodion; *(b) (= unconventional person):* un (rhai) hynod, ffrîc (ffriciaid) *mf*, creadur(-iaid) od *m*, creadures(-au) od *f*, cranc(-od) *m*, *N:* 'deryn (adar) rhyfedd *m*, *S:* bachan broc *m*. **3.** *attrib. F:* **~ religion,** crefydd granclyd *f*; **a ~ accident,** damwain anghyffredin/hynod *f*; **a ~ storm,** storm eithriadol *f*. **4.** *(a) (= drug addict):* drygiwr (drygwyr) *m*, cyffurgi (cyffurgwn) *m*; *(b) (= one who freaks out &c):* rafiwr (rafwyr) *m*, rafin(-iaid)

m, rafin boi(-s) *m*; *(c) (= devotee)*: carwr (carwyr) *m*; **Jesus ~,** Iesu-garwr (~-garwyr).

freak[2] *v.i.&t. F:* **to ~ out,** *(on drugs)*: gweld y bliws, gweld y Werddon, rafio, ffricio; *(= adopt bizarre lifestyle)*: rafio, rafinio, ffricio, *N.W:* mynd yn fforffad; **~-out** *n.* raf[i]ad(-au) *m*, rafiniad(-au) *m*, sesh *mf*. **~ show** *n.* sioe(-au) *(f)* pethau hynod.

freaked *a.* **1.** *(= flecked, streaked)*: brith *(f.* braith, *pl.* brithion), mannog, smotiog. **2. ~ out,** *(on drugs)*: penfeddw, wedi ffricio.

freakish *a.* mympwyol, rhyfedd, rhyfeddol, od, hynod, anghyffredin; *Pej:* hurt, hanner pan.

freakishly *adv.* yn fympwyol *&c*; yn rhyfedd *&c.*

freakishness *n.* mympwyoldeb *m*, rhyfeddwch *m*, odrwydd *m*, hynodrwydd *m*, anghyffredinwch *m.*

freaky *a.* = **freakish.**

freckle[1] *n.* brychni *(m)* haul, brycheuyn (brychau) *(m)* haul; *pl.* **freckles,** *S: occ:* blodau'r haf, *S.W: occ:* sbotau, smotau, *N.E: occ:* sbrychau, sbrychni *(m)* haul, *N.W: occ:* smotiau melyn.

freckle[2] *v.t.&i.* brychu.

freckled *a.* brycheulyd, brychog, smotiog, brychlyd, brychfelyn *(f.* brychfelen, *pl.* brychfelynion), â brychni.

freckleface *n. Bot: (Hypoestes sanguinolenta)*: (*)dail brych *pl.*

freckly *a.* = **freckled.**

Fred *Pr.n.m.* Ffred.

Frederick *Pr.n.m.* Ffredrig; **~ the Great,** Ffredrig Fawr.

free[1] *a. & adv.* **1.** rhydd(-ion); **~ access,** mynediad rhydd/didramgwydd/dirwystr *m*; **~ agent,** rhyddweithredwr (rhyddweithredwyr) *m*, gweithredwr rhydd (gweithredwyr rhyddion) *m*; **I'm not a ~ agent,** ni chaf wneud fel y mynnwyf; nid wyf yn rhydd i weithredu; mae fy nwylo wedi eu clymu; **man is a ~ agent,** mae dyn yn rhydd i weithredu; *Psy:* **~ association,** rhyddgysylltiad *m*, rhyddgysylltu *vn*; *Mus:* **~ canon,** rhyddganon(-au) *f*; **F~ Church,** Eglwys Rydd (Eglwysi Rhyddion) *f*; *Mil.Hist:* **~ companion,** cydymaith rhydd (cymdeithion rhyddion) *m*; *Mil.Hist:* **~ company,** cwmni (cwmnïau) hur *m*, corfflu rhydd (corfflucedd rhyddion) *m*; *Mus:* **~ counterpoint,** gwrthbwynt rhydd (gwrthbwyntiau rhyddion) *m*; **~ diver = skin-diver**; **~-diving = skin-diving**; **~ energy,** egni rhydd *m*; **~ enterprise,** menter rydd *f*, rhyddfenter; **~ expression,** rhyddfynegiant *m*; *Geol:* **~ face,** wyneb rhydd (wynebau rhyddion) *m*; **~ fall,** cwymp rhydd *m*; **the F~ French,** y Ffrancwyr Rhyddion; **~ fight, = free-for-all**; **~ hand,** llaw rydd *f*; **~ house,** tafarn r[h]ydd (tafarnau rhyddion) *f in N, m in S*; *Lib:* **~ indexing,** mynegeio penrhydd; **~ lance,** *(i) Mil.Hist:* marchog rhydd (marchogion rhyddion) *m*; *(ii) (worker)*: gweithiwr (gweithwyr) annibynnol *m*, gweithiwr ar ei liwt ei hun (gweithwyr ar eu liwt eu hunain); *Sch:* **~ period,** gwers rydd (gwersi rhyddion) *f*; *Mus:* **~ reed,** corsen rydd (cyrs rhyddion) *f*; *Hist:* **~ state,** *(i)* gwladwriaeth rydd (gwladwriaethau rhyddion) *f*; **the Irish F~ State,** Gwladwriaeth Rydd Iwerddon; *(ii) U.S:* talaith rydd (taleithiau rhyddion) *f*; **F~ Stater,** pleidiwr (pleidwyr) *(m)* y Wladwriaeth Rydd; **the F~ and Accepted Masons,** y Seiri Rhyddion a Derbyniedig; **~ wheel,** olwyn weili (olwynion gweili) *f*, olwyn rydd (olwynion rhyddion); **~ will,** rhyddid *(m)* ewyllys, ewyllys rydd *f*, rhydd-ewyllys *f*; **to do sth of one's own ~ will,** gwneud rhth yn wirfoddol *or* o'ch gwirfodd *(m)*; **to go ~,** mynd yn rhydd; **to set s.o. ~,** rhyddh|au rhn, gollwng rhn [yn rhydd]. **2.** *(= unoccupied)*: *(a)* **~ day,** diwrnod rhydd *m*, *F:* diwrnod i'r brenin; **the bathroom is ~ now,** mae'r ystafell ymolchi yn wag yn awr; **is this table ~?** a oes 'na le wrth y bwrdd yma? **are you ~?** a ydych chi ar gael? a ydych chi'n rhydd? *Tg: Tp:* **~ line,** llinell rydd (llinellau rhyddion) *f*. **3.** *(a)* **~ speech,** rhyddid *(m)* barn/llafar/mynegiant; **~ love,** cariad rhydd *m*, caru *(vn)* penrhydd; **~ thought,** rhyddfeddwl *m*, meddwl rhydd *m*, amheuaeth *f*; **~ trade,** masnach rydd *f*, *occ:* rhyddfasnach *f*; **~ vote,** pleidlais rydd (pleidleisiau rhydd) *f*; **to have right of ~ entry,** cael rhwydd hynt i fynd i rywle, cael hawl mynediad heb rwystr, cael hawl tramwy; **to have a ~ hand,** cael gwneud fel y mynnoch, cael gwneud yn ôl eich mympwy/ewyllys, bod yn rhydd [i wneud rhth]; **to give s.o. a ~ hand,** rhoi llaw rydd i rn, rhoi penrhyddid i rn, rhoi hawl i rn wneud fel y mynno; **to give ~ rein to sth,** rhoi'r ffrwyn i rth; **to give ~ rein to one's imagination,** rhoi tragwyddol heol i'ch dychymyg, rhoi penrhyddid *(m)* i'ch dychymyg; **you are ~ to do so,** pob croeso ichi wneud hynny; **he is not ~ to act,** ni all wneud fel y myn[n]; nid yw'n rhydd i weithredu; **fishing is ~ here,** mae hawl pysgota yma; cewch bysgota yma; *(b) (touch, style &c)*: rhydd, rhwydd, digymell, dilyffethair, esmwyth, ffri; *(c) Mec.E: (= slack)*: llac, rhydd; **~ motion of a piece,** llacrwydd *(m)* darn; *(d)* **~ from sth,** [yn] rhydd o rth *or* oddi wrth rth *or* rhag rhth; di[-] *(+ soft mut.)*; **~ from care,** dibryder, heb ofalon, heb bryderon, *occ:* diofal; **~ from affectation,** syml, plaen, dirodres, di-lol; **at last I am ~ of him,** o'r diwedd 'rwyf wedi cael gwared arno; **to break ~ from an influence,** ymryddh|au/ymddihatru oddi wrth ddylanwad; *Cust:* **~ of duty, duty-~,** di-doll; **duty-~ list,** rhestr *(f)* nwyddau di-doll; **~ port,** porthladd(-oedd) di-doll *m*. **4.** *(a) Ch: &c: (gas &c)*: rhydd; **~ gold,** aur crai *m*; *(b) (power, energy)*: rhydd, ar gael, cyflenwadwy. **5.** *(a)* **~ offer,** cynnig rhad ac am ddim; **as a ~ gift,** yn anrheg, yn rhodd, yn rhad ac am ddim; *Pros:* **~ verse,** *(a) W.Lit:* canu *(vn)* rhydd; *(b)* = **vers libre**; **~ metre,** mesur(-au) rhydd(-ion) *m*; **(you are very ~) in blaming others,** ('rwyt ti'n barod iawn) i weld bai ar eraill, i feio [pobl] eraill; *(b) (= generous &c)*: hael, haelfrydig, haelionus, *F:* ffri; **to be ~ with sth,** rhoi rhth yn hael, bod yn hael â rhth; **to be ~ with one's money,** gwario'n ffri, peidio ag edrych yn llygad y geiniog; **he's ~ with his hands,** 'does dim dal ar ei ddwylo; mae ei ddwylo'n crwydro; **people are always ~ with public money,** *Prov:* hael Hywel ar bwrs y wlad; *(c) (pers., manner)*: hamddenol, esmwyth, rhwydd, agored, rhydd, ffri; **~ and easy,** hamddenol [braf], di-lol, dirodres, cartrefol; **to be ~ and easy,** ymlacio, ei chymryd hi'n araf deg, bod yn gartrefol/ysgafala/ysgafnfryd/ddiofal, bod heb bryderon; *(d)* **to make ~ with s.o.,** mynd yn hyf/eofn ar rn, manteisio ar rn; **to make ~ with sth,** gwneud fel y mynnoch â rhth, estyn at rth, eich helpu'ch hun i rth: *(e) (in language)*: beiddgar, mentrus, eofn, bras, aflednais; **he's very ~ in the stories he tells,** *N.W:* mae'n naddu'n agos i'r drafel. **6. to be ~ of s.o.'s house,** cael croeso yn nhŷ rhn. **7.** *(at no cost)*: rhad [ac am ddim]; **~ school,** ysgol rad (ysgolion rhad) *f*; **admission ~,** mynediad am ddim; *Th: &c:* **~ pass, ~ ticket,** tocyn(-nau) *(m)* am ddim; **~ fare,** tocyn teithio am ddim; **~ parking,** parcio am ddim; *Adm:* parcio di-dâl; *Com:* **delivery ~,** cludiad *(m)* am ddim; **post ~,** cludiad am ddim; **~ on board,** di-dâl wrth long, di-dâl at y llong; **~ on rail,** di-dâl at y trên, di-dâl ar drên; **~ alongside ship,** di-dâl wrth long, di-dâl at y cei; **~ of average insurance,** yswiriant *(m)* heb gyfartalu; **~ overside,** rhydd o long. **8.** *adv.* *(a)* **catalogue sent ~ on request,** danfonir catalog yn rhad ac am ddim ar gais; **the gallery is open ~ on Saturdays,** ceir mynediad rhad ac am ddim i'r oriel bob dydd Sadwrn; *(b)* **vessel running ~,** llong yn rhedeg yn rhydd/ffri. **~-born** *a.* a aned yn rhydd, rhydd-anedig. **~-floating** *a.* yn nofio'n rhydd. **~-for-all 1.** *n.* *(a)* ysgarmes(-oedd) *f*, ffrwgwd (ffrygydau) *m*, *N.W:* cwffas[t]: cwffans *f*; **it became a ~-for-all,** fe aeth hi'n daro gwyllt; *(b) (= open discussion)*: dadl(-euon) agored *f*, trafodaeth(-au) agored *f*. **2.** *a.* dilywodraeth, afreolus. **~-hand** *a.* [â] llaw rydd; **~-hand drawing** *vn.* dylunio digymorth/rhydd, dylunio llaw rydd. **~-handed** *a.* hael, haelionus, llawrydd, llawagored, ffri. **~-handedly** *adv.* yn hael *&c.* **~-hearted** *a.* hael, hael-galon, ffri. **~-heartedly** *adv.* yn hael *&c.* **~-liver** *n.* jolihoetiwr (jolihoetwyr) *m*, *F:* bolgi (bolgwn) *m*, bolerwr (bolerwyr) *m*, bol|erwraig (bolerwragedd) *f*, jolih|oetwraig (jolihoetwragedd) *f*. **~-living** *a.* bolerog, glwth. **~-load** *v.i.* hel am eich bol, sbwnjo, progio. **~-loader** *n. F:* sbwnjwr(-s) *m*, sb|wnjwraig (sbwnjwragedd) *f*, progiwr (progwyr) *m*, pr|ogwraig (progwragedd) *f*. **~-range** *a.* rhydd, crwydrol, awyr agored; **~-range animals,** anifeiliaid rhyddion, *N.E:* pethau rhyddion; *S.W:* anifeiliad mas. **~-range eggs,** wyau buarth, wyau maes. **~-range hens,** ieir buarth, *S.W:* ieir/ffowls mas. **~-spoken** *a.* tafodrydd, plwmp a phlaen, di-lol, heb flewyn ar eich tafod. **~-standing** *a.* **~-standing stone,** carreg ar ei thraed ei hun (cerrig ar eu traed eu hunain), carreg ddiateg (cerrig diateg), maen ar ei draed/ben ei hun (meini ar eu traed/pennau eu hunain). **~-stone** *n.* **1.** *Stonew:* carreg rywiog (cerrig rhywiog). **2.** *Hort: (peach)*: eirinen wlanog (eirin gwlanog) *(f)* â charreg rydd. **~-style** *attrib.* dull rhydd. **~-swimmer** *n. Z:* nofiwr rhydd (nofwyr rhyddion) *m*. **~-swimming** *a.* [yn] nofio'n rhydd. **~-swinging** *a.* hyf(-ion), eofn. **~-thinker** *n.* rhydd-feddyliwr (~-feddylwyr) *m*, rhydd-fedd|ylwraig. **~-thinking**[1] *a.* rhydd-feddyliol. **~-thinking**[2] *vn.* rhydd-feddwl *m*, meddwl rhydd *m*. **~-trader** *n.*

rhydd-fasnachwr (~-fasnachwyr) *m.* **~-wheel** *v.i.* mynd yn olwyn weili, hwylio mynd, ffri-wilio. **~-wheeler** *n. U.S:* ffri-wiliwr(-s, ffri-wilwyr) *m.* **~-wheeling** *a.* rhydd, dilyffethair, diofal. **~-will** *attrib.* gwirfoddol, o'ch gwirfodd.

free[2] *v.t.* **1.** *(= set free):* rhyddh|au (rhn/rhth), gollwng (rhn/rhth) yn rhydd, gadael (i rn/rth) fynd [yn rhydd]; **to ~ oneself from s.o.'s grasp,** ymryddh|au o afael rhn. **2.** *(= rid):* **to ~ sth of sth,** gwaredu rhth o rth, rhyddhau rhth oddi wrth rth, cael gwared â rhth o rth.

-free *comb.fm.* -rydd; **(from sth,** rhag rhth *or* o rth *or* oddi wrth rth); di[-] + *soft mut.*; heb + *soft mut.*; **post-~,** di-dâl; **disease-~,** diglefyd, heintrydd; **salt-~,** bwyd heb halen, bwyd dihalen.

freebie *n. U.S:* rhodd(-ion) *f.*

freeboard *n. Nau:* bwrdd rhydd *m.*

freeboot *v.i.* ysbeilio.

freebooter *n. Hist:* môr-leidr (~-ladron) *m,* herwlongwr (herwlongwyr) *m,* ysbeiliwr (ysbeilwyr) *m.*

freedman *n.m. Hist:* caeth(-ion) rhydd, gwas (gweision) rhydd.

freedom *n.* **1.** rhyddid *(occ:* rhydd-didau) *m* **(from sth,** rhag rhth); *Ph:* **degree of ~,** gradd(-au) *(f)* o ryddid; **~ of assembly,** rhyddid i ymgynnull; **~ of the press,** rhyddid y wasg; **~ of the seas,** rhyddid y moroedd; **~ of speech/opinions/expression,** rhyddid i lefaru, rhyddid barn/llafar/mynegiant; **the Four Freedoms,** y Pedwar Rhyddid; **F~ from Hunger,** Rhyddid rhag Newyn. **2.** *(of conversation, style):* rhwyddineb *m,* rhyddid. **3.** *(of action):* rhwyddineb, llithrigrwydd *m.* **4.** *(of city):* rhyddfraint (rhyddfreintiau) *f,* dinasfraint (dinasfreintiau) *f.* **~ fighter** *n.* ymladdwr (ymladdwyr) *(m)* dros ryddid, yml|addwraig *(f)* dros ryddid. **~ ride** *n.* taith (teithiau) *(f)* dros ryddid. **~ rider** *n.* teithiwr (teithwyr) *(m)* dros ryddid, t|eithwraig (teithwragedd) *(f)* dros ryddid.

freedwoman *n.f. Hist:* caethes rydd (caethesau rhydd), morwyn rydd (morwynion/morynion rhydd) *f.*

freehold *a. & n.* **1.** *a.* rhydd-ddaliadol, rhyddfreiniol; **~ property,** eiddo *(m)* rhyddfraint; **~ tenancy,** deiliadaeth rydd (deiliadaethau rhydd) *f.* **2.** *n.* rhydd-ddaliad(-au) *m,* rhydd-feddiant (~-feddiannau) *m,* rhydd-ddeiliadaeth *f,* rhyddfraint (rhyddfreiniau) *f.*

freeholder *n.* rhydd-ddeiliad (~-ddeiliaid) *m&f.*

freelance[1] *n. & a.* **1.** *n. See* **free[1] 1,** *&* **free lance. 2.** *a.* **a ~ journalist,** newyddiadurwr annibynnol, newyddiadurwr ar ei liwt ei hun.

freelance[2] *v.i.* gweithio ar eich liwt eich hun.

freelancer *n.* = **free lance.**

freely *adv. (= voluntarily):* yn rhydd, o'ch gwirfodd; *(= generously):* yn hael *&c,* yn ffri; **~ (available),** (ar gael) i bawb, ym mhobman, yn rhwydd, yn ddidrafferth; *(= frankly):* yn agored, yn rhwydd, yn blwmp ac yn blaen, heb flewyn ar dafod.

freeman *n.m.* **1.** dyn rhydd (dynion rhydd[-ion]) *m,* gŵr rhydd (gwŷr rhydd[-ion]) *m.* **2.** *(= citizen):* dinesydd (dinasyddion) *m;* **~ of a city,** rhyddfreiniwr (rhyddfreinwyr) *m.*

freemartin *n. Husb:* mhhh[r]-mhafar(-s) *m.*

Freemason *n.* Saer Rhydd (Seiri Rhyddion) *m.*

Freemasonry *n.* **1.** y Seiri Rhyddion *pl,* Saeryddiaeth Rydd *f,* Masiwnaeth Rydd *f.* **2.** *Fig:* **f~,** brawdoliaeth(-au) *f.*

freeness *n.* = **freedom.**

freepost *n.* rhadbost *m.*

freesia *n. Bot: **freesia(-s)*** *m,* ffrisia(-s) *m.*

freestone *n.* = **free-stone.**

freestyle *n.* = **free-style.**

freeway *n. U.S:* traffordd (traffyrdd) *f.*

freeze[1] *n.* **1.** rhewiad *m;* **there'll be a ~ tonight,** fe fydd hi'n rhewi heno; **deep ~,** *(a)* rhew mawr/trwm; *(b)* = **freezer. 2.** *Cin:* rhewlun(-iau) *m.*

freeze[2] *v.i.&t.* **1.** *v.i. (a)* rhewi: *Impers:* **it's freezing,** *(enough to cause hoar-frost):* mae hi'n barugo; *N: F:* mae hi'n brigo; *S:* mae hi'n llwydrewi; **it is freezing hard,** mae hi'n chwipio rhewi; mae hi'n rhewi'n galed/gorn/glap/ffyrnig; *N. W: occ:* mae hi'n rhewi'n rhywiog; **to ~ slowly,** rhewi'n araf, *occ:* glasrewi; *S.a.* **frost[1]; the river has/is frozen up/over,** mae'r afon wedi rhewi [drosti]; mae plymen [o rew] ar yr afon; *F:* **till hell freezes [over],** tan ddydd Sul y pys, pan fydd yr Wyddfa'n gaws, *S.W:* hyd [fore] ffair niwl; **the wheels were frozen fast in the mud,** 'roedd yr olwynion wedi rhewi'n glap/sownd yn y llaid; **his fingers froze to his gun,** rhewodd ei fysedd yn sownd yn ei ddryll; *U.S: F:* **to ~ on to s.o.,** cydio'n dyn[n]/sownd yn rhn; **the smile froze on his lips,** oerodd/rhewodd y wên ar ei wefusau; *(b)* **I'm freezing,** 'rwy'n rhewi/sythu/rhynnu/fferru *N:* clemio/ ysgrythu/starfio/*M. W:* trigo (= terigo); **to ~ to death,** rhewi i farwolaeth; *(of animal):* sythu, trigo [o oerfel]. **2.** *v.t. (a)* rhewi, *occ:* fferru; **it's enough to ~ one's blood,** mae'n ddigon i rewi'r/fferru'r gwaed; **to ~ the rent,** rhewi'r rhent; **to ~ assets,** rhewi asedau; **to ~ prices,** rhewi prisiau; **to ~ s.o. out,** *F: U.S:* disodli rhn, cymryd lle rhn, cau rhn allan, boicotio/ anwybyddu rhn, troi cefn ar rn. **~-brand** *v.t.* rhewnodi, rhewfarcio. **~-dried** *a.* rhewsych. **~-dry** *v.t.* sychrewi, rhewsychu. **~-etching** *vn.* rhew-ysgythru. **~-frame[1]** *n.* ffrâm (fframiau) *(f)* fferru. **~-frame[2]** *v.t.* fferru ffrâm. **~-thaw action** *n. Geog:* gwaith *(m)* rhewi-dadmer *or* rhewi-dadlaith. **~-up** *n.* rhew mawr *m,* heth *f,* rhewogydd *pl.*

freezer *n.* **1.** rhewgist(-iau) *f.* **2.** *(cabinet):* cwpwrdd (cypyrddau) *(m)* rhew. **~ burn** *n.* llosg *(m)* rhewgist.

freezing *vn.* rhewiad(-au) *m,* fferiad(-au) *m,* rhewi, fferru. **~ compartment** *n.* blwch (blychau) *(m)* rhewi. **~-mixture** *n. Ch:* cymysgedd(-au) *(mf)* rhewi. **~-point** *n. Ph:* rhewbwynt(-iau) *m.* **~ works** *n.* lladd-dy (~-dai) *(m)* rhewi.

freezing[2] *a.* rhewllyd, fferllyd, fferedig, iasoer, oerias; **a ~ cold,** fferdod *m,* oerni *m,* oerfel(-ion) *m;* **it's ~ cold,** mae hi'n rhewi o oer; *N: F:* mae hi'n gafael; mae hi'n ddigon oer i rewi cathod/ brain/llyffantod; **~ rain,** glasrew *m;* **a ~ wind,** rhewynt(-oedd) *m,* gwynt *(m)* traed y meirw.

freight[1] *n.* **1.** *(= transport):* cludiad *m,* cludiant *m;* **air ~,** cludiant awyr. **2.** *(= cargo, load):* llwyth(-i) *m,* cargo(-au,-s) *m;* **to take in ~,** llwytho, codi llwyth; *U.S:* **to ride ~,** teithio ar y wagen. **3.** *(= payment):* pris(-iau) *(m)* hurio, tâl *(m)* cludiant. **~ car** *n.* wagen(-i) *f.* **~ note** *n.* nodyn (nodion) *(m)* trosgludo. **~ plane** *n.* awyren *(f)* gludo (awyrennau cludo). **~ rate** *n.* tâl (taliadau) *(m)* cludo. **~ ton** *n.* tunnell *(f)* lwytho (tunelli llwytho). **~ train** *n.* trên (trenau) *(mf)* nwyddau. **~ wagon** *n. See* **freighter 2.**

freight[2] *v.t.* **1.** *(= load):* llwytho. **2.** *(= hire):* hurio; *(= hire out):* gosod.

freightage *n.* huriant *m,* pris(-iau) *(m)* hurio [llong], pris cludiant; *(= cargo):* llwyth(-i) *m.*

freighter *n.* **1.** *(pers.): (= hirer):* huriwr (hurwyr) *m; (= loader):* llwythwr (llwythwyr) *m; (= receiver & forwarder):* danfonwr (danfonwyr) *m,* llwythwr. **2.** *(ship):* llong *(f)* gario/gludo (llongau cario/cludo), llwythlong(-au) *f; (plane):* awyren *(f)* gario/gludo (awyrennau cario/cludo); *U.S: (= freight-wagon):* wagen *(f)* lwytho (wageni llwytho).

freightliner *n.* trên (trenau) *(mf)* llwythi.

fremitus *n.* murmur *m.*

French[1] *a. & n.* I. *a.* **1.** *(a)* Ffrengig; *(in language):* Ffrangeg; **the ~ King,** Brenin Ffrainc; **she's ~,** Ffrances yw hi; **the ~ Revolution,** y Chwyldro Ffrengig; **Norman-~,** Normanaidd-Ffrengig; *S.a.* **French[2]**; *(b) (fashion &c):* Ffrengig; *Dressm:* **~ bean,** ffäen/ffeuen (ffa) Ffrengig *f; Bot:* **~ berry,** aeronen felen (aeron melyn) *f; Dressm:* **~ binding,** beindin Ffrengig *m;* **~ bread,** bara Ffrengig *m,* torth(-au) hir(-ion) *f;* **~ bulldog,** ci (cŵn) *(m)* tarw Ffrainc/Ffrengig; **~ Canadian** *(a) a.* Canadaidd-Ffrengig; *(b) n.* Canadiad (Canadiaid) Ffrengig *m&f;* **~ chalk,** sialc Ffrengig *m,* talc Ffrengig *m;* **~ cleaning,** sychlanh|au *vn;* **~ cricket,** criced *(m)* coesau; *Cost:* **~ cuff,** llawes ddwbl (llewys dwbl) *f; Th:* **~ curtains,** llenni Ffrengig; **~ curve,** templet(-iau) tro *m;* **~ door,** drws (drysau) *(m)* gwydr; **~ drain,** cwter gwsg (cwteri cwsg) *f,* ffos *(f)* gerrig (ffosydd cerrig); *Bot:* **~ fern, = spleenwort (black)**; *Th:* **~ flat,** fflat(-iau) Ffrengig *mf,* fflat llyfr; **~ Foreign Legion (the),** Lleng Dramor *(f)* Ffrainc; *Cu:* **~ fries,** 'sglodion tatws/tato; **~ grey** *(a) a.* llwydlas (llwydleision); *(b) n.* llwydlas *m; Mus:* **~ harp,** organ *(f)* geg (organau ceg); *Mus:* **~ horn,** corn (cyrn) Ffrengig *m; Bookb:* **~ joint,** cymal(-au) Ffrengig *m;* **~ kiss,** cusan(-au) Ffrengig *mf,* cusan dwfn/ddofn (cusanau dyfnion); **~ leave; to take ~ leave,** sleifio ymaith, mynd heb ganiatâd; **~ lesson,** gwers(-i) Ffrangeg *f; F:* **~ letter,** condom(-au) *m,* gwain (gweiniau) *(f)* rwber, ataliwr (atalwyr) *m; Bot:* **~ lilac, = goat's rue**; *Bot:* **~ marigold,** *(Tagetes patula):* gold *(m)* Ffrainc; *Bot:* **~ may,** *(Spiraea arguta):* erwaint Ffrengig *mf; Bot:* **~ mint, = spearmint**; *Bot:* **~ mulberry,** *(Callicarpa purpurea):* morwydden (morwydd) *(f)* Ffrengig; *Cu:* **~ pastry,** crwst Ffrengig *m; Mus:* **~ pitch,** traw safonol *m; Cu:* **~ plum,** eirinen sych (eirin sychion) *f;* **~ polish**

(a) n. cwyr Ffrengig *m*, cwyr sielac; *(b) v.t.* sielacio; *Arch:* ~ **roof,** to(-eau) Ffrengig *m*, to mansard; *Needlew:* ~ **seam,** sêm (semau) Ffrengig *f*, gwnïad (gwniadau) Ffrengig *m*; *Mus:* ~ **sixth,** chweched(-au) Ffrengig *m*; *Bot:* ~ **sorrel,** = **sorrel (French)**; ~**-speaking** *a.* Ffrangeg [eich iaith], yn siarad/medru Ffrangeg; *Mus:* ~ **suite,** cyfres(-i) Ffrengig *f*; ~ **telephone,** = **handset**; ~ **vermouth,** fermwth sych *m*; *Bot:* ~ **willow,** = **willow-herb (rosebay)**; ~ **window,** ffenestr(-i) Ffrengig *f*, drws-ffenestr (drysau-ffenestri) *m*. II. *n.* **1.** Ffrangeg *f, m*; **to speak ~,** siarad Ffrangeg; **say it in ~,** dywedwch ef yn Ffrangeg. **2. the French** *pl.* y Ffrancwyr, *occ:* y Ffrancod.

french² *v.t. Cu:* hollti.

Frenchification *n.* Ffrengigo *vn.*

Frenchified *a.* Ffrengigaidd.

Frenchify *v.t.* Ffrengigo.

Frenchman *n.m.* **1.** Ffrancwr (Ffrancwyr, *occ:* Ffrancod). **2.** *Orn:* petrisen goesgoch (petris coesgoch) *f*.

Frenchness *n.* Ffrengigrwydd *m*.

Frenchwoman *n.f.* Ffrances(-i,-au).

Frenchy *a.* & *n.* **1.** *a.* Ffrengig. **2.** *n.* = **Frenchman.**

frenetic *a.* = **frantic.**

frenetically *adv.* = **frantically.**

frenulum, frenum *n.* = **fraenulum, fraenum.**

frenzied *a.* = **frantic.**

frenziedly *adv.* = **frantically.**

frenzy¹ *n.* **1.** gwylltineb *m*, gorffwylltra *m*, gorffwylledd *m*, gwallgofrwydd *m*; **a ~ (of joy),** perlesmair *m*, perlewyg *m* (o lawenydd); **poetic ~,** yr awen *f*. **2.** *Med:* = **delirium.**

frenzy² *v.t.* gorffwyllo, gwallgofi.

frequence *n.* = **frequency.**

frequency *n.* **1.** amledd *m*, amlder *m*, mynychder *m*, mynychdra *m*. **2.** *W.Tel:* amledd(-au) *m*; **audio ~,** seinamledd(-au) *m*; **cumulative ~,** amledd cronnol; **high ~,** amledd uchel; **low ~,** amledd isel; **resonant ~,** amledd cysain/cyseiniol. ~ **band** *n.* amrediad(-au) *(m)* amledd. ~ **curve** *n.* cromlin(-au) *(f)* amleddau. ~ **distribution** *n.* dosbarthiad *(m)* amleddau. ~ **modulation** *n.* trosiad *(m)* amleddau. ~ **polygon** *n.* p|olygon (polygonau) *(m)* amleddau. ~ **response** *n.* ymateb(-ion) *(m)* amleddau.

frequent¹ *a. (= numerous):* niferus, aml, mynych; *(= usual):* cyffredin, arferol; **it is quite a ~ practice,** mae'n beth eithaf arferol; *Med:* ~ **pulse,** curiad cyflym *m*.

frequent² *v.t.* mynychu (lle), mynd (i le *&c*) yn aml/selog, byw a bod (mewn lle); **to ~ chapel,** capela, mynychu'r moddion; **to ~ taverns,** *N:* hel tafarnau; **to ~ houses,** *N:* hel tai; **to ~ eisteddfodau,** dilyn eisteddfodau, eisteddfota.

frequentation *n.* mynychiad *m*, mynychu *vn.*

frequentative *a.* & *n. Gram:* **1.** *a.* mynychol. **2.** *n.* berf fynychol (berfau mynychol) *f*.

frequented *a.* **a much ~ road,** ffordd [dra] sathredig, ffordd a llawer o dramwy/dreigl arni, ffordd a llawer o fynd a dod arni; **a much ~ inn,** tafarn boblogaidd, tafarn a llawer o fynd arni, tafarn a llawer o gyrchu iddi.

frequenter *n.* mynychwr: mynychydd (mynychwyr) *m* **(of somewhere,** rhywle), un selog (selogion) *mf* (yn rhywle); *(of chapel):* capelwr (capelwyr) *m*, cap|elwraig (capelwragedd) *f*; *(of church):* eglwyswr (eglwyswyr) *m*, egl|wyswraig (eglwyswragedd) *f*; *(of eisteddfodau):* eisteddfodwr (eisteddfodwyr) *m*, eisteddf|odwraig (eisteddfodwragedd) *f*.

frequently *adv.* yn aml, yn fynych, gan amlaf, fynychaf.

frequentness *n.* = **frequency.**

fresco *n. Art:* ffresgo(-s,-au) *m*, golchlun(-iau) *m*. ~ **painter** *n.* golchluniwr (golchlunwyr) *m*, ffresgöwr (ffresgowyr) *m*.

frescoed *a.* ffresgoaidd, â ffresgo.

fresh *a., adv.* & *n.* I. *a.* **1.** *(a) (= new):* newydd, arall, gwahanol; **a ~ paragraph,** paragraff newydd; **to break ~ ground,** torri tir newydd, *Fig:* arloesi; **to put ~ courage into s.o.,** ennyn dewrder newydd yn rhn, calonogi rhn; **he has had a ~ attack of asthma,** cafodd bwl arall o'r myctod/fogfa; *(b) (= recent):* newydd, byw, diweddar; **it is still ~ in my memory,** mae'r peth yn fyw yn fy nghof o hyd; ~ **from Cardiff,** newydd gyrraedd o Gaerdydd; **(the bread was) ~ from the oven,** ('roedd y bara) newydd ddod o'r ffwrn, newydd grasu; ~ **bread,** bara newydd/ffres, bara heddiw, *occ:* bara cri/brwd, *S.E:* bara gwira. **2.** *(= without experience):* dibrofiad, diniwed, glas. **3.** *(a) (vegetation):* newydd(-ion), ir(-ion), iraidd (ireiddion), irlas (irleision), glas (gleision), gwyryf(-on); *(b) (air &c):* iach, iachusol; ~ **air,** awyr iach *f*; *S.a.* **fiend**; **a ~ wind,** awel iach/gref *f*; **a ~ voice,** llais croyw/croywber/persain *m*; ~ **water,** *(i) (= newly drawn):* dwr glân *m*; *(ii) (= not salt):* dŵr croyw *m*; *(c) (= not salted):* ~ **butter,** ymenyn ffres, ymenyn gwyrf, *S.W:* 'menyn gwyran, *S.E:* 'menyn gwira, *N:* 'menyn gwyrdd; *(eggs, meat):* newydd, ffres; **a ~ fish,** pysgodyn newydd ei ddal, pysgodyn ffres; ~ **fruit,** ffrwyth newydd ei gasglu, ffrwyth ffres. **4.** *(a) (complexion):* gwridog, iach, glân, glandeg, croenlan; **as ~ as paint,** fel swllt newydd; *(b) (pers.):* bywiog, effro, sionc, ffres, hoyw, heini; **as ~ as a daisy,** cyn sionced â'r wiwer/dryw, yn effro fel y gog; **I never felt fresher,** 'rwy'n teimlo fel y gog/cricsyn; *(c) U.S: F: (= cheeky):* haerllug, digywilydd, hyf, *N.W:* powld, sosi, *S.W:* ewn, ffit, eger; **to be ~ with s.o.,** mynd yn hyf ar rn, bod yn ddigywilydd wrth rn. **5.** *(= not faded):* byw, fres, *Lit:* anwyw; **a ~ memory of sth,** cof byw/eglur o rth; ~ **flowers,** blodau newydd eu torri. II. *adv.* **it blows ~,** mae hi'n awel gref. ~**-coloured,** iach [yr olwg], gwridog, glandeg, glân; ~**-cut flowers,** blodau newydd eu torri; ~**-shaven,** newydd eillio; ~**-killed,** newydd ei ladd; *Fish:* ~**-run salmon,** eog newydd esgyn/redeg. III. *n.* **1. in the ~ of the morning,** ben bore, gydag awel y dydd, yn y bore bach, *S.W:* gyda chwip y dydd, *Lit: occ:* yn ieuenctid y dydd; *S.a.* **dawn¹**. **2.** *(of water):* llif *m*, llifeiriant *m*.

freshen *v.i.&t.* **1.** *v.i.* *(a) (of temperature):* oeri, go-oeri, ffresh|au; *(b) (of wind):* codi, cryfh|au; *(c) (of pers.):* bywiogi [drwoch]; *U.S:* **to ~ up,** ymolchi, ymbincio, ffresio. **2.** *v.t. (= renew):* adnewyddu; *(air):* puro, pereiddio, adnewyddu; *(= revive):* bywh|au, bywiogi, bywiocáu, adfywio, adfywh|au, adfer; *(water):* croywi; *(colour &c):* ireiddio. *F:* **to ~ s.o. up,** twtio/tacluso rhn. **3.** *Nau:* **to ~ a sheet,** symud rhaff.

freshener *n. Equit:* ymarfer(-ion) *f*, ystwythiad(-au) *m*.

fresher *n. Sch: F:* = **freshman; freshers' week,** wythnos *(f)* y glas.

freshet *n.* llif mawr *m*, llifeiriant *m*.

freshly *adv.* **1.** newydd, o'r newydd. **2.** yn fywiog *&c*; *See* **fresh¹**.

freshman *n.* glasfyfyriwr (glasfyfyrwyr) *m*, glasfyf|yrwraig *f*.

freshness *n.* **1.** *(= newness):* new|ydd-deb *m*, new|ydd-der *m*. **2.** *(of vegetation):* irder *m*, ir|eidd-dra *m*, glesni *m*, irlesni *m*, ffresni *m*; *(of fish, butter, meat):* ffresni; *(of wind):* cryfder *m*; *(of water &c):* croywder *m*; *(of complexion):* gwrid *m*, gwritgochni *m*. **3.** *(of pers.):* *(a)* bywiogrwydd *m*, hoen *m*, nwyf *m*, nwyfiant *m*, egni *m*, bywyd *m*; *(b) (= inexperience):* diniweidrwydd *m*, diffyg *(m)* profiad, anaeddfedrwydd *m*; *(c) U.S: F: (= cheek):* haerllugrwydd *m*, digywil|ydd-dra *m*, hyfdra *m*, e[h]ofndra *m*.

freshwater *attrib.* dŵr croyw. **F~ Bay** *W.Pl.n. (in Anglesey):* Porth *(m)* y Cwrwgl. ~ **college** *n. U.S:* coleg(-au) *(m)* cefn gwlad, coleg taleithiol. ~ **fish** *n.* pysgod (pysgodyn) *(m)* dŵr croyw, pysgodyn afon. ~ **fishing** *vn.* pysgota afonydd, pysgota dŵr croyw. ~ **fowl** *n.pl.* adar dŵr croyw. ~ **soldier** *n. Bot: (Stratiotes aloides):* alaw diosgo *m*. *S.a.* **eel¹**, **cockle²**.

fret¹ *n. Arch:* rhwyllwaith *m*; *Her:* dellten (dellt) *f*.

fret² *n. Mus:* cribell(-au) *f*, gwrachan(-au) *f*; **fixed ~,** cribell osod (cribellau gosod); **gut ~,** cribell goludd (cribellau coludd), cribell gwt; **tied ~,** cribell glwm (cribellau clwm). ~ **nut** *n. Mus:* talfran (talfrain) *f*.

fret³ *n. (= vexation):* piwisrwydd *m*, anfoddogrwydd *m*; **to be in a ~,** gofidio, pryderu, poeni, *S:* becso.

fret⁴ *v.t., v.pr.&i.* **1.** *v.t. (a) (= chew):* cnoi; **a horse that frets its bit,** ceffyl sy'n cnoi ei enfa; *(b) (= chafe):* treulio, gwisgo, sgardio, rhwto, *N:* rhwbio, *Lit:* rhathu, *Lit: occ:* ysbelwi; **the stream has fretted a channel through the rock,** mae'r nant wedi treulio/turio ffordd drwy'r graig; *(b) (= worry):* poeni (rhn); aflonyddu, tarfu (ar rn). **2.** *v.pr.&i.* **to ~ [oneself],** gofidio, poeni, ymboeni, anniddigo, pryderu, poenydio, *N:* hel meddyliau, *S:* becso; **(a child) fretting for its mother,** (plentyn) â hiraeth am ei fam, yn hiraethu am ei fam, yn poeni o eisiau ei fam, yn poeni/gofidio ar ôl ei fam; **to ~ for no reason,** mynd o flaen gofid; **to ~ and fume,** bod ar ddrain, bod fel cath ar farwor, bod fel gafr ar d'ranau, teimlo'n anniddig/biwis/groes/flin/anfoddog, corddi, cynrhoni, berwi a chorddi, *S:* becso (ynghylch rhth).

fretful *a.* anniddig, piwis, croes, anynad, *N:* blin; ~ **old age,** henaint blin/piwis *m*; **a ~ baby,** babi blin/piwis *m*, *S.W: occ:* babi brau.

fretfully *adv.* yn anniddig *&c.*
fretfulness *n.* piwisrwydd *m*, anniddigrwydd *m*, natur groes/flin/biwis *f.*
fretsaw *n. Tls:* ffretlif(-iau) *f*, llif(-iau) (*f*) ffret.
fretted *a.* **1.** *(= worn):* treuliedig; **~ rope,** rhaff raflog/dreuliedig, rhaff wedi ei threulio. **2.** *(= distressed):* anniddig, pryderus, poenus. **3.** *Arch: Her:* rhwyllog. **4.** *Mus:* cribellog.
fretting[1] *vn.* = **fret**[3],[4].
fretting[2] *a.* = **fretful**.
fretwork *n.* rhwyllwaith *m*, delltwaith *m.*
Freudian *a.* & *n.* **1.** *a.* Freudaidd; **~ slip,** llithriad(-au) Freudaidd *m.* **2.** *n.* Freudiad (Freudiaid) *m&f.*
Freudianism *n.* Freudiaeth *f.*
friability *n.* breuder *m.*
friable *a.* briwsionllyd, brau, *Lit:* hyfriw, briwadwy; **to become ~,** briwsioni; *Ph:* **~ mass,** màs hyfriw *m.*
friableness *n.* = **friability**.
friar *n.* brawd (brodyr) *m*, ffr[e]ier(-iaid) *m*; **F~ John,** y Brawd Ioan; **Augustinian/Austin F~,** Brawd Awstinaidd; **Black/Dominican F~,** Brawd Du (Brodyr Duon); **Capuchin F~,** Brawd Cwcyllog/Cycyllog; **Crutched F~,** un o Frodyr y Groes; **Franciscan/Grey F~,** Brawd Troednoeth, Brawd Llwyd (Brodyr Llwydion); **Friars Minor,** y Brodyr Lleiaf; **Friars Major,** y Brodyr Mwyaf; **Friars Preachers,** Brodyr Bregethwyr. **~-bird** *n. Orn:* melysor(-ion) penfoel *m.* **~'s cowl** *n. Bot:* **1.** = **cuckoo-pint**. **2.** *(Arisarum vulgare):* cwcwll (*m*) y brawd. **~'s balsam** *n.* balm (*m*) benswyn, tintur (*m*) benswyn. **F~'s Island** *W.Pl.n.* Ynys (*f*) [y] Brawd. **~'s lantern** *n.* = **will-o'-the-wisp**. **~ skate** *n. Ich: (Raia alba):* morgath wen (morgathod gwynion) *f.*
friarly *a.* mynachaidd, ffr[e]ieraidd.
friary *n.* mynachlog(-ydd) *f*, ffr[e]ierdy (ffr[e]ierdai) *m*, brodordy (brodordai) *m*, tŷ (tai) (*m*) brodyr.
fribble[1] *v.i.* gwamalu, lolian, ffritian.
fribble[2] *n.* gwamalwr (gwamalwyr) *m*, gwam|alwraig *f*, loliwr (lolwyr) *m*, ffrityn(-nod) *m*, lolyn(-nod) *m*, lolen(-nod) *f*, rwdlyn(-nod) *m*, rwdlen(-nod) *f*, ffriten(-nod) *f.*
fricandeau *n. Cu:* ***fricandeau(-x)*** *m*, tafell(-i) (*f*) o gig llo.
fricassée[1] *n. Cu:* ***fricassée(-s)*** *f*, stiw(-iau) *m.*
fricassée[2] *v.t. Cu:* stiwio.
fricative *a.* & *n. Ling:* **1.** *a.* ffrithiol. **2.** *n.* sain (seiniau) ffrithiol *f*, ffrithiolen (ffrithiolion) *f*; **flat ~,** ffrithiolen wastad (ffrithiolion gwastad); **groove ~,** ffrithiolen gafnol (ffrithiolion cafnol).
friction *n.* **1.** *Med: Toil:* rhwbiad(-au) *m*, rhathiad(-au) *m.* **2.** *Ph: Mec.E:* ffrithiant (ffrithiannau) *m*, *N.W: occ:* traul *f*; **sliding ~,** ffrithiant llithro. **3.** *Ling:* ffrithiad(-au) *m.* **4.** *(= disagreement):* drwgdeimlad(-au) *m*, cynnen (cynhennau) *f*, gwrthdaro (gwrthdrawiadau) *m*, anghytundeb(-au) *m*, anghydfod(-au) *m*; **there is ~ between them,** mae hi'n ddrwg rhyngddynt; does dim llawer o dda/Gymraeg rhyngddynt; nid ydynt yn cyd-dynnu'n dda. **~-ball** *n.* pêl (peli) ffrithiol *f.* **~-clutch** *n. Mec.E:* cydiwr (cydwyr) ffrithiol *m.* **~-cone** *n.* côn (conau) ffrithiol *m.* **~-coupling** *n.* cyplydd(-ion) ffrithiol *m.* **~-disc** *n.* disg(-iau) ffrithiol *m.* **~-drive** *n. Aut:* gyriant ffrithiol *m.* **~-gear[ing]** *n.* geryn/geriad ffrithiol *m.* **~ tape** *n. El:* tâp (tapiau) ffrithiol *m.* **~ washing** *vn. Laund:* golchi ffrithiol.
frictional *a.* ffrithiannol.
frictionless *a.* diffrithiant, esmwyth, llyfn (*f.* llefn, *pl.* llyfnion).
Friday *n.* Gwener(-au) *m*, dydd(-iau) (*m*) Gwener; **~ night, ~ evening,** nos Wener; **~ morning,** bore [dydd] Gwener; **~ afternoon,** prynhawn/pnawn [dydd] Gwener; **he is coming [on] ~,** mae e'n dod d[d]ydd Gwener; **(he comes) [on] Fridays,** (mae'n dod) bob dydd Gwener, ar ddydd Gwener; **Good ~,** Dydd Gwener y Groglith, *Lit:* Gwener y Grog; **girl ~,** morwyn fach (mor[w]ynion bach) *f*, morwyn waith (mor[w]ynion gwaith), (*)Siân (*f*) bob swydd; **man ~,** *(i) Lit:* y gwas Friday *m*; *(ii) (= handyman):* gwas (gweision) twt *m*, Siôn (*m*) pob swydd; **fridays** *adv.* ar ddydd[iau] Gwener, bob dydd Gwener.
fridge *n. F:* rhewgell(-oedd) *f*, cwpwrdd (cypyrddau) (*m*) oer, cwpwrdd rhew/rhewi. **~-freezer** *n.* rhewgell-rewgist(-iau) *f.*
fried *a.* ffriedig, wedi ei ffrio; *See* **fry**[3].
friend[1] *n.* **1.** cyfaill (cyfeillion) *m*, cyfeilles(-au) *f*, *F:* ffrind(-iau, ffrins) *m*, *S.W: occ: Joc:* bwrdis: bwrji[n]s *pl*; *N.B: the pl.* ffrindiau *is occasionally used for the sing.*, **she is a ~ of mine,** mae hi'n ffrindiau i mi; **bosom ~,** cyfaill mynwesol; **they were bosom friends; they were the best of friends,** 'roeddynt yn ffrindiau pennaf; 'roeddynt yn ben/bennaf ffrindiau; *N:* 'roeddynt yn ffrindiau mawr/garw; **childhood friends,** cyfeillion bore oes; **a schoolmaster ~ of mine,** cyfaill o athro ysgol i mi; **to be friends with s.o.,** bod yn gyfaill/ffrind i rn, bod yn ffrindiau â rhn, bod yn gyfeillgar â rhn; **to make friends with s.o.,** mynd yn gyfaill i rn, mynd yn ffrind[iau] â rhn; **you'd better remain friends with them,** gwell i chwi beidio â phechu yn eu herbyn; **he is no ~ of mine,** 'dyw e ddim yn gyfaill i mi; *Prov:* **a ~ in need is a ~ indeed,** *Prov:* y cyfaill gwir/cywir yn yr ing fe'i gwelir; **a ~ in court,** cyfaill dylanwadol; **to have friends at court,** bod â chyfeillion yn y llys, adnabod y bobl iawn; **a false ~,** cyfaill twyllodrus, gau gyfaill; **be he ~ or foe,** boed gyfaill neu elyn; *Mil:* **~ or foe?** cyfaill ynteu gelyn? *Parl:* **my honourable ~,** fy nghyfaill anrhydeddus, fy anrhydeddus gyfaill; **my right honourable ~,** fy ngwir anrhydeddus gyfaill; **my noble ~,** fy nghyfaill bonheddig; *Jur:* **my learned ~,** fy nysgedig gyfaill. **2.** *(of arts &c):* cyfaill, noddwr (noddwyr) *m*, cefnogwr (cefnogwyr) *m.* **3.** **the Society of Friends,** Cymdeithas (*f*) y Cyfeillion, Cymdeithas y Ffrindiau, y Crynwyr *pl*, *F:* y Cwaceriaid *pl.*
friend[2] *v.t.* = **befriend**.
friendless *a.* digyfaill, digyfeillion, heb gyfaill [yn y byd], unig.
friendlessness *n.* diffyg (*m*) cyfeillion, unigrwydd *m*; **I was sorry to learn of his ~,** 'roedd yn ddrwg gennyf ddeall mor ddigyfaill oedd.
friendlily *adv.* yn gyfeillgar *&c.*
friendliness *n.* cyfeillgarwch *m* (**to/towards s.o.,** tuag at rn).
friendly *a.* **1.** cyfeillgar (**with s.o.,** â rhn; **towards s.o.,** tuag at rn); *(= affable):* cyfeillgar, serchus, serchog, hoffus, rhadlon, hynaws, *N: F:* clên, *occ:* ffrindiol, *S: occ:* ffrenshibol, *S.W: occ:* fflonsh; **in a ~ manner,** yn gyfeillgar *&c*; *Jur:* **~ action,** achos(-ion) cyfeillgar *m*; *Sp:* **~ match,** gêm gyfeillgar (gemau cyfeillgar) *f*, gornest gyfeillgar (gornestau cyfeillgar) *f*; *S.a.* **fire**[1]. **2.** *(= sympathetic to sth):* cefnogol, ffafriol (i rth); o blaid (rhth). **3.** **~ society,** cymdeithas (*f*) lesiant (cymdeithasau llesiant), cymdeithas fudd (cymdeithasau budd), cymdeithas gyfeillgar (cymdeithasau cyfeillgar), clwb (clybiau) (*m*) cleifion. **4.** *Geog:* **The F~ Islands,** Ynysoedd Tonga (*pronounced* ng-g), Yr Ynysoedd Cyfeillgar.
friendship *n.* cyfeillgarwch *m*, *S: occ:* ffrensibaeth *f.* **~ plant** *n. Bot: (Pilea involucrata):* (*)cyfaill cywir *m.*
frier *n.* = **fryer**.
Friesian *a.* & *n.* = **Frisian**; **~ cow,** buwch (buchod) (*f*) Ffrisia, Ffrisiad (Ffrisiaid) *f.*
Friesland *Pr.n. Geog:* Ffrisia *f.*
Frieslander *n.* = **Frisian 1**.
frieze[1] *n. Tex:* brethyn tewban *m*, brethyn blewog, ffris(-iau) *m.*
frieze[2] *n.* **1.** *Arch:* ffris(-iau) *m*, cyfreslun(-iau) *m*, addurndalaith (addurndaleithiau) *f.* **2.** *(of wallpaper):* ymyl(-au,-on) *mf*, bordor (borderi) *m.*
frieze[3] *v.t.* ffrisio, cedenu.
friezed *a. (cloth):* cedenog, blewog, ffrisedig, ffrisiog.
friezeman, friezer *n.* ffrisiwr (ffriswyr) *m*, cedenwr (cedenwyr) *m*, brethynnwr (brethynwyr) *m.*
frig[1] *n. F:* = **fridge**.
frig[2] *v.i.&t.* **1.** *v.t.* *(= copulate):* ffwrchio, cnuchio, *S:* sielffo (rhn); rhoi ffwrch, rhoi bwch (i rn); *N:* dobio, dyrnu, chwarae, gwn|eud (rhn). **2.** *v.i.* **to ~ about,** *(= mess about &c):* *N:* codlio, poitsio, ponsio, stwna, piltran, *S:* daban, ffrigan, tampro.
frig[3] *n. V:* cnuch *m*, cnuchiad *m*, *S.W: occ:* bwch *m*, ffwrch *mf*, *N: F:* tamaid *m*, dobiad(-au) *m.*
frigate *n. Navy:* ffrigad(-au) *f.* **~-bird** *n. Orn:* aderyn (adar) (*m*) ffrigad. **~-mackerel** *n. Ich:* macrell (mecryll) (*f*) ffrigad, macrell Roche.
frigging *a. V:* = **bloody, damned**.
fright[1] *n.* **1.** ofn(-au) *m*, dychryn(-iadau,-f|eydd) *m*, braw *m*, arswyd(-au,-ion) *m*, *S.W: occ:* abwth *m*, *Lit: occ:* dychrynfa (dychrynf|eydd) *f*, dychryndod(-au) *m*; **I had an awful ~,** mi ddychrynais i ar fy hyd; mi ddychrynais drwof; mi ddychrynais am fy mywyd; mi gefais i ofn ofnadwy; mi gefais i fraw garw; *V:* mi ges i ofn drwy 'nhin; *S: V:* fe ges i dwll tin o ofon, *M.W: occ:* mi chwithais i; **I escaped with a bad ~,** fe fu'r braw yn ddigon imi; **to take ~,** dychryn, brawychu, arswydo

(at sth, rhag rhth); cael ofn, cael braw (rhth, gan rth), *M.W:* chwitho (at rth); *S: occ:* gwylltu; **to give s.o. a ~,** dychryn rhn, brawychu rhn, rhoi braw i rn, codi ofn *&c* ar rn, *S:* hala ofon ar rn. **2.** *F:* **she looked a perfect ~,** 'roedd golwg ofnadwy arni; dyna olwg ofnadwy oedd arni; *N.W: occ:* 'roedd gwedd y witsh arni; *S:* 'roedd hi'n disgwyl fel sachabwndi. **~ wig** *n. Th: Cost:* gwallt(-iau) *(m)* codi, wig *(f)* ddychryn (wigiau dychryn).

fright² *v.t.* = **frighten.**

frighten *v.t.* dychryn, dychrynu, brawychu (rhn); rhoi braw/dychryn (i rn); codi ofn/arswyd/braw (ar rn); *occ:* arswydo, dychrynu (rhn); *S:* hala ofon (ar rn); *F:* **he was frightened out of his wits,** cafodd fraw ofnadwy; 'roedd wedi dychryn am ei fywyd/hoedl; 'roedd arno ofn ar ei hyd; *V:* 'roedd arno ofn drwy'i din; **to ~ s.o. into doing sth,** dychryn rhn hyd at wneud rhth; **to ~ children,** dychryn plant bach, chwarae'r bwbach. **~ away, ~ off** *v.t.* **the dog frightened the thieves away,** fe ddychrynodd y ci y lladron ymaith; fe redodd y lladron gan ofn y ci; **don't ~ away the birds,** peidiwch â dychryn yr adar; peidiwch â tharfu'r adar.

frightened *a.* ofnus, mewn braw, dychrynedig, mewn dychryn, mewn ofn, wedi dychryn, wedi cael ofn, wedi cael braw, ac ofn arnoch *&c*, dan ofn; **easily ~,** hawdd eich dychryn, ofnus; **I am/feel ~ of sth,** mae arnaf ofn rhth; mae arswyd rhth arnaf; **to be ~ to death,** dychryn am eich bywyd/hoedl, marw gan ofn/fraw *&c*; **he was more ~ than hurt,** cafodd fwy o fraw nag o niwed.

frightening *a.* brawychus, arswydus, dychrynllyd, ofnadwy, digon i godi ofn arnoch, digon i godi gwallt eich pen.

frighteningly *adv.* yn ddychrynllyd *&c.*

frightful *a.* dychrynllyd, brawychus, arswydus, ofnadwy, enbyd, garw, erchyll, echryslon, erch; *(crime &c): (also):* ysgeler; **I have a ~ headache,** *N:* mae gen i gur ofnadwy yn fy mhen; *S:* mae pen tost ofnadwy arna' i; **he was in a ~ temper,** 'roedd wedi gwylltio'n gacwn/gaclwm/lân *&c*; 'roedd mewn tymer ofnadwy/enbyd; 'roedd yn gandryll/gudyll ulw; 'roedd ar ei geffyl gwyn; 'roedd o'i gof; *S.a.* **angry, anger¹.**

frightfully *adv.* **1.** *(= appallingly):* yn ddychrynllyd *&c.* **2.** *F:* yn ofnadwy, yn ... iawn; **I am ~ sorry,** mae'n ddrwg/flin/ofnadwy iawn gen i; mae'n flin dros ben gen i; mae'n flin y tu hwnt gen i; **that's ~ decent of you,** 'rydych chi'n garedig y tu hwnt.

frightfulness *n.* ysgelerder *m*, arswyd *m*, natur ofnadwy/enbyd/ddychrynllyd *f*, enbydrwydd *m*, echryslondeb *m*, echryslonder *m*, echryslonrwydd *m.*

frigid *a.* *(a)* rhewllyd, iasoer, fferllyd; *Geog:* **~ zone,** cylchfa *(f)* rew (cylchf|eydd rhew); *(b) (pers.):* anghynnes, oerllyd, oeraidd, digroeso, di-serch; **a ~ welcome,** glasgroeso *m*; **~ politeness,** cwrteisi oerllyd *m*; *(c) Physiol:* oer, diymateb, oeraidd, fferllyd.

frigidity *n.* **1.** oerni *m*, *occ:* fferdod *m*, fferdra *m*, oerder *m.* **2.** *Physiol:* oerni [rhywiol] *m.*

frigidly *adv.* yn oeraidd, yn anghynnes *&c.*

frigidness *n.* oerni *m*; *S.a.* **frigidity.**

frigorific *a.* rhewllyd, fferllyd.

frijoles *n.pl. Cu:* ffa.

frill¹ *n.* **1.** *(a) Cost:* crych(-ion) *m*, ffril(-iau) *m*, ffrilen (ffriliau) *f*; **to attach frills,** gosod ffriliau; **Toby ~,** coler crych/grych (coleri crych) *mf*; *(b) pl. (= useless ornaments):* ffrils, ffriliau, *N.W:* ffigiaris, *M.W: occ:* clawets, ffabls; **a plain meal without frills,** pryd plaen/di-lol/cartrefol. **2.** *(on animal, plant):* crib(-au) *f*, coler(-i) *mf*, tagell (tegyll) *f.*

frill² *v.t.* crychu, cwicio, ffrilio.

frilled *a. Cost:* crychlyd, ffriliog. *Rept:* **~ lizard,** madfall dagellog (madfallod tagellog) *f.*

frilliness *n.* ffriliogrwydd *m.*

frilling *n. Needlew:* ymyl(-on) ffriliog *mf*, ffriliau *pl*, ffrils *pl.*

frilly *a. & n.pl.* **1.** *a.* ffril[i]og. **2.** *n.pl.* **frillies,** *(= underwear):* dillad isaf [ffriliog].

fringe¹ *n.* **1.** *Tex:* bordor(-s, borderi, borderydd) *m*, rhimyn(-nau) *m*, rhidens *pl*, ymyl(-on) *mf*, eddi *pl*, eddïau *pl*, *S.W:* edi *pl*, *S.E: occ:* ffrensh *m*, *Lit:* ymylwe *f*, ymylwaith *m*, sider(-ion) *m.* **2.** *(a) (of town &c):* cwr (cyrrau, cyrion) *m*, godre(-on) *m*; **on the outer fringe[-s] of Cardiff,** ar gyrion Caerdydd; **the Celtic F~,** y Cyrion Celtaidd, yr Ymylon Celtaidd; **to live on the ~ of society,** byw ar ymylon cymdeithas; *Geog:* **rurban ~,** cyrion gwledig-drefol; **urban ~,** cyrion trefol; **lunatic ~,** lleiafrif(-oedd) lloerig *m*, eithafwyr lloerig *pl*; *(b) Haird:* **to wear a ~,** gwisgo rhimyn o wallt, gwisgo'ch gwallt yn rhimyn. **~ area** *n.* ardal(-oedd) ffiniol/ymylol *f.* **~ benefit** *n.* cilfantais (cilfanteision) *f*, mantais (manteision) ymylol *f.* **~ flower** *n. Bot: (Schizanthus pinnatus):* blodyn (blodau) eddïog *m.* **~ moss** *n. Bot: (Bryum hypnoides):* mwsogl eddïog *m.* **~ theatre** *n.* theatr ymylol *f*, theatr yr ymylon. **~ tree** *n. Bot: (Chionanthus virginica):* siderwydden (siderwydd) *f.*

fringe² *v.t.* eddïo, ymylu, rhidennu (rhth); rhoi eddi/rhidens/rhimyn *&c* (ar rth); *Lit: occ:* sideru (rhth).

fringed *a.* eddïog, rhimynnog, ag eddi, â rhidens. *A:* siderog; *S.W: occ:* **~ cloth,** brethyn eddi; **eyes ~ with black lashes,** llygaid a blew duon o'u cwmpas/hamgylch; **a pool ~ with ferns,** pwll ynghanol rhedyn, pwll a rhedyn o'i amgylch.

fringeless *a.* heb rimyn, heb ridens, heb eddi, diridens, dieddi.

fringepod *n. Bot: (Thysanocarpus laciniatus):* cibyn eddïog *m.*

fringilline *a. Orn:* o deulu'r pincod.

fringing *a. & n.* **1.** *a.* ymylol; *Geog:* **~ reef,** ymylriff(-iau) *mf.* **2.** *n.* ymyl(-on) *mf*; *S.a.* **fringe¹.**

fringy *a.* eddïog, siderog, â rhidens, ag eddi *&c.*

frippery *n. & attrib.* **1.** *n.* petheuach *pl*, peth(-au) diwerth/coegwych *pl*, *N.W: occ:* hen afur(-s) *m*, ffigiari(-s) *pl*, *M.W:* clawets *pl*, *Lit:* tegan(-au) *mf*, coegaddurn(-iadau) *m*; *(of style &c):* coegwychder *m.* **2.** *attrib.* gwacsaw, diwerth, coegwych.

frippet *n.* ffifflen (ffifflod) *f*, ffriten (ffrits) *f*, maeden(-nod) *f*, hoeden(-nod) *f*, mursen(-nod) *f*, *N.W:* hoetan(-nod) *f*, hobidih|oi wirion (hobidihois gwirion) *f.*

frisbee *n. R.t.m:* ffrisbi(-s) *m.*

frisette *n. Hairdr:* ***frisette(-s)*** *f.*

friseur *n.* = **hairdresser.**

Frisian *a. & n.* **1.** *a.* Ffrisaidd; *S.a.* **Friesian**; *(in language):* Ffriseg; **he's ~,** Ffrisiad yw ef; **the ~ Islands,** Ynysoedd Ffrisia. **2.** *n.* *(a) Ethn:* Ffrisiad (Ffrisiaid) *m&f*; *(b) Ling:* Ffriseg *f*, *m.*

frisk¹ *v.i.&t.* **1.** *v.i.* **to ~ [about],** *(of lambs &c):* prancio, crychneidio, moelystota, *S:* campro; *(of cattle): S.W: occ:* gwrychennu. **2.** *v.t.* *(a) (of dog &c):* **to ~ its tail,** ysgwyd ei gynffon, *S:* siglo'i gwt, *Lit: occ:* cynffonni, cynffonlonni, cwtwslonni; *(b) U.S: (= search):* chwilio, ffrisgio.

frisk² *n.* **1.** pranc(-iau) *m*, crychnaid (crychneidiau) *f.* **2.** *U.S: (=* **search¹***):* ffrisgiad(-au) *m*, chwiliad(-au) *m.*

frisker *n.* **1.** pranciwr (prancwyr) *m.* **2.** *(= searcher):* ffrisgiwr (ffrisgwyr) *m*, chwiliwr (chwilwyr) *m.*

frisket *n. Typ:* haearngylch(-oedd) *m (pronounced* ng-g*)*, ffrisged(-au) *m.*

friskily *adv.* yn sionc *&c.*

friskiness *n.* sioncrwydd *m*, hoenusrwydd *m*, nwyfusrwydd *m*, hoywder *m*, bywiogrwydd *m.*

frisky *a.* pranciog, chwar|eus, nwyfus, bywiog, sionc, heini, llamsachus; *(horse): S.W: occ:* llysfannus, llysgwannus; *(calf): N.W: occ:* chwil.

frisson *n.* gwefr(-au) *f*, ias(-au) *f*, ysgryd(-ion) *m.*

frit¹ *n.* ffrit *m.*

frit² *v.t.* ffritio, calchlosgi.

frit-fly *n. Ent: (Oscinella frit):* pryf(-ed) *(m)* ceirch.

frith *n.* = **firth.**

fritillary *n.* **1.** *Bot: (Fritillaria):* britheg *f*, y fritheg *f*, dail *(pl)* pen neidr, peuros *m*; **Tyrolean ~,** *(F. tubiformis):* britheg y Tyrol. **2.** *Ent:* brith(-ion) *m*; **dark green ~,** *(Argynnis aglaia):* brith gwyrdd; **Duke of Burgundy ~,** *(Hamearis lucina):* brith Bwrgwyn; **Glanville ~,** *(Melitaea cinxia):* brith Glanville; **heath ~,** *(Mellicta athalia):* brith y waun; **high brown ~,** *(A. adippe):* brith brown; **marsh ~,** *(Euphydryas aurinia):* brith y gors; **pearl-bordered ~,** *(A. euphrosyne):* brith perladeiniog, brith perlog; **Queen of Spain ~,** *(A. lathonia):* brith Sbaen; **silver-washed ~,** *(A. paphia):* brith arianresog, brith arian; **small pearl-bordered ~,** *(A. selene):* brith perlog bach.

fritter¹ *n. Cu:* mioden (miod) *f*, bara *(m)* miod, ffriter(-au) *mf*, *S.E:* ffritwn(-s) *f.*

fritter² *v.t.* gwastraffu, afradu, *S:* bradu.

fritterer *n.* gwastraffwr (gwastraffwyr) *m*, gwastr|affwraig *f*, afradwr (afradwyr) *f*, afr|adwraig *f.*

Friulian *a. & n.* **1.** *a.* Ffri|wlaidd; *(in language):* Ffri|wleg. **2.** *n.* *(a) Ethn:* Ffri|wliad (Ffri|wliaid) *m&f*; *(b) Ling:* Ffri|wleg *f*, *m.*

frivol *v.i.&t. F:* **1.** *v.i.* gwamalu, ofera. **2.** *v.t.* gwastraffu, afradu; **to ~ away one's time,** gwastraffu'ch amser, *S.W:* pencawna, *N.E:* ffritian.

frivolity *n.* **1.** *(= frivolous nature):* gwamalrwydd *m*, gwiriondeb *m*, bregedd *m*, gwacsawrwydd *m*, penchwibandod *m*, ysgafalwch *m*. **2.** *(= frivolous thing):* gwagedd(-au) *m*.

frivoller *n.* gwamalwr (gwamalwyr) *m*, gwam|alwraig *f*, *N: F:* lolyn(-nod) *m*, lolen(-nod) *f*, rwdlyn(-nod) *m*, rwdlen(-nod) *f*.

frivolous *a. (pers.):* gwamal, ofer, penchwiban, penwan, gwacsaw, gwirion, ysgafala; *(claim &c):* ofer, disylwedd, gwacsaw; **a ~ person,** gwamalwr (gwamalwyr) *m*; *S.a.* **frivoller**. *Jur:* **~ proceedings,** achos gwacsaw *m*.

frivolously *adv.* yn wamal &c; **to behave/speak ~,** gwamalu.

frivolousness *n.* = **frivolity**.

frizz[1] *v.t.&i. (hair):* crychu.

frizz[2] *n.* gwallt crych *m*, crychni *m*, crychau *pl*.

frizzle[1] *n.* = **frizz**[1].

frizzle[2] *v.t.&i. Cu:* crimpio, ffrio, crimstio, cremstio.

frizzled *a.* **1.** *(bacon &c):* crimp, crimpiog, crinsych(-ion), yn grimpyn, yn grimstin. **2.** **~ hen,** iâr (ieir) fflegan *f*, fflega[i]n (fflegennod) *f*, iâr Ffrainc. **3.** *(hair):* crych (*f.* crech, *pl.* crychion), crychiog, crychlyd.

frizzly *a.* crych, crychlyd.

fro *adv.* **to and ~,** yn ôl a blaen, *Lit: occ:* [yn] ôl a gwrthol.

frock[1] *n. Cost:* **1.** gwisg(-oedd) *f*, ffrog(-iau) *f*, ffroc(-iau) *f*. **2.** *(of monk):* gŵn (gynau) *m*. **~-coat** *n.* ffrog-côt (~-cotiau) *f*.

frock[2] *v.t.* ordeinio.

froe *n. U.S:* haearn (heyrn) (*m*) hollti.

Froebelian *a.* Froebelaidd.

frog[1] *n.* **1.** *(Rana temporaria): N:* llyffant (llyffaint, *less correctly* llyffantod) *m*; *(as distinct from toad):* llyffant melyn *(N.B.* llyffant = *toad in S.)*; *S:* broga(-od, brog|aid) *m*, *S.W: occ:* ffroga (ffrog|aid) *m*, ffrogas *m*, *S.E: occ:* ffrogan (ffrog|aid) *f*; **edible ~,** *(R. esculenta):* llyffant bwytadwy; **marsh ~,** *(R. ridibunda):* llyffant y gors. **2.** *Med:* crygni *m*; **to have a ~ in one's throat,** bod yn gryg, bod â chrygni ar eich llais, *S.E:* bod â chricyn (*m*) yn y llwnc. **3.** *Vet: (disease):* clwy(*m*)'r llyffant, llyffant melyn, llyffandafod *m*, llyffannwst *m*. **~-bit** *n. Bot: (Hydrocharis morsus-ranae):* yr alaw lleiaf *m*. **~ crab** *n. Crust:* cranc(-od) llyffantaidd *m*. **~-eater** *n.* *(= Frenchman):* Ffrancwr (Ffrancod) *m*. **~-eye** *n. Hort:* llygaid (*pl*) llyffaint. **~-fish** *n. Ich:* cythraul (cythreuliaid) (*m*) y môr. **~-hopper** *n. Ent: (Philaenus spumarius):* llyffant (llyffaint) (*m*) y gwair, sboncyn (*m*) llyffant *m*, llysleuen (llyslau) sbonc *f*. **~-kick** *n. Swim:* cic(-iau) (*f*) llyffant. **~-march** *v.t.* martsio (rhn) allan/mas, mynd â rhn ar ei bedwar, hebrwng rhn o'i anfodd. **~-mouthed** *a.* cegfawr. **~ orchid, ~ satyrion,** *Bot: (Coeloglossum viride):* llysiau(*pl*)'r ysgyfarnog, paladr blodeuwyrdd *m*. **~ spawn** *n. Z:* grifft (*m*) llyffant/llyffaint, grifft y broga, grifft brog|aid, *S.W:* llys (*m*) brogaid, chwydu (*m*) brogaid, chwydredd (*m*) llyffaint, chwydu ffrog|aid, chwydu brog|aets, *N: occ:* jeli (*m*) llyffant. **~-spit** *n. Ent:* poeri(*m*)'r gôg.

frog[2] *n. Vet: (of hoof):* byw *m*, bywyn *m*, gwennol (gwenoliaid, gwenolion, gwenolod) *f*, *S:* broga (brog|aid) *m*, ffroga (ffrog|aid) *m*, *N:* llyffant *m*.

frog[3] *n.* **1.** *Mil: &c: (= loop):* dolen(-nau) *f*. **2.** *Cost: (= button):* botwm (botymau) *m*; **frogs and loops,** botymau a dolennau.

frog[4] *n. Rail:* gwe(-oedd) (*f*) [ar groesfan].

Frog[5] *n. F:* Ffrancwr (Ffrancod) *m*.

frogged *a. Cost:* dolennog.

frogging *n. Cost:* dolennau *pl*.

froggy *a. & n.* **1.** *a. (= like a frog):* llyffantaidd, brogaol, fel llyffant, fel broga; *(= abounding in frogs):* llawn llyffaint &c; *(= cold like a frog):* oer fel llyffant, llaith; *F:* **F~,** *(= French):* Ffrengig. **2.** *n. (= Frenchman):* Ffrancwr (Ffrancod) *m*.

frogman *n.* nofiwr (nofwyr) tanddwr *m*.

frogmouth *n. Orn:* troellwr (troellwyr) llydanbig *m*.

frolic[1] *n.* **1.** *(= gambol):* pranc(-iau) *m*, crychnaid (crychneidiau) *f*, sbonc(-iau) *f*, llamsach(-au) *m*. **2.** *often pl. (= merriment):* miri *m*, hwyl *f*, rhialtwch *m*, difyrrwch *m*, campau *pl*, *N:* giamocs *pl*; **"M.P. admits sexy frolics"**, "A.S. yn cyfaddef ei giamocs/gampau/fisdiminars rhywiol".

frolic[2] *v.i.* prancio, campio, chwarae, neidio a champio, *Lit: occ:* llamsachu, crychneidio, *S.E: occ:* percan, *S: occ:* campro.

frolicking[1] *vn.* = **frolic**[1,2].

frolicking[2], **frolicsome** *a.* chwar|eus, bywiog, hoenus, nwyfus, *N:* fel m|iriman; **a ~ boy,** *S:* twlsyn *m*; **a ~ girl,** *S:* twlsen *f*.

from *prep.* **1.** *(a) Expressing movement in space, esp. between objects other than people:* o *(+ soft mut.)* **~ where?** o ba le? o ble? **~ Bangor to Cardiff,** o Fangor i Gaerdydd; **to free s.o. ~ prison,** rhyddhau rhn o garchar; **~ side to side,** o'r naill ochr i'r llall; **~ door to door,** o ddrws i ddrws; **~ log cabin to the White House,** o gaban pren i'r Tŷ Gwyn; **to shift ~ foot to foot,** symud o droed i droed, symud o un droed i'r llall; **~ beginning to end,** o'r dechrau/dechreuad i'r diwedd, o'r naill gwr i'r llall; **to redo sth ~ the beginning,** ail-wneud rhth o'i gwr; **~ ear to ear,** o glust i glust; **rumour repeated ~ mouth to mouth,** si a ailadroddwyd o geg i geg; **~ pillar to post,** o bant i bentan, o bared i bost, o goed i gastell, o bant i dalar, *N.W: occ:* o walbant i walbant; **~ all sides,** o bob tu/ochr; **~ top to toe,** o'ch corun i'ch sawdl; **~ one end to another,** o'r naill ben i'r llall; **to hang ~ a hook,** hongian/crogi ar fach; **to hang ~ a ceiling,** hongian/crogi o nenfwd; **to hang ~ a rope,** hongian ar raff; *(b) Expressing slight movement,* **away ~,** oddi wrth *(+ soft mut.)* (*not* o); **come away ~ that dog,** tyrd oddi wrth y ci 'na; *(c) With pronouns and nouns representing living things:* oddi wrth + *soft mut.*; *(after verbs of getting, receiving, hearing, learning, being given):* gan + *soft mut.*; *(after verbs of taking, snatching, stealing):* oddi ar *(+ soft mut.)*; **a letter ~ the minister,** llythyr oddi wrth y gweinidog (*not* o'r gweinidog); **a present ~ my aunt,** rhodd gan fy modryb (*not* o fy modryb); **she stole it ~ me,** fe'i lladrataodd oddi arnaf; **I snatched it ~ him,** fe'i cipiais oddi arno; **she went ~ him to the door,** aeth oddi wrtho at y drws; **take it ~ me,** coelia di (coeliwch chi) fi, cred di (credwch chi) fi; **I won't take that ~ anyone,** chymera' i mo hynna gan neb; **that's rich coming ~ you,** un da wyt ti, yn dweud hynna! hawdd y gelli di ddweud hynna! **~ Gwyn, that's a compliment,** gan Gwyn *or* yng ngheg Gwyn, dyna ganmoliaeth; **I have it ~ Elen that. . .,** mi glywais gan Elen fod. . .; **~ me to you,** oddi wrthyf i atat ti, gen i i ti; **~ me,** oddi wrthyf i, gennyf i, gen i, oddi arnaf i; **~ thee,** oddi wrthyt ti, gennyt ti, gen ti, oddi arnat ti; **~ her,** oddi wrthi hi, ganddi hi, oddi arni hi; **~ him,** oddi wrtho ef, ganddo ef, oddi arno ef; **~ us,** oddi wrthym ni, gennym ni (*not* ganddom ni), oddi arnom ni; **~ you,** oddi wrthych ch[w]i, gennych ch[w]i (*not* ganddoch ch[w]i), oddi arnoch ch[w]i; **~ them,** oddi wrthynt hwy, ganddynt hwy, oddi arnynt hwy. **2.** *With reference to time: (a)* **~ day to day,** o ddydd i ddydd, beunydd, yn feunyddiol, o un dydd i'r llall, o'r naill ddydd i'r llall, bob dydd, yn ddyddiol; **~ week to week,** o wythnos i wythnos, y naill wythnos ar ôl y llall, o'r naill wythnos i'r llall, yn wythnosol; **~ month to month,** o fis i fis, y naill fis ar ôl y llall, yn fisol; **~ year to year,** o flwyddyn i flwyddyn, y naill flwyddyn ar ôl y llall, yn flynyddol; **~ time to time,** o bryd i'w gilydd, bob hyn a hyn, yn awr ac yn y man, yn awr ac eilwaith, ambell waith, ambell dro; **~ now on,** o hyn yml|aen, o hyn allan; **~ then on,** o hynny ymlaen, o'r pryd hynny ymlaen, o'r adeg honno ymlaen, ar ôl hynny, wedi hynny, wedi hyn; **~ Sunday on[wards], as ~ Sunday,** *(esp. with ref. to future time):* o'r dydd Sul ymlaen; **~ Monday to Friday,** o ddydd Llun i ddydd Gwener *or* hyd ddydd Gwener; *(b) With ref. to the past,* = **since**: oddi ar + *soft mut.*; er, ers; **I have known him ~ a child,** 'rwyf yn ei adnabod er[s] yn blentyn; **as ~ [last] Tuesday,** er/ers dydd Mawrth diwethaf; **~ of old,** ers tro byd, ers amser maith, ers talwm, ers llawer dydd; **~ when he came home,** [byth] er pan ddaeth adref, er[s] iddo ddod adref, oddi ar pan ddaeth adref, oddi ar ei ddyfod adref. **3.** *Indicating separation:* **she is away/absent ~ home,** mae hi oddi cartref; nid yw hi gartref; *S.W:* mae hi ar gerdded; **to work ~ one's home,** gweithio gartref; **not far ~ Conwy,** heb fod ymh|ell o Gonwy, *Lit: occ:* nid nepell o Gonwy; **apart ~ that,** ar wahân i hynny, ac eithrio hynny, hebl|aw hynny, *Lit:* oddieithr hynny, oddig|erth hynny; **separate ~ sth,** ar wahân i rth, *occ:* arwahanol i rth; **separately ~ sth,** ar wahân i rth; **different/differing ~ sth,** gwahanol i rth; **it differs ~ the others,** mae'n wahanol i'r lleill; **separated ~ sth,** gwahanedig oddi wrth rth; **far ~ us,** pell oddi wrthym; **far ~ home,** pell oddi cartref; **far ~ Wales,** pell o Gymru; **I am far ~ agreeing with you,** yr wyf yn bell o fod yn cytuno â chi; **far ~ blaming you, I praise you,** yn hytrach na'ch beio, 'rwyf yn eich canmol; **far be it ~ me to criticize,** ni fynnwn i feirniadu er dim; **it is far ~ easy,** mae'n bell o fod yn hawdd; **~ afar, ~ far off,** o hirbell; **ten miles distant ~ Bala,** deng milltir o'r

Bala; **a mile distant ~ me,** filltir oddi wrthyf; **I hurled/threw it ~ me,** teflais/lluchiais ef oddi wrthyf; **free ~ all care,** heb ofal yn y byd, rhydd o bob gofal; **free ~ persecution,** rhydd rhag erledigaeth; *Lit:* **absent thee ~ felicity awhile,** ymwâd â gwynfyd dro. **4.** *(a) After* **take, snatch, steal** *&c*: oddi ar + *soft mut.*; **take that knife ~ that child,** ewch â'r gyllell 'na oddi ar y plentyn 'na; **I snatched it ~ her,** fe'i cipiais oddi arni; **she stole it ~ me,** fe'i lladrataodd oddi arnaf; *(b) after* **flee, escape, shelter, hide** *&c*: rhag; **to shelter ~ the rain,** cysgodi/ymochel/ymogel rhag y glaw, *occ:* ymochel glaw, *N: occ:* [g]wardio rhag y glaw, *S:* cwato oddi wrth y glaw; *B:* **to flee ~ the wrath that is to come,** ffoi rhag y llid a ddaw; **to escape ~ persecution,** dianc rhag erledigaeth; (*but in a physical sense,* o + *soft mut., e.g.* **to escape ~ prison,** dianc o garchar); **to hide ~ sight,** ymguddio o'r golwg; **to hide ~ pursuers,** cuddio rhag ymlidwyr; *(c) after* **prevent, dissuade**: rhag; **to prevent s.o. ~ doing sth,** atal/rhwystro/ llesteirio rhn rhag gwneud rhth; nadu/rhwystro i rn wneud rhth; **to keep sth ~ going bad,** cadw rhth rhag mynd yn ddrwg; **to dissuade s.o. ~ doing sth,** perswadio rhn i beidio â gwneud rhth; **to deter s.o. ~ doing sth,** dychryn rhn rhag gwneud rhth; **I could not desist/refrain/keep ~ laughing,** ni allwn ymatal rhag chwerthin; ni allwn beidio â chwerthin; ni allwn lai na chwerthin; **refrain ~ smoking,** peidiwch ag ysmygu; **to shrink ~ doing sth,** arswydo rhag gwneud rhth, ofni gwneud rhth; **keep ~ getting a chill,** gofala na chei di oerfel; **try to keep ~ worrying,** ceisia beidio â phoeni; *(d)* **to save/rescue s.o. ~ s.o.,** achub rhn rhag rhn (*but in physical sense,* **to rescue s.o. ~ prison,** achub rhn o garchar); *B:* **deliver us ~ evil,** gwared ni rhag drwg. **5.** *(a) Indicating range or variation:* o + *soft mut.*; **~ bad to worse,** o ddrwg i waeth, yn waethwaeth; **~ the sublime to the ridiculous,** o'r arddunol i'r chwerthinllyd; **~ about a pound to five pounds,** o ryw bunt i ryw bumpunt; **wines ~ ten francs a bottle upwards,** gwinoedd o ddeg ffranc y botelaid a mwy; **he went ~ a rich man to a pauper in five years,** aeth o fod yn ŵr cyfoethog i fod yn ŵr tlawd mewn pum mlynedd; **~ rags to riches,** o garpiau i gyfoeth; *(b) Indicating distinction:* **to know/tell one thing ~ another,** gwybod/dweud y gwahaniaeth rhwng y naill beth a'r llall, gwybod rhagor rhwng y naill beth a'r llall; **to distinguish the good ~ the bad,** gwahaniaethu rhwng y da a'r drwg, nithio'r da a'r drwg; **differing/different ~ sth,** gwahanol i rth; **I don't know him ~ Adam,** ni wn i ddim ar wyneb y ddaear bwy ydyw; **to pick s.o. out ~ a crowd,** adnabod rhn ynghanol tyrfa *or* o blith tyrfa; **I'd pick him out ~ any crowd,** *F:* mi adnabwn i o ym mhig y frân. **6.** *Indicating source: (a)* **she is/comes ~ London,** un o Lundain yw hi; o Lundain y daw hi; mae hi'n hanu o Lundain; **where are you ~?** un o ble ydych chi? (*not* lle ti'n dod o?) **trains to and ~ Chester,** trenau i Gaer ac oddi yno, trenau i Gaer ac o Gaer; **a verse ~ the Bible,** adnod o'r Beibl; **to draw a conclusion ~ sth,** tynnu casgliad o rth *or* oddi wrth rth; **to write ~ s.o.'s dictation,** ysgrifennu o arddywediad rhn *or* dan arddywediad rhn; **~ your point of view,** o'ch rhan chi, o'ch safbwynt chi; **~ all points of view,** o bob safbwynt; **tell her that ~ me,** dywed hynny wrthi oddi wrthyf i; **he learned it ~ a book,** fe'i dysgodd mewn llyfr *or* o lyfr; *(b) after* **get, accept, be given, obtain, hear, be sent (sth)** *&c and (i) before nouns and pronouns denoting inanimate objects:* gan + *soft mut., occ:* oddi wrth + *soft mut.*; **to get/obtain sth ~ s.o.,** cael rhth gan rn; **~ me to you,** oddi wrthyf i atat ti, gen i i ti; **I learned ~ him,** dysgais ganddo ef; **they've heard ~ the lawyers,** clywsant gan y twrneiod; **I expected praise ~ them,** disgwyliwn glod ganddynt; **to borrow sth ~ s.o.,** benthyca rhth *or* cael benthyg rhth gan rn; **to hire/ lease sth ~ s.o.,** hurio/lesio rhth gan rn; *(ii) before nouns and pronouns denoting inanimate objects:* o + *soft mut.*; **he got it ~ the horse's mouth,** fe'i cafodd o lygad y ffynnon; **"a present ~ Rhyl",** "anrheg o'r Rhyl"; **sth learned ~ experience,** rhth a ddysgwyd o brofiad; **to get blood ~ a stone,** cael gwaed o garreg; **to borrow a book ~ a library,** benthyca *or* cael benthyg llyfr o lyfrgell; **to derive pleasure ~ sth,** cael pleser o rth, cael eich plesio gan rth; *(c)* **a picture drawn ~ life/nature,** darlun a dynnwyd o'r byw. **7.** *Indicating basis of action:* **to act ~ conviction,** gweithredu ar argyhoeddiad *or* yn ôl argyhoeddiad *or* o achos argyhoeddiad *or* oherwydd/oblegid argyhoeddiad; **to die ~ hunger,** marw o [achos] newyn; **~ what I have heard,** yn ôl yr hyn a glywais i; **~ what I can see,** o'r hyn a welaf i, yn ôl yr hyn a welaf i; **I know him ~ seeing him at the club,** 'rwy'n ei adnabod o'i weld yn y clwb; **~ long experience,** o hir brofiad, ar sail hir brofiad; **to die ~ fatigue,** marw o/gan ludded; **(to suffer) ~ shingles,** (dioddef) gan yr eryr, o'r eryr, oddi wrth yr eryr; **I could tell ~ her face,** gallwn ddweud ar ei hwyneb hi; **~ his appearance, you might think...,** o edrych arno, gallech dybio...; **~ all accounts,** yn ôl pob sôn/hanes. **8.** *with adv. prep:* **~ abroad,** oddi tramor, o wlad bell, o wledydd pell; **~ about sth,** oddi am rth, oddi amgylch rhth; **~ above,** oddi uchod, oddi fry; **~ afar,** o hirbell; **~ alongside,** o'r ochr/ystlys, oddi wrth ymyl rhth; **~ amidst/among sth,** o blith/ganol rhth; **~ beneath/below,** oddi isod; **~ beneath/below sth,** oddi isod i rth, o'r tu isaf i rth; **~ before sth,** o'r tu blaen i rth; **~ before s.o.,** o ŵydd rhn; **~ beyond,** oddi draw, o'r tu draw (i rth); **~ the front of sth,** o'r tu blaen i rth; **~ hence/here,** oddi yma, *F:* o'ma; **~ henceforth,** o hyn ymlaen, o hyn allan; **~ home,** oddi cartref; **~ horseback,** oddi ar gefn ceffyl; **~ inside,** o'r tu mewn (i rth); **~ nearby,** oddi agos; **~ outside sth,** o'r tu allan/fas i rth; **~ the outside,** o'r tu allan/fas; **~ of old,** ers tro, ers talwm, ers llawer dydd, ers hydoedd, ers allanodion; **~ off a bike,** oddi ar gefn beic; **~ the rear, ~ rearwards,** o'r tu ôl (i rth); **~ thence/there,** oddi yno/yna, o'r fan honno, *F:* o'na, o fanno; *(within sight):* o'r fan acw/yna, *F:* o fancw, o fanna; **~ then on,** o hynny ymlaen, wedi hynny, ar ôl hynny; **~ within,** o'r tu mewn; **~ without,** o'r tu allan/fas; **~ underneath,** oddi isod; **~ the side,** o'r ystlys/ochr; **~ yonder,** oddi draw, oddi acw.

Frome *Pr.n. Eng.Geog:* Ffraw *f.*

frond *n. Bot:* **1.** *(of fern, seaweed):* deilen (dail) *f*, ffrond(-au) *m*, deilgainc (deilgangau) *f.* **2.** *(of palm tree):* cangen (cangau, canghennau) *f*, ffrond.

frondage *n.* deiliant *m.*

fronded *a.* deiliog, ffrondiog.

frondescence *n. Bot:* deilio *vn*, deiliant *m.*

frondeur *n. Fr.Hist:* ***frondeur(-s)*** *m*, gwrthryfelwr (gwrthryfelwyr) *m*; *(loosely = intriguer):* cynllwyniwr (cynllwynwyr) *m.*

frondose *n.* deiliog, ffrondiog.

frons *n. Ent:* talcen(-nau) *m.*

front¹ *n. & a.* I. *n.* **1.** *(a) Poet: (= face):* wyneb(-au) *m*; *(= forehead):* talcen(-nau,-ni) *m*, tâl (talau) *m*; **~ to ~,** wyneb yn wyneb; **to put a bold ~ on it,** rhoi golwg ddewr arni, *occ:* dal blawd wyneb; *(b)* **he had the ~ to go there,** bu mor hyf/ ddigywilydd â mynd yno; bu'n ddigon eofn i fynd yno; bu ganddo'r wyneb i fynd yno. **2.** *(a) Mil:* ffrynt(-iau) *mf*, blaengad(-au) *f (pronounced* ng-g), blaen *(m)* y gad; **to change ~,** newid cyfeiriad, *Mil:* newid cyrch; **to present an unbroken ~,** dangos rhengoedd di-dor, dangos undod, dangos ffrynt unedig; *(= line of battle):* blaen cyrch, blaen ymgyrch, blaen y gad; **at the ~,** ar y ffrynt, ar flaen y gad; **to go to the ~,** mynd i flaen y gad; **the Western F~,** Ffrynt y Gorllewin; **the Eastern F~,** Ffrynt y Dwyrain; *Pol:* **united/common ~,** ffrynt unedig, rhengoedd unedig; **Popular F~,** Ffrynt Poblogaidd/ Boblogaidd; **the National F~,** y Ffrynt Cenedlaethol/ Genedlaethol; **on the home ~,** *adv.* gartref. **3.** *(a) (= front part of sth):* blaen(-au) *m*, tu blaen *m*, rhan flaen (rhannau blaen) *f*, pen(-nau) blaen *m*; *(of building):* wyneb blaen; **~ door,** drws *(m)* y tŷ, *F:* drws [y] ffrynt; **~ room,** ystafell flaen (ystafelloedd blaen) *f*, ystafell [y] ffrynt, cegin(-au) *(f)* ffrynt, *occ:* parlwr (parlyrau) *m*; **to sit at the ~ of the class,** eistedd ar ben y dosbarth; *Fenc:* **to show less ~,** sefyll wysg yr ochr; **~ cover,** clawr (cloriau) blaen *m*; *Carp:* **~ elevation,** blaenolwg (blaenolygon) *f*; *(b)* = **sea front; a house on the ~,** tŷ ar lan y môr, tŷ yn wynebu'r môr; *(of theatre):* **~ of house,** blaen tŷ, tu blaen tŷ; *(c)* **shirt ~,** blaen crys (blaenau crysau), brest wen (brestiau gwynion) *f*; *(detachable):* tsiêt (tsietiau) *f.* **4. to push one's way to the ~,** gwthio'ch ffordd i'r blaen, ymwthio i'r lle blaenaf, *F: (in a society &c):* mynnu bod yn geffyl blaen; *F:* **to come to the ~,** cyrraedd/dod i amlygrwydd, dod yn hysbys, dod i'r golwg, dod i'r blaen. **5.** *Meteor:* ffrynt(-iau) *m*, tu blaen *m*; **cold ~,** ffrynt oer; **occluded ~,** ffrynt achludedig; **intertropical ~,** ffrynt rhyngdrofannol; **polar ~,** ffrynt pegynol; **warm ~,** ffrynt cynnes. **6.** *adv.phr.* **in ~,** ar y [tu] blaen; **to send s.o. on in ~,** anfon rhn o'ch blaen; **attacked in ~ and rear,** dan ymosodiad o'r tu blaen ac o'r tu ôl; **in ~ of you,** *(i) (= opposite, facing):* ar dy gyfer (eich cyfer), gyferbyn â thi (ch[w]i), dros y ffordd i ti (ch[w]i), yn dy (eich) wynebu, *S. W: occ:* godderbyn â thi (chi), goddyreb â thi, *N.W: occ:* ar gyfer, *S: occ:* yn gyfer; *(ii) (= before):* **in ~ of me,** o'm blaen i, y tu blaen imi; **in ~ of you,** o'th flaen di (o'ch blaen[-au] ch[w]i), y tu blaen i ti (ch[w]i); **in ~ of him,** o'i flaen ef, y tu blaen iddo; **in ~ of her,** o'i blaen hi, y tu blaen iddi; **in ~ of us,** o'n blaen[-au] ni, y tu blaen inni; **in ~ of them,** o'u blaen[-au] hwy, y tu blaen iddynt; **look in ~ of you; eyes ~,** edrychwch yn syth o'ch blaen/blaenau; *(iii) (= in the presence of):* yng ngŵydd (rhn), ger bron (rhn), o flaen (rhn); **I want the money up ~,** mae arna' i eisiau'r arian o flaen llaw. II. *a.* blaen; tal[-] + *soft mut.*; **~ money,** blaendal(-iadau) *m*; **in the ~ part,** yn y pen/tu blaen; *Th:* **~ piece,** clwt (clytiau) (*m*) talcen; **~ man,** dyn(-ion) blaen *m*; **~ seat,** sedd flaen (seddau blaen) *f*, sêt flaen (seti blaen) *f*; *Pol:* **~ bench,** mainc flaen (meinciau blaen) *f*; **~ office,** swyddfa flaen (swyddf|eydd blaen) *f*, derbynfa (derbynf|eydd) *f*; *Phon:* **~ vowel,** llafariad flaen (llafariaid blaen) *f*; **a ~ organization,** ffrynt-gymdeithas(-au) *f*; *Arch:* **~ rake,** gogwydd blaen *m*; **~ rank,** rheng flaen (rhengoedd blaen) *f*; **to be in the ~ rank,** bod ym mysg y goreuon, bod yn flaenllaw, bod yn y rheng flaen, bod ar y blaen; **~ runner,** cystadleuydd (cystadleuwyr) blaen *m*, rhedwr (rhedwyr) blaen *m*, *F:* ceffyl(-au) blaen *m*. **~-bench** *attrib. Pol:* mainc flaen, meinciau blaen. **~-bencher** *n. Pol:* aelod(-au) (*m*) mainc flaen, meinciwr (meincwyr) blaen *m*, aelod(-au) (*m*) blaen. **~-cloth scene** *n. Th:* chwim olygfa (~ olygf|eydd) *f*. **~-end processor** *n. Cmptr:* blaen-brosesydd(-ion) *m*. **~-line** *attrib.* [y] rheng flaen, blaen y gad, blaenaf, ar y blaen. **~-of-house** *attrib. Th:* blaen tŷ. **~-page¹** *attrib. Journ:* [y] tudalen blaen, [y] dudalen flaen; **~-page news,** prif newyddion. **~-page²** *v.t. Journ:* rhoi (rhth) ar y dudalen flaen, rhoi tudalen flaen (i rth). **~-stall** *n. Harn:* talffrwyn(-au) *f*. **~-wheel drive** *n.* blaenyriant *m*, gyriant (*m*) [olwynion] blaen.

front² *v.i.&t.* **1.** *v.i.* **to ~ (sth), to ~ (upon/to[wards] sth),** wynebu (rhth, ar/at rth), *occ:* troi (at rth), bod dros y ffordd (i rth), bod gyferbyn (â rhth); **(windows) that ~ the street,** (ffenestri) yn wynebu'r stryd, sy'n edrych dros y stryd. **2.** *v.t.* wynebu; *(a)* **house fronted with stone,** tŷ â'i flaen/wyneb o gerrig; *(b) (= lead):* arwain. **~ about** *v.i. Mil:* troi [i wynebu'r ffordd arall].

frontage *n.* 1. *(= land abutting road):* tir(-oedd) blaen *m*; *(in front of house):* libart(-iau) *m*, cowrt(-iau) *m*, beili (beilïau) *m*. **2.** *(= face of building):* tu blaen *m*, wyneb *m*, talwyneb *m*, ffrynt *mf*; *(length):* hyd blaen *m*. **~ development** *n.* datblygiad wynebol *m*. **~ road** *n.* **= service road.**

frontager *n.* talwynebwr (talwynebwyr) *m*.

frontal¹ *n. (of altar):* blaenlen(-ni) *f*, taladdurn(-au) *m*.

frontal² *a.* 1. *Anat:* talcennol, y talcen; **~ bone,** asgwrn (*m*) y talcen; **~ crest,** gwr|ym (*m*) y talcen; **~ lobe,** llabed flaen (llabedau blaen) *f*. **2.** *Mil: &c:* blaen, o'r tu blaen; **fully ~ nudity,** noethni blaen llwyr *m*; **~ apron,** ffedog flaen (ffedogau blaen) *f*; **~ attack,** ymosodiad [o'r tu] blaen, ymosodiad uniongyrchol *m* (*pronounced* ng-g); **~ picture,** darlun [o'r tu] blaen *m*. **3.** *Meteor:* **~ rain,** glaw (*m*) ffrynt; **~ fog,** niwl ffrynt.

frontality *n. Art:* blaenluniad *m*.

frontally *adv.* o'r tu blaen; *(= opposite):* gyferbyn.

frontboard *n. (of spinning wheel):* talgrib(-au) *f*.

-fronted *a.* wynebog, â wyneb, â blaen, â thu blaen, â thalcen; **bald-~,** talfoel; **bold-~,** talgryf (*f.* talgref, *pl.* talgryfion); **fair-~,** gwyndal (*f.* gwendal); **round-~,** talgrwn (*f.* talgron, *pl.* talgrynion); **rough-~,** talgrych, talarw.

frontenis *n. Games:* ffrontenis *m*.

frontier *n.* terfyn(-au) *m*, ffin(-iau) *f*, goror(-au) *mf*; **to open up new frontiers,** estyn y ffiniau, arloesi tir newydd, agor gwlad newydd. **~ district/region** *n.* goror, cyffiniau *pl.* **~ policy** *n.* polisi goror. **~ state** *n.* cyffinwlad (cyffinwledydd) *f*, gor|orwlad (gororwledydd) *f*. **~ town** *n.* tref(-i) (*f*) ar y ffin, cyffindref(-i,-ydd) *f*, tref ffiniol, tref oror (trefi goror[-au]). **~ zone** *n.* cyffindir(-oedd) *m*, goror, gororau, ardal(-oedd) (*f*) ffin, tir(-oedd) (*m*) goror, tir terfyn.

frontier[s]man *n.* dyn(-ion) (*m*) y gororau, gororddyn(-ion) *m*; *(= pioneer):* arloeswr (arloeswyr) *m*.

frontispiece *n.* 1. *Typ:* wynebddalen(-nau) *f*, wynebddarlun(-iau) *m*, wyneblun(-iau) *m*. **2.** *Arch:* rhagwedd(-au) *f*, talfa (talf|eydd) *f*.

frontlet *n.* 1. *(= band worn on forehead):* rhactal(-au) *m*, *A:* talaith (taleithiau) *f*. **2.** *(= animal's forehead):* talcen(-nau,-ni) *m*. **3.** *(of altar):* rhactal.

frontogenesis *n. Meteor:* ffryntdarddiad *m*.

frontogenetic *a. Meteor:* ffryntdarddol.

frontolysis *n. Meteor:* (*)ffryntwasgariad *m*.

fronton *n. Arch:* ffronton(-au) *m*, talfa (talf|eydd) *f*.

frontoparietal *a. Anat:* blaenbaredol.

frontosphenoidal *a. Med:* blaensffenoidol.

frore *a.* **= frozen, frosty.**

frost¹ *n.* 1. *(a)* rhew(-ogydd) *m*; **ground/white ~, [hoar-]~,** *N:* barrug *m*, *S:* llwydrew *m*, *occ:* llorrew *m*; **ten degrees of ~,** deg gradd o farrug/lwydrew/oerfel; **there's been a ~,** *N:* mae hi wedi barugo; *S:* mae hi wedi llwydrewi; *F:* **Jack F~,** Siôn Barrug, Jac Barrug, *Lit: occ:* Syr Barrug; *(b) (= hoar):* llwydrew, barrug; **covered with hoar-~,** llwydrewog, barugog, *N: F:* brigog; **black ~,** rhew du; **glazed ~,** glasrew *m*, plymen (*f*) o rew, haenen (*f*) o rew. **2.** *F:* methiant *m*; **the play was a dead ~,** 'roedd y ddrama'n fethiant llwyr; *N:* aeth y ddrama'n ffliwt. **~ action** *n.* gwaith (*m*) rhew. **~-fish** *n. Ich:* **= scabbard-fish.** **~-flowers** *n.pl. Bot:* dail barrug/llwydrew. **~-hardy** *a. Hort:* gwydn, caled, diogel rhag barrug/llwydrew. **~ heave** *n.*, **~ heaving** *vn. Geog:* gwthiad(-au) (*m*) rhew, gwth (*m*) rhew. **~ hollow** *n. Geog:* pant(-iau) (*m*) rhew. **~ pattern** *n.* dail (*pl*) barrug/llwydrew. **~-line** *n.* rhewlin(-iau) *f*. **~-shatter** *v.t.* rhewfriwio. **~-shattered** *a. Geol:* rhewfriw. **~-tender** *n. Hort:* rhynllyd, triglyd. **~-work** *n.* dail barrug/llwydrew.

frost² *v.t.* 1. *(a fruit tree):* rhewi, barugo, llwydrewi; deifio, serio [â barrug]. **2.** *(a) (a window):* *S:* llwydrewi, *N:* barugo, *N: F:* brigo; *(b) (a cake):* ysgeintio.

frostbite *n. Med:* ewinrhew *m*, *occ:* brath (*m*) rhew, crepach *f*, *Lit: occ:* gofitrew *m*.

frostbiting *vn. Sp:* hwylio ar dywydd oer.

frostbitten *a.* 1. *(pers.):* ewinrhewedig, ewinrhewllyd, a'r ewinrhew arnoch. **2.** *(plant):* llwydrewedig; deifiedig, seriedig, wedi ei [d]deifio/serio [gan lwydrew/farrug].

frosted *a.* 1. *N:* barugog, *S:* llwydrewog, llwydrewllyd. **2. ~ glass,** gwydr barugog; *S.a.* **orache**; *Bot:* **~ sonerila,** *(Sonerila margaritacea):* *dail (*pl*) llwydrew; *Ent:* **~ green moth,** *(Polyploca ridens):* gwyfyn(-od) gwyrdd ariannaidd *m*.

frostily *adv.* yn oeraidd, yn anghynnes.

frostiness *n.* 1. *(of weather):* oerfel *m*, oerni *m*, barrug *m*, llwydrew *m*, iaeth *m*. **2.** *(of manner):* oerni *m*, diffyg (*m*) croeso, oerfelgarwch *m*.

frosting *n. (of frost, sugar &c):* ysgeintiad(-au) *m*.

frostless *a.* difarrug, dilwydrew.

frosty *a.* 1. *(= very cold):* rhewllyd, rhynllyd, barugog, llwydrewllyd, llwydrewog, iasol, iasoer; **~ weather,** tywydd barugog *m*, *N: occ:* heth *f*; **a ~ day,** diwrnod rhewllyd *m*, diwrnod o farrug/lwydrew; *(b) Fig: (pers. welcome &c):* oeraidd, digroeso, anghynnes, oerllyd, anghynhesol; **a ~ reception,** croeso glas *m*, glasgroeso *m*. **2.** *(window-panes):* barugog, yn farrug/llwydrew i gyd.

froth¹ *n.* 1. ewyn *m*, brigwyn *m*, *occ:* ffroth *m*, *Lit: occ:* ewybr *m*, *(on beer):* coler *f*, ewyn, ffroth. **2.** *(= idle talk):* *F:* malu (*vn*) awyr, gwagedd *m*, lol *f*, cleber: clebar *mf*, codl *f*, cybôl *m*, stwnsh *m*, *S: occ:* ffal-lal *f*. **3.** *Med:* ewynboer *m*. **~-blower** *n. Joc:* llymeitiwr (llymeitwyr) *m*, potiwr (potwyr) *m*, slotiwr (slotwyr) *m*, tancwr (tancwyr) *m*.

froth² *v.i.* ewynnu, *F: occ: (of horse, man &c):* ewynnu poer, malu ewyn, poeri ewyn; **to ~ up,** ewynnu, *S:* bermanu, burmanu, burmo, bermo, bermu; **to ~ over,** goferu, gorlifo, ewynnu dros yr ochr, ewynnu drosodd; **he was frothing at the mouth,** 'roedd ewyn yn dod o'i geg; 'roedd yn ewynnu [poer]; 'roedd yn malu/maeddu ewyn.

frothily *adv.* yn ewynnog *&c.*

frothiness *n.* 1. *(of water &c):* ewynnedd *m*, ewynogrwydd *m*, ewyn *m*. **2.** *Fig: (of talk &c):* gwacsawrwydd *m*, gwagedd *m*, gwegi *m*, ffroth[i]ogrwydd *m*.

frothy *a.* ewynnog, ewynnol, bermanog, ffroth[i]og, ffrothlyd.

frottage¹ *n.* 1. *Psych:* ffrotais *m*. **2.** *Art:* rhwbiad(-au) *m*, rhwbio *vn*, ffrotais.

frottage² *v.t. Art:* ffroteisio.

frou-frou *n.* siffrwd *vn*.

frow¹ *n. (= Dutchwoman):* Isalmaenes(-au) *f*.

frow² *n. U.S:* **= froe.**

froward *a. A:* cyndyn, ystyfnig, di-ddweud, anhydrin, anhydyn, croes, gwrthnysig, anodd eich trin.

frowardly *adv.* yn gyndyn *&c.*
frowardness *n.* cyndynrwydd *m*, ystyfnigrwydd *m*, croesineb *m.*
frown[1] *n.* gwg (gygau) *m*, cuwch (cuchiau) *m*, cilwg (cilygon) *m.*
frown[2] *v.i.* 1. *(of pers.)*: gwgu, cuchio, crychu talcen, cilygu; **to ~ at/[up]on s.o.,** cuchio/gwgu ar rn, edrych dan eich sgafell ar rn, edrych yn ddu ar rn, taflu cilwg ar rn, *N.W: occ:* dangos gwg at rn, cuchio'ch aeliau ar rn; **to ~ upon a suggestion,** gwgu ar awgrym. 2. *(of thing)*: bygwth, gwgu.
frowner *n.* cuchiwr (cuchwyr) *m*, c|uchwraig *f.*
frowning *a.* 1. *(looks, face &c)*: gwglyd, gwgus, cuchiog, cilwgus, sarrug, du, *S.W: occ:* cuwchog. 2. *(things)*: bygythiol, ysgethrin.
frowningly *adv.* yn wglyd *&c*; dan eich cuwch, dan eich sgafell, ar gilwg.
frowst[1] *n.* myllni *m*, mwllwch *m*, oglau pyglyd *m*, gwynt mwll *m.*
frowst[2] *v.i.* diogi, *N:* clertian [o gwmpas y tŷ].
frowstiness *n.* = **frowst**[1].
frowsty *a. F:* myglyd, mwll, clòs, afiach, trymaidd, trymllyd, pyglyd, hendrwm, *N.W: occ:* gwygyl.
frowziness *n.* aflerwch *m*, annibendod *m*, blerwch *m*, aflendid *m*, diffyg *(m)* glendid.
frowzy *a.* 1. *(= musty)*: myglyd, hendrwm, drewllyd, mws; *S.a.* **frowsty.** 2. *(= grubby)*: afler, aflêr, blêr, di-raen, salw, *N.W:* pyglyd, pỳg, *S:* anniben; *(woman)*: slebogaidd, sibwchaidd; **a ~ woman,** slebog(-iaid) *f*, strebog(-iaid) *f.*
frozen *a.* rhewedig, rhewllyd, fferllyd, wedi rhewi/fferru; **~ to death,** wedi rhewi i farwolaeth; *F:* **I'm ~ to death,** 'rwy'n sythu/fferru/rhynnu/*occ:* trigo; **~ food,** rhewfwyd(-ydd) *m*; *Com:* **~ meat,** cig(-oedd) rhewedig *m*, rhewgig(-oedd) *m*; *Fin:* **~ assets,** asedau/asedion clo/caeth; **~ capital,** cyfalaf clo/caeth *m*; *Geog:* **the F~ North,** y Gogledd Oer/Rhewllyd; *Med:* **~ shoulder,** fferdod *(m)* ysgwydd, ysgwydd *(f)* wedi fferru.
frozenly *adv.* yn rhewedig *&c.*
frozenness *n.* rhewedigrwydd *m.*
fructiferous *n.* cnydiol, cynhyrchiol, yn dwyn ffrwythau.
fructification *n. Bot:* ffrwythloniad *m*, ffrwythloni *vn.*
fructify *v.i.&t.* 1. *v.i.* ffrwytho, cnydio, dwyn ffrwythau. 2. *v.t.* *(= impregnate)*: ffrwythloni.
fructose *n. Ch:* ffrwctos *m.*
fructuous *a.* ffrwythlon, cnydfawr.
frugal *a.* 1. *(pers.)*: cynnil, darbodus, darbodol, diwastraff, *occ:* clòs; **to be ~ of sth,** bod yn gynnil â rhth. 2. *(meal)*: cynnil, syml; **a ~ eater,** bwytäwr cymedrol.
frugality *n.* cynildeb *m*, darbodaeth *f.*
frugally *adv.* yn gynnil *&c.*
frugivorous *a.* ffrwythysol, yn byw ar ffrwythau.
fruit[1] *n.* 1. ffrwyth(-au) *m*, *occ:* ffrwythyn (ffrwythau) *m*; **stone ~,** ffrwyth cnewyllog, ffrwyth carreg; *Coll:* ffrwythau *pl*; **a bowl of fruit,** dysglaid o ffrwythau; **eat more ~,** bwytewch fwy o ffrwythau; **dried fruit[-s],** ffrwythau sych; **false ~,** ffug ffrwyth; **first fruit[-s],** blaenffrwyth[-au] *m*; **single-seeded succulent ~,** ffrwyth suddlon unhadog; **stewed ~,** ffrwythau wedi eu stiwio; **true ~,** gwir ffrwyth; **to bear ~,** dwyn ffrwyth. 2. *(= product)*: ffrwyth, cynnyrch (cynhyrchion) *m*; **the fruits of the earth,** ffrwythau'r ddaear; **his knowledge is the ~ of much study,** cynnyrch llawer o astudio yw ei wybodaeth. 3. *F:* **old ~,** yr hen goes *f*, 'ngwas i, 'achan *&c.* **~-bat** *n. Z:* ystlumyn (ystlumod) *(m)* ffrwythau. **~-bearing** *a.* ffrwyth-ddwyn; **~-bearing trees,** coed ffrwythau. **~-body** *n. Fung:* corff (cyrff) hadol *m.* **~-cake** *n.* 1. cacen(-nau) *(f)* ffrwythau, teisen(-nau) *(f)* ffrwythau, bara brith *m*, torth frith *f* *(last two also = currant bread)*, *N.W:* teisen gymysg (teisennau cymysg) *f*, *S:* cacen *(f)* gwrens (cacs cwrens). 2. *F:* *(pers.)*: = **crackpot.** **~ cocktail** *n.* coctel(-au) *(m)* ffrwythau. **~ crumble** *n. Cu:* crymbl(-s) *(m)* ffrwythau. **~-dish** *n.* dysgl(-au) *(f)* ffrwythau. **~-fly** *n. Ent:* pryf(-ed) *(m)* ffrwythau. **~ fool** *n. Cu:* stwnsh *(m)* ffrwythau, stwmp *(m)* ffrwythau, mwtrin *(m)* ffrwythau. **~-growing** *vn.* tyfu ffrwythau. **~-juice** *n.* sudd *(m)* ffrwyth (suddion ffrwythau). **~-knife** *n.* cyllell (cyllyll) *(f)* ffrwythau. **~ machine** *n.* peiriant (peiriannau) *(m)* ffrwythau. **~ salad** *n.* 1. salad(-au) *(m)* ffrwythau. 2. *Joc: Mil:* medalau *pl*, trimins *pl.* **~ salts** *n.pl.* halwynau iachusol. **~ snow** *n. Cu:* eirffrwyth *m.* **~-stand** *n.* stand(-iau) *(mf)* ffrwythau. **~ sugar** *n.* ffrwctos *m*, siwgwr *(m)* ffrwythau. **~-tree** *n.* coeden (coed) *(f)* ffrwythau. **~-wood** *n.* pren *(m)* ffrwythau.
fruit[2] *v.i.* dwyn ffrwythau, ffrwytho.
fruitage *n.* 1. ffrwytho *vn.* 2. = **fruit**[1].
fruitarian *n.* ffrwythfwytäwr (ffrwythfwytawyr) *m*, ffrwythyswr (ffrwythyswyr) *m.* **he is a ~,** nid yw'n bwyta dim ond ffrwythau.
fruited *a.* â ffrwythau, ffrwythog.
fruiter *n.* 1. *(tree)*: coeden (coed) *(f)* ffrwythau, ffrwythwr (ffrwythwyr) *m*, ffr|wythwraig *f.* 2. *(= fruit-grower)*: tyfwr (tyfwyr) *(m)* ffrwythau, ffrwythwr (ffrwythwyr) *m.* 3. *(= ship)*: llong(-au) *(f)* ffrwythau.
fruiterer *n.* ffrwythwr (ffrwythwyr) *m*, gwerthwr (gwerthwyr) *(m)* ffrwythau; **to go to the ~'s,** mynd i'r siop ffrwythau.
fruitful *a.* 1. ffrwythlon, cynhyrchiol, ffrwythfawr, toreithiog; *(soil &c)*: ffrwythlon. 2. *(= beneficial, successful)*: ffrwythlon, cynhyrchiol, buddiol, llwyddiannus, bendithiol, llesol; **an action ~ of/in consequences,** gweithred yn dwyn sawl canlyniad.
fruitfully *adv.* 1. yn ffrwythlon *&c.* 2. *(= successfully)*: yn llwyddiannus *&c*; *(= advantageously)*: gyda budd, yn fuddiol, gyda mantais.
fruitfulness *n.* 1. ffrwythlondeb *m*, ffrwythlonder *m*, ffrwythlonedd *m*, ffrwythlonrwydd *m.* 2. *(of quest &c)*: llwyddiant *m*, buddioldeb *m*, budd *m.*
fruiting *a.* **~ spur,** sbardun(-au) *(m)* ffrwytho; *Fung:* **~ body,** corff (cyrff) hadol *m.*
fruition *n.* 1. *Jur:* *(= possession)*: mwynhad *m*, meddiant *m.* 2. *(= attainment)*: sylweddoliad *m*, gwireddiad *m*; **my plans have come to ~,** mae fy nghynlluniau wedi dwyn ffrwyth; cefais wireddu fy nghynlluniau; **to bring a plan to ~,** dod â chynllun i'w derfyn, *F:* cael y maen i'r wal.
fruitless *a.* 1. *(plant, work)*: diffrwyth. 2. *Fig:* ofer, anfuddiol, di-fudd, seithug; **~ efforts,** ymdrechion ofer; **he's on a ~ quest,** *F:* mae'n chwilio am eira llynedd; *S.W:* mae'n chwilio [am] nyth cwhwrw.
fruitlessly *adv.* yn ofer *&c.*
fruitlessness *n.* oferedd *m*, seithugrwydd *m.*
fruitlet *n. Bot:* ffrwythyn(-nau) *m.*
fruity *a.* 1. *(a) (taste &c)*: fel ffrwyth, ffrwythaidd, ffrwythus; *(b) (= full of fruit)*: llawn ffrwyth. 2. *F:* *(laugh, humour)*: bras (breision).
frumenty *n. Cu:* cawl *(m)* gwenith, ffr|wmenti *m.*
frump *n.* strebog(-iaid) *f*, slebog(-iaid) *f*, fflegan (fflegennod) *f*; **she looked a real ~,** 'roedd hi fel sach datws; *S:* 'roedd hi fel sachabwndi.
frumpish, frumpy *a.* aflêr, blêr, anniben, hen ffasiwn, diolwg.
frustrate *v.t.* *(a) (plans &c)*: rhwystro, atal, llesteirio, llyffetheirio, gwrthweithio, *occ:* seithugo, difetha, *Lit: occ:* llestair, lluddias; **to ~ one's hopes,** difetha gobeithion rhn; **to ~ attempts,** llethu ymdrechion; *(b) esp. Psy:* rhwystro, llesteirio.
frustrated *a.* rhwystredig, anfodlon, anniddig, atalnwydus, annedwydd.
frustratedly *adv.* yn rhwystredig.
frustrating *a.* rhwystrol, rhwystredigaethus, siomedigaethus, llesteiriol; *(= tantalizing)*: pryfoclyd; *(= fruitless)*: ofer, seithug.
frustratingly *adv.* yn rhwystrol *&c*; yn bryfoclyd *&c*; **~ for me,** er rhwystredigaeth imi.
frustration *n.* rhwystredigaeth *f*, llesteiriant *m*, seithuctod *m*, siomedigaeth(-au) *f*; **the ~ of my hopes,** rhwystro/siomi fy ngobeithion; *Psy:* atalnwyd *m*; *Jur:* **~ [of contract],** drysiant *m* [contract].
frustule *n.* ffr|wstwlwm (ffr|wstwla) *m.*
frustum *n.* ffrwstwm (ffrwstymau) *m*, bôn (bonion) *m.*
frutescent *a. Bot:* llwynaidd, fel llwyn.
frutex *n. Bot:* llwyn(-i) *m.*
fruticose *a. Bot:* llwynaidd.
fry[1] *n.* 1. *Ich:* silod mân *pl*, mâg *m*, *S:* pilcod: pilcots *pl*, *N.W: occ:* sili-dons *pl*; **small ~,** silod/sils mân, pysgod mân. 2. *F:* **the small ~,** *(i) (= petty crooks, unimportant people &c)*: pobl ddibwys *f or pl*, dynion dibwys *pl*, *S:* pilcod/pilcots, *N.W: occ:* sili-dons; *(ii) (= children)*: plantos *pl*, *S:* crwts *pl*, crots *pl.*
fry[2] *n. Cu:* 1. *(= meal)*: bwyd(-ydd) *(m)* ffrio, ffrei(-s) *f.* 2. *(of pigs &c)*: syrth *m*, cig mân *m*, ffrei *m*, golwythion *pl*, [h]aslet *(m)* a ffedog *f.*
fry[3] *v.t.* ffrio; **I have other fish to ~,** mae gen i bethau eraill/amgen/gwell i'w gwn|eud; mae gen i reitiach/ffitiach pethau i'w gwneud; mae gen i heyrn eraill yn y tân; **to ~ sth up,** ail-ffrio rhth, aildwymo rhth; *F:* **to ~ in one's own grease,** ffrio yn eich

saim eich hun. **~-up** *n.* pryd(-au) *(m)* o'r badell/ffreipan/ffrimpan, ffrei(-s) *f.*

fryer *n.* **1.** ffrïwr (ffriwyr) *m*; **deep fat ~,** ffrïwr saim dwfn; *(vessel):* cafn(-au) *(m)* ffrïo. **2.** *U.S:* *(= chicken for frying):* ffowlyn (ffowls) *(m)* ffrio.

frying *vn.* **deep fat ~,** ffrio dwfn; **shallow ~,** ffrio bas; **dry ~,** ffrio sych. **~-pan** *n.* padell(-i, pedyll) *(f)* ffrïo, *S: F:* ffrimpan(-au) *f*, ffrempan(-au) *f*, *S.W:* ffreipan(-au) *f*; *F:* **to jump out of the ~-pan into the fire,** neidio o'r badell ffrio i'r tân, neidio o'r ffrimpan i'r tân, mynd dan y pistyll i ochel y glaw, mynd o'r mwg i'r tân, dianc o Glwyd a boddi ar Gonwy, mynd o'r dom i'r llaid, rhedeg o'r glaw dan ffrwd y pistyll. **~-panful** *n.* padellaid (padelleidiau) *f*, ffrimpanaid (ffrimpaneidiau) *f.*

fubsy *a.* byrdew; **a ~ man,** pwtyn *m*, stwc *m*, stwcyn *m*, torpwth *m*, tordyn *m* [o ddyn], *occ:* ffollach *m.*

fuchsia *n. Bot:* ffiwsia(-s) *f*, drops [cochion] *pl*, coeden *(f)* ddrops (coed drops), *S: occ:* dropars/tropars *pl.*

fuchsin[e] *n. Dy:* ffwchsin *m.*

fuchsite *n. Miner:* ffwchsit *m.*

fuck[1] *v.t.&i.* **1.** *v.t.* *V: S:* cnuch[i]o, cnych[i]o, cnwcho, geingo, sielffo, ffwrcho, *N:* mynd ar gefn (rhn); ffwcio, dobio, dyrnu, chwarae (rhn); rhoi clec (i rn); *occ:* rhoi pac (ar rn); **~ you, Jack!** twll dy din di, Ffaro [a'i winco]; **~ me pink!** uffern dân! 'dawn i byth o'r fan! **2.** *v.i.* *V: S:* cnucho, geingo, sielffo, cael bwch, *occ:* brychgáu, cael ffwrch, cael [c]hw[y]thad, cael ffwlffachad, *N:* ffwcio, dobio *&c*, hel am eich tin. **~ about/around 1.** *v.i.* *(= behave in a foolish way):* chwarae bili-ffŵl, *N:* stwna, piltran, *S:* ffwlffachan, ffwlffacan. **2.** *v.t.* *(= treat s.o. in foolish way):* *N:* bygro, hambygio, llibindio, *S.W:* drelo, *S.E:* ffwlffac[h]an. **~ off** *v.i.* **1.** ei bachu hi *&c*; *See* **beat it** *under* **beat[2] 1.** *(a)*; **~ off!** cer/dos i'r diawl! cer/dos i gythraul! *N.W: occ:* cer/dos i dy grocsan! dos i [dy] grogi, dos i chwarae dy nain! dos i gachu! **2.** = **masturbate**. **~ up** *v.t.* difetha (rhth); gwn|eud cawl/stomp/smonaeth/llanast (o rth); *V:* bygro (rhth).

fuck[2] *n.* *V:* **1.** ffwc(-iau) *f*, *S:* cnuch(-iau) *m*, *occ:* ffwrch (ffyrchau) *m*, ffwlffachad *m*, bwch *m*, *N:* tamaid *m.* **2. she's a good ~,** mae hi'n ei wneud o fel dŵr *or* fel cwningen. **3. he doesn't give/care a ~,** dydi hi ddim yn ffwc o bwys ganddo fo/fe; **where the ~ are they?** ble ffwc/uffern/gythraul maen' nhw?

fuckable *a.* ffwciadwy, dobiadwy, dyrnadwy, cnuchadwy.

fucked *a.* *V:* **1.** = **exhausted**. **2. this machine's ~,** mae hi wedi cachu ar y peiriant 'ma. **~-up** *a.* *V:* mewn llanast, yn y cachu.

fucker *n.* *V:* **1.** ffwciwr(-s) *m*, *Lit:* cnuchiwr (cnuchwyr) *m*, *N:* dobiwr(-s, dobwyr) *m*, dyrnwr(-s, dyrnwyr) *m.* **2.** *(= general term of abuse):* diawl(-iaid) *m*, cythraul (cythreuliaid) *m*, ffernol(-s) *m.*

fucking *a. & adv.* *V:* ffwclyd, uffernol, cythreulig; **it's ~ cold,** mae hi'n uffernol/gythreulig o oer; mae hi'n oer uffernol/gythreulig; *int.* **~ hell!** uffern dân! uffern ddiawl!

fucoid *a. & n.* **1.** *a.* gwymonol. **2.** *n.* gwymon(-au,-ydd) codog *m.*

fucose *n. Bio-Ch:* ffwcos *m.*

fucoxanthin *n. Bio-Ch:* ffwcosanthin *m.*

fucus *n. Algae:* gwymon *m*, môr-wiail *pl*, gwŷg *(m)* môr.

fud *n.* = **fuddy-duddy**.

fuddle[1] *v.t.* *F:* *(a)* *(= intoxicate):* meddwi; *(b)* *(= confuse):* drysu, moedro, mwydro.

fuddle[2] *n.* *(= drunkenness):* m|eddwdod *m*, *(usu. pronounced* m|edd-dod); **on the ~,** ar sbri, *S:* ar y criws; *(= confusion):* dryswch *m.*

fuddled *a.* *F:* **1.** *(= drunk):* meddw, *N:* chwil, *S.W: occ:* sioncyn jogel; **to get ~,** meddwi, *S:* cnapo, *N:* ei dal hi. **2.** *(= confused):* cymysglyd, dryslyd, moedrus, mwydrus; **to get ~,** drysu, moedro, mwydro.

fuddy-duddy *a. & n.* **1.** *a.* hen ffasiwn, ar ei hôl hi, ar ôl yr oes. **2.** *n.* dyn(-ion) hen ffasiwn *m*, menyw(-od) hen ffasiwn *f*, *N:* hen daid (~ deidiau) *m*, hen nain (~ neiniau) *f.*

fudge[1] *n.* **1.** *Cu:* cyffug *m.* **2.** *(= nonsense):* lol *f*, dwli *m*; *int.* *N:* twt lol! *S:* 'na shwt ddwli! **3.** *(= untidy work):* gwaith carbwl *m*, stomp *m*, llanast *m*, bwnglerwaith *m*, bwngwl *m* *(both pronounced* ng-g). **4.** *Journ:* clwt (clytiau) *m.*

fudge[2] *v.t.&i.* **1.** *(= devise hastily, cobble together):* gwn|eud (rhth) yn garbwl; bwmbatsio, bwnglera *(pronounced* ng-g), clytio (rhth); *N:* gwneud (rhth) yn bwmbatsh/bwtsh-batsh, gwneud (rhth) rywsut rywsut; **to ~ an issue,** osg|oi pwnc; **to ~ on one's promise,** torri addewid; **to ~ and mudge,** tin-droi, hel dail, bwhwman a bwmbatsio. **2.** *(= cheat):* twyllo; *(= falsify):* ffugio, ystumio.

Fuegian *a. & n.* **1.** *a.* Ffwegaidd. **2.** *n.* Ffwegiad (Ffwegiaid) *m&f.*

Fuehrer *n.* *fuehrer m*, arweinydd *m.*

fuel[1] *n.* tanwydd *m*; *(= firewood):* cynnud (cynudau) *m*, coed *(m)* tân, *S.W:* tanwent *m*; **patent ~, compressed ~,** peli *(pl)* glo; **solid ~,** tanwydd solet; **smokeless ~,** tanwydd di-fwg; **spent nuclear ~,** gweddillion tanwydd niwclear; **to add ~ to the flame/fire,** megino'r tân, rhoi mawn ar y tân, rhoi ychwaneg ar y tân; **to gather ~,** *(firewood):* cynuta, *N:* hel coed tân, hel priciau [tân], *S.W:* tanwenta. **~ cell** *n.* cynudydd(-ion) *m*, cell *(f)* danwydd (celloedd tanwydd). **~ consumption** *n.* traul *(f)* cynnud, traul tanwydd, defnyddio *(vn)* tanwydd. **~ element** *n.* elfen *(f)* danwydd (elfennau tanwydd). **~ injection** *n.* chwistrellu *(vn)* tanwydd. **~ injector** *n.* chwistrellwr (chwistrellwyr) *(m)* tanwydd, chwistrell *(f)* danwydd (chwistrellau/chwistrelli tanwydd). **~-oil** *n.* olew *(m)* tanwydd. **~ rod** *n.* rhoden *(f)* danwydd (rhodenni tanwydd). **~ stringers** *n.pl.* *Atom.Ph:* llinynnau tanwydd. **~ supply** *n.* cyflenwad *(m)* tanwydd. **~-value** *n.* gwerth cynudol *m.*

fuel[2] *v.t.&i.* **1.** *v.t.* *(a)* *(furnace &c):* llenwi, llwytho (ffwrnais) [â thanwydd]; rhoi/dodi tanwydd (mewn ffwrnais); bwydo/cyflenwi (ffwrnais) â thanwydd; **to ~ a blaze,** megino tân, rhoi ychwaneg ar dân; *(b)* **to ~ a controversy,** hybu/hyrwyddo/megino dadl. **2.** *v.i.* *(to take on fuel):* llenwi [â thanwydd], codi tanwydd; *(train):* codi glo; *(lorry &c):* rhoi petrol.

fuelled *a.* **oil-~,** yn llosgi olew; **oil-~ central heating,** gwresogi canolog ag olew.

fueller *n.* **1.** cynudwr (cynudwyr) *m*, cynutai (cynuteion) *m&f.* **2.** *Fig:* *(of discord):* meginwr (meginwyr) *m*, *F:* pwt *(m)* y gynnen.

fug *n.* closrwydd *m*; **there was a cosy ~ in the pub,** 'roedd hi'n glòs ac yn glyd yn y dafarn.

fugacious *a. Bot:* byrhoedlog, darfodedig, ffoëdig, diflannol, dros dro, gwibiol.

fugacity *n.* byrhoedledd *m*, ffoëdigrwydd *m*, diflanoldeb *m.*

fugal *a. Mus:* ffiwgol.

fugato *n. Mus:* ffwgato(-s) *m.*

fugginess *n.* *F:* mwllwch *m*, closrwydd *m*, myllni *m*, *occ:* mwrndra *m.*

fuggy *a.* *F:* myglyd, clòs, mwll, *occ:* mwrn.

fughetta *n. Mus:* ffiwg fer (ffiwgiau byrion) *f*, ffiwgeta (ffiwgetâu) *f.*

fugitive *a. & n.* **1.** *a.* *(a)* *(= fleeing):* ar ffo, *Lit: occ:* ar gil, *occ:* ffoadurus, ffoadurol, ffoëdig; *(b)* *(happiness):* byrhoedlog, gwibiog, diflannol; *Art:* **~ colours,** lliwiau diflannol. **2.** *n.* ffoadur(-iaid) *m*, ffoadures(-au) *f*, fföwr (ffowyr) *m.*

fugitively *adv.* ar ffo.

fugitiveness *n.* ffôedigrwydd *m.*

fugle *v.i.* arwain, dangos.

fugleman *n. Mil:* arweinydd(-ion) *m*, dangoswr (dangoswyr) *m.*

fugue[1] *n.* **1.** *Mus:* ffiwg(-[i]au) *f*, *Lit:* ehedgan(-au) *f*, ehediant (ehediannau) *m*; **accompanied ~,** ffiwg â chyfeiliant; **mirror ~,** ffiwg ddrych (ffiwgiau drych); **triple ~,** ffiwg driphlyg (ffiwgiau triphlyg). **2.** *Psy:* fföedigaeth(-au) *f*, dihangfa (diangf|eydd, diangfaoedd, diangfâu) *f.*

fugue[2] *v.i. Mus:* ffiwgio.

fuguist *n. Mus:* ffiwgydd(-ion) *m.*

fuji *n. Tex:* ffwji *m.*

Fula[h], Fulani *a. & n.* **1.** *a.* Ffwlani. **2.** *n.* *(i)* *Ethn:* Ffwlani (Ffwlanïaid) *m&f*; *(ii)* *Ling:* Ffwlani *f*, *m*, Ffwla *f*, *m.*

fulcrum *n. Mec:* ffwlcrwm (ffwlcrymau) *m*, pwysbwynt(-iau) *m*, *N.W: occ:* gafaelbris(-au) *m*, brisgyn(-nau) *m.*

fulfil *v.t.* *(a)* *(prophecy &c):* cyflawni, gwireddu; *(b)* *(= satisfy):* bodloni, boddh|au; **to ~ oneself,** datblygu'ch doniau, ymgyflawni, gwireddu'ch/cyflawni'ch dyheadau; *(a prayer):* ateb, gwrando; *(c)* *(a task):* cwblh|au, cyflawni, gorffen, dibennu (rhth); dod i ben (â rhth); **to ~ a duty,** cyflawni dyletswydd; *(d)* *(conditions):* cyflawni; *Jur:* **to ~ an undertaking,** cyflawni ymgymeriad; **to ~ an order,** ufuddh|au i orchymyn; **to ~ a purpose,** ateb diben.

fulfiller *n.* cyflawnydd: cyflawnwr (cyflawnwyr) *m*, cwblhäwr (cwblhawyr) *m*, gwireddwr (gwireddwyr) *m.*

fulfilling *a.* *(= satisfying):* boddh|aus; *(= completing):* cyflenwol.

fulfilment *n.* **1.** *(a)* *(of duty, condition):* cwblhad *m*, cwblh|au *vn*, cyflawniad *m*, cyflawni *vn*; *(b) (of prayer)*: ateb(-ion) (*m*) (i weddi), gwrandawiad (*m*) (ar weddi); *(of a dream)*; gwireddiad *m*, gwireddu *vn*. 2. **sense of ~**, boddhad *m*.

fulgent *a. Poet:* llachar, disglair.

fulgurant *a.* melltennol.

fulgurate *v.t.&i.* melltennu, fflachio; *Surg:* trydanu.

fulguration *n. Med:* trydaniad *m*, trydanu *vn*.

fulgurite *n. Geol:* melltfaen (melltfeini) *m*.

fulgurous *a.* melltennol, fflachiol.

fuliginous *a.* huddyglyd, pardduog.

fulk[1] *v.i. (in marbles)*: ffwlco.

Fulk[2] **Fitzwarine** *Pr.n.m.* Ffwg Ffitswarin.

full[1] *a., n. & adv.* I. *a. llawn (pl. occ:* llawnion), *F:* llond; **~ of water,** llawn dŵr, llawn o ddŵr; **~ to overflowing, ~ up,** llawn dop, llawn hyd yr ymylon, *N:* llawn doc, llawn joc/joch, *N. W: occ:* llawn dyn[n] dop sang, *S: occ:* llawn hyd y fyl, llawn hyd y twred, *Lit:* cyforiog **(with sth,** o rth); **at ~ length,** *(a) (= stretched out)*: ar eich hyd; *(b) (= unabridged)*: yn gyfan, yn ei gyfanrwydd/chyfanrwydd; **~ moon,** lleuad lawn *f*, *S. W:* lleuad gefnlloer, lleuad gyfan; **a ~ day,** *(= busy)*: diwrnod llawn/ prysur; *(= whole day)*: diwrnod cyfan/cyflawn; **a ~ week,** wythnos gyfan/gron; **a ~ year,** blwyddyn gron/gyfan/gyflawn/ lawn, blwyddyn gron gyfan; **his heart was ~,** 'roedd ei galon yn llawn; **~ marks,** marciau llawn; **in ~ daylight,** gefn dydd golau; **in ~ view,** yn gwbl amlwg, yn gwbl weladwy, yng ngŵydd pawb &c; **it was ~ summer,** canol haf oedd hi; 'roedd yr haf ar ei anterth; **~ point, ~ stop,** atalnod(-au) llawn *m*; **he came to a ~ stop,** fe safodd yn stond; **work came to a ~ stop,** daeth y gwaith i ben yn llwyr; safodd y gwaith yn stond; **~ of holes,** tyllog, llawn tyllau, llawn o dyllau; **(a look) ~ of gratitude,** (golwg) ddiolchgar, lawn diolch; **~ of hope,** llawn gobaith, gobeithiol iawn, *Lit:* gobeithlon; **~ up,** *(bus &c)*: llawn [dop]; *(hall &c)*: dan ei sang; **~ up!** llawn dop! dim lle! **~ house,** *(a) Th:* tŷ (tai) llawn *m*, neuadd lawn (neuaddau llawn[-ion]) *f*, theatr lawn (theatrau llawn), llond [y] lle; *(b) Cards:* dyrnaid (dyrneidiau) llawn *m*; **~ session,** *(of a committee &c)*: eisteddiad llawn *m*; **to be ~ of one's own importance,** bod yn llawn ohonoch eich hun, bod yn fi fawr, bod yn llond eich esgidiau, *S. W:* bod yn ddyn bras, bod yn un gwyntog, *N. W: occ:* dangos eich gorchest; **~ particulars,** manylion cyflawn/llawn; **until fuller information is available,** nes ceir rhagor/ychwaneg/mwy o wybodaeth; *Cr:* **~ pitch, ~ toss,** lluchiad di-dor *m*; **at ~ pitch,** â holl nerth braich; **of ~ age,** mewn cyflawn oed; *Bookb:* **~ binding,** rhwymiad lledr llawn *m*; **of ~ blood,** o waed [coch] cyfan; **a ~ brother,** brawd cyfan; **a ~ sister,** chwaer gyfan; **~ board,** llety a phob pryd bwyd; **to come ~ circle,** troi yn eich unfan, dod yn ôl i'r cychwyn; **the wheel has come ~ circle,** mae'r olwyn wedi gwn|eud tro crwn; *Com:* **~ cost method,** dull (*m*) cost lawn; **~ cream,** hufen cyfan/cyflawn; **at ~ gallop,** ar garlam gwyllt; *Bookb:* **~-gilt,** [ag] ymylon aur; *Bot:* **~ maple,** masarnen (masarn) (*f*) Jap|an; **~ meal,** pryd llawn/helaeth/digonol *m*; **~ pay,** cyflog llawn *m*; **~ membership,** llawn/cyflawn aelodaeth *f*, aelodaeth gyflawn/lawn; *Mus:* **~ organ,** organ lawn *f*; **~ price,** pris llawn *m*; *Mus:* **~ score,** sgôr lawn (sgorau llawn) *f*; **~ set,** set lawn/gyflawn (setiau llawn/cyflawn) *f*; **~ text,** testun cyflawn/ llawn *m*; **at ~ speed,** ar frys gwyllt, ar garlam, gyntaf y gellwch, gynted ag y gellwch; *(runner)*: nerth eich traed; *(horse)*: nerth ei garnau; *(car &c)*: nerth ei olwynion; **~ speed ahead!** ymlaen â ni! tân arni! *N. W: occ:* ceirch iddi! **at ~ tilt,** ar eich pen, yn bendramwnwgl, *N. W: occ:* yn bwcs/bwtsh/batsh; **(to go) ~ pelt,** (mynd) fel cath i gythraul, fel Jehu, fel y mêl, fel y gwynt, fel y wennol, fel cath ar dân; *Cards:* **~ hand,** llaw gyflawn *f*, dyrnaid (dyrneidiau) llawn/cyflawn *m*; *Mil:* **~ discharge,** rhyddhad llwyr/terfynol *m*; *Mus:* **~ close,** diweddeb berffaith (diweddebau perffaith) *f*; **a battalion at ~ strength,** bataliwn cyflawn, bataliwn mewn llawn rym; **a bush in ~ flower,** llwyn yn ei [lawn] flodau; **in ~ uniform,** mewn ffurfwisg gyflawn, mewn llawn urddwisg; **I waited two ~ hours,** bûm yn aros am ddwy awr gyfan/gron; **it is a ~ five miles from here,** mae'n bum milltir dda oddi yma; *(face)*: llawn, crwn fel lleuad; **~ face photograph,** llun wyneb llawn *m*; *(figure)*: llawn, llond eich croen; **~ lips,** gwefusau/gweflau llawn; *(sleeve &c)*: llawn, llydan, llac; **a ~ voice,** llais croyw *m*; **a ~ pulse,** curiad cryf *m*; *Nau: (sail)*: llawn, boliog; **to keep her ~,** cadw'r gwynt yn yr hwyliau, cadw'r hwyliau'n llawn, ei chadw hi'n llawn: **~ and by,** clòs a llawn; *See* **close-hauled**. II. *n.* 1. **the moon is at the ~,** mae'r lleuad yn llawn. 2. *adv.phr. (a)* **in ~,** yn llawn, yn gyflawn, yn llwyr; **(to publish a letter) in ~,** (cyhoeddi llythyr) yn ei gyfanrwydd, yn gyfan, yn llawn; **an account given in ~,** adroddiad llawn/cyflawn; **to the ~,** yn gyfan gwbl, yn llwyr, i'r eithaf; **to indulge one's tastes to the ~,** porthi'ch chwantau i'r eithaf. III. *adv.* 1. *A: & Lit:* **~ many a time,** sawl tro, sawl gwaith, mynych, yn fynych, l[l]awer tro, l[l]awer gwaith, droeon; **I know [it] ~ well,** *(i)* gwn yn dda/iawn; gwn i'r dim; gwn o'r gorau; da y gwn; *(ii) (= recognize)*: **I know her ~ well,** 'rwy'n ei hadnabod yn dda/iawn; **it is ~ five miles from here,** mae'n bum milltir dda oddi yma. 2. *(= exactly)*: yn union; **~ in the middle,** yn union yn y canol, yn y canol yn deg; **to hit s.o. ~ in the face,** taro rhn yng nghanol ei wyneb; **(they are working) ~ out,** (maent yn gweithio) eu gorau glas, hynny a allant; *F:* (maen' nhw wrthi) fel lladd nadroedd. **~-adder** *n. Cmptr:* adiwr (adwyr) cyflawn *m*. **~ back** *n. Sp:* cefnwr (cefnwyr) *m*. **~-blooded** *a.* 1. *(a) (brother, sister)*: o waed coch cyfan; *(b) (horse &c)*: o waed pur, diledryw. 2. *(= vigorous)*: grymus, egnïol, llawn ynni. 3. *(= hearty, sensual)*: nwydus, nwydlawn, blysig. 4. *(= ruddy)*: gwritgoch(-ion), gwridog. **~-bloodedness** *n. (a) (of brother, sister)*: cyfanrwydd (*m*) gwaed, gwaed coch cyfan *m*; *(b) (of horse)*: gwaed pur *m*; *(c) (= vigour)*: grym *m*, egni *m*, ynni *m*; *(d) (= sensualness)*: nwyd *f*, nwydusrwydd *m*. **~-blown** *a.* 1. *(rose &c)*: yn ei lawn flodau, yn ei flodau, wedi ymagor, mewn llawn dwf, ar lawn dwf. 2. *F:* **he is a ~-blown doctor,** mae'n feddyg graddedig, mae'n feddyg o'r iawn ryw; **~-blown dignity,** urddas cyflawn *m*. **~-bodied** *a.* 1. cadarn, corffol, praff, ysgwyddog, cyhyrog, *occ:* braisg, nerthol, *N. W: occ:* lysti. 2. *(wine)*: cadarn, praff. **~-bottomed** *a. (wig)*: llaes. **~-breasted** *a.* bronnog, bronfawr. **~-bred** *a.* o waed pur, o waed coch cyfan. **~-cream** *a.* hufennog, llawn hufen. **~ dress** *a.* ffurfiol, gwisg gyflawn; **~-dress rehearsal,** *Th:* ymarfer(-ion) (*mf*) gwisgoedd llawn; *Fig:* ymarfer llawn. **~-duplex** *n. Cmptr:* dwplecs(-au) cyflawn *m*. **~-faced** *a.* â wyneb llawn/crwn, wyneblawn, wynepcrwn. **~-fashioned** *a.* = **fully fashioned**. **~-fledged** *a.* 1. *(bird)*: llawn plu, pluog. 2. *F:* = **full-blown**. **~-grown** *a.* wedi llawn dyfu, mewn [cyflawn] oed, o gyflawn oed, ar lawn dwf, yn eich llawn dwf. **~-hearted** *a.* calonnog, hyderus, selog, brwdfrydig, dewr(-ion), brwd, gwrol, glew. **~-length** *a. (dress)*: llaes(-ion), hir(-ion); *(portrait)*: llawn hyd, hyd cyfan; **~-length film,** llun hir *m*. **~-mouthed** *a. (ewe)*: ceglawn, a'i holl ddannedd ganddi; *(dog)*: croch, cyfarthgar, cyfarthog; *(oratory)*: soniarus. **~-out** *adv.* 1. **(the boat was going) ~-out,** ('roedd y cwch yn mynd) hynny a allai, cyn gyflymed ag y gallai. 2. *Typ:* cyfwyneb. **~-page** *attrib.* llond tudalen. **~-rigged** *a. Nau:* â rigin llawn. **~-scale** *a.* cyflawn, cyfan, o faintioli llawn, helaeth, eang, ar raddfa eang. **~ screen** *n. Cmptr:* llond (*m*) sgrîn; **~ screen editor,** sgrîn-olygydd(-ion) *m*. **~-size[d]** *a.* o faintioli llawn, o lawn faint. **~-throated** *a.* soniarus, llafar, llafardon. **~-time** 1. *a.* llawn amser, amser llawn; *F:* **it's a ~-time job keeping an eye on them,** cymaint ag a ellir ei wneud yw cadw llygad arnynt; mae dyn yn ei waith yn cadw llygad arnynt. 2. *adv.* **to work ~-time,** gweithio amser llawn, gweithio l[l]awn amser. 3. *n. Fb: &c:* diwedd (*m*) gêm. **~-timer** *n.* gweithiwr (gweithwyr) amser llawn *m*, gw|eithwraig (gweithwragedd) amser llawn *f*. **~-weight rope** *n. Mount:* rhaff (*f*) bwysau llawn (rhaffau pwysau llawn).

full[2] *v.t.* 1. *Tex: (wool)*: pannu. 2. *Needlew:* llenwi.

full[3] *n. Needlew:* llawnder(-au) *m*.

fulled *a. Tex:* panedig, pan, wedi ei bannu.

fuller[1] *n. Tex:* pannwr (panwyr) *m*. **~'s clay, ~'s earth** *n.* clai (*m*) pannwr, pridd (*m*) pannwr, priddgalch *m*. **~'s grass, ~'s herb** *n. Bot:* = **soapwort**. **~'s soap** *n.* sebon (*m*) y golchyddion. **~'s teasel/thistle** *n. Bot: (Dipsacus fullonum)*: llysiau(*pl*)'r cribwr, llysiau'r cribau, llysiau'r pannwr, ysgallen (ysgall) (*f*) y pannwr, cribau(*pl*)'r panner, crib bachog *m*. **~'s weed** *n.* = **soapwort**.

fuller[2] *n. Tls: N.E:* ffwler: ffwlar *m*; *(for raising collar)*: ffwler traws; *(for raising shoulder)*: ffwler plaen.

fuller[3] *v.t. Tls:* ffwleru.

fulling *vn.* = **full**[2]. **~ mill** *n.* pandy (pandai) *m*, *occ:* melin (*f*) ban/ bannu (melinau pan/pannu). **~ stock** *n.* cyff(-ion) (*m*) pandy.

fullness *n.* 1. llawnder *m*; **~ of figure,** llawnder corff/corffolaeth; **out of the ~ of his heart, he told us...,** o lawnder ei galon, dywedodd wrthym.... **2.** *(= completeness):* cyflawnder *m*; **in the ~ of time,** ym mhen yr hir a'r hwyr, gyda threigl amser, yng nghyflawnder [yr] amser. **3.** *(of details):* cyflawnder, helaethrwydd *m*, digonolrwydd *m*, llawnder; *(of dress):* llawnder; *(of colour):* cryfder *m*, dwyster *m*; *Needlew:* **to dispose of ~,** atrefnu'r llawnder; **to remove ~,** cael gwared â llawnder; **control of ~,** rheoli (*vn*) llawnder.

fully *adv.* **1.** yn llawn, yn gyfan, yn gyfan gwbl, yn hollol, yn llwyr, i'r eithaf, i'r pen, i'r dim; **I'll write to you more ~,** fe ysgrifennaf atoch yn llawnach eto; **to treat a subject ~,** trafod pwnc yn llwyr/drylwyr; **~ armed,** wedi'ch arfogi'n llawn, mewn llawn/cyflawn arfogaeth; **~-bound** *a. Bookb:* mewn rhwymiad llawn. **~-fashioned,** *(stockings &c):* hollol gymesur, cwbl gymesur; **~-fledged,** *(i) (bird):* llawn plu, pluog; *(ii) (pers.):* cyflawn, *F:* go iawn; **~ operational,** llawn weithredol, mewn llawn weithrediad; **~ qualified,** cwbl gymwys; **~ paid,** *(i) (debt &c):* llwyr daledig, llawn daledig, a delir/dalwyd yn llawn, wedi ei thalu'n llawn; *(ii) (pers.):* wedi'ch talu'n llawn, llawn gyflogedig. **2. it takes ~ two hours,** mae'n waith dwy awr gyfan; mae'n waith dwy awr o leiaf.

fulmar *n. Orn:* **~ [petrel],** aderyn (adar) (*m*) drycin y graig, gwylan (-od) (*f*) y graig.

fulminant *a.* ffrwydrol, taranol.

fulminate[1] *n. Ch:* ff|wlminad (ffwlminadau) *m*.

fulminate[2] *v.i.* **1.** melltennu, ffrwydro, taranu, *S:* tyrfo. **2. to ~ against s.o.,** taranu yn erbyn rhn. **3.** *Path:* ffrwydro.

fulminating *a.* ffrwydrol, taranol.

fulmination *n.* taraniad(-au) *m*, taranu *vn*.

fulminator *n.* taranwr (taranwyr) *m*.

fulminatory *a.* taranllyd, ceryddol.

fulminic *a. Ch:* ffwlminig.

fulminous *a.* taranllyd, melltennog.

fulness *n.* = **fullness.**

fulsome *a.* gwenieithus, gormodol, sebonllyd, ffals, ffuantus, annidwyll, truthgar, truthiog, truthiol; **~ flattery,** truth *m*, gweniaith *f*, *N:* ffalsio *vn*.

fulsomely *adv.* yn wenieithus *&c*.

fulsomeness *n.* gormodedd *m*, gweniaith *f*, truth *m*.

fulvescent, fulvous *a.* melyngoch(-ion) (*pronounced* ng-g), melynddu(-on).

fumarase *n. Ch:* ff|wmaras *m*.

fumarate *n. Ch:* ff|wmarad (ffwmaradau) *m*.

fumaric *a. Ch:* ffwmarig.

fumarole *n.* daeardwll (daeardyllau) *m*, ff|wmarol (ffwmarolau) *m*, mygdwll (mygdyllau) *m*.

fumarolic *a.* ffwmarolig.

fumble[1] *n.* palfaliad(-au) *m*, ymbalfaliad(-au) *m*.

fumble[2] *v.i.&t.* **1.** *v.i.* palfalu, ymbalfalu, *S: occ:* pwtffalu, ffwlffala, bwtffala **(for sth,** am rth); **I was fumbling in the dark,** *N: occ:* 'roeddwn i dan fy nwylo yn y tywyllwch; **to ~ (in a drawer &c) for sth,** chwilota, *N.W:* swlffa, jwlffa, *S.W:* twmlo (mewn drôr *&c*) am rth; **to ~ for words,** baglu dros eich geiriau, ymbalfalu/chwilio am eiriau; **to ~ about/around,** *N:* codlio, potsio, *S: occ:* pwtffalu, tampro, cawlo. **2.** *v.t.* bwnglera (*pronounced* ng-g); *Sp:* **to ~ the ball,** dal y bêl yn lletchwith.

fumbler *n.* **1.** palfalwr (palfalwyr) *m*, palf|alwraig *f*, ymbalfalwr (ymbalfalwyr) *m*, ymbalf|alwraig *f*. **2.** *(= bungler):* bwnglerwr (bwnglerwyr) *m*, bwngleres(-au) *f* (*both pronounced* ng-g).

fumbling *a.* lletchwith, trwstan, anfedrus, trwsgl, palfalog, yn fodiau i gyd, bwngleraidd, bwnglerus (*both pronounced* ng-g).

fume[1] *n.* **1.** tarth(-au) *m*, mwg *m*, anwedd(-au) *m*, myctarth: mygdarth(-au) *m*; *(ill-smelling):* drewdod *m*, *S.W:* steiff *m*; **to be full of fumes,** *S.W:* steiffo; **fumes of wine,** anwedd gwin; *Ind:* **factory fumes,** mygdarth/mwg ffatri. **2.** *F:* dicter *m*, tymer ddrwg *f*, *S.W:* natur *f*; **in a ~,** yn berwi/corddi, o'ch cof, yn wyllt, yn ffyrnig *&c*; *S.a.* **anger**[1], **angry.** **~-chamber, ~-cupboard** *n. Ch:* siambr (*f*) fwg (siambrau mwg).

fume[2] *v.t.&i.* **1.** *v.t.* mygu, mygdarthu; *(fish, oak &c):* cochi. **2.** *v.i.* *(a) (of chimney &c):* mygu, mygdarthu; *(b) (of smoke, vapours):* codi; *(c) F: (of pers.):* berwi, corddi; **to ~ with impatience,** berwi/corddi gan ddiffyg amynedd; **to ~ at a delay,** berwi/corddi o achos oedi; *S.a.* **fret**[4].

fumed *a.* trwy fwg, mygedig.

fumigant *n.* mygdarthydd(-ion) *m*.

fumigate *v.t.* mygdarthu.

fumigation *n.* mygdarthiad(-au) *m*, mygdarthu *vn*.

fumigator *n.* mygdarthwr (mygdarthwyr) *m*.

fuming *a.* **1.** myglyd, mygdarthol, yn mygu. **2.** *(= angry):* yn berwi/corddi, blin, diamynedd; **he was fretting and ~,** 'roedd yn corddi ac yn chwythu.

fumitory *n. Bot:* **common ~,** *(Fumaria officinalis):* mwg (*m*) y ddaear, pwff (*m*) [y] mwg, cwd (*m*) y mwg, coden (*f*) fwg, *N.W: occ:* blodyn (*m*) jam; **climbing ~,** *(Adlumia fungusa):* mwg y ddaear dringol; **dense-flowered ~,** *(F. densiflora):* mwg y ddaear trwch-flodeuog; **few-flowered ~, common ramping ~,** *(F. boraei):* mwg y ddaear prinflodeuog; **fine-leaved ~,** *(F. parviflora):* mwg y ddaear mân-flodeuog; **hedge-~, = fumitory (wall); purple [ramping] ~,** *(F. purpurea):* mwg y ddaear glasgoch; **ramping white,** *(F. capreolata):* mwg y ddaear afreolus; **small[-flowered] ~,** *(F. parviflora):* mwg y ddaear mân-flodeuog; **tall [ramping]~,** *(F. bastardii):* mwg y ddaear grymus; **wall ~,** *(F. muralis):* mwg daear y cloddiau; **white climbing ~,** *(Corydalis claviculata):* mwg y ddaear dringol gwyn; **yellow ~,** *(C. lutea):* mwg y ddaear melyn.

fumy *a.* myglyd, llawn mwg, tawchlyd, tarthog, mygdarthol.

fun *n. & attrib.* **1.** *n.* hwyl *f*, sbort *mf*, difyrrwch *m*, digrifwch *m*, rhialtwch *m*, sbri *mf*, miri *m*, cellwair *m*, *S.W: occ:* topyn: topin *m*; **to make ~ of s.o., to poke ~ at s.o.,** gwneud hwyl am ben rhn, chwerthin am ben rhn, gwneud sbort am ben rhn; **for ~, in ~,** o ran hwyl, er mwyn hwyl; **a figure of ~,** testun sbort, testun digrifwch, cyff (*m*) gwawd, *N:* pricsiwn *m*, *occ:* pric (*m*) pwdin; **he's great ~; he's full of ~,** mae'n llawn hwyl *&c*; *N: occ:* mae'n andros o beiriant; **I don't see the ~ of it,** [ni] welaf i ddim sy'n ddoniol yn hynny; **it's good clean ~,** hwyl iach ddiniwed yw e; **it was great ~,** 'roedd hi'n hwyl fawr/anfarwol; 'roedd hi'n ddigrif iawn; *F: occ:* 'roedd hi'n hwyl am ben sbort; **what ~!** am hwyl! **to have ~,** cael hwyl; **like ~!** *Iron: (= not at all):* dim o gwbl! prin! **it was only my ~,** cellwair yr oeddwn i; cael hwyl yr oeddwn i; herian yr oeddwn i; **~ and games,** sbort a sbri, rhialtwch, miri, hwyl a sbri. **2.** *attrib.* difyr, digrif, doniol, hwyliog. **~-fair** *n.* ffair (*f*) wagedd (ffeiriau gwagedd), ffair bleser (ffeiriau pleser), *N. F:* sioe(-au) *f*.

funambulism *n.* cerdded (*vn*) ar raff.

funambulist *n.* rhaffgerddwr (rhaffgerddwyr) *m*, rhaffg|erddwraig *f*, dyn(-ion) (*m*) cerdded ar raff, merch(-ed) (*f*) cerdded ar raff.

function[1] *n.* **1.** *(= working):* gweithrediad(-au) *m*, gweithgarwch *m*; *Med:* **vital functions,** pob gweithrediad bywydol. **2.** *(a) (= duty): (of office-holder &c):* swyddogaeth(-au) *f*, dyletswydd(-au) *f*, cyfrifoldeb(-au) *m*, swydd(-i) *f*; **in his ~ as a magistrate,** yn rhinwedd ei swydd fel ynad heddwch; **latent ~,** swyddogaeth gudd; **manifest ~,** swyddogaeth amlwg; **negative ~,** swyddogaeth negyddol; **positive ~,** swyddogaeth gadarnhaol; *(b) pl.* **to discharge one's functions,** gwn|eud eich dyletswydd[-au] *f*; **it is part of my function to do that,** rhan o'm swydd i yw gwneud hynny; myfi piau gwneud hynny; *Fin:* **entrepreneurial ~,** swyddogaeth mentrwr; *(c) (of thing):* swyddogaeth, diben(-ion) *m*, gwaith *m*. **3.** *(a) (= reception):* derbyniad(-au) *m*; *(b) (= ceremony):* s|eremoni (seremonïau) *f*, defod(-au) *f*. **4.** *Mth: Ph:* ffwythiant (ffwythiannau) *m*; **as a ~ of,** fel/yn ffwythiant rhth; *Mth:* **circular ~,** ffwythiant trigonometrig; **conforming shape ~,** ffwythiant siâp cydffurfiol; **eigen ~,** ffwythiant eigen, priod ffwythiant; **even ~,** eil-ffwythiant *m*; **explicit ~,** ffwythiant echblyg; **joint density ~,** ffwythiant cyd-ddwysedd; **implicit ~,** ffwythiant ymhlyg; **generating ~,** ffwythiant generadu; **global trial ~,** ffwythiant prawf globaidd; **into ~,** ffwythiant i mewn; **maximum flow ~,** llif-ffwythiant (*m*) macsimwm; **objective ~,** ffwythiant nod, ffwythiant diben; **odd ~,** od-ffwythiant *m*; **onto ~,** ffwythiant ar; **partition ~,** ffwythiant rhaniad, ffwythiant ymraniad; **return ~,** ffwythiant elw; **switching ~,** ffwythiant switsio. **~ key** *n. Cmptr:* botwm (*m*) swydd/swyddogaeth, swydd-allwedd(-i) *f*, swydd-fysell(-au) *f*.

function[2] *v.i.* *(= work):* gweithio, gweithredu; **an adjective that functions as an adverb,** ansoddair sy'n gweithredu fel adferf.

functional *a.* **1.** swyddogaethol. **2.** *Med: Anat:* gweithredol, gweithrediadol; *(of mental illness):* anorganaidd, anorganig. **3.** *Mth:* ffwythiannol; *Sch:* **~ reading,** darllen ffwythiannol; **~ system,** system ffwythiannol. **4.** *(of building &c):* ymarferol, dibennol, gweithrediadol, swyddogaethol, sy'n ateb diben; ~

analysis, dadansoddiad swyddogaethol *m*; ~ **illiterate,** ymarferol anllythrennog, diddarllen; ~ **illiteracy,** llythrenogrwydd ymarferol *m*; ~ **literate,** digonol lythrennog; ~ **literacy,** llythrenogrwydd digonol; ~ **imperative,** gorfodyn swyddogaethol *m*; ~ **method,** dull swyddogaethol *m*; ~ **relationships,** cysylltiadau swyddogaethol; ~ **autonomy,** ymreolaeth swyddogaethol *f*; ~ **mix,** cymysgedd swyddogaethol *m*; ~ **zone,** cylchfa (*f*) swyddogaeth; *Gram:* ~ **shift,** newid(-iadau) (*m*) swyddogaeth; ~ **word,** gair (geiriau) gweithredol *m*, *gweithredair (gweithredeiriau) *m*.

functionalism *n.* **1.** *Mth: &c:* ffwythiannaeth *f.* **2.** = **functionality.**

functionalist *a. & n.* **1.** *a.* ffwythianyddol. **2.** *n.* ffwythiannydd (ffwythianwyr) *m*.

functionalistic *a.* ffwythianyddol.

functionality *n.* natur ymarferol *f*, ymarferoldeb *m*.

functionalize *v.t.* **1.** (= *make functional*): rhoi (rhth) ar waith, gwn|eud (i rth) weithio, gwneud (rhth) yn ymarferol. **2.** (= *appoint*): penodi (rhn) [i swydd].

functionally *adv.* **1.** yn swyddogaethol, o ran swyddogaeth; ~ **neutral elements,** elfennau swyddogaethol niwtral. **2.** *(a)* yn weithredol, o ran gweithrediad; *(b) Physiol:* yn anorganaidd. **3.** *Mth:* yn ffwythiannol.

functionary *n.* swyddog(-ion) *m*.

functionate *v.i.* = **function**[2].

functionless *a.* diswyddogaeth, dibwrpas, diddiben.

functor *n.* gweithredydd(-ion) *m*.

fund[1] *n.* **1.** (= *stock*): stôr *f*, digonedd *m*, *F:* peth wmbreth/wmbredd/mwdredd/mwdral *m*, llond (*m*) gwlad; **he has a ~ of yarns,** mae ganddo lond gwlad o hen straeon. **2.** *Fin: &c: (a)* cronfa (cronf|eydd) *f*, *occ:* trysorfa (trysorf|eydd) *f*; **old-age pension ~,** cronfa (*f*) bensiwn (cronfeydd pensiwn); **to start a ~,** cychwyn/codi cronfa; **the International Monetary F~,** y Gronfa Ariannol Gydwladol; *(b) pl.* **funds,** (= *ready cash*): arian [parod] *m*; (*of company*): **to make a call for funds,** codi arian, gwneud apêl am arian; **to be out of funds,** bod heb ddimai ar eich elw; **I'm in funds,** mae gen i arian/fodd; mae'r arian/modd gen i; mi alla' i dalu; *Bank:* **"no funds"**, "dim arian"; *Com:* **funds flow statement,** cyfriflen gyllidol (cyfriflenni cyllidol) *f*; **to misappropriate public funds,** camddefnyddio arian y wlad; **loanable funds,** arian benthyciadwy; **reserve ~,** cronfa gadw (cronfeydd cadw), cronfa wrth gefn; **maintainance ~,** cronfa gynnal (cronfeydd cynnal); **sinking ~,** cronfa ad-dalu; *(c) pl.* **Funds,** stoc (*m*) y Ddyled Genedlaethol.

fund[2] *v.t. Fin:* **1.** (= *consolidate public debt*): cydgyfnerthu. **2.** (= *finance*): rhoi arian (at/i rth); ariannu, cyllido, noddi (rhth); talu (am rth); *S.a.* **funded.**

fundament *n. Anat:* pen ôl (penolau) *m*, ffolennau *pl*, *Lit: occ:* rhefr(-au) *m*, cwthr (cythrau) *m*, *S: occ:* part ôl (patrolau) *m*.

fundamental *a. & n.* **1.** *a. (a)* sylfaenol, yn y bôn, hanfodol, *occ:* sylfaen; *(b) (colours &c):* gwreiddiol, sylfaenol; *Ph:* ~ **temperature,** tymheredd sylfaenol; *Mus:* ~ **note,** nodyn (nodau) (*m*) sylfaen; ~ **dominant chord,** cord sylfaenol y llywydd. ~ **dominant discord,** anghytgord sylfaenol y llywydd. **2.** *n.* hanfod(-ion) *m*, sylfaen (sylfeini) *f*; *Mus:* sain (seiniau) (*f*) sylfaen.

fundamentalism *n.* ffwndamentaliaeth *f*.

fundamentalist *a. & n.* **1.** *a.* ffwndamentalaidd. **2.** *n.* ffwndamentaliad (ffwndamentaliaid) *m&f*, ffwndamentalydd (ffwndamentalwyr) *m*.

fundamentality *n.* sylfaenoldeb *m*.

fundamentally *adv.* yn y bôn, yn y gwr|aidd, yn sylfaenol *&c.*

funded *a.* ~ **capital,** cyfalaf (*m*) buddsoddion; ~ **debt,** dyled ddiddyddiad *f*.

fundic *a. Anat:* ffwndig.

funding *a. Fin:* nawdd *m*, noddiant *m*; ~ **loan,** benthyciad cronnol *m*; ~ **stocks,** stociau cronnol.

fundus *n. Anat:* pen(-nau) isaf *m*, gwaelod(-ion) *m*, godre(-on) *m*, ffwndws (ffwndi) *m*.

funebrial *a.* angladdol, *Lit: occ:* arwylaidd.

funeral *n. & attrib.* **1.** *n.* angladd(-au) *mf*, *Lit: occ:* arwyl(-ion) *f*, arwyl[i]ad(-au) *m*, arwyliant (arwyliannau) *m*, *N:* cynhebrwng (cynhebryngau) *m* (*often pronounced* cnebrwn (cnebrynau)), *N: occ: M.W:* claddedigaeth(-au) *f*, *F:* clig[i]eth *f*, cladigeth *f*, *N.E:* claddu *vn*, *S.E: occ:* anglodd *mf*; **public ~,** angladd cyhoeddus, *N: F:* cynhebrwng mawr; **beginning of ~ [from home],** codi(*vn*)'r corff; **private ~,** angladd preifat, *N: F:* cynhebrwng bach/gwadd; **a large private ~,** *N: F:* cynhebrwng bach mawr; **a small public ~,** *N: F:* cynhebrwng mawr bach; *W.Anthr:* **phantom ~,** *S.W:* toili (toilïau) *m*; *F:* **that's your ~!** rhyngoch chi a'ch pethau! *N:* rhyngoch chi a'ch potes! *S:* rhyngoch chi a'ch cawl! **that's their ~!** rhwng gwŷr Pentyrch a'i gilydd! **2.** *attrib.* angladdol, cynhebryngaidd, cynhebryngol; **at a ~ pace,** yn angladdol araf, yn ara' deg fel cynhebrwng, *F:* fel malwen/malwoden mewn côl-tar. ~ **banquet** *n.* gwledd (*f*) gladdu (gwleddoedd claddu), gwledd arwyl, gwledd alar (gwleddoedd galar). ~ **chamber** *n.* siambr (*f*) gladdu (siambrau claddu). ~ **director** *n.* trefnydd(-ion) (*m*) angladdau. ~ **expenses** *n.pl.* treuliau claddu, costau claddu. ~ **home** *n.* = **funeral parlour.** ~ **march** *n.* ymdeithgan(-au) (*f*) angladd[ol]. ~ **oration** *n.* araith (areithiau) angladdol *f*. ~ **parlour** *n.* parlwr (parlyrau) (*m*) angladdau. ~ **pile,** ~ **pyre** *n.* coelcerth(-i) angladdol *f*. ~ **procession** *n.* gorymdaith (gorymdeithiau) angladdol *f*, cynhebrwng (cynhebryngau) *m*. ~ **sermon** *n.* pregeth(-au) angladdol *f*. ~ **urn** *n.* wrn (*fm*) gladdu/claddu (wrnau claddu).

funerary *a.* angladdol.

funereal *a.* **1.** *Poet:* angladdol. **2.** *F:* galarus, prudd, pruddaidd, trist, pruddglwyfus, melancolaidd, digalon.

funereally *adv.* yn angladdol, yn alarus *&c.*

fungal *a. & n.* **1.** *a.* ffyngaidd. **2.** *n.* = **fungus.**

fungibility *n.* *unffunudrwydd *m*.

fungible *a. Jur:* (*)unffunud, sy'n gwn|eud y tro, cyfnewidiadwy.

fungicidal *a.* ffyngladdol.

fungicide *n.* ffyngladdwr (ffyngladdwyr) *m*, ffyngleiddiad (ffyngleiddiaid) *m*, gwenwyn(-au) (*m*) [lladd] ffyngau/ffyngoedd, peth(-au) (*m*) lladd ffyngau/ffyngoedd.

fungiform *a.* ar ffurf ffwng, fel madarch.

fungistatic *a.* ffyngataliol.

fungivorous *a.* ffyngysol, yn byw ar ffyngau/ffyngoedd.

fungoid *a. & n.* **1.** *a.* ffyngaidd, fel ffwng; *Med:* tyfiannol. **2.** *n.* planhigyn (planhigion) ffyngaidd *m*, ffyngoid(-au) *m*.

fungous *a.* ffyngaidd, fel ffwng *&c*; (= *ephemeral*): *Bot:* byrhoedlog, undydd unnos.

fungus *n.* **1.** ffwng (ffyngau, ffyngoedd) *m*, ffwngws *m* (*pronounced* ng-g), *F:* bwyd (*m*) y boda, caws (*m*) llyffant, bwyd y barcud, bwyd yr ellyllon, *S.E:* bara (*m*) twrch, tafod (*m*) yr ych; **bracket ~,** ffwng ysgwydd, ffwng bachog; **candle-snuff ~,** ffwng canhwyllddoc; **club ~,** ffwng pastwn, pastwn (*m*) y coed. **2.** *Med:* cig balch *m*, ffwng *m*. **3.** *Ich: Vet:* ffwng *m*. **4.** *Joc:* **face-~,** barf(-au) *f*, locsyn *m*, wisgers *pl.* ~ **gnat** *n. Ent:* (*F. mycetophiudae*): gwybedyn (gwybed) (*m*) y madarch.

funicle *n. Bot:* ffwnicl(-au) *m*, llinyn(-nau) *m*.

funicular *a. & n.* **1.** *a.* rheffynnaidd, rhaffol, dirwynol; ~ **polygon,** p|olygon (polygonau) (*m*) rhaff. **2.** *n.* ~ **[railway],** rheilffordd (rheilffyrdd) (*f*) halio, rhaffordd (rhaffyrdd) *f*.

funiculate *a. Bot:* ffwniclog, llinynnog.

funiculus *n. Anat:* llinyn (llinynnau) *m*.

funk[1] *n. P:* **1.** ofn *m*, braw *m*, arswyd *m*, *S:* ofan *m*, ofon *m*, *S.W. occ:* abwth *m*; **to be in a [blue] ~,** cael braw garw, cael arswyd, cael dychryn [ofnadwy], *M.W:* chwitho; **he was in a [blue] ~,** 'roedd arno ofn ar ei hyd; *V:* 'roedd arno ofn drwy'i din. **~-hole** *n. F:* twll (tyllau) (*m*) ymogel/ymochel.

funk[2] *v.t.&i. P:* **to ~ sth,** nogio gwn|eud rhth, ofni gwneud rhth.

funk[3] *n. Mus:* ffwnc: ffync *m*.

funkia *n. Bot:* = **hosta.**

funkiness *n.* ofnusrwydd *m*, gwangalondid *m* (*pronounced* ng-g); (= *cowardice*): llwfrdra *m*, cachgieiddiwch *m*.

funky[1] *a. P:* (= *terrified*): ofnus, gwangalon (*pronounced* ng-g), mewn ofn, mewn braw, dychrynedig; (= *cowardly*): llwfr, *V:* cachgïaidd.

funky[2] *a. F: (jazz &c):* ffynclyd, ffynciog.

funnel[1] *n.* **1.** *N:* twmffat(-iau, twmffedi) *m*, *occ:* tynffed(-au,-i) *m*, *S:* twndis[h](-iau) *m*; **dropping ~,** twmffat/twndis[h] diferu. **2.** (*of ship, locomotive*): corn (cyrn) (*m*) mwg, corn simdde/simnai, simnai (simneiau) *f*, simdde *f*, ffumer(-au) *m*. ~ **beaker** *n. Archeol:* bicer(-i) tynffedol *m*. ~ **cap** *n. Fung:* (*Clitocybe infundibuliformis*): (*)twnffed/twndis llyffant, (*)twnffed cyffredin; **tawny ~ cap,** (*C. flaccida*): (*)twnffed melyn. ~ **cloud** *n.* cwmwl (cymylau) tynffedol *m*. ~ **stake** *n.* bonyn (*m*) twmffat/twndis[h]; *Ind:* (= *hopper*): hopran (hoprenni) *f*, hopren(-ni) *f*. ~ **web spider** *n. Arach:* copyn(-nod) (*m*) gwe twmffat/twndis[h].

funnel² *v.t.* **1.** *N:* tywallt (rhth) [trwy dwmffat], *S:* arllwys (rhth) [trwy dwndish]. **2. to ~ funds into sth,** arllwys/tywallt/sianelu arian i rth.
funnelform *a.* ymledol.
funnelled *a.* simneiog.
funnies *n.pl. See* **funny²**.
funnily *adv.* **1.** *(= amusingly):* yn ddigrif *&c.* **2.** *(= strangely):* yn hynod *&c;* **~ enough,** yn rhyfedd ddigon, fel y mae hi ryfeddaf, ryfeddaf erioed, odia'n fyw.
funniment *n.* hwyl *f,* [y]smaldod *m,* miri *m,* jôc(-s, jociau) *f, Lit:* ffraetheb(-ion) *f, S.W:* wits *pl.*
funniness *n.* digrifwch *m,* doniolwch *m,* [y]smaldod *m.*
funniosity *n.* doniolwch *m,* digrifwch *m,* digrifbeth(-au) *m,* peth(-au) digrif/doniol/ysmala *m.*
funny¹ *a.* **1.** *(= amusing):* digrif, doniol, ysmala, *S.E: occ:* bud[u]r, *S.W: occ:* diofal, dishmol; **none of your ~ tricks! I don't want any ~ business!** dim lol! *N:* dim misdimanars! dim camfyhafio! **he's very ~,** mae'n fachgen smala; un digrif/doniol iawn ydyw; *N:* mae'n andros o beiriant; mae o fel m|iriman; *A:* mae o fel |antarliwt; *Th:* **the ~ man,** y dyn(-ion) digrif *m,* y digrifwr (digrifwyr) *m, A:* y miriman *m.* **2.** *(= strange):* hynod, rhyfedd, od; **he was ~ that way,** un rhyfedd ei ffordd oedd ef; *U.S: F:* **~ farm,** y seilam *f,* bedlam *f;* **this butter tastes ~,** mae blas rhyfedd ar y menyn 'ma; *S.W:* mae cwt gyda'r menyn 'ma. **3.** *P:* **I came over all ~,** mi deimlais yn rhyfedd/dost; *N:* mi deimlais i'n bethma/giami. **~-bone** *n.* [asgwrn *m*] penelin *m.* **~-face** *n.* **hello ~-face!** *N:* wel, trwyn smwt! *S.W:* shw' ma'i, y bwbach! **~ ha-ha** *a.* = **funny¹ 1.** **~ peculiar** *a.* = **funny¹ 2.**
funny² *n.* **1.** *esp. U.S: (a)* stribed(-i) *f; (b) usu.pl.* **funnies,** y tudalennau digrif, *F:* y comic-cyts. **2.** *(= joke):* stori ddigrif (straeon digrif) *f,* cellwair *m, F:* un dda (rhai da) *f.*
funnyman *n.* = **comedian.**
fur¹ *n.* **1.** *(a) Cost:* ffwr: ffỳr (ffyrrau) *m, occ:* blew *pl; (b) (of rabbit &c):* manflew *pl,* blew, blewgroen (blewgrwyn) *m,* croen (crwyn) *m,* ffwr; **to make the ~ fly,** creu helynt, creu stŵr, codi cynnwrf; *(c) pl.* **furs,** crwyn [anifeiliaid]; *(d)* **~ and feather,** anifeiliaid [hela]. **2.** *(a) (in boiler, bottle &c):* cen(-nau) *m,* caenen *f,* calch *m; (b) Med: (on tongue):* croen [gwyn] *m.* **~ coat** *n.* côt (cotiau) *(f)* ffwr, *N: occ:* côt flew (cotiau blew). **~-lined** *a. (coat):* â leinin ffwr; *(kettle):* calchog, cennog. **~-mite** *n. Ent:* gwiddonyn (gwiddon) *(m)* blew, pryfyn (pryfed) *(m)* blew. **~-seal** *n. Z:* morlo(-i) manflewog *m.* **~-trade** *n.* masnach *(f)* grwyn. **~-trader** *n.* masnachwr (masnachwyr) *(m)* crwyn.
fur² *v.t.&i.* **1.** *v.t.* **to ~ a kettle,** cennu tegell, mynd yn gen dros degell; *Med:* **to ~ the tongue,** rhoi croen ar y tafod. **2.** *v.t. (= descale):* digennu, datgennu (rhth); tynnu cen, codi cen (oddi ar rth). **3.** *v.i. (of boiler, kettle &c):* crestennu, crestio, cramennu, crawennu, magu cen, mynd yn galch i gyd; **to ~ up,** *(of boiler &c):* magu cen, magu caenen; *(of tongue):* magu croen, mynd yn wyn.
furan *n. Ch:* ffwran *m.*
furanose *n. Ch:* ff|wranos *m.*
furanoside *n. Ch:* ffwr|anosid (ffwranosidau) *m.*
furazolidone *n. Pharm:* ffwras|olidon *m.*
furbearer *n.* anifail (anifeiliaid) blewog *m.*
furbelow¹ *n.* **1.** *A: Cost:* godre(-on) *m,* ff|yrbilo(-s) *m,* crychiad(-au) *m,* fflowns(-iau) *f.* **2.** *F: pl.* **furbelows,** *(= showy ornaments):* ffigiaris, trimins, *M.W:* clawets. **3.** *Algae: (Saccorhiza polyschides):* pleth *(f)* y môr.
furbelow² *v.t.* fflownsio, godrefu.
furbish *v.t.* **1.** *(= burnish):* **to ~ [up],** gloywi, caboli (rhth); rhoi sglein (ar rth). **2.** *(= renovate):* adnewyddu, ailwampio.
furbisher *n.* **1.** *(= polisher):* cabolwr (cabolwyr) *m.* **2.** *(= renovator):* adnewyddwr (adnewyddwyr) *m.*
furcate¹ *a. (road, hoof):* fforch[i]og; *(hoof only):* ewinholltog.
furcate² *v.i.* fforchi, fforchogi, ymfforchi, ymrannu.
furcation *n.* fforchogiad *m,* fforchogaeth *f; vn.* = **furcate.**
furcula *n.* = **wishbone.**
furcular *a.* fforchog.
furfuraceous *a.* mar[w]donnog, crestennog, crest[i]og; *Bot:* cennog.
furfural *n. Ch:* ff|wrffwral *m.*
furfuraldehyde *n. Ch:* ffwrffwr|aldehyd *m.*
furfuran *n. Ch:* ff|wrffwran *m.*
furioso *a. & adv. Mus: furioso,* yn wyllt.
furious *a. (pers.):* cynddeiriog, ffyrnig, gwyllt, llidiog, lloerig, milain, candryll; **he was ~,** yr oedd yn gandryll/gudyll ulw; *S.W:* 'roedd e'n ynfyd wallgo; 'roedd o'n whibwrn grac; *S.E:* 'roedd e'n ipis[h]; *N.W:* 'roedd o o'i go['n las ulw]; *(look):* milain, mileinig, ffyrnig, chwyrn; *(battle):* ffyrnig, chwyrn, di-ildio; *(sea, wind):* cryf *(f.* cref, *pl.* cryfion), tymhestlog, *Lit:* frochwyllt, brochwyllt, brochlyd; brochus; **at a ~ pace,** ar ras wyllt, ar garlam gwyllt; **he was ~ (at having failed),** 'roedd yn wyllt, 'roedd o'i gof (oherwydd iddo fethu); **to get ~,** mynd yn ffyrnig, ffyrnigo, cynddeiriogi, gwylltio, *N.W:* mileinio, *S.W:* tampan, brochi, *S.E:* ffrompo, *N.W: occ:* mynd yn fflemp; **to be ~ with s.o.,** gwylltio wrth rn, *S.a.* **angry;** **~ driving,** gyrru gwyllt; **the mirth came fast and ~,** daeth chwerthin mawr ac aml; daeth hyrddiau aml o chwerthin; daeth hwrdd ar ôl hwrdd o chwerthin.
furiously *adv. (= angrily):* yn gynddeiriog *&c; (= wildly):* yn wyllt *&c.*
furiousness *n. (= anger):* cynddeiriogrwydd *m,* ffyrnigrwydd *m,* cynddaredd *f,* llid *m,* llidiowgrwydd *m,* dicter *m,* dig *m,* digofaint *m; (= wildness):* gwylltineb *m.*
furl *v.t. (a) Nau:* rhowlio, lapio, plygu, rhwymo; *(b) (umbrella):* rhowlio; *(c) (fan, wings):* cau; *(d)* **to ~ curtains,** tynnu llenni'n ôl; *(e) (hopes):* gollwng.
furled *a. Mil: (of flag):* mewn galar.
furless *a.* di-flew.
furlong *n. Meas:* ystaden(-ni,-nau) *f.*
furlough¹ *n. Mil:* cennad *f,* seibiant *m,* rhyddhad *m;* **to be/go on ~,** bod/mynd ar gennad/ryddhad, cael seibiant.
furlough² *v.t.&i. U.S:* **1.** *v.t.* rhoi cennad (i rn). **2.** *v.i.* treulio cennad; *(loosely):* cael seibiant.
furmenty *n.* = **frumenty.**
furnace¹ *n. Metall: &c:* ffwrnais (ffwrneisiau, ffwrneisi) *f,* ffwrn (ffyrnau) *f;* **blast-~,** ffwrnais chwyth; *Archeol:* **bowl ~,** ffwrnais bant (ffwrneisi pant); **corn-drying ~,** ffwrnais sychu ŷd; **electric arc ~,** ffwrnais arc drydan; **open hearth ~,** ffwrnais dân agored; **shaft ~,** ffwrnais simnai; **puddling ~,** ffwrnais bwdlo; **reverberatory ~,** ffwrnais adlewyrchu/adlewyrchol; **to be tried in the ~,** mynd trwy'r ffwrn dân.
furnace² *v.t.* ffwrneisio (rhth); crasu, twymo (rhth) mewn ffwrnais; *S:* ffwrno, ffyrno, *M.W:* ffyrna, *S.W:* ffwrna (rhth).
Furnace³ *W.Pl.n.* y Ffwrnais *f.*
furnish¹ *v.t.* **1.** *(a) (= provide):* rhoi, rhoddi, cynnig; *(b)* **to ~ s.o. with sth,** rhoi rhth i rn, darparu rhth i rn *or* ar gyfer rhn, *occ:* cyflenwi rhn â rhth; *(c) (= produce, yield):* cynhyrchu, dangos; **to ~ reasons,** dangos rhesymau. **2.** *(house):* dodrefnu (tŷ), rhoi dodrefn/celfi (mewn tŷ).
furnish² *n. Lib:* deunydd *(m)* uwd papur.
furnished *a.* dodrefnedig, wedi'i ddodrefnu, â dodrefn, â chelfi; **a ~ flat,** fflat â chelfi/dodrefn, fflat wedi'i dodrefnu; **~ tenancy,** tenantiaeth *(f)* tŷ dodrefnedig, tenantiaeth tŷ a dodrefn.
furnisher *n.* **1.** *(= provider):* darparwr (darparwyr) *m,* cyflenwr (cyflenwyr) *m.* **2.** *(of house):* dodrefnwr: dodrefnydd (dodrefnwyr) *m.*
furnishing *vn.* **1.** *(a)* = **furniture;** *(b) (= supply):* cyflenwad *m,* darpariad *m,* darpariaeth *f,* cyflenwi, darparu. **2.** *U.S: Cost:* **men's furnishings,** dillad isaf, crysau [i ddynion]. **~ fabric** *n.* ffabrig *(m)* dodrefnu.
furniture *n.* **1.** dodrefn *pl, S:* celfi *pl, S.W:* moddion *(pl)* tŷ, eiddo *m;* **piece of ~,** dodrefnyn (dodrefn) *m, S:* celficyn (celfi) *m, S.W: occ:* ffyrnicyn *m;* **suite/set of ~,** set *(f)* o gelfi/ddodrefn. **2.** *(a) (of door):* heyrn *pl; Nau:* taclau *pl,* trec *m,* offer *pl;* **street ~,** heyrn stryd, offer stryd. **~ beetle** *n. Ent: (Anobium punctatum):* pryf(-ed) *(m)* dodrefn, pryf pren, chwilen *(f)* gelfi (chwilod celfi), *N:* pryf coed. **~ polish** *n.* cwyr *(m)* dodrefn/celfi. **~-remover** *n.* **1.** *(pers.):* mudwr (mudwyr) *(m)* celfi/dodrefn, cludwr (cludwyr) *(m)* celfi/dodrefn, cariwr (c|ariwyr) *(m)* dodrefn/celfi. **2.** = **furniture van.** **~ shop** *n. S:* siop *(f)* gelfi (siopau celfi), *N:* siop ddodrefn (siopau dodrefn). **~ van** *n.* fan *(f)* fudo (faniau mudo), fan ddodrefn/gelfi (faniau dodrefn/celfi).
furore, *U.S:* ***furor*** *n.* **1.** *(= enthusiasm):* sêl *f,* brwdfrydedd *m,* brwdaniaeth: brydaniaeth *f.* **2.** *(= uproar):* helynt *f,* stŵr *mf,* cynnwrf *m.* **3.** *Psy:* pwl (pyliau) gwyllt *m.*
furosemide *n. Pharm:* ffwr|osemid *m.*

furred *a.* **1.** *(a) (pers.):* mewn ffwr, mewn côt ffwr, mewn côt flew; *(b) (animal):* blewog. **2.** *(boiler &c):* yn galch/gen i gyd, cennog, caenog, crest[i]og; *Med:* ~ **tongue,** tafod croenog/cennog *m.*
furrier *n.* crwynwr (crwynwyr) *m*, ffyriwr (ffyrwyr) *m*, gwerthwr (gwerthwyr) *(m)* ffyrrau.
furriery *n.* siop(-au) *(f)* [gwerthu] ffyrrau.
furriner *n. Joc:* = **foreigner**.
furring *vn.* = **fur**[2].
furrow[1] *n.* **1.** *(a) Agr:* cwys(-i,-au) *f*, rhych(-au) *mf*; **first ~ [to be ploughed], ~-slice,** cwys, tywarchen (tyweirch) *f*, cefn *m*, *S.W:* mwydyn *m*; **to open a ~ in a field,** tynnu cwys, agor cwys, codi canol cefn, cwyso, *S.W:* torri grwn, agor grwn; **to turn the first ~,** torri'r gwys gyntaf, agor cefn; **to broaden the ~,** rhoi mwy o gymeriad; **to plough untidy furrows,** *S.W:* planco; **the ridge between furrows,** grwn (grynau, gryniau) *m*; **to open the first furrows of a butt,** codi [canol] cefn, cwyso; **to plough a lonely ~,** torri cwys unig; **two-~ plough,** aradr ddeugwys (erydr deugwys); **opening pair of furrows of a butt,** cefn dwy gwys; **a three-~ opening of a butt,** cefn tair cwys; **a four-~ opening of a butt,** cefn pedair cwys; *(b) Lit: (of ship):* ôl (olion, olau) *m*, cwys, rhych. **2.** *(= groove):* rhigol(-au) *f*, rhych, *S.W:* hogol (hoglau) *f.* **3.** *(on face &c):* rhych. **peppery ~-shell,** *(Scrobicularia plana):* cocosen (cocos) *(f)* y gwylanod.
furrow[2] *v.t.* **1.** *(a) Agr:* aredig, arddu, troi (tir); torri cwys (mewn tir); *(b)* **to ~ the seas,** hollti'r/rhychu'r moroedd; *(c)* **cares had furrowed his brow,** yr oedd gofidiau wedi rhychu ei dalcen. **2.** *(= make grooves):* rhychu, rhigoli.
furrowed *a.* **a ~ face,** wyneb rhych[i]og.
furrower *n.* cwyswr (cwyswyr) *m*, rhychor(-ion) *m*, arddwr (arddwyr) *m.*
furrowless *a.* llyfn (*f.* llefn, *pl.* llyfnion), di-rych.
furrowy *a.* rhych[i]og, cwysog.
furry *a.* **1.** *(animal):* blewog. **2.** *(= like fur):* fel ffwr, ffyrraidd.
fursemide *n.* = **furosemide**.
further[1] *adv. & a. (comp. of far):* I. *adv.* **1.** = **farther 1**. **2.** *(a)* ymhellach, r[h]agor, mwy, ychwaneg; **(I did not question him) any ~,** (ni holais i ef) ymhellach, yn rhagor, ddim rhagor; ni holais ddim rhagor arno; **without troubling any ~,** heb drafferthu mwy; **until you hear ~,** [hyd] nes ichi glywed eto, [hyd] nes clywch ymhellach; *(b)* **to go ~ into sth,** treiddio/mynd ymhellach i rth, mynd yn ddyfnach i rth; **to go no ~ in the matter,** aros ble 'rydych arni, gadael y peth ble mae, peidio â mynd ymhellach i'r peth; **to go ~ back,** mynd ymhellach yn ôl; *(c) (in time):* **~ back,** *adv.* yngh|ynt, gynt, ers talwm, ers llawer dydd, yn gynharach; *(d) (= moreover):* ymhellach, at hynny, ar ben hynny, ym mhen hynny. II. *a.* **1.** = **farther 2**. **2.** *(= additional):* ychwanegol, newydd, dros ben, pellach; **without ~ loss of time,** heb golli rhagor o amser; **without ~ ado,** ar unwaith, yn ddi-oed, yn ddiymdr|oi, heb hel dail, heb ragor o lol; **till ~ notice,** hyd nes ceir rhybudd pellach; **upon ~ consideration,** erbyn meddwl, o feddwl [ymhellach], wedi ystyried y peth; **on the ~ side,** ar yr ochr arall, ar yr ochr bellaf, ar yr ochr draw; *Com:* **~ orders,** archebion newydd; **awaiting your ~ orders,** gan ddisgwyl rhagor o archebion gennych; **nothing was ~ from his thoughts,** nid oedd dim ymhellach o'i feddwl; nid oedd dim o'r fath yn ei feddyliau; *F:* **I'll see you ~ first,** *(emphatic refusal):* dros fy nghrogi! **~ education,** addysg bellach *f.*
further[2] *v.t.* hyrwyddo, hybu, ffafrio, gwthio; **to ~ s.o.'s chances,** rhoi gwell cyfle i rn.
furtherance *n.* hyrwyddiad(-au) *m*, hybiad *m*, hwb *m*; *vn.* = **further**[2]; **for the ~ of sth, in ~ of sth,** er hyrwyddo rhth, er lles rhth, er cynnydd rhth, er budd rhth.
furthermore *adv.* ymhellach, ar ben hynny, hebl|aw hynny, hefyd, at hynny.
furthermost *a.* = **farthermost**.
furtive *a.* lladradaidd, llechwraidd, cyfrwys, dichellgar, *F:* slei bach.
furtively *adv.* yn lladradaidd *&c*, *occ:* o lech i lwyn; **to go off ~,** *F:* mynd fel iâr i ddodwy, sleifio i ffwrdd.
furtiveness *n.* lladradeiddich *m.*
furuncle *n. Med:* = **boil**[1].
furuncular *a.* cornwydlyd, llinorog.
furunculosis *n. Ich: Path:* pla cornwydog *m.*
furunculous *a.* = **furuncular**.
fury *n.* **1.** ffyrnigrwydd *m*, cynddaredd *m*, gorffwylltra *m*, gwylltineb *m*, rhyferthwy *m*; *S.a.* **anger**[1]; **to get into a ~,** mynd o'ch cof, mynd yn orffwyll/gynddeiriog/lloerig, gwylltio, ffyrnigo, cynddeiriogi, colli'ch limpin, mynd ar gefn eich ceffyl, *N.W: occ:* myllio (= ymhyllio), cael gwyllt, cael mŷll, *S.W:* mynd yn ynfyd wallgo, mynd mas o natur, codi natur; **the ~ of the storm,** rhyferthwy'r storm; *F:* **to work like ~,** dygnu arni, gweithio fel blac, gweithio fel peth gwyllt, gweithio fel lladd nadroedd, *N:* gweithio'i hochr hi, pydru yml|aen, *S.W:* hemo arni, colbo arni, rhoi gwynt i'r gesail, rhoi fent i'r gesail, wado bant. **2.** *pl. Gr.Myth:* **the Furies,** y Deraon, yr Ellyllesau. **3.** *Lit: Fig: (= virago):* cythreules(-au) *f.*
furze *n. Bot: (Ulex):* eithin *pl*; **a ~ bush,** eithinen *f*, llwyn(-i) *(m)* eithin; *(for chaffing): S:* eithin mân, eithin pwno; **charred ~,** poethfel *m*, golosged *m*, llosged *m*, golosg *m*, *N.W:* poethwal *m*; **common ~,** *(U. europaeus):* eithin Ffrengig, eithin cyffredin; **dwarf ~,** *(U. minor):* eithin mân, *N.E:* eithin m|arwlas; **mountain ~,** = **furze (Western)**; **needle ~,** *(Genista anglica):* eithin y gath, eithin yr ieir; **Western ~,** *(U. gallii):* eithin y mynydd; **to place ~ on walls,** eithino cloddiau; **a branch of ~,** eithinen *f*, *S.W:* cropyn *(m)* eithin, *N:* eithen *f.* **~-chat** *n. Orn:* = **stonechat**. **~ stack** *n.* tas(-au) *(f)* eithin, mwdwl (mydylau) *(m)* eithin. **~-lark** *n.* = **titlark**.
furzeling *n. Orn:* = **warbler (Dartford)**.
furzy *a.* eithinog, llawn [o] eithin.
fusain *n.* llosglo *m.*
fuschia *n. Bot:* = **fuchsia**.
fuscous *a.* tywyll.
fuse[1] *n.* ffiws(-iau,-ys) *f*, ffiwsen (ffiwsiau) *f*; *Min:* **[safety-]~,** ffiws ddiogel (ffiwsiau diogel), *N.W: Min:* ffliwen (ffliwiau) *f.* **~-box** *n.* blwch (blychau) *(m)* ffiwsiau. **~-wire** *n.* gwifren *(f)* ffiws (gwifrau ffiwsiau).
fuse[2] *v.t.&i.* **1.** *v.t.* *(a) (= melt):* toddi; *(b) (= weld):* asio, cyfuno. **2.** *v.i.* *(a) (of metals):* toddi; *(b) F:* **the light has fused,** mae'r golau wedi chwythu/diffodd/ffiwsio; *(c) (= amalgamate):* ymdoddi, ymgyfuno, ymuno.
fuse[3] *v.t.* *(= provide with fuse):* ffiwsio; *Metalw:* **fusing point,** pwynt *(m)* ffiwsio.
fused *a.* **1.** *Ch:* tawdd, toddedig, ymdoddedig, wedi toddi; **~ together,** ymdoddedig, ymasiedig, wedi toddi/asio i'w gilydd, wedi mynd yn un, wedi toddi'n un. **2.** *(= fitted with fuse):* ffiwsiog, â ffiws.
fusee *n.* **1.** *Clockm:* gwerthyd(-au) *f*, chwerfan(-nau) *f*, dirwyndroell(-au) *f.* **2.** *(= match, flare):* fflachen(-nau) *f.*
fusel *n.* **~ oil,** olew *(m)* ffiwsel.
fuselage *n. Av:* corff *m* [awyren] (cyrff [awyrennau]).
fusibility *n.* toddadwyedd *m.*
fusible *a.* toddadwy, hydawdd.
fusiform *a. & n. Bot: Z:* **1.** *a.* gwerthydaidd, gwerthydol. **2.** *n.* gwerthydffurf(-iau) *f.*
fusil *n.* **1.** *A: Arms:* ffiwsil(-au) *m.* **2.** *Her:* ffiwsil *m.*
fusilier *n.* ffiwsilwr (ffiwsilwyr) *m*; **the Royal Welsh Fusiliers,** y Ffiwsilwyr Brenhinol Cymreig.
fusillade[1] *n. Mil:* ffiwsilâd (ffiwsiladau) *mf*, cawod *f* [o daniadau], hwrdd (hyrddiau) *(f)* [o danio], tanio/saethu *(vn)* dibaid.
fusillade[2] *v.t.* saethu (rhth at rth), tanio cawod o ergydion (ar rth), tanio (ar rth), pledu (rhth) â bwledi, ffiwsiladu (rhth), hyrddio tân/bwledi (at rth).
fusion *n.* **1.** *(a) (= melting of metal):* ymdoddiad(-au) *m*, toddiad(-au) *m*, toddi *vn*; *(b) Ph:* ymasiad(-au) *m*; **nuclear ~,** ymasiad niwclear. **2.** *(of bands, political parties &c):* uniad(-au) *m*, ymgyfuniad(-au) *m*, ymuniad(-au) *m.* **~-bomb** *n.* bom(-iau) *(mf)* ymasiad, bom ymasiadol. **~ reactor** *n.* adweithydd(-ion) thermoniwclear *m.*
fusionist *n.* cyfuniadwr (cyfuniadwyr) *m.*
fuss[1] *n.* **1.** *(= bother, commotion):* ffwdan *f*, helynt *f*, trafferth(-ion) *f*, stŵr *m*, *F:* ffŷs *f*, *N.W: occ:* helcyd *m*, byd *m*, bydau *pl*, congo *m (pronounced* ng-g), *S.W: occ:* helger *m* [a ffwdan], seiens *mf*, swae *f*, *S.E:* cynhalaeth *f*, ffwdandod *m*; **(a lot of) ~ over a trifle, about nothing,** (llawer o drafferth, byd o drafferth) ynghylch dim; **to make a ~ over nothing,** gwneud môr a mynydd o rth, gwneud [tŵr] melin ac eglwys o rth, *occ:* gwneud melin a phandy o rth, gwneud mynydd o bridd gwadd, *S.W: occ:* gwneud rhyw gynhaeaf; **~ and bustle,** *(= bother):*

S.W: ffwndwr a ffair, *N.W:* byd a boddar; **to make a ~, to kick up a ~ (about sth),** creu helynt/stŵr, codi helynt, gwneud stŵr (am rth), *S.W:* gwneud swae (am rth, ambiti rhth); **there's nothing to make a ~ about,** 'does dim rheswm i godi stŵr; **a great deal of ~,** *S.W:* helger gwyllt *m.* **2.** *(= great attention):* byd, bydau, *N.W: occ:* fei [fawr] *f, S.W: occ:* cynhaeaf *m,* comadiwe *pl,* ffysandod *m,* song *f, F:* tendans: tendars *pl;* **to make a ~,** ffwdanu, mynd i ffwdan, *F:* ffys[i]an, *S.E:* gwneud cleme, *S.E: occ:* trafo, *S.W: occ:* ffrompan; **to make a ~ (of s.o.),** gwneud ffŷs fawr o rn, mynd i drafferth (dros rn, ynghylch rhn); *S.W: occ:* dindwyro, tolach (rhn), *N:* rhoi tendars (i rn), bod mewn byd (efo rn), dawnsio tendans/tendars (ar rn), *S.W: occ:* gwneud cywydd (i rn), ffysan (amboitu rhn); **(he makes a great ~) of his money,** *N:* (mae ganddo lawer o fyd, mae ganddo fyd garw) efo'i arian. **~-budget, ~-pot** *n. F:* ffwdanwr (ffwdanwyr) *m,* ffwd|anwraig *f,* ffysiwr (ffyswyr) *m,* ff|yswraig *f,* ffysyn(-nod) *m,* ffysen(-nod) *f.* **~-budgety** *a.* ffwdanus, ffwdanllyd, ffyslyd.

fuss[2] *v.i.* ffwdanu, ymdrafferthu, mynd i drafferth, *N:* ffrwcsio, ffysio, mynd i ffrwcs, *S:* ffysan; **to ~ about sth, to ~ around sth,** ffwdanu am/ynghylch rhth; **to ~ over/around s.o.,** ffwdanu ynghylch rhn, mynd i drafferth ynghylch rhn; **she's always fussing about her child,** *N:* mae ganddi fyd mawr efo'i phlentyn; mae hi fel iâr ag uncyw; mae hi fel iâr â deugyw.

fussily *adv.* yn ffwdanus *&c.*

fussiness *n.* **1.** *(of pers.):* ffwdanusrwydd *m,* ffwdan *f,* manwl gywirdeb *m,* cysactrwydd *m; (in regard to food):* dicräwch *m.* **2.** *(of dress, décor &c):* golwg ffyslyd *(f)* (ar rth), natur ffyslyd *(f)* rhth, gorfanylder *m,* gorgymhlethdod *m.*

fussy *a.* **1.** *(pers.):* ffwdanus, ffyslyd, trafferthus, ffwdanllyd, *N: occ:* cysetlyd, ffrwcsiog, *S.W:* ffysog, ffwslyd; *(about food &c):* dicra, *N.W:* mis[h]i, pyticlar; **he is very ~,** *S.W: occ:* mae gyda fe lot o gomadiwe; mae gyda fe lot o hen gleme; **he is very ~ over everything,** *N.W: occ:* mae ganddo fo ryw fyd efo popeth; mae o mewn byd/bydau garw efo popeth; **she's very ~ about her child,** mae hi fel iâr ag uncyw; mae hi fel iâr â deugyw. **2.** *(dress &c):* ffyslyd, gorgymhleth, gorfanwl, llawn ffigiaris.

fustanella *n. Cost:* ffwstanela(-s) *mf.*

fustian *n.* **1.** *Tex:* ffustian: ffustion: ffistion *m,* brethyn *(m)* cotwm; **~ trousers,** trowsus *(m)* ffustion. **2.** *Fig:* brygowthan *vn,* rhefru *vn,* iaith chwyddedig *f,* chwyddiaith *f,* truth *m,* baldordd *m.*

fustic *n. Dy:* ffystig *m.*

fustigate *v.t. Joc:* pastynnu, cystwyo, ffondorio, ffonodio, ffonio, curo, dyrnu, pannu, ffusto, *S:* wado, *N.W: occ:* gw[a]rodennu, 'stwyo, *F:* colbio, waldio; *S.a.* **beat[2].**

fustigation *n.* curfa (curf|eydd) *f,* crasfa (crasf|eydd) *f,* ffonodiad(-au) *mf,* gwialennod (gwialenod[i]au) *f,* cystwyad(-au) *m,* pastyniad(-au) *m; S.a.* **fustigate, beat[2], beating.**

fustily *adv.* yn hen ffasiwn *&c.*

fustiness *n.* **1.** *(= stale, close smell):* mysni *m,* hendrymedd *m,* oglau *(m)* llwydni, gwynt *(m)* llwydni. **2.** *(= old-fashioned nature):* llwydni *m,* natur hen ffasiwn *f,* henffasiyndod *m.*

fusty *a.* **1.** *(smell):* hendrwm, mws, llwydaidd, clos, caeëdig. **2. ~ ideas,** syniadau hen ffasiwn, syniadau darfodedig/llwydaidd, syniadau'r oes o'r blaen, syniadau hen daid.

futhorc *n.* y beithynen *f,* yr wyddor rwnig *f.*

futile *a.* **1.** *(= useless):* ofer, diles, di-fudd, diwerth, seithug, aneffeithiol; **it was a ~ task,** 'roedd fel hel mwg i sachau. **2.** *(= frivolous):* ofer, gwacsaw.

futilely *adv.* yn ofer *&c.*

futileness *n.* = **futility.**

futilitarian *a. & n.* **1.** *a.* ofer, gwacsaw, seithug. **2.** *n.* seithugwr: seithugydd (seithugwyr) *m.*

futilitarianism *n.* seithugaeth *f.*

futility *n.* **1.** *(= uselessness):* oferedd *m,* seithugrwydd *m,* seithuctod *m.* **2.** *(= frivolity):* oferedd, gwagedd *m,* gwegi *m.*

futtock *n. Nau:* ffwtog(-au) *f.* **~ plates** *n.pl.* platiau ffwtog; **~ shrouds** *n.pl.* rhaffau ffwtog.

future *a. & n.* **1.** *a.* dyfodol, a ddaw, i ddod, *occ:* gerll|aw; *Gram:* **~ tense,** amser dyfodol; **~ perfect,** dyfodol perffaith; **at some ~ date,** rywbryd yn y dyfodol; **~ generations,** cenedlaethau i ddod; *(b)* **my ~ wife,** fy narpar wraig; **her ~ husband,** ei darpar ŵr. **2.** *n.* *(a)* dyfodol *m;* **in the ~,** yn y dyfodol, [rhyw] ddydd a ddaw; **in [the] ~, for the ~,** yn y dyfodol, o hyn allan, o hyn yml|aen; **that idea has no ~,** 'does dim dyfodol i'r syniad yna; **in the near ~,** yn y dyfodol agos, gyda hyn, cyn bo hir, yn fuan, *N:* toc; **to ruin one's ~,** difetha'ch gobeithion/gyrfa/dyfodol; *(b) Gram:* [yr amser] dyfodol *m;* **a verb in the ~,** berf yn y dyfodol; **~ perfect,** dyfodol perffaith; *(c) n.pl. Com:* dyfodolion, blaendrafodion; **futures market,** marchnad ddyfodol *f,* marchnad flaendrafodion.

futureless *a.* diddyfodol.

futurism *n. Art:* dyfodolaeth *f.*

futurist *n. Art:* dyfodolwr: dyfodolydd (dyfodolwyr) *m.*

futuristic *a. Art:* dyfodolaidd, tra modern, o flaen yr oes.

futuristically *adv. Art:* yn ddyfodolaidd *&c.*

futurity *n.* *(a)* *(= the future):* y dyfodol *m,* dyfodoldeb *m,* dyfodolrwydd *m; U.S:* **~ stakes,** gwobrau dyfodol. *(b)* *(= life after death):* bywyd tragwyddol *m,* y byd *(m)* a ddaw.

futurologist *n.* daroganwr (daroganwyr) *m,* dyfodolegwr (dyfodolegwyr) *m,* proffwyd(-i) *m.*

futurology *n.* dyfodoleg *f,* darogan *vn,* proffwydo *vn.*

fuzee *n.* = **fusee.**

fuzz[1] *n.* **1.** *(on blankets &c): Lit:* casnach *m; S.a.* **fluff[1].** **2. a ~ of hair,** ffluwch *(m)* o wallt. **3.** *Phot:* niwlen *f.* **4.** *F:* *(= policemen):* y glas *m,* y gleision *pl, N.W:* y slobs *pl.* **~-ball** *n. Fung:* = **puff-ball.**

fuzz[2] *v.i.&t.* **to ~ [out], 1.** *v.i.* *(of hair &c):* ffluwchio, mynd yn grych. **2.** *v.t.* crychu, ffluwchio.

fuzzily *adv.* *(= indistinctly):* yn niwl[i]og, yn aneglur.

fuzziness *n.* **1.** *(of hair):* ffluwch *m,* natur ffluwch[i]og *f.* **2.** *Art:* niwl[i]ogrwydd *m.*

fuzzy *a.* **1.** *(hair):* *(= frizzy):* crychiog, crych *(f.* crech, *pl.* crychion); *(= bushy):* ffluwchaidd, ffluwch[i]og, yn un ffluwch; *(pers.):* pengrych *(pronounced* ng-g). **2.** *Phot:* niwl[i]og, aneglur; *Cmptr:* **~ set,** set(-iau) niwl[i]og *f;* **~ logic,** rhesymeg niwl[i]og *f.* **~-wuzzy** *n.* dyn du pengrych (dynion duon ~) *m, F:* blac(-s) pengrych *m.*

fylfot *n.* swastica(-s) *f,* croes gam/grwca (croesau ceimion/crwca) *f.*

fytte *n.* = **fit[5].**

G

G, g [y llythyren] G, g *f* (*pronounced* eg, *pl.* -iau); *Tp:* **G for George,** G am Gareth. **G.C.S.E.** *abbr. Sch:* (*= General Certificate of Secondary Education*): T.G.A.U. (*= Tystysgrif Gyffredinol Addysg Uwchradd*); **how may G.C.S.E.'s have you?** sawl pwnc T.G.A.U. sydd gen ti? **G-clef** *n.* = **treble clef. G-clamp** *n. Carp:* clamp(-iau) (*m*) G. **G-man** *n.m. U.S:* dyn(-ion) F.B.I. **G-suit** *n.* siwt(-iau) (*f*) G. **G.I.** *n.* milwr (milwyr) Americanaidd *m, F:* Ianc(-s) *m*; **a G.I.~ bride,** gwr|aig (*f*) Ianc (gwragedd Iancs).

gab *n.* **1.** *Mec.E:* (*= notch*): hic(-iau) *m.* **2.** *F:* (*= prattle*): prepian *vn,* preblan *vn,* baldordd *m,* siarad *vn*; **the gift of the ~,** dawn siarad/ymadrodd/dweud; **stop your ~!** taw (tewch)! bydd(-wch) ddistaw! cau dy geg (caewch eich cegau)! *S:* cau dy ben! gad dy lap! *N: V:* cau dy hopran!

gabardine *n.* **1.** *Tex:* gabardîn *m.* **2.** (*= raincoat*): gabardîn (gabardinau) *f,* côt (*f*) law (cotiau glaw).

gabble[1] *n.* bregliach *m,* cleber: clebar *mf,* clegar *m, Lit:* baldordd *m, N: F:* ponsh *m,* rwdl[-mi-ri] *mf.*

gabble[2] *v.i.&t.* **1.** *v.i.* clebran, brygowthan, bragaldian, *Lit:* baldorddi, *N:* paldaruo, ffaldyruo, bambaruo, rwdlian, po[i]tsio, po[i]tsian, ponsio, holmio, holpio, bwrw drwyddi. **2.** *v.t.* **to ~ a prayer,** brygowthan gweddi, adrodd gweddi ar un gwynt, carlamu/rhuthro trwy weddi, clebran gweddi, dweud gweddi ar redeg.

gabbler *n.* brygowthwr (brygowthwyr) *m,* bryg|owthwraig *f,* baldorddwr (baldorddwyr) *m,* bald|orddwraig *f,* paldaruwr (paldaruwyr) *m,* paldar|uwraig *f,* clebrwr (clebrwyr) *m,* clebryn(-nod) *m,* clebren(-nod) *f.*

gabbro *n. Geol:* gabro *m.*

gabbroid *a. Geol:* gabroaidd.

gabby *a. F:* siaradus, cegog, preplyd, clepgar, clebarddus, cleberddus, *Lit:* baldorddus.

gabelle *n. Fr.Hist:* treth (*f*) ar halen.

gaberdine *n.* = **gabardine.**

gabfest *n. U.S:* ymgomwest *f,* sesiwn (sesiynau) (*f*) sgwrsio, *F:* seiat (seiadau) *f.*

gabion *n. Fort: Hist:* caergawell (caergewyll) *m.*

gabionade *n. Fort: Hist:* caergewyll *pl,* cawellwaith *m.*

gable *n. Arch: Const:* tâl (*m*) maen (~ meini); **stepped ~,** talcen grisiog. **~-end** *n.* talcen (*m*) tŷ (talcennau/talcenni tai), *S.W:* piniwn (piniynau) *m.* **~ roof** *n.* to (*m*) talcen. **~ window** *n.* talffenestr(-i) *f,* ffenestr (*f*) dalcen (ffenestri talcen).

gabled *a.* â thalcen, talcennog.

gablet *n. Arch:* talcennig (talcenigau) *m.*

Gaboon *Pr.n. Geog:* Gabon *f.*

gaby *n.* = **dolt.**

gad[1] *v.i.* **to ~ about,** ofera, gwagswmera, rhodianna, crwydro, bwhwman, *N: F:* jolihoetian, cymowta; *S.a.* **gallivant.**

gad[2] *n.* **on the ~,** ar y sbri, ar y criws, *N.W:* ar y cymówt.

Gad[3] *int. A:* (*= God*): **[by] ~!** 'rargian! 'rachlod! Dew! myn diain i! myn diaist! myn uffach i! myn diagan i! *&c.*

gadabout *n.* crwydryn (crwydriaid) *m,* crwydren (crwydriaid) *f,* oferwr (oferwyr) *m,* of|erwraig *f, N:* jolihoetiwr (jolihoetwyr) *m,* jolih|oetwraig *f.*

Gadarene *a. & n.* **1.** *a. B:* **the ~ Swine,** moch (*pl*) Gadara. **2.** *n.* Gadareniad (Gadareniaid) *m&f.*

gadding *a.* (*plant*): crwydrol, amwibiog.

gadfly *n.* **1.** cacynen (cacwn) (*f*) y meirch, *S:* cleren lwyd (clêr llwyd) *f,* cleren y meirch, *N:* pryf(-ed) llwyd *m, F:* Robin (*m*) [y] gyrrwr. **2.** (*= bot fly*): *N:* pryf(-ed) mud *m.*

gadget *n. F:* (*a*) teclyn(-nau, taclau) *m,* dyfais (dyfeisiau, dyfeisiadau) *f, N: F:* patant *m*; (*b*) (*= thingummy*): *S:* bechingalw *m* (*pronounced* ng-g), *N:* pethma *m.*

Gadhelic *a. & n.* = **Gaelic.**

Gadite *Pr.n. B:* Gadiad (Gadiaid) *m&f.*

gadoid *a. & n. Ich:* **1.** *a.* penfrasol, gwyniadol, o deulu'r gwyniaid. **2.** *n.* penfras (penfreision) *m,* gwyniad (gwyniaid) *m.*

gadolinite *n. Geol:* gadolinit *m.*

gadolinium *n. Ch:* gadoliniwm *m.*

gadroon *n.* gwrthrigol(-au) *f.*

gadwall *n. Orn:* cors-hwyaden lwyd (cors-hwyaid llwyd) *f,* hwyaden lwyd (hwyaid llwyd) *f.*

gadzooks *int. A:* myn esgyrn Duw! myn yr archollion! *&c.*

Gael *n.* Gael(-iaid) *m&f*; (*of Ireland*): Gwyddel(-od) *m,* Gwyddeles(-au) *f.*

Gaeldom *n.* *y Gaeldir *m,* Gaeliaid *pl.*

Gaelic *a. & n.* **1.** *a.* Gaelaidd; **~ coffee,** coffi (*m*) wisgi, coffi Gwyddel; **~ football,** pêl-droed Gwyddelig *m*; (*in language*): (*i*) (*Scots*): Gaeleg; (*ii*) (*Irish*): Gwyddeleg. **2.** *n.* (*of Ireland*): Gwyddeleg *f, m,* Gaeleg *f, m*; **Scots ~,** Gaeleg yr Alban.

Gaeltacht *n.* y Fro Wyddeleg *f,* y ***Gaeltacht*** *m.*

gaff[1] *n.* **1.** *Fish:* (*= spear*): tryfer(-i) *fm*; (*= hook*): bach(-au) *m.* **2.** *Nau:* g[i]aff *m, A:* osglath(-au) *f.* **~-hook** *n. Fish:* bach(-au) *m.* **~-rigged** *a. Nau:* â rigin g[i]aff. **~ sail** *n. Nau:* hwyl(-iau) (*f*) g[i]aff. **~ topsail** *n. Nau:* brig-hwyl(-iau) (*f*) g[i]aff.

gaff[2] *v.t. Fish:* tryferu, bachu.

gaff[3] *n. P:* **to blow the ~,** gollwng y gath o'r cwd; **to blow the ~ on s.o.,** gollwng cyfrinach rhn.

gaffe *n.* camgymeriad(-au) *m,* caff gwag (caffiau gweigion) *m,* llithriad(-au) *m.*

gaffer *n. F:* **1.** (*= old fellow*): hen begor(-iaid) *m,* hen gono(-s) *m*; **come on, ~!** dewch o' na, Taid! **2.** (*= foreman*): pen-gweithiwr (~-gweithwyr) *m,* fforman (fformyn) *m,* giaffar(-s, giafferiaid) *m.* **3.** (*= boss*): giaffar, meistr(-i,-iaid) *m,* pen-dyn(-ion) *m.*

gag[1] *n.* **1.** (*in mouth*): safnrhwym(-au) *m,* safndag *m,* safnglo(-eau,-eon) *m.* **2.** *Parl:* (*= closure*): cload *m*; (*= guillotine*): y fwyell *f.* **3.** (*a*) *Th: F:* smaldod *m*; (*b*) (*= joke*): stori ddigrif (straeon digrif) *f, Lit:* cellwair *m,* ffraetheb(-ion) *f, F:* jôc(-s) *f.* **~ bit** *n.* genfa (*f*) dagu (genfâu tagu), genfa joci. **~-man** *n.* gagiwr (gagwyr) *m.* **~ rein** *n.* ffrwyn (*f*) dagu (ffrwynau tagu).

gag[2] *v.t.* **1.** cau ceg (rhn), gagio (rhn); *Lit:* safnrwymo, safn-gloi (rhn). **2.** *Parl: F:* **to ~ a debate,** cloi dadl, rhoi pen ar ddadl. **3.** *Th: F:* smalio; (*= joke*): cellwair, jocio, jocian, *S:* jocan.

gaga *a.* **1.** (*= senile, confused*): ffwndrus, dryslyd. **2.** (*= fatuous*): hurt, gwirion; **completely ~,** hurt bost. **3.** (*= slightly mad*): **he's ~,** 'dyw e ddim llawn llathen; mae e'n colli arni. **4.** (*= infatuated*): wedi gwirioni, *S:* wedi dwli, *N:* wedi holpio.

gage[1] *n.* **1.** (*= pledge, security*): ernes(-au) *f,* gwarant(-au) *fm,* arian (*m*) gwystl, adnau (adneuon) *m.* **2. to throw down the ~,** rhoi her, taflu her i lawr.

gage[2] *v.t.* ernesu, gwystlo (rhth); rhoi (rhth) yn ernes.

gage[3] = **gauge**[1],[2].

gage[4] = **greengage.**

gagea *n. Bot:* **Belgian ~,** (*Gagea spathacea*): seren (*f*) F|ethlehem Ffrengig; **hairy ~,** (*G. villosa*): seren Fethlehem flewog; **least ~,** (*G. minima*): seren Fethlehem leiaf; **meadow ~,** (*G. pratensis*): seren Fethlehem y maes; **Pyrenean ~,** (*G. soleirolii*): seren Fethlehem y Pyreneau; **yellow ~,** (*G. fistulosa*): seren Fethlehem fechan.

gaggle[1] *n.* gyr(-roedd) *m,* haid (heidiau) *f.*

gaggle[2] *v.i.* clegar.

gagroot *n. Bot:* (*Lobelia inflata*): *chwydlys *m.*

gagster *n.* = **gag-man.**

gaiety *n.* **1.** (*= cheerfulness*): sirioldeb *m,* llonder *m,* miri *m,* afiaith *m,* hoen *f.* **2.** (*= gay appearance*): sirioldeb, lliwgarwch

m. 3. *usu.pl.* difyrrwch *m*, rhialtwch *m*, miri, ysbleddach *mf*, *N.W:* sbloet *f*, *Lit: A:* elwch *m*.
gaillardea *n. Bot:* **gaillardea** *m*.
gaily *adv.* 1. yn siriol *&c.* 2. *(= offhandedly):* yn iach.
Gaiman *Pr.n. Geog:* Pentre Sydyn *m*, Y Gaiman *m*.
gain[1] *n.* 1. *(= profit):* ennill (enillion) *m*, elw *m*, mantais (manteision) *f*, budd(-ion) *m*; **net ~,** ennill clir; **capital gains,** enillion cyfalaf; **ill-gotten gains,** budrelw *m*, arian (*m*) lladrad/twyll. 2. *(= increase):* cynnydd *m*, twf *m*, *occ:* gwelliant *m*.
gain[2] *v.t.* 1. ennill; **to ~ (a reputation),** ennill, cael (enw); **to ~ strength,** cryfh|au, cynyddu; *(after illness): N:* fflonsio, mendio, criwtio, *S: occ:* cryffa, geino; **to ~ a hearing,** cael gwrandawiad; **to ~ by sth,** elwa ar rth; **she will ~ nothing by it,** [ni] fydd hi ddim elwach arno; ni thâl ef ddim iddi; [ni] waeth iddi hebddo; [ni] chaiff hi ddim [budd] o'i wneud; [ni] fydd hi ddim haws/callach o'i wneud; [ni] fydd hi uwch bawd na sawdl; **I'll ~ by doing it,** mi fyddaf ar f'ennill wrth ei wneud; fe dâl imi ei wneud; **you'll stand to ~,** fe fyddi ar d'ennill; **nothing ventured, nothing gained,** *Prov:* os na fentrwch chi beth, enillwch chi ddim. 2. *O:* **to ~ s.o. over,** ennill rhn, cael/troi rhn [i fod] o'ch plaid. 3. **to ~ weight,** ennill pwysau, cynyddu mewn pwysau, tewh|au, tewychu; **to ~ in popularity,** cynyddu mewn ffafr/poblogrwydd. 4. *(a)* **to ~ the day,** ennill [y dydd], cario'r dydd, trechu, cael y fuddugoliaeth, mynd â hi, dod yn ben; **to ~ the upper hand on s.o.,** trechu rhn, cael y llaw drechaf/uchaf ar rn; *(b) (of sea):* **to ~ ground on the land,** ennill tir; **to ~ ground on s.o.,** dal i fyny â rhn, *Lit:* goddiweddyd rhn; *Sp:* **to ~ (on a competitor),** dynesu, dod yn nes, closio (at redwr arall); **a bad habit gains on one,** anodd cael gwared ar gast drwg; fe â cast drwg yn drech na chi; *(c) O:* **to ~ the shore,** cyrraedd y lan; *(d)* **to ~ time,** ennill amser; *S.a.* **end[1] 4, 5.** 5. *(of clock):* **to ~ five minutes,** ennill pum munud.
gainable *a.* enilladwy, cyraeddadwy.
gainer *n.* 1. enillydd: enillwr (enillwyr) *m*; **she will be the ~,** hi fydd ar ei hennill. 2. **to be the ~ by sth,** ennill/elwa ar rth.
gainful *a. (employment):* cyflogedig, â chyflog, ar gyflog, talcdig, â thâl; *(= lucrative):* enillfawr.
gainfully *adv.* ar gyflog, am dâl, er mwyn elw *&c*; **it would be better if he were ~ employed,** byddai'n well iddo gael rhyw waith at ei gynnal; **he was accused of ~ misusing his position,** fe'i cyhuddwyd o gamddefnyddio'i safle er mwyn elw.
gainings *n.pl.* enillion.
gainsay *v.t.* gwadu, gwrthdd|weud, nacáu; **which cannot be gainsaid,** anwadadwy, diymwad, dinacâd.
gait *n.* cerddediad *m*, osgo *m*; *(of horse &c):* symudiad *m*; **to go one's own ~,** mynd wrth eich pwysau; **a drunken ~,** *N. W:* coesau (*pl*) cwrw; **to know s.o. by his ~,** adnabod rhn ar ei gerddediad.
gaiter *n.* 1. *Cost:* socas(-au) *f*, *A: Lit:* coesarn(-au) *mf*; *pl.* **gaiters,** *N:* 'sanau bach, *N.W:* sebadasus. 2. *Aut:* **spring ~,** gwain (gweiniau) (*f*) shring, llawes (llewys) (*f*) shring. 3. **gardener's gaiters,** *Bot:* rhubanau'r bechgyn.
gaitered *a.* mewn socasau, socasog.
gal[1] *n. F:* = **girl.**
gal[2] *n. Ph:* gal *m*.
gala *n. & attrib.* 1. *n.* gala (galâu) *f*, prifwyl(-iau) *f*, uchelwyl(-iau) *f*, uchel ŵyl (~ wyliau) *f*; *Sp:* campau *pl.* 2. *attrib.* **a ~ evening,** noson fawr *f*, noson o sbloet; **a ~ day,** dydd (*m*) gŵyl, uchelwyl, uchel ŵyl, prifwyl; **the miners' ~,** uchelwyl y glowyr; **a ~ performance,** perfformiad mawreddog.
galactagogue *n.* blithogydd(-ion) *m*.
galactic *a. Astr:* galaethol.
galactosaemia *n.* galactosemia *m*.
galactose *n.* galactos *m*.
galago *n. Rept:* galago(-id) *m*.
galah *n. Orn:* gala(-od) *m*.
Galahad *Pr.n.m. Lit:* Galâth.
galalith *n. Ind:* llaethfaen *m*.
galanthus *n. Bot:* blodyn (*m*) yr eira (blodau'r eira).
galantine *n. Cu:* galantîn (galatinau) *m*.
galanty *n. Th: Hist:* **~ show,** sioe (*f*) gysgodion (sioeau cysgodion).
Galatian *a. & n.* 1. *a.* Galataidd; *(in language):* Galateg. 2. *n. (a) Ethn:* Galatiad (Galatiaid) *m&f*; *B:* **Galatians,** [Epistol Paul at y] Galatiaid; *(b) Ling:* Galateg *f*, *m*.
galax *n. Bot: U.S:* blodyn (blodau) llaethwyn *m*.
galaxy *n.* 1. *Astr: (a)* = **Milky Way;** *(b)* galaeth(-au) *f*. 2. *O: (of talent, beauty &c):* casgliad(-au) *m*, cwmni (cwmnïoedd) *m*, cynulliad(-au) *m*, cymanfa(-oedd) *f*, oriel(-au) *f*.
galbanum *n.* g|albanwm *m*.
gale[1] *n.* 1. *Nau:* gwynt cryf (gwyntoedd cryfion) *m*, gwynt mawr; **a brisk ~, a fresh ~,** hwrdd (*m*) o wynt, cwthwm (cythymau) *m*, hyrddwynt(-oedd) *m*; **a moderate ~,** chwa(-on) *f*, awel gref *f*; *F:* **there were gales of laughter,** cafwyd hyrddiau o chwerthin. 2. *(= storm):* tymestl (tymhestloedd) *f*, storm(-ydd) *f*, drycin(-oedd) *f*; **the wind was blowing a ~,** 'roedd y gwynt yn hyrddio'n arw; 'roedd hi'n codi'n wynt [mawr]; **equinoctial gales,** stormydd yr hydref. 3. *Poet: (= breeze):* awel(-on), chwa.
gale[2] *n. Bot:* **[sweet] ~,** *(= bog-myrtle, Myrica gale):* helygen (*f*) Mair, gwyrddling *m*, gwrlid *m*, madywydd *m*, bwrli *m*.
galea *n. Z: Bot:* helm(-au) *f*.
galeate[d] *a. Z: Bot:* helmog.
galena *n. Miner:* galena *m*.
Galenic[al] *a.* Galenaidd.
Galenism *n. Hist: Med:* Galeniaeth *f*.
Galicia *Pr.n. Geog:* Galisia *f*.
Galician *a. & n.* 1. *a.* Galisaidd; **the ~ mountains,** mynyddoedd Galisia; *(in language):* Galiseg. 2. *n. (a) Ethn:* Galisiad (Galisiaid) *m&f*. *(b) Ling:* Galiseg *f*, *m*.
Galilean *a. & n.* 1. *a.* Galileaidd. 2. *n.* Galilead (Galileaid) *m&f*.
Galilee[1] *Pr.n. Geog:* Galilea *f*.
galilee[2] *n. Ecc: Arch:* galilea *m*.
galimatias *n.* rwdl-mi-ri *mf*, dwli *m*, lol *f*, ffregod *f*, clebar: cleber *mf*, baldordd *m*, *N:* tatws llaeth *m*, ponsh *m*, rwtsh *mf*; *S.a.* **nonsense.**
galingale *n. Bot: (Cyperus longus):* ysnoden (*f*) Fair, ffiled (*f*) Fair, glingal *m* (*pronounced* ng-g).
galiot *n.* = **galliot.**
galipot *n.* tyrpant *m*.
gall[1] *n.* 1. bustl(-au) *m*, geri *m*; *(= bitterness):* chwerwedd *m*, chwerwder *m*. 2. *Fig: (= impudence):* = **cheek[1] 2.** **~-bladder** *n.* coden (*f*) fustl (codau/codenni/codennau bustl). **~-stone** *n.* carreg (*f*) fustl (cerrig bustl); **he has ~-stones,** mae cerrig arno.
gall[2] *n. Bot: (on oak):* afal(-au) (*m*) derw, afal y deri/derw (afalau'r deri/derw), marblen (*f*) goed (marblis coed); *(on plants):* ardyfiant planhigol *m*; **bean ~,** chwydd (*m*) helyg; **blister ~,** chwydd llosg; **bud ~,** chwydd blagur; **cluster ~,** ysgubau(*pl*)'r wrach; **crown ~,** coronchwydd *m*; **cup ~,** cibafal(-au) *m*; **currant ~,** chwydd gronynnog; **felt ~,** clwt (clytiau) blewog *m* [ar ddail], deilen flewog (dail blewog) *f*; **hop ~,** afal (*m*) hopys; **leaf ~,** chwydd deilen [grog]; **mantle ~,** chwydd deilen wag; **marble ~,** marblen goed; **moss ~,** nyth(-od) (*m*) cynrhon, pincas(-au) (*m*) robin; **nail ~, pocket ~,** chwydd deilen blyg; **pea ~, rose ~,** chwydd rhosod; **silk-button ~,** chwydd botwm sidan; **spangle ~,** seren (sêr) (*f*) y derw. **~-fly** *n. Ent:* pryf(-ed) (*m*) chwyddi, cleren (clêr) (*f*) chwyddi, pry(*m*)'r dderwen (pryfed y dderwen). **~-mite** *n. Ent:* gwiddonyn (gwiddon) (*m*) chwyddi. **~-nut** *n.* = **gall.** **~-wasp** *n. Ent:* gwenynen (gwenyn) (*f*) y derw. *S.a.* **elm.**
gall[3] *n. (= sore, chafe):* cig noeth *m*, briw(-iau) *m*, dolur(-iau) *m*; *(on horse's back):* cefnrhydi *m*. **~-backed** *a. Vet: (of horse):* cefnrhwd.
gall[4] *v.t.* 1. *(= chafe):* treulio, rhwbio, rhwto, sbelwi (rhth) [yn gig noeth, i'r byw], cignoethi (rhth). 2. *Fig: (= annoy):* llidio, digio, gwylltio, ffyrnigo, cythruddo; *(= wound):* brifo, dolurio, anafu, clwyfo; *abs.* torri i'r byw, mynd at y byw; **that's what galls,** dyna sy'n brifo rhywun; *(= humiliate):* diraddio, iselu, iselh|au, darostwng, cywilyddio, gwaradwyddo, sarh|au.
Galla *a. & n.* 1. *a.* Gala. 2. *n. (a) Ethn:* Gala(-id) *m&f*; *(b) Ling:* Gala *f*, *m*.
gallant[1] *a.* 1. *(a) (= brave):* dewr(-ion), gwrol, *Lit:* dewrwych, gwrolwych; **that's very ~ of you,** 'rydych chi'n ddewr iawn wir; *(b) (of ship &c):* hardd (heirdd, heirddion), gwych(-ion), teg, godidog, nobl, urddasol, balch (beilch[ion]), *Lit:* harddwych(-ion), *A:* galawnt. 2. *(= attentive to women):* cwrtais, moesgar, llaes eich moes [wrth ferched]. 3. *(= amorous):* carllyd, caruaidd [â merched]; merchetgar, carwrol. **~ soldier** *n. Bot: (Galinsoga parviflora):* galinsoga(-s) *m*.
gallant[2] *n. A:* 1. *(= man of fashion):* coegyn(-nod) *m*, dandi(-s, dandïod, dandïaid) *m*, *Lit: occ:* galáwnt (galáwns) *m*. 2. *(=*

ladies' man): merchetwr (merchetwyr) *m*, carwr (carwyr) *m*, carmon (carmyn) *m*, *A:* galáwnt.
gallant³ *v.i.* *(=flirt):* mercheta, fflyrtian; hoetio [ar ôl merched].
gallant⁴ *n.* *Nau:* *See* **foretop.**
gallantly *adv.* **1.** *(=bravely):* yn ddewr *&c.* **2.** *(=finely):* yn wych *&c.* **3.** *(=politely):* yn gwrtais *&c.* **4.** *(=amorously):* yn garuaidd.
gallantry *n.* **1.** *(=bravery):* dewrder *m*, dewredd *m*, gwroldeb *m*, gwrolder *m*, gwrhydri *m*. **2.** *(towards women):* cwrteisi *m*, moesgarwch *m*, moes *m*. **3.** *Pej:* *(=love affair):* carwriaeth(-au) *f*; *(=immorality):* anlladrwydd *m*, anfoesoldeb *m*.
galleon *n.* *A:* *Nau:* galiwn (galiynau) *f*.
galleried *a.* orielog, â galerïau; *Qu:* ponciog.
gallery¹ *n.* **1.** *(a)* g|aleri (galerïau) *f*, g|alari (galarïau) *f*, oriel(-au) *f*, *occ:* b|alconi (balconïau) *m*, llofft(-ydd) *f*; *Th:* **fly ~,** briglofft(-ydd) *f*; **public ~,** *(of court, council &c):* oriel y cyhoedd, yr oriel gyhoeddus; *Parl:* **Strangers' G~,** Oriel y Dieithriaid; **Press G~,** Oriel y Wasg; *(b)* *Th:* **to play to the ~,** chwarae i'r galeri, tynnu'r rhaffau, boddio'r dorf. **2. art ~,** oriel gelfyddyd (orielau celfyddyd), oriel ddarluniau (orielau darluniau). **3.** *Min:* lefel(-ydd) *f*, *N:* *Qu:* ponc(-iau) *f*. **4.** *(=passage, corridor):* cyntedd(-au) *m*, rhodfa (rhodf|eydd) *f*, c|oridor (coridorau) *m*, tramwyfa (tramwyf|eydd) *f*. **5.** *Nau:* **stern-~,** ôl-oriel(-au) *f*. **~ copy** *n.* copi (copïau) *(m)* oriel. **~ grave** *n.* bedd(-au) *(m)* oriel. **~ stools** *n.* *Th:* stolion g|aleri. **~ tray** *n.* hambwrdd (hambyrddau) *(m)* cantel.
gallery² *v.t.* **1.** *Min:* **the rock will have to be galleried,** bydd raid gyrru lefel trwy'r graig. **2.** *Arch:* orielu.
galleta grass *n.* *Bot:* *U.S:* [glaswellt] galeta *m*.
galley *n.* **1.** *Nau:* *(ship):* rhwyflong(-au) *f*, galai (galeiod) *f*, gali (galïau) *f*. **2.** *(=ship's kitchen):* cegin(-au) *f* [llong], g[i]ali(-s) *f*. **3.** *Typ:* gali(-s) *f*. **~ proof** *n.* proflen hir (proflenni hirion) *f*, proflen gali. **~ press** *n.* gwasg (gweisg) *(f)* gali. **~-slave** *n.* caethrwyfwr (caethrwyfwyr) *m*, caethwas (caethweision) *(m)* rhwyfau, rhwyfwr (rhwyfwyr) caeth *m*.
galleyworm *n.* = **millipede.**
galliambic *a.* & *n.* *Pros:* [mesur] galiambig *(m)*.
galliard *n.* *A:* *Danc:* galiard(-au) *f*.
galliass *n.* *A:* *Nau:* galias(-iaid) *f*.
Gallic¹ *a.* **1.** *Hist:* Galaidd; *S.a.* **Gaulish**; **the ~ Wars,** y Rhyfeloedd yng Ngâl. **2.** *Joc:* Ffrengig.
gallic² *a.* *Ch:* galig.
Gallican *a.* & *n.* *Rel.Hist:* **1.** *a.* Galicanaidd; **the ~ Church,** Eglwys *(f)* Ffrainc. **2.** *n.* G|alican (Galicaniaid) *m&f*, Galicaniad (Galicaniaid) *m&f*.
Gallicanism *n.* *Rel.Hist:* Galicaniaeth *f*.
Gallicanist *n.* *Rel.Hist:* G|alican (Galicaniaid) *m&f*, Galicaniad (Galicaniaid) *m&f*.
Gallice *Lit:* *adv.* yn Ffrangeg.
Gallicism *n.* **1.** *Ling:* Ffrengigiaith *f*; *(single expression):* Ffrangeb(-au,-ion) *f*, priod-ddull(-iau) Ffrengig *m*. **2.** *(characteristic):* Ffrengigrwydd *m*, Ffrengigiaeth *f*, nodwedd(-ion) Ffrengig *f*.
Gallicize *v.t.* Ffrengigo.
galligaskins *n.pl.* *A:* *Cost:* llodrau *pl*, galigasgyn *m*.
gallimaufry *n.* cybolfa *f*, cymysgfa *f*, cymysgwch *m*, clamwri *m*, cawdel *m*, g[i]alimorffi *m*, lobsgóws *m*, ystên *(f)* Sioned, cwdyn *(m)* [y] saint.
gallinaceae *n.pl.* *Orn:* iâr-ednod.
gallinaceous *a.* *Orn:* iâr-ednol.
galling *a.* cythruddol, llidus, cignoeth, egr, digon i'ch gwylltio, sy'n dân ar eich croen, sy'n torri i'r byw; **a ~ experience,** profiad chwerw; *(remark):* sy'n brifo, sy'n clwyfo, sarh|aus, pryfoclyd, diraddiol, dirmygus, bychanol, bychanus, crafog, miniog, [y]sgrafellog.
gallinule *n.* *Orn:* corsiar (corsieir) *f*.
galliot *n.* rhwyflong(-au) *f*, cwch (cychod) *(m)* pysgota.
gallipot *n.* blwch (blychau) *(m)* ennaint, blwch eli.
gallium *n.* *Ch:* galiwm *m*.
gallivant *v.i.* *F:* galifantio, colma, rhodianna, mynd i rodio, mynd ar y criws, mynd ar y sbri, *S.W:* mynd ar garánt, *N:* *F:* jolihoetian, jolihoetio, cymowta, mynd ar gymówt, *occ:* gwillmera, gwilihoban, *S.W:* caranto.
gallivanter *a.* galifantiwr (galifantwyr) *m*, galif|antwraig *f*, jolihoetiwr (jolihoetwyr) *m*, jolih|oetwraig *f*.
galliwasp *n.* *Ich:* *Rept:* g|aliwasb (galiwasbod) *m*.
Gallomania *n.* Ffrainc-addoliad *m*, Ffrainc-addoliaeth *f*.
Gallomaniac *a.* & *n.* **1.** *a.* Ffrainc-addolgar. **2.** *n.* Ffrainc-addolwr (~-addolwyr) *m*, Ffrainc-add|olwraig *f*.
gallon *n.* galwyn(-i) *mf*; **four gallons,** *(dry measure):* cibyn(-nau) *m*, cibynnaid (cibyneidiau) *m*, celwrn (celyrnau) *m*.
gallonage *n.* cynnwys *(m)* mewn galwyni.
galloon *n.* *Cost:* [y]snoden(-ni) Ffrengig *f*, sider(-ion) *m*.
gallop¹ *n.* **1.** carlam(-au) *m*, *S:* *occ:* galop: galap *m*; **full ~, at a ~,** *(of horse):* ar garlam, nerth ei garnau, ar garlam gwyllt, ar garlam ulw, ar duth, ar ffullduth; **to break into a ~,** cychwyn ar garlam, dechrau carlamu, mynd ar garlam. **2. to have a ~, to go for a ~,** mynd am garlamiad *(m)*, mynd am drot *(f)*.
gallop² *v.i.&t.* **1.** *v.i.* *(a)* *(of horse &c):* carlamu, mynd ar garlam, *S:* *F:* galapo, calapo, mynd ar galap; *(b)* *Fig:* **to ~ through a service,** carlamu/rhuthro trwy wasanaeth. **2.** *v.t.* **to ~ a horse,** marchogaeth ceffyl ar garlam.
Gallophil[e] *a.* & *n.* Ffrainc-garwr (~-garwyr) *m*, Ffrainc-g|arwraig *f*; *S.a.* **Gallomaniac 1.**
Gallophobe *a.* & *n.* **1.** *a.* gwrth-Ffrengig. **2.** *n.* Ffrainc-gasäwr (~-gasawyr) *m*, Ffrainc-gasawraig *f*.
Gallphobia *n.* gwrth-Ffrengigrwydd *m*.
galloping *a.* carlamus, gwyllt(-ion); **~ consumption,** darfodedigaeth garlamus, *N.W:* *occ:* galap dyciâu *m*.
Gallo-Roman *a.* & *n.* **1.** *a.* Galaidd-Rufeinig. **2.** *n.* *(a)* *Ling:* Lladin *(f, m)* Gâl; *(b)* *Ethn:* Gâl-Rufeiniad (~-Rufeiniaid) *m&f*.
gallowa *n.* *(horse):* crynfarch (crynfeirch) *m*.
gallows *n.pl.* crocbren(-nau,-ni) *m*, *A:* crogwydd *mf*; *attrib.* **~ humour,** cellwair *(m)* crocbren. **~-bird** *n.* crogyn(-nod) *m*, cyw(*m*)'r cebystr (cywion y cebystr), adyn(-od) *m*, dihiryn (dihirod) *m*, cnaf(-on) *m*. **~ butts** *n.pl.* *Nau:* *crocbyst. **G~ Point** *W.Pl.n.* Y Pwynt *m*, *A:* Penrhyn *(m)* Safnes. **~ tree** *n.* = **gallows.**
gallstone *n.* = **gall-stone.**
Gallup *Pr.n.* **~ poll,** arolwg (arolygon) *(m)* barn, *F:* pôl (polau) *(m)* 'piniwn.
galluses *n.pl.* *U.S:* *N:* bresys *(sing. occ:* bresen *f)*, *S:* galoshis, galosiwns, galwshis, galasis, *(sing. occ:* galis, galas, galos).
gallweed *n.* *Bot:* *U.S:* *(Gentiana quinquefolia):* crwynllys pumnalen *m*.
galoot *n.* *U.S:* *(a)* *(=chap):* cono(-s) *m*, *N:* co' (cofis) *m*; *(b)* *Pej:* trychfil(-od) *m*, hoetyn *m*, cingroen *m* *(pronounced* ng-g), carnialwn *m*, sgaffrwd *m*.
galop *n.* & *v.i.* *Danc:* **1.** *n.* galop *mf*. **2.** *v.i.* dawnsio'r galop, galopan.
galore *n.* & *adv.* *F:* **(there were prizes) ~,** ('roedd) digonedd, llond gwlad, faint a fynnid, peth wmbredd &c (o wobrau).
galosh *n.* esgid(-iau) *(f)* rwber, aresgid(-iau) *f*, botasen (botasau) *f* [rwber], bwtsiasen (bwtsias) *f* [rwber].
galumph *v.i.* prancio, calpio, carlamu, galapo, carnial, carnialu.
galvanic *a.* **1.** *El:* galfanig. **2.** *Fig:* trydanol, gwefreiddiol.
galvanically *adv.* yn alfanig.
galvanization *n.* galfanu *vn*, galfaneiddio *vn*, galfaniad *m*.
galvanize *v.t.* **1.** *El:* galfanu, galfaneiddio. **2.** *Fig:* trydanu, gwefreiddio, ysgogi, symbylu, procio, deffro, sgwyd; **to ~ s.o. into action,** symbylu rhn i wneud rhth, deffro rhn i weithredu.
galvanized *a.* galfanedig; **~ iron,** haearn *(m)* sinc, *S.W:* sincen (sinc) *f*.
galvanometer *n.* galfanomedr(-au) *m*.
galvanometric *a.* galfanometrig.
galvanometry *n.* galfanometreg *f*.
galvanoplasty *n.* galfanu *vn*.
galvanoscope *n.* galf|anosgop (galfanosgopau) *m*.
gama grass *n.* *Bot:* glaswellt *(m)* gama.
gamba *n.* *Mus:* **~ stop,** stop *(m)* gamba.
gambade, gambado *n.* tindafliad(-au) *m*, pranc(-iau) *m*, llamsach(-au) *m*, crychnaid (crychneidiau) *f*.
Gamber *Pr.n.* *Geog:* [afon] Amr *f*.
Gambia *Pr.n.* *Geog:* Gambia *f*.
Gambian *a.* & *n.* **1.** *a.* Gambiaidd, [o] Gambia; **the ~ government,** llywodraeth Gambia; **she's ~,** un o Gambia yw hi. **2.** *n.* Gambiad (Gambiaid) *m&f*.
gambier *n.* gambier *m*.
gambit *n.* *Chess:* (*)agoriad(-au) *m*, gambit(-au) *m*; **opening ~,** symudiad(-au) agoriadol *m*.

gamble[1] *n. F:* siawns(-iau) *f*, menter (mentrau) *f*, gambl(-au) *f*; **a pure ~,** mater o lwc, siawns yn unig; **to take a ~,** cymryd siawns, mentro ar siawns; mentro ar hap.
gamble[2] *v.i.&t.* **1.** *v.i.* mentro, betio, gamblo (**on sth,** ar rth); *Lit:* hapchwarae, siawnsfentro, chwarae siawns. **2.** *v.t.* **to ~ one's money away,** colli'ch arian ar/wrth fetio.
gambler *n.* betiwr (betwyr), gamblwr (gamblwyr) *m*, *Lit:* hapchwaraewr (hapchwaraewyr) *m*, hapchwar|aewraig *f*, chwaraewr (chwaraewyr) (*m*) siawns, chwar|aewraig (*f*) siawns.
gambling *vn.* gamblo, betio, *Lit:* hapchwarae, chwarae siawns; **~ den,** tŷ (tai) (*m*) gamblo.
gamboge *n. gamboge m.*
gambol[1] *n.* tindafliad(-au) *m*, pranc(-iau) *m*, *Lit:* crychnaid (crychneidiau) *f*, crychlam(-au) *m*, dychlam(-au) *m*, llamsach(-au) *m*.
gambol[2] *v.t.* prancio, campio, *Lit:* crychneidio, crychlamu, llamsachu, llamneidio.
gambrel *n.* cambren(-ni,-nau) *mf*, *N.E:* cilbren(-nau) *m*; *Arch:* **~ roof,** to (*m*) cambren.
game[1] *n.* **1.** *(a) (= fun):* chwarae (chwaraeon) *m*, difyrrwch *m*, hwyl *f*, *occ:* camp(-au) *f*; **to make ~ of s.o.,** gwneud/cael hwyl am ben rhn, gwneud rhn yn destun sbort *or* yn gyff gwawd *or* yn bricsiwn *or* yn bric pwdin, chwerthin am ben rhn; *(b)* chwarae(-on) *m*, gêm (gemau) *usu.f.* *(N.B. does not mutate)*; **a ~ of skill,** chwarae medrusrwydd; **a ~ of chance,** hapchwarae(-on) *m*, chwarae siawns; **outdoor games,** chwaraeon awyr agored; **board game,** chwarae bwrdd/bord, gêm fwrdd/ford (gemau bwrdd/bord); **card-~,** gêm gardiau (gemau cardiau); **a ~ of cards,** gêm o gardiau; *Sch:* **games master,** athro chwaraeon; **games mistress,** athrawes chwaraeon; **Olympic Games,** Chwaraeon Olympaidd, Campau Olympaidd; **Highland Games,** Chwaraeon yr Ucheldiroedd, Campau'r Ucheldiroedd; **games theory,** theori (*f*) gemau; **round ~,** gêm gron (gemau crynion); *F:* **it's all in the ~,** dyna ran o'r chwarae; *W.Anthr:* **the twenty-four games,** y pedair camp ar hugain; **to be off one's ~,** chwarae'n wael; **he's off his ~,** 'dyw e ddim yn yr hwyl; 'dyw e ddim ar ei orau; **to play a good ~,** chwarae'n dda; **to play the ~,** chwarae'n deg; **that's not playing the ~,** 'dyw hynna ddim yn deg; **play the ~!** chwarae teg! **to play s.o.'s ~,** hyrwyddo/hwyluso ffordd rhn, cyd-fynd â rhn; **to play s.o. at his own ~,** curo rhn ar ei dir ei hun; **two can play at that ~,** mac Mistar ar Mistar Mostyn; mi allwn innau chwarae'r un gêm; *S.a.* **fun**; *(c) (= scheme):* **what's his ~?** beth sy' ganddo dan sylw? ar ôl be' mae o? **to spoil s.o.'s ~,** drysu cynlluniau rhn, torri ar chwarae rhn, drysu hwyl rhn; **none of your games!** dim o'ch lol/castiau chi! **so that's your little ~,** fel'na mae'i deall hi! felly dyna ydi dy sgâm di! **to play a losing ~,** chwarae gêm ofer; **to play a double ~,** chwarae'r ffon ddwybig; **to play a deep ~,** chwarae'n gyfrwys; **I was watching their little ~,** 'rown i'n gwylio'u castiau nhw; **the game's up!** mae hi ar ben [arnoch] chi! **the game's not worth the candle,** nid yw'n werth y drafferth; **(that's) the name of the ~,** (dyna yw) hanfod y peth, holl bwynt y peth; **he's not in the ~,** 'dyw e ddim ynddi; 'does ganddo ddim siawns; 'dyw e ddim yn y ras; **to give the ~ away,** gollwng y gath o'r cwd; *(d) (single match):* gornest(-au) *f*, gêm; **how's the ~ going?** sut mae hi'n mynd? **the odd ~, the deciding ~,** yr ornest benderfynu, yr ornest ddyfarnol; **a drawn ~,** gêm gyfartal; **~ forms,** ffurfiau gêm; *Sp:* **~ ball, ~ point,** [gêm] o fewn pwynt iddi; *Ten:* **~, set and match,** gêm, set a gornest; **~ all,** gêm yr un; **he has the ~ in his hands,** mae o fewn y dim i ennill; mae llwyddiant o fewn ei gyrraedd; *(e) F:* **he's on the ~,** *(= he's a thief):* mae ganddo ddwylo blewog; **she's on the ~,** *(= she's a prostitute):* mae hi wrthi; mae hi ar y gêm. **2.** *(a) (= hunted animals):* helwriaeth *f*, anifeiliaid (*pl*) hela, adar (*pl*) hela, helfilod *pl*, gêm *m*; **big ~,** helfilod mawr; **big ~ hunting,** hela anifeiliaid mawr; **to hunt/shoot ~ [birds],** adara, ffowla, ffowlio, ffowlera; **small ~,** mân helfilod; **~ birds,** adar hela; *F:* **fair ~,** ysglyfaeth deg *f*; **he is fair ~,** mae e'n ei gwahodd hi; *(b) Cu:* helgig *m*. **~ acts, ~ laws** *n.pl.* deddfau helwriaeth. **~ licence** *n. (to hunt):* trwydded(-au) (*f*) hela; *(to sell):* trwydded (*f*) helgig. **~ pie** *n.* pastai helgig; **~-preserver** *n.* gwarchodwr (gwarchodwyr) (*m*) helwriaeth, ciper(-iaid) *m*. **~-tenant** *n.* tenant(-iaid) (*m*) hela. **~-warden** *n.* ciper(-iaid) *m*.
game[2] *v.t.&i.* **1.** *v.i.* gamblo, betio; *S.a.* **gamble[2]**. **2.** *v.t.* **to ~ away a fortune,** colli/gwario ffortiwn ar fetio/gamblo.
game[3] *a. (= brave):* dewr, gwrol, mentrus, parod, calonnog, talog, *F: occ:* gêm; **he is ~ for anything,** mae'n barod am unrhyw beth; **are you ~?** wyt ti'n barod amdani? wyt ti'n gêm? **to die ~,** marw'n ddewr; **as ~ as Ned Kelly,** cyn ddewred ag Arthur, cyn ddewred â llew.
game[4] *a. (leg, arm &c):* diffrwyth, da i ddim, *N: F:* giami, ciami; *F:* **my ~ leg,** fy nghoes glec. **~-legged** *a.* cloff, herciog, â choes glec.
gamebag *n.* bag(-iau) (*m*) helwriaeth.
gamebird *n.* aderyn (adar) (*m*) helwriaeth.
gamebook *n.* llyfr(-au) (*m*) helwriaeth.
gamecock, gamefowl *n.* ceiliog(-od) (*m*) gêm, ceiliog talwrn, ceiliog ymladd.
gamekeeper *n.* ciper(-iaid) *m*.
gamelan *n. Mus:* g|amelan (gamelanau) *m*.
gamely *adv.* yn ddewr *&c*; **(he struggled) ~,** (brwydrodd) orau y gallai, ei orau glas.
gameness *n.* dewrder *m*, gwroldeb *m*; *(= readiness):* parodrwydd *m*.
gamesman *n.* *trechafwr (trechafwyr) *m*.
gamesmanship *n.* *trechafwriaeth *f*.
gamesome *a.* chwar|eus, chwareugar.
gamesomely *adv.* yn chwar|eus.
gamesomeness *n.* chwaraegarwch *m*, chwareugarwch *m*, natur chwar|eus *f*.
gamester *n.* gamblwr (gamblwyr) *m*, betiwr (betwyr) *m*, *Lit:* hapchwaraewr (hapchwaraewyr) *m*, siawnsfentrwr (siawnsfentrwyr) *m*; *Sp:* **~ ball,** pêl dyllog (peli tyllog) *f*.
gametangium *n. Biol:* gamedlestr(-i) *m*.
gamete *n. Biol:* gamet(-au) *m*; **female ~,** gamet benyw; **male ~,** gamet gwryw.
gametic *a.* gamedol.
gametocyte *m.* gam|etosyt (gametosytau) *m*.
gametogenesis *n.* gametog|enesis *m*.
gametophore *n.* gam|etoffor (gametofforau) *m*.
gametophyte *n.* gam|etoffyt (gametoffytau) *m*.
gametophytic *a.* gametoffytig.
gamic *a.* gamig.
gamily *adv.* yn gryf.
gamin *n.* crwt: crwtyn (cryts, crytiaid, crots) *m*; *(= impudent child):* cena' bach *m*, cnaf(-on) bach *m*, gwalch (gweilch) bach *m*, trychfil(-od) bach *m*.
gamine *n. & a.* **1.** *n.* hoeden: hoeten(-nod) *f*, cywen(-nod) *f*, l[l]efren (l[l]efrod) *f*, llances(-i) *f*, llafnes(-i), cangen (*f*) o ferch. **2.** *a.* hoedennaidd, sosi.
gaminess *n.* oglau cryf *m*, *S:* gwynt cryf.
gaming *vn.* = **gambling**.
gamma *n. Gr.Alph:* gama *f*; *Atom.Ph:* **~ rays,** pelydrau gama; *Ent:* **~ moth,** gwyfyn(-od) (*m*) gama.
gammadion *n.* croes gam *f*.
gammer *n. A:* hen wr|aig (hen wragedd) *f*.
gammon *n. & v.t.* **1.** *n.* coes (*f*) mochyn, coesgyn(-nau) *m*, *A:* cnuwch(-au) *m*, *F:* gamon: gamwn (gamynau) *m*. **2.** *v.t.* mygu, ciwrio [cig moch].
gammon[2] *n., v.i.&t.* **1.** *n. (= nonsense):* truth *m*, rwdl *mf*, lol *f*, siarad (*vn*) dwli, ponsh *m*; *S.a.* **nonsense**. **2.** *v.i.* rwdl[i]an, paldaruo, stwnsian, ponsio, lolian *&c*. **3.** *v.t. (= deceive):* truthio.
gammon[3] *v.t.* rhwymo, clymu; **gammoning[-rope],** rhaff (*f*) rwymo, rhaffen *f*.
gammon[4] *n. & v.t. Games:* **1.** *n.* gamon *m*. **2.** *v.t.* gamoni.
gammy *a. F:* cloff, cripl, *N: F:* giami, ciami; **a ~ leg,** coes glec.
gamogenesis *n.* gamog|enesis *m*.
gamogenetic *a.* gamogenetig.
gamopetalous *a. Bot:* gamopetalog.
gamophyllous *a.* cysylltddail.
gamosepalous *a. Bot:* gamosepalog.
gamp *n. F: N:* ambarél(-s, ambareli) *mf*, *occ:* ambarelo(-s) *m*, *S:* brelo(-s) *m*.
gamut *n.* **1.** *Mus: (a) (= scale):* graddfa *f*, seinradd *f*, gamwt *m*; *(b) (of voice):* cwmpas *m*. **2.** *(of colours &c):* cyfres(-i) *f*, rhesaid (rheseidiau) *f*; **he ranged through the whole ~ of crime,**

fe wnaeth bob trosedd yn ei dro; fe aeth o un trosedd i'r llall; fe aeth trwy'r troseddau i gyd.

gamy *a.* cryf [ei wynt, ei oglau], ag oglau cryf, â gwynt cryf, arogleuog, ogleuog, drycsawr.

Ganarew *Eng.Pl.n.* Castell (*m*) Genorwy.

gander *n.* **1.** *Orn:* ceiliagwydd(-au) *m*, *often:* clacwydd: clagwydd(-au) *m*; *S.a.* **goose**[1], **sauce**[1]. **2.** *F:* = **fool**[1]. **3.** *F:* *(= a look):* golwg *f*, cip *m*, cipolwg *mf*, *S:* cewc(-iau) *m*, *N.W:* *F:* stag *m*, sbec *m*; **to take a ~ at sth,** bwrw/taflu/taro golwg ar rth, *N.W:* *F:* stagio/sbecian ar rth.

Ganelon *Pr.n.m. Fr.Lit:* Gw|enwlydd.

gang[1] *a. (tools):* gweddog.

gang[2] *n.* **1.** haid (heidiau) *f*, criw(-iau) *m*; *(of workers, crooks):* c[i]ang: g[i]ang(-iau) *f*, *occ:* *Pej:* ciwed *f*, garsiwn *m*, *S.W:* cether[n] *f*; **in a ~,** yn un haid, yn un criw; *Pej:* **he's one of that ~,** mae'n un o'r criw/giwed/garsiwn/haid yna; **~ warfare,** rhyfel (*m*) rhwng gangiau. **2.** *(of tools):* gwedd(-oedd) *f*. **~-bang 1.** *n.* *criwdrais (criwdreisiau) *m*. **2.** *v.t.* *criwdreisio. **~-chain** *n. Archeol:* torfgadwyn(-i) *f*. **~ hooks** *n.pl. Fish:* cefnen *f*. **~ saw** *n.* llif weddog (llifiau gweddog) *f*.

gang[3] *v.i. F:* **to ~ up with s.o.,** ymuno â rhn, mynd yn griw â rhn, mynd i griw rhn, mynd yn llawiau â rhn, *Lit:* ymgynghreirio â rhn, ymfyddino â rhn; **they had ganged up together,** 'roedden' nhw wedi heidio ynghyd; *N:* 'roedden nhw wedi hel at ei gilydd yn un criw; **to ~ up on s.o.,** heidio/ymuno yn erbyn rhn, ymosod ar rn yn un criw, *occ:* mynd i ben rhn yn un haid, *Lit:* ymfyddino/ymgynghreirio yn erbyn rhn.

gang[4] *v.i. Scot:* *See* **go**; **to ~ agley,** mynd o chwith.

gangboard *n.* pompren(-ni) *f*.

ganged *a. (of tools):* gweddog, cysylltiedig, cydweddog.

ganger *n.* fforman (fformyn) *m*, giaffar(-s, giafferiaid) *m*, pengweithiwr (~-gweithwyr) *m*.

Gangetic *a. Geog:* [o'r afon] Ganges, Gangetaidd (*pronounced* ng-g).

gangland *n.* *(a) (sphere):* yr isfyd *m*, byd (*m*) troseddwyr, byd lladron; *(b) (area):* tir (*m*) gwylliaid, tiriogaeth (*f*) lladron; **a ~ murder,** llofruddiaeth tir gwylliaid; **~ boss,** pen-gwylliad (~-gwylliaid) *m*.

gangliform *a.* g|angliffurf (*pronounced* ng-g).

gangling *a.* lliprynnaidd, main, heglog, llyng[h]yraidd; **a ~ youth,** llipryn main *m*, lluman *m*, sgilffyn main *m*, *F:* polyn lein *m*, *N:* sgryffinllyn *m*, llyng[h]yryn *m*, slingyn *m* [o fachgen]; **a ~ girl,** llyng[h]yren *f*, *N:* sgryffinllan *f*, *occ:* cangen (*f*) haf [o ferch].

ganglion *n.* **1.** *Anat:* ganglion(-au, ganglia) *m* (*pronounced* ng-g), gieuglwm (gieuglymau) *m*, gieuchwydd(-i) *m*. **2.** *Fig:* cnewllyn (cnewyll) *m*, canolfan(-nau) *mf*.

ganglionary *a.* ganglionig, ganglionaidd (*pronounced* ng-g).

ganglionated *a.* ganglionog (*pronounced* ng-g).

ganglionic *a.* ganglionig, ganglionaidd (*pronounced* ng-g).

gangplank *n.* pompren(-ni) *f*.

gangrene[1] *n. Med:* madredd *m*, pydredd *m*, cig marw *m*, m|arwgig *m*.

gangrene[2] *v.t.&i.* madru, pydru, braenu, *F:* mynd yn gig marw.

gangrenous *a.* madreddog, braenedig, pydredig, pwdr, marw.

gangster *n.* gangster(-s,-iaid) *m*, *A:* gwylliad (gwylliaid) *m*.

gangsterish *a.* gangsteraidd.

gangsterism *n.* gangsteriaeth *f*.

gangue *n. Min:* rwbel *m*, [y]sbwriel *m*.

gangway *n.* **1.** *(= aisle):* ale(-au) *f*, eil(-iau) *f*, tramwyfa (tramwyf|eydd) *f*, gangwe *f*; *int.* **~ please!** gwnewch le! *N:* tendiwch o'r ffordd! gangwe! **2.** *Nau: (a) (= passage):* ale; *(b) (= opening):* mynedfa (mynedf|eydd) *f*. **3.** *Nau: Const:* pompren(-ni) *f*.

ganister *n. Geol:* g|anister *m*.

ganja *n.* ganja *m*.

gannet *n.* **1.** *Orn:* gwylanwydd(-au) *f*, mulfran lwyd (mulfrain llwyd[ion]) *f*, mulfran wen (mulfrain gwyn[ion]), gŵydd (*f*) y weilgi (gwyddau'r weilgi) *f*, gwylan fawr (gwylanod mawr), gŵydd lygadlan (gwyddau llygadlan), gwylan y dydd, y gan *f*, hucan: hugan(-od) *f*. **2.** *F:* *(= greedy pers.):* bolgi (bolgwn) *m*; *See* **glutton**.

gannetry *n.* nythle(-oedd) (*m*) gwylanwyddau.

ganoid *a. & n.* **1.** *a. Ich:* gemog. **2.** *n.* pysgodyn (pysgod) gemog *m*.

gantry *n. Ind:* **1.** *(of crane):* nenbont(-ydd) *f*; *Rail:* **signal ~,** pont (*f*) arwyddion/signalau. **2.** *(for rocket):* sgaffaldiau *pl.* **~-crane** *n.* craen(-iau) (*m*) nenbont.

gaol[1] *n.* carchar(-au) *m*, *occ:* carchardy (carchardai) *m*, *F:* jêl(-s) *f*, *S:* jael(-s) *f*, *N:* *occ:* rheinws *m*. **~-bird** *n.* carcharor(-ion) *m*, aderyn (adar) (*m*) carchar. **~-break** *n.* dihangfa (dihangf|eydd) *f*, torri (*vn*) allan [o garchar], dianc (*vn*) [o garchar]. **~-fever** *n.* clefyd (*m*) y carchar.

gaol[2] *v.t.* carcharu.

gaoler *n.* ceidwad (ceidwaid) (*m*) carchar, swyddog(-ion) (*m*) carchar.

Gaonism *n. Rel:* *(= Rabbinism):* Gaoniaeth *f*, Rabbiniaeth *f*.

gap *n.* *(in wall, hedge &c):* bwlch (bylchau) *m*, adwy(-au,-on) *f*, *occ:* twll (tyllau) *m*; (bwlch *is an accidental gap*, adwy *one made for a purpose e.g. for sheep to pass through*); **full of gaps,** bylchog, adwyog; *Geog:* **~ town,** tref(-i) (*f*) adwy; **to make a ~ in sth,** bylchu rhth, *occ:* adwyo rhth, gwneud/chwalu bwlch yn rhth; **to fill [in/up] a ~, to stop/close a ~,** llenwi, cau, llanw bwlch; *(in stone wall):* codi bwlch; **to stop a ~ in a hedge,** plygu gwrych, *S.W:* brigo, llanw bwt, *M.W:* cau shetin, *N.W:* *occ:* brigio, bendio clawdd; *(b) U.S:* *(= pass):* bwlch; *(c) (= interstice between planks &c):* agen(-nau) *f*; *(d) (= between electrodes &c):* bwlch, agoriad *m*; *(e) (= between precipices):* [g]agendor *mf*, gwagle *m*; **to bridge a ~,** pontio/rhychwantu bwlch; **there's a ~ in my memory,** mae bwlch yn fy nghof; mae pall ar fy nghof; mae 'nghof i'n fylchog; **credibility ~,** bwlch hygrededd; **the generation ~,** y bwlch rhwng y cenedlaethau, bwlch y cenedlaethau. **~-toothed** *a.* dantrwth, mantach, â bwlch yn eich dannedd.

gape[1] *n.* **1.** *(= yawn):* agoriad (*m*) ceg, agor (*vn*) ceg, dylyfiad (*m*) gên, dylyfu (*vn*) gên, *N.W:* *occ:* cegwst *f*. **2.** *(= open-mouthed stare):* ceg(-au) agored *f*, rhythu *vn*, safnrythu *vn*, cegrythu *vn*. **3.** *Vet: Orn:* **the gapes,** y big *f*. **4.** *(= open mouth):* safn(-au) *f*. **5.** *(wide opening):* [g]agendor *mf*, bwlch (bylchau) *m*.

gape[2] *v.i.* **1.** *(= yawn):* agor ceg, dylyfu gên, *S:* *occ:* gapo; *(of bird):* agor pig; *(of animal):* agor safn. **2.** *(= stare open-mouthed):* rhythu, edrych yn gegagored/gegrwth, cegrythu, safnrythu (ar rth). **3.** *(of thg):* ymagor/agor led y pen, bod/agor yn llydan agored.

gaper *n.* **1.** *(pers.):* rhythwr (rhythwyr) *m*, rh|ythwraig *f* (**at sth,** ar rth); **2.** *Ich:* rhythwr. **3.** *Moll:* **old maid ~,** *(Mya arenaria):* *N:* cragen blacen; **blunt ~,** *(M. truncata):* *N.W:* clust (*f*) |eliffant.

gapeworm *n.* llyng[h]yren (llyngyr) (*f*) y big.

gaping[1] *a. (pers.):* cegrwth, safnr[h]wth, cegagored; *(hole &c):* llydan agored, agored led y pen, rhwth.

gaping[2] *vn. See* **gape**[2].

gapped, gappy *a.* bylchog, *occ:* agennog, adwyog.

gar *n.* = **garfish.**

garage *n. & v.t.* **1.** *n.* modurdy (modurdai) *m*, *F:* garej(-is), *occ:* garaets(-us) *f*. **2.** *v.t.* **to ~ a car,** rhoi/cadw car mewn garej.

garb[1] *n.* gwisg(-oedd) *f*, *occ:* trwsiad *m*, diwyg *m*, pilyn *m*.

garb[2] *v.t.* gwisgo (rhn yn rhth).

garbage *n.* **1.** *(= refuse):* [y]sbwriel *m*, *occ:* lludw *m*. **2.** *Fig:* sothach *m*, *S:* ffrwcsach *m*, ffrwcs *pl*, *occ:* fflwcs *pl*, *N:* 'nialwch *m*, celwi *pl.* **~ can** *n.* tun(-iau) (*m*) lludw *m*, bin(-iau) (*mf*) [y]sbwriel. **~ heap** *n.* tomen(-ni,-nydd) *f*; *S.a.* **dump**[1]. **~ disposal unit** *n.* melin(-au) (*f*) [y]sbwriel.

garbageman *n.m.* dyn(-ion) (*m*) lludw, dyn lori ludw, dyn y drol ludw, dyn casglu/hel [y]sbwriel.

garble *v.t.* drysu, cawlio, cawdelu, llurgunio, ystumio, camliwio; **to ~ words,** *N.E:* migno geiriau.

garbled *a.* carbwl, cawdelog, dryslyd, llurguniedig, ystumiedig, camliwiedig.

garbler *n.* dryswr (dryswyr) *m*, cawliwr (cawlwyr) *m*, cawdelwr (cawdelwyr) *m*, ystumiwr (ystumwyr) *m*, camliwiwr (camliwwyr) *m*.

garboard *n. Nau: Arch:* **~ [strake],** [e]styllod (*pl*) y cêl.

garden[1] *n.* **1.** *(a)* gardd (gerddi) *f*; **kitchen ~, vegetable ~,** gardd lysiau (gerddi llysiau), *N.W:* *occ:* gardd goch (gerddi cochion); **back ~,** gardd gefn (gerddi cefn); **front ~,** gardd ffrynt; **market ~,** gardd farchnad (gerddi marchnad); **~ of rememberance,** gardd goffa (gerddi coffa); **winter ~,** gardd dan do, gardd aeaf; **the Winter Gardens,** Gerddi'r Gaeaf; **beer ~,** gardd gwrw (gerddi cwrw), gardd yfed; **tea ~,** gardd de (gerddi te); *S.a.* **bear-garden; to lead s.o. up the ~ path,** tywys rhn gerfydd ei drwyn, camarwain/twyllo rhn; **everything in the ~ is lovely,** mae popeth yn iawn/ardderchog/hyfryd; *(b) pl. (= park):* gerddi *pl*, parc(-iau) *m*. **2.** *attrib. (a) with names of plants &c usu.pl.* y gerddi, *e.g.* ~ **cress,** berwr (*m*) y gerddi; ~ **plants,** planhigion gerddi; ~ **produce,** ~ **stuff,** llysiau o'r ardd; cynnyrch (*m*) gardd; **common or** ~, cyffredin; *(b)* ~ **bed,** *(for flowers):* gwely(-au) *m*, *occ:* garddwely(-au) *m*, *N: occ:* cefn(-au) *m*, *S: occ:* pâm (pamau) *m*; ~ **centre,** canolfan (*mf*) [g]arddio (canolfannau garddio); ~ **chair,** cadair (*f*) ardd (cadeiriau gardd); ~ **fête,** garddwest(-au) *f*; ~ **path,** llwybr(-au) *m*, *S:* ale *f*; ~ **roller,** rowler (*f*) ardd (rowleri gardd); ~ **seat,** sêt (*f*) ardd (seti gardd), sedd(-au) (*f*) ardd (seddau gardd); *Orn:* ~ **warbler,** telor(-iaid) (*m*) yr ardd, telor y berllan, llwyd(-iaid) (*m*) y berllan; *(c)* ~ **city,** gardd-ddinas(-oedd) *f*; ~ **suburb,** gardd-faestref(-i) *f*; ~ **village,** gardd-bentref(-i,-ydd) *m*; ~ **party,** garddwest(-au,-i) *f*.

garden² *v.i.* garddio, trin gardd, *N.W: occ:* gardnio, gardnerio.

gardener *n.* garddwr (garddwyr) *m*, g|arddwraig (garddwragedd) *f*. ~**-bird** *n. Orn:* y garddwr *m*. ~**'s garters** *n. Bot: (= ribbon-grass):* pefrwellt rhesog *m*, *S:* rhubanau(*pl*)'r bechgyn.

gardenia *n. Bot:* gardenia *mf*, jasmin (*m*) y Penrhyn.

gardening *vn.* garddwriaeth *f*, garddio *vn*, trin (*vn*) gardd, palu(*vn*)'r ardd. ~ **tools** *n.pl.* offer garddio, celfi garddio.

garderobe *n. Hist: Arch:* gwardrob(-au,-od) *m*.

garefowl *n. Orn:* carfil(-od) mawr *m*.

garfish *n. Ich:* môr-nodwydd(-au) *f*, carrai (*f*) fôr (careiau môr), cornbig(-au) *m*.

garganey *n. Orn:* hwyaden (hwyaid) adfain *f*.

gargantuan *a.* anferth, anferthol, aruthrol fawr, cawraidd.

garget *n.* **1.** *Vet:* llid (*m*) y pwrs, garged *mf*, *S.W:* yr awel *f*, *S.E:* dargad *m*; **pig's** ~, clefyd y gwaed, **2.** *U.S: Bot:* = **pokeweed.**

gargle¹ *n.* cegolch(-ion) *m*, ceglyn(-nau) *m*, gyddfolch(-ion) *m*, gargl(-au) *m*.

gargle² *v.i.&t.* golchi ceg, garglio, *occ:* (*)byrlymu, *A:* dygegu.

gargoyle *n.* gargoel: gargoil(-iau) *m*, pistyll(-od) (*m*) bargod.

garibaldi *n. Cost: Cu: Ich:* garibaldi(-s) *m*.

garish *a.* gorliwgar, coegwych, gorwych, fel cangen Mai; **a** ~ **light,** goleuni llachar/gorlachar.

garishly *adv.* yn orliwgar *&c*.

garishness *n.* gorliwgarwch *m*, coegwychder *m*, gorwychder *m*, llacharder *m*, llacharwch *m*.

garland¹ *n.* coronbleth(-au) *f*, garlant(-au) *m*, *A:* gerlont(-au) *m*. ~ **flower** *n. Bot: (Daphne cneorum):* blodyn (blodau) (*m*) garlant Mai; **fragrant** ~ **flower,** *(Hedychium coronarium):* blodyn garlant persawr.

garland² *v.t.* garlantu (rhth), addurno (rhth) â garlantau.

garlic *n. Bot:* cra(*m*)'r gerddi, craf (*m*) y gerddi, garllegen *f*, garlleg *m*; *Cu:* ewinedd (*pl*) garlleg, *often, incorrectly*, gwina'r garlleg; **bear's** ~, *(Allium ursinum):* garlleg yr arth; **crow** ~, **wild** ~, *(A. vineale):* craf gwyllt, craf y geifr, craf y meysydd, garlleg gwyllt, garlleg y brain, garlleg Mair, winwyn gwyllt *pl*, winwyn y cŵn, winwyn y maes, triogl (*m*) y tlawd; **field** ~, *(A. oleraceum):* garlleg rhesog y maes; **German** ~, *(A. senescens):* garlleg yr Almaen, cra'r Almaen; **hedge** ~, **mustard** ~, *(Sisymbrium alliaria):* garllegog *m*, troed (*m*) yr asen, garlleg y berth, garlleg ferwr; **keeled** ~, **mountain** ~, *(A. carinatum):* garlleg y mynydd; **rosy** ~, *(A. roseum):* craf rhosliw; **sand** ~, **Spanish** ~, *(Allium scorodoprasum):* cra'r nadroedd; *Cu:* **a clove of** ~, ewin(-edd) (*m*) garlleg. ~**-pear tree** *n. Bot: U.S: (Crataeva gynandra):* coeden (*f*) graf-ellyg (coed craf-ellyg). ~ **shrub** *n. Bot: (Bignonia alliacea):* llwyn (*m*) garlleg, craflwyn(-i) *m*.

garlicky *a.* garllegog, fel garlleg.

garment *n.* dilledyn (dillad, *occ:* dilladau) *m*, *S:* pilyn(-nau) *m*.

garmented *a.* dilladog, wedi'ch dilladu, wedi'ch gwisgo.

garn *int. F:* dos o 'ma! cer' o 'ma! dos i grafu! dos i dy wely! dos i weld dy nain!

garner¹ *n. Lit:* ysgubor(-iau) *f*, yty (ytai) *m*, granar(-au) *m*, [y]stordy ([y]stordai) *m*.

garner² *v.t.* cywain, casglu, cynaeafu.

garnering *vn.* medel(-au) *f*, cynhaeaf (cynaeafau) *m*.

garnet *n. Miner:* garned(-i,-au) *m*.

garnish¹ *n. Cu: &c:* addurn(-au) *m*, addurniad(-au) *m*; *Cu:* garnais: garnis(-iau) *m*.

garnish² *v.t.* **1.** addurno, harddu; *(also, Cu):* garnisio. **2.** *Jur:* garnisio. ~**-money,** arian (*m*) carchar.

garnishee *n. Jur:* garnisiwr (garniswyr) *m*; ~ **order,** gorchymyn (gorchmynion) (*m*) garnisio.

garnishment *n. Jur:* garnisiad *m*.

garniture *n.* atodiadau *pl*, addurniadau *pl*, *F:* ffigiaris *pl*; *S.a.* **garnish².**

garotte *n. & v.t.* = **garrotte.**

garpike *n. Ich:* cornbig(-au) *m*; *S.a.* **garfish.**

garret *n.* nenlofft(-ydd) *f*, croglofft(-ydd) *f*, coglofft(-ydd) *f*, garet: gared(-i) *f*, taflod(-ydd) *f*.

garreteer *n.* *garedlenor(-ion) *m*, llenor(-ion) (*m*) croglofft.

garrison¹ *n.* garsiwn (garsiynau) *mf*, *Lit:* gwarchodlu(-oedd) *m*.

garrison² *v.t.* **to** ~ **a town,** *(a)* garsiynu tref, rhoi/lleoli/gosod/ garsiwn mewn tref; *(b) (of troops):* bod mewn garsiwn mewn tref; **the town was garrisoned by the Welsh Guards,** yr oedd garsiwn i'r Gwarchodlu Cymreig yn y dref; **I was garrisoned at Brecon,** 'roeddwn i yn y garsiwn yn Aberhonddu.

garrotte¹ *n.* llindagfa *f*, llindag(-au) *m*.

garrotte² *v.t.* llindagu, tagu.

garrotter *n.* llindagwr (llindagwyr) *m*, tagwr (tagwyr) *m*.

garrulity *n.* siaradusrwydd *m*, cleber *vn*, clebran *vn*; *S.a.* **chatter.**

garrulous *a.* siaradus, hirwyntog, tafotrydd, clepgar, baldorddus, chwedleugar, cleberddus, clabarddus, clebarllyd, cleberllyd, clebrog, clebrus; **a** ~ **man,** clebryn(-nod) *m*, clepgi (clepgwn) *m*, paldaruwr (paldaruwyr) *m*, clebrwr (clebrwyr) *m*, chwedleuwr (chwedleuwyr) *m*, clebarddyn(-ion) *m*, janglwr(-s) *m* (*pronounced* ng-g), heliwr (helwyr) (*m*) straeon, *Lit:* baldorddwr (baldorddwyr); **a** ~ **woman,** clebren(-nod) *f*, clebardden(-nod) *f*.

garrulously *adv.* yn siaradus *&c*.

garrulousness *n.* siaradusrwydd *m*; *S.a.* **garrulity.**

Garry *Pr.n.* ~ **oak** *n. Bot: (Quercus garryana):* derwen (derw) (*f*) Garry.

garrya *n. Bot:* ***garrya*** *m*.

garter¹ *n. N:* gardas (gardysau) *fm*, *S:* gardys(-on) *fm*; **the Order of the G~,** Urdd y Gardas Aur; **arm** ~, gardas crys, sband(-iau) (*m*) crys; *Bot:* **gardener's garters,** rhubanau(*pl*)'r bechgyn, pefrwellt rhesog *m*. ~**-belt** *n. U.S:* gwregys(-au) (*m*) 'sbendars, belt(-iau) (*m*) 'sbendars. ~**-snake** *n. Rept:* neidr ardysog (nadroedd gardysog) *f*. ~**-stitch** *n. Needlew:* pwyth(-au,-i) (*m*) gardas.

garter² *v.t.* gardysu, gardasu.

garterfish *n. Ich: (Lepidopus caudatus):* (*)gardas (*mf*) môr/fôr (gardasau môr).

garth *n.* **1.** *A: (= close, yard, garden):* clos(-ydd) *m*, gardd (gerddi) *f*, iard(-iau, ierdydd) *f*. **2.** *Ecc:* clas(-au) *m*.

garuda *n. Myth:* garwda *m*.

Garway *Eng.Pl.n.* Llanwrfwy *f*.

gas *n.* **1.** nwy(-on) *m*, *F:* g[i]as *m*; **the** ~ **is on,** mae'r nwy'n llifo; **to turn the** ~ **on,** rhoi'r nwy; **to turn the** ~ **off,** diffodd y nwy; *Mil:* **poison** ~, nwy gwenwynig; *Ph:* **a fixed mass of** ~, màs (*m*) penodol o nwy; **coal** ~, nwy glo; **producer** ~, nwy aer; **water** ~, nwy dŵr; **tear-**~, nwy dagrau; **blister** ~, nwy pothellau; **ideal** ~, nwy perffaith/delfrydol; **Wales G~,** Nwy Cymru; **British G~,** Nwy Prydain. **2.** *U.S:* petrol *m*; *F:* **step on the** ~, tân arni! **3.** *(= hot air):* gwagsiarad *m*, malu (*vn*) awyr. **4.** *F:* **it's a** ~, mae'n wych; mae'n glyfar *&c*. **5.** ~ **bacillus** *n.* basilws septig *m*. ~ **bracket** *n.* braced(-i) (*mf*) nwy. ~ **burner** *n.* llosgwr (llosgwyr) (*m*) nwy. ~ **chamber** *n.* siambr(-au) (*f*) nwy, siamber(-i,-ydd) (*f*) nwy. ~ **cooker** *n.* ffwrn (ffyrnau) (*f*) nwy, popty (poptai) (*m*) nwy. ~**-cooled** *a.* nwy-oeredig. ~ **engine** *n.* motor(-au) (*m*) nwy. ~**-filled** *a.* llawn nwy. ~ **fire** *n.* tân (tanau) (*m*) nwy. ~**-fitter** *n.* gosodwr (gosodwyr) (*m*) nwy. ~**-fittings** *n.pl.* offer nwy. ~ **gangrene** *n.* madredd nwyog *m*. ~ **generator** *n.* cynhyrchydd (cynhyrchwyr) (*m*) nwy. ~ **heater** *n.* twymydd(-ion) (*m*) nwy, gwresogydd(-ion) (*m*) nwy. ~ **helmet** *n.* mwgwd (mygydau) (*m*) nwy. ~ **holder** *n.* tanc(-iau) (*m*) nwy. ~ **lamp** *n.* lamp(-au) (*f*) nwy. ~ **law** *n.* deddf (*f*) nwyon. ~ **lighter** *n.* taniwr (tanwyr) (*m*) nwy. ~ **lighting** *n.* goleuni (*m*) nwy, golau (*m*) nwy. ~ **main** *n.* prif beipen (~ beipiau) (*f*) nwy, prif bibell(-au) (*f*) nwy. ~ **man** *n.m. F:* dyn(-ion) g[i]as. ~ **mantle** *n.* mantell (mentyll) (*f*) nwy. ~ **mask** *n.* mwgwd (mygydau) (*m*) nwy. ~ **meter** *n.* mesurydd(-ion) (*m*) nwy. ~ **motor** *n.* = **gas engine.** ~ **oil** *n.* gas-oel *m*. ~ **oven** *n.* = **gas cooker, gas chamber.** ~ **pipe** *n.* = ~ **main.** ~ **plant** *n. Bot: (Dictamnus albus):* y dditaen wen *f*. ~ **poker** *n.* procer(-i) (*m*) nwy. ~**-proof** *a.* nwyglos. ~ **range** *n.* = **gas cooker.** ~ **ring** *n.*

cylch(-au) (*m*) nwy. ~ **station** *n. U.S:* gorsaf (*f*) betrol (gorsafoedd petrol). ~ **stove** *n.* = **gas cooker.** ~ **tight** *a.* nwyglos. ~ **turbine** *n.* tyrbin(-au) (*m*) nwy.

gas[2] *v.t.&i.* **1.** *v.t.* *(a) Ch: Ind:* nwyo (rhth), trochi (rhth) mewn nwy; *(b) (= poison):* gwenwyno (rhth) â nwy, mygu (rhth) â nwy, *F:* gasio (rhth); **to be gassed,** cael nwy. **2.** *v.i. P:* malu awyr, baldorddi, paldaruo, rhefru *&c.*

gasbag *n. F:* malwr (malwyr) (*m*) awyr, paldarüwr (paldaruwyr) *m*, rhefrwr (rhefwyr) *m.*

Gascon *a. & n.* **1.** *a.* o Wasgwyn, Gwasgwynaidd; *(in language):* Gwasgwyneg. **2.** *n.* *(a) Ethn:* Gwasgwyniad (Gwasgwyniaid) *m&f*, Gwasgwynwr (Gwasgwynwyr) *m*, Gwasgwynes(-au) *f*; *(b) Ling:* Gwasgwyneg *f, m.*

gasconade *n.* ymffrost *m*, bocsach *m*, brol *f*, ymffrostio *vn*, bocsachu *vn*, brolio *vn*, brolian *vn.*

Gascony *Pr.n. Geog:* Gwasgwyn *f.*

gaseous *a.* nwyol; ~ **exchange,** cyfnewid(-iau) nwyol *m.*

gash[1] *n.* **1.** *(= wound):* slaes *f*, toriad(-au) *m*, trychiad(-au) *m*, archoll(-ion) *f*, clwyf(-au) *m*, briw(-iau) *m*, gweli (gwelïau) *m*, anaf(-au,-iadau) *m*, *N: occ:* sgôr (sgoriau) *f*; *(with sword):* cleddyfod(-au) *mf.* **2.** *(= fissure):* hollt(-au) *f*, rhwyg(-au) *m*, rhwygiad(-au) *m*, trychiad, toriad.

gash[2] *v.t.* torri, rhwygo, slaesio, trychu, archolli.

gash[3] *a. F: (= spare, extra):* sbâr, dros ben, yn feindin.

gasification *n.* nwyeiddiad *m*, nwyeiddio *vn*, nwyo *vn.*

gasiform *a.* nwyffurf.

gasify *v.t.* nwyeiddio, nwyo.

gasket *n.* **1.** *Nau:* llinyn(-nau) *m.* **2.** *Mec.E:* gasged(-i) *mf.*

gaskin *n. Vet:* clun(-iau) *f.*

gasogene *n.* peiriant (peiriannau) (*m*) nwyo.

gasoline *n.* **1.** *U.S:* petrol *m.* **2.** gasolîn: g|asolin *m.*

gasometer *n.* gasomedr(-au) *m*, tanc(-iau) (*m*) nwy.

gasp[1] *n.* ebwch (ebychion, ebychiau) *m*, ebychiad(-au) *m*, anadliad(-au) *m*, chwyth(-iadau) *m*, chwythiad(-au) *m*, chwythwm (chwythymau) *m*; **at one's last ~,** ar drengi, ar eich gwely angau, ar ddiffygio, yn rhoi'r ebwch olaf, yn tynnu'ch anadl olaf; *(= exhausted):* â'ch gwynt yn eich dwrn, allan o wynt, *S:* mas o bwff; **(to defend sth) to the last ~,** (amddiffyn rhth) hyd yr ebwch olaf, tra bo anadl yn eich corff, tra bo ynoch chwyth.

gasp[2] *v.i.&t.* **1.** *v.i.* *(a)* ebychu, dal anadl, dal gwynt, *Lit:* dyh|eu; **"what?" he gasped,** "beth?" ebychodd; *(b)* **to ~ for air,** *N:* dyhefod am wynt, *S.W:* dihâ am anadl. **2.** *v.t.* ebychu.

gasper *n. P: A:* sigarét(-s) *f.*

gaspereau(-x) *n. Ich:* *coegbennog (coegbenwaig) *m*; *S.a.* **alewife.**

gasping *a.* â'ch gwynt yn eich dwrn, heb ynoch chwyth, allan o wynt.

gasser *n.* **1.** = **gasbag. 2.** = **gas.**

gassiness *n.* **1.** natur nwyol *f*, natur fyrlymog *f &c*, nwy|eidd-dra *m*, *occ:* blas pigog *m.* **2.** *(of speaker):* gwyntogrwydd *m*, hirwyntogrwydd *m*, *S.W:* lap *f.*

gassy *a.* **1.** nwyol, nwyog; *(of wine &c):* byrlymog, byrlymol, pefriol, *occ:* pigog. **2.** *(of talk):* gwyntog, hirwyntog, chwyddedig, llawn gwynt.

gast[e]roped *n. Moll:* boldroedog(-ion) *m*, boldroediad (boldroediaid) *m&f.*

gast[e]ropodous *a. Moll:* boldroedog.

gastrectomy *n. Surg:* stumog-drychiad *m*, trychu(*vn*)'r stumog.

gastric *a. Med:* [y] stumog, [y] cylla, stumogol, cyllaol, gastrig; ~ **gland,** chwaren(-nau) gastrig *f*; ~ **juices,** suddion gastrig, suddion y cylla; ~ **ulcer,** briw (*m*) ar y stumog; ~ **pit,** manbant(-iau) gastrig *m.*

gastritis *n. Med:* llid (*m*) [ar] y stumog/cylla.

gastro- *pref.* stumogol, cyllaol, [y] stumog, [y] cylla. ~**-enteric** *a. Med:* stumog-berfeddol, gastro-enterig, gastro-berfeddol. ~**-enteritis** *n. Med:* llid (*m*) y stumog a'r perfedd/coluddion, gastro-enteritis *m.* ~**-intestinal** *a.* = **gastro-enteric**; ~**-intestinal tract,** llwybr(-au) (*m*) treuliad/traul.

gastroncemius *n.* croth (*f*) y goes.

gastronome *n.* *danteithiwr (danteithwyr) *m*, gastronomydd(-ion) *m.*

gastronomical *a.* gastronomegol.

gastronomy *n.* gastronomeg *f.*

gastroscope *n. Surg:* g|astrosgop (gastrosgopau) *m.*

gastrotomy *n. Surg:* stumog-drychiad(-au) *m.*

gastrula *n. Biol:* g|astrwla (gastrwlâu) *m.*

gastrulation *n.* gastrwliad *m.*

gasworks *n.* gwaith (gweithf|eydd) (*m*) nwy.

gat *n. F:* gwn (gynnau) *m*, dryll(-iau) *m.*

gate[1] *n.* **1.** *(of city &c):* porth (pyrth) *m*, mynedfa (mynedf|eydd) *f*; **the main ~ of an exhibition,** prif fynedfa arddangosfa; *U.S: P:* **to give s.o. the ~,** dangos y drws i rn; *B:* **strait is the ~,** cyfyng yw'r porth. **2.** *(a) (of garden &c):* clwyd(-i,-au) *f*, g[i]ât (g[i]atiau) *f*, llidiard: llidiart(-au) *m*, *S.W: occ:* iet(-[i]au) *f*, *S.E: occ:* torglwyd(-i) *f*; *(wooden, made of boards, not bars):* dôr (dorau) *f*; **wattle ~,** *S.W: occ:* portis: portys *m*; *(b) Sp: (= attendance):* cynulleidfa(-oedd) *f*, torf(-|eydd) *f*, tyrfa(-oedd) *f.* **3.** *Aut:* ~, *(= quadrant):* adwy(-au,-on) *f*, rhigolau *pl.* **4.** *Cmptr:* g[i]ât; **AND ~,** g[i]ât AC; **OR ~,** g[i]ât NEU; **NAND ~,** g[i]ât NIAC (NI AC); **NOR ~,** g[i]ât NIEU (NID NEU). ~**-crash** *v.t.* **to ~-crash (a party),** ymwthio, gwthio'ch ffordd, eich gwahodd eich hun (i barti); mynd (i barti) heb wahoddiad. ~**-crasher** *n.* ymwthiwr (ymwthwyr) *m*, ym|wthwraig *f*, hunanwahoddwr (hunanwahoddwyr) *m*, hunanwah|oddwraig *f*, hunanwahoddedig(-ion) *m&f.* ~**-fold** *n. Journ:* tudalen(-nau) (*mf*) plyg, plyg-ddalen(-nau) *f.* ~ **house** *n.* g[i]atws *m*, tŷ (*m*) porth, *Lit:* porthdy (porthdai) *m*, cynhordy (cynhordai) *m.* ~**-keeper** *n.* **1.** porthor(-ion) *m*, drysor(-ion) *m*, ceidwad (*m*) porth (ceidwaid pyrth). **2.** *Ent: (Pyronia tithonus):* (*)llwyd bach (*m*) y ddôl. ~**-legged** *a.* **a ~-legged table,** bwrdd (*m*) coesau g[i]ât. ~**-money** *n.* derbyniadau *pl.* ~**-post** *n.* cilbost (cilbyst) *m*, postyn (pyst) (*m*) g[i]ât, *N.W: occ:* blaenbost (blaenbyst) *m*, pentan(-au) (*m*) g[i]ât, *S:* post (*m*) iet (pyst ieti), *S.E: occ:* post hongad.

gate[2] *v.t. Sch:* **to ~ a student,** gwahardd i fyfyriwr fynd allan, cyfyngu myfyriwr i'r coleg, cadw myfyriwr dan waharddiad.

gateau *n. Cu:* ***gateau(-x)*** *m*, teisen(-nau) (*f*) hufen.

gateman *n.m.* = **gate-keeper.**

gateway *n.* porth (pyrth) *m*, drws (drysau) *m*, mynedfa (mynedf|eydd) *f.*

gather[1] *v.t.&i.* I. *v.t.* **1.** *(a) (= collect):* cynnull, casglu, crynh|oi, cywain, *N:* hel, *N.W: occ:* cyrchu (rhth) at ei gilydd; **to ~ one's thoughts,** hel eich meddyliau at ei gilydd, casglu'ch meddyliau; **he was gathered to his fathers,** cymerwyd ef at ei dadau; **to ~ one's strength,** ymnerthu, ymgyfnerthu; **to ~ up one's hair into a knot,** trwsio'ch gwallt yn gwlwm; **to ~ up one's skirts,** torchi'ch/codi'ch sgert; *Fb:* **to ~ the ball,** codi'r bêl; *(b) (= pick up, pluck):* casglu, hel, cynnull, crynhoi; **to ~ in the harvest,** cywain y cynhaeaf/cnwd; **to ~ corn into sheaves,** *N.E:* cynnull ŷd; **to ~ sticks,** hel/casglu coed tân, cynuta, *N:* hel priciau [tân], *S:* tanwenta: **to ~ cockles,** *N:* hel cocos, *S:* casglu cocs/rhython, cocsa; **to ~ nuts,** hel/casglu cnau, cneua; **to ~ reeds,** cawna; **to ~ seaweed,** gwymona; **to ~ rosehips,** egroesa; **to ~ apples,** hel/casglu afalau, afaleua; **to ~ rushes,** brwyna; **to ~ wool,** gwlana; **to ~ moss,** mwsogli; **to ~ berries,** hel/casglu mwyar, mwyara, *S.W:* crynhoi mwyar; **these books are gathering dust,** mae'r llyfrau 'ma'n hel llwch; **a rolling stone gathers no moss,** *Prov:* carreg a dreigla ni fwsogla; ni thyf mwsog ar faen o fynych drafod; ni thyf glaswellt rhwng y ddau faen melin; *(c)* **to ~ oneself,** ymgrynh|oi, mynd i'ch cwman, cwmanu. **2.** *(= gain):* **to ~ speed,** cyflymu, mynd yngh|ynt, magu [g]wib, magu cyflymder, *N: F:* codi sbîd; *Nau:* **to ~ way,** cyflymu, prysuro ymlaen, cael gwynt dan adain; *(of invalid):* **to ~ strength,** cael eich cefn atoch, gwella, cryfh|au, *N: occ:* cryffa, criwtio, mendio, fflonsio, *S:* blewynna; **to ~ volume,** cynyddu, tyfu, mynd yn fwy, chwyddo. **3.** *(a)* **to ~ blankets round one,** lapio blancedi'n dyn[n] amdanoch; *Needlew:* **to ~ a skirt,** crychu sgert. ~ **stay,** stae (*m*) crychu. **4.** *(= conclude, infer):* casglu; **I ~ from the papers that he has resigned,** 'rwy'n casglu oddi wrth y papurau ei fod wedi ymddiswyddo; **as will be gathered (from the enclosed letter),** fel yr ymddengys, fel y cesglir, fel y'i gwelir (yn y llythyr amgaeëdig). II. *v.i.* **1.** *(of people):* ymgynnull, ymgasglu, ymdyrru, hel at eich gilydd, dod ynghyd; **the clans are gathering,** mae'r llwythau'n dod ynghyd; **to ~ round the fire,** cadw gŵyl bentan; ~ **round!** dewch yn nes! dewch yn nes at yr achos! *A: occ:* rowndiwch! **to ~ round sth,** *N.W: occ:* tynnu o gwmpas rhth; *(b) (of crowd):* tyrru, heidio, ymdyrru, ymgasglu, casglu, hel *&c.* **2.** *(of things):* ymgrynh|oi, mynd yn bentwr, mynd yn grugyn, *N:* hel [yn bentwr]; *(a)* **a storm is gathering,** mae hi am storm; mae terfysg ynddi; mae hi'n hel am storm; mae drycin yn crynhoi; *(of cloud): N.E: occ:* ceulo; *(b)* **in the gathering darkness,** yn y tywyllwch cynyddol, fel y nosâi, fel y deuai'r nos, fel yr oedd y nos yn cau, fel yr oedd y gwyll yn crynhoi; *S.a.* **twighlight; the story gathered like a snowball,** tyfodd y stori fel caseg eira. **3.** *Med: (of boil): N:* casglu, *occ:* hel [ei ben], *S:* crynhoi, gori, crawni, *S.E:* magu. **4.** *Needlew:* **to ~ in (a waistline),** culh|au, crychu (gwasg, gwast); *(in knitting): S.W:* crychneito.

gather² *n.usu.pl. Dressm:* crychau, crychion.

gathered *a. (forehead, skirt):* crychog; *(boil on finger):* casgledig, dolurus, aeddfed, llidus, wedi casglu, wedi llidio.

gatherer *n.* **1.** *(pers.):* casglwr (casglwyr) *m*, crynhöwr (crynhowyr) *m*, *N:* heliwr (helwyr) *m*, h|elwraig (helwragedd) *f*; **fuel-~,** cynutwr (cynutwyr) *m*. **2.** *(machine):* peiriant (peiriannau) *(m)* casglu. *Needlew:* crychwr (crychwyr) *m*, crychell(-au) *f*.

gathering *vn. & n.* **1.** *vn. See* **gather. 2.** *n. (of people):* casgliad(-au) *m*, cynulliad(-au) *m*, cynulleidfa(-oedd) *f*, crynhoad (crynoadau) *m*, tyrfa(-oedd) *f*, torf(-|eydd) *f*, *occ:* cymanfa(-oedd) *f*, clwstwr (clystyrau) *m*, *S.W:* crugyn *m*; **a family ~,** aduniad(-au) teuluol *m*; **the ~ of the clans,** aduniad y tylwythau, cymanfa'r llwythau, y llwythau'n dod ynghyd. **2.** *Needlew:* crych(-au,-ion) *m*, crychiad(-au) *m*. **3.** *Med:* casgliad(-au) *m*, *occ:* crawniad(-au) *m*, *S:* crynofa *f*, *N.W: occ:* soiglen *f*, *S.E: occ:* magwraeth *f*. **4.** *Lib:* cydiad(-au) *m*, gafael(-ion) *f*, plygiad(-au) *m*.

gating¹ *a.* **~ signal,** arwydd adwyol *m*, signal adwyol *m*.

gating² *vn. See* **gate².**

gauche *a.* lletchwith, trwsgl, llawchwith, chwithig, trwstan, llywaeth, llibin, anfedrus, afrosgo, di-lun, di-glem.

gauchely *adv.* yn lletchwith *&c.*

gaucheness, gaucherie *n.* lletchwithdod *m*, chwithigrwydd *m*, trwsgleiddiwch *m*, trwstaneiddiwch *m*, anfedrusrwydd *m*, *occ:* dilunwch *m*.

gaucho *n.* ***gaucho(-s)*** *m*.

gaud *n. (= toy):* tegan(-au) *m*; *(= showy ornament):* coegaddurn(-iadau) *m*, *N:* ffigiari(-s) *m*, *M.W:* clawets *pl.*

gaudily *adv.* yn goegwych, yn orliwgar.

gaudiness *n.* coegwychder *m*, gorliwgarwch *m*.

gaudy¹ *a.* coegwych, gorliwgar.

gaudy² *n. Sch:* aduniad(-au) [colegol] *m*.

gauffered *a. Lib:* **~ edge,** ymyl offredig (ymylon goffredig) *f*.

gauge¹ *n.* **1.** *(= standard measure):* mesur(-au) *m*; *(of nut &c):* mesur calibr; *Hosiery:* trwch *m*, gwe *f*; *(of barrel &c):* cynnwys *m*, cynhwysedd *m*; *(of sheet metal &c):* trwch; *(of rail, bullet):* lled *m*; **narrow ~ railway,** rheilffordd gul/fain (rheilffyrdd cul/main) *f*, *F:* lein(-s) bach *f*; **broad ~ line,** rheilffordd lydan (rheilffyrdd llydain); **stockings of fine ~,** hosanau main/meinion; **heavy ~ stockings,** hosanau bras/breision; **to take the ~ of s.o.,** cael mesur rhn, mesur a phwyso rhn, mesur hyd a lled rhn. **2.** *(instrument):* mesurydd(-ion) *m*, medrydd(-ion) *m*, meidrydd(-ion) *m*; *(dial):* medrydd deial, *F:* cloc(-iau) *m*; *Mec.E:* **thickness ~, feeler ~,** medrydd trwch; **rain ~,** mesurydd glaw, glawfesurydd(-ion) *m*; **slide ~, sliding ~,** medrydd llithr/llithrol; **height ~,** medrydd uchder; **cylindrical ~, plug ~,** plwg (plygiau) *(m)* mesur; *Rail:* **loading ~, tunnel ~,** mesurydd llwytho; *(b) Carp:* **cutting ~,** medrydd torri; **depth ~,** medrydd dyfnder; **finger ~,** medrydd bys; **limit ~,** medrydd terfan; **marking ~,** medrydd marcio; **mitre-~,** medrydd meitr; **mortice ~,** medrydd mortais; **panel ~,** medrydd panel; **thumb ~,** medrydd bawd; **wire ~,** medrydd gwifren. **3.** *(dial):* deial(-au) *m*, medrydd, mesurydd, *F:* cloc(-iau) *m*; **vacuum ~,** mesurydd gwactod; *Mch: &c:* **water ~,** deial dŵr, mesurydd dŵr; **oil ~,** deial olew, mesurydd olew, *F:* cloc oel; *Aut:* **petrol ~,** deial petrol, *F:* cloc petrol; *S.a.* **pressure-gauge, tyre-gauge. 4.** *Constr:* dogn(-au) *m*, cyfran(-nau) *f*. **5.** *Nau: (often gage): (= depth of loaded ship):* dyfnder *m*; *S.a.* **lee-ga|u|ge; to have the weather ~ of sth,** bod ym môn y gwynt ar rth, bod y tu clytaf i rth; *Fig:* bod â mantais ar rth. **~ blocks** *n.pl.* blociau *(pl)* medrydd.

gauge² *v.t.* **1.** *(= standardize):* safoni, safonoli. **2.** *(= measure):* mesur (rhth), bwrw amcan (o rth); **to ~ s.o.'s ability,** cael amcan o allu rhn. **3.** *Carp: Needlew:* meidru. **4.** *Constr: (cement, plaster):* dogni.

gaugeable *a.* mesuradwy.

gauged *a.* mesuredig, cywir.

gauger *n.* mesurydd(-ion) *m*; *(of ability &c):* mantolwr (mantolwyr) *m*; *(= exciseman):* tollwr (tollwyr) *m*, ecseismon (ecseismyn) *m*.

gauging *vn. See* **gauge².**

Gaul *Pr.n. & n.* **1.** *Pr.n. A.Geog:* Gâl *f*. **2.** *n.* Galiad (Galiaid) *m&f*.

Gaulish *a. & n.* **1.** *a.* Galaidd, Gâl, o Âl; **~ towns,** trefi yng Ngâl; *(in language):* Galeg. **2.** *n. Ling:* Galeg *f*, *m*.

Gaullism *n. Pol:* Gauliaeth *f*.

Gaullist *n. & attrib. Pol:* **1.** *n.* Gaulydd(-ion) *m*, Gaulyddes(-au) *f*, Gauliad (Gauliaid) *m&f*. **2.** *attrib.* Gaulaidd, Gaulistaidd; **the ~ party,** plaid de Gaulle.

gault *n. Geol:* cleidir(-oedd) *m*, cleifarl *m*, marl *m*.

gaultheria *n. Bot:* gaultheria *m*.

gaunt *a.* **1.** *(face):* esgyrnog, curiedig, llwm (*f.* llom, *pl.* llymion), nychlyd, gwachul; *(body):* esgyrnog, main. **2.** *(= grim, desolate):* llwm, moel(-ion), diffaith.

gauntlet¹ *n. Arm:* dyrnfol(-au) *mf*, maneg *(f)* ddur (menyg dur), *A:* gawntled(-i) *f*; **to throw down the ~ to s.o.,** herio rhn, rhoi/taflu her (i rn); **to take up the ~,** derbyn yr her.

gauntlet² *n. Mil: A:* gwialgur *m*, gwialeniad(-au) *m*, gwialgosb *f*; **to run the ~,** mynd dan y lach, mynd dan lachiau; *Fig:* **to run the ~ of criticism,** dod dan lach y beirniaid.

gauntness *n.* **1.** *(of face &c):* golwg esgyrnog/lom *f*, esgyrnogrwydd *m*, llymder *m*. **2.** *(= desolation):* llymder, moelni *m*, diffeithder *m*.

gaur *n. Z:* ych(-en) gwyllt *m*, gawr(-od) *m*.

gauss *n. Ph:* ***gauss*** *m*.

gauze *n.* **1.** gwe(-oedd) *f*, meinwe(-oedd) *f*, rhwyllen(-ni) *f*; **~ cloth,** lliain (llieiniau) rhwyllog *m*; **wire ~,** gwe wifrog (gweoedd gwifrog), gwifrwe(-oedd) *f*. **2.** *(= slight haze):* tawch *m*, tarth *m*, niwlen *f*, tes *m*.

gauzy *a.* ysgafn, gwawnaidd, tryloyw, meinweog, main (meinion).

gave *v. See* **give.**

gavel *n.* morthwyl(-ion) *m*.

gavelkind *n. Hist: Jur:* gafael *(m)* cenedl, cyfran *f*, cyfrannu *vn*, gafaeledd *m*.

gavial *n. Rept:* gafial: gafiel(-od) *m*.

gavotte *n. Danc:* ***gavotte(-s)*** *f*, gafót (gafotau) *f*.

gawk¹ *n.* lleban(-od) *m*, llo(-eau,-i) *m*, llabi (llabïod) *m*, un trwstan *m*, lembo(-s) *m*, lobjoryn *m*, lob *m*, llymbar *m*, gwirionyn *m*, hurtyn *m*; *See* **fool¹.**

gawk² *v.i.* = **gape².**

gawkily *adv.* yn lletchwith *&c.*

gawkiness *n* lletchwithdod *m*, trwstaneiddiwch *m*, anfedrusrwydd *m*, dilunwch *m*; *(= shyness):* swildod *m*.

gawky *a.* lletchwith, trwsgl, afrosgo, trwstan, llibin, llebanaidd, anfedrus, di-lun, lloaidd, di-glem; *(= shy):* swil.

gawp *v.i.* = **gawk², gape².**

gay¹ *a.* **1.** *(= cheerful):* siriol, llawen, llon, hoenus, ysgafnfryd, ysgafala, difyrrus, hoyw; **to lead a ~ life,** byw wrth eich bodd, cael hwyl; **to have a ~ time,** cael hwyl; *S.a.* **dog¹ 3. 2.** *(= colourful, bright):* siriol, lliwgar, bywiog, disglair, ysblennydd; **~ clothes,** dillad hoen; **a scene ~ with lights,** golygfa yn ddisglair gan oleuadau. **3.** *(euphemistic): (a) (= dissolute):* anllad, anfoesol; *(b) (= homosexual):* hoyw; **~ rights,** hawliau hoywon; **~ liberation,** rhyddhad hoywon.

gay² *n.* hoyw(-on) *m&f*.

gayfeather *n. Bot: (Liatris):* = **blazing star.**

gayness *n.* = **gaiety.**

gazania *n. Bot:* ***gazania*** *m*.

gaze¹ *n.* edrychiad(-au) *m*, sylliad(-au) *m*, golwg *f*, trem *f*, golygon *pl.*

gaze² *v.i.* syllu, craffu, rhythu, tremio **(at sth,** ar rth); **to ~ into space,** delwi.

gazebo *n.* gwylfa (gwylf|eydd) *f*, arsyllfa (arsyllf|eydd) *f*, gasebo(-s) *m*.

gazelle *n. Z:* gafrewig(-od) *f*, gasél (gaseliaid) *m*.

gazer *n.* syllwr (syllwyr) *m*, s|yllwraig *f*, craffwr (craffwyr) *m*, cr|affwraig *f*, rhythwr (rhythwyr) *m*, rh|ythwraig *f* **(at sth,** ar rth).

gazette¹ *n.* newyddiadur(-on) *m*, ***gazette(-s)*** *f*; **he was gazetted,** cofnodwyd ei enw yn y ***gazette.***

gazetteer *n.* **1.** *A: (= journalist):* newyddiadurwr

(newyddiadurwyr) *m*. **2.** *(= index)*: mynegai (mynegeion) daearyddol *m*, rhestr (*f*) o enwau lleoedd, geiriadur(-on) daearyddol *m*.
gazing *a.* llygadrwth, cegrwth, chwilfrydig, syllgar.
gazpacho *n. Cu:* cawl oer *m*, ***gazpacho*** *m*.
gazump *v.t.* gaswmpo, gasympio.
gazumper *n.* gasympwr (gasympwyr) *m*, gas|ympwraig *f*.
gean *n. Bot:* ceiriosen ddu (ceirios duon) *f*, sirianen ddu (sirian duon) *f*, *A:* hyddgwyr *m*.
gear[1] *n.* **1.** *(a) A: & F: (= apparel)*: gwisg(-oedd) *f*, dillad *pl* (*with double pl.* dilladau); *(b) (= harness of draught animal)*: gweddau *pl* (*with double pl.* gweddeifau, gweddeifon), tresi *pl*, gêr (*m*) [tynnu], harnais (harneisiau) (*m*) gwedd, trec(-iau) *m*. **2.** *(a) (= goods, utensils)*: eiddo *m*, nwyddau *pl*, taclau *pl*, offer *pl*, celfi *pl*, gêr, trugareddau *pl*, trangwls *pl* (*pronounced* ng-g), geriach *m*, petheuach *pl*; *(b) (= equipment)*: offer, cyfarpar *m*, taclau, gêr, geriach. **3.** *Mec.E: (a)* peirianwaith *m*; **control ~,** offer rheoli; *(b)* gêr *mf*, gafael(-ion) *f*, cocos *pl*; **[driving, transmission] ~,** trawsyriant *m*, cocos gyrru/trawsyrru; **wheel ~,** trawsyriant cocos; **belt ~,** gyriant (*m*) strap; **chain ~,** cocos/gêr cadwyn; **crank ~,** *(of cycle)*: gêr padlen; **train of gears,** rhes (*f*) o gocos, rhes o olwynion cocos; **back/reverse/reversing ~,** gêr ôl, gêr bacio/facio; *Aut:* **in ~,** yn ei afael, yn yr afael, mewn cyswllt, mewn gêr; *(machine)*: ar waith; **to come into ~,** dod i'r afael (â rhth), cydio (yn rhth); **to throw sth into ~,** rhoi rhth yn yr afael; **out of ~,** allan o'r afael, allan o gêr; *F: (organization)*: dryslyd, digyswllt, di-drefn, ar chwâl. **4.** *Aut:* cyflymdra *m*, gêr, sbid *m*, gafael; **first ~, bottom ~, low ~,** y gêr isaf/gyntaf; **neutral ~,** gêr rydd/niwtral; **in top ~,** yn y gêr uchaf; **to go ahead in top ~,** *Fig:* mynd ymlaen nerth deng ewin *&c*; **to change ~,** newid gêr. **5.** *Nau:* rigin *m*. **~ change** *n.* newid (*vn*) gêr. **~ lever** *n.* lifer (lifrau) (*m*) gêr, ffon (ffyn) (*f*) newid gêr. **~ ratio** *n.* cymhareb (*f*) geriau. **~ shift** *n. U.S:* = **gear lever.** **~ wheel** *n.* olwyn (*f*) gocos (olwynion cocos).
gear[2] *v.t.&i.* **1.** *v.t. (a) (= equip)*: offeru, taclu, cyfarparu, addasu, cymhwyso; *(b) (a cog)*: gerio, cydio, cysylltu; *(c) (a draught horse)*: harneisio, *N.W: occ:* cersio. **2.** *v.i.* cydio, mynd i'r afael. **3.** *v.t.* **to ~ sth up,** cyflymu/cryfh|au/codi rhth; **to ~ sth down,** arafu/gostwng/lleih|au rhth. **4.** *v.t.* **salary geared to the cost of living,** cyflog ynghl|wm wrth gost byw; **the factory isn't geared to produce as much as that,** nid yw'r ffatri'n addas/alluog/gymwys i gynhyrchu cymaint â hynna.
gearbox *n. Aut: &c:* gerflwch (gerflychau) *m*, *F:* gerbocs(-ys) *m*.
gearcase *n. Cy:* amgaead (*m*) olwyn, gêr-gas(-ys) *m*.
gearing *vn.* **1.** *Mec.E:* geryn(-nau) *m*, geriad(-au) *m*, geriant (geriannau) *m*; **~ up,** lluosogiad *m*, geriad lluosogi; **~ down,** arafiad *m*, gostyngiad *m*, geriad lleih|au. **2.** *Fin:* geriad.
gecko *n. Rept:* geco(-aid) *m*.
gee *int.* **1.** *(to horse)*: ji! **2.** *U.S:* 'rargian! hawyr bach! Iesgwn! esgob Dafydd! bobol bach! Dew! Duwcs!
gee-gee *n. (child's speech)*: ceffyl bach (ceffylau bach) *m*, ji-ji(-s) *m*.
geezer *n.* boi(-s) *m*, creadur(-iaid) *m*, *S:* bachan *m*, *N.W: occ:* cofi(-s) *m*, co (cofis) *m*, cono(-s) *m*; **old ~,** hen gono, hen begor(-iaid) *m*, hen daid (~ deidiau) *m*, hen bererin(-ion) *m*.
Geiger *Pr.n.* **~ counter,** mesurydd(-ion) (*m*) ymbelydredd, mesurydd Geiger.
geisha *n.* geisha(-s) *f*.
geist *n.* ysbryd *m*, deallusrwydd *m*, deall *m*.
gel[1] *n. Ch:* gel(-iau) *m*.
gel[2] *v.i. Ch:* gelio.
gelada *n. Z: (Theropithecus gelada)*: cïab(-au) blewog *m*, gelada(-od) *m*.
Gelasian *a. Rel.Hist:* Gelasaidd.
gelatine *n.* g|elatin *m*, gludai *m*; **blasting ~,** *Expl:* gelatin tanio/saethu. **~ paper** *n. Phot:* papur (*m*) gelatin. **~ size** *n.* glud (*m*) gelatin.
gelatinize *v.t.&i.* gelatinio, gelatineiddio.
gelatinous *a.* gludiog, gludeiol, hylud, gelatinaidd, fel jeli, jeliaidd, gelaidd.
gelation[1] *n. Ch: (= solidification by freezing)*: fferiad *m*.
gelation[2] *n. Ch: (= formation of a gel)*: geliad *m*.
geld[1] *n. Hist:* toll(-au) *f*, treth(-i) *f*.
geld[2] *v.t.* disbaddu, ysbaddu, c[y]weirio (rhth); torri (ar rth). *F:* 'sbaddu (rhth).
gelded *a.* disbaidd, ysbaddedig, cyweiriedig, wedi ei gyweirio, wedi torri arno; **~ bull,** atarw (ateirw) *m*, bwla(-od) *m*, *M.W:* adfwl(-au) *m*; **~ horse,** adfarch (adfeirch) *m*.
gelder *n.* disbaddwr (disbaddwyr) *m*, ysbaddwr (ysbaddwyr) *m*, c[y]weiriwr (c[y]weirwyr) *m*, torrwr (torwyr) *m*, *N.W: occ:* eurych(-iaid) *m*.
gelding *n. (horse)*: adfarch (adfeirch) *m*, ceffyl(-au) disbaidd *m*, *S.W:* rhagfarch (rhagfeirch) *m*.
gelid *a. Poet:* rhewllyd, rhewoer, iasol, fferllyd, fferrol.
gelignite *n. Expl:* g|elignit *m*; **a stick of ~,** *N.W: Qu:* pelen (peli) *f*.
gelly *n. F: (= gelignite)*: jeli *m*.
gem *n.* **1.** gem(-au) *mf*. **2.** *(howler, good joke)*: perl(-au) *m*, gem, un dda/anfarwol *f*.
gemeinschaft *n.* ***gemeinschaft*** *m*.
geminate[1] *a. Bot:* [g]efeilliog, parog, deublyg.
geminate[2] *v.t.* dyblu, dyblygu, [g]efeillio, pario.
Gemini *n. Astrol:* yr Efeilliaid *pl*.
gemma *n. Bot:* gema (gemâu) *m*, deilflaguryn (deilflagur) *m*, blaguryn (blagur) *m*.
gemmation *n. Bot:* deilflaguro *vn*.
gemmed *a.* gemog, tlysog.
gemmiferous *a.* **1.** gemog. **2.** *Bot:* blagurog.
gemmiparous *a.* blagurddwyn.
gemmologist *n.* gemolegwr: gemolegydd (gemolegwyr) *m*.
gemmology *n.* gemoleg *f*.
gemmule *n. Biol:* eginyn (egin) *m*, gemwl (gemylau) *m*, blagurolyn (blagurolion) *m*.
gemmy *a.* gemog, tlysog.
gemsbok *n. Z:* gemsboc(-iaid) *m*.
gemshorn *n. Mus:* gemshorn *m*.
gemstone *n.* gem(-au) *f*, tlws (tlysau) *m*.
gemütlich *a.* siriol, cartrefol, hwyliog, clên.
gen *n. & v.t.* **1.** *n.* gwybodaeth *f*, hysbysrwydd *m*, ffeithiau *pl*; **to give s.o. the ~,** rhoi rhn ar ben y ffordd. **2.** *v.t.* **to ~ [oneself] up,** dysgu (am rth), ymgydnabod (â rhth), casglu'r ffeithiau (am rth); **to ~ s.o. up,** rhoi rhn ar ben y ffordd.
gendarme *n.* **1.** *Fr.Adm:* ***gendarme(-s)*** *m*, milisiad (milisiaid) *m*; *(loosely, = policeman)*: plisman: plismon (plismyn) *m*, heddwas (heddweision) *m*. **2.** *Climbing:* ***gendarme(-s)*** *m*, creigdwr (creigdyrau) *m*.
gendarmerie *n.* **1.** milisia *m*; *(loosely, = police)*: heddlu *m*. **2.** *(= police station)*: swyddfa(*f*)'r heddlu (swyddf|eydd yr heddlu).
gender *n.* **1.** *Gram:* cenedl (cenhedloedd) *f*. **2.** *F: (= sex)*: rhyw(-iau) *f*.
gene *n. Biol:* genyn(-nau) *m*. **~ complex** *n.* cymhleth (*m*) genynnau. **~ pool** *n.* cyfanswm genynnol *m*. **~ recombination** *n.* ailgyfuniad(-au) genynnol *m*, ailgyfuno (*vn*) genynnol.
genealogical *a.* achyddol, achol; **~ tree/table,** achres(-i) *f*, achrestr(-au,-i) *f*, cart(-iau) (*mf*) achau, siart(-iau) (*mf*) achau.
genealogically *adv.* yn achyddol.
genealogist *n.* achrestrydd(-ion) *m*, achydd(-ion) *m*, achyddes(-au) *f*, achwr (achwyr) *m*, olrheiniwr (olrheinwyr) (*m*) achau, casglwr (casglwyr) (*m*) achau.
genealogize *v.t.&i.* achrestru, olrhain achau, *F:* hel achau.
genealogy *n.* **1.** *(= pedigree)*: achres(-i) *f*, achrestr(-au,-i) *f*, llinach(-au) *f*, tras(-au) *f*, achau *pl*, ach *f*, llin *f*, gwehelyth *m*. **2.** *(science)*: achyddiaeth *f*.
genera *n.pl. See* **genus.**
general *a. & n.* I. *a.* **1.** cyffredinol, *occ:* cyffredin; **~ mathematics,** elfennau mathemateg; *Ling:* **~ American,** Americaneg safonol *m*; *Adm:* **~ holiday,** gŵyl gyhoeddus (gwyliau cyhoeddus) *f*; *Mil:* **~ headquarters,** pencadlys(-oedd) *m*; *Ecc:* **~ confession,** cyffes gyffredinol *f*; *Ecc:* **~ thanksgiving,** diolch cyffredinol *m*; *Ecc:* **G~ Synod,** Cymdeithasfa Gyffredinol *f*; *Ecc:* **G~ Assembly,** Cymanfa Gyffredinol *f*, *F:* Sasiwn *f*; *Sch:* **G~ Certificate of Education,** Tystysgrif (*f*) Addysg Gyffredinol; *Sch:* **G~ Certificate of Secondary Education,** Tystysgrif Gyffredinol Addysg Uwch; *Pol:* **~ election,** etholiad(-au) cyffredinol *m*; *Econ:* **G~ Agreement on Tariffs and Trade,** y Cytundeb Cyffredinol ar Dollau a Masnach; **~ meeting,** cyfarfod(-ydd) cyffredinol *m*; *Adm:* **G~ Post Office,** Swyddfa'r Post; *U.S:* **~ delivery,** *(= poste restante)*: llythyrau i'w casglu; **~ post,** *(a) (= first delivery)*: danfoniad cyffredinol *m*; *(b) (game)*: chwarae (*vn*) postman bach; *(c) Fig: (= rapid change of positions)*: ffeirio (*vn*) swyddi, ffair (*f*) gyflogi; *Mus:* ~

pause, daliant (daliannau) cyffredinol *m*; *Mil:* **~ staff,** staff(-iau) milwrol *m*; *Ind:* **~ strike,** streic gyffredinol (streiciau cyffredinol) *f*; *Adm:* **~ practitioner,** meddyg(-on) (*m*) teulu; *Adm: Med:* **~ practice,** meddygaeth deuluol *f*; *S.a. (b) below*; *Med:* **~ paresis, ~ paralysis,** parlys cyffredinol *m*. **2.** *(a) (= widespread, usual):* cyffredin, cyffredinol, arferol, mynych, eang; **the use of it is fairly ~,** fe'i defnyddir yn eithaf cyffredinol; mae ar ddefnydd yn eang; **it's the ~ practice,** dyna'r arfer/arferiad; **as a ~ rule,** fel rheol [gyffredinol], fel arfer; **in a ~ way,** *F:* **as a ~ thing,** at ei gilydd, drwodd a thro; **the ~ will,** yr ewyllys gyffredinol *f*; **the ~ public,** y cyhoedd *m*, pobl (*f or pl*) yn gyffredin, *occ:* y wlad *f*, y trwch *m*; **the ~ opinion,** y farn gyffredin, barn (*f*) y wlad; **the ~ reader,** y darllenydd cyffredin *m*, y darllenwyr cyffredin *pl*; **~ knowledge,** gwybodaeth gyffredinol *f*; **~ dealer,** gwerthwr (gwerthwyr) (*m*) pob peth; **~ store[s], ~ shop,** siop (*f*) bob peth (siopau pob peth); *Publ:* **~ books,** llyfrau poblogaidd, llyfrau i bawb; **~ servant,** *(male):* gwas (gweision) (*m*) at bob swydd, *S.W:* gwas twt, *N.W: (on farm):* dyn(-ion) caled *m*; *(female):* morwyn(-ion, morynion) (*f*) at bob swydd; *(b) (= rough, vague):* brith + *soft mut.*, braidd + *soft mut.*, lled + *soft mut.*; **a ~ resemblance,** tebygrwydd cyffredinol *m*, lled-debygrwydd *m*; **he spoke (of sth) in ~ terms,** soniodd yn fras (am rth). **3.** *(= chief):* prif + *soft mut.*; **inspector ~,** prif arolygydd *m*; *S.a.* **adjutant, agent, attorney, solicitor**; **~ manager,** prif reolwr *m*, prif re|olwraig *f*. **4.** *adv.phrase:* **in ~ ,** at ei gilydd, fel rheol, yn gyffredinol, drwodd a thro. II. *n.* **1. to argue from the ~ to the particular,** dadlau o'r cyffredinol hyd at y neilltuol. **2.** *Mil:* cadfridog(-ion) *m*, **G~ Owen,** y Cadfridog Owen; *F:* **he's no ~,** 'does ganddo fawr o glem arni; **major-~,** uwch-frigadydd (~-frigadwyr) *m*; **lieutenant-~,** is-gadfridog(-ion) *m*; **brigadier-~,** brigadydd(-ion) *m*. **3.** *Ecc: (of order):* pennaeth (penaethiaid) cyffredinol *m*. **4.** *F: See* **general servant** *above*. **5. the ~,** *(= the multitude):* y lliaws *m*, y trwch *m*, y mwyafrif *m*, y werin (*f*) a'r miloedd (*pl*), y bobl gyffredin *f*, y rhan fwyaf *f*; y rhelyw (*m*) *(= the rest) is often wrongly used in this sense.*

generalised *a.* = **generalized.**

generalissimo *n.* pencadfridog(-ion) *m*.

generalist *n.* cyffredinolwr: cyffredinolydd (cyffredinolwyr) *m*.

generality *n.* **1.** *(= general nature):* cyffredinolrwydd *m*, cyffrediniaeth *f*, cyffredinoldeb *m*, natur gyffredinol *f*. **2.** *(= general statement):* cyffrediniaeth(-au) *f*, ystyriaeth gyffredinol (ystyriaethau cyffredinol) *f*, sylw(-adau) cyffredinol *m*; **to speak in generalities,** cyffredinoli, siarad yn fras/gyffredinol; **to confine oneself to generalities,** bodloni ar gyffredinoli. **3.** *(= common run, majority):* y mwyafrif *m*, y rhan fwyaf *f*, y nifer fwyaf *f*, y lliaws *m*, trwch (*m*) y boblogaeth; y rhelyw (*m*) *(= the rest) is often wrongly used in this sense.*

generalization *n.* **1.** cyffredinoliad(-au) *m*, cyffrediniad(-au) *m*. **2.** cyffredinoli *vn*.

generalize *v.t.&i.* **1.** *v.t.&i. (facts &c):* cyffredinoli. **2.** *v.t. (= popularize):* poblogeiddio, ehangu, taenu, lledaenu (rhth); rhoi (rhth) ar led.

generalized *a.* cyffredin, cyffredinol, eang, penagored, cyffredinoledig; ar led, ar daen. **~ animal cell,** cyffredinoliad (*m*) o gell.

generalizer *n.* cyffredinolwr (cyffredinolwyr) *m*, cyffredin|olwraig *f*.

generalizing *a.* & *vn.* **1.** *a.* cyffrediniol; **a ~ statement,** cyffredinoliad *m*. **2.** *vn. See* **generalize, generalization.**

generally *adv.* **1.** *(as a rule, in general sense):* yn gyffredinol, fel arfer, at ei gilydd, rhwng popeth, drwodd a thro. **2.** *(= widely):* yn eang, yn gyffredinol; **it's not ~ known that he's ill,** ychydig a ŵyr ei fod yn wael; ni ŵyr pawb ei fod yn wael; **permission isn't ~ given,** ni roddir caniatâd fel arfer.

generalship *n.* **1.** *(= rank of general):* cadfridogaeth *f*, swydd (*f*) cadfridog. **2.** *(= leadership, strategy):* arweiniad *m*, strateg[i]aeth *f*, strateg *f*, tacteg *f*, medr *m*, maeslywyddiaeth *f*, cadlywyddiaeth *f*, cadfridogaeth.

generate *v.t.* **1.** *A: (= beget):* cenhedlu. **2.** *(= produce): (a) (heat, light &c):* cynhyrchu; *(b) (result, emotion &c):* creu, *occ:* peri, ennyn, achosi. **3.** *Ph: Mth:* cynhyrchu, *occ:* generadu.

generation *n.* **1.** *(= procreation):* cenhedliad *m*, cenhedlu *vn*; **spontaneous ~,** *A:* ymgenhedlu (*vn*) digymell. **2.** *(heat, light &c):* cynhyrchu *vn*. **3.** *(emotions &c):* enyniad *m*, achosiad *m*, creadigaeth *f*, ennyn *vn*, creu *vn*, peri *vn*, achosi *vn*. **4.** *(age-group of a family &c):* cenhedlaeth (cenedlaethau) *f*, *F: occ:* to *m*; *Biol:* **~ time,** amser mitotig *m*; *B:* **O ~ of vipers!** O genhedlaeth gwiberod! **from ~ to ~ ,** o oes i oes, o genhedlaeth i genhedlaeth, *S.W:* o lin i lin; **the rising ~,** y to sy'n codi; **the older ~,** yr hen do, y to hŷn; **the younger ~,** y to ifanc/iau; **the ~ gap,** y bwlch rhwng y cenedlaethau, bwlch y cenedlaethau.

generational *a.* cenedliadol.

generative *a.* cenhedlol, epiliol; *(= productive):* cynhyrchiol; *(= causatory):* achosol, enynnol; *Ling:* **~ grammar,** gramadeg cynhyrchiol/cenhedlol *m*.

generator *n.* **1.** *(pers.):* symbylydd (symbylwyr) *m*, cymhellwr (cymhellwyr) *m*, cychwynnwr: cychwynnydd (cychwynwyr) *m*. **2.** *(apparatus):* cynhyrchydd (cynyrchyddion) *m*; *El.E:* generadur(-on) *m*; *Aut:* d|einamo(-s) *m*. **3.** *Mus:* sain (seiniau) sylfaenol *f*, sain gynhyrchiol (seiniau cynhyrchiol); **~ of sound,** generadur sŵn.

generatrix *n.f.* mam(-au), cych|wynwraig (cychwynwragedd).

generic[al] *a.* **1.** *(= general):* cyffredinol. **2.** *(= pertaining to group):* rhywogaethol, *occ:* generig, tylwythol; **~ name,** enw(-au) (*m*) dosbarth; *Lib:* **~ description,** disgrifiad(-au) generig *m*; *Ling:* **~ relationship,** perthynas generig *f*.

generically *adv.* yn rhywogaethol, o ran rhywogaeth, yn ôl rhywogaeth; **~ different,** gwahanol o ran rhywogaeth; **to divide ~,** rhannu yn ôl rhywogaeth.

generosity *n.* **1.** *(= liberality):* haelioni *m*, *occ:* haelfrydedd *m*, haelder *m*. **2.** *(= magnanimity):* mawrfrydigrwydd *m*.

generous *a.* **1.** *(= liberal):* hael(-ion), haelionus, haelfrydig, dibrin, *N.W: F:* ffri, *S.W: occ:* rhywiog. **2.** *(= magnanimous):* mawrfrydig, haelfrydig. **3. ~ soil,** pridd ffrwythlon/hael; **~ living,** bywyd braf *m*, hawddfyd *m*, esmwythyd *m*; **~ colour,** lliw coeth; **~ wine,** gwin coeth; *F:* **a ~ meal,** pryd digonol/helaeth; **a ~ coat of paint,** côt drwchus/helaeth/hael o baent.

generously *adv.* yn hael *&c*; **paint ~ applied,** paent wedi ei blastro'n ffri.

genesis *n.* **1.** dechreuad(-au) *m*, cychwyniad(-au) *m*, cychwyn(-iadau) *vn*, cenhedliad(-au) *m*, tarddiad(-au) *m*, ffynhonnell (ffynonellau) *f*, gwr|aidd (gwreiddiau) *m*, gwreiddyn (gwreiddiau) *m*. **2. G~,** *B:* [Llyfr] G|enesis *m*.

genet *n. Z:* pergath(-od) *f*, jenet(-od,-iau) *mf*.

genetic *a.* **1.** *(= causal &c):* achosol, cychwynnol, cenedliadol, epiliol. **2.** *Biol:* genetig, genetaidd, genynnol, etifeddegol; **~ code,** côd genynnol *m*; **~ drift,** symudiad genynnol *m*; **~ isolation,** arwahanu (*vn*) genynnau.

genetically *adv.* yn enetig *&c*.

geneticist *n.* genetegwr: genetegydd (genetegwyr) *m*.

genetics *n.pl.* etifeddeg *f*, geneteg *f*; **human ~,** geneteg dyn.

genette *n.* = **genet.**

geneva[1] *n. Cu:* jin *m*, *Lit:* gwirod (*m*) meryw.

Geneva[2] *Pr.n. Geog:* Genefa *f*. **~ bands** *n.pl.* llabedau Genefa. **~ Conventions** *n.pl.* Cytundebau Genefa. **~ cross** *n.* y groes goch *f*. **~ gown** *n.* gŵn du (gynau duon) *m*.

Genevan *a.* & *n.* **1.** *a.* Genefaidd, [o] Genefa. **2.** *n.* Genefiad (Genefiaid) *m&f*.

genial[1] *a.* **1.** *(a) (climate &c):* mwyn(-ion), tyner, addfwyn, tirion, hynaws; *(of warmth &c):* cynhesol, clyd; *(b) (= kindly):* rhadlon, hwyliog, clên, siriol, *N.W: occ:* nobl, clyfar: **she's a ~ sort,** *N.W: occ:* mae hi'n hen ffrwcsen; mae hi'n hen beth glên. **2.** *(= owning genius):* athrylithgar.

genial[2] *Anat: (= of the chin):* genol, yr ên.

geniality *n.* **1.** *(of climate):* tynerwch *m*, mwynder *m*, addfwynder *m*, tiriondeb *m*, hynawsedd *m*. **2.** *(= good humour):* rhadlonrwydd *m*, clenrwydd *m*, sirioldeb *m*, hwyliogrwydd *m*.

genially *adv.* yn hwyliog *&c*.

genic *a. Biol:* genig.

geniculate *a. Bot:* glinog.

geniculation *n. Bot:* gliniogrwydd *m*.

genie (*pl.usu. genii*) *n.* ysbryd(-ion) *m*, ***genie*** *m*.

genipap *n. Bot:* j|enipap (jenipapau) *m*.

genista *n. Bot:* eithinen (eithin) *f*; *See* **broom 1, needle furze, whin**[1].

genital *a.* & *n.pl.* **1.** *a.* cenhedlol, epiliol (*not* genidol, = *genitive*). **2.** *n.pl.* **genitals, genitalia,** organau cenhedlu, organau epilio,

organau rhywiol, dirgelion, genitalia; *S.W: (of animals):* cyfarpar *m.*
genitival *a.* genidolaidd, â genidol.
genitivally *adv.* yn enidol.
genitive *a. & n. Gram:* **1.** *a.* genidol. **2.** *n.* y [cyflwr] genidol *m.*
genito-urinary *a. Anat:* cenhedlol-droethol.
genius *n.* **1.** *(= tutelary spirit):* ysbryd(-ion) *m, occ:* awen *f.* **2.** *(no pl.): (= spirit of an age):* anian *mf,* teithi *pl,* ysbryd. **3.** *(= ability):* athrylith(-oedd) *fm,* dawn arbennig *f;* **to have a ~ for mathematics,** meddu ar ddawn arbennig mewn mathemateg; **to have a ~ for doing sth,** bod â dawn gwneud rhth; *(b)* **a man of ~,** athrylith(-oedd) *m;* **a work of ~,** gwaith athrylithgar, gwaith athrylith. **4.** *(pers.):* athrylith(-oedd) *m&f; F:* **he's no ~,** 'does 'na fawr yn ei ben. **5. ~ loci,** naws *(f)* lle, anian lle.
genizah *n. Rel.Hist:* genisa *f.*
Genoa *Pr.n. Geog:* Genoa *f.* **~ jib** *n. Nau:* bolhwyl(-iau) *f,* jib *(mf)* rasio. **~ cake** *n. Cu:* teisen(-nau) *(f)* almon.
genocidal *a.* hil-leiddiol, hil-laddol, hil-laddiadol.
genocide *n.* hil-laddiad *m.*
Genoese *a. & n.* **1.** *a.* Genoaidd, [o] Genoa. **2.** *n.* Genoad (Genoaid) *m&f.*
genome *n.* genom(-au) *m.*
genomer *n.* g|enomer (genomerau) *m.*
genosome *n.* g|enosom (genosomau) *m.*
genotype *n. Biol:* g|enoteip (genoteipiau) *m.*
genotypic *a. Biol:* genotypig, genoteipol, genoteipaidd.
genre *n.* **1.** *(of literature):* dosbarth(-iadau) *m,* ffurf(-iau) *f,* dull(-iau) *m,* modd(-au) *m,* math(-au) *m,* ***genre(-s)*** *mf.* **2.** *Art:* **~ painting,** paentiad *(m)* ***genre.***
gens *n. Bot: Rom.&Gr.Art:* tylwyth(-au) *m.*
gent *n. P: & Com:* **= gentleman; gents' footwear,** esgidiau i ddynion; *(on public conveniences):* "dynion", *occ:* "meibion"; *F:* **the gents,** y lle *(m)* dynion; **where's the gents?** ble mae'r tŷ bach?
genteel *a.* **1.** *(now usu. Iron.):* syber, bonheddig, sydêt, gwastad, propor; *Pej:* crachfonheddig, mursennaidd; **shabby ~,** bonheddig dlawd, wedi dod i lawr yn y byd. **2.** *(= stylish, fashionable):* ffasiynol.
genteelism *n.* gair teg *m.*
genteely *adv.* yn fonheddig *&c; Pej:* yn fursennaidd.
gentian *n. Bot:* crwynllys *m,* chwerwlys *m;* **Alpine ~, small ~,** *(Gentiana nivalis):* crwynllys y mynydd; **Autumn[al] ~,** *(Gentianella amarella):* crwynllys chwerw, crwynllys yr Hydref; **bladder ~,** *(Gentiana utriculosa):* crwynllys codennog; **Chiltern ~,** *(Gentiana germanica):* crwynllys yr Almaen, crwynllys chwerw mawr; **cross ~,** *(Gentiana cruciata):* crwynllys croesog; **dune ~,** *(Gentianella uliginosa):* crwynllys y tywod/twyni; **early ~,** *(Gentianella anglica):* crwynllys cynnar; **field ~,** *(Gentianella campestris):* crwynllys y maes; **fringed ~,** *(Gentianella ciliata):* crwynllys eddïog. **great yellow ~,** *(Gentiana lutea):* y crwynllys mawr melyn; **Hindustan ~,** *(Chirita lavandulacea):* crwynllys yr India; **marsh ~,** *(Gentiana pneumonanthe):* crwynllys y gors, blodau *(pl)* Mihangel; **northern ~,** *(Gentianella aurea/septentrionalis):* crwynllys euraidd, crwynllys y gogledd; **purple ~,** *(Gentiana purpurea):* crwynllys porffor; **slender ~,** *(Gentianella tenella):* crwynllys main, crwynllys hirgoes; **snow ~,** *(= Alpine ~, small ~; spotted ~),* *(Gentiana punctata):* crwynllys mannog; **spring ~,** *(Gentiana verna):* crwynllys y gwanwyn; **willow ~,** *(Gentiana asclepiadea):* crwynllys helygddail. **~ speedwell** *n. Bot: (Veronica gentianoides):* rhwyddlwyn chwerwlysol *m.* **~ bitter** *n.* gwirod *(m)* crwynllys. **~ sage** *n. (Salvia patens):* crwynllys blewog. **~ violet** *n. Med:* eli glas *m.* **~ gromwell** *n. Bot: (Lithospermum prostratum):* maenhad glas *m,* y maenhad ymlusgol.
gentile *a. & n.* **1.** *a.* cenhedlig; *Gram:* ethnig. **2.** *n.* cenedl-ddyn(-ion) *m; pl.* **the gentiles,** y cenhedloedd.
gentiledom *n.* y cenhedloedd *pl.*
gentility *n. (now usu. Iron.):* boneddigeiddrwydd *m,* syberwyd *m, N:* sidetrwydd: sydetrwydd *m; Iron: Pej:* crachfonedd *m,* crachfoneddigeiddrwydd *m,* mursendod *m;* **shabby ~,** tlodi bonheddig *m.*
gentle *a., n. & v.t.* I. *a.* **1.** *(a) (birth, descent &c):* bonheddig, uchelwrol, pendefigaidd; **of ~ birth,** o dras fonheddig; *(b) A:* **~ reader,** ddarllenydd mwyn/hynaws. **2.** *(= mild, quiet, tender):* hynaws, addfwyn, tyner, tirion, esmwyth, caredig; **a ~ breeze,** awel fwyn/dyner/ysgafn, awelan *f,* awelig *f, S.W:* awelyn *m, N.W:* eflyn *m;* **a ~ nature,** natur addfwyn/dirion; **a ~ medicine,** moddion/ffisig esmwyth; **~ pressure,** pwyso *(vn)* ysgafn, pwysau ysgafn *pl;* **a ~ heat,** gwres isel/gweddol/canolig/ cymedrol, claearwch *m,* cynhesrwydd *m;* **~ exercise,** ymarfer corff cymedrol; **a ~ slope,** rhediad graddol; *(= kind):* caredig; **a ~ hint,** awgrym caredig/cynnil; *B:* **~ Jesus,** Iesu tirion; **the ~ sex,** y rhyw dirion *f; (= meek):* dof, diniwed, llariaidd; **(as ~) as a lamb,** (mor ddiniwed) ag oen bach, â'r golomen; *(in handling sth):* tringar *(pronounced* ng-g); *(= light):* tawel, ysgafn; **(as ~) as the dew,** (mor ysgafn) â thes y glennydd, â'r gwlith, â phluen; **the ~ art/craft (of fishing &c),** crefft gynnil (pysgota *&c*). *S.a.* **flower**[1]. II. *n.* **1.** *pl. A:* **= gentlefolk. 2.** *Fish:* cynrhonyn (cynrhon) *m.* III. *v.t.* esmwytho, tirioni; **to ~ a horse,** trin ceffyl yn dyner, tolach/maldodi ceffyl.
gentlefolk *n.* bonedd *m,* bonheddwyr *pl,* boneddigion *pl,* uchelwyr *pl,* gwyrda *pl, F:* byddigions *pl,* pobl fawr *f or pl;* **distressed ~,** boneddigion anghenus, boneddigion mewn cyni.
gentleman *n.m.* **1.** *A: (= of gentle birth):* bonheddwr (bonheddwyr), gŵr (gwŷr) bonheddig *m,* pendefig(-ion), bonheddig (boneddigion). *A: Hist:* uchelwr (uchelwyr), gwrda (gwyrda); **~-in-waiting,** gwrda preswyl, gwrda at alwad; **~ at arms,** gwrda arfog; **~ at large,** gŵr bonheddig ar grwydr; *S.a.* **chamber. 2.** *(= man of chivalry, manners, wealth &c):* gŵr bonheddig; *F:* **he's no ~,** un difaners yw e; 'does ganddo ddim parch at neb; un didoriad ydi o; **a country ~,** yswain (ysweiniaid) *m, F:* sgweiar (sgweieriaid) *m* [gwlad]; **an English ~,** gŵr bonheddig o Sais, bonheddwr o Sais; **gentleman's agreement,** dealltwriaeth *(f)* gwŷr, cytundeb *(m)* gwŷr; *F:* **he's a ~ of leisure,** mae'n byw fel gŵr bonheddig; **~ farmer,** ffermwr (ffermwyr) *(m)* hamdden; **~ usher,** ystlyswr (ystlyswyr) bonheddig *m; (b) Sp: Cr:* |amatur (amaturiaid) *m;* **young ~,** gŵr ifanc (gwŷr ifainc) *m; F:* **the old ~,** *(= devil):* yr hen was; *Com:* **gentlemen's hairdresser,** barbwr (barbwyr) *m,* barber(-iaid) *m,* dyn(-ion) *(m)* trin gwalltiau dynion; **gentleman's ~,** gwas (gweision) *(m)* ystafell; *P.N:* **gentlemen,** *(on door of toilets):* "dynion", *occ:* "meibion". **3.** *(to audience):* **ladies and gentlemen!** foneddigion a boneddigesau! **4.** *Danc:* partner(-iaid) *m.*
gentlemanlike *a.* bonheddig, cwrtais, boneddigaidd.
gentlemanliness *n.* boneddigeiddrwydd *m,* cwrteisi *m.*
gentlemanly *a.* bonheddig, cwrtais, boneddigaidd.
gentleness *n.* **1.** *(= kindness):* addfwynder *m,* addfwyndra *m,* mwynder *m,* tiriondeb *m,* tirionder *m,* tirionwch *m,* hynawsedd *m,* tynerwch *m,* caredigrwydd *m.* **2.** *(of breeze, touch &c):* ysgafnder *m.* **3.** *(of slope):* graddoldeb *m.*
gentlewoman *n.f.* **1.** *A: (= woman of gentle birth):* boneddiges(-au), uch|elwraig (uchelwragedd), pendefiges(-au), arglwyddes(-au), gwr|aig (gwragedd) o dras. **2.** *(= lady):* gwraig fonheddig (gwragedd bonheddig), boneddiges, *occ:* gwraig dda, gwreigdda (gwrag|edd-da), bonesig *f.*
gently *adv.* **1.** *A:* **~ born,** bonheddig, o dras fonheddig *&c.* **2.** yn araf [deg], yn dyner &c, yn dringar *(pronounced* ng-g), yn dawel fach; **~ does it!** ara' deg! gan bwyll! dal arni! yn ara' deg mae dal iâr! **to handle sth ~,** trafod rhth yn dringar.
gentoo *n. Orn:* jentŵ(-od) *m.*
gentry *n.* **1.** bonedd *m,* uchelwyr *pl,* boneddigion *pl,* gwŷr mawr *pl, F:* byddigions *pl,* pobl fawr *f or pl, Pej:* crach *m or pl,* crachach *m or pl;* **the nobility and ~,** y bendefigaeth a'r uchelwyr. **2.** *Pej:* pobl, ciwed *f;* **the light-fingered ~,** y bobl â dwylo blewog.
genuflect *v.i.* plygu glin, penlinio, glinblygu, *N.W: occ:* gostwng garrau.
genuflector *n.* plygwr *(m)* glin (plygwyr gliniau).
genuflexion *n.* plygu *(vn)* glin, penliniad *m,* glinblygiad *m,* penlinio *vn.*
genuine *a.* **1.** *(= authentic):* dilys, diledryw, diamau, diamheuol, go iawn, o'r iawn ryw, *occ:* pur, gwir, gwirioneddol; **a ~ need,** gwir angen; **a ~ coin,** darn arian dilys; *S.a.* **article**[1]. **2.** *(pers.):* cywir, diffuant, dibynadwy, geirwir, gonest, di-dderbyn-wyneb, didwyll, ffyddlon, *F:* triw, *S: F:* piwr; *Com:* **a ~ purchaser,** prynwr o ddifrif. **3.** *(= pure-bred):* pur, glân gloyw, cynhwynol, diledryw, o waed [coch] cyfan, o dras, *F:* o frîd.
genuinely *adv.* **1.** *(= authentically):* go iawn, yn o iawn. **2.**

(sincerely): yn wirioneddol, o ddifrif, go iawn, yn ddiffuant, heb air o gelwydd.
genuineness *n.* **1.** *(= authenticity):* dilysrwydd *m*, sicrwydd *m*. **2.** *(of pers.):* didwylledd *m*, diffuantrwydd *m*, [g]onestrwydd *m*, geirwiredd *m*.
genus *n. Log: Biol:* rhywogaeth(-au) *f*, math(-au) *m*, genws (g|enera) *m*, tylwyth(-au) *m*.
geo *n. Geog:* moryd(-iau) *f*.
geobotanist *n.* geolysieuegwr: geolysieuegydd (geolysieuegwyr) *m*.
geobotany *n.* geolysieueg *f*.
geocentrig *a.* geosentrig, daeargreiddig, daearganolog.
geochemical *a.* geocemegol, daeargemegol.
geochemist *n.* geocemegwr: geocemegydd (geocemegwyr) *m*, daeargemegwr: daeargemegydd (daeargemegwyr) *m*.
geochemistry *n.* geocemeg *f*, daeargemeg *f*.
geochronological *a.* geocronolegol.
geochronologist *n.* geocronolegwr: geocronolegydd (geocronolegwyr) *m*.
geochronology *n.* genocronoleg *f*.
geode *n.* daearfaen (daearfeini) *m*.
geodesic *a.* geodesig.
geodesist *n.* geodeswr: geodesydd (geodeswyr) *m*.
geodesy *n.* geodeseg *f*.
geodetic *a.* = **geodesic**.
geodic *a.* daearfeinig.
Geoffrey *Pr.n.m.* Sieffre; ~ **of Monmouth,** Sieffre o Fynwy, *occ: (incorrectly):* Sieffre ab Arthur.
geographer *n.* daearyddwr (daearyddwyr) *m*, daear|yddwraig *f*.
geographic[al] *a.* daearyddol.
geographically *adv.* yn ddaearyddol.
geography *n.* daearyddiaeth *f*.
geoid *n. Geog:* daearffurf(-iau) *f*, geoid(-au) *m*.
geologic[al] *a.* daearegol.
geologically *adv.* yn ddaearegol.
geologist *n.* daearegwr: daearegydd (daearegwyr) *m*, daear|egwraig *f*.
geologize *v.t.&i.* daearegu.
geology *n.* daeareg *f*.
geomagnetic *a.* geomagnetig.
geomagnetism *n.* **1.** *(force):* geomagnetedd *m*. **2.** *(science):* geomagneteg *f*.
geomancer *n.* daeargoeliwr (daeargoelwyr) *m*, daearddewin(-iaid) *m*.
geomancy *n.* daearddewiniaeth *f*, daeargoel *f*.
geomantic *n.* daeargoelus, daearddewinol.
geometer *n.* **1.** *(pers.):* geometrydd(-ion) *m*, *A:* meintonydd(-ion) *m*. **2.** *Ent: (caterpillar):* pryf(-ed) *(m)* mesur, (*)Siani gefngrom *f (pronounced* ng-g).
geometric[al] *a.* geometrig, geometregol *(these forms do not usually mutate)*; ~ **art,** celfyddyd geometrig; ~ **progression,** dilyniant geometrig; ~ **spider,** corryn sidellog *m*, pryf copyn *(m)* gwe gron; *S.a.* **board**[1].
geometrically *adv.* yn geometrig.
geometrician *n.* geometrydd(-ion) *m*.
geometrize *v.t.* geometru.
geometry *n.* geometreg(-au) *f*, *A:* meintoniaeth *f*; **analytic ~, coordinate ~,** geometreg ddadansoddol/gyfesurynnol; **plane ~** geometreg plân/arwyneb; **plane and solid ~,** geometreg plân a soled.
geomorphic *a.* daearffurfiol, geomorffig.
geomorphological *a.* geomorffolegol *(does not usually mutate)*.
geomorphologically *adv.* yn geomorffolegol.
geomorphologist *n.* geomorffolegwr: geomorffolegydd (geomorffolegwyr) *m*.
geomorphology *n.* geomorffoleg *f*.
geophagy *n.* bwyta *(vn)* pridd, priddysu *vn*, priddysiad *m*.
geophilous *a. Z:* daeargarol.
geophone *n.* g|eoffon (geoffonau) *m*.
geophysical *a.* geoffisegol *(does not usually mutate)*.
geophysically *adv.* yn geoffisegol.
geophysicist *n.* geoffisegwr: geoffisegydd (geoffisegwyr) *m*.
geophysics *n.pl.* geoffiseg *f*.
geophyte *n. Bot:* pridd-dyfiant (~-dyfiannau) *m*, g|eoffyt (geoffytau) *m*.
geopolitical *a.* geowleidyddol *(does not mutate)*, daearwleidyddol.
geopolitics *n.pl.* geowleidyddiaeth *f (does not mutate)*, daearwleidyddiaeth *f*.
geoponic *a.* amaethyddol, amaethol.
geoponics *n.pl.* amaetheg *f*.
georama *n.* daearbel(-i) *f*.
George *Pr.n.m.* **1.** Siôr, *occ:* Siors, *A:* Siorys; **Saint ~,** San[t] Siôr; **Saint ~'s** *W.Pl.n. (a) (Clwyd):* Llan *(f)* San Siôr; *(b) (Glamorgan):* Sain Siorys *m*; **Saint ~'s Day,** Dygwyl *(fm)* Siôr; **by ~!,** diawch! jawch! 'rargian! Iesgwn! 'rachlod! *&c.* **2.** *Av:* peilot awtomatig *m*.
georgette *n. Tex: georgette mf*.
Georgia *Pr.n. Geog:* Georgia *f*.
Georgian *a. & n.* **1.** *a. (a) (of Georgia):* Georgaidd, [o] Georgia; *(b) (in language):* Georgeg; *(c) Eng.Hist: Arch: Lit:* Sioraidd. **2.** *n. (a) (= native of Georgia):* Georgiad (Georgiaid) *m&f*; *(b) Eng.Hist: Lit:* Sioriad (Sioriaid) *m&f*. *(c) Ling:* Georgeg *f*, *m*. ~ **fleabane** *n. Bot:* cedowydd melyn mawr *m*.
georgic *a. & n.* **1.** *a.* amaethyddol. **2.** *n. Poet:* llafurgerdd(-i) *f*, hwsmongerdd(-i) *f (pronounced* ng-g).
Georgie *Pr.n.m. occ:* Siorsyn.
geosphere *n.* daearbelen(-ni) *f*, g|eosffer (geosfferau) *m*.
geospherical *a.* geosfferig.
geostatic *a.* daearwasgol, geostatig.
geostationary *a.* daearsefydlog.
geostrophic *a. Meteor:* daeardroadol.
geosynclinal *a. Geog:* geosynclinol.
geosyncline *n. Geog:* geos|ynclin (geosynclinau) *m*.
geotaxis *n.* geotacsis *m*.
geotectonic *a.* daeargramennol.
geothermal, geothermic *a.* daearwresol.
geotropic *a.* geotropig, daeardro.
geotropism *n.* geotropedd *m*.
gerah *n. B:* gera *m*.
Gerald *Pr.n.m.* Gerallt; ~ **of Wales,** Gerallt Gymro.
Geraldines *n.pl. Hist:* Geraldiaid.
geraniaceous *a. Bot:* *garanbigol.
geranial *n. Ch:* = **citral**.
geranium *n. Bot:* **1.** *(Geranium):* pig *(m)* y crëyr; *S.a.* **cranesbill. 2.** *Hort: (Pelargonium):* mynawyd *(m)* y bugail. **3. strawberry ~,** *(Saxifraga sarmentosa):* tormaen trilliw *m*, crwydryn (crwydriaid) llon *m*, mam *(f)* y miloedd.
geratology *n.* heneiddeg *f*.
gerbera *n. Bot:* g|erbera *m or pl*.
gerbil *n.* gerbil: jerbil(-od) *m*.
gerent *n.* rheolwr (rheolwyr) *m*, pennaeth (penaethiaid) *m*.
gerenuk *n. Z:* g|erenwc (gerenwcod) *m*.
gerfalcon *n. Orn:* hebog(-iaid) *(m)* y gogledd.
geriatric *a.* geriatrig; ~ **chair,** cadair *(f)* gefn uchel (cadeiriau cefn ~); ~ **hospital,** ysbyty (ysbytai) *(m)* henoed.
geriatrician *n.* geriatregwr: geriatregydd (geriatregwyr) *m*, geriatr|egwraig *f*.
geriatrics *n.pl.* geriatreg *f*.
geriatrist *n.* = **geriatrician**.
germ[1] *n.* **1.** *Biol:* eginyn (egin) *m*, *occ:* bywyn(-nau) *m*; *(= seed):* hedyn (hadau) *m*; ~ **theory,** y ddamcaniaeth *(f)* genhedlu; *(= embryo): occ:* rhith(-iau) *m*; **wheat ~,** bywyn gwenith. **2.** *Med: (= microbe):* germ(-au) *m*, m[e]icrob(-au) *m*, bacteriwm (bacteria) *m*, basilws (basilysau) *m*. **3.** *Fig: (of idea &c):* eginyn *m*, *occ:* rhith. **~-carrier** *n.* cludwr (cludwyr) *(m)* germau. **~-cell** *n.* cell *(f)* genhedlu (celloedd cenhedlu), gamet(-au) *m*. **~-destroying** *a.* germladdol. **~-killer** *n.* germladdwr (germladdwyr) *m*. **~-layer** *n.* haenen(-nau) *(f)* ymrannu. **~-plasm** *n.* plasm *(m)* cenhedlu. ~ **warfare** *n.* rhyfel bacterol *m*.
germ[2] *v.i.* egino.
german[1] *a.* cyfan, unwaed, undad unfam, o waed [coch] cyfan; **cousin ~,** cefnder cyfan (cefndyr/cefndryd cyfain) *m*, cyfnither gyfan (cyfnitherod cyfain) *f*.
German[2] *a. & n.* **1.** *a.* Almaenaidd, Almaenig, Ellmynaidd, Ellmynig, [o'r] Almaen; **the ~ government,** llywodraeth yr Almaen; **she's ~,** Almaenes yw hi; *(in language):* Almaeneg, Ellmyneg. **2.** *n. (a) Ethn:* Almaenwr (Almaenwyr) *m*, Almaenes(-au) *f*, *occ: Lit:* Ellmynwr (Ellmynwyr) *m*,

Ellmynes(-au) *f*; *pl.* Ellmyn, Ellmyniaid *(the sing.* Allman, Allmon *is rare)*; *(b) Ling:* Almaeneg *f, m, occ: Lit:* Ellmyneg *f, m*; **High ~,** Uchel Almaeneg; **Low ~,** Isel Almaeneg. **~ band** *n.* seindorf (seindyrf) (*f*) stryd. **~ iris** *n.* = **iris (garden).** **~ ivy** *n. Bot: (Senecio mikanioides): See* **ivy.** **~ lilac** *n. Bot: (Centranthus ruber)*: = **valerian (red).** **~ millet** *n.* cibogwellt (*m*) yr Eidal, cynffon (*f*) y llwynog/cadno. **~ measles** *n. Med:* brech goch (*f*) yr Almaen, y frech goch fach, rwbela *m.* **~ Ocean (the)** *Pr.n.* Môr (*m*) y Gogledd, y Môr Tawch. **~ catchfly** *n. Bot: See* **catchfly.** **~ sausage** *n. Cu:* selsigen (selsig) *f.* **~ shepherd dog** *n.* = **alsatian.** **~ silver** *n. Metall:* arian Almaenaidd *m.* **~ sixth** *n.* chweched(-au) (*m*) Almaenig. **~ paste** *n.* llith (*m*) adar. **~ suite** *n. Mus:* cyfres(-i) Almaenig *f.*

germander *n. Bot: (Teucrium):* der[w]lys *m*, derllys *m*, derwen (*f*) y ddaear (derw'r ddaear); **cut-leaved ~,** *(T. botrys):* der[w]lys torddail; **mountain ~,** *(T. montanum):* der[w]lys y mynydd; **wall ~,** *(T. chamaedrys):* der[w]lys y fagwyr, der[w]lys y mur, llysiau (*pl*) Cadwaladr; **water ~,** *(T. scordium):* der[w]lys y dŵr; **wild ~,** = **speedwell; wood ~,** *(T. scorodonia):* = **wood-sage.** **~ chickweed** *n.* = **speedwell (field).** **~ speedwell** *n. See* **speedwell.** *S.a.* **broomrape, speedwell.**

germane *a.* perthnasol.

germanic[1] *a. Ch:* germanig.

Germanic[2] *a. & n.* **1.** *a. (a)* Almaenaidd, Almaenig, Ellmynig, Ellmynaidd; *(in language):* Germaneg. *(b) Hist: Ling:* Germanaidd, Germanig. **2.** *n. Hist: Ling:* Germaneg *f, m.*

Germanism *n.* **1.** *(expression):* Almaeneb(-ion) *f*, Ellmyneb(-ion) *f.* **2.** *(nature, attitude):* Almaenigrwydd *m*, Ellmynigrwydd *m*, Almaengarwch *m* *(pronounced* ng-g), Almaeniaeth *f*, Ellmyniaeth *f.*

Germanist *n.* Almaenegwr (Almaenegwyr) *m*, Almaen|egwraig *f.*

germanium *n. Ch:* germaniwm *m.*

Germanization *n.* Almaeneiddiad *m*, Almaeneiddio *vn.*

Germanize *v.t.* Almaeneiddio.

Germanized *a.* Almaeneiddiedig.

Germanness *n.* = **Germanism 2.**

Germanomania *n.* Almaen-addoliad *m*, Almaen-addoli *vn.*

Germanomaniac *n.* Almaen-addolwr (~-addolwyr) *m*, Almaen-add|olwraig *f.*

Germanophile *n. & a.* **1.** *n.* Almaengarwr (Almaengarwyr) *m*, Almaeng|arwraig *f* *(pronounced* ng-g). **2.** *a.* Almaengar, Almaengarol.

Germanophilia *n.* Almaengarwch *m* *(pronounced* ng-g).

Germanophobe *a. & n.* **1.** *a.* gwrth-Almaenaidd, gwrth-Ellmynig. **2.** *n.* gwrth-Almaenwr (~-Almaenwyr) *m*, gwrth-Alm|aenwraig *f*, Almaen-gasäwr (~-gasawyr) *m.*

Germanophobia *n.* Almaen-gasineb *m.*

Germanophobic *a.* gwrth-Almaenaidd.

germanous *a. Ch:* germanus.

Germany *Pr.n. Geog:* Yr Almaen *f*; **West ~,** Gorllewin (*m*) yr Almaen; **East ~,** Dwyrain (*m*) yr Almaen.

germen *n. Bot:* eginyn (egin) *m.*

germicidal *a.* germladdol.

germicide *n.* germladdwr (germladdwyr) *m.*

germinal *a. Biol:* eginol, ymrannol, cynnar, cenhedlog; *Fig:* cynhyrchiol. **~ epithelium** *n. Biol:* epitheliwm (epithelia) (*m*) cenhedlu. **~ ridge** *n.* crib genhedlol (cribau cenhedlol) *f.*

germinally *adv.* yn eginol, yn yr egin.

germinant *a.* eginol, yn egino; *Fig:* cynhyrchiol.

germinate *v.i.&t.* **1.** *v.i.* egino, blaguro, glasu; *(also, of idea):* tyfu, datblygu. **2.** *v.t.* datblygu, tyfu, meithrin.

germinated *a.* eginog, eginol, eginllyd.

germinating *vn.* **~ cloche** *n.* cloch (clych) (*f*) egino. **~ pad** *n.* papur (*m*) egino. **~ seed** *n.* hedyn (hadau) eginol *m.*

germination *n.* eginiad(-au) *m*, eginhad (eginhadau) *m*, egino *vn.*

germinative *a.* eginol. **~ layer** *n.* haenen(-nau) (*f*) ymrannu, haen(-au) ymrannol *f.*

germinator *n.* eginydd(-ion) *m.*

germon *n.* = **albacore.**

gerontocracy *n.* hynafreolaeth *f*, hynaflywodraeth *f*, gerontocratiaeth *f.*

gerontocratic *a.* hynafreolus, geronotocrataidd.

gerontological *a. Med:* gerontolegol.

gerontologist *n. Med:* gerontolegydd (gerontolegwyr) *m.*

gerontology *n. Med:* gerontoleg *f.*

gerontophil[e] *a. & n.* **1.** *a.* hynafgarol. **2.** *n.* hynafgarwr (hynafgarwyr) *m*, hynafg|arwraig (hynafgarwragedd) *f.*

gerontophilia *n.* hynafgarwch.

gerontophilic *a.* = **gerontophil[e] 1.**

gerontophily *n.* = **gerontophilia.**

-gerous *suf.* -ddwyn, -og; *e.g.* **lanigerous,** gwlanddwyn, gwlanog.

gerrymander[1] *n.* *cyffindwyll *m*, *cyffindwyllo *vn*, chwarae(*vn*)'r ffiniau, *F:* jerimandro *vn.*

gerrymander[2] *v.t.* *cyffindwyllo, chwarae(*vn*)'r ffiniau, *F:* jerimandro.

gerrymandered *a.* annh|eg.

gertcha *int. P:* dos i grafu! choelia' i fawr! dos i dy wely! *S.a.* **garn.**

gerund *n. Gram:* gerwnd (geryndau) *m*, cyfrediad (cyfrediaid) *m*; *(loosely):* berfenw(-au) *m.*

gerundial *a.* geryndol, berfenwol.

gerundival *a.* geryndifol.

gerundivally *adv.* yn geryndifol.

gerundive *a. & n. Gram:* **1.** *a.* geryndol, berfenwol. **2.** *n.* geryndol(-ion) *m*, berfansoddair (berfansoddeiriau) *m.*

gesellschaft *n. gesellschaft m.*

Geshurite *Pr.n. B:* Gesuriad (Gesuriaid) *m&f.*

gesso *n.* plastar (*m*) Paris, *gesso m.*

gest *n. A:* **1.** *(= story):* chwedl(-au) *f.* **2.** *(= deed):* camp(-au) *f*, gorchest(-ion) *f.*

Gesta Romanorum *Pr.n. Lit:* Campau Gwŷr Rhufain.

gestagen *n. Med:* g|estagen (gestagenau) *m.*

gestagenic *a. Med:* gestagenaidd, gestagenig.

Gestalt *n. Psy:* cyfanbeth(-au) *m*, cyfanwaith (cyfanweithiau) *m*, *gestalt m.* **~ psychology** *n.* seicoleg gyfanweithiol.

gestaltism *n.* gestaltiaeth *f.*

gestaltist *n.* gestaltydd(-ion) *m.*

Gestapo *n. Hist:* y Gestapo *m.*

gestate *v.i.* breisgáu, cario, dwyn, bod yn feichiog, bod dan eich gofal; *(of animal):* torogi; *(of mare):* cyfebru; *(of cow):* cyfl|oi.

gestating *a.* beichiog, dan eich gofal, *S:* braisg; *(animal):* llawn, boliog, amdrom; *(mare):* cyfeb; *(cow):* cyflo; *(sow, bitch, cat):* torrog.

gestation *n. Physiol:* beichiogrwydd *m*, cyfnod (*m*) cario; *(of animal):* torogiad *m*, torogi *vn*, cyfnod cyfebru; *(of mare):* cyfebrwydd *m*, cyfebriad *m*; *(of sow, bitch, cat):* torogiad *m*; *(of cow):* cyfload *m.*

gestatorial *a. Ecc:* **~ chair,** cadair (*f*) gludo.

gesticulate *v.t. Lit:* gwn|eud ystumiau, gwneud mosiwns, amneidio, *Lit:* munudio; *S:* gwneud cleme, *S.E: occ:* siafo, *N:* gwneud migmars.

gesticulation *n.* **1.** *vn.* = **gesticulate.** **2.** ystum(-iau) *mf*, amnaid (amneidiau) *f*, ystumiad(-au) *m*, mosiwn(-s) *m*, *Lit:* munud(-iau) *m*, *S:* cleme *pl*, *N:* migmars *pl.*

gesticulative *a.* ystumiol, amneidiol.

gesticulator *n.* ystumiwr (ystumwyr) *m*, munudiwr (munudwyr) *m.*

gesticulatory *a.* ystumiol, amneidiol.

gestural *a.* ystumiol, munudiol, amneidiol.

gesture[1] *n.* arwydd(-ion) *m*, amnaid (amneidiau) *f*, ystum(-iau) *mf*, symudiad(-au) *m*, osgo *m*; **to make a ~ of friendship,** gwneud/dangos arwydd o gyfeillgarwch, dangos ewyllys da; **to convey sth by gestures,** cyfl|eu rhth trwy arwyddion.

gesture[2] *v.i.* **to ~ (to s.o.),** gwn|eud arwyddion, gwneud ystumiau, amneidio, ystumio, munudio (ar rn).

gesturer *n.* = **gesticulator.**

gesundheit *int. (after sneezing):* rhad arnat ti (arnoch chi)!

get[1] *v.t.&i.* I. *v.t.* **1.** *(= seek):* mynd i gael/mofyn/geisio rhth, *S:* mynd i ercyd/moyn/ôl rhth, *N:* nôl rhth, *Lit:* cyrchu rhth; *(a)* **to ~ sth for oneself,** cael/sicrh|au rhth i chwi eich hun, gofalu/ymorol am rth i chwi eich hun; **to ~ sth for s.o.,** *(i)* cael rhth i rn; *(ii) (on behalf of s.o.):* cael rhth dros rn; **~ me a loaf,** dos (ewch) i nôl/mofyn torth imi; **where can I ~ a haircut?** ble ca' i dorri 'ngwallt? **~ a good price for this clock,** gofala gael pris da am y cloc 'ma; **to ~ sth from s.o.,** cael rhth gan rn, cael rhth ar law rhn; **I got this horse cheap,** mi gefais i'r ceffyl hwn yn rhad; **to ~ blood from a stone,** cael caws o fol[a] ci, cael gwaed o garreg; *(b) (= acquire):* cael, ennill; **to ~ oneself a name,** ennill bri, cael enw; **to ~ the best of a fight,** ennill brwydr, dod yn drechaf mewn brwydr; **to ~ a wife,** cael gwraig; **to ~ knowledge/**

wind of sth, clywed si/sôn am rth, clywed am rth, cael awgrym/achlust o rth, dod i wybod am rth; **to ~ the prize,** cael/ennill y wobr, cipio'r wobr, mynd â hi; **to ~ the better of s.o.,** trechu rhn, cael y gorau ar rn; **(to ~) one's living,** (ennill) eich bywoliaeth, eich tamaid, eich bara 'menyn, *S:* eich toc; **(you'll ~ nothing) by it, out of it,** chewch chi ddim ar ei gorn; fyddwch chi fawr elwach ohono; fyddwch chi ddim ar eich ennill; **to ~ the best of both worlds,** cael afal i chwarae ag ef ac i'w fwyta, cael y gorau o ddeufyd; *F:* **don't you wish you may ~ it,** pob lwc iti (ichi)! *(c)* **to ~ leave from s.o. to do sth,** cael gwneud rhth gan rn, cael cennad rhn i wneud rhth; **to ~ a sight of sth,** cael cipolwg ar rth; **to ~ one's own way,** cael gwneud fel y mynnoch; *S.a.* **way[1] 6; to ~ sth into one's head,** mynd i gredu rhth, cael syniad yn eich pen, cael eich argyhoeddi ynghylch rhth; **if I ~ the time,** os ca' i gyfle; **to ~ possession of sth,** meddiannu rhth, cael gafael/meddiant ar rth; **I'll switch on the radio to ~ the time,** mi ro' i'r radio i gael gwybod faint yw hi o'r gloch; *(d) W.Tel:* **we can't ~ Paris,** 'rydym ni'n methu codi Paris; *Tp:* **I had some trouble [in] getting you,** mi gefais i drafferth i gael gafael arnoch chi; *(e)* **to ~ sth off by heart,** dysgu rhth ar dafod leferydd, dysgu rhth ar y cof. **2.** *(a) (= receive, accept):* cael, derbyn; *F:* **to ~ religion,** cael crefydd, cael tröedigaeth, cael diwygiad; **he got ten years in prison,** fe gafodd ddeng mlynedd o garchar; **he gets his shyness from his mother,** oddi wrth ei fam y cafodd ef ei swildod; **to ~ a blow,** cael ergyd/dyrnod *&c*; **to ~ a fall,** cael codwm; **to ~ the boot,** *(from a lover):* cael cawell; **to ~ the boot/sack,** *(from work):* colli'ch gwaith, cael eich hel o'ch gwaith, cael eich cardiau, gorfod hel eich pac [o'r gwaith], *N.W: occ:* cael yr hwi, *S.W:* cael y pôc; *Adm:* cael eich diswyddo; *P: (to a naughty child &c):* **you'll ~ it,** fe'i cei di hi! **he got his (= was killed) last week,** fe'i cafodd hi yr wythnos ddiwethaf; **he'll ~ it in the neck,** fe'i caiff hi! **3.** *(a) (= catch):* cael, dal, dala; *F:* **we'll ~ them yet!** fe'u cawn ni nhw eto! **I've got you!** dyna fi wedi dy ddal[a] di! **the play didn't really ~ me,** chefais i fawr o flas ar y ddrama; 'doedd y ddrama ddim yn taro rywsut. *F:* **his manner really gets me,** *(= annoys me):* mae ei ffordd e'n dân ar fy nghroen i; **what's got [into] him?** beth sy'n bod arno fe? beth sy'n ei gorddi o? *(b) (= understand):* **I don't ~ you; I don't ~ your meaning,** 'dwyf i ddim yn deall beth sydd gennych chi; 'dwyf fi ddim yn eich deall/dilyn chi; **(what shall we do?) - I've got it!** (beth wnawn ni?) - dyna hi! dyna fe! mi wn i beth! mi gwela' i hi! **get me?** ti'n deall? **4.** *(a)* **to ~ s.o. home,** mynd â rhn adref; **(to ~ s.o.) upstairs,** (mynd â rhn) i fyny'r grisiau, lan staer; (helpu rhn) i fyny'r grisiau *&c*; **to ~ s.o. on to a subject,** arwain rhn at bwnc, cael gan rn sôn am rth; *(b)* **to ~ dinner ready,** paratoi/hulio/hwylio cinio; **~ your money ready,** byddwch yn barod â'ch arian; **to ~ s.o. into trouble,** creu/peri/achosi helynt i rn, creu trafferth i rn; **to ~ a woman with child,** rhoi plentyn i wraig, beichiogi gwraig, cenhedlu plentyn ar wraig; **to ~ a girl into trouble,** *F:* rhoi clec/cyw i ferch; **to ~ (= beget) a child,** cenhedlu plentyn; *F:* **that gets me down,** mae hynna'n codi'r felan arna' i; mae hynna'n rhoi'r felan imi. **5.** *(a)* **to ~ sth done by s.o.,** cael/peri gwneud rhth gan rn, cael gan rn wneud rhth (*not* cael rhth wedi ei wneud gan rn); **to ~ the house painted,** cael peintio'r tŷ (*not* cael y tŷ wedi ei beintio); **to ~ oneself appointed,** cael eich penodi; **~ your hair cut!** dos i gael torri dy wallt; *(loosely):* dos i dorri dy wallt; *(b)* **to ~ work finished,** gorffen/dibennu/cwblh|au (gwaith), cael pen ar waith, *S:* cwpla gwaith; **to ~ one's arm broken,** [cael] torri'ch braich; **to ~ one's feet wet,** gwlychu'ch traed; **to ~ a ship under way,** cychwyn llong, hwylio, codi'r angor; *(c)* **to ~ s.o. to do sth,** cael gan rn wneud rhth, annog/perswadio rhn i wneud rhth, *N: occ:* cynnwys rhn i wneud rhth, gwneud/gofyn i rn wneud rhth; **get him to read it,** gwna iddo'i ddarllen; gofyn iddo'i ddarllen; mynna ganddo'i ddarllen; **to ~ a plant to grow,** gwneud i blanhigyn dyfu, cael gan blanhigyn dyfu; *(Anglicism):* cael planhigyn i dyfu (*not recommended*); *(d) F:* **that got him guessing,** 'doedd e ddim yn disgwyl hynna; *N:* mi gafodd ail; **you've got it!** dyna chi i'r dim! dyna daro'r hoelen ar ei phen! *Aut:* **I must ~ the engine going,** rhaid imi danio/gychwyn y motor; *(e)* **to ~ the giggles,** [dechrau] piffian chwerthin. **7.** *F: (only in perf.):* **have got** *See* **have;** *(a) (= possess):* bod gennych rth, meddu (ar rth), bod yn berchen/berchennog ar rth, piau rhth; **he's got a car,** mae ganddo gar; *S:* mae gydag e gar (*not* mae o efo car, *and not* mae'n cael car); **he's got her on the brain,** mae wedi drysu/gwirioni/mopio amdani; mae wedi moedro'i ben amdani; **I haven't got any,** 'does gen i ddim; *S:* 'does gyda fi ddim; **he's got religion on the brain,** crefydd yw popeth ganddo; **what's that got to do with it?** beth sydd a wnelo hynny ag ef? pa wahaniaeth/ots am hynny? **he's got measles,** mae'r frech goch arno; *(similarly with other names of diseases, colds &c):* **I've got a cold,** mae annwyd arna i; mae gen i annwyd; **he's got it badly,** *(= he's infatuated):* mae o wedi drysu'n/mopio'n/dwli'n lân; *(b) (obligation):* **you have got to do it,** [mae'n] rhaid ichi ei wneud; **it has got to be done,** [mae'n] rhaid ei wneud. II. **1.** *(a) (= become):* mynd, *occ:* dod (yn rhth); *See under the relevant adjective in each case;* **to ~ old[er],** mynd yn hen/hŷn, heneiddio; **to ~ angry,** gwylltio *&c*; *See* **angry; to ~ scarce,** mynd yn brin, prinh|au. **to ~ cold,** oeri; **it is getting late,** mae hi'n mynd yn hwyr; mae hi'n hwyrh|au; mae hi'n nosi; **to ~ wise to sth,** dod i ddeall/ddirnad rhth, ei deall hi; **why don't you ~ wise?** paham na challi di (challiwch chi)? bydd(-wch) yn gall; callia, wnei di (calliwch, wnewch chi); **to ~ better,** gwella; **to ~ worse,** gwaethygu, dirywio; **to ~ hot,** twymo, cynhesu, poethi; **to ~ wet,** gwlychu; *(b) get + p.p. usu. translated by simple vn. corresponding to the p.p.:* **to ~ dressed,** gwisgo [amdanoch]; **to ~ undressed,** tynnu [dillad] oddi amdanoch, dadwisgo, *S. W:* matryd, datrys, *Lit:* ymddinoethi, ymddihatru; *V:* **~ stuffed!** twll dy din di [Ffaro]! twll eich tinau chi! *S. W:* twll dy din di a'i winco! **to ~ married,** priodi; **to ~ tired,** blino, ymlâdd; **to ~ engaged,** dyweddïo; **to ~ drunk,** meddwi; **to ~ drowned,** boddi; *Mil:* **~ fell in!** mewn rhes! **to ~ killed,** cael eich lladd; **to ~ used to sth,** arfer/ymarfer â rhth, dod i arfer â rhth, cynefino â rhth, [dysgu] dygymod â rhth; **everything gets talked about,** mae 'na siarad am bopeth; mae popeth yn mynd yn destun sgwrs; *N. W: occ:* mae popeth yn mynd yn rhigwm gan bawb; *(c)* **to ~ doing sth,** dechrau/cychwyn gwneud rhth; **to ~ talking with s.o.,** cychwyn/tynnu sgwrs â rhn; *F:* **let's ~ cracking!** *N:* i ffwrdd â ni! tân arni! dewch inni dynnu'r ewinedd o'r blew! *occ:* ceirch iddi! *S:* bant â ni! bant â'r cart! **to ~ going, to ~ started,** ei chychwyn hi, ei throi hi, mynd, cychwyn; **to ~ moving,** symud; *int.* **~ moving!** cychwyn hi! *S.a.* **beat[2]. 2.** *(a) (= go, arrive, reach):* mynd, dod (i rywle); cyrraedd (rhywle); **he got as far as Madrid,** fe gyrhaeddodd Madrid; fe aeth cyn belled â Madrid; **he'll ~ here tomorrow,** fe fydd/ddaw/gyrhaeddith yma yfory; **he got as far as the sixth lesson [but no further],** fe aeth cyn belled â'r chweched wers [a dim pellach]; *F:* **he'll ~ there (= succeed) in the end,** fe gyrhaeddith/lwydda yn y pen draw; **you'll never ~ anywhere,** wnei di ddim byd ohoni; *N:* ei di byth uwch bawd sawdl; *F:* **we're not getting anywhere; we're getting nowhere,** thâl hi ddim fel hyn; wnawn ni ddim byd ohoni fel hyn; ddaw hi ddim fel hyn; awn ni ddim i le yn y byd fel hyn; **where have you got to with your book,** ble 'rydych chi arni gyda'ch llyfr? **where has that book got to?** i ble'r aeth y llyfr 'na? beth ddaeth o'r llyfr 'na? *U.S:* get *(out, away &c)*! dos (ewch)! bacha (bachwch) hi! *&c*; *See* **beat[1] 1;** *d. (to dog): S. W:* ŵbŵ'i ci! *N:* sa' draw! **~ going, ~ cracking!** *N:* i ffwrdd â thi (chi)! *S:* bant â thi (chi)! **to ~ behind a tree,** mynd y tu ôl i goeden; **to ~ to work,** *(= arrive):* mynd i'r gwaith, cyrraedd y gwaith; *(= start working):* mynd at y gwaith, dechrau/cychwyn gweithio, mynd ati, bwrw iddi; **to ~ to bed,** mynd i'r gwely, mynd am y gwely, noswylio; *(c)* **to ~ to do sth,** cael gwneud rhth, llwyddo i wneud rhth; **when do I ~ to see him?** pa bryd y caf ei weld ef? **to ~ to know about sth,** dod i wybod am rth, dysgu rhth, cael gwybod rhth, cael rhth ar ddeall, cael ar ddeall ynghylch rhth *&c*; **to ~ to know s.o.,** dod i adnabod rhn; **when [once] you ~ to know him,** o'i adnabod yn well, unwaith y dowch i'w adnabod. **~ about** *v.i.* **1.** *(pers.):* mynd o gwmpas, mynd o amgylch *&c*; *(of invalid):* bod ar eich traed eto, *N:* codi allan eto, *S:* cwnnu mas eto. **2.** *(of news):* mynd ar led; **the news got about,** aeth y si ar led; **it's sure to ~ about,** fe fydd pawb yn siŵr o glywed amdano. **~ above** *v.t.* mynd yn uwch, codi'n uwch (na rhth); **to ~ above oneself,** ymchwyddo, mynd yn fwy na llond eich esgidiau, mynd yn fi fawr, llancio, mynd yn llanc mawr, *N: occ:* mynd yn ben bach. **~ across 1.** *v.i.* mynd dros (rth), mynd ar draws (rhth), croesi (rhth); **to ~ across a river,** croesi afon; *Th: F:* **the play failed to ~ across the footlights,** ni wnaeth y ddrama fawr o argraff; fe aeth y ddrama'n ffliwt. **2.** *v.t. (= carry):* cludo, cario, *occ:* dwyn (rhth) (drosodd, dros rth, ar draws rhth); **to ~ sth across**

to s.o., rhoi rhth ar ddeall i rn, cael gan rn ddeall rhth, egluro/cyfl|eu/esbonio rhth i rn; *F:* **he couldn't ~ the message across,** ni allai gael gan bobl ddeall y neges; *F:* **to ~ across s.o.,** *(= annoy):* pechu yn erbyn rhn, sathru ar gyrn rhn, tynnu blewyn o drwyn rhn, digio/gwylltio/ffyrnigo/cynddeiriogi/croesi rhn, codi gwrychyn rhn, troi'r drol efo rhn. **~ ahead** *v.t.* **to ~ ahead of s.o.,** ennill y blaen ar rn, mynd o flaen rhn. **~ along 1.** *v.i.* mynd ymlaen, dilyn eich hynt, ymlwybro, dod ymlaen; *F:* **~ along with you!** taw (tewch) [sôn]! twt lol! lol botes maip! *N:* tyrd (dowch) o'na! dos (cerwch) o'na! *S:* dere (dewch) 'nawr! dwli pur! *(b) (= progress, succeed):* mynd ymlaen, dod ymlaen, llwyddo, ffynnu, gwneud cynnydd, cynyddu, prifio; **I'm getting along nicely,** 'rwy'n ddigon da fy myd; mae hi'n iawn arna' i; 'does gen i ddim lle i gwyno; 'rwy'n dod ymlaen yn ddi-fai; **to ~ along without sth,** gwneud heb rhth, hepgor rhth; *(c)* **to ~ along [well] with s.o.,** cytuno/cyd-fynd yn dda â rhn, cyd-dynnu'n dda â rhn, bod ar delerau da â rhn, gwneud yn iawn â rhn, *occ:* tynnu trwy rn yn iawn. **2.** *v.t.* **to ~ sth along,** gwthio rhth yn ei flaen, hybu rhth, rhoi hwb i rth. **~ around** *v.i.* **I ~ around,** 'rwy'n gweld y byd; *S.a.* **get round. ~ at** *v.i.* **1.** *(a) (= reach):* cyrraedd (rhth), mynd (at rth); *(Anglicism):* cael (at rth); **a book difficult to ~ at,** llyfr anodd ei gyrraedd; **a place difficult to ~ at,** lle anodd mynd ato, lle anhygyrch; **impossible to ~ at,** anhygyrch, anghyraeddadwy; *(b) (= find):* dod o hyd (i rth), cael hyd (i rth), cael gafael (ar rth); **to ~ at the root of the trouble,** mynd at wreiddyn/fôn y drwg, dod o hyd i'r drwg yn y caws; *F:* **what are you getting at?** be sy' gennych chi [dan sylw]? beth sydd yn eich meddwl chi? beth ydi'ch meddwl chi? beth 'rydych chi'n ei awgrymu? **just let me ~ at him!** os ca' i afael arno! **2.** *(a) (= gain access):* mynd (at rn), *occ:* cyrraedd (at rn); *(b) F:* **to ~ at a witness,** pwyso ar wynt tyst, dylanwadu ar dyst, dwyn pwysau ar dyst. **3.** *F: (a) (= banter):* herian rhn, tynnu ar rn; *(Anglicism):* tynnu coes rhn; *(= nag): S.W:* sbengan, bipsan (rhn); *(b) (= attack):* ymosod/lladd ar rn, *N.W:* taflu weips at rn; **she's always getting at me,** mae hi â'i chyllell ynof i o hyd; **who are you getting at today?** pwy sydd dani hi heddiw? pwy sy'n ei chael hi heddiw? pwy sydd dan y lach gen ti heddiw? **~ away 1.** *v.i. (a) (= leave):* cychwyn, ymadael, mynd i ffwrdd, *S:* mynd bant; **to ~ away for the holidays,** cychwyn/mynd ar eich gwyliau; *F:* **~ away with you!** *See* **get along 1.** *(a)*; *(b) (of prisoner &c):* dianc/dihengyd [o garchar &c], bod yn ddihangol; **to ~ away from it all,** gadael popeth o'ch ôl, dianc rhag popeth, mynd a gadael pethau; **to ~ away from one's worries,** dianc rhag eich pryderon; **to ~ away from one's home surroundings,** dianc o'ch cynefin; **the one that got away,** yr un a ddihangodd; *F:* **there's no getting away from it,** [ni] waeth heb â'i wadu; [ni] waeth beth ddywedwch chi; [ni] waeth un gair na chant; 'does mo'i wadu &c; 'does dim osgoi/gwadu arno &c; *(c) Aut:* cychwyn; **a car that gets away quickly,** car sy'n ei chychwyn hi'n syth; *(d)* **the burglars got away with a thousand pounds,** llwyddodd y lladron i ddianc â mil o bunnoedd; *F:* **to ~ away with sth,** *(i) (= be pardoned sth):* cael maddau rhth, cael maddeuant am rth, peidio â chael eich cosbi am rth; **he was cheeky but he got away with it,** fe aeth yn hyf ond fu hi ddim gwaeth arno; **he gets away with murder,** mae'n cael gwneud fel fyw fyd fynno; *(ii) (not detected):* peidio â chael eich dal; **cheating is all right so long as you ~ away with it,** mae twyllo'n iawn ond ichi beidio â chael eich dal; **I won't let him ~ away with that!** mi ofala' i y caiff e hi! chaiff e ddim mynd heb gosb! fe ofala' i y caiff e 'i ddal! fe gaiff e dalu am hynna! mi fydda' i'n siŵr ohono! chaiff o ddim dweud/gwneud hynna gen i! **2.** *v.t.* **to ~ sth (away) from s.o.,** (mynd â rhth) oddi ar rn *or* o afael rhn; **to ~ s.o. away from somewhere,** mynd â rhn o rywle. **~ back 1.** *v.i. (a) (= back away):* mynd yn ôl, cilio, mynd wysg eich cefn, *S:* mynd llwrw eich cefn; **~ back, everyone!** yn ôl â chi, bawb! *(b) (= return):* dod yn ôl, dychwelyd; **to ~ back home,** cyrraedd eich cartref, cyrraedd adref; **to ~ back into harness,** ailafael yn y gwaith, dychwelyd i'r tresi. **2.** *v.t. (a)* **to ~ sth back,** *(= get sth returned):* cael rhth yn ei ôl, cael dychwelyd rhth, *N:* nôl rhth [yn ei ôl]; *(= find sth again):* ailddarganfod rhth, dod o hyd i rth, cael hyd i rth, cael rhth; *(= regain possession):* ailfeddiannu/adfeddiannu rhth, ailafael yn rhth; *(= regain respect &c):* adennill rhth, *occ:* adfer rhth; **to ~ one's strength back,** cael eich cefn atoch, cryfh|au, cryffa, adennill/adfer eich nerth, *N.W:* fflonsio, criwtio, *S:* blewynna; **I got my money back,** mi gefais f'arian yn [ei] ôl; dychwelwyd f'arian imi; **to ~ one's own back,** *(i) (= recover your own property):* cael eich eiddo yn ei ôl; *(ii) Fig: (= get back [at s.o.]):* talu'r pwyth yn ôl, talu'r hen chwech yn ei ôl [i rn], dial [ar rn], rhoi dau chwech am swllt [i rn]; *(b)* **to ~ s.o. back,** dod â rhn yn ei ôl, *occ: Lit:* cyrchu rhn yn ei ôl, ailgyrchu rhn, dychwelyd rhn; **to ~ sth back into its box,** rhoi rhth yn ôl yn ei flwch. **~ behind** *v.i.* **to ~ behind with the rent,** bod ar ei hôl hi gyda'r rhent; *B:* **get thee behind me, Satan,** dos yn fy ôl i, Satan. **~ beyond** *v.i.* mynd y tu hwnt, mynd y tu draw (i rth); *F:* **this is getting beyond me,** mae hyn y tu hwnt imi; **this is getting beyond a joke,** 'rych chi'n mynd dros ben llestri; mae hyn yn mynd yn rhy bell; wnaiff hyn mo'r tro; mae hyn yn mynd y tu hwnt. **~ by** *v.i. (a) (= pass):* mynd heibio (rhth, i rth); *(b) F: (= manage):* dod trwyddi, gwn|eud, ymdaro, dod i ben, dod i'r lan, *S:* ymdopi; **to ~ by on a low salary,** gwneud/byw/ymdopi ar gyflog isel; **I'll ~ by somehow,** mi ddo' i drwyddi rywsut; **I'll ~ by without it,** mi wna' i'r tro hebddo; mi wna' i'n iawn hebddo. **~ down 1.** *v.i.* **to ~ down (from a wall),** dod i lawr, disgyn (oddi ar glawdd, oddi ar ben clawdd); **~ down!** i lawr [â thi/chi]! *(child asks):* **please, may I ~ down?** ga' i adael y bwrdd? **to ~ down on all fours,** mynd ar eich pedwar; **to ~ down on one's knees,** mynd ar eich pennau gliniau, penlinio; **to ~ down to the bottom of the sea,** cyrraedd gwaelod y môr; *(b) F:* **to ~ down to one's work,** mynd ati o ddifrif, bwrw iddi, ymr|oi ati, tynnu'r ewinedd o'r blew, cychwyn/ymosod ar eich gwaith, gafael ynddi, *N. W:* pydru arni, *S:* clatsio bant; **to ~ down to facts,** dod at y ffeithiau; **to ~ down to brass tacks, to ~ down to business,** siarad yn blwmp ac yn blaen, siarad heb flewyn ar dafod, *S. W: occ:* siarad yn doc ac yn blaen; *(c) (to dog &c):* **~ down!** i lawr [â thi]! **2.** *v.t. (a) (= bring down, lower):* dod/mynd â rhth i lawr, *occ:* disgyn rhth, *Nau:* gostwng; **to ~ s.o. down,** *(= floor s.o.):* llorio/trechu/darostwng rhn; *(b)* **to ~ sth down to a fine art,** ei deall hi i'r dim, deall crefft rhth i'r dim; *(c)* **to ~ sth down on paper,** rhoi rhth ar bapur, rhoi rhth ar ddu a gwyn; *(d) (= swallow):* llyncu; **~ it down you!** i lawr ag o/e! *N:* i lawr y lôn goch ag o! **to ~ s.o. down,** tristáu rhn, torri calon rhn, llethu rhn; *(e)* **it gets me down,** *(= depresses me):* mae'n fy mlino i; mae'n ddigon â fy llethu i; *S:* mae'n fy nanto i; *N:* mae'n codi'r felan arna' i. **~ in** I. *v.i.* **1.** *F:* **= get into 1. 2.** *(a) (= enter):* mynd i mewn (i rywle) (*not* cael i mewn); *Sch:* **to ~ in at a college,** cael eich derbyn i goleg, cael lle mewn coleg, (*not* cael i mewn i goleg); **to ~ into a carriage,** esgyn i gerbyd; **the water had got in everywhere,** 'roedd y dŵr wedi treiddio i bobman; *(b) (= arrive):* dod [i mewn], cyrraedd; **if the train gets in on time,** os daw'r/cyrhaedda'r trên yn brydlon; *(c)* **to ~ in on a scheme,** ymuno â chynllun, bachu lle/rhan mewn cynllun; **we got in at about eleven,** daethom adref i'r tŷ tuag un ar ddeg o'r gloch; *(d)* **to ~ in between two people,** mynd/sleifio rhwng dau arall; *(e) F:* **to ~ in with s.o.,** *(= into s.o.'s favours):* mynd i lawes rhn, ennill ffafr rhn, mynd yn llawiau/llawiach â rhn; **to ~ in with the right people,** dod i 'nabod y bobol iawn, cael eich derbyn gan y bobol iawn; *(f) Pol:* **to ~ in for a constituency,** cael eich ethol [yn aelod] dros etholaeth; II. *v.t.* **1. to ~ sth in,** dod â rhth i mewn, dwyn/cyrchu rhth i mewn; **to ~ supplies in,** ymorol am gyflenwad [o rth], cael cyflenwad [o rth] i mewn; **to ~ in the crops,** cywain y cnwd/cynhaeaf/llafur, cael y cynhaeaf dan do; **to ~ in debts,** galw dyledion i mewn, casglu dyledion; **to ~ money in,** galw arian yn ei ôl; **to ~ a man in to mend the window,** galw dyn i gyweirio'r/drwsio'r ffenestr; *Mil:* **to ~ some [service] in,** gwneud eich gwasanaeth. **2. I managed to ~ a blow in,** mi lwyddais i estyn/lanio dyrnod/clatsien yn y lle iawn; **to ~ a word in,** cael eich pig i mewn [i sgwrs], cael dweud gair, cael dweud eich pwt; **to ~ a word in edgeways,** *occ:* cael gair i mewn ar ei gil; **I couldn't ~ a word in,** ni allwn i gael fy mhig i mewn; **if I can ~ the article in,** os llwyddaf i anfon yr ysgrif mewn pryd. **3. to ~ one's hand in,** ymarfer, dod i arfer, dod yn gyfarwydd/gynefin, ymgynefino, ymgyfarwyddo (â rhth); magu llaw (at rth). **4.** *(= plant, sow):* plannu, hau. **to ~ into 1.** *v.i. (a)* mynd/dod i mewn (i rywle) (*not* cael i mewn); cael mynediad, cael mynd (i rywle); **to ~ into a wood,** mynd i ganol coed; **everybody wants to ~ into the act,** mae ar bawb eisiau cael ei weld yma; **to ~ into a carriage,** esgyn/mynd i gerbyd; **to ~ into a club,** cael eich derbyn i glwb; **to ~ into bad company,** mynd i gwmni drwg, *occ:* cadw cwrs drwg, *N:* mynd efo rhyw hen daclau comon, mynd efo rhyw gari-dyms, *S:* mynd gyda'r r[h]eps; *(b)* **to ~ into one's clothes,** rhoi'ch dillad [amdanoch], gwisgo amdanoch; **to ~ into a rage,** gwylltio, cynddeiriogi, ymhyllio, ffyrnigo, colli'ch limpin, *N.W:* myllio, *S.W:* mynd i natur *&c*; *See* **anger**[1], **angry; to ~ into bad habits,** mynd i gastiau drwg, codi/magu castiau drwg; **to ~ into the way (of doing sth),** *(i) (= learn):* dysgu, arfer (gwneud rhth); ymarfer, ymgynefino, ymgyfarwyddo, dod yn gynefin/gyfarwydd (â gwneud rhth); *(ii) (= get into habit):* mynd i'r arfer o wneud rhth, arfer gwneud rhth; *(c) F:* **to ~ into yoga** *&c, (= become interested):* troi at ioga, magu diddordeb mewn ioga, ymh|el â ioga. **2.** *v.t.* **to ~ sth into sth,** gwthio/rhoi/dodi/gosod rhth yn rhth, cael rhth i mewn i rth; **to ~ s.o. into a party,** cael gwahoddiad i barti i rn; **to ~ s.o. into a club,** cael ethol/derbyn rhn yn aelod o glwb; **to ~ s.o. into a theatre,** cael lle i rn mewn theatr, cael mynediad i theatr i rn; **to ~ s.o. into the way of doing sth,** cynefino rhn â gwneud rhth, cael rhn i arfer gwneud rhth, cael gan rn arfer gwneud rhth. **~ off** I. *v.i.* **1.** *(a) (from bus &c):* disgyn, dod i lawr (oddi ar rth); *P:* **I told him where he got off,** mi rois i bryd o dafod iddo; mi ddywedais i wrtho faint sydd tan 'Dolig; mi ddywedais i wrtho sut 'roedd ei deall hi; *(b)* **to ~ off doing a duty,** cael peidio gwneud dyletswydd, cael eich esgusodi rhag gwneud dyletswydd, osg|oi gwneud dyletswydd. **2.** *(a)* **to ~ off with a fine,** cael mynd [yn rhydd] ond am ddirwy, cael dianc â dirwy; **to ~ off scot-free,** cael mynd yn ddi-gosb/groeniach; *(b)* **to ~ off with a girl,** codi/bachu merch, cael gafael ar ferch; *abs.* cael bachiad; *(c)* **the train got off on time,** fe gychwynnodd y trên yn brydlon; *(d)* **to ~ off to sleep,** mynd i gysgu, cysgu. II. *v.t.* **1. to ~ one's clothes off,** tynnu['ch dillad] [oddi] amdanoch, *Lit:* dadwisgo, ymddihatru, *S.W:* matryd; **to ~ a nut off,** tynnu/dadsgriwio nyten; **to ~ a stain off sth,** codi/tynnu staen oddi ar rth. **2.** *(= send):* anfon, danfon, gyrru; **I must ~ this sent,** rhaid imi anfon *(&c)* hwn i ffwrdd. **3. to ~ sth off one's hands,** cael gwared â rhth, cael ymadael â rhth; **I got my daughter off my hands,** fe gafodd y ferch afael ar ŵr; **to ~ s.o. off with s.o. else,** cael cariad/bachiad i rn. **4.** *Jur:* **to ~ s.o. off a charge,** ennill achos rhn, rhyddh|au rhn o gyhuddiad, cael rhn yn rhydd o/ar gyhuddiad. **5.** *Nau:* **to ~ a ship off,** rhyddhau llong, cael llong yn rhydd. **~ on** I. *v.t.* **1.** *(clothes &c):* gwisgo, rhoi, dodi, *S: occ:* taclu. **2.** *F:* **to ~ a move on,** cyflymu, prysuro, brysio, *S:* ei siapo hi, hastu; **get a move on!** brysia (brysiwch)! tyrd yn dy flaen (dewch yn eich blaenau)! tân arni! *S:* siapa (siapwch) hi! *N:* styria (styriwch) hi! **3.** *Sch:* **to ~ a pupil on,** gwthio/annog disgybl yn ei flaen. **4.** *F:* **to ~ sth on s.o.,** [cael] gwybod hanes rhn; **I've got sth on him,** mae gen i dipyn o'i hanes e; mi wn i beth neu ddau amdano fe; **what have you got on me?** pa dystiolaeth sydd gennych chi yn f'erbyn i? **you've got nothing on me,** 'does gennych chi ddim yn f'erbyn i. II. *v.i. (a train):* mynd i drên, esgyn i drên; *(a bicycle, horse &c):* mynd ar gefn beic/ceffyl *&c*; **to ~ on a chair,** dringo i ben cadair, mynd/sefyll ar ben cadair; **to ~ on one's feet,** codi, sefyll, *S: occ:* cwnnu [ar eich traed, ar eich sefyll]. **2.** *(a) (= pass on, move on, advance):* mynd/symud ymlaen (i/at rywle, at rn/rth); **to ~ on to the next subject,** mynd/symud/dod ymlaen; **~ on with it!** ymlaen â thi (chi)! dos (ewch) ymlaen! hwi arni! ymlaen at y pwnc nesaf! **he's getting on for forty,** mae'n tynnu ymlaen at y deugain [oed]; mae'n dynesu at ei ddeugain [oed]; mae'n gyrru ar y deugain; **(she's) getting on in years,** (mae hi'n) tynnu ymlaen, heneiddio, mynd i oed; **time is getting on,** mae hi'n tynnu ymlaen; mae hi'n mynd yn hwyr; 'rydym ar ei hôl hi; **(it was) getting on for midnight,** ('roedd hi) bron yn hanner nos, rywle tua hanner nos, ar draws hanner nos, 'n tynnu am hanner nos, *S.W: occ:* marce hanner nos; **there are getting on for three hundred boys (in the school),** mae 'na dri chant o fechgyn fwy neu lai, mae tua thri chant o fechgyn, mae yn agos at dri chant o fechgyn (yn yr ysgol); *(b) (= flourish, succeed):* ffynnu, llwyddo, cynyddu, prifio, tyfu, dod ymlaen, gwneud yn dda; **to ~ on in life,** dod ymlaen mewn bywyd; **he's sure to ~ on in the world,** mae'n sicr o lwyddo yn y byd; mae'n sicr o wneud ei ffordd yn y byd; mae'n sicr o gael hwyl arni; **how to ~ on,** sut i lwyddo; **to ~ on with a job,** mynd ymlaen â gwaith, canlyn arni, dal ati, bwrw 'mlaen, *N:* pydru ymlaen, pydru arni [â gwaith]; **to ~ on well,** cael hwyl arni; **how are you getting on?** pa hwyl? sut [y] mae hi? sut [y] mae hi'n dod? *N: F:* s'mâi? *S: F:* shw'mâi? shwt mae'n ceibo? *S.W: occ:* shwt ych chi'n dawno? **how did you ~ on in the test?** sut hwyl gawsoch chi ar y prawf? sut yr aeth y prawf? **to ~ on without sth,** mynd ymlaen heb rth, hepgor rhth; *(c)* **to ~ on well with s.o.,** cyd-dynnu/cytuno/dygymod yn dda â rhn, bod ar delerau da â rhn, tynnu trwy rn yn dda; **they ~ on well together,** maent yn deall ei gilydd i'r dim; **they don't ~ on well together,** 'does fawr o Gymraeg rhyngddynt; **he's easy to ~ on with,** mae'n ddyn agos-atoch/clên/hynaws; mae'n ddyn hawdd gwneud ag ef; mae'n ddyn hawdd ei drin; *(d) P:* **get on with you!** twt lol! dos (cerwch) i grafu! dwli! lol botes maip! dos o 'na di (cerwch o 'na chi)! choelia' i fawr! cer(-wch) o 'na! *S.W:* hawyr bach! *(e)* **to ~ on to sth,** dod i wybod am rth, mynd ar drywydd rhth, cael gwybod am rth, dod yn ymwybodol o rth, synhwyro rhth, cael rhyw achlust o rth; *(f)* **to ~ on to s.o. about sth,** mynd i ben rhn ynghylch rhth; dod/mynd i gysylltiad â rhn ynghylch rhth; cael gair â rhn ynghylch rhth; *(g)* **she gets on my nerves,** mae hi'n dân ar fy nghroen i; mae hi'n fy ngwylltio i; *S:* mae hi'n fy hala i'n grac; mae hi'n fy nanto i. **~ out 1.** *v.t. (a)* **to ~ a cork out,** tynnu corcyn [allan], cael corcyn allan; **to ~ a stain out,** codi/dil|eu staen, cael gwared/ymadael â staen; **to ~ sth out of sth,** tynnu/cael rhth allan/mas o rth; **to ~ money out of s.o.,** cael arian o groen rhn; **to ~ a secret out of s.o.,** cael cyfrinach o groen rhn; *P:* **to ~ sth out of sth,** cael elw o rth, elwa ar rth, cael rhyw fudd o rth; **I'll ~ sth out of it,** fe dâl yn dda imi; **you'll ~ nothing out of it,** fyddi di ddim elwach arno; **to ~ s.o. out of a fix,** tynnu/cael rhn o drafferth/helynt; **to ~ s.o. out of a bad habit,** tynnu cast drwg o rn, cael gwared ar gast drwg yn rhn, diddyfnu rhn o gast drwg; *(b) (= fetch out):* **to ~ one's tools out,** dod â'ch offer allan, tynnu'ch offer allan; **to ~ one's car out,** dod â'ch car allan; **to ~ out a boat,** gwthio/lansio cwch i'r dŵr; **to ~ out a book,** *(of publisher):* cyhoeddi llyfr; *(of reader in library):* benthyca llyfr; **to ~ out a scheme,** parat|oi/dyfeisio cynllun; **to ~ out plans,** llunio cynlluniau; **he could hardly ~ out a word,** prin y gallai yngan gair; *Com:* **to ~ out a balance sheet,** paratoi/cyhoeddi mantolen; *(c)* **to ~ out a puzzle,** datrys problem/pos; *(d)* **to ~ s.o. out,** danfon rhn allan; *(e)* **~ that cat out!** *N:* heliwch y gath 'na allan; *S:* siaswch/halwch y gath 'na mas. **2.** *v.i. (a)* **to ~ out of sth,** mynd/dod allan/mas o rth; *(from a train &c):* disgyn; *(= escape):* dianc, dihengyd; **the lion got out of its cage,** daeth y llew allan o'i gaets; dihangodd y llew; daeth y llew yn rhydd o'i gaets; **to ~ out of sight,** mynd o'r golwg, diflannu; **the secret got out,** daeth y gyfrinach i'r amlwg/golwg; daeth y gyfrinach yn hysbys; daeth y gyfrinach ar glawr; **if it ever gets out,** os byth y daw'n hysbys; **to ~ out and about of one's house,** *(e.g. after illness):* codi allan, mynd o'r tŷ; **to ~ out of s.o.'s way,** mynd o ffordd rhn, mynd oddi ar ffordd rhn, sefyll draw, gwneud/ildio lle i rn, *N:* tendio o ffordd rhn; **~ out of my way!** saf (sefwch) draw! [allan, mas] o'm ffordd i! o'r ffordd! *N:* tendia (tendiwch)! dos (cerwch) o dan draed! **to ~ out of bed,** codi, *S:* cwnnu [o'r gwely]; **he's got out of bed on the wrong side,** *N:* mae o wedi codi yr ochr chwith i'r gwely; *S:* mae croen ei din ar ei dalcen e; **~ out of here!** bacha hi (bachwch hi)! *&c*, *See* **beat**[2] **1.** *(a)*; **~ out of my house!** paid (peidiwch) â thywyllu drws y tŷ 'ma eto! **you must either do it or ~ out,** rhaid ichi ei wneud e neu mi ddangosa' i'r drws ichi; *(b)* **to ~ out of a difficulty,** dod [allan] o anhawster, dod allan ohoni; **to ~ out of one's depth,** mynd i ddyfroedd dyfnion; **to ~ out of a duty, to ~ out of doing sth,** osg|oi gorfod gwneud rhth, cael peidio â gwneud rhth; *Com: F:* **to ~ out without loss,** clirio'ch costau; **to ~ out of what one has said,** troi yn eich cogwrn, troi yn eich carn; *(c)* **to ~ out of the habit of doing sth,** colli'r arfer o wneud rhth; *(d)* **to ~ out of hand,** mynd dros ben llestri, mynd yn afreolus; *U.S: P:* **~ out!** lol! lol botes maip! dwli! **~ outside 1.** mynd allan. **2.** *F: (= eat, drink):* **to ~ outside a pint,** llyncu/llowcio peint, rhoi peint o'r golwg. **~ over** *S.a.* **get across. 1.** *v.i. (a)* croesi, mynd drosodd; **to ~ over a river,** croesi/rhydio afon; **to ~ over a wall,** dringo tros glawdd/wal; *(b)* **to ~ over an illness,** cael eich cefn atoch, gwella ar ôl salwch, dod dros waeledd, *occ:* tynnu trwyddi, *N.W:* fflonsio, criwtio, *S.W: occ:* dechrau blewynna, geino; **she cannot ~ over her loss,** 'does dim cysuro arni ar ôl ei cholled; mae'n anodd ganddi ddygymod â'i cholled; **to ~ over homesickness,** bwrw hiraeth; **to ~ over one's fatigue,** bwrw'ch blinder; **to ~ over one's shyness,** bwrw'ch/meistroli'ch/trechu'ch swildod; **to ~ over one's surprise,** dod dros eich syndod; **I can't ~ over it,** fedra' i ddim dod trosto. **2.** *v.t. (= pass* *sth over): (a)* **to ~ s.o. over a wall,** gwthio/codi/helpu rhn dros glawdd; **to ~ sth over a wall,** codi/estyn/pasio rhth dros wal; *(b)* **to ~ sth over,** *(= finished):* gweld diwedd ar rth, *N:* gorffen, *S:* dibennu/cwpla rhth, *Lit:* cwblh|au/terfynu rhth; **(I'll be glad) to ~ it over,** (mi fydda' i'n falch) o weld ei ddiwedd e, o weld diwedd arno; *F:* **to ~ a fact over to s.o.,** gwneud i rn ddeall rhth, rhoi rhth ar ddeall i rn, cyfl|eu ffaith i rn, rhoi rhth ym mhen rhn. **~ round 1.** *v.i.* **to ~ round a corner,** troi cornel, *F:* mynd rownd cornel; **to ~ round to everyone in turn,** mynd/dod heibio i bawb yn ei dro; **to ~ round a table,** rhoi['ch] pennau ynghyd, cyd-drafod, ymgynghori, *S.W: occ:* cwnsela; *(b)* **= get about;** *(c)* **to ~ round a difficulty,** dod dros anhawster; **to ~ round the law,** mynd heibio i'r gyfraith, osg|oi'r gyfraith; *F:* **to ~ round s.o.,** mynd i lawes rhn, perswadio/cocsio rhn, dwyn perswâd ar rn, *N.W: occ:* mynd tros rn, mynd tros ben rhn; **to know how to ~ round s.o.,** gwybod sut i drin/fyrddio rhn; **to ~ round to doing sth,** cael cyfle i wneud rhth; **when he finally got round to the work,** pan aeth ati o'r diwedd. **2.** *v.t.* **to ~ s.o. round, = bring round; to ~ one's tongue round sth,** torri gair yn gywir, llwyddo i ynganu rhth. **~ through** I. *v.i.* **1. to ~ (through a hole),** gallu mynd, ymwthio, eich gwthio'ch hun, gwthio'ch ffordd (trwy dwll); *(b)* **to ~ through [with] a task,** gweld pen draw gwaith, cwblh|au/dibennu/darfod/gorffen gwaith, dod i ben â gwaith, dod i derfyn gwaith; **I'll never ~ through this work,** ddo' i byth i ben â'r gwaith yma; **to ~ through a journey,** cyrraedd pen taith; **to ~ through a day,** mynd trwy ddiwrnod, dod at derfyn dydd, treulio/bwrw diwrnod; **to ~ through an examination,** llwyddo mewn arholiad, pasio arholiad. **2.** *(a) (= arrive, penetrate):* cyrraedd (rhn, at rn), mynd/dod trwodd (at rn), treiddio (at rn); **the news got through to them,** daeth y newydd i'w clustiau; cyrhaeddodd y newydd hwy; *(b) (of examinee):* llwyddo, pasio. *(c) Pol:* **(a bill) that will never ~ through,** (mesur) na chaiff byth mo'i dderbyn, nas derbynnir byth; *(d) Tp:* **to ~ through to s.o.,** dod/mynd i gysylltiad â rhn, cysylltu â rhn; *F:* **I just couldn't ~ through to her,** allwn i yn fy myw gael ganddi ddeall; allwn i ddim cyfleu fy meddwl iddi. II. *v.t.* mynd/dod â rhth (trwy rth); **to ~ a bill through Parliament,** hebrwng mesur trwy'r Senedd; **to ~ sth through the customs,** mynd/dod â rhth trwy'r dollfa; *Tp:* **to ~ s.o. through to s.o.,** cystylltu rhn â rhn arall; **to ~ a thread through the eye of a needle,** rhoi/gwthio/pasio edefyn trwy grau nodwydd; rhoi edau mewn nodwydd; **to ~ sth through to s.o.,** cyfleu rhth i rn, gwneud i rn ddeall rth, rhoi rhth ar ddeall i rn. **~ together 1.** *v.i. (= assemble):* ymgynnull, ymgasglu, dod at eich gilydd, ymuno, aduno, dod ynghyd; **to ~ together (to do sth),** dod at eich gilydd, ymuno, cydweithio, gweithio law yn law, cyd-dynnu (i wneud rhth). **2.** *v.t. (objects):* casglu/crynhoi (pethau) ynghyd, *N:* hel, *occ:* pentyrru, crugio; *(= put in order):* trefnu (pethau), rhoi (pethau) mewn trefn, rhoi/cael trefn (ar bethau); *(people):* cynnull, casglu, crynhoi (pobl); galw (pobl) ynghyd, galw (pobl) at ei gilydd. **~ under 1.** *v.i.* **to ~ under sth,** mynd dan/tan rth, mynd o dan rth. **2. to ~ sth under,** *(= subdue):* trechu, meistroli; **to ~ a fire under,** diffodd tân; **to ~ an opponent under,** trechu/llorio gelyn. **~ up** I. *v.i.* **1. to ~ up a ladder,** dringo i ben ysgol; **to ~ up a hill,** cyrraedd pen rhiw; **to ~ up to the top of a mountain,** dringo/esgyn i ben mynydd. **2.** *(a)* **to ~ up behind s.o.,** *(on a horse &c):* mynd is gil rhn (ar gefn ceffyl *&c*); *(b)* **to ~ up to s.o.,** cyrraedd rhn, dod at rn, dal rhn, dod cyfuwch â rhn, *Lit:* goddiweddyd rhn; **where have you got up to?** ble 'rydych chi arni bellach? **I got up to page ten,** mi gyrhaeddais dudalen deg; mi euthum cyn belled â thudalen deg; *(c) (= stand up):* codi, sefyll [ar eich traed], *S:* cwnnu; **get up!** cod(-wch)! *often* cwyd! *Lit:* cyfod(-wch)! ar eich traed! saf (sefwch)! *(d) (from bed):* codi, *S:* cwnnu [o'r gwely]; **he's got up on the wrong side of the bed today,** *N:* mae'n flin fel tincer/arth heddiw; mi gododd yr ochr chwith i'r gwely heddiw; *S:* mae croen ei din ar ei dalcen e heddi'; *(e)* **to ~ up to mischief,** gwneud drygau, gwneud drygioni, gwneud castiau drwg, bod ar berwyl drwg, *N: F:* gwneud misdimanars; *(f) (of wind):* codi, cryfh|au; *(of sea):* codi, dygyfor, ymchwyddo; *(g) Cr: (of ball):* codi. II. *v.t.* **1. to ~ s.o. up a tree,** gwthio/hwbio/helpu rhn i ben coeden; **to ~ sth up a hill,** mynd â rhth i ben rhiw, gwthio/llusgo rhth i ben rhiw. **2. to ~ a trunk up to the attic,** mynd â chist i'r groglofft; *(= lift):* codi, *S:* cwnnu; **to ~ a [sunken] ship up,** codi llong suddedig; *Rail: Aut:* **to ~ up speed,** cyflymu, mynd yngh|ynt, mynd yn gyflymach, magu cyflymdra, *S:* mynd yn fwy clou, *N: F:* codi sbîd; **to ~ up steam,** codi ager, *F:* codi stêm; *(b)* **to ~ s.o. up from bed,** codi rhn o'i wely, deffro/dihuno rhn. *(c) (= organize): (a fête):* trefnu (gŵyl *&c*); *(a play):* llwyfannu (drama); **to ~ up a plot,** cynllwynio; **to ~ up a choir,** codi côr; **to ~ up a quarrel,** creu helynt, creu cynnen; **it's all got up by the press,** stori wedi'i chreu gan y wasg yw hi; y papurau sydd wedi creu'r stori; *(e)* **to ~ oneself up,** ymbincio, ymwisgo, ymdecáu, eich harddu'ch hun, *S. W: F:* jimo [eich wyneb *&c*]; **to ~ oneself up as sth,** eich gwisgo'ch hun fel rhth, *S. W:* eich taclu'ch hun fel rhth; **got up,** wedi'ch gwisgo; *(f)* **to ~ up a book,** paratoi [diwyg] llyfr; *(g)* **to ~ s.o.'s back up,** codi gwrychyn rhn, pechu yn erbyn rhn; *(h)* **to ~ a baby's wind up,** codi gwynt babi; *F:* **to ~ the wind up,** cael braw/dychryn ar eich hyd, dychryn am eich bywyd/hoedl; **I got the wind up,** mi gefais fraw; mi ddychrynais ar fy hyd; *V:* 'roedd gen i ofn drwy 'nhin; mi ges i ofn drwy 'nhin; *S: V:* fe gês i dwll tin o ofan/ofon; *(i)* **to ~ up a subject,** *(for an examination):* paratoi/adolygu/dysgu pwnc [ar gyfer arholiad], *N: F:* ffagio rhth [ar gyfer arholiad]; *(j)* **to ~ sth up to a good standard,** codi/gwella safon rhth; *(k) Laund:* **to ~ up (= dress) linen,** trin/cyweirio dillad. **~ with** *v.i. F:* **to ~ with it,** mynd iddi, dod iddi, dod i'r ffasiwn, mynd â hi; **~ with it, man!** deffro, ddyn! dihuna, ddyn! **~-at-able** *a.* hawdd mynd ato, hawdd cyrraedd ato, cyraeddadwy, hawdd ei estyn *&c; (place):* hygyrch; *(thg):* estynadwy, hwylus, cyfl|eus, wrth law, *occ:* ar led ymyl. **~-away** *n.* **1.** *(= escape):* dihangfa (diangf|eydd) *f*; **to make one's ~-away,** dianc, dihengyd, ffoi, *F:* ei gleuo hi, ei bachu hi, rhoi traed yn y tir; *S.a.* **beat² 1.** *(a).* **2.** *(a) Rac:* cychwyn *m*, cychwyniad *m*; *Aut: (of engine):* taniad *m*, cychwyniad. **3.** *attrib.* **a ~-away car,** car dianc, car i ddianc ynddo. **~-out** *n.* esgus(-ion) *m* [i beidio â gwneud rhth], ffordd (ffyrdd) ymwared *f*, twll (tyllau) ymwared *m*; *F:* **for/like all ~-out,** hyd eithaf eich gallu, gymaint ag a ellwch, nerth deng ewin, *F:* fel y boi, fel yr andros, fel y diawl, fel y mêl.**~-rich-quick** *a.* llygad y geiniog, cribinllyd, cribddeilgar, crafangus, ariangar (*pronounced* ng); *(loosely):* diegwyddor.**~-up** *n.* **1.** *(of book &c):* diwyg *m*; golwg *f* (ar rth). **2.** *(= dress):* gwisg *f*, dillad *pl*, *F:* geriach *m*, ffigiaris *pl.*

gettable *a.* ar gael, y gellir ei gael, caffaeladwy, o fewn cyrraedd.

getter¹ *n.* **1.** *Ph:* cludwr (cludwyr) *m.* **2.** *(in general sense):* cludwr, cl|udwraig *f*, cyrchwr (cyrchwyr) *m*, c|yrchwraig *f* (rhth); chwiliwr (chwilwyr) *m* ch|wilwraig *f* (am rth). **3.** *(of children):* cenhedlwr (cenhedlwyr) *m*, epiliwr (epilwyr) *m.*

getter² *v.t. Ph:* gwagio, gwacáu.

geum *n. Bot:* mapgoll *m*, llysiau *(pl)* f'anwylyd; *S.a.* **avens, (water, wood).**

gewgaw *n.* tegan(-au) *m*, ceriach: geriach *m*, *N.W:* ffigiari(-s) *m*, ffril(-iau,-ion) *m*; *pl.* **gewgaws,** trugareddau, *M. W:* clawets.

gey *a. & adv. Scot:* **1.** *a.* sylweddol, mawr(-ion). **2.** *adv. (= very):* iawn.

geyser *n.* **1.** *Geog:* ffynnon boeth (ffynhonnau poethion) *f*, pistyll poeth (pistylloedd poethion) *m*, giser(-au) *f.* **2.** *Dom.El:* twymwr (twymwyr) *(m)* dŵr, peth(-au) *(m)* twymo dŵr, giser.

Ghana *Pr.n. Geog:* Ghana *f.*

Ghanaian *a. & n.* **1.** *a.* Ghanaidd, [o] Ghana; **the ~ parliament,** senedd Ghana; **he's ~,** un o Ghana ydyw; Ghanaiad ydyw. **2.** *n.* Ghanaiad (Ghanaiaid) *m&f*, Ghanäwr (Ghanawyr) *m.*

gharial *n.* **= gavial.**

gharry *n.* cerbyd(-au) *m.*

ghastlily *adv. See* **ghastly 2.**

ghastliness *n.* **1.** erchylltra *m*, erchylltod *m*, erchyllter *m*, echryslondeb *m*, echryslonder *m*, ofnadwyedd *m*, arswydedd *m*, arswydlonedd *m*, annaearoldeb *m*, hunllefoldeb *m*, natur ofnadwy *(f) &c.* **2.** *(= paleness):* gwelwder *m.*

ghastly *a. & adv.* **1.** *a. (a)* ofnadwy, dychrynllyd, arswydus, arswydlon, hunllefol, annaearol, erchyll, *Lit:* echryslon; *(b) F: (weakened sense):* **what a ~ picture!** am lun ofnadwy/trybeilig/alaethus/coch/trychinebus! *(c) (= pale):* gwelw, gwelwlas, glaswelw, fel y galchen, drychiolaethus; **a ~ (= forced) smile,** glaswen(-au) *f.* **2.** *adv.* **~ pale,** yn welw ofnadwy, yn ofnadwy/annaearol o welw, yn wyn fel drychiolaeth.

ghat, ghaut *n.* **1.** *(= steps):* grisiau *pl.* **2.** *(= landing-place):* glanfa (glanf|eydd) *f.* **3. burning-~,** tomen *(f)* losgi (tomennydd llosgi). **4.** *(= mountain pass):* bwlch (bylchau) *m.* **5.** *Geog:* **the**

Eastern Ghats, y Cribau Dwyreiniol; **the Western Ghats,** y Cribau Gorllewinol.
Ghazo *n. Rel.Hist:* rhyfelwr (rhyfelwyr) *m*, brwydrwr (brwydrwyr) *m*.
ghee *n. Cu:* ymenyn gloyw *m*.
gherkin *n.* cucumer(-au) (*m*) pîl, gercin: gercyn(-au) *m*, *A:* chwerwddwr bach *m*.
ghetto *n.* geto(-au) *m*, ***ghetto(-s)***.
ghi *n.* = **ghee.**
Ghibelline *a. & n. Hist:* **1.** *a.* G[h]ibelaidd. **2.** *n.* G[h]ibeliad (G[h]ibeliaid) *m&f*.
Ghibellinism *n. Hist:* G[h]ibeliaeth *f*.
ghillie *n.* = **gillie.**
ghost[1] *n. & attrib.* I. *n.* **1.** *A: (= soul):* enaid (eneidiau) *m*; **to give up the ~,** huno, marw, trengi, corffio, estyn y fer, estyn berrau, estyn y goes, tynnu'ch traed atoch, ymado â'r fuchedd hon, *N.W: F:* rhoi'r cerrig i fyny, *S: occ:* rhoi'r tŵls ar y bar, *S.W:* rhoi fynydd; *Fig: (= to give up):* rhoi'r gorau iddi, rhoi'r ffidil yn y to. **2. the Holy G~,** yr Ysbryd Glân *m*. **3.** *(a) (= spectre):* ysbryd(-ion) *m*, drychiolaeth(-au) *f*, rhith(-iau) *m*, *F:* ladi wen *f*, bwgan(-od) *m*; *(child's language):* bwci-bo *m*, bo-bo *m*; **to raise a ~,** codi ysbryd; **the ~ walks,** *Th: F:* mae hi'n ddiwrnod tâl; **to lay a ~,** tawelu/danfon/gostwng/gostegu ysbryd. **4. he's a ~ of his former self,** nid yw ond cysgod (*m*) o'r dyn a fu; **not the ~ of a chance,** dim rhithyn (*m*) o obaith, dim mymryn (*m*) o obaith, dim gobaith mul; *Lib:* **~ edition,** argraffiad(-au) (*m*) lledrith. II. *attrib.* rhith-; **a ~ ship,** llong rithiol, rhith-long. **~ larva** *n. Ent:* larfa [g]wydr (larfâu gwydr) *mf*. **~ moth** *n. Ent:* bwgan(-od) bach (*m*) yr hwyr, gwyfyn(-od) rhithiol *m*. **~ orchid** *n. Bot: (Epipogium aphyllum):* tegeirian(-au) rhithiol *m*, cwr|elwraidd ysbardunog *m*. **~ plant** *n. Bot: (Graptopetalum paraguayense):* dail (*pl*) bwgan. **~ slide** *n. Th:* trap(-iau) (*m*) bwgan. **~ story** *n.* stori (*f*) fwgan (straeon bwganod), stori ysbryd (straeon ysbrydion). **~ town** *n.* tref(-i) anghyfannedd *f*. **~ train** *n.* trên (trenau) (*mf*) bwganod, trên sgrech. **~-word** *n.* ffug-air (~-eiriau) *m*. **~ writer** *n.* rhith-awdur(-on) *m*, rhith-awdures(-au) *f*. **~-written** *a.* wedi ei rith-ysgrifennu.
ghost[2] *v.t.* **to ~ a book,** ysgrifennu llyfr [dros rn arall], (*)rhithio llyfr, rhith-ysgrifennu llyfr.
ghostlike *a.* fel ysbryd, rhithiol, drychiolaethol.
ghostliness *n.* **1.** *(of appearance):* rhithioldeb *m*. **2.** *(= eeriness):* arswyd *m*, golwg arswydus *f &c*; **I remember the ~ of the place,** 'rwy'n cofio mor fwganllyd oedd y lle.
ghostly *n.* **1.** *A: (= spiritual):* ysbrydol. **2.** *(= eerie):* bwganllyd, drychiolaethol, arswydus, annaearol, *S.W:* bwcïaidd. **3.** *(= faint):* rhithiol, gwan (gweinion), gwelw(-on), llwydwelw(-on).
ghoul *n.* **1.** *Myth:* ellyll(-on) *m*, *occ:* ellylles(-au) *f*, fampir(-od,-iaid) *m*. **2.** *F: (= ghoulish pers.):* aderyn (*m*) corff (adar cyrff), dilynwr (dilynwyr) (*m*) angladdau, dil|ynwraig (*f*) angladdau.
ghoulish *a.* fampiraidd, mynwentol, angladdol, afiach, ffiaidd, cyfoglyd.
ghoulishly *adv.* fel aderyn corff; yn afiach *&c*.
ghoulishness *n.* diddordeb afiach *m*, natur afiach *f*, natur ffiaidd, fampireiddiwch *m*.
ghyll *n.* ceunant (ceunentydd) *m*.
giallo antico *n.* marmor melyn *m*.
giant *n. & a.* **1.** *n.* cawr (cewri) *m*. **2.** *a.* cawraidd, anferth, anferthol, aruthrol [fawr]; *(plant &c):* mawr, mwyaf; *(cells, chromosomes &c):* enfawr; **to take ~ strides,** brasgamu [ymlaen], cymryd camau breision [ymlaen], *Fig:* gwn|eud cynnydd aruthrol; *Sch:* **~ beads,** gleiniau mawr, mwclis mawr; *Sch:* **~ puppets,** pypedau mawr. **~-killer** *n.* cawrleiddiad (cawrleiddiaid) *m*, lladdwr (lladdwyr) (*m*) cewri, trechwr (trechwyr) (*m*) cewri. **~-like** *a.* cawraidd *&c*; *S.a.* **giant 2.** **~-powder** *n. Expl:* powdwr (*m*) cawr. **G~'s Causeway** *Pr.n. Geog:* Sarn (*f*) y Cawr. **G~'s Grave** *Pr.n. W.Geog:* Bedd (*m*) y Cawr. **G~'s Head** *Pr.n. W.Geog:* **1.** *(near Betws y Coed):* Clogwyn (*m*) y Gigfran. **2.** *(near Barmouth):* Mynydd (*m*) y Gader. **~'s stride** *n. Gym:* (*) brasgamwr (brasgamwyr) *m*.
giantess *n.f.* cawres(-au,-i).
giantism *n.* = **gigantism.**
giaour *n. Moslem Rel:* Cristion (Cristnogion) *m*, anghredadun (anghredinwyr) *m*, anffyddiwr (anffyddwyr) *m*.
gib *n. Mec.E:* lletem(-au) *f*, pin(-nau) *mf*, *S:* bollten(-ni) *f*, bollt(-[i]au) *f*, *N:* powlten (powltiau) *f*.
gibber[1] *n.* = **gibberish.**
gibber[2] *v.i.* baldorddi, ffregodi, paldaruo, ffaldyruo, rhefru, bregliach; *S.a.* **to talk nonsense.**
gibber[3] *n. Austr: (= boulder):* carreg fawr (cerrig mawrion) *f*.
gibberellic *a. Ch:* giberelig.
gibberellin *n. Ch:* giberelin *m*.
gibbering *vn. & a.* **1.** *vn.* = **gibber**[1]. **2.** *a.* **a ~ idiot,** lolyn *m*, hurtyn (hurtod) *m*, mwydrwr (mwydrwyr) *m*, baldorddwr (baldorddwyr) *m*; *S.a.* **fool**[1]; *(= madman):* lloerigyn *m*, dyn(-ion) lloerig *m*, gwallgofddyn(-ion) *m*, dyn o'i gof (dynion o'u cof).
gibberish *n.* bregliach *m*, rwdl *mf*, lol *f*, dwli *m*, rwtsh *m*, rwtsh-ratsh *m*, rwdl-mi-ri *mf*, clebar: cleber *f*, *N: occ:* tatws (*pl*) llaeth.
gibbet *n. & v.t.* **1.** *n.* crocbren(-ni,-nau) *mf*, *A:* sibed(-i) *m*, crogwydd(-au) *f*. **2.** *v.t.* crogi, *A:* sibedu, sbedu.
gibbon *n. Z:* gibon(-iaid) *m*, epa(-od) hirfraich *m*.
gibbose *a.* = **gibbous.**
gibbosity *n.* amgrymedd *m*, cefngrymedd *m* (*pronounced* ng-g), crwbi *m*, cwman *m*, crwmach *m*.
gibbous *a.* **1.** *(= convex):* amgrwm, crythog, crwbi; **a ~ moon,** lleuad yn ei chwarter olaf, lleuad ar ei thri chwarter. **2.** *(= hunchbacked):* cefngrwm (*f.* cefngrom, *pl.* cefngrymion) (*pronounced* ng-g), a chrwbi arnoch, crwthi, cwmanog, gwargrwm, crwm.
gibbously *a.* yn amgrwm, yn gefngrwm *&c*.
gibe[1] *n.* gwawd(-iau) *m*, enllib(-ion) *m*, *N.W: F:* weipan (weips) *f*, sneipan (sneips) *f*; **to hurl gibes at s.o.,** *See* **gibe**[2].
gibe[2] *v.i.* **to ~ (at s.o.),** gwawdio, gwatwar, herian, pryfocio (rhn); cael hwyl/sbort (am ben rhn); edliw, lliwied (rhth i rn), *N.W: F:* taflu weips/sneips (at rn), tyrmentio (rhn), *Lit:* goganu (rhn).
gibe[3] *n. & v.i.* = **gybe.**
Gibeonite *Pr.n. B:* Gibeoniad (Gibeoniaid) *m&f*.
giber *n.* gwatwarwr (gwatwarwyr) *m*, gwatw|arwraig *f*, gwawdiwr (gwawdwyr) *m*, gw|awdwraig *f*, *N.W: F:* taflwr (*m*) weips/sneips.
gibing *a.* gwawdlyd, gwatwarus, pryfoclyd, herllyd, *Lit:* goganus, enllibus, gwawdus.
gibingly *adv.* yn wawdlyd *&c*.
giblets *n.pl. Cu:* syrth *m*, *N.W: occ:* dribliwns.
Gibraltarian *a. & n.* **1.** *a.* [o] Gibraltar, Gibraltaraidd; **he's ~,** un o Gibraltar ydyw. **2.** *n.* Gibraltariad (Gibraltariaid) *m&f*.
gid *n. Vet:* y bendro *f*.
giddap *int. F:* ji! ji-yp!
giddily *adv.* yn chwil *&c*; *N.W: occ:* yn chwidl.
giddiness *n.* **1.** pendro *f*, pensyfrdandod *m* (*N: pronounced as if* pensdandod), *occ:* madrondod *m*, pendrondod *m*, penddar *f*, penddaredd *m*, penysgafndod *m*, penysgafnder *m*, penysgafndra *m*, *S.W: occ:* penddot *f*, y benddot, *S.E:* sgawndid *m*, dotens *m*, penchwildredd *m*. **2.** *(= frivolity):* penchwibandod *m*, anwadalwch *m*, penwendid *m*.
giddy[1] *a.* **1.** *(= dizzy):* chwil, pensyfrdan, penfeddw, penysgafn, meddw, dryslyd, hurt, a'r bendro arnoch; **to make one ~,** pensyfrdanu, penfeddwi, hurtio, drysu (rhn); rhoi'r bendro (i rn); **I feel ~,** mae fy mhen i'n troi; **to become ~,** penfeddwi, mynd yn chwil, penddaru. **2.** *(= dizzying):* **a ~ precipice,** dibyn pensyfrdanol; **a ~ maze,** bachdrofa ddryslyd/hurtiol; **a ~ success,** llwyddiant syfrdanol/meddwol/penfeddwol; **to rise to ~ heights,** codi i uchelfannau syfrdanol/hurtiol. **3.** *(= frivolous):* penchwiban, ynfyd, hurt, ffôl, anwadal, penysgafn, penwan, ysgyfala; **a ~ young girl,** ffriten(-nod) *f*, *N.W:* hobidih|oi wirion *f*, hoeten *f*, hogan benchwintan *f*; **to play the ~ goat,** lolian, chwarae bili-ffŵl, *N.W: occ:* chwarae'n wirion; **he's a ~ one,** *S:* mae'r ddot yn ei ben e. **4.** *F:* **my ~ aunt!** gwared y gwirion! hawyr bach! brensiach annwyl! 'tawn i'n glem! 'tawn i'n smecs! brenin y bratiau! ar f'engoes i (*pronounced* ng-g)! ar f'engoch i (*pronounced* ng-g)! ar f'enaid i! *&c*.
giddy[2] *v.t.&i.* pensyfrdanu, meddwi, penfeddwi, penddaru, pen-droi.
Gideon *Pr.n.m. B:* Gedeon.
gidgee, gidya *n. Bot: (Acacia homalophylla):* coeden (coed) (*f*) gidia.
gifblaar *n. Bot: (Dichapetalum cymosum):* y ddeilen (*f*) wenwyn.
gifbol *n. Bot: (Boophane disticha):* y gloronen (*f*) wenwyn.

gift¹ *n.* **1.** *(= present):* anrheg(-ion) *f*, rhodd(-ion) *f*, *F:* presant(-au) *m*; **free ~,** rhodd rad, rhywbeth am ddim; **New Year's ~,** calennig *m*; *A:* **a ~ bought at a fair,** ffeiryn *m*; **to make a ~ of sth to s.o.,** rhoi rhth [yn anrheg *&c*] i rn, anrhegu rhn â rhth; *Jur:* **deed of ~,** gweithred (*f*) roddi (gweithredoedd rhoddi). **(to acquire sth) by free ~,** (cael rhth) yn rhodd, yn anrheg, am ddim; *Com:* **"Gifts",** "Anrhegion"; **(I wouldn't have it) as a ~,** (chymerwn i mohono) am bris yn y byd, petaen nhw'n ei roi e imi; *F:* **he thinks he's God's ~ to women,** mae'n eithaf ceiliogyn; mae'n eithaf merchetwr; mae'n meddwl bod pob merch yn gwirioni/dotio arno; **he thinks he's God's ~ to mankind,** *V:* mae'n meddwl bod yr haul yn codi rhwng bochau ei din. **2.** *(= ability):* dawn (doniau) *f*, gallu(-oedd) *m*; **the ~ of tongues,** [dawn] llefaru â thafodau; *S.a.* **gab. 3.** *(= easy task):* **it was a ~,** chwarae plant ydoedd; 'roedd yn hawdd fel dŵr. **4.** *(= giving):* **the living is in the ~ of the Bishop,** mae'r fywoliaeth yn rhodd/llaw yr Esgob; yr Esgob biau rhoddi'r fywoliaeth. **~ coupon, ~ token, ~ voucher,** tocyn(-nau) (*m*) anrheg[-ion]. **~-horse** *n.* **to look a ~ horse in the mouth,** *Prov:* cyfrif dannedd march [fo] rhodd. **~-wrap** *v.t.* lapio.

gift² *v.t.* **1.** *(with a present):* anrhegu (rhn), rhoi/rhoddi anrheg (i rn). **2.** *(with an ability):* donio (rhn).

gifted *a.* dawnus, galluog, talentog.

giftedness *n.* dawnusrwydd *m*, dawn *f*.

gig¹ *n.* **1.** *(carriage):* trap(-iau) *m*, *Lit:* cerbydan *f*, cerbydyn *m*. **2.** *Nau:* cwch bach (cychod bychain) *m*, cwch rasio, pinnas (pinasau) *m*, bad(-au) *m*.

gig² *n. Fish:* tryfer(-i) *f*.

gig³ *n. F:* *(= one night performance):* noson *f*, noswaith (nosweithiau) *f*, perfformiad(-au) *m*.

giga- *pref. Mth:* giga-.

gigantesque, gigantic *a.* anferth, anferthol, aruthrol fawr, cawraidd.

gigantically *adv.* yn anferth, yn aruthrol *&c.*

gigantism *n.* cawraeth *f*.

giggle¹ 1. *n.* **1.** chwerthiniad(-au) bach *m*, cilchwerthiniad(-au) *m*, piff(-iau) *m*, piffiad(-au) *m*, piffian *vn.* **2.** *(= joke):* hwyl *f*; **I did it for a ~,** fe'i gwnes i e o ran hwyl; **he was a ~,** 'roedd e'n hwyl, 'roedd e'n ddoniol; *N.W:* 'roedd o'n beiriant.

giggle² *v.i.* piffian [chwerthin], pwffian [chwerthin], cilchwerthin, *S.E: occ:* rhichian chwerthin.

giggler *n.* piffiwr (piffwyr) *m*, p|iffwraig *f*.

giggling *vn. & a.* **1.** *vn.* = **giggle². 2.** *a.* pifflyd.

giggly *a.* pifflyd.

giglet, giglot *n.* ffifflen (ffifflod) *f*, ffithlen (ffithlod) *f*.

gigolo *n.* j|igolo(-s) *m*.

gigot *n.* coes(-au) *f*, chwarthor(-ion,-iau) *m* **~ sleeve** *n.* llawes (*f*) goes dafad (llewys coes dafad).

gigue *n.* **1.** = **jig¹. 2.** *Mus: **gigue(-s)** f*, gig(-au) *f*.

Gila *Pr.n. Geog:* **~ monster** *n. Rept:* Gila(-od) *m*.

gilbert *n. El: Meas:* gilbert(-iau) *m*.

Gilbertese *n.* **1.** *Ethn:* Gilbertiad (Gilbertiaid) *m&f*. **2.** *Ling:* Gilberteg *f*, *m*.

Gilbertian *a.* Gilbertaidd.

gild¹ *n.* = **guild.**

gild² *v.t.* **1.** euro, goreuro; *Prov:* **to ~ the lily,** iro blonegen, euro aur. **2.** *(= eulogize):* canmol (rhn) i'r cymylau, canu clodydd rhn; **to ~ the pill,** *See* **sugar².**

gilded *a.* euraid, euraidd, eurog, goreuraid[d], goreurog; **~ youth,** ieuenctid euraid *m*.

gilder *n.* eurwr (eurwyr) *m*, goreurwr (goreurwyr) *m*.

gilding *vn.* **1.** = **gild². 2.** eurad *m*, goreurad *m*, eurwaith *m*, lliw (*m*) aur.

Gileston *W.Pl.n.* Silstwn *mf*.

gilgai *n. Austr: Geog:* pant(-iau) *m*.

gill¹ *n.* **1.** *usu.pl.* *(of fish):* cragen(-nau) *f*, *more usually* crogen(-nau) *f*, tagell(-i,-au, tegyll) *f*, *N.W:* *(incorrectly):* drogan *f*. **2.** *(of fowls, mushrooms) occ:* *(of people):* tagell; **to look green about the ~,** edrych yn llwyd/biglwyd/welw/laswelw, edrych yn swp sâl *&c*, gwelwi, gwelwlasu; **to look rosy about the ~,** edrych yn iach, edrych yn llond eich croen, bod mewn cas [cadw] da, bod yn gasol. **~-arch** *n.* bwa (*m*) tagell. **~-cover** *n. Ich:* clawr (*m*) tagell (cloriau tegyll). **~-fungus** *n.* caws (*m*) llyffant tagellog. **~-net** *n. Fish:* (*)rhwyd (*f*) ddrysu (rhwydi drysu). **~-raker** *n.* crib (*mf*) tagell (cribau tegyll). **~-slit** *n.* agen (*f*) tagell (agennau tegyll), agen y dagell.

gill² *v.t.* *(= gut):* diberfeddu; *(= catch):* dal [pysgodyn mewn rhwyd ddrysu]; *(a mushroom):* torri [tegyll].

gill³ *n.* **1.** *(= quarter pint):* gil(-iau) *m*, chwarter (*m*) peint (chwarteri peintiau), picyn(-nau) *m*. **2.** *(occ: = half pint):* gil, hanner (*m*) peint (haneri peintiau), *A:* sil(-iau) *m*.

gill⁴ *n.* **1.** *Pej:* *(= young woman):* hoeten(-nod) *f*, llafnes(-i,-au) *f*, maeden *f*, cywen(-nod) *f*. **2.** *(= female ferret):* ffured [fenyw] (ffuredi/ffuredau [benyw]) *f*.

gill⁵ = **ghyll.**

gillaroo *n. Ich:* brithyll (*inv. or* -od,-iaid) brych *m*, brithyll coch.

gilled *a.* tagellog.

gillie *n. Scot:* gwas (gweision) *m*, dilynwr (dilynwyr) *m*.

gillion *n. Mth:* **1.** *(= thousand million):* mil(-oedd) (*f*) o filiynau. **2.** *(= any huge number):* myrddiwn (myrddiynau) *m*, myrdd(-oedd) *m*.

gillyflower *n. Bot:* **1. [clove] ~,** *(Dianthus caryophyllus):* penigan rhuddgoch *m*, blodyn (*m*) clows, blodyn mam-gu. **2.** *(Cheiranthus cheiri):* jiliifflŵar(-s) *m*, jiniifflŵar(-s) *m*; *S.a.* **wallflower; dame's ~, violet (dame's); English ~,** = **carnation; feathered ~,** *(D. plumarius):* penigan; **mock ~,** = **soapwort; single ~,** = **feathered gillyflower; stock ~,** *(Malthiola incana):* murwyll llwyd *m*; **striped ~,** penigan rhesog; **water ~,** = **water-violet; yellow ~,** = **wallflower.**

gilt¹ *a.* = **gilded;** *Bookb:* **full ~,** [ag] ymylon aur.

gilt² *n.* eurad *m*, goreurad *m*, eurwaith *m*, lliw (*m*) aur, *A:* eurbibau: aurbibau *f*; *Prov:* **to take the ~ off the gingerbread,** mynd â'r mêl/menyn oddi ar y dorth, pylu sglein rhth; *(= show failings):* codi godre rhth, dinoethi rhth. **~ edge** *n.* eurymyl(-on) *f*. **~-edged** *a.* ag ymyl(-on) aur/euraid/eurog, eurymylog; *S.a.* **stock¹. ~ head** *n.* **1.** *Ich: A:* = **dory, wrasse (Baillon's);** *(= golden wrasse):* brân (brain) (*f*) y môr. **~ tail** *n. Ann:* = **brandling.**

gilt³ *n.* *(= young sow):* hesbinwch (hesbinychod) *f*, *F:* 'sbinwch ('sbinychod) *f*, banwes(-od) *f*, hwch (*f*) fanwes (hychod banwes); **maiden ~,** banwes heb gael baedd.

giltwood *a.* o bren eurog, eurbren.

gimbal *n.* modrwy ddwbl (modrwyau dwbl) *f*.

gimcrack *a. & n.* **1.** *a.* ceiniog a dimai, diwerth, ofer, *N:* da i ddim, *Lit:* gwacsaw, coegwych, coegaddurnol. **2.** *n.* ffigiari(-s) *m*, ceriach: geriach *m*, ffrilyn *m*, ffril(-iau,-s) *m*, ffaldirál(-s) *m*.

gimlet *n. & attrib.* **1.** *n. Tls: Carp:* gwimbill: gimbill(-ion) *m*, ebill(-ion) *m*, taradr (terydr) *m*, *N:* gwimbled(-i) *m*, wimblad *f*. **2.** *attrib.* **~ eyes,** llygaid treiddgar, llygaid fel ebillion. **G~ Rock** *Pr.n. W.Geog:* Carreg (*f*) yr Imbill.

gimmer *n.* hesbin(-od) *f*.

gimmick *n.* gimig(-au) *mf*, gimic(-s) *mf*.

gimmickry *n.* dyfeisiau *pl*, gimigau *pl*, gimigiaeth *f*.

gimmicky *a.* gimigaidd, gimiglyd.

gimp *n. Needlew:* **1.** *(= twist):* edau gyfrodedd [gref] *f*. **2.** *(= trimming):* trimin cryf *m*. **3.** *(= coarse thread):* edau fras *f*.

gin¹ *n.* **1.** *Ven:* *(= trap):* magl(-au) *f*, trap(-iau) *m*. **2.** *Mec.E:* *(a)* *(= hoist):* craen(-iau) *m*, dirwynlath(-au) *f*; *(b)* **cotton-~,** heislan(-od) *f*.

gin² *v.t.* heislanu [cotwm].

gin³ *n.* jin *m*, *Lit:* gwirod (*m*) meryw; **~ and it,** jin a fermwth; *S.a.* **sloe. ~-mill** *n. U.S:* dioty (diotai) *m*, tŷ (tai) (*m*) diota, tafarn(-au) *f*. **~-palace** *n.* gwiroty (gwirotai) *m*, tafarn ffansi, plas(-au) (*m*) potio. **~ rummy** *n. Cards:* jin-rymi *m*. **~-soaked** *a.* meddw, *F:* chwil *&c*; *S.a.* **drunk.**

gin³ *conj. Scot:* = **if.**

gin⁴ *n. Austr:* gwr|aig frodorol (gwragedd brodorol) *f*, brodores(-au) *f*.

ginger¹ *n. & a.* **1.** *n.* *(a)* *Bot: Cu:* sinsir *m*, *N:* sunsur *m*; *(b)* *F:* *(= mettle, spirit):* mynd *vn*, swmbwl *m*; *(c)* *(colour):* melyngoch *m* (*pronounced* ng-g), cringoch (*pronounced* ng-g). **2.** *a.* melyngoch, coch, cringoch. **3.** *n. See* **a ~-haired man/woman** *below*; **hey, ~!** hei, cochyn! **~-ale, ~-beer** *n.* diod sinsir, *F:* jinjibîar *m*. **~-beer plant** *n.* burum (*m*) sinsir. **~ cake** *n. Cu:* teisen(-nau) (*f*) sinsir. **~ group** *n.* grŵp (grwpiau) (*m*) symbylu/annog/annos **~-haired** *a.* [â] gwallt melyngoch/coch/cochlyd, pengoch (*pronounced* ng-g), cringoch (*pronounced* ng-g); **a~-haired man,** cochyn (cochion) *m*; **a ~-haired woman,** cochen(-nod, cochion) *f*; **a ~-haired girl,** *occ:* hogen goch (gen[n]od cochion) *f*. **~-nut** *n. Cu:* clepyn (clapiau) (*m*) sinsir, *N:* bisgeden (bisgedi) (*f*) sinsir, *N. W: occ:* teisen goch (teisennau cochion) *f*, *S:* bisgïen (bisgis) (*f*) sinsir, cacen felen fach (cacs melyn bach) *f*. **~-pop** *n.* = **ginger-ale.** **~-race** *n.* gwreiddyn (gwr|aidd, gwreiddiau) (*m*) sinsir. **~-snap** *n.* = **brandy snap.** **~ wine** *n.* gwin (*m*) sinsir.

ginger² *v.t.* **1.** *Cu:* rhoi blas sinsir ar rth. **2.** *F:* **to ~ (s.o.) up,** [y]sbarduno, symbylu, cynhyrfu, ysgogi (rhn).

gingerade *n.* = **ginger-beer.**

gingerbread *n. Cu:* torth(-au) (*f*) sinsir, cacen goch (cacennau cochion) *f*, *occ:* bara poeth *m*. **~ man** *n. Cu:* dyn(-ion) bach (*m*) sinsir. **~ tree** *n. Bot: (Parinarium macrophyllum):* coeden (coed) (*f*) bara sinsir.

gingerliness *n.* tringarwch *m* (*pronounced* ng-g), gofal *m*, gochelgarwch *m*, *S:* carc *m*.

gingerly *a. & adv.* **1.** *a.* tringar (*pronounced* ng-g), gofalus, gochelgar, gwyliadwrus, *S:* carcus; **to walk ~,** cerdded fel cath ar farwor, *N. W: occ:* cerdded yn dendar. **2.** *adv.* yn dringar *&c.*

gingery *a.* **1.** fel sinsir, sinsiraidd; *(loosely):* poeth. **2.** *(colour):* melyngoch (*pronounced* ng-g), cochlyd; *(esp. hair):* cringoch (*pronounced* ng-g).

gingham *n. Tex:* ging[h]am *m*.

gingili *n.* [olew] s|esame *m*.

gingival *a. Anat:* deintgigol, goruchfannol.

gingivitis *n. Med:* llid (*m*) y deintgig/goruchfan[t].

gingko *n.* = **ginkgo.**

ginglymus *n. Anat:* *colyn-gymal(-au) *m*.

gink *n. F:* = **chap⁴ 2, bloke.**

ginkgo *n. Bot:* coeden (coed) (*f*) ginco.

ginnery *n.* melin (*f*) gotwm (melinau cotwm).

ginseng *n.* jinseng *m*, pannag *m*.

gippy *n. F:* **1.** = **Egyptian.** **~ tummy** *n.* dolur rhydd *m*, rhyddni *m*, y bib *f*.

gipsy *n.* **1.** sipsi (sipsiwn) *m&f*; **~ woman,** *N:* jipsan: jipsen (jipsiwns) *f*, *S:* sibwnen (sibwns) *f*. **2. ~ bonnet** *n.* bonet(-i) clustiog *m*. **G~ Corner** *W.Pl.n. (near Bangor):* Pont (*f*) Talybont. **~ moth** *n. Ent:* (*)gwynfyn(-od) igam-ogam *m*.

gipsydom, gipsyhood *n.* sipsiwn *pl*, bywyd (*m*) sipsiwn, bywyd crwydrol.

gipsywort *n. Bot: (Lycopus europaeus):* llysiau(*pl*)'r sipsiwn.

giraffe *n. Z:* jiráff (jiraffod) *m*, *A:* camel-lewpard(-iaid) *m*.

girandole *n.* **1.** *Pyr: (= firework):* olwyn (*f*) dân (olwynion tân), troell (*f*) dân (troellau tân). **2.** *(= candlestick):* seren (*f*) ganhwyllau (sêr canhwyllau), canhwyllyr (canwyllyrau) *m*.

girasol[e] *n. Miner:* heulem(-au) *mf*, heulopal(-au) *mf*

gird *v.t. Lit:* *(a)* gwregysu, **to ~ up one's loins,** gwregysu eich lwynau, ymwregysu; **to ~ oneself (for the fray),** ymwregysu, ymbarat|oi (ar gyfer y frwydr); *(b)* **to ~ s.o. with sth, to ~ sth on s.o.,** gwregysu rhn â rhth; **to ~ on one's sword,** gwregysu'ch/rhwymo'ch/gwisgo'ch cleddyf; *(= surround):* gwregysu, amgylchynu.

gird² *n.* = **gibe¹.**

gird³ *v.i.* **to ~ at s.o.,** herian, pryfocio (rhn); cael/gwn|eud hwyl/sbort (am ben rhn).

girder *n.* **1.** *Const: (in ordinary parlance):* trawst(-iau) *m*. **2.** *Civ.E:* hytrawst(-iau) *m*, rhwymdrawst(-iau) *m*.

girdle¹ *n.* **1.** *Cost: &c:* gwregys(-au) *m*, cylch(-au) *m*; *(= corset):* staes(-iau,-ys) *mf*; *(= cord):* rhwymyn(-nau) *m*, llinyn(-nau) *m*; *(= strap):* cengl(-au) *f*. **2.** *Anat:* **pelvic ~,** gwregys pelfig; **pectoral ~,** gwregys y ddwyfron.

girdle² *v.t.* gwregysu, amwregysu, amgylchynu, cylchu, cenglu.

girdle³ *n. Cu:* maen (meini) *m*. **~-cake** *n. S:* picen (picau) (*f*) ar y maen, *N:* teisen (*f*) gri (teisi/teisus/teisennau cri).

girdled *a.* gwregysog, cenglog.

girdler *n. A:* gwregyswr (gwregyswyr) *m*.

girl *n.* **1.** geneth(-od) *f*, merch(-ed) *f*, *Lit:* llances(-i) *f*, lodes(-i) *f*, *N:* hogan: hogen (hogen[n]od, 'gen[n]od) *f*, *occ:* llafnes(-i,-au) *f*, *F:* [l]lefren ([l]lefrod) *f*, cywen(-nod) *f*, fodan (fodins) *f*; *(little): N:* hogan bach *(N.B: no mutation)*, *occ:* trwlen fach *f*, pwten fach *f*, *S:* croten(-nod) *f*, crotes(-i,-au) *f*, *occ:* cronnen (crynion) *f*, *S. W: occ:* rhoces(-i) *f*, los gron *f*; **a big ~,** *S. W:* cnapen [jogel] *f*, *N. W:* hogan nobl *f*, hampar o hogan, strapan o hogan gref, hogan glyfar, slasen o hogen, pladres o hogen; **poor little ~!** druan fach! druan ohoni! *N:* y greadures fach! y beth bach! **a young ~,** *N: occ:* cangen *f*, cansen *f*, glasen(-nod) *f*, *S.E:* 'sgennes ('sgenesau) *f*; **my dear ~!** fy mechan i! fy ngeneth annwyl i! **silly or little girls,** merchetos, merchetach. **2. old ~,** *(a) (of school): occ:* cynddisgybles(-au) *f*, *(more usually):* cynddisgybl(-ion) *m*; *(b) (in greeting):* yr hen chwaer; **3. a Welsh ~,** Cymraes [ifanc, fach, fechan *&c*] *f* *(pl. (rare):* Cymryesau); **an English ~,** Saesnes(-au) [ifanc *&c*] *f*; **an Irish ~,** Gwyddeles(-au) [ifanc *&c*] *f*, geneth o Iwerddon; **a Catholic ~,** Pabyddes(-au) *f*; *(similarly see under the appropriate adjective in each case)*. **4.** *(= daughter, sister):* merch; **the Jones girls,** [y] merched Jones. **5.** *attrib.* **~ typist** *n.* teipyddes(-au) *f*. **6. chorus-~,** dawnsferch(-ed) *f*, un o ferched y ddawns. **7.** *(= maidservant):* morwyn(-ion, morynion) *f*; *(= assistant):* cynorth|wywraig (cynorthwywragedd) *f*, geneth gynorthwyol (genethod cynorthwyol) *f*. **~ Friday** *n.* Siân bob swydd, morwyn fach. **~-friend** *n.* cariad(-on) *f (but usu. as if m after definite article)*, *Lit:* cariadferch(-ed) *f*, *S: F:* wejen (wejis) *f*, *N.W: occ:* fodan: modan (fodins, modins); **has he got a ~-friend?** *N:* ydi o'n canlyn? *S:* oes 'da fe wejen? **~ guide** *n.* geid(-iaid) *f (N.B. does not mutate)*.

girlhood *n.* ieuenctid *m*, llencyndod *m*, *occ:* genethdod *m*.

girlie *n. F:* geneth fach *&c f*. **~ magazine** *n.* papur(-au) (*m*) lluniau merched, *S. W: F:* papur (*m*) pyrcs.

girlish *a.* **1.** genethaidd, hogennaidd; **~ games,** chwaraeon merched *&c*. **2.** *(= effeminate):* merchetaidd.

girlishly *adv.* yn enethaidd *&c*; fel merch fach.

girlishness *n.* hogeneiddiwch *m*, natur enethaidd *f*, ymddygiad genethaidd *m*.

girly-girly *a.* mursennaidd; *S.a.* **girlish.**

giro *n.* giro *m*.

girt *a. See* **gird¹, girdled.**

girth¹ *n.* **1.** *Harn:* cengl(-au) *f*, torgengl(-au) *f*, tordres(-i) *f*. **2.** *(a) (= circumference):* cwmpas *m*, cylchfesur *m*, amgylch *m*, amgylchfesur *m*; *(b) (= corpulence):* corffoldeb *m*, tewdra *m*, bol[a] mawr *m*.

girth² *v.t.* cenglo, cenglu.

gismo *n. U.S: F:* peth(-au) *m*, pethma *m*, teclyn (taclau) *m*, peiriant (peiriannau) *m*.

gist *n.* **1.** *Jur: &c:* hanfod(-ion) *m*, asgwrn (*m*) y gynnen. **2.** *(= essence):* hanfod *m*, swm (*m*) a sylwedd *m*.

git *n. V:* cythraul (cythreuliaid) *m*, diawl(-iaid) *m*, sinach(-od) *m*, brych(-od) *m*, *N:* uffern ('ffernols) *m*, *occ:* [g]elach(-od) *m*, eurach ('riachod) *m*, crinc(-od) *m*, *S:* corgi (corgwn) *m*.

gittern *n. A: Mus:* gutorn(-au) *m*.

give¹ *n.* **1.** hyblygrwydd *m*, ystwythder *m*, rhoi *vn*; **there's no ~ in stone,** nid yw carreg yn ildio/plygu/rhoi; **she's all take and no ~,** mae hi'n cymryd y cwbl ond yn rhoi dim.

give² *v.t.&i.* I. *v.t.* rhoi, *Lit:* rhoddi; *in the imperative:* rho, dyro (rhowch, rhoddwch), *Lit: occ:* moes(-wch). **1.** *(a)* **to ~ sth to s.o., to ~ s.o. sth,** rhoi rhth i rn; **to be given sth,** cael rhth, derbyn rhth; **I was given a book,** rhoddwyd llyfr i mi; cefais lyfr; **he gave her a car,** rhoddodd ef gar iddi hi; **to ~ (a book &c) to the world,** cyhoeddi (llyfr *&c*); **it is not given to all to achieve success,** ni roddir i bawb lwyddo; *B:* **~ us this day our daily bread,** dyro inni heddiw ein bara beunyddiol; **[God] ~ me strength!** *Iron:* y Nefoedd a'm gwaredo! cato'n pawb! *F:* mae isio gras [a blacin [gwyn]]! **~ me the good old days!** gwell gen i'r dyddiau dedwydd gynt! **to ~ oneself airs,** rhodresa, llancio, mynd yn llanc mawr, mynd yn wraig fawr *&c*, eich gosod eich hun, eich meddwl eich hun, *F:* swancio, torri cŷt, *S:* gwn|cud hen glemc; *(b)* **to ~ and take,** rhoi a derbyn, cymryd a rhoi, rhoi a chael eich cyfran; **there were a hundred ~ or take a few,** 'roedd yno gant fwy neu lai; *S.a.* **give-and-take;** *(c)* **to ~ ear to sth,** gwrando ar rth, *occ:* rhoi clust i rth; **to ~ a back,** *(e.g. in leapfrog &c):* gwneud cefn, crymu, plygu drosodd. **2.** *(a)* **to ~ s.o. sth to eat,** bwydo rhn, rhoi bwyd i rn; **to ~ s.o. sth to drink,** rhoi diod i rn, disychedu rhn, torri syched rhn; **to ~ s.o. the boot/sack,** diswyddo rhn, rhoi ei gardiau i rn, *S. W:* rhoi'r pôc i rn, *N. W: occ:* rhoi'r hwi i rn; *S.a.* **dismiss; to ~ a child a name,** rhoi/dodi enw ar blentyn, enwi plentyn; **to ~ s.o. quarter,** rhoi nawdd/nodded i rn, dangos trugaredd i rn; **to ~ s.o. a job,** *(= appoint):* penodi rhn i swydd, rhoi gwaith i rn; *(a single task):* rhoi rhn ar waith, rhoi tasg i rn; **to ~ s.o. his due,** rhoi ei haeddiant i rn, rhoi chwarae teg i rn; **to ~ sth into s.o.'s hands,** ymddiried rhth i rn, rhoi/dodi rhth yn nwylo/ngofal rhn; *(b)* **~ her my love,** cofia (cofiwch) fi ati; **~ him my compliments,**

dyro (rhowch) gyfarch iddo ar fy rhan i; **given these facts, explain,** ar sail y ffeithiau hyn, eglurwch; **to ~ thanks,** diolch, rhoi diolch, datgan diolch; **to ~ s.o. best,** [g]ildio i rn, ymostwng i rn; **to ~ one's word (to do sth),** ymrwymo (i wneud rhth); addo (gwneud rhth); mynd ar eich llw, rhoi'ch gair (y gwnewch rhth); **to ~ s.o. a piece of one's mind,** rhoi pryd o dafod i rn, dweud y drefn wrth rn, ei dweud hi'n hallt wrth rn, ei rhoi hi i rn, dweud ei hyd a'i lled hi wrth rn; **to ~ trouble,** peri/achosi trafferth; **he gave no answer,** nid atebodd ddim; ni roes ateb. **3. to ~ good price for sth,** rhoi/talu pris da am rth; **what did you ~ for it?** faint gostiodd ef i chi? faint roesoch chi amdano? **to ~ to a good cause,** rhoi/cyfrannu at achos da. **4. to ~ one's life to God,** cysegru'ch bywyd i Dduw; **to ~ one's mind, to give oneself (to study),** ymr|oi, ymgysegru (i astudio); **to ~ oneself entirely to work,** dygnu arni, pydru arni; **to ~ oneself up to idleness,** ymroi/ ymollwng i ddiogi; *(of woman):* **to ~ oneself,** [g]ildio, eich rhoi'ch hun, rhoi'ch corff. **5. to ~ s.o. the slip,** llwyddo i osg|oi rhn, dianc rhag rhn; **to ~ a jump,** rhoi naid, neidio; **to ~ a start,** cyffr|oi, gwingo, neidio, cynhyrfu drwoch; **to ~ tongue,** *(of dog):* cyfarth, *occ:* coethi; *(of pers.):* llefaru, codi'ch llais, lleisio barn; **to ~ a laugh,** chwerthin; **to ~ s.o. a sly look,** ciledrych ar rn, taflu golwg slei ar rn; **to ~ a sigh,** ocheneidio, rhoi ochenaid; **to ~ light,** tywynnu, disgleirio, goleuo, llewy[r]chu; **to ~ s.o. a kick,** rhoi/estyn cic i rn, *N.W: occ:* rhoi mownt i rn; **to ~ s.o. a smile,** gwenu ar rn, rhoi gwên i rn; **~ us a smile,** tyrd (dere) â gwên; **to ~ offence to s.o.,** pechu yn erbyn rhn, tramgwyddo/digio rhn; **he gave a queer look,** daeth golwg ryfedd drosto; daeth golwg ryfedd dros ei wyneb; fe edrychodd yn rhyfedd; **to ~ suck to a child,** magu plentyn ar y fron, rhoi bron i blentyn, *occ:* rhoi diten i blentyn; **to ~ battle,** ymosod, dechrau brwydro/ymladd, *Lit:* rhoddi cad; **to ~ laws,** deddfu, rhoi deddfau/cyfreithiau; **to ~ advice to s.o.,** cynghori rhn, rhoi cyngor i rn; **to ~ orders,** *(a)* gorchymyn, rhoi gorchmynion; *(b) (at shop):* archebu (rhth), rhoi archeb (am rth); **to ~ (s.o. leave to do sth),** gadael, caniatáu, rhoi caniatâd/cennad (i rn wneud rhth) (*not* gadael rhn i wneud rhth, *which = leave s.o. to do sth*); **6.** *(a)* **to ~ s.o. one's hand,** *(in literal sense):* estyn eich llaw i rn, rhoi'ch llaw i rn; *Lit: imperative:* **~ me your hand,** moes dy law (moeswch eich llaw); *O:* **she gave him her hand in marriage,** cytunodd i'w briodi; *(b)* **to ~ one's attention to sth,** rhoi sylw i rth; **to ~ heed to sth,** gwrando ar rth, rhoi sylw i rth, dal sylw ar rth, rhoi clust i rth, ymorol am rth; **I will ~ the matter every attention,** fe gaiff y mater sylw gofalus gennyf; *(c)* **to ~ birth to a child,** esgor ar blentyn, dwyn plentyn i'r byd, geni plentyn, rhoi genedigaeth i blentyn. **7.** *(a)* **to ~ particulars,** rhoi manylion; **to ~ (a decision),** cyhoeddi (barn, penderfyniad, dedfryd); *(b)* **he gave no signs of life,** nid oedd arwyddion bywyd arno; ni roddodd unrhyw arwydd ei fod yn fyw; *(c) Mth: &c:* **given any two points,** o gael unrhyw ddau bwynt, a bwrw/derbyn/rhoi bod dau bwynt; *(d)* **to ~ a recitation,** adrodd, rhoi adroddiad; *(e)* **to ~ a toast,** cynnig llwnc destun; *A:* **I ~ you joy of it,** pob hwyl ichwi gydag ef; *A:* **I ~ you good day,** dydd da [a fo] i chwi; **"I ~ you - the King!"** "yfwn i iechyd y Brenin!" **I don't ~ a damn,** nid wy'n hidio'r/malio'r un ffeuen/ daten/blewyn *&c*; ni waeth gen i ddim; nid yw ots gen i; 'does dim ots gen i; 'dydw i'n malio dim; *S.a.* **damn[1]. 8.** *(a)* **that gave me the idea of travelling,** dyna a roes i mi'r syniad o deithio; **to ~ rise to sth,** achosi/peri/ennyn rhth; *(b)* **to ~ pain,** peri/achosi/ rhoi poen; **to ~ oneself trouble (doing sth),** ymdrafferthu (gwneud rhth), mynd i drafferth (i wneud rhth); **to ~ chase to sth,** mynd ar ôl rhth, hela/ymlid rhth, *S:* siaso/cwrso rhth; *(c)* **to ~ s.o. to suppose sth,** awgrymu rhth i rn; rhoi lle i rn feddwl rhth; **to ~ s.o. to understand that ...,** rhoi ar ddeall i rn fod ...; *(d) (= produce):* [g]ildio, cynhyrchu, rhoi, dwyn; **an investment that gives ten per cent,** buddsoddiad sy'n dwyn llog o ddeg y cant. **9.** *(a)* **to ~ it to s.o.** *(i) (a row):* ei rhoi hi i rn, dweud y drefn wrth rn, dweud ei hanes wrth rn, dweud wrth rn faint sydd tan 'Dolig/Sul, rhoi pryd o dafod i rn *&c*; *(ii) (thrash):* ei rhoi hi i rn, rhoi curfa/crasfa/cweir *&c* i rn; **to ~ it all you've got,** gwneud eich gorau glas, gwneud eich eithaf, gwneud hynny [a] allwch chi; *P:* **I gave him what for!** fe'i cafodd hi gen i! fe'i rhois i hi iddo! **he gave it to me!** mi cefais hi ganddo! *(b)* **she gave him hell,** *(i) (= scolded):* bu hi'n chwarae'r diawl ag ef; *(ii) (= made life unbearable):* fe wnaeth ei fywyd yn uffern iddo; **to ~ a Roland for an Oliver,** talu'r echwyn adref, talu cast am gast, talu'r pwyth [yn ôl] i rn, talu'r hen chwech yn ôl i rn; *F:* **to ~ as good as one gets,** rhoi dau chwech am swllt [i rn], rhoi ergyd am ergyd, rhoi cyfrif da ohonoch eich hun. **10. to ~ way,** *(a) (= collapse):* [g]ildio, rhoi; *(also of bridge, ladder &c):* ysigo, plygu, torri; *(also of dam &c):* chwalu, dymchwel; **the ground gave way under our feet,** suddodd/cwympodd y ddaear dan ein traed; dyma'r ddaear yn rhoi dan ein traed; **to ~ ground,** colli tir, cilio, encilio; **I felt my legs ~ way,** mi deimlais fy nghoesau'n gwegian/plygu oddi tanaf; *(b)* **to ~ way to s.o.,** *(= comply):* [g]ildio/plygu i rn, cyd-fynd â rhn, gwneud yn ôl dymuniad rhn; **to ~ way to despair,** [g]ildio/ymollwng i anobaith; **to ~ way to one's emotions,** ymollwng i'ch teimladau; *(c) (= make way):* [g]ildio lle, gwneud lle **(to s.o.,** i rn); *P.N: Aut:* **"Give Way"**, "Arhoswch"; *(d) Fin: Com: (of prices, shares):* disgyn, gostwng, cwympo, syrthio. II. *v.i.* **1.** *(of elastic &c): (= stretch):* ymestyn. **2. the window gives onto the garden,** mae'r ffenestr yn edrych dros yr ardd. **3.** *F:* **what gives?** pa hanes? pa newydd? beth sy'n bod? **~ away** *v.t.* **1.** rhoi (rhth i rn) [am ddim], rhoi (rhth) [yn rhad], cael gwared (â rhth), cael ymadael (â rhth), rhannu (rhth) [am ddim]; *(= distribute):* dosbarthu, *S.W: F:* porco. **2. to ~ away the bride,** danfon/ hebrwng y briodferch, rhoi'r briodferch. **3.** *(= betray):* bradychu (rhn), *F:* prepian (ar rn); **she gave herself away (by her lies),** fe'i bradychodd ei hun, fe ddangosodd ei gwir natur (gyda'i chelwyddau); **to ~ the show away,** dweud [y gyfrinach] wrth bawb; *S.a.* **give-away. ~ back** *v.t.* rhoi/rhoddi (rhth) yn ei ôl, dychwelyd rhth; **to ~ back an echo (of sth),** atseinio (rhth). **~ down** *v.t. (of cow):* **to ~ down milk,** cynhyrchu llaeth. **~ forth** *v.t.* **1. = give off. 2.** *(a sound):* seinio, gwneud. **3.** *(= publish):* cyhoeddi/traethu (rhth), rhoi/dweud (rhth) ar goedd. **~ in 1.** *v.t.* **to ~ in one's name,** rhoi'ch/cofrestru'ch enw *&c*; **to ~ in a parcel [at the door],** danfon parsel i'r drws. **2.** *v.i. (= yield):* [g]ildio, ymostwng, plygu **(to s.o./sth,** i rn/rth); rhoi'r gorau iddi, rhoi'r ffidil yn y to. **~ off** *v.t. (a scent &c):* gollwng, rhyddh|au; *Ph: Ch:* allyrru (rhth); **to ~ off a scent of sth,** sawru o rth; **this rose gives off a lovely smell,** mae'r rhosyn hwn yn perarogli; *N:* mae oglau hyfryd ar y rhosyn yma; *S:* mae gwynt hyfryd ar y rhosyn hwn; **to ~ off heat,** cynhyrchu/taenu gwres. **~ out 1.** *v.t. (a) (= distribute):* rhannu, dosbarthu, rhoi allan, *S.W: F:* porco; *(b)* **= give off;** *(c) (a hymn &c):* cyhoeddi, rhoi, ledio; *Cr:* **to ~ a batsman out,** dyfarnu bod batiwr allan, rhoi batiwr allan. **to ~ out a notice,** darllen rhybudd; **to ~ it out (that ...),** cyhoeddi, datgan, sôn, rhoi ar ddeall, dweud ar goedd (bod ...); **to ~ oneself out for an expert,** honni bod yn arbenigwr, ymhonni'n arbenigwr, eich rhoi'ch hun yn arbenigwr. **2.** *v.i. (cease, run out):* diffygio, pallu, darfod, peidio, dod i ben; **(our provisions) are giving out,** (mae'n bwydydd) yn prinh|au, yn mynd yn brin, yn dod i ben; **my strength was giving out,** 'roedd fy nerth yn pallu; 'roeddwn wedi blino'n lân; 'roeddwn wedi ymlâdd; 'roeddwn yn diffygio/gwanh|au; 'roeddwn ar ben fy nhennyn; **my brake gave out,** fe fethodd/ballodd y brâc. **~ over** *v.t.* **1. to ~ sth over to s.o.,** rhoi/rhoddi/cyflwyno/ymddiried/trosglwyddo rhth i rn, rhoi rhth yng ngofal rhn, [g]ildio rhth i rn. **2.** *F:* **~ over!** rho'r gorau iddi! dyna ddigon! *S:* gad dy ddwli! **3. to be given over to despair,** anobeithio, bod mewn anobaith llwyr, ymollwng i anobaith. **~ up** *v.t.* **1.** *(a) (= abandon):* rhoi'r gorau (i rth); ymwrthod, ymwadu (â rhth); rhoi (rhth) heibio; **to ~ up doing sth,** peidio â gwneud rhth, rhoi'r gorau i wneud rhth; **to ~ up the game/struggle,** rhoi'r gorau iddi, peidio ag ymdrechu, rhoi'r ffidil yn y to, *S:* rhoi lan; *S.a.* **ghost**; *(riddle):* **I ~ [it] up,** wn i mo'r ateb; *(b)* **to ~ s.o. up,** *(for lost, for dead, as incurable &c):* anobeithio ynghylch rhn; **I had given you up for lost,** 'roeddwn yn meddwl eich bod chi ar goll; 'roeddwn wedi rhoi'r gorau i ddisgwyl amdanoch. **2.** *(a)* **to ~ s.o. up to justice,** rhoi rhn yn nwylo'r gyfraith; **to ~ oneself up,** eich [g]ildio'ch hun; *(b)* **to ~ oneself up,** *(to a vice &c):* ymroi/ymroddi, mynd yn gaeth (i rth); **to ~ oneself up to study,** ymroi/ymgysegru i astudio; **to ~ oneself up to reading a book,** ymgolli mewn llyfr.

give-and-take 1. *n.* cyfaddawd *m*, cyfaddawdu *vn*, rhoi (*vn*) a derbyn *vn*; **some ~ and take is necessary,** rhaid cyfaddawdu rywfaint. **2.** *attrib.* **a ~-and-take policy,** polisi o gyfaddawdu.**~-away** *n.* **1.** *F: (= revelation):* datgeliad(-au) *m*; **that's a dead ~-away,** dyna godi cwr y llen; dyna ollwg y gath o'r cwd. **2.** *n.*

(= gift): rhodd(-ion) *f*; *attrib.* **at ~-away prices,** am brisiau rhad, am brisiau rhesymol iawn, *F:* yn rhad fel baw.

giveable *a.* rhoddadwy, y gellir ei roi/roddi, gwerth ei roi/roddi.

given *a.* **1.** *(gift &c):* rhoddedig, [yn] rhodd, cyflwynedig; **~ name,** enw(-au) *(m)* bedydd. **2.** *Mth: &c:* **in a ~ time,** mewn cyfnod penodol/penodedig. **3.** *(= inclined):* tueddol, chwannog, â thuedd, o natur (i wneud rhth); **I'm not ~ that way,** nid dyna f'arfer i; nid dyna fy nhuedd i; *(= addicted):* caeth (i rth); **~ to hospitality,** croesawgar; **~ to fighting,** ymrysongar (*pronounceed* ng-g), ymladdgar; **~ to charity,** elusengar (*pronounced* ng-g); **~ to quarrelling,** cwerylgar, cynhennus, ffraegar, ffraellyd; **~ to change,** anwadal, oriog, cyfnewidiol. **4.** *(= devoted):* **a room ~ over to use as a library,** ystafell a ddefnyddir yn unig/llwyr fel llyfrgell. **5.** *used as conj. Mth: &c:* **given that . . .,** o wybod bod . . .; a derbyn bod . . .; **~ time (it can be done),** o gael amser, os ceir amser, gydag amser (gellir ei wneud); **~ these facts,** ar sail y ffeithiau hyn.

giver *n.* **1.** rhoddwr (rhoddwyr) *m*, rh|oddwraig *f.* **2.** *B:* **the Lord and G~ of Life,** yr Arglwydd a'r Bywiawdwr.

giving *vn. & a.* **1.** *vn. See* **give[2]** *passim*; **~ back,** dychweliad *m*, dychwelyd. **~ up,** ildio *vn.* **2.** *a.* hael, haelionus.

gizmo *n. See* **gismo**.

gizzard *n.* glasog(-au) *f*, *often* y lasog; crombil(-iau) *mf. F:* **that sticks in my ~,** alla' i ddim llyncu hwnna; mae hwnna'n glynu yn fy nglasog i.

glabella *n. Anat:* talcen(-nau,-ni) *m.*

glabrous *a. Nat.Hist:* di-flew, llyfn (*f.* llefn, *pl.* llyfnion), moel(-ion).

glacé *a.* **1.** *(leather &c):* llyfn (*f.* llefn, *pl.* llyfnion), caboledig. **2.** *Cu:* **~ cherries,** ceirios siwgwr, ceirios ***glacé***.

glacial *a.* **1.** *Geol:* rhewlifol, rhewlif; **~ clay,** rhewglai *m*; **~ drift,** drifft(-iau) *(m)* rhewlif; **~ deposits,** dyddodion rhewlif; **~ erosion,** erydiad *(m)* rhewlif; **~ lake,** rhewlyn(-noedd) *m*; **~ maximum,** uchafbwynt rhewlifol *m*; **~ features,** nodweddion rhewlifol; **post-~,** ôl-rewlifol; **pre-~,** cyn-rewlifol; **fluvio-~,** ffrwd-rewlifol. **2.** *(wind &c):* rhewllyd, iasol, iasoer, rhewoer; **~ weather,** iaeth *m*, *N:* heth *f*; **a ~ wind,** rhewynt *m.* **3.** *Ch:* grisialog.

glacially *adv.* **1.** *Geol:* yn rhewlifol *&c.* **2.** yn rhewllyd *&c.*

glaciate *v.t.* rhewlifo.

glaciated *a.* rhewlifol, rhewlifedig, dan rewlif.

glaciation *n.* rhewlifiant (rhewlifiannau) *m*, rhewlifo *vn.*

glacier *n. Geol:* rhewlif(-au,-oedd) *m*, afon(-ydd) *(f)* iâ, *occ:* iäen(-nau) *f*, alprew *m*; **foot-~,** troedrewlif(-iau) *m*; **advance ~,** estyniad *(m)* rhewlif; **retreat ~,** enciliad *(m)* rhewlif. **~ milk** *n.* llaeth *(m)* rhewlif. **~ pink** *n. Bot: (Dianthus glacialis):* penigan *(m)* y rhew. **~ snout** *n.* swch (sychau) *(m)* rhewlif. **~ sole** *n.* gwadn(-au) *(fm)* rhewlif. **~ tongue** *n.* tafod(-au) *(m)* rhewlif.

glaciological *a.* rhewlifegol.

glaciologist *n.* rhewlifegwr: rhewlifegydd (rhewlifegwyr) *m.*

glaciology *n.* rhewlifeg *f.*

glacis *n. Fort:* llethr(-au) *f*, llethrfa (llethrf|eydd) *f*, *Lit: occ:* ysbl|ent (ysblennydd) *f.*

glad *a.* **1.** *(= pleased):* balch **(of sth,** o rth), bodlon (ar rth); **I'm ~ to hear it,** 'rwy'n falch o'i glywed; mae'n dda gennyf ei glywed; **he was very ~ indeed,** 'roedd wrth ei fodd; 'roedd yn falch dros ben; 'roedd uwch ben ei ddigon; 'roedd wedi cael modd i fyw; *S:* 'oedd yn bles iawn; **I'm very ~ of it,** 'rwy'n falch iawn ohono; 'rwy'n fodlon iawn arno; **to be ~ of sth,** *(= take pride in sth):* ymfalchïo yn rhth; **he is only too ~ to help,** mae'n barod iawn ei gymwynas; **it makes my heart ~ to hear him,** mae'n dda gan fy nghalon ei glywed; mae ei glywed yn llonni fy nghalon; **I'm ~ that it is so,** 'rwy'n falch mai felly y mae; **I shall be ~ to come,** bydd yn bleser cael dod; byddaf yn falch o ddod (*not* i ddod). **2.** *(= joyful):* llawen, llon, siriol, llawn gorfoledd, gorfoleddus; **to be ~,** llawenychu, llawenh|au; *O:* **~ tidings,** newyddion da o lawenydd mawr, llawen chwedl *f.* **3.** *P:* **~ rags,** eich dillad gorau, *S:* eich carpau gorau; **she was in her ~ rags,** 'roedd hi wedi ei gwisgo fel cangen Mai; 'roedd hi'n grand o'i cho; 'roedd hi fel caseg sioe; **to give s.o. the ~ eye,** llygadu rhn, gwn|eud llygadau ar rn, *N.W: occ:* gwneud pâr ar rn; **to give s.o. the ~ hand,** estyn [llaw] croeso i rn, estyn deheulaw i rn, croesawu rhn.

gladden *v.t.* **1.** *(= please):* bodloni, boddh|au, plesio. **2.** *(= enliven):* sirioli, llonni, llawenh|au.

gladdon *n. Bot:* **= iris (stinking).**

glade *n.* llannerch (llennyrch) *mf.*

Gladestry *W.Pl.n.* Llanfair *(f)* Llythyfnwg.

gladiator *n.* cleddyfwr (cleddyfwyr) *m*, gornestwr (gornestwyr) *m*, ymladdwr (ymladdwyr) *m*, gladiator(-iaid) *m.*

gladiatorial *a.* cleddyfwrol, gornestol, gladiatoraidd.

gladiolus *n. Bot:* blodyn *(m)* y cleddyf (blodau'r cleddyf), gellesgen (gellesg) *f*, cleddyflys *m*, cleddlys *m*, *A:* elestren (elestr) *f*, *N.W: & S.W: often* geletsh: gelaitsh *pl*; *the fictitious names* camined *m*, camnined *m*, gleiflys *m*, *are sometimes found in older dictionaries.*

gladly *adv.* **1.** *(= joyfully):* yn llawen *&c.* **2.** *(= with pleasure):* â phleser, â chroeso; **I would ~ pay more,** byddwn yn barod i dalu mwy.

gladness *n.* balchder *m*, pleser *m*, llawenydd *m*, gorfoledd *m.*

gladsome *a. Poet:* **= glad 2.**

gladwyn *n. Bot: (Iris foetidissima):* **= iris (stinking).**

Glagolitic *a.* Glagolitig.

glair[1] *n.* gwyn *(m)* wŷ, *N:* gwynwy *(m)* wŷ; *Art:* glaer *m.*

glair[2] *v.t.* glaeru.

glaive *n. A: Poet:* cleddyf(-au) *m*, cledd *m*, glaif (gleifiau) *m.*

glam *See* **glamour, glamorous, glamorize.**

glamberry *n. Bot: (Byrsonima lucida):* glamwyaren (glamwyar) *f.*

Glamorgan *Pr.n. W.Geog:* Morgannwg *f*; **Mid ~,** Morgannwg Ganol; **South ~,** De Morgannwg; **West ~,** Gorllewin Morgannwg; **the Vale of ~,** Bro Morgannwg, *occ:* y Fro.

Glamorganshire *Pr.n. W.Geog:* Sir *(f)* Forgannwg, Morgannwg *f.*

glamorization *n.*, **glamorize** *v.t.* harddu, prydferthu, tecáu, addurno, hudoli, swynoli, glamoreiddio.

glamorized *a.* gorswynol, coegswynol, gorhudolus, glamoreiddiedig.

glamorous *a.* hudolus, cyfareddol, swynol, hudol, glamoraidd.

glamorously *adv.* yn hudolus *&c.*

glamour *n.* hudoliaeth *f*, hud *m*, swyn(-ion) *m*, swyngyfaredd *f* (*pronounced* ng-g), cyfaredd *f*, glamor *m*; **to cast a ~ over sth,** cyfareddu/swyngyfareddu rhth, bwrw hudoliaeth dros rth. **~ boy** *n.* llanc(-iau) golygus *m*, harddlanc(-iau) *m.* **~ girl** *n.* merch hardd (merched heirdd) *f*, harddlances(-au) *f*, slasen *f*, pis[h]yn (pis[h]is) *f.*

Glan Conway *W.Pl.n.* Llansanffr|aid *(f)* Glan Conwy. **~ ~ Corner** *W.Pl.n.* Pen(*m*)-y-Sarn, *A:* Pen Sarn Mynach.

glance[1] *n.* **1.** *(= ricochet):* adlam(-au) *m*, gwrthnaid (gwrthneidiau) *f*; *Cr: (= oblique stroke):* cildrawiad(-au) *m.* **2.** *(look):* cip *m*, cipolwg (cipolygon) *m*, golwg (golygon) *mf*, *occ:* cipdrem(-iau) *f*, cipedrychiad(-au) *m*, ciledrychiad(-au) *m*, trem(-[i]au,-ion) *f* **(at sth,** ar rth); *S.E: occ:* clip *m*, *S.W:* cwc: cewc *m*, *occ:* sgap *m*; **an angry ~,** cilwg (cilygon) *m*, gwg (gygau, gygon) *m*; **at a ~,** ar gip, ar gipolwg, mewn amrantiad; *(= immediately):* yn syth, ar unwaith; **at the first ~,** ar yr olwg gyntaf.

glance[2] *v.i.&t.* **1.** *v.i.* *(a) (of bullet &c):* **to ~ aside/off,** ysglentio, adlamu, gwrthneidio, cildaro; *(b) v.t.* **to ~ back a ray of light,** adlewyrchu pelydryn. **2. to ~ at s.o.,** taflu/bwrw cipolwg (*&c*) ar rn; **to ~ up,** edrych i fyny; **to ~ down,** edrych i lawr; **to ~ through a book,** bwrw golwg trwy lyfr, taflu llygad dros lyfr.

glance[3] *n. Miner:* (*)glawns *m*, carreg loyw *f*; **lead ~,** plwm gloyw *m*; **copper ~,** cop[o]r gloyw *m.*

glancing *a.* lletraws, anunion; **a ~ blow,** cilergyd(-ion) *mf*, cildrawiad(-au) *m.*

gland[1] *n. Biol:* chwarren (chwarennau) *f*, cilchwyrnen (cilchwyrn) *f*, *S.W:* cilwrnen (cilwrnau) *f*; **adrenal ~,** chwarren uwcharennol; **ductless ~,** chwarren ddiddwythell (chwarennau diddwythell); **endocrin ~,** chwarren |endocrin; **enlarged ~,** chwarren chwyddedig; **exocrine ~,** chwarren |ecsocrin; **green ~,** chwarren las (chwarennau gleision); **lymphatic ~,** chwarren lymffatig; **mammary ~,** chwarren laeth (chwarennau llaeth), bron(-nau) *f*; **parotid ~,** chwarren barotid (chwarennau parotid); **pineal ~,** chwarren bineol (chwarennau pineol); **pituitary ~,** chwarren bitẅidol (chwarennau pitẅidol); **popliteal ~,** chwarren y gar; **salivary ~,** chwarren boer (chwarennau poer); **thyroid ~,** chwarren thyroid. **~ bellflower** *n. Bot: (Adenophora):* clychlys chwarennog *m.*

gland[2] *n. Mec.E:* llawes (llewys) *f.*

glandered, glanderous *a.* ysgyfeiniol, a'r ysgyfaint arno *&c*, gormwythig, gormwythol, ffroenffrydiol.
glanders *n.pl. Vet:* yr ysgyfaint *pl*, llynmeirch *m*, du ysgyfaint *pl*, llynmeirch yr ysgyfaint.
glandless *a.* dichwarren, heb chwarren.
glandular *a.* chwarennol; **~ fever,** chwarenglwyf *m* (*pronounced* ng-g), twymyn (*f*) y chwarennau.
glandule *a.* chwarennig (chwarenigau) *m*.
Glanmule *W.Pl.n.* Glan(*f*)-miwl.
glans *n. Anat:* pen (*m*) pidyn (pennau pidynau), blaen (m) cala (blaenau caliau), glans *m*.
glare[1] *n.* **1.** llewych: llewyrch *m*, llathredd *m*, llacharedd *m*, disgleirdeb *m*, tanbeidrwydd *m*, golau llachar *m*, tywyniad *m*; **in the full ~ of the sun,** dan belydrau'r haul, yn llewy[r]ch yr haul, yn llygad yr haul; **in the full ~ of publicity,** yng ngŵydd pawb, dan dywyniad cyhoeddusrwydd, yn llygad y cyhoedd. **2.** *(=fierce look):* hylldrem(-iau) *f*, golwg filain *f*, golwg ddig *f*.
glare[2] *v.i.* **1.** *(of sun &c):* tywynnu['n danbaid], tanbeidio, *F:* taro (ar rn). **2. to ~ at s.o.,** llygadu rhn yn wyllt, hylldremio ar rn, edrych yn hyll ar rn, rhythu'n/syllu'n ddig ar rn.
glare[3] *a. U.S: (= smooth, glassy):* llyfn (*f.* llefn, *pl.* llyfnion), fel gwydr, gwydraidd.
glaring *a.* **1.** *(light &c):* tanbaid, llachar, gorlachar, tywynnol, sy'n eich dallu/taslo; *(colour &c):* llachar. **2.** *(= obvious):* amlwg, llachar amlwg, trawiadol, dybryd, enbyd.
glaringly *adv.* **1.** *(= obviously):* yn d[a]rawiadol, yn ddybryd, yn enbyd, yn amlwg; **it was ~ obvious,** ni allech mo'i fethu; ni allech beidio'i weld; 'roedd yn dra amlwg; 'roedd yn llachar amlwg; 'roedd yn ddigywilydd o amlwg. **2.** *(brightly):* yn llachar *&c*.
glary *a.* = **glaring.**
Glasbury *W.Pl.n.* Y Clas (*m*) ar Wy.
glasnost *n.* glasnost *m*.
glass[1] *n.* **1.** gwydr(-au) *m* (*usu. pronounced and occ. written* gwydyr); **a pane of ~,** cwarel(-i,-au) *m*, paen(-au) *m* [o wydr]; **a piece/splinter of glass,** darn(-au) (*m*) o wydr, gwydryn *m*, ysgyryn (ysgyrion) *m*, ysgyren (ysgyrion) *f*, fflewyn (fflawiau) *m*; **broken glass,** gwydrach *pl*, ysgyrion gwydr; **(the sea was) like ~,** ('roedd y môr) fel pwll hwyaid, fel llyn llefrith, yn groen ar ei wyneb; **cut ~,** gwydr nadd; **wired ~,** gwydr gwifrog; **frosted ~,** gwydr barugog; ground ~, gwydr garw; **ribbed ~, reeded ~,** gwydr gwrymiog, gwydr rib; **window ~, sheet ~, crown ~,** gwydr ffenestri; **optical ~,** gwydr optegol; **plate ~,** gwydr plât; **coloured ~, stained ~,** gwydr lliw; **a stained ~ window,** ffenestr (*f*) liw (ffenestri lliw), ffenestr liwiedig (ffenestri lliwiedig); **spun ~, = fibreglass; vita ~,** gwydr fita; *Aut:* **safety ~,** gwydr diogel. **2.** *(a) (= glass vessel):* gwydryn(-nau) *m*, gwydr(-au) *m*; **clock ~,** gwydr cloc; **drinking ~,** gwydr yfed, gwydryn diod, *Lit:* diodlestr(-i) *m*; **watch-~,** gwydr oriawr/watsh; **wine ~,** gwydryn gwin; **stemmed ~,** gwydryn coesog, gwydryn â choes; *(b) (= glassful):* gwydraid (gwydreidiau) *m*, llond (*m*) gwydryn, *F:* glasiad (glaseidiau) *m*; **a ~ of wine,** gwydraid o win; **he's had a ~ too many,** mae wedi cael diferyn yn ormod; *F:* **(he's festive when he's) had a ~,** (mae e'n hwyliog wedi iddo) wlychu'i big, gael tropyn, gael jòch, gael glasiad, gael diferyn neu ddau; **he's fond of his ~,** mae'n hoff o godi ei fys bach; *(c) (collectively):* gwydrau *pl*, llestri (*pl*) gwydr, gwydrach *pl*; **table ~,** dysglau gwydr bwrdd/bord; **oven ~,** dysglau gwydr ffwrn/popty; **hollow ~,** cwpanau (*pl*) gwydr, llestri gwydr, costreli *pl*. **3.** *(of window, lamp):* gwydr. **4.** *(a)* = **lens**; *(b)* **magnifying ~, reading-~,** chwyddwydr(-au) *m*. **5. [looking-]~,** drych(-au) *m*, *F:* glàs (glasys) *m*. **6.** *pl. (= pair of glasses):* sbectol(-au,-s) *f*, sbectols *pl*; **dark glasses,** sbectol ddu/dywyll/haul. **7.** *pl. (= binoculars): Lit:* [y]sbienddrych(-au) *m*, ysbienglas *m* (*pronounced* ng-g), *F:* sbenglas: sbinglas(-au) *m* (*pronounced* ng-g). **8. [weather-]~,** cloc(-iau) (*m*) tywydd; **the ~ is falling,** mae'r cloc yn disgyn. **9.** *Hort:* **flowers grown under ~,** blodau a dyfodd/dyfir dan wydr. **10. musical glasses,** gwydrau sain, gwydrau cerdd. **11.** *attrib.* gwydr, *occ:* gwydraidd, gwydrin, gwydrog, gwydrol; **the Isle of G~,** *(in Arthurian Legend):* [yr] Ynys Wydrin *f*; **a ~ bottle,** potel (*f*) wydr (poteli gwydr); **a ~ door,** drws (drysau) (*m*) gwydr; **a ~ case,** gwydrlen(-ni) *f*, cas(-ys) (*m*) gwydr; **a ~ hammer,** *(a) Tchn:* morthwyl(-ion) (*m*) gwydro; *(b)* **(to send s.o.) to fetch a ~ hammer,** *N:* (anfon rhn) i nôl ebill deudwll, i nôl dram o fwg, i nôl gaing gau las, i nôl pâr o gareiau welingtons, *S.E:* (hala rhn) i ôl y tŵls cenhedlu, *S. W:* (hala rhn) i chwilio am nyth y cwhwrw; **a ~ rod,** ffon (*f*) wydr (ffyn gwydr); **a ~ roof,** to (toeau) (*m*) gwydr; *Mus:* **~ chimes,** clych (*pl*) gwydr. **~-bell** *n.* cloch (*f*) wydr (clychau gwydr). **~-blower** *n.* chwythwr (chwythwyr) (*m*) gwydr. **~-blowing** *vn.* chwythu gwydr. **~-crab** *n. Crust:* cranc (crancod) (*m*) gwydr. **~-cloth** *n.* **1.** *(for drying glasses):* lliain (llieiniau) (*m*) sychu gwydrau. **2.** *(for rubbing down paint):* papur (*m*) gwydr, papur gwydrog. **~-culture** *n. Hort:* garddio (*vn*) dan wydr. **~-cutter** *n.* torrwr (torwyr) (*m*) gwydr. **~-dust** *n.* llwch (*m*) gwydr. **~-eye** *n. Orn: Ich:* (*)llygad (*m*) gwydr. **~-faced** *a.* adlewyrchol. **~ fibre** *n.* ff[e]ibr(-au) (*m*) gwydr. **~-gall** *n.* gwydrewyn *m*, gorferw (*m*) gwydr. **~-gazing** *a.* hunanedmygol. **~-glazed** *a.* trwchwydrog. **~ house 1.** tŷ (*m*) gwydr (tai gwydr[au]); **people who live in ~ houses shouldn't throw stones,** *Prov:* y neb a heuo ddrain, na cherdded yn droednoeth; gofala fod carreg dy ddrws dy hun yn lân. **2.** *Mil: F:* carchar *m*. **~-making** *vn.* gwaith (*m*) [gwneud] gwydr. **~-metal** *n.* metel(-oedd) tawdd *m*. **~-mould** *n.* mo[w]ld(-iau) (*m*) gwydr. **~-oven** *n.* ffwrn (*f*) wydr (ffyrnau gwydr). **~-paper**[1] *n.* papur gwydrog *m*, papur gwydr, papur llathru. **~-paper**[2] *v.t.* llathru, caboli. **~-pox** *n. Med:* y frech (*f*) wydr. **~-pot** *n.* pot(-iau) (*m*) gwydr. **~ press** *n.* gwasg (*f*) wydr (gweisg gwydr). **~-rope sponge** *n. Z:* rhaff (*f*) wydr. **~ shell** *n. Conch:* cragen (*f*) wydr (cregin gwydr). **~ shrimp** *n. Crust:* berdysyn (berdys) (*m*) gwydr. **~ slag** *n.* sinidr (*m*) gwydr. **~ snail** *n. Z:* malwen: malwoden (*f*) wydr (malwod gwydr). **~ snake** *n. Rept:* **1.** neidr wydr (nadroedd gwydr). **2.** *(lizard):* madfall (*f*) wydr (madfallod gwydr). **~ sponge** *n.* = **glass-rope sponge. ~ wool** *n.* gwlân (*m*) gwydr. **~ work** *n.* **1.** *(in church):* ffenestri *pl* [lliw]. **2.** *pl.* gwaith (*m*) gwydr. **~ worker** *n.* gweithiwr (gweithwyr) (*m*) gwydr, gwydrwr (gwydrwyr) *m*. **~ worm** *n.* = **glow-worm.**
glass[2] *v.t.* gwydro, *occ:* gwydru.
glassfish *n. Ich:* pysgodyn (pysgod) (*m*) gwydr.
glassful *n.* gwydraid (gwydreidiau) *m*, llond (*m*) gwydr, llond gwydryn.
glassily *adv.* **1.** yn loyw *&c*. **2.** â llygad pŵl.
glassine *n.* papur (*m*) gwydr, gwydrîn *m*.
glassiness *n.* **1.** *(= lustrousness):* gwydreiddiwch *m*. **2.** *(= brightness):* disgleirdeb *m*, llewy[r]ch *m*, sglein *mf*. **3.** *(= dullness):* pylni *m*, llonyddwch *m*, marw|eidd-dra *m*.
glassware *n.* pethau (*pl*) gwydr, gwydrach *pl*, llestri (*pl*) gwydr.
glasswort *n. Bot: (Salicornia perennis):* llyrlys *m*, gwydrlys *m*, cali *m*, corn (*m*) carw'r môr; **jointed ~,** chwyn hallt *pl*.
glassy *a.* **1.** *(= lustrous):* gloyw, disglair, gwydraidd, llathraid[d], gwydrol, clir, gwydrog, tryloyw. **2.** *(= glazed, dull, of eye &c):* pŵl, llonydd, difywyd, marwaidd, dwl. **3.** *(= smooth, still):* gwydraidd, gwydrog, llyfn (*f.* llefn, *pl.* llyfnion), llonydd, digyffro; **(the sea was) ~,** ('roedd y môr) fel gwydr, fel llyn llefrith. **~-eyed** *a.* â llygaid pŵl/llonydd.
Glastonbury *Eng.Pl.n.* Ynys Wydrin (*f*). **~ thorn** *n. Bot:* draenen (drain) (f) Ynys Wydrin.
Glaswegian *a. & n.* **1.** *a.* o Glasgow, Glaswegaidd. **2.** *n.* brodor(-ion) (*m*) o Glasgow, Glaswegiad (Glaswegiaid) *m&f*.
glaucoma *n. Med:* glawcoma *m*.
glaucomatous *a. Med:* glawcomataidd.
glauconite *n. Geol:* gl|awconit *m*.
glaucous *a.* llwydlas (llwydleision), llwydwyrdd (*f.* llwydwerdd, *pl.* llwydwyrddion). **~ gull** *n. Orn: (Latus hyperboreus):* gwylan(-od) (*f*) y Gogledd.
glaze[1] *n.* **1.** *(on cloth &c):* sglein *mf*, llathr *m*. **2.** *Cer: Paint:* gwydredd *m*, caenen glir *f*, farnis clir *m*; **~ stain,** staen gwydrin *m*; **hare's fur ~,** gwydredd blew ysgyfarnog. **3.** *Cu:* sglein. **4.** *U.S: (= sheet of ice):* **~ ice,** plymen (*f*) o rew, glasrew *m*.
glaze[2] *v.t.&i.* I. *v.t.* **1.** *(a window):* gwydro, gwydru (ffenestr); gosod gwydr (mewn ffenestr); **to ~ a building,** gosod ffenestri mewn adeilad, gwydro adeilad. **2.** *(cloth):* caboli, llyfnu, llyfnh|au, llathru; *Phot:* sgleinio, caboli; *Cer:* gwydro, gwydrolchi; *Cu:* sgleinio. **3.** *(= dim, dull):* pylu. II. *v.i.* **to ~ over,** *(of eye):* pylu; *(of lake &c):* rhewi drosodd/drosto, magu plymen o rew.
glazed *a.* **1.** *(roof, door):* gwydrog, gwydr; *(picture):* dan wydr. **2.** *(a) (cloth):* sglein, sgleiniog, caboledig, llathraid, llathredig, llyfn (*f.* llefn, *pl.* llyfnion); **~ cotton,** cotwm (*m*) sglein; *(paper):* llyfn, gloyw, sidanaidd; *(b) Cer: (tile &c):*

gwydrog, gwydredig; *(c) Cu:* **~ fruit,** ffrwythau sglein. **3.** *(eye, look):* pŵl, llonydd, marwaidd. **4. ~ frost** *n.* plymen *f,* glasrew *m.*

glazer *n.* cabolwr (cabolwyr) *m,* llathrwr (llathrwyr) *m,* farneisiwr (farneiswyr) *m.*

glazier *n.* gwydrwr (gwydrwyr) *m.*

glaziery *n.* gwaith (*m*) gwydro.

glazing *vn. & n.* **1.** *vn.* gwydro, gwydriad *m; S.a.* **glaze²**; **double ~,** gwydro dwbl, gwydriad dwbl, ffenestri dwbl. **2.** *n.* gwydredd *m.*

gleam¹ *n. (a)* llygedyn *m,* pelydryn *m* [o oleuni], llewych: llewyrch *m,* gwawl *m,* fflach(-iau) *f,* fflachiad(-au) *m, S. W: occ:* godywyn(-nau) *m;* **a ~ of hope,** llygedyn o obaith; *(b) (= flash, glint):* fflach, fflachiad.

gleam² *v.i. (of sun &c):* tywynnu, pelydru, disgleirio, llewychu, llewyrchu, lleueru; *occ: (esp. of star):* caneitio, serennu, lleueru; *(of water, knife):* fflachio, disgleirio, pefrio, gloywi.

gleaming¹ *a.* gloyw(-on), caboledig, disglair, llathraid, pefr; **~ white,** cannaid, claerwyn; **~ eyes,** llygaid pefriog/serennog/gloywon.

gleaming² *vn.* tywyniad *m,* pelydriad *m,* disgleiriad *m,* gwawl *m,* llewych: llewyrch *m; S.a.* **gleam².**

glean *v.t.&i.* lloffa, *occ:* cribinio, *S.E: occ:* sgrampan; *N.W: (in quarry):* rybela [am gerrig].

gleaner *n.* lloffwr (lloffwyr) *m,* ll|offwraig (lloffwragedd) *f, occ:* cribiniwr (cribinwyr) *m; (in quarry):* rybelwr (rybelwyr) *m.*

gleaning *vn. & n.* **1.** *vn.* lloffiad *m; S.a.* **glean. 2. gleanings** *usu.pl.* lloffion *pl;* **a bundle of gleanings,** lloffyn(-nau) *m.*

glebe *n.* **1.** *Poet: (= soil, earth):* gweryd *m,* tywarchen *f,* priddell *f,* daear *f,* tir *m,* pridd *m; (= field):* maes (meysydd) *m.* **2.** *Ecc:* **~-land,** tir (*m*) llan (tiroedd llannau), clastir(-oedd) *m.*

glede *n. A: or Lit:* = **kite¹.**

Gledrid *Eng.Pl.n.* y Galedryd *f.*

glee *n.* **1.** llawenydd *m,* balchder *m,* gorfoledd *m, Lit:* llonder *m,* afiaith *m,* hoen *f,* gorawen *f.* **2.** *Mus: glee.* **~ club** *n.* clwb (clybiau) (*m*) *glee.* **~ singer** *n.* cantor(-ion) (*m*) *glee.*

gleeful *a.* gorfoleddus, llawen, llon, afieithus, hoenus, gorawenus.

gleefully *adv.* yn orfoleddus *&c.*

gleeman *n. Hist:* cerddor(-ion) *m,* clerwr (clerwyr) *m; Coll:* y glêr *f.*

gleet *n. Med:* diferlif *m; (of sperm):* hadlif *m.*

glen *n.* glyn(-noedd) *m.* **The Fairy G~** *W.Pl.n.* Ffos Noddun *f.*

Glendower *Pr.n.m. Hist:* **Owen ~,** Owain Glyn Dŵr.

glengarry *n. Cost:* cap(-iau) (*m*) rubanau.

glenoid *a.* creuol, glenoid; *Anat:* **~ cavity,** pannwl (panylau) creuol *m,* ceudod(-au) creuol *m,* pantle(-oedd) *m,* crau (creuau) glenoid *m.*

gley *n. Geol:* clai glas *m,* glei *m.*

gleying *vn. Geol:* gleio.

glia *n.* = **neuralgia.**

glib *a. Pej: (a) (of answer):* rhwydd, parod, llib, iach, brac, rhy barod, llithrig, slic; *(b) (speaker):* llithrig, rhugl, tafotrydd, rhwydd, llyfn, brac eich tafod, llib eich tafod.

glibly *adv.* yn rhwydd *&c;* yn llithrig *&c;* **to speak ~,** siarad yn llib/iach/rhwydd.

glibness *n.* llithrigrwydd *m,* rhwyddineb *m,* parodrwydd *m,* llibrwydd *m.*

glide¹ *n.* **1.** *(a) (in most senses):* llithr[i]ad(-au) *m, occ:* llithr(-au) *m;* **ferry ~,** llithr[i]ad fferi; *(b) Danc:* dawns (*f*) lithro (dawnsiau llithro). **2.** *Av:* ehediad(-au) *m,* ehedfa (ehedf|eydd) *f;* **~ path,** llwybr(-au) (*m*) disgyn, llwybr glanio. **3.** *Mus: Ling:* llithr[i]ad; **off-~,** llithr[i]ad ôl; **on-~,** llithr[i]ad blaen. **4.** *Cr:* = **glance¹ I.**

glide² *v.i.&t.* **1.** *v.i. (a)* llithro, ymlithro; **to ~ by,** sleifio heibio; *(b) Av:* gleidio. **2.** *v.t.* hwylio.

glider *n. Av:* **1.** *(machine):* gleider(-au) *f (does not usually mutate).* **2.** *(pilot):* gleidiwr (gleidwyr) *m.*

gliding *vn. & a.* **1.** *vn. See* **glide¹,². 2.** *a. (movement &c):* llithrig, esmwyth, llyfn.

glim *n.* llygedyn (*m*) o oleuni, goleuni *m,* golau *m.*

glimmer¹ *n.* llygedyn *m* [o oleuni], goleuni gwan *m,* llewy[r]ch gwan *m,* gwawl *m,* gwawr *f, occ:* godywyn(-nau) *m,* eiliw(-oedd) *m; (of water):* pefriad *m,* pefrio *vn;* **a ~ of hope,** llygedyn o obaith; **there wasn't the slightest ~ of sense in it,** 'doedd ynddo yr un arwydd o synnwyr.

glimmer² *v.i.* goleuo'n wan, gwanlewy[r]chu, godywynnu, lleueru, cildywynnu; *(of water):* pefrio, fflachio.

glimmering 1. *n., vn. & a.* **1.** *n. & vn.* = **glimmer¹,² 2.** *a.* pefriol, godywynnol, llewy[r]chol.

glimpse¹ *n.* cipolwg (cipolygon) *mf,* cip(-ion) *m, occ:* cipedrychiad(-au) *m,* cipdrem(-iau) *m,* sgap *mf, N: F:* sbec *mf, occ:* stag *mf, S: occ:* cewc(-iau) *m* **(of sth,** ar rth); **a ~ (of a subject),** golwg (*m*), cipolwg (ar bwnc); **to catch a ~ of sth,** cael cipolwg ar rth; **I only caught a ~ of him,** o'r braidd y gwelais i ef.

glimpse² *v.t.* **to ~ sth,** cael cipolwg ar rth, *S. W:* sgapo rhth.

glint¹ *n.* llygedyn (*m*) o oleuni, pelydryn (pelydrau) *m,* llewy[r]ch(-iadau) *m,* fflach(-iau) *f,* fflachiad(-au) *m,* pefriad(-au) *m,* gwreichionen (gwreichion) *f.*

glint² *v.i.* pefrio, fflachio, godywynnu, pelydru, sgleinio, llathru, lleueru; *(= reflect):* adlewyrchu, pefrio, caneitio.

glinting *a.* pefriol, fflachiol, godywynnol.

glissade¹ *n.* llithriad(-au) *m,* sglefriad(-au) *m,* ***glissade(-s)*** *m.*

glissade² *v.i.* **1.** *Danc:* llithro, llithran. **2.** *Mount:* sglefrio, llithro.

glissando *n. Mus:* llithriad(-au) *m,* ***glissando (glissandi)*** *m.*

glissé *n. Danc:* ***pas*** **~,** cam llithrig *m,* cam llithro.

Glisson's capsule *n.* cwpan (*m*) Glisson.

glisten *v.i.* disgleirio, caneitio, sgleinio, llewy[r]chu, tywynnu, lleueru, *occ:* gwreichioni.

glistening *a.* gloyw(-on), disglair, lleuerog, *Lit:* cannaid, caboledig, *F:* sglein.

glister *v.i. Prov: A:* **all that glisters is not gold,** nid aur [yw] popeth melyn.

glitter¹ *n.* llewych: llewyrch *m,* disgleirdeb *m,* pelydriad *m,* tywyniad *m,* pefriad *m,* pefredd *m, Lit:* gwawl *m.*

glitter² *v.i.* disgleirio, pelydru, tywynnu, llewy[r]chu, lleueru; *(of jewel &c):* pefrio, caneitio, gwreichioni; *S.a.* **glister.**

glittering *a. & vn.* **1.** *a.* disglair, gloyw(-on), pefriol, tywynnol, llewy[r]chol, lleuerog, serennog. **2.** *vn. See* **glitter¹,².**

gloaming *n. Poet:* gwyll *m,* cyfnos(-au) *m,* min (*m*) nos, *occ:* min t[y]wyllnos, *Lit:* cyflychwr *m;* **in the ~,** rhwng dau olau, gyda'r nos, yn y gwyll, yn y llwydolau, yn y llwydwyll, yn y llwyd-dywyll.

gloat¹ *v.i.* **to ~ over sth,** gorawenu, gorohïan, gorfoleddu (dros rth); **to ~ (over a rare book),** gorawenu, glafoerio (dros lyfr prin); **to ~ over the news,** llyfu'ch gweflau dros y newydd; **to ~ (over s.o.'s misfortune),** llawenh|au, llawenychu, crechwenu (oherwydd anlwc rhn); **they'll be gloating over this,** fe fydd hyn yn fêl ar eu bysedd nhw.

gloat² *n.* crechwen(-au) *f,* golwg orfoleddus *f &c.*

gloater *n.* crechwenwr (crechwenwyr) *m,* crechw|enwraig *f* (ar rth).

gloating *a.* **1.** *(= triumphant):* gorawenus, gorfoleddus. **2.** *(= avid):* blysig, chwantus, awyddus.

gloatingly *adv.* yn orfoleddus *&c;* yn flysig *&c.*

glob *n.* talp(-iau) *m,* clobyn *m.*

global *a.* **1.** *(= world-wide):* byd-eang; *S.a.* **warming 2. 2.** *(= inclusive):* hollgynhwysol; **~ sum,** cyfanswm (cyfansymiau) *m,* swm (symiau) crwn *m.*

globally *adv.* **1.** *(= world-wide):* drwy'r byd i gyd, drwy'r byd [crwn] cyfan, yn fyd-eang, ym mhedwar ban y byd, led-led daear. **2.** *(= totally):* yn gyfan gwbl, gyda'i gilydd, yn gyfan, yn ei grynswth.

globate, globated *a.* cronellog.

globe *n.* **1.** *(= sphere):* glôb (globau) *m,* pêl (peli, pelau) *f,* pelen(-ni) *f,* pellen(-nau,-ni) *f, Lit: occ:* cronnell (cronellau) *f.* **2.** *(a) (= the world):* y byd *m,* y ddaear *f,* y ddaear gron, y byd crwn; *(b) Sch:* glôb; **~ atlas,** glôb-atlas(-au) *m,* atlas(-au) (*m*) glôb. **3.** *(of lamp):* gwydr(-au) *m,* glôb; *(= fishbowl):* powlen(-ni) *f.* **4.** *(of eyeball):* mablygad (mablygaid) *m.* **~ amaranth** *n. See* **amaranth. ~ artichoke** *n. See* **artichoke. ~-daisy** *n. Bot: (Globularia vulgaris):* llygad (*m*) pengrwn (*pronounced* ng-g). **~-fish** *n. Ich:* pêl-bysgodyn (~-bysgod) *m,* pysgodyn (pysgod) (*m*) chwyddo. **~-flower** *n. Bot: (Trollius europaeus):* cronnell (cronellau, cronelli) *f.* **~ lightning** *n.* pelen (*f*) fellt (peli mellt). **~-thistle** *n. Bot: (Echinops sphaerocephalus):* ysgallen bengron (ysgall pengrwn) *f.* **~-trotter** *n.* teithiwr (teithwyr) (*m*) byd, t|eithwraig (teithwragedd) (*f*) byd, byd-grwydryn (~-grwydriaid) *m,* byd-grwydren (~-grwydriaid) *f.* **~-trotting 1.** *a.*

byd-grwydrol. **2.** *vn.* crwydro byd; **my ~-trotting days are over,** daeth i ben deithio byd.
globed *a.* crwn (*f.* cron, *pl.* crynion), cronellog.
globigerina *n.* globigerina(-e) *f.*
globin *n. Biol:* globin *m.*
globoid *a. & n.* **1.** *a.* cronellaidd. **2.** *n.* cronnell (cronellau, cronelli) *f.*
globose *a.* cronellog, cronellaidd, pellennaidd, cyfangrwn (*pronounced* ng-g).
globosity *n.* crynder *m.*
globular *a.* crwn (*f.* cron, *pl.* crynion), pellennaidd, cronellog, globylog.
globularia *n. Bot:* = **globe-daisy.**
globularity *n.* crynder *m*, natur bellennog *f*, pellenogrwydd *m*, globylogrwydd *m.*
globularly *adv.* yn grwn *&c.*
globule *n.* pelen(-ni) *f*, globwl (globylau) *m*; **fat globules,** globylau braster; *(of water):* diferyn (diferion) *m*, dafn(-au) *m*, defnyn(-nau) *m.*
globulin *n.* gl|obwlin *m.*
glockenspiel *n.* clychau (*pl*) taro, ***glockenspiel(-e)*** *m.*
Glogue *W.Pl.n.* Y Glog *f.*
glomerate *a. Bot: Anat:* pellennog, cryno, crynodedig, cyd-dyrrol.
glomeration *n.* twr (tyrrau) *m*, tyriad *m*, clobyn(-nau) *m.*
glomerular *a.* glomerwlaidd. **~ filtrate** *n.* hidlif glomerwlaidd *m.*
glomerule *n.* **1.** *Bot:* crynben(-nau) *m.* **2.** *Anat: See foll.*
glomerulus *n. Anat:* glomerwlws (glomerwlysau) *m.*
glonoin[e] *n. Ch: Pharm:* glonöin *m.*
gloom *n.* **1.** *(= darkness):* tywyllwch *m*, gwyll *m*, mwrllwch *m*, düwch *m*, caddug *m.* **2.** *(= sadness):* tristwch *m*, tristyd *m*, pr|udd-der *m*, anobaith *m*, digalondid *m*, trymder (*m*) calon, *F:* y felan *f*; **to cast a ~ over the company,** tristáu'r/digalonni'r cwmni.
gloomily *adv.* yn ddigalon *&c*; mewn anobaith, yn drwm eich calon.
gloominess *n.* = **gloom.**
gloomy *a.* **1.** *(= dark):* tywyll, caddugol, du(-on), *occ:* oerddu(-on), *S.W: occ:* bwcïaidd. **2.** *(= dispirited):* digalon, prudd, trist, diobaith, melancolaidd, a'r felan arnoch; **a ~ picture,** darlun tywyll/du; **to see the ~ side of everything,** gweld ochr dywyll popeth.
glop *n. U.S:* llith(-iau) *m*, *N.W: occ:* cwstard (*m*) cathod.
gloria *n.* **1.** *Ecc:* mawlgan(-euon) *f.* **2.** *(= aureole):* eurgylch(-au,-oedd) *m.*
glorification *n.* **1.** gogoneddiad *m*, moliant *m*, mawl *m.* **2.** *vn.* = **glorify.**
glorified *a.* **1.** *Ecc:* gogoneddus, ardderchog. **2.** *F:* **their chapel is only a ~ barn,** nid yw eu capel fawr gwell nag ysgubor; nid yw eu capel ond rhyw ysgubor grandiach na'i gilydd.
glorify *v.t.* **1.** *(= extol, praise):* gogoneddu, moli, clodfori, mawrygu, dyrchafu, canu clodydd (rhn), *A:* arwyrain. **2.** *(= make glorious):* gogoneddu, gweddnewid, trawsffurfio, gwychu, harddu, prydferthu, tecáu.
gloriole *n.* eurgylch(-au,-oedd) *m.*
glorious *a.* **1.** gogoneddus, godidog, ardderchog, campus, gwych, gorchestol, ysblennydd, *F:* bendigedig, anfarwol; **we had ~ fun,** cawsom hwyl aruthrol. **2.** *Iron:* **a ~ mess,** llanast gwych/gogoneddus.
gloriously *adv.* yn odidog *&c*; **he was ~ drunk,** 'roedd yn feddw gaib *&c*; *S.a.* **drunk.**
gloriousness *n.* godidowgrwydd *m*, ardderchо[w]grwydd *m*, campusrwydd *m*, gwychder *m*, gogoniant *m.*
glory[1] *n.* **1.** *(a) (= renown, fame):* gogoniant *m*, bri *m*, anrhydedd *m*, clod *m*, enw [da] *m*; **to cover oneself with ~,** ennill bri; *(b)* **~ be to God,** gogoniant i Dduw; *P:* **~ be!** Nefoedd! gogoniant! Nefoedd gogoniant! Nefoedd yr adar! y Nefoedd annwyl! y mawredd annwyl! nen annwyl! *(c)* **the saints in ~,** y saint dyrchafedig; *O:* **(to go) to ~,** *(i) (of pers.):* (mynd) i'r nefoedd, i'r gogoniant, at eich gwobr; *(ii) F: (of thing):* (mynd) â'i ben iddo, rhwng cŵn a brain, i'w aped, i'w grogi. **2.** *(= splendour):* gogoniant (gogoniannau), *occ:* gogonedd(-au) *m*, *occ:* clod; **long hair is a woman's crowning ~,** gwallt llaes yw pennaf clod merch. **3. (he) was in his ~,** ('roedd) wrth ei fodd, uwch ben ei ddigon. **4.** *U.S:* **Old G~,** yr Hen Faner. **5.** *(= halo):* eurgylch(-au,-oedd) *m*; *Meteor:* cylch(-au,-oedd) (*m*) haul, heulgylch(-au,-oedd) *m.* **6. Java ~-bean** *n. Bot: (Clerodendron speciosissimum syn: fallax):* ffeuen (ffa) ysblennydd *f.* **~-bower** *n. Bot: (Clerodendron thomsonae):* (*)calon waedlyd *f*; **blue ~-bower,** *(C. ugandanse):* hapwydden las (hapwydd gleision) *f.* **~-box** *n.* cist (*f*) ddillad (cistiau dillad). **~-bush** *n. Bot: (Tibouchina semidecandra):* llwyn(-i) ysblennydd *m.* **~-flower** *n. Bot: (Eccremocarpus scaber):* blodyn (blodau) ysblennydd *m.* **~-hole** *n.* twll (tyllau) (*m*) dan y grisiau, twll dan staer, *N: occ:* sbens[h](-is) *mf*, *S:* cwtsh(-is) (*m*) dan stâr. **~-lily** *n. Bot: (Gloriosa superba):* lili (liliau) ysblennydd *f.* **~-of-the-show** *n. Bot: (Chonodoxa luciliae):* (*)lili las (*f*) yr eira. **~-pea** *n. Bot: (Clianthus formosus syn. dampieri):* pysen (pys) ysblennydd *f*; **holly-leaved ~ pea,** *(Chorizema licifolium):* pig (*fm*) y parot. **~ tree** *n. Bot: (Clerodendron fragrans):* hapwydden bersawr (hapwydd persawr) *f*, coeden (coed) ysblennydd *f.*
glory[2] *v.i.* **to ~ in sth,** ymhyfrydu/ymfalchïo/ymorchestu yn rhth, bod yn falch o rth; **to ~ (in doing sth),** bod wrth eich bodd, bod uwch ben eich digon (yn gwneud rhth); gwneud gorchest (o rth); ymorchestu, *Lit:* ymddigrifo (mewn gwneud rhth).
gloss[1] *n.* **1.** *(= lustre):* graen *m*, sglein *mf*, gloywder *m*, disgleirdeb *m*, caboledd *m*, llewy[r]ch *m*, *Lit: occ:* llathreiddrwydd *m*, llathredd *m*, llathreiddiwch *m*; **~ paint,** paent (*m*) sglein, paent farnis; **to take the ~ off sth,** pylu [sglein] rhth. **2.** *F:* **to put a ~ on the truth,** lliwio'r gwirionedd, rhoi lliw ar y gwirionedd.
gloss[2] *v.t.&i.* **1.** *v.t.* *(= varnish): (furniture):* caboli, farneisio; *Tex:* caboli, llathru. **2.** *v.i.* *(= put on gloss paint):* rhoi paent sglein. **3.** *F:* **to ~ over s.o.'s faults,** gwn|eud yn fach o feiau rhn, gwneud cyfrif bychan o feiau rhn, bychanu/celu/anwybyddu beiau rhn; **to ~ over the facts,** rhoi lliw ar y ffeithiau, lliwio'r ffeithiau.
gloss[3] *n.* *(= explanation):* esboniad(-au) *m*, eglurhad *m*, dehongliad (deongliadau) *m*, glòs (glosau) *m.*
gloss[4] *v.t.&i.* **1.** *v.t.* *(= explain):* egluro, esbonio, dehongli, glosio. **2.** *v.i.* **to ~ (on s.o.'s behaviour),** sylwi, gwn|eud sylwadau, lladd (ar ymddygiad rhn).
glossal *a. Anat:* tafodol, [y] tafod.
glossarial *a.* geirfaol.
glossarist *n.* geirfäwr (geirfawyr) *m.*
glossary *n.* geirfa(-oedd) *f*, rhestr(-au,-i) (*f*) termau, *occ:* geirgrawn (geirgronau) *m.*
glossator *n.* glosiwr (gloswyr) *m*, dehonglydd (deonglyddion) *m*, dehonglwr (dehonglwyr) *m.*
glossematics *n. Ling:* glosemateg *f.*
glosseme *n. Ling:* glosem(-au) *m.*
glossies *n.pl. Lib:* llathrach.
glossily *adv.* yn gaboledig, yn sglein i gyd, yn raenus, gyda graen.
glossiness *n.* **1.** = **gloss**[1]. **2.** *Fig: (of presentation &c):* moethusrwydd *m*, graen *m*, sglein *mf*, moeth *m.*
glossitis *n. Med:* tafodwst *m*, llid (*m*) [ar] y tafod.
glossographer *n.* = **glossator.**
glossography *n.* geirfa (geirfâu) *f.*
glossolalia *n. Rel:* llefaru (*vn*) â thafodau, glosolalia *m.*
glosso-laryngeal *a. Anat:* tafodfreuannol, breuandafodol.
glossology *n.* termau *pl*, geirfa(-oedd) *f.*
glossopharyngeal *a.* glosoffaryngeal (*pronounced* ng-g), tafod-yddfol.
glossy *a. & n.* **1.** *a.* gloyw(-on), sglein, sgleiniog, caboledig, *Lit:* llathraidd; *Fig:* caboledig, graenus, moethus; *(= smooth):* llyfn (*f.* llefn, *pl.* llyfnion), gloyw(-on), gloywlyfn(-ion); *Lib:* **~ paper,** papur(-au) llathraidd *m.* **2.** *n. F: (picture):* llun gloyw (lluniau gloywon) *m*; *(magazine):* cylchgrawn (cylchgronau) moethus *m*, cylchgrawn sglein.
glottal *a. Ling:* glotol: **~ stop,** ffrwydrolyn (ffrwydrolion) glotol *m*, stop(-iau) glotol *m.*
glottalize *v.t. Ling:* glotoli.
glottic *a. Anat:* glotol.
glottis *n. Anat:* y camdwll (camdyllau) *m*, bwlch (*m*) y llais, glotis(-au) *m*, ôl-dafod *m.*
glottochronology *n. Ling:* glotocronoleg *f.*
glottology *n. Ling:* glotoleg *f.*
Gloucester *Eng.Pl.n.* Caerloyw *f.*
Gloucestershire *Pr.n. Geog:* Swydd Gaerloyw *f.*
gloup *n.* glŵp *m.*
glove[1] *n.* maneg (menig, menyg) *f*; **suede gloves,** menig swêd/bwff;

boxing-~, maneg baffio (menig paffio), maneg focsio (menig bocsio); *Aut:* ~ **compartment,** silff (*f*) fenig (silffoedd menig), blwch (blychau) menig; ~ **puppet,** pyped (*m*) maneg (pypedau menig); **(to handle s.o.) with kid gloves,** (trin rhn) yn dringar (*pronounced* ng-g), â chyllell a fforc; **(it fits) like a ~,** (mae'n ffitio) i'r dim, fel gwain am dwca, fel maneg, fel blwch; **to throw down the ~, to take up the ~,** *See* **gauntlet¹**; **to argue with the gloves off,** dadlau'n chwyrn/ddidrugaredd/benben. **2. thresher's ~, hedging-~,** dyrnfol(-au) *mf*, *N.E:* dyrnolen (dyrnwyl) *f*, *N.W:* dyrnol(-au) *f*, *S.W:* maneg caead. **~-maker** *n.* menigwr (menigwyr) *m*, glwfer(-iaid) *m*. **~-making** *vn.* glwferiaeth *f*, gwneud menig.

glove² *v.t.* rhoi menig (am ddwylo rhn).

gloved *a.* mewn maneg, yn gwisgo menig.

glover *n.* menigwr (menigwyr) *m*, glwfer(-iaid) *m*, *fem. occ:* glwferes(-au) *f*.

glow¹ *n.* **1.** *(= light):* tywyn *m*, gwrid *m*, gwres *m*, gwawr *f*, golau coch *m*; **in a ~,** [yn] eirias, [yn] eiriasboeth, yn boeth, yn wridog; **the ~ of health,** golwg iach *f*, gwrid iach *m*, gwrid iechyd. **2.** *(a) Physiol: (= heat):* gwres *m*; *F:* **the exercise has put me all in a ~,** mae'r ymarfer wedi fy nghynhesu drwof; *(b) (= zeal):* sêl *f*, brwdfrydedd *m*, eiddgarwch *m*, twymiad *m*, tanbeidrwydd *m*; **in one's first ~ of enthusiasm,** yn eich brwdfrydedd cyntaf/cychwynnol, yn y twymiad [cyntaf]. **~-discharge** *n.* tywyniad *m*. **~-lamp** *n.* lamp wynias (lampau gwynias) *f*. **~-worm** *n. Ent:* pryf(-ed) (*m*) tân, magïen (magïod) *f*, cyfarwydd(-iaid) *f*, glöyn (gloynnod) *m*, tân (tanau) bach diniwed *m*, magïen y golau, *N.W: occ:* cannwyll bach las *f*, cannwyll gorff.

glow² *v.i.* **1.** *(of cheeks, coal):* cochi, gwrido; **his cheeks glowed,** 'roedd ei fochau'n goch/wridog; **to ~ with pride,** gwrido gan falchder. **2.** *(of lamp &c):* tywynnu, disgleirio, pelydru, llewy[r]chu, lleueru. **3.** *(= feel warm):* teimlo'n gynnes/dwym.

glower *v.i.* cuchio, gwgu, cilwgu, ffromi, rhythu, edrych yn hyll, *Lit:* hylldremio, hylldremu **(at s.o.,** ar rn).

glowering *a.* cuchiog, ffromllyd, gwgus, cilwgus.

glowing *a.* **1.** *(lamp &c):* tywynnol, gwynias. **2.** *(coal):* eirias, eiriasboeth; **a ~ coal,** marworyn (marwor) *m*, *occ:* rhysodyn (rhysod) *m*, *F:* colsyn (cols, colsion) *m*; **a ~ fire,** tanllwyth (*m*) o dân. **3.** *(cheeks &c):* gwridog, coch(-ion); **~ with health,** gwridog, iach, iach yr olwg, hoenus. **4.** *(description &c):* gwresog, brwd, brwdfrydig, twymgalon; **to paint sth in ~ colours,** rhoi darlun teg o rth; **to speak in ~ terms of s.o.,** canmol rhn i'r cymylau; *F:* **I hear ~ reports of you,** 'rwy'n clywed pethau mawr amdanat ti; 'rwy'n clywed canmol mawr arnat ti.

gloxinia *n. Bot:* glocsinia (glocsiniâu) *m*.

gloze *v.i.&t.* **1.** *v.i. A: (= comment):* sylwi, gwn|eud sylw **(on sth,** ar rth); *(= fawn):* gwenieithio, ffalsio (ar rn). **2.** *v.t.* **to ~ [over] sth,** *See* **gloss² 2.**

glucagon *n. Biol:* gl|wcagon *m*.

glucinum *n. Ch:* = **beryllium**

glucose *n.* glwcos *m*, siwgwr (*m*) grawn; **~ tolerance test,** prawf (profion) (*m*) goddefiad glwcos.

glucoside *n.* gl|wcosid *m*.

glucosuria *n.* glwcoswria *m*.

glue¹ *n.* glud(-ion) *m*, *F:* gliw(-iau) *m*; **animal ~,** glud anifeiliaid; **cake ~,** talp(-iau) (*m*) glud; **casein ~,** glud casein; **flexible cold ~,** glud oer ystwyth; **pearl ~,** perlau (*pl*) glud; **vegetable ~,** glud llysiau. **~-brush** *n.* brwsh(-is) (*m*) glud. **~-kettle** *n.* tegell(-i) (*m*) glud. **~-pot** *n.* pot(-iau) (*m*) glud. **~-sniffer** *n.* ffroenwr (ffroenwyr) (*m*) glud, ffr|oenwraig (*f*) glud. **~-sniffing** *vn.* ffroeni/ogleuo/synhwyro glud.

glue² *v.t.* **1.** gludio, glynu, gliwio **(sth to sth,** rhth i rth, rhth yn sownd yn rhth). **2. her face was glued to the window,** 'roedd ei hwyneb yn sownd ar y ffenestr; **his eyes were glued on the door,** 'roedd yn hoelio'i sylw ar y drws; **the children were glued to their seats in suspense,** 'roedd y plant yn sownd yn eu seddau gan ddisgwyl.

glued *a. (= fixed):* [yn] sownd **(to sth,** yn rhth); *(= gluey):* gludiog, wedi ei ludio.

gluey *a.* gludiog, yn glynu, yn glynyd **(with sth,** gan rth).

glum *a.* wyneblaes, digalon, trist, prudd, penisel, *Lit: occ:* aflawen; **a ~ face,** wyneb llaes; *(of face):* **to become ~,** llaesu.

glumaceous *a. Bot:* eisinog.

glume *n. Bot:* eisinyn (eisin) *m*, usyn (us) *m*, glŵm (glwmau) *m*.

glumly *adv.* yn wyneblaes *&c*.

glumness *n.* tristwch *m*, digalondid *m*, pr|udd-der *m*.

glumose *a. Bot:* eisinog.

glut¹ *n.* **1.** *(= one's fill):* gwala *f*, dogn *m*, digonedd *m*. **2.** *(= surfeit):* gormod *m*, gormodedd *m*, *occ:* gorlawnder *m*, syrffed *m*, *F:* llond (*m*) bol[a].

glut² *v.t.* **1. to ~ oneself on sth,** cael eich gwala o rth, eich digoni'ch hun â rhth, llenwi'ch bol[a] â rhth, cael eich digoni â rhth, cael boliaid o rth, cael llond bol o rth, *Lit:* bolrythu ar rth; **glutted with food,** yn llawn bwyd, yn orlawn o fwyd, glwth, boliog, boldyn. **2.** *Com:* **to ~ the market,** gorlenwi'r farchnad.

glutamate *n. Ch:* gl|wtamad (glwtamadau) *m*.

glutamic *a. Ch:* glwtamig.

gluteal *a. Anat:* ffolennol, [y] ffolen[-nau].

gluten *n.* glwten *m*.

gluteus *n. Anat:* cyhyr(-au) (*m*) ffolen.

glutinous *a.* gludiog, glynol.

glutinously *adv.* yn ludiog.

glutinousness *n.* gludiogrwydd *m*.

glutton *n.* **1.** *(a)* bolgi (bolgwn) *m*, bolerwr (bolerwyr) *m*, un barus, *F:* un am ei fol, un 'sgut am ei fwyd, *Joc:* Siôn (*m*) l[l]ygad y bwyd, *Lit:* gloddestwr (gloddestwyr) *m*, glwth (glythion) *m*, *S.W:* dwff *m*, bolastwr *m*, *N.W: F:* slaffiwr (slaffwyr), sglaffiwr (sglaffwyr) *m*, sgramgi (sgramgwn) *m*, sgramiwr (sgramwyr) *m*, s[g]l|affwraig (s[g]laffwragedd) *f*, *Lit: A:* rhemwth *m*, gewai (geweiod) *m*; *(b) F:* **he's a ~ for work,** mae'n 'sgut am waith; 'does dim digon o waith ar gael iddo; *N:* fedr o ddim maddau i waith; mae o'n un garw am waith; **he's a ~ for punishment,** 'does dim dal/digoni arno; ni all beidio â dod yn ei ôl am ragor. **2.** *Z:* bolgi *m*, *A:* gewai.

gluttonous *a.* barus, bolrwth, bolgar, stumongar (*pronounced* ng-g), bwyt|eig, gwancus, esgud am fwyd, *F:* 'sgut am fwyd, *Lit:* glwth, trachwantus, *N.W: F:* smongar (*pronounced* ng-g).

gluttonously *adv.* yn farus *&c*.

gluttony *n.* glythineb *m*, *occ:* glythni *m*, bolgarwch *m*.

glycaemia *n. Med:* glycemia *m*, *F:* siwgwr (*m*) yn y gwaed.

glyceric *a. Ch:* glyserig.

glyceride *n.* gl|yserid (glyseridiau) *m*.

glycerin[e] *n.* gl|yserin: glyserîn *m*, gly|serol *m*.

glycerol *n.* = **glycerine.**

glyceryl *a.* gl|yseryl.

glycin[e] *n.* glysin *m*.

glycocholic *a. Biol: Ch:* glycocholig.

glycogen *n.* gl|ycogen *m*.

glycogenesis *n.* glycog|enesis *m*.

glycogenic *n.* glycogenig.

glycol *n.* glycol *m*.

glycol[l]ic *a.* glycolig.

glycolysis *n.* glyc|olysis *m*.

glycopeptide, glycoprotein *n.* glycoprotein(-au) *m*.

glycoside *n. Ch:* gl|ycosid *m*.

glycosuria *n. Med:* glycoswria *m*, siwgwr (*m*) yn y troeth.

glycosuric *a. Med:* glycoswrig.

glycoxalin *n.* glyc|ocsalin *m*.

Glyn Neath, Glynneath *W.Pl.n.* Glyn(*m*)-nedd.

Glyndŵr's Ladder *Pr.n. W.Geog:* Simnai (*f*) Foel Hebog.

Glyndŵr's Seat *Pr.n. W.Geog:* Pen (*m*) y Pigyn.

Glyntaff *W.Pl.n.* Glyn(*m*)-taf.

glyph *n. Arch:* glyff(-iau) *m*.

glyphic *a. Arch:* glyffig.

glyptal *n.* glyptal(-au) *m*.

glyptic *a. Engr:* cerfiadol, naddiadol, cerfiedig, glyptig.

glyptodon[t] *n. Z:* gl|yptondon[t] (glyptodon[t]au) *m*.

glyptography *n.* engrafu (*vn*) gemau (*pronounced* ng-g).

gnarl¹ *n.* cainc (ceinciau) *f*.

gnarl² *v.t.* ystumio.

gnarled, gnarly *a.* **1.** *(a) (tree):* ceinciog, cnotiog; *(b) (pers.):* curiedig, garw [yr olwg], gerwin [yr olwg]; *(c) (hands):* cygnog, ystumiedig, cylymog. **2.** *(= surly):* croes, blin, piwis, afrywiog, sarrug, cethin.

gnash *v.t.* rhincian, ysgyrnygu.

gnashing *vn.* rhincian, ysgyrnygu [dannedd].

gnat *n. Ent:* mân-wybedyn (~-wybed) *m*, gwybedyn (gwybed) mân *m*, *N.W: occ:* piwiedyn: piwiad (piwiaid) *m*, chwiw(-s) *m*,

S.W: cilionen: cylionen (cilion: cylion) *f*; *B:* **to strain at a ~,** hidlo gwybedyn.

gnathic *a. Anat:* genol.

gnathion *n. Anat:* blaen isa(*m*)'r ên.

gnaw *v.t.&i.* **1.** cnoi, *occ:* deintio; **gnawed by hunger,** â newyn yn eich cnoi; *(= wear away)*; ysu, bwyta, erydu. **2.** *(of remorse &c):* dwysbigo, cnoi, brathu; **gnawed by remorse,** ag edifeirwch yn eich cnoi/brathu.

gnawed *a.* cnöedig, cnofedig, brathedig.

gnawing *vn. & a.* **1.** *vn.* cnoad(-au) *m*, brath(-iadau) *m*, brathiad(-au) *m*, deintiad(-au) *m*; *(of hunger):* cnofa (cnof|eydd) *f.* **2.** *a.* cnof|aus, brathog, cnofaol; *(of remorse):* dirdynnol, dwysbigol.

Gneiso-Lutheran *a. & n. Rel.Hist:* **1.** *a.* Gneiso-Lutheraidd. **2.** *n.* Gneiso-Lutheriad (~-Lutheriaid) *m&f.*

gneiss *n. Geol:* gneis *m*, haenithfaen *m*.

gneissic *a.* gneisig.

gneissoid *a.* gneisaidd.

gneissose *a.* = **gneissic.**

gnocchi *n.pl. Cu:* twmplenni caws.

gnome[1] *n. Myth:* corrach (corachod) *m*, pwca(-od) *m*, dynan(-iaid) *m*; *pl. occ:* dyneddon, dyniadon; *(underground):* cnociwr (cnocwyr) *m*. **~-like** *a.* corachaidd. **~-owl** *n. Ent: (Glaudicium gnoma):* cordylluan(-od) *f.*

gnome[2] *n. (= maxim):* dihareb (diarhebion) *f*, gwireb(-au,-ion) *f.*

gnomic *a. Lit: Hist:* gwirebol, gnomig.

gnomically *adv. Lit:* yn wirebol.

gnomish *a.* corachaidd.

gnomon *n.* **1.** mynegfys(-edd) *m.* **2.** *Geom:* gnomon(-au) *m.*

gnomonic *a.* **1.** mynegfysol. **2.** *Geom:* gnomonig.

gnosis *n. Theol:* dirnadaeth *f*, cyfrinwybodaeth *f*, cyfriniaeth *f*, gnosis *m*.

gnostic *a. & n. Theol:* **1.** *a.* gnostigaidd, gnostig, cyfriniol. **2.** *n.* **G~,** Gnostig(-iaid) *m&f.*

gnosticism *n. Theol:* Gnostigiaeth: Gnosticiaeth *f.*

gnosticize *v.t.&i.* gnostigeiddio.

gnu *n. Z:* gnŵ(-od) *m*, *A:* bualgarw (bualgeirw) *m*.

go[1] *n.* **1. he's always on the ~,** mae'n wastad yn brysur; mae bob amser wrthi; mae'n llawn mynd; nid yw byth yn llonydd/segur; *N.W: occ:* mae o ar gêt; *S.W:* mae e ar ger[dd]ed; mae e ar ddreif; **it's all ~ here,** mae hi fel ffair yma; mae popeth ar gychwyn yma; mae hi'n ddiwrnod lladd mochyn yma; mae hi'n wyllt yma; **to keep s.o. on the ~,** cadw rhn yn brysur, peidio gadael llonydd i rn; **he's full of ~,** mae digon o fynd ynddo; **there's no ~ in him,** *S.W: occ:* 'does dim cyrraedd ynddo fe; *N.W:* 'does dim cychwyn arno; 'does dim ffrwt ynddo; 'does dim blaen ynddo; un digynnig/digychwyn ydi o. **2.** *(= attempt):* tro(-eon) *m*, cynnig (cynigion) *m* (**at sth,** ar rth); **to have a ~ at sth,** rhoi tro/cynnig ar rth; **let me have a ~,** gad(-wch,-|ewch) i mi gael tro; **have a ~!** rho (rhowch) gynnig [arni]! **let's have a ~,** beth amdani? beth am roi cynnig arni? dewch inni roi cynnig arni; **to have a ~ at s.o.,** *(= to attack):* ei chynnig hi i rn, ymosod ar rn *&c*; **(to drink sth) in one ~,** (yfed rhth) ar eich talcen, ar un llwnc; *F:* **to make a ~ of sth,** cael hwyl ar rth, gwneud i rth lwyddo; *Cards: &c F:* **it's your ~,** dy dro di (eich tro chi) yw hi; **(to do sth) in one ~,** (gwneud rhth) ar un cynnig, ar un tro; *Marbles:* tro, *S.W: occ:* mês, *N.W:* cics *pl*; **no ~,** bara cics! **3. that was a near ~,** cael a chael oedd hi! **it's a ~,** dyna fargen; dyna gytuno; **no ~!** dim gobaith! dim i'w gael! amhosib! **4.** *O:* **it's all the ~,** dyna sy'n mynd â hi; dyna yw'r ffasiwn. **5.** *O:* **here's a ~! what a [rum] ~!** dyna ryfedd! *S.a.* **lake**[1]**, saying, hard** II. **1.** *(b)*, **short**[1] **3, page**[1]**, west 2, easy** II. **1.** *(a)*, **straight** III. **1, slow**[1], II. **far**[1].

go[2] *v.i.* mynd, *Lit:* myned. **1.** *(a)* **to ~ to a place, to ~ somewhere,** mynd i rywle; **to ~ shopping, to ~ fishing** *&c*, mynd i siopa, mynd i bysgota &c; **don't ~ making him angry,** paid di â mynd â'i wylltio; paid â bod mor wirion â'i wylltio; cymer di ofal â'i wylltio; *F:* **to ~ places,** *(i) (= go out):* mynd allan, codi allan o'r tŷ; *(ii) (= travel):* teithio, crwydro, rhodio, gweld y byd; *(iii) (= succeed):* mynd ymh|ell, llwyddo, ffynnu, codi yn y byd; **to ~ to church,** mynd i'r eglwys, mynychu'r eglwys, *occ:* eglwysa; **to ~ to chapel,** mynd i'r capel, mynychu'r capel, *occ:* capela; **to ~ to school,** mynd i'r ysgol; **to ~ to work,** mynd i'r gwaith; **to ~ to the country,** *(a)* mynd i'r wlad; *(b) Pol:* galw etholiad; **to ~ to bed,** mynd i'r gwely, mynd am y gwely, noswylio; **to ~ to prison,** mynd i'r carchar; **what shall I ~ in?** *(= wear):* beth [a] wisgaf i? beth [a] rof amdanaf? **to ~ to the window,** mynd at y ffenestr; **to ~ to the door,** mynd at y drws, mynd i'r drws; **to ~ to the phone,** ateb y ffôn; **to come and ~,** mynd a dod; **to ~ to s.o. for sth,** ymofyn rhth gan rn, mynd ar ofyn rhn am rth, mynd at rn i gael rhth, *N:* mynd i nôl rhth gan/at rn; **to ~ on a journey,** mynd/cychwyn ar daith, *A:* cymryd hynt; **to ~ for a walk,** mynd am dro; **to ~ on foot (to a place),** cerdded, mynd ar eich deudroed, ei throedio hi (i rywle); **to ~ on horseback,** mynd ar gefn ceffyl; **to ~ by train,** mynd mewn trên; **to ~ by car,** mynd mewn car; **there he goes!** dyna fe'n mynd [heibio]! i ffwrdd ag ef! i ffwrdd â fo/fe! **who goes there?** pwy sy' 'na? **to ~ the shortest way,** dilyn llwybr llygad, mynd y ffordd fyrraf, cymryd llwybr tarw; **there are two miles to ~,** mae dwy filltir o daith eto; **to ~ [at] ten miles per hour,** mynd [ar] ddeng milltir yr awr; **you ~ first!** *(i)* dos di [yn] gyntaf! *(ii) (= lead the way):* dos di ar y blaen! **you ~ next,** ti sydd nesaf; dy dro di yw hi; **~ (= do) like this with your foot,** gwnewch fel hyn â'ch troed (*N.B. not* ewch); **this road goes to Cardiff,** dyma'r ffordd i Gaerdydd; **to ~ to sea,** mynd yn llongwr/forwr, mynd i'r môr; **to ~ into the army,** ymuno â'r fyddin, mynd yn filwr/so[w]ldiwr; **wine that goes to the head,** gwin sy'n codi/mynd i'ch pen chi; *(= become):* mynd yn + *a.*; **to ~ hungry,** newynu, llwgu, mynd heb fwyd, bod ar eich cythlwng; **to ~ dry** *(a) (of cow, spring &c):* sychu, mynd yn hysb/hesb; *(b) Pol.Hist: U.S:* mynd yn sych, gwahardd y ddiod gadarn; **to ~ one's own way,** mynd eich ffordd eich hun, gwn|eud yn ôl eich mympwy, gwneud fel y mynnoch, gwneud fel y gwelwch orau; **to ~ halves with s.o.,** rhannu'n gyfartal â rhn; mynd hanner yn hanner â rhn; **the names ~ in alphabetical order,** rhestrir yr enwau yn nhrefn y wyddor; **to ~ to great trouble,** mynd i drafferth fawr, ymdrafferthu; **to ~ to great expense,** gwario'n hael, mynd i draul fawr; **promotion goes by seniority,** yr hynaf a ddyrchefir yn ei dro; **he'll ~ to any lengths to get it,** fe wnaiff unrhyw beth i'w gael; **I'll ~ to a hundred pounds,** mi gynigiaf i ganpunt ar y mwyaf; **I'll ~ so far as to say,** mi fentraf i ddweud. **2.** *(a) (of machine &c):* mynd, gweithio, rhedeg; **to ~ by steam,** gweithio ar ager; **to get a machine going,** cychwyn/tanio peiriant; **to keep sth going,** cynnal rhth; **to keep a fire going,** cadw tanllwyth o dân, cadw tân yngh|yn[n], cadw tân i losgi; **to make things ~,** *(i) (efficiently):* cael trefn ar bethau; *(ii) (in a party &c):* codi hwyl; *F:* **how goes it?** pa hwyl? sut y mae hi? *F:* s'mâi? *S: F:* shwt mae'n ceibo? shwt mae'n pobi? *(of play):* **to ~ well,** llwyddo, cael derbyniad da, mynd yn dda; **the rehearsal went well,** fe gafwyd practis da; **the story goes that he is very rich,** y sôn/si yw ei fod yn gefnog iawn; mae'n gefnog iawn, medden' nhw; **as the saying goes,** chwedl hwythau, *S:* ys gwedon' nhw; **as the song goes,** chwedl y gân; **things are not going well,** 'does dim hwyl/trefn ar bethau; **as things are going,** fel y mae hi ar hyn o bryd; **when he gets going he never stops,** wedi iddo gychwyn 'does dim dal/taw/pall arno; **here goes!** *S:* bant â ni! *N:* i ffwrdd â ni! *F:* **what I say, goes!** fi biau'r gair olaf! fi sydd ben! **anything goes here,** fe gewch wneud fel y mynnoch yma; **that's the way it goes,** fel'na gweli di (gwelwch chi) hi; fel'na mae pethau; dyna'r fel; dyna fel mae pethau; *(b) (i)* **it has just gone twelve,** mae hi newydd daro/droi deuddeg; **it has gone six already,** mae hi wedi chwech eisoes; mae hi wedi troi chwech; **he's gone forty,** mae ef dros ei ddeugain oed; mae wedi troi'r deugain; *(ii)* **to ~ bang,** ffrwydro, clecian, rhoi/gwneud clec, chwythu; *F:* **bang goes a shilling,** dyna swllt wedi mynd; *(c)* **this is how the chorus goes,** dyma eiriau'r cytgan; fel hyn mae'r cytgan; **I forget how the tune goes,** fe aeth y dôn o 'nghof i; alla' i ddim cofio'r dôn; *(d) (of contest, lawcase):* mynd, diweddu; **(I don't know) how matters will ~,** (wn i ddim) sut yr aiff pethau, sut y bydd hi; **judgement went for the defendant,** dyfarnwyd o blaid y diffynnydd; aeth y dyfarniad o blaid y diffynnydd; *(e) F: Gram:* **"canu" goes like "caru",** mae "canu" yn mynd fel "caru"; mae rhediad "canu" fel rhediad "caru"; rhedir "canu" fel "caru". **3.** *(a) (of time):* mynd [heibio]; **the time will soon ~,** buan yr aiff yr amser heibio; buan y daw'r amser i ben; **an hour gone and nothing done,** awr wedi mynd i'r brenin; *(b)* **as the saying goes,** chwedl hwythau, yn ôl yr hen air, chwedl yr hen air, *S:* ys gwedon' nhw; **(that's not dear) as things ~,** (nid yw hynny'n ddrud) o'i gymharu, fel y mae pethau, *N.W:* chwadal pris pethau; **he's a good actor as actors ~**

nowadays, mae'n actor da o ran safon heddiw; mae cystal actor â'r rhan fwyaf heddiw; *(c)* **to ~ by a false name,** mynd dan enw ffug; *(d)* **that goes without saying,** mae hynny'n sicr; wrth gwrs; 'does dim rhaid dweud [hynny]; afraid dweud [hynny]; **it goes without saying (that she was there),** 'does dim rhaid dweud, *Lit:* afraid dweud (ei bod hi yno). **4.** *(a) (= depart):* mynd (o rywle), ymadael (â rhywle), cychwyn (o rywle); **after I have gone,** wedi imi fynd, ar ôl imi fynd, *Lit:* wedi myned ohonof; **let me ~!** gollwng (gollyngwch) fi! gad(-ewch) imi fynd! **~!** *A:* **be gone!** dos (ewch)! ffwrdd ti (chi)! ffwrdd â thi (chi)! *F:* cer(-wch)! *F:* **from the word ~,** o'r cychwyn cyntaf; *(b)* **a dozen workers will have to ~,** bydd raid cael gwared ar ddwsin o weithwyr; *(c) (= disappear):* mynd, diflannu; **my hat has gone,** 'does dim golwg o fy het i; *Joc:* mae fy het i wedi magu traed; **the wine is all gone,** 'does dim gwin ar ôl; **it has/is all gone,** 'does dim rhagor/chwaneg; **her sight is going,** mae hi'n colli ei golwg; mae ei golwg hi'n pylu/gwanh|au; **the next wicket went for nothing,** cwympodd y wiced nesaf heb sgorio dim; *(d) (i) (= fail, break down):* torri; **the spring went,** fe dorrodd y sbring; *El:* **the fuse went,** fe chwythodd y ffiws; *(ii) (= wear out):* treulio, gwisgo; **this cloth goes at the folds,** mae'r brethyn yma'n treulio yn ei blygion; *(e)* **these spoons are going for twenty pence each,** ugain ceiniog yr un yw pris y llwyau hyn; **going! going! gone!** unwaith! eilwaith! dyna hi! *(f)* **there's a job going at the factory,** mae 'na le yn mynd yn y ffatri; mae 'na le ar gael yn y ffatri; *N.W: F:* mae gobaith bachiad yn y ffatri; *(g)* **to ~ the way of all things,** mynd i ffordd yr holl ddaear; **to ~ to a better world,** mynd i fyd gwell; mynd i fyd sydd well; **to ~ west,** *(i)* mynd i ebargofiant, mynd i'w aped; *(a)* **~ west, young man!** tua'r gorllewin, ŵr ifanc! *P:* **to ~ to one's account/reward,** mynd at eich gwobr, mynd i'r bocs, mynd dan y dywarchen, *N.W:* rhoi'ch cerrig i fyny, mynd i'r apad. **5. to ~ to see s.o., to ~ and see s.o.,** mynd i weld rhn, mynd i ymweld â rhn, galw heibio i rn, mynd i edrych am rn, rhoi tro am rn; *P:* **now you've [been and] gone and done it!** *N:* dyna ti wedi ei gwneud hi 'rŵan! *S.W:* 'rwyt ti wedi rhoi'r copsi arni 'nawr! dyna ti wedi ei blawdo hi 'nawr! *(c) (determination):* **I'm going to have my own way,** rhaid imi gael gwneud fel y mynnaf i; mi fynnaf gael fy ffordd; *(d) (intention):* **I'm going (to spend my holidays in France),** 'rwyf am fynd i, 'rwy'n mynd i (dreulio fy ngwyliau yn Ffrainc); *N.W: occ:* 'rwy'n pwrpasa/'pasa/darofun (mynd ar fy ngwyliau i Ffrainc); *(e) (immediate future):* **I'm going to tell you a story,** 'rwyf am adrodd stori wrthych; 'rwy'n mynd i adrodd stori wrthych; **he was going to fall,** 'roedd ar fin/fedr cwympo; *(f)* **to ~ hunting,** hela, mynd i hela; **to ~ fishing,** pysgota, mynd i bysgota; *F:* **there you ~ again!** dyna ti eto! **7.** *(a)* **to ~ to law,** mynd i gyfraith; **to ~ to war,** mynd i ryfel; **to ~ to the trouble (of doing sth),** trafferthu, ymdrafferthu, *N: F:* cyboli (gwneud rhth); mynd i'r drafferth (o wneud rhth); *(b) Cards:* **to ~ two, no trumps,** mynd/dweud dau heb drymp; **to ~ one better than s.o.,** rhagori ar rn, gwneud [rhth] yn well na rhn, curo/trechu rhn. **8. where does this book ~?** ble [y] dylai'r llyfr hwn fod? **a trunk that will ~ under the berth,** cist a aiff oddi tan y gwely; **six into twelve goes twice,** fe aiff chwech i ddeuddeg ddwywaith; **twelve inches ~ to the foot,** deuddeng modfedd sydd mewn troedfedd. **9. his title will ~ to his eldest son,** fe aiff ei deitl i'w fab hynaf; **the proceeds will ~ to charity,** fe aiff yr elw at achos da. **10.** *(= contribute, serve):* **(the qualities) that ~ to make a great man,** (y rhinweddau) y mae'n rhaid wrthynt i wneud dyn mawr, sy'n hanfodol i ddyn mawr; **that goes to prove I was right,** dyna brawf/brofi fy mod i'n iawn; **that only goes to show you should never have trusted her,** dyna brofi'n unig na ddylet fod wedi ymddiried ynddi. **11.** *(= extend):* mynd, cyrraedd, ymestyn; **the garden goes down to the river,** mae'r ardd yn ymestyn hyd at yr afon; **the difference goes deep,** mae cryn wahaniaeth; **(the report is accurate) as far as it goes,** (mae'r adroddiad yn gywir) o fewn ei derfynau, cyhyd ag yr â; *(= last):* parh|au, para; **to ~ a long way,** mynd ymh|ell, mynd bell ffordd. **12.** *(a) (= become):* mynd, troi (yn rhth); **to ~ mad,** drysu, mynd yn wallgof, gwallgofi, colli'ch pwyll; *Pol:* **the town went (= turned) Communist,** fe droes y dref yn Gomiwnyddol; fe droes y dref at y Blaid Gomiwnyddol; **to ~ grey,** *(of hair):* britho; **to ~ pale,** gwelwi; **to ~ mouldy,** llwydo; **to ~ red,** cochi, gwrido; *(See under appropriate adjective)*; *(b) (of house):* **(the house has gone) to rack and ruin,** (mae'r tŷ wedi mynd) â'i ben iddo, rhwng y cwn â'r brain; *S.a.* **seed[1] 1.** *(b)*; **(his son has gone) to the bad,** (fe aeth ei fab) ar gyfeiliorn, i'r cythraul, *N.W: occ:* yn fforffed; **to ~ to sleep,** cysgu, mynd i gysgu, syrthio i gysgu. **13.** *(a)* **to let ~ of sth,** gollwng rhth, gadael i rth fynd, gollwng gafael ar rth; *(b)* **to let oneself ~,** *(e.g. in a party):* rafio a morio, cael hwyl; **to let oneself ~ (on a subject),** traethu'n huawdl, rhoi pregeth, bwrw drwyddi (ar bwnc); *(c)* **well, let it ~ at that,** gad|awn hi ar hynna. **14.** *P: (a)* **to ~ it, to ~ in pace,** rafio a morio, byw'n afradlon/ofer/wyllt, ofera, *N.W: occ:* mynd yn fforffed; **he's going it,** mae o wrthi! dyna fe eto! *(b)* **~ it!** dal(-iwch) ati! tân arni! ffwrdd ti (chi)! ceirch iddi! *(c)* **to ~ it alone,** mynd ar eich pen eich hun, mynd ar wahân [i eraill], mynd ar eich liwt eich hun. **~ about** *v.i.* **1.** *(a)* mynd o gwmpas, mynd oddi amgylch; **there is a rumour going about,** mae si ar led; mae sôn; **to ~ about with s.o.,** mynd gyda rhn, cadw cwmni rhn, troi o gwmpas rhn; *(b) Nau:* newid tac. *(c) Th:* ogamu. **2.** *(a)* **to ~ about the streets,** cerdded y strydoedd; *(b)* **to ~ about a task,** mynd ati, mynd at waith, ymosod ar waith, cychwyn arni, cydio mewn tasg, bwrw iddi, ymr|oi ati, gafael ynddi; **how to ~ about it,** sut mae mynd ati; *(c)* **in the morning I ~ about my work,** yn y bore byddaf yn brysur ynglŷn â'm gwaith; **to ~ about one's business,** mynd ynglŷn â'ch gwaith, mynd ynglŷn â'ch pethau. **~ across 1.** *v.i.* croesi, mynd drosodd **(to s.o./sth,** at rn/rth). **2.** *v.t.* croesi (rhth), mynd dros (rth), mynd ar draws (rhth). **~ after 1.** *(a) v.t. (= follow):* dilyn, canlyn, mynd ar ôl (rhth); *(b) v.i.* mynd [yn] nesaf. **2.** *v.t. (= pursue):* dilyn, erlid, hela, ymlid; **to ~ after women,** mercheta, *N:* hel merched, *S:* menwota, cwrso menywod; **to ~ after a job,** cynnig/ymgynnig am waith, mynd [i chwilio] am waith, *N: occ:* chwilio am fachiad. **~ against** *v.i.* mynd yn groes (i rth); mynd yn erbyn (rhth); mynd yn wrthwyneb (i rth); **if the verdict goes against us,** os na bydd y dyfarniad o'n plaid ni, os bydd y dyfarniad yn ein herbyn ni; **his appearance goes against him,** nid yw'r olwg arno o'i blaid; **it goes against the grain to say this,** mae dweud hyn yn [mynd yn] groes i'r graen; mae'n chwith/chwithig gorfod dweud hyn; **you can't ~ against public opinion,** ellwch chi ddim mynd yn erbyn y farn gyhoeddus. **~ ahead** *v.i.* mynd ymlaen, mynd yn eich blaen, canlyn arni **(with sth,** â rhth); **to ~ ahead of s.o.,** mynd o flaen rhn, mynd ar y blaen i rn; **~ along** *v.i.* mynd ymlaen, mynd yn eich blaen; **to ~ along sth,** mynd ar hyd rhth; **to ~ along with a plan,** cytuno/cyd-fynd â chynllun; *F:* **~ along with you!** *(a)* ffwrdd â thi (chi)! ffwrdd ti (chi)! *(b) (in disbelief):* paid (peidiwch) â malu/rwdl[i]an *&c*; taw (tewch) [sôn]! cer(-wch) o 'ma! *S:* gad dy ddwli (gadewch eich dwli)! **~ around = go about 1.** *(a).* **~ at** *v.i.* **to ~ at s.o.,** ymosod ar rn, *F:* mynd i'r afael â rhn, mynd i ben rhn; **to ~ at sth,** ymosod ar rth; **to ~ at it hard,** mynd ati'n galed, rhoi pob ewin ar waith, gweithio nerth deng ewin, mynd ati fel lladd nadredd, *N.W: occ:* slanu gweithio. **~ away** *v.i.* **1.** ymadael, cychwyn, mynd i ffwrdd, mynd ymaith; **to ~ away from home,** gadael cartref, mynd oddi cartref, *occ:* gadael y nyth, mynd dros y nyth; **to ~ away on holiday,** mynd i ffwrdd am/ar wyliau. **2. to ~ away with sth,** mynd [i ffwrdd, bant] â rhth [gyda chwi], *Lit:* mynd â rhth ymaith. **~ back** *v.i.* **1.** mynd yn ôl, mynd yn eich ôl, dychwelyd (i rywle/rth, at rn/rth); *(= retrace steps):* troi'n ôl; **clocks ~ back tonight,** rhaid troi'r cloc yn ei ôl heno; mae hi'n noson troi'r cloc heno; **to ~ back two paces,** camu ddau gam yn ôl; **to ~ back to the beginning,** ailgychwyn, ailddechrau; *Board Games:* **~ back to "go",** ewch yn ôl i'r cychwyn/dechrau. **2. to ~ back to the Flood,** mynd yn ôl i'r Dilyw. **3.** *(a)* **to ~ back on a promise,** torri addewid, torri'ch gair, troi yn eich carn, *Lit:* torri amod; *(b) F:* **to ~ back on a friend,** gwneud tro gwael â ffrind, gadael ffrind yn y baw, bradychu ffrind. **~ before** *v.i. (a)* mynd ymlaen, mynd ar y blaen; *(b)* **to ~ before s.o./sth,** mynd o flaen rhn/rhth, achub y blaen ar rn/rth, rhagflaenu rhth; **might went before right,** trechaf treisied oedd hi. **~ behind 1.** *v.t.* **to ~ behind s.o.'s back,** mynd y tu cefn i rn, *occ:* mynd yn wrthgefn i rn. **2.** *v.i.* mynd i'r cefn, mynd y tu ôl. **~ by** *v.i.* **1.** mynd heibio, pasio, *occ:* treiglo; **as the years ~ by,** gyda'r blynyddoedd, gyda threigl y blynyddoedd; **you must not let this chance ~ by,** rhaid i chwi beidio â cholli'r cyfle hwn; rhaid i chwi achub y cyfle hwn; rhaid i chwi ddal ar y cyfle hwn. **2. to ~ by s.o.,** *(= be guided by s.o.):* dilyn esiampl rhn, dynwared rhn, derbyn gair rhn; **to ~ by the directions,** dilyn y cyfarwyddyd; **to ~ by the book/rules,**

dilyn y rheolau'n fanwl/gaeth; **to ~ by appearances,** barnu (rhn) ar ei olwg, barnu (rhn) yn ôl ei olwg; **one mustn't ~ by appearances,** *Prov:* nid wrth ei big y mae prynu cyffylog; **that is nothing to ~ by,** nid yw hynny'n golygu dim; peidiwch â dibynnu ar hynny; peidiwch â barnu yn ôl hynny; *S.a.* **board[1] 4** *(a)*, **default[1]**. **~ down** *v.i.* mynd i lawr, *S:* mynd bant, *Lit:* mynd i waered; *(of prices &c):* disgyn, syrthio, cwympo, gostwng; **to ~ down stairs,** mynd i lawr grisiau; *Sch:* **to ~ down from the University,** *(a) (permanently):* gadael coleg, ymadael â'r coleg; *(b) (on vacation):* cyrraedd pentymor, mynd ar wyliau; *(c) F:* **my dinner won't ~ down,** alla' i ddim llyncu fy nghinio; **that won't ~ down with me,** wnaiff hynny mo'r tro gen i; chymera' i mo hynny; thâl hynny ddim gen i; **the wine went down well,** 'roedd blas ar y gwin; 'roedd y gwin yn plesio; *(of sun):* machlud, *Lit: occ:* machludo; *N.W: occ:* **the sun went down,** mi aeth yr haul dan ei gaerau; *(d) (of ship):* suddo, mynd i'r gwaelod; *(e) (= fall):* cwympo, syrthio, disgyn; **to ~ down on one's knees,** penlinio, mynd ar eich penliniau, mynd ar eich pennau gliniau; **the temperature has gone down,** mae hi wedi oeri/claearu; *(f) (= decline):* dirywio, gwaethygu, mynd ar ei waeth; **the neighbourhood's gone down,** mae'r ardal wedi mynd rhwng y cŵn a'r brain; *F:* **he has gone down in the world,** fe welodd ef ddyddiau gwell; 'dyw hi ddim cystal arno ag y bu; *(g) (of swelling, balloon &c):* lleih|au, mynd yn llai; *(h)* **he went down in history as a tyrant,** sonnir/cofir amdano fel teyrn; *(i) Jur: F:* **he went down for three years (i.e. to prison),** danfonwyd ef i garchar am dair blynedd; cafodd dair blynedd o garchar; *(j)* **to ~ down with a fever,** dioddef dan dwymyn, mynd yn wael gan dwymyn. **~ for** *v.i.* **1.** = **fetch. 2. to ~ for a walk,** mynd am dro; *S.a.* **walk[1]. 3.** *(a) F: (= attack physically):* mynd am rn, ymosod ar rn, rhuthro ar rn, ei chynnig hi i rn, cythru i rn, mynd i'r afael â rhn, mynd i ben rhn; *(b) (= criticize):* lladd ar rn, ymosod ar rn; *(= achieve, count as):* **to ~ for nothing,** peidio â chyfrif dim; **his efforts went for nothing,** ni chafodd ei ymdrechion unrhyw sylw; ni wnaethpwyd dim cyfrif o'i ymdrechion; **that goes for little nowadays,** ychydig o bwys a roir ar hynny erbyn hyn. **4.** *(= apply to):* **that goes for all of you,** dyna'r rheol i bawb ohonoch chi; **that goes for all members of this species,** mae hynny'n wir am bob aelod o'r rhywogaeth hon. **5.** *(= strive to attain):* anelu am/at rth, mynd am rth, *Lit:* ymgyrraedd at rth, *occ:* sythu am rth; **to ~ for broke,** gwneud eich gorau glas; *(= choose, plump for):* dewis (rhth), sythu (am rth), gweld eich gwyn (ar rth), mynd (am rth); *U.S: F: (= fancy):* ffansïo; **I really ~ for folk songs,** mae gennyf ddiléit mewn canu gwerin; *S.W:* 'rwy'n elfentu mewn canu gwerin; mae gyda fi elfen mewn canu gwerin; **I don't ~ for it,** 'does gen i ddim i'w ddweud wrtho. **~ forward** *v.i.* mynd ymlaen, mynd yn eich blaen, *Lit:* mynd rhagoch. **~ in** *v.i.* **1.** *(a)* mynd i mewn (i rth), mynd (i rth); **let's ~ in!** i mewn â ni! *(b) (of sun):* mynd dan gwmwl; *(c)* **to ~ for sth,** ymh|el â rhth; **to ~ in for a course of lectures,** [dechrau] dilyn cwrs o ddarlithoedd; **to ~ in for swimming,** ymr|oi i nofio, bod yn hoff o nofio; **I don't ~ in for ski-ing,** nid wyf fi fawr o un am sgïo; **to ~ in for teaching,** mynd [i fod] yn athro/athrawes; mynd i'ch hyfforddi'n athro &c; **I don't ~ in for that sort of thing,** nid dyna f'arfer i; nid dyna y byddaf i'n arfer ei wneud; dda gen i mo'r fath beth; **to ~ in for a contest,** cynnig/ymgynnig/ymgeisio mewn cystadleuaeth; *(d)* **to ~ in with s.o. in an undertaking,** ymuno â rhn mewn menter. **3.** *Mil: (= attack):* ymosod. **4.** *Cr:* mynd i'r wiced, mynd at y wiced. **~ into** *v.i.* **1.** *(a) (= enter):* mynd [i mewn] (i rywle); **to ~ into sth,** *(= collide):* mynd i rth, mynd i erbyn rhth, *N.W:* mynd yn bwcs/bwtsh i rth; **to ~ into society,** mynd i blith y bonedd, ymrwbio yn y mawrion; *Mth:* **three into two won't ~,** nid aiff tri i ddau; **to ~ into the army,** mynd i'r fyddin, listio yn y fyddin; *(b)* **to ~ into details about sth,** manylu ynghylch rhth; **to ~ into long explanations about sth,** ymhelaethu ar rth; *(c)* **to ~ into mourning,** galaru, mynd i alar; **to ~ into fits,** cael ffitiau; **to ~ into fits of laughter,** chwerthin dros bob man, chwerthin lond eich calon/bol; **they went into fits of laughter,** *N.W:* 'roedden' nhw'n g'lana' chwerthin; 'roedden' nhw'n lladd eu hunain yn chwerthin; **to ~ into hysterics,** cael sterics, strancio. **2.** *(= investigate):* astudio; **to ~ closely into a question,** manylu ar bwnc, mynd yn fanwl/ddwfn i bwnc, chwilio'n fanwl i bwnc. **~ off** *v.i.* **1.** *(a) (= depart):* *N:* mynd i ffwrdd, *less correctly:* gadael, *S:* mynd bant, *Lit:* mynd ymaith, ymadael; **to ~ off on holiday,** cychwyn ar eich gwyliau; *(b)* **to ~ off with sth,** mynd â rhth [ymaith &c]; *(c) (of gun &c):* tanio, *occ:* clecian, rhoi clec; *(d) (of explosive):* ffrwydro, *occ:* chwythu; *(e)* **to ~ off to sleep,** cysgu, mynd i gysgu; *F:* **to ~ off into a faint,** llewygu &c; *See* **faint[1,2]**; *(f) (of feeling, pain):* mynd, cilio, diflannu; *(of tennis player &c):* dirywio, diffygio, pallu, mynd yn llai 'tebol; *(of light):* diffodd; *(g) (of wine &c):* egru; *(of fish, meat):* difetha, mynd yn ddrwg; *(of milk):* troi, torri; *(h)* **everything went off well,** fe aeth popeth yn iawn; *(i) (of goods):* gwerthu. **2.** *(a)* **to ~ off the rails,** *(i) (of train):* mynd oddi ar y cledrau; *(ii) F: (of pers.):* cyfeiliorni, mynd ar gyfeiliorn, mynd rhwng y cŵn a'r brain, *N.W: occ:* mynd yn fforffad; *S.a.* **deep; to ~ off the beaten track,** gadael y llwybrau sathredig; *(b)* **I've gone off climbing,** 'rwyf wedi diflasu/blino/alaru/*S:* danto ar ddringo; *F:* **I've gone off her of late,** 'dydw i'n hitio dim amdani erbyn hyn; **to ~ off one's food,** colli'ch archwaeth, colli blas ar fwyd, mynd i fethu bwyta. **~ on** *v.i.* **1.** *(a)* mynd ymlaen, mynd yn eich blaen, dal i fynd, canlyn arni, *Lit:* mynd rhagoch; **to ~ on with sth, to ~ on doing sth,** dal/parh|au i wneud rhth; **as time goes on,** gyda threigl amser, gydag amser; *(b)* **he's going on for forty,** mae'n codi'n ddeugain oed; mae'n tynnu am ei ddeugain oed; mae tua deugain oed; mae'n gyrru ar ei ddeugain; **it was going on for three o'clock,** 'roedd hi tua thri o'r gloch; 'roedd hi ar draws y tri o'r gloch; 'roedd hi'n tynnu am dri o'r gloch; *S.W: occ:* 'roedd hi marce tri o'r gloch; *(c)* **I've got enough to ~ with,** mae gennyf ddigon ar fy mhlât; *N.W:* mae gen i lawn digon ar fy nhrensiwr; *(d) F: Iron:* **~ on!** taw (tewch) [sôn]! taw dithau (tewch chwithau)! cer(-wch) o 'na! *(e)* **this has been going on for years,** fel hyn y bu hi ers blynyddoedd; **preparations are going on,** mae paratoadau mewn llaw; **what's going on here?** be sy'n digwydd yma? **how are you going on?** sut y mae hi? pa hwyl? sut mae hi'n dod ? **to ~ on as before,** dal i wneud fel o'r blaen; *(f) (= behave):* **I don't like the way she goes on,** dda gen i mo'i ffordd hi; dda gen i mohoni; *(g)* **to ~ on (at s.o.)** cega, arthio, rhefru, brygowthan, hewian (ar rn); dwrdio (rhn); dweud y drefn (wrth rn); cymhennu (rhn); rhoi llond pen (i rn); *P:* **she went on dreadfully,** fe greodd hi stŵr ofnadwy; 'roedd hi'n bwrw drwyddi'n ofnadwy; **she does ~ on and on,** mae hi'n un am fwrw drwyddi; ŵyr hi ddim pryd i dewi; 'does dim taw arni; *(h) Th:* **to ~ on stage,** mynd ar y llwyfan; **to ~ on for s.o.,** mynd yn lle rhn. **2.** *(a)* **I went on that supposition,** dyna oedd sail fy nhyb i; mi weithredais ar y dyb honno; *(b)* **these shoes won't ~ on,** mae'r esgidiau 'ma'n rhy dyn[n]; aiff yr esgidiau 'ma ddim am fy nhraed i. **~ out** *v.i.* **1.** *(a) N:* mynd allan, *S:* mynd mas, *Lit: O:* mynd i maes; **out you ~!** allan â thi (chi)! **to ~ out [on strike],** mynd ar streic; **my heart went out to her,** 'roedd yn ddrwg calon gen i drosti; 'roedd yn ddrwg gan fy nghalon i drosti; 'roeddwn yn teimlo i'r byw drosti; *(b) (= socialize):* cymdeithasu, cyfathrachu, cyfeillachu; **to ~ out with a girl,** *(= court):* canlyn merch; *(c)* **this report should never have gone out,** ni ddylesid byth gyhoeddi'r adroddiad hwn. **2. to ~ out of fashion,** mynd yn hen ffasiwn. **3.** *(= disappear):* diflannu; **all the anger had gone out of his voice,** collasai ei lais bob arlliw o ddicter; **March went out like a lion,** aeth Mawrth allan fel llew. **4.** *Pol:* **to ~ out of office,** colli grym, colli awdurdod, gollwng rheolaeth. **5.** *Games: (= win):* ennill. **6. to ~ out of one's way,** mynd [allan] o'ch ffordd; **to ~ out of one's way to help s.o.,** mynd i drafferth i helpu rhn. **7.** *(= end):* darfod, *N:* gorffen, *S:* cwpla. **8.** *(of fire, light &c):* diffodd; *(of pers. = die):* marw; *F:* **he went out like a light,** fe lewygodd; *N.W: occ:* fe aeth yn llŷg. **9.** *(of tide):* treio, distyll. **~ over 1.** *v.i.* mynd drosodd, croesi **(to s.o.,** at rn); **to ~ over to the enemy,** mynd [drosodd] at y gelyn; **how did his talk ~ over?** sut dderbyniad a gafodd ei sgwrs? **2.** *v.t. (a)* **to ~ over a bridge,** croesi pont, mynd tros bont; *(b)* **to ~ over a house,** mynd trwy dŷ, archwilio tŷ; **to ~ over the ground,** mynd dros y tir, archwilio'r tir; **to ~ over the wall,** *(i) (from prison):* dianc o'r carchar; *(ii) (from a monastery, convent):* gadael y clas; *(c)* **to ~ over sth in one's mind,** myfyrio dros rth, mynd dros rth. **~ round 1.** *v.i. (a)* = **go around, go about;** *(b) (= make detour):* troi heibio (i rhth), mynd o'r tu arall heibio (i rth); *(c)* **to ~ round to see s.o.,** galw heibio i rn, picio i weld rhn, rhoi tro am rn, taro draw/heibio i weld rhn; *(d) (of wheel &c):* troi; **my head is going round,** mae fy mhen i'n troi; *(e)* **there's a rumour going round,** mae si ar led, mae sôn; *(f)* **there's not enough to ~**

round, 'does dim digon i bawb. **2.** *v.t.* **to ~ round the town,** mynd o gwmpas y dref, mynd o amgylch y dref, mynd am dro trwy'r dref. **~ through 1.** *v.i.* mynd trwodd, mynd ymlaen; *(a)* **the bill has gone through,** fe basiwyd/dderbyniwyd y mesur; fe aeth y mesur rhagddo; **the deal did not ~ through,** ni fu taro bargen; ni thrawyd mo'r fargen; *(b)* **to ~ through with sth,** mynd ymlaen â rhth, gweld diwedd rhth, mynd i'r pen â rhth, gweld pen draw rhth; **to ~ through with a divorce,** mynd ymlaen i ysgaru, mynd ymlaen ag ysgariad, cwblh|au ysgariad. **2.** *v.t.* *(a)* **to ~ through a hole,** mynd trwy dwll; **to ~ through a country,** mynd ar draws gwlad, mynd trwy wlad; **a shiver went through me,** cerddodd ias trwof; fe aeth rhyw ias trwof; *(b)* **to ~ through an apprenticeship,** bwrw prentisiaeth; **to ~ through the whole programme,** cwblhau'r rhaglen, mynd trwy'r rhaglen i gyd; *(c)* **the book has gone through ten editions,** bu/cafwyd deg argraffiad o'r llyfr; aeth y llyfr trwy ddeg argraffiad; *(d)* **to ~ through an ordeal,** dioddef profedigaeth; *F:* **she's gone through a lot,** fe gafodd hi lawer o loes; bu'n galed arni; mae hi wedi'i chael hi'n arw; *(e)* **to ~ through the motions of doing sth,** smalio/cogio gwneud rhth; **to ~ through all the formalities,** cwblhau'r holl ddefodau; *(f)* **this cold wind goes through me,** mae'r gwynt main 'ma'n fy mrathu i hyd at yr asgwrn; *(g)* *(= scrutinize):* **to ~ through accounts,** archwilio cyfrifon; **to ~ through one's pockets,** chwilio'ch pocedi, chwilio trwy'ch pocedi; *(h)* **to ~ through a fortune,** afradu/gwastraffu/gwario ffortiwn. **~ to** *v.i.* **to ~ to it,** mynd ati, ymroi ati, bwrw iddi; **~ to it!** hai ati! **~ to!** taw (tewch) â sôn! **~ together** *v.i.* *(of colours, people &c):* mynd gyda'i gilydd, cyd-fynd, cyd-daro; *(of misfortunes):* cyd-ddigwydd. **~ under 1.** *v.i.* *(a)* *(= sink):* suddo; *(= drown)* boddi; *(b)* *Fin: Com:* **the firm went under,** fe aeth yr hwch drwy'r siop; fe fethodd/dorrodd y cwmni; aeth y cwmni i'r gwellt/clawdd. **2.** *v.t.* **to ~ under a bridge,** mynd [o] dan bont; **to ~ under an assumed name,** mynd [o] dan enw ffug. **~ up 1.** *v.i.* *(a)* *N:* codi, mynd i fyny, *S:* cwnnu, mynd lan, *S: occ:* mynd yn fynydd, *Lit:* ymgodi, ymddyrchafu, esgyn; **prices have gone up,** mae prisiau wedi codi; **a cry went up from the crowd,** cododd/daeth gwaedd o blith y dyrfa; **bread is going up,** bydd bara'n ddrutach; *Sch:* **to ~ up a form,** symud i ddosbarth uwch; *(b)* **to ~ up to the university,** mynd i'r coleg/brifysgol; *(c)* **to ~ up to s.o.,** mynd at rn, *N: occ:* byrddio rhn; *(d)* *(of mine):* ffrwydro, tanio, clecian, chwythu; **to ~ up in flames,** mynd yn wenfflam. **2.** *v.t.* **to ~ up a hill,** dringo rhiw, *N:* mynd i fyny rhiw/allt, *S:* mynd lan rhiw/tyle; **to ~ up a ladder,** dringo ysgol *&c*; **to ~ up a river,** mynd i fyny afon; *Mil:* **to ~ up the line,** *(= be promoted):* cael dyrchafiad, codi [yn y fyddin]. **~ with** *v.t.* **1.** *(a)* *(= accompany):* mynd gyda, *N:* mynd [h]efo (rhn, rhth); *P:* **to ~ with a girl,** canlyn merch, *N: F:* calyn merch, *S:* caru merch, mynd gyda merch; *(b)* **(the salary) that goes with an office,** (y cyflog) sy'n perthyn i swydd, sy'n berthynol i swydd; *(c)* **to ~ with the times,** mynd gyda'r oes. **2.** *(= suit, match):* cyd-fynd, cyd-daro (â rhth). **~ without** *v.t.* **1.** *(a)* *(= do without):* mynd/byw heb rth, *Lit:* hepgor rhth; *the Anglicism* gwneud heb rth *is in use*; **to ~ without food,** mynd heb fwyd; *(b)* *(be without):* bod heb rth, bod yn brin o rth. **~-ahead 1.** *a.* mentrus, anturus, llawn mynd, blaengar (*pronounced* ng-g), â digon o gynnig. **2.** *n.* caniatâd *m*, *occ:* cennad *mf*. **~-as-you-please** *a.* **1.** dilyffethair, rhydd; *Rail:* **~ as-you-please ticket,** tocyn ewch-ble-mynnoch. **2.** *n.* noson *(f)* ddoniau. **~-away bird** *n. Orn:* lowri lwyd (lowrïod llwyd) *f*. **~-between** *n.* canolwr (canolwyr) *m*, can|olwraig *f*, negesydd(-ion) *m*, cysylltwr (cysylltwyr) *m*, cys|ylltwraig *f*, negeswr (negeswyr) *m*, neg|eswraig *f*, negeseuwr (negeseuwyr) *m*, neges|euwraig *f*, cyfryngwr (cyfryngwyr) *m*; *(= love-messenger):* *W.Lit:* llatai (llateion) *m&f*. **~-by** *n.* **to give s.o. the ~-by,** anwybyddu/diystyru rhn, mynd heibio i rn. **~-cart** *n.* *(= push-chair):* coets[h] *(f)* gadair (coets[h]ys cadair); *(= baby-walker):* car (ceir) *(m)* cerdded; *S.a.* **go-kart.** **~-devil** *n.* *U.S:* (*)cythraul (cythreuliaid) *(m)* peipiau. **~-faster** *attrib. Aut:* **~-faster stripe,** streipen gyflym (streipiau cyflym) *f*. **~-getter** *n.* un mentrus, un llawn mynd, dringwr (dringwyr) *m*, dr|ingwraig *f*, *N.W:* un amdani, un garw amdani. **~-go** *a.* **1.** **~-go dancer,** merch(-ed) *(f)* go-go. **2.** *Fin:* mentrus. **~-kart** *n.* go-car (~-ceir) *m*, go-cart (~-certi) *m*. **~-no-further** *n. Bot:* *(a kind of apple):* gwell na mil *m*. **~-off** *n.* **at the first ~-off,** y tro cyntaf, ar y cychwyn. **~-slow** *a.* **~-slow strike,** streic(-iau) araf *f*, gweithio(*vn*)'n araf. **~-to-meeting** *a.* *(clothes):* dillad *(pl)* parch, dillad gorau.

go[3] *a.* **all systems are ~,** mae popeth yn [gweithio'n] iawn.

go[4] *n. Games:* go *m*.

goa[1] *n. Z:* *(Procapra picticaudata):* gafrewig gynffonddu (gafrewigod cynffonddu) *f*, goa(-od) *m*.

Goa[2] *Pr.n. Geog:* Goa *f*.

goad[1] *n.* swmbwl (symbylau) *m*.

goad[2] *v.t.* symbylu, procio; **to ~ (s.o. into doing sth),** ysgogi, annog, symbylu, procio, gyrru (rhn i wneud rhth).

goading *vn. & a.* **1.** *vn.* proc(-iau) *m*, prociad(-au) *m*, symbyliad(-au) *m*, symbylu, procio. **2.** *a.* pryfoclyd, herllyd.

goal *n.* **1.** *(= target, object of ambition):* nod(-au) *mf*, amcan(-ion) *m*. **2.** *Fb:* gôl (goliau) *usu.f (N.B. does not usually mutate)*; **to keep ~,** gwarchod/cadw gôl; **penalty ~,** gôl gosb (goliau cosb); **drop/dropped ~,** gôl adlam. **~-area** *n.* cwrt *(m)* y gôl. **~-boards** *n.pl.* byrddau gôl. **~-kick** *n.* cic(-iau) *(f)* gôl. **~-keeper** *n.* golwr (golwyr) *m*, g|olwraig (golwragedd) *f*, gôl-geidwad (~-geidwaid) *m*. **~-line** *n.* llinell *(f)* y gôl. **~-mouth** *n.* ceg *(f)* y gôl, blaen *(m)* y gôl. **~-net** *n.* rhwyd(-i) *(f)* gôl. **~-post** *n.* postyn (pyst) *(m)* gôl. **~-tender** *n. Sp:* = **goal-keeper.**

goalie *n. F:* = **goal-keeper.**

goalless *a.* heb sgorio, heb gôl, di-gôl, di-sgôr.

goanna *n. Z:* goana: gwana(-od) *m*.

goat *n. Z:* **1.** *(a)* gafr (geifr) *f*; **billy-~,** bwch *(m)* gafr (bychod geifr); **a gelded ~,** hafr: hyfr(-od) *m*; **a young ~,** myn(-nod) *m*, gafran: gafren *f*; *S.a.* **kid; mountain ~,** gafr fynydd (geifr mynydd); **don't play the [giddy] ~,** paid â chwarae bili-ffŵl; paid â lolian; paid â gwneud lol; paid â dy lol; *S:* gad dy ddwli; **to round up goats,** gafro, gafrio, gafra; **he gets my ~,** mae'n dân ar fy nghroen i; *(b)* *Astr:* yr Afr *f*. **2.** *(= licentious pers.):* hen gi (hen gŵn) *m*; *V:* hwrgi (hwrgwn) *m*, *Lit:* trythyllwr (trythyllwyr) *m*; **he's a real old ~,** *N:* mae'n un garw am ferched; mae'n 'sgut am ferched; *V:* mae'n gythraul am ei din; mae'n hel [am] ei din. **3.** **~-antelope** *n. Z:* hyddafr (hyddeifr) *mf*, gafrgarw (geifrgeirw) *m*. **~-footed** *a.* gafrdroed; *(= nimble):* heini, gwisgi, sionc. **~-god** *n.* duw(*m*)'r geifr. **~-like** *a.* gafraidd. **~ moth** *n. Ent:* gafrwyfyn(-nod) *m*. **~ root** *n. Bot:* **1.** *(Ononis natrix):* tagaradr melyn mawr *m*. **2.** = **meadowsweet. ~ weed** *n. Bot:* *(Caparia biflora):* gafrlys *m*. **~ willow** *n. Bot:* *(Salix caprea):* = **sallow (great). ~'s beard** *n. Bot:* *(Tragopogon pratensis):* barf *(m)* y bwch, barf yr afr. **~'s beard spiraea** *n. Bot:* *(Aruncus dioicus):* erwaint *(m)* Ffrainc, crogedyf *(f)* Ffrainc, barf *(m)* y bwch. **~'s eye** *n. Miner:* gafrem(-au) *f*, llygad *(m)* gafr. **~'s foot** *n. Bot:* *(Oxalis caprina):* troed *(mf)* yr afr, suran (f) y geifr. **~'s hair** *n. Meteor:* gafrflew *pl*, blew *(pl)* geifr. **~'s horn cactus** *n.* *(Astrophytum capricorne):* corn (cyrn) *(m)* y bwch. **~'s rue** *n. Bot:* *(Galega officinalis):* ruw(*m*)'r geifr, gorddon *(f)* y geifr, torwenwyn *(m)* y geifr. **~'s stones** *n. Bot:* = **orchid. ~'s thorn** *n. Bot:* *(Astragalus tragacanthus):* draenen (drain) *(f)* yr afr. **~'s wheat** *n. Bot:* *(tragopyrum):* gwenith *(m)* y geifr.

goatbush *n. Bot:* *(Castela erecta):* gafrlwyni(-i) *m*, llwyn *(m)* y geifr (llwyni'r geifr).

goatee *n. F:* locsyn *(m)* bwch gafr, *Lit:* barfan(-nau) *f*.

goatfish *n. Ich:* hyrddyn (hyrddod) *m*.

goatherd *n.* bugail (bugeiliaid) *(m)* geifr, bugeiles(-au) *(f)* geifr.

goatish *a.* gafraidd, fel gafr; *(= licentious):* trythyll, chwantus, blysig, anllad.

goatishly *adv.* yn afraidd, fel gafr *&c*.

goatishness *n.* gafreiddiwch *m*; *(= licentiousness):* trythyllwch *m*, anlladrwydd *m*, blysigrwydd *m*.

goatskin *n.* **1.** croen *(m)* gafr (crwyn geifr); *Lib:* **~ binding,** rhwymiad(-au) *(m)* croen gafr. **2.** *(bottle):* potel *(f)* ledr (poteli lledr).

goatsucker *n. Orn:* = **nightjar.**

goaty *a.* = **goatish.**

gob[1] *n.* **1.** *(= mouth):* *P:* ceg(-au) *f*, *S:* pen(-nau) *m*, *N: F:* hopran(-au) *f*. **2.** *(= phlegm):* fflemsen (fflems) *f*. **~-stopper** *n.* *N:* da-da rhesog *m*, *S:* loshin rhesog *pl*.

gob[2] *v.i.* poeri, *V:* fflemsio.

gobang *n. Games:* gob|ang *m*.

gobbet *n.* darn(-au) *m*, talp(-iau) *m*.

gobble[1] *v.t.* **to ~ [up] food,** llowcio, bochio, lleibio, claddu (bwyd);

N.W: sglaffio, sglyffio, llempio (bwyd); cythru bwyta, haffio bwyta, sleifio bwyta, sgramio bwyta.

gobble[2] *v.i.& n. (of turkey):* clegar (*m*).

gobbledygook *n.* rwdl-mi-ri *mf, Lit:* ffiloreg *f.*

gobbler *n.* **1.** *(of food):* llowciwr (llowcwyr) *m,* ll|owcwraig *f,* claddwr (claddwyr) *m* [bwyd], bolgi (bolgwn) *m, N.W: F:* sglaffiwr (sglaffwyr) *m,* sgramgi (sgramgwn) *m; S.a.* **glutton. 2.** *(= turkey cock):* twrci: tyrci (tyrcwn) *m.*

Gobelin tapestry *n.* t|apestri (*m*) G|obelin.

gobemouche *n.* cegrythwr (cegrythwyr) *m.*

goblet *n.* **1.** gobled(-i,-au) *mf, A:* godard(-au) *f.* **2.** *Fung:* cwpan (*m*) y coed (cwpanau'r coed), ffiol (*f*) y coed (ffiolau'r coed). ~ **cell** *n.* cell(-oedd) (*f*) gobled.

goblin *n.* ellyll(-on) *m,* coblyn(-nod) *m,* corrach (corachod) *m,* pwca(-od) *m,* ellylles(-au) *f,* coraches(-au,-i) *f,* coblynes(-au) *f; (in mines):* cnociwr (cnocwyr) *m;* ~ **market,** marchnad y corachod.

goby *n. Ich:* gwyniad (gwyniaid) (*m*) môr, gobi (gobïod) *m;* **black ~,** gwyniad du; **rock ~,** gwyniad y cerrig; **spotted ~,** gwyniad brych; **sleeper ~,** gwyniad llonydd.

god *n.* **1.** *(a)* duw(-iau) *m;* **a false ~,** gau dduw; *S.a.* **idol; tutelary ~,** duw nawdd, tadol dduw (tadolion dduwiau); **the ~ of flies,** duw'r cylion; *B:* **molten gods,** duwiau tawdd; *Th:* **the ~ from the machine,** y duw o'r peiriant; **a feast for the gods,** gwledd deilwng o'r duwiau; **ye gods and little fishes!** Duw caton' pawb! Duw mawr! **it's on the gods' knees, it's in the lap of the gods,** mae'r cyfan yn nwylo rhagluniaeth; **to make a little tin ~ of s.o.,** addoli rhn, gwneud eilun o rn, gwneud duw bach o rn; *(b) Th:* **the gods,** y seddau uchaf *pl,* y groglofft *f.* **2.** *Christian Theol:* **G~,** Duw *m, occ: (as euphemism):* y Tad *m,* y Bod Mawr *m,* y Brenin Mawr *m;* **G~ the Father,** Duw Dad, Duw'r Tad; **G~ the Son,** Duw Fab, Duw'r Mab; **G~ the Holy Ghost,** Duw'r Ysbryd Glân; **the Lord G~,** yr Arglwydd Dduw; **G~ almighty,** Duw hollalluog, hollalluog Dduw; **G~ Almighty!** Duw mawr! 'rargian! 'rarglwydd! 'rargol! 'rachlod! *V:* Iesu mawr! Iesu gwyn! *N.W:* Iesu gwarwyn! **G~ willing,** os myn[n] Duw, os Duw a'i myn[n], *F:* os byw ac iach; **an act of G~,** gwaith Duw; **the living G~,** y Duw byw; **would to ~ you had gone there,** trueni na fyddet ti wedi mynd yno; o na baet ti wedi mynd yno; **in G~'s name, for G~'s sake,** *(i) (solemn oath):* er mwyn Duw, er mwyn y Tad; *(ii) (in exasperation): F:* neno'r Tad! *N:* Duw o'r Sowth! bendith D[d]uw [iti/ichi]! bendith y Tad [iti/ichi]! **thank G~!** diolch i Dduw! diolch i'r drefn! diolch byth! *A:* **G~ wot, G~ knows,** Duw a ŵyr! **G~'s acre,** erw (*f*) Duw; **G~'s earth,** y ddaear gron, daear Duw; **G~'s own country,** hoff wlad Duw, nefoedd ar y ddaear; **G~'s book,** llyfr (*m*) Duw, y Beibl *m;* **G~'s gift,** bendith (*f*) Duw, rhodd (*f*) Duw; **G~'s plenty, G~'s quantity,** *F:* digonedd *m,* llond (*m*) gwlad, faint fynnir [o rth]; **G~'s people,** pobl (*f or pl*) Dduw; **it's ~'s truth,** ar fy marw; ar fy ngwir; mae'n efengyl; mae cyn wired â'r pader; cris-croes; *S:* bolon marw; *N:* wir-ŷr; **a man of ~,** *(a) (= clergyman):* clerigwr (clerigwyr) *m,* offeiriad (offeiriaid) *m,* gweinidog(-ion) *m; (b) (= saint):* sant (saint, seintiau) *m,* gŵr (gwŷr) (*m*) Duw; **to play G~,** arglwyddiaethu, ceisio bod yn Dduw; **under G~,** yn ail i Dduw; **she is with G~,** mae hi yn mynwes Duw; **by G~!** Duw! myn Duw! myn cebyst! 'dawn i byth o'r fan! **G~ bless you!** rhad [Duw] arnat (arnoch)! bendith [Duw] arnat (arnoch)! wel! ar f'enaid i! ar fy llw! neno'r Tad! caton' pawb! **G~ damn you!** damia di! daria di! i ddiawl â thi! *A:* **G~ speed thee!** Duw yn rhwydd iti! **G~ help you!** duw a'th helpo! *Lit:* Duw yn dy gylch! Duw o'th blaid! *A:* **G~ prosper thee!** Duw a roddo da iti! **G~ in Heaven!** [y] Nefoedd! Nefoedd gogoniant! Duw'r Nefoedd! **G~ forbid!** Duw a'n gwaredo! *Lit:* na ato Duw! **G~ grant (we find her),** gobeithio i'r Tad, gobeithio i'r annwyl (y cawn ni hyd iddi); *Lit:* Duw a wnêl (y cawn ni hi); *F:* **what in G~'s name (are you doing)?** beth yn y byd, beth ar wyneb y ddaear, beth yn eno'r mawredd (wyt ti'n ei wneud)? **G~ save the King!** Duw [a] gadwo'r Brenin! **G~-awful** *a. F:* ofnadwy, uffernol, diawledig, trybeilig, alaethus, anobeithiol, cythreulig, arswydus, sobor, melltigedig, *N: F:* coch, pig, piblyd. **G~-damn[ed]** *a.* diawl, diawledig, uffernol, cythraul, cythgam, melltith; **that G~-damned bitch,** yr ast gythraul/ddiawl/felltith. **G~-daughter** *n.* merch (*f*) fedydd (merched bedydd). **G~-fearers** *n.pl. Rel:* ofnwyr Duw. **G~-fearing** *a.* sy'n ofni Duw, ag ofn Duw, duwiol, duwiolfrydig, bucheddol. **G~-forsaken** *a.* anial, unig, anghysbell, *N. W: occ:* di-nad-man, di-nab-man; **what a G~-forsaken place,** am dwll o le! am ben draw byd o le! **G~-speed** *n. O: (in greeting):* rhwydd hynt; **to wish/bid s.o. ~-speed,** canu'n iach i rn, ffarwelio â rhn. **G~-squad** *n. Joc:* criw (*m*) Duw.

godchild *n.* plentyn (plant) (*m*) bedydd.

goddess *n.* duwies(-au) *f.*

godet *n. Needlew:* godet(-s) *m,* triongl(-au) *m.*

godetia *n. Bot:* ***godetia(-s)*** *m.*

godfather *n.* tad(-au) (*m*) bedydd.

godhead, godhood *n.* duwdod *m.*

godless *a.* di-dduw, didduw, annuwiol; *(loosely):* paganaidd, anghrediniol, anghred, di-gred, digrefydd.

godlessness *n.* annuwioldeb *m,* didduwiaeth *f; (loosely):* paganiaeth *f,* anghrediniaeth *f.*

godlike *a.* dwyfol, fel duw.

godliness *a.* duwioldeb *m.*

godly *a.* duwiol, duwiolfrydig.

Godman *n.* Duwddyn *m,* Duw-ddyn, Duw-a-dyn *m,* y Crist *m.*

godmother *n.f.* mam fedydd (mamau bedydd); **fairy ~,** *(i) Th:* dewines garedig/dda (dewinesau caredig/da); *(ii) (= benefactress):* cymwyn|aswraig (cymwynaswragedd), n|oddwraig (noddwragedd).

godown *n.* stordy (stordai) *m,* warws (warysau) *mf.*

godparent *n.* rhiant (rhieni) (*m*) bedydd.

godsend *n.* bendith(-ion) *f.*

godship *n.* duwdod *m,* dwyfoldeb *m.*

godson *n.* mab (meibion) (*m*) bedydd.

godward[s] *adv. & a.* tuag at Dduw.

godwit *n. Orn:* rhostog(-ion) *m;* **bar-tailed ~,** rhostog coch, rhostog rhudd, giach (*m*) pen gafr, cyffylog (*m*) y môr; **lesser ~,** cwtyn du *m,* rhostog cynffonddu.

Godwottery *n.* mursendod *m.*

goer *n.* **1.** *(pers.):* cerddwr (cerddwyr) *m,* c|erddwraig *f, occ:* tramwywr (tramwywyr) *m,* tram|wywraig *f;* **comers and goers,** rhai sy'n mynd a dod, tramwywyr. **2.** *(horse, car &c):* rhedwr (rhedwyr) *m,* rh|edwraig *f,* symudwr (symudwyr) *m,* sym|udwraig *f;* **the horse is a good ~,** rhedwr da yw'r ceffyl; mae'r ceffyl yn mynd/rhedeg yn dda. **3.** *in compounds:* mynychwr (mynychwyr) *m,* myn|ychwraig *f;* **chapel-~,** capelwr (capelwyr) *m,* cap|elwraig (capelwragedd) *f;* **church-~,** eglwyswr (eglwyswyr) *m,* egl|wyswraig (elwyswragedd) *f;* **theatre-~,** mynychwr (mynychwyr) theatr, un o selogion y theatr.

goes, goest, goeth *v. See* **go.**

Goethian *a. & n.* **1.** *a.* Goethaidd. **2.** *n.* Goethiad (Goethiaid) *m&f.*

goetic *a.* gorcheiniol, dewiniol.

goffer[1] *n. Cost:* **1.** *(= pleat):* crych(-ion) *m.* **2.** *(= iron):* haearn (heyrn) (*m*) cwicio, cwiciwr (cwicwyr) *m,* cwic(-iau) *m.*

goffer[2] *v.t.* **1.** *Laund:* cwicio, crychu. **2.** *Bookb:* boglynnu.

goffered *a.* **1.** *Laund:* cwiciog, crych(-ion). **2.** *Bookb:* boglynnog.

goffering *vn.* **~-board,** bwrdd (byrddau) (*m*) cwicio. **~-iron, ~-tongs,** = **goffer[1,2]**.

goggle[1] **1.** *v.i. (a)* llygadrythu **(at s.o.,** ar rn); **to ~ at a girl,** llygadu merch, taflu llygad/llygaid gafr at ferch, *N. W: F:* gwn|eud pâr ar ferch; *(b)* **his eyes goggled,** safai ei lygaid allan o'i ben. **2.** *v.t.* **to ~ one's eyes,** troi'ch llygaid.

goggle[2] *a.* **~ eyes,** llygaid llo/buwch, llygaid ar wyneb y croen, llygaid yn sefyll allan, llygaid rhwth, llygaid yn rhythu; **he has ~ eyes,** *N. W: occ:* mae ganddo lygaid fel dwy watsh. **~-box** *n. F:* y bocs *m,* y lantar *f,* lantar y lob. **~-eyed** *a.* llygadrwth, llygadfawr, â llygaid llo.

goggle[3] *n.* **1.** *n.* llygadrythiad(-au) *m,* edrychiad(-au) *m,* golwg (golygon) *m,* cewc(-iau) *m, S:* pip(-iau) *f, N.W: occ:* stag(-s) *f;* **I was having a ~ at the box,** edrych ar y bocs yr oeddwn i. **2.** *pl.* goglau, gogls; *Ind:* sbectol (*f*) lwch (sbectols llwch); *(for diver):* sbectol ddŵr (sbectols dŵr). **2.** *pl. Vet:* y gysb *f,* y ddera *f,* clwy(*m*)'r ymennydd.

goglet *n.* costrel (*f*) bridd (costreli pridd).

Goidel *n.* Goedel(-iaid) *m&f.*

Goidelic *a. & n.* **1.** *a.* Goedelaidd; *(in language):* Goedeleg. **2.** *n. Ling:* Goedeleg *f, m.*

going[1] *a.* **1.** *(= current):* cyfredol, ar hyn o bryd, arferol; **the ~ rate,** y raddfa gyfredol; **a ~ concern,** busnes (*m*) ar fynd, busnes gweithredol; *(= available)*: ar gael; **(one of the best bargains) ~,** (un o'r bargeinion gorau) ar gael, sy'n bod. **2.** *(= in operation)*: **a ~ concern,** cwmni gweithredol, cwmni sydd ar fynd. **3. to get sth ~,** cychwyn rhth, rhoi cychwyn i/ar rth; **to get ~,** cychwyn [arni]. **4. ~ on fifteen,** yn codi'n bymtheg oed. **5. she's got everything ~ for her,** mae ganddi bopeth o'i phlaid. **6. that's sth to be ~ on with,** dyna i chwi rth am y tro. **7.** *(= about to)*: **it's ~ to work,** mae'n mynd i weithio; **he's ~ to regret it,** bydd yn edifar ganddo; **(it's) ~ to fall,** (mae) ar syrthio, ar fin syrthio, ar fin cwympo, *Lit:* ar fedr cwympo *&c.*

going² *vn.* **1.** mynd, mynediad(-au) *m*; **the ~ down of the sun,** machlud *(m)* haul, machludiad *(m)* [yr] haul; **at the ~ down of the sun,** ar fachlud haul, ar derfyn dydd; **there was much coming and ~,** bu llawer o fynd a dod; **eighty miles in two hours, that's not bad ~,** pedwar ugain milltir mewn dwy awr, dyna fynd eithaf da; **~ to law is expensive,** mae mynd i gyfraith yn ddrud; *Typ:* **~ to press,** mynd i'r wasg. **2.** *(= departure)*: ymadawiad(-au) *m*, cychwyn *m*, cychwyniad(-au) *m*; **~ away clothes,** dillad *(pl)* mis mêl. **3. rough ~,** siwrnai arw *f*; **he found it rough ~,** fe'i cafodd hi'n anodd; **heavy ~,** gwaith caled/trwm *m*, lladdfa *f*, llafur *m*, llafurwaith *m*, trymwaith *m*, caledwaith *m*, slafdod *m*; **(to get away) while the ~ is good,** (dianc) tra gellwch, tra bo cyfle; *Rac:* **the ~ is good at Chepstow,** mae'r cae ras mewn cyflwr da yng Nghas-gwent. **~-over** *n. F:* **1.** *(= inspection)*: archwiliad(-au) *m*. **2.** = **beating. goings-on** *n.pl.* ymddygiad *m*, *N: F:* misdimanars *pl.*

goitre *n. Med:* breuan[t] chwydd *mf*, chwydd *(m)* y gwddf, y wen *f*, goitr *mf*.

goitroeid, goitrous *a.* breuan[t] chwyddedig, breuan[t] chwyddol; *(pers.)*: â chwydd ar ei wddf.

gold *n. & a.* **1.** *n.* *(a) Miner:* aur *m*; **~ in nuggets,** aur y graig, aur craig; **a piece of ~,** euryn(-nau) *m*, darn(-au) *(m)* [o] aur; *Prov:* **all that glitters is not ~,** nid aur [yw] popeth melyn; nid dafad [yw] popeth gwyn; llawer teg, drwg ei ddefnydd, llawer hagr, hygar [a] fydd; **as good as ~,** *(i) (= sound)*: cystal â'r aur, mor sownd â chloch y Bala; *(ii) (= well-behaved)*; fel angel, fel oen bach; **(she's) worth her weight in ~,** (mae hi'n) werth y byd, werth ei phwysau mewn aur; **he has a heart of ~,** mae ganddo hen galon iawn; **cloth of ~,** brethyn *(m)* aur; *Hist:* **the Field of the Cloth of G~,** Maes y Brethyn Aur; **the Age of G~,** yr Oes Aur; **to cover/plate (sth) with ~,** euro, goreuro (rhth); **pure, fine (~),** (aur) coeth, pur, dilin, *A:* nawtawdd; **malleable ~,** aur hydrin; **beaten ~,** aur morthwyliedig; **free ~,** aur crai; **native ~,** aur crai/pur; **Venice ~,** llifion *(pl)* aur; **fool's ~,** aur ffyliaid; **Dutch ~,** curad: curiad *m*, eurolch *m*; **placer ~,** aur banc tywod; **refined ~,** aur coeth, aur tawdd; **red ~,** aur rhudd, aur coch, aur rhuddgoch; *Econ:* **to go off ~,** cefnu ar y safon aur; *(b) Bot:* **~ of pleasure,** *(Camelina sativa)*: cydllin *m*; **black ~,** *(Philodendron melanochryson)*: aur du. **2.** *a.* aur, euraidd, euraid. **~ amalgam** *n.* aur cymysg. **~ basket** *n.* = **gold-dust. ~-bearing** *a.* eurddwyn, sy'n dwyn aur. **~-beater** *n.* eurddalennwr (eurddalenwyr) *m*, gyrrwr (gyrwyr) *(m)* aur. **~-beater's skin** *n.* pilen *(f)* eurych. **~-beetle, ~-bug** *n. Ent:* chwilen (chwilod) *(f)* aur. **~ bloc** *n.* y bloc aur *m*. **~-braided** *a.* eurweog. **~-breasted** *a.* eurfron. **~ brick** *n. F:* = seren bren *f*. **~-capped** *a.* eurben, penfelyn *(f.* penfelen, *pl.* penfelynion). **G~ Coast (The)** *n. Geog:* Y Traeth Aur *m*. **~-coloured** *a.* eurlliw, lliw aur, eurog. **~-crested** *a.* eurgopog. **~-cup** *n.* = **crowfoot. ~-digger** *n.* **1.** *Min:* cloddiwr (cloddwyr) *(m)* [am] aur. **2.** *F:* **she's a ~-digger,** ar ôl arian y mae hi. **~-diggings** *n.pl.* cloddfa (cloddf[eydd) *(f)* aur, gwaith (gweithf[eydd) *(m)* aur; *S.a.* **~-mine. ~-dust** *n. Min: & Bot:* llwch *(m)* aur. **~-fern** *n. Bot:* *(Gymnogramma chrysophylla)*: rhedynen (rhedyn) *(f)* aur. **~-fever** *n.* twymyn *(f)* yr aur. **~-field** *n.* maes (meysydd) *(m)* aur. **~ foil** *n.* dalen *(f)* aur, eurddalen *f*. **~-fringe** *n. Ent:* *(Pyralis costalis)*: godre(-on) *(m)* aur. **~-hammer** *n. Orn:* = **yellow hammer. ~-head** *n. Ich:* = **pochard. ~ hops** *n. Bot:* *(Pachystachys lutea)*: hopys *(pl)* aur. **~ ingot** *n.* bar(-rau) *(m)* aur. **~ leaf** *n.* **1.** *Bot:* deilen *(f)* aur. **2.** *n. Book-b:* haen(-au) *(f)* aur. **~ medal** *n.* medal(-au) aur *usu.f, occ:* eurdlws (eurdlysau) *m*. **~-mine** *n.* gwaith (gweithf[eydd) *(m)* aur, mwynglawdd (mwyngloddiau) *(m)* aur *(pronounced* ng-g), clawdd (cloddiau) *(m)* aur; **~ ore** *n.* mwyn *(m)* aur. **~ plate** *n.* *(vessels)*: llestri *(pl)* aur. **~-plate** *v.t.* platio/gorchuddio/haenu (rhth) ag aur. **~-plated 1.** *a.* eurblat, eurblatiog, goreurog. **2.** *(material)*: eurblat *m*. **~ reserve** *n.* aur wrth gefn, aur cadw, cronfa (cronf[eydd) *(f)* aur, stoc(-iau) *(f)* aur. **~-rimmed** *a.* ag ymylon aur, â ffram aur. **~ robin** *n. Orn:* = **oriole (Baltimore). ~-rush** *n.* rhuthr *(m)* am aur. **~-sand** *n.* tywod *(m)* aur. **~-shrub** *n. Bot:* *(Palicourea speciosa)*: llwyni(-i) *(m)* aur. **~-size** *n.* glud *(m)* aur, eurlud *m*. **~-spangle** *n. Ent:* *(Noctua bractea)*: seren (sêr) *(f)* aur. **~-spot** *n. Ent:* *(Noctua festucea)*: smotyn (smotiau) *(m)* aur. **~ standard** *n.* safon *(f)* aur. **~ stick** *n.* ffon *(f)* aur. **~ swift** *n. Ent:* *(Hepialus hectus)*: chwim(-iaid) *(m)* aur/euraid. **~-tail** *n. Ent:* *(Porthesia chrysorrhoea)*: cynffon *(f)* aur, cwt *(f)* aur. **~ thread** *n.* **1.** eurllin *m*, edau *(f)* aur. **2.** *Bot:* *(Coptis trifoliata)*: edau aur. **~-tipped** *a.* â blaen aur. **~-tooled** *a.* aur-offeredig, *Lit: occ:* eurgrwydr. **~-tooling** *n.* offeru *(vn)* aur, addurniad *(m)* aur, eurwaith *m*.

Goldcliff *W.Pl.n.* Allteuryn *f*.

goldcrest *n. Orn:* dryw(-od) melyn cribog *m*, eurben(-nau) *m*, dryw rhudd cribog, dryw'r eurben, dryw bach y coed, dryw benfelen (drywod penfelyn) *f*, dryw ben aur (drywod pen ~).

golden *a.* euraidd, euraid, aur, lliw['r] aur; *(also in colour)*: melyn *(f.* melen, *pl.* melynion), *Lit:* eurlliw; **~ hair,** gwallt euraid[d], gwallt melyn; **a ~ opportunity,** cyfle gwych/euraid[d]; **~ opinions of s.o.,** meddwl mawr/uchel (o rn), clod/canmol mawr (i rn), parch mawr (tuag at rn); **the G~ Age,** yr Oes Aur *f*, yr Oes Euraid[d]. **~ aloe** *n.* = **century plant. ~ amaranth** *n. Bot:* *(Amaranthus salicifolius)*: blodyn *(m)* amor euraid[d]. **~ ash** *n. Bot:* *(Fraxinus excelsior aurea)*: onnen (ynn) aur *f*. **~ balls** *n.pl.* peli aur. **~-banded** *a.* â rhesi aur, eur-resog. **~ barrel** *n. Bot:* *(Echinocactus grusonii)*: casgen(-ni) euraid[d] *f*. **~ bell-tree** *n. Bot:* *(Forsythia suspensa)*: clychau aur *pl.* **~ boy** *n.* bachgen gwyn *m*, llanc penfelyn *m*, *A: Lit:* eurwas (eurweision) *m*. **~ bough** *n.* **1.** *Bot:* = **mistletoe. 2.** *Lit: Myth:* **the G~ Bough,** y Gangen Aur/Euraid[d] *f*. **G~ Bull (the)** *n. Hist:* y Sêl Aur *f*. **~ bush** *n. Bot:* *(Cassinia fulvida)*: llwyn(-i) aur *m*. **the ~ calf (the)** *n. B:* y llo aur *m*. **~ calla** *n. Bot:* *(Zantedeschia ellittiana)*: alaw melyn/felen *mf*. **~ chain** *n. Bot:* = **laburnum. ~ chestnut** *n. Bot:* *(Castanopsis chrysophylla)*: castanwydden (castanwydd) euraid[d] *f*. **~ club** *n. Bot:* *(Orontium aquaticum)*: alaw euraid[d] *mf*. **~-crested** *a.* eurgopog. **~ crown** *n. Bot:* *(Gorterva)*: coron euraid[d] *f*. **~-crowned** *a.* eurben, eurgopog, eurgoronog. **~-cup oak** *n. Bot:* *(Quercus chrysolepsis)*: derwen felynddail (derw/deri melynddail) *f*, derwen eurddeiliog. **~ delicious** *n. Hort:* melyn melys *m*. **~ dewdrop** *n. Bot:* *(Duranta plumieri)*: gwlithyn aur *m*. **~ disc** *n.* disg(-iau) aur *mf*. **~ drop** *n. Bot:* *(Onosma echinoides)* diferyn (diferion) aur. **~ eagle** *n. Orn:* eryr(-od) melyn *m*, eryr aur, eryr euraid[d]. **~ ear** *n. Orn:* *(Hydroecia nictitans)*: clust(-iau) euraid[d] *f*. **~ earth** *n.* eurbibau *pl.* **~-eye** *n.* **1.** *Orn:* hwyaden *(f)* lygad aur (hwyaid llygad aur), hwyaden benllwyd (hwyaid penllwyd). **2.** *Ent:* adain sidan *(f)* lygad aur, siderog(-ion) *(m)* llygad aur. **~-eyed** *a.* â llygad/llygaid aur. **~-eyed grass** *n. Bot:* *(Sisyrinchium californicum)*: glaswellt eurlygadog *m*. **~ feather** *n.* = **feverfew. G~ Fleece (the)** *n. Gr.Myth:* y Cnu Aur/Euraid[d] *m*. **~ girl** *n.* merch benfelen (merched penfelyn) *f*, llances lân (llancesau/ llancesi glân) *f*. **G~ Grove** *W.Pl.n.* **1.** *(Dyfed)*: Y Gelli Aur *f*. **2.** *(Clwyd)*: Gwylgre *f*. **~ guinea flower** *n. Bot:* *(Hibertia)*: blodyn (blodau) *(m)* gini aur. **~ hair** *n. Bot:* *(Chrysocoma coma-aurea)*: eurwallt *m*. **~ hamster** *n.* bochog(-iaid) euraid[d] *m*, bochdew(-od) euraid[d] *m*. **~ handshake** *n.* dyrnaid (dyrneidiau) *(m)* o aur, tâl (taliadau) *(m)* ymadael. **~ hello** *n.* tâl *(m)* croeso. **~ herb** *n.* = **orach. G~ Horde (the)** *n. Hist:* y Llwyth Euraid[d] *m*. **G~ Horn (The)** *n. Pr.n. Geog:* Yr Hafan Euraid[d] *f*. **~ jubilee** *n.* jiwbilî (jiwbilïau) aur *f*. **~ knee** *n. Bot:* *(Chrysogonum virginianum)*: elinog aur *m*. **~ knops** *n.* = **crowfoot. G~ Legend (the)** *n.* Bucheddau*(pl)*'r Saint, y Chwedl Euraid[d] *f*. **~-locks** *n. Bot:* = **polypody. ~ maid** *n. Ich:* *(Crenilabrus melops)*: gwrachen felen (gwrachod melyn) *f*. **~ meadow parsnip** *n. Bot:* *(Zizia aurea)*: panasen felen *(f)* y ddôl (pannas melyn y ddôl). **~ mean (the)** *n.* y llwybr canol *m*, y ffordd ganol/gymedrol *f*. **G~ Mile** *W.Pl.n.* Y Filltir Aur *f*. **~ motherwort** *n.* = **cudweed (wood). ~-mouthed** *a.* aurenau. **~ mugweed** *n.* = **crosswort. ~ number** *n.* y rhif euraid[d] *m*. **~ oak** *n. Bot:* *(Dasystoma virginica)*: d[erwddail euraid[d] *pl.* **~ perch** *n. Ich:* *(Plectoplutes ambiguus)*: draenog(-od,-iaid) aur *m*. **~-pert** *n. Bot:* *(Gratiola aurea)*: gras *(m)* Duw. **~ plover** *n. Orn:* chwilgorn *(m)* y mynydd, chwilgorn y twyn; *S.a.* **plover. ~**

pothos *n. Bot: (Scindapsus aureus):* dail (*pl*) calon euraid, calon aur. **~ rain** *n.* **1.** *Pyr:* glaw (*m*) aur. **2.** = **laburnum. ~ retriever** *n.* ci (cŵn) (*m*) adar melyn, adargi (adargwn) melyn *m.* **~ ring** *n. Ent:* pryf(-ed) (*m*) y gwinwydd. **~ rod** *n. Bot: (Solidago virgaurea):* y wialen aur *f*, eurwialen (eurwiail) *f*, melyn euraid[d] *m*, gwialen (gwiail) eurai[d] *f*, *N.W: occ:* gwialen arian. **~-rod tree** *n. Bot: (Bosea yervamora):* eurwialwydden (eurwialwydd) *f.* **~ rose** *n. Hist:* rhosyn(-nau) aur *m.* **~ rosemary** *n. Bot: (Oxylobium ellipticum):* rhosmari euraid[d] *m.* **~ rule** *n.* rheol euraid[d] *f.* **~-seal** *n. Bot: (Hydrastis canadensis):* sêl euraid[d] *f.* **~ section** *n.* toriad euraid[d] *m*, cymedr euraid[d] *m.* **~ senna** *n. Bot: (Cassia corymbosa):* senna euraid[d] *m.* **~ shower** *n. Bot: (Cassia fistula):* cawod (*f*) aur. **G~ Speech (the)** *n. Hist:* yr Araith Euraid[d]. **~-spoon** *n. Bot: (Byrsoima cinerea):* llwy(-au) euraid[d] *f.* **~ spur** *n. Bot:* ysbardun(-au) aur *m.* **G~ State (the)** *Pr.n. U.S:* Califfornia *f*, y Dalaith Euraid[d] *f.* **~ [spider] lily** *n. (Lycoris aurea):* lili (liliau) euraid[d] *f.* **~ syrup** *n.* triog melyn *m*, surop: surap *m.* **~ thistle** *n. Bot: (Scolymus hispanicus):* ysgallen (ysgall) euraid[d] *f.* **~ tree fern** *n. (Dicksonia fibrosa):* coedredynen (coedredyn) euraid[d] *f.* **~ trefoil** *n.* = **hepatica. ~ trumpet** *n. Bot: (Allamanda cathartica):* corn aur *m.* **~ trumpet bush** *n. Bot: (Allamanda neriifolia):* llwyn (*m*) corn aur. **G~ Valley (the)** *Pr.n. Geog:* Ystrad (*f*) Deur/Dour. **~ vine** *n. Bot: (Stigmaphyllon ciliatum):* gwinwydden (gwinwydd) euraid[d] *f.* **~ wand** *n. Bot: (Bulbinella hokeri):* llathen(-ni) euraid[d] *f*, ffon (ffyn) euraid[d] *f.* **~ wasp** *n. Ent: (Chrysis ignita):* gwenynen (gwenyn) euraid[d] *f.* **~ warbler** *n. Orn: (Dendroica aestiva):* telor(-iaid) melyn *m*, telor yr haf. **Sydney ~ wattle** *n. Bot: (Acacia longifolia):* gwiail euraid[d] *pl.* **~ wedding** *n.* priodas aur/euraid[d] *f.* **~ willow-herb** *n.* = **loosestrife (yellow). ~-wing** *n. Orn:* telor(-iaid) (*m*) asgell aur. **~-winged** *a.* euradain, euradeiniog. **~ withy** *n.* = **gale[2]. ~ wrasse** *n. Ich:* = **golden maid.**

goldfinch *n. Orn:* peneuryn(-od) *m*, eurbinc(-od) *m*, nico [bach] *m*, nicol *m*, jac-nico *m*, sowldiwr(-s) bach (*m*) y Werddon, teiliwr(-iaid) (*m*) Llundain, gwas (gweision) (*m*) y siri, pobliw *m*, aderyn (adar) (*m*) pen tân, *S.W: occ:* cnot *m.*

goldfish *n.* pysgodyn (pysgod) coch *m*, pysgodyn aur, eurbysgodyn (eurbysgod) *m.*

goldilocks[1] *n. Bot: (a) (Ranunculus auricomus):* peneuraid *m*; *(b)* **~ aster,** *(Linosyris vulgaris):* gold (*m*) y môr.

Goldilocks[2] *Pr.n.f. Myth:* Penfelen, Elen Benfelen; *S.a.* **bear[1].**

golding *n.* afal(-au) (*m*) Anna.

goldsmith *n.* eurych(-od) *m*, euryches(-au) *f*, gof(-aint) (*m*) aur, eurof(-aint) *m*, eurydd(-ion) *m*; **~'s work,** eurychiaeth *f.*

golem *n. Jew.Lit:* golem *m.*

golf[1] *n.* golff *m*; **clock ~,** golff cloc; **crazy ~,** golff gwyllt/giamocs; **miniature ~,** golff bach. **~-ball** *n.* pêl (peli) (*f*) golf. **~-club** *n.* **1.** *(implement):* ffon (ffyn) (*f*) golff. **2.** *(place):* clwb (clybiau) (*m*) golff. **~-course, ~-links,** maes (meysydd) (*m*) golff. **~-widow** *n.* gweddw(-on) (*f*) golff.

golf[2] *v.i.* golffio, chwarae golff.

golfer *n.* golffiwr (golffwyr) *m*, g|olffwraig (golffwragedd) *f.*

golfing *vn. See* **golf[2].**

Golgi apparatus *n.* organigyn (*m*) Golgi.

Golgotha *Pl.n. B:* Golgotha *f*, Lle(*m*)'r Benglog (*pronounced* ng-g).

goliard *n. Lit: Hist:* clerwr (clerwyr) *m*, goliard(-i,-iaid) *m*; *Coll:* y glêr *f.*

goliardery *n.* clerwriaeth *f*, goliardaeth *f.*

goliardic *a.* clerwraidd, clerwrol, goliardaidd.

Goliath *Pr.n.m. B:* Goliath. **~ beetle** *n. Ent:* cawrchwilen (cawrchwilod) (*f*) |Affrica. **~ crane** *n. Civ.E:* *cawr-graen(-iau) *m.* **~ frog** *n. Rept:* cawrlyffant (cawrlyffaint) *m.* **~ heron** *n. Orn:* crëyr (crehyrod) cawraidd *m.*

golliwog *n.* g|oliwog (goliwogiaid) *m.*

gollop *v.t.* = **gulp, guzzle.**

golly[1] *int.* duwcs! diawcs! dew! iesgwm! esgob! 'rargian! *S:* de! *&c.*

golly[2] *n.* = **golliwog.**

golosh *n.* = **galosh.**

goluptious *a. Joc:* blasus, bendigedig, digon i dynnu dŵr o'ch dannedd.

gomarist *a. & n.* **1.** *a.* gomaraidd. **2.** *n.* gomarwr (gomarwyr) *m.*

gombeen *n.* **~-man,** usuriwr (usurwyr) *m*, benthyciwr (benthycwyr) (*m*) arian.

gomphosis *n. Anat:* pencno (pencnawiau) *m.*

gom-pou *n. Orn: (Chariotis kori):* gwerniar (gwernieir) (*f*) y Penrhyn.

gomuti *n. Bot:* **~ palm,** coeden (coed) (*f*) gomwti.

gonad *n.* gonad(-au) *m*, chwarren (*f*) ryw (chwarennau rhyw).

gonadal, gonadial, gonadic *a.* gonadaidd.

gonadotrop[h]ic *a.* gonadotroffig.

gonadotropin *n. Biol:* gonadotropin *m.*

Gond *Pr.n. Ethn:* Gond(-iaid) *m&f.*

gondola *n.* **1.** *Nau: &c:* g|ondola (gondolâu) *f*, hirfad(-au) *m*, hirgwch (hirgychod) *m.* **2.** *U.S: (= goods wagon):* [g]wagen(-i) *f.* **3.** *(of balloon, ski-lift):* car (ceir) *m.*

gondolier *n.* gondolïwr (gondolïwyr) *m.*

Gondwana, Gondwanaland *Pr.n. Geol:* [Tir *m*] Gondwana *f.*

gone *a.* **1.** *(a) (= departed):* wedi mynd, wedi cychwyn; *(= absent):* absennol; *(= disappeared):* diflanedig, diflan; **be ~!** ymaith! i ffwrdd â thi (chi)! *(b) (= dead):* marw, wedi marw, wedi trengi, wedi mynd, *Lit: occ:* trancedig. **2. he is too far ~ to speak,** mae'n rhy wan i siarad; *F:* **she's five months ~,** mae hi yn ei phumed mis; **(it's) ~ nine,** (mae hi) wedi naw o'r gloch, wedi taro naw, wedi troi naw. **3. to be ~ (on s.o.),** bod mewn cariad (â rhn); mopio, dotio, gwirioni, *N:* holpio, *S:* dwli (ar rn); drysu (am rn).

goner *n.* **he's a ~,** mae hi ar ben arno; mae hi wedi canu arno; mae hi wedi wech arno; **that one's a ~,** dyna hwnna wedi'i chael hi.

gonfalon *n. Hist:* lluman(-au) *m.*

gonfalonier *n. Hist:* llumanwr (llumanwyr) *m*, llumanydd(-ion) *m.*

gong[1] *n.* **1.** *Mus:* gong(-iau) *f.* **2.** *Mil: F:* medal(-au) *f.*

gong[2] *v.t. Aut:* **I was gonged by the police,** mi gefais i ganiad gan yr heddlu.

Gongorism *n. Lit: Hist:* Gongoriaeth *f* (*pronounced* ng-g).

gonidial *a.* gonidiol.

gonidium *n. Biol:* gonidiwm (gonidia) *m.*

goniometer *n.* onglfesurydd(-ion) *m*, goniomedr(-au) *m.*

goniometric[al] *a.* onglfesurol, goniometrig.

goniometry *n.* onglfesuriaeth *f*, goniometreg *f.*

gonion *n. Anat:* gonion *m.*

gonium *n. Biol:* goniwm (gonia) *m.*

gonk *n.* gonc(-iaid) *m.*

gonococcal *n.* gonococaidd.

gonococcus *n.* gonococws (gonococi) *m.*

gonocyte *n.* g|onosyt (gonosytau) *m.*

gonophore *n. Z: Bot:* g|onoffor (gonofforau) *m.*

gonorrhea *n. Med:* hadlif *m*, hadred *m*, *A:* ffrwd (*f*) anian.

gonorrhoeal *a.* hadlifol.

goo *n.* **1.** glud *m.* **2.** *F: (= sentimentality):* slwtsh *m*, **~-~ eyes,** llygaid llo, llygaid gafr.

goober *n. U.S:* cneuen (*f*) fwnci (cnau mwnci), pysgneuen (pysgnau) *f.*

good[1] *a.* da; *Comp.forms:* cystal, gwell, gorau. **1.** *(a) (= of good quality):* da, *occ: (of style, slate, material):* rhywiog; **to write ~ Welsh,** ysgrifennu Cymraeg da/rhywiog; **~ handwriting,** ysgrifen dda/daclus; *Prov:* **~ wine needs no bush,** afraid gwahodd at gwrw da; *F:* **that's a ~ one!** dyna un dda! **she has a ~ figure,** mae hi'n lluniaidd/siapus; **are acorns ~ to eat?** a ellwch chi fwyta mes? **(sth) ~ to eat, which is ~ eating,** (rhth) bwytadwy, digon da i'w fwyta, gwerth ei fwyta; **(sth) ~ to drink,** (rhth) yfadwy, digon da i'w yfed, gwerth ei yfed; **~ looks,** harddwch *m*, tegwch *m* [pryd a gwedd], glendid *m*, golwg hardd *f*, prydferthwch *m*; **give me sth ~,** rhowch rywbeth gwerth chweil imi; **to live a ~ life,** *(amid plenty):* byw'n fras; **a ~ life,** hawddfyd *m*; **I've had a ~ life,** fe fu hi'n hawdd/dda arna' i; **a ~ buy,** bargen (bargeinion) *f*; **~ citizenship,** dinasyddiaeth dda *f*; **~ times,** *(= prosperity):* hawddfyd *m*, cyfnod (*m*) o ffyniant, adegau da, blynyddoedd breision *pl*; **you've never had it so ~,** fu hi erioed cystal arnoch chi; **to have a ~ time,** cael hwyl, cael sbort, cael mwynhad, eich mwynh|au'ch hun; **that's ~ enough for me,** fe wnaiff y tro i mi; mae hynny'n ddigon da gen i; **it's ~ enough,** mae'n ddigon dda; mae'n ddi-fai; fe wna'r tro; **(to take sth) in ~ part,** (cymryd rhth) yn hwyl, yn iawn; **to accept sth with a ~ grace,** derbyn rhth yn raslon; **~ sense,** synnwyr cyffredin *m*, pwyll *m*; **in ~ spirits,** siriol, mewn hwyliau da; **~ will,** ewyllys da *m*; **~ breeding,** cwrteisi *m*, moesau da *pl*, moesgarwch *m*, ymddygiad bonheddig/boneddigaidd; **of ~ family,** o dras da, o waedoliaeth dda; **that's not ~ enough,** [ni] wnaiff hynny mo'r tro; [ni] thâl hynny ddim; **~ humour,** hwyliau da *pl*, hwyl dda *f*; **(to arrive) in ~ time,** (cyrraedd) mewn pryd, mewn digon o bryd, mewn da bryd, yn brydlon; **he's a ~ businessman,** mae'n ddyn busnes tan gamp; **(he's) a ~ fellow,** (mae'n) fachgen diddan, gydymaith diddan, hen fachgen iawn, *S:* fachan piwr, *N.W: occ:* hen foi nobl; **all in ~ time,** yn ei bryd, gyda hyn; **to have ~ sight,** gweld yn dda; **it was as ~ as a play,** 'roedd hi fel drama/anterliwt. *(b) (of food &c):* **to keep ~,** para'n dda, para'n iawn, bod yn gadwrus; *(c)* **~ reason,** rheswm da *m*; **a ~ excuse,** esgus da *m*; **~ Welsh,** Cymraeg glân gloyw, Cymraeg rhywiog; **a ~ debt,** dyled sicr, dyled ddibynadwy; **a sheet ~ for a pound,** papuryn gwerth punt; **that's ~ law,** dyna gyfraith sicr/ddibynadwy; *F:* **how much is he ~ for?** faint a all o gyfrannu? faint a allwn ni ei ddisgwyl ganddo? **a ticket ~ for two months,** tocyn mewn grym am ddau fis; **are you ~ for a ten mile walk?** fedri di gerdded deng milltir? wyt ti'n atebol i gerdded deng milltir? **it's ~ for another ten years,** fe bery/ddeil am ddeng mlynedd eto; **the rule holds ~,** fe ddeil/saif y rheol; *(d) (= advantageous):* da, manteisiol, gwerthfawr, gwerth chweil, gwerth ei wneud *&c*, doeth, synhwyrol; **a ~ opportunity,** cyfle gwych; **they are people of ~ position,** maent yn dda eu byd; **I thought ~ to do so,** mi dybiais yn dda/ddoeth wneud hynny; *N.W: occ:* mi gredais i wneud; **a ~ day at the races,** diwrnod lwcus/proffidiol yn y rasus; **we had a ~ night at the club,** cawsom noson fawr/dda yn y clwb; **to make a ~ thing out of sth,** elwa/manteisio ar rth, ei gwneud hi'n dda ar gorn/draul rhth; **you're on to a ~ thing,** 'rwyt ti wedi'i gweld hi; mae gen ti syniad/gynllun da; **have a ~ night!** cysgwch yn dawel! **to earn ~ money,** ennill cyflog da/mawr; *(e) (= lucky):* **to throw ~ money after bad,** taflu arian da i ganlyn arian drwg; **~ news,** newydd[-ion] da, *Lit:* llawen chwedl. **it's too ~ to be true,** mae'n rhy dda i fod yn wir; **that's a ~ question,** dyna gwestiwn dyrys; **good man! ~ lad!** da was! **~ for you! ~ on you!** da [iawn] ti (chi)! go dda ti (chi)! **~ luck to you!** pob hwyl/lwc i ti (chi)! **~ hunting!** hwyl ar yr hela! **and a ~ job too! that's a ~ thing!** gorau oll! da iawn hefyd! gorau yn y byd hefyd! eitha' gwaith! campus! rhagorol! **(she's gone) and a ~ job too, and ~ riddance!** (mae hi wedi mynd) a gwynt teg ar ei hôl hi! *int.* **~!** go dda! da iawn! campus! rhagorol! **very ~!** o'r gorau! iawn! purion! **it was a ~ thing I didn't go,** mae'n ffodus/lwcus/dda [o beth] nad euthum i ddim; da nad euthum i ddim; *F:* lwc nad es i ddim; **how ~ it is (to see you),** dyna braf, dyna bleser (yw cael eich gweld chi); **~ feelings,** teimladau da; **~ terms,** dealltwriaeth dda *f*, telerau da *pl*; *(f) (as greeting):* **~ morning! ~ morrow!** bore da! *occ:* dydd da! **~ health!** iechyd da! hir oes! *occ:* iechyd i'r dant! **~ day!** sut yr ydych chi heddiw? *occ:* dydd da! **~ afternoon!** prynhawn da! p'nawn da! **~ evening!** noswaith dda! **~ night!** nos da! *N:* nos dawch! *(g) (= beneficial):* da, llesol, *occ:* buddiol; **beer is not ~ for me,** nid yw cwrw'n gwneud lles i mi; *(of medicines &c):* da at rth; **ointment is ~ for burns,** mae eli'n dda at losgiadau (*not* i losgiadau); **to drink more than is ~ for one,** yfed gormod [er/ar eich lles]; *(h) (= capable):* galluog, medrus, *S.E: occ:* talïaidd (= teuluaidd); **he's ~ with his hands,** un da ei law yw ef; **~ for nothing,** da i ddim, diwerth; **he is ~ for nothing,** un diffaith yw ef; *(i) (= adept):* **he's ~ at French,** mae'n dda mewn Ffrangeg; mae ganddo grap da ar Ffrangeg; mae'n Ffrancwr da; **he's ~ (at everything),** mae'n rhagori, *F:* mae'n giamstar, *S.W:* mae'n gliper (ar wneud popeth); *(j) F:* **to feel ~,** teimlo'n sionc/fywiog/heini; **it's a ~ feeling,** mae'n deimlad da/braf/hyfryd. **2.** *(a) (= virtuous):* da, daionus, cyfiawn, rhinweddol, *occ:* bucheddol, *A:* mad; **a ~ man, a ~ liver,** dyn daionus, dyn da, dyn ail i'w le; *Ecc:* **G~ Friday,** Dydd Gwener y Groglith; **the ~ Samaritan,** y Samariad trugarog; **to lead a ~ life,** byw'n dda, byw'n fucheddol, byw'n agos i'ch lle, byw'n ail i'ch lle; **~ conduct/behaviour,** ymddygiad rhinweddol, iawn ymddygiad, iawn ymddwyn, ymarweddiad rhinweddol, ymddwyn yn barchus, ymddygiad parchus; **the G~ Book,** y Beibl *m*; **a ~ deed, a ~ turn,** cymwynas(-au) *f*, tro(-eon) da *m*; *Prov:* **one ~ turn deserves another,** *A:* a wnêl mad, mad a ddyly; **to be in s.o.'s ~ books,** bod yn ffafr rhn, bod yn llyfrau rhn; **~ faith,** diffuantrwydd *m*, didwylledd *m*, [g]onestrwydd *m*; **(to do sth) in [all] ~ faith,** (gwneud rhth) yn [hollol/gwbl] ddidwyll/ddiffuant, gyda'r bwriad[-au] gorau; *O:* **the ~ people,** *(= fairies): See* **fairy**; *W.Hist:* **[King] Hywel the G~,** Hywel Dda; **~ works,** gweithredoedd da; **~ office[s],** *(a) (= kindness, favour):* cymwynas, cymwynasgarwch *m*, caredigrwydd *m*; *(b) (= mediation):* cyfryngiad *m*; **a ~ offices commission,** comisiwn (*m*) cyfryngu/cyflafareddu/cymodi; **a ~ name, a ~ reputation,** enw da *m*; **~ old Gwyn!** da iawn yr hen Gwyn! **I saw ~ old John,** mi welais yr hen John; *U.S:* **a ~ old boy,** hen foi iawn, *S:* hen fachan ffein; **come here my ~ man,** dewch yma, wnewch chi! *A: & Lit:* **the ~ ship Prydwen,** [y llong] Prydwen *f*; *(b) (children):* da; **(he's been) as ~ as gold,** (mae ef wedi bod) fel angel, fel oen; **be a ~ child!** bydd di'n fachgen da! bydd di'n eneth dda! *occ:* gwna fachgen da *or* eneth dda! *(c) O:* **her ~ man,** ei gŵr, *occ:* ei phriod hynaws, *Lit:* ei gwrda; **his ~ lady,** ei wraig, *occ:* ei briod hawddgar, *Lit:* ei wreigdda; *Jur: Com:* **your ~ selves,** chwi eich hunain; *(d) (= kind):* caredig, *N:* ffeind, annwyl, *Lit:* tirion, hynaws **(to s.o.,** wrth rn); *A:* mad, gwiw, cu; **~ nature,** anwyldeb *m*, tiriondeb *m*, caredigrwydd *m*, hynawsedd *m*, addfwynder *m*, mwynder *m*, rhadlonrwydd *m*, natur garedig *f*, natur dda; **that's very ~ of you,** 'rwyt ti'n ('rydych chi'n) garedig iawn; *N.W: occ:* mae hynna'n garedig iawn ynot ti (ynoch chi); **will you be ~ enough to take this message?** a wnewch chi dderbyn y neges yma os gwelwch yn dda? a fyddech chi cystal â derbyn y neges yma? *occ:* a fyddai'n rhywbeth gennych chi dderbyn y neges yma? **to put in a ~ word, to say a ~ word (for s.o.),** rhoi gair da i rn, rhoi geirda i rn, siarad o blaid rhn, dweud gair o blaid rhn, achub cam rhn, *occ:* dal dan rn, cadw ar rn, cadw cefn rhn; **to be ~ to animals,** bod yn garedig wrth anifeiliaid (*not* i anifeiliaid); **he's a ~ sort,** *N:* mae'n fachgen clên; mae'n hen foi iawn; *S:* mae e'n fachan piwr; *(e)* **~ Lord, deliver us!** Arglwydd, gwared ni! *F:* **~ Lord, ~ gracious! ~ grief! ~ Heavens!** 'rargian! 'rarglwydd [mawr/annwyl]! 'rachlod! 'rannwyl! 'rasmws! esgob Dafydd! brenin y bratiau! Duw mawr! brensiach! 'dawn i byth o'r fan! Duw o'r Sowth! nefoedd! nefi! nefi wen! brenin mawr! brenin nen! nen annwyl! caton pawb! grym annwyl! neno'r grym! gwared y gwirion! gafar-gollo! ar f'ân i! ar f'engoch i (*pronounced* ng-g)! [i]esgyrn Dafydd! **3.** *(intensive use): (a)* **(to wait) a ~ two hours,** (aros) am ddwy awr a mwy, dwy awr dda, cryn ddwy awr; **(the station is) a ~ way (off),** (mae'r orsaf) gryn bellter, encyd o ffordd, gryn ffordd, *S:* gam jogel (oddi yma). **(I was there) a ~ while,** (mi fûm i yno) am dipyn go lew o amser, gryn amser, am ysbaid go hir, *N: F:* am sbel go dda, am sbelan; **you still have a ~ way to go,** mae gennych eithaf ffordd i fynd eto; mae eithaf taith o'ch blaen eto; **a ~ deal of sth,** tipyn go lew, llawer[-oedd] (*m*) (o rth); hen (rth); **there was a ~ deal of argument,** bu hen daeru; bu cryn daeru; **(there were) a ~ many, a ~ few (people there),** ('roedd) nifer dda, nifer helaeth, tipyn go lew (o bobl yno); **after a ~ cry,** ar ôl wylo'n hidl, *F:* ar ôl crio llond bol; **I've a ~ mind to go,** 'rydw i bron iawn â mynd; mae arna' i awydd cryf mynd; hidiwn i damaid â mynd; bron iawn nad awn i; braidd nad awn i; *N.W: occ:* 'rydw i ar ddŷd mynd; *(b) adv. F:* **to dress s.o. down ~ and proper,** dweud y drefn yn iawn wrth rn, ei dweud hi'n arw wrth rn, ei dweud hi'n o sownd wrth rn, rhoi eithaf llond pen i rn *&c*; *U.S:* **he's doing pretty ~,** mae'n gwneud yn dda; *S.a.* **well**[3]. **4. as ~ as,** cystal, *occ:* mor dda, cystled, *N:* cyst[l]ad; **my family is as ~ as his,** mae fy nheulu i cystal â'i deulu yntau; **to give s.o. as ~ as one gets,** talu'r pwyth yn ôl i rn, talu'r hen bwyth yn ôl i rn, rhoi dau chwech am swllt i rn; **she as ~ as said so,** fe ddywedodd hi hynny, fwy neu lai; fu ond y dim iddi ddweud hynny; 'roedd hi cystal â dweud hynny; **it's as ~ as new,** mae fel newydd; 'dyw e ddim gwaeth na newydd; **it's as ~ as done,** [ni] waeth dweud ei fod wedi ei wneud; cystal dweud ei fod wedi ei wneud; mae cystal â bod wedi ei wneud; **one word is as ~ as a hundred,** [ni] waeth un gair na chant; **he's as ~ as dead,** [ni] waeth dweud ei fod e'n farw; cystal dweud ei fod yn farw; mae ef yn farw ond y dim; mae ef cystal â bod wedi marw. **5. to make ~,** *(a)* **to make ~ a loss,** gwneud iawn am golled; **to make ~ an injustice,** gwneud iawn am gam/gamwedd, unioni cam; *(b)* **to make ~ a promise,** cywiro addewid; **to make ~ a statement,** cyfiawnh|au/profi honiad; *(c)* **to make ~ one's escape,** llwyddo i ddianc; *(d) (= assure):* **to make ~ one's position,** sicrh|au'ch safle; **to make ~ a claim,** sicrhau hawl; *(e) Constr:* trwsio, twtio, tacluso, cymhennu; *(f) abs. (= prosper):* llwyddo, ffynnu, gwella'ch byd, codi yn y byd, dod ymlaen yn y byd; **(local boy) makes ~,** (bachgen o'r fro/ardal) yn llwyddo, yn dod yn ei flaen, yn gwneud rhywbeth ohoni, yn codi yn y byd; dyrchafiad/llwyddiant i fachgen o'r fro/ardal; *Joc: (in Welsh context):* dyrchafiad arall i Gymro. **~-fellowship** *n.* cyfeillach [lawen] *f.* **~-for-nothing, ~-for-nought 1.** *a.* diwerth, da i ddim, diffaith, ofer, *S.W: occ:* ffitedd, ffrit, *S.E: occ:* diffrwyth, *N.W: occ:* lleuog, codog. **2.** *n.* dyn(-ion) diffaith *m*, oferwr (oferwyr) *m*, oferddyn(-ion) *m*, diogyn(-nod) *m*, diogen(-nod) *f*, pwdryn(-nod, pwdrod) *m*, segurwr (segurwyr) *m*, *N.W: occ:* bwnglar (bwngleriaid) *m* (*pronounced* ng-g) *m*, sgelffyn: sgilffyn (sgilffod) *m*, bonbren *m*. **~-hearted** *n.* rhadlon, hynaws, caredig, clên, *N.W: occ:* nobl, *S:* piwr. **~-humoured** *a.* rhadlon, hwyliog, siriol, difalais, clên. **~-humouredly** *adv.* yn rhadlon *&c.* **G~ [King] Henry** *n. Bot: (Chenopodium bonus henricus):* sawdl (*m*) y crydd, llysiau(*pl*)'r gwrda. **~-looker** *n. F:* pis[h]yn (pis[h]is) *m&f*, rhn golygus/hardd, *N:* rhn del, *N.W: occ:* rhn clyfar, peth(-au) del *m*, peth ddel (pethau del) *f*, *S:* rhn teidi/glân/net. **~-looking** *a.* golygus, hardd; *usu. (of women only):* tlws (*f.* tlos, *pl.* tlysion), prydferth, *Lit:* glandeg, prydweddol, teg [yr olwg], *N:* del, *occ:* clyfar, *S:* pert, glân, teidi, net. **~ luck plant** *n. Bot: (Bryophyllum daigremontianum):* bywlys (*f*) Madagascar. **~-natured** *a.* rhadlon, tirion, da eich natur, clên, difalais, diddichell *&c*; *S.a.* **good-humoured. ~-naturedly** *adv.* yn rhadlon *&c.* **~-sized** *a.* go fawr, go lew o fawr, helaeth, sylweddol, swmpus, *N.W: occ:* clyfar, nobl; **a ~-sized house,** clamp o dŷ iawn. **~-tempered** *a.* da eich tymer, da eich natur, rhadlon, hynaws, tirion, hawdd eich trin, *N.W: occ:* tymherus. **~-time** *a.* hoff o hwyl, *F: occ:* rafin, rafinllyd.

good² *n.* **1.** *(a)* daioni *m*, da *m*, lles *m*; **to do ~ in the world,** gwneud daioni/lles yn y byd; **he's up to no ~,** mae'n gwneud rhyw ddrygioni/ddrygau; mae ar ryw berwyl drwg; **he is a power for ~,** mae'n rym/ddylanwad er gwell/daioni; **there's some ~ in him,** mae rhyw ddaioni ynddo; *(b)* **(I did it) for your ~,** (fe'i gwneuthum) er dy fwyn di, er dy les di; **for the ~ of one's health,** er lles eich iechyd; **to work for the common ~,** gweithio er lles pawb/budd pawb; *F:* **~ may it do you!** gobeithio y cei di fudd ohono! *F:* **a fat lot of ~ that will do you!** mawr les fydd hynny iti! *occ:* mawr dda fydd hynny i ti! bach o les fydd hynny iti! **it'll do you ~,** fe wnaiff fyd o les iti; **that won't be much ~,** ni fydd hynny'n werth fawr o ddim; ni fydd hynny'n fawr o les; **it's no ~ saying,** [ni] waeth heb â dweud; ofer dweud; [ni] thâl hi ddim dweud; **no ~ talking about it,** ofer sôn amdano; **what ~ is it to say . . .?** [pa] beth a dâl dweud . . .? **he will come to no ~,** ni ddaw dim da ohono; 'daiff ef fyth uwch bawd [na] sawdl; *N.W: occ:* ddaw o ddim i ben da; **he's no ~,** 'dyw e'n dda i ddim; un diffaith yw ef; *(c)* **it's all to the ~,** gorau oll; **(I'm ten pounds) to the ~,** ('rwyf ddecpunt) yn/ar f'ennill; *(d) adv.phr.* **(he's gone) for ~ and all,** *(= forever):* (mae wedi mynd) am byth, o ddifrif, go iawn, dros byth; *(= wholly):* yn gyfan gwbl, yn llwyr, yn lân; *(e) (= good people):* y da, y cyfiawn, pobl dda *f or pl*; **the great and the ~,** y bobl orau, mawrion y genedl; **the ~, the bad and the ugly,** y da, y drwg a'r diolwg. **2.** *pl.* **goods,** *(a) Jur:* eiddo *m*; *(b)* nwyddau (*sing.* nwydd = **commodity**); **bulky goods,** nwyddau swmpus; **consumer goods,** nwyddau traul/prŷn; **convenience goods,** nwyddau cyfl|eus; **durable goods,** nwyddau cadwrus; **household goods,** nwyddau tŷ; **manufactured goods,** nwyddau gwneud/gwneuthuredig; **dry goods,** brethynnau, defnyddiau, llieiniau; **perishable goods,** nwyddau darfodus; **to deliver the goods,** *(i) Com:* danfon nwyddau/negesi; *(ii) P: (= produce results):* cywiro addewid[-ion], cynhyrchu cnwd, talu'n iawn, gweithio'n iawn, cwrdd â'r disgwyliad; **goods and chattels,** nwyddau a chelfi, pethau, mân eiddo *m*; *U.S: P:* **to have the goods on s.o.,** gwybod cyfrinach euog rhn, gwybod [holl] hanes rhn, bod â mantais ar rn; *U.S: P:* **it's the goods,** *(= genuine article):* peth go iawn ydi hwn; *U.S: P:* **(to catch s.o.) with the goods,** (dal rhn) yn y weithred, wrthi, ar ei ddrwg. **goods lift** *n.* lifft(-iau) (*f*) nwyddau, codwr (codwyr) (*m*) nwyddau. **goods train** *n.* trên (trenau) (*mf*) nwyddau. **goods yard** *n.* iard(-iau, ierdydd) (*f*) nwyddau.

goodbye¹ *int. & n.* **1.** *int.* da bot ti (boch chi), hwyl, *Lit:* ffarwél, yn iach; **~ for now,** da boch a dibechod; dan dy fendith (eich bendith); *Joc:* ta-ta tan toc; **to say ~ (to s.o.),** ffarwelio (â rhn), dweud ffarwél (wrth rn), canu'n iach (i rn); **~ to hope!** ffarwél i obaith! **2.** *n.* ffarwél *mf*, *Lit: occ:* ffarwel *mf*.

goodies *n.pl.* pethau da, da-da.

goodish *a.* eithaf da, go lew, *S: occ:* jogel; **it's a ~ step from here,** mae gryn bellter oddi yma.

goodliness *n.* = **comeliness.**

goodly *a. Lit:* **1.** = **comely. 2.** *(= sizeable):* helaeth, digonol, sylweddol, swmpus, eang, *N.W: occ:* clyfar, nobl; **a ~ number,** nifer/twr go dda, tipyn go lew.

goodman *n.m. A: & Lit:* **the ~,** gŵr y tŷ.

goodness *n.* **1.** *(a) (= kindness):* daioni *m*, caredigrwydd *m*, rhadlondeb *m*, rhadlonrwydd *m*, haelioni *m*; **have the ~ to open the door,** bydd(-wch) mor garedig ag agor y drws; *(b) (= good quality):* rhinwedd *mf*, daioni *m*; *(of food):* maeth *m*; **to extract all the ~ from sth,** cael popeth sy'n dda o rth; *(of food):* cael y maeth o fwyd; **my ~!** brensiach! iechydwriaeth! yn eno'r daioni! yn eno'r mawredd! bobol bach! bobol y Bala! gwarchod pawb! **~ gracious!** nefoedd! mawredd! mawredd annwyl! mawredd mawr! *See* **good² 1.** *(e)*; **~ [only] knows,** dyn a ŵyr; Duw a ŵyr; *N.W: occ:* Siôn Heidden [yn unig] a ŵyr; **thank ~!** diolch byth! diolch i'r drefn! diolch i Dduw! diolch i'r mawredd! **I wish to ~ he'd listen,** fe fyddai'n dda gan f'enaid i petai'n gwrando; byddai'n dda gan fy nghalon i petai'n gwrando; **for ~ sake,** yn eno'r Tad, er mwyn popeth, bendith y Tad iti (ichi); **go, for ~ sake,** dos, da ti (ewch, da chi)!

Goodrich *Eng.Pl.n.* Gwydris *m.*

Goodwick *W.Pl.n.* Wdig *m*, Gwdig *m*. **~ Bay** *W.Pl.n.* Abergwdig *mf.*

goodwife *n. A: & Scot:* gwreigdda (gwrag|edd-da) *f*; **the ~,** gwr|aig (*f*) y tŷ.

goodwill *n.* **1.** ewyllys da *m*. **2.** *Com:* ewyllys da, cwsmeriaid *pl.*

goody¹ *n.f. A:* **~ Jones,** yr hen wr|aig Jones.

goody² *n.* dyn(-ion) da *m.*

goody³ *int.* hwrê!

goody-goody *a. & n. Pej: (a) a. (pers.):* neis-neis; *(book &c):* dyrchafol; *(b) n.* **he's a little ~-~,** mae e fel Iesu Grist bach; **she's a little ~-~,** mae hi fel [rhyw] angyles fach.

gooey *a. F: (= sticky):* gludiog, trioglyd, fel triog; *(= sentimental):* siwg[w]raidd, teimladwy, gordeimladwy, sentimental.

goof¹ *n.* hurtyn(-nod) *m*, dwlbyn *m*, penbwl (penbyliaid) *m*, rhn penwan *&c*, llo(-eau,-i) *m*, lob(-iaid) *m*; *S.a.* **fool¹. ~-ball** *n. F:* (*)pelen(-ni) (*f*) penbwl.

goof² *v.i.&t. F:* **1.** *v.i. (= blunder, fail):* pallu, methu, camgymryd. **2.** *v.t.* **to ~ sth up,** gwn|eud llanast/stomp/'smonaeth o rth; *S.a.* **bungle².**

goofed *a. F:* swrth.

goofily *adv.* yn hurt *&c.*

goofiness *n.* hurtrwydd *m*, penwendid *m*, gwiriondeb *m*, lloeiddiwch *m.*

goofy *a. (= silly):* gwirion, hurt, hanner-pan, lloaidd, llywaeth, penwan, hanercof (*usu.pronounced* nerco), dwl.

googly *n. Cr:* gwgli(-s) *m.*

googol *n. Mth:* gwgol *m.*

googolplex *n. Mth:* gwgolplyg *m.*

gook *n. U.S: Pej:* tshinc(-s) *m.*

goon *n.* **1.** *O: (= comic or stupid pers.):* lleban(-od) *m*, lob(-iaid) *m*, lembo(-s) *m*; rhn lloerig (lloerigion); *W.Tel:* **the Goons,** y Gŵns. **2.** *(= hired terrorist):* llabwst (llabystiaid) *m.*

gooney-bird *n. U.S:* = **albatross.**

goonish, goony *a. F:* hurt, gwirion, lloerig, hanner-pan, gwirion bost, hanner-call-a-dwl; *occ: (= reminiscent of the Goons):* Gwnaidd, Gwnllyd.

goop *n.* = **fool¹.**

goopy *a.* = **foolish, silly.**

goosander *n. Orn: (Mergus merganser):* hwyaden ddanheddog (hwyaid danheddog) *f*, hwyadwydd gyffredin (hwyadwyddau cyffredin) *f.*

goose¹ *n.* **1.** *(female, and also generic term):* gŵydd (gwyddau) *f*, *occ:* gwyddan(-od) *f*; *to call a goose one says, N:* gos, gos! *S:* trwli, trwli! **barnacle ~,** *(Branta leucopsis):* gwyran (gwyrain) *f*, gŵydd y môr, yr ŵydd fenyw (gwyddau benyw), *A:* elcysen (elcys) *f*; **[forest] bean ~,** *(Anser arvensis):* soflwydd(-au) *f*, gŵydd ffa, gŵydd yr egin (gwyddau'r egin), gŵydd y cynhaeaf (gwyddau'r cynhaeaf), gŵydd y llafur (gwyddau'r llafur), gŵydd bonar, gŵydd mis Medi; **blue ~,** *(A. caerulescens):* gŵydd las (gwyddau gleision); **[dark-breasted] brent ~,** *(B. bernicla):* gŵydd ddu (gwyddau duon), gŵydd wendorch (gwyddau gwyndorch), gŵydd dorchwen (gwyddau torchwyn), gŵydd fenyw (gwyddau benyw), gwyran fenyw (gwyrain benyw) *f*, gŵydd wyllt ddu (gwyddau gwyllt duon); **Canada ~,** gŵydd C|anada; **Chinese ~, = swan-goose; Egyptian/ Nile ~,** *(Alopochen aegyptiacus):* gŵydd yr Aifft (gwyddau'r Aifft); **green ~,** cyw (*m*) gŵydd (cywion gwyddau), glaswydd(-au) *f*; **greylag ~,** *(A. anser):* gŵydd wyllt (gwyddau gwylltion), soflwydd; **mother ~,** mamwydd(-au) *f*, gŵydd orllyd (gwyddau gorllyd) *f*; **Mother G~ rhymes,** rhigymau Meistres Gŵydd, rhigymau'r Hen Fam Ŵydd; **pink-footed ~,** *(A. brachyrhynchus):* gŵydd droedbinc (gwyddau troedbinc); **red-breasted ~,** *(B. ruficollis):* gŵydd frongoch (gwyddau brongoch) (*pronounced* ng-g), gŵydd fronrudd (gwyddau bronrudd); **snow-~,** *(A. caerulescens):* gŵydd yr eira (gwyddau'r eira); **lesser snow-~, = blue goose; greater snow-~,** *(A. caerulescens atlanticus):* gŵydd las Iwerydd (gwyddau glas Iwerydd); **stubble-~,** soflwydd; **swan-~,** *(Cygnopsis cygnoides):* gŵydd Ffrengig; **white-fronted ~,** *(A. albifrons):* gŵydd dalcenwyn (gwyddau talcenwyn), gŵydd fronwen (gwyddau bronwyn); **all his geese are swans,** gwyn y gwêl y frân ei chyw; **a flock of geese,** haid (*f*) o wyddau; **to kill the ~ that lays the golden eggs,** lladd yr iâr a cholli'r cywion; **to cook s.o.'s ~,** rhoi halen ym mhotes rhn, ffetlo rhn; **his ~ is cooked,** mae hi ar ben arno; dyna'i ddiwedd ef; mae hi wedi canu arno; **he couldn't say boo to a ~,** mae arno ofn ei gysgod; *Prov:* **what's sauce for the ~ is sauce for the gander,** yr hyn sy'n iawn i'r ŵydd sydd iawn i'r ceiliagwydd; iawn i'r ŵydd, iawn i'r ceiliagwydd; *S.a.* **fox**[1]. **2.** *F: (= simpleton): See* **fool**[1]; **(she's) a little ~,** hen sopen fach wirion, hen ffriten fach, *N.W: occ:* hen sili-ffrit (yw hi). **3.** *Tail:* gŵydd (gwyddau) *f*; **the ~ and lap-board,** *N.W:* yr ŵydd a'r labwt, *S:* yr ŵydd a'r slibwt. **~-bill** *n.* **= goosegrass. ~-bumps** *n.pl. U.S:* **= goose-flesh. ~-egg** *n. U.S: F: (= zero score):* dim *m.* **~-fair** *n.* ffair (*f*) wyddau (ffeiriau gwyddau). **~-fat** *n.* **= goose-grease. ~-flesh** *n.* croen (*m*) gŵydd, *S.E: occ:* cryd (*m*) y gath. **~-foot** *n. Bot:* **1.** *(Chenopodium):* troed (*f*) yr ŵydd, gŵydd-droed *f*; **fig-leaved ~-foot,** *(Ch. ficifolium):* troed yr ŵydd ffigysddail; **glaucous ~-foot,** *(Ch. glaucum):* troed yr ŵydd dderw-ddeiliog; **green ~-foot,** *(Ch. suecicum):* troed yr ŵydd werdd; **grey ~-foot,** *(Ch. opulifolium):* troed yr ŵydd lwyd; **many-clustered ~-foot, = small red ~-foot. many-seeded ~-foot,** *(Ch. polyspermum):* troed yr ŵydd aml-hadog; **male-leaved ~-foot,** *(Ch. hybridium):* troed yr ŵydd fas|arn-ddail; **nettle-leaved ~-foot,** *(Ch. murale):* troed yr ŵydd ddyn|ad-ddail; **oak-leaved ~-foot, = goosefoot (glaucous); red ~-foot, sea ~-foot,** *(Ch. rubrum):* troed yr ŵydd ruddog, troed yr ŵydd arfor; **small red ~-foot,** *(Ch. botryoides):* troed yr ŵydd arfor leiaf, troed yr ŵydd lios-sypiog; **stinking ~-foot,** *(Ch. vulvaria):* llys gwyn drewllyd *m*, mamog ddrewllyd *f*, *A:* aroglai *m*, aroglus *m*; **upright ~-foot,** *(Ch. urbicum):* troed yr ŵydd s|yth-ddail; **white ~-foot, = fat hen. 2. ~-foot plant,** *(Syngonium podophyllum):* dail (*pl*) pen saeth **~-girl** *n* bugeiles (*f*) [g]wyddau (bugeilesau gwyddau). **~-grease** *n.* saim (*m*) gŵydd. **~-neck** *n.* gwddf (*m*) gŵydd (gyddfau gwyddau). **~-pimples** *n.* croen (*m*) gŵydd. **~-plum** *n. Bot: (Prunus americana):* eirinen (eirin) (*f*) y gwyddau. **~-step 1.** *n.* cam(-au) (*mf*) gŵydd, cam clagwydd. **2.** *v.i.* brasgamu, camu fel gŵydd/clagwydd, gwyddgamu, clagwyddgamu. **~-stepper** *n.* clagwyddgamwr (clagwyddgamwyr) *m.* **~-stepping** *a.* gwyddgam, clagwyddgam, gwyddgamol, clagwyddgamol, yn gwyddgamu/clagwyddgamu. **~-wing** *n. Nau:* gŵydd-adain *f.* **~-winged** *a. Nau:* gŵydd-adeiniog.

goose[2] *v.t.* byseddu, bodio, *S: occ:* twro, *N.W: occ:* mela, mocha.

gooseberry *n. Bot:* **1.** *(Ribes uva-crispa):* eirinen (eirin) (*f*) Mair, cwsberen (cwsberi[n]s): gwsberen (gwsberi[n]s) *f*, *M.W:* ffebren (ffebrins) *f*, *S.E: occ:* rymyrsan (rymáir) *f*; **Barbados ~,** *(Pereskia aculeata):* cwsberen y Caribî; **Chinese ~,** *(Actinidia chinensis)* cwsberen Tseina; **Cape ~,** *(Physalis edulis):* cwsberen y Penrhyn; **Coromandel ~,** *(Averrhoea carambola):* cwsberen yr India, carambola(-s) *m*; **to play the ~,** bod yn drydydd [i ddau gariad], dod rhwng dau gariad. **~ fool** *n.* **1.** *Cu:* mwtrin (*m*) cwsberi[n]s, stwnsh (*m*) cwsberi[n]s. **2.** *Bot:* **willow-herb, lungwort. ~ moth** *n. Ent: (Abraxas grossulariata):* gwyfyn(-od) (*m*) cwsberi[n]s.

goosefoot *n.* **= goose-foot.**

goosegog *n. Joc:* **= gooseberry.**

goosegrass *n. Bot:* **= cleavers.**

gooseherd *n.* bugail (bugeiliaid) (*m*) gwyddau.

goosepimply *a.* yn groen gŵydd i gyd.

Goostrey *W.Pl.n.* Gwystre *f.*

gopher[1] *n.* **1.** *B: Bot:* **~-wood,** coed (*m*) goffer. **2.** *U.S:* **= yellow-wood.**

gopher[2] *n. Z: U.S:* **1.** *(Geomys bursarius):* **pocket ~,** llygoden (*f*) ddaear (llygod daear), llygoden durio (llygod turio), llygoden fochog (llygod bochog), goffer (goffrod) *m.* **2.** *(Citellus: ground-squirrel):* gwiwer (*f*) ddaear (gwiwerod daear). **3.** *Rept: (Gopherus polyphemus)* crwban(-od) (*m*) turio. **4.** *Rept:* **~ snake,** *(Compsosoma cornis):* neidr (*f*) durio (nadr[o]edd turio).

gora *n. Mus:* gora(-s) *m.*

goral *n. Z: (Naemorhedus goral):* goral(-od,-iaid) *m.*

gorblimey *int. & a. F:* **1.** *int.* 'rargol! 'rargian! wel ar f'enaid i! 'dawn i byth o'r fan! 'tawn i'n llwgu! 'tawn i'n glem! iesgwn! esgob! *&c.* **2.** *a.* comon, tlawd.

gorcock *n. Orn:* **= grouse**[1].

Gordian *a. A.Hist:* Gordiaidd; *(knot, problem):* dyrys, annatod; **to cut the ~ knot,** torri'r cwlwm annatod.

gore[1] *n.* **1.** *Dressm: Nau: Aer: &c:* cwysed(-i) *f.* **2.** *U.S:* llain (lleiniau) *mf* [o dir].

gore[2] *v.t. Dressm:* llunio/culh|au (gwisg) â chwysed, gosod/gwnïo cwysed (mewn gwisg); cwysedu; **a gored skirt,** sgert â chwysedi, sgert gwysedog.

gore[3] *n. Lit: (= blood):* gwaed *m*, *occ:* gôr *m*, *S.W: occ:* chwydredd *m.*

gore[4] *v.t. (= pierce with horn):* cornio, twlcio, *N: occ:* twrcio, *S.W: occ:* topi; **fond of goring,** twlciog.

gorge[1] *n.* **1. my ~ rises at it,** mae'n codi cyfog/pwys arnaf. **2.** *Geog: (a) (= ravine):* ceunant (ceunentydd) *m*, hafn(-au) *f*; *(b) (= blockage):* tagfa (tagf|eydd) *f.* **3.** *Mec.E: (= groove of pulley):* rhigol(-au,-ydd) *f.* **4.** *Arch: Fort: (= neck shape):* mwnwgl (mynyglau) *m*; *(= back entrance):* porth (pyrth) (*m*) cefn. *S.a.* **fish-gorge.**

gorge[2] *v.t.* **1. to ~ oneself (on sth),** bwyta'ch gwala, bwyta llond eich bol (o rth); llenwi'ch cylla/bol (â rhth); claddu bwyd; *Lit:* safnio, gwancio (rhth); *F:* eich stwffio'ch hunan (â rhth); *N:* hel yn eich crombil/bòs/cetog/ceubal, cythru bwyta, haffio bwyta, lleibio bwyta, sleifio bwyta, llempio bwyd, *S.W:* conio bwyd. **2.** llenwi, gorlenwi, digoni (rhn) (â rhth); rhoi ei wala, rhoi llond bol (i rn); gwthio (rhth) i lawr corn gwddf rhn; *F:* stwffio (rhn) â rhth.

gorged *a.* llawn, gorlawn, boldyn[n]; *(= blocked):* tagedig, wedi ei dagu, wedi ei gau.

gorgeous *a.* gwych, godidog, hardd (heirdd), cain (ceinion), ysblennydd, *Lit:* harddwych; *F: (house &c):* crand; *F:* **a ~ blonde,** *N:* slasen benfelen, *S:* blonden bert ofnadw; **hi there ~!** sut 'rwyt ti pishyn?

gorgeously *adv.* yn wych *&c.*

gorgeousness *n.* gwychder *m*, ysblander *m*, harddwch *m.*

gorger *n.* bolgi (bolgwn) *m*, bolerwr (bolerwyr) *m*, sgramgi (sgramgwn) *m.*

gorget *n. Hist: Arm: Cost:* corsied(-au) *f*; *Cost:* bronf[f]oll(-au) *f.*

gorging *vn.* bolera *&c*; *See* **gorge**[2].

Gorgio *n. Gipsy:* Gorjo(-s) *m.*

gorgon *n.* **1.** *Gr.Myth:* dera(-on) *f*, ellylles(-au) *f*, gorgon(-iaid) *f.* **2.** *F: (= fearsome woman):* arthes *f*, bwgan (*m*) o wraig, ellylles(-au) *f*, draig (dreigiau) *f.*

gorgonian[1] *a.* erchyll, dychrynllyd, arswydus, adwythig, hyll, hagr, ellyllaidd, echrys, echryslon; *(as gorgon):* gorgonaidd.

gorgonian[2] *Z: n.* gorgoniad (gorgoniaid) *m&f*, gwyntyll (*f*) fôr (gwyntyllau môr).

gorgonize *v.t.* llygadu (rhn); rhythu, llygadrythu (ar rn); dychryn, parlysu (rhn).

gorilla *n.* gorila(-od) *m.*

gorily *adv.* yn waedlyd.

gormandize *v.t.&i.* bolera, gloddesta; llowcio, claddu [bwyd]; *N.W:* sglaffio, slaffio, sglyffio *&c*; *S.a.* **gorge**[2].

gormandizer *n.* bolgi (bolgwn) *m*, bolerwr (bolerwyr) *m*, llowciwr (llowcwyr) *m &c*; *S.a.* **glutton 1.**

gormandizing *a.* barus, gwancus, glwth, *F:* stumongar (*pronounced* ng-g), *N.W: occ:* smongar (*pronounced* ng-g).

gormless *a.* di-glem, diamcan, disyniad, di-sut, twp, penwan, *N.E:* di-âm, *S.W:* dilyfelaeth, dilefelaeth.
gormlessness *n.* twpdra *m*, penwendid *m*, diffyg (*m*) clem.
gorse *n.* eithin *pl*; **a ~ plant,** eithinen (eithin) *f*; **a ~ bush,** llwyn(-i) (*m*) eithin, *occ:* eithinllwyn(-i) *m*, *N: occ:* eithen (eithin) *f*; *Lit:* **the G~ Glen,** Cwm Eithin; *S.a.* **furze.**
gorsedd n. W.Lit: gorsedd(-au) *f*; **a member of the ~,** gorseddog(-ion) *m&f*; *S.a. foll.*
gorseddite *n. & attrib.* **1.** *n.* gorseddwr (gorseddwyr) *m*, gors|eddwraig (gorseddwragedd) *f.* **2.** *attrib.* gorseddaidd, gorseddol.
gorsy *a.* eithinog.
Gorther *W.Pl.n.* Y Gorddwr *m.*
gory *a.* gwaedlyd.
gosh *int. N:* duwcs! diawch! dew! ew! ewcs! ewch! *S:* de! daro! jiw! *S.a.* **God-awful.**
goshawk *n. Orn:* gosog(-ion,-od) *m* gwyddwalch (gwyddweilch) *m*, hebog(-au,-iaid) (*m*) Marthin.
goslet *n. Orn: (Nettopus):* gŵydd fechan (gwyddau bychain) *f*, cor-ŵydd (~-wyddau) *f.*
gosling *n.* cyw (*m*) gŵydd (cywion gwyddau), *occ:* glaswydd(-au) *f*, gŵydd fach (gwyddau bach) *f.*
gospel *n.* efengyl(-au) *f*; **to take sth for ~,** cymryd rhth yn efengyl; **to preach the ~,** efengylu, pregethu'r efengyl; **a ~ oath,** llw ar y Beibl; **the ~ side,** *(of altar):* yr ochr ogleddol, ochr yr efengyl; **~ singing,** [canu] emynau hwyliog, (*)canu'r hwyl; **~ singer,** (*)cantor(-ion) (*m*) hwyl, (*)cantores(-au) (*f*) hwyl; **it's the ~ truth,** mae'n efengyl; mae cyn wired â'r pader/efengyl.
gospeller *n.* efengylwr (efengylwyr) *m*, efeng|ylwraig (efengylwragedd) *f*, efengyles(-au) *f*; **hot ~,** efengylwr penboeth/brwd, pregethwr (pregethwyr) (*m*) tân a brwmstan.
gossamer *n.* **1.** gwawn *m*, *N.W: occ:* tidau(*pl*)'r tes, blew (*pl*) Medi, *S.W: occ:* drifl (*m*) y gwynt, drifl yr ych, *S.E: occ:* hifryn *m*; *(b) Tex:* meinwe(-oedd) *m.* **2.** *a.* ysgafn (ysgeifn), main (meinion), gwawnaidd.
gossamered, gossamery *a.* yn wawn i gyd, dan wawn, gwawnaidd, ysgafn (ysgeifn), main (meinion).
gossip[1] *n.* **1.** *(pers.):* paldaruwr (paldaruwyr) *m*, clebryn(-nod) *m*, clebrwr (clebrwyr) *m*, cloncyn *m*, clapgi (clapgwn) *m*, cleci (clecïod) *m*, cleciwr (clecwyr), heliwr (helwyr) (*m*) clecs, heliwr straeon, janglwr(-s) *m* (*pronounced* ng-g), clebarddyn(-ion) *m*, clebren(-nod) *f*, jangleres *f* (*pronounced* ng-g), clecast (cleceist) *f*, clatshen(-nod) *f*, cl|epwraig (clepwragedd) *f*, clebardden (clebarddod) *f*, crincas *f*, rhwdlan *f*, cloncen *f*, hen geg *f*, *S.W: occ:* hen lapen *f*, *N.W: occ:* chwedleues(-au) *f*, *S.W:* clecen(-nod) *f*, *S.E: occ:* walbi *m*, clepar(-s) *m*, *N.E: occ:* hwntwr *m*; **gossips** *pl. occ:* teulu(*m*)'r glep; **fireside gossips,** *S.W: occ:* crach (*pl*) y pentan; *(b) A: See* **companion, friend, godparent**. **2.** *(talk):* straeon *pl*, clecs *pl*, mân-siarad *m*, siaradach *m*, clap *m*, clonc *f*, clep *f*, *N.W: occ:* straes *pl*; **a piece of ~,** hanes *m*, hanesyn *m*, stori *f*; **to spread ~,** taenu clecs, *S.E:* sgothi'r stori; **to cause ~,** creu sôn amdanoch, bod yn destun siarad; **to have a ~ with s.o.,** hel straeon *&c* gyda rhn, cael clonc gyda rhn; *S.a.* **gossip**[2]. **~ column** *n. Journ:* colofn (*f*) glecs (colofnau clecs). **~ columnist** *n. Journ:* colofnydd (colofnwyr) (*m*) clecs. **~ shop** *n. F: S:* cwrdd (*m*) clebran.
gossip[2] *v.i.* clepian, clebran, chwedleua, *N:* hel straeon, hel clecs, *occ:* straella, clatsian, *F:* janglo (*pronounced* ng-g), *S:* cloncan, cael clonc, erlid clap [a chelwydd], gwersan, gwerso, lapan, erlid clecs, tynnu'r sgrafell.
gossiper, gossipmonger *n. See* **gossip**[1] **1.** *(a).*
gossipy *a.* chwedleugar, straegar, llawn clecs, straellyd, stronllyd, clepgar, *S.E: occ:* clecog.
gossoon *n.* = **boy.**
got *p.p. See* **get.**
Goth *Pr.n. Ethn:* Goth(-iaid) *m&f.*
Gothic *a. & n.* **1.** *a.* Gothig; *(in language):* Gotheg. **2.** *n. (a) Ling:* Gotheg *f, m*; *(b) Art: Arch: Typ:* Gothig *m*; **Early English ~,** Gothig Seisnig Cynnar; **Flamboyant ~,** Gothig Blodeuog; **Decorated ~,** Gothig Addurnedig; **Perpendicular ~,** Gothig Sythlin.
Gothically *adv.* yn y dull Gothig.
Gothicism *n.* Gothigiaeth *f*, Gothigrwydd *m.*
Gothicize *v.t.* Gotheiddio.
gotten *p.p. See* **get.**
gouache *n. Art: gouache(-s) m.*
gouge[1] *n. Tls: Carp:* gaing (*f*) gau (geingiau cau), cŷn (cynion) (*m*) llwy, cŷn crwn (cynion crynion), *N:* cowjen (cowjis) *f*; **carving-~,** gaing gau gerfio; **firmer ~,** gaing gau gefn; **plumbing-~,** gaing gau wyneb; **tooling-~,** gaing gau offeru.
gouge[2] *v.t.* **1.** *Carp:* cafnu, cafnio, cynio, geingio, *N:* cowjo, cowjan; *Geog:* **gouged out lakes,** llynnoedd cafnog. **2. to ~ out s.o.'s eye,** tynnu llygad rhn. **3.** *U.S: F: (= swindle):* twyllo, gwn|eud, *S:* cafflo, *N:* rogio, ffinglio (*pronounced* ng-g) (rhn); elwa (ar rn). **4.** *Aust: (= dig):* turio. **~-bit** *n. Tls:* ebill(-ion) (*m*) cowjan.
gouger *n.* geingwr (geingwyr) *m.*
goulash *n. Cu:* gwlash *m.*
goumi *n. Bot: (Elaeagnus longipes):* gwmi (gwmïau) *m.*
goura *n. Orn:* colomen gribog (colomennod cribog) *f.*
gourami *n. Ich:* gwrami (gwramïaid, gwramïod) *m.*
gourd *n.* **1.** *Bot:* pompiwn (pompiynau) *m*, gowrd(-iau) *m*, *B:* cicaion(-au) *m.* **2.** *(container):* gowrd.
gourdful *n.* llond (*m*) gowrd, gowrdaid (gowrdeidiau) *m.*
gourmand *a. & n.* **1.** *a.* **= gluttonous. 2.** *n.* **= glutton.**
gourmandise *n.* **= gluttony.**
gourmet *n.* archwaethwr (archwaethwyr) *m.*
gout *n.* **1.** *Med:* cymalwst *f*, *S.E: occ:* gewynnwst *m*, *F:* gowt *m*; *(of foot):* troedwst *m.* **2.** *A: Lit: Her: (= drop):* diferyn (diferion) *m*, [y]smotyn ([y]smotiau) *m.* **3.** *Agr: (a)* **= clubroot**; *(b) (disease of wheat):* clwy(*m*)'r gwenith, y gowt *m.* **~-fly** *n. Ent: (Chlorops pumilionis):* pryf(-ed) (*m*) gwenith.
goutily *adv.* yn [g]owtiog.
goutiness *n.* gowtiogrwydd *m.*
goutweed *n. Bot: (Aegopodium podagraria):* llysiau(*pl*)'r gymalwst, llysiau'r droedwst, onnen bêr *f*, onnen y ddaear, troed (*mf*) yr afr.
gouty *a.* gowt[i]og, chwyddedig.
govern *v.t.&i.* **1.** *(a) Pol: &c:* rheoli, llywodraethu; *(of kings &c):* teyrnasu; *(b)* **laws that ~ chemical changes,** deddfau sy'n rheoli newidiadau cemegol; *(c) Gram:* **to ~ the accusative,** rheoli'r cyflwr gwrthrychol. **2.** *(passions, temper):* rheoli, meistroli; **to ~ one's temper,** ymbwyllo.
governable *a.* rheoladwy; *(people):* hydrin, hawdd eich trin.
governance *n.* llywodraeth *f*, rheolaeth *f*, trefn (*f*) llywodraeth.
governess *n.f.* athrawes gartref (athrawesau cartref), dysgodres(-au).
governing *a.* llywodraethol.
government *n.* **1.** llywodraeth(-au) *f*; **~ office,** *(= post):* swydd(-i) (*f*) llywodraeth; **local ~,** llywodraeth leol; **central ~,** llywodraeth ganol/ganolog, llywodraeth gwlad; **provisional ~,** llywodraeth dros dro, darpar lywodraeth; **caretaker ~,** llywodraeth ofalu, llywodraeth mewn gofal; **shadow ~,** cysgod-lywodraeth *f*, llywodraeth yr wrthblaid; **a ~ loan,** benthyciad cyhoeddus *m*; **the ~ party,** y blaid mewn grym, plaid y llywodraeth. **2.** *Gram:* rheolaeth *f*; **puppet ~,** llywodraeth byped (llywodraethau pyped).
governmental *a.* [y] llywodraeth; *Ecc.Hist:* **~ theory [of atonement],** damcaniaeth (*f*) llywodraeth [yr iawn].
governmentally *adv.* o ran y llywodraeth, o du'r llywodraeth.
governor *n.* **1.** *Pol: Sch:* llywodraethwr (llywodraethwyr) *m*, rheolwr (rheolwyr) *m*; *(of province &c):* rhaglaw(-iaid, rhaglofiaid) *m*; **deputy ~,** rhaglyw(-iaid) *m.* **2.** *P:* **the ~,** *(i) (= boss):* y giaffar *m*, y pen-dyn *m*; *In greeting:* giaffar, sgweiar; *(ii) (= father):* yr hen ddyn *m*, yr hen ŵr *m*, tada *m.* **3.** *Mec.E:* rheolwr. **G-General** *n.* Llywodraethwr/Rheolwr Cyffredinol. **~ valve** *n.* falf (*f*) reoli (falfiau rheoli).
governorship *n. (of province):* rhaglawiaeth(-au) *f*; *(of public body):* swydd (*f*) rheolwr/llywodraethwr (swyddi rheolwyr/llywodraethwyr).
Govilon *W.Pl.n.* Gofilon *m.*
gowan *n.* **= daisy.**
Gower *Pr.n. W.Geog:* Gŵyr *f*, Bro (*f*) Gŵyr, Penrhyn (*m*) Gŵyr; **~ Anglica,** Gŵyr Is Coed; **~ Wallica,** Gŵyr Uwch Coed.
Gowerton *W.Pl.n.* Tre-gŵyr *f*, *A:* Ffosfelen *f.*
gowk *n.* **= fool**[1]**, cuckoo.**
gown[1] *n.* **1.** *(dress):* gwisg(-oedd) *f*, *Lit:* gŵn (gynau) *m.* **2.** *(of judge, don &c):* gŵn. *S.a.* **dressing-gown, nightgown.**
gown[2] *v.t.&i.* **1.** *v.t.* gwisgo (rhn mewn gŵn/gwisg). **2.** *v.i.* ymwisgo.

gownsman *n.* myfyriwr (myfyrwyr) *m.*
goy *n.* cenedl-ddyn(-ion) *m.*
Graafian follicle *n.* ffoligl (*m*) Graaf.
grab¹ *n.* **1.** cip(-ion) *m*, cythriad(-au) *m*, crafangiad(-au) *m*; **to make a ~ for/at sth,** ceisio cipio rhth, crafangu am rth, ceisio cydio/gafael yn rhth, cythru i/am rth; *F:* **it's up for grabs,** mae ar gael; mae'n barod i'w gipio. **2.** *Civ.E:* crafanc (crafangau) *f.* **3.** *(children's card game):* chwarae (*vn*) cipio. **~-bag** *n. U.S:* cwdyn (*m*) y saint, lyci-lwci-dip *m.* **~ handle** *n.* dolen (*f*) gydio (dolenni/dolennau cydio), dwrn (dyrnau) (*m*) cydio. **~ line** *n.* rhaff (*f*) gydio (rhaffau cydio). **~ rail** *n.* canllaw(-iau) *mf.* **~ rope** *n.* = **~ line.**
grab² *v.t.&i.* **to ~ [hold of] sth,** cydio, gafael (yn rhth); cythru (rhth, i rth); crafangu, crafangio (rhth, am rth); cipio (rhth); *F:* bachu (rhth); *S.E:* sgramo (rhth); *N.E: occ:* lleibio (rhth). **to ~ (land),** rheibio, cipio, cribddeilio (tir).
grabber *n.* cydiwr (cydwyr) *m*, crafangwr (crafangwyr) *m*; *(= snatcher):* cipiwr (cipwyr) *m*, rheibiwr (rheibwyr) *m*, bachwr (bachwyr) *m*; *(of land, money):* cribddeiliwr (cribddeilwyr) *m.*
grabbing *a.* bachog, rheibus, cribddeilgar, barus; **a ~ fellow,** *N: occ:* sgrafin *m.*
grabble *v.i.* = **grope, sprawl², scramble.**
grabby *a.* = **grabbing.**
graben *n. Geol:* dyffryn(-noedd) hollt *m.*
grace *n.* **1.** *(of movement):* gosgeiddigrwydd *m*, gosgeiddrwydd *m*; **the social graces,** y doniau/grasusau cymdeithasol; **to do sth with ~,** gwneud rhth yn osgeiddig; *(of manner):* graslonrwydd *m*, rhadlonrwydd *m*; **to do sth with ~,** gwneud rhth yn raslon/rasol/rhadlon; *S.a.* **gracefulness. 2. airs and graces,** *Pej:* rhodres *m*, mursendod *m*, munudiau *pl*, *S: F:* cleme *pl*, seians *m*, *N: F:* migmars *pl*; **to put on airs and graces,** rhodresa, munudio, *S:* gwneud hen gleme, *N:* gwneud migmars; **have the ~ to listen to me,** bydd(-wch) gystal â gwrando arnaf; **I cannot with any ~ ask him,** alla' i ddim yn hawdd iawn ofyn iddo; **with a good ~,** o'ch bodd, o wirfodd calon; **with a bad ~,** o'ch anfodd, rhwng bodd ac anfodd, yn anfodlon, yn amharod, yn anfoddog, *V:* o hyd eich tin; **he had the ~ to admit he was wrong,** bu'n ddigon graslon i syrthio ar ei fai; fe syrthiodd ar ei fai, chwarae teg iddo. **3.** *Gr.Myth:* **the Graces,** y Grasys, y Grasusau. **4.** *(a) (= favour):* ffafr *f*, ewyllys da *m*; **an act of ~,** cymwynas(-au) *f*, ffafr(-au) *f*, bendith(-ion) *f*, braint (breintiau) *f*; **by God's ~,** trwy ras Duw, diolch i Dduw, *A:* trwy rad Duw; **to be in s.o.'s good ~,** bod yn hoff/ffefryn gan rn, bod yn fawr eich bri/parch gyda rhn, bod wrth fodd rhn, bod yn llyfrau rhn, bod yn uchel gan rn; **to get into s.o.'s good graces,** ennill ffafr rhn, ennill ewyllys da rhn, bodio rhn, *F.* mynd i lawes rhn, plesio rhn; **a ~ and favour house,** tŷ gras a ffafr; *(b) Theol:* gras(-usau) *usu.m*, *Lit: occ:* rhad(-au) *m*; **means of ~,** moddion (*pl*) gras; **the day of ~,** dydd gras, dydd rhad; **to fall from ~,** cwympo oddi wrth ras; **to be in a state of ~,** bod mewn cyflwr o ras; *Lit:* **G~ Abounding to the Chief of Sinners,** Helaethrwydd o Ras i'r Pennaf o Bechaduriaid; **actual ~,** gras gweithredol/gweithiol; **concomitant ~,** gras cydredol; **distinguishing ~,** gras gwahaniaethu; **a double ~,** gras ar ras; **efficacious ~,** gras effeithlon; **efficient ~,** gras ysgogol; **free ~,** rhad ras; **general ~,** gras cyffredinol; **habitual ~,** gras cyson, cyflwr cyson o ras; **infused ~,** gras trwythol; **irresistible ~,** gras anorchfygol; **particular ~,** gras neilltuol; **prevenient ~,** gras rhagflaenol; **restraining ~,** gras ataliol, gras ymatal; **saving ~,** gras cadwedigol/achubol/gwaredigol; **sovereign ~,** gras sofran/penarglwyddiaethol; **sufficient ~,** gras digonol; *F:* **it has this saving ~,** mae hyn o'i blaid o leiaf; mae ynddo'r rhinwedd hwn o leiaf; **this year of ~,** y flwyddyn hon o ras; **in the year of ~ 1066,** yn y flwyddyn 1066 o oed Crist; *(c) Bot:* **herb of ~,** = **rue. 5.** *(a) A: (= pardon):* maddeuant *m*, pardwn *m*; **act of ~,** *Pol: Parl:* maddeueb(-au) *f*, mesur (*m*) maddeuant, deddf (*f*) gollyngdod; *S.a.* **4**; *(b) Com:* oediad *m*; **days of ~,** dyddiau oedi, dyddiau gras; *(c) Sch: (i) (= permission):* cennad *f*; *(ii) (= dispensation):* gollyngdod *m*, rhyddhad *m.* **6.** *(before meal):* bendith *f*, *occ:* gras *m* [bwyd]; **to say ~,** gofyn bendith, dweud gras [bwyd]. **7. Your G~,** Eich Gras; **His ~ the Duke,** Ei Ras y Dug. **~-cup** *n.* cwpan(-au) (*m*) cariad. **~-note** *n. Mus:* addurnod(-au) *m*, addurndro(-eon) *m.*
grace² *v.t.* **1.** *(= honour):* anrhydeddu. **2.** *(= adorn):* addurno, harddu, prydferthu, tecáu.

Grace Dieu *W.Pl.n.* Treworgan *f.*
graced *a.* addurnedig.
graceful *a. (movement):* gosgeiddig; *(manner):* graslon, rhadlon, hynaws; *(= exquisite):* hyfryd, mirain, hardd (heirdd), prydferth, golygus, tlws (*f.* tlos, *pl.* tlysion), cain (ceinion).
gracefully *adv.* yn osgeiddig; yn raslon *&c.*
gracefulness *n.* **1.** *(of movement):* gosgeiddigrwydd *m*, gosgeiddrwydd *m.* **2.** *(of manner):* graslonrwydd *m*, grasolrwydd *m*, rhadlonrwydd *m.* **3.** *(= beauty):* mireinder *m*, prydferthwch *m*, harddwch *m*, ceinder *m*, tlysni *m*, tlysineb *m.*
graceless *a.* **1.** *(= clumsy):* afrosgo, chwithig, lletchwith, llibin, anfedrus, di-glem, di-lun, trwsgl, trwstan, annehau, anneheuig; *(building &c):* anhardd, diolwg, di-raen. **2.** *(pers.): (a) A: & Joc: (= depraved):* di-ras, llygredig, llwgr, anrasol, anraslon, ansyber, anfad; *(b) Joc: (= shiftless):* diffaith, ofer, didoreth; *(c) (= unabashed):* digywilydd, wynebgaled.
gracelessly *adv.* yn afrosgo *&c*; yn ddigywilydd *&c.*
gracelessness *n.* **1.** *(= uncouthness):* chwithigrwydd *m*, anfedrusrwydd *m*, lletchwithdod *m*, anneheurwydd *m*, trwstaneiddiwch *m*, trwsgleiddiwch *m.* **2.** *(= ugliness):* anharddwch *m.* **3.** *(= shamelessness):* oferwch *m*, diffeithder *m.*
gracile *a.* main (meinion), meindlws (*f.* meindlos, *pl.* meindlysion).
gracility *n.* meinder *m*; *(= simplicity of style):* moelni *m*, symlrwydd *m.*
graciosity *n.* = **graciousness.**
gracioso *n. Th:* gwamalwr (gwamalwyr) *m.*
gracious *a.* **1.** *(a) (= kindly):* rhadlon, graslon, grasol, daionus, haelionus; *Pej: (= condescending):* nawddogol, nawddoglyd; **Her most ~ Majesty,** Ei rhadlonaf Fawrhydi; *(b)* **~ living,** bywyd ceinwych/syber *m*, byw (*vn*) yn geinwych/syber, syberwyd *m.* **2.** *(God):* trugarog, tosturiol. **3. ~ me! goodness ~!** diar annwyl! rhad arnom ni! yn eno'r gras! caton pawb! *S.W:* Duw sy' fach! hawyr bach! *See* **goodness; good ~, no!** na, yn wir! neno'r Tad, na! mawredd mawr, na!
graciously *adv.* **1.** yn raslon *&c.* **2.** yn drugarog.
graciousness *n.* **1.** *(= benevolence):* rhadlonrwydd *m*, graslonrwydd *m*, daioni *m*, haelioni *m*, ewyllys da *m*, caredigrwydd *m*, nawdd *m.* **2.** = **grace, gracefulness. 3.** *(of God):* trugarowgrwydd *m*, tosturi *m*, daioni *m*, trugaredd *m.*
grackle *n. Orn:* gregl(-od) *f*, corfran (corfrain) *f.*
gradate *v.i.&t.* **1.** *v.i. (of colour):* ymdoddi. **2.** *v.t.* **graddoli,** graddio.
gradated *a.* graddol, graddoledig.
gradation *n.* graddoliad *m*, graddiad *m*, graddoli *vn*; *(of colour):* ymdoddiad *m.*
gradational *a.* graddiannol.
gradationally *adv.* yn raddiannol.
grade¹ *n.* **1.** *(a) Sch: &c:* gradd(-au) *f*; *Sch: U.S:* dosbarth(-au,-iadau) *m*, safon(-au) *f*; **~ school,** ysgol gynradd (ysgolion cynradd) *f.* **2.** *Civ.E: U.S: (a) See* **gradient; at ~,** ar yr un gwastad; **on the up ~,** yn dringo, ar i fyny; **on the down ~,** ar i waered, ar i lawr, yn disgyn; **to make the ~,** cyrraedd y brig, llwyddo, cyrraedd y safon. **~ crossing** *n.* = **level crossing.**
grade² *v.t.&i.* **1.** *(= sort):* graddio, dosbarthu, trefnu. **2.** *(a) (= arrange exercises &c):* trefnu, graddio, graddoli, *occ:* graddnodi; *(b) Art:* **to ~ colours,** graddoli/toddi lliwiau. **3.** *Civ.E: Rail:* graddoli. **4.** *Ling:* ymdoddi, newid yn raddol. **5.** *T.V:* safoni.
graded *a.* graddedig; **~ tax,** treth gynyddol *f.*
gradely *a. & adv.* **1.** *a.* campus, ffein, gwych, p|enigamp, penig|amp; *(= proper):* gweddus, propor. **2.** *adv.* yn gampus *&c.*
gradient *n. Civ.E:* rhediad *m*, graddiant *m*; *(downward):* disgyniad(-au) *m*, gwaered(-ydd) *m*, goriwaered *m*; *(upward):* esgyniad(-au) *m*, dringfa (dringf|eydd) *f*, gorifyny *m*, *F:* tynnu (*vn*) i fyny; *(loosely, = hill, slope):* rhiw(-iau) *f*, llethr(-au) *f*, llethrfa (llethrf|eydd) *f*, *S.E:* daprad *f*; *Rail:* **steep gradients,** dringfeydd serth; *Meteor: &c:* **[barometric] ~,** graddiant.
gradin[e] *n.* **1.** *(= step):* gris(-iau) *mf.* **2.** *Ecc:* silff(-oedd) *f.*
gradiograph *n.* gr|adiograff (gradiograffau) *m.*
gradiometer *n.* gradiomedr(-au) *m.*

gradual *a. & n.* **1.** *a.* graddol, cynyddol; **a ~ slope,** llethr raddol; *B:* **~ psalm,** = **song of degrees. 2.** *n. Ecc:* graddolen(-nau,-ni) *f,* grislyfr(-au) *m,* greal(-au) *m.*
gradualism *n.* graddoliaeth *f.*
gradualist *n.* graddolwr (graddolwyr) *m,* gradd|olwraig *f.*
gradually *adv.* yn raddol, yn gynyddol, yn araf deg, gan bwyll [bach], o dipyn i beth, fesul tipyn, bob [yn] ychydig, bob yn dipyn, o gam i gam.
graduand *n.* darpar-raddedig(-ion) *m&f.*
graduate[1] *n.* gŵr (gwŷr) *(m)* gradd, merch *(f)* radd (merched gradd), graddedig(-ion) *m&f. S.a.* **guild. ~ nurse** *n. U.S:* nyrs(-us,-ys) hyfforddedig *usu.f.* **~ school** *n. Sch:* ysgol(-ion) *(f)* ymchwil, ysgol raddedigion (ysgolion graddedigion).
graduate[2] *v.i.&t.* **1.** *v.i. Sch:* graddio, cael gradd. **2.** *v.t. (a) (= mark thermometer &c):* graddnodi; *(b) (exercises &c):* graddoli, graddio; *(c) Art:* graddoli, toddi [lliwiau].
graduated *a.* graddedig, graddoledig, graddnodedig; **graduated taxation,** trethiant graddoledig/cynyddol.
graduation *n.* **1.** *Sch: (= conferral of degrees):* cyflwyniad *(m)* graddau, cyflwyno *(vn)* graddau, *F:* graddio *vn.* **2.** *(of thermometer):* graddnodiant *m,* graddnodi *vn,* graddlin(-au) *f,* graddlinell(-au) *f.* **3.** *(of exercises, colours):* graddoliad *m,* graddoli *vn.* **~ day** *n.* diwrnod *(m)* graddio.
gradus *n.* **1.** *Mus:* gradws *m.* **2.** *Lit:* graddiadur(-on) *m,* llyfr(-au) *(m)* Cerdd Dafod.
Graecism *n.* **1.** *(quality):* Groegiaeth *f.* **2.** *(idiom):* Groegiaith *f,* Groegeb(-ion) *f,* Groegair (Groegeiriau) *m,* priod-ddull(-iau) Groegaidd *m.*
Graecize *v.t.* Groegeiddio.
Gr[a]eco-Latin *a. Ling:* Groeg-Ladinaidd.
Gr[a]eco-Roman *a.* Groeg-Rufeinig, Groegaidd-Rufeinig.
graffito *(pl.* **graffiti***) n.* ysgribliad(-au) *m,* graffito (graffiti) *m, Lit:* murysgrifen(-iadau) *mf.*
graft[1] *n.* **1.** *Arb: Surg: (a) (action):* impiad(-au) *m,* impio *vn; (b) (= thing grafted):* impiad(-au) *m;* **skin-~,** impyn croen; **~ hybrid,** croesryw(-iau) *(m)* impiedig. **2.** *F: (= hard work):* llafur *m,* gwaith caled *m,* ymdrech(-ion) *mf.*
graft[2] *v.t. Surg: Arb:* impio (rhth ar rth); *occ:* bydio, nimpio, trawsblannu (rhth i rth).
graft[3] *n. & v.i. F:* **1.** *n. (= illicit gain):* pròg *m; (= bribe):* llwgrwobr(-wyon) *f,* llwgrwobrwy(-on) *f; (= bribery):* iro *(vn)* llaw, llwgrwobrwyo *vn,* llygredd *m.* **2.** *v.i. (= make money):* gwneud elw, gwneud arian; *(illicitly):* budrelwa, progio; *F: (= work hard):* chwysu, gweithio'n galed, *N.W: occ:* 'slanu gweithio.
grafter *n.* **1.** *Surg: Arb:* impiwr (impwyr) *m,* trawsblannwr (trawsblanwyr) *m.* **2.** *F: (worker):* gweithiwr (gweithwyr) *(m)* caled, *N.W: occ:* 'slanwr (slanwyr) *m.* **3.** *(= corrupt politician &c):* budrelwr (budrelwyr) *m,* progiwr (progwyr) *m.*
graham *n.* **~ bread,** bara *(m)* gwenith trwyddo.
Graig Serrerthin *W.Pl.n.* Craig *(f)* Syfyrddin.
Grail *n. Lit: Myth:* Greal(-au,-on) *m;* **the Holy ~,** y Greal San[c]taidd, *Lit: occ:* y Saint/Sant Greal.
grain[1] *n.* **1.** *(a) (of corn, salt, pepper &c):* gronyn(-nau, grawn) *m;* **a ~ of wheat,** gwenithen *f;* **a ~ of sand,** tywodyn *m,* greyenyn *m,* graeanen *f;* **to take sth with a ~ of salt,** cymryd rhth gyda gronyn/phinsiaid o halen; *(b) Coll:* **~,** *(crop):* cynhaeaf *(m)* ŷd, ŷd *m,* gwenith *m,* grawn *m;* **inferior ~,** *S.W:* gwannyd *m;* **good ~,** *(yielding flour): S.W:* blawdwr da *m; (c)* **[brewer's] ~,** soeg *m; (d) Exp:* **large ~ powder,** powdwr bras; **small ~ powder,** powdwr mân; *(e)* **a ~ (of consolation)** gronyn, mymryn *m,* rhithyn *m,* tipyn *m, occ:* blewyn *m* (o gysur); *(f) Meas:* gronyn, graen(-au) *m; (g) Bot:* **grains of Paradise,** *(Aframomum melegueta):* grawn Paradwys. **2.** *(= texture):* graen *m; (in stone):* llin *m;* **smooth ~,** graen llyfn, llin mân; **rough ~,** graen bras/garw, llin bras; **close ~,** graen mân, graen clòs; **end ~,** graen pen; **straight ~,** graen syth; *attrib.* sythraen; **a man of coarse ~,** dyn amrwd/aflednais/afrywiog; **against the ~,** yn groes i'r graen, yn erbyn y graen, *(also): Fig:* o'ch anfodd, yn erbyn eich ewyllys; **it goes against the ~ for me to do it,** mae'n groes i'r graen imi ei wneud; **close ~,** graen clòs; **coarse ~,** graen garw/bras; **crooked ~,** graen cam; **cross ~,** graen croes, *S.W:* croes nadd; **chipped ~,** graen 'sglodion; **even/smooth ~,** graen llyfn/gwastad; **upset ~,** graen cymysg; **wavy ~,** graen tonnog; **~ markings,** marciau'r graen; **across the ~,** ar draws y graen; **with the ~,** gyda'r graen; **to dye in ~,** llifo'n grai. **~-leather** *n.* lledr *(m)* graen. **~-side** *n.* ochr (f) y graen.
grain[2] *v.t.* **1.** graenio, graenu. **2.** *(leather):* caboli. **3.** *(= granulate):* gronynnu.
grained *a.* **1.** *(in form of granules):* gronynnog. **2.** *(paint &c):* graenog, graen[i]edig, troellog; *(wood):* llinog; *(= rough): (of leather):* garw.
grainer *n.* graeniwr (graenwyr) *m; (of leather):* cabolwr (cabolwyr) *m.*
graining[1] *vn.* graeniad *m,* graenio; *(of leather):* caboliad *m,* caboli. **~-comb** *n.* crib(-au) *(mf)* graenio.
graining[2] *n. Ich: (Leuciscus lancastrensis):* brwyniad (brwyniaid) *(m)* Merswy.
grains *n.pl. Fish:* tryfer(-i) *f.*
grainy *a.* **1.** *(= granular):* gronynnog. **2.** *(= full of grain):* llawn ŷd, llawn grawn. **3.** *Lib:* graenllyd.
graip *n. Scot:* fforch (ffyrch) *f.*
grallatores *n.pl.* rhydyddion, adar hirgoes.
grallatorial *a. Z:* hirgoes, hirheglog, heglog.
gralloch *n. & v.t.* **1.** *n.* perfedd *m,* coluddion *pl.* **2.** *v.t.* diberfeddu.
gram[1] *n. Meas:* = **gramme.**
gram[2] *n. Bot: See* **chick-pea; black ~,** ffeuen/ffäen ddu (ffa duon) *f;* **green ~,** ffeuen/ffäen werdd (ffa gwyrddion) *f.*
Gram[3] *Pr.n.* **~-positive,** Gram-gadarnhaol; **~-negative,** Gram-negyddol.
grama *a. n. Bot:* **~ grass,** glaswellt *(m)* grama.
gramarye *n. A:* hud *(m)* a lledrith *m,* swyngyfaredd *f (pronounced* ng-g).
gramercy *int. A:* diolch byth! diolch i Dduw!
graminaceous, gramineous *a.* glaswelltog, gwelltog.
graminivorous *a.* gwelltysol.
gramma = grama.
grammalogue *n. (in shorthand):* (*)llythrennair (llythreneiriau) *m,* arwyddair (arwyddeiriau) *m.*
grammar *n.* gramadeg(-au) *mf (always m when = book of grammar)*; **that's not [good] ~,** nid yw hynna'n gywir. **~ school** *n.* ysgol *(f)* ramadeg (ysgolion gramadeg).
grammarian *n.* gramadegydd(-ion) *m,* gramadegwr (gramadegwyr) *m,* gramad|egwraig *f.*
grammatical *a.* gramadegol.
grammaticalize *v.t.* = **grammaticize.**
grammatically *adv.* yn ramadegol, o ran gramadeg.
grammaticize *v.t.* gramadegu.
grammatology *n.* gramatoleg *f.*
gramme *n. Meas:* gram(-au) *m.* **~-calory** *n. Ph:* gram-c|alori (~-calorïau) *m.*
grammon *n. Fish:* = **caddis.**
gramophone *n.* gr|amoffon (gramoffonau) *mf, occ:* gr|amaffon(-s) *mf.*
gramophonic *a.* gramoffonig, adleisiol.
Grampian *a.* **the ~ Range, the Grampians** *Pr.n. Geog:* y Mynydd Bannog *m.*
grampus *n. Z:* morfil(-od) *m,* morwch (morychod) *mf,* morfochyn (morfoch) *m.*
gran *n. F:* nain: neina *f, S:* mam-gu *f.*
granadilla *n. Bot:* granadila (granadilâu) *m.*
granary *n.* granar(-au, graneri) *m, occ:* ysgubor(-iau) *f,* yty (ytai) *m,* ydlofft(-ydd) *f, M.W:* llofft(-ydd) *(f)* ŷd, *S.W:* storws *m,* llofft-storws *mf. S.a.* **bread**[1].
grand *a.* **1.** *(in titles):* prif, uchel, arch-, pen- *(precede n. + soft mut.)*; aruchel; **~ vizier,** prif weinidog, uchel fisir; **~ duke,** archddug(-iaid) *m;* **~ duchess,** archdduges(-au) *f;* **~ duchy,** archddugiaeth(-au) *f;* **~ master,** pennaeth (penaethiaid) *m,* penllywydd(-ion) *m.* **2.** *(a) (= main):* prif *(precedes n. + soft mut.)*; mawr, mwyaf. **the G~ Cross,** y Groes Fawr; **the G~ Lodge,** y Brif Gyfrinfa; *Geog:* **the G~ Canyon,** yr Hafn Fawr; **the ~ staircase,** y prif risiau, y grisiau mwyaf; *Jur:* **~ larceny,** lladrad mawr *m; (b) (= final):* terfynol, yn ei grynswth; **the ~ total,** y cyfanswm *m;* **~ finale,** diweddglo *m,* uchafbwynt *m.* **3. a ~ display of fireworks,** arddangosfa fawr o dân gwyllt; **~ old man,** henwr hybarch *m;* **~ tour,** taith fawr *f;* **a ~ passion,** traserch mawr, cariad angerddol *m; Hist:* **the G~ Remonstrance,** y Gwrthdystiad Mawr; **~ piano,** piano(-s) *(m)* cyngerdd; **a baby ~,** piano cyngerdd bach; *Jur.Hist:* **~ jury,** uchel-reithgor(-au) *m; Hist:* **the G~ Army,** y Fyddin Fawr; **the**

G~ Monarch, y Brenin Mawreddog. **4.** *(= grandiose):* mawreddog, ardderchog, godidog, urddasol, ysblennydd, aruchel, *occ:* mawrwych, *F:* crand; **a ~ concert,** cyngerdd mawreddog; **~ barré,** *Mus: **grand barré**;* **~ opera,** |opera fawreddog *f*; **a ~ air,** golwg fawreddog *f*, osgo urddasol *m*; **the ~ manner,** y dull aruchel/urddasol, yr osgo aruchel/urddasol, yr ymarweddiad aruchel/urddasol. **5.** *F: (= very good):* campus, gwych, ardderchog, diguro, aruthrol, heb ei ail, na ellid mo'i well; **we had a ~ time,** fe gawsom hwyl aruthrol; *N:* fe gawsom hwyl arw; **he's a ~ fellow,** hen fachgen iawn yw e; *N:* mae'n fachgen clên; *S:* mae e'n fachan piwr; *(b) F:* **I'm not feeling very ~,** *N:* 'dydw i ddim yn rhyw dda iawn; 'rwy'n teimlo'n bethma/giami/gwla; 'rwy'n teimlo'n ddigon clwc. **6.** *n. U.S: F:* mil *(f)* o ddoleri; **two ~,** dwy fil. **7.** *Fr:* **the G~ Prix,** y Brif Wobr *f*; **a ~ prix,** ras *(f)* wobr fawr (rasus gwobrau mawr); *Med:* ***le ~ mal,*** **= epilepsy;** *Hist:* **le G~ Siècle,** y Ganrif Fawr *f*; **~-aunt** *n.* **= great-aunt. ~-dad** *n.* **= grandfather. ~-daughter** *n.* wyres(-au) *f.* **~-ducal** *a.* archddugol. **~-nephew** *n.* **= great-nephew. ~-niece** *n.* **= great-niece ~-uncle** *n.* **= great-uncle.**

grandam *n. A:* **= grandmother, ancestress.**

grandchild *n.* ŵyr (wyrion) *m*, wyres(-au) *f*; **great ~,** gor-ŵyr (~-wyrion) *m*, gor-wyres(-au) *f.*

grandee *n.* pendefig(-ion) *m*, uchelwr (uchelwyr) *m.*

grandeur *n.* mawredd *m*, arucheledd *m*; *(= pomp):* rhwysg *m*, urddas *m*, gwychder *m*, godidowgrwydd *m*, mawreddogrwydd *m*; **the ~ of the view,** ysblander *(m)* yr olygfa; *S.a.* **delusion.**

grandfather *n. N:* taid (teidiau) *m*, *S:* tad-cu(-od) *m*; *occ: (in greeting):* teida. **~ clock,** cloc(-iau) *(m)* wyth niwrnod, cloc mawr.

grandiflora *a.* blodeufawr.

grandiloquence *n.* chwyddiaith *f.*

grandiloquent *a.* chwyddedig, chwyddieithog, rhwysgfawr; *(= boastful):* bocsachus, ymffrostgar.

grandiloquently *adv.* yn chwyddedig *&c.*

grandiose *a.* mawreddog, rhwysgfawr, rhodresgar, *F:* crand.

grandiosely *adv.* yn fawreddog *&c.*

grandiosity *n.* rhwysg *m*, rhodres *m*, *F:* crandrwydd *m*, *F:* sbloet *mf*, swae *f.*

grandly *adv.* yn fawreddog, yn urddasol *&c.*

grandma, grandmamma *n. See* **grandmother.**

grandmother *n. N:* nain (neiniau) *f*, *S:* mam-gu(-od) *f*; *Prov:* **to teach your ~ to suck eggs,** yr oen yn dysgu i'r ddafad bori, dysgu pader i berson, *S.W: occ:* dysgu'r crychydd i bysgota.

grandmotherly *a.* neinaidd, fel nain, fel mam-gu; *F: (legislation):* gorofalus, gorfanwl.

grandness *n.* **= grandeur.**

grandpa, grandpapa *n.* **= grandfather.**

grandparent *n.* taid (teidiau) *m*, tad-cu(-od) *m*, nain (neiniau) *f*, mam-gu(-od) *f*; **my grandparents,** fy nhaid a'm nain; **grandparents** *pl*, teidiau a neiniau.

grandsire *n. Lit:* **1. = grandfather. 2.** *(= ancestor):* cyndaid (cyndeidiau) *m*, cyndad(-au) *m*, hynafiad (hynafiaid) *m.*

grandson *n.* ŵyr (wyrion) *m*; **great ~,** gor-ŵyr (~-wyrion) *m.*

grandstand *n. Sp:* y prif feinciau *pl*, prif safle(-oedd) *m*, prif stand(-iau) *mf*; **~ finish,** terfyn cyffr|ous *m*; **~ view,** golwg berffaith *(f)* **(of sth,** ar rth); *U.S:* **~ play,** chwarae gorchestol *m.*

grange *n.* **1.** plasty (plastai) *m*, plas(-au) *m*, *S:* maenor(-au,-ydd) *f*, *N:* maenol(-au,-ydd) *f.* **2.** *A:* **= barn.**

granger *n. U.S:* **= farmer.**

grangerism *n.* rhyngddalennu *vn.*

grangerite *n.* **= grangerizer.**

grangerization *n.*, **grangerize** *v.t.* rhyngddalennu.

grangerized *a. Lib:* gyda deunydd ychwanegol.

grangerizer *n.* rhyngddalennwr (rhyngddalenwyr) *m.*

graniferous *a.* grawnddwyn.

graniform *a.* grawnffurf.

granite *n.* gwenithfaen *m*, ithfaen *m.*

graniteware *n.* crochenwaith brith *m.*

granitic *a.* gwenithfaenol, ithfeinig, gronynfaenaidd, gronynfaenol.

granitite *n.* *ithfeinit *m.*

granivorous *a.* grawnysol, gronysol.

grannie, granny *n. F:* neina *f*; *S.a.* **grandmother. ~ knot** *n.* cwlwm *(m)* nain, cwlwm mam-gu.

granolithic *a.* granolithig.

granophyre *n. Miner:* gr|anoffyr *m.*

granophyric *a. Miner:* granoffyrig.

Granston *W.Pl.n.* Treopert *f.*

grant¹ *n.* **1.** *Jur: &c: (= conferment):* rhoddiad *m*, rhodd(-ion) *f*, grant(-iau) *m*; **~ of administration,** grant gweinyddu; **~ of probate,** grant profiant. **2.** *(money):* cymhorthdal (cymorthdaliadau) *m*, grant; **~-aided** *a.* cymorthedig, â chymhorthdal; **~-aided school,** ysgol gymorthedig (ysgolion cymorthedig) *f.* **~-in-aid** *n.* **= grant¹2.**

grant² *v.t.* **1.** *(a)* caniatáu rhth i rn, gadael i rn wneud rhth *(not* gadael rhn i wneud rhth, *= leave s.o. to do sth).* **he was granted permission to go,** cafodd fynd; cafodd ganiatâd i fynd; *Lit:* **God ~ that ...,** Duw a ganiatao fod ...; rhynged bodd i Dduw fod ...; Duw a roddo fod ...; *P:* **(I beg your pardon) - granted!** (mae'n ddrwg gen i) - popeth yn iawn, *S:* peidiwch [â] becso! *(b)* **to ~ a prayer,** gwrando gweddi, ateb gweddi. **2.** *(= give):* rhoi, *Lit:* rhoddi (rhth i rn); **to ~ a loan,** cytuno ar fenthyciad. **3. to ~ sth as a fact,** addef/cydnabod bod rhth yn ffaith; **I ~ that you may be right,** 'rwy'n addef/cytuno y gellwch fod yn gywir; **granted that you are right,** a bwrw eich bod yn iawn; **I ~ you (he's a rogue),** (mae'n ddyn drwg) mi wn, mae'n wir; **to take sth for granted,** cymryd rhth yn ganiataol; **he takes it for granted he may do it,** nid yw'n amau na chaiff ei wneud; mae'n cymryd y caiff ei wneud; **you take too much for granted,** 'rydych yn rhagdybio gormod; **I take it for granted he'll come,** fe ddaw, mae'n siŵr gen i; mae'n debyg gen i y daw; *N:* mi ddaw, siawns gen i; siawns gen i na ddaw.

grantee *n.* grantî (grantïon) *m&f.*

Granth *Pr.n. Rel:* y Granth *m.*

grantor *n.* rhoddwr (rhoddwyr) *m*, grantiwr (grantwyr) *m.*

granular *a.* gronynnog, gronynnaidd.

granularity *n.* gronynogrwydd *m*, gronynnedd *m.*

granularly *adv.* yn ronynnog.

granulate *v.t.&i.* **1.** *v.t.&i.* gronynnu. **2.** *v.t.&i. (= roughen):* garwh|au. **3.** *v.i. Med: (of wound):* gronynnu.

granulated *a.* gronynnog, gronynellog.

granulation *n.* gronyniad *m*, gronynnu *vn.* **~ tissue** *n. Med:* cig balch *m*, meinwe gronynnog *m*, cnodwe gronynnog *m.*

granule *n.* gronyn(-nau) *m*, gronynnell (gronynellau) *m*, gronigyn (gronigion) *m.*

granulite *n.* gronynit *m*, gr|anwlit *m.*

granulitic *a.* gronynitig, granwlitig.

granulocyte *n.* gronyngell(-oedd) *m (pronounced* ng-g), gran|wlosyt (granwlosytau) *m.*

granuloma *n.* gronyndyfiant (gronyndyfiannau) *m.*

grape *n.* grawnwinen (grawnwin) *f (the sing. is rare), occ:* gwinronyn (gwinrawn) *m*, grawnen(-ni) *f*, *F:* grepsen: grepan (grêps) *f*; **a bunch of grapes,** grawnswp (grawnsypiau) *m*, swp (sypiau) *(m)* o rawnwin, clwstwr (clystyrau) *(m)* o rawnwin; **sour grapes!** cig cas yw cig coch! grawnwin surion! **seaside ~,** *(Coccoloba uvifera):* gwinwydden (gwinwydd) arfor *f.* **Cape ~,** *(Rhoicissus capensis):* gwinwydden y Penrhyn; **rose ~,** *(Medinilla magnifica):* gwinwydden rosynnog (gwinwydd rhosynnog). **~ berry moth** *n. Ent: (Polychrosis viteana):* gwyfyn(-od) *(m)* y gwinwydd. **~ cane borer** *n. Ent: (Amphicerus bicaudatus):* (*)taradr (terydr) *(m)* y gwinwydd. **~ curculio** *n. Ent: (Craponius inaequalis):* cynrhonyn (cynrhon) *(m)* gwinwydd. **~-fern** *n. Bot: (Botrychium lunaria):* **= moonwort. ~-gatherer** *n.* cynaeafwr (cynaeafwyr) *(m)* gwin. **~-harvest** *n.* cynhaeaf *(m)* grawnwin. **~ hyacinth** *n. Bot: (Muscari atlanticum):* sosin bach glas *m.* **~-ivy** *n. Bot: (Rhoicissus rhomboidea):* eiddew gwinwyddol *m*, iorwg gwinwyddol *m.* **~-shot** *n. Mil:* haels *pl.* **~-sugar** *n.* **= dextrose.**

grapefruit *n.* grawnffrwyth(-au) *m*; (siadog *has been suggested but the **shaddock** is a different fruit).*

grapery *n.* **1. = vineyard. 2.** *(building):* grawnwindy (grawnwindai) *m.*

grapevine *n.* **1.** gwinwydden (gwinwydd) *f*; **I am the true ~,** myfi yw y wir winwydden. **2.** *F:* **(I heard it) on the ~,** (mi glywais y stori) gan fronwen, gan aderyn bach, trwy glep a si, gan hen frân wen, gan bobl y goets fawr; *N:* mi glywais i hŷm amdano; mi ges i achlust ohono; felly maen' nhw'n dweud; y nhw sy'n dweud. **~ fidia** *n. Ent: (Fidia viticida):* (*)chwilen (chwilod) *(f)* y gwinwydd.

graph¹ *n.* graff(-[i]au) *m*; **compound line ~,** graff llinell gyfansawdd; *S.a.* **bar¹**, **pie**; **wheel ~**, graff olwyn. **~ paper** *n.* papur (*m*) graff.

graph² *v.t.* gwn|eud graff (o rth), graffio (rhth).

graphematic *a.* = **graphemic**.

grapheme *n. Ling:* graffem(-au) *mf.*

graphemic *a. Ling:* graffemig.

graphemics *n.pl. Ling:* graffemeg *f.*

graphic *a.* **1.** *Mth: &c:* graffig. **2.** *(description &c):* graffig, byw, bywiog, manwl gywir, darluniadol, gafaelgar; **~ notation,** *Mus:* nodiant graffig *m.*

graphicacy *n.* graffigrwydd *m*, graffigedd *m.*

graphical *a.* graffigol.

graphically *adv.* **1.** *Mth: &c:* yn [g]raffig *(does not usually mutate).* **2.** yn fywiog *&c.*

graphics *n.* graffeg *f*, graffigwaith *m*, gwaith graffig *m.*

graphite *n.* graffit *m.*

graphitic *a.* graffitig.

graphitization *n.*, **graphitize** *v.t.* graffitio, graffiteiddio.

grapho-motor skills *n.pl. Sch:* medrau ysgrifennu llythrennau.

graphological *a.* graffolegol.

graphologist *n.* ysgrifenegwr, ysgrifenegydd (ysgrifenegwyr) *m*, graffolegwr, graffolegydd (graffolegwyr) *m.*

graphology *n.* ysgrifenneg *f*, graffoleg *f.*

graphometer *n.* graffomedr(-au) *m.*

grapnel *n.* **1.** gafaelfach(-au) *m*, bach(-au) cam *m.* **2.** *(= small anchor):* angoryn(-nau) *m.*

grappa *n.* grapa *m.*

grapple¹ *n.* **1.** = **grapnel. 2.** *Wr:* gafael(-ion) *f*, bachell(-au) *f.* **~-plant** *n. Bot: (Harpagophytum procumbens):* (*)y llwyn bachog *m.*

grapple² *v.i.&t.* **1.** *v.i.* **to ~ with sth,** ymgodymu â rhth, mynd i'r afael â rhth. **2.** *v.t.* cydio, gafael (yn rhth); bachu, bachellu (rhth).

grappler *n.* ymgodymwr (ymgodymwyr) *m*, cydiwr (cydwyr) *m.*

grappling *vn.* **~ anchor** *n. Nau:* angor(-au,-ion) (*m*) bachu. **~-iron** *n. Nau:* = **grapnel.**

graptolite *n.* gr|aptolit (graptolitau) *m.*

graptolitic *a.* graptolitig.

grapy *a.* grawnwinaidd, grawnwinog, grawnwinol.

grasp¹ *n.* **1.** *(= hold):* gafael(-ion) *f*, hafflau *pl*, crafangau *pl*, *occ:* crâff *m*; **to escape from s.o.'s ~,** dianc o afael/hafflau/grafangau rhn; **alternate ~,** gafael ar yn ail; **inward ~,** mewnafael *f*; **over ~,** trosafael *f*; **under ~,** tanafael *f*; **I had it within my ~,** 'roedd o fewn fy ngafael; 'roedd o fewn cyrraedd i mi; 'roedd tan f'ewin[-edd] i; **beyond one's ~,** y tu hwnt i'ch cyrraedd; *(= possession):* gafael, meddiant *m.* **2.** *(= comprehension):* amgyffrediad *m* (o rth); crap *m*, clem *f* (ar rth).

grasp² *v.t.* **1.** *(= hold):* cydio, gafael, *N.W:* cydiad (yn rhth); gwasgu (rhth); dal gafael (ar/yn rhth), *occ:* dal crâff (ar rth), *S.E: occ:* crampo (rhth); **to ~ s.o.'s hand,** cydio yn llaw rhn; **to ~ the nettle,** *Fig:* gwasgu'r danadl, gwasgu'r ddanhadlen; **to ~ the opportunity,** achub y cyfle, dal ar y cyfle; *Prov:* **~ all, lose all,** rhy lawn a gyll; coflaid fechan, a'i dal yn dyn[n]; **to ~ at a straw,** crafangu am welltyn. **2.** *(= comprehend):* deall, amgyffred, dirnad; **an argument difficult to ~,** dadl anodd i'w dilyn, dadl annirnadwy.

graspable *a.* **1.** gafaeladwy, cydiadwy. **2.** *(argument &c):* dealladwy, dirnadwy, amgyffredadwy.

grasper *n.* **1.** cydiwr (cydwyr) *m*, gafaelwr (gafaelwyr) *m*, daliwr (dalwyr) *m*, (yn rhth); crafangiwr (crafangwyr) *m* (am rth). **2.** *(= miser):* cribddeiliwr (cribddeilwyr) *m*, cybydd(-ion) *m*, cribiniwr (cribinwyr) *m*, *F:* Siôn (*m*) l[l]ygad y geiniog, hen gribin *m*, *A:* crinwas (crinweision) *m.*

grasping *a.* **1.** *Biol: &c: (claws &c):* sy'n cydio, sy'n gafael yn dyn[n], crafangog, gafaelus, gafaelog, tyn[n] eich gafael; **~ flippers,** esgyll (*pl*) cydio. **2.** *(= greedy, miserly):* bachog, crafangus, crafangllyd, cybyddlyd, crintachlyd, cribddeilgar, rheibus, barus, ariangar (*pronounced* ng-g), ysglyfgar, caffaelgar, *N: F:* hafin, *S. W:* sgilffeth; **to be ~,** bod yn 'sgut am arian/bres, crafu pob dimai, *S. W:* crabinio.

graspingly *adv.* yn gybyddlyd *&c.*

graspingness *n.* cyb|ydd-dod *m*, cyb|ydd-dra *m*, crintachrwydd *m*, bariaeth *f*, trachwant *m*, gwanc *m*, rhaib *m.*

grass¹ *n.* **1.** gwelltglas *m*, gwellt glas, *F: occ:* gwellt *m*, *N.W: occ:* gwelltglaitsh *m*, *Joc:* blew (*pl*) cae, *S.W:* porfa *f*, *mainly Lit:* glaswellt *m*; *however the word in commonest use N: & S: appears to be* gwair *m (strictly = long grass)*; *in such areas hay is distinguished (where necessary) as* gwair sych; *for the names of other grasses, See under the first element, e.g.* **couch-grass** *&c*; **a single ~ plant,** glaswelltyn *m*, blewyn (*m*) o laswellt, gweiryn *m*; **a blade of ~,** gwelltyn *m*, *occ:* porfëyn *m. occ:* blewyn glas *m*; **grasses,** gweiriau, glaswelltau; **coarse ~,** gwair bras, gwellt bras, gwair rhos, bragwair *m*, marchwellt *m*, rhoswellt *m*; **thin ~,** cawnen (cawn) *f*; **rank ~,** gwellt/glaswellt/gwelltglas bras, marchwellt *m*, *S. W:* ceden *f*; **pasture ~,** gwellt pawr; *Agr:* **one year old ~,** *N: occ:* egras *m*; *S.a.* **aftermath**; **~ of the Andes,** = **oat-grass**; *Bot:* **~ of Parnassus,** *(Parnassia palustris):* brial (*m*) y gors, carped (*m*) y duwiau; *F:* **don't let the ~ grow under your feet,** paid ag oedi; paid â cholli'r cyfle; *Vet:* **~ staggers,** dera (*f*)'r borfa. **2.** *(a) (= pasture):* porfa (porf|eydd) *f*; **to turn/put a horse out to ~,** troi ceffyl allan i bori; **to be at ~,** *Fig:* bod ar y clwt, bod ar eich gwyliau, hamddena; **to put land under ~,** hau porfa; **~ keep,** porfelaeth *f*; *(b) (= lawn):* lawnt(-iau,-ydd) *f*, *occ:* lle glas (llefydd gleision) *m*, clwt (clytiau) glas *m*; *P.N:* **"please keep off the ~",** "na cherddwch ar y glaswellt"; "na cherddwch ar y lawnt". **3.** *Min:* = **pit-head. 4.** *P: (= informer):* prep(-iaid) *m&f*, prepiwr (prepwyr) *m*, clepgi (clepgwn) *m*, hen brep, hen glep. **5. ~ bass** *n. Ich: (Pornoxys sparoides):* (*)draenog(-iaid) symudliw *m.* **~ bird** *n. Orn:* = **fernbird. ~-box** *n. Hort:* blwch (blychau) (*m*) torion/glaswellt, bocs(-ys) (*m*) dal gwellt. **~-carp** *n. Ich:* cerpyn(-nod) (*m*) y glaswellt. **~ chat** *n. Orn:* = **whinchat. ~-cloth** *n. Tex:* (*)lliain (*m*) gwair. **~ court** *n. Ten:* cwrt(-iau) glas *m.* **~ disease** *n. Vet:* clefyd (*m*) y borfa. **~ fern** *n. Bot: (Bittaria lineata):* rhedynen (*f*) laswellt (rhedyn glaswellt). **~ finch** *n. Orn:* pinc(-od) (*m*) y borfa. **~ green** *a.* gwyrddlas (*f.* gwerddlas, *pl.* gwyrddleision), glaswyrdd (*f.* glaswerdd, *pl.* glaswyrddion), gwelltwyrdd (*f.* gwelltwerdd, *pl.* gwelltwyrddion) **~ grown** *a.* = **grassy. ~ lily** *n. Bot: (Dichopogon strictus):* lili(*f*)'r borfa. **~ mildew** *n.* llwydni(*m*)'r glaswellt. **~ moth** *n. Ent: (Crambus):* gwyfyn(-od) (*m*) y gwellt. **~ owl** *n. Orn: (Strix candida):* tylluan(-od) (*f*) y glaswellt, tylluan y borfa. **~ palm** *n. Bot: (Cordyline australis):* (*)palmwydden wellt (palmwydd gwellt). **~ parakeet** *n. Orn: (Neophema):* parotan(-od) (*m*) y glaswellt, *F:* byji(-s) *m.* **~ pea** *n. Bot: (Lathyrus sativus):* ytbysen (ytbys) *f.* **~ pink** *n. Bot: (Dianthus plumarius):* penigan(-au) *m.* **~ poly** *n. Bot: (Lythrum hyssopifolis):* gwyarllys isopddail *m.* **~ porgy** *n. Ich:* porgi(*m*)'r gwellt (porgïaid y gwellt). **~ quit** *n. Orn: (Euetheia):* twinc(-od) (*m*) y glaswellt. **~ roots** *n. U.S:* **1.** *(= upper layer of soil):* tonnen *f*, tywarchen *f.* **2.** *(= countryside):* cefn (*m*) gwlad. **3.** *(= countryfolk):* gwladwyr *pl*, pobl (*f or pl*) cefn gwlad, gwerin *f*, y werin, *occ:* y trwch *m*; **to get back to the ~ roots,** mynd yn ôl at y werin; **~ roots support,** cefnogaeth gwerin gwlad, cefnogaeth y trwch. **4.** *(= basics):* hanfodion *pl*, pethau sylfaenol/gwaelodol *pl.* **~ skirt** *n.* sgert (*f*) wair (sgertiau gwair), sgyrt (*f*) wair (sgyrtiau gwair). **~ snake** *n.* neidr (nadr[o]edd) (*f*) y glaswellt, *occ:* neidr (nadroedd) y gwair, neidr lwyd (nadr[o]edd llwyd/llwydion), neidr fraith (nadr[o]edd brith/brithion), neidr dorchog (nadr[o]edd torchog), neidr y domen/tomennydd. **~ snipe** *n. Orn: (Pisobia maculata):* = **sandpiper (spotted). ~ sponge** *n. Z: (Spongia graminea):* [y]sbwng ([y]sbyngau) tuswog *m.* **~ staggers** *n. Vet:* dera(*f*)'r borfa. **~ tetany** *n. Vet:* y cryndod *m.* **~ tree** *n. Bot: (Xanthorrhoea): (Kingia australis):* (*)coeden (*f*) laswellt (coed glaswellt). **~ vetch[ling]** *n. Bot: (Lathyrus nissolia):* ytbysen goch (ytbys coch) *f*, ffugbysen rudd (ffugbys rhudd) *f.* **~ web-worm** *n. Ent:* lindysyn (lindys) gweog (*m*) y borfa. **~ widow** *n.* gweddw(-on) (*f*) dros dro, *M.W: S:* gwidw(-od) (*f*) biw|itsh. **~ widower** *n.* gŵr (gwŷr) (*m*) gweddw dros dro. **~ worm** *n. Ent: (Laphygma fraigiperda):* lindysyn y borfa. **~-wrack** *n. Bot: (Zostera marina):* ysnoden laswerdd (ysnodenni glaswyrdd) (*f*) y môr, gwellt (*pl*) y gamlas, glasnoden (*f*) y môr (glasnodenni'r môr). **~ wren** *n. Orn: (Amytornis):* dryw(*mf*)'r glaswellt (drywod y glaswellt), dryw'r borfa (drywod y borfa).

grass² *v.t.&i.* I. *v.t.* **1. to ~ a field,** glasu cae, hau cae â glaswellt, tywarchu/glaswelltu cae; **to ~ ground over,** hau/gorchuddio tir â glaswellt. **2.** *Tex:* gwynnu, cannu [yn yr haul]. **3.** *(= knock down):* llorio, trechu. **4.** *Fish: (= land):* glanio. **5.** *(= shoot down):* cwympo, llorio. **6.** *F: (= betray):* bradychu (rhn), prepian (am/ar rn). **7.** *U.S: (= provide with pasture):* porfelu. II. *v.i. (= inform):* prepian (**on s.o.,** am/ar rn).

Grassholm *Pr.n. Geog:* Gwales *m.*

grasshopper *n.* ceiliog(-od) (*m*) rhedyn, *F:* sioncyn (sioncod) (*m*) [y] gwair, *N.W: F:* Jac (*m*) sbonc, Robin (*m*) sbonc, Robin sbonciwr, sboncyn (*m*) [y] gwair, sbonciwr (*m*) [y] gwair, *S.E: occ:* ceiliog (*m*) y gwair, *S.W: occ:* Jac y jwmper. **~ sparrow** *n. Orn: (Coterniculus):* llwyd(-iaid) adeinfelyn *m.*

grassiness *n.* glesni *m*, irlesni *m*, gwelltogrwydd *m*, gweiriogrwydd *m.*

grassland *n.* porfa (porf|eydd) *f*, porfeldir(-oedd) *m*, glaswelltir(-oedd) *m*, tir(-oedd) (*m*) glaswellt, tir glas (tiroedd gleision), gw[y]ndwn *m*, *S.W: occ:* tondir(-oedd) *m*; *Geog:* glaswelltir.

grassless *a.* dilaswellt, heb laswellt, moel, llwm (*f.* llom, *pl.* llymion).

grassnut *n. Bot: (Cypercus repens):* cneuen (*f*) laswellt (cnau glaswellt).

grassy *a.* gwelltog, glaswelltog, glas (gleision), gweiriog.

grate[1] *n.* **1.** = **grating. 2.** *(of fireplace):* grât (gratiau) *mf.* **~-polish** *n.* blac-led *m*, polish (*m*) gratiau.

grate[2] *v.t. (= put bars on windows &c):* bario, rhwyllo.

grate[3] *v.t.&i.* I. *v.t.* **1.** *(cheese &c):* gratio, *Lit:* rhathu, rhathellu. **2. to ~ one's teeth,** crensian/crensio/grinjan/rhincian dannedd. II. *v.i. (a) (of machine):* crensian; *(of chalk on blackboard):* gwichian, crafu, [y]sgriffian; *(of door &c):* rhygnu, gwichian, crafu; *(b)* **to ~ on the ear,** merwino'r glust; **to ~ on one's nerves,** bod yn dân ar groen rhn.

grated *a.* **1.** *(= with bars):* barrog, rhwyllog. **2.** *Cu:* gratiedig.

grateful *a.* **1.** diolchgar. **2.** *occ: (= pleased):* dymunol, braf, cysurus.

gratefully *adv.* yn ddiolchgar.

gratefulness *n.* diolchgarwch *m.*

grater *n. Cu:* gratur(-on) *m*, gratiwr (gratwyr) *m*, *Lit:* rhathell(-au) *f*, crafell(-au,-i) *f.*

graticule *n.* rhwydwaith *m*, rhwyllwaith *m*, gr|aticwl *m.*

gratification *n.* boddhad *m*, pleser(-au) *m*, boddh|au *vn.*

gratified *a.* balch, boddh|aus, wedi'ch plesio, wrth eich bodd, *F:* plês; **I was ~ to hear,** yr oeddwn i'n falch o glywed.

gratify *v.t.* boddh|au, boddio, plesio, *Lit:* rhyngu bodd rhn.

gratifying *a.* boddh|aus, pleserus, braf; **it is ~ to hear,** braf yw clywed; pleser yw clywed.

gratifyingly *adv.* yn foddh|aus *&c.*

grating[1] *a. (noise &c):* cras, gwichlyd, aflafar, sy'n merwino'r glust; **a ~ sound,** sŵn (*m*) crensian.

grating[2] *n.* **1.** *(a) (of cheese &c):* gratiad *m*, rhathiad *m*, gratio *vn*, rhathio *vn*, rhathellu *vn*; *(b) pl.* **gratings,** creifion. **2.** *(of hinge &c):* gwich(-iau) *f*, gwichian *vn*, [sŵn *m*] crafu, [sŵn] crensian.

grating[3] *n.* **1.** *(of window &c):* barrau *pl*, gratin *m*, *Lit:* rhwyll(-au) *f*; *(over ashpit): N.E:* esgrat *m*, *A:* alch(-au, eilch) *f.* **2.** *Opt:* rhwyll, rhwyllwaith *m.*

gratiola *n. Bot: (Gratiola officinalis):* gras (*m*) Duw.

gratis *a. & adv.* am ddim (*not* yn ddi-dâl).

gratitude *n.* diolchgarwch *m.*

gratuitous *a.* **1.** *(= free of charge):* am ddim, rhad. **2.** *F: (= uncalled-for, motiveless):* anesgusodol, di-alw-amdano (amdani, amdanynt *&c*), direswm, heb achos, digymell, mympwyol.

gratuitously *adv.* **1.** am ddim, yn rhad. **2.** *F:* heb reswm, yn ddi-alw-amdano, wrth fympwy *&c.*

gratuitousness *n.* **1.** *(of gift &c):* rhadlonrwydd *m*, rhadlonder *m*, rhadlondeb *m.* **2.** *(of insult &c):* anesgusodoldeb *m*, natur ddiachos *f*, diffyg (*m*) rheswm, mympwy *m*, mympwyoldeb *m*, afresymoldeb *m*, natur ddi-alw-amdani *f.*

gratuity *n.* **1.** cildwrn (cildyrnau) *m*, *N: A:* faels *pl.* **2.** *Mil:* arian (*m*) rhodd, tysteb(-au) *f.*

gratulate *v.t. A:* = **congratulate.**

gratulation *n. A:* = **congratulation.**

gratulatory *a.* = **congratulatory.**

graunch *v.t.&i.* crensian; *(= damage):* andwyo, niweidio, difetha, *N: F:* hambygio.

gravamen *n.* **1.** *Ecc:* achwyniad(-au) *m.* **2.** *Jur: (= essence):* baich (*m*) cŵyn, hanfod(-ion) *m*, sail (seiliau) *f*, sylwedd *m.*

grave[1] *n.* bedd(-au,-i) *m*, *Lit: occ:* beddrod(-au) *m*, claddfa (claddf|eydd) *f*, *F:* y twll du *m*, *S.W:* y pwll mawr *m*; **to dig a ~,** torri bedd, agor bedd; **a pauper's ~,** bedd dyn tlawd; **the paupers' ~,** bedd y tlodion; **he's in his ~,** mae yn ei fedd; mae wedi ei gladdu; mae dan y dywarchen; **he carried the scars to his ~,** bu'r creithiau arno hyd ddydd ei farw; **he just escaped a watery ~,** bu ond y dim iddo foddi; bu bron iddo fynd i ddyfrllyd fedd; *F:* **he'd turn in his ~,** fe fyddai'n troi yn ei fedd; *F:* **someone's just walked over my ~,** fe aeth rhyw ias drwof i; **he has one foot in the ~,** mae ar war ei bwll; mae ar fin trengi; mae ym mhorth y fynwent; *S.E:* mae bachan y bâl ar ei ôl e; mae'r wadd/wahadden wedi winco arno fe; *N:* mae'r twrch daear wedi wincio arno fo; **to lay s.o. in a ~,** claddu rhn, *occ:* daearu rhn; **that place has been the ~ of many reputations,** claddwyd llawer enw da yn y lle hwnnw; **(a voice) from beyond the ~,** (llais) o'r bedd, o'r tu hwnt i'r llen. **~-clothes** *n.pl.* dillad claddu, amdo(-au) *mf.* **~-digger** *n.* torrwr (torwyr) (*m*) beddau, dyn(-ion) (*m*) torri beddau. **~-digging** *n.* torri (*vn*) beddau. **~-goods** *n.pl.* nwyddau claddu. **~-robber** *n.* ysbeiliwr (ysbeilwyr) (*m*) beddau. **~-trap** *n. Th:* trap (*m*) bedd. **~-worm** *n.* breuad *m*, pryf(-ed) (*m*) y bedd.

grave[2] *v.t. A:* cerfio; **it's graven on my memory,** mae wedi ei argraffu ar fy nghof.

grave[3] *a.* **1.** *(a) (pers.):* difrif, difrifol, dwys, difrifddwys, difrifolddwys, pendrwm, sobr, *F:* o ddifri, *S:* seriws; *(= dignified):* urddasol; *(= plain):* plaen; *(b)* **~ news,** newydd difrifol/enbyd; *(= important):* pwysig; **to make a ~ mistake,** cyfeiliorni'n arw/ddybryd. **2.** *Gram: (grav):* disgynedig, trwm (*f.* trom, *pl.* trymion); **~ accent,** acen ddisgynedig (acenion disgynedig) *f.*

grave[4] *v.t. Nau: Const:* glanh|au, crafu'n lân.

gravel *n.* **1.** gro *mf*, graean *m*, cerrig mân *pl*, grut: grud *m*, tywod bras *m*, suntur *m*; **a grain of ~,** greyenyn *m*, *occ:* tywodyn bras *m*, *occ:* gröyn *m*; **small ~,** manro *mf*, gro mân, *f*; **taele ~,** gro taele. **2.** *Med:* graeanwst *m*, maen tostedd *m*, y grafel *m.* **~ beach** *n.* marian(-au) *m.* **~-blind** *a.* cibddall, ll|ed-ddall. **~ path** *n.* llwybr(-au) (*m*) graean, llwybr graeanog. **~ pit** *n.* grobwll (grobyllau) *m*, pwll (pyllau) (*m*) gro, pwll graean.

gravel[2] *v.t.* **1.** *(a path &c):* graeanu, grudio, gorchuddio â gro. **2.** *F: O: (= baffle):* drysu, moedro, maglu (rhn); rhoi (rhn) mewn penbleth; **to be gravelled,** methu ateb, methu dweud na bw na be.

graveless *a.* heb fedd, heb eich claddu, di-fedd, difeddrod.

gravelled *a.* **1.** *Vet: (horse &c):* grafelog. **2.** *(ship):* yn sownd. **3.** *(= puzzled):* mewn penbleth, dryslyd, *S:* mewn stwmp.

gravelly *a.* **1.** *(path &c):* graeanaidd, graeanog, grudiog, graeanllyd; **~ earth,** suntur *m.* **2.** *(voice):* cras, aflafar. **3.** *(= puzzled):* dryslyd.

gravely *adv.* yn ddifrifol *&c.*

graven *a. A:* cerfiedig; **a ~ image,** delw gerfiedig.

graveness *n.* difrifwch *m*, difrifoldeb *m*, dwyster *m*; *(= dignity):* urddas *m*; *(= importance):* pwysigrwydd *m.*

graver *n.* **1.** *(pers.):* cerfiwr (cerfwyr) *m*, c|erfwraig (cerfwragedd) *f*, naddwr (naddwyr) *m*, n|addwraig *f.* **2.** *Tls:* pwyntil(-au) *m*, cyn (cynion) (*m*) cerfio, cratell(-au,-i) *f*; **multiple ~,** crafell luosbig *f.*

graveside *n.* glan (*f*) bedd.

gravestone *n.* carreg (*f*) fedd (cerrig beddi), beddfaen (beddfeini) *m.*

Gravettian *a. Archeol:* Grafetaidd.

graveyard *n.* mynwent(-ydd) *f*, *occ:* claddfa (claddf|eydd) *f.*

gravid *a. (woman):* beichiog, *S:* braisg; *(animal):* llawn(-ion), boliog, torrog, trwm (*f.* trom, *pl.* trymion); *(sow):* torrog; *(cow):* cyflo; *(mare):* cyfeb; *(ewe):* cyfoen, llawn.

gravimeter *n.* gr|afimedr (grafimedrau) *m*, disgyrchiadur(-on) *m.*

gravimetric *a.* grafimetrig, disgyrchiadurol.

gravimetry *n.* grafimetreg *f*, mesur (*vn*) pwysau.

graving *vn.* **~-beach** *n.* traeth(-au) (*m*) glanh|au. **~-dock** *n.* doc(-iau) sych *m*, doc glanh|au.

gravitate *v.i.* **1. to ~ towards sth,** tynnu at rth, tueddu at rth, tueddbennu at rth; **to ~ round sth,** troi/cylchdr|oi o gwmpas rhth. **2.** *(= sink, settle):* suddo, gwaelodi, gwaddodi.

gravitation *n.* **1.** *Ph:* disgyrchedd *m*; **the law of ~,** deddf disgyrchedd. **2.** *(= attraction):* atyniad *m*, tyniad *m*, tynfa *f* (**towards sth,** at rth); *(= tendency):* tueddiad *m*, tueddbeniad *m.*

gravitational *a.* disgyrchol; **~ constant,** cysonyn (*m*) disgyrchedd; **~ field,** maes (*m*) disgyrchedd; **~ force,** grym (*m*) disgyrchedd; **~**

slumping, cylchlithro (*vn*) disgyrchol; ~ **units,** unedau disgyrchedd.

gravitative *a.* **1.** *Ph:* disgyrchol. **2.** *(= attracting):* atyniadol, tueddiadol, tueddbennol.

gravity *n.* **1.** *(= solemnity):* difrifwch *m*, difrifoldeb *m*, dwyster *m*, sobrwydd *m*; **to lose one's ~,** sirioli; *(= dignity):* urddas *m*; *(of wound, situation &c):* difrifwch, difrifoldeb, enbydrwydd *m*; *(= importance):* pwysigrwydd *m*, pwys *m*. **2.** *Ph: (a)* disgyrchiant *m*; **the force of ~,** grym (*m*) disgyrchiant; **centre of ~,** craidd (*m*) disgyrchiant; *(b)* **specific ~,** dwysedd cymharol *m*; *Aut: &c:* **~ feed,** porthiant (*m*) pwysau, porthiant disgynnol. **~-fed** *a. Aut: &c:* cwymp-borthedig. **~ flow** *n.* llif (*m*) disgyrchiant. **~ pull** *n.* tynfa (*f*) disgyrchiant. **~ wave** *n.* ton ddisgyrchol (tonnau disgyrchol) *f*.

gravure *n. Lib:* grafur(-au) *m*.

gravy *n.* **1.** *Cu: N: occ:* gwlych *m*, *F:* grefi *m*, *A: or Lit:* isgell *m*, sew(-ion) *m*. **2.** *F: (= easy money):* prôg *m*, jam *m*. **~-boat** *n.* jwg (jygiau) (*mf*) gwlych. **~-browning** *n.* brownin *m*. **~ train** *n.* *F:* pot (*m*) mêl; **on the ~ train,** yn y pot mêl.

gray *a. & n.* = **grey.**

grayling *n.* **1.** *Ich:* penllwyd(-ion) *m*, glasgangen (glasganghennau) *f*, glasannen (glasanau) *f*. **2.** *Ent: (Eumeris semele):* glöyn llwyd (gloynnod llwydion) *m*, iâr fach (*f*) y graig.

graywacke *n.* = **greywacke.**

graze[1] *v.i.&t.* **1.** *v.i. (= feed on grass):* pori. **2.** *v.t.* **to ~ cattle,** pori gwartheg, porfelu gwartheg, rhoi gwartheg i bori.

graze[2] *n.* crafiad(-au) *m*, [y]sgryffiniad(-au) *m*, [y]sgriffiad(-au) *m*; *(= light touch):* braidd gyffyrddiad(-au) *m*, *Lit:* cnith(-ion) *m*, *S: occ:* sgathrad *f*, sgolpad *f*.

graze[3] *v.t.* crafu, [y]sgryffinio, [y]sgriffio, *S:* rhwto; *(= touch lightly):* braidd gyffwrdd, *Lit:* cnithio, *S: occ:* sgathru, sgolpo, *S.W:* sgraffinio, sgathrid; *Nau: (of ship):* **to ~ the bottom,** crafu'r gwaelod.

grazier *n.* **1.** porwr (porwyr) *m*, porfelwr (porfelwyr) *m*, porfelydd(-ion) *m*. **2.** *Aus: (= sheep-farmer):* ffermwr (ffermwyr) (*m*) defaid.

grazing *n. & vn.* **1.** *n.* porfa (porf|eydd) *f*, tir(-oedd) (*m*) pori, *occ:* porfeldir(-oedd) *m*; **summer ~,** porfa haf, hafodlas(-au) *f*, *N.E:* sgôr *mf*. **2.** *vn.* pori; **controlled ~,** pori rheoledig; **permanent ~,** pori sefydlog; **random ~,** hap-bori; **rotational ~,** pori cylchdro; **strip ~,** llain-bori; **temporary ~,** pori dros dro. **~ rights** *n.pl.* hawl(-iau) (*f*) pori.

grease[1] *n.* **1.** *(= animal fat):* saim (seimiau) *m*, seimiach *m*, braster *m*, toddion *pl*, bloneg *m*, *S: occ:* sâm *m*; **in ~, in pride of ~, in prime of ~,** blonegog; **goose ~,** saim gŵydd; **wool ~,** saim gwlân; **wool in the ~,** cnufiau porthiannus *pl*; *F:* **elbow ~,** eli (*m*) penelin, nerth (*m*) bôn braich. **2.** *(of candle):* gwêr *m*. **3.** *(= lubricant):* irad: iraid (ireidiau) *m*, saim, *S.W: occ:* gresh *m*; *Mil:* **rifle ~,** saim arfau, iraid arfau. **4.** *Vet:* y seimwst *m*, y grew *m*; **to have the ~,** *S:* greso. **~-band** *n. Arb:* rhwymyn(-nau) gludiog *m*, papur (*m*) côl-tar. **~-box** *n. Mch:* blwch (blychau) (*m*) iro, blwch iraid. **~-cap** *n.* cap(-iau) (*m*) iro, cwpan(-au) (*mf*) iro. **~-cock** *n. Mec.E:* tap(-iau) (*m*) iro. **~-cup** *n.* = **~-cap. ~-gun** *n. Mec.E: Aut:* gwn (gynnau) (*m*) iro, gwn saim/irad. **~-monkey** *n. F:* irwr (irwyr) *m*. **~-proof** *a.* gwrthsaim; **~ paper,** *F:* papur (*m*) menyn. **~-remover, ~-solvent** *n.* saimdoddydd(-ion) *m*, peth(-au) (*m*) toddi saim. **~-trap** *n.* trap(-iau) (*f*) saim.

grease[2] *v.t.* iro, seimio; **to ~ s.o.'s palm,** iro [cledr] llaw rhn; **to ~ a fat sow in the tail,** iro tin hwch â bloneg, iro blonegen; **to ~ the wheels,** *Fig:* hwyluso'r ffordd, cyflymu pethau. **greasing horn** *n.* corn (cyrn) (*m*) bloneg, corn irad.

greasebush *n.* = **greasewood.**

greased *a.* **(to go) like ~ lightning,** (mynd) fel mellten wib, fel mellten [i] bren, fel cath i gythraul, fel ruban, fel Jehu.

greaseless *a.* di-saim, heb iraid.

greasepaint *n. Th:* paent (*m*) iro.

greaser *n.* **1.** *(= engineer):* peiriannydd: peiriannwr (peirianwyr) *m*, irwr (irwyr) *m*, gwerwr (gwerwyr) *m*. **2.** *U.S: Pej: (= Mexican &c):* Sbaniard(-s) *m*. **3.** *P: (= motor cyclist):* hogyn (hogiau) (*m*) moto-beic. **4.** *P: (= dirty person):* mochyn (moch) *m*, *S:* corgi (corgwn) *m*, *N:* 'sglyfaeth(-od) *m*.

greasewood *n. Bot: (Sarcobatus vermiculatus):* llwyn(-i) (*m*) saim.

greasily *adv.* **1.** yn seimlyd, yn seimllyd *&c*. **2.** *(= smarmily):* yn sebonllyd.

greasiness *n.* braster *m*, natur seimlyd *f*, cyflwr seimlyd *m*, golwg seimlyd *f*, *occ:* seimlydrwydd *m*.

greasy *a.* **1.** seimlyd, seimllyd, llawn saim, *occ:* brasterog, ireidlyd, gwerllyd, gwerog, *S.W:* greshlyd; *(= unclean):* aflan, budr(-on), brwnt (*f.* bront, *pl.* bryntion); **it tastes ~,** mae blas saim/seimlyd arno; **~ food,** *S.W:* bwyd loddin *m*; **~ pole,** polyn (polion) llithrig *m*, polyn gwerog. **2.** *(= smarmy):* sebonllyd, seimlyd.

great[1] *a. (a)* mawr(-ion); *Comp. forms:* cymaint, mwy, mwyaf; **very ~,** mawr iawn, dirfawr; **how ~?** pa mor fawr? pa faint? **greater and greater,** mwyfwy; **a ~ big man,** dyn mawr tal, clamp (*m*) o ddyn, clobyn (*m*) o ddyn, cawr (*m*) o ddyn, palff (*m*) o ddyn, *N.W:* palat (*m*) o ddyn; **a ~ big woman,** cloben fawr *f*, pladres (*f*) o wraig/fenyw; **a ~ hundred (= 120),** chwe ugain *m*, cant hir *m*, cant mawr *m*; **a ~ gross,** deuddeg grôs *m*; **a ~ big boulder,** carreg anferth, anferth o garreg; *O:* **the ~ toe,** bawd (*mf*) y troed; **G~ Britain,** Prydain Fawr *f*; **The G~ Orme,** Y Gogarth *m*; **G~ Orme's Head,** Penygogarth *m*; **~ Dane,** ci mawr (*m*) Denmarc; **the G~ Seal,** y Sêl Fawr *f*; *Geog:* **the G~ Divide,** y Cefn (*m*) Deuddwr Mawr; *Hist:* **the Greater London Council,** Cyngor Llundain Fawr; **to grow greater and greater,** tyfu'n fwy, ehangu, cynyddu, chwyddo, ymchwyddo; **to make greater,** mwyh|au; **~ power,** gallu mawr (galluoedd mawrion) *m*; **~ organ,** prif organ *f*; *(b)* **a ~ deal, a ~ many,** llawer iawn, *occ:* swrn da *m*, hylltod *m*, amledd *m*, amlder *m*, crugyn *m*, peth (*m*) mwtredd, peth mwdrel, *M.W:* stodwm *m*; **a ~ many things,** llawer/llaweroedd o bethau, peth wmbredd/wmbreth o bethau, *F:* llond gwlad o bethau; **the ~ majority, the greater part;** y rhan fwyaf *f*; *(of countable objects):* y mwyafrif *m*; **they were ~ in number,** yr oedd llawer ohonynt; yr oeddent yn lluosog/niferus; yr oedd eu nifer yn fawr; **there were a ~ many people,** 'roedd nifer helaeth o bobl yno; 'roedd llawer/llu/lliaws o bobl yno; **to a ~ extent,** i raddau helaeth; **to go a ~ way,** mynd bell ffordd, mynd ffordd faith, mynd ymh|ell; **to reach a ~ age,** mynd i wth o oedran, cyrraedd oedran mawr; **of ~ age,** oedrannus, hirhoedlog; **a ~ way off,** ymhell, yn bell, draw, draw ymhell, ymhell bell; **of ~ antiquity,** tra hen, hen iawn; **of ~ price,** drudfawr; **of ~ value,** gwerthfawr; *(c)* **his greatest fault,** ei wendid mwyaf/pennaf, ei bennaf gwendid; **to take ~ care of sth,** cymryd gofal mawr o rth; **with the greatest pleasure,** gyda'r pleser mwyaf; **it was a ~ pleasure . . .,** pleser o'r mwyaf oedd . . .; **the G~ War,** y Rhyfel Mawr; *(d)* **the ~ men (of the age),** dynion mawr, mawrion (yr oes, y cyfnod); **a truly ~ man,** dyn gwirioneddol fawr; **the ~ preachers of the denomination,** hoelion wyth yr enwad; *F:* **~ Scott! ~ God!** Nefoedd! Duw mawr! Brenin mawr! 'rargian! bobol bach! hawyr bach! y wawch fawr! *&c*; *Astron:* **the G~ Bear,** *See* **bear[1]**; *W.Hist:* **Llywelyn the G~,** Llywelyn Fawr *(N.B. soft mut.)*; **Rhodri the G~,** Rhodri Mawr *(N.B. no mut.)*; *Rel:* **the G~ Assize,** y Farn Fawr *f*, Dydd (*m*) Brawd, Dydd y Farn; *Hist:* **the G~ Northern Wars,** Rhyfeloedd Gogledd Ewrop; **the G~ Insertion,** y Rhyngosodiad Mawr *m*; *(e)* **a ~ eater,** bolerwr *m*, bolgi *m*, bwytäwr mawr *m*, claddwr (*m*) bwyd, *N. W: F:* sglaffiwr *m*; **a ~ thief,** carnlleidr *m*; **he's ~ at telling a story,** mae ganddo ddawn dweud stori; mae'n dda iawn am adrodd stori; mae'n gampus am adrodd stori; mae heb ei ail am adrodd stori; **~ weather,** tywydd ardderchog (*not* tywydd mawr); **he's not a ~ one for travelling,** 'does ganddo fawr o olwg ar deithio; nid yw'n rhyw lawer o deithiwr; *(f)* **it is no ~ matter,** nid yw lawer o bwys/ots; nid yw o bwys mawr; *Lit:* nid yw nemor o beth; *Prov:* **a ~ cry and little wool,** llawer o weiddi ac ychydig o wlân; **it's no ~ thing,** nid yw'n fawr o beth; *B:* **with His ~ power,** â'i fawr allu; **His ~ goodness,** Ei fawr ddaioni; **I have no ~ opinion of her,** 'does gen i fawr o feddwl ohoni; **a ~ occasion,** achlysur nodedig; **the ~ thing is that . . .,** y peth pennaf yw . . .; y prif beth yw . . .; **the ~ attraction,** y prif atyniad *m*; **it was a ~ joke,** 'roedd yn hwyl anfarwol/aruthrol; 'roedd yn andros o hwyl/ddoniol; *F: (= magnificent):* gwych, campus, diguro, heb ei ail, *N.W: F:* siort orau; *int.* **~!** gwych! ardderchog! bendigedig! grêt! *(g)* *Nau:* **~ circle,** cylch mawr *m*; *(h) A:* **~ with child,** beichiog, *S:* braisg; *S.a.* **gravid; ~-aunt,** hen fodryb(-edd) *f*; **~-grandchild,** gorwyr(-ion) *m*, gor-ŵyr (~-wyrion) *m*, gorwyres(-au) *f*; **~-grand-daughter,** gorwyres; **~-grandfather,** *N:* hen daid (~

deidiau) *m*, hendaid (hendeidiau) *m*, *S:* hen dad-cu(-od) *m*, *Lit:* gorhendad(-au) *m*; **~-grandmother,** *N:* hen nain (~ neiniau) *f*, *S:* hen fam-gu(-od) *f*, *Lit:* gorhenfam(-au); **~-grandparents,** hen daid a hen nain, hen hen rieni; **~-grandson,** gor-ŵyr, gorwyr; **~-~-grandfather,** gorhendaid (gorhendeidiau), gorhen dad-cu, *N:* hen hen daid; **~-~-grandmother,** gorhen-nain (~-neiniau), *S:* gorhen fam-gu, *N:* hen hen nain; **~-~-grandson,** goresgynnydd (goresgynyddion) *m*, gor-or-ŵyr (~-or-wyrion); **~-~ grand-daughter,** gor-or-wyres(-au) *f*; **~-nephew,** gor-nai (~-neiaint) *m*; **~-niece,** gor-nith(-oedd) *f*; **~-uncle,** hen ewythr(-edd) *m*. **~-hearted** *a.* haelfrydig, mawrfrydig.

great² *n.* **1.** *Coll:* **the ~,** y mawrion, dynion mawr, gwŷr mawr. **2.** *Sch:* **Greats,** y Clasuron *pl.*

greatcoat *n.* côt fawr (cotiau mawrion) *f*.

greatly *adv.* **1.** yn fawr, yn ddirfawr, *N: F:* yn arw; *(= by much):* **~ superior,** gwell o lawer; *(with p.p.):* yn ... iawn; **~ surprised,** yn syn iawn, wedi'ch synnu'n fawr, *Lit:* tra syn; **it is ~ to be feared,** mae cryn le i ofni; **I should ~ prefer it,** byddai'n well o lawer gennyf.

greatness *n.* mawredd *m*.

greaves¹ *n. usu.pl.* coesarn(-au) *f*, coesarfau *pl.*

greaves² *n.pl. (= scraps of crackling):* criwsion, creision.

grebe *n. Orn: (Podiceps):* gwyach(-od) *f*; **black-necked ~,** *(P. caspicus caspicus):* gwyach glustiog (gwyachod clustiog), gwyach yddfddu (gwyachod gyddfddu); **great crested ~,** *(P. cristatus cristatus):* gwyach fawr gopog (gwyachod mawr copog), gwawch(-od) *f*, dowciar (dowcieir) *f*, Wil (*m*) y wawch, tindroed(-iaid) *mf*; **horned ~, Slavonian ~,** *(P. auritus):* gwyach gorniog (gwyachod corniog), gwyach glustiog. **little ~,** *(P. ruficollis ruficollis):* yr wyach leiaf, gwyach fach (gwyachod bach), tindroed bach/fach (tindroediaid bach) *mf*, tindroed fechan *f* (tindroediaid bychain), *F:* Harri (*m*) gwlych dy big, cas (*m*) gan ffowler; **red-necked ~,** *(P. griseigena griseigena)*; gwyach yddfgoch (gwyachod gyddfgoch); **tippet ~,** = **grebe (great crested).**

Grecian *a. & n.* **1.** *a.* Groegaidd, o wlad Groeg. **2.** *n. (= expert in Greek):* Groegydd(-ion) *m*, Groegyddes(-au) *f*, Groegwr (Groegwyr) *m*.

Greece *Pr.n. Geog:* [Gwlad] Groeg *f*; **ancient ~,** Groeg gynt, yr hen Roeg, hen wlad Groeg, Groeg yr Henfyd.

greed *n.* chwant *m*, trachwant *m*, barusrwydd *m*, gwanc *m*, blys *m*, bariaeth *f*, *S.W: occ:* awff *m*; *S.a.* **gluttony**.

greedily *adv.* yn farus *&c*; **to eat ~,** *See* **guzzle**.

greediness *n.* = **greed**.

greedy *a.* barus, gwancus, blysig, bwyt|eig, rheibus, chwannog; *(= eager):* awyddus, esgud; **~ for money,** esgud am arian, ariangar (*pronounced* ng-g); **as ~ as a pig,** mor wancus â'r wenci; *S.a.* **gluttonous**. **~-guts** *n.* = **glutton**.

greegree *n.* swynogl(-au) *f*.

Greek *a. & n.* **1.** *a.* Groegaidd, o Roeg, o wlad Groeg; **the ~ government,** llywodraeth Groeg; **she's ~,** Groeges yw hi; un o Roeg yw hi; *(in language):* Groeg; *Needlew:* **~ filling,** llenwad Groegaidd; *Bot:* **~ valerian,** = **Jacob's ladder**; *S.a.* **calends**. **2.** *n.* *(a) Ethn:* Groegwr (Groegwyr) *m*, Groegiad (Groegiaid) *m&f*, Groeges(-au) *f*; **the ancient Greeks,** y Groegiaid gynt; *(b) Ling:* Groeg *f*, *m*; *F:* **it's all ~ to me,** nid wy'n deall yr un gair arno; mae y tu hwnt i mi.

green¹ *a. & n.* **1.** *a.* *(a)* gwyrdd (*f.* gwerdd, *pl.* gwyrddion); *(growing things)*; glas (gleision), irlas (irleision), ir, iraidd; *(= leafy):* deiliog; **~ pastures,** porf|eydd gwelltog; **a ~ tree,** glasbren(-nau) *m*; **a ~ field,** cae glas; **bluish ~,** gwyrddlas (*f.* gwerddlas, *pl.* gwyrddleision), glas; **(as ~) as grass,** (cyn lased) â'r cennin, â'r brwyn, â'r genhinen; (cyn wyrdded) â'r dail; **to grow ~,** glasu, gwyrddu, *N.W: occ:* gwyrddio; *S.a.* **sea 2**; *Lit:* gwyrddlasu; *Pol:* **the G~ Party,** y Blaid Werdd; *(b) Prov:* **a ~ winter makes a full churchyard,** gaeaf glas, mynwent fras; gaeaf glas a wna fynwent fras; *Husb:* **~ food, ~ meat,** llysiau gleision *pl*, porthiant glas *m*; *(c)* **~ old age,** henaint heini/sionc *m*; **to keep s.o.'s memory ~,** trysori'r atgof am rn, peidio ag anghofio am rn, cadw'r cof am rn yn fyw; **memories still ~,** atgofion bytholwyrdd, atgofion eto'n fyw; *(d)* **~ corn,** ŷd yn glasu/egino; **~ fruits,** ffrwythau gwyrddion; *(e) Tan:* **~ hide,** croen (crwyn) crai *m*; **~ bacon,** bacwn crai *m*, cig (*m*) moch crai; *(f) (complexion):* llwyd, llwydaidd, gwelw, gw|elwlas, *occ:* piglas, piglwyd; **to go/turn ~,** gwelwi, gwelwlasu, mynd yn llwyd; *S.a* **envy¹ 1**; *(g) (i) (= young, inexperienced):* ifanc (ifainc, ifync), dibrofiad, glas; *(ii) (= naïve):* diniwed, gwirion, *F:* fel llo gwlyb; *(h)* **she has ~ fingers,** mae ganddi ddawn tyfu pethau; mae hi'n un dda yn yr ardd; mae hi'n |arddwraig dda. **2.** *n.* *(a) Art: &c:* gwyrdd(-au,-ion) *m*; **alizarin ~,** gwyrdd alizarin; **blue ~,** gwyrddlas *m*, glaswyrdd *m*; **chrome ~,** gwyrdd crôm; **cobalt ~,** gwyrdd cobalt; **grass ~,** gwyrddlas, glaswyrdd, gwelltwyrdd; **grey ~,** llwydwyrdd *m*, gwyrddlwyd; **olive ~,** gwyrdd olewydd, melynwyrdd, gwyrddfelyn; **sage ~,** llwydwyrdd, gwyrddlwyd; **sea ~,** gwyrdd môr, morwyrdd *m*, morlas, glaswyrdd, gwyrddlas; **the greens of a picture,** lliwiau gwyrdd darlun; *F:* **do you see any ~ in my eye?** wyt ti'n meddwl mai llo gwlyb ydw i? wyt ti'n meddwl 'mod i'n ddiniwed? *(b) Cu: pl.* **greens,** llysiau gwyrdd, llysiau gleision, bresych; *(c) (= lawn)* lawnt(-iau,-ydd) *f*, *occ:* lle glas *m*, clwt glas *m*, maes glas; **village ~,** lôn (*m*) pentre, llawr (*m*) pentre, *N.W:* clwt (*m*) pentre, clwt y llan, grîn (*f*) pentre, *S:* ton (*m*) pentre; **bowling-~,** lawnt fowlio (lawntiau/lawntydd bowlio), grîn fowlio (griniau bowlio); *Golf:* **the [putting] ~,** glaslawr (*m*) pytio, tonnen (*f*) bytio, grîn bytio; *Turf:* **the ~,** y glaslawr; **rub of the ~,** rwb (*m*) y grîn. *(d) Pol:* **the Greens,** y Gwyrddion. **~ ash** *n. Bot:* glasonnen (glasonennau) *f*. **~-back** *a.* gwyrddgefn, cefnwyrdd (*f.* cefnwerdd, *pl.* cefnwyrddion). **~-back trout** *n. Ich: (Salmoclarkii stomas):* brithyll(-od,-iaid) (*m*) gwyrddgefn. **~-back herring** *n. Ich:* = **cisco**. **~ bass** *n. Ich:* = **bass (black)**. **~ belt** *n.* llain las (lleiniau gleision) *f*, tir glas (tiroedd gleision) *m*. **G~ Beret** *n. U.S: Mil:* Cap Gwyrdd (Capiau Gwyrddion) *m*. **~-blind** *a.* gw|yrdd-ddall. **~-blindness** *n.* gwyrdd-ddallineb *m*. **~ blights** *n.pl.* = **aphis**. **~ book** *n. Pol:* llyfr gwyrdd (llyfrau gwyrddion) *m*. **~-bottle** *n. Ent: (Musca caesar): N:* pryf(-ed) gwyrdd *m*, *S:* cleren werdd (clêr gwyrdd) *f*. **~ card** *n.* cerdyn (cardiau) gwyrdd *m*, carden werdd (cardiau gwyrdd) *f*. **~ cheese** *n.* **1.** *(= whey cheese):* caws (*m*) maidd, caws gleision; *(fresh):* caws newydd. **2.** *(with sage):* caws gwyrdd, caws saets. **~ cliff-brake** *n. Bot: (Pellaea viridis):* clogredynen werdd (clogredyn gwyrdd) *f*. **~ cloth** *n. Adm:* **the Board of G~ Cloth,** Bwrdd (*m*) y Lliain Gwyrdd *m*, Llys (*m*) y Werddlen. **~-cod** *n. Ich:* = **coalfish**. **~ comma** *n. Ent:* gwyrdd(-ion) (*m*) yr helyg. **~ cormorant** *n. Orn:* = **shag**. **~ crab** *n. Crust:* cranc glas (crancod gleision) *m*. **~ crop** *n.* cnwd (cnydau) glas *m*. **~ dragon** *n. Bot: (Dracunculus vulgaris):* llysiau(*pl*)'r ddraig, dragonlys *m*. **~ drake** *n. Ent:* = **May-fly**. **~ earth** *n. Miner:* pridd gwyrdd *m*, gwyrdd (*m*) y mynydd. **~ ebony** *n. Bot: (Jacaranda ovalifolia):* ebonwydden werdd (ebonwydd gwyrdd) *f*, pren(-nau) (*m*) |eboni gwyrdd. **~ eye** *n.* cenfigen *f*. **~-eyed** *a.* **1.** â llygaid gwyrdd[ion], llygadwyrdd, llygatwyrdd. **2.** *Fig:* cenfigennus, cenfigenllyd. **~ fat** *n. Th: F:* saim glas *m*. **~ flash** *n. Meteor:* fflach werdd *f*. **~ gill** *n.* tagell werdd (tagellau/tagelli/tegyll gwyrdd) *f*. **~ gland** *n.* chwarren werdd (chwarennau gwyrdd) *f*. **~ glass** *n.* gwydr (*m*) poteli. **~ goose** *n.* cyw (*m*) gŵydd (cywion gwyddau), glaswydd(-au) *f*. **G~ Gorge** *Pr.n. W.Geog:* Y Gwddw Glas *m*. **~ grosbeak** *n. Orn:* = **greenfinch**. **~ haw** *n. Bot: (Crataegus viridis):* draenen werdd (drain gwyrddion) *f*. **~ heron** *n. Orn: (Butorides virescens):* crëyr (crehyrod) gwyrdd *m*. **~ jerkin** *n.* coedwigwr (coedwigwyr) *m*. **~ laver** *n. Algae: (= sea-lettuce):* gwylaeth (*m*) y môr. **~-leek** *n. Orn:* parotan(-od) penwyrdd *m*. **~ light** *n.* **1.** golau gwyrdd *m*. **2.** *F: (= permission):* caniatâd *m*, rhwydd hynt *f*. **~ linnet** *n. Orn:* = **greenfinch**. **~ man** *n. Myth:* dyn gwyrdd *m*, gŵr gwyrdd *m*. **~ man orchis** *n. Bot:* = **man orchid**. **~ manure** *n.* gwrtaith glas *m*. **~ monkey** *n.* mwnci (mwncïod) gwyrdd *m*. **~ oak** *n.* glasdderwen (glasdderw, glasdderi) *f*. **~ oyster** *n.* wystrysen werdd (wystrys gwyrdd) *f*. **~ paper** *n. Pol:* papur(-au) gwyrdd *m*. **~ pepper** *n.* pupryn (puprau) gwyrdd *m*. **~ pike** *n.* = **pickerel**. **~ plover** *n.* = **lapwing**. **~ pollack** *n.* = **coalfish**. **~ pound** *n. Econ:* punt werdd *f*. **~-room** *n. Th:* ystafell (*f*) orffwys (ystafelloedd gorffwys) [actorion], lolfa (lolf|eydd) (*f*) actorion. **~ sand** *n. (mould):* [mo[w]ld *m*] tywod llaith *m*. **~ swallow** *n. Orn: (Phibalura brevirostris):* gwennol werdd (gwenoliaid gwyrddion) *f*. **~ thumb** *n. U.S:* = **green fingers.** **~ turtle** *n. Rept: (Chelonia mydas):* crwban(-od) (*m*) môr gwyrdd. **~ violet** *n. Bot: (Cubelium concolor):* crinllys gwyrdd *m*, fioled werdd (fioledau gwyrddion) *f*. **~ vitriol** *n.* glasfaen *m*,

copras *m.* ~ **wattle** *n. Bot: (Acacia decurrens):* gwiail gwyrdd *pl.* ~ **winged** *a.* gwyrddadeiniog.
green² *v.t.&i.* glasu, gwyrddlasu, *occ:* gwyrddio, gwyrddu.
greenback *n. U.S: F:* papur(-au) gwyrdd *m.*
greenbone *n. Ich:* = **garfish, blenny.**
greenbrier *n. Bot:* = **smilax.**
greenery *n.* glesni *m*, gwyrddlesni *m*, gw|yrdd-ddail *pl.*
Greenfield *W.Pl.n.* **1.** *(Clwyd):* Maes-glas *m.* **2.** *(Gwent):* Ebwy *f.*
greenfinch *n. Orn: (Chloris chloris chloris):* llinos werdd (llinosod gwyrdd[ion]) *f*, gwyrddbinc(-od) *f*, llinos werdd y cegid, pila(-on) gwyrdd *m*, cwinc(-od) pensidan *m.*
greenfish *n. Ich:* **1.** *(Girella nigricoris):* pysgodyn (pysgod) gwyrdd *m*, gwyrddbysgodyn (gwyrddbysgod) *m.* **2.** = **bluefish, greenling.**
greenfly *n. Ent:* lleuen (*f*) y coed (llau'r coed), lleuen y dail (llau'r dail), llysleuen (llyslau) *f*, *N:* pryf glas (pryfed gleision) *m*, pryf gwyrdd (pryfed gwyrddion), *S:* cleren werdd (clêr gwyrdd) *f*, *S.W: occ:* buwch (buchod) (*f*) y morgrug.
greengage *n.* eirinen werdd (eirin gwyrdd) *f*, *A:* eirinen wen (eirin gwynion).
greengrocer *n.* gwerthwr (gwerthwyr) (*m*) llysiau, grîn-groser(-iaid) *m*; **at the ~'s,** yn y siop ffrwythau/lysiau; **to go to the ~'s,** mynd i'r siop ffrwythau *&c.*
greengrocery *n. (shop):* siop (*f*) lysiau (siopau llysiau), siop ffrwythau; *(goods):* llysiau *pl*, ffrwythau *pl.*
greenhead *n.* **1.** *Ent: (Tabanus lineola):* pryf(-ed) penlas *m*, gyrrwr (gyrwyr) gwyrdd *m.* **2.** *Orn:* = **mallard (male).**
greenheart *n. Bot:* rhuddin gwyrdd *m.*
Greenhill *W.Pl.n.* Crug Glas *m.*
greenhorn *n.* newyddian(-iaid,-od) *m*, gwirionyn (gwirioniaid) *m*, un diniwed *m*, diniweityn (diniweitiaid) *m*, *F:* llo(-i) gwlyb *m*, *occ:* llo cors.
greenhouse *n.* tŷ (*m*) gwydr (tai gwydr[au]). ~ **effect** *n.* effaith (*f*) tŷ gwydr.
greening *n. & vn.* **1.** *n.* gwyrddyn *m*, afal(-au) gwyrdd *m.* **2.** *vn.* glasu, gwyrddu.
greenish *a.* lledwyrdd, gwyrddaidd, braidd yn wyrdd; ~ **yellow,** melynwyrdd (*f.* melynwerdd, *pl.* melynwyrddion), gwyrddfelyn (*f.* gwyrddfelen, *pl.* gwyrddfelynion); ~ **blue,** gwyrddlas (*f.* gwerddlas, *pl.* gwyrddleision), glaswyrdd (*f.* glaswerdd, *pl.* glaswyrddion); ~ **grey,** gwyrddlwyd (*f.* gwerddlwyd, *pl.* gwyrddlwydion), llwydwyrdd (*f.* llwydwerdd, *pl.* llwydwyrddion).
greenkeeper *n.* gofalwr (gofalwyr) (*m*) y grîn.
Greenland *Pr.n. Geog:* Yr Ynys Las *f*, Y Lasynys *f.* ~ **shark** *n.* morgi (morgwn) (*m*) pen bychan, morgi'r Ynys Las (morgwn yr Ynys Las). ~ **spar** *n.* = **cryolite.** ~ **whale** *n.* morfil yr Ynys Las.
Greenlander *n.* Glasynyswr (Glasynyswyr) *m*, Glasyn|yswraig *f*; *pl.* pobl (*f or pl*) yr Ynys Las.
Greenlandic *a. & n.* **1.** *a.* [o'r] Ynys Las; *Glasynysol. **2.** *n. Ling:* Esgimöeg (*f*) yr Ynys Las, *Glasynyseg *f*, *m.*
greenlet *n. Orn:* = **vireo.**
greenling *n. Ich: (Hexagrammos stelleri):* brithyll(-od,-iaid) (*m*) y graig.
greenness *n.* **1.** gwyrddni *m*; *(of growing things):* glesni *m*, gwyrddlesni *m*, irlesni *m.* **2.** *(= unripeness):* anaeddfedrwydd *m.* **3.** *(= naivety):* diniweidrwydd *m*, diffyg (*m*) profiad.
greensand *n.* glasdywod *m*, tywod gwyrdd *m.*
greenshank *n. Orn: (Glottis nebularia):* coeswerdd (coesau gwyrddion) *f*, pibydd(-ion) coeswyrdd *m.*
greensick *a.* glasglwyfus.
greensickness *n.* glaswst *m*, y glasglwyf *m.*
greenstick *a. Med:* ~ **fracture,** ysigiad(-au) *m.*
greenstone *n.* gwyrddfaen (gwyrddfeini) *m.*
greenstuff *n.* llysiau gleision *pl*, bresych *pl.*
greensward *n.* tonnen (tonenni, tonennau, tonennydd) *f*, ton *m*, glaswellt *m*, lawnt(-iau,-ydd) *f.*
greenth *n.* = **greenery.**
greenuk *n. Z: (Litocranius walleri):* y grinog(-od,-iaid) *m.*
greenweed *n.* = **broom (dyer's).**
greenwithe *n. Bot: (Vanilla claviculata):* gwden las (gwdennau gleision) *f.*
greenwood *n.* **1.** *Bot: (a)* = **woadwaxen;** *(b)* = **mountain holly. 2.** *(= woodland):* glasgoed(-ydd) *pl*, coedwig(-oedd) *f*, *Lit: occ:* gwig(-oedd) *f.*
greenwort *n.* = **sneezewort.**
greeny- *comp.a.* gwyrdd-, -wyrdd, *e.g.* **greeny-yellow,** gwyrddfelyn (*f.* gwyrddfelen, *pl.* gwyrddfelynion), melynwyrdd (*f.* melynwerdd, *pl.* melynwyrddion); *S.a.* **greenish.**
greenyard *n.* ffald(-au) *f*, lloc(-iau) *m*, pownd(-iau) *m*, cadlas(-au, cadlesi, cadlesydd) *f.*
greet¹ *v.t. (a)* cyfarch (rhn), cyfarch gwell (i rn); *(= welcome):* croesawu (rhn); *(b)* **to ~ the ear, to ~ the eye,** taro'r glust, taro'r llygad.
greet² *v.i. Scot:* = **weep.**
greeter *n.* cyfarchwr (cyfarchwyr) *m*, cyf|archwraig *f.*
greeting *n.* cyfarchiad(-au, cyfarchion) *m*, *occ:* annerch (anerchion) *mf*; *pl.* **greetings,** *occ:* cofion; **to send one's greetings to s.o.,** cofio at rn, anfon eich cofion at rn; **the season's greetings,** cyfarchion y tymor. ~ **card** *n.* cerdyn (cardiau) (*m*) cyfarch, carden (*f*) gyfarch (cardiau cyfarch).
greffier *n. Jur:* cofrestrydd(-ion) *m.*
gregarious *a.* cymdeithasgar, cwmnigar; *(of creatures):* heidiol, heidiog, gregarol, gregaraidd.
gregariously *adv.* yn gymdeithasgar, gyda'ch gilydd *&c*; yn haid, yn heidiau *&c.*
gregariousness *n.* cymdeithasgarwch *m*; *(of creatures):* gregaredd *m*, heidioledd *m.*
grège *a. & n.* **grège,** llwydfelyn (*m*).
Gregorian *a. & n.* **1.** *a.* Gregoraidd; **the ~ calendar,** calendr (*mf*) Gr|egori; ~ **chant,** salm-dôn Gregoraidd *f (N.B. does not usually mutate).* **2.** *n.* Gregoriad (Gregoriaid) *m&f.*
Gregory *Pr.n.m.* Gr|egori, Grigor; ~ **the Illuminator,** Grigor y Goleuydd; ~ **the Wonder Worker,** Grigor y Gwneuthurwr Rhyfeddodau, Grigor y Gwyrthweithiwr. **~['s]-powder** *n. A: Pharm:* powdwr (*m*) riwbob.
gremial *n. Ecc:* arffedog(-au) *f.*
gremlin *n.* ellyll(-on) bach *m*, cythraul (cythreuliaid) bach *m.*
grenade *n.* grenâd (grenadau) *mf*, llawfom(-iau) *mf*, bom (*mf*) l[l]aw (bomiau llaw).
grenadier *n.* **1.** *Hist: & Mil:* grenadwr (grenadwyr) *m*, *A:* talfilwr (talfilwyr) *m*; **the G~ Guards,** Gwarchodlu'r Grenadwyr. **2.** *Orn: (Pyromelona oryx):* gwehydd(-ion) cefngoch *m (pronounced* ng-g), gylfinbraff cefngoch *m.* **3.** *Ich: (Macrourus rupestris):* cynffon (*f*) llygoden (cynffonnau llygod), grenadwr (grenadwyr); **bigheaded ~,** *(M. globiceps):* grenadwr penfras; **threadtail ~,** *(M. filicauda):* grenadwr cynffonfain.
grenadilla *n.* = **granadilla.**
grenadine *n. Tex: Cu: &c:* gr|enadin *m.*
Gresford *W.Pl.n.* Gresffordd *f.*
gressorial *a.* cerddedol.
grew *v. See* **grow.**
grey *a., n. & v.i.* **1.** *a. (a)* llwyd(-ion) *m*; *S.a.* **roan; to turn/go ~,** llwydo; *(of complexion):* gwelwi; *Anat:* ~ **cells,** ~ **matter,** breithell *f*, llwydyn *m*, sylwedd llwyd *m*; *Fig:* ymennydd *m*, crebwyll *m*; **dark ~,** dulwyd(-ion), llwyd-ddu(-on), llwyd tywyll; **light ~,** llwydwyn(-ion), goleulwyd(-ion), llwyd golau; **a ~ mare,** caseg lwyd, caseg las; *(b) (hair):* brith (*f.* braith, *pl.* brithion), llwyd, gwyn (*f.* gwen, *pl.* gwynion); **to turn/go ~,** *(of hair):* britho, gwynnu, *N. W: occ:* glasu; ~ **hairs,** penllwydni *m*, penwynni *m*; **you have ~ hair,** mae gen ti wallt gwyn; 'rwyt ti'n gwynnu/britho; **grown ~ in the service,** yn benwyn yn eich gwaith; *S.a.* **eminence;** *(c) (of complexion):* **[ashen] ~,** llwyd, llwydaidd, gwelw, *occ:* piglas, fel y galchen, piglwyd; **to turn [ashen] ~,** gwelwi, gwelwlasu, gwynlasu; *(d) (= drab, undistinguished):* llwydaidd, di-nod; *(e) (of outlook &c):* llwydaidd, tywyll, digalon, prudd. **2.** *n. (a) (colour):* llwyd *m*, llwydni *m*; *S.a.* **blue-grey, dapple-grey; hair touched with ~,** gwallt brith, gwallt brithlwyd, gwallt a thipyn o wyn ynddo; *(b)* **the ~ of the morning,** glasiad (*m*) y dydd; *S.a.* **dawn¹;** *(c) (= paleness):* gwelwder *m*, llwydni; *(d) (= drabness):* llwydni, pr|udd-der *m*; *(e) (horse):* ceffyl(-au) llwyd/glas; *(f) Mil:* **the Scots Greys,** y Llwydleision Sgotaidd. **3.** *v.i.* llwydo, britho. ~ **crow** *n. Orn:* = **crow (hooded).** ~ **drake** *n. Ent:* gwybedyn (gwybed) (*m*) Mai. ~ **eminence** *n.* = ***éminence grise.*** **~-eyed** *a.* llygatlwyd. **~-faced** *a.* llwyd, wyneblwyd, gwelw(-on), gweplwyd, gwelwlas, piglas, piglwyd. ~ **friar** *n.* brawd llwyd

(brodyr llwydion) *m*. ~ **goose** *n. See* **goose (greylag)**. ~ **haired, ~-headed** *a.* penwyn, penllwyd, llwydwallt, brithwallt, wedi britho, *N.W: occ:* penlas. **~-hen** *n. Orn:* grugiar ddu (grugieir duon) *f*. ~ **lourie** *n. Orn:* lowri lwyd (lowrïod llwyd) *f*. ~ **monk** *n.* Sistersiad (Sistersiaid) *m*, mynach (mynaich) llwyd *m*. ~ **wether** *n. Geol:* maen llwyd (meini llwydion) *m*. **3.** *v.i.* llwydo, britho.

greybeard *n.* henwr (henwyr) *m*.

greyhound *n.* milgi (milgwn) *m*; *(bitch):* miliast (milieist) *f*. **~-racing** *vn.* rasio milgwn, rasus *(pl)* milgwn.

greyish *a.* llwydaidd; ~ **blue,** llwydlas (llwydleision), glaslwyd(-ion); ~ **green,** llwydwyrdd (*f.* llwydwerdd, *pl.* llwydwyrddion); ~ **brown,** llwydfrown, brownllwyd(-ion), *A:* llygliw.

greylag *n. See* **goose.**

greyly *adv.* yn llwydaidd.

greyness *n.* llwydni *m*; *See* **grey 2.**

greystone *n.* llwydfaen (llwydfeini) *m*.

greywacke *n. Geol:* llwydgraig *f*.

gri-gri *n.* swynogl(-au) *f*.

gribble *n. Crust: (Limnoria limnorum):* pryf(-ed) *(m)* twca'r mor, griblyn (griblod) *m*.

grid *n.* **1.** *(= grating):* rhwyll(-au) *f*, rhwyllwaith *m*, gratin *m*, grid(-iau) *m*; **cattle ~,** grid gwartheg. **2.** *El: &c:* grid. **3.** = **gridiron. 4.** *Surv:* grid rhwyll, dellten *f*, dellt *pl.* **5.** *El:* **the National G~,** y Rhwydwaith Cenedlaethol *m*. **6.** *Lib:* grid, rhwydell(-au) *f*. ~ **map** *n.* map(-iau) *(m)* grid. ~ **north** *n.* gogledd *(m)* grid. ~ **reference** *n.* cyfeirnod(-au) *(m)* grid. ~ **resistor** *n.* gwrthydd(-ion) *(m)* grid. ~ **system** *n.* system(-au) *(f)* grid.

gridded *a.* sgwarog, rhwyllog.

griddle[1] *n.* **1.** gradell(-au,-i, gredyll) *f*, maen (meini) *m*, llechfaen (llechfeini) *f*, *S: occ:* llychwan *f*, *A:* alch(-au, eilch) *f*. **2.** *Min: (= sieve):* rhidyll(-au,-iau) *m*, gogr(-au) *m*, gogor (gograu) *m*, gwagr(-au). **~-bread** *n.* bara *(m)* gradell, bara planc. **~-cake** *n.* teisen *(f)* radell (teisennau gradell), cacen *(f)* radell (cacennau gradell), teisen ar y maen, *S:* picen (picau) *f*, pic(-au) *(f)* ar y maen, *S: occ:* teisen lychwan, *N:* teisen gri (teisennau cri), cacen gri (cacennau cri), torth *(f)* gri (bara cri).

griddle[2] *v.t.* gogrwn, hidlo, rhidyllu, rhidyllio.

gride *v.i.& n.* **1.** *v.i.* rhygnu, crafu. **2.** *n.* sŵn *(m)* rhygnu.

gridiron *n.* **1.** *Cu:* gradell(-i,-au, gredyll) *f*, *A:* alch(-au, eilch) *f*; *Ph:* ~ **pendulum,** pendil *(m)* gradell, pendil cyfadfer. **2.** *U.S: F: (= football ground):* maes (meysydd) *(m)* pêl droed.

grief *n.* galar *m*, gofid(-iau) *m*, trallod(-ion) *m*, tristwch *m*, *Lit: occ:* ing *m*, gloes *f*, tristyd *m*, alaeth *f*; **to come to ~,** *(a) (of plan &c):* methu, mynd i'r gwellt, mynd i'r wal; *(b) (= have accident):* cael damwain, cael an[h]ap; *(c) (= fall):* cael codwm, cwympo; **to bring a plan to ~,** drysu/difetha cynllun; **good ~, great ~,** *See* **goodness, gracious. ~-stricken** *a.* galarus, gofidus, hiraethus, trallodus.

grievance *n.* cwyn(-ion) *f*, achwyniad(-au) *m*.

grieve[1] *v.t.&i.* **1.** *v.t.* poeni, trallodi, cystuddio, brifo, anafu (rhn); **pori ing, pori gofid** (i rn). **2.** *v.i.* galaru, gofidio (**for sth**, am/dros rth).

grieve[2] *n. Scot:* hwsmon (hwsmyn) *m*.

grieved *a.* galarus, gofidus, hiraethus, trallodus; **we are most ~ to learn,** gofidiwn o glywed; mae'n ofid gennym glywed.

grieving *a.* galarus, gofidus, hiraethus, trallodus.

grievingly *adv.* yn alarus *&c.*

grievous *a.* difrifol, enbyd, dybryd; *Jur:* ~ **bodily harm,** anaf corfforol difrifol.

grievously *adv.* yn ddifrifol *&c.*

grievousness *n.* difrifoldeb *m*, difrifwch *m*.

griff *n. F: (= news):* newyddion *pl*; *(= information):* gwybodaeth *f*.

griffin *n. Myth:* griffwn(-s) *m*, griffon(-iaid) *m*, aderyn (adar) *(m)* egrifft, aderyn llwch gwin, griff[t] (griff[t]iaid) *m*.

Griffith *Pr.n.m.* Gruffudd, Gruffydd, *F:* Guto, Gutun, Gruff, Griff. **~'s Crossing** *W.Pl.n.* Llanfair *(f)* Is Gaer.

griffon[1] *n.* = **griffin.**

griffon[2] *n. (dog):* ci (cŵn) *(m)* griffon.

griffon[3] *n. Orn:* **~[-vulture],** griffon(-iaid) *m*.

grift *n. & v.i. U.S:* **graft[3].**

grig *n.* **1.** *Ich: (= small eel):* llymrïen (llymriod) *f*. **2.** *Ent: (= cricket):* cricsyn (crics) *m*, cric[i]edyn (criciaid) *m*; **as merry/lively as a ~,** cyn sionced â chricsyn, cyn sionced â'r dryw, cyn sionced â'r wiwer, fel y gog.

grike *n.* greic *m*.

grill[1] *n. Cu: (= grilled dish):* gril(-iau) *m*. ~ **pan** *n.* padell *(f)* grilio/frwylio (pedyll grilio/brwylio). **~-room** *n.* grilfa (grilf|eydd) *f*. ~ **tin** *n.* tun(-iau) *(m)* grilio/brwylio.

grill[2] *n. Dom.Ec:* gridyll(-au) *m*, gril(-iau) *m*.

grill[3] *v.t.&i.* **1.** *v.t. Cu:* grilio, brwylio, *Lit:* gridyllu. **2.** *v.t. F:* **to ~ a prisoner,** croesholi carcharor. **3.** *v.i.* **to ~ in the sun,** rhostio yn yr haul.

grillage *n.* coed *(pl)* sylfaen, trawstiau *(pl)* sylfaen.

grille *n.* rhwyll(-au) *f*, dellt *pl*; *Aut:* **radiator ~,** rhwyll flaen (rhwyllau blaen).

grilled *a.* griliedig, brwyliedig.

griller *n.* = **grill[2]**

grilse *n. Ich:* gleisiad (gleisiaid) *m*, *occ:* gleisiedyn (gleisiaid) *m*, eogyn (eogiaid) *m*.

grim[1] *a.* **1.** *(= stern):* llym (*f.* llem, *pl.* llymion); *(= merciless):* didrugaredd, didostur; *(= threatening):* bygythiol; *(= forbidding, harsh):* gerwin, garw (geirwon), ysgethrin, digroeso, sarrug, cuchiog; ~ **death,** angau didostur; **to hold on to sth like ~ death,** cydio/dal yn dyn[n]/sownd/ddi-ildio yn rhth, glynu fel gele wrth rth, dal fel llew yn rhth; **the G~ Reaper,** Angau a'i Gleddau Glas, y Medelwr Mawr/Llym/Didostur; ~ **determination,** penderfyniad di-ildio/disigl/disyflyd/di-droi'n-ôl. **2.** *(= ghastly, macabre):* ofnadwy, erchyll, arswydus, echryslon, anaele, enbyd, erch; *(= unpleasant):* annymunol, anhyfryd, cas; **a ~ smile,** gwên anhyfryd/gas/fygythiol/sarrug/erch; *F:* **(how do you feel?) - pretty ~!** (sut y mae hi arnat ti?) - eitha' gwael, *N:* digon ciami, digon cwla; **it's ~,** mae hi'n ddrwg; mae hi'n edrych yn ddu.

Grim[2] *Pr.n. Bot:* **G~ the collier,** *(Hieracium auranitacum/bruneocrocreum):* heboglys euraid *m*.

grimace[1] *n.* **1.** *(of face):* ystum(-iau) *mf*, tirs: turs(-iau) *f*, *occ:* gwep(-au) *f*, *N: F:* migmars *pl*, *S: F:* cleme *pl*, siapse *pl*; **to make grimaces,** *See foll.*

grimace[2] *v.i.* gwn|eud ystumiau, ystumio'ch wyneb, gwepio, gwneud gwep, gwneud wyncb, tursio, gwneud/tynnu/gollwng tursiau, *N: F:* gwneud migmars, gwepa, *S:* gwneud cleme, gwepan, *S.E: occ:* gwneud min, *S.W: occ:* gwneud cymachau, gwneud strymantau, gwneud smontau, *Lit:* munudio, ystumio, mingamu (*pronounced* ng-g).

grimacer *n.* ystumiwr (ystumwyr) *m*, gwepiwr (gwepwyr) *m*, tursiwr (turswyr) *m*, *Lit:* munudiwr (munudwyr) *m*, mingamwr (mingamwyr) *m* (*pronounced* ng-g).

grimacing *a.* mingam (*pronounced* ng-g), ystumiog, gwepsur, wynebsur, tursiog, sy'n gwneud ystumiau *&c.*

grimalkin *n. A: (= cat):* modlan *f*, cath lwyd *(f)* y coed.

grime[1] *n.* baw *m*, bawiach *m*, llwch *m*; *(= soot):* parddu *m*.

grime[2] *v.t.* baeddu, maeddu, duo, pardduo, *N.E:* dwyno, *N.W: occ:* pygu, *S:* bryntu, brynto, *Lit:* llychwino, difwyno.

grimily *adv.* yn llychlyd *&c.*

griminess *n.* budreddi *m*, brynti: bryntni *m*, butrwch *m*, llwch *m*, cyflwr llychlyd *m*.

grimly *adv.* **1.** *(= severely):* yn llym, yn arw. **2.** *(= determinedly):* yn dyn[n], yn sownd, yn benderfynol *&c*; **to hold on ~,** dal fel llew, dal am eich bywyd.

grimness *n.* **1.** *(= severity):* gerwinder *m*, gerwindeb *m*, llymder *m*. **2.** *(= awfulness):* erchyllter *m*, erchylltra *m*, enbydrwydd *m*. **3.** *(= seriousness):* difrifoldeb *m*, difrifwch *m*. **4.** *(= determination):* penderfyniad *m*, penderfynolrwydd *m*.

grimy *a.* llychlyd, du(-on), pyglyd, *N:* budr(-on), pỳg, *S:* brwnt (*f.* bront, *pl.* bryntion); *(= sooty):* yn barddu i gyd, pardduog; **to make ~,** *See* **grime[2].**

grin[1] *n.* gwên (gwenau) *f* [o glust i glust], gwên lydan (gwenau llydain); **a nasty ~,** crechwen(-au) *f*, glaswen(-au) *f*.

grin[2] *v.i.* gwenu; **to ~ nastily,** crechwenu, glaswenu; **to ~ at s.o.,** gwenu'n braf ar rn; **to ~ and bear it,** diodde'n ddistaw, *N.W:* dal blawd wyneb; **to ~ like a Cheshire cat,** gwenu fel giât.

grind[1] *n.* **1.** *(noise):* sŵn *(m)* rhygnu, sŵn malu, crensian *vn.* **2.** *(= hard work):* caledwaith *m*, llafurwaith *m*, slafdod *m*, lladdfa *f*; *F:* **the daily ~,** gwaith diflas bob dydd, y llafurwaith dyddiol; **what a ~!** am laddfa! am ddiflas! **3.** *F: (of dancer):* siglad(-au) *m*; *A: V: (= sexual act):* cnuchiad(-au) *m*.

grind[2] *v.t.&i.* **1.** *v.t.* *(a) (of mill &c):* malu, *occ:* melino; *(in mortar &c):* pwyo, briwo; **(to ~ sth) [down] to dust,** (malu rhth) yn fân, yn llwch, yn chwilfriw; **to ~ sth between one's teeth,**

crensio rhth rhwng eich dannedd; **to ~ sth under one's heel,** sathru/mathru rhth dan draed, *S:* damsang/damsiel/damsgen rhth, *N.W:* sathru rhth yn seitan; **to ~ the faces of the poor,** gwasgu ar y tlodion, gorthrymu'r/gormesu'r tlodion; *(b) (= smooth):* llyfnu, llyfnh|au, caboli, *S.W: occ:* llifanu; *Mec.E:* **to ~ in a valve,** sigl-droi falf, gorseddu falf; **to ~ down a lens,** caboli/llyfnhau lens; *(c) (= sharpen):* hogi; *S.a.* **axe**[1]; *(d)* **to ~ one's teeth,** ysgyrnygu, rhincian dannedd, crensian dannedd, *N:* grinjan/crinsian/greisian dannedd, *S.W:* rhincio/cranshan/sgrinco dannedd; *(e)* **to ~ a barrel-organ,** troi/rhygnu hyrdi-gyrdi; **to ~ out a tune,** rhygnu tôn. **2.** *v.i. (a) (of wheels &c):* rhygnu, crensian; **to ~ to a halt,** arafu a stopio/sefyll/pheidio; *(b) F: Sch:* **to ~ for an exam,** ffagio ar gyfer arholiad; **to ~ away at a job,** *N:* pydru arni â gwaith, *S:* hemo arni.

grinder *n.* **1.** *(pers.): (a) (of flour &c):* melinydd(-ion) *m*, malwr (malwyr) *m*; *(b) (of knives):* hogwr (hogwyr) *m*. *(c) (of organ):* tröwr (trowyr) *m*, organydd(-ion) *m*, chwaraewr (chwaraewyr) *m*. **2.** *(tooth):* cilddant (cilddannedd) *m*, dant (dannedd) *(m)* malu. **3.** *(a)* **coffee-~,** melin *(f)* goffi (melinau coffi), melin falu coffi (melinau malu ~); *U.S:* **meat-~,** melin gig (melinau cig); *(b) Mec.E: (to smooth, grind into shape):* peiriant (peiriannau) *(m)* llifanu, peiriant llyfnu; *(to sharpen):* peiriant hogi.

grinding[1] *a.* **1. ~ sound,** sŵn *(m)* rhygnu, crensian *vn.* **2. ~ poverty,** cyni *m*, tlodi affwysol *m*, dygn dlodi.

grinding[2] **1.** *vn. See* **grind**[2]. **2.** *a.* **~ oppression,** gorthrwm *m*, gorthrymder *m*, gorthrech *m*, gormes *f*. **~ angles** *n.pl.* onglau llifo, onglau llifanu. **~ paste** *n.* pâst *(m)* llifanu. **~ wheel** *n.* olwyn *(f)* lifanu (olwynion llifanu).

grindstone *n.* carreg (cerrig) *(f)* hogi, maen (meini) *m*, maen hogi/llifanu/llifo/llif; **to keep one's nose to the ~,** dygnu arni, pydru ymlaen â'r gwaith, dal ati'n ddiwyd, dyfalbarh|au wrthi, gweithio'n ddi-baid, cadw'ch trwyn ar y maen.

gringo *n.* gringo(-s) *m* (*pronounced* ng-g).

grinner *n.* gwenwr (gwenwyr) *m*, gw|enwraig *f*, glaswenwr (glaswenwyr) *m*, glasw|enwraig *f*, crechw|enwr (crechwenwyr) *m*, crechw|enwraig *f*.

grinning *a.* yn wên i gyd, gwengar (*pronounced* ng-g), gwenog.

grip[1] *n.* **1.** gafael(-ion) *f* **(on sth,** ar rth); *occ:* craff(-au) *m* (ar rth), cydiad(-au) *m* (yn rhth), *S.E: occ:* cramp *m*; **he has a strong [hand] ~,** mae ganddo afael gref; mae gafael ei law yn gryf/gref; mae ei law yn cydio'n dyn[n]; **to be at grips (with an enemy),** bod yn yr afael, ymafael, ymaflyd, ymgodymu, brwydro (â gelyn); **to come/get to grips with an enemy,** mynd i'r afael â gelyn; **to get a ~ on sth,** cydio/gafael yn rhth; *Fig:* cael crap/craff ar rth; **you must get a ~ on it,** rhaid iti (ichi) afael ynddi; **get a ~ on yourself!** paid (peidiwch) â hurtio! ymbwylla (ymbwyllwch)! callia (calliwch)! **to lose one's ~ on sth,** colli gafael/craff ar rth; **he's lost his ~,** mae ei afael yn pallu; **his ~ of the audience,** ei afael ar y gynulleidfa; *F:* **in the ~ of a disease,** yng ngafael clefyd; **I escaped from his ~,** mi ddihengais o'i grafangau/hafflau; **to have/get a good ~ of a situation,** deall sefyllfa i'r dim, cael crap da ar sefyllfa; **he has a good ~ of Welsh,** mae ganddo grap da ar y Gymraeg. **2.** *(a) (of gun, tennis racket):* carn(-au) *m*; *(b) (= knob):* dwrn (dyrnau) *m*, dyrnddol(-au) *f*, dryntol(-au) *f*; *(c) (for hair):* clip(-iau) *m*. **3.** *Mec.E:* craff. **4.** *U.S:* bag(-iau) *(m)* teithio. **~-car, ~-wagon** *n. N.W: Qu:* megryn *m*.

grip[2] *v.t. (a) (= take hold of):* cydio, gafael, ymaflyd (yn rhth); *(= squeeze):* gwasgu (rhth); *(= hold):* dal, dala (rhth); **to ~ sth in a vice,** gwasgu rhth mewn feis; *(b) abs. Aut:* **the wheels aren't gripping,** 'dyw'r olwynion ddim yn cydio/gafael; *Nau:* **the anchor gripped,** cydiodd yr angor; *(c)* **fear gripped him,** daeth ofn arno; **a play that grips the audience,** drama sy'n cydio/gafael yn y gynulleidfa; **a story that grips you,** stori afaelgar.

gripe[1] *n.* **1.** = **grip**[1]. **2.** *pl. (a) Nau:* tresi; *(b) Med:* cnofa *f*, cnof|eydd *pl*, cnoi *vn.* **~-water** *n.* dŵr *(m)* codi gwynt.

gripe[2] *v.t.&i.* **1.** *v.t. (a)* = **grip**[2]; *(b) (= afflict):* poeni rhn, bod yn faich ar rn. **2.** *v.i. F:* cwyno, achwyn, grwgnach, ceintach, *N:* swnian, *S:* conan, *S.W: occ:* grwnsian.

griping *a.* **~ pains,** cnoi *vn*, cnofa *f*, bolwst *m*, poen *(mf)* yn y bol/bola.

grippe *n.* = **influenza.**

gripper *n.* crafanc (crafangau) *f*.

gripping *a. (= thrilling):* gafaelgar, gwefreiddiol.

grippingly *adv.* yn afaelgar *&c.*

gripsack *n. U.S:* bag(-iau) *(m)* teithio, pac(-iau) *m*.

Griqua *n. Ethn:* Gricwa(-s) *m&f*.

Griqualand *Pr.n. Geog:* Gwlad *(f)* y Gricwas, Tir *(m)* y Gricwa.

grisaille *n. (painting):* (*)llwydlun(-iau) *m*, ***grisaille(-s)*** *m*; *(window):* ffenestr lwyd (ffenestri llwydion) *f*.

griseofulvin *n. Pharm:* griseoffwlfin *m*.

griseous *a.* llwydlas, perlaidd.

grisette *n.* **1.** ***grisette(-s)*** *f*. **2.** *Fung:* grisét *m*; **tawny ~,** grisét gwinau.

griskin *n. Cu:* lwyn goch (lwyni/lwynau cochion) *f*.

grisliness *n.* erchyllter *m*, erchylltod *m*, ffi|eidd-dod *m*, ffi|eidd-dra, echryslonder *m*, echryslonrwydd *m*.

grisly *a.* arswydus, erchyll, ffiaidd, echryslon, echrydus, erch.

grison *n. Z:* gwenci lwyd (gwenciod llwyd) *f*.

grissini *n.pl. Cu:* ffyn *(pl)* bara, ***grissini*** *pl*.

grist[1] *n. (corn):* mâl *m*, ŷd *(m)* i'w falu, ŷd mâl; **all is ~ that comes to his mill,** mae'n troi pob dŵr i'w felin; mae'n troi popeth i'w felin ei hun.

grist[2] *n. (= thickness of rope):* trwch *m*.

gristle *n.* gwythi *pl*, gïau *pl*.

gristly *a.* madruddog, llawn madruddion; *(= tough):* gwydn.

grit[1] *n.* **1.** *(a)* graean *m*, gro *m*; **a piece of ~,** greyenyn *m*, gröyn *m*, llychyn *m*. **2.** *(= gritstone):* graeanfaen *m*, grud: grut(-iau) *m*, grutfaen: grudfaen *m*, tywodfaen bras *m*, carreg *(f)* rud. **3.** *(= grain of stone):* llin *m*. **4.** *F: (= pluck):* plwc *m*, dewrder *m*, gwroldeb *m*, dycnwch *m*, dyfalbarhad *m*, *N.W: F:* iau *m*.

grit[2] *v.i.&t.* **1.** *v.i.* rhygnu, crensian, grutio, grutian. **2.** *v.t.* **to ~ one's teeth,** gwasgu'ch dannedd [yn dyn[n]]. **3.** *v.t.* **to ~ the roads,** grudio/grutio/graeanu ffyrdd, taenu graean/grud/grut ar ffyrdd.

gritaceous *a.* grudiog, grutiog.

grits *n.pl.* rhynion, rhychion, grution, grut *m*.

gritstone *n.* carreg *(f)* rud; *See* **grit**[1] **2.**

grittiness *n.* **1.** grudiogrwydd *m*. **2.** *F: (= pluck):* = **grit**[1] **4.**

gritty *a.* **1.** grudiog, grudaidd, grutiog, grutaidd, llawn grud/grut; **~ earth,** suntur *m*. **2.** *F: (= plucky):* dewr, gwrol, dygn.

grizzle[1] *v.t.&i. (= turn grey):* britho.

grizzle[2] *n. F: (= grumble):* cwyn(-ion) *f*; *(= whimper):* swnian *vn.*

grizzle[3] *v.i. N:* cwyno, swnian, *S:* achwyn, conan, *S.W: occ:* postwrno, *N.W: occ:* cnadu, cyrnewian, cnewian.

grizzled *a. (hair):* brith(-ion), llwydwyn(-ion), brithlwyd(-ion). *(pers.):* penwyn, penllwyd; *(animal):* broc, brogla.

grizzler *n.* cwynwr (cwynwyr) *m*, c|wynwraig *f*, achwynwr (achwynwyr) *m*, ach|wynwraig *f*, *N:* swnyn *m*, swnen *f*.

grizzling *vn. See* **grizzle**[2].

grizzly *a. & n.* **1.** *a.* = **grizzled.** **2.** *n. Z:* **~ bear,** arth fraith (eirth brithion) *f*, arth lwyd (eirth llwydion).

groan[1] *n.* ochenaid (ocheneidiau) *f*, griddfan(-nau) *m*; *(= complaint):* cwyn(-ion) *f*, cwynfan *vn*, *Hist:* **the Groans of the Britons,** Cwynfan Prydain.

groan[2] *v.i.* och[e]neidio, ochain, griddfan; *(= complain):* cwynfan, cwyno, tuchan, grwgnach, *S:* ceintach, achwyn, conan; *S.E: occ:* gronan; **the table groaned with food,** 'roedd y bwrdd yn drwm/llwythog gan fwyd.

groaner *n.* **1.** och[e]neidiwr (ochneidwyr) *m*, och[e]n|eidwraig *f*, griddfanwr (griddfanwyr) *m*, griddf|anwraig *f*. **2.** *(= complainer):* cwynwr (cwynwyr) *m*, c|wynwraig *f*, achwynwr (achwynwyr) *m*, ach|wynwraig *f*, tuchanwr (tuchanwyr) *m*, tuch|anwraig *f*, grwgnachwr (grwgnachwyr) *m*, grwgn|achwraig *f*, *N:* swnyn *m*, swnen *f*, *S: F:* conyn(-nod) *m*.

groaning *a. & vn.* **1.** *a.* och[e]neidiol, griddfannus. **2.** *a. (= complaining):* grwgnachlyd, cwynfanllyd, tuchanllyd, ceintachlyd. **3.** *a. (table &c):* llwythog, trwm (*f.* trom, *pl.* trymion) **(with sth,** gan rth). **4.** *vn. See* **groan**[1],[2].

groaningly *adv.* dan riddfan.

groat *n. Num:* pisyn (pisiau) *(m)* grôt, pedair ceiniog *f*, grôt (grotiau) *f*; **a ~'s worth,** gwerth grôt.

groats *n.pl.* rhynion, rhychion.

Grobian *n.* llabwst (llabystiau, llabystiaid) *m*.

grocer *n.* groser(-iaid) *m*; **at the ~'s,** yn siop y groser, yn y siop fwyd; **to go to the ~'s,** mynd i siop y groser, mynd i'r siop groser (*not* mynd i'r groser).

grocery *n.* **1.** *(shop):* siop *(f)* groser (siopau groseriaid), siop

fwyd/fwydydd (siopau bwyd/bwydydd). **2.** *pl.* **groceries,** bwydydd, *Lit: occ:* chwegnwyddau.
groceteria *n. U.S:* siop(-au) (*f*) estyn-atoch.
grog¹ *n.* grog *m.* **~-blossom** *n.* cochni *m,* trwyn coch *m.*
grog² *v.t.* **to ~ a cask,** ystreulio casgen.
groggily *adv.* yn simsan.
grogginess *n.* simsanrwydd *m,* ansadrwydd *m.*
groggy *a.* siglog, sigledig, simsan, ansad, an-sad, â choesau cwrw, *S: occ:* clwc, yn gèg.
grogram *n. Tex:* grogram *m,* sidan bras *m.*
grogshop *n.* tafarn(-au) *f.*
groin¹ *n.* **1.** *Anat:* gafl(-au) *f,* ffwrch (ffyrchau) *mf, S.W:* ffwrchogaeth *f, A:* gwerddyr *f,* cedorlle(-oedd) *m,* cedorfa *f,* cylch (*m*) yr arffed, cesail (*f*) morddwyd; *(of cow): S.E: occ:* cwman(-au) *m;* **to kick s.o. in the ~,** cicio rhn yn ei wendid, *N.W:* rhoi coes bach i rn. **2.** = **groyne.** **~-rib** *n. Arch:* asen(-nau) *f.* **~-vault** *n. Arch:* fowt(-iau) asennog *f.*
groin² *v.t. Arch:* asennu.
groined *a. Arch:* asennog.
grommet *n.* = **grummet.**
gromwell *n. Bot: (Lithospermum officinale):* maenhad *m,* gromil *m,* gr|omandi *m,* grwmwl *m,* grawn (*m*) yr haul, had (*m*) y gromandi; **blue ~, purple ~,** *(L. purpurocaeruleum):* maenhad gwyrddlas; **corn ~,** *(L. arvense):* maenhad yr âr, gwridolch *f,* grawn y llew.
Groneath *W.Pl.n.* Gwrinydd *f.*
Grongar Hill *Pr.n. W.Geog:* Y Grongaer *f (pronounced* ng-g).
groom¹ *n.* **1.** *(officer of royal household):* gwas (gweision) *m;* **~ of the chamber,** gwas yr ystafell, ystafellwas (ystafellweision) *m,* ystafellwr (ystafellwyr) *m,* ystafellydd(-ion) *m.* **2.** *(in stable):* gwas stabl, ostler(-iaid) *m,* gwastrawd (gwastrodion) *m, S.W: O:* gwas brochgáu, *Lit:* gwas meirch, marchwas (marchweision) *m.* **3.** = **bridegroom.**
groom² *v.t.* **1.** *(a horse):* ysgrafellu, gwastrodi, trin. **2.** *(a person):* tacluso, twtio. **3.** *(= prepare):* parat|oi; **to ~ oneself (for sth),** ymbincio, ymdaclu, ymbarat|oi (ar gyfer rhth).
groomed *a. (pers.):* **well-~,** trwsiadus, taclus, twt, fel pin mewn papur, graenus [yr olwg], a graen arnoch, a blewyn da arnoch; *(horse):* graenus, a graen arno, a blewyn da arno.
groomsman *n.m.* gwas (gweision) priodas.
groove¹ *n.* rhigol(-au) *f, occ:* rhych(-au) *fm,* cwter(-i,-ydd) *f,* ffos(-ydd) *f,* sianel(-i) *f, S: occ:* rhygn(-au) *m; Ling:* cafn(-au) *m; Carp:* **~ and tongue,** rhigol a thafod; *F:* **to be in the ~,** bod ynddi hi, bod yn orawenus, gorawenu; **to get into a ~,** mynd i rigol; **grooves in the road,** rhigolau, *S.W: occ:* trafalau.
groove² *v.t.* **1.** *Carp: &c:* rhigoli, rhychu; **to ~ and tongue,** rhigoli a thafodi. **2.** *F: (= be in the ~):* bod ynddi hi, rafio, morio; **to ~ (with s.o.);** *(= get on with s.o.):* cyd-dynnu, dod ymlaen (â rhn).
grooved *a.* rhychiog, rhigolog, â rhigolau, â rhychau; *Ling:* cafnol, *Needlew:* **seam,** gwnïad (*m*) rhigol
grooveless *a.* heb rigol, dirigol, llyfn (*f.* llefn, *pl.* llyfnion).
groovily *adv. F:* yn wefreiddiol, yn fendigedig.
grooviness *n.* gwefr *f,* sŵn gwefreiddiol *m.*
grooving *vn.* rhigoliad(-au) *m,* rhigoli. **~-plane** *n. Carp:* plaen(-iau) (*m*) rabad.
groovy *a. F:* **1.** *(music):* braf, bendigedig, gwefreiddiol, *F:* bondibethma, bendigêd. **2.** *(audience): (= appreciative):* gwerthfawrogol, sydd ynddi hi, sydd gyda chi.
grope *v.t.&i.* **1.** *v.i.* ymbalfalu, palfalu (**for sth,** am rth), gafael dan ddwylo (yn rhth). **2.** *v.t. (a)* **to ~ one's way,** palfalu'ch ffordd, teimlo'ch ffordd; *(b) V:* **to ~ a girl,** byseddu/bodio/teimlo merch, *S.W:* twro merch, *A:* golysu merch.
groper *n.* **1.** palfalwr (palfalwyr) *m,* ymbalfalwr (ymbalfalwyr) *m,* teimlwr (teimlwyr) *m.* **2.** *V:* byseddwr (byseddwyr) *m,* bodiwr (bodiwyr) *m.* **3.** = **grouper.**
groping *a.* palfalus, ymbalfalus.
gropingly *adv.* yn balfalus, yn ddall; gan balfalu/ymbalfalu, ar antur.
gros point *n. Needlew:* [gwaith *m*] pwyth (*m*) samplar, ***gros point*** *m.*
grosbeak *n. Orn: (Coccothraustes):* gylfinbraff(-au) *m,* pendew(-ion) *m.*
grosgrain *n. Tex:* sidan (*m*) rib.
Grosmont *W.Pl.n.* Y Grysmwnt *m.*
gross¹ *n.* deuddeg dwsin *m,* gros *m;* **by the ~,** fesul dwsinau, mewn crynswth (*m*).
gross² *a.* **1.** *(= very fat):* tew(-ion), boldew(-ion), boliog, cestog, bolfawr, tew fel hwch, tew fel bwi, *N:* ffoglyd, *S:* braisg. **2.** *(a) (= total): (ignorance &c):* affwysol, enbyd, dybryd, llwyr; **~ indecency,** anwedduster dybryd; **~ injustice,** anghyfiawnder aruthrol/enbyd *&c; (b) (= coarse):* bras (breision), aflednais, aflan, anweddus, anllad, cwrs, amrwd, *N.W: F:* agos i'r drafel. **3.** *(of amount):* crynswth, yn ei grynswth, yn ei chrynswth *&c;* **~ loss,** colled (*f*) grynswth, colled gros; **G~ Domestic Product,** Cynnyrch Mewnwladol (*m*) Crynswth; **G~ National Product,** Cynnyrch Gwladol Crynswth; **~ profit,** elw (*m*) gros, elw crynswth; **~ total,** cyfanswm (cyfansymiau) *m.* **4.** *(of food):* bras, seimlyd, *N:* ysglyfaethus, anghynnes [yr olwg].
gross³ *v.t.* ennill, cynhyrchu, gwn|eud; **to ~ up an amount,** grosio swm.
grossly *adv.* yn anferthol, yn ormodol, [yn] ormod, yn ddirfawr, yn enbyd, yn afresymol, yn ddybryd; **a ~ exaggerated story,** stori wedi ei chwyddo/hymestyn ormod o lawer; **what I said was ~ misrepresented,** rhoddwyd camargraff ddybryd o'r hyn a ddywedais i; **~ fat,** ofnadwy o dew, *N: occ:* ffoglyd o dew.
grossness *n.* **1.** *(= fatness):* tewdra *m,* tewder *m,* tewdwr *m.* **2.** *(= enormity):* enbydrwydd *m,* erchyllter *m,* erchylltra *m.* **3.** *(= indecency):* brastod *m,* anwedduster *m,* anlladrwydd *m,* afledneisrwydd *m.*
grot *n. Poet:* = **grotto.**
grotesque *n. & a.* **1.** *n.* grotésg (grotesgau) *m.* **2.** *a.* grotésg, gwrthun, afluniaidd, di-lun.
grotesquely *adv.* yn wrthun *&c.*
grotesqueness, grotesquerie *n.* gwrthuni *m,* aflun|ieidd-dra *m,* grotesgrwydd *m,* aflunieiddiwch *m.*
grottily *adv.* yn salw *&c.*
grottiness *n.* salwineb *m.*
grotto *n.* groto(-s) *m,* ogofdy (ogofdai), *ogofan(-nau) *f.* **~ lace fern** *n. Bot: (Microlepiaspeluncae):* ogofredynen (ogofredyn) *f.*
grotty *a. F:* sâl, gwael, salw, tila, diwerth, da i ddim, *F:* piblyd, trybeilig, coch, pig.
grouch *v.i.& n.* **1.** *v.i.* = **grumble.** **2.** *n. (pers.):* = **grumbler;** *(= complaint):* cwyn(-ion) *f; (= bad temper, sulk):* pwd *m,* tymer ddrwg *f,* soriant *m,* piwisrwydd *m.*
grouchy *a.* pwdlyd, sorllyd, drwg eich tymer, blin, croes, piwis, sarrug, afrywiog.
ground¹ *p.p. See* **grind².** **1.** *(grain &c):* mâl; *S.a.* **almond, coffee, rice.** **2.** *(steel, glass):* llifanedig, wedi ei lifanu, a lifanwyd; *(= roughened):* garw (geirwon) *m.* **3.** *(axe &c):* miniog, hogedig, awchlym (*f.* awchlem, *pl.* awchlymion), â min, ag awch.
ground² *n.* **1.** *(= bottom of sea):* gwaelod(-ion) *m,* gwely *m;* **to touch ~,** *(i) (of ship):* taro'r gwaelod, beisio; *(ii) Fig:* dod at graidd rhth, taro'r gwaelod, beisio. **2.** *pl.* **grounds,** *(of coffee &c):* gwaddod *m,* gwaddodion, gwaelodion, *S.W: occ:* growns. **3.** *Art:* grwnd *m,* grwndwal *m,* tir; **the middle ~,** y tir canol; *Cin:* **~ noise,** twrw (*m*) cefndir, twrw tu cefn. **4.** *usu.pl. (= cause, basis):* achos *m,* achosion, sail *f,* seiliau, rheswm *m,* rhesymau; **on the ~ of sth,** oherwydd rhth, o achos rhth, ar sail rhth; **there are grounds for supposing that . . .,** mae lle i gredu bod . . .; **what grounds have you for saying that?** pa sail sydd i'ch honiad? **upon what grounds?** ar ba sail? am ba reswm? ar ba dir? pah|am? pam? **he retired on health grounds,** ymddeolodd o achos ei iechyd; **on legal grounds,** am resymau cyfreithiol, ar dir cyfraith; *Jur:* **the grounds of the complaint,** sail yr achwyniad; **grounds for divorce,** rhesymau dros ysgariad; **grounds for appeal,** rhesymau dros apelio. **5.** *(= surface of earth):* daear *f,* llawr *m;* **on the ~,** ar lawr, ar y ddaear; **~ to ~ missile,** taflegryn/teflyn daear i ddaear; **to fall (to the ~),** *(i)* cwympo, syrthio, disgyn (i'r ddaear, i lawr, i'r llawr); *(ii) F: (of scheme):* methu, mynd i'r gwellt, *F:* mynd yn ffliwt; **to dash s.o.'s hopes to the ~,** chwalu/difetha gobeithion rhn; **above ~,** ar wyneb y ddaear, ar yr wyneb (*m*); *F:* **he is still above ~,** mae ar dir y byw o hyd; **below ~,** o dan y ddaear; *(= dead):* wedi'ch claddu, ynghladd; **(a house burnt) down to the ~,** (tŷ a losgwyd) yn ulw, hyd at y seiliau, i'r llawr; *F:* **that suits me down to the ~,** fe wna hynny'r tro i'r dim i mi; *U.S:* **to begin again from the ~ up,** cychwyn o'r cwr, cychwyn o'r cychwyn; **(to study a case) from the ~ up,** (astudio achos) o'r dechrau i'r diwedd, yn llwyr,

yn drylwyr, yn drwyadl, o un pen i'r llall; *(of building):* **(to rest) on firm ~,** (sefyll) ar dir cadarn, ar sail gadarn; **to be on sure/firm ~,** bod ar dir cadarn/sicr, bod yn sicr o'ch pethau; **to cut the ~ from under s.o.'s feet,** tanseilio dadl rhn, mynd â'r tir o dan draed rhn, mynd â'r gwynt o hwyliau rhn; **to break new ~,** torri tir newydd; **to get off the ~,** cael gwynt dan adain, *Fig:* cychwyn yn dda; **on the ~,** yn y fan a'r lle; *(of fox):* **to go to ~,** mynd i'r ddaear, daearu; *(of pers.):* [mynd i] ymguddio, [mynd i] ymgladdu, mynd o'r golwg, ymddeol, encilio, cilio; **to change/shift ~,** symud tir; **to find common ~,** canfod tir cyffredin; **to gain/make ~,** ennill tir; *(of idea):* ymledu, mynd ar led; **to give ~,** ildio [tir], cilio; **to lose ~,** colli tir, cilio; **to hold/stand one's ~,** sefyll yn gadarn, dal eich tir, sefyll yn eich rhych. **6.** *(for special purposes): (a)* maes (meysydd) *m*; *Mil:* **drill-~, parade-~,** maes ymarfer; *(b) pl. (of a house):* tir *m*, tiroedd, gerddi *pl.* **~-ash** *n.* onnen (onennau) *f*, glasonnen (glasonennau) *f.* **~-bait 1.** *n.* abwyd (*m*) gwaelod. **2.** *v.t.* taenu abwyd gwaelod. **~ beetle** *n. Ent:* chwilen (chwilod) (*f*) y llawr. *Mus:* **~ bass** *n.* bas (*m*) sylfaen, bas grwndwal, grwndfas(-au) *m.* **~-box** *n. Bot: (Buxus sempervirens):* pren (*m*) bocs bytholwyrdd. **~-cherry** *n. See* **cherry. ~ cistus** *n. Bot: (Rhodothamnus chamaecistus):* creigrosyn (creigrosod) (*m*) y ddaear. **~-colour** *n. Art:* y lliw isaf *m.* **~ control** *n. Av:* rheolaeth (*f*) o'r ddaear. **~ elder** *n. Bot:* = **goutweed. ~ fir** *n.* = **clubmoss. ~-fish** *n.* pysgodyn (pysgod) (*m*) y gwaelod. **~-fishing** *vn.* pysgota gwaelod. **~ flax** *n.* = **gold of pleasure. ~ floor** *n.* llawr isaf *m*, daearlawr (daearloriau) *m*; **to get in on the ~ floor,** ymuno [â rhth] o'r cychwyn. **~ frost** *n. Meteor: N:* barrug *m*, *S:* llwydrew *m*, *occ:* llorrew *m.* **~ game** *n.* helfilod (*pl*) daear. **~ hemlock** *n. Bot: (Taxus canadensis):* ywen (yw) (*f*) C|anada. **~ holly** *n. Bot: (Chinaphila):* celynnen (*f*) y ddaear. **~-ice** *n.* rhew (*m*) gwaelod, y rhew isaf. **~ ivy** *n. Bot: (Glechoma hederacea):* eidral: eidrol *m*, dail (*pl*) eidral/eidrol, coron (*f*) y ddaear, eiddew(*m*)'r ddaear, llysiau(*pl*)'r gerwyn, y feidiog las *f*, mantell (*f*) Fair, y fydiog las *f.* **~ jasmine** *n. Bot: (Passena stelleri):* jasmin (*m*) y ddaear. **~-keeper** *n. U.S:* = **groundsman. ~ lackey** *n. Ent:* glaswyfyn(-od) (*m*) y morfa. **~ landlord** *n.* perchennog (perch[e]nogion) (*m*) tir. **~ level** *n.* **1.** gwastad (*m*) y llawr. **2.** *Ph:* y cyflwr isaf *m.* **~ loop** *n. Av:* tro(-eon) (*m*) glanio. **~-note** *n. Mus:* nodyn (*m*) sylfaen. **~-nut** *n.* **1.** cneuen (*f*) ddaear (cnau daear), cyloryn *m*: cyloren *f* (clôr, cylor). **2.** = **peanut. ~ owl** *n. Orn:* tylluan(-od) (*f*) y ddaear, tylluan durio (tylluanod turio). **~-pine** *n. Bot:* **1.** *(Ajuga chamaepitys):* palf (*f*) y gath bali. **2.** = **clubmoss. ~-plan** *n.* cynllun(-iau) (*m*) llawr, llawrgynllun(-iau) *m*, llorgynllun(-iau) (*m*). **~ plane** *n.* plân (*m*) llawr. **~ plate** *n. El.E:* plât (platiau) (*m*) daearu. **~ plum** *n. Bot: (Astragalus cargocarpus):* eirinen (*f*) ddaear (eirin daear). **~-rent** *n.* rhent(-i) (*m*) tir, grwndrent(-i) *m.* **~ rule** *n.* rheol(-au) sylfaenol *f*, egwyddor(-ion) sylfaenol *f.* **~ sea** *n.* môr mawr *m*, ymchwydd (*m*) môr. **~ speed** *n. Av:* cyflymder (*m*) daear. **~-squirrel** *n. Z:* gwiwer (*f*) ddaear (gwiwerod daear) *f.* **~ staff** *n. Ph:* staff (*m*) daear, y staff isod. **~ state,** *Ph:* = **ground level 2.** *Ten:* **~ stroke** *n.* trawiad isel *m.* **~ swell** *n.* ymchwydd (*m*) môr. **~ water** *n.* dŵr (*m*) daear, dŵr codi. **~ wave** *n. W.Tel:* ton (*f*) ddaear (tonnau daear) *f.* **~ zero** *n.* gwastad (*m*) llawr.

ground[3] *v.t.&i.* **1.** *(a) v.t. (= base):* seilio, sylfaenu (rhth); gosod seiliau/sail/sylfaen/sylfeini (rhth); *(b)* **to ~ (a pupil in Latin),** trwytho, hyfforddi (disgybl mewn Lladin); *(c) (= bring to ground):* rhoi/dodi (rhth) ar lawr, rhoi/dodi (rhth) i lawr, llorio (rhth); *Golf:* **to ~ one's club,** rhoi'ch/dodi'ch ffon ar lawr; *Mil:* **~ arms!** arfau i lawr! *(d) Nau:* **to ~ a ship,** tirio llong, cyffwrdd gwaelod; *(e) Av:* **to ~ an aeroplane,** daearu awyren, atal awyren [rhag hedfan], nacáu/gwrthod i awyren hedfan. **2.** *v.i. (a) (of ship):* tirio, taro tir, taro'r gwaelod, mynd yn sownd; *(b) (of balloon &c):* glanio.

groundage *n.* *glandoll(-au) *f.*

groundberry *n. Bot:* = **checkerberry, cranberry.**

grounded *a.* **1.** seiliedig; **an ill-~ belief,** cred ddi-sail; **a well-~ belief,** cred a sail gadarn iddi, cred gadarn ei sail. **2.** *(= instructed):* hyddysg, wedi'ch trwytho **(in sth,** yn rhth). **3.** *(aeroplane &c):* disymud, llonydd **(by sth,** o achos rhth); daearedig, a ataliwyd (gan rth).

grounder *n. Sp:* pêl (peli) isel *f.*

groundhog *n. Z:* **1.** *U.S: (= marmot):* twrlla(-od) *m.* **2.** = **aardvark. G~ Day = Candlemas.**

grounding *vn. & n.* **1.** *vn. See* **ground**[2]; *(of aeroplane):* daeariad *m*, daearu; nacâd *m* [i awyren hedfan], atal, ataliad *m* [ar awyren]. **2.** *n. (= knowledge):* crap *m*; *(= training):* hyfforddiant *m*; *(= essentials):* sylfaen *f*, sylfeini *pl*, seiliau *pl*, hanfodion *pl*; **he has a good ~ in Welsh,** mae ganddo grap da ar y Gymraeg; mae'n hyddysg iawn yn y Gymraeg; **to give s.o. a ~,** dysgu'r hanfodion i rn.

groundless *a.* di-sail, heb sail, heb achos, heb reswm.

groundlessly *a.* yn ddi-sail, heb sail *&c.*

groundlessness *n.* diffyg (*m*) sail; **I could see the ~ of the accusation,** gallwn weld mor ddi-sail oedd y cyhuddiad.

groundling *n.* **1.** *Th: Hist:* (*)sefylliwr (sefyllwyr) *m*, (*)sef|yllwraig *f*; *pl.* gwerinos *f or pl*, pobl (*f or pl*) y llawr, *Pej:* gwehilion *pl.* **2.** = **ground-fish. 3.** *Orn:* = **plover (ringed).**

groundmass *n. Geog:* grwndmas(-au) *m.*

groundsel[1] *n. Bot: (Senecio vulgaris):* creulys(-iau) *m*, y greulys *f*, penfelen *f*, y benfelen, carnedd felen fenyw *f*, grwmsyl *mf*, *S:* grownsil *mf*, *S.W:* griswyl *mf* [yr ardd]; **heath ~,** *(S. sylvaticus):* creulys y rhos; **sticky ~,** *(S. viscosus):* creulys ludiog; **wood ~,** *(= heath groundsel).*

groundsel[2] *n. A: Arch:* grwndwal(-au) *m*, rhiniog(-au) *m*, yr hiniog(-au) *m.*

groundsheet *n.* cynfas (*f*) llawr (cynfasau llawr).

groundsman *n.m.* gofalwr (gofalwyr) (*m*) tir/tiroedd/maes/meysydd, tirmon (tirmyn).

groundswell *n.* ymchwydd (*m*) y don; **a ~ of support,** ymchwydd o gefnogaeth.

groundwork *n.* **1.** *(of tapestry &c):* cefndir *m*, llawrwaith *m.* **2.** *(a) (= foundation):* sail (seiliau) *f*, cynsail (cynseiliau) *f*, sylfaen (sylfeini) *f*; *(b) (= outline):* amlinelliad(-au) *m.*

group[1] *n.* **1.** *(= small gathering):* twr (tyrrau) *m*, clwstwr (clystyrau) *m*, dyrnaid (dyrneidiau) *m*, casgliad(-au) *m* [o bobl], bagad(-au) *mf*, cwmni (cwmnïau, cwmnïoedd) *m*; **in groups,** yn dyrrau *&c.* **2.** *(= small organization):* grŵp (grwpiau) *m (N.B. does not usually mutate)*, cylch(-oedd) *m*; *(= clique):* carfan(-au) *usu.f*; *Mth: Ch: &c:* grŵp; **age ~,** grŵp oedran, to(-eau) *m*; **commutative ~,** grŵp cymudol; **literary ~,** cylch llenyddol; **discussion ~,** cylch trafod; **pop ~,** grŵp pop; **rock ~,** grŵp roc; *Mth:* **Abelian ~,** grŵp Abel; **sub-~,** is-grŵp (~-grwpiau) *m*; *Pol:* **pressure ~,** carfan wasgu, carfan bwyso; **savings ~,** grŵp cynilo; **triplet ~,** grŵp tripled. **~ captain** *n. Av:* grŵp-gapten (~-gapteiniaid) *m.* **~ care** *n.* gofal (*m*) grŵp. **~ marriage** *n.* grŵp-briodas(-au) *f.* **~ practice** *n.* practis (*m*) ar y cyd, cydbractis(-iau) *m.* **~ psychology** *n.* seicoleg (*f*) grŵp. **~ sex** *n.* cyfathrach (*f*) dorfol. **~ therapy** *n.* th|erapi (*m*) grŵp. **~ velocity** *n.* cyflymder (*m*) grŵp. **~ work** *n.* gwaith (*m*) grŵp.

group[2] *v.t.&i.* **1.** *v.t.* **to ~ things [together],** cynnull/crynh|oi/casglu pethau [at ei gilydd], grwpio pethau ynghyd, grwpio pethau gyda'i gilydd, cyfuno/cyd-ddosbarthu pethau, dosbarthu/rhannu pethau [yn grwpiau], gosod pethau yn/mewn grwpiau. **2.** *v.i.* ymgynnull, ymgrynh|oi, ymgasglu, tyrru **(around sth,** o gylch rhth); *Th:* ymdrefnu, grwpio, gosod.

grouped *a.* cynulledig, dosbarthedig, yn grwpiau, cyfun.

grouper *n. Ich: (Epinephelus):* grwper(-iaid) *m.*

groupie *n.* **1.** *Av:* = **group captain. 2.** *F:* grwpi(-s) *f.*

grouping *vn. & n.* **1.** *vn. See* **group**[2]; **~ of notes,** *Mus:* cyfosod nodau; **~ of rests,** cyfosod tawnodau. **2.** *n.* dosbarthiad(-au) *m*, twr (tyrrau) *m*, *occ:* crugyn(-nau) *m.*

grouse[1] *n. Orn: (male):* ceiliog(-od) (*m*) y mynydd, ceiliog y rhos; *(female):* iâr (ieir) (*f*) y mynydd, iâr fynydd (ieir mynydd), iâr y rhos, grugiar (grugieir) *f*; **black ~,** *(Lycurus tetrix):* ceiliog du (ceiliogod duon) *m*, ceiliog du'r mynydd, grugiar ddu (grugieir duon) *f*; **dusky ~,** *(Dendragapus obscurus):* grugiar dywyll (grugieir tywyll); **red ~,** *(Lagopus scoticus):* cochiad (cochiaid) *m*, coch (*m*) y grug, iâr goch (ieir cochion); **ruffed ~,** *(Bonasa umbellus):* cochiad crych; **spotted spruce ~,** *(Canachiates canadensis):* grugiar C|anada, grugiar fannog (grugieir mannog); **white ~, rock ~,** = **ptarmigan; wood ~,** *(Tetrao urogallus):* ceiliog [y] coed, y ceiliog mawr, paun (peunod) (*m*) y coed; **pinnated ~,** *(Cupidonia cupido):* cochiad adeiniog; **sage-~,** *(Centrocercus urophasionus):* grugiar y saets; **sharp-tailed ~,** *(Pedioecetes):* grugiar gynffonfain (grugieir cynffonfain); **hazel ~,** *(T. bonasia):* grugiar dorchog (grugieir torchog), grugiar y cyll; *S.a.* **sand-grouse.**

grouse² *n. F:* cwyn(-ion) *f,* grwgnach *vn;* **to have a ~ against s.o.,** bod â dant i rn, bod â chwyn yn erbyn rhn.

grouse³ *v.i. F:* cwyno, achwyn, grwgnach, *N:* swnian, *S:* conan.

grouser *n. F:* cwynwr (cwynwyr) *m,* c|wynwraig *f,* achwynwr (achwynwyr) *m,* ach|wynwraig *f,* grwgnachwr (grwgnachwyr) *m,* grwgn|achwraig *f, N:* swnyn *m,* swnen *f, S:* conyn *m,* conachwr (conachwyr) *m.*

grousing *a. & vn.* **1.** *a.* cwynfanllyd, grwgnachlyd, anfodlon. **2.** *vn. See* **grouse²,³.**

grout¹ *n. (a) Const:* growt *m; (b)* **coffee ~,** gwaddod(-ion) *(m)* coffi.

grout² *v.t. Const:* growtio.

grout³ *v.t.&i. (of pigs &c):* turio, tyrchu.

grove *n.* llwyn(-i) *m, Lit: & A:* celli (celliöedd) *f; W.Mus:* **The Ash G~,** Llwyn Onn; **Golden G~,** *W.Pl.n.* Y Gelli Aur; *S.a.* **Academe.** ~ **fern** *n. Bot: (Alsophila):* llwynredynen (llwynredyn) *f.*

grovel *v.i.* ymgreinio.

groveller *n.* ymgreiniwr (ymgreinwyr) *m,* ymgr|einwraig *f,* gwenieithwr (gwenieithwyr) *m,* gwen|ieithwraig *f,* truthiwr (truthwyr) *m,* tr|uthwraig *f.*

grovelling *a.* ymgreiniol, gwenieithus, truthiol, cynffonllyd, cynffongar (*pronounced* ng-g).

grovellingly *adv.* yn ymgreiniol *&c;* gan ymgreinio.

Grovesend *W.Pl.n.* Pengelli-ddrain *m (pronounced* ng-g).

grow *v.i.&t.* I. *v.i.* **1.** *(a) (of plant &c):* tyfu; **to ~ again,** aildyfu; *(of grass):* adloddi; **to ~ together,** *(i)* cyd-dyfu; *(ii) (= grow into one):* tyfu'n un, ymgyfuno; **money doesn't ~ on trees,** 'dyw arian ddim i'w gael ar lawr; 'dyw arian ddim yn tyfu ar goed cwsberi[n]s; *(b) (of seed):* egino. **2.** *(of pers.):* tyfu, prifio; **to ~ too quickly,** gordyfu, *N: occ:* oferdyfu, ofardyfu; **to ~ into a man,** tyfu'n ŵr, dod i oed/oedran [gŵr]; **to ~ up,** dod i oed, *F:* tyfu i fyny, *S:* tyfu lan; **to ~ out of one's clothes,** mynd yn rhy fawr i'ch dillad, tyfu trwy'ch dillad; *F:* **~ up!** paid (peidiwch) â bod yn blentynnaidd! tyfa (tyfwch) i fyny! *N:* prifia (prifiwch)! **he'll ~ out of it,** fe ddaw ohoni gydag amser. **3.** *(a) (of crowd &c):* tyfu, cynyddu, chwyddo, ymestyn, ymledu, ehangu; **the crowd grew,** tyfodd y dyrfa'n fwy; chwyddodd y dyrfa; **the company has grown,** fe dyfodd/ehangodd/ymestynnodd y cwmni; fe aeth y cwmni'n fwy; **to ~ in wisdom,** ymbwyllo, cynyddu mewn doethineb; *(b)* **(a habit) that grows on one,** (cast) sy'n cydio ynoch, sy'n cael gafael ynoch; *(c)* **(a picture) that grows on one,** (llun) sy'n plesio fwyfwy, sy'n tyfu arnoch. **4.** *(a) (= become):* mynd, dod, troi (yn rhth); *See under relevant adjective;* **to ~ old,** heneiddio, mynd yn hŷn, mynd yn hen, mynd i oed; **to ~ worse,** gwaethygu; **to ~ better,** gwella; **to ~ alarmed,** dychryn, arswydo; **to ~ fat,** pesgi, tewh|au, tewychu, mynd yn dew; **to ~ fewer/rarer,** prinh|au, lleih|au; **to ~ rich,** ymgyfoethogi, mynd yn gyfoethog; **to ~ lean,** teneuo, *occ:* culh|au; **it's growing dark,** mae hi'n tywyllu; mae hi'n nosi; **it's growing late,** mae hi'n hwyrh|au; mae hi'n mynd yn hwyr; **to ~ stronger,** cryfh|au; **to ~ weaker,** gwanh|au, edwino, llesgáu; **I have grown to think that...,** yr wyf wedi dod i feddwl...; **you'll ~ to like it,** fe ddoi di i'w hoffi. II. *v.t.* **1.** *(flowers &c):* tyfu. **2.** *(= develop, be covered with sth):* magu; **to ~ feathers,** magu plu.

growable *a.* tyfadwy.

grower *n.* tyfwr (tyfwyr) *m,* t|yfwraig *f, occ:* codwr (codwyr) *m,* c|odwraig *f,* cynhyrchydd (cynhyrchwyr) *m; (of crop):* cnydiwr *m.*

growing¹ *a.* **1.** *(= increasing):* cynyddol, mwyfwy, ymledol, cryfach; **a ~ number of people,** mwy a mwy o bobl; **a ~ crop,** cnwd glas. **2. a ~ child,** plentyn ar ei brifiant/dyfiant. **3. a wheat-~ district,** ardal tyfu gwenith.

growing² *vn. See* **grow; the ~ age,** [oed *m*] prifiant *m;* **the ~ season,** y tymor *(m)* tyfu. ~ **pains** *n.pl.* gwyniau *(pl)* tyfiant, poenau *(pl)* tyfu/twf. ~ **point** *n.* tyfbwynt(-iau) *m.*

growl¹ *n.* chwyrnad(-au) *m.*

growl² *v.t.&i.* chwyrnu, *occ:* grymial, gryngian.

growler *n.* **1.** chwyrnwr (chwyrnwyr) *m,* chw|yrnwraig *f.* **2.** *A: Veh: F:* cab(-iau) *m.*

growling *a.* chwyrnog, chwyrnllyd.

grown *a.* **1. full-~,** mewn oed, yn/ar eich llawn dwf; **when you're ~ up,** pan fyddi di wedi tyfu, pan fyddi di'n fawr; **home-~,** cartref. **2. a wall ~ over with ivy,** mur dan orchudd o eiddew/iorwg, mur yn orchuddiedig gan eiddew, mur yn eiddew drosto. **~-up 1.** *a.* mewn oed, aeddfed, o oedran gŵr/gwr|aig, ar eich llawn dwf, yn eich oed a'ch amser, *N.W: occ:* mewn maint, yn eich man; **they were all ~-up,** *N.W: occ:* 'roedd y cwbl wedi mynd i'w maint; **~-up entertainment,** adloniant i rai mewn oed. **2.** *n.* dyn(-ion) mewn oed *m,* merch(-ed) *(f)* mewn oed, oedolyn (oedolion) *m; pl.* **~-ups,** pobl *(f or pl)* mewn oed.

growth *n.* **1.** twf *m,* tyfiant *m,* prifiant *m;* **second ~,** *(of hay):* adladd: adlodd(-ion) *m, occ:* adwair (adweiriau) *m;* **to attain full ~,** cyrraedd oed/oedran [gŵr, gwr|aig]; *(of plant):* aeddfedu, dod i'w lawn dwf; **~ industry,** diwydiant (diwydiannau) *(m)* twf; **a week's ~ of beard,** tyfiant wythnos o farf, barf wythnos oed; **grand period of ~,** prif gyfnod *(m)* tyfiant; **secondary ~,** eildwf *m.* **2.** *(= increase):* twf, cynnydd *m, occ:* ehangiad *m,* ymlediad *m,* ymestyniad *m.* **3.** *Med:* tyfiant (tyfiannau) *m.* **~ hormone** *n.* hormon(-au) *(m)* twf. **~ response** *n.* twf-ymateb *m.* **~ rate** *n.* cyfradd(-au) *(f)* twf/tyfiant.

groyne¹ *n. Hyd.E:* grwyn(-au) *m.*

groyne² *v.t. Hyd.E:* grwyno.

grub¹ *n.* **1.** *Ent:* lindysyn (lindys) *m, occ:* maca (maceiod) *m,* maceiad (maceiaid) *m; (esp. = maggot):* cynrhonyn (cynrhon) *m; pl.* **grubs,** *S.W: occ:* cylionydd. **2.** *F: (= food):* sgram *mf.*

grub² *v.t.&i.* **1.** *v.t. (= dig over):* palu, hofio, chwynogli, batogi, braenaru (tir *&c*); **to ~ up weeds &c,** diwreiddio chwyn. **2.** *v.i.* palu, hofio, chwynogli, turio, tyrchu; **to ~ about (for sth),** chwilio, chwilota, tyrchio, turio, *N:* swlffa, jwlffa, cymowta (am rth). **~-axe** *n.* batog(-au) *f,* patwg(-au) *m.* **~-hoe** *n.* chwynnogl (chwynoglau) *f,* hof (hofiau) *f, S.W: occ:* hwmlog(-au) *mf.* **~-hook** *n.* bach(-au) *(m)* diwreiddio, bach braenaru. **~-screw** *n.* sgriw bengoll (sgriwiau pengoll) *f* (*pronounced* ng-g).

grubber *n.* **1.** *(machine):* tyrchwr (tyrchwyr) *m,* peiriant (peiriannau) *(m)* diwreiddio. **2.** *F: (pers.):* chwilotwr (chwilotwyr) *m,* chwil|otwraig *f,* tyrchwr (tyrchwyr) *m,* t|yrchwraig *f, N: F:* cymowtiwr (cymowtwyr) *m,* cym|owtreg *f.*

grubbily *adv.* yn fudr, yn frwnt *&c.*

grubbiness *n. S:* brynti: bryntni *m,* budreddi *m, Lit:* aflendid *m, N:* budrwch: butrwch *m.*

grubbing *vn. & a.* **1.** *vn. See* **grub².** **~-hoe,** = **grub-hoe. 2.** *a.* = **money-grubbing.**

grubby *a.* **1.** pyglyd, *N:* budr(-on), pỳg; *S:* brwnt *(f.* bront, *pl.* bryntion), *Lit:* aflan. **2.** *(= maggoty):* cynrhonllyd.

grubstake *n. & v.t.* **1.** *n.* nawdd *m,* cefnogaeth *f,* cymorth *m.* **2.** *v.t.* noddi, cefnogi, ariannu.

grudge¹ *n.* **a ~ (against s.o.),** cenfigen *f* (wrth rn); gwenwyn *m* (i rn); achos *(m)* cwyno, achos achwyn, malais *m* (yn erbyn rhn); **I have a ~ against her,** mae gen i ddant iddi; mae arna' i bwyth i'w dalu yn ei ôl iddi; **to hold a ~ against s.o., to bear/owe s.o. a ~,** dal dig yn erbyn rhn, *S:* bod â'ch pwmp ar rn.

grudge² *v.t.* **1.** gwarafun, nadu, *N: F:* grinjan; **to ~ s.o. the food he eats,** gwarafun i rn y bwyd a fwyty, tolio bwyd i rn; **to ~ doing sth,** gwarafun gwneud rhth, gwneud rhth o'ch anfodd; **he doesn't ~ his efforts,** nid yw'n arbed dim arno'i hun. **2.** *(= envy):* **to ~ s.o. his pleasures,** cenfigennu wrth bleserau rhn.

grudging *a.* amharod, crintachlyd, cybyddlyd.

grudgingly *adv.* o'ch anfodd, yn amharod, yn anfoddog, er eich gwaethaf, dan rwgnach, rhwng bodd ac anfodd, gerfydd eich clustiau, yn groes i'r graen, *N: V:* ar/o hyd eich tin(-au).

gruel *n.* **1.** *Cu:* sucan *m,* grual(-au) *m,* griwal(-au) *m,* uwd tenau *m,* llymru *m, S.W: occ:* bwdram: bwdran *m, occ:* codl *f, N.W: occ:* brwchan *m;* **water ~,** grual dŵr, sucan blawd; **barley ~,** cawl *(m)* haidd; **wheat ~,** grual peilliaid; **~ with seven ingredients,** grual seithryw. **~ strainer** *n.* gog[o]r *(m)* sucan.

gruelling *a. & n.* **1.** *a.* llethol, lladdfaol, blinderus, blinderog, sy'n lladdfa; *(test):* llym *(f.* llem, *pl.* llymion). **2.** *n. (= exhausting experience):* lladdfa *f.*

gruesome *a.* = **grisly.**

gruesomely *adv.* yn arswydus *&c; S.a.* **grisly.**

gruesomeness *n.* = **grisliness.**

gruff *a.* **1.** *(= surly):* surbwch, sarrug, surbychlyd, sur(-ion), swta, afrywiog, garw (geirwon), digroeso. **2.** *(= rough-voiced):* cryg.

gruffiness *n.* **1.** sarugrwydd *m,* gerwinder *m,* surni *m.* **2.** *(of voice):* crygni *m,* tôn sarrug *f.*

gruffly *adv.* **1.** yn sarrug *&c.* **2.** yn gryg.

grumble[1] *n.* *(= complaint):* cwyn(-ion) *f*, achwyniad(-au) *m*, grwgnach *m*, grwgnachiad(-au) *m*, rhinc(-od) *f*; *(= murmur):* murmur(-on) *m*. **~-cap** *n. Fung:* **drooping ~-cap** , = **fairies' bonnets.**

grumble[2] *v.i.* grwgnach, *N:* cwyno, *S:* achwyn, conan, *occ:* tuchan, conach (**about sth,** am rth), *N.W: occ:* snachu dan eich dannedd, rhincian, rhincio, canu'ch corn; **to ~ (at s.o.),** rhedeg, lladd, cega, arthio (ar rn); *occ:* cwyno (ar gownt rhn).

grumbler *n.* grwgnachwr (grwgnachwyr) *m*, grwgn|achwraig *f*, achwynwr (achwynwyr) *m*, ach|wynwraig *f*, cwynwr (cwynwyr) *m*, *N.W: occ:* achwyngi (achwyngwn) *m* (*pronounced* ng-g), *S:* conyn *m*, conen *f*, *N.W:* swnyn *m*, swnen *f*, rhincyn *m*, rhinces *f*.

grumbling *a.* **1.** cwynfanllyd, achwyngar (*pronounced* ng-g), *N.W: occ:* rhinclyd. **2.** *F:* **~ appendix,** pendics cnofáus.

grume *n.* tolch(-au) *f*, tolchen(-ni) *f*, ceulwaed *m*.

gruminous *a. Med:* tolchog, ceuledig; *Bot:* clystyrog.

grummet *n.* **1.** *Nau:* ceirsiad(-au) *m*, torch(-au) *f*. **2.** *Mec.E:* gromed(-au) *f*, coler(-i) *f*, cylchyn(-au) *m*.

grump *n.* **1.** *F:* un sorllyd *m&f*, un pwdlyd *m*, un bwdlyd *f*. **2.** *pl.* *(= sulks):* pwd *m*, soriant *m*.

grumpily *adv.* yn flin, yn ddrwg eich tymer *&c.*

grumpiness *n.* tymer ddrwg *f*, tymer flin, piwisrwydd *m*, *S.W:* natur [ddrwg] *f*.

grumpish *a.* = **grumpy.**

grumpy *a.* drwg eich tymer/natur, blin, piwis, pifis, croes, sarrug, pwdlyd, sorllyd.

grundyism *n.* piwritaniaeth *f*, culni *m*.

grunion *n. Ich:* gryniwn (gryniynau) *m*.

grunt[1] *n.* **1.** rhoch *f*, rhochiad(-au) *m*. **2.** *Ich:* rhochwr (rhochwyr) *m*.

grunt[2] *v.i.* rhochian, *S.W: occ:* rhwchian, rhwchial, gruntio, gruntach, grwntach.

grunter *n.* rhochwr (rhochwyr) *m*, rh|ochwraig *f*.

grunting *a.* & *vn.* **1.** *a.* rhochlyd, *occ:* rhocheinllyd. **2.** *vn.* rhochian.

gruntled *a. Joc:* bodlon (**with sth,** ar rth), balch (o rth), *F:* plês (â rhth).

gryke *n.* = **grike.**

gryphon *n.* = **griffin.**

grysbok *n. Z:* bwch (bychod) llwyd *m*.

guacharo *n. Orn:* aderyn (adar) (*m*) gwacharo, gwacharo (gwachar|oid) *m*.

guaiac, guaiacum *n.* **1.** *Bot:* brechwydden (brechwydd) *f*. **2.** *Carp: Pharm:* gwaiacwm *m*.

guan *n. Orn:* gwân (gwanod) *m*.

guana *n.* = **iguana.**

guanaco *n. Z:* gwanaco (gwanacoid) *m*.

guanidine *n. Ch:* gw|anidin *m*.

guanine *n. Pharm:* gwanin *m*.

guano *n.* & *v.t.* **1.** *n.* calchfa *f*, gwano *m*, *Lit: A:* adardom *m*, adargach *m*, *F:* giwano: giwana *m*. **2.** *v.t.* calchu, gwrteithio, achlesu [â gwano].

guapena *n. Ich:* *(Eques lanceolatus):* gwapena(-od) *m*.

Guarani *n.* **1.** *Ethn:* Gwarani (Gwaranïod, Gwaranïaid) *m&f*. **2.** *Ling:* Gwarani *f*, *m*. **3.** *Num:* **g~**, gwarani *f*.

guarantee[1] *n.* **1.** *Jur: &c: (a) (pers.):* mechnïydd(-ion) *m*, mechnïwr (mechniwyr) *m*, mechnïwraig *f*, garantî (garantïon) *m*; **to go ~ for s.o.,** mechnïo rhn; *(b) (= surety):* mechni (mechnïon) *m*, mechnïaeth *f*, mach (meichiau) *m*, meichiau (meichiafon) *m*. **2.** *(written document):* gwarant(-au) *f*, gwarantiad(-au) *m*; **(a clock) with a ~ (for two years),** (cloc) a warantir, gyda gwarant (am ddwy flynedd). **3.** *Fig:* **a ~ (of success),** sicrhad *m*, sicrwydd *m* (o lwyddiant). **4.** *(= deposit):* ernes(-au) *f*; **to leave sth as a ~,** gadael rhth yn ernes.

guarantee[2] *v.t.* **1.** *Jur: &c:* mechnïo (rhn); mynd yn fechni, mynd yn feichiau (dros rn). **2.** *Com: &c:* **to ~ a clock &c,** gwarantu cloc; **to ~ sth against sth,** gwarantu rhth rhag rhth. **3. I ~ his obedience,** 'rwy'n gw[a]rantu ei ufudd-dod; 'rwy'n eich sicrh|au o'i ufudd-dod; *F:* **(he'll come), I ~,** (fe ddaw), mi wranta', yn siwr i chi, ar fy ngair.

guaranteed *a. (clock &c):* gwarantedig, dan warant; *(= certain):* sicr, di-ffael, di-feth.

guarantor *n.* **1.** *Jur:* = **guarantee**[1]. **2.** *Com: &c:* gwarantwr: gwarantydd (gwarantwyr) *m*.

guaranty *n.* gwarant(-au) *f*; *S.a.* **guarantee**[1] **2.**

guard[1] *n.* **1.** *(a) Fenc: Box:* amddiffyniad *m*, [safiad *m*] gwarchod *m*; *Cr:* gard *m*, gwarchod; *Fb:* amddiffynnwr (amddiffynwyr) *m*; **to take one's ~,** mynd ar ochel, mynd ar amddiffyn; **on ~!** gwylia [dy hun]! gwyliwch [eich hun]! *(b)* **to be/stand on one's ~,** bod ar wyliadwriaeth, bod yn wyliadwrus, bod â llygad ar eich ysgwydd, *occ:* bod ar eich gocheliad, *N.W: occ:* bod ar stag; **to be on one's ~ against sth,** gochel rhth, ymochel/gwylio rhag rhth; **to put s.o. on his ~ against sth,** rhybuddio rhn rhag rhth; **to throw s.o. off his ~,** bwrw rhn oddi ar ei wyliadwriaeth; **(to catch s.o.) off his ~,** (dal rhn) ar awr wan, yn ddiamddiffyn, yn hepian, ar y gamfa; *(c) Mil:* **to be on ~ [duty],** bod ar wyliadwriaeth; **to go on ~, to mount ~,** mynd ar wyliadwriaeth, gwarchod, gwylio; **to come off ~,** dod oddi ar wyliadwriaeth; **to keep ~,** gwarchod, gwylio; **he was marched off under ~,** aethpwyd ag ef dan osgordd; **to keep a prisoner under ~,** cadw carcharor dan wyliadwriaeth/warchodaeth. **2.** *Coll: (a) Mil:* gwarchodlu(-oedd) *m*, gwarchodwyr *pl*, gwylwyr *pl*, g[i]ard *m*; *Hist:* **the G~,** y Gard; **the Home G~,** y Gwarchodlu Cartref; **the advance ~,** blaen (*m*) y gad, blaen y fyddin, y blaenfilwyr *pl*, y blaencad *m*; *S.a.* **rearguard; the new ~, the relieving ~,** y gwarchodlu newydd; *F:* y criw newydd; **the old ~,** yr hen warchodlu; *Fig:* yr hen griw; *F:* **one of the old ~,** un o'r hen lawiau, un o'r hen ddwylo, un o'r hen do; **a ~ of honour,** gosgordd er anrhydedd; *(b)* **to set a ~ on a house,** peri gwarchod tŷ, rhoi tŷ dan warchod. **3.** *(a) Rail:* g[i]ard(-iaid,-s) *m*; *(b) Mil:* **the Guards,** y Gwarchodlu *m*; **the Welsh Guards,** y Gwarchodlu Cymreig; **foot-guards,** gwarchodlu troedfilwyr; **a ~,** *(= guardsman):* gwarchodluwr (gwarchodluwyr) *m*, gwarchodfilwr (gwarchodfilwyr) *m*, *F:* g[i]ard(-iaid,-s); **frontier ~,** gwarchodwr y ffin; *(c) U.S: (of prison):* gwarchodwr: gwarchodydd (gwarchodwyr) *m*, ceidwad (ceidwaid) *m*. **4.** *(a) (of machine &c):* ffendar(-s, ffenderydd), ffender(-i,-s,-ydd) *f*, giard(-iau) *m*; *(of fire):* giard; *(b)* **[hand-]~,** *(of sword):* dyrnfol(-au) *f*; *(c) Bookb:* rhyngddolen(-nau) *f*. **~ band** *n. T.V:* rhesen (*f*) wahanu (rhesi gwahanu). **~-boat** *n.* cwch (cychod) (*m*) gwarchod, gwylfad(-au) *m*. **~-book** *n.* albwm (albymau) *m*. **~ cell** *n.* cell (*f*) warchod (celloedd gwarchod). **~-dog** *n.* ci (cŵn) (*m*) gwarchod, gwarchotgi (gwarchotgwn) *m*. **~-chain** *n.* giard(-iau) *mf*. **~-rail** *n.* canllaw(-iau) *mf*. **~ ring** *n.* modrwy (*f*) ddiogelu (modrwyau diogelu). **~-ship** *n.* llong (*f*) warchod (llongau gwarchod), gwarchodlong(-au) *f*. **~-tent** *n.* pabell (*f*) warchod (pebyll gwarchod).

guard[2] *v.t.&i.* **1.** *v.t. (a)* gwarchod, amddiffyn, diogelu; **to ~ s.o. from/against danger,** gwarchod/amddiffyn rhn rhag perygl; *(b)* **to ~ one's tongue,** gwylio ar eich gair, ffrwyno'ch/brathu'ch tafod, dal eich tafod. *(c) Ind: (= put a grill over sth):* rhwyllo rhth; *(d) Cards: Chess:* amddiffyn, diogelu, gwarchod; **my king is guarded,** mae fy mrenin yn ddiogel; *(e) Med:* **to ~ a drug,** diogelu cyffur. **2.** *v.i.* **to ~ (against sth),** gwylio, ymgadw, ymochel, ymogel, *occ:* cysgodi (rhag rhth); gochel, gochelyd (rhth); **to ~ against an error,** gwylio rhag gwall, gofalu peidio â gwneud camgymeriad. **3.** *(a prisoner):* gwarchod.

guardable *a.* amddiffynadwy, gwarchodadwy, y gellir ei warchod/ddiogelu/amddiffyn.

guardant *a. Her:* wyneblawn.

guarded *a.* *(= prudent):* gochelgar, gofalus, gwyliadwrus, *S:* carcus, *S.W:* gwagelog.

guardedly *adv.* yn ochelgar *&c*; gyda gofal.

guardedness *n.* gochelgarwch *m*, gwyliadwrusrwydd *m*, *occ:* gwagelrwydd *m*.

guardee *n.* = **guardsman.**

guardhouse *n.* gwarchodfa (gwarchodf|eydd) *f*, gwarchoty (gwarchotai) *m*.

guardian *n.* **1.** *Mil: &c:* gwarchodwr (gwarchodwyr) *m*, gwarch|odwraig *f*, gwarcheidwad (gwarcheidwaid) *m*, amddiffynnwr: amddiffynnydd (amddiffynwyr) *m*, amddiff|ynwraig *f*, ceidwad (ceidwaid) *m*. **2.** *Jur: (of child):* gwarcheidwad; **~ *ad litem*,** gwarcheidwad ***ad litem*,** gwarcheidwad i gyfreithio. **3.** *A: Hist:* **the Board of Guardians,**

Bwrdd (*m*) y Gwarcheidwaid. **4.** *attrib.* ~ **angel,** angel (angylion) gwarcheidiol *m.*

guardianship *n.* gwarchodaeth(-au) *f,* gwarcheidwadaeth *m.*

guardroom *n.* = **guardhouse.**

guardsman *n.m.* gwarchodluwr (gwarchodluwyr), gwarchodfilwr (gwarchodfilwyr), un o'r gwarchodlu, un o wŷr y g[i]ard.

guava *n. Bot:* gwafa(-s) *m.*

guayule *n. Bot:* gwaiwli *m.*

gubbins *n.pl. F:* (*= trash*): [y]sbwriel *m, N:* 'nialwch *m,* hen gelwi, hen drugareddau, *S: occ:* capasgleddau.

gubernatorial *a.* llywodraethol, llywyddol, rhaglywyddol.

guddle *v.t. S:* goglais, *N:* cosi.

gudgeon[1] *n. Ich:* symlyn(-nod) *m,* gwyniad (gwyniaid) pendew *m,* llyfrothen (llyfrothod) *f, occ:* crothell (crethyll) *f.*

gudgeon[2] *n. Mec.E: Mch:* **1.** (*= pivot*): corddyn(-au) *m,* colyn(-nau) *m,* echel(-au,-ydd) *f.* **2.** (*= eye, socket*): crau (creuau) *m,* soced(-i) *mf.* **3.** ~**-pin,** gwarbin(-nau) *m,* pin(-nau) croes *m.*

guelder *n.* ~ **rose** *n. Bot:* corswigen *f,* gwifwrnwydden (gwifwrnwydd) *f,* ysgawen (*f*) y gors (ysgaw'r gors), *M.W:* y pren (*m*) y crogodd y gŵr drwg ei fam arno.

Guelf, Guelph *n. Hist:* Gelff(-iaid) *m&f.*

guenon *n. Z:* (*Cercopithercus*): mwnci (mwncïod, mwncwn) (*m*) cynffon hir, mwnci brych, mwnci brith, mwnci rhesog.

guerdon *n. & v.t. Poet:* **1.** *n.* gwobr(-au) *f,* haeddiant *m.* **2.** *v.t.* gwobrwyo.

guerril[l]a *n.* **1.** herwfilwr (herwfilwyr) *m,* gwylliad (gwylliaid) *m.* **2.** *attrib.* ~ **warfare,** rhyfela (*vn*) gerila, rhyfel (*m*) gerila, herwryfela *vn.*

Guernsey *Pr.n. & n.* **1.** *Pr.n. Geog:* ~ **lily** *n. Bot:* (*Imhofia sarniensis*): lili (liliau) (*f*) Guernsey. ~ **partridge** *n. Orn:* petrisen goesgoch (petris coesgoch) *f.* ~ **orchis** *n. Bot:* (*Orchis laxiflora*): tegeirian (*m*) Guernsey. **2.** *n. Cost:* gansi(-s) *f.* **3.** *n.* (*= cow*): buwch (buchod) (*f*) Guernsey.

guess[1] *n.* cynnig (cynigion) *m,* amcan *m,* dyfaliad(-au) *m,* amcangyfrif(-on) *m* (*pronounced* ng-g), amcandyb(-iau) *f;* **at a ~,** ar amcan, *S: occ:* wrth amcan llygad; **to have/make a ~ at sth,** bwrw amcan ar rth, rhoi cynnig ar rth, ceisio dyfalu maint/natur rhth; **I give you three guesses,** mi rof dri chynnig ichi; *F:* **it's anybody's ~,** dyn a ŵyr, Duw a ŵyr; **your ~ is as good as mine,** fe wyddoch gymaint â minnau; 'dwyf i ddim callach na chwithau; *F:* **by ~ and by God,** ar antur, Duw a ŵyr sut; **my ~ is ...,** mae'n siŵr gen i ...; yn fy marn i ...; yn fy nhyb i ...; y peth tebycaf gen i yw ...; mi dybiwn i ...; **to miss one's ~,** camgymryd, camsynio; **you have another ~ coming,** 'rwyt ti'n ymhell ohoni; 'rwyt ti'n cyfeiliorni'n arw; gwell i ti ailfeddwl; **(I haven't) a ~,** ('does gen i) ddim amcan/clem/syniad, *S.W:* ddim llefelaeth, *N:* ddim narith, *N.E:* ddim âm, *N.W: Joc:* ddim obadeia.

guess[2] *v.t.&i.* **1. to ~ at sth,** [ceisio] dyfalu [natur/maint] rhth, damcaniaethu ynghylch rhth, bwrw amcan ynghylch rhth, *N.W: occ:* ceisio dyfeisio natur/maint rhth; **to ~ [at] the length of sth,** amcangyfrif hyd rhth, rhoi cynnig ar hyd rhth, bwrw amcan o hyd rhth; **I ~ him to be twenty years old,** mi roddwn i ryw ugain mlwydd oed iddo; mi dybiwn ei fod yn ugain mlwydd oed; mi rhown i e'n rhyw ugain oed; **to keep s.o. guessing,** drysu rhn, peri penbleth i rn; **~ what I've got!** *N:* gamp iti ddweud beth sydd gen i! **2. to ~ right,** dyfalu'n gywir; **to ~ wrong,** dyfalu'n anghywir; **to ~ a riddle,** datrys pos; **you've guessed it!** dyna'r ateb! dyna ti (chi) i'r dim! dyna ti (chi) wedi'i tharo hi [yn ei thalcen]! **3.** *U.S:* meddwl, tybio. **(you're right), I ~,** ('rydych chi'n iawn), am a wn i, mae'n debyg gen i, *N:* d|ecini, decin-i, *S:* gwl|ei.

guesser *n.* dyfalwr (dyfalwyr) *m,* dyf|alwraig *f.*

guessing *vn. See* **guess**[1],[2]. ~ **game** *n.* chwarae(-on) (*m*) dyfalu.

gues[s]timate *n.* amcangyfrif(-on) *m* (*pronounced* ng-g), amcandyb(-iau) *f.*

gues[s]trope *n.* gwestraff(-au) *f.*

guesswork *n.* dyfalu *vn,* damcaniaethu *vn &c; S.a.* **guess**[2]; **by ~,** wrth amcan.

guest *n.* **1.** (*at party &c*): gwestai (gwesteion) *m&f; pl.* gwahoddedigion; **~ of honour,** gŵr (gwŷr) (*m*) gwadd, gwr|aig (*f*) wadd (gwragedd gwadd). **2.** (*of hotel*): gwestai; **paying ~,** lletywr (lletywyr) *m,* llet|ywraig (lletywragedd) *f,* gwestai (gwesteion) (*m&f*) sy'n talu, gwestai tâl. ~ **artist** *n.* actor(-ion) (*m*) gwadd, perfformiwr (perfformwyr) (*m*) gwadd, perff|ormwraig (*f*) wadd. **~-chamber, ~-room** *n.* ystafell (*f*) westeion (ystafelloedd gwesteion), *F:* llofft(-ydd) (*f*) pobol ddiarth. **~-house** *n.* gwesty (gwestai,-au) *m.* **~-night** *n.* noson (*f*) wahodd (nosweithiau gwahodd).

guff *n.* lol *f,* ffwlbri *m,* dwli *m,* rwtsh *mf,* rwdl *f &c; S.a.* **nonsense.**

guffaw[1] *n.* chwerthiniad(-au) bras *m,* bloedd(-iadau) (*f*) o chwerthin, rhuad(-au) (*m*) o chwerthin.

guffaw[2] *v.i.* chwerthin yn fras, rhuo chwerthin, bloeddio chwerthin.

Guiana *Pr.n. Geog:* Giana *f.*

Guianese *a. & n.* **1.** *a.* Gianaidd. **2.** *n.* Gianad (Gïanaid) *m&f.*

guidable *a.* arweiniadwy, tywysadwy, cyfeiriadwy.

guidance *n.* **1.** arweiniad *m,* cyngor *m,* cynghorion *pl,* cyfarwyddyd *m;* **I owe much to his ~,** 'rwy'n ddyledus iawn i'w gynghorion; **child ~,** cyfarwyddo plant; **educational ~,** cyfarwyddyd addysgol; **vocational ~,** cyfarwyddyd gyrfa, cyfarwyddyd gyrfaol/galwedigaethol. **2.** *Tchn:* tywysiad *m,* cyfeiriadu *vn;* **command ~,** arweiniad (*m*) dan reolaeth.

guide[1] *n.* **1.** (*a*) (*pers.*): arweinydd(-ion, arweinwyr) *m,* arweinyddes(-au) *f,* tywysydd: tywyswr (tywyswyr) *m;* **Alpine ~,** tywyswr Alpaidd; (*= adviser*): cynghorwr (cynghorwyr) *m,* cyngh|orwraig *f;* (*b*) **[girl] ~,** geid(-iau) *f* (*does not usu. mutate*). **2. ~[-book],** arweinlyfr(-au) *m,* teithlyfr(-au) *m;* **Scripture is our ~,** yr Ysgrythyrau yw ein harweinydd/harweiniad; **"~ to gardening",** "sut i drin gardd", "arweiniad (*m*) i arddio", "cyflwyniad (*m*) i arddio". **3.** (*a*) (*= example*): esiampl(-au) *f;* **let this be a ~ to you,** cymerwch hyn yn esiampl; boed hyn yn esiampl ichwi; (*b*) *Mec.E:* cyfeirydd(-ion) *m;* **drawer-~,** gosail (goseiliau) (*f*) drôr, rhigol(-au) (*f*) drôr. **4.** (*= sign, mark*): arwydd(-ion) *m,* cyfeirydd(-ion) *m,* mynegbost (mynegbyst) *m.* **~-bar** *n. Mec.E:* bar(-rau) (*m*) llithro. **~-book** *n.* arweinlyfr, teithlyfr; *S.a.* **guide**[1] **2. ~-card** *n. Lib:* cerdyn (cardiau) arweiniol *m.* **~-dog** *n.* ci (cŵn) (*m*) tywys. **~-line** *n.* **1.** gwifren (gwifrau) (*f*) tywys. **2.** *Fig:* canllaw(-iau) *f.* **3.** (*in ploughing*): marc *m.* **4.** (*diagram*): **~-lines,** llinellau mynegi, tywyslinellau. **~-post** *n.* mynegbost (mynegbyst) *m.* **~-price** *n.* pris(-iau) awgrymedig *m,* amcanbris(-iau) *m.* **~-rail** *n.* canllaw(-iau) *mf.* **~-rope** *n.* **1.** *Mec.E:* rhaff (*f*) dywys (rhaffau tywys). **2.** *Aer:* (*i*) (*to steady airship*): rhaff(-au) sadio; (*ii*) (*trailed by airship*): rhaff dynnu (rhaffau tynnu), rhaff lusg (rhaffau llusg).

guide[2] *v.t.* **1.** (*= lead*): arwain, tywys, *occ:* hebrwng, danfon. **2.** (*= direct*): arwain, cyfeirio (rhn); dangos y ffordd (i rn); rhoi (rhn) ar ben y ffordd; *S.E: occ:* 'fforddi (rhn). **3.** (*= advise*): cyfarwyddo, cynghori; **all are guided by him,** mae pawb yn ei ddilyn ef; mae pawb yn dilyn ei arweiniad.

guided *a.* **1. ~ tour,** taith dywysedig (teithiau tywysedig) *f,* taith dan arweiniad. **2.** (*missile &c*): cyfeiriedig; **a ~ missile,** taflegryn (taflegrau) *m,* teflyn(-au) (*m*) annel.

guideless *a.* diarweiniad.

guider *n.* (*of girl guides*): g|eidwraig (geidwragedd) *f.*

guideway *n.* rhigol(-au) *f.*

guiding[1] *a.* arweiniol. ~ **principle,** egwyddor arweiniol *f;* ~ **star,** seren (*f*) dywysu (sêr tywysu), seren arweiniol.

guiding[2] *vn. & n.* **1.** *vn. See* **guide**[2]; (*of girl guides*): geidio, bod yn geid. **2.** *n. Tchn:* = **guidance** 2. **3.** *n. Lib:* arwyddion *pl.*

guidon *n.* gidon(-au) *m,* penon(-au) *m.*

Guienne *Pr.n. Geog:* Gïen *f.*

Guignol *Pr.n.m.* ***Guignol*** *m.*

Guignolesque *a.* Guignolaidd, Guignolésg.

guild *n.* **1.** *Hist:* urdd(-au) (*f*) crefft, gild(-iau) *m;* **the G~ of Graduates,** Urdd y Graddedigion; **~ socialism,** sosialaeth (*f*) urdd. **2.** (*= society*): cymdeithas(-au) *f,* cylch(-oedd) *m;* **church ~,** cymdeithas eglwysig, cymdeithas eglwys; *S.a.* **brotherhood, sisterhood. ~-hall** *n.* **1.** *Hist:* neuadd(-au) (*f*) urdd. **2.** (*= town hall*): neuadd dref/tref (neuaddau trefi).

guilder *n. Num:* gildern(-au) *m.*

Guildhall *Pr.n.* **the G~,** (*in London*): Neuadd (*f*) y Gorfforaeth [yn Llundain].

guile *n.* twyll *m,* dichell(-ion) *f,* ystryw(-iau) *mf,* hoced(-ion) *f,* cyfrwystra *m,* castiau *pl.*

guileful *a.* dichellgar, ystrywgar, ystumddrwg, ystumgall, cyfrwys, ffel, henffel, *occ:* ystrywus, ystrywgall, dichellddrwg, castiog.
guilefully *adv.* yn ddichellgar *&c*; drwy ddichell/ystryw *&c*.
guilefulness *n.* cyfrwystra *m*, ffelder *m*, dichell *f*, dichellgarwch *m*.
guileless *a.* diniwed, diddichell, didwyll, difalais, *A:* difflais.
guilelessly *adv.* yn ddiniwed *&c*; heb ddichell/dwyll *&c*.
guilelessness *n.* diniweidrwydd *m*, didwylledd *m*.
guillemot *n. Orn (Uria salge):* gwylog(-od) *usu.f*, chwilog(-od) *m*, heligog(-od) *m*, *O:* dybru(-od) *f*, dybruan(-od), *N.W:* aron(-iaid) *m*, bridin bach *m*; **black ~**, *Cephus grille):* gwylog ddu (gwylogod duon).
guilloche *n. Arch:* plethwaith *m*.
guillotine[1] *n.* **1.** gilotîn: g|ilotin (gilotinau) *mf*. **2.** *Bookb:* y gyllell fawr *f*, y fwyell *f*, bwyell dorri papur (bwyeill torri papur). **3.** *Parl:* y fwyell.
guillotine[2] *v.t.* torri pen rhn, dienyddio rhn [â'r gilotîn].
Guilsfield *W.Pl.n.* Cegidfa *f*.
guilt *n.* euogrwydd *m*; *S.a.* **admit 1**.
guiltily *adv.* yn euog.
guiltiness *n.* euogrwydd *m*.
guiltless *a.* dieuog, diniwed.
guiltlessly *adv.* yn ddieuog.
guiltlessness *n.* dieuogrwydd *m*, diniweidrwydd *m*.
guilty *a.* euog; **to plead ~**, pledio'n euog; **not ~**, dieuog; **to plead not ~**, pledio'n ddieuog, gwadu cyhuddiad; **to find s.o. ~**, dyfarnu rhn yn euog; **to find s.o. not ~**, dyfarnu rhn yn ddieuog; **he had a ~ look**, yr oedd golwg euog arno; *F: occ:* yr oedd yn edrych fel ci lladd defaid.
Guinea *Pr.n. & n.* **1.** *Pr.n. Geog:* Gini *f*. **2.** *n.* **g~**, *Num:* gini(-s) *f*; **spade g~**, gini pen rhaw. **~-cock** *n.* ceiliog(-od) (*m*) gini, *S: F:* combác(-s) *m*. **~-corn** *n.* = **durra**. **~-fowl, ~-hen** *n.* iâr (*f*) (ieir) gini, *S: F:* combác, *occ:* cochwat *m*. **~-pig** *n.* mochyn (moch) cwta *m*, mochyn Gini; *F: (of pers.):* **to be a ~-pig**, bod yn destun arbrawf; **I'm not going to be a ~-pig**, chân' nhw ddim gwneud eu harbrofion arna' i. **G~-worm** *n.* llyng[h]yren (llyngyr) (*f*) Gini.
Guinean *a. & n.* **1.** *a.* Giniïaidd; **the ~ government**, llywodraeth Gini; **he's ~**, un o Gini ydyw; Giniad ydyw. **2.** *n.* Giniad (Giniïaid) *m&f*.
Guinevere *Pr.n.f.* Gwenhwyfar.
guipure *n. Needlew:* ***guipure*** *m*.
guise *n.* **1.** *A: (= dress):* gwisg(-oedd) *f*, cochl(-au) *mf*; **in the guise of a pilgrim**, yng ngwisg/rhith pererin, dan gochl pererin, ar wedd pererin. **2.** *(= form):* ffurf(-iau) *f*, gwedd(-au) *f*, *occ:* rhith(-iau,-oedd) *m*, cochl; **under/in the ~ of friendship**, dan gochl/rith cyfeillgarwch; **(she appeared) in the ~ of a goddess**, (ymddangosodd) yn rhith duwies, ar wedd duwies.
guiser *n.* cadi(-s) *m*, m|iriman *m*.
guitar *n.* gitâr (gitarau) *m*.
guitarfish *n. Ich: (Rhinobatos productus):* *crythbysgodyn (crythbysgod) *m*.
guitarist *n.* gitarydd(-ion, gitarwyr) *m*.
Gujarati *a. & n.* **1.** *a.* Gwjarataidd; *(in language):* Gwjarati. **2.** *n.* *(a) Ethn:* Gwjaratiad (Gwjaratiaid) *m&f*; *(b) Ling:* Gwjarati *f, m*.
gulch *n. U.S:* ceunant (ceunentydd) *m*; **a dry ~**, ceunant sych, sychnant (sychnentydd) *f*.
gulcher *n. U.S:* **dry ~**, llechgi (llechgwn) *m*.
gulden *n.* = **guilder**.
gules *n. & a. Her:* coch (*m*).
gulf *n. & v.t.* **1.** *n. Geog:* gwlff (gylffau) *m*, morgainc (morgeinciau) *f*, geneufor(-oedd) *m*; **the G~ Stream**, Llif (*m*) y Gwlff. **2.** *n. (= chasm):* [g]agendor(-au) *usu.m*, affwys *m*, *N: F:* dyfnjwn [plwm] *m*, *S: F:* dwnsiwn *m*; *(= abyss):* dyfnder(-oedd) *m*, affwys. **3.** *v.t.* = **engulf**. **~-weed** *n. Bot:* chwyn (*pl*) môr, sargaso *m*.
gull[1] *n. Orn:* gwylan(-od, gwylain) *f*, *occ:* hucan(-od) *f*, *S.E:* glannen *f*; *S.a.* **seagull**; **black-headed ~**, *(Larus ridibundus):* gwylan benddu (gwylanod penddu), gwylan goesgoch (gwylanod coesgoch), gwylan y gweunydd, gwylan Llyn Conwy; **common ~**, *(L. canus):* gwylan lwyd (gwylanod llwydion), gwylan wen (gwylanod gwynion); **glaucous ~**, *(L. hyperboreus):* gwylan y Gogledd; **great black-backed ~**, *(L. marinus):* gwylan gefnddu (gwylanod cefnddu), gwylan ddu a gwyn (gwylanod du a gwyn), copsyn (copsod) (*m*) y môr, penddu (pennau duon) *m*; **herring-~**, *(L. argentatus):* gwylan y penwaig, gwylan y gweunydd, gwylan lwyd (gwylanod llwyd), gwylan frech (gwylanod brych), hucan y pysgod, copsyn (*m*) y môr; **Iceland ~**, *(L. glaucoides):* gwylan Ynys yr Iâ; **little ~**, *(L. minutus):* gwylan fechan (gwylanod bychain); **peewit ~**, = **black-headed ~**; **Sabine's ~**, *(Xema Sabini):* gwylan Sabine; *S.a.* **kittiwake**. **G~ Rock** *Pr.n. W.Geog:* Maen (*m*) Gwylan. **~-wing** *a.* gwylanadeiniog.
gull[2] *n. F: O:* gwirionyn (gwirioniaid, rhai gwirion) *m*, hurtyn(-nod) *m*, diniweityn (diniweitiaid) *m*, symlyn(-nod) *m*, *occ: fem:* symlen *f*.
gull[3] *v.t. F: O:* twyllo, gwn|eud, *N.W: occ:* ffinglio (*pronounced* ng-g), bwmbro, *S.W:* cwsno, *Lit:* hocedu.
gullery *n.* gwylanfa (gwylanf|eydd) *f*.
gullet *n.* corn (*m*) gwddf (cyrn gyddfau), llwnc (llynciau) *m*, *occ:* sefnig(-au) *f*.
gullibility *n.* gwiriondeb *m*, diniweidrwydd *m*, hurtrwydd *m*, hydwylledd *m*, hygoeledd *m*, ehudrwydd *m*.
gullible *a.* hawdd eich twyllo, hygoelus, hydwyll, ehud, hurt, gwirion, diniwed.
gullibly *adv.* yn hygoelus *&c*.
gullied *a. Geog:* gylïog, rhigolog.
gully[1] *n.* **1.** *Geog:* rhigol(-au) *f*, ceunant (ceunentydd) *m*, *S.W: occ:* transh *m*. **2.** *Civ.E: (= channel, gutter):* cafn(-au) *m*, cwter(-i,-ydd) *f*. **3.** *Cr:* gyli *m*. **~-hole** *n.* twll (tyllau) (*m*) carthffos, ffosdwll (ffosdyllau) *m*.
gully[2] *v.t.* rhigoli, cwteru.
gully[3] *n. (= large knife):* twca (twceiod) *m*.
gulosity *n.* = **gluttony**.
gulp[1] *n.* llwnc *m*, cegaid (cegeidiau) *f*, *S.W:* trabwl *m*, *F:* joch *m*, llowc *m*; **(to drink sth) at one ~**, (yfed rhth) ar ei dalcen, ar eich talcen, *S:* ar eich pen.
gulp[2] *v.t.* **1.** llyncu, llowcio, *S.W:* darlyncu, *N.W:* cofftio, *S.E: occ:* cobo, llyncu'n llyfn; **he gulped his drink**, llyncodd/yfodd ei ddiod ar ei dalcen, yn un joch, ar un gwynt; *S.a.* **guzzle**; **to ~ back/down (sobs, tears)**, llyncu, atal (dagrau *&c*). **2.** *v.i.* *(= choke):* tagu, dyhefod, ebychu; **"I'm sorry", he gulped**, "Mae'n ddrwg gennyf", meddai gan lyncu/dagu.
gulper-eel *n. Ich: (Eurypharynx pelecanoides):* llowciwr (llowcwyr) *m*.
gum[1] *n.* **1.** *(of trees, as sweets &c):* gwm (gymiau) *m*, gỳm (gymiau) *m*; **chewing-~**, gwm cnoi; **bubble-~**, gwm swigod, gwm chwythu. **2.** *(= mucilage):* gwm, glud(-ion) *m*. **3.** **~ ammoniac**, gwm amoniac; **~ Arabic**, gwm Arabaidd/Arabig/Arabia; **~ dragon**, gwm dragant; **~ elastic**, gwm [e]lastig; **~ ivy**, gwm eiddew; **~ juniper**, gwm sandrag, gwm pan; **mastic ~**, gwm mastig; **~ resin**, ystor (*m*) gwm, gwm-resin *m*, *Lit: occ:* molystor *m*; **plant gums**, gymiau planhigol. **4.** *(of eye):* môl *m*, *N.W:* moel *m*. **5.** = **gum-tree**. **6.** *(disease of children, trees):* gwm *m*. **~ plant** *n. Bot:* gludlys *m*. **~-tree** *n. Bot:* gludwydden (gludwydd) *f*, coeden (coed) (*f*) gwm; **up a ~-tree**, mewn picil/trafferth, *N:* mewn strach/styffig/twll/caethgyfle, *N.W: occ:* mewn sactisiwn; *S.a.* **kookaburra**.
gum[2] *v.t.&i.* **1.** *v.t.* *(a) (= put gum on sth):* gludio, gymio; *(b)* **to ~ a page into a book**, gludio/glynu/gymio tudalen mewn llyfr; *(c)* **to ~ up a file**, clogio/tagu dannedd ffeil; *F:* **to ~ up the works**, rhoi sbrag yn yr olwyn, ymyrryd â rhth, difetha rhth, *N.W: occ:* rhoi strocan yn yr olwyn. **2.** *v.i.* **to ~ up**, *(of file):* clogio, tagu; *(of piston):* glynu; *(of eyes):* moli, *N.W:* moelio.
gum[3] *n. (of teeth):* cig (*m*) y dannedd, deintgig *m*, *Lit: A:* gorcharfan(-au) *m*. **~-shield** *n. Box:* gorchudd(-ion) (*m*) dannedd, arbedwr (arbedwyr) (*m*) dannedd.
gum[4] *int. F:* **by ~!** diawch! diawcs! diaist! dul annwyl! esgob! *&c.* *S.a.* **god.**
gumbo *n.* **1.** *(= okra):* *(soup):* cawl (*m*) ocra. **2.** *Geol:* gymbo *m*.
gumboil *n.* **1.** *Med:* casgliad *m*, crawniad *m* [yn y genau]; y ddannoedd (*f*) waed. **2.** *Fig:* pigyn (*m*) clust, poen *m* [o ddyn], *N: occ:* crinc *m*, *S: occ:* cnec *m*.
gumboot *n.* botasen (botasau) *f*, bwtsiasen (bwtsias) *f*.
gumbotil *n. Geol:* g|ymbotil *m*, clai gludiog *m*.

gumma *n. Med:* gwma (gwmata) *m.*
gummatous *a.* gwmataidd.
gummed *a.* **1.** *(label, piston):* gludiog, gludiol, glynol, gwmog, gymog. **2.** *(eyes):* molog, molglafaidd.
gummily *adv.* yn ludiog *&c.*
gumminess *n.* **1.** gludiogrwydd *m.* **2.** *(of eyes):* môl *m,* mologrwydd *m.*
gummite *n. Miner:* gwmit *m.*
gummous, gummy[1] *a.* = **gummed.**
gummy[2] *a.* *(= toothless):* mantach, diddant, diddannedd, heb ddant.
gummy[3] *n.* **1.** *Ich:* *(Mastelus antarcticus):* morgi (morgwn) mantach *m.* **2.** *Aust: N.Z:* dafad (defaid) *(f)* heb ddannedd.
gumption *n.* cynnig *m,* sgilgarwch *m,* dyfeisgarwch *m;* **without ~,** di-fynd, di-glem, diffaith, digychwyn, digynnig, *S.W:* didro, *N.E:* di-âm.
gumshoe *n.* **1.** = **galosh. 2.** *(= detective):* ditectif(-s,-iaid) *m&f,* ditectydd(-ion) *m.*
gun[1] *n.* **1.** *(= cannon):* gwn (gynnau) *m,* canon(-au) *m; A: & Lit:* magnel(-au, megnyl) *f;* **the big guns,** y gynnau mawr; *F: (people):* yr hoelion wyth; **(to be going) great guns,** (mynd) fel fflamiau, fel slecs, fel y mêl; **to blow great guns,** chwythu'n galed. **2.** *(a) (= rifle &c):* dryll(-iau) *m,* gwn; **sporting ~,** dryll hela; *(b)* **a party of six guns,** criw o chwe saethwr/heliwr; *F:* **a son of a ~,** *(a) Pej:* cenau (cnafon) *m,* diawl(-iaid) *m,* sinach(-od) *m; (b) Joc:* **he's a real son of a ~,** *N:* mae'n dipyn o dderyn/gono; un ar y naw ydi o; *S:* 'na fachan yw e; mae e'n fachan broc; **to stick to one's guns,** dal ati, gwrthod syflyd, glynu wrth eich safbwynt, dal at eich pethau, sefyll yn eich rhych *&c;* **starting-~,** ergyd *(f)* gychwyn; **five minute ~,** ergyd bum munud; **to beat/jump the ~,** achub y blaen (ar rn), cychwyn cyn pryd. **3.** *Paint:* **spray-~,** chwistrell(-au) *f,* chwistrellwr (chwistrellwyr) *m; S.a.* **grease-gun. ~-carriage** *n.* car *(m)* gwn (ceir gynnau). **~-case** *n.* blwch *(m)* dryll (blychau drylliau). **~-cotton** *n.* cotwm nitrig *m,* cotwm tanio, gwn-gotwm *m.* **~ crew** *n.* magnelwyr *pl,* canonwyr *pl.* **~-deck** *n.* gynfwrdd (gynfyrddau) *m.* **~ dog** *n.* ci (cŵn) *(m)* adar/adara. **~-fodder** *n. F:* ysglyfaeth *(f)* gynnau, bwyd *(m)* i'r gynnau. **~-harpoon** *n.* tryfer(-i) *(fm)* saethu. **~-layer** *n.* anelwr (anelwyr) *m.* **~-lock** *n.* clo *(m)* dryll (cloeon/cloeau drylliau). **~-metal** *n.* dryllfetel *m,* gwnfetel *m,* metel *(m)* gwn. **~ moll** *n. (= gangster's moll).* **~-pit** *n.* pydew *(m)* canon. **~-play** *n.* tanio *(m)* gynnau. **~-port** *n.* gyndwll (gyndyllau) *m.* **~-runner** *n.* smyglwr (smyglwyr) *(m)* gynnau. **~-running** *vn.* smyglo gynnau. **~-shy** *a.* ofnus/nerfus [o ynnau], ag ofn gwn/gynnau, yn ofni gwn/gynnau. **~-site** *n.* safle *(m)* canon (safleoedd canonau), magnelfa (magnelf[eydd]) *f.* **~-slinger** *n. F: U.S:* saethwr (saethwyr) *m,* dyn *(m)* â gwn (dynion â gynnau). **~-stock** *n.* carn *(m)* gwn/dryll (carnau gynnau/drylliau).
gun[2] *v.t.&i.* **1.** *v.t.* **to ~ s.o. down,** saethu rhn; *Aut:* **to ~ the engine,** rhoi tân arni. **2.** *v.i.* **to ~ for s.o., to go gunning for s.o.,** mynd i saethu rhn; *Fig:* mynd am waed rhn; **she's gunning for you,** mae hi am dy waed di.
gunboat *n.* gynfad(-au) *m.* **~ diplomacy** *n.* diplomyddiaeth *(f)* y pastwn, diplomyddiaeth llong ryfel.
gunfight *n.* ysgarmes(-oedd) *(f)* saethu.
gunfighter *n.* saethwr (saethwyr) *m.*
gunfire *n.* tanio *vn,* saethu *vn.*
gung-ho *a. & int.* **1.** *a. (= eager):* selog, brwd, brwdfrydig. **2.** *int.* ymlaen! hwyl!
gunge, gunk *n. F:* 'nialwch *m,* ffrwcs *pl,* fflwcs *pl,* frwcsach *m,* sothach *m,* slwtsh *m,* slwj *m.*
gunman *n.m.* saethwr (saethwyr), dyn â gwn (dynion â gynnau).
gunned *a.* â gynnau, â chanonau, magnelog.
gunnel[1] *n. Ich: (Pholis gunnellis):* llyfrothen (llyfrothod) *f,* neidr *(f)* fôr (nadr[o]edd môr).
gunnel[2] *n.* = **gunwale.**
gunner *n.* gynnwr (gynwyr) *m,* magnelwr (magnelwyr) *m.*
gunnery *n.* **1.** gynyddiaeth *f.* **2.** *(= firing):* tanio *vn,* saethu *vn.*
gunny *n. Tex:* sachliain *m.*
gunnysack *n.* sach fras/bras (sachau breision) *fm.*
gunpoint *n.* **at ~,** o flaen gwn, yn ffroen gwn.
gunpowder *n.* powdwr *(m)* gwn, powdwr canon, pylor *m,* powdwr du; *Hist:* **the G~ Plot,** Brad y Powdwr Gwn, Brad y Powdwr Du.
gunroom *n.* **1.** ystafell(-oedd) *(f)* y drylliau, gynle(-oedd) *m.* **2.** *Navy:* gynle.
gunshot *n.* **1.** ergyd(-ion) *(fm)* gwn, taniad(-au) *m.* **2. within ~,** o fewn taniad, o fewn cyrraedd/ergyd gwn; **out of ~,** o gyrraedd ergyd gwn. **~ wound,** anaf(-iadau) *(m)* saethu.
gunsmith *n.* gof(-aint) *(m)* gynnau.
gunwale *n. Nau:* gynwal(-au) *m,* gynwalc(-iau) *m.*
gup *n.* = **nonsense.**
guppy[1] *n. Ich: (Lebistes reticulatis):* gypi (gypïod) *m,* pilcyn (pilcod) *(m)* y Caribî.
guppy[2] *n. (submarine):* gypi (gypïod) *m.*
gurgitation *n.* byrlymu *vn,* byrlymiad *m.*
gurgle[1] *n. (a) (of water):* byrlymiad(-au) *m,* bwrlwm (byrlymau) *m; (b) F: (= laugh):* cecian chwerthin *vn,* bwrlwm *(m)* o chwerthin.
gurgle[2] *v.i.&t.* **1.** *v.i. (of water):* byrlymu, *S.W:* bwrlwmpo; *(of brook):* sisial ganu. **2.** *v.t.&i.* cecian chwerthin; **he gurgled with laughter,** chwarddodd yn braf/galonnog.
gurgling *a.* byrlymog.
gurjun *n. Bot:* coeden (coed) *(f)* gyrjwn.
Gurkha *n. & a.* Gyrca(-s) *(m).*
gurnard, gurnet *n. Ich:* chwyrnwr (chwyrnwyr) *m,* pengernyn (pengernod) *m (pronounced* ng-g), penhacarn *m,* pcniernyn *m,* gyrnat: gyrned: gyrnet(-au) *m,* gwrni *m;* **flying ~,** *(Dactyloperis):* gyrnat/penhaearn hedegog; **grey ~,** penhaearn llwyd, chwyrnwr llwyd, *N.W:* gyrnat gre, gyrnat sbotiog; **red ~,** penhaearn coch, chwyrnwr coch, gyrnat coch; **sapphirine ~, tub ~,** *(Trigla hirundo):* ysgyfarnog(-od) *(f)* y môr; **piper ~,** *(T. lyra).* penhaearn bibydd, *N.W: occ:* bili bigog *m;* **streaked ~,** *(T. lineata):* penhaearn rhesog.
guru *n. Hindu Rel:* arweinydd (arweinwyr) *m,* proffwyd(-i) *m,* dysgawdwr (dysgawdwyr) *m,* gwrw(-aid) *m.*
gush[1] *n.* **1.** *(of water &c):* ffrwd (ffrydiau) *f,* pistylliad(-au) *m,* llifeiriad(-au) *m,* llifeiriant (llifeiriannau, llifeiriaint) *m.* **2.** *(= sentimental outpouring):* truth *m;* **what ~!** am druth! *(= effusion):* llifeiriant, bwrlwm *m,* parabl *m.*
gush[2] *v.i. (a)* **to ~ forth/out,** ffrydio, pistyllio, llifo, byrlymu, llifeirio, ymarllwys, ymdywallt; *(b) (= talk sentimentally):* perlesmeirio **(over sth,** dros rth); ffalsio, parablu, *Lit:* truthio; **"how sweet", she gushed,** "am bert", parablodd.
gusher *n.* pistyll(-oedd) *m,* ffynnon (ffynhonnau) *f.*
gushing *a.* **1.** *(water):* ffrydiol, llifeiriol, byrlymog. **2.** *(= sentimental):* perlesmeiriol, truthiol, ffilsi-ffalsiach, ffals; *(= talkative):* parablus, siaradus; *(= exuberant):* hwyliog, calonnog, brwd.
gushingly *adv.* yn barablus, yn druthiol, yn ffilsi-ffalsiach.
gushy *a.* = **gushing.**
gusset *n.* cwysed(-i) *f, N.W:* cyset(-i) *f,* cwsiad (cwsiedi) *f.*
gusseted *a.* â chwysed, cwysedog.
gust[1] *n.* hwrdd (hyrddiau) *m,* cwthwm (cythymau) *m,* chwythwm (chwythymau) *m,* gwthwm (gythymau) *m, N.W: occ:* sgôl(-s) *m, S.W: occ:* chwaff(-iau) *m;* **wind blowing in gusts,** gwynt yn hyrddio, hyrddwynt *m;* **a ~ of rain,** sgrwmp (sgrympiau) *f,* cyrrin (cyrinoedd) *m;* **a ~ of anger,** hwrdd o ddicter.
gust[2] *v.i.* hyrddio, sgytio chwythu.
gustation *n.* blasu *vn,* archwaethu *vn.*
gustative, gustatory *a.* archwaethol, blasol; **~ hair,** blewyn (blew) *(m)* blasu.
gustily *adv.* **1.** yn hyrddiog, yn hyrddiau. **2.** yn afieithus *&c.*
gustiness *n.* **1.** *(of wind):* hyrddiogrwydd *m,* hyrddiau *pl.* **2.** *(of humour):* afiaith *m.*
gusto *n.* afiaith *m,* awch *m,* eiddgarwch *m,* blas *m,* brwdfrydedd *m,* sêl *f,* aidd *m,* arddeliad *m;* **with ~,** â blas, yn frwd, yn eiddgar, yn frwdfrydig, *occ:* o'i hochr hi; **to sing with ~,** morio canu; **to preach/speak with ~,** ei morio hi.
gusty *a.* **1.** *(wind):* hyrddiog; *(day):* gwyntog. **2.** *(= full of gusto):* hwyliog, calonnog, afieithus.
gut[1] *n.* **1.** *(a) Anat:* perfeddyn (perfedd, perfeddion) *m,* coluddyn (coludd, coluddion) *m, S.E: occ:* poten *f;* **small ~,** glasgoluddyn *m,* poten fach *f;* **blind ~,** coluddyn dall/pengaead *(pronounced* ng-g); *(b) V: (= belly):* bol(-iau) *m,* bola (boliau) *m, N: occ:* cest(-iau) *f,* cetog(-au) *f.* **2.** *pl.* **guts,** *(a)* perfedd *m or*

pl, coluddion, ymysgaroedd; *(of bird):* syrth *pl*; *(b) F: (= courage):* iau *m*, plwc *m*, calon *f*, dewrder *m*; *F:* **she has guts,** mae hi'n ddewr; *N:* mae ganddi hi iau; **it has no ~ in it,** 'does dim o werth ynddo; nid yw'n dda i ddim; 'does dim swmp ynddo; **he has no ~,** 'does ganddo mo'r iau, *S.W:* 'does dim gâm ynddo fe; *V:* cachwr yw e; **to hate s.o.'s ~,** casáu rhn â chas perffaith, caśau lliw perfedd rhn; **(to sweat/work) one's ~ out,** (gweithio) fel blac/bwystfil/ceffyl/nafi/nigar, ei hochor hi, 'n ddwbwl drebal, 'n ddwbwl pŵar, 'n chwys diferyd, ymlafnio, ymlâdd, 'slanu gweithio, eich lladd eich hun yn gweithio. **3.** *Mus: Fish:* llinyn *m*, gwt *m*. **4.** *(= straits):* culfor(-oedd) *m*, swnt *m*; *(of river &c):* culhad *m*, lle(-oedd) cul *m*. **5.** *attrib. (= fundamental):* sylfaenol, yn y bôn; **a ~ issue,** pwnc sylfaenol *m*; **a ~ reaction,** ymateb greddfol *m*. **~ fret** *n. Mus:* cribell *(f)* goludd/gwt (cribellau coludd/gwt). **~ string** *n. Mus:* tant (tannau) *(m)* coludd/gwt. **~-tie** *n. Vet:* cwlwm *(m)* perfedd.

gut² *v.t.* **1.** *(animal, bird):* diberfeddu, gwagio, tynnu perfedd. **2. fire gutted the house,** llosgwyd tu mewn y tŷ yn ulw/llwyr; ni adawodd y tân ond cragen y tŷ; yswyd y tŷ gan dân.

gutless *a.* llwfr, diberfedd, cachgïaidd.

gutsily *adv.* **1.** yn farus *&c.* **2.** yn ddewr *&c.*

gutsiness *n.* **1.** glythineb *m*; *S.a.* **greed. 2.** dewrder *m*; *S.a.* **bravery.**

gutsy *a.* **1.** barus *&c*; *S.a.* **greedy. 2.** dewr *&c*; *S.a.* **brave.**

gutta-percha *n.* gwtapersia *m*, gludledr *m*, *N.W: occ:* cryja-byja: cyrja-pyrja *m*.

gutta serena *n. Med:* pylni *m*, ***gutta serena*** *f.*

guttate *a. Bot:* mannog, smotiog, brith (*f.* braith, *pl.* brithion), brych (*f.* brech, *pl.* brychion).

guttation *n. Biol:* dafnu *vn*, ymddafnu *vn*, ymddafniad *m*.

gutter¹ *n.* **1. [eaves-]~,** landar (landeri, landerydd) *mf*, cafn(-au) *(m)* bargod. **2.** *(of street):* cwter: gwter(-i,-ydd) *f*; *Fig:* **(he rose) from the ~,** (fe gododd) oddi ar y domen, o ddim. **3.** *(= conduit):* cafn, ffos(-ydd) *f*; *(= groove):* rhigol(-au) *f*, *S: occ:* rhewyn(-au) *m*; *(in yard): N:* rhowc(-iau) *f*; **V-shaped ~,** rhimyn deufin *m*. **4.** *attrib. F:* **the ~ press** *n. Journ:* gwasg *(f)* y gwter.

gutter² *v.t.&i.* **1.** *v.t. (= make groove):* rhigoli, cwteru, ffosi. **2.** *v.i. (of candle):* ffrïo, rhedeg, diferu, diferyd.

guttering *n. & a.* **1.** *n. Coll: (of house):* landeri: landerydd *pl*, bargod(-ion) *m*, *S: occ:* cafnau *pl.* **2.** *a. (candle):* yn ffrïo, yn rhedeg *&c.*

guttersnipe *n.* arab(-iaid) *m*, cenau (cenawon) bach *m*, cnaf(-on) bach *m*.

guttural *a. & n.* **1.** *a.* gyddfol, cryg, cras. **2.** *n. Ling:* sain yddfol (seiniau gyddfol) *f*; *pl.* gyddfolion.

gutturalism *n.* gyddfoldeb *m*.

gutturalize *v.t.* gyddfoli.

gutturally *adv.* yn yddfol *&c.*

guv, guv'nor *n. F:* **"O.K. guv",** = "iawn capten", "o'r gorau giaffar", "dyna ni sgweiar".

Guy¹ *Pr.n. & n.* **1.** *Pr.n.m.* Gai, Gei, Guto, Gutun; **~ Fawkes night,** noson Guto Ffowc; *Lit:* **~ of Warwick,** Gei o Warwig. **2.** *n.* **g~,** *(a) (= effigy):* dyn(-ion) *(m)* gwellt; *(b) O:* **what a g~!** am olwg! **3.** *U.S: F:* boi(-s) *m*, brawd (brodyr) *m*, *S:* bachan *m*, *N:* hogyn (hogiau) *m*, *N.W:* cono *m*, pegor *m*, co (cofis) *m*, cofi(-s) *m*; **a tough g~,** dyn durol/gwydn, *N:* hen jero garw; *Iron:* **a wise g~,** bachan/hogyn/boi clyfar, rhn sy'n gwybod y cwbl, mistar gwybod pob peth; **wise g~, huh?** trio bod yn glyfar, ie? *S.a.* **fall¹.**

guy² *v.t. (a) (= deride):* gwatwar, dychanu, gwn|eud hwyl/sbort am ben rhn, *Lit:* goganu rhn; *(b) Th:* **to ~ a part,** gor-wn|eud/ goractio rhan.

guy³ *n. Nau: &c:* **~[-rope]** rhaff *(f)* dynh|au (rhaffau tynh|au), tynraff(-au) *f*, rhaff gynnal (rhaffau cynnal).

guy⁴ *v.t.* sicrh|au, sadio, ategu, cynnal, dal.

Guyana *Pr.n. Geog:* Gaiana *f.*

Guyanese *a. & n.* **1.** *a.* Gaianaidd; **the ~ government,** llywodraeth Gaiana; **she's ~,** Gaianad yw hi; un o Gaiana yw hi. **2.** *n.* Gaianad (Gaianaid) *m&f.*

guzzle¹ *n.* sgram *f*, llond *(m)* bol[a], boliaid (boleidiau) *m*.

guzzle² *v.t.&i.* **1.** *v.t.* llowcio, claddu, awffio, lleibio, *N.W:* llempio; *(drink):* slochian. **2.** *v.i.* bolera, *N:* cythru bwyta, haffio bwyta, lleibio bwyta, sleifio bwyta, s[g]laffio, styrgajo, hel yn eich bol/crombil/bòs/cetog, *S.W:* awffian, bochio, conio.

guzzler *n.* llowciwr (llowcwyr) *m*, bolerwr (bolerwyr) *m*, bol|erwraig *f*, bolgi (bolgwn) *m*, lleibiwr (lleibwyr) *(m)* bwyd, s[g]laffiwr (s[g]laffwyr) *m*, llempiwr (llempwyr) *m*; *(of drink):* slochiwr (slochwyr) *m*.

guzzling *a.* barus, bwyt|eig, glwth, *N.W: occ:* stumongar (*pronounced* ng-g), smongar (*pronounced* ng-g), *S.W:* trachwantus.

Gwaethla *W.Pl.n.* Gweilliwr *m*.

Gwarthlo[w] *W.Pl.n.* Gwerllo: Gwyrllo *m*.

Gwendoline *Pr.n.f.* Gwenddolen.

Gwent *Pr.n. W.Geog:* Gwent *f*; **the [Welsh] dialect of ~,** Gwenhwyseg *f, m*; **the people of ~,** y Gwennwys, y Gwenhwyson.

Gwentian *a. & n.* **1.** *a.* Gwenhwysaidd, o Went; ***W.Jur:*** **the ~ Code,** Dull Gwent. **2.** *n. (i) Ethn:* Gwennwys (Gwenhwyson) *m*; *(ii) Ling:* Gwenhwyseg *f, m*.

Gwynedd *Pr.n. W.Geog:* Gwynedd *f*; **the [Welsh] dialect of ~,** Gwyndodeg *f, m*; **a man of ~,** Gwyneddwr (Gwyneddwyr) *m*; **a woman of ~,** Gwyn|eddwraig *f*, *A:* Gwyneddig(-ion) *m&f*; **the people of ~,** y Gwyndyd *pl*, y Gwyndodydd *pl*; **of ~, pertaining to ~,** Gwyneddig, Gwyneddaidd.

gwyniad *n. Ich: (Coregonus pennantii):* gwyniad (gwyniaid) *m*.

gybe *n. & v.i.* **1.** *n.* starn ogam *m*. **2.** *v.i.* starn-ogamu.

gym *n. F:* = **gymnasium, gymnastic. ~-girdles** *n.pl.* cadis ymarfer, gwregysau.

gymkhana *n.* ebolgampau *pl*, merlogampau *pl.*

gymnasium *n.* **1.** *(for athletics):* campfa (campf|eydd) *f.* **2.** *Sch:* ysgol(-ion) uwchradd *f*, gymnasiwm (gymnasia) *m*.

gymnast *n.* mabolgampwr (mabolgampwyr) *m*, mabolg|ampwraig *f.*

gymnastic *a. & n.* **1.** *a.* mabolgampol, gymnastaidd. **2.** *n.pl.* gymnasteg *f.*

gymnastically *adv.* yn fabolgampol *&c.*

gymnosophist *n.* gymnosoffydd(-ion) *m*.

gymnosophy *n.* gymnosoffyddiaeth *f.*

gymnosperm *n. Bot:* noeth-hadog(-ion) *m*.

gymnospermatous, gymnospermous *a.* hadnoeth, noeth-hadog.

gymnospore *n.* g|ymnosbor *m*.

gymnotus *n. Ich:* cefn-noeth(-ion) *m*.

gymslip *n. Cost:* tiwnig(-au) *(f)* ysgol.

gynaeceum *n.* **1.** *Gr.Rom.Ant:* gwreicty (gwreictai) *m*. **2.** *Bot:* = **gynoecium.**

gynaecocracy *n.* gwreiglywodraeth *f.*

gynaecologic[al] *a.* gynecolegol.

gynaecologist *n.* gynecolegwr: gynecolegydd (gynecolegwyr) *m*.

gynaecology *n* gynecoleg *f.*

gynaecomastia *n. Med:* gynecomastia *m*.

gynandromorph *n. Biol:* benyw-wryw(-od) *mf*, gwrfenyw(-od) *mf.*

gynandromorphic *a. Biol:* benyw-wrywaidd, gwrfenywaidd.

gynandromorphism, gynandromorphy *n. Biol:* benyw-wrywdod *m*, gwrfenywdod *m*.

gynarchy *n.* gwreiglywodraeth *f.*

gyniatrics *n.* gyniatreg *f.*

gynobase *n. Bot:* g|ynobas *m*.

gynoecium *n.* gyneciwm *m*, carpelau *pl.*

gynogenic *a.* benywddwyn, gynogenig.

gyp¹ *n. Sch:* gwas (gweision) *m*, morwyn(-ion, morynion) *f.*

gyp² *n. P:* **to give s.o. ~,** *(= hurt):* brifo rhn, rhoi poen i rn.

gyp³ *v.t.* = **cheat².**

gypsophila *n. Bot:* gyps|offila *m*, blodyn (blodau) *(m)* calch.

gypsum *n. Miner:* gypswm *m*.

gypsy *n.* = **gipsy.**

gyrate¹ *a. Bot:* cylchog, modrwyog.

gyrate² *v.i.* troi, chwyrlïo, cylchdr|oi, amdr|oi.

gyration *n.* cylchdro(-eon) *m*, cylchdroad(-au) *m*, chwyrlïad (chwyrliadau) *m*, amdroad(-au) *m*; *vn.* = **gyrate².**

gyratory *a.* cylchdroadol, chwyrlïol.

gyre *n. & v.i.* **1.** *n.* = **gyration. 2.** *v.i.* = **gyrate².**

gyrfalcon *n. Orn:* hebog(-au,-iaid) *(m)* chwyldro.

gyro *n.* **1.** *Av:* = **gyroscope. 2. ~-compass** *n.* geiro-gwmpawd(-au) *m*. **~-pilot** *n.* geiro-beilot(-iaid) *m*. **~-stabilizer** *n.* geiro-sadiwr (~-sadwyr) *m*.

gyrograph *n.* g|eirograff (geirograffau) *m.*
gyromagnetic *a.* geiromagnetig.
gyroplane *n.* g|eiroplan (geiroplanau) *m.*
gyroscope *n.* g|eirosgop (geirosgopau) *m.*
gyroscopic *a.* geirosgopig.
gyrose *a.* tonnog.
gyrostat *n.* g|eirostat (geirostatau) *m.*
gyrus *n.* troell(-au) *f.*
gyttja *n. Geol:* llaid *m*, dyddodion *pl.*
gyve¹ *n. usu.pl. Poet:* gefyn(-nau) *m*, hual(-au) *m*, llyffethair (llyffetheiriau) *f.*
gyve² *v.t. Poet:* llyffetheirio, hualu.

H

H, h *n.* **1.** [y llythyren] H, h *f (pronounced* aitsh, *pl.* -us); **a silent h,** aitsh fud; **h aspirate,** anadliad caled *m*, aitsh anadlog; **to drop one's h's,** gollwng eich aitshus, gollwng yr aitsh; *Tp:* **H~ for Harry,** H am Harri. **H-beam, H-girder** *n.* trawst(-iau) *(m)* H. **H-bomb** *n.* bom(-iau) *(mf)* H. **H-iron** *n.* haearn (heyrn) *(m)* H. **H.M.I.** *abbr. (Her Majesty's Inspector):* A.E.M. (Arolygydd Ei Mawrhydi); *(His Majesty's Inspector):* A.E.F. (Arolygydd Ei Fawrhydi); *F:* **he's an H.M.I.,** mae'n Arolygydd Ysgolion.

ha[1] *int.* ha! **~!~!** *int.* ha-ha! ho-ho!

ha[2] *v.i. See* **hum**[3] **1.**

haar *n. Meteor:* mordawch *m*, *N.W:* rhwd *(m)* môr.

Habakkuk *Pr.n.m. B:* H|abucuc.

habanera *n. Danc:* habanera(-s) *f.*

habeas corpus *n. Jur:* ***habeas corpus*** *m.*

haberdasher *n.* dilledydd: dilladydd(-ion) *m*, dilladwr (dilladwyr) *m*, *occ:* dyn(-ion) *(m)* siop wen.

haberdashery *n. (shop):* siop *(f)* ddillad (siopau dillad), *occ:* siop wen *f*; *(= clothes):* dillad *pl*, dilladau *pl*; *Dressm:* manion *(pl)* gwnïo.

habergeon *n. Hist:* habrsiwn (habrsiynau) *m*, llurig(-au) *f.*

habile *a. Lit:* dechau, dethau, deheuig, crefftus, sgilgar.

habiliment *n.* gwisg(-oedd) *f*, dillad *pl.*

habilitate *v.i.* cymhwyso.

habit *n.* **1.** *(= custom):* arfer(-ion) *mf*, *occ:* arferiad(-au) *m*; **a bad ~,** cast(-iau) drwg *m*, drwgarferiad *m*, drwgarfer(-ion) *mf*, *S.W: occ:* nad(-au) *f*; **Ianto has a lot of bad habits,** *S.W: occ:* mae pŵer o nadau yn Ianto; **to be in the ~, to make a ~ (of doing sth),** arfer gwneud rhth; **I don't make a ~ of it,** nid wyf yn arfer ei wneud; **to get/grow into the ~ (of doing sth),** magu arferiad, magu'r arfer, mynd i'r arfer (o wneud rhth); mynd i arfer (gwneud rhth); **to pick up a ~,** codi cast; **to get a dog into habits of obedience,** dysgu i gi fod yn ufudd, dysgu ci i ufuddhau; **to fall/get out of the ~,** colli arfer; **out of [sheer] ~, from force of ~,** o ran arfer; **a creature of ~,** dyn deddfol iawn. **2.** *(a) (make-up, constitution):* **~ of body,** cyfansoddiad corfforol *m*, corffolaeth *f*; *(b)* **~ of mind,** meddylfryd *m*, anian(-au) *f*, anianawd(-au) *m.* **3.** *Cost: (a)* gwisg(-oedd) *f*, dillad *pl*; *A: Lit: (of monk, nun):* abid(-au) *f*; *(b)* **[lady's] riding-habit,** gwisg farchogaeth. **4.** *Z: Biol: Bot:* golwg *(f)* (ar rth), gwisgiad *m*, ymarweddiad *m.* **~-forming** *a.* sy'n creu arferiad, sy'n mynd yn arferiad; *(drug):* caethiwus, diollwng, diymwared.

habit[2] *v.t.* **1.** *(= clothe):* dilladu, gwisgo. **2.** *Lit: occ: (= live):* byw, trigo, trigiannu, preswylio (mewn lle); anheddu (lle).

habitability *n.* cyfaneddoldeb *m*, trigianoldeb *m*; **I had my doubts about the ~ of the place,** 'roeddwn i'n amau a ellid byw yn y fath le; 'roeddwn i'n amau a oedd y lle'n un y gellid byw ynddo.

habitable *a.* cyfannedd, cyfanheddol, trigiannol, trigiadwy, preswyliadwy, y gellir byw ynddo; **the place is ~,** mae modd byw yn y lle.

habitableness *n.* = **habitability**.

habitably *adv.* yn gyfanheddol *&c*; *See* habitable.

habitant *n.* **1.** preswylydd (preswylwyr) *m*, trigiannydd (trigolion) *m.* **2.** *Fr.Can:* gwladychwr (gwladychwyr) *m.*

habitat *n. Nat.Hist:* cynefin(-oedd) *m.*

habitation *n.* **1.** preswyliad *m*, preswylio *vn*; *S.a.* **inhabit**; **fit for ~,** preswyliadwy, iawn i fyw ynddo; **a house fit for [human] ~,** tŷ addas i [bobl] fyw ynddo. **2.** *(= home):* cartref(-i) *m*, tŷ (tai) *m*, annedd (anheddau) *f*, anheddle (aneddleoedd) *m*, preswylfa (preswylf|eydd) *f*, preswylfod *m*, trigfan(-nau) *mf*, trigfa (trigf|eydd) *f*, trigle(-oedd) *m*, *A: or Joc:* trigias *m*; *Archeol:* **~ site,** safle *(m)* trigfan (safleoedd trigfannau), safle byw.

habitual *a.* **1.** arferol, gwastadol, cyson. **2.** *(= inveterate):* rhonc, diwrthdro, cyson, diymatal, di-droi, diedifar; **an ~ liar,** celwyddgi (celwyddgwn) *m*; **an ~ drunk,** meddwyn diymatal; **~ theft,** lladrata di-baid/parh|aus. **3.** *Gram:* arferiadol.

habitually *adv.* bob amser, yn wastad, yn wastadol, fel arfer, yn gyson, fel rheol, o hyd; *Pej: F:* byth a hefyd, dragwyddol.

habitualness *n.* arferoldeb *m*, cysondeb *m.*

habituate *v.t.* **to ~ s.o. to [doing] sth,** cynefino rhn â [gwneud] rhth.

habituation *n.* cynefiniad *m*, cynefino *vn.*

habitude *n.* **1.** *(= disposition):* cynneddf (cyneddfau) *f*, anian(-au,-oedd) *mf*; *(of mind):* tueddfryd *mf.* **2.** *(= custom):* arfer(-ion) *mf*; *(= tendency):* tuedd(-iadau) *f.*

habitué(-s) *n.* selog(-ion) *m*, selogyn (selogion) *m*; *pl.* ffyddloniaid.

hachure[1] *n. Mapm:* cyflin(-iau) *f*, ***hachure(-s)*** *f.*

hachure[2] *v.t.* cyflino, cyflinellu.

hacienda *n.* hasienda(-s) *f*, ystad(-au) *f.*

hack[1] *n. (a) (= notch):* rhicyn(-nau) *m*, rhic(-iau) *m*, hicyn(-nau) *m*, hic(-iau) *m*, hacyn(-nau) *m*, hac(-iau) *m*, *S.W: occ:* gac *m*, *Lit:* trychiad(-au) *m*; *(b) Fb: (= kick):* cic(-iau) *f*, crimogiad(-au) *m*; *(c) Min: (= pick):* caib (ceibiau) *f*; *(= mattock):* batog(-au) *f.*

hack[2] *v.t.&i. (a)* torri, hacio, rhicio, *Lit:* trychu, *N.W: occ:* lympio, sagio, siagio, sagmagio, sagwigio; **to ~ sth to pieces,** darnio rhth, malu rth yn r[h]acs, torri rhth yn dipiau/ysgyrion *&c*; **to ~ a tree down,** torri coeden i lawr, *occ:* cwympo/disgyn coeden, *Lit:* cymynu coeden; **hacked out,** wedi ei frasnaddu/frastorri; **to ~ one's way through,** torri'ch ffordd drwodd; **to ~ s.o. on the shin,** rhoi cic i rn ar ei grimog, crimogi rhn; *(b) Cmptr:* hacio.

hack[3] *n.* **1.** *(a) (= horse for hire):* ceffyl(-au) *(m)* hur, ceffyl llog, hacnai (hacneiod, hacneis) *m*; *(b) (for ordinary riding):* ceffyl cyfrwy; *(c) U.S:* tacsi(-s) *m*, cerbyd(-au) *(m)* hur. **2. a literary ~,** crachlenor(-ion) *m.* **~ writer** *n.* ysgrifennwr (ysgrifenwyr) *(m)* tâl; *(= journalist):* dyn(-ion) *(m)* papur newydd, gohebydd (gohebwyr) *m*, *Pej:* sgriblwr (sgriblwyr) *m*, hac(-iaid) *m&f.* **~-work** *n.* gwaith *(m)* bara a chaws, gwaith am dâl, gwaith mul, gwaith hac, hacwaith *m.*

hack[4] *v.t.&i.* **1.** *v.t. (a) (= make common):* gwn|eud (rhth) yn gyffredin, gwneud (rhth) yn ystrydeb, ystrydebu rhth; **to ~ an argument to death,** rhygnu ar yr un hen ddadl; *(b) (horses):* hurio. **2.** *v.i. (= ride):* marchogaeth, mynd ar gefn ceffyl.

hack[5] *n. (in falconry):* bwrdd (byrddau) *(m)* cig.

hackamore *n.* rheffyn(-nau) *(m)* joci.

hackberry *n. Bot:* **1.** *U.S: (Celtis occidentalis):* mwyaren (mwyar) *(f)* y llwyfen. **2.** = **bird-cherry**.

hackbut *n. A.Arms:* h|agabwt *m*; **~ à croc,** hagabwt a crog.

hacked *a.* haciedig, haciog, rhiciog, bylchog; **~ to pieces,** wedi ei falu'n ddarnau.

hacker *n.* torrwr (torwyr) *m*, haciwr (hacwyr) *m*, darniwr (darnwyr) *m*; *Cmptr:* haciwr.

hackery *n. (India):* men(-ni) *(f)* ychen.

hackette *n.f.. Pej: Joc:* sgr|iblwraig (sgriblwragedd).

hacking *a. & vn.* **1.** *a.* **a ~ cough,** peswch cras. **2.** *vn. See* **hack**[4]; *(a)* **~ coat, ~ jacket,** côt farchogaeth (cotiau marchogaeth); *(b) (= cutting, kicking): See* **hack**[2]; *A:* **shin-~,** *(as recreation):* crimogi *vn.*

hackle[1] *n.* **1.** *Tex:* crib(-au) *(mf)* heislanu, heisyllt(-od) *f*, heislan(-od) *f*, rhipai *m*; *(to brake flax or hemp):* caseg (cesig) *f.* **2.** *Orn:* gwrychyn *m*; **to get s.o.'s hackles up,** codi gwrychyn rhn; **I'd got my hackles up,** 'roeddwn i wedi cael y gwyllt; **when his hackles are up,** pan fydd ar gefn ei geffyl. **3.** *Fish: Cost:* plufyn (plu, *S:* pluf) *m*, pluen (plu, *S:* pluf) *f.*

hackle[2] *v.t. Tex:* heislanu, cribo.

hackle[3] *v.t.* = **hack**[2].

hackly *a.* garw, danheddog, gerwin.
hackmatack *n. U.S:* llarwydden goch (llarwydd cochion) *f*, llarwydden Am|erica, coeden (coed) (*f*) h|acmatac.
hackney[1] *n. (a) (= horse for hire):* ceffyl(-au) (*m*) hur, ceffyl llog, hacnai (hacneiod, hacneis) *m*; *(b) (= horse for ordinary riding):* ceffyl cyfrwy. **~ carriage, ~ cab, ~ coach** *n.* cerbyd(-au) (*m*) hur, cerbyd hacnai, tacsi(-s) *m*.
hackney[2] *v.t.* gwn|eud (rhth) yn ystrydeb, ystrydebu (rhth), rhygnu (ar rth).
hackneyed *a.* ystrydebol; **a ~ phrase,** ystrydeb(-au) *f*.
hacksaw *n. & v.t.* **1.** *n.* haclif(-iau) *f*, llif (*f*) fetel (llifiau metel), *F:* hacso(-s) *mf*. **2.** *v.t.* haclifio (rhth), llifio (rhth) â haclif.
hackthorn *n. Bot:* draenen fachog (drain bachog) *f*.
had *c. See* **have**[2].
haddie *n. Scot:* = **haddock**.
haddock *n. Ich:* corbenfras (corbenfreision) *m*, hadog(-iaid) *m*, hadoc(-s) *m*; **Jerusalem ~, = opah; Norway ~,** *(Sebastes viviparus):* pysgodyn (pysgod) coch (*m*) Norwy; *Cu:* **finnan ~, smoked ~,** *N:* ffinihadi: ffinihadan: ffiniadyn: ffinanhadin: ffinihadog *m*, *occ:* hadog coch, hadog melyn.
haddy *n. Ich:* torgoch(-iaid) *m*, torgochiad (torgochiaid) *m*.
hade[1] *n. Min: &c:* gogwydd(-ion) *m*, *N:* slont(-iau) *f*, *S:* slent(-iau) *mf*, drifft(-iau) *f*, sawdd (soddau) *m*, slip *m*.
hade[2] *v.i. Min: &c:* gogwyddo, cwympo'n raddol, mynd ar oleddf, *N:* slontio.
Hades *Pr.n.* **1.** *Gr.Myth:* Hades *m*, yr Isfyd *m*. **2.** *(= Hell):* Uffern *f*.
Hadith *n. Rel:* yr Hadith *m*.
hadron *n. Ph:* hadron(-au) *m*.
hadronic *a. Ph:* hadronig, hadronaidd.
haecceity *n. Phil:* hynrwydd *m*.
haem *n.* hema *m*.
haemacytometer *n.* hemasytomedr(-au) *m*.
haemaglutinate *v.t.* gwaedgyfludio.
haemaglutination *n.* gwaedgyfludiad *m*, gwaedgyfludio *vn*.
haemaglutinin *n.* gwaedgyfludydd *m*.
haemal *a.* **1.** *Anat: (= of blood):* gwaedol. **2.** *(= ventral):* torrol, blaen.
haemangioma *n. Med:* hemangioma *m* (*pronounced* ng-g).
haemarthrosis *n. Med:* hemarthrosis *m*.
haematein *n.* h|ematein *m*.
haematemesis *n.* hematemesis *m*, codi (*vn*) gwaed, cyfog (*m*) gwaed, gwaedgyfog *m*.
haematic, *U.S:* **hematic** *a.* gwaedlawn, hematig.
haematin *n.* h|ematin *m*.
haematinic *n. & a.* **1.** *n.* hematinig(-ion) *m*. **2.** *a.* hematinig.
haematite *n. Miner:* gwaedfaen (gwaedfeini) *m*, h|ematit *m*. **~ iron** *n.* haearn (*m*) h|ematit.
haematitic *a.* gwaedfeinig, hematitig.
haematoblast *n.* hem|atoblast (hematoblastau) *m*.
haematoblastic *a.* hematoblastig.
haematocele *n.* = **haematoma**.
haematocrit *n. Med:* hem|atocrit (hematocritau) *m*.
haematocryal *n. Z:* [â] gwaed oer.
haematogenous *a.* hematogenaidd.
haematologic[al] *a.* hematolegol.
haematologist *n. Med:* hematolegwr: hematolegydd (hematolegwyr) *m*, meddyg(-on) (*m*) gwaed.
haematology *n. Med:* hematoleg *f*, gwaedoleg *f*.
haematoma *n. Med:* hematoma *m*, pothell (*f*) waed (pothelli gwaed), swigen (*f*) waed (swigod gwaed).
haematophagous *a.* gwaedysol.
haematopoiesis *n.* = **haemopoiesis**.
haematopoietic *a.* = **haemopoietic**.
haematosalpinx *n. Med:* hematosalpincs *m*.
haematothermal *a. Z:* [â] gwaed cynnes.
haematoxylin *n.* hemat|ocsylin *m*.
haematuria *n. Med:* gwaed (*m*) yn y dŵr/troeth/trwnc, troethwaed *m*, hematwria *m*, *F: V:* piso (*vn*) gwaed; **to have ~,** troethwaedu.
haemochromatosis *n. Med:* hemocromatedd *m*.
haemocoel *n.* ceudod(-au) (*m*) gwaed, h|emosel (hemoselau) *m*.
haemocyanin *n.* hemos|ynanin.
haemocyte *n. Biol:* h|emosyt *m*.
haemoglobin *n.* hemoglobin *m*.
haemoglobinopathy *n. Med:* hemoglobin|opathi *m*.
haemolysis *n.* hem|olysis *m*.
haemolytic *a.* hemolytig.
haemopericardium *n. Med:* hemopericardiwm *m*.
haemoperitoneum *n. Med:* hemoperitonëwm *m*.
haemophilia *n. Med:* hemoffilia *m*, clefyd (*m*) gwaedu.
haemophiliac *a. & n.* **1.** *a.* hemoffilig. **2.** *n.* hemoffilig(-ion) *m&f*.
haemopoiesis *n. Med:* gwaedfagu *vn*, hemopoiesis *m*.
haemopoietic *a. Med:* gwaedfagol.
haemoptysis *n. Med:* gwaedboer *m*, hemoptysis *m*.
haemorrhage[1] *n.* gwaedlif(-au,-oedd) *m*, gwaedlin *m*, *occ:* llifiad (*m*) gwaed, diferlif (*m*) gwaed, toriad (*m*) gwaed; **antepartum ~,** gwaedlif cynesgor; **postpartum ~,** gwaedlif ôl-esgor; **cerebral ~,** gwaedlif ar yr ymennydd.
haemorrhage[2] *v.i.* cael gwaedlif/gwaedlin, gollwng/colli/taflu gwaed.
haemorrhagic *a. Med:* gwaedliniol, gwaedlifol.
haemorrhoidal *a. Med:* lledewigystol, [y] lledewigwst.
haemorrhoids *n.pl. Med:* clwy(*m*)'r marchogion, y lledewigwst *m*.
haemosiderosis *n. Med:* hemosiderosis *m*.
haemostasis *n.* gwaedataliad *m*, gwaedatalfa *f*.
haemostat *n. Med:* gwaedatalydd(-ion) *m*.
haemostatic *a.* gwaedataliol.
haemothorax *n. Med:* hemothoracs *m*.
haeremai *int. N.Z:* croeso.
haff *n.* morlyn(-nocdd) *m*.
hafnium *n. Ch:* haffniwm *m*.
haft[1] *n. (of knife):* carn(-au) *m*; *(of pick &c):* coes(-au) *m* (*N.B. gender*).
haft[2] *v.t.* rhoi carn/coes (ar rth).
hag[1] *n.* gwrach(-od) *f*, *Lit:* gwiddan: gwiddon(-od) *f*, ellylles(-au) *f*, gwrachen(-nod) *f*; *F:* **an old ~,** hen wrach *f*, *S.W: occ:* cle[i]rchen *f*. **~-ridden** *a.* dan faich (rhth), mewn hunllef, yn boenus eich meddwl, mewn arswyd (rhth, rhag rhth), dychrynedig (gan rth), mewn ing (o achos rhth); **~-ridden by the fear of illness,** ag ofn salwch yn eich poeni/dirdynnu, mewn gwewyr meddwl rhag ofn gwaeledd; **she had a ~-ridden look,** 'roedd golwg gwraig wedi ei rheibio arni; **~-ridden dreams,** breuddwydion dyn wedi ei witsio, breuddwydion dyn dan raib.
hag[2] *n. Scot: N.Eng:* **[moss-]~,** migwyn *m*, mign(-oedd,-edd) *f*, mignen(-ni) *f*.
Hagarene *Pr.n. B:* Hagareniad (Hagareniaid) *m&f*.
Hagarite *Pr.n. B:* Hagariad (Hagariaid) *m&f*.
hagberry *n. Bot:* = **bird-cherry**.
hagfish *n. Ich:* ellyll(-on) (*m*) môr, safngrwn (safngrynion) *m* (*pronounced* ng-g), y widdon *f*.
haggard *a. & n.* **1.** gwyllt, blinderus, curiedig, *occ:* hagar. **2.** *(a) n. Ven:* gwalch (gweilch) gwyllt *m*; *(b) a. Ven:* gwyllt, heb ei [d]dofi.
haggardly *adv.* yn wyllt *&c*.
haggardness *n.* golwg wyllt *f*.
haggis *n. Cu:* hagis(-au) *m*.
haggish *a. (a) (= witch-like):* gwrachaidd, gwrachïaidd, fel gwrach; *(b) (= ugly, awful):* hagr, diolwg, hyll, erchyll.
haggle[1] *n.* dadl(-euon) *f*, bargeinio *vn*, dadlau *vn*.
haggle[2] *v.i.* bargeinio, taeru (ynghylch pris rhth).
hagiocracy *n.* seintlywodraeth(-au) *f*, hagiocratiaeth(-au) *f*.
hagiocratic *a.* hagiocrataidd.
hagiographa *n.pl.* hagi|ograffa.
hagiographer *n.* hanesydd (haneswyr) (*m*) y seintiau, hagiograffwr: hagiograffydd (hagiograffwyr) *m*, *occ:* bucheddwr: bucheddydd (bucheddwyr) *m* [saint], awdur(-on) (*m*) bucheddau [saint].
hagiographic *a.* hagiograffaidd, hagiograffig; **~ literature,** llên (*f*) y saint.
hagiography *n.* hanes (*m*) y seintiau, bucheddau(*pl*)'r saint, hagiograffeg *f*.
hagiolatry *n.* seintaddoliaeth *f*, addoli(*vn*)'r saint/seintiau.
hagiology *n.* bucheddau(*pl*)'r saint, llên (*f*) y saint, hagioleg *f*.
hagioscope *n.* h|agiosgop (hagiosgopau) *m*, sgwint(-iau) *m*.
Hague (The) *Pr.n. Geog:* Yr Hâg *f*.
ha-ha *n. (= sunken fence &c):* ffos gudd (ffosydd cudd) *f*, ffosglawdd (ffosgloddiau) *m*, ffosgae(-au) *m*.
haiku *n.* haicw (haicŵau) *m*; *(loosely):* pennill (penillion) *m*.

hail[1] *n.* **1.** *Meteor: N:* cenllysg *pl*, *S:* cesair *pl*, *N.E: occ:* censyllt *pl.* **2.** *Fig: (of bullets &c):* cawod(-ydd) *f.* **~-stone** *n. N:* cenllysgen (cenllysg) *f*, *S:* ceseiren (cesair) *f.* **~-storm** *n.* cawod(-ydd) (*f*) o genllysg/gesair.

hail[2] *v.i.* **1.** *Impers.* **it is hailing,** mae hi'n bwrw cenllysg/cesair; mae hi'n ceseirio; *N: occ:* mae hi'n cenllysgio. **2.** *(= pour down, pelt):* pledu; *F:* **bullets were hailing on us,** 'roeddem yn cael ein pledu gan fwledi.

hail[3] *int. & n.* **1.** *int. A:* **[all]** ~, henffych [well]! hawddamor! **the H~ Mary,** Henffych Fair; **~ Mary, full of grace,** Henffych [well] Fair, lawn/gyflawn o ras. **2.** *n.* galw *vn*, galwad *f*; *(= shout):* gwaedd(-iadau) *f*, bloedd(-iadau) *f*; **within ~,** o fewn galw, o fewn clyw; **to be hail-fellow-well-met with everyone,** bod yn glên â phawb, dweud "ti a thithau" wrth bawb, *Pej:* bod yn hyf ar bawb.

hail[4] *v.t.&i.* **1.** *v.t.* *(a)* cyfarch, galw; **to ~ s.o. [as] king,** cyfarch rhn yn frenin, cyfarch rhn fel brenin; **he was hailed as a saviour,** croesawyd ef yn waredwr; *(b) (ship, taxi):* galw. **2.** *v.i.* *(= come from a place):* dod, hanu, *Lit:* hanfod (o rywle); **a man who hails from Swansea,** dyn sy'n dod/hanu o Abertawe, un o Abertawe; **a ship hailing from Cardiff,** llong sydd wedi/yn dod o Gaerdydd.

hailing *a. & vn. Nau:* **the ~ ship,** y llong sy'n galw; **within ~ distance,** o fewn galw.

Hainault *Pr.n. Geog:* Hanawt *m.*

hailstone *n.* = **hail-stone.**

hailstorm *n.* = **hail-storm.**

hair *n.* **1. a single ~,** *(of the head &c):* blewyn (blew) *m*; *F:* **to split hairs,** hollti blew, degymu mintys, degymu'r mintys a'r anis, hidlo gwybedyn, bod yn rhy fanwl, gorfanylu; *S.a.* **turn[2]** I. 2; *(a)* **a ~'s breadth,** trwch (*m*) [y] blewyn, *N.W: occ:* trwch asgell gwybedyn, trwch dim ŵy; **he escaped death by a ~'s breadth,** dihangodd rhag angau o drwch [y] blewyn; cael a chael fu hi na laddwyd mohono; bu ond y dim iddo gael ei ladd; nid oedd ond y dim rhyngddo a'i angau; **within a ~'s breadth of death,** o fewn dim i farw; *(b) Coll:* **a whole head of ~,** gwallt(-iau) *m*; **a good head of ~,** pen iawn o wallt, llond pen o wallt; **to do one's ~,** trin eich gwallt, *Lit:* trwsio'ch gwallt; **to wash one's ~,** golchi'ch pen/gwallt; **to set one's ~,** gosod eich gwallt; **to have one's ~ set,** cael gosod eich gwallt (*not* cael eich gwallt wedi ei osod); **to comb one's ~,** cribo'ch gwallt, gwn|eud eich gwallt; **to lose one's ~,** colli'ch gwallt; **(it was enough) to make your ~ stand on end, to make your ~ curl,** ('roedd yn ddigon) i godi gwallt eich pen chi, i godi'r gwallt ar eich pen chi, *S.W:* i hala ysgryd drwyddoch chi; *P:* **keep your ~ on!** ara' deg! gan bwyll! paid (peidiwch) â gwylltio! paid â cholli dy dymer (peidiwch â cholli'ch tymer)! *N: F:* dal dy ddŵr (daliwch eich dŵr)! dal dy wynt (daliwch eich gwynt)! *S:* paid colli dy natur (peidiwch colli'ch natur)! paid (peidiwch) gwylltu! **to let one's ~ down,** *(i) (= relax):* ymlacio; *(ii) (= confide secrets):* bwrw drwyddi, dweud eich hanes, dweud eich cyfrinachau, arllwys eich cwd/bol, bwrw'ch perfedd, *S:* bwrw'ch bola berfedd; *(iii) (= enjoy oneself):* cael noson fawr, *S:* cael randibŵ, mynd ar y criws; **to put up one's ~,** trwsio'ch/trefnu'ch gwallt, trin eich gwallt; *U.S: F:* **to get in s.o.'s ~,** bod yn dân ar groen rhn, bod yn boendod i rn, mynd dan draed rhn. **2.** *(a) (of body): (usu.coll.sg):* blewyn (blew) *m*; **fluffy ~, scanty ~,** blewiach *pl*; **pubic ~,** cedor *mf*, blew'r arffed; **armpit ~,** cedorau *pl*, blew'r gesail, *N: occ:* cedor gelc; **to remove s.o.'s superfluous ~,** plicio blew; **to have s.o. by the short hairs,** dal rhn gerfydd ei wendid; *(b) coll. (of animal, plant):* blew *pl*; **the cat's losing its ~,** mae'r gath yn bwrw'i blew/henflew; *(c) (of horse):* rhawn *m*; *(d) (of boar &c):* gwrychyn (gwrych) *m*; **to remove ~ from slaughtered animal,** *S.W:* porco anifail; **against the ~,** o chwith, yn groes i'r graen/geden; **to a ~,** i'r dim, i'r blewyn; **a ~ of the dog that bit you,** cudyn o'r ci a'ch cnoes. **~-curler** *n. Toil:* crychwr (crychwyr) (*m*) gwallt, peth(-au) (*m*) cyrlio gwallt, *F:* cyrlar(-s) *m.* **~-do** *n. F:* trwsiad (*m*) gwallt, trin (*vn*) gwallt, gwneud (*vn*) gwallt; **I'm going to have a ~-do,** 'rwy'n mynd i gael gwneud/trin fy ngwallt. **~-drier** *n.* sychwr (sychwyr) (*m*) gwallt, peiriant (peiriannau) (*m*) sychu gwallt, peth(-au) (*m*) sychu gwallt. **~-grass** *n. Bot: (Koeleria):* brigwellt *pl*; **Alpine ~-grass,** *(Deschampsia alpina):* brigwellt Alpaidd; **bog ~-grass,** *(D. setacea):* brigwellt y gors; **crested ~-grass,** *(K. gracilis):* brigwellt cribog, cribwellt *m*; **early ~-grass,** *(Aira praecox):* brigwellt y gwanwyn; **grey ~-grass,** *(Corynephorus canescens):* brigwellt llwyd; **silvery ~-grass,** *(A. caryophyllea):* brigwellt arian; **tufted ~-grass,** *(D. caespitosa):* brigwellt mawnog, brigwellt cudynnog; **wavy ~-grass,** *(D. flexuosa):* brigwellt main. **~-grip** *n.* craff(-au) (*m*) gwallt. **~-line** *n.* **1.** *(= upstroke):* braich (breichiau) *f.* **2.** *Typ:* **~-line letter,** llythyren fain (lythrennau main) *f.* **3.** *pl. Opt:* rhwyll *f*, gwifrau croes *pl.* **4.** *Hairdr: (a)* llinell (*f*) y gwallt, cwr (*m*) y gwallt, godre(*m*)'r gwallt, rhimyn (*m*) y gwallt; *(b) (= hairstyle):* dull (*m*) [gwisgo] gwallt. **5.** *(rope):* rhaff (*f*) rawn (rhaffau rhawn). **6.** *a.* **~-line crack,** crac(-iau) (*mf*) trwch blewyn. **~-mattress** *n.* matres (*f*) rawn (matresi rhawn). **~-net** *n.* rhwyd (*f*) wallt (rhwydi/rhwydau gwallt). **~-parting** *n. N:* rhesen [wen] *f*, *N.W: occ:* rhican *f*, rhacan *f*, hacan [wen] *f*, *S:* rhaniad *m.* **~-piece** *n.* gwallt (*m*) gosod/dodi. **~ powder** *n. Th:* powdwr (*m*) gwallt. **~-raising** *a.* arswydus, dychrynllyd, digon i godi gwallt eich pen, digon â chodi gwallt eich pen. **~-raisingly** *adv.* yn arswydus *&c.* **~-restorer** *n.* tyfwr (tyfwyr) (*m*) gwallt, tonig(-au) (*m*) gwallt, peth(-au) (*m*) tyfu gwallt. **~-set, ~-setting** *n. Hairdr:* gosodiad(-au) (*m*) gwallt. **~-shirt** *n.* crys(-au) (*m*) rhawn. **~-slide** *n. Toil:* sleid (*mf*) [g]wallt (sleidiau gwallt). **~-space** *n. Typ:* gofod (*m*) trwch blewyn. **~-splitting 1.** *vn.* hollti blew. **2.** *a.* gorfanwl, rhy fanwl. **~-spring** *n. Clockm:* sbring(-iau) *mf*, sbring tro/dro. **~-streak** *n. Ent:* *eilir rhesog *m*, (*)rhesen wen *f*; **black ~-streak,** brithribin du (brithribinau duon) *f*; **brown ~-streak,** brithribin brown (brithribinau brown), y llinell frown *f*; **green ~-streak,** brithribin gwyrdd (brithribinau gwyrddion), y llinell werdd; **purple ~-streak,** brithribin porffor (brithribinau porffor); **white-letter ~-streak** brithribin gwyn (brithribinau gwyn). **~-stroke** *n. (= upstroke):* braich (breichiau) *f.* **~-style** *n.* ffasiwn (ffasiynau) (*f*) gwallt, dull (*m*) gwisgo gwallt, steil(-s) (*f*) gwallt. **~-stylist** *n.* cynllunydd (cynllunwyr) (*m*) gwallt, dyn(-ion) (*m*) trin gwallt[-iau], gwr|aig (gwragedd) (*f*) trin gwallt[-iau]. **~-tail** *n. Ich: (Trichivrus lepturus):* blewgynffon (blewgynffonnau) *m.* **~-trigger** *n. Sm.a:* clicied ysgafn *f.*

hairbrush *n.* brwsh(-is) (*m*) gwallt.

haircloth *n. Tex: A:* brethyn (*m*) rhawn, carthen (*f*) rawn.

haircut *n.* toriad(-au) (*m*) gwallt; **to get a ~,** cael torri'ch gwallt.

hairdresser *n.* triniwr (trinwyr) (*m*) gwallt[-iau], dyn(-ion) (*m*) trin gwallt[-iau], *N:* dynes (merched) (*f*) trin gwallt[-iau], *S:* menyw(-od) (*f*) trin gwallt[-iau]; **to go to the ~'s,** mynd i'r lle trin gwallt.

hairdressing *vn.* trin gwallt[-iau].

-haired *a.* gwalltog, -wallt; **dark-~,** [â] gwallt tywyll, pryd tywyll; **fair-~,** [â] gwallt golau, pryd golau, goleuwallt, pen golau; **grey-~,** [â] gwallt brith, brithwallt, brithlwyd, penllwyd, yn britho, yn gwynnu; **long-~,** hirwallt, hirwalltog, [â] gwallt llaes, *F:* [â] gwallt mawr; *(animal):* hirflew; **black-~,** [â] gwallt du, du eich gwallt, *occ:* gwalltddu, pryd tywyll, pryd du; **red-~,** [â] gwallt coch, coch, gwalltgoch, pengoch (*pronounced* ng-g), cochwallt; **white-~,** [â] gwallt gwyn, gwynwallt, penwyn (*f.* penwen, *pl.* penwynion); **yellow-~,** [â] gwallt melyn, penfelyn (*f.* penfelen, *pl.* penfelynion), melynwallt. **short-~,** [â] gwallt cwta, *S.W:* crop.

hairiness *n.* blewogrwydd *m*; *(of head):* gwalltogrwydd *m.*

hairless *a. (head only):* heb wallt, di-wallt, moel(-ion); *(pers.):* penfoel; *(face):* llyfn (*f.* llefn, *pl.* llyfnion); *(of body, of animals):* heb flew, di-flew, moel.

hairlessness *n.* moelni *m.*

hairpin *n.* pin(-nau) (*mf*) gwallt, nodwydd (*f*) wallt (nodwyddau gwallt), *N.W:* gweillen: gwiallen (*f*) wallt (gweill gwallt), *F: occ:* herpen (herpins) *f.* **~ bend** *n. (in road):* bachdro(-eon) *m.*

hairsplitting *a.* = **hair-spltting.**

hairweed *n. Bot:* cyflafan *m*, llyfanog *m*, llinwisg *f*, gwymon (*m*) yr afon, llinwydd (*m*) yr afon, bwyd (*m*) yr hwyaid, eddi *pl.*

hairworm *n. (Trichostrongylida):* blewlyng[h]yren (blewlyngyr) *f.*

hairy *a.* **1.** blewog; *(scalp):* gwalltog, *S.W: occ:* bwrfwch, byrfwch; **a ~ man,** *S:* blewgi (blewgwn) *m*, *S.W: occ:* barfwch *m.* **2.** *Bot:* blewog, brigerog. **3.** *F: (= difficult, frightening):* enbyd. **~ Mary** *n. F: Ent:* Siani flewog (Sianis blewog) *f.*

Haiti *Pr.n. Geog:* Haiti *f.*

Haitian *a. & n.* **1.** *a.* Haitïaidd; **the ~ government,** llywodraeth

Haiti; **he's ~,** un o Haiti ydyw; Haitïad ydyw. **2.** *n.* Haitïad (Haitïaid) *m&f.*

hajj *n. Rel:* pererindod(-au) *f.*

hake[1] *n. Ich:* cegddu *mf.*

hake[2] *n. (= frame for drying cheeses &c):* diogyn(-nod) *m.*

halation *n. Phot:* *lleugylchiad *m.*

halberd *n. Hist:* gwayw-fwyell (~-fwyeill) *f,* halberd(-au) *f, A:* isarn(-au) *f,* gisarn(-au) *f.*

halberdier *n. Hist:* gisarnwr (gisarnwyr) *m,* halberdwr (halberdwyr) *m.*

halbert *n.* = **halberd.**

halcyon *n. & attrib.* **1.** *n. Myth: Orn:* glas (*m*) y dorlan, pioden (*f*) y dŵr. **2.** *attrib.* tawel, tangnefeddus, dedwydd; **the ~ days,** y dyddiau tawel; *Fig:* yr oes aur.

hale[1] *a.* heini, iach, hoenus, cydnerth, cryf (*f.* cref, *pl.* cryfion), atebol, *N:* 'tebol, durol, *S:* cadwrus; **he looks very ~,** mae cas cadw da arno.

hale[2] *v.t.* llusgo, tynnu, halio.

haleness *n.* hoen *f,* cryfder *m,* iechyd [da] *m.*

half *n., a. & adv.* **1.** *n. (a)* hanner (hanerau, haneri) *m;* **two halves,** dau hanner; **~ [of] his men,** hanner ei ddynion; *Prov:* **~ a loaf is better than no bread,** gwell hanner na dim; gwell bychod yng nghod na chod wag; **to cut sth in ~/halves,** torri rhth yn ei hanner, torri rhth yn ddau hanner, haneru rhth; **to go halves with s.o.,** rhannu/mynd hanner yn hanner â rhn, rhannu'n gyfartal â rhn, *S.W:* haneru â rhn; **bigger by ~,** mwy o'r hanner; *F:* **(he is too clever) by ~,** (mae'n rhy glyfar) o'r hanner, o bell ffordd; **to do things by halves,** hanner gwneud pethau; **to cry halves,** hawlio rhan gyfartal; **a ~ of them are rotten,** mae eu hanner nhw'n bwdr; **she never does things by halves,** 'does dim dal arni pan aiff hi ati; mae hi'n un drylwyr ym mhopeth a wna; nid un i hanner gwneud rhth yw hi; **to see how the other ~ lives,** gweld sut mae'r hanner arall yn byw, gweld sut mae'r lleill yn byw; **(you don't know) the ~ of it,** (ni wyddost ti) mo'r cyfan, mo'i hanner hi; **I waited for two hours and a ~,** mi arhosais am ddwy awr a hanner; **that was a game and a ~,** dyna beth oedd gêm i'w chofio; *(b) F:* **my better ~,** *(= husband):* y gŵr [acw] *m; (= wife):* y wraig [acw] *f, S: F:* honco (*f*) manco, honco sy 'da fi, *N.W: Joc:* yr hen fodan *f,* nacw *f; (c) Rail: (of ticket):* hanner, bonyn (bonion) *m; (d) Fb: (i) (position):* hanner; *(ii) (player): (= half-back, inside ~):* hanerwr (hanerwyr) *m;* **centre-~,** hanerwr canol, canolwr (canolwyr) *m;* **fly-~,** gwibhanerwr (gwibhanerwyr) *m;* **left-~,** hanerwr chwith; **right-~,** hanerwr de; **wing ~,** hanerwr; *(iii) Sch:* tymor (tymhorau) *m.* **2.** *a.* hanner, *occ:* hanerog; **~ an hour,** *U.S.* **a ~ hour,** hanner awr (~ oriau) *f; F:* **in ~ a second,** mewn [hanner] eiliad, mewn dau funud, *N.W: occ:* mewn hanner chwinciad chwannen, mewn chwiffiad, mewn chwinclin, *V:* mewn cachiad, *N.E:* mewn chwiff, *S.E:* mewn crac, mewn clipad, mewn clipad llygad llo, *S.W:* mewn shiffad, mewn clip, *V:* mewn cachad; **~ a dozen,** hanner dwsin; *S.a.* **dozen, six,** **a cup[ful],** hanner cwpanaid. **3.** *adv. (a)* **he only ~ understands,** nid yw ond yn hanner deall; rhyw hanner deall y mae; dim ond yr hanner y mae'n ei ddeall; rhyw hanner crap sydd ganddo; **she ~ got up,** dyma hi'n rhyw hanner codi; **he is not ~ so formidable,** nid yw ef hanner mor arswydus; **~ laughing, ~ crying,** yn hanner chwerthin a hanner wylo, rhwng chwerthin a chrio; **~ done,** ar ei hanner; *Prov:* **well begun is ~ done,** deuparth gwaith [yw] ei ddechrau; **~ undressed,** yn hanner noeth; **~ asleep,** yn hanner cysgu, rhwng cwsg ac effro; **I was ~ afraid that ...,** 'roeddwn i'n ofni braidd fod ...; **~ loth, ~ consenting,** rhwng bodd ac anfodd; *F:* **it isn't ~ bad,** mae'n eitha' da, wir; mae'n b|enigamp; *S:* 'dyw e ddim yn ffôl; *(intensive): P:* **he hasn't ~ changed,** on'd yw ef wedi newid! on'd oes newid arno! *P:* **she isn't ~ smart,** dyna bert yw hi! **(do you like her?) - not ~!** (wyt ti'n ei hoffi hi)? - fe elli fentro! oes raid gofyn? ydw'n tad! *S.W:* odw, gwlei! **he was not ~ pleased,** 'roedd wedi ei hen blesio; 'roedd wedi cael modd i fyw; *S:* 'roedd e'n blês ofnadw; *(b)* **it is ~ past two,** mae hi'n hanner awr wedi dau; **at ~ past twelve,** am hanner awr wedi deuddeg, *N:* am hanner wedi hanner [dydd]; *(c)* **a ~ as big as sth,** hanner mor fawr â rhth, hanner cymaint â rhth; hanner maint rhth; **(I got) ~ as much, ~ as many,** (cefais) hanner cymaint; **~ as big again, ~ as much again,** hanner cymaint eto, mwy o'r hanner. **~-adder** *n. Cmptr:* hanner adiwr (~ adwyr) *m;* **binary ~-adder,** hanner adiwr deuol. **~[-a]-crown** *n.* hanner coron(-au) *m.* **~-alive** *a.* hanner byw, lledfyw, *S.W: occ:* dadfyw. **~-and-~** *adv.* hanner yn hanner, hanner a hanner, yn gyfartal, yn hanerog. **~-back** *n. Fb:* hanerwr (hanerwyr) *m.* **~-baked** *a.* **1.** *(bread):* hanner pob, hanner cras. **2.** *(pers.):* heb fod ym mhen draw'r ffwrn. **~-ball** *n. Bill:* hanner pêl *f.* **~-beak** *n. Ich: (Hemirhamphus):* hanner-pig (~-pigau) *m.* **~-belt** *n. Tail:* hanner gwregys *m.* **~-binding** *n. Bookb:* rhwymiad (*m*) hanner lledr. **~-blood** *n.* **1.** = **half-brother, half-sister. 2.** *(relationship):* hanner gwaedoliaeth *f.* **3.** = **half-caste. ~-blooded** *a.* o waed cymysg, cymysgryw, hanner gwaed, lledwaed, lledach, lledryw. **~-blue** *n.* hanner-glas (~-gleision) *m.* **~-boot** *n.* lled-fotasen (~-fotasau) *f, A:* gwintas(-au) *f.* **~-bottle** *n.* hanner potel(-i) *f.* **~-bottleful** *n.* hanner potelaid (~ poteleidiau) *f.* **~-bound** *a.* mewn rhwymiad hanner lledr. **~-bred** *a.* cymysg [o ran gwaed], hanner gwaed, lledryw, lledach, cymysgryw. **~-breed** *n.* **1.** dyn(-ion) cymysgryw *m,* merch gymysgryw (merched cymysgryw) *f,* lledwaed(-iaid) *m&f.* **2.** *(= horse):* ceffyl(-au) (*m*) hanner brîd. **~-brother** *n.* hanner brawd (~ brodyr) *m.* **~-cadence** *n. Mus:* diweddeb(-au) amherffaith *f.* **~-caste 1.** *n.* = **half-breed. 2.** *a.* cymysgryw, hanner gwaed, lledwaed, lledryw. **~ check** *n. Th:* hanner siec *m.* **~ close 1.** *n. Mus:* diweddeb(-au) amherffaith *f.* **2.** *a. Ling:* **~-close vowel,** llafariad (llafariaid) hanner caead/caeëdig *f.* **~-closed** *a.* cilagored, hanner cau/caead/caeëdig. **~-cock** *n.* **at ~-cock,** ar ei hanner, ar hanner clicied; **to go off at ~-cock,** camdanio, tanio ar ei hanner, tanio cyn pryd. **~-cocked** *a. See above.* **~-commission** *a. St.Exch:* hanner comisiwn *m.* **~ company** *n. Mil:* platŵn (platwnau) *m.* **~-cup** *n. N:* cwpan fach (cwpanau bach) *f,* cwpan goffi (cwpanau coffi), *S:* dysgl fach (dysglau bach) *f.* **~-cupful** *a. N:* hanner cwpanaid (~ cwpaneidiau) *mf; S:* hanner dysglaid (~ dysgleidiau) *f (usu. pronounced* dishgled). **~-day** *n.* = **~ holiday. ~-dead** *a.* hanner marw, adfyw, lledfyw, *S.W: occ:* dadfyw; **~-dead with fright,** bron marw gan ofn. **~-deck** *n.* hanerfwrdd *m.* **~-ebb** *n. N.W:* hanner trai *m.* **~-empty**[1] *a.* hanner gwag (~ gweigion). **~-empty**[2] *v.t.* hanner gwagio. **~-fall** *v.i. S.W:* dalgwympo. **~-fare** *n. Rail: &c:* hanner pris *m.* **~-hardy** *a. (of plants):* lledgaled. **~-hearted** *a.* claear, llugoer, difater, diawydd, *occ:* Laodiceaidd, *N: occ:* dicra; **a ~-hearted person,** claearyn (claearod) *m,* claearen (claearod) *f, S:* cleiryn *m;* **a ~-hearted offer,** cynnig dros ysgwydd. **~-heartedly** *adv.* rhwng bodd ac anfodd; yn llugoer *&c.* **~-heartedness** *n.* claerineb *m,* difaterwch *m,* difrawder *m,* claeredd *m,* claerder *m,* claearwch *m,* dicräwch *m.* **~-hogshead** *n. Wine-m:* hanner hogs[i]ed (~ hogs[i]eidiau) *mf.* **~ holiday** *n.* hanner gŵyl *f,* prynhawn rhydd *m,* hanner diwrnod *m* [o wyliau]. **~-hose** *n. Cost:* hosan fach (hosanau bychain) *f.* **~-hour** *n.* hanner (*m*) awr (haneri awr/oriau), hanner awr (~ oriau) *f.* **~-hourly** *adv. & a.* bob hanner awr; **~-hourly bus,** bws sy'n dod bob hanner awr. **~-inch** *v.t. F:* = **steal. ~-integral** *a.* hanner cyfannol. **~-kill** *v.t.* darn-ladd, llibindio, hanner lladd. **~-landing** *n.* hanner (haneri) (*m*) pen grisiau. **~-length** *n. Sp: &c:* hanner hyd(-au,-oedd) *m;* **a ~-length portrait** *n.* portread hanner hyd *m.* **~-life** *n. Ph:* hanner-oes *f.* **~-light** *n.* gwyll *m,* hanner gwyll *m,* hanner golau *m,* llwydnos *f;* **in the ~-light,** rhwng dau olau, rhwng tywyll a golau. **~-linen binding** *n.* rhwymiad (*m*) hanner lliain. **~-mast** *n. & a.* **(a flag) at half-mast,** (baner) ar ei hanner, wedi ei hanner-gostwng. **~ measures** *n.* cyfaddawd(-au, cyfaddodau) *m,* cymrodedd(-au) *m;* **with no ~ measures,** yn llwyr, yn ddigyfaddawd, yn ddigymrodedd. **~-miler** *n.* rhedwr (rhedwyr) (*m*) hanner milltir, rh|edwraig (*f*) hanner milltir. **~-monthly** *a.* pob pythefnos, pythefnosol. **~ moon** *n.* **1.** hanner (haneri) (*m*) lleuad, hanner lleuad(-au) *mf,* cilgant(-au) *m, S.W: occ:* cetyn (*m*) lleuad. **2.** *(of nails):* hanner lleuad; *Art:* **~-moon stake,** bonyn hanner crwn *m.* **~ mourning** *n.* hanner galar *m;* **~ mourning [dress],** gwisg (*f*) hanner galar. **~-naked** *a.* hanner noeth(-ion), *S.W: Joc:* hanner porcyn. **~-nelson** *n. Wr:* hanner codwm gwar; *F:* **to get a ~-nelson on s.o.,** dal rhn yn dyn[n]/sownd. **~-note** *n. Mus: U.S:* minim(-au) *m.* **~-open**[1] *a.* cilagored, lledagored, hanner agored. **~-open**[2] *v.t.* cilagor, lled agor, hanner agor. **~ pay** *n.* hanner cyflog *m,* hanner tâl *m.* **~-pint** *n. Meas:* hanner peint(-iau) *m; F:* **(he's a) ~-pint [of a man],** tinllach o ddyn, *N:* hen ditw bach, hen gnidw bach, hen gorffilyn bach, hen ewach bach (ydi o); *S.W:* cornepyn bach, ceglyn bach (yw e); *S.E:* eitha' bilcyn bach, pwtsyn bach (yw e). **~-plate** *n.* hanner plât (~ platiau) *m.* **~-point** *n. Nau: (of the compass):* hanner pwynt(-iau) *m.* **~-price** *n.* hanner pris *m.* **~-ration** *n. Mil:* hanner cyfran(-nau) *f,* hanner dogn(-au) *m.* **~-roll** *n. Av:* hanner treigl *m,* hanner rowl(-iau) *m,* hanner rhôl (~ rholiau) *f.* **~-seas-over** *a.* = **drunk.** **~-section** *n.* trawslun canol *m.* **~-shaft** *n. Aut:* hanner gwerthyd(-au) *f,* hanner siafft(-iau) *f.* **~-sheet** *n. Bookb:* hanner llen *f;* **~-sheet imposition,** trefn *(f)* hanner llen. **~-shell** *n. Golf:* hanner trawiad(-au) *m.* **~-shut** *a.* cilagored, lled agored, hanner caeëdig, hanner cau. **~-sister** *n.f.* hanner chwaer (~ chwiorydd). **~-sole** *n.* hanner gwadn(-au) *mf.* **~-sovereign** *n. Num:* hanner sofren(-ni) *f.* **~-space** *n. Cmptr:* allwedd/bysell *(f)* hanner bwlch. **~-speed** *n. Nau: &c:* hanner cyflymder *m;* **to go at ~-speed,** mynd hanner mor gyflym. **~-staff** *n. U.S:* = **~-mast.** **~-step** *n. U.S: Mus:* hanner tôn (~ tonau) *f.* **~-term** *n. Sch:* hanner tymor (~ tymhorau) *m.* **~-tide** *n. Nau:* hanner llanw *m,* hanner trai *m.* **~-timbered** *a.* **1.** *Constr: Min:* wedi'i hanner coedio, hanner coediog. **2.** *Arch:* ffrâm bren. **~-timbering** *n.* ffrâm *(f)* bren/goed. **~-time** *n.* hanner [yr] amser *m.* **~-tint** *n.* hanner arlliw(-iau) *m.* **~-title** *n. Typ:* hanner teitl(-au) *m.* **~-tone** *n. Mus: S:* hanner tôn (~ tonau) *f; Art: Typ:* llun(-iau) *(m)* hanner tôn. **~-track** *n.* hanner trac(-iau) *m.* **~-truth** *n.* hanner gwirionedd(-au) *m.* **~-turn** *n.* hanner tro(-eon) *m.* **~-volley** *n. Ten:* hanner foli (~ foliau) *m.* **~-watt** *n.* hanner wat[t] *m.* **~-way** *adv.* hanner [y] ffordd; **to meet s.o. ~ way,** *Fig:* mynd i gwrdd â rhn, cyfaddawdu â rhn; **~-way house,** *(i)* tŷ (tai) *(m)* hanner ffordd, man(-nau) *(m)* canol; *(ii)* cartref(-i) *(m)* dychwel; *Theol:* **H~-Way Covenant,** Cyfamod *(m)* Hanner Ffordd. **~-wit** *n.* hurtyn *m,* un hanner call, un hanner pan *&c, N.W:* hanner herco *m,* 'nerco *m; See* **idiot, fool.** **~-witted** *a.* hanner call, gwirion, twp, dwl, hurt, hanner pan, hanercof, lloaidd, lemboaidd. **~-wittedly** *adv.* yn hurt *&c.* **~-wittedness** *n.* hurtrwydd *m,* gwiriondeb *m,* twpdra *m.* **~-year** *n.* hanner *(m)* blwyddyn (haneri blwyddyn/blynyddoedd), hanner blwyddyn (~ blynyddoedd) *f.* **~-yearly** **1.** *a.* chwemisol, hanner blynyddol. **2.** *adv.* yn hanner blynyddol, bob chwe mis, bob hanner blwyddyn.

halfmens *n. Bot: (Adenium namaquanum):* hanerddyn(-ion) *m.*

halfpenny *n.* dimai (dimeiau) *f, N.W: F: occ:* magan: mag: macsan (mags, macs) *f;* **three halfpence,** ceiniog a dimai, *N.W: F: occ:* niwc a mag.

halfpennyworth *n.* dimeiwerth(-au) *f,* gwerth *(m)* dimai, *N:* 'mewe[r]th *f.*

Halghton *W.Pl.n.* Halchdyn *m.*

halibut *n. Ich: (Hippoglossus vulgaris):* lleden (lledod) *(f)* y môr, y lleden fwyaf, y lleden fawr, lleden Ffrengig, h|alibwt *m;* **Greenland ~,** *(Reinhardtius hippoglossoides):* lleden yr Ynys Las.

halide *n. Ch:* halid(-au) *m.*

halidom *n. A:* **by my ~!** myn fy nghred!

halieutic *a. & n.pl.* **1.** *a.* genweiriol, pysgotaol. **2.** *n.pl.* **halieutics,** pysgota *vn,* genweirio *vn,* pysgodwriaeth *f.*

halinity *n.* halwynedd *m.*

haliotis *n. Z:* morglust(-iau) *f.*

halite *n.* creighalen *m,* halen *(m)* craig.

halitosis *n. Med:* anadl d[d]rwg *fm,* dryganadl *m,* gwynt drwg *m,* oglau [drwg] *(m)* ar y gwynt, halitosis *m.*

Halkenchurch *W.Pl.n.* Llanismel *f.*

Halkyn *W.Pl.n.* Helygain *m;* **~ Mountain,** Mynydd *(m)* Helygain.

hall *n.* **1.** neuadd(-au) *f; (a)* **dining-~** *(i)* ystafell *(f)* ginio (ystafelloedd cinio), neuadd fwyta (neuaddau bwyta); *(ii) (of college)* ffreutur(-iau) *m;* **the servants' ~,** ystafell [gyffredin] y gweision; **assembly ~,** neuadd gynnull (neuaddau cynnull); **concert ~,** neuadd gyngerdd (neuaddau cyngerdd); **~ of fame,** oriel *(f)* [yr] anfarwolion. **2.** *(= large house):* plas(-au) *m,* plasty (plastai) *m,* maenol(-au) *f,* maenor(-au,-ydd) *f, occ:* tŷ (tai) mawr *m; S.a.* **guildhall, town hall;** *Sch:* **~ [of residence],** neuadd [breswyl] (neuaddau [preswyl]). **3.** *(a)* **[entrance] ~,** cyntedd(-au,-oedd) *m,* mynedfa (mynedf|eydd) *f,* porth (pyrth) *m; (b) U.S: (= passageway):* c|oridor (coridorau) *m,* rhodfa (rhodf|eydd) *f,* tramwyfa (tramwyf|eydd) *f.* **~-bedroom** *n. U.S:* llofft fach (llofftydd bach) *f.* **~-mark[1]** *n.* dilysnod(-au) *m,* nod(-au) *(mf)* gwarant, nod amgen; **the hall-mark of genius,** nod amgen athrylith. **~-mark[2]** *v.t.* dilysnodi. **~ porter** *n.* porthor(-ion) *m.* **~-stand** *n.* stand *(mf)* d[d]illad (standiau dillad).

hallboy *n. U.S:* porthor(-ion) *m,* drysor(-ion) *m.*

hallelujah *int. & n.* haleliwia (haleliwiâu) *(f).*

halliard *n.* = **halyard.**

hallmote *n.* halmwd *m.*

hallo[1] *int. & n.* hylô! *F:* sut mae hi! s'mai! *S:* shw' mai!

halloo[1] *n. & int.* **1.** *n.* cri *f,* gwaedd(-iadau) *f,* bloedd(-iadau) *f.* **2.** *int. Ven:* hw arno! hwi!

halloo[2] *v.t.&i.* **to ~ (to s.o.),** gweiddi, galw, bloeddio (ar rn); *(= incite hounds):* annos [cŵn]; *Prov:* **don't ~ till you are out of the woods,** nid yn y bore y mae canmol tywydd teg.

hallow[1] *n.* **All Hallows [Day],** Gŵyl *(f)* Galan Gaeaf, *F:* Clangaeaf: Glangaeaf *f (pronounced* ng-g), Dygwyl *(mf)* yr Holl Saint, Gŵyl *(f)* yr Holl Saint; **All Hallows Eve,** Noswyl yr Holl Saint, *F:* Noson Glangaeaf.

hallow[2] *v.t.* cysegru, san[c]teiddio.

hallowed *a.* cysegredig, san[c]taidd; *B:* **~ be thy name,** sancteiddier dy enw.

hallowedness *n.* sancteiddrwydd *m,* cysegredigrwydd *m.*

Halloween *n.* Nos *(f)* Galan Gaeaf, *F:* Nos Galangaea *(pronounced* ng-g); *S.a.* **hallow[1].**

Hallowmas *n.* = **All Hallows [Day];** *See* **hallow[1].**

Hallstattian *a. Archeol:* Hallstattaidd.

hallucinant *a. & n.* rhithbair (rhithbeiriau) *m.*

hallucinate *v.i.* rhith-weld, gweld rhithiau, *F:* gweld pethau, eu gweld nhw.

hallucination *n.* rhith(-iau) *m,* rhithweledigaeth(-au) *f,* rhithwelediad(-au) *m,* geuddrych(-au) *m,* lledrith(-iau) *m;* **to have hallucinations,** rhith-weld pethau, gweld drychiolaethau, *F:* gweld pethau, eu gweld nhw.

hallucinatory *a.* rhithweledol, rhithweledigaethol, rhithiol, rhithiog, geuddrychol.

hallucinogen *n.* rhithbair (rhithbeiriau) *m.*

hallucinogenic *a.* rhithbair.

hallucinosis *n.* rhithwewyr *m.*

hallux *n.* bys *(m)* bawd, bawd *(mf)* troed (bodiau traed); **~ flexus,** bawd cam; **~ rigidus,** bawd anhyblyg; **~ valgus,** bawd echdro.

hallway *n. U.S:* **1.** *(= entrance hall):* cyntedd(-au,-oedd) *m.* **2.** *(= corridor):* c|oridor (coridorau) *m.*

halma *n. Games:* halma *m,* chwarae *(m)* neidio.

halo[1] *n.* **1.** *Astr: Opt:* lleugylch(-au) *m.* **2.** *(of saint):* eurgylch(-au) *m,* corongylch(-au) *m (pronounced* ng-g). **~ hat** *n.* het *(f)* gorongylch.

halo[2] *v.t.* eurgylchu, corongylchu *(pronounced* ng-g).

halogen *n. Ch:* h|alogen (halogenau) *m,* halai (haleiau) *m.*

halogenated *a.* halogenaidd.

halogenation *n.* halogeniad *m,* halogenu *vn.*

haloid *n. & a. Ch:* **1.** *n.* haloid(-au) *m.* **2.** *a.* haloidaidd, halenaidd.

halophile *a. & n.* **1.** *a.* halengar *(pronounced* ng-g). **2.** *n.* halengarwr (halengarwyr) *m (pronounced* ng-g).

halophilic, halophilous *a.* halengar *(pronounced* ng-g).

halophobe *n.* h|aloffob (haloffobiaid) *m&f.*

halophobic *a.* haloffobig.

halophyte *n.* *halendyfiant (halendyfiannau) *m,* h|aloffyt (haloffytau) *m.*

halophytic *a.* haloffytig, *halendyfiannol.

halt[1] *n.* **1.** safiad(-au) *m,* arhosiad (arosiadau) *m,* saib (seibiau) *m,* stop(-iau) *m; Cmptr:* ataliad(-au) *m;* **ten minutes' ~,** deng munud o saib; **to come to a ~,** aros, sefyll yn eich unfan, sefyll yn stond, *F:* stopio; *P: N: Aut:* **~!** stop! arhoswch! *Mil:* **at the ~,** yn yr unfan; *S.a.* **call[2]** I. **1. 2.** *Rail: (= small station):* arhosfa (arosf|eydd) *f,* arhosfan (arosfannau) *mf.*

halt[2] *v.i.&t.* **1.** *v.i.* aros, stopio, sefyll; *Mil:* **~!** arhoswch! **2.** *v.t.* stopio, *occ:* atal, rhwystro (rhth); rhoi pen, rhoi terfyn (ar rth); **to ~ troops,** stopio milwyr.

halt[3] *n. A:* herc(-iau) *f, N.W: occ:* henc(-iau) *f;* **to walk with a ~,** hercian [cerdded], cerdded yn gloff, cloffi [wrth gerdded], clunhercian, hercan, *S.W: occ:* fferlincan, climercan, *N.W: occ:* hencian; **to speak with a ~,** baglu siarad, siarad yn afrwydd, siarad yn betrus, *S:* cecian, *M.W:* strytian, dydio; **he speaks with a ~,** mae atal dweud arno; mae deilen ar ei dafod.

halt[4] *a. A: & B:* cloff, herciog, *S: occ:* cymhercyn, climpinaidd, *A:* efrydd; *Coll:* **the ~,** y cloffion *pl, A:* yr efryddion *pl.*

halt[5] *v.i. A: & Lit:* hercian, cloffi.

halter[1] *n.* **1.** *(for horses):* penffrwyn(-au) *m*, cebystr(-au,-on) *m*, penffestr(-au) *m*, *S.W: occ:* penwast *m*. **2.** *(= noose):* tennyn (tenynnau) *m*, cortyn(-nau) *m*, rhaff *(f)* grogi. **3.** *Dressm:* **~-neck, ~-top,** gwddf (gyddfau) *(m)* penwast, top(-iau) *(m)* tennyn.

halter[2] *v.t. (a horse &c):* clymu (ceffyl) â chebystr/phenffrwyn; cebystru, cebystro, penffrwyno (ceffyl); *(= hang):* crogi.

halter[3] *n. (pers.):* petruswr (petruswyr) *m*, petr|uswraig *f*.

halteres *n.pl. Ent:* halterau, mantolion, tafolion.

halting *a.* petrus, herciog, cloff, afrwydd.

haltingly *adv.* yn betrus.

halve *v.t.* haneru (rhth), rhannu (rhth) yn ddau.

halved *a.* hanerog; *Golf:* **~ hole,** twll hanerog.

halves *n.pl. See* **half.**

halving *vn.* haneru, haneriad *m*; *Carp:* **angle ~,** haneru ongl; **corner ~,** haneru cornel; **cross ~,** haneru croes, croeshaneru (*pronounced* s-h); **dovetail ~,** haneru cynffonnog. **~ joint** *n. Carp:* uniad(-au) *(m)* haneru, uniad hanerog.

halyard *n. Nau:* hwylraff(-au) *f*, tynraff(-au) *f*.

ham[1] *n.* **1.** *(a) A:* gar(-rau) *mf*; *(b) n.pl. F:* **the hams,** y morddwyd *m*, cluniau, ffolennau, *V:* bochau tin. **2.** *Cu:* ham(-iau) *m*, coesgen(-ni) *f*, coesgyn(-nau) *m*, cig *(m)* mochyn; **~ and eggs,** cig moch a wyau, ham a wyau; *S.a.* **sandwich. 3.** *Th:* **to act ~,** hamio, goractio. **4. radio ~,** darlledwr (darlledwyr) |amatur *m*, darll|edwraig amatur *f*. **~ actor** *n.* ham(-iaid) *m&f*, goractiwr (goractwyr) *m*, gor|actwraig *f*, hamiwr(-s, hamwyr) *m*, h|amwraig *f*. **~-fisted, ~-handed** *a. F:* lletchwith, trwm (*f.* trom, *pl.* trymion), trwsgl, di-glem, yn fodiau i gyd.

ham[2] *v.t.&i. Joc: Th:* hamio, goractio, ei gor-wn|eud hi.

Ham[3] *Pr.n.m. B:* Ham, Cham.

hamadryad *n.* **1.** *Myth:* coedeigr(-ion) *f*. **2.** *Rept:* rhi-gobra(-od) *m*.

hamamelis *n. Bot:* hamamelis *m*, llwyfen lydanddail (llwyfenni llydanddail) *f*.

hamartia *n. Th: Gr.Lit:* diffyg(-ion) *m*, nam(-au) *m*, gwendid(-au) *m*, hamartia (hamartiâu) *f*.

hamartiology *n. Theol:* hamartioleg *f*.

Hamburg *Pr.n. Geog:* Hambwrg *f*, *F:* Hambro *f*. **~ parsley** *n. Bot:* persli panasaidd *m*. **~ steak** *n.* = **hamburger 2.**

Hamburger *n.* **1.** *(pers.):* Hambwrgiad (Hambwrgiaid) *m&f*, brodor(-ion) o Hambwrg *m*, un o Hambwrg. **2. h~,** *Cu:* eidionyn (eidionod) *m*, hambyrgyr(-s) *mf*, (*)brechdan(-au) *(f)* Hambro.

hame-strap *n. Harn:* pwyth *(m)* mwnci.

hames *n.pl.* mwnci (mwncïau) *m*, mynci (myncïau) *m*; *(of iron):* mwnci haearn; *(of wood):* mwnci pren.

Hamite *n.* Hamiad (Hamiaid) *m&f*; *pl.* meibion Ham, Hamitiaid.

Hamitic *a.* Hamitaidd, Hamitig.

hamlet *n.* pentrefan(-nau) *m*, pentrefyn(-nau) *m*, pentref(-i) bach *m*.

hammam *n.* hamam(-au) *m*.

hammer[1] *n.* **1.** *Tls:* morthwyl(-ion) *m*, *F:* mwrthwl (myrthylau) *m*; *(heavy):* gordd (gyrdd) *f*; *S.a.* **mallet**; *Mount:* **piton ~,** morthwyl dringo; **~ and sickle,** morthwyl a chryman; **the ~ and sickle,** y morthwyl a'r cryman; *F:* **to go at it ~ and tongs,** *(a)* mynd ati nerth deg ewin, mynd ati â'ch holl nerth, mynd ati fel lladd nadroedd, rhoi pob gewyn ar waith, gweithio o'i hochr hi; *(b) (= quarrel):* ffraeo fel cŵn a moch, ffraeo fel ci a chath, ffraeo fel dau dincer, ffraeo o'i hochr hi, ffraeo'n benben; *Archeol:* **axe ~,** bwyellforthwyl(-ion) *m*; **backing-~,** morthwyl cefnu; **ball pein ~,** morthwyl wyneb crwn; **double-faced ~,** morthwyl dau wyneb crwn; **collet ~,** morthwyl coleru; **creasing-~,** morthwyl crychu; **cross pein ~,** morthwyl wyneb croes; **hollowing-~,** morthwyl cafnu; *Archeol:* **limpet ~,** morthwyl cregyn; **London pattern ~,** morthwyl patrwm Llundain; **pin ~,** morthwyl pin; **planishing-~,** morthwyl planisio; **raising-~,** morthwyl codi; **setting-~,** morthwyl gosod; **sinking-~,** morthwyl sincio; **straight pein ~,** morthwyl wyneb syth; **veneer ~,** morthwyl argaenu; **Warrington pattern ~,** morthwyl patrwm Warrington; *S.a.* **claw-hammer, power-hammer, sledge[3], steam-hammer; to come under the ~,** dod dan y morthwyl, dod dan yr ordd, mynd ar werth; *Sp:* **throwing the ~,** taflu'r ordd; *(of piano, ear):* morthwyl; *(of fire-arm):* cnicyn (cniciau) *m*; **pin-~,** *N: occ:* piniyr *m*. **~-beam** *n. Arch:* trawst(-iau) *(m)* gordd. **~-blow** *n.* ergyd(-ion) *(fm)* morthwyl, morthwyliad(-au) *m*. **~-cloth** *n.* lliain *(m)* sedd (llieiniau seddau). **~-dressing technique** *n. Archeol:* techneg *(f)* bwyo, techneg forthwylio. **~-drill** *n. Const: &c:* dril(-iau) *(m)* taro/ morthwylio. **~-harden** *v.t. Metalw:* oergaledu, caledu [â morthwyl], morthwylio, gwydnu. **~-head 1.** *(a) n.* pen *(m)* morthwyl (pennau morthwylion); *(b) a.* pen morthwyl; **~-head crane,** craen(-iau) *(m)* pen morthwyl; *Ich:* **~-head shark,** morgi (morgwn) *(m)* pen morthwyl. **2.** *n. Orn: (Scopus umbretta):* y pen morthwyl *m*, brân (brain) *(f)* |Affrica. **3.** *U.S:* = **dolt. ~-lock** *n.* clo *(m)* braich (cloeon breichiau). **~-sedge** *n. Bot: (Carex hirta):* hesgen flewog (hesg blewog) *f*. **~ stone** *n. Archeol:* carreg *(f)* forthwylio (cerrig morthwylio). **~-toe** *n. Med:* bawd cam (bodiau ceimion) *m*. **~-toed** *a.* botgam, â bodiau [traed] cam/ceimion.

hammer[2] *v.t.&i.* **1.** *v.t.* *(a)* morthwylio, *occ:* myrthylu, curo, pwyo, *S: occ:* ffusto; **to ~ home a nail,** curo/gyrru hoelen i'w lle; **to ~ sth into shape,** *(i)* llunio rhth â morthwyl; *(ii) Fig:* cael trefn ar rth, caboli rhth, clensio dadl, clensio pwynt; **to ~ two things together,** hoelio deubeth at ei gilydd, curo dau beth yn un; *F: (of boxer &c):* **to ~ (s.o.),** colb[i]o, ffust[i]o, dyrnu, pannu, pwyo, lambastio, *S:* hemo, ffusto, wado, *N:* waldio, leinio, stido, 'stwyo (rhn); *S.a.* **beat[2]; to ~ an idea into s.o.'s head,** pwnio syniad i ben rhn; *(b) St.Exch:* **to ~ a defaulter,** morthwylio drwgdalwr; *(c)* = **criticize. 2.** *v.i.* *(a) (of smith &c):* gweithio â morthwyl, morthwylio, curo; *F:* **to ~ at/on a door,** dyrnu/curo ar ddrws; **to ~ away at sth,** dygnu arni, dygnu wrthi, dal ati, pydru arni, dyfalbarh|au, dyfal doncio, *S.W: occ:* golchi arni, hemo arni; *Mil: Av: &c:* **to ~ at the enemy,** pannu'r/dyrnu'r gelyn, ei rhoi hi i'r gelyn, *S: F:* rhoi hemad/ golch[i]ad i'r gelyn; *(b) (of machine &c):* curo, dyrnu, cnocio, morthwylio. **~ down** *v.t. (a nail, a bump):* curo (rhth) yn fflat, fflatio (rhth). **~ in** *v.t.* curo/clensio (hoelen &c) â morthwyl, gyrru (hoelen) i'w lle â morthwyl, morthwylio (hoelen) i'w lle. **~ out** *v.t. (metal):* llyfnh|au/llyfnu/gwastatáu (metel) drwy guro; estyn, lledu, gweithio, gyrru (metel); *(after annealing metal): N.E: occ:* ailgodi; *F:* **to ~ out lines of verse,** *(i) (of reciter):* adrodd barddoniaeth; *(ii) (of poet):* saernïo/pyncio/ canu/plethu/eilio cerdd[-i]; *Ind.Rel:* **to ~ out an agreement,** taro bargen.

hammerer *n.* curwr (curwyr) *m*, morthwyliwr (morthwylwyr) *m*.

hammering *vn.* **1.** *(a) (of metal &c):* morthwylio, morthwyliad(-au) *m*; *(b) F:* **he took a ~,** cafodd ei ddyrnu *&c*; *S.a.* **beating. 2.** *Mec.E: (noise):* dyrnu, curo, sŵn *(m)* curo, cnocio, twrw *m*; *Hyd.E:* **water ~ in a pipe,** sŵn cnocio mewn pibell.

hammerless *a. (gun):* heb gnicyn.

hammerlike *a.* fel morthwyl, fel gordd.

hammerman, hammersmith *n.* gof(-aint) *m*, *occ:* morthwyliwr (morthwylwyr) *m*.

Hamming code *n. Cmptr:* côd *(m)* Hamming.

hammock *n.* crogwely(-au) *m*, gwely(-au) crog *m*, hamog(-au) *m*. **~ chair** *n.* cadair *(f)* gynfas (cadeiriau cynfas), cadair orwedd (cadeiriau gorwedd). **~ twine** *n.* cortyn *(m)* hamog.

hammy *a.* **1.** *(= like ham):* fel cig moch, fel ham. **2.** *(actor):* hamaidd, hamlyd.

hamper[1] *n.* basged(-i) *f*, *S.W: occ:* cawell (cewyll) *m*; *(= hamperful):* basgedaid (basgedeidiau) *f*, cawellaid (cawelleidiau) *m*, *S.W: occ:* fflasged(-i) *f*.

hamper[2] *v.t.* rhwystro, atal, *Lit:* lluddias, llesteirio (rhth); bod yn rhwystr (i rth); **to ~ oneself with luggage,** bod yn drwmlwythog â phaciau, eich llesteirio'ch/gorlwytho'ch hun â phaciau;

hamperful *n.* cawellaid (cawelleidiau) *m*, basgedaid (basgedeidiau) *f*.

hamster *n. Z:* bochdew(-ion) *m*, bochog(-ion) *m*, twrlla*(m)*'r Almaen (twrllaod yr Almaen), codlyg(-od) *f*, llygoden fochog (llygod bochog) *f*; **golden ~,** bochdew/bochog euraid[d].

hamstring[1] *n. Anat:* llinyn *(m)* y gar (llinynnau'r garrau), *N: occ:* llinyn camedd y gar.

hamstring[2] *v.t.* **1.** torri llinyn gar (rhn). **2.** *Fig:* rhwystro, llesteirio, llyffetheirio, *S.W: occ:* sbrago, sbrogo (rhn); *F:* rhoi sbrag/ strocen yn olwyn (rhn); *N.W: occ:* rhoi colsiant (i rn); **to be hamstrung,** cael eich rhwystro/llyffetheirio.

hamstrung *a. See above.*

hamulus *n. Anat: &c:* bachyn (bachau) *m*.

hand[1] *n.* **1.** llaw (dwylo, *Lit:* dwylaw) *f*; *pl. F:* bachau, *N:* hafflau; *(a)* **to go on one's hands and knees,** mynd ar eich pedwar; *(=*

grovel): ymgreinio; **a crooked ~, a deformed ~,** *F:* llaw bach *f*; **a ~'s breadth,** lled (*m*) llaw; **at first ~,** o lygad y ffynnon; *Mus:* **for four hands,** i bedair llaw; **thieving hands,** dwylo blewog; **to vote by a show of hands,** pleidleisio trwy godi llaw/dwylo; **to hold hands,** dal dwylo; **to join hands with s.o.,** cydio yn nwylo rhn; **to take s.o.'s ~, to lead s.o. by the ~,** mynd â rhn yn eich llaw, arwain rhn wrth/gerfydd ei law; **to hold s.o.'s hand,** dal llaw rhn; *Fig:* cynnal breichiau rhn, bod yn gefn i rn, dal dan rn; *(of woman):* **to give one's ~ to s.o.,** rhoi'ch llaw i rn; **to ask for s.o.'s ~,** gofyn am law rhn; **to take sth with/in both hands,** cydio/ gafael yn rhth â'ch dwy law; **to lay/put one's ~[-s] on sth,** *(= find):* rhoi'ch llaw ar rth, cael gafael ar rth, dod o hyd i rth, cael hyd i rth; **to lay hands on s.o.,** *(i) (= assault):* ymosod ar rn; **if anyone should lay a ~ on you,** pe bai rhn yn cyffwrdd â thi; **to lay violent hands on oneself,** eich lladd eich hun, gwn|eud amdanoch eich hun, gwneud diwedd arnoch eich hun; *(ii) (= bless):* dodi/rhoi/arddodi dwylo ar rn; **laying on of hands,** arddodiad (*m*) dwylo; **(to make money) ~ over fist,** (gwneud arian) fel gro, fel slecs, fel y mwg; **shake hands!** gad(-ewch) inni ysgwyd llaw! **give me your ~,** tyrd â dy law (dewch â'ch llaw) i mi; *Lit:* moes dy law (moeswch eich llaw)! **to shake hands,** ysgwyd llaw, *S:* siglo llaw; **hands off!** *N:* cadw dy fachau! cadw dy fodiau! *S:* bacha hi bant! **hands across the sea,** dwylo dros y môr; **hands off our village!** gadwch lonydd i'n pentre ni! **hands up!** dwylo i fyny! codwch eich dwylo! crafwch yr wybren! **to sit on one's hands,** gwneud dim; *Prov:* **many hands make light work,** llawer o waith a wna llawer o ddwylo; **(to act) with a heavy ~,** (ymddwyn) yn llawdrwm, fel teyrn, yn ormesol; **with a high ~,** yn drah|aus, yn haerllug; **to hold/stay one's ~,** ymatal [rhag gwneud rhth], atal eich llaw; **to rule with a firm ~,** llywodraethu'n gadarn, llywodraethu â llaw gadarn; **for one's own ~,** ar eich corn eich hun, er eich mwyn chi'ch hun, o'ch rhan chi'ch hun; **to force s.o.'s ~,** gorfodi rhn [i wneud rhth], gwthio llaw rhn; **his hands are tied,** ni all wneud dim; mae ei ddwylo yngh|l|wm; *Fb:* **hands!** llaw! dwylo! **~-off,** hwp llaw; *(b)* **to set one's ~ to a task,** cychwyn ar waith, mynd ati i wneud rhth, ymosod ar waith, ymaflyd mewn gwaith, rhoi llaw ar yr aradr, bwrw ati, bwrw iddi, gafael ynddi; **to try one's ~ at sth,** rhoi cynnig/tro ar rth; **he can turn his ~ to anything,** gall droi ei law at unrhyw beth; **a man of his hands,** dyn da ei law; **he never does a ~'s turn,** ni fydd byth yn gwneud swydd o waith; *N. W:* mae'n dal ei ddwylo o hyd; *S. W:* 'dyw e byth yn gwneud pen cyffrwydd/cyffrwythyn; *S.E:* 'dyw e byth yn gwneud strocad o'i ddeg ewin; **to have a ~ (in sth),** bod â llaw, bod â rhan, bod â'ch bysedd (yn rhth); **he had a ~ in it,** 'roedd a wnelo/fynno ef â'r peth; 'roedd ganddo/iddo ran yn y peth; 'roedd ef ynddi rywsut (*not* 'roedd ganddo rywbeth i'w wneud â'r peth); **I had no ~ in it,** 'doedd a wnelwyf i ddim ag ef; **to play into s.o.'s hands,** rhoi'r fantais i rn; chwarae i ddwylo rhn; **to take a ~ in sth,** cymryd rhan yn rhth, ymyrryd yn rhth; **fate took a ~,** fe ymyrrodd ffawd; **to get/have/keep one's ~ in at sth,** ymarfer gwneud rhth; **to bear/lend/give s.o. a ~,** rhoi help llaw i rn, helpu rhn, cynorthwyo rhn; **I got a friend to lend a ~; I got a friend to give me a ~,** cefais help llaw gan gyfaill imi; *(c)* **I had my hands full,** 'roedd gennyf lond fy nwylo; 'roedd llond côl gennyf; 'roedd digon gennyf ar fy mhlât; 'roedd gennyf lond fy hafflau; **to have sth on one's hands,** methu cael gwared â rhth; **to get sth off one's hands,** cael gwared â rhth, cael ymadael â rhth; **to wash one's hands of sth,** golchi'ch dwylo o rth; **she is off my hands,** mi gefais wared arni; *Com:* **goods left on our hands,** nwyddau heb eu gwerthu; **to change hands,** *(i) (of pers. doing sth):* newid llaw, newid o un llaw i'r llall; *(ii) (of money &c):* newid dwylo, cael ei ffeirio; **to serve s.o. ~ and foot,** rhoi tendans i rn, gweini draed a dwylo ar rn, tendio rhn fel gwas bach, dawnsio tendans ar rn; **to bind s.o. ~ and foot,** rhwymo rhn draed a dwylo; **to fall into enemy hands,** syrthio i ddwylo'r gelyn; **to get the upper ~,** bod yn drech na rhn, trechu rhn, cael y llaw uchaf/drechaf ar rn; **in good hands,** mewn dwylo da, dan ofal da; **I'm in the hands of a doctor,** 'rwyf dan law meddyg; **to put oneself in s.o.'s hands,** mynd dan ofal rhn; eich ymddiried eich hun i ofal rhn; **I am in your hands,** 'rwyf yn eich dwylo chi; gwnewch a fynnoch â mi; 'rwy'n dibynnu arnoch chi; **it's in your hands to do it,** mae yn eich gallu chi i'w wneud; **I had him in the hollow of my ~; I had him eating out of my ~,** fe wnâi unrhyw beth i'm plesio i; 'roeddwn yn feistr corn/llwyr arno; 'roedd yn bwyta o'm llaw. **2.** *adv.phrs. (a)* **to be [near] at ~,** bod yn agos, bod gerll|aw, bod yn gyfagos, bod yn ymyl, bod wrth law; **(Spring is) at ~,** (mae'r Gwanwyn) ar ddod, ar ein trothwy, gerllaw, yn nesáu/nesu, yn agos; **I have money at ~,** mae gennyf arian parod; **to die at the hands of murderers,** marw dan ddwylo llofruddion; **(to receive gifts) at the hands of s.o.,** (cael rhoddion) oddi ar law rhn, gan rn; *(b)* **made by ~,** o waith llaw; **a lamb brought up by ~,** oen llawfaeth/llywaeth, *S:* oen swci; **to send a letter by ~,** danfon llythyr trwy law (rhn); *(c) (money &c):* **in ~,** mewn llaw, wrth gefn; **hat in ~,** a'ch het *&c* yn eich llaw, yn dal eich het; **to pay cash in ~,** talu arian ar law, talu ymlaen llaw; *S.a.* **cash[1]. to catch a train with five minutes in ~,** dal trên a phum munud mewn llaw; **I've got five minutes in ~,** mae gennyf bum munud eto; **the matter in ~,** y pwnc dan sylw; **to take sth in ~,** ymorol am rth, cymryd gofal rhth; **to take s.o. in ~,** *(= discipline):* disgyblu, gwastrodi; **I have some work in ~,** mae gennyf waith ar y gweill; **a situation well in ~,** sefyllfa dan reolaeth; **to keep oneself well in ~,** *(= in practice):* cadw'ch llaw, cadw'r arfer [o wneud rhth]; **~ in ~,** [yn] llawlaw, lawlaw, llaw yn llaw, law yn llaw; *(d)* **on ~,** *(= available, in attendance):* ar gael, gerllaw, ar bwys, wrth ymyl; **work on ~,** gwaith [sydd] ar y gweill, gwaith mewn llaw; **to take too much on ~,** cymryd gormod o goflaid/gowlaid, ceisio'i dal hi ym mhob man; **(supplies) on ~,** (cyflenwadau) ar gael, wrth gefn; **to be on ~,** bod ar gael; *(e)* **on the right ~,** ar y llaw dde, *N.E: occ:* ar y ddethe; **on the left ~,** ar y llaw chwith, *Lit:* ar y llaw aswy, ar yr aswy [law]; **on every ~, on all hands,** ym mhob man, ar bob llaw, ar bob tu, o bob tu; **on this ~ and that,** o'r naill du, o'r ddeutu, o'r ddau du; **it is believed on all hands,** credir gan bawb; **on the one ~,** ar y naill llaw; **on the other ~,** ar y llaw arall; *(f)* **(to do sth) out of ~,** (gwneud rhth) ar unwaith, yn syth, ar eich union, rhag blaen, rhag llaw, yn ddiymdr|oi, yn ddi-oed, *Lit:* yn ebrwydd, yn ddiatreg, yn ddiaros; **(to shoot s.o.) out of ~,** (saethu rhn) yn ddiseremoni, heb unrhyw lol, yn y fan a'r lle; **to get out of ~,** *(of situation):* mynd dros ben llestri, mynd yn anhrefn, mynd yn draed moch, mynd yn rhemp, *F:* mynd yn holics; **these children are quite out of ~,** mae'r plant 'ma wedi mynd dros ben llestri; mae'r plant 'ma'n rhemp; 'does dim rheolaeth/trefn ar y plant 'ma; *(g)* **to ~,** *(= within reach):* o fewn cyrraedd, ar led ymyl; *Com:* **your parcel has come to ~,** mae eich parsel wedi cyrraedd; mae eich parsel wedi dod i law; **your letter to ~ yesterday,** eich llythyr i law ddoe; **all that came to ~,** pob peth a gafwyd, pa beth bynnag a gafwyd; **your favour of 4th inst. to ~,** derbyniasom eich llythyr dyddiedig y 4ydd o'r mis hwn; **the first excuse to ~,** yr esgus cyntaf sy'n dod i'r meddwl; yr esgus nesaf at law; *(h)* **to be ~ and/in glove with s.o.,** *(= be close friends):* bod yn llawlaw/llawiau/llawiach â rhn, bod yn gyfaill mynwesol i rn; **they work ~ in glove,** maen' nhw'n gwneud/gweithio trwy'i gilydd; maen' nhw'n cydweithio'n glòs; maen' nhw'n gweithio ar y cyd; *(i)* **~ in ~,** law yn llaw, dan gydio dwylo; **here stock-raising goes ~ in ~ with arable farming,** yma y mae magu gwartheg yn mynd law yn llaw â thyfu cnydau; *(j)* **~ over ~, ~ over fist,** llaw dros law, llaw dros ddwrn; *(k)* **~ to ~,** â'r dyrnau, *Lit:* lawlaw, dwrn tra dwrn; **~ to ~ fight,** ymladd/ymladdfa â'r dyrnau, ymladdfa lawlaw, *N: F:* cwffas[t] *f*; *(l)* **to live from ~ to mouth,** dal y llygoden a'i bwyta, byw o'r llaw i'r genau, byw wrth fin y gyllell, bwyta'r mêl o'r cwch; *(m) Rac:* **(to win) hands down,** (ennill) yn llanast, yn rhwydd, o ddigon; **(to beat s.o.) hands down,** (curo rhn) yn llanast, yn rhacs, yn deg, yn lân. **3.** *(pers.): (a) (= worker):* gweithiwr (gweithwyr) *m*, gw|eithwraig (gweithwragedd) *f*; **charge-~,** gweithiwr mewn gofal, pen-gweithiwr (~-gweithwyr) *m*; **to take on hands,** cyflogi gweithwyr; *P.N:* **hands wanted,** gweithwyr yn eisiau; **no hands wanted,** dim gwaith; *Nau:* **the ship's hands,** y criw *m*, y dynion *pl*, *A:* gwerin (*f*) y llong; **all hands on deck!** pawb ar y bwrdd! pawb allan! *(of ship):* **to be lost with all hands,** suddo gyda'r holl griw; *S.a.* **deck-hand**; *(b)* **(to be) a good/great/dab ~ at doing sth,** (bod) yn gyfarwydd â rhth, yn hen law ar wneud rhth, yn dda eich llaw ar rth, â llaw at rth, *F:* yn g[i]amstar/ giamblar ar wneud rth; **to be good with one's hands,** bod yn dda eich llaw; **she is a good ~ at making a cake,** mae hi'n un dda [ei llaw] am wneud teisen; **an old ~,** hen law(-iau, ~ ddwylo) **(at sth,** ar rth). **4.** *(a) (= writing):* llaw *f*, ysgrifen *f*, llawysgrif *f*, llawysgrifen *f*; **a round ~,** ysgrifen gron; **a cursive ~, a running ~,** ysgrifen redeg/redegog *f*; *S.a.* **longhand**; **to write [in] a small ~,** ysgrifennu'n fân; **he writes a good ~,** mae ganddo ysgrifen dda; *(b)* **to set one's ~ to a deed,** torri'ch enw ar weithred, llofnodi gweithred; **to witness the ~ of A.B.,** tystio bod llofnod A.B. yn ddilys; **under your ~ and seal,** dan eich llaw a'ch sêl; **note of ~,** nodyn (nodion) (*m*) llaw. **5.** *Cards: (a) (= deal):* dyrnaid (dyrneidiau) *m*, llond (*m*) llaw; **to have a good ~,** dal cardiau da; **to hold one's ~,** *(= refrain):* ymatal, atal eich llaw; **to throw in one's ~,** rhoi'r gorau iddi, rhoi'r gorau i'r gêm; **to show one's ~,** dangos eich cardiau; *(b) (= game):* **let's have a ~ at whist,** beth am chwarae [gêm o] wist? **6.** *Farr: Meas:* dyrnfedd(-i) *mf*; **a horse fifteen hands high,** ceffyl pymtheg dyrnfedd [o uchder]. **7.** *(a) Typ:* llaw *f*, mynegfys(-edd) *m*; *(b) (of signpost):* mynegfys; *(c) (of clock &c):* bys(-edd) *m*, *S.E: occ:* gwaell (gweillion) *f*, harn(-s) (*m*) y cloc; **hour ~,** bys bach, awrfys(-edd) *m*; **minute ~,** bys mawr, bys munud, *occ:* bys hir. **8.** *(a)* **a ~ of pork,** coesgyn (*m*) o gig moch; *(b)* **a ~ (of bananas),** sypyn(-nau) *m*, cwlwm (c[y]lymau) (*m*) (o fananas). **9.** *attrib:* **~ luggage,** bag (*m*) llaw, bagiau (*pl*) llaw, pecyn (*m*) llaw, paciau (*pl*) llaw; **~ tool,** offeryn (offer) (*m*) llaw; **~ lamp,** lamp (*f*) law (lampau llaw), *Lit:* llusern (*f*) law (llusernau llaw). **10.** *F: (= applause):* clap *mf*; **give her a big ~,** rhowch glap mawr/fawr/ iawn iddi. **~-axe** *n.* = **handaxe**. **~-ball 1.** *n.* llawiad(-au) *m*. **2.** *v.i.* llawio['r bêl]. **~-barrow** *n. N:* berfa (*f*) ddwylo (berfâu dwylo), berfa freichiau (berfâu breichiau), *S.W: occ:* berfa hwch, *S:* carthglwyd(-i,-au) *f*. **~ basher** *n. T.V:* lamp (*f*) law (lampau llaw). **~-brake** *n.* brêc(-s) (*m*) llaw, brâc (braciau) (*m*) llaw. **~-craft** *n.* crefft (*f*) law. **~-clasp** *n.* = **handshake**. **~ cream** *n.* hufen (*m*) dwylo. **~-drill** *n. Tls:* dril(-iau) (*m*) llaw. **~-gallop** *n. Equit:* tuth(-iau) *m*. **~-glass** *n.* **1.** *(= magnifying glass):* chwyddwydr(-au) *m*. **2.** *(= small mirror):* drych(-au) (*m*) llaw. **~-grenade** *n. Mil:* grenâd (*f*) law (grenadau llaw), bom(-iau) (*mf*) llaw. **~-guard** *n.* = **handguard**. **~-gun** *n.* dryll(-iau) (*m*) llaw, llawddryll(-iau) *m*. **~-grip** *n.* = **handgrip**. **~-held** *a.* a ddelir yn y llaw. **~ jam** *n. Mount:* clo (*m*) llaw. **~-knitted** *a.* o wead llaw, gwead llaw, wedi ei weu â llaw. **~-lever** *n.* lifer(-i, lifrau) (*m*) llaw. **~-line** *n.* = **handline**. **~-lotion** *n.* hufen(-au) (*m*) dwylo. **~-made** *a.* o waith llaw. **~-me-down** *n. & attrib. U.S:* = **reach-me-down**. **~ of glory** *n. Pharm:* mandragora *m*. **~-off** *n. Rugby:* hwb (*m*) llaw. **~-operated** *a.* a weithir â llaw. **~-organ** *n.* organ (*f*) law (organau llaw). **~-out** *n.* **1.** *(= gift):* rhodd(-ion) *f*, cardod(-au) *m*; **there will be ~-outs,** fe fydd yna rannu. **2.** *Journ:* taflen(-ni) *f*, dalen(-nau) *f*. **~-over** *n.* trosglwyddiad(-au) *m*, trosglwyddo *vn*. **~-painted** *a.* a baentiwyd/beintiwyd â llaw, wedi ei baentio/beintio â llaw. **~-pick** *v.t.* dewis, dethol [yn ofalus, â llaw]. **~-picked** *a.* dethol. **~-printed** *a.* a argraffwyd â llaw. **~-props** *n.pl.* offer llaw. **~ puppet** *n. Th:* pyped(-au) (*m*) llaw. **~-reacher** *n.* gefail (gefeiliau) (*f*) help llaw. **~-reap** *v.t.* dwrnfedi, dyrnfedi, bawdfedi; medi (rhth) â llaw; *S.W: occ:* ginio'r llafur, citio. **~-ridging** *vn. Archeol:* grynio â llaw. **~-sewn** *a.* a bwythwyd â llaw, wedi ei bwytho/wnïo â llaw. **~-spray** *n.* chwistrell (*f*) law (chwistrellau llaw). **~-stitched** *a.* = **~-sewn**. **~-tight** *a.* llawdyn[n]. **~-towel** *n.* lliain (llieiniau) (*m*) sychu dwylo, tywel(-i) *m*. **~-written** *a.* = **handwritten**.

hand² *v.t.* **1.** **to ~ a lady into a carriage,** helpu gwraig [i esgyn] i gerbyd. **2.** *(= give):* rhoi, estyn, *Lit:* rhoddi. **3.** *P:* **you've got to ~ it to him (he's the best),** ni waeth ichi gyfaddef, rhaid ichi gydnabod (ef yw'r gorau); **~ it to me,** tyrd (dewch) ag ef i mi; dyro (rhowch) ef i mi; estyn(-nwch) ef i mi. **~ about** *v.t.* estyn. **~ back** *v.t.* estyn/rhoi (rhth) yn ei ôl, dychwelyd (rhth). **~ down** *v.t.* **1.** *(from shelf &c):* estyn rhth [i lawr]. **2.** *(a) (tradition):* traddodi, cyflwyno, trosglwyddo; **the story was handed down from father to son,** cafodd y chwedl ei throsglwyddo/thraddodi o dad i fab; *(b)* **clothes I handed down to my sister,** dillad a roddais yn eu tro i'm chwaer. **3.** *Jur:* **to ~ down a verdict,** traddodi dyfarniad. **~ in** *v.t.* rhoi (rhth) i mewn. **~ off** *v.t.* *Rugby:* gwthio (rhn), *S:* hwpo (rhn) [o'r neilltu]. **~ on** *v.t.* trosglwyddo, traddodi. **~ out** *v.t.* *(a)* rhoi, dosbarthu, rhannu, *S.W: F:* porco; **we were handed out some clothes,** rhoddwyd rhyw ddillad inni; rhannwyd rhyw ddillad rhyngom. **~ over** *v.t.* trosglwyddo, rhoi, traddodi; *(= yield):* [g]ildio; **to ~ s.o. over to justice,** rhoi rhn yn nwylo'r gyfraith; **to ~ over one's authority,** trosglwyddo'ch awdurdod [i rn]; **~ it over!** tyrd (dewch) ag ef yma! dyro (rhowch) ef i mi! gad(-|ewch) i mi ei gael! **~ round** *v.t.* dosbarthu, dosrannu. *(cakes &c):* estyn. **~ up** *v.t.* estyn rhth i fyny.

handaxe *n. Archeol:* llawfwyell(-i, llawfwyeill) *f*; **cordiform ~,** llawfwyell galonffurf (llawfwyeill calonffurf); **lanceolate ~,** llawfwyell waywffurf (llawfwyeill gwaywffurf); **ovate ~,** llawfwyell hirgron (llawfwyeill hirgrwn); **pointed ~,** llawfwyell bigfain (llawfwyeill pigfain); **twisted ovate ~,** llawfwyell wyrdro hirgron (llawfwyeill gwyrdro hirgrwn).

handbag *n.* bag(-iau) (*m*) llaw, *occ:* cwdyn (cydau) (*m*) llaw, llawfag(-iau) *m*.

handball *n. Sp:* llawbel(-i) *f*, pêl (*f*) law (peli llaw); *(game):* llawbel *m*, pêl-law *m*.

handbell *n.* cloch (*f*) law (clychau llaw).

handbill *n.* taflen(-ni) *f*, dalen(-nau,-ni) *f*, hysbyslen(-ni) *f*; *(= programme):* rhaglen(-ni) *f*.

handbook *n.* **1.** *Sch:* llawlyfr(-au) *m*. **2.** *(tourist):* teithlyfr(-au) *m*, arweinlyfr(-au) *m*. **3.** *Turf: U.S:* llyfr (*m*) bwci (llyfrau bwcis).

Handbridge *Eng.Pl.n.* Tre-boeth *f*.

handcart *n.* berfa (*f*) drol (berfâu troliau), *occ:* hancart (hancerti) *m*.

handclap *n.* curo (*vn*) dwylo, curiad (*m*) dwylo, clap *mf*, cymeradwyaeth *f*.

handcuff *v.t.* gefynnu (rhn), rhoi gefynnau (ar ddwylo rhn), rhoi (rhn) mewn gefynnau; *S.a.* **handcuffs**.

handcuffed *a.* mewn gefynnau [llaw].

handcuffs *n.pl.* gefynnau [llaw]; *occ:* cyffion *(also =* **stock, fetter***)*.

-handed *a.* **double-~;** rhwng dau, i ddau, dwy law; **two-~,** deuddwrn; *Th:* **two-~ play,** drama (*f*) i ddau/ddwy; **empty-~,** gwaglaw; **even-~,** teg, cyfiawn; **heavy-~,** llawdrwm (*f.* llawdrom); **left-~,** llawchwith; **right-~,** llawdde; **one-~,** unllaw; **red-~,** llawgoch, llawrudd, *Fig:* yn y weithred.

handedness *n.* llawdueddiad *m*, tueddiad (*m*) llaw; **left-~,** tueddiad llaw chwith; **right-~,** tueddiad llaw dde.

handfast *v.t. A:* dyweddïo.

handfed *a.* llawfaeth, *N: F:* llywaeth, *M.W: S:* swci.

handfeed *v.t.* bwydo (rhth) â llaw.

handful *n.* llond (*m*) llaw, dyrnaid (dyrneidiau) *m*, *N: F: occ:* haffiad (haffeidiau) *m*, bawaid (baweidiau) *f*, mawaid (maweidiau) *f*; **two handfuls,** llond dwy law, dau lond llaw, *N: occ:* dwy fawaid; *S.W: occ: (of flour):* myned: mynaid *f*; **(to throw money away) by the ~, in handfuls,** (taflu arian) i'r gwynt; **(there was only) a ~ (there),** ('doedd ond) dyrnaid o bobl, llond dwrn o bobl (yno); *F:* **(this child is) a ~,** (mae'r plentyn 'ma'n) drafferth, anodd ei drin, llond llaw; *Cards:* **a ~ of trumps,** dyrnaid o drympiau.

handglass = **hand-glass**.

handgrip *n.* **1.** *(a) (= handshake):* gafael(-ion) *f*, cydiad(-au) *m*, gafaeliad(-au) *m*; *(b)* = **handhold**. **2.** *pl.* **to come to handgrips with s.o.,** mynd i'r afael â rhn, paffio/cwffio â rhn.

handguard *n. (of sword):* giard (*m*) cleddyf (giardau cleddyfau), basged(-i) *f*, *A:* golyn(-au) *m*.

handhold *n.* gafael(-ion) *f* [llaw], craff(-iau) *m*, lle(-oedd) (*m*) i afael; *(= of fishing-rod):* carn(-au) *m*; *Mount:* carreg (*f*) afael (cerrig gafael); **(a crag) with no ~,** (craig) heb garreg i gydio ynddi, heb le i gael craff arni, heb afael arni, heb le/afael llaw.

handicap¹ *n. (a) Sp:* h|andicap (handicapiau) *m*; *(b) (= impediment):* anfantais (anfanteision); **weight ~,** *(of racehorse):* pwysau (*pl*) dros ben; **minor handicaps,** mân anfanteision.

handicap² *v.t.* **1.** *Sp:* handicapio. **2.** *(= impede):* llesteirio, rhwystro, atal, llyffetheirio; **he was greatly handicapped,** 'roedd dan gryn anfantais.

handicapped *a.* **1.** *Sp:* â h|andicap. **2.** dan anfantais [gorfforol *&c*], methedig; **a physically ~ person,** rhn dan anfantais gorfforol.

handicapper *n.* handicapiwr (handicapwyr) *m*, handic|apwraig *f*.

handicraft *n.* **1.** *(= manual work):* gwaith (*m*) llaw; *pl.* crefft *f*, crefftau *pl*. **2.** *(= skill):* medr *m*, deheurwydd *m*, medrusrwydd *m*.

handicraftsman *n.m.* crefftwr (crefftwyr).

handily *adv.* **1.** *(= skilfully):* yn ddeheuig *&c*. **2.** *(= conveniently):* yn hylaw, yn hwylus, yn gyfl|eus.

handiness *n.* **1.** *(= skill):* medrusrwydd *m*, deheurwydd *m*. **2.** *(=*

convenience): hwylusrwydd *m*, hwylustod *m*, cyfleustra *m*; **because of the ~ of the library,** gan fod y llyfrgell yn gyfleus.

handiwork *n.* gwaith *m* [llaw], crefftwaith *m*; **(that is) his ~,** gwaith ei ddwylo, gwaith ei law/ddwylo ef (yw hynny).

handkerchief *n.* cadach(-au) (*m*) poced, *N.W:* hances (*f*) boced (hancesi poced, *occ:* hancesi pocedi), *N.W: occ:* ffunen (*f*) boced (ffunenni poced), *S.W:* macyn(-au) (*m*) poced, *occ:* necloth: nicloth *m*, *S.E:* hansier: hancisher: hanshed *f*, neished: nisher: nishad (nisiedi) *f*, *M.W:* hancars (*m*) poced, hanscied (*m*) poced; **neck-~,** cadach(-au) (*m*) gwddf, crafat(-iau) *m*, necloth, nicloth.

handle[1] *n.* *(a) (of knife, screwdriver, handlebar &c):* carn(-au) *m*, dwrn (dyrnau) *m*, *N.W: occ:* bagal *f*; *(of broom, pickaxe, hammer, saucepan &c):* coes(-au) *m*; *(of jug, cup &c):* dolen(-ni) *f*, clust(-iau) *f*, *S.W:* trontol: trondol(-au,-ion) *f*; *(of whip):* carn, *S.W:* ierthi (ierthïon) *f*; *(of door):* *N:* dolen(-ni) *f*, handlen(-ni) *f*, *S:* trontol: trondol, *Lit:* dyrnddol(-au,-ion) *f*; *occ: (of scythe, hammer, fork):* troed (traed) *mf*; *(of churn, grindstone):* *S.W: occ:* carfan(-au) *mf*; *(of flail):* *N.E:* troedffust(-iau) *f*; *(of churn):* gordd (gyrdd) *f*; *(of handbarrow, stretcher):* llorp(-iau) *f*, braich (breichiau) *f*; *(of plough):* *N.E:* corn (cyrn) *m*, haeddel(-i) *f*; *(of basket):* dolen, *N.W: occ:* gwrddyn *m*; *F:* **he has a ~ to his name,** mae ganddo deitl (*m*); **to give a ~ to/for calumny,** mynd yn destun siarad i bobl, creu/gwn|eud sôn amdanoch; *F:* **to fly off the ~,** gwylltio'n gacwn/gaclwm *&c*, mynd o'ch co', *S.W:* mynd maes [o] natur, *N.W:* colli'ch limpin, mynd i ben y caetsh, cael y gwyllt, *occ:* cael y mỳll; *(b) (= crank-handle):* *Aut:* **[starting-]~,** handlen(-ni, handls) *f*; *(of pump):* braich; *(c) (of pitcher, pail, basket):* dolen, handlen, *S.W:* trontol. **~-bar** *n.* corn (cyrn) *m*; *F:* **~-bars,** mwst|ash (mwstashis) corniog *m*, mwstash cyrn beic. **~-organ** *n.* organ (*f*) law (organau llaw), handl-organ(-s) *f*. **~-organist** *n.* dyn(-ion) (*m*) handl-organ. **~-plate** *n.* *Archeol:* plât (*m*) dyrnddol (platiau dyrnddolau).

handle[2] *v.t.&i.* **1.** *v.t.* *(= feel):* teimlo, bodio, byseddu (rhth); gafael, cydio (yn rhth); *S:* swmpo, trafod (rhth). **2.** *(= manipulate, deal with):* trafod, trin (rhth); *occ:* ymh|el (â rhth); *(= discuss):* trafod, trin (rhth); ymdrin, *F:* delio (â rhth); **how to ~ a gun,** sut i ddefnyddio/drin gwn; **how to ~ a ship,** sut i lywio llong; **I'll ~ this,** mi wna' i drafod hyn; mi ddelia' i â hyn; **he is hard to ~,** un anodd i'w drin yw ef; **too hot to ~,** rhy boeth i'w gyffwrdd/drafod; **to ~ s.o. roughly,** cam-drin rhn, *N.W:* hambygio rhn, *S.W:* drelo rhn, *S.E: occ:* tryddal rhn; **to ~ (a situation),** trin, trafod (sefyllfa); delio â (sefyllfa); **do you ~ tax matters?** a fyddwch chi'n trin materion treth? **Orly handles five million passengers a year,** mae pum miliwn o deithwyr yn mynd trwy Orly bob blwyddyn; *Fb:* **to ~ the ball,** trafod y bêl. **2.** *v.i.* *(of car &c):* **to ~ well,** llywio'n dda, ymateb i'r llyw; **to ~ badly,** llywio'n wael.

handle[3] *v.t.* *(= put* **handle**[1] *on sth):* rhoi carn *&c* (ar gyllell *&c*).

handle[4] *n.* *(= feel of texture):* teimlad *m*, swmp *m*, gafael *f*.

-handled *a.* **ivory-~,** â charn ifori; **short-~,** â charn byr.

handler *n.* triniwr (trinwyr) *m*, trinydd(-ion) *m*, tr|inwraig (trinwragedd) *f*, trafodwr (trafodwyr) *m*, traf|odwraig (trafodwragedd) *f*; *(of police dog):* trafodwr, traf|odwraig, hyfforddwr (hyfforddwyr) *m*, hyff|orddwraig *f*; **the dog looked at his ~,** edrychodd y ci ar ei feistr.

handless *a.* heb law, heb ddwylo, di-law, diddwylo.

handlike *n.* fel llaw, fel dwylo.

handline *n.* *Fish:* ffunen (*f*) bysgota (ffunenni/ffunennau pysgota).

handling *vn.* *(a) See* **handle**[2]; *(b) (= discussion):* trafodaeth *f* **(of sth,** ar rth), ymdriniaeth *f* (â rhth); *(c) (= treatment):* triniaeth *f* (o rth); **his ~ of the matter,** ei ddull o drafod y pwnc, y ffordd y mae'n trin y mater; **rough ~,** camdriniaeth *f*; **to get some rough ~,** cael eich cam-drin; *(d) Com: (= distribution):* dosbarthiad *m*, dosbarthu. *(e) Fb:* llawio.

handlist *n.* rhestr(-au,-i) *f*, llawrestr(-au) *f*.

handmade *a.* o waith/wneuthuriad llaw.

handmaid, handmaiden *n.f.* *A: & B:* llawforwyn(-ion, llawforynion), morwyn(-ion, morynion).

handrail *n.* canllaw(-iau) *mf*.

handsaw *n.* llawlif(-iau) *f*, llif (*f*) law (llifiau llaw); *S.a.* **hawk**[1].

handsel[1] *n.* hansel(-au) *f*; *(= New Year's gift):* calennig *m*; *(= foretaste):* ernes(-au) *f*, rhagflas(-au) *m*.

handsel[2] *v.t.* rhoi hansel/calennig (i rn).

handset *n.* *(of telephone &c):* darn(-au) (*m*) llaw.

handshake *n.* *N:* ysgydwad(-au) (*m*) llaw, *S:* s[h]iglad(-au) (*m*) llaw; **golden ~,** tâl (taliadau) (*m*) ymadael, dyrnaid (*m*) [o] aur, llond (*m*) llaw/dwrn o aur/arian/bres, cildwrn (cildyrnau) (*m*) aur.

handsign *n.* *Mus: (for pitch):* arwydd(-ion) (*m*) llaw.

handsome *a.* *(a)* golygus, hardd (heirdd), *Lit:* teg [o bryd], prydweddol, *S:* glân, *N.W: F: occ:* clyfar, del; **~ furniture,** celfi/dodrefn hardd; *(b) (= generous):* anrhydeddus, bonheddig, teg, haelfrydig, hael o fryd; *Prov:* **~ is that/as ~ does,** bonheddig pob addfwyn; nid moesgarwch ond mwynder; dyn glân yw glân ei gampau; glendid dyn yw ei gampau [da]; **a ~ apology,** ymddiheuriad anrhydeddus/llaes; **to do the ~ [thing] by s.o.,** gwn|eud yn iawn â rhn, bod yn anrhydeddus tuag at rn, bod yn hardd eich gweithred â rhn; *(c) (= considerable):* sylweddol; **a ~ fortune,** arian mawr; **a ~ gift,** anrheg wych/hael; **to make a ~ profit,** elwa'n sylweddol, gwneud elw da/mawr.

handsomely *adv.* **1.** *(a)* yn olygus *&c*; **to be ~ dressed,** gwisgo'n gain/wych; *(b) (= generously):* yn hael, yn anrhydeddus *&c*; *P:* **to come down ~,** talu'n hael. **2.** *Nau: (= gently):* gan bwyll, yn araf deg, yn ofalus.

handsomeness *n.* **1.** *(= good looks):* harddwch *m*, tegwch *m*, tegwch pryd [a gwedd], prydferthwch *m*, glendid *m*. **2.** *(a) (of gift):* haelioni *m*; *(b) (of action):* haelfrydedd *m*.

hands-on *a.* **1.** *Cmptr:* ymarferol. **2.** *Fig:* **~-~ experience,** profiad ymarferol; **~-~ chairman,** cadeirydd gweithredol.

handspike *n.* gwif(-iau) *f*, trosol(-ion) pren *m*.

handspring *n.* swalp(-iau) *m*, tin-dros-ben *m*.

handstand *n. & v.t.* **1.** *n.* *Gym:* llawsafiad(-au) *m*; **to do a ~,** sefyll ar eich dwylo. **2.** *v.t.* llawsefyll.

handwork *n.* gwaith (*m*) llaw, llaw-waith *m*.

handwriting *n.* ysgrifen *f*, llawysgrifen *f*, llawysgrif *f*, *N.W: occ:* dull (*m*) eich llaw.

handwritten *a.* llawysgrif, mewn llawysgrif/llawysgrifen, ysgrifenedig, â llaw.

handy *a.* **1.** *(pers.):* deheuig, medrus, dechau, dethau, da eich llaw, *occ:* clyfar, *Lit:* hylaw; **to be ~ at doing sth,** bod yn ddechau *&c* yn gwneud rhth, bod yn dda [eich llaw] am wneud rhth, bod â llaw at rth; **he's ~ with his fists,** mae'n un medrus/parod â'i ddyrnau. **2.** *(of implement):* hwylus, hylaw, hydrin, hawdd ei drin; **a ~ ship,** llong hawdd ei thrin. **3.** *(= convenient):* hwylus, cyfl|eus; **that would come in very ~,** fe fyddai hynny'n gaffaeliad mawr; fe fyddai hynny'n gryn gaffaeliad; fe fyddai hynny'n werth ei gael; fe fyddai hynny'n ddefnyddiol iawn; fe fyddai hynny'n gwneud y tro i'r dim; **a ~ little car,** car bach hwylus iawn. **4.** *(= close at hand):* yn agos, o fewn cyrraedd, parod, cyfleus, wrth law, wrth ymyl, yn ymyl; *(on shelf &c):* ar led ymyl; **to keep sth ~,** cadw rhth o fewn cyrraedd. **~-dandy** *n.* *Games:* [chwarae *m*] cnau i'm llaw, chwarae minddu manddel.

handyman *n.* crefftwr (crefftwyr) *m*, dyn (*m*) da ei law (dynion da eu dwylo), dyn a fedr droi ei law, tasgmon (tasgmyn) *m*, *N.W: occ: (on farm):* dyn caled.

hang[1] *n.* **1.** *(a) (of cliff):* bargodiad(-au) *m*, gogwydd(-ion) *m*, tafliad(-au) *m*, crogfa (crogf|eydd) *f*; *(b) (of dress, curtain &c):* disgyniad *m*, hongiad *m*, crogiad *m*, tafliad *m*, cwympiad *m*, osgo *m*, ystum *mf*; *(c) F:* **to get the ~ of sth,** dod iddi, cael crap ar rth, dod i ddeall rhth, dod yn gyfarwydd â rhth. **2.** *F: See* **damn**[1].

hang[2] *v.t.&i.* I. *v.t.* **1.** hongian; *mainly Lit:* crogi (rhth ar rth); **to ~ a picture,** *(i)* hongian darlun, rhoi darlun i fyny; *(ii) (= exhibit):* arddangos darlun/llun; **three pictures by him have been hung,** arddangoswyd tri darlun o'i eiddo; **to ~ clothes on a line,** rhoi dillad ar lein, taenu/tannu dillad ar lein; **to ~ clothes in a wardrobe,** hongian/cadw dillad mewn wardrob; **to ~ a door,** gosod drws; *Veh:* **hung on springs,** ynghrog ar sbringiau. **2. to ~ [down] one's head,** gostwng eich pen, crymu, pendrymu, pengrymu (*pronounced* ng-g). **3.** *Cu: (game):* hongian. **4.** *(a)* **to ~ a room with tapestries,** taenu/addurno ystafell â thapestrïau; **windows hung with curtains,** ffenestri â llenni [yn hongian, ynghrog] drostynt; *(b)* **to ~ wallpaper,** papuro, gosod papur wal, rhoi/dodi papur ar wal. **5. to ~ fire,** *See* **fire**[1]. **6.** *(= execute by hanging):* crogi; *S.a.* **hanging, hung**; **he hanged himself,** fe'i crogodd ei hun; *Lit:* fe ymgrogodd; **(to let sth) go ~,** (gadael i rth) fynd i'r diawl, fynd i'w grogi; *F:* **~ the fellow!** eled i'w grogi! i ddiawl â'r dyn! yn boeth y bo'r dyn! naw wfft i'r dyn! drapia'r dyn! diawl a'i fflamio fo! gafr a'i cipio! *O:* **that be hanged for a tale!** 'choelia' i fawr! **you can go ~!** dos i dy grogi! dos i dy grogsan! i'r diawl â thi! **[I'll be] hanged if I know,** diawl a'm sgubo i os gwn i! *S:* 'does dim clem gyda fi! **I'll be hanged if I'll do it!** wna' i mohono tros fy nghrogi! **~ it!** *S:* [go] damo! daro! drapo! *N:* go dacia fo! go draps las [unwaith]! go fflamia ulw! **(it'll cost a lot, but) ~ it (we're on holiday),** (fe fydd yn costio, ond) pa ots, pa wahaniaeth, twt lol, 'tae waeth, *S: occ:* pwff (ar ein gwyliau 'ryden ni); **well, I'll be hanged!** 'dawn i byth o'r fan! 'tawn i'n glem! 'tawn i'n marw! 'tawn i'n llwgu! **~ the expense!** i'r diawl â'r gost! costied a gostio! **patriotism be hanged!** wfft i wladgarwch! i gythraul â gwladgarwch! *S: occ:* pwff â gwladgarwch! *S.a.* **dog[1]** **1. 7.** *Jur: U.S:* **to ~ a jury,** cloffrwymo rheithgor. II. *v.i.* **1.** hongian, *Lit:* crogi **(by sth,** wrth/ar/i rth); **(a picture) hanging (on the wall),** (llun) yn hongian, *Lit:* ynghrog (ar y wal); **to ~ out of a window,** hongian [allan] o ffenestr. **2. fog hung over the town,** gorweddai niwl dros y dref; yr oedd niwl yn gord|oi'r dref; yr oedd gorchudd o niwl dros y dref; **silence hung over the meeting,** 'roedd y cyfarfod yn fud; **(the danger) hanging over our heads,** (y perygl) sydd yn ein bygwth, sy'n crogi uwch ein pennau; **thereby hangs a tale,** mae stori ynglŷn â hynna; mae stori ynghlwm wrth hynna; a dyna stori arall. **3.** *(a)* **to ~ on s.o.'s arm,** pwyso ar fraich rhn; **to ~ on s.o.'s words,** dal ar bob gair o enau rhn; *(b)* **everything hangs on his answer,** mae popeth yn dibynnu ar ei ateb ef; **4. responsibility hangs heavy upon him,** mae cyfrifoldeb yn faich arno; mae cyfrifoldeb yn pwyso'n drwm arno; **to ~ in the balance,** bod yn y fantol; **time hangs heavy on my hands,** mae'r amser yn fwrn arnaf; mae'r amser yn ddiflas imi. **5.** *(of drapery, hair &c):* hongian, gorwedd, disgyn; **her hair hangs down her back,** mae'i gwallt yn llaes ar hyd ei chefn. **6.** *(of criminal):* crogi. **~ about,** *U.S:* **~ around** *v.i.* tin-droi, gog[o]r-droi, loetran, cicio'ch sodlau, gwagswmera, swmera, straffaldio, *N:* clertian, *N.W:* gogrwn [yn eich unfan], llyffanta, *S.W: occ:* stabaldeinad, stablad, barcutana, didach, dilidolan, *occ:* diflasu; **to ~ about the place,** tin-droi *&c* hyd y lle; **to keep s.o. hanging about,** gwneud i rn aros; **~ about!** *F:* dal(-iwch) arni! aros (arhoswch) funud! dal dy wynt (daliwch eich gwynt)! dal dy ddŵr (daliwch eich dŵr)! aros ron' bach! **~ back** *v.i.* petruso, sefyll yn eich unfan, peidio â dod ymlaen, llusgo traed, dal yn ôl, cadw'n ôl, cadw/aros/sefyll draw. **~ down** *v.i.* hongian [yn llaes], *Lit:* crogi['n llaes]. **~ on** *v.i.* dal, gafael, cydio, dal gafael **(to sth,** yn rhth); hongian (wrth rth); **to ~ on like grim death to sth,** glynu fel gele wrth rth, dal am eich bywyd yn rhth, dal fel llew yn rhth; **~ on!** dal d'afael (daliwch eich gafael)! *Tp:* dal (daliwch) y ffôn! **~ out 1.** *v.t. (a flag &c):* hongian; **to ~ out flags,** rhoi baneri allan; **to ~ out washing,** rhoi dillad allan, taenu dillad, *F:* tannu dillad; *U.S:* **to ~ out one's shingle,** agor siop; *(of dog):* **to ~ out its tongue,** estyn/dangos ei dafod, *N.W: occ:* dyhefod, dyh|eu, dyheuo. **2.** *v.i. (a) (of a window):* plygu, hongian (allan o ffenestr); *(b) F: (= live):* byw, trigo, cadw, *N.W: occ:* daearu, *S.W:* cwato, *F:* **where do you ~ out?** ble 'rydych chi'n daearu? *Joc:* ble mae'ch trigias chi? *(c) (= frequent):* **he hangs out at the Globe,** mae'n un o fynychwyr y Glôb; *(d) F:* **to let it all ~ out,** ymlacio, ymollwng, gadael i chwi'ch hun fynd. **~ over** *v.i.* bargodi, taflu, hongian drosodd. **~ together** *v.i.* **1.** *(of grapes &c):* crogi/hongian ynghlwm, crogi/hongian gyda'i gilydd, glynu wrth ei gilydd. **2.** *(of statement):* gwn|eud synnwyr, cytuno, dal dŵr, taro deuddeg. **~ up** *v.t. (a) (hat, picture):* hongian, *Lit:* crogi (rhth) i fyny, rhoi (rhth) ynghrog, rhoi (rhth) i grogi; *P:* **(he wants to) ~ up his hat,** (mae arno eisiau) rhoi'r het ar yr hoel, rhoi'i draed dan y ford/bwrdd; *Tp:* **to ~ up [the receiver],** rhoi'r ffôn i lawr; **she hung up on me,** dyna hi'n rhoi pen ar ein sgwrs; dyna hi'n taro'r ffôn i lawr; *(b) (= postpone):* gohirio, oedi; *(= delay):* oedi, arafu; **parcels hung up in transit,** parseli a ddaliwyd yn ôl ar y ffordd; **we were hung up with a puncture,** cawsom ein dal yn ôl gan bynjar; *F:* **to be hung up on sth,** *(i) (= find sth trying):* gweld rhth yn boendod/drafferth, cael poen meddwl o achos rhth, poeni'ch pen am rth, moedro'[ch pen] am rth, drysu'ch pen ynghylch rhth; *(ii) (= be infatuated):* gwirioni (am/ar rth); dwlu, dotio, ffoli (ar rth); moedro'ch/drysu'ch/ mopio'ch pen (ar rth). **~-dog** *a.* llechgïaidd, llechwraidd, euog [yr olwg], fel llechgi; **he had a ~-dog look,** 'roedd yn edrych yn euog; 'roedd yn edrych fel ci wedi cael cic; 'roedd yn edrych fel ci a'i gynffon yn ei afl; 'roedd yn edrych fel ci swat; 'roedd golwg ci wedi cael cweir arno. **~-glider** *n.* barcutwr (barcutwyr) *m,* barc|utwraig *f.* **~-gliding** *vn.* barcuta. **~-nail** *n.* = **agnail.** **~-out** *n.* lle(-oedd) *m, occ:* daear(-oedd) *f,* gwâl (gwalau) *f,* cynefin(-oedd) *m.* **~-up** *n.* **1.** *F:* problem(-au) *f,* obsesiwn (obsesiynau) *m,* poen (*f*) meddwl, poendod(-au) *m,* rhwystredigaeth(-au) *f.* **2.** *Cmptr:* arhosfa (arosf|eydd) *f,* atalfa (atalf|eydd) *f,* ataliad(-au) *m.*

hangar *n. Av:* sied(-iau) (*f*) awyrennau, ysgubor(-iau) (*f*) awyrennau, *Lit:* awyrendy (awyrendai) *m.*

hangarage *n.* tâl (*m*) ysguborio, ysgubordal(-iadau) *m.*

hangbird *n. Orn:* = **oriole (Baltimore).**

hangdog *n.* = **hang-dog.**

hanged *a.* crog, crogedig, ynghr|og; *S.a.* **hang[2].**

hanger *n.* **1.** *(of tapestry &c):* hongiwr (hongwyr) *m,* gosodwr (gosodwyr) *m; S.a.* **paper-hanger. 2.** *(= hook):* bachyn (bachau) *m,* bach(-au) *m,* crogfach(-au) *m; (= loop):* dolen(-ni,-nau) *f;* **[clothes-/coat-]~,** cambren(-ni) *m, occ:* pren(-nau) (*m*) ysgwydd, pren hongian dillad; **pot-hangers,** bachau crochan. **3.** *(sword):* twca (twceiod) *m.* **~-back** *n. P:* llusgwr (llusgwyr) (*m*) traed, un sy'n dal ar y dindres. **~-on** *n.* dilynwr (dilynwyr) *m,* dil|ynwraig *f,* canlynwr (canlynwyr) *m,* canl|ynwraig *f,* cynffonnwr (cynffonwyr) *m,* cynff|onwraig *f.*

hanging[1] *a.* **1.** *(= suspended):* crog, crogedig, ynghr|og, yn crogi, yn hongian; *(= dangling):* llaes, llipa; *Archeol:* **~ bowl,** powlen grog (powlenni crog) *f;* **~ bridge,** pont grog (pontydd crog) *f,* crocbont(-ydd) *f;* **to be ~,** bod ynghrog, crogi; **~ stair,** grisiau crog *pl;* **~ gardens,** gerddi crog; *Cmptr:* **~ indent,** mewnoliad crog *m; Golf:* **~ lie,** goleddf *m,* goleddfiad *m; Dressm:* **~ loop,** dolen grog (dolenni crog) *f; Art:* **~ committee,** pwyllgor(-au) (*m*) dewis lluniau; *Geog:* **~ valley,** crognant (crognentydd) *f;* **~ wall,** crogwal *f; Typ:* **~ paragraph,** paragraff(-au) bargodol/ crog *m; Th:* **~ piece,** darn(-au) crog *m.* **2.** *Hist:* **~ judge,** crogwr (*m*) o farnwr, barnwr (*m*) crogi [pawb], barnwr hoff o grogi.

hanging[2] *vn. & n.pl.* **1.** *vn. See* **hang[2]; it's a ~ matter,** mae'n achos crogi; **~ wardrobe,** cwpwrdd (cypyrddau) (*m*) hongian dillad. **2.** *n.pl.* **hangings,** llenni, croglenni, *F:* cyrtans, hangins.

hangman *n.m.* crogwr (crogwyr).

hangnest *n. Orn:* = **oriole (Baltimore).**

hangover *n.* **1.** *(= survival):* goroesiad(-au) *m,* gweddill(-ion) *m;* **a ~ of the sixties,** broc (*m*) môr o'r chwe degau. **2.** *F: (= headache):* pen mawr *m,* salwch (*m*) bore drannoeth, salwch ar ôl y ffair, *S.W: occ:* pen clwc.

hank *n.* **1.** *(of wool &c):* cengl(-au) *f.* **2.** *Nau:* modrwy(-au) *f.*

hanker *v.i.* **to ~ after sth,** bod ag awydd rhth, dyh|eu am rth, chwenychu rhth, hiraethu am rth, *Lit:* blysio rhth, chwennych rhth.

hankering *n.* awydd *m,* blys *m,* chwant *m* (rhth); hiraeth *m,* dyhead(-au) *m* (am rth); **to have a ~ (for sth),** hiraethu, dyh|eu (am rth); *Lit:* blysio, chwennych, chwenychu (rhth).

hanky *n.* = **handkerchief.**

hanky-panky *n. F:* misdimanars *pl;* **to play ~-~ with s.o.,** *N.W:* chwarae bili-ffŵl â rhn, *S.E:* chwarae cilbwti â rhn.

Hanoverian *a. & n.* **1.** *a.* Hanoferaidd. **2.** *n.* Hanoferiad (Hanoferiaid) *m&f.*

Hanseatic *a. Hist:* Hanseatig, cystlynol; **~ town,** cystlyndref(-i) *f;* **the ~ League,** y Cynghrair/Gynghrair Hanseatig *fm,* Cynghrair Hansa.

hansel *n.* = **handsel.**

hansom [cab] *n.* hansom(-au) *m,* cab(-iau) *m,* cerbyd(-au) *m.*

Hanukkah *n. Jew.Rel:* Gŵyl (*f*) y Cysegriad.

hap[1] *n.* hap *f,* hap a damwain *f,* lwc *f,* siawns *f.*

hap[2] *v.t.* digwydd [drwy hap a damwain, ar hap, drwy siawns], darfod.

ha'pence *n.pl.,* **ha'penny** *n. F:* = **halfpenny;** *S.a.* **kick[1]** 1.

haphazard *n. & a.* **1.** *n.* damwain (damweiniau) *m;* **by ~, at ~,** ar antur, ar ddamwain/hap, drwy ddamwain/hap. **2.** *a.* ar antur, damweiniol.

haphazardly *adv.* ar antur, ar ddamwain/hap, drwy ddamwain/ hap, yn ddamweiniol, rywsut-rywsut.

hapless *a.* anlwcus, anffodus, truenus, truan; **the ~ Charles I,** Siarl I druan [ohono], yr anffodus Siarl I.

haplessly *adv.* yn druenus *&c.*

haplessness *n.* anlwc *f,* anffodusrwydd *m,* truenusrwydd *m.*

haplography *n.* hapl|ograffi (haplograffïau) *m.*
haploid *a. & n.* **1.** *a.* haploidaidd. **2.** *n.* haploid(-au) *m.*
haplology *n.* haploleg *f.*
haply *adv. A:* = **perhaps.**
ha'p'orth *n. F:* = **halfpenny-worth.**
happen *v.i.* **1.** digwydd, bod, *Lit: occ:* darfod, damweinio **(to s.o.,** i rn) (*not* cym[e]ryd lle); *(a)* **(to see) what is going to ~,** (gweld) beth sy'n mynd i ddigwydd, *S.W: occ:* beth sy'n mynd i ger[dd]ed; **what happened?** beth [a] ddigwyddodd? beth [a] fu? **an accident happened,** bu damwain; **don't let it ~ again!** paid (peidiwch) â'i wneud e eto! *Lit:* na ddigwydded eto! na foed/fydded iddo ddigwydd eto! **(to do sth) whatever happens,** (gwneud rhth) beth bynnag a ddaw, beth bynnag sy'n digwydd, *Lit:* beth bynnag a ddigwyddo, *occ: Joc:* 'tasa'r gwartheg yn y gwenith; **~ what may,** doed a ddêl/ddelo; **how does it ~ that ...?** sut mae'n bod mai ...? sut y mae fod ...? **it might ~ that ...** fe allai mai/bod ...; mae'n bosibl bod ...; *Lit:* dichon y gallai ...; **it so happened that ...;** fel y digwyddodd hi ...; **as it happens ...,** fel mae'n digwydd ...; *F:* **worse things ~ at sea,** fe allai fod yn waeth [arnom ni *&c*]; mae hi'n waeth yn rhywle o hyd; mae gwaeth pethau'n digwydd; *N: F:* mi 'l[l]asai fod yn waeth; *(b)* **what has happened to him?** *(i) (in accident &c)* beth sydd wedi digwydd iddo? *occ:* beth ddaeth iddo? *(ii) (= where is he now?)* beth yw ei hanes [erbyn hyn]? beth ddaeth ohono? **2. to ~ to s.o. to do sth,** digwydd i rn wneud rhth; **I happened to see him,** digwyddodd imi ei weld; bu imi ei weld; digwyddais ei weld; *S.W: occ:* fe hapiais ei weld e; *Lit:* darfu imi ei weld; *N: F:* mi ddarum 'i weld o; **a car happened to be passing,** 'roedd car yn digwydd mynd heibio; **the house happened to be empty,** 'roedd y tŷ'n wag fel 'roedd hi'n digwydd; 'roedd y tŷ'n digwydd bod yn wag; **do you ~ to know whether ...?** [a] wyt ti'n (ydych chi'n) digwydd gwybod ...? **3. to ~ upon sth,** taro ar rth, dod ar draws rhth, dod o hyd i rth; *U.S:* **to ~ in,** taro/galw heibio i rn, picio i weld rhn.
happening *n.* digwyddiad(-au) *m.*
happenstance *n. U.S:* damwain (damweiniau) *f,* hap(-iau) *f.*
happily *adv.* **1.** yn hapus, yn ddedwydd; **she smiled ~,** gwenodd yn ddedwydd; **to live ~,** byw'n hapus. **2.** *(= fortunately):* **~ (he did not die),** yn ffodus, wrth lwc, trwy lwc (ni fu farw).
happiness *n.* hapusrwydd *m, Lit:* dedwyddwch *m,* dedwyddyd *m, occ:* gwynfyd *m*; *(= gladness):* llawenydd *m,* balchder *m, Lit:* llonder *m,* llonedd *m,* lloniant *m.*
happy *a.* **1.** *(a) (= fortunate, propitious):* ffodus, hapus; **in happier circumstances,** mewn amgylchiadau mwy ffodus; **in a ~ hour,** ar awr ffodus; **a ~ release,** *(from suffering):* rhyddhad/gollyngdod ffodus/amserol; *(= joyful):* hapus, llawen, siriol, wrth eich bodd, *Lit:* dedwydd, llon, gwyn eich byd; *(b)* **(as ~) as the day is long, as a King, as a sand-boy, as Larry,** (mor llawen) â'r gog [ar y gainc], â'r dydd; (mor llon) â'r gog, â'r brithyll; *S.E:* (mor hapus) â'r giwga/giwgo, (hapus) fel y pwnshyn; *S.W:* (hapus) fel pwnsh; **to keep the children ~,** cadw'r plant yn ddiddig; **how ~ you must be!** gwyn dy fyd di (~ eich byd chi)! *N:* braf arnat ti (arnoch chi)! **I was ~ for them,** 'roeddwn yn falch drostynt; 'roedd yn dda gennyf drostynt; *A:* **I was ~ in a son,** cefais fy mendithio â mab; **to make s.o. ~,** gwneud rhn yn hapus, llonni rhn, sirioli rhn, codi calon rhn, rhoi hwb i galon rhn; **to be ~ to do sth,** bod yn falch o wneud rhth; **ah! ~ days!** a, dyddiau dedwydd! gwyn fy myd! **~ birthday!** pen blwydd hapus! **H~ Christmas!** Nadolig Llawen! *N: occ:* gwyliau llawen! **H~ New Year,** Blwyddyn Newydd Dda! **many ~ returns of the day!** pen blwydd hapus a llawer ohonyn' nhw. **2.** *(= felicitous):* **a ~ phrase,** ymadrodd (*m*) cymwys/hwylus, ymadrodd sy'n taro i'r dim; **a ~ thought,** syniad da; **~ land,** gwlad ddedwydd *f,* nefoedd *f*; **a ~ medium,** canol teg *m,* ffordd ganol *f*; *S.a.* **hunting. ~-go-lucky** *attrib.* diofal, ysgafala, hapus braf, *Lit:* ysgafnfryd, *N.W: occ:* diridano; **to do sth in a ~-go-lucky fashion,** gwneud rhth ffwrdd-â-hi; **a ~-go-lucky person,** *S.W:* ffrwlyn *m,* ffrwlen *f, N.W:* un diridano *m,* un ddiridano *f, occ:* ffralog *m&f.* **~ pill** *n.* pilsen (*f*) lonni (pils llonni), pilsen godi calon (pils codi calon). **H~ Valley** *Pr.n. W.Geog:* **1.** *(in Llandudno):* Y Fach *f.* **2.** *(near Tywyn, Meirionnydd):* Dyffryn Maethon *m.* **3.** *(Llanfairfechan):* Nant (*f*) y Coed.
Hapsburg *a. & n.* **1.** *a.* Hapsbwrgaidd. **2.** *n.* Hapsbwrg(-iaid) *m&f.*
hapten *n. Ch:* hapten(-au) *m.*
haptenic *a. Ch:* haptenig.
hapteron *n.* h|apteron (h|aptera) *m.*
haptic *a.* cyffyrddiadol.
hara-kiri *n.* hara-ciri *m,* hunanladdiad *m,* bolrwygiad *m.*
harangue[1] *n.* araith (areithiau) *f,* anerchiad(-au) *m, Pej:* pregeth(-au) *f.*
harangue[2] *v.t.&i.* **1. to ~ s.o.,** annerch rhn, rhoi pregeth/araith i rn. **2.** *v.i.* annerch, areithio, *Pej:* prygowthan, brygowthan, rhefru.
haranguer *n.* areithydd(-ion) *m, Pej:* prygowthwr (prygowthwyr) *m,* pryg|owthwraig *f,* rhefrwr (rhefrwyr) *m,* rh|efrwraig *f.*
harass *v.t.* blino, poeni, poenydio, erlid (rhn); aflonyddu, tarfu (ar rn); *N: F:* hambygio (rhn); cau bod llonydd, cau gadael llonydd (i rn).
harassed *a.* gofidus, poenus [yr olwg].
harassedly *adv.* yn boenus *&c.*
harasser *n.* aflonyddwr (aflonyddwyr) *m,* aflon|yddwraig *f* **(of s.o.,** ar rn).
harassment *n.* aflonyddu *vn* **(of s.o.,** ar rn); *Jur:* aflonyddwch *m.*
harbinger *n. & v.t.* **1.** *n.* cennad (cenhadon) *m&f,* rhagflaenydd (rhagflaenwyr) *m,* rhagredegydd (rhagredegwyr) *m*; *(= omen):* argoel(-ion) *f,* rhagargoel(-ion) *f*; *Bot:* **~ of spring,** *(Erigenia bulbosa):* cennad Gwanwyn. **2.** *v.t.* rhagflaenu, rhagredeg, cyhoeddi, hebrwng, rhagfynegi.
harbour[1] *n.* **1.** *(a) A: (= refuge):* lloches(-au) *f,* noddfa (noddf|eydd, noddfâu) *f,* nodded *f*; *(b) Ven:* cwfert(-i) *m.* **2.** *Nau:* porthladd(-oedd) *m,* harbwr(-s) *m*; *attrib.* **~ installations,** adeiladau porthladd. **~-dues** *n.pl. Nau:* tollau porthladd/harbwr. **~-master** *n.* porthfeistr(-i) *m,* harbwrfeistr(-i) *m.* **~ seal** *n. U.S: Z: (Phoca vitulina):* morlo(-i) (*m*) harbwr. **~ station** *n.* gorsaf (*f*) y porthladd.
harbour[2] *v.t.&i.* **1.** *v.t.* llochesu, noddi (rhn); rhoi lloches (i rn); *Lit: occ:* llochi (rhn); **to ~ a criminal,** rhoi lloches i droseddwr; **to ~ dirt,** dal/cuddio baw; **to ~ a grudge against s.o.,** dal dig yn erbyn rhn, bod â dant i rn; **to ~ suspicions about s.o.,** amau rhn, anwesu/coleddu amheuaeth ynghylch rhn. **2.** *v.i. (= come to anchor):* angori, dod i borthladd.
harbourage *n.* **1.** lloches(-au) *f,* noddfa (noddf|eydd) *f,* dinas (*f*) noddfa. **2.** *Nau:* angorfa (angorf|eydd) *f.*
harbourless *a.* diborthladd.
hard[1] *a. & adv.* I. *a.* **1.** *(stone, wood &c):* caled (celyd, *occ:* caledion) (*comp.forms:* caleted, caletach, caletaf); *S.a.* **tough; ~ coal,** glo caled *m*; **~ rubber,** rwber caled *m,* |ebonit *m*; *Civ.E:* **~ shoulder,** ysgwydd galed (ysgwyddau caled/celyd) *f,* gwar caled/galed (gwarrau caled/celyd) *mf,* llain galed (lleiniau caled/celyd) *f*; **to become hard[er],** caledu, mynd yn galed/galetach, ymgaledu; *(of ground):* caledu, *S.E:* bordro; *F:* **as ~ as nails,** *(i) (= fit):* durol, caled, 'tebol, gwydn, cyn iached â'r gneuen, *S.W:* fel y boi; *(ii) (= pitiless):* caled, dideimlad, garw, didostur; **(~) as iron, (~) as flint,** (caled) fel asgwrn, fel haearn Sbaen; (cyn galeted) â'r dur, â'r garreg, â'r pren; (mor galed) â challestr; *F:* **no ~ feelings!** dim dicach! **~ weather,** tywydd garw, *N:* tywydd egr, heth *f*; **he's a hard case,** un caled yw ef; *N:* hen gono garw/durol ydi o; *Fin:* **~ currency,** arian cryf/cryfion/solet; *Fin:* **~ cash,** arian sychion; **~ core,** *(a)* cnewyllyn caled *m,* craidd caled *m*; *(b) Const:* seiliau caled *pl*; **~ copy,** copi parhaol *m*; *Cmptr:* copi caled *m*; **~ hat,** het [gron] galed *f*; **~ landing,** glaniad caled *m*; *T.V:* **~ light,** golau caled *m*; **~ pan,** clai caled *m,* cletir *m*; **~ palate,** taflod galed *f,* blaen (*m*) y daflod; **~ roe,** *N:* bol (*m*) grawn, bol caled, *S.W:* bola (*m*) gronell; **~ tack,** bara (*m*) llongau/llongwyr, *N:* bisgeden (bisgedi) (*f*) llong/llongwr, *N: occ:* sgedins (*pl*) llong/llongwr, *S:* bisgïen (bisgis) (*f*) llong/llongwr. **2.** *(= difficult):* anodd (*comp.forms:* anhawsed, anos, anhawsaf, *F: (less correctly):* anodded, anoddach, anoddaf); caled *is often, less correctly, used in this sense*; *(of problem &c):* dyrys; **that's a ~ nut to crack,** dyna gwestiwn dyrys; **~ work,** gwaith caled *m,* caledwaith *m,* llafurwaith *m, occ:* slafdod *m,* lladdfa *f*; **~ to please,** anodd eich plesio, *N:* misi, pyticlar, cysetlyd; **~ of hearing,** trwm eich clyw; **a stone ~ to work,** carreg afrywiog, *N.W: occ:* carreg ffyrnig; *Fig:* **a ~ row to hoe,** cwys anodd ei thorri; *I.C.E:* **the engine is ~ to start,** mae'r peiriant yn gyndyn i danio/gychwyn; **I find it ~ to believe that ...;** [mae'n] anodd gennyf gredu bod ...; **to play ~ to get,** cogio bod yn anodd eich dal, chwarae dal-di-fi; **(to learn sth) the ~ way,** (dysgu rhth) trwy brofiad, *occ:* yn ysgol profiad; **this is a ~ case,** *(= a case of*

hardship): dyma achos o galedi; **~ to come by,** anodd cael gafael arno, prin; **~ to believe,** anhygoel, anghredadwy, anodd ei gredu/goelio. **3.** *(a) (= strict, severe, harsh):* caled, garw, llym (*f.* llem, *pl.* llymion), gerwin, didostur, *Lit:* dreng, *N.W: occ:* chwerw, cethin (**on s.o.,** at rn); **times are ~,** mae hi'n fain/ galed [arnom ni *&c*]; mae hi'n ddyddiau main; **~ times,** caledi *m,* adfyd *m, occ:* dyddiau main, adeg ddrwg *f;* **to fall on ~ times,** dioddef caledi/cyni, taro ar adeg ddrwg *&c;* **he had a ~ time of it,** fe'i cafodd hi; fe fu hi'n galed arno; fe fu hi'n fain iawn arno; fe welodd galedi mawr; *S.W: occ:* fe welodd faethgen [ar y ddaear]; *S.W: A:* fe gafodd haf ci coch; **a ~ master,** meistr(-i) caled; **to be ~ on s.o.,** bod yn llawdrwm ar rn, *occ:* rhoi ar rn; **a ~ bargain,** bargen galed; **~ cheese, ~ luck, ~ lines,** anlwc *f;* **~ lines! ~ luck!** hen dro! trueni! druan ohonot ti! bechod drosot ti! **a ~ fact,** ffaith galed; **~ colours,** lliwiau cras; **a ~ voice,** llais caled/ cras; **~ on one's clothes,** trwm ar eich dillad; **~ cases make bad law,** cyfraith wael a ddaw o achosion caled; *(b)* **to call s.o. ~ names,** galw enwau cas/geirwon ar rn; **to think ~ thoughts of s.o.,** meddwl yn gas am rn, meddwl pethau cas am rn; **~ words,** geiriau cas; *(c)* **~ to the touch,** *(= rough):* garw (geirwon); *(= firm):* caled, ffyrf, solet; **~ water,** dŵr caled *m,* dŵr calch; **~ pornography,** porn|ograffi cryf *m;* **~ drug,** cyffur cryf/trwm (cyffuriau cryfion/trymion) *m; U.S:* **~ liquor,** gwirod poeth/ boeth (gwirodydd poethion) *mf,* licar: licer(-s) *m.* **4.** *(= strenuous):* **~ work,** gwaith caled *m; Jur:* **~ labour,** llafur caled *m;* **a ~ sell,** hwrjo *vn,* taer gymell *vn,* taer berswâd *m,* gwerthu (*vn*) taer; **a ~ drinker,** yfwr mawr/trwm *m, F:* slotiwr (slotwyr) *m,* slychiwr (slychwyr) *m; F:* **the ~ stuff,** y ddiod gadarn *f,* wisgi *m,* gwirod *mf;* **a ~ fight,** gornest galed *f;* **~ swearing,** tyngu (*vn*) anudon, anudoniaeth *f;* **a ~ match,** gêm galed; **to take a ~ line (on sth),** bod yn ddisyflyd/ddi-dderbyn-wyneb/ddigymrodedd (ar rth, ynghylch rhth); dangos wyneb caled (at rth); **a ~ line,** agwedd ddigymrodedd, safiad pendant *m;* **it is a ~ blow for him,** mae'n ergyd drom iddo; **to try one's hardest,** gwn|eud eich gorau [glas]. **5. ~ frost,** rhew caled; **~ winter,** gaeaf caled/garw/ gerwin, heth *f;* **the ~ part of winter,** yr hirlwm *m.* II. *adv.* **1.** *(a)* **pull the bell ~,** tynnwch ar y gloch yn galed; **as ~ as one can,** hynny a ellwch chi, hyd at eithaf eich gallu, cyn galeted ag y gellwch chi; **(to throw a stone) ~,** (taflu carreg) nerth eich braich, cyn belled ag y gellwch; **to hit ~,** taro [rhth] yn galed; **to beg s.o. ~,** erfyn yn daer, taer erfyn, crefu, ymbil (ar rn); **to blow ~,** chwythu'n sownd/galed, chwythu nerth eich bochau; **to look ~,** edrych yn graff, craffu, syllu (**at s.o.,** ar rn); **to think ~,** meddwl yn galed/ddwys; **to work ~,** gweithio'n galed, ymlafnio, gweithio nerth deg ewin, *F:* gweithio'i hochor hi, *N.W: occ:* slanu gweithio, lardio gweithio; **to be ~ at work,** bod wrthi'n [gweithio'n] galed, bod wrthi fel lladd nadroedd, *N.W: occ:* gweithio o'r gesail, *S.W: occ:* rhoi fent i'r gesail; **it is raining ~,** mae'n bwrw'n drwm; mae'n pistyllio bwrw; mae'n bwrw hen wragedd a ffyn; mae'n bwrw fel o grwc; *S.a.* **rain[2]; to freeze ~,** rhewi'n gorn, rhewi'n galed, *S.W: occ:* rhewi'n stanla; **to snow ~,** bwrw eira mawr, pluo'n drwm, bwrw trwch o eira, bwrw eira'n drwch; *(b)* **it shall go ~ but I will find them,** *Lit:* odid na chaf afael arnynt; *F:* siawns na chaf afael arnynt; **to run a person ~,** dal wrth sodlau rhn, *occ:* sodli rhn; **it will go ~ for him,** fe fydd yn edifar ganddo; fe fydd yn chwith iddo; bydd hi'n galed arno; gwae ef; **he was ~ pressed by creditors,** 'roedd credydwyr yn dyn[n] wrth ei sodlau; 'roedd credydwyr yn pwyso ar ei wynt; **to be ~ pressed (to do sth),** ei chael hi'n anodd, cael trafferth (gwneud rhth); **he was ~ pressed to answer,** prin y gallai ateb; o'r braidd y gallai ateb; *(c) Nau:* **~ over!** reit drosodd! **~ a-port!** reit i'r chwith! *(d) F:* **he's ~ up [for money],** mae hi'n dyn[n]/fain arno [am arian]; mae'n fyr/brin o arian; mae hi'n glem arno; mae hi'n big arno; *S.E:* mae e dan ddŵr; **to be ~ up for sth,** bod yn brin o rth, bod mewn angen rhth. **2. ~-earned wages,** enillion haeddiannol; **to be hit ~ by sth,** cael ergyd drom gan rth, dioddef yn galed gan rth; *S.a.* **lie[2]; losing his job has hit him ~,** mae colli ei swydd wedi dweud yn arw arno. **3. ~ by** *adv. & prep.* yn agos (i/at rth), gerll|aw (rhth), *S:* ar bwys (rhth), *N:* wrth/yn ymyl (rhth); **to follow ~ [up|on/after s.o.,** dilyn wrth sodlau rhn, bod yn dyn[n] ar sodlau rhn; **it was ~ on ten o'clock,** 'roedd hi'n tynnu am ddeg o'r gloch; 'roedd hi'n agos at ddeg o'r gloch; *occ:* 'roedd hi ar ddannedd deg o'r gloch; *N:* 'roedd hi ar draws [y] deg o'r gloch. **~ and fast** *a.* pendant, caeth, haearnaidd. **~-bitten** *a. F: (= tough, unfeeling):* gwydn, caled, croengaled (*pronounced* ng-g), durol, garw (geirwon), gerwin, dideimlad; *(= experienced):* profiadol. **~-boiled** *a.* **1.** *(egg):* caled, wedi ei ferwi'n galed. **2.** = **hard-bitten. ~-core** *a.* **1.** *(= resistant):* di-ildio, digymrodedd, digyfaddawd, cadarn. **2.** *(= basic):* gwaelodol, sylfaenol, yn y bôn, craidd caled. **~ disk** *n. Cmptr:* disg caled/galed (disgiau caled/celyd) *mf.* **~-drinking** *a.* diotgar, *F:* potlyd. **~-edge** *a. Art:* caledlin. **~-faced, ~-featured,** wynebgaled; garw, gerwin [yr olwg]. **~-favoured** *a.* diolwg, hagr, salw, plaen, hyll (*f. occ:* hell, *pl.* hyllion). **~ fern** *n. Bot: (Blechnum spicant):* gwibredynen (gwibredyn) *f,* rhedynen fras (rhedyn bras) *f,* rhedynen wib (rhedyn gwib). **~-fescue** *n. Bot: (Festuca trachyphylla):* peisgwellt caled *m.* **~-fisted** *a. F: (= miserly):* cybyddlyd, crintachlyd, llawgaead, tyn[n]. **~-fought** *a. F: (battle):* egr, caled. **~-grass** *n. Bot:* corwellt *pl;* **curved ~-grass,** corwellt cam. **~-head** *n. Bot:* = **knapweed. ~-headed** *a.* hirben, hir eich pen, di-lol, ymarferol, craff. **~-headedly** *adv.* yn hirben *&c.* **~-headedness** *n.* craffter *m.* **~-hearted** *a.* caled, creulon, diffaith, calongaled (*pronounced* ng-g), didostur, didrugaredd, didosturi, *S.W:* fel postyn llidiard. **~-heartedly** *adv.* yn galongaled. **~-heartedness** *n.* calongaledwch *m* (*pronounced* ng-g), caledwch (*m*) calon. **~-hitting** *a.* diarbed, didostur, deifiol, didrugaredd. **~-laid** *a. Tex:* clòs, tyn[n]. **~ line** *a.* diwyro, di-dderbyn-wyneb, di-ildio, cyndyn, ystyfnig, anhyblyg, digyfaddawd, digymrodedd. **~-liner** *n.* un (rhai) di-ildio *&c m,* un ddi-ildio *&c* (rhai di-ildio *&c*) *f,* un *&c* digymrodedd/cyndyn, cyndynnwr (cyndynwyr) *m.* **~-lying** *a. Navy:* **~-lying money,** tâl dros ben. **~-mouthed** *a. (horse):* pengaled (*pronounced* ng-g), mingaled (*pronounced* ng-g), anystywallt, anhydrin. **~-nose[d]** *a.* caled, digyfaddawd, wynebgaled. **~ pad** *n. Vet:* pawen galed *f.* **~ pear** *n. Bot: (Olinia cymosa):* gellygen galed (gellyg caled) *f.* **~-rush** *n. Bot: (Juncus inflexus):* brwynen galed (brwyn caled) *f.* **~-scrabble** *n. (land): U.S:* tir llwm *m,* caletir *m.* **~-set** *a.* cadarn, sownd; *(= obstinate):* penderfynol, penstiff, di-droi'n-ôl, *S.W:* stwbwrn. **~-skinned** *a. (potatoes &c):* croendew, croengaled (*pronounced* ng-g), cramennog, croeniog. **~-solder** *v.t. Metalw:* sodro (rhth) yn galed. **~-spun** *a. Tex:* gwe glòs. **~ tinder fungus** *n. Bot: (Boletus igniarius):* golosged caled *m.* **~-top** *a. Aut:* to caled, â tho caled. **~-wearing** *a.* caled, a phara ynddo, a gwisgo ynddo, yn gwisgo'n/treulio'n/para'n dda. **~-wired** *a. Cmptr:* gwifredig. **~-won** *a.* a gafwyd â thrafferth, a enillwyd drwy [fawr] ymdrech, haeddiannol. **~-working** *a.* diwyd, gweithgar.

hard[2] *n.* **1.** *(road):* ffordd galed *f.* **2.** *V:* **to have a ~-on,** cael codiad, *S:* cael cwnnad, *N:* cael/codi min.

hardback *a. & n.* **1.** *a.* [mewn] clawr caled. **2.** *n.* llyfr(-au) (*m*) clawr caled.

hardbake *n. Cu:* taffi (*m*) almon.

hardboard *n.* hardbord *m.*

harden[1] *v.t.&i.* **1.** *v.t.* *(a)* caledu; **to ~ s.o. to fatigue,** cynefino rhn â lludded, caledu rhn; **he hardened his heart,** caledodd ei galon; *(b) Metall:* **to [case-]~,** caledu, durgaledu, durio, crofennu; *(c)* **to ~ off a plant,** caledu planhigyn. **2.** *v.i.* *(a) (of substance):* caledu, mynd yn galed, ymgaledu; **his voice hardened,** caledodd ei lais; *(b) (of shares):* **to ~ [up],** tynh|au, caledu; **prices are hardening,** mae prisiau'n tynh|au; *(c)* **scientific opinion has hardened on this topic,** mae'r farn wyddonol wedi caledu ar y pwnc hwn.

harden[2] *n. Tex:* carthen *f.*

hardened *a.* **1.** caled, wedi caledu; **to be ~ against entreaties,** bod yn galongaled (*pronounced* ng-g) i ymbilion. **2.** *(drinker, criminal):* profiadol, rhonc, diedifar.

hardener *n.* caledwr (caledwyr) *m.*

hardening *a. & vn.* **1.** *a.* caledol, yn caledu, caledu. **2.** *vn.* calediad(-au) *m,* caledu; **air ~,** aergalediad *m,* aergaledu; *(b) Metall:* **[case-]~,** crofennu, crofeniad *m.*

hardhack *n. Bot: (Spirala tomentosa):* erwaint gwlanog *m.*

hardheads *n.pl.* = **knapweed (black).**

hardhearted *a.* = **hard-hearted.**

hardheartedly *adv.* = **hard-heartedly.**

hardheartedness *n.* = **hard-heartedness.**

hardie *n. Tls:* = **hardy[2].**

hardihood *n.* *(i) (= boldness):* dewrder *m,* gwroldeb *m,* menter *f,* mentrusrwydd *m;* *(ii) (= audacity):* ehofndra *m,* rhyfyg *m.*

hardily *adv.* yn ddewr, yn fentrus *&c.*

hardiness *n.* caledwch *m*, gwydnwch *m*, gwytnwch *m*.
hardish *a.* go galed, eithaf caled, gweddol galed, caledaidd.
hardly *adv.* **1.** *(a) (= severely):* yn galed, yn arw, yn erwin, yn llym; **to deal ~ with s.o.,** trin rhn yn galed; *(b) (= vigorously):* yn boeth, yn frwd, yn ddiarbed, yn galed; **a ~ contested election,** etholiad a ymleddir yn frwd; *(c) (= with effort):* trwy ymdrech, â thrafferth, trwy fawr lafur; **the victory was ~ won,** bu brwydro caled i ennill y fuddugoliaeth; nid heb ymdrech yr enillwyd y fuddugoliaeth. **2.** *(= scarcely):* prin, o'r braidd, *N.W:* digon o waith (+ y *&c*); **she can ~ read,** *P:* o'r braidd y gall/medr hi ddarllen; prin y mae hi'n medru darllen; **he had ~ escaped when ...,** newydd ddianc yr oedd pan ...; **you'll ~ believe it,** bydd yn anodd gennych ei gredu; **I ~ know,** prin y gwn i; prin fy mod i'n gwybod; **did you hurt yourself? - no, ~ at all,** *N.W:* wyt ti wedi brifo? -naddo, fawr o helynt; **I need ~ say ...,** prin bod rhaid imi ddweud ...; prin y mae'n rhaid imi ddweud ...; *Lit:* afraid dweud ...; **~ anyone came,** ni ddaeth braidd/fawr/nemor neb; **~ anyone one of them,** prin un ohonynt, *N.W:* fawr un ohonyn' nhw; **(I) ~ ever (went there),** (ni fyddwn i) bron byth (yn mynd yno); o'r braidd, prin, anaml, yn anfynych (yr awn yno); **he will ~ come now,** o'r braidd y daw ef bellach; prin y daw ef bellach; *S.W: occ:* digwydd iddo fe ddod 'nawr; digwyddiad y daw e 'nawr; *N:* digon o waith y daw o bellach; **(will we win?) - ~,** ([a] wnawn ni ennill?) - go brin, *S.W:* digwyddiad.
hardness *n.* **1.** *(of stone &c):* caledwch *m*, caledrwydd *m*; **~ of heart,** calongaledwch *m* (*pronounced* ng-g), caledwch calon. **2.** *(= difficulty):* anhawster *m*. **3. ~ of hearing,** trymder (*m*) clyw, byddardod *m*. **4.** *(= severity):* gerwinder *m*, llymder *m*, caledwch.
hards *n.pl. Tex:* breisgion.
hardshell *a. U.S:* caeth, digyfaddawd, digymrodedd.
hardship *n.* caledi *m*, cyni *m*, adfyd *m*, *occ:* caledfyd *m*.
hardstanding *n.* llawr caled *m*.
hardware *n.* **1.** *(= iron goods):* nwyddau (*pl*) haearn, nwyddau metel. **2.** *(= weapons):* arfau *pl*; *(= machinery):* offer *pl*, peiriannau *pl*. **3.** *Cmptr:* caledwedd *fm*.
hardwood *n.* pren caled *m*.
hardy[1] *a.* **1.** *(= bold):* eofn, hy(-fion), hyf(-ion), mentrus, hyderus. **2.** *(a) (= robust):* caled, durol, cadarn, cryf, gwydn, *S.W:* gw[y]ddyn; **a ~ person,** rhn cydnerth/cadarn, *N.W: occ:* hen stîl *m*, jyro *m*; *(b) Bot:* caled, gwydn; **half-~,** lledgaled; **~ perennials,** blodau parhaol caled; **~ annual,** *(i)* blodyn unflwydd caled; *(ii) Fig: Joc:* hen ffefryn *m*, hen drawiad *m*, hen bwnc *m*.
hardy[2] *n. Tls:* cŷn (cynion) (*m*) eingion.
hare[1] *n.* ysgyfarnog(-od) *f*, *F:* sgwarnog(-od) *f*, *S: occ:* cochen *f*, *S.W: occ:* cota *f*, cwta *f*, *N.W: occ:* pryf(-ed) mawr *m*, *N.E: occ:* oen (ŵyn) (*m*) Melangell, *A: or Lit:* ceinach(-od, ceinych) *f*, cath(-od) (*f*) eithin; **blue mountain ~,** glastorch(-od, glastyrch) *f*; **to hunt hares,** hela ysgyfarnogod, *S.E: occ:* pryfeta; **buck ~, jack ~,** bwch (bychod) (*m*) ysgyfarnog[-od], ysgyfarnog wryw (ysgyfarnogod gwryw); **doe-~,** ysgyfarnog fenyw (ysgyfarnogod benyw); **young ~,** glastorch, l[l]efren: l[l]efran (l[l]efrod) *f*; **arctic ~, polar ~,** ysgyfarnog yr eira; **~'s form,** gwâl (*f*) ysgyfarnog; *Cu:* **jugged ~,** stiw (*m*) ysgyfarnog; **as mad as a March ~,** (cyn wirioned) â llo tarw blwydd, â'ch cysgod, â llo gwlyb, â'r dorth a drodd ei hun; yn wirion bost, yn hurt bost, cyn wyllted ag ysgyfarnogod ym Mawrth, *N:* yn honco bost; *S.W:* yn y rorors gwyllt, wedi syrddanu, yn benwan holics/walacs, mas o'ch clocs; **to run with the ~ and hunt with the hounds,** chwarae'r ffon ddwybig, rhedeg gyda'r cadno a hela gyda'r cŵn, *N.W:* hwi hefo'r ci a hwi hefo'r gath, gweiddi hŷs hefo'r ci a hŷs hefo'r gath, *S.W:* gweiddi hŷs gyda'r ci a how/hai gyda'r cadno; *Fig:* **to start a ~,** codi sgwarnog; *Prov:* **it's the tale of the ~ and tortoise,** yn araf deg mae mynd ymhell; *Sp:* **~ and hounds, = paper-chase. ~-brained** *a.* hurt, gwirion, hanner pan, hanner call, hanercof, penchwiban, ynfyd, penwan; *S.a.* **fool**[1], **foolish. ~-kangaroo** *n. Z: (Lagochestes):* ysgyfarnog godog (ysgyfarnogod codog). **~-lip** *n.* bwlch (*m*) yn y wefus, gwefus fylchog (gwefusau bylchog) *f*, gwefus adwyog, bylchfin *m*, minfwlch *m*. **~-lipped** *a.* â bwlch yn y wefus, â gwefus fylchog; **he is ~-lipped,** mae ganddo fwlch yn ei wefus. **~'s bane** *n. Bot: (Aconitum lagoctonum):* cas (*m*) gan ysgyfarnog. **~'s beard** *n.* = **mullein (great). ~'s ear** *n.* **1.** *Bot: (Bupleurum rotundifolium):* paladr trwyddo *m*; **long-leaved ~'s ear,** *(B. longifolium):* paladr trwyddo hirddail; **Pyrenaean ~'s ear,** *(B. angulosum):* paladr trwyddo'r Pyreneau; **rock ~'s ear,** *(B. petraeum):* paladr trwyddo'r graig; **sickle[-leaved] ~'s ear,** *(B. falcatum):* paladr trwyddo crymanddail; **slender ~'s ear,** *(B. tenuissimum):* paladr trwyddo eiddilddail; **small ~'s ear,** *(B. baldense):* paladr trwyddo bychan; **three-veined ~'s ear,** *(B. ranunculoides):* paladr trwyddo tair gwythïen. **2.** *Fung: (Otidea onotica):* clust(-iau) (*f*) ysgyfarnog. **~'s eye** *n.* = **campion (red). ~'s foot** *n. Bot:* **1.** *(Trifolium arvense):* troed (*m*) ysgyfarnog, meillion cedenog *pl*. **2.** = **corkwood. 3. ~'s foot fern,** *(Davallia canariensis):* rhedynen gedenog (rhedyn cedenog) *f*. **4. ~'s foot sedge,** *(Carex lagopina):* hesgen (*f*) troed ysgyfarnog. **~'s colewort, ~'s lettuce, ~'s thistle,** = **sowthistle. ~'s meat** *n.* = **sorrel (wood). ~'s tail** *n. Bot:* **1.** *(Eriophorum vaginatum):* plu(*pl*)'r gweunydd unben, gwlanwair gweiniog *m*. **2. ~'s tail grass,** *(Lagurus ovatus):* cwt (*m*) ysgyfarnog. **3. ~'s tail rush,** = **cotton-grass.**
hare[2] *v.i. F:* **to ~ off,** sgrialu mynd, mynd nerth eich traed, mynd fel cath i gythraul, ei gwadnu hi, ei gwân/gwanu hi, ei baglu hi; *S.a.* **beat**[2].
harebell *n. Bot: (Campanula rotundifolia):* bwtsiasen (bwtsias) (*f*) y gog, botasen (*f*) y gog (botasau'r gog), clychlys deilgrwn *m*, clychlys amryddail, cloch (clych) (*f*) yr eos; *pl.* **harebells,** *N.W: occ:* clychau Bangor, hosanau'r gog, clychau babis.
harem *n.* gwreicty (gwreictai) *m*, harîm (harimau) *m*.
harewood *n.* pren (*m*) masarn.
haricot *n.* **1.** *Cu:* stiw(-iau) *m*. **2.** *Bot:* **~ [bean],** ffeuen/ffäen wen (ffa gwynion) *f*, ffeuen *&c* ***haricot***.
hark *v.i.* **1.** *O:* **to ~ to a sound,** gwrando ar sŵn, clustfeinio, moeli clustiau; **hark!** ust! clyw(-ch)! gwranda (gwrand|ewch)! *A:* erglyw! **2.** *Ven:* **~ away!** tali-ho! bant â ni! ffwrdd â ni! **to ~ back to sth,** mynd yn ôl at rth, bwrw'n ôl at rth; **he's always harking back to that,** mae'n wastad yn rhygnu ar yr un hen dant.
harl[1] *v.t. Scot: Const: (= rough cast):* chwipio.
harl[2] *n. (= fibre):* edefyn (edau) *m*.
harl[3] *v.t.&i.* **1.** *v.t. (= drag):* llusgo. **2.** *v.i.* ymlusgo.
harle *n.* = **harl**[2].
harlequin *n. & a.* **1.** *n. Th:* h|arlecwin (harlecwiniaid) *m*; **~ coat,** côt fraith (cotiau brith) *f*, côt glytiog (cotiau clytiog). **2.** *a.* amryliw, brith (*f.* braith, *pl.* brithion). **~ duck** *n. Orn: (Histrionicus histrionicus):* hwyaden (hwyaid) seithliw *f*, hwyaden Ynys yr Iâ. **~ fish** *n. Ich: (Rasbora heteromorpha):* pysgodyn (pysgod) brith *m*.
harlequinade *n. Th:* harlecwinâd (harlecwinadau) *m*.
harlequinesque *a.* harlecwinaidd, harlecwinésg.
Harley Dingle *W.Pl.n.* Cwm (*m*) Ynys.
harlot[1] *n. A:* putain (puteiniaid) *f*, *A:* cyffoden *f*.
harlot[2] *v.i. A:* eich puteinio'ch hun, ymbuteinio.
harlotry *n.* puteiniaeth *f*, puteindra *m*, puteindod *m*, puteinio *vn*.
harm[1] *n.* drwg (drygau) *m*, niwed (niweidiau) *m*, *N.W: occ:* anfadwch *m*, adwyth *m*, *Lit: occ:* afles(-au,-oedd) *m*; *(= injury):* anaf *m*; *Jur:* **grievous bodily ~,** anaf corfforol difrifol; **to do s.o. ~,** niweidio rhn, gwneud niwed/drwg i rn; **what ~'s he done you?** pa ddrwg/niwed a wnaeth ef iti? **to see no ~ in sth,** gweld dim o'i le mewn rhth; **the ~'s done now,** mae'r drwg wedi'i wneud erbyn hyn; **you will come to ~,** fe gewch chi niwed; **out of ~'s way,** yn ddiogel, *F:* yn saff; **to take sth out of ~'s way,** mynd â rhth i ddiogelwch; **it will do more ~ than good,** fe wnaiff fwy o ddrwg nag o les; **there's no ~ in asking,** [ni] waeth [inni, ichwi *&c*] ofyn ddim; 'does dim o'i le mewn gofyn; fyddwch chi ddim gwaeth â gofyn; *S.a.* **mean**[4] **1.**
harm[2] *v.t.&i.* **1.** *v.t.* niweidio (rhn), *occ:* drygu (rhn), gwn|eud drwg (i rn), *Lit: occ:* aflesu (rhn). **2.** *v.i. O:* dioddef; **he will not ~ for a little privation,** ni wnaiff ddrwg iddo gael llai.
harmattan *n. Geog:* harmatan *m*.
harmful *a.* niweidiol, drwg, *Lit: occ:* aflesol.
harmfully *adv.* yn niweidiol *&c*; er drwg, er niwed.
harmfulness *n.* niweidioldeb *m*, niwed *m*, drwg *m*, natur niweidiol *f*, perygl *m*.
harmless *a.* diniwed, *occ:* diddrwg; *Ch: &c:* diogel, diberygl; **a ~ child,** plentyn diniwed; **~ snakes,** nadroedd diberygl; **to save ~, to hold ~,** digolledu, rhyddarbed.
harmlessly *adv.* yn ddiniwed *&c*.

harmlessness *n.* diniweidrwydd *m.*
harmonic *a. & n.* **1.** *a.* cydgordiol, harmonig, harmonaidd; *Mus:* ~ **chromatic scale,** graddfa gromatig harmonig (graddf|eydd cromatig harmonig) *f*; *Mus:* ~ **minor,** lleiaf harmonig *m*; ~ **tones,** tonau harmonig; ~ **colour,** lliw harmonig *m*; ~ **motion,** mudiant harmonig *m*; *Mus:* ~ **movement,** rhediad harmonig *m*; ~ **function,** ffwythiant harmonig *m*; ~ **sequence,** dilyniant harmonig *m*; *Mth:* ~ **series,** cyfres(-i) harmonig *f*; *Mus:* rhes(-i) harmonig *f*. **2.** *(a) n.* cytgord(-iau) *m*; *(b) pl.* **harmonics,** harmoneg *f*; *(c) Mth:* harmonig(-au) *m*; **simple** ~, harmonig syml.
harmonica *n.* harm|onica(-s) *f*; *S.a.* **mouth-organ.**
harmonically *adv.* yn gytgordiol *&c.*
harmonious *a.* **1.** *(= in agreement):* cytûn, cydgordiol; *Art: Needlew: &c:* ~ **colours,** lliwiau cydnaws; *Sociol:* ~ **system,** cyfundrefn gyson *f*. **2.** *(= melodious):* persain, cydgordiol, melodaidd, cydseiniol.
harmoniously *adv.* **1.** *(= in agreement):* yn gytûn. **2.** *Mus:* yn bersain *&c.*
harmoniousness *n.* **1.** cytgord *m.* **2.** *Mus:* perseinedd *m.*
harmonist *n.* cydgordiwr (cydgordwyr) *m*; *(= collator):* cysonwr (cysonwyr) *m.*
harmonistic *a.* cydgordiol.
harmonium *n.* harmoniwm (harmonia) *m.* ~ **player** *n.* harmonydd(-ion) *m.*
harmonization *n.*, **harmonize** *v.t.&i* **1.** *v.t. (a)* cysoni, cydgordio; *(b) Mus:* cydgordio. **2.** *v.i. (of colours, facts &c):* cyd-fynd, cytuno (**with sth,** â rhth); *(of pers.):* cytuno, cyd-daro, cyd-fynd (â rhn).
harmonizing *a. & vn.* **1.** *a.* cydgordiol, cyson, sy'n cyd-fynd, cydgordiog. **2.** *vn.* = **harmonization.**
harmony *n.* **1.** *Mus:* cytgord(-iau) *m*, h|armoni (harmonïau) *m*, perseinedd *m*, *occ:* cynghanedd *f*, cydseiniad(-au) *m.* **2.** *(of facts, colours &c):* cytgord, cytundeb *m*; **H~ of the Gospels,** Cytgord yr Efengylau; **colours in perfect** ~, lliwiau'n cydgordio'n berffaith; **to live in perfect** ~, byw mewn cytgord perffaith, byw'n hollol gytûn; **in** ~ **with sth,** mewn cytgord/cynghanedd â rhth, yn gyson â rhth; **his tastes are in** ~ **with mine,** mae ei chwaeth yn cyd-fynd â'm chwaeth innau.
harness[1] *n.* tresi *pl*, harnais (harneisiau) *m*, gêr *pl*, *occ:* cêr *pl*, taclau *pl*, trec *m*, drecs *pl*, tidau *pl*, *S.W: occ:* offer *pl*; **draught** ~, tresi/harnais [ceffyl] gwedd, gêr ceffyl gwedd, gweddau *pl* (*with double pl.* gweddeifiau, gweddeifion); **double** ~, harnais dwbl; *Fig:* **in double** ~, yn rhwymau priodas; **[any] part of** ~, *N.W:* ceryn (cêr) *m*; **to get back into** ~, mynd yn ôl i'r tresi; **to die in** ~, marw yn y tresi; **he's out of** ~, mae ef wedi rhoi'r gorau iddi; *N.W: occ:* mae wedi rhoi ei gerrig i fyny, *Av:* **parachute** ~, harnais p|arasiwt, gwregys(-au) *(m)* parasiwt. **~-cask** *n. Nau:* hocsied (hocseidiau) *f*. **~-maker** *n.* harneisiwr (harneiswyr) *m*, gof(-aint) *(m)* arfau.
harness[2] *v.t.* **1.** harneisio, *occ:* taclu, dal[a], bachu, *N.W: occ:* cersio; **to** ~ **a horse,** harneisio ceffyl, *S.W: occ:* gwiogo ceffyl, *(to a carriage).* rhoi ceffyl yn y drol/cert, rhoi ceffyl yn y llorpiau. **2.** *(waterfall &c):* harneisio, dofi, gwastrodi, rheoli, defnyddio.
harnessing *vn.* ~ **time,** *S.W:* pryd *(m)* dala, *N.W:* amser *(m)* bachu.
harp[1] *n. Mus:* telyn(-au) *f*; **to play the** ~, canu'r delyn, *Lit: occ:* telynori; **Aeolian** ~, telyn Aeolaidd; *S.a.* **Aeolian; Celtic** ~, telyn Geltaidd (telynau Celtaidd); **chromatic** ~, telyn gromatig (telynau cromatig); **dital** ~, telyn fysell (telynau bysell); **double action** ~, telyn gyngaws ddyblyg, telyn arwaith dwbl; **pedal** ~, telyn bedal (telynau pedal); **single action** ~, telyn gyngaws sengl, telyn arwaith sengl; **to sing to the** ~, canu cerdd dant, canu gyda'r tannau; **triple** ~, telyn deires (telynau teires) *f*; *Astron:* **the H~ of Arthur,** Telyn Arthur; **Welsh** ~, telyn Gymreig (telynau Cymreig). **~-string** *n.* tant (tannau) *m* [telyn]. **~-seal** *n. Z:* morlo(*m*)'r delyn (morloi'r delyn).
harp[2] *v.i.* canu'r delyn, *Lit: occ:* telynori; **stop harping on about it!** rho'r gorau iddi! taw â dy rygnu! *F:* **to be always harping on the same string,** rhygnu ar yr un hen dant, canu'r un hen dôn gron, canu cywydd y gwcw, rhwdlio/rwdlian yr un peth o hyd, swnian/clincwm o hyd am yr un peth, cadw clincwm; **he is always harping on that,** mae'n sôn am hynny byth a beunydd/hefyd; dyna sydd ganddo bob amser.
harper *n.* = **harpist.**
harpings *n.pl. Nau:* harpinnau.
harpist *n. Mus:* telynor(-ion) *m*, telynores(-au) *f*.
harpoon[1] *n.* tryfer(-i) *fm*, *S.W: occ* trydder(-i) *fm*. **~-gun** *n.* dryll(-iau) *(m)* tryfer.
harpoon[2] *v.t.* tryferu (rhth); trywanu (rhth) â thryfer.
harpooner *n.* tryferwr (tryferwyr) *m.*
harpsichord *n. Mus:* h|arpsicord (harpiscordiau) *mf*, *A:* |absicol (absicoliau) *f*.
harpsichordist *n.* harpsicordydd(-ion) *m*, harpsicordiwr (harpsicordwyr) *m.*
Harpton *W.Pl.n.* **1.** *(Dyfed):* Tre'rdelyn *f*. **2.** ~ **and Wolfpits,** *(Powys):* Tre'rdelyn a Phwll-y-blaidd.
harpy *n.f. Myth:* ellylles(-au); *W.Myth:* gwrach y rhibyn; *F:* **an old** ~, hen wrach, hen jaden, hen sgriw, hen dreipen, hen sguthan. **~-bat** *n. Z:* ellyll-ystlum(-od) *m.* **~-eagle** *n. Orn:* eryr(-od) cribog *m.*
harquebus *n. A: Arms:* |arcwebws (arcwebysau) *m.*
harquebusier *n.* arcwebyswr (arcwebyswyr) *m.*
harridan *n.f. F:* c[e]nawes(-au,-i), arthes(-au,-i), gwrach(-od), sgriw, jaden(-nod), cymones(-au), llafnes(-au,-i), *N.W: occ:* styrmant(-od), strybiban (strybibod).
harrier[1] *n. Orn:* boda(-od) *m*, bòd (bodion) *m*, boncath(-od) *m*, cudwalch (cudweilch) *m*; **marsh-~,** boda'r wern, boda'r gwerni, boncath y wern, hebog *(m)* y gors, hebog yr hesg, hebog y wern, barcud glas *m*; **hen-~,** bod tinwyn, bod glas, cudwalch yr ieir, aderyn *(adar) (m)* Sant Silin, bod llwydlas, hebog llwydlas; **Montagu's** ~, Boda Montagu, hebog Montagu; **pallid** ~, boda llwydwyn.
harrier[2] *n. Sp:* **1.** *(dog):* ci (cŵn) *(m)* ysgyfarnog, ci hela, helgi (helgwn) *m.* **2.** *(= huntsman):* heliwr (helwyr) *m*; *(= runner):* rhedwr (rhedwyr) *(m)* traws gwlad. **3.** *(= harasser):* erlidiwr (erlidwyr) *m*, blinwr (blinwyr) *m*, plagiwr (plagwyr) *m.*
Harrovian *a. & n.* **1.** *a.* o Harrow, Harofaidd; **an old** ~ **custom,** un o hen arferion Harrow. **2.** *n.* Harofiad (Harofiaid) *m&f*.
harrow[1] *n. Agr: S:* og(-au) *f*, oged(-i,-au) *f*; **chain** ~, og/oged tshaen; **disc** ~, og/oged ddisgiau (ogau disgiau), *S.W: occ:* disg(-iau) *f*; **spike** ~, og/oged bigau (ogau pigau); *S.a.* **drill**[1], **bush, brake. wood-framed** ~, *N.E:* og bren (ogau pren); **headpiece of** ~, talaith *(f)* oged; **under the** ~, *Fig:* dan yr og, mewn trallodion.
harrow[2] *v.t.* **1.** *Agr:* ogedu, llyfnu. **2.** *Fig:* **to** ~ **s.o.'s feelings,** brifo teimladau rhn, trallodi rhn, poenydio rhn. **3.** *Theol:* **to** ~ **Hell,** anrheithio/ysbeilio Uffern.
harrowing[1] *vn. See* **harrow**[2].
harrowing[2] *a.* dirdynnol, ingol, trallodus, torcalonnus, calonrwygol, truenus, gofidus, galarus.
harrumph[1] *n. U.S:* cryglais (crygleisiau) *m.*
harrumph[2] *v.i. U.S:* siarad yn gryg, crygleisio.
Harry[1] *Pr.n.m.* **1.** Harri; *S.a.* **Henry. 2.** *F:* **Old** ~, yr Hen Was *m*, y Diafol *m*, y Gŵr Drwg *m*; **the climate has played Old H~ with his health,** mae'r hinsawdd wedi chwarae'r diawl â'i iechyd. ~ **Furlong's Rocks** *Pr.n. W.Geog:* Y Baeddod *pl*, *O:* Carreg *(f)* y Weddger.
harry[2] *v.t.* **1.** *(= pillage):* anrheithio, difrodi, rheibio, ysbeilio. **2.** *(= harass):* erlid, blino, poeni, plagio.
harsh *a.* **1.** *(to touch):* garw (geirwon), llym (*f.* llem, *pl.* llyfnion), caled (celyd, *occ:* caledion); *(taste):* egr; *(sound):* cras, aflafar, croch, *occ:* craslyd, crasog; *(also, of voice):* cryg; **a** ~ **voice,** llais cras, cryglais (crygleisiau) *m*; **a** ~ **style,** arddull arw *f*; **a** ~ **colour,** lliw cras *m.* **2.** *(punishment, character):* gerwin, caled, tost, llym, didrugaredd, didostur, dreng, *occ:* llymdost; **to exchange** ~ **words,** dweud pethau caled/cas wrth eich gilydd.
harshen *v.t.* gerwino, caledu, llymu.
harshly *adv.* yn arw *&c.*
harshness *n.* **1.** *(to touch):* gerwindeb *m*, gerwinder *m*, llymder *m*, llymdra *m*, garwedd *m*, g|arwder *m*, caledwch *m*; *(of wine &c):* egrwch *m*; *(of sound):* craster *m*, aflafaredd *m*, aflafarwch *m*, drycsain *m*, crochder *m.* **2.** *(of punishment):* llymder, llymdra, tostedd *m*, tostrwydd *m*, gerwinder *m.*
hart *n.* hydd(-od) *m*, *S.W: occ:* bwchadanas *m*; **a young** ~, elain (elanedd) *f*, rhydain *f*. **~'s tongue fern** *n. Bot: (Phyllitis scolopendrium):* tafod *(m)* yr hydd, rhedyn *(pl)* y gogofau, duegredyn meddygol *pl*, gwallt *(m)* Crist. **~'s tongue seaweed** *n. Alg:* mordywys *pl.*

hartal *n.* **hartal** *m*, protest(-iadau) *f*.
hartebeest *n.* ***hartebeest(-s)*** *m*, hydd-afrewig(-od) *m*.
Hartsheath *W.Pl.n.* Hersedd *m*.
hartshorn *n.* corn (*m*) hydd (cyrn hyddod); **spirit of ~,** sbirit (*m*) corn hydd.
hartwort *n. Bot: (Tordylium maximum):* c|arwlys mawr *m*, carllys mawr *m*.
harum-scarum *a.* didoreth, gwamal, penchwiban, gwyllt, gwyllt-wirion, hurt, penwan, ofer, diffaith, di-ddal, *F:* di-feind, *N.W: occ:* lìch-mi-làch *m*.
haruspex *n. Rom.Ant:* dewin(-iaid) (*m*) ymysgaroedd, ymysgarddewin(-iaid) *m*.
harvest[1] *n.* cynhaeaf (cynaeafau) *m*, *occ:* medel(-au) *f*; **a wet ~,** *occ:* cynhaeaf brith; **hay ~,** cynhaeaf gwair; **wheat ~,** cynhaeaf gwenith; **corn ~,** *S:* cynhaeaf llafur, *N:* cynhaeaf ŷd; **to get in the ~, to reap/win the ~,** medi cynhaeaf, cynaeafu, cywain, cario gwair/ŷd, *S:* cywain (*F: pronounced* cwên, cöin) y cynhaeaf/gwair/ŷd. **~-bug, ~-mite** *n.* pryf(-ed) (*m*) medi, pryf y cynhaeaf, pryf y rhedyn. **~ festival** *n.* gŵyl (*f*) ddiolchgarwch (gwyliau diolchgarwch), diolchgarwch *m*. **~ home** *n. (a) (feast):* cinio (*m*) cynhaeaf [gwair/ŷd], swper cynhaeaf [gwair/ŷd], torri (*vn*) pen y wrach, *N:* boddi(*vn*)'r cynhaeaf, *S.W:* ffest (*f*) y wrach; *(b) (time):* adeg (*f*) cynhaeaf [gwair/ŷd]. **~ mare, ~ queen** *n.* caseg (*f*) [ben] fedi, *occ:* gwrach *f*, twffyn *m*. **~ moon** *n.* lleuad (*f*) fedi, lleuad y nawnos olau, lleuad gynhaeaf, *S: occ:* lleuad chwech nos olau. **~ mouse** *n.* llygoden (*f*) fedi (llygod medi). **~ pie** *n.* tarten (*f*) gynhaeaf [gwair/ŷd], poten (*f*) ben fedi, *S.W:* poten y wrach. **~ rash** *n.* crafu(*vn*)'r cynhaeaf, cosi(*vn*)'r cynhaeaf. **~ spider** *n. Arach:* = **harvestman**.
harvest[2] *v.t.* cynaeafu, medi, cywain.
harvester *n.* **1.** medelwr (medelwyr) *m*, med|elwraig *f*, cynaeafwr (cynaeafwyr) *m*, cynae|afwraig *f*; **a party of harvesters,** medel(-au) *f*. **2.** *(machine):* peiriant (peiriannau) (*m*) medi, cynaeafwr; **combine ~,** dyrnwr (dyrnwyr) (*m*) medi, *F:* combein(-s) *m*. **3.** = **harvest-bug**.
harvestman *n. Arach:* carw(*m*)'r gwellt, carw'r brwyn, medelwr *m*, teiliwr *m*.
has *v. See* **have**[2].
has-been *n. F:* rhn hen ffasiwn, rhn wedi chwythu'i blwc, rhn wedi gweld ei ddyddiau gwell, rhn wedi mynd ar ei hen sodlau, hen gerpyn (hen garpiau); *(= old man):* hen gant *m*, hen daid (~ deidiau) *m*.
hash[1] *n.* **1.** *Cu:* briwgig *m*, hash *m*, *S.E: occ:* codliach *m*. **2.** *F:* = **mess**; *F:* **to settle s.o.'s ~,** *(i)* rhoi halen ym mhotes rhn, rhoi caead ar biser/debot rhn, rhoi rhn yn ei le, torri crib rhn, *N:* sodro rhn yn o sownd, *N.W: occ:* gwneud ag achos rhn; *(ii) (= subdue):* torri crib rhn. **3.** *Cmptr:* stwnsh *m*. **~-house** *n. U.S: P:* caffi(-s) *m*, bwyty (bwytai) *m*. **~-slinger** *n. U.S: P:* gwas (gweision) (*m*) gweini, gweinydd(-ion) *m*, gweinyddes(-au) *f*. **~ symbol** *n. Cmptr:* symbol(-au) (*m*) stwnsh. **~ table** *n. Cmptr:* tabl(-au) (*m*) stwnsh. **~ totals** *n.pl. Cmptr:* cyfansymiau stwnsh. **~-up** *n. F: (= re-hash):* ailwampiad(-au) *m*, ailbobiad(-au) *m*, cawl eildwym *m*.
hash[2] *v.t.* **to ~ [up] meat,** torri cig [yn fân], manfriwo/briwo cig; **to ~ sth over,** *U.S: F: (= discuss):* trin a thrafod rhth.
hash[3] *n. F:* = **hashish**.
hash[4] *v.t. Cmptr:* stwnshio.
hashed *a. Cmptr:* stwnshlyd; **~ random file organization,** trefn (*f*) hap-ffeil stwnshlyd.
hasheesh *n.* = **hashish**.
Hashemite, Hashimite *a. & n.* **1.** *a.* Hasimaidd. **2.** *n.* Hasimiad (Hasimiaid) *m&f*.
hashish *n.* hashish *m*.
Hasid *n. Rel.Hist:* Hasid(-iaid) *m&f*.
Hasidic *a.* Hasidig, Hasidaidd.
Hasidism *n.* Hasidiaeth *f*.
haslet *n.* hasled *m*.
hasp[1] **1.** *(of door):* hasb(-iau) *m*, hesben(-nau) *f*, clöig (cloigod, cloigion) *m*, cloigyn(-nau) *m*, cloigen(-nau) *f*. **2.** *(of book):* clesbyn (clasbiau) *m*, clasbysen (clasbys) *f*.
hasp[2] *v.t.* cloigio, hesbennu, cloigynnu.
hassle[1] *n. (= quarrel):* ffrae(-on) *f*, ymrafael(-ion) *m*, cweryl(-on) *m*; *(= bother):* helbul(-on) *m*, helynt(-ion) *f*, trafferth(-ion) *f*, strach *mf*, *N.W: F:* stryffig *mf*.
hassle[2] *v.i. (= quarrel):* ffraeo, cweryla, ymrafael, ymrafaelu, *S.W:* dala tac; *(= struggle):* bustachu, ymdrafferthu, *N.W: F:* stryffigan, strachio, stryffagl[i]o.
hassock *n.* hesor(-au) *f*, clustog (*f*) ben-lin (clustogau pen-lin), stôl (*f*) benlinio (stolion penlinio), hasog(-au) *m*.
hast *v. See* **have**.
hastate *a. Bot:* trionglog.
haste[1] *n.* brys *m*, ffrwst *m*, prysurdeb *m*, *S.W: occ:* hast *f*, taraf *m*; **in ~,** ar frys, *occ:* ar hast; **in hot ~,** ar frys gwyllt, ar garlam gwyllt, ar ruthr, *S.E: occ:* yn sgrid, mewn strem, mewn taro budr; **to make ~,** brysio, prysuro, *S.W:* hastu, gwylltu, *occ:* stico, mwstro, *N.W:* rhoi traed arni/dani; **make ~,** *N.W:* styria (styriwch)! tân arni! ceirch iddi! traed dani! *S.W:* siapa (siapwch) hi! *Prov:* **more ~ less speed,** mwya'r brys, mwya'r rhwystr.
haste[2] = **hasten 2**.
hasten *v.t.&i.* **1.** *v.t.* cyflymu, *occ:* prysuro; **this action had hastened his fall,** 'roedd y weithred hon wedi prysuro'i gwymp. **2.** *v.i.* brysio, prysuro, rhuthro, *S.W:* hastu, hasto, mwstro, gwylltu.
hastily *adv.* **1.** yn frysiog, ar frys, ar/mewn hast, ar ffrwst, yn wyllt. **2.** *(= unthinkingly):* yn fyrbwyll, yn ddifeddwl, heb ystyried, yn wyllt; **to act ~,** gwneud rhth yn fyrbwyll, *N:* ffrwcsio.
hastiness *n.* **1.** prysurdeb *m*, brys *m*, *occ:* hast *f*, taraf *m*. **2.** *(of temper):* gwylltineb *m*, byrbwylltra *m*.
hasty *a.* **1.** brysiog, llawn brys, *N.W: occ:* hastus. **2.** *(= rash):* byrbwyll, difeddwl, anystyriol. **3.** *(= quick-tempered):* gwyllt, byr eich tymer; **~-tempered,** *S.W:* naturus. **4.** *(of growth):* cyflym. **~ pudding** *n.* pwdin (*m*) blawd, pwdin brys, pwdin ffrwst, poten (*f*) frys, *S.W:* poten gan, *occ:* hasti pwdin *m*.
hat[1] *n. N:* het(-iau) *f*, *S:* hat(-[i]au) *f*; **beaver ~,** het befar; *(worn trad. by Welshwomen): S.W:* hat gopa dal, het bob cam, hat gopa segur, het flew, *N.W: occ:* het Siani Morus; **top ~, silk ~,** het silc; **the rim of a ~,** cantel het; **felt ~,** het frethyn (hetiau brethyn); **soft felt ~,** het feddal (hetiau meddal); **straw ~,** het wellt (hetiau gwellt); **cocked ~,** het walciog (hetiau gwalciog); *S.a.* **knock**[2]; **three-cornered ~,** het dri chornel (hetiau tri chornel), het dair gwalc (hetiau tair gwalc), het drichorn (hetiau trichorn); **stovepipe ~,** het gorun uchel (hetiau corun uchel); **bowler ~,** het galed (hetiau caled) *f*, *occ:* het gron galed, bowler(-i) *f*, het bowler; *F: Mil:* **brass ~,** swyddog(-ion) [milwrol] *m*; **to have one's ~ on the back of one's head,** bod â'ch het ar eich gwar; **~ in hand,** yn ostyngedig, yn wasaidd, fel gwas bach, fel taeog; **to put on one's ~,** rhoi'ch het [am eich pen] (*not* ar eich pen), gwisgo'ch het; **to put the tin ~ on sth,** *N:* rhoi'r farwol i rth, *S.W:* rhoi'r copsi ar rth; **that's put the tin ~ on it!** dyna'i diwedd hi! dyna ddiwedd ar hynna! **to keep on one's ~,** *Fig:* cadw'ch tymer; **keep your ~ on!** paid (peidiwch) â chynhyrfu! *S.W:* paid (peidiwch) gwylltu! **to take off one's ~,** tynnu'ch het; **to take off one's ~ to s.o.,** codi'ch het i rn, *Fig:* tynnu'ch cap i rn; **to produce sth out of a ~,** tynnu rhth o het; **to hang up one's ~ somewhere,** ymgartrefu yn rhywle, cael eich traed dan y bwrdd, rhoi'ch het ar yr hoel; *F:* **to send/pass the ~ round for sth,** gwn|eud casgliad at rth; *F:* **my ~!** iesgwn! 'rachlod! 'rargian! myn asen i! 'dawn i byth o'r fan! caton pawb! brensiach [y brain] *&c*; **if that's so, I'll eat my ~,** os felly y mae, mi fwytaf fy het; **keep it under your ~,** taw piau hi; *N: occ:* cad o dan big dy gap; **a bad ~,** *Fig:* adyn(-ion) *m*, gwalch (gweilch) *m*, cnaf(-on) *m*; **at the drop of a ~,** ar yr esgus lleiaf, ar unwaith; **my ~ is in the ring,** mi heria' i rywun; *F:* mi dyffeia' i rywun; **old ~,** *a.phr. F:* hen ffasiwn, *occ:* hen ffash; **to talk through one's ~,** siarad lol, siarad dwli, siarad trwy'ch het, malu awyr *&c*; *See* **nonsense**. **~-block** *n.* bloc(-iau) (*m*) hetiau, mo[w]ld(-iau) (*m*) hetiau. **~-box** *n.* bocs(-ys) (*m*) hetiau, *F:* bambocs(-ys) *m*, *Lit:* blwch (blychau) (*m*) hetiau. **~-check girl** *n. U.S:* gof|alwraig (gofalwragedd) (*f*) hetiau. **~-lining** *n.* leinin (*m*) het, mewnlen (*f*) het (mewnlenni hetiau). **~-maker** *n.* hetiwr (hetwyr) *m*, hatiwr (hatwyr) *m*, gwneuthurwr (gwneuthurwyr) (*m*) hetiau, gwneuth|urwraig (*f*) hetiau. **~-peg** *n.* peg(-iau) (*m*) hetiau. **~-pin** *n.* pin (*mf*) het (pinnau hetiau). **~-shop** *n.* siop(-au) (*f*) hetiau. **~-stand** *n.* hatstand(-iau) *mf*. **~ trick** *n. Cr:* trithro(-eon) *m*; **to score a ~ trick,** *Cr.* cyflawni trithro; *Fig:* llwyddo deirgwaith [yn olynol], taro'r tri; *Rugby: Fb:* camp lawn *f*.
hat[2] *v.t.* rhoi het (am ben rhn).

hatable *a.* cas, annymunol.
hatband *n.* band(-iau) (*m*) het, r[h]uban(-au) (*m*) het.
hatch¹ *n.* **1.** *(= lower half of door):* gorddrws (gorddrysau) *m*, gorddor(-au) *f*, *S.W:* gwarddrws (gwarddrysau) *m*. **2.** *Nau:* **~[-way],** hatsh(-is,-us) *f*, *Lit:* agorfa (agorf|eydd) *f*; **~[-cover],** caead(-au) *m*, clawr (cloriau) *m*; **(to keep sth) under hatches,** *(= oppress):* (cadw rhth) dan yr hatshus, dan l[l]aw; *(= conceal):* (cadw rhth) o'r golwg, yn gyfrinach; **to close down the ~,** cau'r hatshus; **to batten down the hatches, to [cover and] secure the hatches,** *Nau:* batno'r hatshus; *P:* **down the ~!** iechyd da! i lawr y lôn goch! **3. service ~, buttery ~,** agorfa weini (agorf|eydd gweini). *S.a.* **booby, companion, escape.**
hatch² *n. Husb:* **1.** *(of an egg):* deoriad *m*, deor *vn.* **2.** *(= of nestlings):* nythaid (nytheidiau) *mf*, cywion *pl.* **3.** *Pisc:* mâg *m*.
hatch³ *v.t.&i.* **1.** *v.t. (a)* deor, *occ:* deori, gori, *S.E: occ:* braco; *(b)* **to ~ a plot,** cynllwynio, creu/dyfeisio cynllwyn. **2.** *v.i. (a)* **to ~ [out],** deor, *S.W: occ:* torri'r plisgyn; *(b)* **a plot is hatching,** mae cynllwyn ar y gweill. *S.a.* **chicken¹ 1.**
hatch⁴ *v.t. Engr: Mapm:* llinellu; **to cross-~,** croeslinellu, rhwyllo.
hatchback *attrib. & n.* **1.** *attrib.* **a ~ car,** car cefn codi. **2.** *n. (a) (door):* cefn(-au) (*m*) codi; *(b) (car):* car (ceir) (*m*) cefn codi.
hatchel¹ *n.* heislan(-au,-od) *f*, heisyllt(-au,-od) *f*.
hatchel² *v.t.* heislanu, heisylltu.
hatcheller *n.* heislanwr (heislanwyr) *m*.
hatcher *n. (of plot):* cynllwyniwr (cynllwynwyr) *m*, cynll|wynwraig *f*, dyfeisiwr (dyfeiswyr) *m*, dyf|eiswraig *f*.
hatchery *n.* deorfa (deorf|eydd) *f*; *(of fish only): N: occ:* silfa (silf|eydd) *f*.
hatchet *n.* bwyell (bwyeill, bwyelli) *f*, *N: F:* bwyallt *f*, *S.W: F:* whyell(-i) *f*; **a ~ face,** wyneb llym/main/bwyellog, wyneb fel bwyell; **to bury the ~,** cymodi, claddu asgwrn y gynnen; **let's bury the ~,** gad inni anghofio pethau; **to do a ~ job (on sth),** lladd ar rth; cystwyo, fflangellu (rhth); *Prov:* **to throw the helve after the ~,** bwrw'r fwyell ar ôl y menybr, gyrru'r gwyddau i nôl yr hwyaid. *S.a.* **bit¹ 2. ~-helve** *n.* coes(-au) bwyell (coes *is m in this sense*). **~-faced** *a.* wyneblym. **~-man** *n. (= killer):* lleiddiad (lleiddiaid) *m*; *(= critic):* cystwywr (cystwywyr) *m*; *Fig: (both senses):* bwyellwr (bwyellwyr) *m*, dyn(-ion) (*m*) â bwyell[-i]. **~-stake** *n.* bonyn (*m*) ongl lem (bonion onglau llym).
hatchetfish *n. Ich: (Gasteropelecus; Carnegilla):* môr-fwyell (~-fwyeill) *f*, bwyell (*f*) fôr (bwyeill môr).
hatching *vn. See* **hatch³,⁴.**
hatchling *n.* cyw(-ion) *m*.
hatchment *n. Her:* arfbais (arfbeisiau) *f*, cofarfbais (cofarfbeisiau) *m*.
hatchway *n. Nau:* twll (tyllau) (*m*) llwytho; **companion ~,** twll pen grisiau.
hate¹ *n.* = **hatred; a pet ~,** *(thing):* cas beth(-au) *m*, casbeth(-au) *m*; **one of my pet hates,** un o'm cas bethau; *(pers.):* casddyn(-ion) *m*.
hate² *v.t.* **1.** casáu, ffieiddio; **I ~ her,** 'rydw i'n ei chasáu hi, mae hi'n gas gen i, [ni] dda gen i mohoni; **(to ~ s.o.) like poison, like the plague,** methu dioddef rhn, casáu rhn â chas perffaith; **to ~ to do sth,** casáu gwneud rhth, bod yn gas gennych wneud rhth; **she hates to be contradicted,** mae'n gas ganddi gael ei gwrth-ddweud. **2. I ~ to trouble you,** mae'n ddrwg [iawn] gennyf eich poeni.
hated *a.* cas, atgas, ffiaidd (**by s.o.,** gan rn).
hateful *a.* cas, atgas; *(pers.):* milain, mileinig.
hatefully *adv.* yn gas *&c.*
hatefulness *n.* natur atgas (*f*), casineb *m*, atgasedd *m*; **its ~ is hard to convey,** anodd cyfl|eu mor atgas ydyw.
hater *n.* casäwr (casawyr) *m*, cas|awraig *f*.
hatful *n.* llond (*m*) het, hetaid (heteidiau) *f*, *S:* llond hat, hataid (hateidiau) *f*.
hath *v. See* **have².**
hatless *a.* heb het, heb hat [am eich pen], pennoeth, di-het.
hatred *n.* cas *m*, casineb *m*, atgasedd *m* (**of/towards s.o.,** tuag at rn); **to incur s.o.'s ~,** pechu yn erbyn rhn, ennyn cas/casineb rhn; **out of ~ (of sth),** o gasineb, o gas, o ran casineb (tuag at rth).
hatter *n.* hetiwr (hetwyr) *m*, gwerthwr (gwerthwyr) (*m*) hetiau; **the Mad H~,** yr Hetiwr Hurt; **mad as a hatter,** gwirion bost, hurt bost; (cyn wirioned) â llo gwlyb, â'r dorth a'i trodd ei hun, â'ch cysgod; gwirionach na'ch cysgod.
Hatterall Hill *W.Pl.n.* Mynydd (*m*) y Gader.
hauberk *n. Arm:* llurig(-au) *f*.
haugh *n.* dôl (dolydd, dolau) *f*; *(in place-names):* ynys *f*.
haughtily *adv.* yn drah|aus *&c.*
haughtiness *n.* trahauster *m*, trahaustra *m*, balchder *m*, rhodres *m*, traha *m*, ffroenucheledd *m*, penucheledd *m*.
haughty *a.* trah|aus, balch, ffroenuchel, penuchel, trwynuchel, trwynsur, rhodresgar, *occ:* uchel, gwarsyth, *Lit:* ucheldrem.
haul¹ *n.* **1.** *(= hauling):* haliad(-au) *m*, tyniad(-au) *m*; *vn.* = **haul².** **2.** *Fish: (= catch):* helfa (helf|eydd) *f*, dalfa (dalf|eydd) *f*, haliad; **to make/get a good ~,** cael helfa dda. **3.** *Trans: (a) (= distance):* taith (teithiau) *f*, siwrnai (siwrneion, siwrneiau) *f*; *(b) (= load):* llwyth(-i) *m*; **it's a long ~,** mae'n dipyn o daith; mae'n bell ffordd; *N.W: F:* mae'n helcyd.
haul² *v.t.&i.* **1.** *v.t.* tynnu, llusgo, halio, *N.W: occ:* helcyd; *Min: Ind:* **to ~ coal,** halio glo, *S: occ:* hala glo; **to ~ s.o. over the coals,** dweud y drefn wrth rn, ceryddu rhn, diarhebu rhn, rhoi llond pen i rn, ei rhoi hi i rn. **2.** *v.i. Nau: (a)* **to ~ on (a rope),** tynnu, halio (rhaff, ar raff); *(b)* **to ~ to/upon the wind,** gwasgu/closio at y gwynt, troi llong at y gwynt. **~ down** *v.t. Nau:* tynnu (rhth) i lawr, gostwng (rhth). **~ up** *v.t. Nau: (a flag &c):* codi fflag, halio fflag i fyny. **to ~ up,** *(a boat &c):* tynnu/llusgo/halio (cwch) i fyny.
haulage *n.* **1.** *(a) (= carriage of goods &c):* cludiant *m*, cludiad *m*, halio *vn*, cario *vn*, cludo *vn*; *(b) (= pulling):* tyniant *m*; *Min: Ind:* **man ~,** halio bob braich. **2.** *(costs):* cludiant *m*, pris(-iau) (*m*) cludo/cludiant. **~ contractor** *n.* cariwr(-s, c|ariwyr) *m*, carier(-s) *m*, haliwr (halwyr) *m*, cludwr (cludwyr) *m* [nwyddau]. **~ man** *n. Min: S:* halier: haliar(-s) *m*, *N:* clymwr (clymwyr) *m*. **~ prices** *n.pl.* prisiau cludo.
hauler *n.* **1.** haliwr (halwyr) *m*, llusgwr (llusgwyr) *m*. **2.** *Min: Ind:* = **haulier 2.**
haulier *n.* **1.** *(of goods):* cariwr(-s, c|ariwyr) *m*, carier(-s) *m*, haliwr (halwyr) *m*, cludwr (cludwyr) *m*. **2.** *Min:* halier: haliar(-s) *m*, *N:* clymwr (clymwyr) *m*.
haulm *n. Bot:* **1.** *(= stem):* coes(-au) *mf*, coesyn(-nau) *m*, gwlyddyn (gwlydd) *m*, callodryn (callodr) *m*, callodren (callodr) *f*. **2.** *coll. S:* gwr|ysg *pl*, *N:* gwl|ydd, *occ:* callod[r].
haulyard *See* **halyard.**
haunch *n. (a) Anat:* morddwyd(-ydd) *f*, clun(-iau) *f*; *(of animal):* pedrain (pedreiniau) *f*; *(b) (of meat):* chwarthor(-ion) *m*; **~ of mutton,** clun (*f*) dafad (cluniau defaid), pedrain (*f*) mollt/gwedder (pedreiniau myllt/gweddrod); *(c) n.pl.* **haunches,** pen ôl *m*, *F:* crwper *m*; **on one's ~,** ar/yn eich cwrcwd, yn cyrcydu; **a dog sitting on his ~,** ci ar ei eistedd, *occ:* ci'n eistedd ar ei ffwrch. **~-bone** *n.* asgwrn (*m*) clun: asgwrn y glun (esgyrn cluniau), asgwrn morddwyd (esgyrn morddwydydd), asgwrn y dynïen; *(d) Carp: &c:* hansiad(-au) *m*, hansh(-ys) *m*.
haunch² *v.t. Carp: &c:* hansio.
haunched *a. Carp:* hansiedig.
haunt¹ *n.* cynefin(-oedd) *m*, *occ:* cyrchfan(-nau) *f*, cyrchle(-oedd) *m*, cyrchfa (cyrchf|eydd, cyrchfâu, cyrchfaoedd) *f*, cyniweirle(-oedd) *m*, man(-nau) (*mf*) cyniwair; **an evil ~,** ogof (*f*) lladron; **this area was his ~,** y fro hon oedd ei filltir sgwâr; **this tavern was the ~ of many poets,** bu llawer o feirdd yn cyrchu i'r dafarn hon.
haunt² *v.t. (a) (= frequent):* mynychu (rhywle), byw a bod (yn rhywle); *(b) (of ghost):* **to ~ a house,** cerdded tŷ, aflonyddu ar dŷ, *Lit: occ:* hawntio tŷ, cyniwair mewn tŷ, *S: occ:* trwblo/trwblu tŷ; **this house is haunted,** mae ysbryd yn [cerdded] y tŷ hwn; tŷ aflonydd yw hwn; tŷ [â] bwgan yw hwn; *Lit:* mae bwgan yn cyniwair trwy'r tŷ hwn; *(c) (of thoughts):* blino, poeni, plagio (rhn); tarfu, aflonyddu (ar rn); **he was haunted by his memories,** 'roedd ei atgofion yn hunllef iddo.
haunted *a.* **a ~ house,** tŷ (*m*) bwgan (tai bwganod), tŷ â bwgan, tŷ ag ysbryd, tŷ aflonydd; *(expression):* anesmwyth, ofnus, pryderus, gofidus, cythryblus, hunllefaidd.
haunting¹ *a. (tune &c):* atgofus, swynol; *(= nostalgic):* hiraethus, hiraethlon; *(= persistent, recurring):* cyniweiriol, diollwng; *(= nightmarish):* hunllefus, cythryblus.
haunting² *vn. See* **haunt².**
hauntingly *adv.* yn atgofus *&c.*
Hausa *n.* **1.** *Ethn:* Hawsa(-s) *m&f.* **2.** *Ling:* Hawsa *f*, *m*.

hausfrau *n.* gwr|aig (gwragedd) (*f*) tŷ.
haustellate *a.* hawstelaidd.
haustellum *n.* hawstelwm (hawstela) *m.*
haustorial *a.* hawstoraidd *m.*
haustorium *n.* hawstoriwm (hawstoria) *m.*
haute couture *n. Dressm:* ffasiwn aruchel *f*, ***haute couture*** *f.*
haute cuisine *n.* coginio (*vn*) aruchel.
hauteur *n.* balchder *m*, traha *m*, trahauster *m*; *S.a.* **haughtiness**.
Havane *n.* sigâr(-s) (*f*) Hafana.
Havanese *a.* & *n.* **1.** *a.* Hafanaidd, o Hafana. **2.** *n.* Hafaniad (Hafaniaid) *m&f.*
have[1] *n.* **1. the haves and the have-nots,** y cyfoethogion a'r tlodion, y rhai y mae ganddynt a'r rhai nad oes ganddynt, y rhai sydd â digon a'r rhai sydd heb ddim. **2.** *P:* **swindle[1]**.
have[2] *v.t.* (*pr.ind. have, hast, has, A: & B: hath, pl. have*; *pr.sub. have*; *past ind. & sub.* had, hadst; *pr.p.* having; *p.p.* had). **1.** *(a) (= possess):* bod gennych (rth), bod â (rhth), *occ:* meddu ar (rth), meddu (rhth); *(of having relatives &c):* bod i chwi rth; **I ~,** *F:* mae gennyf; mae gen i; *occ:* mae imi; *S:* mae gyda fi; mae 'da fi; **you ~,** mae gennyt; mae gen ti; *(pl. & polite):* mae gennych; *occ:* mae iti; mae ichwi; *S: occ:* mae gyda ti (chi); mae 'da ti; **he has,** mae ganddo; *occ:* mae iddo; *S:* mae gydag e; mae 'da fe; **she has,** mae ganddi; *occ:* mae iddi; *S:* mae gyda hi; mae 'da hi; **we have,** mae gennym; *occ:* mae inni; *S:* mae gyda ni; mae 'da ni; **they have,** mae ganddynt; mae ganddyn' nhw; *occ:* mae iddynt; *S:* mae gyda nhw; mae 'da nhw; *for the full paradigm and construction of have, See the appropriate forms of be in every case*; **I have a book,** mae gennyf lyfr; mae gen i lyfr; mae llyfr gen i; *S:* mae llyfr gyda fi; mae 'da fi lyfr; **I have the book,** *(= hold it, have care of it):* mae'r llyfr gen i; **he had two daughters,** yr oedd ganddo/iddo ddwy ferch; **they have two children,** mae ganddynt ddau o blant; mae ganddynt ddau blentyn; **he had no friends,** nid oedd ganddo/iddo gyfeillion; **I do not ~ a book,** nid oes gennyf lyfr; 'does gen i ddim llyfr; ; *S: F:* 'does dim llyfr gyda/'da fi *&c*; **do you ~. . .?** a oes gen ti. . . *&c*; **June has thirty days,** mae deng niwrnod ar hugain ym mis Mehefin; **my bag has no name on it,** nid oes enw ar fy mag i; **she had a smile on her face,** 'roedd gwên ar ei hwyneb hi; 'roedd hi â gwên ar ei hwyneb; **what reason ~ you for thinking that?** pam 'rydych chi'n meddwl hynny? **~ you any apples? if you ~. . .,** [a] oes gennych chi afalau? os oes . . .? **he has what it takes,** mae hi ynddo; mae rhuddin ynddo; mae'r defnydd ynddo; **he has what it takes to make a poet,** mae defnydd bardd ynddo; **to ~ sth in mind,** bod gennych rth mewn golwg, bod â rhth mewn golwg; **I ~ no words to express . . .,** ni allaf fynegi . . .; **~ your money ready,** byddwch â'ch arian yn barod; byddwch yn barod â'ch arian; **the ayes ~ it,** yr "ie" piau hi; **I ~ no Latin,** 'does gan i ddim Lladin; nid wyf i'n medru Lladin; **she has the Gaelic,** mae hi'n siarad Gaeleg; mae ganddi Aeleg; mae hi'n medru Gaeleg; **I ~ it!** *(= understand):* mi wn i! mi gwela' i hi! *(b) (= receive):* cael, *occ:* derbyn; **we don't ~ many visitors,** ni fyddwn yn cael llawer o ymwelwyr; **~ no fear!** paid (peidiwch) ag ofni! *Lit:* nac ofna (nac ofnwch); **~ no doubt!** paid (peidiwch) ag amau! **2. to ~ a child,** *(= give birth):* esgor ar blentyn, geni plentyn, cael plentyn; **she is having a baby in the spring,** mae hi'n cael babi yn y gwanwyn; **the cat has had kittens,** mae'r gath wedi cael cathod bach; mae'r gath wedi dod â chathod bach; **the cow has had a calf,** mae'r fuwch wedi bwrw llo; mae'r fuwch wedi dod â llo. **3.** *(a)* **(there was no work) to be had,** ('doedd dim gwaith) ar gael, i'w gael, *S.W:* i ga[e]l; **~ you got the time on you?** faint yw hi o'r gloch gennych chi (*not* beth yw'r amser)? **~ you the time to do it?** a oes gennych amser i'w wneud? **it is to be had (at the chemist's),** mae ar gael, gellir ei gael (gan y fferyllydd); *(b)* **to ~ news from s.o.,** cael/derbyn newyddion gan rn; **to ~ news of s.o.,** cael hanes rhn; **I ~ it from my sister that . . .;** mi glywais gan fy chwaer fod/mai . . .; **I ~ it on good authority that . . .,** mi glywais o le da fod/mai . . .; *(c)* **I must ~ them (by tomorrow),** [mae'n] rhaid imi eu cael, rhaid imi wrthynt (erbyn yfory); **I will let you ~ it for 5 pounds,** fe'i cei am bumpunt; **let me ~ your address,** rhowch eich cyfeiriad imi; **let me ~ your keys,** rhowch/gadewch eich allweddi imi; **let me ~ an early reply,** atebwch cyn gynted ag y bo modd; **I'll ~ your luck!** mi hoelia' i dy groen di ar y pared! *P:* **I let him ~ it!** fe'i rhois hi iddo! fe'i cafodd hi gen i! **let them ~ it!** *(i) (= give it to them):* rho fe/fo/hi iddyn' nhw! *(= attack them):* rho hi iddyn' nhw! *P:* **you've had it, chum!** mae hi ar ben arnat ti, gyfaill! mae hi wedi canu arnat ti, gyfaill! **she may not ~ it,** ni chaiff hi mohono. **4. to ~ tea with s.o.,** cael/cymryd te gyda rhn, mynd am/i de gyda rhn; **what shall we ~ for dinner?** beth [a] gawn ni i ginio? **will you ~ tea?** [a] gymerwch chi de (*not* ydych chi am gael te)? **~ a cake,** cymer (cymerwch) deisen, hwde (hwdiwch) deisen; **I'll ~ that coffee now,** mi gymera' i'r coffi 'na rŵan; **thank you for having me,** diolch am y croeso; diolch am gael dod; **I had some more,** mi gymerais i ragor; **to ~ a swim,** mynd i nofio; **to ~ a walk,** mynd am dro; **to ~ a wash,** *N:* ymolchi, *S:* ymolch; **he is having his dinner,** mae'n ciniawa; mae'n cael ei ginio; mae'n bwyta'i ginio; **to ~ a rest,** cymryd hoe/egwyl, gorffwys, gorffwyso, mynd i orffwys; **to ~ a good time,** cael hwyl, eich mwynh|au'ch hun; **~ a good time!** mwynha dy hun (mwynh|ewch eich hun[ain])! gobeithio [y] cei di (cewch chi) hwyl! **you've never had it so good!** fu hi erioed gystal arnoch chi! **to ~ a cigar,** ysmygu sigâr; *P:* **I'm not having any!** chymera' i mohono! **~ the goodness/kindness (to do sth),** byddwch gystal, byddwch mor garedig (â gwneud rhth). **5.** *(in verbal phrases: e.g.): (a) (with ailments &c):* **to ~ the measles,** cael y frech goch, bod dan y frech goch, bod â'r frech goch arnoch; **he has [the] measles,** mae'r frech goch arno; **he has a cold,** mae annwyd arno; **he has toothache,** mae'r ddannodd arno; **I ~ an idea,** mae gen i syniad; **I ~ no idea,** 'does dim syniad gen i; *S.W:* 'does dim llefeleth 'da fi; *N.W:* 'does gen i ddim clem; *occ:* 'does gen i ddim narith; *S.a.* **idea**; **I ~ 3 left,** mae gen i 3 ar ôl; **to ~ a right (to sth),** bod gennych hawl, bod â hawl (i/ar rth); **I had my camera ready,** 'roedd fy nghamra'n barod gennyf; *(b)* **to ~ a dream,** breuddwydio, cael breuddwyd; **I had a dream last night,** mi gefais freuddwyd neithiwr; **I ~ a dream of a free Wales,** mae gen i freuddwyd am Gymru rydd; **to ~ a game,** chwarae gêm; **it has nothing to do with it,** 'does a wnelo hynny ddim â'r peth (*not* nid yw hynny'n ddim i'w wneud â'r peth); **~ nothing to do with it!** paid (peidiwch) ag ymyrraeth ag ef! paid (peidiwch) â chyffwrdd ag ef! *(c)* **to ~ a lesson,** cael gwers; **to ~ a bathe,** ymdrochi, 'drochi; **to ~ a bath/shower,** cael bath/cawod; **to ~ a talk,** cael sgwrs, sgwrsio, cael ymgom, ymgomio; *(d)* **to ~ a pleasant evening,** treulio/bwrw noson ddifyr; **I didn't ~ any trouble at all,** [ni] chefais i ddim trafferth o gwbl; [ni] chefais i mo'r drafferth leiaf; **we had a strange adventure,** fe ddigwyddodd peth rhyfedd inni; fe gawsom antur ryfedd; **he had no successor,** ni chafodd olynydd; ni bu iddo olynydd; **(the only thing) I had happen to me (was . . .),** (yr unig beth) a ddigwyddodd imi, a ddaeth i'm rhan (oedd . . .); *(e)* **to ~ mercy,** trugarh|au, bod yn drugarog (**on s.o.,** wrth rn); **~ a care!** cymer(-wch) ofal! gofala (gofalwch)! gwylia di (gwyliwch chi)! **6.** *(a)* **he will ~ it that Hamlet is mad,** mae'n mynnu/taeru bod Hamlet yn wallgof; **rumour has it that . . .,** yn ôl yr hanes, mae . . .; mae si ar led fod . . .; *S.W:* yn ôl y swae mae . . .; *(b)* **as Plato has it,** chwedl Platon, ys dywedodd Platon, yn ôl Platon, fel y dywedodd Platon; *(c)* **she will not ~ it (that she is delicate),** nid yw'n derbyn, fyn[n] hi ddim (ei bod hi'n wanllyd). **7.** *(a)* **I ~ it in my power to pardon her,** mae yn fy ngallu [i] faddau iddi; gallwn faddau iddi, pe mynnwn; **I had them in my power,** 'roeddynt yn fy ngafael; **he had me by the hair,** 'roedd yn cydio ynof i gerfydd fy ngwallt; *(b)* **you ~ me there!** 'rwyt ti ('rydych chi) wedi fy nal[a] i 'nawr! **I ~ him!** dyma fi wedi'i ddal e! **you had me in that argument,** fe wnaethoch chi fy maeddu i yn y ddadl yna; **I ~ got him where I want him,** mae ar fy nhrugaredd i bellach; *(c) F: (= outwit):* **you've been had!** fe gefaist dy wn|eud/dwyllo! **I'm not to be had,** ddaliwch chi mohono' i; 'chewch chi mo fy nhwyllo i; *(d)* **to ~ a woman,** cael merch; **she's been had by many,** *V:* mae llawer wedi bod ar ei chefn hi; mae llawer wedi bod drwyddi hi. **8.** *(a) (causative):* **to ~ sth done,** cael gwneud rhth (*not* cael rhth wedi'i wneud); **to ~ one's hair cut,** cael torri'ch gwallt (*not* cael eich gwallt wedi ei dorri); **to ~ s.o. do sth,** cael gan rn wneud rhth, peri/gwneud i rn wneud rhth, cael rhn i wneud rhth; **he had his tooth extracted,** cafodd dynnu ei ddant; **have it repaired,** gwell iti gael ei atgyweirio/drwsio; **I had him clean the car,** fe wnes i ei orfodi i lanhau'r car; mi wnes iddo lanhau'r car; perais iddo lanhau'r car; **he would ~ me come in,** mynnodd fy mod i'n dod i mewn; mynnodd imi ddod i mewn; *(b)* **he had his leg broken,** fe dorrodd ei goes; **I had my car stolen,** mi gefais ddwyn fy nghar; fe ddwynodd rhywun fy nghar i; *(c)* **I shall ~ everything ready,** bydd popeth yn barod gennyf. **9. will ~,** *(= accept):* **will you ~ a**

cigarette? gymeri di (gymerwch chi) sigarét? *(a)* **which one will you ~?** p'run gym[e]rwch chi? **she won't ~ him,** chymer hi mohono; wnaiff hi ddim ag ef; fyn[n] hi mohono; **I must thank my wife for having me,** rhaid imi ddiolch i'm gwraig am fy nghymryd i; **what more would you ~?** [pa] beth arall a hoffech/fynnech chi? **as ill-luck would ~ it (he arrived too late),** yn anffodus, gwaetha'r modd, fel yr oedd raid i bethau gael bod (fe gyrhaeddodd yn rhy hwyr); *(b)* **what would you ~ me do?** beth hoffet/fynnet ti (hoffech/fynnech chi) imi ei wneud? **I would ~ you know that . . .,** dealla di (deallwch chi) hyn . . .; *(c)* **I will not ~ such conduct,** chymera' i mo'r fath ymddygiad; **I won't ~ it!** wnaiff hyn mo'r tro! **we can't have you stranded like this,** 'does wiw inni'ch gadael chi fel hyn; **we can't ~ you walking home,** allwn ni ddim gadael ichi gerdded adref; chewch chi ddim cerdded adref; **I won't ~ him teased,** ni chaiff neb mo'i herian e gen i; **I'll ~ you know,** iti (ichi) gael deall; dealla di (deallwch chi). **10.** *(a)* **to ~ to do sth,** gorfod gwneud rhth, *S:* gorffod gwneud rhth; **I ~ to go,** rhaid imi fynd; 'rwy'n gorfod mynd; **we shall ~ to walk faster,** bydd yn rhaid inni gerdded yn gynt; bydd raid inni gerdded yn gynt; **the children don't ~ to go to school, do they?** 'does dim rhaid i'r plant fynd i'r ysgol, nac oes? **I don't ~ to work,** 'does dim rhaid imi weithio; 'dwyf i ddim yn gorfod gweithio; **I had to go,** bu raid imi fynd; *Lit:* gorfu imi fynd *(N.B: soft mut.)*; **I ~ to be getting along,** mae'n rhaid imi ei throi hi; *S.W: occ:* 'dwi bownd o'i throi hi; *(b)* **my shirt will ~ to be ironed,** bydd raid smwddio fy nghrys. **11.** *(aux.use) Perfect tense:* **to ~ done sth,** bod wedi gwneud rhth; *for full paradigm and construction See* **be**; *the preterite of some verbs is used in this sense;* **I ~ been,** 'rwyf wedi bod; **I ~ given,** 'rwyf wedi rhoi; **~ you seen them? - yes/no,** [a] welaist ti (welsoch chi) nhw? -do/naddo; *Pluperfect tense:* oeddwn *&c* + wedi + *vn;* **when I had dined, I went out,** [pan oeddwn] wedi ciniawa, euthum allan; **he must ~ gone,** [mae'n] rhaid ei fod wedi mynd (*not* mae'n gorfod bod wedi mynd); **I ~ lived in London for three years,** 'rwyf yn byw yn Llundain ers tair blynedd; **has he gone? - yes/no,** [a] yw ef wedi mynd? - ydyw/nac ydyw; *(emphatic):* **well, you ~ grown!** wel, on'd wyt ti wedi tyfu! **~ done with it!** rho'r (rhowch y) gorau iddi! *(b)* **you ~ forgotten your gloves - so I ~!** 'rwyt ti wedi anghofio dy fenyg - ydw wir, *(less correctly):* do wir; **you haven't swept the room ~!** 'dwyt ti ddim wedi ysgubo'r ystafell -ydw! do! **you ~ been there before - I haven't!** 'rwyt ti wedi bod yno o'r blaen- nac wyf! naddo! 'dwyf i ddim! *(c) with must:* **he must ~ gone,** rhaid ei fod wedi mynd; *(d) with just:* **she has just gone,** mae hi newydd fynd (*not* mae hi newydd wedi mynd); newydd fynd [y] mae hi; **she has just gone,** 'roedd hi newydd fynd; newydd fynd yr oedd hi; *S.a.* **just** II. 2. **12.** *(Past sub.):* **I had better say nothing,** gwell imi beidio [â] dweud dim; byddai'n well imi beidio [â] dweud dim; **I had as soon** (*O:* **lief) stay here,** byddai cystal gennyf aros yma; **I had much rather start at once,** byddai'n well gennyf gychwyn ar unwaith; **had I known,** petaswn/petawn i'n gwybod, *Lit:* pe gwypwn/gwybuaswn; **had I seen her,** petawn i wedi ei gweld hi; **to ~ s.o. around/over/round/in,** gwahodd, gwadd, *occ.* gwawdd; **I'll be having a few people round next week,** mi fydda i'n gwahodd ychydig o bobl draw yr wythnos nesaf; **to ~ at sth,** rhoi cynnig ar rth; **I'll ~ a go at it myself,** mi ro' i gynnig arni fy hun; **to ~ at s.o.,** ymosod ar rn; **~ it away/off with s.o.,** *V:* cael eich tamaid â rhn; **to ~ sth back,** *(= recover):* cael rhth yn ei ôl; **I must ~ the hammer back,** rhaid imi gael y morthwyl yn ei ôl; **to ~ s.o. back,** *(= accept):* derbyn/cymryd rhn yn ei ôl; **she had a daughter by her first husband,** cafodd ferch o'i gŵr cyntaf; **they're planning to ~ their grandchildren down for the weekend,** maent yn gobeithio cael/croesawu eu hwyrion dros y Sul; maent yn disgwyl eu hwyrion i fwrw'r Sul; **to ~ in 1. we've got the painters in tomorrow,** mae'r paentwyr [yn dod] acw yfory. **2. to ~ it in one to do sth,** medru/gallu gwneud rhth; **he didn't believe he had it in him to succeed,** nid oedd yn credu y gallai lwyddo. **3. to ~ it in for s.o.,** bod â dant yn erbyn rhn, bod â'ch llach ar rn, bod â'ch cyllell yn rhn. **to ~ on [1].** *(= wear):* gwisgo; **he had a bowler hat on,** 'roedd [ganddo] het galed am ei ben; **he had a red shirt on,** 'roedd yn gwisgo crys coch; 'roedd crys coch amdano; **he didn't ~ a stitch on,** 'roedd yn noethlymun [groen]; *S:* 'roedd yn borcyn; 'roedd heb bilyn amdano. **2. to ~ sth on,** *(= arranged):* **~ you [got] anything on tonight?** [a] oes gen ti (gennych chi) rth wedi ei drefnu ar gyfer heno? [a] wyt ti'n (ydych chi'n) gwneud rhth heno? **3. to ~ s.o. on,** *(= deceive):* herian, tynnu coes (rhn); **you're having me on!** 'dwyt ti ('dych chi) ddim o ddifri! tynnu 'nghoes i 'rwyt ti ('rydych chi)! herian 'rwyt ti ('rydych chi)! **4.** *(of evidence &c):* **he couldn't be sure how much the police had on him,** nid oedd yn siŵr faint o dystiolaeth oedd gan yr heddlu yn ei erbyn. **5. to ~ sth on a horse,** bod â rhth ar geffyl, betio ar geffyl. **to ~ out 1. to ~ it out with s.o.,** trafod rhth â/gyda rhn; **I had it out with them,** fe'i trafodais gyda hwy. **2. to ~ a tooth out,** cael tynnu dant (*not* cael dant allan). **to ~ up 1. to ~ s.o. up (for sth),** cyhuddo rhn (o rth); rhoi'r gyfraith ar rn, mynd â rhn o flaen ei well (am rth); *N.W: F:* cymryd rhn i fyny (am rth); **that's the second time you've been had up for dangerous driving**; dyna'r ail waith ichi gael eich cyhuddo o yrru'n beryglus. **2. to ~ (s.o.) up** *(= invite):* galw, gwahodd, gwadd (rhn) [i'ch gweld]; **I had him up to see me,** fe'i gelwais ef i fyny i'm gweld; **I was had up by the headmaster,** mi gefais fy ngalw i weld y prifathro.

havelock *n.* ***havelock(-s)*** *m,* haflog(-au) *m.*

haven *n.* *(a)* *(= harbour):* porthladd(-oedd) *m,* harbwr(-s) *m,* hafan(-au) *f;* *(b)* *(= refuge):* lloches(-au) *f,* noddfa (noddf|eydd) *f,* hafan.

have-not *n. See* **have[1]**.

haven't *v. See* **have[2]**.

haver[1] *n. usu.pl.* cleber *mf,* lol *f,* sothach *m,* dwli *m,* rwdl *mf &c;* *S.a.* **nonsense**.

haver[2] *v.i.* **1.** *(= talk nonsense):* clebran, lolian, siarad lol *&c; S.a.* **nonsense. 2.** *(= hesitate):* petruso.

Haverfordwest *W.Pl.n.* Hwlffordd *f.*

haversack *n.* bag(-iau) (*m*) canfas, ysgrepan(-au) *f.*

Haversian *a.* **~ canal** *n. Biol:* sianel(-au) (*f*) Havers. **~ space** *n.* gwagle(-oedd) (*m*) Havers.

havildar *n.* h|afildar(-s) *m.*

having[1] *a.* hunanol, *occ:* crafangus, bachog, caffaelgar.

having[2] *p.p.* **1. a house ~ five rooms,** tŷ a chanddo bum ystafell, tŷ ac iddo bum ystafell. **2.** *conj.use.* **~ seen this (he went away),** wedi gweld hyn, ar ôl gweld hyn (acth ymaith).

havings *n.pl.* eiddo *m.*

havoc *n.* llanast[r] *m, occ:* [g]alanastra *m,* difrod *m,* distryw *m,* hafog *m;* **to wreak ~ (in sth), to make ~ (of sth), to play ~ (with sth),** gwneud llanast[r] (yn rhth, o/ar rth); **to cry ~,** gweiddi gwae.

haw[1] *n. Bot:* *(a)* criafol (*pl*) y moch, afalau(*pl*)'r drain, *S. W:* eirin (*pl*) meirch, *N:* eirin [y] moch, *S.W: occ:* crafan (*pl*) y moch, *S.E: occ:* grafel (*pl*) y moch; *(b)* **= hawthorn; green ~,** draenen werdd (drain gwyrddion) *f.*

haw[2] *n. Vet:* gwylameg, gwlameg *f,* gorasgwrn *m.*

haw[3] *v.i. See* **hum[2]**.

haw[4] *int.* ha! hm! ho!

Hawaii *Pr.n. Geog:* Hawäi *f.*

Hawaiian *n. & a.* **1.** *n.* *(a)* Hawäiad (Hawäiaid) *m&f,* brodor(-ion) (*m*) o Hawäi, un o Hawäi; *(b) Ling:* Hawäieg *f, m.* **2.** *a.* Hawäiaidd, **the ~ beaches,** traethau Hawäi; **she's ~,** un o Hawäi yw hi; *(in language):* Hawäieg.

Hawarden *W.Pl.n.* Penarlâg *m.*

hawfinch *n. Orn:* gylfinbraff *m,* cylfbraff *m,* pendew(-ion) *m.*

haw-haw[1] *n.* **1.** *(= laugh):* chwerthiniad *m,* ho-ho *mf,* ha-ha *mf.* **2.** *(= affected speech):* mursendod *m.*

haw-haw[2] *v.i.* chwerthin yn gras, chwerthin ho-ho.

haw-haw[3] *int.* ho-ho!

hawk[1] *n.* **1.** *Orn:* hebog(-au,-iaid) *m,* gwalch (gweilch) *m, occ:* cudyll(-od) *m,* curyll(-od) *m;* **female ~,** gwalches(-au), heboges(-au), *A:* llamysten(-nod); *S.a.* **swallow[1]**; **he has eyes like a ~,** mae ganddo lygaid barcud/barcut; **to know a ~ from a handsaw,** gwybod y gwahaniaeth rhwng hebog a chrŷr. **2.** *F: Pol: &c:* *(= aggressive pers.):* hebog; *(= warlike pers.):* rhyfelgi (rhyfelgwn) *m.* **~-eyed** *a.* craff, llygatgraff, llygadlym, â llygad barcut. **~ monitor, ~ moth** *n. Ent:* gwalchwyfyn(-od, gweilchwyfynod) *m; S.a.* **hawkmoth. ~-nosed** *a.* â thrwyn crwbi, a thrwyn fel eryr. **~-owl** *n. Orn:* gwalchdylluan(-od) *f.* **H~ Point** *Pr.n. W.Geog:* Trwyn (*m*) y Gwalch. **~'s beard** *n. Bot:* *(Crepis):* llysiau(*pl*)'r gwalch, gwalchlys *m,* heboglys *m;* **Alpine ~'s beard,** *(C. alpestris):* gwalchlys yr Alpau; **beaked ~'s beard,** *(C. vesicaria):* gwalchlys gylfinog; **bristly ~'s beard,** *(C. setosa):* gwalchlys gwrychog; **French ~'s beard,** *(C. nicaeensis):* gwalchlys Ffrainc; **golden ~'s beard,** *(C. aurea):*

gwalchlys euraid; **marsh ~'s beard,** *(C. paludosa):* heboglys y gors; **mountain ~'s beard,** *(C. montana):* gwalchlys y mynydd; **Northern/soft ~'s beard,** *(C. mollis):* gwalchlys y Gogledd; **pink ~'s beard,** *(C. incarnata):* gwalchlys rhosliw; **pygmy ~'s beard,** *(C. pygmaea):* gwalchlys bychan; **Pyrenaean ~'s beard,** *(C. albida):* gwalchlys y Pyreneau; **rough/greater ~'s beard,** *(C. biennis):* gwalchlys garw; **smooth ~'s beard,** *(C. capillaris):* gwalchlys llyfn; **stinking ~'s beard,** *(C. foetida):* gwalchlys drewllyd; **Triglav ~'s beard,** *(C. terglovensis):* gwalchlys Triglav. **~'s bill** *n. Rept: (Eretmochelys imbricata):* gwalchbig(-au) *m*, gwalchylfin(-au) *m*. **~'s eye** *n. Lap:* llygad *(m)* hebog.

hawk² *v.i. (= hunt with hawk):* hela â hebog, heboca, heboga; *(of bird):* **to ~ at prey,** disgyn ar ysglyfaeth.

hawk³ *n. F: (= clearing of throat):* crachboeriad *m*, carthiad(-au) *m*; *vn.* = **hawk⁴**.

hawk⁴ *v.t.&i. F: (= clear throat):* carthu'r gwddf; **to ~ up phlegm,** carthu, crachboeri, poeri, *V:* fflemsio.

hawk⁵ *v.t. (= sell):* pedlera, gwerthu, *N.W: occ:* creisio, *A:* edwica.

hawk⁶ *n. Tls:* hawg(-iau) *m*.

hawkbit *n. Bot: (Leontodon taraxacoide):* peradyl *m*, dant *(m)* y llew lleiaf; **Alpine ~,** *(L. alpinus):* peradyl yr Alpau; **Autumn ~,** *(L. autumnalis):* peradyl yr Hydref; **greater/rough ~,** *(L. hispidus):* peradyl garw; **lesser ~,** *(L. taraxacoides):* peradyl blewog; **mountain ~,** *(L. montanus):* peradyl y mynydd; **Pyrenean ~,** *(L. pyrenaicus):* peradyl y Pyreneau; **Swiss ~,** *(L. helveticus):* peradyl y Swistir.

hawker¹ *n. (= pedlar):* pedler(-iaid) *m*, pacmon (pacmyn) *m*, dyn(-ion) *(m)* gwerthu, gwerthwr (gwerthwyr) *(m)* mân bethau, *N.W: occ:* creisiwr (creiswyr) *m*, *A:* edwicwr (edwicwyr) *m*; **~'s basket,** *N.W: occ:* siop wen *f*.

hawker² *n. (= falconer):* hebogydd(-ion) *m*, hebogwr (hebogwyr) *m*, *occ:* gwalchydd(-ion) *m*, gweilchydd(-ion) *m*.

hawker³ *n.* = **dragonfly**.

hawking¹ *vn.* heboca.

hawking² *vn. (of goods):* pedlera, *N.W: occ:* creisio, *A:* edwica.

hawkish *a. Pol: &c:* hebogaidd, heboglyd.

hawkmoth *n.* gwalchwyfyn(-od, gweilchwyfynod) *m*; **bedstraw ~,** *Hyles gallii):* gwalchwyfyn y briwydd; **broad-bordered bee ~,** *(Hemaris fuciformis):* gwalchwyfyn gwenynog ymyl lydan; **convolvulus ~,** *(Agrius convolvuli):* gwalchwyfyn y taglys; **death's head ~,** *(Acherontia atropos):* gwalchwyfyn y benglog *(pronounced* ng-g); **elephant ~,** *(Deilephila elpenor):* gwalchwyfyn yr helyglys; **small elephant ~,** *(D. porcellus):* gwalchyfyn bach yr helyglys; **eyed ~,** *(Smerinthus ocellata):* gwalchwyfyn llygadog; **hummingbird ~,** *(Macroglossum stellatarum):* gwalchwyfyn hofran; **line ~,** *(Mimas tiliae):* gwalchwyfyn y pisgwydd; **mediterranean ~,** *(Hyles nicaea):* gwalchwyfyn y canoldir; **narrow-bordered bee ~,** *(Hemaris tityus):* gwalchwyfyn gwenynog ymyl gul; **oleander ~,** *(Daphnis nerii):* gwalchwyfyn y rhoswydd; **pine ~,** *(Hyloicus pinastri):* gwalchwyfyn y pinwydd; **poplar ~,** *(Laothoa populi):* gwalchwyfyn y poplys; **privet ~,** *(Sphinx ligustri):* gwalchwyfyn yr yswydd, gwalchwyfyn y cwyros; **silver striped ~,** *(Hippotion celerio):* gwalchwyfyn chwim; **spurge ~,** *(Hyles euphorbiae):* gwalchwyfyn y fflamgoed; **striped ~,** *(Hyles lineata):* gwalchwyfyn arianresog.

hawkweed *n. Bot:* **[common] ~,** *(Hieracium vulgatum):* heboglys *m*, llysiau*(pl)*'r hebog, blewynnog *m*, torllwyd *f*, melenydd *f*; **Alpine ~,** *(H. alpinum):* heboglys mynyddig; **black-headed ~, lungwort ~** *(H. nigrescens):* heboglys penddu, heboglys ysgyfeiniol; **broad-leaved ~,** *(H. boreale):* heboglys llydanddail; **dwarf ~,** *(H. humile):* heboglys bychan, corheboglys *m*; **few-leaved ~, wall ~,** *(H. murorum):* heboglys y muriau; **honeywort ~,** *(H. cerinthoides):* heboglys llysiau'r mêl; **mouse-ear ~,** *(Pilosella officinarum):* heboglys torllwyd, torllwydig, clust *(f)* llygoden; **leafy ~, narrow-leaved ~,** *(H. umbellatum):* heboglys culddail; **orange ~,** *(P. aurantiacum):* heboglys euraid; **pale ~,** *(H. pallidum):* heboglys gwelw; **rough-bordered ~,** *(H. prenanthoides):* heboglys ymyl arw; **shrubby broad-leaved ~,** *(H. subaudum):* heboglys llydanddail; **small-toothed ~,** *(H. denticulatum):* heboglys mân-ddeintiog; **spotted ~,** *(H. maculatum):* heboglys brith; **succory-leaved ~,** *(H. paludosum):* heboglys y gors; **wood ~,** *(H. sylvaticum):* heboglys y goedwig; **woolly ~,** *(H. lanatum):* heboglys gwlanog; **yellow ~,** *(Tolpis barbata):* heboglys blewog. **~ oxtongue,** *n. Bot: (Picris hieracioides):* gwylaeth *(m)* yr hebog.

hawse *n. Nau:* **1.** *(a) inv. A:* = **hawse-hole**; *(b) pl.* **the ~,** y rhaffdyllau, tyllau'r rhaffau. **2.** = **berth¹**. **~-hole** *n.* rhaffdwll (rhaffdyllau) *m*. **~-pipe** *n.* piben *(f)* raff.

hawser *n. Nau:* tynraff(-au) *f*, rhaff *(f)* long (rhaffau llong), cebl(-au) *m*. **~-laid** *a.* = **cable-laid**.

hawthorn¹ *n. Bot:* **[common] ~,** *(Crataegus monogyna):* draenen wen (drain gwynion) *f*, *Lit: occ:* draenen ysbyddaden (drain ysbyddad); **Chinese ~,** *(Photinia serrulata):* draenen Tsieina; **Mexican ~,** *(C. pubescens):* draenen wlanog (drain gwlanog); **Midland ~, two-styled ~, woodland ~,** *(C. laevigata):* draenen y goedwig; **river ~,** *(C. rivularis):* draenen yr afon. **~ china** *n.* tsieni *(m)* blodau eirin.

Hawthorn² *W.Pl.n.* Y Ddraenen Wen *f*.

hay¹ *n.* **1.** gwair (gweiriau) *m*; **to feed sth with ~,** gweirio rhth, porthi rhth â gwair, rhoi gwair i rth; **full of ~,** gweiriog; **a stalk of ~,** gweiryn *m*; **wisps of ~,** gweiriach *m*, gweirynnau *pl*, blewynnach *m*; *(of second mowing):* gwair adladd; *(thick at base):* gwair bondew; **well-dried ~,** *S.W:* gwair temprus; **coarse ~,** gwair bras, *S.E:* bragwair *m*, gwair cwrs, *S.W:* gwair rhogla; **mouldy ~,** gwair llwyd, *occ:* gwair wedi rhuddo, *S.W:* gwair cletsh; **meadow ~,** gwair doldir, gwair gwaun, gwair gweirglodd; *(one year old): N.W:* gwair egras; **ley ~,** gwair gwyndwn, *S.E: occ:* gwair twn/ton; **seed ~,** gwair hadau, gwair hadyd, *N.W: occ:* gwair newydd; *(from salt marshes):* gwair hallt; **August ~,** *(soft, difficult to dry): S.W:* gwair maswedd; *(from peatland):* gwair mawndir; **moor ~,** gwair morfa, *S.E: occ:* gwair panwaun; *(rough):* gwair rhos, gwair rhostir; **mountain ~,** gwair mynydd[-oedd], *S: occ:* gwair pwla; **short-stalked ~,** gwair mân; **sour ~,** *N.W:* gwair sur; **poor [quality] ~,** *S:* gweirach *pl*, *S.E:* ffwlach *pl*; **a square of ~,** *(taken from the barn): S.W:* clencen (clencau) *f*; *(which has deteriorated through fermentation):* gwair wedi cochi/rhuddo/twymo, *S.W: occ:* gwair wedi bacwno; *(steeped in water & given to sick calves):* te *(m)* gwair; **to make ~,** trin gwair, gwneud gwair, *occ:* cweirio gwair, *S.W:* moelyd gwair; **to harvest the ~,** cynaeafu'r gwair, cywain y gwair, *F:* cario gwair; **to mow ~,** lladd gwair, *occ:* torri gwair; *Prov:* **to make ~ while the sun shines,** cynnull dy wair tra pery'r tes, cynaeafu tra bo'n dywydd teg; *F:* **to make ~ of an argument,** tynnu dadl yn gareiau; **to toss ~,** chwalu gwair; **to make rows of ~,** gwanafu/gwaneifio/ystodi/rhencio gwair; gosod gwair yn waneifiau; *S.W: occ:* tanfeio gwair; **to make (~) into cocks,** gwneud (gwair) yn fydylau; mydylu, cocio, *S.W: occ:* stacano, stacio, *N.W: occ:* bychu, gafrio, helmio, *S: occ:* gafra (gwair); **to roll ~ swathes,** *(before making into cocks):* troi gwair, *S: F:* gwrymo gwair; **to rake up ~ after carrying,** *S:* crafu gwair, *S.E:* c'na (= glanhau)'r ôl, *N:* cribinio gwair, cribinio ar ôl y drol, hel gwair, hel brasion. **2.** *U.S: P: (= bed):* gwely(-au, gwlâu) *m*, *Joc: S.W:* cae *(m)* nos, *N.W:* ciando *m*; **to hit the ~,** mynd i'r gwely, *Joc:* mynd i glwydo, *S.W: Joc:* mynd i gae'r nos, mynd i'r wâl, mynd i'r cwat, mynd i gwm pluf, *occ:* mynd ar y sgimbren, *S.E: occ:* mynd i'r sgwêr, *N.W: occ:* mynd i'r ciando, mynd i gae'r hun, mynd i'r capel gwyn, mynd i'r cae sgwâr, mynd i'r lle sgwâr, mynd i gadw; *U.S: P:* **to have a roll in the ~,** cael eich tamaid, caru yn y gwely, *S.W: occ:* ffocso, *V:* cael bwch. **~ cart** *n. N:* trol *(f)* wair (troliau gwair), *S.W:* gambo(-ed) *mf*; *S.a.* **cart¹**. **~-cutter** *n.* torrwr (torwyr) *(m)* gwair, lladdwr (lladdwyr) *(m)* gwair. **~-cock** *n.* = **haycock**. **~ fever** *n. Med:* clefyd *(m)* [y] gwair. **~-fork** *n.* picwarch (picweirch, picwerchi) *f*. **~-hook** *n. S.W: occ:* cribach: crybach(-au) *m*, bach(-au) *(m)* gwair. **~-harvest** *n.* cynhaeaf (cynaeafau) *(m)* gwair, *occ:* cario *(vn)* gwair. **~-infusion** *n.* trwyth *(m)* gwair. **~-mow** *n.* ysgafn(-au) *m* [o wair], *S.W:* gwisgon(-au) *f*, *Lit:* beisgawn *f*. **~-plant** *n. Bot: (Prangos pabularia):* gweirlys *m*. **~-rack** *n.* **1.** rhastal: rhastl: rhestl(-au) *f*, *N:* rhesel(-i) *f*. **2.** *(on cart): S.W:* cretsh *(m)* [y cart], *S.E:* cratsh *m* [y cart]. **~-rake** *n. N:* cribin(-iau) *f*, *S:* rhaca(-nau) *f*, rhacan(-au) *f*.

hay² *v.t. (land):* gweirio (tir), troi (tir) yn wair.

hay³ *v.i. (= make hay):* lladd gwair, cywain gwair, cario gwair, trin gwair.

hay⁴ = **hey²**.

Hay[5] [on Wye] *W.Pl.n.* Y Gelli [Gandryll] *f.* ~ **Bluff** *Pr.n. W.Geog:* Penybegwn *m.*

haybox *n.* blwch (blychau) (*m*) gwair, *F:* bocs(-ys) (*m*) gwair.

haycock *n.* cocyn (cociau) (*m*) gwair, mwdwl (mydylau) (*m*) gwair.

hayfield *n.* cae(-au) (*m*) gwair, gweirglodd(-iau) *f.*

hayloft *n.* taflod(-ydd) *f*, *S.W:* towlad *f*, ystafell (*f*) wair (ystafelloedd gwair) *f*, llofft (*f*) wair (llofftydd gwair), *S.E: occ:* taldy (taldai) *m.*

haymaker *n.* **1.** *(pers.):* cynaeafwr (cynaeafwyr) (*m*) gwair, *occ:* gweirwr (gweirwyr) *m*, gweithiwr (gweithwyr) (*m*) cynhaeaf gwair, gw[eithwraig (*f*) cynhaeaf gwair. **2.** *(machine):* chwalwr (chwalwyr) (*m*) gwair. **3.** *(= blow):* y farwol *f*, *N:* waldan *f*, lempan *f*, colban *f*, clec *f*, swadan *f*, tatsh *m.*

haymaking *vn.* cynhaeaf (*m*) gwair, cynaeafu (*vn*) gwair, cario (*vn*) gwair, trin (*m*) gwair.

hayrick *n.* tas (*f*) wair (teisi gwair), *S.W: occ:* das (*f*) wair (deisi gwair), rhic(-iau) *f*, *S.E: occ:* bera (*f*) wair, *S.W: occ:* helem *f* [wair]; **to make a ~,** gwneud/codi tas, *N: occ:* tasu, *S.W:* teis[i]o, deisio; **a small ~,** *S.W:* cocyn (*m*) gwair.

Hayscastle *W.Pl.n.* Cas-lai *m.*

hayseed *n.* **1.** hedyn (hadau) (*m*) gwair, hadyd *m.* **2.** *U.S: F:* gwladwr (gwladwyr) *m*, *V:* un (rhai) yn syth o din y fuwch, *N.W: occ:* josgyn(-s) *m.*

haystack *n.* = **hayrick.**

Haythog *W.Pl.n.* Yr Heiddog *f.*

hayward *n. Hist:* caegeidwad (caegeidwaid) *m* (*not* gweirward, *as hay- here = hedge*).

haywire *a. F:* gwyllt, o chwith, rywsut-rywsut, bob sut, yn ddi-drefn, yn ddireolaeth; **he's gone ~,** mae wedi mynd yn wirion bost; mae wedi drysu'n lân; *N.W: occ:* mae o wedi myllio; *S.W:* mae wedi mynd mas o'i glocs; **(his plans have gone) ~,** (mae ei gynlluniau wedi mynd) o chwith, yn strim stram-strellach, *S.W:* yn ffladracs, yn gawl potsh; **the machine went ~,** fe aeth y peiriant yn wyllt.

hazard[1] *n.* **1.** *(a) game:* hasart: hasat *m*; *(b) (= risk):* perygl(-on) *m*, *occ:* menter (mentrau) *f*, mentr(-au) *f*; *A:* **at ~,** ar hap a damwain, ar antur; **at all hazards,** costied a gostio, doed a ddêl, ar bob cyfrif. **2.** *Bill:* trawiad(-au) *m.* **3.** *Golf: &c:* rhwystr(-au) *m.* ~ **lights** *n.pl.* goleuadau rhybudd.

hazard[2] *v.t.* *(= endanger):* peryglu; *(= venture):* mentro; **to ~ a guess,** bwrw amcan; **(about 50) I should ~ a guess,** (rhyw 50) dybiwn i, mi fentrwn i.

hazardous *a.* peryglus, *occ:* mentrus, *S:* danjerus, dansierus, *N:* peryg'.

hazardously *adv.* yn beryglus *&c.*

hazardousness *n.* perygl *m*, natur beryglus *f*; **I then realized the ~ of the journey,** gwelais wedyn mor beryglus oedd y daith.

haze[1] *n.* *(a)* tawch *m*, tarth *m*, tes *m*, nudden *f*, niwlen *f*, *occ:* niwliach *m*, *N: (also):* mwrllwch *m*, *N.W: occ:* cawn *m*, *S.W: occ:* crwybr *m*; **heat ~,** tes, *N.W: occ:* tyrrau (*pl*) tes[g]; *(in dry weather): N.W:* rhwd (*m*) sychder, rhwd y dwyrain; *(b) (of mind):* dryswch *m* [meddwl].

haze[2] *v.t.* **1.** *(= make hazy):* niwl[i]o. **2.** *Nau: (= harass with overwork):* gorweithio (rhn), gorlwytho (rhn) â gwaith, moedro (rhn) â gwaith; *U.S: (i) Sch: (= bully):* plagio; *(ii) (cattle):* gyrru, pystodi, annos, hysio.

hazel *n.* ~ **[tree]** coeden (*f*) gyll (coed cyll), collen (cyll) *f*, *S.W:* pren(-nau) (*m*) cnau, *S.E: occ:* pren cyll. ~ **catkin** *n.* cynffon (*f*) oen bach (cynffonnau ŵyn bach), *S.W:* cwt (*m*) yr oen bach, *Lit: occ:* cenau (cenawon) (*m*) cyll. ~ **eyes** *n.pl.* llygaid gwinau, llygaid brown golau. **~-grouse** *n. Orn:* grugiar dorchog (grugieir torchog) *f*, grugiar (grugieir) y cyll. **~-grove** *n.* llwyn (*m*) o goed cyll, celli (cellïoedd, cellïau) *f.* **~-hen** *n.* = **~-grouse. ~-nut** *n.* cneuen farfog (cnau barfog) *f*, cneuen fechan (cnau bychain), cneuen gyll (cnau cyll). **~-wood** *n.* = **~-grove.**

hazer *n. U.S:* cowboi(-s) *m*, porthmon (porthmyn) *m.*

hazily *adv.* yn niwl[i]og *&c*; yn aneglur.

haziness *n.* *(= mistiness):* niwl[i]ogrwydd *m*, natur niwl[i]og *f*; *(= obscurity):* aneglurder *m*; **he lost five marks because of the ~ of his answers,** collodd bum marc am fod ei atebion mor niwlog. *S.a.* **haze[1], hazy.**

hazy *a.* **1.** *(weather):* niwl[i]og; *(in hot weather):* tesog, tawchlyd; tarthog. **2.** *(a) (contour &c):* aneglur, niwl[i]og; *(b) (ideas):* niwl[i]og, annelwig, gwlanog, aneglur.

he *pers.pron.nom. m.* **1.** *(simple forms): Lit:* ef, *N:* fo, *S:* fe; *S.a.* **him. 2.** *(a) in literary Welsh, and (in the spoken language) in single word answers to questions,* **he** *is expressed by the 3rd sing. ending of the verb:* **~ is,** *Lit:* ydyw, *F:* ydi, *S: occ:* odi; **~ says,** dywed; **~ can,** gall; **~ did,** gwnaeth; *(b) in the Biblical and older literary language the verb is preceded by* ef a *+ soft mut.:* **~ knows,** ef a ŵyr; *(c) when ~ is heavily emphasized, the construction is* ef a *+ soft mut. or* ef *+* sydd yn *(or* sy'n*) + vn:* **~ knows; it's ~ who knows,** ef a ŵyr; ef sydd yn gwybod; ef sy'n gwybod; *(d) usually in spoken Welsh and often in the modern literary language, the verb is preceded by* fe *+ soft mut. (Lit: & S:) or by* mi *+ soft mut. (N:), and may be followed by an auxiliary pronoun: Lit:* ef, *N:* fo, o, *S:* fe, e; **~ ran,** *Lit:* rhedodd [ef]; fe redodd [ef]; *N:* mi redodd [o]; *S:* fe redodd [e], *occ:* mi redodd [e]; fe/fo *follow all verbal forms in* -ai,-o,-w; **~ could,** fe/mi fedrai fe/fo; fe/fo *also follow* dyma, dyna, dacw; **here ~ comes,** dyma fe'n/fo'n dod; *(in distance):* dacw fe'n/fo'n dod; o/e *follow consonants, after* i, aw, ew, iw, uw, *and generally after* -e,-u,-y; **~ saw,** fe welodd o/e; **~ is,** mae o/e, *also* ma' fo/fe; *(e)* oedd *is preceded by* yr, 'r, *and may be reinforced by* mi *in spoken Welsh:* **~ was,** [mi] 'roedd [ef/e/o]; *(e) questions are introduced by the particle* a *+ soft mut. before the verb form, without a preceding pronoun but with a pronoun following a verb;* a *is often omitted in speech; the negative particle is* oni *(*onid *before a vowel):* **did ~ come?** [a] ddaeth ef/e/o? **didn't ~ come?** *Lit:* oni ddaeth ef? *F:* ddaeth e/o ddim? **didn't ~ go?** *Lit:* onid aeth ef? *F:* aeth o/e ddim? *(f) emphatic questions are introduced by* ai *(usually omitted in speech) +* ef/fo/fe *+* a *+ soft mut. + verb, or by* sydd yn *(or* sy'n*) + vn; the negative particle is* onid, *F:* nid, *S: F:* nage: **was it ~ that saw the ghost?** [ai] ef/fo/fe [a] welodd yr ysbryd? **isn't it ~ that's lying?** *Lit:* onid ef sy'n dweud celwydd? *N:* nid fo sy'n dweud celwydd? *S:* nage fe sy'n dweud celwydd? **3.** *(emphatic reduplicated forms): Lit:* efe, *occ:* efo, *N:* y fo, *S:* y fe; *constructed with* a *(often omitted in speech) + soft mut. + verb, or (in present tense) with* sydd yn *(or* sy'n*) + vn.:* **it was ~ who failed,** *Lit:* efe a fethodd; *F:* fo/fe fethodd; **it is ~,** *Lit:* efe yw; efe sydd yna; *N:* fo ydi o; fo sydd yna; *S:* fe yw e; fe sydd yna. **4.** *(conjunctive forms): (translating* **and ~, ~ also, ~ too,** *or to contrast with an unemphatic pronoun): Lit:* yntau, *A: or highly Lit:* efyntau, *N:* ynta/fynta, *occ:* fonta, *S:* ynte/fynte; **I took the blue and ~ took the red,** cymerais i'r un glas a chymerodd yntau'r un coch; **if I fail, ~ will fail too,** os methaf i, fe fetha yntau; **~ came too,** fe ddaeth yntau [hefyd]; **I am as tall as ~,** 'rwyf i cyn daled ag yntau. **5.** [y] mae *is the form of* is *when ~ is the subject rather than the predicate of the sentence:* **~ is coming,** [y] mae ef yn dod; **~ is not a member but ~ is a supporter,** nid yw'n aelod ond [y] mae'n gefnogwr; **yes ~ is,** *Lit:* ydyw y mae, *F:* ydi mae e/o. **6.** *(antecedent to a rel. pron): (i) (= whoever):* y sawl, yr hwn, yr un, y dyn, pwy bynnag, *Lit:* y neb; **~ that/who believes,** y sawl a gredo, yr hwn a gredo, y sawl sy'n credu, yr hwn sy'n credu, *Lit:* y neb a gredo, *(ii) (emphatic):* **it is ~ who said so,** ef/efe/fo/fe a ddywedodd hynny; **I know that it is ~ who came,** 'rwy'n gwybod mai *(S:* taw*)* ef/fo/fe a ddaeth; **it is ~ who is right,** ef/efe/fo/fe sy'n iawn; **~ is the one I remember,** ef/fo/fe yw'r un a gofiaf; *S.a.* **3. 7. if I were ~,** petawn i yn ei le/esgidiau ef. **8.** *(as substantive):* gwryw(-od) m, *N:* gwrw(-od, gyrfod) *m*; **it's a ~,** *(animal):* gwryw yw e; *(baby):* bachgen [bach] yw e; *N: F:* hogyn bach ydi o. *attrib.* **~-bear** *n.* arth wryw (eirth gwryw) *f.* **~-goat** *n.* bwch (*m*) gafr (bychod geifr). **~-man** *n.* dyn(-ion) go iawn *m*, *N.W:* paladr/palat (*m*) o ddyn, palff (*m*) o ddyn, *S.W: occ:* dyn palfog. **9.** *(in children's games):* **you're ~,** ti yw e; *N:* chdi ydi o.

head[1] *n.* **1.** pen(-nau) *m*, *Joc:* penglog(-au) *f* (*pronounced* ng-g), pennog *m*, *N.W: occ:* cneuen *f*, *Joc: S:* clopa *fm*, *S.E: occ:* siol(-s) *f*, copyn *m*; *(a)* **from ~ to foot,** o'r corun i'r sawdl; **he has a swelled/swollen ~,** mae ei ben wedi chwyddo; mae'n meddwl ei hun; *N:* pen bach ydi o; **(to walk) with one's ~ [held] high,** (cerdded) yn dalog, yn benuchel, yn warsyth, â'ch pen yn uchel; **to go with one's ~ in the air/clouds,** mynd â'ch pen yn y gwynt; **to sell a house over s.o.'s ~,** gwerthu tŷ dros ben rhn; **he gives orders over my ~,** mae'n mynd dros fy mhen i roi gorchmynion; **to get one's ~ down,** *F:* rhoi'ch pen i lawr, cael cyntun, mynd i glwydo, mynd i'r cae sgwâr, mynd i'r ciando *&c*; **to keep one's ~ down,** swatio, cadw'ch pen i lawr, cadw o'r golwg, cadw yn y cudd, peidio â thynnu sylw, *N.W: occ:* [g]wardio; **~ downwards,** â'ch pen i lawr; **heads will roll,** fe gaiff rhywrai dalu'n ddrud am hyn; **to keep one's ~ above water,** peidio â mynd i ddyled, cadw'ch pen uwchlaw'r dŵr; **(to drag sth in) by the ~ and shoulders,** (llusgo rhth i mewn) gerfydd ei wallt, gerfydd ei glustiau; **~ first, ~ foremost,** wysg eich pen, yn bendramwnwgl, *S:* [l]lwrw'ch pen; **to have one's ~ in the sand,** claddu'ch pen yn y tywod, troi'ch tin i'r gwynt; **to stand on one's ~,** sefyll ar eich pen; **to bite off s.o.'s ~,** ateb rhn yn gas, cega ar rn, *occ:* cipio rhn; *F:* **I could do it on my ~,** mi gwnawn i e'n hawdd; mae'n hawdd fel dŵr; mae'n hawdd fel tynnu llaw dros wyneb; mi gwnawn i e/o tan ganu; **I need him like a hole in the ~,** mae fel pigyn yn y glust; **to go/turn ~ over heels,** gwneud/mynd/bwrw tin dros ben, *N.W: occ:* mynd dinben drosben, mynd dibyn-dobyn, *S.W:* mynd dwmbar dambar, *S.E: occ:* mynd fagle [i] fynydd; **to fall ~ over heels in love with s.o.,** cwympo/syrthio dros eich pen a'ch clustiau mewn cariad â rhn; **he is ~ and shoulders taller,** mae ef ben ac ysgwyddau'n dalach; **(he is) taller by a ~,** (mae ef) hyd pen yn dalach, yn dalach o hyd pen; **to bang one's ~ against a brick wall,** *N.W: occ:* mynd yn erbyn clogwyn, canu crwth i fyddar; *Turf: (of horse):* **to win by a ~,** ennill o hyd pen; **to win by a short ~,** ennill o drwch blewyn; **to eat one's ~ off,** = **guzzle**; **to let s.o. have his ~,** rhoi rhwydd hynt i rn; **to give a horse his ~,** rhoi'r ffrwyn ar war ceffyl, rhoi'r penffrwyn i geffyl; **we'll have to put a brick on your ~,** *(to stop s.o. growing taller): N:* mae isio rhoi cath ar dy ben di wir; **his guilt be on his own ~,** ar ei ben y bo'r bai; **to laugh one's ~ off,** chwerthin llond eich bol, chwerthin ei hochr hi, chwerthin yn braf; **they were laughing their heads off,** 'roeddent yn eu dyblau'n chwerthin; *N.W:* 'roedden' nhw'n g'lana' chwerthin; **to strike off s.o.'s ~,** torri pen rhn; *F:* **to talk s.o.'s ~ off,** byddaru rhn â siarad/chlebar, siarad pymtheg y dwsin, siarad fel melin bupur, siarad fel pwll y dŵr/môr, *N.W:* siarad fel melin/injan falu metlin; **a fine ~ of hair,** ffluwch *(m)* o wallt, llond *(m)* pen o wallt, pen iawn *(m)* o wallt; *(b) (pers.):* **a crowned ~,** pen(-nau) coronog *m*, brenin (brenhinoedd) *m*; **~ of state,** pen gwladwriaeth (pennau gwladwriaethau), pennaeth *(m)* gwladwriaeth (penaethiaid gwladwriaethau); **the ~ of state,** pen y wladwriaeth; *(c)* **sheep's ~,** pen dafad (pennau defaid); **side of a pig's ~,** lletben *(m)* mochyn; **potted pig's ~,** *(= brawn):* caws *(m)* pen mochyn; *(d) Ven: (= antlers):* cyrn *pl.* **2.** *(a) (= intellect, mind):* **he has a good ~ on his shoulders; his ~ is screwed on the right way,** mae e'n hen ben; mae e'n beniog; mae e'n hir ei ben; mae'n ei deall hi i'r dim; *S: occ:* mae eitha' pen gydag e; **I have no ~ for heights,** mi fyddaf yn cael y bendro; mi fyddaf yn cael pensyfrdandod; fe fydd fy mhen i'n troi; **he has a good ~ for business,** mae'n deall busnes i'r dim; mae ganddo ben busnes da; **I've an idea running through my ~,** mae gennyf syniad yn mynd drwy fy meddwl/mhen; **to work a sum in one's ~,** gweithio sỳm yn eich pen/meddwl; **to get sth into one's ~,** cymryd rhth [ar gam] i'ch pen, cael [cam]argraff o rth, cael syniad yn eich pen, *N.W: occ:* mynd i gario syniad; **I can't get it into his ~,** 'rwy'n methu â chael ganddo ddeall; **he has got/taken it into his ~ that . . .,** mae'n mynnu credu bod . . .; mae dan yr argraff bod . . .; **it never entered my ~ that . . .,** ni feddyliais i erioed . . .; ni thrawodd erioed yn fy mhen i . . .; **what put that into your ~?** beth wnaeth iti (ichi) feddwl hynny? o ble cefaist ti (cawsoch chi)'r syniad yna? **to put ideas into s.o.'s ~,** rhoi syniadau ym mhen rhn, dylanwadu ar rn; **his name has gone [clean] out of my ~,** 'rwy'n methu'n lân/glir â chofio'i enw; **we put our heads together,** buom yn ymghynghori; buom yn seiadu; buom yn rhoi ein pennau ynghyd; *S.W:* fe fuom yn cwnsela; *Prov:* **two heads are better than one,** gwell dau ben nag un; *N.W: occ:* trech dwy wrach nag un; **(he gave the answer) out of his own ~, off the top of his ~,** (fe atebodd) o'r frest, yn fyrfyfyr, o'i ben a'i bastwn ei hun; **you need your ~ examining,** 'rwyt ti'n drysu; 'rwyt ti'n eu cael nhw; mae eisiau edrych dy ben di; *S: occ:* mae isie clymu dy ben di; **wine that goes to one's ~,** gwin sy'n codi i ben rhn, gwin penfeddwol; **to have a good/strong ~ for drink,** gallu dal eich diod; **the lecture was over the heads of the audience,** 'roedd y ddarlith y tu hwnt i'r gynulleidfa; **to keep one's ~,** cadw'ch pen, cadw'ch pwyll, peidio â cholli'ch pen, *N:* peidio â ffrwcsio, *S:* peidio â gwylltu; **to lose one's ~,** colli'ch pen, drysu'n lân, ffrwcsio; **he is off his ~,** 'dyw e ddim yn llawn llathen; 'dyw e ddim yn gall; mae wedi drysu'n lân; mae'n wirion bost; *N:* mae'n colli arni; *S:* mae colled arno fe; **to go off one's ~,** mynd yn wallgof, mynd o'ch cof, gwallgofi, drysu, colli'ch pwyll; **weak in the ~,** penwan, hurt, gwirion, gwan eich meddwl; *(b) F:* **I have a bad ~,** *(= headache): N:* mae cur pen arna' i; mae gen i gur yn fy mhen; *S:* mae pen tost arnaf i *or* gyda fi; mae gyda fi ben tost. **3.** *(a) (of tree, plant):* pen; *(of tree):* brig *m*; *(of asparagus &c):* blaen(-au) *m*; *(of wheat):* tywysen(-nau) *f*; *(b) (= knob-shaped end): (of nail, pin):* pen, *S:* clopa (clopâu) *fm*; *(c) (= top section):* pen [uchaf], top(-iau) *m*, *occ:* brig(-au) *m*, crib(-au) *fm*; *(of volcano):* crib; *(of page):* pen uchaf, brig, top, talar(-au) *f*; *(of column):* capan(-au) *m*; *(of guitar):* talcen(-ni) *m*; *(d) (of sail):* pen, lled *m*; *(of stair):* pen [grisiau], *S.W:* pen [stâr]; *(gramophone's):* **recording ~,** pen recordio, pen codi llais; *Cmptr:* **read ~,** pen darllen; *I.C.E:* **cylinder ~,** pen [y] silindrau; *(e) Aut: (= roof):* to(-eau,-on) *m*; **sliding ~,** to agor; *(f) (of river):* blaen *m*, *occ:* llygad *m*; *(of fountain):* llygad; *(of lake):* pen, tal *m*; **at the ~ of the lake,** ym mhen draw'r llyn, yn nhal y llyn; *(g) Geog:* blaen; **the Heads of the Valleys,** Blaenau'r Cymoedd; **Heads of the Valleys Road,** Ffordd y Blaenau; *(h) (of abscess):* **to come to a ~, to gather to a ~,** cronni, casglu, crynh|oi; **to bring a matter to a ~,** dod â rhth i ben; **matters came to a ~,** fe aeth pethau i'r pen; *(i)* **a ~ on beer,** ewyn *m*, coler *f*; **a ~ on milk,** hufen *(m)* llaeth. **4.** *(= heading, category):* pen, pennawd (penawdau) *m*; **on this ~,** ar y pen hwn; **under separate heads,** dan benawdau gwahanol; **the heads of a sermon,** pennau pregeth; *Jur:* **the heads of a charge,** penawdau cyhuddiad. **5.** *(a) (of ship &c):* blaen(-au) *m*, pen blaen *m*, *occ:* trwyn(-au) *m*; **to collide with a ship ~-on,** gwrthdaro â llong, mynd ar eich pen i long, mynd yn benben â llong; **(the ship was) ~ to sea, ~ on to the sea,** ('roedd y llong) â'i phen at y môr; **a ship ~ on to the wind,** llong â'i phen i'r gwynt; **a ship [down] by the ~,** llong â'i blaen/phen i lawr; **how is her ~?** *Nau:* beth yw'r cyfeiriad? **sinking by the ~,** suddo yn y pen blaen; *(b)* (= **headland 2**): trwyn(-au) *m*, penrhyn(-au) *m*, pentir(-oedd) *m*, *occ:* penmaen *m*; *W.Geog:* **Strumble H~,** Pen Caer; **Wylfa H~,** Trwyn yr Wylfa; **Great Orme's H~,** Pen y Gogarth, *usu.* Penygogarth *m*. **6.** *(a) (= front or chief place):* blaen *m*, *occ:* pen [blaen] *m*; *Rowing:* **~ of the river,** [pen] blaen yr afon; **at the ~ of a column [of troops], at the ~ of a procession,** ar flaen colofn [o filwyr], ar flaen gorymdaith; **at the ~ of the list,** ar ben y rhestr; *(b) (pers.):* **~ of family,** penteulu(-oedd) *m*, pennaeth *(m)* y teulu, pen teulu (pennau teuluoedd); **the ~ of the family,** pen y teulu; *(of school):* prifathro (prifathrawon) *m*, *F:* y prif, y sgŵl, y sgwlyn, *occ:* pennaeth *&c*; **~ of a department,** pennaeth (penaethiaid) *(m)* adran[-nau]; *(c) attrib:* prif *(before noun + soft mut.)*, pennaf *(foll. noun)*, pen- *(before noun):* **~ clerk,** prif glerc, pen-clerc; **~ agent,** prif swyddog; **~ gardener,** prif arddwr (~ arddwyr), pen-garddwr (~-garddwyr); **~ man,** pennaeth, prif ddyn(-ion), *occ:* pen-dyn(-ion); **~ office,** prif swyddfa *f*; *Sch:* **~ boy,** capten (capteiniaid) *(m)* ysgol, prif swyddog(-ion) y bechgyn; **~ girl,** prif swyddog y merched, prif swyddoges(-i,-au). **7.** *(a) (unit): usu. inv.* **six ~ of cattle,** chwech o wartheg, chwe buwch, chwech o bennau; **twenty ~ of deer, twenty ~ of oxen,** ugain o geirw, ugain o ychen; **a large ~ of cattle,** *U.S:* nifer fawr/mawr o wartheg; *(b)* **(to pay) so much per ~, so much a ~,** (talu) hyn a hyn y pen, hyn a hyn yr un. **8.** *(of a coin):* tu blaen *m*, wyneb *m*; **to toss heads or tails,** taflu ceiniog, *N.W: O:* rhoi hwsgip, hwsgipio; **heads or tails?** tu blaen ynteu tu chwith? *N.W: O:* cing 'ta brits? *S.W:* gwlybyn ynte sychyn? *F:* **(I can't make) ~ [n]or tail (of this),** (alla' i ddim gwneud) na rhych na rhawn, na phen na chynffon, na rhych na gwellt, *S:* na phen na chwt (o hyn). **9.** *Hyd.E: &c:* llwyth(-i) *m*, pwysau *pl*, colofn *f*; *(at watermill):* pynfarch *m*; **a ~ of water,** colofn o ddŵr; *Ph:* uchder: uchdwr *m*; **hydraulic ~,** pwysau colofn ddŵr; *Mch:* **~ of steam,** pwn *(m)* o ager; **to gather ~** *(i) (of flood):* codi, cronni; *(ii) (of discontentment):* cynyddu, cronni, cryfh|au, mynd yn fwy, magu nerth, codi stêm. **10.** *Nau: (= toilet):* tŷ bach *m*, lle *(m)* chwech. **11.** *Rugby:* **loose ~,** pen rhydd; **tight ~,** pen tyn(n). **12.** *Geog:* **~ of navigation,** terfyn(-au) *(m)* mordwyo. **13.** *Geol:* wynebyn(-nau) *m*. **~ cheese** *n. Cu: U.S:* caws *(m)* pen mochyn. **~-cloth** *n.* lliain *(m)* pen (llieiniau pennau). **~ cold** *n.* annwyd (anwydau) *(m)* yn y pen. **~-dress** *n.* penwisg(-oedd) *f*. **~-hunter** *n. Anthr:* heliwr (helwyr) *(m)* pennau. **~-hunting** *vn.* hela pennau. ~ **landlord** *n. Jur:* prif landlord(-iaid) *m,* prif brydleswr (~ brydleswyr) *m.* ~**-money** *n.* tâl (*m*) pen, taliad pen. ~**-noises** *n.pl. Med:* cloch fach *f* [yn y glust], sŵn (*m*) yn y pen. ~**-note** *n.* **1.** *Typ:* uwchnodyn (uwchnodiadau) *m.* **2.** *Mus:* nodyn (nodau) (*m*) pen. ~**-on 1.** *a.* penben; **a ~-on collision,** gwrthdrawiad penben. **2.** *adv.* yn benben, ar eich pen; **to hit sth ~-on,** mynd ar eich pen i [erbyn] rhth, *N.W:* mynd yn bwcs/bwtsh i rth. ~**-race** *n. Hyd.E:* pynfarch *m,* ffordd (*f*) melin, ffrwd (*f*) melin, *S.W: occ:* caf[a]n *m.* ~ **rail** *n. Th:* rheilen uchaf *f.* ~**-rest,** ~**-restraint** *n.* ateg (*f*) pen (ategion pennau). ~**-rope** *n.* penffrwyn(-au) *m,* penffust(-iau) *m,* penffestr(-au) *m, S.W: occ:* penwast(-au) *m.* ~**-sail** *n.* hwyl flaen (hwyliau blaen) *f,* blaenhwyl(-iau) *f.* ~ **sea** *n.* môr blaen *m.* ~**-set** *n.* (*)penwar(-au) *m,* penset(-iau) *m.* ~**-shrinker** *n.* **1.** crebachwr (crebachwyr) (*m*) pennau. **2.** *Joc: (= psychiatrist):* dyn(-ion) (*m*) trin pennau. ~**-splitting** *a.* byddarol, digon â hollti'ch pen. ~ **start** *n.* blaen(-au) *m* (**on s.o.,** ar rn); *S.a.* **start¹ 2.** *(c).* ~**-tax** *n. U.S:* treth (*f*) [ar] bennau. ~**-up** *a.* pensyth. ~**-voice** *n. Mus:* llais (lleisiau) ffalseto *m.* ~**-waiter** *n.* prif weinydd(-ion) *m.* ~**-waitress** *n.f.* prif weinyddes(-au). ~ **wall recession** *n. Geog:* enciliad (*m*) cefnfur. ~**-wind** *n.* = **headwind.** ~**-work** *n.* **1.** gwaith (*m*) meddwl, gwaith pen. **2.** *Fb:* penio *vn.*

head² *v.t.&i.* **1.** *v.t.* **to [down] (a tree &c),** brigdorri, tocio (coeden &c); torri brig (coeden); *N.W: occ:* barbio, barbro (coeden). **2.** *v.t. (= put a head on): (a)* rhoi pen ar rth; *(b)* **to ~ a chapter,** rhoi pennawd ar bennod; *(c) Coop:* **to ~ a cask,** talcennu casgen. **3.** *v.t. (a) (= lead):* arwain (rhth), bod ar flaen (rhth), bod ar ben (rhth), *occ:* blaenori (rhth); **to ~ the poll,** dod ar ben y bleidlais/pôl/cyfrif; **to ~ the list,** bod/dod ar ben y rhestr; *(b) (= crown):* coroni (rhth), bod ar ben (rhth). **4.** *v.t. Fb:* **to ~ the ball,** penio'r bêl. **5.** *v.i.* **to ~ for a place,** anelu, cyfeirio, ei chychwyn hi, ei gwn|eud hi (am le); cychwyn (i le); **we're heading for Brittany,** 'rydym ar ein ffordd/hynt/taith/hald i Lydaw; **he was heading home,** 'roedd yn mynd adre; 'roedd ar ei ffordd adre; 'roedd yn anelu am ei gartre; **the state is heading for ruin,** mae'r wladwriaeth yn mynd ar ei phen i ddinistr; **he's heading for a fall,** mae'n mynd i'w gwymp; mae'n mynd am godwm. **6.** *v.i. (of cabbage &c): (= form head):* ffurfio pen, crynh|au; *(of grain):* tywysennu. ~ **back 1.** *v.i. (= return):* dychwelyd, mynd yn [eich] ôl. **2.** *v.t.* **to ~ sth back,** gyrru rhth yn ei ôl. ~ **off** *v.t.* **1.** *v.i.* mynd, ei chychwyn hi, ei throi hi, ei hel hi &c. **2.** *v.t.* **to ~ s.o. off,** achub y blaen ar rn, cau ffordd rhn, atal rhn.

headache *n. (a) N:* cur (*m*) [yn y] pen, *N.W: occ:* gwayw (*m*) [yn y] pen, *S:* pen tost *m, M.W: occ:* poen (*f*) [yn y] pen; **I have a ~,** *N:* mae gen i gur yn fy mhen; mae cur yn fy mhen i; *S:* mae pen tost gyda fi; **sick ~,** migren *m,* meigrim *m; (b) F: (problem &c):* anhawster (anawsterau) *m,* problem(-au) *f,* rhth dyrys *m.*

headachy *a.* **1.** *(pers.):* sy'n cael cur yn y pen, sy'n cael pen tost; **I'm always ~,** 'rwy'n cael rhyw gur pen byth a hefyd; **to feel ~,** teimlo cur yn y pen, teimlo bod gennych ben tost, *occ:* teimlo rhyw natur cur pen. **2.** *(= difficult):* dyrys, trafferthus. **3.** *(atmosphere):* mwrn, mwll, trymaidd, digon i roi cur pen ichwi, digon i godi cur pen arnoch, *N.W: occ:* mwygyl, gwigil.

headband *n.* **1.** *Cost:* penrwymyn(-nau) *m,* ffunen(-nau) *f,* rhactal(-au) *m,* taleithig(-ion) *f,* ysnoden(-ni) *f, A:* talaith (taleithiau) *f.* **2.** *Bookb:* blaenrwymyn(-nau) *m.*

headboard *n.* pen (*m*) gwely (pennau gwelyau).

headborough *n. Hist:* dectrefydd(-ion) *m,* dectrefwr (dectrefwyr) *m.*

headed *a.* **1.** *(i) (animal, thing):* a phen ganddo &c; *(ii) (notepaper &c):* â phennawd, a phennawd iddo &c. **2. bald-~,** penfoel, moel, pen moel; **big-~,** *(a)* â phen mawr, penfawr, *Lit: occ:* penfras (penfreision); *(b) Fig:* bostfawr, chwyddedig, balch, hunandybus, yn meddwl eich hun, lartsh, *N.W: occ:* â phen bach; *S.a.* **big-head; black-~,** penddu, [â] gwallt du; **curly-~,** pengrych (*pronounced* ng-g); **grey-~,** penllwyd; **round-~,** pengrwn (*f.* pengron, *pl.* pengrynion) (*pronounced* ng-g); **light-~,** penysgafn (penysgeifn); *(= irresponsible):* penchwiban, penhoeden, pensyfrdan; **blue-~,** penlas (penleision); **empty-~,** penwag (penweigion); **weak-~,** penwan (penweiniaid, penweinion); **thick-~,** pendew(-ion), penbwl; **dry-~,** pensych(-ion); **red-~,** pengoch(-ion) (*pronounced* ng-g), [â] gwallt coch, *occ:* cochwallt, gwalltgoch; **fat-~,** gwirion, hurt &c; *S.a.* **foolish**; *(fish &c):* penfras; *S.a.* **fat-head. giddy-~,** penfeddw, chwil, penchwiban; **hard-~,** pengaled (*pronounced* ng-g), craff, hir eich pen, hirben; **hot-~,** penboeth, *occ:* penwyllt, *S.a.* **hot-head; heavy-~,** pendrwm (*f.* pendrom, *pl.* pendrymion); **long-~,** hirben, hir eich pen; **soft-~,** penwan, penfeddal; **many-~,** lluosben, amlben; **two-~,** deuben; **three-~,** triphen; **seven-~,** seithben; **thick-~,** pendew, twp, hurt, delffaidd &c; *S.a.* **stupid; blunt-~,** penbwl; **hundred-~,** canpen; **white-~,** penwyn (*f.* penwen, *pl.* penwynion); **yellow-~,** penfelyn (*f.* penfelen, *pl.* penfelynion). **3.** *(= led):* dan arweiniad.

header *n.* **1.** *Swim:* plymiad(-au) *m, N.W:* dowc(-iau) *m;* **to take a ~,** plymio, dowcio [i'r dŵr]. **2.** *Fb:* peniad(-au) *m,* ergyd(-ion) (*fm*) â'r pen. **3.** *Const:* bricsen groes (brics croes) *f,* carreg groes (cerrig croes) *f.* **4.** *Coop:* talcennwr (talcenwyr) *m; (of pins, nails):* clopäwr (clopawyr) *m.* **5.** *Typ: Cmptr:* pennawd (penawdau) *m.* ~ **tape** *n. Cmptr:* blaen-dâp (~-dapiau) *m.*

headfast *n. Nau:* penr[h]aff(-au) *f.*

headgear 1. het(-iau) *f,* cap(-iau) *m,* bonet(-i) *f, S:* hat(-au) *f, Lit:* penwisg(-oedd) *f.* **2.** *Min: S:* banc *m,* ben (*m*) gwaith, ben pwll, ben top, ben twyn, *occ:* c[a]radâ *pl.*

headily *adv.* **1.** yn wyllt &c. **2.** yn feddwol &c.

headiness *n.* **1.** *(= impetuous nature):* byrbwylltra *m,* gwylltineb *m,* ehudrwydd *m.* **2.** *(of wine):* cryfder *m,* natur lesmeiriol *f,* penysgafndra *m.*

heading *n.* **1.** *(of chapter):* pennawd (penawdau) *m,* teitl(-au) *m.* **2.** *(= material for casks):* talcen(-nau,-ni) *m.* **3.** *Min: S:* hedin(-s) *mf, occ:* pen(-nau) *m,* slent(-iau) *mf, N.W:* lefel(-ydd) *f, N.E:* ffor' (*f*) ben; **end of ~,** talcen.

headlamp *n.* priflamp(-au) *f,* lamp fawr (lampau mawr) *f,* prif lamp flaen (~ lampau blaen), prif olau (~ oleuadau) *m.*

headland *n.* **1.** *Agr:* talar(-au) *f.* **2.** *Geog:* penrhyn(-ion) *m,* pentir(-oedd) *m,* trwyn(-au) *m.*

headless *a.* heb ben, di-ben; *(= without point):* heb flaen; *(= without leader):* heb arweiniad, diarweiniad.

headlight *n.* = **headlamp.**

headline *n. Typ:* teitl(-au) *m,* llinell (*f*) bennawd (llinellau pennawd); *Journ:* pennawd (penawdau) *m;* **banner ~,** pennawd bras (penawdau breision); *Archives:* **running ~,** pennawd ailadrodd; **to hit the headlines,** cyrraedd y tudalennau blaen, cael penawdau breision.

headliner *n. U.S: Th: Cin: &c:* seren (sêr) *f.*

headlock *n.* clo (*m*) pen (cloeau/cloeon pennau).

headlong *adv. & a.* **1.** *adv.* yn bendramwnwgl, wysg eich pen, *S:* llwr[w] eich pen; **to fall ~,** *N.W:* syrthio'n dibyn dobyn, *S:* cwympo llwr[w] eich pen; **to rush ~ into a fight,** rhuthro ar eich pen i frwydr. **2.** *a. (a)* **a ~ fall,** codwm pendramwnwgl; *(b) (= precipitate):* brysiog, ffrwcslyd, rhuslyd, byrbwyll, difeddwl; **in ~ flight,** ar ffo gwyllt, ar ruthr gwyllt.

headlouse *n.* lleuen (llau) *f.*

headman *n.m.* pennaeth (penaethiaid).

headmaster *n.m.* prifathro (prifathrawon).

headmastership *n.* swydd (*f*) prifathro (swyddi prifathrawon), prifathrawiaeth(-au) *f.*

headmistress *n.f.* prifathrawes(-au).

headmost *a. & adv.* **1.** *a. Nau:* blaen, blaenaf. **2.** *adv.* ar y blaen.

headphone *n. W.Tel:* clustffon(-au) *mf.*

headpiece *n.* **1.** *(= helmet):* helm(-au) *f.* **2.** *Typ:* penaddurn(-au) *m.* **3.** *F: (= clever man):* 'sglaig (sgleigion) *m,* hen ben *m.*

headpin *n. Games:* pin(-nau) blaen *m.*

headquarters *n.pl.* pencadlys(-oedd) *mf,* cadlys(-oedd) *mf.*

headroom *n.* **1.** uchdwr [rhydd] *m,* lle (*m*) uwch ben; *P.N:* "uchdwr eithaf"; *Tchn:* cyben(-nau) *m;* **there's not enough ~ in the car,** 'does dim digon o le i'r pen yn y car 'ma.

headscarf *n.* sgarff(-iau) *mf,* pensgarff(-iau) *mf.*

headship *n.* swydd (*f*) prifathro (swyddi prifathrawon), prifathrawiaeth(-au) *f.*

headsman *n.m.* **1.** *(= executioner):* dienyddiwr (dienyddwyr), dyn(-ion) torri pennau. **2.** *(= captain of whaler):* capten (capteiniaid).

headspring *n. Geog:* llygad *m,* prif ffynhonnell (~ ffynonellau) *f.*

headsquare *n. Cost:* = **headscarf**

headstall *n. Harn:* penwar(-au) *m,* penffrwyn(-au) *m.*

headstand *n.* pensafiad(-au) *m;* **to do a ~,** sefyll ar eich pen.

headstander *n. Ich: (Abramites microcephalus):* pensafwr (pensafwyr) *m.*

headstock *n. Mec.E:* treuliau *pl*, berynnau *pl*, pen(-nau) byw *m.*
headstone *n.* **1.** carreg (*f*) fedd (cerrig beddi/beddau). **2.** *Arch: (= cornerstone):* conglfaen (conglfeini) *m; (= keystone):* carreg (*f*) glo (cerrig clo), maen (meini) (*m*) clo.
headstrong *a.* pengaled (*pronounced* ng-g), penstiff, ystyfnig, anystywallt, cyndyn, pengryf (*f.* pengref, *pl.* pengryfion) (*pronounced* ng-g), *S.W: occ:* penefer, *N: occ:* di-ddweud.
headward *a. & adv.* yn y pen, yn y blaen; *S.a.* **erosion.**
headwater *n.*, **headwaters** *n.pl.* rhagnant (rhagnentydd) *f*, blaenddwr (blaenddyfroedd) *m.*
headway *n.* **1.** cynnydd *m;* **to make ~,** symud yml|aen, symud yn eich blaen, ennill tir, gwneud cynnydd; *Nau:* symud ymlaen; **the enquiry is making no ~,** mae'r ymchwiliad yn ei unfan. **2.** *Civ.E:* = **headroom.**
headwind *n.* gwynt(-oedd) blaen *m*, blaenwynt(-oedd) *m*, gwynt gwrthwyneb.
headword *n.* prifair (prifeiriau) *m.*
heady *a.* **1.** *(pers., action):* byrbwyll, gwyllt, tanbaid, ehud, *S.W: occ:* rhydd. **2.** *(perfume, wine):* cryf, meddwol, pensyfrdanol, penfeddwol, perlesmeiriol, llesmeiriol.
heal *v.t.&i.* **1.** *v.t.* iach|au, gwella; **to ~ the breach,** *(between people):* cymodi pobl, cyfannu'r rhwyg rhwng pobl. **2.** *v.i. (of wound):* **to ~ [up],** gwella, *N:* mendio, *Lit:* ymiach|au. **~-all** *n.* **1.** *F:* holl-iachawr *m*, jolop *mf*, ffisig (*m*) at bob peth/clwy, moddion (*m or pl*) at bob peth/clwy. **2.** *Bot:* = **valerian.**
heal[2] *v.t.* **to ~ a plant,** *See* **hele.**
heald *n.* = **heddle.**
healer *n.* iachäwr (iachawyr), iachawraig *f;* **faith ~,** iachäwr trwy ffydd; **time is a great ~,** amser yw'r meddyg gorau.
healing[1] *a.* **1.** *(a)* iachaol, iachusol, rhinweddol; *(b) (advice):* cymodol. **2. a ~ sore,** dolur sy'n gwella.
healing[2] *vn.* **1.** iach|au, iachâd *m;* **faith-~,** iachau drwy ffydd.
health *n.* **1.** iechyd *m; (a)* **to restore s.o. to ~,** adfer iechyd rhn; **to regain ~,** adennill iechyd, gwella, cael eich cefn atoch, *N.W: F:* fflonsio, criwtio, mendio; *(b)* **in good ~,** mewn iechyd da, yn iach, yn dda eich iechyd; **in perfect ~,** mewn llawn iechyd, yn iach fel y gneuen, yn berffaith iach; **to enjoy good ~,** cael iechyd; *S.a.* **bill; the ~ of the economy,** lles (*m*) yr economi; **to be in bad ~,** bod yn wael eich iechyd, *N:* cwyno; *F:* **he's not doing it for his ~,** nid er mwyn ei iechyd y mae'n ei wneud; **public ~,** iechyd cyhoeddus; **the Ministry of H~,** yr Adran (*f*) Iechyd, y Weinyddiaeth (*f*) Iechyd; **Board of H~,** Bwrdd (*m*) Iechyd; **the National H~ Service,** y Gwasanaeth (*m*) Iechyd Gwladol/ Cenedlaethol; *m;* **H~ Executive Council,** Cyngor Gweithredol Iechyd; **Medical Officer of H~,** Swyddog(-ion) (*m*) Iechyd; **H~ and Social Security,** Iechyd a Nawdd Cymdeithasol; **H~ and Welfare Services,** Gwasanaethau Iechyd a Lles. **2. to drink [to] the ~ of s.o.,** yfed iechyd [da] rhn, *A:* yfed at rn; **to propose s.o.'s ~,** cynnig llwncdestun i rn; **good ~!** iechyd da! iechyd i'r dant! hir oes! **here's to the ~ of X!** iechyd da i X! **~ centre** *n.* canolfan(-nau) (*mf*) iechyd. **~ certificate** *n.* tystysgrif(-au) (*f*) iechyd. **~ education** *n.* addysg (*m*) iechyd. **~-giving** *a.* iachusol, llesol, *S.E: occ:* iachus. **~ insurance** *n.* yswiriant (yswiriannau) (*m*) iechyd. **~ farm** *n.* fferm(-ydd) (*f*) iechyd. **~ food** *n.* bwyd(-ydd) (*m*) iechyd, bwyd iachusol, bwyd iechydol. **~ visitor** *n.* ymwelydd (ymwelwyr) (*m*) iechyd. **~ resort** *n.* cyrchfan(-nau) (*mf*) iechyd. **~ hazard** *n.* perygl(-on) (*m*) [i] iechyd. **~ physics** *n.* ffiseg (*f*) iechyd. **~ salts** *n.pl.* halwynau iachusol.
healthful *a.* llesol, llesaol, iachusol, iach, *occ:* iachus.
healthfully *adv.* yn llesol *&c.*
healthfulness *n.* iechyd [da] *m*, iachusrwydd *m.*
healthily *adv.* yn iach *&c.*
healthiness *n.* iachusrwydd *m*, iechyd [da] *m.*
healthy *a.* **1.** *(a) (pers.):* iach; *(b) (of climate, food &c):* iach, iachus, iachusol, llesol, llesaol; **to make s.o. healthier,** iacháu rhn, gwneud rhn yn iachach; **~looking,** iach yr olwg; *(animal):* â golwg gadwrus, mewn cas cadw da, *N.W: occ:* â golwg liwgar. **2. a ~ appetite,** archwaeth dda/iach; **~ criticism,** beirniadaeth iach; **~-mindedness,** iechyd (*m*) meddwl; **I have a ~ respect for lions,** mi fyddaf yn barchus iawn o lewod.
heap[1] *n. (a)* pentwr (pentyrrau) *m*, tomen(-ni,-nydd) *f*, swp (sypiau) *m*, cruglwyth(-i) *m*, *occ:* twr (tyrrau) *m*, carnedd(-au,-i) *f*, tocyn (tociau) *m*, *S.W:* crugyn (crugau) *m*, carn(-au) *f*, *S.E: occ:* twryn *m*, *N.W: occ:* hocsiad *m; N.W: occ: (of stones):* trwfwl (tryflau, trylau) *m*, rwg *m; F: (of pers.):* **to fall in a ~,** *N:* syrthio'n swp/glewt, *S.W:* cwympo'n fflachdar; **to strike s.o. all of a ~,** synnu rhn, syfrdanu rhn; **I was struck all of a ~,** cefais fy synnu ar fy hyd; mi synnais ar fy hyd; *(b) F:* **heaps (of people),** heidiau, llond (*m*) gwlad, *N:* fflyd *f*, *F:* peth (*m*) mwdredd, peth coblyn *&c*, *S.W:* crugyn (o bobol); **heaps (of things),** llond gwlad, hylltod *m*, *M.W: occ:* ystodwm *m* (o bethau); **a whole ~ of trouble,** trafferth ddi-ben-draw *f*, cryn helynt *f*, llwyth (*m*) o drafferth, pac (*m*) o drwbwl; **heaps of times,** droeon, sawl tro, sawl gwaith, lawer gwaith, lawer tro, dro ar ôl tro, yn aml iawn, yn fynych iawn, filoedd o weithiau; **heaps of time,** digonedd o amser; **he's [at] the top of the ~,** mae ar ben y domen; mae ar y brig; mae ar y blaen; **she has heaps of money,** mae hi'n graig o arian; **(he is) heaps (better),** (mae ef yn well) o lawer, o dipyn, *F:* o beth coblyn *&c; (c) (motor car): N.W:* [hen] siandri(-s) *f.*
heap[2] *v.t.* **1.** *(a)* **to ~ up,** pentyrru, crugio, crynh|oi (rhth); gwn|eud pentwr/tomen *&c* (o rth); hel (rhth) yn domen *&c; (b)* **to ~ praises on s.o.,** canmol rhn i'r cymylau, pentyrru clod ar rn; **to ~ insults on s.o.,** enllibio rhn, *N: F:* blagardio rhn, piwsio rhn. **2. to ~ (sth with sth),** llwytho, llenwi (rhth â rhth); *(cart &c):* cruglwytho; **she heaped my plate with cherries,** llwythodd fy mhlât â cheirios.
heaped *a.* yn bentwr *&c;* **a ~ measure,** mesur gorlawn *m.* **a ~ spoonful,** llwyaid orlawn *f*, *occ:* llwyaid a chefn iddi.
heaper *n.* pentyrrwr (pentyrwyr) *m*, llwythwr (llwythwyr) *m.*
heaping *vn. U.S:* **1.** = **heaped. 2.** *(= increasing):* cynyddol, mwyfwy.
hear *v.t.* **1.** clywed *(the present + imperfect tenses of this verb are still used as true present & imperfect tenses in speech)*; **I [can] ~ you,** 'rwyf yn dy glywed di (eich clywed chi); mi clywa' i di (chi); *Lit:* fe'th glywaf (fe'ch clywaf); **I could ~ her singing,** fe'i clywn hi'n canu; **he heard,** clywodd; *Lit: occ:* clybu; **you heard!** glywaist ti? **a groan was heard,** clywyd griddfan, *Lit:* clybuwyd griddfan; **I heard my name [mentioned],** clywais ddweud f'enw; **to ~ s.o. speak,** clywed rhn yn siarad; **I could hardly make myself heard,** prin y gellid fy nghlywed; **he likes to ~ himself talk,** mae'n hoffi clywed [sŵn] ei lais ei hun; **to ~ sth said [or told] to s.o.,** clywed dweud rhth wrth rn; **to ~ s.o. say sth,** clywed rhn yn dweud rhth; **I have heard it said,** *O:* **I have heard tell, that . . .,** mi glywais ddweud bod . . .; mi glywais sôn bod . . . . **2.** *(= listen to): (a)* gwrando (ar rn *&c*), *S:* clywed (rhn), *occ:* gwrando (rhn); **~ me out!** clyw(-ch) fi hyd y pen! *(at meetings):* **hear! hear!** clywch! clywch! *Ecc:* **to ~ mass,** gwrando offeren; *Jur:* **to ~ a case,** gwrando [ar] achos; *(b) Sch:* **to ~ a lesson,** clywed plentyn yn adrodd gwers; *(c)* **to ~ a prayer,** clywed/ gwrando gweddi; **have you heard the news?** [a] glywaist ti (glywsoch chi)'r hanes? **3.** *(a)* **to ~ from s.o.,** clywed oddi wrth rn, clywed gan rn, cael hanes rhn, cael llythyr oddi wrth rn; **you will ~ from me,** mi ysgrifenna' i atat ti (atoch chi); *(as a threat):* **you will ~ from me later on!** fe glywi di (glywch chi) ragor am hyn gen i! *(b)* **to ~ of/about s.o.,** clywed sôn am rn, cael clywed hanes rhn; **the climbers were never heard of again,** ni chlywyd sôn byth wedyn am y dringwyr; **this is the first I have heard of it,** dyma'r tro cyntaf i mi glywed sôn amdano; **(I never heard of) such a thing!** (chlywais i erioed) y fath beth, ffasiwn beth, *S:* shwt beth! *N.W:* (chlywais i) rhotsiwn beth! **I ~ of nothing else,** dyma a glywaf o hyd; ni byddaf yn clywed am ddim arall; *(c) (= allow):* mynnu, caniatáu; **father won't ~ of it,** ni fynn fy nhad mohono; mae fy nhad yn ei wrthod yn lân; mae fy nhad yn wyllt yn erbyn; **I won't ~ of your going,** chewch chi ddim mynd gen i; fynna' i ddim ichi fynd.
hearable *a.* clywadwy.
heard *a.* hyglyw; a glywir, ar y clyw, ar y glust.
hearer *n.* gwrandäwr (gwrandawyr) *m*, gwrandawraig *f.*
hearing *n.* **1.** gwrandawiad(-au) *m;* **give me a ~!** gwrandewch arnaf! **(to condemn s.o.) without a ~,** (condemnio rhn) heb roi gwrandawiad iddo, heb ei glywed, heb wrando arno; *Jur:* **~ of witnesses,** gwrandawiad y tystion; **~ of the case,** gwrandawiad yr achos; *(= meeting):* cyfarfod(-ydd) *m*, sesiwn (sesiynau) *f.* **2.** *(= sense of hearing):* clyw *m;* **hard of ~,** trwm eich clyw; **partially ~,** rhannol fyddar; **a ~ impairment,** nam (*m*) ar y clyw; **to be quick of ~, to have a keen sense of ~,** clywed yn dda, bod â chlust fain, clywed fel cath; **within ~,** o fewn clyw; **out of ~,** allan o glyw; **(it was said) in my ~,** (fe'i dywedwyd) yn fy nghlyw. **~-aid** *n.* cymorth (cymhorthion) (*m*) clywed, teclyn

(taclau) (*m*) clywed. **~ loss** *n.* colli (*vn*) clyw, byddardod *m.* **~ test** *n.* prawf (profion) (*m*) clyw/clywed.

hearken *v.i. A: Lit:* gwrando **(to sth,** ar rth).

hearsay *n.* sôn *m*, achlust *m*; **I know/have it only from ~,** dim ond rhyw achlust ohono a gefais i; dim ond rhyw si a glywais amdano. **~ evidence** *n. Jur:* tystiolaeth (*f*) achlust, tystiolaeth ail law.

hearse *n.* **1.** *Ecc:* **[taper] ~,** elor(-au,-ydd) *f.* **2. funeral ~,** hers(-iau) *f, Lit:* elorgerbyd(-au) *m.*

heart[1] *n.* **1.** calon(-nau) *f*; **with beating ~,** a'r galon yn curo, a'ch calon yn curo; *Med: F:* **he's a ~ case,** mae'n cwyno â'r galon; mae clefyd y galon arno; mae ei galon yn ddrwg; **open-~ surgery,** llawdriniaeth calon agored; *S.a.* **hole**[1]; **my ~ stood still,** bu bron i mi â llewygu; bu bron i mi gael gwasgfa; *F:* **my ~ was in my mouth,** 'roeddwn mewn gwewyr; 'roeddwn ar bigau'r drain; 'roeddwn bron â mygu; **his ~ was in his boots,** 'roedd arno ofn ar ei hyd; 'roedd ei galon yn ei esgidiau; *V:* 'roedd arno ofn drwy'i din [allan]; **we had a ~ to ~ talk,** cawsom sgwrs galon-agored; **to press/clasp s.o. to one's ~,** cofleidio rhn, gwasgu rhn at eich mynwes, gwasgu rhn i'ch côl; **to break s.o.'s ~,** torri calon rhn; **his ~ is not in it,** 'dyw ei galon ef ddim ynddi; 'dyw ei galon ef ddim yn y gwaith; **he died of a broken ~,** bu farw o dor calon; **to break one's ~ (over sth),** digalonni, torri'ch calon (o achos rhth). **2.** *(a)* **a ~ of gold,** calon aur, hen galon iawn; **a ~ of steel, a ~ of stone,** calon galed, calon garreg, calon o haearn; **his ~ is in the right place,** mae ei galon yn y lle iawn; **bless his ~!** chwarae teg iddo! bendith arno! *occ:* iechyd i'w galon! **have a ~!** chwarae teg! **bless my ~!** 'dawn i byth o'r fan yma! 'tawn i'n glem! *&c;* **to wear one's ~ on one's sleeve,** dangos eich teimladau; **the delight of my ~,** pleser fy nghalon i, eli fy nghalon i; **it does one's ~ good,** mae'n arial/eli/iechyd i'r galon; **it did my ~ good to hear the news,** 'roedd yn dda gan fy nghalon i glywed y newydd; **set your ~ at rest,** peidiwch â phoeni; byddwch [yn] dawel eich meddwl *&c;* **his ~ was full/heavy,** 'roedd ei galon yn llawn/drom; **with a heavy ~,** â chalon drom, *Lit: occ:* allan o galon; **(a sight) that goes to one's ~, that cuts one to the ~,** (golygfa) galonrwygol, dorcalonnus, galondreiddiol, sy'n treiddio i'r galon, sy'n cyffwrdd y galon, sy'n mynd at y galon; **they were cut to the ~,** cawsant eu brifo/clwyfo i'r byw; **in my ~ (I knew he was right),** yn fy nghalon, yn nwfn fy nghalon (gwyddwn ei fod yn iawn); **in my ~ of hearts,** yng ngwaelod/ngwraidd, yn nwfn fy nghalon; **from the bottom of my ~,** o waelod fy nghalon, â'm holl galon, *Lit: occ:* o eigion calon; **sick at ~,** claf o'r galon, trymglaf, trwm eich calon; **at ~ he is quite kind,** yn y bôn mae'n eithaf caredig; **my ~ bleeds for her,** mae'n ddrwg gan fy nghalon i drosti; mae'n ddwg calon gen i drosti; mae 'nghalon i'n gwaedu drosti; **(to learn sth) by ~,** (dysgu rhth) ar eich cof, ar dafod leferydd; *(b)* **(to love s.o.) with all one's ~,** (caru rhn) â'ch holl galon, o waelod eich calon, yn angerddol; **she is very near my ~,** mae hi'n annwyl iawn i mi; mae hi'n agos at fy nghalon; **to give/lose one's ~ to s.o.,** caru rhn o ddifrif calon, rhoi'ch/colli'ch calon i rn, syrthio mewn cariad â rhn, drysu/ffoli am rn, dotio/dwlu ar rn, *N:* mopio'ch pen ar rn; **to win s.o.'s ~,** ennill cariad/calon/serch rhn, mynd â holl fryd rhn; **to have sth at ~,** poeni/ymboeni ynghylch rhth; **he's a man after my own ~,** mae'n ddyn wrth fodd fy nghalon i; **to take sth to ~,** teimlo rhth i'r byw, dwysdeimlo rhth, teimlo rhth yn ddwys, cymryd atoch; **to lay sth to ~,** ystyried rhth o ddifrif, ystyried rhth yn ddwys; *(c)* **to set one's ~ on sth,** rhoi'ch calon/serch/bryd ar rth, *N: occ:* gweld eich gwyn ar rth; **(the thing) he has set his ~ on,** (y peth) a aeth â'i fryd, y mae'n mynnu ei gael; **to one's ~ content,** wrth fodd eich calon; **to have a change of ~,** newid eich meddwl/bwriad; **to eat/drink to one's ~'s content,** bwyta/yfed eich gwala [a'ch digon]; **to eat one's ~ out,** hiraethu, dihoeni, nychu, gofidio **(for sth,** am rth); **to cry one's ~ out,** wylo'n hidl, beichio wylo, wylo o eigion calon, *N: occ:* crïo llond bol, eich lladd eich hun yn crïo, *S: occ:* llefen y glaw; **to work one's ~ out,** (gweithio) eich gorau glas, ei hochr hi, nes ymlâdd, nes diffygio, nerth deg ewin, fel lladd nadroedd *&c;* *(d)* **to have one's ~ in one's work,** bod â'ch calon yn eich gwaith; **with all my ~,** o ddifrif calon, yn ddiffuant, â'm holl galon, yn llwyr, o'm llwyrfodd, o lwyrfodd fy nghalon, yn llawen; **with ~ and hand, with ~ and soul,** galon ac enaid, yn llwyr, yn frwd, yn selog, â'ch holl enaid; **to back sth ~ and soul,** cefnogi rhth yn frwd, llwyr gefnogi rhth; *(e)* **to put new ~ into s.o., to put s.o. in good ~,** calonogi rhn, rhoi hwb i rn; **to pluck up ~, to take ~ [of grace],** magu dewrder, ymwroli, ymgalonogi, ymgysuro; **to be of good ~,** bod yn galonnog, bod yn siriol, ymlonni, sirioli, ymsirioli, codi'ch calon; **be of good ~!** cymer(-wch) gysur! cwyd dy galon (codwch eich calon[- nau])! **to lose ~,** digalonni, gwangalonni (*pronounced* ng-g), colli calon; **I hadn't the ~, I couldn't find it in my ~ (to do it),** ni allwn i yn fy myw, ni allwn glywed ar fy nghalon, 'roedd yn codi arna' i (ei wneud); nid oedd gennyf mo'r galon/stumog (i'w wneud); **out of ~,** digalon/gwangalon (*pronounced* ng-g), prudd, diysbryd; *(of land):* mewn cyflwr gwael; **in good strong ~,** *(i) (pers.):* siriol, calonnog, talog; *(ii) Agr: (soil):* mewn cyflwr da, cnydiog, ffrwythlon, toreithiog; *(animal):* cadwrus. **3.** *(of cabbage &c):* calon, pen(-nau) *m*; *(of wood):* rhuddin *m*; **a ~ of oak,** *Fig:* dyn gwrol, gŵr cadarn, calon llew; **the ~ (of the matter),** gwraidd *m*, craidd *m*, hanfod *m* (y peth); gwreiddyn (*m*) y mater; **in the ~ of . . .,** ynghanol . . ., yng nghalon . . .; **in the ~ of the country,** ym mherfedd/mherfeddion y wlad. **4.** *Cards:* **queen of hearts,** brenhines y calonnau; **have you any hearts?** a oes gen ti (gennych chi) galonnau? **~-ache** *n.* poen (*f*) calon, *occ:* dolur (*m*) calon, ing(-oedd) *m*, trallod(-ion) *m*, cystudd(-iau) (*m*) calon, gofid(-iau) (*m*) calon. **~ and dart** *n. Ent:* gwyfyn(-od) (*m*) pen saeth. **~ attack** *n. Med:* ymosodiad(-au) (*m*) ar y galon, trawiad(-au) (*m*) ar y galon, *F:* pwl (pyliau) (*m*) ar y galon. **~-beat** *n. Med:* curiad (*m*) calon. **~-block** *n. Med:* rhwystr (*m*) ar y galon. **~-break** *n.* torcalon *m*, gofid (*m*) calon, ing *m.* **~-breaking** *a.* torcalonnus, calonrwygol, gofidus, ingol; **it was ~-breaking,** 'roedd yn ddigon i dorri'ch calon. **~ breakingly** *adv.* yn dorcalonnus *&c.* **~-broken** *a.* calonddrylliog, briwedig o galon, a'ch calon yn friw, wedi torri'ch calon; **to be ~-broken,** torri'ch calon. **~-brokenly** *adv.* mewn torcalon. **~-burning** *n.* cenfigen *f*, eiddigedd *m*, gwenwyn *m.* **~-cherry** *n.* ceiriosen (ceirios) (*f*) y galon. **~-disease** *n.* clefyd (*m*) y galon. **~ failure** *n.* methiant (*m*) y galon, pall (*m*) ar y galon. **~-felt** *a.* calonnog, didwyll, diffuant, o'r galon, taer; **to make a ~-felt appeal,** ymbil yn daer **(to s.o.,** ar rn). **~-lung machine** *n.* peiriant (peiriannau) (*m*) calon-ysgyfaint. **~-pea** *n.* = **~-seed.** **~-piercing, ~-rending** *a.* torcalonnus, calonrwygol, ingol, digon i dorri'ch calon. **~-rate** *n.* cyflymder (*m*) calon. **~-rot** *n. (of tree):* rhuddin pwdr *m*, pydredd (*m*) rhuddin. **~'s blood** *n.* gwaed (*m*) y galon. **~'s ease** *n. Bot:* llysiau(*pl*)'r Drindod, y feidiog drilliw *f*, y feidiog rudd, y fioled fraith *f*, y fioled ddauwynebog, blodyn (blodau) (*m*) wyneb Mair, trilliw *m*, eli(*m*)'r galon. **~-searching 1.** *a.* calondreiddiol. **2.** *vn.* hunanholi, ymholi, chwilio'ch calon. **~-seed** *n. Bot:* calon hadog *f.* **~ shake** *n.* hollt (*f*) calon. **~-shaped** *a.* calonwedd, calonffurf, ar ffurf calon, siâp calon. **~-sick** *a.* digalon, claf o galon, isel eich calon, trymglaf, trymfryd. **~-strings** *n.pl. A:* gïau'r galon, llinynnau'r galon; **to tug at one's ~-strings,** mynd yn syth i'r galon, cyffwrdd y galon, tynnu ar linynnau'r galon; **~-sounds** *n.pl.* synau'r galon. **~-throb** *n.* **1.** curiad(-au) (*m*) calon. **2.** *Fig: (= idol):* eilun(-od) *m.* **~ transplant** *n. Med:* trawsblaniad(-au) (*m*) calon, trawsblannu (*vn*) calon. **~ urchin** *n.* = **sea-urchin.** **~-warming** *a.* calonogol, twymgalon, calongynhesol (*pronounced* ng-g). **~-whole** *A.* **1.** *(= fancy-free):* calongyfan (*pronounced* ng-g). **2.** *(= sincere):* didwyll, diffuant. **3.** *(= undismayed):* calonnog, eofn.

heart[2] *v.i. (of cabbage, lettuce):* crynh|au.

heartburn *n. Med: N: S.E:* dŵr poeth *m*, *S.W:* llosg (*m*) cylla, *F:* 'sgella: 'sgilia *m*, *S.W: occ:* diffyg (*m*) traul, yr ingles *f*, renglos *m.*

-hearted *a.* **broken-~,** wedi torri'ch calon, â chalon ysig/friw, calonddrylliog, briwedig o galon; **big-~, great-~,** mawrfrydig, haelfrydig, mawrgalon, haelgalon; **evil-~,** maleisus, drygionus, milain, maleisddrwg, gwenwynllyd; **faint-~,** gwangalon (*pronounced* ng-g), llwfr; **light-~,** ysgafn eich calon, ysgyfala, llawen, ysgafngalon (*pronounced* ng-g), hoenus, *N.W: occ:* diridano; **stout-~,** dewr, calonddewr, dewrgalon, pybyr, glew, glewgalon, cadarn, dewr eich bron; **true-~,** o wir galon, â chalon driw; **open-~,** calonagored; **tender-~,** calondyner, tyner [o galon], tynergalon, hynaws, tirion, addfwyn; **warm-~,** brwd, calondwym, twymgalon, gwresog, cynnes eich ysbryd; **whole-~,** didwyll, dilys, o'r galon; *S.a.* **broken-hearted, chicken-hearted.**

hearten *v.t.&i.* **1.** *v.t.* **to ~ s.o. [up],** codi calon rhn, rhoi hwb i galon

rhn, calonogi rhn. **2.** *v.i.* **to ~ up,** ymgalonogi, ymwroli, codi calon, sirioli.
heartening *a.* calonogol.
hearteningly *adv.* yn galonogol.
hearth *n.* **1.** aelwyd(-ydd) *f*; **~ and home,** aelwyd a chartref; **without ~ or home,** heb na thŷ na thwlc. **2.** *(a) Metall:* gwaelod (*m*) ffwrnais; *(b)* **(blacksmith's) ~,** gefail (gefeiliau) *f*; *(c) Metalw:* **brazing ~,** aelwyd bresyddu (aelwydydd presyddu); **revolving ~,** aelwyd dro (aelwydydd tro). **~-deities** *n.pl. Rel:* aelwyd-dduwiau. **~-money, ~-tax** *n. Hist:* treth (*f*) aelwyd.
hearthrug *n.* rŷg (rygiau) (*mf*) aelwyd.
hearthstone *n.* **1.** carreg (cerrig) (*f*) [yr] aelwyd, *occ:* aelwyd-faen (~-feini) *m.* **2.** *Dom.Ec: (for whitening):* carreg bwdr (cerrig pydron). **3.** *U.S:* = **hearth 1.**
heartily *adv.* **1.** *(= cheerily):* yn galonnog *&c*; **to be ~ glad about sth,** bod yn dda gan eich calon am rth; **to sing ~,** morio canu, canu o'i hochr hi. **2. to eat ~,** bwyta'n awchus, *F:* bwyta'n harti, *occ:* claddu dan yr hen drefn; *S.a.* **eat. 3. I am ~ sick of it,** 'rwyf wedi hen syrffedu arno; 'rwyf wedi diflasu'n llwyr arno.
heartiness *n. (of welcome &c):* brwdfrydedd *m*, gwreso[w]grwydd *m*, calonogrwydd *m*, cynhesrwydd *m*; *(of manner):* hwyliogrwydd *m*; *(of appetite):* awch *m*; **the ~ which he puts into his work,** y sêl/brwdfrydedd a ddengys yn ei waith.
heartland *n.* perfeddwlad *f*, cefn (*m*) gwlad; **the Welsh ~,** y fro Gymraeg *f*.
heartless *a.* dideimlad, annynol, creulon, didostur, calongaled (*pronounced* ng-g), calongaead (*pronounced* ng-g), *occ:* diffaith.
heartlessly *adv.* yn ddideimlad *&c.*
heartlessness *n.* dideimladrwydd *m*, creulondeb *m*, diffyg (*m*) tosturi, calongaledwch *m*, calongaledrwydd *m* (*both pronounced* ng-g), caledwch (*m*) calon.
heartsore *a.* gofidus, galarus, calon ysig.
heartwood *n.* rhuddin *m.*
heartworm *n.* llyng[h]yren (llyngyr) (*f*) y galon.
hearty *a. & n.* **1.** *a. (= cordial):* calonnog, brwd, brwdfrydig, twymgalon, cynnes; *(= sincere):* didwyll, diffuant, o'r galon. **2.** *a. (= vigorous):* egnïol, llawn ynni; *(= cheery):* calonnog, hwyliog; *(meal):* mawr, sylweddol, *F:* harti; **a ~ appetite,** awch (*m*) am fwyd, archwaeth *f*; **he is a ~ eater,** mae'n fwytäwr iach/mawr/awchus, *N.W: occ:* mae o'n sglaffiwr o fytwr. **3.** *n. (a) Nau:* **now then, my hearties!** *S:* 'nawr te, bois! 'nawr 'te fechgyn! *N:* 'rŵan 'ta, hogia [bach]; *(b) Sch: (as opposed to aesthete):* (*)llabwst (llabystiaid) *m.*
heat[1] *n.* **1.** *(a)* gwres *m*, *occ:* poethder *m*, twymdra *m*, twymedd *m*, tanbeidrwydd *m*; **in the ~ of the day,** yng ngwres y dydd; **to give out ~,** *(of fire): N: occ:* gwresio, gwresu, taflu gwres; **to gain one's ~,** cael/ennill eich gwres; *Hort:* **to sow in ~,** hau mewn gwely twym; *(b) Ph: Cu: Metall: &c:* **black ~,** gwres du; **white ~,** gwres gwynias, gwyniasedd *m*; **red ~,** gwres coch; **bright red ~,** gwres cochias; **bright yellow ~,** gwres eirias; **latent ~,** gwres cudd; **specific ~,** gwres cymharol; **welding-~,** gwres asio/weldio; **radiant ~,** gwres pelydrol; *Med:* **~ bump,** chwydd(-i) (*m*) gwres; **to raise iron to a white/red ~,** poethi haearn nes ei fod yn eirias/wyn/wynias/eiriasgoch; **2.** *(= passion):* angerdd *m*, nwyd *mf*, gwres; **to get into a ~,** gwylltio, colli'ch tymer, colli'ch limpin, *N: occ:* cael y gwyllt, *S:* gwylltu; **to reply with some ~,** ateb yn danbaid; **the ~ of youth,** nwyd ieuenctid; **in the ~ of the moment,** yn fyrbwyll, yn ddifeddwl, yng ngwres y funud, yn y twymiad. **3.** *(a) Med:* cochni *m*, gwrid *m*, *N: occ:* cafod *f*; *esp.* **prickly ~,** gwres pigog, cochni pigog; *(b) Vet:* rhidiad *m*, *A:* dyre *m*; *(of bitch):* gwres; *(of cow):* gwasod *m*; **on/in/at ~,** rhyderig, yn rhidio; **a bitch in ~,** gast gynh|aig (geist cynhaig) *f*, gast yn cwna, gast yn cynheica, *N:* gast yn hel cŵn, *S:* gast yn dwym/boeth; **the bitch is in ~,** mae'r ast yn cwna; **a cow in ~,** buwch wasod (buchod gwasod), buwch derfenydd (buchod terfenydd), *N:* buwch yn gofyn tarw, *S: occ:* buwch yn ymosod, buwch yn 'mofyn tarw, buwch yn tarwo; **a mare in ~,** caseg wynnedd (cesyg gwynnedd), caseg farchus (cesyg marchus), *N:* caseg yn marchio/marchu/tyrra, caseg yn gofyn stalwyn/ceffyl/march, *S.W:* caseg yn wynnad/wneru, caseg wyner/wynen, caseg yn geind, *S.E:* caseg yn 'mofyn march; **a sow in ~,** hwch lodig (hychod llodig), hwch yn llowdio, hwch yn gofyn baedd; **a cat in ~,** cath gath[d]erig (cathod cath[d]erig), cath yn cathreica, *N:* cath yn hel cathod, *S:* cath yn cwrcatha/gwrcatha, *N.E:* cath yn herwa; **a turkey on ~,** tyrcen yn cwtsio; **an ewe in ~,** dafad (defaid) yn rhidio/myharenna/hwrdda, yn gofyn hwrdd/myharen. **4.** *Sp: Rac:* rhagbrawf (rhagbrofion) *m*, rhagras(-ys) *f*; **qualifying ~,** ras ragbrofol (rasys rhagbrofol), gornest ragbrofol (gornestau rhagbrofol) *f*; **dead ~,** ras gyfartal (rasys cyfartal). **~-absorbing** *a.* gwres-sugnol. **~ barrier** *n.* rhwystr (*m*) gwres. **~ capacity** *n. Ph:* cynhwysedd (*m*) gwres. **~ constant** *n. Ph:* cysonyn (*m*) gwres. **~ copying** *vn.* gwres-gopïo. **~ death** *n. Ph:* gwastadrwydd (*m*) gwres *m*, |entropi *m*. **~ efficiency** *n. Ph:* effeithiolrwydd (*m*) gwres. **~-energy** *n. Ph:* ynni (*m*) gwres. **~-engine** *n.* motor(-au) (*m*) gwres. **~-exchange** *n.* cyfnewid (*vn*) gwres, cyfnewidiad (*m*) gwres. **~-exchanger** *n.* cyfnewidydd(-ion) (*m*) gwres. **~-haze** *n.* tes *m*, tawch *m*. **~ lightning** *n.* dreigiau (*pl*) mellt. **~-proof** *a.* atal gwres, dal gwres, gwrthwres, gwresrwystrol, gwresataliol. **~ pump** *n.* pwmp (pympiau) (*m*) gwres. **~-rash** *n.* y gawod (*f*) wres, cructardd poeth *m*. **~-ray** *n.* pelydryn (pelydrau) (*m*) gwres. **~-resistant, ~-resisting** *a.* = **heat-proof. ~-sealing** *a.* gwres-seliol. **~-setting** *a. (resin):* gwresgaledol. **~ shield** *n.* tarian (*f*) wres (tarianau gwres). **~-sink** *n.* sinc (*f*) wres (sinciau gwres); **natural/vital ~,** gwres anianol/naturiol. **~-stroke** *n. Med: Vet:* trawiad (*m*) gwres. **~ treatment** *n.* triniaeth (*f*) wres, triniaeth â gwres.
heat[2] *v.t.&i.* **1.** *v.t. (a)* twymo, cynhesu, *occ:* gwresogi; *(b) (abnormally, e.g. of blood &c):* poethi; **to ~ oneself (running),** cael eich gwres, codi gwres, twymo, ymdwymo, cynhesu, (wrth redeg). **2.** *v.i. (a) (of water &c):* twymo, cynhesu, dod i'w wres; *(b) (of bearing):* **to ~ [up],** twymo, poethi, mynd yn dwym/boeth. **~ up** *v.t.* twymo; *(= re-heat):* aildwymo; **heated-up stew,** cawl eildwym, *S.W:* cawl twymo; **this food requires heating up,** mae eisiau rhoi ias o ferw ar y bwyd yma.
heated *a.* **1.** *(food):* twym, poeth, wedi ei dwymo/boethi/gynhesu; *(house &c):* wedi ei dwymo/gynhesu, *occ:* wedi ei wresogi. **2.** *(a)* **~ bearing,** traul poeth *m*, beryn poeth *m*; *(b) (of pers.):* tanbaid, gwyllt; *(also, argument):* brwd; **a ~ debate,** dadl frwd (dadleuon brwd) *f*, dadl danbaid (dadleuon tanbaid); **a ~ exchange,** dadlau (*vn*) chwyrn; **to get ~,** gwylltio, cynhyrfu, cyffr|oi, colli'ch limpin, *Joc: N: occ:* mynd i dop y caets[h], *S:* gwylltu, *S.W: Joc:* mynd mas o'ch clocs.
heatedly *adv.* yn frwd, yn danbaid *&c.*
heater *n.* **1.** twymwr (twymwyr) *m*, twymydd(-ion) *m*, *occ:* gwresogydd(-ion) *m*; **storage ~,** stôr-dwymwr (~-dwymwyr) *m*, stôr-wresogydd *m*, gwresogydd (*m*) cadw; **convector ~,** twymwr darfudol; **fan ~,** gwyntyll (*f*) dwymo (gwyntylloedd twymo), ffan (*f*) dwymo (ffaniau twymo), chwythwr (chwythwyr) (*m*) gwres; **immersion ~,** twymwr tanddwr; **tubular ~,** tiwb(-iau) (*m*) twymo. **2.** *U.S: P: (revolver):* dryll(-iau) *m*, gwn (gynnau) *m.*
heath[1] *n.* **1.** rhos(-ydd) *f*, rhostir(-oedd) *m*, gwaun (gweunydd) *f*, gweundir(-oedd) *m*, *A:* grugos *f*. **2.** *Bot: (Erica):* grug *m*, *(sing. occ):* grugyn *m*, *occ:* myncog *m*; *the bogus form* eiddiar *occurs in old dictionaries*; **covered with ~,** grugog; **common ~,** *(Calluna vulgaris):* grug; **Cornish ~,** *(E. vagans):* grug Cernyw; **cross-leaved ~,** *(E. tetralix):* grug croesddail/croesddeiliog/deilgroes, grug y mêl; **Dorset ~,** *(E. ciliaris):* grug Dorset, grug amrantol; **Irish ~,** *(E. erigena):* grug Iwerddon, grug Gwyddelig; **Mackay's ~,** *(E. mackaiana):* grug Mackay; **mountain ~,** *(Phylodoce caerulea):* grug y mynydd; **prickly ~,** *(Pernettya mucronata):* grug pigog; **St. Dabeoc's ~,** *(Daboecia cantabrica):* grug Dabeoc; **sea ~,** *(Frankenia laevis):* grugeilun llyfn; *Fig:* **to set the ~ on fire,** rhoi'r grug ar dân. **~ bedstraw** *n. Bot: (Galium hercynicum):* briwydd wen *f*, briwydd y rhostir, gwendon lefn *f*, gw|enwlydd lefn *f*. **~-bell** *n.* blodyn (*m*) y grug (blodau'r grug). **~-berry** *n.* gruglusen (gruglus) *f*, llusen goch (llus cochion) *f*. **~-cock** *n. Orn:* ceiliog(-od) (*m*) y mynydd, ceiliog du, ceiliog du'r mynydd. **~-grass** *n. Bot: (Sieglingia decumbens):* grugwellt *m*, glaswellt (*m*) y rhos. **~-hen** *n. Orn:* grugiar (grugieir) *f*, iâr (*f*) fynydd (ieir mynydd), iâr goch (ieir cochion) *f*; *S.a.* **grouse. ~ milkwort** *n. Bot: (Polygala serpyllifolia):* llaethlys y rhos, llysiau(*pl*)'r groes, amlaethai(*m*)'r rhos. **~-moth** *n. Ent:* gwyfyn(-od) llwyd (*m*) y ffridd; **latticed ~-moth,** gwyfyn rhwyllog y ffridd. **~-pea** *n. Bot: (Lathyrus macrorrhizus): (syn. tuberosus):* pysen (pys) (*f*) y coed. **~-rush** *n. Bot: (Juncus*

scuarrosus): troellgorun *m*, brwynen droellgorun *f*. **~-violet** *n. Bot: (Viola canina):* pen (*m*) y neidr, fioled (*f*) y cŵn.

Heath[2] (the) *W.Pl.n. (Cardiff):* Y Mynydd Bychan *m*, Y Waun Ddyfal *f*.

heathen *n. & a.* **1.** *n.* pagan(-iaid) *m*, paganes(-au) *f*, anwar(-iaid) *m*; *(= Gentile):* cenedl-ddyn(-ion) *m*, *Coll:* y cenhedloedd *pl.* **2.** *a.* paganaidd, paganllyd, anwar, anghred, anwaraidd, barbaraidd.

heathendom *n.* paganiaeth *f*, pagandra *m*, paganiaid *pl*, y byd paganaidd *m*, yr anghred *m*.

heathenish *a.* = **heathen 2.**

heathenism *n.* paganiaeth *f*, paganeiddiwch *m*, anghred *m*.

heathenize *v.t.* paganeiddio.

heathenry *n.* = **heathendom.**

heather *n. Bot:* grug(-oedd) *m*; **a sprig of ~, a ~-plant,** grugyn(-nau) *m*, grugen(-nau) *f*; *S.a.* **heath[1] 2; Scotch ~, bell ~,** grug lledlwyd, grug mawr, grug clochog; **cross-leaved ~,** grug y mêl; **to gather ~,** casglu grug, *N:* gruga, grugo, hel grug; **a bush of ~,** gruglwyn(-i) *m*, llwyn(-i) (*m*) grug, llwyn o rug; **to nestle/nest in the ~,** *S. W:* grugnythu, crygnytha. **H~ Buttress** *W.Pl.n.* Carreg Flaenllym *f*. **~ fly** *n. Ent:* y bongoch *m* (*pronounced* ng-g). **~ mixture** *n. Tex:* brethyn grugog *m*.

heathery *a.* **1.** grugog, grugiog, llawn grug, *S. W: occ:* gwruglyd. **2.** *(= resembling heather):* fel grug.

heathland *n.* rhostir(-oedd) *m*, gweundir(-oedd) *m*, rhos(-ydd) *f*.

heathy *a.* = **heathery.**

heating[1] *a.* **1.** cynhesol, gwresogol, twymol.

heating[2] *vn. See* **heat[2]**; *(of hay): See* **hay[1] 1**; **central ~,** gwres (*m*) trwy'r tŷ, gwres canolog *m*, gwresogi canolog; *(of hay):* twymo, *S. W: occ:* bacwno. **~ apparatus** *n.* offer (*m*) twymo. **~ power** *n.* grym (*m*) twymo.

heatwave *n. (a) Ph:* ton (*f*) wres (tonnau gwres); *(b) Meteor:* poethdon(-nau) *f*, tywydd poeth *m*, gwres(-ogydd) mawr *m*.

heave[1] *n.* **1.** gwth(-iau) *m*, hwb (hybiau) *m*, hwrdd (hyrddiau) *m*, hyrddiad(-au) *m*, *occ:* hwth(-iau) *m*; **to give sth a ~,** gwthio rhth, rhoi gwth *&c* i rth; *Gym:* haliad(-au) *m*; *(on a bar):* ymgodiad(-au) *m*, ymgodi *vn*, ymhaliad(-au) *m*, ymhalio *vn*; *Gym:* **~ hanging,** hongian halio. **2.** *(a)* cyfog *m*; **to give one the heaves,** codi cyfog/pwys ar rn; *(b) (of the breast):* dychlamiad *m*. **3.** *Nau:* **the ~ of the sea,** ymchwydd (*m*) y môr, ymchwydd y don. **4.** *n.pl. (with sing. const.): Vet:* **the heaves,** gwynt toredig *m*, dyheuwst *m*, dyheuglwyf *m*. **~-shoulder** *n. Rel.Hist:* ysgwyddog (*m*) y dyrchafael.

heave[2] *v.t.&i.* I. *v.t.* **1.** *(= lift):* **to ~ (a load),** codi (baich), gwthio (baich) i fyny; *Nau:* **to ~ [up] the anchor,** *abs.* **to ~ up,** codi angor. **2. to ~ a sigh,** ocheneidio, rhoi ochenaid. **3.** *(a) (= pull, haul):* halio; **to ~ coal,** *(i)* halio glo, *S:* hala glo; *(ii) (= unload):* dadlwytho glo; *(b) Nau:* **to ~ a ship ahead/astern,** halio llong yn ei blaen/hôl; **to ~ down a ship,** troi/moelyd llong ar ei hochr. **4.** *(= throw):* taflu, lluchio; *Nau:* **to ~ the lead,** gollwng y plwm. **5.** *Sp:* **to ~ onself up,** eich halio'ch hun i fyny, ymhalio. II. *v.i.* **1.** *(a) (= swell): (of sea):* ymchwyddo; *(of bosom):* ymgodi, dychlamu; *(b) (of pers.)* cyfogi, chwydu, *N: F:* taflu i fyny; *(of the stomach):* troi; *(c) (of horse):* dyhefod. **2.** *Nau:* **to ~ at a rope,** halio rhaff; **to ~ [away] at the capstan,** gwthio'r capstan. **3.** *Nau: (of land, ship):* **to ~ in sight,** dod i'r golwg/amlwg; *Fig: (also): N:* dod i'r fei, *S:* dod ar glawr. **~ to** *v.t.&i. Nau:* sefyll, stopio; **to be hove to,** bod yn llonydd. **~-ho! 1.** *int.* haliwch! tynnwch! **2.** *n. F:* **to give (s.o.) the ~-ho,** rhoi cawell, rhoi'r gorau, *N:* rhoi'r hwi (i rn).

heaven *n.* nefoedd *pl or f*, *occ:* nef(-oedd) *f*, y nefoedd *pl*, *usu. with f. sing. a.*, y nen(-nau,-noedd) *f*; *(= sky)*; awyr *m*, *Lit:* y ffurfafen *f*; **in ~,** yn y nefoedd; **to go to ~,** mynd i'r nefoedd; **the seventh ~, the ~ of heavens,** y seithfed nef/nen, y gwynfyd *m*, paradwys *m*; **the spangled heavens,** y nefoedd serennog; **in the seventh ~,** yn y seithfed nef, uwchben eich digon, wrth eich bodd, mewn gwynfyd; **good heavens! heavens above!** y nefoedd [wen/fawr/annwyl]! nen [annwyl]! nefoedd drugaredd! nefoedd gogoniant! *N:* nefoedd yr adar! *N: F:* nefi! nefi wen! nefi blw! **thank ~!** diolch i'r nefoedd! diolch i'r drefn! diolch byth! **for ~'s sake!** 'neno'r Tad! 'neno'r nefoedd! 'neno'r annwyl! 'neno'r mawredd! er mwyn y nefoedd! gwarchod pawb! er mwyn Duw! er mwyn popeth! **~ forbid!** na ato Duw! **~ preserve us!** Duw caton pawb! y nefoedd a'n gwaredo! **to move ~ and earth (to do sth),** gwneud popeth yn eich gallu. **~-born** *a.* nef-anedig. **~-sent** *a.* o'r nefoedd, o'r nef, nef-anfonedig.

heavenliness *n.* nefoldeb *m*, nefolder *m*, nefoleiddiwch *m*, *F:* hyfrydwch *m*, swyn *m*, perffeithrwydd *m*.

heavenly *a.* **1.** nefol(-ion), nefolaidd; **to make/become ~,** nefoli; **~ body,** corff (cyrff) nefol *m*; **Our H~ Father,** Ein Tad Nefol *m*; *F:* **what ~ apples!** am afalau bendigedig! **the H~ City,** y Ddinas Nefol *f*, Dinas (*f*) Duw; **the ~ mansions,** y trigfannau nefol, y trigfannau sydd fry, y nefolion leoedd. **2.** *(= excellent):* nefolaidd, bendigedig, perffaith, swynol, hyfryd. **~-minded** *a.* nefolfrydig, duwiolfrydig, duwiol, crefyddol.

heavenward *a. & adv.* tua'r nefoedd.

heavenwards *adv. See above.*

heaver *n.* **1.** *(of coal):* halier(-s) *m*. **2.** *(= thrower):* taflwr (taflwyr) *m*. **3.** *(= pusher):* gwthiwr (gwthwyr) *m*.

heavily *adv.* yn drwm; **to come down ~ on a criminal,** cosbi troseddwr yn drwm/llawdrwm/llym; **to come down ~ on one side of the argument,** pleidio un ochr i ddadl yn gryf; **~ underlined,** wedi ei danlinellu'n drwm; **~ influenced by sth,** yn drwm dan ddylanwad rhth; **to walk ~,** cerdded yn drwm; **to be ~ taxed,** cael eich trethu'n drwm/llethol; **to sigh ~,** ocheneidio'n ddwfn, rhoi ochenaid ddofn.

heaviness *n.* **1.** trymder *m*, pwysau *m or pl.* **2. ~ of heart,** trymder, tristwch *m*.

heaving *a. & vn.* **1.** *a. (sea &c):* ymdonnol, ymchwyddol; *(with people):* dan ei sang, gorlawn, llawn dop (o bobl); yn berwi/heidio (gan bobl); **shoulders ~ with laughter,** ysgwyddau'n siglo gan chwerthin. **2.** *vn.* = **heave[2]**; *S.a.* **frost.**

Heaviside layer *n.* haen (*f*) Heaviside.

heavy *a.* **1.** *(a)* trwm (*f.* trom, *pl.* trymion); *comp.forms:* trymed, trymach, trymaf; **as ~ as lead,** cyn drymed â phlwm, trwm fel plwm; *Ph:* **~ water,** dŵr trwm *m*; **~ hydrogen,** dewteriwm *m*; **~ metal,** metel trwm *m*; **a ~ fall,** codwm drom *f*, codwm Sais; **to get heavier and heavier,** trymh|au, mynd yn drymach [drymach]; **to make heavier,** trymhau; **to lie/weigh ~,** pwyso'n drwm; *Ph:* **~ bodies,** cyrff trwm/trymion; *Miner:* **~ spar,** = **barytes**; *Av:* **heavier-than-air-craft,** awyrcn(-nau) *f*; **a ~ blow,** ergyd drom (ergydion trwm/trymion); **~ goods vehicle,** cerbyd(-au) (*m*) nwyddau trwm; **~ wine,** gwin(-oedd) cadarn *m*; *(b)* **a ~ tread,** troediad/cerddediad trwm; **with ~ tread,** yn droetrwm, yn drwm eich troed; *(c) (animal):* **~ with young,** trom, llawn, torrog, *S: occ:* braisg; **a mare ~ with foal,** caseg gyfeb (cesyg cyfeb), caseg drom (cesyg trymion); **a cow ~ with calf,** buwch gyflo (buchod cyflo); **an ewe ~ with lamb,** dafad gyfoen (defaid cyfoen). **2.** *(a)* **~ baggage,** bagiau trymion; **~ wire,** gwifren drwchus (gwifrau trwchus), gwifren dew (gwifrau tew); *Metall:* **~ castings,** castinau trymion; *Mil:* **~ guns,** gynnau mawr, *Lit:* magnelau [mawr]; **~ cavalry,** c|afalri trwm, marchoglu trwm; *Navy:* **~ armament,** arfogaeth fawr/drom *f*; **~ features,** wynepryd trwm/trymswrth/swrth; **a ~ line,** llinell drom (llinellau trymion); *Typ:* **~ type,** print/teip bras; *(b)* **a ~ beard,** barf laes/drwchus; **a ~ crop,** cnwd toreithiog/bras; **a ~ meal,** pryd mawr, *N: occ:* pryd ffoglyd; *Mil:* **~ fire,** tanio trwm/di-baid; **a ~ shower,** cawod drom (cawodydd trymion); **~ fog,** niwl trwchus/tew; **~ expenditure,** gwario trwm/mawr/sylweddol; *El:* **~ current,** cerrynt trwm/cryf/dwys; **a ~ cold,** annwyd trwm *m*; **he had a ~ cold,** 'roedd yn swp o annwyd; 'roedd yn drwm dan annwyd; 'roedd yn llawn annwyd; *N. W: occ:* 'roedd yn yfed yr annwyd; *S. W:* 'roedd yn gors o annwyd; *(c)* **a ~ silence,** distawrwydd llethol; **~ sleep,** trymgwsg: trwmgwsg *m*; **to be in a ~ sleep,** cysgu'n drwm, bod mewn trymgwsg. **3. a ~ odour,** sawr cryf *m*, *N. W: occ:* archwa: archfa *f*; **air ~ with scent,** awyr bersawrus/beraroglus; *S.a.* **heart[1] 2. 4. ~ eyes,** llygaid cysglyd. **5.** *(a) (work):* trwm, caled, llafurus; **~ work,** trymwaith *m*, caledwaith *m*, llafurwaith *m*, llafur caled *m*, slafdod *m*; *S.a.* **work[1]**; **he did the ~ work,** arno ef y syrthiodd pen trymaf y baich; **~ going,** gwaith caled/trwm *m*, lladdfa *f*, trymwaith *m*, llafurwaith *m*; **a ~ day,** diwrnod llawn/prysur, *S:* diwrnod bis[h]i; **~ soil, ~ ground,** pridd trwm, tir trwm, *occ:* tir tyn[n], tir cleiog; *(b)* **~ weather,** tywydd garw, *N:* tywydd mawr; **he made ~ weather of it,** ni chafodd fawr o hwyl arni; fe gafodd y gwaith yn galed iawn; fe gafodd drafferth ofnadwy; fe fu yn ei waith yn ei wneud; fe fustachodd/stryffagliodd drwyddi; **a ~ sky,** awyr gymylog/benddu; **a ~ sea,** môr mawr/garw/tonnog, *N: occ:* môr bras/moriog *m*; **a ~ sea**

was running, 'roedd y môr yn arw/donnog; *N:* 'roedd hi'n foriog/arw ar y môr; **to ship a ~ sea,** cael moryn. **6.** *Th:* **~ parts,** rhannau trymion/difrif/urddasol; *Th:* **~ lead, ~ man, ~ merchant,** blaenwr trwm; **the ~ father,** y tad llawdrwm/gormesol; *Mus:* **~ jazz,** jas grymus/cadarn; *Mus:* **~ metal,** metel trwm *m*; *(of manner):* trymllyd, trymaidd, trwsgl. **7. a ~ eater,** bwytäwr (bwytawyr) mawr *m*; **a ~ drinker,** yfwr (yfwyr) mawr, llymeitiwr (llymeitwyr) *m*, *F:* potiwr (potwyr) *m*, slotiwr (slotwyr) *m*, *N. W: occ:* slychiwr(-s) *m*; **to be a ~ sleeper,** cysgu fel mochyn/pathew/hwch/top/twrch, *S. W:* cysgu fel y clawdd, cysgu fel maten, cysgu fel hwch melin. **8. a ~ fate,** tynged enbyd/ddifrifol. **~-duty** *a.* gwaith trwm. **~-footed** *a.* troetrwm (*f.* troetrom, *pl.* troetrymion). **~-handed** *a.* **1.** *(= oppressive):* llawdrwm (*f.* llawdrom, *pl.* llawdrymion), gormesol, llethol, llym. **2.** *(= clumsy):* trwsgl, di-glem, lletchwith, yn fodiau i gyd. **~-headed** *a.* pendrwm (*f.* pendrom, *pl.* pendrymion), swrth; *(= stupid):* hurt, dwl. **~-hearted** *a.* trwm (*f.* trom) o galon, trwmgalon (*f.* tromgalon), â chalon drom, trist, prudd, digalon, *Lit:* trymfryd. **~-laden** *a.* trymlwythog.

heavyweight *a. & n.* **1.** *a.* trwm (*f.* trom, *pl.* trymion); *Box:* pwysau trwm; **light ~,** pwysau godrwm. **2.** *n.* *(a) Box:* bocsiwr (bocswyr) *(m)* pwysau trwm, paffiwr (paffwyr) *(m)* pwysau trwm; **light ~,** bocsiwr/paffiwr pwysau godrwm; *(b) Fig:* dyn(-ion) *(m)* o sylwedd/bwysau, un o'r hoelion wyth, un o'r gynnau mawr.

hebdomad *n.* wythnos(-au) *f.*

hebdomadal *a.* wythnosol.

hebetate[1] *a.* pŵl.

hebetate[2] *v.t.&i.* *Lit:* **1.** *v.t.* pylu (rhth), gwn|eud (rhth) yn bŵl/swrth. **2.** *v.i.* mynd yn swrth, ymlonyddu.

hebetude *n.* *Lit:* syrthni *m.*

Hebraic *a.* Hebrëig, Hebreigaidd.

Hebraically *adv.* yn Hebrëig.

Hebraism *n.* **1.** Hebreigiaeth(-au) *f.* **2.** *Ling:* Hebraegeb(-au) *f.*

Hebraist *n.* Hebrëydd(-ion) *m*, Hebreigydd(-ion) *m*, Hebreig[i]wr (Hebreigwyr) *m.*

Hebraistic *a.* Hebreigyddol, Hebrëyddol.

Hebraize *v.t.&i.* Hebreiddio.

Hebrew *a. & n.* **1.** *a.* Hebrëig, Hebreaidd; *(in language):* Hebr|aeg. **2.** *n.* *(a) Ethn:* Hebread (Hebreaid) *m&f*, Hebrëwr (Hebrewyr) *m*, Hebr|aes (Hebraesau) *f*, Hebrëes(-au) *f*; *(b) Ling:* Hebraeg *f, m*; *F:* **it's all ~ to me,** mae'n ddirgelwch llwyr i mi; ni allaf wneud na rhych na rhawn ohono.

Hebridean *a. & n.* **1.** *a.* Hebridëaidd, [o] Ynysoedd Heledd; **a ~ island,** un o Ynysoedd Heledd. **2.** *n.* Hebridead (Hebrideaid) *m&f.*

Hebrides *Pr.n.* *Geog:* Ynysoedd *(pl)* Heledd, H|ebrides *pl*; **the Inner ~,** yr Hebrides Mewnol, Ynysoedd Heledd Mewnol; **the Outer ~,** yr Hebrides Allanol, Ynysoedd Heledd Allanol.

hecatomb *n.* **1.** *Gr.Ant:* aberth (ebyrth) *(m)* can anifail. **2.** *Fig:* lladdfa (lladdf|eydd) *f*, lladdedigaeth(-au) *f*, galanastra *m*, cyflafan(-au) *f.*

heck[1] *n.* *Scot: & N.Eng: Fish:* cored(-au) *f.*

heck[2] *n. & int.* *F:* **what the ~ are you doing?** beth gythgam/gebyst/gythril/gytril/yffach wyt ti'n ei wneud? **oh, ~!** diaist i! diawch! dacia [fo]! daria [fo]! daro! [go] drapia las! [go] dacia! yffach! jiawl! **this is a ~ of a thing to have to do,** *S:* mae hwn yn ddiawch o beth i orfod ei wneud; *N:* mae hwn yn goblyn o beth i orfod ei wneud.

heckelphone *n.* *Mus:* h|ecelffon (hecelffonau) *m.*

heckle *v.t.* **1.** *Tex:* = **hackle[2]**. **2.** *(at meeting):* gweiddi ar draws (rhn), heclo (rhn).

heckler *n.* *Pol: &c:* heclwr (heclwyr) *m.*

heckling *vn.* heclo.

hectare *n.* *Meas:* hectar(-au) *m.*

hectic *a. & n.* **1.** *a.* *Med: (fever &c):* hectig. **2.** *a.* *F:* gwyllt [fel ffair], prysur, ffrwcslyd; *(= exciting):* cynhyrfus, llawn cynnwrf; **(it's) ~ (here today),** (mae hi) fel diwrnod lladd mochyn, fel ffair (yma heddiw); **(we had) a ~ time,** *(= spree):* (fe gawsom ni) hwyl wyllt, sbri, *S:* randibŵ. **3.** *n.* *Med: (fever):* twymyn hectig *f*; *(flush):* gwrid *m*; *(patient):* hectig(-ion) *m&f.*

hectically *adv.* yn wyllt *&c.*

hectogram *n.* *Meas:* h|ectogram (hectogramau) *m.*

hectograph[1] *n.* h|ectograff (hectograffau) *m.*

hectograph[2] *v.t.* hectograffu.

hectolitre *n.* h|ectolitr (hectrolitrau) *m.*

hectometre *n.* hectomedr(-au) *m.*

hector[1] *n.* rhefrwr (rhefrwyr) *m*, brygowthwr (brygowthwyr) *m*, arthgi (arthgwn) *m.*

hector[2] *v.t.&i.* **1.** *v.t.* **to ~ (s.o.),** rhefru, arthio, cega (ar rn). **2.** *v.i.* *(also):* brygowthan.

hectoring *vn. & a.* **1.** *vn.* *See* **hector[2]**. **2.** *a.* *(manner):* arthaidd, sarrug, arthog, arthiol, arthlyd, brygowthlyd, brygowthaidd.

hectowatt *n.* *El:* h|ectowat (hectowatiau) *m.*

he'd *v.* = **he had, he would.**

heddle *n.usu.pl.* *Tex:* brwyd(-au) *usu.pl*, brwyden (brwyd) *f.* **~ holder** *n.* daliwr *(m)* brwydau. **~ string** *n.* llinyn *(m)* brwydau.

hedge[1] *n.* **1.** *N:* gwr|ych(-oedd) *m*, *occ:* gwrychyn *m*, *S. W: occ: N:* clawdd (cloddiau) *m*, *S.W: occ: S.E:* perth(-i) *f*, *S.W: occ: M.W:* sieting (s[ie]tin[g]oedd) *m*, *S.W:* sietyn(-nau) *m*; **low ~,** *M.W: S.W:* gorglodd(-iau) *m*, corclawdd (corcloddiau) *m*, [g]warclawdd ([g]warcloddiau) *m*; **quickset ~,** perth fyw *f*, gwrych [byw], *S.E: occ:* bid(-iau) *f*; **to make a quickset ~,** plygu gwrych, *S. W:* bidio; **at the bottom of a ~,** ym môn perth, ym môn clawdd, *occ:* yng nghlais clawdd, yn nhin clawdd/gwrych; **a ~ against inflation,** sicrwydd *(m)* rhag chwyddiant. **2.** *(= line of persons &c):* rhes(-i) *f*, rheng(-oedd) *f.* **3.** *attrib.* *Pej:* bôn clawdd, tin gwrych/perth/clawdd, *N:* bol clawdd, *S:* bola clawdd. **~-bedstraw** *n.* *Bot: (Galium mollugo):* llysiau(*pl*)'r pannwr, briwydd wen *f*; **upright ~-bedstraw,** *(G. album):* briwydd wen syth. **~ garlic** *n.* *Bot: See* **garlic**. **~-hop** *v.i.* *Av:* neidio cloddiau. **~-hopper** *n.* *Av:* neidiwr (neidwyr) *(m)* cloddiau. **~-hopping** *vn.* = **hedge-hop.** **~-hyssop** *n.* *Bot:* = **gratiola.** **~ marriage** *n.* priodas(-au) *(f)* trwy'r llwyn/berth/gwrych. **~-mustard** *n.* *Bot: (Sisymbrium officinale):* Jac *(m)* y gwrych, arfog meddygol *m*, garllegog *m*, *Lit: occ:* cedw(*m*)'r berth. **~-nettle** *n.* *Bot: (Stachys sylvatica):* briwlys *(m)* y goedwig. **~-parsley** *n.* *Bot: (Torilis):* eilun-berllys bychan *m*; *(Caucalis anthriscus):* gorthyfail *m*; **knotted ~-parsley,** troed *(m)* y cyw clymog, clwm *(m)* eilun-berllys; **spreading ~-parsley,** troed y cyw ymdaenol; **upright ~-parsley,** troed y cyw syth. **~-parson** *n.* offeiriad(-on) *(m)* bôn clawdd, person(-iaid) *(m)* bôn clawdd. **~-pink** *n.* *Bot: (Saponaria):* sebonllys *m.* **~-priest** *n.* = **hedge-parson.** **~ school** *n.* ysgol *(f)* fôn clawdd (ysgolion bôn clawdd). **~-sparrow** *n.* *Orn:* llwyd(-iaid) *(m)* y gwrych, Siani lwyd *f*, llwyd y clawdd, llwyd bach, brych *(m)* y cae, llwyd y berth, llwyd y baw, llwyd y dom, gwas *(m)* y gog/gwcw, Jac Llwyd *(m)* y baw, gwrachell *(f)* y cae, brith *(m)* y cae, *N: occ:* y fronfraith fach *f*, *occ:* gwrach *(f)* y cae, *M. W: occ:* Siani lwyd y sietin. **~ tear darn** *n.* *Needlew:* craith *(f)* rhwyg perth.

hedge[2] *v.t.&i.* **1.** *v.t.* *(a) (= enclose):* **to ~ a place,** plannu gwr|ych/perth o amgylch lle, cau lle [â pherth/gwrych]; **to ~ in/off a piece of ground,** amgáu/cau darn o dir; *Fig:* **an agreement hedged in/about by conditions,** cytundeb a gyfyngir gan amodau; *occ:* cytundeb yn un berth o amodau; *(b) (= trim):* tocio [gwrych, perth], torri [clawdd], *S.W: occ:* trasio, *N.W: occ:* berdio, barbio, barbro [gwrych]; *(= make hedge):* plygu perth/gwrych, *M.W:* cau sietin; *(c) Turf:* **to ~ one's bets,** betio bob ffordd. **2.** *v.i.* *(a) St.Exch: U.S:* **to ~ (against inflation),** eich sicrh|au'ch hun, ymddiogelu, gwarchod, gofalu (rhag chwyddiant); *(b) (= be evasive):* ceisio troi'r stori, troi'r gath yn y badell, petruso, tin-droi, gogordr|oi, hel dail; **"the committee will decide" he hedged,** "fe fydd y pwyllgor yn penderfynu" meddai'n amwys; *(c) Econ:* rhagfantoli.

hedgehog *n.* **1.** *Z:* draenog(-od) *m*; *(female):* draenoges(-au) *f*; *occ:* mochyn (moch) *(m)* [y] coed; *F:* **to curl up like a ~,** *Fig:* mynd i'ch cragen, swilio. **2.** *Bot:* draenoglys(-iau) *m.* **~ cactus** *n.* *Bot: (Echino cactus):* *F:* mochyn *m.* **~ caterpillar** *n.* *Ent: (Arctica isabella):* Siani bigog *f.* **~ fruit** *n.* *Bot: (Echinocarpus australis):* ffrwyth pigog *m.* **~ fungus** *n.* *Fung: (Hydnum repandum):* caws *(m)* draenog. **~ gourd** *n.* *Bot: (Cucumis dipsaceus):* cicaion pigog *m.* **~ grass** *n.* *Bot: (Carex flava):* hesgen felen *f.* **~ holly** *n.* *Bot: (Ilex aquifolium ferox):* celynnen lem (celyn llymion) *f.* **~ mushroom** *n.* = **hedgehog fungus.** **~ parsley** *n.* *Bot: (Caucalis daucoides):* eilun-berllys pigog *m.* **~ rat** *n.* *Z:* llygoden bigog (llygod pigog) *f.* **~ thistle** *n.* *Bot:* ysgallen (ysgall) *(f)* y draenog.

hedgehoggy *a.* pigog, draenogaidd, draenoglyd, fel draenog.

hedger *n.* **1.** *Agr:* plygwr (plygwyr) *m*, caewr (caewyr) *m*, gwrychwr (gwrychwyr) *m.* **2.** *F: (= undecided pers.):* petruswr (petruswyr) *m*, heliwr (helwyr) (*m*) dail.

hedgerow *n.* = **hedge**[1]; *S.W: occ:* coetrych (= coedwrych) *m.*

hedging *vn. See* **hedge**[2]; *Agr:* **~ and ditching,** cau a chloddio, plygu a chloddio, plygu gwrych ac agor ffos, plygu gwrychoedd ac agor ffosydd, cau cloddiau/bylchau a thorri ffosydd. *S.a.* **bill**[1], **glove**[1].

hedonic *a.* hedonaidd, hedonig.

hedonism *n. Phil:* hedoniaeth *f*, pleseryddiaeth *f.*

hedonist *n. Phil:* hedonydd(-ion) *m*, pleserydd(-ion) *m.*

hedonistic *a.* hedonaidd, hedonistaidd, pleseryddol.

heebie-jeebies *n.pl. F:* **to give s.o. the ~-~,** codi ofn/arswyd ar rn.

heed[1] *n.* sylw *m*, ystyriaeth *f*, gofal *m*; **to give/pay ~ to sth,** rhoi/talu sylw i rth, rhoi ystyriaeth i rth; **to take ~,** cymryd pwyll/gofal; **take ~!** gan bwyll! araf deg! **to take no ~ of sth,** anwybyddu rhth, peidio â chymryd sylw o rth, hidio/hitio dim yn rhth, malio dim yn rhth; **to take ~ to do sth,** ymorol am wneud rhth, gofalu gwneud rhth.

heed[2] *v.t.* rhoi/talu sylw/ystyriaeth i rth, gwrando ar rth, ystyried rhth; **to ~ what s.o. says,** gwrando ar rn, dal ar eiriau rhn, rhoi sylw i gyngor rhn.

heedful *a.* ystyriol, gofalus, pwyllog, gochelgar, gwyliadwrus.

heedfulness *n.* pwyll *m*, gochelgarwch *m*, ystyriaeth *f.*

heedless *a.* anystyriol, diofal, esgeulus, didaro, difater, *N: F:* di-hid, dihidio, dihitio, di-feind, *S: F:* dihidans, dihitans, dihidiaeth, dihitiaeth.

heedlessly *adv.* yn ddiofal, heb falio dim.

heedlessness *n.* diofalwch *m*, diystyrwch *m*, diffyg (*m*) ystyriaeth, esgeulustra *m*, esgeulustod *m*, anystyriaeth *f*, *F:* dihidrwydd: dihitrwydd *m.*

hee-haw[1] *n.* hi-ho *mf*; *(of ass):* bref(-au) *f*, brefiad(-au) *m*, gweryriad(-au) *m*; *(laughter):* chwerthin (*vn*) cras, chwerthiniad(-au) cras *m.*

hee-haw[2] *v.i.* *(of ass):* brefu, nadu, gweryru; *(= laugh):* chwerthin, nadu chwerthin, chwerthin fel ffŵl, gweryru fel gafr y gors.

heel[1] *n.* **1.** *(a) (of foot):* sawdl (sodlau) *mf*; **Achilles' ~,** sawdl Achil, *Fig:* man(-nau) gwan *m*; **under the ~ of the invader,** dan sawdl y goresgynnwr; **to tread/be upon s.o.'s heels,** sathru/bod ar sodlau rhn, bod wrth sodlau rhn, sodli rhn; **to fall head over heels in love with s.o.,** syrthio mewn cariad dros eich pen a'ch clustiau (â rhn); mopio'ch pen, drysu'n lân (am rn); **to be quick on s.o.'s heels,** bod yn dyn[n] ar sodlau rhn; **to show a clean pair of heels, to take to one's heels,** ei gwadnu hi, ffoi, ei heglu hi, cymryd y goes, ei bachu hi, ei baglu hi, rhoi traed yn y tir, *S. W:* ei gwân hi, ei gwanu hi, *S.E: occ:* ei 'ffarnu hi; *S.a.* **beat**; **he showed us a clean pair of heels,** fe ddihangodd o'n gafael; 'doedd dim ond lliw 'i din; *S.W:* cafodd wres ei draed; **to lay s.o. by the heels,** cael gafael ar rn, dal rhn, [a]restio rhn; *Nau:* **to have the heels of another ship,** ennill blaen ar long arall, gadael llong arall ymhell ar ôl; **to drag one's heels,** llusgo'ch traed; **to turn on one's heels,** troi ar eich sawdl/sodlau; **to dig one's heels in,** ystyfnigo, cyndynnu, sefyll yn eich rhych; **to kick/cool one's heels,** llyncu'ch poeri, *N.W: occ:* gogrwn, clertian, dal her, cicio'ch sodlau, aros [o gwmpas], *S.E: occ:* hofran ar y lein [am sbel]; **to come to ~,** *(of dog):* ufuddh|au, bod yn ufudd; **to ~!** yma! *(of horse):* **to fling out its heels,** tindaflu, bwrw pedolau; **to bring s.o. to ~,** cael trefn ar rn, gwastrodi rhn, cael gwastrodaeth ar rn, *N. W: occ:* cael cow ar rn; *S.a.* **head**[1] **1**; *(b) (of shoe &c):* sawdl *mf*, *S: occ:* ffâl (ffalau) *f*; **high heels,** sodlau uchel; **low heels,** sodlau isel; **French heels,** sodlau Ffrengig; **stiletto heel,** sawdl bigfain (sodlau pigfain); **(stockings) out at heels,** (hosanau) tyllog, yn dyllau; **down at ~ shoes,** esgidiau wedi mynd ar eu hen sodlau, hen ffagau, hen fflachod, *N.W: occ:* esgidiau yn siagod; *F: (of pers.):* **to be out at heels,** gwisgo 'sanau tyllog, edrych yn dlodaidd/garpiog, bod â'ch traed trwy'ch esgidiau, *S:* bod yn eich dim; **to knock s.o. back on his heels,** synnu/syfrdanu rhn ar ei hyd; *(c) U.S: P: (= cad):* cachwr(-s, cachwyr) *m*, cachgi (cachgwn) *m*, *S:* corgi (corgwn) *m*, *N:* cingroen *m*, cingro *m* (*both pronounced* ng-g), tinllach(-od) *m*, sinach(-od) *m*, eurach(-od) *m*, sgilffyn(-nod) *m.* **2.** *(of tool &c):* carn(-au) *m*, bôn (bonion) *m*; *(of loaf):* cilcyn *m*, sawdl, *occ:* tin (*f*) y dorth; *Mus: (of bow):* sawdl; *Nau:* **~ of a rudder,** troed (*m*) llyw. **3.** *(of cockerel):* ysbardun(-au) *mf.* **~-ball** *n.* cŵyr (*m*) crydd. **~-less** *a.* di-sawdl, heb sawdl. **~-plate** *n.* clem(-iau) *f.* **~-tap** *n.* **1.** *Bootm:* clem(-iau) *f.* **2.** *n.pl.* **~-taps,** *(of drink):* gwaddod *m*, gwaddodion, gwaelodion; **to leave no ~-taps,** yfed ar eich talcen, yfed ar un llwnc.

heel[2] *v.t.&i.* sodli.

heel[3] *n. Nau:* gogwydd *m*; **on the ~,** ar oleddf, ar ogwydd.

heel[4] *v.t.&i. Nau:* **to ~ [over],** gogwyddo.

heel[5] *v.t.* **to ~ a plant,** *See* **hele.**

heeled *a.* **1.** sodlog, â sodlau; **high-~ shoes,** esgidiau sodlau uchel; *U.S: P:* **to be well-~,** bod yn gefnog, bod yn graig o arian. **2.** *P: (= armed with revolver):* arfog.

heeler *n.* **1.** *(dog):* ci (cŵn) (*m*) sodli, ci sawdl, ci sodlo. **2. ward-~,** *U.S:* gweithiwr (gweithwyr) *m* [dros wleidydd], gw|eithwraig *f* [dros wleidydd], cynorthwywr (cynorthwywyr) *m*, cynorth|wywraig *f*, canfasiwr (canfaswyr) *m*, canf|aswraig *f.*

heft[1] *n. U.S:* pwysau *pl.*

heft[2] *v.t. U.S:* swmpo, codi.

heftily *adv.* yn gadarn *&c.*

heftiness *n.* cadernid *m.*

hefting *vn. Husb:* cadw at gynefin.

hefty *a. F:* cadarn, ysgwyddog, glew, cryf(-ion), *N: occ:* [a]tebol, nobl, durol *m*; **a ~ fine,** dirwy drom/sylweddol, *F:* clamp (*m*) o ddirwy; **a ~ fellow,** palff (*m*) o ddyn, *N:* paladr o ddyn [cryf], clampyn o ddyn, dyn durol, *S:* slatyn *m*, slashyn *m*, clobyn *m*, clentyn *m*, clent *m*, stoncyn (*m*) [o ddyn].

Hegelian *a. & n. Phil:* **1.** *a.* Hegelaidd; **~ dialectic,** dilechdid Hegel. **2.** *n.* Hegeliad (Hegeliaid) *m&f.*

Hegelianism *n. Phil:* Hegel[i]aeth *f.*

hegemonic *a.* goruchaf, llywodraethol, arglwyddiaethol, trechaf.

hegemony *n.* goruchafiaeth *f*, blaenoriaeth *f*, penarglwyddiaeth *f*, tra-arglwyddiaeth *f*, heg|emoni *m.*

hegira *n. Moslem Rel:* hegira *m.*

heh *int.* hê!

heifer *n. N:* heffer (heffrod) *f*, *occ:* dyniawed (dyn[i]ewaid, dyn[i]ewyd, dynawaid) *f*, *S.W:* anner (aneiri, aneirydd, aneiriaid, aneirod, aneirodd, aneiredd, *occ:* aneiryd) *f*, *S: occ:* treisiad (treisiaid, treisiedi) *f*, *M.W: occ:* hether (hethrod) *f*; **a ~ in calf,** heffer gyflo (heffrod cyflo); **a ~ in milk,** heffer flith (heffrod blith); **maiden ~,** heffer wyryf (heffrod gwyryf); **spayed ~,** coten(-nod) *f*, cotes(-au) *f.* **~-calf** *n.* llo (lloi) benyw *m*, *N:* llo fanw (lloeau beinw) *m.*

heigh *int.* **~-ho,** *int.* hei-ho! heidi-ho!

height *n.* **1.** *(a)* uchder(-au) *m*, uchdwr *m*; **a wall six feet in ~,** wal chwe throedfedd o uchder; **~ above sea level,** uchder uwchben lefel y môr; *Typ: &c:* **~-to paper,** uchder teip; *(b) (of pers.):* taldra *m*; **he drew himself up to his full ~,** ymsythodd i'w lawn daldra. **2.** *(= hill):* ucheldir(-oedd) *m*, uchder(-au) *m*, trum(-iau) *fm*, crib(-au) *f*, codiad(-au) *m*, ban(-nau) *m*, *occ:* uchelder(-au) *m*; *U.S:* **~ of land,** *(= watershed):* cefn (*m*) deuddwr, *S. W:* diwelfa *f.* **3.** *(of fortune &c):* uchafbwynt(-iau) *m*, anterth *m*, eithaf *m*; **at the ~ of the storm,** ar anterth/waethaf y storm; **in the ~ of summer,** ar ganol haf; **the season is at its ~,** mae'r tymor ar ei eithaf; **in the ~ of fashion,** yn y ffasiwn diweddaraf, mwyaf ffasiynol, tra ffasiynol; **the ~ of folly,** ffolineb o'r mwyaf, eithaf ffolineb.

heighten *v.t.&i.* **1.** *v.t. (a) (a wall &c):* codi (rhth), gwn|eud (rhth) yn uwch; *(b) (a pleasure &c):* dwysáu, mwyh|au (rhth); gwneud (rhth) yn fwy, *occ:* chwyddo (rhth); ychwanegu (at rth); *(an evil):* gwaethygu, dwysáu; *(a beauty, contrast):* pwysleisio, cryfhau, dwysáu. **2.** *v.i.* cynyddu, dwysáu, codi, mynd yn fwy.

heightened *a.* cryfach, dwysach.

heinous *a.* ysgeler, anfad, dybryd, ffiaidd, erchyll.

heinously *adv.* yn ysgeler.

heinousness *n.* anfadrwydd *m*, ysgelerder *m*, erchylltra *m.*

heir *n.* etifedd(-ion) *m*, aer(-ion) *m*, etifeddes(-au) *f*, aeres(-au) *f*; (aer, aeres *are juridical terms only*); **~ to the crown,** etifedd y goron, *A:* edling(-od) *m*; *Jur:* **~ apparent,** etifedd eglur, *Lit: occ:* aer/etifedd aparawns, edling; **~ presumptive,** etifedd tebygol; **~ by adoption,** etifedd cynnwys; **~ at law, rightful ~,** etifedd-yng-nghyfraith, etifedd deddfol; **~ in tail,** etifedd entael; **~ of the body, ~ of one's body,** etifedd eich corff.

heirdom *n.* etifeddiaeth *f.*

heiress *n.f.* etifeddes(-au), aeres(-au).

heirless *a.* heb etifedd, dietifedd, heb aer.

heirloom *n.* eiddo etifeddol *m*, trysor(-au) teuluol *m*.
heirship *n.* = **heirdom.**
heist[1] *n. U.S: F:* lladrad(-au) *m*, ysbeiliad(-au) *m*.
heist[2] *v.t. U.S: F:* lladrata, dwyn, *F:* dwgyd, dwgyn.
HeLa *a. Biol:* HeLa.
held *v. See* **hold**[2].
hele *v.t. Hort:* **to ~ a plant,** gosod/plannu/rhoi/dodi planhigyn yn y pridd [dros dro], priddo planhigyn [dros dro].
Helen *Pr.n.f.* Elen, *occ:* Helen; **~ of Troy,** Elen o Droea/ Gaerdroea, *occ:* Elen Fannog; *W.Myth:* **~ of the Hosts,** Elen Luyddog. **~-flower** *n. Bot: (Helenium autumnale):* blodyn (blodau) *(m)* Elen.
heliacal *a. Astr:* **~ rising,** codiad(-au) heuligol; **~ setting,** machlud(-oedd) heuligol *m*.
heliactite *n. Geol:* h|eliactit (heliactitau) *m*.
helianthemum *n. Bot:* heulros(-od) *m*, heulrosyn(-nau) *m*, creigrosyn(-nau) *m*, creigros(-od) *m*.
helianthus *n. Bot:* blodyn *(m)* yr haul (blodau'r haul), heulflodyn (heulflodau) *m*, *S.E: occ:* blodau [g]wyneb yr haul *pl*.
helical *a.* heligol, troellog; *T.V:* **~ scan,** darllen *(vn)* troellog.
helically *adv.* yn droellog, yn heligol.
helichrysum *n. Bot:* blodyn *(m)* y gwellt (blodau'r gwellt).
helicoid *a. & n.* **1.** *a.* helicoidol, troellog, torchog. **2.** *n. Geom:* h|elicoid (helicoidau) *m*, troell(-au) *f*.
helicoidal *a.* = **helicoid 1.**
helicon[1] *n. Mus:* h|elicon (heliconau) *m*.
Helicon[2] *Pr.n. Geog:* H|elicon *m*.
Heliconian *a.* Heliconaidd.
helicopter *n.* hofrennydd (hofrenyddion) *m*.
Heligoland *Pr.n. Geog:* Heligol|and *f*.
heliocentric *a.* heliosentrig, heulganolog.
heliogram *n.* h|eliogram (heliogramau) *m*, h|eulogram (heulogramau) *m*.
heliograph[1] *n.* **1.** *(picture):* h|eliograff (heliograffau) *m*, heulgraffiad(-au) *m*. **2.** *Phot.Engr:* heulgraffydd(-ion) *m*.
heliograph[2] *v.t.* heliograffio.
heliography *n.* heliograffeg *f*, heulgraffeg *f*.
heliogravure *n.* = **photogravure.**
heliolithic *a.* heliolithig.
heliometer *n.* heliomedr(-au) *m*.
helioscope *n. Astr:* h|eliosgop (heliosgopau) *m*.
heliosis *n.* = **sunstroke.**
heliostat *n.* h|eliostat (heliostatau) *m*.
heliotherapy *n.* haul-driniaeth *f*.
heliotrope *n. & a.* **1.** *n. (a) Bot:* blodyn (blodau) heuldro *m*, h|eliotrop (heliotropau) *m*; *(b) Miner:* gwaedfaen (gwaedfeini) *m*. **2.** *a. (colour):* porffor, piws.
heliotropic *a.* heliotropaidd, heliotropig, heuldro, heulgyrchol.
heliotropism *n.* heuldroad *m*, heliotropedd *m*, heulgyrchedd *m*.
heliotype *n.* h|elioteip (helioteipiau) *m*.
heliport *n.* hofrenfa (hofrenf|eydd) *f*.
helium *n. Ch:* heliwm *m*.
helix *n.* **1.** *(a) Geom:* helics(-au) *m*; *(b) Arch: &c:* troell(-au) *f*, troellen(-ni) *f*. **2.** *Anat: (of ear):* cogwrn (cogyrnau) *m*, troell. **3.** *Moll: (snail):* cogwrn.
hell *n.* **1.** uffern(-au) *f*; *(euphemistically):* y Fall *f*, y tân mawr *m*; **the gates of ~,** pyrth uffern; **H~'s Mouth** *W.Pl.n.* Porth *(m)* Neigwl; **all ~ was let loose,** fe aeth hi'n holics/helynt; fe aeth pethau dros ben llestri; fe aeth yn uffern parod; fe aeth yn draed moch [a phennau gwyddau]; **it's ~ on earth,** mae'n uffernol; mae'n uffern ar y ddaear; mae'n uffern bach; **to raise ~,** creu/codi helynt, chwarae'r diawl; **to ride ~ for leather,** sgrafangu mynd, sgwrio mynd, sgrialu mynd, mynd fel cath i gythraul, mynd fel yr andros, mynd fel angau cathod, mynd fel cath o dân, mynd fel y gwynt, mynd fel mellten i bren, mynd ar sgri wyllt; *P:* **to make a ~ of a noise,** gwneud uffern/cythraul o dwrw, *S.W: occ:* cadw yffach o sŵn; **to catch ~,** ei chael hi, cael 'ffernol, cael pryd o dafod, *N.E: occ:* cael eich pader, *S.W: occ:* cael trimad, cael termad, cael eich comopo; **to give (s.o.) ~,** chwarae'r diawl (â rhn), *S.W:* termo (rhn), rhoi termad/ pennad (i rn); **to beat/knock ~ (out of s.o.),** colbio, waldio, ffusto (rhn) *&c*; *S:* bwrw'r enaid mas (o rn); *S.a.* **beat**[2], **beating**[2] *(a)*; **the aeroplane was shot to ~,** saethwyd yr awyren yn ddarnau/dipiau; **to ~ with him!** i'r diawl ag e/o! *V:* twll 'i din e/o! **there'll be ~ to pay,** fe fydd yna hen ddiawlio; fe fydd yna helynt ar y diawl/cythraul; fe fydd 'na uffern o dwrw/le; fe fyddan' nhw'n chwarae'r diawl; **(to ~) with you!** dos, cer (i grafu, i gythraul, i ddiawl)! *N:* dos (i dy grogi/grocsan)! **get the ~ out of here!** dos i'r diawl o 'ma! dos o 'ma am dy fywyd! **come ~ or high water,** doed a ddelo; **(to do sth) for the ~ of it,** (gwneud rhth) o ran diawlineb, er mwyn y cythraul; **he's a ~ of a good worker,** mae e'n uffern/ddiawl o weithiwr da; **you'll do this work - like ~ I will!** fe gei di wneud y gwaith 'ma - gwnaf, [o] ddiawl! **tired as ~,** wedi blino'n lân/uffernol, *S.W:* wedi palo; **pleased as ~,** yn falch ar y diawl; **to work like ~,** gweithio fel diawl/blac, gweithio fel lladd nadroedd, gweithio fel yr andros, *S.W:* hemo arni, colbo arni, rhoi fent i'r gesail, wado bant, rhoi gwynt i'r gesail, *N.W:* 'slanu gweithio, gweithio ei hochr hi, gweithio fel bwystfil/ceffyl/nigar, gweithio'n ddwbwl drebal, clandro, pydru ymlaen; **what the ~ (I'll go tomorrow),** 'tae waeth, pa ots, waeth befo (mi af i yfory); **what the ~ are you doing?** beth gythraul/ddiawl wyt ti'n ei wneud? **not a hope in ~,** *S:* dim gobaith caneri [melyn], *N:* dim hôps mul yn y Grand National. **3.** *(= gambling-den):* twll (tyllau) *(m)* gamblo. **4.** *int.* **[bloody] ~!** uffern dân! uffern ddiawl! myn uffern i! [myn] diawl! **~'s bells!** diawl erioed! damo hi! yffarn dân! **~-bent** *a. (on doing sth):* penderfynol (o wneud rhth); di-droi'n ôl, ystyfnig. **~-box** *n. Printing:* bin(-iau) *(mf)* sbwriel. **~-cat** *n.f.* **1.** *(= evil-tempered woman):* 'sguthan(-od) *f*, cenawes(-au) *f*; cythreules(-au) *f*, *S.W: occ:* sbeiden *f*. **2.** *(= witch):* gwrach(-od) *f*, gwiddones(-au) *f*. **~-fire** *n.* tân *(m)* uffern, uffern dân *m*; **a ~-fire sermon,** pregeth dân a brwmstan. **~-hound** *n. (= fiend):* cythraul (cythreuliaid) *m*, ellyll(-on) *m* [y fall]; *W.Myth:* ci (cŵn) *(m)* Annwfn, *occ:* ci (cŵn) wybr, ci'r fall (cŵn y fall); *pl.* cŵn bendith y mamau, *Lit: occ:* fflamgi (fflamgwn) *m*. **~'s angel** *n.* angel (angylion) *(m)* uffern, angel y fall.
he'll *v.* = **he will.**
Helladic *a.* Heladig.
hellbender *n. Rept: U.S: (Cryptobranchus alleganiensis):* affwysgam (affwysgeimion) *m*, salamander (salamandrod) *(m)* Ohio.
hellebore *n. Bot:* **1.** *(Helleborus):* hylithr *m*, hylif *m*, |elebwr: |elebor *m*; **black ~,** *(H. niger):* pelydr du *m*; **green ~,** *(H. viridis):* crafanc *(f)* yr arth, pelydr gwyrdd; **stinking ~,** *(H. foetidus):* pelydr Sbaen, llewyg *(m)* y llyngyr, tafol *(f)* y môr, troed *(mf)* yr arth, palf *(f)* yr arth, pawen *(f)* yr arth.
helleborine *n. Bot:* **broad-leaved ~,** *(Epipactis helleborine):* caldrist lydanddail *f*; **dark red ~,** *(E. atrerubens):* caldrist ddugoch/ruddgoch; **dune ~,** *(E. dunensis):* caldrist môr, caldrist y twyni; **green-flowered,** *(E. phyllanthes):* caldrist felynwyrdd; **narrow-leaved ~, sword-leaved ~,** *(Ephalanthera longifolia):* caldrist gulddail; **narrow-lipped ~,** *(Epipactis leptochilla):* caldrist finfain/gulfin; **purple ~,** *(E. purpurata):* caldrist ruddlas; **red ~,** *(Cephalanthera rubra):* caldrist goch; **false ~,** *(Veratrum album):* eilun *(m)* caldrist; **white ~,** *(C. damasonium):* caldrist wen; **marsh ~,** *(E. palustris):* caldrist y gors; **violet ~,** = **purple ~.**
Hellene *n.* Groegwr (Groegwyr, Groegiaid) *m*, Groeges(-au) *f*.
Hellenic *a.* Helenaidd, Groegaidd.
Hellenism *n.* **1.** Heleniaeth *f*. **2.** *Ling:* Groegair (Groegeiriau) *m*.
Hellenist *n.* Groegydd(-ion) *m*, Helenydd(-ion) *m*.
Hellenistic *a.* Helenistaidd, Helenistig.
Hellenization *n.*, **Hellenize** *v.t.&i.* Groegeiddio, Heleneiddio.
Hellenizer *n.* Groegeiddiwr (Groegeiddwyr) *m*.
heller *n. Num:* heller *f*.
hellgrammite *n. U.S: Fish:* h|elgramit (helgramitau) *m*.
hellion *n. P: U.S:* cythraul (cythreuliaid) *m*, cnaf (cnafon) *m*, cena' (cnafon) *m*; *(in pl.):* y giwed *f*, yr epil, y garsiwn, y sbrêd.
hellish *a.* uffernol, dieflig, *V:* diawledig.
hellishly *adv.* yn uffernol; **~ expensive,** yn uffernol o ddrud, yn ddrud uffernol, yn drybeilig o ddrud *&c*, *V:* yn ddrud ar y diawl.
hellishness *n.* uffernolrwydd *m*, diefligrwydd.
hello[1] *int. (a)* helô! *N.W: occ:* hylô-i! sut mae hi? *(N: pronounced* smâi; *S: pronounced* shwmâi?); **~ there!** helô 'na! **~, is that you?** dew/duwcs/diawch, ti sy' 'na? **golden ~,** tâl (taliadau) *(m)* croeso.
hello[2] *n.* cyfarchiad(-au) *m*, helô *f*.
hello[3] *v.i.* dweud/gweiddi/galw helô.
helluva *a. F: See* **hell.**

hellward *adv.* i uffern, tuag uffern.
hellweed *n. Bot:* = **dodder**[1], **crowfoot (corn)**.
helm[1] *n. Arm:* = **helmet**.
helm[2] *n.* **1.** *Nau:* llyw(-iau) *m*; **at the ~,** wrth y llyw; **down [with the] ~!** i lawr â'r llyw! **up [with the] ~!** codwch y llyw! **weather ~,** llyw i fyny; **lee ~,** llyw i lawr. **2. the ~ of the state,** awenau (*pl*) llywodraeth; **to take the ~,** *Fig:* cymryd yr awenau.
helm[3] *v.t.* llywio, arwain, cyfeirio.
helmet *n.* helm(-au) *f*, helmed(-i,-au) *f*; **bell ~,** helm gloch (helmau cloch); **cap ~,** helm gapan (helmau capan); **conical ~,** helm gonig (helmau conig); **crested ~,** helm gribog (helmau cribog); **horned ~,** helm gorniog (helmau corniog); **peaked ~,** helm â phig; **pointed ~,** helm bigfain (helmau pigfain); *S.a.* **crash**[1]. **~ flower** *n. Bot: (Rechsteineria macropoda):* blodyn (blodau) (*m*) helmau.
helmeted *a.* helmog.
helminth *n.* llyng[h]yren (llyngyr) *f*.
helminthiasis *n. Med:* clefyd (*m*) llyngyr, *F:* llyngyr *pl*.
helminthic, helminthoid *a.* llyng[h]yrol.
helminthology *n.* llyng[h]yreg.
helmsman *n.m. Nau:* llywiwr (llyw-wyr).
helophyte *n.* planhigyn (*m*) cors (planhigion corsydd).
helot *n. Gr.Hist:* caeth(-ion) *m*, caethwas (caethweision) *m*, helot(-iaid) *m*; **a drunken ~,** meddwyn (*m*) o helot, esiampl (*f*) o feddwdod.
helotism *n. Gr.Hist:* helotiaeth *f*, caethwasiaeth *f*.
helotize *v.t.* caethiwo.
helotry *n.* caethwasiaeth *f*.
help[1] *n.* **1.** cymorth (cymhorthion, cymhorthau) *m*, help *m*, *Lit:* cynhorthwy *m*; **with the ~ of a friend,** gyda chymorth cyfaill; **mutual ~,** cydgymorth *m*; **to cry for ~,** gweiddi/galw am gymorth/help; **she's past ~,** mae hi wedi darfod arni; mae hi y tu hwnt i gymorth; **to lend one's ~,** rhoi help llaw, estyn cymorth, cynorthwyo, helpu. **2. to come to s.o.'s ~,** cynorthwyo/helpu rhn. **3. there's no ~ for it,** *F:* 'does mo'r help; allwn ni wneud dim yn ei gylch. **4.** *(a)* **to be a ~ to s.o.,** bod yn gymorth i rn; *(b) (pers.):* cynorthwywr (cynorthwywyr) *m*, cynorth|wywraig *f*, helpiwr (helpwyr) *m*, h|elpwraig (helpwragedd) *f*, *esp. U.S:* morwyn(-ion, morynion) *f*; **home ~,** cynorthwywr (*m*) cartref, cymorth (*m*) cartref; **mother's ~,** mamaeth(-od) *f*; *Journ:* **~ wanted,** swyddi ar gael.
help[2] *v.t.* **1.** *(a)* cynorthwyo, helpu; **to ~ s.o. to do sth,** helpu rhn i wneud rhth; **that will not ~ you,** ni fydd hynny o help/gymorth iti (ichi); [ni] thâl hynny ddim iti (ichi); **God ~!** [Duw] a'n helpo! **God ~ you!** [Duw] a'th (a'ch) helpo! druan ohonot ti (ohonoch chi)! **God ~ us!** [Duw] caton pawb! Duw a'n helpo ni! druan ohonom ni! **so ~ me God!** [yn] wir i Dduw! ar fy llw! *F:* cris-croes! *N:* wir-yr! *Lit: occ:* Duw o'm plaid! Duw fy nawdd/nghymorth! **not to do more than one can ~,** peidio â gwneud mwy na'r rhaid; **(he knows) how to ~ himself,** (mae'n gwybod yn iawn) sut mae ymdopi, sut mae dod o drwbl, sut mae dod i ben; *Prov:* **God helps him who helps himself,** Duw a gâr a'i caro'i hunan; *int.* ~! help! *(b) (= facilitate):* hyrwyddo, hybu, hwyluso, rhwyddh|au; **(to ~ s.o.) down, in, out, up,** helpu/cynorthwyo rhn [i fynd] i lawr, i mewn, allan, i fyny; *F:* **to ~ s.o. out,** helpu rhn. **2.** *(at table): (= serve):* gweini (bwyd i rn); **to ~ s.o. to soup,** rhoi/estyn cawl i rn, gweini'r cawl, *S.W:* codi cawl i rn; **to ~ s.o. to wine,** tywallt/arllwys gwin i rn; **~ yourself,** *(to food):* estyn (estynnwch) ato, *occ:* estyn at y bwyd; helpa dy hun (helpwch eich hun); *S.W:* tyn[n] atat (tynnwch atoch)! **3.** *(with negation expressed or implied):* *(a)* rhwystro, llesteirio, stopio; **sth we cannot ~ (happening),** rhth na allwn ni mo'i rwystro [rhag digwydd], *F:* rhth nad oes gennym mo'r help iddo; **it can't be helped,** 'does dim [o'r] help; 'does mo'r help; 'does dim i'w wneud yn ei gylch; *Lit: occ:* ni allwn/ellir wrtho; **I can't ~ laughing,** alla' i ddim llai na chwerthin; alla' i ddim peidio â chwerthin; **I can't ~ it,** alla' i ddim peidio; 'does dim y gallaf i ei wneud yn ei gylch; 'does gen i mo'r help; *S.E: occ:* alla' i ddim oddi wrtho; **don't be away longer than you can ~,** paid (peidiwch) â bod i ffwrdd fwy nag sydd raid; **I couldn't ~ myself,** [ni] allwn i ddim peidio; **help-yourself** *a. (shop):* helpu'ch hunan; *(café):* estyn ato.
helper *n.* cynorthwywr (cynorthwywyr) *m*, cynorth|wywraig *f*, help[i]wr (helpwyr) *m*, h|elpwraig *f*.
helpful *a.* **1.** *(pers.):* parod eich cymwynas, gwasanaethgar, cymwynasgar; **to be ~,** bod yn/o gymorth; **to be ~ around the house,** bod yn dda yn y tŷ. **2.** *(book &c):* defnyddiol, cynorthwyol.
helpfully *adv.* yn wasanaethgar, yn ddefnyddiol *&c*.
helpfulness *n. (of pers.):* cymwynasgarwch *m*; *(of book &c):* defnyddioldeb *m*.
helping[1] *a.* **to lend a ~ hand,** rhoi/estyn help llaw, helpu, cynorthwyo, estyn cymorth.
helping[2] *n. (of food):* platiad (plateidiau) *m*, dogn(-au) *m*, cyfran(-nau) *f*; **I had two helpings,** mi gefais i ddau blatiad; **a second ~,** rhagor *m*, ychwaneg *m*, ail blatiaid (~ blateidiau) *m*; **will you have another ~?** gymeri di ragor? *N: occ:* gymeri di beth eto?
helpless *a.* **1.** *(= without help):* digymorth, di-gefn, diymwared, diymgeledd, *occ:* di-help. **2.** *(= incapable):* gwan, aneffeithiol, diegni, diymadferth; **I am ~ in the matter,** 'does dim y galla' i ei wneud; *F:* **she's quite ~,** mae hi'n un ddi-glem; 'does ganddi ddim clem; *S.W: occ:* 'does dim llefeleth gyda hi.
helplessly *adv.* yn ddiymadferth *&c*.
helplessness *n.* diymadferthwch *m*, diymadferthedd *m*, dinerthedd *m*.
helpmate *n.* **1.** cynorthwywr (cynorthwywyr) *m*, cynorth|wywraig *f*, partner(-iaid) *m*, partneres(-au) *f*, cydweithiwr (cydweithwyr) *m*, cydw|eithwraig *f*. **2.** = **helpmeet**.
helpmeet *n.* cymar (cymheiriaid) *m*; *(= wife):* cymhares (cymaresau) *f*, *Lit: occ:* ymgeledd *f*, *F:* partneres(-au) *f*.
helter-skelter *adv. & n.* **1.** *adv.* blith-draphlith, dibyn-dobyn, bendraphen, yn ben-bwygilydd, *S: occ:* dwmbwr-dambar, *N.W: occ:* strim-stram-strellach, *S.E: occ:* drwp-drap, ffwl-ffal, *N.E:* yn chwil[di] chwâl; **to go ~,** sgrialu mynd, sgrafangu mynd. **2.** *n. (at fairground):* (*)dwmbwr-dambar(-s) *m*.
helve *n.* carn(-au) *m*, dwrn (dyrnau) *m*, coes(-au) *m*, troed (traed) *mf*, *A:* menybr(-au) *m*; **to throw the ~ after the hatchet,** danfon y fwyall ar ôl y menybr, gyrru'r gwyddau i nôl yr hwyaid.
helvella *n. Fung:* **black ~,** coesyn(-nau) rhychog du *m*; **common white ~,** coesyn rhychog gwyn.
Helvetia *Pr.n. Geog:* Y Swistir *m*.
Helvetian *n. & a.* **1.** *n.* Helfetiad (Helfetiaid) *m&f*, Swisiad (Swisiaid) *m&f*. **2.** *a.* Helfetaidd, Swisaidd.
Helvetic *a.* Helfetig, Helfetaidd.
hem[1] *n.* godre(-on) *m*, hem(-iau) *fm*, *S.W: occ:* cwr (cyrrau) *m*; **to turn a ~,** troi hem; **to turn up a good ~,** *S.E: occ:* troi gafael dda; **depth of ~,** lled yr hem; **blind ~,** hem gudd; **catch stitched ~,** hem pwyth cudd; **decorative ~,** hem addurnol; **double ~,** hem ddwbl; **faced ~,** hem wedi'i hwynebu; **false ~,** hem ffug, **tucked ~,** hem dwc/dwciog (hemiau twc/twciog); **finishing hems,** gorffen[nu] hemiau. **~ allowance** *n.* lwfans (*m*) [yr] hem. **~ marker** *n.* nodwr (*m*) hem (nodwyr hemiau), marciwr (*m*) hem (marcwyr hemiau). **~-stitch**[1] *n. Needlew:* hembwyth(-i) *m*, pwyth(-i) (*m*) hemio. **~-stitch**[2] *v.t.* hembwytho, pwytho hem. **~ tacking** *vn.* tacio hem.
hem[2] *v.t.* **1.** *Needlew:* hemio, *occ:* ffelio. **2. to ~ sth in/up,** cau rhth i mewn, cau am rth, amgylchu/carcharu (rhth).
hem[3] *v.i. (= clear one's throat):* carthu gwddf, pesychu; *S.a.* **hum**[3].
hem[4] *int.* hem! hym!
hema-, hemo- *pref. Med:* hema-, hemo-, gwaed-; *for all compound forms See* **haema-, haemo-**.
heme *n. U.S:* = **haem**.
hemelytron *n. Ent:* hem|elytron (hemelytronau) *m*.
hemeralopia *n. Med:* hemeralopia *m*, dallineb (*m*) lliw-dydd.
hemeralopic *a. Med:* hemeralopig.
hemerocallis *n. Bot:* lili (lilïau) (*f*) undydd.
hemi- *pref.* hanner-, lled-, hemi-.
hemianopia, hemianopsia *n. Med:* hemianop[s]ia *m*, lled-ddellni *m*.
hemidemisemiquaver *n. Mus:* hanner-lled-hanner-cwafer(-i) *m*.
hemicrania *n.* = **migraine**.
hemicryptophyte *n.* hemicr|yptoffyt (hemicryptoffytau) *m*.
hemicycle *n.* hanergylch(-au) *m*.
hemielytron *n.* hemi|elytron (hemielytronau) *m*.
~hemihedral *a.* hemihedrol, lledochrol.
hemihydrate *n. Ch:* hemihydrad(-au) *m*.
hemimorphic *a. Ch:* hemimorffig.

hemiparasite *n.* hemip|aras[e]it (hemiparas[e]itiaid) *m*, lled-b|aras[e]it (~-baras[e]itiaid) *m.*
hemiparasitic *a.* hemiparasitig, lled-barasitig.
hemiparesis *n. Med:* lledbarlys *m*, hemiparesis *m.*
hemiplegia *n. Med:* parlys unochr *m*, hanner-parlys *m*, hemiplegia *m.*
hemiplegic *a. & n. Med:* **1.** *a.* hemiplegig, hanner-parlysedig. **2.** *n.* hemiplegig(-ion) *m&f*, un (rhai) hanner-parlysedig.
hemipterous *a. Z:* hem|ipteraidd.
hemisphere *n.* hanergylch(-au) *m*, h|emisffer (hemisfferau) *m*; **Magdeburg hemispheres,** hemisfferau M|agdebwrg.
hemispherical *a.* hemisfferig.
hemispherically *adv.* yn hemisfferig.
hemistitch *n. Pros:* hanner llinell (haneri llinellau) *mf.*
hemiterpene *n. Ch:* hemiterpen(-au) *m.*
hemitrope *n.* gefaill (gefeilliaid) *m.*
hemivertebra *n. Med:* hemifertebra *m.*
hem-line *n.* godre (*m*) sgert (godreon sgerti/sgertiau), llinell(-au) (*f*) hem, llinell odre (llinellau godre).
hemlock *n. Bot:* **1.** cegid *pl* (*sing.occ:* cegiden *f*), *occ:* cecsen (cecs) *f*, gwyn (*m*) y dillad; **to drink ~,** yfed o'r cegid; **Eastern ~, ground ~,** *(Tsuga canadensis):* ywen (*f*) C|anada; **water-~,** *(Oenanthe crocata):* cegid y dŵr, dibynlor *m*, pumustl *m*, buladd *m*, cegyr mawr *m*, cysblys *f*, y gysblys, *S.W: F:* brelwg *m*, cegid pumbys; **Western ~,** *(T. heterophylla):* cegid y Gorllewin. **~ chervil** *n.* *(Caucalis anthriscus):* gorthyfail *m.* **~ parsley** *n.* *(Conioselinum):* persli cegidog *m.* **2. ~ fir, ~ spruce, = Eastern/ground hemlock.**
hemmer *n. (attachment):* hemell(-i,-au) *f*; *(pers.):* hemiwr (hemwyr) *m*, h|emwraig (hemwragedd) *f.*
hemming *vn.* hemio; **blind/invisible ~,** hemio cudd; **slip ~,** hemio slip, slip-hemio.
hemorrhage *n.* = **haemorrhage.**
hemp *n.* **1.** *(a) Bot:* cywarch *m*, *dim.* cywarchen *f*, *occ:* cas (*m*) gan fursen, meirion *m*; **female ~, fimble ~,** cywarch benyw; **male ~, carl ~,** cywarch gwryw; **retted ~,** cywarch trwytho; **African ~,** *(Sparmannia africana):* cywarch (*m*) Affrica; **bowstring ~,** *(Sansevieria):* cywarch llinynnog; **sunn ~,** *(Crotalaria juncea):* cywarch Madras; *(b) (= rope for hanging):* rhaff(-au) *f.* **2.** *Pharm:* cywarch *m*, c|anabis *m.* **~ agrimony** *n.* *(Eupatorium canabinium):* y fedan chwerw *f*, cywarch gwyllt, *N.W:* cywarch dŵr. **~ cloth** *n. Tex:* cywarchlen(-ni) *f* **~-dresser** *n.* cywarchwr (cywarchwyr) *m.* **~-field** *n.* cae(-au) (*m*) cywarch. **~-garden** *n.* gardd (*f*) gywarch (gerddi cywarch). **~-nettle** *n.* *(Galeopsis):* penboeth *f*, cymalau(*pl*)'r diafol; **continental ~-nettle,** *(G. pubescens):* y benboeth flewog; **downy ~-nettle,** *(G. segetum):* penboeth yr ŷd; **large-flowered ~-nettle,** *(G. speciosa):* y benboeth amryliw. **large pink ~-nettle,** *(G. ladanum):* y benboeth rosliw; **Pyrenean ~-nettle,** *(G. pyrenaica):* penboeth y Pyreneau; **red ~-nettle,** *(G. angustifolia):* y benboeth gulddail;
hempen *a.* cywarch, o gywarch, *occ:* cywarchog.
hempseed *n.* had (*m or pl*) cywarch.
hen *n.* **1.** iâr (ieir) *f*, *S:* giâr (gieir) *f*, *occ:* dicen(-nod) *f*; **battery ~,** iâr fatri (ieir batri); *S.a.* **brood[1], free-range; boiling ~,** iâr ferwi (ieir berwi), ffowlyn (ffowls) *m*; *S.a.* **frizzled; as scarce as ~'s teeth,** prin fel pupur, prinnach na gras mewn beili, *N.W: occ:* prin fel chwys ffordddoliwr; *F:* **to take tea with a lot of old hens,** cael te gyda haid o hen ieir; **like a ~ with one chicken,** fel iâr ag ungyw. **2.** *(= female of a species):* benyw(-od) *f*; **~ crab,** *N.W:* cranges(-au) *f*; **~ lobster,** cimwch (cimychod) benyw *m*, cimyches(-au) *f*; **~ salmon,** hwyfell(-od) *f*, chwiwell(-od) *f.* **2.** *Bot:* **~ and chickens, = houseleek, ground ivy; ~ and chicken fern,** *(Asplenium bulbiferum):* yr iâr a'i chywion; **fat ~, = goosefoot (white). ~-coop** *n.* cwt (cytiau) (*m*) ieir, cut(-iau) (*m*) ieir, *S: occ:* cwb (cybiau) (*m*) ieir. **~-harrier** *n. Orn: See* **harrier. ~-hawk** *n.* *Orn:* hebog (*m*) [yr] ieir (hebogau'r ieir). **~-hearted** *a.* llwfr, gwangalon (*pronounced* ng-g), ofnus, lliprynnaidd, â chalon cyw iâr. **~-house** *n.* = **hen-coop. ~-party** *n. F:* parti (partïon) (*m*) cywennod. **~-peck** *v.t. (of wife):* rheoli('r gŵr), cadw('r gŵr) dan y fawd. **~-pecked** *a.* dan y fawd, dan fawd ei wraig, dan lywodraeth y bais. **~-roost** *n. (a) (= perch):* clwyd(-au,-i,-ydd) (*f*) ieir. *(b)* = **hen-coop. ~-run** *n.* libart(-iau) *m*, *N.W: occ:* ffolt(-iau) *f.* **~-wife** *n.f.* ff|owlwraig (ffowlwragedd).
henbane *n. Bot: (Hyosyamus niger):* ffa(*pl*)'r moch, llewyg (*m*) yr iâr, y bela: y bele *m*, crys (*m*) y brenin, parfyg *m.*
henbit *n. Bot: (Lamium amplexicaule):* marddanhadlen goch gron (marddanadl coch crwn) *f.*
hence *adv.* **1.** *A: & Lit:* **[from] ~,** oddi yma; **[get thee] ~!** ymaith! ffwrdd â thi! **2.** *(of time):* o hyn allan, o heddiw yml|aen, o hyn ymlaen, mwyach, bellach; **five years ~,** ymhen pum mlynedd. **3. ~ (his anger),** dyna pam, felly, o'r herwydd, mewn canlyniad, oherwydd hynny, gan hynny, o achos hynny (mae'n ddig); **~ it appears that . . .,** felly, fe ymddengys . . .; **~ or otherwise,** trwy hyn neu fel arall.
henceforth, henceforward *adv.* o hyn yml|aen, o hyn allan, mwyach, bellach.
henchman *n.m. (a) Hist:* ysgwïer (ysgwieriaid); *(b)* cefnogwr (cefnogwyr), canlynwr (canlynwyr), dilynwr (dilynwyr), *A:* hengsman (hengsmyn).
hendecagon *n. Geom:* hend|ecagon (hendecagonau) *m*, un ochor ar ddeg *m.*
hendecasyllabic *n. & a. Pros:* **1.** *n.* llinell(-au) (*f*) unsill ar ddeg. **2.** *a.* unsill ar ddeg.
hendecasyllable *n. Pros:* llinell(-au) (*f*) unsill ar ddeg.
hendiadys *n.* undeueb *m.*
Hendrew *W.Pl.n.* Henriw *f.*
henequen *n. Tex:* h|enicen *m.*
henge *n.* meingylch(-oedd) *m* (*pronounced* ng-g), hengor(-au) *m* (*pronounced* ng-g), cylch(-oedd) (*m*) meini/cerrig.
Henle's loop *n. Biol: &c:* dolen (*f*) Henle.
henna[1] *n. Bot: &c: (Lawsonia inermis):* henna *m.*
henna[2] *v.t.* lliwio [â henna].
henotheism *n.* henotheistiaeth *f.*
henotheist *n.* henotheist(-iaid) *m&f.*
henotheistic *a.* henotheistaidd.
Henrician *a. & n.pl.* **1.** *a.* **the ~ Reformation,** Diwygiad (*m*) Harri'r Wythfed. **2.** *n.pl.* Henriciaid.
Henry *Pr.n. & n.* **1.** *Pr.n.m.* Harri, Henri, *F: occ:* Hendri; *(usu. in names of kings):* Harri; *e.g.* **~ the Eighth,** Harri'r Wythfed; **~ Tudor,** Harri Tudur; **~ the Navigator,** Harri'r Mordwywr; *S.a.* **hurrah;** *Bot:* **Good [King] ~,** sawdl (*mf*) y crydd, llysiau(*pl*)'r gwrda. **2.** *n.* **h~** *El.Meas:* ***henry(-s)*** *m.* **~'s Moat** *W.Pl.n.* Castell (*m*) Henri.
Hentland *Eng.Pl.n.* Henllan (*f*) Dyfrig a Theilo.
Hentlis *W.Pl.n.* Henllys *f.*
heortology *n.* *gwyliadureg *f.*
hep *a. F:* cybyddus, ynddi hi; **~ to sth,** cybyddus â rhth; **to get ~ to sth,** dod iddi hi, ei deall hi. **~-cat** *n.* *hepgath(-od) *f.*
heparin *n.* h|eparin *m.*
heparinize *v.t.* heparineiddio.
hepatic *a. & n.* **1.** *a.* afuol, afuaidd, ieuol, ieuaidd, hepatig; **~ portal vein,** gwythïen bortal/borthol hepatig *f*; *(colour):* gwineugoch(-ion); **~ pain,** poen yn yr afu, poen yn yr iau. **2.** *n.* *(medicine): N:* ffisig (*m*) iau, *S:* moddion (*pl or m*) afu.
hepatica *n. Bot:* llysiau(*pl*)'r afu.
hepatism *n. Med:* hepatiaeth *f.*
hepatite *n. Miner:* ieufaen (ieufeini) *m*, maen (meini) (*m*) afu.
hepatitis *n. Med:* llid (*m*) yr afu/iau, hepatitis *m.*
hepatoblastoma *n. Med:* hepatoblastoma *m.*
hepatogenous *a. Med:* hepatogenaidd.
hepatoma *n. Med:* hepatoma *m.*
hepatomegaly *n. Med:* hepatomegaledd *m.*
heptachord *n. & a.* **1.** *n. Mus: (instrument):* seithdant (seithdannau) *m.* **2.** *a. (scale):* seithgord.
heptad *n.* saith (seithiau) *m*; *Ch:* heptad(-au) *m.*
heptaglot *n. & a.* **1.** *n.* llyfr(-au) (*m*) seithiaith, llyfr mewn saith iaith. **2.** *a.* seithiaith.
heptagon *n.* h|eptagon (heptagonau) *m*, seithochron(-au) *m*, seithongl(-au) *m.*
heptagonal *a.* heptagonaidd, seithochrol, seithonglog.
heptahedral *a.* seithwynebog.
heptahedron *n.* seithwyneb(-au) *m.*
heptamerous *a. Bot:* heptameraidd, seithrannol.
heptameter *n. Pros:* mesur seithban *m.*
heptane *n. Ch:* heptan *m.*
heptangular *a.* seithonglog.
heptarchic[al] *a.* seithdeyrnasol, seithlywyddol.
heptarch *n. Eng.Hist:* un o'r Saith Deyrn.

Heptarchy, the *Pr.n. Eng.Hist:* y Saith Deyrnas.
heptasyllabic *n. & a. Pros:* **1.** *n.* seithsill(-au) *f.* **2.** *a.* seithsill.
Heptateuch *n. B.Hist:* **the ~,** y Saith Llyfr *pl*, y Seithlyfr *pl.*
heptavalent *a. Ch:* seithfalent.
heptose *n. Ch:* heptos *m.*
her[1] *pers.pron.obj.f.* **1.** *(a) (prefixed form, before verb or vn.):* ei *(usu. pronounced* i) + *spirant mut. of vn.* or h *aspirate in vn; if beginning with a vowel;* **I tried to see ~,** ceisiais ei gweld; **I tried to hear ~,** ceisiais ei chlywed; **I tried to save ~,** ceisiais ei hachub; *(b) (affixed form, after verb or vn.):* hi; *S: occ: (after vowel):* -ddi; *(after negative verb):* mohoni; *in positive statements the affixed pronoun is obligatory in informal speech but optional in the literary language where a prefixed form has already been used;* **I believe ~,** *Lit:* 'rwy'n ei chredu [hi]; *F:* 'rwy'n ei chredu hi; *S: occ:* 'rwy'n ei chredu-ddi; **to see ~,** *Lit:* ei gweld [hi]; *F:* ei gweld hi; **I did not see ~,** ni welais i mohoni hi. **2.** *(infixed forms): (after vowel):* 'i; **to try and see ~,** ceisio'i gweld; *after preposition i:* 'w; **I went to see ~,** euthum i'w gweld; *(following* ni, na, oni, pe*):* -s; **I did not see ~,** *Lit:* nis gwelais; 'i *is followed by spirant mutation of vn. or* h *aspirate in vn. if beginning with a vowel, but no mut. of verb in a relative clause after* a'i; **to try and hear ~,** ceisio'i chlywed; **to try and save ~,** ceisio'i hachub; **it was John who heard ~,** John a'i clywodd hi; **I saw ~,** fe'i gwelais [i] hi; *often, but less correctly:* fe/mi welais i hi. **3.** *(emphatic reduplicated forms): Lit:* hyhi, *F:* y hi; *constructed with* a + *soft mut. + verb or (in present tense):* sydd yn + *vn;* **it was ~ whom I saw,** *Lit:* hyhi a welais i; *F:* y hi welais i. **4.** *(conjunctive forms): (translating* **and ~, ~ too,** *or to contrast with an unemphatic pronoun): Lit:* hithau, *N:* hitha, *S:* hithe; **she loves me and I love ~,** mae hi'n fy ngharu i a minnau'n ei charu hithau; **I saw ~ as well,** fe'i gwelais hithau [hefyd]; **I am as tall as ~,** 'rwyf i cyn daled â hithau. **5.** *F: (used as nom., replacing* she*):* **it's ~,** hi yw hi; hi sydd yna; **~ over there,** *N:* honna [yn] fanna, *S:* honco manco; **that's ~!** dyna/dacw hi! *int.* **~!** honno! honna! **it's not quite ~,** *(garment):* 'dyw e ddim yn taro'n dda iddi; **was it ~?** [ai] hi oedd yna? **6.** *(as indirect object):* **I obey ~,** 'rwy'n ufuddhau iddi; **I shall give ~ some money,** mi roddaf arian iddi; **I shall tell ~ so,** mi ddywedaf hynny wrthi; **I am thinking of ~,** 'rwy'n meddwl amdani; **I can't get rid of ~,** ni allaf gael gwared arni. **7.** *the prepositions* ar, at, dan, tan, o dan, am, o, er, heb, rhag, trwy, drwy, dros, tros, rhwng, yn, gan, wrth *have inflected 2nd. pers. f. forms: See a grammar;* **on ~,** arni hi; **towards ~,** ati hi; **under ~,** dani hi; **about ~,** amdani hi; **for ~ sake,** erddi hi; **without ~,** hebddi hi; **against ~,** rhagddi hi; **through ~,** trwyddi hi *&c; note also the infixing of the pronoun in some cases; e.g.* **because of ~,** o'i herwydd hi; **around ~,** o'i chwmpas hi *&c.* **8.** *(antecedent to a rel. pron.): (i) (= whoever):* yr hon; **to ~ who should disagree, I would say,** wrth yr hon a anghytunai, mi ddywedwn; *(ii) (emphatic):* **it's ~ I like,** hi 'rwy'n ei hoffi; **it isn't ~ that's lying,** nid hi sy'n dweud celwydd; **wasn't it ~ who called?** onid/nid hi oedd yn galw? **9.** **good for ~!** go dda hi! da iawn hi! **10.** *(3rd. pers. imperative):* **let ~ stand,** safed; boed iddi sefyll.
her[2] *poss.a. (denoting a f. possessor):* **1.** *(a) (prefixed form):* ei *(usu. pronounced* i) + *spirant mut. or* h *aspirate;* **~ house,** ei thŷ; **~ age,** ei hoed; **she changed ~ name,** fe newidiodd ei henw; **~ son, ~ mother, ~ daughter,** ei mab, ei mam, ei merch; *N: (usually but incorrectly):* ei mhab, ei mham, ei mherch; **~ grandmother, ~ niece,** ei nain, ei nith; *N: (usually but incorrectly):* ei nhain, ei nhith; **H~ Majesty,** Ei Mawrhydi; **~ brother and sister,** ei brawd a'i chwaer (*not* ei brawd a chwaer; *note repetition of poss. a.*); *(b) (affixed form):* hi, *added in written Welsh for emphasis or clarity; used freely without emphasis in spoken Welsh, and for emphasis only when the antecedent is the subject of the sentence; thus* cymerais fenthyg ei chôt *can be correct written Welsh for* **I borrowed ~ coat;** *the standard spoken form would be* mi gymerais fenthyg ei chôt hi; **~ brother,** *Lit:* ei brawd [hi], *F:* ei brawd hi; **~ turn,** *Lit:* ei thro [hi], *F:* ei thro hi; **is this ~ car?** ai ei char hi yw hwn? **that's ~ story,** ei stori hi yw honna; **~ and my father,** ei thad hi a'm tad innau; **I liked ~ house,** 'roeddwn i'n hoffi ei thŷ hi; **~ own home,** ei chartref [hi] ei hun. **2.** *(infixed forms): (after vowel):* 'i + *spirant mut. or* h *aspirate: (after preposition* i*):* 'w; **remembering ~ family,** cofio'i theulu; **she and ~ mother,** hi a'i mam; **neither Gwen nor ~ friends,** na Gwen na'i ffrindiau; **with ~ hand,** â'i llaw; **from ~ home,** o'i chartref; **towards ~ country,** tua'i gwlad; **to ~ house,** i'w thŷ. **3.** *(conjuntive forms): (following noun): Lit:* hithau, *N:* hitha, *S:* hithe; **mine and ~ father,** fy nhad i a'i thad hithau; **my hat and ~ umbrella,** fy het i a'i hymbarél hithau; **she took my bag and I took ~ basket,** cymerodd hi fy mag i a chymerais innau ei basged hithau; **I didn't see ~ picture either,** ni welais i mo'i llun hithau chwaith; *S.a.* **hers.**
Heracles *Pr.n.m. Gr.Myth:* Ercwlff.
Heraclitean *a.* Heracliteaidd.
herald[1] *n.* **1.** *Her:* herodr(-on) *m;* **Wales H~ [of Arms] Extraordinary,** Herodr Arbenigol Cymru; *(of pedigree):* achydd(-ion) *m.* **2.** *(= precursor):* rhagflaenydd (rhagflaenwyr) *m,* rhagredegydd (rhagredegwyr) *m; (= messenger):* negesydd (negeswyr) *m; (= harbinger):* cyhoeddwr (cyhoeddwyr) *m,* cennad (cenhadon) *mf,* hebryngydd (hebryngwyr) *m; Journ: (name of newspaper):* Herald *f,* Rhedegydd *m;* **The Welsh H~,** Yr Herald Cymraeg *f, F:* Yr Herald Gymraeg *f.* **3.** *Ent: (Gonoptera libatrix):* cennad *(mf)* y gaeaf, negesydd *m* [gaeaf]. **~ bard** *n.* arwyddfardd (arwyddfeirdd) *m.* **~ snake** *n. Z: (Leptodira hotanboeia):* neidr (nadr[o]edd) herodrol *f.* **~'s trumpet** *n. Bot: (Beaumontia grandiflora):* corn *(m)* cennad. **~ trumpet** *n. Mus:* utgorn (utgyrn) *(m)* ffanffer/rhagflaen.
herald[2] *v.t. (a) (= proclaim):* cyhoeddi, datgan; *(b) (= usher in):* rhagflaenu, rhagredeg, hebrwng.
heraldic *a.* herodrol; **~ bard,** arwyddfardd (arwyddfeirdd) *m.* **~ bearing, ~ arms,** arfau *(pl)* bonedd.
heraldist *n.* achydd(-ion) *m.*
heraldry *n.* **1.** herodraeth *f.* **2.** *(= pomp):* rhwysg *m.*
herb *n. Bot: (a)* llysieuyn (llysiau) *m; (b)* **herbs,** *(for seasoning):* llysiau blas, dail, perlysiau, llysiau pêr; **mixed herbs,** perlysiau cymysg; **a dinner of herbs,** *B:* pryd *(m)* o ddail; **pot-herbs,** dail crochan; **medicinal herbs,** dail/llysiau llesol/meddyginiaethol. **~ beer** *n.* diod *(f)* ddail, diod lysiau, diod fain. **~ bennet** *n.* = **avens (wood).** **~ Christopher** *n. (Actaea spicata):* llysiau *(pl)* Cr[i]stoffyr, llysiau Cristoffis. **~ frankincense** *n. (Laserpitium latifolium):* llysiau thus. **~ Gerard** *n.* = **goutweed.** **~ [of] grace** *n.* = **rue.** **~ impious** *n.* = **cudweed.** **~ lily** *n. (Alstromeria aurea):* lili (lilïau) euraid[d] *f.* **~ Louisa** *n. (Lippia citriodora):* y ferfain bêr *f.* **~ Paris** *n. (Paris quadrifolia):* cwlwm *(m)* cariad, gwir gariad *m,* llysiau Paris, *S.E: occ:* c[w]lwm cariad cywir. **~ patience** *n.* = **dock (patience).** **~ Peter** *n.* = **cowslip.** **~ Robert** *n. (Geranium robertianum):* llysiau'r llwynog, llysiau Robert, dail Robin, y goesgoch (coesgochiaid) *f,* pen *(m)* neidr. **~-tea, ~-water** *n.* te *(m)* dail, diod ddail. **~ tobacco** *n.* baco *(m)* dail. **~ twopence** *n.* = **creeping Jenny.**
herbaceous *a.* llysieuol, llysieuaidd; **~ border,** bordor: border(-i,-ydd) *(m)* blodau; **~ perennial,** blodyn (blodau) parhaol *m.*
herbage *n.* **1.** llystyfiant *m,* llysiau *pl,* deil[i]ach *pl,* porfa *f.* **2.** *Jur:* hawl *(f)* pori, porfelaeth *f.* **~-seeds** *n.pl.* hadau glaswellt.
herbal *n. & a.* **1.** *n.* llysieulyfr(-au) *m.* **2.** *a.* llysieuol
herbalism *n.* meddygaeth lysieuol *f.*
herbalist *n.* meddyg(-on) *(m)* llysiau, meddyg llysieuol, perlysieuydd (perlysieuwyr) *m;* llysieuydd: llysieuwr (llysieuwyr) *m,* llys[ieuwraig (llysieuwragedd) *f (also =* **botanist**); *F:* doctor(-iaid) *(m)* dail; **consultant medical ~,** meddyg llysieuol ymgynghorol; **the ~'s,** siop *(f)* berlysiau.
herbarium *n.* llysieufa (llysieuf[eydd) *f,* herbariwm (herbaria) *m.*
herbicidal *a.* chwynladdol, lladd chwyn.
herbicidally *adv.* yn chwynladdol; drwy ladd chwyn.
herbicide *n.* llyswenwyn *m,* gwenwyn *(m)* chwyn, chwynladdwr (chwynladdwyr) *m, F:* peth(-au) *(m)* lladd chwyn.
herbivora *n.pl.* llysysorion.
herbivore *n. Z:* llysysor(-ion) *m,* llysysydd(-ion) *m.*
herbivorous *a. Z:* yn bwyta llysiau, llysysol, llysborthol, llysborthiannol.
herbivorously *adv.* yn llysysol *&c.*
herborist *n.* = **herablist.**
herborization *n.,* **herborize** *v.i.* garddio, casglu planhigion.
herborizer *n.* casglwr (casglwyr) *(m)* planhigion, casglydd (casglwyr) *(m)* planhigion.
herby *a.* llysieuol, llysieuog.
Herculean *a. (task):* anodd, dyrys, gorchestol, dirfawr, aruthr, aruthrol, anferth, anferthol; *(physique, effort):* aruthrol, enfawr, anferthol, anferth, dirfawr, cawraidd, Hercwleaidd.

Hercules¹ *Pr.n.m.* **1.** *Gr.Myth:* Ercwlff; **The Pillars of ~,** Colofnau/Pyrth Ercwlff. **2.** *Fig:* cawr (cewri) *m*, Samson *m*, paladr (*m*) o ddyn. **~ beetle** *n. Ent:* cawrchwilen (cawrchwilod) *f.* **~ club** *n. Bot:* pastwn (*m*) y cawr.

Hercynian *a. Geol:* Hercyniaidd.

herd¹ *n. (a) (of cattle):* gyr(-roedd) *m*; *(of farm cattle):* buches(-au,-i,-ydd) *f*; *S.a.* **flock²**; *(of swine):* cenfaint (cenfeiniau, cenfeinoedd) *f*; *(of horses):* gre(-oedd) *f*; *(of whales):* haid (heidiau) *f*; **the ~ instinct,** y reddf heidiol *f*, greddf yr haid; *(b) F: (of people):* haid, fflyd(-oedd) *f*, tyrfa(-oedd) *f*; **the common ~, the vulgar ~,** y dorf *f*, y [g]werinos *pl*, y werin (*f*) gaws; *Sociol:* **human ~,** y gyr dynol. **~-book** *n.* llyfr(-au) (*m*) buches, bucheslyfr(-au) *m*.

herd² *n.* bugail (bugeiliaid) *m*, ceidwad (ceidwaid) *m*, *A:* greor(-ion) *m*, heusor(-ion) *m*; *(of swine):* meichiad (meichiaid) *m*.

herd³ *v.t.&i.* **1.** *v.t. (= guard):* bugeilio, gwylio, gwarchod, *S.W: occ:* bugeila; **to ~ animals into a pound,** gyrru/ffaldio/llocio/corlannu anifeiliaid, gyrru anifeiliaid i loc/ffald. **2.** *v.i. v.i. (a) (of animals):* **to ~ together,** *(i)* byw mewn gyr/haid *&c*; *(ii)* tyrru/heidio at ei gilydd; *(b) (of pers.):* **to ~ (with s.o.),** cyfeillachu, ymgyfeillachu, ymgyfathrachu (â rhn); cadw cymdeithas (rhn).

herder *n.* = **herdsman.**

herding *a.* **~ dog,** ci (cŵn) (*m*) sodli, *S.E:* ci rhagod.

herdsman *n.m. (of cattle):* cowmon: cowman (cowmyn), bugail (bugeiliaid), *A:* greor(-ion), heusor(-ion).

here *adv.* **1.** *(a)* yma, yn y fan hon, yn y fan yma, *F:* [yn] fan'ma, [yn y] fan hyn, *S:* man hyn; **stay ~!** aros (arhoswch) yma! saf (sefwch) yma! **in ~,** yma, fan hyn, yn [y] fan hyn, yn [y] fan yma; **come in ~ please,** tyrd (dewch) i mewn os gweli di'n dda (os gwelwch chi'n dda); **up to ~, down to ~,** hyd [at] yma, hyd at y fan yma; **about ~,** tua'r fan hyn, tua'r fan yma; **near ~,** yn agos i'r fan hyn, yn agos i'r fan yma, nid nepell o'r fan hyn, nid nepell oddi yma; **from ~ to there,** oddi yma hyd yno, o'r fan yma i'r fan honno; **between ~ and London,** rhwng y fan yma/hon a Llundain; **Christmas is ~!** dyma'r Nadolig! mae'r Nadolig wedi dod! dyma hi'n Nadolig! **(I must have it) ~ and now,** (rhaid imi ei gael) yn y fan a'r lle, y funud yma, yn y fan 'ma, ar unwaith, *N:* yn syth bin, *N.W: occ:* rŵan hyn; **~ goes!** dyma gynnig arni! *S:* bant â ni! bant â'r cart! *(b)* **this one ~ and that one there,** hwn/hon yma a hwn/hon acw, *S: occ:* hwn man hyn a hwnco manco; **~ lies,** yma y gorwedd; *(c)* **~!** *(at roll-call):* yma! presennol! *(d)* **~ below,** ar y ddaear 'ma, *Lit:* ar y ddaear lawr, *occ:* yma i lawr; **~ she comes,** dyma/dacw hi'n dod. **2. ~'s your hat,** dyma dy het di (dyma'ch het chi); **~ I am,** dyma fi; **~ we go again,** *(i)* dyma ni eto; *(ii) (= off we go):* ffwrdd/bant â ni! **~ you are!** *(i)* dyma ti (chi)! *(ii) (= while giving sth to s.o.):* dyma [i] ti (chi); *also, N:* hwde: hwda (hwdiwch), *often sing.* 'nda; *S: occ:* hwre (hwriwch). **3.** *(in drinking a health):* **~'s to you,** iechyd da iti (ichi); hir oes; iechyd i'r dant. **4.** *(exclamatory):* **[look] ~! (I want a word with you!)** hei! aros di (arhoswch chi)! (mae arna' i eisiau gair â thi (chi)!) **5.** *(a)* **~ and there,** yma a thraw, fan hyn fan draw, yma ac acw, hwnt ac yma, *S: occ:* man hyn man 'co; *(b)* **~, there and everywhere,** yma a thraw, ar hyd y lle, ym mhobman, ar draws ac ar hyd, ar hyd ac ar draws; *(c) F:* **that's neither ~ nor there,** 'does a wnelo hynny ddim â'r peth; 'dyw hynny o fawr bwys; 'dyw hynny nac yma nac acw; **~ today, gone tomorrow,** *(of pers.):* aderyn brith, aderyn y nos.

hereabout[s] *adv.* oddi amgylch [y fan 'ma], o gwmpas y fan 'ma, gerll|aw, heb fod yn bell, nid nepell o fan hyn, yn y cylch, yn y cyffiniau 'ma, ffordd hyn, ffordd yma, *F:* ffor'ma.

hereafter *adv. & n.* **1.** *adv. (a) (of position): (in book, writings &c):* o hyn allan, o hyn yml|aen, yn nes ymlaen, ar ôl hyn, wedi hyn, isod; *(b) (of time):* yn y dyfodol, o hyn ymlaen, o hyn allan, *S: occ:* o hyn mas; *(c) (in the afterlife):* yn y byd a ddaw, yn y byd nesaf, y tu hwnt i'r llen. **2.** *n.* y byd (*m*) a ddaw.

hereby *adv. Jur:* trwy hyn, gan hynny; **the council ~ resolves, the council resolves ~ (that ...),** gan hynny mae'r cyngor yn penderfynu, mae'r cyngor gan hynny'n penderfynu (bod ...).

hereditable *a.* etifeddadwy, etifeddol.

hereditability *n.* etifeddolrwydd *m*, etifeddoldeb *m*.

hereditament *n. Jur:* **1.** eiddo [etifeddol] *m*, her|editament (hereditamentau) *m*, etifeddiant (etifeddiannau) *m*. **2.** = **inheritance.**

hereditarily *adv.* yn etifeddol.

hereditary *a.* etifeddol, *occ:* cynhwynol.

heredity *n.* etifeddeg *f*, *N.W: occ:* naturiaeth (*f*) teulu.

Hereford *Eng.Pl.n.* Henffordd *f*.

Herefordshire *Pr.n. Geog:* Sir/Swydd (*f*) Henffordd.

herein *adv.* **1.** yma, yn y llyfr (*&c*) hwn; **the letter enclosed ~,** y llythyr amgaeëdig. **2.** *(= in this matter):* yn hyn o beth.

hereinafter *adv.* o hyn yml|aen.

hereinbefore *adv.* uchod, cyn hyn.

hereinto *adv.* = **herein.**

hereof *adv. A:* **1. upon the receipt ~,** wrth dderbyn hyn. **2. more ~ later,** mwy yngh|ylch hynny eto.

hereon *adv.* = **hereupon.**

Herero *n. & a.* **1.** *n. (a) Ethn:* Herero(-s) *m&f*; *(b) Ling:* Herero *f*, *m*. **2.** *a.* Herero.

heresiarch *n.* heresiarch(-iaid) *m&f*.

heresiology *n.* heresioleg *f*.

heresy *n.* h|eresi (heresïau) *f*, geugred *f*, cam-gred *f*, gau-athrawiaeth(-au) *f*, cyfeiliornad(-au) *m*.

heretic *n.* h|eretic (hereticiaid) *m&f*, camgredwr (camgredwyr) *m*, geugredwr (geugredwyr) *m*; **lapsed ~,** heretic cwympedig.

heretical *a.* hereticaidd, cyfeiliornus.

heretically *adv.* yn hereticaidd *&c*.

hereto *adv. Jur:* i hyn, at hyn, â hyn; **~ attached, annexed ~,** a gysylltir â hyn.

heretofore *adv.* cyn hyn, o'r blaen; **as ~,** fel o'r blaen.

hereunder *adv. (= below):* isod; *(= by this authority):* trwy hyn.

hereunto *adv.* = **hereto.**

hereupon *adv.* ar hyn, ar hynny, wedi hyn, wedyn, gyda hyn.

herewith *adv.* gyda hyn, yn amgaeëdig, gyda'r llythyr (*&c*) hwn.

Hergest Ridge *Pr.n. Geog:* Cefn (*m*) Hergest/Erast.

heriot *n. Jur:* ebediw(-iau) *m*.

heritable *a.* **1.** *Biol:* etifeddol. **2.** *Jur:* etifeddadwy.

heritage *n.* etifeddiaeth *f*, treftadaeth *f*, *occ:* cynhysgaeth *f*.

heritor *n.* **1.** *Scot:* = **landowner. 2.** *Jur: A:* = **inheritor.**

herl *n. Fish:* = **harl.**

herm, herma *n. Gr.Ant:* herm(-au) *m*.

hermaphrodism *n. Biol:* deurywiaeth *f*.

hermaphrodite *a. & n.* **1.** *a.* deuryw, deurywiol, gwrfenywaidd, benyw-wrywaidd. **2.** *n.* deurywiad (deurywiaid) *m&f*, gwrfenyw(-od) *m&f*, benyw-wryw(-od) *m&f*; *(hen):* ceiliogiar (ceiliogieir) *m*, ceilioges(-au) *f*, *S.W:* cocrell *m*; *F: (esp. of calf, piglet, lamb, goat):* mihifir-mihifar *m*, mihifyn-hafan *m*, hifyn-hafan *m*; *S.a.* **freemartin.**

hermaphroditic[al] *a.* = **hermaphrodite 1.**

hermaphroditism *n.* = **hermaphrodism.**

hermeneutic *a.* deongliadol, esboniadol.

hermeneutically *adv.* yn ddeongliadol *&c*.

hermeneutics *n.* esboniadaeth *f*, hermeniwteg *f*.

hermeneutist *n.* dehonglwr: dehonglydd (dehonglwyr) *m*, esboniwr (esbonwyr) *m*.

hermetic *a.* **1.** *(philosophy &c):* cudd, cêl, cyfrinachol, hermetig, esoteraidd. **2.** *(= airtight):* **~ seal,** sêl aerglos/aerdyn[n]/ddiddos.

hermetically *adv. (a) (airtight):* yn ddiddos, yn glòs; **~ sealed,** yn aerglos, yn gwbl seliedig; *(b)* yn hermetig.

hermit *n.* meudwy(-aid,-od) *m*, *Lit: occ:* ancr(-od) *m*; **to become a ~,** meudwyo, mynd yn feudwy; **a ~'s life,** meudwyaeth *f*. **~-crab** *n. Z: (Eupagurus bernhardus):* cranc(-od, crangod) meddal *m*, cranc meudwyol, cranc ymfudol, cranc y cregyn. **~ crow** *n. Orn:* = **chough. ~ thrush** *n. Orn: (Turdus solitarius):* bronfraith (bronfreithod) unig *f*. **~ sheep** *n. Z: N.Z:* dafad grwydr/grwydrol *f*, *S: occ:* siwan *f*.

hermitage *n.* cell (*f*) meudwy (celloedd meudwyaid), meudwyfa (meudwyf|eydd) *f*, meudwydy (meudwydai) *m*, *A:* ancrdy (ancrdai) *m*.

hermitess *n.f.* meudwyes(-au), *A:* ancres(-au,-i).

hern *n.* = **heron.**

hernia *n. (in ordinary parlance):* torllengig *m* (*pronounced* ng-g); *(in Med. parlance):* torgest(-i) *f*; **diaphragmatic ~,** torllengig, torgest [lengigol]; **direct ~,** torgest union; **femoral ~,** torgest forddwydol; **incarcerated ~,** torgest gaeth; **incisional ~,** torgest endoriadol; **indirect ~,** torgest anunion; **inguinal ~,** torgest yr arffed, torgest y werddyr; **internal ~,** torgest fewnol; **irreducible ~,** torgest sefydlog; **reducible ~,** torgest ad-ddygol;

strangulated ~, torgest dagedig, *F:* cwlwm (*m*) perfedd; **umbilical ~**, torfogail *m*, torgest fogeiliol; *S.a.* **hiatus; to have a ~**, torri llengig, *N:* torri lengid, [y]sigo, *S.W:* torri llyngil (*pronounced* ng-g), *S.E:* torri bola, *S.W: occ:* cael bola lawr; **he has a ~**, mae wedi torri ei lengig (*often, incorrectly*, lengid).
hernial, herniary *a.* torgestol, torllengigol (*pronounced* ng-g), ymwthiol.
herniated *a. (pers.):* a thorgest arnoch, wedi torri'ch llengig (*pronounced* ng-g).
hernshaw *n.* = **heron.**
hero *n.m.* arwr (arwyr), gwron(-iaid), *occ:* glew(-ion) *m*; *(in play &c):* arwr; **the conquering ~**, arwr y dydd; **a ~'s welcome**, croeso tywysogaidd *m*. **~-worship** *n.* arwraddoliaeth *f*. **~-worshipper** *n.* arwraddolwr (arwraddolwyr) *m*, arwradd|olwraig *f*.
Herod *Pr.n.m.* **~ the Great**, Herod Fawr; *Lit:* **to out-Herod ~**, bod yn fwy Herod-wyllt na Herod.
Herodian *a. & n.* **1.** *a.* Herodaidd, Herod. **2.** *n.* Herodiad (Herodiaid) *m&f*.
heroic *a. & n.* **1.** *a. (= brave):* arwrol, dewr, gwrol, arwraidd; **the H~ Age**, Oes (*f*) y Gwroniaid, yr Oes Arwrol; **a ~ deed**, gorchest(-ion) *f*, camp(-au) *f*. **2.** *Lit:* arwrol; *occ: (of style):* arddunol; **~ couplet**, cwpled(-i) arwrol *m*; **~ poem**, arwrgerdd(-i) *f*; **~ verse**, *(measure):* mesur arwrol *m*; *(poetry):* barddoniaeth arwrol *f*, canu (*vn*) arwrol. **2.** *n. (usu.pl.): F: Pej:* **heroics**, gorchest(-ion) *f*, ymorchestu *vn*, sbloet arwrol *f*.
heroical *a.* = **heroic 1.**
heroically *adv.* yn arwrol *&c*.
heroi-comic[al], arwrol-gomig.
heroin *n. Pharm:* heroin *m*.
heroine *n.f. (of play &c):* arwres(-au); *(= brave woman):* merch wrol (merched gwrol).
heroism *n.* arwriaeth *f*, gwroniaeth *f*, dewrder *m*, glewder *m*, gwroldeb *m*, gwrolder *m*, gwrhydri *m*.
heroize *v.t.&i.* **1.** *v.t.* **to ~ s.o.**, gwn|eud arwr o rn, eilunaddoli rhn. **2.** *v.i.* ymorchestu.
heron *n. Orn:* crëyr: crŷr (crehyrod) *m*, crychydd(-ion,-od) *m*; **black-headed ~**, crëyr penddu; **crested ~**, crëyr copog; **Goliath ~**, crëyr cawraidd; **great white-backed ~**, crëyr gwyn; **green-backed ~**, crëyr cefnwyrdd; **common ~**, **grey ~**, crëyr glas, *S:* crychydd glas, crychydd cam, crychydd dindon, *S: occ:* crechy dindon *m*; **night ~**, crëyr y nos, crëyr llwydwyn; **pond ~**, crëyr y pwll; **purple ~**, crëyr porffor; **reef ~**, crëyr glan môr; **squacco ~**, crëyr melyn. **~-hawk** *n. Orn:* crëyrwalch (crëyrweilch) *m*. **~'s bill** *n. Bot: (Erodium petraeum):* pig (*f*) y crëyr; *S.a.* **fairy.**
heronry *n.* crë[h]yrfa (crëyrf|eydd) *f*.
herpes *n. Med:* **~ facialis, ~ febrilis, ~ simplex, ~ labialis,** crachen (*f*) annwyd, *N:* cusan (*f*) bwbach, cusan bopo, popo (*m*) annwyd, *S.W:* cusan drwg *m*, *S:* gwaith (*m*) annwyd; **venereal ~**, herpes gwenerol; **~ zoster, = shingles.**
herpetic *a. Med:* herpetig.
herpetological *a.* ymlusgolegol, herpetolegol.
herpetologist *n.* ymlusgolegwr; ymlusgolegydd (ymlusgolegwyr) *m*, herpetolegwr: herpetolegydd (herpetolegwyr) *m*.
herpetology *n.* ymlusgoleg *f*, herpetoleg *f*.
herring *n. Ich: N:* pennog: penogyn (penwaig) *m*, *N: occ: S:* [y]sgadenyn ([y]sgadan) *m*; **red ~**, *(i)* [y]sgadenyn ([y]sgadan) sych, pennog coch (penwaig cochion); *(ii) Fig:* sgwarnog(-od) *f*; **to draw a red ~ across the track,** codi sgwarnogod. **~-boat** *n.* cwch (cychod) (*m*) penwaig, cwch [y]sgadan. **~-bone 1.** *v.t. N:* herambonio, *S.W:* castithio. **2.** *a.* sacthben, igam-ogam; **~-bone pattern,** patrwm (*m*) cefn pennog, patrwm saethben, patrwm asgwrn pysgodyn; **~-bone stitch,** pwyth(-i) (*m*) pennog, pwyth rhedynen, *N.W: occ:* pwyth cas pêl, *S.W: occ:* castithad *m*, *S.E: occ:* pwyth asgwrn, pwyth cefn pysgodyn; **to sew ~-bone stitch,** *S.W: occ:* castithio, *N:* herambonio; *Carp:* **~-bone struts,** cynheiliaid saethben. **~-bone fern** *n. Bot: (Lomaria spicant):* camredynen *f*, rhedyn igam-ogam *pl*. **~-bone thistle** *n. Bot: (Cnicus casabonae):* ysgallen (ysgall) igam-ogam *f*. **red ~-bone plant** *n. Bot: (Maranta leuconeura):* (*)planhigyn (*m*) asennau cochion. **~-fisher** *n.* pysgotwr (pysgotwyr) (*m*) penwaig. **~-gull** *n. Orn:* gwylan(-od) (*f*) y penwaig, gwylan y gweunydd, gwylan lwyd (gwylanod llwyd), *N.W: occ:* gwylan frech (gwylanod brych). **~-harvest** *n.* helfa (*f*) benwaig (helf|eydd penwaig). **~-market** *n. N:* marchnad (*f*) benwaig (marchnadoedd penwaig), *S:* marced (*f*) sgadan. **~-pond (the)** *n. F:* y môr mawr *m*, yr Atlantig *m*.
hers *poss.pron.f.* ei hun hi (ei rhai hi), *Lit:* yr eiddi hi; *(conjunctive):* ei hun hithau (ei rhai hithau), *Lit:* yr eiddi hithau; **this is ~**, hi biau hwn; ei hun hi yw hwn; **these are mine and those are ~**, dyma fy rhai i a dacw'i rhai hithau; **she took my book and ~**, cymerodd hi fy llyfr i a'i llyfr hithau; **~ is a new department,** mae'i hadran hi'n un newydd; **I like ~ better,** mae'n well gen i ei hun hi; **the house became ~**, hi a gafodd y tŷ; daeth y tŷ'n eiddo iddi hi; **it's not ~ to decide,** nid hi biau penderfynu; **the choice is ~**, hi biau'r dewis; **(I should like to read) sth of ~**, (mi hoffwn i ddarllen) rhth o'i gwaith hi, rhth ganddi hi; **(as I had no sugar) I asked for some of ~**, (gan nad oedd gen i ddim siwgwr) mi ofynnais am beth ganddi hi, mi ofynnais a gawn i beth o'i pheth hi; **as I had no stamps I asked for some of ~**, gan nad oedd gen i ddim stampiau mi ofynnais am rai o'i rhai hi; **~ is a good one too,** mae ei hun hi'n un da hefyd; mae ganddi hithau un da hefyd; **some friends of ~**, rhai o'i chyfeillion hi, cyfeillion iddi hi; **I'm no friend of ~**, 'dydw i ddim yn ffrind iddi hi; 'dydw i ddim yn un o'i ffrindiau hi; **that stupid son of ~**, y twpsyn o fab yna sydd ganddi; **that pride of ~**, y balchder yna sydd ynddi; **is this poem ~?** [ai] hi biau'r gerdd hon? [ai] hi wnaeth y gerdd hon? **it's no fault of ~**, nid ei bai hi ydyw; nid hi sydd ar fai; **his and ~**, ei eiddo ef a'i heiddo hithau.
herself *pers.pron.f.* **1.** hi ei hun/hunan, *Lit:* hyhi ei hun/hunan, *F:* y hi ei hun/hunan; **such as ~**, fel hi ei hun; **all by ~**, ar ben ei hun [bach], ar ei phen ei hun [bach]; **she bought ~ a car,** prynodd gar iddi ei hun; **she can please ~**, fe gaiff hi wneud fel y myn[n] hi; **she ~ said so,** hi ei hun a ddywedodd; **she helped ~ to the potatoes,** estynnodd at y tatws; **did she hurt ~?** [a] wnaeth hi frifo? [a] gafodd hi anaf? **she spoke for ~**, siaradai drosti ei hun; **she's not ~ today,** nid hi ei hun yw hi heddiw; 'dyw hi ddim fel hi ei hun heddiw; **she asked ~**, gofynnodd iddi ei hun; **she is blaming ~**, mae hi'n ei beio'i hun; **she spoke to ~**, 'roedd hi'n siarad â hi ei hun; **she was beside ~**, 'roedd hi o'i cho; 'roedd hi'n wyllt gynddeiriog *&c*; *S.a.* **angry**; **she excelled ~**, fe ragorodd arni ei hun. **2.** *the sense of ~ is frequently conveyed in Welsh, and especially in the literary language, by means of a reflexive verb. i.e. a verb with the prefix* ym-; *e.g.* **she prepared ~**, ymbaratôdd; **she crossed ~**, ymgroesodd; **she excused ~**, ymesgusododd; **she comforted ~**, ymgysurodd *&c*.
hertz *n.* **hertz** *m*.
Hertzian *El:* Hertziaidd.
he's *v.* = **he is, he has.**
hesitance, hesitancy *n.* petruster *m*, petrustod *m*.
hesitant *a.* petrus, petrusgar, oediog, amhenderfynol; **a ~ look,** *N.W: occ:* golwg be' wna' i.
hesitantly *adv.* yn betrus *&c*; gan betruso.
hesitate *v.i.* petruso, *occ:* oedi; *Prov:* **he who hesitates is lost,** gwan ei galon a gyll; **to ~ for a word,** chwilio am air; **he hesitates at nothing,** nid yw'n petruso o flaen dim; **to ~ between courses,** cloffi rhwng dau feddwl; **I ~ to blame him,** 'rwy'n petruso cyn ei feio; **to ~ (to do sth),** oedi, petruso (cyn gwneud rhth); gohirio (gwneud rhth); **I did not ~**, *N: F:* wnes i lol yn y byd.
hesitating *a.* petrus *&c*.
hesitatingly *adv.* yn betrus *&c*; gan betruso.
hesitation *n.* petruster *m*, petrustod *m*; *(= pause):* saib *m*; **I have no ~ in saying,** nid wy'n petruso dweud; **there's no room for ~**, 'does dim lle i betruso; **without ~**, heb betruso, yn ddibetrus, yn ddiymdr|oi, *Lit:* yn ddiatreg, *F:* heb ddim lol.
hesitative *a.* petrus, petrusgar, mewn penbleth.
Hesperian *a. Poet:* Gorllewinol.
hesperidium *n.* orenffrwyth(-au) *m*.
Hesperus *n.* Gwenno *f*, y seren hwyr[ol] *f*, seren [yr] hwyr.
Hessian[1] *a.* Hesaidd, [o] Hesse; *A: Mil: Cost:* **~ boots,** bwtsias tosl.
hessian[2] *n. Tex:* hesian *m*, hesion *m*, cywarch bras *m*, cywarchlen *f*; **paper-backed ~**, hesian cefn papur. **~ fly** *n. Ent: (Mayetiola destructor):* gwybedyn (gwybed) (*m*) y gwenith.
hessians *n.pl.* = **Hessian boots.**
hest *n. A:* = **behest.**
Hesychasm *n. Rel.Hist:* Hesychasmos *m*.
Hesychast *n.* H|esychast (Hesychastiaid) *m*.
Hesychastic *a.* Hesychastig.
het *a. F:* rhuslyd; **~ up,** *(i) (= excited):* cynhyrfus, cyffr|ous, yn

gynnwrf i gyd, ffwndrus, ar bigau drain, fel gafr ar daranau, *N.W:* ffrwcslyd, wedi ffrwcsio, mewn ffrwcs; *(ii) (= angry):* gwyllt, dig, dicllon, *N:* blin, *S.W: occ:* naturus; **(don't) get ~ up about it,** (paid (peidiwch)) â chynhyrfu, *N.W:* â ffrwcsio, â cholli dy limpin (colli'ch limpin), *S:* gwylltu.
hetaera *n.f. Gr.Hist:* gordderch(-au,-adon), gordd|erchwraig (gordderchwragedd) *f*, *A:* cyffoden(-nod) *f*.
hetaerism *n. Gr.Hist:* gordderchwreiciaeth *f*, gordderchiad *m*, gordderchaeth *f*.
hetaerist *n.* gordderchwr (gordderchwyr) *m*.
hetero-[1] *pref.* arall-, amry-, anghyfun-, h|etero-.
hetero[2] *a. & n.* = **heterosexual.**
heterocercal *a.* amrygynffonnog.
heterochromatic *a.* amryliw, cymysgliw.
heterochromatin *n. Biol:* heterocr|omatin *m*.
heterochromous *a.* amryliw.
heteroclite, heteroclitic *a.* annormal, anghydryw; *Gram:* afreolaidd.
heterocyclic *a. Ch:* heterosyclig.
heterodox *a.* anuniongred (*pronounced* ng-g).
heterodoxy *n.* anuniongrededd *m* (*pronounced* ng-g).
heterodyne *a, n. & v.t.* **1.** *a.* h|eterodein. **2.** *n.* h|eterodein (heterodeiniau) *m*. **3.** *v.t.* heterodeinio.
heteroecious *a. Biol:* deudrig, heterecaidd.
heteroecism *n. Biol:* deudrigiaeth *f*, hetereciaeth *f*.
heterogamete *n.* heterogamet(-au) *m*.
heterogamous *a.* heterogamaidd.
heterogamy *n.* heterogamedd *m*.
heterogeneity *n.* cymysgrywiaeth *f*, heterogenedd *m*.
heterogeneous *a.* cymysgryw, amryfal, amryfath, lledryw, anghydryw, afryw.
heterogeneously *adv.* yn gymysgryw *&c.*
heterogeneousness *n.* = **heterogeneity.**
heterogenesis *n.* heterog|enesis *m*.
heterogenetic *a.* heterogenetig.
heterogenous *a.* heterogenaidd, allryw, allrywiog, allrywiol.
heterogeny *n.* heterogenedd *m*.
heterogony *n.* heterogonedd *m*.
heterograft *n.* allimpiad(-au) *m*.
heterogynous *a. Z:* heterogynaidd.
heterologous *a.* heterologaidd, amryfodd, amryfath, anghydryw, gwahanol.
heterology *n.* gwahaniaeth *m*, anghydrywiaeth *f*.
heterolysis *n.* heter|olysis *m*.
heterolytic *a.* heterolytig; **~ fission,** ymholltiad heterolytig.
heteromerous *a. Bot:* heteromeraidd.
heteromorphic *a.* amrylun, amrywedd.
heteromorphism, heteromorphy *n.* amrylunedd *m*.
heteronomous *a.* heteronomaidd.
heteronomy *n.* heter|onomi *m*, heteronomedd *m*, heteronomiaeth *m*.
heteronym *n.* het|eronym (heteronymau) *m*.
heteronymous *a.* heteronymaidd.
Heteroousian *a. & n.* **1.** *a.* Ariaidd. **2.** *n.* Ariad (Ariaid) *m&f*.
heteropathic *a.* heteropathig.
heterophony *n.* amryseinedd *m*, heter|offoni *m*.
heterophyllous *a.* amryddail.
heteroplastic *a.* heteroplastig.
heteroplasty *n.* heteroplasti *m*.
heteroploid *a.* heteroploidaidd.
heteropolar *a.* amrybegynol.
heterosexual *a. & n.* **1.** *a.* gwahanrywiol. **2.** *n.* un (rhai) gwahanrywiol *m&f*, gwahanrywiad (gwahanrywiaid) *m&f*.
heterosis *n.* heterosis *m*.
heterosporous *a.* amrysborol, heterosboraidd.
heterospory *n.* amrysboredd *m*, heterosboredd *m*.
heterostylous *a.* heterostylaidd.
heterostyly *n.* heterostyledd *m*.
heterotactic, heterotaxic *a.* heterotactig.
heterotaxy *n.* heterotacsi *m*.
heterothallic *a.* heterothalig.
heterothallism *n.* heterothaliaeth *f*.
heterotopia *n.* heterotopia *m*.
heterotopic, heterotopous *a.* heterotopig.
heterotopy *n.* = **heterotopia.**
heterotransplant *n.* = **heterograft.**
heterotrophic *a.* heterotroffig.
heterotypic[al] *a.* heterotypig.
heterozygote *n.* heterosygot(-au) *m*.
heterozygous *a.* heterosygaidd.
hetman *n.m.* pennaeth (penaethiaid), capten (capteiniaid).
heuchera *n. Bot: U.S:* g|orchwraidd (*m*) Am|erica.
heugh *n.* clogwyn(-i) *m*.
heuristic *a. & n.pl.* **1.** *a.* darganfyddol, hewristig, esboniadol; *Sociol:* **~ assumption,** tybiaeth(-au) esboniadol *f*; *Cmptr:* **~ program,** rhaglen(-ni) hewristig *f*; **~ proof,** prawf (profion) hewristig *m*. **2.** *n.pl.* hewristeg *f*, darganfyddiaeth *f*, y dull (*m*) darganfyddol, dull holi a stilio.
heuristically *adv.* yn ddarganfyddol.
hevea *n. Bot:* hefea *m*.
hew *v.t.&i.* **1.** *v.t.* naddu, torri; **the rock from which I was hewn,** y graig y'm naddwyd ohoni; *(wood only):* cymynu, *S.E: occ:* trychu (coed), rhoi nadd[i]ad (i goed); **to ~ a stone,** naddu/trin carreg; **to ~ coal,** torri glo; **to ~ away at sth,** naddu trwy rth; **to ~ one's way,** torri'ch ffordd; **to ~ roughly, to rough-~,** brasnaddu; **to ~ (a tree) down,** torri (coeden) i lawr; cwympo, cymynu (coeden); **to ~ sth off,** tocio, trychu (rhth); torri (rhth) ymaith; **to ~ out,** *(a hole):* cloddio, turio, tyllu, gwn|eud (twll); **to ~ out a statue,** cerfio/naddu cerflun; **to ~ out a career for oneself,** creu/llunio gyrfa i chi'ch hunan. **2.** *v.i. U.S:* **to ~ to a line,** dilyn y drefn, cydymffurfio.
hewer *n. (of stone):* naddwr (naddwyr) *m*; *(of trees):* cymynwr (cymynwyr) *m*, cymynydd(-ion) *m*, torrwr (torwyr) (*m*) coed; *Min:* torrwr; **hewers of wood and drawers of water,** cymynwyr coed a gwehynwyr dŵr.
hewing *vn. See* **hew**; naddiad(-au) *m*, toriad(-au) *m*, cymyniad(-au) *m*. **~-axe** *n. N.W: occ:* cymynen(-nau) *f*, cymynai (cymyneion) *f*.
hewn *a.* nadd, naddedig.
hex[1] *n. U.S:* **1.** *(= spell):* rhaib (rheibiau) *f*, swyn(-ion) *m*, melltith(-ion) *f*; *(= ill-luck):* anlwc *f*. **2.** *(= witch):* gwrach(-od) *f*, gwiddones(-au) *f*, rheibes(-au) *f*. **3.** *Cmptr:* hecs *pl*. **~ digit** *n. Cmptr:* hecs-ddigid(-au) *m*, digid(-au) (*m*) hecs.
hex[2] *v.t. U.S:* rheibio, swyno, *F:* witsio.
hexachord *n. Mus:* chwechord(-iau) *m*, h|ecsacord (hecsacordiau) *m*.
hexad *n. Ch:* chwech(-au) *m*, chwechawd(-au) *m*, chwechaid (chwecheidiau) *m*.
hexadecimal *a.* hecsadegol; *Cmptr:* **~ notation,** nodiant (nodiannau) hecsadegol *m*.
hexadic *a.* chwechol.
hexagon *n.* chweongl(-au) *m*, chweochron(-au) *m*, h|ecsagon (hecsagonau) *m*.
hexagonal *a.* chweonglog, chweochrog, hecsagonol.
hexagonally *adv.* yn chweonglog *&c.*
hexagram *n.* h|ecsagram (hecsagramau) *m*.
hexahedral *a. Geom:* chwewynebog, hecsahedrol.
hexahedron *n. Geom:* hecsahedron(-au) *m*, chwewyneb(-au) *m*.
hexamerous *a.* chwerhannol.
hexameter *n. Pros:* chweban(-nau) *m*.
hexametric[al] *a.* chweban, chwebannog.
hexane *n. Ch:* hecsan *m*.
hexanoic *a.* hecsanöig.
hexapla *n.* [testun *m*] chwephlyg *m*.
hexaploid *a. & n.* **1.** *a.* h|ecsaploid. **2.** *n.* h|ecsaploid (hecsaploidau) *m*.
hexaploidy *n.* hecsaploidedd *m*.
hexapod *a.* chwethroediog, [â] chwethroed.
hexapody *n. Pros:* llinell(-au) chweban *f*.
hexarchy *n.* chwe theyrnas *pl*.
hexastich *n.* chwechawd(-au) *m*.
hexastyle *n. Arch:* h|ecsastyl (hecsastylau) *m*.
hexasyllabic *a.* chwesill, chwesillafog.
Hexateuch *n. B: Hist:* **the ~,** y Chwe Llyfr *pl*, y Chwellyfr *pl*.
hexavalent *a.* chwefalent.
hexode *n.* hecsod(-au) *m*.
hexone *n.* hecson *m*.
hexosan *n.* h|ecsosan (hecsosanau) *m*.
hexose *n. Ch:* hecsos(-au) *m*.
hexyl *n.* hecsyl *m*.

hey[1] *int.* **1.** hê! hei! **2.** *(in surprise &c):* be'? beth? **3.** ~ **presto!** *(i)* hei presto! dyma chi! *(ii) Fig:* am wyrth!
hey[2] *n. Danc:* hai *m*; ~ **between,** hai traws; ~ **with your own,** hai unrhyw; **cross** ~, hai croes; **cumulative** ~, hai cynnydd; **to dance the** ~, dawnsio mewn cylch, pleth-ddawnsio.
hey-day *n.* anterth *m*, uchafbwynt *m*, dyddiau gorau *pl*; **the ~-~ of the theatre,** oes aur *(f)* y theatr; **in the ~-~ of youth,** ym mlodau ieuenctid; **in his ~-~ he was a fine poet,** yn ei ddydd 'roedd yn fardd gwych.
Heyop *W.Pl.n.* Llanddewi *(f)* Heiob.
Hezekiah *Pr.n.m. B:* Heseceia.
hi[1] *int.* **1.** hei! **2.** *U.S:* s'mâi? shw'mâi? pa hwyl?
hi[2] *a.* *(= high):* **~-fi 1.** *a* = **high-fidelity. 2.** *n. hi-fi m*, hei-ffei *m*. **~-tech 1.** *n.* uwch-dechnoleg *f*. **2.** *attrib.* uwch-dechnolegol.
hiatal *a.* = **hiatus 2.**
hiatus *n. & a.* **1.** *n.* bwlch (bylchau) *m*; *Med: (in bone &c):* agen(-nau) *f*, adwy(-au,-on) *f*; *Pros:* gwant(-au) *m*. **2.** *a.* bylchog, bylchol, adwyol. ~ **hernia** *n. Med:* torgest fylchog/adwyol.
hibernacle *n.* gaeafle(-oedd) *m*, gaeafdy (gaeafdai) *m*, gaeafod(-ydd) *f*.
hibernaculum *n.* **1.** = **hibernacle. 2.** *Bot:* gaeafwisg(-oedd) *f*.
hibernal *a.* gaeafol, y gaeaf.
hibernate *v.i.* *(a) Z: (of animals):* gaeafgysgu, gaeafu, cysgu drwy'r gaeaf, cysgu'r gaeaf; *(b) (of pers.): (= to winter):* treulio'r/bwrw'r gaeaf, gaeafu; *(regularly):* gaeafa; *Fig:* segura, gwn|eud dim [byd].
hibernation *n.* gaeafgwsg *m*.
Hibernia *Pr.n. Geog: Lit:* Iwerddon *f*.
Hibernian *a. & n.* **1.** *a.* Gwyddelig. **2.** *n.* Gwyddel(-od) *m*, Gwyddeles(-au) *f*.
Hibernianism, Hibernicism *n.* **1.** Gwyddeliaeth(-au) *f*. **2.** *Ling:* Gwyddeleb(-ion) *f*, ymadrodd(-ion) Gwyddelig *m*.
Hibernicize *v.t.* Gwyddeleiddio.
hibiscus *n. Bot:* **1.** *(generic term):* hibisgws *m*. **2.** *Esp:* *(a) (Althaea frutex):* rhosyn *(m)* Saron; *(b)* = **hollyhock.**
hic[1] *int.* hic! ig!
hic[2] *Lt.prep:* yma; ~ ***iacet,*** yma y gorwedd.
hiccough *n. & v.t.&i.* = **hiccup**[1],[2].
hiccup[1] *n.* yr ig(-ion) *f*, yr igian *m*, *occ:* rhig *m*, *N.W: occ:* y reigian *m*; **I've got the hiccups,** mae'r ig/igian arna' i.
hiccup[2] *v.t.&i.* igian.
hick *a. & n.* **1.** *a.* *(= rustic):* gwladaidd; *(= oafish):* llywaeth, lloaidd, diniwed. **2.** *n. U.S:* gwladwr (gwladwyr) *m*, *S:* ioncyn (ionc) *(m)* o'r wlad, *N: occ:* josgyn(-s) *m*.
hickey *n. U.S: N:* pethma *m*, *S:* bechingalw *m* *(pronounced* ng-g).
hickory *n.* h|icori *m*, collen (cyll) Ffrengig *f*.
hidalgo *n.* hidalgo(-s) *m*, pendefig(-ion) *m*, uchelwr (uchelwyr) *m*.
hidden *a.* cudd, cuddiedig, *occ:* cêl.
hide[1] *v.t.&i.* **1.** *v.t.* cuddio, celu, *N:* cuddiad, *S:* cwato, *M.W: occ:* cwtsied, cwtsio; **to ~ sth from s.o.,** cuddio/celu rhth rhag rhn; *F:* **where has he gone and hidden himself?** ble mae e wedi'i guddio'i hun? **to ~ one's face,** cuddio'ch wyneb; **to ~ [away] a treasure,** cuddio/celcio trysor; **a small house hidden in a wood,** tŷ bychan ynghudd yn y coed. **2.** *v.i.* cuddio, ymguddio, llechu, *S:* cwato, *N:* swatio; **I didn't know where to ~,** wyddwn i ddim ble i ymguddio. ~ **out** *v.i. U.S:* ymguddio, cuddio [rhag yr heddlu]. **~-out** *n. F:* cuddfan(-nau) *fm*, cuddfa (cuddf|eydd) *f*, lloches(-au) *f*, *occ:* gwâl (gwalau) *f*, ffau (ffeuoedd) *f*, *S:* cwat *m*. **~-and-seek,** *U.S:* **hide-and-go-seek** *n. Game:* chwarae *(vn)* cuddio, chwarae mig, *S:* chwarae cwato, *S.W: occ:* chwarae cadno, *N: occ:* chwarae cuddiad, chwarae [n]ec, chwarae [n]eci.
hide[2] *n.* *(= skin):* croen (crwyn) *m*; *Com:* lledr *m*, croen; **green ~,** croen crai; ~ **rope,** rhaff *(f)* ledr; *F:* **he has a thick ~,** mae e'n groendew; mae e'n dew ei groen; **(they could find) ~ nor hair of him,** (ni allent weld) dim o'i ôl, dim arwydd ohono; *F:* **to save one's ~,** achub eich pen, achub eich croen; *F:* **to take the ~ off s.o., to tan s.o.'s ~,** chwipio rhn; *(of child):* rhoi chwip-din (i blentyn); **I'll tan his ~,** *F:* mi ro' i 'i groen o ar y pared; *S.a.* **hiding**[2]. ~ **beetle** *n.* = **leather beetle.**
hide[3] *n.* *(= place to observe animals):* cuddfan(-nau) *mf*.
hide[3] *v.t.* chwipio, ffrewyllu (rhn); rhoi curfa/cweir (i rn).
hide[4] *n. Hist: Meas:* gwaith *(m)* aradr, gwaith atgor, *A:* hid(-ys) *m*; *(= 60 acres):* trigain erw; *(= 120 acres):* chweugain erw.
hideaway *n.* cuddfan(-nau) *fm*, cuddfa (cuddf|eydd) *f*, *S:* cwat *m*; *S.a.* **hide-out.**
hidebound *a.* **1.** *(cattle):* croendyn[n], croenrhwym, croenlyn; ~ **disease,** clefyd *(m)* y groenlyn, y groenlyn *f*. **2.** *F: (pers.):* rhagfarnllyd, culfrydig, culfarn, cul; *(convention &c):* caeth, caethiwus, ceidwadol, cyndyn, digyfnewid, hen ffasiwn.
hideosity *n.* = **hideousness.**
hideous *a.* hyll, erchyll, hagr, dychrynllyd, arswydus, ofnadwy; *(crime &c):* anfad, ysgeler.
hideously *adv.* yn erchyll.
hideousness *n.* erchylltra *m*, hylltra *m*, hagrwch: hacrwch *m*; *(of crime):* ysgelerder *m*, anfadrwydd *m*.
hider *n.* cuddiwr (cuddwyr) *m*, c|uddwraig *f*, ymguddiwr (ymguddwyr) *m*, ymg|uddwraig *f*; *S.a.* **hide-out.**
hidey-hole *n.* = **hideaway, hide-out.**
hiding[1] *vn. See* **hide**[1]; **to stay in ~,** aros yngh|udd, aros yn guddiedig, cadw yn y cudd, cadw o'r golwg; **to go into ~,** [mynd i] ymguddio. **H~ Cave** *Pr.n. W.Geog:* Parlwr *(m)* Llech. **~-place** *n.* cuddfan(-nau) *fm*.
hiding[2] *n. F: See* **beating**[2] *(a)*, *(b)*.
hidrosis *n. Med:* gorchwysu *vn*.
hidrotic *a. Med:* gorchwyslyd.
hie *v.i.&pr. A: & Lit:* mynd, cyrchu, mwstro, prysuro, brysio; **to ~ to a place,** cyrchu i le; ~ **thee hence!** ymaith! ffwrdd â thi (chi)!
hierarch *n. Ecc:* h|ierarch (hierarchiaid) *m*, archoffeiriad (archoffeiriaid) *m*, archesgob(-ion) *m*.
hierarchic[al] *a.* hierarchaidd; *Cmptr:* ~ **database,** d|atabas hierarchaidd *m*, cronfa *(f)* ddata (cronf|eydd data) hierarchaidd.
hierarchically *adv.* yn hierarchaidd.
hierarchism *n.* hierarchedd *m*.
hierarchize *v.t.* hierarcheiddio.
hierarchy *n.* hierarchaeth(-au) *f*; *(= priesthood):* offeiriadaeth(-au) *f*.
hieratic *a.* offeiriadol, hieratig.
hierocracy *n.* hierocratiaeth *f*.
hieroglyph *n.* **1.** hi|eroglyff (hieroglyffau) *m*, arwyddlun(-iau) *m*. **2.** *pl. Joc:* *(= untidy writing):* traed *(pl)* brain.
hieroglyphic *a. & n.* **1.** *a.* hieroglyffaidd, hieroglyffig. **2.** *n.* hi|eroglyff (hieroglyffau) *m*.
hieroglyphical *a.* hieroglyffaidd, hieroglyffig.
hierogram, hierograph *n.* hi|erogram (hierogramau) *m*.
hierolatry *n.* seintaddoliad *m*, seintaddoliaeth *f*, addoli *(vn)* seintiau.
hierology *n.* llên *(f)* y seintiau; *S.a.* **hagiography.**
hierophant *n. Gr Ant:* h|ieroffant (hieroffantiaid) *m&f*.
hierophantic *a.* hieroffantig, hieroffantaidd.
hierophany *n.* hier|offani (hieroffanïau) *m*.
higgle *v.i.* bargeinio, bargenna.
higgledy-piggledy *adv.* blith draplith, rywsut-rywsut, mewn anhrefn, ar draws ei gilydd, yn llanast[r], strim-stram-strellach, dinben-strellach, bendraphen, *S:* yn siang-di-fang, *N:* bob sut.
higgler *n.* pedler(-iaid) *m*.
high *a., adv. & n.* **I.** *a.* **1.** uchel *(comp.forms:* cyf|uwch, cuwch, cyn uched; uwch; uchaf); ~ **chair,** cadair uchel *f*; *Sp:* ~ **jump,** naid uchel *f*; *F:* **you're for the ~ jump,** fe'i cei di hi; 'rwyt ti'n ei haros hi; 'rwyt ti amdani; ~ **point,** uchafbwynt *m*; *(also, of career &c):* anterth *m*, brig *m*; **~ kick,** cic(-iau) uchel *f*; *Th:* cic *(f)* ffril; *Geog:* **H~ Asia,** Ucheldiroedd *(pl)* Asia; **a wall six feet ~,** wal chwe throedfedd o uchder; **how ~ is that tree?** pa mor uchel yw'r goeden acw? *U.S:* **when he was so ~,** pan oedd yn ddim o beth; **to get higher,** codi, *S:* cwnnu; **glory to God in the highest,** gogoniant i Dduw yn y goruchaf; **higher (up the river),** yn uwch, ymhellach (i fyny'r afon); **to walk with one's head ~,** cerdded yn dalog/dalsyth/benuchel; **to hold one's head ~,** dal eich pen yn uchel; *Equit:* ~ **action,** cerddediad uchel *m*, carlam uchel *m*; *Circus:* **the ~ wire,** y rhaff uchel *f*; **~ school,** ysgol(-ion) uwchradd *f*, *F:* ysgol fawr (ysgolion mawr); **junior ~ school,** ysgol uwchradd iau; **senior ~ school,** ysgol uwchradd hŷn; **to be in ~ office,** dal swydd uchel; **higher critic,** uwchfeirniad (uwchfeirniaid) *m*; **higher criticism,** uwchfeirniadaeth *f*; ~ **official,** swyddog(-ion) uchel *m*, uchel-swyddog(-ion) *m*, uwch-swyddog(-ion) *m*; *Rel.Hist:* **the ~ gods,** yr uchel dduwiau; ~ **places,** *(i) Rel.Hist:* uchel-leoedd; *(ii) (of firm*

&c): uchelfannau *pl*; *Sch:* **the ~ table,** y bwrdd uchel *m*, *A:* y ford (*f*) dâl; **~ and mighty,** *(king &c):* uchel a grymus; *F:* **to be ~ and mighty,** rhodresa, torsythu, gwarsythu, bod yn drah|aus/dalsyth/fawreddog/dalgryf/warsyth/ffroenuchel, *F:* bod yn ŵr mawr, bod yn wr|aig fawr, *N: F:* bod yn lartsh, llancio, bod yn llanc mawr; **the Most High[est],** y Goruchaf *m*, yr Hollalluog *m*; **on one's ~ horse,** ar gefn eich ceffyl; **~ and low,** y mawrion a'r rhai bychain, y mân a'r mawr *Lit:* bonedd a gwreng; **~, wide and handsome,** talog, ysgafala; **~ thoughts,** meddyliau mawr/aruchel; **~ life, ~ living,** bywyd bras/moethus *m*, byw(*vn*)'n fras; **a ~ mind,** uchelfryd *m*, meddwl uchelfrydig *m*; *Ling:* **H~ Dutch,** *(i)* = **High German**; *(ii) (= Dutch):* Iseldireg *f*; **H~ German,** Uchel Almaeneg *f*; **~ art,** celfyddyd fawr/uchel/aruchel *f*; **it fetches a ~ price,** mae'n mynd am bris uchel; mae'n mynd am grocbris; **(to buy) at a ~ figure,** (prynu rhth) am bris uchel, yn ddrud; **highest common factor,** ffactor cyffredin mwyaf *m*; **to set a ~ value on sth,** rhoi pris uchel ar rth, prisio rhth yn uchel; **to play for ~ stakes,** chwarae am arian mawr; **in the highest degree,** i'r eithaf; **in the highest sense of the word,** yn llawn ystyr y gair; **H~ Church** *(i) n.* yr Eglwys Uchel *f*, yr Uchel Eglwys *f*; *(ii) a.* Ucheleglwysig; **she's H~ Church,** mae hi'n Ucheleglwyswraig; **he's very H~ Church,** mae e'n Ucheleglwyswr mawr; **~-Churchman,** Ucheleglwyswr (Ucheleglwyswyr) *m*; **~-Churchwoman,** Uchelegl|wyswraig (Ucheleglwyswragedd) *f*; **~ fashion,** y ffasiwn eithaf/uchaf; **~ fever,** gwres uchel/mawr *m*, twymyn boeth *f*; **~ Tory,** uchel-Dori *m*, *F:* Tori rhonc *m*; **~ Toryism,** uchel-Doriaeth *f*, *F:* Toriaeth ronc; **~ treason,** teyrnfradwriaeth *f*, uchel frad *m*; **a ~ wind,** gwynt cryf/mawr *m*; **the ~ seas,** y cefnfor *m*; **a ~ sea is running,** mae'r môr yn arw; *N.W:* mae hi'n foriog; **I have a ~ opinion of her,** mae gennyf gryn feddwl ohoni; mae gennyf barch mawr tuag ati; **he has a ~ opinion of Tom,** *N: occ:* mae Twm yn ddyn uchel ganddo; *S.W:* mae golwg mawr ganddo ar Twm; **I have no ~ opinion of this play,** 'does gen i fawr o feddwl o'r ddrama hon; 'does gen i fawr o olwg ar y ddrama hon; **to bestow ~ praise on s.o.,** rhoi'r clod mwyaf i rn, rhoi canmoliaeth uchel i rn; **a ~ colour,** gwrid *m*; **~ fidelity,** manwl gywirdeb *m*, tra-chywirdeb *m*; **~ finance,** byd (*m*) arian [mawr]; **~ light[s],** *Art:* goleubwynt(-iau) *m*; *Phot:* man gwyn (mannau gwynion) *m*; *S.a.* **highlight**; **the ~ spot of the evening,** uchafbwynt (*m*) y noson; **the ~ season,** anterth y tymor; **~ tide, ~ water,** penllanw *m*, gorllanw *m*; **~ diet, ~ feeding,** bwydydd maethlon *pl*, bwydo (*vn*) maethlon; **~ tea,** te mawr, prynhawnbryd *m*, te hwyr, *N.W: occ:* swper (*m*) chwarel; **a ~ voice,** *(i) (loud):* llais uchel; *(ii) (shrill):* llais main/treiddiol; **~ explosive,** ffrwydryn ffyrnig *m*; **~ pressure,** pwysedd uchel *m*; **~ relief,** cerfwedd uchel *f*; **very ~ frequency,** amledd uchel iawn *m*; *T.V: &c:* **~ band,** amledd uchel *m*; **~ tension, ~ voltage,** foltedd uchel *m*. **2.** *(= principal):* prif + *soft mut. (precedes noun)*; mawr, pennaf; *Mil:* **~ command,** cadlywyddiaeth *f*; **the ~ street,** y stryd fawr *f*, yr heol fawr *f*, y brif heol *f*; **~ road,** priffordd (priffyrdd) *f*, *F:* ffordd fawr *f*, lôn (*f*) bost; *Ecc:* **~ mass,** uchel offeren *f*; **~ priest,** archoffeiriad (archoffeiriaid) *m*; **~ priestess,** archoffeiriades(-au) *f*; **~ altar,** prif allor *f*; **H~ Admiral,** Prif Lyngesydd *m*; **H~ Commission,** Uchel Gomisiwn *m*; **H~ Commission Territory,** Tiriogaeth (*f*) yr Uchel Gomisiwn; **H~ Commissioner,** Uchel Gomisiynydd (~ Gomisiynwyr) *m*; **H~ Sheriff,** Uchel Siryf(-on) *m*; **H~ Court,** Uchel Lys *m*; **H~ Court of Justice,** Uchel Lys Barn. **3.** *(a)* **~ day,** dydd(-iau) (*m*) gŵyl, dygwyl(-iau) *fm*, gŵyl (gwyliau) *f*, uchel wŷl (~ wyliau) *f*, uchelwyl(-iau) *f*; **~ noon,** canol (*m*) dydd, hanner (*m*) dydd, awr (*f*) anterth; **~ summer,** canol (*m*) haf; **it is ~ time (he went to school),** mae'n hen bryd, mae'n hwyr bryd, mae'n llawn bryd (iddo fynd i'r ysgol); **to have a ~ old time,** cael hen hwyl [arni], cael hwyl a hanner; **~ spirits,** hwyl dda *f*, hwyliau da *pl*, uchel hwyliau *pl*, afiaith *m*, asbri *m*; **~ jinks,** hwyl fawr, miri *m*, sbort (*mf*) a sbri *f*, hen hwyl, sbloet *f*, rhialtwch *m*, cadw (*vn*) reiat; *(b) Cu: (of meat):* hen, drewllyd, ac oglau arno, a gwynt arno, wedi drewi, wedi mynd yn ddrwg; **~ butter,** ymenyn drwg/hen, *S.W:* 'menyn a chwt arno; **the butter is ~,** *S.W:* mae cwt gyda'r 'menyn; *N.W:* mae blas hir hel ar y 'menyn; *F:* **he's rather ~,** *(= drunk): N:* mae wedi'i dal hi braidd; mae dipyn yn chwil; *S.W:* mae e wedi cnapo; mae e'n llawn; *occ:* mae'n sirobin; mae'n hopsin; *S.a.* **drunk**; **~ words,** geiriau gwyllt. **4.** *Nau: (of ship):* **~ and dry,** ar dir sych; *F:* **to leave s.o. ~ and dry,** gadael rhn ar y clwt. **5. on ~,** yn y nefoedd, uchod, *Lit:* fry; **to set on ~,** dyrchafu; **from on ~,** oddi uchod, oddi fry. **6.** *(on drugs):* penysgafn, penfeddw, brwysg. II. *adv.* **1.** yn uchel; **higher and higher,** yn uwch ac yn uwch, yn uwch uwch; **higher up,** yn uwch [i fyny, lan]; **to aim ~,** anelu'n uchel; **to fly ~,** hedfan yn uchel; **to hunt ~ and low for sth,** chwilio/chwilota ym mhob man am rth, chwilio/chwilota pob twll a chornel am rth. **2. to go as ~ as 2000,** mynd hyd at ddwy fil; *Cards: &c:* **to play/stake ~,** mentro/betio arian mawr. **3.** *(of wind):* **to blow ~,** chwythu'n gryf/nerthol; **to run ~** *(i) (of sea):* codi, dygyfor, ymchwyddo; *(ii) (of feelings, words):* poethi, twymo; **feelings ran ~,** 'roedd teimladau'n gryf; fe aeth hi'n godiad; *(iii) (of prices):* mynd yn uchel, codi'n uchel. **4. this question was ~ on the agenda,** 'roedd y cwestiwn hwn yn uchel ar yr agenda. III. *n.* **1.** *Meteor:* pwysedd uchel *m*; **there is a ~ to the west,** mae pwysedd uchel i'r gorllewin. **2.** *F:* **all-time ~,** y pwynt uchaf erioed; **the cost of living reached a new ~,** fe gyrhaeddodd costau byw uchafbwynt newydd. **~-born** *a.* o dras uchel, o uchel dras, o uchel ach. **~-bred** *a. (a)* uchelwrol, o dras uchel; *(b) (= horse):* o frid. **~-class** *a.* o'r radd flaenaf, uchelradd, o ansawdd uchel, rhagorol; *Geog:* **~-class area,** ardal (*f*) dosbarth uchaf, ardal ddethol (ardaloedd dethol); **a ~-class hotel,** gwesty moethus; **a ~-class concert,** cyngerdd mawreddog. **~-coloured** *a.* gwridog, gwritgoch. **~-definition** *a. T.V:* croyw. **~-density** *attrib.* dwys, clòs. **~-efficiency** *attrib.* tra effeithlon. **higher-ups** *n.pl. F:* rheolwyr, penaethiaid, meistri, pwysigion. **~-faluting** *a. (style):* chwyddedig, crand, ymhongar (*pronounced* ng-g); *(pers.):* lartsh, ymffrostgar, mawreddog, penuchel. **~-flier** *n.* anelwr (anelwyr) uchel *m*, ehedwr (ehedwyr) uchel *m*; *(= clever pers.):* un (rhai) peniog *m&f*, disgybl(-ion) peniog/galluog *m*, ysgolor(-ion) da *m*, *F:* 'sglaig ('sgleigion) *m*. **~-flown** *a.* chwyddedig, arddunol. **~-flying** *a. (bird):* yn hedfan yn uchel; *(= ambitious):* uchelgeisiol; *(= gifted):* dawnus, peniog, galluog. **~-grade** *attrib.* uchelradd, o radd uchel; *(ore &c):* rhywiog. **~-handed** *a.* trah|aus, awdurdodol, llawdrwm, gormesol. **~-handedly** *adv.* yn drah|aus *&c*, fel teyrn. **~-hat** *U.S:* **1.** *n. F:* snob(-s) *m&f*, *S:* crechyn *m*, gŵr mawr *m*, gwr|aig fawr *f*, hen drwyn *m&f*, *Coll:* crach: crachach *pl*, pobl fawr *f or pl*. **2.** *attrib.* ffroenuchel, snobyddlyd, crachaidd. **3.** *v.t. (= treat superciliously):* trin (rhn) yn ddirmygus. **~-key** *attrib. Phot:* cywair golau. **~-level** *attrib.* [ar] lefel uchel; *Cmptr:* **~-level language,** iaith (ieithoedd) lefel uchel *f*. **~-minded** *a.* uchelfrydig, uchelfryd. **~-mindedly** *adv.* yn uchelfrydig *&c*. **~-mindedness** *n.* uchelfrydedd *m*, mawrfrydedd *m*. **~-necked** *a.* â gwddf/gwddw[g] uchel. **~-octane** *attrib. Aut: Av:* uchel-octan. **~-order** *a. Cmptr:* uwch-werth. **~-pitched** *a.* **1.** *(sound):* main, treiddgar. **2.** *(roof):* serth. **~-placed** *a.* uchel [eich swydd/lle], mewn lle uchel. **~-powered** *a. (a) (binoculars &c):* cryf [iawn], nerthol; *(b) (pers.):* grymus, egnïol, llawn ynni. **~-pressure** *attrib.* pwysedd uchel; **~-pressure salesman,** trafaeliwr egnïol/ymwthgar, gwerthwr taer, *F:* hwrjwr(-s) *m*; **~-pressure salesmanship,** gwerthu (*vn*) taer/caled. **~-priced** *a.* drud(-ion), costus, *S:* prid, *Lit:* drudfawr. **~-principled** *a.* egwyddorol. **~-proof** *a. (alcohol):* tra-chadarn. **~-ranking** *a.* uchel, uchelradd. **~ register** *n. Th:* cwmpas uchel *m*. **~-resolution** *a. Cmptr:* cydraniad uchel. **~-rise** *a.* uchel iawn, aml-lawr, aml-loriog; **~-rise flats,** tŵr (tyrau) (*m*) fflatiau. **~-souled** *a.* eneidfawr, mawrfrydig. **~-sounding** *a.* soniarus, rhwysgfawr, mawreddog, rhodresgar. **~-speed** *attrib.* cyflym iawn, tra-chyflym; *Metalw:* **~-speed steel,** dur sbîd uchel. **~ spin** *n. Biol: &c:* amlsbin *m*. **~-spirited** *a.* afieithus, hoenus, nwyfus, brwd; *(horse):* bywiog, llamsachus. **~-stepper** *n.* **1.** *(horse):* uchel-duthiwr (~-duthwyr) *m*. **2.** *(pers.):* swegryn, swagrwr, un sy'n torri cŷt. **~-stepping** *a. (horse):* uchel-duthiol; *(pers.):* uchelgeisiol, ffasiynol, crand, yn torri cŷt. **~-strung** *a.* gordeimladwy, nerfus. *U.S:* **~-tail** *v.i. F:* = **beat**[2] 1. ***(a)***. **~-tensile** *a.* tra hydwyth. **~-tension**[1] *attrib.* foltedd uchel. **~ tension**[2] *n.* **1.** *Psy:* tyndra dwys *m*. **2.** *Cardiology:* pwysedd uchel *m*. **~-toned** *a.* aruchel, uchelfrydig, urddasol. **~-up** *n. F:* rhn pwysig, pwysigyn (pwysigion) *m*. **~-voltage** *a.* foltedd uchel *m*; **danger! ~ voltage,** perygl! trydan. **~-water mark** *n.* **1.** marc(-iau) (*m*) penllanw, nod(-au) (*m*) penllanw. **2.** *Fig:* uchafbwynt(-iau) *m*.

highball *n. U.S:* ***highball(-s)*** *m*.

highbinder *n. U.S: F: (= swindler):* twyllwr (twyllwyr) *m*; *(= ruffian):* repsyn (reps) *m*, cari-dym(-s) *m*; *(= assassin):* mwrdrwr (mwrdrwyr) *m*, llofrudd(-ion) *m*; *(= crook):* adyn(-ion) *m*, cnaf(-on) *m*, crwc(-s) *m*, dihiryn (dihirod) *m*.
highboard *n. Swim:* llwyfan(-nau) uchel *f*.
highboy *n. U.S: Furn:* = **tallboy**.
highbrow *n. & attrib. F:* **1.** *n.* deallusyn (deallusion) *m*, deallusen *f*, *F:* 'sglaig ('sgleigion) *m*. **2.** *attrib.* uchel-ael; **spurious ~ literature,** crachlenyddiaeth *f*.
highfalutin[g] *a. F:* ymhongar (*pronounced* ng-g), chwyddedig, uchelfalch, coeg, *F:* crand, lartsh.
highland *n. & attrib.* **1.** *n.usu.pl.* **highlands,** ucheldir *m*, ucheldiroedd *pl*, tir uchel *m*, *occ:* blaenau *pl*, mynydd *m*, tiroedd uchel *pl*, mynyddoedd *pl*, myn|ydd-dir *m*; *Geog:* **the Highlands,** yr Ucheldiroedd, Ucheldiroedd yr Alban; *S.a.* **clearance. 2.** *attrib.* mynyddig, ucheldirol, o'r mynyddoedd, o'r ucheldiroedd; **H~ fling,** dawns (*f*) yr Ucheldiroedd; **H~ games,** chwaraeon yr Ucheldiroedd.
highlander, highlandman *n.* ucheldirwr (ucheldirwyr) *m*.
highlight[1] *n.* **1.** *F:* uchafbwynt(-iau) *m*, uchelfan(-nau) *mf*; **the ~ of the performance,** uchafbwynt y perfformiad. **2.** *Art:* goleubwynt(-iau) *m*. **3.** *Hairdr:* arolau (aroleuadau) *m*, aroleuad(-au) *m*.
highlight[2] *v.t.* amlygu, pwysleisio; *Art:* goleubwyntio; *Hairdr:* aroleuo; **to ~ a word in a text with felt pen,** aroleuo gair mewn testun â phin ffelt.
Highlight[3] *W.Pl.n.* Uchelolau *mf*.
highlighter *n.* aroleuwr: aroleuydd (aroleuwyr) *m*.
highly *adv.* yn uchel. **1.** *(a)* **a ~ placed official,** uwch-swyddog(-ion) *m*, uchel-swyddog; *(b)* **~ descended,** o dras uchel, o waed yr uchelwyr. **2. his services are ~ paid,** telir yn uchel am ei wasanaeth; **to be ~ paid,** cael cyflog uchel/mawr, ennill arian mawr; **to think ~ of s.o.,** meddwl y byd o rn, parchu rhn, mawrbrisio rhn; **he thinks ~ of her,** mae ganddo feddwl mawr/ uchel ohoni hi; *occ:* mae hi'n uchel ganddo. **3.** *See* **extremely**; **~ specialized,** tra arbenigol; **~ unlikely,** annhebygol i'r eithaf; **~ probable,** tra thebygol; **~ desirable,** tra dymunol, i'w fawr ddymuno; **~ commended,** â chanmoliaeth uchel. **~-strung,** nerfus, teimladwy, gordeimladwy, hawdd eich cyffr|oi/ cynhyrfu.
highness *n.* **1.** *(a) (of prices &c):* uchder *m*; **~ of mind,** mawredd (*m*) bryd, uchelfrydedd *m*. **2.** *(title):* uchelder *m*; **His Royal H~,** Ei Uchelder Brenhinol; **Her Royal H~,** Ei Hucheldеr Brenhinol; **Their Royal Highnesses,** Eu Huchelderau Brenhinol.
highroad *n.* priffordd (priffyrdd) *f*, ffordd fawr (ffyrdd mawr) *f*, cefnffordd (cefnffyrdd) *f*, heol fawr (heolydd mawrion) *f*, *N: F:* lôn (*f*) bost (lonydd post), *N: occ:* ffordd bost (ffyrdd post), *S.W:* ffordd drympeg (ffyrdd trympeg), ffordd dyrpeg (ffyrdd tyrpeg).
highway *n. (a)* ffordd fawr (ffyrdd mawr) *f*, *N.E: occ:* y ffordd wen *f*; **highways and by-ways,** priffyrdd a mân ffyrdd; *B:* **the highways and hedges,** y priffyrdd a'r caeau; **~ network,** rhwydwaith (*m*) ffyrdd; **the King's ~,** ffordd y Brenin; **to be on the ~ to ruin,** bod ar y brifffordd i ddistryw, bod ar y ffordd lydan i ddistryw, mynd ar eich pen i ddistryw, *S.W: F:* mynd i Dre-din; *(of price &c):* crocbris(-iau) *m*; *(b) Adm:* priffordd (priffyrdd) *f*, cefnffordd (cefnffyrdd) *f*; *(c) U.S:* **dual ~,** ffordd (*f*) ddeuol (ffyrdd deuol). **H~ Code (the)** *n.* Rheolau(*pl*)'r Ffordd Fawr. **~ robbery** *n.* lladrata (*vn*) pen ffordd, lladrad(-au) (*m*) pen ffordd.
highwayman *n.* lleidr (lladron) (*m*) pen ffordd, *occ:* carn-lleidr (~-lladron) *m*.
hijack[1] *n.* herwgipiad(-au) *m*, herwgipio *vn*.
hijack[2] *v.t.* herwgipio.
hijacker *n.* herwgipiwr (herwgipwyr) *m*, herwg|ipwraig *f*.
hijacking *n.* herwgipiad(-au) *m*, herwgipio *vn*.
hike[1] *n.* heic(-iau) *f*, tro(-eon) *m*, crwydr(-au) *m*; **to go for a ~,** ei cherdded hi, ei throedio hi, mynd ar grwydr, mynd am heic; **to be on the ~,** crwydro, mynd ar grwydr, mynd ar drafael.
hike[2] *v.t.&i.* **1.** *v.t. F. esp. U.S: (= tug, lift):* halio, codi. **2.** *v.i. F:* crwydo, ei cherdded hi, mynd ar droed, heicio.
hiker *n.* heiciwr (heicwyr) *m*, h|eicwraig (heicwragedd) *f*.
hiking *vn.* cerdded, heicio *&c*.
hilarious *a.* doniol iawn, digrif iawn, digrif dros ben, digrif tu hwnt, ofnadwy o ddigrif.
hilariously *adv.* yn ddigrif *&c*.
hilariousness, hilarity *n.* doniolwch *m*; *(= laughter):* chwerthin *m*.
Hilary *Pr.n.m. or f.* Ilar; *Sch: Jur:* **~ term,** tymor (*m*) y gaeaf, tymor Ilar.
hill[1] *n.* **1.** bryn(-iau) *m*, *S.W:* rhiw(-iau) *f*; **a small ~,** bryncyn(-nau) *m*, *N:* poncen (ponciau) *f*, ponc(-iau) *f*, poncyn (ponciau) *m*, *S.E: occ:* twyn(-i) *m*, *S.W:* banc (bencydd) *m*, *S.E: occ:* trip(-iau) *m*; *S.a.* **hillock; a bare ~,** moel(-ydd) *f*; **the hills of Wales,** mynyddoedd Cymru; *Poet: &c:* **the Land of the Hills,** Gwlad y Bryniau; **up ~ and down dale, over ~ and dale,** dros bant a bryn, dros fryn a dôl; **to be over the ~,** *F:* bod drwy'r argyfwng, bod dros y gwaethaf; **~ country,** bryndir *m*, myn|ydd-dir *m*, gwlad fryniog, gwlad o fryniau; **~ farm,** fferm (*f*) fynydd; **~ farmer,** ffermwr (ffermwyr) (*m*) mynydd; **as old as the hills,** cyn hyned â Methiwsela, hen fel Adda, hen fel pechod, mor hen â'r garreg, yn hen ddihenydd; *See* **ant-hill, molehill**; *Art:* **~ shading,** arlliwio llethrau. **2.** *(on road):* rhiw(-iau) *f*, *N:* [g]allt ([g]elltydd) *f*, *S:* tyle(-au) *mf*; *(i) (upwards): S.W:* gorifyny *m*, erbyn *m*; *(ii) (downwards): S:* gwaered *m*, goriwaered *m*; **a steep ~,** clipen *f*, clip(-iau) *m*, *S.E: occ:* pitsh *m*; **the foot of a ~,** troed (*m*) rhiw, *N: occ:* trip(-iau) *m*; *Aut:* **speed up ~,** cyflymdra (*m*) dringo; *Aut: Sp:* **~ climb,** ras (*f*) riwiau (rasys rhiwiau); **to go down the ~,** *(i)* mynd i lawr y rhiw, mynd i lawr yr allt, *S.W:* mynd lawr y gwaered; *(ii) F: Fig:* gwaethygu, dirywio, difetha, mynd yn waeth, mynd ar y goriwaered; *(of thing):* mynd ar ei waeth, mynd i'w grogi, mynd â'i ben iddo, mynd rhwng cŵn a brain; *(of pers.):* mynd ar eich [hen] sodlau, heneiddio, mynd yn ôl llaw, mynd ar eich gwaeth. **3.** *(= small heap):* twmpath(-au) *m*, crugyn(-nau) *m*, carn(-au) *f*, carnedd(-au,-i) *f*, *N:* tocyn(-nau, tociau) *m*. **~ creep** *n.* = **soil creep. ~ figure** *n. Archeol:* brynffigur (brynffigurau) *m*. **~-fort** *n.* caer (ceyrydd) *f*, bryngaer (bryngaerydd) *f* (*pronounced* ng-g). **~-man** *n.m.* gŵr (gwŷr) y bryniau. **~-station** *n.* hafodle(-oedd) *m*, brynfa (brynf|eydd) *m*.
hill[2] *v.t.* pentyrru, twmpathu, crugio; **to ~ up a plant,** priddo planhigyn.
hillbilly *n. U.S: F:* gwladwr (gwladwyr) *m*, *N.W: occ: Pej:* josgyn(-s) *m*; **~ song,** cân (caneuon) (*f*) llofft stabal; **~ farmers,** ffermwyr [y] mynydd.
hilliness *n.* natur fryniog *f*, bryniogrwydd *m*; **the ~ of the country acts as a defence,** mae bryniau'r wlad yn amddiffynfa.
hillock *n.* bryncyn(-nau) *m*, *occ:* twmp (tympiau) *m*, crug(-iau) *m*, *S.W: occ:* cripell *f*, bancyn (bencydd) *m*, crugyn(-nau) *m*, cnwc: cnwcyn (cnyciau) *m*, *S.E:* twynyn *m*, *N:* poncen (ponciau) *f*, poncyn (ponciau) *m*, ponc(-iau) *f*; **sand ~,** twyn(-i) *m*.
hillocky *a.* bryncynnog, twmpathog, cnyciog, ponciog.
hillside *n.* llethr(-au) *f*, [g]allt ([g]elltydd) *f*, llechwedd(-au,-i) *f*, ochr(-au) *f* [bryn(-iau)], *N:* llepen (*m*) mynydd; **we'll keep a welcome in the hillsides,** bydd croeso'n aros yn y bryniau.
hilltop *n.* pen (*m*) bryn (pennau bryniau), copa(-on, copâu) *mf*.
hilly *a.* **1.** bryniog, *occ:* mynyddig, bryncynnog. **2.** *(road):* serth.
hilt[1] *n.* carn(-au) *m*; **up to the ~,** i'r carn, yn llwyr, i'r eithaf, hyd yr eithaf; **(to prove sth) up to the ~,** (profi rhth) yn llwyr, i'r carn; **to be in sth up to the ~,** bod yn rhth hyd at eich clustiau. **~ plate** *n. Archeol:* carnblat(-iau) *m*.
hilt[2] *v.t.* rhoi carn (ar rth); *occ:* carnio, carnu (rhth).
hilum *n.* **1.** *Bot:* hilwm *m*, hadlygad (hadlygaid) *m*, craith (creithiau) *f*, hadgraith (hadgreithiau) *f*; *(= nucleus):* cnewyllyn (cnewyll) *m*. **2.** *Anat: &c:* hilwm (hila) *m*.
him *pers. pron.obj.m.* **1.** *(a) (prefixed form, before verb or vn.):* ei (*usu. pronounced* i) + *soft mut. of vn. but no mut. of verb in a relative clause after* a'i; *after preposition* i: 'w + *soft mut.*; **I tried to see ~,** ceisiais ei weld; **I tried to hear ~,** ceisiais ei glywed; **I tried to save ~,** ceisiais ei achub; *(b) (affixed form, after verb or vn.): Lit:* ef; *S:* fe, e; *N:* fo, o; o, e *follow consonants after* i, aw, ew, iw, uw *and generally after* -e, -u, -y; **I saw ~,** *Lit:* fe'i gwelais ef, *S:* fe'i gwelais i e; *N:* mi gwelais i o; **to strike ~,** *Lit:* ei daro ef, *S:* ei daro fe, *N:* ei daro fo; *(after negative verb):* mohono; **I did not see ~,** ni welais i mohono [ef/fe/fo]; *the affixed pronoun is obligatory in informal speech but optional in the literary language where a prefixed form has already been used:* **I believe**

~, *Lit:* 'rwy'n ei gredu [ef]; *F:* 'rwy'n ei gredu e/o; **have you seen ~?** [a] welsoch chi ef/e/o? **I believed ~,** *Lit:* mi a'i credais ef; *F:* mi credais i e/o; **the one who welcomed ~,** yr un a'i croesawodd ef/e/o; **it was Gwen who married ~,** Gwen a'i priododd ef/e/o. **2.** *(infixed forms): (after vowel):* 'i; **to try and see ~,** ceisio'i weld; *(after preposition* i*):* 'w; **I went to see ~,** euthum i'w weld; *(following* ni, na, oni, pe*):* -s; **I did not see ~,** *Lit:* nis gwelais; 'i *is followed by soft mut. of vn., but no mut. of verb in a relative clause after* a'i; **to try and hear ~,** ceisio'i glywed; **to try and save ~,** ceisio'i achub; **it was John who heard ~,** John a'i clywodd ef/e/o; **I saw ~,** fe'i gwelais [i] ef; *F:* mi gwelais [i] e/o; *(often, but less correctly):* fe/mi welais i e/o. **3.** *(emphatic reduplicated forms): Lit:* efe, *occ:* efô, *N: F:* y fo; *constructed with* a *(often omitted in speech) + soft mut. + verb, or (in present tense)* sydd yn *or* sy'n + *vn.*; **it was ~ whom I saw,** *Lit:* efe a welais i; *N: F:* y fo welais i. **4.** *(conjunctive forms): (translating* **and ~, ~ also, ~ too,** *or to contrast with an unemphatic pronoun): Lit:* yntau; *N:* ynta, fynta, *occ:* fonta, *S:* ynte, fynte; **he loves her and she loves ~,** mae ef yn ei charu hi a hithau'n ei garu yntau; **I saw ~ as well,** fe'i gwelais yntau [hefyd]; **I am as tall as ~,** 'rwyf i cyn daled ag yntau. **5.** *F: (used as nom., replacing* **he***):* **it's ~,** fe yw e; fo ydi o; fe/fo sydd yna; **~ over there,** hwnacw fan acw, *N:* hwnna [yn] fanna, *S:* hwnco manco; **that's ~!** dyna/dacw fo/fe! *int.* **~!** hwnnw! hwnna! **it's not quite ~,** *(garment):* 'dyw e ddim yn taro'n iawn iddo; **was it ~?** [ai] ef/fo/fe oedd yna? **it isn't ~ that's lying,** nid ef/fo/fe sy'n dweud celwydd; **wasn't it ~ who called?** onid/nid ef/fo/fe oedd yn galw? **~ and his stories!** fo/fe a'i straeon! **what? ~ go there?** beth? fo/fe fynd yno? **6.** *(as indirect object):* **I obey ~,** 'rwy'n ufuddhau iddo; **I shall give ~ some money,** mi roddaf arian iddo; **I shall tell ~ so,** mi ddywedaf hynny wrtho; **I am thinking of ~,** 'rwy'n meddwl amdano; **I can't get rid of ~,** ni allaf gael gwared arno. **7.** *the prepositions* ar, at, dan, tan, o dan, am, o, er, heb, rhag, trwy, drwy, dros, tros, rhwng, yn, gan, wrth *have inflected 2nd. pers. m. forms; See a grammar;* **on ~,** arno ef; **towards ~,** ato ef; **under ~,** dano ef; **about ~,** amdano ef; **without ~,** hebddo ef; **against ~,** rhagddo ef; **through ~,** trwyddo ef *&c; note also the infixing of the pronoun in some cases, e.g.* **because of ~,** o'i herwydd ef; **around ~,** o'i gwmpas ef *&c.* **8.** *(antecedent to a rel. clause): (i) (= whoever):* yr hwn, y sawl, yr un, *occ:* y neb; **to ~ who should disagree, I would say,** wrth yr hwn a anghytunai, mi ddywedwn; **the prize goes to ~ who comes in first,** mae'r wobr yn mynd i'r sawl a ddaw yn gyntaf; *(ii) (emphatic):* **it's ~ I like,** fo/fe'rwy'n ei hoffi. **9. good for ~!** go dda fo/fe! da iawn fo/fe! **10.** *(3rd. pers. imperative):* **let ~ stand,** safed; boed iddo sefyll. **11.** *A: or Lit:* **he laid ~ down to sleep,** gorweddodd i gysgu.

Himalaya *Pr.n.pl. Geog:* **the Himalayas,** Mynyddoedd Himalaia.

Himalayan *a. & n.* **1.** *a.* Himalaiaidd, o'r Himalaia. **2.** *n.* Himalaiad (Himalaiaid) *m&f.*

himation *n.* himation (himatia) *m*, mantell (mentyll) *f.*

himself *pers.pron.m.* **1.** ef ei hun/hunan, *Lit: occ:* efe/efô ei hun/hunan, *N: F:* [y] fo'i hun, *S: F:* fe'i hun/hunan; **such as ~,** fel ef ei hun; **all by ~,** ar ei ben ei hun [bach]; **he bought ~ a car,** prynodd gar iddo'i hun; **he can please ~,** fe gaiff o/e wneud fel y myn[n] [o/e]; **he ~ said so,** ef ei hun a ddywedodd; **he helped ~ to the potatoes,** estynnodd at y tatws; **did he hurt ~?** [a] wnaeth o/e frifo? [a] gafodd o/e anaf? **he spoke for ~,** 'roedd yn siarad drosto'i hun; **he's not ~ today,** nid fe'i hun yw e heddiw; 'dyw e ddim fel fe'i hun heddiw; **he asked ~,** gofynnodd iddo'i hun; **he is blaming ~,** mae'n ei feio'i hun; **he was speaking to ~,** 'roedd yn siarad ag ef ei hun; **he was beside ~,** 'roedd o/e o'i go'; 'roedd yn wyllt gynddeiriog *&c*; *S.a.* **angry; he excelled ~,** fe ragorodd arno'i hun. **2.** *the sense of ~ is frequently conveyed in Welsh, and especially in the literary language, by means of a reflexive verb, i.e. a verb with the prefix* ym-, *e.g.* **he prepared ~,** ymbaratôdd; **he crossed ~,** ymgroesodd; **he excused ~,** ymesgusododd; **he comforted ~,** ymgysurodd *&c.*

Himyarite *a. & n.* **1.** *a.* Himiaraidd. **2.** *n.* Himiariad (Himiariaid) *m&f.*

Himyaritic *a. & n.* **1.** *a.* Himiaraidd; *(in language):* Himiareg. **2.** *n. Ling:* Himiareg *f, m.*

hinau *n. Bot: (Elaeocarpus dentatus):* coeden (coed) *(f)* hinaw.

hind¹ *n.* ewig(-od) *f, occ:* iyrches(-od) *f*, gafr *(f)* ddanas (geifr danas); **~ of fallow deer,** ewig lwyd (ewigod llwydion). **~-like** *a.* ewigaidd, ewigol, fel ewig.

hind² *n. A: (a)* **1.** *(= farm servant):* gwas *(m)* ffarm (gweision ffermydd), *occ:* llafurwas (llafurweision) *m*, *occ:* gwas mawr; *(b) (= bailiff):* hwsmon (hwsmyn) *m*, pen-gwas (~-gweision) *m*, *S.W:* gwrwas (gwrweision) *m.* **2.** *(a) (= countryman):* gwerinwr (gwerinwyr) *m*, gwladwr (gwladwyr) *m*; *(b) (= boor):* llabwst (llabystiaid) *m*, taeog(-ion) *m*, taeogyn (taeogion) *m*, lleban(-od) *m*; *S.a.* **yokel.**

hind³ *a.* **1. ~ legs,** coesau ôl; **on one's ~ legs,** ar eich traed, ar eich sefyll; **to get up on one's ~ legs,** codi, ymsythu, sefyll ar eich traed; **~ brain,** ôl-ymennydd (~-ymenyddiau) *m*; **~ gut,** ôl-berfeddyn (~-berfedd) *m*; **~ feet,** traed ôl. **2.** = **hinder¹.**

hindbrain *n. Anat: See* **hind³ 1.**

hinder¹ *a.* ôl; **~ part,** pen ôl (penolau) *m*, rhan(-nau) ôl *f*, *S: occ:* part ôl (partolau) *m.*

hinder² *v.t.* **1.** *(s.o. from doing sth):* atal, rhwystro, *Lit:* llesteirio, lluddias, *S.W: occ:* dïor (rhn rhag gwneud rhth); *F:* nadu (i rn wneud rhth); **to be hindered by storms,** cael eich arafu/llesteirio gan stormydd, cael eich dal yn ôl gan stormydd.

hinderer *n.* rhwystrwr (rhwystrwyr) *m*, ataliwr (atalwyr) *m.*

hindermost *a.* = **hindmost.**

hindgut *n. Z: Anat: See* **hind³ 1.**

Hindi *n. Ling:* Hindi *f, m.*

hindmost *a.* diwethaf, olaf, pellaf yn ôl; **everyone for himself and the devil take the ~,** pawb ei siawns a minnau fy lwc; pawb drosto'i hunan, ac i'r diawl â'r diwethaf; pawb am y cyntaf, a'r hwch ddu gota a gipio'r olaf.

hindquarters *n.pl.* pedrain *f*, pedreiniau *pl*, crwper *m.*

hindrance *n.* rhwystr(-au) *m*, *Lit:* llestair (llesteiriau) *m*, llyffethair (llyffetheiriau) *f*, atalfa (atalf|eydd) *f*, ataliad(-au) *m*, hual(-au) *m*, cloffrwym(-au) *m*, *N.W: occ:* hobl *m*; **without let or ~,** heb rwystr, yn ddirwystr, yn ddilestair, yn ddiatal.

hindsight *n.* **1.** *Arms:* aneliad(-au) ôl *m*, ôl-aneliad(-au) *m.* **2.** *Iron:* synnwyr *(m)* trannoeth, ôl-ddoethineb *m.*

Hindu *a. & n.* **1.** *a.* Hindwaidd. **2.** *n.* Hindŵ: Hindw(-iaid) *m.*

Hinduism *n. Rel:* Hindŵaeth *f.*

Hindustan *Pr.n. Geog:* Hindwst|an *f.*

Hindustani *a. & n. Ling:* **1.** *a.* Hindwstani. **2.** *n.* Hindwstani *f, m.*

hinge¹ *n.* **1.** *(a)* colyn(-nau) *m*, *occ:* bach(-au) *m*, colfach(-au) *m*, corddyn(-au) *m*, crogfach(-au) *m*; *Philately:* **[stamp-]~,** dolen(-nau) *f* [stamp(-iau)]; *(b)* **[butt] ~,** colfach bôn, colfach ymyl; **backflap ~,** colfach llydan; **butterfly ~,** colfach glöyn byw; **centre ~,** colfach canol; **cranked centre ~,** colfach canol amdro; **extension ~,** colfach estyn; **piano ~,** colfach hir; **pressed ~,** colfach gwasgedig; **raising ~,** colfach codi; **rule joint ~,** colfach uniad riwl; **solid drawn ~,** colfach solet; **strap ~,** colfach strap; **tee ~,** colfach T; **table-top ~,** colfach top bwrdd. **2.** *(of argument &c):* colyn, pegwn *m*, craidd *m.* **~-boards** *n.pl. Lib: &c:* byrddau colfach. **~-bound** *a.* colfach-glwm. **~-pin** *n.* colyn(-nau) *m.* **~ joint** *n. Biol:* cymal *(m)* colfach.

hinge² *v.t.&i.* **1. to ~ a door,** rhoi/hongian drws ar ei golynnau, colfachu drws; **to ~ a casket &c,** colfachu cist *&c.* **2.** *v.i.* troi, dibynnu (**on sth,** ar rth); **everything hinges on his answer,** mae popeth yn troi/dibynnu ar ei ateb.

hinged *a.* colynnog, colfachog, cymalog, a chanddo golyn; **~ flap,** *(of counter):* adain (adenydd) *f*; **~ girder,** trawst cymalog *m.*

hingeless *a.* heb golyn, heb golfach, digolyn, digolfach.

hinnie *n.* = **hinny³.**

hinny¹ *n. Z:* bastard *(m)* mul (bastardiaid mulod).

hinny² *v.i. (of horse):* gweryru, *S.W:* gwhwrad, gwhwri, *S.E:* gwererid.

hinny³ *n.* **1.** *(endearment):* = **honey. 2.** *Cu:* **singing ~,** *S:* picen (picau) *(f)* ar y maen. *N:* teisen gri (teisennau cri) *f*, cacen gri (cacennau cri) *f*, torth gri (bara cri) *f.*

hint¹ *n.* **1.** *(a)* awgrym(-iadau) *m*, ensyniad(-au) *m*, blaen *(m)* gair, hanner *(m)* gair, *N.W: occ:* hỳm *mf*, chwinclin *m*, chwinc *m*, *S: occ:* gwyntyn *m*, *S.E: occ:* sgwib *m*, sgit *m*; **to give a ~,** awgrymu (rhth), rhoi gair i gall, *S.E: occ:* taflu pêl i do; **a broad ~,** awgrym amlwg, gair i gall; *(= allusion):* cyfeiriad amlwg *m*; **a gentle ~,** awgrym cynnil, lledawgrym(-iadau) *m*; **to give/drop s.o. a [gentle] ~,** taro'r post i'r pared glywed, rhoi hanner gair i gall; **to drop a ~ that . . ., to let fall a ~ that . . .,** rhoi ar ddeall bod . . .; **I know how to take a ~,** mi wn sut mae'i deall hi; **I can take a ~,** mae un gair cystal â chant i mi; **give me a ~,** rhowch awgrym i mi; *(b) (= trace):* arwydd(-ion) *mf*, awgrym, ôl (olion) *m*; **he disappered without a ~,** fe ddiflannodd heb un arwydd; **not the**

slightest ~ of sth, dim rhithyn o rth; a ~ of a Welsh accent, awgrym o acen Gymreig. 2. hints for housewives, awgrymiadau/cynghorion i wraig y tŷ.

hint² *v.t.&i.* awgrymu, lledawgrymu (rhth); rhoi (rhth) ar ddeall (i rn); *N.W: occ:* rhoi hŷm (o rth); **to ~ at sth,** lledawgrymu rhth, lledgyfeirio at rth; **what are you hinting at?** beth sydd gen ti (gennych chi) dan sylw?

hinterland *n.* cefnwlad *f,* cefnfro *f,* perfeddwlad *f,* cyrion *pl,* godreon *pl,* tueddau *pl,* cyffiniau *pl.*

hip¹ *n.* **1.** *Anat:* clun(-iau) *f,* pen (*m*) y glun; *Dressm: Tail:* **~ line,** llinell (*f*) glun; **~ measurement,** mesur (*m*) cluniau; **what is her ~ size?** faint yw hi am ei chluniau? *B:* **to smite s.o. ~ and thigh,** taro rhn glun a morddwyd; **on the ~,** *A:* ar anfantais. **2.** *Arch: (of roof):* arris (arisiau) *m,* ymyl fain/main (ymylon main) *fm.* **~-bath** *n.* baddon(-au) (*m*) eistedd. **~-bone** *n.* asgwrn (*m*) clun (esgyrn cluniau), asgwrn y glun. **~-disease** *n.* clunwst *f,* clungymalwst *f* (*pronounced* ng-g). **~-flask** *n.* fflasg (*f*) boced (fflasgiau poced). **~-girdle** *n.* gwregys(-au) pelfig *m,* pelfis(-iau) *m.* **~-joint** *n.* cymal (m) y glun, cymal clun (cymalau cluniau). **~-length** *a.* hyd (*m*) [pen] y glun. **~-piece, ~-rafter** *n.* dist(-iau) (*m*) slip. **~-pocket** *n.* poced(-i) (*f*) tu ôl, poced glun (pocedi clun), *F:* poced tin [trowsus]. **~-roof** *n.* *Arch:* to (*m*) talcen slip, talcendo(-eau,-eon) *m.* **~-shot** *a.* *Vet:* clunllaes, clunlaes.

hip² *n.* *Bot:* egroesen (egroes) *f, Lit:* ogfaenen (ogfaen) *f; pl.* **hips,** *N.W: occ:* mwcog; **to gather hips,** casglu/hel egroes, *Lit:* egroesa; *S.a.* **rose.**

hip³ *int.* **~! [~!] hurrah!** hip-hip-hwrê!

hip⁴ *a.* *U.S: F:* **1.** ynddi hi; *See* **hep. 2.** *(= fond of jazz):* hoff o jazz.

hipness *n.* *U.S: F:* heprwydd *m.*

hipped *a.* **1.** cluniog; **broad ~,** bonbraff, bondew, tindrwm (*f.* tindrom, *pl.* tindrymion). **2.** *Arch:* slip, talcennog.

hippie *n.* & *attrib.* **1.** *n.* hipi(-s) *m&f.* **2.** *attrib.* hipiaidd.

hippo *n.* = **hippopotamus.**

hippocampus *n.* **1.** *Ich:* morfarch (morfeirch) *m.* **2.** *Anat:* hipocampws *m.*

hippocras *n.* *Hist:* [gwin] |ipocras *m.*

Hippocratic *a.* Hipocratig, Hipocrataidd.

Hippocrene *n.* [yr] awen *f,* ysbrydoliaeth *f.*

hippodrome *n.* *Gr.Rom.Ant:* marchredfa (marchredf|eydd) *f,* syrcas(-au) *f.*

hippogriff, hippogryph *n.* marchriffwn: marchriffon(-iaid) *m.*

hippophagy *n.* bwyta (*vn*) ceffylau.

hippophile *n.* marchaddolwr (marchaddolwyr) *m,* marchadd|olwraig *f.*

hippophobia *n* ofn (*m*) ceffylau.

hippopotamus *n.* *Z:* hipop|otamws (hipopotamysau) *m, Lit: O:* afonfarch (afonfeirch) *m,* dyfrfarch (dyfrfeirch) *m.*

hippy¹ *a.* bonbraff, bondew, cluniog, *F:* tindrwm (*f.* tindrom, *pl.* tindrymion).

hippy² *n.* = **hippie.**

hipster¹ *n.* **1.** *Dressm:* hipster(-s) *m.* **2.** *(pers.):* hipster(-iaid) *m&f; S.a.* **hippie.**

hipster² *a.* *(garment):* clundyn[n], clungrog (*pronounced* ng-g).

hipsterism *n.* hipsteriaeth *f.*

hirable *a.* ar log, ar gael, llogadwy, huradwy, y gellir ei logi/hurio.

hircine *a.* gafraidd, fel gafr.

hire¹ *n.* **1.** *(action): See* **hire²**; **to let sth [out] on ~,** gosod rhth, rhoi rhth ar osod/hur/log (**to s.o.,** i rn). **2.** *A: & U.S: (= wage):* cyflog(-au) *m;* **the labourer is worthy of his ~,** teilwng i'r gweithiwr yw ei gyflog; *Jur:* **for ~ or reward,** am dâl neu wobr. **~ car** *n.* car (ceir) (*m*) hur/llog. **~ purchase** *n.* hurbrynu *vn,* hurbryniant *m,* hurbwrcas *m,* hurbwrcasu *vn, F: occ:* prynu(*vn*)'n ysgafn; **to buy sth on ~ purchase,** hurbrynu rhth, hurbwrcasu rhth, *F:* prynu rhth ar goel, prynu rhth ar lab.

hire² *v.t.* **1.** *(a)* hurio, llogi; *(maid &c):* cyflogi. **2. to ~ sth out,** hurio rhth, rhoi rhth ar osod/log/hur (**to s.o.,** i rn); **to ~ out a house,** gosod tŷ.

hired *a.* **1.** *(a) (= paid):* cyflogedig, cyflog, tâl; **a hired assassin,** lleiddiad cyflogedig *m,* lladdwr cyflogedig *m,* lleiddiad/lladdwr tâl; *U.S:* **hired man,** gwas (gweision) *m* [cyflog]; **~ girl,** morwyn(-ion, morynion) *f; (b)* **~ carriage,** cerbyd (*m*) hur.

hireling *n.* gwas (gweision) (*m*) cyflog, *Lit:* hurwas (hurweision) *m, Pej:* gwas bach *m,* ci (cŵn) bach *m,* ci rhedeg.

hirer *n.* huriwr (hurwyr) *m,* h|urwraig *f,* llogwr (llogwyr) *m,* ll|ogwraig *f.*

hiring *vn.* **~ fair,** ffair (*f*) gyflogi (ffeiriau cyflogi), ffair bentymor (ffeiriau pentymor).

hirsute *a.* blewog.

hirsuteness *n.* blewogrwydd *m.*

hirsutism *n.* gorflewogrwydd *m.*

hirundine *a.* gwenolaidd, fel gwennol.

his¹ *poss.pron.m.* ei un ef/e/o (ei rai ef/e/o), *Lit:* yr eiddo ef; *(conjunctive):* ei un yntau (ei rai yntau), *Lit:* yr eiddo yntau; **this is ~,** ef/fe/fo biau hwn; ei un ef/e/o yw hwn; **these are mine and those are ~,** dyma fy rhai i a dacw'i rai yntau; **he took my book and ~,** cymerodd ef fy llyfr i a'i lyfr yntau; **~ is a new department,** mae'i adran ef yn un newydd; **I like ~ better,** mae'n well gen i ei un ef; **the house became ~,** ef a gafodd y tŷ; daeth y tŷ'n eiddo iddo ef; **it's not ~ to decide,** nid ef biau penderfynu; **the choice is ~,** ef biau'r dewis; **(I should like to read) sth of ~,** (mi hoffwn i ddarllen) rhth o'i waith ef, rhth ganddo ef; **(as I had no sugar) I asked for some of ~,** (gan nad oedd gen i ddim siwgwr) mi ofynnais a gawn i beth ganddo ef, mi ofynnais a gawn i beth o'i beth ef; **as I had no stamps I asked for some of ~,** gan nad oedd gen i ddim stampiau mi ofynnais am rai o'i rai ef; **~ is a good one too,** mae ei un ef yn un da hefyd; mae ganddo yntau un da hefyd; **some friends of ~,** rhai o'i gyfeillion ef, rhyw ffrindiau sydd ganddo; **I'm no friend of ~,** 'dydw i ddim yn ffrind iddo fe/fo; 'dydw i ddim yn un o'i ffrindiau fe/fo; **that stupid son of ~,** y twpsyn o fab yna sydd ganddo; **that pride of ~,** y balchder yna sydd ynddo; **is this poem ~?** ai ef biau'r gerdd hon? ai ef wnaeth y gerdd hon? **it's no fault of ~,** nid ei fai ef ydyw; nid ef sydd ar fai; **~ and hers,** ei eiddo ef a'i heiddo hithau.

his² *poss.a. (denoting a m. possessor).* **1.** *(a) (prefixed form):* ei (*usu. pronounced* i) + *soft mut.*; **~ house,** ei dŷ; **~ age,** ei oed; **he changed ~ name,** fe newidiodd ei enw; **~ son, ~ mother, ~ daughter,** ei fab, ei fam, ei ferch; **H~ Majesty,** Ei Fawrhydi; **~ brother and sister,** ei frawd a'i chwaer (*not* ei frawd a chwaer; *note repetition of poss.pron.*); *(b) (affixed form): Lit:* ef, *N:* fo/o, *S:* fe/e *added in written Welsh for emphasis or clarity; used freely without emphasis in spoken Welsh, and for emphasis only when the antecedent is the subject of the sentence; thus* cymerais fenthyg ei gôt *can be correct written Welsh for* **I borrowed ~ coat;** *the standard spoken form would be* mi gymerais fenthyg ei gôt o/e; **~ brother,** *Lit:* ei frawd [ef], *F:* ei frawd o/e; **~ turn,** *Lit:* ei dro [ef], *F:* ei dro fo/fe; **is this ~ car?** ai ei gar ef yw hwn? **that's ~ story,** ei stori ef yw honna; **~ and my father,** ei dad ef a'm tad innau; **I liked ~ house,** 'roeddwn i'n hoffi ei dŷ ef; **~ own home,** ei gartref [ef] ei hun. **2.** *(infixed forms): (after vowel):* 'i + *soft mut.*; *(after preposition* i*):* 'w; **remembering ~ family,** cofio'i deulu; **he and ~ mother,** ef a'i fam; **neither Gwyn nor ~ friends,** na Gwyn na'i ffrindiau; **with ~ hand,** â'i law; **from ~ home,** o'i gartref; **towards ~ country,** tua'i wlad; **to ~ house,** i'w dŷ. **3.** *(conjunctive forms). (following noun): Lit:* yntau, *N:* ynta/fynta, *occ:* fonta; *S:* ynte; **mine and ~ father,** fy nhad i a'i dad yntau; **my hat and ~ umbrella,** fy het i a'i ambarél yntau; **he took my bag and I took ~ basket,** cymerodd ef fy mag i a chymerais innau ei fasged yntau; **I didn't see ~ picture either,** ni welais i mo'i lun yntau chwaith.

His³ *n.* *Anat:* **bundle of ~,** sypyn (*m*) His.

Hispanic *a.* Sbaenig, Sbaenaidd, *Lit: occ:* Ysbaenig, Ysbaenaidd.

Hispanicism *n.* **1.** Sbaeniaeth(-au) *f,* Ysbaeniaeth(-au) *f.* **2.** *Ling:* Sbaeneb(-ion) *f,* Ysbaeneb(-ion) *f.*

Hispanicist *n.* Sbaenigwr (Sbaenigwyr) *m,* Sbaen|igwraig *f,* Ysbaenigwr (Ysbaenigwyr) *m,* Ysbaen|igwraig *f.*

Hispanicize *v.t.* Sbaenigo, Sbaeneiddio, Ysbaenigo, Ysbaeneiddio.

Hispanist *n.* = **Hispanicist.**

Hispano- *comb.fm.* Sbaen-. **~-American 1.** *a.* Sbaen-Americanaidd. **2.** *n.* Sbaen-Americanwr (~-Americanwyr) *m,* Sbaen-Americanes(-au) *f.* **~-Moorish, ~-Moresque** *a.* Sbaen-Arabaidd.

hispid *a.* *Nat.Hist:* blewog, gwrychog.

hiss¹ *n.* **1.** hisian *vn,* [sŵn *m*] chwythu *vn,* chwyth *m,* chwyth[i]ad *m, occ: Lit:* chwithrwd *m.* **2.** *Ling:* sisiad(-au) *m.*

hiss² *v.t.&i.* **1.** *v.i.* hisian, sisian; *(of snake, cat &c):* chwythu; *(of*

kettle &c): **to ~ gently,** sïo; **"silence!" he hissed,** "ust!" hisiodd/sisiodd. **2.** *v.t.* **to ~ [an actor],** hwtio, hwtian, hisian (actor).
hissing *a. & vn.* **1.** *a.* sïol, hislyd, hisiog, sy'n hisian, sy'n sïo. **2.** *vn. See* **hiss[1] 2**; hisiad(-au) *m*, chwyth[i]ad(-au) *m*; *B:* **I will make this city a ~,** a mi a wnaf y ddinas hon yn ffiaidd.
hist *int.* [h]isht! *Lit:* ust!
histaminase *n. Bio-Ch:* hist|aminas *m.*
histamine *n. Ch:* h|istamin *m.*
histaminic *a.* histaminaidd.
histidine *n. Ch:* h|istidin *m.*
histiocyte *n.* h|istiosyt(-au).
histiocytic *a.* histiosytig.
histiocytosis X *n. Med:* histiosytosis X *m.*
histochemical *a.* histocemegol.
histochemically *adv.* yn histocemegol.
histochemistry *n.* histocemeg *f.*
histocompatibility *n.* histogydnawsedd *m.*
histogen *n.* h|istogen *m.*
histogenesis *n.* histog|enesis *m.*
histogenetic *a.* histogenetig.
histogenetically *adv.* yn histogenetig.
histogeny *n.* = **histogenesis.**
histogram *n.* h|istogram (histogramau) *m.*
histoid *a.* histoid.
histological *a.* histolegol.
histologically *adv.* yn histolegol.
histologist *n.* histolegydd (histolegwyr) *m.*
histology *n.* histoleg *f.*
histolysis *n.* hist|olysis *m.*
histone *n.* histon(-au) *m.*
histopathology *n.* histopatholeg *f.*
historian *n.* hanesydd (haneswyr) *m.*
historiated *a.* addurnedig, addurnol; *Lit:* **~ initial,** blaenlythyren (blaenlythrennau) *f.*
historic *a.* **1.** hanesyddol; **places of ~ interest,** lleoedd o ddiddordeb hanesyddol. **2.** *Gram:* **the past ~ tense,** yr amser gorffennol *m*; **~ infinitive,** berfenw hanesiol/traethiadol *m*; **~ present,** yr amser presennol hanesiol/traethiadol.
historical *a.* hanesyddol, *Lit: occ:* hanesiol; **a ~ novel,** nofel hanes/hanesyddol.
historically *adv.* yn hanesyddol.
historicism *n.* hanesyddoliaeth *f.*
historicist *n. & attrib.* **1.** *n.* hanesyddolwr (hanesyddolwyr) *m.* **2.** *attrib.* hanesyddolaidd.
historicity *n.* dilysrwydd [hanesyddol] *m*, hanesyddoldeb *m*, hanesyddolrwydd *m.*
historiographer *n. (a) (= historian):* hanesydd (haneswyr) *m*, awdur(-on) *(m)* hanes; *W.Lit: A:* brutiwr (brutwyr) *m*; *S.a.* **chronicler**; *(b) (= authority on historiography):* hanesyddiaethwr (hanesyddiaethwyr) *m.*
historiographic[al] hanesyddiaethol, croniclaidd.
historiographist *n.* = **historiographer.**
historiography *n.* hanesyddiaeth *f*, *occ:* hanesiaeth *f.*
history *n.* **1.** *(a)* hanes(-ion) *m*; **we are making ~,** 'rydym ni'n gwneud/creu hanes; **he went down in ~ as a tyrant,** cofir amdano fel teyrn; fe'i hanfarwolodd ei hun fel teyrn; **ancient ~,** hanes yr henfyd; *F:* **that's ancient ~,** hen hanes yw hynny; **church ~,** hanes eglwysig; *(of single church):* hanes eglwys, *occ:* hanes achos; **~ of religions,** hanes crefyddau; **social ~,** hanes cymdeithasol; **agrarian ~,** hanes amaethyddiaeth; **ecclesiastical ~,** hanes eglwysig; **institutional ~,** hanes sefydliadau; **legal ~,** *(i)* hanes cyfraith, hanes y gyfraith; *(ii)* **this case made legal ~,** gwnaeth yr achos hwn hanes cyfreithiol; **local ~,** hanes lleol, hanes ardal; **domestic ~,** hanes teuluol; **the family ~,** hanes y teulu; **case histories,** hanes unigolion; **a case ~,** hanes achos; **this knife has a ~,** mae hanes i'r gyllell hon; *(b)* = **~ book,** llyfr(-au) *(m)* hanes; *(c) (= play):* drama (dramâu) *(f)* hanes; **Shakespeare's histories,** dramâu hanes Shakespeare. **2. natural ~,** *(i) (study):* astudiaeth *(f)* natur; *(ii) (= flora & fauna):* byd *(m)* natur, bywyd gwyllt *m*; **the Natural H~ of Snowdonia,** Byd Natur Eryri, Bywyd Gwyllt Eryri. **3.** *Mil: Navy:* cofnod(-ion) *m.*
histrion *n. Pej:* crachactor(-ion) *m*, crachactores(-au) *f.*
histrionic *a.* theatraidd, histrionig, llwyfanllyd, annaturiol, ffug, coegddramatig, gorddramatig, rhagrithiol; **a ~ pose,** ystum drama.
histrionically *adv.* yn theatraidd *&c.*
histrionicism *n.* ystumiau *pl.*
histrionics *n.pl.* **1.** theatreg *f.* **2.** *Pej:* goractio *vn*, [y]stranciau *pl*, [y]stumiau *pl*, *S:* cleme *pl*, hen gleme.
histrionism *n.* actio *vn.*
hit[1] *n.* **1.** *(a)* trawiad(-au) *m*, ergyd(-ion) *fm*; *F:* **to have a sly ~ at s.o.,** rhoi proc i rn, *N.W: occ:* lladd rhn â phluen, torri pen rhn, taflu weipen at rn; **that's a ~ at me,** dyna weipen i mi; fi sy'n ei chael hi; fi sydd dani; fi sydd dan sylw; un/ergyd/celpen/cic i mi yw honna; *(b) Sp:* trawiad, *F: occ:* cnoc(-iau) *f*; **a lucky ~,** strôc dda *f*; **to score a ~,** *Fenc:* taro (rhn); *Baseball:* **fly ~,** fflei *m*; *(c) Hockey:* ergyd; **corner ~,** ergyd gornel (ergydion cornel); **free ~,** ergyd rydd (ergydion rhydd). **2.** *(= success): (a)* llwyddiant (llwyddiannau) *m*; **to make a ~ of sth,** llwyddo yn/gyda/â rhth; **to make a big ~,** cael llwyddiant mawr; *(b) Th:* llwyddiant, drama lwyddiannus *f*; **a ~ musical,** drama gerdd ysgubol lwyddiannus; *(= record &c):* ffefryn(-nau) *m*; **smash ~,** *(song):* cân (caneuon) ysgubol *f*; *(record):* record(-iau) ysgubol *f*; **it's a smash ~,** mae'n llwyddiant ysgubol; mae ar y brig; **her latest ~,** ei record fawr ddiweddaraf; **this'll be a ~,** fe fydd hwn yn taro; fe fydd mynd/cip ar hwn; *(song):* fe aiff hon i'r brig. **~ man** *n.m.* lleiddiad (lleiddiaid) [hur/tâl/cyflog]. **~ parade** *n.* rhestr *(f)* y ffefrynnau, y siartiau *pl.* **~ rate** *n. Cmptr: Mth: &c:* cyfradd(-au) *(m)* taro. **~ tune** *n.* cân boblogaidd (caneuon poblogaidd) *f*, cân ar y brig, cân a mynd [mawr] arni (caneuon a mynd [mawr] arnynt).
hit[2] *v.t.&i. (p.t.& p.p.* **hit**; *pr.p.* **hitting***)*: **1.** *(a) v.t.* taro *(usually conjugates* trawaf, trewi *&c)*, *occ:* trawo, *F:* cnocio, *S:* bwrw; *S.a.* **beat[2], strike; to ~ s.o. a blow,** estyn ergyd i rn; **to ~ s.o. for six,** *N:* sodro rhn, rhoi'r farwol i rn, rhoi'r loyw i rn; **he couldn't ~ an elephant; he couldn't ~ a haystack,** allai fe ddim taro talcen tŷ; *Fig: (in debate &c):* llorio rhn; *Cr:* **to ~ a six,** taro chwech; *(b) v.i.* **to ~ against sth,** taro/bwrw yn erbyn rhth, *S: occ:* cloncan rhth; *(c) v.t. (= reach):* cyrraedd; *Aut: P:* **to ~ the hundred mark,** cyrraedd y can milltir; **to ~ the headlines,** cyrraedd y dudalen flaen, cael penawdau breision; **to ~ an all-time low,** cyrraedd isafbwynt, cyrraedd y pwynt isaf, taro'r gwaelod, mynd yn is nag erioed; **to ~ the road,** ei chychwyn hi; *Fenc: Bill:* taro; *Cr:* **out ~ wicket,** allan wedi taro'r wiced; **to ~ the mark,** cyrraedd y nod; **to ~ the sack,** mynd i'r gwely, mynd i gae'r nos, mynd i'r ciando *&c*; *S.a.* **hay[1]; (to ~ s.o.) below the belt,** (taro rhn) yn ei wendid, dan y gwregys; *F:* **he was ~ in his pride,** brifwyd/anafwyd/clwyfwyd ei falchder; **to ~ home,** clwyfo i'r byw; *F:* **to be hard ~,** ei chael hi [yn egr, yn galed *&c*], cael ergyd drom, *N: F:* cael pegiad; **the strike hits several factories,** mae'r streic yn effeithio ar nifer o ffatrïoedd; **to ~ the bottle,** dechrau yfed [o ddifrif], taro'r/hitio'r botel, cymryd at y botel; *(d) a. & adv.phr.* **(to attempt sth) ~ or miss,** (rhoi cynnig ar rth) doed a ddelo, caffed a gaffo; **to strike out ~ or miss,** taro ar antur, taro'n wyllt. **2.** *v.t.&i.* **to ~ [upon] sth,** taro ar rth, dod ar draws rhth; **you've ~ it!** dyna hi i'r dim! yr union beth! dyna daro'r hoelen ar ei phen! dyna ti (chi) wedi'i tharo hi yn ei thalcen! **~ back** *v.t.&i.* taro'n ôl, eich amddiffyn eich hun; **to ~ back at s.o.,** *F:* rhoi dau chwech am swllt i rn. **~ off** *v.t.* **1. to ~ off a likeness,** dal tebygrwydd; **you have ~ him off to a T,** dyna fe iti (ichi) i'r dim; mae e gen ti (gennych chi) i'r dim. **2. to ~ it off with s.o.,** cyd-dynnu â rhn, dod ymlaen yn iawn â rhn, ei gwn|eud hi'n iawn gyda rhn, *occ:* tynnu trwy rn. **~ out** *v.i.* **to ~ out at s.o.,** *(i)* estyn ergyd i rn, cynnig taro rhn, cynnig rhn; *(ii) Fig:* lladd ar rn, ymosod ar rn, beirniadu rhn yn hallt. **~ up** *v.t. Cr:* sgorio. **~ and run** *attrib.* **a ~ and run driver,** gyrrwr taro a ffoi; **a ~ and run raid,** ymosodiad taro a ffoi; **a ~ and run accident,** damwain daro a ffoi. **~-list** *n.* rhestr *(f)* daro (rhestrau taro), rhestr dargedau (rhestrau targedau); *F:* **I'm on the ~-list,** 'rydw i amdani; maen' nhw amdana' i. **~ or miss** *a.* diofal, esgeulus, didaro, rywsut-rywsut, di-drefn, mympwyol; **~ or miss methods,** dulliau hap a damwain.
hitch[1] *n.* **1.** plwc *m*; **to give one's trousers a ~,** rhoi plwc i'ch trowsus. **2.** *Nau:* cwlwm (c[y]lymau) *m*; *S.a.* **knot. 3.** *(= snag):* anhawster (anawsterau) *m*, problem(-au) *f*, rhwystr(-au) *m*, ataliad(-au) *m*, atalfa (atalf|eydd) *f*; **there is a ~ (somewhere),** mae rhth yn bod, mae rhth o'i le (yn rhywle); **without ~,** yn rhwydd, ddirwystr, yn ddidramgwydd; *W.Tel: T.V:* **a**

technical ~, an[h]ap technegol/dechnegol *mf.* **4.** *U.S: (= period of military service):* cyfnod *m* [gwasanaeth], tymor (*m*) yn y fyddin. **5.** *Carp: Join: &c:* bachiad(-au) *m.*
hitch[2] *v.t.* **1.** *(= tug):* plycio, tynnu. **2.** *Nau: &c: (= tie):* clymu; **to ~ one's wagon to a star,** anelu'n uchel, bod yn uchelgeisiol, *S.W: occ:* bod yn dyn[n] iawn at eich cetyn; *F:* **to ~ a ride,** codi pàs, cael pàs, *S.W:* cael cyfle. **~ up** *v.i. U.S:* harneisio, *S.W:* dala; *P:* **to get hitched [up],** priodi, *F: occ:* dechrau byw, dechrau'ch byd, *Joc:* mynd i glwb y bara sych, mynd i glwb y racs. **~-hike** *v.i.* ffawdheglu, bodio['ch ffordd], ei bodio hi, cymryd y fawd. **~-hiker** *n.* ffawdheglwr (ffawdheglwyr) *m,* bodiwr (bodwyr) *m,* b|odwraig *f.* **~-hiking** *vn.* ffawdheglu, bodio.
hitched *a. F: (= married):* priod, wedi priodi.
hitching *vn.* **~-post** *n.* cledren(-ni,-nau, cledrau) *f.*
hither *adv. & a.* **1.** *adv.* yma, hyd yma, tuag at yma, at yma; **come ~,** dere (dewch) yma, tyrd (dewch) yma; **~ and thither,** yma a thraw, hwnt ac yma, fan hyn fan draw, yma ac acw. **2.** *a.* nesaf; **the ~ side of the hill,** yr ochr hon i'r bryn; *A: Geog:* **H~ Gaul,** Gâl Agos *f,* Gâl Nesaf.
hitherto *adv.* hyd yn hyn, hyd yma; **as ~,** fel cynt, fel o'r blaen.
hitherward *adv.* yn y cyfeiriad hwn, tuag at yma, at yma.
Hitler *Pr.n.m.* **he's a real little ~,** mae'n rêl hen deyrn; Hitler o ddyn yw e.
Hitlerism *n.* Hitleriaeth *f.*
Hitlerite *a. & n.* **1.** *a.* Hitleraidd. **2.** *n.* Hitleriad (Hitleriaid) *m&f,* Hitleres(-au) *f.*
hitter *n. Box:* colbiwr (colbwyr) *m,* sodrwr (sodrwyr) *m,* pannwr (panwyr) *m,* pwywr (pwywyr) *m, N:* waldiwr(-s, waldwyr) *m, S:* wadwr(-s) *m.*
Hittite *a. & n. B:* **1.** *a.* o Heth, Hethaidd; *(in language):* Hetheg. **2.** *n. (a) Ethn:* Hethiad (Hethiaid) *mf;* **the Hittites,** *occ:* meibion Heth; *(b) Ling:* Hetheg *f, m.*
hive[1] *n.* **1.** cwch (cychod) (*m*) gwenyn; *(= of straw): S.W: occ:* costen (*f*) wenyn (costenni gwenyn), *S: occ:* llestr (*m*) gwenyn, cwb (*m*) gwenyn; **the place was a ~ of activity,** 'roedd y lle fel ffair; 'roedd y lle'n ferw o brysurdeb. **2.** = **swarm**[1].
hive[2] *v.t.&i.* **1.** *v.t. (bees):* rhoi gwenyn mewn cwch, llestru gwenyn, *occ:* cychu/cychio gwenyn. **2.** *v.i. (of swarm):* heidio, mynd i'r cwch. **~ off 1.** *v.i.* heidio, heigio. **2.** *v.t. Com: (work):* gosod, is-osod; **to ~ off assets,** dosrannu asedau, cael gwared ar asedau.
hiveful *n.* cychaid (cycheidiau) *m.*
hives *n.pl. Med:* llosg (*m*) danadl, llosg dynad.
hiya *int. N:* s'mâi! *S:* shw 'mae!
ho *int.* ho! **~-~!** ho-ho! ha-ha! **~-hum** *a.* diflas, anniddorol.
hoar *a. & n.* **1.** *a. (= grey-haired):* llwyd(-ion), penllwyd(-ion), penwyn (*f.* penwen, *pl.* penwynion), llwydwyn (*f.* llwydwen, *pl.* llwydwynion), brigwyn (*f.* brigwen, *pl.* brigwynion), briglwyd(-ion). **2.** *n.* **~[-frost],** *N:* barrug *m,* glasrew *m,* llwydrew *m* (*occ. pronounced S:* llidrew); **to form a ~-frost,** barugo, glasrewi, llwydrewi.
hoard[1] *n.* casgliad(-au) *m; (of money, precious objects &c):* celc(-iau) *m, F:* **he's got a ~ of money somewhere,** mae ganddo hosan yn rhywle.
hoard[2] *v.t.* casglu, cronni, celcio, crynh|oi, *occ:* celcian.
hoarder *n.* celciwr (celcwyr) *m,* casglwr (casglwyr) *m,* cybydd(-ion) *m.*
hoarding[1] *vn. See* **hoard**[2].
hoarding[2] *n.* palis(-iau) *m;* **[advertisement] ~,** hysbysfwrdd (hysbysfyrddau) *m,* bwrdd (byrddau) (*m*) hysbysu.
hoarhound *n.* = **horehound.**
hoariness *n.* **1.** *(= greyness):* penwynni *m,* penllwydni *m,* llwydni *m.* **2.** *(= extreme age):* henaint *m.*
hoarse *a.* cryg (*f. occ:* creg), cryglyd, cras, craslyd; **a ~ voice,** cryglais *m;* **to shout oneself ~,** bloeddio nes eich bod yn gryg, gweiddi nes crygu.
hoarsely *adv.* yn gryg *&c.*
hoarsen *v.t.&i.* **1.** *v.t.* **to ~ the voice,** gwn|eud y llais yn gryg, crygu'r llais. **2.** *v.i.* mynd yn gryg, crygu.
hoarseness *n.* crygni *m,* crygi *m.*
hoarstone *n.* carreg (*f*) derfyn (cerrig terfyn).
hoary *a.* **1.** *(of hair):* llwyd(-ion), penwyn (*f.* penwen, *pl.* penwynion), penllwyd(-ion), llwydwyn (*f.* llwydwen, *pl.* llwydwynion), *occ:* briglwyd(-ion), brigwyn(-ion); *(= white):* gwyn (*f.* gwen, *pl.* gwynion), penwyn; *Bot:* cedennog. **2.** *(= old, venerable):* hynafol, oesol; *(= old & trite):* hen gyfarwydd; **that's a ~ one,** mae honna'n hen ddihenydd. **~ cress, ~ pepperwort** *n. Bot: (Cardaria draba):* pupurl[l]ys llwyd *m.* **~ plantain** *n. Bot:* llyriaid llwydion *pl,* tafod (*m*) yr oen, llwynhidydd blewog *m,* pennau (*pl*) ceiliogod.
hoatzin *n. Orn:* hoatsin(-iaid) *m.*
hoax[1] *n.* cast(-iau) *m,* twyll(-au) *m,* tric(-iau) *m;* **to play a ~ on s.o.,** chwarae cast ar rn.
hoax[2] *v.t.* chwarae cast (ar rn).
hoaxer *n.* castiwr (castwyr) *m,* c|astwraig *f.*
hob[1] *n.* **1.** *(= male ferret):* ffured wryw (ffuredi/ffuredau gwryw) *f.* **2.** = **hobgoblin;** *U.S:* **to play/raise ~,** chwarae'r diawl, gwn|eud drygau, gwneud drygioni.
hob[2] *n.* **1.** pentan(-au) *m,* cil (*m*) pentan. **2.** = **hobnail. 3.** *Metall:* hob(-iau) *m.*
Hobbesian *a.* Hobbesaidd.
hobbing *vn.* hobio.
Hobbism *n. Phil:* Hobbesiaeth *f.*
hobbit *n.* hobit(-iaid) *m.*
hobble[1] *n.* **1.** *(= limp):* herc *f,* cloffni *m, occ:* henc *mf,* helc *mf.* **2.** *(= fetter):* llyffethair (llyffetheiriau) *f; (of horse &c):* cloffrwym(-au) *m; (of sheep):* carchar *m* [troed]. **~ skirt** *n. A: Cost:* sgert(-iau,-i) (*f*) hobl.
hobble[2] *v.t.&i.* **1.** *v.t. (horse &c):* cloffrwymo, llyffetheirio; *(sheep): N:* carcharu. **2.** *v.i.* hercian, hencian, cloffi, cerdded yn gloff, clunhercian, *S.W: occ:* fferlincan, climercan, *N.W: occ:* hwbian mynd.
hobbledehoy *n. (= youth):* hoglanc(-iau) *m,* crymffast(-iau) *m; (= clumsy youth):* llabwst (*m*) o lanc di-glem, llanc lloglog *m,* llabi (llabïod) *m, S.W: occ:* bwdach *m,* brebwl *m,* lwff(-od,-s) *m.*
hobbledehoyhood *n.* hoglencyndod *m,* lletchwithdod *m,* dilunwch *m,* disutrwydd *m.*
hobbledehoyish *a.* lletchwith, afrosgo, di-glem, di-lun, didoriad, di-sut.
hobbling *a.* cloff, herciog, *occ:* hergloff, *S:* cymhercyn, climhercyn.
hobby[1] *n.* **1.** *A: (a) (horse):* ceffyl(-au) bach *m,* hobi (hobïau) *m,* corfarch (corfeirch) *m; (b) (= velocipede):* hobi, ceffyl(-au) (*m*) pren. **2.** *(= pastime):* hobi (hobïau) *f,* difyrrwch *m,* diddordeb(-au) *m;* **painting is his ~,** paentio yw ei ddifyrrwch; *F:* paentio yw ei ddiléit; *S.W: occ:* ei elfen e yw paentio; mae'n elfentu mewn paentio. **~-horse** *n.* ceffyl(-au) (*m*) pren; *W.Anthr:* Mari Lwyd *f,* y Fari Lwyd; **to ride upon a ~-horse,** marchogaeth ffon; *Fig:* **he's off on his ~-horse,** dyna fe'n canu ci hoff gainc eto; dyna fe'n rhygnu ar ei hoff dant.
hobby[2] *n. Orn:* hebog(-iaid) (*m*) yr ehedydd, hudwalch (hudweilch) *m,* gelyn(-ion) (*m*) y golomen, curyll (*m*) y gwynt.
hobgoblin *n.* coblyn(-iaid,-nod) *m,* pwca(-od) *m; (= bogy):* ellyll(-on) *m,* bwbach(-od) *m,* bwgan(-od) *m,* bwci (bwcïod) *m,* bwci-bo(-s) *m.*
hobnail *n.* hoelen (hoelion) (*f*) esgid, hoelen glopa (hoelion clopa), *S.W:* tacen (tacau) *f.*
hobnailed *a.* **~ boots,** esgidiau hoelion, esgidiau mawr, esgidiau hoelion mawr, esgidiau gwaith, *S.W:* bŵts tacau; *F:* **~ liver,** iau cnapiog *m, S:* afu cnapiog *m.*
hobnob *v.i.* cyfeillachu, cydgymdeithasu, ymgyfeillachu, cwmnïa, cydgwmnïa, cadw cwmni, hobnobio, ymh|el **(with s.o.,** â rhn); rhwbio, ymrwbio (yn rhn).
hobo *n. U.S:* hobo(-s) *m,* crwydryn (crwydriaid) *m,* trempyn (tramps) *m,* tramp(-s) *m, occ:* padi(-s) *m.*
Hobson *Pr.n.m. F:* **~'s choice,** dewis cyfyng *m,* dim dewis o gwbl; **it's [a case of] ~'s choice,** 'does dim dewis.
hock[1] *n.* **1.** *Anat:* gar(-rau) *fm,* cymal (*m*) yr egwyd (cymalau'r egwyd); **capped ~,** dŵr ar y gar. **2.** *(of pork):* coesgyn(-nau) *m,* coesgen(-nau) *f,* morddwyd(-ydd) *f, A:* cnuwch(-au) *m.*
hock[2] *n. (wine):* **hock** *m.*
hock[3] *n. U.S: P: (a)* **in ~,** *(= pawned):* yn wystl, yn adnau, yn ernes; *(of pers.):* **to be in ~ to s.o.,** bod mewn dyled i rn.
hock[4] *v.t. U.S: P:* gwystlo, adneuo, *F:* ponio.
hock[5] *v.t. (= hamstring):* torri llinyn gar rhn.
Hock[6] *n. Hist:* **~ Monday,** Dydd Llun y Pasg Bychan; **~ Tuesday,** Dydd Mawrth y Pasg Bychan.
hocket *n. Mus:* hoced(-i) *f.*
hockey *n.* hoci *m, W: A:* bando *m;* **ice-~,** hoci rhew/iâ. **~-pitch** *n.*

cae(-au) (*m*) hoci. **~-player** *n.* hocïwr (hocïwyr) *m*, hocïwraig (hociwragedd) *f*, chwaraewr (chwaraewyr) (*m*) hoci, chwar|aewraig (chwaraewragedd) (*f*) hoci; **she's a good ~-player,** mae hi'n un dda am chwarae hoci. **~-stick,** ffon (ffyn) (*f*) hoci.

Hocktide *n. Hist:* gwyliau(*pl*)'r Pasg Bychan.

hocus *v.t.* **1.** *(= hoax):* twyllo (rhn), chwarae cast/tric (ar rn); *Lit:* hocedu (rhn). **2.** *(= stupefy):* madroni; *(= drug, with a drink):* cyffurio, drygio.

hocus-pocus[1] *n.* **1.** *(conjurer's formula):* hocws-pocws, abracadabra. **2.** *(= tricks):* hocws-pocws *m*, castiau *pl*, ystrywiau *pl*, migmars *pl*.

hocus-pocus[2] *v.t.* chwarae cast[-iau] (ar rn).

hod *n.* **1.** *Constr:* caseg (*f*) forter (cesyg morter), *S.E: occ:* [h]awc (*m*) morter. **2.** *(for coal):* pwced (*f*) lo (pwcedi glo), *S:* bwced(-i) (*m*) glo.

hodden *n. Scot:* brethyn garw *m*, gwlanen *f*; **~ grey,** brethyn llwyd.

hodful *n.* llond (*m*) caseg forter.

Hodge *n.* gwas (gweision) (*m*) ffarm; Iolo, Ianto, Siôn.

hodgepodge *n.* = **hotchpotch.**

hodiernal *a.* cyfoes, heddiw.

hodman *n.* labrwr (labrwyr) *m*.

hodograph *n.* h|odograff (hodograffau) *m*.

hodoscope *n.* h|odosgop (hodosgopau) *m*.

hoe[1] *n. Hort:* hof(-iau) *f*, fforch (ffyrch) (*f*) chwynnu, chwynnogl (chwynoglau) *f*, *S: occ:* hewer *m*, *S.W:* hwmlog(-au) *m*, whynlog(-au) *m*, *M.W:* hofer *f*; **horse ~,** chwynnogl ceffyl; **draw ~,** hof dynnu (hofiau tynnu); **mechanical/motor ~,** peiriant (peiriannau) (*m*) chwynnu; **Dutch ~,** hof wthio (hofiau gwthio), sgyfflwr: sgyfflar(-s) *m*. **~-cake** *n.* cacen (*f*) india-corn. **~-down** *n.* twmpath(-au) (*m*) dawns *m*, shimli *mf*; *(noisy): S.W:* randibŵ *f*.

hoe[2] *v.t.* hofio, chwynnu, chwynogli, tynnu chwyn, chwyngeibio (*pronounced* ng-g), ceibio chwyn, *S.E: occ:* ceibo; *F:* **a hard row to ~,** cwys anodd i'w thorri/thynnu, gwaith llafurus *m*, caledwaith *m*, lladdfa *f*.

hoer *n.* chwynnwr (chwynwyr) *m*, ch|wynwraig *f*, chwynoglydd (chwynoglwyr) *m*.

hog[1] *n.* **1.** *(a) (= castrated boar):* twrch (tyrchod) *m*, *dim.* tyrchyn *m*, *A:* hob (hobau) *m*; *(b) esp. U.S:* mochyn (moch) *m*; *S.a.* **road-~**; *(c) Dial: (= young sheep):* hesbin(-od) *f*, hesbwrn (hesbyrniaid) *m*; *F:* **to go the whole ~,** mynd i'r eithaf, mynd i'r pen, mynd yr holl ffordd; *U.S:* **to live high off/on the ~,** byw'n fras, byw/bod ar ben eich digon; *U.S:* **like a ~ on ice,** talog, hyf(-ion), penuchel. **2.** *(pers.): F:* bolgi (bolgwn) *m*, bolerwr (bolerwyr) *m*; *(filthy):* mochyn budr, mochyn brwnt, *N: F:* 'sglyfaeth(-od) *m*. **3.** *Nau: (brush):* brwsh(-is) (*m*) sgwrio, gwrychell(-au) *f*. **~-ape** *n. A: (Simia porcaria):* *hob-epa(-od) *m*. **~ bristle** *n. Algae:* gwrych (*m*) baedd. **~ caterpillar** *n. Ent:* *hoblindysen (hoblindys) *f*. **~ cholera** *n. Vet:* clefyd (*m*) y moch. **~ deer** *n. Z: (Axis porcinus):* *hobgarw (hobgeirw) *m*. **~-gumtree** *n. Bot:* coeden (coed) (*f*) hobystor. **~-peanut** *n. Bot:* pysgneuen (*f*) y moch (pysgnau'r moch). **~'s meat** *n. Bot: (Aristolochia grandiflora):* esgorllys (*m*) y moch. **~'s fennel** *n. Bot: (Peucedanum officinale):* ffenigl (*m*) y moch, ffenigl yr hwch, pyglys *m*. **~ raising** *vn.* magu moch. **~-slater** *n.* = **water-louse.** **~-tick** *n.* horen (hôr) *f*. **~-tie** *v.t. U.S:* clymu traed a dwylo, cloffrwymo; *Fig:* rhwystro, llesteirio, llyffetheirio; *F:* **to ~-tie s.o.,** clymu rhn draed a dwylo, clymu/carcharu (rhn) fel maharen. **~-wash** *n. (a) (= pigswill):* bwyd (*m*) moch, golch[i]on *pl*, sicion *pl*, *S.W: occ:* agolch(-ion) *m*; *(b) F: (= tasteless slops):* dŵr (*m*) golchi llestri, slot *m*; *(c) (= nonsense):* lol *f*, dwli *m*, rwtsh *m*, rwdl *mf*; *(exclamation):* lol i gyd! lol botes maip! **~-wild** *a. U.S:* gorffwyll, gwyllt [fel cacwn], penboeth, eithafol.

hog[2] *v.t.&i.* **1.** *v.i. (of ship):* cefngrymu (*pronounced* ng-g), codi ei chefn, ysgio'i phennau. **2.** *v.t. (a)* crymu, cefngrymu, codi cefn, codi gwrychyn; **to ~ a (horse's mane),** tocio, byrh|au, *N:* cwteuo, cwtuo, *S:* cwtanu (mwng ceffyl); *(b) P:* meddiannu, mynnu, defnyddio *&c*; **to ~ the fire,** cuddio'r tân; **to ~ the road,** mynnu'r ffordd i gyd; **he hogs the limelight,** mae'n mynnu bod yn geffyl blaen; mae'n mynnu'r sylw i gyd; *(c) P: (= eat &c):* **to ~ all the food,** bachu'r/sglaffio'r bwyd i gyd.

hogan *n. U.S:* caban(-au) *m*.

hogback *n. Ph: Geog:* hobgefn(-au) *m*, trum(-iau) *f*; *(= road):* cefnffordd (cefnffyrdd) *f*.

hogbacked *a.* cefngrwm (*f.* cefngrom, *pl.* cefngrymion) (*pronounced* ng-g), crwca (*f.* croca).

hogchoker *n. Ich: U.S: (Achirus fasciatus):* lleden (lledod) (*f*) y moch.

hogfish *n. Ich:* **1.** *(Lachnolaemus maximus/suillus):* *h|obwrach (hobwrachod) *f*. **2.** *(Scorpaena scrofa):* pysgodyn (pysgod) gwrychog *m*. **3.** *(= log perch):* draenogyn (draenogiaid, draenogod) gwibiol.

hogg *n.* = **hogget.**

hogged *a.* **1.** *(ship &c):* ysig, cefngrwm (*f.* cefngrom, *pl.* cefngrymion) (*pronounced* ng-g), wedi ysigo [ym mhob pen]. **2.** *(mane):* cwta (*f.* cota).

hoggery *n.* fferm (*f*) foch (ffermydd moch).

hogget *n.* hesbin(-od) *f*, hesbwrn (hesbyrniaid) *m*, llydnes(-au) *f*.

hoggin *n.* graean *m*, gro *m*.

hoggish *a.* *(= greedy):* barus, glwth, gwancus, *S:* bolgïaidd; *(= filthy):* mochynnaidd, mochaidd, *N: F:* 'sglyfaethus; *(= lazy):* diog, swrth.

hoggishly *adv.* yn farus *&c*; yn fochynnaidd *&c*; yn ddiog *&c*.

hoggishness *n. F: (= greed):* glythineb *m*; *(= filth):* budreddi *m*, bryntni: brynti *m*, mochyndra *m*; *(= laziness):* diogi *m*, syrthni *m*.

hogmanay *n. Scot:* Nos Galan *f*.

hognose *n. Rept: (Heterodon platyrhinus):* neidr drwynbwl (nadroedd trwynbwl) *f*.

hognut *n.* = **earthnut, pignut.**

hogpen *n. U.S:* twlc (tylciau) *m*, cut(-iau) (*m*) moch, cwt (cytiau) (*m*) moch, *A: or Lit:* crewyn(-nau) *m*, crau (creuau) *m*.

hogsback *n. U.S:* = **hogback.**

hogshead *n.* hocs[i]ed (hocs[i]eidiau) *mf*.

hogsucker *n. Ich: U.S: (Hypentelium nigricans):* *hobsugnwr (hobsugnwyr) *m*.

hogwallow *n.* trybola *m*.

hogward *n.* meichiad (meichiaid) *m*.

hogweed *n. Bot:* = **cow-parsnip; giant ~,** efwr enfawr *m*.

hogwort *n. Bot: U.S: (Croton capitatus):* *hoblys *m*, croton (*m*) y moch.

hoi poloi *n.* y werin *f*, y werin a'r miloedd (*pl*), y lliaws *m*, y trwch *m*.

hoick[1] *n.* plwc (plyciau, plyciadau) *m*.

hoick[2] *v.t. F:* codi, plycio.

hoicks *int.* = **yoicks.**

hoik = **hoick[1],[2].**

hoist[1] *n.* **1.** *(a)* hôs *m*, hosiad *m*, tyniad(-au) *m*; **to give sth a ~,** rhoi plwc ar rth, *N.W: occ:* rhoi hôs i rth; *(b)* **to give s.o. a ~ [up],** helpu rhn i fyny, rhoi hwb i fyny i rn, *N.W:* rhoi hôs i rn. **2.** *(= crane, windlass):* gwindas(-au) *fm*, craen(-iau) *m*, *Lit:* dirwynlath(-au) *f*; *(= lift):* lifft(-iau) *f*, peiriant (peiriannau) (*m*) codi, teclyn (taclau) (*m*) codi; *Metalw:* **hearth ~,** erfyn (*m*) codi.

hoist[2] *v.t.* **to ~ [up],** halio [i fyny], codi [i fyny], *N: occ:* hosio, *A:* gwindio; **to ~ a boat out,** rhoi cwch yn y môr, lansio cwch; **he was ~ with his own petard,** daliwyd ef yn ei fagl ei hun; *Lit:* dilewyd ef â'i ffrwydrol arf ei hun.

hoisting *vn. See* **hoist[2]. ~-gear,** = **winding-gear, hoist[2].**

hoity-toity *int. & a.* **1.** *int. A: & Hum:* twt-twt! hoiti-toiti! **2.** *a.* *(= haughty):* ffroenuchel, *F:* lartsh; *(= petulant):* piwis, pifis, hawdd eich digio.

hokey *a. U.S:* sentimental, rwtshlyd. **~-pokey** *n.* **1.** = **hocus-pocus. 2.** *(= ice cream):* hufen (*m*) iâ, rhew melys *m*.

hokey cokey *n. Danc:* yr hoci coci *f*.

hokku *n.* = **haiku.**

hokum *n. F:* hocwm *m*.

holarctic *a. Z:* cyfogleddol.

hold[1] *n.* **1.** *(a)* gafael(-ion) *f* **(on sth,** yn rhth, ar rth); *S.a.* **grasp[1]**; **to have a ~ of sth,** cydio/gafael yn rhth, dal gafael yn rhth; **I had ~ of it,** 'roedd yn fy ngafael; **to catch/lay/take ~ of sth,** dal gafael yn rhth, cydio/cydiad/gafael yn rhth; **where did you get ~ of that?** ble cefaist ti (cawsoch chi) afael ar hwnna? ble cefaist ti (cawsoch chi) hyd i hwn'na? **to keep firm ~ (of sth),** dal gafael (yn rhth, ar rth), cydio'n dyn[n] (yn rhth); **to relax one's ~,** llacio'ch gafael; **to leave/lose ~ of sth,** gollwng gafael ar rth; **to take ~,** *(of habit, custom &c):* cydio, ymsefydlu, ennill plwy, gwreiddio; *(b)* **he had a ~ on/over her,** 'roedd hi yn ei afael; **to gain a firm ~ over sth,** cael gafael dyn[n] yn rhth; *(c) Box:* gafael, daliad(-au) *m*; **a fight with no holds barred,** gornest ddiarbed; *Wr:* bachell(-au) *f*; **finger-~,** gafael bys, lle (*m*) i fysedd, craff(-iau) *m*; **toe-~,** troedle(-oedd) *m*. **2.** *Mount:* carreg (*f*) afael (cerrig gafael), lle(-oedd) (*m*) i afael, gafael llaw.

hold[2] *v.t.&i.* I. *v.t.* **1.** dal (rhth); dal, gafael, cydio (yn rhth); *S:* dala (rhth, yn rhth); **to ~ sth tight,** dal rhth yn dyn[n], dal/cydio/gafael yn dyn[n] yn rhth, gwasgu rhth [yn dyn[n]]; **to ~ sth fast,** dal rhth yn sownd; **to ~ hands,** dal dwylo; **they were holding their sides with laughter,** 'roeddent yn eu dyblau'n chwerthin; *N:* 'roedden' nhw'n g'lana' chwerthin; *S:* 'roedden' nhw'n chwerthin eu bola mas; **to ~ views,** coleddu barn; **I ~ the view that . . .,** 'rwyf o'r farn fod . . . . **2.** *(a)* **to ~ sth in position,** dal rhth yn ei le; *(b)* **to ~ s.o. in check,** atal/rhwystro rhn, dal ar rn; *(= subdue):* gwastrodi/gwastrodedd rhn; **to ~ s.o. prisoner,** dal/cadw rhn yn garcharor; **to ~ oneself in readiness, to ~ oneself ready,** bod yn barod; **to ~ s.o. to his promise,** dal rhn at ei addewid/air. **3. to ~ one's ground,** dal eich tir; **to ~ one's own against all comers,** dal eich tir/lle yn erbyn pawb; **he can ~ his own,** gŵyr sut i'w amddiffyn ei hun; **to ~ one's drink,** dal eich diod; *F:* **to ~ the fort,** *(i) Mil:* dal y gaer; *(ii)* gofalu am y siop, sefyll yn y bwlch, cynnal yr achos; **to ~ the stage,** *(i) (of actor):* dal sylw'r gynulleidfa; *(ii) (= of play):* dal y llwyfan; *Th:* **to ~ a scene,** dal golygfa; **to ~ an audience,** dal cynulleidfa; **to ~ the book,** dal y copi; *Nau:* **to ~ the course,** dal ar y cwrs; *Aut:* **(a car that) holds the road well,** (car sy'n) dal ei le ar y ffordd, cydio'n dda yn y ffordd; *Tp:* **~ the line!** dal (daliwch) y lein! dal arni! paid (peidiwch) â mynd! **4. to ~ one's head high,** dal eich pen yn uchel; **to ~ oneself upright,** sefyll/eistedd *&c* yn syth, eich dal eich hun yn syth. **5.** *(a) (= contain):* cynnwys, dal; **a car that holds six people,** car sy'n dal chwech [o bobl], car i chwech, car â lle i chwech; **this car cannot ~ five [people],** 'does dim lle i bump [o bobl] yn y car hwn; *(b)* **what the future holds,** yr hyn sydd yn ein haros, yr hyn sydd ar ein cyfer, yr hyn sydd yn y dyfodol, yr hyn sydd yng nghôl y dyfodol. **6.** *(meeting &c):* cynnal; **the festival is held in August,** cynhelir yr ŵyl ym mis Awst; **to ~ a conversation with s.o.,** cynnal sgwrs â rhn, sgwrsio â rhn, *occ:* dal pen rheswm â rhn. **7.** *(= restrain):* atal, rhwystro (rhth); dal (rhth) yn [ei] ôl; **to ~ [in] one's breath,** dal eich anadl; **there's no holding him from going,** mae'n benderfynol o fynd; 'does dim dal arno rhag mynd; 'does dim modd ei rwystro rhag mynd; *S:* 'does dim byw na bod/bywyd na chaiff e fynd; *N:* 'does na byw na marw na chaiff o fynd; **~ your hand!** aros di (arhoswch chi)! *F:* **~ your horses!** aros (arhoswch) damaid bach! aros (arhoswch) funud! cymer (cymerwch) bwyll! *N:* dal dy ddŵr (daliwch eich dŵr)! dal(-iwch) arni! **to ~ water,** dal dŵr; **to ~ the floor,** areithio, annerch; *Mil:* **to ~ the enemy,** dal y gelyn yn ei ôl. **8.** *(job, land &c):* dal. **9.** *(a)* **to ~ sth lightly,** cymryd rhth yn ysgafn, diystyru rhth, dibrisio rhth, wfftio rhth, *S:* digowntio/digwntio rhth; **to ~ (sth to be true),** dal, honni, ystyried (bod rhth yn wir); **to ~ s.o. responsible,** dal rhn yn gyfrifol (**for sth,** am rth); *F:* **to ~ the baby,** bod yn gyfrifol [am rth]; **to ~ s.o. in respect,** parchu rhn, bod â pharch i rn; *(b)* **to ~ an opinion,** dal/coleddu syniad; **to ~ the opinion that . . .,** bod o'r farn fod . . ., tybio bod . . . . **10.** *(= sustain): Mus:* **to ~ [on] a note,** dal nodyn. II. *v.i.* **1.** *(of rope, rail &c):* **to ~ tight/firm/fast,** dal yn dyn[n], dal yn sownd. **2.** *(a) (= last):* para, parh|au, aros, dal; *(b)* **to ~ on one's way,** dal i fynd, mynd ar eich ffordd, dilyn eich hynt, dal ar eich cyfeiriad. **3. to ~ good/true,** para'n wir, dal yn ei werth, dal yn ei rym, dal yn ddilys, sefyll; **a promise that still holds good,** addewid sy'n dal mewn grym; **the objection holds,** fe saif/erys/ddeil y gwrthwynebiad. **4. to ~ to a belief,** glynu wrth gred, dal at gred. **~ back 1.** *v.t. (tears): (a)* dal/cadw (dagrau) yn ôl; *(b) (= hide):* cuddio, celu. **2.** *v.i.* petruso, dal yn ôl; *(of horse):* stacio, dal yn ôl, dal arni; **to ~ back from doing sth,** ymatal rhag gwneud rhth; **to ~ back for sth,** eich cadw'ch hun ar gyfer rhth. **~ down** *v.t.* **1.** *(a)* **to ~ s.o. down,** dal rhn i lawr; *(b) (= oppress):* gormesu, gorthrymu, gwastrodi, gwastrodaeth, llethu (rhn); pwyso, gwasgu (ar rn). **2.** *(job):* dal, cadw. **~ forth 1.** *v.i.* areithio, annerch, traethu, *Pej:* brygowthan, prygowthan, *occ:* bwrw drwyddi; **to ~ forth to a crowd,** annerch tyrfa. **2.** *(= offer):* cynnig; **to ~ forth a promise,** dwyn addewid. **~ in** *v.t. (a horse):* ffrwyno; *(desires &c):* meistroli, trechu, ffrwyno; **to ~ oneself in,** ymatal, ymgadw [rhag gwneud rhth]; meistroli'ch teimladau, cadw'ch pwyll. **~ off 1.** *v.t.* dal (rhth) hyd braich, cadw (rhth) draw. **2.** *v.i. (a) (= stand away):* sefyll draw, mynd yn ddigon pell (oddi wrth rth); *(b)* **if the rain holds off,** os na fydd hi'n glawio, os deil hi heb lawio; *(c) (= refrain):* ymatal, sefyll draw. **~ on 1.** *v.t.* cadw. **2.** *v.i. (a)* **to ~ on (to sth),** *(= grasp):* gafael, cydio, dal gafael (yn rhth); *(= retain):* dal gafael (yn rhth); **~ on!** *(i)* dal dy afael! (daliwch eich gafael)! dal(-iwch) arni! *(ii) Tp:* dal(-iwch) y lein! *(iii) (= wait):* aros di (arhoswch chi), aros damaid bach! **how long can you ~ on?** am faint y gelli di (gallwch chi) ddal? *(b) F:* **~ on [a bit]!** aros di funud! ara' deg! gan bwyll! aros dam' bach! *N: occ:* dal dy ddŵr! dal dy wynt! **~ out 1.** *v.t. (hand):* estyn, dal; *F:* **to ~ out a hand to s.o.,** *(= help):* cynnig help llaw i rn; **to ~ out hope of sth,** cynnig gobaith rhth. **2.** *v.i. (= last):* parh|au, para, dal; **to ~ out against an attack,** dal/goddef/gwrthsefyll ymosodiad; **to ~ out to the end,** dal hyd yr eithaf, dal i'r pen; **to ~ out on s.o.,** gwrthod dweud rhth wrth rn, gwrthod rhth i rn. **~ over** *v.t. (= postpone):* gohirio [tan yn hwyrach]. **~ together 1.** *v.t.* dal (dau beth *&c*) at ei gilydd. **2.** *v.i.* dal at/wrth ei gilydd; **we must ~ together,** rhaid inni fod yn unol; rhaid inni beidio ag ymrannu; rhaid inni sefyll fel un; *F:* **(the story doesn't) ~ together,** (nid yw'r stori'n) taro deuddeg, dal dŵr. **~ up 1.** *v.t. (a) (= support):* dal, cynnal; *(b) (= lift):* codi (rhth), dal (rhth) i fyny; **to ~ up one's head,** codi'ch pen, dal eich pen yn syth/uchel, bod yn dalog; **to ~ sth up to the light,** *(i) (= expose):* dod â rhth i'r goleuni, dod â rhth i olau dydd; *(ii) (against the light):* dal rhth yn erbyn y golau; *(c)* **to ~ s.o. up as a model,** cynnig/rhoi rhn yn esiampl; **to ~ s.o. up to ridicule,** gwneud rhn yn gyff gwawd, gwneud rhn yn destun sbort, gwneud hwyl am ben rhn, *N: F:* gwneud rhn yn bricsiwn; *(d) (= hinder):* stopio, dal, rhwystro, arafu (rhth); dal (rhth) yn ei ôl; **goods held up at the station,** nwyddau a ddaliwyd yn ôl yn yr orsaf; *(e)* **to ~ s.o. up,** *(= rob):* dal ac ysbeilio rhn, lladrata/dwyn oddi ar rn. **2.** *v.i. (a)* **he held up well under the strain,** fe ddaliodd y straen yn dda; **if the weather holds up,** os deil hi'n braf; *(of structure):* ymgynnal; **the pavilion held up (despite the wind),** daliodd y pafiliwn i sefyll, daliodd y pafiliwn ar ei draed (er gwaetha'r gwynt); **his story didn't ~ up at all,** 'doedd ei stori ddim yn dal dŵr o gwbl. **~ with** *v.i.* **to ~ with s.o.,** cytuno â rhn, bod yn gefn i rn, dal dan rn, cynnal achos rhn, cynnal breichiau rhn; *F:* **I don't ~ up with such things,** 'dydw i ddim yn cytuno/cyd-fynd â'r fath bethau. **~-up** *n.* **1.** *(a) (= delay):* atalfa (atalf|eydd) *f*, arafiad(-au) *m*, arafu *vn*, tagfa (tagf|eydd) *f*, rhwystr(-au) *m*; *(b) (= breakdown):* toriad(-au) *m*. **2.** *(= robbery):* ysbeiliad(-au) *m*, lladrad(-au) *m*.

hold[3] *n. Nau:* howld(-iau) *f*, *occ:* crombil *mf*.

holdall *n.* pac(-iau) (*m*) popeth, ***holdall(-s)*** *m*, *Lit:* ysgrepan(-au) *f*.

holdback *n.* **1.** *Harn:* bach (*m*) llorp (bachau llorpiau). **2.** *(= delay):* rhwystr(-au) *m*.

holder *n.* **1.** *(pers.): (a)* daliwr (dalwyr) *m*, cydiwr (cydwyr) *m* (**of sth,** yn rhth); *Jur:* **~ for value,** daliwr am werth; **~ in due course,** daliwr maes o law, daliwr yn ei bryd; *(b) Fin: (of title, deeds &c):* daliwr, deiliad (deiliaid) *mf*, *occ:* deiliades(-au) *f*, daliedydd(-ion) *m*; *(= proprietor):* perchennog (perch[e]nogion) *m*; *S.a.* **smallholder. 2.** *(device):* peth(-au) (*m*) dal, daliwr (dalwyr) *m*, *occ:* daliedydd(-ion) *m*, gafaelydd(-ion) *m*; *(= bracket):* ateg(-ion) *f*, ysgwydd(-au) *f*; *(b)* **drill-~, bit-~,** crafanc (crafangau) *f*; **cigarette-~,** peth dal sigarét, coesyn(-nau) (*m*) sigarét; *S.a.* **penholder. 3.** *(= container):* cynhwysydd (cynwysyddion) *m*; *(box):* blwch (blychau) *m*; *(sheath):* gwain (gweiniau) *f*; *(case):* cas (casys) *m*; *S.a.* **gasholder. 4.** *See* **handle**[1].

holdfast *n.* **1.** *(= clamp):* dalbren(-nau) *m*, gafaelfach(-au) *m*. **2.** *Algae:* gludafael(-ion,-au) *fm*.

holding *vn., n. & a.* **1.** *vn.* daliad(-au) *m*, dal; *Jur:* **~ over,** dal trosodd, dal ymlaen. **2.** *n (a) (of land):* deiliadaeth(-au) *f*, tenantiaeth(-au) *f*; *(b) Agr:* ffarm (ffermydd) *f*, fferm(-ydd) *f*; *Jur:* daliad(-au) *m*, *W.Jur: A: & S.E:* gafael(-ion) *f*; *S.a.* **smallholding**; *(c) Fin:* daliant (daliannau) *m*. **3.** *a.* **~ operation,** gweithrediad (*m*) cynhaliol, gweithrediad cynnal, safiad (*m*) yn y bwlch; **~ company,** cwmni (cwmnïau) (*m*) dal, cwmni daliannol; *Carp:* ~ **power,** pŵer dal; *Lib:* ~ **card,** cerdyn (cardiau) (*m*) daliadau.

hole¹ *n.* twll (tyllau) *m*; *F:* **(to be in, to find oneself in) a ~,** (eich cael eich hunan mewn) twll, trafferth, helynt, *N.W:* trybini, caethgyfle, *F:* picil; **to get s.o. out of a ~,** tynnu rhn allan o dwll, cael rhn o drafferth *&c*; *F:* **what a rotten ~!** am dwll o le! *F:* **a dead and alive ~,** lle hanner marw; *Med: F:* **~ in the heart,** twll yn y galon; **holes in a strap,** llygaid strapen; *Mec.E:* **inspection ~,** twll archwilio, *F:* twll sbïo; *Carp:* **clearance ~,** twll cliriad; *Carp:* **pilot ~,** twll arwain; *Cmptr:* **feed holes,** tyllau porthi; *Cmptr:* **sprocket holes,** tyllau cocos; *Archeol:* **stake-~,** twll stanc (tyllau stanciau); *Carp:* **thread ~,** twll edau; **~ in the wall,** twll yn y clawdd/wal, hen gongl(-au) *f*; **to bore (a ~),** tyllu, torri, turio, gwn|eud (twll); **to wear a ~ in a garment,** treulio/gwisgo twll mewn dilledyn, treulio/gwisgo dilledyn yn dwll; *(of garment):* **to wear/go into holes,** mynd yn dwll, treulio'n dwll, *N:* gwisgo'n dwll; **stockings in holes, stockings full of holes,** hosanau tyllog, hosanau llawn tyllau; *F:* **I need it like a ~ in the head,** mae arnaf ei angen fel angen pigyn yn y glust; **to knock holes in an argument,** tynnu dadl yn racs/gyrbibion/gareiau; **to pick holes in a theory/argument,** pigo brychau, gweld diffygion/gwendidau mewn damcaniaeth/dadl; **~-and-corner** *attrib.* lladradaidd, cyfrinachol, [yn y] dirgel, slei bach, *V:* dan din; **a ~-and-corner deal,** bargen dan-din. **~-proof** *a.* anhreuliadwy.

hole² *v.t.&i.* **1.** *v.t.* *(a)* tyllu (rhth); gwn|eud, torri, turio (twll yn rhth); *occ:* tarad[r]o, ebillio (rhth); *(b) Golf:* **to ~ the ball,** *abs.* **to ~ [out],** rhoi'r bêl yn y twll. **2.** *v.i.* mynd yn dwll. **~ up** *v.i.* cuddio, ymguddio, *S.W:* cwato, *N:* swatio; **to be holed up,** bod ynghudd, cuddio *&c.*

holey *a.* tyllog, llawn tyllau; *N: F: (stockings):* llawn tatws.

holiday¹ *n. & attrib.* **1.** *n.* gŵyl (gwyliau) *f*; *(also, religious):* dygwyl(-iau) *mf*; **Monday is a ~,** mae dydd Llun yn ddiwrnod o wyliau; mae dydd llun yn ddiwrnod gŵyl; mae gwyliau ddydd Llun; **bank ~,** gŵyl [y] banc; **a high ~,** uchelwyl(-iau) *f*; **general/national/public ~,** gŵyl gyhoeddus (gwyliau cyhoeddus); **a set ~,** cylchwyl(-iau) *f*; **to keep/make ~,** dathlu/cadw gŵyl; **to take a ~,** mynd ar wyliau, cymryd gwyliau; **a month's ~,** mis o wyliau; **holidays with pay,** gwyliau ar gyflog, gwyliau tâl; *S.a.* **busman**. **2.** *attrib.* **~ clothes,** dillad hamdden, dillad gwyliau; **~ camp,** gwersyll(-oedd) (*m*) gwyliau. **~-maker** *n.* dyn(-ion) (*m*) ar wyliau, merch(-ed) (*f*) ar wyliau *&c*, twrist(-iaid) *m*, ymwelydd (ymwelwyr) *m*, *Coll:* pobl (*f or pl*) ar wyliau. **~-making** *vn.* treulio/bwrw/cael gwyliau, *occ:* rhodio'r gwyliau.

holiday² *v.i. (used mainly in compound tenses): F:* mynd ar wyliau, treulio gwyliau, cael gwyliau.

holily *adv.* mewn dull san[c]taidd, yn san[c]taidd.

holiness *n.* san[c]teiddrwydd *m.*

holism *n.* cyfaniaeth *f.*

holistic *a.* cyfannol; *Med:* **~ healing,** iacháu cyfannol.

holla *int. & n.* = **hollo¹**.

Holland *Pr.n. & n.* **1.** *Pr.n. Geog:* Holand *m*, Yr Iseldiroedd *pl*; *(often, but less correctly):* Yr Isalmaen *f.* **2.** *n.* **h~,** *Tex:* lliain (*m*) Holand, lliain caled, hwlont *m*; **brown ~,** hwlont crai. **~ Arms** *W.Pl.n.* Pentre (*m*) Berw.

hollandaise *n.* ***hollandaise*** *f.*

Hollander *n.* **1.** Iseldirwr (Iseldirwyr) *m*, Iseld|irwraig *f*, Iseldires(-au) *f*, Holandwr (Holandwyr) *m*, Hol|andwraig *f*, Holandes(-au) *f*, Isalmaenwr (Isalmaenwyr) *m*, Isalmaenes(-au) *f.* **2.** *(ship):* llong(-au) (*f*) o'r Iseldiroedd. **3.** *Paperm:* cythraul (cythreuliaid) (*m*) gwn|eud papur.

Hollands *n. (gin):* ***Hollands*** *m*, jin *m.*

holler *U.S: P:* bloeddio, gweiddi.

hollo¹ *int. & n.* ho! hei!

hollo² *v.i.&t.* galw, gweiddi.

hollow¹ *a.* **1.** gwag (gweigion), *occ:* cau (*S: pronounced* coi, cou), ceuol, coeg; *(cheeks, eyes):* pantiog; **a ~ nut,** cneuen goeg (cnau coeg); **a ~ tree,** ceubren(-nau) *m*, boncyff(-ion) gwag *m*, pren(-nau) cau *m*; **~ bank,** *(of river):* ceulan(-nau) *f*, torlan(-nau, torlennydd) *f*; **to feel ~,** teimlo'n wag/newynog/llwglyd, teimlo eisiau bwyd, *S: occ:* teimlo gwylder, bod a gwylder arnoch *&c*, *N: occ:* teimlo llwgfa. **2.** *(sound):* gwag; **in a ~ voice,** mewn llais gwag. **3.** *F: (of friendship &c):* gau, gwag, ffug, ffals, disylwedd, arwynebol, diwerth; **a ~ laugh,** glaschwerthin *vn*, glaschwerthiniad *m*; **a ~ triumph,** buddugoliaeth wag/ddiwerth; **a ~ promise,** addewid gau/ffug.

hollow² *adv.* **1. to sound/ring ~,** swnio'n wag. **2. to beat s.o. ~,** curo rhn yn deg/lân, maeddu rhn.

hollow³ *n.* *(a) (of hand):* cledr (*f*) y llaw (cledrau'r dwylo), cil (*m*) y dwrn (ciliau'r dyrnau); **I had him in the ~ of my hand,** 'roedd yng nghledr fy llaw; 'roedd fel gwas bach i mi; *(of tooth):* twll (tyllau) *m*; *(b) (in the ground):* pant(-iau) *m*, *occ:* pantle(-oedd) *m*, pannwl (panylau) *m*; *(c) Carp:* pant, cafn(-au) *m*; **~ plane,** plaen (*m*) cafnu; *(d) (of tree-trunk &c):* ceudod(-au) *m*, *occ:* ceuedd *m*, ceule(-oedd) *m*, ceudwll (ceudyllau) *m.* **~-back** *n. Lib:* cefnrhyddyn(-nod) *m.* **~ bit tongs** *n.pl. Metalw:* gefel geg gron (gefeiliau ceg grwn) *f.* **~ mandrel lathe** *n. Metalw:* turn (*m*) mandrel cau. **~-eyed** *a.* â llygaid pantiog. **~-hearted** *a.* ffals, ffuantus, rhagrithiol. **~-root** *n. Bot: (Corydalis bulbosa):* gw|agwraidd (gwagwreiddiau) *m.* **~-ware** *n.* llestri *pl*, potiau *pl*, ceunwyddau *pl.* **~-way** *n.* ceuffordd (ceuffyrdd) *f.*

hollow⁴ *v.t.&i.* **1.** *v.t.* **to ~ [out],** cafnu, cafnio, pantio, *occ:* ceuo. **2.** *v.i.* pantio.

hollowly *adv.* yn wag *&c.*

hollowness *n.* **1.** *(of tree &c):* ceuedd *m*, ceudod *m*, *F:* lle gwag *m*, tu mewn gwag *m*; *(= hollow):* pant(-iau) *m.* **2.** *(of voice):* sŵn gwag *m.* **3.** *(= insincerity):* gwagedd *m*, gwegi *m*, ffalster *m*, rhagrith *m*, ffuantrwydd *m*, ffuantusrwydd *m*, ffuantwch *m.*

holly *n. Bot:* **~ tree,** celynnen (celynennau, celyn) *f*; **~ leaves,** celyn *pl*; **hedgehog ~,** *(Ilex aquafolium ferox):* celynnen lem (celyn llym); **variegated ~,** celyn brith; **thornless ~,** celyn moelion; **sea ~,** *(Eryngium maritimum):* celyn y môr, môr-gelynnen (~-gelyn) *f*, ysgallen foglynnog (ysgall boglynnog) *f*, boglynnog (boglynogion) arfor *m*; **to gather ~,** casglu celyn, *Lit: occ:* celynna. **~ blue** *n. Ent: (Celastrina argiolus):* glas/glesyn (gleision) (*m*) y celyn. **~ bush** *n.* pren(-nau) (*m*) celyn, llwyn(-i) (*m*) celyn, llwyn o gelyn, celynllwyn(-i) *m.* **~ fern** *n.* *(Polystichum lonchitis):* celynredynen *f*, rhedyn (*pl*) celyn. **~ grove, ~ plantation,** celynnog *f.* **~ oak** *n.* *(Quercus ilex):* derwen fytholwyrdd (derw/deri bytholwyrdd) *f*, derwen anwyw; *Lit: occ:* glastannen(-nau) *f. S.a.* **ground²**, **box¹**.

Hollybush *W.Pl.n. (Gwent):* Llwyncelyn *m.*

hollyhock *n.* hocysen (hocys) *f*, hocys bendigaid, hocys y gerddi, malws (*pl*) y gerddi, *N.W: occ:* dail (*pl*) rhocos, *S.E:* blodau(*pl*)'r [h]oloc.

Hollywoodian *a.* Hollywoodaidd.

holm *n. N.Eng: (= islet):* ynysig(-au) *f*, ynys(-oedd) *f*; *(= water-meadow):* dôl (dolydd) *f*, doldir(-oedd) *m*; *(in place-names):* Ynys.

holm-oak *n. Bot:* **holly oak.**

holme *n.* = **holm.**

Holmesian *a.* Holmesaidd.

holmium *n. Ch:* holmiwm *m.*

holoblastic *a. Biol:* holoblastig, cyfanollt.

holocaust *n.* **1.** *Rel.Hist:* llosgaberth(-au) *m*, poethoffrwm (poethoffrymau) *m.* **2.** *(= slaughter):* lladdfa (lladdf|eydd) *f*, lladdedigaeth *f*, difodiant *m*, galanastra *m*, galanas(-au) *f*, cyflafan(-au) *f*, h|olocawst: h|olocost *m.*

holocene *n. Geol:* diweddar, h|olosen.

hologram *n.* h|ologram (hologramau) *m.*

holograph¹ *a. & n.* **1.** *a.* hollysgrifol, h|olograff, yn llaw'r awdur. **2.** *n.* hollysgrif(-au) *f*, h|olograff (holograffau) *m.*

holograph² *v.t.* holograffio.

holographic *a.* holograffig.

holographically *adv.* yn holograffig.

holography *n.* holograffeg *f.*

holohedral *a.* cyfanochr, cyfanochrog.

holometabolism *n.* holometaboledd *m.*

holometabolous *a.* holometabolaidd.

holomorphic *a. Mth: Ph:* holomorffig.

holophote *n.* h|oloffot (holoffotau) *m*, holloleuad(-au) *m.*

holophrastic *a.* holoffrastig.

holophytic *a. Biol:* holoffytig.

holothurian *a. & n.* **1.** *a.* holothwraidd. **2.** *n. Echin:* chwerddwr (*m*) y môr, holothwriad (holothwriaid) *m.*

holotype *n.* h|oloteip *m.*

holozoic *a.* holosöig.

holster *n.* gwain *f* [dryll/gwn] (gweiniau [drylliau/gynnau]).

holstered *a.* gweiniog, â gwain, mewn gwain.

holt[1] *n. Poet: (= wood):* coedwig(-oedd) *f*, coedlan(-nau) *f*, llwyn(-i) *m*, gwigfa(-oedd) *f*, gwig(-oedd) *f*, *S:* gallt (gelltydd) *f*.

holt[2] *n. (= lair):* gwâl (gwal[i]au) *f*.

holus-bolus *adv.* yn un pentwr, yn un twlpyn, yn un twmpyn, yn un crugyn, gyda'i gilydd, yn docyn.

holy *a. & n.* **1.** *a. (a)* sanctaidd, santaidd, cysegredig, *occ:* glân, cysegr-lân; **~ day,** dydd(-iau) *(m)* gŵyl; **the ~ places,** y mannau cysegredig; **the H~ Bible,** y Beibl Cysegr-lân; **the H~ Ghost, the H~ Spirit,** yr Ysbryd Glân *m*, *occ:* y Glân Ysbryd *m*; *Hist:* **the H~ Roman Empire,** Yr Ymerodraeth Lân Rufeinig *f*, yr Ymerodraeth Rufeinig San[c]taidd; **H~ Roman Emperor,** Ymerawdwr (Ymerawdwyr) Rhufeinig San[c]taidd *m*; *Hist:* **the H~ Alliance,** y Cynghrair/Gynghrair San[c]taidd *mf*; *Hist:* **the H~ League,** y Cyfundod San[c]taidd *m*; **the H~ Father,** y Tad San[c]taidd, y Pab *m*; **the H~ See,** y Babaeth *f*, Esgobaeth *(f)* y Pab, yr Esgobaeth San[c]taidd; **the H~ Office,** y Swyddogaeth San[c]taidd, y Chwil-lys *m*; **H~ Writ,** yr Ysgrythur Lân; *F:* **his word is H~ Writ,** mae ei air yn ddeddf; **the H~ Land,** y Tir San[c]taidd *m*, y Wlad San[c]taidd *f*; **~, ~, ~,** sanct, sanct, sanct; **~ bread,** bara *(m)* offeren, bara cyfraith; **the H~ Grail,** y Greal San[c]taidd, *Lit: occ:* y Saint/Sant Greal; **~ water,** dŵr swyn *m*, *occ:* dŵr bendigaid; **the H~ Innocents,** y Gwirioniaid, *Lit: occ:* y Fil Feib/Feibion; **H~ Innocents' Day,** Gŵyl *(f)* y Fil Feib; **H~ Thursday,** Dydd Iau'r Dyrchafael, Difiau Dyrchafael; **to keep the Sabbath day ~,** cadw'r Saboth yn san[c]taidd, cadw'n san[c]taidd y dydd Saboth; **~ orders,** urddau [eglwysig/cysegredig]; **the H~ City,** y Ddinas San[c]taidd *f*, *occ:* Caersalem *f*; **the H~ Cross,** y Groes San[c]taidd *f*, y Grog *f*; **H~ Cross/Rood Day,** Gŵyl y Grog; **the H~ Family,** y Teulu San[c]taidd *m*; **~ war,** rhyfel san[c]taidd; **H~ Joe,** *(i) (= minister):* gweinidog(-ion) *m*, pregethwr (pregethwyr) *m*; *(ii) (= sanctimonious pers.): (also):* **~ Willie,** p[i]writan(-iaid) *m*, Pharisead (Phariseaid) *m*; **~ cow,** buwch san[c]taidd/gysegredig (buchod san[c]taidd/cysegredig) *f*; **~ Week,** Wythnos *(f)* y Pasg; **H~ Year,** Blwyddyn San[c]taidd *f*, Blwyddyn Jiwbilî; **the H~ Sepulchre,** y Beddrod San[c]taidd *m*; **to swear by all that is ~,** tyngu yn enw popeth cysegredig; **by all that's ~,** *F:* ar fy mheth mawr i! ar f'enaid i! **to make ~,** san[c]teiddio, cysegru; *(b) (pers.):* duwiol, duwiolfrydig, bucheddol; **holier than thou,** hunangyfiawn (*pronounced* ng-g), Phariseaidd; *(c) F:* **~ mackerel! ~ smoke! ~ cow! ~ Moses!** *&c* 'rargian! 'rachlod! Duw o'r Sowth! esgob! diaist i! diawch! 'dawn i byth o'r fan! *&c.* **2.** *n.* **the H~ of Holies,** y Cysegr *(m)* San[c]teiddiaf/San[c]teiddiolaf. **H~ Island** *Pl.n.* **1.** *W.Pl.n.* Ynys *(f)* Gybi. **2.** *(= Iona):* Ynys Metgawdd.

Holyhead *W.Pl.n.* Caergybi *f.* **~ Mountain** *Pr.n. W.Geog:* Mynydd *(m)* Twr.

Holyrood Church *W.Pl.n.* Betws *(m)* y Grog.

holystone[1] *n. Nau:* carreg bwdr (cerrig pydron) *f*.

holystone[2] *v.t. Nau:* sgwrio [bwrdd llong].

Holywell *W.Pl.n* Treffynnon *f*.

homage *n.* gwrogaeth *f*, parch *m*, anrhydedd *m*, teyrnged *f* (*pronounced* ng-g); *Hist:* gwrogaeth; **allegiance ~,** gwrogaeth dyledogaeth/teyrngarwch (*pronounced* ng-g); **fealty ~,** gwrogaeth llw ffyddlondeb; **liege-lord ~,** gwrogaeth ddyledol; **seignorial ~,** gwrogaeth arglwyddiaethol; **seignory ~,** gwrogaeth arglwyddiaeth; **sovereignty ~,** gwrogaeth sofraniaeth; **to pay/do ~ (to s.o.),** talu teyrnged (i rn); *Hist:* talu gwrogaeth, gwrogaethu, gwrogi (i rn).

homburg *n.* ***homburg(-s)*** *f*.

home[1] *n., adv. & attrib.* I. *n.* **1.** cartref(-i) *m*, *occ:* aelwyd(-ydd) *f*; **near ~,** yn agos i gartref, yn agos i'r tŷ; **~ and dry,** wedi cyrraedd y lan [yn deg]; **the Ideal H~ Exhibition,** Arddangosfa'r Cartrefi Delfrydol; **to have a ~ of one's own,** bod â'ch tŷ/cartref eich hun; **to give s.o. a ~, to make a ~ for s.o.,** rhoi cartref i rn, cartrefu rhn; **it's a ~ from ~,** mae'n lle cartrefol; mae'n ail gartref; *F:* **it's nothing to write ~ about,** nid yw'n werth sôn amdano; *S:* 'dyw e ddim llawer o gael; *B:* **to go to one's long ~,** mynd i dŷ eich hir gartref; **[be it ever so humble] there's no place like ~,** teg edrych tuag adref; cartref yw cartref, er tloted y bo; 'does un man fel cartref; 'does unman yn debyg i gartref; hoff gan bawb ei gartref; cyw a fegir yn uffern, yn uffern y myn[n] fod; **at ~,** *(i)* gartref, yn y tŷ, *F:* acw; *(ii) Sp:* **to play at ~,** chwarae gartref; **how's the family at ~?** sut mae'r teulu acw? **anyone at ~?** [a] oes rhywun gartref? [a] oes yma bobl? **to stay at ~,** aros gartref, aros yn [y] tŷ, cadw gŵyl bentan; **she is at ~ on Thursdays,** mae croeso i'w thŷ ddydd Iau; **to be "not at ~ to anyone",** gwrthod gweld neb; **I'm "not at ~,"** 'dydw i ddim ar gael; alla' i ddim gweld neb; **to feel at ~ with s.o.,** teimlo'n gartrefol gyda rhn; **he is at ~ on/in/with any topic,** mae pob pwnc ar bennau ei fysedd; mae'n gynefin/gyfarwydd â phob pwnc; **to make oneself at ~,** gwneud fel petaech gartref, eich gwneud eich hun yn gartrefol; **at-~** *n.* derbyniad(-au) *m*; **to be [away/absent] from ~,** bod oddi cartref, bod i ffwrdd, *S.W: occ:* bod ar ger[dd]ed; **to go from ~,** mynd oddi cartref; **to leave ~,** gadael [eich] cartref, ymadael, *F:* mynd dros y nyth, gadael y nyth; **at ~ and abroad,** gartref a thros y môr, gartref ac oddi cartref, gartref a thramor; *Adm: Mil: Navy:* **service at ~,** gwasanaeth cartref *m*. **2. nearer ~, to take an example nearer ~,** yn nes atom, yn nes [at] adref. **3.** *(a) Nat.Hist:* cynefin(-oedd) *m*; *(b)* **Greece was the ~ of fine arts,** Groeg oedd mamwlad/cartref y celfyddydau cain; **sailors' ~,** cartref llongwyr; **community ~,** cartref cymuned; **~ for the blind,** cartref i'r deillion; **rest-~, old people's ~,** cartref hen bobl, cartref henoed; **children's ~,** cartref plant; **nursing home,** cartref nyrsio, *occ:* ysbyty (ysbytai) preifat *m*; **remand ~,** cartref i droseddwyr ifainc; **residential homes,** cartrefi preswyl. **4.** *(a) (in games):* cartref, y nod *mf*, *F:* y gornel *f*, dab *m*; **I'm ~!** 'rwyf i mewn! *(b) Rac:* y llinell derfyn *f*, y terfyn *m*. II. *adv.* **1.** *(a) (= stationary):* gartref, yn y tŷ, *F:* acw; **to be at ~,** bod gartref; *(implying movement):* **to go ~,** *N:* mynd adref, *S:* mynd gartre, mynd tua thref, (*usu. pronounced* sha thre), *S: occ:* mynd i dre; **(I'm expecting) her ~,** ('rwy'n ei disgwyl hi) adref, gartref, i'r tŷ; **to go ~,** mynd adref; **to come ~,** dod adref; **the train ~,** y trên [yn ôl] adref; **to get ~,** cyrraedd y tŷ, cyrraedd eich cartref, cyrraedd adref; **to send s.o. ~,** *(from abroad):* danfon/gyrru rhn adref. **2.** *(a) (of bullet &c):* **to go ~, to strike ~,** cyrraedd y nod, taro'r nod; **the reproach went ~,** aeth y cerydd i'r byw; **to bring sth ~ to s.o.,** gwneud i rn deimlo rhth, gwneud rhn yn ymwybodol o rth; **to bring a charge ~ to s.o.,** profi cyhuddiad yn erbyn rhn; *(b)* **(to screw a piece) ~,** (sgriwio rhth) yn dyn[n], yn sownd, yn ei le; **to drive a nail ~,** clensio hoelen, taro hoelen ar ei phen. III. *attrib.* **1.** *(a)* **~ circle,** y cylch teuluol, [cylch] y teulu, yr aelwyd, *S:* y tylwyth *m*; **~ brew,** cwrw *(m)* cartref, *S.W:* tablen *f*; **~ cooking,** bwyd *(m)* cartref, coginio *(vn)* cartref; **~ movie,** ffilm *(f)* gartref (ffilmiau cartref); *Fenc:* **~ thrust,** gwaniad *(m)* i'r byw; *Fig: (criticism):* brath(-au) *m*, brathiad(-au) *m*, ergyd egr *f*, ergyd i'r byw; **~ visits,** ymweliadau â chartrefi; **~ worker,** gweithiwr *(m)* cartref; **~ address,** cyfeiriad *(m)* [eich] cartref; *(b) Ven:* **the ~ coverts,** cwferti'r plas; **~ farm,** ffarm/fferm y plas, ffarm/fferm y faenor; *(c)* **the H~ Counties,** y Siroedd Cartref; **~ ground,** *(i) Sp:* y cae cartref; **to play on the ~ ground,** chwarae ar eich cae eich hun; *(ii) Fig: (neighbourhood):* **on one's ~ ground,** yn eich cynefin, yn eich bro, yn eich milltir sgwâr, yn eich cymdogaeth, yn eich libart eich hun, *occ:* ar eich tomen eich hun; **the ~ side,** y tîm cartref, y tîm lleol; *Sp:* **the ~ straight/stretch,** yr hyd olaf/terfynol *m*; *(of journey):* y rhan olaf *f*, yr hwb olaf *f*, pen *(m)* y daith; **the ~ backs,** yr olwyr lleol; *Baseball:* **~ run,** rhediad *(m)* adref; *(d)* **the ~ journey,** y daith yn ôl, y daith tuag adref, *S:* y daith tua thref; *Rail:* **~ signal,** arwydd(-ion) *(m)* cartref. **2. the ~ trade,** masnach fewnol *f*, y farchnad gartref *f*; **~ defence,** amddiffyn *(vn)* cartref; **~ port,** porthladd(-oedd) *(m)* cartref; **~ product,** cynnyrch (cynhyrchion) *(m)* cartref; **~ town,** tref enedigol (trefi genedigol) *f*; **~ news,** newyddion *(pl)* cartref; *Pol:* **~ rule,** ymreolaeth *f*, hunanlywodraeth *f*; **the H~ Fleet,** y Llynges *(f)* Gartref; **the H~ Guard,** y Cartreflu *m*, y Gwarchodlu *(m)* Cartref; **the H~ Office,** y Swyddfa *(f)* Gartref; **H~ Secretary,** Ysgrifennydd (Ysgrifenyddion) *(m)* Cartref. **~ baked, ~ bread** *n.* bara *(m)* cartref. **~-bird** *n.* un cartrefol/gartrefol (rhai cartrefol); **she is a bit of a ~-bird,** aiff hi byth o olwg y mwg; un arw am ei chartref yw hi. **~-born** *a.* brodorol. **~-bred** *a.* a faged gartref; **with a ~-bred courtesy,** gyda chwrteisi di-lol/diffwdan. **~-brewed** *a.* **~-brewed beer,** cwrw *(m)* cartref, *S.W:* tablen *f*. **~-coming** *n.* dychweliad *m*; **~-coming party,** parti *(m)* croeso'n ôl. **~ economics** *n.* economeg *(f)* y tŷ. **~-felt** *a.* a deimlwyd i'r byw, dwys. **~-finder** *n.* swyddog(-ion) *(m)* llety. **~-folk[s]** *n. O:* y teulu *m*, y tylwyth *m*, pobl *(f or pl)* gartref **~-grown** *a.* cartref. **~ help** *n.* *(a) (service):* cymorth *(m)* cartref; *(b) (pers.):* cynorthwywr (cynorthwywyr) (*m*) cartref, cynorth|wywraig cartref, cymhorthwr (cymhorthwyr) *m*, cymh|orthwraig (cymorthwragedd) *f*. **~ key** *n. Cmptr:* allwedd/bysell (*f*) hafan. **~-made** *a.* cartref; **~-made butter,** *occ:* 'menyn bach *m*. **~-making** *vn.* gwneud cartref, ymgartrefu. **~-ownership** *n.* perchenogaeth *f*, perchentyaeth *f*. **~ perm** *n.* pŷrm (pyrmiau) (*m*) cartref. **~-ruler** *n. Pol:* ymreolwr (ymreolwyr) *m*, ymr|eolwraig *f*.

home² *v.i.&t.* **1.** *v.i.* *(of pigeon):* dychwelyd, mynd adref, mynd am gartref, dod yn ôl; *Av: Ball: (of missile):* **to ~ in on sth,** anelu am rth, unioni am rth, dynesu at rth. **2.** *v.t.* *(i) (= send home):* danfon/gyrru rhn adref; *(ii) (= house):* cartrefu rhn; *(iii) Cmptr:* hafanu.

homebody *n. U.S:* un cartrefol/gartrefol, un hoff o'i gartref/chartref.

homeland *n.* mamwlad (mamwledydd) *f*.

homeless *a.* digartref; **the ~,** y digartref *pl*, pobl ddigartref *f or pl*.

homelike *a.* cartrefol.

homeliness *n.* **1.** symlrwydd *m*, cartrefoldeb *m*, agosatrwydd *m*, agosrwydd *m*. **2.** *U.S: (= plainness):* plaendra *m*.

homely *a.* **1.** cartrefol, syml, dirodres, di-lol, diaddurn, diymhongar (*pronounced* ng-g), *S.E: occ:* teuluaidd, *M.W: occ:* agos i'r lle. **2.** *U.S: (of pers.):* diolwg, plaen.

homelyn *n. Ich: (Raia maculata):* morgath fannog (morgathod mannog) *f*.

homeopath *n. Med:* h|omeopath (homeopathiaid) *m*.

homeopathic *a.* homeopathig, homeopathaidd.

homeopathist *n.* = **homeopath.**

homeopathy *n.* home|opathi *m*, homeopatheg *f*.

homeostasis *n.* homeostatis *m*.

homeostatic *a.* homeostatig.

homer¹ *n.* **1.** *(pigeon):* dychwelwr (dychwelwyr) *m*, dychw|elwraig *f*, colomen (*f*) ddychwel (colomennod dychwel). **2.** *Baseball:* rhediad(-au) adref *m*.

homer² *n. Meas:* homer(-au) *m*.

Homer³ *Pr.n.m.* Homer; *Lit:* **~ nods,** mae Homer yn hepian.

Homeric *a.* **1.** Homeraidd. **2.** *(= large scale):* anferth, anferthol, cawraidd, aruthrol fawr.

homesick *a.* hiraethus, hiraethlon, llawn hiraeth; **it makes me ~,** mae'n codi hiraeth arnaf; **he's ~,** mae hiraeth arno.

homesickness *n.* hiraeth *m*; **to get over one's ~,** bwrw'ch hiraeth.

homespun *a. & n.* **1.** *a.* *(a)* [o wead] cartref; **~ cloth,** brethyn (*m*) cartref; *(b) (philosophy &c):* syml, dirodres, di-lol, diymhongar (*pronounced* ng-g). **2.** *n.* brethyn (*m*) cartref.

homestead *n.* **1.** ffermdy (ffermdai) *m*, fferm(-ydd) *f*, ffarm (ffermydd) *f*, tyddyn(-nod) *m*, *occ:* trefred *f*; **enclosed ~,** tyddyn amgaeëdig. **2.** *U.S: (= land):* tir(-oedd) (*m*) ffarmio.

homesteader *n.* ffermwr (ffermwyr) *m*, ffarmwr (ffermwyr) *m*, tyddynnwr (tyddynwyr) *m*, trefredwr (trefredwyr) *f*.

homeward *a. & adv.* **1.** *a.* adref, tuag adref, am adref, *S: occ:* tua thre (*usu. pronounced* sha thre). **2.** *adv.* = **homewards. ~-bound** *a.* ar eich ffordd adref; **~-bound!** teg edrych tuag adre!

homewards *adv.* tuag adref, *S:* tua thre.

homework *n.* gwaith (*m*) cartref, tasg(-au) *f*.

homey *a. F:* cartrefol.

homicidal *a.* llofruddiol, llofruddiog.

homicide¹ *n. (pers.):* dynleiddiad (dynleiddiaid) *m&f*.

homicide² *n. (crime):* dynladdiad(-au) *m*, *A:* galanas *f*; *Jur:* **felonious ~,** dynladdiad troseddol; **justifiable ~,** dynladdiad cyfiawnadwy; **H~ Act,** Deddf (*f*) Lladd Dyn, Deddf Galanas.

homiletic *a. & n.pl.* **1.** *a.* pregethol, homiletig. **2.** *n.pl.* pregethu *vn*, pregethwriaeth *f*, homileteg *f*.

homiliary *n.* llyfr(-au) (*m*) homilïau.

homilist *n.* homilïwr (homilïwyr) *m*.

homily *n.* h|omili (homilïau) *f*, pregeth(-au) *f*; **to read s.o. a ~,** rhoi pregeth i rn, dweud y drefn wrth rn.

homing¹ *a.* dychweliadol, sy'n dychwelyd; **~ device,** dyfais (*f*) ddychwel (dyfeisiadau dychwel); **~ pigeon,** colomen (*f*) ddychwel (colomennod dychwel); *Av: Ball:* **~ eye,** llygad (llygaid) (*m*) dychwelyd; **~ head,** pen(-nau) (*m*) dychwelyd, blaen(-au) (*m*) dychwelyd.

homing² *vn. Av:* dychweliad *m*, dychwelyd.

hominid *a. & n.* **1.** *a.* dynolaidd, hominidaidd. **2.** *n.* dynolyn (dynolion) *m*, h|ominid (hominidiaid) *m*.

hominoid *a. & n.* **1.** *a.* dynffurf, ar ffurf dyn, ar lun dyn. **2.** *n.* dynffurf(-iau) *m*, dynolyn (dynolion) *m*.

hominy *n. U.S: Cu:* uwd (*m*) [india] corn, h|omini *m*.

homo-¹ *pref.* cyf-, cyfun-.

homo² *n. F: (= homosexual):* mêri-jên(-s) *f*, mihifi-myhafan(-od) *m*, *occ:* pansan (pansis) *fm*, *S.W: occ:* ceiliociar (ceiliocieir) *f*.

homocentric *a.* cynghreiddiol.

homocereal *a. Ich:* cyfungwt (*pronounced* ng-g).

homochromatic *a.* unlliw.

homochromous *a.* cyfliw.

homocyclic *a.* cyfungylch (*pronounced* ng-g), homoseiclig.

homodont *a.* cyfunddant.

Homoeans *Pr.n.pl. B:* Homoeaid.

homogamous *a.* homogamaidd.

homogamy *n.* **1.** homogamedd *m*. **2.** *(= interbreeding):* cyfunbriodas *f*, priodas (*f*) tebyg â thebyg.

homogeneity *n.* cydrywiaeth *f*, unrhywiaeth *f*.

homogeneous *a.* cydryw, unrhyw.

homogeneously *adv.* yn gydryw *&c*.

homogeneousness *n.* = **homogeneity.**

homogenization *n.*, **homogenize** *v.t.* homogeneiddio.

homogenized *a.* **~ milk,** llaeth homogenaidd.

homogenizer *n.* homogeneiddiwr (homogeneiddwyr) *m*.

homogenous *a.* homogenaidd.

homogonous *a.* homogonaidd.

homogony *n.* homogonedd *m*.

homograft *n.* cyfunimpiad(-au) *m*.

homograph *n.* h|omograff (homograffau) *m*.

homographic *a.* homograffig.

homography *n.* homograffeg *f*.

homoiothermal, homoiothermic *a.* twymwaed, homoiothermig, [â] gwaed twym.

Homoiousian *a. & n. Rel:* **1.** *a.* Homoiwsaidd. **2.** *n.* Homoiwsiad (Homoiwsiaid) *m&f*.

homoiousios *a. Rel:* homoiwsios.

homologate *v.t.* cymeradwyo.

homological *a.* = **homologous.**

homologize *v.t.&i.* **1.** *v.i.* cyfateb **2.** *v.t.* cyfateboli.

homologous *a.* cyfatebol, homologaidd; **~ series,** cyfres homologaidd.

homologue *n.* h|omolog (homologau) *m*, cyfateb(-ion) *m*.

homology *n.* cyfatebiaeth *f*, homologaeth *f*.

homolytic *a.* homolytig.

homomorphic *a.* homomorffig.

homomorphism *n.* homomorffedd(-au) *m*.

homomorphous *a.* = **homomorphic.**

homomorphy *n.* = **homomorphism.**

homonomous *a. Bot:* cyfunddull, homonomaidd.

homonomy *n. Bot:* homonomedd *m*.

homonym *n.* cyfunffurf(-iau) *m*, h|omonyn (homonymau) *m*.

homonymic, homonymous *a.* cyfunffurfiol, unenwol.

homonymy *n.* cyfunffurfedd *m*.

Homoousian *a. & n.* **1.** *a.* Cyfanianol, Homöwsaidd. **2.** *n.* Cyfanianwr: Cyfanianydd (Cyfanianwyr) *m*, Homöwsiad *m&f*.

homoousios *n. Rel:* homöwsios *m*.

homophone *n.* cyfunsain (cyfunseiniau) *m*, h|omoffon (homoffonau) *m*.

homophonic, homophonous *a.* cyfunsain, homoffonig.

homophony *n.* cyfunseinedd *m*, hom|offoni *m*.

homoplastic *a.* homoplastig.

homopolar *a.* **1.** *El:* cydbegynol. **2.** *Ch:* cydradd, cyfalent, cyfunbolaraidd.

homopterous *a.* cyfunadeiniog.

homosexual *a. & n.* **1.** *a.* cyfunrhywiol; *(male):* gwrywgydiol; *(female):* lesbiaidd. **2.** *n.* cyfunrhywiad (cyfunrhywiaid) *m&f*; *(male):* gwrywgydiwr (gwrywgydwyr) *m*; *(female):* lesbiad (lesbiaid) *f*.

homosexuality *n.* cyfunrhywiaeth *f*; *(male):* gwrywgydiaeth *f*; *(female):* lesbiaeth *f*. *S.a.* **gay²**.

homosporous *a.* homosboraidd.

homospory *n.* homosboredd *m*.

homotaxis *n.* cyfundrefniad *m*.

homothalic *a.* homothalig.

homothetic *a.* homothetig.

homotransplant *n.* = **homograft.**
homozygote *n.* homosygot(-au) *m.*
homozygous *a.* homosygaidd.
homuncule, homunculus *n.* dynan(-od) *m*, dynionyn (dynionos) *m*, corrach (corachod) *m*, *Pej:* ewach(-od) *m*, edlych(-od) *m.*
homy *a. F:* = **homelike.**
Honddislade *W.Pl.n.* Nant (*f*) Hoddni.
Honduran *a.* & *n.* **1.** *a.* o Hondwras, Hondwraidd; **the ~ government,** llywodraeth Hondwras; **he's ~,** un o Hondwras ydyw. **2.** *n.* Hondwriad (Hondwriaid) *m&f.*
hone[1] *n.* carreg (cerrig) (*f*) hogi, calen(-nau,-ni) *f* [hogi], *F: occ:* hôn (honau) *f*, *N.W: occ:* carreg lefn (cerrig llyfnion), *Lit:* hogfaen (hogfeini) *m*, *Lit: or A:* agalen(-nau,-ni) *f.*
hone[2] *v.t.* hogi, *S.W: occ:* llifanu.
honest *a.* **1.** *(a) (pers.):* gonest, *occ:* cywir, teg, cyfiawn, diffuant, didwyll; *(= respectable):* da, parchus, bucheddol, *N:* agos i'ch lle, ail i'ch lle; *(b) (= true):* gwir, go iawn; **the ~ truth,** y gwirionedd moel/syml/plaen, y cyfiawn wir; **~ as the day is long,** gonest fel y dur, gonest fel y dydd; **tell us your ~ opinion,** dywed dy farn (dywedwch eich barn) onest; *F: O:* **~ injun!** ar fy ngwir! o ddifri ['nawr]! wir-ionedd! *N:* wir rŵan! wir-ỳr! wir-ionedd! *S.E:* yn siŵr wirionedd i! *S.W:* wir-w! **(I'll be there) ~!** (mi fyddaf yno) wir, wir i ti/chi, wir i Dduw! **to give ~ weight,** rhoi'r pwysau cywir/iawn; **it is an ~ attempt to solve the problem,** mae'n ymgais ddiffuant/ddilys/deg i ddatrys y broblem. **2.** *(a) A:* **to make an ~ woman of s.o.,** gwneud gwraig barchus o ferch. **~-to-God, ~-to-goodness** *a.* go iawn, diledryw, syml, plaen, cyffredin, di-lol, dilys; *int.* ar fy llw! wir i Dduw! **~-to-God, I don't know what to do about it,** wir i Dduw, wn i ddim beth i'w wneud yn ei gylch.
honestly *adv.* **1.** *(a) (= fairly):* yn onest, yn deg *&c*; *(b) (= sincerely):* yn onest, yn ddidwyll, heb air o gelwydd; **~ speaking,** a dweud y gwir, mewn gwirionedd. **2.** *int.* mewn difrif! o ddifrif calon! *S.W:* wel y jiw jiw!
honesty *n.* **1.** *(a) (= probity):* gonestrwydd *m*, *occ:* didwylledd *m*, uniondeb *m*; **~ is the best policy,** gonestrwydd sy'n talu orau; ceiniog annheilwng aiff â dwy â hi; *(b) (= sincerity):* geirwiredd *m*, cywirdeb *m*, didwylledd, diffuantrwydd *m*, uniondeb; **in all ~,** a bod yn onest. **2.** *Bot: (Lunaria annua): N:* arian parod *m*, arian cybydd, ceiniogau (*pl*) dyn tlawd, swllt (*m*) dyn tlawd, ceiniog (*f*) yn y boced, ceiniog y deyrnged (*pronounced* ng-g), llysiau(*pl*)'r geiniog, ceiniog fawr, sbectol (*f*) nain, sbectol hen ŵr, Siân (*f*) galon lawen, *S:* blodau (*pl*) papur, blodau sbectol, ceiniog arian.
honewort *n. Bot:* **1.** *(Trinia glauca):* githran werddlas *f.* **2.** *(a)* = **parsley (corn)**; *(b)* = **parsley (stone).**
honey *n.* **1.** *(a)* mêl *m*; **to gather ~,** casglu/hel mêl, *Lit: occ:* mela; **clear ~,** mêl gloyw; **comb ~,** mêl crwybr, dil (*m*) mêl, diliau (*pl*) mêl; *(b) (= sweetness):* melyster *m*, mêl; **he was all ~,** 'roedd yn fêl i gyd. **2.** *F: int.* cariad, 'nghariad i, bach, 'mach i, *N:* del *m*, pwt *m*, yr aur *m*, cyw *m*, siwgwr *m.* **~-ant** *n.* morgrugyn (morgrug) (*m*) mêl. **~-badger** *n.* ratel(-od) *m.* **~-balm** *n. Bot: (Melittis melissophyllum):* gwenynllys fawr *f*, gwenynog wengoch *f* (*pronounced* ng-g). **~-bear** *n. Z:* melarth (meleirth) *f.* **~-bee** *n. Ent:* gwenynen (gwenyn) *f*, gwenynen fêl (gwenyn mêl), mêl-wenynen (~-wenyn) *f*, gwenynen fêl-ddygol (gwenyn mêl-ddygol), gwenynen ddu Gymr|eig (gwenyn du Cymreig), gwenynen ddof (gwenyn dof). **~-berry** *n. Bot: (Celtis australis): (Melicocca bijuga):* melrawn *m*, mêl-aeronen (~-aeron) *f.* **~-buzzard** *n. Orn:* boda(*m*)'r mêl (bodaod y mêl), bòd (*m*) y mêl (bodaod y mêl). **~-bun, ~-bunch** *n. U.S: F:* = **honey 2. ~-cake** *n. Cu:* teisen (*f*) fêl (teisennau mêl). **~-creeper** *n. Orn:* dringiedydd(-ion) (*m*) y mêl. **~-dew** *n.* **1.** *(on leaves &c):* y gawod (*f*) fêl, mêl-gawod *f*, m|elwlith *m.* **2.** *(= sweet substance):* melyster *m.* **3.** *(= tobacco):* baco melys *m.* **4.** *(= sweet melon):* melon(-au) (*m*) mêl. **~-eater** *n.* mêl-ysor(-ion) *m.* **~-flower** *n.* blodyn (blodau) (*m*) mêl. **~-fungus** *n.* ffwng (*m*) mêl, ffwng melog, careiau(*pl*)'r coed. **~-garlic** *n. Bot: (Allium dioscordis):* garlleg melys *m.* **~-guide** *n.* **1.** *Orn:* melgog(-au) *f*, cwcw(*f*)'r mêl. **2.** *Bot:* arwydd(-ion) (*m*) mêl, dynodyn (dynodion) (*m*) mêl. **~-locust** *n. Bot: (Gleditschia triacanthos):* mêl-ddraenen (melddrain) *f.* **~-moth** *n. Ent:* gwyfyn(-od) (*m*) y mêl. **~-mouse** *n. Z: (Tarsipes spenserae):* llygoden (*f*) fêl (llygod mêl). **~-mouthed** *a.* melyslais, mêl-enau. **~-parrot** *n.* parot(-iaid) (*m*) mêl, parotan(-od) *m.* **~-plant** *n.* = **balm. ~-pot** *n.* pot(-iau) (*m*) mêl. **~-sac** *n.* cwdyn (cydau) (*m*) mêl. **~-sucker** *n. Orn:* mêl-sugnydd(-ion) *m.* **~-sweet** *n.* melys [fel y mêl], cyn felysed â'r mêl, siwgwraidd, siwgraidd. **~-tube** *n. Ent:* pibell (*f*) fêl (pibelli mêl).
honeycomb[1] *n.* **1.** dil(-iau) (*m*) mêl, crwybr(-au) *m* [gwenyn], *S.W:* cwybren *f.* **2.** *(of cow):* y boten rwydog *f.* **3.** *attrib. Tex:* **~ weave towel,** lliain crwybrol. **~ moth** *n. Ent:* gwyfyn(-od) (*m*) y crwybr. **~ worm** *n.* llyng[h]yren (*f*) ddiliau (llyngyr diliau).
honeycomb[2] *v.t.* rhidyllu; **the hill was honeycombed with tunnels,** 'roedd y bryn yn rhidyll o dwneli.
honeycombed *a. (pattern):* rhwyllog, rhwydog, crwybrol; *(of metal, rock &c):* rhidyllog, yn rhidyll, yn rhwyll, crwybrog.
honeyed *a. (a) (bread &c):* yn fêl i gyd, yn fêl drosto, a mêl arno; **~ drink,** diod fêl, diod a mêl ynddi; *(b)* **~ words,** geiriau melys/melyslais/melysber/siwg[w]raidd.
honeymoon[1] *n.* mis(-oedd) (*m*) mêl, *Lit:* melrawd(-au) *m*, *A: or Lit:* y mis difyr, mis yr afiaith; *Pol:* **the ~ is over,** mae wythnos gwas newydd ar ben.
honeymoon[2] *v.i.* treulio/bwrw mis mêl, melrodio, *N: occ:* bwrw swildod, mynd i fwrw swildod.
honeymooner *n.* melrodiwr (melrodwyr) *m*, melr|odwraig *f*, rhn ar ei fis mêl; *pl.* pâr newydd briodi, pobl ar eu mis mêl.
honeysuckle *n. Bot: (Lonicera periclymenum):* gwyddfid *m*, llaeth (*m*) y gaseg, llaeth y geifr, tethi(*pl*)'r gaseg, diliau (*pl*) Mair, gwyddwydden (gwyddwydd) *f*, *N.W: occ:* pwysi (*m*) mêl, *S.W: occ:* sip-sip *m*, blodyn (*m*) y widdig, *S.E:* melys (*m*) y pia; **Alpine ~,** *(L. alpigena):* gwyddfid yr Alpau; **black-berried ~,** *(L. nigra):* gwyddfid du; **blue ~,** *(L. caerulea):* gwyddfid glas; **California ~,** *(L. ledeburii):* gwyddfid Califfornia; **Chinese ~,** *(L. tragophylla):* gwyddfid Tsieina; **fly ~,** *(L. xylosteum):* gwyddfid syth; **Himalayan ~,** *(L. angustifolia):* bachgen llwm *m*; **Japanese ~,** *(L. nitida):* gwyddfid Jap|an; **perfoliate ~,** *(L. caprifolium):* gwyddfid trydwll. **Pyrenean ~,** *(L. pyrenaica):* gwyddfid y Pyreneau.
honeywort *n. Bot: (Cerinthe):* llysiau(*pl*)'r mêl.
honk[1] *n.* **1.** *(of goose):* clegar *vn.* **2.** *Aut:* **~[-~]!** bib-bib (*m*)!
honk[2] *v.i.* **1.** *(of goose):* clegar. **2.** *Aut:* canu corn (**at s.o.,** ar rn).
honky *n. U.S: F:* dyn gwyn (dynion gwynion) *m*, honci(-s) *m.*
honky-tonk *n.* & *a. U.S: F:* honci-tonc(-s) (*m*).
honorarium *n.* tâl *m*, cydnabyddiaeth(-au) *f*, honorariwm (honoraria) *m.*
honorary *a.* **1.** *(= unpaid):* anrhydeddus, mygedol; **~ secretary,** ysgrifennydd mygedol *m.* **2.** *(= honorific):* **~ degree,** gradd (*f*) er anrhydedd; *Ling:* **~ form,** ffurf (*f*) barch (ffurfiau parch).
honorific *a.* & *n.* **1.** *a.* **~ name,** enw [llawn] parch, enw parchus. **2.** *n.* teitl(-au) *m*, enw(-au) (*m*) parch.
honoris causa *Lt.phr.* er anrhydedd.
honour[1] *n.* **1.** *(= respect):* anrhydedd(-au) *mf*, bri *m*, parch *m*, clod *mf*; **to hold s.o. in great ~,** anrhydeddu/parchu rhn yn fawr; **the seat of ~,** y sedd flaenaf *f*, y brif sedd; **in ~,** mewn bri/parch; **to put up a statue in ~ of s.o.,** codi cerflun er clod/anrhydedd i rn; **to pay/do ~ to s.o.,** anrhydeddu/parchu rhn, gwrogi i rn, talu gwrogaeth/teyrnged i rn; **all ~ to him!** pob clod iddo! *Prov:* **~ where ~ is due,** rhowch bob dyledus glod; rhowch glod lle mae clod yn ddyledus; *Fr.Hist:* **the Legion of H~,** y Lleng (*f*) Anrhydedd. **2.** *(a) (= privilege):* anrhydedd, braint *f*; **to consider it an ~ to do sth,** ei hystyried hi'n fraint/anrhydedd cael gwneud rhth; **to whom have I the ~ of speaking?** â phwy yr wyf yn cael y fraint o siarad? **I have the ~ to present to you,** mae'n fraint i mi gyflwyno i chwi ...; fy mraint i yw cyflwyno i chwi ...; braint i mi yw cyflwyno i chwi ...; *(b) Games:* **it's my ~,** fi sy'n mynd gyntaf. **3. to lose one's ~,** colli'ch anrhydedd, colli'ch enw da; **she's lost her ~,** mae hi wedi colli ei henw da; *N: occ:* mae hi wedi colli ei choron; ysgub wedi ei brigdaro ydi hi; **to make [it] a point of ~ to do sth,** ei hystyried hi'n ddyletswydd gwneud rhth; **I'm ~ bound to go there,** mae'n ddyletswydd arnaf fynd yno; rhaid i mi fynd yno rhag cywilydd; **he is the soul of ~,** mae'n ddyn hollol anrhydeddus; **I cannot in ~ accept this money,** ni allaf yn fy myw dderbyn yr arian hwn; **to state sth on one's ~,** datgan rhth ar eich gair/llw; **one's word of ~,** eich llw; **on my ~, ~ bright,** ar fy llw, ar fy ngair, ar fy marw, ar fy nghred, *N:* wir-ỳr, wir-ionedd, Cris-Croes; **to be on one's ~,** bod ar eich llw/gair; **upon my ~!** ar fy llw! ar fy ngair! *F:* ar f'enaid i! **he swore on his ~,** fe aeth ar ei lw; *F:* fe dyngodd ar ei beth mawr. **4.** *pl.* **honours,** *(= distinction,*

award): anrhydedd; **academic honours,** anrhydeddau academaidd; **joint honours,** cyd-anrhydedd *m*; **first-class honours,** anrhydedd [yn y] dosbarth cyntaf; **an honours course,** cwrs anrhydedd; **to carry off the honours,** mynd â'r goron/wobr, *Lit: O:* mynd â'r bêl, mynd â'r gloch. **5.** *Sch:* **honours list,** rhestr y gwobrau, rhestr yr anrhydeddau. **6.** *(a) usu.pl. (= civilities):* **to receive s.o. with full honours,** rhoi croeso anrhydeddus i rn, croesawu/derbyn rhn yn anrhydeddus; **will you do the honours?** *(i) (= preside):* wnewch chi lywyddu? *(ii) (= serve drinks &c):* wnewch chi weini? *(iii) (= propose toast):* wnewch chi gynnig [y llwnc destun]? **the honours of war,** anrhydeddau/breintiau rhyfel; **to do the honours of the house,** croesawu pobl i'r tŷ; **to do the honours of the table,** croesawu pobl i ginio *&c*; *(b) pl. Cards: &c:* yr anrhydeddau, y lliwiau; **honours are even,** mae hi'n gyfartal [rhyngom *&c*]. **7.** *(of pers.):* *(a)* **to be an ~ to one's country,** bod yn glod i'ch gwlad; *(b)* **your H~, his H~,** eich Anrhydedd, ei Anrhydedd. **8.** *Com:* **acceptance for ~,** derbyniad er anrhydedd. **9.** *Hist:* uchelarglwyddiaeth(-au) *f*, arglwyddiaeth freiniol (arglwyddiaethau breiniol) *f*.

honour² *v.t.* **1.** *(a)* anrhydeddu, parchu; **I ~ you for it,** mae'n glod mawr i chwi; 'rwy'n fawr fy mharch i chwi o'i herwydd; *(b)* **to ~ s.o. with one's confidence,** ymddiried yn rhn. **2. to ~ one's signature,** cydnabod eich llofnod; *Com:* **to ~ a bill,** derbyn eich bil, talu'ch bil.

honourable *a.* **1.** anrhydeddus; **with certain ~ exceptions,** gyda rhai eithriadau gwiw/clodwiw; **~ mention,** geirda *m*, canmoliaeth *f*, clod *m*, gair *(m)* o ganmoliaeth/glod. **2. the H~,** *abbr.* **the Hon.,** yr Anrhydeddus; **the Most H~,** y Tra Anrhydeddus; **the Right H~,** y Gwir Anrhydeddus.

honourably *adv.* yn anrhydeddus.

honoured *a.* anrhydeddus, parchus.

hooch *n. U.S: P:* diod [gadarn] *f*, gwirod(-ydd) *mf*.

hood¹ *n.* **1.** *Cost:* cwfwl: cwfl (cyflau) *m*, cwcwll (cycyllau) *m*. **2.** *(a) Veh: &c:* to(-eau) *m*; *U.S:* = **bonnet;** *(b) Phot:* cwf[w]l; *(c) (above fire &c):* lwfer (lwfrau) *m*; *Arch:* **~-moulding,** mo[w]ldin *(m)* capan, carreg ddiddos *f*. **3.** *U.S:* = **hoodlum.**

hood² *v.t.* gorchuddio â chwf[w]l/chwcwll, cycyllu. **~-cap** *n. Z: (Cystophora crystata):* morlo(-i) cycyllog *m*.

hooded *a.* *(a) (pers., snake):* cycyllog, cwflog, cyflog, â chwcwll, â chwf[w]l [am eich pen], dan gwf[w]l, dan gwcwll; *(b) (eye):* cwflog, *N.W:* trisgwar. **~ crow** *n. Orn:* brân (brain) *(f)* Iwerddon, brân ludlyd (brain lludlyd), brân y lludw. **~ seal** *n. Z:* morlo(-i) cycyllog *m*.

hoodie *n. Orn:* = **hooded crow.**

hoodlum *n.* dihiryn (dihirod) *m*, adyn(-ion,-od) *m*, *N:* llabwst (llabystiaid) *m*, *S:* lwffyn (lwffod) *m*.

hoodman-blind *n.* = **blind-man's buff.**

hoodoo¹ *n.* anlwc *f*, melltith *f*; **there's a ~ on this,** mae hwn wedi ei witsio.

hoodoo² *v.t.* witsio, rheibio.

hoodwink *v.t. F:* twyllo, camarwain.

hoodwort *n. Bot: (Scutellaria laterifolia):* cycyllog cynddeiriog *m*, cycyllog y gynddaredd.

hooey *n. & int.* **1.** *n.* lol *f*, dwli *m*. **2.** *int. N:* lol botes maip! lol i gyd! lol gybôl! twt lol! *S:* y dwli! *S.W:* rebetsh!

hoof¹ *n.* *(a)* carn(-au) *m*; **fore-part of ~,** carnewin(-edd) *m*; **beef on the ~,** eidion(-od) byw *m*; **the frog/hollow of the ~,** cwpan *(m)* carn, gwennol *(f)* carn, llyffant *(m)* carn; **the cloven ~,** y carn fforchog, yr ewin fforchog; *(b) F:* troed (traed) *fm*, heglau *pl*, *S.W: occ:* bacsau *pl*; **to pad the ~,** ei cherdded hi. **~-bound** *a. Vet:* carnrwym, carnsych. **~ fungus** *n. Fung:* carn *(m)* y fedwen (carnau'r fedwen).

hoof² *v.i.&t.* **1.** *v.i. P:* **to ~ [it],** ei cherdded hi, ei throedio hi; *(= dance):* ei throedio hi. **2.** *v.t.* **to ~ s.o. out,** cicio rhn allan, *N:* certio rhn i ffwrdd, rhoi hwi i rn, rhoi mownt i rn.

hoofed *a. Z: (animal &c):* carn[i]og, carnol, â charn iddo/ganddo; **cloven ~,** carn-fforchog, ewin-fforchog, fforchog yr ewin; **round ~,** *Lit:* carngrwn *(pronounced* ng-g); **sure-~,** *Lit:* carngraff *(pronounced* ng-g).

hoofer *n. F:* = **dancer.**

hoo-ha *n. F:* helynt *f*, ffwdan *f*, *N:* byd *m*.

hook¹ *n.* **1.** *(a)* bach(-au) *m*, bachyn (bachau) *m*, *occ:* gafaelfach(-au) *m*; *(a)* **chimney ~,** bach crochan, bach pentan; **hat and coat ~,** hoelen (hoelion) *f*, hoel(-ion) *f*, bach, bachyn; **off the ~,** *(phone):* oddi ar y bach, wedi ei ddadfachu; **~ nail,** hoelen fachog (hoelion bachog) *f*; *(b)* **bench ~,** bach mainc; *Metalw:* **cabin ~,** bach cabin; *Mec.E:* **pawl ~,** bach atalfar; *Av: Nau:* **arrester ~,** bach atal; **catapulting ~,** bach lansio; *Archeol:* **flesh-~,** cigfach(-au) *m*, cigfach(-au) *m*, bach cig; *F:* **by ~ or [by] crook,** trwy deg neu hagr, trwy deg neu drwy drais/dwyll, ryw ffordd/sut neu'i gilydd; *S.a.* **boat-hook, pot-hook;** *(c) Cost:* **~ and eye,** bach a dolen, bach a llygad; *(d)* **~ and hinge,** bach a cholyn; **~ and bolt,** bollt a bach. **2. [fish-]~,** bachyn/bach pysgota; **blind ~,** bach heb grau, bach dall; *F:* **to swallow sth ~, line and sinker,** llyncu'r cyfan; llyncu'r abwyd; llyncu rhth groen, cyrn a charnau. **3. [reaping-]~,** cryman(-au) *m*, *S.W: occ:* hoca *f*. **4.** *(a) Box:* bachiad *m*; *(b) Golf: Cr: Hockey:* bachiad, ergyd gam (ergydion ceimion) *f*. **5.** *Geog:* penrhyn(-ion) *m*, trwyn(-au) *m*. **6.** *P:* **to sling/take one's ~,** ei bachu hi *&c*; *S.a.* **beat² 1.** *(a)*; **to get s.o. off the ~,** achub rhn o drafferth/helynt, achub croen rhn, dal dan rn; **on one's own ~,** ar eich liwt eich hun, *S.W: occ:* ar eich lwc eich hun. **~ ladder,** *U.S:* **~ and ladder** *n. Fire-fighting:* ysgol *(f)* fachu/fachau (ysgolion bachu/bachau). **~ nose** *n.* trwyn crwbi *m*. **~-nosed** *a.* â thrwyn crwbi, trwyngrwm *(pronounced* ng-g), trwyn bwa, trwyn bwaog. **~-squid** *n. Z:* ystifflog(-od) bachog *m*. **~-tip [moth]** *n. Ent:* asgell (esgyll) adfachog *f*; **pebble ~-tip [moth],** asgell adfachog lwyd (esgyll adfachog llwyd); **scalloped ~-tip,** asgell adfachog finfylchog (esgyll adfachog minfylchog). **~-up** *n. T.V: W.Tel:* rhyng-gysylltiad(-au) *m*, cydfachiad(-au) *m*. **~ wrench** *n. Metalw:* tyndro *(m)* bach/bachyn.

hook² *v.t.* **1.** *(one's finger):* plygu; **to ~ one's finger around sth,** bachu'ch bys am rth. **2. to ~ sth [on/up] to sth,** bachu rhth yn rhth; *El.E: W.Tel:* **to ~ sth up,** cysylltu rhth; **to ~ two things up,** cysylltu dau beth â'i gilydd; *F:* **I hooked my arm in hers,** cymerais ei braich hi. **3. to ~ up a curtain,** bachu llen yn ei hôl; **a dress that hooks up at the back,** gwisg sy'n bachu'n sownd yn y cefn, gwisg sy'n cau â bachau yn y cefn; **to be hooked on sth,** bod yn sownd yn rhth; *(e.g. drugs):* bod yn gaeth i rth, methu maddau i rth. **4.** *Fish: &c:* bachu. **5.** *P:* **to ~ it,** ei bachu hi *&c*; *S.a.* **beat² 1.** *(a)*.

hookah *n.* cetyn(-nau, catiau) *(m)* dŵr, hwca (hwcâu) *m*.

hooked *a.* **1.** *(nose &c):* crwm *(f.* crom, *pl.* crymion), crwca, bwaog. **2.** *(= with hooks):* bachog, â bachau.

hooker *n.* **1.** *Rubgy Fb:* bachwr (bachwyr) *m*. **2.** *U.S: (= prostitute):* putain (puteiniaid) *f*, hwren: hŵr (hwrod) *f*. **3.** *(= ship):* hwcer(-i) *m*.

hookey *n. esp. U.S: F:* **to play ~,** colli'r ysgol, *S:* mitsio, chwarae triwant, *N.E:* chwarae triwels; *Cards:* **blind ~,** hwci dall *m*.

hookworm *n.* **1.** *Ann:* llyng[h]yren fachog (llyngyr bachog) *f*, bachlyng[h]yren (bachlyngyr) *f*. **2.** *Med:* bachlyngyr *pl*.

hooligan *n.* h|wligan (hwliganiaid) *m*.

hooliganism *n.* hwliganiaeth *f*.

hoolock *n. Z: (Itylobates hoolock):* hwlog(-od,-iaid) *m*.

hoop¹ *n.* **1.** *(= band of metal):* cylchyn(-au, cylchau) *m*, cylch(-au) *m*; *(of wheel):* cylch, cant(-au) *m*, cameg(-au, cemyg) *f*, *(often but incorrectly):* camog(-au, cemig) *mf*, *S.W:* cwrpyn (cwrpau) *m*. **2.** *(child's toy):* cylchyn, powlyn *m*; *S.a.* **hula;** **to trundle/drive a ~,** powlio cylchyn, gyrru cylchyn, treiglo cylchyn, chwarae cylchyn, *N.W:* rhedeg hefo'r cylch, chwarae powlyn, powlio powlyn, powlio cylch. **3.** *Croquet: &c:* bwa (bwâu) *m*; **to go through the ~, to be put through the ~,** mynd trwy'r felin. **~-iron** *n.* haearn (heyrn) *(m)* cylchu, corddyn(-au) *m*. **~-la** *n.* taflu *(vn)* cylchau, hwp-la *m*. **~ net** *n. Fish:* rhwyd giblaid (rhwydi ciblaid) *f*. **~-snake** *n. Rept: (Abastor erythrogrammus)* neidr *(f)* gylchyn (nadr[o]edd cylchyn).

hoop² *v.t. Coop:* cylchu, cantio.

hoop³,⁴ *int. & v.i.* = **whoop¹,²**

hooper *n.* = **cooper.**

hoopoe *n. Orn:* copog(-ion) *f*.

hoopwood *n. Bot: (Ilex laevigata):* celynnen lefn (celyn llyfn) *f*.

hoose *n. Vet:* hach *m*.

hoosegow *n. U.S: P:* jêl *f*, *N.W:* rheinws *m*, *S:* jâl: jael *mf*.

hoot¹ *n.* **1.** *(of owl):* hŵt *m*, hwtiad(-au) *m*, hwtian *vn*, hwtio *vn*, cri *(f)* tylluan. **2.** *(of laughter &c):* gwawch(-iau) *f*; *F:* **(I don't care) a ~, two hoots,** *See* **damn¹**. **3.** *Aut: &c:* caniad(-au) *(m)* corn, sŵn *(m)* corn, *F:* bib-bib *mf*; **to give a ~,** canu'r corn. **4.** *F:* **he's a ~,** mae'n un doniol; mae'n beiriant; mae fel m|iriman; mae fel |anterliwt.

hoot² *v.i.&t.* **1.** *v.i.* *(a) (of owl):* hwtian, hwtio; *(b)* **to ~ after s.o.,** hwtian ar ôl rhn; **to ~ with laughter,** hwtian chwerthin, *N:* bod yn g'lana' chwerthin, gweryru [fel gafr y gors], chwerthin fel ffŵl; *(c) Aut: (of car, ship):* canu corn; *(d) (of siren):* canu. **2.** *v.t.* **to ~ a play,** hwtian drama; **to ~ s.o. down,** boddi [araith] rhn â hwtian.
hootch *n.* = **hooch.**
hootenanny *n.* *U.S:* noson lawen (nosweithiau llawen) *f*, noson werin (nosweithiau gwerin), noson ganu gwerin (nosweithiau canu gwerin), sgubor lawen (sguboriau llawen) *f*.
hooter *n.* **1.** *Nau: Ind: &c:* corn (cyrn) *m*, hwter(-i,-ydd) *f.* **2.** *F: (= nose):* trwyn(-au) *m*.
hooting *vn.* *See* **hoot¹,².**
hoots *int.* *Scot: & N.Eng:* twt!
hoover¹ *n.* *R.t.m:* hwfer(-s, hwfrau) *m*, *S.W:* y rhwfer *m*.
hoover² *v.t.* *F:* glanh|au, hwfro (rhth); rhoi'r hwfer (ar rth).
hooves *n.pl.* *See* **hoof¹.**
hop¹ *n.* **1.** *Bot: (Humulus lupulus):* hopysen (hopys) *f*, llewyg *(m)* y blaidd, pensag *m*; **Japanese ~,** *(H. japonica):* hopysen Jap|an; *Brew:* hop[y]s *pl (sing.occ:* hopysen *f*, hopysyn *m*); **to pick hops,** hopysa, casglu/hel/crynh|oi hopys. **2.** *Austr: N.Z: (= beer):* cwrw *m*, tablen *f.* **3.** *U.S: F:* cyffur *m*, opiwm *m*. **~-bind, ~-bine** *n.* coesyn(-nau) *(m)* hopys. **~-clover** *n.* *Bot: (Trifolium procumbens):* clofer *(m)* hopys, meillion *(pl)* hopys, meillion hopysaidd. **~-field, ~-garden, ~-yard** *n.* gardd (gerddi) *(f)* hopys. **~-fly** *n.* pryf(-ed) *(m)* hopys. **~-gall** *n.* *Bot:* afal(-au) *(m)* hopys. **~-head** *n.* *U.S: F:* drygi(-s) *m*, drygiwr(-s) *m*. **~-hornbeam** *n.* *(Ostrya caprinifolia):* ffawydden (ffawydd) *(f)* hopys. **~-kiln** *n.* odyn(-au) *(f)* hopys. **~-pillow** *n.* clustog(-au) *(f)* hopys. **~-picker** *n.* hopyswr (hopyswyr) *m*, hop|yswraig *f*, casglwr (casglwyr) *(m)* hopys. **~-picking** *vn.* cynhaeaf *(m)* hopys, casglu hopys. **~-pole** *n.* **1.** polyn (polion) *(m)* hopys. **2.** *F: (pers.):* polyn *(m)* lein. **~-tree** *n.* *(Ptella trifoliata):* coeden (coed) *(f)* hopys. **~-sack|ing|** *n.* sachliain *m*, lliain *(m)* hopys.
hop² *v.t.&i.* **1.** *v.t.* hopysu (rhth), rhoi hop[y]s (yn rhth). **2.** *v.i.* hel/casglu hopys, hopysa. **3.** *U.S: P:* **to be hopped up,** *(= stimulated):* bod yn sionc; **to get hopped up,** drygio, sioncio.
hop³ *n.* **1.** naid fach (neidiau bach) *f*, hwb (hybiau) *m*, hop(-iau) *m*, sbonc(-iau) *f*; **~, skip and jump,** hwb, cam a naid, *occ:* herc, cam a naid; *F:* **to catch s.o. on the ~,** dal rhn ar y gamfa; **on the ~,** prysur fel beili mewn sasiwn, wrthi fel lladd nadroedd; *Av:* **a flight in five hops,** ehediad mewn pum cam. **2.** *F: (= dance):* dawns(-f|eydd) *f*, hop(-s) *f*.
hop⁴ *v.i.&t.* **1.** *v.i.* *(a)* hopian, *occ:* hercian, sboncian, *N.W: occ:* neidio'n untroed; *F:* **to ~ off,** ei bachu hi, ei throi hi, mynd *&c*; *S.a.* **beat² 1.** *(a)*; *(b)* **to ~ over a ditch,** neidio dros ffos; *F:* **to ~ over to Paris,** picio drosodd i Baris; **to ~ out of bed,** neidio o'r gwely. **2.** *v.t.* *F:* **to ~ it,** ei bachu hi *&c*; *See* **1.** *(a) above*; **to ~ the twig/stick,** *(i)* = **~ it;** *(ii) (= die):* marw *&c*; *See* **die².** **3.** *U.S: P:* **to ~ a ride, to ~ a train,** sleifio ar drên. **~-off** *n.* *U.S: Av: F:* cychwyn *(vn)*, cychwyniad *m*. **~-o'-my-thumb** *n.* corrach (corachod) *m*, dynyn: dynan (dynionos) *m*, ewach(-od) bach *m*, edlychyn *m*. **~-toad** *n.* *U.S: See* **toad.**
hope¹ *n.* gobaith (gobeithion) *m*, hyder *m*; **past all ~,** yn anobeithiol, y tu hwnt i obaith; **to put one's ~ in the future,** gobeithio ar yr hyn a ddaw, rhoi'ch gobaith yn y dyfodol, *A: Lit:* gobeithiaw a ddaw; **~ for the future,** gobaith am a ddaw; *Geog:* **the Cape of Good H~,** Penrhyn *(m)* Gobaith Da; **in the ~ of winning,** gan obeithio ennill, yn y gobaith o ennill; **without ~,** heb obaith, diobaith; **to be/live in ~ of doing sth,** byw mewn gobaith gwneud rhth; **he is the ~ of his country,** ef yw gobaith mawr ei wlad; *S.a.* **forlorn** 1; **to have high hopes of s.o.,** disgwyl pethau mawr gan rn; *Iron: P:* **what a ~!** am obaith! dim peryg! **not a ~! some hopes!** dim gobaith! byth bythoedd! *S.W:* hôps caneri melyn/coch! *N.W: occ:* gobaith mul yn y Grand National! dim ffiars o beryg! **~-chest** *n.* = **bottom drawer.**
hope² *v.i.* gobeithio, hyderu; **I ~, one hopes** *&c*, *(= I trust):* gobeithio; **to ~ against hope,** gobeithio ar eich gwaethaf, gobeithio er gwaethaf popeth; **to ~ for sth,** gobeithio am rth; **to ~ in God,** rhoi'ch gobaith yn Nuw, gobeithio yn Nuw; **is she coming? - I ~ not!** a yw hi'n dod? - nac ydyw gobeithio! **did he fail? - I ~ not!** a fethodd ef? - naddo, gobeithio! **I only ~ you may get it!** pob lwc iti (ichi)! **you'll win - I ~ so!** fe enilli di (enillwch chi) - gobeithio! *Corr:* **hoping (to hear from you),** gan obeithio (clywed oddi wrthych); yn y gobaith, mewn hyder (o glywed oddi wrthych); **I ~ to goodness, I ~ to God, I ~ and pray,** gobeithio i'r annwyl, gobeithio i'r nefoedd, gobeithio i'r Tad *(often:* gobeithio'r annwyl *&c)*; **to ~ for the best,** gobeithio'r gorau.
Hope *W.Pl.n.* Yr Hob *m*.
hoped *a.* **~-for,** disgwyliedig, hirddisgwyliedig.
Hopedale *W.Pl.n.* Cwmwd *(m)* yr Hob.
hopeful *a. & n.* **1.** *a.* gobeithiol, gobeithlon, llawn gobaith, hyderus. **2.** *(future &c):* addawol, gobeithiol, gloywach. **3.** *n.* *F: (= candidate, competitor):* ymgeisydd (ymgeiswyr) *m*; *usu. Iron:* **the young ~,** gobaith mawr y teulu, bachgen gwyn y teulu, y mab darogan.
hopefully *adv.* **1.** *(= full of hope):* yn obeithiol, yn hyderus; mewn gobaith, mewn hyder. **2.** *(incorrectly = with luck):* gyda lwc, gobeithio.
hopefulness *n.* gobeithlonrwydd *m*, gobaith *m*, hyder *m*.
hopeless *a.* **1.** *(= despairing):* diobaith, mewn anobaith, *occ:* anobeithiol. **2.** *(disease &c):* anobeithiol, nad oes gobaith iddo, difrifol, enbyd; **it's a ~ case/job,** mae'n anobeithiol; **he's a ~ case,** 'dyw e'n dda i ddim; un diffaith ydi o; **to give sth up as ~,** rhoi'r ffidil yn y to, rhoi'r delyn ar yr helyg; **a ~ drunkard,** meddwyn diymwared.
hopelessly *adv.* **1.** *(= despairingly):* yn anobeithiol, yn ddiobaith, heb obaith. **2.** *(= utterly, irremediably):* yn llwyr, yn hollol, yn lân; **~ drunk,** yn hollol feddw *&c*; *S.a.* **drunk; ~ wrong/mistaken,** yn camgymryd yn hollol, yn llwyr ar gyfeiliorn, *F:* allan ohoni'n racs; **~ in love,** dros eich pen a'ch clustiau mewn cariad.
hopelessness *n.* **1.** *(= despair):* anobaith *m*. **2.** *(= desperate nature):* enbydrwydd *m*, cyflwr enbyd/anobeithiol *m*.
hoper *n.* gobeithiwr (gobeithwyr) *m*, gob|eithwraig *f*, disgwyliwr (disgwylwyr) *m*, disg|wylwraig *f*, hyderwr (hyderwyr) *m*, hyd|erwraig *f*.
hophead *n.* *U.S:* = **hop-head.**
Hopkinstown *W.Pl.n.* Trehopcyn *f*.
hoplite *n.* hoplit(-iaid) *m*.
hopper¹ *n.* **1.** sbonciwr (sboncwyr) *m*, sb|oncwraig *f*, herciwr (hercwyr) *m*, h|ercwraig *f*, neidiwr (neidwyr) *m*, n|eidwraig *f*. *S.a.* **frog-~.** **2.** *(of mill):* hopran(-au) *f*; **bulk ~,** cynhwysydd (cynwysyddion) *(m)* crynswth, hopran crynswth. **3.** *Nau:* **~ [barge],** cwch (cychod) *(m)* mwd; *Rail:* **~ car,** gwagen *(f)* lo (gwageni glo). **4.** *Cmptr:* hopran.
hopper² *n.* *F:* = **hop-picker.**
hopping *vn. & a.* **1.** *vn.* *See* **hop⁴** **2.** *a.* **~ mad,** cynddeiriog; **she was ~ mad,** *N:* 'roedd hi o'i cho'n las ulw; *S:* 'roedd hi'n grac ofnadw; 'roedd hi'n wynad; *S.a.* **angry.**
hopple *n. & v.t.* = **hobble¹ 2, hobble² 2.**
Hoppus *Pr.n.* **~ [cubic] foot,** troedfedd(-i) *(f)* Hoppus.
hopscotch *n.* *Games:* *S.W:* esgil *mf*, *occ:* sgots *m*, *N.W: occ:* [chwarae *m*] London *m*, [chwarae] pôtsh *m*, *M.W:* cicston *m*.
horary *a.* oriol, bob awr; **the ~ circle,** yr orgylch *m*.
Horatian *a.* Horasaidd.
horde *n.* haid (heidiau) *f*, torf(-|eydd) *f*, lliaws (lliosydd) *m*, llu(-oedd) *m*, *F:* mintai (minteioedd) *f*, fflyd(-oedd) *f*; *Hist:* **the Golden H~,** y Llu Euraid[d].
horehound *n.* *Bot:* llwyd *(m)* y cŵn, marddanhadlen bêr (marddanadl pêr) *f*, marddynad pêr *pl*; **white ~,** *(Marrubium vulgare):* perchwerwyn *m*, marddanhadlen wen (marddanadl/marddynad gwynion); **black ~,** *(Ballota nigra):* marddanhadlen ddu (marddanadl/marddynad duon), drewsawr *m*; **water ~,** = **gipsywort.**
horizon *n.* **1.** gorwel(-ion) *m*; *Av:* **artificial ~,** gorwel gwn|eud, gorwel ffug; **apparent/sensible/visible ~,** gorwel gweladwy; **celestial/rational/true ~,** gwir orwel, gorwel gwirioneddol, gorwel go iawn. **2.** *Geol:* haen(-au) *f*, trwch (trychau) *m*; **soil ~,** terfynlin *(f)* pridd. **3.** *Archeol:* llinell derfyn (llinellau terfyn) *f*, terfynlin(-au) *f*; **ornament ~,** terfynlin addurn.
horizontal *a. & n.* **1.** *a.* gwastad, ar eich gwastad, gorweddol, ar eich hyd; *(in technical uses):* llorweddol, llorwedd; *Cmptr:* **~ centring,** canoli llorwedd; *Fin: &c:* **~ combination,** cyfuniad llorwedd *m*; *Th:* **~ line of sight,** llinell *(f)* weld lorwedd (llinellau gweld llorwedd); *Sociol:* **~ mobility,** mudoledd llorweddol *m*. **2.** *n.* llorwedd(-au) *m*.
horizontality *n.* llorweddoldeb *m*, llor|wedd-dra *m*.
horizontally *adv.* yn wastad, ar wastad, yn llorweddol.

horme *n. Psych:* ynni *m.*
hormonal *a. Physiol:* hormonol, hormonaidd.
hormone *n. Physiol:* hormon(-au) *m.*
hormonotherapy *n. Med:* hormonoth|erapi *m.*
horn[1] *n.* **1.** corn (cyrn) *m*; **~ core,** mapgorn *m*; *Vet:* **~ distemper,** clefyd (*m*) y cyrn; **~ of a stag,** corn carw, *A: Lit:* rhaidd (rheiddiau) *f*, osgl(-au) *m*; **having a crooked ~,** corngam (*pronounced* ng-g). *F:* **to draw in one's horns,** *(a) (= withdraw):* mynd i'ch cragen, tynnu'ch cyrn i mewn, cilio, troi yn eich carn/cogwrn; *(b) (= spend less):* gwario llai, codi'r rhastal/rhesel, gwn|eud ar lai, byw'n feinach/gynilach, cynilo, tolio; **on the horns of a dilemma,** ar ddeugorn dilema, mewn cyfyng-gyngor. **2.** *(= horny matter):* corn *m.* **3.** *Mus:* **herald ~,** *(in Eisteddfod):* corn gwlad; **English ~,** *(tenor oboe):* corn Seisnig; **French ~,** corn Ffrengig; **hunting-~,** corn hela, helgorn (helgyrn) *m*; **coach ~,** corn cerbyd; **~ passage,** caniad (*m*) [y] cyrn (caniadau['r] cyrn); **~ player,** canwr (*m*) corn (canwyr cyrn), *occ:* cornor(-ion) *m*, cornores(-au) *f.* **4.** *Aut:* corn; **to sound/blow a ~,** canu corn. **5.** *A:* **drinking-~,** corn yfed, corn cyfedd, corn cyfeddach, *A:* corn buelin, bual (buail) *m*; **~ of plenty,** *(i)* corn llawnder; *(ii) (in eisteddfod):* [y] corn hirlas; **powder-~,** corn powdwr; **ink-~,** corn inc; *Cu:* **cream ~,** corn hufen. **6.** *Geog:* **the H~, Cape H~,** yr Horn *m*; **to round the H~,** rowndio'r Horn; *Geog:* **the Golden H~,** yr Hafan Euraid[d]. **7.** *V: (= erection):* codiad(-au) *m*, *S:* cwnnad *m*, *N:* min *m.* **~fly** *n. Ent: (Haematobia stimulans):* pryf(-ed) (*m*) y cyrn, pryf llwyd, pryf pennau. **~-grass** *n.* glaswellt corniog *m*, cornwellt *m.* **~-handled** *a.* â charn corn. **~ pith** *n.* mapgorn *m.* **~ plant** *n. Algae: (Ecklonia buccinalis):* cornllys *m.* **~-rimmed** *a.* [â] ffrâm gorn; **~-rimmed glasses,** sbectol gorn. **~ snake** *n. Rept: (Farancia abacura):* neidr gorniog (nadr[o]edd corniog) *f.*
horn[2] *v.t.* **1.** *(= gore):* cornio, twlcio, twrcio, *S.W:* topi; **a bull liable to ~,** tarw twlciog/hwyliog. **2.** *(= cut horns):* torri cyrn. **3.** *F:* **to ~ in (on s.o.),** torri ar draws (rhn), eich gwthio'ch hun (ar rn), ymyrryd (â rhn); gwthio'ch pig i mewn.
hornbeak *n. Ich:* = **garfish.**
hornbeam *n. Bot:* oestrwydden (oestrwydd) *f*, ieubren(-nau) *m*, ieuwydden (ieuwydd) *f*, ieulwyfen (ieulwyf) *f*, ffawydden galed (ffawydd caled) *f*, cerddinen wyllt (cerddin gwyllt) *f.*
hornbill *n. Orn:* cornylfin(-od) *m.*
hornblende *n. Miner:* cornblith *f.*
hornbook *n.* llyfr(-au) (*m*) corn.
horned *a.* corniog, â chyrn, *occ:* cyrnig; **blunt ~,** cornbwl; **short ~,** byrgorn, cornfyr; **long ~,** hirgorn, corn hir, cornir; **two ~,** deugorn; **three ~,** trichorn; **four ~,** pedrygorn, pedwarcorniog.
horner *n.* **1.** *(= worker in horn):* saer (seiri) (*m*) corn. **2.** *Mus:* cornor(-ion) *m*, cornores(-au) *f.*
hornet *n. Ent:* cacynen (*f*) feirch (cacwn meirch), gwenynen (*f*) feirch (gwenyn meirch), marchgacynen (marchgacwn) *f*, cacynes(-au) *f*, chwyrnores(-au) *f*; *(the bogus* chwiliores *is given in old dictionaries)*; **tree-~,** cacynen y coed; *F:* **to bring a ~'s nest about one's ears,** tynnu nyth cacwn am/yn eich pen, cicio nyth cacwn. **~ clearwing** *n. Ent:* cliradain wenynaidd (cliradeiniaid gwenynaidd) *f.* **~-fly** *n. (Alilis crabroniformis):* pryf(-ed) cacynaidd *m.* **~ moth** *n. (Sesia apiformis):* gwyfyn(-od) cacynaidd *m*, ffug-gacynen (~-gacwn) *f.*
hornfish *n. Ich:* = **garfish.**
hornful *n.* cornaid (corneidiau) *m*, llond (*m*) corn.
horniness *n.* **1.** *(of hands):* caledwch *m*, *occ:* corneiddiwch *m*, corniogrwydd *m.* **2.** *(= lechery):* chwant *m*, blysigrwydd *m.*
hornlead *n.* cornblwm *m.*
hornless *a.* heb gyrn, moel(-ion), di-gorn, di-gyrn, digorn, digyrn.
hornpipe *n. Mus: Danc:* cornbib(-au) *f*, pibgorn (pibgyrn) *m.*
hornsilver *n.* cornarian *m.*
hornstone *n.* cornfaen *m.*
hornswoggle *v.t. F:* twyllo, cafflo, *N:* rogio.
horntail *n. Ent:* = **wood-wasp.**
hornwork *n.* cornwaith *m.*
hornworm *n.* Siani fachog (Sianis bachog) *f*, lindysen fachog (lindys bachog) *f.*
hornwort *n. Bot:* **[rigid] ~,** *(Ceratophyllum demersum):* cyrnddail *pl*, gwygyrnddail *pl*; **soft ~,** *(C. submersum):* cyrnddail teirfforch.
hornwrack *n. Algae: (Flustra foliacea):* gwymon corniog *m*, cornwymon *m*, cornwyg *m.*
horny *a.* **1.** *(= hard):* fel corn, caled, cornaidd; **a ~ texture,** gwead cornaidd. **2.** *(= with horns):* corniog. **3.** *F: (= lecherous):* chwantus, blysig, tinboeth. **~-handed,** â dwylo celyd; **~-handed sons of toil,** hen werin (*f*) y graith. **~-head** *n. Ich: (Hybopsis kentuckiensis):* cornben(-nau) *m.*
horologe *n. A:* = **clock[1].**
horologer *n.* clociwr (clocwyr) *m.*
horological *a.* horolegol, orleisiol.
horologist *n.* clociwr (clocwyr) *m.*
horology *n.* orleiseg *f*, horoleg *f.*
horoscope *n. Astrol:* h|orosgop (horosgopau) *m.*
horoscopical *a.* horosgopol, horosgopaidd.
horoscopy *n.* sêr-ddewiniaeth *f.*
horrendous *a. F:* = **horrific.**
horrendously *adv.* = **horrifically.**
horrent *a. Poet: (= bristling):* gwrychog; *(= shuddering):* crynedig, crŷn.
horrible *a.* ofnadwy, dychrynllyd, arswydus, erchyll, *Lit:* echryslon, arswydlon, echrydus, erch; *F: (= excessive):* ofnadwy, enbyd, trybeilig.
horribleness *n.* erchylltra *m*, *Lit:* echryslonedd *m.*
horribly *adv.* yn ofnadwy *&c.*
horrid *a.* **1.** ofnadwy, ffiaidd. **2.** *F: (= disagreeable):* **to be ~ to s.o.,** bod yn gas/annifyr wrth rn; **don't be ~!** paid (peidiwch) â bod yn gas! **you ~ thing!** y cenau [iti]! y gnawes [iti]!
horridly *adv.* **1.** yn ofnadwy *&c.* **2.** *F: (= disagreeably):* yn annymunol, yn annifyr *&c.*
horrific *a.* arswydus, dychrynllyd, ofnadwy, erchyll, *Lit:* echrydus, arswydlon, echryslon, erch.
horrifically *adv.* yn erchyll *&c.*
horrify *v.t.* brawychu, arswydo (rhn); codi dychryn/ofn/braw (ar rn); *N: occ:* gyrru ofn (ar rn), *S:* hala arswyd/ysgryd (ar rn); **I was horrified to hear,** dychrynais/arswydais pan glywais; 'roedd yn fraw i mi glywed.
horrifying *a.* arswydus, dychrynllyd, brawychus, ofnadwy, erchyll, echryslon, echrydus, erch.
horrifyingly *adv.* yn arswydus *&c.*
horripilation *n. Lit:* croen (*m*) gŵydd.
horror *n.* **1.** arswyd *m*, dychryn *m*; **I have a ~ of spiders,** mae pryfed cop yn codi arswyd arna' i; **chamber of horrors,** siambr (*f*) arswyd, siambr ddychryn, siambr y dychrynf|eydd; *(b)* **to have the horrors,** cael arswyd, arswydo, crynu, ysgrydio, cael yr ysgryd, ysgrytian [mewn ofn], dychrynu; **the horrors,** *S. W:* yr [h]orors; **it gives me the horrors,** mae'n codi ofn/braw/dychryn/arswyd arna' i; *S. W: occ:* mae'n hala ysgryd arna' i; *(c) F: (of child):* **a little ~,** diawl(-iaid) bach *m*, cenau (cnafon) bach *m*, cnawes fach (cnawesau bach) *f*, cythraul (cythreuliaid) bach *m*, ellyll(-on) bach *m*, ellylles fach (ellyllesau bach) *f*, bwbach(-od) *m*, bredych(-od) bach, hen andros bach *m*, mawrddrwg *m* (*usu. pronounced* mwrddrwg); *(d) int.* **horrors!** *(dismay):* 'rarswyd! yr arswyd fawr! arswyd y byd! **~ of horrors!** arswyd y byd! **~ comic** *n.* comic(-s) (*m*) arswyd, comic erchyll. **~ film** *n.* ffilm(-iau) (*f*) arswyd. **~-stricken, ~-struck** *a.* mewn arswyd, dychrynedig, wedi dychryn yng ngwaed eich calon, wedi'ch dychryn ar eich hyd.
hors *Fr.prep.* **~ *concours*** *adv.* heb fod yn y gystadleuaeth, di-ail, digymar. **~ *de combat*** *adv.* allan ohoni, anabl. **~ *d'oeuvre*** *n. Cu:* ***hors-d'oeuvre*** *m.*
Horsa *Pr.n.m. Hist:* Hors; **the descendants of ~,** hil (*f*) Hors, plant Hors.
horse[1] *n.* **1.** *(a)* ceffyl(-au) *m*, *S. W:* cel *m*, *Lit:* march (meirch) *m*; **[straight] from the ~ mouth,** [yn syth] o lygad y ffynnon; **hold your horses!** aros (arhoswch) am funud! dal dy wynt (daliwch eich gwynt)! dal(-iwch) arni! *N: F:* dal dy ddŵr! *S:* sefwch funed! *(a)* **draught ~,** ceffyl tynnu, ceffyl gwaith, ceffyl trwm, *S: occ:* ceffyl tsiaena; *(for plough):* ceffyl gwedd; **pack-~,** pynfarch (pynfeirch) *m*, ceffyl pwn, march pwn; **to mount a ~, to get on a ~,** mynd ar geffyl, mynd ar gefn ceffyl; **to ~!** at dy geffyl (at eich ceffylau)! **a ~ with a docked tail,** *S:* ceffyl cwta, ceffyl cynffon doc; **a ~ with star on forehead,** ceffyl bal; **to ride the high ~, to get on one's high ~,** mynd ar gefn eich ceffyl, taro'r tant mawr; *S.a.* **one-horse;** **to talk ~,** sôn am geffylau, sôn am rasio; *Prov:* **to look a gift ~ in the mouth,** edrych/cyfrif dannedd ceffyl/march rhodd; **to put the cart before the ~,** rhoi'r drol/cart o flaen y ceffyl; **don't put the cart before the ~,** na

phryn aerwy cyn cael buwch. **to flog a dead ~,** chwipio ceffyl marw, rhygnu ar yr un hen dant; **to back the wrong ~,** cefnogi'r ceffyl anghywir, rhoi'ch arian ar y ceffyl anghywir. **wild horses wouldn't drag me there,** awn i ddim yno dros fy nghrogi; awn i ddim yno am bris yn y byd; **(to eat) like a ~,** (bwyta) fel ceffyl, fel Siôn Hafarch, fel petaech ar lwgu, fel petaech wedi dod o warchae; *S.a.* **guzzle**[2]; *Prov:* **to spur a free ~, to ride a willing ~,** gyrru'r cŷn a gerddo; **that's a ~ of another colour,** peth gwahanol yw hynny; *F:* **a dark ~,** 'deryn (adar) (*m*) y nos; *(b) Breed: (= stallion):* march, stalwyn(-i) *m*; *(c) Nau:* **white horses,** cesig gwynion, defaid Dafydd Jôs, moryn *m*, morynnau *pl*, ewyn gwyn *m*, brig (*m*) ton (brigau tonnau), brigwyn *m*, *S.W: occ:* defaid gwynion. **2.** *Coll: Mil:* marchoglu *m*, marchogluoedd *pl*, marchfilwyr *pl*, gwŷr (*pl*) meirch, marchlu *m*, marchluoedd *pl*, c|afalri *m*, *S.W: occ:* y cafaltri *m*. **3.** *(a)* **wooden ~,** *(toy):* ceffyl pren; *Lit:* **the Wooden H~ of Troy,** Ceffyl Pren Caerdroea; *(b) Gym: also* **vaulting-~,** ceffyl pren; *(c)* = **horsepower. 4.** *(a)* **towel-~,** hors (*f*) lieiniau; **clothes-~,** hors ddillad, morwyn(-ion, morynion) *f*, *Lit: occ:* marchbren(-nau) *m*; *(b) Carp: &c: (= trestle):* caseg (cesig) *f*, mul(-od) *m*; *occ: (of slate in cellar):* stelin(-au) *mf*. **5.** *F: (= heroin):* heroin *m*. **~-aloes** *n.pl. Bot:* alws/alwys drewllyd *m*. **~-and-buggy 1.** *n.* ceffyl a thrap. **2.** *a. Fig:* hen ffasiwn, *S.W: occ: F:* mas o ddat. **~-artillery** *n.* marchfagnelau *pl*. **~-balm** *n. Bot:* marchfalm *m*. **~-bean** *n.* ffeuen/ffäen fach (ffa bach) *f*, ffeuen/ffäen y ceffylau (ffa'r ceffylau). **~-block** *n.* esgynfaen (esgynfeini) *m*, carreg (*f*) farch (cerrig meirch), *occ:* horsblog(-s) *m*, *N: occ:* gorsin: orsin: horsing *f*, *S.W:* horsbins *m*. **~-box** *n.* *(a) Rail:* [g]wagen (*f*) geffylau ([g]wageni ceffylau); *(b) Veh:* fan (*f*) geffylau (faniau ceffylau). **~-brass** *n.* presyn(-nau) (*m*) meirch, addurn(-au) (*m*) meirch; *n.pl. occ:* m|ortingels (*pronounced* ng-g), brasys ceffylau. **~-bread** *n.* bara (*m*) meirch, ebran *m*, gogor *f*. **~-breaker** *n.* torrwr (torwyr) (*m*) ceffylau, *F: often:* joci(-s) *m*. **~-brier** *n. Bot: U.S:* = **greenbrier, smilax. ~-cassia** *n. Bot:* casia(*m*)'r meirch. **~-chestnut** *n. Bot:* **1.** *(fruit):* marchgastan(-au) *f*, castan (*f*) y meirch (castanau'r meirch), *M.W:* cneuen (*f*) geffylau (cnau ceffylau). **2.** *(tree):* castanwydden (castanwydd) (*f*) y meirch, marchgastanwydden (marchgastanwydd) *f*. **~-cloth** *n.* cefnlliain (cefnllieiniau) *m*. **~-collar** *n.* coler (*fm*) ceffyl (coleri ceffylau); *S.a.* **hames. ~-coper, ~-dealer** *n.* gwerthwr (gwerthwyr) (*m*) ceffylau. **~-cress** *n.* = **brooklime. ~-devil** *n. Bot: U.S: (Baptisia lanceolata):* bwgan(-od) (*m*) y meirch. **~-doctor** *n.* milfeddyg(-on) *m*, *F:* ffariar(-s) *m*. **~-drawn** *a.* a dynnir gan geffyl, i'w dynnu gan geffyl; **a ~-drawn carriage,** cerbyd (*m*) ceffyl. **~-dung** *n. N:* tail (*m*) ceffyl, *S:* tom (*f*) ceffyl, *A:* ebod[n]: ebodyn *m*. **~-elder** *n.* = **elecampane. ~-eye** *n.* **1. ~-eye bean,** *Bot.* = **cowage. 2. ~-eye Jack,** *Ich: (Carangus latus):* llygad (*m*) march. **~-faced** *a.* [ag] wyneb ceffyl. **~-fennel** *n. Bot: (Seseli hipomorathrum):* ffenigl (*m*) y meirch. **~-flesh** *n.* **1.** *Cu: &c:* cig (*m*) ceffyl. **2.** *Coll:* ceffylau *pl*; **to be a judge of ~-flesh,** adnabod ceffylau. **~-fly** *n. Ent:* **1.** *S:* cleren lwyd (clêr llwyd) *f*, *N:* pryf(-ed) llwyd *m*. **2.** = **gadfly, hot-fly; ~-fly weed,** = **wild indigo. ~-gear** *n.* tresi *pl*, seirch *pl*, gêr (*pl*) ceffylau, *N.W: occ:* trecs *pl*. **~-gentian, ~-ginseng** *n. Bot: (Triusteum):* = **fever-root. ~-girl** *n.f.* marchoges(-au). **~-gram** *n. Bot: (Dolichos biflorus):* pysen (pys) (*f*) y meirch. **H~ Guards, the** *n.pl.* y Marchlu *m*. **~-guardsman** *n.* marchluyddwr (marchluyddwyr) *m*. **~-hide** *n.* croen (*m*) ceffyl, lledr (*m*) ceffyl. **~-latitudes** *n.pl. Geog:* lledredau'r meirch. **~-laugh, ~-laughter** *n.* chwerthin (*vn*) croch, chwerthiniad(-au) croch *m*, chwerthin boliog. **~-mackerel** *n. Ich:* marchfacrell (marchfecryll) *m*. **~-marines** *n.pl. Joc:* **go and tell that to the ~-marines,** dos i ddweud wrth dy nain. **~-mint** *n. Bot:* marchfintys *m*, mintys (*m*) y meirch. **~-mushroom** *n.* caws (*m*) ceffyl. **~-mussel** *n. Moll:* cragen (*f*) ddilyw (cregyn dilyw), marchfisglen (marchfisglod) *f*; **bean ~-mussle,** ffeuen/ffäen (*f*) fôr (ffa môr); **bearded ~-mussle,** cragen las farfog (cregyn gleision barfog). **~-nettle** *n. Bot: (Solarium carolinense):* marchddanhadlen (marchddanadl) *f*. **~-opera** *n. U.S: Cin: &c:* llun(-iau) (*m*) cowbois, ***Western(-s)*** *m*, *occ:* llun ceffylau. **~-parsley** *n.* = **alexanders. ~-path** *n.* = **bridle-path. ~-pistol** *n.* gwn (*m*) marchog (gynnau marchogion). **~-plum** *n.* eirinen wyllt (eirin gwyllt) *f*. **~-pond** *n.* pwll (pyllau) (*m*) ceffylau. **~-power** *n.* marchnerth *m*, celrym *m*. **~-purslane** *n. Bot: (Trianthema portulacastrum):* porpin (*m*) y meirch, porpin bras. **~-race** *n.* ras (*f*) geffylau (rasys ceffylau). **~-racing** *vn.* rasio ceffylau, rasys (*pl*) ceffylau. **~-radish** *n. Bot:* marchruddygl *m*, rhuddygl poeth *m*. **~-radish tree** *n. Bot: (Moringa):* coeden (coed) (*f*) rhuddygl poeth. **~-rake** *n. Agr:* cribin (*f*) geffyl (cribiniau ceffylau). **~-riding** *vn.* marchogaeth. **~-sense** *n. F:* synnwyr cyffredin *m*. **~-show** *n.* sioe (*f*) geffylau (sioeau ceffylau). **~-sickness** *n. Vet:* clefyd (*m*) y meirch. **~-soldier** *n.* marchfilwr (marchfilwyr) *m*. **~-sorrel** *n.* = **dock (water), sorrel (field). ~-sponge** *n.* sbwng bras (sbyngau breision) *m*. **~-tail** *n.* **1.** *N:* cynffon (*f*) ceffyl (cynffonnau ceffylau), *S:* cwt (*f*) ceffyl (cytau ceffylau). **2.** *Bot: (Equisetum):* rhawn (*m*) y march, rhonell (*f*) march, cynffon (*f*) y gath, gardis (*pl*) y gŵr drwg, marchrawn *m*; **corn ~-tail** *(Xanthium strumarium):* y gedowrach leiaf; **great ~-tail,** *(E. telmateia):* marchrawn mawr; **marsh ~-tail,** *(E. palustre):* rhawn/marchrawn y gors; **shady ~-tail,** *(E. pratense):* marchrawn y cysgod; **variegated ~-tail,** *(E. variegatum):* marchrawn amrywiol; **water ~-tail,** *(E. fluviatile):* rhawn/marchrawn yr afon, pig (*fm*) y bwn; **wood ~-tail,** *(E. sylvaticum):* rhawn/marchrawn y coed. **3.** = **pony-tail. ~-tail lichen** *n. Bot:* cen rhawnog *m*. **~-tail mushroom** *n. Bot:* madarch rhawnog *m*. **~-tail tree** *n. Bot: (Casuarina):* rhawnwydden (rhawnwydd) *f*. **~-thistle** *n.* = **thistle (spear). ~-towel** *n.* lliain bras (llieiniau breision) *m*. **~-track** *n.* rhedfa (*f*) geffylau (rhedf|eydd ceffylau). **~-trade** *n.*, **~ trading** *vn.* gwerthu (*vn*) ceffylau, y fasnach (*f*) geffylau; *Fig:* bargeinio, ffeirio. **~-trough** *n.* cafn(-au) *m* [ceffyl/march].

horse[2] *v.t.&i.* **1.** *v.t.* rhoi ceffyl i rn. **2.** *v.i.* marchogaeth; **to ~ about,** chwarae bili-ffŵl, chwarae'n wirion.

horseback *n.* **on ~,** ar gefn ceffyl; *O:* **a beggar on ~,** newydd-ddyfodiad (~-ddyfodiaid) *m&f*; *Cu:* **angels on ~,** wystrys a bacwn ar dost.

horsebane *n.* = **hemlock (water).**

horsefish *n.* = **sea-horse.**

horsehair *n.* rhawn *m*, blew (*pl*) ceffyl. **~ fungus** *n. Fung:* rhawn y grug. **~ worm** *n. Ent:* = **hairworm.**

horsehaired *a.* rhawnog.

horsehead *n. Ich:* = **moonfish, sea-horse.**

horseheal *n.* = **elecampane.**

horseleech *n.* marchele (marchelod) *f*, gele(*f*)'r meirch (gelod y meirch).

horseless *a.* digeffyl, heb geffyl; **~ carriage,** = **car.**

horseman *n.m.* marchog(-ion); *S.a.* **four.**

horsemanship *n.* marchogaeth *vn*, marchogwriaeth *f*, trin (*vn*) ceffyl.

horseplay *n.* chwarae (*vn*) gwirion.

horsepox *n. Vet:* brech (*f*) y meirch.

horseshoe *n.* *(a)* pedol(-au) *f*; *(b) n.pl. Games:* taflu (*vn*) pedolau; *(c) attrib.* **~ table,** bord bedol (bordydd pedolau) *f*, bord ar ffurf pedol. **~ bat** *n. Z: (Rhinolophus):* ystlum(-od) (*m*) trwyn pedol. **~ crab** *n. Crust: (= king-crab):* marchgranc(-od), marchgrangod) *m*. **~ fern** *n. Bot: (Marattia fraxinea):* rhedynen gloronog (rhedyn cloronog) *f*. **H~ Pass** *Pr.n. W.Geog:* Yr Oernant, *occ:* Bwlch (*m*) Rhiwfelen. **~ snake** *n. Rept: (Zamenis hippocrepis):* neidr bedolog (nadr[o]edd pedolog) *f*. **~ vetch** *n. Bot: (Hipposepsis comosa):* pedol y march, corn (*m*) y march, ewnofiau gwylltion *pl*.

horseweed *n. Bot: (Leptilion canadense):* cedowydd (*m*) C|anada.

horsewhip[1] *n.* chwip(-iau) *f*, *occ:* hoit(-iau) *mf*.

horsewhip[2] *v.t.* chwipio.

horsewoman *n.f.* marchoges(-au); **she's a good ~,** mae hi'n un dda am drin ceffyl.

horsewood *n. Bot: (Calliandra):* marchgoeden (marchgoed) *f*.

horsey *a.* = **horsy.**

horsiness *n. (of pers.):* ceffylgarwch *m*, ceffyleiddiwch *m*.

horst *n. Geol:* horst(-iau) *m*.

horsy *a.* **1.** ceffylgar, ceffylaidd. **2.** *Breed: (mare): S:* marchus, cein[d], yn wyner/w[y]nen/wyned, yn gofyn march, *S.E: occ:* yn marcha, *N:* yn marchio/marchu, yn gofyn stalwyn, yn gofyn ceffyl, *occ:* yn tyrra.

hortation *n.* anogaeth *f*.

hortative *a.* anogol, anogaethol.

hortatory *a.* anogaethol.

hortensia *n. Bot:* trilliw-ar-ddeg *m*, coeden (coed) (*f*) seithliw.

horticultural *a.* garddwriaethol, garddwrol; **~ products,** cynnyrch

(*m*) gardd; **~ show,** sioe (*f*) flodau (sioeau blodau), sioe ardd (sioeau gardd).
horticulture *n.* garddwriaeth *f*, garddio *vn.*
horticulturist *n.* **1.** *(= gardener):* garddwr (garddwyr) *m*, g|arddwraig (garddwragedd) *f*. **2.** *(= gardening expert):* garddwriaethydd (garddwriaethwyr) *m.*
Horton's Nose *W.Pl.n.* Trwyn (*m*) y Foryd.
hosanna *n. & int.* hosanna (*m*).
hose¹ *n.* **1.** *Coll: pl. (a) A:* = **breech(es)**; *(b) Com:* hosanau, *F:* 'sanau; **half-~,** 'sanau [bach]. **~-in-~ polyanthus** *n. Bot: (Primula elatior):* briallu tal *pl.* **2.** *(pl. hoses):* **~-pipe,** pibell (*f*) ddŵr (pibelli dŵr), peipen (*f*) ddŵr (peipiau dŵr), *S:* piben (*f*) ddŵr (pibau dŵr). **~-reel** *n. Hort:* cenglwr (cenglwyr) *m*, cengliadur(-on) *m.*
hose² *v.t.* **1. to ~ water over sth,** chwistrellu dŵr dros rth; **to ~ [down] a car,** golchi car. **2.** *(= to water):* dyfrio, dyfrh|au, *S:* dwrh|au.
Hosea *Pr.n.m. B:* Hosea.
hosier *n.* hosanwr (hosanwyr) *m.*
hosiery *n.* **1.** *(= socks):* hosanau *pl.* **2.** *(= sock-making):* gwn|eud (*vn*) hosanau, hosanwriaeth *f*, hosanwaith *m.* **3.** *(a) (trade):* masnach (*f*) hosanau, gwerthu (*f*) hosanau; *(b) (in shop):* **~ department,** adran hosanau.
hospice *n.* **1.** *A:* ysbyty (ysbytai) *m*, llety(-au) *m.* **2.** cartref(-i) *m*, ysbyty, tŷ (tai) (*m*) cysur, clafdy (clafdai) *m*, hosbis(-au) *f.*
hospitable *a.* croesawus, croesawgar, lletygar.
hospitably *adv.* yn groesawus *&c.*
hospital *n.* **1.** ysbyty (ysbytai, *occ:* ysbytyau) *m*; **general ~,** ysbyty cyffredinol; **isolation ~,** ysbyty neilltuo/arwahanu/ynysu, ysbyty heintiau; **maternity ~,** ysbyty mamaeth, ysbyty geni; **convalescent ~,** ysbyty ymadfer; **psychiatric ~, mental ~,** ysbyty meddwl; *Hist:* **a St. John's ~,** ysbyty Ifan; **teaching ~,** ysbyty athrofaol; **training ~,** ysbyty hyfforddi; **outpatients' ~,** ysbyty cleifion allanol; *O: (of medical student):* **to walk the hospitals,** gwn|eud yr ysbytai, cerdded yr ysbytai; **to go to [*U.S:* the] ~,** mynd i'r ysbyty; **in [the] ~,** yn yr ysbyty; **~ fever,** twymyn (*f*) ysbyty; **~ ship,** llong (*f*) gleifion (llongau cleifion). **2.** = **hospice.**
hospitality *n.* lletygarwch *m*, croeso *m*; **to show s.o. ~,** rhoi/estyn croeso i rn.
hospitalization *n.* ysbytyeiddio *vn*, triniaeth (*f*) ysbyty; *vn.* = **hospitalize. following ~,** ar ôl dod/mynd i'r ysbyty.
hospitalize *v.t.* mynd â rhn i'r ysbyty, anfon rhn i'r ysbyty, ysbytyeiddio rhn.
hospital[l]er *n. Hist:* ysbytywr (ysbytywyr) *m*; **Knights Hospital[l]ers,** Marchogion yr Ysbyty, Marchogion Sant Ioan.
host¹ *n. (a) A: & Poet: (= army):* llu(-oedd) *m*, lliaws (lliosydd) *m*, byddin(-oedd) *f*; **the Lord [God] of Hosts,** Arglwydd (*m*) [Dduw] y Lluoedd; **the angelic ~,** y llu angylion, y llu angylaidd; **the heavenly ~,** y llu nefol, llu'r nef; *W.Myth:* **Helen of the Hosts,** Elen Luyddog; *(b) O:* **a [whole] ~ (of servants),** llu, haid *f*, lliaws *m*, *F:* fflyd (*f*) (o weision), *Lit: occ:* gweisionllu *pl.*
host² *n.* **1.** *(= entertainer): (a)* gwahoddwr (gwahoddwyr) *m*, gwesteiwr (gwesteiwyr) *m.* **2.** *(= landlord):* gwestywr (gwestywyr) *m*, gwesteiwr (gwesteiwyr) *m*; **mine ~,** y tafarnwr *m*, gŵr (*m*) y dafarn. **~ cell** *n.* cell letyol (celloedd lletyol) *f.* **~ organism** *n.* organedd letyol (organeddau lletyol) *f.* **~ plant** *n.* planhigyn (planhigion) cynhaliol *m*, cynhaliwr (cynhalwyr) *m.*
host³ *n. Ecc:* aberth (*m*) yr offeren, yr aberth, afrlladen *f*, hostïen *f.*
host⁴ *v.t. (= act as host):* croesawu, llywyddu.
hosta *n. Bot:* hosta *m.*
hostage *n.* gwystl(-on) *m*; **a ~ to fortune,** gwystl ffawd. **~-taking** *vn.* cymryd/dal gwystlon, gwystlo pobl.
hostageship *n.* gwystloniaeth *f*, gwystleidd[i]aeth *f.*
hostel *n.* **1.** *A:* = **hostelry. 2.** *(a)* llety(-au) *m*, aelwyd(-ydd) *f*, hostel(-i,-au) *f*; *(of university):* neuadd(-au) *f*, *F:* hostel; *(b)* **Youth Hostels,** Hosteli Ieuenctid.
hosteller *n.* **[youth] ~,** hostelwr (hostelwyr) *m*, host|elwraig (hostelwragedd) *f.*
hostelling *vn.* **[youth] ~,** hostela.
hostelry *n. A: & Lit:* gwesty (gwestai, *occ:* gwestyau) *m*, tŷ (*m*) tafarn (tai tafarnau), tafarn(-au) *fm.*
hostess *n.f. (a)* croesawferch(-ed); *(b) (of hotel):* gwest|eiwraig (gwesteiwragedd) *f*, gwestywraig (gwestywragedd) *f*, taf|arnwraig (tafarnwragedd) *f*; *S.a.* **air hostess. ~ gown** *n.* gwisg laes (gwisgoedd llaes) *f.*
hostile *a.* gelyniaethus, anghyfeillgar, cas, gwrthwynebus, *occ:* gelynol; *Jur:* **~ witness,** tyst(-ion) gelyniaethus *m.*
hostilely *adv.* yn elyniaethus *&c.*
hostility *n.* **1.** gelyniaeth *f* **(to s.o.,** tuag at rn). **2.** *pl.* **hostilities,** rhyfela *vn*, ymladd *vn*; **hostilities began,** dechreuodd yr ymladd, dechreuodd y taro; **to cease hostilities,** rhoi'r gorau i ymladd; *S.a.* **cessation.**
hostler *n.* **1.** = **ostler. 2.** *U.S:* gofalwr (gofalwyr) *m.*
hot¹ *a.* **1.** *(a) S:* twym, *N: S.W: occ:* poeth; **boiling ~,** chwilboeth, berwedig, berw, crychias; **burning ~,** eirias, eiriasboeth, brwd, chwilboeth, crasboeth, gwynias, *S.W: occ:* purboeth; **a ~ spring, a ~ well,** ffynnon boeth/dwym *f*; *Cu:* **~ dog,** ci (cŵn) poeth *m*, poethgi (poethgwn) *m*; *Cu:* **~ cross bun,** bynsen/bynen (byns) (*f*) y Grog; **~ lime,** calch brwd/poeth/byw; *Metall:* **~ shortness,** poeth-freuder *m*; *Art:* **a ~ colour,** lliw gorgynnes *m*; *Metalw:* **~ set,** set boeth *f*; **to get ~,** twymo, poethi; **in ~ water,** mewn helynt, mewn dŵr poeth; **to sell like ~ cakes,** gwerthu fel slecs; **to speak ~ air,** malu awyr; **nothing but ~ air,** dim byd ond gwynt; **to blow ~ and cold,** bod yn oriog, chwythu'n dwym ac yn oer; *F:* **to get all ~ and bothered, to get ~ under the collar,** gwylltio, cynhyrfu, mynd yn gynhyrfus, *N:* ffrwcsio, *S:* gwylltu; **to go ~ and cold all over,** crynu a chwysu [bob yn ail]; *(b)* **~ tears,** dagrau hallt; *(c) (of pepper &c):* poeth, egr; *(d) F:* **I'm not very ~ at History,** 'does gen i fawr o glem ar Hanes; 'dydw i ddim yn dda iawn mewn Hanes; *F:* **he's ~ stuff (at tennis),** mae'n ddi-guro, mae heb ei ail, mae'n giamstar (ar chwarae tennis); **she's ~ stuff!** *V:* mae hi'n un boeth/dwym/dinboeth! **he's not so ~,** 'dyw e ddim cystal â hynny; 'dydi o fawr o un; **a ~ spot** *(i) U.S: F:* clwb (clybiau) (*m*) nos; *(ii) E: &c:* man(-nau) poeth *m*; *(iii) Th:* sbot llachar *m*; **~ music,** jas *m*, swing *m*; *(e) Atom.Ph:* ymbelydrol. **2.** *(a)* **news ~ from the press,** newyddion yn chwilboeth o'r wasg; *Pol:* **the ~ line, the ~ telephone,** y llinell/lein (*f*) argyfwng, y llinell/lein boeth/dwym; *(b) Ven:* **a ~ trail,** trywydd diweddar; **to be ~ on the scent/trail of sth,** bod ar y trywydd iawn, bod yn dyn[n] ar sodlau rhn; *Games:* **you are getting ~!** 'rwyt ti'n nes ati; 'rwyt ti'n poethi. **3.** *(a)* gwyllt; **a ~ temper,** tymer wyllt *f*; *(b)* brwd; **a ~ contest,** cystadleuaeth frwd *f*; **at the hottest of the fray,** ym merw'r ornest, ym mhoethder y frwydr, yng ngwres y frwydr, pan oedd y taro boethaf; **in ~ pursuit of s.o.,** yn dyn[n] ar sodlau rhn; *adv.phr.* **they went at it ~ and strong,** (fe aethant ati) â'u holl egni, nerth deg ewin, yn egnïol, *F:* fel lladd nadroedd, fel beili mewn sasiwn, fel milgi mewn gogor; *Turf:* **the ~ favourite,** y ffefryn mawr *m*; *F:* **a ~ tip,** si (sïon) sicr *m.* **4. to make a place too ~ for s.o.,** gw|neud lle'n rhy boeth i rn; *P: (= stolen):* **a ~ car,** car (*m*) lladrad; **~ rod [car],** car rasio gwyllt; **to give it [to] s.o. ~,** ei rhoi hi o ddifrif i rn, dweud y drefn yn iawn wrth rn, rhoi pryd o dafod i rn, ei rhoi hi'n hallt i rn, *N.W: occ:* ei rhoi hi i rn hyd at y [g]waltas; *F:* **the ~ seat,** y gadair boeth; **we are going to have a ~ time,** fe fydd 'na helynt; fe fydd yma le; mae hi'n mynd i fod yn boeth yma. **5.** *Fin:* **~ money,** arian aflonydd *m.* **~-blooded** *a.* nwydwyllt, gwyllt, brwd, tanbaid, gwaedwyllt, gwresog. **~ cockles** *n. Hist: Games:* chwarae (*vn*) llawdaro, chwarae llaw wresog. **~-gospeller** *n.* efengylwr (efengylwyr) brwd *m*, pregethwr (pregethwyr) tanllyd *m.* **~-headed** *a.* penboeth, eithafol. **~-house** *n.* tŷ (tai) (*m*) gwydr[-au]. **~-metal machine** *n. Typ:* cysodydd poeth *m.* **~-pot** *n. Cu:* tatws/tato (*pl*) a chig (*m*) yn y popty/ffwrn, hotpot *m*; **Lancashire ~-pot,** hotpot Caerhirfryn. **~-press 1.** *n.* gwasg boeth (gweisg poeth) *f.* **2.** *v.t.* poethwasgu. **~-short** *a. (metal):* poeth frau. **~-shortness** *n.* poethfreuder *m.* **~-water bottle** *n. U.S:* **~-water bag,** *N:* potel (*f*) ddŵr poeth (poteli dŵr poeth), *S:* jar(-iau) *f.*
hot² *v.t.&i.* poethi, twymo. *Aut: F:* **a hotted-up engine,** motor poethach *m.*
hotbed *n.* **1.** *Hort:* gwely (*m*) tail, gwely brwd, *S:* pâm (pamau) brwd *m.* **2.** *Fig:* magwrfa (magwrf|eydd) *f.*
hotchpotch *n.* **1.** *Cu: (loosely):* cawl *m*, lobsg|ows *m.* **2.** *F:* cawdel *m*, cybolfa *f*, cawlach *m*, cymysgfa *f*, cymysgedd *m*, cymysgaeth *f*, cymysgwch *m*, *N: F:* poitsh *m*, poitshi-poitsh *m*, *N: occ:* crwytsh *m.*
hotel *n. & attrib.* **1.** *n.* gwesty(-au, gwestai) *m*; **residential ~,** gwesty preswyl. **2.** *attrib.* **the ~ trade,** y diwydiant (*m*) ymwelwyr; **~-keeper,** gwestywr (gwestywyr) *m*, gwest|ywraig *f.*

hotelier *n.* gwestywr (gwestywyr) *m.*
hotfoot *a.* ar frys, ar ffrwst.
hothead *n.* penboethyn (penboethiaid) *m*, penboethen *f.*
hotheaded *a.* penboeth, brwd, eithafol.
hotly *adv.* yn dwym, yn boeth; *(answer, protest &c):* yn ffyrnig, yn wyllt; **to pursue s.o. ~**, ymlid rhn yn frwd, bod yn boeth/dyn[n] ar drywydd rhn.
hotness *n.* **1.** poethder *m*, gwres *m*, twymder *m.* **2.** *(of seasoning &c):* poethder, egrwch *m.*
hotplate *n.* plât (platiau) poeth *m*, alch (*f*) drydan (eilch trydan).
hotspur *n.* un byrbwyll/tanbaid *m.*
Hottentot *n.* H|otentot (Hotentotiaid) *m.* **~ fig** *n. Bot: (Mesembryanthemum edule):* ffigysen (ffigys) (*f*) y Penrhyn. **~'s bread** *n. Bot: (Testudinaria elephantipes):* troed (*m*) yr |eliffant.
hough[1] *n.* gar(-rau) *mf*, *N.W:* camedd (*m*) gar.
hough[2] *v.t.* torri llinyn gar.
hougher *n.* gar-dorrwr (~-dorwyr) *m.*
hound[1] *n.* bytheiad (bytheiaid, *occ:* byth|eid) *m*, helgi (helgwn) *m*, ci (cwn) (*m*) hela; **a pack of hounds,** cŵn, helgwn, haid o gŵn, *Lit:* cnud (*m*) o helgwn, *A:* erchwys *f*; **the hounds of hell,** cŵn Annw[f]n, cŵn y Fall, *occ:* cŵn wybr, *S: occ:* cŵn bendith y mamau; **master of hounds,** meistr (*m*) y bytheiaid, *M.W:* helsmon *m*, *Lit:* pen-cynydd(-ion) *m*; *Ich:* **smooth ~**, morgi llyfn *m*; **stellate smooth ~**, morgi serennog; *Ich:* **nurse-~**, morgi (morgwn) brych *m*, penci (pencwn) *m*, ci ysgarmes; *Lit:* **the H~ of Heaven,** Bytheiad y Nef; **to ride to hounds,** canlyn cŵn hela, hela gyda'r cŵn, mynd i hela; *S.a.* **hare[1] 1**; **you miserable ~!** y cythraul! y cenau! *S:* y corgi [bach]! *N:* y ci bach! *S.a.* **cur, dog, basset, deer, fox[1]. ~-s tongue** *n. Bot: (Cynoglossum officinale):* tafod (*m*) y bytheiad, tafod y ci; **green ~'s tongue,** *(C. germanicum):* tafod y bytheiad gw|yrdd-ddail, *A:* pigl: pigyl *m.* **~'s tooth check,** *n. Tex:* siec danheddog *m.*
hound[2] *v.t.* **1.** erlid, ymlid; **(to ~) from place to place,** (erlid) o luch i dafl, o le i le, o bant i dalar, o bant i bentan, o bared i bost, o goed i gastell. **2. to ~ dogs on s.o.,** annos/annog cŵn ar rn.
hour *n.* **1.** awr (oriau) *f*; **one short ~**, orig [fach/fer] *f*, awr fach; **an ~ and a half,** awr a hanner; **half an ~**, *U.S:* **a half ~**, hanner (haneri) (*m*) awr, hanner awr (~ oriau) *f*; **five minutes past the ~**, pum munud wedi'r awr; **a quarter of an ~**, chwarter(-i) awr, chwarter awr (~ oriau) *f*; **~ by ~**, o awr i awr, fesul awr, *S:* bob yr awr; **to pay (s.o.) by the ~**, talu (rhn, i rn) wrth yr awr; **five miles an ~**, pum milltir yr awr; *Ind:* **output per ~**, cynnyrch (*m*) bob awr; **at the eleventh ~**, *Fig:* ar y funud olaf, ar yr unfed awr ar ddeg, *N: F: occ:* yn/ar ben set; *F:* **to take hours over sth,** treulio oriau yn gwn|eud rhth, bod wrthi am oriau; **office hours,** oriau swyddfa; **to keep good/regular hours,** bod yn brydlon, codi'n fore; **to keep bad/late hours,** bod yn amhrydlon, codi'n hwyr; **after hours,** ar ôl amser cau['r siop], ar ôl gorffen gwaith, ar ôl oriau gwaith. **2.** *(a)* **at the ~ stated,** ar yr adeg a ddynodir; *O:* **at the ~ of seven,** am saith o'r gloch; **what is the ~?** faint o'r gloch yw hi? **the questions of the ~**, pynciau'r dydd; **in the ~ of need,** pan fo'r angen fwyaf, mewn cyfyng gyngor, ar awr gyfyng; **in a happy ~**, ar adeg ffodus, ar awr dda; **in an evil ~**, ar awr ddrwg, ar awr/adeg anffodus/annedwydd; **the ~ has come,** daeth yr awr/adeg; daeth yn bryd; *(b)* **in the small hours [of the morning]**, yn oriau mân y bore; **till all hours,** tan berfeddion [y nos]; **to keep late hours,** bod ar eich traed yn hwyr, bod ar eich traed tan berfeddion y nos; **at a late ~**, yn hwyr yn y nos; *(c) n.pl. Ecc:* oriau gweddi; **book of hours,** llyfr (*m*) oriau; *(d)* **it's an ~ (from Cardiff)**, mac'n daith awr, mae'n waith awr (o Gaerdydd). **~ angle** *n. Geom:* ongl(-au) (*f*) awr. **~ circle** *n. Astr:* awrgylch(-au) *m.* **~-glass** *n.* awrwydr(-au) *m*; *Archeol:* **~-glass perforation,** trydylliad (*m*) awrwydr. **~-hand** *n.* bys(-edd) bach *m*, awrfys(-edd) *m.* **~-long** *a.* **an ~-long journey,** taith [sy'n para] awr, siwrnai awr. *S.a.* **book[1]**.
houri *n.* hwri (hwrïaid) *f.*
hourly *a. & adv.* **1.** *a.* *(a) (transport service &c):* bob awr, ar yr awr, o awr i awr; *(b) (salary &c):* yn ôl yr awr, wrth yr awr; *(c) (= constant):* cyson, parhaol, parh|aus, di-baid; **his ~ dread of death,** ei ofn parhaus o farwolaeth. **2.** *adv.* *(a)* bob awr, o awr i awr; yn ôl yr awr, wrth yr awr; *(b)* **(we expect him) ~**, ('rydym ni'n ei ddisgwyl) unrhyw funud, unrhyw adeg. **~ flow** *n. Aut:* awr-rif(-au) *m.* **~ total** *n. Aut:* awrswm (awrsymiau) *m.*

house[1] *n.* **1.** tŷ (tai) *m (S. W: occ: pl.* teiau); **~ and home,** cartref(-i) *m*, aelwyd(-ydd) *f*; *Archeol:* **circular ~**, tŷ crwn; **communal ~**, tŷ cymunedol, tŷ ar y cyd; **courtyard ~**, tŷ cowrt; **town ~**, tŷ yn y dref, tŷ tref; **a large rambling ~**, ehangle(-oedd) (*m*) o dŷ, *F:* honglaid (*m*) o dŷ, *occ:* strydan (*m*) o dŷ; **country ~**, plas(-au) *m*, plasty (plastai) *m*; **manor-~**, plas(-au) *m*, plasty (plastai) *m*, maenordy (maenordai) *m*; **back to back houses,** tai cefngefn (*pronounced* ng-g); **detached ~**, tŷ sengl, tŷ ar ei ben ei hun, tŷ ar wahân; *Archeol:* **log-built ~**, tŷ boncyffion; **long ~**, tŷ hir; **megaron ~**, tŷ m|egaron; **mortuary ~**, tŷ'r meirwon, corffdy (corffdai) *m*; **platform ~**, tŷ llwyfan; **rectangular ~**, tŷ hirsgwar; **a small ~**, tŷ bychan (tai bychain) *(as distinct from:* tŷ bach = *toilet)*; **small houses,** *occ:* teios; **a semi-detached ~**, tŷ pâr, tŷ dan yr unto; **a terraced ~**, tŷ teras, tŷ [mewn] rhes; **split-level ~**, tŷ lefelau gwahanol, tŷ amryw-lefel; **to play ~**, *(children's game):* chwarae tŷ bach; **summer ~**, *(of W.farm):* hafod(-ydd) *f*, hafoty (hafotai) *m*; *(of tourist):* tŷ haf; **winter ~**, *(of W.farm):* hendref(-i,-ydd) *f*; **at/in my ~**, yn y tŷ, yn fy nhŷ i, yn [ein] tŷ ni, gartref, *F:* acw; **(the next meeting will be held) at Gwyn's ~**, (cynhelir y cyfarfod nesaf) tan gronglwyd/nenbren Gwyn; **as safe as houses,** yn berffaith ddiogel, fel y graig, cyn saffed â 'mod i, mor sownd â chloch y Bala; **to keep [to] the ~**, aros gartref, cadw yn y tŷ, cadw gŵyl bentan; **to keep ~ (for s.o.)**, cadw tŷ (i rn), *N: occ:* trin tŷ; **to keep ~ together,** cyd-fyw; *(of unmarried pair): N:* byw tali; **to set up ~**, cartrefu, ymgartrefu, cychwyn byw; **to move ~**, newid aelwyd, ymfudo, *N:* mudo; *(the Anglicism* symud tŷ *is common)*; **to put/set one's ~ in order,** cael trefn ar bethau, gosod trefn ar eich tŷ; **to keep a good ~**, byw'n fras; **to keep open ~**, estyn croeso, croesawu pawb, cadw drws agored, cadw'r drws o led y pen; **the man of the ~**, gŵr (*m*) y tŷ, y penteulu *m*; **the lady of the ~**, gwr|aig (*f*) y tŷ, y feistres *f*; **to get along (like a ~ on fire)**, cytuno, cyd-dynnu, cyd-daro (i'r dim, yn berffaith); **like a ~ on fire,** *(= quickly):* fel fflamiau; **from ~ to ~** *a.* o dŷ i dŷ; **to go gossiping from ~ to ~**, cerdded tai, *N:* hel tai, *occ:* colma hyd y tai; **a ~ of cards,** tŷ cardiau; *Fig:* tŷ ar dywod; *attrib.* **~ telephone,** ffôn mewnol. **2.** *(a)* **the ~ of God,** tŷ D[d]uw, tŷ'r Arglwydd; **meeting-~, ~ of prayer,** tŷ gweddi, tŷ cwrdd, addoldy (addoldai) *m*, capel(-i) *m*; *(= church):* eglwys(-i) *f*; **chapter ~**, cabidyldy (cabidyldai) *m*; **the H~ of Keys,** Tŷ'r Allweddi; **the H~ of Commons,** Tŷ'r Cyffredin, *occ:* y Tŷ Cyffredin; **the H~ of Lords,** Tŷ'r Arglwyddi; **a bill before the H~**, mesur o flaen y Tŷ; **to make a ~**, cael cworwm; **the H~ of Representatives,** Tŷ'r Cynrychiolwyr; *(b)* **business ~**, cwmni (cwmnïoedd) *m*, masnachdy (masnachdai) *m*, tŷ masnach; **finance ~**, tŷ cyllid, ariandy (ariandai) *m*; *(c)* **~ of call,** tŷ negesi, tŷ galw; **clearing-~**, tŷ clirio; *Fin: (= Stock Exchange):* y Gyfnewidfa *f*, y Tŷ; *(d) Sch: (division in school for games &c):* llys(-oedd) *m*, tŷ; *(e)* **public ~**, tafarn(-au) *fm*, tŷ tafarn (tai tafarnau), tafarndy (tafarndai) *m*; **beer ~**, tŷ cwrw, *occ: Joc:* tŷ potes; **to have a drink (on the ~)**, cael glasiad (yn rhad ac am ddim, ar draul y tŷ); **guest-~**, gwesty(-au, gwestai) *m*, **lodging-~**, llety(-au) *m*; **a ~ of ill fame,** puteindy (puteindai) *m*, *F:* tŷ merched drwg, *V:* hwrdy (hwrdai) *m*; *S.a.* **disorderly**. **3.** *(a)* **coach-~**, cerbyty (cerbytai) *m*, *N: & S.W: occ:* coetsiws *m*; **fowl-~**, *N:* cwt (cytiau) (*m*) ieir, *S:* cwb (cybau) (*m*) ieir; *S.a.* **gate-house, glass-house** *&c*; *(b) Tchn: (of crane &c): Nau:* caban(-au) *m*; *(c) Com: Ind:* tŷ, adeilad(-au) *m*; *S.a.* **acceptance, counting-house. 4.** *(a) (= household):* tŷ, tyaid (tyeidiau), *occ:* teulu(-oedd) *m*, tylwyth(-au) *m*; *(b) (= dynasty):* teulu, brenhinllwyth (breninllwythau) *m*, brenhinllin (breninlliniau) *f*, tŷ. **5.** *Th:* cynulleidfa *f*, tŷ; **a good ~**, llond (*m*) tŷ, cynulleidfa dda *f*, tyaid da, *F:* llond lle; **"full ~"**, "tŷ llawn", "theatr lawn"; **to play to an empty ~**, chwarae o flaen tŷ gwag, chwarae i seddau gweigion; *Th: Cin:* **the first ~**, y dangosiad cyntaf *m*, yr eisteddiad cyntaf, y tŷ cyntaf, y perfformiad cyntaf *m*; **to bring the ~ down,** cael cymeradwyaeth fyddarol, tynnu'r lle/tŷ i lawr. **6.** *Astron:* tŷ, addurn(-au) *m*, *A:* sygn(-au,-oedd) *f*. **7.** *Games: F: (Army):* loto *m.* **~-agency** *n.* asiantaeth (*f*) dai (asiantaethau tai). **~-agent** *n.* gwerthwr (gwerthwyr) (*m*) tai, asiant(-iaid) (*m*) tai. **~ arrest** *n.* [a]restiad(-au) (*m*) tŷ. **~-bound** *a.* caeth i'r tŷ. **~-broken** *a.* = **house-trained. ~-charge** *n.* tâl (*m*) bwrdd. **~ coal** *n.* glo (*m*) cartref, glo tai, glo tân. **~-dog** *n.* ci (cŵn) (*m*) gwarchod, gwarchotgi (gwarchotgwn) *m.* **~-father** *n.* rhiant (rhieni) (*m*) cartref; **he's a ~-father and she's a ~-mother,**

mae ef yn rhiant cartref a hithau hefyd. **~-flag** *n.* baner (*f*) y cwmni (baneri'r cwmni). **~-fly** *n. Ent: (Musca domestica): S:* cleren (clêr) *f, N:* pryf(-ed) *m,* pry ffenestr, pryf bach, pryf tŷ; **biting ~-fly,** *(M. autumnalis):* = **stable fly; lesser ~-fly,** *(Fannia canicularis):* pryf bychan (pryfed bychain) y tai. **~-gods** *n.pl.* duwiau'r cartref/aelwyd. **~ guest** *n.* gwestai (gwesteion) *m&f.* **~-hunter** *n.* chwilotwr (chwilotwyr) (*m*) am dŷ/dai, chwil|otwraig (*f*) am dŷ/dai. **~-hunting** *vn.* chwilio am dŷ. **~ improvement** *n.* gwella (*vn*) tŷ/tai. **~ journal, ~ magazine** *n.* cylchgrawn (cylchgronau) (*m*) tŷ/cwmni, cylchgrawn mewnol. **~ lights** *n.pl. Th:* goleuadau'r tŷ. **~-martin** *n. Orn:* gwennol (gwenoliaid) (*f*) y bondo, *occ:* gwennol y mur/muriau/simnai/tai, gwennol fronwen (gwenoliaid bronwyn), marthin penbwl *m.* **~-moth** *n.* **brown ~-moth,** *(Borkerhansia pseudopretella):* gwyfyn(-od) brown (*m*) y tai. **white-shouldered ~-moth,** *(Endrosis sarcitrella):* gwyfyn gwarwyn y tai. **~-mother** *n.* rhiant (rhieni) (*f*) cartref. **~-officer** *n.* meddyg (*m*) tŷ. **~-parents** *n.pl.* rhieni cartref. **~ party** *n.* parti (partïon) [mewn] plas. **~-physician** *n.* meddyg(-on) (*m*) ysbyty. **~-plant** *n.* planhigyn (planhigion) (*m*) tŷ. **~-porter** *n.* gofalwr (gofalwyr) *m.* **~-proud** *a.* glanwaith, taclus, twt, cymen, fel pin mewn papur, cymhengar (*pronounced* ng-g). **~-room** *n.* **I would not give it ~-room,** ni chymerwn i mohono am bris yn y byd; ni chymerwn i mohono dros fy nghrogi. **~ style** *n.* arddull (*f*) y cwmni/tŷ. **~-surgeon** *n.* llawfeddyg(-on) (*m*) ysbyty. **~-top** *n.* to (toeau) *m;* **(to proclaim sth) from the ~-tops,** (cyhoeddi rhth) yn groch, o bennau'r tai. **~-train** *v.t.* hyfforddi/dysgu (rhn) i fod yn lân, dysgu glanweithdra (i rn). **~-trained** *a.* glanwaith, glân yn y tŷ. **~-warming** *n.* **a ~-warming party,** parti cynhesu'r aelwyd. *S.a.* **alms-~, guest-~, lodging-~, tollhouse.**

house² *v.t. (a)* lletya (rhn), anheddu (rhn), rhoi llety (i rn); *(b)* **to ~ cattle,** rhoi gwartheg dan do, rhoi gwartheg yn y beudai; **to ~ grain,** storio grawn, dod â'r grawn i mewn; *(c)* **to ~ a car,** rhoi car dan do; *(d) (= enclose):* **to ~ an axle,** amgáu/gorchuddio echel, cau am echel, cau echel i mewn.

houseboat *n.* cwch (cychod) (*m*) preswyl.

housebote *n.* anheddfudd *m.*

houseboy *n.* gwas (gweision) (*m*) tŷ.

housebreak *v.t.&i.* **1.** *v.t. U.S:* = **house-train. 2.** *v.i. (of burglar):* torri i mewn i dŷ, *occ:* torri tŷ.

housebreaker *n.* **1.** *(= burglar):* lleidr (*m*) tŷ (lladron tai), torrwr (*m*) tŷ (torwyr tai). **2.** *Constr:* chwalwr (chwalwyr) (*m*) tai.

housebreaking *vn.* **1.** torri i mewn [i dŷ/dai], lladrata [o dŷ/dai], toriad (*m*) i dŷ, anedd-doriad(-au) *m, occ:* torri (*vn*) tŷ. **2.** *(= demolition):* dinistrio, dymchwel, chwalu.

housecarl[e] *n. Hist:* teuluwr (teuluwyr) *m.*

housecoat *n. Cost:* côt (cotiau) (*f*) tŷ.

housecraft *n.* gwyddor (*f*) tŷ, gwyddor cartref, crefft (*f*) cadw tŷ, *occ:* hwsmonaeth *f.*

houseful *n.* tyaid (tyeidiau) *m.* llond (*m*) tŷ (~ tai).

household *n.* **1.** preswylwyr (*pl*) tŷ, pobl (*f or pl*) tŷ, teulu *m,* tylwyth *m,* tyaid (tyeidiau) *m.* **2.** *(a) (= servants):* gweision *pl; (b) Hist: (= retinue):* gosgordd(-ion) *f, A:* teulu(-oedd) *m;* **~ troops,** gosgordd *f;* **the Royal ~,** gweision y brenin/frenhines. **3.** *attrib.* [y] cartref, [y] tŷ; **~ expenses,** costau cadw tŷ; **~ bread,** bara cartref *m; S.a.* **soap¹; ~ gods,** duwiau'r aelwyd; **~ name,** enw cyfarwydd *m;* **~ management,** rheolaeth (*f*) ar gartref, teuluaeth *f,* hyswïaeth *f.* **~ goods,** nwyddau i'r cartref/tŷ; **~ linen,** llieiniau (*pl*) tŷ, llieiniau'r cartref.

householder *n.* **1.** *(= head of family):* penteulu(-oedd) *m,* perchentywr (perchentywyr) *m.* **2.** *Adm: (= occupier):* deiliad *m* [tŷ] (deiliaid [tai]), perchen *m* [tŷ] (perchenogion, perchnogion [tai]), anheddwr (anheddwyr) *m,* anh|eddwraig *f.*

housekeep *v.i.* cadw tŷ, *occ:* trin tŷ.

housekeeper *n. usu.f.* gwr|aig (gwragedd) cadw tŷ, meistres tŷ (meistresi tai), *A:* teulyddes(-au), *F:* howsgiper(-iaid); **my wife is a good ~,** mae fy ngwraig yn un dda am gadw tŷ.

housekeeping *vn.* **1.** cadw tŷ, gofal (*m*) tŷ. **2.** *(= money):* arian (*m*) cadw tŷ; **~ book,** llyfr(-au) (*m*) cadw tŷ, llyfr gwario.

houseleek *n. Bot: (Sempervivum tectorum):* llysiau (*pl*) pen tai, cynffon (*f*) y llygoden, y fyddarllys *f,* y fywfyth *f,* y ddilosg *f,* cyfagwyr *f,* y fywlys *f,* iraidd (*m*) y muriau, llysiau'r gwayw, llwyn (*m*) y fagwyr, llysiau'r fagwyr; **the greater ~,** y fywfyth fawr, y fwyfyth fwyaf.

houseless *a.* heb gartref, digartref, diannedd.

houselights *n.pl.* goleuadau'r tŷ.

houseling *n. Ecc:* cymunwr (cymunwyr) *m.* **~ bench** *n.* mainc (*f*) gymuno (meinciau cymuno), ffwrwm (*f*) gymun.

housemaid *n.f.* morwyn(-ion, morynion). **~s knee** *n.* chwydd gwyn *m.*

houseman *n.m.* **1.** *(= servant):* gwas (gweision). **2.** *(= doctor):* meddyg(-on) ysbyty.

housemaster *n.m. Sch:* meistr(-i) llys, llysfeistr(-i).

housemistress *n.f.* meistres(-i) (*f*) llys, llysfeistres(-i).

houseowner *n.* = **householder.**

housewife 1. *n.f.* gwr|aig (gwragedd) tŷ. **2.** *n. (= needlecase):* cas(-ys) (*m*) nodwyddau, *N. W:* hysiff(-od) *f,* hyffis(-od) *f, S.E:* hyswi(-od) *f.*

housewifely *a.* hyswïaidd.

housewifery *n.* gwyddor (*f*) tŷ, crefft (*f*) cadw tŷ, *occ:* hyswïaeth *f.*

housework *n.* gwaith (*m*) tŷ, swyddi (*pl*) tŷ, *S. W: occ:* gwn|eud y dwt.

housey-housey *n.* loto *m,* bingo *m* (*pronounced* ng-g).

housing¹ *n.* **1.** *(a)* tai *pl,* cartrefi *pl, Adm:* anheddau *pl;* **the H~ Corporation,** y Gorfforaeth (*f*) Letya; **~ action area,** ardal weithredu ar dai; **~ subsidy,** cymhorthdal (*m*) cartrefu; **~ benefit,** budd-dâl (*m*) tai; **~ association,** cymdeithas (*f*) dai/tai (cymdeithasau tai); **~ shortage,** prinder (*m*) tai; **~ estate,** [y]stad (*f*) dai ([y]stadau tai); *(b) vn.* = **house². 2.** *(of axle &c):* amgaead(-au) *m,* gorchudd(-ion) *m; Carp:* **~ joint,** uniad(-au) rhigol; **stopped ~ joint,** uniad rhigol draws gau; **through ~ joint,** uniad rhigol draws drwodd. **3.** *Metalw:* gwâl (gwaliau, gwalau) *f.*

housing² *n. usu.pl. (of horse):* cefnlliain (cefnllieiniau) *m,* hŵs *m, S. W: occ:* howsyn *m.*

houting *n. Ich:* môr-wyniad (~-wyniaid) *m,* gwyniad (gwyniaid) (*m*) môr.

hove *v. See* **heave².**

hovel *n.* hofel(-au) *f,* hoewal (hoewelydd) *f,* hoywal (hoywelydd) *f,* twlc: twlcyn (tylciau) *m,* cwt (cytiau) *m.*

hover *v.i.* **1.** hofran, *occ: (of bird):* crogi, sefyll ar y gwynt; **a smile hovered over her lips,** hofranai gwên ar ei gwefusau. **2. to ~ between two courses,** cloffi rhwng dau feddwl.

hovercraft *n.* hofranlong(-au) *f,* llong(-au) (*f*) hofran.

hoverfly *n. Ent:* pryf(-ed) (*m*) hofran, gwybedyn (gwybed) (*m*) hofran.

hoverplane *n.* = **helicopter.**

hovertrain *n.* hofrandren (hofrandrenau) *mf,* trên (trenau) (*mf*) hofran.

how¹ *adv.* **1.** sut (*S: pronounced* shwt), *S. W: occ:* ffordd, *S.E:* fel [y], *Lit:* pa fodd, pa sut, pa ffordd; **tell me ~ he went,** dywed(-wch) wrthyf sut yr aeth ef; **~ do you do? ~ are you?** sut 'rwyt ti ('rydych chi)? *S:* shwt ŷch chi? **~ is it that ...?** sut mae'n bod mai ...? **~ so? ~'s that? ~ come?** sut hynny? sut felly? *Cr:* **~'s that!** beth amdani! **(Mary answered) and ~!** (rhoddodd Mair ateb iddo) ar ei ben, *S:* reit 'i wala. **here's ~!** iechyd da! **~ now?** *A:* beth yw [ystyr] hyn? **I see ~ it is,** 'rwy'n gweld sut y mae hi; **~ could you?** sut y gallet ti (gallech chi)? *N: F:* be 'haru ti dŵad (chi 'dwch)? **I know ~ to swim,** 'rwy'n medru nofio. **2.** *(a)* **~ much, ~ many,** *(in direct questions):* [pa] faint o, sawl *(+ sing. n.), S:* sawl *(+ sing.), Lit:* pa faint; **~ many children?** [pa] faint o blant, [pa] sawl plentyn? *(in indirect question):* cymaint, gymaint; **you know ~ much I love you,** fe wyddost gymaint yr wy'n dy garu; **you see ~ little he cares,** fe welwch cyn lleied y mae'n ei hidio; **you know ~ much it costs,** fe wyddost faint y gost; **you can imagine ~ angry I was,** gellwch feddwl [pa] mor ddig oeddwn i; **~ wide?** pa mor llydan? *S: F:* pwy mor llydan? **~ wide is it?** beth yw ei led? **~ long is this room?** beth yw hyd yr ystafell hon? **~ old are you?** faint ydi d'oed di ('ch oed chi)? beth yw dy oed/oedran di (beth yw'ch oed/oedran chi)? **he's old, but I don't know ~ old,** mae'n hen, ond wn i ddim pa mor hen; **~ about my friends?** beth am fy nghyfeillion? **do it ~ you can,** *(= however):* gwnewch ef sut bynnag y gellwch; *S.a.* **far¹ 1, often, soon 1;** *(b)* **~ pretty she is!** dyna bert yw hi! mor bert yw hi! on'd ydi hi'n ddel! **~ we danced!** dyna ddawnsio y buom ni! **~ kind!** dyna garedig! **no matter ~ quickly he goes,** [ni] waeth pa mor gyflym y bydd yn mynd; **~ she has changed!** mor wahanol yw hi! on'd yw hi wedi newid! **~ he snores,** mae'n chwyrnu fel mochyn; **~ I wish I could!** petawn i ond yn gallu! o na allwn i! *F:*

here's a pretty ~-d'y[e]-do! dyma lanast/bicil/helynt! am lanast *&c!* **~ well she sings,** on'd yw hi'n canu'n dda! **~ fast the swallow flies,** mor gyflym y mae'r wennol yn hedfan; *Lit:* gyflymed yr hed y wennol.

how² *n.* **the ~ of it,** y ffordd (*f*) i wneud rhth, y dull (*m*) o wneud rhth, sut i wneud rhth.

howbeit *adv. A:* er gwaethaf hynny, er hynny, sut bynnag y bo, bid a fo am hynny.

howdah *n.* cadair (*f*) gefn |eliffant (cadeiriau cefn eliffant), howda (howdâu) *mf.*

howdy *U.S: int.* s'mâi! shw' ma'i! sut hwyl! pa hwyl!

however *adv.* **1.** *(a)* sut bynnag, fodd bynnag, pa un bynnag, serch hynny; **~ he may do it,** sut bynnag y gwna ef; **~ that may be,** bid a fo am hynny, sut bynnag am hynny, beth bynnag am hynny, petae waeth am hynny, *S: F:* ta beth am hynny; *(b)* **~ artful she may be,** er mor gyfrwys y bo hi, pa mor gyfrwys bynnag y bo hi, [ni] waeth pa mor gyfrwys y bo hi, *Lit:* er ei chyfrwysed; **~ good (his work is),** er mor dda, er cystal, [ni] waeth pa mor dda (yw ei waith); **~ much better it would be,** cymaint gwell a fyddai; **~ much he may want to go,** er cymaint y gall ddymuno mynd; **~ much money you spend,** [pa] faint bynnag o arian a wariwch/warioch; **~ little,** er cyn lleied, pa gyn lleied bynnag. **2.** *(= nevertheless):* er hynny, *Lit: & S: occ:* serch hynny; **the scheme ~ failed,** methodd y cynllun er hynny.

Howey *W.Pl.n.* Hawau *m.*

Howick *W.Pl.n.* Yr Hywig Fach *f.*

howitzer *n.* h|owitser(-s) *m.*

howl¹ *n. (a)* nâd (nadau) *f*, dolef(-au) *f*, udiad(-au) *m*, oernad(-au) *f*, gwaedd(-au) *f*, cri (crïoedd) *fm*, bloedd(-iau,-iadau) *f*, sgrech(-au,-iadau) *f*, oergri *f*, oerlais (oerleisiau) *m*; **to give a ~ of rage,** rhoi bloedd o ddicter.

howl² *v.i.&t.* **1.** *v.i.* udo, oernadu, sgrechian, oerleisio, ubain, *S:* wbain, udain, *S.E: occ:* biwglan, gwepan; *(of wind):* dolefain, gerain; *F:* **to ~ with laughter,** sgrechian chwerthin, chwerthin yn foliog, *N:* bod yn g'lana' chwerthin, chwerthin ei hochr hi, *S:* chwerthin eich bola mas; *W.Tel:* sgrechian. **2.** *v.t.* gweiddi, bloeddio, sgrechian, udo; **to ~ s.o. down,** boddi/byddaru rhn [â'ch bloeddio], bloeddio/udo ar draws rhn.

howler *n.* **1.** *(a)* udwr (udwyr) *m*, |udwraig *f*, nadwr (nadwyr) *m*, n|adwraig *f*, oernadwr (oernadwyr) *m*, oern|adwraig *f*; *(b) Z: (monkey):* udwr. **2.** *(= mistake):* camgymeriad(-au) enbyd *m*, howler(-au) *m*, cam gwag (camau gweigion) *m*, caff gwag (caffiau gweigion) *m*, *occ: Iron:* perl(-au) *m*; **this government has committed many a ~,** mae'r llywodraeth hon wedi cymryd sawl cam gwag; **a collection of student howlers,** casgliad o berlau myfyrwyr.

howling¹ *a.* **1.** *(wind &c):* dolefus, *occ:* udol, oernadus. **2.** *F: (= intensive):* enbyd, dybryd, aruthrol; **a ~ mistake,** camgymeriad dybryd; **a ~ success,** llwyddiant ysgubol; **a ~ injustice,** anghyfiawnder dybryd; **it's a ~ shame,** mae'n gywilydd o beth; *B:* **waste ~ wilderness,** anialwch gwag erchyll *m.*

howling² *vn.* See **howl¹,²**.

howsoe'er, howsoever *adv.* = **however 1.**

hoy¹ *n. Nau:* ysgraff(-au) *f.*

hoy² *int.* hoi!

hoya *n. Bot:* blodyn (blodau) (*m*) cwyr.

hoyden *n.f.* hoeten(-nod), hoeden(-nod), *N:* hampar o eneth, cadi(-s) bechgyn, *S.W:* rhompen(-nod), ffrwlen(-nod), ffrolen(-nod), rhonten: rhonden(-nod), cadi-grwt(-s) *m.*

hoydenish *a.* hoedennaidd.

hub *n.* **1.** *(of wheel):* both(-au) *f*, bogail (bogeiliau) *mf*, *S: occ:* bŵl (bylau) *m.* **2.** *Fig: (of universe &c):* canolbwynt(-iau) *m.* **~-cap** *n.* cap (*m*) both (capiau bothau).

hubble-bubble *n.* **1.** = **hookah. 2.** *(= bubbling):* ffrwtian *vn*, byrlymu *vn*, bwrlwm *m.* **3.** = **babble¹**.

hubbub *n.* stŵr *m*, dwndwr *m*, mwstwr *m*, twrw *m*, *S: occ:* iwbwb *mf*, *A: Lit:* wbwb *mf.*

hubby *n. P:* y gŵr *m.*

hubris *n.* balchder *m*, rhyfyg *m*, hwbris *m*, *occ:* gormod (*m*) balchder.

hubristic *a.* balch, rhyfygus, gorfalch.

huchen *n. Ich: (hucho):* hwchen(-od) *f.*

huckaback *n. Tex:* braslliain *m*, lliain bras *m.*

huckle *n.* clun(-iau) *f.* **~-back[ed],** *a.* cefngrwm (*f.* cefngrom, *pl.* cefngrymion) (*pronounced* ng-g), gwargrwm (*f.* gwargrom, *pl.* gwargrymion). **~-bone** *n.* asgwrn (*m*) y glun (esgyrn y cluniau); *S.a.* **knuckle-bone.**

huckleberry *n. Bot: U.S: (Gaylussacia):* llusen (llus) (*f*) Am|erica, mwyaren (mwyar) (*f*) y brain.

huckster¹ *n. (a)* pedler(-iaid) *m*, *N.W: occ:* creisiwr (creiswyr) *m*, *S.W: occ:* hwcster(-iaid) *m*, *Lit: or A:* edwicwr (edwicwyr) *m*; *(b) U.S: (= publicity agent):* hwrjwr (hwrjwyr) *m.*

huckster² *v.i.&t.* **1.** *v.i. (a) (= haggle):* bargeinio; *(= deal in):* delio mewn rhth, prynu a gwerthu rhth. **2.** *v.t. (= peddle):* pedlera, gwerthu, *N.W: occ:* creisio, hwrjo.

hucksterer *n.* = **huckster¹**.

huckstering *vn.*, **huckstery** *n.* pedlera *vn*, pedleriaeth *f.*

huddle¹ *n.* tryblith *m*, pentwr *m*; **a ~ of roofs,** toeau'n blith-draphlith; *(of people):* cymysgwch *m*, haid *f*, crugyn *m*, twr *m*; **in a ~,** yn un haid/twr *&c*; *F:* **to go into a ~,** rhoi pennau ynghyd, seiadu, *S.W:* cwnsela.

huddle² *v.t.&i.* **1.** *(= heap together):* pentyrru, crugio [rywsut-rywsut, yn blith-draphlith, bob sut]; **(houses) huddled together (in the valley),** (tai'n) gwasgu at ei gilydd, blith-draphlith, gruglwyth (yn y cwm), *N:* swatio (yn y dyffryn); **(passengers) huddled together,** (teithwyr) yn gwasgu at ei gilydd, ar ben ei gilydd, *S:* wedi cwtsio at ei gilydd. **2. to ~ [oneself] up,** swatio, *S:* cwtsio; **huddled [up] (in bed),** yn swatio, wedi cwtsio (yn y gwely); **to ~ [up] by the fire,** swatio wrth y tân; **to be huddled over one's work,** crymu/cefngrymu dros eich gwaith (*pronounced* ng-g), bod yn eich cwman uwchben eich gwaith. **3. to ~ on one's clothes,** taflu'ch dillad amdanoch, gwisgo'n frysiog, gwisgo ar frys.

Huddlehay *W.Pl.n.* Craig (*f*) Thomas.

Hudibrastic *a.* ffugarwrol.

hue¹ *n.* arlliw(-iau) *m*, eiliw(-iau) *m*, gwawr(-iau) *f.*

hue² *n.* **~ and cry,** gwaedd (*f*) ac ymlid, gwaedd wbwb; **to raise a ~ and cry (against s.o.),** codi'r wlad, codi gwaedd ac ymlid (yn erbyn rhn).

-hued *a.* **many-~** *a.* amryliw.

hueless *a.* diliw, diarlliw.

huff¹ *n.* **1.** dig *m*, soriant *m*, pwd *m*, *N: occ:* penc *m*; **to be in a ~,** pwdu, sorri, monni, digio, *S.W: occ:* llyncu polyn, *N.W:* llyncu mul; *O:* **to take [the] ~,** pwdu, digio, pencio, cymryd y penc; **he's in a ~,** mae'r pwd arno; mae yn y pwd; *(of child):* mae yn y siambar sorri. **2.** *Draughts:* hwff *m*, hwffw *m.*

huff² *v.i.&t.* **1.** *v.i.* chwythu, dyhefod; *(= bluster):* **huffing and puffing,** chwythu bygythion. **2.** *v.t. (a) (= offend):* tramgwyddo, digio (rhn); pechu (yn erbyn rhn); **to be/feel huffed,** pwdu, sorri, monni, gweld y chwith, pencio, cymryd y penc; *(b) Draughts:* chwythu (ar ddarn), hyffio (darn).

huffed *a.* = **huffy.**

huffily *adv.* yn bwdlyd *&c.*

huffiness *n.* dig *m*, dicter *m*, soriant *m*, pwd *m.*

huffy *a.* pwdlyd, sorllyd, dig, wedi monni, wedi pencio, *S: occ:* â chroen eich tin ar eich talcen.

hug¹ *n.* cofleidiad(-au) *m*, gwasgiad(-au) *m*; *Wr:* gwasgiad; **to give s.o. a ~,** cofleidio/gwasgu rhn i'ch mynwes, rhoi gwasgiad i rn.

hug² *v.t.* **1.** *(a) (= embrace):* cofleidio, gwasgu [â'ch breichiau, yn eich breichiau]; **to ~ oneself on/for sth,** ymfalchïo yn rhth; *Gym:* **to ~ the knees,** cofleidio'r pengliniau; *(b) (of bear &c):* gwasgu; *(c) (prejudices):* coleddu, mwytho. **2.** *(a) Nau:* **to ~ the shore,** costio: côstio, ymwasgu/cadw at y tir, cadw gyda'r lan; *(b)* **to ~ the wall,** gwasgu/ymwasgu at y wal; *F:* **to the chimney corner,** cadw gŵyl bentan, swatio wrth y tân. **~-me-tight** *n. Cost:* côt dyn[n] (cotiau tynion) *f.*

huge *a.* anferth, anferthol, aruthrol, enfawr, *occ:* dirfawr; **a ~ success,** llwyddiant ysgubol; **a ~ woman,** cawres o ddynes, cloben o fenyw; **a ~ man,** cawr/clobyn/clamp o ddyn, *S.W:* clorwth o ddyn mawr, *N: occ:* horwth o ddyn.

hugely *adv.* yn anferth *&c*; *S.a.* **extremely; ~ successful,** llwyddiannus iawn, llwyddiannus dros ben, hynod o lwyddiannus, sobor o lwyddiannus, *M.W: occ:* anferth o lwyddiannus; **~ expensive,** drud aruthrol, aruthrol o ddrud; **I enjoyed myself ~,** mwynheais fy hun yn aruthrol; cefais hwyl anfarwol.

hugeness *n.* anferthwch *m*, anferthrwydd *m*, anferthedd *m.*

hugeous *a. Joc:* = **huge.**

hugeously *adv. Joc:* = **hugely.**

huggable *a.* annwyl, hoffus, gwerth eich cofleidio *&c.*

hugger-mugger *n. & adv.* **1.** *n.* *(a)* *(= disorder):* tryblith *m*, aflerwch *m*, anhrefn *f*, annibendod *m*; *(b)* *(= secrecy):* dirgelwch *m*. **2.** *adv.* *(a)* yn aflêr, yn ddi-drefn, yn anniben; *(b)* *(= in muddled fashion):* rywsut-rywsut, bob sut, yn aflêr, yn ddi-drefn, yn anniben, *N.W: occ:* yn shag-mag.

Hugh *Pr.n.m.* Huw(-iaid), *A:* Hu(-aid); *Hist:* ~ **the Fat,** Huw Dew, *Lit: occ:* Hu Fras; *S.a.* **Hughie.**

Hughes *Pr.n.* Huws(-iaid).

Hughie *Pr.n.m.* Huwi, Hiwi, Huwcyn, Huwco.

Huguenot *n. & attrib.* **1.** *n.* Huguenot(-iaid) *m&f*. **2.** *attrib.* Huguenotaidd.

huh *int. F:* hy! pw! twt!

huia *n. Orn: N. Z:* *(Heteralocha acutirostris):* hwia(-od) *m*.

hula *n. & v.i.* **1.** *n.* hwla *f*. **2.** *v.i.* dawnsio'r hwla. **~-hoop** *n. R.t.m:* cylchyn(-nau, cylchau) *(m)* hwla. **~-skirt** *n.* sgert *(f)* wellt (sgerti/sgertiau gwellt).

hulk *n.* **1.** *Nau:* *(a)* *(of ship):* llong foel (llongau moel) *f*, corff *(m)* llong (cyrff llongau), ysgerbwd (ysgerbydau) *(m)* llong, hwlc (hylciau) *mf*; *(b)* *pl. A:* **hulks,** hylciau, carcharlongau. **2.** *F:* *(man):* horwth (horythod) *m*, llabwst (llabystiaid) *m*, hwlcyn(-nod) *m*, paladr *(m)* o ddyn, slabyn *(m)* o ddyn, holwyth *(m)* o ddyn mawr, *S.W: occ:* rhabwst *(m)* o ddyn, clorwth *(m)* o ddyn, whompyn mawr *m*, slashyn mawr *m*; *(woman):* pladres *(f)* o ddynes fawr, hampar *(f)* o ferch, cloben: clompen *(f)* o ferch, *S.W:* whompen fawr *f*, slashen fawr *f*, cymanfa *(f)* o fenyw; *(thing):* clamp *(m)* o beth, *S.W:* whompyn o beth.

hulking *a.* anferth, afrosgo, aruthrol fawr; **he was a ~ great brute,** [hen] horwth o ddyn mawr oedd ef; *S.a.* **hulk 2.**

hull[1] *n.* **1.** *(of nut, pea, bean):* cib(-au) *m*, cibyn (cibau) *m*, *N: S.W:* plisgyn (plisg) *m*, *S:* masgl(-au) *m*. **2.** *(of ship):* corff *(m)* llong (cyrff llongau), cragen *(f)* llong (cregyn llongau); ~ **down,** dan y gorwel; *(of tank):* dan orchudd, ynghudd.

hull[2] *v.t.* disbeinio, plisgo, digibio, diblisgo, masglu, *occ:* deor, hifio, *N.W: F:* sbinio, sbeinio, duo, *S:* difasglu; **hulled barley,** haidd/barlys diblisg, haidd/barlys heb eisin.

hull[3] *v.t.* **to ~ a ship,** taro llong yn ei chorff.

hullabaloo *n.* *(= noise):* miri *m*, cynnwrf *m*, stŵr *m*, dadwrdd *m*, mwstwr *m*, trwst *m*; *(= fuss):* helynt *f*, *F:* halibalŵ *mf*, randibŵ *f*; **to make a ~,** creu stŵr.

huller *n.* *(machine):* peiriant *(m)* diblisgo.

hullo *int.* = **hello, hallo.**

hum[1] *n.* mwmian *vn*, mwmial *vn*, si (sïon) *m*, su(-on) *m*, murmur(-on) *m*.

hum[2] *n. F:* *(= bad smell):* drewdod *m*, drycsawr *m*, *N:* oglau drwg *m*, archfa: archwa *f*, *S:* gwynt drwg/cas *m*.

hum[3] *v.i.&t.* **1.** *v.i.* *(a)* mwmian, mwmial, swnian, hymio, hymian, sïo, suo, *occ:* murmur; *F:* **to make things ~,** codi stêm, symbylu gwaith, rhoi tân ynddi; **(things began) to ~,** (dechreuodd pethau) boethi, godi stêm; *(b)* *(of pers):* **to ~ and ha[w],** *(= clear throat):* carthu'r gwddf; *(= waver):* *F:* hemian a hymian. **2.** *v.t.* mwmian, mwngial, suo, grwnan, hymio, hymian, *occ:* mudleisio; **to ~ a song,** mwmian cân; *S.a.* **hummed; to ~ a child to sleep,** suo plentyn i gysgu.

hum[4] *n. Geog:* tas *(f)* galch (teisi calch).

human *a. & n.* **1.** *a.* dynol; *(= warm, approachable):* agos[-]atoch; ~ **nature,** y natur ddynol *f*, natur dyn; *S.a* **being**[2] **2; to err is ~, to forgive divine,** heb ei fai, heb ei eni; Duw piau maddau; **he lacks the ~ touch,** 'does dim byd agos-atoch ynddo; **after all, he is only ~,** wedi'r cwbl, dim ond dyn meidrol yw ef; **~ engineering,** peiriannu dynol; **~ interest story,** stori o ddiddordeb dynol; **~ relations,** perthynas ddynol *f*, perthynas rhwng pobl; **~ rights,** iawnderau dyn/dynol, hawliau dyn/dynol; **~ sacrifice,** aberth dynol *m*. **2.** *n.* bod(-au) dynol *m*, dyn(-ion) *m*.

humane *a.* **1.** dyngar *(pronounced* ng-g), dyngarol *(pronounced* ng-g), dynol, trugarog, tirion, gwâr, gwaraidd; **~ killer,** *(of animals):* lladdwr trugarog/di-boen. **2.** *(studies):* gwareiddiol, dynol.

humanely *adv.* yn drugarog; **the dog was ~ put down,** difawyd y ci heb iddo ddioddef.

humaneness *n.* tiriondeb *m*, trugaro[w]grwydd *m*, dyngarwch *m* *(pronounced* ng-g), gwarineb *m*, caredigrwydd *m*.

humanism *n. Lit: Phil:* dyneiddiaeth *f*, *occ:* hiwmaniaeth *f*; **Renaissance ~,** dyneiddiaeth y Dadeni [Dysg].

humanist *n.* dyneiddiwr (dyneiddwyr) *m*, dyn|eiddwraig *f*.

humanistic *a.* dyneiddiol, hiwmanistig.

humanitarian *a. & n.* **1.** *a.* dyngarol *(pronounced* ng-g), hiwmanitaraidd. **2.** *n.* dyngarwr (dyngarwyr) *m*, dyng|arwraig *f* *(pronounced* ng-g).

humanitarianism *n.* dyngarwch *m* *(pronounced* ng-g), hiwmanitariaeth *f*, dyngaroldeb *m* *(pronounced* ng-g).

humanity *n.* **1.** *(a)* *(nature):* dynoliaeth *f*, y natur ddynol *f*; *(b)* *(= mankind):* y ddynoliaeth *f*, yr hil ddynol *f*, dynolryw *f*, dynol ryw *f*; **fallen ~,** dynoliaeth syrthiedig, plant *(pl)* y cwymp, teulu*(m)*'r codwm; *S.a.* **humankind. 2.** *(= kindness):* dyngarwch *m* *(pronounced* ng-g), tiriondeb *m*, trugaredd *m*, trugaro[w]grwydd *m*, caredigrwydd *m*. **3.** *pl. Lit: Sch:* **the humanities,** *(a)* *(= arts):* y celfyddydau, y pynciau dyneiddiol; *(b)* *(= classics):* y clasuron.

humanization *n.* dynoliad *m*, dyneiddiad *m*; *vn.* = **humanize.**

humanize *v.t.* dynoli, dyneiddio; **humanized milk,** llaeth dynolaidd.

humankind *n.* y ddynoliaeth *f*, yr hil ddynol *f*, dynolryw *f*, dynol ryw *f*, teulu *(m)* dyn, dynion *pl*, *occ:* plant *(pl)* dynion, *occ:* *(in religious context):* plant y llawr, hil *(f)* Adda.

humanly *adv.* yn ddynol; **if it is ~ possible,** os yw o fewn gallu dynol, os oes modd yn y byd; **~ speaking,** a siarad o safbwynt dynol.

humanness *n.* dynoldeb *m*, dynolrwydd *m*, cymeriad dynol *m*; **the ~ of these animals is amazing,** rhyfedd mor ddynol yw'r anifeiliaid hyn.

humanoid *a. & n.* **1.** *a.* dynolffurf. **2.** *n.* dynolyn (dynolion) *m*, dynolffurf(-iau) *f*.

humble[1] *a.* **1.** gostyngedig, diymhongar *(pronounced* ng-g), *occ:* difalch, diymffrost, gwylaidd; **in my ~ opinion,** yn fy marn ostyngedig i; **to spring from ~ stock,** dod o dras werinol; **~ folk,** pobl gyffredin *f or pl*, gwerin *(f)* gwlad, *A: Lit:* gwreng *pl*; **I am, Sir, your ~ servant,** ydwyf, Syr, eich ufudd was; **to eat ~ pie,** llyncu'ch geiriau, ymddarostwng, ymddiheuro, mynd ar eich gliniau, syrthio ar eich bai, *occ:* mynd ar eich bol, llyfu'r llwch. **to make s.o. eat ~ pie,** torri crib rhn, gwneud i rn lyncu ei eiriau, gwneud i rn droi yn ei garn/gogwrn; *Theol:* **prayer of ~ access,** gweddi *(f)* dyfodiad gostyngedig.

humble[2] *v.t.* darostwng, iselu, *occ:* gostwng; **to ~ oneself,** ymddarostwng, ymostwng, llyfu'r llwch; **to ~ s.o.'s pride,** torri crib rhn. **~-bee** *n. Ent:* = **bumble-bee. ~-plant** *n. Bot:* = **mimosa.**

humbleness *n.* = **humility.**

humbly *adv.* **1.** yn ostyngedig *&c*. **2.** *(= modestly, poorly):* yn dlodaidd.

humbug[1] *n.* **1.** twyll *m*, rhagrith *m*, *occ:* hymbyg *m*, hymbygoliaeth *f*, *Lit:* hoced *f*. **2.** *(pers.):* rhagrithiwr (rhagrithwyr) *m*, rhagr|ithwraig *f*. **3.** *Cu:* minceg *m*, *M.W:* cacen wen *f*.

humbug[2] *v.t.* twyllo, *Lit:* hocedu.

humdinger *n.* **it's a ~,** mae'n wych; mae'n chwip [o beth]; mae'n fendigedig.

humdrum *a.* undonog, diflas, difywyd, digyfnewid; **~ daily life,** rhigolau *(pl)* bywyd.

humectant *a. & n.* **1.** *a.* gwlybyrol. **2.** *n.* gwlybyrydd(-ion) *m*, defnydd(-iau) *(m)* gwrthsychu.

humeral *a. Anat:* ysgwyddol, gwarrol, yr ysgwydd, y balfais; *Rel:* **~ veil,** llen *(f)* yr ysgwydd, llen y gwar.

humerus *n. Anat:* asgwrn *(m)* y fraich, h|wmerws *m*, yr uwchelin *m*.

humic *a.* hwmig.

humid *a.* gwlyb, llaith, gwlybyrog; **~ weather,** tywydd mwll/clòs/mwrnaidd, *N.W: occ:* tywydd mwygyl, *S.W: occ:* tywydd gwygyl.

humidification *n. vn.* = **humidify.**

humidifier *n.* lleithydd(-ion) *m*, goleithiwr (goleithwyr) *m*.

humidify *v.t.* goleithio, lleithio, gwlybyru.

humidity *n.* lleithder *m*, gwlybaniaeth *f*, goleithder *m*. **~-proof** *a.* diogel rhag lleithder.

humidly *adv.* yn llaith *&c*; *(of weather):* yn fwll.

humidor *n.* **1.** *Tex:* goleithiwr (goleithwyr) *m*. **2.** *(= for cigars):* blwch (blychau) *(m)* sigârs, h|wmidor (hwmidorau) *m*.

humification *n.* hwmysiad *m*, llufadredd *m*; *vn.* = **humify.**

humify *v.t.&i.* hwmysu, llufadru, troi'n ddeilbridd, deilbriddo.

humiliate *v.t.* darostwng, iselh|au, iselu, sarh|au, gwaradwyddo,

bychanu (rhn); codi cywilydd (ar rn); torri crib (rhn); *Lit:* gwarthruddo (rhn).
humiliated *a.* darostyngedig, penisel, llawn cywilydd, mewn cywilydd, wedi'ch cywilyddio.
humiliating *a.* gwaradwyddus, darostyngol, bychanol, iselhaol, sy'n codi cywilydd, llawn cywilydd; **a ~ experience,** profiad llawn cywilydd.
humiliatingly *adv.* yn waradwyddus *&c.*
humiliation *n. (feeling):* cywilydd *m*, gwaradwydd *m*, gwarth *m*, darostyngiad *m*, *Lit:* gwarthrudd(-iau) *m*; *(treatment):* gwaradwydd(-iadau) *m*, sarhad *m*.
humiliator *n.* darostyngwr (darostyngwyr) *m*, gwaradwyddwr (gwaradwyddwyr) *m*, poenydiwr (poenydwyr) *m*.
humility *n.* gostyngeiddrwydd *m*, gwyl|eidd-dra *m*; **in all ~,** gyda phob gostyngeiddrwydd/gwyleidd-dra.
hummed *a. Mus:* **~ accompaniment,** cyfeiliant mudlais *m*.
hummel *a. Scot: (cattle):* moel, heb gyrn; *(corn):* heb gol/gola, digola, di-gol.
hummer *n.* süwr (suwyr) *m*, süwraig *f*, mwmiwr (mwmwyr) *m*, m|wmwraig *f*.
humming *vn. & a.* **1.** *vn.* mwmian, suo. **2.** *a.* suol, sïol, mwmiol, yn mwmian, yn suo. **~-top** *n. S:* Dai dwl *m*, Twm dwl *m*, topsgwl *m*, *N:* top(-iau) (*m*) sgwrs, topyn (topiau) (*m*) sgwrs, pipi-down(-s) *m*.
hummingbird *n. Orn:* aderyn (adar) [bach] y si/su, si-edn (~-ednod) *m*; **~ moth = hawkmoth.**
hummock *n.* **1.** bryncyn(-nau) *m*, twmpath(-au) *m*, twyn(-au,-i) *m*, cnwc: cnycyn (cnyciau) *m*, *N:* ponc(-iau) *f*, poncyn *m*, poncen(-ni) *f*. **2.** *(= in ice-field):* trum(-iau) *f*, gwr|ym (gwrymiau) *m*. **3.** *U.S: (= rising ground):* codiad(-au) *m*.
hummocky *a.* bryncynnog, twmpathog, ponciog, cnyciog.
humoral *a. Med:* (*)anianol, gwlybyrol.
humoresque *n. Mus:* digrifgerdd(-i) *f*, hiwmorésg (hiwmoresgau) *f*.
humorist *n.* dyn(-ion) digrif/[y]smala/doniol/ffraeth *m*, digrifwr (digrifwyr) *m*, [y]smaliwr ([y]smalwyr) *m*, cellweiriwr (cellweirwyr) *m*, awdur(-on) digrif *m*, *Lit: &c:* ffraethebwr (ffraethebwyr) *m*.
humoristic *a.* digrif, [y]smala, doniol, ffraeth, *Lit: occ:* ffraethebol.
humorous *a.* doniol, digrif, [y]smala; **a ~ person,** un doniol *&c*, hen wag *m*, *S.W: (= male):* twlsyn *m*; *(female):* twlsen *f*, ffrwlen *f*; **a ~ remark,** sylw doniol *&c*, [y]smaldod *m*, cellwair *m*, *S.W: occ:* wits *pl.*
humorously *adv.* yn ddoniol *&c.*
humorousness *n.* doniolwch *m*, digrifwch *m*, *occ:* [y]smaldod *m*.
humour[1] *n.* **1.** *(a) A: Med:* gwlybwr (gwlybyrau) *m*, anian(-au) *f*; *(b) Anat:* **aqueous ~,** gwlybwr llygad, gwlybwr dyfrol; **vitreous ~,** hylif gwydrog *m*. **2.** *(= mood):* hwyl(-iau) *f*, tymer (tymherau) *f*; **in a good ~,** mewn hwyliau da, yn hwyliog, mewn hwyl, yn yr hwyl; **in a bad ~,** mewn hwyliau drwg, piwis, drwg eich hwyl, *N:* blin; **in the ~ (to do sth),** mewn hwyl, yn yr hwyl (i wneud rhth); **he was out of ~,** 'roedd y felan arno, 'roedd mewn hwyliau drwg; 'roedd yn ddrwg ei hwyl; *Th:* **comedy of humours,** comedi (*f*) deithi. **3.** *(a) (= comicality):* digrifwch *m*, doniolwch *m*, ffraethineb *m*, hiwmor *m*, *occ:* [y]smaldod *m*; **a sense of ~,** synnwyr digrifwch; **broad ~,** digrifwch bras; *S.a.* **gallows;** *(b)* **the ~ of the situation,** yr ochr ddigrif i'r peth/sefyllfa.
humour[2] *v.t.* **to ~ s.o.,** boddio mympwyon rhn, ceisio plesio rhn, *F:* trafod rhn â chyllell a fforc, wmro rhn.
-humoured *a.* **good-~,** hwyliog, rhadlon, hynaws, clên; **ill-~,** drwg eich tymer, croes, afrywiog, sarrug, piwis, *N:* blin, *S.W:* drwg eich natur, naturus, *S.E:* twrchaidd.
humouresque *n.* hiwmorésg *m*.
humourless *a.* surbwch, surbychlyd, sychlyd, sychdduwiol, dihiwmor.
humourlessness *n.* diffyg (*m*) hiwmor, difrifoldeb *m*, sychdduwioldeb *m*.
humoursome *a.* **1.** *(= moody):* mympwyol, oriog, *N:* a hyntiau arnoch, yn cael hyntiau, *S: occ:* ac amserau arnoch, ac awelon arnoch. **2.** *(= peevish):* piwis, sarrug, afrywiog, croes, *N:* dreng.
humoursomeness *n.* piwisrwydd *m*, orio[w]grwydd *m*, sarugrwydd *m*, afrywiogrwydd *m*.
hump[1] *n.* **1.** crwbi (crwbïod) *m*, crwb (crybiau) *m*, crwmach (crymachau) *m*, *S.E:* crwyth *m*, crwmpyn *m*, crwmp *m*, *N.W: occ:* crwth (crythiau) *m*; **visceral ~,** crwb ymysgarol; **to live on one's ~,** byw ar eich bloneg; **~[-back] bridge,** pont groca (pontydd crwca) *f*; *F:* **we're over the ~,** 'rydym dros y gwaethaf; 'rydym wedi torri'r garw; 'rydym wedi ei chefnu hi. **2.** = **hummock**; *Min: Rail:* cefndid *m*. **3.** *F: (= depression):* y felan *f*, y bliws *m*; **I had the ~,** 'roeddwn yn gweld y bliws; 'roedd y felan arnaf; **it gives me the ~,** mae'n codi'r felan arna' i; mae'n codi pip arna' i.
hump[2] *v.t.&i.* **1.** *v.t.* **to ~ the back,** crymu'r cefn, codi'r cefn, cefngrymu (*pronounced* ng-g); **to ~ up one's shoulders,** codi'r gwar, gwn|eud gwar; **the cat humped up its back,** cododd y gath ei chefn. **2.** *v.t. (= carry, heave):* **to ~ one's pack,** codi'ch pac, ysgwyddo'ch pac. **3.** *v.t.&i. (= copulate with): V: S:* cnuchio, sielffo, geingo, *N:* dobio, dyrnu.
humpback *n.* **1.** *(= hump):* cefn crwm (cefnau crymion) *m*, *occ:* cefn cam (cefnau ceimion) *m*. **2.** *(pers.):* = **hunchback. ~ whale** *n. Z:* morfil(-od) cefngrwm *m* (*pronounced* ng-g).
humpbacked *a.* crwbi, crwca (*f.* croca), gwargrwm (*f.* gwargrom, *pl.* gwargrymion), cefngrwm (*f.* cefngrom, *pl.* cefngrymion) (*pronounced* ng-g), cefngam (*pronounced* ng-g), crwm (*f.* crom, *pl.* crymion), gwargrwth, cefngrwbi (*pronounced* ng-g), *N.W: occ:* crwthi. **~ fly** *n. Ent:* pryfyn (pryfed) cefngrwm *m*.
humped *a.* = **humpbacked.**
humph *int.* hmff!
humpless *a.* di-grwmp, heb grwmp.
humpty *n. Furn:* pwff (pyffiau) *m*.
Humpty-Dumpty *Pr.n.m.* Hympti-Dympti, *occ:* Llywelyn Ŵy Melyn; **a ~-~ [of a man],** stwcyn *m*, pwtyn *m*, stordyn *m*, *occ:* tordyn *m*, torpwth *m* [o ddyn].
humpy[1] *a.* trymiog, twmpathog, ponciog, cnyciog, anwastad.
humpy[2] *n. Aust:* cut(-iau) *m*, cwt (cytiau) *m*.
humus *n. Hort:* gweryd *m*, pridd *m*, llysieubridd *m*, deilbridd *m*, llufadron *m*, hwmws *m*.
Hun *n.* **1.** *Ethn:* Hwn: Hyn (Hyniaid) *m*. **2.** *F: Pej:* Jeri(-s) *m*.
hunch[1] *n.* **1.** *(on back):* crwbi *m*, *occ:* crwth: crwyth *m*, hwrwg *m*, crwmp *m*, crwmach *m*, crwba *m*; *S.a.* **hump**[1] **1. 2.** *F: (= idea):* syniad *m*; **I have a ~ that . . .,** 'rwy'n amau/synhwyro bod . . . .
hunch[2] *v.t.* crymu'r cefn/gwar, cwmanu, gwargrymu, *S.E:* crwmpo; **to sit hunched up,** eistedd yn eich cwman, eistedd yn wargrwm.
hunchback *n.* crwca(-od) *m*, dyn(-ion) crwbi *m*, gwr|aig grwbi *f*.
hunchbacked *a.* = **humpbacked.**
hundred[1] *num. a. & n.* **1.** *a.* can + *sing. noun, or* cant + o + *n.pl.*: **a ~ miles,** can milltir, cant o filltiroedd; **a ~ horses,** can ceffyl, cant o geffylau, **a ~ times,** canwaith, *adv.* ganwaith; **a ~ yards,** canllath, *adv.* ganllath; **a ~ people,** cant o bobl; **a ~ pounds,** *(money):* canpunt, cant o bunnau; *(weight):* canpwys, cant o bwysau; **a ~ thousand,** canmil, can mil, cant o filoedd; **a ~ men,** can dyn, cant o ddynion; **two ~,** deucan + *sing. noun or* deugant + o + *n.pl., or* dau gant + o + *n.pl.*: **two ~ knights,** deucan marchog, dau gant o farchogion, deugant o farchogion; **three ~,** trichan + *sing. noun or* tri chan + *sing. noun, or* tri chant + o + *n.pl., or* trichant + o + *n.pl.*; **three ~ pounds,** *(money):* tri chanpunt, tri chan punt, tri chant o bunnau; *(weight):* tri chanpwys, tri chan pwys, tri chant o bwysau; **three ~ thousand,** trichanmil *m*, tri chan mil; *(b)* can *is foll. by the nasal mut. of* blynedd, blwydd, diwrnod; **a ~ years,** can mlynedd, canmlwydd(-i) *f*; **a ~ years old,** canmlwydd oed, cant oed; **a ~ days,** can niwrnod; **the H~ Years War,** y Rhyfel Can Mlynedd; **to live to be a ~ [years old],** byw i fod yn gant [oed], byw'n gant, byw hyd at y cant, byw i weld y cant, cyrraedd y canmlwydd [oed]; *(c)* **I've a ~ and one things to do,** mae gen i gant a mil o bethau i'w gwneud; **one in a ~,** un o blith cant, un mewn cant; **not a ~ miles from somewhere,** heb fod gan milltir o rywle, heb fod ymh|ell o rywle; **it's a ~ to one he's gone,** mae'n fwy na thebyg ei fod wedi mynd; **a ~ percent,** cant y cant, *adv.* gant y cant, yn llwyr; **he has a ~ to one chance,** mae ganddo un siawns mewn cant; **the year 1500,** y flwyddyn un fil pum cant; **in the seventeen hundreds,** ar ddechrau'r ddeunawfed ganrif, yn negawd cynta'r ddeunawfed ganrif; **~ and fifty,** cant a hanner; **~ and fiftieth anniversary,** canmlwyddiant (canmlwyddiannau) (*m*) a hanner. **2.** *n.* cant (cannoedd) *m*; **(they died) in their hundreds,** (buont farw) yn eu cannoedd,

wrth y cannoedd, fesul cannoedd; *(b) Cu:* **hundreds and thousands,** melysion mân; *(esp. of chocolate): N.W: F:* baw *(m)* llygod, *V:* cachu *(m)* llygod. **~-eyed** *a.* â chan llygad, canllygadog, canllygeidiog. **~-footed** *a.* cantroed, cantroediog. **~-headed** *a.* canpen. **~-percent** *attrib.* cant y cant. **~-percenter** *n. U.S:* eithafwr (eithafwyr) *m*, eith|afwraig *f.*

hundred² *n. Hist: Adm:* cantref(-i,-oedd,-ydd) *m*, hwndrwd (hwndrydau) *m*; *W.Myth:* **the Lowland H~,** Cantre'r Gwaelod; *Pol:* **the Chiltern Hundreds,** Cantrefi Chiltern; **to apply for [the Stewardship of] the Chiltern Hundreds,** gwneud cais am [Stiwardiaeth] Cantrefi Chiltern, gofyn am gael ymddeol o'r Senedd.

hundredfold *a. & adv.* **1.** *a.* canplyg, can cymaint, *S:* can mesur. **2.** *adv.phr. a.* can cymaint, ganwaith drosodd; **it paid a ~,** fe dalodd ar ei ganfed.

hundredth *num. a. & n.* **1.** *a.* canfed, *foll. by soft mut. of fem. noun and is itself mutated after the article:* **the ~ time,** y ganfed waith *f*, y canfed tro *m*; **a ~ part,** canfed ran *f*, canran(-nau) *f (also = percentage)*; **~ anniversary,** canmlwyddiant (canmlwyddiannau) *m*; **2.** *n.* canfed(-au) *m&f*; *Mus:* **the Old H~,** yr Hen Ganfed; *Mth:* canfed, un rhan *(f)* o gant, canran(-nau) *f (also = percentage).*

hundredweight *n.* cant *m*, canpwys(-au,-i) *m.*

hung *v. See* **hang².**

Hungarian *a. & n.* **1.** *a.* Hwngaraidd, o H|wngari/Hwngaria *(all pronounced* ng-g); **the ~ government,** llywodraeth Hwngari; **he's ~,** Hwngariad ydyw; *(in language):* Hwngareg. **2.** *n. (a) Ethn:* Hwngariad (Hwngariaid) *m&f*; *(b) Ling:* Hwngareg *f*, *m. S.a.* **brome.**

Hungary *Pr.n. Geog:* H|wngari *f*, Hwngaria *f (both pronounced* ng-g).

hunger¹ *n.* **1.** *(a) (= starvation):* newyn *m*, *occ:* llwgfa *f*; *(= desire for food):* chwant *(m)* bwyd, eisiau *(m)* bwyd, *occ:* blys *(m)* bwyd, cythlwng *m (usu. in the phrase* ar eich cythlwng *&c)*; *Prov:* **~ is the best sauce,** enllyn bara da yw eisiau bwyd; **faintness from ~,** gwendid *m* [o eisiau bwyd], *S.W: occ:* gwylder(-on) *m* [chwant bwyd], *N.W: occ:* llwgfa *f*, *S.E: occ:* [g]loes[i]on *pl*; **I feel pangs of ~,** *N:* 'rwyf ar fy nghythlwng; *S.W: occ:* mae gwylder arnaf. **2.** *Fig:* **~ (for sth),** *Fig:* awydd *m*, dyhead *m*, awch *m*, ysfa *f*, newyn a syched *m* (am rth). **H~ Pill** *W.Pl.n.* Aber *(mf)* Pwll Newyn. **~-march** *n.* ymdaith (ymdeithiau) *(f)* newyn, gorymdaith (gorymdeithiau) *(f)* newyn. **~-marcher** *n.* ymdeithiwr (ymdeithwyr) *(m)* newyn, ymd|eithwraig newyn, gorymdeithiwr (gorymdeithwyr) *(m)* newyn, gorymd|eithwraig newyn. **~-strike** *n.* streic(-iau) *(f)* newyn, streic lwgu (streiciau llwgu). **~-striker** *n.* streiciwr (streicwyr) *(m)* newyn, str|eicwraig *(f)* newyn, newynwr (newynwyr) *m*, new|ynwraig *f.*

hunger² *v.i.&t.* **1.** *v.i. (a) (= go hungry):* newynu, *N:* llwgu; *(b)* **to ~ (after/for sth),** newynu, dyh|eu, hiraethu (am rth). **2.** *v.t.* = **starve.**

hungrily *adv.* **he looked ~ at the food,** edrychai'n newynog/flysiog ar y bwyd.

hungriness *n.* newyn *m*, llwgfa *f*, chwant *(m)* bwyd, eisiau *(m)* bwyd, *occ:* newyndod *m*, newyndra *m.*

hungry *a.* **1.** newynog, newynllyd, *occ: N:* llwglyd, yn llwgu, ar eich cythlwng; **the H~ Forties,** y Pedwardegau Newynog; **I feel ~,** mae arnaf eisiau/chwant bwyd; **ravenously ~, ~ as a hunter,** *U.S:* **~ as a bear,** ar eich cythlwng, mor wancus â'r wenci; **to go ~,** newynu, llwgu, mynd heb fwyd, bod ar eich cythlwng. **2.** *(= infertile, poor):* llwm *(f.* llom, *pl.* llymion), gwael, diffrwyth, diffaith. **3.** *(= eager):* newynog, awyddus (**for sth,** am rth). **~-flower** *n. Bot: (Draba incana):* llysiau(*pl*)'r bystwn. **~-grass** *n. Bot: (Alopecurus agrestis):* rhonwellt main *m.* **~ rice** *n. Bot:* reis *(m)* y tlodion.

hunk *n.* **1.** telpyn(-nau, talpiau) *m*, talp(-iau) *m*, cwlff(-iau) *m*, cylffyn: cwlffyn(-nau, cylffiau) *m*, clwt (clytiau) *m*, clem(-iau) *f*, *N:* tocyn (tociau) *m*, cleman (clemiau) *f*; clewtan (clewtiau) *f*, clowtan (clowtiau) *f*, clwffyn: clwff (clyffiau) *m*, *S: occ:* toc(-iau) *(m)* o fara. **2.** *F:* **a ~ of a man,** pis[h]yn, palff, *N: occ:* palat o ddyn nobl.

hunkers *n.pl. (used only in):* **on one's ~,** ar eich cwrcwd, yn eich cwrcwd, yn cyrcydu.

hunks *n.pl.* **stingy old ~,** hen gybydd *m*, *F:* hen gybi *m*, hen gingroen/gingro *m (pronounced* ng-g), hen sinach *m*, *Lit: or A:* cerlyn *m*, crinwas *m.*

hunky¹ *a. F:* smart, golygus, *N: occ:* nobl.

Hunky² *n. U.S: P:* dyn(-ion) *(m)* dŵad.

hunky-dory *a. U.S: F:* ardderchog, bendigedig, campus, i'r dim, tan gamp, *N:* siort orau.

Hunnish *a. Ethn:* Hynnaidd.

hunt¹ *n.* **1.** *(a)* helfa (helf|eydd) *f*; **tiger ~,** helfa deigrod; **drag ~,** helfa abwyd; *(b) (= huntsmen):* helwyr *pl*; **the ~ ball,** dawns *(f)* yr helwyr. **2.** *(= search):* ymchwil *mf*, ymchwiliad *m*, chwilio *vn*, *occ:* chwilfa (chwilf|eydd) *f*; **there was a ~ for the book,** buwyd yn chwilio am y llyfr.

hunt² *v.i.&t.* **1.** *v.i. (a) Ven:* hela, hel, *occ:* helcyd; *(b)* **to ~ [about] (for sth),** chwilio, chwilota, ffureta (am rth); **to ~ high and low,** chwilio ym mhob man, chwilio ym mhob twll a chornel, *N: F:* swlffa, jwlffa, sbaena (**for sth,** am rth); *Games:* **~ the hare/slipper/squirrel,** chwarae dal; **~ the thimble,** hela'r gwniadur; *(c) (of engine &c):* rhusio ac arafu, diffygio; *(of gauge, needle):* siglo; *(d) (of bell):* symud, newid lle. **2.** *v.t. (a)* hela; **to ~ for crabs,** cranca, cranga; *(b)* **to ~ a thief,** erlid/ymlid/hela lleidr; *(c)* **to ~ a forest,** hela mewn fforest; *(d)* **to ~ one's horse,** hela ar gefn ceffyl; **to ~ the pack,** hela gyda'r cŵn. **~ down** *v.t.* **1.** hela, erlid, ymlid, *occ:* helcyd. **2.** *Fig: (= locate):* lleoli, olrhain (rhth); dod o hyd, cael hyd (i rth). **~ out, ~ up** *v.t.* chwilio (am rth), dod o hyd (i rth), dod â (rhth) i'r amlwg/fei.

hunter *n.* **1.** *(a) (of animals):* heliwr (helwyr) *m*, h|elwraig (helwragedd) *f*, *A:* cynydd(-ion) *m*; **~'s moon,** lleuad *(mf)* yr heliwr, lleuad gwŷr Penllyn, lleuad gwŷr Iâl; *(b) (= collector):* casglwr (casglwyr) *m*, chwiliwr (chwilwyr) *m*, chwilotwr (chwilotwyr) *m.* **2.** *(= horse):* ceffyl(-au) *(m)* hela, march (meirch) *(m)* hela, helfarch (helfeirch) *m.* **3.** *(= watch):* watsh *(f)* gaead (watshis caead); **half-~,** watsh hanner caead.

hunting *a. & vn.* **1.** *a.* helwriaethol, hela; *Archeol:* **~ and gathering society,** cymdeithas *(f)* hela a chasglu; *F:* **a ~ man,** heliwr. **2.** *vn. (a)* hela, helwriaeth *f*; **to go house-~,** chwilio am dŷ; **good ~!** helfa dda! hwyl ar yr helfa! *Archeol:* **head-~,** hela pennau. **2.** *Mch: Magn:* siglo, siglad *m.* **~-box** *n.* bwthyn(-nod) *(m)* hela. **~-cat** *n.* = **cheetah(-s).** **~-crop** *n.* chwip(-iau) *(f)* hela. **~-ground** *n.* **1.** tir(-oedd) *(m)* hela, heldir(-oedd) *m*; **the happy ~-ground,** y tir *(m)* hela hyfryd, paradwys *f*, gwynfa *f*; **a happy ~-ground for collectors,** lle bendigedig i gasglwyr, paradwys/nefoedd i gasglwyr, paradwys/nefoedd pob casglwr. **~-horn** *n.* corn (cyrn) *(m)* hela, helgorn (helgyrn) *m.* **~ leopard** *n.* = **cheetah.** **~-lodge** *n.* caban(-au) *(m)* hela, lluest(-au) *(m)* hela.

Huntingdon *Eng.Pl.n. A:* Hwntdwn *m.*

Huntington *Eng.Pl.n.* Castell-maen *m.*

huntress *n.f.* h|elwraig (helwragedd), helyddes(-au).

huntsman *n.m.* **1.** heliwr (helwyr), *M.W:* helsmon (helsmyn), *A:* cynydd(-ion); **chief ~,** pen-cynydd(-ion). **~'s cup** *n. Bot: (Sarracenia purpurea):* piserlys porffor *m.* **~'s horn** *n. Bot: (S. flava):* piserlys melyn.

huntsmanship *n.* cynyddiaeth *f*, helwriaeth *f.*

hurdle¹ *n.* **1.** *S.W:* clwyd(-i,-au) *f*, *occ:* dorglwyd(-i,-au) *f*, pleiden(-ni) *f*, clwyden(-ni,-nau) *f*, hyrdlen (hyrdls) *f*, *S.W: occ:* portis *m*, barier: bariets *m*; **peat ~,** clwyd fawn. **2.** *Sp: Turf:* clwyd. **3.** *Fig: (= obstacle):* rhwystr(-au) *m.* **4.** *Hist: (for execution):* clwyd. **~-race** *n. Sp:* ras *(f)* glwydi (rasys clwydi), ras dros y clwydi. **~ trackway** *n. Archeol:* llwybr *(m)* clwydi.

hurdle² *v.t.&i.* **1.** *v.t.* **to ~ sth off,** cau rhth â chlwydi, rhoi clwydi am rth; **to ~ (a fence),** neidio, *N:* swalpio (dros ffens). **2.** *v.i. Sp:* neidio clwydi, neidio dros glwydi.

hurdler *n.* **1.** *(craftsman):* plethwr (plethwyr) *(m)* clwydi, clwydwr (clwydwyr) *m.* **2.** *Sp:* neidiwr (neidwyr) *(m)* clwydi, n|eidwraig *(f)* clwydi.

hurdling *vn. Sp:* = **hurdle²** 2.

hurdy-gurdy *n.* hyrdi-gyrdi(-s) *mf.*

hurl¹ *v.t.* lluchio, taflu *(S: often pronounced* towlu), hyrddio, bwrw; **to ~ stones at s.o.,** pledu rhn â cherrig; **to ~ oneself at s.o.,** cythru i rn, rhuthro ar rn; **to ~ oneself into a fray,** ymdaflu i gwffas; **to ~ insults at s.o.,** bwrw llysnafedd ar rn, hyrddio enllibion at rn; **to ~ reproaches at s.o.,** edliw/dannod/lliwied pethau i rn, taflu at rn; *N:* taflu weips at rn. **~ down** *v.t.* taflu/bwrw (rhth) i lawr, dymchwel (rhth).

hurl² *n. (= throw):* hyrddiad(-au) *m*, tafliad(-au) *m*, lluch(-iadau) *m*, lluchiad(-au) *m.*

hurl[3] *v.i.* = **hurling**.

hurler *n.* **1.** *(= thrower)*: taflwr (taflwyr) *m*, t|aflwraig *f*, lluchiwr (lluchwyr) *m*, ll|uchwraig *f*, hyrddiwr (hyrddwyr) *m*, h|yrddwraig *f*. **2.** *Sp:* chwaraewr (chwaraewyr) *(m)* hyrli, chwar|aewraig *(f)* hyrli, hyrliwr (hyrlwyr) *m*, h|yrlwraig *f*.

hurley *n.* **1.** *(game)*: bando *m*, hyrli *m*. **2.** *(= stick)*: camog(-au) *f*, ffon gam (ffyn cam) *f*, ffon hwrl.

hurling *vn.* chwarae hyrli, chwarae bando. **~-stick** *n.* = **hurley 2**.

hurly-burly *n.* miri *m*, cynnwrf *m*, mwstwr *m*, cymhelri *m*, trybestod *m*, stŵr *m*, hwrli-bwrli *m*, reiots: reiets *pl*, *S.E: occ:* twrdd *m*, cyn[h]ala[e]th *f*, *occ:* ralig|amps *pl*.

Huron *a.* & *n.* *Ethn:* **1.** *a.* Hwronaidd. **2.** *n.* Hwron(-iaid) *m&f*.

hurrah[1], **hurray** *int.* & *n.* hwrê *(f)*. **~ Henry** *n.m.* Harri hwrê, Harri go dda.

hurrah[2] *v.i.* gweiddi hwrê.

hurricane *n.* corwynt(-oedd) *m*, tymestl (tymhestloedd) *f*; **it was blowing a ~,** 'roedd yn chwythu'n gorwynt, 'roedd tymestl yn chwythu. **~-bird** *n.* aderyn (adar) *(m)* y ddrycin. **~-deck** *n.* *Nau:* bwrdd *(m)* storm. **~-house** *n.* *Nau:* cwt (cytiau) *(m)* storm. **~-lamp** *n.* lamp(-au) *(f)* storm, lamp dywydd mawr (lampau tywydd mawr), lamp stabl, *S:* lamp mas.

hurried *a.* brysiog.

hurriedly *adv.* ar frys.

hurriedness *n.* brys *m*, ffrwst *m*, prysurdeb *m*, *S.W: occ:* taraf *m*.

hurry[1] *n.* brys *m*, hast *mf*, *S.W: occ:* taraf *m*; **without ~,** heb frys *&c*, wrth eich pwysau, lincyn-loncyn, ling-di-long, *N:* dow-dow, o dow i dow; **in a ~,** ar frys, ar ffrwst, ar hast, mewn brys, mewn hast, *S.W: occ:* mewn taraf, ar daraf; **in a terrific ~,** ar frys gwyllt, *S.E: occ:* mewn taro [budur], mewn strem; *F:* **I shan't do it again in a ~,** wna' i mo hynny eto ar chwarae bach.

hurry[2] *v.t.&i.* **1.** *v.t.* *(a)* brysio, prysuro, cyflymu; **work that cannot be hurried,** gwaith na ellir mo'i frysio; *(b)* **troops were hurried to the spot,** rhuthrwyd â milwyr i'r lle; daethpwyd â milwyr i'r lle ar frys. **2.** *v.i.* *(a)* brysio, rhuthro, *S:* hastu, gwylltu, mwstro, *S.W: occ:* tarafu, stico; **to ~ into one's clothes,** gwisgo'n frysiog. **~ up** *v.i.* brysio, hastu, mwstro *&c*; **~ up!** brysia (brysiwch)! siapia (siapiwch) hi! *N:* styria dy hun (styriwch eich hun/hunain)! **~ up with it!** ceirch iddi hi! tân arni! *N: occ:* rhowch sbatsh arno fo!

hurry-scurry[1] *adv.* & *n.* **1.** *adv.* ar frys gwyllt, ar ruthr *&c*, *N:* [yn] strim-stram-strellach, *S: occ:* ar garlibwns. **2.** *n.* rhuthr *m*, brys gwyllt *m*, ffrwst *m*.

hurry-scurry[2] *v.i.* rhuthro, mynd ar frys gwyllt, *N:* sgrialu mynd, sgrafangu mynd, mynd fel cath i gythraul.

hurst *n.* *(= hillock)*: bryncyn(-nau) *m*; *(= sandbank)*: traethell(-au) *f*; *(= wooded hill)*: gallt (gelltydd) *f*.

hurt[1] *n.* **1.** *(= wound)*: anaf(-au,-iadau) *m*, briw(-iau) *m*, *occ:* gloes(-au) *f*, dolur(-iau) *m*, *N:* *(children's language)*: popo *m*; **to do s.o. a ~,** *See* **hurt**[2]. **2.** *(= harm)*: drwg (drygau) *m*, niwed (niweidiau) *m*, *occ:* afles(-au,-oedd) *m*.

hurt[2] *v.t.&i.* **1.** *v.t.* brifo, anafu, niweidio, dolurio, *occ:* briwo, *N: F:* bnafyd, *S:* 'nafu (rhn); gwn|eud loes/dolur/drwg (i rn); **did you ~ yourself?** frifaist ti? *S: occ:* gest ti ddrwg? gest ti ddolur? **to ~ s.o.'s feelings,** brifo teimladau rhn, clwyfo rhn; *(= to do harm)*: niweidio (rhn), gwneud drwg (i rn). **2.** *v.i.* brifo, anafu, gwynio, rhoi poen, rhoi loes, *S.W:* gwneud dolur.

hurt[3] *a.* **1.** anafedig, anafus, briwedig, wedi'ch brifo/clwyfo, clwyfus, clwyfedig, archolledig. **2. ~ feelings,** teimladau briw/doluriedig/dolurus; **a ~ look,** golwg glwyfedig, golwg rhn wedi ei glwyfo/frifo; **her ~ feelings,** y briw i'w theimladau.

hurter *n.* *(= stone fender)*: carreg (cerrig) *(f)* saf-draw.

hurtful *a.* **1.** *(= detrimental)*: niweidiol, aflesol, anffafriol, anfanteisiol. **2.** *(= offensive)*: cas, sarh|aus, tramgwyddus, creulon, clwyfol.

hurtfully *adv.* **1.** yn niweidiol. **2.** yn gas.

hurtfulness *n.* casineb *m*, atgasedd *m*.

hurtle *v.i.&t.* **1.** *v.i.* rhuthro, saethu, chwyrlïo, chwyrnellu, *N:* sgrialu, sgrafangu; **to ~ into/against sth,** rhuthro/mynd ar eich pen i rth, taro/bwrw yn erbyn rhth, *N: occ:* mynd yn bwcs/batsh i rth; **to ~ along,** mynd fel cath o dân, mynd fel cath i gythraul, mynd fel angau cathod, mynd fel mellten i bren, *S.E:* ei ffarnu hi, *N:* sgrialu mynd; **the rocks came hurtling down,** syrthiodd y cerrig [yn] bendramwnwgl/dibyn-dobyn/bendraphen. **2.** *v.t.* *(= hurl)*: bwrw, lluchio, hergydio, hyrddio.

husband[1] *n.m.* gŵr (gwŷr), *occ:* priod; **lawful wedded ~,** gŵr priod cyfreithlon; **husbands** *n.pl.* *S.W: occ:* gwrywod; **common-law ~,** cymar (cymheiriaid) cydnabyddedig *m*, gŵr arfer gwlad, *N: F:* gŵr byw tali.

husband[2] *v.t.* **1.** *A:* hwsmona; *S.a.* **farm**[2], **till**[1]. **2.** *(money &c)*: hwsmona, cynilo, gofalu am (arian *&c*); trefnu (arian *&c*) yn ofalus.

husbandhood *n.* cyflwr *(m)* gŵr, ystad *(f)* gŵr, bod *(vn)* yn ŵr.

husbandman *n.m.* hwsmon (hwsmyn) *m*; *S.a.* **farmer, farm-servant**.

husbandry *n.* **1.** amaethyddiaeth *f*, hwsmonaeth *f*; **animal ~,** magu *(vn)* anifeiliaid. **2. good ~,** hwsmonaeth dda, cynildeb *m*, darbodaeth *f*; **bad ~,** hwsmonaeth wael, anhwsmonaeth *f*, afradlonedd *m*, cam-drefn *f*.

hush[1] *n.* tawelwch *m*, distawrwydd *m*, mudandod *m*, ust *m*, llonyddwch *m*.

hush[2] *v.t.&i.* **1.** *v.t.* *(a)* tawelu, distewi; **all nature is hushed,** mae natur oll yn fud; **to ~ sth up,** mygu pob sôn am rth, cadw rhth yn hollol dawel. **2.** *v.i.* tawelu, ymdawelu, tewi. **~-money** *n.* arian *(m)* taw.

hush[3] *int.* taw (tewch)! distawrwydd! hisht! isht! *Lit:* ust! **hush-hush** *a.* *F:* cyfrinachol, dirgel.

hushabye *int.* si hei lwli.

hushed *a.* *(= quiet)*: distaw, tawel; *(= silent)*: mud; **in a ~ voice,** gan sibrwd.

husk[1] *n.* **1.** *N: S.W:* plisgyn (plisg) *m*, *S:* masgl(-au) *f*; *(of corn)*: cibyn(-nau) *m*, coden(-nau) *f*, eisinyn (eisin) *m*, *Lit:* cib(-au) *m*, *N.E: occ:* *(of corn)*: sglem *mf*, colsyn *m*; *pl.* rhuchion. **2.** *Vet:* *N:* hach: hŷch *f*.

husk[2] *v.t.* plisgo, tynnu plisg (rhth); *(nuts)*: masglu, masglo, *S.W: occ:* silio.

huskily *adv.* yn gryglyd; *(with emotion)*: yn floesg.

huskiness *n.* **1.** *(of voice)*: crygni *m*; *(with emotion)*: bloesgni *m*, bloesgedd *m*. **2.** *(= burliness)*: praffter *m*, cyhyrogrwydd *m*, cyhyredd *m*.

husky[1] *a.* **1.** *(= hoarse)*: cryg, cryglyd; *(with emotion)*: bloesg. **2.** *F:* *(= burly)*: cydnerth, cyhyrog, praff, corffol, ysgwyddog. **3.** *(= having husks)*: cibog, codennog, cibynnog, eisinog, uslyd, eisinllyd, rhuchionog.

husky[2] *n.* *Z:* ci (cŵn) *(m)* |esgimo, ci llusg, hysgi (hysgwn) *m*.

huss *n.* = **dogfish**.

hussar *n.* *Mil:* hwsâr (hwsariaid) *m*, marchfilwr (marchfilwyr) *m*.

Hussite *n.* & *attrib.* **1.** *n.* Husiad (Husiaid) *m&f*, Hwsiad (Hwsiaid) *m&f*. **2.** *attrib.* Husaidd.

hussy *n.f.* *F:* *O:* maeden, sopen, ffriten, jaden; **you little ~,** y faeden fach!

hustings *n.pl.* llwyfan(-nau) *(f)* etholiad, hustyngau.

hustle[1] *n.* **1.** *(= jostling)*: gwthio *vn*, cilgwthio *vn*. **2.** ffrwst *m*, prysurdeb *m*, ffwdan *f*, *S.W:* ffair *(f)* a ffwndwr *m*; **it was all ~ and bustle,** 'roedd hi fel ffair; 'roedd hi fel diwrnod lladd mochyn; *S.W: occ:* roedd hi'n ffair a ffwndwr.

hustle[2] *v.t.&i.* **1.** *v.t.* *(a)* *(= jostle)*: gwthio, penelinio, hergydio, cilgwthio, hyrddio; *(= push)*: *S.W: occ:* lwndo; *(b)* *(= hurry)*: brysio, gwthio, prysuro, cyflymu (rhth); hwbio (rhth) ymlaen; **to ~ things on,** rhoi hwb i rth; **to ~ s.o. away,** rhuthro â rhn ymaith; *(c)* *U.S:* *F:* **to ~ a living,** bachu bywoliaeth, *N:* slanu byw, slanu gweithio; *(d)* *(= swindle)*: twyllo; *(e)* *(= sell hard)*: *N:* hwrjo, *S:* hwtro, hwtran. **2.** *v.i.* *(= hurry)*: brysio, prysuro.

hustler *n.* **1.** *(= jostler)*: gwthiwr (gwthwyr) *m*, g|wthwraig *f*. **2.** *U.S:* *(a)* *(= hard worker)*: *N:* slanwr (slanwyr) *m*; *(b)* = **prostitute**.

hut[1] *n.* caban(-au) *m*, cwt (cytiau) *m*, cut(-iau) *m*, *S.E:* cwtsh(-is) *m*; **Alpine ~,** lluest(-au) *m*, bwth (bythau, bythod) *m*; *Archeol:* **circular ~,** cwt crwn (cytiau crynion). **~ circle** *n.* cylch *(m)* cutiau; *W.Archeol:* cytiau Gwyddelod. **~ group** *n.* clwstwr (clystyrau) *(m)* cytiau. **~ settlement** *n.* anheddiad (aneddiadau) *(m)* cytiau.

hut[2] *v.t.* *(troops)*: lluestu (milwyr), rhoi (milwyr) mewn cutiau/cytiau.

hutch *n.* **1. [rabbit] ~,** cwt *(m)* cwningen (cytiau cwningod); *S.a.* **hut**[1]. **2.** *(a)* **[baker's] ~,** noe(-au) *f*, cafn(-au) *(m)* tylino, cafn pobi; *(b)* **grain ~,** cist(-iau) *(f)* ŷd; *(c)* *Min:* *N.E:* twb (tybiau) *m*, *S:* dram(-iau) *f*, [g]wagen(-i) *f*.

hutch[2] *v.t.* storio, cadw, celcio.

hutchinsia *n. Bot: (Hornungia petraea):* beryn creigiog *m*.
hutia *n. Z:* hwtia(-id) *m*.
hutments *n.pl. Mil:* cytiau milwyr, gwersyll *m*.
Hutterite *n. Rel:* Hutteriad (Hutteriaid) *m&f*.
huzza *int., n. & v.i.* **1.** *int.* hwrê. **2.** *n.* hwrê *f*, *Lit:* banllef: bonllef(-au) *f*. **3.** *v.i.* bloeddio "hwrê".
hwyl *n.* hwyl *f*.
hyacinth *n. & a.* **1.** *n. Bot: (Hyacinthus):* hiasinth(-au) *m*, iacinth(-au) *m*; **hyacinths,** clychau'r gog, bwtsias (*sing.* bwtsiasen) y gog; **feather ~,** *(Muscari comosum monstrosum):* pwysi(*m*)'r gog pluog; **grape ~,** *(M. atlanticum): S.W:* sosin bach glas *m*; **Roman ~,** clychau gwyn (*pl*) Rhufain; **wood ~, wild ~,** = **bluebell**; **tassel ~,** *(M. comosum):* cennin (*pl*) y brain tuswog. **2.** *n. & a. (colour): (= purple):* cochlas, porffor, *F:* piws; *(= reddish orange):* melyngoch (*pronounced* ng-g). **3.** *n. Lap:* maen (meini) (*m*) hiasinth/iacinth. **~ bean,** *(Dolichos):* ffeuen/ffäen (ffa) (*f*) hiasinth.
hyacinthine *a.* iacinthaidd, hiasinthaidd.
Hyades *n.pl.* y Pum Seren Siriol.
hyaena *n.* = **hyena**.
hyaline *a. & n.* **1.** *a. (= glassy):* gwydraidd, gwydrin; *(= transparent):* tryloyw(-on), clir. **2.** *n.* h|yalin (hyalinau) *m*. **~ cartilage** *n. Biol:* c|artilag (*m*) h|yalin. **~ degeneration** *n.* dirywiad gwydraidd.
hyalite *n.* h|yalit (hyalitau) *m*.
hyaloid *a. & n.* **1.** *a. Anat: &c:* gwydraidd, gwydrin, tryloyw. **2.** *n.* **~ [membrane],** y bilen wydrin *f*.
hyaloplasm *n.* hy|aloplasm *m*.
hyaluronic *a. Ch:* hyalwronig.
hybrid *a. & n.* **1.** *a. Biol: Ling: &c:* cymysgryw, croesryw, hybrid. **2.** *n.* croesiad(-au) *m*; *Ling:* **~ word,** gair (geiriau) cymysgiaith *m*, cymysgair (cymysgeiriau) *m*.
hybridism, hybridity *n.* cymysgrywiaeth *f*, croesrywedd *m*.
hybridizable *a.* croesadwy.
hybridization *n. Biol:* croesiad *m*, croesi *vn*.
hybridize *v.t.* croesi, cymysgrywio.
hydathode *n.* h|ydathod *m*.
hydatid *n.* h|ydatid (hydatidau) *m*. **~ cyst** *n.* coden (*f*) hydatid.
hydatidiform *a.* hydat|idiffurf.
hydra *n.* **1.** *Gr.Myth: Z:* hydra (hydrâu) *f*, sarff (seirff) nawpen *f*, dyfrneidr (dyfrnadr[o]edd) *f*, dyfrsarff (dyfrseirff) *f*. **2.** *Rept:* neidr (*f*) ddŵr (nadroedd dŵr). **3.** *Astron:* Y Ddyfrsarff *f*. **~-headed** *a.* lluosben, seithben.
hydrangea *n. Bot: S.W:* blodyn (*m*) yr enfys, tension *m*, *N:* blodyn seithliw, coeden seithliw *f*, trilliw ar ddeg *m*, *occ:* ledi(*f*)'r India.
hydrant *n.* hydrant(-au) *m*.
hydrarthrosis *n. Med:* hydrarthrosis *m*, dŵr-gymal *m*.
hydrate[1] *n. Ch:* hydrad(-au) *m*.
hydrate[2] *v.t. Ch:* hydradu.
hydrated *a.* hydradol.
hydration *n. Ch:* hydradu *vn*, hydradiad *m*.
hydraulic *a. & n.pl.* **1.** *(a)* hydrolig; *(b)* **~ engineer,** peiriannydd (peirianwyr) (*m*) hydrolegol; *(c) Mus:* **~ organ,** chwyth-organ ddŵr (~-organau dŵr) *f*. **2.** *n.pl.* hydroleg *f*.
hydraulically *adv.* yn hydrolig.
hydraulician *n.* hydrolegwr: hydrolegydd (hydrolegwyr) *m*.
hydrazine *n. Ch:* h|ydrasin *m*.
hydrazo *a.* hydraso.
hydrazoic *a.* hydrasöig.
hydrazone *n.* h|ydrason (hydrasonau) *m*.
hydria *n. Gr.Archeol:* ystên (ystenau) *f*, hydria (hydriâu) *f*.
hydric *a. Ch:* hydrig.
hydride *n. Ch:* hydrid(-au) *m*.
hydriodic *a. Ch:* hydriodig.
hydro-[1] *pref.* hydro-. **~-electric** *a.* trydan dŵr, hydro-electrig, hydrodrydanol. **~-electricity** *n.* trydan (*m*) dŵr.
hydro[2] *n. F:* gwesty(-au, gwestai) (*m*) hydro, hydro(-s) *m*.
hydrobromic *a.* hydrobromig.
hydrobromide *n. Ch:* hydrobromid *m*.
hydrocarbon *n. Ch:* hydrocarbon(-au) *m*.
hydrocele *n. Med:* bors (*f*) ddŵr, cwd (*m*) dŵr, cwdyn (*m*) dŵr.
hydrocephalic, hydrocephalous *a.* hydroseffalig.
hydrocephalus, hydrocephaly *n. Med:* hydros|effalws *m*, dŵr (*m*) ar yr ymennydd, penchwyddi *m*, penchwyddni *m*, dwrben *m*.
hydrochlorate *n. Ch:* hydroclorad *m*.
hydrochloric *a. Ch:* hydroclorig.
hydrochloride *n. Ch:* hydroclorid(-au) *m*.
hydrocyanic *a. Ch:* hydrosyanig.
hydrodynamic[al] *a.* hydrodynamig.
hydrodynamics *n.* hydrodynameg *f*.
hydroelectric *a.* = **hydro-electric**.
hydroextractor *n.* gwehynnydd (gwehynwyr) *m*.
hydrofluoboric *a.* hydrofflwoborig.
hydrofluoric *a. Ch:* hydrofflworig.
hydrofoil *n. Nau:* h|ydroffoil (hydroffoilau) *m*.
hydrogen *n. Ch:* h|ydrogen *m*; *S.a.* **heavy**.
hydrogenate *v.t.* hydrogenu.
hydrogenated *a.* hydrogenaidd, hydrogenedig.
hydrogenation *n.* hydrogeniad *m*, hydrogenu *vn*.
hydrogenous *a.* hydrogenol.
hydrogenize *v.t.* hydrogenu.
hydrographer *n.* dyfrddarluniwr (dyfrddarlunwyr) *m*, môr-fapiwr (~-fapwyr) *m*, hydrograffydd(-ion) *m*.
hydrographic[al] *a.* hydrograffig.
hydrography *n.* dyfrddarluniad *m*, dyfrddarlunio *vn*, mapio (*vn*) môr, hydrograffeg *f*.
hydroid *a. & n.* **1.** *a.* hydroid. **2.** *n.* hydroid(-au) *m*.
hydrokinetic **1.** *a.* hydrocinetig. **2.** *n.pl.* hydrocineteg *f*.
hydrolapse *n. Geog:* cwymp(-oedd) (*m*) gwlithbwynt.
hydrolase *n. Biol:* h|ydrolas (hydrolasau) *m*.
hydrolith *n.* h|ydrolith *m*.
hydrological *a.* hydrolegol.
hydrologist *n.* hydrolegwr: hydrolegydd (hydrolegwyr) *m*.
hydrology *n.* hydroleg *f*.
hydrolyse *v.t.* hydrolysu, hydroleiddio.
hydrolysis *n. Ch:* hydr|olysis *m*.
hydrolytic *a.* hydrolytig.
hydromagnetic *a.* hydromagnetig.
hydromancy *n.* dyfrddewiniaeth *f*, dŵr-ddewiniaeth *m*.
hydromania *n.* chwant (*m*) dŵr.
hydromechanical *a.* hydrobeiriannol.
hydromechanics *n.pl.* hydrobeirianneg *f*.
hydromedusa *n.* hydromedwsa (hydromedwsâu) *m*.
hydromedusan *a.* hydromedwsaidd.
hydromel *n.* medd *m*, meddyglyn *m*.
hydrometallurgical *a.* mwynolchol.
hydrometallurgy *n.* golchi (*vn*) mwynau.
hydrometeorology *n.* hydrometeoroleg *f*.
hydrometer *n. Ph:* hydromedr(-au) *m*.
hydrometric[al] *a.* hydrometrig.
hydrometry *n. Ph:* hydrometreg *f*.
hydronephrosis *n. Med:* arenchwydd *m*, hydroneffrosis *m*.
hydronium *a. Ch:* hydroniwm *m*.
hydropath *n.* = **hydropathist**.
hydropathic *a.* hydropathig.
hydropathist *n.* hydropathegwr: hydropathegydd (hydropathegwyr) *m*.
hydropathy *n. Med:* hydropatheg *f*, hydr|opathi *m*.
hydrophane *n.* hydroffan *m*.
hydrophanous *a.* hydroffanaidd.
hydrophilic *a. Ch:* hydroffilig.
hydrophilous *a. Bot:* hydroffilaidd.
hydrophobia *n.* y gynddaredd *f*.
hydrophobic *a.* cynddeiriog, hydroffobig, â'r gynddaredd.
hydrophone *n.* h|ydroffon (hydroffonau) *m*.
hydrophyllaceous *a.* hydroffylaidd.
hydrophyte *n.* h|ydroffyt (hydroffytau) *m*.
hydrophytic *a.* hydroffytig.
hydropic *a.* dyfrglwyfus.
hydroplane[1] *n.* **1.** *O: Av: (= flying boat):* awyren (*f*) ddŵr (awyrennau dŵr). **2.** *Av: Nau: Mec:* h|ydroplan (hydroplanau) *m*.
hydroplane[2] *v.i.* dŵr-lithro, hydroplanio.
hydropneumatic *a.* hydroniwmatig.
hydroponics *n.* hydroponeg *f*.
hydropsy *n. A:* = **dropsy**.
hydroquinone *n. Phot:* hydrocwinon *m*.
hydroscope *n.* h|ydrosgop (hydrosgopau) *m*.
hydroscopic *a.* hydrosgopig.

hydrosere *n.* h|ydroser *m.*
hydrosol *n. Ch:* h|ydrosol (hydrosolau) *m.*
hydrosoma, hydrosome *n. Z:* hydrosoma (hydrosomâu) *m.*
hydrosphere *n.* h|ydrosffer *m.*
hydrostatic[al] *a. & n.pl.* **1.** *a.* hydrostatig. **2.** *n.pl.* hydrostateg *f.*
hydrostatically *adv.* yn hydrostatig.
hydrosulphate *n. Ch:* hydrosylffad(-au) *m.*
hydrosulphide *n. Ch:* hydrosylffid(-au) *m.*
hydrosulphite *n. Ch:* hydrosylffit(-au) *m.*
hydrosulphuric *a. Ch:* hydrosylffyrig.
hydrosulphurous *a.* hydrosylffyraidd.
hydrotaxis *n. Biol:* hydrotacsis *m.*
hydrotherapeutic *a. & n.pl.* **1.** *a. Med:* hydrotherapiwtig. **2.** *n.pl. Med:* hydrotherapiwteg *f.*
hydrotherapy *n.* hydroth|erapi *m.*
hydrothermal *a.* hydrothermol.
hydrothoracic *a.* hydrothorasig.
hydrothorax *n. Med:* dŵr (*m*) ar y frest, hydrothoracs *m.*
hydrotropic *a.* hydrotropig.
hydrotropism *n.* hydrotropedd *m.*
hydrous *a. Ch:* hydrus, dyfrllyd, dyfrlon.
hydroxide *n.* hydrocsid(-au) *m.*
hydroxy *attrib.* hydrocsi.
hydroxyl *n.* hydrocsyl *m.*
hydroxyproline *n. Ch:* hydrocsiprolin *m.*
hydroza *n.pl.* hydrosoa.
hydrozoan *a. & n.* **1.** *a.* hydrosoaidd. **2.** *n.* hydrosoad (hydrosoaid) *m&f.*
hyena *n. Z:* udfil(-od) *m,* udflaidd (udfleiddiaid) *m,* hiena(-od,-s, hienâu) *m;* **laughing ~,** udfil chwarddog. **~ dog** *n.* ci (cŵn) (*m*) hiena.
hyetograph *n.* hy|etograff (hyetograffau) *m.*
Hygeia *Pr.n.f. Gr.Myth:* Higeia.
hygiene *n.* **1.** *(= cleanliness):* glanweithdra *m. m.* **2.** *(= study):* gwyddor (*f*) glanweithdra.
hygienic *a.* glanwaith.
hygienically *adv.* yn lanwaith *&c.*
hygienist *n.* glanweithydd(-ion, glanweithwyr) *m.*
hygrogram *n.* h|ygrogram (hygrogramau) *m.*
hygrograph *n.* h|ygrograff (hygrograffau) *m.*
hygrology *n.* hygroleg *f.*
hygroma *n.* hygroma *m.*
hygrometer *n. Ph:* hygromedr(-au) *m.*
hygrometric[al] *a.* hygrometrig.
hygrometry *n.* hygrometreg *f.*
hygrophilous *a.* hygroffilaidd.
hygrophyte *n.* = **hydrophyte.**
hygroscope *n. Ph:* h|ygrosgop (hygrosgopau) *m.*
hygroscopic[al] *a.* hygrosgopic.
hygroscopicity *n.* hygrosgopedd *m.*
hygrostat *n.* h|ygrostat (hygrostatau) *m.*
Hyksos *n.pl. Hist:* H|ycsos.
hylic *a.* materol, diriaethol.
hylomorphism *n.* hylomorffaeth *f.*
hylotheism *n.* hylotheistiaeth *f,* materaddoliaeth *f.*
hylozoism *n.* hylosoaeth *f.*
hylozoist *n.* hylosöwr (hylosowyr) *m.*
Hymen[1] *Pr.n.m. Myth:* Hymen.
hymen[2] *n. Anat:* y bilen forwynol *f,* pilen morwyn, pilen y wain, hymen(-au) *m.*
hymenal *a.* hymenol.
hymeneal *a.* priodasol.
hymenium *n. Biol:* hadbilen(-nau) *f,* hymeniwm (hymenia) *m.*
hymenoptera *n.pl. Ent:* hymen|optera.
hymenopteran *n. Ent:* hymenopteriad (hymenopteriaid) *m.*
hymenopterous *a.* pilen-adeiniol, hymenopteraidd.
hymn[1] *n.* emyn(-au) *m, occ:* hymn(-au) *mf;* **morning ~,** emyn boreol; **missionary ~,** emyn cenhadol; **memorial ~,** emyn coffa; **vesper ~,** emyn hwyrol; **nuptial ~,** emyn priodas. **~-book** *n.* llyfr(-au) (*m*) emynau; *(of Congregationalists):* y Caniedydd [Cynulleidfaol] *m; (of Methodists): occ:* yr Emyniadur *m.* **~-tune** *n.* emyn-dôn (~-donau) *f.* **~-writer** *n.* emynydd (emynwyr) *m,* emynyddes(-au) *f.* **~-writing** *vn.* ysgrifennu/cyfansoddi emynau, emynyddiaeth *f.*
hymn[2] *v.t.* canmol, moliannu, moli, clodfori.
hymnal *a. & n.* **1.** *a.* emynol, emynyddol. **2.** *n.* llyfr(-au) (*m*) emynau, *occ:* emyniadur(-on) *m; (esp. Congregationalist):* caniedydd(-ion) *m;* **the Church H~,** *(title):* Emynau'r Eglwys.
hymnary *n.* = **hymnal 2.**
hymnic *a.* = **hymnal 1.**
hymnist *n.* cyfansoddwr (cyfansoddwyr) (*m*) emynau; *S.a.* **hymn-writer.**
hymnodist *n.* emynyddwr (emynyddwyr) *m.*
hymnody *n.* canu (*vn*) emynau, emynyddiaeth *f.*
hymnographer *n.* = **hymn-writer.**
hymnologist *n.* emynyddwr (emynyddwyr) *m.*
hymnology *n.* emynyddiaeth *f.*
hyoid *a. & n. Anat:* **1.** *a.* hyoid. **2.** *n.* yr asgwrn hyoid *m.*
hyoscine *n. Ch:* h|yosin *m,* sgopolamin *m.*
hyoscyamine *n.* hyosÿamin *m.*
hypabyssal *a. Geol:* hypabysol.
hypaesthesia *n.* hypesthesia *m.*
hypaethral *a.* agored, awyr-agored, heb do, di-do.
hypallage *n. Rh:* newidiaeth *f.*
hype[1] *n. & v.t. F:* **1.** *n.* *(= trick):* twyll *m,* cast(-iau) *m,* tric(-iau) *m; (= publicity):* broliant *m,* cyhoeddusrwydd *m.* **2.** *v.t.* *(= trick):* twyllo; *(= publicize):* brolio, gwthio, taer gymell, *N: occ:* hwrjo, *S: occ:* hwtro.
hype[2] *n. (= drug addict):* drygi(-s) *m.*
hyped *a.* **~-up,** bywiog, cynhyrfus.
hyper[1] *n. F: (= publicizer):* broliwr (brolwyr) *m.*
hyper-[2] *prefix.* gor[-] + *soft mut.,* tra-. **~-accurate** *a.* gorfanwl, tra-manwl. **~-active** *a.* gorfywiog.
hyperacid *a.* gorasidaidd, gorsur.
hyperacidity *n.* gorasidedd *m.*
hyperactive *a.* gorfywiog.
hyperactivity *n.* gorfywiogrwydd *m.*
hyperaemia *n. Med:* gormodedd (*m*) o waed, hyperemia.
hyperaemic *a. Med:* â gormod o waed, hyperemig.
hyperaesthesia *n. Med:* gordeimladrwydd *m,* gorsensitifrwydd *m,* gorboenedd *m,* hyperesthesia *m.*
hyperaesthetic *a. Med:* gordeimladwy, gors|ensitif.
hyperalgesia *n. Med:* gorboen *mf.*
hyperalgesic *a. Med:* gorboenus.
hyperbaton *n. Rh:* trawsiaith *f,* trawsosodiad *m.*
hyperbola *n. Geom:* hyp|erbola (hyperbolâu) *m;* **rectangular ~,** hyperbola petryalog.
hyperbole *n. Rh:* gormodiaith *f.*
hyperbolic *a. Geom:* hyperbolig.
hyperbolical *a. Rh:* gormodieithol, gormodieithus.
hyperbolically *adv. Rh:* yn ormodieithol, i ormodedd.
hyperbolism *n.* gormodieithu *vn.*
hyperbolist *n.* gormodieithydd(-ion) *m.*
hyperbolize *v.i.* gormodieithu, gor-ddweud.
hyperboloid *n. Geom:* hyp|erboloid (hyperboloidau) *m.*
hyperboloidal *a. Geom:* hyperboloidaidd.
hyperborean *a. & n.* **1.** *a.* tra gogleddol, gorogleddol. **2.** *n. F: (of north of country):* gogleddwr (gogleddwyr) *m,* gogl|eddwraig (gogleddwragedd) *f.*
hypercatalectic *a. Pros:* gorsillafog.
hyperconscious *a.* tra-ymwybodol, ymwybodol iawn.
hypercorrection *n. Ling:* gorgywiriad(-au) *m,* gorgywiro *vn.*
hypercritical *a.* gorfeirniadol, rhy feirniadol, barnllyd, llawdrwm (*f.* llawdrom, *pl.* llawdrymion).
hypercritically *adv.* yn orfeirniadol.
hypercriticism *n.* gorfeirniadaeth *f.*
hypercriticize *v.t.&i.* gorfeirniadu.
hyperdulia *n. Rel:* goraddoliad *m.*
hyperemesis *n. Med:* gorgyfogi *vn.*
hyperextension *n. Med:* gorestyniad *m.*
hyperfine *a. Ph:* tra-main.
hyperfocal *a. Phot:* hyperffocol.
hypergamy *n.* uwchbriodas *f,* uwchbriodi *vn.*
hypergeometric *a.* hypergeometrig.
hyperglycaemia *n. Med:* gorsiwg[w]redd *m,* hyperglycemia *m.*
hypergol *n. Rockets:* h|ypergol *m.*
hypergolic *a.* hypergolig.
hypericum *n. Bot:* eurinllys *m.*
hyperinflation *n.* gorchwyddiant *m.*
hyperirritability *n.* gorllidio[w]grwydd *m.*

hyperkinesia *n.* = **spasm.**
hypermarket *n.* goruwchfarchnad(-oedd) *f.*
hypermaturity *n.* goraeddfedrwydd *m.*
hypermetre *n.* llinell orsillafog *f.*
hypermetric[al] *a.* dros ben, gormodol, gorsillafog.
hypermetropia *n. Med:* hirolwg *m*, golwg pell *m.*
hypermetropic *a. Med:* hir/pell eich golwg, hirolwg, â golwg pell.
hyperon *n. Ph:* h|yperon (hyperonau) *m.*
hyperopia *n.* hirolwg *m.*
hyperopic *a.* hir/pell eich golwg, â golwg pell.
hyperosmia *n. Med:* hyperosmia *m.*
hyperostosis *n. Anat:* hyperostosis *m.*
hyperparasite *n.* gorb|arasit (gorbarasitiaid) *m.*
hyperparathyroidism *n. Med:* gorbarathyroidedd *m.*
hyperphysical *a.* goruwchnaturiol.
hyperpiesia *n. Med:* gorbwysedd (*m*) gwaed.
hyperpituitarism *n. Med:* gorbitŵidedd *m.*
hyperplasia *n.* gordwf *m*, gordyfiant *m*, hyperplasia *m.*
hyperplasic, hyperplastic *a.* gordyfiannol.
hyperploid *a. Biol:* hyperploidaidd.
hyperpnoea *n.* goranadlu *vn.*
hyperpyrexia *n.* gordwymyn *f.*
hyperpyrexial *a.* gordwymynol.
hypersensitive *n.* gors|ensitif, gordeimladwy, croendenau.
hypersensitiveness, hypersensitivity *n.* gorsensitifrwydd *m*, gordeimladrwydd *m*, croendeneuwch *m*, gorhydeimledd *m.*
hypersonic *a.* hypersonig.
hypersonically *adv.* yn hypersonig.
hyperspace *n.* goruwchofod *m.*
hyperspatial *a.* goruwchofodol.
hypersthene *n. Miner:* cornblith (*f*) L|abrador.
hypertension *n.* gordyndra *m*, gorbwysedd *m*, pwysedd (*m*) gwaed uchel.
hypertensive *a.* & *n.* **1.** *a.* gorbwyseddol. **2.** *n.* claf (cleifion) (*m*) o orbwysedd, dioddefwr/dioddefydd (*m*) gorbwysedd.
hyperthermia *n. Med:* gorwres *m.*
hyperthyroid *a. Med:* gorthyroidol.
hyperthyroidism *n. Med:* hyperthyroidedd *m*, gorthyroidedd *m.*
hypertonic *a.* hypertonig.
hypertrophic, hypertrophied *a.* gordyfol, hypertroffig.
hypertrophy[1] *n. Med:* gordwf *m*, gordyfiant *m*, hypertroffedd *m.*
hypertrophy[2] *v.i.* gordyfu.
hyperventilation *n. Med:* goranadlu *vn.*
hypha *n. Fung:* hyffa (hyffâu, hyffae) *m*, edefyn (edau) (*m*) ffwng.
hyphal *a.* hyffol, hyffaidd.
hyphen[1] *n.* cysylltnod(-au) *m*, cyplysnod(-au) *m*, heiffen(-au) *f.*
hyphen[2]**, hyphenate** *v.t.* cyplysu, cysylltu, cysylltnodi, cyplysnodi, heiffenu, heiffeneiddio.
hyphenated *a.* â chysylltnod/chyplysnod, heiffenedig; *U.S:* ~ **American,** Americanwr cymysgryw, Americanes gymysgryw.
hyphenation *n. vn.* = **hyphenate.**
hyphenize *v.t.* = **hyphenate.**
hypnoanalysis *n.* hypnoan|alysis *m.*
hypnogenesis *n.* hypnog|enesis *m*, llesmeiriad *m.*
hypnology *n. Med:* gwyddor (*f*) cwsg, hypnoleg *f.*
hypnopaedia *n.* addysg (*f*) gwsg, *F:* dysgu trwy'ch hun, dysgu yn eich cwsg.
hypnosis *n.* hypnosis *m*, swyngwsg *m* (*pronounced* ng-g).
hypnotherapy *n.* hypnoth|erapi *m*, cwsgdriniaeth *f.*
hypnotic *a.* & *n.* **1.** *a.* hypnotig, mesmerig, llesmeiriol, swyngysgol (*pronounced* ng-g). **2.** *n. (drug):* cyffur(-iau) (*m*) cwsg; *(pers.):* hypnotig(-ion) *m&f.*
hypnotism *n.* hypnotiaeth *f*, mesmeriaeth *f*, swyngwsg *m* (*pronounced* ng-g).
hypnotist *n.* hypnotydd(-ion) *m.*
hypnotize *v.t.* hypnoteiddio.
hypnotized *a.* **1.** *Med:* dan hypnosis, mewn swyngwsg (*pronounced* ng-g). **2.** *Fig:* wedi'ch llygad-dynnu, dan gyfaredd.
hypo[1] *n.* = **hyposulphite, hypochondriac, hypodermic.**
hypo-[2] *prefix.* tan- + *soft mut.*, is- + *soft mut.*, goris- + *soft mut.*; *Mus:* **~-mode,** modd(-au) deilliedig *m.*
hypoacidity *n. Med:* diffyg (*m*) asid, asidedd isel *m.*
Hypoaeolian *a.* Hypoeolaidd.
hypoblast *n. Biol:* h|ypoblast (hypoblastau) *m.*
hypoblastic *a.* hypoblastig.
hypocalcemia *n. Vet:* clwy(*m*)'r llaeth.
hypocaust *n.* twymfa (twymf|eydd) *f*, h|ypocawst (hypocawstiau) *m.*
hypochondria *n.* *(a)* *(= melancholia):* iselder (*m*) ysbryd, pruddglwyf *m*, pr|udd-der *m*, *F:* y felan *f*; *(b)* *(= imagined illness):* clefyd diglefyd *m*, salwch (*m*) yr iach, *A:* clefyd y gwynt.
hypochondriac *a.* & *n.* **1.** *a.* *(a)* *(= depressed):* prudd, pruddglwyfus, isel eich ysbryd; *(b)* *(= over-anxious about health):* hunanbryderus, claf heb glefyd. **2.** *n.* claf (cleifion) (*m*) diglefyd.
hypocoristic *a. Gram:* anwes.
hypocotyl *n. Bot:* hypocotyl(-au) *m.*
hypocrisy *n.* rhagrith(-ion) *m.*
hypocrite *n.* rhagrithiwr (rhagrithwyr) *m*, rhagr|ithwraig *f.*
hypocritical *a.* rhagrithiol.
hypocritically *adv.* yn rhagrithiol.
hypocycloid *n. Mth:* hyposeicloid(-au) *m.*
hypocycloidal *a.* hyposycloidol.
hypodermic *a.* & *n.* **1.** *a. Med:* hypodermig, dan y croen, tangroenol (*pronounced* ng-g). **2.** *n.* ~ **[syringe],** hypodermig(-au) *m*, nodwydd(-au) [hypodermig] *f.*
hypodermically *adv.* yn hypodermig, o dan y croen.
hypodermis *n. Z:* isgroen (isgrwyn) *m.*
Hypodorian *a. Mus:* Hypodoriaidd.
hypogastric *a. Anat:* hypogastrig.
hypogastrium *n. Anat:* hypogastriwm (hypogastria) *m*, gwaelod (*m*) y bol.
hypogeal, hypogean, hypogeous *a.* tanddaearol(-ion).
hypogene *a. Geol:* tanffurfiedig.
hypogenous *a.* iswynebol.
hypogeum *n. Archeol:* daeargell(-oedd) *f*, daeardy (daeardai) *m*, seler(-au,-i,-ydd) *f*, hypogewm (hypogea) *m.*
hypoglossal *a.* dan y tafod, isdafodol.
hypoglyc[a]emia *n. Med:* diffyg (*m*) siwgwr, hypoglycemia *m.*
hypognathous *a.* genfawr.
hypogynous *a.* hyp|ogynus, arffrwythog.
hypoid *n. Mec.E:* hypoid(-au) *m.*
Hypoionian *a. Mus:* Hypoïoniaidd.
hypolimnion *n.* hypolimnion *m*, y dŵr isaf *m*, isddwr *m.*
Hypolocrian *a. Mus:* Hypolocriaidd.
Hypolydian *a.* Hypolydiaidd.
hypomania *n.* hypomania *m.*
hypomanic *a.* hypomanig.
Hypomixolydian *a. Mus:* Hypomicsolydaidd.
hyponastic *a. Bot:* hyponastig, gorisdyfol.
hyponasty *n. Bot:* gorisdyfiant *m*, h|yponasti *m.*
hyponitrite *n. Ch:* hyponitrit(-au) *m.*
hyponitrous *a. Ch:* hyponitraidd.
hypophosphate *n. Ch:* hypoffosffad(-au) *m.*
hypophosphite *n. Ch:* hypoffosffit *m.*
hypophosphoric *a. Ch:* hypoffosfforig.
hypophosphorous *a. Ch:* hypoff|osfforaidd.
Hypophrygian *a. Mus:* Hypophrygiaidd.
hypophyseal, hypophysical *a.* = **pituitary.**
hypophysis *n. Anat:* = **pituitary.**
hypopituitarism *n.* is-bitŵidedd *m*, hypobitŵidedd *m.*
hypoplasia *n.* hypoplasia *m.*
hypopyon *n.* crawnlif *m.*
hyposecretion *n.* hyposecretiad *m.*
hypostasis *n.* **1.** *Phil: Theol:* hanfod *m*, person *m.* **2.** *Med:* hypostasis *m.*
hypostatic[al] *a.* **1.** *Phil: Theol:* hanfodol, sylweddol. **2.** *Med:* hypostatig.
hypostaticization *n. Theol:* hypostateiddiad *m*, hypostatiad *m*; *vn.* = **hypostatize.**
hypostatize *v.t.* hanfodoli, personoli.
hypostyle *a.* & *n. Arch:* **1.** *a.* colofnog, colofnol. **2.** *n.* pendist(-iau) *m*, colofnres(-i) *f.*
hyposulphite *n. Ch:* hyposylffit *m.*
hyposulphurous *a. Ch:* hyposylffyraidd.
hypotactic *a. Gram:* dibynnol.

hypotaxis *n. Gram:* trefn ddibynnol *f*, cystrawen ddibynnol *f*.
hypotension *n. Med:* gorisbwysedd *m*, isbwysedd *m*, pwysedd (*m*) isel y gwaed, pwysedd gwaed isel.
hypotensive *a.* gorisbwysol; **he's ~,** mae pwysedd ei waed yn isel.
hypotenuse *n. Geom:* hyp|otenws (hypotenysau) *m*.
hypothalamic *a.* hypothalamig.
hypothalamus *n. Anat:* hypoth|alamws *m*.
hypothec *n. Jur:* gwystl(-on,-au) *mf*, h|ypothec (hypotheciau) *m*.
hypothecary *a.* gwystlol, adneuol.
hypothecate *v.t.*, **hypothecation** *n.* morgeisio, gwystlo, adneuo, pridiannu.
hypothermal *a.* oerfelog.
hypothermia *n. Med:* oerfel *m*, diffyg (*m*) gwres, goroeri *vn*, rhynnu *vn*, rhyndod *m*, hypothermia *m*.
hypothermic *a. Med:* hypothermig.
hypothesis *n.* damcaniaeth(-au) *f*, tybiaeth(-au) *f*, rhagdybiaeth(-au) *f*, rhagosodiad(-au) *m*, hyp|othesis *m*; **working ~,** damcaniaeth weithredol (damcaniaethau gweithredol), damcaniaeth arbrofol; **null ~,** damcaniaeth nwl.
hypothesize *v.i.&t.* **1.** *v.i.* damcaniaethu. **2.** *v.t.* rhagdybio, tybio.
hypothetic[al] *a.* damcaniaethol, tybiedig, tybiadol, rhagosodol, hypothetig; *Phil:* **~ imperative,** gorchymyn rhagosodol/amodol *m*.
hypothetically *adv.* yn ddamcaniaethol.
hypothyroid, hypothyroidal *a. Med:* isthyroidol.
hypothyroidism *n. Med:* isthyroidedd *m*.
hypotonia *n. Med:* hypotonia *m*.
hypotonic *a.* isdonig.
hypotonically *adv.* yn isdonig.
hypotonicity *n.* isdonedd *m*.
hypotrophy *n.* gorfychander *m*.
hypovolaemia *n. Med:* hypofolemia *m*.
hypoxanthine *n.* hyposanthin *m*.
hypoxemia *n.* hypocsemia *m*.
hypoxemic *a.* hypocsemig.
hypoxia *n. Med:* diffyg (*m*) |ocsigen, hypocsia *m*.
hypoxic *a.* diffygiol mewn |ocsigen, hypocsig.
hypsographic[al] *a.* hypsograffig.
hypsography *n.* amlinelleg *f*, mapio (*vn*) amlinellau, hypsograffeg *f*.
hypsometer *n. Surv:* hypsomedr(-au) *m*.
hypsometric[al] *a. Surv:* hypsometrig.
hypsometry *n. Surv:* hypsometreg *f*.
hyracoid, hyracoidean *a.* hyracoidaidd.
hyrax *n. Z:* cwningen (cwningod) (*f*) y creigiau, hyracs(-od) *m*.
Hyrcanian *a.* Hyrcanaidd.
hyson *n.* te gwyrdd *m*, heison *m*.
hyssop *n. Bot:* isop *m*, gras (*m*) Duw.
hysterectomize *v.t.* tynnu'r groth, codi'r groth, *N: occ:* tynnu/codi'r fam.
hysterectomy *n. Surg:* hyster|ectomi (hysterectomïau) *m*, crothdrychiad(-au) *m*; *S.a.* **hysterectomize**.
hysteresis *n.* hysteresis *m*.
hysteretic *a.* hysteretig.
hysteria *n.* hysteria *m*, *F:* sterics *pl*, [y]stranciau *pl*, *A:* y famwst *f*.
hysteric *n.* **1.** *(pers.):* hysterig(-ion) *m&f.* **2.** *n.pl.* [y]stranciau, *F:* sterics, *S.W: occ:* stramante; **to have ~,** [y]strancio, cael sterics, mynd i sterics.
hysterical *a. Med:* hysteraidd, hysterig; *(laughter &c):* gwyllt, gorffwyll, afreolus.
hysterically *adv.* yn hysteraidd; *(loosely):* yn afreolus, yn orffwyll, yn wyllt.
hysteroid *a.* hysteraidd, hysteroidaidd.
hysterotomy *n. Surg:* crothdoriad(-au) *m*, agor (*vn*) y groth.
hystricomorphic *a.* ballasgog, ballasgffurf.
hyzone *n. Ch:* hyson *m*.

I

I, i[1] *n.* [llythyren] I, i (ïau) *f*; **to dot one's i's,** rhoi dot ar eich i; *Tp:* **I for Isaac,** I am Isaac. **I-band** *n.* band(-iau) (*m*) I. **I-beam** *n.* trawst(-iau) (*m*) I. **I.D. card** *n.* cerdyn (cardiau) (*m*) adnabod. ***i.e.*** *Lt.abbr.* (*= id est*)*:* h.y. (= hynny yw). **I.O.U.** *n.* dylednod(-au) *m*, ***I.O.U.(-s)*** *m*.

I[2] *pers.pron.nom.* **1.** *(simple form):* fi; *S.a.* **me. 2.** *(a) in literary Welsh, and (in the spoken language) in single word answers to questions,* **I** *is expressed by the 1st. sing. ending of the verb:* **I am,** *Lit:* wyf, ydwyf, *F:* ydw, *S: occ:* odw, otw; **I may/can,** gallaf; **I did,** gwneuthum, *F:* gwnes *&c*; *(b) in the Biblical and older literary language the verb is preceded by* mi a + *soft mut.:* **I know,** mi a wn; *(c) when* **I** *is heavily emphasized, the construction is* fi a + *soft mut. or* fi sydd yn (*or* sy'n) + *vn.;* **I say,** fi a ddywed; fi sydd yn dweud; fi sy'n dweud; **I'll see you home,** fi fydd yn dy ddanfon di adref; *(d) usually in spoken Welsh and often in the modern literary language, the verb is preceded by* fe *or* mi + *soft mut. and may be followed by an auxiliary pronoun,* i; **I ran,** fe/mi redais [i]; fi *also follows* dyma, dyna, dacw; **here I come,** dyma fi'n dod; *(in distance):* dacw fi'n dod; oeddwn *is preceded by* yr, 'r, *and may be reinforced by* mi *in spoken Welsh:* **I was,** [mi] 'roeddwn [i]; *(e) questions are introduced by the particle* a + *soft mut. before the verb form, without a preceding pronoun but with a pronoun following a verb;* a *is often omitted in speech; the negative particle is* oni, onid *(before a vowel):* **did I come?** [a] ddeuthum i? **didn't I come?** *Lit:* oni ddeuthum i? *F:* ddois/ddes i ddim? **didn't I go?** *Lit:* onid euthum i? *F:* ['d]es i ddim? *(f) (after impersonal forms, corresponding to the passive construction):* **I was followed,** dilynwyd fi. **3.** *(infixed pronoun preceding the impersonal form):* 'm; **I was seen,** fe'm gwelwyd [i]; *aspirates vowel:* **I was rescued,** fe'm hachubwyd i. **4.** *(emphatic reduplicated forms): Lit:* myfi, *F:* y fi; *constructed with* a *(often omitted in speech)* + *soft mut.* + *verb, or (in present tense) with* sydd yn + *vn.*; **it was I who failed,** *Lit:* myfi a fethodd, *F:* fi fethodd *(N.B. no verb-subject concord)*; **it is I,** *Lit:* myfi yw; myfi sydd yma; *F:* fi sy 'ma; **(who'll pay?) - not I!** (pwy fydd yn talu?) - wnaf i ddim, nid fi! **5.** *(conjunctive forms, translating* **and I, I also, I too,** *or to contrast with an unemphatic pronoun): Lit:* innau, finnau, minnau, *N:* inna *&c*, *S:* inne *&c*; **he took the blue and I took the red,** cymerodd ef yr un glas a chymerais innau'r un coch; **if he fails, I will fail too,** os metha ef, mi fethaf innau; **I came too,** mi ddeuthum/ddois/ddes innau [hefyd]; **he is as tall as I am,** mae ef cyn daled â minnau; **as I was passing,** a minnau'n mynd heibio. **6. if he were I,** petai ef yn fy lle/esgidiau i. **7.** *(as substantive):* fi *m*, myfi *m*; *Phil: Theol:* **the I,** yr Hunan; **I-thou relationship,** perthynas myfi-tydi.

I-ching *n.* I-tsing *m*.

iamb *n. Pros:* **= iambic 2.**

iambic *a. & n. Pros:* **1.** *a.* dyrchafedig, talgrwn (*f.* talgron, *pl.* talgrynion), iambig. **2.** *n.* corfan(-nau) talgrwn/dyrchafedig *mf*, iambig(-ion) *mf*.

iambus *n. Pros:* **= iambic 2.**

iatric[al] *a.* meddygol.

iatrogenic *a.* iatrogenig.

iatrogenically *adv.* yn iatrogenig.

Iberia *Pr.n. Geog:* Iberia *f*.

Iberian *a. & n.* **1.** *a.* Iberaidd. **2.** *n.* Iberiad (Iberiaid) *m&f*.

ibex *n. Z:* alpafr (alpeifr) *f*, creigafr (creigeifr) *f*, gafr (geifr) (*f*) y graig, gafr y creigiau, ibecs(-iaid) *m*.

ibidem *adv.* yn yr un man.

ibis *n. Orn:* **1.** *(Threskiornis aethiopica):* garan(-od) (*mf*) yr Aifft, ibis(-iaid) *m*. **2. glossy ~,** *(Plegadis falcinellus):* chwibanogl ddu (chwibanoglau duon) *f*, crymanbig ddu (crymanbigau duon) *f*.

Ibo *n.* **1.** *Ethn:* Ibo(-aid) *m&f*. **2.** *Ling:* Ibo *f*, *m*.

Ibsenian *a.* Ibsenaidd.

Ibsenism *a.* Ibsen[i]aeth *f*.

Ibsenite *n. & attrib.* **1.** *n.* Ibseniad (Ibseniaid) *m&f*. **2.** *attrib.* Ibsenaidd.

Icarian *a.* Icaraidd.

ice *n.* **1.** rhew(-oedd,-ogydd) *m*, *S:* iâ *m*; **black ~,** rhew/iâ du; **dead ~** rhew/iâ llonydd; *Ind:* **dry ~,** rhew/iâ sych; **a sheet of ~,** iäen (iaennau) *f*; **a cake of ~, a thin sheet of ~,** plymen(-nau,-ni) *f*; **(my feet are) like ~,** (mae fy nhraed i) fel rhew/iâ, 'n fferru, 'n rhewi, fel cerrig yr afon, fel talpiau o rew; **to break the ~,** *Fig:* torri'r iâ, torri'r ias; **to skate over thin ~,** sglefrio ar rew/iâ tenau; *F:* **that cuts no ~ with me,** ni thâl hynny ddim gen i; ni waeth gen i ddim am hynny; 'dyw hynny'n mennu dim arna' i; 'dyw hynny'n gwn|eud dim argraff arna' i; **(to put sth on) ~,** (rhoi rhth) heibio, i gadw. **2.** = **ice-cream. 3.** *P:* = **diamond. ~ action** *n.* effaith (*f*) rhew/iâ. **~ age** *n.* oes (*f*) rew (oesau/oesoedd rhew), oes iâ; *Geol:* **the I~ Age,** Oes y Rhew, Oes yr Iâ. **~-axe** *n.* bwyell (*f*) rew (bwyeill rhew), bwyell iâ, picas(-au) (*f*) iâ. **~-bag** *n.* bag(-iau) (*m*) rhew/iâ. **~ barrier** *n. Geog:* bar(-rau) (*m*) iâ/rhew. **~-blue** *a.* gw|elwlas (gwelwleision), glaswelw(-on). **~-boat** *n. N:* cwch (cychod) (*m*) rhew, *S:* bad(-au) (*m*) rhew. **~-boater** *n.* rhew-hwyliwr (~-hwylwyr) *m*. **~ boating** *vn.* rhew-hwylio. **~-bound** *a.* rhewgloëdig, rhewrwym, rhewgaeth, rhewsownd, rhewgaeëdig, yng ngafael rhew/iâ, yn gaeth gan rew/iâ, sownd mewn rhew/iâ. **~-box** *n.* **1.** cist (*f*) rew (cistiau rhew), cist iâ. **2.** *U.S:* = **refrigerator. ~-breaker** *n.* **1.** *(tool):* torrwr (torwyr) (*m*) rhew/iâ. **2.** *(ship):* llong (*f*) dorri rhew/iâ (llongau torri rhew/iâ). **~-brick** *n. Cu:* talp(-iau) (*m*) rhew/iâ. **~-bucket** *n.* bwced(-i) (*f*) iâ, bwced rew (bwcedi rhew). **~-cap** *n.* capan(-au) (*m*) rhew/iâ. **~-cold** *a.* rhewllyd, iasol, fferllyd, iasoer, oer fel rhew/iâ. **~-cream** *n.* hufen (*m*) iâ, *occ:* rhew melys *m*. **~-cube** *n.* clap(-iau) (*m*) rhew/iâ, cnap(-iau) (*m*) rhew/iâ, ciwb(-iau) (*m*) rhew/iâ. **~ dam** *n. Geog:* argae(-au) (*m*) iâ/rhew. **~-dammed** *a.* argaeëdig gan rew/iâ; *Geog:* **~-dammed lake,** cronlyn(-noedd) (*m*) rhew/iâ. **~-fall** *n.* cwymp(-au) (*m*) rhew/ iâ. **~-field** *n.* maes (meysydd) (*m*) rhew/iâ. **~-fish** *n. Ich:* pysgodyn (pysgod) (*m*) rhew/iâ. **~-floe** *n.* plymen (*f*) rew (plymenni rhew), plymen iâ. **~-flow** *n.* llif (*m*) iâ/rhew. **~ fog** *n.* niwl(-oedd) (*m*) iâ/rhew. **~-foot** *n.* troed (*mf*) iâ, godre(-on) (*m*) rhew/iâ. **~-free** *a.* heb rew/iâ. **~-front** *n.* ffrynt(-iau) (*mf*) rhew/ iâ. **~ hockey** *n.* hoci (*m*) rhew/iâ. **~-house** *n.* rhewdy (rhewdai) *m*, tŷ (tai) (*m*) iâ/rhew; **it's like an ~-house here,** mae hi'n ddigon oer i rewi cathod/llyffantod yma. **~-lobe** *n. Geog:* clusten(-nau,-ni) (*f*) iâ. **~ lolly** *n.* l|olipop(-s) (*m*) rhew. **~-machine** *n.* peiriant (peiriannau) (*m*) rhew/iâ. **~ milk** *n.* llaeth (*m*) rhew/iâ. **~-needles** *n.pl. Meteor:* nodwyddau rhew/iâ. **~-pack** *n. Geog: Med:* pac(-iau) (*m*) rhew/iâ. **~-peg** *n. Mount:* peg(-iau) (*m*) rhew/iâ. **~-pick** *n.* caib (*f*) rew/iâ (ceibiau rhew/ iâ). **~-plant** *n.* **1.** *Bot: (Mesembryanthemum crystallenum):* rhewlys(-iau) *m*, planhigyn (planhigion) (*m*) yr iâ. **2.** *Ind:* gwaith (gweithf|eydd) (*m*) rhew/iâ. **~-point** *n. Ph:* rhewbwynt *m*. **~-pudding** *n. Cu:* pwdin(-au) (*m*) rhew/iâ. **~-rink** *n.* llawr (lloriau) (*m*) sglefrio, llawr rhew/iâ. **~-sailing** *vn.* rhew-hwylio. **~-scoured** *a. Geog:* rhew-sgwriedig. **~-shattered** *a.* rhew-ddrylliog, rhew-ddrylliedig, a ddrylliwyd gan rew/iâ. **~-sheet** *n.* haen(-au) (*f*) iâ, haen rew (haenau rhew), plymen(-ni) *f* [o iâ/ rew]. **~-shelf** *n.* silff(-oedd) (*f*) iâ, silff rew (silffoedd rhew). **~-show** *n.* sioe(-au) (*f*) iâ, sioe rew (sioeau rhew). **~-skate** *n.* esgid(-iau) (*f*) sglefrio. **~-skater** *n.* sglefriwr (sglefrwyr) *m*, sgl|efrwraig *f*. **~-skating** *vn.* sglefrio [ar rew/iâ]. **~-storm** *n.* storm (*f*) rew (stormydd rhew), storm iâ. **~-tray** *n.* cafn(-au) (*m*) rhew/iâ. **~-water** *n.* *(a) (from glacier &c):* dŵr glas *m*; *(b)* *(cooled by ice)*: dŵr a rhew/iâ. **~-wool** *n.* edafedd sglein *m.* **~-yacht** *n.* = **ice-boat.**

ice² *v.t.* **1.** rhewi; **the pond was soon iced over,** yn fuan yr oedd plymen o rew dros y pwll; yn fuan yr oedd y pwll wedi rhewi drosto. **2. to ~ water,** rhoi rhew/iâ mewn dŵr, oeri dŵr â rhew/iâ. **3. to ~ a cake,** rhoi eisin ar deisen, eisio teisen. **4.** *Av:* **to ~ up,** rhewi drosodd.

iceberg *n.* mynydd(-oedd) (*m*) iâ/rhew, rhewfryn(-iau) *m*; **tabular ~,** mynydd iâ/rhew byrddol; **the tip of the ~,** crib (*mf*) y rhewfryn, pigyn (*m*) y rhewfryn.

iceblink *n.* llewy[r]ch (*m*) iâ/rhew.

iced *a.* **1.** *(= cold)*: rhewoer, iasoer. **2.** *(= covered with ice)*: yn rhew/iâ i gyd; **~ over,** wedi rhewi drosto, yn blymen o rew. **3.** *Cu:* **~ cake,** teisen(-nau) (*f*) eisin.

icekhana *n.* rhewgampau *pl.*

Iceland *Pr.n. Geog:* Ynys (*f*) yr Iâ, Gwlad (*f*) yr Iâ. **~ cockle** *n. Conch:* *(Arctica islandica)*: cocosen fawr (cocos mawr) *f.* **~ lichen/moss** *n. Bot:* *(Cetraria islandica)*: mwsogl/mwswm (*m*) Ynys yr Iâ. **~ poppy** *n. Bot:* *(Papaver nudicaule)*: pabi gwyn *m*, pabi Ynys yr Iâ. **~ spar** *n. Geol:* rhewrisfaen *m*, grisial (*m*) Gwlad yr Iâ.

Icelander *n.* Ynyswr (Ynyswyr) (*m*) yr Iâ, Yn|yswraig (*f*) yr Iâ, un o Wlad yr Iâ, Islandwr (Islandwyr) *m*, Isl|andwraig (Islandwragedd) *f*, Islandiad (Islandiaid) *m&f.*

Icelandic *a. & n.* **1.** *a.* [o] Ynys/Wlad yr Iâ, Islandaidd; **the ~ parliament,** senedd Ynys/Gwlad yr Iâ; **she's ~,** un o Ynys/Wlad yr Iâ yw hi; *(in language)*: Islandeg. **2.** *n. Ling:* Islandeg *f*, *m.*

iceman *n.m.* **1.** *U.S:* dyn(-ion) gwerthu rhew. **2.** *Myth:* **the I~,** y Gŵr o Fynydd yr Iâ.

Icenian¹, Icenic *a. Hist:* Icenaidd.

Icenian² *n.* Iceniad (Iceniaid) *m&f.*

ichabod *int. B:* ichabod.

ichneumon *n.* **1.** *Z:* *(Herpestes ichneumon)*: llygoden (llygod) (*f*) Ffaro, llygoden Ffrengig yr Aifft, ichnewmon(-iaid) *m.* **2.** *Ent:* **~-fly,** pryf(-ed) (*m*) ichnewmon, ichnewmon(-iaid) *m.*

ichnite *n. Paleont:* olfaen (olfeini) *m.*

ichnographic[al] *a.* seilargraffol.

ichnography *n.* **1.** seilargraffu *vn*, seilgynllunio *vn.* **2.** *(= ground-plan)*: seilgynllun(-iau) *m.*

ichor *n.* **1.** *Class.Myth:* icor *m.* **2.** *Med:* gôr *m*, crawn *m*, meiddlyn *m.*

ichorous *a. Med:* gorllyd, icorol.

ichthyic *a.* pysgodol.

ichthyofauna *n.* pysgod *pl.*

ichthyofaunal *a.* pysgodol.

ichthyographer *n.* pysgodegwr: pysgodegydd (pysgodegwyr) *m.*

ichthyography *n.* pysgodeg *f.*

ichthyoid¹, ichthyoidal *a.* pysgodaidd.

ichthyoid² *n.* pysgodolyn (pysgodolion) *m.*

ichthyol *n. Pharm:* ichthyol *m.*

ichthyologic[al] *a.* pysgodegol.

ichthyologist *n.* pysgodegwr: pysgodegydd (pysgodegwyr) *m.*

ichthyology *n.* pysgodeg *f.*

ichthyophagous *a.* pysgysol.

ichthyophagy *n.* pysgysiant *m*, bwyta (*vn*) pysgod.

ichthyornis *n. Z:* *pysgaderyn (pysgadar) *m.*

ichthyosaur *n.* pysgymlusgiad (pysgymlusgiaid) *m*, pysgfadfall(-od) *m*, |ichthyosor (ichthyosoriaid) *m.*

ichthyosaurian *a. & n.* **1.** *a.* ichthyosoraidd. **2.** *n.* = **ichthyosaur.**

ichthyosaurus *n.* = **ichthyosaur.**

ichthyosis *n. Med:* ichthyosis *m.*

ichthyotic *a. Med:* ichthyotig.

icicle *n. S:* cloch (clychau, *Lit: occ:* clych) (*f*) iâ, *N:* cloch rew (clychau rhew), *Lit:* pibonwyen (pibonwy) *f.*

icicled *a.* yn glychau rhew/iâ i gyd.

icily *adv.* yn iasol *&c.*

iciness *n.* ias *f*, ias oerni, ias oerfel; *(of welcome &c)*: oerfelgarwch *m*, oerni *m.*

icing *vn. & n.* **1.** *vn.* rhewi, llwydrewi, glasrewi, *N:* barugo, *F:* brigo; *(= cooling)*: oeri. **2.** *n. Cu:* eisin *m*; **feather ~,** eisin pluen; **fondant ~,** eisin ffondant; ***glacé* ~,** eisin *glacé*, eisin sglein; **royal ~,** eisin caled. **~ bag** *n.* bag(-iau) (*m*) eisin. **~ nozzle** *n.* tiwb(-iau) (*m*) eisin. **~ pump** *n.* pwmp (pympiau) (*m*) eisin. **~ sugar** *n.* siwgwr (*m*) eisin.

icker *n. Scot:* tywysen(-nau, tywys) *f.*

icky *a.* ych a fi.

icon *n.* eicon(-au) *m.*

iconic *a.* eiconig, eiconaidd.

iconicity *n.* eiconigrwydd *m.*

iconoclasm *n.* eiconoclastiaeth *f*, delwddrylliad *m*, dryllio (*vn*) delwau.

iconoclast *n.* drylliwr (dryllwyr) (*m*) delwau, dr|yllwraig (*f*) delwau, delwddrylliwr (delwddryllwyr) *m*, delwddr|yllwraig *f*, eic|onoclast (eiconoclastiaid) *m&f.*

iconoclastic *a.* delwddrylliol, eiconoclastig.

iconoclastically *adv.* yn ddelw-ddrylliol *&c*; gan ddryllio delwau.

iconographer *n.* eiconograffwr: eiconograffydd (eiconograffwyr) *m.*

iconographic[al] *a.* eiconograffig.

iconographically *adv.* yn eiconograffig.

iconography *n.* eicon|ograffi (eiconograffïau) *m*, eiconograffiaeth *f*, eiconograffeg *f*, delw-arluniaeth *f*, darlunyddiaeth *f.*

iconolater *n.* delw-addolwr (~-addolwyr) *m*, delw-add|olwraig *f.*

iconolatry *n.* delw-addoliad *m*, delw-addoliaeth *f*, addoli (*vn*) delwau.

iconological *a.* eiconolegol.

iconology *n.* eiconoleg *f.*

iconometer *n.* eiconomedr(-au) *m.*

iconometry *n.* eiconometreg *f.*

iconoscope *n.* eic|onosgop (eiconosgopau) *m.*

iconostasis *n. Ecc:* sgrîn (sgriniau) (*f*) eiconau, eiconostasis(-au) *m.*

icosahedral *a.* ugeinochrog.

icosahedron *n.* ugeinochr(-au) *mf*, ugeinochron(-au) *m*, icosahedron(-au) *m.*

icteric *a. Med:* icterig.

icterus *n.* = **jaundice.**

ictus *n. Pros:* pwyslais *m.*

icy *a.* rhewllyd, iasol, iasoer, oerias, fferllyd; *(manner)*: oer, oeraidd, oerllyd, iasol, anghynnes, anghynhesol.

id¹ *Lt.pron. & n.* **1.** *Lt.pron.* **~ *est* (*i.e.*),** hynny yw (h.y.). **2.** *n. Psy:* id *m.*

id² *n. Med:* brech *f.*

Ida *Pr.n. Eng.Hist: W.Lit: A:* Fflamddwyn *m.*

ide¹ *n. Ich:* *(Idus)*: id(-iaid) *m.*

ide² *n. Rom.Ant: See* **ides.**

idea *n.* syniad(-au) *m*; **a silly ~,** *S.W:* consaint: cwnsaint *m*; **the [very] ~!** am syniad! y fath syniad! **I had no ~ that...,** wyddwn i ddim fod...; *(= inkling)*: clem *f*, crap *m* **(of sth,** ar rth); **he has some ~ of chemistry,** mae ganddo ryw glem/grap ar gemeg; **have you any ~ where it is?** [a] oes gennych chi ryw amcan/syniad ble mae? *N.W: occ:* wyddoch chi amcan lle mae o? *F:* **what's the big ~?** beth sy ar dy ben di? beth yw/ydi ystyr peth fel hyn? beth yw/ydi dy feddwl di? **to put an ~ into s.o.'s head,** awgrymu rhth i rn, rhoi syniad ym mhen rhn; **he has big ideas,** mae am wn|eud melin ac eglwys; mae am wneud melin a phandy; *S.F:* un ogomus yw e; **to get ideas into one's head,** hel meddyliau, cael syniadau; **that's not my ~ of fun,** nid dyna fy syniad i o hwyl; nid dyna y byddaf i'n ei alw'n hwyl; **I had a kind of ~ (that you are related to him),** 'roedd gen i ryw syniad, 'roeddwn i'n cario rhyw syniad (eich bod chi'n perthyn iddo); *(after neg.)*: syniad, clem, crap, *S.W:* llefeleth: llyfeleth *f*, *N.W: occ:* narith *m*; **he has no ~,** mae'n un di-glem; 'does ganddo fawr o glem; *S.W: occ:* un dilefeleth yw e; **I've no ~,** 'does gen i ddim syniad; 'does gan i'r un amcan [daer], *S.W:* 'does dim llefelaeth 'da fi; *N.W: occ:* 'does gen i'r un narith; *N.E: occ:* 'does gen i'r un âm; *N.W: Joc:* 'does gen i ddim obadeia.

ideal *a. & n.* **1.** *a.* delfrydol; *R.t.m:* **~ milk, = milk (evaporated). 2.** *n. (a)* delfryd(-au) *mf*; *(b) Mth:* ideal(-au) *m.*

idealess *a.* disyniad, heb syniad.

idealism *n. (a)* delfrydiaeth *f*; *(b) Phil:* idealaeth *f.*

idealist *n. & a.* **1.** *n. (a)* delfrydwr (delfrydwyr) *m*, delfr|ydwraig *f*; *(b) Phil:* idealydd (idealwyr) *m.* **2.** *a. (a)* = **idealistic;** *(b) Phil:* idealaidd.

idealistic *a.* delfrydyddol, idealistig; *(also)*: *(pers.)*: delfrydgar.

idealisitically *adv.* yn ddelfrydyddol *&c.*

ideality *n.* delfrydedd *m*, delfrydoldeb *m*; *Phil:* idealrwydd *m.*

idealization *n.* delfrydiad *m*, delfrydu *vn*, delfrydoli *vn.*

idealize *v.t.* delfrydu, delfrydoli.

idealized *a.* delfrydol, delfrydoledig.
idealizer *n.* delfrydolwr (delfrydolwyr) *m*, delfryd|olwraig *f.*
idealless *a.* diddelfryd.
ideally *adv.* yn ddelfrydol.
ideate *v.t.&i.* **1.** *v.t.* dychmygu (rhth), synio (am rth). **2.** *v.i.* synio.
ideation *n.* syniadaeth *f*; *vn.* = **ideate.**
ideational *a.* syniadaethol.
idem *Lt.pron.* yr un.
idemfactor *n. Mth:* idemffactor(-au) *m.*
idempotent *a. Mth: Ph:* idempotent.
identic *a.* unffurf, unfath, unwedd.
identical *a.* yr un [yn union], o'r un fath, yr un ffunud (**to/with sth,** â rhth); unfath, unwedd; **~ twins,** gefeilliaid unwy, gefeilliaid un ffunud; **non-identical twins,** gefeilliaid deuwy, **our tastes are ~,** mae chwaeth pob un ohonom yn union yr un fath *or* yr un ffunud [â'i gilydd]; yr ydym yn hoffi'r un pethau yn union.
identically *adv.* yn unwedd, yn unfath, yn union yr un fath, yr un fath i'r dim.
identicalness *n.* unfathrwydd *m*; **when I compared them I saw their ~,** pan gymherais hwy â'i gilydd gwelais eu bod yr un fath yn union.
identifiable *a.* adnabyddadwy.
identifiably *adv.* yn adnabyddadwy.
identification *n.* **1.** *(= recognition):* adnabyddiaeth *f*; *(action):* adnabod *vn.* **2.** *(= self-association):* uniaethu *vn*, ymuniaethu *vn*, uniaethiad *m* (**with sth,** â rhth); arddeliad *m* (o rth); *occ:* arddel *vn* (rhth); ymarddel *vn* (â rhth); **his ~ with the workers was total,** yr oedd wedi uniaethu'n llwyr â'r gweithwyr. **~ card** *n.* cerdyn (cardiau) *(m)* adnabod. **~ division** *n. Cmptr:* adran *(f)* ddynodi (adrannau dynodi). **~ mark** *n.* nod(-au) *(mf)* adnabod, marc(-iau) *(m)* adnabod. **~ parade** *n.* rhes(-i) *(f)* adnabod/enwi. **~ plate** *n. Aut:* plât (platiau) *(m)* rhifau.
identified *a.* adnabyddedig, dynodedig.
identifier **1.** *n.* adnabyddwr (adnabyddwyr) *m*; *Cmptr: Mth:* dynodwr (dynodwyr) *m.* **2.** un sy'n uniaethu/ymuniaethu, uniaethwr: uniaethydd (uniaethwyr) *m*, ymuniaethwr: ymuniaethydd (ymuniaethwyr) *m.*
identify *v.t.* **1.** *(= recognize):* adnabod, enwi, dweud enw (rhth); *Cmptr:* dynodi; **to ~ a specimen,** enwi sbesimen. **2. to ~ oneself with sth,** ymgysylltu, ymarddel, ymuniaethu, uniaethu (â rhth); pleidio, arddel (rhth); **to ~ sth with sth,** uniaethu rhth â rhth.
identikit *n. & attrib.* **1.** *n.* **~ picture,** disgriflun(-iau) *m*, llun(-iau) *(m)* gwn|eud. **2.** *attrib.* disgrifluniol; *(= stereotyped):* ystrydebol, confensiynol.
identity *n.* **1.** *(= sameness):* union debygrwydd *m*, *occ:* unrhywiaeth *f*; *Mth:* unfathiant *m.* **2.** *(= who you are):* hunaniaeth(-au) *f*, pwy (ydych *&c*), uniaeth(-au) *f*; **false ~,** gau-hunaniaeth *f*; **the law of ~,** deddf *(f)* uniaeth; **his ~ is known,** fe wyddys pwy yw. **~ bracelet** *n.* breichled(-au) *(f)* enwi. **~ card** *n.* cerdyn (cardiau) *(m)* adnabod. **~ disc** *n.* disg(-iau) *(mf)* enw/enwi/adnabod. **~ crisis** *n. Psy:* argyfwng *(m)* hunaniaeth. **~ element** *n.* elfen(-nau) *(f)* unfathiant. **~ parade** *n.* rhes(-i) *(f)* adnabod/enwi.
ideogram *n.* geirarwydd(-ion) *m*, |ideogram (ideogramau) *m*, arwyddlun(-iau) *m.*
ideogrammic, ideogrammatic *a.* ideogramaidd.
ideographic[al] *a.* arwyddluniol, ideograffig.
ideographically *adv.* yn arwyddluniol *&c.*
ideography *n.* ideograffeg *f*, arwyddluniaeth *f.*
ideologic[al] *a.* ideolegol.
ideologically *adv.* yn ideolegol; **~ sound,** *F:* iach yn y ffydd; **~ unsound,** *F:* sigledig yn y ffydd.
ideologist, ideologue *n.* ideolegwr: ideolegydd (ideolegwyr) *m.*
ideology *n.* ideoleg(-au) *f*, athroniaeth(-au) *f*, dysgeidiaeth(-au) *f*, syniadaeth(-au) *f.*
ideomotor *a.* syniadgymhellol.
ides *n.pl. Rom.Ant:* [yr] idiau; *Lit:* **beware the ~ of March!** gochel idiau Mawrth!
idioblast *n. Biol:* |idioblast (idioblastau) *m.*
idioblastic *a. Biol:* idioblastig.
idiocy *n.* **1.** *(= idiotic state):* ynfydrwydd *m*, hurtrwydd *m*, hurtwch *m*, twpdra *m*, gwiriondeb llwyr *m*, *S:* dwli *m.* **2.** *(= idiotic thing):* gwiriondeb(-au) *m*, peth(-au) hurt *m*, hurtrwydd, dwli *m*, lol *f.*
idiographic *a.* idiograffig, unigryw, diriaethol.
idiolect *n. Ling:* priodiaith (priodieithoedd) *f*, |idiolect (idiolectau) *m.*
idiolectal *a.* idiolectaidd.
idiom *n.* **1.** *(= language):* iaith (ieithoedd) *f*, llafar *(m)* gwlad, *occ:* ieithwedd(-au) *f*, priodwedd(-au) *f*, llafarddull(-iau) *m.* **2.** *(= peculiar expression):* pri|od-ddull (priod-ddulliau) *m*, idiom(-au) *mf.*
idiomatic *a.* idiomatig, *occ:* priodweddol, priod-ddulliol, priod-ddulliog, *occ:* teithïog.
idiomatically *adv.* yn briodweddol *&c.*
idiomaticness *n.* idiomatigrwydd *m.*
idiomorphic *a.* idiomorffig.
idiomorphically *adv.* yn idiomorffig.
idiopathic *a.* idiopathig, priod-heintiol.
idiopathically *adv.* yn idiopathig *&c.*
idiopathy *n.* priod-haint (~-heintiau) *m.*
idioplasm *n.* |idioplasm (idioplasmau) *m.*
idioplasmatic, idioplasmic *a.* idioplasmig.
idiosyncrasy *n.* **1.** mympwy(-on) *m*, hynodrwydd *m*, hynodwedd(-au) *f*, odrwydd *m.* **2.** *Med:* anian(-au) *mf*, anianawd *m.*
idiosyncratic *a.* mympwyol, idiosyncratig, hynod.
idiosyncratically *adv.* yn fympwyol *&c*; wrth fympwy, yn ôl mympwy.
idiot *n. & a.* **1.** *n.* ynfytyn (ynfydion) *m*, gwirionyn (gwirioniaid) *m*, hurtyn(-nod) *m*, twpsyn (twps) *m*; *S.a.* **fool**; *Psy:* idiot(-iaid) *m*; **~ savant,** ynfytyn dawnus; **an ~ boy,** bachgen/hogyn gwirion. **2.** *a.* = **idiotic**; **his ~ ideas,** ei syniadau hanner-pan. **~-board** *n. T.V:* cofgerdyn (cofgardiau) *m.* **~-box** *n.* *(= television):* *occ:* y lantar *f*, lantar y lob.
idiotic[al] *a.* ynfyd, hurt, twp, hanner-pan, gwirion, idiotig *&c*; *S.a.* **foolish**; **don't be ~!** paid (peidiwch) â bod mor hurt!
idiotically *adv.* yn ynfyd *&c.*
idioticalness *n.* = **idiocy.**
idle[1] *a.* **1.** *(a) (= unoccupied):* segur, heb waith, di-waith; **in my ~ moments,** yn f'oriau hamdden; *(b) (machinery, workmen):* segur, llonydd, *occ:* gweili; **(a factory) standing ~,** (ffatri) segur, heb waith; **to run ~,** *(of machine):* troi'n weili; **capital lying ~,** cyfalaf segur; *Com:* **~ capacity,** potensial segur; *(c) Mec.E:* **~ motion,** symudiad coll/gweili; **~ period,** *(in cycle &c):* cyfnod segur/gweili *m.* **2.** *(= lazy):* segur, diog, dioglyd, *occ:* diffaith, didoreth, ofer; **the ~ rich,** y cyfoethogion segur. **3.** *(= futile):* ofer, gwag, disylwedd, dibwrpas, di-sail; **an ~ wish,** dymuniad ofer; **~ talk,** siarad gwag/ofer *m*, gwagsiarad *m*, malu *(vn)* awyr, cleber *mf*, clonc *f*; **~ threats,** bygythion ofer *&c*; **~ speculation,** dyfalu ofer; **out of ~ curiosity, through ~ curiosity,** o/gan chwilfrydedd pur, *N.W:* o ran ymyrraeth, *S.W:* o ran meddwl.
idle[2] *v.i.* **1.** diogi, segura, ofera, hamddena, swmera, gwagswmera, loetran, *N.W: occ:* clertian, stelcian, *S: occ:* rodnian, seguran, hewcan *N.W: Fig:* dal [eich] dwylo, magu cathod, *S.W: occ:* barcutana, didach, colso, colsan, pencawna, magu'r gath; **to ~ (about the streets),** segura, sefyllian, gwagswmera (hyd y strydoedd); **to ~ one's time away,** gwagswmera, ofera, segura. **2.** *Aut: (of engine):* **to ~ [over],** troi'n hamddenol, troi'n weili/segur.
idleness *n.* **1.** *(= inaction):* segurdod *m*, seguryd *m*; **to live in ~,** segura, byw'n segur. **2.** *(= futility):* oferedd *m.* **3.** *(= laziness):* diogi *m.*
idler *n.* **1.** diogyn(-nod) *m*, segurwr (segurwyr) *m*, oferwr (oferwyr) *m*, seguryn (segurwyr) *m*, segurddyn(-ion) *m*, gwagswmerwr (gwagswmerwyr) *m*, dyn(-ion) diog *m*, *N.W: occ:* hwtlach *mf*, hwlcyn *m*, hwlyn *m*, halbar *m*, dyn lleuog *m*, hen baldi diog *m*, *S.W:* pwdryn (pwdrod) *m*, rodni(-s) *m.* **2.** *Mec.E:* **~ [wheel],** olwyn *(f)* gyswllt (olwynion cyswllt). **~ pulley** *n.* pwli (pwlïau) *(m)* gweili.
idling *vn.* **~ speed,** *n. Mech.E:* cyflymder *(m)* segura, cyflymder troi'n weili/segur.
idly *adv.* 1. yn segur *&c*; yn ofer; yn ddiog *&c.* 2. **to stand by ~ while sth happens,** aros/sefyll yn ddidaro tra mae rhth yn digwydd; **to look ~ at sth,** edrych yn ddidaro ar rth. 3. **to run ~,** *(of machine &c):* troi'n wag/weili.
Ido *n. Ling:* Ido *f*, *m.*
idocrase *n. Miner:* |idocras *m.*

idol *n.* eilun(-od) *m, occ:* delw(-au) *f; S.a.* **matinee.** **~-worship** *n.* eilunaddoliaeth *f*, eilunaddoliad *m*, eilunaddoli *vn*, delw-addoliaeth *f*, delw-addoliad *m*, delw-addoli *vn*, addoli (*vn*) delwau/eilunod.
idolater *n.* eilunaddolwr (eilunaddolwyr) *m*, delw-addolwr (~-addolwyr) *m*; *Fig:* addolwr (addolwyr) *m*, edmygydd (edmygwyr) *m*.
idolatress *n.f.* eilunadd|olwraig, delw-add|olwraig, *Fig:* add|olwraig (addolwragedd).
idolatrous *a.* eilunaddolgar, delw-addolgar.
idolatrously *adv.* yn eilunaddolgar *&c.*
idolatrousness, idolatry *n.* eilunaddoliaeth *f*, eilunaddoliad *m*, eilunaddoli *vn*, addoli (*vn*) eilunod; **on this side of ~,** heb wn|eud eilun (o rn).
idolization *n.* eilunaddoli *vn*, eilunaddoliad *m*.
idolize *v.t.* addoli (rhn); gwirioni, dotio, mopio, dwli (ar rn).
idolizer *n.* = **idolater, idolatress.**
idolum *n.* delwedd(-au) *f*, syniad(-au) *m*; *(= fallacy):* geudyb(-iau) *mf*, geuedd(-au) *m*.
Idumaea *Pr.n. B:* Edom *f.*
Idumaean *a. & Pr.n. B:* **1.** *a.* Edomaidd, [o] Edom. **2.** *Pr.n.* Edomiad (Edomiaid) *m&f*, Edomes(-au) *f*.
idyll *n. Lit:* eidyl(-iau) *f*; *(= pastoral):* bugeilgerdd(-i) *f*; *(= romance):* rhamant(-au) *f*; *Mus:* bugeilgan(-au) *f*.
idyllic *a.* eidylaidd, eidylig; swynol-syml; rhamantus; *(= paradisial):* paradwysaidd, gwynfydedig, delfrydol.
idyllically *adv.* yn eidylaidd *&c*; **we were ~ happy,** 'roeddem yn wynfydedig o ddedwydd; 'roeddem mewn gwynfyd/ dedwyddwch pur; 'roeddem yn hollol ddedwydd ein byd.
idyllist *n.* eidylydd(-ion) *m*.
idyllize *v.t.* eidyleiddio; *(= romanticize):* rhamanteiddio.
IEEE interface *n. Cmptr:* rhyngwyneb (*m*) IEEE.
if *conj. A. In "real" or "open" conditional sentences, i.e. where the principal clause does not speak of what would be or would have been, and where the if-clause implies nothing as to fact or fulfilment:* os, *Lit: & A: B:* o, od *(before vowel). In this category, if not* = os na + *soft mut., before vowels* os nad, *Lit:* oni, onid; **~ he did this, he was at fault,** os gwnaeth hyn, yr oedd ar fai; **~ he didn't listen (he must have been stupid),** os na wrandawodd, *Lit:* oni wrandawodd (rhaid ei fod yn dwp); **~ I'm late, I'm sorry,** os wyf yn hwyr, mae'n ddrwg gen i; *N.B. in future time, the simple present/future tense is normally used, not the compound or periphrastic tense;* **~ ever you see him, give him my regards,** os byth y gwelwch ef, cofiwch fi ato; **~ I don't get it,** os na chaf i ef, *Lit:* onis caf, oni chaf ef; **~ [it be] so,** os felly [y mae hi]; **~ necessary,** os oes/bydd raid. *Construction with the third person of the present tense of* bod: *(a) with a definite subject:* **~ he/she/it is,** os yw/ydyw, *Lit: occ:* od yw; *neg:* os nad yw, *Lit:* onid yw; **~ he believes that,** os yw'n credu hynny; **~ your brother is at home,** os yw eich brawd gartref; **~ he is not at home,** os nad yw gartref; onid yw gartref; **(I'll see you ~ I'm there), ~ not I'll write,** (fe'ch gwelaf chi os byddaf yno), os na byddaf mi ysgrifennaf, onide mi ysgrifennaf; **~ you did (you are at fault),** os gwnest ti, os do ('roeddet ti ar fai); **~ you didn't (you're innocent),** os na wnest ti, os naddo ('rwyt ti'n ddieuog); **~ not,** *abs.* onidê; *(b) with an indefinite subject followed by* y + *vn. or* yn + *a.:* os yw; *neg:* os nad yw/ydyw, os na fydd/bydd; *Lit: occ:* od yw; *neg:* onid yw, oni fydd/bydd; **~ people think,** os yw pobl yn meddwl...; **~ a lad is strong,** os yw bachgen yn gryf...; *HOWEVER N.B.* **~ there are people who think,** os oes/ bydd pobl yn meddwl, os oes/bydd pobl sy'n meddwl; **~ there's anyone who objects,** os oes/bydd rhywun yn gwrthwynebu; *(c) where the definite subject is emphasized:* os *(often followed by* mai/taw *in spoken Welsh, though considered unnecessary in the written style)*; *neg:* os nad, *Lit:* onid; **~ this isn't the man I saw (I don't know who it was),** os nad y dyn hwn a welais i, *Lit:* onid y dyn hwn a welais i (yna ni wn i pwy oedd); **~ Gwyn wins,** *Lit:* os Gwyn a gaiff y wobr, *N:* os mai Gwyn [a] gaiff y wobr, *S:* os taw Gwyn a gaiff y wobr; **~ it's shoes you're looking for...;** os mai/taw am esgidiau yr ydych yn chwilio...; *(d) with an indefinite subject:* os + oes, *Neg:* os nad oes, *Lit:* onid oes; **~ there is anyone here,** os oes rhywun yma; *with ref. to future time:* os bydd rhywun yma; **~ there's no-one there,** os nad oes neb yno, *Lit:* onid oes neb yno; *with ref. to future time:* os na fydd neb yno, *Lit:* oni fydd/bydd neb yno; **~ you have the time,** os oes/bydd gennych amser; **~ there's anything wrong,** os oes/ bydd rhywbeth yn bod; **~ any of them is rotten, throw them all away,** os oes/bydd unrhyw un ohonynt yn ddrwg, teflwch hwy i gyd; *(e)* **the water was warm, ~ anything,** yr oedd y dŵr yn gynnes, os rhywbeth; **~ so,** os felly; **it was difficult, ~ not impossible,** 'roedd yn anodd, onid yn amhosibl; **he'll give you a pound for it, ~ that,** fe gewch bunt ganddo amdano, os hynny; **pleasant weather, ~ rather cold,** tywydd braf, er braidd yn oer; *(e)* **~ ... not,** *(= unless):* onib|ai + bod *(vn. only)*: **(she would have drowned) ~ I hadn't been there,** (fe fyddai hi wedi boddi) onibai fy mod i yno, onibai i mi fod yno; *(f) (= as long as, if only):* cyhyd â/ag, *N:* am + *indicative or Lit: subjunctive,* ond + *vn.*; **(he works hard) ~ only he's paid well,** (mae'n gweithio'n galed) cyhyd ag y caiff gyflog da, ond iddo gael cyflog da, *N:* am y caiff gyflog da; am *is not used to introduce negative clauses;* **(he works hard) ~ only he's not ill-treated,** (mae'n gweithio'n galed) gyhyd na bo'n cael ei gam-drin, ond iddo beidio â chael ei gam-drin. *B. "Unreal" or "hypothetical" conditions, in which the principal clause speaks of what would be or what would have been;* **if** *is expressed by* pe (*neg.* pe na[d]) + *imperfect tense when referring to present or future time,* + *pluperfect when referring to past time. Of the verb* bod *are used after* pe *the forms* byddwn, byddit, byddai, byddem, byddech, byddent; *impersonal:* byddid, *or one uses the contracted forms* pe bawn, pe baet, pe bai, pe baem, pe baech, pe baent, *often* pet|awn, pet|aet, pet|ae/pet|ai, pet|aem, pet|aech, pet|aent; **~ I were you...,** petawn i'n ti; petawn i yn dy le di; **(even) ~ he had said so...,** (hyd yn oed) petae wedi dweud hynny, pe byddai wedi dweud hynny, pe dywedasai hynny; **(even) ~ you gave me a hundred pounds...,** (hyd yn oed) petaech yn rhoi canpunt i mi, pe rhoddech ganpunt i mi; **~ I had only known!** petawn i [ddim] ond yn gwybod! **~ [only] I hadn't said that!** petawn i heb ddweud hynny! o na bawn heb ddweud hynny! trueni fy mod i wedi dweud hynny! trueni imi ddweud hynny! **~ only he comes in time!** petai ond yn cyrraedd mewn pryd! *C. if = whether, introducing indirect questions, after verbs of asking, doubting, wondering &c: (the use of* os *in this sense is an Anglicism and a grotesque solecism):* **1.** *in unemphatic affirmative questions:* a + *soft mut. (often omitted in speech)*; **do you know ~ he is at home?** a wyddoch chi a yw/ydyw ef gartref (*not* os yw)? **I wonder ~ she knows,** tybed [a] ŵyr hi; tybed a yw hi'n gwybod? **I'll ask ~ she went or not,** mi ofynnaf a aeth hi ai peidio; **one wonders ~ he wasn't right after all,** tybed nad oedd yn iawn wedi'r cwbl; **I doubt ~ they'll agree,** mae'n amheus gennyf a gytunant; **he asked ~ they weren't tired,** gofynnodd onid oeddent wedi blino. **2.** *where a part of the indirect question is emphasized:* ai; *neg:* oni[d] *before a verb,* onid *before a noun, pronoun &c;* **I asked ~ it was a man she saw,** gofynnais ai dyn a welodd hi (*not* os mai)? **they were asking ~ it was Gwyn or Gareth who won,** holent pa un (*F:* p'run, p'un) ai Gwyn ynteu Gareth a enillodd; **(I asked him) ~ he hadn't seen the place,** (gofynnais iddo) oni welsai'r lle, onid oedd wedi gweld y lle. *D. n.* os *m*; **no ifs or buts,** heb os nac onibai; *Prov:* **if "ifs" and "buts" were pots and pans, there'd be no trade for tinkers,** pe bai'r Wyddfa'n gaws mi fyddai'n haws cael cosyn.
iffiness *n.* ansicrwydd *m*.
iffish, iffy *a. F:* amh|eus, ansicr, peryglus.
Ifton *W.Pl.n.* Ifftwn *mf*.
igloo *n.* tŷ (tai) (*m*) rhew/iâ, iglw (iglŵau) *m*.
igneous *a.* tanllyd, igneaidd; **~ rock,** craig (creigiau) igneaidd *f*, llosgfaen (llosgfeini) *m*.
ignescent *a. (a)* gwreichionog; *(b)* = **volatile.**
igniferous *a.* tanddwyn.
ignis fatuus *n.* tân (*m*) ellyll, *F:* Jac (*m*) lantar, *Lit:* malltan *m*, cannwyll (*f*) gorff, ellylltan *m*, *occ:* tân Annwn, *A:* llewy[r]n *m*, hudlewy[r]n *m*.
ignitable *a.* cyneuol, cyneuadwy, taniadwy.
ignite *v.t.&i.* **1.** *v.t.* cynnau, tanio (rhth); rhoi (rhth) ar dân; rhoi tân (ar rth); *occ:* goleuo, *S:* cynnu (rhth). **2.** *v.i.* cynnau, tanio, mynd ar dân.
igniter *n.* taniwr (tanwyr) *m*, cynheuwr (cynheuwyr) *m*.
ignition *n.* **1.** *Exp: Min: &c:* taniad(-au) *m*, tanio *vn*. **2.** *I.C.E:* [y] tanio *m*, tanwaith *m*. **~ circuit** *n.* cylched(-au) (*m*) tanio. **~ coil** *n.* torch (*f*) danio (torchau tanio). **~ key** *n. S:* allwedd (*f*) danio (allweddi tanio), *N:* agoriad(-au) (*m*) tanio.

ignitron *n. El:* ignitron(-au) *m.*
ignobility *n.* taeogrwydd *m.*
ignoble *a.* **1.** *A: (= of low birth):* iselradd. **2.** *(= shameful):* annheilwng, gwael, sâl, salw, israddol, iselwael, gwarthus, cywilyddus, *Lit:* taeogaidd, dianrhydedd, difonedd, difoes, ansyber.
ignobleness *n.* gwarth *m,* gwarthusrwydd *m; S.a.* **ignobility.**
ignobly *adv.* yn annheilwng, yn warthus *&c.*
ignominious *a.* diurddas, anurddasol, gwarthus, cywilyddus, gwaradwyddus, dan warth.
ignominiously *adv.* yn ddiurddas *&c;* mewn gwarth, mewn gwaradwydd.
ignominiousness, ignominy *n.* anurddas *m,* cywilydd *m,* gwarth *m,* anfri *m,* gwaradwydd *m.*
ignorable *a.* anwybyddadwy, y gellir ei anwybyddu, dibwys.
ignoramus *n.* twpsyn (twps, twpsod) *m,* un (rhai) anwybodus *m&f,* anwybodusyn (anwybodusion) *m.*
ignorance *n.* anwybodaeth *f, occ:* anwybod *m;* **~ is bliss,** melys pob anwybod; mewn anwybod y mae nef; *Theol:* **invincible ~,** anwybodaeth anorchfygol; **in ~,** yn ddiarwybod; **in ~ of sth,** heb wybod rhth, heb wybod am rth.
ignorant *a.* anwybodus **(of sth,** o rth, ynghylch rhth); *(= unaware):* diarwybod.
ignorantly *adv.* yn anwybodus.
ignorantness *n.* **= ignorance.**
ignoratio elenchi *n. Log:* geubrawf *m.*
ignore *v.t.* **1.** anwybyddu. **2.** *Jur:* **to ~ a bill,** gwrthod inditiad. **~ character** *n. Cmptr:* nod(-au) *(mf)* anwybyddu.
ignorer *n.* anwybyddwr (anwybyddwyr) *m,* anwyb|yddwraig *f.*
Igorot *a. & n.* **1.** *a.* Igorót, Igorotaidd; *(in language):* Igoroteg. **2.** *n. (a) Ethn:* Igorót (Igorotiaid) *m&f; (b) Ling:* Igoroteg *f, m.*
Igraine *Pr.n.f.* Eigr.
iguana *n. Z:* igwana(-od) *m;* **rhinoceros ~,** igwana corniog.
iguanid *n. Rept:* igwanid(-au) *m.*
iguanodon *n. Paleont:* igw|anodon (igwanodoniaid) *m.*
ihram *n. Cost:* ihram(-au) *m.*
ikebana *n.* trefnu *(vn)* blodau, icebana *m.*
ikon *n.* **= icon.**
ilang-ilang *n. Bot:* ilang-ilang(-au) *m.*
ileal *a. Med:* ilëol.
ileitis *n.* ile|itis *m,* ilëwst *m,* llid *(m)* yr ilëwm.
ileostomy *n. Med:* ile|ostomi *m.*
ileum *n. Anat:* ilëwm (ilea) *m,* glasgoluddyn (glasgoluddion) *m.*
ileus *n. Med:* ilëws *m,* cnofa *f,* cnoi *vn, F:* cwlwm *(m)* perfedd.
ilex *n. Bot:* **1.** *(= holm-oak):* derwen fytholwyrdd (derw bytholwyrdd) *f,* glastannen (glastanenni) *f.* **2. = holly.**
iliac *a. Anat:* coluddaidd, iliag; **~ passion, = ileus.**
Iliad *Pr.n. Lit:* yr Ilias *f,* yr Iliad *f.*
Iliadic *a.* Iliadaidd.
ilial *a.* **= iliac.**
ilium *n. Anat:* tenewyn(-au) *m,* iliwm (ilia) *m.*
ilk *n.* **1.** *Scot:* **of that ~,** o'r un enw, o'r unrhyw, o'r fath; **people of that ~,** pobl o'r fath, y math hwnnw o bobl, rhai felly, rhywrai felly. **2.** *F: (= family, class, set):* teulu *m,* criw *m.*
ill *a., n. & adv.* I. *a. (S.a.* **worse, worst);** **1.** *(a) (= harmful):* drwg *(comp. forms:* cynddrwg, gwaeth, gwaethaf), niweidiol, andwyol, adfydus, anffodus **(for sth,** i rth); **~ effects,** drwg effeithiau, afles *m,* niwed *m;* **~ fortune, ~ luck,** anlwc *fm,* anffawd *f,* an[h]ap *mf;* **as ~ luck would have it,** yn anffodus, fel yr oedd waetha'r modd; **~ success,** aflwydd *m,* aflwyddiant *m,* methiant *m;* **for good or ~,** er gwell [neu] er gwaeth; **(to do s.o.) an ~ turn,** (gwneud) tro gwael, tro sâl, *N.W: occ:* tro ffadin, tro Gwyddel (â rhn); *prov:* **it's an ~ wind that blows nobody any good,** ni fu erioed ddrwg na fu'n dda/ddaioni i rn; drwg yw'r gwynt na chwytho dda i neb; drwg yw da eraill; *(b) (= immoral):* drwg; **a house of ~ repute/fame,** tŷ ac iddo enw drwg, tŷ drwg, puteindy (puteindai) *m.* **2.** *(= sick):* gwael, claf (cleifion), *occ:* afiach, llegach, *N:* sâl, *N: F:* ciami, gwantan, gwanllyd, cwla, symol, *S:* tost, sâl, shimpil, anhwylus, gwanllyd, yn achwyn, yn clafychu, *occ:* yn eil, yn oilin; **I hear you've been ~,** 'rwy'n clywed ichi fod yn cwyno/achwyn; *N: occ:* 'rydw i'n clywed cwyno ichi; **to fall ~, to be taken ~,** mynd yn wael, mynd yn sâl, *Lit:* clafychu; **I felt very ~,** *N:* 'roeddwn i'n sâl fel ci; 'roeddwn i'n swp sâl; *S.W:* 'roeddwn i'n sâl swps. **3.** *(= hostile, unkind):* cas, gelyniaethus, gwrthnysig; **~ blood, ~ feeling, ~ will,** casineb *m,* cas *m,* gelyniaeth *f,* atgasedd *m,* drwgdeimlad *m,* drwgewyllys *m* **(towards s.o.,** tuag at rn); *F:* gwenwyn *m* (i rn); **~ nature,** natur filain/ddi-serch/surbwch/sarrug/afrywiog/gas *f,* sarugrwydd *m,* mileindra *m,* casineb *m,* surbychni *m, Lit:* dryganian *f;* **~ health,** afiechyd *m,* gwaeledd *m,* anhwylder *m, N:* salwch *m, S:* tostrwydd *m;* **~ humour, ~ temper,** tymer ddrwg *f,* hwyl ddrwg *f,* hwyliau drwg *pl,* drwgdymer *f,* piwisrwydd *m, S.W:* natur [ddrwg] *f;* **~ will,** drwgewyllys *f,* malais *m,* mileindra *m,* gelyniaeth *f,* cenfigen *f* **(towards s.o.,** tuag at rn); **to bear s.o. ~ will,** cenfigennu wrth rn, bod â dant i rn, bod â chyllell yn rhn, *N.W:* bod am ladd rhn. **4.** *(= faulty):* drwg, gwael, diffygiol, beius; **~ taste,** diffyg *(m)* chwaeth; **~ management,** diffyg *(m)* rheolaeth; **with an ~ grace,** yn anfoddog, o'ch anfodd, yn amharod, yn gyndyn, *V:* o hyd eich tin. II. *n.* **1.** *(= evil, harm):* drwg *m,* drygioni *m;* **to do ~,** gwneud drygioni, gwneud drygau; **to speak ~ of s.o.,** lladd ar rn, rhedeg ar rn, difenwi rhn, *Lit:* enllibio rhn, athrodi rhn. **2.** *(= damage):* niwed (niweidiau) *m,* drwg, difrod *m* **(to s.o./sth,** i rn/rth); *(= injustice):* cam *m* **(to s.o.,** â rhn). **3.** *pl.* **ills,** gwae *m,* gwaeau *pl,* gofid *m,* gofidiau *pl,* trallod *m,* trallodion *pl,* adfyd *m,* blinder *m,* blinderau *pl,* helbul *m,* helbulon *pl,* trafferth *f,* trafferthion *pl.* III. *adv. (comp.* worse, worst). **1.** *(= wrongly, badly):* yn wael, yn chwithig, o chwith; *(= unjustly):* ar gam; **he behaved ~,** fe fu'n ymddwyn yn wael; **to take sth ~,** cymryd rhth o chwith; **it will go ~ with them,** fe dalan nhw'n ddrud amdano; fe gân nhw ddrwg; fe'i cân nhw hi; fe fydd yn edifar ganddyn nhw. **2. I can ~ afford to go,** prin y gallaf fforddio mynd; o'r braidd y gallaf fforddio mynd; **it ~ becomes you to do that,** prin y gwedda ichwi wneud hynny. **3. ~ at ease,** *(= uncomfortable, embarrassed):* anniddig, anesmwyth, anghysurus, anghyfforddus, annifyr, chwithig; *(= worried):* pryderus, anniddig, anesmwyth. **~-advised a.** annoeth, disynnwyr. **~-advisedly** *adv.* yn annoeth. **~-affected** *a.* anffafriol, gelyniaethus, anffyddlon **(towards s.o.,** i rn); maleisus, cenfigennus (tuag at rn); drygnawsus. **~-assorted** *a.* anghymharus, anghydweddol, anghydmarus, annhebyg. **~-behaved** *a.* drwg [eich ymddygiad], afreolus, aflywodraethus, *F:* difaners. **~-being** *n.* **= ill health, ill fortune. ~-boding** *a.* drwgargoelus. **~-bred** *a.* di-foes, difonedd, afledneis, anfoesgar, anghwrtais, *F:* difaners. **~ breeding** *n.* anfoesgarwch *m,* anghwrteisi *m, occ:* anfoes *f,* drygfoes *f, F:* diffyg *(m)* maners. **~-conditioned** *a.* **1.** *(= malicious):* **= ill-disposed. 2.** *(= in poor condition):* gwael, salw, tila, di-raen, mewn cyflwr gwael, *N:* symol. **~-considered** *a.* byrbwyll. **~-contrived** *a.* anghelfydd, aflêr, blêr, di-drefn, di-lun. **~-defined** *a.* amwys, aneglur, ansicr, annelwig, anniffiniedig. **~-deserved** *a.* anhaeddiannol, annheg, dihaeddiant. **~-disposed** *a.* **1.** *(= malicious):* maleisus, milain, mileinig **(towards s.o.,** tuag at rn); gwenwynllyd, cenfigennus (wrth rn); gwrthnysig, *Lit:* drygnaws, drygnawsus, drygionus, drygweddog, dryganianus, anynad, afrywiog. **2.** *(= unfavourably disposed):* anghefnogol, anffafriol (i rn); amharod i gefnogi (rhn); heb fod o blaid (rhn); anewyllysgar, amharod, anchwannog; **I was ~-disposed to go,** 'roeddwn yn amharod i fynd; 'doedd arnaf fawr o awydd mynd. **~-fated** *a. (pers.):* anffodus, anffortunus, drwg eich tynged; *(expedition &c):* aflwyddiannus, ofer, seithug, trychinebus; *(day):* enbyd, drwgargoelus, drygargoelus, anffafriol, chwithig. **~-favoured** *a.* anhardd, diolwg, anolygus, salw, plaen, annymunol, anatyniadol. **~-feeling** *n.* drwgdeimlad *m,* cas *m,* casineb *m* **(towards s.o.,** tuag at rn). **~-founded** *a.* di-sail, disylwedd, ar seiliau gwael. **~-gotten** *a.* lladrad; **~-gotten gains,** budrelw *m,* arian *(m)* lladrad, arian twyll. **~-humoured** *a.* drwg eich tymer, sarrug, croes, piwis, afrywiog, *N:* blin, *S.W:* drwg eich natur, naturus, *S.E:* twrchaidd; **an ~-humoured man,** twrchyn *m,* sinach *m,* eurach *m,* cingroen *m (pronounced* ng-g). **~-informed** *a.* anwybodus, heb wybod **(about sth,** ynghylch rhth). **~-intentioned** *a.* drwg eich bwriad, maleisus, milain, mileinig. **~-judged** *a.* annoeth, byrbwyll. **~-looking** *a.* diolwg. **~-mannered** *a.* anghwrtais, anfoesgar, di-foes, difaners, *N.W: occ:* anfanesol. **~-matched** *a.* anghymharus, anghydweddog, anghyfartal, annhebyg. **~-natured** *a.* angharedig, annymunol, cas, milain, mileinig, maleisus, anraslon, anrasol, di-ras, blin, afrywiog. **~-naturedly** *adv.* yn angharedig *&c.* **~-naturedness** *n.* angharedigrwydd *m,* casineb *m,* malais *m,* mileindra *m,* natur ddrwg *f.* **~-omened** *a.*

drwgargoelus, drygargoelus, drwg ei argoelion. **~-pleased** *a.* anfodlon (**with sth,** ar rth). **~-qualified** *a.* anghymwys, anaddas (**for sth,** ar gyfer rhth). **~-sorted** *a.* = **ill-matched.** **~-sounding** *a.* anhyfryd, amhersain. **~-starred** *a.* anffodus, aflwyddiannus, trychinebus; *S.a.* **~-omened.** **~-tempered** *a.* drwg eich tymer, croes, blin, piwis *&c*; *S.a.* **ill-humoured.** **~-temperedly** *adv.* yn ddrwg eich tymer *&c.* **~-timed** *a.* anamserol, camamserol, anghyfl|eus, annhymig, a amserwyd yn wael. **~-treat** *v.t.* camdrin, *N:* hambygio, llibindio, piwsio, *S.W: occ:* drelo. **~-treatment** *n.* camdriniaeth *f*, cam-drin *vn.* **~-usage** *n.* camdriniaeth *f.* **~-use** *v.t.* **1.** *(= ill-treat):* cam-drin. **2.** *(= treat unfairly):* gwneud cam â rhn; **I was ~-used,** mi gefais gam. **~-willed** *a.* cenfigennus, milain, dreng, *S.W:* diffeth. **~-wisher** *n.* drwgewyllysiwr (drwgewyllyswyr) *m*, drwgewylll|yswraig *f.*

illation *n.* casgliad(-au) *m*, canlyniad(-au) *m*, did[d]wythiad(-au) *m.*

illative[1] *a.* & *n.* **1.** *a. Phil:* casgliadol, did[d]wythol; *Gram:* mynedol. **2.** *n. Gram:* y cyflwr mynedol *m.*

illatively *adv.* yn gasgliadol; *Gram:* yn fynedol.

illaudable *a.* anghlodforus, anghanmoladwy, anhyglod.

illaudably *adv.* yn anghlodforus *&c.*

illegal *a.* anghyfreithlon, croes i'r gyfraith; *Cmptr:* **~ character,** nod(-au) anghyfreithlon *m*; *Jur:* **~ harrassment,** aflonyddu (*vn*) anghyfreithlon, tarfu (*vn*) anghyfreithlon (**of s.o.,** ar rn).

illegality *n.* anghyfreithlondeb *m*, anghyfreithlonrwydd *m.*

illegalization *n.* anghyfreithloniad *m*, anghyfreithloni *vn.*

illegalize *v.t.* anghyfreithloni.

illegally *adv.* yn anghyfreithlon, yn groes i'r gyfraith.

illegibility *n.* aneglurder *m*, natur annarllenadwy *f*; **he failed the exam because of the ~ of his writing,** fe fethodd yr arholiad am fod ei ysgrifen yn annarllenadwy.

illegible *a.* annarllenadwy, aneglur; **~ writing,** *F:* ysgrifen fel traed brain.

illegibly *adv.* yn annarllenadwy, fel traed brain.

illegitimacy *n.* **1.** *(of action, birth):* anghyfreithlondeb *m.* **2.** *(of inference):* anghywirdeb *m*, annilysrwydd *m*, diffyg (*m*) sail.

illegitimate[1] *a.* & *n.* **1.** *a.* *(a)* *(= unauthorized):* anghyfreithlon; *(b)* *(= wrongly inferred):* anghywir, di-sail, annilys. *(c)* *(= bastard):* anghyfreithlon; **an ~ child,** *F:* plentyn (plant) (*m*) siawns, plentyn llwyn a pherth, *S:* plentyn trwy'r berth, *Lit:* plentyn gordderch. **2.** *n.* = **1.** *(c).*

illegitimate[2] *v.t.* anghyfreithloni (rhn), cyhoeddi [bod] (rhn) yn anghyfreithlon.

illegitimately *adv.* *(a)* yn anghyfreithlon *&c*; *(b)* yn anghywir *&c.*

illiberal *a.* **1.** *(= narrow-minded):* cul, anoleuedig, anoddefgar, rhagfarnllyd, culfarn, adweithiol. **2.** *(= unscholarly, uncultured):* anniwylliedig, annysgedig, di-ddysg, diddiwylliant. **3.** *(= niggardly):* anhael, crintachlyd, cybyddlyd, tyn[n], amharod eich cymwynas, byr eich cymwynas, crabet.

illiberalism *n.* **1.** *(= narrow-mindedness):* culni *m*, anoddefgarwch *m*, rhagfarn *f.* **2.** *(= lack of culture):* anniwylliant *m*, diffyg (*m*) diwylliant. **3.** *(= niggardliness):* anhaelioni *m*, crintachrwydd *m*, cyb|ydd-dod *m.*

illiberality *n.* **1.** *(= narrow-mindedness):* culni *m*, rhagfarn *f*, anoddefgarwch *m.* **2.** *(= meanness):* cyb|ydd-dod *m*, anhaelioni *m*, anhaelder *m*, crintachrwydd *m.*

illiberally *adv.* **1.** yn gul *&c.* **2.** yn grintachlyd *&c.*

illiberalness *n.* = **illiberality.**

illicit *a.* anghyfreithlon, *occ:* anneddfol.

illicitly *adv.* yn anghyfreithlon.

illicitness *n.* anghyfreithlondeb *m.*

illimitability *n.* annherfynoldeb *m*, anfeidroldeb *m*, annherfynedd *m*, dibendrawdod *m.*

illimitable *a.* diderfyn, diddiwedd, annherfynol, di-ben-draw, annherfynadwy, annherfynedig, anfeidrol.

illimitableness *n.* = **illimitability.**

illimitably *adv.* yn ddiderfyn *&c.*

illinium *n. Ch:* = **promethium.**

illiquid *a. Fin:* caeth.

illiquidity *n. Fin:* caethder *m*, caethni *m.*

illite *n. Miner:* ilit *m.*

illiteracy *n.* anllythrennedd *m*, anllythrenogrwydd *m*; **functional ~,** anllythrenogrwydd ymarferol, diffyg (*m*) darllen.

illiterate *a.* & *n.* **1.** *a.* anllythrennog, *occ:* dilythyren; **he's ~,** *occ:* nid oes ganddo lythyren ar lyfr. **2.** *n.* anllythrennog (anllythrenogion) *m&f*; **a functional ~,** rhn ymarferol anllythrennog, rhn diddarllen.

illiterately *adv.* yn anllythrennog.

illiterateness *n.* anllythrennedd *m*, anllythrenogrwydd *m.*

illitic *a. Miner:* ilitig.

illness *n.* salwch *m*, gwaeledd *m*, anhwylder(-au) *m*, clefyd(-au) *m*, tostrwydd *m*, afiechyd *m*; **a slight ~,** *N: occ:* adwyth(-au) *m*, a[n]fadwch *m*, llucheden *f*, piff(-iau) *m*, *S.E:* cnec *m.*

illogic *n.* = **illogicality.**

illogical *a.* afresymegol.

illogicality *n.* afresymegolrwydd *m.*

illogically *adv.* yn afresymegol.

illogicalness *n.* = **illogicality.**

illude *v.t. Lit:* twyllo, hudo.

illume *v.t. Poet:* = **illuminate.**

illuminable *a.* goleuadwy.

illuminance *n.* = **illumination 4.**

illuminant *n.* goleuydd(-ion) *m.*

illuminate *v.t.* **1.** *(a room &c):* goleuo. **2.** *(a manuscript):* goliwio, addurno, euro, lliwio. **3.** *(a subject):* taflu goleuni (ar rth); egluro, goleuo (rhth). **4.** *Biol:* **to ~ a leaf,** goleuannu deilen.

illuminated *a.* **1.** *(sign &c):* goleuedig, llachar, disglair. **2.** *(manuscript):* goliwiedig, addurnedig, lliwiedig, goreuredig; **~ letter,** addurnlythyren *f*; *Lib:* **~ initial,** blaenlythyren oliwiedig (blaenlythrennau goliwiedig) *f*; **~ sign,** arwydd (*m*) nos a dydd, arwydd goreuredig.

illuminati *n.pl.* [y] goleuedigion.

illuminating *a.* & *n.* **1.** *a.* goleuol, eglurol, dadlennol; **we thank the speaker for an ~ talk,** 'rydym yn diolch i'r siaradwr am sgwrs a roddodd lawer o oleuni inni; *Ph:* **~ power,** goleunerth(-oedd) *m.* **2.** *vn.* = **illumination, illuminate.**

illuminatingly *adv.* yn oleuol *&c.*

illumination *n.* **1.** *usu.pl.* *(= lights):* golau *m*, goleuni *m*, goleuad(-au) *m*, goleuo *vn*; **to go to see the illuminations,** mynd i weld y goleuadau. **2.** *(of manuscript):* goliwiad(-au) *m*, addurn(-iadau) *m*, addurniad(-au) *m*, addurniant (addurniannau) *m.* **3.** *(= enlightenment):* goleuad *m*, *occ:* goleuant *m.* **4.** *Opt: Ph:* goleuad *m*, goleuedd *m.*

illuminative *a.* goleuol.

illuminator *n.* **1.** *(pers.):* goleuwr: goleuydd (goleuwyr) *m*; **Gregory the I~,** Grigor y Goleuydd. **2.** *(of manuscript):* addurnwr: addurnydd (addurnwyr) *m.*

illumine *v.t.* = **illuminate.**

illuminism *n. Rel.Hist:* goleuaeth *f.*

illuminist *n. Rel.Hist:* goleuaethwr (goleuaethwyr) *m.*

illusion *n.* *(= deception):* twyll *m*; *(= delusion):* lledrith(-iau) *m*, hud(-ion) *m*, hudoliaeth(-au) *f*, rhith(-iau) *m*; *Rel.Hist: Med:* rhithganfyddiad(-au) *m*, camganfod *vn*; *(= misapprehension):* camargraff(-iadau) *f*; **optical ~,** twyll llygaid; **to be under an ~,** bod dan gamargraff; **I have no illusions about her; I am under no illusions about her,** nid yw hi'n twyllo dim arnaf i; nid wyf yn fy nhwyllo fy hun yn ei chylch; **don't be under any ~,** paid â chymryd dy siomi/dwyllo; **she lost all her illusions,** cafodd ei dadrithio'n llwyr.

illusional *a.* lledrithiol.

illusionary *a.* rhithiol, twyllodrus.

illusionism *n. Phil:* rhithiolaeth *f*, rhithganfyddiaeth *f.*

illusionist *n.* & *attrib.* **1.** *n.* *(a)* *(= conjuror):* lledrithiwr (lledrithwyr) *m*; *(b)* *Phil:* rhithiolwr (rhithiolwyr) *m.* **2.** *attrib.* = **illusionistic.**

illusionistic *a.* rhithiol, lledrithiol, twyllodrus.

illusive *a.* = **illusory.**

illusively *adv.* = **illusorily.**

illusiveness *n.* = **illusoriness.**

illusorily *adv.* yn dwyllodrus *&c.*

illusoriness *n.* rhithioldeb *m*, lledrithioldeb *m.*

illusory *a.* rhithiol, lledrithiol, dychmygol, afreal, twyllodrus, ffug.

illustrate *v.t.* **1.** *(= explain):* egluro, esbonio, enghreifftio, eglurebu, dangos. **2.** *(book &c):* darlunio.

illustrated *a.* darluniedig, â darluniau, darluniadol; **an ~ talk,** sgwrs â darluniau; **a well-~ argument,** dadl â digon o enghreifftiau.

illustration *n.* **1.** *(= example):* enghraifft (enghreifftiau) *f*, *occ:*

eglureb(-au) *f*, eglurhad(-au) *m*; **by way of ~,** fel enghraifft; **appropriate illustrations,** *(written):* eglurebau. **2.** *(book &c):* llun(-iau) *m*, darlun(-iau) *m*, darluniad(-au) *m*; **appropriate illustrations,** *(drawn):* darluniadau pwrpasol.
illustrational, illustrative *a.* eglurhaol, esboniadol, enghreifftiol, eglurebol.
illustratively *adv.* yn eglurhaol *&c.*
illustrator *n.* darlunydd (darlunwyr) *m*; *Lib:* **~ entry,** cofnod (*m*) darlunydd.
illustrious *a.* enwog, hyglod, disglair, disgleirwych, mawr eich bri; **the ~ Professor X,** yr ardderchocaf Athro X; **an ~ career,** gyrfa ddisglair.
illustriously *adv.* yn enwog *&c.*
illustriousness *n.* enwogrwydd *m*, bri *m*, ardderchо[w]grwydd *m.*
illuvial *a. Geog:* mewnlifol.
illuviate *v.i.* mewnlifo.
illuviation *n. Geog:* mewnlif *m.*
illuvium *n.* mewnlifiant.
Illyria *Pr.n. Geog:* Ilyria *f.*
Illyrian *a. & n.* **1.** *a.* Ilyraidd, [o] Ilyria; *(in language):* Ilyreg. **2.** *(i) n. Ethn:* Ilyriad (Ilyriaid) *m&f*; *(ii) Ling:* Ilyreg *f*, *m.*
ilmenite *n. Miner:* |ilmenit.
Ilocano, Ilokano *n.* **1.** *Ethn:* Ilocano(-s) *m&f.* **2.** *Ling:* Ilocaneg *f*, *m.*
Ilston *W.Pl.n.* Llanilltud (*f*) Gŵyr.
image¹ *n.* **1.** *(= idol):* delw(-au) *f*, eilun(-od) *m*; **a graven ~,** delw gerfiedig; *Poet:* duw(-iau) nadd *m*; *(= representation):* portread(-au) *m*, darlun(-iau) *m*; **the ~ of God,** delw Duw. **2.** *Lit: Art:* delwedd(-au) *f.* **3.** *(a) Opt: Cmptr: &c:* llun(-iau) *m*, delwedd; **after-~,** ôl-ddelwedd(-au) *f*; **diminished ~,** delwedd lai; **enlarged ~,** delwedd fwy; **erect ~,** delwedd ddidro (delweddau didro), delwedd unionsyth, delwedd â'i phen i fyny; **inverted ~,** delwedd wrthdro (delweddau gwrthdro), delwedd â'i phen i lawr; **real ~,** delwedd real; **virtual ~,** delwedd rithwir. **4.** *B:* **God created man in his own ~,** Duw a greodd ddyn ar ei ddelw ei hun; **he is the living ~ of his father,** mae ef yr un ddelw/ffunud â'i dad; mae'n ddrych o'i dad; *N.W: occ:* mae o'n tyngu i'w dad; *S: occ:* mae e'r un poerad/sbit â'i dad; mae e'n gywir/gwmws yr un peth â'i dad. **5.** *Com: Psy: Pol: &c:* delwedd, delw; **brand ~,** delwedd gwneuthuriad, delwedd brand. **6.** *(= parable):* dameg (damhegion) *f*; **to speak in images,** siarad mewn damhegion. **~ card** *n. Lib:* cerdyn (cardiau) (*m*) delwedd. **~ intensifier** *n. Phot:* dwysäwr (dwysawyr) (*m*) delwedd. **~ processing** *vn. Cmptr:* prosesu delweddau. **~ tube** *n.* tiwb(-iau) (*m*) delwedd.
image² *v.t.* darlunio, portreadu, delweddu, disgrifio, amlygu.
imageable *a.* darluniadwy, portreadwy, disgrifiadwy, delweddadwy.
imagery *n.* **1.** *Coll: (= idols &c):* delwau *pl*, eilunod *pl*; *(= portrayals):* darluniau *pl*, portreadau *pl*, lluniau *pl.* **2.** *Lit:* delweddau *pl*, delweddiad *m*, delweddaeth *f.*
imaginable *a.* **1.** dychmygadwy. **2.** *(= possible):* dichonadwy, dichonol, posibl; **(he went to the) greatest (trouble) ~,** (fe aeth i'r drafferth) fwyaf posibl, fwyaf y gallai, fwyaf erioed.
imaginableness *n.* dychmygadwyedd *m*; **he argued the ~ of such a thing,** dadleuodd fod modd dychmygu'r fath beth.
imaginably *adv.* yn ddychmygadwy *&c*; **it is ~ the best story in the book,** gellir dychmygu mai hon yw'r stori orau yn y llyfr.
imaginal *a.* **1.** delweddaidd, dychmygus. **2.** *Ent:* imaginol.
imaginarily *adv.* yn ddychmygol.
imaginariness *n.* dychmygolrwydd *m*; **I was able to convince him of the ~ of his fears,** medrais ei argyhoeddi mai dychmygol oedd ei ofnau.
imaginary *a.* dychmygol.
imagination *n.* dychymyg (dychmygion) *m*, *S.W: occ:* cons|aint *m*, *Lit: occ:* crebwyll *m*, darfelydd *m*; **it's your ~!** meddwl yr wyt ti! dychmygu pethau 'rwyt ti! ti sy'n meddwl/dychmygu!
imaginative *a.* llawn dychymyg, creadigol, dychmygus, dychmyglon; **an ~ child,** plentyn llawn dychymyg; **~ literature,** llenyddiaeth ddychymyg, llenyddiaeth y dychymyg.
imaginatively *adv.* yn llawn dychymyg, yn ddychmygus *&c.*
imaginativeness *n.* dychymyg *m*, dawn (*f*) dychymyg; *(= unreality):* dychmygolrwydd *m*; *S.a.* **imaginariness.**
imagine *v.t.* **1.** *(= conceive):* dychmygu, dyfalu, *N.W: occ:* rhithio; **just ~ yourself in Paris,** dychmygwch eich bod ym Mharis; **as may be imagined,** fel y gellwch feddwl/dybio/ddychmygu; **just ~ my despair,** meddyliwch/dychmygwch gymaint oedd f'anobaith; **you can't ~ it!** 'does gennych mo'r syniad lleiaf! **you're just imagining it,** ti sy'n meddwl hynny; meddwl hynny yr wyt ti; **I ~ them to be fairly rich,** 'rwy'n tybio eu bod yn weddol gefnog; **I know sth about it, I ~!** mi wn i rth amdano, 'rwy'n credu! **(she's always) imagining things,** (mae hi'n wastad) yn dychmygu pethau, *N:* yn hel meddyliau, *S. W:* yn conseintio; **I imagined I heard sth,** meddyliais/tybiais imi glywed rhth.
imaginer *n.* dychmygwr (dychmygwyr) *m*, dychm|ygwraig *f.*
imagism *n.* imagistiaeth *f.*
imagist *n. & a.* **1.** *n.* imagist(-iaid) *m&f.* **2.** *a.* imagistaidd.
imagistic *a.* = **imagist 2.**
imagistically *adv.* yn imagistaidd.
imago *n.* **1.** *Ent:* imago(-aid) *m*, oedolyn (oedolion) *m*, trychfilyn (trychfilod) perffaith *m.* **2.** *Psy:* delwedd(-au) *f.* **3.** *Theol:* ***I~ Dei,*** Delw (*f*) Duw. **4.** *Lit:* ***I~ Mundi,*** Delw y Byd.
imam *n. Rel:* imam(-iaid) *m.*
imamate *n. Rel:* imamiaeth(-au) *f.*
imaret *n.* gwesty(-au, gwestai) *m.*
imbalance *n.* anghydbwysedd *m*, diffyg (*m*) cydbwysedd; **to create an ~ in sth,** difetha cydbwysedd rhth.
imbalanced *a.* anghytbwys.
imbecile *a. & n.* **1.** *a.* ynfyd, hurt, gwirion, penwan, gwan eich meddwl; **him and his ~ ideas,** fe a'i syniadau hanner-pan/hanner-call. **2.** *n. Psy:* gwirionyn (gwirioniaid) *m*, gwirionen (gwirioniaid) *f*; *F:* hurtyn(-nod) *m*, hurten(-nod) *f*, gwirionyn, gwirionen, un gwirion/wirion (rhai gwirion), diniweityn (diniweitiaid) *m*, diniweiten (diniweitiaid) *f*, symlyn(-nod) *m*, symlen(-nod) *f*, ynfytyn (ynfydion) *m*, ynfyten (ynfydion) *f*; **you ~!** y twpsyn (*&c*) iti!
imbecilely *adv.* yn hurt *&c.*
imbecilic *a.* = **imbecile 1.**
imbecility *n.* ynfydrwydd *m*, hurtrwydd *m*, hurtwch *m*, gwiriondeb *m*, diniweidrwydd *m*, penwendid *m*, twpdra *m*, gwendid (*m*) meddwl.
imbed *v.t.* = **embed.**
imbibe *v.t.* *(a) (ideas &c):* drachtio; *(b) (drink):* drachtio, yfed, llyncu, traflyncu; *(air):* anadlu; *(c) (of thg, = absorb):* amsugno, *F:* socian.
imbiber *n.* yfwr (yfwyr) *m*, |yfwraig *f.*
imbibition *n.* *(= absorption):* amsugnad *m.*
imbibitional *a.* amsugnol.
imbricate¹ *v.t.* gorgyffwrdd.
imbricate², imbricated *a.* gorgyffyrddol.
imbrication *n.* gorgyffwrdd *m*, gorgyffyrddiad *m.*
imbroglio *n.* dryswch *m*, cymhlethdod(-au) *m*, sefyllfa gymhleth (sefyllfaoedd cymhleth) *f*, cawdel *m*, cawl *m*, cymysgfa (cymysgf|eydd) *m*, cymysgwch *m.*
imbrue *v.t.* trochi, gwlychu, staenio; *Lit:* **imbrued in/with blood,** gwaedlyd.
imbrute *v.t.&i.* bwystfileiddio.
imbue *v.t.* *(= permeate):* hydreiddio; *(= dye):* lliwio, llifo; **to ~ s.o. with an idea,** llenwi pen rhn â syniad, plannu syniad ym mhen rhn; **imbued with prejudices,** llawn rhagfarnau, yn rhagfarn byw, yn uwd o ragfarn.
imidazole *n. Ch:* imidasol(-au) *m.*
imide *n. Ch:* imid(-au) *m.*
imidic *a. Ch:* imidig.
imido- *comb.fm. Ch:* |imido-.
imine *n. Ch:* imin(-au) *m.*
imino- *comb.fm. Ch:* |imino-.
imipramine *n. Pharm:* im|ipramin *m.*
imitable *a.* dynwaredadwy, efelychadwy.
imitate *v.t.* dynwared, efelychu, *N.W: occ:* gwat[w]ar.
imitation *n. & attrib.* **1.** *n.* dynwarediad(-au) *m*, efelychiad(-au) *m*, copi (copïau) *m*; **in ~ of sth,** ar ddelw rhth, mewn dynwarediad o rth; **the ~ of Christ,** dilyn/efelychu Crist; *Mus:* efelychiant (efelychiannau) *m.* **2.** *attrib.* dynwaredol, ffug, gwn|eud; **~ jewellery,** gemau ffug/gwneud *pl*; **~ leather,** lledr ffug *m.*
imitational *a.* dynwaredol, efelychiadol.
imitative *a.* dynwaredol, efelychiadol; **~ magic,** swyngyfaredd ddynwaredol *f*, hud efelychol *m.*
imitatively *adv.* yn ddynwaredol *&c.*

imitativeness *n.* dynwaredoldeb *m*, natur ddynwaredol *f*.
imitator *n.* dynwaredwr (dynwaredwyr) *m*, dynwar|edwraig *f*, efelychwr (efelychwyr) *m*, efel|ychwraig *f*.
immaculacy *n.* **= immaculateness.**
immaculate *a.* **1.** *(= stainless):* pur, glân, di-fefl, di-staen, *Lit:* difrycheulyd, purlan, dihalog; *Theol:* **the I~ Conception,** yr Ymddŵyn (*vn*) Difrycheulyd, y Beichiogi (*vn*) Dihalog. **2.** *(dress):* trwsiadus, taclus, fel pin mewn papur.
immaculately *adv.* yn drwsiadus, yn daclus, fel pin mewn papur.
immaculateness *n. (of dress):* golwg drwsiadus *f*, perffeithrwydd *m*; *(= tidiness):* taclusrwydd *m*.
immanence, immanency *n.* mewnfodaeth *f*.
immanent *a. Phil:* mewnfodol, cynhwynol.
immanentism *n. Phil:* mewnfodolaeth *f*.
immanentist *n. Phil:* mewnfodolwr (mewnfodolwyr) *m*.
immanentistic *a.* mewnfodol.
immanently *adv.* yn fewnfodol.
immaterial *a.* **1.** *(= not physical):* ansylweddol, anghorfforol, anfaterol. **2.** *(= unimportant):* dibwys; **it's quite ~ to me,** nid yw wahaniaeth gen i. **3.** *(= irrelevant):* amherthnasol.
immaterialism *n. Phil:* anfateroliaeth *f*, ansylweddiaeth *f*.
immaterialist *n. Phil:* anfaterolwr (anfaterolwyr) *m*.
immateriality *n.* ansylweddoldeb *m*, anfateroldeb *m*, anghorfforoldeb *m*.
immaterialize *v.t.* anfateroli, ansylweddoli.
immaterially *adv.* yn ansylweddol; yn ddibwys; yn amherthnasol.
immaterialness *n.* **1.** *(of spirit):* ansylweddoldeb *m*, anfateroledd *m*, ansylweddaeth *f*. **2.** *(= unimportance):* amhwysigrwydd *m*. **3.** *(= irrelevance):* amherthnasedd *m*, amherthnasoldeb *m*.
immature *a.* anaeddfed.
immaturely *adv.* yn anaeddfed.
immatureness, immaturity *n.* anaeddfedrwydd *m*.
immeasurability *a.* anfesuroldeb *m*, anfeidroldeb *m*; *(= enormousness):* aruthredd *m*.
immeasurable *a.* anfesuradwy, anfeidrol, difesur, y tu hwnt i fesur; *(= enormous):* enfawr, dirfawr, aruthrol.
immeasurableness *n.* **= immeasurability.**
immeasurably *adv.* yn enfawr, y tu hwnt; **he is ~ more important,** mae ef yn ddifesur bwysicach.
immediacy *n.* **1.** *(= directness):* uniongyrchedd *m* (*pronounced* ng-g); *Theol:* digyfryngedd *m*. **2.** *(= instantaneousness):* disyfydrwydd *m*.
immediate *a.* **1.** *(= direct):* uniongyrchol (*pronounced* ng-g); *occ: Phil: Theol:* digyfrwng; **my ~ object,** fy mwriad cyntaf/nesaf; **~ knowledge,** gwybodaeth uniongyrchol/ddigyfrwng; *Cmptr:* **~ access store,** storfa (storf|eydd) uniongyrchol *f*; *(b) (= next, nearest):* cyfagos, nesaf; **in the ~ vicinity,** gerll|aw, yn agos iawn; **the ~ future,** y dyfodol agos; **my ~ family,** fy mherthnasau agosaf/nesaf; **~ environment,** cynefin(-oedd) *m*; **~ interest,** diddordeb union. **2.** *(= instant):* di-oed, syth, diymdr|oi, disyfyd, disymwth, diatreg, diaros; **the ~ result,** y canlyniad disyfyd *&c*; **"for ~ delivery",** "i'w ddanfon ar unwaith", "i'w ddanfon yn syth". **3.** *(= urgent):* enbyd, dybryd.
immediately *adv. & conj.* **1.** *adv. (a) (= closely):* yn uniongyrchol (*pronounced* ng-g); *(b) (= straightaway):* ar eich union, ar unwaith, yn syth, yn y fan, yn ddi-oed, heb ymdr|oi, yn ddiymdr|oi, *Lit:* yn ddisyfyd, yn ddiaros, yn ddisymwth, yn ddiatreg, allan o law, *F:* chwap, chwipyn, *N.W: F:* yn syth bin, *S.W:* whap, clatsh, *S.E: occ:* dap, whaff. **2.** *conj.* **~ he received the money,** unwaith y cafodd yr arian, [cyn] gynted ag y cafodd yr arian, *occ:* gydag y cafodd yr arian, *S.W:* whap ar ôl iddo gael yr arian.
immediateness *n.* uniongyrchedd *m* (*pronounced* ng-g).
immedicable *a.* anwelladwy, diwella, diwellhad, dirwymedi.
immedicably *adv.* yn anwelladwy *&c*.
Immelmann turn *n. Av:* troad(-au) (*m*) Immelmann.
immemorial *a.* hynafol; **from time ~,** er[s] cyn cof.
immemorially *adv.* er[s] cyn cof.
immense *a.* anferth, anferthol, eang, aruthrol fawr, *Lit:* dirfawr, enfawr.
immensely *adv.* yn aruthrol [fawr], yn fawr iawn *&c*; **I'm ~ grateful,** 'rwy'n aruthrol ddiolchgar; 'rwy'n ddiolchgar y tu hwnt.
immenseness, immensity *n.* mawredd *m*, anferthedd *m*, anferthwch *m*, anferthrwydd *m*; *(= immense space):* ehangder (eangderau) *m*.
immensurable *a.* anfesuradwy, anfeidrol, diderfyn, difesur, anfesurol, y tu hwnt i fesur.
immerge *v.i.* ymsuddo, ymsoddi (**in sth,** yn rhth).
immergence *n.* ymsuddiad *m*, ymsoddiad *m*.
immerse *v.t.* **1.** trochi, tansuddo, soddi; **to ~ oneself,** plymio, ymdrochi. **2.** *Fig:* **to ~ oneself (in work),** ymgolli, ymgladdu (mewn gwaith); **I was immersed in my work,** 'roeddwn wedi ymgolli'n llwyr yn fy ngwaith; **to ~ oneself in a subject/language,** ymdrwytho mewn pwnc/iaith.
immersed *a.* tansuddedig, tanddwr.
immersible *a.* trochadwy, soddadwy, tansuddadwy.
immersion *n.* **1.** *(in water &c):* trochiad(-au) *m*, tansuddiad *m*, trochi *vn*, tansuddo *vn*; **self-~,** ymgolli (*vn*) yn yr hunan, ymgolli ynoch eich hun; **baptism by ~,** bedydd trochiad, bedydd trwy drochiad; **total ~,** trwytho'n llwyr; *(in subject &c):* ymdrwythiad *m*, ymdrwytho *vn*. **~ foot** *n. Med:* troed (traed) oer a gwlyb *mf*. **~ heater** *n.* twymwr (twymwyr) tanddwr *m*.
immersionism *n. Theol:* llwyrfedyddiaeth *f*.
immersionist *n. Theol:* llwyrfedyddiwr (llwyrfedyddwyr) *m*.
immesh *v.t.* **= enmesh.**
immethodical *a.* **= unmethodical.**
immethodically *adv.* **= unmethodically.**
immigrant *a. & n.* **1.** *a.* mewnfudol. **2.** *n.* mewnfudwr (mewnfudwyr) *m*, mewnf|udwraig *f*, *F:* dyn(-ion) (*m*) dŵad, gwr|aig (*f*) ddŵad (gwragedd dŵad), pobl (*f or pl*) ddŵad.
immigrate *v.i.* mewnfudo.
immigration *n.* mewnfudiad(-au) *m*, mewnfudo *vn*.
immigrational, immigratory *a.* mewnfudol, mewnfudiadol.
imminence, imminency *n.* **1.** *(= nearness):* agosrwydd *m*. **2.** *(= impending evil or danger):* enbydrwydd *m*.
imminent *a., adv. & pred.a.* **1.** *a.* agos, cyfagos. **2.** *adv. & pred.a.* wrth law, gerll|aw, ar ddyfod/ddigwydd, ar fin dyfod/digwydd, ar eich gwarthaf; **a storm is ~,** mae storm gerllaw; mae storm yn agos; mae storm ar fedr dod; fe ddaw storm yn fuan; mae hi ar ddod yn storm.
imminently *adv.* yn fuan, yn agos *&c*, gerll|aw.
imminentness *n.* agosrwydd *m*, cyfagosrwydd.
immingle *v.t.&i.* **= intermingle.**
immiscibility *n.* natur anghymysgadwy *f*.
immiscible *a.* anghymysgadwy.
immiscibly *adv.* yn anghymysgadwy.
immitigable *a.* diarbed, didostur, didosturi, didrugaredd.
immitigableness *n.* diarbedrwydd *m*, annhosturi *m*.
immitigably *adv.* yn ddidostur *&c*.
immittance *n. El:* **= admittance, impedance.**
immix *v.t.* **= mingle, mix.**
immixture *n.* *(= mixture):* cymysgedd *m*, cymysgwch *m*; *(= involvement):* ymwn|eud *vn*, ymwneuthuriad *m* (**in sth,** â rhth).
immobile *a.* llonydd, ansymudol, disymud, disyflyd, diysgog, diymod, anymodol.
immobilism *a. Pol:* ceidwadaeth ddiysgog *f*, disymudedd *m*.
immobility *n.* llonyddwch *m*, ansymudoldeb *m*, diysgogrwydd *m*, disymudedd *m*, disymudrwydd *m*; *Sociol:* ansymudoledd *m*.
immobilization *n.* llonyddiad *m*, llonyddu *vn*.
immobilize *v.t.* llonyddu; atal (rhth) [rhag symud].
immobilizer *n.* llonyddwr (llonyddwyr) *m*.
immoderacy *n.* **= immoderateness.**
immoderate *a.* anghymedrol, anghymesur, gormodol, rhonc, eithafol.
immoderately *adv.* yn anghymedrol *&c*; i ormodedd.
immoderateness *n.* anghymedroldeb *m*, anghymesuredd *m*.
immodest *a.* anweddus, *Lit:* aflednais, *F:* powld, coman, comon.
immodestly *adv.* yn anweddus *&c*.
immodesty *n.* anwedduster *m*, anweddustra *m*, afledneisrwydd *m*.
immolate *v.t.* aberthu, offrymu; *(= kill):* lladd.
immolation *n.* **1.** *vn.* **= immolate. 2.** aberthiad(-au) *m*, offrymiad(-au) *m*, offrwm (offrymau) *m*, aberth(-au, ebyrth) *m*.
immolator *n.* aberthwr (aberthwyr) *m*, offrymwr (offrymwyr) *m*.
immoral *a.* anfoesol.
immoralist *n.* anfoesolwr (anfoesolwyr) *m*, anfoes|olwraig *f*.
immorality *n.* anfoesoldeb *m*.
immorally *adv.* yn anfoesol.

immortal *a.* & *n.* **1.** *a.* anfarwol, difarw, *occ:* bythol; **the ~ poet,** yr anfarwol fardd. **2.** *n.* anfarwolyn (anfarwolion) *m*; *(= god):* duw(-iau) *m.*
immortality *n.* anfarwoldeb *m.*
immortalization *n.* anfarwoli *vn.*
immortalize *v.t.* anfarwoli.
immortalizer *n.* anfarwolwr (anfarwolwyr) *m.*
immortally *adv.* yn anfarwol.
immortelle *n. Bot:* blodyn (blodau) anfarwol *m.*
immotile *a.* ansymudol, disymud, llonydd.
immotility, immovability *n.* ansymudoldeb *m*, ansymudolrwydd *m*, disymudrwydd *m*, llonyddwch *m.*
immovable *a.* & *n.* **1.** *a.* *(a)* sefydlog, safadwy, cadarn (cedyrn), disymud, ansymudol, ansymudadwy; **~ feast,** gŵyl ansymudol; *(b) (will):* disyflyd, di-ildio, diysgog, di-droi, disigl, diymod; *(c) (face):* difynegiant, llonydd, dideimlad, digyffro. **2.** *n.* ansymudolyn (ansymudolion) *m.*
immovableness *n.* disymudrwydd *m*, ansymudoldeb *m*, ansymudolrwydd *m.*
immovably *adv.* yn ddisymud *&c*; yn ddi-ildio *&c.*
immune *a.* **1.** rhydd, diogel (**from/to sth,** rhag rhth); *Med:* heintrydd; *F:* **he's ~ to criticism,** nid yw beirniadaeth yn mennu dim arno. **2.** *Jur:* **~ from prosecution,** diogel rhag erlyniad, breinrydd.
immunity *n.* **1.** *(= exemption): Jur: &c:* breinryddid *m*, rhyddid *m*, diogelwch *m* (**from sth,** rhag rhth); **clerical immunities,** breinryddid clerigol/clerigwyr; **diplomatic ~,** breinryddid diplomyddol/diplomyddion. **2.** *Med:* imiwnedd(-au) *m*, heintryddid *m*; diogelwch (rhag rhth); **active ~,** imiwnedd gweithredol; **acquired ~,** imiwnedd caffael; **natural ~,** imiwnedd cynhenid; **passive ~,** imiwnedd goddefol.
immunization *n. Med:* imiwneiddiad(-au) *m*, gwrth-heintiad *m*, imiwneiddio *vn*; *(by injection):* brechiad *m*, brechu *vn.*
immunize *v.t. Med:* imiwneiddio, diogelu, gwrth-heintio (rhag rhth); *(by injection):* **to ~ s.o. against diphtheria,** brechu rhn rhag difftheria.
immunoassay *n.* imiwno-adnabod.
immunoassayable *a.* imiwno-adnabyddadwy.
immunochemical *a.* imiwnocemegol.
immunochemistry *n.* imiwnocemeg *f.*
immunodiffusion *n.* imiwnodrylediad *m.*
immunoelectrophoresis *n.* imiwno-electrofforesis *m.*
immunoelectrophoretic *a.* imiwno-electrofforetig.
immunofluorescence *n.* imiwnofflworoleuedd *m.*
immunofluorescent *a.* imwnofflworolau.
immunogenesis *n.* imiwnog|enesis *m.*
immunogenetic *a.* imiwnogenetig.
immunogenetically *adv.* yn imiwnogenetig.
immunogenic *a.* imiwnogenig.
immunogenically *adv.* yn imiwnogenig.
immunogenicity *n.* imiwnogenedd *m.*
immunoglobulin *n. Bio-Ch:* imiwnogl|obwlin *m.*
immunohaematologic[al] *a.* imiwnohematolegol.
immunohaematology *n.* imiwnohematoleg *f.*
immunologic[al] *a.* imiwnolegol.
immunologist *n.* imiwnolegwr: imiwnolegydd (imiwnolegwyr) *m.*
immunology *n.* imiwnoleg *f.*
immunopathologic[al] *a.* imiwnopatholegol.
immunopathologist *n.* imiwnopatholegydd (imiwnopatholegwyr) *m.*
immunopathology *n.* imiwnopatholeg *f.*
immunoreactive *a.* imiwnoadweithiol.
immunoreactivity *n.* imiwnoadweithedd *m.*
immunosuppressant *a.* & *n.* **1.** *a.* gwrthimiwnaidd. **2.** *n.* gwrthimiwnydd(-ion) *m.*
immunosuppression *n. Med:* gwrthimiwnedd *m.*
immunosuppressive *a.* = **immunosuppressant 1.**
immunotherapy *n.* imiwnoth|erapi *m.*
immure *v.t.* caethiwo, carcharu (rhn); cyfyngu (ar rn); **to ~ oneself in a place,** ymgladdu mewn lle.
immurement *n.* carchariad(-au) *m*, caethiwed *m*, carcharu *vn*, caethiwo *vn.*
immutability *n.* anghyfnewidioldeb *m*, digyfnewidrwydd *m*, dianwadalwch *m.*
immutable *a.* digyfnewid, anghyfnewidiol, dianwadal.
immutableness *n.* = **immutability.**
immutably *adv.* yn ddigyfnewid *&c.*
imp[1] *n.* coblyn(-nod) *m*, cythraul (cythreuliaid) *m*, ellyll(-on) bach *m*; *(= child):* ellyll bach, cena' (cenawon, cnafon) bach *m*, bwbach(-od) bach *m*, mawrddrwg *m*, coblyn bach, gwas (gweision) *(m)* y cythraul/diafol.
imp[2] *v.t.* impio.
impact[1] *n.* **1.** *(= hitting):* trawiad(-au) *m*, gwrthdrawiad(-au) *m*, sŵn *(m)* taro *&c*; **forcible ~,** ardrawiad grymus. **2.** *(= strong effect):* dylanwad(-au) *m*, effaith (effeithiau) *f*, argraff(-iadau) *f*, impact *m*. **~ glue** *n.* glud ardrawol *m*. **~ multiplier** *n. Econ:* trawluoswr (trawluoswyr) *m*. **~ printer** *n.* traw-argraffydd (~-argraffwyr) *m*. **~ strength** *n.* cryfder *(m)* gwrthdaro. **~ test** *n.* prawf (profion) *(m)* gwrthdaro.
impact[2] *v.t. Med:* cywasgu.
impacted *a. Med:* cywasgedig.
impaction *n.* **1.** cywasgiad(-au) *m*. **2.** *Dent:* dant (dannedd) cywasgedig *m.*
impactive *a.* gwrthdrawol; *Med:* cywasgol.
impactor *n.* cywasgwr (cywasgwyr) *m.*
impair *v.t.* amharu (ar rth); niweidio, gwanh|au, gwanychu, difetha, andwyo (rhth); *(strength):* gwanhau, lleih|au.
impaired *a.* amharedig, amherffaith, anghyflawn, gwannach, llai, diffygiol; **people with ~ hearing,** pobl â nam ar eu clyw.
impairer *n.* amharwr: amharydd (amharwyr) *m.*
impairment *n.* amhariad(-au) *m*, gwanhad *m*, gwanychiad(-au) *m*, diffyg(-ion) *m*, lleihad *m*, amhariaeth *f* (**to sth,** ar rth); niwed (niweidiau) *m* (i rth).
impala *n. Z:* impala(-od) *m.*
impale *v.t.* **1.** *Her:* cyfuno, cyfosod. **2.** *Hist:* trywanu, gwanu (rhn) [â stanc]; pawlwanu, polioni.
impalement *n. Hist:* pawlwaniad *m*, polioniad *m.*
impalpability *n.* ansylweddoldeb *m*, annheimladwyedd *m*, anghyffyrddadwyedd *m.*
impalpable *a.* annheimladwy, ansylweddol, anghyffwrdd, anghyffyrddadwy.
impalpably *adv.* yn annheimladwy *&c.*
impanation *n.* cydsylweddoliad *m.*
impanel *v.t.* = **empanel.**
imparadise *v.t.* gwynfydu, llesmeirio.
imparipinnate *a. Bot:* anghyfartaladeiniog.
imparisyllabic *a.* anghydsillafol.
imparity *n.* anghyfartaledd *m.*
impark *v.t.* amgáu.
impart *v.t.* cyfrannu, rhoi, rhoddi, cyflwyno, trosglwyddo; *(a secret):* dadlennu, datguddio.
impartable *a.* cyfranadwy, rhoddadwy, cyflwynadwy, trosglwyddadwy; *(secret):* dadlenadwy, datguddiadwy.
impartation *n.* rhoddiad *m*, cyflwyniad *m*, trosglwyddiad *m*; *(of secret):* dadleniad *m*, datguddiad *m*; *vn.* = **impart.**
imparter *n.* cyflwynwr (cyflwynwyr) *m*, cyfl|wynwraig *f*, cyfrannwr (cyfranwyr) *m*, cyfr|anwraig *f*, trosglwyddwr (trosglwyddwyr) *m*, trosgl|wyddwraig *f*, rhoddwr (rhoddwyr) *m*, rh|oddwraig *f.*
impartial *a.* teg, amhleidiol, diduedd, amhleidgar, di-dderbyn-wyneb, amhartïol.
impartiality *n.* tegwch *m*, amhleidioldeb *m*, amhleidgarwch *m*, didueddrwydd *m.*
impartially *adv.* yn deg *&c.*
impartible *a. Jur:* anrhanadwy.
impartibly *adv.* yn anrhanadwy.
impartment *n.* = **impartation.**
impassability *n.* caeëdigaeth *f*, anhramwyoldeb *m*; amhosibilrwydd *m* [croesi, mynd heibio].
impassable *a.* anhramwyadwy, anhramwyol, anhyffordd, anhylwybr, caeëdig, caead, ar gau, na ellir mo'i groesi; **an ~ road,** ffordd na ellir mynd hyd-ddi, ffordd anhramwyadwy/gau/gaead *&c.*
impassableness *n.* = **impassability.**
impassably *adv.* yn gaeëdig *&c.*
impasse *n.* caethgyfle(-oedd) *m*, lle(-oedd) amhosibl *m*; *Pol:* cyfwng(-au,-oedd) *m*, cyfyngder(-au) *m*, ***impasse(-s)*** *m.*
impassibility *n.* **1.** = **impassiveness. 2.** *Theol:* anhyboenedd *m.*
impassible *a.* **1.** = **impassive. 2.** *Theol:* anhyboen, annioddef, amhoenadwy.

impassibleness *n.* = **impassibility.**
impassibly *adv.* **1.** = **impassively. 2.** *Theol:* yn anhyboen.
impassion *v.t.* cynhyrfu, angerddoli, cyffr|oi.
impassioned *a.* angerddol, cynhyrfus, brwd, brwdfrydig, taer.
impassionedly *adv.* yn angerddol *&c*; ag angerdd.
impassionedness *n.* angerdd *m*, angerddoldeb *m*, brwdfrydedd *m*, taerineb *m.*
impassive *a.* digyffro, didaro, dideimlad, llonydd, *F:* côm, claear, dicra.
impassively *adv.* yn ddigyffro *&c.*
impassiveness, impassivity *n.* diffyg (*m*) teimlad, dideimladrwydd *m*, natur ddigyffro *f*, llonyddwch *m*, claearder *m*, claearedd *m*, claearineb *m*, claearwch *m.*
impaste *v.t.* pastio.
impasto *n. Art:* impasto *m.*
impastoed *a.* impastoëdig, ag impasto.
impatience *n.* **1.** diffyg (*m*) amynedd, *Lit: occ:* anymarhouster *m*; *(= intolerance):* anoddefgarwch *m* **(with sth,** tuag at rth). **2.** *(= impatient desire):* awydd *m*, tra-awydd *m*, dyhead *m*, awch *m* **(for sth,** am rth).
impatiens *n. Bot:* impatiens (impatientes) *m.*
impatient *a.* **1.** diamynedd, *Lit: occ:* anymarh|ous; **to get/grow ~,** colli amynedd; **to be ~ of advice,** methu dioddef cynghorion. **2.** *(= intolerant):* anoddefgar; *(= desirous):* awyddus, tra-awyddus, taer **(for sth,** am rth); **to be ~ for sth,** dyh|eu am rth; **to be ~ to do sth,** dyheu/ysu am wneud rhth, *Lit: occ:* awyddu/tra-awyddu gwneud rhth; **he was ~ to go,** 'doedd dim byw na marw na châi fynd; 'doedd dim byw na bod na châi fynd; yr oedd yn ysu am gael mynd.
impatiently *adv.* **1.** yn ddiamynedd *&c.* **2.** yn awyddus *&c.*
impavid *a.* eofn *&c*; *S.a.* **fearless.**
impavidly *adv.* yn eofn.
impeach *v.t.* **1.** *(= disparage):* ymosod, lladd, rhedeg, gweld bai (ar rn); amau gonestrwydd (rhn); cyhuddo (rhn o rth); *Jur:* **to ~ s.o.'s testimony,** amau tystiolaeth rhn. **2.** *Jur: Pol:* **to ~ (s.o. for high treason),** uchelgyhuddo, archgyhuddo (rhn o deyrnfradwriaeth).
impeachable *a.* cyhuddadwy.
impeacher *n.* cyhuddwr (cyhuddwyr) *m*, cyh|uddwraig *f.*
impeachment *n. Jur: Pol:* uchelgyhuddiad(-au) *m*, archgyhuddiad(-au) *m*, uchel-gyhuddo *vn*, archgyhuddo *vn.*
impearl *v.t.* perlio.
impeccability *n.* **1.** *Theol:* anhybecedd *m.* **2.** *(of appearance):* dillynder *m*, dilychwinder *m*, dichlynder *m*, perffeithrwydd *m*, graen *m*, destlusrwydd *m*, caboledd *m*, cabolrwydd *m*, llathredd *m.*
impeccable *a.* **1.** *Theol:* dibechod, anhybech, di-fefl, difrycheulyd, diargyhoedd, di-fai. **2.** *(appearance &c):* dilychwin, dillyn, dichlyn, perffaith, caboledig, taclus, destlus, fel pin mewn papur.
impeccably *adv.* yn berffaith *&c.*
impeccancy *n.* = **impeccability.**
impeccant *a.* = **impeccable 1.**
impecuniosity *n.* prinder (*m*) arian, diffyg (*m*) arian, tlodi *m*, adfyd *m*, cyni *m*, angenoctid *m.*
impecunious *a.* prin o arian, anghenus, anghenog, tlawd, llwm eich byd, *F:* heb geiniog, heb gragen i ymgrafu, heb edau i ymgrogi; **they're ~,** mae hi'n fain iawn arnyn' nhw; 'does ganddyn' nhw'r un ddimai goch.
impecuniously *adv.* yn anghenus *&c.*
impecuniousness *n.* = **impecuniosity.**
impedance *n. El:* rhwystriant (rhwystriannau) *m*, llesteiredd *m.*
impede *v.t.* rhwystro, atal, arafu, *occ:* llyffetheirio, llesteirio, lluddias **(from doing sth,** rhag gwneud rhth).
impeder *n.* rhwystrwr: rhwystrydd (rhwystrwyr) *m*, ataliwr: atalydd (atalwyr) *m*, llesteiriwr: llesteirydd (llesteirwyr) *m*, lluddiwr (lluddwyr) *m.*
impedient *a.* rhwystrol, ataliol, llesteiriol.
impediment *n.* **1.** *(= hindrance):* rhwystr(-au) *m* **(to sth,** i rth), llyffethair (llyffetheiriau) *f*, lluddiant *m* (ar rth). **2.** *(= defect):* nam(-au) *m*, diffyg(-ion) *m* (ar rth); **speech ~,** nam (*m*) ar leferydd, *S.E:* clwm (*m*) ar y tafod; *(= stammer):* atal (*m*) dweud; **he has a speech ~,** *F:* mae deilen ar ei dafod; *(= he stammers):* mae atal [dweud] arno.
impedimenta *n.pl.* **1.** *Mil: &c:* paciau. **2.** *Jur:* rhwystrau.
impedimental, impedimentary, impeditive *a.* rhwystrol, ataliol, llesteiriol.
impel *v.t.* **1.** *(= incite):* gwthio, annog, gyrru, cymell, gorfodi, symbylu **(s.o. to do sth,** rhn i wneud rhth); **I felt impelled to go,** teimlwn fod rhaid imi fynd; teimlwn dan gymell/reidrwydd/orfod i fynd. **2.** *(= propel):* gyrru, gwthio (rhth) [yml|aen].
impellent *a. & n.* **1.** *a.* = **impelling. 2.** *n.* cymhelliad (cymelliadau, cymhellion) *m*, anogaeth(-au) *f*, gwthiad(-au) *m*, symbyliad(-au) *m.*
impeller *n.* **1.** cymhellwr (cymhellwyr) *m*, gwthiwr (gwthwyr) *m*, anogwr (anogwyr). **2.** *Mec.E:* *(of pump &c):* troell(-au) *f*, troellwr (troellwyr) *m.*
impelling *a.* cymhellol, ysgogol, anogol, diwrthdro, cryf (*f.* cref, *pl.* cryfion).
impend *v.i.* **1.** *(= hang):* crogi, hongian [uwchben]. **2.** *(= approach):* dynesu, agosáu (at rth), bod gerll|aw (rhth). **3.** *(= threaten):* bygwth; **war was impending,** 'roedd rhyfel ar fin cychwyn; 'roedd rhyfel yn bygwth; 'roedd hi ar fin mynd yn rhyfel.
impendence, impendency *n.* agosrwydd *m*, dynesiad *m.*
impendent, impending *a.* agos, agosaol, cyfagos, [sydd] ar ddod, dynesol, dynesaol, [sydd] gerll|aw, sy'n nesáu, bygythiol, enbyd; sy'n bygwth.
impenetrability *n.* **1.** *(of jungle &c):* dryswch *m.* **2.** *(of mystery, cipher &c):* astrusi *m*, astrusrwydd *m.* **3.** *Ph:* *(of solid):* anhydreiddedd *m*, anhreiddioldeb *m.* **4.** *(of mystery):* astrusi, astrusrwydd, natur anchwiliadwy/ddiamgyffred *f.* **5.** *(of expression):* golwg anchwiliadwy *f.*
impenetrable *a.* **1.** *(jungle &c):* dyrys. **2.** *(mystery, cipher &c):* astrus, annatod, annatrys. **3.** *Ph:* *(solid &c):* anhydraidd, anhreiddiadwy. **4.** *(mystery):* anchwiliadwy, diamgyffred, anhydraidd, anhreiddiadwy, annatod, annatrys. **5.** *(expression):* anchwiliadwy, annirnadwy, caeëdig, difynegiant.
impenetrableness *n.* = **impenetrability.**
impenetrably *adv.* yn ddyrys *&c.*
impenetrate *v.t.* hydreiddio (rhth), treiddio (i rth).
impenitence, impenitency *n.* anedifeirwch *m.*
impenitent *a.* diedifar, anedifar, anedifeiriol.
impenitently *adv.* yn ddiedifar *&c.*
imperatival *a. Gram:* gorchmynnol.
imperative *a. & n.* **1.** *a.* *(a) (= peremptory):* gorchmynnol, awdurdodol, gorchmyngar (*pronounced* ng-g); *(b) (= urgent, all-important):* angenrheidiol, hanfodol, holl-bwysig; **it is ~ that he comes,** mae o'r pwys mwyaf ei fod yn dod; **speed is ~,** rhaid bod yn gyflym; rhaid wrth gyflymder. **2.** *n.* *(a) (= command):* gorchymyn(-ion, gorchmynion) *m*; *Phil:* **categorical ~,** gorchymyn diamod; *(b) (= necessity):* rheidrwydd *m*; **the territorial ~,** y rheidrwydd tiriogaethol; *(c) Gram:* y [modd] gorchmynnol *m*; **in the ~,** yn y gorchmynnol.
imperatively *adv.* yn orchmynnol *&c.*
imperativeness *n.* **1.** *(of tone):* awdurdod *m*, tinc awdurdodol *f*, tôn awdurdodol *f*, gorchmyngarwch (*pronounced* ng-g). **2.** *(necessity):* angenrheidrwydd *m*, rheidrwydd *m.*
imperator *n.* ymherawdwr: ymherodr (ymerodron) *m.*
imperatorial *a.* ymerodrol.
imperceptibility *n.* natur anghanfyddadwy/anghanfodadwy/anweladwy, anweledigrwydd *m*, ansylweddoldeb *m*; *(= slightness):* bychander *m.*
imperceptible *a.* anghanfyddadwy, anghanfodadwy, anweladwy, ansylweddol; *(= slight):* bychan (*f.* bechan, *pl.* bychain); *(= gradual):* graddol, diarwybod.
imperceptibly *adv.* yn raddol iawn, yn ddiarwybod.
imperceptive *a.* anghraff, di-weld, diweled, diweledіad.
imperceptiveness, impercipience *n.* anghraffter *m.*
impercipient *a.* = **imperceptive.**
impercipiently *adv.* yn anghraff *&c.*
imperfect *a. & n.* **1.** *a.* amherffaith, anghyflawn, diffygiol, gwallus; *Mus:* **~ cadence,** diweddeb amherffaith *f.* **2.** *a. & n. Gram:* **the ~ [tense],** yr [amser] amherffaith *m.*
imperfectibility *n.* natur amherffeithiadwy *f*; **the ~ of man should be obvious,** dylai fod yn amlwg na ellir perffeithio dyn.
imperfectible *a.* amherffeithiadwy.
imperfection *n.* **1.** *(= imperfect condition):* amherffeithrwydd *m*, anghyflawnder *m*, gwallusrwydd *m* **(in sth,** yn rhth). **2.** *(=*

imperfect feature): diffyg(-ion) *m*, nam(-au) *m*, bai (beiau) *m* (ar rth). **3.** *Bookb:* llen/dalen wrthodedig (llenni/dalennau gwrthodedig) *f*.
imperfective *a. Gram:* amherffeithiol.
imperfectly *adv.* yn amherffaith *&c*; **only ~ understood,** na ddeëllir mohono'n llawn, heb ei ddeall yn iawn.
imperfectness *n.* = **imperfection.**
imperforate *a.* di-dwll, didyllau, anhrydwll, anhrydyllog.
imperial *a. & n.* **1.** *a.* ymerodrol; *Pol:* **~ preference,** blaenoriaeth (*f*) i'r ymerodraeth, ffafriaeth (*f*) i'r ymerodraeth; **mint ~,** botwm gwyn (botymau gwynion) *m*, *S:* losinen (*f*) fint (losin mint), *N:* da-da (*m.inv.*) mint, fferen (*f*) fint (fferins mint), *N: Joc:* da-da blaenoriaid. **2.** *n.* *(a) Print:* papur ymerodrol/imperial *m*; *(b) (= beard):* barf(-au) ymerodrol *f*. **~ moth** *n. Ent: U.S:* gwyfyn(-od) ymerodrol *m*.
imperialism *n.* imperialaeth *f*.
imperialist[1] *n. & attrib.* **1.** *n.* imperialydd (imperialwyr) *m*, ymerodrolwr (ymerodrolwyr) *m*, ymerodraethwr (ymerodraethwyr) *m*. **2.** *attrib.* = **imperialistic.**
imperialistic *a.* ymerodraethol, imperialaidd.
imperialistically *adv.* yn ymerodraethol *&c*.
imperialize *v.t.* ymerodroli.
imperially *adv.* yn ymerodrol.
imperil *v.t.* peryglu, *occ:* enbydu.
imperilled *a.* mewn perygl.
imperilment *n.* peryglu *vn*.
imperious *a.* **1.** *(= arrogant):* awdurdodus, trah|aus; **an ~ person,** *N.W: occ:* stordyn *m*. **2.** *(= urgent):* taer, angenrheidiol.
imperiously *adv.* **1.** yn awdurdodus *&c*. **2.** yn daer *&c*.
imperiousness *n.* **1.** *(= arrogance):* awdurdodusrwydd *m*, trahauster *m*, tôn awdurdodus *f*. **2.** *(= necessity):* rheidrwydd *m*, angenrheidrwydd *m*.
imperishability *n.* parhauster *m*, gwytnwch *m*, annarfodedigrwydd *m*, anniflanoldeb *m*; *(of fame &c):* anfarwoldeb *m*.
imperishable *a. & n.* **1.** *a.* *(material &c):* gwydn, durol, anhreuliadwy, annarfodedig, parhaol, annileadwy, dilwgr; *(= immortal):* anfarwol, bythol, tragwyddol, di-dranc, diddiwedd, difarw, anniflan; *(= memorable):* bythgofiadwy, diangof. **2.** *n.* nwydd(-au) annarfodedig *m*.
imperishableness *n.* = **imperishability.**
imperishably *adv.* yn anfarwol *&c*; am byth.
imperium *n.* *(= power):* awdurdod *m*, rheolaeth *f*; *(= empire):* ymerodraeth(-au) *f*.
impermanence, impermanency *n.* ansefydlogrwydd *m*, byrhoedledd *m*, diffyg (*m*) parhad, byr barhad *m*.
impermanent *a.* dros dro, byrhoedlog, ansefydlog, dibara, dibarhad.
impermanently *adv.* dros dro, yn fyrhoedlog *&c*.
impermeability *n.* anhydreiddedd *m*.
impermeable *a.* anhydraidd, anathraidd.
impermeableness *n.* = **impermeability.**
impermeably *adv.* yn anhydraidd.
impermissibility *n.* natur anghaniataol *f*; **the ~ of smoking was made clear,** gwnaed yn eglur na ellid caniatáu ysmygu.
impermissible *a.* anghaniataol, gwaharddedig, annerbyniol, na ellir ei ganiatáu, amhosibl ei ganiatáu; **this is ~,** ni ellir caniatáu hyn; ni cheir gwn|eud hyn.
impermissibly *a.* yn anghaniataol.
imperscriptible *a.* anawdurdodedig, di-sail, heb garn/sail.
impersonal *a.* amhersonol.
impersonality *n.* amhersonoldeb *m*, amhersonolrwydd *m*.
impersonalization *n.*, **impersonalize** *v.t.* amhersonoli.
impersonally *adv.* yn amhersonol.
impersonate *v.t.* **1.** *(= personify):* personoli. **2.** *(a) Th:* dynwared (rhn); ffugio/cogio bod (yn rhn); *(b) Jur:* personadu (rhn).
impersonation *n.* **1.** *(= personification):* personoliad *m*, personoli *vn*. **2.** *Th:* dynwarediad(-au) *m*, dynwared *vn*. **3.** *Jur:* personadiad *m*, personadu *vn*.
impersonator *n.* **1.** *(= personifier):* personolwr (personolwyr) *m*. **2.** *Th:* *(i) (of role):* personolwr; *(ii) (= imitator):* dynwaredwr (dynwaredwyr) *m*; **female ~,** dyn(-ion) (*m*) dynwared merched. **3.** *Jur:* personadwr (personadwyr) *m*.
impertinence, impertinency *n.* **1.** *(= insolence):* digywil|ydd-dra *m*, hyfdra *m*, wyneb *m*, wynebgaledwch *m*, *S.E: occ:* coethder *m*, *S.W:* ewndra *m*; **what ~!** y fath hyfdra! am ddigywilydd! dyna ewn! dyna imi wyneb! **2.** *Jur:* amherthnasedd *m*.
impertinent *a.* **1.** *(= insolent):* digywilydd, wynebgaled **(to s.o.,** wrth rn); hy, hyf (wrth/ar rn); talgryf (*f.* talgref), *N: F:* sosi, powld (wrth rn). **2.** *Jur:* amherthnasol.
impertinently *adv.* **1.** yn ddigywilydd *&c*. **2.** *Jur:* yn amherthnasol.
imperturbability *n.* llonyddwch *m*, difrawder *m*, claearwch *m*, natur ddigyffro/ddidaro *&c f*.
imperturbable *a.* digyffro, anghyffroadwy, didaro, difraw, di-sigl, ansigladwy, ansigledig, anghyffroëdig, diysgog, anysgogol, *F:* côm.
imperturbableness *n.* = **imperturbability.**
imperturbably *adv.* yn ddigyffro *&c*.
impervious *a.* **1.** *(material):* anhydraidd, anhreiddiadwy. **2.** *Fig:* croendew, caled, croengaled (*pronounced* ng-g); *(= deaf):* byddar; **(a person) ~ to reason,** (rhn) nad yw'n agored i reswm, na wnaiff wrando ar reswm, â meddwl caeëdig i reswm; **he's become ~ (to criticism),** mae wedi caledu, mae'n groendew (i feirniadaeth).
imperviously *adv.* yn anhydraidd *&c*.
imperviousness *n.* **1.** *Ph:* anhydreiddedd *m*. **2.** *Fig:* caledwch *m*, croengaledwch *m* (*pronounced* ng-g); *(= deafness):* byddardod *m*.
impetiginous *a.* impetigaidd.
impetigo *n. Med:* cructardd *m*, crachdardd *m*, impetigo *m*.
impetrate *v.t. Theol:* *(= obtain):* cael, ennill, derbyn; *(= request):* deisyfu.
impetration *n.* caffaeliad *m*, deisyfiad *m*; *vn.* = **impetrate.**
impetrator *n.* deisyfwr: deisyfydd (deisyfwyr) *m*.
impetratory *a.* deisyfol.
impetuosity *n.* byrbwylltra *m*, gwylltineb *m*, *occ:* tanbeidrwydd *m*, *Lit:* ehudrwydd *m*.
impetuous *a.* byrbwyll, gwyllt, *occ:* tanbaid, *Lit:* ehud.
impetuously *adv.* yn fyrbwyll *&c*.
impetuousness *n.* = **impetuosity.**
impetus *n.* ysgogiad(-au) *m*, symbyliad(-au) *m*, hwb (hybiau) (*m*) yml|aen.
Impeyan *a. Orn:* **~ pheasant,** ffesant(-od) (*m*) Impey.
impi *n.* bagad(-au) *m*.
impiety *n.* **1.** annuwioldeb *m*, *occ:* anghrefydd *f*, anrasoldeb *m*. **2.** *(act):* gweithred(-oedd) annuwiol *f*, gweithred halog.
impinge *v.i.* **1.** *(= collide):* **to ~ on sth,** gwrthdaro â rhth, bwrw yn erbyn rhth; *Ph:* ardaro ar rth. **2. to ~ on s.o.'s authority,** tresmasu ar awdurdod rhn. **3. it did not ~ on my consciousness,** ni thrawodd/chyffyrddodd mohonof; ni wnaeth argraff arnaf i.
impingement *n.* gwrthdrawiad(-au) *m* **(on sth,** â rhth); *Ph:* ardrawiad(-au) *m*.
impious *a.* annuwiol, anghrefyddol, *occ:* digrefydd.
impiously *adv.* yn annuwiol *&c*.
impish *a.* direidus.
impishly *adv.* yn ddireidus.
impishness *n.* direidi *m*.
implacability *n.* anghymodlondeb *m*, anfaddeugarwch *m*, caledwch *m*, diffyg (*m*) tosturi; *(= determination):* penderfyniad *m*, penderfynoldeb *m*.
implacable *a.* anghymodlon, anfaddeugar, difaddau, difaddeuant, caled, didostur, didrugaredd, diarbed; *(= determined):* penderfynol, di-droi'n-ôl, diwrthdro.
implacableness *n.* = **implacability.**
implacably *adv.* yn anghymodlon *&c*; yn benderfynol *&c*; **to be ~ opposed to sth,** gwrthwynebu rhth yn llwyr, bod yn gwbl wrthwynebus i rth.
implant[1] *n. Med: &c:* impiad(-au) *m*, planiad(-au) *m*, mewnosodiad(-au) *m*.
implant[2] *v.t.* **1.** *Med: &c:* impio, plannu, mewnosod, mewnblannu; **to ~ a cell in the placenta,** mewnblannu/mewnosod cell yn y brych. **2. to ~ an idea in s.o.,** plannu/rhoi/dodi syniad ym mhen rhn; **to ~ in s.o. a desire to do sth,** codi awydd gwneud rhth ar rn; **to ~ a colony,** plannu/sefydlu gwladfa.
implantable *a.* impiadwy, planadwy, mewnblanadwy.
implantation *n. vn.* = **implant**[1],[2].
implanter *n.* plannwr (planwyr) *m*, mewnblannwr (mewnblanwyr) *m*.

implausibility *a.* annhebygolrwydd *m*, anhygoeledd *m*.
implausible *a.* annhebygol, anhygoel, anargyhoeddiadol.
implausibly *adv.* yn annhebygol *&c*.
implead *v.t. Jur:* erlyn.
implement[1] *n.* **1.** offeryn (offer) *m*, erfyn (arfau) *m*, teclyn (taclau) *m*, *occ:* celficyn (celfi) *m*, trecyn (trecs) *m*, *occ:* twlsyn (tŵls) *m*; *pl.* **implements,** gêr; **implements of war,** arfau rhyfel. **2.** *Jur:* cyflawniad(-au) *m*, cyflawni *vn*.
implement[2] *v.t.* gweithredu, cyflawni (rhth); rhoi (rhth) mewn grym/gweithrediad; *Mth:* gweithredoli (rhth); **to ~ a promise,** cywiro addewid.
implemental *a.* offerynnol, effeithiol, gweithredol.
implementation *n.* gweithredu *vn*, gweithrediad(-au) *m*; *Mth:* gweithredoliant (gweithredoliannau) *m*.
implicate[1] *n.* ymhlygiad(-au) *m*.
implicate[2] *v.t.* cysylltu (rhn â rhth); ymhlygu, goblygu (rhn); **to ~ s.o. in a crime,** cysylltu rhn â throsedd, taflu'r bai am drosedd ar rn, llusgo/tynnu rhn i drosedd.
implicated *a.* **~ in a crime,** cysylltiedig â throsedd, cyfrannog o drosedd, â rhan mewn trosedd.
implication *n.* **1.** goblygiad(-au) *m*, *occ:* ymhlygiad(-au) *m*; **by ~,** trwy oblygiad; **(he did not realize) the full ~ of these words,** (nid oedd yn sylweddoli) holl oblygiadau'r geiriau hyn, beth a olygai'r geiriau hyn. **2.** *(= insinuation):* ensyniad(-au) *m*, *N: F:* weipen (weips) *f*. **3.** *Jur:* cysylltiad *m* [â throsedd]; cyfran *f*, rhan *f* **(in sth,** mewn/yn rhth).
implicative *a.* goblygol.
implicativeness *n.* goblygoldeb *m*.
implicit *a.* **1.** *(= tacit):* goblygedig, ymhl|yg, anghrybwylledig, digrybwyll, dealledig, heb sôn [amdano *&c*], ensyniedig. **2.** *(faith, obedience):* unplyg, llwyr, dibetrus, digwestiwn, diymholiad.
implicitly *adv.* **1.** yn oblygedig *&c*. **2. to trust s.o. ~,** ymddiried yn llwyr yn rhn, llwyr ymddiried yn rhn.
implicitness *n.* *(of faith &c):* unplygrwydd *m*, llwyrdeb *m*, llwyredd *m*, llwyrni *m*.
implied *a.* ymhl|yg, goblygedig *&c*; *See* **implicit 1**.
implode *v.t.&i.* mewnffrwydro, ymffrwydro.
implore *v.t.* **to ~ (s.o. for sth),** crefu, ymbil, ymbilio, erfyn, *S: occ:* ymhŵedd (ar rn am rth), *S.E: occ:* dymuno (ar rn am rth).
imploring *a.* ymbilgar, erfyniol, taer.
implosion *n.* mewnffrwydrad(-au) *m*, ymffrwydrad(-au) *m*; *Geol:* mewnwthiad(-au) *m*.
implosive *a.* mewnffrwydrol, ymffrwydrol; *Geol:* mewnwthiol; *Ling:* mewngyrchol (*pronounced* ng-g).
imply *v.t.* **1.** *(= entail):* golygu, *occ:* arwyddocáu; **that'll ~ an effort,** bydd hynny'n golygu ymdrech. **2.** *(= suggest):* awgrymu, cyfl|eu. **3.** *(= insinuate):* ensynio (rhth), *N: F:* taflu weips (yngh|ylch rhth). **4.** *Ph: Mth: Jur:* ymhlygu.
impolder *v.t.* **to ~ land,** adfer tir o'r môr, argáu tir.
impolicy *n.* annoethineb *m*, anfuddioldeb *m*.
impolite *a.* anghwrtais, anfoesgar, *Lit:* difoes, ansyber, *F:* difaners, *N.W: F:* powld, anfanesol.
impolitely *adv.* yn anghwrtais *&c*.
impoliteness *n.* anghwrteisi *m*, anfoesgarwch *m*, *Lit:* anfoes *f*, ansyberwyd *m*.
impolitic[al] *a.* annoeth, anfuddiol, anghall.
imponderabilia *n.pl.* pethau anfesuradwy.
imponderability *n.* anhybwysedd *m*, anfesuradwyedd *m*.
imponderable *a. & n.* **1.** *a.* anhybwys, amhwysadwy, anfesuradwy, dibwysau. **2.** *n.* peth(-au) anfesuradwy *m*.
imponderableness *n.* = **imponderability**.
imponderably *adv.* yn anhybwys *&c*.
imponent *a. & n.* **1.** *a.* arddodol. **2.** *n.* arddodwr (arddodwyr) *m*.
import[1] *n.* **1.** *(= sense):* ystyr(-on) *mf*. **2.** *(= importance):* pwys *m*, pwysigrwydd *m*. **3.** *Com:* mewnforyn (mewnforion) *m*. **~ duty** *n.* treth (*f*) fewnforio (trethi mewnforio), toll (*f*) fewnforio (tollau mewnforio). **~ quota** *n.* cwota (cwotâu) (*m*) mewnforio. **~ replacement** *n.* amnewid (*vn*) mewnforion. **~ saving** *vn.* arbed mewnforion. **~ surplus** *n.* gorfewnforio *vn*.
import[2] *v.t.* **1.** *Com:* mewnforio. **2.** *Lit:* *(= mean):* golygu; *(= make known):* mynegi; *A:* **it imports (us to know),** mae'n bwysig, mae o bwys (inni wybod).
importable *a.* mewnforiadwy.
importance *n.* pwys *m*, pwysigrwydd *m*; **it is of ~,** mae o bwys, mae'n bwysig; **of no ~,** dibwys; **a question of first/capital ~,** pwnc o'r pwys mwyaf; **it is of ~ to say...,** mae'n bwysig dweud...; **it is of no great ~,** nid yw o fawr bwys; **to attach the greatest ~ to sth,** rhoi'r pwys mwyaf ar rth; **people of ~,** pobl bwysig *f or pl*, pwysigion *pl*, pobl o bwys; **he is full of his own ~,** mae'n llawn ohono'i hun; mae'n llawn o'i bwysigrwydd ei hun; mae'n ddyn pwysig ofnadwy; tipyn o fi fawr ydyw; *N:* mae'n dipyn o lanc/ddyn; mae'n llancio'n arw; mae'n un lartsh; mae'n sefyll ar dipyn o dir; *S.W:* mae e'n un cestog; mae e'n un bras.
important *a.* pwysig, o bwys; **Very I~ Person,** *(V.I.P.):* Rhywun Pwysig Iawn (Rhywrai Pwysig Iawn, Pobl Bwysig Iawn).
importantly *adv.* yn bwysig.
importation *n.* mewnforiad *m*, mewnforio *vn*.
imported *a.* **1.** *(goods &c):* wedi'i fewnforio, mewnforiedig, mewnforol; **~ goods,** mewnforion. **2.** *(custom, pest &c):* estron, estronol, tramorol, oddi tramor, dieithr.
importer *n.* mewnforiwr (mewnforwyr) *m*.
importunate *a.* *(= persistent):* taer; *(= tiresome):* diflas, beichus.
importunately *adv.* yn daer; yn ddiflas *&c*.
importunateness *n.* *(= persistence):* taerni *m*; *(= tiresomeness):* diflastod *m*, beichusrwydd *m*.
importune[1] *v.t.* **1. to ~ (s.o. for sth),** erfyn yn daer, crefu'n daer (ar rn am rth); poeni, plagio (rhn am rth); mynd ar ofyn (rhn am rth). **2.** *Jur:* **to ~ for immoral purposes,** llithio rhn i bwrpas anfoesol.
importune[2] *a.* = **importunate**.
importunely *adv.* = **importunately**.
importuner *n.* **1.** erfyniwr: erfynydd (erfynwyr) *m*. **2.** *Jur:* llithiwr (llithwyr) *m*.
importuning *vn. Jur:* llithio, llithiad *m*.
importunity *n.* taerineb *m*, taerni *m*.
impose *v.t.&i.* **1.** *v.t. Typ:* arosod, gosod, arddodi. **2.** *v.t.* *(a)* **to ~ conditions upon s.o.,** gosod/gorfodi amodau ar rn; **to ~ constraints on sth,** cyfyngu ar rth; **to ~ a strain on s.o.,** gosod/rhoi/dodi straen ar rn; *(b)* **to ~ a tax (on sth),** gosod treth (ar rth); trethu, ardrethu (rhth); **to ~ a penalty on s.o.,** rhoi/dodi cosb ar rn. **3.** *v.i.* *(a)* **to ~ upon s.o.,** eich gwthio'ch hun ar rn, mynd yn faich/fwrn ar rn, mynd yn hyf ar rn; *(b)* *(= exploit):* manteisio ar rn; *(= mislead, deceive):* camarwain rhn.
imposer *n.* **1.** *Typ: &c:* gosodwr (gosodwyr) *m*. **2.** manteisiwr (manteiswyr) *m*.
imposing *a.* mawreddog, urddasol, mawrwych, anferth, anferthol, *F:* crand.
imposingly *adv.* yn fawreddog *&c*.
imposition *n.* **1.** *(a) Typ: &c:* gosodiad *m*, gosod *vn*, arddodi *vn*; *(of pages):* trefn *f*; **~ of hands,** arddodiad (*m*) dwylo; *(b)* *(of duty &c):* gorfodaeth *f*, gorfodi *vn*. **2.** *(= tax):* treth(-i) *f*, ardrethiad(-au) *m*. **3.** *(on s.o.'s good will):* manteisio *vn*, cymryd (*vn*) mantais (ar rn). **4.** *(= onerous duty):* tasg(-au) *f*, baich (beichiau) *m*, bwrn (byrnau) *m*. **5.** *(= trickery):* twyll *m*, *Lit:* hoced(-ion) *f*.
impossibility *n.* **1.** *(of task &c):* amhosibilrwydd *m*. **2.** *(thing):* peth(-au) amhosibl *m*; **it's an ~,** mae'n amhosibl/annichon/annichonadwy/annichonol.
impossible *a. & n.* **1.** *a.* *(a)* amhosibl, annichon, annichonol, annichonadwy, *F:* amhosib; *(b) F:* **he's an ~ person,** mae'n un anodd/amhosibl ei drin; wnaiff o na thwsu na thagu; mae'n gwrthod na thwsu na thagu; *(c)* **an ~ hat,** het ofnadwy/anhygoel. **2.** *n.* yr amhosibl *m*; **to attempt the ~,** ceisio gwn|eud yr amhosibl; *Fig:* bwyta uwd â myniawyd, golchi traed alarch, cael caws o fola ci, malu glo mân yn glapiau, hel gwynt i sachau, cario mwg mewn berfa/whilber.
impossibleness *n.* amhosibilrwydd *m*, annichonoldeb *m*.
impossibly *adv.* yn amhosibl *&c*.
impost[1] *n.* **1.** treth(-i) *f*. **2.** *Turf:* pwysau (*pl*) dros ben, gorlwyth(-i) *m*, h|andicap (handicapau) *mf*.
impost[2] *n. Arch:* arbost (arbyst) *m*.
impostor *n.* cogiwr (cogwyr) *m*, ffugiwr (ffugwyr) *m*, twyllwr (twyllwyr) *m*, ymhonnwr (ymhonwyr) *m*.
impostorous *a.* twyllodrus, ffuantus.
impostume *n.* chwydd(-au) *m*, chwyddi (chwyddau) *m*.
imposture *n.* twyll *m*, ffug(-ion) *m*, *Lit:* hoced(-ion) *f*.
impotence, impotency *n.* anallu *m*, diymadferthedd *m*; *Med:* anallu *m*, analluedd *m*.

impotent *a.* analluog, diymadferth, dirym, dinerth, diallu; *Med:* analluog; *S.W: occ: (of animal):* **he's ~,** mae'n gwrthod parodrwydd; mae wedi colli ei ymosodrwydd.
impotently *adv.* yn analluog, yn ofer.
impound *v.t.* **1.** *(a) (an animal):* corlannu, llocio, ffaldio, gwarchae, *N: occ:* comio; *(pers.):* carcharu, caethiwo; *(b) Hyd.E:* cronni, llocio, argáu; *(c) Geog:* powndio. **2.** *Jur:* atafael.
impoundment *n.* **1.** corlaniad(-au) *m*, llociad(-au) *m*, carchariad(-au) *m*; *vn.* = **impound. 2.** *Jur:* atafaeliad(-au) *m*.
impoverish *v.t.* tlodi, *occ:* llymh|au.
impoverished *a.* tlawd (tlodion), tlotach; *(soil &c):* dirywiedig.
impoverishment *n.* tlodi *vn*; *(of soil &c):* dirywiad *m*.
impracticability *n.* anymarferoldeb *m*, annichonoldeb *m*.
impracticable *a.* **1.** anymarferol, annichonol. **2.** *(pers.):* anhydrin, anodd eich trin.
impracticableness *n.* = **impracticability.**
impracticably *adv.* yn anymarferol.
impractical *a.* anymarferol.
impracticality *n.* anymarferoldeb *m*.
impractically *adv.* yn anymarferol.
impracticalness *n.* = **impracticality.**
imprecate *v.t.* melltithio, rhegi.
imprecation *n.* melltith(-ion) *f*, rheg(-f|eydd) *f*; *Theol:* melltithiad(-au) *m*.
imprecatory *a.* melltithiol; **~ psalms,** salmau melltithio.
imprecise *a.* anfanwl, amwys, amhenodol.
imprecisely *adv.* yn anfanwl *&c.*
impreciseness, imprecision *n.* anfanyldeb *m*, anfanylder *m*, anfanylrwydd *m*, amhenodoldeb *m*, amwysedd *m*, amhendantrwydd *m*, amhenodolrwydd *m*.
impregnability *n.* cadernid *m*, anorchfygoldeb *m*.
impregnable *a.* **1.** anorchfygol, anoresgynadwy, anhreiddiadwy, cadarn (cedyrn). **2.** *(= capable of being impregnated):* ffrwythlonadwy.
impregnableness *n.* = **impregnability.**
impregnably *adv.* yn anorchfygol *&c.*
impregnant *n.* = **impregnator.**
impregnate[1] *v.t.* **1.** *Biol: (= make pregnant):* ffrwythloni, cyfebru; *(cow, buffalo, elephant, seal):* cyfl|oi; *(mare):* cyfebru. **2.** *(= saturate):* trwytho, llenwi, *F:* socian.
impregnate[2], **impregnated** *a.* **1.** *Biol:* ffrwythlonedig, cyfeb, cyfebol, torrog; *(cow &c):* cyflo; *(mare &c):* cyfeb, cyfebol; *(sheep):* cyfoen, trom (trymion); *(bitch, sow):* torrog. **2.** *(= saturated):* trwythedig, wedi'ch trwytho (**with sth,** â rhth); llawn, dirlawn (o rth); *F:* yn socian (o rth).
impregnation *n.* **1.** *Biol:* ffrwythloniad *m*, ffrwythloni *vn.* **2.** *(= saturation):* trwythiad *m*, trwytho *vn.*
impregnator *n.* ffrwythlonwr (ffrwythlonwyr) *m*.
impresario *n.* impresario(-s, impresari) *m*.
imprescriptible *a. Jur:* annileadwy.
impress[1] *n.* ôl (olion) *m*, nod(-au) *mf*, argraff(-ion,-au) *f*, nod amgen/angen *mf*; **(a work) that bears the ~ of genius,** (gwaith) ac arno ôl [llaw] athrylith, â nod amgen/angen athrylith.
impress[2] *v.t.* **1.** *(a)* **to ~ (a seal upon wax),** pwyso, gwasgu, argraffu, stampio (sêl ar gŵyr); *(b)* **to ~ motion on sth,** peri i rth symud. **2. to ~ sth on s.o.,** siarsio rhn yngh|ylch rhth, argraffu rhth ar feddwl rhn, rhoi rhth ar ddeall i rn; **I must ~ upon you that this is a secret,** rhaid i chwi ddeall mai cyfrinach yw hyn; **to ~ s.o. with an idea,** pwnio syniad i ben rhn. **3.** *(= arouse admiration):* taro (rhn), gwn|eud argraff (ar rn), codi edmygedd (yn rhn), *occ: (after neg.):* mennu (ar rn); **he impressed me favourably,** gwnaeth argraff dda arnaf; **I wasn't impressed by him,** ni chefais i argraff dda ohono; **their threats didn't ~ me,** nid oedd eu bygythion yn mennu dim arnaf.
impress[3] *v.t.* **1.** *Hist: Mil:* cymell, dirgymell, dirio, gorfodi, *F:* presio (rhn i'r fyddin *&c*). **2.** *(goods):* atafaelu.
impressed *a.* **1.** *(watermark &c):* argraffedig. **2.** *(= admiring):* llawn edmygedd, edmygus; **I was not ~ by it,** ni wnaeth argraff arnaf i; ni feddyliais i fawr ohono; **~ (they departed),** yn edmygus, dan ryfeddu (aethant ymaith).
impressibility *n.* argraffadwyedd *m*.
impressible *a.* = **impressionable.**
impressibly *adv.* = **impressionably.**
impression *n.* **1.** *(= action of impressing):* argraffu *vn*, argraffiad(-au) *m*, gwasgu *vn*, gwasgiad(-au) *m*. **2.** *(= mark left by seal &c):* ôl (olion) *m*, argraff(-ion,-au) *f*. **3.** *Publ:* printiad(-au) *m*, argraffiad. **4.** *(= effect on s.o.):* argraff(-ion) *f*; **I am under the ~ that...,** 'rwyf dan yr argraff bod...; mae gen i syniad bod...; 'rwy'n rhyw amau bod...; **an artist's ~,** argraff arlunydd; **to make an ~ on s.o.,** gwneud argraff ar rn. **~ roller** *n. Typ:* rholer(-i) (*m*) gwasgu.
impressionability *n.* hydeimledd *m*, teimladrwydd *m*, meddalwch (*m*) dychymyg, argraffadwyedd *m*, natur argraffadwy *f*.
impressionable *a.* teimladwy, argraffadwy, hawdd eich mo[w]ldio; **an ~ child,** plentyn hawdd gwn|eud argraff arno.
impressionableness *n.* = **impressionability.**
impressionably *adv.* yn deimladwy *&c.*
impressional *a.* argraffol, argraffiadol.
impressionism *n. Art: Th: Mus:* argraffiadaeth *f*; **neo-~,** neo-argraffiadaeth *f*; **post-~,** ôl-argraffiadaeth *f*.
impressionist *n. & attrib.* **1.** *n.* argraffiadydd: argraffiadwr (argraffiadwyr) *m*. **2.** *attrib.* = **impressionistic.**
impressionistic *a.* **1.** *Art: &c:* argraffiadol. **2.** *F: (= subjective):* goddrychol.
impressionistically *adv.* **1.** yn argraffiadol *&c.* **2.** *F:* yn oddrychol.
impressive *a. (= moving):* trawiadol, gwefreiddiol, cynhyrfus, sy'n creu argraff; *(= mighty):* aruthrol, sylweddol, enfawr, dirfawr.
impressively *adv.* yn wefreiddiol *&c*; yn aruthrol *&c.*
impressiveness *n.* urddas *m*, aruthredd *m*.
impressment *n.* gorfodaeth *f*; *(of goods):* atafaeliad *m*, atafael *vn*, atafaelu *vn.*
imprest *n.* echwyn(-ion) *m*, ernes(-au) *f*, imprest(-au,-ion) *m*; *Com:* **~ basis,** [ar] sail gyflenwol.
imprimatur *n.* trwydded(-au) *f*, sêl (*f*) bendith, ***imprimatur*** *m*.
imprimatura *n. Art:* imprimatwra *m*.
imprimis *adv.* yn gyntaf, i gychwyn, i ddechrau.
imprint[1] *n.* **1.** *(of seal &c):* ôl (olion) *m*, argraff(-ion,-au) *f*. **2.** *Publ:* argraffnod(-au) *m*, gwasgnod(-au) *m*, imprint(-iau) *m*.
imprint[2] *v.t.* **1.** argraffu. **2.** *Publ:* argraffnodi, gwasgnodi, imprintio.
imprinting *vn.* argraffu.
imprison *v.t.* carcharu; **(to keep s.o.) imprisoned,** (cadw rhn) yn garcharor, mewn carchar, yn y carchar.
imprisonable *a.* carcharadwy.
imprisonment *n.* carchariad *m*, carcharu *vn*; **ten days ~,** deng niwrnod o garchar.
improbability *n.* annhebygolrwydd *m*.
improbable *a.* annhebygol.
improbableness *n.* = **improbability.**
improbably *adv.* yn annhebygol.
improbity *n.* anonestrwydd *m*.
impromptu *a., adv. & n.* **1.** *a.* difyfyr, byrfyfyr, digymell; *(speech):* o'r frest, ar y pryd. **2.** *adv.* yn ddifyfyr *&c*; o'r frest. **3.** *n. Lit: Mus:* darn(-au) difyfyr *m*, ***impromptu(-s)*** *m*.
improper *a.* **1.** *(= incorrect):* anghywir, amhriodol, anaddas; *Gram:* **~ compound,** cyfansoddair afryw *m*; *Mth:* **~ fraction,** ffracsiwn (ffracsiynau) pendrwm *m*. **2.** *(= indecent):* anweddus, *occ:* anweddaidd. **3.** *Danc:* afreolaidd.
improperly *adv.* **1.** yn anghywir *&c.* **2.** yn anweddus. **3.** *Aut:* **to overtake ~,** mynd heibio yn groes i'r rheol.
improperness *n.* **1.** amhriodoldeb *m*, anaddasrwydd *m*. **2.** *(= indecency):* anwedduster *m*, anweddustra *m*, anwedd|eidd-dra *m*.
impropriate *v.t.* ymfeddiannu, amfeddu.
impropriation *n.* amfeddiad(-au) *m*.
impropriator *n.* ymfeddiannydd (ymfeddianwyr) *m*, amfeddwr (amfeddwyr) *m*.
impropriety *n.* **1.** *(= incorrectness):* anghywirdeb *m*, anaddasrwydd *m*, amhriodoldeb *m*; **without ~,** yn gwbl gywir/briodol. **2.** *(= indecency):* anwedduster *m*, anweddustra *m*, anwedd|eidd-dra *m*.
improvability *n.* ansawdd welladwy *f*, gwelladwyedd *m*; **he believed in the ~ of man,** credai y gellid diwygio/gwella dyn.
improvable *a.* gwelladwy, diwygiadwy.
improvableness *n.* = **improvability.**
improvably *adv.* yn welladwy *&c.*
improve *v.t.&i.* **1.** *v.t.* gwella, *occ:* diwygio, diwyllio; **to ~ (an invention),** perffeithio, caboli (dyfais); **to ~ the appearance (of**

sth), gwella golwg (rhth); harddu, prydferthu, tacluso, tecáu, twtio (rhth); rhoi graen (ar rth); *(b)* **to ~ the occasion, to ~ the shining hour,** achub y cyfle, dal/manteisio ar y cyfle; *(c) Com:* **to ~ on s.o.'s offer,** cynnig mwy na rhn, gwella ar gynnig rhn. **2.** *v.i.* gwella; *(of invalid &c):* gwella, cael eich cefn atoch, *N:* mendio, criwtio, fflonsio, *S.W: occ:* iawnyd, *S.E: S.W:* cael tro, geino; *(of weather):* gwella, brafio, codi'n braf, *N: occ:* codi, llarieiddio, *S.W: occ:* hinddanu; *(of animal):* gwella *&c*, *S.W: occ:* dechrau cael tafod ar ei groen.

improved *a.* gwell, amgen, amgenach; *Geog:* **~ land,** tir wedi ei wella; *(invalid):* wedi gwella, *N: occ:* fflonsh.

improvement *n.* gwelliant(-au, gwelliannau) *m*, gwellhad *m.* **~ grant** *n.* grant(-iau) *(m)* gwella.

improver *n.* **1.** gwellhäwr (gwellhawyr) *m.* **2.** *U.S:* prentis(-iaid) *m.* **3.** *Cu:* cemegyn (cemegion) *(m)* aeddfedu [blawd].

improvidence *n.* annarbodaeth *f*, anystyriaeth *f*, diffyg *(m)* gofal/rhagofal/rhagddarpar.

improvident *a.* annarbodus, *occ:* diddarpar, diragddarpar.

improvidently *adv.* yn annarbodus *&c.*

improving *a.* **1.** *(book &c):* gwellhaol, llesol, addysgol, dyrchafol. **2.** *(health):* sy'n gwella, sydd ar wella.

improvisation *n.* **1.** *vn.* **= improvise. 2.** *n. Mus: &c: (composition):* darn(-au) byrfyryr *m*, difyfyrwaith *m*, addasiad(-au) byrfyfyr *m*; *(performance):* datganiad(-au) *(m)* byrfyfyr *or* ar y pryd.

improvisational *a.* byrfyfyr, difyfyr, ar y pryd.

improvisator *n. Mus: &c:* canwr (cantorion) *(m)* ar y pryd, cyfansoddwr (cyfansoddwyr) byrfyfyr *m.*

improvisatorial, improvisatory *a.* byrfyfyr, difyfyr, ar y pryd.

improvisatrice *n.f. Mus:* cantores(-au) ar y pryd, cantores ddifyfyr/fyrfyfyr (cantoresau byrfyfyr/difyfyr).

improvise *v.t.* **1.** gwn|eud/dyfeisio rhth yn ddifyfyr/fyrfyfyr; *Mus:* canu ar y pryd, cyfansoddi ar y pryd, datganu ar y pryd, rhyddganu; *(= adapt):* cyfaddasu, addasu; **to ~ shelter,** dyfeisio lle i gysgodi; **to ~ a dance,** *(a)* trefnu dawns ar fyr rybudd; *(b)* dawnsio yn y fan a'r lle. **2.** *abs.* **we'll have to ~,** bydd gofyn inni ddyfeisio rhth yn y fan a'r lle; bydd raid inni feddwl am rth yn y fan a'r lle.

improvised *a.* difyfyr, byrfyfyr; *(speech):* o'r frest.

improviser, improvisor *n.* trefnydd (trefnwyr) byrfyfyr *m*; **he's a good ~,** mae'n un da am wneud pethau'n ddifyfyr.

imprudence *n.* annoethineb *m*, diffyg *(m)* pwyll.

imprudent *a.* annoeth.

imprudently *adv.* yn annoeth.

impudence *n.* digywil|ydd-dra *m*, haerllugrwydd *m*, wynebgaledwch *F: occ:* wyneb *m*, powldra *m*, *S:* ewndra *m*; **what ~!** am ddigywilydd! dyna ddigywilydd/haerllug/ewn *&c*!

impudent *a.* digywilydd, haerllug, wynebgaled **(with s.o.,** wrth rn); dibarch, amharchus (o rn); *S:* ewn, *N: F:* powld, sosi, *occ:* talgryf *(f.* talgref, *pl.* talgryfion).

impudently *adv.* yn ddigywilydd *&c.*

impudicity *n.* digywil|ydd-dra *m*, anweddustег *m*, anweddustra *m.*

impugn *v.t. (= attack):* ymosod/lladd (ar rth); *Jur: (= doubt):* amau, gwrthwynebu (rhth).

impugnable *a.* amh|eus; y gellir ymosod arno *&c.*

impugner *n.* ymosodwr: ymosodydd (ymosodwyr) *m*; *(= doubter):* amheuwr (amheuwyr) *m.*

impugnment *n.* ymosodiad(-au) *m* **(of sth,** ar rth); amheuaeth *f*, amheuon *pl* (yngh|ylch rhth).

impuissance *a.* anallu *m*, analluedd *m*, diffyg *(m)* grym, gwendid *m*, llesgedd *m*, dirymedd *m*, eiddilwch *m.*

impuissant *a.* di-rym, analluog, gwan (gweinion), eiddil, llesg.

impulse *n.* **1.** *(a) Ph: &c:* ysgogiad(-au) *m*, hwrdd (hyrddiau) *mf*; *Med: Anat: (nerve &c):* cynhyrfiad(-au) *m*, ysgogiad; *(b) (= push):* gwth *m*, gwthiad(-au) *m*, hwb (hybiau) *m*; **an ~ to trade,** hwb i fasnach. **2.** *(= sudden inclination):* awydd sydyn *m*, mympwy(-on) *m*, *occ:* chwiw(-iau) *f*, chwim *m*, hwrdd (hyrddiau) *mf*, ysgogiad, ymgymhelliad (ymgymhelliadau) *m*, cymhelliad (cymelliadau) *m*; **I felt an ~ to shout,** teimlais awydd gweiddi; **on ~,** ar gynhyrfiad, yn ddifyfyr, yn fyrfyfyr, yn fyrbwyll, yn y twymiad, ar ryw hwrdd; **on an ~ I went there,** ysgogwyd fi i fynd yno; euthum yno ar fy hald; **a rash ~,** byrbwylltra *m.* **~ buying** *vn.* prynu byrbwyll.

impulsion *n.* gwthiad(-au) *m*, gyriad(-au) *m*; *S.a.* **impulse.**

impulsive *a.* **1.** *Ph: &c:* ergydiol, cymhellol, gwthiol. **2.** *(pers. &c):* byrbwyll, mympwyol, *occ:* tanbaid.

impulsively *adv.* yn fyrbwyll *&c*; *S.a.* **impulse.**

impulsiveness *n.* byrbwylltra *m.*

impunity *n.* anghosbedigaeth *f*, angherydd *m*; **with ~,** heb gosb, yn ddi-gosb, yn ddianaf, yn ddigerydd, yn groeniach; *(after neg. only):* ar chwarae bach; **the police didn't go there with ~,** nid ar chwarae bach yr âi'r heddlu yno.

impure *a.* amh|ur, aflan, *Lit: occ:* halogedig, llychwin.

impurely *adv.* yn amh|ur *&c.*

impureness *n.* amhuredd *m*, amhurdeb *m.*

impurity *n.* **1.** amhurdeb(-au) *m*, amhuredd(-au) *m*, aflendid *m.* **2.** *pl.* **impurities,** amhureddau, pethau amh|ur.

imputability *n.* cyfrifadwyedd *m*, natur briodoladwy *f.*

imputable *a.* cyfrifadwy, priodoladwy, i'w briodoli.

imputation *n.* cyfrifiad(-au) *m*, priodoliad(-au) *m*; *vn.* **= impute.**

imputative *a.* **= imputable.**

imputatively *adv.* yn gyfrifadwy *&c.*

impute *v.t.* priodoli, cyfrif (rhth i rn); bwrw, haeru (rhth ar rn); **to ~ righteousness,** cyfrif cyfiawnder.

imputed *a.* priodoledig; *Com:* **~ cost,** cost *(f)* priodoli, cost briodoledig.

in[1] *prep., adv., n., conj.phr. & a.* I. *prep. S.a.* **inside. 1.** *(indicating place): (a) foll. by a definite object, or a proper noun:* yn; **~ the house,** yn y tŷ; **~ one's house,** gartref, *N:* adref; **~ your place,** yn eich lle chwi; **~ my father's house,** yn nhŷ fy nhad; **~ England,** yn Lloegr; *with mutations as follows:* **~ Paris,** ym Mharis; **~ Tonypandy,** yn Nhonypandy; **~ Cardiff,** yng Nghaerdydd; **~ Bangor,** ym Mangor; **~ Denbigh,** yn Ninbych; **~ Gwent,** yng Ngwent; **~ Milan,** ym Milan; **he went to work ~ Caernarfon,** aeth i weithio i Gaernarfon; **the streets ~ London,** strydoedd Llundain; *(= into):* **(to cut sth) ~ two, ~ half,** (torri rhth) yn ddwy [ran], yn ddau hanner *(not* mewn dwy ran *&c, nor* i ddwy ran *&c)*; *(b) foll. by indefinite object:* mewn; **~ a house,** mewn tŷ; **~ a prison,** mewn carchar; **~ a bed,** mewn gwely; **~ debt,** mewn dyled; *but: N.B:* **~ prison,** yn y carchar; **~ school,** yn yr ysgol; **~ bed,** yn y gwely; **~ town,** yn y dref; **~ church,** yn yr eglwys; **~ chapel,** yn y capel; **in heaven,** yn y nef, yn y nefoedd; **~ space,** yn y gofod; **~ sunlight,** yn yr haul, yng ngolau'r haul; **~ shadow,** yn y cysgod; *(c)* **~ me,** ynof i; **~ thee,** ynot ti; **~ him/it,** ynddo ef; **~ her/it,** ynddi hi; **~ us,** ynom ni; **~ you,** ynoch chwi; **~ them,** ynddynt hwy, *F:* ynddyn' nhw; **as far as ~ me lies,** hyd y gallaf; **she has it ~ her to succeed,** mae ynddi'r gallu i lwyddo; **~ exile,** mewn alltudiaeth, yn alltud(-ion); *(d) (= among):* yn, ymhlith, ynghanol, ymysg; **~ a crowd,** mewn tyrfa; **that's not done ~ our circle,** ni wneir hynny yn ein plith/mysg ni; **~ between,** yn y canol; rhwng [dau beth]; **(she's) ~ her sixties,** (mae hi) yn ei thrigeiniau, wedi troi trigain oed, dros ei thrigain. **2.** *(= in respect of):* **blind ~ one eye,** dall yn un llygad; **two feet ~ length,** dwy droedfedd o hyd; **lacking ~ funds,** prin o arian; **the books, three ~ number,** y llyfrau, tri o ran rhif; **~ this, he's mistaken,** yn hyn o beth, mae'n anghywir. **3.** *(of ratio):* **one ~ ten,** un o bob deg, un mewn deg; **to pay ten pence ~ the pound,** talu deg ceiniog [yn] y bunt; **once ~ ten years,** unwaith bob deng mlynedd; **once ~ a while,** unwaith yn y pedwar amser; **one ~ a thousand,** un o fil; **once ~ a lifetime,** unwaith mewn oes. **4.** *(of time): (a)* **~ those days,** yr adeg hynny/honno, bryd hynny, [yn] y dyddiau hynny; **~ the twenties,** yn y dauddegau; **~ the reign of Victoria,** yn ystod teyrnasiad Victoria, yn nheyrnasiad Victoria; **~ times past,** gynt, ers talwm, ers llawer dydd, adegau/ddyddiau a fu; **~ the night,** yn [ystod] y nos, dros nos; **~ the middle of the night,** ganol nos, gefn nos, gefn trymedd nos; **~ the morning,** yn y bore, *occ:* gyda'r bore; **~ the afternoon,** yn y prynhawn, *occ:* gyda'r prynhawn; **~ the evening,** gyda'r nos, yn yr hwyr, fin nos; **~ cold weather,** ar dywydd oer; **~ Spring,** yn y Gwanwyn; **~ Summer,** yn yr Haf; **~ Autumn,** yn yr Hydref; **~ Winter,** yn y Gaeaf; **~ August,** ym mis Awst; **~ midwinter,** gefn gaeaf, *F: occ:* yn nhwll gaeaf, ym mhwll y gaeaf; **~ [broad] daylight,** gefn dydd golau, liw dydd; **~ the future,** o hyn ymlaen, o hyn allan, yn y dyfodol; **~ the past,** yn y gorffennol; **I have never ~ my life been there,** ni fûm i erioed yno yn fy myw/mywyd; *(b)* **to do sth ~ three hours,** gwneud rhth mewn tair awr; **(he'll be here) ~ three hours,** (bydd yma) o fewn tair awr, ym mhen tair awr; **~ a while,** yn y man, gyda hyn, ym mhen ychydig/tipyn, maes o law, toc; *(c) with forms in*

-ing: wrth + *soft mut.*; **~ crossing the river,** wrth groesi'r afon; **~ being,** mewn bod, mewn bodolaeth. **5. ~ good health,** mewn iechyd da; **~ tears,** mewn dagrau; **she was ~ tears,** 'roedd hi yn ei dagrau; **~ despair,** mewn anobaith; **~ haste,** ar frys; **~ flight,** ar ffo; **any man ~ his senses,** unrhyw ddyn call, pob dyn call, pawb yn ei iawn bwyll, pawb yn ei lawn bwyll; **you're ~ my way,** 'rydych chi ar fy ffordd i; **he was ~ liquor,** 'roedd e wedi cael diferyn yn ormod; 'roedd yn ei ddiod; **~ [good] order,** mewn trefn; **~ preparation,** ar y gweill, yn yr arfaeth; **~ preparation for sth,** yn barod ar gyfer rhth; **~ search of sth,** yn chwilio am rth, mewn ymchwil am rth, ar drywydd rhth; **~ reply,** yn ateb, mewn ateb, fel ateb. **6.** *(clothes):* **~ a shirt,** mewn crys; **dressed ~ white,** mewn dillad gwynion, mewn gwisg wen, wedi'ch gwisgo mewn gwyn, yn eich gwyn. **7. (to go out) ~ the rain,** (mynd allan) yn y glaw, i'r glaw; **~ the sun's glare,** yn llygad yr haul; **~ the dark[ness],** yn y tywyllwch. **8. he's ~ the car industry,** mae'n gweithio yn y diwydiant ceir. **9. ~ my opinion,** yn fy marn i; **~ all justice,** o ran tegwch, o ran chwarae teg; **~ all probability/likelihood,** yn ôl pob tebyg; **~ truth, ~ fact,** mewn gwirionedd, a dweud y gwir (*not* mewn ffaith); **~ any case,** pa un bynnag, p'run bynnag, beth bynnag, *S: F:* 'ta beth, 'ta p'un [i]. **10.** *(a) (of manner):* **~ a gentle voice,** mewn llais mwyn; **~ the French style,** yn y dull Ffrengig; **~ brief,** yn fyr, mewn byr eiriau, ar fyr, mewn gair; **~ vain,** yn ofer, yn seithug, i ddim [byd]; **~ the fashion,** yn y ffasiwn; **to be ~ the fashion,** bod ynddi hi; *Th:* **~ character,** cymeriadol; *F:* **that's ~ character,** mae hynny'n nodweddiadol [ohono *&c*]; mae hynny fel y fo/hi; **~ this way,** fel hyn; **~ that way,** felly, fel hynny; *(b)* **to speak ~ Welsh,** siarad yn Gymraeg; **to speak ~ good Welsh,** siarad [mewn] Cymraeg da; **~ writing,** ar ddu a gwyn; **~ verse,** ar gân, mewn mydr, ar fydr; **to talk ~ whispers,** sibrwd siarad, siarad mewn sibrydion; *(c)* **(to walk) ~ twos and threes,** (cerdded) yn ddeuoedd a thrioedd, fesul dau a thri; **~ folds,** yn blygion; **to stand ~ a row,** sefyll mewn/yn rhes, *occ:* sefyll yn un rhes; **~ alphabetical order,** yn nhrefn yr wyddor; **~ dozens,** fesul dwsinau, wrth y dwsin; *(d) (of material):* **a dress ~ green velvet,** gwisg o felfed gwyrdd; *(e)* **~ the form of sth,** ar/yn ffurf rhth; **the latest thing ~ luxury,** y moethusrwydd diweddaraf; **I found a friend ~ Mary,** cefais Mair yn ffrind; **~ care,** dan ofal; *(f)* **(to die) ~ hundreds,** (marw) fesul cannoedd, wrth y cannoedd; **~ all,** *(= altogether):* i gyd; **~ part,** yn rhannol; **~ places,** mewn mannau; *(g)* **a word ~ "est",** gair yn terfynu/gorffen/darfod ag "est", gair yn "est". **11. this is not a poison ~ itself,** nid yw hwn yn wenwyn ynddo'i hun; **he's not ~ the running,** nid yw yn y ras; nid oes ganddo obaith. **12. a cow ~ calf,** buwch gyflo; **a sow ~ pig,** hwch dorrog. II. *adv.* **1.** *(a) (= inside):* yn y tŷ, gartref, *N:* adref; *(b)* **(the harvest is) ~,** (mae'r cynhaeaf) yn y sgubor, wedi ei gywain, dan do; *(c)* **the train is ~,** mae'r trên wedi cyrraedd; *(d)* **is the fire still ~?** oes 'na dân o hyd? *(e)* **~ with it!** i mewn ag ef! **2.** *(a)* **the Labour Party was ~,** 'roedd y Blaid Lafur mewn grym; *(b)* **strawberries are ~ [season],** mae hi'n adeg mefus; *(c)* **my hand was ~,** 'roeddwn ar fy ngorau; *(d)* **to be well ~ with s.o.,** bod ar delerau da â rhn, bod yn llyfrau rhn, *N: F:* bod yn llawiau â rhn, bod yn uchel gan rn; *(e)* **my luck is ~,** mae fy lwc i wedi troi; mae ffawd o'm plaid i; **to be ~ on sth,** bod yn rhan o rth, gwybod am rth, bod â chyfran yn rhth; *F:* **to be ~ at the finish,** gweld y diwedd, bod [yn bresennol] yn y diwedd, bod yno yn y diwedd. **3. we are ~ for a storm,** fe gawn ni storm; mae hi'n hel am storm; fe fydd hi'n storm arnom ni; mae storm yn magu; **we are ~ for a thunderstorm,** mae 'na derfysg ynddi; mae hi'n hel terfysg; *F:* **he's ~ for it,** fe'i caiff e hi! mae e amdani! mae e'n ei haros hi! fe gaiff e helynt! **he had it ~ for them,** 'roedd ganddo ddant iddynt; 'roedd â'i gyllell ynddynt; *S.W:* 'roedd e â'i bwmp iddyn' nhw. **4.** *Phrases: (a)* **day ~, day out,** o ddydd i ddydd, y naill ddydd ar ôl y llall, ddydd ar ôl dydd, am ddyddiau bwygilydd, beunydd, yn feunyddiol; *(b)* **all ~;** *(i)* **the prices are all ~,** mae'r prisiau'n cynnwys popeth; *(ii) F:* **(I'm) all ~,** ('rwyf) wedi blino'n llwyr/lân; wedi ymlâdd, wedi diffygio; *N:* ('rydw i) wedi hario/fflarbio; *S.W:* ('rw i) wedi ffwndo. III. *n.* *(a)* **to know the ins and outs of sth,** gwybod manylion rhth, gwybod popeth am rth; *(b) U.S: F:* **I have an ~ with him,** mae ei glust e gen i; mae e'n gwrando arna' i. IV. *conj.phr.* **~ that,** yn gymaint â, oherwydd, gan; **~ that he attacked me,** yn gymaint â'i fod wedi ymosod arnaf, ac yntau wedi ymosod arnaf, oherwydd iddo ymosod arnaf, gan iddo ymosod arnaf; **~ so far as I understand it,** i'r graddau yr wyf yn ei ddeall. V. *a.* **it's the ~ thing,** dyna sy'n mynd â hi; dyna'r ffasiwn; **an ~-crowd, an ~-group,** clic(-iau) *m*, grŵp (grwpiau) mewnol *m*; **the ~-crowd,** y criw ffasiynol, y criw sydd ynddi hi. **~-built** *a.* **1.** cynwysedig, mewnosod, mewnosodedig. **2.** = **innate.** **~-depth** *a.* trwyadl, trylwyr. **~-fighting** *vn. Box:* paffio clos; *(in political party &c):* ymladd ymysg eich gilydd, ymrafael/ymryson mewnol, torri gyddfau'ch gilydd. **~-flight** *a. Av:* ar y daith, yn ystod y daith. **~-goal** *n. Rugby Fb:* ceisfa (ceisf|eydd) *f.* **~-going** *a.* sy'n mynd i mewn; **~-going tenant,** tenant newydd. **~-group** *n.* grŵp (grwpiau) mewnol *m.* **~-house** *a. & adv.* mewnol. **~-laws** *n.pl.* rhieni yng nghyfraith, teulu (*m*) yng nghyfraith. **~-line** *a.* uniongyrchol (*pronounced* ng-g). **~-off** *n. Bill:* ***in-off(-s)*** *mf.* **~-patient** *n.* claf (cleifion) (*m*) ysbyty, claf mewnol, claf preswyl. **~-person** *a. (interview, visit):* personol. **~-range** *a. Cmptr:* mewn amrediad. **~-service** *a.* mewn gwasanaeth/swydd. **~-swinger** *n. Cr:* mewnhediad(-au) *m.* **~-tray** *n.* cawell (cewyll) (*m*) derbyn, basged (*f*) dderbyn (basgedi derbyn).

in[2] *Lt.prep.* yn, mewn; *See* **in**[1]; **~ *absentia*,** yn eich absenoldeb, yn absennol; **~ *esse*,** mewn bod/bodolaeth, sy'n bodoli; **~ *extenso*,** yn llawn; **~ *extremis*,** *(= dying):* ar farw; *(= in trouble):* mewn trafferth, mewn trybini, mewn lle cyfyng, mewn cyfyngder; **~ *flagrante delicto*,** wrthi, yn y weithred, ar eich gweithred; **~ *forma pauperis*,** fel tlotyn; **~ *loco parentis*,** yn lle rhiant; **~ *medias res*,** yng nghanol pethau, yn y canol; **~ *memoriam*,** *(a) a.* coffadwriaethol, coffa; er cof/coffa/coffâd (am rn); i gofio (rhn); *Journ:* er cof; **a poem ~ *memoriam*,** cerdd (*f*) goffa (cerddi coffa), *F:* penillion (*pl*) coffa; *(b) adv.* er cof/coffa/coffâd (am rn), i gofio (rhn); **~ *partibus*,** ar wasgar; **~ *perpetuum*,** dros byth; **~ *personam*,** yn erbyn person; **~ *petto*,** *(a) a.* dirgel; *(b) adv.* yn ddirgel; **~ *posse*,** dichonadwy, dichonol, posibl, ymarferol; **~ *propria persona*,** yn bersonol, eich hun; **~ *puris naturalibus*,** yn noethlymun; **~ *re*,** ym mater, ynglŷn â, yngh|ylch (rhth); **~ *rem*,** yn erbyn peth; **~ *situ*,** yn y fan a'r lle, yn ei le/lle; **~ *statu quo*,** fel cynt, fel ag yr oedd; **~ *toto*,** yn llwyr, yn gyfan gwbl, yn gyfan; **~ *utero*,** yn y groth; **~ *vacuo*,** mewn gwagle; **~ *vino*,** mewn diod, yn eich diod; **~ *vino veritas*,** gwirionedd mewn gwin; yn y gwin, gwirionedd; **~ *vitro*,** mewn llestr; **~ *vivo*,** yn y corff byw.

inability *n.* anallu *m*, analluogrwydd *m*, analluedd *m.*

inaccessibility *n.* anhygyrchedd *m*, anhawster (*m*) mynd at rth; **the problem is its ~,** y broblem yw ei bod mor anodd mynd ato.

inaccessible *a.* **1.** *(place):* anodd mynd ato, anhygyrch, anodd cyrraedd ato, anodd ei gyrraedd, anghyrraedd, anghyraeddadwy. **2.** *(pers.):* na ellir mo'i fyrddio, anodd mynd ato, pell, *F: occ:* sa' draw. **3.** *(thing):* anodd mynd ato, anodd estyn ato, allan o gyrraedd, anodd cael gafael arno, pell o gyrraedd, anghyrraedd, anghyraeddadwy.

inaccessibly *adv.* yn anodd mynd ato, mewn lle anhygyrch, mewn lle anodd mynd ato, ymh|ell o gyrraedd, allan o gyrraedd.

inaccuracy *n.* anghywirdeb *m*, anfanyldeb *m*, gwallusrwydd *m.*

inaccurate *a.* anghywir, anfanwl, gwallus.

inaccurately *adv.* yn anghywir *&c.*

inactinic *a. Ph:* inactinig.

inaction *n.* diffyg (*m*) gweithredu, syrthni *m*, llesgedd *m*, diogi *m*, segurdod *m*, seguryd *m*, disymudrwydd *m*, anweithredoldeb *m*, llaesu (*vn*) dwylo, gwn|eud (*vn*) dim [byd].

inactivate *v.t.* llonyddu.

inactivation *n.* llonyddiad *m*, llonyddu *vn.*

inactive *a.* disymud, diysgog, digychwyn, segur, llonydd, diegni, difywyd, di-fynd, diog, anactif, anweithredol.

inactively *adv.* yn ddisymud *&c.*

inactivity *n.* = **inaction.**

inadequacy *n.* annigonolrwydd *m*, anaddasrwydd *m*, anghymhwyster(-au) *m*, diffygioldeb *m*; *pl.* **inadequacies,** diffygion.

inadequate *a.* annigonol, diffygiol, anaddas, anghymwys.

inadequately *adv.* yn annigonol *&c.*

inadequateness *n.* = **inadequacy.**

inadmissibility *n.* annerbynioldeb *m.*

inadmissible *a.* annerbyniol, annerbyniadwy.

inadmissibly *adv.* yn annerbyniol.

inadvertence, inadvertency *n.* diofalwch *m*, esgeulustod *m*, amryfusedd *m*, aflerwch *m*, *N:* blerwch *m.*

inadvertent *a.* diofal, esgeulus, *occ:* amryfus, aflêr, *N:* blêr.
inadvertently *adv.* yn ddiofal *&c;* trwy amryfusedd.
inadvisability *n.* annoethineb *m.*
inadvisable *a.* annoeth.
inalienability *n.* natur ddiymwad *&c.*
inalienable *a.* diymwad, anwahanadwy, annieithr; *Jur:* anaralladwy, anamddifadwy.
inalienably *adv.* yn ddiymwad, yn anwahanadwy *&c.*
inalterability *n.* anghyfnewidioldeb *m.*
inalterable *a.* annewidiadwy, digyfnewid, anghyfnewidiol, diysgog, safadwy.
inalterableness *n.* = **inalterability**.
inalterably *adv.* yn ddigyfnewid *&c.*
inamorata *n.f.* cariad(-on), cariadferch(-ed).
inamorato *n.m.* cariad(-on), cariadlanc(-iau), cariadfab (cariadfeibion), carwr (carwyr), *N: F: occ:* carmon (carmyn).
inane *a.* hurt, gwirion, penwan, disynnwyr, ffôl, twp.
inanely *adv.* yn hurt *&c.*
inaneness *n.* hurtrwydd *m*, hurtwch *m*, gwiriondeb *m*, penwendid *m*, ffolineb *m*, twpdra *m.*
inanga *n. Ich:* inanga(-od) *m* (*pronounced* ng-g).
inanimate *a.* difywyd.
inanimately *adv.* yn ddifywyd.
inanimateness, inanimation *n.* diffyg (*m*) bywyd.
inanition *n.* gwacter *m*; gwendid (*m*) o eisiau bwyd.
inanity *n.* = **inaneness**.
inapparent *a.* anamlwg.
inapparently *adv.* yn anamlwg.
inappeasable *a.* anghymodlon, annyhuddadwy.
inappeasably *adv.* yn anghymodlon *&c.*
inappellable *a.* heb apêl; **an ~ decision,** dyfarniad heb apêl, dyfarniad di-alw'n-ôl.
inappetence, inappetency *n.* anawydd *m*, diffyg (*m*) awydd, diffyg archwaeth.
inappetent *a.* anawyddus, diawydd.
inapplicability *n.* anaddasrwydd *m*, anghymhwyster *m*, amhriodoldeb *m*, amherthnasedd *m.*
inapplicable *a.* anaddas, anghymwys, amhriodol, amherthnasol.
inapplicably *adv.* yn anaddas *&c.*
inapposite *a.* amherthnasol, anghymwys, anaddas, anghyfaddas, amhriodol.
inappositely *adv.* yn amherthnasol *&c.*
inappositeness *n.* amherthnasedd *m*, anaddasrwydd *m*, anaddaster *m*, anghyfaddasrwydd *m*, amhriodoldeb *m.*
inappreciable *a.* disylw, anweladwy.
inappreciably *adv.* yn ddisylw *&c;* [ddim ond] y mymryn lleiaf.
inappreciation *n.* diffyg (*m*) gwerthfawrogiad, anwerthfawrogiad *m*, anniolchgarwch *m.*
inappreciative *a.* anwerthfawrogol (**of sth,** o rth); anniolchgar, diddiolch (am rth).
inappreciatively *adv.* yn anwerthfawrogol *&c.*
inappreciativeness *n.* = **inappreciation**.
inapprehensible *a.* annirnadwy, annirnad.
inapproachable *a.* anodd mynd ato; *(pers.):* pell, *F:* sa' draw.
inappropriate *a.* anaddas *&c; S.a.* **inapposite**.
inappropriately *adv.* yn anaddas *&c; S.a.* **inappositely**.
inappropriateness *n.* anaddasrwydd *m*, anaddaster *m*, anghymhwyster *m*, amhriodoldeb *m.*
inapt *a.* **1.** *(= inexpert):* analluog, anghymwys, anaddas (i wn|eud rhth); lletchwith, trwstan, afrwydd, *Lit:* annehau, anneheuig, *F:* anneche, annecha, di-lun, di-glem. **2.** *(= unsuitable):* anaddas, anghymwys, amhriodol, nad yw'n gweddu (i rth).
inaptitude *n.* **1.** *(= clumsiness):* anghymhwyster *m*, anallu *m*, anneheurwydd *m*, lletchwithdod *m*, trwsgl|eidd-dra *m*, dilunwch *m*, afrwyddineb *m*, trwstaneiddiwch *m.* **2.** *(= unsuitability):* anghymhwyster *m*, anaddasrwydd *m*, amhriodoldeb *m.*
inaptly *adv.* **1.** yn lletchwith *&c.* **2.** yn anaddas *&c.*
inarch *v.t. Hort:* *bwa-impio.
inarguable *a.* annadleuadwy, diddadl.
inarguably *adv.* yn annadleuadwy *&c.*
inarm *v.t. Poet:* cofleidio.
inarticulate *a.* **1.** *Nat.Hist: &c: (= not jointed):* anghymalog, digymal. **2.** *(a) (sound):* aneglur, myngus, anghroyw, bloesg; *(pers.):* anhuawdl, tafotrwym; *(speech):* anhuawdl, digyswllt, *F:* clapiog, bratiog; *(b) (= mute):* dilafar, dileferydd, mud; **~ with rage,** mud gan gynddaredd.
inarticulately *adv.* yn aneglur; yn fud.
inarticulateness *n.* aneglurder *m*, aneglurdeb *m*, myngusrwydd *m*, bloesgni *m*, anghroywder *m*; *(of pers.):* anhuodledd *m*, diffyg (*m*) huodledd; *(= silence):* mudandod *m*, dilafarwch *m*, dilafaredd *m.*
inartistic *a.* anghelfydd, anartistig.
inartistically *adv.* yn anghelfydd.
inasmuch as *conj.phr.* **1.** *(= because):* oherwydd [bod], gan fod .... **2.** *A: (= insofar as):* yn gymaint â bod ....
inassimilable *a.* anghymathadwy.
inattention *n.* diffyg (*m*) sylw; *(= carelessness):* esgeulustod *m*, diofalwch *m*, amryfusedd *m.*
inattentive *a.* **1.** *(= distrait):* pell eich meddwl, heb fod yn talu sylw. **2.** *(= careless):* diofal, esgeulus, amryfus, *F:* di-hid, dihidans.
inattentively *adv.* **1.** yn bell eich meddwl, heb fod yn talu sylw. **2.** yn ddiofal *&c.*
inattentiveness *n.* = **inattention**.
inaudibility *n.* anhyglywedd *m.*
inaudible *a.* anghlywadwy, anhyglyw; *(voice):* isel, distaw.
inaudibly *adv.* yn anghlywadwy *&c.*
inaugural *a.* agoriadol, cychwynnol, dechreuol; *Ecc:* urddfreiniol; **~ lecture,** darlith agoriadol *f*, darlith sefydlu; **~ ceremony,** defod (*f*) urddo/sefydlu.
inaugurate *v.t.* **1.** agor, cychwyn, dechrau (rhth); rhoi (rhth) mewn grym. **2. to ~ s.o. as President,** urddo/sefydlu rhn yn Arlywydd.
inauguration *n.* **1.** agoriad(-au) *m*, cychwyniad(-au) *m*, dechreuad(-au) *m.* **2.** *(= installation):* urddo *vn*, urddiad(-au) *m*, sefydlu *vn*; *(ceremonial):* defod(-au) (*f*) urddo/sefydlu, cyfarfod(-ydd) (*m*) urddo/sefydlu; *Ecc:* urddfreiniad(-au) *m.*
inaugurator *n.* cychwynnwr: cychwynnydd (cychwynwyr) *m*, agorwr (agorwyr) *m*, dechreuwr (dechreuwyr) *m*; *(= pioneer):* arloeswr (arloeswyr) *m*, arl|oeswraig *f.*
inauguratory *a.* = **inaugural**.
inauspicious *a.* drwgargoelus, drygargoelus, anffodus, annedwydd, nad yw'n argoeli'n dda.
inauspiciously *adv.* yn anffodus *&c.*
inauspiciousness *n.* anffodusrwydd *m*, argoelion anffodus *pl*, drwgargoelion *pl.*
inauthentic *a.* annilys.
inauthenticity *n.* annilysrwydd *m.*
inboard *a.* mewnol, [y] tu mewn.
inborn *a.* cynhenid, cynhwynol, *F:* yn nhoriad eich bogail.
inbound *a.* tuag adref, ar y ffordd i mewn.
inbounds *attrib. Basketball:* o fewn terfynau.
inbreathe *v.t.* **1.** anadlu. **2.** *(= inspire):* ysbrydoli.
inbred *a.* **1.** = **inborn**. **2.** *Breed:* unwaed, cydwaed, wedi mewnfridio.
inbreed *v.t.* mewnfridio.
inbreeder *n.* mewnfridiwr (mewnfridwyr) *m.*
inbreeding *vn.* mewnfridio, mewnfagwraeth *f*, cydwaedoliaeth *f.*
Inca *n. & a. Ethn:* Inca(-s) *m&f*; **the ~ empire,** ymerodraeth yr Incas.
Incaic *a.* Incaidd.
incalculability *n.* **1.** difesuredd *m*, anfesuradwyedd *m*; *(= enormity):* aruthredd *m.* **2.** *(of pers.):* anwadalwch *m*, mympwyoldeb *m*, mympwyedd *m.*
incalculable *a.* **1.** anghyfrifadwy, anfesuradwy, difesur, di-rif, aneirif; *(= enormous):* aruthrol. **2.** *(pers.):* anwadal, mympwyol.
incalculably *adv.* **1.** yn anghyfrifadwy *&c*, yn aruthrol. **2.** *(= arbitrarily):* yn fympwyol.
incalescence *n.* cynhesu *vn*, twymo *vn.*
incalescent *a.* cynnes, twym.
Incan *a.* Incaidd.
incandesce *v.t.&i.* gwyniasu.
incandescence *n.* gwyniasedd(-au) *m.*
incandescent *a.* gwynias.
incandescently *adv.* yn wynias.
incantation *n.* swyn(-ion) *m*, swyn-gân (~-ganeuon) *f*, llafar-gân (~-ganeuon) *f.*

incantational, incantatory *a.* swyn-ganiadol.
incapability *n.* anallu *m,* analluedd *m; Jur:* anghymhwyster *m.*
incapable *a.* **1.** analluog **(of doing sth,** i wneud rhth); **drunk and ~,** meddw ac analluog; **an effect ~ of exact measurement,** effaith na ellir ei mesur yn union; **~ of deceit,** analluog i dwyllo; **an action ~ of succeeding,** gweithred na all lwyddo; **a deed ~ of being misunderstood,** gweithred na ellir mo'i chamddeall; *(= incompetent):* di-glem, anhyffordd. **2.** *Jur: (= not legally qualified)* anghymwys **(to do sth,** i wneud rhth).
incapableness *n.* = **incapability.**
incapably *adv.* **1.** yn analluog. **2.** *Jur:* yn anghymwys.
incapacitant *n.* anghymhwyster (anghymwysterau) *m.*
incapacitate *v.t.* **1.** analluogi. **2.** *Jur:* anghymhwyso.
incapacitation *n.* **1.** analluogi *vn.* **2.** = **incapacity.**
incapacitator *n.* analluogydd (analluogwyr) *m.*
incapacity *n.* **1.** anallu *m,* analluogrwydd *m,* anabledd *m; Jur:* anghymhwyster *m.*
incarcerate *v.t.* carcharu.
incarcerated *a.* carcharedig, mewn carchar, caeth(-ion); *S.a.* **hernia.**
incarceration *n.* **1.** *(action):* carcharu *vn,* carchariad(-au) *m.* **2.** *(= being in prison):* carchariad, carchar *m.*
incarcerator *n.* carcharwr (carcharwyr) *m.*
incardination *n.,* **incardinate** *v.t.* sefydlu (rhn) yn gardinal/henuriad.
incarnadine[1] *a.* *(= flesh-coloured):* cnodliw; *(= crimson):* rhuddgoch(-ion).
incarnadine[2] *v.t.* cnodliwio, rhuddgochi; *Lit:* **my hand will rather the multitudinous seas ~,** dichon y llaw hon ruddgochi'r moroedd aneirif.
incarnate[1] *a.* mewn cnawd, corfforol.
incarnate[2] *v.t.* ymgnawdoli, ymgorffori, cnawdoli, corffori.
incarnation *n.* ymgnawdoliad(-au) *m,* ymgorfforiad(-au) *m.*
incaution *n.* diofalwch *m,* byrbwylltra *m,* diffyg *(m)* gofal, aflerwch *m,* dihidrwydd *m,* anochelgarwch *m,* amryfusedd *m.*
incautious *a.* difeddwl, anochelgar, anwyliadwrus, diofal, anofalus, amryfus, byrbwyll, dihidio, *F:* di-hid, dihidans.
incautiously *adv.* yn ddifeddwl *&c.*
incautiousness *n.* = **incaution.**
incendiarism *n.* llosgwriaeth *f,* llosgyddiaeth *f,* cynnau *(vn)* tanau, cychwyn *(vn)* tanau, *F:* rhoi llefydd ar dân.
incendiary *a. & n.* **1.** *a.* cyneuol, *Fig:* llidiol, enynnol; **~ device,** dyfais *(f)* gynnau tân (dyfeisiau cynnau tân), dyfais losgi (dyfeisiau llosgi). **2.** *n. (pers.):* llosgwr (llosgwyr) *m,* cyneuwr (cyneuwyr) *(m)* tân; *(bomb):* bom cyneuol/gyneuol (bomiau cyneuol) *mf,* bom cynnau/gynnau tân, bom l[l]osgi.
incense[1] *n.* **1.** arogldarth(-au) *m,* thus *m.* **2.** *Fig: (= praise):* mawl *m,* moliant *m,* clod(-ydd) *m.* **~-bearer** *n.* arogldarthydd (arogldarthwyr) *m.* **~-burner** *n. (a) (pers.):* llosgwr (llosgwyr) *(m)* arogldarth; *(b) Ecc:* thuser(-au) *fm.*
incense[2] *v.t. (= burn incense):* arogldarthu, mygdarthu.
incense[3] *v.t. (= enrage):* gwylltio, llidio, cythruddo, digio, cynddeiriogi.
incensed *a.* dig, llidiog *&c; S.a.* **angry.**
incensory *n. Ecc:* thuser(-au) *fm.*
incentive *a. & n.* **1.** *a.* anogol, cymelliadol, cymhellol, ysgogol, symbylol. **2.** *n.* anogaeth(-au) *f,* ysgogiad(-au) *m,* symbyliad(-au) *m,* symbylydd(-ion) *m,* cymhelliad (cymhellion) *m;* **(to/for sth,** i rth); rheswm (rhesymau) *(m)* (dros rth); *Econ:* **~ payment,** tâl (taliadau) anogaeth, taliad(-au) *(m)* anogaeth; **unemployment is an ~ to crime,** mae diweithdra'n symbylu troseddau.
incentre *n. Ph:* mewnganol(-au) *m* (*pronounced* ng-g).
incept *v.i.* **1.** *Sch:* graddio. **2.** *Biol:* derbyn, traflyncu.
inception *n.* dechreuad(-au) *m,* cychwyniad(-au) *m,* cychwyn(-iadau) *m,* dechrau (dechreuadau) *m.*
inceptive *a. & n.* **1.** *a.* cychwynnol, dechreuol. **2.** *n. Gram:* berf gychwynnol (berfau cychwynnol) *f.*
inceptively *adv.* yn gychwynnol *&c.*
inceptor *n.* **1.** *Sch:* graddiwr (graddwyr) *m.* **2.** = **beginner.**
incertitude *n.* ansicrwydd *m,* amheuaeth *f,* amheuon *pl.*
incessancy *n.* dibeidrwydd *m,* didorredd *m,* parhauster *m.*
incessant *a.* di-baid, di-dor, diddiwedd, diderfyn, parh|aus, *Lit:* dibaid, didor, didawl, di-dawl, *F:* di-stop, di-dor-derfyn.
incessantly *adv.* yn ddi-baid, byth a beunydd, byth a hefyd, yn ddi-stop, heb stop, *N: F:* ar hyd y bedlan, rownd-y-rîl.
incessantness *n.* = **incessancy.**
incest *n.* llosgach *m;* **primary ~,** llosgach elfennol; **to commit ~,** cyflawni llosgach, ymlosgach.
incestuous *a.* llosgachol, llosgachaidd, llosgachlyd; **an ~ man,** llosgachwr (llosgachwyr) *m.*
incestuously *adv.* yn llosgachol.
incestuousness *n.* llosgacholdeb *m.*
inch[1] *n. Meas:* modfedd(-i) *f;* **within an ~ (of death),** o fewn trwch blewyn, o fewn modfedd, o fewn dim (i farw); **they trounced him within an inch of his life,** bu ond y dim iddynt ei guro i farwolaeth; **(he didn't budge) an ~,** (ni syflodd/symudodd) yr un fer, yr un fodfedd; **not to yield an ~,** peidio ag ildio modfedd; **by inches, ~ by ~,** fesul modfedd, o fodfedd i fodfedd, yn raddol, fesul tipyn, o dipyn i beth, bob yn dipyn; **every ~ of the way,** pob cam o'r ffordd; **he's every ~ a king,** mae'n frenin o'i gorun i'w sawdl; mae'n frenin bob modfedd ohono; **give him an ~ and he'll take an ell,** rhowch iddo fodfedd ac fe gymer lathen.
inch[2] *v.i.&t.* **1.** *v.i.* **to ~ (forward),** sleifio, ymwthio, llithro, ymlithro, *occ:* modfedda (ymll|aen). **2.** *v.t.* **to ~ (sth forward),** gwthio, sleifio, ymlithro, *occ:* modfedda (rhth yn ei flaen).
inch[3] *n. Scot: Geog:* ynys(-oedd) *f.*
inched *a.* modfeddog; **two-~,** dwy fodfedd.
inchmeal *adv.* **by ~,** fesul modfedd.
inchoate[1] *a.* newydd ddechrau, cychwynnol, dechreuol; *(= undeveloped):* cynnar, anaeddfed, annatblygedig.
inchoate[2] *v.t.* cychwyn, dechrau.
inchoately *adv.* yn gychwynnol *&c.*
inchoateness *n.* cychwynoldeb *m,* dechreuoldeb *m.*
inchoation *n.* cychwyniad(-au) *m,* dechreuad(-au) *m.*
inchoative *a.* cychwynnol, dechreuol.
inchoatively *adv.* yn gychwynnol *&c.*
inchworm *n.* lindysyn (lindys) dolennog *m.*
incidence *n.* **1.** *(of taxation &c):* disgyniad *m,* trawiant *m, Econ:* pwysfan(-nau) *fm.* **2.** *Opt: Ph: Mth:* trawiant, trawiad(-au) *m;* **angle of ~,** ongl *(f)* drawiad/daro (onglau trawiad/taro); **grazing ~,** prin drawiad; **angle of grazing ~,** ongl prin drawiad. **3.** *(= frequency):* mynychder(-au) *m,* mynychdra *m,* amledd(-au) *m,* amlder(-au) *m;* **the ~ of whooping cough has decreased,** mae llai o achosion o'r pâs; **the high ~ of change,** yr holl newidiadau.
incident[1] *n.* **1.** digwyddiad(-au) *m, occ:* tro(-eon) *m; (= clash):* gwrthdrawiad(-au) *m,* helynt(-ion) *f,* cythrwfl (cythryflau) *m.* **2.** *Jur:* **the incidents of tenure,** nodweddion daliadaeth/deiliadaeth. **~ room** *n. Police:* ystafell(-oedd) *(f)* ymchwiliad.
incident[2] *a.* **1.** digwyddol, damweiniol **(to sth,** i rth); sydd ynglŷn (â rhth); sydd ynghl|wm (wrth rth); **hardships ~ to the life of a farmer,** caledi ynghlwm wrth fywyd ffermwr. **2.** *Opt: Ph:* trawol, disgynnol; **~ ray,** pelydryn (pelydrau) trawol *m.*
incidental *a. & n.* **1.** *a. (a) (= fortuitous):* damweiniol, *occ:* digwyddol; *(= occasional, secondary):* achlysurol, atodol, wrth fynd heibio, gyda llaw; **~ expenses,** mân dreuliau; **the satire is ~ to the story,** eilbeth yw'r dychan i'r hanes; **~ music,** miwsig achlysurol *m,* cerddoriaeth achlysurol *f; (b) (= inseparable, inevitable):* anorfod, anochel; cysylltiedig **(to sth,** â rhth); **fatigues ~ to a journey,** blinderau anorfod ar daith, blinderau anorfod teithiwr; **~ upon sth,** sy'n ganlyniad i rth, sy'n dilyn rhth. **2.** *n.* peth(-au) achlysurol *m,* rhth wrth fynd heibio, eilbeth(-au) *m; pl.* **incidentals,** manion bethau.
incidentally *adv.* **1.** yn achlysurol, yn atodol *&c.* **2.** *F: (= by the way):* gyda llaw, wrth fynd heibio.
incinerate *v.t.* **1.** llosgi (rhth) yn ulw/golsyn. **2.** *(= cremate):* llosgi.
incineration *n.* **1.** *vn.* = **incinerate. 2.** *(= cremation):* corfflosgi *vn,* corfflosgiad(-au) *m.*
incinerator *n.* llosgwr: llosgydd (llosgwyr) *m,* ffwrnais (ffwrneisiau) *f.*
incipience, incipiency *n.* cyflwr dechreuol *m,* dechrau *m,* dechreuad *m,* cychwyn *m,* cychwyniad *m.*
incipient *a.* dechreuol, cychwynnol, cynnar.
incipiently *adv.* yn ddechreuol *&c.*
incipit *n.* cychwynair (cychwyneiriau) *m,* ***incipit*** *m..*
incircle *n. Mth: Ph:* mewngylch(-oedd) *m* (*pronounced* ng-g).

incise *v.t.* **1.** *Med: &c:* endorri, hicio, rhicio. **2.** *Geog:* endorri, rhychu, hicio, rhicio. **3.** *Art:* endorri, hicio, rhicio.
incised *a.* endoredig, hiciog, rhiciog; *Geog:* **~ meander,** ystum r[h]ychog (ystumiau rhychog) *mf.*
incision *n.* **1.** *Med: &c:* toriad(-au) *m,* endoriad(-au) *m.* **2.** *Art: &c:* endoriad, hic(-iau) *m,* rhic(-iau) *m,* rhicyn(-nau) *m,* hicyn(-nau) *m.*
incisional *a.* endoriadol.
incisive *a.* **1.** *(= sharp):* miniog, llym (*f.* llem, *pl.* llymion), brathog, treiddgar, awchlym (*f.* awchlem, *pl.* awchlymion), cyrhaeddgar. **2.** *(= concise):* croyw, cryno.
incisively *adv.* yn finiog *&c.*
incisiveness *n.* **1.** *(= sharpness):* miniogrwydd *m,* min *m,* awch *m,* awchlymder *m.* **2.** *(= concision):* croywder *m,* crynoder *m.*
incisor *n.* dant (dannedd) blaen *m,* blaenddant (blaenddannedd) *m.*
incitation *n.* **= incitement.**
incite *v.t.* annog, annos, symbylu, cynhyrfu, *Jur:* cyffr|oi, ysgogi **(s.o. to do sth,** rhn i wneud rhth); **to ~ trouble,** codi/creu/achosi helynt/stŵr/twrw, creu cynnen; **to ~ (s.o. to fight),** annos (rhn i ymladd), *N.W: occ:* swcro, cynnwys, tynnu, acseisio (dyn i gwffio).
incitement *n.* anogaeth(-au) *f,* symbyliad(-au) *m,* annog *vn; Jur:* annog.
inciter *n.* anogwr (anogwyr) *m,* an|ogwraig *f,* cynhyrfwr (cynhyrfwyr) *m,* cynh|yrfwraig *f,* cyffröwr (cyffrowyr) *m, S.W:* pwt *(m)* y gynnen.
incitingly *adv.* yn anogol.
incivility *n.* digywil|ydd-dra *m,* anghwrteisi *m,* anfoesgarwch *m.*
incivism *n.* annheyrngarwch *m* (*pronounced* ng-g).
inclemency *n. (of weather):* gerwinder *m,* gerwindeb *m,* oerni *m; (of judge)* diffyg *(m)* trugaredd, anhrugarowgrwydd *m,* llymder *m.*
inclement *a.* **1.** *(weather &c):* garw (geirwon), gerwin, oer. **2.** *(judge):* didrugaredd, annhosturiol, anhrugarog, didostur, didosturi, llym (*f.* llem, *pl.* llymion).
inclemently *adv.* **1.** yn arw *&c.* **2.** yn ddidrugaredd *&c.*
inclinable *a.* tueddol, pleidiol, ffafriol **(to sth,** i rth); â thuedd (at rth).
inclination *n.* **1.** *(of head, hill):* gogwydd(-ion) *m,* gogwyddiad(-au) *m,* goleddf *m.* **2.** *(= disposition):* tuedd(-iadau) *f,* tueddfryd *m, occ:* tueddbeniad(-au) *m,* tueddrwydd *m, N.W: occ:* asgen *f.* **3.** *(= liking, affection):* awydd *m,* awyddfryd *m* **(for sth,** am rth), *S:* chwant *m;* **to follow one's own ~,** gwn|eud yn ôl eich mympwy, dilyn eich awydd, dilyn eich trwyn; **to do sth from ~,** gwneud rhth o'ch awydd.
inclinational *a.* **1.** gogwyddol. **2.** *(= tending):* tueddol.
incline[1] *n.* **1.** gogwydd(-iau) *m,* llethr(-au) *f,* goleddf(-au) *mf, S.W:* rhipyn *m; S.a.* **hill. 2.** *N: Min:* inclên(-s) *mf,* incl|ein(-s) *mf.*
incline[2] *v.t.&i.* **1.** *v.t. (a) (= bend):* gogwyddo, gwyro; *(b) B:* **~ thine ear to me,** gostwng dy glust ataf; **to ~ one's ear to sth,** gwrando'n ffafriol ar rth; *(c) (= dispose):* tueddu, *Lit:* tueddbennu; **to ~ s.o. to do sth,** peri i rn wneud rhth. **2.** *v.i. (a) (= bend):* gogwyddo, gwyro, *occ:* goleddfu, bod ar oleddf; *(b) (= be disposed):* tueddu **(towards sth,** at rth, i wneud rhth); bod yn dueddol, bod â thuedd (i rth); *(c) Mil:* **to ~ to the left,** gwyro i'r chwith.
inclined *a.* **1.** *(surface &c):* ar oleddf, goleddfol; **~ plane,** plân *(m)* ar oleddf; **~ at an angle of 45 degrees,** ar oleddf o 45 gradd. **2.** *(a) (= liable, tending):* tueddol, â thuedd, o natur **(to [do] sth,** i rth); chwannog (i wn|eud rhth); **hastily ~,** byrbwyll; **well-~,** ffafriol (i rth); **I'm ~ to believe,** 'rwy'n barod i gredu; **he is that way ~,** dyna yw ei duedd; **to be ~ to do sth,** tueddu i wneud rhth; *(b) (= eager, disposed):* awyddus (i wneud rhth); **if you feel ~,** os mynnwch; os teimlwch awydd; os teimlwch ar eich calon; **if ever you should feel so ~,** os byth y daw awydd drosoch; **I don't feel ~ to do much,** 'does gen i ddim awydd/ffrwt/stumog i wneud llawer.
inclining *a.* **1.** goleddfol. **2.** *(= tending):* tueddol, yn tueddu, tueddbennol.
inclinometer *n.* mesurydd(-ion) *(m)* goleddf/gwyriad.
inclose *v.t.* **= enclose.**
includable *a.* cynwysadwy.
include *v.t.* cynnwys; *F:* **~ me out,** peidiwch â'm cynnwys i; gad|ewch fi allan; anghofiwch amdanaf i; ewch yml|aen hebof i; *S.a.* **included, including.**
included *a.* cynwysedig; **his house ~,** ei dŷ yn gynwysedig, yn cynnwys ei dŷ, gan gynnwys ei dŷ.
includible *a.* **= includable.**
including *prep.* yn cynnwys; **~ his house,** yn cynnwys ei dŷ, gan gynnwys ei dŷ.
inclusion *n.* cynhwysiad *m,* cynnwys *vn; Path:* **~ body,** corffyn (cyrff) *(m)* cynnwys/cynwysedig.
inclusive *a.* cynhwysol, hollgynhwysol; *Econ:* cynwysedig; **~ of sth,** gan gynnwys rhth; **~ rights,** hawliau cynhwysol; **~ sum,** cyfanswm (cyfansymiau) *m;* **~ terms,** *(at hotel):* prisiau cynhwysol/hollgynhwysol.
inclusively *adv.* yn gynhwysol *&c.*
inclusiveness *n.* cynwysoldeb *m,* hollgynhwysedd *m.*
incoercible *a.* anorfodadwy, ystyfnig, di-ildio, anorthrech.
incogitant *a.* difeddwl, anystyriol.
incognita *a., adv. & n.* **1.** *a.* anhysbys, dan gochl. **2.** *adv.* yn anhysbys, dan gochl; *S.a.* **incognito. 3.** *n.f.* merch dan gochl.
incognito *adv. & n.* **1.** *adv.* yn anhysbys, yn gyfrinachol, yn ddirgel, dan ffugenw. **2.** *n. (a)* anhysbysrwydd *m,* cyfrinach *f,* enw(-au) ffug *m;* **to preserve one's ~,** cadw'ch enw'n gyfrinach, cuddio'ch gwir enw, osg|oi sylw; *(b) (pers.):* dyn(-ion) *(m)* dan gochl; *(c) (= disguise):* ffugwisg(-oedd) *f.*
incognizance *n.* anwybodaeth *f* **(of sth,** o/yngh|ylch rhth).
incognizant *a.* anwybodol, anwybodus **(of sth,** o rth); heb wybod (rhth).
incoherence *n.* anghysylltiad *m,* diffyg *(m)* cysylltiad *m, occ:* anghydlyniad *m,* anghydlynedd *m; occ: (of speech):* bratiogrwydd *m,* clapiogrwydd *m.*
incoherent *a.* digyswllt, digysylltiad, *occ:* anghysylltiol, anghysylltus, anghydlyn, anghydlynol; *(speech):* mwydrus, ffwndrws, cymysglyd, anhrefnus, ar chwâl, ar hyd ac ar draws; **he was very ~,** *(of speaker):* 'roedd o/e ym mhob man.
incoherently *adv.* yn ddigyswllt, ar chwâl; **to talk ~,** moedro, mwydro, ffwndro, siarad ar hyd ac ar draws.
incombustibility *n.* anhylosgedd *m.*
incombustible *a. & n.* **1.** *a.* anllosgadwy, anhylosg. **2.** *n.* peth(-au) anllosgadwy/anhylosg *m.*
income *n.* incwm (incymau) *m,* enillion *pl;* **average ~,** incwm cyfartalog; **earned ~,** incwm a enillwyd, incwm gwaith, enillion, cyflog(-au) *m;* **gross ~,** incwm crynswth; **imputed ~,** incwm priodoledig; **inequality of ~,** anghyfartalwch *(m)* incwm, anghydraddoldeb *(m)* incwm; **National I~,** Incwm Gwladol; **net ~,** incwm net, incwm clir; **real ~,** gwir incwm; **unearned ~,** incwm heb ei ennill. **~ maintenance service** *n.* gwasanaeth(-au) *(m)* cynnal incwm. **~ supplement** *n.* atodiad(-au) *(m)* incwm. **~ support** *n.* ategiad(-au) *(m)* incwm, ateg(-ion) *(f)* incwm. **~ tax** *n.* treth *(f)* incwm.
incomer *n.* **1.** dyfodiad (dyfodiaid) *m&f; (= immigrant):* mewnfudwr (mewnfudwyr) *m,* mewnf|udwraig *f.* **2.** *(= successor):* olynydd (olynwyr) *m.*
incoming *a. & vn.* **1.** *a. (a)* sy'n cyrraedd, sy'n dod i mewn; **~ tide,** llanw *m; (b) (= succeeding another):* olynol, newydd. **2.** *vn. (a)* cyrhaeddiad (cyraeddiadau) *m,* dyfodiad(-au) *m; (b) pl.* **incomings,** derbyniadau, mewnddyfodion.
incommensurability *n.* anghymesuredd *m.*
incommensurable *a.* anghymesur, anghyson **(with sth,** â rhth).
incommensurably *adv.* yn anghymesur.
incommensurate *a.* anghymesur, anghyfartal **(with sth,** â rhth); annigonol (i rth).
incommensurately *adv.* yn anghymesur *&c.*
incommensurateness *n.* anghymesuredd *m,* anghyfartaledd *m,* annigonolrwydd *m,* annigonoldeb *m.*
incommode *v.t.* tarfu (ar rn), peri trafferth (i rn), anhwyluso (rhn).
incommodious *a. (= uncomfortable):* anghysurus, anghyfforddus, anghyffyrddus; *(= inconvenient):* anghyfl|eus, anhwylus; *(= confined):* cyfyng.
incommodiously *adv.* yn anghysurus; yn gyfyng.
incommodiousness, incommodity *n.* cyfyngdra *m,* cyfyngder *m,* diffyg *(m)* lle, anghysur(-on) *m,* anghyfleustra *m,* anghyfleuster *m,* anhwylusrwydd *m,* anhwylustod *m.*
incommunicability *n.* anghyfranoldeb *m,* anhraetholdeb *m,* anghyfathrebedd *m,* natur anhraethadwy *&c f.*

incommunicable *a.* **1.** *(secret &c):* anhraethol, anhraethadwy, anhydraeth, anghyfrannol, anhrosglwyddadwy, anghyfranadwy. **2.** *(disease):* anheintus, anhrosglwyddadwy.
incommunicableness *n.* = **incommunicability**.
incommunicably *adv.* yn anghyfrannol *&c.*
incommunicado *a.* yn y dirgel, heb allu cysylltu â neb, heb gysylltiad [â neb], ar eich pen eich hun.
incommunicative *a.* tawedog, mud, dywedwst, distaw, di-ddweud.
incommunicatively *adv.* yn dawedog *&c.*
incommunicativeness *n.* tawedogrwydd *m*, mudandod *m*.
incommutable *a.* anghyfnewidiol, anghyfnewidiadwy.
incommutably *adv.* yn anghyfnewidiol *&c.*
incomparability *n.* = **incomparableness**.
incomparable *a.* digymar, digyffelyb, anghymharol, di-ail, dihafal; **an ~ book,** llyfr heb ei ail.
incomparableness *n.* anghymaroldeb *m*, digyffelybrwydd *m*.
incomparably *adv.* yn anghymharol.
incompatibility *n.* anghydnawsedd *m*, anghydweddiad *m*, anghymarusrwydd *m*, anghysondeb *m*, gwrthnawsedd *m*, anghymarusedd *m*.
incompatible *a.* anghymharus, anghydnaws, gwrthnaws, anghydweddol, anghytûn, anghyson.
incompatibly *adv.* yn anghydnaws *&c.*
incompetence, incompetency *n.* **1.** anghymhwyster *m*, anfedrusrwydd *m*, diffyg *(m)* medr, lletchwithdod *m*, aflerwch *m*, bwnglereiddiwch *m* (*pronounced* ng-g), *F:* blerwch *m*, dilunwch *m*, diglemdod *m*. **2.** *Jur:* anghymhwyster, analluogrwydd *m*.
incompetent *a.* anghymwys **(to do sth,** i wneud rhth); *abs.* di-glem, anfedrus, diamcan, lletchwith, bwngleraidd (*pronounced* ng-g), *occ:* diosgo, *F:* di-lun, *S.W:* dilefelaeth, dilyfelaeth, *N.E: occ:* di-âm; *Jur:* **~ to plead,** anghymwys/analluog i bledio; **~ testimony,** tystiolaeth annerbyniol/anghymwys *f*.
incompetently *adv.* yn anghymwys *&c.*
incomplete *a.* anghyflawn, anorffenedig, anorffen, bylchog.
incompletely *adv.* yn anghyflawn *&c.*
incompleteness *n.* anghyflawnder *m*, anorffenedigrwydd *m*, diffygion *pl*, bylchau *pl* (yn rhth).
incompliant *a.* anghydsyniol **(with sth,** â rhth), anufudd (i rth).
incomprehensibility *n.* astrusi *m*, annirnadrwydd *m*, annirnadwyedd *m*, natur annealladwy *&c f*; *Theol:* anghyrraedd *m*, anamgyffrededd *m*.
incomprehensible *a.* annealladwy, annirnad, annirnadwy, astrus, anamgyffredadwy, diamgyffred; **it is ~,** ni ellir ei ddeall/ddirnad; mae'n amhosibl ei ddeall *&c*; mae y tu hwnt i ddeall *&c.*
incomprehensibleness *n.* = **incomprehensibility**.
incomprehensibly *adv.* yn annealladwy *&c.*
incomprehension *n.* annealltwriaeth *f*, anneall *m*, annirnadaeth *f*, diffyg *(m)* dealltwriaeth/deall/amgyffred.
incomprehensive *a.* **1.** *(= incomplete):* anghyflawn. **2.** *(= not understanding):* anneallus, diddirnad, diddeall.
incompressibility *n.* anhywasgedd *m*.
incompressible *a.* anhywasg, anwasgadwy, anghywasgadwy.
incompressibly *adv.* yn anhywasg *&c.*
incomputable *a.* difesur, anghyfrifadwy, aruthrol fawr.
incomputably *adv.* yn ddifesur *&c.*
inconceivability *n.* natur annirnadwy *f*, annirnadrwydd *m*, annirnadwyedd *m*, annirnadwyaeth *f*.
inconceivable *a.* annirnadwy, annirnad, anhygoel, y tu hwnt i amgyffred rhn, anamgyffredadwy.
inconceivableness *n.* = **inconceivability**.
inconceivably *adv.* yn annirnadwy *&c.*
inconclusive *a.* amhendant, annherfynol, amh|eus, anargyhoeddiadol.
inconclusively *adv.* yn amhendant *&c.*
inconclusiveness *n.* amhendantrwydd *m*.
incondensable *a. Ph:* anghyddwysol.
incondite *a.* anghaboledig, amrwd, di-raen, *Lit:* aflathraidd.
inconformity *n.* = **nonconformity**.
incongruence *n.* = **incongruity**.
incongruent *a.* = **incongruous**.
incongruently *adv.* = **incongruously**.
incongruity *n.* **1.** *(= inconsistency):* anghysondeb(-au) *m*, anghysonder(-au) *m*, anghydweddiad *m*, anghymarusrwydd *m*, anghydnawsedd *m*. **2.** *(= oddness):* odrwydd *m*, gwrthuni *m*, hynodrwydd *m*, *occ:* rhyfeddod *m*.
incongruous *a.* **1.** *(= not agreeing):* anghyson, anghydweddol, anghymharus. **2.** *(= odd):* hynod, od, rhyfedd.
incongruously *adv.* **1.** yn anghyson *&c.* **2.** yn hynod.
incongruousness *n.* = **incongruity**.
inconscient *a.* difeddwl, anystyriol.
inconsecutive *a.* = **inconsequent**.
inconsecutively *adv.* = **inconsequently**.
inconsecutiveness *n.* = **inconsequence**.
inconsequence *n.* **1.** *(= lack of sequence):* diffyg *(m)* trefn, gwasgaro[w]grwydd *m*, annilyniant *m*, diffyg dilyniant. **2.** *(= irrelevance):* amherthnasedd *m*. **3.** *(= illogicality):* diffyg *(m)* rhesymeg. **4.** *(= triviality):* dibwysedd *m*.
inconsequent, inconsequential *a.* **1.** *(= disordered):* di-drefn, anhrefnus, gwasgarog, annilynol, anghanlynol. **2.** *(= irrelevant):* amherthnasol. **3.** *(= illogical):* afresymegol. **4.** *(= trivial):* dibwys.
inconsequentiality *n.* = **inconsequence**.
inconsequentially, inconsequently *adv.* **1.** yn ddi-drefn *&c*; yn annilynol *&c*; yn afresymegol; yn ddibwys.
inconsiderable *a.* disylw, dibwys, diwerth, bychan (*f.* bechan, *pl.* bychain), pitw, tila.
inconsiderableness *n.* bychander *m*, diffyg *(m)* pwys, dibwysedd *m*.
inconsiderably *adv.* yn ddibwys; [o] ychydig, [o] fymryn.
inconsiderate *a.* anystyriol **(of s.o.,** o rn); difeddwl, byrbwyll, *F:* di-hid, dihidans, difater, di-feind.
inconsiderately *adv.* yn anystyriol *&c*; heb ystyried.
inconsiderateness, inconsideration *n.* anystyriaeth *f* **(of others,** o eraill).
inconsistence, inconsistency *n.* anghysondeb(-au) *m*, anghysonder(-au) *m* **(with sth,** â rhth); *(also of pers.):* anwadalwch *m*, *F:* chwitchwatrwydd *m*, chwimchwamrwydd *m*.
inconsistent *a.* anghyson **(with sth,** â rhth); *(also, pers.):* anwadal, *F:* di-ddal, di-saf, chwit-chwat, chwim-chwam.
inconsistently *adv.* yn anghyson *&c.*
inconsolability *n.* = **inconsolableness**.
inconsolable *a.* anghysuradwy, anniddan, digysur, y tu hwnt i gysur; **she was ~,** ni ellid mo'i chysuro; nid oedd dim cysuro arni.
inconsolableness *n.* anghysuradwyedd *m*, cyflwr digysur *m*.
inconsolably *adv.* yn anghysuradwy.
inconsonance *n.* anghytgord *m*, anghyseinedd *m*, anghytundeb *m*, anghysondeb *m* **(with sth,** â rhth).
inconsonant *a.* anghytgordiol, anghytûn, anghyson **(with sth,** â rhth).
inconspicuous *a.* disylw, anamlwg.
inconspicuously *adv.* yn ddisylw.
inconspicuousness *n.* anamlygrwydd *m*.
inconstance, inconstancy *n.* anwadalwch *m*, orio[w]grwydd *m*; *F: (of pers.):* chwitchwatrwydd *m*, chwimchwamrwydd *m*; *(of weather):* cyfnewidioldeb *m*, ansefydlogrwydd *m*.
inconstant *a.* anwadal, ansefydlog, oriog, cyfnewidiol, afreolaidd, anwastad, ansafadwy; *(pers.):* di-ddal, di-saf, nad oes dal arno, *F:* chwit-chwat, *occ:* chwim-chwam; *(= faithless):* anffyddlon.
inconstantly *adv.* yn anwadal *&c.*
inconsumable *a.* **1.** *(by fire):* anllosgadwy, anhylosg, annifadwy. **2.** *(food):* anfwytadwy, anhreuliadwy.
inconsumably *adv.* yn anhreuliadwy, yn annifadwy.
incontestability *n.* diamheurwydd *m*, diymwadrwydd *m*, sicrwydd *m*, cadernid *m*, natur ddiymwad *&c f*.
incontestable *a.* diamau, diamheuol, diamh|eus, di-ddadl, diymwad, ansigladwy, di-sigl.
incontestably *adv.* yn ddiamau, heb os nac onib|ai.
incontinence, incontinency *n.* **1.** *(= sexual):* anlladrwydd *m*, blys *m*, blysigrwydd *m*, chwant(-au) *m*, trythyllwch *m*, anymatal *m*. **2.** *Med:* anymatal, anghynhwyster *m*, methu *(vn)* dal; *(faeces):* baeddu *vn*; *(urine):* gwlychu *vn*.
incontinent *a.* **1.** *(sexually):* blysig, chwantus, trythyll, anllad, anymataliol. **2.** *Med:* anghynnwys, anghynhwysol, dilywodraeth, anymataliol, yn gwlychu [a baeddu/throchi];

doubly ~, yn gwlychu a baeddu/trochi, deublyg anghynnwys; **to be ~ of sth,** methu â rheoli rhth.
incontinently *adv.* **1.** yn flysig *&c*; yn ddilywodraeth. **2.** *(= immediately):* ar unwaith, yn y fan a'r lle, yn syth, rhag blaen, *Lit:* yn ddi-oed, yn ddiatreg, yn ddiymaros.
incontrollable *a.* = **uncontrollable.**
incontrovertible *a.* = **incontestable.**
incontrovertibly *adv.* = **incontestably.**
inconvenience[1] *n.* anhwylustod *m*, trafferth(-ion) *f*, anghyfleuster(-au) *m*, anghyfleustra *m*, *occ:* trafferthwch *m*, *N.W: F:* strach *mf*, stryffig *mf*, helcyd *m*, *S: occ:* towlad *m*; **I am putting you to a lot of ~,** 'rwy'n peri llawer o drafferth i chwi.
inconvenience[2] *v.t.* peri trafferth (i rn); trafferthu, anhwyluso (rhn); *S.W:* taflu ffwdan (ar rn); rhoi ffwdan (i rn).
inconveniency *n.* = **inconvenience.**
inconvenient *a.* trafferthus, anhwylus, anghyfl|eus; **if it's not ~,** os yw'n gyfl|eus.
inconveniently *adv.* yn anhwylus *&c*; **~ placed,** mewn lle anhwylus *&c.*
inconvertibility *n.* anghyfnewidioldeb *m.*
inconvertible *a.* anghyfnewid, anghyfnewidiol, anghyfnewidiadwy, anhrosadwy.
inconvertibly *adv.* yn anghyfnewidiol *&c.*
inconvincible *a.* anargyhoeddadwy, annarbwylladwy.
incoordinate[d] *a.* anghyfundrefnol, anghyfundrefnedig, anghydgysylltiol, digyswllt, anghytgordiol.
incoordination *n.* diffyg *(m)* cydweithrediad, anghydweithrediad *m*, anghydweithio *vn*, diffyg cydweithio, diffyg cysylltiad.
incorporable *a.* corfforadwy, ymgorfforadwy, cynwysadwy.
incorporate[1] *a.* ymgorfforedig, corfforedig.
incorporate[2] *v.t.&i.* **1.** *v.t. Com: &c:* corffori, ymgorffori, cydgorffori, cydgorffoli; *(= include):* cynnwys, cyfuno, ymgorffori. **2.** *v.i.* ymgorffori (**in sth,** yn rhth); ymgyfuno, cyfuno (**with sth,** â rhth).
incorporated *a. Com:* corfforedig; *(= included):* cynwysedig.
incorporation *n.* ymgorfforiad *m*, corfforiad *m*, ymgorffori *vn*, corffori *vn*; *Fin:* corfforaeth(-au) *f*; **charter of ~,** siart[e]r *(f)* gorffori.
incorporative *a.* ymgorfforol.
incorporator *n.* cyfunwr (cyfunwyr) *m*, corfforwr (corfforwyr) *m*, ymgorfforwr (ymgorfforwyr) *m.*
incorporeal *a.* anghorfforol, di-gorff, heb gorff, anfaterol.
incorporeality *n.* anghorfforoldeb *m.*
incorporeally *adv.* yn anghorfforol, heb gorff.
incorporeity *n.* anghorfforoldeb *m.*
incorrect *a.* **1.** *(= inexact, faulty):* anghywir, gwallus, beius, anunion. **2.** *(= unseemly):* anweddus, anweddaidd, amhriodol, ansyber, aflednais.
incorrectly *adv.* **1.** yn anghywir *&c.* **2.** yn anweddus *&c.*
incorrectness *n.* **1.** anghywirdeb *m*, anghywiredd *m*, gwallusrwydd *m.* **2.** *(of behaviour):* anweddustra *m*, anwedd|eidd-dra *m*, ansyberwyd *m*, anweddusrwydd *m.*
incorrigibility *n.* natur anwelladwy/anniwygiadwy *f*, anedifeirwch *f.*
incorrigible *a.* anniwygiadwy, anwelladwy; *(pers.):* nad oes gwella/diwygio arno, anedifeiriol, diedifar, rhonc, mawrddrwg; **he's an ~ rogue,** cnaf o'r mwyaf yw.
incorrigibleness *n.* = **incorrigibility.**
incorrigibly *adv.* yn anwelladwy *&c.*
incorrodible *a.* gwrthrwd, anrhydadwy.
incorrupt, incorrupted *a.* = **incorruptible.**
incorruptible *a.* anllygradwy, anllygredig, dilwgr.
incorruptibility *n.* anllygredigaeth *f*, anllygradwyedd *m.*
incorruptibly *adv.* yn anllygradwy *&c.*
incorruption *n.* anllygredigaeth *f.*
incorruptly *adv.* = **incorruptibly.**
incorruptness *n.* = **incorruption.**
incrassate *a. Bot: Z:* praff (preiffion), ffyrf (*f. occ:* fferf, *pl.* ffyrfion).
increasable *a.* cynyddadwy, codadwy.
increase[1] *n.* twf *m*, cynnydd *m*; *(of prices &c):* codiad(-au) *m* (**in sth,** yn rhth); *(of bodily size):* prifiant *m*, twf; **on the ~,** ar gynnydd; *S.a.* **increase**[2].
increase[2] *v.i.&t.* **1.** *v.i.* cynyddu, tyfu, mynd yn fwy; *(= rise):* codi; *(= spread):* ymledu, mynd ar led, ehangu; *(= redouble):* dwysáu; *(of bodily growth):* prifio; **the rain increased,** dwysaodd y glaw; glawiodd yn drymach; daeth/aeth i fwrw mwy; **to ~ in price,** mynd yn ddrutach, codi mewn pris; **the population is increasing,** mae'r boblogaeth yn cynyddu/amlh|au/tyfu/lluosogi; mae'r boblogaeth ar gynnydd. **2.** *v.t.* cynyddu (rhth); ychwanegu (at rth); *occ:* lluosogi, chwyddo, mwyh|au, amlh|au (rhth); *(salary &c):* codi; *(= intensify):* dwysáu; *(= spread):* estyn, lledu, taenu; *Needlew:* cynyddu, codi pwythau; *M.W:* ymestynu, *S.E:* cwnnu pwythau; **to ~ the price of sth,** codi pris rhth; **to ~ speed,** cyflymu, *N: F:* codi sbîd, codi wib; **to ~ one's vigilance,** cadw golwg graffach, gwylio'n graffach, cynyddu'ch gwyliadwriaeth.
increased *a.* mwy, cynyddol, uwch; **the ~ cost of living,** y cynnydd yng nghost byw, cost uwch byw.
increaser *n.* cynyddwr (cynyddwyr) *m.*
increasing *a.* cynyddol, mwyfwy; **with ~ rapidity,** yn gyflymach gyflymach; *Mth:* **~ sequence,** dilyniant (dilyniannau) cynyddol *m.*
increasingly *adv.* [yn] fwyfwy, [yn] fwy a mwy, yn gynyddol; **~ poor,** tlotach dlotach; **~ ill,** gwaelach waelach; **~ bad,** gwaethwaeth.
increate *a.* anghreëdig.
incredibility *n.* anhygoeledd *m*, natur anhygoel/anghredadwy *f.*
incredible *a.* anhygoel, anghredadwy.
incredibleness *n.* = **incredibility.**
incredibly *adv.* yn anhygoel *&c.*
incredulity *n.* anghrediniaeth *f.*
incredulous *a.* anghrediniol, heb fedru coelio/credu.
incredulously *adv.* yn anghrediniol.
increment *n.* **1.** *(= increase):* cynnydd (cynyddion) *m*, cynyddran(-nau) *f*; *Cmptr:* cynyddu *vn*, cynyddiad(-au) *m*; **~ of salary,** ychwanegiad(-au) *m* [at gyflog], cynyddiad [mewn cyflog]. **2.** *(= profit):* elw *m.*
incremental *a.* cynyddrannol, cynyddol; **~ cost,** cost ychwanegol *f*; **~ present value to cost ratio,** cymhareb ychwanegol *(f)* gwerth presennol a chost; **~ repetition,** *(in ballad &c):* ailadrodd *(vn)* cynyddol.
incrementalism *n.* = **gradualism.**
incrementalist *n.* = **gradualist.**
incrementally *adv.* yn gynyddrannol *&c.*
increscent *a.* cynyddol, ar gynnydd.
incriminate *v.t.* **1.** *(= accuse):* cyhuddo. **2.** *(= involve in accusation):* taflu bai (ar rn), euogi (rhn), cysylltu (rhn) â throsedd.
incriminating *a.* cyhuddol, euogol, damniol.
incrimination *n.* cyhuddiad(-au) *m*, euogiad *m*; *vn.* = **incriminate.**
incriminatory *a.* = **incriminating.**
incross *n.* *Breed:* mewngroesiad (mewngroesiaid) *m&f* *(pronounced* ng-g).
incrossbred *n.* *Breed:* mewngroesfrid(-iau) *m* *(pronounced* ng-g).
incrust *v.t.* = **encrust.**
incrustation *n.* **1.** *(action):* cramennu *vn*, crawennu *vn*, crameniad(-au) *m*, craweniad(-au) *m*, mynd *(vn)* yn gramen/grawen, magu *(vn)* cramen/crawen. **2.** crawen(-nau) *f*, crofen(-nau) *f*, cresten (crest) *f*; *(= scab):* cramen(-nau) *f*, crachen (crach, crachod) *f*, *N: occ:* cremst(-iau) *m.*
incrusted *a.* cramennog, crawennog.
incubate *v.t.&i.* *(egg):* deor, deori, gori; *(bacteria):* magu.
incubation *n.* de[h]oriad *m*, deor *vn*, deori *vn*, gori *vn*. **~ period** *n.* *(of egg):* cyfnod(-au) *(m)* deor/deori; *(of disease):* cyfnod magu, cyfnod heintus.
incubational, incubative *a.* de[h]orol.
incubator *n.* de[h]orydd (deoryddion) *m*, deor[i]adur(-on) *m.*
incubatory *a.* de[h]orol.
incubus *n.* **1.** *Myth:* hunllef(-au) *f*, ***incubus (incubi)*** *m.* **2.** *(= sth oppressive):* hunllef, bwrn *m*, baich *m*, *N.W: occ:* dormach *m*, tormach *m.*
inculcate *v.t.* **to ~ sth upon/in s.o.,** pwnio/gwthio rhth i ben rhn, trwytho rhn yn rhth, argraffu rhth ar feddwl rhn, argymell rhth ar rn; **to ~ knowledge,** cyflwyno gwybodaeth.
inculcation *n.* argymhelliad *m*, argymell *vn* (**in s.o.,** ar rn).
inculcator *n.* argymhellwr (argymhellwyr) *m.*
inculpable *a.* dieuog, di-fai, diargyhoedd.
inculpate *v.t.* = **incriminate.**
inculpation *n.* = **incrimination.**

inculpative, inculpatory *a.* cyhuddol, euogol.
incult *a.* *(= unpolished):* garw (geirwon), anghaboledig; *(= coarse):* cwrs, digabol, amrwd, garw, anwar, anwaraidd.
incumbency *n.* **1.** *Ecc:* periglоriaeth(-au) *f.* **2.** *(= period of office):* cyfnod *m* [mewn swydd], tymor *m* [mewn swydd].
incumbent[1] *n.* **1.** *Ecc:* periglor(-ion,-iaid) *m.* **2.** *(= holder of any office):* swyddog(-ion) *m*, deiliad (deiliaid, deiliadon) *m.*
incumbent[2] *a.* dyledus, dyladwy; *Lit:* **it is ~ upon you to go,** mae'n ddyletswydd/rheidrwydd arnoch fynd; rhaid i chwi fynd; eich lle chwi yw mynd; fe ddylech fynd.
incumbered *a.* dan lyffethair.
incumbrance *n.* llyffethair (llyffetheiriau) *f.*
incumbrancer *n.* llyffetheiriwr (llyffetheirwyr) *m.*
incunable, *incunabulum* *n.* incwn|abwlwm (incwn|abwla) *m*, llyfr(-au) cynnar *m.*
incur *v.t.* mynd i (rth), tynnu (rhth) arnoch; **to ~ a risk,** mynd/ syrthio i berygl; **to ~ blame,** cael bai, *N: F:* cael drwg; **to ~ s.o.'s wrath,** ennyn llid rhn, gwylltio rhn, tynnu rhn yn eich pen; **to ~ s.o.'s displeasure,** ennyn dig/dicter rhn, digio rhn, pechu yn erbyn rhn, *N: occ:* pechu rhn; **to ~ a debt,** mynd i ddyled; **to ~ a loss,** cael colled, mynd i golled; **to ~ expenses,** mynd i gostau; **to ~ ridicule,** mynd yn destun sbort.
incurability *n.* natur anwelladwy *&c f*, anwelladwyaeth *f*, anwelladwyedd *m.*
incurable *a. & n.* **1.** *a.* *(a) Med:* anwelladwy, diwella, diwellhad, nad oes wella arnoch/ichwi, na ellir eich gwella, anwellhaol, *Lit: occ:* anaele; *(b) F: (= determined):* penderfynol, rhonc, di-ildio; **an ~ romantic,** rhamantwr diedifar/diymwared. **2.** *n.* un (rhai) anwelladwy *&c*, claf (cleifion) diwella *&c m.*
incurableness *n.* = **incurability**.
incurably *adv.* **1.** yn anwelladwy *&c.* **2.** *F:* **he's ~ lazy,** mae'n ddiog fel ffwlbart; **he's ~ optimistic,** mae'n obeithiol y tu hwnt.
incuriosity *n.* diffyg *(m)* diddordeb/chwilfrydedd, difrawder *m*, anchwilfrydedd *m.*
incurious *a.* anchwilfrydig, didaro, difraw, digyffro (**about sth,** yngh|ylch rhth); diddiddordeb, heb ddiddordeb (yn rhth).
incuriously *adv.* yn ddidaro, heb ddiddordeb.
incuriousness *n.* = **incuriosity**.
incurred *a.* a gafwyd; *S.a.* **expenditure**.
incurrence *n.* enyniad *m*, periant *m.*
incurrent *a.* mewnlifol.
incursion *n.* **1.** *(= attack):* cyrch(-au,-oedd) *m*, ymosodiad(-au) *m* (**on sth,** ar rth); ymgyrch *mf* (yn erbyn rhth). **2.** *(= invasion):* tresbasiad(-au) *m*, tresmasiad(-au) *m*; **an ~ on my liberty,** trais *(m)* yn erbyn fy rhyddid, ymyrraeth *(f)* â'm rhyddid.
incursive *a.* ymosodol, tresbasol, tresmasol.
incurvate *a.* = **incurved**.
incurvation, incurvature *n.* crymedd *m*, mewngrymedd *m*, mewngrymiad(-au) *m* (*both pronounced* ng-g), plygiad(-au) *m*, crymiad(-au) *m*, atblygiad(-au) *m.*
incurve *v.t.* crymu, plygu, camu, mewngrymu (*pronounced* ng-g), atblygu.
incurved *a.* atblygedig, crwm (*f.* crom, *pl.* crymion), mewngrwm (*f.* mewngrom, *pl.* mewngrymion) (*pronounced* ng-g).
incus *n.* *Anat:* incws(-au, incysau) *m*, eingion *(mf)* clust (eingionau clustiau).
incuse[1] *a.* *(coin):* bath, bathedig; *(impression):* mewndraw, morthwyliedig.
incuse[2] *v.t.* *(coin):* bathu, nodi; *(impression):* morthwylio.
Ind *Pr.n.* *Poet: A:* India, *occ:* yr Ind.
indaba *n.* cynhadledd (cynadleddau) *f.*
indamine *n.* *Ch:* |indamin (indaminau) *m.*
indebted *a.* dyledus; **I am ~ to him,** yr wyf yn ddyledus iddo; yr wyf yn ei ddyled; mae arnaf ddyled iddo.
indebtedness *n.* dyled *f*, dyledusrwydd *m.*
indecency *n.* anwedduster *m*, anweddustra *m*, *occ:* anwedd|eidd-dra *m*; *Jur:* **gross ~,** anwedduster dybryd.
indecent *a.* anweddus, *occ:* anweddaidd; *Jur:* **~ assault,** ymosodiad(-au) anweddus *m*; **~ exposure,** dinoethiad(-au) anweddus *m*, dinoethi (*vn*) anweddus.
indecently *adv.* yn anweddus *&c.*
indeciduate, indeciduous *a.* *Bot:* bytholwyrdd, di-gwymp.
indecipherability *n.* natur annatrys *&c*, astrusi *m.*
indecipherable *a.* anneongladwy, annarllenadwy, annealladwy, annatrys, diddatrys, astrus.
indecipherably *adv.* yn annatrys *&c.*
indecision *n.* amhenderfyniad *m*, diffyg *(m)* penderfyniad, petruster *m*, petrustod *m*, amhendantrwydd *m*, anwadalwch *m*, anwadalu *vn*; **a look of ~,** golwg be' wna'-i.
indecisive *a.* **1.** *(argument):* amhenderfynol, amhendant. **2.** *(pers.):* amhendant, petrus, anwadal; *F: occ:* be' wna'-i.
indecisively *adv.* yn amhendant *&c*, heb ddod i gasgliad, yn betrus.
indecisiveness *n.* **1.** *(of argument &c):* amhendantrwydd *m.* **2.** *(of pers.):* amhendantrwydd, petruster *m*; *S.a.* **indecision**.
indeclinability *n.* *Gram:* diffyg *(m)* rhediad/ffurfdroad, natur ddirediad *&c f.*
indeclinable *a.* *Gram:* dirediad, diogwydd, anrhedadwy, anogwyddol, anffurfdroadol, diffurfdroad.
indecomposable *a.* amhydradwy.
indecorous *a.* anweddus, *occ:* anweddaidd, di-chwaeth.
indecorously *adv.* yn anweddus *&c.*
indecorousness *n.* anwedduster *m*, anweddustra *m*, diffyg *(m)* chwaeth, *occ:* anwedd|eidd-dra *m.*
indecorum *n.* = **indecorousness**.
indeed *adv.* **1.** *(= really, in truth):* yn wir, mewn gwirionedd; **one may ~ say so,** gellir yn wir ddweud hynny; *(b) (intensive):* **(I am) very glad ~,** ('rwyf) yn falch iawn [wir], yn falch dros ben, yn falch y tu hwnt, yn dra balch *&c*; *S.a.* **extremely**; *(c)* **I may ~ be wrong,** fe all yn wir fy mod yn camgymryd. **2. (I think so) ~ (I'm sure of it),** ('rwy'n ei gredu) yn wir, a dweud y gwir ('rwy'n sicr mai felly y mae). **3.** *(a)* **yes ~!** ie'n wir! wrth gwrs! *N:* siŵr iawn! debyg iawn! *(b)* **(I have lived in Paris) - ~?** (mi fûm i'n byw ym Mharis) - felly'n wir? do'n wir? o, do? *S:* do-fe [wir]?
indefatigability *n.* dyfalwch *m*, dycnwch *m.*
indefatigable *a.* diflino, dyfal, dygn, *Lit:* diflin, diflinder, dilesg, diludded.
indefatigableness *n.* = **indefatigability**.
indefatigably *adv.* yn ddiflino *&c*; heb flino/ddiffygio/lesgáu.
indefeasibility *n.* anniddymoldeb *m.*
indefeasible *a.* anniddymadwy, anniddymol, di-alw'n-ôl.
indefeasibly *adv.* yn anniddymadwy *&c.*
indefectibility *n.* anffaeledigrwydd *m.*
indefectible *a.* di-ffael, anffaeledig, di-ball, diball, anhyball.
indefectibly *adv.* yn ddi-ffael *&c.*
indefensibility *n.* **1.** *(of place):* natur anniffynadwy/ anamddiffynadwy *f*, gwendid *m.* **2.** *(of conduct):* natur anesgusodol *f*; **he admitted the ~ of his conduct,** cyfaddefodd na ellid amddiffyn/esgusodi/cyfiawnh|au ei ymddygiad.
indefensible *a.* **1.** *(of place):* anamddiffynadwy, anniffynadwy. **2.** *(conduct):* anesgusodol, diesgus, anghyfiawnadwy, digyfiawnhad.
indefensibly *adv.* **1.** yn anniffynadwy *&c.* **2.** yn anesgusodol *&c.*
indefinability *n.* anniffinioldeb *m*, anhawster *(m)* diffinio, natur anniffiniol *f.*
indefinable *a.* anniffiniadwy, anniffiniol.
indefinableness *n.* = **indefinability**.
indefinably *adv.* yn anniffiniadwy.
indefinite *a.* **1.** *(= vague):* amhendant, amwys, amhenodol, anniffiniedig, annherfynedig; **~ leave,** rhyddhad amhenodol; **~ commitment,** ymrwymiad penagored. **2.** *(a) Ph: Mth:* amhendant; *(b) Gram:* amhenodol, amhendant.
indefinitely *adv.* **1.** *(= vaguely):* yn amhendant, yn amhenodol *&c.* **2. to postpone sth ~,** gohirio rhth am gyfnod amhenodol. **3. to increase ~,** cynyddu'n ddiderfyn/ddi-ben-draw.
indefiniteness *n.* amhendantrwydd *m*, amwysedd *m*, amhenodolrwydd *m.*
indehiscence *n.* anymagoroldeb *m.*
indehiscent *a.* anymagorol.
indelibility *n.* annileadwyaeth *f*, annileadwyedd *m*, natur annileadwy *f.*
indelible *a.* annileadwy; **~ ink,** inc annileadwy/parhaol *m.*
indelibly *adv.* yn annileadwy.
indelicacy *n.* **1.** *(= coarseness):* afledneisrwydd *m*, anwedduster *m*, anweddustra *m*, diffyg *(m)* chwaeth, ansyberwyd *m.* **2.** *(= tactlessness):* anystyriaeth *f*, diffyg tact.
indelicate *a.* **1.** *(= coarse):* aflednais, anweddus, di-chwaeth, ansyber, cwrs. **2.** *(= tactless):* anystyriol, di-dact.
indelicately *adv.* **1.** yn aflednais *&c.* **2.** yn anystyriol *&c.*
indelicateness *n.* = **indelicacy**.

indemnification *n.* **1.** *(= compensation):* digolledIad *m*, digolledu *vn.* **2.** *(= assurance):* sicrhad *m.*
indemnifier *n.* digolledwr: digolledydd (digolledwyr) *m*, sicrhäwr (sicrhawyr) *m.*
indemnify *v.t.* **1.** *(= protect, secure):* sicrh|au, gwarantu (rhn rhag rhth); indemnio, rhyddarbed. **2.** *(= compensate):* digolledu (rhn), talu iawn (i rn).
indemnitee *n. U.S:* indemniadedig(-ion) *m&f.*
indemnitor *n. U.S:* **= indemnifier.**
indemnity *n.* **1.** *(= security against loss, punishment):* sicrhad *m*, diogelwch (*m*) rhag colled, rhyddarbediad (*m*) rhag cosb, indemniad(-au) *m*; **double ~,** indemniad dwbl; *Jur:* **form of ~,** indemneb(-au) *f.* **2.** *(= compensation):* digolledIad *m*, iawn *m*, iawndal(-iadau) *m*; **retirement ~,** indemniad ymddeol; *Hist:* **I~ Act,** Deddf (*f*) Digolledíad.
indemonstrable *a.* amhrofadwy.
indemonstrably *adv.* yn amhrofadwy.
indene *n. Ch:* inden *m.*
indent[1] *n.* **1.** *(a) Adm: (= requisition):* atafaeleb(-ion,-au) *f*, gorchymyn (gorchmynion) (*m*) atafael; *(b) Com: (= order):* archeb(-ion) *f*, cais (ceisiadau) *m.* **2.** = **indentation. 3.** = **indenture.**
indent[2] *v.t.&i.* **1.** *v.t.* *(a) (coastline &c):* hicio, rhicio, minfylchu, indentio, *occ:* danheddu, canwyro; *(b) Typ: Cmptr:* cilosod, culh|au (rhth); tynnu (rhth) i mewn; **~ one em,** culhau o un em; *(c) Jur:* indentio. **2.** *v.i.* *(a) (= requisition):* **to ~ for sth,** rhoi gorchymyn i atafael rhth; *(b) (= order):* archebu (rhth); gwn|eud archeb/cais (am rth).
indent[3] *v.t.* *(= dent):* tolcio; *(= impress):* pantio, panylu.
indentation *n.* **1.** *(= notch):* hic(-iau) *m*, hicyn(-nau, hiciau) *m*, rhic(-iau) *m*, hicyn(-nau, hiciau) *m*, bylchiad(-au) *m*, bwlch (bylchau) *m*, *occ:* danheddiad(-au) *m*; *(of coastline):* cilfach(-au) *f.* **2.** *(= dent):* tolc(-iau) *m*, pant(-iau) *m*, pantiad(-au) *m*, pannwl (panylau) *m*, panyliad(-au) *m*, cafniad(-au) *m.* **3.** *Typ: Cmptr:* culhad(-au) *m*, cilosodiad(-au) *m*; *vn.* = **indent**[2] **1.** *(b)*; **hanging ~,** cilosodiad crog; **reverse ~,** cilosodiad o chwith.
indented *a.* **1.** *(edge):* bylchog, minfylchog; *(coastline):* cilfachog. **2.** *Typ:* cilosod, cilosodedig, wedi ei gulh|au, wedi ei dynnu i mewn.
indention *n.* = **indentation.**
indenture[1] *n.* cytundeb(-au) *m*, indentur(-au) *m*; **~ of apprenticeship,** indentur prentisiaeth; *W.Hist:* **the Tripartite I~,** y Cytundeb Tridarn.
indenture[2] *v.t.* prentisio (rhn), rhwymo (rhn) yn brentis.
indentured *a.* **~ labour,** llafur ymrwymedig.
independence *n.* annibyniaeth *f* (**from s.o.** ar rn); **to show ~,** bod yn annibynnol, dangos annibyniaeth barn.
Independency *n. Rel:* Annibyniaeth *f*, *F. Joc:* Annibynia *f.*
independent *a.* & *n.* **1.** *a.* annibynnol (**of sth,** ar rth); **to be of ~ means,** byw ar incwm preifat, *F: occ:* byw ar eich bloneg; *Pol:* **an ~ candidate,** ymgeisydd (ymgeiswyr) annibynnol *m*, annibynnwr (annibynwyr) *m*; **an ~ member,** aelod(-au) annibynnol *m.* **2. I~,** *n. Rel:* Annibynnwr (Annibynwyr) *m*, Annib|ynwraig (Annibynwragedd) *f*, *Joc:* Annibýn(-s) *m&f*, *F:* Sentar(-s) *m&f*; *F:* **the Independents,** Annibynia *f.*
independently *adv.* yn annibynnol (**of sth,** ar rth), ar wahân (i rth).
indescribability *n.* natur annisgrifiadwy *f*, amhosibilrwydd (*m*) disgrifio.
indescribable *a.* annisgrifiadwy.
indescribableness *n.* = **indescribability.**
indescribably *adv.* yn annisgrifiadwy.
indesignate *a. Log:* annynodedig.
indestructibility *n.* natur annistrywiadwy *&c f*, amhosibilrwydd (*m*) distrywio; **this will prove the ~ of the vessel,** bydd hyn yn profi na ellir distrywio'r llestr.
indestructible *a.* anninistriadwy, annistrywiadwy, anninistriol, annistryw, durol.
indestructibleness *n.* = **indestructibility.**
indestructibly *adv.* yn annistrywiadwy *&c.*
indeterminable *a.* **1.** *(= that cannot be ascertained):* anfesuradwy, amhenderfynadwy, anhysbys, amhenodol, amhendant. **2.** *(= endless):* annherfynol, diderfyn, diddiwedd.
indeterminableness *n.* = **indeterminacy.**
indeterminably *adv.* **1.** yn anfesuradwy. **2.** yn annherfynol.
indeterminacy *n.* amhendantrwydd *m*, amwysedd *m*, amhenodolrwydd *m.*
indeterminate *a.* amhenodol, amhendant, amhenderfynadwy, penagored, amhenderfynedig; *(= doubtful):* amwys, amh|eus; *Jur:* **~ sentence,** dedfryd benagored (dedfrydau penagored) *f.*
indeterminately *adv.* yn amhenodol *&c.*
indeterminateness *n.* = **indeterminacy.**
indetermination *n.* **1.** *(= irresolution):* diffyg (*m*) penderfyniad, petruster *m*, methu (*vn*) â phenderfynu; *Mth:* diffyg datrysiad. **2.** = **indeterminacy.**
indeterminism *n. Phil:* amhenderfyniaeth *f*, anrheidiolaeth *f.*
indeterminist *n. Phil:* amhenderfyniaethwr (amhenderfyniaethwyr) *m*, anrheidiolwr: anrheidiolydd (anrheidiolwyr) *m.*
indeterministic *a. Phil:* amhenderfyniaethol, anrheidiolaidd.
index[1] *n.* **1.** = **~ finger. 2.** *Tchn: (= pointer):* bys(-edd) *m*, mynegfys(-edd) *m.* **3.** *(= sign):* mynegfys. **4.** *(of book):* *(a)* mynegai (mynegeion) *mf*; **thumb ~,** mynegai [bys] bawd, bysle(-oedd) *m*; *(b) R.C.Ch:* **to put a book on the ~,** rhoi llyfr ar yr Indecs (*m*), gwahardd llyfr. **5.** *Ph: Mth:* mynegrif(-au) *m*, indecs(-au) *m*; **cephalic ~,** mynegrif ceffalig/seffalig; **cross-over ~,** mynegrif trawsgroesi; **refractive ~,** mynegrif plygiant; *Geog:* **use-height ~,** mynegrif uchder-defnydd; *Pol: Econ:* mynegrif, mynegai; **cost of living ~,** mynegrif/mynegai costau byw; **~ of industrial production,** mynegai cynnyrch diwydiannol; **~ of retail prices,** mynegai prisiau manwerth. **~ book** *n.* llyfr(-au) mynegeiol *m.* **~ card** *n.* cerdyn (cardiau) (*m*) mynegai. **~ finger** *n.* bys(-edd) blaen *m*, *occ:* mynegfys, uwdfys(-edd) *m*, bys yr uwd. **~ fossil** *n.* ffosil(-iau) mynegeiol *m.* **~ language** *n. Lib:* mynegiaith *f.* **~-linked** *a. Pol: Econ:* mynegrifol, mynegrifedig. **~-map** *n.* mynegfap(-iau) *m.* **~ mode** *n. Cmptr:* modd (*m*) mynegai. **~-number** *n.* mynegrif(-au) *m.* **~-pin** *n. Metalw:* pin(-nau) (*m*) cyfeirio. **~ register** *n. Cmptr:* cofrestr(-au) (*f*) mynegai. **~ row** *n.* mynegres(-i) *f.*
index[2] *v.t.* **1.** *(book):* mynegeio. **2.** *R.C.Ch:* **to ~ a book,** rhoi llyfr ar yr Indecs, gwahardd llyfr. **3.** *Ph: Mth: Pol: Econ:* mynegrifo.
indexed *a.* mynegrifol, mynegrifedig, mynegeiedig; *(book):* â mynegai; **this book is not ~,** nid oes mynegai i'r llyfr hwn; *Cmptr: &c:* **~ address,** cyfeiriad(-au) mynegeiedig *m*; **~ addressing,** cyfeirio mynegeiedig; **~ sequential file,** ffeil ddilyniannol fynegeiedig (ffeiliau dilyniannol mynegeiedig) *f.*
indexer *n.* **1.** mynegeiwr (mynegeiwyr) *m*, myneg|eiwraig *f.* **2.** *Pol.Ec:* mynegrifwr (mynegrifwyr) *m.*
indexical *a.* mynegeiol, mynegrifol.
indexing *vn.* mynegeio.
indexless *a.* difynegai, heb fynegai.
India *Pr.n. Geog:* [Yr] India *f.* **~ oilstone** *n.* carreg (*f*) hogi India. **~ paper** *n.* papur (*m*) India, papur Beibl. **~ rubber** *n. See* **rubber**[1] **3.**
Indiaman *n.* llong (*f*) yr India (llongau'r India), dwyreinlong(-au) *f.*
Indian *a.* & *n.* **1.** *a.* Indiaidd, [o'r] India; *S.a.* **tea 1**; **the ~ government,** llywodraeth yr India; **she's ~,** Indiad yw hi; **West ~,** Caribïaidd, o'r Caribî, o India'r Gorllewin; **~ club,** pastwn (pastynau) (*m*) ymarfer; **~ corn,** India-corn *m*, *O:* grawn (*pl*) India, indrawn *m*; *Bot:* **~ cress,** berwr (*m*) yr India; **in ~ file,** un ar ôl y llall, yn un llinell/llinyn; *Bot:* **~ hemp,** cywarch (*m*) yr India; **~ ink,** inc (*m*) India; *Bot:* **~ mallow,** hocys (*pl*) yr India; **~ meal,** India[n]-mêl *m*, India[n] mîl *m*, blawd (*m*) India-corn; **~ millet,** = **durra**; *Bot:* **~ mulberry,** morwydden (morwydd) (*f*) yr India; **~ Ocean,** Cefnfor (*m*) yr India; **~ paper,** = **India paper**; *Bot:* **~ pipe,** *(Monotropa unifloria):* pibell (*f*) yr Indiad; *Cu:* **~ pudding,** pwdin (*m*) yr Indiaid; **~ red,** coch (*m*) yr India, coch Indiaidd; **~ rice,** reis (*m*) yr Indiaid, reis gwyllt; **~ rope-trick,** tric rhaff yr India; **~ shot** *n.* = **canna**; **~ summer,** haf bach (*m*) Mihangel, *S.W: occ:* haf bach Gwylangel, haf bach Gweningell; *Bot:* **~ tobacco,** baco gwyllt (*m*); **~ weed,** = **tobacco. ~-wrestle** *v.i.*, **~ wrestling** *vn.* ymaflyd codwm Indiaidd. **2.** *n.* Indiad (Indiaid) *m&f*; **Red ~,** Indiad Coch (Indiaid Cochion); **West ~,** Caribïad (Caribïaid) *m&f*, un (rhai) o India'r Gorllewin.
Indic *a.* & *n.* **1.** *a.* Indiaidd; *Ling:* Indig. **2.** *n. Ling:* Indeg *f*, *m.*
indican *n. Ch:* |indican *m.*
indicant *n.* dangosydd *m.*
indicate *v.t.* **1.** *(a) (= point out):* dangos rhth [â'r bys], cyfeirio

[bys] at rth; *(b)* **at the hour indicated,** ar yr adeg a ddangosir/grybwyllwyd; *(c) Med:* **a case in which a certain treatment is indicated,** achos yn galw am driniaeth arbennig. **2.** *(= show, denote):* arwyddo, mynegi, dangos, nodi, dynodi; *Aut:* **he indicated that he was turning right,** rhoddodd arwydd ei fod yn troi i'r dde.
indication *n.* arwydd(-ion) *m*; **to give clear ~ of sth,** dangos rhth yn glir.
indicational *a.* dangosol, arwyddol.
indicative *a. & n.* **1.** *a. & n. Gram:* [modd] mynegol *m.* **2.** *a.* **~ (of sth),** arwyddol, mynegol, yn arwydd (o rth); yn mynegi/dangos/arwyddo (rhth).
indicator *n.* **1.** *(pers. & in general senses):* dangosydd: dangoswr (dangoswyr) *m*, cyfeirydd: cyfeiriwr (cyfeirwyr) *m.* **2.** *(a) (of recording instrument):* dangosydd, mesurydd(-ion) *m*, deial(-au) *m*; *(b) (= needle of barometer &c):* bys(-edd) *m*, nodwydd(-au) *f.* **3. train-~,** bwrdd (byrddau) *(m)* trenau. **4.** *Aut:* cyfeiriwr, cyfeirydd. **5.** *(= sign, indication): (a)* arwydd(-ion) *m*; *(b) Ch: Ph:* dangosydd.
indicatory *a.* arwyddol, dynodol.
indices *n.pl. See* **index.**
indicium *n.* arwydd(-ion) *mf*, arwyddnod(-au) *m.*
indict *v.t.* cyhuddo, ditio, inditio.
indictable *a.* ditiadwy, inditiadwy.
indicter *n.* ditiwr (ditwyr) *m*, inditiwr (inditwyr) *m.*
indiction *n.* cyhoeddgylch(-oedd) *m*; *S.a.* **cycle**[1].
indictment *n. Jur:* cyhuddiad(-au) *m*, ditiad(-au) *m*, ditment(-au) *m*, cyhuddeb(-au) *f.*
indictor *n.* = **indicter.**
Indies *Pr.n.pl. Geog:* yr India *f*; **the East ~,** India'r Dwyrain; **the West ~,** Ynysoedd y Caribî, India'r Gorllewin.
indifference *n.* **1.** *(a) (= lack of interest):* dihidrwydd *m*, difrawder *m*, difaterwch *m* (yngh|ylch rhth); diffyg *(m)* diddordeb (yn rhth); *(b) (= unimportance):* amhwysigrwydd *m*, diffyg pwys; **it's a matter of complete ~ to me,** nid yw ffeuen o bwys i mi; nid yw ddim gwahaniaeth gen i; nid wyf i'n malio botwm corn ynddo/amdano; mae'n gwbl ddibris gen i. **2.** *(= mediocrity):* cyffredinedd *m.* **3.** *Econ:* cyfddewisiad *m.*
indifferent *a.* **1.** *(= uninterested):* difater, difraw, didaro, dicra, dihidio, difalio, di-hid **(to sth,** yngh|ylch rhth); **an ~ response,** ymateb llugoer/laodiceaidd. **2.** *(= mediocre):* cyffredin, gweddol, go lew, diddrwg-d[d]idda, canolig, *N: F:* symol; *Ph: Ch:* niwtral. **3.** *(= unimportant):* dibwys; **his fate is ~ to me,** nid yw ei dynged yn golygu dim i mi; nid wy'n malio dim ynghylch ei dynged; nid oes wahaniaeth gen i beth a ddaw ohono.
indifferentism *n. Rel.Hist: Pol:* difateriaeth *f.*
indifferentist *n.* difaterwr (difaterwyr) *m.*
indifferently *adv.* **1.** yn ddifater *&c.* **2.** *(= mediocrely):* yn weddol, yn o lew *&c.*
indiffusible *a. Ph:* anhryledadwy.
indigence *n.* tlodi *m.*
indigene *n.* brodor(-ion) *m*, brodores(-au) *f.*
indigenous *a.* brodorol, cynhenid, cysefin.
indigenously *adv.* yn frodorol *&c.*
indigenousness *n.* brodoroldeb *m*, cynhenidrwydd *m*, cysefindra *m.*
indigent *a.* tlawd [eich byd].
indigested *a. (food):* anhreuliedig, heb ei dreulio; *(= shapeless):* di-lun, anghaboledig.
indigestibility *n.* natur anhreuliadwy *f*, anhawster *(m)* treulio, *occ:* anhydreuledd *m*; **he warned me about the ~ of the food,** rhybuddiodd fi fod y bwyd yn anodd ei dreulio.
indigestible *a.* anhreuliadwy, anodd ei dreulio, *occ:* anhydraul.
indigestibly *adv.* yn anhreuliadwy.
indigestion *n.* diffyg *(m)* treuliad, diffyg traul, camdreuliad *m*, *occ:* anhreuliad *m.*
indigestive *a.* camdreuliol, â diffyg traul.
indignant *a.* dig, wedi gwylltio, *Lit:* llidiog, dicllon, digofus, chwyrn **(with s.o.,** wrth rn, o achos rhn); *N: F:* milain (wrth rn), *S: F:* crac (gyda rhn); **to become ~,** digio, gwylltio (wrth rn); **to make s.o. ~,** gwylltio rhn, *S:* hala rhn yn grac.
indignantly *adv.* yn ddig, yn wyllt *&c.*
indignation *n.* dig *m*, dicter *m*, digofaint *m*, dicllonedd *m.*
indignity *n.* amarch *m*, sarhad *m*, gwaradwydd *m*, gwarth *m*, anfri *m*, diffyg *(m)* urddas, anurddas *m.*
indigo *a. & n.* **1.** *a.* |indigo, glas (gleision). **2.** *n. Dy: Com:* indigo *m*, glas *(m)* yr India, glas lliwio. **~ bird, ~ bunting** *n. Orn:* bras (breision) penlas *m.* **~ broom** *n. Bot: (Baptisia tinctoria):* banadl *(m)* y lliwydd. **~ snake** *n.* = **gopher snake. ~ white** *n.* gwyn *(m)* indigo.
indigotic *a.* indigotig.
indirect *a.* anuniongyrchol *(pronounced* ng-g).
indirection *n.* anuniongyrchedd *m (pronounced* ng-g); *(= lack of direction):* diffyg *(m)* cyfeiriad.
indirectly *adv.* yn anuniongyrchol *(pronounced* ng-g).
indirectness *n.* anuniongyrchedd *m (pronounced* ng-g).
indiscernible *a.* anweladwy, anamlwg, anweledig, anghanfyddadwy, anghanfodadwy, anwahaniaethadwy.
indiscernibly *adv.* yn anweladwy *&c.*
indiscerptibility *n.* natur anwahanadwy *f*, anwahanadwyedd *m.*
indiscerptible *a.* anwahanadwy.
indisciplinable *a.* annisgybladwy.
indiscipline *n.* diffyg *(m)* disgyblaeth, annisgyblaeth *f*, afreolaeth *f*, afreolusrwydd *m.*
indisciplined *a.* afreolus, annisgybledig, diddisgyblaeth, direol.
indiscoverable *a.* annarganfyddadwy.
indiscreet *a. (= inquisitive):* busneslyd; *(= imprudent):* annoeth, difeddwl, tafodrydd, di-dact, brac eich tafod, heb ddant i atal eich tafod; *(= unsubtle):* anghynnil.
indiscreetly *adv.* yn fusneslyd; yn annoeth *&c.*
indiscreetness *n.* = **indiscretion.**
indiscrete *a.* diwahân.
indiscretion *n.* **1.** *(= prying):* busnesgarwch *m*, busnesu *vn*, busnesa *vn.* **2.** *(= imprudence):* annoethineb *m*, diffyg *(m)* pwyll; **an ~,** gweithred(-oedd) annoeth *f*, cam gwag (camau gweigion) *m*, caff gwag (caffiau gweigion) *m.* **3.** *(= betrayal of secret):* tafodryddid *m*, datgeliad *(m)* cyfrinach, *F:* agor *(vn)* ceg. **4.** *(= misconduct):* cyfeiliornad(-au) *m*, crwydrad(-au) *m*, llithriad(-au) *m*, amryfusedd(-au) *m.*
indiscriminate *a.* diwahân, diwahaniaeth, anwahaniaethol.
indiscriminately *adv.* yn ddiwahân *&c*; fel ei gilydd.
indiscriminateness, indiscrimination *n.* natur ddiwahân *f*, diffyg *(m)* gwahaniaethu, anwahaniaeth *f*, cyffredinolrwydd *m*, ysgubolrwydd *m.*
indiscriminating *a.* anwahaniaethol.
indiscriminatingly *adv.* yn anwahaniaethol; heb wahaniaethu.
indiscriminative *a.* anwahaniaethol.
indiscussible *a.* anhrafodadwy.
indispensability *n.* anhepgoroldeb *m*, anhepgoredd *m*, angenrheidrwydd *m.*
indispensable *a. & n.* **1.** *a.* anhepgor, anhepgorol, angenrheidiol. **2.** *n.* anhepgor(-ion) *m*, anghenraid (angenrheidiau) *m.*
indispensableness *n.* = **indispensability.**
indispensably *adv.* yn anhepgor *&c.*
indispose *v.t.* **1. to ~ s.o. towards s.o.,** troi/rhagfarnu rhn yn erbyn rhn. **2. to ~ s.o. for doing sth,** *(i) (unable):* gwn|eud rhn yn analluog i wneud rhth, analluogi rhn i wneud rhth; *(ii) (averse):* troi rhn yn erbyn gwneud rhth, gwneud rhn yn amharod i wneud rhth, *Lit:* anhueddu rhn i wneud rhth.
indisposed *a.* **1.** *(= not inclined):* **~ (to do sth),** amharod (i wneud rhth), heb awydd (gwneud rhth). **2.** *(= unwell):* gwael, yn cwyno, heb fod mewn hwyliau da, *N: F:* cwla, ddim yn dda, *S: occ:* anhwylus, yn oilin.
indisposition *n.* **1.** *(to do sth):* amharodrwydd *m* (i wneud rhth), diffyg *(m)* awydd (gwneud rhth); *(= towards s.o.):* gwrthwynebiad (i rn). **2.** *(= malaise):* anhwylder(-au) *m*, anhwyldeb(-au) *m*, cam-hwyl *f.*
indisputability *n.* diamheuoldeb *m*, diymwadrwydd *m*, natur ddiymwad *&c f*, sicrwydd diymwad *m.*
indisputable *a.* di-ddadl, diamheuol, diymwad.
indisputableness *n.* = **indisputability.**
indisputably *adv.* yn ddi-ddadl *&c*; **it is ~ so,** 'does dim dadl/dwywaith/dau nad felly y mae.
indissolubility *n.* **1.** natur annatod/annatodol/annatodadwy *f*; **(he believes) in the ~ of a marriage,** (mae'n credu) na ellir datod [rhwymau] priodas, na ellir dadwn|eud priodas, nad oes ddatod/ddadwneud ar briodas, fod priodas yn annatod/annatodadwy. **2.** *Ch:* annhoddadwyedd *m*, natur annhoddadwy *f.*

indissoluble *a.* **1.** *(union):* annatod, annatodadwy. **2.** *Ch:* annhoddadwy.
indissolubleness *n.* = **indissolubility.**
indissolubly *adv.* **1.** yn annatod *&c.* **2.** *Ch:* yn annhoddadwy.
indistinct *a.* aneglur; *(speech):* anghroyw, myngus, bloesg; **an ~ memory,** brith gof *m.*
indistinctive *a.* diwahaniaeth, anhynod, anarbennig.
indistinctively *adv.* yn ddiwahaniaeth.
indistinctly *adv.* yn aneglur; **to speak ~,** mwngial, siarad yn fyngus, *S.W:* bwyta'ch geiriau, bwyta'ch dweud.
indistinctness *n.* aneglurder *m*, aneglurdeb *m.*
indistinguishability *n. Mth: Ph:* anwahaniaethrwydd *m.*
indistinguishable *a. (= not different):* diwahaniaeth; anwahanol **(from sth,** i rth); **~ to the eye,** anweladwy, anghanfyddadwy; **the two were ~,** yr oedd y ddau yr un ffunud; **A is ~ from B,** mae A yn union yr un fath â B; ni ellir gwahaniaethu rhwng A a B.
indistinguishably *adv.* yn anwahanol *&c.*
indite *v.t.* cyfansoddi, ysgrifennu; rhoi (rhth) ar ddu a gwyn; *Lit:* **to ~ a poem,** eilio cerdd.
inditer *n.* ysgrifennwr (ysgrifenwyr) *m.*
indium *n. Ch:* indiwm *m.*
indivertible *a.* diwyro, diwrthdro, anwrthdroadwy, di-droi'n-ôl.
indivertibly *adv.* yn ddiwyro *&c.*
individual *a. & n.* **1.** *a. (= single):* unigol; *(= personal, special):* personol, arbennig, neilltuol, unigolyddol; **a very ~ point of view,** safbwynt personol iawn; **every ~ teacher,** pob un athro ac athrawes; **~ learning,** dysgu unigolyddol; **~ psychology,** seicoleg yr unigolyn. **2.** *n.* unigolyn (unigolion) *m*; *F:* **he's a very determined ~,** mae e'n greadur/fachgen/*S:* fachan penderfynol iawn.
individualism *n.* unigoliaeth *f*, unigolyddiaeth *m.*
individualist 1. *n.* unigolydd (unigolwyr) *m.* **2.** *a.* unigolyddol, unigoliaethol.
individualistic *a.* unigolyddol, unigoliaethol.
individualistically *adv.* yn unigolyddol *&c.*
individuality *n.* unigoliaeth *f*, unigolrwydd *m*, hunaniaeth *f.*
individualization *n.*, **individualize** *v.t.* **1.** *(= make individual):* unigoli, unigoleiddio. **2.** *(= treat separately):* trin/ystyried (rhn, rhth) yn unigol *or* ar wahân.
individualized *a.* unigoledig, unigolaidd, i'r unigolyn.
individually *adv.* ar wahân, bob yn un, fesul un, mesul un, yn unigol, yn bersonol; **to consider each case ~,** ystyried pob achos ar ei ben ei hun.
individuate *v.t.*, **individuation** *n. Psy:* ymunigoli.
indivisibility *n.* undod *m*, unoliaeth *f*, anwahanoldeb *m*, natur annatod/anwahanadwy/anwahanol/ddiwahân *f*; *Mth:* natur anrhanadwy.
indivisible *a.* diwahân, anwahanadwy, anwahanol, anysgarol, anysgar, diysgar, annatod; *Mth:* anrhanadwy.
indivisibleness *n.* = **indivisibility.**
indivisibly *adv.* yn anwahanadwy *&c*; *Mth:* yn anrhanadwy.
Indo- *comb.fm.* Indo-. **~-Aryan 1.** *a.* Indo-Ariaidd. **2.** *n.* Indo-Ariad (~-Ariaid) *m&f.* **~-China** *Pr.n. Geog:* Indo-Tsieina *f.* **~-Chinese 1.** *a.* Indo-Tsieineaidd, [o] Indo-Tsieina. **2.** *n.* Indo-Tsieinead (~-Tsieineaid) *m&f.* **~-European 1.** *a.* Indo-Ewropeaidd; *(in language):* Indo-Ewropeg. **2.** *n. (i) Ethn:* Indo-Ewropead (~-Ewropeaid) *m&f*; *(ii) Ling:* Indo-Ewropeg *f, m.* **~-Germanic 1.** *a.* Indo-Germanaidd. **2.** *n.* Indo-Germaniad (~-Germaniaid) *m&f.* **~-Hittite 1.** *a. Ling:* Indo-Hetheg. **2.** *n. Ling:* Indo-Hetheg *f, m.* **~-Iranian 1.** *a. Ling:* Indo-Iraneg. **2.** *n. Ling:* Indo-Iraneg *f, m.*
indocile *a.* anhydrin, anystywallt, anodd eich trin, anufudd, ystyfnig, cyndyn, diwahardd, *S: occ:* anwahardd, *S.W: occ:* di-wardd, *Lit: occ:* anhywaith, anhydyn.
indocility *n.* anhydrinedd *m*, anuf|udd-dod *m*, ystyfnigrwydd *m*, cyndynrwydd *m.*
indoctrinate *v.t.* egwyddori; trwytho (rhn yn/mewn rhth), gwthio syniadau (ar rn).
indoctrination *n.* egwyddori *vn*, trwytho *vn.*
indoctrinator *n.* egwyddorwr (egwyddorwyr) *m.*
indole *n. Ch:* indol *m.*
indoleacetic *a. Bio-Ch:* indoleasetig.
indolebutyric *a. Bio-Ch:* indolebwtyrig.
indolence *n.* diogi *m*, syrthni *m.*
indolent *a.* **1.** diog, dioglyd, diffaith, swrth. **2.** *Med:* di-boen, diniwed.
indolently *adv.* yn ddiog *&c.*
Indology *n.* Indoleg *f.*
indomethacin *n. Pharm:* indom|ethasin *m.*
indomitable *a.* anorchfygol, di-ildio, *Lit:* anorthrech, anoresgynnol.
indomitableness *n.* anorchfygolrwydd *m*, ysbryd anorchfygol *&c m*, natur anorchfygol *&c f.*
indomitably *adv.* yn anorchfygol.
Indonesia *Pr.n. Geog:* Indonesia *f.*
Indonesian *a. & n.* **1.** *a.* Indonesaidd; **the ~ government,** llywodraeth Indonesia; **she's ~,** Indonesiad yw hi; *(in language):* Indoneseg. **2.** *n. (i) Ethn:* Indonesiad (Indonesiaid) *m&f*; *(ii) Ling:* Indoneseg *f, m.*
indoor *a.* [yn y] tŷ, [yn y] cartref, dan do; **~ games,** chwaraeon dan do; **~ sanitation,** tŷ bach yn y tŷ; **~ swimming-pool,** pwll nofio dan do; *Th:* **~ setting,** lleoliad mewnol *m.*
indoors *adv.* yn y tŷ, gartref, i mewn, y tu mewn [i rywle], dan do; **to go ~,** mynd i'r tŷ, mynd i mewn [i rywle]; **(she has to stay) ~,** (rhaid iddi aros) gartref, yn y tŷ.
indophenol *n. Dy:* indoffenol *m.*
indorse *v.t.* = **endorse.**
indorsement *n.* = **endorsement.**
indoxyl *n. Bio-Ch:* indocsyl *m.*
indraft, indraught *n.* mewnlif(-au) *m*, tynfa (tynf|eydd) *(f)* i mewn.
indrawn *a.* **with ~ breath,** gan ddal [eich] gwynt/anadl.
indri *n. Z:* indri (indrïaid) *m.*
indubitability *n.* natur ddiamheuol *&c f.*
indubitable *a.* diamheuol, diamau, diddadl, di-ddadl, diymwad, diamheuaeth, diamh|eus.
indubitableness *n.* = **indubitability.**
indubitably *adv.* yn ddiau, yn ddiamau, heb amheuaeth, yn ddi-os, heb os nac oni bai.
induce *v.t.* **1. to ~ (s.o. to do sth),** annog, perswadio, cymell, darbwyllo, ysgogi (rhn i wneud rhth); cael (gan rn wneud rhth); peri, achosi, gwneud (i rn wneud rhth); dwyn perswâd (ar rn i wneud rhth); **nothing will ~ me to go,** nid af i yno am bris y byd; nid af i yno ond dros fy nghrogi. **2.** *(a) (= cause):* peri, achosi, dwyn (rhth); dod (â rhth); **to ~ sleep,** achosi cwsg; **to ~ fear,** codi ofn/arswyd **(in s.o.,** ar rn); **to ~ the belief that...,** rhoi lle i gredu bod/mai...; **to ~ the hope that,** rhoi lle i obeithio bod/mai...; *Med:* **to ~ labour,** cychwyn yr esgor, ysgogi'r esgor, prysuro'r geni; *(b) El: &c:* anwytho. **3.** *(= infer):* casglu, *occ:* anwytho.
induced *a.* **1.** *(a) (= compelled):* anogedig, cymelledig, ysgogedig; *(b) (= speeded up):* cyflyredig. **2.** *El.E: (current):* anwythol.
inducement *n.* cymhelliad (cymelliadau, cymhellion) *m*, ysgogiad(-au) *m*, anogaeth(-au) *f*; *(= attraction):* atyniad(-au) *m*; **to hold out an ~ to s.o. to do sth,** denu/llithio rhn i wneud rhth.
inducer *n.* cymhellwr: cymhellydd (cymhellwyr) *m*, ysgogwr: ysgogydd (ysgogwyr) *m.*
inducibility *n.* natur gymelladwy *f.*
inducible *a.* cymelladwy.
inducing *a. El:* anwythol.
induct *v.t.* **1.** *(a) Ecc:* sefydlu; *(bishop):* gorseddu; *(b) (into society &c):* cyflwyno, ynydu. **2.** *U.S: Mil:* galw (rhn) [i'r fyddin], ricriwtio, listio. **3.** *Metalw:* anwytho.
inductance *n. El.E:* anwythedd(-au) *m*; **mutual ~,** cydanwythedd *m*; **self-~,** hunananwythedd *m.*
inductee *n. U.S: Mil:* ricr|iwt (ricriwtiaid) *m&f.*
inductile *a. Metall:* anhydwyth, anhyblyg.
induction *n.* **1.** *Ecc:* sefydlu *vn.* **2.** *Log: Mth: El.E:* anwythiad(-au) *m*, anwytho *vn*; **self-~,** hunananwythiad *m*; **mutual ~,** cydanwythiad *m.* **3.** *Mch: I.C.E: (of gas):* mynediad *m*, mewnsugnad *m.* **4.** *Med: (of labour):* ysgogiad *m*, ysgogi *vn*, cymell *vn.* **~-coil** *n. El:* torch(-au) *(f)* anwytho. **~ course** *n.* cwrs (cyrsiau) *(m)* cyflwyno. **~ heating** *vn.* cynhesu anwythol. **~ meeting** *n.* cwrdd (cyrddau) *(m)* sefydlu, cyfarfod(-ydd) *(m)* sefydlu. **~-pipe** *n. I.C.E:* pibell *(f)* fewnsugno (pibellau mewnsugno). **~ programme** *n.* rhaglen ragarweiniol (rhaglenni rhagarweiniol) *f*, rhaglen sefydlu.

inductive *a.* anwythol.
inductively *adv.* yn anwythol; drwy anwythiad.
inductiveness *n.* natur anwythol *f*, anwytholdeb *m*.
inductor *n.* **1.** *Ecc:* sefydlwr (sefydlwyr) *m*. **2.** *El.E: Log: Mth:* anwythwr (anwythwyr) *m*.
indulge *v.t.&i.* **1.** *v.t.* **to ~ (s.o.),** mwytho, maldodi, anwesu, (rhn); maddau popeth (i rn), goddef popeth (yn rhn); **to ~ s.o.'s every whim,** boddio/porthi pob mympwy o eiddo rhn; **to ~ oneself,** cymryd pleser, ymbleseru, ymblesera, eich boddio'ch hun, boddio/porthi pob chwant o'r eiddoch, *F:* eich tretio'ch hun; **go on, ~ yourself,** tretiwch eich hun/hunan; **to ~ a whim,** boddio mympwy, ildio i fympwy; **to ~ a hope,** mwytho gobaith. **2.** *v.i.* **to ~ in a practice,** ymr|oi i arferiad, ymbleseru mewn arferiad; **to ~ too freely in sth,** gorwn|eud rhth, cymryd/cael gormod o rth, camddefnyddio rhth, mynd dros ben llestri gyda rhth; **I ~ in sweets,** *N:* alla' i ddim maddau i bethau da; *S.W:* 'rw i'n dwli ar losin; **to ~ in drink,** bod yn gaeth i'r ddiod gadarn, ymroi i'r ddiod; **to ~ in a cigar at Christmas,** blasu ambell sigâr adeg y Nadolig; **do you ~?** fyddwch chi'n smocio?
indulgence *n.* **1.** *(= forbearance, leniency):* goddefgarwch *m*, maddeugarwch *m* (**towards s.o.,** tuag at rn); maddeuant *m*, pardwn *m* (i rn). **2.** *(in pleasures):* ymblesera *vn*, ymbleseru *vn*, boddhad *m*, hunanfoddhad *m*, ymfoddhad *m*. **3.** *R.C.Ch:* maddeueb(-au) *f*, cuedd(-au) *m*. **4.** *Hist:* **Declaration of I~,** Datganiad Esgusodi/Pardwn.
indulgenced *a. R.C.Ch:* maddeuebol.
indulgent *a.* goddefgar, maddeugar, hynaws, tirion (**towards s.o.,** tuag at rn); **an ~ uncle,** ewythr maldodus.
indulgently *adv.* yn oddefgar, yn hynaws *&c*.
indulger *n.* **1.** *(with transitive force):* boddhäwr (boddhawyr) *m*, boddiwr (boddwyr) *m*, porthwr (porthwyr) *m*. **2.** *(with intransitive force):* ymbleserwr (ymbleserwyr) *m*, ymfoddiwr (ymfoddwyr) *m* (**in sth,** yn rhth).
induline *n. Dy:* |indwlin *m*.
indult *n. R.C.Ch:* trwydded(-au) *f* [gan y Pab].
induna *n.* pennaeth (penaethiaid) *m*.
indurate[1] *v.t.&i.* **1.** *v.t.* caledu. **2.** *v.i.* ymgaledu, caledu.
indurate[2] *a.* caled(-ion, celyd).
indurated *a.* wedi caledu.
induration *n.* calediad *m*, ymgalediad *m*, calediant *m*; *vn.* = **indurate.**
indurative *a.* caledol, ymgaledol.
indusial *a. Biol:* gorchuddiol, indwsiol.
indusium *n. Biol:* gorchudd(-ion) *m*, indwsiwm (indwsia) *m*.
industrial *a. & n.pl.* **1.** *a.* diwydiannol, *occ:* gweithfaol; **I~ Death Benefit,** Budd-dâl (*m*) Marwolaeth Ddiwydiannol; **~ estate,** [y]stad ddiwydiannol ([y]stadau diwydiannol) *f*; **I~ Injuries Scheme,** Cynllun (*m*) Anafiadau Diwydiannol; **~ park,** parc(-iau) (*m*) diwydiant/diwydiannol; **~ rehabilitation,** ailgymhwyso (*vn*) diwydiannol; **~ relations,** cysylltiadau diwydiannol, cydberthynas ddiwydiannol *f*, cydberthynas mewn diwydiant, perthynas (*f*) gweithwyr a rheolwyr; *Jur:* **I~ Relations Act,** Deddf (*f*) Cysylltiadau Diwydiannol; **I~ Relations Court,** Llys (*m*) Cysylltiadau Diwydiannol. **2.** *n.pl. St.Exch:* cyfranddaliadau diwydiannol.
industrialism *n.* diwydiannaeth *f*.
industrialist *n.* diwydiannwr (diwydianwyr) *m*.
industrialization *n.*, **industrialize** *v.t.* diwydiannu, diwydianeiddio.
industrialized *a.* diwydiannol.
industrially *adv.* mewn diwydiant, yn ddiwydiannol.
industrious *a.* diwyd, gweithgar, dyfal, dygn.
industriously *adv.* yn ddiwyd *&c*.
industriousness *n.* diwydrwydd *m*, gweithgarwch *m*, llafur *m*, dyfalwch *m*, dycnwch *m*.
industry *n.* **1.** = **industriousness. 2.** diwydiant (diwydiannau) *m*; **ancillary ~,** diwydiant ategol; **auxiliary ~,** diwydiant cynorthwyol; **basic ~,** diwydiant sylfaenol; **canning ~,** diwydiant canio; **contracting ~,** diwydiant enciliol; **cottage ~,** diwydiant cartref; **declining ~,** diwydiant dirywiol, diwydiant ar y goriwaered; **domestic system of ~,** cyfundrefn (*f*) diwydiant aelwyd; **extractive ~,** diwydiant echdynnol/cloddiol; **foot-loose ~,** diwydiant rhydd; **growth ~,** diwydiant twf; **heavy ~,** diwydiant trwm; **indigenous ~,** diwydiant brodorol; **light ~,** diwydiant ysgafn; **manufacturing ~,** diwydiant cynhyrchu; **minor ~,** diwydiant bychan; *pl.* mân ddiwydiannau; **prestige ~,** diwydiant bri; **primary ~,** diwydiant cyntafol/gwreiddiol; **public utility ~,** diwydiant gwasanaethu'r cyhoedd, diwydiant gwasanaeth cyhoeddus; **robber ~,** diwydiant disbyddol; **secondary ~,** diwydiant eilaidd/datblygol; **service ~,** diwydiant gwasanaeth; **subsidiary ~,** diwydiant atodol; **tertiary ~,** diwydiant trydyddol; **textile ~,** diwydiant gwe[h]yddol; **tourist ~,** diwydiant ymwelwyr; **woollen ~,** diwydiant gwlân; *S.a.* **consumer.**
indwell *v.i.&t.* preswylio, ymbreswylio (yn rhth).
indweller *n.* preswyliwr: preswylydd (preswylwyr) *m*, pres|wylwraig *f*, ymbreswyliwr: ymbreswylydd (ymbreswylwyr) *m*, ymbres|wylwraig *f*.
indwelling *n.* ymbreswyliad *m*, ymbreswylio *vn*.
inebriant *n. & a.* = **intoxicant.**
inebriate[1] *n.* meddwyn (meddwon) *m*.
inebriate[2] *v.t.* meddwi, *occ:* brwysgo.
inebriate[3], inebriated *a.* meddw(-on), *occ:* brwysg.
inebriation *n.* **1.** *(action):* meddwi *vn*. **2.** *(state):* m|eddwdod *m* (*usu. pronounced* m|edd-dod).
inebriety *n.* m|eddwdod *m* (*usu. pronounced* m|edd-dod), *occ:* brwysgedd *m*.
inedibility *n.* natur anfwytadwy *f*, anfwytadwyedd *m*; **the ~ of the meat became apparent,** cafwyd na ellid bwyta'r cig.
inedible *a.* anfwytadwy.
inedibly *adv.* yn anfwytadwy.
inedited *a.* **1.** *(= not published):* anghyhoeddedig. **2.** *(= not edited):* anolygedig, heb ei olygu.
ineducability *n.* natur anaddysgadwy/annysgadwy *f*; **(I became convinced) of their ~,** (deuthum i gredu) na ellid mo'u dysgu, nad oedd dim dysgu arnynt, na ellid dysgu dim iddynt, eu bod yn anaddysgadwy.
ineducable *a.* anaddysgadwy, annysgadwy.
ineffability *n.* anhraetholdeb *m*, natur anhraethol *f*.
ineffable *a.* anhraethol, anhraethadwy, y tu hwnt i eiriau, *Lit: occ:* anhydraeth.
ineffableness *n.* = **ineffability.**
ineffably *adv.* yn anhraethol.
ineffaceability *n.* natur annileadwy *f*.
ineffaceable *a.* annileadwy.
ineffaceably *adv.* yn annileadwy.
ineffective *a.* aneffeithiol, dieffaith, di-rym.
ineffectively *adv.* yn aneffeithiol *&c*; heb unrhyw effaith.
ineffectiveness *n.* aneffeithioldeb *m*, diffyg (*m*) grym/effaith.
ineffectual *a.* = **ineffective.**
ineffectuality *n.* = **ineffectiveness.**
ineffectually *adv.* = **ineffectively.**
ineffectualness *n.* = **ineffectiveness.**
inefficacious *a.* = **ineffective.**
inefficaciously *adv.* = **ineffectively.**
inefficaciousness, inefficacy *n.* = **ineffectiveness.**
inefficiency *n.* aneffeithlonrwydd *m*.
inefficient *a.* aneffeithlon, aneffeithiol.
inefficiently *adv.* yn aneffeithlon *&c*.
inegalitarian *a.* anegalitaraidd, anghyfartal.
inelastic *a.* anystwyth, anhyblyg, di-ildio, *occ:* anhydwyth; *Ph:* anelastig.
inelastically *adv.* yn anystwyth *&c*.
inelasticity *n.* anystwythder *m*, anhyblygrwydd *m*, anhydwythder *m*, sythder *m*; *Ph:* anelastigrwydd *m*.
inelegance *n.* aflerwch *m*, annibendod *m*, *Lit:* annillynder *m*, anheleidrwydd *m*, anghoethder *m*.
inelegant *a.* *(in dress &c):* anosgeiddig, aflêr, anniben, anhrwsiadus, annhaclus, di-raen, *Lit:* annillyn, annhelaid, an|elegant; *(style):* anghaboledig, amrwd, digabol, angh|oeth.
inelegantly *adv.* yn anosgeiddig *&c*.
ineligibility *n.* anghymhwyster *m*.
ineligible *a.* **1.** anghymwys. **2.** *(= unelectable):* anetholadwy.
ineligibly *adv.* yn anghymwys *&c*.
ineloquent *a.* anhuawdl, anymadroddus.
ineloquently *adv.* yn anhuawdl.
ineluctability *n.* anocheledd *m*, anorfodrwydd *m*, natur anochel/anorfod/annihangol/ddiosg|oi *f*.
ineluctable *a.* anochel, anorfod, annihangol, diosg|oi, anosgoadwy.

ineluctably *adv.* yn anochel *&c.*
ineludible *a.* = **inescapable.**
inenarrable *a.* anadroddadwy, annisgrifiadwy.
inept *a.* **1.** *(= out of place):* amhriodol; **an ~ remark,** sylw di-alw-amdano. **2.** *(= silly):* hurt, gwirion, twp; *(= unskilful):* di-glem, lletchwith, annechau, annethau, anhylaw, anfedrus, llawchwith, di-lun.
ineptitude *n.* hurtrwydd *m*, gwiriondeb *m*, twpdra *m*; *(= lack of skill):* anfedrusrwydd *m*, lletchwithdod *m*, anneheurwydd *m*, *occ:* dilunwch *m.*
ineptly *adv.* **1.** yn amhriodol. **2.** yn ddi-glem *&c.*
ineptness *n.* = **ineptitude.**
inequable *a.* anwastad.
inequality *n.* **1.** *(of status):* anghydraddoldeb(-au) *m*, *occ:* anghyfartalrwydd *m*; *(of surface):* anwastadrwydd *m.* **2.** *Mth:* anhafaledd(-au) *m.*
inequation *n. Mth:* anhafaliad(-au) *m.*
inequitable *a.* annh|eg, anghyfiawn, anghyfartal.
inequitably *adv.* yn annh|eg *&c.*
inequity *n.* annhegwch *m*, anghyfiawnder(-au) *m*, anghyfartalwch *m*, camwedd(-au) *m.*
inequivalue[d] *a.* anghyfwerth.
ineradicability *n.* annileadwyedd *m*, natur annileadwy.
ineradicable *a.* annileadwy, *occ:* annadwreiddiadwy.
ineradicably *adv.* yn annileadwy.
inerrability *n.* anffaeledigrwydd *m.*
inerrable *a.* anffaeledig, digyfeiliorn, di-feth, di-ffael, *occ:* anghyfeiliornadwy.
inerrably *adv.* yn anffaeledig *&c.*
inerrancy *n.* = **inerrability.**
inerrant *a.* = **inerrable.**
inert *a.* **1.** swrth, diynni, diegni, disymud, digychwyn, segur, di-fynd, difywyd, llesg; **~ colour,** lliw difywyd. **2.** *Ch:* anweithredol, anweithiol, anadweithiol; **~ gases,** nwyon anadweithiol; **~ pair effect,** effaith *(mf)* y pâr anadweithiol.
inertia *n.* **1.** syrthni *m*, diogi *m*, anegni *m*, llesgedd *m*, diffyg *(m)* ynni/egni; **institutional ~,** llesgedd/syrthni sefydliadol. **2.** *Ph:* inertia *m*; **moment of ~,** moment *(f)* inertia. **~ reel** *n.* cenglwr (cenglwyr) *(m)* dirwyn, rîl *(f)* ddirwyn (riliau dirwyn). **~ selling** *vn.* gwerthu trwy oddefiad.
inertial *a.* inertiol.
inertially *adv.* yn inertiol.
inertly *adv.* yn swrth *&c.*
inertness *n.* = **inertia** 1.
inescapability *n.* anocheledd *m*, anorfodrwydd *m*, annihangoldeb *m.*
inescapable *a.* anochel, anorfod, diosg|oi, anosgoadwy, anocheladwy, annihangol.
inescapably *adv.* yn anochel *&c.*
inescutcheon *n. Her:* ynarflen(-ni) *f.*
inessential *a. & n.* **1.** *a.* diangen, dianghenraid, anangenrheidiol, anhanfodol. **2.** *n.* peth(-au) diangen *&c m*; *pl.* anhanfodion.
inestimable *a.* *(= unmeasurable):* difesur, anfesurol, anfesuradwy, diamgyffred, annirnad; *(= very great):* aruthrol [fawr], enfawr, dirfawr.
inestimably *adv.* yn aruthrol *&c.*
inevitability *n.* natur anochel/anorfod *f*, anocheledd *m*, anorfodrwydd *m.*
inevitable *a.* anochel, anocheladwy, anosgoadwy, anorfod, diosg|oi.
inevitableness *n.* = **inevitability.**
inevitably *adv.* yn anochel *&c.*
inexact *a.* anfanwl, anghywir.
inexactitude *n.* **1.** = **inexactness. 2.** *(= an error):* gwall(-au) *m.*
inexactly *adv.* yn anfanwl *&c.*
inexactness *n.* anfanylder *m*, anfanylrwydd *m*, anghywirdeb *m.*
inexcusable *a.* diesgus, anesgusodol, anfaddeuol, anfaddeuadwy.
inexcusableness *n.* anesgusodoldeb *m*, anfaddeuoldeb *m.*
inexcusably *adv.* yn anfaddeuol *&c.*
inexhaustibility *n.* natur ddihysbydd *f*, dihysbyddwch *m*, *occ:* dibendrawdod *m.*
inexhaustible *a.* dihysbydd, di-ben-draw, diwaelod.
inexhaustibleness *n.* = **inexhaustibility.**
inexhaustibly *adv.* yn ddihysbydd.
inexistence *n.* anfodolaeth *m.*
inexistent *a.* anfodol, difodolaeth, nad yw'n bod.
inexorability *n.* natur ddiwrthdro *&c f*, diffyg *(m)* tosturi, anhrugaredd *m*, diarbedrwydd *m.*
inexorable *a.* diwrthdro, didostur, annhosturiol, didrugaredd, diarbed, di-ildio, anghymodlon, annyhuddol, anhrugarog.
inexorableness *n.* = **inexorability.**
inexorably *adv.* yn ddiwrthdro *&c.*
inexpedience, inexpediency *n.* annoethineb *m*, amhriodoldeb *m*, anaddaster *m.*
inexpedient *a.* annoeth, ann|oeth, amhriodol, anaddas, anghyfl|eus.
inexpediently *adv.* yn annoeth *&c.*
inexpensive *a.* rhad.
inexpensively *adv.* yn rhad.
inexpensiveness *n.* pris isel *m*, cost isel *f.*
inexperience *n.* diffyg *(m)* profiad.
inexperienced *a.* dibrofiad, amhrofiadol.
inexpert *a.* anfedrus, annehau, anneheuig, lletchwith, anhylaw, anghyfarwydd, anhyffordd, anhyddysg.
inexpertly *adv.* yn anfedrus *&c.*
inexpertness *n.* anfedrusrwydd *m*, anneheurwydd *m*, lletchwithdod *m*, anghyfarw|ydd-deb *m.*
inexpiable *a.* annyhuddol, annyhuddadwy, na ellir gwneud iawn amdano.
inexpiably *adv.* yn annyhuddol *&c.*
inexplainable *a.* = **inexplicable.**
inexplicability *n.* natur anesboniadwy *f*, dirgelwch *m*, dirgeledd *m*, astrusi *m.*
inexplicable *a.* anesboniadwy, anegluradwy, diesboniad, dirgel, astrus.
inexplicableness *n.* = **inexplicability.**
inexplicably *adv.* yn anesboniadwy.
inexplicit *a.* amhendant, aneglur, amhenodol, anechblyg.
inexplicitly *adv.* yn amhendant *&c.*
inexplicitness *n.* amhendantrwydd *m*, aneglurder *m*, amhenodoldeb *m*, anechblygrwydd *m.*
inexplorable *a.* anchwiliadwy.
inexpressibility *n.* natur anfynegadwy *&c f*, anhraetholdeb *m.*
inexpressible *a.* anhraethol, anhraethadwy, anfynegadwy, y tu hwnt i eiriau.
inexpressibleness *n.* = **inexpressibility.**
inexpressibly *adv.* yn anhraethol *&c.*
inexpressive *a.* difynegiant.
inexpressively *adv.* yn ddifynegiant.
inexpressiveness *n.* diffyg *(m)* mynegiant.
inexpugnable *a.* anorchfygol, anorthrech, anoresgynadwy.
inexpugnableness *n.* anorchfygolrwydd *m.*
inexpugnably *adv.* yn anorchfygol *&c.*
inexpungible *a.* annileadwy.
inextinguishable *a.* anniffodd, anniffoddadwy.
inextinguishably *adv.* yn anniffodd *&c.*
inextricability *n.* annatodadwyedd *m*, dyryswch *m.*
inextricable *a.* annatod, *occ:* dryslyd, dyrys.
inextricably *adv.* yn annatod; **these are ~ linked,** mae cyswllt anorfod rhwng y rhain.
infacing *a.* mewnwynebol.
infallibilism *n.* anffaeledigaeth *f.*
infallibilist *n.* anffaeledigwr (anffaeledigwyr) *m.*
infallibility *n.* anffaeledigrwydd *m*; **Papal ~,** anffaeledigrwydd y Pab.
infallible *a.* **1.** *(= unerring):* anffaeledig. **2.** *(= foolproof):* di-ffael, di-feth.
infallibly *adv.* **1.** yn anffaeledig. **2.** yn ddi-ffael.
infamize *v.t.* difrïo.
infamous *a.* gwaradwyddus, gwarthus, cywilyddus, ffiaidd, drwgenwog, *Lit:* anfad, ysgeler; **the ~ Judge Jeffreys,** yr anfad Farnwr Jeffreys.
infamously *adv.* yn warthus *&c*; *Jur:* yn waradwyddus.
infamy *n.* **1.** *(= shame):* cywilydd *m*, gwarth *m*, *Lit:* gwaradwydd *m*, gwarthrudd *m.* **2.** *(= infamous nature):* ysgelerder *m*, anfadrwydd *m*, gwarthusrwydd *m*, cywilyddusrwydd *m.* **3.** *Jur:* gwarth, gwaradwydd.
infancy *n.* **1.** babandod *m*, mabandod *m.* **2.** *Jur:* = **minority 2. ~ Gospels** *n.pl.* Efengylau'r Babandod.
infant *n.* **1.** plentyn (plant) bach *m*; *(= baby):* baban(-od) *m*; *Sch:*

infants, dosbarth (*m*) y babanod. **2.** *Jur:* = **minor 2.** ~ **baptism** *n.* bedydd (*m*) babanod, bedyddio (*vn*) babanod. ~ **mortality** *n.* marwolaethau babanod. ~ **prodigy** *n.* athrylith (*f*) o blentyn, plentyn (plant) athrylith/athrylithgar *m.* ~ **school** *n.* ysgol (*f*) blant bach (ysgolion plant bach), *F:* ysgol fach (ysgolion bach).

infanta *n. Hist:* tywysoges(-au) *f.*

infante *n. Hist:* tywysog(-ion) *m.*

infanticidal *a.* babanladdiadol, babanleiddiol.

infanticide *n.* **1.** *(crime):* babanladdiad(-au) *m.* **2.** *(criminal):* babanleiddiad (babanleiddiaid) *m&f.*

infantile *a.* babanaidd, plentynnaidd; ~ **paralysis,** parlys (*m*) plant, polio *m.*

infantilism, infantility *n.* plentyneiddiwch *m*, babaneiddiwch *m.*

infantine *a.* = **infantile.**

infantry *n. Coll:* milwyr (*pl*) traed, gwŷr (*pl*) traed, troedfilwyr *m.*

infantryman *n.* troedfilwr (troedfilwyr) *m*, gŵr (gwŷr) (*m*) traed, un o'r gwŷr traed.

infarct *n. Med:* m|arwgig *m*, nychgnawd *m*, cnawdnychu *vn.*

infarcted *a. Med:* cnawdnychedig.

infarction *n. Med:* cnawdnychiad *m*, cnawdnychiant *m.*

infatuate *v.t.* gwirioni, drysu, gwallgofi, ffoli, moedro, llygad-dynnu; **(he was) infatuated (with her),** ('roedd) wedi drysu, wedi mopio'i ben yn lân, wedi moedro'i ben (amdani/drosti); ('roedd) wedi dotio/dwli/ffoli/gwirioni (arni); ('roedd) wedi hurtio (amdani).

infatuated *a.* wedi gwirioni *&c.*

infatuation *n.* cariad ffôl *m* **(with s.o.,** tuag at rn); *S.a.* **infatuate.**

infauna *n. Z:* isfilod *pl.*

infaunal *a. Z:* isfilodaidd, isfilodol.

infeasible *a.* anymarferol, amhosibl, annichon, annichonadwy.

infect *v.t.* heintio.

infected *a.* heintus, heintiedig.

infection *n.* haint (heintiau) *mf*, heintiad(-au) *m*; **droplet ~,** heintiad defnyn; **open to ~,** heintiadwy; *F:* **there's some ~ going round,** mae 'na ryw lucheden (*f*)/slecan (*f*) yn mynd o gwmpas.

infectious *a.* heintus, heintiol, *S: F:* cetshin; *(laughter &c):* heintus.

infectiously *adv.* yn heintus.

infectiousness *n.* heintusrwydd *m.*

infective *a.* = **infectious.**

infectivity *n.* = **infectiousness.**

infector *n.* heintiwr: heintydd (heintwyr) *m.*

infelicitous *a.* anffodus, amhriodol.

infelicitously *adv.* yn anffodus *&c.*

infelicity *n.* **1.** *(= unhappiness):* annedwyddwch *m*, anhapusrwydd *m*, trallod(-ion) *m*, anffawd (anffodion) *f*, trueni *m*, anffodusrwydd *m.* **2.** *(of words &c):* anffodusrwydd, amhriodoldeb *m.*

infer *v.t.* **1. to ~ sth from sth,** casglu rhth o rth. **2.** *(in incorrect usage):* = **suppose, imply.**

inferable *a.* casgladwy, y gellir ei gasglu.

inference *n.* **1.** casgliad(-au) *m.* **2.** *(in incorrect usage):* = **implication.**

inferential *a.* casgliadol.

inferentially *adv.* yn gasgliadol.

inferior *a. & n.* **1.** *a.* *(a)* is, gwaelach, salach, gwaeth **(to sth,** na rhth); israddol, eilradd (i rth); *abs.* gwael, salw, tila, iselwael, *occ:* isnormal; **(he is in no way) ~ to her,** (nid yw ef fymryn) yn waeth na hi, yn israddol iddi hi; *Jur:* ~ **court,** llys is *m*; *(b) Typ:* ~ **letter,** llythyren (llythrennau) is/isaf *f*, islythyren (islythrennau) *f*; ~ **character,** is-deipyn(-nau) *m*; ~ **figure,** is-ffigur(-au) *m*; *(c) Anat:* isaf; ~ **vena cava,** y wythïen fawr isaf *f*, y brif iswythïen *f*, ***inferior vena cava*** *f.* **2.** *n.* *(a)* un (rhai) israddol (i rn); **my inferiors,** *(at work):* rhai o danaf, rhai is na mi; **your inferiors,** eich gwaeth, eich salach, rhai is na chi; *(b) Typ:* llythyren (llythrennau) is *f.*

inferiority *n.* **1.** *(relative, of position):* israddoldeb *m.* **2.** *(= poor quality):* israddoldeb, gwaeledd *m*, salwineb *m*, salwedd *m*, ansawdd wael *f*, safon isel *f.* ~ **complex** *n. Psy:* cymhleth (*m*) y taeog, cymhleth israddoldeb, *occ:* atalnwyd (*f*) y taeog.

inferiorly *adv.* yn israddol *&c.*

infernal *a.* **1.** uffernol, [o] uffern. **2.** *F:* uffernol, dieflig, cythreulig, *S: occ:* uffachol, *V:* diawledig; **an ~ row,** twrw uffernol, uffern/cythraul/diawl o dwrw; **the ~ machine,** peiriant (peiriannau) (*m*) uffern, peiriant y diawl (peiriannau'r diawl).

infernally *adv.* yn uffernol *&c*; **it's ~ cold,** mae hi'n oer uffernol; mae hi'n uffernol o oer.

inferno 1. uffern(-au) *f.* **2. the fire became an ~,** aeth y tân fel ffwrnais (*f*); aeth y tân yn wenfflam (*f*); **a raging ~,** coelcerth wyllt *f*, tân dilywodraeth.

inferrable *a.* = **inferable.**

inferrer *n.* casglwr (casglwyr) *m*, tynnwr (tynwyr) (*m*) casgliadau.

infertile *a.* anffrwythlon, diffrwyth; *Med:* amhlantadwy.

infertility *n.* anffrwythlondeb *m*, anffrwythlonder *m.*

infest *v.t.* bod yn bla (ar rth); *occ:* heidio, heigio (yn rhth, ar rth); **the house was infested with mice,** 'roedd y tŷ'n llawn/fyw/berwi o lygod; 'roedd y tŷ'n heigio â llygod; 'roedd y tŷ'n llygod byw; 'roedd llygod yn un pla/haid yn y tŷ.

infestant *n.* pla (plâu) *m.*

infestation *n.* pla (plâu) *m*, *occ:* heigiad(-au) *m.*

infested *a.* yn llawn, yn heigio, heigiog, yn berwi, yn fyw **(with sth,** o rth).

infester *n.* = **infestant.**

infesting *a. Med:* heigiol.

infeudation *n. Hist:* enffeodaeth(-au) *f.*

infibulate *v.t.* gwaëgu.

infibulation *n.* gwaëgu *vn*, gwaëgiad *m.*

infidel *a. & n.* **1.** *a.* *(a) Hist:* *(= pagan):* paganaidd; *(b) (= atheistic):* anffyddol, anghred, anghrediniol, anghrefyddol, digrefydd, didduw, di-gred. **2.** *n.* *(a) Hist:* *(= pagan):* pagan(-iaid) *m*, paganes(-au,-i) *f*; *(b) (= atheist):* anffyddiwr (anffyddwyr) *m*, anff|yddwraig *f*, anghrediniwr (anghredinwyr) *m*, anghredadun (anghredinwyr) *m*, *Lit: occ:* anghred *m.*

infidelity *n.* **1.** *Rel:* anghrediniaeth *f*, anffyddiaeth *f.* **2.** *(= disloyalty, betrayal):* anffyddlondeb(-au) *m.*

infield *n.* **1.** *(of farm):* tir âr *m*, tir aredig, tir tro. **2.** *Cr: Baseball:* maes agos *m*, mewnfaes *m.*

infielder, infieldsman *n. Cr:* maeswr (maeswyr) agos *m.*

infighter *n.* **1.** *Box:* paffiwr (paffwyr) clòs *m.* **2.** *Pol:* ymrafaeliwr (ymrafaelwyr) *m*, ymgecrwr (ymgecrwyr) *m.*

infighting *vn.* **1.** *Box:* paffio clòs. **2.** *(in political party &c):* ymrafael, ymgecru.

infill *v.t.* llenwi, mewnlenwi.

infilling *vn.* mewnlenwad(-au) *m.*

infiltrate[1] *n. Ch:* hidlif(-oedd) *m.*

infiltrate[2] *v.t.&i.* **1.** *v.t.* *(a)* **to ~ a liquid into sth,** hidlo gwlybwr i rth; **to ~ a spy into a country,** sleifio ysbïwr i mewn i wlad; *(b) (= permeate):* hydreiddio, trwytho (rhth). **2.** *v.i.* treiddio, ymdreiddio (i rth); *(of pers.):* sleifio (i rth).

infiltrated *a.* ymdreiddiedig, wedi treiddio/sleifio; **the movement is ~ with spies,** mae ysbïwyr wedi treiddio i mewn i'r mudiad.

infiltration *n.* treiddiad(-au) *m*, ymdreiddiad(-au) *m*, sleifiad(-au) *m*; *Ch: &c:* ymhidliad *m*; *vn.* = **infiltrate.**

infiltrative *a.* ymdreiddiol, treiddiol, sleifiol.

infiltrator *n.* treiddiwr (treiddwyr) *m*, ymdreiddiwr (ymdreiddwyr) *m*, sleifiwr (sleifwyr) *m.*

infimum *a. Mth:* inffimwm.

infinite *a. & n.* **1.** *a.* annherfynol, diddiwedd, diderfyn, anfeidrol, di-ben-draw; *(numbers):* dirifedi, di-rif, aneirif; *Mth:* anfeidraidd; *Gram:* annherfynol; **to have ~ trouble doing sth,** cael trafferth ddi-ben-draw i wneud rhth; *Mus:* ~ **canon,** cylchganon(-au) *m*; *Log:* ~ **judgement,** barn annherfynol *f*; *Cmptr:* ~ **loop,** dolen ddiddiwedd (dolennau diddiwedd) *f.* **2.** *n.* **the ~,** yr anfeidrol *m.*

infinitely *adv.* **1.** yn annherfynol *&c.* **2. it is ~ better,** mae'n well o lawer; mae'n well o ddim rheswm; mae'n llawer iawn gwell. **3.** *Mth:* ~ **differentiable,** anfeidraidd ddifferadwy.

infiniteness *n.* anfeidroldeb *m*, anfeidredd *m*, annherfynoldeb *m*, *occ:* dibendrawdod *m.*

infinitesimal *a. & n.* **1.** *a.* anfeidrol fach; *Ph:* tra bychan, gorfychan. **2.** *n. Ph:* gorfychanyn (gorfychanion) *m.*

infinitesimally *adv.* ychydig, fymryn, y mymryn lleiaf; **it's ~ greater,** mae fymryn/ychydig yn fwy; **it's ~ small,** mae'n fychan iawn; mae'n aruthrol fychan.

infinitival *a. Gram:* berfenwol.

infinitive *a. & n. Gram:* **1.** *a.* annherfynol, berfenwol. **2.** *n.* berfenw(-au) *m* *(also = verb noun)*; **historic ~,** berfenw hanesiol.

infinitively *adv.* yn ferfenwol.
infinitude *n.* = **infinity 1.**
infinity *n.* **1.** anfeidroldeb *m*, annherfynoldeb *m*, annherfynedd *m*, yr anfeidrol *m*; **an ~ of reasons,** rhesymau di-rif. **2.** *Mth:* anfeidredd(-au) *m*; **point at ~,** pwynt (*m*) anfeidredd.
infirm *a.* **1.** *(= weak):* musgrell, llegach, eiddil, llesg, egwan, gwan, gwanllyd, gwannaidd, methedig, llibin; **a home for the ~,** cartref i'r methedig. **2.** *(of purpose):* petrus, ansicr, anwadal, amhenderfynol; *O:* **to be ~ of purpose,** petruso, anwadalu, methu penderfynu, bod heb wastadrwydd amcan.
infirmarian *n.* ysbytŷwr (ysbytywyr) *m.*
infirmary *n.* ysbyty (ysbytai) *m*, clafdy (clafdai) *m.*
infirmity *n.* **1.** *(physical):* gwendid *m*, eiddilwch *m*, llesgedd *m*. **2.** *(of purpose):* petruster *m*, anwadalwch *m*, gwendid (*m*) cymeriad, diffyg (*m*) penderfyniad, diffyg gwastadrwydd amcan.
infirmly *adv.* yn fusgrell *&c.*
infix[1] *n. Gram: Mth:* mewnddodiad (mewnddodiaid) *m.*
infix[2] *v.t.* gosod (rhth yn rhth arall), mewnosod (rhth); *(on mind):* argraffu rhth (ar feddwl rhn); *Cmptr:* mewnddodi.
infixed *a.* mewnol, mewnosodedig; *Cmptr:* **~ notation,** nodiant mewnddodol *m*; *Gram:* **~ pronoun,** rhagenw(-au) mewnol *m.*
inflame *v.t.&i.* **1.** *v.t.* *(a) (= set on fire):* tanio, cynnau (rhth); rhoi (rhth) ar dân; *Lit: occ:* goddeithio (rhth); *(b) (desires):* ennyn, cyffr|oi, codi, cynhyrfu, *occ:* megino; **to become inflamed (with wrath &c),** ymfflamychu; *(c) Med:* llidio (rhth), codi gwres (rhn). **2.** *v.i.* *(a)* mynd ar dân, mynd yn wenfflam, tanio, cynnau, tanbeidio; *(b) Med:* llidio, mynd yn llidiog.
inflamed *a.* *(wound &c):* llidiog, llidus, gwresog, enynllyd; **to become ~,** llidio, mynd yn llidiog *&c*, *S: occ:* chwerwi, cael awel; *(speech):* ymfflamychol; *(feelings):* llidiog, llidus; **he's easily ~,** mae o fel matsien; *N.W: occ:* mae o fel tân at y carth *or* fel tân i'r carth.
inflamer *n.* *(of passions &c):* enynnwr (enynwyr) *m*, cyffröwr (cyffrowyr) *m*, cynhyrfwr (cynhyrfwyr) *m*, meginwr (meginwyr) *m.*
inflammability *n.* natur fflamadwy *f*, fflamadwyedd *m*, hylosgedd *m*; *(of temper):* natur ymfflamychol *f*, tanbeidrwydd *m.*
inflammable *a. & n.pl.* **1.** *a.* fflamadwy, hawdd ei losgi, hawdd ei gynnau, *Lit: occ:* hylosg, hyfflam; *(pers.):* tanbaid, fflamllyd, fel matsien, llidiog, ymfflamychol, fflamog. **2.** *n.pl.* pethau fflamadwy.
inflammableness *n.* = **inflammability.**
inflammably *adv.* yn fflamadwy *&c.*
inflammation *n.* **1.** *(action):* enyniad *m*, cyffroad *m*, ennyn *vn*, cyffr|oi *vn*. **2.** *Med:* llid *m*, enyniad(-au) *m*, enynfa(-oedd) *f* (ar rth); **to reduce an ~,** lleddfu/lliniaru enyniad.
inflammatorily *adv.* yn ymfflamychol *&c.*
inflammatory *a.* **1.** *Med:* enynnol, llidiol. **2.** *(speech &c):* enynnol, llidiol, ymfflamychol, tanbaid, tanllyd, rhy danllyd. **3.** = **incendiary.**
inflatable *a. & n.* **1.** *a.* chwyddadwy, pwmpiadwy. **2.** *n.* *(dinghy):* dingi(-s) pwmpiadwy *m*, *S.W: occ:* cwch (cychod) (*m*) gwynt.
inflate *v.t.* **1.** llenwi (rhth) â gwynt/aer/awyr; chwythu/pwmpio gwynt (i rth); enchwythu (rhth); **to ~ a balloon,** chwythu balŵn; **to ~ a tyre,** llenwi/pwmpio teiar, rhoi gwynt mewn teiar; **to ~ s.o.'s ego,** porthi hunan-dyb rhn. **2.** *Econ:* chwyddo, codi; **to ~ currency,** chwyddo arian.
inflated *a.* **1.** *(balloon &c):* llawn awyr, chwyddedig, enchwythedig, wedi chwyddo, wedi ei chwythu; **to become inflated,** ymchwyddo, ymlenwi, llenwi. **2.** *(prices):* chwyddedig, gormodol; **an ~ price,** crocbris *m*. **3.** *(style, pers.):* chwyddedig, rhodresgar, gwyntog, *F:* lartsh; **~ with pride,** chwyddedig â balchder, llawn ohonoch eich hun, *N.W: occ:* yn chwyddo fel y bwngi (*pronounced* ng-g).
inflater *n.* **1.** *(of balloons &c):* chwythwr (chwythwyr) *m*, peth(-au) (*m*) chwythu. **2.** *Econ:* chwyddwr (chwyddwyr) *m.*
inflation *n.* **1.** *(action):* chwythu *vn*; *(of balloon &c): (in active sense):* pwmpiad(-au) *m*, chwyddiad(-au) *m*; *(in passive sense):* ymlenwad(-au) *m*, ymchwydd(-iadau) *m*. **2.** *Econ:* chwyddiant (chwyddiannau) *m*; **creeping ~,** chwyddiant graddol; **cost-push ~,** chwyddiant costwthiol; **demand ~,** chwyddiant galw; **demand-pull ~,** chwyddiant galw-dynnu; **persistent ~,** chwyddiant cyndyn; **galloping ~,** chwyddiant carlamus; **hyper-~,** gorchwyddiant *m.*
inflationary *a.* chwyddiannol; **~ spiral,** chwl|ydd-dro (chwydd-droeon) *m.*
inflationism *n.* chwyddiannaeth *f.*
inflationist *n.* chwyddiannwr (chwyddianwyr) *m.*
inflect *v.t.* **1.** *(= bend):* troi, gwyro, plygu. **2.** *Gram: Mth:* ffurfdr|oi. **3.** *(voice):* trawsgyweirio, newid cywair, goslefu.
inflected *a. Gram: Mth:* ffurfdroëdig.
inflection *n.* = **inflexion.**
inflectional *a.* = **inflexional.**
inflective *a. Gram:* ffurfdroadol.
inflexed *a. Bot:* mewndro, mewnblygedig.
inflexibility *n.* anystwythder *m*, anhyblygrwydd *m.*
inflexible *a.* anystwyth, anhyblyg; *(courage &c):* di-ildio, disyflyd, cadarn, digyfaddawd, digymrodedd, di-droi, diymod.
inflexibleness *n.* = **inflexibility.**
inflexibly *adv.* yn anystwyth *&c*; **to be ~ opposed to sth,** gwrthwynebu rhth yn bendant/ddigymrodedd, bod yn llwyr yn erbyn rhth.
inflexion *n.* **1.** *(action):* gwyriad(-au) *m*, plygiad(-au) *m*; *vn.* = **inflect 1.** **2.** *Gram:* ffurfdroad(-au) *m*, ffurfdro(-eon) *m*. **3.** *(of voice):* goslef(-au) *f*. **4.** *Mus: (of note):* newid (*vn*) cywair, newidiad(-au) *m*. **5.** *Ph: Mth:* ffurfdro; **point of ~,** pwynt (*m*) ffurfdro.
inflexional *a. Gram:* ffurfdroadol.
inflexionless *a. Gram:* diffurfdro.
inflict *v.t.* **to ~ a wound on s.o.,** clwyfo/anafu rhn; **to ~ suffering on s.o.,** peri/achosi dioddefaint/loes i rn, gwn|eud/peri/achosi i rn ddioddef; **to ~ damage on sth,** peri/achosi niwed i rth, niweidio rhth; **to ~ a punishment on s.o.,** cosbi rhn, rhoi/dodi cosb i/ar rn; **to ~ a fine on s.o.,** dirwyo rhn, rhoi/dodi dirwy ar rn; **to ~ a defeat on (an army),** trechu, gorchfygu, curo (byddin); rhoi curfa (i fyddin); **to ~ oneself, to ~ one's company (on s.o.),** eich gwthio'ch hun (ar rn).
infliction *n.* **1.** *vn.* = **inflict.** **2.** *(= punishment):* cosb(-au) *f*, cosbedigaeth(-au) *f*. **3.** *(= burden):* bwrn *m*, adwyth(-au) *m*, aflwydd(-au) *m*, *N.W: occ:* dormach *m.*
inflictive *a.* cosbol, cosbedigaethol.
inflictor *n.* achoswr (achoswyr) *m*; *Jur:* cosbwr (cosbwyr) *m.*
inflorescence *n.* **1.** *Bot:* fflurgainc (fflurgeinciau) *f*, fflurfa (fflurf|eydd) *f*; **compound ~,** fflurgainc gyfansawdd (fflurgeinciau cyfansawdd). **2.** *(= flowering):* blodeuad *m*, blodau *pl*. **~ axis** *n.* echel (*f*) fflurgainc (echelydd fflurgeinciau).
inflorescent *a.* blodeuol.
inflow *n.* mewnlif(-au) *m*. **~ pipe** *n.* pibell (*f*) fewnlif (pibellau mewnlif).
inflowing *a.* dylifol, mewnlifol, ymlifol.
influence[1] *n.* **1.** dylanwad(-au) *m*; **to exert one's ~,** arfer eich dylanwad, **to bring an ~ to bear (on s.o.),** dylanwadu, pwyso (ar rn); *Jur:* **undue ~,** dylanwad gormodol; **under the ~ of drink,** tan ddylanwad diod, *S.E: occ:* mewn effaith diod; *F:* **he was under the ~,** yr oedd wedi cael diferyn; *S.a.* **drunk; a man of ~,** dyn dylanwadol. **2.** *Ph: Atom.Ph: &c:* tywyniad *m*, pelydriad *m*. **~ phase** *n. Lib:* gwedd ddylanwadol *f.*
influence[2] *v.t.* dylanwadu, effeithio (ar rn), *S.W:* gori (ar rn).
influencer *n.* dylanwadwr (dylanwadwyr) *m*, dylanw|adwraig *f.*
influent *a. & n.* **1.** *a.* ymlifol, mewnlifol, dylifol. **2.** *n. Geog:* rhagnant (rhagnentydd) *f.*
influential *a.* dylanwadol.
influentially *adv.* yn ddylanwadol.
influenza *n.* y ffliw *f*, *Lit:* yr anwydwst *m*, y dwymyn (*f*) annwyd; **gastric ~,** ffliw ar y stumog; *S.a.* **flu.**
influenzal *a.* anwydol, ffliwaidd.
influx *n.* dylifiad(-au) *m*, *occ:* mewnlif(-au) *m*, mewnlifiad(-au) *m.*
infold *v.t.* = **enfold.**
inform *v.t.&i.* **1.** *v.t.* *(a)* **to ~ s.o. of sth,** dweud/sôn wrth rn am rth, hysbysu rhn o rth, rhoi gwybod am rth i rn, rhoi rhth ar ddeall i rn; **to keep s.o. informed of sth,** gadael i rn wybod [pa] beth sy'n digwydd; **to ~ the police,** dweud wrth yr heddlu, hysbysu'r heddlu. **2.** *v.i.* *(= imbue):* trwytho, hydreiddio, llenwi; *(= inspire):* ysbrydoli. **3.** *v.i.* **to ~ against s.o.,** achwyn ar rn, *N: F:* prepian am/ar rn, chwidlo ar rn, cario straeon am rn, *S.W:* clapan am rn.

informal *a.* **1.** anffurfiol. **2.** *Jur: &c: (= irregular):* afreolaidd.
informality *n.* anffurfioldeb *m.*
informally *adv.* **1.** yn anffurfiol. **2.** *Jur:* yn afreolaidd.
informant *n.* **1.** hysbyswr: hysbysydd (hysbyswyr) *m*; **who is your ~?** gan bwy y clywsoch chi? **I have it from a reliable ~,** fe'i cefais o le da. **2.** *Jur: Adm:* achwynwr: achwynydd (achwynwyr) *m.*
informatics *n.pl.* hysbyseg *f.*
information *n.* **1.** gwybodaeth *f*, hysbysrwydd *m*, *occ:* hysbysiaeth *f*; **Central Office of I~,** Swyddfa Hysbysrwydd Ganolog; **to seek ~ about sth,** holi ynghylch rhth; **to give s.o. ~ on sth,** rhoi gwybodaeth i rn am rth, hysbysu rhn ynghylch rhth; **to get/ gain ~,** cael gwybodaeth, dod i wybod (**about sth,** am rth); **freedom of ~,** rhyddid (*m*) gwybodaeth; **for your ~,** er gwybodaeth i chwi, er mwyn ichwi wybod, ichwi gael gwybod; **a piece of ~,** gwybodaeth *f*, darn(-au) (*m*) o wybodaeth. **2.** *Jur:* achwyniad(-au) *m*, hysbysiaeth(-au) *f*; **to lay on ~,** cyflwyno hysbysiaeth; **~ on oath,** hysbysiaeth ar lw. **~ bit** *n. Cmptr:* did(-au) (*m*) gwybodaeth. **~ bureau** *n.* swyddfa (swyddf|eydd) (*f*) hysbysrwydd, swyddfa ymholiadau. **~ centre** *n.* canolfan (*mf*) [g]wybodaeth (canolfannau gwybodaeth). **~ channel** *n.* sianel (*f*) wybodaeth (sianeli gwybodaeth). **~ probablility field** *n.* maes (*m*) tebygolrwydd gwybodaeth. **~ processing** *vn.* prosesu gwybodaeth. **~ retrieval** *n.* adfer (*vn*) gwybodaeth, adennill (*vn*) gwybodaeth, adferiad (*m*) gwybodaeth. **~ service** *n.* gwasanaeth (*m*) gwybodaeth/hysbysrwydd. **~ sheet** *n.* taflen (*f*) wybodaeth (taflenni gwybodaeth). **~ technology (IT)** *n. Cmptr:* technoleg (*f*) gwybodaeth. **~ theory** *n.* damcaniaeth (*f*) hysbysrwydd.
informational *a.* gwybodaethol, hysbysiadol.
informative *a.* llawn gwybodaeth, addysgiadol, *occ:* hysbysol; **~ advertising,** hysbysebu er gwybodaeth.
informatively *adv.* yn llawn gwybodaeth *&c.*
informativeness *n.* llawnder (*m*) gwybodaeth; **I liked the talk because of its ~,** mi hoffais y sgwrs am ei bod hi mor addysgiadol.
informatory *a.* hysbysol; *Aut:* **~ sign,** arwydd(-ion) (*m*) hysbysu.
informed *a.* gwybodus, deallus (**about sth,** yngh|ylch rhth); cyfarwydd (â rhth); hyddysg (yn rhth); *occ:* hysbys; **ill-~,** anghyfarwydd (â rhth), anwybodus (am rth, ynghylch rhth), anhyddysg (yn rhth); **well-~,** hyddysg iawn, tra hyddysg (yn rhth); cydnabyddus (â rhth); **~ opinion,** barn ddeallus/ oleuedig/wybodus *f*; **~ decisions,** penderfyniadau cytbwys.
informer *n.* **1.** achwynwr: achwynydd (achwynwyr) *m*, ach|wynwraig *f*, hysbyswr: hysbysydd (hysbyswyr) *m*, hysb|yswraig *f.* **2.** *Pej:* prepiwr (prepwyr) *m*, hen brep *m&f*, clep *m&f*, clepgi (clepgwn) *m*, clepast (clepeist) *f*, chwidlwr (chwidlwyr) *m.*
infra *adv. & comb.fm.* **1.** *adv.* isod. **2.** *comb.fm.* **~-basal** *a.* iswaelodol. **~ dig** *a. F:* diurddas, anurddasol, islaw eich urddas. **~-black** *a. T.V:* is-ddu. **~-costal** *a. Anat:* is-asennol. **~-red** *a.* is-goch.
infract *v.t.* torri (rhth); troseddu, tramgwyddo (yn erbyn rhth).
infraction *n. Jur:* toriad(-au) *m* [rheolau], torri (*vn*) rheolau, trosedd(-au) *m*, troseddiad(-au) *m*, troseddu *vn.*
infractor *n.* troseddwr (troseddwyr) *m*; **an ~ of the law,** troseddwr [yn erbyn y gyfraith].
infrahuman *a. & n.* **1.** *a.* isddynol. **2.** *n.* isddyn(-ion) *m*, isddynolyn (isddynolion) *m.*
infralapsarian *a. & n.* **1.** *a.* isgwympol, ôl-gwympol. **2.** *n.* isgwympiedydd(-ion) *m*, ôl-gwympiedydd(-ion) *m*, ôl-gwympydd(-ion) *m.*
infralapsarianism *n.* ôl-gwympyddiaeth *m&f.*
infrangibility *n.* annhoradwyedd *m.*
infrangible *a.* annhoradwy.
infrangibleness *n.* = **infrangibility.**
infrangibly *adv.* yn annhoradwy.
infraorbital *a.* islygadol.
infrasonic *a.* is-sonig.
infrasonically *adv.* yn is-sonig.
infraspecific *a.* mewnrywogaethol, o fewn [y] rhywogaeth.
infrastructure *n.* isadeiledd(-au) *m*, rhwydwaith (rhwydweithiau) mewnol *m.*
infrequence, infrequency *n.* anamlder *m*, anamledd *m*, anfynychder *m*, prinder *m.*
infrequent *a.* anaml, anfynych, prin.
infrequently *adv.* yn anaml *&c.*
infringe *v.t.&ind.t.* **1.** *v.t. (a law &c):* torri; **to ~ a patent,** torri hawlfraint. **2.** *v.ind.t.* **to ~ upon s.o.'s rights,** tresmasu/tresbasu ar hawliau rhn.
infringement *n.* **1.** *(of law):* trosedd(-au) *m*; **an ~ of law,** tor (*m*) cyfraith; **an ~ of patent,** tor hawlfraint. **2.** *(of rights):* tresmas: tresbas(-au) *m*, tresmasiad: tresbasiad(-au) *m* (**on sth,** ar rth).
infringer *n.* **1.** *(of law):* troseddwr (troseddwyr) *m*, tros|eddwraig *f.* **2.** *(of rights):* tresmaswr: tresmasydd (tremaswyr) *m.*
infructescence *n. Bot:* ffrwyth(-au) *m.*
infula *n. Ecc:* ysnoden(-ni) *f.*
infundibular, infundibuliform *a.* ffiolffurf, fel twmffat/twndish/ twnffed, twmffataidd, twnffedaidd, twndishaidd, inffwnd|ibwlaidd.
infundibulum *n. Med:* inffwnd|ibwlwm (inffwnd|ibwla) *m.*
infuriate *v.t.* gwylltio, ffyrnigo, cynddeiriogi, *Lit:* llidio.
infuriated *a.* gwyllt(-ion), ffyrnig, cynddeiriog, chwyrn, dig, *Lit:* llidiog, llidus, dicllon.
infuriatedly *adv.* yn wyllt *&c*; mewn gwylltineb, mewn cynddaredd *&c.*
infuriating *a.* pryfoclyd, cynddeiriogol, digon i'ch gwylltio *&c*; **he has an ~ habit,** mae ganddo ryw hen arfer annifyr.
infuriatingly *adv.* yn bryfoclyd *&c.*
infuriation *n.* cynddaredd *f*, gwylltineb *m*, cynddeiriogrwydd *m.*
infuse *v.t.&i.* **1.** *v.t.* arllwys, tywallt; *(= inspire):* ysbrydoli, hydreiddio; **to ~ courage into s.o.,** llenwi/hydreiddio rhn â dewrder; **to ~ life into a party,** sioncio/bywiocáu parti. **2.** *v.t. (tea):* mwydo, trwytho, ystwytho. **3.** *v.t. Med:* trwytho. **4.** *v.i. (of tea):* mwydo *&c*, bwrw'i ffrwyth, *occ:* ffrwytho.
infuser *n.* trwythwr (trwythwyr) *m.*
infusibility *n.* natur annhoddadwy *f.*
infusible *a.* annhoddadwy, anhydawdd.
infusibleness *n.* = **infusibility.**
infusion *n.* **1.** *(action):* arllwysiad *m*, tywalltiad *m*, trwythiad *m*; *vn.* = **infuse;** *(with courage &c):* hydreiddiad *m*, hydreiddio *vn.* **2.** *(= decoction):* trwyth(-au) *m.*
infusoria *n.pl. Z:* inffwsoria, *Lit: occ:* gwybyrionos, gwyborion.
infusorial *a. Z:* inffwsoraidd.
infusorian *a. & n.* **1.** *a.* inffwsoraidd. **2.** *n.* inffwsoriad (inffwsoriaid) *m&f.*
ingather *v.t.* cywain, cynnull.
ingathering *vn.* cynhaeaf (cynaeafau) *m*; *S.a.* **ingather.**
ingeminate *v.t.* ailadrodd; **to ~ peace,** argymell/pregethu heddwch.
ingenious *a.* **1.** *(pers.):* dyfeisgar, celfydd, medrus, peniog, galluog. **2.** *(thing):* dyfeisgar, celfydd, cywrain, *F:* clyfar.
ingeniously *adv.* yn ddyfeisgar *&c.*
ingeniousness *n.* = **ingenuity.**
ingénue *n.f. Th:* ***ingénue(-s).***
ingenuity *n.* dyfeisgarwch *m.*
ingenuous *a.* **1.** *(= sincere):* didwyll, diffuant. **2.** *(= naive):* diniwed.
ingenuously *adv.* **1.** yn ddidwyll. **2.** yn ddiniwed.
ingenuousness *n.* **1.** *(= sincerity):* diffuantrwydd *m*, didwylledd *m.* **2.** *(= naiveté):* diniweidrwydd *m.*
ingest *v.t.* lleibio, llyncu, traflyncu, derbyn, amlyncu, safnu.
ingesta *n.pl.* llyncion.
ingestible *a.* llyncadwy, traflyncadwy.
ingestion *n.* = **ingest.**
ingestive *a.* traflyncol, lleibiol.
ingle *n.* tân (tanau) *m* [ar aelwyd], aelwyd(-ydd) *f.* **~ nook** *n.* cil pentan(-au) *m*, cornel(-i) (*mf*) simnai; **to sit in the ~-nook,** *occ:* eistedd o dan [gysgod/fantell] y simnai [fawr].
inglorious *a.* distadl, dinod, diogoniant, anogoneddus, di-nod, di-glod; *(= shameful):* cywilyddus, gwarthus, gwaradwyddus.
ingloriously *adv.* yn ddistadl *&c*; mewn dinodedd; *(= shamefully):* mewn cywilydd, mewn gwarth, dan waradwydd.
ingloriousness *n.* distadledd *m*, dinodedd *m*, anghlod *m*; *(= shamefulness):* cywilydd *m*, gwarth *m*, gwaradwydd *m.*
ingoing *a. & n.pl.* **1.** *a. (a)* sy'n mynd/dod i mewn; *occ:* mynedol; *(b) (= penetrating):* treiddgar, trylwyr; *(c) Jur:* **~ expenses,** treuliau symud i mewn. **2.** *n.pl. Jur:* mewnfynedion.
ingot *n.* bar(-rau) *m*, ingot(-[i]au) *m* (*pronounced* ng-g); *Archeol:* **bun ~,** ingot torthen; **double-pointed ~,** ingot deubig. **~ iron, ~ torque** *n.* torch(-au) (*f*) ingot.

ingrain¹ *a. & n.* **1.** *a.* *(a) Dy:* yn y graen; ~ **carpet,** carped pob ochr; *(b)* = **ingrained. 2.** *n.* cynneddf (cyneddfau) *f,* greddf(-au) *f.*
ingrain² *v.t.* greddfu.
ingrained *a.* **1.** terrig; **hands ~ with dirt,** dwylo'n derrig o faw; ~ **dirt,** baw yn derrig. **2.** ~ **(prejudices),** (rhagfarnau) greddfol, *occ:* cynhenid, cysefin, cynhwynol.
ingrainedly *adv.* yn reddfol, wrth reddf.
ingratiate *v.t.* **to ~ oneself with s.o.,** ennill ffafr rhn, ceisio plesio rhn, mynd i lawes rhn, cynffonna i rn.
ingratiating *a.* gwên-blês, gwên-deg, clên, cynffongar (*pronounced* ng-g), cynffonllyd.
ingratiatingly *adv.* yn wên-blês.
ingratiation *n.* plesio *vn.*
ingratiatory *a.* = **ingratiating.**
ingratitude *n.* anniolchgarwch *m.*
ingravescence *n. Med:* gwaethygiad *m,* gwaethygu *vn.*
ingravescent *n. Med:* gwaethygol.
ingredient *n.* defnydd(-iau) *m,* elfen(-nau) *f,* .*occ:* cynhwysyn (cynhwysion) *m.*
ingress, ingression *n.* **1.** mynediad(-au) *m;* **there was no means of ~,** ni ellid mynd i mewn. **2.** *Astr:* cychwyn *m,* cychwyniad(-au) *m,* dechreuad(-au) *m.*
ingression *n.* = **ingress.**
ingressive *a.* mynediadol, mewngyrchol (*pronounced* ng-g).
ingressiveness *n.* natur fynediadol *f.*
ingrowing *a.* mewndyfol, yn tyfu i'r byw; ~ **toenail,** ewin(-edd) *(m)* yn tyfu i'r byw, casewin(-edd) *m.*
ingrown *a.* **1.** = **ingrowing. 2.** *(= inveterate):* cyndyn, dygn, cynhenid. **3.** *Geog:* ~ **meander,** ystum l[l]edrychog (ystumiau lledrychog) *mf.*
ingrowness *n.* **1.** mewndyfiant *m.* **2.** *(= inveteracy):* cyndynrwydd *m,* natur gynhenid *f.*
ingrowth *n.* mewndwf *m,* mewndyfiant *m.*
inguinal *a.* arffedol, gwerddyrol; ~ **glands,** chwarennau'r arffed/werddyr.
ingurgitate *v.t.* llowcio, llyncu, traflyncu, llcibio.
ingurgitation *n.* llowc(-iadau) *m,* llowciad(-au) *m,* llwnc(-iadau) *m,* llwnciad(-au), traflwnc (traflynciadau) *m,* traflynciad(-au) *m; vn.* = **ingurgitate.**
inhabit *v.t.* **to ~ (a house),** byw, *Lit:* trigo, preswylio (mewn tŷ); *Lit: occ:* cyfanheddu (tŷ).
inhabitable *a.* preswyliadwy, cyfanheddol, cyfannedd, cyfaneddadwy, trigiadwy.
inhabitancy *n.* preswyliad *m.*
inhabitant *n.* preswylydd: preswyliwr (preswylwyr) *m,* pres|wylwraig *f, occ:* trigiannydd (trigianyddion) *m; pl.* **inhabitants,** trigolion.
inhabitation *n.* preswyliad *m,* preswylio *vn.*
inhabited *a.* cyfannedd, preswyliedig; **the house is ~,** mae rhywun yn byw yn y tŷ.
inhabiter *n.* = **inhabitant.**
inhalant *a. & n.* **1.** *a.* anadlol, ymanadlol, mewnanadlol. **2.** *n.* anadlydd(-ion) *m.*
inhalation *n.* anadliad *m,* ymanadliad(-au) *m,* mewnanadliad(-au) *m; vn.* = **inhale.**
inhalational *a.* mewnanadliadol.
inhalator *n.* ymanadlwr (ymanadlwyr) *m, F:* pwmp (pympiau) *m.*
inhale *v.t.* anadlu (rhth) [i mewn], *occ:* mewnanadlu.
inhaled *a.* mewnanadledig.
inhaler *n.* **1.** *(pers.):* anadlwr (anadlwyr) *m.* **2.** *(apparatus):* = **inhalator.**
inharmonic *a. Mus:* anharmonig.
inharmonious *a.* **1.** *(sound &c):* aflafar, anghytgordiol. **2.** *Fig: (relations &c):* anghytûn.
inharmoniously *adv.* **1.** yn aflafar *&c.* **2.** yn anghytûn.
inharmoniousness *n.* **1.** *(sound &c):* aflafarwch *m,* anghytgord *m.* **2.** *Fig:* anghytundeb *m,* anghytgord.
inharmony *n.* = **inharmoniousness.**
inhere *v.i.* **1.** bod, bodoli, hanfod, preswylio **(in s.o.,** yn rhn). **2.** *Jur:* ymlynu (wrth rn).
inherence, inherency *n.* cynwynoldeb *m,* cynwynolder *m,* natur handfodol/gynhwysol *f,* greddfoldeb *m;* glyniad *m* (wrth rth); *Phil:* ymfodaeth *f; Jur: Psy:* ymlyniad *m.*
inherent *a.* hanfodol, cynhenid, cynhwynol, greddfol, priodol; *Phil:* ymfodol; *Jur:* ymlynol.
inherently *adv.* yn hanfodol *&c.*
inherit *v.t.* etifeddu.
inheritable *a.* etifeddadwy.
inheritableness *n.* natur etifeddadwy *f;* **the ~ of the disease has been proved,** profwyd y gellir etifeddu'r afiechyd.
inheritance *n.* etifeddiaeth *f,* treftadaeth *f,* gwaddol *m;* ~ **of characteristics,** etifeddiad *(m)* nodweddion, etifeddu *(vn)* nodweddion; **to come into an ~,** etifeddu rhth, *S: F:* cael poced fach. ~ **tax** *n.* treth(-i) *(f)* etifeddiant.
inherited *a.* etifeddol, etifeddedig.
inheritor *n.* etifedd(-ion) *m.*
inheritress, inheritrix *n.f.* etifeddes(-au), *occ:* aeres(-au).
inhesion *n.* = **inherence.**
inhibit *v.t.* **1.** *(a) Jur: Ecc: (= forbid):* **to ~ s.o. from doing sth,** gwahardd i rn wneud rhth. **2.** *Psy: &c:* rhwystro, atal, llyffetheirio, ffrwyno, llesteirio, *Lit: occ:* lluddias, llestair.
inhibited *a. (= shy):* swil; *(= restrained):* atalgar, gochelgar, cynnil, ymatalgar, ymataliol; *Psy:* atal[i]edig.
inhibition *n.* **1.** *Jur: Ecc:* gwaharddiad(-au) *m,* ataliad(-au) *m.* **2.** *Psy:* atalnwyd(-au) *f,* ataliaeth(-au) *f,* ataliad(-au) *m,* lluddiant *m,* atalfa (atalf|eydd) *f; (in ordinary parlance):* swildod *m;* **end-product ~,** lluddiant/ataliad gan gynnyrch terfynol; **without ~,** yn ddiymatal. **3.** *Physiol:* ataliad, atalfa, lluddiad *m,* lluddiant.
inhibitive *a.* ataliol, llesteiriol, llyffetheiriol, rhwystrol.
inhibitor *n.* ataliwr (atalwyr) *m,* atalydd(-ion) *m;* **rust ~,** peth *(m)* atal rhwd; *Cmptr: Mth:* gwaharddwr (gwaharddwyr) *m;* **knock inhibitors,** atalyddion cnocio.
inhibitory *a.* **1.** *Jur: Ecc:* ataliol, gwaharddol. **2.** *Psy: Physiol:* ataliol, rhwystrol.
inhomogeneity *n.* anghydrywiacth *f.*
inhomogeneous *a.* anghydryw.
inhospitable *a.* digroeso, anghroesawus, anghroesawgar.
inhospitableness, inhospitality *n.* diffyg *(m)* croeso, anghroesawgarwch *m.*
inhuman *a.* **1.** *(= not human):* annynol. **2.** *(= cruel):* annynol, creulon, ciaidd, *N:* brwnt (*f.* bront, *pl.* bryntion) **(to s.o.,** wrth rn).
inhumane *a.* = **inhuman 2.**
inhumanely *adv.* yn annynol.
inhumanity *n.* **1.** annynoldeb *m.* **2.** *(= cruelty):* annynoldeb, creulondeb(-au) *m,* creulonder(-au) *m,* cieiddiwch *m, N:* bryntni *m,* bryntwch *m.*
inhumanly *adv.* yn annynol.
inhumanness *n.* = **inhumanity.**
inhumation *n.* claddedigaeth(-au) *f,* claddu *vn,* daearu *vn;* **mass ~,** cydgladdu *vn,* cydgladdedigaeth(-au) *f;* **single ~,** claddedigaeth unigol; **cemetry ~,** claddu mewn mynwent.
inhume *v.t. Lit:* claddu, daearu.
inimical *a.* **1.** *(= hostile):* gelyniaethus, gwrthwynebus, anffafriol **(to sth,** i rth). **2.** *(= harmful):* niweidiol, andwyol (i rth).
inimically *adv.* yn elyniaethus *&c.*
inimitable *a.* digyffelyb, dihafal, dihefelydd, digymar, di-ail, heb eich tebyg, unigryw, *occ:* anefelychadwy.
inimitableness *n.* natur ddigyffelyb *f,* dihafalrwydd *m.*
inimitably *adv.* yn ddigyffelyb.
iniquitous *a.* anghyfiawn, drygionus, anfad, ysgeler; **an ~ price,** crocbris(-iau) *m.*
iniquitously *adv.* yn anghyfiawn *&c.*
iniquitousness *n.* = **iniquity.**
iniquity *n.* drygioni *m,* camwedd(-au) *m,* anghyfiawnder(-au) *m.*
initial¹ *a. & n.* **1.** *a.* cychwynnol, dechreuol, cynnar, cyntaf, *occ:* blaen; *Typ:* ~ **letter,** llythyren gyntaf (llythrennau cyntaf) *f,* llythyren flaen (llythrennau blaen), blaenlythyren (blaenlythrennau) *f; Med:* ~ **dose,** dogn cychwynnol *m;* ~ **rhyme, = alliteration;** *Geom:* ~ **side,** ochr gychwynnol *f;* ~ **teaching alphabet,** gwyddor *(f)* ddysgu gychwynnol; *Ph:* ~ **velocity,** cyflymder(-au) cychwynnol *m.* **2.** *n. usu.pl.* llythrennau.
initial² *v.t.* arwyddo, llofnodi, *occ:* llythrennu.
initialism *n.* = **acronym.**
initialization *n. Cmptr:* ymgychwyniad(-au) *m.* ~ **procedure** *n.* gweithdrefn *(f)* ymgychwyn.
initialize *v.i. Cmptr:* ymgychwyn.

initially *adv.* yn gyntaf, yn y lle cyntaf, i gychwyn, i ddechrau, yn y dechreuad, ar y cychwyn, ar y dechrau.
initiate[1] *a. & n.* **1.** *a.* derbyn[i]edig, *occ:* egwyddoredig. **2.** *n.* aelod(-au) newydd *m*, cyflawn aelod, urddedig(-ion) *m&f*, *F:* un sy'n deall, un hyddysg, un sydd yn y gyfrinach.
initiate[2] *v.t.* **1.** *(= start):* cychwyn, dechrau; *(= open):* agor; *(= launch):* la[w]nsio; *Jur:* **to ~ proceedings,** cychwyn achos. **2. to ~ (s.o. into a society),** derbyn, *occ:* ynydu (rhn i gymdeithas); urddo (rhn yn aelod o gymdeithas); **to ~ s.o. into a secret,** dweud cyfrinach wrth rn, datgelu cyfrinach i rn.
initiation *n.* **1.** *(= beginning):* cychwyn *m*, cychwyniad *m*, dechreuad *m*. **2.** *(into society):* derbyniad(-au) *m*, derbyn *vn*, *occ:* egwyddoriad(-au) *m*, urddiad(-au) *m*, urddo *vn*, ynydiad(-au) *m*, ynydu *vn*. **~ ceremony** *n.* s|eremoni *(f)* dderbyn (seremonïau derbyn), defod(-au) *(f)* urddo. **~ reaction** *n.* adwaith dechreuol *m*. **~ service** *n.* gwasanaeth *(m)* derbyn.
initiative *a. & n.* **1.** *a.* **= initiatory. 2.** *n.* **1.** *(= first action):* cam cyntaf *m*; **to take the ~ (in doing sth),** achub y blaen, cymryd y cam cyntaf (wrth wneud rhth); **on one's own ~,** ar eich liwt/menter/ysgogiad eich hun, o'ch pen a'ch pastwn eich hun. **2.** *(= advantage):* mantais (manteision) *f*, blaen *m*; *Mil:* **we have the ~,** gennym ni y mae'r fantais/blaen. **3.** *(= enterprise):* menter *f*, mentrusrwydd *m*, blaengarwch *m* (*pronounced* ng-g), arweiniad *m*; **he has little ~,** 'does dim llawer o fenter/flaen/gynnig ynddo; un digynnig ydyw. **4.** *Pol:* *(a)* **to take a fresh ~,** rhoi arweiniad newydd; **to make a peace ~,** cynnig/mentro cynllun heddwch; *(b)* *(= right to initiate legislation):* hawl *(f)* cychwyn.
initiator *n.* cychwynnwr: cychwynnydd (cychwynwyr) *m*, dechreuwr: dechreuydd (dechreuwyr) *m*, symbylwr: symbylydd (symbylwyr) *m*.
initiatory *a.* **1.** *(= initial):* cychwynnol, dechreuol. **2.** *(ceremony &c):* ynydol; **~ rites,** defodau derbyn/ynydu/urddo.
inject *v.t.* **1.** *(liquid &c):* chwistrellu, *occ:* mewnsaethu. **2.** *(pers.):* rhoi pigiad (i rn).
injectable *a.* chwistrelladwy, pigiadwy.
injectant *a.* chwistrellyn (chwistrellion) *m*.
injection *n.* **1.** *Med:* pigiad(-au) *m*; **booster ~,** pigiad atgyfnerthu; **control ~,** pigiad rheoledig. **2.** *I.C.E:* **direct ~ engine,** motor *(m)* chwistrellu syth/uniongyrchol (*pronounced* ng-g); **fuel ~,** chwistrelliad *(m)* tanwydd. **3.** *Fig:* **an ~ of funds,** chwistrelliad o arian. **~ moulding** *n.* *Arch:* mo[w]ldin *(m)* chwistrellu, mo[w]ldin mewnsaethiad.
injector *n.* chwistrell(-au,-i) *f*, chwistrellwr (chwistrellwyr) *m*.
injudicious *a.* annoeth, ann|oeth.
injudiciously *adv.* yn annoeth *&c.*
injudiciousness *n.* annoethineb *m*.
injun *n.* **= indian;** *F:* **honest ~,** o ddifri 'nawr, ar fy ngwir, wirionedd, *S:* wir-w, *S.E:* yn siwr wirionedd i, *N:* wir-yr.
injunction *n.* **1.** *(= order):* gorchymyn (gorchmynion) *m* [llys], gorchmyniad(-au) *m*, siars(-au) *f*; **to give s.o. a strict ~ to do sth,** gorchymyn/siarsio rhn i wneud rhth, rhoi siars i rn i wneud rhth. **2.** *Jur:* *(inhibitory):* gwaharddeb(-au) *f*, ataleb(-au) *f*, gwaharddiad(-au) *m*; *(mandatory):* gorfodeb(-au) *f*.
injunctive *a.* gorchmynnol; *Jur:* gwaharddol.
injure *v.t.* **1.** *(= do harm):* niweidio (rhn), gwn|eud niwed (i rn), *occ:* drygu (rhn). **2.** *(a)* *(= wound):* anafu, brifo, clwyfo, *Lit: occ:* archolli; *(b)* *(= damage):* difetha, malu, andwyo.
injured *a. & n.pl.* **1.** *a.* *(a)* *(= offended):* clwyfedig, dig, wedi'ch tramgwyddo/brifo; **her ~ feelings,** y briw *(m)* i'w theimladau hi; **in an ~ tone of voice,** mewn goslef ddioddefus/glwyfedig; *Jur:* **the ~ party,** y dioddefwr (dioddefwyr) *m*; *(b)* *(arm &c):* clwyfedig, anafus, anafedig, *Lit:* archolledig, briwedig. **2.** *n.pl.* **the ~,** y clwyfedigion, y rhai anafus/clwyfedig.
injurious *a.* **1.** *(= harmful):* niweidiol, peryglus, drwg, andwyol **(to sth,** i rth). **2.** *(= insulting):* sarh|ąus, cas, clwyfol.
injuriously *adv.* **1.** yn niweidiol, er niwed. **2.** yn sarh|aus.
injuriousness *n.* **1.** *(= harmfulness):* niweidioldeb *m*, perygl *m*. **2.** *(of language):* casineb *m*, sarhauster *m*, natur sarh|aus *f*.
injury *n.* **1.** *Jur: &c:* niwed (niweidiau) *m*, drwg *m* **(to s.o.,** i rn); cam *m* (â rhn). **2.** *(= wound):* anaf(-au) *m*, anafiad(-au) *m*, briw(-iau) *m*, clwyf(-au) *m*, *S:* an[h]ap(-[i]on) *mf*, *Lit:* archoll(-ion) *f*; **she did herself an ~,** fe'i hanafodd/brifodd ei hun; fe wnaeth niwed iddi hi ei hun; *(b)* *(= damage):* niwed. **~ time** *n.* *Fb:* amser *(m)* anafiadau.
injustice *n.* cam *m*, camwri *m*, camwedd(-au) *m*, anghyfiawnder(-au) *m*, annhegwch *m*; **you do him an ~,** 'rydych yn gwneud cam ag ef; 'rydych yn annheg iawn tuag ato.
ink[1] *n.* inc(-iau) *m*; **Indian ~,** inc India; **printer's ~,** inc argraffu; **Japan ~,** inc Jap|an; **drawing ~,** inc lluniadu; **indelible ~,** inc annileadwy, inc parhaol; **manuscript ~,** inc llawysgrif; **transfer ~,** inc troslunio; **lino printing ~,** inc printio leino. **~-bag** *n.* *Moll:* coden(-nau) *(f)* inc. **~-blot** *n.* blotyn (blotiau) *(m)* inc, blot(-iau) *(m)* inc. **~-bottle** *n.* potel(-i) *(f)* inc. **~-cap** *n.* *Fung:* **common ~-cap,** *(Coprinus atramentarius):* cap(-iau) *(m)* inc cyffredin; **glistening ~-cap,** *(C. micaceus):* cap inc gloyw; **shaggy ~-cap,** *(C. comatus):* cap inc carpiog, y berwig(-au) *f*. **~-drier** *n.* sychwr (sychwyr) *(m)* inc. **~-horn** *n.* corn (cyrn) *(m)* inc; **~-horn term,** gair (geiriau) llenyddol *m*. **~-fish** *n.* *Ich:* twyllwr (twyllwyr) du *m*, pibwr (pibwyr) *(m)* inc. **~-jet printer** *n.* *Cmptr:* chwistrell-argraffydd(-ion) *m*. **~-pad** *n.* pad(-iau) *(m)* inc. **~-plant** *n.* *Bot:* inclys(-iau) *m*. **~-roller** *n.* rholiwr (rholwyr) *(m)* inc. **~-sac** *n.* coden(-nau) *(f)* inc. **~-slab** *n.* llechen (llechi) *(f)* incio. **~-slinger** *n.* sgriblwr (sgriblwyr) *m*. **~-thinner** *n.* teneuwr (teneuwyr) *(m)* inc. **~-well** *n.* pot(-iau) *(m)* inc.
ink[2] *v.t.* incio; **to ~ sth out,** dil|eu rhth ag inc; **to ~ sth over,** mynd dros rth ag inc.
inkberry *n.* aeronen (aeron) *(f)* inc.
inker *n.* inciwr (incwyr) *m*.
inkiness *n.* inciogrwydd *m*, düwch *m*.
inking *vn*, incio, inciad(-au) *m*.
inkle *n.* incil(-iau) *m*, ymylwe(-oedd) *f*.
inkling *n.* awgrym(-iadau) *m*, achlust *m*, inclin: inclyn *m* (o rth); **(I hadn't) the slightest ~,** ('doedd gen i) ddim clem *(f)*, ddim syniad *(m)*, mo'r syniad lleiaf, *N.W: occ:* ddim narith *(m)*; **to give s.o. an ~ of sth,** awgrymu rhth i rn, taro'r post i'r pared glywed; **he had an ~ of truth,** 'roedd ganddo gip *(m)* ar y gwirionedd.
inkpot *n.* pot(-iau) *(m)* inc.
inkstand *n.* stand(-iau) *(mf)* inc.
inkweed *n.* *Bot:* inclys *m*.
inkwood *n.* *Bot:* incwydden (incwydd) *f*, coeden (coed) *(f)* inc.
inky *a.* **1.** inciog, yn inc i gyd; **~ hands,** dwylo inc. **2.** du [fel inc]; *Fung:* **~ cap, = ink-cap.**
inlaid *a.* brithaddurnedig, enosodedig; **~ work,** brithwaith *m*.
inland *n., attrib. & adv.* **1.** *n.* canoldir *m*, canolbarth *m*, cefn *(m)* gwlad, perfedd *(m)* gwlad, perfeddwlad *f*. **2.** *attrib.* mewnol, cartref, mewndirol; **~ sea,** môr mewndirol *m*; **~ trade,** masnach gartref *f*; **~ money-order,** archeb *(f)* arian fewnol; **~ revenue,** cyllid gwladol/mewnol; **I~ Revenue,** y Cyllid Gwladol *m*, Cyllid y Wlad; **~ revenue stamp,** stamp(-iau) *(m)* cyllid/cyllidol; **~ waterway,** camlas (camlesi) *f*, dyfrffordd fewndirol (dyfrffyrdd mewndirol) *f*. **3.** *adv.* **(to go) ~,** (mynd) i ganol y tir, i'r tir.
inlander *n.* canoldirwr (canoldirwyr) *m*.
inlay[1] *n.* brithwaith *m*, mewnosodiad(-au) *m*.
inlay[2] *v.t.* mewnosod, brithosod, brithweithio.
inlet **1.** *I.C.E: &c:* mewnfa (mewnf|eydd) *f*, mewndwll (mewndyllau) *m*, twll (tyllau) *m*. **2.** *Geog:* mornant (mornentydd) *f*; cilfach(-au) *f*, cainc (ceinciau) *f* [o fôr]; *N.W: occ:* cesail (ceseiliau) *f*. **~ head** *n.* blaen *(m)* cilfach (blaenau cilfachau).
inlier *n.* *Geol:* mewngraig (mewngreigiau) *f* (*pronounced* ng-g).
inly *adv.* *Poet:* yn fewnol, oddi mewn.
inlying *a.* mewnol.
inmate *n.* **1. = inhabitant. 2.** *(of prison):* carcharor(-ion) *m*. **3.** *(of asylum):* claf (cleifion) *m*.
inmost *a.* dyfnaf; *(= most intimate):* mwyaf cyfrin; **one's ~ being,** dyfnderoedd *(pl)* yr enaid, dwfn *(m)* yr enaid.
inn *n.* **1.** tafarn(-au) *f*, *occ:* *m*, tafarndy (tafarndai) *m*, tŷ *(m)* tafarn (tai tafarnau); *(= hotel):* gwesty(-au, gwestai) *m*. **2.** *Jur:* **Inns of Court,** Ysbytai'r Frawdlys, Neuaddau'r Frawdlys; **Inns of Chancery,** Ysbytai'r Siawnsri; **Sergeants' I~,** Ysbyty'r Ceisiaid.
innards *n.pl.* *P:* perfedd *m*, tu mewn *m*.
innate *a.* cynhenid, greddfol, naturiol, cynhwynol; **quarrelling is ~ to him,** *F:* mae ffraeo yn nhoriad ei fogail.
innately *adv.* yn gynhenid *&c.*
innateness *n.* greddfoldeb *m*, naturioldeb *m*, natur gynhenid *&c f*.
inner *a. & n.* **1.** *a.* mewnol, nes/nesaf i mewn, oddi mewn; *(=*

hidden): cudd, dirgel; **on the ~ side of sth,** y tu mewn i rth; **~ space,** gofod mewnol *m*; **the ~ man,** *F:* y dyn oddi mewn; y cylla *m*; **~ meaning,** ystyr fewnol *f*; **~ tube,** tiwb (*m*) gwynt/aer; *Jur:* **the I~ Bar,** y Bar Mewnol *m*; **the I~ Temple,** y Deml Fewnol; **the ~ light,** y goleuni mewnol *m*, y golau (*m*) oddi mewn; **~ city,** canol (*m*) dinas (canolau dinasoedd); **~ planet,** planed fewnol (planedau mewnol) *f*. **~-city** *a.* canol dinas. **~-directed** *a.* mewngyfeiriol, mewngyfeiriedig (*both pronounced* ng-g). **2.** *n.* cylch(-oedd) mewnol *m*.
innerly *adv.* yn fewnol, oddi mewn.
innermost *a.* = **inmost.**
innersole *n.* = **insole.**
innerspring *a.* â thu mewn sbringiau/sbrings, â sbringiau/sbrings o'r tu mewn.
innervate *v.t. Anat:* nerfogi *vn.*
innervation *n. Anat:* nerfogaeth *f*; *vn.* = **innervate.**
innervational *a.* nerfogol.
innerve *v.t.* gwroli.
inning *n. U.S:* = **innings.**
innings *n. Cr: &c:* batiad(-au) *m*; *F:* **my ~ now!** fy nhro i yn awr! *F:* **he had a long ~,** fe gafodd oes go dda; fe welodd oedran teg.
innkeeper *n.* tafarnwr (tafarnwyr) *m*, gwestywr (gwestywyr) *m*, gŵr (gwŷr) (*m*) tafarn/gwesty, taf|arnwraig (tafarnwragedd) *f*, gwest|ywraig (gwestywragedd) *f*, gwr|aig (gwragedd) (*f*) tafarn/gwesty.
innocence, innocency *n.* *(a) Jur:* dieuogrwydd *m*; *(b) (= guiltlessness):* diniweidrwydd *m*; *(c) (= naiveté):* diniweidrwydd, naïfder *m*.
innocent *a. & n.* **1.** *a.* *(a) (i) Jur. &c:* dieuog; *(ii) (– without):* **~ of sth,** heb rth, rhydd o rth; *(b) (i) (= sinless):* dibechod, pur, diniwed, *A:* gwirion; *(ii) (= naive):* diniwed, gwirion, difalais, naïf, difeddwl-drwg; *Jur:* **~ misrepresentation,** camliwio anfwriadol/difwriad. **2.** *n.* gwirionyn (gwirioniaid) *m*; **the Holy Innocents,** y Gwirioniaid; **Holy Innocents' Day, Feast of the Holy Innocents,** Gŵyl (*f*) y Gwirioniaid, *A:* Gŵyl y Fil Feib, Gŵyl y Fil Feibion.
innocently *adv.* yn ddieuog *&c.*
innocuity *n.* diniweidrwydd *m*.
innocuous *a.* diniwed, diberygl, diddrwg.
innocuously *adv.* yn ddiniwed *&c.*
innocuousness *n.* diniweidrwydd *m*.
innominate *a.* anenwol; *Anat:* **~ bone,** yr asgwrn anenwol *m*; **~ artery,** y rhydweli (rhydwelïau) anenwol *f*; **~ vein,** yr wythïen (gwythiennau) anenwol *f*.
innovate *v.i.* arloesi, torri tir newydd, gwn|eud rhth newydd, newid pethau, adnewyddu, *Lit: occ:* newyddu; *Econ:* newyddiannu.
innovation *n.* *(a) (thing):* newyddbeth(-au) *m*, peth(-au) newydd *m*, dyfais (dyfeisiau, dyfeisiadau) newydd *f*; *(b) (= alteration):* cyfnewidiad(-au) *m*; **to make innovations,** newid pethau.
innovational, innovative *a.* = **innovatory.**
innovativeness *n.* dyfeisgarwch *m*.
innovator *n.* dyfeisiwr (dyfeiswyr) (*m*) rhth newydd, newidiwr (newidwyr) (*m*) pethau; *Econ:* newyddiannwr (newyddianwyr) *m*.
innovatory *a.* dyfeisgar, gwreiddiol, newydd, arloesol, yn torri tir newydd.
innoxious *a.* = **innocuous.**
innoxiousness *n.* = **innocuousness.**
innuendo¹ *n.* ensyniad(-au) *m*, *N.W: F:* weipen (weips) *f*; **to make innuendoes,** gwneud ensyniadau (**about s.o.,** am rn), *N.W: F:* taflu weips (at rn).
innuendo² *v.t.&i.* **1.** *v.t.* ensynio. **2.** *v.i.* ensynio, gwn|eud ensyniadau.
innumerable *a.* di-rif, *Lit:* dirifedi, afrifed, aneirif, *occ:* dinifer.
innumerableness *n.* afrifedi *m*.
innumerably *adv.* yn ddi-rif *&c*; heb rif, heb rifedi.
innumeracy *n.* anrhifogrwydd *m*, *F:* methu (*vn*) â chyfrif, methu â gwn|eud symiau/syms.
innumerate *a.* anrhifog.
innumerous *a.* = **innumerable.**
innutrition *n.* diffyg (*m*) maeth.
innutritious *a.* anfaethlon, di-faeth.
inobservance *n.* **1.** *(= inattention):* diffyg (*m*) sylw (**of sth,** i rth); esgeulustra *m*, esgeulustod *m*, diofalwch *m* (o rth); anfeddylgarwch *m* (yngh|ylch rhth). **2.** *(of law &c):* anghadwraeth *f*, diffyg parch (at rth), anuf|udd-dod *m* (i rth).
inobservant *a.* ans|ylwgar, anghraff; *(= neglectful):* esgeulus, diofal.
inoculable *a. Med:* brechadwy.
inoculant *n.* = **inoculum.**
inoculate *v.t.* **1.** *Med:* brechu, gwrth-heintio (**with sth,** â rhth; **against sth,** rhag rhth); *(in ordinary parlance):* pigo rhn, rhoi pigiad i rn (rhag rhth). **2.** *Fig:* **to ~ s.o. with an idea,** plannu syniad ym mhen rhn.
inoculation *n. Med:* brechiad(-au) *m*, brechu *vn*, *occ:* gwrth-heintiad(-au) *m*, *F:* pigiad(-au) *m*; *Bac:* planiad(-au) *m*.
inoculative *a.* brechol, brechiadol.
inoculativity *n.* brecholdeb *m*.
inoculator *n.* brechwr (brechwyr) *m*.
inoculum *n.* brechlyn(-nau) *m*.
inocybe *n. Fung:* **red staining ~,** cap(-iau) gwythiennog [gwenwynig] *m*, cleisiwr (cleiswyr) coch gwenwynig *m*.
inodorous *a.* di-sawr, diaroglau, diarogl.
inoffensive *a.* diniwed, didramgwydd, diddrwg, difalais; *S.W: (pers.):* gwirion.
inoffensively *adv.* yn ddiniwed *&c.*
inoffensiveness *n.* diniweidrwydd *m*.
inofficious *a.* digymwynas, anghymwynasgar.
inoperable *a. Surg:* anoperadwy, anllawdriniadwy.
inoperableness *n. Surg:* anoperadwyedd *m*, natur anoperadwy *&c.*
inoperative *a.* **1.** *(= not operative):* anweithredol, heb fod mewn grym, heb fod ar waith. **2.** *(= ineffective):* aneffeithiol, dieffaith.
inoperativeness *n.* **1.** anweithredoldeb *m*. **2.** aneffeithioldeb *m*.
inoperculate *a.* anghloriog, di-glawr.
inopportune *a.* anamserol, annhymig, anghyfl|eus, amhriodol.
inopportunely *adv.* yn anamserol *&c*; ar gamadeg/gamamser.
inopportuneness *n.* anamseroldeb *m*, annhymigrwydd *m*, amhriodoldeb *m*, anghyfleustra *m*.
inopportunists *n.pl. Theol:* anaddasolwyr.
inordinate *a.* gormodol, anghymedrol, y tu hwnt i bob rheswm; **an ~ amount,** gormod *m*, gormodedd *m*; **an ~ amount of time,** llawer gormod o amser.
inordinately *adv.* yn ormodol, ormod *&c.*
inordinateness *n.* gormodedd *m*, gormodrwydd *m*.
inorganic *a.* anorganig, anorganaidd.
inorganically *adv.* yn anorganig *&c.*
inosculate *v.t.* cydio, asio.
inosculation *n.* asiad *m*, cydiad *m*; *vn.* = **inosculate.**
inositol *n. Ch:* in|ositol (inositolau) *m*.
inotropic *a.* inotropaidd.
inoxidizable *a.* anocsidiadwy, di-rwd.
inpatient *n.* = **in-patient.**
inphase *a. El:* cydwedd.
input¹ *n. Mch: Cmptr: Lib:* mewnbwn (mewnbynnau) *m*, mewngyrch *m* (*pronounced* ng-g); *Pol: Econ:* mewnddodiant *m*. **~/output** *n. Cmptr:* mewnbwn/allbwn (M/A). *Cmptr:* **~/output buffer** *n.* byffer(-au) (*m*) M/A. **~/output routine** *n.* rheolwaith (rheolweithiau) (*m*) M/A. **~/output stream** *n.* mewnlif/all-lif (mewnlifoedd/all-lifoedd) *m*. **~ stream** *n.* mewnlif(-oedd) *m*.
input² *v.t.* mewnosod, cyflenwi; *Cmptr:* mewnbynnu.
inquest *n.* cwêst (cwestau) *m*, *Lit:* trengholiad(-au) *m*.
inquietude *n.* pryder(-on) *m*, anesmwythder *m*, anesmwythdra *m*, anesmwythyd *m*, anhunedd *m*, aflonyddwch *m*.
inquiline *a. & n. Z:* **1.** *a.* cytyol, cydletyol. **2.** *n.* cytŷwr (cytywyr) *m*, cydletŷwr (cydletywyr) *m*.
inquilinism, inquilinity *n.* cyd-drigo *vn*, cydletya *vn*, cytyo *vn*.
inquilinous *a.* = **inquiline 1.**
inquire *v.t.&i.* **1. to ~ the price of sth,** holi/gofyn/ymofyn pris rhth, gofyn faint yw rhth; *P.N:* **"~ within",** "ymholiadau"; **I~ Within,** *(book):* Llyfr (*m*) Pawb ar Bopeth; **to ~ (about sth),** holi, gofyn, ymholi (yngh|ylch rhth); **to ~ about/after s.o.,** holi am rn; **to ~ into sth,** gwn|eud ymholiadau i rth.
inquirer *n.* holwr (holwyr) *m*, h|olwraig *f*, ymholwr (ymholwyr) *m*, ymh|olwraig *f*, ymofynnydd (ymofynwyr) *m*, ymof|ynwraig *f*.

inquiring *a.* chwilfrydig, ymofyngar (*pronounced* ng-g), ymofynnol, holgar, ymchwilgar.
inquiringly *adv.* yn chwilfrydig *&c.*
inquiry *n.* **1.** *Jur:* **public ~,** ymchwiliad(-au) cyhoeddus *m*; **to conduct/hold an ~,** cynnal ymchwiliad; **to set up an ~,** cychwyn ymchwiliad. **2.** *(for information):* ymholiad(-au) *m*, holiad(-au) *m*; **to make inquiries (about sth),** holi, gwneud ymholiadau (yngh|ylch rhth); **to make inquiries after s.o.,** holi am rn, holi hanes rhn, gofyn beth yw hanes rhn; *Com:* **"inquiries",** "ymholiadau". **~ agent** *n.* ymholwr (ymholwyr) preifat *m*. **~ fee** *n.* tâl (*m*) ymholi. **~ office** *n.* swyddfa (swyddf|eydd) (*f*) ymholiadau.
inquisition *n.* **1.** *(= search):* ymweliad(-au) *m*, ymchwiliad(-au) *m*. **2.** *Hist: R.C.Ch:* **the I~,** y Chw|il-lys: y Chwilys *m*; **the Spanish I~,** Chwil-lys (*&c*) Sbaen.
inquisitional *a.* ymchwiliadol.
inquisitive *a.* busneslyd, chwilfrydig, holgar, stilgar, busnesgar, *S.E: occ:* stentlyd; **an ~ person,** *F:* Robin (*m*) y busnes, busneswr (busneswyr) *m*, busn|eswraig *f*, busnesgi (busnesgwn) *m*, stiliwr (stilwyr) *m*, st|ilwraig *f*, *N: occ:* pryfyn *m*, hen bry' *m*, hen bryfes *f*.
inquisitively *adv.* yn fusneslyd.
inquisitiveness *n.* busnesgarwch *m*, chwilfrydedd *m*, holgarwch *m*, stilgarwch *m*.
inquisitor *n. Rel.Hist:* chwil-lyswr (~-lyswyr): chwilyswr (chwilyswyr) *m*; **I~ General,** Arch-chwilyswr; **Grand I~,** Uchel Chwilyswr.
inquisitorial *a.* chwilysaidd, chwilysol; *(in weakened sense):* holgar, stilgar.
inquisitorially *adv.* yn holgar *&c.*
inroad *n.* **1.** *Mil:* cyrch(-oedd) *m*, ymosodiad(-au) *m*. **2.** *Fig: (into rights &c):* ymyrraeth *f*, ymyriad(-au) *m* (â rhth); tresbas: tresmas *m*, tresbasu: tresmasu *vn* **(into sth,** ar rth); **the sea is making inroads on the coast,** mae'r môr yn ennill tir ar y glannau; **the Conservatives have made inroads into Labour support,** mae'r Ceidwadwyr wedi bylchu cefnogaeth Llafur; **to make inroads into one's capital,** gwario llawer o'ch cyfalaf, *F:* mynd i'r pentwr, gwneud tolc yn eich arian.
inrush *n.* mewnlifiad(-au) *m*, mewnruthr(-au) *m*, rhuthr(-au) *m*, llif *m*.
insalubrious *a.* afiach.
insalubrity *n.* natur afiach *f*.
insane *a. & n.* **1.** *a.* gwallgof, gorffwyll, lloerig, penwan, wedi drysu, o'ch cof, o'ch pwyll, *Lit:* anghall, *N: F:* dim yn gall; **to drive s.o. ~,** gyrru rhn o'i bwyll, gyrru rhn yn wallgof, gwallgofi rhn, *S:* hala rhn yn benwan; **to become ~,** gwallgofi, drysu, colli'ch pwyll, mynd o'ch pwyll, mynd o'ch cof, ynfydu; *(b) (plan &c):* ynfyd, hurt, afresymol. **2.** *n.pl.* **the ~,** y gwallgofiaid, y lloerigion, *F:* pobl o'u coeau, pobl ddim yn gall.
insanely *adv.* yn wallgof *&c*; **he's ~ jealous,** mae'n eiddigeddus hyd at ddrysu.
insaneness *n.* = **insanity**.
insanitary *a.* afiach.
insanitation *n.* aflendid *m*, diffyg (*m*) glendid.
insanity *n.* lloerigrwydd *m*, gorffwylledd *m*, gwallgofrwydd *m*, gorffwylltra *m*, ynfydrwydd *m*.
insatiability *n.* gwanc *m*, gwancusrwydd *m*, anniwallrwydd *m*.
insatiable *a.* anniwall, gwancus.
insatiableness *n.* = **insatiability**.
insatiably *adv.* yn anniwall *&c.*
insatiate *a.* anniwall, gwancus.
insatiately *adv.* yn anniwall *&c.*
insatiateness *n.* = **insatiability**.
inscape *n.* mewnwedd(-au) *f*.
inscribable *a. Geom:* mewnsgrifiadwy.
inscribe *v.t.* **1.** *(= engrave):* arysgrifennu. **2.** *(= dedicate):* cyflwyno. **3.** *Geom:* mewnsgrifio. **4.** *Fin: (= register):* cofrestru, arysgrifo.
inscribed *a.* **1.** *Fin:* **~ stock,** stoc arysgrif *f*. **2. (a watch) ~ with s.o.'s name,** (watsh) yn dwyn enw rhn, arysgrifedig ag enw rhn; *Archeol:* **~ stone,** carreg arysgrifedig *f*. **3.** *Geom:* **~ circle,** mewngylch(-oedd) *m* (*pronounced* ng-g).
inscriber *n.* arysgrifwr (arysgrifwyr) *m*.
inscription *n.* **1.** *(of coin &c):* arysgrif(-au) *f*, arysgrifen(-nau) *f*. **2.** *(of book):* cyflwyniad(-au) *m*. **3.** *Fin:* arysgrifiad(-au) *m*, cofrestru *vn*.
inscriptional, inscriptive *a.* **1.** arysgrifol. **2.** *(= dedicatory):* cyflwyniadol.
inscriptively *adv.* **1.** yn arysgrifol. **2.** yn gyflwyniadol.
inscrutability *n.* diffyg (*m*) mynegiant, natur anchwiliadwy *f*, golwg anchwiliadwy *f*.
inscrutable *a.* difynegiant, anchwiliadwy, annirnad, annirnadwy.
inscrutableness *n.* natur/golwg annirnad *f* **(of s.o.,** ar rn); diffyg (*m*) mynegiant.
inscrutably *adv.* yn ddifynegiant *&c.*
inseam *n.* gwnïad (gwniadau) mewnol *m*, sêm fewnol (semau mewnol) *f*.
insect *n.* trychfilyn (trychfilod) *m*, pryf(-ed) *m*, pryfyn (pryfed) *m*; **insects,** *occ:* pryfetach. **~-eater** *n. Z:* gwybetwr (gwybetwyr) *m*, pryfysor(-ion) *m*, pryfysydd (pryfyswyr) *m*. **~-powder** *n.* powdwr (*m*) lladd pryfed.
insectan *a.* pryfedaidd.
insectarium, insectary *n.* pryfedfa (pryfedf|eydd) *f*.
insecticidal *a.* pryfleiddiol, pryfladdol, *F:* lladd pryfed.
insecticide *n.* pryfleiddiad (pryfleiddiaid) *m*, gwenwyn(-au) (*m*) pryfed, *F:* peth(-au) (*m*) lladd pryfed; **contact ~,** pryfleiddiad cyffwrdd.
insectifuge *n.* peth(-au) (*m*) gwaredu pryfed.
insectile *a.* pryfedaidd.
insectivora *n.pl. Z:* pryfysorion, pryfysolion.
insectivore *n. Z:* pryfysor(-ion) *m*, pryfysolyn (prysolion) *m*.
insectivorous *a.* pryfysol.
insectology *n.* pryfyddiaeth *f*, trychfileg *f*.
insecure *a.* **1.** *(bolt &c):* rhydd(-ion), llac (*occ:* lleicion), *S.W: occ:* gwecsi; *(ice &c):* anniogel, peryglus, bregus, ansicr; *(hope):* ansicr. **2.** *(= exposed to danger):* mewn perygl, anniogel; **an ~ home background,** cefndir teuluol bregus.
insecurely *adv.* yn llac, yn anniogel *&c.*
insecureness *n.* = **insecurity**.
insecurity *n.* anniogelwch *m*; *(of mind &c):* ansicrwydd *m*.
inselberg *n. Geog:* bryncyn(-nau) unig *m*.
inseminate *v.t.* **1.** *Husb:* hau. **2.** *Biol: Breed:* ffrwythloni, cyfebru, semenu.
insemination *n.* ffrwythloniad(-au) *m*, cyfebriad(-au) *m*; *vn.* = **inseminate**; **artificial ~,** cyfebru/ffrwythloni/semenu artiffisial; *F: (of cow):* tarw (*m*) potel.
insensate *a.* dideimlad, disynnwyr, hurt, swrth.
insensately *adv.* yn ddideimlad *&c.*
insensateness, insensibility *n.* annheimladrwydd *m*, annheimladedd *m*, annheimlad *m*, dideimladrwydd *m*, difrawder *m*, anhydeimledd *m*.
insensible *a.* **1.** *(= imperceptible):* anweladwy, annirnad, disylw. **2.** *(= unconscious):* anymwybodol. **3.** *(= callous):* dideimlad, croendew.
insensibleness *n.* = **insensibility**.
insensibly *adv.* yn raddol, yn araf deg, heb yn wybod.
insensitive *a.* dideimlad, croendew, ans|ensitif, anhydeiml.
insensitively *adv.* yn ddideimlad *&c.*
insensitiveness, insensitivity *n.* dideimladrwydd *m*, anhydeimledd *m*, ansensitifrwydd *m*, annheimlad *m*.
insentience *n.* absenoldeb (*m*) bywyd/teimlad, dideimladrwydd *m*.
insentient *a.* difywyd, dienaid, dideimlad.
inseparability *n.* natur anwahanadwy *f*, *occ:* anysgaradwyedd *m*, anwahanoldeb *m*.
inseparable *a.* anwahanadwy, *occ:* anwahanol, anysgaradwy; **they were ~ friends,** 'roeddent yn gyfeillion mynwesol; *Log:* **~ accident,** nodwedd anwahanadwy *f*.
inseparableness *n.* = **inseparability**.
inseparably *adv.* yn anwahanadwy *&c.*
insequent *a. & n.* **1.** *a.* haplifol, haplif. **2.** *n.* haplif(-oedd) *m*.
insert[1] *n.* mewnosodiad(-au) *m*; *Bookb:* ad-ddalen(-nau) *f*, ychwanegyn (ychwanegion) *m*. **~ editing** *vn. Cin: T.V:* golygu mewnosod. **~ [key]** *n. Cmptr:* mewnosodwr (mewnosodwyr) *m*. **~ shot** *n. Cin: T.V:* saethiad(-au) (*m*) mewnosod.
insert[2] *v.t.* gosod, dodi, rhoi (rhth yn rhth); gwthio (rhth i rth); rhyngosod, mewnosod (rhth).
inserted *a.* mewnosod, mewnosodedig; *Anat:* cysylltiedig.

inserter *n.* mewnosodwr: mewnosodydd (mewnosodwyr) *m.*
insertion *n.* **1.** *(action): See* **insert**[2]. **2.** *Typ: &c:* mewnosodiad(-au) *m*; *(= advert):* hysbyseb(-ion) *f*; *Bookb:* ad-ddalen(-nau) *f*, ychwanegyn (ychwanegion) *m*; *Needlew:* mewniad(-au) *m*, mewnosodiad (mewnosodiadau) *m*; *B:* **the Great I~,** y Rhyngosodiad Mawr *m.*
insertional *a.* mewnosodol.
insessorial *a.* clwydol.
inset[1] *n.* **1.** *(of tide):* mewnlifiad *m.* **2.** *Bookb: Typ: Dressm:* mewnosodyn (mewnosodion) *m*, mewnosodiad(-au) *m*; *(= extra leaf):* ad-ddalen(-nau) *f.* **3.** *Th:* mewnosodiad.
inset[2] *v.t.* mewnosod.
inset[3] *a.* mewnosod, mewnosodedig.
inshore *a. & adv.* gyda'r lan, gyda'r glannau, wrth y lan, *N.W: occ:* glaniog; **~ fishing,** pysgota'r glannau.
inside *n., a., adv. & prep.* **1.** *n.* *(a)* [y] tu mewn; **on the ~ of sth,** y tu mewn i rth; **~ out,** y tu chwith [allan], y tu mewn [y tu] allan, y tu gwrthwyneb allan, *N: occ:* tu chwyneb allan, *S:* tu fewn tu fas; *F:* **(to know sth) ~ out,** (gwybod rhth) yn llwyr, yn drylwyr, o'i gwr; *(b) F: (= intestines):* tu mewn *m*, perfedd *m*; *(c) Fb:* **the insides,** y mewnwyr. **2.** *a.* mewnol, tufewnol, tumewnol, [y] tu fewn/mewn; *Fb:* **~ forward, ~ half,** mewnwr (mewnwyr) *m*; **~ left,** mewnwr chwith; **~ right,** mewnwr de; **~ information,** gwybodaeth o'r tu mewn, gwybodaeth gyfrinachol; **I have it from ~ knowledge,** fe'i cefais o lygad y ffynnon; fe'i cefais o le da; *F:* **it was an ~ job,** rhn o'r tu mewn a'i gwnaeth. **3.** *adv.* *(a)* y tu mewn, yn fewnol, oddi mewn; *(b) F: & U.S:* **to do sth ~ of three hours,** gwneud rhth o fewn tair awr; *(c) P:* **to be ~,** bod yn y carchar. **4.** *prep.* **~ sth,** y tu mewn i rth, yn rhth.
insider *n.* rhn (rhai) o'r tu mewn, mewnwr (mewnwyr) *m*, rhn cydnabyddus; *(of club, clique):* aelod(-au) *m.* **~ dealing/trading** *vn.* masnachu mewnol.
insidious *a.* lladradaidd, llechwraidd; *(= treacherous):* bradwrus, dichellgar; *Med:* llechwraidd.
insidiously *adv.* yn lladradaidd *&c.*
insidiousness *n.* natur ladradaidd *&c f*, lladradeiddiwch *m*, dichellgarwch *m.*
insight *n.* **1.** *(= perspicacity):* mewnwelediad(-au) *m*, sythwelediad(-au) *m*, craffter *m*, mewnddirnadaeth *f*, dirnadaeth *f*, dealltwriaeth *f*, treiddgarwch *m*; **to gain additional ~ into sth,** cael goleuni pellach ar rth, treiddio ymhellach i rth; **to display ~,** dangos craffter. **2.** *(= glimpse):* cip(-iau) *m*, cipolwg (cipolygon) *mf* **(into sth,** ar rth).
insightful *a.* craff, mewnweledol, sythweledol.
insightfully *adv.* yn graff *&c.*
insignia *n.pl.* arwyddlun *m*, arwyddluniau *pl*, arwyddnod *m*, arwyddnodau *pl*; *(= coat of arms):* arfbais *f*, arfbeisiau *pl*; *(= badge):* bathodyn *m.*
insignificance, insignificancy *n.* dinodedd *m*, distadledd *m*, diffyg *(m)* pwys/pwysigrwydd/arwyddocâd, amhwysigrwydd *m*, natur ddibwys/ddiarwyddocâd *f.*
insignificant *a.* dinod, distadl, dibwys, pitw, diarwyddocâd, anarwyddocaol, *F:* di-gownt, o fawr bwys; **an ~ thing,** *F:* ffrit o beth.
insignificantly *adv.* yn ddinod *&c*; heb arwyddocâd.
insincere *a.* ffuantus, annidwyll, ffals, rhagrithiol; *occ: (pers):* ffils-ffals; **an ~ person,** ffuantwr (ffuantwyr) *m*, rhagrithiwr (rhagrithwyr) *m.*
insincerely *adv.* yn ffuantus *&c.*
insincerity *n.* rhagrith *m*, ffuantrwydd *m*, ffuantusrwydd *m*, ffuantwch *m*, annidwylledd *m*, ffalster *m.*
insinuate *v.t.* **1. to ~ oneself into s.o.'s favour,** mynd i lawes rhn, sleifio i ffafr rhn; **to ~ oneself into a place,** sleifio i le. **2. to ~ sth about s.o.,** ensynio/awgrymu rhth ynghylch rhn, *N: F:* taflu weipan/weips at rn, *S.W: occ:* towlu, brathu, *S.E: occ:* ergydio, sgwrban.
insinuating *a.* **1.** *(manner):* gwên-blês, gwên-deg. **2.** *(remarks):* awgrymiadol, ensyniol, ensyniadol.
insinuatingly *adv.* **1.** yn wên-blês *&c.* **2.** yn awgrymiadol *&c.*
insinuation *n.* ensyniad(-au) *m*, *N.W: occ:* gair slec *m*, weipan (weips) *f*; **to make insinuations,** *N: F:* taflu weips, lled-fwrw, lluchio a thaflu **(about s.o.,** at rn).
insinuative *a.* **= insinuating.**
insinuator *n.* ensyniwr (ensynwyr) *m*, awgrymwr (awgrymwyr) *m.*
insipid *a.* diflas, merfaidd, di-ddim, *Lit: occ:* merf.
insipidity *n.* merf|eidd-dra *m*, diffyg *(m)* blas, diflastod *m*, *occ:* diflasrwydd *m*, merfdra *m.*
insipidly *adv.* yn ddiflas *&c.*
insipidness *n.* **= insipidity.**
insist *v.i.* **1. to ~ upon a point,** pwysleisio pwynt; **to ~ (one is innocent),** taeru, haeru, mynnu (eich bod yn ddieuog); **he insisted (that it was so),** taerodd, mynnodd (mai felly yr oedd hi). **2. to ~ on doing sth,** mynnu [cael] gwneud rhth; **to ~ that s.o. do sth,** mynnu bod rhn yn gwneud rhth, mynnu gwneud rhth gan rn; **he insisted on coming,** mynnodd ddod; 'roedd yn rhaid iddo gael dod; yr oedd yn mynnu cael dod; nid oedd na byw na marw na châi ddod; **I ~ upon it,** 'rwy'n ei fynnu; rhaid i mi ei gael; **I ~ on obedience,** rhaid imi gael ufudd-dod; mi fynnaf ufudd-dod; **if you insist,** os wyt ti'n mynnu.
insistence, insistency *n.* **1.** *(= persistence):* taerineb *m*, penderfyniad *m*, taergymhelliad *m*; **his ~ on paying was amusing,** 'roedd ei daerineb am gael talu yn ddoniol. **2.** *(= emphasis):* pwys *m*, pwyslais *m.*
insistent *a.* taer, taergymhellol, penderfynol.
insistently *adv.* yn daer *&c.*
insobriety *n.* m|eddwdod *m* *(usu. pronounced* m|edd-dod), ansobrwydd *m.*
insociability *n.* anghymdeithasgarwch *m.*
insociable *a.* anghymdeithasol, anghymdeithasgar, anghymdogol.
insociably *adv.* yn anghymdeithasol *&c.*
insofar *adv. See* **far**[1] **1.**
insolate *v.t.* heulo, darheulo.
insolation *n.* **1.** *Ph:* darheulad *m.* **2.** *Med: (a) (= sunstroke):* trawiad(-au) *(m)* haul; *(b) (therapy):* torheulad *m*, torheulo *vn.*
insole *n.* mewnwadn(-au) *m.*
insolence *n.* digywil|ydd-dra *m*, haerllugrwydd *m*, hyfdra *m*, *N: occ:* powldra *m*, *S:* ewndra *m.*
insolent *a.* digywilydd, haerllug **(to s.o.,** wrth rn); hy, hyf (ar rn); *F:* sosi (wrth rn); *N:* powld (wrth rn), *S:* ewn (wrth rn).
insolently *adv.* yn ddigywilydd *&c.*
insolubility *n.* **1.** natur annhoddadwy/anhydawdd *f*, annhoddadwyedd *m*, annhydoddedd *m.* **2.** *(of problem):* astrusi *m*, annatrysrwydd *m.*
insolubilization *n.*, **insolubilize** *v.t.* annhoddadwyo.
insoluble *a. & n.* **1.** *a.* *(a) Ch:* annhoddadwy, anhydawdd; *(b) (problem):* annatrys, astrus. **2.** *n.* anhydoddyn (anhydoddion) *m.*
insolubleness *n.* **= insolubility.**
insolubly *adv.* yn annhoddadwy.
insolvable *a.* annatrys, annatrysadwy, diddatrys.
insolvably *adv.* yn annatrys *&c.*
insolvency *n.* methdaliad(-au) *m*, methdalu *vn*, diffyg *(m)* arian.
insolvent *a. & n.* **1.** *a.* *(a)* dyledus, mewn dyled, na all dalu; *Jur:* ansolfent, methdaliadol, methdalwrus, heb arian; **to become ~,** methu talu, torri; **he became ~,** fe aeth yn fethdalwr; fe dorrodd; *F:* fe aeth yr hwch drwy'r siop; *(b) Jur:* **~ laws,** deddfau methdaliad. **2.** *n.* methdalwr (methdalwyr) *m*, methd|alwraig *f.*
insomnia *n.* diffyg *(m)* cwsg, methu *(vn)* cysgu, anhunedd *m.*
insomniac *a. & n.* **1.** *a.* di-gwsg, *occ:* anhunog. **2.** *n.* cysgwr (cysgwyr) gwael *m*, c|ysgwraig wael *f*, anhunwr (anhunwyr) *m*, anh|unwraig *f.*
insomuch *adv. Lit:* **1. ~ as, = inasmuch as. 2. ~ that,** yn gymaint fel bod...; i'r fath raddau fel bod....
insouciance *n.* difaterwch *m*, difrawder *m*, ysgafalwch *m*, dihidrwydd *m.*
insouciant *a.* difater, heb ofal yn y byd, ysgafala, diofal, di-hid, iach, yn malio dim.
insouciantly *adv.* yn ddifater *&c*; heb falio dim.
inspan *v.t. (= yoke):* ieuo; *(= harness):* harneisio.
inspect *v.t.* archwilio, arolygu.
inspection *n.* archwiliad(-au) *m*, arolygiad(-au) *m*, arolwg (arolygon) *m* **(of sth,** ar rth); *vn.* **= inspect. ~ hole** *n. (in door):* twll (tyllau) *(m)* sbïo, llygad *(m)* drws (llygaid drysau). **~ copy** *n.* copi (copïau) *(m)* prawf, copi arolygu.
inspective *a.* archwiliadol, arolygol.
inspector *n.* **1.** arolygydd(-ion) *m*, arolygwr (arolygwyr) *m*,

insbector(-iaid,-s) *m*; **Schools I~,** Arolygydd Ysgolion; **Chief I~,** Prif Arolygydd(-ion) *m*; **Police I~,** Arolygydd [yr] Heddlu; **I~ of Mines,** Arolygydd Mwyngloddiau; **I~ General,** Prif Arolygydd; **Environmental/Public Health ~,** Swyddog Iechyd Cyhoeddus. **2.** *(of machines &c):* archwiliwr (archwilwyr) *m*.
inspectorate *n.* arolygwyr *pl*, arolygiaeth(-au) *f*.
inspectorial *a.* arolygol.
inspectorship *n.* arolygiaeth(-au) *f*.
inspiration *n.* **1.** *(of air):* anadliad *m*, mewnanadliad *m*, anadlu *vn*. **2.** *(poetic &c):* ysbrydoliaeth *f*, yr awen *f*; **plenary ~,** ysbrydoliaeth lawn/gyflawn; **to take one's ~ from sth,** cael eich ysbrydoli gan rth.
inspirational *a.* ysbrydoledig.
inspirationally *adv.* yn ysbrydoledig.
inspirator *n.* **1.** *(device):* anadlwr (anadlwyr) *m*. **2.** = **inspirer**.
inspiratory *a.* anadliadol; **the ~ muscles,** y cyhyrau anadlu.
inspire *v.t.* **1.** *(air):* anadlu, anadlu [awyr] i mewn, mewnanadlu. **2.** ysbrydoli; **to ~ fear in s.o.,** codi ofn/arswyd ar rn; **to ~ s.o. with confidence,** ennyn hyder yn rhn; **to ~ respect in s.o.,** ennyn parch yn rhn; **to ~ s.o. to do sth,** ysbrydoli rhn i wneud rhth.
inspired *a.* **1.** ysbrydoledig; *Journ:* **an ~ item of news,** hanesyn gan y frân wen; **to make an ~ guess,** dyfalu'n gywir. **2. ~ air,** awyr fewnanadledig.
inspirer *n.* ysbrydolwr (ysbrydolwyr) *m*, ysbryd|olwraig *f*.
inspiring *a.* calonogol, ysbrydoledig, sy'n ysbrydoli, sy'n codi'r ysbryd.
inspirit *v.t.* calonogi, ysbrydoli (**s.o. to do sth,** rhn i wneud rhth); bywiogi, bywiocáu.
inspiriting *a.* calonogol.
inspissate[1] *v.t. Lit:* tewychu.
inspissate[2] *a.* tewychedig.
inspissation *n.* tewychiad *m*, tewychu *vn*.
inspissator *n.* tewychydd(-ion) *m*.
inst *abbr.* **the 6th ~,** y chweched o'r mis hwn.
instability *n.* ansefydlogrwydd *m*, ansadrwydd *m*.
instable *a.* ansad, ansefydlog, ansafadwy.
install *v.t.* **1.** *(bishop):* gorseddu; *(minister):* sefydlu; **to ~ oneself in a place,** ymsefydlu mewn lle; **to ~ oneself (in an armchair),** eich gosod eich hun, *S:* eich dodi'ch hun, *N: occ:* eich sodro'ch hun (mewn cadair freichiau). **2.** *(electricity &c):* rhoi, gosod; *Ph: Mth:* darparu.
installation *n.* **1.** *(of bishop):* gorseddiad(-au) *m*, gorseddu *vn*; *(of minister):* sefydlu *vn*, cyfarfod(-ydd) (*m*) sefydlu, sefydliad(-au) *m*. **2.** *(of electricity &c):* rhoi *vn*, gosod *vn*, gosodiad(-au) *m*; *Mth:* arsefydliad(-au) *m*. **3.** *(= apparatus):* peirianwaith (peirianweithiau) *m*; *Aut:* cyfarpar *m*. **4.** *Mil:* sefydliad, safle(-oedd) *m*.
installer *n.* gosodwr (gosodwyr) *m*; **an ~ of central heating,** *F:* dyn gosod gwres canolog.
instalment *n.* **1.** *(= payment):* rhandal(-iadau) *m*, rhandaliad(-au) *m*; **to pay by instalments,** talu fesul tipyn, talu fesul rhandal; **to pay an ~,** gwn|eud rhandaliad; **to buy on the ~ system,** prynu ar goel, hur-brynu. **2.** *(of series, dictionary &c):* rhan(-nau) *f*, cyfran(-nau) *f*, rhifyn(-nau) *m*; *(of story):* pennod (penodau) *f*. **~ plan** *n.* cynllun(-iau) (*m*) hur-brynu.
instamatic *a.* instamatig.
instance[1] *n.* **1. at the ~ of s.o.,** ar gais (*m*) rhn, ar awgrym (*m*) rhn. **2.** *(= example):* enghraifft (enghreifftiau) *f*, esiampl(-au) *f*, achos(-ion) *m*; **in many instances,** mewn sawl achos; **an isolated ~,** achos unigol; **for ~,** er enghraifft; **as an ~ of his honesty,** fel prawf/tystiolaeth/enghraifft o'i onestrwydd. **3. in the first ~,** yn y lle cyntaf; **in the present ~, in this ~,** yn yr achos hwn.
instance[2] *v.t.* enghreifftio, nodi, enwi (rhth); rhoi enghraifft (o rth).
instancy *n.* enbydrwydd *m*.
instant[1] *a.* **1.** *(= urgent):* enbyd, taer, dygn. **2.** *(abbr.* **inst.***):* cyfredol, o'r mis [hwn]; **on the 5th ~,** ar y pumed o'r mis hwn. **3.** *(a) (= immediate):* di-oed, diymdr|oi, ebrwydd, sydyn, diatreg, parod, yn y fan a'r lle; **~ coffee,** coffi parod/sydyn *m*; **~ dessert,** pwdin sydyn *m*; **~ whip,** [hufen] chwip sydyn *m*; **~ gratification,** boddhad parod *m*; **he was threatened with ~ dismissal,** bygythiwyd ei ddiswyddo yn y fan a'r lle *or* ar unwaith; *(b) (= imminent):* enbyd, agos, peryglus.
instant[2] *n.* eiliad(-au) *fm*, munud(-au) *mf*, ennyd (enydau) *fm*, *occ:* moment(-au) *f*; **this ~,** y funud 'ma, ar unwaith; **(I went) that ~, on the ~,** (euthum) yn syth, ar f'union; **the ~ he arrived,** cyn gynted ag y cyrhaeddodd, y munud/funud y cyrhaeddodd, gydag y cyrhaeddodd; **in an ~,** mewn ennyd, mewn eiliad, mewn chwinciad *&c*; **I won't be an ~,** fydda' i ddim eiliad/chwinciad/pobaid; **not an ~ too soon,** heb fod eiliad yn rhy fuan; **(I saw her) but an ~ ago,** (fe'i gwelais hi) gynnau fach, ryw funud yn ôl, ryw eiliad yn ôl; *Mth: Ph:* **given ~,** ennyd benodol/penodol.
instantaneity *n.* = **instantaneousness**.
instantaneous *a.* ebrwydd, diymdr|oi, di-oed, disyfyd, disymwth, yn y fan [a'r lle], union, diatreg; *Ph:* enydaidd; **~ centre of rotation,** canol enydaidd y cylchdro; *Carp:* **~ grip vice,** feis gafael ebrwydd.
instantaneously *adv.* yn y fan [a'r lle], yn ddi-oed, ar unwaith, yn syth, mewn ennyd, *N.W:* fel ergyd o wn, *S:* fel ergyd o ddryll.
instantaneousness *n.* disymythder *m*, disymythdra *m*, disyfydrwydd *m*, sydynrwydd *m*, natur ddi-oed *f &c*.
instanter *adv.* ar unwaith, yn syth, ar eich union, ar y gair, yn y fan a'r lle.
instantiate *v.t.*, **instantiation** *n.* enghreifftio.
instantly *adv.* ar unwaith, yn syth, ar eich union, ar y gair, yn y fan [a'r lle], yn ddi-oed, chwap, chwipyn, *N: F:* yn syth bin, *S:* 'nawr.
instantness *n.* sydynrwydd *m*.
instar[1] *n. Biol:* instar(-rau) *m*.
instar[2] *v.t.* serennu.
instate *v.t.* = **install.**
instauration *n.* adferiad(-au) *m*, adnewyddiad(-au) *m*.
instaurator *n.* adferwr (adferwyr) *m*, adnewyddwr (adnewyddwyr) *m*.
instead *prep.phr. & adv.* **1.** *prep.phr.* **~ of sth,** yn lle rhth, yn hytrach na rhth; **to stand ~ of sth,** cymryd lle rhth; **~ of our having profited by it,** yn lle ein bod ni wedi elwa arno, yn hytrach na'n bod ni wedi elwa arno. **2.** *adv.* yn lle hynny, yn (eich) lle *&c*; **if he can't go, I'll go ~,** os na all ef fynd, yna mi af i yn ei le; **these are rotten, will you take those ~?** mae'r rhain wedi pydru, a gymerwch chi'r rheina yn eu lle?
instep *n.* **1.** *(of foot):* camedd (*m*) troed (cameddau traed), pont (*f*) troed (pontydd traed), mwnwgl (*m*) troed (mynyglau traed), cefn (*m*) troed (cefnau traed), gwar (*mf*) troed (gwarrau traed). **2.** *(of shoe):* mwnwgl, gwaltas(-au, gwalteisiau) *f*.
instigate *v.t.* **1. to ~ (s.o. to do sth),** symbylu, annog, annos, cynhyrfu, ysgogi, *N.W: occ:* cynnwys (rhn i wneud rhth); *S.W:* gwasgu (ar rn i wneud rhth), hysan (rhn i wneud rhth). **2. to ~ a revolt,** achosi/peri/ennyn/annog gwrthryfel.
instigation *n.* anogaeth(-au) *f*, symbyliad(-au) *m*, cymhelliad(-au) *m*, cynhyrfiad (cynhyrfiadau) *m*; *vn.* = **instigate; at/by the ~ of s.o.,** ar anogaeth rhn.
instigative *a.* anogol, ysgogol, cymhellol.
instigator *n.* anogwr (anogwyr) *m*, achoswr (achoswyr) *m*, symbylwr: symbylydd (symbylwyr) *m*.
instil *v.i.&t.* **1.** *v.i.* *(a liquid):* diferu, defnynnu, dafnio, hidlo, dihidlo, distyllio, distyllu. **2.** *v.t.* *(an idea):* **to ~ sth into s.o.,** trwytho rhn yn rhth, hidlo rhth i ben rhn, rhoi/dodi rhth ym mhen rhn, meithrin rhth yn rhn; **to ~ discipline into s.o.,** dysgu disgyblaeth i rn.
instillation *n.* **1.** *(of liquid):* diferiad *m*, distylliad *m*, hidlad *m*, dihidlad *m*, defnyniad *m*, dafniad *m*; *vn.* = **instil 1. 2.** *(of an idea):* meithriniad *m*; *vn.* = **instil 2.**
instiller *n.* meithrinwr (meithrinwyr) *m*.
instillment *n.* = **instillation.**
instinct[1] *n.* greddf(-au) *f*; **by/from ~,** yn reddfol, wrth reddf; **acquisitive ~,** greddf gasglu; **assertive ~,** greddf ymwthio; **constructive ~,** greddf greadigol; **gregarious ~, herd ~,** greddf yr haid; **protective ~,** greddf warchod; **pugnacious ~,** greddf ymladd; **sexual ~,** greddf rywiol; **submissive ~,** greddf ymostwng.
instinct[2] *a.* cyforiog, llawn (**with sth,** o rth).
instinctive *a.* greddfol, wrth reddf.
instinctively *adv.* yn reddfol, wrth reddf, yn ôl greddf.
instinctual *a.* greddfol, wrth reddf.
institute[1] *n.* **1.** *(a)* sefydliad(-au) *m*; **the Women's I~,** Sefydliad y Merched; *(b) (building):* |institiwt(-s, institiwtau) *mf*, canolfan(-nau) *mf*, *N.E: occ:* 'stiwt(-iau) *mf*. **2.** *pl.* **institutes,** egwyddorion, sylfeini; *Jur: Hist:* **the Institutes of Justinian,**

Egwyddorion Cyfraith Iwstinian; *Rel:* **Institutes of the Christian Religion,** Sylfeini'r Grefydd Gristnogol, Bannau'r Grefydd Gristnogol, *F:* Bannau'r Ffydd.
institute[2] *v.t.* **1.** sefydlu, cychwyn, creu. **2.** *Jur:* **to ~ an enquiry,** cychwyn ymchwiliad. 3. *Ecc:* penodi.
instituted *a.* **1.** sefydledig. **2. a newly ~ office,** swydd newydd ei chreu.
instituter *n.* **= institutor.**
institution *n.* **1.** *(action):* cychwyniad *m,* sefydliad *m,* cychwyn *vn,* sefydlu *vn.* **2.** *(= custom):* sefydliad(-au) *m,* arfer(-ion) *mf,* arferiad(-au) *m,* defod(-au) *f; Rel:* **Words of I~,** Geiriau(*pl*)'r Sefydlu. **3.** *(charity &c):* sefydliad(-au) *m,* elusen(-nau) *f; Sociol:* **basic social ~,** sefydliad cymdeithasol sylfaenol; **total ~,** sefydliad caeth, sefydliad hollgynhwysfawr; *(as euphemism for asylum &c):* cartref(-i) *m,* sefydliad.
institutional *a.* sefydliadol, defodedig, defodol; *(= uniform, dull):* unffurf, undonog; **~ care,** gofal (*f*) mewn sefydliad preswyl; **~ racism,** hiliaeth gyfundrefnol *f;* **~ cooking,** coginio sefydliadol; **~ inertia,** llesgedd sefydliadol *m.*
institutionalism *n.* sefydliadaeth *f.*
institutionalist *n.* sefydliadwr (sefydliadwyr) *m,* sefydl|iadwraig *f.*
institutionalization *n.*, **institutionalize** *v.t.* **1.** *(= make institutional):* defodoli, defodi, sefydliadoli; **to ~ punishment,** rhoi gwedd ffurfiol ar gosbi. **2.** *(= put in home):* rhoi (rhn) mewn cartref, sefydliadu (rhn).
institutionalized *a.* **1.** defodol, defodedig. **2.** sefydliadol, sefydliadaidd, sefydliadedig.
institutionally *adv.* yn sefydliadol *&c;* **~ structured society,** cymdeithas sefydliadog [ei chynllun].
institutor *n.* sefydlydd: sefydlwr (sefydlwyr) *m,* cychwynnydd: cychwynnwr (cychwynwyr) *m.*
instruct *v.t.* **1. to ~ s.o. in sth,** hyfforddi rhn yn rhth, dysgu rhth i rn; **to ~ s.o. how to do sth,** hyfforddi/dysgu rhn [sut] i wneud rhth, dangos i rn sut i wneud rhth, rhoi rhn ar ben y ffordd (gyda rhth). **2.** *(a)* **to ~ s.o. of a fact,** dweud ffaith wrth rn, hysbysu rhn ynghylch ffaith; *(b) Jur:* **to ~ a solicitor,** cyfarwyddo cyfreithiwr; **"we are instructed by . . .",** "cyfarwyddir ni gan . . ."; **instructing solicitor,** cyfreithiwr cyfarwyddol. **3. to ~ s.o. to do sth,** *(= order):* dweud wrth rn am wneud rhth, siarsio rhn i wneud rhth, gorchymyn/peri i rn wneud rhth, gorchymyn/cyfarwyddo rhn i wneud rhth.
instructed *a.* **1.** *(= taught):* hyfforddedig, hyffordd, wedi'ch hyfforddi/dysgu. **2.** *(= directed):* cyfarwyddedig, â chyfarwyddyd, dan gyfarwyddyd.
instructing *a.* cyfarwyddol.
instruction *n.* **1.** *(= teaching):* hyfforddiant *m,* hyfforddi *vn; Av:* **School of I~,** Ysgol (*f*) Hyfforddi; **programmed ~,** hyfforddiant rhaglenedig; **remedial ~,** hyfforddiant adfer; **self-~,** hunanhyfforddiant *m; Aut:* **driving ~,** gwersi gyrru. **2.** *(usu.pl.): (a) (= orders):* cyfarwyddyd *m,* cyfarwyddiadau *pl,* gorchymyn *m,* gorchmynion *pl;* **according to instructions,** yn ôl gorchymyn, yn ôl cyfarwyddyd; *(b) (for use, on bottle &c):* cyfarwyddyd. **~ address** *n. Mth:* cyfeiriad(-au) (*m*) cyfarwyddyd. **~ book** *n.* llawlyfr(-au) *m.* **~ cycle** *n.* cylchred (*f*) gyfarwyddyd (cylchredau cyfarwyddyd). **~ decoder** *n.* datgodiwr (datgodwyr) (*m*) cyfarwyddyd. **~ format** *n.* fformat(-iau) (*m*) cyfarwyddyd. **~ register** *n.* cofrestr (*f*) gyfarwyddyd (cofrestrau cyfarwyddyd). **~ set** *n.* set (*f*) gyfarwyddiadau (setiau cyfarwyddiadau). **~ sheet** *n.* taflen (*f*) gyfarwyddiadau/gyfarwyddo (taflenni cyfarwyddiadau/cyfarwyddo). **~ word** *n.* gair (geiriau) cyfarwyddiadol *m.*
instructional *a.* addysgol, cyfarwyddol, hyfforddiadol.
instructive *a.* addysgiadol.
instructively *adv.* yn addysgiadol *&c.*
instructiveness *n.* addysgiadoldeb *m,* natur addysgiadol *f.*
instructor *n.* hyfforddwr (hyfforddwyr) *m,* cyfarwyddwr (cyfarwyddwyr) *m.* **~ training** *vn.* hyfforddiant (*m*) hyfforddwyr.
instructorship *n.* swydd (*f*) hyfforddwr (swyddi hyfforddwyr).
instructress *n.f.* cyfar|wyddwraig (cyfarwyddwragedd), hyff|orddwraig (hyfforddwragedd).
instrument[1] *n.* **1.** *(= agent):* cyfrwng (cyfryngau) *m,* modd(-ion) *m.* **2.** *(a) (= implement):* offeryn (offer) *m,* teclyn(-nau, taclau) *m,* arf(-au) *mf,* erfyn (arfau) *m; (= dial, meter):* deial(-au) *m;* **precision ~,** offeryn manwl gywir; *(b)* **musical ~,** offeryn(-nau) cerdd; **wind ~,** offeryn chwyth; **stringed ~,** offeryn llinynnol/tannau; **key ~,** offeryn allweddog/bysellog; **percussion ~,** offeryn taro. **3.** *Jur: &c:* offeryn; **negotiable ~,** offeryn negodol; **statutory ~,** offeryn statudol. **~ board** *n.* **= dashboard. ~-flying** *vn.* hedfan yn ôl deialau. **~ landing** *vn.* glanio yn ôl deialau, glaniad(-au) (*m*) yn ôl deialau.
instrument[2] *v.t. Mus:* offerynnu.
instrumental *a.* **1.** cyfryngol, cyfrannol, â rhan/chyfran (**in sth,** yn rhth); cyfrannog (o rth, yn rhth); **to be ~ to a purpose,** cyfrannu i ddiben; **to be ~ in doing sth,** bod yn gyfrwng/fodd i wneud rhth, bod â rhan/chyfran yn rhth, cyfrannu at wneud rhth. **2.** *Mus: Gram:* offerynnol; **~ performer,** offerynnwr (offerynwyr) *m,* offer|ynwraig *f; Tchn:* **~ error,** gwall offerol; *Av:* gwall deialau; *Gram:* **~ case,** cyflwr offerynnol.
instrumentalism *n. Phil:* offeryniaeth *f.*
instrumentalist *n. & attrib.* **1.** *n. (a)* offerynnwr: offerynnydd (offerynwyr) *m,* offer|ynwraig *f; (b) Phil:* offeryniaethwr: offeryniaethydd (offeryniaethwyr) *m.* **2.** *attrib. Phil:* offeryniaethol.
instrumentality *n.* cyfryngiad *m,* cyfryngdod *m;* **through the ~ of s.o.,** trwy gyfrwng rhn.
instrumentalization *n.*, **instrumentalize** *v.t. Mus:* offerynnu.
instrumentally *adv.* **1.** *(a)* **to use s.o. ~,** defnyddio rhn yn gyfrwng; **to act ~,** gweithredu fel cyfrwng; bod â rhan/chyfran (yn rhth). **2.** *(a) Tchn:* ag offer; *Av:* â deialau; *(b) Mus:* yn offerynnol.
instrumentation *n.* **1.** *Mus:* offeryniaeth *f.* **2.** *Tchn:* offeru *vn,* offerwaith *m; Ph: Mth:* offeryniaeth(-au) *f.* **3. = instrumentality.**
insubordinate *a. & n.* **1.** *a.* anufudd, gwrthryfelgar, anymostyngar (*pronounced* ng-g), *F: occ:* yn codi dani. **2.** *n.* rhn anufudd, gwrthryfelwr (gwrthryfelwyr) *m,* anufuddhäwr (anufuddhawyr) *m.*
insubordinately *adv.* yn anufudd *&c.*
insubordination *n.* anuf|udd-dod *m,* gwrthryfelgarwch *m,* gwrthryfel *m,* anymostyngiad *m.*
insubstantial *a.* ansylweddol, disylwedd; *(= non-material):* anfaterol; *(= imaginary):* dychmygol.
insubstantiality *n.* ansylweddoldeb *m,* anfateroldeb *m.*
insufferable *a.* annioddefol.
insufferableness *n.* natur annioddefol *f;* **I left him because of his ~,** fe'i gadewais am ei fod mor annioddefol.
insufferably *adv.* yn annioddefol.
insufficience, insufficiency *n.* annigonoldeb *m,* annigonolrwydd *m,* diffyg *m,* prinder *m,* annigonedd *m, F:* dim digon, rhy ychydig.
insufficient *a.* annigonol; **~ room,** rhy ychydig o le, dim digon o le.
insufficiently *adv* yn annigonol, *F:* ddim digon, [yn] rhy ychydig; **~ insured,** heb ddigon o yswiriant; **~ aware,** heb fod yn ddigon effro; **a letter ~ addressed,** llythyr heb ei gyfeirio'n ddigonol.
insufflate *v.t.* **1.** *Med:* chwythu (gwynt *&c*) (i rth). **2.** *Ecc:* aranadlu.
insufflation *n.* **1.** *Med:* chwythiad *m,* chwythu *vn.* **2.** *Ecc:* aranadliad *m.*
insufflator *n.* chwythwr (chwythwyr) *m; (of powder):* ysgeintiwr (ysgeintwyr) *m.*
insula *n. Archeol:* |inswla (inswlâu) *mf.*
insular *a.* ynysol, ynysig; *(= narrow-minded):* cul, plwyfol; **~ handwriting,** llaw ynysol *f.*
insularism, insularity *n.* ynysoldeb *m,* ynysigrwydd *m; (= narrowness):* culni *m; (= parochialism):* plwyfoldeb *m.*
insularly *adv.* yn ynysol/ynysig; yn gul; yn blwyfol.
insulate *v.t.* ynysu, inswleiddio.
insulated *a.* ynysedig, inswleiddiedig, wedi'i ynysu/inswleiddio.
insulating *a.* ynysol, inswleiddiol. **~-board** *n.* bwrdd (byrddau) (*m*) ynysu.
insulation *n.* **1.** *(action):* ynysiad(-au) *m,* ynysu *vn,* inswleiddio *vn;* **sound ~,** ynysiad *&c* rhag sŵn. **2.** *(material):* ynysydd *m,* inswleiddiwr *m,* defnydd (*m*) ynysu/inswleiddio.
insulator *n.* ynysydd(-ion, ynyswyr) *m,* inswleiddiwr (inswleiddwyr) *m.*
insulin *n. Med:* |inswlin *m.*
insult[1] *n.* **1.** *(a)* sarhad(-au) *m; (b) (= slander):* enllib(-ion) *m, Lit: occ:* sen(-nau) *f,* anair (aneiriau) *m, N: occ:* slem *m;* **to add ~ to injury,** rhoi sarhad ym mhen anaf, rwbio halen yn y briw, rhoi halen ar friw, torri fy mhen a rhoi imi eli; ar ôl tynnu'r

llygaid, crafu'r tyllau; **to suffer/pocket an ~,** llyncu sarhad; **it's an ~ to his memory,** mae'n sarhad ar y cof amdano; mae'n amarch (*m*) i'w goffadwriaeth; mae'n sen ar ei goffadwriaeth. **2.** *Med:* niwed (niweidiau) *m*.
insult² *v.t.* *(a)* sarh|au; *(b) (= slander):* enllibio, difenwi, sennu.
insulter *n.* sarhäwr (sarhawyr) *m*, difenwr (difenwyr) *m*, enllibiwr (enllibwyr) *m*.
insulting *a.* sarh|aus, enllibus, difenwol.
insultingly *adv.* yn sarh|aus *&c.*
insuperability *n.* anorchfygolrwydd *m*, natur anorchfygol *&c f.*
insuperable *a.* anorchfygol, anoresgynnol, anorthrech.
insuperably *adv.* yn anorchfygol *&c.*
insupportable *a.* annioddefol.
insupportableness *n.* annioddefoldeb *m*.
insupportably *adv.* yn annioddefol.
insuppressible *a.* = **irrepressible.**
insuppressibly *adv.* = **irrepressibly.**
insurability *n.* natur yswiriadwy *f*, bod (*vn*) yn yswiriadwy; **their ~ was in doubt,** amheuid a ellid eu hyswirio.
insurable *a.* yswiriadwy.
insurance *n.* yswiriant (yswiriannau) *m*, *F:* siwrin *m*, insiwrans *m*, siwrans *m*; **comprehensive ~,** yswiriant cyfun/cynhwysfawr; **life ~,** yswiriant bywyd/einioes; **third party ~,** yswiriant trydydd person; **liability ~,** yswiriant atebolrwydd; **National I~,** Yswiriant Gwladol; **burglary ~,** yswiriant lladrata; **to take out an ~ on s.o.,** yswirio rhn. **~ agent, ~ collector, ~ man** *n.m.* casglwr (casglwyr) yswiriant, *F:* dyn(-ion) [hel] siwrin, dyn [hel] insiwrans; *(of life insurance): Joc:* trafaeliwr (trafaelwyr) (*m*) angau, clerc(-od) (*m*) yr angau.
insurant *n.* yswiriwr (yswirwyr) *m*.
insure *v.t.* **1.** yswirio. **2.** *(a) (= guarantee):* sicrh|au, gwarantu; **to ~ (against a danger),** gofalu, ymorol, cymryd gofal (rhag perygl).
insured *a.* & *n.* **1.** *a.* yswiriedig. **2.** *n.* yswiriedig(-ion) *m&f.*
insurer *n.* yswiriwr (yswirwyr) *m*.
insurgence *n.* = **insurrection.**
insurgency *n.* terfysg *m*, gwrthryfel *m*, gwrthryfelgarwch *m*.
insurgent *a.* & *n.* **1.** *a.* gwrthryfelgar, mewn gwrthryfel, terfysglyd, terfysgol. **2.** *n.* gwrthryfelwr (gwrthryfelwyr) *m*, terfysgwr (terfysgwyr) *m*.
insurgently *adv.* yn wrthryfelgar *&c.*
insurmountable *a.* anorchfygol, anoresgynnol, anorthrech.
insurmountably *adv.* yn anorchfygol *&c.*
insurrection *n.* gwrthryfel(-oedd) *m*, terfysg(-oedd) *m*.
insurrectional, insurrectionary *a.* terfysgol, terfysglyd, gwrthryfelgar.
insurrectionist *n.* terfysgwr (terfysgwyr) *m*, gwrthryfelwr (gwrthryfelwyr) *m*.
insusceptibility *n.* *(= untreatable nature):* natur anhydrin *f*; *(= insensitivity):* diffyg (*m*) ymateb, diffyg teimlad, caledwch *m*; *(= impossibility):* annichonoldeb *m*, annichonolrwydd *m*.
insusceptible *a.* **1.** *(= not admitting of sth):* annichon; **(sth) ~ of improvement,** (rhth) anwelladwy, na ellir ei wella, na chymer ei wella, annichon ei wella. **2.** *(= insensitive):* diymateb (**to sth,** i rth); dideimlad, difraw, digyffro (tuag at rth); **(s.o.) ~ to flattery,** (rhn) nad yw'n ildio i weniaith, nad yw gweniaith yn effeithio/mennu arno.
inswinger *n.* *Cr:* pêl fewndro (peli mewndro) *f*.
intact *a.* cyfan (cyfain, *occ:* cyfeuon), *occ:* difreg, diamhariad; *(pers.):* dianaf; *Geog:* **~ spurs,** sbardunau didoriad.
intactness *n.* cyfanrwydd *m*.
intagliated *a.* ceugerfiedig.
intaglio¹ *n.* *Lap:* **1.** *(design):* ceugerfiad(-au) *m*, ceugerflun(-iau) *m*, ***intaglio(-s)*** *m*. **2.** *(process):* ceugerfio *vn*.
intaglio² *v.t.* ceugerfio.
intake *n.* **1.** *(a) (action):* derbyniad *m*, traflwnc (traflyncau) *m*, mewnlif *m*, derbyn *vn*. **2.** *(place, point):* derbynfa (derbynf|eydd) *f*. **3.** *(of food):* maint *m*, dogn *m*, porthiant *m*, cymeriant *m*. **4.** *Mil: Sch:* derbyniad(-au) *m*; **this year's ~,** y rhai a ddaeth i mewn eleni, y rhai a dderbyniwyd eleni. **5.** *(= reclaimed moorland):* ffridd(-oedd) *f*. **~ tower** *n.* tŵr (*m*) mewnlif. **~ valve** *n.* falf (*f*) dderbyn (falfiau derbyn), falf borthi (falfiau porthi). **~ team** *n.* tîm (timau) (*m*) derbyn.
intangibility *n.* natur anghyffwrdd *f*, anghyffyrddoldeb *m*, ansylweddoldeb *m*.
intangible *a.* & *n.* **1.** *a.* anghyffwrdd, anghyffyrddadwy, ansylweddol, annirweddol, disylwedd, annirnad; *Com:* **~ asset,** ased annirweddol *m*. **2.** *n.* peth(-au) anghyffwrdd *&c.*
intangibleness *n.* = **intangibility.**
intangibly *adv.* yn anghyffwrdd *&c.*
intarsia *n.* intarsia (intarsiâu) *m*, brithwaith (brithweithiau) *m*.
integer *n.* *Mth:* cyfanrif(-au) *m*; *Cmptr:* **signed ~,** cyfanrif arwyddedig; **unsigned ~,** cyfanrif diarwydd. **~ arithmetic** *n.* rhifyddeg (*f*) cyfanrifau. **~ programming** *vn.* rhaglennu cyfanrifol. **~ value** *n.* gwerth(-oedd) cyfanrifol *m*. **~ variable** *n.* newidyn(-nau) cyfanrifol *m*.
integrability *n.* natur integradwy *f*.
integrable *a.* integradwy.
integral *a.* & *n.* **1.** *a.* *(a)* cyfan, cyfan gwbl, cyflawn, *occ:* cyfannol; **an ~ (part of sth),** rhan annatod/hanfodol o rth; **~ vision,** gweledigaeth cyfannol; *(b) Mth:* cyfannol, integrol; **~ calculus,** c|alcwlws integrol *m*; **~ domain,** parth(-au) integrol *m*; **~ multiple,** lluosrif(-au) cyfannol *m*; **~ value,** gwerth(-oedd) cyfannol *m*; *(c) Mec.E:* un darn (**to sth,** â rhth); **sth forged ~ with sth,** rhth a ofanwyd yn un darn â rhth; *(d) Psy:* integrol; *Mus:* **~ serialism,** cyfresiaeth integrol *f*. **2.** *n.* *Mth:* integryn(-nau) *m*; **definite ~,** integryn pendant; **indefinite ~,** integryn amhendant; **particular ~,** integryn arbenigol/neilltuol.
integrality *n.* cyfanrwydd *m*.
integrally *adv.* yn gyfan, yn gyfan gwbl *&c.*
integrand *n.* |integrand (integrandau) *m*.
integrant *a.* cydrannol.
integrate¹ *a.* cyfan, cyflawn, cyfrannol, cyfan gwbl.
integrate² *v.t.&i.* **1.** *v.t.* *(= complete):* cyfannu, cwblh|au; *(= combine):* cyfuno. **2.** *Mth:* integreiddio. **3.** *(a) v.i.* **to ~, to become integrated (in a society),** ymdoddi (i gymdeithas); dod yn rhan (o gymdeithas); ymgyfuno (â chymdeithas); gwreiddio, ennill eich plwy (mewn cymdeithas); *(b) v.t. Sch: Pol:* cyfuno, integreiddio.
integrated *a.* cyfun, cyfunol, cyfunedig, cyfannol, integredig; *Cmptr:* cyfannol; **~ circuit (IC),** cylched gyfannol (cylchedau cyfannol) *f*.
integration *n.* **1.** *Mth:* integriad(-au) *m*, integreiddio *vn*; **~ by parts,** integru fesul rhan. **2.** *Pol: Psy: Com:* cyfuniad *m*, cyfaniad *m*, integreiddiad *m*, integreiddio *vn*, cyfuno *vn*, cyfannu *vn*, ymddodiad *m*, ymdoddi *vn*; *U.S: Pol:* integreiddio.
integrationist *n.* & *attrib.* **1.** *n.* cyfuniadwr (cyfuniadwyr) *m*, integreiddiwr (integreiddwyr) *m*. **2.** *attrib.* cyfuniadol, integreiddiol.
integrative *a.* cyfunol, cyfuniadol, integreiddiol.
integrator *n.* cyfunwr: cyfunydd (cyfunwyr) *m*.
integrity *n.* **1.** *(= entirety):* cyfanrwydd *m*. **2.** *(= honesty):* [g]onestrwydd *m*, uniondeb *m*, cywirdeb *m*; *Lib:* **~ of numbers,** cysegredigrwydd (*m*) rhifau.
integument *n.* pilyn(-nau) *m*, croen (crwyn) *m*, croenyn(-nau) *m*, pilen(-nau) *f*.
integumental, integumentary *a.* pilynnol.
intellect *n.* **1.** *(= understanding):* deall *m*, dealltwriaeth *f*; **a man of ~,** dyn o ddeall. **2.** *(pers.):* **the greatest intellects of the age,** meddylwyr praffaf yr oes; *S.a.* **intellectual 2.**
intellection *n.* deall *vn*, rhesymu *vn*.
intellective *a.* deallol.
intellectively *adv.* yn ddeallol.
intellectual *a.* & *n.* **1.** *a.* deallusol, deallol, dealltwriaethol. **2.** *n.* deallusyn (deallusion) *m*, deallusen (deallusion) *f*.
intellectualism *n.* deallaeth *f*, deallusiaeth *f*, dealloliaeth *f*, deallusoldeb *m*.
intellectualist *n.* deallaethwr (deallaethwyr) *m*.
intellectualistic *a.* deallaethol, deallusol.
intellectuality *n.* deallolrwydd *m*, deallusolrwydd *m*, dealloldeb *m*, deallusoldeb *m*.
intellectualization *n.*, **intellectualize** *v.t.&i.* dealluso, dealloli, deallusoli.
intellectualizer *n.* deallusolwr (deallusolwyr) *m*.
intellectually *adv.* yn ddeallusol; o ran deall.
intellectualness *n.* = **intellectuality.**
intelligence *n.* **1.** deallusrwydd *m*, deall *m*, deallgarwch *m*, crafter *m*, callineb *m*; *Sch:* deallusrwydd. **2.** *(a) (= information):* newydd *m*, newyddion *pl*, gwybodaeth *f*, hysbysrwydd *m*,

hanes *m*, hanesion *pl*; *Journ:* **the latest ~**, y newyddion diweddaraf; *(b) Mil: Pol:* cudd-ymchwil *f*, cudd-wybodaeth *f*, ysbiwriaeth *f*; **Military I~**, Gwasanaeth Cudd-ymchwil y Fyddin; **Naval I~**, Gwasanaeth Cudd-ymchwil y Llynges. **~ agent** *n.* cudd-ymchwiliwr (~-ymchwilwyr) *m*, cudd-ymchw|ilwraig *f*, ysbïwr (ysbïwyr) *m*, ysbïwraig (ysbiwragedd) *f*. **~ agency** *n.* = **intelligence service**. **~ officer** *n.* = **intelligence agent**. **~ quotient (I.Q.)** *n.* cyniferydd (*m*) deallusrwydd (C.D.). **~ service** *n.* gwasanaeth cyfrin *m*, gwasanaeth cudd-ymchwil. **~ test** *n.* prawf (profion) (*m*) deallusrwydd.

intelligencer *n.* hysbyswr: hysbysydd (hysbyswyr) *m*; *(= spy)*: ysbïwr (ysbïwyr) *m*.

intelligent *a.* call, deallus, craff, synhwyrol, *F:* peniog, hirben, *S.W: occ:* ffetli; *Cmptr:* **~ knowledge based systems (IKBS)**, systemau deallus seiliedig ar wybodaeth; **~ terminal**, terfynell ddeallus (terfynellau deallus) *f*.

intelligential *a.* deallol.

intelligently *adv.* yn gall, yn ddeallus, yn synhwyrol *&c*.

intelligentsia *n. Coll:* deallusion *pl*.

intelligibility *n.* eglurder *m*, eglurdeb *m*; **full marks for ~**, marciau llawn am fod yn ddealladwy.

intelligible *a.* dealladwy, eglur.

intelligibleness *n.* = **intelligibility**.

intelligibly *adv.* yn ddealladwy *&c*.

intemperance *n.* **1.** anghymedroldeb *m*, anghymedrolder *m*. **2.** = **drunkenness**.

intemperate *a.* **1.** *(in language &c)*: anghymedrol, eithafol, gwyllt, direol, gormodol, aflywodraethus, dilywodraeth. **2.** *(= addicted to drink)*: anghymedrol, anniwallol, gorsychedig.

intemperately *adv.* yn ormodol *&c*; i ormodedd.

intend *v.t.* **1.** *(a)* **to ~ (doing sth, to do sth)**, bwriadu, amcanu, meddwl, *occ:* pwrpasa, pwrpasu, *N.W: occ:* darofun, 'pasa, *occ:* bod ar fwriad, *S.E: occ:* permisio, bod ar gownt, *S.W:* golygu, *Lit:* arfaethu (gwneud rhth); **we intended no harm**, nid oeddem yn bwriadu [gwneud] unrhyw niwed; **was that intended?** oedd hynny'n fwriadol? **(do you ~ going) to the Eisteddfod/chapel?** (ydych chi) am y Steddfod/capel? *(b)* **I ~ to be obeyed**, mi fynnaf gael ufudd-dod. **2. to ~ sth for s.o.**, bwriadu rhth ar gyfer rhn, *occ:* anelu rhth at rn; **a book intended for students**, llyfr a fwriedir/fwriadwyd ar gyfer myfyrwyr; **a bullet intended for s.o.**, bwled a anelwyd at rn; **we ~ our son to be a teacher**, bwriadwn i'n mab fod yn athro; **our son intends to be a teacher**, bwriad ein mab yw bod yn athro; **this remark is intended for you**, ar eich cyfer chi y mae'r sylw hwn; atoch chi yr anelir y sylw hwn. **3.** *(a)* **I intended it for a compliment to you**, fy mwriad oedd eich canmol; fel canmoliaeth ichwi y bwriadwn ef; **this picture is intended for** *(= supposed to be)* **me**, llun ohonof i yw hwn i fod; *(b) (= mean)*: golygu, meddwl; **what do you ~ by the word?** beth a olygwch chi wrth y gair?

intendance, intendancy *n.* arolygiaeth *f*.

intendant *n.* arolygwr (arolygwyr) *m*.

intended *a. & n.* **1.** *a.* *(a) (journey &c)*: arfaethedig, bwriadedig, yn yr arfaeth; darpar + *soft mut.*; *(b) (compliment &c)*: a fwriedir/fwriadwyd *&c*, bwriadedig; *Jur:* **~ prosecution**, erlyniad bwriadedig *m*; *(= intentional)*: bwriadol, bwriadus. **2.** *n. F:* **my ~**, fy narpar ŵr *m*, fy narpar wr|aig *f*.

intendedly *adv.* a fwriedir *&c*.

intendedness *n.* natur fwriadol *f*, bwriadoldeb *m*, bwriadedigrwydd *m*, bwriadusrwydd *m*.

intender *n.* bwriadwr (bwriadwyr) *m*, bwri|adwraig *f*.

intending *a.* darpar + *soft mut.*; dyfodol, posibl; awyddus; **an ~ student**, rhn â'i fryd ar fod yn fyfyriwr; **~ buyers (should call after five p.m.)**, (dylai) prynwyr posibl/awyddus, rhai sy'n bwriadu prynu (alw ar ôl pump o'r gloch).

intendment *n. Jur:* ystyr(-on) *fm*, arwyddocâd *m*.

intenerate *v.t.*, **inteneration** *n.* meddalu, tyneru.

intense *a.* dwys, cryf (*f.* cref, *pl.* cryfion), grymus, nerthol; *(feeling, action)*: angerddol, dwys, ingol; *(= eager)*: brwd, brwdfrydig, taer; *(colour)*: cryf, dwfn; *(heat)*: aruthrol, llethol, enbyd.

intensely *adv.* yn angerddol *&c*; **(to hate s.o.) ~**, (casáu rhn) â chas perffaith, o waelod calon.

intenseness *n.* *(of passion &c)*: angerdd *m*, angerddoldeb *m*, dwyster *m*, grym *m*; *(of cold, heat)*: dwyster *m*, dwysedd *m*, arddwysedd *m*. **~ index** *n.* mynegrif(-au) (*m*) arddwysedd.

intensification *n.* cryfhad *m*; *Phot: &c:* dwysâd *m*; *vn.* = **intensify**.

intensifier *n.* cryfhäwr (cryfhawyr) *m*; *Phot: &c:* dwysäwr (dwysawyr) *m*.

intensify *v.t.* *Ph: Phot: Art:* dwysáu; *(sound)*: chwyddo, cynyddu, cryfh|au, grymuso; *(passion &c)*: angerddoli, dwysáu.

intension *n.* **1.** = **intensity**. **2.** *(= exertion)*: dyfalwch *m*, diwydrwydd *m*. **3.** *Log:* anhwysiad(-au) *m*.

intensional *a. Log:* anwysiadol.

intensionally *adv.* yn anwysiadol.

intensity *n.* **1.** = **intenseness**; **with ~**, yn angerddol *&c*; gydag angerdd. **2.** *Ph: El: &c:* arddwysedd(-au) *m*; *Mus:* dwyster *m*; **~ of light**, tanbeidrwydd(-au) (*m*) golau; *Phot:* **the ~ of a negative**, dwysedd (*m*) negydd.

intensive *a. & n.* **1.** *a.* dyfal, trylwyr; *Gram:* dwysaol, grymusol; *Ph: El: &c:* arddwys; *Med:* **~ care**, gofal arbennig/dwys; **~ agriculture**, ffermio trylwyr/dwys/arddwys; **~ course**, cwrs carlam; **~ mnemonic**, mnemonig llawn *m*; **capital ~**, cyfalafddwys; **labour ~**, *a.* llafurddwys. **2.** *n. Gram:* grymusair (grymuseiriau) *m*.

intensively *adv.* yn drylwyr, yn ddyfal; **these rooms are ~ used**, defnyddir yr ystafelloedd hyn yn helaeth; mae defnyddio mawr ar yr ystafelloedd hyn.

intensiveness *n.* trylwyredd *m*, dyfalwch *m*.

intent¹ *n.* bwriad(-au) *m*, amcan(-ion) *m*, dymuniad(-au) *m*, *Lit:* arfaeth(-au) *f*; **a bad/evil ~**, drwgamcan *m*, drwgfwriad *m*; **with bad ~**, o ymyrraeth ddrwg, â bwriad drwg; **with good ~**, gan ddymuno'n dda, gyda bwriad da; **with ~ to defraud**, gyda bwriad twyllo, gyda'r bwriad o dwyllo; **with ~ to deceive**, gyda bwriad dichellgar; **(to do sth) with ~**, (gwneud rhth) yn fwriadol, o fwriad; **to all intents and purposes**, i bob diben/pwrpas; *S.a.* **loiter**.

intent² *a.* **1.** *(= absorbed)*: **to be ~ on sth**, bod â'ch holl fryd/feddwl ar rth, ymgolli'n llwyr yn rhth, bod yn ddyfal/ddiwyd/astud yn gwn|eud rhth. **2.** *(= resolved)*: **to be ~ on doing sth**, bod yn benderfynol o wneud rhth, bod â'ch bryd ar wneud rhth. **3. an ~ look**, golwg astud *f*.

intention *n.* **1.** *(= purpose)*: bwriad(-au) *m*, amcan(-ion) *m*, *occ:* bryd *m*, diben(-ion) *m*, *Lit:* arfaeth(-au) *f*; **I had no ~ (to go there)**, nid oedd yn fy mwriad, ni fwriadwn, nid oedd yn fwriad gennyf (fynd yno); **(he went) with the ~ of being seen**, (aeth) gan fwriadu cael ei weld, gyda'r bwriad o gael ei weld; **with the best of intentions**, gyda bwriadau da, gyda'r bwriadau gorau. **2.** *(= healing)*: iachâd *m*. **~ tremor** *n. Med:* ysmudiad(-au) *m*, cryndod(-au) (*m*) bwriad.

intentional *a.* bwriadol, o fwriad, o bwrpas, *occ:* bwriadus.

intentionality *n.* bwriadoldeb *m*, bwriadusrwydd *m*.

intentionally *adv.* yn fwriadol, o fwriad, o bwrpas; **he does it ~**, *N: F:* mae'n gwneud ati.

intently *adv.* yn astud.

intentness *n.* astudrwydd *m*, *occ:* dyfalwch *m*.

inter¹ *v.t.* claddu, *occ:* daearu.

inter² *pref.* rhwng-, rhyng-, cyd-, cyf-, cy-. **-block** *a. Cmptr:* rhyngfloc(-iau) *m*; **~-block gap**, bwlch (bylchau) (*m*) rhyngfloc. **-city 1.** *a.* rhyng-ddinesig. **2.** *n. (train)*: trên (trenau) *mf* rhwng dinasoedd. **-college** *a.* cydgolegol, rhyng-golegol. **-cross 1.** *v.t.* *(a)* croesi, gweu, plethu; *(b) Breed:* croesi, croesfridio. **2.** *v.i.* *(a)* ymw|eu, gweu, ymblethu, croesi; *(b) Breed:* croesfridio. **-drumlin** *a. Geog:* rhyngddrymlinol. **-library** *a.* rhynglyfrgellol, rhwng llyfrgelloedd. **~-regional** *a.* cydranbarthol, rhwng rhanbarthau. **~-school** *a.* rhwng ysgolion. **~-varsity** *a.* rhwng prifysgolion; **I~-Varsity Fellowship of Evangelical Unions**, Cymdeithas Undebau Efengylaidd y Prifysgolion. **-war** *a.* rhwng rhyfeloedd.

inter³ *Lt.prep.* rhwng, ymhlith, yng nghanol, ymysg; **~ *alia***, ymhlith [pethau] eraill; **~ *alios***, ymhlith [rhai] eraill; **~ *caecos***, ymhlith y deillion; *Prov:* **~ *caecos luscus rex***, brenin unllygeidiog yng ngwlad y deillion; yng ngwlad y deillion gŵr un llygad sy'n frenin; **~ *se***, rhyngddynt [a'i gilydd, a hwy eu hunain], ymhlith ei gilydd, trwy'i gilydd; *Jur:* **~ *vivos***, rhwng y byw, rhwng rhai byw, rhwng pobl fyw.

interact¹ *n. Th:* egwyl(-ion) *f*.

interact² *v.i.* rhyngweithio, ymarweithio, ymadweithio, cydymweithio.
interactant *a.* & *n.* **1.** *a.* rhyngweithiol, ymarweithiol, ymadweithiol. **2.** *n.* rhyngweithiwr (rhyngweithwyr) *m.*
interacting *a.* rhyngweithiol, ymarweithiol, ymadweithiol, cydymweithiol.
interaction *n.* ymadwaith (ymadweithiau) *m*, cydadwaith (cydadweithiau) *m*, cydarwaith (cydarweithiau) *m*, rhyngweithiad(-au) *m*, cydweithiad(-au) *m.*
interactional *a.* ymadweithiol, cydadweithiol, rhyngweithiol.
interactive *a.* rhyngweithiol, cydadweithiol, cydarweithiol; *Mth:* rhyngweithiadol.
interallied *a.* rhyng-gynghreiriol.
interarticular *a.* rhyng-gymalog.
interatomic *a.* rhyngatomig.
interavailability *n.* cydgaffaeledd *m.*
interbed *v.t. Geol:* rhynghaenu, rhyngwelyo.
interbedded *a. Geol:* rhyngwelyog, rhynghaenol.
interblend *v.t.&i.* cymysgu, cydgymysgu.
interbrain *n. Anat:* rhyngymennydd (rhyngymenyddiau) *m.*
interbreed *v.t.&i.* croesi, croesfridio, rhyngfridio.
intercalary *a.* ymsangol, gorymddwyn, rhyngosodol; **~ days,** dyddiau ymsang/gorymddwyn.
intercalate *v.t.* **to ~ a day,** dodi/rhoi diwrnod i mewn, cynnwys/gorymddwyn diwrnod.
intercalation *n.* gorymddwyn *vn*, gorymddygiad *m*, cynnwys *vn*, cynhwysiad *m.*
intercede *v.i.* eiriol, *occ:* ymhŵedd (**with s.o.,** ar rn; **for s.o.,** dros rn); cyfryngu (**for s.o.,** ar ran rhn).
interceder *n.* eiriolwr; eiriolydd (eiriolwyr) *m*, cyfryngwr: cyfryngydd (cyfryngwyr) *m.*
intercellular *a.* rhyng-gellol; **~ spaces,** gwagleoedd rhyng-gellol.
intercellularly *adv.* yn rhyng-gellol; rhwng celloedd.
intercensal *a.* rhyng-gyfrifiadol.
intercept¹ *n. Mth:* rhyngdoriad(-au) *m*; *Cmptr:* rhyng-gipiad(-au) *m.*
intercept² *v.t.* dal, atal, stopio (rhn, rhth [ar ei ffordd]); *Lit: occ:* rhagod (rhn); *Cmptr:* rhyng-gipio; *Mth:* rhyngdorri; *Tg: Tp:* **to ~ a message,** codi neges; *Fb: &c:* **to ~ a pass,** atal pas.
interception *n.* **1.** dal *vn*, dala *vn*, rhwystro *vn*, stopio *vn*; *Tp: Tg:* codi *vn*, ataliad(-au) *m*, *Lit: occ:* rhagod(-ion) *m*, rhagodiad(-au) *m*, rhagodfa (rhagodf|eydd) *f*; **mail ~,** agor (*vn*) llythyrau. **2.** *Mth:* rhyngdoriad(-au) *m*, rhyngdorri *vn*; *(of aeroplanes):* rhyng-gyfarfyddiad(-au) *m.* **~ factor** *n. Metalw:* ffactor(-au) (*m*) rhagod.
interceptor *n.* **1.** *Civ.E:* seiffon(-au) *m.* **2.** ataliwr (atalwyr) *m*, rhwystrwr (rhwystrwyr) *m*; *Av: Mil:* rhagodwr (rhagodwyr) *m.*
intercession *n.* eiriolaeth *f*, cyfryngdod *m*; *vn.* = **intercede**.
intercessional *a.* = **intercessorial**.
intercessor *n.* eiriolwr: eiriolydd (eiriolwyr) *m*, cyfryngwr: cyfryngydd (cyfryngwyr) *m* (**for s.o.,** dros rn, ar ran rhn).
intercessorial, intercessory *a.* eiriolaethol, cyfryngol.
interchange¹ *n.* **1.** *(= exchange):* cyfnewid *vn.* **2.** *(= alternation):* aryneiliad *m*, aryneilio *vn*, eilededd *m.* **3.** *Civ.E: (= road junction):* cyfnewidfa (cyfnewidf|eydd) *f*; **clover-leaf ~,** cyfnewidfa feillionaidd (cyfnewidfeydd meillionaidd); **diamond ~,** cyfnewidfa ddeimwnt (cyfnewidfeydd deimwnt).
interchange² *v.t.&i.* **1.** *v.t.* *(a)* cyfnewid, *N: F:* ffeirio, *S: F:* trwco; **to ~ the position of two things,** rhoi'r naill beth yn lle'r llall; *(b) Mth:* cydgyfnewid. **2.** *v.i.* ymgyfnewid.
interchangeability *n.* cyfnewidioldeb *m*, ymgyfnewidioldeb *m*, cydgyfnewidioldeb *m*; **the great advantage is their ~,** y fantais fawr yw y gellir eu cyfnewid/cydgyfnewid.
interchangeable *a.* cyfnewidiadwy, cydgyfnewidiol, rhyng-gyfnewidiol.
interchangeableness *n.* = **interchangeability**.
interchangeably *adv.* yn gyfnewidiol.
interchanger *n.* cyfnewidiwr: cyfnewidydd (cyfnewidwyr) *m.*
interclavicle *n. Z:* rhyng-glafigl(-au) *m.*
interclavicular *a.* rhyng-glafiglaidd.
intercollegiate *a.* cydgolegol, rhyng-golegol.
intercolonial *a.* rhyngwladfaol, rhyngdrefedigaethol.
intercolumnar *a.* rhyng-golofnol.
intercolumniation *n.* rhyng-golofnu *vn*, rhyng-golofniad *m.*
intercom *m.* |intercom(-s) *m.*
intercommunicate *v.i.* cydgysylltu, ymgysylltu, cysylltu rhyngoch a'ch gilydd; *(also, of rooms):* ymagor i'w gilydd, agor y naill i'r llall.
intercommunication *n.* cydgysylltiad *m*, cydgysylltu *vn.*
intercommunion *n.* rhyng-gymundeb *m*, cydgymundeb *m.*
interconnect *v.t.&i.* **1.** *v.t.* cydgysylltu, cysylltu. **2.** *v.i.* ymgysylltu.
interconnected *a.* cysylltiedig, cydgysylltiedig.
interconnectedness *n.* cydgysylltiad *m.*
interconnecting *a.* cydgysylltiol.
interconnection *n.* cydgysylltiad(-au) *m*, cydgyswllt (cydgysylltiadau) *m*, ymgysylltiad(-au) *m*, cyswllt (cysylltau) *m*, cysylltiad(-au) *m*; *vn.* = **interconnect**.
intercontinental *a.* rhyng-gyfandirol.
interconversion *n.* cydgyfnewidiad(-au) *m*, cydgyfnewid *vn*; *Ch:* cyd-drawsnewidiad(-au) *m*, cyd-drawsnewid *vn.*
interconvert *v.t.* cydgyfnewid; *Ch:* cyd-drawsnewid.
interconvertibility *n.* cydgyfnewidioldeb *m*; *Ch:* cyd-drawsnewidioldeb *m.*
interconvertible *a.* cyfnewidiadwy, cydgyfnewidiol.
intercooler *n.* rhyngoerydd(-ion) *m.*
intercorrelation *n.* rhyng-gydberthyniad(-au) *m.*
intercostal *a. Anat:* rhyngasennol, rhwng yr asennau.
intercourse *n.* cyfathrach *f*, cyfeillach *f*, ymwn|eud *vn*; **sexual ~,** cyfathrach rywiol; *Lit: occ:* ymread *m.*
intercrop¹ *v.t.* rhyng-gnydio.
intercrop² *n.* rhyng-gnwd (~-gnydau) *m.*
intercross¹ *v.t.&i.* **1.** *v.t.* *(a)* croesi, gweu, plethu; *(b) Breed:* croesi, croesfridio. **2.** *v.i.* *(a)* ymw|eu, gweu, ymblethu, croesi, ymgroesi, croes-ymgroesi; *(b) Breed:* croesfridio.
intercross² *n.* croesiad(-au) *m.*
intercrural *a.* rhyng-goesol.
intercultural *a.* rhyngddiwylliannol.
intercurrence *n.* ysbeidiolrwydd *m*, ysbeidioldeb *m*, cyfamseroldeb *m.*
intercurrent *a.* ysbeidiol, cyfamserol.
intercut *v.t. Cin:* croesdorri, rhyngdorri.
interdenominational *a.* cydenwadol, rhyngenwadol, *F:* undebol.
interdenominationalism *n.* cydenwadaeth *f*, rhyngenwadaeth *f.*
interdental *a.* rhyngddeintiol, rhwng y dannedd.
interdepartmental *a.* cydadrannol, rhyngadrannol, rhwng adrannau.
interdepartmentally *adv.* yn gydadrannol *&c*; rhwng adrannau.
interdepend *v.i.* ymddibynnu, cyd-ddibynnu, cydymddibynnu, dibynnu y naill ar y llall, dibynnu ar eich gilydd.
interdependence, interdependency *n.* cyd-ddibyniaeth *f*, cydymddibyniaeth *f*, ymddibyniaeth *f*, cyd-ddibyniad *m*; *vn.* = **interdepend**.
interdependent *a.* cyd-ddibynnol, cydymddibynnol, ymddibynnol, rhyngddibynnol; **(these facts are) ~,** (mae'r ffeithiau hyn) yn dibynnu y naill ar y llall, yn ddibynnol ar ei gilydd.
interdependently *adv.* yn gyd-ddibynnol *&c.*
interdict¹ *n.* gwaharddiad(-au) *m*, gwaharddedigaeth(-au) *f*; *Jur:* gwaharddeb(-au) *f*, ataleb(-au) *f*; **to lay a priest under an ~,** gwahardd offeiriad.
interdict² *v.t.* gwahardd (rhn rhag gwn|eud rhth, i rn wneud rhth).
interdiction *n.* gwaharddiad *m*, gwahardd *vn.*
interdictive *a.* gwaharddol.
interdictor *n.* gwaharddwr (gwaharddwyr) *m.*
interdictory *a.* = **interdictive**.
interdiffuse *v.i.*, **interdiffusion** *n.* cydgymysgu.
interdigital *a.* rhwng y bysedd.
interdigitate *v.i.* ymblethu.
interdigitation *n.* ymblethiad(-au) *m*, ymblethu *vn.*
interdisciplinary *a.* rhyngddisgyblaethol.
interest¹ *n.* **1.** *Com: &c: (= pecuniary stake, connection):* budd *m*, buddiant *m*, (**in sth,** o rth); cysylltiad *m* (â rhth); **to have an ~ in the profits,** cyfranogi o'r elw, bod â chyfran o'r elw, bod â chyfran yn yr elw; **I have a financial/money ~ in the firm,** mae gennyf fuddsoddiad yn y cwmni; **to give s.o. a joint ~ in a firm,** rhoi cyd-fudd mewn cwmni i rn; **I have an ~ in it,** mae imi fudd ohono; mae a wnelwyf/fynnwyf ag ef; **to declare an/one's ~ in sth,** datgan eich cysylltiad â rhth, datgan bod ichwi fudd o rth,

datgan bod a wneloch â rhth, datgan bod a wnelo rhth â chwi; *(b) (= group):* plaid *f*, carfan *f*; **the shipping ~,** y fasnach (*f*) longau; **the brewing ~,** y bragwyr *pl*; **the Conservative ~,** y Blaid Geidwadol *f*, y Ceidwadwyr *pl*; **he stood in the Conservative ~,** fe safodd ar ran y Ceidwadwyr; **the landed ~,** y tirfeddianwyr *pl*, y perchenogion (*pl*) tir. **2.** *(= advantage, profit):* mantais (manteision) *f*, elw *m*, budd *m*, lles *m*, llesiant *m*; **in the public ~,** er lles/budd y cyhoedd; **to act for/in one's own interests,** gweithredu er eich mantais/lles/budd/elw eich hun; **(to act) in s.o.'s interests,** (gweithredu) ar ran rhn, er lles rhn *&c*; **to promote s.o.'s interests,** hyrwyddo lles/buddiannau rhn; **to look after s.o.'s interests,** gwarchod buddiannau rhn; **it would be in your ~ to go,** fe dalai ichwi fynd; byddech ar eich ennill o fynd; byddai'n werth ichwi fynd; **in the ~[-s] of truth,** er mwyn y gwirionedd, *occ:* ym mhlaid y gwirionedd. **3.** *(= self-interest):* hunan-les *m*; *Lit: occ: (= influence):* dylanwad *m*. **4.** *(= concern, curiosity, pastime):* diddordeb(-au) *m*; **to take/feel an ~ in sth,** ymddiddori yn rhth, cymryd diddordeb yn rhth, *S.W:* elfentu yn rhth, bod ag elfen yn rhth; **reading is my greatest ~,** darllen yw fy niddordeb pennaf; darllen yw fy mhrif ddiddordeb; **to take no [further] ~ in sth,** colli diddordeb yn rhth; **questions of public ~,** pynciau o ddiddordeb cyffredinol; **(to do sth) out of ~,** (gwneud rhth) o ran ddiddordeb, *N.W: occ:* o ran ymyrraeth. **5.** *Fin: (on loan &c):* llog(-au) *m*, *S.W: occ:* iws *m*; **accrued ~,** llog cronedig; **compound ~,** adlog(-au) *m*; **simple ~,** llog syml; **fixed ~,** llog penodol/penodedig; **nominal ~,** llog enwol; **to bear ~,** dwyn/ennill llog, cynyddu, *F:* dodwy; **out at ~,** ar log; **to bear ~ at 5%,** dwyn llog o bump y cant; *F:* **to repay an injury with ~,** talu pwyth a hanner yn ôl i rn, rhoi pwyth a hanner i rn; **to return s.o.'s favour with ~,** ad-dalu cymwynas rhn; **rate of ~,** cyfradd(-au) (*f*) llog; **flat rate of ~,** cyfradd unffurf llog; **true rate of ~,** gwir gyfradd llog. **~-group** *n.* **1.** buddgarfan(-au) *f*, grŵp (grwpiau) (*m*) diddordeb. **2. = pressure-group. ~-rate** *n.* **= rate of interest.**

interest² *v.t.* **1.** *Fin: Jur:* **to ~ s.o. in a business,** rhoi cyfran mewn cwmni i rn, gwn|eud rhn yn gyfrannog mewn cwmni. **2. to ~ oneself (in doing sth),** ymddiddori, cymryd diddordeb (mewn gwneud rhth); **to ~ s.o. in sth,** diddori rhn yn rhth, ennyn diddordeb rhn yn rhth; **it doesn't ~ me in the least,** nid yw o'r diddordeb lleiaf imi; **I should be interested to meet her,** hoffwn gyfarfod â hi; byddwn yn falch o gwrdd â hi; byddai'n dda gennyf ei chwrdd hi.

interested *a.* **1. an ~ party,** cyfrannog (cyfranogion) (*m&f*), cyfranogwr: cyfranogydd (cyfranogwyr) *m* **(in sth,** o rth); **the ~ parties,** y rhai cyfrannog, y rhai sydd a wnelont â rhth, y rhai dan sylw; *Jur:* y pleidiau/partïon cyfrannog. **2.** *(= self-interested):* hunanlesol, hunanol. **3.** *(= showing curiosity):* llawn diddordeb, â diddordeb, chwilfrydig.

interestedly *adv.* yn llawn diddordeb, â diddordeb.

interesting *a.* diddorol; *O:* **she's in an ~ condition,** mae hi dan ei gofal.

interestingly *adv.* yn ddiddorol; **~ enough,** yn ddiddorol iawn.

interface¹ *n. Cmptr:* rhyngwyneb(-au) *m*.

interface² *v.t.* rhyngwynebu.

interfacial *a.* rhyngwynebol.

interfacing *n. Needlew:* ffesin cudd *m*, wynebyn(-nau) cudd *m*.

interfaith *a.* rhyng-grefyddol.

interfascicular *a.* rhyng-fasg|icwlar, rhyngffasgellol.

interfemoral *a.* rhyng-gluniol.

interfere *v.i.* **1.** *(a)* ymyrryd, ymyrru, ymyrraeth, ymh|el **(in/with sth,** â rhth); *(= meddle):* busnesu, busnesa (yn rhth), *S:* dodi bys yn y cawl; **he interferes in everyone's affairs,** *F:* mae â'i fys ym mrywes pawb; *(b)* **don't ~ with it!** gadewch lonydd iddo! *N:* peidiwch â stwna/mela/philtran ag o! *(c)* **to ~ with the course of justice,** atal/llesteirio cwrs cyfiawnder; *Jur:* **to ~ with a witness,** ymyrryd â thyst; **it interferes with my plans,** mae'n difetha fy nghynlluniau; mae'n tarfu ar fy nghynlluniau. **2.** *Opt: W.Tel:* ymyrraeth. **3.** *Vet: (of horse):* glingamu (*pronounced* ng-g), cerdded yn lingam (*pronounced* ng-g).

interference *n.* ymyrraeth *f* **(in/with sth,** â rhth); ymyriad(-au) *m*, ymyriant (ymyriannau) *m*; *F: (radio):* clecian *vn*; *F: (television):* bwrw (*m*) eira. **~ fit** *n. Metalw:* ffit (*m*) ymyrryd.

interferential *a.* ymyriadol.

interferer *n.* ymyrrwr (ymyrwyr) *m*, ym|yrwraig *f* **(in/with sth,** â rhth); busneswr (busneswyr) *m*, busn|eswraig *f* (yn rhth); busnesgi (busnesgwn) *m*, Robin (*m*) y busnes.

interfering *a.* ymyrgar, busneslyd, busnesgar; *Ph:* ymyrgar.

interferogram *n.* ymyrlun(-iau) *m*.

interferometer *n.* ymyriadur(-on) *m*.

interferometric *a.* ymyriadurol.

interferometry *n.* ymyriadureg *f*.

interferon *n. Bio-Ch:* interfferon *m*.

interfertile *a.* cydffrwythlon.

interfertility *n.* cydffrwythlondeb *m*.

interfibrillar *a.* rhyngffibrynnol.

interfile *v.t.&i.* rhyng-gofnodi, rhyngffeilio.

interflow¹ *n.* rhynglif(-oedd) *m*.

interflow² *v.i.* rhynglifo.

interfluent *a.* rhynglifol.

interfluve *n. Geog:* rhyngafondir(-oedd) *m*.

interfuse *v.t.&i.* cymysgu, cydgymysgu, cydymdreiddio, cydymw|au.

interfusion *n.* cymysgedd *m*, cymysgwch *m*; *vn.* **= interfuse.**

intergalactic *a.* rhyngalaethol, rhwng galaethau.

intergenerational *a.* rhwng cenedlaethau; **~ mobility,** newid (*vn*) safle rhwng dwy genhedlaeth, symudoledd (*m*) mewn dwy genhedlaeth.

intergeneric *a.* rhyng-rywogaethol, rhwng rhywogaethau.

interglacial *a.* rhyngrewlifol.

intergovernmental *a.* rhynglywodraethol, rhwng llywodraethau; **~ relations,** cydberthynas (*f*) llywodraethau.

intergradation *n.* rhyngraddoli *vn*, rhyngraddoliad *m*.

intergradational *a.* rhyngraddol.

intergrade¹ *n.* rhyngradd(-au) *f*.

intergrade² *v.i.* newid [yn raddol], rhyngraddio, ymdoddi.

intergradient *a.* rhyngraddol.

intergroup *a. Pol:* **~ relations,** cydberthynas (*f*) grwpiau.

intergrowth *n.* rhyngdyfiant (rhyngdyfiannau) *m*, rhyngdwf *m*, cyd-dyfiant *m*, ymblethu *vn*, cyd-dyfu *vn*.

interhemispheric *a.* rhyng-hemisfferaidd.

interim *adv., n. & a.* **1.** *adv.* yn y cyfamser; **ad ~,** dros dro. **2.** *n.* **in the ~,** yn y cyfamser. **3.** *a.* **~ report,** adroddiad(-au) (*m*) dros dro, adroddiad [yn y] cyfamser, adroddiad |interim; **~ budget,** cyllideb (*f*) cyfamser; **~ care order,** gorchymyn (*m*) gofal interim; **~ dividend,** difidend cyfamser; **~ payments,** taliadau cyfamser.

interionic *a.* rhyngïonaidd.

interior *a. & n.* **1.** *a.* mewnol, y tu mewn; **~ decoration,** addurno ystafelloedd, *F:* peintio a phapuro; **~ decorator,** addurnwr (addurnwyr) (*m*) tai, *F:* peintiwr (*m*) a phapurwr *m* (peintwyr a phapurwyr); **~ design,** cynllunio mewnol; **~ designer,** cynllunydd (cynllunwyr) (*m*) tai; **~ monologue,** ymson(-au) mewnol *m*. **2.** *n. (a)* tu mewn *m*; *Ph: Mth:* mewnedd *m*; *Pol:* **Minister of the I~,** Gweinidog (*m*) Cartref; *(b) Art:* mewnlun(-iau) *m*; *(c) Th:* golygfa fewnol (golygfeydd mewnol) *f*; *(d) Cin:* mewnolyn (mewnolion) *m*; *(e) Geog:* mewndir(-oedd) *m*, perf|eddwlad *f*, perfedd (*m*) gwlad. **~-sprung** *a. (mattress):* â sbringiau mewnol, â sbringiau y tu mewn.

interiorization *n.* mewnoliad(-au) *m*, mewnoli *vn*.

interiorize *v.t.* mewnoli.

interiorly *adv.* yn fewnol, y tu mewn, oddi mewn.

interjacent *a.* yn y canol, rhyngorweddol.

interject *v.t.* taflu/lluchio (rhth) i mewn, dweud (rhth) ar draws rhn; **"if you can", he interjected,** "os gellwch chi", ebychodd/meddai [ar draws].

interjection *n.* ebychiad(-au) *m*; *Gram:* ebychair (ebycheiriau) *m*, cyfryngair (cyfryngeiriau) *m*, cyfryngiad (cyfryngiaid) *m*.

interjectional, interjectionary *a.* ebychiadol.

interjectionally *adv.* yn ebychiadol.

interjector *n.* ebychwr (ebychwyr) *m*.

interjectory *a.* **= interjectional.**

interknit *v.t.&i.* **1.** *v.t.* plethu, gwau, gweu. **2.** *v.i.* ymblethu, ymw|au, ymw|eu.

interlace¹ *n.* **1.** *Needlew:* rhyngles *m*. **2.** *Cin: T.V:* plethiad(-au) *m*.

interlace² *v.t.&i.* **1.** *v.t. (a) (threads &c):* plethu, nyddu, gweu; *Needlew:* rhynglesio; *(b) (= mingle, intersperse):* **to ~ a talk with anecdotes,** britho sgwrs â hanesion; *(c) Cin:* aryneilio, rhyngw|au, plethu. **2.** *v.i.* croesi, cydgroesi, plethu, ymw|au, cydymw|au, ymblethu, cydblethu, cydymblethu, ymnyddu.

interlacement *n.* plethiad(-au) *m*, ymblethiad(-au) *m*, cydblethiad(-au) *m*, gwead(-au) *m*; *vn.* = **interlace**.
interlaminate *v.t.* rhynglamineiddio.
interlamination *n.* rhynglamineiddiad(-au) *m*, rhynglamineiddio *vn.*
interlap *v.i.* gorgyffwrdd.
interlard *v.t.* britho.
interlarded *a.* brith (**with sth,** o rth).
interlayer *n.* rhynghaen(-au) *f.*
interlayering *n.* rhynghaeniad(-au) *m*, rhynghaenu *vn.*
interleaf[1] *n.* rhyngddalen(-nau) *f.*
interleaf[2], **interleave** *v.t.* rhyngddalennu.
interleaved *a.* rhyngddalennog, rhyngddalenedig.
interlending *vn.* rhyngfenthyca, cydfenthyca.
interline[1] *v.t.* **1.** *(a text):* rhynglinellu, cyflinellu. **2.** *Tail:* rhyngleinio.
interline[2], **interlinear** *a.* rhynglinellol.
interlinearly *adv.* yn rhynglinellol; rhwng llinellau.
interlineation *n.* rhynglinelliad *m*, rhynglinellu *vn.*
interlining *vn.* **1.** *(of text):* rhynglinellu, rhynglinelliad *m*, cyflinelliad *m*. **2.** *Tail:* leinin cudd *m*.
interlink[1] *v.t.* cysylltu, cydgysylltu, cydio.
interlink[2] *n.* cysylltiad(-au) *m*, cyswllt (cysylltau) *m*, cydgysylltiad(-au) *m*, cydgyswllt (cydgysylltau) *m*, dolen (*f*) gyswllt (dolennau cyswllt).
interlinked *a.* cysylltiedig, cydgysylltiol.
interlinking *a.* = **interlinked**.
interlobular *a.* rhynglabedol.
interlocal *a.* rhwng ardaloedd.
interlock[1] *v.t.&i.* cyd-gloi.
interlock[2] *n. Tex:* brethyn clòs *m*.
interlocked *a.* cydgloëdig, wedi'i gyd-gloi.
interlocking[1] *a.* cydgloadol, plethedig, pleth; *Geog:* ~ **spurs,** ysbardunau pleth; *S.a.* **bead**[1].
interlocking[2] *vn.* cydgload *m*, cyd-gloi *vn.*
interlocution *n.* cydymddiddan *vn*, ymddiddan *vn*, sgwrsio *vn.*
interlocutor *n.* cyd-sgwrsiwr (~-sgwrswyr) *m*.
interlocutory *a.* **1.** ymddiddanol, sgyrsiol. **2.** *Jur:* dros dro, cyfamser.
interlocutress, interlocutrix *n.f.* cyd-sg|yrswraig (~-sgyrswragedd) *f.*
interlope *v.i.* ymwthio (i rth); ymyrryd, ymyrraeth (â rhth); busnesu (yn rhth).
interloper *n.* ymyrrwr (ymyrwyr) *m*, ym|yrwraig *f* (**in sth,** â rhth); ymwthiwr (ymwthwyr) *m*, ym|wthwraig *f* (i rth).
interlude *n.* **1.** *Th: (a) (= pause):* egwyl(-ion) *f*, saib (seibiau) *m*, seibiant (seibiannau) *m*; *(b) Mus:* |interliwd (interliwdiau) *f*. **2.** *W.Th: Hist:* |anterliwt (anterliwtiau) *f*, |anterliwd (anterliwdiau) *f*; **writer/player of interludes,** anterliwtiwr (anterliwtwyr) *m*; **to act in interludes, to present interludes,** canlyn anterliwt[-iau].
interlunar, interlunary *a.* rhyngloerol.
intermarriage *n.* ymbriodas *f*, cydbriodas *f*, rhyngbriodas *f*, ymbriodi *vn*, cydbriodi *vn*, rhyngbriodi *vn.*
intermarry *v.t.* ymbriodi, cydbriodi, rhyngbriodi.
intermeddle *v.i.* busnesu (yn rhth).
intermeddler *n.* busneswr (busneswyr) *m*, busn|eswraig *f.*
intermediacy *n.* cyfryngiad(-au) *m*, cyfryngdod(-au) *m*, cyfrwng (cyfryngau) *m*, cyfryngu *vn*, canoli *vn.*
intermediary *a. & n.* **1.** *a.* cyfryngol, canolog, rhyngol; ~ **compound,** rhyng-gyfansoddyn (~-gyfansoddion) *m*; ~ **metabolism,** metaboledd rhyngol *m*. **2.** *n.* canolwr (canolwyr) *m*, can|olwraig *f*, cyfryngwr (cyfryngwyr) *m*, cyfr|yngwraig *f.*
intermediate[1] *a. & n.* **1.** *a.* canolradd, canolraddol, canolog; yn y canol, hanner y ffordd [rhwng dau beth]; *Ch:* rhyngol; *Mth:* ~ **state,** rhyng-gyflwr (~-gyflyrau) *m*; *Sch:* ~ **course,** cwrs canolradd[ol]; ~ **school,** ysgol ganol/ganolraddol (ysgolion canol/canolraddol) *f*; *Com:* ~ **market,** marchnad gyfryngol (marchnadoedd cyfryngol) *f*; ~ **treatment,** triniaeth ganolradd[ol] *f*. **2.** *n.* cyfansoddyn (cyfansoddion) rhyngol *m*; *Bio-Ch:* rhyngolyn (rhyngolion) *m*; *Cmptr:* rhyng-gyflwr (~-gyflyrau) *m*.
intermediate[2] *v.i.* cyfryngu, canoli, bod yn gyfryngwr/ganolwr [rhwng dau beth].
intermediately *adv.* yn ganolradd[ol] *&c.*
intermediateness *n.* canolraddoldeb *m*.
intermediation *n.* cyfryngiad(-au) *m*, cyfryngu *vn.*
intermediator *n.* cyfryngwr (cyfryngwyr) *m*, canolwr (canolwyr) *m*.
intermedin *n. Bio-Ch:* intermedin *m*.
intermedium *n.* cyfrwng (cyfryngau) *m*.
interment *n.* claddedigaeth(-au) *f*, angladd(-au) *mf*, claddu *vn*, daearu *vn.*
intermetallic *a. & n.* **1.** *a.* rhyngfetelaidd. **2.** *n.* rhyngfetel(-au) *m*.
intermezzo *n. Mus:* ***intermezzo (intermezzi)*** *m*.
intermigration *n.* rhyngfudiad *m*, rhyngfudo *vn.*
interminable *a.* diddiwedd, diderfyn, di-ben-draw, annherfynol, maith (meithion).
interminableness *n.* annherfynoldeb *m*, dibendrawdod *m*, meithder *m*.
interminably *adv.* yn ddiddiwedd *&c.*
intermingle *v.t.&i.* cymysgu, cydgymysgu.
intermingled *a.* cymysg, cymysgedig.
interministerial *a.* rhyngweinidogol.
intermission *n.* **1.** egwyl(-ion) *f*, saib (seibiau) *m*, ysbaid (ysbeidiau) *mf*, seibiant (seibiannau) *m*; **without ~,** yn ddi-baid, heb egwyl *&c.* **2.** *U.S: Mus:* cerddoriaeth (*f*) egwyl.
intermit *v.t.&i.* **1.** *v.t.* **to ~ work,** atal gwaith, torri ar waith. **2.** *v.i. Med:* peidio [dros dro], ysbeidio.
intermittence *n.* **1.** ysbeidioldeb *m*. **2.** *(= pause):* saib (seibiau) *m*, ysbaid (ysbeidiau) *mf*.
intermittent *a.* ysbeidiol; *Med:* ~ **claudication,** cloffi (*vn*) ysbeidiol; *Metalw:* ~ **feed,** porthi (*vn*) ysbeidiol; *S.a.* **fever**.
intermittently *adv.* yn ysbeidiol, bob yn ail â pheidio, yn awr ac yn y man, bob hyn a hyn, o bryd i'w gilydd, ar brydiau.
intermix *v.t.&i.* cymysgu, cydgymysgu.
intermixture *n.* cymysgedd(-au) *mf*, cymysgwch *m*, cymysgfa(-oedd) *f*, cymysgedd(-au) *m*; *vn.* = **intermix**.
intermolecular *a.* rhyngfoleciwlaidd, rhyngfolecylaidd.
intermolecularly *adv.* yn rhyngfoleciwlaidd *&c.*
intermont *a. Geog:* rhyngfynyddig.
intermural *a.* rhyngfurol.
intermuscular *a.* rhyng-gyhyrol.
intern[1] *v.t. (= restrict):* cyfyngu, cau, gwarchae (ar rn); cau (rhn) i mewn; *(= imprison):* caethiwo (rhn).
intern[2] *n. U.S: Med:* meddyg(-on) (*m*) preswyl.
internal *a. & n.pl.* **1.** *a. (a) (= interior):* mewnol, y tu mewn; ~ **combustion engine,** motor (*m*) tanio mewnol, motor tanio tu mewn; *(b) Pol:* ~ **trade,** masnach gartref *f*; ~ **affairs,** materion cartref; *U.S:* ~ **revenue,** cyllid gwladol *m*. **2.** *n.pl.* **internals,** mewnolion.
internality *n.* mewnolrwydd *m*.
internalization *n.* mewnoliad(-au) *m*, mewnoli *vn.*
internalize *v.t.* mewnoli.
internally *adv.* yn fewnol, y tu mewn, oddi mewn.
international *a. & n.* **1.** *a.* rhyngwladol, cydwladol, *occ:* rhyng-genedlaethol; *Com:* ~ **accepting,** cyfrifeg ryngwladol *f*; **I~ Accounting Standards Committee,** Pwyllgor (*m*) Safonau Cyfrifeg Rhyngwladol; **I~ Date Line,** y Ddyddlinell *f*; ~ **law,** cyfraith ryngwladol *f*; **I~ Phonetic Alphabet,** yr Wyddor Ffonetig Gydwladol; ~ **politics,** gwleidyddiaeth ryngwladol *f*; *Pol:* ~ **relations,** perthynas (*f*) gwledydd, cydberthynas (*f*) gwledydd; ~ **unit,** uned ryngwladol (unedau rhyngwladol) *f*. **2.** *n. (a) Sp: &c:* gornest ryngwladol (gornestau rhyngwladol) *f*; *(b) Pol:* **the I~,** Cymdeithas Gydwladol (*f*) y Gweithwyr.
Internationale (the) *n. Mus:* yr ***Internationale*** *f.*
internationalism *n.* rhyng-genedlaetholdeb *m*, cydgenedlaetholdeb *m*, cydwladoldeb *m*, rhyngwladoldeb *m*.
internationalist *n. & attrib.* **1.** *n.* rhyng-genedlaetholwr (~-genedlaetholwyr) *m*, rhyng-genedlaeth|olwraig *f*, cydwladolwr (cydwladolwyr) *m*, cydwlad|olwraig *f*. **2.** *attrib.* rhyng-genedlaetholaidd, cydwladolaidd, rhyngwladolaidd.
internationality *n.* rhyng-genedligrwydd *m*, cydwladolrwydd *m*.
internationalization *n.*, **internationalize** *v.t.* rhyngwladoli, cydwladoli.
internationally *adv.* yn gydwladol, yn rhyng-genedlaethol *&c*; rhwng gwledydd, rhwng cenhedloedd; *(= through the world):* drwy'r byd, drwy'r gwledydd; ~ **known,** bydenwog, enwog drwy'r byd/gwledydd, enwog ledled y byd.
internecine *a.* cyd-ddinistriol, ymddinistriol.

interned *a.* caethiwedig.
internee *a.* caethiwedig(-ion) *m&f*; *(loosely):* carcharor(-ion) *m.*
internet *n.* rhyngrwyd *f.*
interneuron *n.* rhyngniwron *m.*
interneuronal *a.* rhyngniwronaidd.
internist *n. Med:* mewnolydd(-ion) *m.*
internment *n.* caethiwedigaeth(-au) *f*, caethiwo *vn.*
internodal *a. Biol:* rhyngnodol.
internode *n. Biol:* rhyngnod(-au) *m.*
internship *n. U.S: Med:* swydd (*f*) meddyg preswyl (swyddi meddygon preswyl).
internuclear *a.* rhyng-gnewyllol.
internuncial *a.* rhyng-genhadol.
internuncio *n. Ecc: Pol:* rhyng-gennad (~-genhadon) *mf.*
interoceanic *a.* rhyng-gefnforol.
interoceptive *a. Biol:* mewndderbyniol.
interoceptor *n. Biol:* mewndderbynnydd (mewndderbynyddion) *m.*
interoffice *a.* rhwng swyddf|eydd.
interosculate *v.t.* = **inosculate**.
interosseous *a.* rhyngesgyrnol.
interpage *v.t.* rhyngddalennu, rhyngosod.
interparietal *a.* rhyngbarwydol.
interpellate *v.t.* holi (rhn), herio (rhn) i ateb.
interpellation *n.* holiad(-au) *m*, holi *vn.*
interpellator *n.* holwr (holwyr) *m.*
interpenetrate *v.t.&i.* hydreiddio, ymdreiddio, cyd-dreiddio, cydymdreiddio.
interpenetration *n.* hydreiddiad *m*, cyd-dreiddiad *m*, cydymdreiddiad *m*; *vn.* = **interpenetrate**.
interpenetrative *a.* hydreiddiol, cyd-dreiddiol, cydymdreiddiol, trylwyr.
interpersonal *a.* cilyddol, rhyngbersonol, rhwng pobl a'i gilydd, rhwng y naill a'r llall.
interpersonally *adv.* yn gilyddol *&c.*
interphase *n.* rhyngffas(-au) *m*, rhyngwedd(-au) *f.*
interphone *n.* ffôn (ffonau) mewnol *m.*
interplait *v.t.* plethu.
interplanetary *a.* rhyngblanedol, rhwng planedau.
interplant *v.t.* rhyngblannu.
interplay[1] *n.* cydadwaith *m*; *S.a.* **interaction**.
interplay[2] *v.i.* cydadweithio; *S.a.* **interact**.
interplead *v.t.&i. Jur:* rhyngbledio.
interpleader *n. Jur:* rhyngblediwr (rhyngbledwyr) *m.* ~ **summons** *n.* gwŷs (*f*) ryngbledio (gwysion rhyngbledio).
Interpol *n* |Interpol *m.*
interpolar *a. El:* rhyngbegynol.
interpolate *v.t.* **1.** *(in text):* rhyngosod, ychwanegu. **2.** *(in conversation):* = **interject**.
interpolated *a.* rhyngosodedig.
interpolation *n.* **1.** *(in text):* rhyngosodiad(-au) *m*, rhyngosod *vn* rhyngysgrifeniad(-au) *m*; *W.Lit:* sangiad(-au) *m.* **2.** *(in conversation):* = **interjection**.
interpolative *a.* rhyngosodol.
interpolator *n.* rhyngosodwr (rhyngosodwyr) *m.*
interposal *n.* ymyrraeth *f*, ymyriad *m*, rhyngosodiad *m.*
interpose *v.t.&i.* **1.** *v.t.* rhyngosod (rhth); gosod (rhth) rhwng dau beth; **"really?" he interposed,** "felly wir?" meddai ar draws y sgwrs. **2.** *v.i.* ymyrryd, ymyrraeth; *(= mediate):* **to ~ between two men,** dod rhwng dau [ddyn].
interposer *n.* **1.** ymyrrwr (ymyrwyr) *m*, ym|yrwraig *f.* **2.** = **intermediary 2**.
interposition *n.* **1.** rhyngosodiad(-au) *m*, rhyngosod *vn.* **2.** *(= intervention):* ymyrraeth *f*, ymyriad(-au) *m*, ymyrryd *vn*, ymyrraeth *vn.*
interpret *v.t.&i.* **1.** *v.t. (a text):* dehongli, egluro, esbonio; *Th:* **to ~ a rôle,** dehongli rhan. **2.** *v.t.&i. (= translate):* cyfieithu; *v.i.* cyfieithu, lladmeru, bod yn gyfieithydd/lladmerydd.
interpretability *n.* **1.** natur ddeongladwy *f.* **2.** = **translatability**.
interpretable *a.* **1.** deongladwy. **2.** *(= translatable):* cyfieithiadwy.
interpretation *n.* dehongliad (dehongliadau) *m*, dehongli *vn.* ~ **clause** *n.* cymal(-au) *(m)* dehongli.
interpretational, interpretative *a.* deongliadol.
interpreted *a.* deongledig; *Cmptr:* ~ **language,** iaith ddeongledig (ieithoedd deongledig) *f.*
interpreter *n.* **1.** *(= translator):* cyfieithydd (cyfieithwyr) *m*, cyf|ieithwraig (cyfieithwragedd) *f*, *Lit:* lladmerydd(-ion) *m.* **2.** *(of dreams &c):* dehonglwr: dehonglydd (dehonglwyr) *m*; *Cmptr:* dehonglydd.
interpretership *n.* swydd (*f*) cyfieithydd/lladmerydd (swyddi cyfieithwyr/lladmeryddion).
interpretive *a.* deongliadol, lladmeryddol; *Cmptr:* ~ **code,** côd (codau) deongliadol *m.*
interpretively *adv.* yn ddeongliadol *&c.*
interpretress *n.f.* deh|onglwraig (deonglwragedd), cyf|ieithwraig (cyfieithwragedd).
interprofessional *a.* rhyngbroffesiynol, rhyngalwedigaethol.
interprovincial *a.* rhyngdaleithiol, rhwng taleithiau.
interpupillary *a.* rhyng-ganhwyllol.
interquartile *n. Geog: Ph:* amrediad(-au) *(m)* rhyngchwartel.
interracial *a.* rhynghiliol.
interregnum *n.* **1.** *Hist: Pol:* rhyngdeyrnasiad(-au) *m.* **2.** *(= interval):* saib (seibiau) *m*, ysbaid (ysbeidiau) *mf.*
interrelate *v.t.* cydberthyn (**with/to sth,** i rth).
interrelated *a.* cydberthnasol, cydberthynol, rhyngberthynol, yn perthyn i'w gilydd; *Mth:* ~ **variables,** newidynnau rhyngberthynol.
interrelatedly *adv.* yn gydberthnasol.
interrelatedness, interrelation, interrelationship *n.* cydberthynas(-au, cydberthnasau) *m.*
interreligious *a.* rhyng-grefyddol, rhwng crefyddau.
interrobang *n.* holnod(-au) ebychol *mf.*
interrogate *v.t.* holi, *occ:* cwestiynu.
interrogation *n.* holiad(-au) *m*, holi *vn.* ~ **point** *n.* holnod(-au) *mf.*
interrogational *a.* holiadol.
interrogative *a. & n.* **1.** *a.* holiadol, holgar; *Gram:* gofynnol; ~ **particle,** geiryn(-nau) gofynnol *m*; ~ **pronoun,** rhagenw(-au) gofynnol *m.* **2.** *n. Gram:* y gofynnol *m.*
interrogatively *adv.* yn holgar; *Gram:* yn holiadol, yn ofynnol, fel gofyniad.
interrogator *n.* holwr (holwyr) *m*, h|olwraig (holwragedd) *f.*
interrogatory *a. & n.* **1.** *a.* holiadol. **2.** *n. Jur:* holiadur(-on) *m*, holiad(-au) *m*; *Archives:* cwestiyneb(-au) *f.*
interrupt[1] *v.t.* torri (ar rth, ar draws rhth); ymyrraeth, ymyrryd (yn rhth); **as I was saying when I was interrupted,** fel yr oeddwn i'n dweud pan dorrwyd ar fy nhraws; **to ~ a conversation,** torri ar draws sgwrs, *F:* rhoi'ch pig i mewn i sgwrs.
interrupt[2] *n. Cmptr:* ymyriad(-au) *m*; **to disable/enable interrupts,** analluogi/galluogi ymyriadau; **maskable ~,** ymyriad cuddiadwy; **non-maskable ~,** ymyriad anghuddiadwy; **peripheral ~,** ymyriad perifferol; **priority ~,** ymyriad blaenoriaethol. ~ **event** *n.* digwyddiad(-au) ymyriadol *m.* ~ **line** *n.* lein(-iau) (*f*) ymyriad. ~ **service routine** *n.* rheolwaith (rheolweithiau) *(m)* trin ymyriadau. ~ **trap** *n.* magl(-au) (*f*) ymyriadau.
interrupted *a.* bylchog; *Mus:* ~ **cadence,** diweddeb(-au) annisgwyl/swta *f.*
interrupter *n.* **1.** *(pers.):* ymyrrwr (ymyrwyr) *m*, ym|yrwraig *f*, torrwr (torwyr) *(m)* ar draws, t|orwraig (*f*) ar draws. **2.** *El:* torrwr, datgysylltwr (datgysylltwyr) *m.*
interruptible *a.* toradwy, bylchadwy.
interruption *n.* **1.** toriad(-au) *m* (**of sth,** ar draws rhth), ymyriad(-au) *m* (â rhth), aflonyddiad(-au) *m* (ar rth); **(he continued his speech) despite interruptions from the audience,** (daliodd i areithio) er gwaethaf pobl yn y gynulleidfa yn torri ar ei draws, er gwaethaf ymyrraeth/ymyriadau o du'r gynulleidfa, er gwaethaf gweiddi o'r llawr. **2.** *(= gap):* bwlch (bylchau) *m*, saib (seibiau) *m*, toriad; **we regret the ~ in our programmes,** mae'n ddrwg gennym am y bwlch yn ein rhaglenni; **(to work six hours) without ~,** (gweithio [am] chwe awr) yn ddi-dor, yn ddi-fwlch, heb saib.
interruptive *a.* toriadol, ymyriadol, bylchol.
interruptor *n.* = **interrupter**.
interruptory *a.* = **interruptive**.
interscholastic *a.* rhwng ysgolion.
intersect *v.t.&i.* croestorri, cynghroesi; croesi/torri ar draws [ei gilydd].
intersection *n.* **1.** *Geom:* croestoriad(-au) *m*, cynghroesiad(-au) *m*;

point of ~, croestorfan(-nau) *mf.* **2.** *(of roads):* croesffordd (croesffyrdd) *f*, cyffordd (cyffyrdd) *f*, *N:* croeslon(-ydd) *f.*
intersectional *a.* croestoriadol.
interseptal *a.* rhyngseptol, rhyngdeisbannol.
interservice *a.* rhwng cadluoedd.
intersession *n. Sch:* rhyngsesiwn (rhyngsesiynau) *mf.*
intersex *n.* rhyngrywiolyn (rhyngrywiolion) *m.*
intersexual *a.* rhyngrywiol.
intersexuality *n.* rhyngrywioldeb *m.*
intersexually *adv.* yn rhyngrywiol.
interspace[1] *n.* gofod *m*, bwlch (bylchau) *m*, cyfwng (cyfyngau) *m*, ysbaid (ysbeidiau) *mf*, egwyl(-ion) *f*, cyfnod(-au) *m.*
interspace[2] *v.t.* gwn|eud (rhth) yn ysbeidiol, ysbeidioli (rhth).
interspecific *a.* rhyngrywiogaethol.
intersperse *v.t.* **1. to ~ sth among other things,** cymysgu rhth â phethau eraill, gwasgaru rhth ym mhlith pethau eraill. **2. to ~ a speech with stories,** britho araith â straeon.
interspersed *a. (speech):* brith (*f.* braith, *pl.* brithion) **(with sth,** o rth); *(asides &c):* gwasgaredig.
interspersion *n.* gwasgariad *m*, gwasgaru *vn.*
interspinal, interspinous *a.* rhyngbigynnol.
interstadial *n.* rhyng-gyfnod(-au) *m.*
interstate *a. U.S:* rhyngdaleithiol, rhwng taleithiau.
interstellar *a.* rhyngserol; **~ accretion,** ymgasgliad rhyngserol *m.*
intersterile *a.* cyd-ddiffrwyth.
intersterility *n.* cyd-ddiffrwythder *m.*
interstice *n.* cyfwng (cyfyngau) *m*, agen(-nau) *f*, gwagle(-oedd) *m*, lle gwag (lleoedd gweigion) *m.*
interstitial *a.* gwagleol, cyfyngol, agennol, agennog; **~ cells,** celloedd gwagleol.
interstratification *n.* rhynghaenu *vn*, rhynghaeniad(-au) *m.*
interstratified *a.* rhynghaenog.
intersubjective *a. Psy:* rhyngymwybodol, cydymwybodol.
intersubjectivity *n.* rhyngymwybodolrwydd *m*, cydymwybodolrwydd *m.*
intertangle *v.t.&i.* drysu.
intertestamental *a.* rhyngdestamentaidd.
intertexture *n.* gweu *vn*, plethu *vn*, ymblethu *vn*, cydwead *m.*
intertidal *a. & n. Geog:* **1.** *a.* rhynglanwol. **2.** *n.* rhynglanw *m.*
intertidally *adv.* rhwng llanw a thrai.
intertie *n.* cysylltiad(-au) *m.*
intertribal *a.* rhyngdylwythol, rhynglwythol, rhwng tylwythau/llwythau.
intertrigo *n. Med:* llid (*m*) rhwbio, llid rhwto.
intertropical *a.* rhyngdrofannol.
intertwine *v.t.&i.* plethu, ymblethu, ymw|eu, gweu, ymnyddu.
intertwinement *n.* plethiad(-au) *m*, ymblethiad(-au) *m*, gwead(-au) *m*, ymwead(-au) *m*, ymnyddiad(-au) *m.*
intertwist[1] *v.t.&i.* = **intertwine.**
intertwist[2] *n.* = **intertwinement.**
interurban *a.* rhyngdrefol.
interval *n.* **1.** *(b)* ysbaid (ysbeidiau) *mf*, cyfnod(-au) *m*, *occ:* cyfwng (cyfyngau) *m*; **at intervals,** yn ysbeidiol, o bryd i'w gilydd, yn awr ac yn y man, bob hyn a hyn, o dro i dro; **meetings held at short intervals,** cyfarfodydd a gynhelir o fewn ysbeidiau byrion; *Meteor:* **bright intervals,** cyfnodau heulog; **sunny/hot intervals,** *N: occ:* llygadau poethion; *(b) Sch:* amser (*m*) chwarae; *(c) Th: &c:* egwyl(-ion) *f*, saib (seibiau) *m*, seibiant (seibiannau) *m*; *(d) Mus:* cyfwng (cyfyngau) *m*; **augmented ~,** cyfwng estynedig; **compound ~,** cyfwng cyfansawdd; **consonant ~,** cyfwng cytseiniol; **diminished ~,** cyfwng cywasgedig; **dissonant ~,** cyfwng anghytseiniol; **major ~,** y cyfwng mwyaf; **minor ~,** y cyfwng lleiaf; **perfect ~,** cyfwng perffaith; *(e) Cmptr:* cyfwng; *(f) Mth: Ph:* **class ~,** cyfwng dosbarth; **closed ~,** cyfwng caeëdig; **confidence ~,** cyfwng hyder; **fundamental ~,** cyfwng sylfaenol; **open ~,** cyfwng agored. **2.** *(between beams &c):* pellter(-au) *m*, lle gwag (lleoedd gweigion) *m*, bwlch (bylchau) *m*, gwagle(-oedd) *m*, gofod(-au) *m*; **to place objects at regular intervals,** gosod pethau bob hyn a hyn. **~ timer** *n.* amserydd(-ion) (*m*) cyfwng.
intervalometer *n.* rheolydd(-ion) ysbeidiol *m.*
intervein *v.t.* rhyngwythiennu.
intervene *v.i.* **1.** *(= go/come between):* mynd, dod (rhwng dau beth); *(= be/lie between):* bod, gorwedd (rhwng dau beth); *(= interfere, interpose):* ymyrryd, ymyrru, ymyrraeth (rhwng dau beth). **2.** *(of event, to happen):* digwydd [yn y cyfamser]; **the father's death intervened,** bu farw'r tad yn y cyfamser. **3. ten years intervened,** aeth deng mlynedd heibio. **4.** *Jur: &c:* ymyrryd, cyfryngu.
intervener *n.* ymyrrwr (ymyrwyr) *m*, ym|yrwraig *f.*
intervenient *a. (event):* cyfamserol, yn y cyfamser.
intervening *a.* **1.** *(pers.):* ymyrgar. **2.** *(event):* cyfamserol. **3.** *(distance, period):* [yn y] canol; *Geog:* rhyngol; **~ section,** rhyngadran(-nau) *f.*
intervention *n.* ymyriad(-au) *m*, ymyrraeth *f*; **state ~,** ymyriad gwladol, ymyriad y wladwriaeth.
interventionism *n. Pol:* ymyriadaeth *f.*
interventionist *n. & attrib. Pol:* **1.** *n.* ymyraethwr (ymyraethwyr) *m.* **2.** *attrib.* ymyraethol.
interventricular *a. Med:* rhyngfentrigol.
intervertebral *a. Anat:* rhyngleiniol, rhyngfertebrol.
interview[1] *n.* cyfweliad(-au) *m.*
interview[2] *v.t.&i.* **1.** *v.t.* cyfw|eld, holi. **2.** *v.i.* **he interviews well,** mae'n dda mewn cyfweliadau.
interviewee *n.* cyfweledig(-ion) *m&f*; *T.V:* atebwr (atebwyr) *m*, at|ebwraig *f.*
interviewer *n.* cyfwelydd: cyfwelwr (cyfwelwyr) *m*; *T.V:* holwr (holwyr) *m*, h|olwraig (holwragedd) *f.*
intervocalic *a.* rhynglafarog, rhwng llafariaid, rhwng dwy lafariad.
interweave[1] *v.t.&i.* **1.** *v.t.* plethu, cydblethu, nyddu, gweu, cyd-weu, cordeddu. **2.** *v.i.* ymblethu, ymnyddu, ymw|eu, cordeddu, ymgordeddu.
interweave[2] *n.* plethiad(-au) *m*, gwead(-au) *m*, cydblethiad(-au) *m*, cydwead(-au) *m.*
interweaving *vn.* cydwead(-au) *m*, cyd-weu.
interwind *v.t.&i.* troelli, plethu, cydblethu.
interwoven *a.* ymblethedig, cydblethedig.
interzonal, interzone *a.* rhwng ardaloedd/cylchoedd.
intestacy *n. Jur:* marwolaeth (*f*) heb ewyllys, anghymynnedd *m*, diewyllysedd *m*, diffyg (*m*) ewyllys. **~ rules** *n.pl.* rheolau diffyg ewyllys.
intestate *a. & n.* **1.** *a.* heb [wn|eud] ewyllys, diewyllys, anghymyn; **partially ~,** rhannol ddiewyllys; **~ succession,** etifeddu diewyllys, etifeddu heb ewyllys. **2.** *n.* rhn anghymyn, rhn diewyllys.
intestinal *a. Anat:* coluddol, perfeddol, [y] coluddion, [y] perfedd; **~ fortitude,** dewrder *m.*
intestinally *adv.* yn goluddol *&c*; yn y coluddion.
intestine[1] *a. & n.* **1.** *a.* mewnol, cartref. **2.** *n. Anat:* coluddyn (coluddion) *m*, perfeddyn (perfedd, perfeddion) *m*, *S:* poten *f*; **large ~,** perfeddyn/coluddyn mawr; **small ~,** perfeddyn/coluddyn bach; *pl.* **intestines,** ymysgaroedd, perfedd *m or pl.*
intima *n. Anat:* |intima (intimâu) *f.*
intimacy *n.* **1.** *(of friendship):* agosrwydd *m* **(with s.o.,** at rn); *(of knowledge):* cynefindra *m* **(with sth,** â rhth); trylwyredd *m*, llwyredd *m*; *(= privacy):* clydwch *m*, diddosrwydd *m*, preifatrwydd *m.* **2.** *(a) (= friendship):* cyfeillach(-au) *f*, cyfathrach(-au) *f*, cyfeillgarwch *m*, agosatrwydd *m*; *(b) Jur:* **[sexual] ~,** cyfathrach [rywiol].
intimal *a. Anat:* |intimaidd.
intimate[1] *a. & n.* **1.** *a. (a)* **to become ~ with s.o.,** dod i adnabod rhn [yn dda], mynd yn gyfeillgar â rhn, mynd yn agos at rn, closio at rn, dod yn ben ffrindiau â rhn, *N: F:* dod yn llawiau â rhn, *Pej:* mynd i lawes rhn; **an ~ friend,** cyfaill agos/mynwesol, cyfaill calon; *(b) (= thorough):* trylwyr, llwyr, manwl; **to have an ~ knowledge of sth,** adnabod rhth yn drylwyr/fanwl; **an ~ connexion,** cysylltiad agos/clòs; *(c) (= private):* preifat, personol; **an ~ diary,** dyddiadur personol; *(d)* **an ~ atmosphere,** awyrgylch preifat/clyd/diddos; *(e) Jur:* **to be ~ with s.o.,** cael cyfathrach rywiol â rhn; *(f) Th:* **~ theatre,** theatr gartrefol *f.* **2.** *n.* cyfaill (cyfeillion) mynwesol; **his intimates,** ei gyfeillion agos/mynwesol, ei gydnabod.
intimate[2] *v.t.* **1.** *(= announce):* **to ~ sth to s.o.,** mynegi rhth i rn, rhoi rhth ar ddeall i rn, rhoi gwybod am rth i rn, hysbysu rhn o rth, crybwyll rhth wrth rn. **2.** *(= imply, hint):* awgrymu rhth i/wrth rn, taro'r post i'r pared glywed.
intimately *adv. (= thoroughly):* yn fanwl, yn llwyr, yn drylwyr; *(= personally):* yn bersonol; **I know Cardiff ~,** 'rwy'n adnabod Caerdydd fel cefn fy llaw.

intimateness *n.* = **intimacy.**
intimater *n.* awgrymwr (awgrymwyr) *m.*
intimation *n.* **1.** *(= announcement):* hysbysiad(-au) *m*, newydd(-ion) *m*, hysbysrwydd *m.* **2.** *(= hint):* awgrym(-iadau) *m*, argoel(-ion) *f*, si (sïon) *m*, sôn *m*, *N.W: F:* hỳm *mf.*
intimidate *v.t.* dychryn, brawychu, bygwth, *occ:* bygylu (rhn); codi ofn/arswyd (ar rn); **he is easily intimidated,** mae'n un ofnus/swil; mae'n un hawdd ei ddychryn; mae'n hawdd codi ofn arno.
intimidating *a.* bygythiol, brawychus, arswydus, digon i godi ofn arnoch.
intimidatingly *adv.* yn frawychus *&c*; er mwyn dychryn, i greu dychryn.
intimidation *n.* bygythion *pl*, bygwth *vn*, codi (*vn*) ofn *&c*, brawychiad *m*, bygyliad *m*, bygylu *vn.*
intimidator *n.* bygythiwr (bygythwyr) *m*, *occ:* bygylwr (bygylwyr) *m.*
intimidatory *a.* = **intimidating.**
intimism *n.* *Art:* *mewnoliaeth *f.*
intimist *n.* *Art:* *mewnolwr (mewnolwyr) *m.*
intimity *n.* = **intimacy.**
intinction *n.* gwlychu *vn.*
intine *n.* *Bot:* intin(-au) *m.*
intitule *v.t.* teitlu, enwi.
into *prep.* **1.** i, i mewn i + *soft mut.*; **to go ~ a house,** mynd i dŷ, mynd i mewn i dŷ; **to run ~ a wall,** rhedeg yn erbyn wal, mynd i erbyn wal; **to get ~ a rage,** gwylltio; **to fall ~ the hands of the enemy,** syrthio i ddwylo'r gelyn; **to go ~ battle,** mynd i'r gad; **to get ~ trouble,** mynd i helynt; **to come ~ property,** etifeddu eiddo. **2.** **to change sth ~ sth,** newid/troi rhth yn rhth (*not* i rth); **to change straw ~ gold,** troi gwellt yn aur (*not* i aur); **the prince changed ~ a frog,** trodd y tywysog yn llyffant (*not* i lyffant); **to grow ~ a man,** tyfu'n ddyn, prifio'n ddyn; **to divide sth ~ two,** rhannu rhth yn ddwy [ran] (*not* i ddwy); **to burst ~ tears,** beichio wylo; **to collect sth ~ heaps,** pentyrru rhth, casglu rhth yn bentyrrau; **I changed ~ my best suit,** newidiais i'm siwt orau *(N.B.* i *is correct here)*; **to flog s.o. ~ submission,** chwipio rhn nes iddo ufuddhau. **3.** *F:* *(= interested in):* **he's ~ Zen,** Zen yw popeth ganddo; yn Zen y mae ei ddiddordeb; Zen yw ei beth mawr.
intolerability *n.* = **intolerableness.**
intolerable *a.* annioddefol, annioddefadwy, anoddefadwy, *Lit:* anoddef.
intolerableness *n.* natur annioddefol *&c f*, annioddefoldeb *m*; *(of pain &c):* toster *m*, tostrwydd *m*, llymder *m.*
intolerably *adv.* yn annioddefol *&c.*
intolerance *n.* anoddefgarwch *m*, anoddefiad *m* **(of sth,** o rth, tuag at rth).
intolerant *a.* **1.** anoddefgar **(of sth,** tuag at rth). **2.** *Med:* **to be ~ of a drug,** methu dioddef cyffur.
intolerantly *adv.* yn anoddefgar.
intolerantness *n.* = **intolerance.**
intonate *v.t.* = **intone.**
intonation *n.* **1.** *(action):* llafarganu *vn.* **2.** *(of voice):* tôn (tonau) *f*, goslef(-au) *f*, tonyddiaeth *f.* **3.** *(a) Mus: (of instrument):* cyweirio *vn*, cyweiriaeth *f*; *(b) (in plainsong):* rhagnod(-au) *m*; *(c) Rel: Mus:* llafargan *f.*
intonational *a.* **1.** goslefol. **2.** *Rel: Mus:* llafarganiadol, llafarganol.
intone *v.t.* llafarganu; **intoned prayer,** gweddi lafarganedig *f.*
intoxicant *a.* & *n.* **1.** *a.* meddwol, alcoholaidd, cadarn (cedyrn), *occ:* gwirodol. **2.** *n.* diod feddwol (diodydd meddwol) *f*, diod gadarn (diodydd cedyrn), gwirod(-ydd) *mf.*
intoxicate *v.t.* meddwi **(on/with sth,** ar rth).
intoxicated *a.* meddw, *occ:* brwysg.
intoxicatedly *adv.* yn feddw *&c.*
intoxicating *a.* meddwol.
intoxicatingly *adv.* yn feddwol.
intoxication *n.* m|eddwdod *m* (*usu. pronounced* m|edd-dod) **(on/with sth,** ar rth).
intraarterial *a.* mewnrhydwelïol.
intracanalicular *a.* *Med:* mewngamlesig (*pronounced* ng-g).
intracardiac, intracardial *a.* yn y galon, mewngalonol (*pronounced* ng-g).
intracardially *adv.* y tu mewn i'r galon, yn y galon.
intracellular *a.* *Biol:* mewngellol (*pronounced* ng-g), y tu mewn i gell.
intracellularly *adv.* yn fewngellol (*pronounced* ng-g), oddi fewn i gell.
intracranial *a.* *Anat:* mewngreuanol (*pronounced* ng-g), y tu mewn i'r greuan.
intractability *n.* cyndynrwydd *m*, anhydrinedd *m*, anhydynrwydd *m*, natur anystywallt *&c f.*
intractable *a.* anodd eich trin, anhydrin, anystywallt, cyndyn, ystyfnig, anhydyn, anufudd, *Lit: occ:* anhywaith; *(also, pers.):* di-ddweud, diwrando.
intractableness *n.* = **intractability.**
intractably *adv.* yn anhydrin *&c.*
intracutaneous *a.* mewngroenol (*pronounced* ng-g).
intracutaneously *adv.* tan y croen.
intrada *n.* *Mus:* intrada (intradâu) *f.*
intradermal *a.* = **intracutaneous.**
intradermally *adv.* = **intracutaneously.**
intrados *n.* *Arch:* intrados(-au) *m.*
intragalactic *a.* mewnalaethol, y tu mewn i'r alaeth.
intragenerational *a.* **~ mobility,** newid (*vn*) safle yn yr un genhedlaeth.
intramolecular *a.* mewnfolecylaidd, y tu mewn i f|olecwl.
intramural *a.* mewnfurol, y tu mewn i'r muriau.
intramuscular *a.* mewngyhyrol (*pronounced* ng-g), y tu mewn i gyhyr.
intranational *a.* mewnol, cartref.
intransigence, intransigency *n.* anhyblygrwydd *m*, anghymodlondeb *m*, cyndynrwydd *m*, natur anhyblyg/ddi-ildio *f*; *Pol:* archgeidwadaeth *f.*
intransigent *a.* & *n.* **1.** *a.* cyndyn, anghymodlon, anhyblyg, di-ildio; *Pol:* archgeidwadol. **2.** *n.* cyndynnwr (cyndynwyr) *&c m*, cynd|ynwraig *f*; *Pol:* archgeidwadwr (archgeidwadwyr) *m*, archgeidw|adwraig *f*, archgeidwades(-au) *f*, ceidwadwr (ceidwadwyr) rhonc *m*, ceidwades ronc (ceidwadesau rhonc) *f.*
intransigently *adv.* yn gyndyn *&c.*
intransitive *a.* *Gram:* cyflawn; *Mth:* anhrosaidd.
intransitively *adv.* *Gram:* yn gyflawn; fel berf gyflawn.
intransitiveness *n.* *Gram:* cyflawnder *m.*
intransmissible *a.* anhrosglwyddadwy.
intrant *n.* = **entrant.**
intraperitoneal *a.* mewnberitoneol, mewnberfeddlennol, y tu mewn i'r peritonëwm/berfeddlen.
intrapersonal *a.* mewnol, personol.
intrapopulation *a.* o fewn y boblogaeth.
intrapsychic *a.* mewnol, meddyliol, eneidiol, mewnseicig.
intrapsychically *adv.* yn fewnol *&c*; oddi mewn, yn y meddwl, yn yr enaid.
intraspecies, intraspecifically *a.* mewnrhywogaethol, o fewn [y] rhywogaeth.
intraspecifically *adv.* yn fewnrhywogaethol, o fewn [y] rhywogaeth.
intrastate *a.* mewnwladol, mewnwladwriaethol, o fewn y wlad/wladwriaeth.
intrauterine *a.* yn y groth, *occ:* mewngroth (*pronounced* ng-g); **~ loop,** dolen fewngroth.
intravaginal *a.* *Bot:* mewnweiniol.
intravascular *a.* mewnlestrol, mewnfasgwlaidd.
intravenous *n.* mewn gwythïen, mewnwythiennol.
intravenously *adv.* mewn gwythïen, trwy wythïen.
intravital, intravitam *a.* mewn cell fyw.
intrazonal *a.* lleol, mewngylchfaol (*pronounced* ng-g).
intrepid *a.* eofn, gwrol, dewr(-ion), glew(-ion), *occ:* di-ofn, diofn, diarswyd, di-gryn, digryn.
intrepidity *n.* ehofnder *m*, ehofndra *m*, gwroldeb *m*, dewrder *m*, glewder *m.*
intrepidly *adv.* yn eofn *&c.*
intrepidness *n.* = **intrepidity.**
intricacy *n.* cymhlethdod(-au) *m*, cymhlethwch *m*, astrusi *m*, *occ:* d[y]ryswch *m*; *(= workmanship):* cywreinrwydd *m.*
intricate *a.* cymhleth, astrus, dryslyd; *(workmanship):* cywrain.
intricately *adv.* yn gymhleth; *(workmanship):* yn gywrain.
intricateness *n.* = **intricacy.**
intrigant, intrigante *n.* = **intriguer.**

intrigue[1] *n.* **1.** cynllwyn(-ion) *m*, cynllwynio *vn*. **2.** *(of play):* plot(-iau) *m*.
intrigue[2] *v.i.&t.* **1.** *v.i.* cynllwyn, cynllwynio. **2.** *v.t.* *(= interest):* diddori, cyfareddu, llygad-dynnu, ennyn diddordeb, tynnu sylw (rhn); **he intrigued me,** yr oedd yn ddirgelwch/benbleth imi; yr oedd yn ennyn/deffro/cosi fy chwilfrydedd.
intrigued *a.* chwilfrydig (**by sth,** o achos rhth); **~ by her mysterious air, he followed her,** dan gyfaredd yr olwg ddirgel arni, dilynodd hi.
intriguer *n.* cynllwyn[i]wr (cynllwynwyr) *m*, cynll|wynwraig *f*.
intriguing *a.* **1.** *(politician &c):* cynllwyngar (*pronounced* ng-g), ystumddrwg. **2.** *(= interesting):* diddorol, cyfareddol, swynol, pryfoclyd.
intriguingly *adv.* yn ddiddorol *&c*.
intrinsic *a.* cynhenid, cynhwynol, hanfodol, yn y bôn; *Mth: Ph:* **~ spin,** sbin cynhenid/gynhenid (sbiniau cynhenid) *mf*; **to be of ~ value,** bod o werth ynddo'i hun; **to do sth for its own ~ value,** gwneud rhth er ei fwyn ei hun.
intrinsically *adv.* yn gynhenid *&c*, yn y bôn.
intrinsicalness *n.* natur gynhenid *&c*, hanfodolrwydd *m*.
intro *n.* *F:* = **introduction.**
introduce *v.t.* **1.** *(a)* *(= present):* cyflwyno; **to ~ a subject,** cyflwyno pwnc (**to s.o.,** i rn), dod â phwnc ger bron (rhn); *(b)* *(= admit):* **to ~ s.o. into a place,** mynd/dod â rhn i le; **to ~ s.o. into s.o.'s presence,** hebrwng rhn i ŵydd rhn; *(c)* **to ~ a new custom,** cyflwyno/cychwyn arfer newydd; *(d)* **to ~ a bill before Parliament,** dod â mesur o flaen y Senedd, cyflwyno mesur yn y Senedd. **2. to ~ s.o. to s.o.,** cyflwyno rhn i rn; **to ~ oneself,** ymgyflwyno, eich cyflwyno'ch hun. **3. to ~ s.o. to a process,** dangos proses i rn, cychwyn rhn ar broses; **it was I who introduced him to Welsh,** fi a'i cychwynnodd gyda'r Gymraeg; fi a'i rhoes ar ben y ffordd gyda'r Gymraeg; fi a gyflwynodd y Gymraeg iddo. **4.** = **insert.**
introduced *a.* *Bot: (plant &c):* oddi allan, dyfod, dieithr, newydd.
introducer *n.* cyflwynydd: cyflwynwr (cyflwynwyr) *m*, cyfl|wynwraig *f*.
introduction *n.* **1.** *(action):* cyflwyniad *m*, cyflwyno *vn*; *S.a.* **introduce; a letter of ~,** llythyr(-au,-on) *(m)* cyflwyno/cyflwyniad. **2.** *(of book &c):* cyflwyniad(-au) *m*, rhagair (rhageiriau) *m*, rhagymadrodd(-ion) *m*, rhagarweiniad(-au) *m*, rhaglith(-oedd) *m*, rhagdraeth(-au) *m*. **3.** *(= manual):* llawlyfr(-au) *m*, cyflwyniad, rhagarweiniad. **4.** *Mus:* rhagarweiniaid. **~ card** *n.* cerdyn (cardiau) *(m)* cyflwyno. **~ course** *n.* cwrs (cyrsiau) rhagarweiniol *m*.
introductive *a.* cyflwyniadol, arweiniol, rhagarweiniol, rhagymadroddol.
introductorily *adv.* yn gyflwyniadol; fel cyflwyniad.
introductory *a.* = **introductive.**
introflexion *n.* mewnblygiad *m*, mewnblygu *vn*.
introgressant *a.* & *n.* **1.** *a.* mewnfynedol. **2.** mewnfynedwr (mewnfynedwyr) *m*.
introgression *n.* mynediad(-au) *(m)* i mewn, mewnfynediad(-au) *m*.
introgressive *a.* mewnfynedol.
introit *n.* *Ecc:* yntred(-au) *f*.
introitus *n.* *Med:* agoriad(-au) *m*, mynedfa (mynedf|eydd) *f*.
introject *v.t.* cymathu, mewngymathu (*pronounced* ng-g).
introjection *n.* cymathiad(-au) *m*, ymgymathiad(-au) *m*; *vn.* = **introject.**
intromission *n.* *Jur:* ymyrraeth *f* (â rhth).
intromit *v.t.* *Biol:* mewnosod, mewnddodi, gwthio.
intromittent *a.* *Biol:* cydiol, cyplysol, ymwthiol, mewnosodol.
intromitter *n.* cydiwr (cydwyr) *m*, cyplyswr (cyplyswyr) *m*, ymwthiwr (ymwthwyr) *m*.
intron *n.* intron(-au) *m*.
introrse *a.* introrse.
introspect *v.i.* mewnsyllu, hunanholi, hunanymholi, ymholi.
introspection *n.* mewnsylliad *m*, hunanholiad *m*, hunanymholiad *m*, mewnymdroad *m*, mewnddrychedd *m*; *vn.* = **introspect.**
introspectional *a.* = **introspective.**
introspectionism *n.* = **introspectiveness.**
introspectionist *n.* & *attrib.* **1.** *n.* mewnsyllwr: mewnsyllydd (mewnsyllwyr) *m*. **2.** *attrib.* = **introspective.**
introspective *a.* mewnsyllgar, mewnsyllol, mewnddrychol.
introspectively *adv.* yn fewnsyllgar *&c*.
introspectiveness *n.* hunanymholi *vn*, mewnsyllu *vn*, natur fewnsyllgar/fewnsyllol/fewnddrychol *f*.
introsusception *n.* = **intussusception.**
introversible *a.* mewndroadwy.
introversion *n.* **1.** *Psy:* mewndro *m*, mewnblygiad *m*; mewnblygrwydd *m*, mewndr|oi *vn*. **2.** *Anat:* mewndroad(-au) *m*, mewndro(-eon) *m*, mewndr|oi *vn*.
introversive *a.* mewndroadol.
introvert[1] *a.* & *n.* **1.** *a.* mewndro, mewndroëdig, mewnblyg. **2.** *n.* mewndroëdig (mewndroedigion) *m&f*, rhn (rhai) mewnblyg/mewndro.
introvert[2] *v.t.* mewndr|oi.
introverted *a.* *Psy:* mewndroëdig, mewnblyg; *Theol:* **~ parallelism,** cyfochredd ymdroëdig *m*.
intrude *v.t.&i.* **1.** *v.t.* *(a)* **to ~ sth into sth,** gwthio rhth [i mewn] i rth; **to ~ oneself into sth,** ymwthio i rth; *(b)* **to ~ sth on/upon s.o.,** gwthio/gorfodi rhth ar rn. **2.** *v.i.* ymwthio (i rth, ar rn); ymyrryd, ymyrraeth (**in sth,** â/yn rhth); busnesu (yn rhth); **I'm afraid of intruding,** mae arnaf ofn ymyrryd; **I hope I'm not intruding on you,** gobeithio nad wyf yn tarfu arnoch; **he intruded on the conversation,** rhoes ei big i mewn i'r sgwrs.
intruder *n.* *(into conversation &c):* ymwthiwr (ymwthwyr) *m*, ym|wthwraig *f*; *(on premises):* tresbaswr (tresbaswyr) *m*, tresb|aswraig *f*, tresmaswr (tresmaswyr) *m*, tresm|aswraig *f*; *(= prier):* busneswr (busneswyr) *m*, busn|eswraig *f*.
intrusion *n.* **1.** *(into conversation &c):* ymyrraeth *f*, ymyriad(-au) *m*. **2.** *Geol:* ymwthiad(-au) *m*, mewnwthiad(-au) *m*. **3.** *Jur:* *(on premises):* tresbasiad(-au) *m*, tresmasiad(-au) *m*. **4.** *Mus:* ymwthiad.
intrusive *a.* **1.** ymwthiol, ymwthgar; *(= interfering):* busneslyd, busnesgar. **2.** *Geol:* ymwthiol, mewnwthiol.
intrusively *adv.* yn ymwthiol *&c*.
intrusiveness *n.* ymwthgarwch *m*, natur ymwthiol *&c f*.
intubate *v.t.*, **intubation** *n.* *Surg:* rhoi tiwb (yn rhth).
intuit *v.t.&i.* syth|weld.
intuitable *a.* sythweladwy.
intuition *n.* sythwelediad(-au) *m*, *F:* greddf(-au) *f*.
intuitional *a.* sythweledol, *F:* greddfol.
intuitionalism *n.* *Phil:* sythwelediaeth *f*.
intuitionalist *n.* = **intuitionist.**
intuitionism *n.* sythwelediaeth *f*.
intuitionist *n.* & *attrib.* **1.** *n.* sythweledydd(-ion, sythweledwyr) *m*. **2.** *attrib.* sythwelediadol.
intuitive *a.* sythweledol, *F:* greddfol.
intuitively *adv.* yn sythweledol; *F:* yn reddfol, wrth reddf.
intuitiveness *n.* natur sythweledol *f*, sythwelediad *m*.
intumesce *v.i.* chwyddo, ymchwyddo.
intumescence *n.* chwydd(-au) *m*, chwyddi *m*, chwyddiant *m*.
intumescent *a.* chwyddedig, *occ:* chwyddog.
inturn *n.* mewndroad(-au) *m*.
inturned *a.* mewndro, mewndröedig.
intussuscept *v.t.&i.* **1.** *Biol:* traflyncu. **2.** *Surg:* llawesu.
intussusception *n.* **1.** *Biol:* traflynciad(-au) *m*, traflyncu *vn*. **2.** *Surg:* llawesiad(-au) *m*, llawesu *vn*.
intussusceptive *a.* **1.** *Biol:* traflyncol. **2.** *Surg:* llawesol.
inulin *n.* *Bio-Ch:* |inwlin *m*.
inunction *n.* eneiniad *m*, eneinio *vn*.
inundate *v.t.* gorlifo, boddi, *Lit: occ:* dilywio; **we've been inundated with enquiries,** cawsom lif o ymholiadau; cawsom ein boddi gan ymholiadau.
inundation *n.* llif(-ogydd) *m*; *B:* **the I~,** y Dilyw *m*.
inundator *n.* boddwr (boddwyr) *m*.
inundatory *a.* gorlifol, dilywaidd.
inure *v.t.&i.* **1.** *v.t.* cynefino (rhn â rhth); **to become inured (to sth),** ymgynefino, ymgyfarwyddo, arfer, ymarfer, dod i arfer, dod yn gynefin/gyfarwydd (â rhth); ymgaledu (i rth); **he's inured to fatigue,** mae wedi hen arfer â blinder. **2.** *v.i.* *Jur:* dod i rym.
inurement *n.* cynefindra *m*, cynefinder *m* (**to sth,** â rhth); *vn.* = **inure.**
inurn *v.t.* **1.** rhoi (rhn, rhth) mewn wrn. **2.** = **entomb.**
inurned *a.* mewn wrn; *S.a.* **burial.**
inutile *a.* diwerth, ofer, da i ddim, di-fudd, anfuddiol, annefnyddiol, diddefnydd.
inutility *n.* annefnyddioldeb *m*, anfuddioldeb *m*.
invade *v.t.* **1. to ~ a country,** llifo/heidio i wlad; *Mil:* ymosod ar

wlad, gwn|eud cyrch ar wlad, goresgyn gwlad; **to ~ s.o.'s garden,** tresmasu/tresbasu ar ardd rhn; **to ~ (s.o.'s house),** ymwthio, eich gwthio'ch hun, gwthio'ch ffordd (i dŷ rhn); **to ~ s.o.'s privacy,** torri ar lonyddwch rhn, aflonyddu/tarfu ar rn.

invader *n.* **1.** *Mil: &c:* goresgynnydd: goresgynnwr (goresgynwyr) *m.* **2.** *(of privacy &c):* ymyrrwr (ymyrwyr) *m,* ym|yrwraig *f* **(of sth,** â rhth); aflonyddwr (aflonyddwyr) *m,* aflon|yddwraig *f,* tresbaswr (tresbaswyr) *m,* tresb|aswraig *f,* tresmaswr (tresmaswyr) *m,* tresm|aswraig *f* (ar rth).

invading *a.* mewnlifol; *Mil:* goresgynnol.

invaginate *v.t.&i. Surg: &c:* **1.** *v.t.* gweinio, llawesu. **2.** *v.i.* ymweinio, ymlawesu.

invagination *n. Surg: &c:* llawesiad(-au) *m,* llawesu *vn,* gweiniad(-au) *m,* gweinio *vn.*

invalid¹ *a. Jur:* annilys, di-rym, dirym; *Cmptr:* annilys.

invalid² *a. & n.* **1.** *a. (= ill):* claf (cleifion), methedig, nychlyd, gwael eich iechyd, gwanllyd, llegach, llesg, musgrell, analluog. **2.** *n.* claf (cleifion) *m,* dyn(-ion) gwael *m,* gwr|aig wael (gwragedd gwael) *f,* rhn methedig (methedigion) *m.* **I~ Care Allowance** *n.* Lwfans *(m)* Gofal dros yr Analluog. **~ chair** *n.* cadair (cadeiriau) *(f)* olwyn. **~ diet** *n.* deiet(-au) *(m)* ymadfer.

invalid³ *v.t. (a) (= disable):* anablu; *(b)* **he was invalided out of the army,** gollyngwyd ef yn wael o'r fyddin.

invalidate *v.t. Jur:* **1.** *(a contract &c):* dirymu, annilysu. **2.** *(a judgement):* dil|eu.

invalidation *n. Jur:* **1.** dirymiad(-au) *m,* annilysiad(-au) *m,* dirymu *vn,* annilysu *vn.* **2.** *(of judgement):* dilead(-au) *m,* dil|eu *vn.*

invalidator *n.* annilyswr: annilysydd (annilyswyr) *m,* dirymwr: dirymydd (dirymwyr) *m,* dilëwr (dilewyr) *m.*

invalidism *n.* gwaeledd *m,* nychdod *m.*

invalidity *n.* **1.** *Jur: Adm:* annilysrwydd *m,* annilyster *m,* annilystra *m,* dirymedd *m,* dirymder *m.* **2.** *Med:* anabledd *m,* gwaeledd *m,* gwendid *m,* afiechyd *m,* analluedd *m.* **~ allowance** *n.* lwfans(-iau) *(m)* anabledd. **~ benefit** *n.* budd-dâl (~-daliadau) *(m)* anabledd. **~ pension** *n.* pensiwn (pensiynau) *(m)* anabledd.

invalidly *adv.* yn annilys, yn ddi-rym/ddirym.

invalidness *n.* = **invalidity.**

invaluable *a.* amhrisiadwy, gwerthfawr, hynod werthfawr, gwerthfawr y tu hwnt, anhepgor.

invaluableness *n.* gwerth amhrisiadwy *m,* anhepgoroldeb *m.*

invaluably *adv.* yn amhrisiadwy.

Invar *n. Metall: Ph:* infar *m.*

invariability *n.* cysondeb *m,* sefydlogrwydd *m,* anghyfnewidioldeb *m.*

invariable *a. & n.* **1.** *a. (a)* cyson, digyfnewid, diamrywiad, sefydlog, anamrywiadwy, anghyfnewidiol, gwastad, gwastadol; *(b) (= without exception):* dieithriad, di-ffael. **2.** *n.* rhth cyson/digyfnewid/sefydlog, annewidyn(-nau) *m.*

invariableness *n.* = **invariability.**

invariably *adv.* yn gyson *&c;* yn ddieithriad *&c;* heb eithriad, bob amser, bob tro, bob cynnig, yn ddi-ffael.

invariance *n.* = **invariability.**

invariant *a. & n.* **1.** *a.* sefydlog; *Cmptr:* di-syfl. **2.** *n.* sefydlyn(-nau) *m; Cmptr:* disyflyn(-nau) *m.*

invasion *n.* **1.** *(a) (of visitors &c):* mewnlifiad(-au) *m,* dylifiad(-au) *m* **(of a place,** i le); *(b) Mil:* ymosodiad(-au) *m* (ar le), goresgyniad(-au) *m.* **2.** *Med:* cychwyn *m,* cychwyniad *m,* ymlediad *m.* **3. an ~ of s.o.'s rights,** trais *(m)* ar hawliau rhn; **an ~ of s.o.'s privacy,** ymyriad(-au) *(m)* ar lonyddwch rhn; *Jur:* **~ of privacy,** tresbasiad/tresmasiad *(m)* ar breifatrwydd. **~ barge** *n.* cwch (cychod) *(m)* glanio.

invasive *a.* mewnlifol, dylifol; *Mil:* goresgynnol, ymosodol; *(disease):* ymledol.

invasiveness *n.* **1.** *Mil:* ymosodoldeb *m.* **2.** *Med:* ymledoldeb *m.*

invected *a. Her:* bylchog.

invective *a. & n.* **1.** *a.* difrïol, ymosodol. **2.** *n.* difrïaeth *f,* ymosodiad *m; (speech):* araith (areithiau) ymosodol *f.*

invectively *adv.* yn ddifrïol *&c.*

invectiveness *n.* difrïaeth *f,* ymosodoldeb *m.*

inveigh *v.i.* **to ~ against s.o.,** difrïo rhn, lladd/ymosod/rhedeg ar rn, pregethu yn erbyn rhn, taranu yn erbyn rhn.

inveigher *n.* ymosodwr: ymosodydd (ymosodwyr) *m.*

inveigle *v.t.* **to ~ (s.o. into doing sth),** denu, hudo, *F:* cocs[i]o, *Lit:* llithio (rhn i wneud rhth).

inveiglement *n.* deniad(-au) *m; vn.* = **inveigle.**

inveigler *n.* denwr (denwyr) *m,* d|enwraig *f,* hudwr (hudwyr) *m,* h|udwraig *f, Lit:* llithiwr (llithwyr) *m,* ll|ithwraig *f.*

invent *v.t.* dyfeisio.

invention *n.* **1.** dyfais (dyfeisiau, dyfeisiadau) *f;* **a story of his own ~,** stori o'i waith ei hun, stori a luniodd o'i ben a'i bastwn ei hun. **2.** *Ecc:* **the I~ of the Cross,** Gwŷl *(f)* Caffael/Caffaeliad y Groes. **3.** *Mus:* dyfeisiad(-au) *m.*

inventive *a.* dyfeisgar.

inventively *adv.* yn ddyfeisgar *&c.*

inventiveness *n.* dyfeisgarwch *m.*

inventor *n.* dyfeisiwr: dyfeisydd (dyfeiswyr) *m.*

inventorial *a.* dyfeisgar.

inventorially *adv.* yn ddyfeisgar.

inventory¹ *n.* **1.** *(= list):* llechres(-i) *f,* rhestr(-au) *f; Econ:* stocrestr(-au) *f; Archives:* rhestr eiddo; **to draw up an ~,** gwn|eud rhestr. **2.** *(= stock):* stoc(-iau) *m,* cyflenwad(-au) *m.*

inventory² *v.t.* rhestru.

inventress *n.f.* dyf|eiswraig (dyfeiswragedd).

Inverness *n. Cost:* **I~ [coat/cloak],** côt (cotiau) *(f)* Inverness.

inverse *a. & n.* **1.** *a.* gwrthgyfartal, chwith, gwrthdroadol, gwrthdroëdig, croes; **in ~ order,** o chwith; **in ~ ratio to sth,** yn wrthgyfartal â rhth; *Mth:* **~ function, ~ element,** elfen wrthdro (elfennau gwrthdro) *f.* **2.** *n.* y gwrthwyneb *m,* gwrthdro(-eon) *m,* gwrthgyfartal *m* **(of sth,** i rth).

inversely *adv.* i'r gwrthwyneb, fel arall, y ffordd arall, o chwith, y tu chwith, yn wrthgyfartal, yn wrthdroadol, yn groes.

inversion *n.* **1.** *(action): Ch: El:* gwrthdroad(-au) *m; vn.* = **invert²;** *El:* **pole ~,** gwrthdroad y pegynau; *Lib:* **~ of title** gwrthdroad teitl; *Psy:* **sexual ~,** gwrthdroad rhywiol, cyfunrhywioldeb *m.* **2.** *Gram:* gwrthdro(-eon) *m,* gwrthdroad. **3.** *Mus:* gwrthdro; **canon by ~,** gwrthganon(-au) *mf,* canon(-au) *(mf)* drwy wrthdro. **4.** *Log:* endro(-eon) *m,* endroad(-au) *m.* **~ principle** *n. Lib:* egwyddor *(f)* gwrthdroad.

inversive *a.* gwrthdroadol.

invert¹ *n.* **1.** *Psy:* = **homosexual. 2.** *Arch:* gwrthfwa (gwrthfwâu) *m.* **~ sugar** *n.* siwgwr gwrthdro *m.*

invert² *v.t.* **1.** *(= turn upside down):* troi (rhth) â'i wyneb/ben i lawr/waered; *Mus:* **to ~ a chord,** gwrth-droi cord. **2.** *(= change order):* troi/gwn|eud rhth o chwith, troi/gwneud rhth y tu chwith/chwithig; *Mth:* gwrth-droi. **3.** *(= turn inside out):* troi rhth o chwith *&c,* troi rhth y tu gwrthwyneb/chwith/chwithig allan.

invertase *n. Bio-Ch:* |infertas (infertasau) *m.*

invertebral *a.* rhyngfertebrol.

invertebrata *n.pl.* infertebrata, anifeiliaid di-asgwrn-cefn.

invertebrate *a. & n.* **1.** *a.* di-asgwrn-cefn. **2.** *n.* anifail (anifeiliaid) di-asgwrn-cefn *m,* inf|ertebrat (infertebrata) *m.*

inverted *a.* **1.** *(cup &c):* â'i ben/phen i lawr, â'i wyneb/hwyneb i lawr, â'i wyneb/hwyneb i waered. **2.** *(order):* [o] chwith, y tu chwith, gwrthdroëdig, gwrthdro, gwrthdroadol. **3.** *(= inside out):* y tu mewn y tu allan, y tu gwrthwyneb allan, y tu chwith/chwithig allan, *N: F:* y tu chwyneb allan. **4.** *Dressm:* **~ pleat,** pleten wrthdro (pletiau gwrthdro) *f; Typ:* **~ comma,** dyfynnod (dyfynodau) *m; Lib:* **~ entry,** cofnod(-ion) gwrthdro *m; Cmptr:* **~ image,** delwedd wrthdro (delweddau gwrthdro) *f; Mus:* **~ cadence,** diweddeb wrthdro (diweddebau gwrthdro) *f;* **~ mordent,** isfordent(-au) *m;* **~ turn,** troell wrthdro (troellau gwrthdro) *f,* troad(-au) *(m)* gwrthdro; **~ snob,** snob(-s) *(m&f)* tu chwith; **~ snobbery,** snobyddiaeth *(f)* tu chwith.

inverter *n. Cmptr:* gwrthdröydd (gwrthdroyddion) *m.*

invertible *a. Mus:* **~ counterpoint,** gwrthbwynt(-iau) gwrthdro/dwbl *m.*

invest *v.t.* **1.** *(= clothe):* gwisgo **(with sth,** â rhth; **as sth,** yn rhth). **2. to ~ (s.o. with a title),** arwisgo, urddo (rhn â theitl). **3.** *Mil: (= besiege):* **to ~ a place,** gwarchae lle, gwarchae ar le, amgylchynu lle. **4.** *Fin:* buddsoddi; *F:* **to ~ in a car,** gwario ar gar. **5. the team has invested time in the venture,** rhoes y tîm o'u hamser yn y fenter.

investable *a.* buddsoddadwy.

investigate *v.t.* **to ~ (a subject),** ymchwilio (i bwnc); archwilio, astudio (pwnc); *Jur:* **to ~ title,** astudio teitl; **to ~ a crime,**

gwn|eud ymchwiliad/ymholiad i drosedd, ymchwilio i drosedd.

investigation *n.* **1.** *(= study):* astudiaeth(-au) *f* (**into sth,** o rth). **2.** *(of crime &c):* ymchwiliad(-au) *m*, ymholiad(-au) *m* (i rth); *Med:* archwiliad(-au) *m*; **a question under ~,** pwnc dan sylw; **on further ~,** o ymchwilio ymhellach.

investigational, investigative *a.* archwiliadol, ymchwiliol, ymchwiliadol.

investigator *n.* ymchwiliwr: ymchwilydd (ymchwilwyr) *m*, ymholwr: ymholydd (ymholwyr) *m*, astudiwr (astudwyr) *m*; **private ~,** ymchwilydd preifat.

investigatory *a.* ymchwiliol.

investiture *n.* arwisgiad(-au) *m*, arwisgo *vn*; *Rel.Hist:* **the I~ Controversy/Contest,** Ymryson (*m*) yr Arwisgo.

investment *n.* **1.** *Mil:* gwarchae(-oedd) *m* (**of a place,** lle, ar le), amgylchyniad(-au) *m*. **2.** *Fin:* buddsoddiad(-au) *m*, buddsoddi *vn*; **there was less ~,** bu llai o fuddsoddi; *Econ:* **actual ~,** buddsoddiad cyflawnedig; **autonomous ~,** buddsoddi ymgynhaliol; **induced ~,** buddsoddi anwythol; **initial ~,** buddsoddi gwreiddiol; **real ~,** buddsoddi real; **trustee ~,** buddsoddiad ymddiriedolwyr; *S.a.* **casting.**

investor *n.* buddsoddwr (buddsoddwyr) *m*, budds|oddwraig *f*.

inveteracy *n.* cyndynrwydd *m*, ystyfnigrwydd *m*, rhoncrwydd *m*, anedifeirwch *m*.

inveterate *a.* *(a)* *(= long established):* hen, hirbarhaol, ymwreiddiedig; *(b)* *(smoker &c, = obstinate):* rhonc, penderfynol, di-droi, disigl, diysgog, diedifar, diwrthdro, anedifeiriol, cyndyn, ystyfnig; **~ hatred,** casineb llwyr/ digymrodedd/difaddau/anfaddeugar.

inveterately *adv.* yn gyndyn *&c.*

inviability *n.* annichonoldeb *m*, anymarferoldeb *m*, *occ:* anhyfywdra *m*.

inviable *a.* annichonol, anymarferol, *occ:* anhyfyw.

invidious *a.* **1.** *(= hateful):* cas, atgas, ffiaidd; *(task):* anodd, diddiolch. **2.** *(= arousing/giving offence):* tramgwyddus, annh|eg, anffafriol, sy'n achosi cynnen/cenfigen.

invidiously *adv.* yn gas, yn dramgwyddus *&c.*

invidiousness *n.* atgasedd *m*, casineb *m*, natur atgas *f*; *(= unfairness):* annhegwch *m*.

invigilate *v.i.* goruchwylio, gwylio, gwarchod.

invigilation *n.* goruchwyliaeth(-au) *f*; *vn.* = **invigilate.**

invigilator *n.* goruchwyliwr (goruchwylwyr) *m*.

invigorate *v.t.* bywiogi, bywiocáu, cryfh|au.

invigorating *a.* bywiocaol, bywhaol, cryfhaol, bywiogus, adnewyddol, adfywhaol, iach, iachaol, iachusol.

invigoratingly *adv.* yn fywiocaol *&c.*

invigoration *n.* bywiocâd *m*; *vn.* = **invigorate.**

invigorative *a.* = **invigorating.**

invigorator *n.* bywiocäwr (bywiocawyr) *m*.

invincibility *n.* natur anorchfygol *&c f*, anorchfygolrwydd *m*.

invincible *a.* anorchfygol, anorchfygadwy, anorthrech.

invincibleness *n.* = **invincibility.**

invincibly *adv.* yn anorchfygol *&c.*

inviolability *n.* cyfanrwydd *m*, natur annhoradwy/anhydor *f*; *(of temple &c):* natur anhalogadwy/ddihalog, dihalogrwydd *m*, cysegredigrwydd *m*.

inviolable *a.* *(law):* annhoradwy, anhydor; *(temple &c):* anhalogadwy, dihalog, cysegredig.

inviolableness *n.* = **inviolability.**

inviolably *adv.* yn annhoradwy *&c.*

inviolacy *n.* dihalogrwydd *m*.

inviolate *a.* annhoredig, di-dor, cyfan; *(temple &c):* dihalog, cysegredig.

inviolately *adv.* yn ddihalog.

inviolateness *n.* = **inviolability.**

inviscid *a.* afludiog.

inviscidity *n.* afludiogrwydd *m*.

invisibility *n.* anweledigrwydd *m*.

invisible *a.* anweladwy, anweledig, cudd, *Lit:* anwel; **~ exports,** allforion anweledig; *Carp:* **~ hinge,** colfach cudd *m*; *Dressm:* **~ mending,** cyweirio/trwsio cudd/anwel.

invisibleness *n.* anweledigrwydd *m*.

invisibly *adv.* yn anweladwy/anweledig.

invitation *n.* gwahoddiad(-au) *m*, *F:* gwâdd *m*, gwawdd *m*. **~-card** *n.* cerdyn (cardiau) (*m*) gwahodd.

invitational *a.* gwahoddiadol, gwahodd, *F:* gwâdd.

invitatory *a.* & *n.* **1.** *a.* gwahoddol. **2.** *n.* *Ecc:* *Mus:* gwahoddgan(-au) *f*.

invite[1] *v.t.* **1.** gwahodd, *F:* gwâdd, gwawdd. **2.** *(= provoke unintentionally):* **to ~ criticism,** ennyn/peri/gwahodd beirniadaeth; **to ~ disaster,** gofyn am drychineb.

invite[2] *n.* *U.S:* = **invitation.**

invited *a.* gwahoddedig, gwâdd; **~ guests only,** gwahoddedigion yn unig.

invitee *n.* gwahoddedig(-ion) *m&f*, gwestai (gwesteion) *m*, gŵr (gwŷr) gwâdd *m*, gwr|aig wâdd (gwragedd gwâdd) *f*.

inviter *n.* gwahoddwr (gwahoddwyr) *m*, gwah|oddwraig (gwahoddwragedd) *f*.

inviting *a.* deniadol, gwahoddgar, atyniadol, dengar (*pronounced* ng-g), hudolus, swynol, dymunol.

invitingly *adv.* yn ddeniadol *&c.*

invocation *n.* galwad(-au) *f* (**to s.o.,** ar rn); *Rel:* *&c:* blaenweddi (blaenweddïau) *f*, arddeisyfiad(-au) *m*, ymbil(-iau) *m*; **~ of saints,** ymbil ar y saint.

invocational, invocatory *a.* gwahoddol, arddeisyfol.

invoice[1] *n.* anfoneb(-au) *f*; **receipted ~,** anfoneb daledig (anfonebau taledig).

invoice[2] *v.t.* anfonebu (rhn), anfon anfoneb (at rn); **to ~ goods to X,** anfonebu X am nwyddau.

invoke *v.t.* **1.** *(a)* galw (ar rn), *occ:* arddeisyf (rhn), gweddïo (ar rn); *(b)* **to ~ s.o.'s aid,** galw/ymbil am gymorth rhn. **2.** **to ~ a spirit,** codi/galw ysbryd; **to ~ the muse,** gwahodd yr awen. **3.** **to ~ a law,** apelio at gyfraith, galw cyfraith i rym.

invoker *n.* gweddïwr (gweddiwyr) *m*, ymbiliwr (ymbilwyr) *m*, arddeisyfwr (arddeisyfwyr) *m*.

involucel *n.* *Bot:* infolwsel(-au) *m*.

involucellate *a.* *Bot:* infolwselog.

involucral, involucrate *a.* *Bot:* amwisgol, ambilennol, infolwcrog.

involucre *n.* **1.** *Anat:* amwisg(-oedd) *f*, ambilen(-nau) *f*, cylchamlen(-ni) *f*. **2.** *Bot:* infolwcr(-au) *m*, gorchuddyn (gorchuddion) *m*.

involucred *a.* = **involucral.**

involucrum *n.* = **involucre.**

involuntarily *adv.* *(= unintentionally):* yn anfwriadol, yn ddifwriad; heb fwriadu; *(= unawares):* yn ddiarwybod; heb yn wybod.

involuntariness *n.* natur anfwriadol *&c f*, anewyllystra *m*.

involuntary *a.* *(= unintentional):* anfwriadol, diarwybod; *(= under compulsion):* anwirfoddol; **~ action,** gweithred(-oedd) anwirfoddol *f*; **~ muscle,** cyhyryn (cyhyrau) anrheoledig *m*, cyhyr(-au) anrheoledig *m*.

involute[1] *a.* & *n.* **1.** *a.* *(a)* *Bot:* ymblygedig; *(b)* *Moll:* troellog. **2.** *n.* troell(-au) *f*, |infoliwt (infoliwtiau) *m*.

involute[2] *v.i.* troelli.

involuted *a.* **1.** cymhleth, dyrys, astrus, dryslyd. **2.** = **involute 1.**

involution *n.* **1.** *(= complication):* cymhlethdod *m*, astrusi *m*, dryswch *m*. **2.** *Mth:* infolwtedd(-au) *m*. **3.** *Z:* troell(-au) *f*, ymdroelliad(-au) *m*. **4.** *Med:* edwiniad(-au) *m*, edwino *vn*.

involutional, involutionary *a.* troellol.

involve *v.t.* **1.** *(a)* *Lit:* *(= enwrap):* lapio; *(= tangle):* troelli, drysu; *(b)* *(= complicate):* cymhlethu, drysu. **2.** **to ~ s.o. (in sth),** cynnwys rhn (yn rhth); dwyn/tynnu rhn, dod â rhn (i mewn i rth); cysylltu rhn (â rhth); **to ~ s.o. in a quarrel,** tynnu rhn i mewn i ffrae; **to ~ oneself in trouble,** mynd i drafferth[-ion]/helynt[-ion]/drybini; **he was involved in the plot,** 'roedd ef â rhan yn y cynllwyn; 'roedd ganddo law yn y cynllwyn; 'roedd a wnelo/wnelai â'r cynllwyn; *F:* **to become involved with s.o.,** ymh|el â rhn; **the vehicle involved,** y cerbyd dan sylw; **his honour is involved,** mae hi'n fater o'i anrhydedd; mae a wnelo â'i anrhydedd; **the people involved,** y bobl â chysylltiad [â rhth], y bobl yr effeithir arnynt, y bobl dan sylw. **3.** *(= entail):* golygu; **to ~ much expense,** golygu costau mawr; **it would ~ living in Cardiff,** byddai'n golygu byw yng Nghaerdydd.

involved *a.* **1.** *(= complicated):* cymhleth, dyrys, astrus. **2.** *Jur:* **~ estate,** ystâd ddyledus. **3.** *(= concerned):* cysylltiedig (â rhth); dan sylw; cyfrannog (yn rhth, o rth); ynghl|wm (wrth rth); **to be ~ in sth,** ymwn|eud â rhth; **to get ~ in sth,** mynd ynghlwm yn rhth; **don't get involved,** cadw'n glir; saf draw; paid ag ymhel â'r peth; paid ag ymyrryd; paid â mynd ynghlwm; paid â chymryd dy dynnu i mewn.

involvedly *adv.* yn gymhleth.
involvement *n.* **1.** cysylltiad(-au) *m* (â rhth), ymglymiad *m* (wrth rth); **his ~ in the plot became evident,** daeth yn amlwg fod ganddo a wnelo ef â'r cynllwyn; daeth yn amlwg fod ganddo law/ran yn y cynllwyn. **2.** *(= commitment):* ymrwymiad(-au) *m* **(to sth,** i rth).
invulnerability *n.* **1.** anhyglwyfedd *m*, anhyfriwedd *m*, natur anghlwyfadwy *&c*; **his ~ to criticism became evident,** daeth yn amlwg nad oedd beirniadaeth yn mennu dim arno. **2.** anorchfygolrwydd *m*, natur anorchfygol *&c*; **the ~ of the fort was obvious to all,** yr oedd yn amlwg i bawb na ellid torri'r gaer; *See* **invulnerable.**
invulnerable *a.* **1.** *(= incapable of being injured or harmed):* anarcholladwy, anghlwyfadwy, anhyglwyf, anfriwadwy, anhyfriw, anodd eich clwyfo/anafu/brifo, anagored i niwed; **he is ~,** ni ellir mo'i glwyfo/anafu; **~ to criticism,** *F:* croendew. **2.** *(= impregnable):* di-fan-gwan, diwendid, anhreiddiadwy, anorchfygol, anorchfygadwy, anoresgynadwy, anorthrech, difreg, cadarn.
inward *a., n. & adv.* **1.** *a.* *(a)* mewnol, y tu mewn; *(b) (movement):* tuag at i mewn, at i mewn. **2.** *n.pl. P:* perfedd *m*, tu mewn *m*. **3.** *adv.* = **inwards.**
inwardly *adv.* yn fewnol, y tu mewn, oddi mewn; **~ (he thought differently),** ynddo'i hun, yn ei enaid (fe feddyliai'n wahanol).
inwardness *n.* **1.** *(= inner nature):* natur fewnol *f*, anian *f*, hanfod *m*, calon *f*. **2.** *(= spirituality):* ysbrydoldeb *m*, ysbrydolrwydd *m*. **3.** *(= close familiarity):* closrwydd *m*, cynefindra *m*.
inwards *adv.* tuag at i mewn.
inweave *v.t.* gweu, plethu, nyddu, cyfrodeddu.
inwrought *a.* addurnedig, patrymog, cyfrodedd.
inyala *n. Z:* iniala(-od) *m*.
Io moth *n. Ent:* gwyfyn(-od) *(m)* Io.
iodate[1] *n. Ch:* ïodad(-au) *m*.
iodate[2] *v.t.*, **iodation** *n. Med: Phot:* ïodeiddio.
iodic *a. Ch:* ïodaidd, ïodig.
iodide *n. Ch:* ïodid(-au) *m*.
iodimetry *n.* = **iodometry.**
iodinate *v.t. Ch:* ïodineiddio.
iodination *n.* ïodineiddio *vn*.
iodine *n. Ch:* ïodin *m*; **tincture of ~,** tintur *(m)* ïodin.
iodinism *n. Ch:* ïodiniaeth *f*.
iodinize *v.t.* ïodineiddio.
iodism *n. Med:* = **iodinism.**
iodization *n.*, **iodize** *v.t. Ch:* ïodeiddio.
iodized *a. Ch:* ïodaidd.
iodizer *n.* ïodeiddiwr (ïodeiddwyr) *m*.
iodoform *n. Pharm:* ïodofform *m*.
iodol *n. Ch:* ïodol *m*.
iodometric *a.* ïodometrig.
iodometry *n.* ïodometreg *f*.
iodophor *n. Ch:* ïodoffor(-au) *m*.
iodopsin *n. Bio-Ch:* iodopsin *m*.
iodous *a.* ïodinaidd.
iolite *n. Miner:* ïolit *m*.
ion *n. El: Ph: Ch:* ïon(-au) *m*. **~ exchange** *n.* cyfnewidiad *(m)* ïonau, cyfnewid *(vn)* ïonau. **~ exchanger** *n.* cyfnewidiwr (cyfnewidwyr) *(m)* ïonau. **~ propulsion** *n.* gyriant ïonig *m*. **~ rocket** *n.* roced(-i) ïonig *f*.
Ionian *a. & n.* **1.** *a.* Ïonaidd, Ïonig; **~ mode,** modd Ïonaidd *m*. **2.** *n.* Ïoniad (Ïoniaid) *m&f*.
Ionic[1] *a. & n.* **1.** *a.* Ïonaidd, Ïonig; *(in language):* Ïoneg. **2.** *n. Ling:* Ïoneg *f, m*.
ionic[2] *a. El: Ph: Ch:* ïonaidd, ïonig; **~ bond,** bond(-iau) ïonig *m*.
ionicity *n.* ïonedd *m*.
ionium *n. Ch:* ïoniwm *m*.
ionizable *a.* ïoneiddiadwy.
ionization *n.* ïoneiddiad(-au) *m*, ïoneiddio *vn*.
ionize *v.t.&i.* ïoneiddio.
ionizer *n.* ïoneiddiwr (ïoneiddwyr) *m*.
ionone *n. Ch:* ïonon(-au) *m*.
ionosphere *n.* ïonosffer (ïonosfferau) *m*.
ionospheric *a.* ïonosfferaidd, ïonosfferig.
ionospherically *adv.* yn ïonosfferaidd *&c*.
iontophoresis *n. Med:* iontofforesis *m*.
iontophoretic *a. Med:* iontofforetig.
iota *n.* **1.** *Gr.Alph:* [y llythyren] iota (iotâu) *f*; **~ subscript,** iota isysgrif. **2. not one ~,** yr un iod *(f)*, yr un mymryn *(m)*, yr un tipyn *(m)*, yr un blewyn *(m)*, *S.W:* yr un bydyn *(m)*, *S.E:* yr un ifflyn *(m)*.
ipecac, ipecacuanha *n. Pharm:* ipecaciwana *m*.
ipomoea *n. Bot:* ipomea (ipomeâu) *m*.
iproniazid *n. Pharm:* ipronïasid *m*.
ipse dixit *Lt.phr.* ef [ei hun] a'i dywedodd; *F:* fo/fe ddywedodd; *(as n.):* honiad(-au) *m*, haeriad(-au) *m*.
ipsilateral *a.* unystlysol, unochrog.
ipsilaterally *adv.* ar un ochr/ystlys.
ipsissima verba *n.pl.* union eiriau.
ipso facto *adv.* ynddo'i hun.
Iran *Pr.n. Geog:* Ir|an *f*, Persia *f*.
Iranian *a. & n.* **1.** *a.* Iranaidd, Persiaidd; **the ~ Parliament,** Senedd Ir|an; **he's ~,** Iraniad yw ef; un o Iran yw ef; *(in language):* Iraneg, Perseg. **2.** *n.* *(i) Ethn:* Iraniad (Iraniaid) *m&f*, Persiad (Persiaid) *m&f*; *(ii) Ling:* Iraneg *f, m*, Perseg *f, m*.
Iraq *Pr.n. Geog:* Ir|ac *f*.
Iraqi *a. & n.* **1.** *a.* Iracaidd, [o] Ir|ac; *(in dialect):* Iraceg; **the ~ government,** llywodraeth Irac; **he's ~,** Iraciad yw ef; un o Irac yw ef. **2.** *n.* *(i) Ethn:* Iraci(-s) *m&f*, Iraciad (Iraciaid) *m&f*; *(ii) Ling:* Arabeg *(f, m)* Ir|ac *f*, Iraceg *f, m*.
irascibility *n.* piwisrwydd *m*, gwylltineb *m*, tymer flin *f*, pigogrwydd *m*, *S.W: occ:* natur [fawr/ddrwg] *f*.
irascible *a.* piwis, gwyllt, pigog, hawdd eich gwylltio, gwyllt eich tymer, *N:* blin, *S.W:* crac, naturus.
irascibleness *n.* = **irascibility.**
irascibly *adv.* yn biwis *&c*.
irate *a.* dig, gwyllt, dicllon, wedi'ch gwylltio *&c*.
irately *adv.* yn ddig *&c*.
irateness *n.* dicter *m*, gwylltineb *m*, dicllonder *m*, dicllonedd *m*.
ire *n. Lit:* dig *m*, dicter *m*, llid *m*, *Lit:* bâr *m*.
ireful *a.* = **irate.**
Ireland *Pr.n. Geog:* Iwerddon *f*, *F:* y Werddon, *Poet:* yr Ynys Werdd *f*; **Northern ~,** Gogledd *(m)* Iwerddon.
irenic[al] *a.* heddychol.
irenically *a.* yn heddychol.
irenics *n.pl. Theol:* eireneg *m*.
iridaceous *a. Bot:* gellesgol, elestrol.
iridescence *n.* symudliwiad *m*, lliwiau symudliw *pl*.
iridescent *a.* symudliw, enfysliw, seithliw.
iridescently *adv.* yn symudliw *&c*.
iridic *a. Ch: Anat:* iridig.
iridioplatinum *n. Metall:* iridiopl|atinwm *m*.
iridium *n. Ch:* iridiwm *m*.
iridize *v.t.* iridio.
iridology *n.* iridoleg *f*.
iridosmine *n. Miner:* iridosmin *m*.
iris *n. & Pr.n.* **1.** *n.* *(pl.* **irides**): *Anat:* iris(-au) *m*. **2.** *n.* **~,** *(pl.* **irises**): *Bot:* gellesgen (gellesg) *f*, dail *(pl)* cyllyll, *N.W: F:* gelaetsh: celaetsh: *S.W:* geletsh *pl*, *A:* [g]elestren: [g]elestr: [g]elystr *f*, *Lit: occ:* cleddyflys *m*, gleiflys *m*; *(the bogus form* camined *is found in older dictionaries)*; **butterfly ~,** *(Iris spuria):* gellesgen ffug; **English ~,** *(I. xiphioides):* gellesgen Lloegr; **flag ~, garden ~,** *(I. germanica):* gellesgen y gerddi; **Gerêz ~,** *(I. boissieri):* gellesgen Gerêz; **grassy-leaved ~,** *(I. graminea):* gellesgen welltog (gellesg gwelltog); **Siberian ~,** *(I. sibirica):* gellesgen Siberia; **stinking ~,** *(I. foetidissima):* cloria *f*, dail *(pl)* y gloria, llysiau*(pl)*'r hychgryg, gellesgen ddrewllyd (gellesg drewllyd); **yellow ~,** *(I. pseudacorus):* gellesgen felen (gellesg melyn), iris felen (irisau melyn) *f*, gellesgen yr ŷd, enfys y gors; **variegated ~,** *(I. variegata):* gellesgen resog (gellesg rhesog). **3.** *n.* **~,** *(pl.* **irises**): *(= rainbow colours):* lliwiau'r enfys, lliwiau symudliw. **4.** *n. Phot:* **~[-diaphragm],** iris(-au) *m*. **5. I~** *Pr.n.f. Myth:* Iris, yr Enfys.
Irish *a. & n.* **1.** *a.* Gwyddelig, [o] Iwerddon, [y] Gwyddelod; *(in language):* Gwyddeleg; **the ~ Parliament,** Senedd Iwerddon; *Hist:* **the ~ Question,** Pwnc Iwerddon; **he's ~,** Gwyddel yw ef; **she's ~,** Gwyddeles yw hi; **an ~ girl,** Gwyddeles; **he spoke with an ~ accent,** acen Gwyddel oedd ganddo; **~ currency, ~ money,** arian *(m)* Iwerddon; **~ bridge,** ffos *(f)* gerrig (ffosydd cerrig); **~ bull,** Gwyddeleb(-au,-ion) *f*, hurtrwydd Gwyddelig *m*, lol Wyddelig *f*, dwli Gwyddelig *m*; **~ coffee,** coffi *(m)* Gwyddel, coffi wisgi; **~ confetti,** conffeti *(m)* Gwyddel[-od]; *Pol: Hist:* **the**

~ Free State, Gwladwriaeth (*f*) Rydd Iwerddon; **~ harp,** telyn Wyddelig (telynau Gwyddelig) *f*; **~ Gaelic,** Gwyddeleg *f, m*; **~ moss,** mwsogl (*m*) Iwerddon, *N. W: F:* mòs (*m*) Iwerddon; **the ~ Sea,** Môr (*m*) Iwerddon; **the ~ Republic,** Gweriniaeth (*f*) Iwerddon; **the ~ Republican Army,** Byddin Weriniaethol Iwerddon; **the army of the ~ Republic,** byddin [Gweriniaeth] Iwerddon; **~ setter,** cyfeirgi (cyfeirgwn) Gwyddelig *m*; **~ stew,** lobsgóws *m*; **~ terrier,** daeargi (daeargwn) Gwyddelig *m*; **~ water-spaniel,** sbaengi (sbaengwn) (*m*) dŵr Gwyddelig (*pronounced* ng-g); **~ wolfhound,** bleiddgi (bleiddgwn) (*m*) Gwyddelig. **2.** *n. (a) Ling:* Gwyddeleg *f, m*; *(b) coll. Ethn:* Gwyddelod, *Lit:* Gwyddyl.

Irishism *n.* Gwyddeleb(-au,-ion) *f*.

Irishize *v.t.* Gwyddeleiddio.

Irishman *n.* Gwyddel(-od, *Lit:* Gwyddyl) *m*.

Irishness *n.* Gwyddeligrwydd *m*.

Irishry *n.* **1.** *Hist:* [y] Gwyddelod *pl*, *Lit:* y Gwyddyl *pl*. **2.** = **Irishness.**

Irishwoman *n.f.* Gwyddeles(-au).

iritis *n. Med:* llid (*m*) yr iris.

irk¹ *v.t.* blino, diflasu, annifyrru (rhn); peri blinder (i rn); bod yn dân ar groen (rhn).

irk² *n.* blinder(-au) *m*, diflastod *m*, annifyrrwch *m*.

irksome *a.* blin, blinderus, diflas, trafferthus, annifyr.

irksomely *adv.* yn flin *&c.*

irksomeness *n.* blinder *m*, diflastod *m*, trafferth *f*, trafferthwch *m*, annifyrrwch *m*.

iroko *n.* **1.** *Bot:* coeden (coed) (*f*) iroco. **2.** *Carp:* iroco *m*.

iron¹ *n.* **1.** *(a) Metall: Ch:* haearn (heyrn) *m*, *S. W: occ:* harn (heyrn) *m*; **bar ~,** haearn barrau; **bloom ~,** haearn pwdl; **blackheart ~,** haearn castin hydrin; **cast ~,** haearn bwrw; **corrugated ~,** haearn gwrymiog, *F:* sinc *m*; **galvanized ~,** haearn sinc, haearn galfanedig, *S. W:* sincen *f*; **haematite ~,** haearn h|ematit; **malleable ~,** haearn hydrin; **meteoric ~,** haearn meteorig; **old ~, scrap-~,** hen heyrn *pl*, haearnach *pl*, sborion (*pl*) haearn, gwastraff (*m*) haearn, haearn sgrap; **pig-~,** haearn crai, haearn hwch; **sheet ~,** haearn dalennog, dalennau (*pl*) haearn; **Spanish ~,** haearn Sbaen; **Swedish ~,** haearn Sweden; **wrought ~,** haearn gyr, haearn gyrru, haearn gwaith; **to strike while the ~ is hot,** taro tra bo'r haearn yn boeth, curo haearn yn ei wres [a bwrw pres pan dodder]; *B:* **~ sharpeneth ~,** haearn a hoga haearn; *(b) attrib.* haearn, haearnaidd, haearnol, dur, durol; *Archeol:* **the I~ Age,** Oes (*f*) yr Haearn; *Hist:* **the I~ Curtain,** y Llen (*f*) Haearn; **~ horse,** ceffyl(-au) (*m*) haearn; **~ lung,** ysgyfaint (*pl*) haearn; **~ rations,** bwyd (*m*) tun, bwydydd (*pl*) tun; **an ~ constitution,** cyfansoddiad durol/gwydn; **an ~ will,** ewyllys o ddur, ewyllys ddurol, penderfyniad *m*; **an ~ rule,** rheolaeth haearnaidd *f*; *B:* **the ~ entered into his soul,** ei enaid a aeth mewn heyrn. **2.** *(implement): (a)* haearn (heyrn, *N: occ:* heyr[n]s) *m*; **too many irons in the fire,** gormod o heyrn yn y tân; **angle-~,** haearn ongl; **creasing-~,** bonyn (bonion) (*m*) crychu; **crisping-~,** haearn crebachu; **cramp-~,** haearn bachog; **fire-irons,** heyrn tân, heyrn pentan; **hot ~, branding-~, searing-~,** haearn serio, haearn poeth, haearn brwd, haearn llosgi, haearn nod/nodi; **paring-~, turfing-~,** haearn didonni/gwthio; **shoeing-irons,** heyrn pedoli; **soldering-~,** haearn sodro; *(b) Dom.Ec:* **flat-~, laundry-~,** haearn smwddio, *N:* hetar(-s) (*m*) smwddio, fflat(-iau) (*m*) smwddio, *S. W:* haearn stilo, stîl(-s) *f*; **extra burst of steam ~,** haearn â chwythell ager/stêm; **flatbed ~,** peiriant (peiriannau) (*m*) smwddio gwastad; **rotary ~,** peiriant smwddio cylchdro; **spray ~,** haearn chwistrell; **steam ~,** haearn ager/stêm; **shot of steam ~,** haearn â chwythell ager/stêm; **steam and spray ~,** haearn ager a chwistrell; *(c) pl.* **irons,** (= *fetters*): heyrn, cadwynau, cyffion; **clap him in ~,** cadwynau amdano! i'r cyffion ag ef! *(d) Golf:* **irons, ~ clubs,** ffyn haearn. **~-bark** *n. Bot:* rhisgl (*m*) haearn. **~-bound** *a.* **1.** *(chest &c):* haearnrwym. **2.** *(coast):* creigiog. **~-dog** *n. Archeol:* pentan(-au) (*m*) haearn, gobed(-au) *m*, brigwn (brigynau) *m*; **oxhead ~-dog,** pentan haearn pen ych. **~ filing** *n.* naddyn (naddion) (*m*) haearn, llifyn (llifion) (*m*) haearn. **~-founder** *n.* toddwr (toddwyr) (*m*) haearn. **~-foundry** *n.* gwaith (gweithiau, gweithf|eydd) (*m*) haearn, ffowndri(-s, ffowndrïau) (*f*) haearn. **~ glance** *n. Miner:* = **haematite.** **~-grey** *a.* haearnllwyd. **~-handed** *a.* llawhaearn, didrugaredd. **~-hearted** *a.* calongaled (*pronounced* ng-g), didrugaredd, dideimlad, caled, â chalon [o] haearn. **~-mould** *n.* ôl (olion) (*m*) rhwd. **~-nipping press** *n. Metalw:* gwasg (gweisg) (*f*) nipio haearn. **~ ore** *n.* mwyn (*m*) haearn, carreg (*f*) haearn, *S.E: occ:* mwynen *f*. **~ oxide** *n.* ocsid (*m*) haearn. **~ prominent** *n. Ent:* cudynnog (cudynogion) (*m*) haearn. **~ pyrites** *n. Miner:* aur (*m*) ffyliaid, pyrit (*m*) haearn. **~-shod** *a.* pedolog. **~ sheet** *n.* haearnlen(-ni) *f*, dalen(-nau) (*f*) haearn.

iron² *v.t.* smwddio, *S:* stilo; **to ~ out difficulties,** llyfnh|au anawsterau; **~-on,** gwreslynu; **~-on interfacing,** wynebyn cudd (*m*) gwreslyn.

ironclad *a. & n.* **1.** *a.* haearnwisg. **2.** *n. Navy: A:* llong(-au) haearn/haearnwisg *f*.

ironer *n.* smwddiwr (smwddwyr) *m*, *S.W:* stilwr (stilwyr) *m*; **rotary ~,** smwddiwr tro; *(pers.):* smwddiwr, sm|wddwraig *f*.

ironfisted *a.* **1.** â dwrn dur. **2.** *(= miserly):* llawgaead.

ironic[al] *a.* eironig.

ironically *adv.* yn eironig.

ironicalness *n.* = **irony.**

ironing *vn.* **~-board** *n.* bwrdd (byrddau) (*m*) smwddio, *S:* bord(-ydd) (*f*) stilo. **~-pad** *n.* pad(-iau) (*m*) smwddio.

ironist *n.* eironydd(-ion) *m*.

ironize *v.i.* bod/siarad/dweud yn eironig.

ironmaster *n.* haearnfeistr(-i) *m*, meistr(-i) (*m*) haearn.

ironmonger *n.* haearnwerthwr (haearnwerthwyr) *m*.

ironmongery *n.* **1.** *(= shop):* siop(-au) (*f*) haearnwerthwr, siop [nwyddau] haearn. **2.** *(goods):* nwyddau haearn *pl*.

ironness *n.* haearnwch *m*, haearneiddiwch *m*.

Ironsides *n.pl. Hist:* Haearnwyr.

ironstone *n. Miner:* haearnfaen (haearnfeini) *m*.

ironware *n.* nwyddau haearn *pl*, pethau haearn *pl*, heyrn *pl*.

ironweed *n. Bot:* haearnllys *m*.

ironwood *n. Bot:* coeden (coed) (*f*) haearn.

ironwork *n.* **1.** *(= framework):* gwaith (*m*) haearn, fframwaith (*m*) haearn, haearnwaith *m*. **2.** *pl.* **ironworks,** *(= foundry &c):* gwaith (gweithydd, gweithiau, gweithf|eydd) (*m*) haearn.

ironworker *n.* gweithiwr (gweithwyr) (*m*) [gwaith] haearn, gyrrwr (gyrwyr) (*m*) haearn.

irony¹ *n.* |eironi (eironïau) *m*.

irony² *a.* *(= like iron):* haearn, haearnol, haearnaidd.

Iroquoian *a. & n.* **1.** *a.* Irocwoiaidd; *(in language):* Irocwoieg. **2.** *n. (i) Ethn:* = **Iroquois;** *(ii) Ling:* Irocwoieg *f, m*.

Iroquois *n. Iroquois m&f*, Irocwoiad (Irocwoiaid) *m&f*.

irradiance *n. Lit:* tywyniad *m*, disgleirdeb *m*, llewyrch *m*, llewych *m*.

irradiant *a.* tywynnol, disglair, llewy[r]chol.

irradiate *v.t.* **1.** tywynnu, llewy[r]chu (ar rth); *Lit:* **good humour irradiated his face,** tywynnai/llewy[r]chai sirioldeb o'i wyneb. **2.** *Ph:* arbelydru.

irradiated *a.* **1.** tywynnol. **2.** *Ph:* arbelydredig.

irradiation *n. Ph:* arbelydriad(-au) *m*.

irradiative *a. Ph:* arbelydrol.

irradiator *n. Ph:* arbelydrwr (arbelydrwyr) *m*.

irradicable *a.* annileadwy.

irradicably *adv.* yn annileadwy.

irrational *a. & n.* **1.** *a. (a)* afresymol, afresymegol, anrhesymol, gwrthresymol, hurt, direswm; *(b) Mth:* anghymarebol. **2.** *n. Mth:* rhif(-au) anghymarebol *m*.

irrationalism *n.* afresymoliaeth *f*, anrhesymoliaeth *f*, gwrthresymoliaeth *f*, afresymegaeth *f*.

irrationalist *n. & attrib.* **1.** *n.* afresymolwr: afresymolydd (afresymolwyr) *m*. **2.** *attrib.* afresymolaidd.

irrationalistic *a.* afresymolaidd.

irrationality *n.* **1.** afresymegedd *m*, afresymoldeb *m*, afresymoliaeth *f*. **2.** *Mth:* anghymareboldeb *m*, natur anghymarebol *f*.

irrationalize *v.t.* afresymoli.

irrationally *adv.* yn afresymegol *&c.*

irrationalness *n.* = **irrationality.**

irreal *a.* = **unreal.**

irreality *n.* = **unreality.**

irreclaimable *a.* **1.** *(sinner &c):* anniwygiadwy, annychweladwy, anachubadwy, anachubol. **2.** *(land &c):* anadferadwy, anachubadwy.

irreclaimably *adv.* yn anniwygiadwy *&c.*

irreconcilability *n.* **1.** *(of persons):* anghymodlondeb *m.* **2.** *(of stories &c):* anghysondeb *m*, anghysonder *m.*
irreconcilable *a.* & *n.* **1.** *a.* *(a)* *(persons):* anghymodlon, anghymodadwy, digymod; *(b)* *(stories):* anghyson. **2.** *n.* *(a)* *(pers.):* un (rhai) anghymodlon *m&f*; *(b) pl.* pethau na ellir eu cysoni, anghysonderau, anghysondebau.
irreconcilableness *n.* = **irreconcilability.**
irreconcilably *adv.* **1.** yn anghymodlon. **2.** yn anghyson.
irrecoverable *a.* anadferadwy.
irrecoverableness *n.* anadferadwyedd *m.*
irrecoverably *adv.* yn anadferadwy.
irrecusable *a.* anwrthodadwy, anwrthodol, dilys, dinacâd, dinâg.
irrecusably *adv.* yn anwrthodadwy *&c.*
irredeemable *a.* **1.** *(goods &c):* anadbrynadwy, annychweladwy, diatbryn; *Fin:* ~ **bonds,** bondiau diddyddiad/diatbryn. **2.** *(a)* *(disaster &c):* llwyr, enbyd, dybryd, anadferadwy; *(b)* *(pers.):* anniwygiadwy, annychweladwy, anachubadwy, anachubol, anobeithiol, rhonc, diedifar.
irredeemably *adv.* yn llwyr, yn anadferadwy, y tu hwnt i adferiad.
irredenta *a.* & *n.* **1.** *a.* **Cambria ~,** y Gymru golledig *f.* **2.** *n.* tir colledig *m.*
irredention, irredentism *n. Pol:* iredentiaeth *f.*
irredentist *n. Pol:* iredentydd (iredentwyr) *m.*
irreducibility *n.* natur anostwng *&c f*; *Log:* anrhydwytholdeb *m.*
irreducible *a.* anostwng, anostyngadwy, annarostyngadwy; *(number):* anlleihadwy; *Log:* anrhydwythol, anrhydwythadwy.
irreducibly *adv.* yn anostyngadwy *&c.*
irreflexive *a.* anatblygol.
irreformability *n.* natur anniwygiadwy *f*; *S.a.* **inveteracy.**
irreformable *a.* anniwygiadwy.
irrefragability *n.* **1.** *(of argument):* natur anatebadwy. **2.** = **inviolability.**
irrefragable *a.* *(= indisputable):* di-ddadl, anatebadwy, anwrthbrofadwy, diwrthbrawf, anwadadwy, diymwad; *(= inviolable):* annhoradwy, anhydor.
irrefragably *adv.* **1.** yn ddi-ddadl. **2.** yn annhoradwy.
irrefrangible *a.* **1.** *(= inviolable):* annhoradwy, anhydor. **2.** *Opt:* anwrthdroadwy.
irrefutability *n.* diymwadrwydd *m*, natur ddiwrthbrawf *&c f.*
irrefutable *a.* diwrthbrawf, anwadadwy, di-ddadl, anwrthwynebol, diymwad, anatebadwy.
irrefutably *adv.* yn ddiwrthbrawf *&c.*
irregular *a.* & *n.pl.* **1.** *a.* afreolaidd. **2.** *n.pl.* **irregulars,** milwyr afreolaidd.
irregularity *n.* afreol|eidd-dra *m.*
irregularly *adv.* yn afreolaidd.
irrelative *a.* digyswllt, heb gyswllt, amherthnasol.
irrelatively *adv.* yn ddigyswllt *&c.*
irrelevance, irrelevancy *n.* amherthnasedd *m*, amherthnasoldeb *m.*
irrelevant *a.* amherthnasol.
irrelevantly *adv.* yn amherthnasol.
irreligion *n.* anghrefydd *f*, anghrefyddoldeb *m*, annuwioldeb *m.*
irreligionist *n.* anghrefyddwr (anghrefyddwyr) *m*, anghref|yddwraig *f*, un digrefydd/ddigrefydd (rhai digrefydd) *m&f*, *F:* un annuwiol.
irreligious *a.* digrefydd, annuwiol, di-dduw, anghrefyddol; *F:* *(among nonconformists):* digapel.
irreligiously *adv.* yn ddigrefydd *&c.*
irremediable *a.* anwelladwy, diwella, diwellhad, difeddyginiaeth, dirwymedi.
irremediableness *n.* natur anwelladwy *&c f*, cyflwr anwelladwy *&c m*, amhosibilrwydd *(m)* gwella.
irremediably *adv.* yn anwelladwy *&c*; y tu hwnt i wella.
irremissible *a.* *(= unpardonable):* anfaddeuol, anfaddeuadwy; *(= unalterable):* digyfnewid, annewidiadwy.
irremissibly *adv.* yn anfaddeuol *&c.*
irremovability *n.* natur ddisyflyd/ddi-sigl/ddiysgog *f*, diysgogrwydd *m*, disyflydrwydd *m*, cadernid *m*, sefydlogrwydd *m.*
irremovable *a.* diysgog, disyflyd, ansymudadwy, safadwy; *(= fixed):* sownd (**from sth,** yn rhth).
irremovably *adv.* yn ddi-syfl *&c.*
irreparable *a.* anadferadwy, anhrwsiadwy, anatgyweiriadwy, na ellir mo'i adfer/gyweirio/wella/drwsio.
irreparableness *n.* natur anadferadwy *f*, cyflwr anadferadwy *m*, amhosibilrwydd *(m)* adfer *&c*; **its ~ become evident,** daeth yn amlwg na ellid ei drwsio *&c.*
irreparably *adv.* yn anadferadwy.
irrepealability *n.* natur anniddymadwy *&c f.*
irrepealable *a.* anniddymadwy, annirymadwy, di-alw'n-ôl.
irreplaceability *n.* = **irreplacableness.**
irreplaceable *a.* anamnewidiadwy, anadnewyddadwy; *(= unique):* unigryw, digymar; **he's ~,** 'does neb a leinw ei le; 'does neb a all gymryd ei le; mae'n ddyn anhepgor.
irreplaceableness *n.* natur anadnewyddadwy *f*; *(= uniqueness):* unigrywedd *m*, unigrywiaeth *f*, digymharwch *m*; **(he believes) in his own ~,** (mae'n credu) na cheir neb yr un fath ag ef, na all neb gymryd ei le ef, na all neb lenwi ei le.
irreplaceably *adv.* yn anadnewyddadwy.
irrepressibility *n.* natur ddiatal *&c f*, afreolusrwydd *m*, chwarëusrwydd *m.*
irrepressible *a.* *(pers.):* diatal, aflywodraethus, afreolus, direol, di-ffrwyn, diwastrodaeth, chwar|eus, *N.W:* *occ:* diridano, dilidano; **he's ~,** 'does dim dal/atal/ffrwyno arno; *F:* mae o fel petai wedi'i weindio; **an ~ spirit,** ysbryd anorchfygol; **an ~ child,** plentyn bywiog, plentyn sionc fel y wiwer/gog; *(force):* anostegol.
irrepressibly *adv.* yn aflywodraethus *&c.*
irreproachability *n.* difeiedd *m*, difeiusrwydd *m.*
irreproachable *a.* difai, di-fai, di-fefl, dilychwin, *Lit:* *occ:* diargyhoedd, difeius.
irreproachableness *n.* = **irreproachability.**
irreproachably *adv.* yn ddifai *&c.*
irreproducibility *n.* natur anatgynyrchadwy *f.*
irreproducible *a.* anatgynyrchadwy.
irresistibility *n.* natur anorchfygol *&c f.*
irresistible *a.* anorchfygol, anwrthsafadwy, diwrthdro, anwrthwynebadwy, cymhellol, llethol, gorlethol, *occ:* anorthrech; **she was ~,** 'roedd hi'n hudolus; ni ellid mo'i gwrthsefyll hi; **the temptation was ~ for me,** 'roedd y demtasiwn yn drech na mi.
irresistibleness *n.* anorchfygolrwydd *m*, natur anorchfygol *&c f.*
irresistibly *adv.* yn anorchfygol; **I was ~ attracted to her,** fe'm denwyd ati ar fy ngwaethaf.
irresoluble *a.* annatrys.
irresolute *a.* amhenderfynol, dibenderfyniad, petrus, petrusgar; *N: F: occ:* be' wna'-i?
irresolutely *adv.* yn amhenderfynol *&c.*
irresoluteness, irresolution *n.* amhenderfyniad *m*, petruster *m*, petrustod *m*, diffyg *(m)* penderfyniad.
irresolvable *a.* **1.** *(substance):* annatodadwy, annatodol. **2.** *(problem):* annatod, annatrys, astrus.
irrespective *a.* **~ of sth,** heb ystyried rhth, ar wahân i rth, yn annibynnol ar rth, beth bynnag yw/fo. . ., *N:* *occ:* waeth beth fo. . . .
irrespectively *adv. See above.*
irrespirable *a.* ananadladwy, na ellir ei anadlu.
irresponsibility *n.* anghyfrifoldeb *m*, diofalwch *m*, penchwibandod *m.*
irresponsible *a.* anghyfrifol, diofal, penchwiban, difeddwl, ysgafala.
irresponsibleness *n.* = **irresponsibility.**
irresponsibly *adv.* yn anghyfrifol *&c.*
irresponsive *a.* diymateb, digyffro, difraw, tawedog, dywedwst, mud, *occ:* claear, dicra.
irresponsively *adv.* yn ddiymateb *&c.*
irresponsiveness *n.* diffyg *(m)* ymateb, tawedogrwydd *m*, mudandod *m*, difrawder *m*, *occ:* claearwch *m*, dicräwch *m.*
irretentive *a.* gwan, di-ddal, anghynnwys, anghynhwysol; **an ~ memory,** cof fel rhidyll/gogor.
irretentiveness *n.* anghynwysoldeb *m*; *(of memory):* gwendid *m* [cof].
irretrievability *n.* natur anadferadwy *&c f.*
irretrievable *a.* anadferadwy, anadfer.
irretrievably *adv.* yn anadferadwy *&c*; y tu hwnt i adfer.
irreverence *n.* amarch *m*, diffyg *(m)* parch (**towards s.o.,** tuag at rn).

irreverent[ial] *a.* dibarch, amharchus (**towards s.o.,** o rn, tug at rn).
irreverently *adv.* yn ddibarch.
irreversibility *n.* natur ddiwrthdro *&c f.*
irreversible *a.* diwrthdro, anwrthdroadwy, di-droi'n-ôl, di-alw'n-ôl, anghildroadwy; **~ reaction,** adwaith anghildroadwy *m.*
irreversibly *adv.* yn ddiwrthdro *&c.*
irrevocability *n.* natur ddiwrthdro *&c f,* terfynoldeb *m.*
irrevocable *a.* di-alw'n-ôl, diwrthdro, terfynol.
irrevocableness *n.* **= irrevocability.**
irrevocably *adv.* yn ddi-alw'n-ôl.
irrigable *a.* dyfr[i]adwy.
irrigate *v.t.* dyfrio, dyfrh|au, *S:* dwrh|au.
irrigated *a.* dyfredig.
irrigation *n.* dyfrhad *m,* dyfrh|au *vn; Med:* **colonic ~,** dyfrhad y colon.
irrigative *a.* dyfrhaol.
irrigator *n.* dyfrhäwr (dyfrhawyr) *m.*
irritability *n.* piwisrwydd *m,* natur flin *f,* tymer flin *f,* pigogrwydd *m,* anynadrwydd *m,* croendeneuwch *m,* llidio[w]grwydd *m,* anniddigrwydd *m; Med:* llidio[w]grwydd.
irritable *a.* pigog, llidiog, piwis, croendenau, anynad, *N:* blin, *S.W:* bifis, bibish, ceintachlyd, penwinog, *S: occ:* esgudwyth, *Lit:* cythruddgar; *(= inflamed):* llidus, llidiog; *Biol:* teimladwy.
irritableness *n.* **= irritability.**
irritably *adv.* yn bigog, yn flin *&c.*
irritant *a. & n.* **1.** *a.* llidiog, llidus. **2.** *n.* llidiwr (llidwyr) *m,* peth(-au) llidus *m;* **he's a constant ~ to me,** mae'n dân ar fy nghroen i; mae'n fy nghythruddo i'n wastad; mae'n bigyn yn y glust i mi; *Lit:* mae'n ddraenen yn f'ystlys.
irritate[1] *v.t.* **1.** *(= annoy):* gwylltio, *Lit:* cythruddo, llidio, ffyrnigo; *F:* pryfocio, herian, tymentio, piwsio; **she irritates me,** mae hi'n dân ar fy nghroen i. **2.** *Med:* llidio.
irritate[2] *v.t. Scot.Jur:* dil|eu, dirymu, trechu.
irritated *a.* piwis, pifis, gwyllt, wedi'ch gwylltio, dig, dicllon, pigog, ffyrnig, *Lit:* llidiog, anynad, *N:* blin, milain, *S.W:* naturus, crac.
irritatedly *adv.* yn biwis *&c.*
irritating *a.* **1.** *(habit &c):* sy'n dân ar eich croen, sy'n dreth arnoch, pryfoclyd, digon i'ch gwylltio, annifyr, diflas, annymunol, *occ:* cythruddol, enynnol. **2.** *(physically):* llidus, llidiog, poenus, annifyr, dolurus, doluriol.
irritatingly *adv.* **1.** *(a)* yn bryfoclyd *&c; (b)* yn llidus *&c.* **2.** *(qualifying clause):* **~, the shops had just closed,** yn ddigon i'ch gwylltio, yr oedd y siopau newydd gau.
irritation *n.* **1.** *(a) (= annoyance):* piwisrwydd *m,* pigogrwydd *m,* tymer flin *m,* gwylltineb *m, S.W:* natur ddrwg *f, Lit:* dig *m,* dicter *m,* cythrudd *m; (b) (= irritating thing):* pryfociad(-au) *m,* cythruddiad(-au) *m,* peth(-au) cythruddol *&c m;* **to my considerable ~ . . .,** er cryn flinder/gythrudd imi . . . . **2.** *Med:* llid(-au) *m,* enyniad(-au) *m,* enynfa (enynf|eydd) *f,* cosi *(vn)* poenus.
irritative *a.* **= irritating.**
irritativeness *n.* **= irritableness.**
irrotational *a.* anhroadol.
irrupt *v.i. (= burst):* ymwthio (**into,** i le); *(= attack):* rhuthro (i le), ymosod (ar le), torri i mewn (i rth, ar draws rhth).
irruption *n. (= attack):* rhuthr(-au) *m,* rhuthrgyrch(-oedd) *m,* ymosodiad(-au) *m; (= bursting):* ymwthiad(-au) *m.*
irruptive *a.* ymwthiol, mewnwthiol.
irruptively *adv.* yn ymwthiol *&c.*
Irvingite *n. Rel.Hist:* Irvingiad (Irvingiaid) *m&f.*
is *v. See* **be.**
isabel, isabella, isabelline *a. & n.* **1.** *a.* llwydfelyn (*f.* llwydfelen, *pl.* llwydfelynion). **2.** *n.* llwydfelyn *m.*
isagoge *n.* rhagarweiniad(-au) *m.*
isagogic *a. & n.pl.* **1.** *a.* rhagarweiniol. **2.** *n.pl.* **isagogics,** rhagarweineg *f.*
Isaiah *Pr.n.m. B: Hist:* Eseia.
isallobar *n. Meteor:* is|alobar (isalobarrau) *m.*
isallobaric *a. Meteor:* isalobarig.
isallotherm *n. Meteor:* is|alotherm (isalothermau) *m.*
isanomalous *a. Geog:* cyfanomalaidd; **~ line,** llinell(-au) *(f)* anomaledd.
isarithm *n.* **= isopleth.**
isatin *n. Ch: Dy:* |isatin *m.*
isba[h] *n.* caban(-au) *(m)* pren.
ischaemia *n. Med:* diffyg *(m)* gwaed, isgemia *m.*
ischaemic *a. Med:* isgemig; **~ heart disease,** isgemia*(m)*'r galon.
ischiadic, ischial *a. Anat:* clunol.
ischium *n. Anat:* asgwrn *(m)* clun (esgyrn cluniau), isgiwm (isgia) *m.*
ischnura *n. Ent:* **common ~,** *(Ischnura elegans):* mursen gynffonlas (mursennod cynffonlas) *f;* **scarce ~,** *(I. pumilio):* mursen brin (mursennod prin) *f.*
isenthaepic *a.* isenthepig.
isentropic *a.* isentropig.
Iseult *Pr.n.f.* Esyllt.
Ishmael *Pr.n.m. B:* Ismael.
Ishmaelite *n.* Ismaeliad (Ismaeliaid) *m&f.*
Ishmaelitish *a.* Ismaelaidd.
Ishmaelitism *n.* Ismaeliaeth *f.*
isinglass *n.* eisinglas *m (pronounced* ng-g), pysglud *m,* g|elatin *m.*
Islam *n.* Islam *mf.*
Islamic *a.* Islamaidd, Moslemaidd.
Islamics *n.pl.* Islameg *f,* astudiaethau Islamaidd.
Islamism *n.* Islam[i]aeth *f,* Moslem[i]aeth *f.*
Islamist, Islamite *n.* **1.** *Rel:* Islamydd (Islamwyr) *m,* Islamiad (Islamiaid) *m&f,* Moslemiad (Moslemiaid) *m&f.* **2.** *Sch:* Islamegwr: Islamegydd (Islamegwyr) *m.*
Islamization *n.,* **Islamize** *v.t.* Islameiddio.
island[1] *n.* **1.** ynys(-oedd) *f; W.Lit:* **the I~ of the Mighty,** Ynys y Cedyrn; **the I~ of Britain,** Ynys Brydain/Prydain; **the I~ of Avalon,** Ynys Afallon; *Myth:* **the Islands of the Blessed,** yr Ynysoedd Dedwydd; **a desert ~,** ynys anghyfannedd (ynysoedd anghyfannedd). **2. traffic ~, street ~,** ynys *(f)* groesi (ynysoedd croesi). **3.** *Nau:* rhan(-nau) uchaf *f,* aradeiledd *m.* **~ stack** *n. (in library):* stac(-iau) ynysol *m.* **~ universe** *n.* **= galaxy.**
island[2] *v.t.* **1.** *(= make into island):* ynysu. **2.** *(= dot with islands):* britho (rhth) ag ynysoedd.
islanded *a.* **1.** ynysedig, ynysol. **2.** *(= having islands):* ynysog.
islander *n.* ynyswr (ynyswyr) *m,* yn|yswraig *f;* **the islanders,** pobl *(f or pl)* yr ynys.
isle *n.* ynys(-oedd) *f;* **the I~ of Wight,** Ynys Wyth; *Nat.Hist:* **I~ of Wight disease, = acariasis; the I~ of Skye,** yr Ynys Hir; **the I~ of Man,** Ynys Manaw, *F:* [yr] Eil o Man; **the Isles of the Blest, the Fortunate Isles,** yr Ynysoedd Dedwydd; **the British Isles,** Ynysoedd Prydain, yr Ynysoedd Prydeinig.
islet *n.* ynysig(-au) *f; Anat:* **islets of Langerhans,** ynysoedd Langerhans.
ism *n.* credo(-au) *mf,* athrawiaeth(-au) *f;* **-~,** *(as suffix):*-oldeb(-au) *m,* -yddiaeth(-au) *f,* -istiaeth(-au) *f.*
Ismaili *n. Rel:* Ismailïad (Ismailïaid) *m&f.*
isoagglutination *n. Med:* isogyfludiad *m.*
isoagglutinative *a.* isogyfludol.
isoagglutinin *n. Med:* isogyflud *m.*
isoagglutinogen *n. Bio-Ch:* isoaglwt|inogen *m.*
isoalloxazine *n. Ch:* isoal|ocsasin *m.*
isoantibody *n.* isowrthgorff (isowrthgyrff) *m.*
isoantigen *n.* iso|antigen (isoantigenau) *m.*
isoantigenic *a.* isoantigenig.
isoantigenicity *n.* isoantigenedd *m.*
isobar *n. Meteor:* |isobar (isobarrau) *m.*
isobare *n. Ph: Ch:* isobâr (isobarau) *m.*
isobaric *a. Meteor:* isobarig.
isobath *n. Geog:* |isobath (isobathau) *m.*
isobathic *a. Geog:* isobathig.
isobathytherm *n. Geog:* isob|athytherm (isobathythermau) *m.*
isobilateral *a.* cyfddwyochrog.
isobront *n. Geog:* |isobront (isobrontau) *m.*
isobutane *n. Ch:* isobiwtan *m.*
isobutylene *n. Ch:* isob|iwtylen *m.*
isocaloric *a.* isocalorig.
isocarpic *a. Bot:* isocarpig.
isocheim *n. Meteor:* gaeaflin(-iau) *f.*
isochor[e] *n. Ph:* |isocor (isocorau) *m.*

isochoric *a. Ph:* isocorig.
isochromatic *a.* unlliw.
isochron[e] *n.* |isocron (isocronau) *m.*
isochronal, isochronic *a.* isocronig.
isochronism *n. Med:* isocronedd *m.*
isochronous *a.* = **isochronal, isochronic.**
isocitric *a. Ch:* isositrig.
isoclinal *a. & n.* **1.** *a.* isoclinol. **2.** *n.* = **isocline.**
isocline *n.* |isoclin (isoclinau) *mf.*
isoclinally *adv.* yn isoclinol.
isoclinic *a.* isoclinol.
isocost *n.* hafalgost(-au) *f.*
isocracy *n.* isocratiaeth *f.*
isocratic *a.* isocrataidd.
isocyanate *n. Ch:* isos|eianad (isoseianadau) *m.*
isocyanide *n. Ch:* isos|eianid (isoseianidau) *m.*
isocyclic *a. Ch:* isosyclig.
isodiametric *a. Geom:* isodiametrig.
isodiaphere *n. Ph:* isodïaffer(-au) *m.*
isodimorphism *n. Biol:* isodimorffedd *m.*
isodimorphous *a. Biol:* isodimorffaidd.
isodose *a.* |isodos.
isodynamic *a. Mec:* isodynamig.
isoelectric *a.* isodrydanol, isoelectrig.
isoelectronic *a.* isoelectronig.
isoenzyme *n. Bio-Ch:* iso-ensym(-au) *m.*
isoenzymic *a. Bio-Ch:* iso-ensymig.
isogamete *n. Biol:* isogamet(-au) *m.*
isogametic *a. Biol:* isogametig.
isogamous *a. Biol:* isogamaidd.
isogamy *n. Biol:* isogamedd *m.*
isogeneic *a. Biol:* isogenëig.
isogenic *a. Biol:* isogenig.
isogenous *a. Biol:* isogenaidd.
isogeny *n. Biol:* isogenedd *m.*
isogeotherm *n. Geog:* isogeotherm(-au) *m.*
isogloss *n. Ling:* |isoglos (isoglosau) *mf.*
isoglossal, isoglossic *a. Ling:* isoglosaidd.
isogon *n. Geom:* |isogon (isogonau) *m.*
isogonal *a. Geom:* hafalonglog.
isogonic *a. Biol:* isogonig.
isogony *n. Biol:* isogonedd *m.*
isogram *n.* = **isopleth.**
isograph *n. Ling:* |isograff (isograffau) *m.*
isographic *a. Ling:* isograffig.
isohaline *n.* isohalin(-au) *f.*
isohel *n.* heul-lin(-iau) *f,* |isohel (isohelau) *mf.*
isohemolysis *n.* isohem|olysis *m.*
isohyet *n.* glawlin(-iau) *f.*
isohyetal *a.* glawlinol.
isohypse *n. Geog:* cyfuchlin(-iau) *f.*
isolable, isolatable *a.* arwahanadwy, ynysadwy, neilltuadwy, didoladwy.
isolate[1] *n.* unigyn (unigion) *m,* arunigyn (arunigion) *m.*
isolate[2] *v.t.* arwahanu, ynysu, ynysoli, neilltuo; cadw (rhth) ar wahân; *Ch:* unigo, arunigo; *Econ:* neilltuo.
isolated *a.* **1.** *(= lonely):* unig, ar wahân, ar eich pen eich hun, *occ:* arunig; *El: &c:* ynysedig; *Med:* ynysedig, arwahanedig; *(place):* unig, anghysbell, diarffordd; **an ~ spot,** lle unig *m, N.W:* lle dinad-man; **an ~ day,** diwrnod unigol/sengl *m;* **an ~ case (of sth),** achos ar ei ben ei hun, achos neilltuol, achos unigryw (o rth); **~ examples,** enghreifftiau prin, ambell enghraifft brin, enghreifftiau ar wahân i'w gilydd, enghreifftiau gwahanedig.
isolating *a. Ling:* arwahanol; *El:* ynysol.
isolation *n.* **1.** *(a) (of infectious patient &c):* arwahaniad *m,* arwahanu *vn; Eng:* ynysiad(-au) *m; Biol:* **genetic ~,** arwahanu *(vn)* genynnau; *(b) El: (= insulation):* ynysu *vn,* ynysiad(-au) *m.* **2.** *(= loneliness):* unigedd *m,* unigrwydd *m;* **the house stood in complete ~,** safai'r tŷ ymhell o bob man; **in ~,** ar wahân, ar eich pen eich hun; **splendid ~,** arwahanrwydd gogoneddus. **~ hospital** *n.* ysbyty (ysbytai) *(m)* neilltuo/arwahanu. **~ syndrome** *n. Med:* syndrom(-au) *(m)* arunigedd.
isolationism *n. Pol:* ymynysiaeth *f.*
isolationist *n. & attrib. Pol:* **1.** *n.* ymynyswr (ymynyswyr) *m.* **2.** *attrib.* ymynysol.
isolator *n. El:* ynysydd(-ion) *m.*
Isolde *Pr.n.f.* Esyllt.
isolethical *a. Biol:* isolethigol.
isoleucine *n. Bio-Ch:* isolewsin *m.*
isoline *n.* = **isopleth.**
isologous *a. Ch:* isologaidd.
isologue *n. Ch:* |isolog (isologau) *m.*
isomagnetic *a. Ph:* isomagnetig.
isomer *n. Ch:* |isomer (isomerau) *m.*
isomerase *n. Bio-Ch:* is|omeras (isomerasau) *m.*
isomeric *a. Ch:* isomeraidd, isomerig.
isomerism *n. Ch:* isomeredd *m.*
isomerization *n.,* **isomerize** *v.t. Ch:* isomeru.
isomerous *a. Bot:* isomeraidd.
isometric *a. & n.pl. Geom:* **1.** *a.* isometrig; *Carp:* **exploded ~,** isometrig taenedig. **2.** *n.pl.* **isometrics,** isometreg *f.*
isometrical *a.* = **isometric 1.**
isometrically *adv.* yn isometrig.
isometropia *n. Opt:* isometropia *m.*
isometry *n.* **1.** *Geom:* isometredd(-au) *m.* **2.** *Geog:* cyfuchder(-au) *m.*
isomorph *n. Ch:* |isomorff (isomorffau) *m.*
isomorphic *a. Ch:* isomorffig.
isomorphically *adv. Ch:* yn isomorffig.
isomorphism *n. Ch:* isomorffedd *m.*
isomorphous *a. Ch:* isomorffig, isomorffaidd.
isoneph *n. Meteor:* |isoneff (isoneffau) *m.*
isoniazid *n. Pharm:* isoniasid *m.*
isonomic, isonomous *n.* cydradd, cyfartal.
isonomy *n.* cydraddoldeb *m.*
isooctane *n. Ch:* iso-octan(-au) *m.*
isopach *n. Geol:* |isopach (isopachau) *m.*
isoperimetric *a. Mth:* isoperimetrig.
isophere *n. Geog:* |isoffer (isofferau) *m.*
isophone *n. Ling:* |isoffon (isoffonau) *mf.*
isophonic *a. Ling:* isoffonig.
isophotal *a. Geog:* isoffotaidd.
isophote *n. Geog:* |isoffot (isoffotau) *mf.*
isopiestic *a.* = **isobaric.**
isopleth *n. Geog:* |isopleth (isoplethau) *m.*
isoplethic *a. Geog:* isoplethig.
isopod *a. & n. Crust:* **1.** *a.* isopodaidd. **2.** *n.* |isopod (isopodau) *m.*
isopodan *a. & n.* = **isopod.**
isoprenaline *n. Pharm:* isopr|enalin *m.*
isoprene *n. Ch:* |isopren *m.*
isoprenoid *a. Ch:* isoprenaidd.
isopropyl *attrib. Ch:* isopropyl.
isoproterenol *n. Pharm:* isoproterenol *m.*
isopteran *a. & n. Ent:* **1.** *a.* isopteraidd. **2.** *n.* isopteriad (isopteriaid) *m&f.*
isopyknic *a. Physiol:* isopycnig.
isoquant *n. Econ:* hafalgynnyrch *m.*
isorhythmic *a. Mus:* isorhythmig.
isoryme *n. Geog:* rhewlin(-iau) *f.*
isosceles *a. Geom:* is|osgeles.
isoseismal, isoseismic *a. & n. Geog:* **1.** *a.* isoseismig. **2.** *n.* isoseismig(-ion) *m.*
isosmotic *a. Biol:* isosmotig.
isosmotically *adv.* yn isosmotig.
isospin *n.* |isosbin *mf,* sbin isotopig *mf.*
isospondylous *a. Ich:* isosbondylaidd.
isosporous *a. Bot:* isosboraidd.
isospory *n. Bot:* isosboredd *m.*
isostade *n. Geog:* |isostad (isostadau) *m.*
isostasy *n.* isostasedd *m,* cydbwysedd *m,* is|ostasi (isostasïau) *m.*
isostatic *a.* cytbwys, isostatig; **~ equilibrium,** cydbwysedd isostatig *m.*
isosteric *a. Ch:* isosterig.
isosterism *n. Ch:* isosteredd *m.*
isosyntagmic *a. Ling:* isosyntagmig.
isotach *n. Geog:* |isotach (isotachau) *m.*
isotactic *a.* isotactig.
isotheral *a. Meteor:* haflinol.

isothere *n. Meteor:* haflin(-iau) *f.*
isotherm *n. Geog:* |isotherm (isothermau) *m.*
isothermal *a. & n. Geog:* **1.** *a.* isothermol. **2.** *n.* isothermal(-au) *f.*
isothermally *adv. Geog:* yn isothermol.
isothermic *a. Geog:* isothermig.
isotone *n. Biol: Ph:* |isoton (isotonau) *m.*
isotonic *a. Biol: Ph:* isotonig.
isotonically *adv. Biol: Ph:* yn isotonig.
isotonicity *n. Biol: Ph:* isotonedd *m.*
isotope *n. Ch:* |isotop (isotopau) *m*; **daughter ~,** epil-isotop(-au) *m*; **parent ~,** isotop gwreiddiol.
isotopic *a. Ch:* isotopig.
isotopically *adv. Ch:* yn isotopig.
isotopy *n. Ch:* isotopedd *m.*
isotron *n. Ph:* |isotron (isotronau) *m.*
isotropic, isotropous *a. Ph: Z:* isotropig.
isotropy *n. Ph: Z:* isotropedd *m.*
iso-valine *n.* isofalin *m.*
isozyme *n. Bio-Ch:* |isosym (isosymau) *m.*
isozymic *a. Bio-Ch:* isosymig.
Israel[1] *Pr.n.* **1.** *Geog:* Israel *f.* **2.** *Pr.n.m. B:* Israel.
Israeli *a. & n.* **1.** *a.* Israelaidd; **the ~ government,** llywodraeth Israel. **2.** *n.* Israeliad (Israeliaid) *m&f.*
Israelite *n. & a.* = **Israeli 1 & 2.**
Israelitic, Israelitish *a.* Israelaidd.
Issa *n. Ethn:* Issa(-id) *m&f.*
issuable *a.* **1.** *(= publishable):* cyhoeddadwy. **2.** *Jur:* dadleuol.
issuably *adv.* **1.** yn gyhoeddadwy. **2.** *Jur:* yn ddadleuol.
issuance *n.* cyhoeddi *vn*, cyhoeddiad *m.*
issuant *a. Her:* ymgodol.
issue[1] *n.* **1.** *Med: O:* diferlif *m*, llif *m*; *Ch: (of a gas):* ymollyngiad(-au) *m*, gollyngiad(-au) *m.* **2.** *(= way out):* ffordd (ffyrdd) *(f)* allan, ffordd ymwared, dihangfa (dihangf|eydd) *f*, ymwared *m.* **3.** *(= result):* canlyniad(-au) *m*; **in the ~,** yn y pen draw, fel y digwyddodd hi, fel y bu hi; **to bring a matter to an ~,** dod â rhth i ben/derfyn. **4.** *(= children &c):* plant *pl*, epil *pl*, disgynyddion *pl*, hiliogaeth *f.* **5.** *Jur:* **~ (of fact, of law),** pwnc *m*, mater *m*, cwestiwn *m* (o ffaith, o gyfraith); **the main ~ of a suit,** sylwedd *(m)* achos; *S.a.* **side**[1] **6**; **to join/take ~ with s.o. about sth,** mynd i ddadl â rhn ynghylch rhth; **the point at ~,** y pwnc mewn dadl, pwnc y ddadl; **issues of the day,** pynciau'r dydd, materion y dydd; **the questions at ~,** y materion dan sylw; **to be at ~ with s.o.,** anghytuno â rhn; **to cloud/obscure/confuse the ~,** tywyllu cyngor; **to evade the ~,** troi'r sgwrs, osgoi'r pwnc dan sylw, *F:* troi'r gath yn y badell. **6.** *(a) (of book):* cyhoeddiad(-au) *m*, cyhoeddi *vn*; *Fin: (of banknotes, shares &c):* cyhoeddiad, cyhoeddi, dyroddiad(-au) *m*, dyroddi *vn*; **capital ~,** dyroddiad cyfalaf; **fiduciary ~,** dyroddiad ffyddiol; **item recurring ~,** dyroddiad eitem adredol; **scrip ~,** dyroddiad(-au) *(m)* sgrip; *(b) (of tickets, passports):* dosbarthiad(-au) *m*, dosbarthu *vn*; *(c) (in public library):* benthyciad(-au) *m*; *(d) Mil: (of kit &c):* dosbarthiad(-au) *m*, cyflenwad(-au) *m*; **7.** *(of magazine &c):* rhifyn(-nau) *m*; *Publ: (of book):* argraffiad(-au) *m.* **~ desk** *n.* desg *(f)* fenthyca (desgiau benthyca). **~ guide** *n.* dosran *(f)* benthyciadau. **~ method** *n.* dull *(m)* rhifnodi/cofnodi benthyciadau. **~ shirt** *n.* crys safonol/unffurf *m.* **~ system** *n.* system *(f)* gofnodi (systemau cofnodi) benthyciadau. **~ tray** *n. Lib:* hambwrdd (hambyrddau) *(m)* benthyciadau.
issue[2] *v.i.&t.* **1.** *v.i. (a)* **to ~ out/forth,** *(of pers.):* mynd allan; *(of blood):* llifo, dylifo, ffrydio; *(of smell, gas):* gollwng, dod allan/mas, tarddu; *(b) (= derive):* tarddu, deillio. **2.** *v.t. (a) (banknotes &c):* rhyddh|au, cyhoeddi, cylchredeg; *(b) (books, records, stamps &c):* cyhoeddi, rhyddh|au, *occ:* lansio; *Jur:* **to ~ a summons/warrant/writ,** cyhoeddi gwŷs/gwarant/gwrit; *Mil:* **to ~ an order,** rhoi gorchymyn; *(c) (= distribute):* dosbarthu, rhoi, *occ:* dosrannu; *(= supply):* cyflenwi, rhoi; **to ~ a passport,** rhoi/rhoddi pasport; **to ~ a book,** *(from a library):* rhoi benthyg llyfr, benthyca llyfr; **to ~ s.o. with sth,** rhoi rhth i rn; **each man will be issued with a gun,** bydd pob dyn yn cael dryll.
issueless *a.* dietifedd, heb ddisgynyddion, heb blant, di-blant, heb epil, diepil, heb hiliogaeth.
issuer *n.* cyhoeddwr (cyhoeddwyr) *m*, dosbarthwr: dosbarthydd (dosbarthwyr) *m*, rhoddwr (rhoddwyr) *m*, dyroddwr (dyroddwyr) *m.*
issuing *vn.* = **issue**[1],[2]. **~ house** *n.* tŷ (tai) *(m)* dyroddi. **~ officer** *n.* swyddog(-ion) *(m)* dyroddi.
Istanbul *Pr.n. Geog:* Istanb|wl *f.*
Isthmian *a. & n.* **1.** *a.* Isthmaidd; **the ~ Games,** Chwaraeon yr Isthmws. **2.** *n.* Isthmiad (Isthmiaid) *m&f.*
Isthmic *a.* Isthmaidd.
isthmus *n. Geog:* culdir(-oedd) *m*, cyfyngdir(-oedd) *m*; *Anat:* mwnwgl (mynyglau) *m*, culder(-au) *m.*
istle *n. Tex:* istli *m.*
it *pron.* I. *nom., with masculine reference.* **1.** *(simple forms): Lit:* ef, *N:* fo, *S:* fe; *S.a.* **he. 2.** *(a) in literary Welsh, and (in the spoken language) in single word answers to questions,* **it** *is expressed by the 3rd. sing. ending of the verb:* **~ is,** *Lit:* ydyw, *F:* ydi, *S: F:* odi, oti; **~ may,** caiff; **~ can,** gall; **~ did,** gwnaeth; *(b) in the Biblical and older literary language the verb is preceded by* ef a + *soft mut.:* **~ came,** ef a ddaeth; *(c) usually in spoken Welsh and often in the modern literary language, the verb is preceded by* fe + *soft mut. (Lit. & S.) or by* mi + *soft mut. (N.), and may be followed by an auxiliary pronoun: Lit:* ef, *N:* fo, o, *S:* fe, e, *S.E:* fa, a; **~ ran,** *Lit:* rhedodd [ef]; fe redodd [ef]; *N:* mi redodd [o]; *S:* fe redodd [e], *occ:* mi redodd [e]; **here ~ comes,** dyma fe'n/fo'n dod; *(in distance):* dacw fe'n/fo'n dod; **~ fell,** fe syrthiodd e; **~ is,** mae o/e, *also S:* ma' fe; *(d)* oedd *is preceded by* yr, 'r, *and may be reinforced by* mi *in Northern dialects:* **~ was,** yr oedd ef; 'roedd ef; *F:* 'roedd e/o; *N:* [mi] 'roedd o; *(e) questions are introduced by the particle* a + *soft mut. before the verb form, without a preceding pronoun but with a pronoun following a verb;* a *is often omitted in speech; the negative particle is* oni *(*onid *before a vowel):* **did ~ come?** [a] ddaeth ef/e/o? **didn't ~ come?** *Lit:* oni ddaeth ef? *F:* ddaeth e/o ddim? **didn't ~ go?** *Lit:* onid aeth ef? *F:* aeth o/e ddim? *(f) emphatic questions are introduced by* ai *(usually omitted in speech)* + ef/fo/fe + a + *soft mut.* + *verb, or by* sydd yn *(or* sy'n*)* + *vn.; the negative particle is* onid, *F:* nid, *S: F:* nage: **was it ~ that came?** [ai] ef/fo/fe [a] ddaeth? **wasn't it ~ that came?** onid ef/fe/fo a ddaeth? **3.** *(conjunctive forms, translating* **and ~, ~ also, ~ too,** *or to contrast with an unemphatic pronoun): Lit:* yntau, *Lit: occ:* efyntau, *N:* ynta/fynta, *occ:* fonta, *S:* ynte/fynte; **I turned left and ~ turned right,** trois i i'r chwith a throes yntau i'r dde; **~ came too,** fe ddaeth yntau [hefyd]. **4.** [y] mae *is the form of* **is** *when* **it** *is the subject rather than the predicate of the sentence:* **~ is coming,** [y] mae ef yn dod; **~ is not likely but ~ is possible,** nid yw'n debygol ond [y] mae'n bosibl; **yes ~ is,** *Lit:* ydyw y mae, *F:* ydi mae e/o. II. *nom., with feminine reference.* **1.** *(simple form):* hi; *S.a.* **she. 2.** *(a) See* I. **2.** *above; (b) in the Biblical and older literary language the verb is preceded by* hi a + *soft mut.:* **~ knows,** hi a ŵyr; *(c) usually in spoken Welsh and often in the modern literary language, the verb is preceded by* fe + *soft mut. (Lit. & S.) or by* mi + *soft mut. (N.), and may be followed by an auxiliary pronoun:* hi; **~ ran,** *Lit:* rhedodd [hi]; fe/mi redodd [hi]; **here ~ comes,** dyma hi'n dod; *(in distance):* dacw hi'n dod; *(d)* oedd *is preceded by* yr, 'r, *and may be reinforced by* mi *in Northern dialects:* **~ was,** yr oedd hi; *F:* 'roedd hi; *N:* [mi] 'roedd hi; *(e) questions are introduced by the particle* a + *soft mut. before the verb form, without a preceding pronoun but with a pronoun following a verb;* a *is often omitted in speech; the negative particle is* oni *(*onid *before a vowel):* **did ~ come?** [a] ddaeth hi? **didn't ~ come?** *Lit:* oni ddaeth hi? *F:* ddaeth hi ddim? **didn't ~ go?** *Lit:* onid aeth hi? *F:* aeth hi ddim? **3.** *(conjunctive forms, translating* **and ~, ~ also, ~ too,** *or to contrast with an unemphatic pronoun): Lit:* hithau, *N: F:* hitha, *S: F:* hithe; **I turned left and ~ turned right,** trois i i'r chwith a throes hithau i'r dde; **~ came too,** fe ddaeth hithau [hefyd]. **4.** *See* I. *above for* [y] mae; **~ is coming,** [y] mae hi'n dod; **yes ~ is,** *Lit:* ydyw y mae, *F:* ydi mae hi. III. *obj., with masculine reference.* **1.** *(a) (prefixed form, before verb or vn.):* ei *(usually pronounced* i*)* + *soft mut. of vn. but no mut. of verb in a relative clause after* a'i; *after preposition* i: 'w + *soft mut.;* **I tried to see ~,** ceisiais ei weld; **I tried to hear ~,** ceisiais ei glywed; **I tried to save ~,** ceisiais ei achub; *(b) (affixed form, after verb or vn.): Lit:* ef; *S:* fe, e; *N:* fo, o; **I saw ~,** *Lit:* fe'i gwelais ef; *S:* fe'i gwelais i e; *N:* mi gwelais i o; **to strike ~,** *Lit:* ei daro ef, *S:* ei daro fe, *N:* ei daro fo; *(after negative verb):* mohono; **I did not see ~,** ni welais i mohono [ef/fe/fo]; *the affixed pronoun is obligatory in informal speech but optional in the literary language where a*

prefixed form has already been used: **I believe ~,** *Lit:* 'rwy'n ei gredu [ef]; *F:* 'rwy'n ei gredu e/o; **have you seen ~?** [a] welsoch chi ef/e/o? **I believed ~,** *Lit:* mi a'i credais ef; *N: F:* mi credais i e/o; *S: F:* fe'i credais i e; **the one who welcomed ~,** yr un a'i croesawodd ef/e/o; **it was Gwen who saw ~,** Gwen a'i gwelodd ef/e/o. **2.** *(infixed forms): (after vowel):* 'i; **to try and see ~,** ceisio'i weld; *(after preposition* i*):* 'w; **I went to see ~,** euthum i'w weld; *(following* ni, na, oni, pe*):* -s; **I did not see ~,** *Lit:* nis gwelais; *'i is followed by soft mutation of vn., but no mut. of verb in a relative clause after* a'i; **to try and hear ~,** ceisio'i glywed; **to try and save ~,** ceisio'i achub; **it was John who heard ~,** John a'i clywodd ef/e/o; **I saw ~,** fe'i gwelais [i] ef; *N: F:* mi'i gwelais [i] o; *(often, but less correctly):* fe/mi welais i e/o. **3.** *(conjunctive forms): (translating* **and ~, ~ also, ~ too,** *or to contrast with an unemphatic pronoun): Lit:* yntau; *N:* ynta, fynta, *occ:* fonta; *S:* ynte, fynte; **it saw me and I saw ~,** gwelodd ef fi a gwelais innau yntau; **I saw ~ as well,** fe'i gwelais yntau [hefyd]. **4.** *F: (used as nom.):* **that's ~!** dyna/dacw fo/fe! *(garment):* **it's not quite ~,** 'dyw e ddim yn taro'n iawn. **5.** *(as indirect object):* **I obey ~,** 'rwy'n ufuddhau iddo; **I shall give ~ my support,** mi roddaf fy nghefnogaeth iddo; **I am thinking of ~,** 'rwy'n meddwl amdano; **I can't get rid of ~,** ni allaf gael gwared ag ef. **6.** *the prepositions* ar, at, dan, tan, o dan, am, o, er, heb, rhag, trwy, drwy, dros, tros, rhwng, yn, gan, wrth *have inflected 3rd pers. m. forms for which consult a grammar;* **on ~,** arno ef; **towards ~,** ato ef; **under ~,** dano ef; **about ~,** amdano ef; **for its sake,** erddo ef; **without ~,** hebddo ef; **against ~,** rhagddo ef; **through ~,** trwyddo ef *&c; note also the infixing of the pronoun in some cases, e.g.* **because of ~,** o'i herwydd ef; **around ~,** o'i gwmpas ef *&c.* IV. *obj., with feminine reference.* **1.** *(a) (prefixed form, before verb or vn.):* ei *(usually pronounced* i*) + spirant mut. of vn. or* h *aspirate in vn. if beginning with a vowel;* **I tried to see ~,** ceisiais ei gweld; **I tried to hear ~,** ceisiais ei chlywed; **I tried to save ~,** ceisiais ei hachub; *(b) (affixed form, after verb or vn.):* hi; *S: occ: (after vowel):* -ddi; *(after negative verb):* mohoni; **I did not see ~,** ni welais i mohoni hi; *the affixed pronoun is obligatory in informal speech but optional in the literary language where a prefixed form has already been used:* **I believe ~,** *Lit:* 'rwy'n ei chredu [hi]; *F:* 'rwy'n ei chredu hi; *S: occ:* 'rwy'n ei chredu-ddi. **2.** *(infixed forms): (after vowel):* 'i; **to try and see ~,** ceisio'i gweld; *(after preposition* i*):* 'w; **I went to see ~,** euthum i'w gweld; *(following* ni, na, oni, pe*):* -s; **I did not see ~,** *Lit:* nis gwelais; *'i is followed by spirant mutation of vn., or* h *aspirate in vn. if beginning with a vowel, but no mut. of verb in a relative clause after* a'i; **to try and hear ~,** ceisio'i chlywed; **to try and save ~,** ceisio'i hachub; **it was John who heard ~,** John a'i clywodd hi; **I saw ~,** fe'i gwelais [i] hi; *F:* mi'i gwelais [i] hi; *(often, but less correctly):* fe/mi welais i hi. **3.** *(conjunctive forms, translating* **and ~, ~ also, ~ too,** *or to contrast with an unemphatic pronoun); Lit:* hithau, *N: F:* hitha, *S: F:* hithe; **it saw me and I saw ~,** fe'm gwelodd hi fi a gwelais innau hithau; **I saw ~ as well,** fe'i gwelais hithau [hefyd]. **4.** *(as indirect object):* **I obey ~,** 'rwy'n ufuddhau iddi; **I shall tell ~ so,** mi ddywedaf hynny wrthi; **I am thinking of ~,** 'rwy'n meddwl amdani; **I can't get rid of ~,** ni allaf gael gwared arni/ohoni. **5.** *the prepositions* ar, at, dan, tan, o dan, am, o, er, heb, rhag, trwy, drwy, dros, tros, rhwng, yn, gan, wrth *have inflected 3rd. pers. f. forms for which consult a grammar;* **on ~,** arni hi; **towards ~,** ati hi; **under ~,** dani hi; **about ~,** amdani hi; **for ~'s sake,** erddi hi; **without ~,** hebddi hi; **against ~,** yn ei herbyn hi; **away from ~,** rhagddi hi; **through ~,** trwyddi hi *&c; note also the infixing of the pronoun in some cases, e.g.* **because of ~,** o'i herwydd hi; **around ~,** o'i chwmpas hi *&c.* V. **1.** *(3rd. pers. imperative):* **let ~ stand,** safed; boed iddo/iddi sefyll. **2.** *impersonally, or without reference to any specific noun: usu.* hi; *(a)* **~'s raining,** mae hi'n bwrw glaw; **~ was ten o'clock,** 'roedd hi'n ddeg o'r gloch; **~'s Monday today,** dydd Llun yw hi heddiw; **~'ll be fine,** fe fydd hi'n braf; **how is ~ that . . .?** sut mae hi'n bod mai . . .? **is ~ difficult to learn Greek?** a yw hi'n anodd dysgu Groeg? **the fog made ~ difficult to see,** gwnâi'r niwl hi'n anodd gweld; **there's nothing for ~ but to run,** 'does dim amdani ond rhedeg; **to have a bad time of ~,** cael helynt[-ion], cael trafferth[-ion], ei chael hi; **~ only remains for me to thank the speaker,** nid oes gennyf ond diolch i'r siaradwr; nid erys i mi ond diolch i'r siaradwr; **~ doesn't matter,** nid yw [hi] o bwys; **the worst of ~ is . . .,** y peth gwaethaf yw . . .; y drwg yw . . .; *S: occ:* beth sy'n waethaf yw . . .; **that's ~!** dyna hi! i'r dim! yr union beth! **this is ~!** dyma hi! **I would go if ~ were not for the cost,** mi awn oni bai am y gost; **~'s no use going,** ni waeth heb â mynd; ofer [yw] mynd; nid oes dim diben mynd; *(b)* **who is ~?** *(i) (at the door or on the phone):* pwy sydd yna? pwy sy 'na? *(ii) (e.g. in photo):* pwy yw ef/hi? **what is ~?** *(i)* beth yw e/hi? beth ydi o/hi? beth yw hwnna/honna? *(ii) (= what's the matter?):* be' sydd? be' sy'n bod? *(c)* **hang ~! damn ~!** damia/daria fo/fe *&c!* **I shall see to ~ that they obey,** mi ofalaf eu bod yn ufuddhau; **I take ~ that you agree,** 'rwy'n cymryd eich bod yn cytuno; **out with ~!** *N:* allan â fo! allan ag o! *S:* mas ag e! **run for ~!** rhed(-wch)! **watch ~!** gofala di (gofalwch chi)! *N: F:* tendia di (tendiwch chi)! **he carried ~ off successfully,** fe lwyddodd; fe ddaeth drwyddi'n llwyddiannus; fe ddaeth i ben â hi'n llwyddiannus; **I'll give him ~!** fe'i rhof i hi iddo! fe'i caiff e hi gen i! **he's asking for ~!** mae'n gofyn amdani! **you've done ~ now,** *(= blundered):* dyna ti wedi'i gwneud hi'n awr! **she's always at ~,** mae hi wrthi byth a beunydd; **you'll be for ~,** fe'i cei di hi; fe gei di ddrwg; 'rwyt ti'n ei haros hi; **I have ~!** mi gwela' i hi! mi wn i beth! *F:* **you're not with ~,** 'dwyt ti ddim ynddi hi; **you're ~!** *(in children's games): S:* ti yw e! *N:* ti ydi o! **Ascot wasn't in ~,** *(= couldn't be compared):* 'doedd Ascot ddim ynddi; **I thought ~ well to warn you,** mi feddyliais mai gwell fyddai eich rhybuddio; **I feel the better for ~,** 'rwy'n teimlo'n well o'r herwydd; **give me half of ~,** rhowch ei hanner imi; **there was a quarter of ~ left,** yr oedd ei chwarter ar ôl; **they went at ~ in earnest,** aethant ati o ddifrif; **they were at ~ for hours,** buont wrthi am oriau; **so be ~!** bid felly! boed felly! *(d) emphasizing a word or words: they are placed first in Welsh:* **~'s not often we see him,** anaml y gwelwn ef; **~'s nonsense to say that,** lol yw dweud hynny; **~ is to him you should go,** ato ef y dylech fynd; **~ was a ring that she lost,** modrwy a gollodd hi; *(e) (in horror story):* **through the door came - ~!** trwy'r drws fe ddaeth - y peth!

itacolumite *n. Miner:* itac|olwmit *m.*

itaconic *a. Ch:* itaconig.

Italian *a. & n.* **1.** *a.* Eidalaidd, o'r Eidal, yr Eidal; *(in language):* Eidaleg; **the ~ government,** llywodraeth yr Eidal; **she's ~,** Eidales yw hi. **2.** *n. (a) (i) Ethn:* Eidalwr (Eidalwyr) *m,* Eidales(-au) *f; (b) Ling:* Eidaleg *f, m.*

Italianate *a.* Eidalaidd.

Italianism *n.* **1.** *(quality):* Eidaleiddiwch *m.* **2.** *Ling:* Eidalair (Eidaleiriau) *m,* Eidaleb(-ion) *f.*

Italianization *n.,* **Italianize** *v.t.* Eidaleiddio.

italic *a. & n.* **1.** *a. (a)* **I~,** *A: Geog:* Eidalig, Italig; *(b) Typ.* italaidd, italig. **2.** *(a) n. Typ: usu.pl.* llythrennau italaidd/italig; *(in quotations):* **my italics,** myfi biau'r italeiddio; *(b) Ling:* Italeg *f, m.*

Italicism *n.* = **Italianism 2.**

Italicization *n.,* **italicize** *v.t.* italeiddio.

Italiot[e] *a. & n.* **1.** *a.* Eidaliotaidd. **2.** *n.* Eidaliot(-iaid) *m&f.*

Italo- *comb.fm.* Eidalaidd-; **~-French,** Eidalaidd-Ffrengig.

Italophile *a. & n.* **1.** *a.* Eidalgar, Eidalgarol. **2.** *n.* Eidalgarwr (Eidalgarwyr) *m,* Eidalg|arwraig *f.*

Italy *Pr.n. Geog:* yr Eidal *f.*

itch[1] *n.* cosfa (cosfâu, cosf|eydd) *f,* ysfa(-on, ysfâu, ysf|eydd) *f,* crafu *vn,* cosi *vn, S:* enynfa (enynfâu, enynf|eydd) *f, S. W: occ:* bwyta *vn; F:* **I have an ~ to go there,** mae arna' i awydd/ysfa mynd yno; mae gen i flys mynd yno; **the seven-year ~,** ysfa'r saith mlynedd. **~-mite** *n. Ent: (Sarcoptes scabei):* gwiddonyn (gwiddon) *(m)* crafu, pryf(-ed) *(m)* cosi, coswr (coswyr) *m.;* **hay ~-mite,** *(Pyemotes ventricosus):* gwiddonyn crafu'r gwair, pryf cosi'r gwair, coswr y gwair.

itch[2] *v.i.* **1.** *N:* cosi, *N.E: & S.E: occ:* ysu, ysfanu, *S. W: occ:* bwyta. **2.** *F:* **to ~ to do sth,** ysu am wneud rhth; **I itched to tell her,** 'roeddwn yn ysu am gael dweud wrthi.

itchiness *n.* cosi *vn,* cosfa *f,* teimlad coslyd *m.*

itching *a. & n.* **1.** *a.* coslyd, craflyd, sy'n cosi; **~ powder,** powdwr *(m)* cosi. **2.** *n.* cosi *vn,* cosfa *f.*

itchy *a.* = **itching 1; he had ~ feet,** 'roedd ysfa grwydro ynddo.

item *adv. & n.* **1.** *adv.* eto, hefyd. **2.** *n.* eitem(-au) *usu.f; (= object):* peth(-au) *m,* eitem; *(= detail):* manylyn (manylion) *m;* **a news item,** newydd(-ion) *m,* hanesyn (hanesion) *m,* eitem [o] newyddion; **the first ~ on the programme,** yr eitem gyntaf ar y

rhaglen; y peth cyntaf ar y rhaglen; *S.a.* **collector.** ~ **card** *n.* cerdyn (cardiau) (*m*) eitem.
itemization *n.*, **itemize** *v.t.* rhestru['n fanwl, fesul eitem], eitemeiddio.
itemized *a.* manwl, eitemedig.
iterance, iterancy *n.* ailadrodd *vn,* ailadroddiad *m.*
iterant *a.* ailadroddol, ailadroddus.
iterate *v.t.* ailadrodd, adrifo; *Cmptr: Mth:* iteru.
iteration *n.* ailadrodd *vn,* ailadroddiad(-au) *m,* adrifiad(-au) *m,* adrifo *vn; Cmptr: Mth:* iteriad(-au) *m.*
iterative *a. Gram:* ailadroddol; *Cmptr: Mth:* iteraidd.
iteratively *adv.* yn ailadroddol *&c.*
ithyphallic *a. & n. Gr.Lit:* **1.** *a.* ithyffalig; *(= lewd):* anllad. **2.** *n.* cerdd(-i) ithyffalig *f,* anlladgerdd(-i) *f.*
itineracy, itinerancy *n.* bywyd crwydrol *m.*
itinerant *a. & n.* **1.** *a.* teithiol, crwydrol. **2.** *n.* teithiwr (teithwyr) *m,* t|eithwraig (teithwragedd) *f,* crwydryn (crwydriaid) *m,* crwydren (crwydriaid) *f.*
itinerantly *adv.* yn deithiol *&c;* ar daith, ar grwydr.
itinerary *a. & n.* **1.** *a.* teithiol. **2.** *n.* *(= route):* taith (teithiau) *f,* hynt(-iau,-oedd) *f; (= guidebook):* teithlyfr(-au) *m.*
itinerate *v.i. O:* teithio, crwydro.
itineration *n.* taith (teithiau) *f,* crwydrad(-au) *m; vn.* = **itinerate.**
its *poss.a.* I. *denoting a masculine possessor.* **1.** *(a) (prefixed form):* ei *(usually pronounced* i*)* + *soft mut.;* ~ **back,** ei gefn; ~ **age,** ei oed; **it changed ~ name,** fe newidiodd ei enw; ~ **shape and colour,** ei lun a'i liw; (*not* ei lun a lliw); *(b) (affixed form): Lit:* ef, *N:* fo/o, *S:* fe/e *added in written Welsh for emphasis or clarity; used freely without emphasis in spoken Welsh, and for emphasis only when the antecedent is the subject of the sentence; thus* gafaelais yn ei gynffon *can be correct written Welsh for* **I took hold of ~ tail;** *the standard spoken form would be* mi afaelais yn ei gynffon o/e; ~ **head,** *Lit:* ei ben [ef], *F:* ei ben o/e; ~ **own home,** ei gartref [ef] ei hun. **2.** *(infixed forms): (after vowel):* 'i + *soft mut.*; *(after preposition* i*):* 'w; **remembering ~ history,** cofio'i hanes; **a colt and ~ mother,** ebol a'i fam; **neither the lion nor ~ family,** na'r llew na'i deulu; **with ~ paw,** â'i bawen; **from ~ hole,** o'i dwll; **towards ~ end,** tua'i ddiwedd; **to ~ place,** i'w le. **3.** *(conjunctive forms): (following noun): Lit:* yntau; *N:* ynta/fynta, *occ:* fonta; *S:* ynte; **he bit my leg and I took hold of ~ tail,** brathodd ef fy nghoes i a gafaelais innau yn ei gynffon yntau; **I didn't see ~ picture either,** ni welais i mo'i lun yntau chwaith. II. *denoting a feminine possessor.* **1.** *(a) (prefixed form):* ei *(usually pronounced* i*)* + *spirant mut. or* h *aspirate;* **the thrush built its house,** adeiladodd y fronfraith ei thŷ; **the owl changed ~ name,** fe newidiodd y dylluan ei henw; ~ **shape and colour,** ei llun a'i lliw (*not* ei llun a lliw); *(b) (affixed form):* hi, *added in written Welsh for emphasis or clarity; used freely without emphasis in spoken Welsh, and for emphasis only when the antecedent is the subject of the sentence; thus* gafaelais yn ei chynffon *can be correct written Welsh for* **I took hold of ~ tail;** *the standard spoken form would be* mi afaelais yn ei chynffon hi; ~ **own home,** ei chartref [hi] ei hun. **2.** *(infixed forms): (after vowel):* 'i + *spirant mut. or* h *aspirate; (after preposition* i*):* 'w; **remembering ~ history,** cofio'i hanes; **the foal and ~ mother,** yr eboles a'i mam; **neither the rabbit nor ~ family,** na'r gwningen na'i theulu; **with ~ paw,** â'i phawen; **to its home,** i'w chartref. **3.** *(conjunctive forms): (following noun): Lit:* hithau, *N:* hitha, *S:* hithe; **it bit my leg and I pulled ~ tail,** fe frathodd hi fy nghoes i a thynnais innau ei chynffon hithau; **I didn't see ~ picture either,** ni welais i mo'i llun hithau chwaith.
it's *v. F: See* **it is, it has,** *under* **be, have, it.**
itself *pron.* **1.** *with masculine reference:* ef ei hun/hunan, *Lit:* efe ei hun/hunan, *F: N:* [y] fo'i hun, *S:* fe'i hun/hunan; **such as ~,** fel ef ei hun; **all by ~,** ar ei ben ei hun. **2.** *with feminine reference:* hi ei hun/hunan, *Lit:* hyhi ei hun/hunan, *F:* y hi ei hun/hunan; **such as ~,** fel hi ei hun; **all by ~,** ar ei phen ei hun; **the country has impoverished ~,** mae'r wlad wedi ei thlodi ei hun; **the government has brought ~ down,** mae'r llywodraeth wedi ei dymchwel ei hun; **the party defended ~,** amddiffynnodd y blaid ei hun; **has the government asked ~ . . . ?** a yw'r llywodraeth wedi gofyn iddi ei hun . . . ? **3.** *the sense of ~ is frequently conveyed in Welsh, and especially in the literary language, by means of a reflexive verb, i.e. a verb with the prefix* ym-, *e.g.* **it prepared ~,** ymbaratôdd.
itsy-bitsy *a.* bychan bach (bychain bach), bach bach.
Itton *W.Pl.n.* Llanddeiniol *f.*
itty-bitty *a.* = **itsy-bitsy.**
Ivan *Pr.n.m.* Ifan; *Hist:* ~ **the Great,** Ifan Fawr; ~ **the Terrible,** Ifan Arswydus.
I've *v. F:* = **I have,** *under* **have.**
ivied *a.* yn eiddew/iorwg i gyd, eiddewog, llawn eiddew/iorwg; **the ~ wall,** y wal ag eiddew/iorwg drosti.
Ivorite *n.* Iforiad (Iforiaid) *m.*
ivory *n. & attrib.* **1.** *n.* *(a)* |ifori *m; (b) pl. F:* **ivories** *(i) Bill:* peli; *(ii) (= dice):* disiau; *(iii) (= teeth):* dannedd; *(iv) Mus: (of piano):* allweddi. **2.** *attrib.* ifori. ~**-billed woodpecker** *n.* = **ivorybill.** ~ **black** *n.* du (*m*) ifori. **I~ Coast** *Pr.n. Pol:* Y Traeth (*m*) Ifori. ~ **gull** *n. Orn:* gwylan(-od) (*f*) ifori. ~**-nut** *n.* cneuen (cnau) (*f*) ifori. ~ **palm** *n. Bot:* palmwydden (palmwydd) (*f*) ifori. **I~ Republic** *Pr.n. Pol:* Gweriniaeth (*f*) y Traeth Ifori. ~ **thistle** *n. Bot: (Silybium eborneum):* ysgallen (ysgall) (*f*) ifori. ~ **tower** *n.* tŵr (tyrau) (*m*) ifori. ~**-towered,** ~**-towerish** *a.* tŵr ifori. ~ **wax cap** *n. Fung:* cap (*m*) cŵyr ifori. ~**-wood** *n. Bot: (Siphonodon australis):* coeden (coed) (*f*) ifori. ~**-white** *a.* claerwyn (*f.* claerwen, *pl.* claerwynion), gwyn fel ifori.
ivorybill *n. Orn:* aderyn (adar) (*m*) pig |ifori.
ivy *n. Bot: (Hedera): N:* eiddew *m,* eiddiorwg *m, often in forms* irwgl, iwrwgl, mwrwgl, niwrigl; *S:* iorwg *m,* iwrwg *m; S.E: occ:* itia: itie *m,* iddia: iddie *m;* **Canary Island ~,** *(H. canariensis):* eiddew/iorwg y Canarias; **Cape ~, flowering ~,** *(Senecio macroglossus):* eiddew'r Penrhyn, iorwg y Penrhyn, eiddew/ iorwg blodeuog; **devil's ~,** *(Scindapsus aureus):* eiddew/iorwg eurfrith; **German ~,** *(S. mikanioides):* eiddew'r Almaen, iorwg yr Almaen; **goldenheart ~,** *(H. helix Jubilee):* eiddew/iorwg calon aur; **grape ~,** *(Rhoicissus rhomboidea):* eiddew/iorwg gwinwyddol; **ground ~,** *(Glechoma hederacea):* llysiau(*pl*)'r gerwyn, dail (*pl*) Robin, llysiau'r esgyrn, eidrol: eidral *m,* y feidiog las *f,* eiddew'r ddaear, y g|anwraidd las *f,* coron (*f*) y ddaear, dail eidrol/eidral, mantell (*f*) Fair; **Irish ~,** *(H. hibernica):* eiddew/iorwg Gwyddelig; **miniature grape ~,** *(Cissus striata):* eiddew/iorwg rhychog; **needlepoint ~,** *(H. helix sagittaefolia):* eiddew/iorwg pigfain; **parlour ~,** *(Philodendron scandens):* eiddew'r parlwr, iorwg y parlwr; **poison ~,** *(Rhus radicans):* eiddew/iorwg gwenwynig; **red ~,** *(Hemigraphes colorata):* eiddew/iorwg coch; **Swedish ~,** *(Plectranthus australis):* eiddew/iorwg Sweden; **white-edged Swedish ~,** *(Pl. coleoides marginatus):* eiddew/iorwg ymylwyn Sweden; **tree ~,** *(Fatshedera lizei):* eiddew/iorwg amryliw. ~ **arum** *n. Bot: (Scindapsus):* eiddew/iorwg brith. ~ **fern** *n. Bot: (Hemionitis palmata):* rhedynen (rhedyn) eiddewddail *f.* ~ **geranium** *n. Bot: (Pelargonium pelatum):* mynawyd (*m*) y bugail eiddewddail. ~**-leaved** *a. Bot:* eiddewddail. ~ **saxifrage** *n. Bot: (Saxifragia cymbalaria):* tormaen eiddewddail *m.* ~ **tree** *n. Bot: (Nothopanax colensoi):* coeden (coed) (*f*) eiddew/ iorwg. ~ **vine** *n. Bot: (Ampelopsis cordata):* gwinwydden (gwinwydd) eiddewddail *f.*
ixia *n. Bot:* lili(*f*)'r ŷd (liliau'r ŷd).
Ixionian *a. Gr.Myth:* Icsïonaidd.
ixodid *a. & n. Ent:* **1.** *a.* trogennaidd. **2.** *n.* trogen (trogod) *f.*
izard *n. Z:* creigafr (creigeifr) *f,* isard(-iaid) *m&f.*

J

J, j *n.* [y llythyren] J, j *f* (*pronounced* je, *pl.* jeau); *Tp:* **J for Jack,** J am Jac. **J-bar lift** *n. Ski:* lifft(-iau) (*f*) bar J. **J.C.B.** *n. Const: F:* jac(-iau) (*m*) codi baw. **J-cycle** *n. Rel.St:* llên-gylch (*m*) J. **J-document** *n. Rel.St:* dogfen (*f*) J. **J.P.** *abbr.* (*Justice of the Peace*): Y.H. (Ynad Heddwch).

jab[1] *n.* **1.** *Box: &c:* pwniad(-au) *m*, proc(-iau,-iadau) *m*, prociad(-au) *m*, pwyad(-au) *m*, *occ:* pwt(-iadau, pytiau) *m*; **a left ~,** pwniad â'r chwith. **2.** *Med: F:* pigiad(-au) *m*.

jab[2] *v.t.&i.* **to ~ ([at] s.o. with sth),** pwnio, procio, *occ:* pwtio, pwtian (rhn â rhth); (*with needle &c*): pigo, *occ:* gwanu; **he jabbed a pin into his leg,** plannodd bin yn ei goes; **to ~ sth out,** procio rhth allan/mas; *Med: F:* **to ~ s.o.,** rhoi pigiad i rn.

jabber[1] *n.* clebran *vn*, cleber: clebar *mf*, *Lit:* baldordd *m*.

jabber[2] *v.t.&i.* paldaruo, clebran, clebar, cleber, clepian, bragaldio, bragaldian, bregliach, brygowthan, preblian, prebliach, preblu, *Lit:* baldorddi, baldorddan, *N:* bambaruo, ffaldyruo, *S:* ffrensiach, ffrensian, lapan, bermanu, brymanu, *S.W:* dabarluo, sweian; **she jabbered out her prayers,** adroddodd ei gweddi ar redeg; adroddodd ei gweddi fel cyfrif llefrithen.

jabberer *n.* clebryn(-nod) *m*, clebrwr (clebrwyr), clebren(-nod) *f*, paldaruwr (paldaruwyr) *m*, paldaruwraig *f*, brygowthwr (brygowthwyr) *m*, bryg|owthwraig *f*, bragaldiwr (bragaldwyr) *m*, prebliwr (preblwyr) *m*, preblyn(-nod) *m*, preblen(-nod) *f*, *Lit:* baldorddwr (baldorddwyr) *m*, bald|orddwraig *f*.

jabbering *vn. & a.* **1.** *vn. See* **jabber[1],[2]**. **2.** *a.* parablus, cleberddus, baldorddus, preplyd, preblyd.

jabberingly *adv.* dan fregliach, yn r|ibidi-res, ar redeg, fel cyfrif llefrithen.

jabberwocky *n.* rwdl-mi-ri *mf*.

jabiru *n. Orn:* j|abirw (jabirŵod) *m*.

jaborandi *n. Bot:* jaborandi *m*.

jabot *n. Cost:* ffrilen (ffriliau) *f*.

jaboticaba *n. Bot:* coeden (coed) (*f*) jaboticaba.

jacamar *n. Orn:* j|acamar (jacamarod) *m*.

jacana *n. Orn:* j|asana (jasanaod) *m*.

jacaranda *n. Bot:* jacaranda(-s) *f*, coeden (coed) (*f*) |eboni.

jacinth *n.* **1.** *Lap:* maen (meini) (*m*) iasinth. **2.** *Bot:* **= hyacinth**.

jacinthe *n.* melyngoch (*pronounced* ng-g).

Jack[1] *Pr.n. & n.* I. *Pr.n.m.* Jac, Jaci, Siôn, Sionyn, Sioni, Ifan, Ieuan, Ianto, *S:* Siaci, *A:* Siac; **~ and Jill,** Siôn a Sian; **~ and the Beanstalk,** Jac a'r Goeden Ffa; **~ the Giant-killer,** Jac y Cawrladdwr; **every ~ has his Jill,** mae pawb yn Robin i rn; mae brân i bob brân [a dwy frân i frôn front]; mae brân i frân yn rhywle; **before you could say ~ Robinson,** cyn ichi ddweud gair o'ch pen, cyn ichi allu dweud dim, cyn ichi allu agor eich ceg, ar amrantiad, chwap, chwipyn; *S.a.* **jiffy; before I could say ~ Robinson he hit me,** *S.W:* wyddwn i wheddel cyn iddo 'nharo i; **he thinks he's ~ the lad,** mae'n meddwl ei fod yn dipyn o foi; mae'n ei osod ei hun; *N:* mae o'n rêl jarff; mae o'n llanc mawr; **~ Frost,** Jac y Rhew, Siôn Barrug, *occ:* Syr Barrug *m*; **~ Ketch,** y crogwr *m*; **~ tar,** llongwr (llongwyr) *m*, morwr (morwyr) *m*, *N.W: occ:* dyn(-ion) (*m*) môr; **~ the Ripper,** Jac y Rhwygwr; **~ on both sides,** Sioni bob ochr; **~ in office,** Siôn mewn swydd, Siôn ben swydd; **~ of all trades,** Siôn bob swydd, Wil naw crefft. II. **j~** *n.* **1.** (*pers.*): (*a*) (*i*) (*= servant*): gwas (gweision) *m*; *Prov:* **~ is as good as his master,** cyf|uwch cwd â ffetan; (*ii*) (*= labourer*): gweithiwr (gweithwyr) *m*, llafurwr (llafurwyr) *m*, gwas (gweision) *m*; (*b*) **every man j~,** pob copa walltog *f*, pob enaid byw bedyddiol *m*, *F:* pob un wan jac; *S.a.* **cheapjack. 2. j~,** *Cards:* jac(-iaid) *m*, *A: or Lit:* cnaf(-on) *m*. **3. j~,** *Clockm:* dyn(-ion) (*m*) [y] cloc, dynyn *m*, dynan *m*. **4. j~,** *Ich:* penhwyad (penhwyaid) bach *m*. **5.** (*a*) (*= male*): gwryw(-od) *m*; **j~-hare** bwch (bychod) (*m*) ysgyfarnog, ysgyfarnog wryw (ysgyfarnogod gwryw) *f*; (*b*) (*small*): bach, bychan (*f.* bechan, *pl.* bychain); (*c*) *Orn:* **j~ crow,** (*Picathartes gymnocephalus*): brân benfoel (brain penfoel) *f*. III. **j~,** *n.* (*implement*): **1. roasting-j~,** bêr-droell(-au) *f*. **2.** (*a*) **sawyer's j~,** car (ceir) (*m*) llifio, hors (*f*) lifio (horsys llifio), mul(-od) *m*; (*b*) (*= lifting device*): jac(-iau) *m*, *N.W: occ:* megan *m*; (*under farm cart*): twm (tymiau) *m*, pren(-nau) (*m*) cynnal; (*c*) *See* **boot-jack; bottle-j~,** jac(-iau) (*m*) pobi; (*d*) **= smoke-jack. 3.** *U.S:* **black j~,** pastwn (pastynau) *m*. **4. j~,** *El.E: Tp:* jac(-iau) *m*, jacblwg (jacblygiau) *m*. **5. J~,** *Games:* (*at bowls*): jac(-iau) *m*, *A: or Lit:* cnap(-iau) (*m*) nod, globyn(-nau) (*m*) nod. **6. j~,** *F:* **= cash[1]. 7.** *pl.* **jacks,** *Games:* [chwarae *vn*] dandis *pl.* **8.** *F:* **j~,** (*= detective*): ditectif(-s,-iaid) *m*. **~-a-dandy** *n.* **= dandy. j~-a-lent** *n.* cocyn(-nau) (*m*) hitio, cocyn annêl, jac(-s) (*m*) anêl. **j~-bean** *n. Bot:* jacffäen: jacffeuen (jacffa) *f*. **~-by-the-hedge** *n. Bot:* **= garlic (hedge). j~-crevalle** *n. Ich:* cafala (cafal|aid) *m*. **~-go-to-bed-at-noon** *n. Bot:* **= goat's beard. j~-hammer** *n.* **= jackhammer. ~-in-the-box** *n.* Jac yn y bocs, Siôn yn y gist. **~-in-the-green** *n.* y gŵr gwyrdd *m*, y dyn (*m*) o'r coed. **~-in-the-pulpit** *n. Bot:* (*a*) *U.S:* (*Arisaema triphyllum*): Jac yn y pulpud; (*b*) **= cuckoo-pint. j~-knife[1]** *n.* cyllell (*f*) boced (cyllyll poced); *attrib.* **j~-knife dive,** plymiad(-au) (*m*) plygu. **j~-knife[2]** *v.i.* (*of lorry*): plygu yn ei hanner; (*of swimmer*): plŷg-blymio. **j~ mackerel** *n. Ich:* jacfacrell (jacfecryll) *m*. **~-o'-lantern** *n.* (*a*) (*= ignis fatuus*): jac(-s) (*m*) lantar, tân (*m*) ellyll, *occ:* ellylldan: ellylltan *m*, tân Annwn, *A: or Lit:* [tân] llewy[r]n *m*, hudlewy[r]n *m*; (*b*) (*= lantern made of swede, pumpkin*): jaclantar(-s) *mf*. **j~ pine** *n. Bot:* pinwydden fain (pinwydd main) *f*. **j~-plane** *n.* jacblaen(-iau) *m*. **~ pudding** *n.* clown(-iaid) *m*. **~-rabbit** *n. Z:* ysgyfarnog(-od) (*f*) y paith. **~-rafter** *n. Constr:* ceibren(-nau) *f*. **~-sail-by-the-wind** *n.* **= by-the-wind-sailor. ~ salmon** *n. Ich: U.S:* penhwyad (penhwyaid) llygadrwth *m*. **~ screw** *n. Mec.E:* jacsgriw(-iau) *fm*. **~-shaft** *n. Aut:* jacsiafft(-iau) *f*. **~-stone** *n. Games:* dandi(-s) *m*. **~-towel** *n.* lliain bras (llieiniau breision) *m*. **~ tree** *n.* **= jack[5].**

jack[2] *v.t.* **1.** (*a*) **to ~ up,** codi, jacio; (*b*) *F:* **to ~ sth in,** rhoi'r gorau i rth, rhoi'r ffidil yn y to. **2. I've got everything jacked up for next week,** 'rwyf wedi trefnu popeth ar gyfer yr wythnos nesaf.

jack[3] *n. Nau:* penwn (penynau) *m*; **Union J~,** Jac(-s) (*f*) yr Undeb, *F:* Iwnion Jac(-s) *f*. **~-staff** *n.* polyn (polion) (*m*) penwn.

jack[4] *n. Cost: A:* côt (*f*) ledr (cotiau lledr).

jack[5] *n. Bot:* (*Artocarpus heterophyllus*): (*tree*): coeden (coed) (*f*) jacffrwyth; (*fruit*): jacffrwyth(-au) *m*.

jack[6] *v.t.&i. Fish:* ffaglu, *N.W: occ:* lampio.

jackal *n. Z:* jacal(-iaid) *m*, siacal(-iaid) *m*, *A:* gwas (gweision) (*m*) y llew.

jackanapes *n.* coegyn(-nod) *m*, *N:* llanc(-iau) *m*, (*child*): cenau (cenawon) bach *m*, cnaf(-on) bach *m*, ellyll(-on) bach *m*, mwnci (mwncwn[s], mwncïod) bach *m*, *N:* mawrddrwg *m* (*usu. pronounced* mwrddrwg), *S:* horswn drwg *m*.

jackaroo *n.* gwas (gweision) newydd *m*.

jackass *n.* **1.** *Z:* marchasyn(-nod) *m*, march (*m*) asyn (meirch asynnod). **2.** *Orn:* **laughing ~,** (*)chwarddwr (chwarddwyr) glas *m*. **3.** *F:* (*= fool*): asyn(-nod) *m*, *N:* mul(-od), cyw (*m*) mul (cywion mulod), *S:* mwlsyn (mwlsod, mwls) *m*; *S.a.* **fool[1]**.

jackassery *n.* gwiriondeb *m*, hurtrwydd *m*, hurtwch *m*.

jackboot *n.* **1.** botasen (*f*) ledr (botasau lledr), bwtsiasen (*f*) ledr (bwtsias lledr), *A:* coesarn (-au) *m*. **2.** *Fig:* gormes *fm*; **under the ~,** dan sawdl gormeswr.

jackbooted *a.* botasog.

jackdaw *n.* jac-do: jac-y-do(-s, jacdoeau) *m*, *occ:* jac(-s) (*m*) ffa,

S: occ: cawci (cawcïod) *m*, *Lit:* cogfran (cogfrain) *f*, corfran (corfrain) *f*.
jacker *n. Fish:* ffaglwr (ffaglwyr) *m*, *N.W: occ:* lampiwr(-s) *m*.
jacket[1] *n.* **1.** *(a)* siaced(-i) *f*, *N.W: occ:* crysba[i]s (crysbeisiau) *m*; **bed-~**, côt (*f*) wely (cotiau gwely), côt nos; **dinner-~**, siaced ginio/giniawa (siacedi cinio/ciniawa); **life-~**, siaced achub; *S.a.* **air-~**; **linen ~**, siaced liain (siacedi lliain), *N.W: occ:* crysba[i]s lliain; **lumber-~**, siaced (*f*) coediwr (siacedi coedwyr), crysbais (*m*) coediwr (crysbeisiau coedwyr); **strait-~**, siaced gaeth (siacedi caeth) *f*, gwasgod gaeth (gwasgodau caeth) *f*, caethwasgod(-au) *f*; *F:* **to dust s.o.'s ~**, rhoi côt/curfa i rn, *N.W: occ:* rhoi hŵs i rn, sgrafellu rhn; *S.a.* **beating, beat**[2]; *(b) (of potato &c):* croen (crwyn) *m*, *S:* pil(-ion) *m*. **2.** *(a) (of book, document):* clawr (cloriau) *m*, siaced(-i) *f*; **dust-~**, siaced lwch (siacedi llwch); *(b) I.C.E: &c:* **water-~, cooling-~**, siaced ddŵr (siacedi dŵr), siaced oeri. **~ potatoes**, *n.pl. N:* tatws trwy'u crwyn, *S:* tato trwy'r pil, tato yn eu pil.
jacket[2] *v.t.* gorchuddio, lapio, siacedu.
jacketed *a.* siacedog.
jacketless *a.* heb siaced, *N.W: occ:* digrysba[i]s.
jackfish *n. Ich: U.S:* = **pike**[2].
jackfruit *n. Bot:* jacffrwyth(-au) *m*.
jackhammer *n. Tls:* dril(-iau) niwmatig *m*.
jackleg *a. & n. U.S:* **1.** *(a) (= inept):* di-glem, di-sut, amaturaidd; *(b) (= dishonest):* anonest. **2.** *n.* |amatur (amaturiaid) *m&f*.
jacklight *n. Fish: U.S:* ffagl(-au) *f*.
jackpot *n.* prif wobr(-au) *f*, gwobr fawr (gwobrau mawr[-ion]) *f*, jacpot(-iau) *m*; **to hit the ~**, ennill y wobr fawr, taro'r nod.
jacksmelt *n. Ich:* brwyniad (brwyniaid) (*m*) Califfornia.
jacksnipe *n. Orn:* giach fach (giachod bach) *f*, y giach leiaf.
jackstaff *n.* jacbren(-nau,-ni) *m*.
jackstay *n.* jacstae(-s) *mf*; *(= rope):* dalraff(-au) *f*.
jackstraw *n.* fflaw(-iau) *m*, fflewyn (fflawiau) *m*, fflawen (fflawiau) *f*.
jackyard *n.* jaclath(-au) *f*.
Jacob *Pr.n.m.* Jacob, Iago. **~ chuck** *n. Tls:* crafanc (crafangau) (*f*) Jacob. **~ sheep** *n. Husb:* dafad (defaid) (*f*) Jacob. **~'s ladder** *n.* **1.** *Bot: (Polemonium caeruleum):* ysgol (*f*) Jacob, llawethan: llywethan *f*. **2.** *Nau:* ysgol Jacob, ysgolraff *f*. **~'s staff** *n.* ffon (ffyn) (*f*) Iago.
Jacobean *a. & n.* **1.** *a.* Iagoaidd, Jacobeaidd; *Bot:* **~ lily**, lili (liliau) (*f*) Iago. **2.** *n.* Jacobead (Jacobeaid) *m&f*.
Jacobian *n. Mth:* Jacobian(-nau) *m*.
Jacobin[1] *n. & attrib.* **1.** *n.* J|acobin (Jacobiniaid) *m&f*. **2.** *attrib.* Jacobinaidd.
jacobin[2] *n. Orn:* colomen gycyllog (colomennod cycyllog) *f*.
Jacobinic[al] *a.* Jacobinaidd.
Jacobinism *n.* Jacobiniaeth *f*.
Jacobinize *v.t.* Jacobineiddio.
Jacobite *n. & attrib.* **1.** *n.* *(a) Rel:* Jacobiad (Jacobiaid) *m&f*, Jacobydd(-ion) *m*; *(b) Hist:* Jacobitiad (Jacobitiaid) *m&f*, Jacobydd, *A: Pej:* addolwr (addolwyr) (*m*) Iago. **2.** *attrib.* *(a) Rel:* Jacobaidd, Jacobyddol; *(b) Hist:* Jacobitaidd, Jacobyddol, Iagoaidd.
Jacobitical *a.* = **Jacobite 2.**
Jacobitism *n.* Jacobitiaeth *f*.
jacobsite *n. Miner:* j|acobsit *m*.
jaconet *n. Tex:* j|aconed *m*.
jacquard *n.* **1. ~ [loom]**, gwŷdd (gwyddau) (*m*) patrymu, gwŷdd Jacquard. **2. ~ [weave]**, brethyn(-[n]au) (*m*) Jacquard.
jacquerie *n.* gwrthryfel(-oedd) *m*.
jactation *n.* brolio *vn*, ymffrostio *vn*.
jactitation *n.* **1.** *Jur:* **~ of marriage**, ffug-honni (*vn*) priodas. **2.** *Med:* gwingo *vn*, troi a throsi *vn*.
jade[1] *n.* **1.** *(horse):* hen geffyl(-au) *m*, hen gel(-au) *m*, hen nag(-iau) *m&f*, hen gaseg (~ gesig) *f*, *S:* hen glet *f*. **2.** *(woman):* jaden(-nod) *f*, 'sguthan(-od) *f*, ceilioges(-au) *f*, peunes(-au) *f*, cnawes(-au,-i) *f*, maeden(-nod) *f*, sopen(-nod) *f*; **you little ~!** y fffflen fach! y ffriten fach!
jade[2] *n. Miner:* arenfaen *m*, jâd *m*. **~ green** *n. & a.* gwyrdd (*m*) jâd. **~ plant** *Bot: (Crassula argentea):* briweg wyrddloyw *f*.
jade[3] *v.t.* blino.
jaded *a.* **1.** *(= tired):* blinedig, lluddedig. **2.** *(= surfeited):* wedi syrffedu, wedi diflasu, wedi alaru, diflasedig (**with sth**, ar rth).
jadedly *adv.* yn flinedig *&c*.
jadedness *n.* blinder *m*, syrffed *m*.
jadeite *n. Miner:* jadit *m*.
jadelike *a.* fel jâd, fel arenfaen.
jadish *a.* = **shrewish**.
jadishly *adv.* = **shrewishly**.
jadishness *n.* = **shrewishness**.
jaditic *a. Miner:* jaditig.
jaeger *n. Orn:* = **skua**.
jag[1] *n.* pigyn(-nau) *m*, ysgithr: ysgwthr: ysgythr(-au) *m*, *N.W: occ:* pincyn(-nau) *m*.
jag[2] *v.t.* bylchu, ysgythru, llyfrïo, danheddu, tolcio.
jag[3] *n. esp. U.S:* **1.** *(= load):* llwyth(-i) *m*, llwythyn (llwythi) *m*, *N.W: occ:* jegyn *m*, pynioryn *m*. **2.** *F:* **to go on the ~**, mynd ar sbri.
jagged[1] *a.* danheddog, tolciog, garw (geirwon); *(paper):* llyfrïog, hic-hac; *(hills, skyline):* cribog, ysgythrog; *(piece of rock):* pigfain, miniog.
jagged[2] *a. F: U.S:* = **drunk.**
jaggedly *adv.* yn ddanheddog *&c*.
jaggedness *n.* daneddogrwydd *m*, min danheddog *m*, g|arwder *m*, ymyl [g]arw *mf*.
jaggery *n.* siwgwr crai *m*.
jaggy *a.* = **jagged**.
jaguar *n. Z:* jagwar(-od,-iaid) *m*; **she-~**, jagwares(-au) *f*.
jaguarundi *n. Z:* jagwarwndi (jagwarwndïod) *m*.
Jahveh *Pr.n.m.* Iafe, Iahwe.
Jahvist *n.* Iafëydd (Iafeyddion) *m*.
jai alai *n. Games:* chai alái *m*.
jail *n. & v.t.* = **gaol**[1,2].
jailbait *n.* abwyd (*m*) carchar/jêl.
jailbird *n.* aderyn (adar) (*m*) carchar/jêl, dyn(-ion) (*m*) o'r carchar/jêl, carcharor(-ion) *m*.
jailbreak *n.* dihangfa (diangf|eydd) (*f*) o garchar, dianc (*vn*) o garchar, tor (*m*) carchar.
Jain *n. & attrib.* **1.** *n.* Jain(-iaid) *m&f*, Jainiad (Jainiaid) *m&f*. **2.** *attrib.* Jainaidd.
Jainism *n.* Jainiaeth *f*.
Jainist *n.* Jainydd(-ion) *m*, Jainyddes(-au) *f*.
jalap *n. Bot: Pharm:* jalap *m*.
jalapin *n. Pharm:* j|alapin *m*.
jalopy *n.* [hen] siandri (siandrïau) *f*.
jalousie *n.* caead(-au) dellt *m*.
jam[1] *n.* *(a) (of people):* tyrfa(-oedd) *f*, torf(-|eydd) *f*; *(b)* **traffic ~**, tagfa (*f*) geir/draffig/drafnidiaeth (tagf|eydd ceir/traffig/trafnidiaeth); *(c) Mount:* **hand ~**, clo(-eau) (*m*) llaw; *F:* **in a ~**, mewn picil/trafferth/strach/twll *&c*; *S.a.* **difficulty. ~-packed** *a.* llawn dop, *N.W: occ:* wedi ei stofio.
jam[2] *v.t.&i.* **1.** *v.t.* *(a)* **to ~ (sth into a box)**, gwthio, gwasgu, stwffio, *N.W: occ:* stofio, *S:* saco (rhth i flwch); *(b)* **to get one's finger jammed**, gwasgu'ch bys; **to ~ on the brakes**, sefyll ar y brêc/brâc, *N.W: F:* sodro'r brêc/brâc; *(c)* **to ~ (a machine)**, cloi, jamio (peiriant); **my car had been jammed in**, 'roedd fy nghar wedi ei gloi/gau i mewn; 'roedd fy nghar yn sownd rhwng dau gar arall; **to get jammed in sth**, mynd yn sownd yn rhth; *(of gun &c):* cloi, jamio; *(d) W.Tel:* drysu (rhth), ymyrryd (â rhth). **2.** *v.i.* *(a)* mynd yn sownd, cloi; *(b) Mus:* chwarae ar y pryd, jamio; **~ session**, sesiwn (*fm*) jamio (sesiynau jamio), sesiwn fyrfyfyr (sesiynau byrfyfyr).
jam[3] *pred.a. & adv.* **1.** *pred.a.* yn sownd; **to stand ~ up against the wall**, sefyll yn glòs at y wal. **2.** *adv.* **the bus was ~ full**, 'roedd y bws yn llawn dop; **the room was ~ full**, 'roedd yr ystafell dan ei sang; **(to screw up a nut) ~ tight**, (sgriwio nyten) yn sownd, yn dyn[n] dyn[n], yn dyn[n] dop.
jam[4] *n. & v.t.* **1.** *n. Cu:* jam(-iau) *m*, *Lit:* cyffaith (cyffeithiau) *m*; *F:* **a bit of ~**, tipyn o lwc; **to make ~**, jamio, gwneud jam; **money for ~**, arian am wneud dim; **you want ~ on it**, 'rwyt ti'n disgwyl jam/mêl arni. **2.** *v.t.* rhoi jam (ar rth). **~ jar, ~ pot** *n.* pot(-iau) (*m*) jam.
Jamaica *Pr.n. Geog:* Jamaica *f*.
Jamaican *a. & n.* **1.** *a.* Jamaicaidd, [o] Jamaica; **the ~ government**, llywodraeth Jamaica; **she's ~**, Jamaicad yw hi; un o Jamaica yw hi. **2.** *n.* Jamaicad (Jamaicaid) *m&f*.
jamb *n.* **1.** cilbost (cilbyst) *m*, ystlysbost (ystlysbyst) *m*, postyn

(pyst) (*m*) drws, *A:* gorsin(-au,-oedd) *f*, *S.W:* jom *f*. **2.** *(of fireplace):* pentan(-au) *m*.
jambalaya *n. Cu:* jambalaia *m*.
jambeau *n. Arm:* coesarn(-au) *f*.
jamboree *n.* **1.** *(of scouts):* jamborî (jamborïau) *mf*. **2.** *F:* dathliadau *pl*, miri *m*, sbloet *m*, *S: F:* swae *f*, randibŵ *f*.
James *Pr.n.m. B: & Lit:* Iago, *F:* Jâms, Siâms, *occ:* Siamas, *S.W: occ:* Shemi; *S.a.* **Jim**.
Jamesian *a. Phil: Lit:* Jamesaidd.
jammed *a.* sownd.
jammer *n. W.Tel:* dryswr (dryswyr) *m*.
jamming *vn. W.Tel:* ymyrryd, ymyrraeth *f*.
jammy *a.* **1.** jamlyd, yn jam i gyd, gludiog. **2.** *F: (= lucky):* lwcus.
jams *n.pl. Cost:* **= swimming-trunks.**
Jane[1] *Pr.n.f.* Siân, Sian, Siani, *occ:* Jên, *N.W: occ:* Sianw; *S.a.* **calamity**.
jane[2] *n. F:* merch(-ed) *f*, *S.W:* rhoces(-i) *f*, *N.W: occ:* modan (modins) *f*; **a plain ~,** merch blaen (merched plaen) *f*.
Janet *Pr.n.f.* Sioned, *occ:* Sianed, *N.W: occ:* Sionat, Jenat.
jangle[1] *n.* tinc *f*, rhinc *f*, clonc *f*, clinc *f*, tincial *vn*, tincian *vn*, clincian *vn*, cloncian *vn*.
jangle[2] *v.i.* tincial, tincian, cloncian, clencian, rhincian, clochdar.
jangled *a.* **~ (nerves),** (nerfau) anniddig, dryslyd.
jangling *a.* aflafar, rhinclyd, ansoniarus, amhersain, anghytsain, anghytûn.
janissary *n.* j|anisari: janisariad (janisariaid) *m*.
janitor *n.* **1.** *(= doorkeeper):* porthor(-ion) *m*, drysor(-ion) *m*. **2.** *(= caretaker):* gofalwr (gofalwyr) *m*.
janitorial *a.* porthorol, drysorol.
janitress *n.f.* **1.** *(= doorkeeper):* porthores(-au), drysores(-au). **2.** *(= caretaker):* gof|alwraig (gofalwragedd) *f*.
jankers *n.pl. F: Mil:* carchar *m*.
Jansenism *n.* Janseniaeth *f*.
Jansenist *n.* Jansenydd(-ion) *m*, Janseniad (Janseniaid) *m&f*.
Jansenistic *a.* Jansenaidd.
January *n.* [mis] Ionawr *m*.
Janus *Pr.n.m. Myth:* Ianws. **~-faced** *a.* dauwynebog.
Jap *n. & a. F:* **= Japanese.**
Japan[1] *Pr.n. & n.* **1.** *Pr.n. Geog:* Jap|an, *Lit: occ:* Siap|an. **~ wax** *n.* cwyr (*m*) Japan. **2. j~,** *n.* jap|an *m*, farnis (*m*) japan, lacr *m*.
japan[2] *v.t.* japanio, lacro.
Japanese *a.&n.* **1.** *a.* Japanaidd, Japaneaidd, o Jap|an; **the ~ emperor,** ymerawdwr Japan; **she's ~,** Japanead yw hi; *Lib:* **~ vellum,** felwm (*m*) Japan; *(in language):* Japancg, Japanaeg, Siapanaeg. **2.** *n. (a) Ethn:* Japaniad (Japaniaid) *m&f*, Japanead (Japaneaid) *m&f*, *Lit: occ:* Siapanead (Siapaneaid) *m&f*, *F:* Japanî(-s) *m&f*; **the ~,** y Japaneaid, pobl (*f or pl*) Japan; *(b) Ling:* Japaneg: Japan|aeg *f*, *m*, Siapaneg: Siapan|aeg *f*, *m*.
Japanization *n.*, **Japanize** *v.t.* Japaneiddio.
jape *n.* cast(-iau) *m*, tric(-iau) *m*.
Japhetic *a.* Japhetig, Japhethig.
Japlish *n. Ling:* Japlish *f*, *m*.
japonica *n. Bot: S.W:* pren (*m*) Assa, *Lit:* clesinen (clesin) (*f*) Jap|an, jap|onica *f*, clesinen goch (clesin coch).
jar[1] *n. (= jolt):* ysgytiad(-au) *m*, ysgytwad(-au) *m*, siglad(-au) *m*, sgeg *f*, [y]sgegfa *f*, [y]sgegiad(-au) *m*, jeriad(-au) *m*, jyriad(-au) *m*.
jar[2] *v.i.&t.* **1.** *v.i. (a)* rhygnu, rhincian, *F:* jerian, jyrian; *(b)* **to ~ on s.o.'s feelings,** merwino teimladau rhn, cythryblu rhn, bod yn dân ar groen rhn; **to ~ on s.o.'s nerves,** chwarae ar nerfau rhn, mynd dan groen rhn; **to ~ on s.o.'s ears,** merwino clustiau rhn; *(c) (of window &c):* crynu, dirgrynu, ysgwyd, ysgrytian, jyrian; *(d)* **(colours) that ~,** (lliwiau) anghydnaws, sy'n gwrthdaro, nad ydynt yn cyd-fynd; *(e)* **(its style) jars on me,** (mae ei arddull) yn codi fy ngwrychyn i, yn codi'r dincod arnaf i; *(f) Mus: (of note):* anghytseinio, anghytgordio, bod yn anghytsain. **2.** *v.t. (a)* [y]sgegio, [y]sgytio, ysgwyd, siglo, jerian, jyrian; **a machine that jars the whole house,** peiriant sy'n ysgytio'r tŷ i gyd; *(b) (the ear, nerves):* merwino (rhth); rhygnu, tarfu (ar rth).
jar[3] *n.* pot(-iau) *m*, jar(-iau) *f*, *A: or Lit:* costrel(-au,-i) *f*; **jam ~,** pot(-iau) (*m*) jam. **~-burial** *n. Archeol:* wrn-gladdu *vn*.
jardinière *n. Hort:* stand (*mf*) blodau/flodau (standiau blodau), ***jardinière(-s)*** *f*.
jarful *n.* potiaid (poteidiau) *m*, jariaid (jareidiau) *f*, *A: or Lit:* costrelaid (costreleidiau) *f*.
jargon[1] *n.* **1.** *(of experts):* jargon(-au) *mf*, iaith dechnegol (ieithoedd technegol) *f*. **2.** *(= gibberish):* ffiloreg *f*, rwdl-mi-ri *mf*, truth *m*, baldordd *m*, ffregod *f*, gwag siarad *m*.
jargon[2] *v.i.* siarad jargon.
jargon[3] *n. Lap:* jargon *m*.
jargonelle *n. Hort:* ***jargonelle(-s)*** *f*.
jargonize *v.t.&i.* **1.** *v.t.* jargoneiddio (rhth), troi (rhth) yn jargon. **2.** *v.i.* siarad jargon.
jarosite *n. Miner:* j|arosit *m*.
jarrah *n.* jarra *m*.
jarring *a.* **1.** *(sound):* anghytsain, anghytûn, aflafar, croes. **2.** *(blow):* ysgytwol, ysgytiol; *(incident):* annymunol, annifyr. **3.** *(door &c):* crynedig, dirgrynol, sy'n jyrian *&c*. **4.** *(colour):* anghydnaws, anghydweddol, anghytûn.
jarringly *adv.* yn aflafar *&c*.
jasmine *n. Bot:* jasmin *m*.
Jason *Pr.n.m.* Jason, *Lit: occ:* Iason.
jasper *n. Miner:* maen (*m*) iasbis, *A:* glain (gleiniau) (*m*) cawod.
jasperware *n. Cer:* crochenwaith (*m*) iasbis.
jassid *n. Ent:* **= leafhopper**.
jato unit *n. Aer:* uned(-au) (*f*) jet.
jaundice *n. Med:* clefyd melyn *m*, clwyf melyn *m*, *N.W: occ:* cric melyn *m*, *A:* rhifwnt [melyn] *m*.
jaundiced *a.* **1.** *Med:* a'r clefyd/clwyf melyn arnoch. **2.** *Fig:* milain, gwenwynllyd, cenfigennus, cenfigenllyd, chwerw(-on), rhagfarnllyd; **to look on sth with a ~ eye,** gweld yr ochr ddu i rth; gweld yr ochr waethaf i rth.
jaunt[1] *n.* tro(-eon) *m*, gwibdaith (gwibdeithiau) *f*, *F:* trip(-iau) *m*, *N.W: occ:* swac(-au) *f*, *S: occ:* jant(iau) *f*, *N: F:* cymówt *f*, joli-hoet: joli-hoit *f*; **to go for a ~,** mynd am dro, mynd i rodio, *N: F:* mynd ar gymówt, mynd i gymowta.
jaunt[2] *v.i.* gwibdeithio, *occ:* rhodio, rhodianna, mynd am dro/drip *&c*, *S.W:* mynd ar gered, *N: F:* cymowta, jolihoetio: jolihoitio: jolihoet[i]an, colma, gwillmera, jantio, *S.W:* jantan.
jauntily *adv.* yn dalog *&c*.
jauntiness *n.* talogrwydd *m*, hoenusrwydd *m*, hoender *m*, hoen *f*, bywiogrwydd *m*, sioncrwydd *m*, hoywder *m*, hoywedd *m*, gwisgïwch *m*.
jaunting-car *n.* trap(-iau) *m*.
jaunty *a.* talog, didaro, bywiog, sionc, hoyw, hoenus, gwisgi, joh|oi; **with his hat at a ~ angle,** â'i het ar ochr ei ben, *occ:* â'i het ar ogwydd.
Java *Pr.n. Geog:* Jafa *f*. **~ sparrow** *n. Orn:* gwehydd(-ion) (*m*) Jafa.
Javan *a. & n.* **1.** *a.* Jafaidd, Jafanaidd, [o] Jafa. **2.** *n.* Jafaniad (Jafaniaid) *m&f*.
Javanese *a. & n.* **1.** *a.* **= Javan; the ~ coast,** arfordir Jafa; **she's ~,** un o Jafa yw hi; *(in language):* Jafaneg. **2.** *n. (a) Ethn:* Jafaniad (Jafaniaid) *m&f*; *(b) Ling:* Jafaneg *f*, *m*.
javelin *n.* gwaywffon (gwaywffyn) *f*, *A:* gaflach(-au) *f*.
javeline *n. Z:* **= peccary**.
jaw[1] *n.* **1.** *(a)* gên (genau) *f*, clicied (*f*) gên, *A:* genogl(-au) *f*; **upper ~,** gorfant (gorfannau) *m*; *(b) pl.* **jaws,** *(of death, hell, gulf):* safn *f*, safnau *pl*, genau *m*, geneuau *pl*; *(c) Tch:* genau *pl*, ceg(-au) *f*. **2.** *F: (a)* **hold your ~!** cau dy geg! cau dy hopran! *S:* caea dy ben! *(b) (= sermonizing talk):* pregeth(-au) *f*; *(c) (= chat):* sgwrs(-ys, sgyrsiau) *f*, clonc(-iau) *f*, 'gom(-iau) *f*; **to have a good ~,** cael sgwrs (*&c*) iawn. **~-bone** *n.* asgwrn (esgyrn) (*m*) gên, asgwrn yr ên, *S:* stapal (*m*) yr ên. **~-breaker** *n. F:* llond (*m*) ceg.
jaw[2] *v.i.&ind.t.* **1.** *v.i. F:* cega, brygowthan, paldaruo, rhefru, bwrw drwyddi, ei dweud hi. **2.** *v.ind.t. P:* cega (ar rn), rhoi pregeth (i rn), dweud y drefn (wrth rn).
jaw[3] *a.* genol.
-jawed *a.* â gên, genog; **heavy-~,** genfawr; **lantern-~,** genhir, genfain.
jawfish *n. Ich:* gên-bysgodyn (~-bysgod) *m*.
jawless *a.* di-ên, heb ên.
jawline *n.* llinell (*f*) gên (llinellau genau).
jay *n. Orn:* sgrech(-od) (*f*) y coed, sgrechog(-ion) *f*, pioden (pïod) (*f*) y coed; **Irish ~,** sgrech Iwerddon, sgrech Wyddelig; **Continental ~,** sgrech Ffrainc, sgrech Ffrengig. **~-walk** *v.i.*

croesi diofal. **~-walker** *n.* croeswr (croeswyr) diofal *m*, cr|oeswraig ddiofal.

jazz[1] *n. (a)* jazz: jas *m*; *(b) F:* **and all that ~,** a rhyw lol felly, ac yn y blaen, ac ati [hi], a phethau felly, *N.W: F:* a ballu (= a rhywbeth felly). **~ band** *n.* band(-iau) (*m*) jazz/jas, jasband(-iau) *m*. **~-stick** *n.* ffon (ffyn) (*f*) jazz.

jazz[2] *v.i.&t.* **1.** *v.i.* jasio; *Mus:* chwarae jas; *Danc:* dawnsio jas. **2.** *v.t.* **to ~ (sth) up,** bywiogi, bywiocáu, sioncio, jasio (rhth); gwn|eud (rhth) yn fwy lliwgar.

jazzily *adv.* yn jaslyd.

jazziness *n.* natur jaslyd *f*, sŵn jaslyd *m*.

jazzman *n.m.* jas[i]wr (jaswyr) *m*, chwaraewr (chwaraewyr) (*m*) jazz/jas, dyn(-ion) (*m*) [band] jazz/jas.

jazzy *a. (music):* jasaidd, bywiog, *Pej:* jaslyd; *(pattern):* lliwgar, amryliw, *Pej:* gorlachar.

jealous *a.* **1.** *(= envious):* cenfigennus, cenfigenllyd, eiddigeddus, eiddigus, gwenwynllyd (**of s.o.,** wrth rn, o rn); *N.W: occ:* jelws (o rn); **he's ~ of me,** mae ganddo wenwyn imi; mae'n cenfigennu wrthyf i; mae'n genfigennus ohonof/wrthyf i; *N.W:* mae o wenwyn i mi; **to be ~,** eiddigeddu, cenfigennu (**of s.o.,** wrth rn); **a ~ god,** duw eiddigus; *W.Lit:* **the ~ husband,** eiddig *m*, y gŵr eiddig *m*. **2.** *(= solicitous):* gofalus, eiddigus, *S:* carcus.

jealously *adv.* **1.** yn genfigennus *&c*; â chenfigen, o genfigen, o wenwyn, o ran gwenwyn. **2.** yn ofalus *&c.*

jealousness, jealousy *n.* cenfigen(-nau,-ion) *f*, eiddigedd *m*, gwenwyn *m*.

Jean[1] *Pr.n.f.* Siân, Sian, Siani, Siwan.

jean[2] *n.* **1.** *Tex:* cotwm caerog *m*, jîn *m*. **2.** *Cost:* **jeans** *pl.* jîns.

Jebusite *Pr.n. B:* Jebusiad (Jebusiaid) *m&f.*

jeep *n. & v.t.* **1.** *n.* jîp(-s) *m*. **2.** *v.t.* mynd (â rhth) mewn jîp, cludo (rhth) mewn jîp.

jeer[1] *n.* hwtiad(-au) *m*, *occ:* gwawd(-iau) *m*, gwatwar *m*.

jeer[2] *v.t.&i.* **to ~ at s.o.,** *(of crowd):* hwtio, hwtian; *(= mock):* gwawdio, gwatwar (rhn); gwn|eud/cael hwyl (am ben rhn); *Lit:* gogan, goganu, dilorni, difrïo, sennu (rhn); **"go home", they jeered,** "dos adre", gwaeddasant yn wawdlyd.

jeerer *n.* hwtiwr (hwtwyr) *m*, h|wtwraig *f*, gwawdiwr (gwawdwyr) *m*, g|wawdwraig *f*, gwatwarwr (gwatwarwyr) *m*, gwat|warwraig *f*.

jeering *a. & vn.* **1.** *a.* hwtlyd, gwawdlyd, gwatwarus, gwatwarllyd, dilornus, difrïol. **2.** *vn. See* **jeer[1],[2].**

jeeringly *adv.* yn wawdlyd *&c.*

jeers *n.pl. Nau:* tacl (*m*) halio.

Jeffersonian *a. & n.* **1.** *a.* Jeffersonaidd. **2.** *n.* Jeffersoniad (Jeffersoniaid) *m&f.*

Jeffersonianism *n.* Jeffersoniaeth *f*.

Jehosaphat *Pr.n.m. B:* Jeh|osaffat.

Jehovah *Pr.n.m. B:* Jehofa; **~'s Witness,** Tyst(-ion) (*m&f*) Jehofa.

Jehovism *n.* Jehofaeth *f*.

Jehovist *n.* Jehofydd(-ion) *m*.

Jehovistic *a.* Jehofyddol.

Jehu *Pr.n.m. B:* Jehu; **to drive like ~,** gyrru fel Jehu.

jejunal *a. Anat:* jejwnol, y coluddyn gwag.

jejune *a.* **1.** *(style &c):* sych(-ion), diflas, sychlyd, tlodaidd, diafael, dienaid, diawen, dieneiniad, difywyd, anniddorol. **2.** *(land):* anial, diffrwyth, diffaith, llwm (*f.* llom, *pl.* llymion). **3.** *(= juvenile):* plentynnaidd, anaeddfed.

jejunely *adv.* yn ddiflas *&c.*

jejuneness *n.* **1.** *(of style &c):* diflastod *m*, sychder *m*, natur ddiafael *&c.* **2.** *(of land):* diffrwythder *m*. **3.** *(= juvenility):* plentyneiddiwch *m*, anaeddfedrwydd *m*.

jejunum *n. Anat:* coluddyn (coluddion) gwag *m*, jejwnwm *m*.

jell *v.i.* jelio, jelïo, ceulo, ymffurfio.

jellaba *n. Cost:* jelaba(-s) *f*.

jellied *a.* **1.** *(= as jelly):* fel jeli, jelïaidd. **2.** *Cu:* **~ eels,** llysywod mewn jeli.

jellification *n.*, **jellify** *v.t.* jelïo.

jelly[1] *n. Cu: &c:* **1.** jeli (jelïau) *m*, *A:* ceulfwyd (-ydd) *m*; *F:* **(to crush s.o.) to a ~,** (gwasgu rhn) yn seitan, yn sitrws, yn shwtrws, yn slwtsh; **instant ~,** jeli sydyn, jeli chwap; **to shake like a ~,** crynu fel jeli, crynu fel deilen; **star-~,** chwŷd (*m*) awyr, chwŷd sêr, *S.W:* pwdredd (*m*) sêr, grifft (*m*) sêr, *N.W:* syrth (*m*) y sêr, cap glas *m*, *S.E:* tripa(*m*)'r sêr; **Wharton's ~,** jeli Wharton. **2.** = **jam[1]. ~ baby** *n.* **1.** *Comest:* fferin(-s) (*mf*) jeli, losinen (losin) (*f*) jeli. **2.** *pl.* **~ babies,** *Fung: (Leotia lubrica):* pennau jeli. **~-bag** *n.* bag(-iau) (*m*) jeli. **~ bean** *n.* **1.** *Comest:* = **jelly baby 1. 2.** *Fung: (Tremella mesenterica):* ymenyn (*m*) yr eithin. **~ bean plant** *n. Bot: (Sedum pachyphyllum):* briweg dewddail *f*. **~-cat** *n. Ich:* morflaidd (morfleiddiaid) brith danheddog *m*. **~ lichen** *n. Bot: (Collema):* cen(-nau) gludiog *m*, blonegen *f*. **~-like** *a.* jelïaidd, fel jeli, ceulffurf. **~-plant** *n. Bot:* gwymon (*m*) ceuled. **~-roll** *n. Cu:* rhôl (rholiau) (*f*) jeli. **~ tongue** *n. Fung: (Pseudohydrum gelatinosum):* tafod glas (tafodau gleision) *m*. **~ whip** *n. Cu:* jeli chwip.

jelly[2] *v.t.&i.* jelio, jelïo, ceulo.

jellyfish *n. Coel:* s[g]lefren (*f*) fôr (s[g]lefrod môr), *N.W: occ:* seren bigog (sêr pigog) *f*, cap(-iau) glas *m*, *S.W: N.W: V:* cont (*f*) fôr (contiau môr), cont goch (contiau coch); *N.W:* **he's a real ~,** mae'n un di-asgwrn-cefn; mae fel clwtyn llestri; *N.W:* mae o fel brechdan.

jemmy *n.* **1.** trosol(-ion) *m*. **2.** *Cu:* pen (*m*) dafad.

Jenkin, Jenkyn *Pr.n.m.* Siencyn, *occ:* Shincyn, Shinc, Siancyn, Sianco.

jennet *n.* **1.** *(= small horse):* corfarch (corfeirch) *m*. **2.** *(= female donkey):* asen(-nod) *f*, mules(-au) *f*.

Jenny *Pr.n. & n.* **I.** *Pr.n.f.* Jini, Siani, *occ:* Sianw. **II. j~** *n.* **1.** *(a)* **j~ wren,** dryw(-od) bach *m*, dryw fach (drywod bach) *f*; *(b) (= female):* **j~ owl,** tylluan fenyw (tylluanod benyw) *f*, iâr (*f*) dylluan (ieir tylluan); **j~ ass,** asen(-nod) *f*, mules(-au) *f*. **2.** *Tex:* **spinning ~,** peiriant (peiriannau) (*m*) nyddu *m*, ffrâm (fframiau) (*f*) nyddu, nyddiadur(-on) *m*. **3.** *Bot:* **creeping ~,** *(Lysimachia nummularia):* canclwyf *f*, Siani lusg *f*, ceinioglys *m*, dwygeinioglys *m*, y ddwygeiniog *f*. **4.** *Mech:* craen(-iau) *m*. **5.** *Bill:* jini(-s) *f*.

jeopardize *v.t.* peryglu.

jeopardy *n.* **1.** perygl(-on) *m*, enbydrwydd *m*; **to put sth in ~,** peryglu rhth. **2.** *Jur:* **double ~,** erlyniad dwbl *m*.

Jephthah *Pr.n.m. B:* Jefftha.

jequirity *n. Bot: (Abrus precatorius):* *paderlys *m*. **~ bean** *n.* ffeuen: ffäen (ffa) (*f*) jecw|iriti.

jerbil *n. Z:* jerbil(-iaid,-od) *m*.

jerboa *n. Z:* jerboa(-id) *m*, llygoden (llygod) (*f*) neidio.

jeremiad *n.* galarnad(-au) *f*, cwynfan(-au) *mf.*

Jeremiah *Pr.n.m. B:* Jeremiah, Jeremeia(-s).

jerfalcon *n.* = **gerfalcon.**

Jericho *Pr.n. Geog:* J|ericho *f*; **go to ~!** dos (ewch) i Halifax! cer(-wch) i grafu! dos i'r diawl! dos i weld dy nain! *&c*; *S.a.* **beat[2].**

jerk[1] *n.* **1.** *(= tug):* plwc (plyciau, plyciadau) *m*; *(of movement):* hwb (hybiau) *m*, hwrdd (hyrddiau) *m*, herc(-iau) *f*; *(= push):* [y]sgŵd *f*, [y]sgytiad(-au) *m*, hergwd (hergydiau) *mf*, sgeg: ysg|eg(-iau,-iadau) *f*, [y]sgegiad(-au) *m*, [y]sgegfa ([y]sgegf|eydd) *f*; **(to move) by jerks,** hercian, honcian, hwbio (mynd); (mynd) o hwrdd i hwrdd, ar hyrddiau, fesul hwb, o hwb i hwb; *F:* **put a ~ in it!** gafael(-wch) ynddi! *N:* styria (styriwch) hi! *S:* siapa (siapwch) hi! **physical jerks,** ymarfer (*m*) corff, ystwytho(*vn*)'r cyhyrau. **2.** *Med:* plwc, adwaith (adweithiau) *m*. **3.** *U.S: F: N:* sinach(-od) *m*, eurach(-od) *m*, snîch (snichod) *m*, cingroen *m* (*pronounced* ng-g), crinc(-od) *m*, crinci(-s) *m*, snêl(-s) *m*, *S:* pwdryn (pwdrod) *m*, cnec(-s) *m*, *S.W:* bredych(-au,-ion) *m*.

jerk[2] *v.t.&i.* **1.** *v.t. (a rope &c):* rhoi plwc (i/ar rth); plycio, [y]sgytio, [y]sgytian, [y]sgrytio, [y]sgegio (rhth). **2.** *v.i.* gwingo; **his limbs were jerking,** 'roedd ei aelodau'n mynd i gyd; 'roedd ei aelodau'n aflonydd; **to ~ to a halt,** aros gyda sgŵd/sgytiad; **to ~ out an answer,** ateb yn herciog.

jerk[3] *v.t. (= to dry meat):* sychu, cochi.

jerker *n.* plyciwr (plycwyr) *m*, [y]sgytiwr ([y]sgytwyr) *m*.

jerkily *adv.* yn herciog, o hwb i hwb, fesul hwb, o hwrdd i hwrdd, ar hyrddiau, mewn plyciau.

jerkin *n.* s[i]yrcyn(-nau) *m*.

jerkiness *n.* herciogrwydd *m*, symudiad herciog *m*, anwastadrwydd *m*.

jerking, jerky *a. (walk):* herciog, herclyd; *(movement, limb):* gwinglyd, aflonydd, plyciog; *(progress &c):* anwastad, ysbeidiol.

Jeroboam *Pr.n.m. B:* Jeroboam.

Jerome *Pr.n.m.* Jerôm, Sierôm, Hierôm.

jerque *v.t. Com:* archwilio.

jerrican *n.* tun(-iau) (*m*) petrol, can(-iau) (*m*) petrol.

Jerry *Pr.n. & n.* **1.** *Pr.n.m.* Jeri(-s) *m.* **2.** *n. F:* jeri(-s) *m*, pot(-iau) (*m*) piso, *S.W:* llester *m.* **~-build** *v.t.&i.* crachadeiladu (rhth), adeiladu (rhth) yn wael. **~-building** *vn.* crachadeiladu, adeiladu gwael. **~-builder** *n.* crachadeiladwr (crachadeiladwyr) *m*, adeiladwr (adeiladwyr) gwael *m.* **~-built** *a.* simsan, sigledig, gwael. **~-can** *n.* = **jerrican.**

jerrymander *v.t.&i.* = **gerrymander**[1],[2].

Jersey *Pr.n. & n.* **1.** *Pr.n. Geog:* [Ynys] Jersey *f.* **2. j~**, *Cost:* jersi: jyrsi(-s) *f.* **3.** *Agr:* buwch (buchod) (*f*) Jersi, Jersi(-s) *f.* **j~ cloth** *n. Tex:* brethyn (*m*) jyrsi. **~-French,** Jersïeg *f, m.* **~ Marine** *W.Pl.n.* Pentrecaseg *m.* **~ man** *n.m.* brodor(-ion) o Jersey, Jersïwr (Jersïwyr), Jersïad (Jersïaid). **~ pine** *n. Bot:* pinwydden Virginia/Jersey. **~ tiger** *n. Ent:* teigr(-od) (*m*) Dyfnaint. *S.a.* **buttercup.**

Jerusalem *Pr.n. Geog:* Jerwsalem *f*, *Lit:* Caersalem *f*; **the new ~**, y Gaersalem newydd. **~ artichoke** *n. (a) Bot: (Helianthus tuberosus):* gellygen (gellyg) (*f*) y ddaear, heulflodyn (heulflodau) oddfog *m*; *(b) Cu:* artisiog(-au) (*m*) Jerwsalem. **~ cherry** *n. Bot: (Solanum capsicum):* ceiriosen (ceirios) (*f*) Nadolig. **~ cowslip** *n.* = **lungwort.** **~ cricket** *n. Ent:* cricsyn (crics) penfawr *m.* **~ cross** *n. Bot: (Lychnis chalcedonica):* lluglys ysgarlad *m*, croes (*f*) Caersalem. **~ haddock** *n.* = **opah.** **~ oak** *n. Bot: (Chenopodium botrys):* derwen (*f*) Caersalem. **~ sage** *n. Bot: (Phlomis fruticosus):* llwyn(-i) (*m*) saets. **~ thorn** *n. Bot: (Parkinsonia aculeata):* draenen (drain) (*f*) Crist.

jess *n.usu.pl.* tafljhual(-au) *m*, carrai (careiau) *f.*

jessamine *n.* jasmin *m.*

jessant *a. Her:* tarddol.

Jesse *Pr.n.m. B:* Jesse; **~ window,** ffenestr(-i) (*f*) Jesse.

jessed *a.* hualog.

jest[1] *n.* cellwair (cellweiriau) *m*, ffraetheb(-ion) *f*; **to break a ~,** cellweirio, cellwair, gwn|eud hwyl; **half in ~, half in earnest,** rhwng difrif a chwarae/digrif; **in ~,** o ran hwyl/sbort/cellwair, yn gellweirus, yn wamal, yn chwar|eus, o fregedd; **a standing ~,** cyff (*m*) gwawd, testun (*m*) sbort, *Lit: occ:* cyff clêr. **~-book** *n.* llyfr(-au) (*m*) ffraethebion.

jest[2] *v.i.* cellwair, cellweirio, gwamalu, gwn|eud hwyl, cael hwyl, *Lit:* cymwedd, *F:* jocio, jocian.

jester *n.* cellweiriwr (cellweirwyr) *m*, gwamalwr (gwamalwyr) *m*; *Hist:* crocsan(-iaid) *m*, ysgentyn *m*, digrifwas (digrifweision) *m.*

jesting *vn. & a.* **1.** *vn* [y]smaldod *m*, cellwair *m*, digrifwch *m*, arabedd *m*, doniolwch *m*, hwyl *f*, gwamalrwydd *m*, bregedd *m*; *S.a.* **jest**[1],[2]; *Hist: (of court jester):* croesaniaeth *f.* **2.** *a.* cellweirus, gwamal, chwar|eus.

jestingly *adv.* yn gellweirus, yn wamal, o ran hwyl, dan gellwair.

Jesu *Pr.n.m. B:* = **Jesus.**

Jesuit *n.* Iesüwr (Iesuwyr) *m*, Jeswit(-iaid) *m.* **~'s bark** *n. Bot:* rhisgl (*m*) yr India, rhisgl Per|iw.

Jesuitic[al] *a.* Iesuaidd, Iesuyddol, Jeswitaidd.

Jesuitism, Jesuitry *n.* Jeswitiaeth *f*, Iesuyddiaeth *f.*

Jesuitize *v.t.&i.* **1.** *v.t.* Jeswiteiddio. **2.** *v.i.* troi'n Jeswit.

Jesus *Pr.n.m. B:* [yr] Iesu; **~ Christ,** Iesu Grist; **Christ ~,** Crist Iesu; **the Society of ~,** Cymdeithas yr Iesu; *F: Pej:* **a creeping ~,** Iesu Grist bach; *int. V:* Iesu [gwyn]! Iesgob! Iesgwn! 'Rasgwn! **~ freak** *n. F: n.* Iesu-garwr (~-garwyr) *m*, Iesu-g|arwraig *f*, efengylwr (efengylwyr) *m*, efeng|ylwraig *f. &c.*

jet[1] *n.* muchudd *m*; **~-black,** duloyw, gloywddu, purddu, cyn ddued â'r fran, cyn ddued â'r muchudd.

jet[2] *n.* **1.** *(a) (of water, steam):* ffrwd (ffrydiau) *f*, pistylliad(-au) *m*, chwistrelliad(-au) *m*; *(b) (of carburettor, gas fire &c):* ffroenell(-au) *f*, chwistrell(-au) *f*, jet(-iau) *f*, chwythell(-i) *f*; **power ~,** twrbo-adweithydd(-ion) *m*; **propeller ~,** propjet(-iau) *f*; *(c) (= aeroplane):* jet(-iau) *f*, awyren(-nau) (*f*) jet. **~ engine** *n.* peiriant (peiriannau) (*m*) jet, motor(-au) (*m*) jet. **~ fighter** *n.* jet ymladd, jet ryfel. **~ lag** *n.* jetludded *m.* **~ pipe** *n.* chwythell(-au,-i) *f.* **~ plane** *n.* awyren(-nau) (*f*) jet. **~-propelled** *a.* jet-yredig. **~ propulsion** *n.* jet-yriant *m.* **~ set** *n.* jetsetwyr *pl.* **~ setter** *n.* jetsetiwr (jetsetwyr) *m*, jets|etwraig *f.* **~ stream** *n.* jetlif(-au) *m.*

jet[3] *v.i.&t.* **1.** *v.i. (a)* ffrydio, pistyllio, saethu, chwistrellu, *M.W: occ:* powsio; *(b) (= travel by jet):* jetio. **2.** *v.t.* chwistrellu, pistyllio, saethu.

jetbead *n. Bot: (Rhodotypos scandens):* llwyn(-i) (*m*) paderau duon.

jeté *n. Ballet:* ciclam(-au) *m*, ***jeté(-s)*** *m.*

jetport *n.* jetborth (jetbyrth) *m*, maes (meysydd) (*m*) jetiau.

jetsam *n. (a) Jur:* jetsam *m*; *(b)* **flotsam and ~,** broc (*m*) môr, *N.W: occ:* prog (*m*) môr, drec (*m*) môr, drecs *pl*, *S.W: occ:* gwr|ec *m.*

jettison[1] *v.t.* taflu (rhth) dros y bwrdd; taflu (rhth) i'r môr; cael gwared (ar rth, â rhth); cael ymadael (â rhth); rhoi'r gorau, rhoi'r hwi (i rth); *(bombs &c):* gollwng.

jettison[2] *n.* = **jetsam.**

jettisonable *a.* tafladwy, gwaredadwy.

jetton *n.* tocyn(-nau) (*m*) pres.

jetty[1] *n.* glanfa (glanf|eydd) *f.*

jetty[2] *a.* duloyw, gloywddu.

Jew *n.* Iddew(-on) *m*; **the Wandering ~,** yr Iddew Crwydrad; *Pej:* **he's a real ~,** mae'n galed ei fargen; mae'n 'sgut am arian; mae'n eitha' Cardi. **~-baiter** *n.* erlidiwr: erlidydd (erlidwyr) (*m*) Iddewon. **~-baiting 1.** *vn.* erlid Iddewon. **2.** *a.* Iddew-erlidiol, gwrth-Iddewig. **~-bush** *n. Bot: (Pedilanthus tithymaloides):* esgidlys *m*, llwyn (*m*) yr Iddew. **~-fish** *n. Ich:* pysgodyn (pysgod) (*m*) yr Iddew, Iddewbysgodyn (Iddewbysgod) *m.* **~'s ear** *n. Fung: (Peziza):* clust (*f*) yr Iddew, clustiau (*pl*) Suddas, clust yr ysgaw. **~'s harp** *n. N:* styrmant: sturmant(-au) *mf*, *S:* giwga(-s) *f*, biwbo: biwba(-s) *m.* **~'s mallow** *n. Bot: (Kerria japonica):* malws melyn *m.*

jew[2] *v.t. F: Pej:* **to ~ s.o. [down],** gwn|eud/twyllo rhn; tynnu pris rhn i lawr.

jewel *n.* gem(-au) *fm*, *Lit: occ:* tlws (tlysau) *m*, *Lit: & Poet:* glain (gleiniau) *m*; *F:* **she's a real ~,** mae hi'n drysor; *S.a.* **crown**[1]. **~-fish** *n. Ich:* gembysgodyn (gembysgod) *m.* **~-like** *a.* gemaidd, fel gem.

jewelled *a.* gemog.

jeweller *n.* gemydd(-ion) *m.* **~'s rouge** *n.* coch (*m*) gemydd.

jewellery *n.* gemau *pl*, gemwaith *m*, tlysau *pl*, *occ:* tlyswaith *m.*

jewelly *a.* gemog.

jewelweed *n. Bot: U.S: (Impatiens):* Betsan brysur *f.*

Jewess *n.f.* Iddewes(-au).

Jewish *a.* Iddewig, *occ:* Iddewaidd; **~ Christian,** Cristion(-ogion, Cristnogion) Iddewig.

Jewishly *adv.* yn Iddewig.

Jewishness *n.* Iddewigrwydd *m*, Iddewdod *m*, Iddew[i]aeth *f.*

Jewry *n.* Iddewon *pl*, Iddew[i]aeth *f*; *Hist:* geto(-s) *m*, cymuned(-au) (*f*) Iddewig.

Jezebel *Pr.n.f. B:* J|esebel.

jib[1] *n.* **1.** *Nau: (sail):* hwyl grog (hwyliau crog) *f*, hwyl flaenaf (hwyliau blaenaf), rhaghwyl(-iau) *f*, cynhwyl(-iau) *f*, jib(-iau) *f*, hwyl drisgwar (hwyliau trisgwar) *f*; **flying ~,** jib ysgafn/esgud/hedegog; **Genoa ~,** jib rasio, bolhwyl(-iau) *f*; *F:* **the cut of his ~,** ei olwg (*f*), ei osgo (*m*). **2.** *(of crane).* braich (breichiau) *f.* **~-boom** *n.* braich (*f*) jib. **~-door** *n.* drws (drysau) gwastad *m.*

jib[2] *v.t.&i. Nau:* jibio, symud o'r naill ochr i'r llall.

jib[3] *v.i. (of horse):* nogio, gwrthod symud, *N:* cau â mynd, *S:* pallu mynd; **to ~ at doing sth,** gwrthod gwneud rhth, ystyfnigo, cyndynnu.

jibe[1] *n. & v.* = **gibe**[1],[2].

jibe[2] *v.i. F: (= agree):* cyd-fynd, cytuno **(with sth,** â rhth).

Jibuti *Pr.n. Geog:* Jibwti *f.*

jiffy *n. F:* chwinciad *m*, amrantiad *m*, eiliad *mf*, dau/dwy funud *m or f*, chwinc *m*, chwinciad llygad llo, chwinciad chwannen, chwiff *m*, chwiffiad *m*, *S:* winc *f*, wincad *m*, clip *m*, clipad *m*, siecad *m*, shiffad *m*; **in a ~,** mewn chwinciad *&c*; chwap, yn ddi-oed, [yn] chwipyn, ar unwaith, ar fyr o dro; **I won't be a ~,** fydda' i ddim chwinciad; fydda' i ddim tri chwinciad; *N: V:* fydda' i ddim cachiad [nico]; fydda' i ddim dau gachiad.

jig[1] *n.* **1.** *Danc:* jig(-iau,-s) *f.* **2.** *Mec.E: Min:* jig(-iau) *mf*, daliwr (dalwyr) *m.* **3.** *F:* **the ~ is up,** mae'r gêm ar ben.

jig[2] *v.i.&t.* **1.** *v.i. (a)* jigio; *(b)* **to ~ up and down,** hopian, neidio, sboncio, sboncian, *Lit:* crychneidio, crychlamu. **2.** *v.t. Min:* gogrwn.

jigger[1] *n.* **1.** *Bill:* gorffwysbren(-nau) *m.* **2.** *El: W.Tel:* newidydd(-ion) (*m*) osgiladiadau, jigiwr (jigwyr) *m.* **3.** *Golf:* jigiwr. **4.** *Nau: (= sail):* starn-hwyl(-iau) *f.* **5.** *(glass):* gwydryn(-nau) *m*;

(measure): joch(-iau) *m.* **6.** *Min:* gogrwr (gogrwyr) *m.* **7.** *Cost:* siaced gota (siacedi cwta) *f.* **~-mast** *n.* starn-hwylbren(-nau) *m.* **~-measure** *n.* mesur (*m*) joch.

jigger[2] *v.t. F:* **I'm jiggered if I'll do it,** wna' i mohono ond dros fy nghrogi; **well I'm jiggered!** 'dawn i byth o'r fan! 'tawn i'n glem! 'tawn i'n marw/tagu/llwgu! **I'm just about jiggered,** 'rwyf wedi blino'n lân; 'rwyf ar ben fy nhennynn.

jigger[3] *n.* = **chigger, chigoe.**

jiggery-pokery *n.* ystrywiau *pl*, [y]stranciau *pl*, twyll *m*, hoced *f*, dichellwaith *m*, *F:* chwarae (*m*) mig, misdimanars *pl*, chwarae dan din, giamocs *pl*.

jiggle *v.t.&i.* siglo, ysgwyd.

jiggly *a.* siglog, sigledig.

jiglike *a.* fel jig.

jigsaw[1] *n.* **1.** *Tls:* herclif(-iau) *f.* **2. ~ puzzle,** pos(-au) (*m*) jig-so, jig-so(-s) *m.*

jigsaw[2] *v.t.&i.* **1.** *v.t. Carp:* herclifio. **2.** *Fig: (= interlock):* cyd-gloi.

jihad *n.* rhyfel(-oedd) sanctaidd *m.*

Jill *Pr.n.f. See* **Jack[1]**.

jilt[1] *n.f.* hoeden(-nod).

jilt[2] *v.t.* troi (rhn) heibio, siomi (rhn); *F:* rhoi cawell, rhoi'r hwi (i rn); **to be jilted,** cael cawell, cael yr hwi, cael eich siomi, cael eich troi heibio.

jilter *n.* siomwr (siomwyr) *m*, s|iomwraig *f.*

Jim *Pr.n.m. See* **James. ~ Crow** *n.* **1.** *Pej: (= negro):* blac(-s) *m.* **2. j~ c~,** *Tls:* jim-cro(-s) *m.* **~ Crowism** *n.* hiliaeth *f.*

jiminy *n. int.* **by ~!** yr achlod! myn brain i! myn cebyst i!

jim-jams *n.pl. F:* yr horors, *S:* ysgryd *m*, *N: occ:* acsus *mf.*

jimmy[1] *n.* trosol(-ion) *m.*

jimmy[2] *v.t.* agor (rhth) â throsol.

Jimmy[3] *Pr.n.m. See* **James.**

jimson weed *n. Bot:* = **thorn-apple.**

jingle[1] *n.* tinc(-iau) *m*, tinciad(-au) *m*, tincial *vn*, tincian *vn*; *Com: (of advert):* canig(-au) *f*, rhigwm (rhigymau) *m*, pill(-iau) *m.*

jingle[2] *v.t.&i.* tincial, tincian, *occ:* sincio; *(of poetry):* odli, odligo.

jingler *n.* tinciwr (tincwyr) *m.*

jingling *vn.* & *a.* **1.** *vn.* = **jingle[1],[2]**. **2.** *a.* sy'n tincial; tincialog, tinciog.

jinglingly *adv.* yn dinciog *&c*; gan dincian/dincial.

jingly *a.* = **jingling 2.**

jingo *int.* & *n.* **1.** *int.* **by ~!** diawch! myn cebyst i! myn coblyn i! myn diain i! myn diaist i! myn gafr i! myn diagan i! 'rargian! 'rargol! 'rachlod! myn uffach i! brensiach! neno'r Tad! neno'r annwyl! *&c.* **2.** *n.* jingo(-aid) *m*, singo(-aid) *m* (*both pronounced* ng-g).

jingoism *n.* jingoaeth *f*, jingoistiaeth *f* (*both pronounced* ng-g).

jingoist *n.* & *attrib.* **1.** *n.* jingoydd(-ion) *m*, jingoyddes(-au) *f* (*both pronounced* ng-g); *S.a.* **jingo**. **2.** *attrib.* = **jingoistic**.

jingoistic *a.* jingoaidd, jingoistaidd (*both pronounced* ng-g).

jingoistically *adv.* yn jingoaidd *&c* (*pronounced* ng-g).

jink[1] *n.* igam-ogamiad(-au) *m.*

jink[2] *v.i.&t.* *(a) v.i.* igam-ogamu; sleifio (**past s.o.,** heibio i rn); *(b) v.t.* osg|oi (rhn), sleifio (heibio i rn), *N.W: occ:* miglo (heibio i rn).

jinks *n.pl.* **high ~,** rhialtwch *m*, hen hwyl *f*, hwyl a hanner, sbri *f*, sbort (*f*) a sbri, miri *m*, sbloet *f*, ysbleddach *m*, gorfoledd *m*, randibŵ *f*, ralig|amps *pl*; **to have high ~,** *N:* cadw reiat, *S: occ:* raligampio.

jinn *n.pl.* ysbrydion, ***jinn***.

jinnee *n.pl.* jinn *m*, ysbryd *m*, ysbrydion.

jinricksha *n.* = **rickshaw.**

jinx[1] *n.* anlwc *fm*, aflwydd(-au,-ion) *m*, melltith(-ion) *f*, rhaib (rheibiau) *m*; **there's a ~ on this place,** mae'r lle 'ma wedi'i witsio.

jinx[2] *v.t.* witsio, rheibio.

jipijapa *n.* = **toquilla.**

jitter[1] *n.* cryndod *m*, ofn *m*, arswyd *m*, braw *m*, nerfusrwydd *m*, *N: F:* acsus *pl*, *S:* ysgryd *m*; **it gives me the jitters,** *S:* mae'n hala ysgryd arna' i; *N:* mae'n codi ofn arna' i; mae'n codi'r acsus arna' i.

jitter[2] *v.i.* crynu.

jitterbug[1] *n.* **1.** *(= dancer):* jitrwr (jitrwyr) *m*, j|itrwraig *f.* **2.** *(= nervous pers.):* rhn gwangalon (*pronounced* ng-g), rhn ofnus *&c.* **3.** *(= dance)* ***jitterbug f.***

jitterbug[2] *v.i.* jitro.

jittery *a.* crynedig, ofnus, nerfus, gwangalon (*pronounced* ng-g), fel gafr ar daranau, ar bigau drain.

jiu-jitsu *n.* jw-jitsw *m.*

jive[1] *n.* jeif *mf.*

jive[2] *v.i.* jeifio.

jiver *n.* jeifiwr (jeifwyr) *m*, j|eifwraig *f.*

Joan *Pr.n.f.* Siwan, *occ:* Siân; **Darby and ~,** Siôn a Siân, *occ:* Deian a Loli; **Darby and ~ club,** clwb (clybiau) (*m*) henoed, clwb hen bobl; **~ of Arc,** Siân d'Arc; **Saint ~,** San Siwan, y Santes Siân [d'Arc]; **Pope ~,** y Babes Siân; *W.Hist:* **Princess ~,** y Dywysoges Siwan, *occ:* Dâm Siwan.

job[1] *n.* **1.** *(a) (= task):* tasg(-au) *f*, gorchwyl(-ion) *m*, gwaith *m*, *occ:* swydd(-i) *f*, *F:* job(-sys) *f*, *F:* joben *f*, *S: F:* jobyn *m*; **I've a ~ of work for you,** mae gen i waith/dasg iti; **a ~ of work,** swydd o waith, swydden; **she never does a single ~ in the house,** fydd hi byth yn gwneud swydd [o waith] o gwmpas y tŷ; **to finish the ~,** cwblh|au'r dasg; *F:* **he's always on the ~,** mae o'n wastad wrthi; mae'n wastad wrth ei waith; **odd jobs,** mân swyddi; **to do odd jobs,** gwneud mân swyddi, *S: F:* hoblan, hoblera; **odd-~ man,** dyn(-ion) (*m*) mân swyddi, dyn gwneud popeth, *S: F:* hobler(-s) *m*; *N.W: occ: (on farm):* dyn(-ion) caled, *S.W:* gwas (gweision) twt *m*; **to work by the ~,** gweithio ar dasg; **to make a good ~ of sth,** cael hwyl ar rth, cael hwyl ar wneud rhth, gwneud gwaith da ar rth; **to make a bad ~ (of sth),** bwnglera (rhth) (*pronounced* ng-g), gwneud llanast/stomp/smonaeth (o rth); **it would be a bad ~ if. . .,** byddai'n ddrwg o beth pe. . .; byddai'n newydd drwg pe. . .; *F:* **(my new car) is a lovely ~,** (mae fy nghar newydd i) yn ddigon o ryfeddod, yn un tan gamp; **you've made a lovely ~ of it,** fe gawsoch chi hwyl arno; **that's just the ~,** dyna'r union beth; fe wnaiff i'r dim; *F:* **the blonde ~,** y pisyn gwallt melyn, y flonden, y slasen benfelen; **it's a good ~ you came,** mae'n dda ichwi ddod; **it's a put-up ~,** peth wedi'i drefnu yw e; twyll parod yw e; **that's a good ~!** dyna lwc! dyna lwcus! dyna beth da! dyna drugaredd! go dda wir! da iawn! campus! **(he's left) and a good ~ too!** (mae wedi mynd) a gwynt teg ar ei ôl, a gwared da ar ei ôl! **it's a bad ~!** dyna hen dro! dyna anffodus! **to give sth up as a bad ~,** rhoi'r gorau iddi, rhoi'r ffidil yn y to; **to make the best of a bad ~,** gwneud y gorau o'r gwaethaf; **I had a ~ to do it,** mi gefais i drafferth i'w wneud; fe'i cefais i hi'n anodd ei wneud; **it's a ~ to get there,** mae'n anodd mynd yno; **it's a ~ to remember it all,** mae'n waith cofio'r cyfan; *F:* **the pill did its ~,** fe wnaeth y bilsen ei gwaith; fe weithiodd y bilsen yn iawn. **2.** *F: (= employment):* swydd, gwaith, *F:* joben, *S:* jobyn; **he has a fine ~,** mae ganddo swydd dda; mae mewn lle da; **on the ~,** wrth eich gwaith; **to secure a ~,** sicrh|au swydd, *F:* bachu swydd, *N: F:* cael bachiad (*m*); **jobs for the boys,** swyddi i'r hogiau; **out of a ~,** heb waith, heb swydd, yn ddi-waith, *F:* ar y clwt; **he knows his ~,** mae'n deall ei waith; mae'n gwybod ei grefft; mae'n deall ei waith; **every man to his ~,** pawb at ei grefft; **the ~ lot,** pob un dim, y cyfan oll, *N: F:* y cwbwl lot; **to buy a ~ lot,** prynu haldiad ar antur; *F:* **to do a ~,** = **steal[2]. ~-action** *n. Ind:* gweithredu (*vn*) diwydiannol, protest(-iadau) *f.* **~ centre,** canolfan (*mf*) [g]waith (canolfannau gwaith); **~ creation scheme,** cynllun(-iau) (*m*) creu gwaith. **~-hopper** *n.* ffeiriwr (ffeirwyr) (*m*) swyddi, neidiwr (neidwyr) (*m*) o swydd i swydd. **~-hopping** *vn.* ffeirio swyddi, neidio o swydd i swydd. **~ instruction** *n.* hyfforddiant (*m*) mewn gwaith. **~-master** *n.* huriwr (hurwyr) *m.* **~ method** *n.* dull(-iau) (*m*) gwaith. **~ relations** *n.pl.* cysylltiadau gwaith. **~ safety** *n.* diogelwch (*m*) gwaith. **~-sheet** *n.* dalen (*f*) waith (dalennau gwaith). **~-work** *n.* gwaith (*m*) ar dasg.

job[2] *v.i.&t.* **1.** *v.i.* gwn|eud swyddi, gweithio. **2.** *v.i. St.Exch:* jobio, delio mewn stoc, prynu a gwerthu stoc. **3.** *v.i. F: (= deal corruptly):* rogio, twyllo, cafflo. **4.** *v.t. (= hire out):* hurio.

job[3] *v.t.&i.* procio; *See* **jab[2]**.

Job[4] *Pr.n.m. B:* Job; **~'s comforter,** cysurwr (cysurwyr) (*m*) Job; *F:* **~'s post,** negesydd(-ion) (*m*) Job. **~'s tears** *n. Bot: (Coix lacryma-jobi):* dagrau (*pl*) Job.

jobation *n. F:* pregeth(-au) *f*, cerydd(-on) *m.*

jobber *n.* **1.** *(= dealer):* jobiwr (jobwyr) *m*, deliwr (delwyr) *m*; **~'s turn,** elw(*m*)'r jobiwr. **2.** *(= hirer):* huriwr (hurwyr) *m.* **3.** *Pej:* rogiwr (rogwyr) *m*, cafflwr (cafflwyr) *m*, budrelwr (budrelwyr) *m.*

jobbery *n.* **1.** *F: (= swindling, corruption):* llygredd *m*, budrelwa

vn, dichell *f*, dichellwaith *m*, ystrywiau *pl*, cynllwynion *pl*, *F:* misdimanars *pl*. **2.** *St.Exch:* deliadau *pl*, delio *vn*, jobio *vn*.
jobbing *vn. & a.* **1.** *vn.* = **job**[2]. **2.** *a.* ar dasg; ~ **contractor,** mân gontractwr (~ gontractwyr); ~ **printery,** ~ **printing,** mân argraffu *vn*; ~ **printer,** mân argraffwr (~ argraffwyr).
jobless *a.* di-waith, heb waith, *F:* ar y clwt.
Jock *Pr.n. & n.* **1.** *Pr.n.m.* Joc. **2.** *n. F:* Sgotyn (Sgotiaid) *m*.
jockey[1] *n.* joci(-s) *m*; *S.a.* **disc.** ~ **cap** *n.* cap(-iau) (*m*) joci. **J~ Club (the)** *n.* Clwb (*m*) y Jocis.
jockey[2] *v.t.&i.* **1.** *v.t.* (= *cheat*): gwn|eud, twyllo, rogio. **2.** *v.t.* (= *elbow*): elino, gwthio, cil[g]wthio; **to ~ s.o. out of a job,** gwthio rhn o'i swydd; **to ~ s.o. into doing sth,** gwthio/procio/cynnwys rhn i wneud rhth, cael gan rn wneud rhth. **3.** *v.i.* **to ~ (for position),** ymelino, ymwthio, cystadlu, ymgystadlu, cil[g]wthio (am le/safle).
jockstrap *n. F:* jocstrap(-iau) *m*.
jocose *a.* hwyliog, [y]smala, ysgyfala, chwar|eus, cellweirus, direidus, gwamal, ffraeth, *F:* jocôs, *N.W: occ:* diridan[n]o, dilidan[n]o.
jocosely *adv.* yn hwyliog *&c*; o ran hwyl, mewn direidi, o ran cellwair, o fregedd.
jocoseness, jocosity *n.* direidi *m*, cellwair *m*, ysgafalwch *m*, [y]smaldod *m*, ffraethineb *m*, digrifwch *m*, chwarae *m*, gwamalrwydd *m*, bregedd *m*.
jocular *a.* ysgafala, [y]smala, digrif, cellweirus, ffraeth, chwar|eus.
jocularity *n.* digrifwch *m*, ffraethineb *m*, [y]smaldod *m*, cellwair *m*.
jocularly *adv.* yn [y]smala *&c*.
jocund *a. Lit:* siriol, llon, llawen, hoyw, nwyfus, hoenus, difyr.
jocundity *n. Lit:* sirioldeb *m*, llawenydd *m*, hoywder *m*, nwyf *m*, nwyfusrwydd *m*, nwyfiant *m*, hoen *f*, hoenusrwydd *m*.
jocundly *adv.* yn siriol *&c*.
jodhpurs *n.pl. Cost:* clôs (*m*) pen-glin, *F:* clôs dwyn 'falau.
Joe *Pr.n.m.* Jo. *S.a.* **holy.**
joe-pyeweed *n. Bot: U.S:* byddon chwerw borffor *f*, byddon chwerw fannog.
joey *n.* cangarŵ(-od) bach *m* (*pronounced* ng-g), cyw(-ion) (*m*) cangarŵ.
jog[1] *n.* **1.** (= *push*): pwniad(-au) *m*, hergwd (hergydiau) *mf*, peneliniad(-au) *m*, proc(-iadau) *m*, prociad(-au) *m*, hwb *m*, gwth *m*, pwt *m*, [y]sgŵd *f*, [y]sgytiad(-au) *m*; **to give s.o.'s memory a ~,** rhoi proc i gof rhn. **2.** **~[-trot],** lonc *f*, hald *mf*, *N: occ:* cagl-drot *mf*, *A: or Lit:* rhygyng *m*, goduth *m*; **at a ~,** ar eich hald.
jog[2] *v.t.&i.* **1.** *v.t.* **to ~ (s.o.'s elbow)** hwbio, hwbian, gwthio, [y]sgytio, [y]sgytian (penelin rhn); rhoi pwt (i benelin rhn); **to ~ (s.o.'s memory),** procio (cof rhn), rhoi hwb/proc (i gof rhn). **2.** *v.i.* *(i) Sp:* loncian, haldian, *N: occ:* cagl-drotian, *Lit:* rhygyngu; *(ii)* **to ~ along,** *(in one's life &c)*: dal i fynd, dygnu arni, dygnu ymlaen, mynd o dow i dow, mynd ling di long, mynd lincyn-loncyn.
jogger *n.* lonciwr (loncwyr) *m*, l|oncwraig *f*.
jogging *vn. See* **jog**[2]. **~-suit** *n.* siwt(-iau) (*f*) loncian, siwt redeg (siwtiau rhedeg).
joggle[1] *n.* siglad(-au) *m*, gwth(-iadau) *m*, [y]sgegiad(-au) *m*, [y]sgytiad(-au) *m*; *See* **jog**[1].
joggle[2] *v.t.* siglo, gwthio, ysgwyd, [y]sgegian, [y]sgegio, [y]sgytio, [y]sgytian.
joggle[3] *n. Carp:* **~-joint,** uniad(-au) deintiog *m*, uniad rhiciog.
joggler *n.* siglwr (siglwyr) *m*.
jogtrot[1] *n.* = **jog**[1] **2.**
jogtrot[2] *v.i.* cagl-drotio, cagl-drotian.
Johannine *a. B:* Ioanaidd.
John[1] *Pr.n. & n.* **1.** *Pr.n.m.* Siôn, Sionyn, Sioni, Ifan, Ieuan, Iwan, Ianto; *(in names of kings, saints &c)*: *B: & Lit:* Ioan, Ieuan; **King ~,** *(of England)*: y Brenin Ieuan, Ieuan Frenin; **Pope ~ Paul,** y Pab Ioan Pawl; **~ the Baptist,** Ioan Fedyddiwr; **~ the Evangelist,** Ioan Efengylydd; **the feast of St. ~,** gŵyl (*f*) Ifan, dygwyl (*mf*) Ifan; **the eve of St. ~,** noswyl (*f*) Ifan; **St. ~ of the Cross,** Ioan y Groes; **St. ~ Chrysostom,** Ioan Aurenau; *Bot:* **St. ~'s wort,** *(Hypericum)*: eurinllys *m*, nele *m*; **common St. ~'s wort,** *(H. perforatum)*: y gandoll *f*, eurinllys trydwll, llysiau (*pl*) Ioan, tarfwgan *m*; **hairy St. ~'s wort,** *(H. hirsutum)*: eurinllys blewog; **imperforate St. ~'s wort,** *(H. dubium)*: eurinllys mawr, y godwallon fawr *f*; **marsh St. ~'s wort,** *(H. elodes)*: eurinllys y gors; **mountain St. ~'s wort,** *(H. montanum)*: eurinllys y mynydd *m*; **slender St. ~'s wort,** *(H. pulchrum)*: eurinllys mân syth; **square-stemmed St. ~'s wort,** *(H. tetrapterum)*: eurinllys pedrongl, ysgol (*f*) Fair; **trailing St. ~'s wort,** *(H. humifusum)*: eurinllys mân ymdaenol; **Prester ~,** y Preutur Siôn, Ieuan Fendigaid; **~ Lackland,** Ieuan Heb Dir; **~ of Gaunt,** Siôn o Gawnt; **~ Sobieski,** Ioan Sobiesci; **~ of Salisbury,** Ieuan o Gaersallog. **~-a-dreams** *n.* breuddwydiwr (breuddwydwyr) *m*. **~ Barleycorn** *Pr.n.m.* Siôn Heidden. **~ Bull,** Siôn Darw, Siôn Ben Tarw. **~ Bullish** *a.* Prydeingar (*pronounced* ng-g), Prydeinllyd, jingoaidd (*pronounced* ng-g). **~ Bullishness, ~ Bullism** *n.* Prydeingarwch (*pronounced* ng-g), jingoaeth *f* (*pronounced* ng-g). **~ Chinaman** *Pr.n.m. F:* Wili Tsieinî. **~ Citizen, ~ Doe** *n.* y Cymro cyffredin, y dyn yn y stryd. **~ dory** *n. Ich:* banwes(-au) *f*, eurgefn(-au) *m*, *N.W:* pysgodyn (pysgod) (*m*) darn arian. **~-o'-Groat's** *Pr.n. Geog:* Penrhyn (*m*) Blathaon, Penrhyn Cothnais; **(from ~-o'-Groats) to Land's End,** (O Benrhyn Cothnais) hyd Ben Tir Cernyw, hyd Bengwaedd (*pronounced* ng-g) yng Nghernyw.
john[2] *U.S: F:* tŷ (tai) bach *m*, lle(-fydd) (*m*) chwech.
johnboat *n.* = **punt**[1].
Johnnie, Johnny *Pr.n.m.* **1.** Joni, Sioni, Sionyn, Ianto; *Mil:* **~ Raw,** milwr (milwyr) newydd *m*, glasfilwr (glasfilwyr) *m*. **2.** **j~,** = **chap**[4]; **stage-door j~,** cariad(-on) (*m*) drws llwyfan. **3.** **j~,** *Orn: F:* pengwyn(-iaid) *m* (*pronounced* ng-g). **j~-cake** *n. U.S:* cacen(-ni) (*f*) ŷd. **~-come-lately** *n. F:* newydd-ddyfodiad (~-ddyfodiaid) *m*, Siôn newydd ddod. **~ darter** *n. Ich:* gwibiwr du (gwibwyr duon) *m*. **~-jump-up** *n. U.S:* = **pansy 1, violet 1.** **j~-on-the-spot** *n.* dyn(-ion) (*m*) yn y fan a'r lle. **~ Onions** *n.* Sioni (*m*) Winwns.
Johnson grass *n. Bot:* *(Sorghum halepense)*: sorgwm (*m*) Johnson.
Johnsonese *n.* Johnsoneg *f*, *m*.
Johnsonian *a.* Johnsonaidd.
Johnstown *W.Pl.n.* *(near Carmarthen)*: Tre (*f*) Ioan.
joie de vivre *n.* hoen *f*, hoenusrwydd *m*, asbri *m*, llawenydd (*m*) byw.
join[1] *n.* cysylltiad(-au) *m*, *occ:* uniad(-au) *m*, asiad(-au) *m*, cyswllt (cysylltau) *m*.
join[2] *v.t.&i.* I. *v.t.* **1.** *(a)* cysylltu, cydio, cydgysylltu, cyplysu, *occ:* uno, cyfuno, asio; **to ~ [together] two bits of string,** clymu dau ben llinyn [ynghyd]; **a bridge joins the isle to the mainland,** mae pont yn cydio'r ynys wrth y tir mawr; **to ~ sth with/to sth,** cysylltu rhth â rhth; **to ~ two pieces of iron,** asio dau ddarn o haearn; **to ~ hands with s.o.,** ymuno/uno â rhn; *(literally)*: dal llaw rhn, cydio yn llaw rhn, plethu dwylo â rhn; **to ~ battle,** dechrau brwydro/ymladd; **battle was joined,** dechreuodd yr ymladd; fe aeth yn daro/ymladd/frwydr; **to ~ issue,** *See* **issue**[1] **5**; **to ~ forces/company (with s.o.),** ymuno, uno, ymgysylltu (â rhn); **to ~ two persons in holy matrimony,** uno dau mewn glân briodas; *(b)* **to ~ threats to remonstrances,** cyfuno bygythion â cheryddon; **an extra carriage was joined on,** cysylltwyd cerbyd ychwanegol; *(c)* **a straight line that joins two points,** llinell syth yn cysylltu dau bwynt. **2.** *(a)* **he joined us on our way,** ymunodd â ni ar ein hynt; **will you ~ us? will you join our party?** a ddewch chi atom ni? **to ~ a society,** ymuno â chymdeithas, ymaelodi mewn cymdeithas, mynd yn aelod o gymdeithas, mynd yn perthyn i gymdeithas; **to ~ a class,** ymrestru mewn dosbarth; **to ~ the army, to ~ the colours,** *F:* **to ~ up;** ymuno â'r fyddin, listio yn y fyddin, *F:* mynd yn sowldiwr; *F:* **to ~ the choir invisible,** mynd i ganu gyda sêr y bore; *F:* **~ the club!** croeso i'r clwb! *F:* **if you can't beat 'em, ~ 'em,** os na fedri di'u curo nhw, dos yn un ohonyn' nhw; oni ellir curo, rhaid ymuno. **3.** (= *meet*): cwrdd, cyfarfod, cyffwrdd; **the footpath joins the road,** daw'r llwybr i gwrdd â'r ffordd; mae'r llwybr yn ymuno â'r ffordd. II. *v.i.* uno, ymuno, ymgyfuno, ymgydio, ymgyplysu, ymgysylltu; *(of bone)*: **to ~ together,** cydasio, cydwnïo, asio, *N:* trwsio, *S.W:* cydio; *(of people)*: ymuno, ymgynnull, ymdyrru, hel at eich gilydd, dod ynghyd; **to ~ in** *v.i.* **to ~ in a protest,** ymuno â phrotest, cymryd rhan mewn protest.
joinable *a.* **1.** *(component)*: unadwy, asiadwy. **2.** **the society is ~,** gellir ymuno â'r gymdeithas.
joinder *n. Jur:* cyplysiad(-au) *m*; **~ of offences,** cyplysiad cyhuddiadau.

joined *a.* cysylltiedig, unedig, cyfunedig.
joiner *n.* **1.** *Carp:* saer (seiri) (*m*) dodrefn/celfi, saer coed (*also* = **carpenter**), *Lit:* asiedydd(-ion) *m*, *N: occ:* jeiner(-iaid) *m*. **2.** *(in general sense):* cysylltwr (cysylltwyr) *m*, cys|ylltwraig *f*, cyfunwr (cyfunwyr) *m*, asiwr (aswyr) *m*; *F: (of societies):* ymunwr (ymunwyr) *m*, ym|unwraig *f*; **he's a great ~ of societies,** mae'n un garw am fynd yn perthyn i gymdeithasau.
joinery *n.* saernïaeth *f*, gwaith (*m*) saer, gwaith coed.
joining *vn.* **~-stitch** *n.* pwyth(-au,-i) (*m*) asio.
joint[1] *n.* **1.** *(a) (of body):* cymal(-au) *m*, *occ:* cwgn (cygnau) *m*; **out of ~,** *(i)* datgymaledig, anghymalus, allan o'i le; **to put out of ~,** datgymalu, afleoli, dadleoli; **he put his knee out of ~,** rhoddodd ei ben-glin o'i le; *Fig:* **to put s.o.'s nose out of ~,** *See* **nose**[1]; *(ii) Lit:* **the times are out of ~,** mae'r oes oddi ar ei hechel; *(b) (of meat):* darn(-au) *m*, *Lit:* golwyth(-on) *m*, aelod(-au) *m*, chwarthor(-ion,-au) *m*, *S.W:* chwarthol(-ion,-au) *m*; **a cut off the ~,** tafell (*f*) o'r golwyth. **2.** *(a) Carp:* uniad(-au) *m*, *N: occ:* jeint(-iau) *f*; **box ~,** uniad bocs; **bridle ~,** uniad bagl; **butt ~,** uniad bôn; **comb ~,** uniad crib; **corner bridle ~,** uniad bagl cornel; **corner halving ~,** uniad haneru cornel; **cross halving ~,** uniad haneru croes, uniad croes hanerog; **double mortise and tenon ~,** uniad mortais a thyno dwbl; **dovetail ~,** uniad cynffonnog, uniad peusyth/peusyd, *F:* dyftel: dyfftel: dyfftal *m*; **dovetail halving ~,** uniad haneru cynffonnog, uniad cynffonnog hanerog; **dovetail housing ~,** uniad rhigol gynffonnog; **dowel ~,** uniad hoelbren, uniad dowel; **haunched mortise and tenon ~,** uniad mortais a thyno clunedig; **knuckle ~,** uniad cymal; **lap ~,** goruniad(-au) *m*, hanner lap(-iau) *m*; **lapped dovetail ~,** goruniad cynffonnog; **lapped halving ~,** goruniad hanerog; **loose tongue ~,** uniad tafod rhydd; **mitred bridle ~,** uniad baglau meitrog; **mitred dovetail ~,** uniad cynffonnog meitrog, dyftel meitrog; **mitred halving ~,** uniad haneru meitrog; **mortice and tenon ~,** uniad mortais a thyno; **pinning ~,** uniad mortais a thyno cribog; **rubbed ~,** uniad rhwbiedig; **rule ~,** uniad riwl; **sash ~,** uniad ffrâm; **secret dovetail ~,** uniad cynffonnog cudd, dyftel cudd; **secret screwing ~,** uniad sgriwio cudd; **stopped housing ~,** uniad rhigol draws gau; **tee bridle ~,** uniad baglau ti; **tee halving ~,** uniad hanerog ti; **through housing ~,** uniad rhigol draws drwodd; **tongue and groove ~,** uniad tafod a rhigol; *(b) Mec.E:* cymal(-au) *m*; **ball and socket ~,** cymal pelen a soced, cymal pelen a chrau; **common ~,** cymal cyffredin; **expansion ~,** chwyddgymal(-au) *m*; **gliding ~,** cymal llithro; **hinge ~,** cymal colfach; **moveable ~,** cymal symudol; **pivot ~,** cymal cylchdr|oi, cymal colynnog, cymal pifod; **soldered ~,** sodrad(-au) *m*; **synovial ~,** cymal synofaidd; **universal ~,** cymal cyffredinol; *(c) Geol: Min:* gwnïad (gwniadau) *m*; *(horizontal):* cefn(-au) *m*; *(running with cleavage):* s[g]lont(-iau) *f*; *Min:* **vertical foot-~,** troed gwastad *m*; **sparry foot-~,** troed glas; *(irregular, oblique):* troed crwb; **loose sparry foot-~,** troed glas llac (traed gleision lleicion). **3.** *U.S: P: (i) (place):* lle(-oedd) *m*; **clip-~,** ogof(-|eydd) (*f*) lladron, clwb (clybiau) (*m*) blingo, cwt (cytiau) (*m*) cneifio; *U.S:* **to case a ~,** archwilio lle; **gambling ~,** ffau (ffeuoedd) (*f*) gamblo; *(ii) (= marijuana cigarette):* smôc(-s) *mf*. **~ grass** *n. Bot: (Paspalum distichum):* glaswellt cymalog *m*. **~ ill** *n. Vet:* haint (*m*) yr ebolion, clwy(*m*)'r cymalau. **~ oil** *n.* dŵr (*m*) cymalau.
joint[2] *v.t.* **1.** *(a) (= join, assemble):* cysylltu, uno, cymalu; *See* **join**[2]. **2.** *(= cut up):* torri (rhth) yn ddarnau; datgymalu, chwarteru, chwarthorio (rhth). **3.** *Const:* pwyntio. **4.** *Carp:* uniadu, cymalu.
joint[3] *a.* **1.** ar y cyd, yn gyffredin; cyd-, cyt- + *soft mut.*; cyfun, cyfunol, cyfunedig; **during their ~ lives,** tra bo'r ddau'n fyw; tra bo'r naill a'r llall yn fyw; **~ account,** cyfrif(-on) (*m*) ar y cyd, cydgyfrif(-on) *m*; **~ action,** cydweithredu *vn*, gweithredu (*vn*) ar y cyd; *Jur:* **~ and several,** cyd ac unigol; *Lib:* **~ author,** cydawdur(-on) *m*, cydawdures(-au) *f*; **~ authorship,** cydawduraeth *f*; **~ board,** cyd-fwrdd (~-fyrddau) *m*; *Adm:* **~ care planning,** cydgynllunio gofal; **~ chiefs of staff,** cydbenaethiaid y staff; **~ commission,** comisiwn (comisiynau) cymysg *m*; **~ composer,** cydgyfansoddwr (cydgyfansoddwyr) *m*, cydgyfans|oddwraig *f*; **~ consultation,** cydymgynghoriad(-au) *m*; *Jur:* **~ estate,** eiddo cyffredin *m*, eiddo ar y cyd; **~ family,** teulu (*m*) dan yr unto; **~ financing,** cyllido ar y cyd; **~ heir,** cydetifedd(-ion) *m*, cydetifeddes(-au) *f*; *Sch:* **~ honours,** cyd-anrhydedd *m*; **~ management,** cydreolaeth *f*; **~ manager,** cydreolwr (cydreolwyr) *m*, cydre|olwraig *f*; **~ owner,** cydberchennog (cydberch[e]nogion) *m*; **~ ownership,** cydberch[e]nogaeth *f*; **~ partner,** cydbartner(-iaid) *m*; **~ pasture,** cytir(-oedd) *m*, tir(-oedd) (*m*) cyd; **~ project,** cydwaith (cydweithiau) *m*, cywaith (cyweithiau) *m*; **~ property,** cydeiddo *m*; **~ purchaser,** cydbrynwr (cydbrynwyr) *m*, cydbr|ynwraig *f*; *U.S:* **~ resolution,** cydbenderfyniad(-au) *m*; **~ secretary,** cyd-ysgrifennydd (~-ysgrifenyddion) *m*, cyd-ysgrifenyddes(-au) *f*; **~ stock,** cydgyfalaf *m*; **~ tenancy,** cyd-ddaliadaeth(-au) *f*, cyd-denantiaeth(-au) *f*; **the Welsh J~ Education Committee,** y Cyd-bwyllgor (*m*) Addysg Cymreig, Cyd-bwyllgor Addysg Cymru.
jointed *a.* cymalog, *occ:* bregog; **double-~,** deugymalog; *Fig:* ystwyth, hyblyg; **well-~,** aml-freg.
jointedly *adv.* yn gymalog *&c.*
jointedness *n.* cymalogrwydd *m.*
jointer *n.* **1.** *Carp:* plaen(-iau) (*m*) uniadu. **2.** *Constr:* pwyntiwr (pwyntwyr) *m*. **3.** *(= worker):* uniadwr (uniadwyr) *m*, cysylltwr (cysylltwyr) *m*.
jointing *vn.* uniadu, bregiant *m*, cymaliad *m*, cymalau *pl*, uniadau *pl*; **columnar ~,** bregiant colofnaidd. **~ compound** *n.* cyfansawdd (*m*) uniadu/selio. **~-plane** *n. Tls:* = **jointer**.
jointly *adv.* ar y cyd; **~ bound,** cydrwymedig; **~ liable,** cydatebol; **~ and severally,** ar y cyd ac yn unigol.
jointress *n.f. Jur:* gweddw waddolog (gweddwon gwaddolog).
jointure *n.* & *v.t.* **1.** *n. Jur:* gwaddol(-ion) (*m*) gwr|aig weddw. **2.** *v.t.* gwaddoli.
jointworm *n. Ent:* cynrhonyn (cynrhon) (*m*) y cymalau.
joist *n.* dist(-iau) *m*, distyn (distiau) *m*; *S.a.* **beam, cross-beam, purlin**.
joistless *a.* di-ddist, diddistiau.
jojoba *n. Bot:* llwyn(-i) (*m*) chochoba.
joke[1] *n.* **1.** *(= funny story):* stori ddigri[f]/ddoniol (straeon digri[f]/doniol) *f*, *F:* jôc(-s) *f*, *Lit:* ffraetheb(-ion) *f*; **that's a good ~!** dyna un dda! **have you heard this ~?** glywsoch chi hon? **to crack a ~,** *See* **crack**[3] **3**; **that's beyond a ~,** 'dyw hynna ddim yn ddigri o gwbl; mae hynna tu hwnt; mae hynna'n ormod. **2.** *(= funny thing):* jôc, peth(-au) digri[f] *m*, hwyl *f*; **the ~ is that ...,** y peth digrif yw ...; **it was no ~,** nid hwyl mohono; 'doedd y peth ddim yn ddigri[f]; **what a ~ it would be,** am hwyl fyddai; dyna hwyl fyddai; **it's no ~ getting up early,** 'dyw codi'n fore ddim yn hwyl/sbort; 'dyw hi ddim yn hwyl/sbort codi'n fore; **a [standing] ~,** testun (*m*) sbort, cyff (*m*) gwawd, testun hwyl. **3. practical ~,** cast(-iau) *m*, tric(-iau) *m*; **for a ~,** o ran hwyl, o ran sbri, o ran sbort, o ran cellwair, o ran gwamalrwydd (*m*); **you've had your little ~,** 'rwyt ti wedi cael dy hwyl; **he can't take a ~,** mae'n un gwael am gymryd ei herian; mae'n un gwael am gymryd hwyl; nid yw'n hoffi cellwair; nid da ganddo gellwair.
joke[2] *v.i.* cellwair, gwamalu, cael hwyl, *F:* jocio, jocian, *S:* jocan; **joking apart,** o ddifri[f], heb wamalu; **you must be joking,** 'dwyt ti ddim o ddifri; herian yr wyt ti; **I was only joking,** cael hwyl yr oeddwn i; 'doeddwn i ddim o ddifri; **I'm not joking,** 'rydw i o ddifri.
joker *n.* **1.** *(= raconteur):* dyn(-ion) digrif *m*, *occ:* digrifwr (digrifwyr) *m*, gwamalwr (gwamalwyr) *m*, cellweiriwr (cellweirwyr) *m*, ffraethebwr: ffraethebydd (ffraethebwyr) *m*. **2. practical ~,** castiwr (castwyr) *m*, chwaraewr (chwaraewyr) (*m*) castiau; **some ~ has switched off the lights,** mae rhyw ddiawl gwirion wedi diffodd y golau. **3.** *Cards:* jocer(-iaid) *m*; **he's the ~ in the pack,** efe yw'r dyn annisgwyl. **4.** *U.S: Jur: Pol: F:* cymal(-au) cudd *m*, twll (tyllau) (*m*) ymwared.
jokey *a.* [y]smala, gwamal, gwirion.
joking *a.* & *vn.* **1.** *a.* cellweirus, chwar|eus, gwamal, ysgafala, [y]smala, direidus, digri[f], doniol. **2.** *vn. See* **joke**[2]; [y]smaldod *m*, cellwair *m*, digrifwch *m*, doniolwch *m*, ffraethineb *m*, hwyl *f*, bregedd *m*, direidi *m*, sbort *mf*.
jokingly *adv.* yn gellweirus *&c*; o ran hwyl, mewn sbort, mewn hwyl, mewn direidi, dan gellwair, o ran cellwair, o fregedd.
jollification *n.* rhialtwch *m*, miri *m*, hwyl *f*, sbri(-oedd) *f*, ysbleddach *m*, carowsio *vn*, *Lit:* dathliad(-au) *m*, gloddest(-au) *f*, cyfeddach *f*, elwch *m*.
jollify *v.i.* cael hwyl *&c*; llawenychu, llawenh|au, gorfoleddu, carowsio, *F:* rafio a morio.
jollily *adv.* yn hwyliog *&c.*

jolliness *n.* hwyliogrwydd *m,* sirioldeb *m.*
jollity *n.* sirioldeb *m,* rhialtwch *m,* miri *m,* hwyl *f,* sbri *f.*
jolly[1] *a. & adv.* **1.** *a. (a)* hwyliog, siriol, llawen, llon, hapus, difyr, diddan, *F:* joh|oi, joli, *N.W: occ:* diridan[n]o, dilidan[n]o; **the J~ Roger,** y Faner Ddu *f,* y Fflag Ddu *f; (b)* **not drunk but ~,** heb fod yn feddw ond yn hapus, *Lit:* yng nglan m|edd-dod mwyn; *(c) O:* **a ~ (little garden),** (gardd fach) dlos, neis, braf, *N.W:* ddel. **2.** *adv. See* **extremely; ~ good,** da iawn, go dda, da ofnadwy, da drybeilig, sobor o dda; **~ lucky,** lwcus dros ben, lwcus tu hwnt, *N: F:* lwcus ar y naw; **~ difficult,** anodd iawn iawn, anodd ddifrifol/ddychrynllyd/ofnadwy, anodd ar y coblyn/diain, *N:* anodd goblynig/felltigedig/ofnatsan, *S: occ:* ombeidus o anodd, anodd ofnadw; **a ~ shame,** gwarth o beth, cywilydd o beth; **(you know) ~ well,** (fe wyddost) o'r gorau, yn berffaith iawn, yn eithaf da; **I'll take ~ good care,** mi gymera' i'r gofal mwyaf; **you'd ~ well better go,** gwell iti fynd; gofala di fynd; gofala/ymorola di dy fod di'n mynd.
jolly[2] *v.t.* **to ~ s.o. along,** cynnwys rhn (i wneud rhth), cymell rhn yn glên.
jolly-boat *n.* cwch (cychod) *(m)* llong, cwch dŵr, pinnas (pinasau) *m.*
jolt[1] *n.* [y]sgytwad(-au) *m,* [y]sgŵd *f,* [y]sgytiad(-au) *m,* [y]sgegfa ([y]sgegf|eydd) *f,* [y]sgegiad(-au) *m,* jeriad(-au) *m,* jyriad(-au) *m, S.W:* jer *f.* **~-head** *n.* **= fool**[1].
jolt[2] *v.t.&i.* ysgwyd, [y]sgytio, [y]sgytian, [y]sgegio, [y]sgrytian, [y]sgyrian, [y]sgrytio, jerian, jyrian, *S.W:* jero.
jolter *n.* [y]sgytiwr ([y]sgytwyr) *m,* [y]sgegiwr ([y]sgegwyr) *m,* jeriwr (jerwyr) *m.*
jolting *a.* [y]sgytwol, jerllyd, [y]sgrytlyd.
jolty *a.* anwastad.
Jonah *Pr.n.m. B:* Jona[h].
Jones *Pr.n.* Jones(-iaid), *F: esp. N:* Jôs; **to keep up with the Joneses,** cystadlu â'r Jonesiaid/cymdogion; **Davy ~'s locker,** cwpwrdd *(m)* Dafydd Jôs.
jongleur *n.* clerwr (clerwyr) *m, **jongleur(-s)** m; Coll:* y glêr *f.*
jonquil *n. Bot: (Narcissus poeticus):* croeso*(m)*'r gwanwyn, gylfinog farddol *f.*
Jordan *Pr.n. Geog:* **1.** *(country):* [Gwlad *f*] Iorddonen *f.* **2.** *(river):* [afon *f*] Iorddonen *f.* **~ almond** *n.* almon(-au) *(f)* Sbaen.
Jordanian *a. & n.* **1.** *a.* Iorddonaidd, [o] Iorddonen; **the ~ army,** byddin Iorddonen; **he's ~,** un o Iorddonen ydyw; Iorddoniad ydyw. **2.** *n.* Iorddoniad (Iorddoniaid) *m&f.*
Jordanston *W.Pl.n.* Trefwrdan *f.*
jorum *n.* cawg(-iau) *m; (contents):* cawgaid (cawgeidiau) *m.*
Joseph *Pr.n.m. B:* Joseff. **~'s coat** *n. Bot:* y siaced fraith *f.*
josh[1] *n.* cellwair *m,* jôc *f.*
josh[2] *v.i.* cellwair, jocio, tynnu coes, *S:* jocan.
josher *n.* **= teaser.**
Joshua *Pr.n.m. B:* Josua. **~ tree** *n. Bot:* coeden (coed) *(f)* Josua, iwca fyrddail (iwcâu byrddail) *f.*
Josiah *Pr.n.m. B:* Joseia.
joss *n.* eilun(-od) *m.* **~-house** *n.* teml(-au) *f.* **~-stick,** ffon (ffyn) *(f)* thus.
josser *n.* **1. = bloke, fogey. 2.** *Austr:* gweinidog(-ion) *m.*
jostle[1] *n.* gwth *m,* gwthiad(-au) *m,* hergwd (hergydau) *mf,* peneliniad(-au) *m,* cilgwthiad(-au) *m.*
jostle[2] *v.t.&i.* gwthio, penelinio, *occ:* cilgwthio, cilwthio, elino, ymelino.
jostlement *n. vn.* **= jostle**[2].
jostler *n.* gwthiwr (gwthwyr) *m,* g|wthwraig *f.*
jostling *a.* gwthlyd, cilgwthlyd, aflonydd.
jot[1] *n.* iod(-au) *f,* iota (iotâu) *f,* mymryn(-nau) *m,* tamaid (tameidiau) *m,* briwsionyn (briwsion) *m,* llychyn *m,* tipyn *m,* ticyn *m,* tameidyn *m,* gronyn *m;* **I don't care a ~,** nid yw damaid/affliw o bwys gen i; nid wy'n yn malio dim; nid wy'n malio botwm corn; *B:* **not one ~ or one tittle shall pass,** nid â un iod nac un tipyn heibio.
jot[2] *v.t.* **to ~ (sth on paper),** taro, rhoi, dodi, nodi (rhth ar bapur, rhth ar ddu a gwyn); gwn|eud nodyn (o rth); *F:* dotio, jotio (rhth i lawr).
jota *n. Danc:* chota *f.*
jotter *n.* pad(-iau) *(m)* nodiadau, nodlyfr(-au) *m,* llyfr(-au) *(m)* nodiadau.
jotting *n.* nodyn (nodion) *m,* nodiad(-au) *m.*
joule *n. Ph: Meas: **joule(-s)** mf.*
jounce *n. & v.* **= bounce**[1,2].
jouncy *a.* **= bouncy.**
journal *n.* **1.** *(= diary &c):* dyddlyfr(-au) *m,* dyddiadur(-on) *m.* **2.** *Publ: (= newspaper):* papur(-au) *(m)* newydd[-ion], newyddiadur(-on) *m; (= periodical):* cylchgrawn (cylchgronau) *m,* cyfnodolyn (cyfnodolion) *m.* **3.** *Mec.E:* mwnwgl (mynyglau) *m,* siwrnal(-au) *m.* **~-bearing** *n.* beryn(-nau) *(m)* mwnwgl. **~-box** *n.* blwch (blychau) *(m)* mwnwgl.
journalese *n.* newyddiadureg *f, m,* iaith *(f)* papur newydd.
journalism *n.* newyddiaduraeth *f.*
journalist *n.* newyddiadurwr (newyddiadurwyr) *m,* dyn(-ion) *(m)* papur newydd, newyddiad|urwraig (newyddiadurwragedd) *f,* newyddiadures(-au) *f;* **to work as a ~,** newyddiadura.
journalistic *a.* newyddiadurol.
journalistically *adv.* yn newyddiadurol, yn null papur newydd.
journalize *v.t.* cofnodi, nodi.
journalizer *n.* dyddiadurwr (dyddiadurwyr) *f,* dyddiad|urwraig (dyddiadurwragedd) *f.*
journey[1] *n.* taith (teithiau) *f,* siwrnai (siwrneiau, siwrneioedd) *f, occ:* hynt(-oedd) *f,* ymdaith (ymdeithiau) *f;* **~'s end,** pen *(m)* y daith; **to set out on a ~,** cychwyn ar daith, *Lit: occ:* cymryd hynt; **on a ~,** ar daith, ar eich hynt; **a speedy ~, a prosperous ~ (to you)!** rhwydd hynt (i chwi)! **a fruitless ~,** siwrnai seithug, siwrnai ofer.
journey[2] *v.i.* teithio, ymdeithio, siwrneia, tramwyo, tramwy, ymlwybro.
journeyer *n.* teithiwr (teithwyr) *m,* t|eithwraig (teithwragedd) *f.*
journeying *a.* teithiol, ar daith.
journeyman *n.m.* jermon (jermyn), labrwr (labrwyr).
journey-work *n.* gwaith *(m)* jermon.
joust[1] *n. A: & Lit:* ymwan(-iadau) *m.*
joust[2] *v.i. A: & Lit:* ymwan, paledu, chwarae paled, chwarae argae coed.
jouster *n.* ymwanwr (ymwanwyr) *m,* paledwr (paledwyr) *m.*
Jove *Pr.n.m. Myth:* Iau *m;* **by ~!** 'rargian! 'rarglwydd! myn brain! myn diawch! 'rachlod! ar f'enaid i! wir i Dduw! *A: or Lit:* myn Iau! *&c;* **she's right, by ~!** mae hi'n iawn, ydi wir! **~'s beard** *n. Bot: (Anthyllis barba-Jovis):* llwyn arian *m. S.a.* **flower**[1].
jovial *n.* calonnog, hwyliog, siriol, llon, hoenus.
joviality *n.* sirioldeb *m,* hwyliau da *pl,* hwyliogrwydd *m,* llonder *m.*
jovially *adv.* yn galonnog *&c.*
Jovian *a.* Ieuol; **the ~ moons,** lleuadau Iau.
jowl *n. (a) (= jaw, jawbone):* gên (genau) *f,* asgwrn *(m)* gên, asgwrn yr ên; *(b) (= cheek):* boch(-au) *f, occ:* cern(-au) *f, Lit:* grudd(-iau) *f;* **cheek by ~,** foch ym moch, rudd yng ngrudd, ochr yn ochr, ystlys wrth ystlys, gern yng nghern **(with s.o.,** â rhn); *(c) (= dewlap, wattle):* tagell(-au,-i, tegyll) *f; (d) (of boar, salmon):* pen(-nau) *m.*
jowly *a.* tagellog.
joy *n.* llawenydd *m,* llonder *m,* gorfoledd *m,* pleser(-au) *m,* hyfrydwch *m, Lit:* gorawen *f,* hoen *f,* gorhoen *f;* **to my great ~,** er fy mawr lawenydd, er mawr hyfrydwch i mi; **to leap, to jump (for ~),** neidio, llamu (o lawenydd); **to wish s.o. ~ of sth,** dymuno'n dda i rn, dymuno pob hwyl i rn, dymuno llwyddiant i rn; **I wish you ~ of it,** pob hwyl/lwc iti arno; *Rel:* **the five joys,** y pum llawenydd; **the joys of the countryside,** swynion cefn gwlad, pleserau cefn gwlad; **there's no ~ without annoy,** ni cheir y melys heb y chwerw; ni bu ddigrifwch heb ddagrau hefyd; **she's a ~ (to behold),** mae hi'n bleser pur, mae hi'n hyfrydwch (i'w gweld); **s.o.'s pride and ~,** cannwyll llygad rhn; *F:* **any ~?** unrhyw lwc? unrhyw hwyl? **no ~,** dim lwc. **~-bells** *n.pl.* clychau gorfoledd. **~-ride** *n.* swae(-au) *f, S:* jant(-iau) *f, N:* jolih|oet *f.* **~-rider** *n. S:* jant[i]wr (jantwyr) *m, N:* jolihoetiwr (jolihoetwyr) *m,* jolih|oetwraig *f; (= car thief):* lleidr (lladron) *(m)* ceir. **~-riding** *vn. S:* janto, *N:* jolihoetio, jolihoet[i]an; *(= steal cars):* dwyn/lladrata ceir. **~-stick** *n. Av:* ffon *(f)* lywio (ffyn llywio), llyw(-iau) *m.*
joy[2] *v.t.&i. Poet:* llawenh|au, llawenychu.
joyance *n. Lit:* llawenydd *m.*
Joycean *a.* Joyceaidd.
joyful *a.* llawen, llon, gorfoleddus, gorawenus, hoenus; **to be ~,** bod yn llawen *&c,* llawenh|au, ymlawenh|au, gorfoleddu, ymlonni, llawenychu.

joyfully *adv.* yn llawen *&c*; mewn gorfoledd, mewn hoen.
joyfulness *n.* = **joy**[1].
joyless *a.* aflawen, anniddan, annifyr, digalon, digysur, di-hoen, diysbryd, prudd, trist.
joylessly *adv.* yn aflawen *&c.*
joylessness *n.* aflawenydd *m*, digalondid *m*, pr|udd-der *m*, tristwch *m*, *Lit:* tristyd *m*.
joyous *a.* = **joyful.**
joyously *adv.* = **joyfully.**
joyousness *n.* = **joy**[1].
juba *n. Danc:* jwba *f.*
jube *n. Ecc.Arch:* **1.** iwbe(-au) *mf.* **2.** = **rood-loft.**
jubilance, jubilancy *n.* gorfoledd *m*; *S.a.* **jubilation.**
jubilant *a.* gorawenus, gorfoleddus, llawen.
jubilantly *adv.* yn orawenus *&c.*
jubilarian *n. Eccl:* iwbilariad (iwbilariaid) *m&f.*
jubilate[1] *v.i.* llawenh|au, ymlawenh|au, gorfoleddu, gorohian, gorawenu.
Jubilate[2] *n. Eccl:* ~ **Sunday,** dydd Sul y Llawenydd.
jubilation *n.* llawenydd *m*, gorfoledd *m*, gorawen *f*, *Lit:* elwch *m.*
jubilatory *a.* gorfoleddus, gorawenus, llawen.
jubilé *n. Ecc:* sgrin (*f*) y grog.
jubilee *n.* jiwbilî(-s, jiwbilïau) *f*, *Lit: occ:* jiwbil(-iau) *f*; **silver ~,** jiwbilî arian, chwarter can mlwyddiant (~ ~ mlwyddiannau) *m*; **golden ~,** jiwbilî aur/euraid[d], hanner can mlwyddiant (~ ~ mlwyddiannau) *m*; **diamond ~,** jiwbilî ddeimwnt (jiwbilïau deimwnt), trigain mlwyddiant (~ mlwyddiannau) *m*; *B:* **the Book of Jubilees,** Llyfr (*m*) y Jiwbilïau.
Judaea *Pr.n. Geog:* Jwdea *f.*
Judaean *a. & n.* **1.** *a.* Jwdeaidd. **2.** *n.* Jwdead (Jwdeaid) *m & f.*
Judah *Pr.n.m. B:* Jwda.
Judaic *a.* Iddewig, Iddewaidd.
Judaica *n.pl.* pethau Iddewig.
Judaism *n.* Iddew[i]aeth *f.*
Judaist *n.* Iddew[i]aethwr: Iddew[i]aethydd (Iddew[i]aethwyr) *m.*
Judaistic *a.* Iddewiaethol.
Judaization *vn.*, **Judaize** *v.t.* Iddeweiddio.
Judaizer *n.* Iddeweiddwr (Iddeweiddwyr) *m.*
Judaizing *a.* Iddeweiddiol.
Judas *Pr.n. & n.* **1.** *Pr.n.m. B: Hist:* Jwdas(-iaid), *Lit: occ:* Suddas. **2.** *n.* **~[-hole],** twll (tyllau) (*m*) sbïo, llygad (llygaid) (*m*) drws. **~-coloured** *a.* fflamgoch. **~ kiss** *n.* cusan (*mf*) Jwdas, cusan bradwrus/fradwrus, cusan bradwr. **~-like** *a.* bradwrus. **~'s ear** *n.* = **Jew's ear. ~ tree** *n. Bot: (Cercis siliquastrum):* pren(-nau) (*m*) Suddas.
judder[1] *n.* cryndod *m*, dirgyniad(-au) *m*, *N.W: occ:* cyrdeddiad(-au) *m.*
judder[2] *v.i.* crynu, ysgwyd, dirgrynu, *N.W: occ:* cyrdeddu.
Jude *Pr.n.m.* Jwdas.
Judeo- *comb.fm.* Iddew-, Iddewig-. **~-Christian** *a.* Iddewig-Gristnogol. **~-Spanish** *n. Ling:* Iddew-Sbaeneg *f, m.*
judge[1] *n.* **1.** *Jur:* barnwr (barnwyr) *m, occ:* barnwres(-au) *f, A:* brawdwr (brawdwyr) *m*; **as sober as a ~,** cyn sobred â sant, sobr fel sant; *B:* **the Book of Judges,** Llyfr y Barnwyr; **as God is my ~,** Duw a'm barno; **presiding ~,** barnwr gweinyddol; **Judges' Rules,** Rheolau'r Barnwyr; **J~-Advocate [General],** Barnwr-|Adfocad (B~-Adfocadau) [Cyffredinol] *m.* **2.** *(of wine, contest &c):* beirniad (beirniaid) *m*; *S.a.* **adjudicator; I'll be the ~ of that,** fi gaiff benderfynu hynny; myfi sydd i benderfynu hynny.
judge[2] *v.t.* **1.** *(a) Jur:* barnu; **a man is judged by his actions,** yn ôl ei weithredoedd y bernir dyn; **to ~ wrongfully, to ~ unfairly,** camfarnu; *(b)* **to ~ others by oneself,** mesur eraill wrth eich llathen eich hun; **judging by . . .,** a barnu yn ôl . . .; *B:* **~ not that ye may not be judged,** na fernwch fel na 'ch barner; **do not ~ by appearances,** nid wrth ei big y mae prynu cyffylog; *(c) (in show &c):* beirniadu, *occ:* mantoli; *S.a.* **adjudicate. 2.** *(distance &c):* amcangyfrif (*pronounced* ng-g), mesur (rhth); bwrw amcan (o rth). **3.** *(= consider):* barnu, tybied, tybio, meddwl, ystyried; **I judged it (necessary to go),** bernais, tybiais, ystyriais, meddyliais (y dylwn fynd); **it is for you to ~,** chi biau barnu; eich lle chi yw barnu; chi sydd i ddweud. **4.** *v.ind.t.* **~ of my surprise!** meddyliwch pa mor syn oeddwn! beth, dybiwch, oedd fy syndod?
judgeless *a.* difarnwr.
judgelike *a.* barnwraidd, fel barnwr.
judgematic[al] *a.* craff, deallus.
judgement *n.* **1.** *(a)* **the Last J~,** y Farn Ddiwethaf, y Farn Fawr, y Farn Olaf; **the Day of J~, = Judgement Day; an error of ~, a false ~,** camfarn(-au) *f*; **to make a false ~,** camfarnu; **to sit in ~ on s.o.,** eistedd mewn barn ar rn; **to pervert ~,** gwyro barn; *(b) Jur:* barn(-au) *f*, dyfarniad(-au) *m*; *(= sentence):* dedfryd(-au) *f*; **passing ~ on Jones, the judge said . . .,** wrth ddedfrydu Jones dywedodd y barnwr . . .; **~ by consent,** dyfarniad trwy gydsyniad; **concurring ~,** dyfarniad cydsyniol; **dissenting ~,** dyfarniad anghydsyniol; **reserved ~,** dyfarniad neilltuedig; **to pronounce/deliver ~,** traddodi barn, dedfrydu; **~ creditor,** credydwr (*m*) dyfarniad; **~ debtor,** dyledwr (*m*) dyfarniad; **~ summons,** gwŷs (*f*) dyfarniad; **it's a ~ on you,** barn Duw arnat ti yw hyn; Duw sy'n dy farnu di. **2.** *(= opinion):* barn(-au) *f*; **to give/express one's ~ in sth,** dweud eich barn am rth; **value-~,** dyfarniad(-au) (*m*) gwerth, barn ar werth; **against one's better ~,** o'ch anfodd, yn anfoddog, yn groes i'r graen, yn groes i'ch tueddiad naturiol. **3.** *(= discernment):* synnwyr cyffredin *m*, pwyll *m*, crebwyll *m*, craffter *m*, doethineb *m*, barn *f*; **she has sound ~,** mae hi'n graff/ddoeth [ei barn]; mae hi'n bur agos i'w lle; **to use ~ (in sth),** bod yn bwyllog, arfer synnwyr cyffredin (mewn rhth); **in my ~,** yn fy marn i, i'm tyb i, yn fy nhyb i, yn ôl fy meddwl i, mi debygwn i, 'rwy'n barnu, *F:* debyg gen i, decin-i. **J~ Day** *n.* Dydd (*m*) Barn, Dydd y Farn, *Lit: occ:* Dydd Brawd, Dyddbrawd *m.* **~-seat** *n.* gorsedd(-au) (*f*) barn, brawdle(-oedd) *mf.*
judgemental *a.* dyfarniadol, dyfarnol; *(= critical):* beirniadol.
judger *n.* beirniad (beirniaid) *m*, dyfarnwr (dyfarnwyr) *m.*
judgeship *n.* barnwriaeth(-au) *f*, swydd (*f*) barnwr (swyddi barnwyr).
Judica Sunday *n. Eccl:* = **Passion Sunday.**
judicable *a. Jur:* barnadwy.
judicative *a.* barnol.
judicatory *n.* = **court**[1] **3, tribunal, judicature.**
judicature *n.* **1.** *Adm:* barnweinyddiad *m*; **the Supreme Court of J~,** Goruchaf Lys Barnweinyddiad. **2.** *(= judges):* barnwyr *pl*, barnwriaeth *f.*
judicial *a.* barnwrol, cyfreithiol, cyfreithyddol; **~ authority,** awdurdod cyfreithyddol *m*; **~ discretion,** disgresiwn barnwrol *m*; **J~ Committee of the Privy Council,** Pwyllgor Barnwrol y Cyfrin Gyngor; **~ compact,** cyfranc gyfreithiol (cyfrangau cyfreithiol) *f*; **~ execution,** dienyddiad(-au) cyfreithiol *m*; **~ factor,** derbynnydd (derbynwyr) cyfreithiol *m*; **~ murder,** llofruddiaeth gyfreithiol/gyfreithyddol *f*; **~ proceedings,** gweithrediadau cyfreithiol; **~ review,** adolygiad barnwrol; **~ separation,** ymwahaniad cyfreithiol *m.*
judicially *adv.* yn farnwrol, yn gyfreithiol.
judiciary *n.* barnwriaeth(-au) *f.*
judicious *a.* pwyllog, doeth, call, deallus, synhwyrol, synhwyrgall, wrth farn, o farn, *A: Lit:* dosbarthus.
judiciously *adv.* yn bwyllog *&c.*
judiciousness *n.* synwyroldeb *m*, pwyll *m*, doethineb *m*, callineb *m.*
Judith *Pr.n.f.* Jwdith.
judo *n.* jwdo *m.*
judoist, judoka *n.* jwdöwr (jwdowyr) *m*, dyn(-ion) (*m*) jwdo, dynes (merched) (*f*) jwdo, menyw(-od) (*f*) jwdo.
Judy *Pr.n. & n.* **1.** *Pr.n.f.* **Punch and ~,** Pwnsh a Siwan, *F:* Pwnsh a Jwdi. **2. j~** *n.f. F:* = **girl.**
jug[1] *n.* **1.** *(a)* jwg (jygiau) *mf*; **measuring-~,** jwg mesur/fesur (jygiau mesur); *(b)* = **jugful. 2.** *F:* = **gaol**[1]. **~ ears,** clustiau jwg, *S.W.* dolenni jwg, trontolau jwg.
jug[2] *v.t.* **1.** *Cu:* stiwio. **2.** *F:* = **gaol**[2].
jug[3] *v.t. & n.* **1.** *v.t. (of bird):* jygian, jician. **2.** *n.* **jug-jug,** jic-jic *m.*
jugal *a. Anat:* cernol, y gern.
jugate *a. Bot:* ieuol, parog, mewn parau, yn barau.
jugful *n.* jygiaid (jygeidiau) *mf*, llond (*m*) jwg; **not by a ~,** ddim o bell ffordd.
jugged *a.* **~ hare,** stiw (*m*) ysgyfarnog.
juggernaut *n.* j|ygarnot (jygarnotiaid) *m.*
juggins *n. F:* = **simpleton.**
juggle[1] *n.* **1.** jyglad *m*, jyglo *vn.* **2.** *F:* = **fraud.**
juggle[2] *v.t.&i.* jyglo.
juggler *n.* jyglwr (jyglwyr) *m.*

jugglery *n.* jygleraeth *f*, jyglo *vn.*
juglontaceous *a. Bot:* iwglondaidd.
Jugoslav, Jugoslavia *&c* = **Yugoslav** *&c.*
jugular *a. & n.* **1.** *a.* gyddfol; ~ **vein,** gwythïen (*f*) y gwddf. **2.** *n.* = ~ **vein.**
jugulate *v.t.* **1.** *(= cut throat):* torri gwddf (rhn, rhth), torfynyglu (rhn, rhth). **2.** *(a) (= strangle):* tagu, llindagu; *(b) Med:* atal.
jugum *n.* **1.** *Orn:* iau (ieuau, ieuoedd) *m.* **2.** *Bot:* pâr (parau) *m.*
juice *n.* **1.** sudd(-ion) *m*, sug(-ion) *m*, *occ:* nodd(-ion) *m*; **fruit ~,** sudd ffrwyth/ffrwythau; **orange ~,** sudd oren; **tobacco ~,** sug baco; **digestive juices,** suddion treulio; **gastric juices,** suddion y cylla, suddion gastrig; *S.a.* **stew**[2] **2. 2.** *F: (a) Aut:* petrol *m*; **the car's out of ~,** mae'r car yn hysb; *(b) El.E:* letrig *m.*
juiceless *a.* sych(-ion), di-sudd, di-nodd, hysb (*f.* hesb, *pl.* hysbion).
juicily *adv.* yn suddlon *&c*; yn flasus.
juiciness *n.* suddlonder *m*, ir|eidd-dra *m*, irder *m*; *(of story):* blasusrwydd *m.*
juicy *a.* **1.** llawn sudd, suddlon, *occ:* noddlawn, noddlyd, iraidd. **2.** *Fig: (story &c):* blasus, amheuthun; *(= scandalous):* amh|eus; **the ~ bits of a story,** rhannau amheus y stori.
ju-jitsu *m.* jw-jitsw *m.*
ju-ju *n.* swyn(-ion) *m*, swynogl(-au) *f.* **~-~ man** *n.* = **witch-doctor.**
jujube *n.* jiw-jiw[b](-s,-iau) *m.*
juke-box *n.* jiwcbocs(-ys) *m.*
julep *n.* jwlep *m*; **mint ~,** diod (*f*) fint.
Julian *a. & Pr.n.* **1.** *a.* Iwlaidd; **the ~ calendar,** calendr (*m*) Iŵl. **2.** *Pr.n.m.* Iwlian *m*, Sulien *m*; **~ the Apostate,** Iwlian y Gwrthgiliwr.
julienne *n. Cu:* cawl (*m*) llysiau, ***julienne(-s)*** *f.*
juliet *n.* cap(-iau) rhwyllog *m.*
Julius *Pr.n.m.* Iŵl; ~ **Caesar,** Iŵl Cesar.
July *n.* [mis] Gorffennaf *m.*
jumble[1] *n.* cymysgedd(-au) *mf*, cymysgfa (cymysgf|eydd) *f*, cymysgwch *m*, cawdel(-au) *m*, cybolfa (cybolf|eydd) *f*, dryswch *m*, tryblith *m*, cybôl *m*, llanast[r] *m*; **all in a ~,** blith-draphlith, yn siang-di-fang, yn un tryblith, yn un cawdel, yn llanast[r], yn draed moch; **a ~ of houses,** tai yn blith-draphlith, tryblith o dai. ~ **sale** *n.* ffair (ffeiriau) (*f*) sborion.
jumble[2] *v.t.* cymysgu, drysu, cawlio, *occ:* cawdelu, tryblitho.
jumbled *a.* cymysg, cymysglyd, cymysgedig, dryslyd; yn blith-draphlith, yn un llanast[r], yn un cawdel, yn dryblith *&c.*
jumbo *n. & attrib.* **1.** *n. F:* |eliffant (eliffantod) *m*, jymbo(-s) *m.* **2.** *attrib.* **~-sized thing,** clamp (*m*) o beth, clobyn (*m*) o beth, rhth mawr iawn, rhth anferth, rhth anferthol; *Av:* ~ **jet,** jymbo-jet(-iau,-s) *f.* **3.** *n. Metall:* llawes (*f*) oeri (llewys oeri).
jumbuck *n. Austr:* dafad (defaid) *f.*
jump[1] *n.* **1.** *(a)* naid (neidiau) *f*, llam(-au) *m*, llamnaid (llamneidiau) *mf*, sbonc(-iau) *f*, *Lit:* ysb|onc (ysbonciau) *f*, *N.W: occ:* swalp(-iau) *m*; **astride ~,** naid ar led; **backward ~,** gwrthnaid (gwrthneidiau) *f*, gwrthlam(-au) *m*, adlam *m*; **crouch ~,** naid gwrcwd (neidiau cwrcwd); **frog ~,** naid broga/llyffant, sboncnaid (sboncneidiau) *f*; **high ~,** naid uchel; **long ~** naid hir; **pole-~,** naid bolyn (neidiau polyn); **rabbit ~,** naid cwningen; **flying/running ~,** ehedlam(-au) *m*, ehednaid (ehedneidiau) *f*, naid wib (neidiau gwib); **skip ~,** sgipnaid (sgipneidiau) *f*; **standing ~,** naid stond; **straddle ~,** naid fforchog; **triple ~; hop, step and ~,** hwb, cam a naid; **to take a ~,** rhoi naid, *occ:* cymryd naid/llam; **to take a running ~,** *S.W:* cymryd herfa; *F:* **go take a running ~!** dos i grafu! dos i chwarae! bacha hi! *&c*; *F:* **you're for the high ~,** fe'i cei di hi; 'rwyt ti'n ei haros hi; 'rwyt ti amdani; *F:* **to get a ~ on s.o.,** achub y blaen ar rn; **a ~ in prices,** codiad (*m*) mewn prisiau; *(b) (= gap):* bwlch (bylchau) *m.* **2.** *(= nervous start): F:* **to give s.o. the jumps,** codi braw/arswyd (ar rn); **he had the jumps,** 'roedd ar bigau drain; 'roedd fel gafr ar daranau; 'roedd fel cath ar farwor; **(to keep s.o.) on the ~,** (cadw rhn) ar fynd, yn brysur, *occ:* ar gêt. **3.** *Turf: Equit:* naid (neidiau) *f*, rhwystr(-au) *m.* **~-bid** *n. Bridge:* cynnig (cynigion) (*m*) naid. **~-cut**[1] *n. T.V:* camnaid (camneidiau) (*f*). **~-cut**[2] *v.t.&i. T.V:* camneidio. **~-jet** *n.* *llamjet(-iau) *f.* **~-leads** *n.pl.* gwifrau cyswllt. **~-off** *n.* neidio (*vn*) terfynol, naid derfynol. **~-rope** *n.* cortyn(-nau, cyrts) (*m*) neidio/sgipio. **~-seat** *n.* sedd (*f*) blygu (seddau plygu), sêt (*f*) blygu (seti plygu). **~-suit** *n.* siwt(-iau) (*f*) undarn.
jump[2] *v.i.&t.* I. *v.i.* neidio, rhoi naid, llamu, *Lit:* llamneidio, llamsachu, crychneidio, crychlamu, *F: occ:* sboncio, *N.W: occ:* swalpio; **to ~ off a wall,** neidio o ben clawdd; **to ~ down s.o.'s throat,** arthio ar rn, *N.W:* haffio ar rn, *occ:* cipio rhn; **to ~ at an offer,** neidio am/at gynnig; **to ~ for joy,** neidio/llamu o lawenydd; **to ~ to a conclusion,** neidio i gasgliad; **to ~ on s.o.,** ymosod ar rn, disgyn ar war rhn; **the price made me ~,** rhoddodd y pris fraw imi; **I nearly jumped out of my skin,** mi gefais i fraw ar fy hyd; mi ddychrynais drwof; mi ddychrynais am fy mywyd; *F:* **go ~ in the lake!** dos i grafu! dos i chwarae! *&c*; **~ to it!** hai ati! *occ:* haf ati! brysia (brysiwch)! *S:* siapa (siapwch) hi! *N:* tân arni! II. *v.t.* **1. to ~ a fence,** neidio dros ffens; **to ~ a flight of stairs,** neidio i lawr grisiau; *Rail: (of engine):* **to ~ the rails,** neidio oddi ar y cledrau. **2.** *(a)* **to ~ a horse,** gwn|eud i geffyl neidio; *(b) Bill:* **to ~ a ball off the table,** sboncio pêl oddi ar y bwrdd. **3.** *U.S:* **to ~ s.o.'s claim,** bachu/cipio tiriogaeth rhn; **to ~ a queue,** mynd o flaen eich tro, neidio ciw, eich gwthio'ch hun o flaen eraill, mynd â thwrn rhn arall, *S: F:* tsheto'r gwt; *F:* **to ~ the gun,** achub y blaen (ar rn); mynd o flaen eich tro; **to ~ a train,** *(= ~ on a train):* neidio ar drên; *(= ~ off a train):* neidio oddi ar drên; **to ~ bail,** torri mechnïaeth; **to ~ ship,** gadael llong, cefnu ar long. **4.** *(= omit, skip over):* neidio (dros rth), hepgor (rhth). **5.** *Civ.E: (= drill with jumper):* turio.
jumped-up *a.* hunandybus, hunanbwysig, ymhongar (*pronounced* ng-g).
jumper[1] *n.* neidiwr (neidwyr) *m*, n|eidwraig *f*; llamwr (llamwyr) *m*, ll|amwraig *f*, sbonciwr (sboncwyr) *m*, sb|oncwraig *f*; *S.a.* **baby**[1], **claim**[1], **counter**[1].
jumper[2] *n.* **1.** *Cost:* jymper(-s,-i) *f*, *Lit:* siwmper(-i) *f*; *S.a.* **jersey. 2.** *Civ.E:* jempar(-s) *f.*
jumpily *adv.* yn gynhyrfus *&c.*
jumpiness *n.* cynnwrf *m*, nerfusrwydd *m*, ofnusrwydd *m*, anniddigrwydd *m*, aflonyddwch *m.*
jumping *vn. & a.* **1.** *vn.* = **jump**[2]; **~ cones,** gwiail neidio. **2.** *a.* neidiol, sbonciol; **~ bean,** ffeuen: ffäen (ffa) (*f*) sbonc; **~ Jack,** Jac(-s) (*m*) sbonc, *S:* Jac y jwmpwr; **~ spider,** copyn(-nod) (*m*) naid, copyn neidiol; *int.* **~ Jehosaphat!** 'rargian! 'rarglwydd! 'rachlod! brensiach! *&c*; **~-off place,** man(-nau) (*m*) cychwyn.
jumpy *a.* cynhyrfus, nerfus, ofnus, anniddig, aflonydd, ar binnau, ar bigau drain, fel cath ar farwor, fel gafr ar daranau.
junco *n. Orn:* pinc(-od) (*mf*) yr eira.
junction *n.* **1.** *(of roads, railways):* cyffordd (cyffyrdd) *f*; *(of glaciers, rivers):* cymer(-au) *m*; *S.a.* **crossroad; clover-leaf ~,** cyffordd feillionaidd; *Anat: Bot: &c:* **line of ~,** gwnïad (gwniadau) *m*; *Anat:* comiswr (comisyrion) *m.* **2.** *(of pipes, wires &c):* cydiad(-au) *m*, cyswllt (cysylltau) *m*, cysylltiad(-au) *m*, man(-nau) (*m*) cyfarfod, cyfarfyddiad(-au) *m.* **3.** *Ph: Ch:* cysylltle(-oedd) *m.* **~ box** *n.* blwch (blychau) (*m*) cyswllt.
juncture *n.* **1.** *(= joining):* uniad(-au) *m*, cydiad(-au) *m*, cyplysiad(-au) *m*; *Ling:* cyplysiad. **2. at this ~,** yn y cyswllt hwn, yn y fan hon, yn y man hwn, bryd hyn, ar hyn o bryd, yn yr amgylchiadau hyn, yn y cyfwng hwn.
juncus *n. Bot:* brwynen (brwyn) *f.*
June *n.* [mis] Mehefin *m.* **~ berry** *n. Bot: (Amelanchier):* criafolen (criafol) (*f*) Mehefin.
Jungian *a. & n.* **1.** *a.* Jungaidd; **~ psychology,** seicoleg Jung. **2.** *n.* Jungiad (Jungiaid) *m&f.*
Jungianism *n.* Jungiaeth *f.*
jungle *n.* **1.** *(= forest):* jyngl(-au) *f* (*pronounced* ng-g), dryswig(-oedd) *f*, drysgoed(-ydd) *m.* **2.** *(of brambles):* dryslwyn(-i) *m*, drysle(-oedd) *m*, drysni *m*, prysgwydd *pl.* **3.** *(of regulations &c):* dryswch *m*, drysni; **the law of the ~,** deddf y jyngl, deddf "trechaf treisied"; **the blackboard ~,** y jyngl addysgol, bedlam (*f*) y byrddau duon; **the asphalt/concrete ~,** dryswig ddinas. **~ fever** *n. Med:* y cryd *m*, twymyn (*f*) y ddryswig. **~ gym** *n.* barrau (*pl*) dringo.
jungled, jungly *a.* jynglaidd (*pronounced* ng-g); *Fig:* dryslyd, dyrys.
junior *a. & n.* **1.** *a. (a) (= younger):* iau, ieuengach, *N:* ifengach, *S:* ifancach; *Sch:* **~ common room,** ystafell [gyffredin] (*f*) y myfyrwyr; *Sp:* **~ event,** cystadleuaeth (*f*) rhai iau; **~ school,** ysgol(-ion) (*f*) plant iau, *N: F:* ysgol fach/bach (ysgolion bach); **~ agricultural school,** ysgol amaethyddol iau; **~ high school,** ysgol uwchradd iau; **~ metal wheelbarrow,** berfa fach (berfâu bach) *f*; **~ technical school,** ysgol dechnegol iau

(ysgolion technegol iau); *(b) (of two):* ieuaf, ieuengaf, *N:* ifengaf, *S:* ifancaf; **~ barrister,** bargyfreithiwr (bargyfreithwyr) ieuaf *m*; **~ counsel,** cwnsler(-iaid) ieuaf *m*; **~ partner,** isbartner(-iaid) *m*, partner(-iaid) ieuaf *m*; **John Jones ~,** John Jones y mab, John Jones yr ieuaf, *F:* John Jones bach. **2.** *n. (a)* **he is my ~ by two years,** mae'n iau na mi o ddwy flynedd; mae ddwy flynedd yn iau na mi; *(b) (in business &c):* rhn iau, rhn is, ieuafiad (ieuafiaid) *m&f*; *(c) U.S: F:* **hi there ~!** wel 'y ngwas i! shw' ma'i 'ngwas i? **how's ~?** *N:* sut mae'r bychan? *S:* shwd mae'r crwt?

juniorate *n. R.C.Ch:* nofyddiaeth *f.*

juniority *n.* ieuafiaeth *f.*

juniper *n.* merywen (meryw) *f*, eithinen bêr (eithin pêr) *f*, eithinen y cwrw; *S.a.* **savin[e].**

junk¹ *n.* **1.** *n. (a) (= old rope, oakum):* carth *m*, ocwm *m*; *(b) (= rubbish):* [y]sbwriel *m*, sothach *m*, *N:* 'nialwch *m*, geriach *pl*, taclau *pl*, *occ:* celwi: celfi *pl*, ffaldigêr *m*, ffigiari[n]s *m*, sgrwtsh *m*, rwtsh *m*, *S:* fflwcs *pl*, ffrwcs *pl*, trangwls *pl* (*pronounced* ng-g), ffrwcsach *m*, sgrwff *m*, *S.W: occ:* ffliris *pl*, tranglwns *pl* (*pronounced* ng-g), shibledd *m*, twmpwriach *m*, *S.E: occ:* consarnach *pl*, clam[b]wri *m*, ffwlach *m*, cargo *m*, *M.W:* hen siabach *m*; *attrib.* **~ food,** bwyd diwerth *m*, bwyd sothach, *N.W: F:* sgrwtsh bwli cathod; **~ mail,** post (*m*) papurach, llythyrau (*pl*) sgrwtsh. **~-shop** *n.* siop(-au) (*f*) hen bethau/drugareddau. **~-yard** *n.* iard(-iau, ierdydd) (*f*) sbwriel. **2.** *Nau:* cig hallt *m*. **3.** *U.S:* heroin *m*.

junk² *v.t. U.S:* taflu (rhth), cael gwared (â rhth, ar rth), cael ymadael (â rhth).

junk³ *n. Nau:* jync(-s,-iau) *f*.

junker *n.* uchelwr (uchelwyr) *m*, iwncer(-iaid) *m*.

junket¹ *n.* **1.** *Cu:* jynced(-au,-i) *m*, *A: or Lit:* ceulfwyd(-ydd) *m*, ceuled(-au) *m*, llaeth (*m*) maidd. **2.** *(= feast):* gwledd(-oedd) *f*, gloddest(-au) *f*. **3.** *U.S: (= outing at public expense):* jolih|oet (jolihoetiau) *f*, sbri (sbrïoedd) *fm*, sbloet(-iau) *fm*, swae(-au) *f*.

junket² *v.i.* **1.** gloddesta, gwledda. **2.** *esp. U.S:* jolihoetio, jolihoetian, mynd ar sbri, cael sbloet, cael swae.

junketing *vn.* = **junket².**

junkie, junky *n.* drygiwr (drygwyr) *m*, cyffurgi (cyffurgwn) *m*, jynci(-s, jyncïod) *m&f*.

Juno *Pr.n.f.* Jwno, Iwno.

Junoesque *a.* Jwnoaidd, Iwnoaidd, lluniaidd.

junta *n.* **1.** *Hist:* cynulliad(-au) *m*. **2.** *Pol: (= faction):* **junta(-s)** *f*, jwnta (jwntâu) *f*, clymblaid (clymbleidiau) *f*.

junto *n.* = **junta 2.**

Jupiter *Pr.n.m. Myth: & Astr:* Iau. **~'s flower** *n. Bot: (Lychnis):* lluglys porffor *m*.

jural *a.* cyfreithiol; *(of rights):* dyletswyddol.

Jurassic *a. & n. Geol:* [y cyfnod] (*m*) Jurasig.

jurat *n. Jur:* **1.** *(= officer):* ynad(-on) *m*. **2.** *(= statement):* jwrat(-au) *m*.

juratory *a.* tyngedigol.

juridicial *a.* cyfreithiol, ynadol; **non-~ day,** dydd(-iau) dyddon *m*; *Ecc.Hist:* cyfreithyddol.

jurisdiction *n.* awdurdod *m*; *Jur:* awdurdodaeth *f*; **original ~,** awdurdodaeth gysefin; **summary ~,** awdurdodaeth ddiannod.

jurisdictional *a.* awdurdodaethol.

jurisprudence *n.* cyfreitheg *f*, deddfeg *f*; **medical ~,** meddygaeth gyfreithiol *f*, cyfreitheg feddygol *f*.

jurisprudential *a.* cyfreithegol, deddfegol.

jurist *n.* cyfreithydd(-ion) *m*, cyfreithyddes(-au) *f*, cyfreithegwr: cyfreithegydd (cyfreithegwyr) *m*, deddfegwr: deddfegydd (deddfegwyr) *m*.

juror *n.* rheithiwr (rheithwyr) *m*; **~-in-waiting,** rheithiwr sy'n aros; **panel of jurors,** rhestr (*f*) y rheithwyr.

jury¹ *n.* rheithgor(-au) *m*; **to discharge a ~,** gollwng rheithgor; **grand ~,** uchel reithgor; **petty ~,** isel reithgor; **~ of assize,** rheithgor brawdlys; **~ of presentment,** rheithgor datgan; **coroner's ~,** rheithgor crwner; **to empanel a ~,** rhestru/panelu rheithgor; **foreman of a ~,** penrheithiwr (penrheithwyr) *m*, blaenwr (blaenwyr) (*m*) rheithgor; **~ bailiff,** beili (*m*) rheithgor; **trial by ~,** treial (*m*) gerbron rheithgor, treial gan reithgor. **~-box** *n.* mainc (meinciau) (*f*) rheithgor.

jury² *a. Nau:* esgud, dros dro. **~-mast** *n.* mast(-iau) (*m*) dros dro, mast esgud. **~-rigged** *a.* â rigin esgud.

juryman *n.m.* = **juror.**

jurywoman *n.f.* rh|eithwraig (rheithwragedd) *f*.

jus tertii *n. Jur:* hawl (*f*) y trydydd parti.

jussive *a.* gorchmynnol.

just *a.*, *n.pl. & adv.* I. *a.* **1.** *(a) (= equitable):* teg (*comp. forms:* teced, tecach, tecaf), cyfiawn, iawn, *occ:* uniawn, union; *(b) (= judicious):* **it's only ~,** nid yw ond teg; nid yw ond tegwch; **a ~ remark,** sylw teg; **a ~ war,** rhyfel cyfiawn; *(c) Mus:* **~ intonation,** tonyddiaeth gywir *f*. **2.** *n.pl.* **the ~,** y [rhai] cyfiawn; **to sleep the sleep of the ~,** cysgu'n sownd, cysgu fel twrch, cysgu fel mochyn, cysgu fel pathew, cysgu fel top. II. *adv.* **1.** *(a) (= exactly):* yn union; **~ here,** yn y fan hon yn union; **~ by the gate,** yn union wrth y llidiart, *F:* reit wrth y giât; **not ready ~ yet,** heb fod yn hollol barod eto; **not ~ yet,** ddim eto, ddim ar unwaith, ddim ar hyn o bryd; **it's ~ three o'clock,** mae hi'n dri o'r gloch union; mae hi ar ben tri o'r gloch; **~ how many are there?** faint yn union sydd yna? **put it ~ over there,** rhowch ef rywle [yn] fanna; **that's ~ what I am,** dyna'n union ydw i; **~ how did you succeed?** sut yn union y llwyddasoch chi? **that's ~ it,** dyna fe'n union; felly'n union; dyna hi i'r dim; dyna'r peth; yn hollol; *S: F:* yn gwmws; **I wonder ~ how rich he is,** tybed pa mor gyfoethog yw mewn difrif; **~ so!** yn hollol! yn union! felly'n union! *F: S:* yn gwmws! **that's ~ the point,** dyna'r union bwynt; **very ~ so,** i'r blewyn, i'r dim, fel pin mewn papur, yn bryséis, yn gysáct; **(I object) ~ the same,** ('rwy'n gwrthwynebu) er hynny, yr un fath; **~ the same,** yr un peth yn hollol, yr un peth yn union; **~ the job, ~ the thing,** yr union beth; **~ when the door opened,** yr union funud pan agorodd y drws; *(b) (i)* **~ as well as she,** llawn cystal â hithau; **~ as much,** llawn cymaint; **~ as many,** cynifer; **it would be ~ as well if he came,** llawn cystal iddo ddod; **~ as you please,** fel a fynnoch chi, fel y mynnoch chi; **~ as they are,** yn union fel y maent; **~ as ... so ...,** fel ... felly ...; *(ii)* **~ as he was starting out,** ac yntau'n cychwyn, fel yr oedd yn cychwyn, *occ:* gydag yr oedd yn cychwyn; *(c)* **~ now,** *(i)* **business is bad ~ now,** mae'r fasnach yn wael ar hyn o bryd; *(ii)* **I can't go ~ now,** alla' i ddim mynd y funud hon; *(iii)* **(I saw her) ~ now,** (fe'i gwelais hi) gynnau fach, ychydig yn ôl; *(d)* **it was ~ splendid,** 'roedd yn gwbl wych; **that's ~ fine!** go dda! ardderchog! *N: F:* siort orau! *F:* **won't you ~ catch it!** fe'i cei di hi! fe fydd dy groen di ar y pared! 'rwyt ti amdani! 'rwyt ti'n ei haros hi! *F:* **you remember? - don't I ~!** wyt ti'n cofio? - ydw i! **(did he run?) - didn't he ~!** (a redodd e?) - do'n wir! *S:* os do fe! **2.** *(a)* **~ before I came,** yn union cyn imi gyrraedd, *F:* jest/dest cyn imi ddod; *(b) (= recently):* **she has ~ written to you,** mae hi newydd ysgrifennu atoch; **they've ~ come,** maent newydd gyrraedd; **they've only ~ come,** newydd gyrraedd y maent; **~ last night,** neithiwr ddiwethaf; *(a book):* **~ out,** newydd ei gyhoeddi, newydd ymddangos; **it's ~ turned two,** mae hi newydd droi dau o'r gloch; **the train's ~ in,** mae'r trên newydd gyrraedd; mae'r trên newydd ddod i mewn. **3. he was ~ beginning,** dim ond cychwyn yr oedd; nid oedd ond yn cychwyn; nid oedd ond megis cychwyn; **I was ~ finishing my dinner,** 'roeddwn ar ddarfod fy nghinio; 'roeddwn ar fin darfod fy nghinio; **~ about finished,** ar ddarfod, bron darfod, ar fin darfod, *N: F:* jest/dest â darfod; **I'm ~ coming!** dyma fi! mi fydda' i yna! **I've had ~ about enough,** 'rwyf wedi cael llawn ddigon; 'rwyf wedi hen 'laru; **he is ~ going out,** mae ar fin mynd allan; mae ar fedr mynd allan. **4.** *(= barely):* **he ~ managed to do it,** o'r braidd y llwyddodd i'w wneud; prin y llwyddodd i'w wneud; **wait ~ a minute,** arhoswch [am] funud fach; **I was only ~ saved from drowning,** o drwch blewyn yr achubwyd fi rhag boddi; bu ond y dim i mi foddi; cael a chael oedd hi na foddais i; **is that enough? - ~ about!** a yw hynna'n ddigon? - cystal â bod, yn o agos! **I've only ~ enough to live on,** prin digon i fyw arno sydd gennyf; **it's ~ about big enough,** mae agos â bod yn ddigon mawr; **you're ~ in time to see her,** 'rydych mewn union bryd i'w gweld; **I only ~ caught the bus,** cael a chael wnes i i ddal y bws; **they ~ missed the train,** collasant y trên o drwch blewyn; **she ~ managed to pass the exam,** cael a chael a gafodd hi i basio'r arholiad. **5.** *(a) (= simply, merely):* **~ once,** dim ond unwaith, unwaith yn unig; **not ~ any old how,** nid rhywsut-rhywsut; **not ~ anybody,** nid rhywun-rhywun; **not ~ anytime,** nid rhywbryd-rhywbryd; **not ~ anywhere,** nid yn rhywle-rhywle; **~ one,** un yn unig, dim ond un; **it's not ~ any/another book,** nid unrhyw lyfr cyffredin mohono; **not ~ any old thing,** nid rhywbeth-rhywbeth; **it's ~ that I don't like her,** dda gen i mohoni, dyna'r cwbwl; ~ **a little bit,** y mymryn lleiaf; **we're ~ good friends,** ffrindiau [mynwesol] ydym ni a dim mwy; dim ond ffrindiau [da] ydym ni; **he did it ~ for a joke,** fe'i gwnaeth o ran hwyl yn unig; dim ond o ran hwyl y'i gwnaeth; **I ~ told him the truth,** mi ddywedais y gwir wrtho, a dyna'r cwbl; ni wneuthum ond dweud y gwir wrtho; **it ~ doesn't make sense,** yn syml, nid yw'n gwneud synnwyr; *(b) (in commands,* **just** *often has no equivalent and need not be translated):* ~ **sit down, please,** eistedd (eisteddwch) i lawr, os gweli di'n (gwelwch chi'n) dda; ~ **listen!** gwrando, da ti (gwrandewch, da chi)! ~ **a minute!** hanner munud! munud bach/fach! dal d'afael (daliwch eich gafael)! *V:* dal dy ddŵr (daliwch eich dŵr)! ~ **in case,** [dim ond] rhag ofn; **it's ~ one of those things,** fel'na mae hi; **he came ~ to see me,** fe ddaeth yn unswydd i'm gweld i; ~ **fancy! I might have won!** meddyliwch! petawn i wedi ennill! ~ **fancy that!** 'dawn i byth o'r fan! 'tawn i'n marw!

justice *n.* **1.** *(a) (= fairness):* tegwch *m,* cyfiawnder *m;* **to dispute the ~ of a sentence,** amau tegwch dedfryd; **natural ~,** cyfiawnder naturiol; *(b)* **I am bound in ~ to say,** mewn tegwch rhaid imi ddweud; **to do him ~,** chwarae teg iddo, a bod yn deg ag ef; **poetic ~,** haeddiant *m;* **the portrait didn't do him ~,** nid oedd y llun yn gwneud cyfiawnder ag ef; **to do oneself ~,** gwneud chwarae teg â chi eich hun; ~ **must not only be done, it must be seen to be done,** rhaid cael cyfiawnder a rhaid iddo gael ei weld; rhaid i'r cyfiawnder a wneir fod yn amlwg. **2.** *Jur:* **to bring s.o. to ~,** dod â rhn o flaen ei well, dod â rhn gerbron llys; **court of ~,** llys(-oedd) *(m)* barn, llys cyfraith; **Department of J~,** Adran *(f)* Gyfraith. **3.** *(= magistrate):* ynad(-on) *m,* ynades(-au) *f,* ustus(-iaid) *m;* **Lord Chief J~,** Arglwydd Brif Ustus; **Mr. J~ Jones,** Meistr Ustus Jones; **Lord J~ of Appeal,** Arglwydd Ustus Apêl (Arglwyddi Ustusiaid Apêl); **J~ of the Peace (J.P.)** Ynad Heddwch (Y.H.), *occ:* Ustus Heddwch; ~ **in eyre,** ustus cylch; ~ **of the quorum,** ustus cworwm; **examining justices,** ynadon arholi; **licensing justices,** ynadon trwyddedu; ~ **of gaol delivery,** ustus rhyddhau o garchar; **justices of Oyer and Terminer,** barnwyr ***Oyer*** a ***Terminer***, barnwyr Gwrando a Barnu.

justiceship *n.* ynadaeth(-au) *f,* ustusiaeth(-au) *f.*

justiciable *a.* traddodadwy.

justiciar *n. Hist:* prifustus(-iaid) *m,* prifynad(-on) *m.*

justiciary *a. & n.* **1.** *a.* barnwrol. **2.** *n. (i)* = **justiciar;** *(ii)* **the ~,** y farnwriaeth *f; Scot.Jur:* **Court of J~,** Prif Ynadlys *m,* Prif Droseddlys *m.*

justifiability *n.* cyfiawnder *m,* cyfiawnadwyedd *m,* natur gyfiawnadwy *f,* **I cannot see its ~,** ni allaf weld bod modd ei gyfiawnh|au.

justifiable *a. (homicide, expense &c):* cyfiawnadwy; *(pay-rise &c):* haeddiannol.

justifiably *adv.* yn gyfiawnadwy, yn haeddiannol; **he is ~ the best boxer in Britain,** mae lle i gredu mai ef yw'r paffiwr gorau ym Mrydain.

justification *n.* **1.** cyfiawnhad *m,* cyfiawnh|au *vn; Theol:* ~ **by faith,** cyfiawnhad drwy ffydd. **2.** *Typ:* unioni *vn,* gwastatáu *vn.*

justified *a.* **1.** cyfiawn, teg; *(pay-rise &c):* haeddiannol; **I was ~ in going,** 'roedd gennyf achos cyfiawn dros fynd; **I was ~ in complaining,** 'roedd gennyf le i gwyno. **2.** *Typ:* union, syth, gwastad, wedi ei unioni/sythu/wastatáu.

justifier *n.* cyfiawnhäwr (cyfiawnhawyr) *m.*

justify *v.t.* **1.** cyfiawnh|au, cyfreithloni. **2.** *Typ:* unioni, sythu, gwastatáu.

Justin *Pr.n.m.* Iestyn.

Justinian *Pr.n.m.* Iwstinian.

justly *adv.* **1.** *(= fairly):* yn deg, yn gyfiawn. **2.** *(with reason):* **(he was feared), and ~ so,** (ofnid ef), ac â [phob] rheswm, ac nid heb reswm, a rheswm da am hynny; ~ **proud,** haeddiannol falch, balch gyda phob rheswm/cyfiawnhad.

justness *n.* **1.** *(of cause &c):* tegwch *m,* cyfiawnder *m, occ:* iawnder *m,* uniondeb *m.* **2.** *(of remark):* cywirdeb *m,* cymhwyster *m,* priodoldeb *m,* addasrwydd *m.*

jut[1] *n.* bargodiad(-au) *m,* ymwthiad(-au) *m,* tafliad(-au) *(m)* allan, estyniad(-au) *m.*

jut[2] *v.i.* **to ~ [out],** ymwthio, bargodi, estyn, taflu [allan], *A: or Lit:* corbelu, corbedu.

jute[1] *n. Bot: Tex:* jiwt *m.*

Jute[2] *n. Ethn: Hist:* Jiwtiad (Jiwtiaid) *m&f.*

Jutish *a.* Jiwtaidd.

jutting *a.* ymwthiol, bargodol, bargodog.

juvenescence *n.* glaslencyndod *m.*

juvenescent *a.* glaslencynnaidd.

juvenile *a. & n.* **1.** *a.* llencynnaidd, *occ:* ieuengaidd, ieuangaidd; *(= immature):* plentynnaidd, anaeddfed, ifanc (ifainc, *occ:* ifync), ieuanc (ieuainc) *(comp. forms:* ieued, iau, ieuaf; *Lit:* ieuanged, ieuangach, ieuangaf; *N:* ifenged, ifengach, ifengaf; *S:* ifanced, ifancach, ifancaf); **a ~ appearance,** golwg ifanc, golwg plentyn, golwg blentynnaidd; ~ **books,** llyfrau plant; ~ **court,** llys(-oedd) *(m)* plant, llys ieuenctid; ~ **hormone,** hormon(-au) *(m)* ieuangedd; *Jur:* ~ **delinquency,** troseddau*(pl)*'r ifanc, troseddau ieuenctid; ~ **delinquent,** troseddwr ifanc (troseddwyr ifainc) *m,* tros|eddwraig ifanc (troseddwragedd ifainc) *f;* ~ **offender,** tramgwyddwr ifanc (tramgwyddwyr ifainc) *m,* tramg|wyddwraig ifanc (tramgwyddwragedd ifainc) *f; Th:* ~ **lead,** blaenlanc(-iau) *m,* blaenlances(-i) *f.* **2.** *n.* llanc(-iau) *m,* llencyn (llanciau) *m,* glaslanc(-iau) *m,* rhn ifanc (rhai ifainc) *m,* llafn(-au) *m,* llefnyn (llafnau) *m, N.W:* hoglanc(-iau) *m,* crwmffast: crymffast(-iau) *m,* llances(-au,-i) *f,* llafnes(-au,-i) *f, S.W:* rhoces(-i) *f, N.W:* l[l]efran (l[l]efrod) *f,* glasan (glasennod) *f.*

juvenilia *n.pl.* gwaith *(m)* ieuenctid, gweithiau cynnar *pl, occ:* mabinolion *pl.*

juvenility *n.* ieuengrwydd *m,* anaeddfedrwydd *m,* plentyneiddiwch *m,* llencyneiddiwch *m.*

juxta *prep.* ger, gerll|aw, yn ymyl, wrth ymyl; wrth + *soft mut.*

juxtapose *v.t.* cyfosod, cyfochri (pethau); gosod (pethau) ochr yn ochr.

juxtaposed *a.* ochr yn ochr, cyfosodedig, cyfosod, cyfochredig, cyfochr.

juxtaposition *n.* cyfosodiad(-au) *m,* cyfochriad(-au) *m,* cyfosod *vn,* cyfochri *vn.*

juxtapositional *a.* cyfosodol, cyfochrog.

K

K, k *n.* [y llythyren] K, k *f* (*pronounced* cê, *pl.* ceau); *although f., names of letters are not mutated*; **this k,** y ce hon; **two k's,** dwy ce. **K.O. 1.** *n.* ergyd farwol *f*, y farwol *f*, *S.E: occ:* ergyd neg. **2.** *v.t.* llorio, *occ:* sodro; **to be K.O.'d,** cael y farwol; **the idea was K.O.'d,** trawyd y syniad yn ei dalcen; *S.a.* **knock out, knock-out.**
Kaaba *n. Pr.n. Rel:* y Caaba *m.*
Kabbala *n.* = Cabbala.
kabeljou *n. Ich: (Otolithus ruber):* eog-ddraenog(-iaid) *m.*
Kabuki *n. Th:* Cabwci *m.*
Kabyle *n.* **1.** Cabiliad (Cabiliaid) *m&f.* **2.** *Ling:* Cabileg *f, m.*
Kaddish *n. Rel:* Mawlgan(-euon) *f*, Cadish *m.*
kaffeeklatsch *n. U.S:* cwrdd (cyrddau) (*m*) clebran.
Kaffir *a. & n. Ethn:* **1.** *a.* Caffiraidd, Caffrar[i]aidd. **2.** *n.* Caffir(-iaid) *m&f*, Caffrar(-iaid) *m&f.* **~ corn** *n.* ŷd (*m*) Caffir. **~ fig** *n.* = **mesembryanthemum.** **~ lily** *n. Bot: (Clivia miniata):* gwenonwy fach *f.*
kaffirboom *n. Bot:* coeden (*f*) gwrel (coed cwrel).
Kafkaeseque *n.* Kafkaésg.
kaftan *n. Cost:* cafftan(-au) *m.*
kagu *n.* cagw (cagŵod) *m.*
kahawai *n. Ich: (Ampis salar):* = **salmon-trout.**
kahikatea *n.* **1.** *Bot:* coeden (*f*) gahicatea (coed cahicatea). **2.** *Carp:* cahicatea *m.*
kail *n.* = **kale.**
kainite *n. Miner:* cainit *m.*
kainogenesis *n.* cenog|enesis *m.*
kainogenetic *a.* cenogenetig.
kainogentically *adv.* yn genogenetig.
kaiser *n. Hist:* kaiser(-iaid) *m*, caiser(-iaid) *m*; **K~ Wilhelm,** y Caiser Wilhelm.
kaiserdom *n. Hist:* caiseriaeth *f.*
kaiserin *n.f.* caiseres(-au,-i).
kaisership *n. Hist:* caiseriaeth *f.*
kaka *n. Orn:* caca(-od) *m.* **~ beak** *n. Bot:* pig (*mf*) parot; *S.a.* **glory pea.**
kakapo *n. Orn:* c|acapo (cacapoaid) *m.*
kakemono *n.* cacemono(-s) *m.*
kaki *n.* **1.** *Bot:* **1.** *(tree):* coeden (*f*) gaci (coed caci). **2.** *(fruit):* caci (cacïau) *m.*
kala-azar *n. Med:* cala-asar *m.*
Kalahari *Pr.n. Geog:* y Calahari *m.*
kalanchoe *n. Bot:* tail (*pl*) llif.
kale *n.* **1. curly ~,** bresych deiliog *pl*, cêl *m*, bresych crych, *S:* cabetsh cwrlog *pl*; **Scotch ~,** cabetsh cochion, bresych cochion; **sea-kale,** bresych y môr, cawl (*m*) y graig, cawl y môr. **2.** *Scot: (= cabbage soup):* cawl cabetsh.
kaleidoscope *n.* cal|eidosgop (caleidosgopau) *m*, *A:* tegwelyr(-on) *m.*
kaleidoscopic[al] *a.* caleidosgopaidd, symudliw.
kaleidoscopically *adv.* yn galeidosgopaidd.
kalends *n.pl.* = **calends.**
Kalevala *n. Lit:* Calefala *m.*
kaleyard *n. Scot:* gardd (*f*) lysiau (gerddi llysiau); *Scot.Lit:* **the ~ yard school,** yr ysgol werinol.
kali *n. Bot: (Salsola kali):* gwydrlys *m*, cali *m.*
kalimba *n. Mus:* calimba (calimbâu) *m.*
kalkoentjie *n.* **1.** *Bot:* gellesgen (gellesg) adeiniog *f.* **2.** *Orn: (= Cape longclaw):* hirgrafanc (*m*) y Penrhyn (hirgrafangau'r Penrhyn).
kallidin *n.* c|alidin (calidinau) *m.*
kallikrein *n. Bio-Ch:* c|alicrein *m.*
kalmia *n. Bot:* kalmia *m.*
Kalmuck *a. & n.* **1.** *a.* Calmycaidd; *(in language):* Calmyceg. **2.** *n. (a) Ethn:* Calmyc(-iaid) *m&f*; *(b) Ling:* Calmyceg *f, m.*
kalong *n. Z:* calong(-od) *m.*
kalpa *n. Hindu Rel:* oes(-oedd) *f.*
kalpak *n.* calpac(-au) *m.*
kalsomine *n.* = **calamine.**
Kama *Pr.n.m. Hindu Rel:* Cama.
kamacite *n. Miner:* c|amasit *m.*
kamala *n. Bot:* camala (camalâu) *f.*
kame *n. Geol:* cribyn(-nau) *m*, cnwc (cnyciau) (*m*) gro; **~ and kettle country,** tirlun(-iau) (*m*) cnwc a thegell; **~ moraine,** marian(-au) (*m*) cnwc gro.
kamikaze *n. & attrib.* camicasi *m*, ***kamikaze*** *m.*
kampong *n.* clos(-ydd) *m*, caeadle(-oedd) *m*, cowrt(-iau,-ydd) *m.*
kana *n. Typ:* cana *m.*
Kanaka *n. Ethn:* Canaca(-s) *m&f.*
kanamycin *n. Pharm:* canamysin *m.*
Kanarese *a. & n.* **1.** *a.* Canaraidd; *(in language):* Canareg. **2.** *n. (a) Ethn:* Canariad (Canariaid) *m&f*; *(b) Ling:* Canareg *f, m.*
kangaroo *n. & attrib.* **1.** *n. Z:* cangarŵ(-od) *m* (*pronounced* ng-g). **2.** *attrib. (a)* **~ dog,** ci (cŵn) (*m*) [hela] cangarŵ; **~ hare,** ysgyfarnog godog (ysgyfarnogod codog) *f*; **~ mouse,** llygoden godog (llygod codog) *f*; **~ rat,** llygoden fawr godog (llygod mawr codog) *f*; *(b)* **~ closure,** cload swta *m*, cload cangarŵ; **~ court,** llys(-oedd) (*m*) cangarŵ. **~ paw** *n. Bot:* pawen (*f*) cangarŵ.
kangaroolike *a.* cangarŵaidd, fel cangarŵ (*pronounced* ng-g).
kanji *n. Typ:* canji(-s) *m.*
Kannada *n. Ling:* Canareg *f, m.*
kanoon *n. Mus:* canŵn (canwnau) *m.*
kantar *n. Meas:* cantar(-au) *m*, canpwys(-i) *m.*
kantele *n. Mus:* cantele(-au) *m.*
Kantian *a. & n. Phil:* **1.** *a.* Kantaidd; **~ philosophy,** athroniaeth (*f*) Kant. **2.** *n. Phil:* Kantiad (Kantiaid) *m&f.*
Kantianism *n. Phil:* Kantiaeth *f.*
kaolin *n. Geol:* caolin *m*, clai gwyn *m.*
kaolinite *n. Miner:* caolinit *m.*
kaolinitic *a.* caolinitig.
kaolinize *v.t.* caolineiddio.
kaon *n. Ph:* caon(-au) *m.*
kapellmeister *n.* arweinydd (*m*) côr (arweinyddion corau), côr-feistr(-i,-iaid) *m*; **~ music,** cerddoriaeth ddi-fflach.
kapok *n.* capoc *m.* **~ tree** *n. Bot:* coeden (*f*) gapoc (coed capoc).
kappa *n. Gr.Alph:* [y llythyren] capa *f.*
kaput *a.* **this machine is ~,** mae'r peiriant 'ma wedi torri; **the plan is ~,** mae'r cynllun wedi mynd yn ffliwt; mae'r cynllun wedi mynd i'r gwellt; mae hi wedi canu ar y cynllun; *int.* **~!** dyna'i diwedd hi! dyna ben arni! dyna hi'n ddominô!
karabiner *n.* dolen (*f*) gyswllt (dolenni cyswllt).
Karaism *n. Jew.Rel:* Caraiaeth *f.*
Karaite *n. Rel:* Caraitiad (Caraitiaid) *m&f.*
karaka *n. Bot:* coeden (*f*) garaca (coed caraca).
karakul *n. Z:* dafad (defaid) (*f*) c|aracwl.
karaoke *n.* caraoce *m*, ***karaoke*** *m.*
karatas *n. Bot: (Bromelia karatas):* sidanwellt *m.*
karate *n.* carate *m*, ***karate*** *m.*
karateist *n.* caratëydd (caratëyddion) *m*, caratëyddes(-au) *m.*
karee *n. Bot: (Rhus gueinsii):* carî *m*, coeden (*f*) garî (coed carî).
Karelian *a. & n.* **1.** *a.* Carelaidd; *(in language):* Careleg. **2.** *n. (a) Ethn:* Careliad (Careliaid) *m&f*; *(b) Ling:* Careleg *f, m.*
karite *n. Bot:* cneuen (*f*) gariti (cnau cariti).
karma *n. Rel:* carma *m.*
karmic *a. Rel:* carmig.

karo *n. Bot: (Pittosporum crassifolium):* caro *m*, coeden (*f*) garo (coed caro).
kaross *n.* mantell (*f*) grwyn (mentyll crwyn).
karri *n. Bot:* cari *m*, coeden (*f*) gari (coed cari).
karrenfeld *n. Geog:* calchbalmant (calchbalmentydd) *m*.
Karroo *Pr.n. Geog:* Carŵ *m*.
karst *n. Geog:* carst(-iau) *m*.
karstic *a.* carstig.
kart *n. Sp: Aut:* car (ceir) gwyllt *m*, car (ceir) bach. **~-racing** *vn.* rasio ceir gwyllt.
karting *vn.* = **kart-racing**.
karyogamic *a. Biol:* caryogamig.
karyogamy *n. Biol:* caryogamedd *m*.
karyokinesis *n. Biol:* = **mitosis**.
karyokinetic *a. Biol:* mitotig.
karyolymph *n. Biol:* c|aryolymff *m*, sudd cnewyllol *m*.
karyolysis *n. Biol:* cary|olysis *m*.
karyolytic *a. Biol:* caryolytig.
karyomitome *n. Biol:* cary|omitom (caryomitomau) *m*.
karyoplasm *n. Biol:* c|aryoplasm *m*.
karyoplasmic *a. Biol:* caryoplasmaidd, caryoplasmig.
karyosome *n.* c|aryosom (caryosomau) *m*.
karyosystematics *n. Biol:* caryosystemateg *f*.
karyotin *n. Biol:* caryotin *m*, cromatin *m*.
karyotype *n. Biol:* c|aryoteip (caryoteipiau) *m*.
karyotypic[al] *a. Biol:* caryotypig.
kasbah *n.* casba (casbâu) *m*.
Kashmir *Pr.n. & n.* **1.** *Pr.n. Geog:* Cashmir *m*. **2.** *n.* **k~**, *Tex:* = **cashmere**.
Kashmiri, Kashmirian *a. & n.* **1.** *a.* Cashmiri; *(in language):* Cashmireg. **2.** *n.* *(a) Ethn:* Cashmiri(-aid) *m&f*; *(b) Ling:* Cashmireg *f*, *m*.
kashrus, kashrut *a. & n. Jew.Rel:* **1.** *a.* cyfreithlon. **2.** *n.* y cashrwt *m*, rheolau(*pl*)'r bwydydd cyfreithlon.
katabatic *a. Meteor:* catabatig, catabataidd.
kat *n.* **1.** *Bot:* coeden (*f*) gat (coed cat). **2.** *Pharm:* cat *m*.
katabolism *n.* = **catabolism**.
katakana *n.* catacana *m*.
Katanga *Pr.n. Geog:* Catanga *f* (*pronounced* ng-g).
Katangan *a. & n.* **1.** *a.* Catangaidd. **2.** *n.* Catangiad (Catangiaid) *m&f* (*pronounced* ng-g).
katathermometer *n.* catathermomedr(-au) *m*.
Kate *Pr.n.f.* Cêt, Cadi, *occ:* Ceti, Cit, Citw.
kathenotheism *n.* kathenotheistiaeth *f*.
Katherine, Kathleen *Pr.n.f.* Catrin, *F:* Cati, Cadi.
kathode *n.* = **cathode**.
kation *n.* = **cation**.
katipo *n. Arach:* c|atipo (catipoau) *m*.
katjiepiering *n. Bot:* gardenia (gardeniâu) gwyn *m*.
katydid *n. U.S: Ent:* ceiliog(-od) (*m*) y rhedyn.
kauri *n. Bot: (Agathis australis):* ~ **[pine]**, pinwydden (*f*) gawri (pinwydd cawri); **~ gum, ~ resin**, glud (*m*) cawri.
kava *n. Bot: (Piper methysticum):* coeden (*f*) gafa (coed cafa); *(drink):* cafa *mf*.
kawa-kawa *n. Bot: (Piper excelsum):* cawa-cawa *mf*.
Kay *Pr.n.m. Myth: Lit:* Cai.
kayak *n.* caiac(-au) *m*.
kayaker *n.* caiacwr (caiacwyr) *m*, cai|acwraig *f*.
kayo¹ *n.* = **K.O., knock-out**.
kayo² *v.t.* llorio (rhn), *S.E:* rhoi ergyd neg (i rn), *N.W:* rhoi'r farwol, *occ:* rhoi tatsh, rhoi clec (i rn).
kazoo *n.* casŵ(-au) *m*.
kea *n. Orn: (Nestor notabilis):* cea(-od) *m*.
kebab *n.* cebab(-au) *m*.
keck¹ *n. Bot:* = **cow-parsley, hogweed**.
keck² *v.i. F:* cecian, corndagu, cael cyfog gwag; **to ~ at sth,** methu â llyncu rhth, methu â dioddef rhth.
keckle *v.t. Nau:* cawio, bancawio.
keckling *vn. Nau:* bancawiad *m*.
ked *n. Ent:* hisleuen: hislen (hislau, hislod) *f*.
kedge¹ *n. Nau:* **~[-anchor]**, angor llusg *m*, angor mwd.
kedge² *v.t. Nau:* **to ~ a ship,** halio/llusgo llong.
kedgeree *n.* cejeri *m*.
keds *n.pl.* llau defaid.
keek *v.* = **peep²**.
keel¹ *n.* **1.** *Aer: N.Arch:* cêl (celiau) *m*, *Lit:* cilbren(-nau) *m*, trumbren(-nau) *m*; **bilge-~**, cêl sadio, cilbren sadio; **even ~**, cêl gwastad; **false ~**, cêl ffug, cêl gosod; **folding ~**, cêl plygu, cilbren plygu; **on an even ~**, yn sad, yn wastad; **the ship is on an even ~; the ship is on ~**, mae'r llong yn hwylio'n wastad/ddiwyro; **to keep things on an even ~**, cadw'r ddysgl yn wastad. **2.** *Poet:* llong(-au) *f*. **3.** *Nat.Hist:* meingil(-iau) *m* (*pronounced* ng-g). **~-blocks** *n.pl. N.Arch:* gwr|ym (gwrymiau) *m*, bIociau cêl. **~-haul** *v.t. Nau:* cêl-halio. **~-worm** *n. Ann: (Pomatoceros triqueter):* tiwblyng[h]yren drumiog (tiwblyngyr trumiog) *f*.
keel² *v.t.&i.* **1.** *v.t.* **to ~ over a ship,** troi llong drosodd, *S:* moelyd llong. **2.** *v.i.* **to ~ over,** cwympo, syrthio, troi [drosodd], *S:* m[h]oelyd.
keel³ *n. Vet:* gwaedlif *m*.
keelboat *n. U.S:* celfad(-au) *m*.
keeled *a. Bot:* gwrymiog; *Bot:* **~ garlic,** *(Allium carinatum):* garlleg (*m*) y mynydd.
keeler *n.* ciler(-i,-au) *fm*, *S:* giler(-i) *m*, trendal *m*, trind *m*, *M.W:* mit *m*.
keelivine *n. Scot:* pensel (*f*) lèd.
keelless *a.* heb gêl, heb drumbren.
keelson *n.* = **kelson**.
keen¹ *n. Ir: (= funeral song):* galarnad(-au) *mf*, galargan(-au) *f*.
keen² *v.t.&i.* galarnadu, ochain, dolefain.
keen³ *a.* **1.** *(knife):* miniog, llym (*f.* llem, *pl.* llymion), *Lit:* awchlym (*f.* awchlem, *pl.* awchlymion); **a ~ (edge),** (llafn) miniog, ag awch, a min arno. **2.** *(wind, cold &c):* egr, eger, main, gerwin, llym; *(sound):* main, treiddgar, fel cloch. **3. a ~ pleasure,** pleser dwfn/garw/aruthrol; **a ~ appetite,** chwant bwyd mawr, awch am fwyd, archwaeth dda; **as ~ as mustard,** cyn llymed â'r nodwydd ddur, cyn fryted â dŵr brwd, llawn sêl; *(satire &c):* deifiol, crafog, bachog, llym, pigog. **4.** *(a) (= enthusiastic):* brwd, brwdfrydig, selog, tanbaid (**on sth,** dros rth); eiddgar, awyddus (am rth); **a ~ golfer,** golffiwr brwd/selog; *F:* **to be ~ on sth,** gweld eich gwyn ar rth; bod yn arw am rth; **I'm not ~ on it,** 'does gen i ddim llawer i'w ddweud wrtho; 'does gen i ddim llawer o olwg arno; 'does gen i ddim llawer o gynnig iddo; 'dwyf i ddim yn rhy hoff ohono; **Tom is ~ on Elen,** mae Tom wedi mopio am Elen; mae Tom yn dotio ar Elen; **he's very ~ to go,** mae'n awyddus iawn i fynd; *N.W:* mae ganddo flys garw mynd; mae'n selog/wyllt am fynd; *(b)* **a ~ competition,** cystadleuaeth frwd/ffyrnig; *Com:* **a ~ price,** pris isel. **5.** *(eyesight):* craff; **she has a ~ eye (for a bargain),** mae hi'n esgud, *F:* mae hi'n 'sgut (am fargen); **he has a ~ ear,** mae'n glustfain; mae ganddo glust fain/dda. **6.** *(mind):* craff, treiddgar, llym, treiddiol. **~-eyed** *a.* llygadog, llygadus, llygatgraff. **~-set** *a.* awchus, awyddus (**on sth,** am rth). **~-sighted** *a.* llygatgraff, craff. **~-willed** *a.* craff eich meddwl, treiddgar.
keener *n.* *(= mourner):* galarwr (galarwyr) *m*, gal|arwraig (galarwragedd) *f*.
keening *vn.* = **keen²**.
keenly *adv.* yn frwd &c; **to be ~ interested in sth,** ymddiddori'n fawr/aruthrol/ddirfawr/frwd yn rhth, tra-ymddiddori yn rhth.
keenness *n.* **1.** *(of knife &c):* llymder *m*, awch *m*, min *m*, miniogrwydd *m*, *Lit:* awchlymder *m*. **2.** *(of cold &c):* egrwch: ecrwch *m*, gerwinder *m*, llymdra *m*. **3.** *(= zeal):* brwdfrydedd *m*, selogrwydd *m*, eiddgarwch *m*, awydd *m*; **~ (on doing sth),** blys *m*, awydd *m* (gwneud rhth). **4. ~ of sight,** craffter (*m*) golwg, llygad craff *m*; **~ of hearing,** clustfeinder *m*, meinder (*m*) clyw, clust fain *f*. **5.** *(of mind):* craffter [meddwl].
keep¹ *n.* **1.** *Hist:* tŵr (tyrau) *m*, gorthwr (gorthyrau) *m*. **2.** lle [a bwyd] *m*, (eich) cadw *vn*; **to earn one's ~,** ennill eich tamaid/cyflog, *S: occ:* ennill eich toc; **(eight pounds a day) and his ~,** (wyth bunt y dydd) a'i gadw, a'i le a'i fwyd; **he isn't worth his ~,** nid yw'n werth ei gadw. **3.** *F:* **for keeps,** am byth, hyd byth, dros byth, i'w gadw.
keep² *v.t.&i.* I. *v.t.* **1. to ~ a rule,** cadw/dilyn rheol; **to ~ a promise,** cadw/cywiro addewid; **to ~ an appointment,** cadw/cywiro oed. **2. to ~ a feast,** cadw/dathlu gŵyl. **3.** *(= guard, defend):* cadw, gwarchod, amddiffyn (**sth from sth,** rhth rhag rhth); **to ~ s.o. company,** cadw cwmni/cwmpeini i rn; **God ~ you!** Duw yn dy gylch! rhad Duw arnat! Duw a'th gadwo! cadwed Duw di! **to ~ poultry,** magu ieir. **4.** *(a)* **to ~ sheep,** cadw defaid; *Sp:* **to ~ [the] goal,** cadw'r gôl, gwarchod y gôl; *(b) (= maintain a road, a*

pers.): cynnal, cadw (rhth, rhn); ymorol, gofalu (am rth, am rn); **to ~ s.o. in clothes,** gofalu am ddillad i rn; **to ~ a mistress,** cynnal/cadw meistres; *(c)* **to ~ a diary,** cadw dyddiadur; **to ~ a shop,** cadw siop. **5. to ~ order,** cadw trefn, cadw gwah|ardd; **to ~ s.o. in order,** cadw trefn/gwahardd ar rn, *N. W: occ:* cadw cow ar rn; **to ~ one's countenance,** dal blawd wyneb, peidio â gwenu. **6.** *(= detain)*: dal [yn ôl]; **don't let me ~ you,** peidiwch â gadael imi'ch dal chi; **what kept you?** ble buost ti gyhyd? be' cadwodd di? *(= restrain)*: atal, dal, rhwystro (**s.o. from sth,** rhn rhag rhth); **sth kept me from going,** 'roedd rhth yn fy nal/atal/nghadw rhag mynd; **to ~ oneself from doing sth,** ymatal rhag gwneud rhth; **(the noise) kept him from sleeping,** ('roedd y sŵn) yn ei atal/rwystro/gadw rhag cysgu, yn nadu iddo gysgu; *(= reserve)*: cadw; **is this place being kept?** ydych chi'n cadw'r lle yma i rn? **7.** *(= store)*: cadw, storio. **8.** *(= retain)*: cadw; **he can't ~ a thing in his head,** ni all ef gofio dim; **you can ~ it!** cadwa (cadwch) o! *V:* rho fo yn dy din! **to ~ s.o.'s attention,** dal sylw rhn; **to ~ one's balance, to ~ one's feet,** dal ar eich traed, peidio â syrthio; **to ~ one's head,** cadw'ch pen/pwyll; **to ~ one's figure,** dal yn lluniaidd, cadw'ch ffig[i]wr; **to ~ one's mouth shut,** cau'ch ceg, cadw'ch ceg ar gaead; **to ~ track of sth,** dilyn ôl/trywydd rhth, cadw cydit ar rth; **to ~ s.o. on his toes,** cadw rhn yn effro; **to ~ sth in view,** cadw/dal rhth mewn golwg, peidio â cholli golwg ar rth; **to ~ watch over sth,** cadw golwg ar rth, gwylio/gwarchod/goruchwylio rhth; **to ~ sth in mind,** dal rhth mewn cof, peidio ag anghofio rhth. **9. ~ this to yourself,** paid (peidiwch) â dweud hyn wrth neb; taw piau hi; cadw(-ch) hyn yn gyfrinach; *N. W: occ:* rho dy droed (rhowch eich traed) arno fo; **~ it under your hat,** cadwa fo dan glust dy gap (cadwch o dan glust eich cap); **to ~ sth from s.o.,** celu/cuddio rhth rhag rhn. **10. to ~ one's course,** dal ar eich hynt/taith, mynd yml|aen, dal ymlaen, dal ar eich cyfeiriad; **to ~ the middle of the road,** cadw ar ganol y ffordd. **11. to ~ the stage,** dal y llwyfan; **to ~ one's seat,** dal ar eich eistedd. **12. to ~ sth clean,** cadw rhth yn lân; **to ~ an eye on s.o.,** cadw golwg/llygad ar rn; **to ~ s.o. waiting,** gwneud i rn aros, cadw rhn yn aros; **I won't ~ you waiting,** wna' i mo dy gadw di; **(he managed) to ~ himself warm,** (llwyddodd) i gadw ei wres, i'w gadw'i hun yn gynnes/dwym; **(to ~ a machine) going,** (cadw peiriant) ar fynd, i redeg; **to ~ s.o. at arm's length,** cadw rhn o hyd braich; **to ~ s.o. at it,** cadw trwyn rhn ar y maen; **to ~ body and soul together,** cadw corff ac enaid ynghyd; **to ~ s.o. talking,** tynnu sgwrs â rhn, dal pen rheswm â rhn; **~ your ears open,** clustfeinia (clustfeiniwch); **to ~ one's eyes open/skinned,** cadw'ch llygad ar eich ysgwydd, cadw'ch llygaid yn agored, cadw'ch llygaid ar agor; *Nau:* **~ her so!** daliwch hi fel'na! II. *v.i.* **1.** *(= stay)*: dal; **to ~ standing,** dal i sefyll; **to ~ still,** aros yn llonydd; **she keeps [herself] to herself,** un swil yw hi; **how are you keeping?** sut 'rydych chi? pa hwyl sydd? sut 'rydych chi'n cadw? **~ calm!** paid (peidiwch) â chynhyrfu! *S:* paid gwylltu! **I hope it keeps fine,** gobeithio y deil hi['n braf]; **to ~ fit,** cadw'n iach/heini; **~ off the grass!** na cherddwch ar y glaswellt! *P.N:* **~ crossing clear,** cadwch y groesfan yn glir; **~ in low gear,** cadwch mewn gêr isel; **~ clear,** cadwch yn glir, cadwch draw. **2.** *(= continue)*: *(a)* **to ~ at work, to ~ at it,** dal ati, dal wrthi, dal i weithio, pydru arni, dygnu arni, *M. W:* dogio arni; **to ~ in touch with s.o.,** dal [mewn] cysylltiad (â rhn); **to ~ straight on,** dal yn syth ymlaen; **to ~ doing sth,** dal/para i wneud rhth, gwneud rhth o hyd, gwneud rhth byth a beunydd. **3.** *(of food &c)*: cadw; **butter that will ~,** ymenyn a fydd yn cadw; **my revenge will ~,** caf ddial rywbryd eto; *(of story)*: **it'll ~,** *F:* fe gadwith. **~ at 1.** *v.i.* **to ~ at sth,** dal ati â rhth, dal ymlaen â rhth, dygnu arni, pydru arni, *N. W: occ:* pydru iddi. **2.** *v.t.* **to ~ s.o. at sth,** dal trwyn rhn ar y maen, cadw rhn wrthi, cadw rhn wrth ei waith. **~ away 1.** *v.i.* **to ~ away (from sth),** osg|oi (rhth); cadw draw, cadw ymhell (oddi wrth rth); ymgadw (rhag rhth); **~ away!** saf (sefwch) draw! **~ away from the fire!** paid (peidiwch) â mynd at y tân! **2.** *v.t.* **(to ~ s.o. away) from sth,** (cadw rhn draw) oddi wrth rth, rhag rhth. **~ back 1.** *v.i.* sefyll yn ôl, sefyll draw, aros draw, peidio â dod ymlaen; **~ back!** saf (sefwch) yn ôl! saf draw! dim nes! **2.** *v.t.* *(a)* *(= stop)*: atal (rhth), dal (rhth) yn ôl; *(b)* *(= delay, detain)*: dal/cadw (rhth) yn ôl; *(c)* **to ~ back a pound from s.o.'s wages,** cadw punt yn ôl o gyflog rhn; **to ~ (sth from s.o.),** cuddio, celu (rhth rhag rhn); **don't ~ anything back!** dywed(-wch) y cwbl/cyfan! **~ down 1.** *v.t.* *(a)* dal/cadw (rhth) i lawr; **she kept her head down,** cadwodd ei phen i lawr; **you can't ~ a good man down,** anodd atal dyn da; *(feelings &c)*: llethu, rheoli, mygu, meistroli; **to ~ down anger,** mygu/llethu dicter; *(b)* *(= oppress)*: gorthrymu, gormesu, gwastrodaeth, gwastrodi (rhn); gwasgu (rhn, ar rn); *(c)* **to ~ food down,** cadw bwyd i lawr. **2.** *v.i.* swatio; *N. W: occ:* [g]wardio. **~-fit** *n.* cadw(*vn*)'n iach/heini. **~ from 1.** *v.t.* *(a)* **to ~ sth from s.o.,** cadw/celu/cuddio rhth rhag rhn; *(b)* **to ~ (s.o. from doing sth),** atal, rhwystro (rhn rhag gwneud rhth); nadu (i rn wneud rhth). **2.** *v.i.* **to ~ from doing sth,** peidio â gwneud rhth; *occ:* ymgadw/ymatal rhag gwneud rhth; **to ~ from drink,** ymwrthod â diod. **~ in 1.** *v.t.* *(a)* **to ~ s.o. in,** cadw rhn i mewn; *(b)* *(feelings)*: cuddio, mygu, ffrwyno, atal; *(c)* **to ~ a fire in,** cadw tân i fynd, cynnal tân; *(d)* **to ~ one's hand in,** cadw'ch llaw, cadw'ch medr; *(e)* **~ your stomach in!** dal dy fol (daliwch eich bol) i mewn! **2.** *v.i.* *(a)* **to ~ in,** *(= indoors)*: aros i mewn, aros gartref/adref, aros/cadw yn y tŷ; *(b)* *(of fire)*: dal yngh|ynn; *(c)* *F:* **to ~ in with s.o.,** dal ar delerau da â rhn, dal yn ffrindiau â rhn. **~ off 1.** *v.t.* *(a)* **to ~ one's hat off,** peidio â gwisgo'ch het; *(b)* **~ your hands off!** cadw dy ddwylo! cadw dy fachau! paid â chyffwrdd! *(c)* **to ~ s.o. off,** cadw rhn draw, cadw rhn hyd braich, atal rhn rhag dod yn nes; **the wind will ~ the rain off,** bydd y gwynt yn atal y glaw. **2.** *v.i.* *(of pers.)*: aros draw, sefyll draw; **if the rain keeps off,** os na ddaw hi'n law, os na chawn ni law, os deil hi heb fwrw. **~ on 1.** *v.t.* *(a)* **to ~ one's hat on,** cadw'ch het am eich pen, peidio â thynnu'ch het; *F:* **~ your hair on!** dal d'afael! *V:* dal dy ddŵr! *(b)* **I hope I'll be kept on,** gobeithio y caf gadw fy lle. **2.** *v.i.* *(a)* **buttons that do not ~ on,** botymau nad ydynt yn aros yn eu lle; *(b)* *(= continue)*: mynd ymlaen, dal ymlaen, dygnu arni, dal ati, dal iddi; *(c)* **to ~ on doing sth,** parh|au/dal i wneud rhth, gwneud rhth o hyd; **that dog keeps on barking,** 'dyw'r ci 'na'n gwneud dim ond cyfarth; mae'r ci 'na'n cyfarth o hyd; mae'r ci 'na'n cyfarth dragwyddol; *F:* **to ~ on at s.o.,** plagio rhn, bod ym mhen rhn, hewian ar rn; **don't ~ on so!** rho'r gorau iddi! taw â swnian! paid â rhygnu! *S. W: occ:* bodda fe! **~ out 1.** *v.t.* **to ~ s.o. out,** atal/rhwystro rhn rhag dod i mewn, nadu i rn ddod i mewn, cadw rhn allan; **(the canvas will) ~ the rain out,** (bydd y canfas) yn atal y glaw, yn cadw'r glaw allan. **2.** *v.i.* **to ~ out,** *(= outside)*: aros [y tu] allan, aros y tu faes; **to ~ out of danger,** osg|oi perygl; **to ~ out of a quarrel,** peidio â mynd i ffrae, peidio ag ymyrryd â ffrae; *F:* **you ~ out of this!** aros di draw! saf di draw! paid di â busnesu! paid di ag ymyrryd! *P.N:* **"keep out",** "dim mynediad". **~ to 1.** *v.t.* **to ~ s.o. to his promise,** dal rhn at ei addewid. **2.** *v.i.* **to ~ to one's resolution,** dal at eich penderfyniad; **to ~ to a pattern,** dilyn patrwm, cydymffurfio â phatrwm; **to ~ to the straight and narrow,** cadw ar y llwybr cul; dilyn y llwybr cul; cadw'r llwybr cul; **to ~ to one's bed,** aros yn y gwely; *Th:* **to ~ to the script,** dilyn y copi; **to ~ to the left,** dal ar y chwith; **they ~ [themselves] to themselves,** maen' nhw'n cadw ar wahân i bawb arall; maen' nhw'n ymgadw rhag pawb arall; maen' nhw'n cadw ar eu pennau eu hunain; *N. W: occ:* maen' nhw'n cadw iddyn' eu hunain. **~ together 1.** *v.t.* **to ~ people together,** cadw pobl gyda'i gilydd. **2.** *v.i.* **they ~ together,** maen' nhw'n cadw gyda'i gilydd. **~ under** *v.t.* **to ~ s.o. under,** cadw trefn ar rn, gormesu rhn, cadw rhn dan reolaeth, gwastrodaeth rhn, *F:* cadw rhn dano, *F: occ:* cadw rhn dan yr hatsus; **to ~ one's anger under,** rheoli'ch/meistroli'ch/ffrwyno'ch dicter. **~ up 1.** *v.t.* *(a)* *(= stop from falling)*: cynnal, ategu (rhth); dal (rhth) i fyny; cynnal (rhth) ar ei draed; *(b)* **to ~ prices up,** cynnal prisiau, cadw prisiau'n uchel; *(c)* *(= maintain)*: cynnal [a chadw]; **to ~ up a custom,** cynnal/cadw arferiad; **to ~ up one's French,** cadw'ch Ffrangeg; **to ~ up the pace,** cynnal y cyflymdra; *F:* **~ it up!** dal(-iwch) ati! **~ your end up!** dal at dy bethau (daliwch at eich pethau)! **~ up your courage!** paid (peidiwch) â digalonni! **to ~ up appearances,** edrych yn barchus, cadw wyneb; *(d)* **(to ~ s.o.) up [at night],** (cadw rhn) ar ei draed, yn effro. **2.** *v.i.* *(a)* *(of weather)*: dal, parh|au, para; **if the weather keeps up,** os deil y tywydd; os deil hi; *(b)* **I can't ~ up with you,** alla' i mo'ch dal chi; alla' i ddim dal i fyny â chi; 'fedra' i ddim cydgerdded â chi; *F:* **to ~ up with the Joneses,** cystadlu â'r bobl drws nesaf, cystadlu â'r cymdogion; **to ~ up with the times,** dilyn y ffasiwn, bod ynddi hi.

keeper *n.* **1.** *(a)* gwarcheidwad (gwarcheidwaid) *m,* ceidwad (ceidwaid) *m,* gofalwr (gofalwyr) *m,* gof|alwraig (gofalwragedd) *f*; *(of museum)*: ceidwad; **the K~ of the Seal,**

Ceidwad y Sêl; *B:* **am I my brother's ~?** ai ceidwad fy mrawd ydwyf fi? *S.a.* **finder**; *(b) (= gamekeeper):* ciper(-iaid) *m*; *(c)* **boarding-house ~**, gwestywr (gwestywyr) *m*, gwest|ywraig (gwestywragedd) *f*. **2.** *(ring):* ciper(-iaid,-s) *m*, modrwy (*f*) gadw (modrwyau cadw). **3.** *(= bar on magnet):* bar(-rau) (*m*) cadw. **4.** *(= fruit &c):* ffrwyth(-au) (*m*) sy'n cadw, ffrwyth stôr. **5.** *Mth: &c:* cadwrydd(-ion) *m*; **soft iron ~**, cadwrydd(-ion) (*m*) haearn meddal.

keeperless *a.* digeidwad, heb geidwad.

keepership *n.* swydd (*f*) ceidwad.

keeping *vn.* **1.** *See* **keep**[2]. **2.** *(= care):* cadwraeth *f*, gofal *m*; *(= possession):* meddiant *m*; **in s.o.'s ~**, yng ngofal rhn, ym meddiant rhn. **3. in ~ (with sth)**, yn unol, yn gyson, yn cyd-fynd, yn gydnaws o'r un cymeriad (â rhth); **out of ~ (with sth)**, yn anghyson/anghydnaws, heb gyd-fynd, heb fod o'r un cymeriad (â rhth). **4.** *(of building):* cynhaliaeth *f*, cynnal (*vn*) a chadw *vn*; *(of tradition &c):* parhad *m*.

keepsake *n.* cofrodd(-ion) *f*, *F:* rhth bach i gofio.

keeshond *n. Z:* ***keeshond(-s)*** *m.*

keeve *n.* cife(-au) *f*.

kef *n.* perlesmair *m*, perlewyg *m*.

keffiyeh *n.* penllian (penllieiniau) *m*.

keg *n.* barilan(-au) *f*, casgen fach (casgenni bach) *f*. **~ beer** *n.* cwrw (*m*) casgen.

kegler *n. U.S:* = **bowler**.

kei apple *n. Bot:* **1.** *(tree):* coeden (*f*) gei (coed cei). **2.** *(fruit):* afal(-au) (*m*) cei.

keir *n.* = **kier**.

keloid *n.* = **cheloid**.

kelp *n.* gwymon *m*, môr-wiail *pl*, *N:* brŵal *m*. **~-bass, ~ fly** *n.* pryf(-ed) (*m*) gwymon/môr-wiail.

kelper *n.* gwymonwr (gwymonwyr) *m*.

kelpie *n.* **1.** *Scot:* **[water] ~**, ceffyl(-au) (*m*) dŵr. **2.** *Austr:* *(= sheep-dog):* ci (cŵn) (*m*) defaid.

kelson *n.* celsan(-au) *m*.

kelt[1] *n. Ich:* celt(-iaid) *m*, *A:* maran(-edd) *m*.

Kelt[2], **Keltic** *&c* = **Celt, Celtic** *&c*.

kelter *n.* = **kilter**.

kelvin *n. Ph: Meas:* kelvin(-au) *m*.

Kemeys *W.Pl.n.* Cemais *m.* **~ Commander** *W.Pl.n.* Cemais Comawndwr.

kemp *n.* carth *m*, rhawn *pl*, blew bras *m*, saethflew *pl*, *S.W:* s|aethwlan *m*.

kempt *a.* trwsiadus; **a well-~ head of hair**, gwallt wedi'i gribo, gwallt twt.

kempy *a.* rhawnog, bras (breision).

ken[1] *n.* **within s.o.'s ~**, yn hysbys i rn; **out of s.o.'s ~**, y tu hwnt i wybodaeth rhn, y tu hwnt i rn; **(that's) beyond my ~**, (mae hynny)'n dywyll i mi, y tu hwnt i mi, tu hwnt i'm dirnad i.

ken[2] *v.t.* *(= recognize, know pers.):* adnabod; *(= know):* gwybod.

kenaf *n. Bot:* cenaff(-au) *f*, hibisgws cywarchaidd *m*.

kends *n. Sp:* cendo *m*.

Kenfig *W.Pl.n.* Cynffig *m.* **~ Hill** *W.Pl.n.* Mynydd (*m*) Cynffig.

kennel[1] *n.* **1.** *(hut):* cwt (*m*) ci (cytiau cŵn), gwâl (*f*) ci (gwalau cŵn), cwtsh(-is) *m*, *Lit:* cyndy (cyndai) *m*, cynel(-au) *m*. **2.** *(= pack of dogs):* cnud(-iau,-oedd) *f*, haid (*f*) o gŵn.

kennel[2] *v.t.* rhoi/dodi (rhth) mewn cynel, cynelu (rhth).

kennel[3] *n.* *(= gutter):* rhigol(-au) *f*, cwter(-i,-ydd) *f*.

kennelmaid *n.f.* cenelferch(-ed), cen|elwraig (cenelwragedd).

kennelman *n.m.* cenelwr (cenelwyr).

kenning *n. Lit:* dyfalu *vn*, dyfaliad(-au) *m*.

kenogenesis *n.* cenog|enesis *m*.

kenosis *n. Theol:* cenosis *m*, ymwacâd *m*.

kenotic *a. Theol:* cenotig, ymwacaol.

kenoticism *n.* ymwacâd *m*, cenoticiaeth *f*.

kenotron *n. El.E:* c|enotron (cenotronau) *m*.

kenspeckle *a. Scot:* amlwg.

Kent *Eng.Pl.n.* Caint *f*; **man of ~**, gŵr (gwŷr) (*m*) o Gaint.

Kentchurch *Eng.Pl.n.* Llan-gain *m*.

Kentish *a.* o Gaint, Ceintaidd. **~ fire, ~ glory** *n. Ent:* *(Endromis versicolora):* rhiain (rhianedd) (*f*) Caint. **~ rag** *n. Geol:* calchfaen (*m*) Caint.

Kentishman *n.m.* Ceintiad (Ceintiaid), gŵr (gwŷr) o Gaint.

kentledge *n. Nau:* heyrn (*pl*) balast.

Kentucky *Pr.n. Geog:* **~ bluegrass** *n. Bot:* = **meadow-grass**. **~ coffee-tree** *n. Bot:* coeden (*f*) goffi (coed coffi) Kentucky.

Kenya *Pr.n. Geog:* Cenia *f*.

Kenyan *a. & n.* **1.** *a.* Ceniaidd, [o] Cenia; **the ~ people**, pobl Cenia; **he's ~**, Ceniad ydyw; un o Cenia ydyw. **2.** *n.* Ceniad (Ceniaid) *m&f*.

kepi *n. Cost:* cepi (cepïau) *m*.

Keplerian *a.* Kepleraidd.

kept *p.p. See* **keep**[2]; **a ~ sinner**, pechadur cadwedig, pechadur wedi ei achub; **a ~ woman**, meistres(-i) *f*.

keramic *a.* = **ceramic**.

keratin *n.* c|eratin *m*.

keratinization *n.* ceratineiddiad(-au) *m*, corneiddiad(-au) *m*, corneiddio *vn*, ceratineiddio *vn*.

keratinize *v.t.* ceratineiddio, corneiddio.

keratinophilic *a.* ceratinoffilig.

keratinous *a.* ceratinaidd.

keratitis *n. Med:* llid (*m*) y cornea, llid y gornbilen.

keratoconjunctivitis *n. Med:* llid (*m*) y gornbilen a'r gyfbilen, cornbilenwst (*m*) a chyfbilenwst *m*.

keratogenous *a.* ceratogenus.

keratoid, keratose *a.* cornaidd.

keratoplasty *n. Med:* impio (*vn*) cornbilen, ceratoplasti (ceratoplastïau) *m*.

keratosis *n. Med:* caleden(-nau) *f*.

keratotic *a. Med:* caledennol.

kerb *n.* **1.** ymyl(-on) (*mf*) palmant/pafin, cwrb: cwrbyn (cyrbau) *m*; *Fin:* **on the ~**, wedi oriau cau, ar y palmant. **2.** *Furn:* ffendar(-s, ffenderydd) *f*. **~ broker** *n.* brocer(-iaid) (*m*) answyddogol. **~ drill** *n.* rheolau (*pl*) croesi'r ffordd. **~ weight** *n.* pwysau (*m*) yn wag. **~-crawler** *n.* plagiwr (plagwyr) (*m*) pen ffordd. **~-crawling** *vn.* plagio pen ffordd.

kerbing *n.* ymylfeini *pl*.

kerbstone *n.* ymylfaen (ymylfeini) *m*, *F:* ochr(-au) (*f*) palmant/pafin, carreg (*f*) gwrb (cerrig cwrb).

kerchief *n.* **1.** *(for head):* ffunen(-nau,-ni) *f*, penlliain (penllieiniau) *m*, sgarff(-iau) *fm*. **2.** *Poet:* = **handkerchief**.

kerchiefed *a.* yn gwisgo cadach; **a ~ pirate**, môr-leidr â chadach am ei ben.

Keresan *n. Ling:* Cereseg *f*, *m*.

kerf *n.* **1.** toriad(-au) *m*, llifdoriad(-au) *m*, cerff(-iau) *m*. **2.** *Constr:* tomen (*f*) glai a lludw (tomenni/tomennydd clai a lludw).

kerfuffle *n.* stŵr *m*, ffwdan *f*, strach(-iau,-f|eydd) *fm*, cynnwrf *m*, *F:* cybôl *m*, *N.W:* *occ:* congo *m* (*pronounced* ng-g).

kermes *n.* *(a) Ent: Dy:* *(Kermes ilicis):* coch(-iaid) (*m*) y derw, cermes(-od) *m*; *(b) Bot:* **~ [oak]**, *(Quercus coccinea):* prinwydden (prinwydd) *f*; *(c)* **mineral ~**, ant|imoni coch *m*, graddelfaen (graddelfeini) *m*; *(d) (= dye):* cochliw *m*, cermes *m*.

kermesite *n. Miner:* c|ermesit *m*.

kermess, kermis *n.* ffair (ffeiriau) *f*, *(= fiesta):* gwylfabsant: gwylmabsant(-au) *f*, *F:* *occ:* glapsant(-au) *f*.

kern[1] *n. Typ:* (*)corn (cyrn) *m*.

kern[2] *n. Hist:* milwr (milwyr) (*m*) traed.

kern[3] *n.* craidd (creiddiau) *m*.

kerned *a. Lib:* gorgyffyrddol.

kernel[1] *n.* cnewyllyn (cnewyll) *m*; *(also):* *Fig:* craidd (creiddiau) *m*, calon(-nau) *f*; **the ~ of the matter**, cnewyllyn/calon y peth; **there's a ~ of truth in it**, mae cnewyllyn o wirionedd ynddo.

kernel[2] *v.t.* cynnwys, amgáu.

kernelless *a.* dignewyllyn, heb gnewyllyn.

kernicterus *n. Med:* y clwyf melyn gwyllt *m*.

kernite *n. Miner:* cernit: kernit *m*.

kerogen *n. Miner:* c|erogen *m*.

kerosene, kerosine *n.* p|araffin: paraffin *m*, c|erosin: cerosîn *m*, *F:* oel (*m*) lamp.

Kerry *Pr.n.* **1.** *Pr.n. Ir.Geog:* [Swydd] Ceri *m*; *(cow):* buwch [ddu] (*f*) Ceri. **2.** *W.Pl.n.* Ceri *m.* **~ blue** *n.* *(terrier):* daeargi glas (daeargwn gleision) *m*. **~ Hill sheep** *n.* dafad (defaid) (*f*) Ceri.

kersey *n. Tex:* cersi: carsi *m*, brethyn caerog *m*.

kerseymere *n.* carsimîr *m*.

kerygma *n.* cerygma *m*, ***kerygma*** *m*.

kerygmatic *a.* cyhoeddiadol, cerygmatig, cerygmataidd.

kestrel *n. Orn:* cudyll(-od) coch *m*, cudyll y gwynt, *S:* curyll(-od)

coch *m*, *N: occ:* cenllif goch *f*, y gwynlli goch *f*; **lesser ~,** cudyll bach.
Ketch[1] *n. Nau:* badlong(-au) *m*, llongan(-au) *f*, ***ketch(-es)*** *m.*
ketch[2] *Pr.n.m.* **Jack ~,** y crogwr.
ketchup *n.* cetshyp *m*, saws *m*, ***ketchup*** *m.*
ketene *n. Ch:* ceten *m.*
keto-enol tautomerism *n. Ch:* tawtomeredd (*m*) ceto-enol.
ketogenesis *n. Path:* cetog|enesis *m.*
ketogenic *a. Path:* cetogenig.
ketohexose *n. Ch:* cetohecsos *m.*
ketone *n. Ch:* ceton(-au) *m*; *Path:* **~ bodies,** cyrff cetonig/asetonig.
ketonic *a. Ch:* cetonig, asetonig.
ketose *n. Bio-Ch:* cetos(-au) *m.*
ketosis *n. Path:* cetosis *m.*
ketotic *a. Path:* cetotig.
kettle *n.* **1.** tecell: tegell(-i,-au) *m*, *S:* tegel: tegil: tecil *m*, *S: occ:* tecetl: tecilter: tecildar *m*, *S. W: occ:* t|egyltyr *m*, *Joc:* Morgan [Jôs] *m*, *N. W: occ:* cetl: cecl(-au) *m*; *Joc:* **the ~ is singing,** mae Morgan yn canu/gweiddi; **put the ~ on,** rhowch y tegell [i ferwi]; *occ:* rhowch Morgan ar y tân; *Prov:* **the pot calls the ~ black,** y sosban yn galw'r tegell yn ddu; "tinddu", medd y frân wrth yr wylan; pentan yn gweiddi parddu; y tegell yn galw tinddu ar y crochan; Satan yn gweld bai ar bechod; y diafol yn ceryddu pechod. **2.** *(for fish):* callor(-au) *m*, crochan(-au) *m*; *S.a.* **cauldron**; *F:* **that's another ~ of fish,** peth arall yw hynny; **here's a pretty ~ of fish!** dyma bicil! dyma lanast! *S:* dyna beth yw cawl potsh! **~-drum** *n. Mus:* tympan(-au) *f*. **~-drummer** *n. Mus:* tympanwr (tympanwyr) *m*, tymp|anwraig *f*, drymiwr (drymwyr) *m*, dr|ymwraig *f*. **~-holder** *n.* clwt (clytiau) (*m*) dal tegell. **~ hole** *n. Geog:* pwll (pyllau) (*m*) tegell. **~-stitch** *n. Bookb:* pwyth(-i) (*m*) cadwyn.
kettleful *n.* llond (*m*) tegell, tecellaid (tecelleidiau) *m*, tegellaid (tegelleidiau) *m*, *S: occ:* tegiltaid (tegilteidiau) *m*, teci[d]led(-au) *m*, *N. W: occ:* cetliad(-au) *m*, cetlaid (cetleidiau) *m.*
kevel *n. Nau:* cefel(-au,-i) *m.*
kewpie *n.* ciw-pi(-s) *m.*
kex *n.* gwlydd *pl.*
key[1] *n.* **1.** allwedd(-au,-i) *f*, *N:* [a]goriad(-au) *m*; **under lock and ~,** dan glo; **to leave the ~ in the door,** gadael yr allwedd yn y clo; **St. Peter's keys,** agoriadau/allweddi San Pedr; *Rel:* **the power of the keys,** awdurdod (*m*) yr allweddau; *F:* **to have the ~ of the door,** cael allwedd y drws/tŷ, dod i oed; **to have the ~ of the street,** cael eich cloi allan, cael eich troi allan o'ch cartref. **2.** *(a) (of problem):* ateb(-ion) *m*, allwedd; *(b) (of map):* eglurhad(-au) *m*; *(of diagram):* allwedd, dangoseg(-au) *f*; **~ numbers,** *(on a squared map):* rhifau lleoli. **3.** *Mus:* cywair (cyweiriau) *m*; **major ~,** y cywair llon, y cywair mwyaf; **sharp ~,** cras gywair, cywair cras; **minor ~,** y cywair lleddf/lleiaf; **the ~ of C,** cywair C; **the ~ of G,** y breiniol gywair, y cywair breiniol; **relative major and minor keys,** cyweiriau perthynol mwyaf a lleiaf; **to speak in a high ~,** siarad yn uchel; *F:* **to be in ~ with sth,** bod yn yr un cywair â rhth. **4.** *(a) (of piano):* nodyn (nodau) *m*, *occ:* allwedd, *F:* bys(-edd) *m*; *(of harp):* ebill(-ion) *m*; **tuning ~,** *(of harpsichord &c):* cyweirgorn (cyweirgyrn) *m*, allwedd diwnio (allweddi tiwnio); *(of piano):* morthwyl(-ion) (*m*) tiwnio; *Fig:* **to touch the right ~,** taro'r tant cywir, taro deuddeg; *(b) (of typewriter):* llythyren (llythrennau) *f*, bysell(-au) *f*; *Tg:* **Morse ~,** cleciwr (clecwyr) (*m*) Morse; *(c) (of wind instrument):* allwedd, bysell. **5.** *(= small spanner):* allwedd, agoriad. **6.** *(= wedge):* lletem(-au) *f*. **7.** *Bot:* allwedd Mair, hadgib(-au) *m*, had(-au) asgellog *m*. **8.** *Constr: (= roughness of surface):* wyneb garw *m*, garwedd *m*. **9.** *Mth: (= switch):* agoriad; **to close the ~,** cau'r agoriad. **10.** *attrib.* allweddol; **~ worker,** gweithiwr (gweithwyr) allweddol *m*, gw|eithwraig (gweithwragedd) allweddol *f*; **~ map,** braslun (*m*) map. **~-bugle** *n.* biwgl(-au) allweddog *m*, allweddgorn (allweddgyrn) *m*. **~ drift** *n.* drifft (*m*) allwedd. **~ fruit** *n.* = **samara**. **~-groove** *n. Mec.E:* rhigol (*f*) glo (rhigolau clo). **~ light** *n. Phot: T.V:* prif olau (~ oleuadau) *m*. **~-light** *v.t. Phot: T.V:* prifoleuo. **~ money** *n.* arian (*m*) porth, arian allwedd/agoriad. **~ number** *n. T.V:* rhif(-au) (*m*) ymyl. **~-number** *v.t. T.V:* ymylrifo. **~-pad** *n.* allweddbad(-iau) *m*. **~ plate** *n. Typ:* prif blât (~ blatiau) *m*. **~-ring** *n.* cylch(-au) (*m*) allweddi; *Tchn: Metalw:* torch(-au) (*f*) allwedd. **~-row** *n. Mus:* ebillres(-i) *f*. **~-seat** *n.* sedd (*f*) glo (seddau clo); *Metalw:* **~-seat clamps,** clampiau (*pl*) sedd glo. **~-signature** *n. Mus:* arwydd(-ion) (*m*) cywair, arwydd cyweirnod.
key[2] *v.t.* **1.** *Mec.E:* cloi, allweddu; *Constr: (= wedge):* lletemu, geingio. **2.** *Mus:* **to ~ [up] a piano,** cyweirio piano. **3.** *Constr: (= roughen):* garwh|au. **4.** *F:* **to ~ (s.o.) up,** cynhyrfu, ysgogi, symbylu (rhn); *F:* **keyed up,** cynhyrfus, ar bigau drain; **(a crowd) keyed up for the match,** (tyrfa) mewn gwewyr ar gyfer yr ornest, ar bigau'r drain cyn yr ornest. **5. to ~ sth in,** *Cmptr:* bwydo (rhth) i mewn; *T.V:* cloi (rhth) i mewn.
key[3] *n. Geog:* cei(-au) *m.*
keybar *n.* allweddfar(-rau) *m.*
keyboard *n.* **1.** *(of piano &c):* nodau *pl*, bysedd *pl*, cyweirfwrdd (cyweirfyrddau) *m*, bysell(-au) *f*, allweddell(-au) *f*, trawfwrdd (trawfyrddau) *m*, llawfwrdd (llawfyrddau) *m*, seinglawr (seingloriau) *m* *(pronounced* ng-g); *(of typewriter):* bysellfwrdd (bysellfyrddau) *m*. **~ instrument** *n.* offeryn(-nau) (*m*) llawfwrdd, offeryn clawr. **2.** *(in hotel):* bwrdd (byrddau) (*m*) allweddi.
keyed *a.* **1.** *Mus:* bysellog, cygnog; **~ trumpet,** utgorn (utgyrn) cygnog *m*. **2.** *F:* **~ up,** cynhyrfus, ar bigau drain.
keyhole *n.* twll (*m*) clo (tyllau cloeau); **the ~,** twll y clo. **~ limpet** *n. Moll:* brenigen bendoll (brenig pendwll) *f*. **~ saw** *n.* llif (*f*) twll clo.
keying *vn. Carp:* allweddu.
keyless *a.* diallwedd, heb allwedd, diagoriad, heb agoriad.
Keynesian *a. & n.* **1.** *a.* Keynesaidd. **2.** *n.* Keynesiad (Keynesiaid) *m&f*, dilynwr (dilynwyr) (*m*) Keynes, dil|ynwraig (*f*) Keynes.
Keynesianism, Keynesism *n.* Keynesiaeth *f.*
keynote[1] *n. & attrib.* **1.** *n.* cyweirnod(-au) *m*. **2.** *attrib.* **~ address, ~ speech** *n.* araith (*f*) gyweirnod. **~ speaker** *n.* areithydd (*m*) cyweirnod.
keynote[2] *v.i.* taro cyweirnod.
keypunch[1] *n. Cmptr:* tyllydd(-ion) (*m*) cardiau.
keypunch[2] *v.t. Cmptr:* tyllu cardiau.
keypuncher *n. Cmptr: (also pers.):* tyllwr (tyllwyr) (*m*) cardiau.
keysettry *n. Hist:* swydd (*f*) ceisiad.
keystone *n.* maen (meini) (*m*) clo, carreg (*f*) glo (cerrig clo); *U.S:* **K~ State,** Pensilfania *f.*
keystroke *n.* trawiad(-au) *m* [ar allwedd].
keyway *n.* allweddrych(-au) *f*; *Metalw: Tchn:* allweddfa (allweddfâu) *f.*
keyword *n.* allweddair (allweddeiriau) *m*, gair (geiriau) allweddol *m.*
khaddar, khadi *n. Tex:* cadar *m*, cadi *m.*
khaki *n. a. Tex:* caci *m*. *F:* **to get into ~,** mynd yn sowldiwr, listio. **~ bush** *n. Bot:* llwyn(-i) (*m*) caci.
khalifa *n. Rel:* califf(-iaid) *m*, dirprwy(-on) *m.*
khamsin *n. Geog:* c[h]amsin(-au) *m.*
khan *n.* khan(-iaid) *m*, chan(-iaid) *m.*
khanate *n.* khanaeth(-au) *f*, chaniaeth(-au) *f.*
khapra *n. Ent:* **~ beetle,** chwilen (*f*) gapra (chwilod capra).
khedival *a.* rhaglawol.
khedivate *n.* rhaglawiaeth(-au) *f.*
khedive *n.* rhaglaw(-iaid) *m.*
khedivial, khediviate *a.* = **khedival, khedivate.**
Khmer *a. & n.* **1.** *a.* Chmeraidd; *(in language):* Chmereg. **2.** *n. (a) Ethn:* Chmer(-iaid) *m&f*; **the ~ Rouge,** y Chmeriaid Cochion; *(b) Ling:* Chmereg *f*, *m.*
khurchatovium *n.* khurchatofiwm *m.*
kiang *n. Z:* ciang(-od) *m.*
kia-ora *int. N.Z:* pob hwyl!
kibble[1] *n. Min:* cibl(-au) *m.*
kibble[2] *v.t.* malu rhth yn fras, *M. W:* ciblo.
kibbutz *n.* cibwts(-im,-au) *m.*
kibbutznik *n.* cibwtsiad (cibwtsiaid) *m&f.*
kibe *n.* cibi (cibïau) *f*, malldorch (malldyrch) *f*; *S.a.* **chilblain.**
kibitz *v.i.* busnesa.
kibitzer *n.* busneswr (busneswyr) *m*, busnesgi (busnesgwn) *m*, busn|eswraig (busneswragedd) *f.*
kibosh *n. P:* **1.** = **nonsense. 2. to put the ~ on sth,** rhoi pen ar rth, rhoi'r farwol i rth; **that's put the ~ on it,** dyna'i diwedd hi; dyna ben arni; *S:* dyna'i chapso hi.
kick[1] *n.* **1.** cic(-iau,-iadau) *f*, *occ:* blaen (*m*) troed, *N: occ:* mownt *m*; *Games:* **corner ~,** cic gornel (ciciau cornel); **cross ~,** cic groes

(ciciau croes); **diagonal ~,** cic letraws (ciciau lletraws); **direct free ~,** cic rydd uniongyrchol (ciciau rhydd ~) (*pronounced* ng-g); **drop ~,** cic adlam; **fly ~,** cic wib (ciciau gwib); **free ~,** cic rydd (ciciau rhydd); **goal ~,** cic gôl; **grubber ~,** cic bwt (ciciau pwt); **indirect free ~,** cic rydd anuniongyrchol (ciciau rhydd ~) (*pronounced* ng-g); **~ for touch,** cic am [yr] ystlys; **penalty ~,** cic gosb (ciciau cosb); **place ~,** cic osod (ciciau gosod); **punt ~,** ehedgic(-iau) *f*; **up and under ~,** cic a chwrs, **~ ahead,** cic ymlaen; **a sly ~,** cic mul; *O:* **to get more kicks than ha'pence,** cael mwy o gerydd nag o ganmol/glod; **a ~ in the pants,** cic dan din; **a ~ in the teeth,** cic yn eich dannedd; *Th:* **high ~,** cic ffri; **to get the ~ [out],** cael yr hwi. **2.** *(a) F:* **he has no ~ left in him,** mae wedi chwythu ei blwc; mae ei ffrwt wedi mynd; *F:* **a drink with a ~ in it,** diod a chic ynddo/ynddi; *(b)* gwefr(-au) *f*; **to get a ~ out of sth,** cael gwefr o rth; **to live for kicks,** byw er mwyn gwefrau, byw er mwyn y cythraul; **(he did it) for kicks,** (fe'i gwnaeth) er mwyn y cythraul o'i wneud, er mwyn y wefr. **3.** *(of gun &c):* cic, adlam(-au) *m*. **~-back** *n.* **1.** *(= recoil):* adlam. **2.** *(= bribe):* cildwrn (cildyrnau) *m*. **~-down** *n. Mec.E:* cic newid *f*. **~-pleat** *n.* pleten (*f*) gicio (pletiau cicio). **~-stand** *n.* cicstand(-iau) *m*. **~-start¹** *v.t.* cicdanio. **~-start²** *n.* cicdaniad(-au) *m*. **~-start|er|** *n. Motor Cy:* cicdaniwr (cicdanwyr) *m*. **~-turn** *n. Ski:* cic-dro(-eon) *m*.

kick² *v.i.&t.* **1.** *v.i.* *(a)* cicio; *(also, of horse): occ:* windo, tindaflu, gwingo; **he's alive and kicking,** mae'n fyw ac [yn] iach; **to ~ against the pricks,** gwingo yn erbyn y symbylau; *(b) (of pers.):* **to ~ over the tracks/traces,** cicio dros y tresi; **to ~ at/against sth,** gwingo yn erbyn rhth; **to ~ and scream,** strancio; *(c) (of gun):* cicio, adlamu. **2.** *v.t.* *(a)* cicio (rhn), rhoi cic (i rn), *N.W: occ:* rhoi mownt (i rn); **to ~ s.o. in the teeth,** gwn|eud tro gwael/brwnt â rhn; **to ~ a man when he is down,** cicio dyn ar lawr; **I felt like kicking myself,** mi allwn fy nghicio fy hun; **to ~ s.o. downstairs,** cicio rhn i lawr y grisiau; **to ~ s.o. upstairs,** cicio rhn i fyny'r grisiau; **to ~ a habit,** cael gwared â chast, rhoi'r gorau i hen gast; *F:* **to ~ s.o.'s bottom,** cicio pen ôl rhn, *V:* cicio tin rhn, rhoi cic dan din rhn, cicio rhn yn ei din; *P:* **to ~ the bucket,** cicio'r bwced, trigo, mynd i'ch aped, estyn y fer, *N.W: occ:* pego; *S.a.* **die²**; **to ~ a goal,** sgorio [gôl], cicio'r bêl i'r gôl; **to ~ the beam, to ~ one's heels,** cicio sodlau, sefyllian, llyncu poeri, *N.W: occ:* reidio carantîn. **~ around 1.** *v.i. (= be present):* bod o gwmpas, bod yn y cyffiniau. **2.** *v.t. (= discuss):* trin a thrafod. **3.** *v.t. (= ill-treat):* cam-drin. **~ back 1.** *v.i. I.C.E: (of engine):* adlamu. **2.** *v.t. Fb:* **to ~ back the ball,** cicio'r bêl yn ôl. **~ in 1.** *v.t.* cicio (rhth) i mewn. **2.** *v.i. U.S: F: (= contribute):* **to ~ into the cost,** talu cyfran o'r gost; cyfrannu at y gost. **~ off¹** *v.t.* **1. he kicked his shoes off,** ciciodd ei esgidiau oddi am ei draed. **2.** *abs. Fb:* dechrau, cychwyn [gêm]. **~ off²** *n.* y gic gyntaf *f*, dechrau(*vn*)'r gêm, cic gychwyn. **~ out 1.** *v.i. (= wildly):* cicio'n wyllt, gwingo; *(of horse):* tindaflu. **2.** *v.t.* *(a)* cicio rhn allan [o'r tŷ &c]; *(b) Fb:* cicio'n ôl. **~ up** *v.t. (dust &c):* codi; **to ~ up a row/dust,** codi twrw, creu/codi helynt; **to ~ up a fuss,** chwarae'r diawl/andros, **(the horse was) kicking up its heels,** ('roedd y ceffyl yn) bwrw 'i bedolau, tindaflu, gwingo.

kick³ *n. (= indented bottom of bottle):* pant(-iau) *m*.

kickable *a.* ciciadwy, y gellir ei gicio.

kicker *n.* **1.** ciciwr (cicwyr) *m*, c|icwraig *f*. **2.** *Hockey:* pad(-iau) (*m*) cicio.

kicking¹ *vn.* **1.** ciciadau *pl*, cicio; **~ and screaming,** *N:* strancio. **2.** *(of gun):* adlam(-au) *m*. **~ strap** *n. Mount:* strap cicio/gicio (strapiau cicio) *mf*.

kicking² *a. (horse):* gwinglyd, ciciog, aflonydd; **alive and ~,** byw ac iach, ar dir y [rhai] byw.

kickshaw *n. Pej:* ffigiari(-s) *m*.

kicksorter *n. El.E:* cicdrefnwr (cicdrefnwyr) *m*.

kid¹ *n.* **1.** *(a) Z:* myn (*m*) gafr (mynnau/mynnod geifr), mynnyn *m*, mynnan *f*, gafran(-nod) *f*; *(male):* gefryn(-nod) *m*; **a goat in ~,** gafr fraisg/lawn (geifr braisg/llawn) *f*; *(b) Tex:* croen (*m*) myn, cid *m*; **~ gloves,** menyg croen myn, *F:* menyg cid; **~-glove treatment,** triniaeth dringar (*pronounced* ng-g); **(to handle s.o.) with ~ gloves,** (trin rhn) â chyllell a fforc, yn dringar. **2.** *F: (= child):* plentyn (plant) *m*; *See* **boy, girl**; **the kids,** y plantos, y plant, y crots, y crwts, y cryts, *N.W: occ:* yr hogiau; **my ~ brother,** fy mrawd bach; **my ~ sister,** fy chwaer fach; *U.S: F:* **(listen) ~,** (gwrando) 'ngwas i, 'machgen i, 'machan i; **kids' stuff,** chwarae (*m*) plant, peth (*m*) i blant, pethau (*pl*) i blant.

kid² *v.t. (of goat):* bwrw [myn].

kid³ *n. P: (= hoax):* cast(-iau) *m*.

kid⁴ *v.t. P:* herian; **no kidding!** dim herian! o ddifrif 'nawr! wir-ionedd! heb air o gelwydd! *N:* wir-ŷr! *S:* wir [i] ddyn [i]! **you're kidding!** 'dwyt ti ddim o ddifrif! **to ~ oneself that . . .,** eich twyllo'ch hun fod . . .; **she managed to ~ them,** fe lwyddodd hi i'w twyllo; **don't ~ yourself that . . .,** paid â chymryd dy dwyllo fod . . .

kid⁵ *n. (= tub):* twba *m*, twb (tybiau) *m*.

kidder *n.* heriwr (herwyr) *m*.

kiddie *n.* = **kid¹**.

kiddingly *adv.* gan herian, yn chwar|eus.

kiddish *a.* plentynnaidd.

kiddle *n.* cored(-au) *f*, *occ:* gored(-au) *f*, *S.W:* cidell(-au) *f*; **to fish with a ~,** cidella.

kiddo *n. U.S:* 'ngwas i, achan.

kiddy *n.* = **kid¹**.

kidnap *v.t.* herwgipio, cipio, *F:* cidnapio.

kidnap[p]er *n.* herwgipiwr (herwgipwyr) *m*, herwg|ipwraig *f*, cipiwr (cipwyr) *m*, c|ipwraig *f*, *F:* cidnapiwr (cidnapwyr) *m*, cidn|apwraig *f*.

kidnap[p]ing *vn.* herwgipiad *m*, herwgipio, cipio, *F:* cidnapio.

kidney *n.* **1.** *(a) Anat:* aren(-nau) *f*; *(of animal):* [e]llwlen ([e]llwlod) *f*; **artificial ~,** aren osod (arennau gosod), aren ddodi (arennau dodi); *Vet:* **pulpy ~ disease,** clwy(*m*)'r aren bwdr; *(b) (= nature):* anian *f*, natur *f*; **they're men of the same ~,** adar o'r un lliw ydynt. **2.** *Cu:* [e]llwlen; **steak and ~ pie,** pastai (*f*) stêc a 'lwlod. **~ bean** *n.* ffeuen: ffâen (ffa) Ffrengig *f*, *S:* cidnabensen (cidnabêns) *f*. **~-like** *a.* = **~-shaped**. **~ machine** *n.* peiriant (*m*) arennau. **~-potato** *n.* taten hirgron (tato/tatws hirgrwn). **~-shaped** *a.* arennaidd, arenffurf, arennog. **~ stone** *n.* carreg (cerrig) (*f*) ar yr aren[-nau]. **~-vetch** *n. Bot: (Anthyllis vulneraria):* plucan *f*, gwe felen *f*, meillionen felen *f*, ffacbysen feddygol *f*, bysedd (*pl*) Mair. **~-wort** *n. Bot: (Saxifraga stellaris):* tormaen serennog *m*.

kidskin *n.* croen (*m*) gafr (crwyn geifr), croen myn (crwyn mynnod).

Kidwelly *W.Pl.n.* Cydweli *mf*.

kie-kie *n. Bot: N.Z:* ci-ci *m*.

kier *n.* cerwyn(-au,-i) *f*, twb (tybiau) *m*.

kieselguhr *n. Miner:* cieselgwr *m*.

kieserite *n. Miner:* ci|eserit *m*.

kike *n. U.S: Pej: (= Jew):* Iddew(-on) *m*.

Kildare *Ir.Pl.n.* Cildara *m*.

kilderkin *n. Meas:* hanner (*m*) baril, barilan *f*, *A:* cintyr *m*

Kilgeddin *W.Pl.n.* Llanfair (*f*) Cilgedin.

Kilgetty *W.Pl.n.* Cilgeti *m*.

kill¹ *n. Ven:* lladd *vn*; **to be in at the ~,** gweld diwedd rhth, gweld lladd rhth.

kill² *v.t.&i.* lladd; **a ~ or cure,** lladd neu wella, mendio neu farw; *B:* **thou shalt not ~,** na ladd; **(to ~ two birds) with one stone,** (lladd dau aderyn, lladd dwy frân) â'r un garreg, âg un ergyd; **to ~ s.o. with kindness,** lladd rhn â charedigrwydd, bod yn or-garedig wrth rn, difetha rhn; **it would be enough to ~ her,** byddai'n ddigon amdani; **the troops were shooting to ~,** 'roedd y milwyr yn saethu i ladd; **he was laughing fit to ~ himself,** 'roedd bron marw [gan] chwerthin; *N:* 'roedd o'n g'lana' chwerthin; *S.W:* 'roedd e'n chwerthin 'i fola mas; **to ~ oneself doing sth,** *(= exert oneself):* eich lladd eich hun wrth wneud rhth; **she was out to ~,** 'roedd hi am waed rhn; 'roedd hi ar gefn ei cheffyl; **she was dressed to ~,** 'roedd hi wedi ei gwisgo'n grand; 'roedd hi wedi ei gwisgo fel cangen Mai; *N.W: occ:* 'roedd hi fel petai wedi ei gwisgo i breimin; *S:* 'roedd hi yn ei charpau gorau; **to ~ time,** lladd amser, *occ:* difyrru'r amser; *Parl:* **to ~ a bill,** trechu mesur; **to ~ a sound,** lladd/lleddfu/mygu sŵn; **to ~ lime,** toddi calch; *Sp:* **to ~ a ball,** lladd/stopio pêl; **to ~ (sth) off,** lladd, difa, dinistrio (rhth); cael gwared (â rhth); *S.a.* **cat, curiosity**. **~-time** *n.* difyrrwch *m*, hobi (hobïau) *m*.

Killarney *Ir.Pl.n.* Cilarne *m*.

Killay *W.Pl.n.* Cilâ *m*.

killdeer *n. Orn: (Charadrius vociferus):* cwtiad torchog (*m*) Am|erica.

killed *a.* lladdedig, marw; *Metalw:* **~ spirit,** clorid (*m*) sinc; *Metalw:* **~ steel,** dur di|ocsigen.

killer *n.* lleiddiad (lleiddiaid) *m*, lladdwr (lladdwyr) *m*; (=

murderer): llofrudd(-ion) *m*; **humane ~,** lladdwr trugarog/di-boen. **~-whale** *n. Z:* morfil(-od) danheddog/ffyrnig *m*, lladdwr.

killick *n. Nau:* carreg (cerrig) (*f*) angori.

killifish *n. Ich: (Fundulus):* pysgodyn (pysgod) (*m*) abwyd.

killing[1] *a.* **1.** *(a)* llofruddiog; *Fig:* llethol; *(= overwhelming): F:* **he threw a ~ glance at her,** taflodd edrychiad hudolus ati; **a ~ pace,** cyflymder llethol; **the pace was ~,** 'roedd hi'n lladdfa o ras; *(b) (in compounds):* -laddol; **germ-~** *a.* germladdol. **2.** *(work):* llethol, lladdfaol, sy'n lladdfa. **3.** *(= funny):* anfarwol, doniol iawn, digrif iawn.

killing[2] *vn.* **1.** lladd, lladdedigaeth(-au) *f*; *(= murder):* mwrdrad(-au) *m*, llofruddiaeth(-au) *f*. **2.** *Fin:* **to make a ~,** gwneud arian mawr, gwneud pentwr o arian, gwneud ffortiwn, cael llwyddiant mawr.

killingly *adv.* **~ funny,** yn anfarwol o ddoniol.

killjoy *n.* rhn sychdduwiol, difethwr (difethwyr) (*m*) hwyl, dryswr (dryswyr) (*m*) hwyl.

kiln *n.* odyn(-au) *f*, *M.W: occ:* cilyn: cylyn(-au,-od) *m*; **brick-~,** odyn frics (odynau brics); **electric ~,** odyn drydan (odynau trydan); **lime-~,** odyn galch (odynau calch), *N: occ:* cylyn calch; **~ buildings,** tŷ (tai) (*m*) odyn, odyndy (odyndai) *m*; **~ door,** drws (*m*) odyn, *S.W: occ:* piben (*f*) odyn. **~-beam** *n.* marchbren(-nau) (*m*) odyn. **~-cloth** *n.* carthen (*f*) odyn. **~-dry** **1.** *a.* odyn-sych. **2.** *v.t.* crasu, sychu (rhth) [mewn ffwrn/odyn]; odyn-sychu, ffwrn-sychu (rhth). **~-pipe** *n.* piben (*f*) odyn, pibell (*f*) odyn. **~-ribs** *n.pl.* llynwydd odyn. **~-seasoning** *vn.* sychu mewn odyn. **~ spars, ~ ribs** *n.pl.* llymwydd odyn.

kiloampere *n. El: Ph: Meas:* ciloamper(-au) *m*.

kilo *n.* kilo: cilo(-s) *m*. **~-electron-volt** *n. El: Ph: Meas:* cilo-electron-folt(-iau) *fm*.

kilocalorie *n.* ciloc|alori (cilocaloriau) *m*.

kilocycle *n.* c|iloseicl (ciloseiclau) *m*.

kilogram *n.* c|ilogram (cilogramau) *m*.

kilohertz *n.* c|ilohertz *m*.

kilohm *n. El:* cilohm(-au) *m*.

kilojoule *n.* c|ilojoule *m*.

kilolitre *n.* c|ilolitr (cilolitrau) *m*.

kilometre *n.* cilomedr: c|ilomedr (cilomedrau) *m*.

kilometric[al] *a.* cilomedrig, cilometrig.

kiloton[ne] *n.* c|iloton (cilotonau) *m*, cilodunnell (cilodunelli) *f*.

kilovolt *n.* c|ilofolt (cilofoltiau) *fm*; **~ ampere,** cilofolt-amper(-au) *m*.

kilowatt *n.* c|ilowat (cilowatau) *m*. **~ hour** *n.* cilowat-awr (~-oriau) *f*.

Kilpeck *Eng.Pl.n.* Llanddewi (*f*) Cilpeddeg.

kilt[1] *n. Cost:* cilt(-iau) *m*.

kilt[2] *v.t.* **1.** *O:* **she kilted up her skirt,** torchodd/cododd ei sgert. **2.** *Needlew:* pletio, ciltio.

kilted *a.* ciltiog.

kilter *n.* **out of ~,** allan o drefn.

kiltie *n.* cilt-wisgwr (~-wisgwyr) *m*; *(= soldier):* milwr (milwyr) ciltiog *m*.

kilting *vn. Tail:* ciltio, ciltiadau *pl*.

Kilvey *W.Pl.n.* Cilfái *m*.

Kilvrough *W.Pl.n.* Cil-frwch *m*.

kimberlite *n.* pridd glas *m*.

kimono *n. Cost:* cimono(-s) *m*, gŵn-wisg(-oedd) *f*.

kin *n. (a)* perthnasau *pl*, teulu *m*, tylwyth *m*, *Lit:* ceraint *pl*, cyfneseifiaid *pl*, carennydd *pl*; **we are ~,** 'rydym yn perthyn i'n gilydd; *(b)* **to be of ~ to s.o.,** perthyn i rn; **to inform the next of ~,** hysbysu'r teulu, hysbysu'r perthynas agosaf; **to be near of ~,** perthyn yn agos. **~ group** *n.* grŵp (grwpiau) (*m*) ceraint.

kinaesthesia *n.* cinesthesia *m*.

kinaesthetic *a.* cinesthetig.

kinase *n. Bio.-Ch:* cinas(-au) *m*.

kincob *n. Tex:* cincob *m*.

kind[1] *n.* **1.** *(= race):* rhywiogaeth(-au) *f*, hil(-ion) *f*, rhyw(-iau) *mf*; **the human ~,** yr hil ddynol *f*, dynolryw: dynol ryw *f*, dynoliaeth *f*. **2.** *(a) (= sort):* math(-au) *mf*, *occ:* bath(-au) *m*, *F:* siort(-iau) *f*; **a book of the best ~,** llyfr o'r math gorau; **a ~ of book,** math o lyfr, *occ:* math ar lyfr; **there are several kinds of them,** mae sawl math ohonynt/arnynt; **he is the ~ of man who will hit back,** math o ddyn ydyw a fydd yn taro'n ôl; mae ef y math o ddyn a fydd yn taro'n ôl; **perfect of its ~,** y gorau o'i fath; **sth of the ~,** rhth o'r fath, rhth tebyg, rhth felly; **nothing of the ~,** dim o'r fath beth, dim byd o'r fath; **do nothing of the ~,** paid â gwneud dim o'r fath; **coffee of a ~,** coffi o ryw fath, rhyw fath o/ar goffi; **they are two of a ~,** mae'r ddau yr un fath â'i gilydd; **in a ~ of a way,** mewn rhyw ffordd, rywsut neu'i gilydd; **it's a play of a ~,** *occ:* mae'n rhyw lun ar ddrama; **she was there as a ~ of a maid,** 'roedd hi yno'n forwyn, fel petae; **he is a ~ of fool,** mae'n rhyw fath o ffŵl; **he's ~ of fat,** mae braidd/ychydig/dipyn yn dew; *(b) F:* **these ~ of men,** dynion o'r fath, dynion fel hyn; *F:* **I ~ of expected it,** 'roeddwn i'n rhyw ddisgwyl hyn; 'roeddwn i'n rhyw amau braidd [mai fel hyn y byddai hi]; **he's ~ of courting her,** mae'n rhyw fath ar ei chanlyn hi; *N:* mae o'n ei how ganlyn hi; **they're ~ of courting,** maen' nhw'n rhyw fudr garu. **3. in ~,** *(a)* **(a discovery) new in ~,** (darganfyddiad) o fath newydd, newydd o'i fath; **they differ in ~,** maent hwy o fath gwahanol; **difference in ~,** gwahaniaeth mewn natur; *(b)* **payment in ~,** taliad mewn nwyddau/cynnyrch; **to repay s.o. in ~,** talu'r pwyth yn ôl i rn, rhoi dau chwech am swllt i rn, talu'r hen chwech yn ôl i rn, *N.W: occ:* talu i rn yn ei gwein ei hun.

kind[2] *a.* caredig, rhadlon, hael, *N: F:* clên, ffeind, *S:* ffein[d], piwr; **they are ~ people,** pobl garedig ydynt; **to give s.o. a ~ reception,** rhoi croeso cynnes i rn; **give him my ~ regards,** cofiwch fi'n garedig ato; **(to be ~) to s.o.,** (bod yn garedig) tuag at rn, wrth rn (*not* i rn); **it is very ~ of you,** 'rydych chi'n garedig iawn; **be so ~ as to ...,** byddwch mor garedig â ...; byddwch garediced â .... **~-hearted** *a.* twymgalon, caredig *&c.* **~-heartedly** *adv.* yn dwymgalon *&c.* **~-heartedness** *n.* caredigrwydd *m*, calon garedig *f*.

kinda *n. P:* = **kind**[1].

kindergarten *n.* ysgol (*f*) feithrin (ysgolion meithrin).

kindergartner *n.* **1.** *(child):* plentyn (plant) (*m*) ysgol feithrin. **2.** *(teacher):* athro (*m*) ysgol feithrin (athrawon ysgolion meithrin), athrawes(-au) (*f*) ysgol feithrin (ysgolion meithrin).

kindle *v.t.&i.* **1.** *v.t. (a) (a fire):* cynnau, *S: occ:* cynnu, *Lit:* ennyn, *A:* lladd; *(b) (passions &c):* ennyn. **2.** *v.i.* cynnau, tanio, mynd ar dân.

kindler *n.* cyneuwr (cyneuwyr) *m*, taniwr (tanwyr) *m*, *Lit:* enynnwr: enynnydd (enynwyr) *m*.

kindliness *n.* **1.** caredigrwydd *m*, hynawsedd *m*, tiriondeb *m*, mwyn|eidd-dra *m*, clenrwydd *m*. **2.** *(of climate &c):* mwynder *m*, addfwynder *m*.

kindling *vn. & n.* **1.** *vn. See* **kindle 1. 2.** *n. (= fuel):* coed (*m or pl*) tân, tanwydd *m*, cynnud *m*, *N.W:* priciau (*pl*) [cynnau/dechrau] tân, *S.W: occ:* tanwent *m*, briwyd *m*.

kindly[1] *adv.* yn garedig; **to be ~ disposed (towards s.o.),** teimlo'n garedig, teimlo'n llawn ewyllys da (tuag at rn); **will you ~ go?** a fyddech chi mor garedig â mynd? wnewch chi fynd os gwelwch yn dda? a fyddech chi garediced â mynd? *Com:* **~ remit by cheque,** taler â siec os gwelwch yn dda; **to take sth ~,** derbyn rhth yn garedig; **she won't take it very ~,** fydd hi ddim yn fodlon iawn; *S:* fydd hi ddim yn bles iawn; *N.W: occ:* fydd ganddi hi ddim bochau bodlon; **to take ~ to sth,** croesawu rhth, hoffi rhth, cael eich plesio yn rhth/gan rth; **I would take it ~ if you were to leave,** byddai'n dda gen i petaech chi'n ymadael; **he did not take ~ to being teased,** nid oedd [yn] dda ganddo gael ei herian; **he doesn't take ~ to being thwarted,** [ni] dda ganddo mo'i rwystro; nid yw'n rhy hoff o gael ei rwystro; **thank you ~,** diolch yn fawr; diolch o galon.

kindly[2] *a. (a)* caredig, tirion, twymgalon, hynaws, *N:* ffeind, clên, *N.W: occ:* clyfar, nobl; **~ feeling,** cydymdeimlad *m*, teimladau da *pl*; *(b) (climate):* mwyn, addfwyn, tyner.

kindness *n.* **1.** caredigrwydd *m* **(towards s.o.,** tuag at rn, wrth rn); **will you have the ~ to ...?** a fyddech chi mor garedig â ...? a fyddech chi garediced â ...? a fyddech chi cystal â ...? *S.a.* **kill**[2]. **2. a ~,** cymwynas(-au) *f* **(to s.o.,** â rhn); **to do s.o. a ~,** gwneud cymwynas â rhn; **to shower kindnesses on s.o.,** tywallt cymwynasau ar rn, arllwys caredigrwydd am ben rhn.

kindred *n. & a.* **1.** *n. (a) (i)* perthynas *f*, gwaedoliaeth *f*, *Lit:* carennydd *m*, cystlynedd *m*, cystlwn *m*; **the ties of ~,** rhwymau perthynas *&c*, rhwymau teuluol; *(ii) (= affinity):* cytrasedd *m*; *(b) Coll: (= relatives):* perthnasau *pl*, teulu *m*, tylwyth *m*. **2.** *a. (a) (= of the same family):* cytras, o'r un teulu, perthynol, cydwaed, unwaed; *(= allied by marriage):* cyfathrachol; *(b) (= of the same nature &c):* tebyg, cyffelyb, cydnaws, cytras, cyfanian, yn perthyn; **~ languages,** ieithoedd cytras, *occ:*

chwaer-ieithoedd *pl*; **a ~ spirit,** enaid hoff cytûn; **dew, frost and ~ phenomena,** gwlith, llwydrew a phethau cyffelyb; **table of ~ and affinity,** tabl (*m*) cyfeillach a chyfathrach.
kine *n.pl. A:* = **cattle.**
kinematic *a. Mth:* cinematig.
kinematical *a.* cinemataidd.
kinematically *adv.* yn ginemataidd.
kinematics *n.pl. Mth:* cinemateg *f.*
kinesics *n.pl.* cineseg *f*, iaith (*f*) y corff.
kinesiology *n.* cinesioleg *f.*
kinesthesia *n.* cinesthesia *m.*
kinesthetic *a.* cinesthetig.
kinesthetically *adv.* yn ginesthetig.
kinetic *a.* cinetig, symudol; **~ art,** celfyddyd symudol; *Ph:* **~ foci,** ffocysau cinetig; *Ph:* **~ energy,** egni cinetig *m.*
kinetics *n.pl.* cineteg *f.*
kinetin *n.* c|inetin *m.*
kinetoplast *n. Bio-Ch:* cin|etoplast (cinetoplastau) *m.*
kinetoplastic *a. Bio-Ch:* cinetoplastig.
kinetoscope *n.* cin|etosgop (cinetosgopau) *m.*
kinfolks *n.pl.* = **kinsfolk.**
king[1] *n.* **1.** *(a)* brenin (brenhinoedd) *m*, *Lit: occ:* rhi(-au,-edd,-on) *m*; **K~ Arthur,** y Brenin Arthur, Arthur Frenin; **Old K~ Cole,** Coel Hen; *B:* **the K~ of Kings,** Brenin [y] Brenhinoedd; *B:* **the Book of Kings,** Llyfr y Brenhinoedd; *B:* **the Three Kings,** y Tri Brenin, y Doethion *pl*; *Prov:* **to be a ~ or a beggar,** naill ai gŵr ai dim; **dish fit for a ~,** saig (seigiau) amheuthun *f*, danteithfwyd(-ydd) *m*, danteithion *pl*; *S.a.* **cat**; *(b) (in finance &c):* arglwydd(-i) *m*, meistr(-i,-iaid) *m*; **one of the oil kings,** un o'r meistri olew; *(c) (at chess, cards &c):* brenin; **~'s bishop,** csgob(-ion) (*m*) y brenin; *Fung:* **K~ Alfred's cakes,** = **cramp-ball**; **K~ Charles spaniel,** sbaengi (sbaengwn) *m* (*pronounced* ng-g) Siarl; **K~ Charles's head,** *(= idée fixe):* chwilen *f* [yn y pen], hoff bwnc, *S. W:* clec *m*; *(d)* **K~ of Arms,** Herodr(-on) *m*; **K~'s evidence,** tyst(-ion) (*m*) y brenin/frenhines/goron; **the K~'s English,** Saesneg safonol *m*; **K~ of the Castle,** *(a) Games:* [chwarae] cadw'r castell, [chwarae] cadw'r twmpyn, [chwarae] gŵr pen y domen, *N. W:* chwarae'r gŵr ar ben y domen [dail]; *(b)* pen, pennaeth (penaethiaid) *m*, ceiliog (*m*) pen y domen; *F:* **the ~ of football,** brenin y bêl droed, pencampwr (pencampwyr) (*m*) y bêl droed; *A: Med:* **the ~'s evil,** = **scrofula**; **the ~ of beasts,** brenin yr anifeiliaid, llew(-od) *m*; **the ~ of birds,** brenin yr adar, eryr(-od) *m*; **the ~ of the forest,** brenhinbren (*m*) y goedwig, derwen *f*; **the ~ of metals,** aur *m*; **the ~ of terrors,** brenin braw. **2.** *attrib.* brenhinol; brenhin- + *soft mut.*, march- + *soft mut.*, teyrn- + *soft mut.* **~ cobra** *n.* marchgobra(-od,-s) *m.* **~-crab** *n.* marchgranc(-od, marchgrangod) *m.* **~ penguin** *n. Z:* pengwyn: pengwin(-iaid) brenhinol *m* (*pronounced* ng-g). **~ pin** *n. (ten-pin bowling):* prif bin(-nau) *m.* **~ snake** *n.* marchsarff (marchseirff) *f.* **~ of the bromeliads** *n. Bot: (Vriesia hieroglyphica):* brenin y bromeliadau. **~ of the herrings** *n. Ich:* = **oarfish.** **~'s crown** *n. Bot:* coron (*f*) brenin. **~-siz[ed]** *a.* enfawr, mawr iawn, anferth[ol], aruthrol fawr; clamp (o rhth). **~-truss** *n. Const:* brenhinbost (brenhinbyst) *m.*
king[2] *v.t.* **to ~ s.o.,** gwn|eud rhn yn frenin; **to ~ it,** rhodresa, *F:* ei lordio hi.
kingbird *n. Orn:* teyrnaderyn (teyrnadar) *m.*
kingbolt *n.* bollten fras (bolltiau breision) *f*, brenhinfollt (breninfolltiau) *f.*
Kingcoed *W.Pl.n.* Cyncoed *m.*
kingcraft *n.* crefft (*f*) brenin.
kingcup *n. Bot:* = **buttercup, marigold (marsh).**
kingdom *n.* **1.** teyrnas(-oedd) *f*, *occ:* brenhiniaeth *f*; **the United K~,** y Deyrnas Unedig *f*, *occ:* y Deyrnas Gyfun/Gyfunol; *A: Hist:* **the Middle K~,** y Deyrnas Ganol *f*, y Frenhiniaeth Ganol *f.* **2.** *Biol:* teyrnas, byd(-oedd) *m*; *Log:* **~ of ends,** teyrnas dibenion; **the animal ~,** byd [yr] anifeiliaid. **3.** *Theol:* teyrnas; **the K~ of Heaven,** Teyrnas Nefoedd, *Lit: occ:* Teyrnas Nef; **the K~ of God, God's K~,** Teyrnas Dduw; **Thy ~ come,** deled Dy deyrnas. **~-come** *n. F:* paradwys *f*, y byd (*m*) a ddaw, ebargofiant *m*; **until/till ~-come,** hyd dragwyddoldeb, dan Sul y Pys; **he's gone to ~-come,** mae wedi mynd at ei wobr; *S.a.* **dead**; **they were blown to ~-come,** cawsant eu chwythu'n yfflon.
kingdomed *a.* teyrnasog, teyrnasol; **ten-~,** deg teyrnas.
kingfish *n. Ich:* breninbysgodyn (breninbysgod) *m*, teyrnbysgodyn (teyrnbysgod) *m.*
kingfisher *n. Orn:* glas (*m*) y dorlan, *occ:* glas y geulan, pysgotwr (pysgotwyr) *m*, pioden (pïod) (*f*) y dŵr, pioden las y dŵr (pïod glas y dŵr).
kinghood *n.* = **kingship.**
kingklip *n. Ich:* cinclip(-iaid) *m.*
kingless *a.* heb frenin, difrenin.
kinglet *n.* **1.** brenhinyn *m*, brenin bychan (brenhinoedd bychain) *m.* **2.** *Orn:* dryw(-od) *mf* [eurben].
kinglike *a.* brenhinol, brenhinaidd, fel brenin.
kingliness *n.* breninoldeb *m*, breninolrwydd *m*, brenineiddiwch *m.*
kingling *n.* = **kinglet 1.**
kingly *a. & adv.* **1.** *a.* brenhinol. **2.** *adv.* yn frenhinol.
kingmaker *n.* gwneuthurwr (gwneuthurwyr) (*m*) brenhinoedd, breninwneuthurwr (breninwneuthurwyr) *m*, gorseddwr (gorseddwyr) (*m*) brenhinoedd, breninorseddwr (breninorseddwyr) *m.*
kingpin *n.* **1.** bollten fras (bolltiau breision) *f.* **2.** *Fig:* prif gynheiliad (~ gynheiliaid) *m&f.*
kingpost *n.* brenhinbost (brenhinbyst) *m*, canolbost (canolbyst) *m*; *Carp:* **~ roof truss,** cwpl (*m*) brenhinbost.
kingrod *n.* = **kingbolt.**
kingship *n.* brenhiniaeth *f.*
kingside *n. Chess:* ochr (*f*) y brenin.
Kington *n. Eng.Pl.n.* Ceintun *f.*
kingwood *n. Bot: Carp:* brenhinbren (breninbrennau) *m.*
kinin *n. Biol:* cinin *m.*
kininogen *n. Biol:* cin|inogen (cininogenau) *m.*
kininogenic *a.* cininogenig.
kink[1] *n.* **1.** *(in wire &c):* crych(-ion) *m*, crychni *m*, camystum(-iau) *mf*, plyg(-ion) *m*, plygiad(-au) *m*, cinc(-iau) *m.* **2.** = **crick.** **3.** *F: (= oddity):* chwilen *f* [yn y pen], mympwy(-on) *m*, chwiw(-iau) *f*, odrwydd *m*, coll *m*, cwirc(-iau) *m*, cinc(-iau) *m*, *occ:* rhyfeddwch *m*; **he's got a ~,** mae rhyw chwilen yn ei ben; mae rhyw goll arno; mae rhywbeth yn rhyfedd ynddo; *S. W: occ:* mae rhyw [hen] gelc arno fe.
kink[2] *v.t.&i. (rope):* crychu, plygu, ystumio.
kinkajou *n. Z:* cincajŵ(-od) *m.*
kinkiness *n.* **1.** *(of hair):* crychni *m.* **2.** *(= oddness):* odrwydd *m*, hynodrwydd *m*, collineb *m*, rhyfeddwch *m*, gwyrdröedigrwydd *m.*
kinky *a.* **1.** *(hair &c):* crych (*f.occ:* crech, *pl.* crychion), crychlyd. **2.** *(= odd):* od, rhyfedd, hynod; *(= perverted):* gwyrdroëdig, ystumiedig, *F:* cinci; **~ boots,** bwtsias pen glin.
kinless *a.* heb berthynas, heb berthnasau, heb deulu, heb dylwyth, dideulu, didylwyth, diberthnasau.
Kinmel *W.Pl.n.* Cinmel *m.*
kinnikinick *n. Bot:* cinicinic *m.*
kino *n.* cino *m.* **~ gum,** gwm/gým (*m*) cino.
kinsfolk *n.pl.* perthnasau, tylwyth *m*, *Lit:* ceraint, carennydd *mf.*
kinship *n.* carennydd *mf*; *Sociol:* **fictive ~,** carennydd gwn|eud; **ritual ~,** carennydd defodol.
kinsman *n.m.* câr (ceraint), perthynas (perthnasau).
kinswoman *n.f.* cares(-au), perthynas (perthnasau).
kiosk *n.* ciosg(-au) *m*, caban(-au) *m*; **telephone ~,** ciosg ffôn.
kip[1] *n. (= hide):* croen (crwyn) *m*, cen(-nau) *m.*
kip[2] *n. P: (= bed):* gwely(-au, gwlâu) *m.*
kip[3] *n. P: (= sleep):* cyntun *m*; **to have a ~,** cysgu, rhoi'ch pen i lawr, cael cyntun.
kip[4] *v.i. P: (= sleep):* cysgu, cael cyntun.
kipper[1] *n.* **1.** *(= male salmon):* eog(-iaid) *m*, gleisiad (gleisiaid) *m*, gleisiedyn (gleisiaid) *m*, *A:* cemyw(-od,-ion) *m.* **2.** *(= herring):* pennog coch (penwaig cochion) *m*, ysgadenyn coch (ysgadan cochion) *m*, ciper(-au,-i) *m*, *S.E: Cu:* ysgadenyn agored.
kipper[2] *v.t.* cochi.
kippersof *n. Bot:* coeden (coed) (*f*) ambarelo.
Kirghiz *a. & n.* **1.** *a.* Cirgisaidd; *(in language):* Cirgiseg. **2.** *n.* *(a) Ethn:* Cirgisiad (Cirgisiaid) *m&f*; *(b) Ling:* Cirgiseg *f*, *m.*
Kirghizia *Pr.n. Pol:* Cirgisia *f.*
kirk *n. Scot:* eglwys(-i) *f*, *Lit:* llan(-nau) *f*; **the K~ of Scotland,** Eglwys yr Alban.
kirkman *n.m. Scot:* eglwyswr (eglwyswyr) Albanaidd; **he's a good ~,** mae'n ffyddlon/selog yn yr eglwys.

kirksession *n. Scot:* sasiwn (*mf*) [yr] Eglwys [Albanaidd].
kirkyard *n. Scot:* mynwent(-ydd) *f.*
kirsch[wasser] *n.* gwirod (*m*) ceirios, *kirschwasser m.*
kirtle *n. A:* gwisg(-oedd) *f*, pais (peisiau) *f.*
kish *n. Metall:* cish *m.*
kismet *n.* tynged *f*, ffawd *f*, *kismet m.*
kiss[1] *n.* **1.** cusan(-au) *fm*, *N: F:* sws(-us) *f*, *N. W:* llapsochiad(-au) *f*, swsan *f*, *S. W: F:* labswchad *m*; **to give s.o. a ~,** cusanu rhn, rhoi cusan i rn; *F:* **give us a ~,** tyrd â chusan/sws imi; **to blow s.o. a ~,** chwythu cusan at rn; **the ~ of death,** cusan angau/marwolaeth; **the ~ of life,** cusan bywyd, cusan adfer; **the ~ of peace,** cusan tangnefedd; **a smacking ~,** cusan glec (cusanau clec), *N: F:* sws glec (swsus clec); **a soppy ~,** cusan wleb (cusanau gwlyb/gwlybion), *N: F:* sws wleb/wlyb (swsys gwlyb/gwlybion). **2.** *Bill:* cyffyrddiad(-au) *m.* **3.** *(sweet): S. W:* cisen (cisys) *f*, candi[-s] *m*, los[h]in(-s) *m*, los[h]inen (los[h]in) *f*, fferen (fferins) *f.* **~-bug** *n. Ent: (Melanolestes picipes):* chwilen (*f*) gusanu (chwilod cusanu). **~-curl** *n.* cudyn(-nau) (*m*) crych, cudyn tro, cudyn cariad, llyfiad (*m*) buwch/llo, ciw-pi(-s) *m.*
kiss[2] *v.t.&i.* **1.** *v.t.* cusanu (rhn), rhoi cusan (i rn), *N: F:* swsio (rhn), rhoi sws/swsus (i rn); **to ~ s.o. good night,** cusanu nos da i rn, rhoi cusan/sws nos da i rn; **to ~ sth away, to ~ it better, to ~ the place and make it well,** *N:* rhoi sws iddo fo fendio; *F:* **to ~ and be friends,** cymodi [drwy gusanu]; *Lit:* **to ~ the dust,** llyfu'r llwch, llyfu'r llawr; **to ~ one's hand to s.o.,** taflu/chwythu cusan at/i rn; **to ~ the book,** cusanu'r Beibl, cymryd llw; *Fig:* **to ~ goodbye to sth,** canu'n iach i rth, ffarwelio â rhth; **to ~ the rod,** cusanu'r wialen; *Games:* **~-in-the-ring,** *S:* [chwarae] macyn wrth gwt; **to ~ the hare's foot,** *S. W:* chwarae cwmpas, *N:* [chwarae] tartan boeth. **2.** *v.i. (a)* cusanu, *N:* swsian, swsio, rhoi sws[-us]; **to ~ and canoodle,** cusanu a llyfu, *N:* llapsochian, *S:* labswchan, labswcho, swcho; *(b) Bill:* cosi, cyffwrdd, cnithio. **~-me-quick** *n. Cost: (bonnet):* bonet(-i) (*m*) dyro gusan, bonet tyrd â sws.
kissable *a.* cusanadwy.
kisser *n.* **1.** cusanwr (cusanwyr) *m*, cus|anwraig *f*, *N: F:* swsiwr (swswyr) *m*, s|wswraig *f.* **2.** *F: (= mouth):* ceg(-au) *f*, *F:* hopran(-au) *f*, *S. W:* swch (sychau) *f.*
kissing[1] *vn.* cusanu, cusanau *pl*, cusaniad(-au) *m*; *See* **kiss**[2]; *Prov:* **~ goes by favour,** nid yw'r byd i bawb; nid yw'r byd ond i rai. **~-gate** *n.* g[i]ât (g[i]atiau) (*f*) mochyn, g[i]at fochyn (g[i]atiau mochyn).
kissing[2] *a.* **~ cousin, ~ kin[d]** *n.* perthynas pell/bell (perthnasau pell) *m&f.* **~ crust** *n.* lleithgrwst *m.*
kissogram *n.* cusan-neges(-au,-euon) *f.*
kist *n.* = **cist.**
kit[1] *n.* **1.** *(a) Mil: Navy:* pecyn(-nau) *m*, pac(-iau) *m*, taclau *pl*; **~ inspection,** archwiliad (*m*) pac; **he packed up his ~,** heliodd ei bac [at ei gilydd]; *(b) F: (of traveller):* paciau *pl*; *(c) (= wooden tub):* twb (tybiau) *m*, twba (twbâu) *m*, cerwyn(-i) *f.* **2.** *Tchn: (of tools):* arfau *pl*, offer *pl*, *F:* gêr *m*, cit(-iau) *m*; **a ~ of tools,** cist (*f*) o arfau; **he brought his whole ~ with him,** daeth â'i holl gêr i'w ganlyn; **repair ~,** offer atgyweirio, offer trwsio; **first aid ~,** pac/cit ymgeledd; *(= set of parts):* pac, cit. **3.** *(= clothing):* dillad *pl*, dilladau *pl*, siwt *f*; **riding-~,** dillad marchogaeth; **~-bag** *n.* citbag(-iau) *m*, *pacbag(-iau) *m.* **~-cat** *n.* **~-cat [portrait],** llun(-iau) (*m*) cit-cat; *Hist:* **the K~-Cat Club,** Clwb (*m*) y Chwigiaid.
kit[2] *v.t.&i.* **to ~ s.o. out/up,** ffitio, gwisgo, taclu (rhn) [â dillad *&c*]; citio (rhn).
kit[3] *n. (= kitten):* cath fach (cathod bach) *f*; *(of fox):* cenau (cenawon) *m*; **~ fox** *n. Z:* cadno(-id) chwim *m.*
kit[4] *n. Mus:* crwth (crythau) *m*, ffidil (*f*) boced (ffidlau poced).
kitchen *n.* **1.** cegin(-au) *f*; *(occurs often in common usage for living-room)*; **back ~,** cegin fach (ceginau bach), cegin gefn (ceginau cefn), *N: occ:* briws *m*; **lean-to ~,** cegin groes (ceginau croes); **communal ~,** cegin gyffredin (ceginau cyffredin); **soup-~,** cegin (*f*) gawl (ceginau cawl); **corridor ~,** cegin hirgul; **fitted ~,** cegin osod (ceginau gosod); **thieves' ~,** ogof(-âu,-|eydd) (*f*) lladron; **(~) utensils, equipment,** celfi, arfau, taclau, offer, darpar (*m*) (cegin). **2.** *Scot:* enllyn *m.* **3.** *Mus: F:* (*)y sosbenni *pl.* **~ cabinet** *n. (a) Furn:* c|abinet (cabinetau) (*m*) cegin; *(b) Pol:* cabinet mewnol. **~ garden** *n.* gardd (*f*) lysiau (gerddi llysiau), *N.W: occ:* gardd goch (gerddi cochion). **~-maid** *n.* morwyn (*f*) gegin (mor[w]ynion cegin). **~-midden** *n. Archeol:* tomen (*f*) gegin (tomennydd cegin), tomen [y]sbwriel tŷ. **~ paper** *n.* papur (*m*) cegin. **~-police** *n. U.S:* gweision (*pl*) cegin. **~ range** *n.* grât (gratiau) hen ffasiwn *m*, grât cegin, lle(-oedd,-fydd) tân hen ffasiwn, lle tân cegin, *S:* ffwrn (ffyrnau) *f*, *N:* popty (poptai, popt|ai) *m.* **~-stuff** *n.* llysiau *pl.* **~ unit** *n.* uned (*f*) gegin (unedau cegin). **~-ware** *n.pl.* llestri cegin. **~ sink** *n.* sinc(-iau) (*f*) cegin, *S.E: occ:* bosh(-is) *m*; **everything but the ~ sink,** popeth dan haul, eich holl drugareddau; **~ sink dramas,** dramâu tun lludw. **~ towel** *n.* lliain (*m*) (llieinieu) sychu, lliain cegin.
kitchener *n.* **1.** *(of monastery):* ceginwr (ceginwyr) *m.* **2.** *(= cooker):* ffwrn (ffyrnau) *f*, popty (poptai, popt|ai) *m.*
kitchenette *n.* cegin fach (ceginau bach) *f.*
kite[1] *n.* **1.** *Orn:* barcut: barcud(-iaid) *m*, barcutan(-od) *mf*, *F: occ:* 'cutan(-od) *mf*; *occ: incorrectly:* bod: boda (bodion, bodaod) *m*, boda wennol, bwncath(-od,-au) *m*, *A:* bery(-on) *m*, bod farchog, bod chwiw. **2.** *(toy):* barcut(-iaid) *m*, barcutan(-od) *mf* [papur/bapur], *occ:* parcut: parcud *m*, *F:* 'cutan papur/bapur; **box-~,** barcut bocs, 'cutan bocs; **to fly a ~,** *(a)* hedfan/cyhwfan [eich] barcut; *(b) Fig:* codi rhth i'r gwynt; *(c) Fin:* codi arian. **3.** *Av: F:* = **aeroplane. 4.** *pl.* **kites,** *Nau: (= highest sails):* hwyliau barcut; **5.** *Jur: Fin: St.Exch: F:* 'cutan. **~ balloon** *n.* swigen (swigod) (*f*) hofran. **~ mark** *n.* nod(-au) (*mf*) 'cutan.
kite[2] *v.i.&t.* **1.** *v.i.* hedfan/ehedeg fel barcut, barcuta; *U.S: (= move quickly):* hedfan, ehedeg, saethu, *S. W:* sgathru [mynd], *N:* sgrialu [mynd]. **2.** *v.t. Fin:* barcutanu.
kiter *n.* barcutanwr (barcutanwyr) *m*, barcut|anwraig *f.*
kith *n.* **~ and kin,** cyfeillion a pherthnasau, cyfeillion a cheraint.
kithara *n. A: Mus:* c|ithara (citharâu) *m.*
kitsch *n.* fflwcs: ffrwcs *pl*, sothach *m*, *N: occ:* 'nialwch *m.*
kitschy *a.* sothachlyd.
kitten[1] *n.* cath fach (cathod bach, *S: occ:* cathau bach) *f*; *F:* **to have ~s,** *Fig:* ffrwcsio, ffwdanu; *(= young ferret):* ffured fach (ffuredau bach) *f.* **~ moth** *n.* gwyfyn(-od) (*m*) cathan.
kitten[2] *v.i.* cael/bwrw cathod bach, dod â chathod bach.
kittenish *a.* chwar|eus, direidus.
kittenishly *adv.* yn chwar|eus *&c.*
kittenishness *n.* natur chwar|eus *f*, direidi *m.*
kittenlike *a.* fel cath fach, direidus.
kittiwake *n. Orn:* gwylan goesddu (gwylanod coesddu) *f*, gwylan Gernyw (gwylanod Cernyw), gwylan benwen (gwylanod penwyn), gwylan dribys (gwylanod tribys).
kittle[1] *a.* cysetlyd, oriog, anodd eich trin, anhringar (*pronounced* ng-g); *(= risky):* peryglus; *Fig:* **~ cattle,** pobl gysetlyd *f or pl.*
kittle[2] *v.t. (= tickle):* cosi, goglais.
kittul *n. Bot: (Caryota urens):* coeden (*f*) gitwl (coed citwl).
kitty[1] *n. F:* = **kitten**[1]; *(= name for cat): N: occ:* Modlan *f*, Titw *f*, Pwsi Meri Mew *f*; **here ~, ~, ~!** dere 'ma pws fach! *N:* tyrd yma titw [pytatan]!
kitty[2] *n.* cronfa (cronf|eydd) *f*, *N:* celc(-iau) *m*; **(how much is there) in the ~?** (faint sy 'na) yn y cadw-mi-gei, yn y god? **there's no money in the ~,** prin yw'r arian yn y god.
Kitty[3] *Pr.n.f. (dim. of Catherine):* Catrin, Cati, Cadi.
kiwi *n. Orn: &c:* ciwi (ciwïod) *m.* **~ berry, ~ fruit** *n. Bot:* ffrwyth(-au) (*m*) ciwi.
klangfarbenmelodie *n. Mus:* alaw drosliw (alawon trosliw) *f.*
Klanism *n.* Claniaeth *f.*
Klansman *n.m.* Clansman (Clansmyn).
klavier *n. Mus:* = **clavier.**
klaxon *n.* corn (cyrn) *m*, clacson(-au) *m.*
klepht *n. Hist:* clefft(-iaid) *m*, gwylliad (gwylliaid) *m.*
klephtic *a. Hist:* clefftaidd.
kleptomania *n.* ysfa (*f*) [i] ladrata, cleptomania *m*, *F:* llaw flewog *f*, dwylo blewog *pl.*
kleptomaniac *a. & n.* **1.** *a.* cleptomanaidd. **2.** *n.* cleptomaniad (cleptomaniaid) *m&f*, *F:* llaw flewog (dwylo blewog) *f.*
klieg *attrib.* **~ eyes,** llygaid klieg; **~ light,** golau (goleuadau) (*m*) klieg.
klipdas *n. Z:* = **hyrax.**
klipfish *n. Ich:* clipbysgodyn (clipbysgod) *m.*
klipspringer *n. Z: (Orestragus):* clipneidiwr (clipneidwyr) *m.*
Klondike (the) *Pr.n. Geog:* y Clond|eic *m.*
kloof *n. Geog:* ceunant (ceunentydd) *m.*
klunk *n. Th:* clonc(-iau) *f.*
klystron *n. W.Tel:* clystron(-au) *m.*

knack *n.* dawn (doniau) *f*; **a ~ for sth,** *F:* llaw at rth; **she has the ~ of doing it,** mae ganddi'r ddawn o'i wneud; **to acquire the ~ of sth,** dod iddi, magu'r ddawn o wneud rhth, dod i'r arfer o wneud rhth, magu llaw at rth; **you must have the ~,** mae'n rhaid i'r ddawn fod gennych.

knacker *n.* **1.** *(of horses):* prynwr (prynwyr) *(m)* hen geffylau, nacer(-iaid) *m*; **~'s yard,** celan|edd-dy (~-dai) *m*, iard *(f)* nacer (ierdydd naceriaid), iard gelanedd (ierdydd celanedd). **2.** *(of old houses &c):* chwalwr (chwalwyr) *m.*

knackery *n.* celan|edd-dy (~-dai) *m.*

knag *n.* *(= knot in wood):* cainc (ceinciau) *f*, *occ:* cnap(-iau) *m*, cwgn (cygnau) *m.*

knaggy *a.* ceinciog, cnapiog, cnotiog, cwgnog, cygnog.

knap[1] *n.* *(= brow of hill):* ael *(f)* bryn; *(= hillock):* bryncyn(-nau) *m*; cnwc (cnyciau) *m*, cnycyn(-nau) *m*; *S.a.* **hillock.**

knap[2] *v.t.* *(= chip):* torri, ysglodio, cnapio, ysgolpio.

knapper *n.* ysglodiwr (ysglodwyr) *m*, ysgolpiwr (ysgolpwyr) *m.*

knapsack *n.* ysgrepan(-au) *f*, cnapsach(-au) *m*, pac *(m)* milwr (paciau milwyr).

knapweed *n.* *Bot: (Centaurea):* y bengaled *f (pronounced* ng-g), y gramennog, *f*, y fadfelen *f*, y glafrllys *f*, llysiau pengelyd *pl*, blodyn (blodau) pengaled *m*; **greater ~,** *(C. scabiosa):* y bengaled fawr, llysiau'r tarw, y gramennog fawr; **brown ~,** *(C. jacea):* y bengaled lwytgoch; **black ~, = lesser knapweed; Jersey ~,** *(C. paniculata):* pengaled Ffrainc; **lesser ~,** *(C. nigra):* y bengaled [leiaf] benddu; **slender ~,** *(C. debeawxii):* y bengaled gochddu.

knar *n.* *(= knot in wood):* cainc (ceinciau) *f.*

knarred *a.* ceinciog.

knave *n.* **1.** cnaf(-on) *m*, dihiryn (dihirod) *m*, adyn(-od) *m*, cenau (cenawon) *m*, gwalch (gweilch) *m*, cidwm (cidymod) *m*, *A: Lit:* **arrant ~,** cnaf pig *m*; *Fig:* **~ of hearts, = flirt. 2.** *Cards:* jac(-iaid) *m*, cerdyn (cardiau) *(m)* milwr, carden *(f)* (cardiau) milwr, *Lit: occ:* cnaf(-iaid) *m.*

knavery *n.* cnafeiddiwch *m*, cnafeiddrwydd *m*, cnaf|eidd-dra *m*, dihirwch *m*, ysgelerder *m.*

Knaveston *W.Pl.n.* Treganeithw *f.*

knavish *a.* cnafaidd, ysgeler; **a ~ trick,** tro gwael, tro sâl, hen dro dan din, *N: occ:* tro Wesle, tro Gwyddel, tro ffadin.

knavishly *adv.* yn gnafaidd.

knavishness *n.* cnafeiddrwydd *m*, cnafeiddiwch *m*, cnaf|eidd-dra *m*, dihirwch *m*, ysgelerder *m.*

knawel *n.* *Bot:* **annual ~,** *(Scleranthus annuus):* dinodd flynyddol *f*, dinodd y flwyddyn; **perennial ~,** *(S. perennis):* dinodd barhaol.

knead *v.t.* **1.** tylino, *N. F.* clino, *N. occ:* pobi, *S.W:* gweithio, maeddu, mo[w]ldio, *S.E:* pwnno, armerth. **2.** *Med:* tylino.

kneadable *a.* tylinadwy.

kneader *n.* tylinwr (tylinwyr) *m*, tyl|inwraig *f.*

kneading *vn.* *See* **knead. ~-table** *n.* bwrdd (byrddau) *(m)* tylino, *S.E: occ:* bord(-ydd) *(f)* armerth **~-trough** *n.* noe(-au) *f*, padell *(f)* dylino (pedyll tylino). *S.a.* **bowl[1].**

knee[1] *n.* **1.** *(a)* pen-glin (pengliniau *(pronounced* ng-g), pennau-gliniau) *m*, *occ:* pen-lin (penliniau) *m*, glin(-iau) *mf*; *pl.* **the knees,** *Lit:* y ddeulin, y ddau/ddwy lin, y ddau ben-glin; **his ~,** ei ben-glin, *occ:* pen *(m)* ei lin; **the bend of the ~,** camedd *(m)* gar; **to bend/bow the ~ (to/before s.o.),** plygu glin, penlinio (o flaen rhn, i rn); **on one's [bended] knees,** ar eich [pen-][g]liniau, ar eich deulin, *Lit:* ar dâl eich gliniau; **on one ~,** ar un glin/lin, ar un pen-glin/ben-glin; **to give a ~ to (s.o.),** *Box:* cynnal, ategu, eilio (rhn); cynnal/cadw cefn (rhn), dal dan (rn); **to go down on one's knees, to fall/drop on one's knees,** syrthio/gostwng/mynd ar eich [pen-][g]liniau, penlinio; **the cap and ~,** y cap a'r glin; **to bring (s.o.) to his knees,** *Fig:* llorio, trechu (rhn); **it's on the knees of the gods,** mae yn nwylo/llaw rhagluniaeth; **to learn sth at one's mother's ~,** dysgu rhth ar lin eich mam; *S.a.* **bee[1]**; *(b) Med: F:* **housemaid's ~,** chwydd gwyn *m*; *Vet: (of horse):* **broken knees,** cloffni *m*; *(c) F:* **"knees",** *(in trousers):* bagiau. **2.** *Nau: Arch: Constr: &c:* cniw(-iau) *m.* **~-breeches** *n.* clôs (closau) *(m)* pen-glin. **~-bone** *n.* padell *(f)* pen-glin (pedyll pengliniau). **~-boot** *n.* botasen (botasau, bwtsias) *f.* **~-brush** *n.* *Z: Biol:* blew *(pl)* glin. **~-cap** *n.* **1.** padell *(f)* pen-glin (pedyll pennau-gliniau), pellen *(f)* pen-glin (pellenni pennau-gliniau), asgwrn *(m)* pen-glin (esgyrn pennau-gliniau), *S.E: occ:* bwl(-s) *(m)* pen-glin, *N.E: occ:* cwpan pen-lin, *Lit:* afal *(m)* y gar. **2.** *(= pad, covering):* capan *(m)* glin (capanau gliniau). **~-capping** *n.* saethu *(vn)* pen-glin. **~ control** *n.* *Needlew: (of sewing machine):* rheolaeth *(f)* ben-glin. **~-deep** *a.* hyd at eich gliniau/pengliniau/pennau-gliniau, cyfuwch â'r gliniau *&c*; **I was ~-deep in mud,** 'roeddwn at fy mhengliniau mewn llaid. **~-high** *a.* cyfuwch â'r gliniau, at y pen-glin, o uchder pen-glin; *F:* **when I was ~-high to a grasshopper,** pan oeddwn i'n ddim o beth. **~-hole** *n.* twll (tyllau) *(m)* pen-glin. **~ holly** *n.* *Bot:* celyn *(m)* Mair, celyn Ffrainc, llysiau*(pl)*'r gïau. **~-jerk** *n.* sbonc *(f)* ben-glin (sbonciau pen-glin). **~-jerking** *a.* *F:* difeddwl. **~-joint** *n.* **1.** *Anat:* cymal *(m)* glin (cymalau gliniau); **gout in the ~-joint,** glinwst *f.* **2.** *Constr: &c:* uniad(-au) cymalog *m.* **~-length** *a.* hyd at y gliniau *&c*; **~-length socks,** hosannau pen-glin. **~-pad** *n.* pad(-iau) *(m)* pen-glin. **~-pan** *n.* = **knee-cap. ~ pine** *n.* *Bot: (Pinus montana pumilio):* cor-binwydden (~-binwydd) *f.* **~ reflex** *n.* atgyrch *(m)* pen-glin, atblygiad(-au) *(m)* pen-glin, plwc (plyciau) *(m)* pen-glin. **-sprung** *a.* *Vet:* glingam *(pronounced* ng-g). **~ stop** *n.* *Mus:* stop(-iau) *(m)* pen-glin. **knees-up** *n.* *F:* parti (partïon) *m*, sbloet(-iau) *f.*

knee[2] *v.t.* taro (rhn) â'r pen-glin; glinio, pen-glinio (rhn); rhoi pen-glin (i rn); *N:* rhoi coes fach (i rn).

kneed *a.* **1.** gliniog; **weak-~,** *(a) (= knock-kneed):* glingam *(pronounced* ng-g); *(b) Fig:* llwfr, gwangalon *(pronounced* ng-g), llipa, lliprynnaidd, di-asgwrn-cefn. **2.** *Tchn:* cymalog.

kneel *v.i.* **to ~ [down],** penlinio, penglinio, syrthio/gostwng/mynd ar eich pen[g]liniau *or* ar eich deulin; **(to ~) to s.o.,** (plygu glin) o flaen rhn, i rn; *Sp:* **~ sitting,** penlinio eistedd.

kneeler *n.* clustog *(f)* ben-glin (clustogau pen-glin), hesor(-au) *f.*

kneeling[1] *a.* ar eich gliniau, ar eich deulin.

kneeling[2] *vn.* penliniad(-au) *m*, penlinio; *Sp:* **half-~,** penlinio un glin; **horizontal ~,** penlinio llorwedd.

kneepiece *n.* *Arm:* glinddarn(-au) *m.*

kneesies *n.pl.* *F:* **to play ~,** rhwbio pennau-gliniau.

knell[1] *n.* cnul(-iau) *mf*, clul(-iau) *mf*; **to ring/toll the ~,** canu cnul, seinio cnul, cnulio, clulio, clulian.

knell[2] *v.t.&i.* *A:* cnulio, clulio, clulian.

Knelston *W.Pl.n.* Llan*(f)*-y-tair-Mair.

knelt *v.* *See* **kneel.**

knew *v.* *See* **know[2].**

knickerbocker *n.* **1.** *(= s.o. from New York):* brodor(-ion) *(m)* o Efrog Newydd. **2.** *pl.* clôs (closau) *(m)* dwyn 'falau, clôs pen-glin. **K~ glory** *n.* *Cu:* hufen(-au) *(m)* iâ Knickerbocker.

knickers *n.pl.* **1.** *(woman's):* nicer(-s) *m*, *occ:* blwmar(-s, blwmeri) *m*, clôs (closau) bach *m*, trowsus(-au) bach *m*; *F:* **to have one's ~ in a twist,** bod mewn ffwdan/ffrwcs, cynhyrfu, *S:* gwylltu; *F:* **all fur coat and no ~,** pen punt a chynffon ddimai; het silc a chynffon ddimai. **2.** *U.S.: (a)* = **knickerbocker**; *(b) (= short trousers):* *N:* trowsus bach, ***knickerbockers,*** trowsus cwta, trowsus pen-glin, trwser(-i) *(m)* pen-glin. **3.** *int.* dos i grafu! *V:* twll dy din di!

knick knack *n.* celficyn (celfi) [cain] *m*, tegan(-au) *m*; *pl.* **knick-knacks,** mân bethau, mân gelfi, trugareddau, petheuach, *N:* ffigiari[n]s, *S.W: occ:* trangwns *(pronounced* ng-g), trangwls *(pronounced* ng-g), capasgleddau.

knick-knackery *n.* hen drugareddau *&c*; *See above.*

knickpoint *n.* *Geog:* hicyn(-nau) *m*, cnicyn(-nau) *m.*

knife[1] *n.* **1.** cyllell (cyllyll) *f*, *F: occ:* cylleth (cyllyth) *f*; **Bowie ~,** cyllell hela, cyllell Bowie, *M.W: occ:* cyllell Wyddel (cyllyll Gwyddelod); **table-~,** cyllell fwyta (cyllyll bwyta), cyllell fwrdd (cyllyll bwrdd), *S:* cyllell ford (cyllyll bord), *S.W: occ:* cyllell gasneiff (cyllyll casneiff); **bread-~,** cyllell fara (cyllyll bara), *N.W:* twca (twceiod) *(m)* bara; **butcher's ~,** cyllell gigydd (cyllyll cigyddion), cyllell fwtsier/fwtsiwr (cyllyll bwtsieriaid); **carving-~,** cyllell gerfio (cyllyll cerfio); **chopping-~,** cyllell falu (cyllyll malu), twca; **cook's ~,** cyllell cog, cyllell friw (cyllyll briw), *O:* cyllell gell (cyllyll cell); **filletting ~,** cyllell ffiledu; **fish-~,** cyllell bysgod (cyllyll pysgod); **grapefruit ~,** cyllell rawnffrwyth (cyllyll grawnffrwyth); **marking ~,** cyllell farcio (cyllyll marcio); **palette ~,** cyllell balet (cyllyll palet); **pastry ~,** cyllell grwst (cyllyll crwst); **paper-~,** cyllell bapur (cyllyll papur); **paring-~,** cyllell bilio (cyllyll pilio); **pocket-~,** cyllell boced (cyllyll poced), *S.W:* cyllell goden (cyllyll coden); **serrated ~,** cyllell lif (cyllyll llif); **vegetable ~,** cyllell lysiau (cyllyll llysiau); *P:* **flick-~,** cyllell sbring, cyllell glec (cyllyll clec); *S.a.* **clasp-knife, jack-knife;**

riving ~, cyllell rannu (cyllyll rhannu); **shoemaker's ~,** cyllell gam (cyllyll ceimion), cyllell grydd (cyllyll crydd), cyllell forteisio (cyllyll morteisio); **stationary ~, fixed ~,** cyllell sefydlog; **war to the ~,** rhyfel i'r carn; **there was a fog you could cut with a ~,** 'roedd hi fel cesail arth yno; **you could have cut the air with a ~,** fe allasech dorri'r awyr â chyllell; *F:* **to have one's ~ in s.o.,** bod â'ch cyllell yn rhn, bod â dant i rn, bod â'ch corn dan rn; **he has his ~ in everyone,** *N: occ:* mae o â'i bin yn nhin bawb; **the night of the long knives,** noson y cyllyll hirion; *Hist: Myth:* **the Treason of the Long Knives,** Brad y Cyllyll Hirion; **under the ~,** dan y gyllell; **to live on a ~'s edge,** byw ar fin y gyllell; **before you can say ~,** mewn chwinciad; **at ~-point,** o flaen cyllell. **2.** *Surg:* fflaim (ffleimiau) *f*, cyllell meddyg, *F:* y gyllell. **~-acacia** *n. Bot: (Acacia cultriformis):* mimosa miniog *m*. **~-board** *n.* **1.** *Cu: Dom.Ec:* bwrdd (byrddau) (*m*) cyllyll. **2.** *Hist: Trans:* mainc ddwbl (meinciau dwbl) *f*. **~-boy** *n. Dom.Ec: Hist:* glanhäwr (glanhawyr) (*m*) cyllyll. **~-edge** *n.* **1.** *(a)* min (*m*) cyllell, awch (*m*) cyllell; *Ph: Ch:* arfin(-au) *m*; **to be on a ~-edge,** bod yn y fantol, *N.W:* bod rhwng dau flaen siswrn; *(b) Mount: (= arête):* crib(-au) *f*. **2.** *(a) W.Tel:* **~-edge tuning,** tiwnio manwl; *(b) attrib.* **trousers with a ~-edge crease,** trowsus â phlŷg miniog, *N: Joc:* trowsus â min fel pladur. **~-edged** *a.* â min fel cyllell, miniog. **~-grinder** *n.* hogwr (hogwyr) (*m*) cyllyll, dyn(-ion) (*m*) hogi cyllyll, dyn rhoi min ar gyllyll. **~-machine** *n.* peiriant (*m*) [glanh|au] cyllyll. **~-maker** *n.* cyllellwr (cyllellwyr) *m*. **~-pleat** *n. Needlew:* pleten (*f*) lafn (pletiau llafn). **~-rest** *n.* ateg(-ion) (*m*) cyllyll. **~-sharpener** *n.* = **~-grinder.** **~ switch** *n. El:* switsh(-is) (*m*) llafn. **~-throwing** *vn.* taflu cyllyll. **~ tool** *n. Metalw:* erfyn (arfau) (*m*) cyllell.

knife[2] *v.t.* **1.** trywanu. **2.** *Th:* naddu.

knifeless *a.* digyllell, heb gyllell.

knifelike *a.* cyllellog, cyllellaidd, fel cyllell.

knight[1] *n.* marchog(-ion) *m*; **~ bachelor,** marchog gwyry[f]; **~ baronet,** marchog barwnig; **~ banneret,** marchog banred; **~ commander,** marchoglywydd(-ion) *m*; **K~ of the Garter,** Marchog y Gardas; **a ~ of the road, = highwayman, tramp, commercial traveller; a ~ in shining armour,** marchog ar geffyl/farch gwyn; **K~ Templar,** Temlydd(-ion) *m*, un o Farchogion y Deml; **knights of the Round Table,** marchogion y Ford Gron; **K~ Hospitaller,** Ysbytywr (Ysbytywyr) *m*, un o Farchogion yr Ysbyty, un o Farchogion Sant Ioan; **~ companion,** marchog gydymaith, cydfarchog(-ion) *m*; **~ errant,** marchog crwydr, marchog crwydrad; **~ errantry,** marchogwriaeth grwydr/grwydrad *f*, marchogyddiaeth grwydr/grwydrad *f*; *Hist:* **~ marshall,** marchog marsial; **a K~ of the Shire,** Marchog Sir. **~ service** *n. Hist:* gwasanaeth (*m*) marchog. **~'s fee** *n. Hist:* ffi (*f*) marchog.

knight[2] *v.t.* urddo (rhn) yn farchog.

knightage *n.* marchogion *pl*, urdd(-au) (*f*) marchogion; *(= list):* rhestr(-au) (*f*) marchogion.

knighthead *n. Nav.Arch:* pen (*m*) marchog (pennau marchogion).

knighthood *n.* **1.** *(honour, rank):* urdd(-au) (*f*) marchog; **to receive a ~,** cael eich urddo'n farchog. **2.** *(calling):* marchogwriaeth *f*, marchogyddiaeth *f*.

knightless *a.* difarchog, heb farchog.

knightlike *a.* = **knightly.**

knightliness *n.* marchogeiddrwydd *m*, s|ifalri *m*.

knightly[1] *a.* fel marchog, marchogaidd, cwrtais; **~ honour,** anrhydedd marchog; **~ prowess,** gwrhydri marchogion.

knightly[2] *adv.* yn foneddigaidd *&c*.

Knighton *W.Pl.n.* Trefyclo *f*.

knish *n. Cu:* cnish *m*, twmplen (*f*) gaws (twmplins caws).

knit[1] *v.t.&i.* **1.** *v.t.* *(a)* gwau, gweu; *(b)* **~ two, purl two,** dau bwyth o'r dde, dau bwyth o'r chwith; **~ two together,** gwau dau [bwyth] gyda'i gilydd; *(c)* **to ~ one's brows,** cuchio, edrych dan eich 'sgafell, plethu'ch aeliau; *(d) (= join):* asio, uno, gwau, clymu; **to ~ sth up,** *F:* cau pen y mwdwl. **2.** *v.i.* *(a) (= of bones):* asio; *(b)* **to ~ [together],** *(of persons):* asio, cydasio, cyd-dynnu, ymuno [â'i gilydd].

knit[2] *a.* = **knitted.**

knit[3] *n.* gwead *m*; **fisherman ~,** garnsi(-s) *f*.

knitted *a.* **1.** gwau, gweu; **a ~ cap,** cap gwau/gweu. **2. knitted eyebrows,** aeliau cuchiog. **3. tightly-~,** clòs ei wead, o wead clòs; **closely-~ sentences,** brawddegau o wead clòs. **4. well-~,** *(physique):* cydnerth, cyhyrog.

knitter *n.* gwëwr (gwewyr) *m*, gweuwr (gweuwyr) *m*, gwëydd (gwewyr) *m*, gw|euwraig (gweuwragedd) *f*; **she's a good ~,** mae hi'n un dda am weu; **she's a great ~,** mae hi'n un arw am weu.

knitting *vn.* **1.** *(a) (of wool):* gweu, gwau, *occ:* gwaith (*m*) gweu; **Scotch ~,** [gweu] corc y rîl, gwaith trwy rîl; **a row of ~,** *S.W: occ:* gwaellod(-ion) *f*. **2.** *(of bone &c):* uno, asio, plethu, asiad *m*, uniad *m*. **~ circle** *n.* cylch(-oedd) (*m*) gwau/gweu. **~ instructions** *n.pl.* cyfarwyddiadau gwau/gweu. **~ evening** *n. W.Anthr:* noson (*f*) wau/weu (nosweithiau gwau/gweu) *f*, cymorth (cymorthau) (*m*) gwau/gweu. **~-machine** *n.* peiriant (peiriannau) (*m*) gwau/gweu. **~-needle** *n.* gweyllen: gwäell (gwëyll) *fm*, gweillen: gwiallen (gweill) *f*, *N: M.W: occ:* gwachell (gwechyll, gwachelli) *f*; **to put a stocking on the ~-needle,** rhoi hosan ar y gweill, gwaellu hosan, *M.W: occ:* gwachellu hosan. **~-wool** *n.* [e]dafedd *m*, *M.W:* edau wlân *f*, *S: S.E:* gwlân *m*; **a ball of ~-wool,** pellen (*f*) o edafedd, *F:* pellen o ddafedd (*not* pêl).

knitwear *n.* dillad (*pl*) gwau/gweu, gweuwaith *m*.

knitwise *adv.* gwau/gweu o'r dde.

knob[1] *n.* **1.** *(a)* nobyn (nobiau) *m*, cnwb (cnybiau) *m*, bwlyn (byliau) *m*, *occ:* cnap(-iau) *m*; *P:* **and the same to you with knobs on!** a'r un fath i tithau â bachau! *(b) (of stick):* carn(-au) *m*, cnwp: cnwpa (cnwpâu) *m*; *(= button):* botwm (botymau) *m*, nobyn; *(of door):* dwrn (dyrnau) *m*, *S.W:* bwlyn(-nau), *S.E: occ:* cramp, *M.W: occ:* clap *m*; *(on lid of teapot):* topyn *m*, cnotyn *m*, cnepyn *m*. **2.** *(of coal):* clap(-iau) *m*, cnapyn (cnapiau) *m*, cnepyn(-nau) *m*, twlpyn(-nau) *m*; *S.a.* **lump**; *(of sugar):* cnepyn; *(of butter):* talp(-iau) *m*, telpyn(-nau, talpiau) *m*.

knob[2] *v.t.&i.* **1.** *v.i.* chwyddo, bolio [allan]. **2.** *v.t.* rhoi cnapiau *&c* (ar rth).

knobbed, knobby *a.* cnapiog, clapiog, talpiog, cnyciog; *(of wood):* ceinciog, colfennog, oddfog.

knobbiness *n.* cnapiogrwydd *m*.

knobble *n.* cnwpyn (cnwpiau) *m*.

knobbly *a.* cnyciog, cnapiog, ceinciog; *Joc:* **~ knees,** pen-[g]liniau ceinciog.

knobkerrie *n.* ffon (*f*) gnwpa (ffyn cnwpa), pastwn (pastynau) *m*.

knoblike *a.* cnapiog, fel cnepyn, fel dwrn, fel bwlyn.

knobstick *n.* = **knobkerrie**; **~ wedding,** priodas(-au) (*f*) pen pastwn.

knock[1] *n.* **1.** *(a)* cnoc(-iau) *f*, cnociad(-au) *m*, ergyd(-ion) *fm*, [y]sgytiad(-au) *m*, trawiad(-au) *m*; *(with fist):* dyrnod(-[i]au) *mf*; *S.a.* **blow[1]**; **to give s.o. a ~ on the head,** taro rhn ar/yn ei ben; **to get a nasty ~,** cael ysgytiad cas, *N:* cael sgeg gas (*f*), cael clec (*f*); *occ:* cael 'sictod (*m*); **there was a ~ at the door,** daeth cnoc ar/wrth y drws; dyna gnoc ar y drws; **he heard a ~,** clywodd sŵn curo/cnocio; **~, ~! who's there?** cnoc, cnoc! pwy sy' 'na? *Ins:* **to settle ~ for ~,** talu cnoc am gnoc; **to take the ~,** colli arian, cael colledion, cael clec; *I.C.E:* **[engine] ~,** [sŵn *m*] cnocio; *F: Cr:* = **innings**; *(b)* **to buy sth on the ~,** prynu rhth ar lab. **2.** *attrib.* **~ knees,** coesau ceimion. **~-kneed** *a.* coesau cam, â choesau cam/ceimion, â gliniau cam/ceimion, clungam, glingam (*both pronounced* ng-g), gargam.

knock[2] *v.t.&i.* **1.** *v.t.* *(a)* taro, curo, cnocio, pwyo, dyrnu, *N:* trawo, hitio, sodro, colbio, *S:* bwrw; *S.a.* **beat, hit, strike**; **to ~ s.o. on the head,** taro/curo rhn ar/yn ei ben, *S:* bwrw rhn ar/yn ei ben; **to ~ an idea in the head, to ~ an idea dead,** lladd syniad [yn y fan], rhoi'r farwol i syniad, taro syniad yn ei dalcen; **to ~ one's head against sth,** taro'ch/bwrw'ch pen yn erbyn rhth, *N.W: occ:* mynd yn bwcs/bwtsh i rth; **to ~ the bottom out of an argument,** tanseilio dadl; **to ~ sth out of s.o.'s hand,** taro/cnocio/bwrw rhth o law rhn; **I'll ~ him for six; I'll ~ him into the middle of next week; I'll ~ him into a cocked hat,** mi trawa' i o nes y bydd o'n bwrw'i bedolau; *N:* mi sodra' i o; *S.W:* fe'i bwria' i e'n bedwar; *(b)* **to ~ a hole (in/through sth),** cnocio/bwrw twll (yn rhth, trwy rth), tyllu (trwy rth); *(c)* **to ~ s.o. sideways/endways,** *(= discomfit):* bwrw rhn oddi ar ei echel, synnu/syfrdanu/trechu/llorio rhn, rhoi ail i rn; *(d) U.S: F: (= criticize):* beirniadu (rhn); lladd, rhedeg (ar rn). **2.** *v.i.* taro *&c*, *as above*; **to ~ against sth,** mynd/taro/bwrw yn erbyn rhth. **~ about 1.** *v.t.* **to ~ (s.o.) about,** rhoi curfa/crasfa (i rn); andwyo, curo, cam-drin (rhn); *S.W: occ:* drelo (rhn), *N:* colbio, waldio (rhn); rhoi cweir (i rn); *See* **beat[2], beating[2]** *(a)*; **(a ship &c) that has been terribly knocked about,** (llong *&c*) wedi ei handwyo'n ofnadwy, wedi bod drwyddi, *N: F:* wedi ei hambygio'n ofnadwy; **to ~ an idea about,** trin a thrafod syniad. **2.** *v.i.* **to ~ about [the world],** crwydo'r byd; **to ~ about with s.o.,** cadw cwmni â rhn, cwmnïa â rhn, ymh|el â rhn; *(= hang about):* tin-droi, bwhwman, hel eich traed (o gwmpas lle). **~-about** *attrib. (a) (game &c):* garw, stwrllyd, swnllyd, gwyllt; *Th:* **~-about comedian,** digrifwr (digrifwyr) bras *m*; **~-about act,** act *(f)* golbio (actiau colbio); **~-about comedy,** comedi *(f)* golbio; *(b)* **a ~-about life,** bywyd crwydrol, bywyd o bant i bentan; **a ~-about farce,** ffârs wyllt (ffarsiau gwyllt); *(c)* **~-about clothes,** dillad gwaith, dillad pob dydd. **~ back** *v.t.* **1.** *P:* **to ~ back (a drink),** llyncu, llowcio, *N.W: occ:* cofftio (diod); rhoi (diod) o'r golwg; **he can ~ it back,** mae o'n medru yfed. **2.** *P:* **it knocked me back fifty pounds,** fe gostiodd hanner canpunt i mi; fe'm gwnaeth i'n dlotach o hanner canpunt. **3.** *(= disconcert):* synnu, syfrdanu. **~ down** *v.t.* **1.** taro/cnocio/bwrw (rhn) i lawr *or* i'r llawr, llorio rhn; *(= demolish):* chwalu, dymchwel; **he was knocked down by a motor car,** fe'i trawyd i lawr gan gar; cafodd ei daro i lawr gan gar; *F:* **you could have knocked me down with a feather!** fe allet fod wedi fy nharo i lawr â phluen! **2.** *(at auction):* **to ~ sth down to s.o.,** gwerthu/dyfarnu rhth i rn, taro rhth i lawr i rn. **3.** *(prices):* **to ~ down prices,** gostwng prisiau. **4.** *(= dismantle):* datod, datgymalu, datgysylltu. **~-down** *attrib.* **1. ~-down blow,** ergyd farwol *f*, *N: F:* y farwol *f*, swaden *f*, colban *f*, *occ:* tatsh: tatshan *f*; *See* **blow[5]**; **~-down furniture from Sweden,** dodrefn/celfi datod o Sweden. **2. ~-down price,** *(i) (at auction):* lleiafbris(-iau) *m*, isafbris(-iau) *m*; *(ii) Com:* pris *(m)* bargen. **~ in** *v.t. (a nail):* taro, bwrw, cnocio, curo (hoelen i mewn); *Th:* **the play knocked them in the aisles,** 'roedd y ddrama'n llwyddiant ysgubol; **to ~ some sense into s.o.,** pwnio synnwyr i ben rhn, dod â rhn at ei goed, gwn|eud i rn gallio. **~ off 1.** *v.t. (prep.use): (a)* **to ~ a book off the table,** taro/bwrw llyfr oddi ar y bwrdd; **to ~ the handle off a jug,** torri clust jwg; *(b)* **to ~ sth off the price,** gostwng rhywfaint ar y pris, cnocio rhth oddi ar y pris; *(c)* **to ~ spots off sth,** rhagori filwaith ar rth, bod yn well o lawer na rhth, curo rhth yn lân, *N:* curo rhth yn r[h]acs, *S:* maeddu rhth yn hawdd; **this car will ~ spots off any other,** mae'r car hwn yn frenin i bob car arall. **2.** *(adv.use): (a)* **to ~ s.o.'s hat off,** taro/bwrw het rhn oddi ar ei ben; **to ~ s.o.'s head off,** *F:* **to ~ s.o.'s block off,** *N:* colbio, sodro, *S:* wado, colbo (rhn) *&c*; *(b)* **to ~ off work,** gorffen [gwaith], cael noswyl, rhoi'r gorau iddi, *S.W: occ:* codi cefn; *N.W: Min:* rhoi'r cerrig i fyny, *S: Min:* rhoi'r tŵls ar y bar; **knocking-off time,** amser gorffen gwaith, amser noswyl, *occ:* caniad *m*; *(c)* **to ~ off the odd pence,** tynnu'r ceiniogau dros ben; *(d) F: (= compose rapidly):* gwneud/llunio/cyfansoddi (rhth) yn sydyn/fyrfyfyr; *(= dispatch business):* rhoi pen/terfyn ar waith, cael gwared ar waith; *(e) P: (= kill):* lladd. *(f) (= steal):* lladrata, dwyn, *F: occ:* dwgyd, *S: occ:* dwgi[n], *N: occ:* progio; *(g) (= stop):* **~ it off, will you?** rho'r gorau iddi, wnei di? *S:* gad e fod, wnei di? **~ on 1.** *v.t.* **to ~ an idea on the head,** taro syniad yn ei dalcen, rhoi pen/terfyn ar syniad, rhoi'r farwol i syniad. **2.** *v.i. Games: (Rugby):* taro'r bêl ymlaen. **3.** *int. U.S:* **~ on wood!** hei lwc! gyda lwc! **4.** *v.i. F:* **he's knocking on for fifty,** mae'n tynnu at yr hanner cant; mae'n gyrru ar ei hanner cant. **~-on** *n.* **1.** *Atom.Ph:* ymdrawiad(-au) *m* [atomau]. **2.** *Games:* taro *(vn)* ymlaen, trawiad *(m)* ymlaen. **3. a ~-on effect,** effaith gynyddol *f*. **~ out** *v.t.* **1.** *(a nail, rivet &c):* cnocio, gyrru, taro (hoelen *&c* allan); **to ~ the bottom out of sth,** tanseilio rhth; **to ~ the stuffing out of s.o.,** colbio, pannu (rhn) *&c*; **to ~ the living daylights out of s.o.,** hanner lladd rhn, *N:* rhoi andros o gweir i rn, *S:* rhoi hemad i rn; **to ~ a pipe out,** gwagio/gwacáu pib/cetyn; **to ~ sth out of line,** taro rhth o'i syth; **to ~ s.o.'s brains out,** colbio rhn yn ddidrugaredd. **2.** *Box:* **to ~ s.o. out,** llorio rhn, rhoi rhn ar wastad ei gefn, *F:* sodro rhn, rhoi'r farwol i rn. **3.** *(a) F: (= delete):* dil|eu; *(b) Ten:* **to be knocked out in a tournament,** colli'ch lle mewn twrnameint. **4.** *(= surprise):* syfrdanu/synnu (rhn) ar ei hyd. **5.** *F:* **to ~ out a plan,** gwneud/llunio cynllun ar frys. **~-out 1.** *attrib. (a) Box:* **a ~-out blow,** ergyd derfynol/loriol, *F:* ergyd farwol; *(b)* **a ~-out price,** pris diguro, pris bargen; *(c)* **~-out drops,** diferion llorio. **2.** *n. (a) Box:* ergyd derfynol/loriol, *F:* ergyd farwol, y farwol *f*; *(b): U.S: P: (= splendid pers., thing):* **it's a ~-out!** mae'n gampus/wych/fendigedig! *(c) Sp: (competition):* cystadleuaeth *(f)* ddileu; *(d) Games:* **it's a ~-out,** mabolgiamocs *pl.* **~ over** *v.t.* troi, dymchwel, *N.W: occ:* mowntio, *S: occ:* moelyd, diwel. **~ together** *v.t.* **1.** *(= assemble hastily):* hel/bwrw/taro (rhth) at ei gilydd. **2. they should have their heads knocked together,** fe ddylid clymu'u pennau nhw; mae eisio cnocio'u pennau nhw [yn ei gilydd]. **3. I could feel my knees knocking together,** teimlwn fy mhengliniau'n taro yn ei gilydd. **~ under,** = **knuckle under. ~ up 1.** *v.t. (a)* **to ~ s.o.'s hand up,** cnocio/taro/bwrw llaw rhn i fyny; *(b) Ten:* **to ~ up the ball,** *(= lob):* lobio'r bêl; *Ten: F:* **to ~ up the balls,** *(= practise):* ymarfer [â'r peli]; *(c) Cr:* **to ~ up a century,** sgorio/sgoru cant [o rediadau]; **he knocked up fifty pounds that week,** enillodd hanner canpunt yr wythnos honno; *(d)* **to ~ up a building,** codi adeilad ar frys; *(e) (= awake):* codi, dihuno, deffro (rhn); curo (ar rn); rhoi cnoc [i rn godi]; *Metalw:* **knocked up bottom,** gwaelod gweflog *m*; *(f) (= exhaust):* blino rhn yn lân, *S.W:* llybyddio rhn; **I'm completely knocked up,** 'rwyf wedi ymlâdd; 'rwyf wedi blino'n lân; *S.E:* 'rwy'n gec; *S.W:* 'rwy' wedi palo'n lân; **he'll ~ himself up if he keeps on like this,** bydd wedi'i wneud ei hun yn wael os deil o ati fel hyn; *(g) U.S: F: (= make pregnant):* rhoi cyw, rhoi clec (i rn); *(h) Cu:* taro (rhn) â chyllell. **2.** *v.i. (a)* **to ~ up against sth,** taro/bwrw yn erbyn rhth; *F:* **to ~ up against s.o.,** taro ar rn. **~-inhibitors** *n.pl.* atalyddion cnocio. **~-kneed** *a* glingam (*pronounced* ng-g), *occ:* gargam. **~-knees** *n.pl.* gliniau cam/ceimion. **~-up** *n. Ten:* ymarfer(-iadau) *m*, gêm (gemau) anffurfiol *f*.

knocker *n.* **1.** *(of door):* morthwyl(-ion) *(m)* drws, cnocar(-s, cnoceri) *m*; *F:* **up to the ~,** at y safon; **on the ~,** o ddrws i ddrws, drwy guro drysau, ar bennau drysau. **2.** *F: (= critic):* beirniad (beirniaid) *m*, *F:* colbiwr (colbwyr) *m*, cystwywr (cystwywyr) *m*. **3. ~-up,** dihunwr (dihunwyr) *m*, deffröwr (deffrowyr) *m*. **4.** *(= goblin):* cnociwr (cnocwyr) *m*, *N: occ:* meinar(-s) bach *m*, coblyn(-nod) *m*. **5.** *pl. V: (= breasts):* bronnau, *S.W: occ:* cadair *f*.

knocking *a. & vn.* **1.** *a.* yn curo *&c*; **~ knees,** pengliniau crynedig. **2.** *vn.* curo, cnocio; *F:* **~ shop,** puteindy (puteindai) *m*, hwrdy (hwrdai) *m*; *Metalw:* **~ down iron,** haearn *(m)* fflatio.

knoll *n.* bryncyn(-nau) *m*, cnwc (cnyciau) *m*, cnwcyn(-nau) *m*, ponc(-iau) *f*, poncen(-ni, ponciau) *f*, poncyn(-nau, ponciau) *m*.

knop *n.* **1.** *(= tuft):* siobyn(-nau) *m*. **2.** = **knob**.

knot[1] *n.* **1.** cwlwm (c[y]lymau), *occ:* clwm (clymau) *m*; **to tie a ~,** clymu cwlwm, gwn|eud cwlwm, cau cwlwm; **to tie a ~ on sth,** rhoi cwlwm ar rth; **to tie a quick ~,** taro cwlwm; **to untie a ~,** datod cwlwm, *S.W: occ:* mysgu cwlwm; **Gordian ~,** cwlwm annatod; **to cut the Gordian ~,** torri'r cwlwm annatod; *Mount:* **middleman's ~, alpine butterfly ~,** cwlwm canolwr; **clove hitch ~,** cwlwm glŷn; **fisherman's joining ~,** cwlwm pysgotwr; **overhand ~,** cwlwm tros law; **a sealed ~,** cwlwm cêl; **true-love ~,** cwlwm caredig, cwlwm cariad [cywir]; **double ~,** cwlwm cwlwm/gwlwm, *S.W:* cwlwm penglwm (*pronounced* ng-g); **slip-~,** cwlwm dolen, cwlwm rhedeg, cwlwm rhedegog, cwlwm datod, cwlwm tagu; *Min: Qu: N.W: occ:* cwlwm craen; **seamstress ~,** *S.W:* cwlwm gwniyddes; **running ~,** cwlwm rhedeg/tagu, byddag[l](-au) *f*; **reef-~,** *S:* cwlwm llinglwm (*pronounced* ng-g), cwlwm riffio, *N: occ:* cwlwm dyrys; **sailor's ~,** cwlwm morwr/llongwr; **granny['s] ~,** *N:* cwlwm nain, *S:* cwlwm mam-gu; **tie-~,** cwlwm tei; **to tie (s.o.) in knots,** drysu/maglu (rhn); **he has tied a ~ with his tongue he cannot untie with his teeth,** mae wedi priodi; **to get into a ~,** mynd yn gwlwm; **a ~ of hair,** siobyn(-nau) *m*, penglwm (penglymau) *m*; *(of log line):* hyd(-oedd) *m*. **2.** *(= sea mile):* milltir *(f)* fôr, not(-iau) *f*; **at a rate of knots,** yn gyflym, fel y mwg, fel y gwynt, fel r[h]uban; **to go at a rate of knots,** taranu mynd, sgrialu mynd, sgathru mynd; **she was making 15 knots,** 'roedd hi'n mynd bymtheng not. **3.** *(of problem):* cnewyllyn *m*. **4. the marriage ~,** y cwlwm priodasol, cwlwm priodas; **to tie the ~,** priodi. **5.** *(of wood):* cainc (ceinciau) *f*, cwgn (cygnau) *m*, cwgyn *m*, cwlwm, cnap(-iau) *m*, colfen(-ni) *f*; **dead ~,** colfen/cainc farw; **live ~,** colfen/cainc fyw. **6.** *(= group):* grŵp (grwpiau) *m*, twr (tyrrau) *m*, dyrnaid (dyrneidiau) *m*, *S.W:* twryn *m*, *S.E:* bagad(-au) *mf*; **a ~ of trees,** clwstwr (clystyrau) *(m)* o goed. **7.** *(of plant = joint):* cymal(-au) *m*. **~-garden** *n.* gardd addurnol *f*. **~-grass** *n.* *(Polygonum aviculare):* canclwm: cancwlwm *m*, clymlys(-iau) *m*, berwr *(m)* [yr] ieir, berwr iâr, clymog *m*, gwaedlys *m*, costog *(m)* y dom arfor, *S.W: occ:* canglwm *m* (*pronounced* ng-g); **Ray's ~-grass,** *(P. oxyspermum):* canclwm y gro, canclwm

Ray; **sea ~-grass,** *(P. maritimum):* canclwm y môr, canclwm arfor; **small-leaved ~-grass,** *(P. arenastrum):* clymog â dail bach. **~-hole** *n.* twll (tyllau) *(m)* cainc.

knot² *v.t.&i.* **1.** *v.t. (a)* clymu (rhth), clymu/gwn|eud/rhoi/taro cwlwm (ar rth); *V:* **get knotted!** twll dy din di! cer i grafu! cer i Halifax! cer i'r diawl! dos i dy grogi! *N:* dos i weld dy nain! dos i chwarae efo dy fol! *(b) Carp:* **to ~ a piece of wood,** cuddio'r/selio'r ceinciau mewn darn o bren. **2.** *v.i.* clymu, mynd yn gwlwm, drysu.

knot³ *n. Orn: (esp. Calidris canutus):* pibydd(-ion) *m.*

knotch¹ *n. & v.t. Needlew:* **1.** *n.* bwlch (bylchau) *m.* **2.** *v.t.* bylchu.

knotless *a.* digwlwm, dig[y]llymau, heb gwlwm/g[y]llymau; *(= loose):* rhydd.

knotted *a.* **1.** clymog, â ch[y]llymau, cnotiog, cnotiedig; **~ stitches,** pwythau clwm. **2.** = **knotty 3.**

knotter¹ *n.* clymwr (clymwyr) *m,* cl|ymwraig (clymwragedd) *f.*

knotter² faults *n.pl. Carp:* namau.

knottily *adv.* yn gymhleth.

knottiness *n.* **1.** clymogrwydd *m,* natur glymog *f.* **2.** *(of problem):* dryswch *m,* natur ddyrys *f,* cymhlethdod *m,* natur gymhleth *f.*

knotting *vn. & n.* **1.** *vn.* = **knot².** **2.** *n.* seliwr *(m)* ceinciau, peth *(m)* selio ceinciau.

knotty *a.* **1.** *(of rope):* llawn c[y]llymau, c[y]llymog, cnotiog. **2.** *F:* **a ~ point,** pwnc dyrys *m,* pwnc cymhleth *m.* **3.** *(a) (plank &c):* ceinciog, cnotiog; *(b) (hands):* cnotiog, cygnog. **~ pine** *n. Carp:* pîn/pinwydd ceinciog *m.*

knotweed *n. Bot:* **giant ~,** *(Polygonum sachalinense):* clymog cawraidd *m;* **Himalayan ~,** *(Polygonum polystachyum):* clymog yr Himalaya; **Japanese ~,** *(P. cuspidatum):* llysiau(*pl*)'r dial, canclwm Jap|an; **lesser ~,** *(P. campanulatum):* clymog bach.

knout¹ *n.* fflangell(-au, fflengyll) *f,* ffrewyll(-au) *fm.*

knout² *v.t.* fflangellu, ffrewyllu.

know¹ *n. F:* **to be in the ~,** bod ynddi hi, ei gwybod hi, bod yn y gyfrinach; gwybod (am rth); bod yn gyfarwydd (â rhth).

know² *v.t.* **1.** *(a) (a person): (= Fr. connaître, reconnaître):* adnabod, *F:* 'nabod; **to come to ~ s.o.,** dod i adnabod rhn; **I ~ him by sight,** 'rwy'n ei 'nabod o ran ei weld; **I don't ~ him,** 'dydw i ddim yn ei adnabod; [nid] adwaen i mohono; **I'd ~ him anywhere,** byddwn i'n ei 'nabod yn mhig y frân; **I knew him by his walk,** 'roeddwn i'n ei adnabod ar/wrth ei gerddediad; **I knew him for a Welshman,** gwyddwn mai Cymro oedd; **if I ~ him, he'll be here,** o'i adnabod o, mi fydd yma; **do you ~ Gwyn [at all]?** a wyt ti'n 'nabod Gwyn [o gwbl]? *occ:* adwaenost ti Gwyn? *But:* **you ~ Gwyn, my brother? - he's ill,** wyddost ti Gwyn, fy mrawd? - mae'n wael; *(b) B:* **to ~ a woman,** *(carnally):* adnabod merch; *S.a.* **devil¹. 2.** *(a fact, how to do sth &c): (= Fr. savoir): usu.* gwybod, *F:* gwbod; **to be in surroundings one knows,** bod yn eich cynefin; **I don't ~ him from Adam,** ni wn i ar wyneb y ddaear pwy yw; **to ~ good from evil,** gwahaniaethu rhwng da a drwg, gwybod y gwahanieath rhwng da a drwg; gwybod rhagor rhwng da a drwg; **you wouldn't ~ him from a Welshman,** fe daerech mai Cymro yw/oedd; **he knows no fear,** ni ŵyr beth yw ofn; **his zeal knows no bounds,** 'does dim terfyn ar ei frwdfrydedd; **(to ~ sth) by heart,** (gwybod rhth) ar eich cof, ar dafod leferydd; **to ~ sth backwards, to ~ sth inside out,** gwybod rhth y tu chwyneb/chwithig allan; **to ~ how to do sth,** gwybod sut mae gwneud rhth, gwybod sut i wneud rhth, medru gwneud rhth; **he knows [how to speak] Welsh,** mae'n medru Cymraeg; **he knows no Welsh,** 'does ganddo ddim Cymraeg; nid yw'n medru [dim] Cymraeg; **to ~ how to read,** medru darllen; **to do all one knows [how],** gwneud y cyfan a ellwch, gwneud hyd eithaf eich gallu; **to ~ more than one says,** gwybod mwy nag a ddywedir; **to ~ sth for certain,** gwybod rhth yn bendant, gwybod rhth i sicrwydd; **I ~ that full well,** mi wn i hynny o'r gorau; **I ~ that well enough,** mi/fe wn i hynny'n iawn; da y gwn i hynny; **before I knew where I was (I was sprawling),** cyn i mi allu troi, cyn pen fawr o dro ('roeddwn ar fy hyd ar lawr); *S.W: occ:* wyddwn i [ar y] wheddel (nad own i ar yn hyd ar lawr); **as far as I ~, for all I ~,** am [a] wn i, hyd y gwn i; **not as far as I ~,** ddim hyd y gwn i, ddim i mi [ei] wybod; **is his father rich? - I don't ~,** a yw ei dad yn gyfoethog? - wn i ddim (*less correctly N:* 'dwn i ddim), *S:* 'smo' i'n gwbod, *S. W:* sa' i'n gwbod, sana' i'n gwbod; **how do I ~?** sut y gwn i? **he knows his own mind,** fe ŵyr ei feddwl ei hun; **I would have you ~ that . . .,** deallwch chi fod . . .; *Lit:* gwybyddwch fod . . .; *Jur:* **be it known that . . .,** bydded hysbys fod . . .; **I don't ~ that he understands much about it,** mae'n amheus gen i a yw'n deall llawer yn ei gylch; **he didn't quite ~ what to say,** ni wyddai'n iawn beth i'w ddweud; **she didn't ~ where to put herself,** wyddai hi ddim ble i droi; *F:* **he knows a good thing when he sees it,** fe ŵyr [pa] beth sy'n dda; **he knows what he is talking about,** mae'n gwybod ei bethau; mae'n ddigon siŵr o'i bethau; mae'n deall ei drywydd; **they don't ~ they are born,** wyddan' nhw mo'u geni; *F:* **he knows what's what,** fe ŵyr beth yw beth; mae'n gwybod be' 'di be'; *F:* **he knows his onions,** mae'n gwybod ei bethau; **to ~ the ropes,** deall y drefn, deall sut mae pethau'n gweithio; **you ~,** *(as meaningless gap-filler in sentence):* wyddost ti (wyddoch chi), *F:* wsti, wchi (*not* wyt ti'n (ydych chi'n) gwybod; *here the concise form conveys the present tense)*; wrth gwrs, felly, *N:* yntê, *S:* ontefe, ondefe; **I'm not a millionaire, you ~,** 'dydw i ddim yn graig o arian, wyddost ti; *P:* **what do you ~?** *(a) (= what news):* pa newydd? *(b) (int. of surprise):* taw (tewch) â sôn! welaist ti'r (welsoch chi'r) fath beth! 'dawn i byth o'r fan! **I ~ nothing,** ni wn i ddim byd; **I ~ not what,** [ni] wn i ddim beth; *S. W: occ:* [ni] wn i naws; **and I don't ~ what else,** a wn i ddim be' arall; **he knows a thing or two,** mae'n ei deall hi i'r dim; mae'n dipyn o 'dderyn/bryfyn/giamstar/giamblar; mae'n ddigon hir ei ben; mae'n un go graff; mae'n dipyn o hen ben; **to ~ all the answers,** gwybod yr ateb i bopeth, gwybod yr atebion oll; **I ~ him to be a liar,** gwn mai celwyddgi yw; **I have known it [to happen],** mi wn iddo ddigwydd o'r blaen; fe'i gwelais yn digwydd; **I've known myself do it,** fe'm cefais/gwelais fy hun yn ei wneud; **I ~ of it,** mi/fe wn amdano; mi/fe glywais sôn amdano; **have you ever known me [to] tell a lie?** [a] glywsoch chi fi'n dweud celwydd erioed? **he had never been known to laugh,** ni chlywsai neb mohono'n chwerthin erioed; **she has been known to go there,** fe'i gwelwyd hi'n mynd yno; fe wyddys iddi fynd yno; **to get to ~ sth,** *(= hear about sth):* clywed sôn am rth, cael achlust o rth, dod i wybod am rth; **you-~-who was there,** 'roedd wyddoch-chi-pwy yno; **that's all you ~!** ychydig a wyddost ti! **I knew it yesterday,** mi/fe glywais amdano ddoe; **please let us ~ whether you'll be there,** rhowch wybod inni a fyddwch yno (*not* os byddwch yno); **he never knew what hit him,** ni welodd mohoni'n dod; **everything gets known,** mae pawb yn clywed hanes pawb; mae pob dim yn cerdded; mae pethau'n mynd ar led; **d'you ~ what?** wyddost ti (wyddoch chi) be'? *F:* wsti (wchi) be'? (*not:* ti'n/chi'n gwybod be'?); *F:* **don't I ~ it!** mi wn i o'r gorau! **if you hit your head you'll soon ~ it,** mi fyddi di'n gwybod yn fuan iawn os trewi di dy ben; **I ~ what!** mi wn i be'! **I knew it!** 'roeddwn i'n amau braidd [mai fel 'na y byddai hi]! **not if I ~ it!** dim peryg! dros fy nghrogi! **God knows! heaven knows!** Duw a ŵyr! dyn a ŵyr! y nefoedd a ŵyr! **without s.o. knowing,** heb yn wybod i rn, heb i rn wybod; **without anyone knowing,** heb yn wybod i neb, heb i neb wybod; **to ~ better than to do sth,** bod yn rhy gall i wneud rhth, gwybod gwell na gwneud rhth; **I don't ~ that I believe her,** ni wn i ddim a wyf yn ei choelio; **I don't ~ that I care for that picture,** 'dwyf i ddim yn rhy siŵr a wyf i'n hidio am y llun yna; **since I don't ~ when,** ers wn i ddim pryd; **I ~ better [than that],** mi wn i'n well; **(it's so dear) you ~!** (mae hi mor ddrud) wyddost ti (wyddoch chi), *F:* wsti (wchi), ysti (ychi); **you ~ what she's like,** fe wyddoch sut un yw hi; **to ~ all is to forgive all,** gwybod y cyfan, maddau'r cyfan; **he thinks he knows it all,** mae'n meddwl ei fod yn gwybod y cwbl; **you ought to ~ better (at your age),** fe ddylech wybod yn amgenach, fe ddylech fod yn gallach, fe ddylech wybod yn well, fe ddylech wybod gwell (yn eich oed chi); **you ought to have known better,** fe ddylsech fod yn gallach; **you ~ best,** ti/chi [a] ŵyr orau; *F:* **I wouldn't ~,** wn i ddim; 'does gen i'r un syniad; 'does gen i ddim clem *&c*; *F:* **you never ~,** 'wyddoch chi ddim; 'does wybod yn y byd; *F:* **not that I ~ of,** ddim i mi [ei] wybod; ddim hyd y gwn i; *Iron:* **he knows better!** fe ŵyr y cwbl! **they ~ no better,** wyddan' nhw ddim amgenach. **~ about** *v.i.* **to ~ (about sth),** gwybod (am rth); bod yn gyfarwydd, bod yn gydnabyddus, *F:* bod yn gybyddus (â rhth); **I don't ~ about that!** wn i ddim, wir! wn i ddim beth am hynny! **~ of** *v.i.* **I ~ of them,** mi wn amdanynt, mi glywais sôn amdanynt; **I ~ of a good shoemaker,** 'rwy'n 'nabod crydd da; mi wn i am grydd da; **to get to ~ of sth,** clywed sôn am rth, clywed hanes rhth, dod i wybod am rth, cael achlust o rth. **~-all**

n. hollwybodusyn (hollwybodusion) *m*, Sioni (*m*) gwybod y cyfan, awdurdod (*m*) ar bob peth, dyn hollwybodol *m*, *N.W: occ:* pen(-nau) bach *m*. **~-how** *n.* gallu *m*, medr(-au) *m*. **~-nothing** *n.* **1.** *U.S: Pol.Hist:* anwybodus(-ion) *m*. **2.** *(= atheist):* anffyddiwr (anffyddwyr) *m*, anff|yddwraig *f*.

knowable *a.* **1.** *(fact &c):* gwybyddadwy, gwybodadwy. **2.** *(= recognizable):* adnabyddus, adnabyddadwy, y gellir ei adnabod.

knowableness *n.* natur adnabyddadwy/wybyddadwy.

knowe *n.* = **knoll**.

knower *n.* gwybyddwr (gwybyddwyr) *m*, gwyb|yddwraig *f*, adnabyddwr (adnabyddwyr) *m*, adnab|yddwraig *f*.

knowing[1] *a.* *(= shrewd):* cyfrwys, ffel, henffel, hengall (*pronounced* ng-g); *(= conscious):* ymwybodol; **to put on a ~ look,** edrych yn henffel *&c*.

knowing[2] *n. & vn.* **1.** *n.* gwybodaeth *f*; *(of pers.):* adnabyddiaeth *f*. **2.** *vn.* **there is no ~ (how . . ., why . . .),** nid oes wybod, 'does wybod, 'does dim modd/dichon gwybod, ni ellir gwybod (sut . . ., pam . . .); *S: occ:* [ni] wys neb [sut *&c*]; *Lit:* ni wyddys [sut *&c*].

knowingly *adv.* **1.** *(= consciously):* yn ymwybodol, o fwriad, yn fwriadol, yn bwrpasol, trwy wybod, gan wybod, a gwybod; **I have never ~ injured him,** ni wn i ddim imi ei frifo erioed; ni frifais i mohono erioed a gwybod hynny. **2.** *(= shrewdly):* yn henffel *&c*.

knowingness *n.* ffelder *m*, ffelni *m*.

knowledge *n.* **1.** *(a) (of facts):* gwybodaeth *f*; *(of pers., place):* adnabyddiaeth *f*; **to get ~ (of sth),** dod i wybod (rhth, am rth); dysgu (rhth); **I had no ~ of it,** [ni] wyddwn i ddim amdano; **without s.o.'s ~,** yn ddiarwybod i rn, heb [yn] wybod i rn, heb i rn wybod; **lack of ~,** diffyg (*m*) gwybodaeth, anwybodaeth *f*; **it is a matter of common ~,** mae'n hysbys i bawb; fe ŵyr pawb; **to the ~ of everyone, to everyone's ~,** yn hysbys i bawb, hyd y gŵyr/gwyddai pawb; **to my ~, to the best of my ~, as far as my ~ goes,** hyd y gwn i, am a wn i, cyn belled ag y gwn i, hyd eithaf fy ngwybodaeth i, o'r [hyn] a wn i; **not to my ~,** ddim i mi [ei] wybod, ddim hyd y gwn i; **without my ~,** heb i mi wybod, heb fy mod i'n gwybod, heb [yn] wybod i mi; **it has come to my ~ . . .,** yr wyf wedi cael ar ddeall . . .; daeth yn hysbys imi . . .; cefais wybod . . .; **to speak with full ~ [of the facts],** siarad â'r holl wybodaeth [ar flaenau'ch bysedd]; **~ of God,** adnabyddiaeth o Dduw, gwybodaeth am Dduw; **theory of ~,** damcaniaeth (*f*) gwybod/gwybodaeth; *(b)* **he had grown out of all ~,** 'roedd wedi tyfu nes na ellid mo'i adnabod. **2. she has a ~ of several languages,** mae hi'n medru nifer o ieithoedd; **to have a thorough ~ of a subject,** adnabod/gwybod pwnc yn drylwyr; **he has a slight ~ of French,** mae ganddo ryw grap ar Ffrangeg; **his wide ~,** ei wybodaeth eang; **~ of the world,** adnabyddiaeth o'r byd; **~ of the heart,** adnabyddiaeth o'r galon; **~ is power,** gorau arf, dysg; **a little ~ is a dangerous thing,** dysg fechan, mawr berygl; **the advance of ~,** y cynnydd mewn gwybodaeth, cynnydd gwybodaeth; **carnal ~,** adnabyddiaeth gnawdol, adnabyddiaeth yn ôl y cnawd.

knowledgeable *a.* hyddysg, gwybodus, deallus, peniog; **~ people,** gwybodusion.

knowledgeably *adv.* yn ddeallus *&c*.

known *a.* gwybyddus, hysbys; *(pers.):* adnabyddus, hysbys; **well-~,** *(pers.):* enwog, adnabyddus, o fri; *(fact):* hysbys, cyfarwydd, tra hysbys/chyfarwydd; **little-~,** anenwog, anhysbys, anadnabyddus, prin hysbys/gyfarwydd, lled anhysbys/anghyfarwydd, dieithr, di-nod, dinod, na ŵyr/wyddai neb fawr amdano/amdani/amdanynt; **such are the ~ facts,** dyna'r ffeithiau hysbys; **a ~ thief,** lleidr adnabyddus; *(of news &c):* **to become ~ to s.o.,** dod yn hysbys i rn, dod i glustiau rhn; **to make sth ~ to s.o.,** hysbysu rhn yngh|ylch rhth, rhoi gwybod i rn am rth, rhoi rhth ar ddeall i rn; **to make s.o.'s presence ~,** datgelu presenoldeb rhn; **he made his presence ~,** dangosodd ei fod yno; **to make one's wishes ~,** egluro'ch/datgelu'ch dymuniad, gwneud eich dymuniadau'n eglur/hysbys; **it is ~ to all . . .,** fe ŵyr pawb . . .; **he is ~ to everyone; he is ~ everywhere,** mae pawb yn ei adnabod; mae'n adnabyddus i bawb; **be it ~,** bydded hysbys; gwybydder; gwyper; **the like was never ~,** ni chlybuwyd/welwyd erioed mo'r fath beth; **~ as X,** dan yr enw X, a adwaenir fel X; **this is what is ~ as . . .,** dyma beth a elwir . . .; dyma'r hyn a elwir . . .; *(of author &c):* **to become ~,** dod yn adnabyddus, dod yn enwog, dod i fri/amlygrwydd/sylw, ymenwogi, ennill bri, gwneud enw.

Knucklas *W.Pl.n.* Cnwclas *m*.

knuckle[1] *n.* **1.** migwrn (migyrnau) *m*, cwgn (cygnau) *m*, cogwrn (cogyrnau) *m*; **to rap s.o. over the knuckles,** taro rhn ar ei fysedd; *Fig:* ceryddu rhn, dweud y drefn wrth rn; **hands with large knuckles,** dwylo migyrnog; **a ~ sandwich,** dwrn (dyrnau) *m*, dyrnod(-au) *fm*, *S.W: occ:* cwlwm (*m*) pump. **2.** *Cu:* coesgyn(-nau) *m*, pencno (pencnawiau) *m*; **fore-~,** cwgn/migwrn blaen. **3.** *F:* **near the ~,** bras, coch, aflednais, amh|eus, di-chwaeth, *N.W:* agos i'r drafal; **he was a bit near the ~ in his stories,** 'roedd ei straeon braidd yn agos at yr asgwrn; *N.W:* 'roedd yn naddu'n agos i'r drafal yn ei straeon. **~-bone** *n.* **1.** = **knuckle**[1] **1. 2. to play at ~-bones,** chwarae dandis. **~-joint** *n.* **1.** = **knuckle**[1] **1. 2.** *Mec.E: Carp:* uniad(-au) (*m*) cymal. **~-thread** *n.* *Metalw:* edau (*f*) gymal.

knuckle[2] *v.t.&i.* **1.** *v.t.* *(= strike, press &c):* migyrnu. **2.** *v.i.* *(a)* **to ~ down [to work], to ~ down to it,** mynd ati, ymr|oi ati, bwrw ati, bwrw iddi, gafael ynddi, dygnu arni, *S:* clatsio arni, *N:* pydru arni [i weithio]; *(b) (= in marbles):* niclo. **~ under,** torri'ch calon, [g]ildio, plygu, ymostwng **(to s.o.,** i rn); rhoi'r gorau iddi, rhoi'r ffidil yn y to, gwangalonni (*pronounced* ng-g); **I won't ~ down to him,** wna' i ddim plygu iddo fe; fydda' i ddim yn was bach iddo fe; chaiff e ddim bod yn feistr arna' i.

knuckleduster *n.* (*)dwrn (dyrnau) (*m*) haearn.

knucklehead *n.* = **fool**[1].

knur[r] *n.* **1.** = **knot**[1] **5. 2.** *(= ball):* cnapan(-au) *m*; *Games:* **~ and spell,** [chwarae] trymbl, [chwarae] trabol.

knurl[1] *n.* **1.** = **knob**. **2.** *Tls:* *(= ridge):* gwr|ym (gwrymiau) *m*; *Metalw:* nwrl(-iau) *m*; *(= rough surface):* garwedd *m*.

knurl[2] *v.t.* gwrymio; *Metalw:* nwrlio.

knurled *a.* gwrymiog.

knurly *a.* cnotiog.

koa *n.* *Bot:* coeden (*f*) goa (coed coa).

koala *n.* *Z:* **~ bear,** coala(-s) *m&f*.

koan *n.* *Rel:* pos(-au) *m*.

kobold *n.* *Anthr: Min:* cnociwr (cnocwyr) *m*; *pl.* tylwyth teg.

Kodiak *n.* *Z:* **~ [bear],** arth (*f*) Godiac (eirth Codiac).

koel *n.* *Orn:* cöel(-iaid) *m*, cog (*f*) göel (cogau cöel).

kohl *n.* *Toil:* cohl *m*.

kohlrabi *n.* colrabi *m*.

koilonychia *n.* *Path:* ewin(-edd) pantiog *m*.

Koine *n.* *(a)* Coine *f*, *m*; *(b)* **k~,** *(= common language):* iaith gyffredin (ieithoedd cyffredin) *f*.

kokanee *n.* *Ich:* **~ salmon,** cocanî (cocanïaid) *m*.

kokerboom *n.* *Bot:* = **quiver-tree**.

kokkewiet *n.* *Orn:* cigydd(-ion) brongoch *m* (*pronounced* ng-g).

kola *n.* *Bot:* cola *m*. **~ nut** *n.* cneuen (*f*) gola (cnau cola).

kolinsky *n.* *Z:* bele coch (beleod/belawon cochion) *m*.

kolkhoz *n.* fferm gyfun/gyfunol (ffermydd cyfun/cyfunol) *f*, colchoz *m*.

Komodo *n.* *Z:* **~ dragon, ~ lizard,** draig (dreigiau) (*f*) Comodo.

konimeter *n.* = **konometer**.

konini *n.* *Bot:* conini (coninïau) *m*.

konometer *n.* mesurydd(-ion) (*m*) llwch.

kook *a. & n.* *U.S:* **1.** *a.* lloerig, rhyfedd, hanner-pan; *S.a.* **crazy**. **2.** *n.* crinc(-od) *m*; *S.a.* **fool**[1].

kookaburra *n.* *Orn:* = **jackass (laughing)**; **~ sits on an old gum tree,** wele di yn eistedd y 'deryn du.

kooky *a.* = **kook**[1].

kop *n.* *Geog:* bryn(-iau) *m*.

kopeck *n.* *Num:* copec(-s) *m*.

kopie, kopje *n.* bryncyn(-nau) *m*.

Koran (the) *n.* y Corân *m*, y Cwrân *m*.

Koranic *a.* Coranaidd.

Korea *Pr.n.* *Geog:* Corea *f*.

Korean *a. & n.* **1.** *a.* Coreaidd, o Gorea; **the ~ War,** Rhyfel Corea; **she's ~,** Coread yw hi; un o Gorea yw hi; *(in language):* Corëeg. **2.** *n.* *(a) Ethn:* Coread (Coreaid) *m&f*; *(b) Ling:* Corëeg *f*, *m*, iaith (*f*) Corea.

korfball *n.* *Games:* corffbel *m*.

koromiko *n.* *Bot:* *(Veronica salicifolia):* rhwyddlwyn helygddail *m*.

kosher *a.* cosher; *F:* *(= genuine):* go iawn, iawn, cywir.

koto *n.* *Mus:* coto(-au) *m*.

kotukutuku *n. Bot: (Fuschia excorticata):* ffiwsia ddirisgl (ffiwsias dirisgl) *f*, coeden (*f*) ddrops ddirisgl (coed drops dirisgl).
koumiss *n.* cwmis *m*, gwirod (*mf*) llaeth.
kourbash *n.* cwrbits *m*.
kowhai *n. Bot:* cowhai *m*.
kowtow *n. & v.i.* **1.** *n.* moesymgrymiad(-au) *m*, ymgreiniad(-au) *m*. **2.** *v.i.* **to ~ (to s.o.),** moesymgrymu, ymgreinio, gostwng yn eich garrau, cowtowio (i rn); crafu (rhn).
kowtower *n.* ymgreiniwr (ymgreinwyr) *m*, crafwr (crafwyr) *m*, cowtowiwr (cowtow-wyr) *m*.
kraal[1] *n. (a)* crâl (cralau) *m*, pentref(-i) *m*; *(b) (= sheepfold &c):* corlan(-nau) *f*, lloc(-iau) *m*.
kraal[2] *v.t.* corlannu.
kraft *n. Paperm:* **~ [paper],** papur llwyd [gloyw] *m*.
krait *n. Rept:* crait (creitiau) *mf*.
kraken *n. Myth:* afanc(-od) *m*, ceffyl(-au) (*m*) dŵr.
Krakow *Pl.n.* Cracof *f*.
Kraut *n. Pej:* Jeri(-s) *m*, Crawt(-iaid) *m*.
Krautish *a. Pej:* Crawtaidd.
Krebs cycle *n.* cylchred fetabolaidd (*f*) Krebs.
Kremlin (the) *n.* y Cremlin *m*.
Kremlinologist *n.* Cremlinegwr: Cremlinegydd (Cremlinegwyr) *m*.
Kremlinology *n.* Cremlineg *f*.
kriegspiel *n.* chwarae (*m*) rhyfela.
krill *n. Z:* cril *m*.
krimmer *n. Cost:* crimer(-au) *m*.
kris *n.* cleddyf(-au) (*m*) crych.
Krishna *Pr.n. Rel:* Crishna *m*.
Krishnaism *n.* Crishnaeth *f*.
krombek *n. Orn:* telor(-iaid) cambig *m*.
kromesky *n. Cu:* cromesgi (cromesgïau) *m*.
krummhorn *n. Mus:* crymgorn (crymgyrn) *m*.
krypton *n. Ch:* crypton *m*; **the ~ factor,** yr agwedd ddirgel *f*.
kuchen *n. Cu:* teisen (*f*) furum (teisennau burum).
kudos *n. F:* bri *m*, clod *m*, clodydd *pl*.
kudu *n. Z:* cwdw(-od) *m*.
kudzu *n. Bot: (Pueraria thunbergiana):* cwdsw *mf*.
kukri *n.* cwcri(-s) *m*, cleddyf(-au) crwca *m*.
kulak *n.* cwlac(-od,-iaid) *m*.
kulan *n. Z:* cwlan(-od) *m*.
kumara *n.* taten felys (tatws/tatw/tato melys) *f*.
kumis *n.* = **koumis.**
kümmel *n.* ***kümmel*** *m*, gwirod (*m*) carwe.
kumquat *n.* = **cumquat.**
kung-fu *n.* cwng-ffw *m*.
kunzite *n. Miner:* kunzit *m*.
kurchatovium *n. Ch:* = **rutherfordium.**
Kurd *a. & n.* **1.** *a.* Cwrdaidd; *(in language):* Cwrdeg. **2.** *n.* Cwrd(-iaid) *m&f*.
Kurdish *a. & n.* **1.** *a.* Cwrdaidd; **he's ~,** Cwrd ydyw; un o'r Cwrdiaid ydyw. **2.** *n. Ling:* Cwrdeg *f*, *m*.
Kurdistan *Pr.n. Geog:* Cwrdist|an *f*.
kuri *n. Z:* ci (*m*) cwri (cŵn cwri), cwri (cwrïaid) *m*.
kurrajong *n. Bot:* c|wrajong *m*.
kurtosis *n.* cwrtosis *m*.
Kuwait *Pr.n. Geog:* Cow|eit *f*.
Kuwaiti *a. & n.* **1.** *a.* Coweiti, Coweitaidd; **the ~ government,** llywodraeth Cow|eit; **he's ~,** Coweitiad ydyw; un o Coweit ydyw. **2.** Coweitiad (Coweitiaid) *m&f*.
kvass *n.* cwrw (*m*) rhyg.
Kwa *n. Ling:* Cwa *f*, *m*.
kwashiorkor *n. Med:* cwasiorcor *m*.
kwela *n. Mus:* cwela *mf*.
kyanite *n.* c|yanit *m*.
kyanize *v.t.* cyaneiddio.
kyle *n. Scot:* swnd: swnt *m*, culfor(-oedd) *m*.
kylic *n.* = **cylix.**
kylin *n.* cylin(-od) *m*.
kymograph *n.* c|ymograff (cymograffau) *m*.
kymographic *a.* cymograffig.
kyphosis *n. Med:* cyffosis *m*, crymedd *m*, crwbi *m*, cefn crwca *m*.
kyphotic *a. Med:* cyffotig, crwm (*f.* crom, *pl.* crymion), cefngrwm (*f.* cefngrom, *pl.* cefngrymion) (*pronounced* ng-g), gwargrwm (*f.* gwargrom, *pl.* gwargrymion), crwbi, crwca.
Kyrie [Eleison] *n.* Cyrie (Cyriëau) *m*.

L

L, l *n.* **1.** *(the letter):* [y llythyren] L, l *f (pronounced* el, *pl.* -iau); **double l,** *(in Welsh):* Ll, ll *f (pronounced* ell, *pl.* -iau); *Tp:* **L for Lewis,** L am Lewis. **L-asparaginase** *n. Bio-Ch:* L-asb|araginas *m.* **2.** *O: (abbr. of Lt. libra, = pound):* punt (punnoedd, punnau) *f.* **L-dopa** *n. Pharm:* L-dopa *m.* **L.P.** *n.* record(-iau) hir *f.* **L-plate** *n.* plât (platiau) *(m)* L; *the Welsh equivalent is* plât D (= Dysgwr/D|ysgwraig). **L.S.D.** *n.* arian *m;* **it's a question of L.S.D.,** diwedd y gân yw'r geiniog.

la *n. Mus:* la *mf.*

la-la *v.i.&t.* **1.** *v.i.* canu la-la. **2.** *v.t.* **to ~-~ a song,** canu cân la-la.

laager[1] *n.* **1.** *(in S. Africa):* gwersyll(-oedd) *(m)* wageni. **2.** *Mil:* maes (meysydd) *m* [parcio]. **~ mentality** *n.* meddylfryd *(m)* y gwersyll.

laager[2] *v.t.&i.* *(= encamp):* rhoi (pobl *&c*) mewn gwersyll, gwersyllu (pobl *&c*); *(wagons):* rhoi wageni mewn cylch, gosod wageni'n gylch.

lab *n. F:* lab(-iau) *fm,* labordy (labordai) *m.*

Labadist *n. Rel.Hist:* Labadiad (Labadiaid) *m&f.*

labarum *n. Rel.Hist:* lluman(-au) *m,* labaron(-au) *m.*

labdanum *n.* **= ladanum.**

labefaction *n. Lit: (= shaking):* siglad(-au) *m,* ysgytwad(-au) *m; (= weakening):* gwanychiad(-au) *m,* dymchweliad(-au) *m; (= downfall):* cwymp(-au,-iadau) *m.*

label[1] *n.* **1.** label(-i) *mf;* **gummed ~,** glynen(-ni) *f;* **stick-on ~,** label glynu. **2.** *Com:* label, enw(-au) *m;* **care ~,** label gofal; **design ~,** label cynllun; **informative ~,** label gwybodaeth; **kite ~,** marc *(m)* 'cutan; **wool ~,** marc gwlân. **3.** *Arch:* carreg ddiddos (cerrig diddos) *f,* bargodfaen (bargodfeini) *f.* **4.** *Her:* careiau *pl,* label. **~ header** *n. Cmptr:* label blaen *m.*

label[2] *v.t.* labelu (rhth), rhoi label (ar rth); *Fig:* **I was labelled [as] a traitor,** cefais fy ngalw'n fradwr; galwyd fi'n fradwr; cefais yr enw o fradwr.

labellable *a.* labeladwy.

labellate *a. Bot:* gweflog, labelog.

labelled *a.* labelog, labeledig, â label/labeli, wedi'i labelu.

labeller *n.* labelwr: labelydd (labelwyr) *m.*

labelling *vn.* labelu. **~ paper** *n.* papur *(m)* labelu. **~ scheme** *n.* cynllun(-iau) *(m)* labelu. **~ theory** *n.* theori *(f)* (theoriau) labelu.

labellum *n.* labelwm (labela) *m,* gwefl(-au) *f.*

labia *n.pl. See* **labium.**

labial *a. & n.* **1.** *a.* gwefusol, gweflol; *Mus:* **~ pipe,** pibell wefusol *f.* **2.** *n. Phon:* sain wefusol (seiniau gwefusol) *m,* gwefusol(-ion) *m,* gwefliad (gwefliaid) *m.*

labialism *n.* gwefusoledd *m.*

labialization *n. Ling:* gwefusoli *vn,* gwefusoliad(-au) *m.*

labialize *v.t. Ling:* gwefusoli.

labially *adv.* yn wefusol.

labiate *a. & n. Bot:* **1.** *a.* gwefusog, gweflog, gweflaidd. **2.** *n.* gwefl-lys(-iau) *m.*

labile *a. Ch: Ph:* ansad, ansefydlog, cyfnewidiol; *Med:* anwadal, oriog.

lability *n.* ansadrwydd *m,* ansefydlogrwydd *m.*

labiodental *a. & n. Phon:* **1.** *a.* gwefus-ddeintiol. **2.** *n.* sain wefus-ddeintiol (seiniau gwefus-ddeintiol) *f,* gwefus-ddeintiol(-ion) *m.*

labiovelar *a. & n. Phon:* **1.** *a.* gwefus-daflodol. **2.** *n.* sain wefus-dafodol (seiniau gwefus-daflodol) *f,* gwefus-daflodol(-ion) *f.*

labium *n. Anat: Bot: Z:* gwefl(-au) *f,* labiwm (labia) *mf;* **labia majora,** y gweflau mwyaf; **labia minora,** y gweflau lleiaf.

lab-lab *n. Bot:* lab-lab *mf.*

laboratory *n.* labordy (labordai) *m.*

laborious *a.* **1.** *(= hard-working):* gweithgar, diwyd. **2.** *(= toilsome):* llafurus, llafurfawr, trafferthus.

laboriously *adv.* **1.** yn weithgar *&c.* **2.** yn llafurus *&c;* **to do sth ~,** ymlafnio/bustachu/styffigan/stryffaglo/trachlo gwneud rhth, gwneud rhth drwy fawr lafur/drafferth.

laboriousness *n.* llafurusrwydd *m.*

labour[1] *n.* **1.** *(a)* llafur *m,* gwaith *m, S.W: occ:* labar *m;* **casual ~,** llafur dros dro; **immigrant ~,** llafur mewnfudol, llafur mewnfudwyr; **forced ~,** llafur gorfod/gorfodol; **manual ~,** gwaith dwylo, gwaith corfforol, llafur; **migrant ~,** llafur ymfudol; **part-time ~,** llafur rhan amser; **productive ~,** llafur cynhyrchiol; **semi-skilled ~,** llafur lled fedrus; **skilled ~,** llafur medrus; **sweated ~,** slafwaith *m,* slafdod *m;* **unskilled ~,** llafur di-grefft/anhyfedr/anfedrus; **division of ~,** rhaniad *(m)* llafur; **direction of ~,** cyfeirio llafur; *(b) Jur:* **hard ~,** llafur caled. **2.** *(a) (= workers): Ind:* gweithwyr *pl,* gweithlu *m,* llafurlu *m;* **skilled ~,** crefftwyr *pl;* **~ troubles,** trafferthion diwydiannol; *(b)* **L~,** *Coll: Pol:* Llafur; **the L~ Party,** y Blaid Lafur *f;* **a L~ councillor,** cynghorydd Llafur; *Hist:* **L~ Representation Committee,** Pwyllgor Cynrychioli Llafur. **3.** *(= task):* gorchwyl(-ion) *m, A:* anoeth(-au) *m;* **the twelve labours of Hercules,** deuddeg gorchwyl Ercwlff; **~ of love,** llafur cariad, *B:* llafurus gariad *m; (= effort):* ymdrech(-ion) *mf;* **his labours were in vain,** ofer fu ei ymdrechion; yn ofer y llafuriodd. **4.** *(a) Med:* esgor(-au) *m, occ:* esgoredigaeth(-au) *f;* **premature ~,** esgor cyn pryd; **a woman in ~,** gwraig ar/yn esgor; *(b) Vet: (of cow): S:* hâl *f, N:* dolur *m;* **a cow in ~,** buwch yn halu, buwch ar ben ei hâl/hamod. **~ camp** *n.* gwersyll(-oedd) *(m)* llafur. **L~ Day** *n.* Gŵyl *(f)* Lafur (Gwyliau Llafur), Gŵyl y Gweithwyr (Gwyliau'r Gweithwyr). **~ exchange** *n.* swyddfa *(f)* gyflogi (swyddf|eydd cyflogi), canolfan(-nau) *(mf)* gwaith, *F:* lle(-fydd) *(m)* dôl. **~ force** *n.* gweithwyr *pl,* gweithlu *m,* llafurlu *m.* **~ intensity** *n.* llafurddwysedd *m.* **~ intensive** *a.* dwyslafur, llafurddwys. **~-market** *n.* marchnad *(f)* waith (marchnadoedd gwaith). **~ pains** *n.pl.* gwewyr *(m)* esgor, poenau geni/genedigaeth, gloesion esgor; **to have ~ pains,** cael pyliau geni, *S.W: occ:* gwasanaethu pyliau. **~-saving** *a.* arbed gwaith; **~-saving device,** dyfais (dyfeisiau) *(f)* arbed gwaith. **~ union** *n. U.S:* undeb(-au) *(m)* llafur. **~ ward** *n.* ward *(f)* eni (wardiau geni), ward esgor.

labour[2] *v.i.&t.* **1.** *v.i.* *(a)* gweithio, llafurio, ymlafnio, ymegnïo, ymdrechu; **to ~ hard,** gweithio'n galed, slafio, dygnu arni, *N.W: occ:* slanu gweithio, pydru arni; **to ~ at/over sth,** llafurio ar rth; *(b)* **to ~ along,** llafurio/llusgo/ymlusgo/bustachu ymlaen; **to ~ up a hill,** dringo rhiw yn llafurus; *(c)* **to ~ under a burden,** crymu/llafurio dan faich, *S:* breich-lwytho; **to ~ for a cause,** llafurio dros achos; **to ~ under a sense of injustice,** teimlo ichwi gael cam, dioddef teimlad o annhegwch; **to ~ in vain,** llafurio'n ofer, *F:* curo haearn poeth â morthwyl pren; **to ~ under a delusion,** eich twyllo'ch hun; *(d) (of engine):* llafurio, *Nau:* taflu, siglo. **2.** *v.t. (one's style):* gor-wn|eud; **I will not ~ the point,** wna' i ddim manylu/rhygnu ar y pwynt. **3.** *A:* **= till**[1].

laboured *a. (style):* llafurus, clogyrnaidd.

labourer *n.* *(a)* gweithiwr (gweithwyr) *m, Lit:* llafurwr (llafurwyr) *m; B:* **the ~ is worthy of his hire,** teilwng yw i'r gweithiwr ei gyflog; *(b) Ind:* labrwr(-s) *m, S.W: occ:* labrer(-s) *m;* **to work as a ~,** labro; *Min: N:* [ar]loeswr(-s) *m, occ:* labargreigiwr(-s, labargreigwyr) *m; S.a.* **day-labourer;** *(c)* **agricultural ~,** gweithiwr *(m)* ffarm (gweithwyr ffarm/ffermydd), gwas *(m)* ffarm (gweision ffarm/ffermydd).

labouring *a.* **1.** *O:* **~ man,** llafurwr (llafurwyr) *m,* gweithiwr (gweithwyr) *m;* **the ~ class,** y dosbarth gweithiol *m,* dosbarth y gweithwyr, *occ:* y werin *f, Rh:* hen werin y graith. **2.** *(engine &c):* llafurus; **her ~ heart,** ei chalon drallodus/ddioddefus.

Labourism *n. Pol:* Llafuriaeth *f.*

Labourite *n.* Llafurwr (Llafurwyr) *m,* Llaf|urwraig (Llafurwragedd) *f,* aelod(-au) (*m*) o'r Blaid Lafur, cefnogwr: cefnogydd (cefnogwyr) (*m*) y Blaid Lafur; *pl.* **Labourites,** pobl (*f or pl*) Llafur.

Labrador *Pr.n. Geog:* L|abrador: Labradôr *f;* **~ [dog, retriever],** ci (cŵn) (*m*) Labrador. **~ Current** *Pr.n. Geog:* Cerrynt Labrador. **~ tea** *n. Bot: (Ledum palustre):* te (*m*) Labrador.

labradorite *n. Miner:* labradorit *m.*

labret *n. Anthr:* gwefladdurn(-au) *m.*

labrum *n.* gwefl(-au) uchaf *f,* labrwm (labra) *m.*

laburnum *n. Bot: (Laburnum anagyroides):* tresi aur *pl,* euron *f,* banadl (*pl*) Ffrainc, drewgoed *pl,* perlau(*pl*)'r gŵr drwg, pyswydden (pyswydd) *f, S.W: occ:* onnen (ynn) (*f*) Sbaen, leloc melyn *m;* **Scotch ~,** *(L. alpinum):* tresi Alpaidd.

labyrinth *n.* **1.** labrinth(-au) *mf,* l|abyrinth (labyrinthau) *mf,* drysfa (drysf|eydd) *f,* drysle(-oedd) *m,* drysni *m; Fig:* dryswch *m.* **2.** *Anat:* drysle, troellfa (troellf|eydd) *f,* lab[y]rinth.

labyrinthian, labyrinthine *a.* dyrys, dryslyd, lab[y]rinthaidd, cymhleth; *Med:* troellfaol.

labyrinthitis *n. Med:* labyrinthitis *m,* llid (*m*) y droellfa.

lac *n.* lac *m,* ystor *m.* **~ insect** *n. Ent:* ystorbryf(-ed) *m.*

laccolith *n. Geol:* cromenfaen (cromenfeini) *m,* l|acolith (lacolithau) *m.*

lace[1] *n.* **1.** *(of shoe &c):* carrai (careiau) *f, S. W:* lasyn (lasys) *m.* **2. gold ~,** eurwe *f,* ysnoden (*f*) aur. **3.** *Needlew:* les(-ys) *f,* las(-ys,-iau) *f, Lit:* sider(-ion) *m,* ymylwe(-oedd) *f,* addurnwe(-oedd) *f;* **cap and ~,** cap a lasiau; **bobbin-~, pillow-~,** les bobin/clustog; **crocheted ~,** les wedi'i chrosio (lesys wedi'u crosio); **embroidered ~,** les wedi'i brodio (lesys wedi'u brodio); **fluted ~,** les ffliwt, les rychog (lesys rhychog); **galloon ~,** ysnoden Ffrengig; **gathered ~,** les wedi'i chrychdynnu (lesys wedi'u crychdynnu); **joining ~,** les uno; **knitted ~,** les wedi'i gwau/gweu (lesys wedi'u gwau/gweu); **woven ~,** les wedi'i gwehyddu (lesys wedi'u gwehyddu); **to trim sth with ~,** sideru rhth, addurno rhth â les. **~ beading** *n.* gleinwaith (*m*) les. **~ curtain** *n.* llen(-ni) (*f*) les, cyrten(-s) (*m*) les, *Lit:* rhwydlen(-ni) *f.* **~-fern** *n. Bot:* rhedynen (rhedyn) siderog *f.* **~-flower vine** *n. Bot: (Episcia dianthiflora):* gwden(-nau) siderog *f.* **~-glass** *n.* gwydr siderog *m.* **~ insertion** *n.* mewniad(-au) (*m*) les, les wedi'i mewnosod (lesys wedi'u mewnosod). **~-leaf plant** *n. Bot:* = **lattice-leaf plant. ~-maker** *n.* gwneuthurwr (gwneuthurwyr) (*m*) les, gwneuth|urwraig (*f*) les. **~-making** *vn.* gwn|eud les, sideru. **~-orchid** *n. Bot: (Odontoglossum crispum):* tegeirian(-au) crych *m.* **~-pillow** *n.* clustog(-au) (*f*) les. **~ trumpets** *n. Bot: (Sarracenia drummondii):* piserlys rhychog *m.* **~-work** *n.* [gwaith *m*] les, *Lit:* addurnwe *f.*

lace[2] *v.t.* **1. to ~ [up] one's shoes,** clymu/cau careiau'ch esgidiau, cau'ch esgidiau, *S:* laso'ch esgidiau; *A:* **to ~ oneself in,** clymu careiau'ch staes; **~-up shoes,** esgidiau careiau, *S:* esgidiau lasys. **2.** *(= thread):* **to ~ sth with sth,** rhoi carrai/careiau yn rhth, lasio/careio rhth; *(= embroider):* brodio, *S. W: occ:* laso. **3.** *(= adorn with lace):* addurno (rhth) â les, *Lit:* sideru (rhth). **4. to ~ milk with rum,** rhoi diferyn/joch o rỳm mewn llaeth. **5.** *F:* **to ~ into s.o.,** ymosod ar rn, cythru i rn *&c.*

lacebug *n. Ent: (Heteroptera):* llysleuen (llyslau) siderog *f;* **gorse ~,** *(Dictyonota strichnocera):* llysleuen siderog yr eithin; **thistle ~,** *(Tingis ampliata):* llysleuen siderog yr ysgall.

laced *a.* **1.** *(shoes):* careiog, â chareiau; **~-up shoes,** esgidiau wedi'u cau; **~-up corset,** staes wedi'i glymu; *S.a.* **straight. 2.** *(= lacy):* lasiog, â lasiau, â les. **3. milk ~ with rum,** llaeth a diferyn/joch o rỳm ynddo *or* yn ei lygad.

laceless *a.* **1.** *(shoes):* digarrai, digareiau, heb garrai/gareiau. **2.** *Cost:* heb les.

lacelike *a.* videraidd, fel les.

lacer *n. (of shoes):* clymwr (clymwyr) (*m*) careiau.

lacerable *a.* rhwygadwy.

lacerate[1] *v.t.* **1.** *(= tear):* rhwygo, darnio, archolli (rhth); tynnu (rhth) yn gareiau/llyfrïau; *(= mangle):* llarpio, cymriwio, dryllio. **2.** *Fig:* bod yn loes calon (i rn), peri gofid (i rn), rhwygo calon (rhn).

lacerate[2], **lacerated** *a.* *(= torn):* rhwygedig, llyfrïog; *(= mangled):* drylliog, llarpiog, yn gareiau/llyfrïau.

laceration *n.* rhwygiad(-au) *m,* llarpiad(-au) *m,* archolliad(-au) *m,* cymriwiad(-au) *m; vn.* = **lacerate**[1]; **self-~,** hunanarcholli *vn,* hunanarcholiad *m,* rhwygo(*vn*)'ch cnawd eich hun, ymlarpiad *m,* ymlarpio *vn.*

lacerative *a.* rhwygol.

lacertian, lacertine *a. Z:* madfallaidd, madfallog, fel madfall, fel budrchwilen, fel genau goeg.

lacewing *n. Ent:* adain (adenydd) siderog *f,* siderog(-ion) *m;* **brown ~,** *(Hemerobiidae):* adain siderog lwyd (adenydd siderog llwyd); **giant ~,** *(Osmyius fulricephalus):* adain siderog fawr (adenydd siderog mawr). **green ~,** *(Chrysopa carnea):* adain siderog werdd (adenydd siderog gwyrdd).

lacewood *n. Carp:* pren (*m*) planwydd.

laches *n. Jur:* esgeuluster *m,* esgeulustra *m,* esgeulustod *m,* ***laches*** *m.*

lachrymal *a. & n.* **1.** *a.* deigrynnol, lacrymaidd; **~ duct,** pibell (*f*) ddagrau (pibellau dagrau), dwythell (*f*) ddagrau (dwythellau dagrau). **2.** *n.* **~ [vase],** ffiol (*f*) ddagrau (ffiolau dagrau), deigrlestr(-i) *m.*

lachrymate *v.i. Med:* wylo dagrau.

lachrymation *n.* dagreuad *m,* deigriad *m,* llif (*m*) dagrau, tywalltiad (*m*) dagrau.

lachrymator *n.* nwy(-on) (*m*) dagrau.

lachrymatory *a. & n.* **1.** *a.* dagreuol, sy'n peri dagrau. **2.** *n.* = **lachrymal 2.**

lachrymo-nasal *a. Med:* lacrymonasal.

lachrymose *a.* dagreuol, dagreullyd, prudd.

lachrymosely *adv.* yn ddagreuol *&c.*

lacing *vn.* **1.** *vn.* = **lace**[2]; *T.V:* gwau. **2.** *(of shoes, corset &c):* careiau *pl,* lasiau *pl; S.a.* **lace-work. ~ card** *n.* cerdyn (cardiau) (*m*) lasio/careio. **~ strip** *n.* darn(-au) (*m*) lasio/careio.

laciniate[d] *a. Bot: Z:* eddïog, siderog, llyfrïog, rhwygedig.

laciniation *n.* sider(-au) *m,* llyfrïau *pl,* rhwygiad(-au) *m.*

lack[1] *n.* diffyg(-ion) *m,* eisiau *m,* prinder(-au) *m;* **~ of money,** diffyg/prinder arian; **for [the] ~ of sth,** o ddiffyg rhth, oherwydd diffyg rhth; **for the ~ of anything better,** yn niffyg dim gwell; **no ~ of sth,** dim prinder rhth, digonedd (*m*) o rth.

lack[2] *v.t.&i.* **to ~ [for] sth,** bod heb rth, bod yn ddiffygiol yn rhth, bod yn brin o rth; **they lacked for nothing,** 'roedd ganddynt bopeth; *occ:* nid oeddynt ar ôl o ddim; ni wyddent eisiau dim. **~-lustre** *attrib. (eye):* pŵl, afloyw, *Fig:* dilewy[r]ch, di-nod, di-fflach, di-ffrwt, anniddorol, dieneiniad.

lackadaisical *a. (= listless):* llipa, egwan, diynni, diffaith, diafael, digychwyn, di-hid, di-ffrwt; *(= affected):* lliprynnaidd, mursennaidd; **a ~ kind of person,** creadur diafael *m,* creadures ddiafael *f,* brechdan *f* [o ddyn/ddynes *&c*].

lackadaisically *adv.* yn llipa *&c.*

lackey[1] *n.* **1.** gwas (gweision) (*m*) lifrai, gwas troed. **2.** *(= obsequious pers.):* gwas bach, cynffonnwr (cynffonwyr) *m,* llyfwr (llyfwyr) *m,* crafwr (crafwyr) *m.* **~ moth** *n. Ent: (Malacosoma neustria):* gwaswyfyn(-od) *m;* **ground ~ moth,** *(M. castrensis):* gwaswyfyn y morfa.

lackey[2] *v.t.* dawnsio tendans (ar rn), bod yn was bach (i rn).

lacking *a.* prin (o rth), diffygiol (mewn rhth); **money was ~,** 'roedd arian yn brin; **he is ~ in courage,** mae'n brin o ddewrder; **~ in meaning,** diystyr, heb ystyr; **~ in tact,** di-dact; **~ in variety,** diamrywiaeth; *F:* **he's a bit ~ [in the top storey],** mae rhyw goll arno; mae ganddo lechen yn rhydd; **the sermon was ~ in substance,** tenau iawn oedd y bregeth; 'doedd fawr o afael ar y bregeth.

lackland *a.* heb dir, *S. W:* heble.

Laconian *a. & n.* **1.** *a.* Laconaidd; *(in language):* Laconeg. **2.** *n.* *(i)* Laconiad (Laconiaid) *m&f; (ii) Ling:* tafodiaith (*f*) Laconia, Laconeg *f, m.*

laconic *a.* cryno, swta, cwta, byr, diwastraff [eich geiriau]; byreiriog, di-lol, laconig.

laconically *adv.* yn gryno *&c.*

laconicism, laconism *n.* byreiriad *m,* byriaith *f,* byreiredd *m,* laconigrwydd *m.*

lacquer[1] *n.* **1.** lacer: lacr (lacrau) *m,* farnais caled *m, Lit:* eurliw(-iau) *m,* eurolch *m.* **~ tree** *n. Bot: (Rhus verniafera):* coeden (coed) (*f*) lacr.

lacquer[2] *v.t.* lacro, *Lit:* eurliwio, eurolchi.

lacquered *a.* lacrog, eurliwiedig; **~ silk,** sidan lacer, sidan lacrog.

lacquerer *n.* lacrwr (lacrwyr) *m,* eurolchwr (eurolchwyr) *m,* eurliwiwr (eurl|iw-wyr) *m.*

lacrimation *n.* = **lachrymation.**

lacrimator *n.* = **lachrymator.**
lacrosse *n. Games:* ***lacrosse*** *mf.*
lactalbumin *n.* gwyn (*m*) llaeth, lact|albwmin *m.*
lactam *n. Bio-Ch:* lactam *m.*
lactase *n. Bio-Ch:* lactas(-au) *m.*
lactate[1] *n. Bio-Ch:* lactad(-au) *m.*
lactate[2] *v.i.* llaetha, rhoi llaeth.
lactating *a.* yn llaetha; *(cow &c):* blith(-ion), blithog.
lactation *n.* llaetha *vn*, cyfnod (*m*) llaetha, llaethiad *m.*
lactational *a.* llaethiadol.
lactationally *adv.* yn llaethiadol.
lacteal *a. & n.pl.* **1.** *a. (a)* llaethol, llaethog; *(colour):* llaethliw; *(b) Anat:* ceulgludol. **2.** *n.pl.* **lacteals,** *Anat:* ceul-lestri, lactealau.
lactescence *n.* **1.** *(= milky appearance):* llaethogrwydd *m*, llaethwynder *m*, llaetheiddrwydd *m.* **2.** *Bot:* llaethogrwydd *m.*
lactescent *a.* llawn llaeth, blithog, torrog.
lactic *a. Ch:* lactig; ~ **acid,** asid (*m*) llaeth/lactig.
lactiferous *a.* llaethog, llaethddwyn; *(cow):* blith(-ion).
lactiferousness *n.* llaethogrwydd *m*, blithogrwydd *m.*
lactobacillus *n. Bac:* lactobasilws (lactobasili) *m.*
lactoflavine *n.* = **riboflavine.**
lactogenic *a.* lactogenig.
lactoglobulin *n. Bio-Ch:* lactogl|obwlin *m.*
lactoid *a. Art:* lactoid.
lactometer *n.* mesurydd(-ion) (*m*) llaeth.
lactone *n. Bio-Ch:* lacton(-au) *m.*
lactonic *a. Bio-Ch:* lactonig.
lactophenol *n.* lactoffenol *m.*
lactoprotein *n. Bio-Ch:* lactoprotein(-au) *m.*
lactose *n.* siwgwr (*m*) llaeth, lactos *m.*
lacuna *n.* **1.** *(= gap):* bwlch (bylchau) *m*, lle gwag (lleoedd gweigion) *m.* **2.** *Anat:* ceudod(-au) *m*, gwagle(-oedd) *m.*
lacunal *a.* ceudodol, gwagleol.
lacunar *a. & n.* **1.** *a.* = **lacunal. 2.** *n. Arch: (a) (= sunken hollow):* pannwl (panylau) *m*; *(b) (ceiling):* nenfwd (nenfydau) panylog *m.*
lacunaria *n.pl. Arch:* lacwnaria.
lacunary, lacunate, lacunose *a.* = **lacunal.**
lacustrine *a.* llynnol; **the ~ age,** oes y llyndrigolion; ~ **dwelling,** llyndref(-i) *f*; ~ **plants,** planhigion llynnoedd.
lacy *a.* â les, â lasiau, lasiog, *Lit:* siderog. ~ **tree** *n. Bot: (Philodendron selorum):* coeden (coed) siderog *f.*
lad *n.m.* bachgen (bechgyn), llanc(-iau), *N:* hogyn (hogiau), llefnyn (llafnau), llafn(-au), crymffast(-iau), hoglanc(-iau), crwb o hogyn, *S:* crwt (crots, cryts), *M.W:* cog(-iau), *S.W: occ:* rocyn; **a little ~,** bachgen bach, *N:* hogyn bach, *S:* crwtyn bach, *M.W:* cog bach; **come here ~,** *N:* tyrd yma 'ngwas/ 'machgen i; tyrd yma mab; *S:* dere 'ma 'achan; dere 'ma 'machan i; dere 'ma gwb|oi; **now then lads,** *S:* 'nawr 'te fechgyn/ bois [bach]; *N:* 'rŵan 'ta lats/hogia [bach]; *(b) F:* **he's a bit of a ~,** tipyn o dderyn [broc] yw e; tipyn o walch yw e; *N:* un garw ydi o; mae o'n dipyn o lanc; mae o'n dipyn o un; mae o'n dipyn o bry'; *S.a.* **Jack**; *(c) (in stable &c):* gwas (gweision) *m*; *S.a.* **boy. ~'s love** *n. Bot:* = **southernwood.**
ladanum *n.* ystor *m*, ystorlud *m.*
ladder[1] *n.* **1.** ysgol(-ion) *f*, *N: often but incorrectly:* ystol(-ion) *f*; **lower end of a ~,** bôn (*m*) ysgol, troed (*mf*) ysgol; **upper end of ~,** blaen (*m*) ysgol, pen (*m*) ysgol; **rung of a ~,** ffon (ffyn) (*f*) ysgol; **arm ~,** ysgol fraich (ysgolion breichiau); **cat ~, roof-~,** ysgol grib (ysgolion crib), ysgol do (ysgolion to), ysgol ben to (ysgolion pen to); **rope-~,** ysgol raff (ysgolion rhaffau); **window ~,** ysgol ffenestr (ysgolion ffenestri); *S.a.* **Jacob. 2.** *Hyd.E:* **~ of locks,** dringfa (dringf|eydd) (*f*) lociau, grisiau (*pl*) lociau. **3.** *(in stocking):* rhediad(-au) *m*, rhwyg(-iadau) *f*, rhwygiad(-au) *m*; **I've a ~ in my stocking,** mae fy hosan i wedi rhedeg/datod. **~-back** *a. (chair):* â chefn ysgol, â chefn ffyn. **~-dredge** *n.* carthwr (carthwyr) cadwynog *m*, cadwyn (*f*) garthu (cadwyni carthu). **~-mender** *n.* cyweiriwr (cyweirwyr) (*m*) hosanau. **~-proof** *a. (stocking):* annatod. **~-stitch** *n.* pwyth(-au) (*m*) ysgol. ~ **tournament** *n.* t|wrnameint (twrnameintiau) dringo *m.* ~ **truck** *n.* tryc(-iau) (*m*) ag ysgol.
ladder[2] *v.t.&i. (of stocking):* rhedeg, datod.
laddered *a.* wedi rhedeg.
laddie *n.m. Scot: F:* = **lad.**
lade *v.t. Nau:* llwytho.
laden *a.* llwythog; **a fully-~ ship,** llong â llwyth llawn, llong lawn-lwythog; ~ **(with sin &c),** dan faich, dan eich pwn, trymlwythog (o bechod &c); **well-~,** trymlwythog.
la-di-da *a. & n.* **1.** *a. F:* mursennaidd, crachaidd, ymhongar (*pronounced* ng-g), la-di-da, cysetlyd. **2.** *n. (a) (= affectation):* mursendod *m*, *F:* crandrwydd *m*, cysêt *m*; *(b) (pers.):* crechyn (crachach) *m*, trwyn(-au) *m&f.*
Ladin *n.* **1.** *Ling:* Ladineg *f*, *m.* **2.** *Ethn:* Ladinwr (Ladinwyr) *m*, Lad|inwraig (Ladinwragedd) *f.*
lading *vn.* llwytho; *S.a.* **bill**[4] **4.**
Ladino *n.* **1.** *Ling:* Ladino *f*, *m.* **2.** *Ethn:* Ladino(-s) *m&f.*
ladle[1] *n.* **1.** *Cu: Metall:* lletwad(-au, lletwedi) *f*, *F:* sgowp(-iau) *m.* **2.** *(of mill-wheel):* llwy(-au) *f.*
ladle[2] *v.t.* **to ~ [out] soup,** llwyo cawl, llwyeidio cawl, codi cawl [â llwy]; **to ~ (money &c) out,** dosbarthu, rhannu, llwyeidio (arian); rhoi (arian) yn hael.
ladleful *a.* lletwadaid (lletwadeidiau) *f*, llond (*m*) lletwad.
lady *n.f. S.a.* **woman. 1.** *(a)* boneddiges(-au); **~-in-waiting,** boneddiges breswyl (boneddigesau preswyl); ~ **of the bedchamber,** boneddiges wrth alwad; *(b) usu. O: or P:* gwr|aig fonheddig (gwragedd bonheddig), boneddiges, *F:* ledi(-s), ladi(-s); *Pej:* gwraig fawr; *P:* **she's a real ~,** mae hi'n foneddiges o'r iawn ryw; *F:* mae hi'n rêl/rial ledi; **she's no ~,** 'does dim yn foneddigaidd ynddi; **a ~ of easy virtue,** merch lac ei moes, merch barod ei chymwynas; *W.Lit:* **The L~ of the Fountain,** Iarlles y Ffynnon; *Eng.Lit:* **The L~ of Shalott,** Y Feinir o Sialót; *W.Myth:* **the L~ of the Lake,** Morwyn y Llyn, Rhiain y Llyn; *W.Folklore:* **white ~,** ladi wen (ladis gwynion); *(c)* **a ~ and a gentleman,** gwraig fonheddig a gŵr bonheddig; **an old ~,** hen wraig (~ wragedd); **young ~,** merch ifanc (merched ifainc), gwraig ifanc (gwragedd ifainc), geneth ifanc (genethod ifainc); *S.a.* **girl**; *(to child):* **and how are you, young ~,** a sut 'rwyt ti, 'ngeneth/'merch/'mechan i? *Com:* **the young ~ will attend to you,** fe wnaiff y ferch ifanc ofalu amdanoch chi; **I'm sorry, this ~ was before you,** mae'n ddrwg gen i, 'roedd y wraig hon o'ch blaen chi; *Com: P:* **here you are, ~!** *N:* dyma chi, misus! *S:* dyma chi, fenyw fach! *(in plural):* **come on, ladies!** dewch, ferched! *N:* dowch, 'genod! *(at public meetings &c):* **ladies and gentlemen!** foneddigion a boneddigesau! **my dear ~! my good ~!** madam annwyl! wraig annwyl! *(toilet):* merched, *occ: (in school):* genethod; **she's gone to the ladies,** mae hi wedi mynd i'r tŷ bach; *(d)* **the ~ of the house,** meistres y tŷ, y feistres, gwraig y tŷ; *U.S:* **the first ~ [of America],** prif foneddiges [America], gwraig yr Arlywydd; *P: (referring to employer):* **my L~,** Madam; *(e)* **~'s watch,** watsh merch, watsh i ferch; **ladies' tailor,** dilledydd (*m*) merched; **a ladies' man,** merchetwr (merchetwyr) *m*, un (rhai) am y merched, *S:* menwotwr (menwotwyr) *m*; *Danc:* **ladies' chain,** cadwyn y merched; *attrib.* **L~ Mayoress,** Arglwydd Faeres(-au); ~ **friend,** cyfeilles(-au); **(Miss X) first ~ of song,** (Miss X) y brif gantores, blaenores y gân; **first ~ of cinema,** prif actores y sinema; *becoming P: (now usu. woman):* ~ **doctor,** meddyges(-au), doctores(-au); ~ **clerk,** clarces(-au); ~ **dog,** gast (geist); ~ **president,** llywyddes(-au); ~ **chairman,** cadeiryddes(-au). **2.** *Ecc:* **Our L~,** y Forwyn Fair, Mair Wyry, *occ:* Ein Harglwyddes; *(in names of plants &c):* Mair. **3.** *(as title):* bonesig *f*, boneddiges(-au) *f*; **L~ Jones,** y Fonesig Jones; *(peer or wife of peer):* arglwyddes(-au) *f*; **L~ Huws,** yr Arglwyddes Huws; *(in comb. with place-name):* **L~ Llanover,** Arglwyddes Llanofer; **my L~,** f'Arglwyddes, Madam; *Hist:* **the ~ of the manor,** gwraig y plas; ~ **bountiful,** gwraig haelionus, boneddiges hael; ~ **muck,** gwraig fawr faw, *V:* gwraig fawr gachu. **4.** *P:* **my young ~,** *(= fiancé):* fy nghariad i, *S:* fy wejen i, *N.W: occ:* y fodan. **5.** *P:* **my old ~,** *(= wife):* fy ngwraig i, y wraig/misus acw, honacw, 'nacw, *S:* honco s' 'da fi, *N.W: occ:* yr hen fodan; **your ~ wife, your good ~,** eich gwraig, eich priod [hawddgar/hynaws]. **6.** *Ent:* **painted ~,** rhiain fraith (rhianedd brith) *f.* **L~-altar** *n. Ecc:* allor(-au) (*f*) Mair, allor y Forwyn (allorau'r Forwyn). **~ beetle** *n.* = **ladybird. ~-chair** *n.* cadair (*f*) ddwylo (cadeiriau dwylo). **L~ chapel** *n.* capel (*m*) y Forwyn, capel Mair. **~-clock, ~-cow** *n.* = **ladybird. L~ Day** *n. Ecc:* Gŵyl (*f*) Fair y Cyhydedd, Dygwyl (*fm*) Fair. ~ **fern** *n. Bot: (Athyrium filix-femina):* marchredynen fenyw *f.* **~-killer** *n.* merchetwr (merchetwyr) *m*, *S:* menwotwr (menwotwyr) *m.*

~-love *n.* cariadferch(-ed) *f*, cariad(-on) *f*. **L~ Luck** *n.* Ffawd *f*, Meistres (*f*) Ffawd, Dâm (*f*) Ffortiwn. ~ **orchid** *n. Bot: (Orchis purpurea):* tegeirian(-au) porffor *m*. **~'s bedstraw** *n. Bot: (Galium verum):* llysiau(*pl*)'r cywair, briwydd felen *f*, y felynllys *f*, ceulion *pl*, brigau(*pl*)'r twynau, gwallt (*m*) y forwyn. **~'s comb** *n. Bot: (Scandix pecten-veneris):* crib (*f*) Gwener, crib Mair, creithig *f*, nodwydd (*f*) y bugail. **~'s companion** *n. Needlew:* hysif(-au) *f*. **~'s cushion** *n. Bot:* = **thrift 2, saxifrage (mossy)**. **~'s finger** *n. Bot:* = **kidney-vetch, okra**. **~'s laces** *n. Bot:* = **reed-grass**. **~'s maid** *n.* morwyn(-ion, morynion) *f*. **~'s mantle** *n. Bot: (Alchemilla vulgaris):* mantell (*f*) Fair/Mair, palf (*f*) y llew, troed (*mf*) y llew, mantell y Forwyn, mantell y cor, simwr (*m*) y cor, mantell Euron; **Alpine ~'s mantle,** *(A. alpina):* mantell Fair y mynydd, mantell Fair fynyddig; **field ~'s mantle,** *(Aphanes arvensis):* troed (*mf*) y dryw; **Highland ~'s mantle,** *(A. glabra):* mantell Fair y nant. **~'s slipper** *n. Bot: (Cypripedium calceolum):* esgid (*f*) Fair/Mair, llopan (*f*) Fair (llopanau Mair). **~-smock** *n. (Cardamine pratensis):* blodyn (*m*) llefrith, bara (*m*) can a llaeth, hydyf blewog *m*, blodau(*pl*)'r gwcw, blodyn y gog, ffedog (*f*) y forwyn, blodyn llo bach, grawn (*pl*) paradwys. **~'s thumb** *n. Bot:* = **persicaria**. **~'s tresses** *n. Bot: (Spiranthes spiralis):* teircaill *f*, ceineirian troellog/n|ydd-dro *m*; **creeping ~'s tresses,** *(Goodyera repens):* teircaill ymgripiog; **summer ~'s tresses,** *(S. aestivalis):* teircaill yr haf; **threefold ~'s tresses,** *(S. romanzoffiana):* teircaill driphlyg; **autumn ~'s tresses,** *(S. autumnalis):* teircaill hydrefol, teircaill yr hydref; **Irish ~'s tresses, American ~'s tresses,** = **threefold lady's tresses**.

ladybird *n. Ent:* buwch goch gota (buchod coch cwta) *f*, buwch fach gota (buchod bach cwta), *S.W: occ:* buwch goch Duw, ladi fach (ladis bach) (*f*) yr haf, *S.E: occ:* buwch laethog (buchod llaethog).

ladybug *n. U.S:* = **ladybird**.

ladyfinger *n. Cu: U.S:* bys(-edd) melyn *m*.

ladylike *a.* boneddigesaidd, unbenesaidd, boneddigaidd, bonheddig, urddasol, *S.W: occ:* taliedd; *(= effeminate):* merchetaidd.

ladyship *n.* **your ~**, f'arglwyddes; **her ~**, yr arglwyddes; **their ladyships,** yr arglwyddesau.

Laetare Sunday *n.* Sul (*m*) Gorfoledd.

laevorotatory *a.* chwithdroadol.

laevotartaric *a. Ch:* lefotartarig.

laevulose *n. Ch:* l|efwlos *m*.

Lafan Sands *W.Pl.n.* Traeth (*m*) Lafan.

lag¹ *n.* **time-~**, oediad(-au) *m*, oedi *vn*, arafwch *m*, *occ:* hwyredd *m*, hwyrder *m*; **~ and lead,** *Ph: Mth:* dilyn ac arwain; **magnetic ~**, hysteresis *m*, hwyredd magnetig; **phase ~**, oediad gweddau, cyfnod(-au) (*m*) oedi; **~ of tide,** arafiad y llanw; **jet-~**, jetludded *m*. **~ deposits** *n.pl. Geog:* ôl-ddyddodion.

lag² *v.i.* **1.** *(of pers.):* **to ~ [behind],** bod ar ei hôl hi, llusgo [ar ôl], dod yn olaf, oedi, ymlusgo, llusgo'ch traed, ymdr|oi, tin-droi. **2.** *Tchn: (of tides &c):* arafu, oedi; **to ~ and lead,** *Ph:* dilyn ac arwain; *Econ:* rhagdalu a hwyrdalu.

lag³ *n. P: (= convict):* **an old ~**, hen garcharor(-ion) *m*.

lag⁴ *v.t. (= wrap up):* lapio, clustogi, lagio.

lag⁵ *v.t. P: (= send to prison):* anfon (rhn) i'r carchar/jêl; *(= arrest):* [a]restio.

lagan *n. Jur:* broc (*m*) gwely môr, lagan *m*.

lager *n.* lager(-s) *m*, cwrw golau *m*. **~ lout** *n.* llabwst (llabystiaid) meddw *m*.

lagg *n. Coll:* gwernos *pl*.

laggard *a. & n.* **1.** *a.* araf, diog, *S:* pwdr. **2.** *n. (a)* oedwr (oedwyr) *m*, un (rhai) araf [deg], diogyn(-nod) *m*, segurwr: seguryn (segurwyr) *m*, llusgwr (llusgwyr) (*m*) traed, *S:* pwdryn (pwdrod) *m*; **he's a terrible ~**, *S.W: occ:* mae Lowrans ar 'i gefen e, 'rhen bwdryn; *(b) Geog:* ymdröwr (ymdrowyr) *m*.

laggardly *a. & adv.* **1.** *a.* = **laggard 1**. **2.** *adv.* yn araf *&c*.

laggardness *n.* arafwch *m*, diogi *m*.

lagged *a.* lapiedig, clustogog, ynysedig, wedi ei lapio *&c*; **air-lagged,** â chlustog awyr.

lagger *n.* **1.** = **laggard**. **2.** lapiwr (lapwyr) *m*, clustogwr (clustogwyr) *m*.

lagging¹ *a.* **1.** araf [deg], oediog, ymlusgol.

lagging² *vn.* = **lag⁴**. **~-jacket** *n.* siaced(-i) (*f*) lapio; *Ph:* ynysydd(-ion) *m*.

lagging³ *n.* defnydd (*m*) lapio, lapiad(-au) *m*.

lagniappe *n. U.S:* hansel(-au) *f*.

lagomorph *n. Z:* ceinachffurf(-iaid) *m&f*, l|agomorff (lagomorffiaid) *m&f*.

lagomorphic, lagomorphous *a.* ceinachffurf, lagomorffig.

lagoon *n.* **1.** *(sea):* lagŵn (lagynau) *m*, morlyn(-noedd) *m*. **2.** *(freshwater):* merllyn(-noedd) *m*. **~ cockle** *n.* cocosen (cocos) (*f*) y morlyn.

lagoonal *a.* lagwnaidd, morlynnol.

laguna *n.* llyn(-noedd) bach *m*, pwll (pyllau) *m*.

laic *a. & n.* **1.** *a.* lleyg. **2.** *n.* lleygwr (lleygwyr) *m*.

laical *a.* lleygol, lleyg.

laically *adv.* yn lleygol *&c*.

laicism *n.* lleygiaeth *f*.

laicization *n.*, **laicize** *v.t.* lleygoli.

laid *a.* **1.** ~ **paper,** papur gwrymiog, papur dyfrwe; **cable-~**, cyfrodedd; **~ up,** *(= ill):* yn eich gwely, gorwe[i]ddiog; **~ back,** *F: (= relaxed):* didaro, esmwyth, hamddenol. **2.** *U.S: V:* **to get ~**, cael eich tamaid.

Lailoken *Pr.n.m. W.Lit:* Llallogan.

lain *v. See* **lie⁴**.

lair¹ *n.* **1.** *(a)* gwâl (gwal[i]au) *f*, ffau (ffeuau, ffeuoedd) *f*, *S:* cwâl (cwalau) *f*; *(of fox):* daear (deyerydd, daeërydd) *f*; **to go to a ~**, daearu, *S:* cwalo; *(b) Fig:* lloches(-au) *f*, cuddfan(-nau) *mf*, ogof(-âu) *f*; **brigand's ~**, ogof lladron. **2.** *(= shed for cattle on way to market):* cwt (cytiau) *m*, lloc(-iau) *m*.

lair² *v.i.* **1.** daearu; *Fig:* cuddio, *S:* cwato, cwalo. **2.** *(cattle):* llocio.

lairage *n.* llociau *pl*; *(charge):* tâl (*m*) llocio.

laird *n. Scot:* yswain (ysweiniaid) *m*, gŵr (*m*) y plas (gwŷr y plasau).

lairdly *a.* ysweinaidd.

laissez-faire *a. & n.* ***laissez-faire*** (*m*).

laissez-passer *n.* ***laissez-passer*** *m*.

laity *n. Coll:* lleygwyr *pl*, gwŷr lleyg *pl*.

lake¹ *n.* llyn(-noedd,-nau) *m*; **barrier ~**, barlyn(-noedd) *m*; **ox-bow ~**, ystumllyn(-noedd) *m*; **dammed ~**, cronlyn(-noedd) *m*; **former ~**, cynlyn(-noedd) *m*; **the Great Lakes,** y Llynnoedd Mawr; **glacial ~**, rhewlyn(-noedd) *m*; **bitter ~**, llyn chwerw; **gouged-out ~**, llyn cafnog; **moraine dammed ~**, cronlyn marian; **ribbon ~**, llyn hirgul; **rock basin ~**, llyn creicafn; **salt ~**, llyn halen; **Bala ~**, Llyn Tegid; **Llangorse L~**, Llyn Syfaddan; **Aber L~**, Llyn Anafon; **L~ Vyrnwy,** Llyn Efyrnwy, *F:* Llyn Llanwddyn. **L~ District (the)** *Pr.n. Geog:* Ardal (*f*) y Llynnoedd. **~-dweller** *n.* llyndrefwr (llyndrefwyr) *m*. **~-dwelling** *n.* llyndy (llyndai) *m*, crannog (cranogau) *m*. **~-head delta** *n.* delta(-s) (*m*) penllyn. ~ **plateau,** llwyfandir (*m*) llynnoedd. **~ herring** *n. Ich:* = **cisco**. **L~ Poets (the)** *n. Eng.Lit:* Beirdd y Llynnoedd. **~ trout** *n.* brithyll(-iaid,-od) (*m*) y llyn. **~ village** *n.* llyndref(-ydd) *f*.

lake² *n. Art: (= red pigment):* cochliw *m*, lliw coch *m*, lac *m*.

lake³ *v.i. (of blood):* ymdoddi.

lakefront *n.* glan (*f*) llyn (glannau llynnoedd), tal (*m*) llyn (talau llynnoedd).

Lakeland *Pr.n. Geog:* Ardal (*f*) y Llynnoedd. **~ terrier** *n.* daeargi (daeargwn) (*m*) Ardal y Llynnoedd.

lakelet *n.* llyn(-noedd) bach *m*, llyn bychan (llynnoedd bychain), pwll (pyllau) *m*.

laker *n. Fish:* pysgodyn (pysgod) (*m*) llyn.

lakeshore, lakeside¹ *n. & a.* **1.** *n.* glan (*f*) llyn (glannau llynnoedd), *Lit: occ:* min (*m*) llyn (minion llynnoedd). **2.** *a.* glan llyn, ar lan llyn, ar fin llyn.

Lakeside² *W.Pl.n.* Glan (*m*) y Llyn.

lakh *n. Num:* can (*m*) mil.

laky *a.* llyniog, llynnaidd.

Laleston *W.Pl.n.* Trelales *f*.

Lallan *a.* o'r iseldir[-oedd], ***Lallan***.

Lallans *n. Ling:* ***Lallans*** *f*, *m*, Sgoteg *f*, *m*.

lallation *n. Phon:* laliad *m*, lalio *vn*.

lallygag *v.i. U.S:* = **loiter, dawdle**.

lam¹ *v.t.&i. P:* **to ~ ([into] s.o.),** curo, ffonodio, waldio, colbio *&c* (rhn); *S.a.* **beat² 1**.

lam² *v.i. U.S: (= flee):* ffoi, dianc.

lam³ *n. U.S:* **on the ~**, ar ffo; **to take it on the ~**, ffoi, dianc, cymryd y goes, rhoi traed yn y tir *&c*.

Lam[4] *abbr. B:* Galarn.
lama *n. Rel:* lama(-s,-od) *m*.
lamaism *n.* lamayddiaeth *f*.
lamaist *n. & attrib.* **1.** *n.* lamaydd(-ion) *m*. **2.** *attrib.* lamayddol.
lamaistic *a.* = **lamaist 2.**
Lamarckian *a. & n.* **1.** *a.* Lamarc[k]aidd. **2.** *n.* Lamarc[k]ydd(-ion) *m*, Lamarc[k]iad (Lamarc[k]iaid) *m&f*, dilynwr: dilynydd (dilynwyr) (*m*) Lamarck.
Lamarckism *n.* Lamarc[k]iaeth *f*, athrawiaeth (*f*) Lamarck.
lamasery *n.* mynachlog(-ydd) (*f*) lamaod.
lamb[1] *n.* **1.** oen (ŵyn) *m*; **little ~,** oen bach, oenyn *m*; **little [ewe-]lamb,** oenig *m&f*; **twin lambs,** dau oen efaill; **ewe with ~,** dafad lawn (defaid llawn[-ion]) *f*, dafad drom (defaid trwm/trymion), dafad gyfoen (defaid cyfoen); **a puny ~,** *S.W: occ:* cwling(-od) *m*; **sucking ~,** llaethoen (llaethwyn) *m*, oen sugno; **culled lambs,** *S.E:* wŷn cwrlins; **pet ~,** *N:* oen llywaeth, *S:* oen swci, *S.E: occ:* oen parthau, oen swcad, *Lit:* oen llawfaeth; **feeding lambs,** ŵyn stôr; *F:* **my one ewe ~,** fy unig drysor; *Prov:* **as well be hanged for a sheep as for a ~,** cystal dwyn canpunt â cheiniog; **poor ~!** druan bach! y creadur bach! bechod drosto! y peth bach! *S: occ:* pŵr dab [ag e]! *Theol:* **the L~ [of God],** Oen [Duw], yr Oen; **like a ~ to slaughter,** fel oen i'r lladdfa; *F:* **he took it (like a ~),** fe ddioddefodd, fe'i derbyniodd (fel oen bach). **2.** *Cu:* cig (*m*) oen, *S: occ:* cig maharen; **a leg of ~,** coes oen; **a shoulder of ~,** ysgwydd oen; **a piece of ~,** darn o gig oen. **~ chop/cutlet** *n.* golwyth(-[i]on) (*m*) oen. **L~ Island** *W.Pl.n.* Ynys (*f*) yr Oen. **~-like** *a.* oenaidd, fel oen. **~'s fry** *n. Cu:* ffrei (*m*) oen, cerrig (*pl*) oen, cefndedyn (*m*) oen. **~'s lettuce** *n. Bot: (Valerianella locusta):* llysiau(*pl*)'r oen, gwylaeth (*m*) yr oen, diadwyth *m*. **~'s-quarter** *n. Bot:* = **goosefoot.** **~'s tails** *n. Bot: S.W:* cwt (*m*) oen bach (cytau ŵyn bach), *N:* cynffon oen bach (cynffonnau ŵyn bach), *Lit:* cynffon y gath. **~'s tongue** *n. Bot:* llysiau(*pl*)'r oen, tafod (*m*) yr oen. **~'s wool** *n. Cu:* diod (*f*) afalau rhost, gwlân (*m*) oen.
lamb[2] *v.i. (of ewe):* oena, ŵyna, bwrw oen, dod ag oen; **the ewes are lambing,** mae'r defaid yn bwrw'u hŵyn.
lambada *n. Danc:* lambada(-s) *f*.
lambast[e] *v.t. P:* **1.** lambastio; *S.a.* **beat**[2] **1. 2.** *(= criticize):* rhoi rhn dan yr ordd, lladd ar rn, rhedeg ar rn, ei dweud hi'n hallt am rn, dyrnu rhn; **he was lambasted by the press,** fe'i cafodd hi gan y papurau; cafodd ci ddyrnu gan y wasg.
lambda *n. Gr.Alph:* lambda (lambdâu) *f*. **~ moth** *n. Ent:* gwyfyn(-od) (*m*) to bach, gwyfyn lambda.
lambency *n.* llewy[r]ch *m*.
lambent *a.* **1.** *(= radiant):* llewy[r]chol, tywynnol, disglair. **2.** *(= licking):* lleibiol, llyfol.
lambently *adv.* yn dywynnol *&c.*
lamber *n. Agr:* **she's a good ~,** mae hi'n un dda am ddod ag oen/ŵyn.
lambert *n. Ph: Meas:* lambert(-s) *m*.
lambing *vn.* **~ season** *n.* tymor (*m*) ŵyna, tymor yr ŵyn, tymor geni ŵyn, adeg (*f*) ŵyn bach.
lambkill *n. Bot:* llawryf (*m*) y defaid.
lambkin *n.* oenig *m&f*, oenyn *m*, oen (ŵyn) bach *m*, oenan *m&f*.
lambrequin *n. Her:* mantelliad(-au) *m*.
lambsear *n. Bot: (Stachys byzantina):* clust (*f*) yr oen.
lambskin *n.* croen (*m*) oen (crwyn ŵyn), cnuf (*m*) oen (cnufiau ŵyn).
lame[1] *a.* **1.** *(a)* cloff(-ion), *S: occ:* climp, cymhercyn; **~ of/in one leg,** cloff yn un goes, *Lit:* cloff o un goes; **to walk ~,** cerdded yn gloff, hercian, clunhercian, hencian, cloffi, cerdded â herc/henc, *S: occ:* cerdded yn gymhercyn, *S.W: occ:* fferlincan; **I have walked myself ~,** 'rwyf wedi cerdded nes fy mod i'n gloff; 'rwyf wedi cerdded nes cloffi; **to go ~,** mynd yn gloff, cloffi; *Fig:* **a ~ duck,** hwyaden gloff (hwyaid cloffion) *f*, ffowlyn cloff (ffowls cloffion) *m*; **~ duck** *attrib.* cloff, wedi cloffi; **the ~ dogs of society,** cloffion/anffodusion cymdeithas; *(b) Pros:* **~ verses,** penillion herciog/cloff. **2. a ~ excuse,** esgus cloff/llipa/chwithig/gwan/tila; **a ~ story,** stori amh|eus/anfoddhaol/dila/gloff, stori nad yw'n dal dŵr, stori nad yw'n taro deuddeg. **~-brain 1.** *n. U.S:* twpsyn (twpsod) *m*; *S.a.* **fool**[1]. **2.** *attrib.* twp, hurt, penwan, di-ddeall.
lame[2] *v.t.* cloffi (rhn), gwn|eud (rhn) yn gloff.
lamé *a. & n.* **1.** *a.* eurwe, ***lamé(-s).*** **2.** eurwe(-oedd) *f*, ***lamé m.***
lamebrained *a.* = **lame-brain 2.**
lamella *n.* haenen(-nau) *f*, llafn(-au) *m*, haenell(-au) *f*, l|amela (lamelâu) *m*.
lamellar, lamellate *a.* haenennol, haenellol.
lamellation *n.* haenellu *vn*, haenennu *vn*, haenelliad(-au) *m*, haeneniad(-au) *m*.
lamellibranch *a. & n.* = **bivalve.**
lamellicorn *a. & n. Ent:* **1.** *a.* corniog, rheiddiog, osglog. **2.** *n.* chwilen gorniog (chwilod corniog) *f*, cornchwilen (cornchwilod) *f*.
lamelliform *a.* llafnffurf.
lamellose *a.* haenennol.
lamely *adv.* **1.** *(walk):* yn gloff. **2.** *(apologize):* yn chwithig, yn herciog.
lameness *n.* **1.** cloffni *m*. **2.** *(also): (of excuse):* chwithigrwydd *m*.
lament[1] *n. Lit: Mus:* galarnad(-au) *f*, *occ:* galargan(-euon,-au) *f*; *S.a.* **elegy.**
lament[2] *v.t.&i.* galarnadu (am/dros rn, ar ôl rhn).
lamentable *a.* truenus, gresynus.
lamentableness *n.* truenusrwydd *m*, trueni *m*, gresyndod *m*, gresyni *m*.
lamentably *adv.* yn druenus.
lamentation *n.* galarnad(-au) *f*, galargan(-euon,-au) *f*; *B:* **Lamentations of Jeremiah,** Galarnad Jeremeia.
lamented *a.* **the late ~ X,** y diweddar X, coffa da amdano.
lamentedly *adv.* yn anffodus.
lamenter *n.* galarnadwr (galarnadwyr) *m*, galarn|adwraig *f*.
lamenting *a.* galarnadus.
lamia *n.* ellylles(-au) *f*.
lamina *n.* haen(-au) *f*, haenen(-nau) *f*, l|amina (laminâu) *mf*; *Bot:* llafn(-au) (*m*) deilen, pilen(-nau) *f*; *S.a.* **leaf, petal.**
laminal, laminar *a. Ph:* laminaidd; *Phon:* llafnol; *n.pl.* **laminals,** llafnolion.
laminaria *n.pl. Algae:* môr-wiail.
laminarian *n.* = **laminaria.**
laminarin *n. Bio-Ch:* laminarin *m*.
laminate[1] *v.t.* **1.** laminadu, haenellu, haenennu. **2.** *(= split):* hollti, haenu, dalennu, llafnu.
laminate[2] *a. & n.* **1.** *a.* haenog, tafellog, laminedig. **2.** *n.* laminiad(-au) *m*.
laminated *a.* **1.** *(= covered):* laminedig, haenedig, haenog; **~ plastic,** plastig haenog; **~ surface,** arwyneb laminedig. **2.** *(= layered):* dalennog, haenedig, haenol.
lamination *n.* laminiad(-au) *m*, haeniad(-au) *m*, daleniad(-au) *m*, haenogiad(-au) *m*; *vn:* = **laminate**[1].
laminator *n.* lamineiddiwr (lamineiddwyr) *m*.
laminboard *n.* astell lafnog (estyll llafnog) *f*.
laminectomy *n. Med:* lamin|ectomi (laminectomïau) *m*.
laminitis *n. Vet:* llid llafnog *m*, cloffni *m*.
laminose *a.* haenog.
lamister *n.* = **lamster.**
Lammas *n. Scot:* Calan (*m*) Awst; **latter ~,** Dydd (*m*) Sul y Pys, *S.W: occ:* bore (*m*) ffair niwl, *S:* yfory (*m*) Siôn Crydd; **at latter ~,** yng nghyfarfod/nghwrdd deusul.
Lammastide *n.* adeg (*f*) Calan Awst.
lammergeyer *n. Orn:* fwltur(-iaid) barfog *m*.
lamp *n.* **1.** lamp(-au) *f*, *Lit:* llusern(-au) *f*; **coiled-coil ~,** lamp coil dwbl; **long-life ~,** lamp hir oes; **fire-~,** lamp dân (lampau tân); **hurricane/stable ~,** lamp tywydd mawr, lamp stabl, *S:* lamp mas; **paraffin ~,** lamp baraffîn (lampau paraffîn), lamp oel; **safety ~,** lamp ddiogel (lampau diogel); **pocket ~,** lamp boced (lampau poced), fflaslamp(-au) *f*; **table ~,** lamp fwrdd (lampau bwrdd), *S:* lamp ford (lampau bord); **bedside ~,** lamp erchwyn [gwely]; **single-coil ~,** lamp coil sengl; **standard ~,** lamp sefyll, lamp hirgoes, lamp goes hir (lampau coesau hirion); **wall ~,** lamp bared (lampau pared); **singeing ~,** lamp ddeifio (lampau deifio); *Archeol:* **stone ~,** lamp garreg (lampau cerrig); *S.a.* **arc-lamp, gas-lamp, headlamp, reading-lamp, street-lamp. 2.** *El: (bulb):* lamp, bŷlb (bylbiau) *m*; **pearl ~,** bylb llwydwyn; *S.a.* **arc-lamp. ~-black** *n.* du(*m*)'r lamp, du'r efail, *S.W:* lamlac *m*. **~-bracket** *n.* braced (*mf*) lamp (bracedi lampau). **~-chimney, ~-glass** *n.* gwydr(-au) (*m*) lamp. **~-holder** *n. El:* peth(-au) (*m*) dal lamp, daliwr (*m*) lamp (dalwyr lampau). **~-net** *n. Fish:* rhwyd(-au,-i) (*f*) lamp. **~-oil** *n.* oel (*m*) lamp, p|araffin: paraffîn *m*. **~-post** *n.* polyn (*m*) lamp (polion lampau). **~-room** *n. Min: N:* sied(-iau) (*f*) lampau, *S:*

lamprwm(-s) *m.* **~-shell** *n.* = **brachiopod**. **~-standard** *n.* = coes (*mf*) lamp (coesau lampau).
lampas *n. Med:* y fintag *f.*
lamper eel *n.* = **lamprey**.
lampern *n. Ich:* = **lamprey (river)**.
Lampeter *W.Pl.n.* Llanbedr (*f*) Pont Steffan, *F:* Llanbed.
Lampeter Velfrey *W.Pl.n.* Llanbedr (*f*) Efelffre.
Lampha *W.Pl.n.* Llanffa *f.*
Lamphey *W.Pl.n.* Llandyfâi *f.*
lampion *n.* lamp(-au) (*f*) oel.
lamplight *n.* golau (*m*) lamp.
lamplighter *n.* **1.** goleuwr (goleuwyr) (*m*) lampau. **2.** *U.S:* (*= spill*): sbilsen (sbils) *f.*
lampman *n.m. Min:* lampwr (lampwyr).
lampoon¹ *n.* dychan(-au) *fm, Lit:* gogan(-au) *mf* **(of sth,** ar rth); (*poem*): dychangerdd(-i) *f* (*pronounced* ng-g), gogangerdd(-i) *f* (*pronounced* ng-g), cerdd (*f*) ddychan (cerddi dychan).
lampoon² *v.t.* dychanu, goganu.
lampooner *n.* dychanwr (dychanwyr) *m,* goganwr (goganwyr) *m.*
lampoonery *n.* dychan *fm,* dychanu *vn,* goganu *vn.*
lampoonist *n.* = **lampooner**.
lamprey *n. Ich:* lamprai (lampreiod) *f,* llysywen bendoll (llysywod pendwll) *f,* lleiprog(-ion) *f,* llemprog(-od) *m;* **brook ~,** (*Lampetra planeri*): lamprai'r nant (lampreiod y nant); **river ~,** (*L. fluviatilis*): lamprai'r afon (lampreiod yr afon), llysywen bendoll yr afon; **sea ~,** (*Petromyzon marinus*): llysywen bendoll y môr, lamprai'r môr. **~-eel** *n.* = **sea-lamprey**.
lamprophyre *n. Miner:* l|amproffyr *m.*
lampshade *n.* lamplen(-ni) *f,* cysgodlen(-ni) *f,* mantell (mentyll) (*f*) lamp, cysgod(-au) (*m*) lamp (cysgodion lampau).
lamster *n.* ffoadur(-iaid) *m.*
lanate *a. Bot:* gwlanog.
Lancashire *Pr.n. Geog:* Sir/Swydd (*f*) Gaerhirfryn.
Lancaster *Eng.Pl.n. Lit:* Caerhirfryn *f, A:* Caerwerydd *f,* Caerhir *f; Hist:* **the House of ~,** Tŷ Lancastr.
Lancastrian *a. & n.* **1.** *a.* Lancastraidd. **2.** *n.* brodor(-ion) (*m*) o [Sir/Swydd] Gaerhirfryn, Lancastriad (Lancastriaid) *m&f; Hist:* Lancastriad.
Lancaut *Eng.Pl.n.* Llangewydd *f* (*pronounced* ng-g).
lance¹ *n.* **1.** gwaywffon (gwaywffyn) *f,* gwayw (gwewyr) *mf,* ffon (*f*) wayw (ffyn gwayw), picell(-i, -au) *f;* (*= for spearing fish &c*): tryfer(-i) *f;* **to break a ~,** dadlau, ffraeo, ymryson, ymrafael, *S.W: F:* dala tac (â rhn). **2.** (*pers.*): *Hist:* picellwr (picellwyr) *m; S.a.* **freelance. ~-corporal, ~-jack** *n. Mil:* is-gorpral(-iaid) *m.* **~-fish** *n. Ich:* llymrïen (llymrïod) *f,* llymrïad (llymrïaid) *m.* **~-sergeant** *n. Mil:* is-ringyll(-iaid,-od) *m,* is-sarsiant(-iaid) *m.* **~-snake** *n. Rept:* = **fer-de-lance.**
lance² *v.t.* **1.** *Med:* torri, ffleimio. **2.** *Poet:* (*= hurl*): taflu, lansio. **3.** (*= pierce with lance*): trywanu. **4.** (*fish*): tryferu.
lancehead *n.* pen (*m*) gwaywffon (pennau gwaywffyn), pen picell (pennau picelli).
lancelet *n. Ich:* pysgodyn (pysgod) pengoll *m* (*pronounced* ng-g).
Lancelot *Pr.n.m. Myth:* Lawnslot.
lanceolate *a. Bot:* gwaywffurf.
lancer *n.* **1.** *Mil:* ffonwaywr (ffonwaywyr) *m,* gwaywr (gwaywyr) *m.* **2.** *Mus: Danc:* **Lancers,** y Gwaywyr.
lancet *n. Med:* fflaim (ffleimiau) *f,* cyllell (cyllyll) (*f*) meddyg. **~ arch** *n.* bwa (bwâu) pigfain *m.* **~-fish** *n. Ich:* (*Alepisaurus*): fflaim (*f*) fôr (ffleimiau môr). **~ light, ~ window** *n. Arch:* ffenestr(-i) (*f*) lansed, ffenestr bigfain (ffenestri pigfain), *S:* lawnsed: lownsed(-i) *f.*
lanceted *a.* pigfain.
lancewood *n. Bot:* rheinwydd *pl.*
lancinate *v.t.* = **lacerate**.
lancinating *a.* **~ pains,** poenau arteithiol, gwewyr *m.*
lancination *n.* = **laceration**.
land¹ *n.* **1.** (*a*) (*opposed to sea*): tir *m;* **dry ~,** tir sych; **(to travel) by ~,** (teithio) ar y tir, ar dir; **by ~ and sea,** ar dir a môr; **to see how the ~ lies,** gweld sut y mae pethau, gweld pa ffordd y mae'r gwynt yn chwythu, edrych y wlad; **to make/touch ~,** cyrraedd tir, glanio, tirio; (*b*) (*= soil*): tir, pridd *m,* daear *f, Poet:* gweryd *m;* **back to the ~,** yn ôl i'r tir/wlad; **arable ~,** tir âr, *occ:* tir llafur, tir coch; **dry ~,** sychdir(-oedd) *m,* crastir(-oedd) *m;* **enclosed ~,** tir caeëdig/amgaeëdig; **fallow ~,** braenar(-au,-oedd) *m;* **grazing ~,** tir pori, porfeldir(-oedd) *m;* **high ~,** ucheldir(-oedd) *m, occ:* mynydd *m,* myn|ydd-dir (mynydd-diroedd) *m;* **low ~,** tir isel, iseldir(-oedd) *m;* **waste ~,** tir anial, tir diffaith, tir gwyllt, anialdir(-oedd) *m,* diffeithdir(-oedd) *m, occ:* gwylltir(-oedd) *m;* **common ~,** cytir(-oedd) *m,* tir comin, tir cyd; **commonable ~,** tir cominadwy; **marginal ~,** tir ymyl, tir ymylol; **unenclosed ~,** tir agored; *S.a.* **accomodation. 2.** (*= country*): gwlad (gwledydd) *f,* tir(-oedd) *m, occ:* bro(-ydd) *f;* **native ~,** m|amwlad (mamwledydd) *f,* gwlad enedigol, gwlad eich geni, *Poet: occ:* genedigol wlad; **distant lands,** gwledydd pell; **the Holy L~,** y Wlad Sanctaidd, y Tir Sanctaidd; *Mus:* **The L~ of my Fathers,** Hen Wlad fy Nhadau; **~ of song,** gwlad y gân; **the promised ~,** gwlad yr addewid; **the ~ of the leal,** y nefoedd *f;* **in the ~ of the living,** ar dir y [rhai] byw; **theatre ~,** ardal (*f*) y theatrau; *Joc:* **the ~ of Nod,** (*i*) *B:* tir Nod; (*ii*) *Joc:* y cae (*m*) nos, y cae sgwâr. **3.** (*= property &c*): tir(-oedd) *m,* eiddo *m,* ystâd (ystadau) *f.* **~-act** *n.* deddf (deddfau) (*f*) tir. **~-agent** *n.* **1.** (*= steward*): stiward (*m*) tir (stiwardiaid tiroedd). **2.** (*= dealer*): gwerthwr (gwerthwyr) (*m*) tir/tiroedd. **~-agency** *n.* **1.** (*= stewardship*): stiwardiaeth(-au) *f.* **2.** (*= dealer*): asiantaeth(-au) (*f*) eiddo. **~ animal** *n.* anifail (anifeiliaid) (*m*) tir. **L~ Army** *n. Hist:* Byddin (*f*) y Tir, y Fyddin Dir. **~-bank** *n.* banc(-iau) (*m*) tir. **~-breeze** *n.* gwynt(-oedd) (*m*) o'r tir, awel(-on) (*f*) o'r tir. **~-bridge** *n.* sarn (*f*) gyswllt (sarnau cyswllt). **~ certificate** *n.* tystysgrif(-au) (*f*) tir. **~-charge** *n.* pridiant (pridiannau) (*m*) tir. **L~-charges Act** *n.* Deddf (*f*) Pridiannau Tir. **L~ Commission (the)** *n.* y Comisiwn (*m*) Tir. **~-crab** *n. Crust:* cranc(-od) (*m*) tir. **~ cress** *n. Bot:* (*Barbarea verna*): berwr cynnar *m.* **~ force[-s]** *n. Mil:* milwyr *pl* [tir], tirfilwyr *pl,* tirluoedd *pl.* **~-form** *n.* tirffurf(-iau) *f.* **~-girl** *n.f.* geneth(-od) ffarm; *Hist:* un o enethod Byddin y Tir. **~-grabber** *n.* cipiwr (cipwyr) (*m*) tir/tiroedd, cribddeiliwr (cribddeilwyr) (*m*) tir/tiroedd. **~ grant** *n. U.S:* grant (*m*) tir (grantiau tiroedd). **~-hunger** *n.* chwant (*m*) am dir. **~-hungry** *a.* chwannog am dir. **~-law** *n.* cyfraith (*f*) y tir (cyfreithiau'r tir). **~-line** *n.* tirwifren (tirwifrau) *f,* gwifren (gwifrau) (*f*) ar draws y tir. **~-locked** *a.* tirgloëdig, tirgaeëdig. **~ mass** *n.* tirfas(-au) *m.* **~-mine** *n. Exp:* ffrwydryn (ffrwydron) (*m*) tir. **~-office** *n. U.S:* swyddfa (*f*) gofrestru tir (swyddf|eydd cofrestru tir); *U.S:* **~-office business,** mynd (*vn*) garw (ar rth). **~ plaster** *n.* = **gypsum. ~-poor** *a.* tirdlawd, tiriog a thlawd. **L~ Question (the)** *n. Hist:* Pwnc (*m*) y Tir. **L~ Question (the)** *n. Hist:* Pwnc (*m*) y Tir. **~ reform** *n. Hist:* diwygio (*vn*) tirddaliadaeth; **~ reform issue,** = **the Land Question. ~ registration** *n.* cofrestru (*vn*) tir, cofrestriad (*m*) tir (cofrestriadau tiroedd). **L~ Registry (the)** *n.* y Gofrestrfa (*f*) Dir, y Swyddfa (*f*) Gofrestru Tiroedd. **L~'s End** *Eng.Pl.n.* Penrhyn (*m*) Gwaedd, Pengwaedd (*m*) (*pronounced* ng-g) yng Nghernyw, Pen (*m*) Tir Cernyw. **~-shark** *n.* **1.** (*= trickster*): twyllwr (twyllwyr) (*m*) tir sych. **2.** = **land-grabber. ~ slater** *n.* = **wood-louse. ~ snail** *n. Moll:* **giant ~ snail,** marchfalwen (marchfalwod) (*f*) y tir. **~ surveyor** *n.* syrfëwr (syrfewyr) *m,* tirfesurydd (tirfesurwyr) *m.* **~-tax** *n.* treth (f) dir (trethi tir). **~ tenure** *n.* tirddaliadaeth: tirddeiliadaeth *f.* **~-tie** *n. Const:* dolen (*f*) ddaear (dolennau daear). **L~ Transfer Act** *n.* Deddf (*f*) Trosglwyddo Tiroedd. **L~ Tribunal (the)** *n.* y Tribiwnlys (*m*) Tiroedd. **~ use** *n.* defnydd (*m*) tir; **L~ Use Survey (L.U.S.),** Arolwg (*m*) Defnydd Tir (A.D.T.). **~-wind** *n.* = **land-breeze. ~ worker** *n.* gwas (*m*) ffarm (gweision ffermydd).
land² *v.t.&i.* **1.** *v.t.* (*a*) glanio, *occ:* tirio; (*= unload*): dadlwytho; **to ~ an aircraft,** glanio awyren; (*b*) **to ~ a fish,** bachu/glanio pysgodyn; *F:* **to ~ a prize,** ennill/cael/cipio gwobr, *O:* mynd â'r bêl, mynd â'r gloch; (*c*) *F:* **it will ~ you in prison,** carchar gei di; yn y carchar byddi di [ar dy ben]; mi rhydd di yn y carchar [ar dy ben]; **to ~ s.o. with a problem,** gadael problem i rn; **you have landed us in a nice fix!** 'rwyt ti wedi'n gollwng ni ynddi hi! **I was landed with a ticket I didn't want,** cefais fy ngadael â thocyn diangen ar fy nwylo; (*d*) *F:* **to ~ s.o. a blow in the face,** estyn dyrnod i rn yn ei wyneb, rhoi un i rn yng nghanol ei wyneb, *S.W:* cyrraedd ergyd ar rn yn ei wyneb; (*e*) **to ~ a good job,** bachu swydd dda, cael bachiad [da]. **2.** *v.i.* (*a*) (*of pers.*): glanio, tirio, cyrraedd tir, cyrraedd y lan, dod i dir, dod i'r lan, *F:* landio; *Av:* **to ~ on the sea,** glanio ar y môr; (*b*) (*= fall*): cwympo, syrthio, disgyn [ar lawr]; **a sandwich landed in my lap,** syrthiodd brechdan ar fy nglin; (*c*) (*after jumping*): glanio; **to ~ on one's feet,** syrthio/cwympo/glanio ar eich traed.
land³ *n. Pol:* talaith (taleithiau) *f.*

Land⁴ *Pr.n.* ~ **camera** *n.* c|amera (camerâu) (*m*) Land.
landau *n. A: Veh:* lando(-s) *m.*
landaulet *n. Veh:* landolét(-s) *m.*
landed *a.* tirfeddiannol, tiriog; ~ **property,** ~ **estate,** eiddo *m,* tiroedd *pl,* ystadau *pl;* ~ **gentry,** boneddigion *pl,* uchelwyr *pl,* tirfeddianwyr *pl;* **a ~ proprietor,** tirfeddiannwr (tirfeddianwyr) *m,* perchen(-ogion, perchnogion) (*m*) tir; **the ~ interest,** y tirfeddianwyr *pl.*
lander *n.* **1.** *(= gutter):* landar (landeri, landerydd) *f,* cwter(-ydd) (*f*) to. **2.** *Min: (pers.):* land[i]wr(-s) *m.*
lande *n. Geog:* rhostir(-oedd) *m.*
landfall *n. Nau: Av:* golwg (*f*) [y] tir; **to make a ~,** gweld tir, dod o fewn golwg tir, dod i olwg tir.
landfill *n.* claddu (*vn*) sbwriel; *(place):* claddfa (claddf|eydd) (*f*) sbwriel.
landgrave *n.m.* tiriarll (tirieirll).
landgraviate *n.* tiriarllaeth(-au) *f.*
landgravine *n.f.* tiriarlles(-au).
landholder *n.* deiliad (deiliaid) (*m&f*) tir, tirddeiliad (tirddeiliaid) *m&f.*
landholding¹ *a.* tirfeddiannol, tirddeiliadol.
landholding² *vn.* dal tir, tirddaliadaeth *f.*
Landican *Eng.Pl.n.* Llandegan *f.*
Landimore *W.Pl.n.* Landimôr *f.*
landing¹ *n.* **1.** *Nau: &c:* glaniad(-au) *m,* glanio *vn; (in Patagonia):* **the Festival of the L~,** Gŵyl (*f*) y Glanio/Glaniad; *(b) Min: (= reception of load): S:* lando (*vn*) siwrne. ~ **area** *n.* glanfa (glanf|eydd) *f,* ardal (*f*) lanio (ardaloedd glanio). **~-barge** *n.* ysgraff (*f*) lanio (ysgraffau glanio). **~-beam** *n.* pelydryn (pelydrau) (*m*) glanio. **~-card** *n.* cerdyn (cardiau) (*m*) glanio, *S:* carden (*f*) lanio (cardiau glanio). **~-craft** *n.* bad(-au) (*m*) glanio, cwch (cychod) (*m*) glanio. **~-force** *n.* llu(-oedd) (*m*) glanio. **~-gear** *n. Av:* offer (*pl*) glanio. **~-ground** *n. Av:* glanfa (glanf|eydd) *f,* maes (meysydd) (*m*) glanio, maes awyr. **~-net** *n.* rhwyd (*f*) lanio (rhwydi glanio). **~-party** *n.* mintai (*f*) lanio (minteioedd glanio). **~-stage** *n.* pont (*f*) lanio (pontydd glanio), glanfa (glanf|eydd) nofiol *f.* **~-strip** *n. Av:* llain (*f*) lanio (lleiniau glanio).
landing² *n. (of stairs): (a)* pen(-nau) (*m*) grisiau, pen staer (pennau staerau), landin(-s) *f.*
landlady *n.f.* **1.** *(with tenants):* perch[e]noges(-au) *f,* landlordes(-au). **2.** *(of inn):* taf|arnwraig (tafarnwragedd), gwr|aig [tŷ] tafarn (gwragedd [tai] tafarnau). **3.** *(of hotel):* gwest|ywraig (gwestywragedd), gwraig gwesty (gwragedd gwestyau). **4.** *(of lodging):* llet|ywraig (lletywragedd), gwraig llety, *F.* gwraig tŷ lojin.
landless *a.* heb dir, di-dir, *S.W: occ:* heble.
landloper *n. Scot:* = **vagabond.**
landlord *n.* **1.** *(with tenants):* perchennog (perch[e]nogion) *m,* landlord(-iaid) *m;* **head ~,** pen-landlord(-iaid), prif landlord. **2.** *(of inn):* tafarnwr (tafarnwyr) *m,* gŵr (*m*) [tŷ] tafarn (gwŷr [tai] tafarnau). **3.** *(of hotel):* gwestÿwr (gwestywyr) *m,* gŵr gwesty (gwŷr gwestyau). **4.** *(of lodging):* lletÿwr (lletywyr) *m,* gŵr llety (gwŷr lletyau), *F:* gŵr tŷ lojin.
landlordism *n.* landlordiaeth *f.*
landlubber *n.* dyn(-ion) (*m*) tir sych, *F: N:* dyn y lan.
landlubberly *a.* fel dyn tir sych.
landmark *n.* **1.** *(= boundary stone):* carreg (*f*) derfyn (cerrig terfyn), terfyn(-au) *m,* ffin(-iau) *f.* **2.** *Nau: &c: (= conspicuous object):* nod(-au) (*m*) tir, tirnod(-au) *m,* arwyddnod(-au) *m,* cyfarwyddnod(-au) *m.* **3.** *(= event):* trobwynt(-iau) *m,* carreg (*f*) filltir (cerrig milltir), cam(-au) pwysig *m,* digwyddiad(-au) (*m*) o bwys.
landocracy *n. Joc:* tirfeddianwyr *pl, F:* y byddigions *pl.*
landocrat *n. Joc:* perchennog (perch[e]nogion) (*m*) tir, perchen(-ogion, perchnogion) (*m*) tir, tirfeddiannwr (tirfeddianwyr) *m.*
Landore *W.Pl.n.* Glandŵr *m.*
landowner *n.* tirfeddiannwr (tirfeddianwyr) *m,* tirfedd|ianwraig *f,* perchen(-ogion, perchnogion) (*m*) tir, perchennog (perch[e]nogion) (*m*) tir, meistr(-i) (*m*) tir.
landownership *n.* perchenogaeth (*f*) tir, tirfeddiannaeth *f.*
landowning¹ *a.* tirfeddiannol.
landowning² *vn.* perchenogi tir.
landrace *n. Husb:* mochyn (moch) clustlaes *m,* mochyn blewog.
landrail *n. Orn:* = **corncrake.**
landrover *n. R.t.m: Veh:* landrofer(-i, -s) *m.*
landscape¹ *n. (a) Geog:* tirwedd(-au) *f; (b) Art:* tirlun(-iau) *m; S.a.* **blot.** ~ **architect** *n.* pensaer (penseiri) (*m*) tirwedd. ~ **architecture** *n.* pensaernïaeth (*f*) tirwedd. ~ **consultant** *n.* ymgynghorwr (ymgynghorwyr) (*m*) tirlunio. ~ **design** *n.* tirlunio *vn.* ~ **garden** *n.* gardd (*f*) dirlun (gerddi tirlun). ~ **gardener** *n.* garddluniwr (garddlunwyr) *m,* cynlluniwr (cynllunwyr) (*m*) gerddi. **~ gardening** *vn.* garddlunio, cynllunio gerddi. **~-marble** *n.* marmor gwythiennog *m.* **~-painter** *n.* tirluniwr (tirlunwyr) *m,* tirl|unwraig *f.*
landscape² *v.t.&i.* tirlunio.
landscaper, landscapist *n.* tirluniwr (tirlunwyr) *m,* tirl|unwraig *f.*
landside *n. (of plough):* ochr (*f*) y gwellt (ochrau gwellt), plowplat(-iau) *m,* landseid(-s) *m.*
landsker *n. W.Ling:* ffin(-iau) ieithyddol, y landsger *f.*
landslide *n.* **1.** *Geog:* tirlithriad(-au) *m,* tirgwymp(-au,-iadau) *m,* cwymp(-au,-iadau) *m* [tir], cwympiad(-au) (*m*) tir, *occ:* daeardor *f.* **2.** *Pol:* **a ~ win,** buddugoliaeth(-au) ysgubol *f;* **to win by a ~,** ennill yn ysgubol.
landslip *n.* = **landslide 1.**
landsman *n.m.* dyn(-ion) tir sych, *N:* dyn y lan.
landward *a. & adv.* tua'r tir.
landwards *adv.* tua'r tir.
lane *n.* **1.** *(in country, at sea, of motorway, in air &c):* lôn (lonydd) *f; (to farm):* lôn, llwybr(-au) *m, M.W:* wtra (wtreydd), *S.W: occ:* beidr: feidir(-oedd) *f;* **back ~,** lôn gefn (lonydd cefn), cilffordd (cilffyrdd) *f, S.W: occ:* cidell *f,* cidel *f,* gwli(-s) *f;* **four-~ highway,** priffordd (*f*) bedair lôn (priffyrdd pedair lôn); **the outside ~,** y lôn allanol; **the nearside ~,** y lôn fewnol; *Prov:* **it's a long ~ that has no turning,** hir pob cwys nes cyrraedd y dalar; nid oes allt heb oriwaered. **2.** *(of troops):* rhes(-i) *f;* **to form a ~,** ffurfio rhes, ymffurfio'n rhes.
Lanelay *W.Pl.n.* Glaneläi *mf.*
langbeinite *n. Miner:* langbeinit *m.*
langlauf *n. Ski:* ***langlauf*** *m.*
langlaufer *n. Ski:* ***langlaufer(-s)*** *m.*
langley *n. Ph:* *langley(-s) f.*
Langobard *n.* = **Lombard 2.**
Langobardic *a.* = **Lombard 1.**
langoustine *n. Cu:* langwstîn *f (pronounced* ng-g).
lang syne *adv. & n. Scot:* **1.** *adv.* ers talwm, ers llawer dydd, gynt. **2.** *n.* yr hen amser gynt, dyddiau [a] fu.
language *n.* **1.** iaith (ieithoedd) *f; names of languages are f, but m when qualified;* **the Welsh ~,** yr iaith Gymraeg, y Gymraeg *f, occ:* yr iaith, yr heniaith *f; (but m when qualified):* **he speaks good ~,** mae'n siarad Cymraeg da; **finger ~,** iaith [y] bysedd; **sign ~,** iaith arwyddion; **mother ~, native ~,** mamiaith (mamieithoedd) *f;* **of the same ~,** cyfiaith; **of a different/foreign ~,** anghyfiaith; *Cmptr:* **assembly ~,** iaith gydosod (ieithoedd cydosod); **compiled ~,** iaith grynoadol (ieithoedd crynoadol), iaith grynhoi (ieithoedd crynhoi); **high-level ~,** iaith lefel uchel; **interpreted ~,** iaith ddeongledig (ieithoedd deongledig); **low-level ~,** iaith lefel isel; **machine code ~,** iaith côd peiriant; **object ~,** nodiaith (nodieithoedd) *f;* **parent ~,** iaith gysefin (ieithoedd cysefin); **programming ~,** iaith raglennu (ieithoedd rhaglennu); **source ~,** iaith wreiddiol (ieithoedd gwreiddiol); **specification ~,** iaith manyleb; **target ~,** iaith darged (ieithoedd targed), nodiaith (nodieithoedd) *f;* **constructed ~,** iaith luniedig/wn|eud (ieithoedd lluniedig/gwneud). **2.** *(= style of speech):* araith *f,* ieithwedd(-au,-oedd) *f,* lleferydd *mf,* iaith; **strong ~,** iaith gref, rhegf|eydd *pl,* llwon *pl;* **to use strong ~,** *S.W: occ:* cawro; **bad ~,** iaith fras, *N.W:* araith [ddrwg] *f,* brastod *m;* **to use bad ~,** arfer iaith fras, rhegi, *S.W: occ:* bod yn dafotrydd, *N.W: occ:* siarad yn ofer, defnyddio geiriau hyll; **flattering ~,** gweniaith *f.* ~ **laboratory** *n.* labordy (labordai) (*m*) iaith. **~-master** *n.* athro (athrawon) (*m*) ieithoedd. **~-mistress** *n.* athrawes(-au) (*f*) ieithoedd. **3.** *Fig:* **body ~,** iaith y corff, iaith gorfforol.
langue *n. Ling:* ieithdrefn *f,* ***langue*** *f.*
languet *n.* tafod(-au) *m.*
languid *a. (= inert, apathetic):* dioglyd, llipa, llesg, digychwyn, diffaith, diynni, diegni, llibin, di-ffrwt; *(= off-hand):* difraw, didaro, claear; **he is rather ~ about it,** mae'n ddidaro iawn yn ei gylch; *(= faint, weak):* egwan, gwanllyd, gwantan; **a ~ voice,**

llais dioglyd/hamddenol/didaro; ~ **trade,** masnach araf/ddisymud.

languidly *adv.* yn ddioglyd *&c.*

languidness *n.* llesgedd *m*, diffyg (*m*) brwdfrydedd, claearder *m*, claearedd *m*, claearwch *m*, claerineb *m*.

languish *v.i.* nychu, dihoeni, darfod; **to ~ (after/for s.o./sth)** dihoeni, hiraethu, dyh|eu (am rn/rth).

languisher *n.* dihoenwr (dihoenwyr) *m*, dih|oenwraig *f*.

languishing *a.* nychlyd, dihoenllyd, dihoenus, hiraethus, hiraethlon.

languishment *n.* nychdod *m*, nych *m*, dihoenedd *m*, dihoendod *m*, hiraeth *m*.

languor *n.* *(= inertia):* llesgedd *m*, syrthni *m*; *(= tenderness):* tynerwch *m*; *(= softness):* meddalwch *m*.

languorous *a.* *(= inert):* swrth, llesg, dioglyd, diynni, diegni, araf, segur, digychwyn, cysglyd; *(= tender):* tyner, lleddf; *(= soft):* meddal.

languorously *adv.* yn swrth *&c*; yn dyner; yn feddal.

langur *n.* *Z:* langwr(-iaid) *m* (*pronounced* ng-g).

laniard *n.* = **lanyard**.

laniary *a.* & *n.* **1.** *a.* ysgithrog, llarpiol, rhwygol. **2.** *n.* dant (dannedd) ysgithrog *m*, ysgithr(-au,-edd) *m*, ysgithrddant (ysgithrddannedd) *m*.

laniferous, lanigerous *a.* cedenog, gwlanog, manflewog, gwlangroen (*pronounced* ng-g), gwlanddwyn, a gwlân arno *&c.*

lank *a.* **1.** tenau (teneuon), cul(-ion), hirgul(-ion), llipa, main (meinion). **2.** *(hair):* hir(-ion), llaes(-ion), hirllaes(-ion), syth(-ion).

lankily *adv.* yn heglog.

lankiness *n.* hyd *m*, teneuwch *m*, meindra *m*; golwg heglog *f* (ar rn).

lankly *adv.* yn denau *&c.*

lankness *n.* **1.** teneurwydd *m*, teneuwch *m*, culni *m*, meindra *m*, llipryndod *m*, llipryneiddiwch *m*. **2.** *(of hair):* llaester *m*.

lanky *a.* heglog, hirgoes, tenau, lliprynnaidd, meindal, main fel cangen haf, tenau fel polyn lein; **a great ~ fellow,** llipryn(-nod) *m*, *N:* hen luman cul (*m*) o hogyn, slingyn main *m*, llyng[h]yryn (llyng[h]yrod) *m*, hen glul main *m*, hen glulbo, sgrawt *m*, *S.W:* stribyn main *m*, hirbrath *m*; *S.E:* crambo *m*; **a ~ girl/woman,** llyng[h]yren (llyng[h]yrod) *f*.

lanner *n.* *Orn:* hebog(-au,-iaid) gwlanog *m*; *(female):* heboges wlanog (hebogesau gwlanog) *f*.

lanneret *n.* *Orn:* *(male):* hebogyn *m*, hebog(-au,-iaid) gwlanog *m*, gwelchyn (gweilch) *m*.

lanolin *n.* gwlân-olew *m*, l|anolin *m*.

lanose *a.* = **lanate**.

lansquenet *n.* **1.** *Mil:* milwr (milwyr) (*m*) traed. **2.** *Cards:* lansgned *m*.

lantana *n.* *Bot:* lantana (lantanâu) *f*.

Lanteague *W.Pl.n.* Lanteg *f*.

lantern *n.* **1.** *(a)* lantarn (lanternau, lanterni) *f*, lamp(-au) *f*, llusern(-au) *f*; **dark ~, bull's-eye ~,** llusern dywyll (llusernau tywyll); *Bot:* **Chinese ~,** *(Physalis franchetii):* llusern bapur (llusernau papur), blodyn (blodau) bach (*m*) y lanternau; *(b)* **magic ~,** hudlusern(-au) *f*, llusern hud; *Joc:* **parish ~,** y lleuad *mf*, y lloer *f*, lamp y plwyf, cannwyll (*f*) y plwyf, y lamp/lantar/llusern fawr, *N.W:* *occ:* haul (*m*) Tomos Owen. **2.** *Arch:* llusern. **~-fish** *n.* *Ich:* **1.** *(Myctophidae):* llusern (*f*) fôr (llusernau môr), môr-lusern(-au) *f*. **2.** = **sole³ (smooth)**. **~-fly** *n.* *Ent:* pryf(-ed) (*m*) llusern. **~-jawed** *a.* genfain. **~ jaws** *n.pl.* gên fain *f*, gwep denau *f*, bochau pantiog *pl*. **~-pinion** *n.* = **lantern-wheel.** **~-slide** *n.* tryloywlun(-iau) *m*, sleid(-iau) *f*, *common but less correct:* tryloywder(-au) *m*. **~-wheel** *n.* *(of mill &c):* olwyn (*f*) gawell (olwynion cawell).

lanthanide, lanthanon *n.* *Ch:* l|anthanid (lanthanidau) *m*.

lanthanum *n.* *Ch:* l|anthanwm *m*.

lanthorn *n.* = **lantern.**

lanuginous *a.* manflewog, cedenog.

lanuginousness *n.* manflewogrwydd *m*, cedenogrwydd *m*.

lanugo *n.* blew mân *m*, blewiach *pl*, manflew *pl*, ceden *f*.

lanyard *n.* cortyn: cordyn (cyrds, cyrts) *m*, llinyn(-nau) *m*. **~ microphone** *n.* meic(-iau) (*m*) gwddf.

Lao *a.* & *n.* = **Laotian**.

Laodicean *a.* & *n.* **1.** *a.* Laodiceaidd; *(= lukewarm):* claear, diargyhoeddiad, laodiceaidd. **2.** *n.* *(a)* *Hist:* Laodicead (Laodiceaid) *m&f*; *(b)* *Fig:* laodicead (laodiceaid) *m&f*, rhn (rhai) claear.

Laos *Pr.n.* *Geog:* Laos *f*.

Laotian *a.* & *n.* **1.** *a.* Laosaidd, [o] Laos; *(in language):* Laoseg; **the ~ army,** byddin Laos; **she's ~,** Laosiad yw hi. **2.** *n.* *(a)* *Ethn:* Laosiad (Laosiaid) *m&f*. *(b)* *Ling:* Laoseg *f*, *m*.

lap¹ *n.* **1.** *A:* *(= flap, lobe):* llabed(-au,-i) *fm*. **2.** *Anat:* *N:* glin(-iau) *m*, gliniau *pl*, *S.W:* côl *f*, co[e]l *f*, *S:* *occ:* [g]arffed(-au) *f*, *Lit:* cofl *f*, arffed(-au) *f*; **to sit in/on s.o.'s ~,** eistedd ar lin/liniau rhn, eistedd yng nghôl rhn, eistedd ar arffed rhn; **it is in the ~ of the gods,** mae'r peth yn nwylo Duw; mae yn nwylo'r duwiau; **(to live) in the ~ of luxury,** (byw) mewn moethusrwydd, yn fras, uwch ben eich digon, fel gŵr bonheddig, *N:* fel Jiorj *(= George)*. **~-belt** *n.* gwregys(-au) (*m*) arffed. **~-board** *n.* *(of tailor):* *N.W:* labwt(-s) *m*, *S:* slibwt(-s) *m*; *S.a.* **goose¹**. **~-dog** *n.* ci (cŵn) (*m*) anwes, ci arffed, ci twt, ci malpo, *N:* *occ:* ci rhech, ci dal pryfed yn ffenestr, *S.W:* ci co[e]l. **~ robe** *n.* *U.S:* rỳg (*fm*) deithio/teithio (rygiau teithio).

lap² *n.* **1.** *Const:* lap(-iau) *f*, lapiad(-au) *m*, goruniad(-au) *m*; **half-~,** hanner-lap(-iau) *f*. **2.** *El:* *Tex:* *&c:* *(of cotton &c):* lapiad, ceirsiad(-au) *m*, haen(-au) *f*, tro(-eon) *m*. **3.** *Sp:* lap(-iau) *f*, cylchdro(-eon) *m*; **~ of honour,** cylchdro gorchest, cylchdro'r enillydd, lap yr enillydd; **the last ~ of the journey,** rhan olaf (*f*) y daith. **~ dovetail joint** *n.* *Carp:* goruniad cynffonnog. **~ halving joint** *n.* *Carp:* goruniad hanerog. **~-joint¹** *n.* *Carp:* goruniad, hanner (*m*) lap. **~-joint²** *v.t.* goruno. **~-jointed** *a.* gorunedig, gorunol. **~-strake** *attrib.* = **clinker-built**. **~ weld¹** *n.* gorasiad(-au) *m*. **~ weld²** *v.t.* gorasio.

lap³ *v.t.&i.* **1.** *v.t.* *(a)* **to ~ sth round sth,** lapio/ceirsio rhth am rth; *(b)* *Constr:* lapio, gorlapio, goruno; *(c)* *El:* lapio; *(d)* *Sp:* **to ~ another runner,** blaenu rhn o gylchdro, bod dro o flaen rhedwr arall, lapio rhedwr arall, goddiweddyd rhedwr arall. **2.** *v.i.* **to ~ over sth,** bargodi/lapio dros rth.

lap⁴ *n.* **1.** *(of milk &c):* cegaid (cegeidiau) *f*, llaib (lleibiau) *m*, llepiad(-au) *m*. **2.** *(of waves):* llepian *vn*, sŵn (*m*) llepian. **3.** *(= weak tea &c):* slot *m*. **4.** *Husb:* llith *m*.

lap⁵ *v.t.&i.* **1.** *v.t.* *(of animal):* llepian, llempio, llempian, lleibio, *N.W:* slochian, slotian, *S:* lapo, lapan, lapach; *F:* **he laps up everything you tell him,** mae'n llyncu popeth a ddywedwch wrtho. **2.** *v.i.* *(of waves):* llepian, torri.

lap⁶ *n.* *(= disc for polishing):* disg(-iau) (*fm*) caboli.

lap⁷ *v.t.* *(= polish):* caboli, llathru.

laparotomy *n.* *Surg:* lapar|otomi (laparotomïau) *m*.

lapel *n.* llabed(-au,-i) *fm*.

lapelled *a.* llabedog.

lapful *n.* arffedaid (arffedeidiau) *f*, llond (*m*) arffed, coflaid (cofleidiau) *m*, hafflaid (haffleidiau) *m*.

lapiaz *n.* *Geog:* calchbalmant (calchbalmentydd) *m*.

lapicide *n.* saer (*m*) maen (seiri meini), naddwr (naddwyr) (*m*) cerrig, *S:* masiwn (masiyn[i]aid) *m*.

lapidarian *a.* = **lapidary 1**.

lapidary *a*, & *n.* **1.** *a.* maenol; *(= engraved):* ysgythredig, a dorrwyd ar faen, arysgrifol; **a ~ style,** arddull gryno/groyw. **2.** *n.* gemydd(-ion) *m*.

lapidate *v.t.* *Lit:* llabyddio.

lapidation *n.* llabyddiad(-au) *m*, llabyddio *vn*.

lapie *n.* *Geog:* clint(-iau) *m*.

lapillus *n.* *Geog:* caregan (caregos, cerigos) *f*, lapilws (lapili) *m*.

lapin *n.* croen (*m*) cwningen (crwyn cwningod).

lapis lazuli *n.* *Miner:* lapis-laswli *m*, asurfaen *m*, maen (*m*) llasar, glasfaen *m*.

Lapland *n.* Y Lapdir *m*, Gwlad (*f*) y Lapiaid.

Laplander *n.* Lapiad (Lapiaid) *m&f*.

Lapp *n.* **1.** *Ethn:* Lapiad (Lapiaid) *m&f*, Lap(-iaid) *m&f*. **2.** *Ling:* Lapeg *f*, *m*.

lapped *a.* **1.** *Carp:* *Mec.E:* *&c:* gorgyffyrddol, gorunedig, dros ben; **~ tiles,** llechi gorgyffyrddol; *S.a.* **dovetail, joint**. **2.** *El.E:* **~ wire,** gwifren lapiedig. **3.** **~ in luxury,** yn esmwyth eich byd.

lapper *n.* lapiwr (lapwyr) *m*.

lappet *n.* **1.** llabed(-au,-i) *fm*; **~ of a gown,** godre(-on) (*m*) gŵn. **2.** *Orn:* *(= wattle):* tagell(-au, tegyll) *f*. **~ moth** *n.* *Ent:* gwyfyn(-od) llabedog *m*, llabedog(-ion) *m*.

lapping *n.* **1.** *Carp:* *&c:* gorlapiad(-au) *m*. **2.** *El:* lapiad(-au) *m*. **~ line** *n.* *Art:* llinell(-au) (*f*) goruniad.

Lappish *a. & n.* **1.** *a.* Lapaidd; *(in language):* Lapeg. **2.** *n. Ling:* Lapeg *f, m.*

lapse *n.* **1.** *(a) (= mistake):* camgymeriad(-au) *m*, camsyniad(-au) *m*, esgeulustra *m*, esgeulustod *m*, llithriad(-au) *m*; gwall(-au) *m*, pall *m* (ar rth); **it was a ~ on his part,** esgeulustra ar ei ran oedd; llithro a wnaeth; **a ~ of the tongue,** llithriad tafod; **a ~ of memory,** [ennyd o] anghofrwydd *m*, pall ar y cof; *(b) (= decline, falling-off):* llithriad, syrthiad *m*, cwymp *m* (oddi wrth rth); **a ~ from one's duty,** esgeulustod o'ch dyletswydd; **a ~ from faith,** colli (*vn*) ffydd, cwymp (*vn*) oddi wrth ffydd, pall ffydd. **2.** *Jur:* methiant *m* (rhth), pall (ar rth); **~ of a devise,** methiant cymynrodd. **3.** *(of time):* treigl *m*, treiglad *m*, cyfnod *m*, ennyd *mf*, encyd *m*, *Lit:* talm *m* [o amser]; **with the ~ of time,** gyda threigl amser; *Th:* **~ of time curtain,** llen treiglad amser; **after a ~ of three months,** ar ôl cyfnod o dri mis, ar derfyn tri mis, wedi ysbaid o dri mis, ymh|en tri mis. **~ rate** *n. Meteor:* graddfa (*f*) ostwng (graddf|eydd gostwng), cyfradd(-au) (*f*) newid.

lapse[2] *v.i.* **1.** *(a)* **to ~ from duty,** methu yn eich dyletswydd, esgeuluso'ch dyletswydd; **to ~ [back] into idleness,** llithro'n ôl i ddiogi; **to ~ into obscurity,** mynd i ebargofiant, llithro i dir angof, mynd dros gof, mynd i'w golli, mynd yn ddi-sôn-amdano; *(b) abs. (= commit fault):* cyfeiliorni, methu, bod yn ddiffygiol, llithro, syrthio. **2.** *Jur: (of right, of law &c):* mynd yn ddi-rym, methu, pallu, mynd i golli; *(of right, estate &c):* **to ~ to s.o.,** mynd/syrthio i ddwylo rhn.

lapsed *a. & n.* **1.** *a. (a)* gwrthgiliol, gwrthgiliedig; **~ Catholic,** gwrthgiliwr o Babydd, Pabydd/Catholig gwrthgiliedig *or* wedi gwrthgilio; **a ~ person,** gwrthgiliwr (gwrthgilwyr) *m*, gwrthg|ilwraig *f.* *(b) Jur:* di-rym, dirym, diddymedig, dirymedig. **2.** *n. Coll. Rel:* **the ~,** y gwrthgilwyr *pl*, y cwympedigion *pl.*

lapser *n.* gwrthgiliwr (gwrthgilwyr) *m*, gwrthg|ilwraig *f.*

lapstone *n.* arffedfaen (arffedfeini) *m*, *S. W:* lapston: lapstwn *mf.*

Laputa *Pl.n. Lit:* Laputa *f.*

Laputan *a. & n.* **1.** *a.* Lapwtaidd; *(= mad, ridiculous):* lloerig, gwrthun. **2.** *n.* Lapwtiad (Lapwtiaid) *m&f.*

lapwing *n. Orn:* cornicyll(-od) *m*, cornicyll y gors, cornchwiglen (cornchwiglod) *f*, bronddu(*f*)'r twynau, corn (*m*) y wich, cornor (*m*) y gweunydd, corn (*m*) y waun, *S.E: occ:* cornicyll y waun, *N. W: occ:* hen het *f*, gwae fi *m*, *M. W: occ:* cliciad (*f*) y waun.

lar (*pl. lares*) *n. Rom.Ant:* duw(-iau)(*m*)'r cartref, duw teuluol, duw'r aelwyd; **lares and penates,** y cartref, yr aelwyd.

larboard *n. Nau: A:* larbwrd(-iau) *m*; *S.a.* **port[3]**.

larcener, larcenist *n.* lleidr (lladron) *m*, lladrones(-au) *f.*

larcenous *a.* lladronllyd.

larcenously *adv.* yn lladronllyd *&c.*

larceny *n.* lladrad(-au) *m*, lladrata *vn*; *Jur:* **petty ~,** mân-ladrad(-au) *m*, mân-ladrata *vn*, chwiwladrad(-au) *m*, chwiwladrata *vn*; **grand ~,** lladrad mawr. **L~ Act** *n. Jur:* Deddf (*f*) Lladrad.

larch *n. Bot:* llarwydden (llarwydd) *f*, llarswydden (llarswydd) *f*, *S. W:* lartsien (lartsh) *f*; **European ~,** *(Larix decidua):* llarwydden Ewrop; **Japanese ~,** *(L. leptolepis, L. kaempferi):* llarwydden Jap|an.

larchwood *n. Carp:* pren (*m*) llarwydd, *F:* lartsh *m.*

lard[1] *n.* saim *m*, bloneg *m*, braster *m*, lard *m*. **~ beetle** *n. Ent:* pryf(-ed) (*m*) bacwn. **~ pig, ~ type** *n. Husb:* mochyn (moch) (*m*) bloneg.

lard[2] *v.t.* **1.** *Cu:* blonegu, lardio. **2.** *F:* **to ~ a speech with quotations,** britho araith â dyfyniadau.

larder *n.* pantri (pantrïoedd) *m*, bwtri (bwtrïoedd) *m*, cwpwrdd (cypyrddau) (*m*) bwyd. **~ beetle** *n. Ent:* pryf(-ed) (*m*) bacwn.

larding *vn.* = **lard[2]**. **~-needle, ~-pin** *n.* gweyllen (gweyll) (*f*) lardio.

lardon, lardoon *n.* stribed(-i) (*mf*) o facwn, stribed o gig moch.

lardy *a.* seimlyd, seimllyd. **~-cake** *n. Cu:* teisen (*f*) doddion (teisennau toddion), teisen lard/lardi. **~-dardy** *a. F:* mursennaidd, la-di-da.

large *a., adv. & n.* I. *a. (a)* mawr(-ion) (*comp.forms:* cymaint, mwy, mwyaf), *occ:* bras (breision); *(= extensive):* eang, helaeth, cynhwysfawr, sylweddol; **a ~ part of the work,** cyfran sylweddol o'r gwaith; **~ hailstones,** cenllysg/cesair bras; **a ~ room,** ystafell fawr/helaeth/eang; **a ~ house,** tŷ helaeth, *N:* honglad (*m*) o dŷ, clamp (*m*) o dŷ, homer (*m*) o dŷ, *S:* sgrongol (*m*) (*pronounced* ng-g) o dŷ, gorest (*m*) o dŷ mawr; **a nice ~ house,** clamp o dŷ mawr braf, *N. W: occ:* clamp o dŷ iawn/clyfar/nobl; **to grow ~,** tyfu'n fawr, mynd yn fawr, prifio, ymledu; **~ of limb,** aelodfawr, ag aelodau mawr; **the ~ intestine,** y coluddyn mawr *m*, *S. W:* y boten fawr *f*; **as ~,** cymaint, mor fawr; **as ~ again,** cymaint eto; **very ~,** enfawr, dirfawr; **as ~ as a horse,** cymaint â cheffyl; **as ~ as life,** *(statue &c):* o'r un faint â'r gwreiddiol; *F:* **(he turned up the next day) as ~ as life,** (fe ddaeth drannoeth) yn y cnawd, yn dalog, yn [reit] iach; **a ~ increase in prices,** cynnydd sylweddol mewn prisiau; **~ and small farmers,** ffermwyr mawr a mân; **a ~ man,** clobyn/paladr/clampyn o ddyn [mawr], *S. W:* slabyn *m*, slashyn *m*, whompyn mawr *m*; **a ~ woman,** cloben o fenyw, cymanfa o fenyw, *N:* pladres/clampen/clompen o ddynes, *S:* slasiar o fenyw, *S. W:* slaben *f*, slashen *f*, whompen fawr *f*; **a ~ lazy woman,** cloben fawr ddiog [o ddynes], *N. W: occ:* hen glustog o ddynes; **in [a] ~ measure,** i raddau helaeth; **a criminal on a ~ scale,** troseddwr ar raddfa fawr/eang. II. *adv. Nau:* **to sail ~,** hwylio gyda'r gwynt; **by and ~,** *See* **by** II, **1.** III. *n.* **at ~,** *(a)* yn rhydd, ar grwydr, a'ch traed yn rhydd; **to set a prisoner at ~,** rhyddh|au carcharor, gollwng carcharor [yn rhydd], rhoi rhyddid i garcharor; *U.S:* **ambassador at ~,** llysgennad (llysgenhadon) arbennig *m*, llysgennad ar grwydr; **congressman at ~,** cyngreswr (*m*) dros ardal gyfan (cyngreswyr dros ardaloedd cyfain); **gentleman at ~,** gŵr (gwŷr) bonheddig (*m*) ar grwydr, gwrda (gwyrda) (*m*) ar grwydr; *(b)* **people at ~,** pobl (*f or pl*) yn gyffredinol, trwch (*m*) y boblogaeth, y cyhoedd *m*. **~ blue** *n. Ent:* glas (gleision) mawr *m*, glesyn (gleision) mawr *m*. **~ copper** *n. Ent:* copr(-au) mawr *m*. **~-handed** *a.* hael, haelionus, haelfrydig, llaw-hael. **~-hearted** *a.* **1.** *(= magnanimous):* mawrfrydig, eangfrydig, â chalon fawr, mawrgalon. **2.** *(= generous):* hael, haelionus, caredig. **~-heartedness** *n.* **1.** *(= magnanimity):* mawrfrydedd *m*, mawrfrydigrwydd *m*. **2.** *(= generosity):* haelioni *m* [calon]. **~-minded** *a.* haelfrydig, rhyddfrydig, eangfrydig. **~-mindedly** *adv.* yn haelfrydig *&c.* **~-mindedness** *n.* haelfrydedd *m*, mawrfrydedd *m*, mawrfrydigrwydd *m*, natur hael/haelfrydig *&c.* **~-mouth bass** *n. Ich:* draenog(-od) cegfawr *m*. **~ paper copy** *n. Lib:* copi (copïau) (*m*) dalennau mawr. **~-print** *a.* print bras; **~-print book,** llyfr(-au) (*m*) print bras. **~-scale** *a.* ar raddfa fawr/eang, eang, helaeth, sylweddol; *Cmptr:* **~-scale integration,** cyfannu (*vn*) graddfa uchel. **~-souled** *a.* eneidfawr; *S.a.* **large-hearted**. **~-type** *a.* = **large-print**. **~ white** *n. Husb: (pig):* mochyn gwyn mawr (moch gwynion mawr) *m*.

largely *adv.* **1.** *(= for the most part):* yn bennaf, i raddau helaeth; **it is ~ unchanged,** mae'n bur ddigyfnewid; nid yw wedi newid fawr. **2. that is ~ sufficient,** mae hynny'n eithaf digon.

largen *v.t.&i.* gwn|eud (rhth) yn fwy, mwyh|au (rhth).

largeness *n.* mawrdra *m*, maint *m*, ehangder *m*, helaethrwydd *m*, maintioli *m*.

largess[e] *n. Lit: (a) (= gift):* rhodd(-ion) *f*, anrheg(-ion) *f*; *(b) (= generosity):* haelioni *m*.

larghetto *a., adv. & n. Mus:* ***larghetto(-s)*** *m*.

largish *a.* lled fawr, gweddol fawr, eithaf mawr, go fawr, pur fawr.

largo *Mus: a. adv. & n.* ***largo(-s)*** *m*.

lariat *n.* rhaff(-au) *f*, rheffyn(-nau) *m*, tennyn (tenynnau) *m*; *S.a.* **lasso**.

lark[1] *n. Orn:* **[field-]~,** *(Alauda arvensis):* ehedydd(-ion) *m*; **to rise with the ~,** codi'n fore, codi'n blygeiniol, codi gyda glasiad y wawr, codi gyda'r ehedydd, *N: Joc:* codi cyn cŵn Caer, bod yn seren fore; *W.Mus:* **the Rising of the L~,** Codiad yr Ehedydd; **she sings like a ~,** mae hi'n canu fel eos; **bar-tailed desert ~,** *(Ammomanes cincturus):* ehedydd cynffonddu'r anialwch; **bifasciated ~,** *(Alaemon alaudipes):* ehedydd dwyresog; **bimaculated ~,** *(Melanocorypha bimaculata):* ehedydd deufannog; **black ~,** *(M. yeltoniensis):* ehedydd du; **black-crowned finch-~,** *(Eremopterix nigriceps):* ehedydd penddu; **bunting ~,** = **bunting (corn)**; **Calandra ~,** *(M. calandra):* ehedydd Calandra, ehedydd tew; **crested ~,** *(Galerida crista):* ehedydd cribog, gwich-ehedydd(-ion); **desert ~,** *(Ammomanes deserti):* ehedydd yr anialwch; **Dupont's ~,** *(Cherophilus duponti):* ehedydd Dupont; **hoopoe ~,** = **lark (bifasciated)**; **Indian sand ~,** *(Calandrella raytal):* ehedydd tywod yr India; **lesser short-toed ~,** *(C. rufescens):* ehedydd byrewin bach; **meadow ~,** *(a)* = **pipit (meadow)**; *(b)* = **grackle**. **shore ~,** *(Eremophila alpestris):* ehedydd y traeth; **short-toed ~,** *(C. cinerea):* ehedydd byrewin, ehedydd llwyd; **Temminck's**

horned ~, *(Eremophila bilopha):* ehedydd corniog Temminck; **Thekla ~,** *(G. theklae):* ehedydd Thekla; **thick-billed ~,** *(Rhamphocorys clot-bey):* ehedydd pigfras; **white-winged ~,** *(M. leucoptera):* ehedydd asgell wen; **wood ~,** *(Lullula arborea):* ehedydd y coed, yr enid *f*, ysgudogyll(-od) *m*. **~-heel** *n.* = **larkspur.**

lark² *n. F:* sbort *mf*, hwyl *f*, sbri *fm*, *N.W:* giamocs *pl*; **(to do sth) for a ~,** (gwneud rhth) am sbort, fel sbri, o ran hwyl; **what a ~!** am sbort! am hwyl!

lark³ *v.i. F:* **to ~ about,** cael sbort, cael hwyl, lolian, chwarae bili-ffŵl, chwarae'n wirion, *N.W:* gwn|eud giamocs.

larker *n.* loliwr (lolwyr) *m*, rhn chwar|eus, un sy'n hoff o sbort/hwyl *&c.*

larkspur *n. Bot:* **[forking/field] ~,** *(Delphinium):* llysiau(*pl*)'r ehedydd, tafod (*m*) yr ehedydd, troed (*mf*) yr ehedydd, [y]sbardun (*m*) y marchog; **Alpine ~,** *(D. elatum):* troed ehedydd yr Alpau; **Cashmere ~,** *(D. cashmirianum):* ysbardun marchog yr India; **Eastern ~,** *(Consolida orientalis):* ysbardun marchog y Dwyrain; **mountain ~,** *(D. montanum):* troed ehedydd y mynydd; **rocket ~,** *(D. ajacis):* ysbardun marchog glas.

larky *a.* chwar|eus, llawn sbort/hwyl/sbri.

larn *v.t.&i. P:* = **learn; teach.**

larrigan, larrikin *n. F:* h|wligan (hwliganiaid) *m*, llabwst (llabystiaid) *m*, *N:* rafin(-s) *m*, rafin-boi(-s) *m*, *S:* repsyn (reps) *m*, *S.W:* bachgen (bechgyn) rhydd *m*, rodni(-s) *m*.

larrup *v.t.* = **thrash.**

Larry *n.* **[as] happy as ~,** mor llawen â'r gog, fel y gog, *S.W: occ:* fel Pwnsh [o hapus].

larva *n. Ent:* larfa(-od, larfâu) *mf*, macai (maceiod) *m*, maceiad (maceiaid) *m*, cynrhonyn (cynrhon) *m*.

larval *a.* **1.** maceiol, cynrhonaidd, larfaol. **2.** *(disease):* larfaol.

larvicidal *a.* larfaladdol, lladd cynrhon.

larvicide *n.* larfaladdwr (larfaladdwyr) *m*, peth(-au) (*m*) lladd cynrhon.

laryngal *a. Phon:* gyddfol; **laryngals** *n.pl.* gyddfolion.

laryngeal *a. & n.* **1.** *a.* breuannol, beudagol, laryngaidd (*pronounced* ng-g), afalfreuannol; **~ cavity,** ceudod (*m*) y breuant. **2.** *n. Ling:* sain freuannol (seiniau breuannol) *f*.

laryngeally *adv.* yn freuannol.

laryngectomy *n. Med:* laryng|ectomi (laryngectomïau) *m* (*pronounced* ng-g).

laryngitic *a.* â llid ar y breuant, â dolur gwddf, *S:* â gwddf tost.

laryngitis *n. Med:* dolur (*m*) gwddf, *S:* gwddf tost *m*.

laryngologist *n. Med:* laryngolegydd (laryngolegwyr) *m* (*pronounced* ng-g).

laryngology *n. Med:* laryngoleg *f* (*pronounced* ng-g).

laryngoscope *n. Med:* lar|yngosgop (laryngosgopau) *m* (*pronounced* ng-g).

laryngoscopic[al] *a.* laryngosgopig (*pronounced* ng-g).

laryngoscopy *n.* laryngosgopeg *f* (*pronounced* ng-g).

laryngotomy *n. Surg:* laryng|otomi (laryngotomïau) *m* (*pronounced* ng-g).

larynx *n. Anat:* corn (*m*) gwddf (cyrn gyddfau), laryncs(-au) *m*, ceg (*f*) wynt (cegau gwynt), beudag(-au) *f*, breuant (breuannau) *m*, afalfreuant (afalfreuannau) *m*, *S.E: occ:* cecas (*f*) wynt; **~ and pharynx,** ceudodau (*pl*) ymadrodd.

lasaea *n. Moll: (Lasaea rubra):* lasaea goch (lasaeâu cochion) *f*.

lasagne *n.pl. Cu:* ***lasagne*** *m*.

Lascar *n.* Lasgar(-iaid) *m*.

lascivious *a.* anllad, trythyll, anniwair, chwantus, blysig, nwydus, nwydwyllt.

lasciviously *adv.* yn anllad *&c.*

lasciviousness *n.* anlladrwydd *m*, trythyllwch *m*, anniweirdeb *m*, chwantusrwydd *m*, blysigrwydd *m*, nwydusrwydd *m*.

lase *v.i. Ph:* lasio.

laser *n.* laser(-au, -i) *m*. **~ printer** *n. Cmptr:* argraffydd(-ion) (*m*) laser. **~ scanner** *n. Cmptr:* sganiwr (sganwyr) (*m*) laser. **~ store** *n. Cmptr:* storfa (storf|eydd) (*f*) laser.

lash¹ *n.* **1.** *(a)* llach(-iau) *f*, chwipiad(-au) *m*, fflangelliad(-au) *m*, *F:* slaes *f*; *(with birch &c):* gwialennod (gwialenodiau) *f*; *(b)* *(= thong):* carrai (careiau) *f*; *(c)* **[the penalty of] the ~,** y chwip *f*, y fflangell *f*, y ffrewyll *f*; **under the ~ of criticism,** dan lach beirniadaeth, o dani [hi], o dan yr ordd, o dan y gyrdd. **2.** *Mec.E: (= play):* llacrwydd *m*, chwipiad *m*, llach *f*; *S.a.* **backlash. 3.** = **eyelash.**

lash² *v.t.&i.* **1.** *(a)* chwipio, *occ:* fflangellu, ffrewyllu; gyrru (rhth) yml|aen; *(of rain):* **to ~ [against] the window,** chwipio'r ffenestr, gyrru yn erbyn y ffenestr; **the rain was lashing down,** 'roedd hi'n chwipio bwrw; *F:* **to ~ oneself into a fury,** gwylltio, cynddeiriogi, mynd yn gaclwn ulw, mynd yn gynddeiriog, *N.W:* myllio, cael mŷll, cael gwyllt, *S.W:* mynd i natur, mynd yn wynad, mynd a cholled arnoch chi, mynd mas [o] natur, colli natur; *(b) (of animal):* **the lion was lashing its tail,** 'roedd y llew yn chwipio'i gynffon/gwt. **2.** *v.i. Mec.E: (of running part):* chwipio. **~ out** *v.i.* **1.** *(of horse):* cicio; **to ~ out at s.o.,** *(= aim a blow): (i)* estyn/anelu ergyd at rn, ei chynnig hi i rn, *N: F:* cynnig rhn; *(ii) (verbally):* troi'r tu min at rn, tafodi rhn, ei dweud hi'n hallt wrth rn, ei rhoi hi i rn, rhoi pryd o dafod i rn. **2.** *(a)* **to ~ out at a horse,** rhoi'r chwip i geffyl; *(b)* **to ~ out (= spend) on sth,** gwario['n hael/ffri] ar rth, *S.W: occ:* bod yn halfor.

lash³ *v.t. (= tie):* rhwymo, clymu, lasio. **~-up** *F:* **1.** *a.* dros dro, *occ:* esgud. **2.** *n. (= muddle):* llanast[r] *m*, blerwch *m*.

lasher *n.* **1.** *(= whipper):* chwipiwr (chwipwyr) *m*. **2.** *(a) (= weir):* cored(-au) *f*; *(b) (= pool):* pwll (pyllau) *m*, cored.

lashing¹ *a.* **1. ~ rain,** curlaw *m*, glaw bras *m*, glaw gyrru; *(with thunder): N:* glaw taranau, *S.W:* glaw tyrfau/trwstau. **2.** *(criticism):* hallt, didostur, deifiol, didrugaredd, llachiog.

lashing² *vn. & n.pl.* **1.** *vn. (= flogging): (a)* chwip *f*, chwipiad(-au) *m*, *occ:* ffrewylliad(-au) *m*, fflangelliad(-au) *m*, chwipio, ffrewyllu, fflangellu; *(b) Mec.E:* chwipio, chwipiad. **2.** *n.pl. F:* **lashings,** digonedd *m*, llawer *m*, tomen *f*, pentwr *m*, llwythi *pl*, llond (*m*) gwlad, *S:* pŵer *m*, crugyn *m*.

lashing³ *n. Nau: (= cord):* cortyn (cyrts) *m*, rhwymyn(-nau) *m*.

lass, lassie *n.f.* = **girl;** hogen(-nod, *F:* genod), *N:* hogan (genod, merched), *S:* croten (crotesi, crotesau), *S.W: occ:* rhoces(-i) *f*, lodes(-i) *f*; **come here ~,** *S.W:* dere 'ma los fach; dere 'ma lès; dere 'ma 'merch i; *N:* tyrd yma 'ngeneth/'mechan i.

lassitude *n.* blinder *m*, lludded *m*, llesgedd *m*.

lasso¹ *n.* dolenraff(-au) *f*, laso(-s) *mf*, lasŵ(-s,-au) *mf*.

lasso² *v.t.* dal/dala (rhth) â laso, lasŵio (rhth).

lassoer *n.* lasŵiwr (lasŵ-wyr) *m*.

last¹ *n. Bootm:* troed (traed) *fm*, pren (*m*) troed (prennau traed), trithroed *m*, last: lest: list(-iau) *f*; *(of nailmaker):* mul(-od) *m*; *Prov:* **let the shoemaker stick to his ~,** digon gofal i of ei ordd; pawb at ei grefft ei hun.

last² *n. Meas:* dwy dunnell *f*; **a ~ of wool,** dwy sachaid (*f*) o wlân; **a ~ of herrings,** deuddeg casgen (*f*) o benwaig; **a ~ of malt,** deg chwarter (*m*) o frag.

last³ *a., n. & adv.* I. *a.* **1.** *(a) (= most recent):* diwethaf, diweddaf, diweddaraf, *F:* dwaetha', diwetha', dwytha'; *(= very last, final):* olaf; **the ~ two, the two ~,** y ddau olaf, y ddau ddiwethaf; **she was the ~ to arrive,** hi a gyrhaeddodd olaf; **the second ~, the ~ but one, the next to ~,** yr olaf/diwethaf ond un; **I should be the ~ to believe it,** fi fyddai'r olaf/diwethaf [un] i'w goelio/gredu; **I should be the ~ to complain,** fi fyddai'r olaf i gwyno; **~ but not least,** yn olaf ond nid [yn] lleiaf; **the ~ house in the terrace,** y tŷ pen yn y rhes, tŷ pella'r rhes; **that's the ~ thing that's worrying me,** dyna'r lleiaf o'm pryderon; **he left it till the ~ minute,** fe'i gadawodd hi tan y funud olaf; fe aeth hi'n ben set arno; **a ~ minute arrangement,** trefniant y funud olaf; **in the ~ resort, as a ~ resort,** yn y pen eithaf, yn niffyg popeth arall, pan ddaw hi i'r pen; **to have the ~ word,** cael y gair olaf; **this is the ~ straw,** dyma'i diwedd hi; **~ name,** = **surname; he has said the ~ word on the matter,** mae wedi dweud y gair olaf/terfynol ar y pwnc; **this is the ~ time I'm warning you,** dyma'r tro olaf imi dy rybuddio di; **(the ~ time) I saw her,** (y tro olaf/diwethaf) imi ei gweld hi, y gwelais i hi; **the ~ trump,** yr utgorn olaf *m*; **the ~ hurrah,** yr ymgais olaf *mf*; **the ~ ditch,** y ffos olaf *f*; **the ~ rites,** eneiniad (*m*) y claf, yr eneiniad olaf/diwethaf, *Lit: occ:* olew (*m*) ac angen *m*; *Rel:* **the L~ Things,** y Pethau Diwethaf; **the Four L~ Things,** y Pedwar Peth Diwethaf; *F:* **the ~ word (in hats),** y ffasiwn ddiweddaraf, y peth diwethaf (mewn hetiau); **the L~ Day,** Dydd y Farn; **the L~ Judgement,** y Farn Fawr, y Farn Olaf; **~ thing at night,** yn hwyr yn y nos, y peth diwethaf gyda'r nos; **the L~ Supper,** y Swper Olaf; *U.S:* **the ~ of the week &c,** y diwrnod/dydd olaf yn yr wythnos *&c*; **(lock your doors) the ~ thing (before going to bed),** (clowch eich drysau) yn syth, y peth diwethaf/olaf, yn union (cyn mynd i'r gwely); *(b)* **a matter of the ~ importance,** pwnc o'r pwysigrwydd mwyaf/eithaf; **the ~ Tuesday,** y dydd Mawrth diwethaf; **~ Tuesday, Tuesday ~,** *adv.* d[d]ydd Mawrth diwethaf; **the ~ Tuesday of the month,** dydd Mawrth ola'r mis; **a week ~ Tuesday, ~ Tuesday week,** wythnos i ddydd Mawrth diwethaf; **the ~ week,** yr wythnos ddiwethaf; **~ week,** *adv.* yr wythnos diwethaf; **the ~ week of the month,** wythnos ola'r mis; **~ evening, ~ night,** neithiwr (*f*); **~ year,** y llynedd (*m*); **the night before ~,** echnos (*f*); **the day before ~,** echdoe (*m*); **I have not seen him for the ~ four days,** nid wyf fi wedi'i weld ers pedwar diwrnod; **in the ~ twenty years,** yn ystod yr ugain mlynedd diwethaf; **this day ~ week,** wythnos i heddiw, *occ:* heddiw yr wythnos d[d]iwethaf; **this day ~ year,** y diwrnod hwn y llynedd; *adv.* flwyddyn [yn ôl] i heddiw. II. *n.* **1. this ~,** *(= just mentioned):* y dywededig hwn. **2.** *(a)* **we shall never hear the ~ of it,** chawn ni byth anghofio amdano; chlywn ni byth mo'i diwedd hi; **we haven't heard the ~ of it,** fe glywn ni fwy amdano eto; **that is the ~ I saw of him,** dyna'r tro olaf i mi ei weld; **I was glad to see the ~ of him,** 'roeddwn yn falch o weld ei gefn; **this is the ~ of it,** dyma'i diwedd hi; 'does 'na ddim rhagor/chwaneg i ddod; *(b)* **to/till the ~,** hyd y diwedd, hyd yr eithaf, hyd y pen, i'r diwedd/eithaf/pen; *S.a.* **first** II. **2**; *(c)* **at ~,** o'r diwedd; **at long ~,** ym mhen yr hir a'r hwyr, *occ:* o hir ddiwedd, ym mhen yr hwyr a'r rhawg, ym mhen y rhawg [ar hugain]; *(d)* **to look one's ~ on sth,** edrych ar rth am y tro olaf; *(e)* **to be near one's ~,** tynnu at ddiwedd eich oes, tynnu at y terfyn, bod ar fin marw, agosáu at y lan; **to breathe one's ~,** tynnu'ch anadl olaf, tynnu'ch olaf chwyth. III. *adv.* *(a)* **when I saw him ~, when ~ I saw him,** pan welais i ef ddiwethaf, y tro diwethaf y gwelais ef, y tro diwethaf i mi ei weld; **(he spoke) ~,** (fe siaradodd ef) yn olaf, ar y diwedd. **~-ditch** *a.* cyndyn, di-ildio. **~-ditcher** *n. Pol:* cyndynnwr (cyndynwyr) *m*, cynd|ynwraig *f*, eithafwr (eithafwyr) *m*, eith|afwraig *f*, ymladdwr (ymladdwyr) (*m*) hyd yr eithaf, yml|addwraig (*f*) hyd yr eithaf.

last[4] *v.i.&t.* **1.** *v.i.* parh|au, para, dal i fynd; **it's too good to ~,** mae'n rhy dda i bara; **how long does your holiday ~?** faint o wyliau sydd gennych chi? **the supplies will not ~ [out] two months,** ni fydd y nwyddau'n para deufis; **material that will not ~ long,** defnydd darfodus, defnydd heb ddim para ynddo; **a dress which will ~ me two years,** gwisg a fydd yn para am ddwy flynedd imi; **it will ~ me a lifetime,** fe bery oes imi; *F:* **he won't ~ [out] long,** phery e/o ddim yn hir; 'dyw e ddim yn hir am yr einioes hon. **2.** *v.t.* **to ~ s.o. out,** byw cyhyd/gyhyd â rhn, goroesi rhn; **my overcoat will ~ the winter out,** fe bery fy nghôt fawr drwy'r gaeaf.

laster *n. Bootm:* crydd(-ion) *m*.

lasting *a.* parhaol, parh|aus, hirhoedlog; *(material):* cadwrol, sy'n cadw, a phara ynddo; *B:* **the ~ hills,** bryniau tragwyddoldeb.

lastingly *adv.* yn barhaol *&c*.

lastingness *n.* parhauster *m*, hirhoedledd *m*, hirbarhad *m*; *(of material):* para *vn*.

lastly *adv.* yn olaf, i gloi/derfynu, cyn cloi/terfynu.

latakia *n.* latacia *m*.

latch[1] *n.* *(a)* *(of door):* clicied(-au, -i) *f*, *S.W: occ:* lytsied *f*; **thumb ~,** clicied fawd (cliciedau bawd); **~ of a gate,** *S.E:* y gwas bach *m*, *N:* bach (*m*) giât; *(b)* *(= spring-lock):* clo(-eau) (*m*) clicied; **to leave the door on the ~,** gadael drws heb ei gloi. **~-lifter** *n. Archeol:* codwr (codwyr) (*m*) clicied.

latch[2] *v.t.&i.* **1.** *v.t.* **to ~ a door,** cau drws *&c* â'r glicied, cau drws â chlicied, cliciedu drws. **2.** *v.i.* **to ~ on to sth,** *(a)* *(= attach oneself):* cydio/gafael yn rhth; *(b)* *(= understand):* deall rhth, dod i ddeall rhth, ei deall hi.

latchet *n. A:* carrai (careiau) *f*.

latchkey *n. S:* allwedd (*f*) tŷ (allweddau/allweddi tŷ/tai), *N:* agoriad (*m*) tŷ (agoriadau tŷ/tai). **~ child** *n.* plentyn (plant) (*m*) agoriad/allwedd drws.

latchstring *n. S:* llinyn (*m*) allwedd (llinynnau allweddau/allweddi), *N:* llinyn agoriad (llinynnau agoriadau).

late *a. & adv.* I. *a.* **1.** *S.a.* **latter** *and* **last[2]**; *(= delayed):* hwyr, *S: occ:* diweddar; **to be ~ (for sth),** bod yn hwyr, bod ar ôl, bod ar ei hôl hi, *S:* bod yn ddiweddar (i rth), *N.W: occ:* colli (rhth); **I don't want to make you ~,** nid wyf am eich cadw; **the train is ten minutes ~,** mae'r trên ddeng munud yn hwyr; mae'r trên yn hwyr o ddeng munud; **~ arrivals,** newydd-ddyfodiaid hwyr, hwyrddyfodiaid. **2.** *(a)* *(= ~ in the day, in the evening):* hwyr; **it is getting ~,** mae'n dechrau mynd yn hwyr [arnom]; *(= of day):* mae'n hwyrh|au/nosi/llwydnosi; **it is ~ in the day to change your mind,** mae hi braidd yn hwyr [ar/yn y dydd] i chwi newid eich meddwl; **I was ~ [in] going to bed,** 'roedd yn hwyr arnaf yn mynd i'r gwely; 'roeddwn i'n hwyr yn mynd i'r gwely; **at a ~ hour [in the day],** yn hwyr [yn y dydd]; **a ~ party,** parti hwyr/hwyrol; **in the ~ afternoon,** yn hwyr yn y prynhawn, ddiwedd y prynhawn, *Lit:* yn yr hwyr brynhawn; **in the ~ summer,** tua diwedd yr haf, yn hwyr yn yr haf, *Lit:* yn nherfyn haf, derfyn haf; **at a later meeting,** mewn cyfarfod diweddarach/hwyrach; **in later life,** yn ddiweddarach/hwyrach yn/ar eich oes; **later generations,** cenedlaethau'r dyfodol, cenedlaethau i ddod; **what is the latest you can come?** pa mor hwyr y gelli di ddod? **the latest I can come is ten o'clock,** gallaf ddod am ddeg o'r gloch fan bellaf; **it is twelve o'clock at [the] latest,** mae'n ddeuddeg o'r gloch fan bellaf; *Com:* **latest date,** dyddiad olaf; *(= closing date):* dyddiad cau; *Jur:* **at latest,** fan bellaf; **L~ Latin,** Lladin Diweddar *m*; **L~ Greek,** Groeg Diweddar *m*; *(b)* **in the ~ eighties,** ddiwedd yr wythdegau; **~ fee,** tâl ychwanegol *m*. **3.** *(fruit):* hwyr, diweddar; **~ blight,** malltod hwyr *m*, pydredd hwyr *m*; **~ frosts,** barrug (*m*) y gwanwyn, llwydrew(*m*)'r gwanwyn. **4.** *(a)* *(= former):* cyn- + *soft mut.*; **the ~ minister,** y cyn-weinidog *m*; *(b)* *(= deceased):* diweddar + *soft mut.*, *preceding noun*; **my ~ father,** fy niweddar dad, *F: occ:* fy nhad druan; **the late John Jones,** y diweddar John Jones; **the ~ Queen,** y ddiweddar Frenhines; **the ~ great Buddy Holly,** y diweddar anfarwol Buddy Holly; *(c)* *Com:* **Smith ~ Jones,** Smith gynt Jones. **5.** *(= recent):* diweddar, diwethaf; **of ~ years,** yn ystod y blynyddoedd diwethaf, ers rhai blynyddoedd; **of ~,** yn ddiweddar, ers peth amser bellach; **the author's latest work,** gwaith diweddaraf yr awdur; **the latest novelties,** y pethau newydd diweddaraf; **the latest news,** yr hanes diweddaraf, y newydd[-ion] diweddaraf, *F:* y diweddaraf; **that is the latest,** *(i)* dyma'r peth diweddaraf; *(ii)* *(= last straw):* dyna'i diwedd hi! dyna ben arni! **the very latest,** y diweddaraf un; **have you heard X's latest?** a glywsoch chi'r peth diweddaraf am/gan X *&c*? **that girl is X's latest,** dacw gariad ddiweddaraf X. II. *adv.* *S.a.* **last[2]**. **1.** yn hwyr, yn ddiweddar, ar ei hôl hi; **to arrive too ~,** cyrraedd yn rhy hwyr; **he was too ~,** *F:* 'roedd yn rhy hwyr arno; *F:* 'roedd ar ei hôl hi; 'roedd hi wedi whech arno; 'roedd e/o ddiwrnod ar ôl y ffair; *Prov:* **better ~ than never,** gwell hwyr na hwyrach; **extremely ~,** yn hwyr iawn, *N.W: occ:* yn hwyr [ulw] glas. **2. early and ~,** hwyr a bore, bob awr o'r dydd, bore[, nawn] a hwyr, o fore gwyn tan nos; **to stay up ~,** aros yn hwyr ar eich traed, aros ar eich traed y nos; **early or ~, sooner or later,** yn hwyr neu'n hwyrach; **to keep s.o. ~,** *(from appointment):* dal rhn yn ei ôl, cadw rhn [rhag mynd]; **to keep s.o. up ~,** cadw rhn ar ei draed yn hwyr; **he set out very ~,** *N.W:* 'roedd hi'n ben set arno'n cychwyn; **until very ~ at night,** tan berfeddion y nos, tan oriau mân y bore; **~ into the night,** tan berfeddion, yn hwyr; **~ in the afternoon,** yn hwyr [yn] y prynhawn; **~ in life,** yn hwyr/ddiweddar yn eich oes; **as ~ as yesterday, no later than yesterday,** ddoe ddiwethaf [yn y byd]; **a minute later,** munud/funud yn ddiweddarach, y funud nesaf; **this happened later [on],** digwyddodd hyn yn ddiweddarach; **a few days later,** ychydig ddyddiau yn ddiweddarach; *F:* **see you later!** hwyl! wela' i di/chi eto! tan y tro nesa'! hwyl am y tro! *S:* wela' i di/chi maes o law! *N: Joc:* ta-ta tan toc! **3.** *(formerly):* **~ of London,** gynt o Lundain. **~-comer** *n.* hwyrddyfodiad (hwyrddyfodiaid) *m&f*, un diweddar/ddiweddar (diweddariaid). **~ developing** *a.* hwyr-gynyddol.

lateen *a. Nau:* **~-rigged** *a.* â rigin trisgwar. **~ sail** *a.* hwyl drisgwar (hwyliau trisgwar) *f*, hwyl latîn. **~ yard** *n.* hwyl-lath(-au) *f*.

lately *adv.* yn ddiweddar, ers tro; **till ~,** hyd yn diweddar; **as ~ as yesterday,** ddoe ddiwethaf; *S.a.* **Johnny**.

laten *v.t.&i.* hwyrh|au, mynd yn hwyr.

latency *n.* natur gudd *f*, cuddni *m*. **~ period** *n.* **1.** *Psy:* cyfnod cêl *m*. **2.** = **latent period**.

lateness *n.* hwyrni *m*, hwyrder *m*, hwyrdra *m*, hwyredd *m*, diweddarwch *m*; **because of the ~ of the hour,** gan ei bod mor hwyr, *Lit:* gan ei hwyred.

latensification *n.*, **latensify** *v.t. Phot:* cyd-ddwysáu.

latent *a.* cudd, cuddiedig, yngh|udd, cêl, dirgel; *Ph:* ~ **heat,** gwres cudd *m*; ~ **heat of fusion,** gwres cudd ymdoddiad; ~ **heat of vaporation,** gwres cudd anweddiad; *Physiol:* ~ **period,** *(of nerve, muscle):* saib (seibiau) *m*; *Phot:* ~ **image,** llun cuddiedig/aneglur *m*; ~ **social identity,** hunaniaeth gymdeithasol gudd *f.*
latently *adv.* yn gudd.
laterad *adv.* i'r ochr.
lateral *a. & n.* **1.** *a.* ochrol, ystlysol; *Carp:* ~ **adjustment,** cymhwysiad (cymwysiadau) ochrol *m*; *Biol:* ~ **bud,** blaguryn (blagur) ochrol *m*; *Lib:* ~ **filing,** ffeilio ochrol; *Ph:* ~ **inversion,** gwrthdroad(-au) ochrol *m*; ~ **line,** llinell(-au) ystlysol *f*; ~ **thinking,** meddwl ochrol, meddwl wysg eich ochr. **2.** *n. (a)* ochr(-au) *f*, cangen (canghennau) *f*, ystlys(-au) *f*, ochrol(-ion) *m*; *(b) Agr: (pipe):* pibell(-au,-i) ochrol *f.* ~**-fricative** *a. Phon:* ochr-ffrithiol.
laterality *n.* ochredd *m.*
laterally *adv.* yn ochrol *&c*; o ochr, wysg yr ochr, wysg eich (*&c*) ochr.
Lateran *a.* ~ **Councils,** Cynghorau'r L|ateran.
laterite *n. Geol:* l|aterit (lateritau) *m.*
lateritic *a. Geol:* lateritig.
laterization *n. Geol:* latereiddio *vn.*
laterized *a. Geol:* latereiddiedig.
lateroversion *n. Med:* afleoliad(-au) ochrol *m.*
latewood *n. Arb:* pren (*m*) haf.
latex *n. Bot:* nodd *m*, sudd *m*, latecs *m.*
lath[1] *n.* **1.** *Const:* dellten(-nau, dellt) *f*, latsen (lats) *f*, aseth (esyth) *f*, *N:* eisen (ais) *f*; **as thin as a** ~, *S:* mor denau â rhaca/sgadenyn/sgimren, *N:* main fel cangen haf, main fel llinyn trôns, main fel 'styllen; ~ **and plaster partition,** pared (*m*) dellt, pared ais a phlaster, pared dellt a phlaster; *(in lobster pots):* asen(-nau) *f*, latsen; *(in coracle): S.W:* asen (eisau) *f.* **2.** *(of Venetian blind):* llafn(-au) *m.* **3.** *Th: (of Harlequin):* cleddyf(-au) pren *m.*
lath[2] *v.t.* delltu, delltio.
lathe[1] *n. Hist: (in Kent):* adran(-nau) *f.*
lathe[2] *n. Tls:* turn(-au) *fm*, turnen(-nau) *f*, *N.W: occ:* tyrnar(-s) *m*; **foot/treadle** ~, turn troed/droed (turniau troed), turn troedlath/droedlath (turniau troedlath); **power** ~, turn peiriant/beiriant (turniau peiriant), turn mecanyddol/fecanyddol (turniau mecanyddol); **bench** ~, turn mainc/fainc (turniau mainc); **gap** ~, turn mainc/fainc fylchog (turniau mainc bylchog), turn bwlch/fwlch (turniau bwlch); **screw-cutting** ~, turn torri/dorri edau (turniau torri ~), sgriwiau; **capstan** ~, **turret** ~, turn tyred/dyred (turniau tyred), capstan(-au) *m*, turn capstan/gapstan (turniau capstan); *Archeol:* **pole** ~, turn polyn/bolyn (turniau polyn), turn cangen/gangen (turniau cangen); **polishing** ~, turn caboli/gaboli (turniau caboli); **made on the** ~, turniedig; **potter's** ~, turn crochennydd, troell (*f*) crochennydd. ~**-bed** *n.* mainc (*f*) turn (meinciau turnau), gŵydd (*m*) turn (gwyddion turniau). ~**-centre** *n.* canol (*m*) turn (canolau turniau). ~**-dog** *n.* cariwr (*m*) turn (c|ariwyr turnau). ~**-gouge** *n.* cowjen (*f*) turn/durn (cowjis turniau). ~**-head** *n.* pen (*m*) turn (pennau turniau). ~**-turned** *a.* turniedig.
lathe[3] *v.t.* turnio.
lather[1] *n.* **1.** trochion *pl* [sebon], ewyn *m*, *S.E: occ:* trwyth *m*, *S.W:* wablin: waplyn: woblin *m.* **2.** *(on horse):* ewyn *m*, *N.W: occ:* ffôn *f*; **a horse all in a** ~, ceffyl yn laddar o chwys, ceffyl yn ewyn i gyd.
lather[2] *v.t.&i.* **1.** *v.t. (a)* seboni; *(b) F:* = **beat**[2]. **2.** *v.i. (a) (of soap):* ewynnu; *(b) (of horse):* chwysu ewyn, mynd yn laddar [o chwys].
latherer *n.* sebonwr (sebonwyr) *m.*
lathering *vn. See* **lather**[2], **beating.**
lathery *a.* ewynnol, trochionog, ewynnog, yn ewyn i gyd.
lathework *n.* gwaith (*m*) turn.
latholith *n. Geog:* l|atholith (latholithau) *m.*
lathyrism *n. Med:* lathyredd *m.*
lathyritic *a. Med:* lathyritig.
laticifer *n. Bot:* cell(-oedd) (*f*) latecs.
laticiferous *a.* llawn latecs.
latifundium *n.* ystad fawr (ystadau mawrion) *f.*
latimeria *n.* = **coelacanth.**
Latin *a. & n.* **1.** *a.* Lladinaidd, *occ:* Lladin; **the** ~ **peoples,** y cenhedloedd Lladinaidd; **the** ~ **Quarter,** yr Ardal Ladinaidd *f*; ~ **cross,** croes Ladinaidd (croesau Lladinaidd) *f*, croes gywirgroes (croesau cywirgroes); ~ **square,** sgwâr (sgwarau) Lladinaidd *m*; *(in language):* Lladin. **2.** *(a) n. Ling:* Lladin *f*, *m*; **legal** ~, **law** ~, Lladin cyfreithiol, Lladin cyfraith; **low** ~, **vulgar** ~, Lladin isel, Lladin llafar; **silver** ~, Lladin ariannaidd; **classical** ~, Lladin clasurol; **Old** ~, Hen Ladin *m*; **Late** ~, Lladin Diweddar; **Modern** ~, Lladin Modern; **Medieval** ~, Lladin yr Oesoedd Canol, Lladin Canol; **botanical** ~, Lladin bywydegol; **thieves'** ~, Lladin lladron; **Church** ~, Lladin Eglwysig, Lladin yr Eglwys. ~ **America** *Pr.n. Geog:* Am|erica Ladin *f.* ~ **American** **1.** *a.* Lladin-Americanaidd. **2.** *n.* Lladin-Americaniad (~-Americaniaid) *m&f*, Lladin-Americanwr (~-Americanwyr) *m*, Lladin-Americanes(-au) *f.*
Latinate *a.* Lladinaidd; *Pej:* Lladinllyd.
Latine *adv.* yn Lladin.
Latinian *n. Ling:* Lladineg *f*, *m.*
Latinism *n.* Lladineiddiwch *m*, Lladiniaeth *f*; *(expression):* ymadrodd(-ion) Lladinaidd *m*, Lladineb(-au,-ion) *f*, ieithwedd Ladinaidd *f*, Lladiniaith (Lladinieithoedd) *f.*
Latinist *n.* Lladinwr (Lladinwyr) *m*, Lladinydd(-ion) *m.*
Latinity *n.* Lladiniaeth *f*, Lladineiddiwch *m.*
Latinization *n.* Lladineiddiad(-au) *m*, Lladineiddio *vn.*
Latinize *v.t.&i.* **1.** *v.t.* Lladineiddio, *occ:* Lladinio. **2.** *v.i.* ysgrifennu'n Lladinaidd.
Latinizer *n.* Lladineiddiwr (Lladineiddwyr) *m*, Lladingarwr (Lladingarwyr) *m* (*pronounced* ng-g).
Latino *n. Ethn:* Latino(-s) *m&f.*
latish *a. & adv.* braidd yn hwyr/ddiweddar, hwyr/ddiweddar braidd, hwyraidd, go hwyr/ddiweddar, pur hwyr/ddiweddar, eithaf hwyr/diweddar.
latitude *n.* **1.** *(= freedom):* rhyddid *m*; **to allow s.o. the greatest** ~, rhoi rhwydd hynt i rn, rhoi penrhyddid i rn, rhoi'r ffrwyn ar war rn. **2.** *Geog: Nau: Astron:* lledred(-au) *m*; **in the** ~ **of . . .,** ar ledred. . ., yn lledred. . .; **horse latitudes,** lledredau'r meirch; **low** ~, lledred isel.
latitudinal *a.* lledredol.
latitudinally *adv.* yn lledredol.
latitudinarian *a. & n.* **1.** *a.* llydanfryd, eangfrydig. **2.** *n.* rhydd-dybiwr (~-dybwyr) *m*, llydanfrydydd (llydanfrydwyr) *m.*
latitudinarism *n.* llydanfrydedd *m*, llydanfrydiaeth *f.*
Latium *Pr.n. Geog:* Latiwm *f.*
latosol *n. Geol:* l|atosol *m.*
latosolic *a. Geol:* latosolig.
latria *n. R.C.Ch:* addoliad *m*, latria *m.*
latrine *n.* tŷ (tai) bach *m*, geudy (geudai) *m.*
latten *n. Metall:* l[l]atwm: l[l]atwn *m*, lactwn *m*, pres *m.*
latter *a.* **1.** yr ail, yr olaf [o ddau]; ~ **grass,** adlodd: adladd *m*; **in these** ~ **days,** yn y cyfnod diweddar, yn y dyddiau diweddar hyn. **2. the** ~ **half of June,** ail hanner [mis] Mehefin, hanner olaf [mis] Mehefin; ~ **end** *(i)* diwedd *m*, terfyn *m*; *(ii) (= death):* marwolaeth *f*, diwedd, terfyn oes, tranc *m.* ~ **day** *n.* Dydd (*m*) y Farn, *Lit: occ:* Dydd Brawd. ~**-day** *attrib.* diweddar, diweddaraf, diwethaf; **L~-day Saints,** Saint y Dyddiau Diwethaf, Mormoniaid. ~**-wit** *n.* ffraethineb hwyr *m.*
latterly *adv.* **1.** *(a) (= recently):* yn ddiweddar, erbyn hyn; *(b) (= later):* yn ddiweddarach. **2.** = **lately.**
lattermath *n.* adladd: adlodd(-au) *m.*
lattice[1] *n.* dellten (dellt) *f*, rhwyll(-au) *f*, rhwyllwaith *m*, delltwaith *m*, latis(-au) *m*; **body-centred cubic** ~, dellten giwbig gorff-ganolog (dellt ciwbig corff-ganolog); **face-centred cubic** ~, dellten giwbig wyneb-ganolog (dellt ciwbig wyneb-ganolog). ~ **energy** *n.* egni (*m*) dellt. ~ **frame,** ~ **girder** *n. Const:* trawst(-iau) rhwyllog *m.* ~**-leaf plant** *n. Bot: (Ouvirandra fenestralis):* dail delltog *pl.* ~ **mast** *n. (i) (pylon):* peilon(-au) delltog *m*; *(ii) Navy:* mast(-iau) delltog *m.* ~ **space** *n.* gofod (*m*) dellt. ~ **window** *n.* ffenestr (*f*) ddellt (ffenestri dellt). ~**-work** *n.* gwaith (*m*) dellt, rhwyllwaith *m*, delltwaith *m.*
lattice[2] *v.t.* delltu, delltio, rhwyllo.
latticed *a.* rhwyllog, delltog, delltol.
latticing *vn.* rhwyllwaith *m*, delltwaith *m*, rhwyllo *vn*, delltennu.
latus rectum *n. Ph: Mth:* latws rectwm *m.*
Latvia *Pr.n. Geog:* Latfia *f.*
Latvian *a. & n.* **1.** *a.* Latfiaidd; *(in language):* Latfieg; **he's** ~, Latfiad yw ef; **the** ~ **government,** llywodraeth Latfia. **2.** *n. (i) Ethn:* Latfiad (Latfiaid) *m&f*; *(ii) Ling:* Latfieg *f*, *m.*

laud[1] *n.* emyn(-au) (*m*) moliant, moliant (moliannau) *m.*
laud[2] *v.t.* moli, moliannu, canmol, clodfori, canu clodydd.
laudability *n.* canmoladwyedd *m*, clodforusrwydd *m*, hyglodedd *m.*
laudable *a.* canmoladwy, clodforus, clodfawr, *Lit:* hyglod, moliannus.
laudableness *n.* = **laudability.**
laudably *adv.* yn ganmoladwy *&c.*
laudanum *n.* lodnwm *m*, lodom *m.*
laudation *n. Lit:* clod(-ydd) *m*, mawl *m*, canmoliaeth *f*, moliant *m.*
laudative *a.* = **laudatory.**
laudator *n.* canmolwr (canmolwyr) *m*, molwr (molwyr) *m*, clodforwr (clodforwyr) *m*; **~ *temporis acti*,** canmolwr (*&c*) yr amser gynt.
laudatory *a.* canmoliaethus, moliannus, clodus, clodforus.
laugh[1] *n.* chwerthin *vn*, chwerthiniad(-au) *m*, chwarddiad(-au) *m*; **to burst into a ~,** dechrau chwerthin, torri allan i chwerthin, chwerthin dros bob man, *S.W:* bosto chwerthin; **to do sth for laughs,** gwneud rhth o ran hwyl; **to force a ~, to give a forced ~,** glaschwerthin; **to join in the ~,** ymuno yn yr hwyl; **with a ~,** gan chwerthin, gyda chwerthiniad; **to raise a ~, to get a ~,** peri chwerthin; **the ~ is on you,** ti sy'n ei chael hi; ti sy'n destun sbort; ti sy'n gyff gwawd; *F:* **to have/get the ~ of s.o., to have the ~ on s.o.'s side,** cael hwyl ar gorn rhn; **I'll have the last ~,** fi fydd yn chwerthin yn y diwedd; *Iron:* **that's a ~!** dyna ddoniol! digri dros ben! digri ar y naw! dyna beth digri! dyna un ddigri! **it's a ~ a line,** mae'n hwyl bob gair; *S.a.* **belly, horse.**
laugh[2] *v.i.&t.* **1.** *v.i.* *(a)* chwerthin; **he laughed,** chwarddodd; *F:* chwerthodd; **I laughed,** chwerddais; *F:* chwerthis, wharddes, wherthes; **to ~ heartily,** chwerthin yn foliog/braf/galonnog, chwerthin lond bol, chwerthin tan siglo'ch ochrau, chwerthin ei hochr hi; **they were laughing fit to burst,** *N.W:* 'roedden' nhw'n g'lana' chwerthin; **to ~ immoderately/uproariously, to ~ one's head off,** chwerthin nes eich bod yn eich dau ddwbwl, chwerthin yn eich dyblau, chwerthin nes eich bod yn wan, marw chwerthin, *S.W:* chwerthin nes eich bod yn dost, *Lit: occ:* bwrw cyrn gan chwerthin; **to ~ till one cries,** chwerthin hyd at ddagrau; **to ~ to oneself, to ~ up one's sleeve,** chwerthin yn eich llawes/dwrn, chwerthin ynoch chi eich hun, chwerthin dan eich dannedd; **he who laughs last laughs best,** a chwarddo olaf a chwardd orau; **he'll ~ on the other side of his face,** fe gaiff wybod peth arall; fe gaiff chwerthin yn wahanol; *F:* **I soon made him ~ on the other side of his face,** mi ddysgais i iddo chwerthin; *(b)* **to ~ at/over sth,** chwerthin am ben rhth, gwatwar rhth, gwn|eud hwyl am ben rhth, *S.W:* chwerthin ar ben rhth; **it's nothing to ~ at,** nid yw'n beth i chwerthin amdano; nid testun chwerthin mohono; **I'm afraid of being laughed at,** mae arnaf ofn i bobl chwerthin am fy mhen; mae arnaf ofn bod yn destun sbort; *F:* **don't make me ~!** dos i chwarae/rwdlian/gonstro *&c!* cer o'na, da ti! lol i gyd! *S:* gad dy ddwli, wnei di! taw â dy ddwli! **2.** *v.t.* *(a) with cogn.acc.:* **he laughed a bitter ~,** chwarddodd yn chwerw; *(b)* **we laughed him out of it,** buom yn ei herian *or* buom yn tynnu arno nes newid ei feddwl; chwarddasom ddigon iddo newid ei feddwl; **to ~ s.o. out of court,** gwawdio/gwatwar rhn, chwerthin am ben rhn, torri crib rhn; **to ~ s.o. to scorn,** herian rhn yn ddidrugaredd; *Prov:* **he laughs best who laughs last; he who laughs last laughs longest,** gwell y wên ddiwethaf na'r chwarddiad cyntaf. **~ away** *v.t.* wfftio rhth, gwrthod rhth dan chwerthin. **~ down** *v.t.* **to ~ down a proposal,** gwatwar/gwawdio cynnig â chwerthin, hwtian cynnig. **~ off** *v.t.* **he laughed the matter off,** fe wnaeth hwyl o'r peth; triniodd y peth yn ysgafn; **~ that one off!** chwerthin am ben hwnna, os gelli di! **~ over** *v.t.* chwerthin tros (rth), chwerthin uwch ben (rhth), trafod (rhth) dan chwerthin.
laughable *a.* chwerthinllyd, gwrthun.
laughableness *n.* gwrthuni *m.*
laughably *adv.* yn chwerthinllyd.
Laugharne *W.Pl.n.* Talacharn *m*, *F:* Lacharn *m.*
laugher *n.* chwarddwr (chwarddwyr) *m*, chw|arddwraig *f*, chwerthwr (chwerthwyr) *m*, chw|erthwraig *f.*
laughing[1] *a.* **1.** siriol, llon, hwyliog, llawen, *occ:* chwarddog, chwerthin[i]og, chwerthingar (*pronounced* ng-g); *Art:* **the L~ Cavalier,** y Marchog Llon; *F:* **you'll be ~ if you win,** fe fyddi di wrth dy fodd os enilli di; fe fydd hi'n braf arnat ti os enilli di; *Iron:* **he'll be ~,** fe fydd o'n/e'n iawn. **2.** (*= derisive*)*:* cellweirus, gwatwarus, dilornus; *S.a.* **jackass, hyena.**
laughing[2] *vn.* chwerthin, chwerthiniadau *pl*; **I'm in no ~ mood,** nid wyf mewn hwyl chwerthin; **it's no ~ matter,** nid peth digrif mohono; nid yw'n fater chwerthin; nid yw'n beth i chwerthin amdano *or* yn ei gylch; *F:* **I nearly died ~,** 'roeddwn i'n marw chwerthin. **~-gas** *n.* nwy (*m*) chwerthin. **~-stock** *n.* cyff (*m*) gwawd, testun (*m*) sbort, *Lit: occ:* cyff clêr, *N: occ:* pric (*m*) pwdin, pricsiwn *m.*
laughingly *adv.* **1.** yn siriol *&c*; gan/dan chwerthin. **2.** yn gellweirus *&c.*
laughter *n.* chwerthin *vn*, chwerthiniadau *pl*; **he made us cry with ~,** gwnaeth inni chwerthin hyd at ddagrau; **to be convulsed with ~, to shake with ~,** siglo chwerthin; **we were roaring with ~,** 'roeddem yn rhuo chwerthin; *N.W:* 'roedden ni'n g'lana' chwerthin; **gales/roars of ~,** hyrddiau o chwerthin; **to burst out with ~,** torri allan i chwerthin, chwerthin dros bob man, *S.W:* bosto chwerthin; **an uncontrollable fit of ~,** pwl (*m*) o chwerthin afreolus; **a suppressed burst of ~,** pwff (*m*) o chwerthin; *F:* **to split one's sides with ~,** chwerthin dros bob man, chwerthin l[l]ond eich bol, marw chwerthin, chwerthin nes eich bod jest â thorri ar eich traws, chwerthin yn eich dyblau, chwerthin nes bod yn ddau ddwbwl, torri'ch bol gan chwerthin, *N: occ:* bod yn g'lanna' chwerthin, *Lit: occ:* bwrw cyrn gan chwerthin.
launce *n. Ich:* llymrïen (llymrïaid) *f.*
launch[1] *n.* bad(-au) mawr *m*, cwch (cychod) mawr *m*, pinnas (pinasau) *m*; **motor ~,** cwch modur.
launch[2] *n.* = **launching 1**; *S.a.* **abort.**
launch[3] *v.t.&i.* **1.** *v.t.* *(a) Nau:* **to ~ a boat,** lansio cwch/bad, gwthio cwch/bad i'r môr/dŵr; *(b) (= start enterprise &c):* lansio, cychwyn. **2.** *v.i.* *(a)* **to ~ out at/against s.o.,** ymosod ar rn, lladd ar rn; *(b)* **to ~ out,** *(of boat):* cychwyn/hwylio/mentro i'r môr, gwthio/mentro i'r dwfn, codi hwyliau; **to ~ out into expense,** ymdaflu i wario; **to ~ out/forth on an enterprise,** cychwyn ar fenter; **to ~ out into strong language,** dechrau rhegi; **once he is launched on his pet subject,** unwaith y mae wedi cychwyn ar ei hoff bwnc, pan fo'n dechrau mynd trwy ei bethau. **~ complex, ~ pad** *n.* = **launching-pad.** **~ shoe** *n.* = **launching-shoe.** **~ vehicle** *n.* = **launching-vehicle.** **~ window** *n.* cyfle(-oedd) (*m*) lansio, cyfnod(-au) (*m*) lansio.
launcher *n.* lansiwr (lanswyr) *m*, cychwynnydd (cychwynwyr) *m.*
launching *vn.* **1.** *Nau:* lansiad(-au) *m*, lansio. **2.** *(of enterprise):* cychwyniad(-au) *m*, cychwyn, dechrau. **~-pad** *n.* safle(-oedd) (*m*) lansio. **~-shoe** *n.* lansiwr (lanswyr) *m.* **~-silo** *n.* pydew(-au) (*m*) lansio. **~-site** *n.* = **launching-pad.** **~-vehicle** *n.* cerbyd(-au) (*m*) lansio.
launder *v.t.* golchi.
launderer *n.* golchwr (golchwyr) (*m*) dillad, g|olchwraig (golchwragedd) (*f*) dillad.
launderette *n. R.t.m:* golchdy (golchdai) *m*, tŷ (tai) (*m*) golchi, londrét (londreti) *f*, golchfa (golchfeydd) *f.*
laundering *vn.* golchi a smwddio.
laundress *n.f.* golchyddes(-au), g|olchwraig (golchwragedd).
laundrette, laundromat *n.* = **launderette.**
laundry *n.* **1. ~ [works],** golchdy (golchdai) *m*, tŷ (tai) (*m*) golchi, londri (londrïau) *f.* **2.** (*= linen*)*:* dillad (*pl*) golchi, y golch *m*; **to do one's ~,** golchi['ch] dillad, gwneud y golchi/golch. **~ basket** *n.* basged (*f*) ddillad (basgedi dillad). **~ list** *n.* rhestr y dillad i'w golchi, rhestr y dillad golch, rhestr y golch. **~ service** *n.* gwasanaeth (*m*) golchi.
laundryman *n.m.* = **launderer.**
laundrywoman *n.f.* = **laundress.**
laura[1] *n. Ecc:* lawra (lawrâu) *f.*
Laura[2] *Pr.n.f.* Lora, *occ:* Loli, Lowri.
lauraceous *a. Bot:* llawryfol.
Laurasia *Pr.n. Geol:* Lawrasia *f.*
Laurasian *a. Geol:* Lawrasiaidd.
laureate *a. & n.* **1.** *a.* llawryfol, llawryfog. **2.** *n.* **poet ~,** bardd (beirdd) llawryfog *m*, bardd (*m*) y brenin/frenhines, llawrwyddfardd (llawrwyddfeirdd) *m.*
laureateship *n.* **the poet ~,** swydd (*f*) bardd y brenin/frenhines.
laurel *n.* **1.** *Bot:* **bay/common/noble ~,** *(Laurus nobilis):* llawryf(-au,-oedd) *m*, llawryfen (llawryf) *f*, clust (*f*) yr asen, pren(-nau) (*m*) llawryf, llawrwydden (llawrwydd) *f*, dail (*pl*) y cwrw, pren y gerwyn, *F:* lorel *mf*, *S.W:* arel *m*; **cherry-~,** *(Prunus*

laurocerasus): llawr-sirianen (~-sirian) *f*, llawr-geiriosen (~-geirios) *f*; **magnolia ~,** *(Magnolia virginiana):* llawr-fagnolia(-s) *mf*; **mountain ~,** *(Kalmia latifolia):* llawryf y mynydd; **Portugal ~,** *(P. lusitancia):* llawr-sirianen P|ortiwgal; **Japanese/spotted/dog ~,** *(Aucuba japonica):* llawryf brith, llawryf y cŵn; **spurge ~,** *(Daphne laureola):* clust (*f*) yr ewig, glas (*m*) y gaeaf. **2. crowned with laurel[s],** llawryfog, llawryfol, â choron lawryf am eich pen *&c*; **to rest on one's laurels,** gorffwys ar eich bri; **to look to one's laurels,** gofalu/ymorol am eich bri/enw.

Laurentian *a. Geog:* Lawrensaidd; **the ~ Shield,** y Darian Lawrensaidd *f*, y Darian Ganadaidd.

lauric *a. Ch:* lawrig.

laurustinus *n. Bot: (Viburnum finus):* corswigen (*f*) y gaeaf, gwifwrnwydden (gwifwrnwydd) (*f*) y gaeaf.

lauryl alcohol *n. Ch:* lawryl-|alcohol *m*.

lava *n.* lafa (lafâu) *m*; **pillow ~,** lafa clustog. **~ flow** *n.* llif(-oedd) (*m*) lafa.

lava-lava *n. Cost:* lafa-lafa(-s) *f*.

lavabo *n. Rel:* **1.** *(= washing):* ymolchiad (*m*) dwylo, ymolchi (*vn*) dwylo. **2.** *(towel):* lliain (llieiniau) (*m*) sychu dwylo. **3.** *(basin):* basn(-au) (*m*) ymolchi.

lavage *n. Med:* golchi *vn*, golchiad *m*.

lavalière *n.* **~ microphone, = lanyard microphone.**

lavalike *a.* fel lafa.

Lavan Sands *Pr.n. W.Geog:* = **Lafan Sands.**

lavant *n. Geog:* lafant(-au) *m*.

lavation *n.* golchiad(-au) *m*, ymolchiad(-au) *m*, golchi *vn*, ymolchi *vn*, ymolch *vn*; *(= water):* dŵr (*m*) golchi.

lavational *a.* golchiadol, ymolchiadol.

lavatorial *a.* geudyaidd.

lavatory *n.* **1.** *(= toilet):* tŷ (tai) bach *m*, *Lit:* geudy (geudai) *m*, *Adm:* toiled(-au) *m*, *N:* lle(-fydd) (*m*) chwech, hows(-ys) bach *m*, closed(-i) *m*, *occ:* peti(-s) *m*, *S: occ:* jer|iw(-s) *m*; **public lavatories,** tai bach cyhoeddus. **2.** *(= washroom):* ymolchfan(-nau) *mf*, ystafell(-oedd) (*f*) ymolchi, ymolchfa (ymolchf|eydd) *f*. **~ attendant** *n.* glanhäwr (glanhawyr) (*m*) tai bach, glanhäwraig (*f*) tai bach. **~ humour** *n.* digrifwch (*m*) tŷ bach, *N:* hiwmor (*m*) lle chwech. **~ paper** *n.* papur (*m*) tŷ bach, *N:* papur lle chwech, *V:* papur sychu tin.

lave[1] *v.t. Lit:* golchi.

lave[2] *n. Scot:* = **remainder**[1].

laveer *v.i. Nau:* = **tack**[2].

lavender *n. & a. Bot:* **1.** *n. (Lavandula officinalis):* lafant [benyw/lleiaf] *m*, *Lit: occ:* llwyncaron *m*; **cotton ~,** *(Santolina chamaecyparissus):* llwyn cotymog *m*, lafant [y] cotwm, *N:* hen wr|aig *f*, *S:* esop *m*. **French ~, spike ~,** *(L. stoechas):* lafant Ffrengig/sbic/gwryw; **sea-~,** *(Limonium vulgare):* lafant y môr; **to lay sth up in ~,** rhoi rhth ynghadw, rhoi rhth naill ochr, rhoi rhth heibio. **2.** *a. (colour):* lliw (*m*) lafant. **~ grass** *n. Bot: (Molinia caerulea):* = **moor-grass. ~-water** *n.* dŵr (*m*) lafant.

laver[1] *n. Algae: (Porphyra umbilicalis):* lafwr (*m*), llafan *m*; *N.W: occ:* slafan *mf*; **green ~,** *(Ulva latuca):* gwylaeth (*m*) y môr. **~ bread** *n.* bara (*m*) lawr, *occ:* bara lafwr/lafar.

laver[2] *n.* **1.** *(= vessel):* noe(-au) *f*, golchnoe(-au) *f*, golchlestr(-i) *m*, cawg(-iau) (*m*) ymolchi. **2.** *Rel:* **by the ~ of regeneration in baptism,** trwy olchiad (*m*) yr adenedigaeth ym medydd.

Lavernock Point *Pr.n. W.Geog:* Trwyn (*m*) Larnog.

laverock *n. Orn:* = **lark**[1].

lavish[1] *a.* **1.** *(= generous):* hael, dibrin, ffri, afradlon; **~ in/of praise,** hael eich clod. **2.** *(= abundant):* helaeth; **a ~ meal,** pryd mawr/helaeth.

lavish[2] *v.t.* **to ~ care on sth,** rhoi gofal mawr i rth; **to ~ care on a child,** anwylo plentyn, bod yn fawr eich gofal am blentyn; **to ~ gifts on s.o.,** anrhegu rhn yn hael, llwytho rhn ag anrhegion, tywallt/arllwys/pentyrru anrhegion ar rn.

lavishly *adv.* yn hael *&c*.

lavishness *n.* haelioni *m*.

lavolta *n. Danc:* lafolta (lafoltâu) *f*.

law *n.* **1.** *(= a single law):* deddf(-au) *f*; **his word is ~,** mae ei air yn ddeddf; **to lay down the ~,** dweud y drefn, dweud sut mae'i deall hi, ei gosod hi'n hallt; **to give the ~ to sth,** deddfu ar gyfer rhth; **game laws,** deddfau helwriaeth; **a code of laws,** deddfres(-au,-i) *f*; *Ph:* **Boyle's L~,** Deddf Boyle; **a ~ of nature,** un o ddeddfau natur; **all or none ~,** deddf y cwbl neu ddim; **to enact/pass a ~,** deddfu; **~ of self-preservation,** deddf parhad bywyd; **Sod's L~, Murphy's L~,** Deddf Diawlineb; **the Corn Laws,** y Deddfau Ŷd; **Combination L~,** Deddf Cyfuno; **~ of diminishing returns,** deddf adenillion/cynnyrch lleihaol; **the ~ of the jungle,** deddf y jyngl, deddf trechaf treisied; **~ of dominance, Mendel's L~,** Deddf Mendel; **L~ of Holiness,** Deddf Sancteiddrwydd; **laws of thought,** deddfau'r meddwl; **~ of least effort,** deddf arbed trafferth/egni; **~ of retail gravitation,** deddf disgyrchiant adwerthol; **by-~,** deddf leol (deddfau lleol), rheoliad(-au) *m*. **2.** *(as a system, a body of laws):* cyfraith (cyfreithiau) *f*; **the ~,** y gyfraith *f*; **the long arm of the ~,** crafanc (*f*) y gyfraith, gafael (*f*) y gyfraith; **to keep the ~,** cadw'r gyfraith/ddeddf; **in defiance of the ~,** yn groes i'r gyfraith/ddeddf, yn wyneb y gyfraith/ddeddf; **to break the ~[-s],** torri'r gyfraith; **~ of court,** cyfraith llys; **as the ~ at present stands,** fel y saif y gyfraith ar hyn o bryd; **~ and order,** rheol a threfn, trefn a rheol, cyfraith a threfn, trefn (*f*) gyhoeddus; **all ~ and order has broken down,** mae popeth yn anhrefn llwyr; nid oes na threfn na chyfraith; **a limb of the ~,** aelod(-au) (*m*) o'r gyfraith; **he thinks he's above the ~,** mae'n meddwl y caiff wneud fel y myn[n]; mae'n meddwl ei fod uwchlaw'r gyfraith; **to be a ~ unto oneself,** gwn|eud fel y mynnoch, gwneud yn ôl eich mympwy; bod yn ddeddf i chi'ch hun; **canon ~,** cyfraith ganon/ganonaidd, cyfraith eglwysig, cyfraith yr Eglwys; **civil ~,** cyfraith gwlad, cyfraith wladol, cyfraith sifil; **common ~,** cyfraith gyffredin, cyfraith gwlad; *S.a.* **husband, wife; customary ~,** cyfraith gwstwm, cyfraith arfer; **~ of perjury,** cyfraith anudon; **criminal ~,** cyfraith trosedd; **family ~,** cyfraith deuluol, cyfraith teulu; **enacted ~,** deddf/cyfraith a bennwyd; **~ of evidence,** cyfraith tystiolaeth; **~ of libel,** cyfraith athrod/enllib; **commercial ~,** cyfraith fasnachol; **company ~,** cyfraith cwmnïau; **copyright ~,** cyfraith hawlfraint; **the Laws of Hywel the Good,** Cyfraith Hywel Dda; **the ~ of the land,** cyfraith gwlad, deddf gwlad; **~ of contract,** cyfraith cytundebau; **martial ~,** rheolaeth filwrol *f*; **military ~,** cyfraith filwrol, cyfraith y fyddin; **the Laws of the Medes and Persians,** Deddf y Mediaid a'r Persiaid; **the Poor L~,** Cyfraith y Tlodion; **the Mosaic L~,** Cyfraith Moses; **to practise ~,** dilyn y gyfraith, bod yn gyfreithiwr/gyfr|eithwraig; **~ of nature,** cyfraith natur, deddf natur; **Doctor of Law[-s],** Doethur(-iaid) (*m*) yn y Gyfraith; **the L~ Merchant,** Cyfraith Marsiandïaeth, y Gyfraith Farsiant/Farsiandïol; **mercantile ~,** cyfraith fercantilaidd; **lynch ~,** cyfraith y cortyn; **mob ~,** cyfraith y dorf, cyfraith yr haid; **property ~,** cyfraith eiddo; **Roman ~,** cyfraith R[h]ufain, y gyfraith Rufeinig; **court of ~,** llys(-oedd) (*m*) cyfraith, llys barn, brawdlys(-oedd) *mf*, cwrt (cyrtiau) *m*; **to go to ~,** mynd i['r] gyfraith, cyfreithio, ymgyfreithio; **to have the ~ on s.o.,** rhoi'r gyfraith ar rn; **statute ~,** cyfraith statud; **international ~, the ~ of nations,** cyfraith y gwledydd, cyfraith ryngwladol/gydwladol; **~ of torts,** cyfraith camwedd[-au]; **natural ~,** *(i) Phil:* y ddeddf naturiol; *(b) (= law of nature):* deddf natur; **revenue ~,** cyfraith cyllid, cyfraith gyllidol; **unwritten ~,** cyfraith anysgrifenedig; **to come under the ~,** dod dan y gyfraith; **a man of ~,** un o wŷr y gyfraith; **a matter of ~,** mater (*m*) o gyfraith, pwnc (*m*) o gyfraith; **the [full] rigour of the ~,** eithaf y gyfraith; **action at ~,** achos cyfreithiol; **to be at ~ (with s.o.),** ymgyfreithio, mynd i['r] gyfraith (â rhn); **I'm at ~ with them,** mae gennyf achos yn eu herbyn; **to take the ~ into one's own hands,** cymryd y gyfraith yn eich dwylo'ch hun; **necessity knows no ~,** angen a dyr/groesa ddeddf; angen a ddysg i hen redeg; angen a bair i hen wrach duthio. **~-abiding** *a.* ufudd i'r gyfraith, parchus o'r gyfraith, *occ:* deddfgarol, deddfgadwol. **~-abidingness** *n.* deddfgarwch *m*, uf|udd-dod (*m*) i'r gyfraith, parch (*m*) at y gyfraith, cadw(*vn*)'r ddeddf. **~-breaker** *n.* troseddwr (troseddwyr) *m*, tros|eddwraig *f*, torrwr (torwyr) (*m*) cyfraith/deddf. **~-breaking** *vn.* torri'r gyfraith, tor-cyfraith *m*. **~ calf** *n. Bookb:* lledr (*m*) llyfr cyfraith. **~ centre** *n.* canolfan (*mf*) cyfraith/gyfraith (canolfannau cyfraith). **L~ Commission** *n.* Comisiwn (*m*) y Gyfraith. **~ court** *n.* llys(-oedd) (*m*) cyfraith/barn, *F:* cwrt (cyrtiau) *m*. **~ day** *n.* diwrnod(-iau) (*m*) llys barn. **~ enforcement** *n.* deddforfodaeth *f*, gorfodi(*vn*)'r ddeddf. **L~ French** *n.f.* Ffrangeg Cyfreithiol *m*, Ffrangeg y Gyfraith. **~-hand** *n.* ysgrifen gyfreithiol *f*. **~-Latin** *n.* Lladin Cyfreithiol *m*, Lladin y Gyfraith. **L~ Lord** *n.* Arglwydd (*m*) Cyfraith, Arglwydd Apêl, un o Arglwyddi'r Gyfraith, un o'r Arglwyddi Apêl. **~ officer** *n.* swyddog(-ion) (*m*) cyfraith. **L~ Report** *n.* Adroddiad(-au) (*m*) Cyfraith. **L~ Society (the)** *n.* Cymdeithas (*f*) y Gyfraith, y Gymdeithas Gyfreithiol, Cymdeithas y Cyfreithwyr. **~-stationer** *n.* dogfennwr (dogfenwyr) cyfreithiol *m.* **~-term** *n.* *(i) (word):* term(-au) cyfreithiol *m*, ymadrodd(-ion) cyfreithiol *m*; *(ii) (period):* tymor (tymhorau) cyfreithiol *m.*

lawful *a.* cyfreithlon.

lawfully *adv.* yn gyfreithlon.

lawfulness *n.* cyfreithlonedd *m*, cyfreithlondeb *m*, cyfreithlonrwydd *m.*

lawgiver *n.* = **lawmaker.**

lawk, lawks, lawks-a-mussy! *int.* caton pawb! 'neno'r tad! mawredd! brensiach! brenin mawr! brenin y bratiau!

lawless *a.* afreolus, terfysglyd, anhrefnus, di-drefn, digyfraith, direol.

lawlessly *adv.* yn afreolus.

lawlessness *n.* anghyfraith *f*, aflywodraeth *f*, anhrefn *mf*, terfysg(-oedd) *m.*

lawmaker *n.* deddfwr (deddfwyr) *m*, deddfroddwr (deddfroddwyr) *m*, gosodwr (gosodwyr) (*m*) cyfraith, gwneuthurwr (gwneuthurwyr) (*m*) cyfraith.

lawmaking *vn.* deddfu, gwn|eud deddfau/cyfreithiau.

lawman *n.* dyn(-ion) (*m*) y gyfraith, un o wŷr y gyfraith; *U.S:* = **sheriff, marshal.**

lawn[1] *n. Tex:* lliain main *m*, bliant *m*, cotwm main *m.*

lawn[2] *n.* lawnt(-iau,-ydd) *f.* **~ clippings** *n.pl.* toriadau/torion lawnt, *N: F:* gwair (*m*) injan bach. **~-mower** *n.* peiriant (peiriannau) (*m*) torri glaswellt/gwelltglas/lawnt, *N:* injan fach (*f*) dorri gwair (injans bach torri gwair), *S:* peiriant torri porfa. **~ pearlwort, ~ spurrey** *n.* = **pearlwort (heath).** **~-sand** *n.* tywod (*m*) lawnt. **~-sprinkler** *n.* ysgeintiwr (ysgeintwyr) (*m*) lawnt. **~ tennis** *n.* ten[n]is (*m*) lawnt.

lawny *a. Tex:* main (meinion), ysgafnwe.

Lawrence *Pr.n.m.* Lawrens, Lowrans.

lawrencium *n. Ch:* lawrensiwm *m.*

Lawrentian *a. Lit:* Lawrensaidd.

lawsuit *n.* achos (achosion) cyfreithiol *m*, achos cyfraith, *A:* cyngaws (cynghawsau, cynghosion) *m.*

lawyer *n.* **1.** cyfreithiwr (cyfreithwyr) *m*, cyfr|eithwraig (cyfreithwragedd) *f*, *F:* twrnai (twrneiod) *m.* **2. Penang ~,** ffon (*f*) [gerdded] Pen|ang. **~'s wig** *n. Fung:* = **ink cap (shaggy).**

lawyerly *adv.* twrneiaidd.

lax[1] *a.* **1.** *(a)* llac, diofal, esgeulus; **~ morals,** moesau llac, **a ~ conscience,** cydwybod lac; **to be ~ in [carrying out] one's duties,** bod yn esgeulus/ddiofal yn eich dyletswyddau; **~ attendance,** presenoldeb afreolaidd; *(b) (= vague):* amwys, anfanwl, llac, amhendant; **~ use of a word,** defnydd llac o air. **2.** *(= limp):* llac, llaes, llipa. **3.** *Med:* rhydd. **4.** *Ling:* llaes, llac.

lax[2] *n. Ich:* = **salmon.**

laxation *n.* **1.** *(= loosening):* llacio *vn.* **2.** *Med:* = **defecation.**

laxative *a. & n.* **1.** *a.* rhyddhaol, sy'n eich gweithio. **2.** *n. S:* moddion (*m or pl*) gweithio, *N:* ffisig(-au,-on) (*m*) gweithio, peth(-au) (*m*) i'ch gweithio, *Lit:* carthydd(-ion) *m*, carthlyn(-nau) *m*, carthbair (carthbeiriau) *m*, *F:* jolop *m*, *S.W:* ffisig.

laxatively *adv.* yn rhyddhaol *&c.*

laxativeness *n.* rhyddhaoldeb *m.*

Laxist *n. Rel:* Llaeswr (Llaeswyr) *m.*

laxity *n.* **1.** *(of morals):* llacrwydd *m.* **2.** *(= vagueness):* llacrwydd, anfanylrwydd *m*, anfanyldeb *m*, anfanylder *m*, amwysedd *m*, diofalwch *m*, esgeulustra *m*, esgeulustod *m.*

laxly *adv.* yn llac *&c.*

laxness *n.* = **laxity.**

laxtonberry *n. Hort:* mafonen (mafon) (*f*) Laxton, afanen (afan) (*f*) Laxton.

lay[1] *n.* **1.** *Lit:* cân (caneuon) *f*, cerdd(-i) *f*, baled(-i) *f*, dyri (dyrïau) *f*, cathl(-au) *f*; **the Lays of Ancient Rome,** Cerddi Rhufain Gynt. **2.** *(of birds):* cathl, cân, dyri.

lay[2] *a.* **1.** *Ecc:* lleyg; **~ brother,** brawd (brodyr) lleyg *m*; **~ brotherhood,** brawdoliaeth leyg (brawdoliaethau lleyg) *f*; *Jur:* **~ justice,** ynad(-on) lleyg *m*; **~ preacher,** pregethwr (pregethwyr) lleyg *m*, pregethwr cynorthwyol; **~ reader,** darllenydd (darllenwyr) lleyg *m*; **to the ~ mind,** i'r lleygwr. **2.** *Art:* **~ figure,** ffig[i]wr (ffigyrau) gosod *m*, dyn(-ion) pren *m.*

lay[3] *n.* **1.** *(of rope):* cyfrodedd *m.* **2. ~ of the land,** *See* **lie**[3]. **3.** *Typ:* **to mark the ~ on a page,** nodi'r gosodiad ar dudalen. **4. hen in ~,** iâr yn dodwy. **5.** *V:* **she's a good ~,** *S:* mae hi'n sielffo/geingo; *N:* mae hi'n ei wneud o fel dŵr *or* fel cwningen; mae hi'n chwarae fel top.

lay[4] *v.t.* **1.** *(a)* rhoi/dodi (rhth) i lawr; gosod, dodi (rhth); **to ~ s.o. low/flat,** *(i)* rhoi rhn i orwedd, rhoi rhn yn ei orwedd, rhoi rhn ar wastad ei gefn; *(ii) (= hit):* llorio rhn; **to ~ low an empire,** darostwng ymerodraeth; *(b) (of wind):* **to ~ crops,** sarnu/gwastatáu/fflatio/ffagio cnydau. **2.** *(a) (dust, waves &c):* gostegu; *(b) (a spirit):* bwrw allan, consurio, tawelu, gostwng; **to ~ s.o.'s fears,** tawelu ofnau rhn. **3.** *(= put on):* gosod, dodi, rhoi, *Lit:* rhoddi (rhth ar rth); **to ~ oneself open to...,** eich rhoi'ch hunan mewn perygl o ..., mynd i berygl o fod...; **to ~ hands on oneself,** ymosod arnoch eich hun; **I can't ~ my hand on it,** ni allaf yn fy myw ddod o hyd iddo; ni allaf gael hyd iddo; ni allaf roi/ddodi fy llaw arno; **to ~ one's heads together,** rhoi'ch pennau ynghyd, ymghynghori, *S.W:* cwnsela; **to have nowhere to ~ one's head,** bod heb le i roi'ch pen; **to ~ hand on sth,** *(= appropriate):* cymryd meddiant ar rth, meddiannu rhth; **to ~ a land waste,** anrheithio gwlad; **to ~ s.o. to rest, to ~ s.o. in the grave,** rhoi rhn yn y bedd, rhoi rhn i orwedd, claddu rhn, *occ:* daearu rhn; **to ~ a rumour to rest,** tawelu si; **to ~ sth bare,** dinoethi rhth; **to ~ the blame at s.o.'s door,** rhoi'r/dodi'r bai ar rn. **4. to ~ an egg,** dodwy ŵy. **5.** *(= bet):* betio, mentro, rhoi, *S: occ:* dala; **to ~ money on a horse,** mentro arian ar geffyl; **to ~ that...,** betio/mentro bod...; **I'll ~ you a pound,** mi fetia' i iti bunt; **I'll ~ you any odds,** mi fetia' iti rywbeth; **to ~ evens,** betio'n gyfartal, cynnig ods cyfartal. **6.** *(a)* **to ~ a ship alongside [the quay],** dod â llong gyda'r cei; *(b) Artil:* cyfeirio, anelu (gwn); rhoi (gwn) ar annel. **7.** *(= present):* cyflwyno; **to ~ a charge,** dwyn cyhuddiad; **to ~ a matter before the court,** cyflwyno/gosod mater gerbron y llys; **to ~ an information,** cyflwyno gwybodaeth, gosod gwybodaeth gerbron; *S.a.* **claim**[1] **2. 8.** *(a) (= impose):* gosod, rhoi, dodi; **to ~ a fine on s.o.,** dirwyo rhn, rhoi/dodi dirwy ar rn; *(b)* **to ~ a tax on sth,** rhoi/dodi treth ar rth, trethu rhth; *(c)* **to ~ a stick on s.o.'s back,** curo/ffonodio rhn, rhoi/dodi ffon ar gefn rhn; *P:* **to ~ into s.o.,** rhoi coten/cosfa/cweir [go iawn] i rn, ymosod ar rn, *N: occ:* mynd i ben rhn. **9.** *(a) (foundation, cable &c):* gosod, dodi; **to ~ the table, to ~ the cloth,** hulio bwrdd, gosod y bwrdd, rhoi lliain ar y bwrdd, *S:* dodi lliain ar y ford, dodi'r ford; **to ~ for three,** gosod lle i dri; **to ~ a carpet,** gosod carped; **to ~ a fire,** gwn|eud/gosod tân, gwneud tân oer; **to ~ a trap,** gosod magl; **to ~ a plot,** gwneud/llunio cynllwyn, cynllwynio; **to ~ a scheme to do sth,** cynllunio rhth; *(b) Th:* **the scene is laid in Paris,** lleolir yr olygfa ym Mharis; *(c) Nau:* **to ~ the course,** gosod y cwrs. **10.** *Ropem:* cyfrodeddu. **11.** *V: (= copulate):* cnucho, cnychio, cnychu, *N.W:* chwarae, gwneud, dobio, dyrnu, *S: occ:* sielffo, geingo; rhoi hwthad (i rn); *S.W:* rhoi bwch (i rn). **~ about** *v.i.* **to ~ about one,** taro o'ch cwmpas, taro i bob cyfeiriad. **~ aside** *v.t.* **to ~ sth aside,** rhoi rhth ar naill ochr, rhoi rhth o'r neilltu, rhoi rhth heibio; *(= save):* neilltuo, cadw, cynilo, arbed; *(= give up):* rhoi'r gorau (i rth); *(= take off):* diosg, tynnu. **~ away** *v.t.* rhoi (rhth) o'r neilltu, rhoi (rhth) heibio, rhoi (rhth) i gadw, rhoi (rhth) ynghadw, *N:* cadw (rhth). **~ before** *v.t.* **to ~ sth before s.o.,** cyflwyno rhth i rn, gosod rhth gerbron rhn. **~ by** *v.t.* rhoi/dodi (rhth) o'r neilltu, rhoi/dodi (rhth) heibio; arbed, cynilo (rhth); *N: F:* celcio (rhth). **~-by** *n.* cilfach (*f*) barcio (cilfachau parcio), encilfa (encilf|eydd) *f*, cilfan(-nau) *f*; **emergency ~-by,** cilfan argyfwng. **~-day** *n. Com: Nau:* dydd(-iau) (*m*) llwytho/dadlwytho. **~ down** *v.t.* **1.** *(= put on ground):* rhoi/dodi (rhth) i orwedd, gosod (rhth) i lawr, rhoi/dodi (rhth) ar y llawr, rhoi/dodi (rhth) i lawr; **to ~ down one's arms,** rhoi'ch arfau i lawr, gollwng eich arfau, ildio'ch arfau, peidio ag ymladd; *Cards:* **to ~ down one's hand,** dangos eich llaw; **to ~ down an office,** rhoi'r gorau i swydd; **to ~ oneself down,** gorwedd [i lawr]; **to ~ down one's life for s.o.,** rhoi'ch/aberthu'ch bywyd er mwyn rhn; **to ~ down a ship,** rhoi llong ar y blociau; **to ~ down a drain,** gosod draen; **to ~ down a rule,** pennu/gosod rheol, deddfu; **to ~ down the law,** gosod y ddeddf [i lawr], dweud y drefn, deddfu, *F:* ei gosod hi, dweud sut mae 'i deall hi, dweud sut y mae hi i fod; **to ~ down conditions,** gosod amodau; **to ~ down (that ...),** mynnu, deddfu, gwneud amod (bod ...); **to ~ down land with grass,** troi tir yn borfa, hau tir â glaswellt. **3. to ~ down wine,** rhoi gwin i gadw, storio gwin. **4.** *Jur:* rhagnodi. **~ in** *v.t.* *(a)* **to ~ in firewood,** cael stôr o goed tân, ymorol am goed tân; **they laid in a good supply of coal in the summer,** cawsant gyflenwad da o lo i mewn yn ystod yr haf; *(b) Nau:* **to ~ in the oars,** tynnu'r rhwyfau i mewn. ~ **into** *v.t.* **to ~ into s.o.,** ymosod ar rn, ei rhoi hi i rn; *S.a.* **attack[2], hit[2]**; **to ~ into food,** llowcio bwyd, claddu bwyd, bwyta'n awchus, *S.W:* conio ar y bwyd, conio arni, *N.W:* cythru i fwyd. **~-land** *n.* gwyndwyn: gwyndon: gwyndwn *m.* ~ **off** *v.t.* **1. to ~ off workers,** atal gweithwyr [dros dro], anfon gweithwyr adref [dros dro]. **2. ~ off!** *(= stop):* paid (peidiwch)! rho'r gorau iddi (rhowch y gorau iddi)! gad(-|ewch) lonydd iddi! *S:* gad(-wch) e fod! *(= leave alone):* gadael llonydd (i rn). **3.** *Nau:* **to ~ off a bearing,** rhoi atgyfeiriad ar fap. **4.** *Turf: &c:* **to ~ off a bet,** betio'n groes. **5.** *v.i. U.S:* gorffwys, diogi, segura. ~ **on** *v.t.* **1.** *(taxes &c):* gosod, rhoi, dodi. **2.** *Art:* rhagliwio. **3.** *(= exaggerate):* gorliwio, gor-ddweud, ei 'mystyn hi, *S.W:* brathu'r gaseg wen; **to ~ it on thick, to ~ it on with a trowel,** *(= exaggerate):* ei phlastro hi; *(= flatter):* gwenieithio, gwerthu lledod, gwerthu sebon, seboni. **4. to ~ on the lash,** rhoi'r lach (ar rn); chwipio, llachio, ffrewyllu (rhn); **he laid on with a will,** bu'n taro/curo o ddifrif calon; bu'n curo o'i hochr hi. **5.** *(= supply):* cyflenwi; *(= arrange):* trefnu, darparu; **to ~ on electricity,** gosod/cyflenwi trydan; **everything is laid on,** mae popeth yn hwylus; mae popeth ar gael; **to ~ on plenty of drinks for a party,** ymorol/gofalu am ddigon o ddiodydd i barti. ~ **out 1.** *(= display):* gosod (rhth) allan. **2.** *(a) (a body):* ymgeleddu, *S.W: occ: N: occ:* diweddu, *N.E:* diwarthu; *(b) F:* **to ~ s.o. out,** *(= hit s.o.):* llorio rhn, rhoi rhn ar wastad ei gefn. **3.** *(money):* gwario, *S.W:* hala. **4.** *(= plan out, outline):* cynllunio, llunio, trefnu, gosod, amlinellu. **5. to ~ oneself out (to please),** gwneud ymdrech, ymdrechu, mynd i drafferth, ymdrafferthu (i blesio/ foddh|au). **~-out** *n.* *(of town, garden, page):* cynllun(-iau) *m,* patrwm (patrymau) *m,* gosodiad *m,* trefn *f,* trefniad *m,* gweddlun(-iau) *m,* llunwedd(-au) *f*; *Needlew: Carp:* cynllun gosod; **cutting ~-out,** cynllun torri. ~ **over 1.** *v.t. (= postpone):* gohirio. **2.** *v.i. (= wait):* aros. ~ **to** *v.i. Nau:* arafu. ~ **up** *v.t.* **1.** *(stock &c):* casglu, neilltuo, cadw, crynh|oi, storio (rhth); rhoi (rhth) o'r neilltu; *B:* ~ **not up for yourselves treasures upon earth,** na thrysorwch i chwi drysorau ar y ddaear; **to ~ up trouble for oneself,** creu trafferth i chwi eich hun [yn y dyfodol, at eto]. **2.** *Nau: (= make inactive):* diarfogi; **to ~ up a car,** rhoi car i gadw, rhoi car o'r neilltu. **3. laid up,** gorwe[i]ddiog, caeth i'r gwely, tost/sâl yn y gwely, ar eich hyd, ar wastad eich cefn. **4. to ~ up a rope,** cyfrodeddu rhaff.

lay[5] *n. (of hens):* **in ~,** dodwyog, yn dodwy.

layabout *n.* diogyn(-nod) *m,* diogwr (diogwyr) *m,* pwdryn (pwdrod) *m,* segurwr (segurwyr) *m*; *S.a.* **loafer.**

layaway *n. Com:* nwydd(-au) *(m)* cadw.

layback *v.t. Mount:* ôl-gripian.

layer[1] *n.* **1.** *(a) (of drains, traps &c):* gosodwr (gosodwyr) *m,* dodwr (dodwyr) *m*; *(b) Artil:* anelwr (anelwyr) *m*; **~-out,** *(usu.fem): (of corpse):* ymgel|eddwraig *f,* diw|eddwraig *f.* **2.** *(hen &c):* **a good ~,** *F:* d|odwraig/dodreg dda (dodwragedd/ dodwyr da) *f.* **3.** *(of paint &c):* haen(-au) *f,* haenen(-nau) *f,* trwch (trychion) *m,* tew *m*; **abscission ~,** haenen absgisaidd, haenen fwrw (haenau bwrw); **palisade ~,** haen/haenen balis (haenau palis); **germ-~, germinative ~,** haenen ymrannu/ ymrannol; *Ph:* **boundary ~,** haen ffin; *Agr: (of haystack):* gwanaf(-au,-on, gwaneifiau) *f*, *S.W:* clencen (clenciau) *f*, plet(-iau) *m,* gwisgon *f*, *N: occ:* treinglen *f*; **~ of hay on ground,** *S.W:* tanfa (tanf|eydd) *f*; *(for thatching):* gwanaf; *(of ice):* plymen(-nau,-ni) *f*; *(of frost):* haenen, caenen; *(of snow):* trwch, haen, haenen, caenen, *S.W: occ:* gwaffen *f, S.E: occ:* sgiten *f,* ffrechen *f N.W: occ:* sgimpan *f*; **a ~ of fat,** trwch o gnawd, blonegen *f,* haenen o fraster. **4.** *Hort:* planfrigyn (planfrigau) *m.* ~ **cake** *n.* teisen haenog *f.* ~ **colouring** *vn. Art:* haenliwio. **~-stool** *n. Hort:* cadair (cadeiriau) *f.*

layer[2] *v.t.&i.* **1.** *v.t. (a)* gosod (rhth) yn haenau; haenu, taenu (rhth); *(b) Hort:* **to ~ a plant,** priddo/claddu brigyn o blanhigyn, brigblannu planhigyn. **2.** *v.i. (= of crops):* gorwedd.

layerage *n. Hort:* brigblannu.

layered *a.* **1.** haenog. **2.** *Hort: (plant):* brigblanedig.

layette *n. layette(-s) f,* dillad *(pl)* baban.

laying[1] *a.* **~ hen,** iâr *(f)* ddodwy (ieir dodwy), iâr ddodwyog (ieir dodwyog).

laying[2] *vn. See* **lay[4]**. **1.** *(of rails &c):* gosodiad(-au) *m,* gosod, dodi. **2.** *(of eggs):* dodwyad(-au) *m,* dodwy. **3.** *Artil:* aneliad(-au) *m,* anelu. **4.** *Ecc:* ~ **on of hands,** arddodiad *(m)* dwylo, arddodi dwylo.

layman *n.m.* lleygwr (lleygwyr), *occ:* gŵr (gwŷr) lleyg.

layoff *n.* diswyddiad(-au) *m* [dros dro].

layout *n.* = **lay-out**.

layover *n.* = **stopover**.

layshaft *n. Mec.E:* gwerthyd ganol (gwerthydau canol) *f,* rhyngwerthyd(-au) *f.*

laystall *n.* tomen(-ni) *(f)* [y]sbwriel.

laywoman *n.f.* gwr|aig leyg (gwragedd lleyg).

lazar *n. A:* = **leper.** **~-house** *n.* = **lazaret.**

lazaret, lazaretto *n.* **1.** *Med:* clafdy (clafdai) *m,* clafrdy (clafrdai) *m.* **2.** *Nau: (= store):* storfa (storf|eydd) *f,* cloer(-au) *mf.*

Lazarist *n. R.C.Ch:* Lasariad (Lasariaid) *m&f.*

Lazarus *Pr.n.m. B:* L|asarus.

laze[1] *v.t.&i.* **to ~ [about], to ~ away one's time,** diogi, segura, swmera, gwagswmera, *S.W: occ:* magu diogi, lolan, s[h]igowtan, sitsian, *S.E: occ:* llorchan, *N.W:* stelcian, clertian.

laze[2] *n. (= period of laziness):* hoe fach *f,* seibiant *m, N.W:* stelc: stelcan: stalcan *f.*

lazily *adv.* yn ddiog.

laziness *n.* diogi *m, S.W: occ:* pydrwch *m,* pydri *m,* pwdri *m, S.E: occ:* diffrwythdra *m.*

lazuli *n.* = **lapis lazuli.**

lazulite *n. Miner:* l|aswlit *m.*

lazulitic *a. Miner:* laswlitig.

lazurite *n. Miner:* l|aswrit *m.*

lazy *a.* diog, dioglyd, *S:* pwdr, *N.W: occ:* lleuog, *M.W: occ:* didoreth; *Med:* **~ eye,** llygad d[d]iog (llygaid diog) *mf*; **do you feel ~?** *S.W: occ:* odi'r gŵr llwyd arnoch chi? odi'r Lowrans ar eich cefen chi? odi Lowrans wedi cael gafael arnoch chi? *Needlew:* ~ **daisy stitch,** pwyth(-au) *(m)* llygad y dydd, pwythyn (pwythau) *(m)* cadwyn. **~-bones** *n.* diogyn(-nod) *m,* diogen(-nod) *f, S:* pwdryn (pwdrod) *m,* pwdren(-nod) *f, S.E: occ:* llercyn (llercod) *m, N: occ:* llymbar *m.* ~ **Susan** *n.* morwyn ddiog (morwynion diog) *f,* hambwrdd (hambyrddau) *(m)* tro. **~-tongs** *n.pl. Tls:* gefel goesgam (gefeiliau coesgam) *f,* gefel dyn diog.

lazyish *a.* dioglyd.

lea[1] *n. Poet:* dôl (dolydd, dolau) *f,* gwaun (gweunydd) *f,* gwyndwn (gwyndynnydd) *m,* gweirglodd(-iau) *f,* tondir(-oedd) *m,* doldir(-oedd) *m.*

lea[2] *n. Meas: Tex:* **a ~ of cotton/silk,** chweugain llath o gotwm/ sidan; **a ~ of worsted,** pedwar ugain llath o wstid.

leach[1] *n.* **1.** *(process):* trwytholchiad *m,* trwytholchi *vn.* **2.** *(substance):* trwytholch(-ion) *m.*

leach[2] *v.t.&i.* **1.** *(a liquid):* hidlo, gollwng, diferu. **2.** *Geog: Geol:* trwytholchi.

leachability *n.* natur hidladwy/ddiferadwy/drwytholchadwy *f.*

leachable *a.* hidladwy, diferadwy, trwytholchadwy.

leachate *n.* trwytholch(-ion) *m,* hidlad(-au) *m.*

leacher *n.* trwytholchwr: trwytholchydd (trwytholchwyr) *m,* hidlwr (hidlwyr) *m,* diferwr (diferwyr) *m.*

leaching *vn.* hidlo, golchi, trwytholchi, hidlad *m,* trwytholchiad *m.*

lead[1] *n.* **1.** *(metal):* plwm *m*; **sheet ~,** dalennau *(pl)* plwm, plwm dalennog; **red oxide of ~, red ~,** plwm coch; **white ~,** plwm gwyn; *S.a.* **blacklead[1]**; **window-leads,** dellt *(pl)* plwm; **roof-leads,** plwm to. **2.** *(of pencil):* led *f.* **3.** *Nau:* plymen: plwmen *f*; **to swing the ~,** diogi, llaesu dwylo, *S:* dala'r slac yn dyn[n]; **to cast/heave the ~,** gollwng y blymen. **4.** *Typ:* stribed(-i) *(mf)* plwm, strimyn(-nau) *(m)* plwm. **5.** *attrib.* plwm, plymaidd. ~ **flashing** *n.* lapiad(-au) *(m)* plwm. **~-free** *a.* di-blwm. ~ **glance** *n.* plwm gloyw. ~ **glass** *n.* gwydr *(m)* plwm. **~-line** *n. Nau:* llinyn(-nau) *(m)* plymen. **~-mine** *n.* gwaith (gweithydd, gweithf|eydd) *(m)* plwm. ~ **pencil** *n.* pensel(-i) *(f)* led, pensel blwm (penseli plwm). ~ **plant** *n. Bot: (Amorpha canescens):* plymwydden (plymwydd) *f.* **~-poisoning** *vn.* gwenwyno â phlwm, gwenwyn *(m)* plwm. ~ **shot** *n.* peledi *(pl)* plwm, haels *pl* [plwm]. ~ **window** *n.* ffenestr *(f)* blwm (ffenestri plwm). ~ **wool** *n.* gwlân *(m)* plwm. **~-work** *n.* gwaith *(m)* plwm, plymwaith *m.* **~-works** *n.pl.* gwaith plwm.

lead[2] *v.t.* *(= put* **lead[1]** *on/in sth): (a)* rhoi plwm ar/am rth, rhoi plwm yn rhth; *(b) Fish:* rhoi plwm [ar y rhwydau *&c*]; *(c) Typ:* rhynglinellu, *F:* ledio.

lead[3] *n.* **1.** *(a) (= guidance):* arweiniad(-au) *m*, esiampl(-au) *f*; **to follow s.o.'s ~,** dilyn esiampl/arweiniad rhn; **to give s.o. a ~,** rhoi awgrym[-iadau] i rn, arwain rhn, rhoi rhn ar ben y ffordd; *(b)* **to take the ~ of/over s.o.,** achub/ennill y blaen ar rn; **they're in the ~,** hwy sydd ar y blaen; hwy sy'n arwain; **to have one minute's ~ over s.o.,** bod funud ar y blaen i rn, bod ar y blaen o [un] funud i rn. **2.** *Cards:* **to have the ~,** chwarae'n gyntaf, arwain; **your ~!** chi sy'n dechrau! **to return a ~,** dilyn lliw. **3.** *Th: (part):* prif ran(-nau) *f*, rhan(-nau) arweiniol *f*; *(actor):* blaenwr (blaenwyr) *m*, blaenores(-au) *f*; **juvenile ~,** blaenlanc(-iau) *m*, blaenlances(-i) *f*. **4.** *(a) Mec.E: (of screw):* **= pitch[3] 6**; *(b) Mch: I.C.E: El.E: (of ignition, dynamo brushes &c):* blaeniad *m*, blaen *m*. **5.** *(for dog):* tennyn (tenynnau) *m*, *Lit: occ:* cynllyfan(-au) *m*; **on a ~,** ar dennyn. **6.** *El.E:* cebl(-au) *m*, cysylltiad(-au) *m*, gwifren (gwifrau) *f*, lîd (lidiau) *f*; *S.a.* **jump-leads. 7.** *(of mill):* cafn(-au) *m*, pynfarch (pynfeirch) *m*. **8.** *(= channel in ice-field):* llwybr(-au) *m*, sianel(-au,-i) *f*. **~ article** *n. Journ:* erthygl flaen (erthyglau blaen) *f*. **~ lesson** *n. Sch:* gwers(-i) arweiniol *f*. **~ screw** *n.* sgriw *(f)* dywys (sgriwiau tywys). **~ story** *n.* stori flaen (straeon blaen) *f*. **~ time** *n. Com:* amser(-oedd) *(m)* aros.

lead[4] *v.t.&i.* I. *v.t.* **1.** *(a) (pers., army, movement &c):* arwain (**to s.o./sth,** at rn/rth; **somewhere,** i rywle); *(b)* **to ~ a horse,** arwain/tywys/tywysu ceffyl; **to ~ s.o. astray,** camarwain rhn, arwain rhn ar gyfeiliorn, mynd â rhn ar gyfeiliorn; *B:* **~ us not into temptation,** nac arwain ni i brofedigaeth; **to ~ the way,** arwain y ffordd, ledio'r ffordd, dangos y ffordd, bod ar y blaen, arloesi; **please ~ the way,** ewch chi'n gyntaf os gwelwch yn dda; **to ~ s.o. a dance,** camarwain rhn, mynd â rhn ar gyfeiliorn; **he is easily led,** un hawdd ei arwain ydyw; **chance led him (to Rome),** ffawd a'i harweiniodd, ffawd a aeth ag ef (i Rufain); **to ~ a woman to the altar,** arwain merch at yr allor, mynd â merch at yr allor; **to ~ s.o. by the nose,** tywys rhn gerfydd ei drwyn; *(= induce):* arwain; **that leads us to believe that . . .,** mae hynny'n ein harwain i gredu bod *&c* . . .; **to be led to a conclusion,** dod i gasgliad; **I was led to this conclusion,** deuthum i'r casgliad hwn. **2.** *(a) (life &c):* byw, treulio; **to ~ a dog's life,** byw bywyd ci; *(b)* **to ~ s.o. a wretched life,** rhoi bywyd annifyr i rn, rhoi uffern ar y ddaear i rn, poenydio/plagio rhn. **3.** *(in race &c):* **to ~ the field,** *abs.* **to ~,** bod ar y blaen, arwain. **4.** *Cards:* **to ~ clubs,** chwarae clybiau; *abs.* **to ~,** chwarae'n gyntaf, agor y chwarae; *S.a.* **suit[1] 6. 5.** *Mus:* blaenu. II. *v.i.* **1.** *(of road):* arwain, mynd (**to somewhere,** i rywle; **to sth,** at rth, **from sth,** o rth, oddi wrth rth); **which street leads to the station?** pa stryd sy'n arwain/mynd at yr orsaf *or* i'r orsaf? **this led to his being elected M.P.,** arweiniodd hyn at ei ethol yn aelod seneddol; **(a door that leads) to the garden,** (drws sy'n arwain) at yr ardd, i'r ardd. **2. to ~ to a good result,** arwain at ganlyniad da, dod â chanlyniad da; **everything leads to the belief that . . .,** mae pob lle i gredu bod . . .; **to ~ to nothing,** dod i ddim [byd]. **~ away** *v.t.* **1.** arwain (rhn) ymaith, *N:* arwain (rhn) i ffwrdd, *S:* arwain (rhn) bant; mynd (â rhn) ymaith *&c*. **~ back** *v.t.* arwain (rhn) yn [ei] ôl. **~-in** *n. W.Tel: Tp:* mewnwifren (mewnwifrau) *f*. **~ off 1.** *v.t.* **= lead away. 2.** *v.i. (= begin):* dechrau, cychwyn. **~-off 1.** *a.* arweiniol, cychwynnol, dechreuol. **2.** arweiniad(-au) *m*, cychwyniad(-au) *m*, dechreuad(-au) *m*. **~ on** *v.t.* arwain; **~ on!** ymlaen â thi (chi)! dos di'n (ewch chi'n) gyntaf! **to ~ s.o. on to talk,** tynnu sgwrs â rhn, tynnu rhn i siarad/sgwrsio; *F:* **to ~ s.o. on,** twyllo/camarwain rhn. **~ up** *v.i.* **to ~ up to sth,** arwain at rth. **~-up** *n.* rhagarweiniad(-au) *m* (**to sth,** i rth).

Leadbrook *W.Pl.n.* Lleprog *m*.

leaded *a.* **1. a ~ window,** ffenestr *(f)* blwm (ffenestri plwm), ffenestr ddellt (ffenestri dellt). **2.** *Typ:* rhynglinellog.

leaden *a.* plwm, plymaidd, o liw'r plwm, plymliw; *(= heavy):* trwm (*f.* trom, *pl.* trymion) fel plwm; **~ skies,** awyr lwyd/dywyll *f*, *S: occ:* awyr wedi copri; **~ limbs,** aelodau trymion/llesg; **~ rule,** rheolaeth drom/ormesol *f*; **~-eyed** *a.* â llygaid pŵl. **~-footed** *a.* troetrwm (troetrymion).

leadenly *adv.* yn blymaidd *&c*.

leadenness *n.* plymeiddiwch *m*, trymder *m*, dylni *m*, tywyllwch *m*.

leader *n.* **1.** *(of party &c):* arweinydd(-ion, arweinwyr) *m*, *occ:* llyw *m*; *Parl:* **L~ of the House,** Arweinydd *(m)* y Tŷ; **L~ of the Opposition,** Arweinydd yr Wrthblaid; *(= guide):* tywysydd (tywyswyr) *m*; *Mus:* blaenwr (blaenwyr) *m*; *S.a.* **follow. 2.** *(horse):* ceffyl(-au) blaen *m*. **3.** *Journ:* golygyddol *mf*, llith olygyddol (llithiau golygyddol) *f*, ysgrif olygyddol (ysgrifau golygyddol) *f*, erthygl arweiniol *f*, erthygl flaen (erthyglau blaen). **4.** *Cin: T.V:* blaen(-au) *m*. **~-writer** *n. F:* ysgrifennwr (ysgrifenwyr) golygyddol *m*.

leaderless *a.* diarweinydd, heb arweinydd.

leadership *n.* arweinyddiaeth *f*, arweiniad *m*.

leading[1] *vn. & n.* **1.** *vn. See* **lead[2]**; *Typ:* **~ out,** rhynglinellu, *F:* ledio. **2.** *n. Coll:* plymwaith *m*.

leading[2] *a.* **1.** *(a) Jur:* **~ question,** cwestiwn arweiniol; **~ case,** achos cynseiliol/arweiniol; *(b) Mus:* **~ note,** *U.S:* **~ tone,** nodyn (nodau) arweiniol *m*; **~ seventh,** seithfed(-au) arweiniol *m*; **~ motive,** leitmotif(-au) *m*. **2.** *(= principal):* prif *(before noun + soft mut.)*; pennaf, mwyaf, blaenllaw, pwysig, blaen; **a ~ man,** gŵr (gwŷr) blaenllaw; **a ~ surgeon,** llawfeddyg blaenllaw; **the ~ surgeon,** y prif lawfeddyg; **a ~ shareholder,** cyfranddaliwr blaenllaw, un o'r prif gyfranddalwyr; **a ~ idea,** syniad llywodraethol, prif syniad; *Journ:* **~ article, = leader 3**; **~ light,** arweinydd (arweinwyr) *m*, rhn blaenllaw *m*, ceffyl(-au) blaen *m*, un o'r hoelion wyth; *Th:* **the ~ part,** y brif ran (y prif rannau) *f*; **to play a ~ part in sth,** chwarae rhan flaenllaw yn rhth; **~ man,** prif actor(-ion) *m*, blaenwr (blaenwyr) *m*; **~ lady,** prif actores(-au) *f*; *Mus:* **~ violin,** prif feiolinydd *m*. **3. ~ car,** car (ceir) blaen *m*; *Navy:* **~ ship,** llong flaen (llongau blaen) *f*; *Mil:* **~ wing,** adain flaen (adenydd blaen) *f*; *Sp:* **the ~ leg,** y goes flaen; *Av:* **~ edge,** ymyl blaen/flaen (ymylon blaen) *mf*.

leading[3] *vn. (=* **lead[4]***): (of horses &c):* arweiniad *m*, tywysiad *m*; **men of light and ~,** dynion dylanwadol. **~-rein** *n. Harn:* llinyn(-nau) *(m)* ffrwyn, cebystr(-au) *m*, penffrwyn(-au) *m*, penffestr(-au) *m*, *S.W:* penwast *m*. **~-staff** *n.* ffon *(f)* dywysu (ffyn tywysu). **~-strings** *n.pl.* llinynnau arwain; **to keep s.o. in ~-strings,** cadw rhn ar dennyn.

leadless *a.* di-blwm, heb blwm.

leadsman *n.m. Nau:* plymennwr (plymenwyr).

leadwort *n.* **= plumbago2.**

leady *a.* plymaidd.

leaf[1] *n.* **1.** *(a)* deilen (dail) *f*; **compound ~,** deilen gyfansawdd (dail cyfansawdd); **floating ~,** deilen arnofiol; **emergent ~,** deilen allddodol; **submerged ~,** deilen soddedig; **scale ~,** deilen gennog (dail cennog); **small leaves,** deilios *pl*, deiliach *pl*, manddail *pl*; **to shed leaves,** colli/bwrw dail; **in ~,** yn ddeiliog, yn deilio, yn ei dail; **the trees are coming into ~,** mae'r coed yn dechrau deilio/blaguro/glasu; *Lit:* mae'r coed yn blaendarddu; **the fall of the leaves,** cwymp *(m)* y dail; *(b) F: (= petal):* petal(-au) *m*. **2.** *(a) (of book):* dalen(-nau, *occ:* dail) *f*, tudalen(-nau) *mf*; **to turn over a new ~,** cael diwygiad, diwygio, troi dalen newydd; **to take a ~ out of s.o.'s book,** efelychu rhn, cymryd dalen o lyfr rhn, cymryd/dilyn esiampl rhn, cymryd rhn yn batrwm; *(b)* **counterfoil and ~,** bonyn a dalen. **3.** *(of gold &c):* dalen. **4.** *(= of door, spring, shutter, table):* dalen, adain (adenydd) *f*; *(of table): N.W:* lêff(-s) *f*; **hinge ~,** dalen golfach (dalennau colfach). **5.** *U.S: (= fat around pig's kidneys):* dalen *f*, blonegen *f*. **~ area** *n.* arwynebedd *(m)* dail. **~-beetle** *n. Ent:* chwilen (chwilod) *(f)* y dail. **~ blade** *n.* llafn *(m)* deilen (llafnau dail). **~-bud** *n. Bot:* deilflaguryn (deilflagur) *m*. **~ butterfly** *n. Ent:* glöyn (gloynnod) *(m)* y dail. **~-crimper** *n. Ent:* crychwr (crychwyr) *(m)* dail. **~-curl** *n. Hort:* crych *m*. **~-cutting bee** *n. Ent:* gwenynen ddeildorrol (gwenyn deildorrol) *f*. **~-eating** *a.* deilysol. **~-fat** *n.* blonegen *f*, bloneg *m*. **~-flea** *n. Ent:* chwannen (chwain) *(f)* y dail. **~-folder** *n. Ent:* plygwr (plygwyr) *(m)* dail. **~-green** *a.* gwyrdd (*f.* gwerdd, *pl.* gwyrddion) [fel] dail, gwyrddlas (*f.* gwerddlas, *pl.* gwyrddleision). **~-hopper** *n. Ent:* sboncyn(-nod) *(m)* y dail. **~-insect** *n. Ent:* pryf(-ed) *(m)* dail. **~-lard** *n. U.S:* blonegen, bloneg. **~-lichen** *n. Bot:* cen *(m)* [y] dail. **~-louse** *n. Ent:* lleuen (f) y dail (llau'r dail). **~-miner** *n. Ent:* lindysyn (lindys) *(m)* y dail. **~-monkey** *n.* **= langur. ~-mould** *n.* **1.** *(= humus):* deilbridd *m*, hwmws *m*. **2.** *Agr: (disease):* llwydni *m*, cawod *f*. **~ node** *n. Cmptr:* cwgn (cygnau) *(m)* deilen. **~-nosed** *a. Z:* deildrwyn. **~-opposed** *a. Bot:* cyferbynddail. **~-roller** *n. Ent:* rholiwr (rholwyr) *(m)* dail. **~-rust** *n.* rhwd *(m)* dail. **~-scar** *n.* deilgraith (deilgreithiau) *f*, craith *(f)* ddeilen (creithiau dail). **~-shaped** *a.* deilffurf, [ar] ffurf deilen, [ar] siâp deilen. **~-sheath** *n. Bot:*

gwain (*f*) deilen (gweiniau dail). **~-spine** *n. Bot:* dreinddeilen (dreinddail) *f.* **~-spot** *n. Agr: (disease):* clwyf (*m*) smotiau. **~ spring** *n.* sbring d[d]alennog (sbringiau dalennog) *mf.* **~-stalk, ~-stem** *n.* deilgoes(-au) *f,* deilgoesyn(-nau) *m.* **~-trace** *n.* deildres(-i) *f.*

leaf² *v.i.&t.* **1.** *v.i.* deilio, blaguro; glasu [gan ddail]. **2.** *v.t.* **to ~ through a book,** troi tudalennau/dalennau/dail llyfr, troi'r dail.

leafage *n.* deiliant *m,* dail *pl.*

leafed *a.* = **leaved.**

leafiness *n.* deiliogrwydd *m.*

leafless *a.* di-ddail, heb ddail.

leaflet¹ *n.* **1.** *Bot:* deilen fechan (dail bychain) *f,* deiliosen (deilios) *f.* **2.** *(of paper):* taflen(-ni) *f,* dalen(-nau) *f.*

leaflet² *v.t.* dosbarthu/rhannu taflenni; **to ~ an area,** dosbarthu/ rhannu taflenni mewn ardal.

leaflike *a.* fel deilen, deilffurf.

leafy *a.* deiliog.

league¹ *n. A: Meas:* milltir(-oedd) Ffrengig *f,* lîg (ligau) *f.*

league² *n.* cynghrair (cynghreiriau) *fm;* **to form a ~ (against s.o.),** ffurfio cynghrair, cynghreirio, ymgynghreirio (yn erbyn rhn); **he was in ~ with them,** 'roedd wedi ymgynghreirio â hwy; 'roedd yn gweithio law yn llaw â hwy; *Rel.Hist:* **Solemn L~ and Covenant,** Cynghrair a Chyfamod Difrifol; *Hist:* **the Hanseatic L~,** y Cynghrair Hanseatig; **the L~ of Nations,** Cynghrair y Cenhedloedd; *S.a.* **holy; the L~ of Friends,** Cymdeithas (*f*) y Cyfeillion; *S.a.* **Arab; the Football L~,** y Cynghrair Pêl-droed; *Fig:* **in the big ~,** yn y dosbarth uchaf, ar y brig. **~ match** *n. Fb:* gêm (*f*) gynghrair (gemau cynghrair).

league⁵ *v.i.* **to ~ [together],** ymgynghreirio, cynghreirio, ymuno â'ch gilydd.

leaguer¹ *n. & v.* = **laager.**

leaguer² *n.* aelod(-au) (*m*) o gynghrair, cynghreiriad (cynghreiriaid) *m&f,* cynghreiriwr (cynghreirwyr) *m.*

leak¹ *n.* **1.** *(a) (= hole):* twll (tyllau) *m; (b) (= substance leaking):* diferiad(-au) *m,* gollyngiad(-au) (*m*) [dŵr *&c*]; **there is a ~ in the tank,** mae'r tanc yn gollwng/diferu/colli [dŵr *&c*]; mae yna dwll yn y tanc; **there is a ~ of gas,** mae yna nwy'n colli; *(of ship):* **to spring a ~,** gollwng dŵr; **to stop a ~,** atal dŵr, cau twll. **2.** *W.Tel:* colled(-ion) *f.* **3. security ~,** tor(-ion) (*m*) cyfrinach, toriad(-au) (*m*) cyfrinach; **in a ~ to the press,** mewn sibrydiad (*m*) wrth y wasg, drwy air (*m*) yng nghlust y wasg; **there's been a ~,** mae'r gath o'r cwd; mae rhywun wedi bod yn sibrwd/siarad; mae rhywun wedi agor ei geg; mae rhywun wedi gollwng y gyfrinach. **~-detector** *n. El:* synhwyrydd (synwyryddion) (*m*) colledion. **~-resistor** *n.* gwrthydd(-ion) (*m*) colledion.

leak² *v.i.&t.* **1.** *v.i. (of tank &c):* gollwng [dŵr], diferu, colli dŵr, gollwng drwyddo, *F: occ:* gillwn [dŵr], *M.W: occ:* lecian; **my shoes leak,** mae fy esgidiau'n gollwng; **the roof leaks,** mae'r to'n gollwng dŵr; mae'r to'n diferu; mae twll yn y to; **to ~ away,** gollwng, mynd i golli, diferu; *W.Tel: &c:* gollwng, colli gwefr; **to ~ out,** *(of news &c):* mynd yn hysbys, dod i'r fei. **2.** *v.t. (a)* **to ~ water,** gollwng dŵr; *(b) F:* **to ~ a secret,** sibrwd/ datgelu cyfrinach.

leakage *n.* **1.** colled(-ion) *f,* gollyngiad(-au) *m.* **2.** *(of secrets &c):* datgeliad(-au) *m,* sibrydiad(-au) *m,* datgelu *vn,* sibrwd *vn.*

leakily *adv.* yn colli [dŵr], yn dyllog *&c.*

leakiness *n.* natur dyllog *f,* anniddosrwydd *m,* tyllogrwydd *m;* **(I noticed) the ~ of the roof,** (sylwais) mor dyllog oedd y to, gymaint yr oedd y to'n gollwng.

leaking *vn.* = **leak².**

leaky *a.* **1.** yn colli [dŵr], tyllog, rhidyllog, yn gollwng [dŵr], yn diferu, diferllyd, anniddos; **~ shoes,** esgidiau sy'n gollwng, esgidiau tyllog, esgidiau siwc-siac. **2.** *(= indiscreet):* brac eich tafod, tafodrydd, parod i dorri cyfrinach.

leal *a. Scot:* ffyddlon, [g]onest, didwyll; **the land o' the ~,** y nefoedd *f.*

leally *adv.* yn ffyddlon *&c.*

lean¹ *a. & n.* **1.** *a. (a) (= thin):* tenau (*occ:* teneuon), main (meinion), *occ: (animal):* cul(-ion); **to grow ~,** teneuo, meinh|au, *occ:* curio, culh|au, *S: occ:* gwasgu; *(b) (meat):* coch; *(c)* **~ years,** blynyddoedd main/meinion, blynyddoedd o brinder/gyni; **a ~ diet,** ymborthiant/deiet main; **to live on a ~ diet,** *F:* byw ar y gwynt, byw ar fara a dŵr. **2.** *n.* cig coch *m.* **~-face** *a. Typ:* main.

lean² *n. (= inclination):* goleddf *mf.*

lean³ *v.i.&t.* **1.** *v.i. (a)* pwyso **(against/on sth,** yn erbyn rhth, ar rth); **to ~ on one's elbows,** penelinio, pwyso/gorffwys ar eich penelinoedd; **to ~ [up] against a wall,** pwyso yn erbyn wal; **to ~ on s.o. [for aid],** pwyso/dibynnu ar rn; *(b)* **to ~ over sth,** pwyso dros rth; *(of wall):* gogwyddo, goleddfu, pwyso, pwyso allan, *occ:* bargodi, taflu allan; *(c)* **to ~ to/towards mercy,** tueddu i drugarh|au, tueddu at drugaredd; *(d) F:* **to ~ over backwards to help s.o.,** plygu wysg eich cefn i helpu rhn. **2.** *v.t.* **to ~ a ladder against the wall,** pwyso/rhoi/dodi ysgol yn erbyn wal, rhoi/ dodi/gosod ysgol i bwyso yn erbyn wal. **~ back** *v.i.* pwyso'n ôl, *occ:* gogwyddo'n ôl. **~ forward 1.** *v.i.* pwyso ymlaen, *occ:* gogwyddo ymlaen. **2.** *v.t. (head &c):* pwyso'ch pen ymlaen. **~ out** *v.i.* pwyso allan; **to ~ out of a window,** pwyso allan o ffenestr; *(of wall &c):* taflu allan, gogwyddo. **~-to 1.** *a.* ychwanegol, ategol, fel ateg, fel ychwanegiad; **a ~-to kitchen,** cegin groes (ceginau croes) *f.* **2.** *n.* penty (pentai) *m,* pentis(-iau) *m,* darn(-iau) croes *m, S.W: occ:* saf-ati *m,* olier *f,* slopty (sloptai) *m, N:* eil(-iau) *f.*

leaning¹ *a.* ar ogwydd, ar ei (*&c*) ogwydd, ar oleddf, sy'n pwyso drosodd, cam (ceimion), gogwyddog, gogwyddol; **the L~ Tower of Pisa,** Tŵr Gogwyddol/Cam Pisa. **~-staff** *n.* ffon (ffyn) (*f*) ateg.

leaning² *vn.* **1.** *(of tower &c):* gogwydd(-ion) *m,* goleddf(-au) *mf,* gogwyddiad (-au) *m,* goleddfiad(-au) *m* **(towards sth,** tuag at rth). **2.** *(= inclination):* tueddiad(-au) *m,* tuedd *f,* gogwydd, gogwyddiad (tuag at rth). **3. he has leanings towards the Quakers,** mae ef yn gogwyddo/tueddu at y Crynwyr; mae ynddo duedd/ogwydd tuag at y Crynwyr.

leanly *adv.* yn denau *&c.*

leanness *n.* teneuwch *m,* teneuder *m,* meinder *m; (of meat):* cochni *m.*

leant *v. See* **lean³.**

leap¹ *n. (i)* naid (neidiau) *f,* llam(-au) *m, F:* sbonc(-iau) *f, N.W: occ:* swalp(-iau) *m;* **a flying ~,** [e]hedlam(-au) *m,* [e]hednaid ([e]hedneidiau) *f;* **with a flying ~,** ar [e]hedlam; **to take a flying ~,** [e]hedlamu; **to take a ~,** rhoi naid, neidio, *Lit:* llamu, *S.W: occ:* cymryd herfa; **lovers' ~,** llam [y] cariadon; **a running ~,** rhednaid (rhedneidiau) *f, S.W: occ:* herfa (herf|eydd) *f;* **to take a ~ (in the dark),** neidio, llamu, rhoi naid/llam (i'r tywyllwch); **his heart gave a ~,** rhoes ei galon naid/lam, llamodd ei galon, *Lit:* dychlamodd ei galon; **(to advance) by leaps and bounds,** (cynyddu) o naid i naid, o lam i lam, bob yn llam; *(ii) Geol:* ffawt(-iau) *mf.* **~ day** *n.* diwrnod (*m*) naid. **~-frog¹** *n.* sbonc llyffant, naid llyffant, llam llyffant, *Lit:* llam-chwarae *vn, N: occ:* chwarae (*vn*) mochyn coed, jocio (*vn*) mulod, *S.W:* [chwarae] ffwtit/ffwdit *m,* chwarae moch duon. **~-frog²** *v.i.&t.* neidio (dros rth, dros ben rhth); gorlamu, trosneidio (rhth); llamneidio. **~ year** *n.* blwyddyn (blynyddoedd) (*f*) naid.

leap² *v.i.&t.* **1.** *v.i. (a)* neidio, llamu, *N.W: occ:* swalpio; **to ~ to one's feet,** neidio ar eich traed (*not* i'ch traed), codi'n sydyn, ymsythu; **to ~ about,** prancio, llamsachu, *S.W:* corneito, campio; **to ~ [over] a ditch,** neidio [dros] ffos; *F:* **to ~ at an offer,** neidio am/at gynnig; **to ~ for joy,** dawnsio/neidio/llamu/ llamsachu gan/o lawenydd, *N.W: occ:* sboncio o falchdra; *Prov:* **look before you ~,** wedi neidio, rhy hwyr peidio; *(b) (of flame &c):* **to ~ [up],** neidio. **2.** *v.t.* neidio *&c* (dros rth).

leaper *n.* neidiwr (neidwyr) *m,* n|eidwraig *f,* llamwr (llamwyr) *m,* ll|amwraig *f.*

leaping *a.* neidiol, llamsachus; *(= increasing):* cynyddol, mwyfwy.

leapt *v. See* **leap².**

Lear *Pr.n.m.* Llŷr; **King ~,** y Brenin Llŷr.

learn *v.t.&i.* **1.** dysgu; **to ~ to read,** dysgu darllen; **to ~ (sth) by heart,** dysgu (rhth) ar eich cof, dysgu (rhth) ar dafod leferydd, dysgu (rhth) ar eich tafod; **I have learnt better since then,** mi wn yn well erbyn hyn; **I have yet to ~ why,** 'rwyf eto heb wybod pam; ni wn i eto paham; **it is suprising to ~ that . . .,** syndod yw deall bod . . .; *Prov:* **to live and ~; it is never too late to ~,** mae dysg i'w gael o'ch bedydd i'ch bedd; mae ysgol i'w chael o febyd hyd fedd; mwyaf oll/fyth y bydd dyn byw, mwyaf [a] wêl a mwyaf [a] glyw; **well, you live and ~,** wel, dyna [beth] newydd. **2.** *(news &c):* clywed, dod i wybod (rhth, am rth); **to ~ sth (about s.o.),** clywed, cael gwybod rhth (am rn); cael peth o hanes (rhn). **3.** *F:* = **teach.**

learnable *a.* dysgadwy.
learned *a.* dysgedig, hyddysg, gwybodus; *occ: (particularly in the Bible):* golau; **~ people,** dysgedigion; **to be ~,** *F:* bod yn [dipyn o] 'sglaig; *Jur:* **my ~ friend,** fy nysgedig gyfaill; **the Honourable and L~ Gentleman,** yr Anrhydeddus Ddysgedig Fonheddwr; **~ society,** cymdeithas ddysgedig (cymdeithasau dysgedig) *f.*
learnedly *adv.* yn ddysgedig *&c.*
learnedness *n.* dysg *f,* dysgedigrwydd *m,* hyddysgrwydd *m,* ysgolheictod *m.*
learner *n.* dysgwr (dysgwyr) *m,* d|ysgwraig (dysgwragedd) *f;* **Welsh learners,** dysgwyr Cymraeg, *abs.* dysgwyr; **to be a quick ~,** dysgu'n gyflym. **~ driver** *n.* prentis (*m*) gyrrwr (prentisiaid gyrwyr), dysgwr gyrru, d|ysgwraig (dysgwragedd) (*f*) gyrru, un yn (rhai'n) dysgu gyrru.
learning *vn. & n.* **1.** *vn. See* **learn**; astudiaeth *f;* **the ~ of irregular verbs,** dysgu berfau afreolaidd. **2.** *n. (= knowledge):* dysg *fm;* *(of scholar):* ysgolheictod *m,* hyddysgrwydd *m, N.E: occ:* 'sgeidieth *f;* **seat of ~,** canolfan(-nau) (*mf*) dysg, cartref(-i) (*m*) dysg; **a man of great ~,** dyn hyddysg/dysgedig iawn, dyn mawrddysg, dyn mawr ei ddysg, dyn tra dysgedig; *Hist:* **the New L~,** y Ddysg Newydd; **programmed ~,** dysgu trwy raglen, dysgu rhaglenedig. **~ curve** *n.* cromlin (*f*) dysg (cromlinau dysg).
lease¹ *n. Jur: (a)* prydles(-oedd,-i,-au) *f,* les(-au,-i) *f;* **to enfranchise a ~,** breinio prydles; **~ of a farm, ~ of ground, ~ of land,** prydles ffarm/tir; **to take land on ~,** prydlesu tir, cymryd tir ar brydles; *Archives:* **counterpart [of] ~,** gwrthran (*f*) prydles; **~ and release,** prydles a rhyddhad; **to take a new ~ of a house,** adnewyddu prydles ar dŷ; *F:* **to take [on] a new ~ of life,** adfywio, bywiogi, ymfywiocáu, ymadnewyddu, cael adfywiad/adnewyddiad, cael estyniad einioes. **L~-Lend¹** *n. Econ: Hist:* Les-Fenthyg *m,* Les-Fenthyciad *m.* **~-lend²** *v.t.&i.* les-fenthyca.
lease² *v.t.* **1. to ~ [out],** prydlesu (rhth), gosod (rhth) ar brydles. **2.** *(= rent):* cymryd/rhentu (tŷ *&c*) ar brydles.
leaseback *n.* adlesu *vn,* adles(-oedd) *f.*
leasehold *n. & a.* **1.** *n.* prydles(-oedd,-i,-au) *f.* **2.** *a.* ar brydles, prydlesol. **~ enfranchisement** *n.* breiniad (*m*) prydlesoedd, breinio (*vn*) prydlesoedd. **~ property** *n.* eiddo (*m*) ar brydles. **~ reform** *n.* diwygio(*vn*)'r drefn brydlesol. **~ tenure** *n.* daliadaeth: deiliadaeth(au) (*f*) prydles, daliadaeth/deiliadaeth trwy brydles.
leaseholder *n.* lesddeiliad (lesddeiliaid) *m&f,* lesddaliwr (lesddalwyr) *m,* daliwr (dalwyr) (*m*) prydles, deiliad (deiliaid) (*m&f*) prydles.
leaser *n.* prydleswr: prydlesydd (prydleswyr) *m.*
leash¹ *n.* **1.** *(of dog):* tennyn (tenynnau) *m, Lit:* cynllyfan(-au) *m, N.W:* lein (*f*) dwsu (leins twsu); **on the ~,** ar dennyn; **to hold (sth) in ~,** rheoli, atal (rhth); dal (rhth) ar dennyn; **he was straining at the ~,** 'roedd yn frwd/awchus/awyddus i gychwyn; 'roedd yn tynnu ar y tennyn; 'roedd fel ci ar gadwyn; 'roedd fel cŵn ar gyfreion. **2.** *(a) Ven: (= group of three hounds &c):* cwplws *m,* tri (*m*) o gŵn; *(of hares):* tair (*f*) o ysgyfarnogod; *(b)* **a ~ of sth,** triawd *m* (o rth), tri(-oedd) *m.* **3.** *Tex: (of loom):* carrai (careiau) *f.*
leash² *v.t.* rhoi (ci *&c*) ar dennyn, *Lit: occ:* cynllyfanu, cyplysu; **leashed hounds,** bytheiaid yn eich llaw, cwplws (*m*) o fytheiaid.
least *a., n. & adv.* **1.** *a.* lleiaf; **that is the ~ of my cares,** dyna'r lleiaf o'm pryderon. **2.** *n.* **[the] ~,** y lleiaf *m,* y leiaf *f;* **to say the ~ [of it],** a dweud y lleiaf; **at ~,** o leiaf, *occ:* man lleiaf, fan leiaf; **it does not matter in the ~,** nid yw o unrhyw bwysigrwydd; nid yw o bwys yn y byd; nid yw o'r pwys lleiaf; *Prov:* **[the] ~ said [the] soonest mended,** gorau po leiaf a ddywedir; tawed y callaf; y callaf dawo; **that's the very ~ I could do,** dyna'r lleiaf y gallwn i ei wneud. **3.** *adv.* **the ~ unhappy,** y lleiaf anhapus; **(he deserves it) ~ of all,** (mae'n ei haeddu) lai na neb, leiaf o neb, leiaf oll; **~ of all would I ...,** y peth diwethaf a wnawn i fyddai ...; **~ common denominator,** cyfenwadur(-on) lleiaf *m;* **~ common multiple,** lluosrif(-au) cyffredin lleiaf *m; Cmptr:* **~ significant bit,** did(-au) lleiaf arwyddocaol *m;* **~ significant digit,** digid(-au) lleiaf arwyddocaol *m; Mth:* **~ squares estimate,** amcangyfrif (*m*) swm lleiaf sgwariau; *Geog:* **~ square line,** llinell (*f*) sgwariau lleiaf.
leastways, leastwise *adv. Dial: & P:* beth bynnag, o leiaf, *S. W:* 'ta p'un i, 'ta beth.
leat *n. Hyd.E:* ffrwd (ffrydiau) *f,* camlas (camlesi) *f,* dyfrffos(-ydd) *f,* ffos(-ydd) *f; (of mill):* cafn *m* [melin] (cafnau [melinau]), pynfarch (*m*) [melin] (pynfeirch [melinau]).
leather¹ *n.* lledr(-au) *m;* **scraps of ~,** lledrach *pl;* **~ bottle,** potel (*f*) groen (poteli croen), potel ledr (poteli lledr); **~ shoes,** esgidiau lledr; **there's nothing like ~,** eich pethau eich hunain sydd orau; **upper ~,** *(of shoe):* uchafed[d] *m,* lledr uchafed[d]; *Sp: F:* **the ~,** y bêl *f; S.a.* **stirrup-leather.** **~-back** *n. Z:* cefn(-au) lledr *m.* **~ beetle** *n. Ent:* chwilen (*f*) ledr (chwilod lledr). **~ binding** *n. Bookb:* rhwymiad(-au) (*m*) lledr. **~ carp** *n. Ich:* cerpyn (carpiaid) llyfn/moel *m.* **~ cloth** *n. Tex:* brethyn (*m*) lledr. **~ dealer** *n.* lledrwr (lledrwyr) *m,* gwerthwr (gwerthwyr) (*m*) lledr. **~ flower** *n. Bot: (Clematis viorna):* blodyn (blodau) (*m*) lledr. **~-head** *F:* twpsyn (twpsod) *m; S.a.* **idiot.** **~-jacket** *n.* **1.** *Ich:* pysgodyn (pysgod) (*m*) croen lledr. **2.** *Ent:* cynrhonyn (cynhron) (*m*) lledr, cynrhonyn pryf teiliwr, gwasgod ledr (gwasgodau lledr) *f.* **~ merchant** *n.* = **~ dealer.** **~-neck** *n. Nau:* milwr (milwyr) *m,* so[w]ldiwr(-s) *m.* **~ punch** *n.* tyllwr (tyllwyr) (*m*) lledr. **~ thong** *n.* carrai (*f*) ledr (careiau lledr). **~-work** *n.* lledrwaith *m,* gwaith (*m*) lledr.
leather² *v.t.* **1.** lledru (rhth), rhoi lledr (ar/am rth); *(= polish):* caboli/gloywi (rhth) â lledr. **2.** *P:* = **beat².**
leatherette *n. R.t.m:* ffug-ledr *m,* ***leatherette*** *mf.*
leathering *n. P:* = **beating² 2.**
leatherleaf *n. Bot: (Chamaedaphne calyculata):* deilen (*f*) ledr (dail lledr).
leatherlike *a.* lledraidd, fel lledr.
leathern *a.* lledr, o ledr, *A:* lledrin.
leatheroid *n.* *lledroid *m.*
leatherwood *n. Bot: (Dirca palustris):* lledrwydden (lledrwydd) *f,* coeden (*f*) ledr (coed lledr).
leathery *a.* lledraidd, fel lledr; *(= tough):* gwydn; **a ~ steak,** stecen fel gwadn esgid, *S. W:* stecen fel lleder.
leave¹ *n.* **1.** *(= permission):* caniatâd *m, Lit:* cennad *f;* **I take ~ to suppose that you'll be there,** 'rwy'n mentro/meiddio meddwl y byddwch yno; 'rwy'n cymryd yr hyfdra o feddwl y byddwch yno; **to beg ~ to do sth,** gofyn caniatâd i wneud rhth, gofyn am gael gwneud rhth; **by your ~, with your ~,** gyda'ch caniatâd, gyda'ch cennad, os gwelwch yn dda; **without so much as a "with/by your ~",** heb ofyn caniatâd, heb gymaint ag "os gwelwch yn dda". **2.** *(a) Mil: &c:* **~ of absence,** seibiant *m,* rhyddhad *m* [o'ch gwaith], caniatâd i fod yn absennol, cennad (*f*) absenoldeb; **shore ~,** caniatâd i fynd i'r lan, egwyl (*f*) ar y lan, seibiant ar y lan; **sailors on shore ~,** morwyr ar eu seibiant; **on ~,** ar wyliau, ar ryddhad; **maternity ~,** seibiant (*m*) mamolaeth; **sick-~,** seibiant salwch; **compassionate ~,** caniatâd tosturiol; **absence without ~,** absenoldeb heb ganiatâd; **to break ~,** mynd heb ganiatâd; *(b)* **release of prisoner on ticket of ~,** rhyddhad amodol; **to break one's ticket of ~,** torri amod rhyddhad. **3. to take one's ~,** mynd, ei chychwyn hi, ei throi hi, ymadael, ffarwelio; **to take one's ~ of s.o.,** ymadael, ffarwelio (â rhn); canu'n iach (i rn); **to take ~ of one's senses,** drysu, hurtio, gwallgofi; **have you taken ~ of your senses?** wyt ti'n [dechrau] drysu? wyt ti'n gall? *N: F:* wyt ti'n eu cael nhw? **to take French ~,** mynd heb ganiatâd, mynd heb ofyn/ddweud, *Lit: occ:* cymryd cennad y ci. **~-taking** *vn.* canu'n iach, canu ffarwél, ffarwelio, ffarwel *mf.*
leave² *v.t.* **1.** *(a)* gadael, *S: occ:* gollwng, gellwng; **I shall ~ it,** fe'i gadawaf; **I left it,** fe'i gadewais; **she left him,** fe'i gadawodd hi ef; **take it or ~ it,** cymerwch ef neu beidio; gwnewch fel y mynnoch chi; *(b)* **to ~ a wife and three children,** gadael gwraig a thri o blant; **he leaves a widow,** gedy weddw; **she was left a widow at forty,** gadawyd hi'n weddw yn ddeugain oed; **to ~ s.o. in the lurch,** gadael rhn ar y clwt; **it leaves me cold,** nid yw'n cynhyrfu dim arnaf; nid yw'n golygu dim imi; nid yw'n fy nghyffwrdd i; *(c)* **to ~ one's money to s.o.,** gadael eich arian i rn, ewyllysio'ch arian i rn, *occ:* gwn|eud eich arian i rn; *(d)* **(to ~ the door) open,** (gadael y drws) ar agor, yn agored; **left to oneself,** ar eich pen eich hun; **left to himself, he won't speak,** ni ddywed ddim ohono'i hun; **~ him to himself,** gadwch iddo [fod]; *Lit: (less correctly):* gadewch iddo [fod]; **let us ~ it at that,** gadwn (*less correctly* gadawn) hi yn y fan yna; *(e)* **to ~ hold of sth,** *F:* **to ~ go of sth,** gollwng gafael ar rth, gollwng rhth, gadael i rth fynd; **to ~ sth with s.o.,** gadael rhth yng ngofal rhn, gadael rhth gyda rhn, ymddiried rhth i rn; **~ everything**

with me, gadwch y cyfan i mi; gadwch i mi wneud y cyfan; *(f)* **to ~ s.o. to do sth,** gadael rhn i wneud rhth; **I ~ it to you,** fe'i gadawaf i chwi; **to ~ sth be,** gadael llonydd i rth, gadael i rth fod; **~ it to me,** gadewch ef i mi; **to ~ well alone,** peidio ag ymyrraeth/ymyrryd (â rhth); **~ well alone!** gad(-|ewch) lonydd! gadawer llonydd! gadawer yn llonydd! **~ it to time,** amser a ddengys; **I ~ it to you (whether I am right or wrong),** gadawaf i chwi farnu, cewch chwi farnu, bernwch chwi (a wyf yn iawn ai peidio); *(g)* **to be left behind,** aros, bod ar ôl, bod yn weddill; **he was left at the post,** gadawyd ef wrth y postyn cychwyn; **he was left for dead,** gadawyd ef fel petai'n farw; **there are three bottles left,** y mae tair potel ar ôl; erys tair potel; mae tair potel yn weddill; **there are only three bottles left,** dim ond tair potel sydd ar ôl; **(I have none) left,** ('does gen i ddim) ar ôl, yn weddill; **to stake what money one has left,** betio gweddill eich arian; **it leaves much to be desired,** mae'n bell o fod yn foddhaol; **nothing was left to me but to go,** 'doedd gennyf ond mynd; ni allwn i wneud dim ond mynd; nid oedd gennyf ddewis ond mynd; *(h)* **three from seven leaves four,** tynnwch dri o saith, a dyna bedwar [ar ôl]; mae saith namyn tri yn gadael pedwar. **2.** *(a) (a place):* gadael (lle), ymadael (â lle); **to ~ for London,** cychwyn i/am Lundain (*not* gadael am Lundain); **to ~ home,** gadael cartref, ymadael â chartref, *occ:* mynd dros y nyth, mynd dros y rhiniog; **to ~ the room,** mynd [allan/mas] o'r ystafell; **to ~ one's bed,** codi o'r gwely; **you may ~ us,** fe gewch chi fynd yn awr; **to ~ the table,** gadael y ford/bwrdd, codi o'r ford/bwrdd; **to ~ one's employment,** ymadael â'ch gwaith, gadael eich gwaith; **on leaving school,** wedi ymadael â'r ysgol, *S.W: occ:* wedi gellwng yr ysgol; **we ~ tomorrow,** byddwn yn cychwyn/ymadael yfory (*not* yn gadael); **he has just left,** mae newydd fynd; **[just] as he was leaving, on leaving,** wrth iddo ymadael, ac yntau'n ymadael, ac yntau ar gychwyn, fel yr oedd yn mynd; *(b) (= abandon):* **to ~ one's wife,** ymadael â'ch gwraig, gadael eich gwraig; **(to ~ s.o.) in the lurch,** (gadael rhn) ar y clwt, yn y baw; *(c) (of train):* **to ~ the track/rails,** mynd oddi ar y cledrau. **~ about** *v.t.* gadael (pethau) ar hyd y lle, gadael (pethau) ym mhob man. **~ behind** *v.t.* gadael (rhth) ar ôl, gadael (rhth) ar eich ôl, mynd heb (rth). **~ off 1.** *v.t. (a) (clothing):* peidio â gwisgo rhth, rhoi'r gorau i wisgo (rhth), rhoi (rhth) heibio, *S: occ:* towlu (= taflu) pilyn *&c*; **left-off clothing,** hen ddillad *pl*, dilladach *pl*; *(b) (habit):* rhoi'r gorau (i rth), rhoi (rhth) heibio, peidio â gwneud (rhth); **to ~ off smoking,** rhoi'r gorau i ysmygu, peidio ag ysmygu; **~ off your weeping,** paid ag wylo; paid â'th wylo; taw â'th wylo; *S:* gad dy lefen. **2.** *v.i.* rhoi'r gorau iddi, peidio, *F:* stopio; **where did we ~ off?** ble'r oeddem ni arni? ble gwnaethom ni orffen? *P:* **~ off!** dyna hen ddigon! rho'r (rhowch y) gorau iddi! gad(-ewch) hi! gad lonydd [iddi]! **~ out** *v.t.* **1.** *(= exclude person):* gadael (rhn) allan/mas. **2.** *(= omit):* hepgor (rhth), gadael (rhth) allan/mas. **3.** *(= forget):* anghofio. **~ over** *v.t.* **1.** *(= postpone):* gohirio. **2. to be left over,** bod ar ôl, bod yn weddill; **left-overs,** gweddillion *pl*.

leaved *a.* **1.** deiliog, -ddail; **thick-~,** tewddail; **broad-~,** llydanddail; **long-~,** hirddail; **many-~,** amryddail, amlddeiliog; **two-~,** dwyddeiliog; **three-~,** teirdail; **four-~,** pedryddail; *Bot:* **four-~ clover,** deilen gynifer (dail cynifer) *f*; **opposite-~,** cyferbynddail; **narrow-~,** culddail; **five-~,** pumnalen, pumnalennog. **2.** *(door, table &c):* dalennog; **~ table,** *N: F:* bwrdd (byrddau) *(m)* lêff, *S:* bord(-ydd) *(f)* adain.

leaven[1] *n.* surdoes *m*, eples *m*, lefain *m*, *S:* berman *m*; *B:* **the old ~,** yr hen lefain.

leaven[2] *v.t.* lefeinio.

leavened *a.* lefeinllyd; **~ bread,** bara lefain/lefeinllyd.

leavening *n.* lefain *m*, lefeiniad(-au) *m*, lefeinio *vn.*

leaver *n. (from school &c):* ymadäwr: ymadawydd (ymadawyr) *m*, un (rhai) sy'n ymadael. **~'s course** *n.* cwrs (cyrsiau) *(m)* ymadael.

leaves *n.pl. See* **leaf**[1].

leaving *vn. & n.pl.* **1.** *n.* ymadawiad(-au) *m*, ymadael, *Lit: occ:* ymado; *S.a.* **leave**[2]; **before his ~,** cyn iddo ymadael. **2.** *n.pl.* **leavings,** gweddillion, sbarion, sborion, *S: occ:* gwarged *m*. **~ certificate** *n.* tystysgrif(-au) *(f)* ymadael.

Lebanese *a. & n.* **1.** *a.* Libanaidd, [o] L|ibanus; **the ~ capital,** prifddinas Libanus; **he's ~,** un o Libanus yw ef; Libaniad yw ef. **2.** *n.* brodor(-ion) *(m)* o Libanus, Libaniad (Libaniaid) *m&f.*

Lebanon *Pr.n. Geog:* L|ibanus *f.*

lecher *n.* merchetwr (merchetwyr) *m*, *S.W:* menwotwr (menwotwyr) *m*, *Lit:* anlladwr (anlladwyr) *m*, trythyllwr (tryllythwyr) *m*, puteiniwr (puteinwyr) *m*, gordderchwr (gordderchwyr) *m*; **he is a terrible ~,** hen gi yw e; *N: V:* mae o'n gythraul am ei din.

lecherous *a.* chwantus, blysig, *Lit:* anllad, trythyll, trachwantus, *V:* tinboeth; *(woman):* cocwyllt, *S.W: occ:* llosgfannus.

lecherously *adv.* yn chwantus *&c.*

lecherousness, lechery *n.* anlladrwydd *m*, trythyllwch *m*, chwant *m*, chwantusrwydd *m*, trachwant *m*.

lechwe *n. Z:* gafrewig(-od) *(f)* y gors.

lecithin *n. Bio-Ch:* l|esithin *m*.

lecithinase *n. Bio-Ch:* les|ithinas *m*.

Leckwith *W.Pl.n.* Lecwydd *m*.

lectern *n. Ecc:* darllenfa (darllenf|eydd) *f*, desg *(f)* ddarllen (desgiau darllen); *Lib:* darllenfwrdd (darllenfyrddau) *m*, darlithell(-au) *f.*

lection *n.* darlleniad(-au) *m*, llith(-iau,-oedd) *f.*

lectionary *n.* llithlyfr(-au) *m*, llyfr(-au) *(m)* llithiau/llithoedd, llithiadur(-on) *m*, darlleniadur(-on) *m*.

lector *n.* darllenwr: darllenydd (darllenwyr) *m*; *Ecc:* llëwr (llëwyr) *m*.

lectotype *n. Biol:* l|ectoteip (lectoteipiau) *m*.

lecture *n.* **1.** darlith(-iau,-oedd) *f*; **to give/deliver a ~,** traddodi/rhoi darlith, darlithio. **2.** *F: (= telling off):* pregeth(-au) *f*, *F:* gwers(-i) *f*; *F:* **to read s.o. a ~,** dweud y drefn wrth rn, rhoi pregeth/gwers i rn, *S:* dweud ei hanes wrth rn; *F:* **I was given a ~,** mi ges glywed fy hanes. **~-hall, ~-room, ~-theatre** *n.* darlithfa (darlithf|eydd) *f*, ystafell *(f)* ddarlithio (ystafelloedd darlithio).

lecture[2] *v.i.&t.* **1.** *v.i.* darlithio, rhoi/traddodi darlith. **2.** *v.t. F: (= rebuke):* ceryddu, cystwyo (rhn); rhoi pregeth/gwers (i rn); ei dweud hi (wrth rn).

lecturer *n.* darlithydd: darlithiwr (darlithwyr) *m*, darl|ithwraig (darlithwragedd) *f*; **senior ~,** uwch-ddarlithydd *m*.

lectureship *n. Sch:* darlithyddiaeth(-au) *f*, swydd *(f)* darlithydd.

lecythus *n. Gr.Ant:* costrel |yddf-fain *f*, l|ecythos (l|ecythoi) *mf.*

led *p.p. See* **lead**[4]

lederhosen *n. Cost:* llodrau *(pl)* lledr.

ledge *n.* **1.** sil(-iau) *mf*, silff(-oedd) *f*, *Lit:* ysgafell(-au) *f*, *occ:* siamp *m*. **2.** *(underwater):* sarn(-au) *f.*

ledged *a.* siliog, silffog, ysgafellog.

ledger *n. Book-k:* llyfr(-au) *(m)* cyfrifon, lejer(-i,-ydd) *m*, cyfriflyfr(-au) *m*, priflyfr(-au) *m* [cyfrifon]; **nominal ~,** llyfr enwol; **sales ~,** llyfr gwerthiant. **~[-stone]** *n.* carreg *(f)* fedd (cerrig beddau/beddi). **~ board** *n. Carp:* canllaw(-iau) *fm*. **~ charging** *vn. Lib:* cofnodi benthyciad mewn llyfr. **~-line** *n. Mus:* llinell(-au) ychwanegol *f*, llinell estyn. **~-tackle** *n.* llinyn(-nau) *(m)* pwysau.

ledgy *a.* = **ledged**.

lee *n. & a.* **1.** *n. (a) Nau:* y tu clytaf *m*, bôn *(m)* y gwynt, yr ochr gysgodol *f*, yr ochr gyferbyn â'r gwynt; **under the ~ of the land,** yng nghysgod y lan/tir; **helm a-~!** *int.* gyda'r gwynt! *(b)* cysgod *m* [y gwynt]; **under the ~,** yng nghysgod y gwynt, ym môn y gwynt, y tu clytaf i'r gwynt. **2.** *a.* dan y gwynt, cyferwyntol. **~-board** *n. Nau:* gwyntfwrdd (gwyntfyrddau) *m*, bwrdd (byrddau) *(m)* y tu clytaf. **~ ga[u]ge** *n. Nau:* **to have the ~ ga[u]ge of a ship,** bod y tu clytaf i long. **~ helm** *int. Nau:* llyw i lawr. **~ shore** *n.* glan gysgodol (glannau cysgodol) *f*, y lan glytaf (y glannau clytaf). **~-side** *n.* tu clytaf *m*.

leech[1] *n.* **1.** *Z:* gelau: gele (gelod) *f*, gelen(-nod, gelod) *f*, *S.W:* geloden (gel[en]od) *f*; *(init. g not usu. mutated)*; **duck-~,** *(Protoclepsis tesselata):* gele'r hwyaid (gelod yr hwyaid); **horse-~,** *(Haemopis sanguisuba):* gele'r meirch (gelod y meirch), gele bendoll (gelod pendwll), *occ:* gele ddeudwll (gelod deudwll), gele ddeuben (gelod deuben), gele benbwl (gelod penbwl); **medicinal ~,** *(Hirudo medicinalis):* gele feddyginiaethol (gelod meddyginiaethol); **(to stick) like a ~,** (glynu) fel gele, fel ci wrth yr asgwrn. **2.** *F: (a) (= extortioner):* cribddeiliwr (cribddeilwyr) *m*; *(b) (= importunate pers.):* gele (gelod) *f.*

leech[2] *v.t.* gwaedu (rhn) â gele.

leech[3] *n. Nau:* ymyl(-on) ôl *mf*, godre(-on) ôl *m*. **~ rope** *n.* ymylraff(-au) *f.*

leech[4] *n. A: or Joc:* meddyg(-on) *m*, ffisigwr (ffisigwyr) *m*.

leechcraft *n. A: or Joc:* meddygaeth *f.*
leek *n. Bot:* cenhinen (cennin) *f; S.a.* **houseleek; sand ~,** *(Allium scorodoprasum):* craf *(m)* y nadroedd; **wild ~,** *(A. ampeloprasum):* garlleg mawr pengrwn *m (pronounced* ng-g), cenhinen wyllt (cennin gwylltion). **~ soup** *n.* cawl *(m)* cennin.
leer[1] *n.* cilwen(-au) *f.*
leer[2] *v.i.* cilwenu, gwn|eud llygaid gafr, *S:* pipo'n slei (**at s.o.,** ar rn).
leering *a.* cilwenus, cilwenog; **a ~ eye,** llygad *(m)* gafr.
leery *a. P:* **1.** *(= knowing):* cyfrwys, craff, *N:* ffel, henffel. **2.** *(= wary):* gofalus, carcus.
lees *n.pl.* **1.** *(of wine &c):* gwaddod *m, occ: in pl.* gwaddodion, *occ:* sorod, gwaelodion. **2. the ~ of society,** gwehilion cymdeithas.
Leeswood *W.Pl.n.* Coed-llai *m.*
leet[1] *n. Hist:* pentreflys(-oedd) *f,* llys *(m)* cantref, cantreflys(-oedd) *m, F:* cwrt-lît *m.*
leeward *a., adv. & n. Nau:* **1.** *a. & adv.* gyferbyn â'r gwynt, yng nghysgod y gwynt, y tu clytaf, cyferwyntol; *Geog:* **the L~ Islands,** yr Ynysoedd Cyferwyntol, yr Ynysoedd dan y Gwynt. **2.** *n.* y tu clytaf *m,* bôn *(m)* y gwynt, ochr gysgodol (ochrau cysgodol) *f;* **to [the] ~ of sth,** y tu clytaf i rth.
leeway *n.* **1.** *Nau:* gogwyddiad *m,* gwyriad *(m)* dan y gwynt. **2. to make up ~,** adennill amser [a gollwyd].
left[1] *a., adv. & n.* **1.** *a.* chwith, *occ:* aswy; **he has two ~ feet,** mae'n lletchwith/drwsgl/afrosgo; mae'n draed i gyd; **on my ~ [hand],** *(= to the left of me):* ar y [llaw] chwith i mi; **I wear the ring on my ~ hand,** 'rwy'n gwisgo'r fodrwy ar fy llaw chwith; *Baseball:* **~ field,** llaw chwith y cae. **2.** *adv. Mil:* **eyes ~!** [edrychwch] i'r chwith! *Mil:* **~ turn!** [trowch] i'r chwith! **3.** *n. (a) (i) (= left side):* y llaw chwith *f,* yr ochr chwith *f,* y tu chwith *m, Lit: occ:* yr aswy [law] *f, S. W: occ:* yr ase *f;* **on the ~, to the ~,** ar y chwith, i'r chwith; *(ii) (= left hand):* llaw (dwylo) chwith *f; (= left foot):* troed (traed) chwith *fm; (iii) Fb:* **inside ~,** mewnwr (mewnwyr) *(m)* chwith; **outside ~,** asgellwr (asgellwyr) *(m)* chwith; *(b) Mil: Pol:* **the ~ wing,** yr adain chwith *f,* yr aswy *f.* **~-centre-back** *n.* chwith-canol-cefn *m.* **~-half** *n.* hanerwr (hanerwyr) chwith *m.* **~-hand** *attrib.* chwith, llawchwith; **~-hand drive,** gyrru *(vn)* ar y chwith, gyriant *(m)* llaw chwith; **~-hand bend,** tro(-adau) *(m)* i'r chwith; **on the ~-hand side,** ar y chwith, i'r chwith, *occ:* ar yr aswy, i'r aswy, *Lit: occ:* ar yr aswy law; **the ~-hand glove,** y faneg chwith. **~-handed** *a. (a)* llawchwith, *S.E: occ:* llaw bwt; **~-handed screw,** sgriw lawchwith (sgriwiau llawchwith) *f; (b) F:* **~-handed compliment,** canmoliaeth *(f)* dros ysgwydd. **~-handedly** *adv.* yn llawchwith. **~-handedness** *n.* llawchwithdod *m,* llawchwithrwydd *m.* **~-hander** *n.* **1.** *(pers.):* dyn(-ion) llawchwith *m,* merch lawchwith (merched llawchwith) *f, N: occ:* peil/beil hand *m,* hen beil/beilan *m,* beilandar(-s) *m.* **2.** *Box:* dyrnod(-iau) *(f)* â'r chwith, ergyd *(fm)* â'r chwith, ergyd l[l]awchwith (ergydion llawchwith). **~-justify** *v.t. Cmptr:* unioni (rhth) ar y chwith. **~ pedal** *n. Mus:* pedal(-au) chwith *m.* **~ shift** *n. Cmptr: &c:* syfliad(-au) *(m)* i'r chwith. **~-wing** *a.* adain chwith, asgell chwith. **~-winger** *n.* dyn yr adain chwith, merch yr adain chwith; **~-wingers,** pobl *(f or pl)* y chwith.
left[2] *v. See* **leave**[2]. **~ luggage** *n.* paciau i'w casglu; **~ luggage office,** storfa *(f)* baciau (storf|eydd paciau).
leftish *a.* chwithaidd, i'r chwith.
leftism *n.* chwitheiddiwch *m.*
leftist *a. & n. Pol:* **1.** *a.* [o'r] chwith. **2.** *n.* chwithwr (chwithwyr) *m,* chw|ithwraig *f.*
leftmost *a.* pellaf i'r chwith.
leftover *a. & n.* **1.** *(a)* yn weddill, ar ôl, dros ben, [yn] sbâr; **~ food,** bwyd [a adawyd] ar ôl, bwyd dros ben. **2.** *n.usu.pl.* gweddill *m,* gweddillion *pl,* sborion *pl,* sbâr *m,* gwarged *m.*
leftward, leftwards *a. & adv.* tua'r chwith.
lefty *n.* **1.** *Pol:* = **left-winger, leftist 2. 2.** = **left-hander 1.**
leg[1] *n.* **1.** coes(-au) *usu.f, occ:* gar(-rau) *fm,* ber(-rau) *f;* **legs,** *F: or Joc:* heglau, baglau; *(of cow, and other large animals):* hegl(-au) *f;* **peg ~,** *N:* coes glec (coesau clec) *f,* coes bren (coesau pren), coes gorcyn (coesau corcyn); **artificial ~,** coes osod (coesau gosod); *S.a.* **bandy, bow;** *F:* **shake/show a ~!** *S:* siapa (siapwch) hi! *S.W:* mwstra (mwstrwch)! *(= get up):* cwyd (codwch)! *N:* styria (styriwch)! *S. W:* stwra (stwrwch)! **to shake a ~,** dawnsio; *F:* **to take to one's legs,** cymryd y goes, ei heglu hi, ei gwadnu hi *&c;* **I ran as fast as my legs could carry me,** rhedais nerth fy nhraed; **to stand on one ~,** sefyll ar un goes; **to jump on one ~,** neidio ar un goes; **to be on one's legs,** bod ar eich traed, bod ar eich sefyll; **to get on one's legs again,** *(i)* ailgodi, codi ar eich traed eto; *(ii) (= get better):* gwella, cael eich cefn atoch, cael eich traed tanoch, *S: occ:* geino, *N:* fflonsio, criwtio, codi allan; **to get s.o. on his legs again,** *(i)* codi rhn ar ei draed; *(ii) (in business):* ailsefydlu rhn, ailgodi rhn, helpu rhn i gael ei draed tano eto; **he was on his last legs,** 'roedd ar ddiffygio/gwympo/syrthio; **to walk s.o. off his legs,** cerdded rhn nes ei fod wedi ymlâdd; **to be carried off one's legs,** cael eich ysgubo oddi ar eich traed; **to feel/find one's legs,** cael eich traed tanoch; **to keep one's legs,** dal i sefyll, dal ar eich traed; **to give s.o. a ~-up,** rhoi hwb [i fyny] i rn; **to pull s.o.'s ~,** herian rhn, tynnu coes rhn; *V:* **to get one's ~ over a woman,** mynd ar gefn merch; **he hasn't got a ~ to stand on,** 'does ganddo'r un goes i sefyll arni; **(to talk) the hind legs off a donkey,** (siarad) fel melin bupur, fel pwll tro, fel pwll y môr, pymtheg y dwsin; **to get one's sea legs,** arfer â'r môr, arfer â llong; **to stretch one's legs,** ymystwyrian, estyn eich coesau/garrau; **the dog went off with his tail between his legs,** aeth y ci i ffwrdd a'i gynffon yn ei afl; **to have the legs of s.o.,** [gallu] mynd yn gynt na rhn; *F: (of golf-ball &c):* **it has no legs,** 'does dim mynd ynddi; 'does dim mynd yn y bêl. **2.** *Cu:* coes *f,* coesgyn(-nau,-ion) *m,* coesgen(-nau) *f,* clun(-iau) *f,* chwarthol(-ion) *m;* **a ~ of chicken,** coes ffowlyn/cyw; **a ~ of beef,** coes cidion; **a ~ of mutton,** clun maharen, chwarthol maharen, coes gwedder; **a ~ of lamb,** coes oen, *S. W:* chwarthol o oen, *S.E: occ:* [y]sbawden *f;* **a ~ of pork,** coesgyn, coesgen, cnuwch(-au) *m; A: Cost:* **~-of-mutton sleeve,** llawes *(f)* goes dafad (llewys coesau defaid); *Nau:* **~-of-mutton sail,** hwyl drisgwar (hwyliau trisgwar) *f.* **3.** *(of trousers, stocking &c):* coes(-au) *fm;* **inside ~,** coes fewnol; **on the ~ leg,** y tu mewn i'r goes; **outside ~,** coes allanol; **on the outside ~,** y tu allan i'r goes. **4.** *(of furniture):* coes(-au) *fm; (of stool):* troed (traed) *fm;* **bulbous ~,** coes fylbaidd (coesau bylbaidd); **cabriole ~,** coes gabriol (coesau cabriol); **round ~,** coes gron (coesau crynion); **shaped ~,** coes luniedig (coesau lluniedig); **tapered ~,** coes daprog (coesau taprog); *(of crane): N.W:* hegl(-au) *f;* **to set a chair on its legs [again],** codi/rhoi cadair ar ei thraed [eto]. **5.** *Nau:* rhediad(-au) *m; Sp: &c: (of journey, circuit):* rhan(-nau) *f,* hegl. **6.** *Cr:* **fine ~,** coes fain *f;* **deep fine ~,** coes fain bell; **~ before wicket,** coes o flaen [wiced]; **to give ~ bail,** *F:* cymryd y goes, rhoi traed yn [y] tir, ei baglu hi, ei heglu hi, ei bachu hi, ei choedio hi, ei phlannu hi, sgrialu mynd, sgathru mynd *&c.* **~ break** *n. Cr:* gwyriad(-au) *(m)* i'r chwith. **~ bye** *n. Cr:* bei(-s) *(f)* i'r chwith. **~-guard** *n.* coesarn(-au) *mf.* **~-pull** *n.* herian *vn,* cast(-iau) *m.* **~-puller** *n.* castiwr (castwyr) *m,* heriwr (herwyr) *m,* tynnwr (tynwyr) *(m)* coes[-au]. **~-pulling** *vn.* herian, tynnu coes, direidi *m.* **~-rest** *n.* troedfainc (troedfeinciau) *f.* **~-room** *n.* lle *(m)* i'r coesau/traed. **~-show** *n.* sioe *(f)* goesau (sioeau coesau). **~-side** *n. Cr:* ochr *(f)* y goes, ochr chwith. **~-stump** *n. Cr:* stwmp *(m)* y goes (stympiau'r goes), stwmp chwith. **~ theory** *n. Cr:* bowlio *(vn)* i'r chwith. **~-up** *n.* hwb (hybiau) *m.* **~-vice** *n. Tls:* feis *(f)* goes (feisiau coes).
leg[2] *v.i. F:* **to ~ it,** *(i) (= walk it):* mynd ar draed, ei throedio/cherdded hi, *occ: Joc:* mynd ar y trên ddau; *(ii) (= flee):* cymryd y goes, rhoi traed yn y tir, ei heglu hi, ei baglu hi, ei bachu hi, ei gwân hi, ei gwadnu hi, mynd nerth eich traed; *(iii) (canal boat in tunnel):* cerdded cwch/bad [trwy dwnel].
legacy *n. (a) (= sum or article bequeathed):* rhodd(-ion) *f, Jur:* cymynrodd(-ion) *f,* cymyn(-nau,-ion) *m,* cymynnaeth (cymynaethau) *f; (b) (= inheritance):* etifeddiaeth(-au) *f;* **to leave a ~ to s.o.,** gadael rhodd i rn yn eich ewyllys; **to come into a ~,** etifeddu cymynrodd; **this desk is a ~ from my predecessor,** mi etifeddais/gefais y ddesg hon ar ôl fy rhagflaenydd. **~-duty** *n.* treth *(f)* etifeddiaeth. **~-hunter** *n.* cymyn-geisiwr (~-geiswyr) *m,* cymyn-g|eiswraig *f.*
legal *a.* **1.** *(= lawful):* cyfreithlon. **2.** *(= juridical):* cyfreithiol; **by ~ process,** trwy broses y gyfraith, trwy ddulliau cyfreithiol; **~ action,** achos(-ion) cyfreithiol *m;* **to take ~ action,** mynd i gyfraith; **~ advice,** cyngor cyfreithiol *m;* **~ adviser,** cynghorwr (cynghorwyr) cyfreithiol *m;* **~ age,** oedran cyfreithiol *m;* **~ aid,** cymorth cyfreithiol *m;* **L~ Aid & Advice Act,** Deddf Cymorth a Chyngor Cyfreithiol; **~ assets,** asedau cyfreithiol; **~ consultant,** cyfreithiwr (cyfreithwyr) ymgynghorol *m;* **~ deposit,** adnau

(adneuon) ystatudol *m*; ~ **deposit copy,** copi (copïau) (*m*) ystatud; ~ **estate,** ystad gyfreithiol *f*; ~ **executive,** gweithredwr (gweithredwyr) cyfreithiol *m*; ~ **history,** hanes y gyfraith, hanes cyfreithiol; **to make ~ history,** creu hanes cyfreithiol; ~ **tender,** arian cyfreithlon *m*; ~ **fiction,** dychmygiad(-au) cyfreithiol *m*; *U.S:* ~ **holiday,** gŵyl (gwyliau) (*f*) banc; ~ **practitioner,** ymarferydd (ymarferwyr) cyfreithiol *m*; ~ **security,** sicrwydd cyfreithiol *m*; ~ **document,** dogfen gyfreithiol (dogfennau cyfreithiol) *f*; *(of corporation):* **to acquire ~ status,** derbyn/cael statws cyfreithiol; ~ **year,** blwyddyn gyfreithiol (blynyddoedd cyfreithiol) *f*; ~ **department,** adran gyfreithiol (adrannau cyfreithiol) *f*. **3.** *Theol:* deddfol.

legalese *n.* iaith gyfreithiol *f*, iaith y gyfraith, iaith cyfreithwyr/twrneiod.

legalism *n.* deddfoldeb *m*, deddfolrwydd *m*, deddfoliaeth *f*.

legalist *n.* deddfolwr (deddfolwyr) *m*.

legalistic *a.* deddfol.

legalistically *adv.* yn ddeddfol.

legality *n.* cyfreithlondeb *m*.

legalization *n.*, **legalize** *v.t.* cyfreithloni.

legally *adv.* **1.** *(= lawfully):* yn gyfreithlon, yn ôl y gyfraith. **2.** *(= juridically):* yn gyfreithiol; ~ **binding,** cyfreithiol rwymol; ~ **bound,** cyfreithiol rwym; ~ **qualified,** cyfreithiol gymwys, â chymhwyster cyfreithiol.

legate *n.* **1.** *Ecc:* llysgennad (llysgenhadon) (*m*) y Pab, cennad (cenhadon) (*mf*) y Pab, legat(-iaid) *m*. **2.** *Rom.Hist:* dirprwy lywodraethwr (~ lywodraethwyr) *m*.

legatee *n.* derbyniwr (*m*) cymynrodd (derbynwyr cymynroddion), etifedd(-ion) *m*; **residuary ~,** etifedd y gweddill.

legateship *n.* swydd (*f*) cennad/llysgennad (swyddi cenhadon/llysgenhadon).

legatine *a.* cenhadol, llysgenhadol, legataidd.

legation *n.* **1.** *(= deputation):* cenhadon *pl*, cenhadaeth (cenadaethau) *f*. **2.** *(institution):* cenhadaeth.

legato *n., a. & adv. Mus:* ***legato(-s)*** (*m*).

legator *n. Jur:* cymynnwr (cymynwyr) *m*.

legend *n.* **1.** chwedl(-au, *occ:* -euon) *f*; *Coll:* chwedloniaeth *f*; *S.a.* **golden. 2.** *(= inscription):* arysgrifen(-nau) *f*, arysgrif(-au) *f*; *(on map):* eglurhad(-au) *m*.

legendarily *adv.* yn chwedlonol.

legendary *a.* chwedlonol.

legendry *n.* chwedloniaeth *f*, chwedlau *pl*.

leger *a. Mus:* ~ **line,** llinell(-au) (*f*) estyn.

legerdemain *n.* castiau hud *pl*, consurio *vn*, consuriaeth *f*, deheurwydd *m* [llaw].

legerity *n.* = **quickness.**

leggat *n. Constr:* clapar(-s) *m*, tobren(-ni) *m*.

legged *a.* coesog, â choesau; **-legged** *comb.fm.* -coes, -goes; **bandy-~,** â choesau cam/ceimion, â choesau bando, coesgam, *occ:* bongam, glingam (*both pronounced* ng-g), bergam; **bare-~,** coesnoeth(-ion); **black-~,** coesddu(-on) *m*; **clean-~,** coeslan; **cross-~,** coesgroes, *occ:* coestraws; **eight-~,** wythgoes; **four-~,** pedair coes, pedeircoes, pedwartroedog; **green-~,** coeswyrdd (*f.* coeswerdd, *pl.* coeswyrddion); **long-~,** hirgoes, coes[h]ir, heglog; **many-~,** amlgoesog; **one-~,** un goes, ungoes (*pronounced* ng-g); **red-~,** coesgoch(-ion); **short-~,** byrgoes, coesfyr (*f.* coesfer, *pl.* coesfyrion); **six-~,** chwe choes, chwechoes, chwethroed; **slender-~,** coesfain (coesfeinion); **three-~,** tair coes, teircoes; *(stool):* trithroed, teirtroed; **two-~,** dwy goes, dwygoes; **white-~,** coeswyn (*f.* coeswen, *pl.* coeswynion).

legginess *n.* coesogrwydd *m*, heglogrwydd *m*; golwg heglog *f* (ar rn).

leggings *n.pl. Cost:* legins, socasau, *Lit:* coesarnau.

leggy *a.* heglog, coes[h]ir, hirgoes, â choesau hirion.

Leghorn *Pr.n. & n.* **1.** *Pr.n. Geog:* Legh|orn *f*, Livorno *f*. **2.** *n.* **l~ [hat],** het (*f*) wellt (hetiau gwellt). **3.** *Husb:* **[white] l~,** iâr wen (ieir gwynion) *f*, iâr Leghorn.

legibility *n.* eglurdeb *m*, eglurder *m*; **full marks for ~,** marciau llawn am ysgrifen eglur/ddarllenadwy.

legible *a.* darllenadwy, clir, eglur.

legibly *adv.* yn ddarllenadwy.

legion *n.* lleng(-oedd) *f*; **the British L~,** y Lleng Brydeinig; **the Foreign L~,** y Lleng Dramor; **the French Foreign L~,** Lleng Dramor Ffrainc; **the Roman legions,** llengoedd Rhufain; **the L~ of Honour,** Lleng Anrhydedd; *B:* **my name is ~,** lleng yw fy enw; **their name is ~,** mae eu henw yn lleng/ddi-rif; **the problems are ~,** mae'r problemau'n lleng/ddi-rif/aneirif. ~ **fortress** *n.* lleng-gaer(-au, ~-geyrydd) *f*. ~ **legate** *n.* legat (*m*) lleng (legatiaid llengoedd), lleng-gennad (~-genhadon) *mf*.

legionary *a. & n.* **1.** *a.* llengol; ~ **fortress,** cadarnle(-oedd) (*m*) lleng. **2.** *n.* milwr (milwyr) (*m*) lleng, llengfilwr (llengfilwyr) *m*.

legioned *a. Poet:* yn llu[-oedd], dirifedi, aneirif, di-rif.

legionnaire *n.* llengfilwr (llengfilwyr) *m*; *Med:* **legionnaires' disease,** clefyd (*m*) y llengfilwyr.

legislate *v.i.* deddfu.

legislation *n.* deddfwriaeth(-au) *f*; *(action):* deddfu *vn*; **a new piece of ~,** deddf newydd *f*; **delegated ~,** deddfwriaeth ddirprwyol; **mandatory ~,** deddfwriaeth orfodol; **permissive ~,** deddfwriaeth ganiataol/oddefol; **retrospective ~,** deddfwriaeth ôl-weithredol, ôl-ddeddfwriaeth, deddfu (*vn*) dros ysgwydd, deddfu'n wysg eich cefn.

legislative *a.* deddfwriaethol; **~-executive relations,** cydberthynas (*f*) deddfu a llywodraethu.

legislatively *adv.* yn ddeddfwriaethol; o ran deddfwriaeth, drwy ddeddfu.

legislator *n.* deddfwr (deddfwyr) *m*, deddfroddwr (deddfroddwyr) *m*.

legislatorial *a.* deddfroddol.

legislatorship *n.* deddfroddwriaeth(-au) *f*.

legislatress, legislatrix *n.f.* deddfr|oddwraig (deddfroddwragedd).

legislature *n.* **1.** *(= legislative body):* corff (cyrff) deddfwriaethol *m*; *(= parliament):* senedd(-au) *f*, deddfwrfa (deddfwrf|eydd) *f*; **the L~,** y Deddfroddiad *m*. **2.** *(= body of laws):* deddfau *pl*, corff (*m*) o ddeddfau.

legist *n.* cyfreithydd(-ion) *m*.

legit *a. F:* go iawn, gwirioneddol, dilys, safonol.

legitimacy *n.* cyfreithlondeb *m*, cyfreithlonrwydd *m*.

legitimate[1] *a.* **1.** *(a) (child, authority &c):* cyfreithlon; *(b) (theatre):* pur, go iawn, safonol, dilys. **2.** *(= justifiable):* teg, cyfiawn.

legitimate[2] *v.t.* **1.** *(child &c):* cyfreithloni. **2.** *(= justify):* cyfiawnh|au, cyfreithloni.

legitimately *adv.* **1.** yn gyfreithlon. **2.** yn deg.

legitimation *n.* cyfreithloniad *m*, cyfreithloni *vn*; *(= justification):* cyfiawnhad *m*, cyfiawnh|au *vn*.

legitimatize *v.t.* = **legitimize.**

legitimism *n. Pol:* cyfreithlonaieth *f*.

legitimist *n. & attrib.* **1.** *n. Pol:* cyfreithlonydd (cyfreithlonwyr) *m*. **2.** *attrib.* cyfreithloniaethol.

legitimization *n.* cyfreithloniad(-au) *m*, cyfreithloni *vn*.

legitimize *v.t.* cyfreithloni.

legitimizer *n.* **1.** cyfreithlonwr (cyfreithlonwyr) *m*. **2.** *(= justifier):* cyfiawnhäwr (cyfiawnhawyr) *m*.

legless *a.* **1.** heb goesau, digoesau. **2.** *F:* = **drunk.**

legman *n.m. Journ:* gŵr (gwŷr) traed, dyn(-ion) casglu newyddion.

legume, legumen *n.* **1.** coden(-nau, codau) *f*, cibyn (cibau) *m*, codlys(-iau) *m*, ciblys(-iau) *m*. **2.** *(= vegetable):* llysieuyn (llysiau) *m*.

leguminous *a.* pysol, ffeuol, codennog, cibog, codlysol, legymaidd; ~ **plant,** ciblys(-iau) *m*, codlys(-iau) *m*.

legwarmers *n.pl. Cost:* bacsau, legins gweu, hosanau coesau.

legwork *n.* gwaith (*m*) ceibio, gwaith caib a rhaw.

lehr *n. Glassm:* ffwrnais (ffwrneisi) *f*.

lehua *n. Bot:* lehwa(-s) *f*.

lei *n.* blodeudorch(-au) *f*.

Leibnizian *a. & n.* **1.** *a.* Leibnizaidd. **2.** *n.* Leibniziad (Leibniziaid) *m&f*.

Leibnizianism *n.* Leibniziaeth *f*.

Leicester *Eng.Pl.n.* Caerlŷr *f*.

Leicestershire *Pr.n. Eng.Geog:* Swydd (*f*) Gaerlŷr.

Leighton *W.Pl.n.* Tre'r-llai *f*.

leister[1] *n. Fish:* tryfer(-i) *f*.

leister[2] *v.t. Fish:* tryferu.

leisure *n.* hamdden *f*, seibiant *m*, oriau segur *pl*, oriau hamdden; **to take one's ~,** hamddena; **to be at ~ to do sth,** bod yn rhydd i wneud rhth; **(to do sth) at (one's) ~,** (gwneud rhth) wrth eich pwysau, yn hamddenol, heb frys; **a gentleman of ~,** gŵr (gwŷr) bonheddig *m.* **~ centre** *n.* canolfan(-nau) *(mf)* hamdden/hamddena. **~ class** *n.* dosbarth *(m)* hamdden. **~ clothes** *n.pl.* dillad hamdden/hamddena.

leisured *a.* hamddenol, *Lit: occ:* segur, hamddenus; **the ~ classes,** y dosbarthiadau segur.

leisureliness *n.* hamddenoldeb *m*, arafwch *m.*

leisurely *a. & adv.* **1.** *a. (pers.):* hamddenol, araf, difwstwr, *S.E:* hyfol; **a ~ man,** *S:* bachan *(m)* trwy'r dydd; **at a ~ pace,** yn hamddenol [eich cam], yn araf bach, wrth eich pwysau, *F:* linc-di-lonc, lincyn-loncyn, *N: F:* o dow i dow. **2.** *adv.* yn hamddenol, wrth eich pwysau, heb frys/frysio, *S. W:* dwmp-di-damp, *N: occ:* o dow i dow, how-dow, heb frysio, heb frys.

leitmotiv *n.* leitmotif(-au) *mf*, thema (themâu) *f*, thema ddynodol (themâu dynodol), prif ddrychfeddwl (~ ddrychfeddyliau) *m.*

lek *n. Nat.Hist:* man(-au) *(mf)* paru, lle(-oedd) *(m)* paru.

leman *n. A:* = **sweetheart**.

lemma *n. Log: Bot:* lema(-ta) *m.*

lemming *n. Z:* leming(-iaid,-od) *m.*

lemniscal *a. Anat:* lemnisgol.

lemniscate *n. Anat:* wythffurf(-iau) *f*, wythlin(-au) *f*, lemnisgad(-au) *mf.*

lemniscus *n. Anat:* lemnisgws (lemnisgi) *m.*

lemon[1] *n. & a.* **1.** *n. Bot: (a)* lemon(-au) *m*, *Lit: occ:* lemwn(-au) *m*, *S. W:* limwnsen (limwns) *f*; **salt[s] of ~,** halen *(m)* suran; *(b)* = **lemon tree. 2.** *n. F: U.S: (= unattractive girl):* **she's a real ~,** un blaen/annymunol yw hi; *(= disappointing or unpleasant thing):* siom(-au) *fm*, siomedigaeth(-au) *f*, siomiant (siomiannau) *m.* **3.** *a.* lliw lemon, lemonlliw, melyn [fel lemon]. **~ balm** *n.* = **balm (lemon). ~ cheese, ~ curd** *n. Cu:* ceuled *(m)* lemon. **~ drink** *n.* diod(-ydd) *(mf)* lemon. **~-drop** *n. N:* da-da *(m)* lemon, peth(-au) da *(m)* lemon, *S.* limwnsen (limwns) *f.* **~ geranium** *n. Bot:* mynawyd *(m)* y bugail lemonsawr. **~ grass** *n. Bot:* lemonwellt *m.* **~ juice** *n.* sudd *(m)* lemon. **~ meringue** *n. Cu:* ***meringue*** *(m)* lemon. **~ peel** *n.* croen *(m)* lemon (crwyn lemonau). **~-plant** *n.* = **verbena (lemon). ~ pudding** *n.* pwdin *(m)* lemon. **~-scented fern** *n.* = **fern (mountain). ~ squash** *n.* diod lemon. **~-squeezer** *n.* gwasg (gweisg) *(f)* lemon/lemonau, peth(-au) *(m)* gwasgu lemon. **~ thyme** *n. Bot:* teim lemonaidd *m.* **~ tree** *n. Bot:* coeden (coed) *(f)* lemon/lemonau. **~ verbena** *n.* = **verbena (lemon[-scented]). ~ wood** *n. Bot:* pren(-nau) *(m)* lemon. **~-yellow** *n.* melyn *(m)* lemon, melyn golau.

lemon[2] *n. Cu:* **~ sole,** lleden lefn (lledod llyfn) *f*; **~ dab,** lleden iraidd *f.*

lemonade *n.* lemonêd *m*, diod *(mf)* lemon.

lemony *a.* lemonaidd.

lemur *n. Z:* lemwr (lemyriaid) *m.*

lemures *n.pl. Rom.Ant:* ysbrydion [y meirwon], gwyll[i]on.

lemurine, lemuroid *a. & n.* **1.** *a.* lemwraidd. **2.** *n.* lemwriad (lemwriaid) *m&f.*

lend *v.t.* **1.** benthyca (rhth), rhoi benthyg (rhth), rhoi (rhth) yn/ar fenthyg, *Lit: occ:* echwynna (rhth); **~ me a pound,** dyro fenthyg punt imi; tyrd â benthyg punt imi. **2. to ~ s.o. a [helping] hand,** rhoi/estyn help llaw i rn; **to ~ an ear, to ~ one's ear[s] (to s.o.),** gwrando (ar rn), rhoi gwrandawiad (i rn), rhoi clust (i rn); *Prov:* **distance lends enchantment to the view,** po bellaf, harddaf; pella'n y byd, gorau'n y byd; man gwyn man draw; mwyna byth y man ni bôm. **3. to ~ oneself/itself to sth,** bod yn addas i rth, eich cynnig eich hun i rth, ymgynnig ar gyfer rhth; **a spot that lends itself to meditation,** llecyn addas i fyfyrdod. **L~-Lease**[1] *n. Hist:* Les-Fenthyg *m*, Les-Fenthyciad *m.* **~-lease**[2] *v.t.* les-fenthyca.

lendable *a.* y gellir ei fenthyca, y gellir rhoi ei fenthyg, y gellir ei roi'n fenthyg, y gellir ei roi ar fenthyg, benthyciadwy.

lender *n.* benthyciwr (benthycwyr) *m*, benth|ycwraig *f*, *Lit: occ:* echwynnwr (echwynwyr) *m*, echwynnydd (echwynyddion) *m.*

lending[1] *a.* benthyciol.

lending[2] *vn.* benthyg *m*, benthyciad *m*, benthyca. **~ charges** *n.* tâl (taliadau) *(m)* benthyca. **~ department** *n. Lib:* adran *(f)* fenthyca (adrannau benthyca). **~ library** *n.* llyfrgell *(f)* fenthyca (llyfrgelloedd benthyca).

length *n.* **1.** hyd(-au,-oedd,-ion) *m*; **overall ~,** hyd cyfan; **two feet in ~,** dwy droedfedd o hyd; **fixed ~,** hyd penodol; **variable ~,** hyd newidiol; **the ship turned in its own ~,** troes y llong yn ei hunfan; *Row: &c:* **to win by a ~,** ennill o hyd cwch; **throughout the ~ and breadth of Wales,** ledled Cymru, drwy Gymru benbaladr, o Fôn i Fynwy, drwy hyd a lled Cymru, o Wynedd i Went; **to go the ~ of a street,** mynd i ben stryd, mynd ar hyd stryd; **I fell full ~ on the ground,** cwympais ar fy hyd ar y llawr. **2. a stay of some ~,** arhosiad go hir; **~ of service,** hyd gwasanaeth; **an arm's ~,** hyd braich; **at arm's ~,** o hyd braich; **to keep s.o. at arm's ~,** cadw rhn [o] hyd braich; **for some ~ of time,** am gryn amser, am beth amser, am ryw hyd [o amser]; **(we had been there) for some ~ of time,** (yr oeddem wedi bod yno) ers cryn amser, ers peth amser, am beth amser, ers tipyn, *occ: (with ref. to same day only):* ers meitin; **(to recite sth) at [full] ~,** (adrodd rhth) ar ei hyd, drwyddo, o'i gwr, o un pen i'r llall; **to speak at [some] ~ on a subject,** siarad yn bur faith ar bwnc, siarad am hydoedd/allanodion ar bwnc; **he lectured me at great ~,** rhoes bregeth faith/hirfaith imi; **to recount sth at greater ~,** adrodd rhth yn fanylach/llawnach; **to write at much greater ~,** ysgrifennu'n llawer helaethach, ysgrifennu llawer mwy; **at ~ (he gave his consent),** o'r diwedd, ym mhen yr hir a'r hwyr, toc, ar ôl ysbaid, maes o law (cytunodd). **3. to go to the ~ (of asserting),** mynd cyhyd, mynd cyn belled, mynd mor bell (â honni); **he would go to any lengths,** fe wnâi unrhyw beth yn y byd; fe wnâi unrhyw beth ar wyneb y ddaear; **to go to great lengths,** mynd i drafferth, mynd yn bell; *S. W: occ:* ponso; **(to go) the whole ~,** (mynd) i'r eithaf, hyd yr eithaf, i'r pen, hyd y pen. **4.** *Pros: (of vowel &c):* hyd(-au,-oedd) *m.* **5.** *(of dress, pipe &c):* hyd(-au,-oedd) *m*, darn(-au) *m*; **what ~ of material (do you require)?** pa hyd o ddefnydd, pa faint o ddefnydd, (sydd ei angen arnoch chi)? **~ (of thread),** hyd [pwythyn], nodwyddaid (nodwyddeidiau) *f*, pwythyn(-nau) *m.* **6.** *Cr:* pellter(-au,-oedd) *m*, hyd(-au,-oedd) *m*; **a good-~ ball,** pêl o'r hyd/pellter iawn; **~ and line,** hyd a chyfeiriad.

lengthen *v.t.&i.* **1.** *v.t.* gwn|eud (rhth) yn hwy; *Lit:* hwyh|au (rhth); *occ:* estyn, ymestyn (rhth); *(gown &c):* llaesu. **2.** *v.i.* mynd yn hwy, ymestyn, estyn; *(of days):* ymestyn, *F:* mystyn; **his face lengthened,** llaesodd ei wyneb.

lengthened *a.* estynedig, hwy, *F:* hirach.

lengthener *n.* hwyhäwr (hwyhawyr) *m.*

lengthening[1] *a.* ymestynnol, hwyhaol, hwyhwy; **in the ~ shadows,** a'r cysgodion yn estyn, fel yr oedd y cysgodion yn estyn.

lengthening[2] *vn.* estyniad(-au) *m*, hwyhad(-au) *m*, ymestyniad(-au) *m*, estyn, ymestyn, hwyh|au. **~ bar** *n. Metalw:* bar(-rau) *(m)* ymestyn.

lengthily *adv.* yn hir, yn faith, yn hirfaith; *(speak):* yn hirwyntog.

lengthiness *n.* meithder *m*, meithdra *m*, hirfeithder *m*, hirfeithdra *m*, hyd *m.*

lengthman *n. N:* fforddoliwr (fforddolwyr) *m*, *S: Min:* hewlwr (hewlwyr) *m*, *N.E: Min:* dogi(-s) *m.*

lengthways *adv.* yn ei hyd, ar ei hyd, gyda'r hyd.

lengthwise *adv. & a.* **1.** *adv.* = **lengthways. 2.** *a.* ar ei hyd, yn ei hyd, *occ:* hydredol.

lengthy *a. (speech):* hir(-ion), maith (meithion), hirfaith (hirfeithion), hirwyntog; *(journey &c):* hir, pell, maith, hirfaith.

lenience, leniency *n.* trugaredd *m*, trugaro[w]grwydd *m*; **to show ~ towards s.o.,** bod yn drugarog tuag at rn *or* wrth rn.

lenient *a.* trugarog (**towards s.o.,** tuag at rn, wrth rn).

leniently *adv.* yn drugarog.

Leninism *n. Pol:* Leniniaeth *f.*

Leninist, Leninite *a. & n.* **1.** *a.* Leninaidd. **2.** *n.* Leninwr: Leninydd (Leninwyr) *m*, Leniniad (Leniniaid) *m&f.*

lenis *a. & n. Phon:* **1.** *a.* gwan (gweinion). **2.** *n.* sain wan (seiniau gweinion) *f.*

lenite *v.i.&t. Ling:* **1.** *v.i.* meddalu, treiglo'n feddal. **2.** *v.t.* meddalu (rhth), treiglo (rhth) yn feddal.

lenited *a. Gram:* meddaledig, â threiglad meddal; **a ~ letter,** llythyren wedi ei threiglo'n feddal.

lenition *n. Gram:* meddaliad(-au) *m*, treiglad(-au) meddal *m*, lenisiwn (lenisiynau) *m*, treiglo(*vn*)'n feddal.

lenitive *a. & n. Med:* **1.** *a.* esmwythaol, lleddfol, lliniarus, lliniarol. **2.** *n.* lliniarydd(-ion) *m*, esmwythydd(-ion) *m.*

lenitively *adv.* yn esmwythol *&c.*

lenity *n.* trugaro[w]grwydd *m.*

leno *n. & a. Tex:* lino *(f).*

lens *n.* **1.** *Opt: Phot:* lens(-ys,-iau) *f*; *(in ordinary parlance):* gwydryn (gwydrau) *m*, gwydr(-au) *m*; **biconcave ~,** lens ddeugeugrom (lensys deugeugrwm); **coated ~,** lens gaenog (lensys caenog), lens wawr (lensys gwawr), lens liw (lensys lliw); **wide-angle ~,** lens ongl lydan; **concave ~,** lens geugrom (lensys ceugrwm); **diverging ~,** lens ddargyfeiriol (lensys dargyfeiriol); **convex ~,** lens amgrom (lensys amgrwm); **converging hand ~,** chwyddwydr(-au) cydgyfeiriol *m*; **objective ~,** lens flaen (lensys blaen), lens gwrthrych; **contact ~,** lens gyffwrdd (lensys cyffwrdd); **crystalline ~,** lens risialaidd (lensys grisialaidd). **2.** *Anat: &c:* lens *f.* **~-holder** *n. Phot:* peth(-au) *(m)* dal lens, ffrâm *(f)* lens (fframiau lensys). **~-hood** *n.* mwgwd (mygydau) *(m)* lens, cap(-iau) *(m)* lens. **~ power** *n. Ph:* nerth *(m)* lens.

lensed *a.* lensiog, â lens[-ys].

lensless *a.* di-lens, heb lens[-ys].

Lent[1] *n. Ecc:* [y] Grawys(-au) *m*, *occ: f*; **Low ~,** Grawys Bychan; **Summer ~,** Grawys Haf; **Elijah's ~,** Grawys Elias; **the ~ of the Apostles,** Grawys yr Apostolion; **to keep ~,** cadw'r Grawys. **~ lily** *n. Bot:* = **daffodil.** **~ term** *n.* tymor *(m)* y Grawys.

lent[2] *p.p. & a.* benthyg; *See* **lend.**

lentamente *a. & adv. Mus:* ***lentamente,*** [yn] araf.

lentando *a. & adv. Mus:* ***lentando,*** yn arafach, gan arafu.

Lenten *a.* Grawysol, [y] Grawys; **a ~ face,** wyneb llaes. **~ fare, ~ stuff** *n.* grawysfwyd *m.* **~ Pool** *W.Pl.n.* Pwll *(m)* Grawys. **~ rose** *n. Bot: (Helleboris colchicus):* pelydr porffor *m.* **~ tide** *n.* adeg *(f)* y Grawys, *A:* Grawysgwaith *m.*

lentic *a.* llonydd; **~ water,** merddwr (merddyfroedd) *m.*

lenticel *n. Bot:* l|entisel (lentiselau) *m.*

lenticular *a.* **1.** *(= biconvex):* deuamgrwn *(f.* deuamgrom, *pl.* deuamgrymion). **2.** *(of eye):* lensaidd, lensol, lentigol.

lenticulate *v.t.* lenticylu.

lenticulation *n.* lenticyliad(-au) *m*, lenticylu *vn.*

lenticule *n. Phot:* l|enticwl (lenticylau) *m.*

lentil *n.usu.pl. Hort: Cu:* ffacbysen (ffacbys) *f*, corbysen (corbys) *f*, pysen felen (pys melyn) *f*, *occ:* gwygbysen (gwygbys) *f*, manbysen (manbys) *f.* **~ soup** *n.* cawl *(m)* ffacbys.

lentisk *n. Bot:* lentysgbren(-nau) *m*, pren(-nau) mastig *m*, coeden (coed) *(f)* lentysg.

lentissimo *a. & adv.* [yn] araf iawn, ***lentissimo.***

lento *a. & adv. Mus:* [yn] araf, ***lento.***

lentoid *a.* = **lenticular.**

Leo *n. Astr:* y Llew *m.*

Leominster *Eng.Pl.n.* Llanllieni *f.*

Leonardesque *a.* Leonardaidd.

Leonid *n. Astr:* Leonid(-au) *mf.*

leonine[1] *a.* fel llew[-od], llewaidd; **a ~ mane,** mwng llew.

Leonine[2] *a. & n.* **1.** *a.* Leonaidd; *Hist:* **the ~ City,** y Ddinas Leonaidd, Rhufain Leonaidd; *Pros:* **~ [verse],** mydr Leonaidd *m*, mesur Leonaidd *m.* **2.** *n. Pros:* llinell(-au) Leonaidd *f.*

leopard *n. Z:* llewpard(-iaid) *m*; *B:* **can the ~ change his spots?** a newidia y llewpard ei frychni? **American ~,** = **jaguar; hunting ~,** = **cheetah; snow ~,** llewpard yr eira. **~ flower** *n. Bot: (Belamacanda sinesis):* blodyn (blodau) *(m)* llewpard. **~ frog** *n. Amph:* llyffant(-od) mannog *m.* **~ lily** *n. Bot: (Lachenalia tricolor):* lili drilliw (lilis/liliau trilliw) *f.* **~ [moth]** *n. (Zeuzera pyrina):* gwyfyn(-od) mannog/smotiog *m*, (*)llewpard llwyd (llewpardiaid llwydion); **reed ~ [moth],** *(Phragmataecoa castaneae):* gwyfyn mannog y cyrs. **~'s bane** *n. Bot: (i) (Doronicum):* llysiau*(pl)*'r llewpard, llewp|ard-dag *m*; *(ii)* = **herb Paris.** **~'s bane groundsel** *n. (Senecio doronicum):* creulys *(m)* y llewpard.

leopardess *n.f. Z:* llewpardes(-au).

leotard *n. Cost:* leotard(-au) *mf*, tynwisg(-oedd) *f.*

leper *n. Med:* rhn gwahanglwyfus (gwahanglwyfusion) *m* *(pronounced* ng-g), gwahanglaf (gwahangleifion) *m* *(pronounced* ng-g). **~ colony** *n.* gwladfa (gwladf|eydd) *(f)* i'r gwahanglwyfus, gwladfa gwahangleifion.

lepidolite *n. Miner:* lep|idolit (lepidolitau) *m.*

lepidoptera *n.pl. Ent:* cenadeiniaid, lepidoptera.

lepidopteran *a. & n. Ent:* **1.** *a.* lepidopteraidd, cenadeiniog, gwyfynaidd. **2.** *n.* lepidopteriad (lepidopteriaid) *m&f*, cenadeiniog(-ion) *m&f.*

lepidopterist *n.* gwyfynegwr: gwyfynegydd (gwyfynegwyr) *m.*

lepidopterological *a.* gwyfynegol.

lepidopterologist *n.* = **lepidopterist.**

lepidopterology *n.* gwyfyneg *f.*

lepidopteron *n.* cenadeiniad (cenadeiniaid) *m&f.*

lepidopterous *a.* = **lepidopteran 1.**

lepidosiren *n. Ich:* lepidoseiren(-iaid) *m.*

lepidosis *n. Rept:* ceniad(-au) *m*, cennu *vn.*

lepidote *a. Bot:* cennog, cenllyd.

leporine *a. Z:* ysgyfarnogol, ysgyfarnogaidd, fel ysgyfarnog.

leprechaun *n.* coblyn(-nod) *m.*

lepromatous *a. Med:* gwahanglwyfus *(pronounced* ng-g).

leprosarium *n.* ysbyty (ysbytai) *(m)* gwahangleifion *(pronounced* ng-g), clafrdy (clafrdai) *m.*

leprosy *n. Med:* [y] gwahanglwyf *m* *(pronounced* ng-g), *A:* y clwyf gwahanol *m*, [y] clafr *m*, [y] clafri *m*, [y] clefri *m*, brech (f) yr Iddewon; **to contract ~,** cael y gwahanglwyf, gwahanglwyfo *(pronounced* ng-g), clafrio, clafru.

leprotic, leprous *a.* gwahanglwyfus *(pronounced* ng-g), clafrog; **to become ~,** clafru, clafrio. **leprous liverwort** *n. Bot:* clafrgen *m*, cen *(m)* y cerrig.

leprously *adv.* yn wahanglwyfus *(pronounced* ng-g).

leprousness *n.* gwahanglwyfusrwydd *m* *(pronounced* ng-g).

leptocephalic *a.* hirben.

leptocephalid *n. Ich:* llysywennog (llysywenogion) *m&f.*

leptocephalous *a.* = **leptocephalic.**

leptodactyl *a. & n.* **1.** *a.* meinfys, hirfys. **2.** *n. Orn:* aderyn (adar) meinfys/hirfys *m.*

leptokurtic *a. Mth:* leptocwrtig.

leptokurtosis *n. Mth:* leptocwrtosis *m.*

leptomeningitis *n. Med:* leptomeningitis *m* *(pronounced* ng-g).

lepton *n. Num: Ph:* lepton(-au) *mf.*

leptonic *a. Ph:* leptonig.

leptophyllous *a. Bot:* culddail, hirddail.

leptosome *a. & n.* **1.** *a.* = **ectomorphic.** **2.** *n.* = **ectomorph.**

leptospiral *a. Bact:* leptosbiraidd.

leptospire *n. Bact:* l|eptosbir (leptosbirau) *m.*

leptospirosis *n. Med:* leptosbirosis *m.*

leptotene *a. & n. Bio-Ch:* **1.** *a.* leptotenaidd, l|eptoten. **2.** *n.* leptoten *mf.*

Lesbian *a. & n.* **1.** *Geog: (i) a.* Lesbiaidd, [o] Lesbos; *(ii) n.* Lesbiad (Lesbiaid) *m&f.* **2. l~,** *(i) a.* lesbiaidd; *(ii) n.* lesbiad (lesbiaid) *f.*

lesbianism *n.* lesbiaeth *f.*

lèse-majesté *n.* **1.** *Pol:* teyrnfradwriaeth *f.* **2.** *Joc:* digywil|ydd-dra m (tuag at rn).

lesion *n.* anaf(-iadau,-au) *m*, niwed (niweidiau) *m*, anafod *m*, nam(-au) *m.*

lespedeza *n. Bot:* lespedesa *m.*

less *a., prep. & adv.* **1.** *a. (a)* llai; **sth of ~ value,** (rhth) gwerth llai, llai ei werth, o lai o werth, o lai gwerth; **in a ~ degree,** i raddau llai; **quantities/sums ~ than . . .,** symiau llai na . . ., symiau yn is na . . .; **ever ~,** lleilai; **to grow ~,** lleih|au, mynd yn llai; *(b)* **eat ~ meat,** bwytewch lai o gig; **the ~ money you spend, the better,** gorau po leiaf o arian a wariwch; lleia'n y byd o arian a wariwch, gorau oll; **with a few ~ windows the house would be warmer,** gyda llai o ffenestri, byddai'r tŷ'n gynhesach; *(c) A:* **James the L~,** Iago'r Lleiaf. **2.** *prep. (= without):* heb + *soft mut.*; namyn; **(the new price) ~ 10%,** (y pris newydd) namyn deg y cant, â deg y cant yn llai, yn llai o ddeg y cant; **~ the tax,** wedi tynnu'r dreth. **3.** *n.* **in ~ than an hour,** mewn llai nag awr, o fewn llai nag awr; **in ~ than no time,** mewn chwinciad, cyn pen fawr o dro, *F:* chwipyn, chwap; **so much the ~ to do,** cymaint [yn] llai i'w wneud; **~ of your cheek!** llai o'r digywilydd-dra 'ma! paid â bod mor ddigywilydd! **I can't let you have it for ~,** ni allaf adael i chi ei gael am lai; **the ~ I see of her, the better,** lleia'n byd a welaf arni, gorau'n y byd; gorau po leiaf a welaf arni. **4.** *adv.* **~ known,** llai adnabyddus; **one man ~,** un gŵr yn llai; **~ than six,** llai na chwech; **~ and ~,** llai a llai, lleilai; *(adv.):* leilai; **I was [all] the ~ surprised,** 'roedd yn gymaint llai o syndod imi; **still ~, even ~,** llai fyth/byth, llai hyd yn oed, llai eto; **(he's no liar) still/much ~ a thief,** (nid yw'n gelwyddog) llai fyth yn lleidr, na chwaith yn lleidr; **(he continued) none the ~,** (aeth yn ei flaen) er gwaethaf popeth, er hynny, serch hynny; eto i gyd (aeth yn ei flaen); **none the ~ (he came in first),** er hynny, er gwaethaf popeth (fe ddaeth yn gyntaf). **5.** *(a)* **nothing ~ than . . .,** dim llai na[g] . . .; **due ~ to the fact that . . .,** nid yn gymaint oherwydd . . .; **it is nothing ~ than monstrous,** *(= utterly monstrous):* nid yw'n ddim llai na gwarthus; mae'n warthus o beth; mae'n hollol warthus; **he resembled nothing ~ than a leader,** *(= was nothing like):* yr oedd yn llai tebyg i arweinydd nag i ddim; *(b)* **no ~,** *(= as much):* llawn cymaint, yr un faint (o rth); **to fight with no ~ daring than skill,** ymladd gyda llawn cymaint o ddewrder ag o fedr; **no ~ good,** llawn cystal, yr un mor dda; **no ~ brave,** llawn cyn ddewred, yr un mor ddewr; **they have no ~ than six servants,** mae ganddynt gymaint â chwech o weision; **it was no ~ a person than the king,** pwy oedd yno ond y brenin; y brenin a neb llai ydoedd; **he fears it no ~ than I,** nid yw'n ei ofni'n llai na minnau; nid yw'n ei ofni lai na minnau; **he fears him no ~ than me,** mae arno gymaint o'i ofn ag sydd arnaf innau.

lessee *n.* daliwr (*m*) prydles (dalwyr prydles/prydlesoedd), deiliad (*m&f*) prydles (deiliaid prydles/prydlesoedd).

lesseeship *n.* prydlesiaeth(-au) *f*, prydles(-au) *f*.

lessen *v.i.&t.* **1.** *v.i.* mynd yn llai, lleih|au; *(of activity):* arafu; *(of symptoms &c):* lleddfu, ymleddfu. **2.** *v.t.* lleihau (rhth), gwn|eud (rhth) yn llai; *(= shorten):* byrh|au; *Artil:* **to ~ the range,** byrhau'r pellter anelu.

lessening[1] *a.* lleihaol, lleilai.

lessening[2] *vn.* lleihad *m*, lleih|au.

lesser *attrib. & adv.* I. *attrib.* **1.** llai, lleiaf, bach, bychan (*f.* bechan, *pl.* bychain); *Ph:* **~ calory,** calori bychan; *Theol:* **the L~ Insertion,** y Rhyngosodiad Bach. **2. to choose the ~ of two evils,** dewis y lleiaf o ddau ddrwg; **the ~ evils of life,** pryderon dibwys/lleiaf bywyd, pryderon llai pwysig bywyd. II. *adv.* **~-known,** llai adnabyddus.

lesson *n.* **1.** gwers(-i) *f*; **object-~,** *(ii)* gwers (*f*) ddangos (gwersi dangos); *Fig:* gwers (mewn rhth); esiampl, enghraifft dda (o rth); **to draw a ~ from sth,** dysgu gwers oddi wrth rth; *F:* **let that be a ~ to you!** bydded/boed hynny'n wers iti! **2.** *Ecc:* llith(-iau,-oedd) *f*, darlleniad(-au) *m*. **3.** *Mus: (suite):* cyfres(-i) *f*.

lessor *n.* prydleswr: prydlesydd (prydleswyr) *m*, gosodwr (*m*) prydles (gosodwyr prydles/prydlesoedd).

lest *conj.* **1.** rhag [ofn] bod (*neg.* na), *P:* yn lle (bod *&c*), *Lit:* fel na *(+ subj.)*, *Lit: A:* modd na, rhag na *(+ subj.)*; **~ we forget,** rhag inni anghofio, *Lit:* fel nad anghofiom, fel na bo inni anghofio. **2.** *O:* **I feared ~ I should fall,** 'roedd arnaf ofn syrthio.

lestes *n. Ent:* **green ~,** *(Lestes sponsa):* lestes werdd (lestes gwyrdd) *f*; **scarce green ~,** *(L. dryas):* lestes werdd brin (lestes gwyrdd prin[-ion]).

let[1] *n. A:* rhwystr(-au) *m*; *S.a.* **hindrance. ~ [ball]** *n. Ten:* pêl (*f*) rwystr (peli rhwystr).

let[2] *n.* gosod *vn*; **when I get a ~ for the season,** pan gaf osod (y tŷ *&c*) am y tymor, pan gaf denant am y tymor; **"winter lets",** "ar osod dros y gaeaf".

let[3] *v.t. & v.aux.* I. *v.t.* **1.** *(a) (= allow):* gadael; **to ~ s.o. do sth,** gadael i rn wneud rhth (*not* gadael rhn i wneud rhth, = *leave s.o. to do sth*); **to ~ s.o. be,** gadael llonydd i rn; **to ~ oneself be guided,** cymryd eich arwain; **~ me tell you,** gadwch (*less correctly* gad|ewch) i mi ddweud wrthych chi; *S.a.* – **fall[2] 1, slip[2] I. 3, go[3] 12; when can you ~ me have my coat?** pa bryd y caf i fy nghôt gennych? *S.a.* **alone 2, fly[3] I. 4, have[2] 3, loose[1] 1; to ~ drop/fall a hint,** rhoi/gollwng awgrym, taro'r post i'r pared glywed, *N.W: occ:* rhoi hỳm; **to ~ sth drop/fall,** gollwng rhth, *N: occ:* disgyn rhth; **to ~ go of sth,** gollwng rhth, gollwng gafael ar rth; **~ go!** gollwng (gollyngwch)! **to ~ s.o. go,** gollwng/rhyddh|au rhn, gadael i rn fynd (*not* gadael rhn i fynd); **to ~ oneself go,** *(i) (= relax):* ymlacio; *(ii) (= yield to impulse):* ymr|oi (i rth); **we'll ~ it go for this once,** fe anghofiwn ni amdano am y tro; *(b)* **to ~ s.o. know about sth,** rhoi gwybod i rn am rth, hysbysu rhn ynghylch rhth; **~ me know,** rho(-wch) wybod [imi]; dyro (rhowch) wybod [imi]; **~ me hear the story,** gad[e]wch imi glywed y stori; dowch â'r hanes imi; *(c)* **the police would not ~ anyone along the street,** ni châi neb fynd ar hyd y stryd gan yr heddlu; **to ~ s.o. through,** gadael i rn fynd drwodd (*not* gadael rhn drwodd); **to ~ s.o. in,** gadael i rn ddod i mewn, gwahodd/gollwng rhn i mewn (*not* gadael rhn i mewn, = *to leave s.o. inside*); *(d) A: Med:* **to ~ s.o.'s blood,** gollwng gwaed rhn, gwaedu rhn. **2.** *(house &c):* gosod (*not* rhentu = *pay rent for*); **house to ~,** tŷ ar osod; **to sub-~,** is-osod. II. *v.aux. (supplying 1st & 3rd pers. of imperative):* **let's go!** awn ni! gad(-[e]wch) inni fynd! i ffwrdd â ni! *S:* bant â ni! **~ us pray,** gweddïwn; **don't ~ us start yet,** peidiwn â chychwyn eto; gad(-[e]wch) inni beidio â mynd eto; *B:* **~ there be light,** bydded goleuni; **so ~ it be!** bid/boed/bydded felly! felly y bo! **~ there be no mistake about it!** peidied neb â chamddeall! na foed unrhyw gamddeall! **~ ABC be any angle,** boed/gad[e]wch i ABC fod yn unrhyw ongl; **~ me see!** aros di (arhoswch chi) funud! gad(-[e]wch) weld! **~ them all come!** deled pawb! gad[e]wch iddynt i gyd ddod! *S.W: occ:* delen' i gyd! delen' pawb! *F:* **just ~ me catch you at it again!** os dalia' i di eto! **~ down** *v.t.* **1.** *(a) (by crane &c):* gollwng (rhth) i lawr; *(a blind &c):* gostwng (llen), tynnu (llen) i lawr; *(hair):* gollwng (gwallt) i lawr; *(a dress &c):* llaesu. **2.** *(a)* **the chair ~ him down,** fe ysigodd/dorrodd y gadair dan ei bwysau; *(b) F:* **to ~ s.o. down gently/lightly,** cywiro rhn yn ofalus/dringar (*the last pronounced* ng-g), peidio â brifo teimlad[-au] rhn; *(c) F:* **to ~ s.o. down,** gadael rhn ar y clwt, gadael rhn yn y baw, siomi rhn; **I won't ~ you down,** gellwch ddibynnu arnaf i; chewch chi mo'ch siomi gen i. **3. to ~ down a tyre,** gollwng gwynt o deiar. **~-down** *n. F:* siom(-au) *fm*, siomedigaeth(-au) *f*; **to have a ~-down,** cael eich siomi, cael siom, *N:* cael ail. **~ in** *v.t.* **1.** *(a)* **to ~ s.o. in,** gadael i rn fynd/ddod i mewn, *occ:* gollwng/gwahodd rhn i mewn (*not* gadael rhn i mewn, = *leave s.o. inside*); **shoes that ~ in water,** esgidiau sy'n gollwng dŵr; *(b) F:* **to ~ s.o. in on a secret,** dweud cyfrinach wrth rn, rhannu cyfrinach â rhn. **2.** *Dressm: Tail: (= insert):* gosod, *occ:* mewnosod. **3.** *F: (a) (= swindle):* twyllo, rogio, gwn|eud; **I've been ~ in for a thousand,** mi gefais fy nhwyllo o fil o bunnoedd; *(b)* **(I didn't know) what I was letting myself in for,** (wyddwn i ddim) beth i'w ddisgwyl, beth yr oeddwn yn mynd iddo, beth oedd o'm blaen, beth yr oeddwn yn ei dynnu yn fy mhen. **4. to ~ s.o. in on sth,** rhoi cyfran o rth i rn, rhoi lle i rn yn rhth. **~ into** *v.t. (a)* **to ~ s.o. into the house,** gadael i rn ddod i'r tŷ; **to ~ s.o. into a secret,** dweud cyfrinach wrth rn, datgelu cyfrinach i rn; *(b)* **to ~ a slab into a wall,** gosod maen mewn mur; **to ~ a piece into a skirt,** gosod darn mewn sgert. **~ off** *v.t.* **1.** *(an arrow):* saethu, gollwng; *(gun, firework):* tanio; *S.a.* **steam. 2.** *(a)* **to ~ s.o. off from [doing] sth,** gadael i rn beidio â gwneud rhth, rhyddhau rhn o rth; *(b)* **to ~ s.o. off,** esgusodi rhn, maddau i rn, rhoi maddeuant i rn, rhyddhau rhn; **to be ~ off with a fine,** cael mynd/dianc â dirwy. **3. to ~ off part of a house,** gosod rhan o dŷ. **~-off** *n.* dihangfa (diangf|eydd) *f*, rhyddhad *m*. **~ on** *v.i.&t. F:* **to ~ on about sth to s.o.,** sôn wrth rn am rth, dweud rhth wrth rn, datgelu rhth i rn; **don't ~ on that I was there,** paid â sôn fy mod i yno; *occ:* paid â chymryd arnat fy mod i yno. **~ out** *v.t.* **1.** gadael (i rth) fynd [yn rhydd]; gollwng, rhyddhau, (rhth); gadael (i rth) fynd allan (*not* gadael rhth allan, = *leave sth outside*); **to ~ out the air from sth,** gollwng gwynt o rth; *F:* **to ~ out a yell,** bloeddio, rhoi bloedd, gweiddi. **2.** *(a) (a dress):* llacio, estyn; **to ~ a belt out one hole,** llacio gwregys fesul twll; *(b) Nau: (sail, rope &c):* gollwng. **3. to ~ out a house,** gosod tŷ; **to ~ chairs out [on hire],** hurio cadeiriau, rhoi cadeiriau ar log. **4. to ~ out a secret,** bradychu/datgelu/gollwng cyfrinach, *F:* gollwng y gath o'r cwd. **5.** *v.i. F:* **to ~ out at s.o. with one's foot,** cynnig/rhoi/estyn cic i rn. **~-out** *n.* dihangfa (diangf|eydd) *f*, twll (tyllau) (*m*) ymwared, ffordd (*f*) (ffyrdd) allan. **~ up** *v.i. (of rain, pressure of business &c):* ysgafnu, lleih|au; **he never lets up,** 'does dim pall arno; nid yw byth yn rhoi'r gorau iddi; nid yw byth yn llaesu dwylo; **to ~ up on a pursuit,** rhoi'r gorau i ymchwiliad. **~-up** *n. (of weather):* ysgafnu *vn*; **there will be no ~-up in our endeavours,** ni fydd llaesu dwylo yn ein hymdrechion; **(to work fifteen hours) without a ~-up,** (gweithio pymtheng awr) yn ddi-baid/ddi-dor, heb egwyl, *S:* o'r bron.

lethal *a.* marwol, angheuol; **~ chamber,** siambr(-au) (*f*) nwy, siamber(-i) (*f*) nwy.

lethality *n.* angeuoldeb *m*.

lethally *adv.* yn farwol *&c*.

lethargic[al] *a.* swrth, cysglyd, digychwyn, diynni.

lethargically *adv.* yn swrth *&c*.

lethargy *n.* syrthni *m*, cysgadrwydd *m*.

Lethe *Pr.n. Myth:* Lethe *f*.

Lethean *a.* Letheaidd.

Lett *n.* **1.** *Ethn:* Latfiad (Latfiaid) *m&f*. **2.** *Ling:* Latfieg *f, m*.

letter[1] *n.* **1.** *Typ:* llythyren (llythrennau) *f*; **capital ~,** llythyren fras (llythrennau breision), priflythyren (priflythrennau) *f*; **block capital letters,** priflythrennau breision; **initial ~,** llythyren flaen (llythrennau blaen), blaenlythyren (blaenlythrennau) *f*; **~ by ~ filing,** ffeilio fesul llythyren; *S.a.* **black letter, red-letter; lock-in letters,** llythrennau ffitio; **Roman/square capital ~,** priflythyren

Rufeinig/sgwâr (priflythrennau Rhufeinig/sgwâr); **rustic capital ~,** priflythyren rystig; **uncial capital ~,** priflythyren wnsial; **to obey sth to the ~,** ufuddhau i rth i'r llythyren; **the ~ of the law,** llythyren y ddeddf; *Sp: U.S:* **to win one's ~,** cael eich dewis [i'r tîm cyntaf]; *S.a.* **dead** I. **1. 2.** *(a) (= item of correspondence):* llythyr(-au, *S: occ:* -on) *m*; *Rel:* **letters demissory,** *(i)* llythyrau gollyngol; llythyrau rhyddhau a chymeradwyo; *(ii)* llythyrau awdurdodi ordeiniad; **love-~,** llythyr caru, llythyr cariad, llythyr serch; **covering ~,** llythyr eglurhaol; **~ of introduction,** llythyr cyflwyn; **~ of credence,** llythyr cyflwyno; **~ of credit,** llythyr credyd; *Hist:* **~ of marque [and reprisal],** llythyr atrais; **letters missive,** llythyrau enwebu esgob, llythyrau anfon; **size ~,** llythyr maint; *(b) Jur:* **letters of administration,** llythyrau gweinyddu; **letters of allotment,** llythyrau alotiad; **letters patent,** breintlythyrau, llythyrau breinio, llythyrau patent; **letters testamentary,** *U.S:* grant o brofiant; *S.a.* **attorney. 3.** *pl.* **letters,** *(= literature):* llên *f*, llenyddiaeth *f*; **man of letters,** gŵr (gwŷr) *(m)* llên, llenor(-ion) *m*; **the commonwealth of letters,** y byd llenyddol *m*, byd llenyddiaeth/llên. **~-balance** *n.* mantol *(f)* lythyrau (mantolion llythyrau). **~-bomb** *n.* bom(-iau) *(mf)* post/bost (bomiau post), llythyr ffrwydrol. **~-book** *n.* llyfr(-au) *(m)* llythyrau. **~-box** *n.* blwch (blychau) *(m)* llythyrau; *(in door):* twll (tyllau) *(m)* llythyrau; **to put a ~ in the ~-box,** rhoi llythyr yn y post, postio llythyr. **~-card** *n.* llythyr-gerdyn (~-gardiau) *m*. **~-case** *n.* cas(-ys) *(m)* llythyrau. **~-file** *n.* ffeil *(f)* lythyrau (ffeiliau llythyrau). **~-game** *n. Sch:* pôs (posau) llythrennau. **~-head[ing]** *n.* pennawd *(m)* llythyr (penawdau llythyrau). **~-leaf** *n. Bot: (Grammatophyllum speciosum):* dail *(pl)* llythrennau. **~-lichen** *n. Fung: (Graphis):* cen creithiog *m*. **~-lock** *n.* llythyrglo(-eon) *m*. **~-opener** *n.* cyllell (cyllyll) *(f)* agor llythyrau. **~-pad** *n.* pad(-iau) *(m)* ysgrifennu. **~-paper** *n.* papur *(m)* ysgrifennu. **~-perfect** *a. Th:* yn medru'ch rhan yn berffaith. **~-plate** *n.* plât (platiau) *(m)* llythyrau. **~-post** *n.* post *(m)* llythyrau. **~-rack** *n.* rhesel *(f)* lythyrau (rheseli llythyrau). **~-scales** *n.* = **letter-balance. ~-sheet** *n.* dalen *(f)* lythyr (dalennau llythyr). **~-spacing** *vn.* gofodi rhwng llythrennau. **~-writer** *n.* llythyrwr (llythyrwyr) *m*, llyth|yrwraig (llythyrwragedd) *f*.

letter[2] *v.t.* llythrennu.

letter[3] *n. (of houses &c):* gosodwr (gosodwyr) *m*, gos|odwraig *f*.

lettered *a.* **1.** *(sign &c):* llythrenedig, wedi ei lythrennu, a llythrennau arno *&c.* **2.** *(man):* dysgedig, hyddysg, llythrennog, trylen.

letterform *n.* ffurf *(f)* llythyren (ffurfiau llythrennau).

lettering *n.* llythreniad(-au) *m*, llythrennu *vn.* **~-piece** *n. Bookb:* label(-au,-i) *(mf)* llythreniad.

letterless *a.* dilythyren.

letterpress *n.* **1.** *Typ:* argraffwaith *m*, print *m*; *(= press):* llythrenwasg (llythrenweisg) *f*. **2.** *(= text):* testun *m*, geiriad *m*, geiriau *pl.*

Letterston *W.Pl.n.* Treletert *f*.

Lettic *a. & n.* = **Lettish.**

letting *vn.* gosod. **~ value** *n.* gwerth *(m)* gosod.

Lettish *a. & n.* **1.** *a.* Latfiaidd; *(in langauge):* Latfieg. **2.** *n. Ling:* Latfieg *f*, *m*.

lettuce *n. Bot: (Lactuca sativa):* letysen (letys) *f*, letusen (letus) *f*, letys: letus(-au) *f*, *N: occ:* leten (letis, letus) *f*, *A: or Lit:* gwylaeth(-au,-ion) *f*; **Alpine ~,** *(Cicerbita alpina):* gwylaeth yr Alpau; **acrid/bitter ~,** = **lettuce (strong-scented); blue ~,** *(L. pulchella):* gwylaeth las; **cabbage ~,** letysen benfras (letys penfras), bresych-letysen (~-letys) *f*; **cos ~,** cosletysen (cosletys) *f*; **crisp-heart ~,** letysen galon-grych (letys calon-grych); **great ~,** *(L. virosa):* gwylaeth chwerwaidd; **lamb's ~,** *(Valerianella locusta):* gwylaeth yr oen, diadwyth *m*, llysiau*(pl)*'r oen; **least ~,** *(L. saligna):* yr wylaeth leiaf; **mountain ~,** *(Saxifraga erosa):* tormaen carpiog *m*; **opium ~,** = **lettuce (strong-scented); pliant ~,** *(L. viminea):* gwylaeth ystwyth; **prickly ~,** *(L. serriola):* gwylaeth bigog; **sea ~,** *(Ulva lactuca):* letysen fôr, gwylaeth y môr. **strong-scented ~,** *(L. virosa):* gwylaeth sawrus, gwylaeth fawr; **wall ~,** *(L. muralis):* gwylaeth y fagwyr; **wild ~,** *(L. canadensis):* gwylaeth C|anada, gwylaeth wyllt.

leucine *n. Bio-Ch:* lewsin *m*.

leucite *n. Miner:* lewsit *m*.

leucitic *a. Miner:* lewsitig.

leuco-base *n. Dy:* lewco-bas(-au) *m*.

leucoblast *n. Anat:* l|ewcoblast (lewcoblastau) *m*.

leucocidin *n. Bio-Ch:* lewcosidin *m*.

leucocratic *a. Geol:* lewcocratig, golau.

leucocyte *n. Anat:* l|ewcosyt (lewcosytau) *m*, cell wen (celloedd gwynion) *f*. **~ count** *n.* cyfrifiad *(m)* lewcosytau.

leucocytic *a. Anat:* lewcosytig.

leucocytoid *a. Anat:* lewcosytoid.

leucocytosis *n. Med:* lewcosytosis *m*.

leucocytotic *a. Med:* lewcosytotig.

leucoderma *n. Med:* lewcoderma(-ta) *m*.

leucodermal, leucodermic *a. Med:* lewcodermig.

leucoma *n.* lewcoma (lewcomâu) *m*.

leucomaine *n. Bio-Ch:* l|ewcomen (lewcomenau) *m*.

leucopenia *n. Med:* lewcopenia *m*.

leucopenic *a. Med:* lewcopenig.

leucoplast, leucoplastid *n. Bot:* l|ewcoplast (lewcoplastau) *m*.

leucopoiesis *n. Biol:* lewcopoiesis *m*, ffurfio *(vn)* celloedd gwynion.

leucopoietic *a. Biol:* lewcopoietig.

leucorrhoea *n. Med:* gwynllif *m*, gwynred *m*, gwynion *pl*, lewcorea *m*.

leucorrhoeal *a. Med:* gwynllifol.

leucotome *n. Surg:* l|ewcotom (lewcotomau) *m*.

leucotomy *n. Surg:* lewc|otomi (lewcotomïau) *m*.

leukaemia *n. Med:* lewcemia *m*.

leukaemic *a. Med:* lewcemig.

leukemoid *a. Med:* lewcemaidd.

leukodystrophy *n. Med:* lewcod|ystroffi *m*.

leukon *n.* lewcon *m*.

leukosis *n.* = **leukaemia.**

leukotic *a.* = **leukaemic.**

Levant[1] *Pr.n. & attrib. Geog:* **1.** *Pr.n.* **the ~,** y Dwyrain Agos *m*, y Dwyreindir *m*, y Lef|ant *f*, Dwyrain Môr y Canoldir. **2.** *attrib.* dwyreiniol, Lefantaidd, Lefant.

levant[2] *v.i. F:* mynd heb dalu, ffoi, cymryd y goes, ei heglu hi.

Levanter *n.* **1.** *(from Levant):* Lefantwr (Lefantwyr) *m*, Lefantiad (Lefantiaid) *m&f*. **2. l~,** *(wind):* dwyreinwynt *m*, gwynt *(m)* y Lef|ant. **3. l~,** *(= absconder):* heglwr (heglwyr) *m*.

Levantine *a. & n.* **1.** *a.* Lefantaidd. **2.** *n.* Lefantwr (Lefantwyr) *m*, Lefantiad (Lefantiaid) *m&f*.

levator *n. Anat:* cyhyr(-au) *(m)* codi.

levee[1] *n. (a) Hist:* cynulliad(-au) [boreol] *m*; *(b) (= reception):* cynulliad, derbyniad(-au) *m*.

levee[2] *n. Geog: Civ.E: (i) (= embankment):* clawdd (cloddiau) *m*, llifglawdd (llifgloddiau) *m*, *occ:* cob(-iau) *m*; *(ii) (= landing-place):* cei(-au,-oedd) *m*, glanfa (glanf|eydd) *f*.

level[1] *n. & a.* I. *n.* **1.** *Tls:* lefel(-au) *f*; **plumb-~,** estyllen *(f)* blwm (estyllod plwm); **spirit-~,** lefel wirod (lefelau gwirod), lefel saer; *Mch:* **water-~,** lefel ddŵr (lefelau dŵr). **2.** *(a)* gwastad(-au) *m*, lefel(-au) *f*; *(of water):* uchder(-au) *m*, uchdwr *m*, lefel; *(of society):* haen(-au) *f*, dosbarth(-au,-iadau) *m*; **at a higher ~,** ar lefel uwch, ar wastad uwch, yn uwch; **eye-~,** lefel y llygad/llygaid, uchder llygad/llygaid; **at eye-~,** cyf|uwch â'r llygad/llygaid; **on a ~ (with sth),** cyfuwch, cyfwastad, cydwastad, ar yr un lefel, ar yr un gwastad (â rhth); **a drawing-room on a ~ with the garden,** ystafell fyw ar yr un gwastad/lefel â'r ardd; **to be on a ~ with s.o.,** bod yn gyfysgwydd/gyfartal/gyfwastad â rhn, bod gyfuwch â rhn; **to come down to s.o.'s ~,** ymostwng/disgyn i lefel rhn, disgyn i'r un gwastad â rhn; **to find one's own ~,** dod o hyd i'ch priod le; **water finds its own ~,** daw dŵr i'w lefel ei hun; **a decision taken at ministerial ~,** penderfyniad a wnaed gan y gweinidog; **at local ~,** yn lleol; **sugar ~ in the blood,** lefel y siwgwr yn y gwaed; *Ph:* **reduced ~,** lefel seiliedig; *Cmptr:* **~ of privilege,** lefel braint; *(b) (of billiard-table &c):* **out of ~,** anwastad. **3.** *(a) (= flat surface, flat country):* gwastadedd(-au) *m*, gwastatir(-oedd) *m*, tir(-oedd) gwastad *m*, *occ:* gwastad(-au) *m*; *Aut:* **speed on the ~,** cyflymdra ar y gwastad; *Aut: Rail:* glanfa (glanf|eydd) *f*; **on the ~,** *(i)* yn wastad; *(ii) F: (pers.): (= sincere):* o ddifrif, didwyll, geirwir; *U.S: F:* **are you on the ~?** wyt ti'n dweud y gwir? go iawn? o ddifri? *(b) Min: (i)* lefel(-ydd) *f*; *(ii) (= gallery): (in coal-mine): S:* hewl(-ydd) *f*, *N.E:* ffordd (ffyrdd) *f*; *(in quarry): N:* ponc(-iau) *f*, poncen (ponciau) *f*; *(c) (of canal):* lefel, hyd(-au) *m*. II. *a.* **1.** *(= not sloping):* gwastad, fflat, sad, ar ei orwedd, gorweddol; *(=*

smooth): llyfn (*f.* llefn, *pl.* llyfnion); ~ **(with s.o.),** cydradd, cyfuwch, cyfwastad, cydwastad, ar yr un gwastad (â rhn); ~ **bedded rocks,** creigiau llorwelyog/llorhaenol, creigiau ar yr un gwastad; **to lay a building ~ with the ground,** dymchwel/chwalu adeilad [yn wastad â'r llawr]; ~ **crossing,** croesfan(-nau) [gwastad] *m,* croesfan wastad (croesfannau gwastad) *f,* croesfan (*mf*) r[h]eilffordd (croesfannau rheilffordd); **a ~ race,** ras glòs *f;* **it's ~ pegging,** mae hi'n ras/ornest gyfartal; *Sp:* **to draw ~ with s.o.,** closio/dynesu at rn, dod cyfuwch â rhn, dod yn gydwastad â rhn, dal i fyny â rhn, goddiweddyd rhn. **2. a ~ tone,** tôn wastad/gyson; **to keep a ~ head,** peidio â cholli'ch pen, cadw'ch pwyll, cadw'ch pen, *N.W:* peidio â ffrwcsio, *S:* peidio gwylltu; **to do one's ~ best,** gwneud eich gorau glas, gwneud popeth a ellwch. **~-headed** *a.* pwyllog, synhwyrol, call, hir eich pen. **~-headedness** *n.* pwyll *m,* callineb *m,* synnwyr *m.*

level[2] *v.t.* **1.** *(a)* lefelu, gwastatáu (rhth); gwn|eud (rhth) yn wastad/lefel, *F: occ:* fflatio (rhth); **to ~ a house to the ground,** dymchwel/chwalu tŷ; *(b) (a surface):* lefelu, llyfnu, llyfnh|au. **2.** *(a gun &c):* cyfeirio, anelu (dryll); rhoi/dodi (dryll) ar annel; **to ~ a gun at/against s.o.,** anelu dryll at rn; **to ~ an accusation against s.o.,** taflu cyhuddiad yn erbyn rhn, cyhuddo rhn o rth; **to ~ a blow at s.o.,** anelu ergyd at rn, ei chynnig hi i rn. **~ down** *v.t.* **1.** *(a wall):* dymchwel, chwalu. **2.** *(pers.):* llorio, darostwng, torri crib (rhn); rhoi/dodi (rhn) yn ei le. **3. to ~ social differences down,** gostwng gwahaniaeth cymdeithasol i'r un gwastad, gwastatáu gwahaniaethau cymdeithasol. **~ out 1.** *v.t.* gwastatáu, llyfnu, lefelu. **2.** *v.i. (of aeroplane):* hedfan yn wastad, sythu. **~ up** *v.t.* **1. to ~ sth up (to sth),** codi rhth i lefel rhth, codi rhth i lefel uwch. **2.** *(ground):* gwastatáu, lefelu.

leveller *n.* **1.** *Const: &c: (pers.):* lefelwr (lefelwyr) *m,* gwastatäwr (gwastatawyr) *m;* **Death the great ~,** Angau y gwastatäwr mawr. **2.** *Hist: Pol:* **L~,** Gwastatäwr (Gwastatawyr) *m,* Gwastatwr (Gwastatwyr) *m,* Lefelwr (Lefelwyr) *m.*

levelling *a.* gwastataol.

levelling *vn.* **~-rod** *n.* rhoden (rhodiau) (*f*) lefelu. **~-screw** *n.* sgriw(-iau) (*f*) lefelu.

levelly *adv.* yn wastad *&c.*

levelness *n.* gwastadrwydd *m.*

lever[1] *n. Mec:* lifer(-i,-s, lifrau) *mf; (= crowbar, jemmy):* trosol(-ion) *m, occ:* gwif(-iau,-ion) *usu.f,* bar(-rau) *m,* braich (breichiau) *f; Aut:* **gear-~,** lifer gêr; *Carp:* **applied force ~,** trosol grym gosodol; **fulcrum ~,** trosol ffwlcrwm; **load ~,** trosol llwyth; **pivot ~,** trosol colynnog; **resistance ~,** trosol gwrthiant; **~ of first order,** lifer o'r radd gyntaf; **~ of second order,** lifer o'r ail radd. **~ bar** *n.* trosolfar(-rau) *m.* **~-frame fretsaw** *n.* llif(-iau) (*f*) ffret ffrâm lifer, ffretlif(-iau) (*f*) ffrâm lifer. **~ watch** *n. Clockm:* watsh(-is) (*f*) lifrau.

lever[2] *v.i.&t.* **1.** *v.i.* defnyddio lifer/gwif *&c,* lifro, trosoli; *(of part &c):* **to ~ against sth,** pwyso yn erbyn rhth. **2.** *v.t.* **to ~ sth up,** codi rhth â throsol/gwif *&c,* rhoi trosol dan rth, *occ:* gwifio rhth; **to ~ sth along,** gwthio rhth [â throsol/gwif *&c*].

leverage *n.* **1.** nerth (*m*) lifer/trosol/gwif, pwysau (*m or pl*) lifer *&c; Ph: &c:* trosoledd(-au) *m,* trosoliad(-au) *m;* **to bring ~ to bear on a door,** dwyn pwysau yn erbyn drws. **2.** *Fig: (= influence):* pwysau, dylanwad *m.*

leveret *n.* l[l]efren (l[l]efrod) *f, S:* lefret(-s) *f.*

Levi *Pr.n.m.* Lefi.

leviable *a. (goods):* trethadwy; *(tax):* codadwy.

Leviathan *n.* **1.** *B:* Lefiathan *m.* **2. l~,** *(ship):* llong(-au) anferth *f,* lefiathan(-au,-od) *mf.*

levigate *v.t.* malu (rhth) yn fân; malurio, manfriwio, pylori (rhth); *Archeol:* **levigated clay,** clai puredig/llyfn.

levigation *n.* maluriad *m,* manfriwiad *m; vn.* = **levigate.**

levirate *n. Jew.Rel:* lefiriaeth *f.* **~ marriage** *n.* priodas(-au) lefiraidd *f.*

leviratic[al] *a. Jew.Rel:* lefiraidd.

levitate *v.t.&i.* **1.** *v.t.* dyrchafael/dyrchafu/codi (rhth) i'r awyr. **2.** *v.i.* ymddyrchafael, esgyn/codi/ymgodi i'r awyr.

levitation *n.* ymddyrchafael *vn.*

levitational *a.* ymddyrchafol.

Levite *n. Jew.Rel:* Lefiad (Lefiaid) *m.*

Levitical *a. B:* Lefiaidd, Lef|iticaidd.

Leviticus *n. B:* Lef|iticus *m.*

levity *n.* ysgafnder *m,* gwamalrwydd *m.*

levorotary *a.* = **levorotatory.**

levorotation *n.* troi (*vn*) i'r chwith.

levorotatory *a.* chwithdro.

levulose *n.* = **fructose.**

levy[1] *n.* **1.** *(a) (= collection of taxes &c):* ardoll(-au) *f,* treth(-i) *f;* **betterment ~,** ardoll wella/gwelliant (ardollau gwella/gwelliant); **capital ~,** ardoll gyfalaf (ardollau cyfalaf); **land ~,** ardoll ar dir; *(b) Mil: (= enrolling):* listio *vn,* listiad(-au) *m; (soldiers enrolled):* milwyr cynnull/listiedig; *(= requisition):* atafael *vn,* atafaeliad(-au) *m.*

levy[2] *v.t.* **1.** *(tax, fine &c):* codi, gosod; **to ~ a fine on s.o.,** codi dirwy ar rn, dirwyo rhn. **2.** *Mil: (a) (= requisition):* **to ~ soldiers,** codi byddin, listio/ricriwtio/byddino milwyr. **3.** *(a) Jur:* **to ~ execution on s.o.'s goods,** atafael nwyddau rhn; *(b)* **to ~ war (on s.o.),** mynd i ryfel, rhyfela (yn erbyn rhn).

lewd *a.* **1.** *(= obscene):* anweddus, anweddaidd, anllad, serth, *F:* bras (breision), budr(-on), *S:* brwnt (*f.* bront, *pl.* bryntion). **2.** *(= lustful):* anniwair, anllad, trythyll, chwantus.

lewdly *adv.* yn anweddus *&c.*

lewdness *n.* **1.** anlladrwydd *m,* trythyllwch *m,* anniweirdeb *m,* serthedd *m,* anwedd|eidd-dra *m.* **2.** *(= lust):* blys *m,* trachwant *m,* blysigrwydd *m.*

Lewis[1] *Pr.n.m.* Lewis, Lewys; *F: occ:* Lew, Lews, Lewsyn.

lewis[2] *n. Constr: (= grip):* craff(-au) *mf,* tyno(-au) *m,* lewis(-au) *m.*

lewisite *n.* l|ewisit *m,* nwy (*m*) Lewis.

lewisson *n.* = **lewis[2].**

lex *n.* = **law.**

lexeme *n. Ling:* *geirem(-au) *mf.*

lexemic *a. Ling:* *geiremaidd.

lexical *a.* geirfaol, geiregol, geiriol; (= *lexicographic):* geiriadurol.

lexicality *n.* geirioldeb *m.*

lexically *adv.* yn eirfaol *&c;* o ran geirfa.

lexicographer *n.* geiriadurwr (geiriadurwyr) *m,* geiriad|urwraig *f.*

lexicographic[al] *a.* geiriadurol.

lexicography *n.* geiriaduraeth *f,* geiriadureg *f,* geiriadura *vn.*

lexicologist *n.* geiregwr: geiregydd (geiregwyr) *m.*

lexicology *n.* geireg *f.*

lexicon *n.* geiriadur(-on) *m,* geirfa(-oedd) *f; (Greek):* geiriadur Groeg.

lexigraphy *n.* llunysgrifen *f.*

lexis *n.* geirfa(-oedd) *f,* geiriau *pl,* geireg *f.*

ley *n.* **1.** gwyndwn: gwyndon: gwndwn: *F:* gwyndion (gwyndynnydd, gwyndwnnydd, gwyndonnydd) *m.* **2.** = **leyline. ~ farming** *vn.* ffermio gwyndwn.

Leyden *Pr.n. Geog:* Leiden *f; S.a.* **jar[3].**

leyline *n. Archeol:* leylinell(-au) *f.*

liability *n.* **1.** *Jur:* atebolrwydd *m* (dros rth); *(in ordinary parlance):* cyfrifoldeb *m* [dros rth]; **absolute ~,** atebolrwydd llwyr/diamod/absoliwt; **joint ~,** cyd-atebolrwydd *m,* cyd-rwymedigaeth *f,* **joint and several ~,** atebolrwydd cyd ac unigol; **limited ~,** atebolrwydd cyfyngedig; **limited ~ company,** cwmni (cwmnïau, cwmnïoedd) cyfyngedig *m;* **several ~,** atebolrwydd unigol; **vicarious ~,** atebolrwydd dros arall. **2.** *usu.pl. Com: Fin:* **liabilities,** dyledion, ymrwymiadau, rhwymedigaeth *f,* rhwymedigaethau; **eligible ~,** rhwymedigaeth gymwys; **assets and ~,** asedau a dyledion; **to meet one's liabilities,** llwyddo i dalu'ch dyledion. **3.** *(a)* **~ to a fine,** perygl (*m*) o gael eich dirwyo, perygl o gael dirwy; *(b) (= tendency):* tuedd *f* **(to sth, to do sth,** at rth, at wneud rhth); *(c) (of product &c):* **~ to explode,** perygl ffrwydro, natur (*f*) ffrwydro, tebygrwydd (*m*) [o] ffrwydro. **4.** *F:* **he's a ~,** mae'n faich; mae'n fwrn; *N.W: occ:* mae'n farnol; mae'n ddormach.

liable *a.* **1.** *Jur:* cyfrifol, atebol **(for sth,** dros rth). **2. ~ to a tax,** agored i dreth, agored i gael eich trethu, trethadwy, rhwymedig i dalu treth; **dividends ~ to income tax,** buddiannau'n agored i dreth incwm; **you are ~ to imprisonment,** gellir eich carcharu; fe ellwch chi gael carchar; **~ to a fine,** agored i ddirwy, agored i gael eich dirwyo. **3.** *(= tending):* tueddol, a thuedd ynoch, *S.W: occ:* actus, *N.E:* o natur (i rth, i wneud rhth); â natur (gwneud rhth); **a car ~ to overturn,** car tueddol i droi drosodd, car a ddichon droi drosodd; **to be ~ to catch cold,** tueddu i ddal annwyd, bod o natur dal annwyd. **4.** *(= likely):* tebyg, tebygol; **difficulties are ~ to occur,** mae anawsterau yn debyg/debygol o ddigwydd; **a**

plan ~ to modifications, cynllun sy'n debyg o gael ei addasu, cynllun y dichon ei addasu.
liaise *v.i. Mil:* cysylltu (â rhn).
liaison *n.* **1.** cysylltiad(-au) *m*, cyswllt *m*; *Mil:* **poor ~ between units,** cysylltiad/cydweithrediad gwael rhwng unedau. **2.** *(= love affair):* carwriaeth(-au) *f*, perthynas *f*, cysylltiad. **3.** *Ling:* cysylltiad. **4.** *Cu:* tewychiad *m*. **~ officer** *n.* swyddog(-ion) *(m)* cyswllt.
liana *n. Bot:* liana(-s) *f*.
lianoid *a. Bot:* lianaidd.
liar *n.* celwyddwr (celwyddwyr) *m*, un celwyddog *m*, un gelwyddog *f*, celwyddgi (celwyddgwn) *m*, celwyddgast (celwyddgeist) *f*; **he's a ~,** mae'n un celwyddog; un celwyddog ydyw; mae'n palu celwyddau; mae'n uwd o gelwyddau. **~ dice** *n.* dis(-iau) celwyddog *m*.
lias *n. Geol:* **1.** *(rock):* carreg galch las *f*. **2. L~,** *(stratum):* Lias(-au) *m*.
Liassic *a. Geol:* Liasig.
Lib *n. P:* **Women's ~,** Rhyddhad *(m)* Merched, Rhyddid *(m)* Merched.
libation *n.* **1.** diod-offrwm (~-offrymau) *m*; **to pour out a ~,** diodoffrymu, offrymu diod. **2.** *P: (= potation):* yfed *vn*, potio *vn*, llymeitian *vn*, slotian *vn*, *S: occ:* yfwch *m*.
libationary *a.* diod-offrymol.
libber *n. F:* **women's ~,** libiwr (libwyr) *m*, l|ibwraig (libwragedd) *f*.
libel[1] *n.* **1.** sarhad(-au) *m*, athrod(-ion) *m*, enllib(-iau,-ion) *m*, absen(-nau) *mf*, enllibiad(-au) *m*; **the book is a ~ on human nature,** mae'r llyfr yn sarhad ar y natur ddynol. **2.** *(a) Jur:* enllib; **criminal ~,** enllib troseddol; **obscene ~,** enllib anllad; **public ~,** enllib cyhoeddus; *(b) Scot.Jur:* achwyniad(-au) *m*, cyhuddiad(-au) *m*.
libel[2] *v.t.* **1.** sarh|au. **2.** *Jur:* enllibio. **3.** *Ecc: & Scot.Jur:* erlyn (rhn), mynd (â rhn) i gyfraith, mynd i gyfraith (â rhn), rhoi cyfraith (ar rn).
libellant *n. Ecc: & Scot.Jur:* achwynwr (achwynwyr) *m*, achwynydd(-ion) *m*.
libellee *n. Ecc: & Scot.Jur:* diffynnydd (diffynyddion) *m*.
libeller, libellist *n. Jur:* enllibiwr (enllibwyr) *m*, enll|ibwraig *f*.
libellous *n.* **1.** sarh|aus. **2.** *Jur:* enllibus.
libellously *adv.* yn enllibus *&c*.
libellula *n. Ent: (Libellula):* picellwr (picellwyr) *m*; **broad-bodied ~,** *(L. depressa):* picellwr boliog; **four-spotted ~,** *(L. quadrumaculata):* picellwr pedwar nod. **scarce ~,** *(L. fulva):* picellwr prin.
liber *n.* rhisgl *m*.
liberal *a. & n.* I. *a.* **1.** *(a)* **the ~ arts,** y celfyddydau breiniol; *(b) (pers.):* rhyddfrydig, eangfrydig, haelfrydig; **in the most ~ sense of the word,** yn ystyr ehangaf y gair. **2.** *(a) (= generous):* hael, haelionus, haelfrydig; **~ of advice,** parod eich cyngor; **a ~ offer,** cynnig hael; *(b) (= abundant):* hael, toreithiog, *F:* ffri; **a ~ provision (of sth),** digonedd *m*, llond *(m)* gwlad (o rth). **3.** *Pol:* **L~,** Rhyddfrydol; **the L~ Party,** y Blaid Ryddfrydol; **the L~ [and Social] Democrats,** y Democratiaid Rhyddfrydol [a Chymdeithasol]; **L~ Unionist,** Rhyddfrydwr Unoliaethol. **4. L~ Theology,** Diwinyddiaeth Ryddfrydol *f*. II. *n. Pol:* **L~,** Rhyddfrydwr (Rhyddfrydwyr) *m*, Rhyddfr|ydwraig (Rhyddfrydwragedd) *f*.
liberalism *n. Pol: &c:* rhyddfrydiaeth *f*.
liberalist *n.* rhyddfrydolwr (rhyddfrydolwyr) *m*.
liberalistic *a.* rhyddfrydol, rhyddfrydig, eangfrydig.
liberality *n.* **1.** *(of opinions):* rhyddfrydedd *m*, eangfrydedd *m*, rhyddfrydigrwydd *m*. **2.** *(= generosity):* haelioni *m*, haelfrydedd *m*.
liberalization *n.*, **liberalize** *v.t.* rhyddfrydoli; *(in weakened sense):* llacio, ystwytho, ysgafnh|au.
liberalizer *n.* rhyddfrydolwr (rhyddfrydolwyr) *m*.
liberally *adv.* yn hael *&c*, *F:* yn ffri.
liberalness *n.* = **liberality**.
liberate *v.t.* **1.** rhyddh|au, gwaredu **(from sth,** rhag rhth); *Fin:* **to ~ capital,** rhyddhau cyfalaf. **2.** *Ch:* **to ~ a gas,** gollwng/rhyddhau nwy.
liberated *a.* **1.** *(country &c):* a ryddhawyd, wedi ei rhyddh|au, rhydd; **~ France,** Ffrainc wedi'r Rhyddhad. **2.** *(woman, marriage):* dilyffethair.
liberating *a.* rhyddhaol.
liberation *n.* rhyddhad *m*, rhyddh|au *vn*, *occ:* rhyddhäedigaeth *f*, gwaredigaeth *f* **(from sth,** rhag rhth); **after the ~ of Paris,** ar ôl rhyddh|au Paris; **women's ~,** rhyddhad/rhyddid merched; *(movement):* mudiad *(m)* rhyddhad/rhyddhau/rhyddid merched. **L~ Society** *n. Rel.Hist:* y Gymdeithas er Rhyddhad. **L~ Theology** *n.* Diwinyddiaeth *(f)* Rhyddhad.
liberationist *n.* rhyddhäwr (rhyddhawyr) *m*, rhyddhawraig *f*.
liberator *n.* rhyddhäwr (rhyddhawyr) *m*, gwaredwr (gwaredwyr) *m*.
libertarian *a. & n.* **1.** *a. Phil:* rhyddewyllysiol; *Pol:* libertaraidd. **2.** *n. Phil:* rhyddewyllysiwr (rhyddewyllyswyr) *m*; *Pol:* libertariad (libertariaid) *m&f*, rhyddfrydolwr (rhyddfrydolwyr) *m*, rhyddfryd|olwraig *f*.
libertarianism *n. Phil:* rhyddewyllysiaeth *f*; *Pol:* libertariaeth *f*, rhyddfrydoliaeth *f*.
liberticide *a. & n. Lit:* **1.** *a.* gormesol, rhyddid-ddinistriol. **2.** *n.* gormeswr (gormeswyr) *m*, dinistriwr (dinistrwyr) *(m)* rhyddid.
libertinage *n.* **1.** *Rel.Hist:* = **libertinism**. **2.** *(= immorality):* trythyllwch *m*, penrhyddid *m*, anlladrwydd *m*, anfoesoldeb *m*, oferedd *m*.
libertine *a. & n.* **1.** *a.* penrhydd; *S.a.* **licentious**. **2.** *n. (a) Rel:* libertiniad (libertiniaid) *m&f*, rhydd-feddyliwr (~-feddylwyr) *m*, rhydd-dybiwr (~-dybwyr) *m*; *(b) (= rake):* oferwr (oferwyr) *m*, oferddyn(-ion) *m*, puteiniwr (puteinwyr) *m*.
libertinism *n.* **1.** *Rel.Hist: (= free thought):* libertiniaeth *f*, rhydd-dybiaeth *f*, rhydd-feddwl *m*, penrhyddid *m*. **2.** = **libertinage**.
liberty *n.* **1.** *(a)* rhyddid *m*; **~ of conscience,** rhyddid cydwybod; **civil ~,** rhyddid dinesig/sifil; **individual ~,** rhyddid yr unigolyn; **~ of indifference,** rhyddid y difuedd; **at ~,** yn rhydd, â'ch traed yn rhydd; *Navy:* yn rhydd, ar ryddhad; **at complete ~,** yn gwbl rydd; **to be at ~ to do sth,** bod yn rhydd i wneud rhth, cael gwneud rhth; **you are at ~ to believe me or not,** rhwydd hynt i chwi goelio neu beidio; cewch fy nghredu neu beidio; credwch fi neu beidio; **the Statue of L~,** Cerflun *(m)* Rhyddid; *(b)* **to take the ~ of doing sth,** mentro gwneud rhth, bod yn ddigon hy[f] i wneud rhth, cymryd yr hyfdra i wneud rhth, bod mor hy[f] â gwneud rhth; *(c)* **to take liberties with s.o.,** mynd/bod yn hy[f] ar rn; *S:* bod yn ewn ar rn; **he takes a good many liberties,** mae'n hy[f] iawn; mae'n mynd ymhellach na'i groeso. **2.** *pl. (= privileges &c):* rhyddfreiniau, iawnderau, hawliau, *occ:* rhydd-didau; **~ of the subject,** hawliau'r dinesydd; **civil liberties,** hawliau dinesig/sifil. **3.** *(= area outside city, prison &c):* libart(-iau) *m*. **L~ Bell** *n. U.S:* Cloch *(f)* Rhyddid. **~ boat** *n. Navy:* cwch (cychod) *(m)* rhyddhad. **~ cap** *n. Fung:* cap(-iau) *(m)* bwgan, madarch(-od) hudol *m*. **L~ Hall** *Pr.n.* **this is L~ Hall,** fe gewch chi wneud fel y mynnoch yma; byddwch yn gartrefol; gwnewch fel petaech chi adref. **~ horse** *n.* ceffyl(-au) difarchog *m*, ceffyl heb farchog, ceffyl rhydd (ceffylau rhyddion). **~ man** *n.* morwr (morwyr) *(m)* ar ryddhad. **~ pole** *n.* polyn (polion) *(m)* rhyddid. **~ ship** *n.* llong(-au) *(f)* rhyddid.
libidinal *a. Psy:* lib|idinaidd, lib|idinol.
libidinous *n.* chwantus, trythyll, trachwantus, blysig, nwydwyllt, anllad, *S.W: occ:* llosgfannus.
libidinously *adv.* yn drythyll *&c*.
libidinousness *n.* chwant *m*, trythyllwch *m*, trachwant *m*, blys *m*, blysigrwydd *m*, chwantusrwydd *m*, nwyd *f*, nwydusrwydd *m*, anlladrwydd *m*.
libido *n. Psy:* l|ibido *mf*.
libra[1] *n. Rom.Ant: Meas:* pwys(-i) *m*.
Libra[2] *n. Astron:* y Fantol *f*.
Libran *a. & n. Astrol:* **1.** *a.* Libraidd. **2.** *n.* Librad (Libraid) *m&f*.
librarian *n.* llyfrgellydd (llyfrgellwyr) *m*; **branch ~,** llyfrgellydd cangen; **~ in charge,** llyfrgellydd â gofal.
librarianship *n.* llyfrgellyddiaeth *f*; *(post):* swydd *(f)* llyfrgellydd; **college of ~,** coleg *(m)* llyfrgellwyr.
library *n.* llyfrgell(-oedd) *f*; **lending ~,** llyfrgell fenthyca (llyfrgelloedd benthyca); **branch ~ ,** cangen (canghennau) *(f)* llyfrgell; **reference ~,** llyfrgell gyfeiriadurol (llyfrgelloedd cyfeiriadurol); **the National L~ of Wales,** Llyfrgell Genedlaethol Cymru; **the British L~,** y Llyfrgell Brydeinig; **the Bodleian L~,** Llyfrgell Bodley; **the L~ of Congress,** Llyfrgell y Gyngres; **mobile ~ ,** llyfrgell deithiol (llyfrgelloedd teithiol); *attrib.* **a ~ book,** llyfr llyfrgell, llyfr o lyfrgell, llyfr o'r llyfrgell. **~ assistant** *n.* cynorthwywr/cynorthwy-ydd (cynorthwywyr) *(m)* llyfrgell. **L~ Association (the)** *Pr.n.* Cymdeithas *(f)* y

Llyfrgelloedd. **~ edition** *n.* argraffiad(-au) (*m*) i lyfrgelloedd [yn unig], argraffiad llyfrgell. **~ science** *n.* gwyddor(-au) (*f*) llyfrgell, llyfrgellyddiaeth *f.*

librate *v.i. Ph:* siglo, ymsiglo, *occ:* mantoli, osgiladu.

libration *n. Ph:* siglad(-au) *m*, ymsiglad(-au) *m*, mantoliad(-au) *m*; *vn.* = **librate**; **~ of the moon,** mantoliad y lleuad.

librational, libratory *a.* siglol, ymsiglol.

librettist *n. Th:* libretwr: libretydd (libretwyr) *m.*

libretto *n.* geiriau *pl*, testun(-au) (*m*), libreto(-s) *m*, ***libretto (libretti)*** *m.*

libriform *a. Bot:* fel gwynnin.

Libya *Pr.n. Geog:* Libia *f.*

Libyan *a. & n.* **1.** *a.* Libiaidd; **the ~ desert,** anialwch (*m*) Libia; **he's ~,** Libiad yw ef; un o Libia ydyw. **2.** *n. (i) Ethn:* Libiad (Libiaid) *m&f*; *(ii) A: Ling:* Libïeg *f, m.*

lice *n.pl. See* **louse.**

licence *n.* **1.** *(a) (= permission):* caniatâd *m*, *Lit:* cennad *f*; **under ~ from the author,** gyda chaniatâd yr awdur; *(b) Adm:* trwydded(-au) *f*, *F:* leisens: lei[n]sians *mf*; **import ~,** trwydded fewnforio (trwyddedau mewnforio); *Jur:* **~ to assign,** trwydded i aseinio; **driving-~,** trwydded yrru (trwyddedau gyrru); **fishing-~,** trwydded bysgota (trwyddedau pysgota); **television ~,** trwydded deledu (trwyddedau teledu); **marriage ~,** trwydded briodas (trwyddedau priodas); **to take out a ~,** codi trwydded; **on-~,** mewndrwydded(-au) *f*, trwydded fewnol (trwyddedau mewnol); **motor vehicle ~,** trwydded cerbyd modur; **music and dancing ~,** trwydded cerdd a dawnsio; **occasional ~,** trwydded achlysurol; **off-~,** *(a) (document):* all-drwydded(-au) *f*, trwydded allanol; *(b) (shop):* siop (*f*) ddiodydd (siopau diodydd), siop drwyddedig (siopau trwyddedig); **game ~,** trwydded hela/helwriaeth; **hawker's ~,** trwydded pedler; **residential ~,** trwydded breswyl (trwyddedau preswyl); **road fund ~,** trwydded cerbyd modur; *(disk):* disg(-iau) (*m*) treth car. **2.** *(a) (= liberty):* penrhyddid *m*; *Mus:* rhyddid *m*; **poetic ~,** rhyddid/penrhyddid/trwydded [y] bardd; *(b)* = **licentiousness. ~-holder** *n.* daliwr (dalwyr) (*m*) trwydded. **~ plate** *n. U.S:* plât (platiau) (*m*) rhifau.

licensable *a.* trwyddedadwy.

license *v.t.* trwyddedu (rhn), rhoi trwydded (i rn); **to ~ a play,** awdurdodi/trwyddedu drama.

licensed *a.* trwyddedig, â thrwydded; **~ betting-office,** swyddfa (*f*) fetio drwyddedig (swyddf|eydd betio trwyddedig), siop (*f*) fetio (siopau betio); **~ dealer,** deliwr (delwyr) trwyddedig *m*; **~ house,** tafarn drwyddedig (tafarnau trwyddedig) *f*; **~ premises,** tŷ (tai) trwyddedig *m*; **a person ~ (to sell beer, wines &c),** rhn trwyddedig, rhn wedi'i drwyddedu, rhn â thrwydded (i werthu cwrw, gwinoedd *&c*); *Av.* **~ pilot,** peilot(-iaid) trwyddedig *m.*

licensee *n.* daliwr (dalwyr) (*m*) trwydded, trwyddedig(-ion) *m&f*; *(of public house):* tafarnwr (tafarnwyr) [trwyddedig] *m*, taf|arnwraig [drwyddedig] (tafarnwragedd [trwyddedig]) *f.*

licenser, licensor *n.* trwyddedwr (trwyddedwyr) *m.*

licensing *vn.* trwyddediad(-au) *m*, trwyddedu *vn*; *Jur:* **~ session,** llys (llysoedd) (*m*) trwyddedu, sesiwn (*f*) drwyddedu (sesiynau trwyddedu).

licentiate *n.* trwyddedog(-ion) *m&f*, gŵr (gwŷr) (*m*) gradd, gwr|aig (*f*) radd (gwragedd gradd), graddedig(-ion) *m.*

licentious *a.* anllad, trythyll, chwantus, anniwair, blysig, trachwantus, *S.W: occ:* llosgfannus.

licentiously *adv.* yn anllad *&c.*

licentiousness *n.* anlladrwydd *m*, trythyllwch *m*, trachwant *m*, blysigrwydd *m*, chwantusrwydd *m*, anniweirdeb *m.*

lich *n.* **~-gate** *n.* porth (*m*) mynwent (pyrth mynwentydd). **~-house** *n.* tŷ (tai) (*m*) celanedd, elordy (elordai) *m*, m|arwdy (m|arwdai) *m.* **~-owl** *n. Orn:* aderyn (adar) (*m*) corff. **~-stone** *n.* maen (meini) (*m*) elorau.

lichee *n.* = **litchi.**

lichen *n.* **1.** *Fung:* cen(-nau) *m*, cen y cerrig, cen y coed, cip (*m*) y coed, llysiau(*pl*)'r afu, goferllys *m*, *S.W: occ:* cramen (*f*) y cerrig; **cup-~,** *(Cladonia pyxidata):* clych (*pl*) y cerrig, cwpanau(*pl*)'r ddaear, ffiolgen *m*, bysedd garw *pl*; **cudbear ~,** *(Ochroelchia tartarea):* crystyn (*m*) y mynydd, cen y coed; **dog ~,** *(Pethigera canina):* tafod (*m*) y ci, cen y cŵn, clustiau(*pl*)'r ddaear; **jelly ~,** *(Collema):* cen gludiog, blonegen *f*; **letter ~,** *(Graphis):* cen creithiog; **map ~,** *(Rhizocarpon geographicum):* cwilt (*m*) y mynydd, cen mapiau; **match-head ~,** *(Cladonia floerkiana):* pennau (*pl*) matshis; **orchil ~,** *(Roccella):* rhubanau(*pl*)'r môr; **pin ~,** *(Calecium):* cen pincas; **pollution ~,** *(Lecanora conizaeoides):* amranwen (*f*) y llwch; **sea ~,** *(Caloplaca):* cen [capanog] y môr; **tar ~,** *(Verrucaria maura):* maneg (*f*) y graig, cen du; *S.a.* **leaf-lichen. 2.** *Med:* cen (*m*) croen.

lichened *a.* cennog.

lichenology *n.* cenneg *f.*

lichenometry *n.* cenfesureg *f.*

lichenous, licheny *a.* cennog.

Lichfield *Eng.Pl.n.* Caerlwytgoed *f.*

lichi *n.* = **litchi.**

licit *a.* cyfreithlon, *S.W: occ:* lwedig.

licitly *adv.* yn gyfreithlon *&c.*

lick[1] *n.* **1.** llyfiad(-au) *m*, *S:* lapad(-au) *mf*, lliad(-au) *m*; *F:* **a ~ and a promise,** *N:* slempan *f* [cath], slemp *f*, llyfiad (*m*) cath, slewtan *f*, *S.E:* swil bach *m.* **2.** *F:* **at full ~,** nerth eich traed *&c*, fel cath i gythraul, fel ruban, fel mellten i bren, *S:* fel y mêl/mail. **3.** *See* **deer-lick.**

lick[2] *v.t.&i.* **1.** *v.t.* llyfu, *S:* llio, *S.W: occ:* lapo, llyfo; *(of cat): N:* 'molchi, *S:* golchi; **to ~ one's lips,** *F:* **to ~ one's chops,** llyfu'ch gweflau/gwefusau; *F:* **to ~ s.o.'s boots,** llyfu esgidiau rhn, cynffonna i rn, ffalsio ar/i rn; **to ~ one's wounds,** llyfu'ch briwiau; **to ~ the dust,** llyfu'r llwch; **to ~ a recruit into shape,** cael siâp ar ricriwt; **the cat licked up the milk,** lleibiodd/llyfodd/lapodd y gath y llaeth. **2.** *v.t. F:* = **beat[2]**; **this licks me,** mae hyn yn ormod i mi; mae hyn yn drech na mi; mae hyn y tu hwnt imi. **3.** *v.i. F:* **he went as hard as he could ~,** fe aeth nerth ei draed.

lickerish *a.* **1.** *(= greedy):* glwth, blysig, barus. **2.** = **lecherous.**

lickerishly *adv.* yn lwth *&c.*

lickerishness *n.* **1.** *(= greed):* glythineb *m*, blys *m*, blysigrwydd *m*, barusrwydd *m*, bariaeth *f.* **2.** = **lecherousness.**

lickety-split *adv.* fel cath i gythraul, fel mellten i bren, nerth eich traed.

licking *vn.* **1.** llyfiad(-au) *m*, *S:* lliad(-au) *m.* **2.** *F:* *(= beating):* curfa (curf|eydd) *f &c*; *See* **finger[1]**, **beating[2] 2.**

lickspittle *n.* crafwr (crafwyr) *m*, cynffonnwr (cynffonwyr) *m*, *V:* llyfwr (*m*) tin (llyfwyr tin[-au]).

licorice *n.* = **liquorice.**

lictor *n. Rom.Ant:* lictor(-iaid) *m.*

lid *n.* **1.** *N: M.W: S.W:* caead(-au, *S.W:* -on) *m*, *S:* clawr (cloriau) *m*; **London with the ~ off,** Llundain heb gaead arni, y gwir am Lundain, Llundain wedi ei dinoethi; *F: (i)* **that puts the [tin] ~ on it,** dyna'i diwedd hi! dyna ben arni! *S.W:* dyna roi'r copsi arni! fe'i golchest hi 'nawr! 'rwyt ti wedi'i chalcho hi! **to put the tin ~ on sth,** *(= stop sth):* rhoi pen/terfyn ar rth. **2.** = **eyelid. 3.** *F: (= hat):* het(-iau, -i) *f*, *S:* hat(-au) *f.*

lidar *n.* lidar(-au) *m.*

lidded *a.* â chlawr, â chaead, cloriog, cloriedig, caeadog; *(eyes):* amrannog; **heavy-~,** swrth.

lidless *a.* heb glawr *&c*, di-glawr, digaead; *(eyes):* diamrant.

lido *n. (= swimming pool):* pwll (pyllau) (*m*) nofio; *(= beach):* traeth(-au) *m.*

lidocaine *n.* l|idocen *m.*

lie[1] *n. (= untruth):* celwydd(-au) *m*, anwiredd(-au) *m*; **to tell lies,** dweud celwyddau, *occ:* celwydda, *F:* eu dweud nhw, palu celwyddau, rhaffu celwyddau, eu rhaffu nhw, *N.W: occ:* dweud lỳrcs; **a barefaced ~,** celwydd noeth, *S.E: occ:* celwydd noethlymun; **a white ~,** celwydd golau, *S.E: occ:* celwydd at iws, lach *f*; **to tell white lies,** *S.W: occ:* brathu'r gaseg wen; **a teller of white lies,** *F:* Wil (*m*) celwydd golau; **an obvious ~,** celwydd amlwg, *N.W: occ:* carban (*m*) (= carnben) o gelwydd; **it's a pack of lies!** celwydd yn dy ddannedd! celwyddau i gyd! llwyth o gelwyddau! **to tell the odd ~,** *S.E:* dweud ambell [i] lach fach; **to tell whopping lies,** rhaffu/rhaffo/ffaglu/palu celwyddau, eu rhaffu/palu/dweud nhw, dweud logiau o gelwyddau, dweud celwyddau'n rhesi, *N.W: occ:* cabatsio, clatsio, llunio celwyddau, dweud logiau, dweud lỳrcs, *S.W: occ:* dweud celwyddau fel ci yn trotian; **he's full of lies,** mae'n uwd o gelwyddau; mae'n fyw o gelwyddau; **to give sth the ~ [direct],** gwrthbrofi rhth, profi anwiredd rhth; **to give s.o. the ~ [in his throat],** taflu celwydd i ddannedd rhn; **to live a ~,** byw celwydd/dichell, rhagrithio byw. **~-detector** *n.* synhwyrydd (synwyryddion) (*m*) celwyddau.

lie[2] *v.i. (= tell lies):* dweud celwydd[-au], dweud anwiredd, rhaffu celwyddau, palu celwydau, eu rhaffu/palu nhw, *occ:* celwydda (**to s.o.,** wrth rn); *See* **lying**[1],[2].

lie³ *n.* **1.** gorweddiad *m*, gwedd *f*, lleoliad *m*; *Geog:* haeniad *m*; *Civ.E: (of route):* llwybr *m*, llinell *f*, cyfeiriad *m*; **~ of land,** gwedd/gorweddiad tir, tirwedd *f*; *Fig:* **to study the ~ of the land,** edrych y wlad, gweld sut y saif pethau, teimlo'ch ffordd; *Geog:* **hanging ~,** goleddf *f*, goleddfiad *m*. **2.** *Golf:* safle(*m*)['r bêl] (safleoedd [y bêl]). **3.** *Ven:* gwâl (gwalau) *f*, daear (*N:* deyerydd, daeërydd, *S:* daearau, daerydd) *f*, *S:* cwal (cwalau) *f*.

lie⁴ *v.i.* **1.** gorwedd; **to ~ asleep,** cysgu, gorwedd ynghlwsg; **to ~ with a woman,** cydorwedd â merch; **to ~ at the point of death,** bod ar fin marw, bod ar fin trengi; *on gravestone:* **here lies,** yma y gorwedd; yma yr huna; **to ~ in state,** gorwedd yn gyhoeddus, gorwedd ar goedd, *Lit: occ:* gorwedd dan eich crwys/eurgrwys/teyrngrwys (*pronounced* ng-g); **to ~ in bed,** aros/gorwedd yn y gwely; *(because of illness):* bod yn orwe[i]ddiog; **to ~ in ambush for s.o.,** aros mewn rhagod am rn; **to ~ still,** gorwedd/aros yn llonydd, cadw'n llonydd; **to ~ under a charge,** bod ar gyhuddiad; **to ~ under suspicion,** bod dan amheuaeth; *Mil:* **a large force lay to the South,** yr oedd llu mawr o filwyr i'r De; **let it ~ there!** gadwch iddo [fod] yno! **the snow lies deep,** mae'r eira'n ddwfn/drwchus; mae'r eira'n gorwedd yn drwch; **to ~ open,** bod ar agor, bod yn agored; **to ~ low,** aros/cadw o'r golwg, aros/cadw ynghudd, aros/cadw yn y cudd, ymguddio, cuddio, llechu, *N:* swatio, [g]wardio, cuddiad, *S:* cwato; **the obstacles that ~ in our way,** y rhwystrau sydd ar ein ffordd; *Nau:* **a ship lying at her berth,** llong yn ei hangorfa; *(of money):* **to ~ at the bank,** bod ar gadw yn y banc; *Prov:* **as you make your bed, so must you ~ on it,** fel y gwnaethoch y cawl, cymerwch; fel y cyweiriaist dy wely, rhaid iti orwedd ynddo; **the snow did not ~,** nid arhosodd yr eira; ni safodd yr eira; *S.a.* **idle**¹ **1**; *Prov:* **let sleeping dogs ~,** na ddeffro'r ci sy'n cysgu; na ddeffröer blaidd o'i gwsg; **time lay heavy on my hands,** pwysai'r amser yn drwm arnaf; 'roedd fy hamdden yn faich arnaf; **the food lay heavy on my stomach,** 'roedd y bwyd yn stwmp ar fy stumog; 'roedd y bwyd yn codi pwys arnaf; 'roedd y bwyd yn gwasgu arnaf; **the onus of the proof lies upon/with them,** eu lle hwy yw dangos profion; **a town lying in a plain,** tref yn sefyll ar dir gwastad; **his house lies on our way,** mae ei dŷ ef ar ein ffordd; *Nau:* **the coast lies East and West,** mae'r arfordir yn ymestyn i'r Dwyrain a'r Gorllewin; **to know how the land lies,** gwybod hyd a lled yr arfordir; **the island lies NNE,** gorwedd/saif yr ynys i'r gogledd-ogledd-ddwyrain; *S.a.* **land**¹ **1; the remedy lies in education,** addysg yw'r ateb; **the difference lies in this ...,** gwelir/ceir y gwahaniaeth yn hyn ...; yn hyn o beth y mae'r gwahaniaeth ...; **he knows where his interest lies,** fe wŷr beth a dâl orau iddo; **the fault lies with you,** arnoch chwi y mae'r bai; chwi sydd ar fai; **to ~ at the mercy of s.o.,** bod ar drugaredd rhn; **as far as in me lies,** hyd y gallaf, cyn belled ag y medraf, hyd eithaf fy ngallu, hyd y mae ynof; **a vast plain lay before us,** ymestynnai gwastadedd eang o'n blaenau; **a brilliant future lies before him,** mae dyfodol disglair o'i flaen; **my sympathy lies with Mary,** â Mair y mae fy nghydymdeimlad i; **our road lay along the valley,** arweiniai/âi/rhedai ein llwybr ar hyd y dyffryn. **2.** *Jur:* **the action will not ~,** ni ellir derbyn yr achos; **no appeal lies against the decision,** ni chaniateir/cheir apêl yn erbyn y dyfarniad. **~ about** *v.i. (= lounge):* gorweddian [o gwmpas], *N.W: occ:* clertian; **(to leave one's papers) lying about,** (gadael eich papurau) ar hyd y lle, ar hyd ac ar draws, dros bob man. **~ back** *v.i.* gorwedd yn ôl. **~ by** *v.i.* **1. I have sth lying by,** mae gennyf rth wrth gefn. **2.** *(= rest):* gorffwys. **~ down** *v.i.* **1.** gorwedd [i lawr]. **2.** *F:* **he took it lying down,** fe'i llyncodd/derbyniodd heb ddweud gair; **he won't take it lying down,** chymriff e mohono. **3. to ~ down on the job,** gwrthod gwneud unrhyw ymdrech, methu o fwriad, peidio â thrïo, rhoi'r ffidil yn y to. **~ in** *v.i. (a) O: (= be in labour):* bod ar wely esgor; *(b) F:* **I'll ~ in tomorrow morning,** mi gysga' i'n hwyr yfory; mi arhosa' i'n hwyr yn y gwely yfory. **~-in** *n.* hoe *f*, stelc: stelcen *f*. **~ off** *v.i.* **1.** *Nau: (of ship):* aros draw. **2.** *Ind:* bod yn segur, peidio â gweithio. **~ over** *v.i.* **the motion was allowed to ~ over,** gohiriwyd y cynigiad; **to let a bill ~ over,** gohirio bil. **~ to** *v.i. Nau:* arafu. **~ up** *v.i.* **1.** *F: (in bed):* aros yn y gwely; *(= lie low):* mynd i guddio/ymguddio, llechu, mynd o'r golwg, *N:* cuddiad, [g]wardio, swatio, *S:* cwato. **2.** *(of ship):* gorwedd yn segur. **~-abed** *n.* diogyn(-nod, rhai diog) *m*, codwr (codwyr) hwyr *m*, diogen(-nod) *f*, pwdryn (pwdrod) *m*.

lied *n. Mus:* ***lied(-er)*** *mf*.

lief *a. & adv. A: Lit:* **I would/had as ~ do sth,** byddai cystal gennyf wneud rhth; cystal fyddai gennyf wneud rhth; **I would liefer have died,** buasai'n well gennyf farw.

liege *a. & n. Hist:* **1.** *a.* dyledog; **~ lord,** dyledog(-ion) *m*; **~ man,** = **liegeman. 2.** *n.* **my ~,** fy arglwydd, f'arglwydd.

liegeman *n.m.* deiliad (deiliaid), gwas (gweision).

lien *n. Jur:* hawlrwym(-au) *m*, lien(-au) *m*.

lierne *n.* asen fer (asennau/ais byrion) *f*.

lieu *n.* **in ~ of sth,** yn lle rhth; **to stand in ~ of sth,** cymryd lle rhth.

lieutenancy *n. Hist: Mil:* is-gapteiniaeth(-au) *f*.

lieutenant *n.* is-gapten (~-gapteiniaid) *m*, lefftenant(-iaid) *m*; **Lord L~,** Arglwydd Raglaw(-iaid) *m*; **second ~,** is-lefftenant *m*; **flight ~,** awyr-lefftenant; **flag-~,** fflag-lefftenant. **~-colonel** *n.* lefftenant-cyrnol(-iaid) *m*, is-gyrnol(-iaid) *m*. **~-commander** *n.* is-gomander(-iaid) *m*. **~-general** *n.* is-gadfridog(-ion) *m*. **~-governor** *n.* is-lywodraethwr (~-lywodraethwyr) *m*, dirprwy lywodraethwr (~ lywodraethwyr) *m*, dirprwy raglaw(-iaid) *m*, is-raglaw(-iaid) *m*. **~ governorship** *n.* diprwy raglawiaeth(-au) *f*, is-raglawiaeth(-au) *f*.

life *n.* **1.** *(= being alive):* bywyd(-au) *m*; *occ: (of man):* enaid (eneidiau) *m*, einioes *f*, *occ:* hoed[e]l *f*; *B:* **the tree of ~,** pren y bywyd; **a danger to ~,** perygl bywyd; **to have ~,** bod yn fyw, bod yn berchen bywyd; **to come to ~,** bywiogi, dod yn fyw; *(again):* adfywio, dihuno, deffro; **to come back to ~,** codi o farw'n fyw, atgyfodi; **it is a matter of ~ and death,** mater o fywyd a marwolaeth ydyw; **a ~ and death struggle,** ymladdfa enbyd, brwydr [am] einioes; **to take one's own ~,** eich lladd eich hun, gwnleud diwedd arnoch eich hun, gwneud eich diwedd eich hun, gwneud amdanoch eich hun; **to take s.o.'s ~,** lladd rhn; **upon my ~!** ar fy ngair! ar f'enaid i! **to save s.o.'s ~,** arbed/achub bywyd rhn; **to lay down one's ~ for s.o.,** rhoi'ch bywyd/einioes dros rn; **to sell one's ~ dearly,** gwerthu'ch einioes yn ddrud; **to lose one's ~,** colli'ch bywyd, *occ:* colli'ch einioes; **he was carrying his ~ in his hands,** 'roedd e'n mentro'i fywyd/enaid [yn ofnadwy]; **it would be at the peril of your ~ to go there,** fe fyddai'n berygl bywyd i chi fynd yno; ar boen/berygl eich bywyd yr aech chi yno; fe fyddai'n ddigon am eich bywyd chi fynd yno; *N.W: occ:* mi fyddai'n ddigon am eich hoedal chi fynd yno; **without accident to ~ or limb,** heb beryglu neb na dim; **to escape with one's ~,** dianc yn fyw, dianc â'ch einioes, dianc o drwch y blewyn, dianc â chroen eich dannedd; **the ~ had gone out of it,** aethai'r enaid ohono/ohoni; **many lives were lost,** collwyd bywydau lawer; collwyd sawl einioes; **(to fly/run) for one's ~, for dear ~,** (ffoi) am eich bywyd/einioes/hoedl; **run for your lives!** rhedwch! **I wouldn't go there to save my ~,** nid awn i yno dros fy nghrogi; *N.W: occ:* chymerwn i mo fy hoedal â mynd yno; **I cannot for the ~ of me understand,** [ni] allaf i yn fy myw ddeall; *F:* **not on your ~!** dim peryg! byth bythoedd! *N: F:* dim ffiars o beryg! **my ~ upon it,** ar fy llw, ar fy ngair, ar f'enaid i, cyn wired â 'mod i'n fyw, ar f'einioes, *F:* ar f'engos (*pronounced* ng-g) i; **I was tired of ~,** 'roeddwn wedi blino ar fyw; **he has as many lives as a cat,** mae ganddo naw/saith byw cath; **to give ~ to a conversation,** bywiogi/bywiocáu sgwrs; **to put new ~ into s.o.,** ailfywiogi rhn; **he is the ~ and soul of the party,** ef yw enaid y parti; *N: occ:* fo ydi mliriman y parti; **kiss of ~,** cusan (*mf*) bywyd, cusan adfer; **put some ~ into it!** *S:* siapa (siapwch) hi! *N.W: occ:* styria (styriwch) hi! ceirch iddi! *S:* stwra (stwrwch)! **to draw a picture from ~,** tynnu llun o'r byw; **true to ~,** tebyg i fywyd; **a true to ~ story,** stori naturiol, stori debyg i'r gwir; **(it was him) to the ~,** (fe oedd e) i'r dim, i'r blewyn; **his acting is absolutely true to ~,** mae'n actio'n hollol naturiol; *S.a.* **large** I. **1**; **animal ~,** anifeiliaid *pl*; **plant/vegetable ~,** llysiau *pl*, planhigion *pl*; **bird ~,** adar *pl*; **the water swarms with ~,** mae'r dŵr yn heigio â bywyd; *Art:* **still ~,** bywyd llonydd. **2.** *(a) (= lifetime, span of life):* bywyd(-au) *m*, oes *f*, einioes *f*, *Lit: occ:* hoedl *f*; *Jur:* **~ in being plus twenty one years,** einioes mewn bod plws un mlynedd ar hugain; **never in [all] my ~ did I see such a thing,** ni welais i erioed y fath beth yn fy myw; **a man's ~ is short,** mae oes dyn yn fyr; ber yw hoedl dyn; einioes fer sydd i ddyn; **all my ~,** ar hyd fy mywyd, trwy gydol f'oes; **in his ~,** yn ystod ei fywyd, tra 'roedd yn fyw; **at my time of ~,** yn f'oed i, yn f'oedran i; **during my ~,** yn ystod fy mywyd, yn ystod f'oes; **early ~**, bore (*m*) oes, plentyndod *m*, mebyd *m*; **I had the fright of my ~**, chefais i erioed y fath fraw; mi ddychrynais am fy mywyd/hoedl; mi ddychrynais am f'einioes; **to have the time of one's ~**, cael hwyl heb ei thebyg/bath, cael hwyl na fu erioed y fath beth, cael hen hwyl, cael hwyl aruthrol/anfarwol, *S:* joio mas draw; **I'm having the time of my ~**, chefais i erioed y fath hwyl; 'rwy'n cael hwyl anfarwol; 'rwyf wrth fy modd; 'rwy'n fy mwynhau fy hun yn aruthrol; **appointed for ~**, wedi'ch penodi am [eich] oes; **for the rest of one's ~**, am weddill eich oes; **penal servitude for ~**, llafur caled am oes; **expectation of ~**, disgwyliad (*m*) einioes; **the nine lives of a cat**, naw/saith byw cath; *Ch:* **half ~**, hanner (*m*) oes; *(b) Ins:* **to be a good ~**, bod yn werth eich yswirio; *(c) (= biography):* cofiant (cofiannau) *m*, bywgraffiad(-au) *m*; *(of saint):* buchedd(-au) *f*; **the L~ of St. David**, Buchedd Dewi; *(d) (of lamp &c):* oes *f*; *(e) Games:* **(a player gets) three lives,** (caiff chwaraewr) dair einioes, dri chynnig. **3.** *(= manner of life, earthly life):* buchedd *f*; **to depart this ~**, ymadael/ymado â'r fuchedd hon, mynd o'r byd hwn; **manner of ~**, dull (*m*) o fyw, buchedd; *N. W: occ:* cwrs (cyrsiau) *m*; **to live a devout [manner of] ~**, byw'n fucheddol/dduwiol/ddefosiynol; **to live a good ~**, byw bywyd da, byw'n agos i'ch lle, byw'n ail i'ch lle; **~ is pleasant here,** mae bywyd yn hyfryd yma; *F:* **what a ~!** am fywyd! *F:* **well, how's ~?** wel, sut mae pethau? *S. W: occ:* wel, siwt ŷch chi'n ceibo? **such is ~!** fel'na mae hi! fel'na gwelwch chi hi! **this is the ~!** dyna beth yw bywyd braf! dyma'r bywyd! **he has seen ~**, mae wedi byw bywyd llawn; mae wedi gweld tipyn o'r hen fyd 'ma; **an easy life,** esmwythyd *m*, hawddfyd *m*; **a hard ~**, bywyd/byd caled *m*, caledfyd *m*, caledi *m*; **to live the ~ of Riley**, byw bywyd braf/diofal, byw fel gŵr bonheddig; **in civil ~**, mewn bywyd sifil, y tu allan i'r lluoedd; **sex ~**, bywyd rhywiol; **love ~**, bywyd carwriaethol; **to make ~ easy,** gwneud bywyd yn esmwythach/rhwyddach, ei gwneud hi'n haws byw; **nothing in ~ surpasses it,** 'does mo'i well [i'w gael]; 'does dim ar gael sydd yn well nag ef; 'does dim curo arno. **4.** *Theol:* **the ~ to come,** y bywyd sydd i ddod; **the other ~**, y bywyd arall, y bywyd tu hwnt i'r llen; **everlasting ~**, bywyd tragwyddol. **~-and-death** *attrib.* hyd at angau/drengi. **~ annuity** *n.* blwydd-dâl (~-daliadau) (*m*) am oes. **~ assurance** *n.* yswiriant (yswiriannau) (*m*) bywyd. **~-blood** *n. (a) (of body):* gwaed *m* [dyn byw]; *(b) (of organization):* enaid *m*. **~-breath** *n.* anadl (*mf*) einioes. **~ cycle** *n.* cylch(-au) (*m*) bywyd/oes/einioes, cylchred(-au) (*f*) bywyd *&c*, rhod (*f*) bywyd *&c*. **~ drawing 1.** *vn.* lluniadu'r byw, bywluniadu. **2.** *n.* bywluniad(-au) *m*. **~ estate** *n.* ystâd (ystadau) (*f*) am oes. **~ expectancy, ~ expectation** *n.* disgwyliad(-au) (*m*) einioes. **~-force** *n.* grym bywydol *m*. **~ form** *n. Biol:* **1.** *(= mature form).* ffurf(-iau) aeddfed *f*. **2.** *(= form of life):* bod(-au) byw *m*, ffurf(-iau) (*f*) ar fywyd. **~-giving** *a.* bywiocaol, bywhaol, adfywiol, adfywhaol. **~-guard** *n.* **1.** *Mil: Coll:* gosgorddlu *m*. **2.** *(at seaside):* achubwr (achubwyr) *m* [bywydau], ach|ubwraig (achubwragedd) *f* [bywydau]. **L~ Guards (the)** *n.pl. Mil:* y Gosgorddlu *m*. **L~-Guardsman** *n. Mil:* Gosgorddluyddwr (Gosgorddluyddwyr) *m*. **~ history** *n.* hanes (*m*) bywyd (hanesion bywydau); *Sociol:* **~ history method,** dull (*m*) astudio hanes unigolyn. **~ imprisonment** *n. Jur:* carchar (*m*) am oes, carchariad(-au) (*m*) am oes. **~ insurance** *n.* yswiriant (yswiriannau) (*m*) bywyd/einioes. **~ interest** *n.* budd (*m*) am oes, perchenogaeth (*f*) am oes. **~-jacket** *n.* siaced(-i) (*f*) achub. **~ member** *n.* aelod(-au) (*m*) am oes. **~ membership** *n.* aelodaeth am oes. **~ net** *n.* rhwyd(-au,-i) (*f*) achub. **~-office** *n.* swyddfa (swyddf|eydd) (*f*) yswiriant. **~ peer** *n.* arglwydd(-i) (*m*) am oes. **~ peerage** *n.* arglwyddiaeth(-au) (*f*) am oes. **~ peeress** *n.f.* arglwyddes(-au,-i) am oes. **~ plant** *n. Bot:* = **epiphyte**. **~-preserver** *n.* **1.** *(cosh):* pastwn (pastynau) *m*. **2.** = **life-jacket, lifebuoy**. **~-raft** *n.* rafft(-iau) (*f*) achub. **~-saver** *n.* achubwr (achubwyr) (*m*) bywyd. **~-saving[1]** *a.* achubol. **~-saving[2]** *vn.* achub bywyd[-au]; *Swim:* **~-saving leg kick,** cic achub bywyd. **~ sciences** *n.pl.* gwyddorau bywyd. **~ scientist** *n.* bywydegwr: bywydegydd (bywydegwyr) *m*, gwyddonydd (gwyddonwyr) (*m*) bywyd. **~ senator** *n.* seneddwr (seneddwyr) (*m*) am oes. **~ sentence** *n.* oes (*f*) o garchar, carchar (*m*) am oes, dedfryd(-au) (*f*) oes. **~-size[d]** *a.* o faint naturiol, o faintioli llawn, o gyflawn faintioli. **~ space** *n.* gofod (*m*) byw, cwmpas (*m*) byw, lle (*m*) i fyw. **~ span** *n.* hyd (*m*) oes/einioes, rhychwant (*m*) oes/einioes. **~-support system** *n.* system (*f*) gynnal bywyd (systemau cynnal ~). **~-table** *n.* taflen(-ni) (*f*) hoedledd. **~ tenant** *n. Jur:* tenant(-iaid) (*m*) am oes. **~ tenure** *n.* daliadaeth(-au) (*f*) am oes. **~-work** *n.* gwaith (*m*) oes, llafur (*m*) oes. **~ vest** *n. U.S:* = **life-jacket. ~ zone** *n.* cylchfa(-oedd, cylchfâu, cylchf|eydd) (*f*) bywyd.

lifebelt *n.* gwregys(-au) (*m*) achub.

lifeboat *n. Nau:* bad(-au) (*m*) achub, cwch (cychod) (*m*) achub, *Lit:* bywydfad(-au) *m*; **Royal National L~ Institution,** Sefydliad Cenedlaethol Brenhinol (*m*) y Badau Achub.

lifebuoy *n.* bwi(-au) (*m*) achub.

lifeless *a.* **1.** *(= dead):* marw (meirw, meirwon). **2.** *(= without vigour):* difywyd, heb fywyd, di-ffrwt, diynni, llipa, dieneiniad, marwaidd, di-sbonc.

lifelessly *adv.* yn ddifywyd *&c*.

lifelessness *n.* **1.** *(= death):* diffyg (*m*) bywyd. **2.** marw|eidd-dra *m*, llonyddwch *m*.

lifelike *a.* byw, naturiol; **a ~ resemblance,** tebygrwydd byw iawn.

lifelikeness *n.* naturioldeb *m*.

lifeline *n.* **1.** *Nau:* rhaff(-au) (*f*) achub; *Fig:* **to throw s.o. a ~**, taflu rhaff i rn. **2.** *(on palm):* llinell (*f*) y bywyd.

lifelong *a.* [ar hyd eich] oes; **a ~ friend,** cyfaill oes.

lifemanship *n.* *trechafiaeth *f*.

lifer *n. F:* carcharor(-ion) (*m*) am oes.

lifestyle *n.* dull (*m*) o fyw, ffordd (*f*) o fyw, buchedd *f*.

lifetime *n.* bywyd *m*, oes *f*, einioes *f*, hyd (*m*) oes/einioes; **in his ~**, yn ystod ei fywyd/oes; **to last a ~**, para am oes; **it is the labour of a ~**, llafur oes ydyw.

lift[1] *n.* **1.** *(of shoulders &c):* codiad(-au) *m*; *Aut: F:* pas(-ys) *mf*, lifft(-iau) *mf*; **can you give me a ~?** a ellwch chi roi pas/lifft imi? **I'll give you a ~ (to Cardiff),** mi a' i â chi, mi ro' i bas/lifft ichi (i Gaerdydd); **to get a ~ up in the world,** codi yn y byd, cael dyrchafiad, cael hwb (*mf*) i fyny, *S:* cael hwp (*m*) lan; **to get a ~ from a drug,** cael hwb gan gyffur. **2. ~ of a crane,** uchder (*m*) codi craen, codiant (*m*) craen; *Hyd.E:* **~ of a canal-lock,** uchder (*m*) codi loc. **3.** *Aer:* codiant (codiannau) *m*. **4.** *(= elevator):* lifft(-iau) *usu.f*; **goods ~**, lifft nwyddau; **chair-~**, cadair (cadeiriau) (*f*) esgyn, cadair godi (cadeiriau codi); **dinner ~**, lifft lestri (lifftiau llestri); **service ~**, lifft nwyddau; *S.a.* **airlift**. **~ attendant/operator** *n.* = **liftman**. **~-truck** *n.* trŷc (tryciau) (*m*) codi, lori (*f*) godi (lorïau codi).

lift[2] *v.t.&i.* I. *v.t.* **1.** codi, *S.E: occ:* cwnnu, *Lit: occ:* dyrchafu; **the tide will ~ the boat,** fe gwyd/gyfyd y llanw y cwch; **to ~ one's hand against s.o.,** codi llaw/dwrn yn erbyn rhn, taro rhn; **to ~ up again,** ailgodi; **he didn't ~ a hand to help,** wnaeth e ddim cynnig helpu unwaith; chododd e ddim llaw/bys i helpu; **to ~ up one's voice,** codi'ch llais; **to ~ sth down [from a shelf],** estyn rhth oddi ar silff, *S: occ:* [h]ercyd rhth oddi ar silff; **to have one's face lifted,** cael newid eich wyneb, cael llyfnu'ch wyneb; **he lifted the spoon to his mouth,** cododd y llwy at ei geg (*not* i'w geg); **the church lifts its spire to the skies,** dyrchafa'r eglwys ei thŵr tua'r nef. **2.** *(a) Agr: (potatoes):* tynnu, codi; *(b) Com: (goods):* codi, casglu. **3.** *Cr: Golf:* codi. **4.** *F: (= steal):* lladrata, dwyn, *F: occ:* dwgyd, *S. W:* dwgi[n], **to ~ a passage from a book,** codi/dwyn darn o lyfr. **5. to ~ the embargo on sth,** codi'r/diddymu'r gwaharddiad ar rth. II. *v.i.* **1.** codi, ymgodi, *Lit: occ:* esgyn, ymddyrchafu; **the window won't ~**, wnaiff y ffenestr ddim codi/agor; *(of fog):* codi, gwasgaru. **2.** *Nau: (of vessel):* codi, nofio. **~-off 1.** *a.* codadwy. **2.** *n.* *(= take-off):* esgyniad(-au) *m*, esgynfa (esgynf|eydd) *f*. **~-pump** *n.* pwmp (pympiau) (*m*) codi. **~-truck** *n.* trol (*f*) godi (troliau codi), cart(-iau) (*m*) codi.

liftable *a.* codadwy, dyrchafadwy.

lifter *n. (pers.):* codwr (codwyr) *m*, c|odwraig *f*; *(machine):* codwr, peiriant (peiriannau) (*m*) codi, peth(-au) (*m*) codi.

lifting *vn.* **1.** codi, dyrchafu, codiad *m*, dyrchafiad *m*; **~ power, ~ capacity,** nerth (*m*) codi; *Av:* **~ force,** grym (*m*) codi. **2.** *(of crops)* tynnu, codi. **3.** *F: (= theft):* lladrad *m*, lladrata, dwyn, dwgyd, *occ:* dygiad *m*. **~-gear** *n.* offer (*pl*) codi. **~-magnet** *n.* magned(-au) (*m*) codi. **~-platform** *n. Aut:* llwyfan(-nau) (*mf*) codi.

liftman *n.m.* lifftiwr (lifftwyr), dyn [gweithio] lifft (dynion [gweithio] lifftiau).

liftslab *n. & attrib. Const:* codi (*vn*) slabiau.

ligado *n. Mus:* ***ligado(-s)*** *m*.

ligament *n. Anat:* gewyn(-nau) *m*, tennyn (tenynnau) *m*, l|igament (ligamentau) *m*, giewyn (gïau) *m*; **suspensory ~**, ligament cynhaliol; **to pull a ~**, tynnu gewyn.

ligamentary, ligamentous *a.* gewynnol.
ligand *n. Ch:* ligand(-au) *m.*
ligase *n.* = **synthetase.**
ligate *v.t. Surg:* rhwymo, clymu.
ligation *n.* rhwymo *vn*, rhwymiad(-au) *m*, clymu *vn*, clymiad(-au) *m.*
ligature[1] *n.* **1.** *(a) Surg:* edefyn (edefion) *m*, clymiad(-au) *m*; *(b) Typ: (i) (= diagraph):* llythyren ddyblyg (llythrennau dyblyg), clymlythyren (clymlythrennau) *f*; *(ii) (= stroke connecting letters):* cyfrwymiad(-au) *m.* **2.** *Mus:* dolen(-nau,-ni) *f*; *(plainsong):* cyfrwymiad, cysylltnod(-au) *m*; *(clarinet):* rhwymyn(-nau) *m.*
ligature[2] *v.t. Surg:* clymu, rhwymo.
liger *n. Z:* *lleigr(-od) *m.*
light[1] *n.* **1.** *(a) (of sun &c):* goleuni *m*, golau *m*, *Lit: occ:* lleufer *m*, llewych *m*, llewyrch *m*, gwawl *m*; **by the ~ of the sun/moon,** yng ngoleuni'r/ngolau'r haul/lleuad; **diffused ~,** golau chwâl; **artificial ~,** golau gwn|eud/artiffisial; **exposure to ~,** dal *(vn)* yn y golau; **the Northern Lights,** Goleuni'r Gogledd, y Goleuni Gogleddol, Golau'r Gogledd, *S.W:* Ffagl *(f)* yr Arth, *S.E:* Goleufer *m*; **the Southern Lights,** Goleuni'r De, y Goleuni Deheuol, Goleufer y De; *(b)* **the ~ of day,** golau dydd, *occ:* goleuddydd *m*; **by the ~ of day,** liw dydd; **in the broad ~ of day,** gefn dydd golau; **half-~,** gwyll *m*, llwydolau *m*; **in the half-~,** rhwng dau olau, rhwng tywyll a golau, yn y llwydolau, yn y gwyll; *(of evening):* gwyll y nos, tywyllnos *f*, llwydnos *f*; *(of morning):* gwyll y bore; **the first ~ [of dawn],** y cyfddydd *m*, golau cynta'r wawr; *S.a.* **dawn**[1]; **at first ~,** ar y cyfddydd, ar doriad dydd; **it is ~,** mae'n gwawrio/dyddio/goleuo; mae hi'n olau [dydd]; **I was beginning to see ~,** 'roeddwn i'n dechrau gweld goleuni; **to come to ~,** *(of crime &c):* dod i'r golwg/golau/amlwg; *(of fact, object): N.W:* dod i'r fei, *S.W:* dod ar glawr; **some curious facts have come to ~,** datgelwyd/dadlennwyd ffeithiau rhyfedd; **to bring sth to ~,** dod â rhth i'r amlwg *&c*, datgelu/dadlennu rhth; *(buried object):* datgladdu rhth; **this lamp gives a bad ~,** golau gwael sydd gan y lamp hon; **to sit against the ~,** eistedd â'ch cefn i'r golau/goleuni, eistedd yn eich cysgod/golau eich hun; **to stand in s.o.'s ~,** sefyll yng ngolau rhn, taflu cysgod ar rn; **to stand in one's own ~,** troi cefn at y golau, sefyll yn eich cysgod eich hun; **I do not look upon it in that ~,** nid fel yna 'rwyf i'n edrych arni; **he does not see the matter in the right ~,** nid oes ganddo mo'r olwg iawn ar y peth; mae'n methu â gweld y peth yn y golau iawn; **his action appeared in the ~ of a crime,** 'roedd golwg trosedd ar ei weithred; ymddangosai ei weithred fel trosedd; **to show/place sth in a good ~,** rhoi darlun ffafriol o rth; *(d)* **to throw/shed ~ on sth,** taflu goleuni ar rth; **to act according to one's lights,** gweithredu yn ôl eich goleuni, gweithredu fel y gwelwch orau. **2.** *(= lamp &c):* golau (goleuadau) *m*; **naked ~,** golau noeth; **to show s.o. a ~,** rhoi golau i rn; **bring in a ~,** dewch â golau/goleuni; *Th:* **burner lights,** clwstwr *(m)* polyn; **pendant ~,** lamp *(f)* grog (lampau crog), golau crog; **rise-and-fall ~,** golau codi a gostwng; *El.E: Ind:* **warning ~,** golau *(m)* rhybudd; *F:* **one of the leading lights (of the party),** un o geffylau blaen, un o hoelion wyth (y blaid); **the ~ of one's life/eyes,** cannwyll *(f)* eich llygad; *Mil:* **lights out,** [arwydd, amser] diffodd goleuadau; *Av: Nau:* **navigation lights,** goleuadau/lampau llywio; **riding lights,** goleuadau/lampau angori; **he was out like a ~,** fe aeth allan fel cannwyll [yn diffodd]; *Nau:* **to steam without lights,** hwylio/mordwyo heb oleuadau; **traffic lights,** goleuadau [traffig/trafnidiaeth]; **green ~,** golau gwyrdd; **red ~,** golau coch; *F:* **to see the red ~,** gweld y perygl, gweld y golau coch; **red-~ area,** ardal(-oedd) *(f)* puteiniaid, ardal [y] golau coch; *F:* **to give s.o. the green ~,** rhoi'r golau gwyrdd i rn; *Aut:* **rear ~, tail-~,** lamp ôl, golau ôl; **side lights,** goleuadau bach; **parking lights,** goleuadau parcio; **charged with driving without lights,** ar gyhuddiad o yrru heb oleuadau; *Av:* **boundary ~,** golau terfyn; **identification ~,** golau adnabod; *S.a.* **landing**[2]; *(d)* = **lighthouse; the South Stack L~,** Goleudy Ynys Lawd. **3.** *(a) (for cigarette &c):* tân *m* (*not* golau); **have you a ~ please?** ga' i dân os gwelwch chi'n dda? **to set ~ to sth,** rhoi rhth ar dân, *occ:* cynnau rhth; *(b) (in the eye &c):* llewy[r]ch, fflach(-iau) *f*, fflachiad(-au) *m*; **I caught a ~ in his eye,** fe welais lewy[r]ch yn ei lygad; **he went out with the ~ of battle in his eyes,** aeth allan â golwg ryfelgar yn ei lygaid. **4.** *(a) (= window):* ffenestr(-i) *f*; *Aut:* **quarter-~,** ffenestr fach (ffenestri bach); *(b) Jur:* **right of ~,** hawl goleuni, hawl i oleuni; **ancient lights,** hen hawliau goleuni. **5.** *Art: Phot:* goleuni, golau; **~ and shade,** goleuni a chysgod, tywyll a golau; *Th:* du a gwyn; *Mus:* **lights and shades [of expression],** arlliwiau *(pl)* mynegiant. **~-adaptation** *n.* cynefino *(vn)* â goleuni, ymaddasu *(vn)* i oleuni. **~-adapted** *a.* cynefin â goleuni, wedi cynefino â goleuni. **~ batten** *n. Th:* astell *(f)* oleuadau (estyll goleuadau). **~ bulb** *n.* bylb(-iau) *m* [golau/goleuni/goleuo]. **~ due, ~ duty** *n.* toll *(f)* oleuo/oleuadau (tollau goleuo/goleuadau), toll ar oleuadau. **~ effects** *n.pl. Art:* effeithiau goleuni. **~-filter** *n. Phot:* hidlwr (hidlwyr) *(m)* goleuni. **~ intensity** *n.* tanbeidrwydd *(m)* golau. **~ meter** *n. Phot:* mesurydd(-ion) *(m)* goleuni. **~ pen** *n. Cmptr:* pensel *(f)* oleuo (penseli goleuo). **~ pollution** *n.* halogiad *(m)* [â] goleuni, halogi *(vn)* â goleuni. **~ quantum** *n. Ph:* ffoton(-au) *m.* **~ rehearsal** *n. Th:* practis(-iau) *(m)* goleuadau, ymarfer *(mf)* [g]oleuadau (ymarferion goleuadau). **~-sensitive** *a. Biol:* goleus|ensitif, s|ensitif i oleuni. **~-show** *n.* sioe *(f)* oleuadau (sioeau goleuadau). **~-spot** *n.* smotyn (smotiau) *(m)* goleuni. **-struck** *a. Phot:* pŵl, wedi pylu. **~-tight** *a.* = **lightproof. ~ trap** *n.* trap(-iau) *(m)* goleuni. **~ wave** *n. Ph:* ton *(f)* oleuni (tonnau goleuni). **~-year** *n. Astr:* blwyddyn *(f)* oleuni (blynyddoedd goleuni); *F:* **that was ~-years ago,** ers talwm iawn oedd hynny; mae oesoedd oddi ar hynny.
light[2] *v.t.&i.* **1.** *v.t.* *(a) (i) (a fire &c):* cynnau, *S:* cynnu, goleuo, *N: occ:* golau, *Lit: occ:* ennyn; **~ a fire in my room,** gwnewch/cyneuwch/cynnwch dân yn fy ystafell; **to ~ a fire,** cynnau tân, *N: occ:* golau tân; **to ~ a lamp,** goleuo lamp, *N.W: occ:* rhoi tân ar lamp; *abs.* **to ~ up,** *(i)* goleuo [goleuadau], rhoi'r golau/goleuadau [ymlaen]; *(ii) F: (a pipe &c):* tanio, *N: occ:* goleuo; *(b) (= illuminate):* goleuo; **to ~ the way for s.o.,** goleuo llwybr rhn, *Lit:* rhoi llewy[r]ch ar lwybr rhn, bod yn llewy[r]ch i lwybr rhn; **a smile lit [up] her face,** goleuwyd ei hwyneb gan wên. **2.** *v.i.* *(a) (of fire):* tanio, goleuo, cynnau, cynnu; *(of match):* tanio; *(of candle, lamp):* goleuo; **her face lit up,** goleuodd/disgleiriodd ei hwyneb.
light[3] *a.* *(= not dark):* golau; **~ brown,** llwydolau, goleulwyd(-ion), brown golau, *occ:* gwinau (gwineuon); **~ blue,** glas golau, goleulas; **~ grey,** llwydwyn (*f.* llwydwen, *pl.* llwydwynion), llwydolau; **to grow ~,** goleuo. **~-coloured** *a.* golau, o liw golau. **~-eyed** *a.* â llygaid golau. **~-haired** *a.* [â] gwallt golau, goleuwallt.
light[4] *a. & adv.* *(= not heavy):* I. *a.* **1.** *(a)* ysgafn (ysgeifn), *S: occ:* ysgon, ysgawn; **~ as a feather,** mor ysgafn â phluen, mor ysgafn â gwawn; **lighter than air,** *(i) Ph:* ysgafnach nag awyr/aer; *(ii) Fig:* ysgafnach na phluen; **~ soil,** pridd chwâl, pridd ysgafn; *Meteor:* **~ air,** awyr ysgafn *f*; **~ on one's feet,** ysgafndroed, ysgafn ar eich traed; **a ~ breeze,** awel ysgafn *f*, awelyn ysgafn *m*, *occ:* eflyn *m*; **a ~ wine,** gwin ysgafn *m.* **2.** *(a) Mil:* **~ cavalry,** marchoglu ysgafn: **~ cannon,** canon ysgafn; *Typ:* **~ face,** wyneb ysgafn; *S.a.* **draught**[1] I. 5, **railway 1**; *(b) (= not loaded):* **to travel ~,** teithio'n ysgafn, teithio heb lawer o fagiau/baciau; *(c)* **to be a ~ sleeper,** bod yn gysgwr ysgafn, cysgu'n ysgafn. **3.** *(a)* **a ~ punishment,** cosb ysgafn *f*; *(b)* **a ~ task,** gwaith ysgafn *m.* **4. ~ comedy,** comedi ysgafn *f*; **~ reading,** llenyddiaeth ysgafn *f*; **~ opera,** opera ysgafn (operâu ysgeifn) *f*; **~ talk,** mân siarad *m*, sgwrs ysgafn *f.* II. *adv.* **to make ~ of sth,** trin rhth yn ysgafn, diystyru/bychanu rhth, gwneud yn fach o rth; **to make ~ of dangers,** bychanu peryglon; **to sleep ~,** cysgu'n ysgafn; *Prov:* **~ come, ~ go,** a geir yn rhad, a gerdd yn rhwydd. **~-armed** *a.* ag arfau ysgafn. **~-fingered** *a.* **1.** *(pianist &c):* llawysgafn, ysgafn eich cyffyrddiad. **2.** *(= thieving):* â dwylo blewog, lladronllyd. **~-fingeredness** *n.* llaw ysgafn *f*; *(of thief)*; dwylo blewog *pl.* **~-footed** *a.* ysgafndroed, gwisgi, sionc. **~-handed** *a.* llawysgafn. **~-handedness** *n.* llawysgafnder *m.* **~-headed** *a.* penwan, hurt, chwil, penfeddw, pensyfrdan, penysgafn; **I felt ~-headed,** 'roedd pendro/pensyfrdandod arnaf. **~-headedly** *adv.* yn benwan *&c.* **~-headedness** *n.* penwendid *m*, penysgafnder *m*; *(= dizzyness):* pendro *f*, pensyfrdandod *m*, penysgafnder. **~-hearted** *a.* ysgafngalon (*pronounced* ng-g), siriol, calonnog, ysgafnfryd, ysgafala. **~-heartedly** *adv.* yn siriol *&c.* **~-heartedness** *n.* sirioldeb *m*, ysgafnfrydedd *m*, ysgafnder *(m)* calon/bryd. **~ heavyweight 1.** *a.* [pwysau] godrwm. **2.** *n.* paffiwr (paffwyr) *(m)* [pwysau] godrwm. **~ housekeeping** *vn.* mân swyddi *(pl)* tŷ, gwaith *(m)* tŷ ysgafn. **~-minded** *a.* penwan,

penchwiban, penysgafn. **~-mindedly** *adv.* yn benwan *&c.* **~-mindedness** *n.* penwendid *m*, penchwibandod *m*, penysgafnder *m.* **~-o-love** *n.* hoeden(-nod) *f*, hafren(-nod) *f.*

light[5] *v.i.* **1.** *A:* = **alight. 2. to ~ [up]on sth,** dod ar draws rhth, taro ar rth; *F:* **to ~ into s.o.,** ymosod ar rn *&c*; **to ~ out,** ymadael, gadael, mynd, ei hel hi, ei choedio hi, ei gwadnu hi, ei bachu hi *&c.*

lighten[1] *v.t.&i.* **1.** *v.t. (a) (= reduce weight):* ysgafnu, ysgafnh|au; *(b)* **to ~ a sorrow,** ysgafnu/lleddfu/lliniaru gofid. **2.** *v.i.* **my heart lightened,** ysgafnhaodd/llonnodd/siriolodd/cododd fy nghalon.

lighten[2] *v.t.&i.* **1.** *v.t. (= illuminate):* goleuo; *B:* **a light to ~ the Gentiles,** goleuni i oleuo'r Cenhedloedd; **~ our darkness . . ., O Lord,** goleua ein tywyllwch . . ., O Arglwydd. **2.** *v.i. (a)* goleuo, disgleirio; **his eyes lightened [up],** goleuodd ei lygaid; *(b) Met:* **it's lightening,** *N:* mae hi'n goleuo [mellt]; mae hi'n goleuo dreigiau; mae hi'n dreigio [mellt]; *occ:* mae hi'n melltennu/melltio; mae hi'n fellt; *S:* mae hi'n llychedu/llychedan; *S. W: occ:* mae hi'n towlu/bwrw golau/tân.

lightener *n.* **1.** *(***lighten[1] 1***):* ysgafnwr: ysgafnydd (ysgafnwyr) *m*, ysgafnhäwr: ysgafnhäydd (ysgafnhawyr) *m.* **2.** *(***lighten[2] 2***):* goleuwr: goleydd (goleuwyr) *m.*

lightening *n.* ysgafnhad *m*, ysgafnu *vn*, ysgafnh|au *vn.*

lighter[1] *n. Nau:* cwch (cychod) *(m)* dadlwytho, bad(-au) *(m)* dadlwytho, *occ:* garfwch (garfychod) *m.*

lighter[2] *n.* **1.** *(pers.):* goleuwr (goleuwyr) *m*, taniwr (tanwyr) *m.* **2. cigarette-~,** taniwr (tanwyr) *(m)* sigaréts. **~ fuel** *n.* petrol *(m)* taniwr.

lighter[3] *v.t. Nau:* dadlwytho.

lighterage *n. Nau:* **1.** *(= unloading):* dadlwytho *vn* [mewn cychod]. **2.** *(fee):* tâl *(m)* dadlwytho.

lighterman *n.m.* dadlwythwr (dadlwythwyr) llongau.

lightface *n. Typ:* wyneb ysgafn.

lightfaced *a. Typ:* [ag] wyneb ysgafn.

lightfast *a.* diddos rhag goleuni.

lightfastness *n.* diddosrwydd *(m)* rhag goleuni.

lighthouse *n.* goleudy (goleudai) *m.* **~-keeper** *n.* ceidwad *(m)* goleudy (ceidwaid goleudai).

lighting *vn.* **1.** *(of fire, lamp):* tanio, cynnau, goleuo. **2.** *(= illumination):* goleuo, goleuadau *pl*, goleuni *m*; **artificial ~,** golau artiffisial; **concealed ~,** golau cudd; **diffused ~,** golau chwâl; **direct ~,** golau uniongyrchol; **fluorescent ~,** [golau] fflworolau; **indirect ~,** golau anuniongyrchol; **overhead ~,** goleuadau uwchb|en; **recessed ~,** golau cilannol; **semi-direct ~,** golau lled uniongyrchol; **strip ~,** golau stribed; *(action):* stribed-oleuo. **~ effects** *n.pl. Th:* effeithiau goleuo. **~ plot** *n. Th: T.V:* cynllun(-iau) *(m)* goleuo. **~ supervisor** *n. T.V:* goleuwr (goleuwyr) *m.* **~-up** *a.* **~-up time,** amser(-au) *(m)* goleuo, adeg *(f)* oleuo (adegau goleuo).

lightish *a.* **1.** *(colour):* braidd yn olau, lled olau, go olau. **2.** *(load):* braidd yn ysgafn, lled ysgafn, go ysgafn.

lightless *a.* diolau, dioleuni, *Lit:* dileufer.

lightly *adv.* yn ysgafn; **to get off ~,** dianc â chosb ysgafn, dianc yn hawdd; **to speak ~ of sth,** sôn/siarad yn ysgafn am rth, bod yn ddibris o rth, diystyru/bychanu rhth, gwn|eud yn fach o rth; **this scheme is not to be embarked upon ~,** nid ar chwarae bach y mae cychwyn ar y cynllun hwn.

lightness *(of weight, colour):* ysgafnder *m*, *S: occ:* ysgawnder *m*; **~ of spirit,** ysgafnder [bryd], ysgafnfrydedd *m*, sirioldeb *m.*

lightning[1] *n. & attrib.* I. *n. S.a.* **lighten[2] 2** *(b)*; *N: S. W: occ:* mellt *pl*, *S: occ:* lluched *pl*, *S. W: occ:* towlu *(vn)* golau/tân, bwrw *(m)* golau/tân, *S: occ:* goleuni *m*; **a flash of ~,** *N:* mellten (mellt) *f*, *S. W:* llucheden (lluched) *f*; **sheet ~,** dreigiau *pl* [mellt]; **to flash sheet ~,** dreigio, goleuo dreigiau; **globe ~,** pelen *(f)* fellt (peli mellt); **thunder and ~,** mellt a tharanau, *S. W:* mellt a thyrfe, *S: occ:* tyrfe a goleuni; **as quick as ~, with ~ speed,** *F:* **like greased ~,** fel mellten i bren, fel llucheden, fel cath i gythraul, fel ruban, fel gwennol, *N. W: occ:* fel angau cathod. II. *attrib.* **~ recovery,** adferiad sydyn/disymwth, adferiad mewn chwinciad, adferiad ar amrantiad; *I.C.E:* **~ pick-up,** adferiad chwim; **a ~ blow,** ergyd fel mellten; **~ chess,** gwyddbwyll chwim/chwimwth; *Ind:* **a ~ strike,** streic ddirybudd; *Mil:* **a ~ attack/strike,** ymosodiad dirybudd *m*; *Th:* **~ change,** newid *(vn)* dillad cyflym/chwim. **~-arrester** *n.* ataliwr (atalwyr) *(m)* mellt/lluched, peth(-au) *(m)* dal mellt *&c.* **~-bug** *n. Ent:* = **firefly. ~-conductor, ~-rod** *n.* rhoden *(f)* fellt (rhodenni mellt), rhoden luched (rhodenni lluched), *F:* peth(-au) *(m)* dal mellt.

lightning[2] *v.i.* melltio, melltennu, goleuo mellt, *S:* lluchedu.

lightplane *n.* awyren ysgafn (awyrennau ysgeifn) *f.*

lightproof *a.* diddos rhag golau/goleuni.

lights *n.pl. Cu:* ysgyfaint, syrth.

lightship *n. Nau:* goleulong(-au) *f.*

lightsome[1] *a.* **1.** *(= graceful):* ysgafn, gosgeiddig, gwisgi. **2.** *(= merry):* llon, llawen, ysgafala, siriol, ysgafngalon *(pronounced* ng-g), ysgafnfryd.

lightsome[2] *a. (= luminous):* golau, disglair, llachar, llewy[r]chol.

lightsomely *adv.* **1.** yn ysgafn *&c.* **2.** yn ysgafala *&c.*

lightsomeness *n.* **1.** ysgafnder *m*, gwisgïwch *m.* **2.** sirioldeb *m.*

lightweight *n. & attrib.* **1.** *n. Box:* paffiwr (paffwyr) *(m)* pwysau ysgafn. **2.** *attrib.* ysgafn; *(= insubstantial):* disylwedd, ansylweddol.

lightwood *n. Bot:* **1.** *(not heavy):* coeden (coed) ysgafn *f.* **2.** *(a)* = **firewood.** *(b) Bot:* = **candlewood.**

lign-aloes *n.* **1.** *Bot:* coeden (coed) *(f)* alwys. **2.** *Pharm:* alwys *m.*

ligneous *a.* pren, o bren, coedaidd, coediol, lignaidd.

lignicolous *a.* c|oed-drig.

ligniferous *a.* c|oed-ddwyn.

lignification *n.* coedeiddio *vn.*

lignified *a.* coedaidd.

ligniform *a.* coedffurf, coedaidd, prennaidd.

lignify *v.t.&i.* coedeiddio, troi'n goed/bren.

lignin *n. Biol:* lignin *m.*

lignite *n. Miner:* coedlo *m*, glo llwyd *m*, lignit *m.*

lignitic *a.* lignitig.

lignocellulose *n.* lignos|elwlos *m.*

lignocellulosic *a.* lignoselwlosig.

lignosulfonate *n.* lignos|ylffonad (lignosylffonadau) *m.*

lignum vitae *n.* **1.** *(a) Bot:* ***lignum*** *(m)* ***vitae***, brechwydden (brechwydd) *f*; *(b) Carp:* dwysbren *m.* **2.** *Med:* ***lignum vitae.***

ligroin *n. Ch:* ligroin *m.*

ligula *n.* = **ligule.**

ligulate *a. Bot:* llabedog.

ligule *n. Bot:* llabed(-au) *fm.*

ligure *n. Lap: B:* lygur *m.*

Liguria *Pr.n. Geog:* Ligwria *f.*

Ligurian *a. & n.* **1.** *a.* Ligwraidd; *(in language):* Ligwreg. **2.** *n. (a) Ethn:* Ligwriad (Ligwriaid) *m&f*; *(b) Ling:* Ligwreg *f*, *m.*

like[1] *a., prep., adv. & n.* I. *a.* **1.** tebyg *(always pronounced* tebig), *Lit: occ:* cyffelyb, cyfryw, unwedd, hafal; **two plants of ~ species,** dau blanhigyn o rywiogaethau tebyg; *Prov:* **~ master, ~ man,** fel y bo'r gŵr y bydd ei was; meistr da a wnaiff was da; *Prov:* **~ father, ~ son,** fel y crafa'r iâr y piga'r cyw; fel y tad y bydd y mab; mae blas y cyw yn y cawl; fel y bo'r dyn ei bydd ci lwdn; fel y bo'r fam y bydd y plant; fel y tadau, ceir y plant; *S. W:* os bydd seren ar dalcen y tarw, bydd seren ar dalcen y llo; *N: Joc:* mwnci'i dad, mwnci'i fab; **~ mother, ~ daughter,** fel y fam y bydd y ferch; **in ~ manner,** yn yr un modd; **the portrait is very ~ him,** mae'r portread/llun yn debyg iawn iddo; **(they are as ~) as two peas,** (maent mor debyg) i'w gilydd â dau afal, â'r naill afal i'r llall. **2.** *(a)* **(I want to find) one ~ it,** (mae arnaf eisiau cael hyd) i un tebyg iddo, i'w debyg; **you won't find one ~ it,** ni chewch chi mo'i debyg; **(a critic) ~ you,** (beirniad) fel chi, tebyg i chwi, o'ch bath chi; **he's just ~ his father,** mae yr un ffunud â'i dad; *S. W: occ:* mae 'run sbit/boerad â'i dad; *N. W: occ:* mae o'n tebygu i'w dad; **he's just ~ him,** *N. W: occ:* mae o 'run ato fo; mae o 'run tebyg iddo; **she's ~ nobody else,** 'does neb yn debyg iddi; 'does neb yr un fath â hi; 'does yr un ati hi; mae hi'n hollol wahanol i bawb arall; *Lit:* mae hi'n ddihafal; **whom is he ~?** *F:* **who is he ~?** i bwy y mae'n debyg? tebyg i bwy ydyw? **what is he ~?** sut un yw ef? pa fath ddyn yw ef? **what's the weather ~?** sut dywydd yw hi? sut mae'r tywydd? **he was ~ a father to me,** 'roedd ef fel tad imi; **old people are ~ that,** fel'na mae hen bobl; **(I never saw) anything ~ it,** (ni welais i erioed) mo'i debyg, y fath beth, *S:* siwt beth, *N: occ:* y ffasiwn beth, rotsiwn beth; **the sum amounts to something ~ ten pounds,** daw'r swn i ryw ddecpunt; **rather ~ sth,** braidd yn debyg i rth, fel rhth braidd; **very much ~ sth,** tebyg iawn i rth; *F:* **that's something ~ rain!** dyna ichi law! dyna beth yw glaw! *F:* **that's something ~ it! that's more ~ it!** dyna well! dyna welliant! **(there's nothing) ~ health,** ('does dim byd) fel iechyd, tebyg i iechyd, yn hafal i iechyd; **there's nothing ~ speaking frankly,** 'does dim byd cystal â siarad yn blaen; **she is nothing ~ so pretty as you,** nid yw hi hanner/agos mor bert â chi; nid yw hi mor bert o'r hanner â chi; *S.a.* **feel[2] 3, look[2] 3;** *(b)* **that's just ~ a woman,** fel'na mae merched/gwragedd! dyna i chi fenyw i'r dim! **that's ~ her impudence!** un ddigywilydd fel'na yw hi! **it was [just] ~ her to make such an offer,** 'roedd yn nodweddiadol ohoni iddi wneud y fath gynnig; **that's just ~ me!** dyma fi i'r dim! dyna fi eto! II. *prep.* fel, *Lit:* megis, *Lit: occ:* mal, fal, *N: F:* fatha (= yr un fath â), *S.E: occ:* ishta; **I think ~ you,** 'rwy'n meddwl yr un fath â chi; 'rwyf o'r un farn â chi; **quit yourselves ~ men!** byddwch [yn] wrol! byddwch wŷr! gwroldeb! *F:* **~ so,** fel hyn; **~ this,** fel hyn, fel'ma; **just ~ anybody else,** yr un fath [yn union] â rhn arall, *S. W:* yn gymwys (*usu. pronounced* gwmws) fel rhn arall; *F:* **(he ran) ~ anything, ~ blazes, ~ the very devil, ~ mad, ~ hell,** (fe redodd) nerth ei draed, fel cath i gythraul, fel 'dwn i ddim be', fel cath o dân, nerth ei heglau, *V:* fel y diawl, fel y cythraul *&c;* **don't talk ~ that,** paid â siarad fel'na; *P:* **~ hell I will!** byth bythoedd! byth dros fy nghrogi! mi wnaf [o] ddiawl! **~ hell he will!** fe wnaiff [o] gythraul! **~ hell she is!** ydi [o] ddiawl/gythraul! **to hate s.o. ~ poison,** casáu rhn â chas perffaith, casáu rhn fel y gŵr drwg, casáu lliw perfedd rhn. III. *adv. F:* **~ enough, very ~, as ~ as not,** tebyg iawn, siŵr o fod, mwy na thebyg, *N: occ:* decin-i; *(with irony):* mi wn, mŵn, *S. W: occ:* reit 'i wala; *A:* **I had ~ to have died,** bu agos imi farw; bu ond y dim imi farw. **2.** *F: (= as):* **I cannot knit ~ my mother [does],** fedraf i ddim gweu fel [fy] mam; **he ate ~ (= as if) he were starving,** bwytaodd fel petai ar lwgu; **to tell it ~ it is,** dweud y ffeithiau plaen, *F:* ei dweud hi fel y mae hi. **3.** *(as meaningless word tagged on to end of phrase):* **(I was going down the street) ~,** ('roeddwn i 'n mynd ar hyd y stryd) *N:* yntê, felly, *S. W:* yndyfe, ontefe, ondefe. IV. *n.* tebyg *m,* hafal *m,* cyffelyb *m;* **we shall never look upon his ~ again,** ni welwn ni byth mo'i debyg/gyffelyb eto; *Prov:* **~ will to ~,** tebyg at ei debyg; adar o'r un lliw a ehedant i'r un lle; *P:* **(it is too good) for the likes of me,** (mae'n rhy dda) i rn fel fi, i rn tebyg i mi, i'm bath i; **(I never heard) the ~ [of it],** (ni chlywais i erioed) mo'i debyg, y fath beth, *S. W:* shwt beth, *N:* y ffasiwn beth, *occ:* rotsiwn beth; **and the ~,** ac yn y blaen, ac ati, *N. W: F:* a ballu (= a rhywbeth felly); **or the ~,** neu bethau tebyg; **to do the ~,** gwneud yr un fath, gwneud yr un peth, gwneud yn debyg. **~-minded** *a.* unfryd, cytûn, o'r un anian/meddwl/bryd/ meddylfryd/natur, o feddwl/fryd tebyg, o anian/natur debyg, o gyffelyb anian; **two ~-minded fellows,** dau enaid hoff cytûn; **~-mindedly** *adv.* yn unfryd. **~-mindedness** *n.* cyffelybrwydd (*m*) meddwl/anian, tebygrwydd (*m*) meddwl/anian *&c.*

like[2] *n. (usu.pl.)* **likes and dislikes,** hoff bethau a chas bethau.

like[3] *v.t.* **1.** hoffi (rhth); bod yn hoff (o rth); *occ:* caru (rhth), *F:* leicio, lecio, licio (rhth); **I ~ him,** 'rwy'n ei hoffi; 'rwy'n hoff ohono; **do you ~ him?** ydych chi'n ei hoffi? **I came to ~ him,** mi ddeuthum i'w hoffi; mi ddysgais ei hoffi; **I don't ~ the look of him,** ni dda gennyf mo'i olwg; ni dda gennyf mo'r olwg arno; nid wyf yn hoffi ei olwg; **I don't ~ him at all,** ni dda gennyf mohono; *S: occ:* 's 'da fi gynnig iddo fe; **I should ~ time to consider it,** byddai'n dda gennyf gael cyfle i'w ystyried; mi hoffwn/garwn gael amser i'w ystyried; **I should ~ to have an assistant,** byddai'n dda imi wrth gynorthwywr; mi hoffwn/ garwn gael cynorthwywr; **would you ~ to come,** a garet/hoffet ti ddod? **as much as ever you ~,** [pa] faint [a] fynnoch chi, cymaint fyth ag a fynnoch chi, faint [a] fynno'ch calon chi; **how do you ~ your tea?** *(i) (= how do you usually take it?): (i)* sut y byddwch chi'n hoffi'ch te? *(ii) (= what does it taste like?):* sut flas sydd ar y te? **your father won't ~ it,** ni fydd eich tad yn fodlon; **whether he likes it or not,** p'run a yw'n ei hoffi ai peidio, o'i fodd neu'i anfodd; **these flowers don't ~ the cold,** mae'n gas gan y blodau hyn oerfel; *F:* **I ~ your impudence!** wel am ddigywilydd [wyt ti]! **I ~ her cheek!** on'd ydi hi'n ddigywilydd! **I ~ that!** dyna un dda! welsoch chi'r fath beth? glywsoch chi'r fath beth? **2.** *(a)* **I ~ to see them,** mae'n dda gennyf eu gweld; 'rwy'n hoffi eu gweld; **I ~ to be obeyed,** 'rwy'n hoffi cael ufudd-dod; 'rwy'n hoffi i bobl ufuddhau imi; **your going out so often isn't liked,** nid yw'n plesio dy fod di'n mynd allan mor aml; **they don't ~ such things discussed,** nid ydynt yn hoffi clywed trafod y fath bethau; **would you ~ to smoke?** hoffech chi ysmygu? **I should ~ to be able to help you,** fe fyddai'n dda gen i allu'ch helpu chi; mi garwn i allu'ch helpu chi; **I should ~ to have been there,** byddwn i wedi hoffi bod yno; **I should ~ to know where you'll find the money,** ble cewch chi'r arian, meddech chi? ble cewch chi'r arian, mi hoffwn i wybod? ble cewch chi'r arian, os gwn i? *(b)* **as you ~,** fel y mynnwch, fel y mynnoch; **I can do as I ~ with him,** gallaf wneud fel y mynnaf ag ef; **(he is free to act) as he likes,** (mae'n rhydd i weithredu) fel y mynno/myn[n]/dewiso, fel y gwelo'n dda; **to do just as one likes,** gwneud fel y mynnoch; **he thinks he can do anything he likes,** mae'n meddwl y gall wneud fel y mynno/myn[n]; **when I ~,** pan fynnaf, pan deimlaf ar fy nghalon; **when you ~,** pan fynnoch; **I'm shy, if you ~, but not unsociable,** 'rwy'n swil, os mynnwch chi, ond heb fod yn anghymdeithasol; **I should ~ nothing better,** ni fyddai dim yn well gennyf; **people may say what they ~,** ni waeth [pa] beth a ddywedo pobl; caiff pobl ddweud [pa] beth a fynnant.

likeability *n.* hoffusrwydd *m,* hynawsedd *m,* anwyldeb *m,* dymunoldeb *m,* agosatrwydd *m.*

likeable *a.* hynaws, hoffus, dymunol, annwyl, *N: occ:* agos-atoch, clên, *S. W:* serchog.

likeableness *n.* = **likeability.**

likelihood, likeliness *n.* tebygolrwydd *m,* tebygrwydd *m,* tebyg *m; Ph: Mth:* tebygoliaeth(-au) *f;* **there is little ~ of his succeeding,** nid yw'n debyg [iawn] o lwyddo; nid yw'n debyg y llwydda; mae'n annhebyg y llwydda; mae'n annhebyg o lwyddo; **the ~ is . . .,** y tebyg yw . . .; **in all ~,** yn ôl pob tebyg, mwy na thebyg, yn fwy na thebyg.

likely *a. & adv.* I. *a.* **1.** tebygol, tebyg **(to do sth,** o wneud rhth); (tebygol *is generally used with nouns*); **the ~ result,** y canlyniad tebygol; *F:* **that's a ~ story!** dyna un dda! choelia' i fawr! **it is very ~ to happen,** mae'n debyg/debygol iawn o ddigwydd; mae'n siŵr o ddigwydd; **is she ~ to come?** ydi hi'n debyg o ddod? oes gobaith/tebyg y daw hi? **he is not ~ to go,** nid oes tebyg yr aiff; nid yw'n debyg o fynd; *S. W:* digwyddiad yr aiff e; **he is hardly ~ to succeed,** prin bod gobaith iddo lwyddo; prin y mae'n debyg o lwyddo; annhebyg iawn y llwydda; **he is quite ~ to ask,** mwy na thebyg y bydd yn gofyn; mae'n eithaf tebygol o ofyn. **2. an incident ~ to lead to a rupture,** digwyddiad sy'n debygol/debyg o arwain at rwyg; **this plan is most ~ to succeed,** dyma'r cynllun sydd debycaf o lwyddo; **the likeliest place (for camping),** y lle mwyaf addas, y lle gorau (i wersyllu ynddo); **the most ~ candidates,** yr ymgeiswyr mwyaf addawol/gobeithiol. **3.** *(a) U.S:* = **good-looking;** *(b) O:* **a ~ young man,** llanc addawol; **six ~ young fellows,** chwe gŵr ifanc cydnerth. II. *adv.* **most ~, very likely,** mwy na thebyg, tebyg iawn, yn debygol iawn, *S.E:* mas o ddigwydd[i]ad; **as ~ as not,** am a wn i (am a wyddom ni), *S: occ:* ar [a] wn i; **he will succeed, as ~ as not,** bydd yn llwyddo, am a wn i; am [a] wn i y bydd yn llwyddo; *P:* **not ~!** dim peryg! byth bythoedd! *N:* dim ffiars o beryg! *V:* **not bloody ~!** dim diawl o beryg!

liken *v.t. Lit:* **to ~ (sth to sth),** cyffelybu, tebygu (rhth i rth); cymharu (rhth â rhth).

likeness *n.* **1.** *(= resemblance):* tebygrwydd *m, occ:* cyffelybrwydd *m* **(to sth,** i rth); **close ~,** tebygrwydd agos/ mawr. **2.** *(= guise):* ffurf(-iau) *f,* rhith(-iau) *m,* llun(-iau) *m,* gwedd(-au) *f;* **in the ~ of sth,** ar lun rhth, ar ffurf rhth, yn rhith rhth. **3.** *(= portrayal):* portread(-au) *m,* llun(-iau) *m;* **to take s.o.'s ~,** portreadu/darlunio rhn, tynnu llun rhn; **the picture is a good ~,** mae'r darlun yn bortread da; mae'r darlun yn debyg iawn i'r gwreiddiol; mae'r llun yn un da ohono.

likewise *adv.* **1.** *(= moreover):* hefyd, yn ogystal; **I ~,** minnau hefyd, minnau yn fy nhro; **you ~,** tithau (chwithau) hefyd; tithau yn dy dro (chwithau yn eich tro); **he ~,** yntau, ef/yntau hefyd, yntau yn ei dro; **she ~,** hithau hefyd, hithau yn ei thro, *Lit:* hyhi hefyd; **we ~,** ninnau hefyd, ninnau yn ein tro, *Lit:* nyni hefyd; **they ~,** hwythau hefyd, hwythau yn eu tro, *Lit:* hwynt-hwy hefyd. **2.** *(= similarly):* [yn] yr un modd, yn gyffelyb; **(to do) ~,** (gwn|eud) yr un fath, yr un peth, yn debyg.

liking *n.* hoffter *m* **(for sth,** o rth), chwaeth *(f)* (at rth); **to one's ~,** wrth eich bodd, wrth eich chwaeth, yn ôl eich dymuniad, at eich dant, *S.E: occ:* at eich llygad; **is it to your ~?** ydi e wrth eich bodd chi? ydi e'n eich boddh|au chi? ydych chi'n ei hoffi? ydi o'n plesio? **his ~ for me,** ei hoffter ohonof; **to have a ~ for sth,** bod yn hoff o rth; **I have taken a ~ to it,** 'rwyf wedi mynd i'w hoffi; 'rwyf wedi mynd yn hoff ohono; 'rwyf wedi cymryd ato; **I have a great ~ for sweets,** *N:* alla' i ddim maddau i bethau da; **I**

have no ~ for flattery, 'rwy'n casáu gweniaith; mae'n gas gen i weniaith; ni dda gen i mo weniaith; dda gen i ddim gweniaith.

lilac *n. & a.* **1.** *n. Bot:* coeden (coed) (*f*) lelog/leilac, pren(-nau) (*m*) lelog/leilac, *S.W:* loiloc *m*, *Lit: occ:* pibwydden (pibwydd) *f*, ysgawen (ysgaw) (*f*) Sbaen. **2.** *a. & n.* [lliw] lelog (*m*), [lliw] leilac (*m*).

liliaceous *a. Bot:* fel lili, lilïaidd.

Lilliput *n. Lit:* L|ilipwt *f*.

Lilliputian *a. & n.* **1.** *a.* Lilipwtaidd. **2.** *n.* Lilipwtiad (Lilipwtiaid) *m&f*.

lilly-pilly *n. Bot:* coeden (coed) (*f*) lilipili.

lilt[1] *n.* **1.** *(= song):* cân (caneuon) *f*, cainc (ceinciau) *f*, llafargan(-au,-euon) *f*. **2.** *(= inflection in voice):* goslef(-au) *f*, goslefiad *m*, sigl *m*, siglad *m*.

lilt[2] *v.t.&i.* **1.** canu, pyncio, llafarganu, goslefu. **2. "I'll see you soon" she lilted,** "mi'ch gwela' i chi'n fuan" meddai'n felodaidd.

lilting *a.* goslefol, melodaidd.

liltingly *adv.* â goslef, â sigl yn y llais.

liltingness *n.* goslef *f*, melodedd *m*, sigl *f*.

lily *n. & a.* I. *n. Bot:* **1.** lili(-s, lilïau) *f*, *Lit: occ:* alaw(-on) *mf*; **loddon ~,** *(Leucojum aestivum):* eirïaidd *m*; **Snowdon ~,** *(Lloydia serotina):* lili'r Wyddfa, brwynddail (*pl*) y mynydd; **Kerry ~,** *(Simethis planifolia):* lili Ceri; *S.a.* **arum, gild, orange-lily, tiger-lily, water-lily. Martagon ~, Turk's cap ~,** *(Lilium martagon):* llysiau (*pl*) M|artagon, lili Martagon, lili ogwydd (lilïau gogwydd), cap (*m*) [y] Twrc; **May ~,** *(Maianthemum bifolium):* lili Mai; **meadow ~,** *(L. canadense):* lili'r ddôl, lili C|anada; **Pyrenean ~,** *(Lilium pyrenaicum):* lili Dyfnaint, lili Sbaen, cap Twrc melyn; **Lent ~, = daffodil; leopard ~,** *(Lachenalia tricolor):* lili drilliw; **St. Bernard's ~,** *(Anthericum liliago):* lili Bernard; **~ of the Nile,** *(Agapanthus africanus):* lili'r Neil, **Scarborough ~,** *(Vallota purpurea):* lili ysgarlad; **yellow Turk's cap ~, = lily (Pyrenean); snake's head ~,** *(Exitillavia meleagris):* britheg *f*; **St. Bruno's ~,** *(Paradisia liliastrum):* lili [Sant] Bruno. **2. ~ of the valley,** *(Convallarta majalis):* lili'r dyffrynnoedd, lili Mai, lili'r maes, gwenonwy *f*, clych (*pl*) Enid, llysiau Enid, *N: occ:* lili'r dyffryn, *A:* alaw crewyll, elestr y maes. II. *a.* lilïaidd, lilïog, fel [y] lili, lliw['r] lili. **~ hyacinth** *n. Bot:* *(Scilla lilio-hyacinthus):* serennyn (*m*) Sbaen. **~-iron** *n. Fish:* tryfer(-i) *f*. **~-livered** *a.* llwfr, di-asgwrn-cefn, *V:* cachgïaidd, cachwraidd, *N.W: occ:* heb iau [ynoch]. **~-pad** *n. Bot:* deilen (dail) (*f*) lili. **~ thorn** *n. Bot:* *(Catesbaea spinosa):* draenen (drain) lilïog *f*. **~-tree** *n. Bot:* *(Magnolia conspicua):* magnolia(-s) *f*. **~-trotter** *n. Orn:* **= jacana. ~-white** *a.* cyn wynned â'r lili, mor wyn â'r lili, gwyn fel y lili, purwyn (*f.* purwen, *pl.* purwynion), claerwyn (*f.* claerwen, *pl.* claerwynion).

lima[-bean] *n. Bot:* ffeuen/ffäen (ffa) (*f*) Lima.

limacine *a.* gwlithennaidd.

limaçon *n. Geom:* l|imason (limasonau) *m*.

limb[1] *n.* **1.** aelod(-au) *m*; **to tear an animal ~ from ~,** darnio/rhwygo/llarpio anifail, tynnu anifail yn bedwar aelod a phen; *S.a.* **life 1. 2.** *(a)* **~ of Satan,** gwas (gweision) (*m*) y cythraul; *(b) (= mischievous child):* ellyll(-on) bach *m*, bwbach(-od) bach *m*, mawrddrwg (*usu. pronounced* mwrddrwg) *m*, bredych(-au) bach *m*; *(c)* **a ~ of the law,** aelod o'r gyfraith; *(= lawyer):* twrnai (twrneiod) *m*; *(= constable):* plismon (plismyn) *m*. **3.** *(a) (of tree):* cangen fawr (canghennau mawr) *f*; *(of cross):* braich (breichiau) *f*, ban(-nau) *mf*; *Arch:* **upper/lower ~,** braich uchaf/isaf; **out on a ~,** ar eich pen eich hun, dan anfantais, mewn lle cyfyng, mewn caethgyfle; *(b) (= clause of sentence):* cymal(-au) *m*; *(c) (= spur of mountain):* esgair (esgeiriau) *f*, braich (breichiau) *m*.

limb[2] *n.* **1.** *Astr: Mth: Bot: (= edge):* ymyl(-on) *mf*, godre(-on) *m*, cant(-au) *m*. **2.** *Bot: (= expanded part of leaf &c):* llafn(-au) *m*.

limba *n.* **1.** *Bot:* coeden (coed) (*f*) limba. **2.** *Carp:* limba *m*.

limbate *a.* ymylog, cantelog.

limbeck *n.* **= alembic.**

limbed *a.* **large-~, strong-~,** aelodfawr, ag aelodau mawr[-ion]; **weak-~,** aelodwan, ag aelodau gwan/gweinion; **long-~,** hirgoes, heglog, hirheglog.

limber[1] *n.* **1.** *Artil:* blaen(-au) *m*, rhan flaen (rhannau blaen) *f*, llorpiau *pl*. **2.** *Nau:* cwter(-i) *f*.

limber[2] *v.t. Artil:* cysylltu['r blaen].

limber[3] *a.* ystwyth, heini, hyblyg.

limber[4] *v.i.* **to ~ up,** eich ystwytho'ch hun, ymystwytho, ymdwymo, twymo iddi.

limberly *adv.* yn ystwyth.

limberness *n.* ystwythder *m*.

limbic *a.* ymylol.

limbless *a.* heb aelodau.

limbo *n.* **1.** *Theol:* limbo *m*. **2.** *Fig:* **to descend/go into ~,** mynd i ebargofiant, mynd yn angof, mynd dros gof, mynd i golli. **3.** *Danc:* limbo(-s) *f*. **~-dancer** *n.* dawnsiwr (dawnswyr) (*m*) limbo, d|awnswraig (dawnswragedd) (*f*) limbo.

Limburger *n. (cheese):* caws (*m*) Limbwrg.

limbus *n.* ymyl(-on) *mf*, cantel(-au) *m*, godre(-on) *m*, cant(-au) *m*.

lime[1] *n.* **1. = birdlime. 2.** *Geol: &c:* calch(-oedd) *m*; **hot/unslaked ~,** calch brwd/byw/poeth; **a lump of unslaked ~,** calchen *f*, carreg (*f*) galch (cerrig calch); **slaked ~,** *N:* calch byddar/tawdd, *S:* calch fflŵr/slac; *S.a.* **quicklime. ~-burner** *n.* calchwr (calchwyr) *m*, llosgwr (llosgwyr) (*m*) calch. **~-hawkmoth** *n. Ent:* gwalchwyfyn(-od) (*m*) y llwyfain. **~-kiln** *n.* odyn (*f*) galch (odynau calch), *N: occ:* cylyn(-au,-od) (*m*) calch. **~-mortar** *n.* morter (*m*) calch, cymrwd (*m*) calch. **~-pit** *n.* pydew(-au) (*m*) calch. **~-pool** *n.* llyn(-noedd,-nau) (*m*) calch, trochfa (*f*) galch (trochf|eydd calch). **~ soap** *n.* sebon(-au) (*m*) calch. **~-twig** *n.* brigyn (brigau) gludiog *m*. **~-wash** *n.* **1.** gwyngalch *m* (*pronounced* ng-g). **2.** *(action):* gwyngalchiad(-au) *m*, calchiad(-au) *m*. **~-washed** *a.* gwyngalchog, gwyngalchedig (*both pronounced* ng-g), calchog, calchwyn(-ion). **~ water** *n.* dŵr (*m*) calch.

lime[2] *v.t.* **1.** *(= smear twigs):* gludio; **to ~ birds,** dal adar â glud. **2.** *Agr: (land):* calch[i]o, calchu (tir); gwrteithio (tir) â chalch; rhoi calch (i/ar dir). **3.** *(skins):* calchu (crwyn); mwydo (crwyn) [mewn dŵr calch].

lime[3] *n. Bot: (fruit):* leim(-iau) *mf*. **~-flavoured** *a.* â blas leim. **~-juice** *n.* sudd (*m*) leim, diod (*mf*) leim. **~-juicer** *n. F:* yfwr (yfwyr) (*m*) sudd leim. **~ tree** *n. Bot: (fruit tree):* coeden (coed) (*f*) leim, leimwydden (leimwydd) *f*.

lime[4] *n. Bot: (ornamental tree = linden):* **~ [tree],** palalwyfen (palalwyf) *f*, pisgwydden (pisgwydd) *f*, pisgen(-ni, pisg) *f*, gwaglwyfen (gwaglwyf) *f*, eurwernen (eurwern) *f*, llwyfanen fanw (llwyfain banw) *f*; **large-leaved ~,** *(Tilia platyphyllosa):* pisgwydden ddeilfawr (pisgwydd deilfawr); **small-leaved ~,** *(T. cordata):* pisgwydden deilen fach (pisgwydd dail bychain).

lime[5]-wort *n. Bot:* **= brooklime.**

limed *a.* calchedig, wedi'i galchu, wedi cael calch.

limeade *n.* **= lime-juice.**

limelight *n.* golau (*m*) calch; *Fig: (= publicity):* amlygrwydd *m*, cyhoeddusrwydd *m*, sylw *m*; **in the ~,** yng ngolwg y cyhoedd, yn llygad y cyhoedd, yn yr amlwg, yng ngolwg pawb.

limen *n. Psy:* trothwy *m*.

limepan *n. Geog:* cletir(-oedd) (*m*) calch.

limer *n.* calch[i]wr (calchwyr) *m*.

limerick *n. Pros:* limrig(-au) *mf*; **to write limericks,** limriga; **writer of limericks,** limrigwr (limrigwyr) *m*, limr|igwraig *f*.

limestone *n. Miner: Geol:* carreg (*f*) galch (cerrig calch), calchfaen (calchfeini) *m*; **carboniferous ~,** calchfaen carbonifferaidd; **Jurassic ~,** calchfaen Jurasig; **magnesian ~,** calchfaen magnesaidd; **oolitic ~,** calchfaen öolitig; **shelly ~,** calchfaen cregynnog. **~ pavement** *n.* calchbalmant (calchbalmentydd) *m*. **~ pillar** *n.* piler(-i) (*m*) calch, calchbost (calchbyst) *m*.

Limey *n. P:* Sais (Saeson) *m*.

limicoline *a.* glan môr.

limicolous *a.* *ll|eid-drig.

liminal *a.* trothwyol, ar y trothwy.

liming *vn.* calchiad(-au) *m*, calchu, calchio.

limit[1] *n.* **1.** terfyn(-au) *m*; **final ~,** pen draw *m*, eithaf *m*, terfyn eithaf *m*; **within a three mile ~,** o fewn cylch/terfyn o dair milltir; **(it is true) within limits,** (mae'n wir) i [ryw] raddau, o fewn terfynau; **without ~,** heb derfyn, annherfynol, annherfynedig, diderfyn, diderfynau, di-ben-draw; **that's the ~ (of his ability),** dyna derfyn [eithaf], dyna ben draw (ei alluoedd); **to know one's limits,** adnabod eich cyraeddiadau; **age ~,** terfyn oedran; **principle of limits,** egwyddor (*f*) terfynau; *Cmptr:* **~ on entry,** cyfyngiad ar gofnod; *F:* **that's the ~!** wel, dyna'i diwedd hi! **he's the ~!** mae'n annioddefol! *S: occ:* ma fe'n farnol! *N.W: occ:* mae o fel barn [ar datws]! mae o'r tu hwnt! *P:* **off limits,** dan waharddiad, gwaharddedig; **territorial limits,** terfynau tiriogaethol; **limits of visibility,** terfynau gwelediad. **2.** *Mec.E: (= tolerance):* goddefiant *m.* **3.** *Ph: Mth:* terfan(-nau) *f,* cyfyngiad *m;* **Newall limits,** terfannau Newall; **~ of functions,** terfan ffwythiannau; **elastic ~,** terfan elastig; **~ of sequences,** terfan dilyniannau; **~ of integration,** terfan integreiddiad. **~ gauge** *n.* medrydd(-ion) *(m)* terfan. **~ man** *n.m. Sp:* blaen-gychwynnwr (~-gychwynwyr).

limit[2] *v.t.* cyfyngu (rhth, ar rth); **to ~ oneself to sth,** eich cyfyngu'ch hun i rth, ymgyfyngu i rth.

limitary *a. (= limiting):* cyfyngol, ffiniol; *(= limited):* cyfyngedig, tan gyfyngiad, terfynedig.

limitation *n.* cyfyngiad(-au) *m;* **he has his limitations,** mae ei alluoedd yn gyfyngedig; mae terfynau ar ei alluoedd; mae pen draw i'w allu; *Jur:* **~ of actions,** cyfyngiad ar achosion; **words of ~,** geiriau cyfyngedig; **at a time of financial ~,** pan fo cyllid yn brin, ar adeg o wasgu/wasgfa; **~ of liability,** cyfyngiad ar atebolrwydd; **time ~,** cyfyngiad amser; *(in a suit):* cyfyngiad(-au) ar [yr] amser; **the Statute of Limitations,** [Y]statud *(f)* Cyfyngiadau. **L~ Act** *n.* Deddf *(f)* Cyfyngiadau.

limitational *a.* cyfyngiadol.

limitative *a.* cyfyngol.

limited *a.* cyfyng, cyfyngedig; **~ access highway, = expressway;** *Theol:* **~ atonement,** iawn cyfyngedig *m;* **~ company,** cwmni (cwmnïau, cwmnïoedd) cyfyngedig *m;* **people of ~ views,** pobl gulfrydig/gulfarn; *Publ:* **~ edition,** argraffiad(-au) cyfyngedig *m;* **~ liability,** atebolrwydd cyfyngedig *m; U.S:* **~ train,** trên (trenau) cyflym *m,* trên gyflym (trenau cyflym) *f;* **~ war,** rhyfel(-oedd) cyfyngedig *m.*

limitedly *adv.* yn gyfyngedig, o fewn cyfyngiadau.

limitedness *n.* natur gyfyngedig *f;* **the ~ of his experience became evident,** daeth yn amlwg mor gyfyng oedd ei brofiad.

limiter *n.* cyfyngwr: cyfyngydd (cyfyngwyr) *m* **(of sth,** ar rth).

limiting *a.* **1.** cyfyngol. **2.** *Ph: Mth:* terfannol; **~ density,** dwysedd(-au) terfannol *m.*

limitless *a.* diderfyn, annherfynol, di-ben-draw, diddiwedd.

limitlessly *adv.* yn ddiderfyn, heb derfyn.

limitlessness *n.* dibendrawdod *m,* annherfynoldeb *m.*

limitrophe *a.* cyffiniol, ymylol, ar y gororau, ffiniol.

limn *v.t. Lit:* darlunio, portreadu, paentio, peintio, tynnu llun (rhn).

limner *n.* arlunydd: arluniwr (arlunwyr) *m,* portreadwr (portreadwyr) *m.*

limnetic, limnic *a.* llynnol.

limnological *a.* llynegol.

limnologist *n.* llynegwr (llynegwyr) *m.*

limnology *n.* llynneg *f.*

limonene *n. Ch:* l|imonen *m.*

limonite *n. Ch:* l|imonit *m.*

limonitic *a. Ch:* limonitig.

limousine *n.* limwsîn(-s, limwsinau) *mf.*

limp[1] *n.* cloffni *m,* cloffi *m; (= action of limping):* herc *f,* henc *mf,* hec *m,* helc *f;* **to have a ~, to walk with a ~,** hercio, hercian, hencian, honcian [cerdded]; cloffi, clunhercian, *S.W: occ:* fferlincan; *N.W:* **a slight ~,** rhonc *f.*

limp[2] *v.i.* hercio, hercian, honcian, cerdded yn gloff, clunhercian, *S.W: occ:* fferlincan, hercan, climpan; *N.W:* helcian, hencian.

limp[3] *a.* llipa, llibin, llibinaidd, llibynnaidd, llac; *(pers.):* lliprynnaidd; **my arm is ~,** *S.W:* mae fy mraich i'n whip reit; *S.E: occ:* mae fy mraich i'n wacsa; *Bookb:* **~ binding,** rhwymiad ystwyth/llipa; **to go ~,** mynd yn llipa *&c, occ:* llipáu, llipanu, llibinio, llibynna, lliprynnu; *F:* **I felt as ~ as a rag,** 'rown i'n teimlo fel clwt/clwtyn llestri; *S.W: occ:* 'rown i'n teimlo'n whip; *N.W: occ:* 'roeddwn i'n disgyn fel sach. **~-wristed** *a.* llawlipa, merchetaidd.

limper *n.* herciwr (hercwyr) *m,* henciwr (hencwyr) *m.*

limpet *n. Moll:* **common ~,** *(Patella vulgata):* llygad *(m)* maharen (llygaid meheryn), cragen *(f)* maharen (cregyn meheryn), brenigen (brennig) *f, S.W:* cogwrn (cogyrnod) *m;* **blue-rayed ~, blue-veined ~, blue-eyed ~,** *(Patina pellucida):* brenigen [resog] las (brennig [rhesog] gleision); **bonnet ~,** *(Capulus ungaricus):* brenigen fonet (brennig bonet); **keyhole ~,** *(Diodora apertura):* brenigen bendoll (brennig pendwll); **lake ~,** *(Ancylus lacustris):* brenigen y llyn; **river ~,** *(Ancylastrum fluriatile):* brenigen yr afon; **slipper ~,** *(Crepidula fornicata):* ewin *(m)* mochyn (ewinedd moch), ewin Mair, brenigen yr wystrys; **slit ~,** *(Emarginula reticulata):* brenigen hollt; **tortoiseshell ~,** *(Acmaea tessulata):* brenigen fraith (brennig brith); **white tortoiseshell ~,** *(Acmaea virginea):* brenigen wen (brennig gwynion); **to cling like a ~,** glynu fel gele **(to sth,** wrth rth). **~ mine** *n.* ffrwydryn (ffrwydron) *(m)* glynu.

limpid *a.* clir, grisialaidd, tryloyw.

limpidity *n.* clirder *m,* eglurder *m,* tryloywder *m.*

limpidly *adv.* yn glir *&c.*

limpidness *n.* = **limpidity.**

limping *a.* cloff, herciog.

limpkin *n. Orn: (Aramus guarauna):* (*)herciwr (hercwyr) *m.*

limply *adv.* yn llipa *&c.*

limpness *n.* meddalwch *m,* llacrwydd *m,* llibindod *m,* llibinrwydd *m,* llibynrwydd *m,* llipäedd *m,* llipanedd *m,* llipanrwydd *m,* ystwythder *m,* hyblygedd *m,* natur lipa *f.*

limuloid *a. Crust:* fel marchgranc, marchgrangol.

limulus *n. Crust:* = **king-crab.**

limy *a.* **1.** *(= like lime):* calchog. **2.** *(= sticky):* gludiog.

linac *n.* = **linear accelerator.**

linage *n. (a)* llinellau *pl; (b) (payment):* tâl *(m)* llinellau.

linalool *n. Ch:* linalöol *m.*

linarite *n. Geol:* l|inarit *m.*

linchpin *n. Veh:* gwarbin(-nau) *m,* limpin(-nau) *m,* echelbin(-nau) *m.*

Lincolnesque, Lincolnian *a.* Lincolnaidd.

lincomycin *n. Pharm:* lincomysin *m.*

linctus *n.* ffisig *(m)* peswch, moddion *(m or pl)* peswch.

lindane *n. Ch:* linden *m.*

linden [tree] *n.* = **lime[4].**

Lindisfarne *Eng.Pl.n.* Ynys *(f)* Metgawdd.

lindy *n. Danc:* lindi *f.*

line[1] *n.* **1.** *(a) Nau: &c: (= cord):* llinyn(-nau) *m,* rhaff(-au) *f,* rheffyn(-nau) *m,* rhaffen (rhaffau) *f; (b) Fish:* llinyn, *S:* ffunen(-nau,-ni) *f, S.W: occ:* ffinel *f,* ffinnen *f, N: F:* lein *(f)* bysgota (leiniau pysgota); **night-~,** cefnen *f;* **to give s.o. ~ enough,** rhoi digon o raff i rn; *(c) Tg: Tp: (i) (of telephone):* llinell(-au) *f, F:* lein(-s,-iau) *f;* **shared ~, party ~,** llinell ar y cyd, llinell a rennir; *S.a.* **hot; hold the ~,** aros/dal (arhoswch/daliwch) am funud; dal (daliwch) y lein; **~ engaged,** llinell yn brysur; rhn ar y llinell; *(ii) (= cable):* gwifren (gwifrau) *f,* cebl(-au) *m; (d) Constr: Surv:* llinyn(-nau) *m;* **plumb-~,** plymen(-ni,-nau) *f;* **by rule and ~,** yn union, yn fanwl gywir, wrth reol a llinyn; *(e) B:* **the lines are fallen unto me in pleasant places,** y llinynnau a syrthiodd i mi mewn lleoedd hyfryd; **hard lines!** hen dro! trueni! bechod! **it was hard lines on him losing,** 'roedd yn drueni/bechod iddo golli; *(f)* **clothes-~,** lein ddillad (leiniau dillad); *(g) U.S:* = **reins;** *(h)* **steam ~,** *(= hose):* pibell(-i) *(f)* ager; *(i) Th:* **frail-~,** lein halio; **fly lines, lines of the grid,** rhaffau'r brig; **trick-~,** lein chwim; **working ~,** lein waith (leiniau gwaith). **2. electric ~,** llinell *(f)* drydan (llinellau trydan). **3.** *(a) (= stroke of pencil &c):* llinell(-au) *f;* **to draw a ~,** tynnu llinell; *Fig:* **to draw a ~ (between good and bad),** tynnu llinell, gwahaniaethu (rhwng da a drwg); **base ~,** baslin(-iau) *f,* gwaelodlin(-iau) *f;* **broken ~,** llinell doredig (llinellau toredig), llinell fylchog (llinellau bylchog); **centre ~,** llinell ganol (llinellau canol); **curved ~,** llinell grom (llinellau crymion), cromlin(-iau) *f;* **dotted ~,** llinell ddotiau (llinellau dotiau); **horizontal ~,** llinell lorwedd (llinellau llorwedd), llorlin(-iau) *f,* llinell lorweddol (llinellau llorweddol); **perpendicular ~,** sythlin(-iau) *f;* **plumb ~,** llinell blwm (llinellau plwm), plymlin(-iau) *f;* **vertical ~,** llinell blwm, plymlin, sythlin(-iau) *f,* llinell fertigol; **bar-~,** *(i) Mus:* llinell far (llinellau bar); *(ii) Cmptr:* barlinell(-au) *f;* **depth ~,** llinell ddyfnder (llinellau dyfnder); **ledger-~,** llinell ychwanegol, llinell estyn; **parallel ~,** cyflinell(-au) *f;* **parallel lines,** llinellau cyfochrog; **projection ~,** llinell dafluniadol (llinellau tafluniadol); **rhumbic ~,** rhymlin(-iau) *f;* **sectional ~,** llinell drychu (llinellau trychu); **unbroken ~,** llinell ddi-dor (llinellau di-dor); *Cmptr:* **working ~,** llinell waith (llinellau gwaith); **to be in ~ with sth,** bod yn yr un llinell â rhth; *Fig: (= conform with sth):* cydymffurfio â rhth; **to toe the ~,** cydymffurfio, ufuddh|au; *(b) (on face):* rhych(-au) *mf; S.a.* **3.** *(g) (ii); (on palm):* llinell; **~ of life,** llinell bywyd/hoedl; **~ of fortune,** llinell ffawd; **~ of health,** llinell iechyd; **~ of love,** llinell cariad/serch; **head ~,** llinell y pen; **heart ~,** llinell y galon; *(c) Geog:* **the L~,** *(= Equator):* y Cyhydedd *m*; **the International Date L~,** y Ddyddlinell *f*; **contour ~,** cyfuchlin(-iau) *f*, llinell gyfuchder (llinellau cyfuchder); **equinoctial ~,** llinell y cyhydedd, cyhydlin *f*; *Surv: &c:* **datum ~,** llinell ddatwm (llinellau datwm); **fall ~,** llinell gwymp (llinellau cwymp); **isanomalous ~,** llinell gyfan|omalaidd (llinellau cyfan|omalaidd); **snow ~,** llinell eira; **frost ~,** llinell rew (llinellau rhew), rhewlin(-iau) *f*; **spring ~,** llinell darddiad (llinellau tarddiad), tarddlin(-iau) *f*; **squall ~,** llinell hyrddwynt; *(d) Ph: Mth:* **lines of force,** llinellau grym; **lines of regression,** llinellau atchwel; **~ of sight,** llinell welediad (llinellau gwelediad); **~ of fire,** llinell danio (llinellau tanio); **~ of march,** cyfeiriad (*m*) ymdeithio; **the ~ of a bullet/arrow** *&c*, llwybr (*m*) bwled/saeth *&c*; **~ of vision, construction ~,** llinell lunio (llinellau llunio); **eye ~,** llinell edrych; **depth ~,** llinell ddyfnder (llinellau dyfnder); **dimension ~,** llinell ddimensiwn (llinellau dimensiwn); **hidden ~,** llinell gudd (llinellau cudd); **hidden detail ~, phantom ~,** llinell manylion cudd; **vanishing ~,** llinell ddiflannol (llinellau diflannol); *(e) Art:* llinell, amlinell(-au) *f*; **a picture hung on the ~,** llun yn hongian ar lefel y llygad; **boldness of ~,** llinellau egnïol, llinellu (*vn*) egnïol; **purity of ~,** purdeb (*m*) llinellau; **~ and wash,** llinell a golchiad; **~ of beauty,** llinell geinder; *(f)* **to shoot s.o. a ~ on sth,** rhoi rhn ar ben y ffordd ynglŷn â rhth; **to get a ~ on sth,** cael argoel (*f*) o rth, cael arwydd (*m*) o rth; *F:* **to shoot a ~,** eich canmol eich hun, eich brolio'ch hun, brolio, ymffrostio; *(g) usu. in pl. (i) (= contours, shape):* amlinell(-au) *f*, ffurf(-iau) *f*, golwg *f* (ar rth); *N.Arch:* **the lines (of a ship),** ffurf *f*, saernïaeth *f*, adeiladwaith *m* (llong); **clean lines,** golwg luniaidd/gymen, amlinellau lluniaidd/cymen/destlus, llun|ieidd-dra *m*, cymhendod *m*, destlusrwydd *m*; *(ii) (= feature of face):* amlinellau *pl*, pryd (*m*) a gwedd *f*, wynepryd *m*; *S.a.* 3. *(b)*; **the hard lines of his face relaxed,** ymlaciodd ei wynepryd caled; ymlaciodd yr olwg galed ar ei wyneb; *(iii) Pol: &c:* **the general lines of a party's policy,** amlinellau polisi plaid; **we're working on the right lines,** 'rydym ar y llwybr iawn; 'rydym yn mynd i'r cyfeiriad iawn; rydym ar y llinellau iawn; **(a movement organized) on political lines,** (mudiad a drefnir) yn wleidyddol, ar linellau gwleidyddol; **(the plan proceeded) on the lines laid down by the leader,** (aeth y cynllun yn ei flaen) yn ôl argymhellion yr arweinydd, yn ôl cyfarwyddyd yr arweinydd, o fewn y canllawiau a nodwyd gan yr arweinydd; **(write sth) along those lines,** (ysgrifennwch rth) i'r cyfeiriad hwnnw, yn debyg i hynny, ar y llinellau hynny; *(h) (demarcation):* llinell derfyn (llinellau terfyn), terfyn(-au) *m*, *occ:* hicyn (hiciau) *m*; **break ~,** llinell dorri (llinellau torri); **halfway ~,** llinell ganol (llinellau canol); **finishing ~,** llinell derfyn; *F:* **one must draw the ~ somewhere,** mae terfyn ar bopeth; mae pen draw i bopeth; rhaid tynnu'r llinell yn rhywle; **I draw the ~ at lying,** wna i ddim dweud celwydd; 'rwy'n gwrthod dweud celwydd; af i ddim cyn belled â dweud celwydd; mi wna' i rth ond dweud celwydd, **to put/lay sth on the ~ (to s.o.),** dweud/gosod rhth yn ddiamwys *or* yn blwmp ac yn blaen (wrth rn); *Econ:* **expenditure above the ~,** gwariant cyfredol, gwariant uwchlaw'r hicyn; **points above the ~,** pwyntiau bonws, pwyntiau anrhydedd, pwyntiau uwchlaw'r hicyn; *Const:* **to project beyond the building ~,** ymwthio dros y llinell adeiladu/adeiladwaith; *Th:* **scoring ~,** llinell hac, uniad(-au) *m*; **sight ~,** llinell weld (llinellau gweld); *Sp:* **[centre] serving ~,** llinell serfio ganol; **dead ball ~,** llinell derfyn; **five yard ~,** llinell bum llath; **goal ~,** llinell [y] gôl; **seven yard ~,** llinell saith llath; **shooting ~,** llinell saethu; **side ~,** llinell ochr; **touch-~,** llinell ystlys; *Needlew:* **alteration ~,** llinell newid; **fold ~,** llinell y plyg, llinell blygu (llinellau plygu). **4.** *(a). (= row of people &c):* rhes(-i) *f*, rheng(-oedd) *f*, rhesaid: rhesiad (rheseidiau) *f*, llinell; *Sp:* **a ~ of players,** rhes/rheng o chwaraewyr; **a ~ of houses,** rhes/rhesaid/rhesiad o dai, *occ:* rhestai *f*, *S:* rhestr(-i) (*f*) o dai; **(to stand) in a ~,** (sefyll) mewn rhes, yn [un] rhes, *occ: (of people):* yn gyfysgwydd; *S.a. (b) below*; *(= alignment):* **it's out of ~,** mae allan ohoni; **to come/fall into ~,** mynd i'r rhes/rheng/llinell; *Fig:* **to fall into ~ with s.o.'s wishes,** cydsynio â dymuniad rhn; ufuddh|au i rn; **to fall into ~ with s.o.'s ideas,** cydymffurfio/cyd-fynd â syniadau rhn; **to fall out of ~,** dod allan o'r rhes/rheng, gadael y rhes/rheng; **all along the ~,** pob cam o'r ffordd, ym mhob man; **he's in ~ for promotion,** mae'n debyg o gael ei ddyrchafu; mae dyrchafiad ar ei gyfer; *(of plan &c):* **to be in ~ with sth,** bod yn unol/gyson/gytûn â rhth; **to be out of ~ with sth,** bod yn anghyson â rhth; **to bring sth into ~ with sth else,** cysoni rhth â rhth arall, gwn|eud rhth yn gyson â rhth arall; *(b) U.S: (= queue):* rhes(-i) *f*, ciw(-iau) *m*, *occ:* colofn(-au) *f*, llinell, *S:* cwt(-au) *f*; **a ~ of vehicles,** colofn/rhes/llinell o gerbydau, cerbydau y tu ôl i'w gilydd, cerbydau yn un llinell/llinyn, *S:* rhestr o gerbydau; **to stand in a ~,** sefyll mewn llinell, *N:* ciwio, *S:* gwneud cwt; *(c) Mil: Nau:* **~ of battle,** cadres(-i) *f*, llinell frwydr; **ship of the ~,** cadlong(-au) *f*, llong (*f*) gadres (llongau cadres), llong lynges (llongau llynges), llong ryfel (llongau rhyfel); **regiment of the ~,** catrawd (*f*) o'r gadres, catrawd reolaidd (catrodau rheolaidd); **the front lines,** y rhengoedd blaen, blaen (m) y gad, y rheng flaen *f*, blaen y maes, blaen y frwydr; *(defences):* amddiffynf|eydd blaen; **to go up the ~,** mynd i flaen y gad; **the rear lines,** y rhengoedd ôl, rhan ôl (*f*) y gad, y cefn *m*; *Nau:* **~ abreast,** rhes gyfochrog; **~ ahead,** colofn ddilynol; *(d) Ind:* **assembly ~,** rhes gydosod (rhesi cydosod); *(e)* **~ of communication,** llinell gyswllt (llinellau cyswllt); **~ of supply,** llinell gyflenwi (llinellau cyflenwi); *(f) (written):* llinell(-au) *f*; **to read between the lines,** darllen rhwng y llinellau; **a ~ for ~ translation,** cyfieithiad fesul llinell; *F:* **to drop s.o. a ~,** anfon gair at rn; *F:* **marriage lines,** tystysgrif (*f*) briodas (tystysgrifau priodas); **I had to write out a hundred lines,** bu'n rhaid i mi ysgrifennu cant o linellau; **the actor forgot his lines,** anghofiodd yr actor ei linellau. **5.** *(of ships &c = company):* cwmni (cwmnïau, cwmnïoedd) *m*; **air ~,** cwmni hedfan, cwmni awyrennau; **shipping ~,** cwmni llongau. **6.** *(of family):* llinach(-au,-oedd) *f*, tras(-au) *f*, gwaedoliaeth(-au) *f*, hil(-iau,-ion) *f*, hiliogaeth(-au) *f*, gwehelyth(-au) *mf*, olyniaeth(-au) *f*, *Lit: occ* llin(-iau) *f*; **the male ~,** llinach y meibion, y llinach wrywaidd; **a pure ~,** llinach bur, ach ddiledryw; **royal ~,** llinach frenhinol (llinachau brenhinol), brenhinl[l]in (breninl[l]iniau) *f*; **in direct ~,** yn unionlin, yn syth, yn uniongyrchol (*pronounced* ng-g), yn llinach union; **the family had a long ~ of statesmen,** 'roedd olyniaeth faith o wladweinwyr yn y teulu; **she comes of a good ~,** mae hi o deulu da; mae hi o waedoliaeth dda; mae hi'n un o hen wehelyth; **he comes from a long ~ of craftsmen,** mae'n grefftwr o hil gerdd. **7.** *Rail:* llinell, *F:* lein; **up ~,** llinell/lein i'r dref; **down ~,** llinell/lein o'r dref; **main ~,** prif linell, prif lein; **branch ~,** cangen leol (canghennau lleol), llinell leol (llinellau lleol), lein leol (leiniau lleol); **we've come to the end of the ~,** dyma ni wedi cyrraedd y pen draw; allwn ni ddim mynd ymhellach; *S. W: occ:* 'rydym ni wedi dod i frest y wal. **8.** *(= direction, trend):* cyfeiriad(-au) *m*; **a ~ of march,** cyfeiriad ymdeithio; *Ven: (= track):* ôl (olion) *m*, trywydd *m*, *N. W: occ:* sathrfa *f*; **s.o.'s ~ of thought,** cyfeiriad/trywydd meddwl rhn, tuedd (*f*) meddwl rhn, teithi (*pl*) meddwl rhn, perwyl (*m*) meddwl rhn; **a ~ of argument,** llinyn *m*, trywydd, rhesymiad(-au) *m*, ymresymiad(-au) *m*; **the ~ to be taken,** y llwybr/trywydd i'w ddilyn, y cyfeiriad i fynd iddo, y ddadl (*f*) i'w defnyddio, yr agwedd (*f*) i'w mabwysiadu, sut y dylid ymddwyn, yr ymddygiad priodol *m*; *(of political party &c):* safbwynt(-iau) *m*, p|olisi (polisïau) *m*, daliadau *pl*, agwedd(-au) *f*; **he followed the party ~,** dilynodd arweiniad y blaid; dilynodd bolisi'r blaid; **he took the ~ of least resistance,** dewisodd ddilyn y llwybr hawsaf; **his ~ was (that we should pay),** ei ddadl (*f*)/awgrym (*m*) oedd (y dylem dalu); dadleuodd, awgrymodd (y dylem dalu); **a hard ~,** safbwynt cadarn/digymrodedd/diysgog/di-ildio/cyndyn; **he took a hard ~ on this matter,** safodd yn gadarn/ddi-ildio ar y pwnc hwn; **(I'm ready) to take a soft ~,** ('rwy'n barod) i fod yn gymodlon, i gymrodeddu/gyfaddawdu; **to put forward a ~,** cyflwyno dadl, ymagweddu, cymryd agwedd/osgo. **9.** *(a) (of work &c):* gwaith *m*, galwedigaeth(-au) *f*; **what's his ~ of business?** beth yw ei waith/alwedigaeth? *F:* **that's not in my ~,** nid yw'n un o fy mhethau i; *F:* **that's more in his ~,** dyna'i bethau ef; *(b) Com: (of goods):* math(-au) *m*, amrediad(-au) *m*, cyfres(-i) (*f*) o nwyddau/gynhyrchion; **this is one of our most popular lines,** dyma un o'n nwyddau/cynhyrchion mwyaf poblogaidd; **leading ~,** nwyddau denu cwsmeriaid, nwyddau hysbysrwydd; **(a rice pudding) or sth in that ~,** (pwdin reis) neu rth o'r fath, neu rth tebyg. **10.** *Meas:* llinell. **~-block** *n.* llinfloc(-iau) *m*. **~-breeding** *vn.* bridio o linach/waedoliaeth. **~-casting machine** *n.* cysodydd(-ion) (*m*) llinellau, llinachfridio. **~-drawing¹** *n.* llinlun(-iau) *m*, llinluniad(-au) *m*. **~-drawing²** *vn.* llinlunio *vn.* **~-editor** *n. Cmptr:* llin-olygydd(-ion) *m*. **~ engraving¹** *n.* llinengrafiad(-au) *m* (*pronounced* ng-g). **~-engraving²** *vn.* llinengrafio (*pronounced* ng-g). **~-feed¹** *n. Cmptr: (a)* llin-borthiad(-au) *m*; *(b) (key):* llin-borthwr (~-borthwyr) *m*. **~-feed²** *v.t.* llin-borthi. **~-feed character** *n. Cmptr:* nod (*m*) llin-borthiad. **~-fisher** *n.* genweiriwr (genweirwyr) *m*, *N.W: occ:* moeriwr (moerwyr) *m*. **~-fishing** *vn.* genweirio, *N.W: occ:* moerio. **~-gauge** *n. Typ:* pren(-nau) (*m*) mesur teip. **~-graph** *n. Cmptr: &c:* graff(-iau) (*m*) llinell. **~-management** *n.* rheolaeth atebol *f*. **~-manager** *n.* rheolwr (rheolwyr) atebol *m*. **~-out** *n. Rugby:* lein(-iau) *f*; **to form a ~-out,** leinio. **~-printer** *n. Cmptr:* llin-argraffydd (~-argraffwyr) *m*. **~ printing** *vn. Cmptr:* llin-argraffu. **~-space** *n. Typ: Typewr:* rhynglinell(-au) *f*. **~-spacer** *n. Typ: Typewr:* rhynglinellwr (rhynglinellwyr) *m*. **~-spectrum** *n. Ph: Mth:* sbectrwm (sbectra) (*m*) llinellau. **~ squall** *n. Meteor:* sgôl (sgoliau) (*f*) ffrynt oer. **~ storm** *n.* storm (*f*) gyhydnos (stormydd cyhydnos). **~-work** *n. Art:* gwaith (*m*) pensel, gwaith â phensel.

line² *v.t.* **1.** *(paper):* llinellu; *(of face):* **to become lined,** rhychu, mynd yn rhychau/rhychog. **2. to ~ a walk with trees,** plannu coed ar hyd llwybr, ymylu llwybr â choed; **(a street) lined with trees,** (stryd) a choed ar ei hyd, a choed ar hyd-ddi; **the troops lined the street,** safai'r milwyr mewn rhes ar hyd y stryd; safai'r milwyr o'r naill ben i'r llall i'r stryd. **~ up 1.** *v.t.* **to ~ sth up,** gosod rhth mewn rhes; *T.V:* llinellu; **(I have a job) lined up for you,** (mae gennyf dasg) ar eich cyfer, i chi, yn barod i chi. **2.** *v.i.* sefyll mewn/yn rhes, *S:* aros mewn cwt. **line-up** *n.* rhes(-i) *f*, rhesaid (rheseidiau) *f*, rhestr(-au,-i) *f*, llinell(-au) *f*.

line³ *v.t.* **1.** *(clothing):* leinio, *occ:* dyblu. **2. a membrane lines the stomach,** amwisgir y stumog â philen; mae gan y stumog amwisg; **a nest lined with moss,** nyth wedi ei chlustogi/leinio â mwsogl; **a wall lined with wooden panelling,** pared wedi ei banelu â choed; **to ~ a chimney,** leinio simnai; *S.a.* **pocket¹ 1. 3.** *Cu:* leinio.

line⁴ *v.t.* **to ~ a bitch,** cyplu â gast.

lineage *n.* llinach(-au) *f*, tras(-au) *f*, gwaedoliaeth(-au) *f*, gwehelyth(-au) *mf*, ach(-au) *f*, *Lit: occ:* llin(-iau) *f*; **of proud ~,** o uchel dras.

lineal *a.* unionlin, uniongyrchol (*pronounced* ng-g), lliniol; **a ~ descendant,** disgynnydd uniongyrchol.

lineality *n.* unionlinedd *m*.

lineally *adv.* yn unionlin.

lineament *n.* **1.** *usu.pl.* nodweddion *pl*, teithi *pl*; *(of face):* wynepryd *m*, pryd *m* [a gwedd *m*]. **2.** *Geol:* llinelliad(-au) *m*.

lineamental *a. Geol:* llinelliadol.

linear *a. (= in line, one-dimensional):* llinellol, unionlin, sythlin, unllin; *(= long and narrow):* hirfain (hirfeinion), cul(-ion), hirgul(-ion), main (meinion); *Bot:* hirfain, main; **a ~ leaf,** deilen hirfain; *Art: (= consisting of lines):* llinellog; *Ling:* **~ A,** llinysgrif (*f*) A; *Ph:* **~ accelerator,** cyflymydd unionlin/unllin *m*; *Art:* **~ composition,** cyfansoddiad llinellog *m*; *Mth:* **~ dependence,** dibyniaeth linellol *f*; *Archeol:* **~ earthwork,** rhagfur(-iau) unionlin *m*, cloddwaith unionlin *m*; *Mth:* **~ equation,** hafaliad(-au) (*m*) unradd/llinellol; *Ph: Mth:* **~ factor,** ffactor(-au) llinellol *m*; *Sch:* **~ frame,** ffrâm (fframiau) unionlin *f*; *Mth:* **~ independence,** annibyniaeth linellol *f*; **~ measure,** mesur hydol *m*; *Ph:* **~ momentum,** momentwm (momenta) llinellol *m*; **~ motor,** motor llinellol *m*; *Astron:* **~ nebula,** nifwl (nifylau) hirfain/llinellol *m*; *Art:* **~ perspective,** persbectif llinellol *m*; *Archeol:* **~ pottery,** priddlestri (*pl*) addurn llinellog; *Sch:* **~ programme,** rhaglen unionlin *f*.

linearity *n.* llinoledd *m*.

linearizable *a.* llinoladwy.

linearization *n.* llinoliad(-au) *m*, llinoli *vn.*

linearize *v.t.* llinelloli.

linearly *adv.* yn un llinell, yn unionlin, yn llinellol, yn llinol; *Ph: Mth:* **~ dependent,** yn llinol ddibynnol; **~ independent,** yn llinol annibynnol.

lineate[d] *a.* llinellog, rhesog.

lineation *n.* llinelliad(-au) *m*, llinellau *pl*.

linecaster *n.* = **linotype**.

linecasting *vn.* castio llinellau, leinoteipio.

lined *a.* **1.** *(paper):* llinellog. **2.** *(= striped):* rhesog. **3.** *(face):* rhychog. **4.** *(= with lining):* wedi ei leinio, â leinin, *S.E: occ:* cefnog. **5. ~ up,** mewn rhes, yn [un] rhes.

lineman *n.* = **linesman 1, 2.**

linen *n.* **1.** *Tex:* lliain (llieiniau) *m*; **fine ~,** lliain main. **2. table-~,** *N:* llieiniau bwrdd, *S:* llieiniau bord; **body ~,** dillad isaf *pl*; **household ~,** llieiniau'r cartref, llieiniau tŷ; **dirty ~,** llieiniau i'w golchi, llieiniau budron, dillad budron; **to wash one's dirty ~ (in public),** dweud eich hanes, golchi'ch dillad budron, codi'ch godre'ch hun (yng ngŵydd pawb, ar goedd); *S.a.* **bedlinen. 3.** *attrib.* lliain, o liain; **~ crash,** brasliain *m*; **~ embroideries,** brodwaith (*m*) ar liain; **~ paper,** papur llin; **~ scrim,** lliain sgrim; **~ sheet,** cynfas (*f*) liain (cynfasau lliain); **~ thread,** edau (*f*) lin; **~ twill,** lliain caerog; **~ yarn,** edau lin. **~-bin** *n.* bin (*mf*) d[d]illad (biniau dillad). **~-cupboard** *n.* cwpwrdd (cypyrddau) (*m*) llieiniau, cwpwrdd dillad. **~-draper** *n.* llieiniwr (llieinwyr) *m*, llieinwerthwr (llieinwerthwyr) *m*. **~-press** *n.* = **linen-cupboard**. **~-room** *n.* ystafell (*f*) lieiniau (ystafelloedd llieiniau). **~-warehouse** *n.* warws (*mf*) brethynnau/frethynnau (warysau brethynnau).

linenfold *n. Carp:* plyg (plygion) (*m*) lliain, llieinblyg(-ion) *m*.

lineolate[d] *a. Z: Bot:* mân-linellog.

liner¹ *n. (ship):* llong fawr (llongau mawrion) *f*, llong deithio (llongau teithio), *F:* leiner: leinar(-s) *f*; *S.a.* **airliner. ~ train,** trên (trenau) (*mf*) leiner.

liner² *n. (of bin, cylinder &c):* leinin(-au) *m*.

liner³ *n. Cosmetic:* pensel (*f*) linellu (penseli llinellu).

liner⁴ *n. (pers.):* leiniwr (leinwyr) *m*; **hard-~,** cyndynnwr (cydynwyr) *m*, cynd|ynwraig *f*, rhn digymrodedd/di-ildio.

linesman *n.m.* **1.** *(a) Rail:* fforddoliwr (fforddolwyr), hewlwr (hewlwyr). **2.** *Tg: Tp:* llinellwr (llinellwyr), gwifrwr (gwifrwyr), *F:* dyn(-ion) polion trydan/t|elegraff *(as case may be)*. **3.** *Fb: Ten: Rugby: (official):* ystlyswr (ystlyswyr); *(player):* llinellwr (llinellwyr). **4.** *(= soldier):* milwr (milwyr).

ling¹ *n. Ich: (Molva molva):* honos(-iaid,-od) *m*, *occ:* brenhinbysg(-od) *m*; **blue ~,** *(M. dypterygia):* honos glas; **Spanish ~,** *(M. macrophthalma):* honos Sbaen.

ling² = **heather.**

linga *n.* = **phallus.**

Lingala *n. Ling:* Lingala *f, m* (*pronounced* ng-g).

lingam *n.* = **phallus.**

Lingayat *n. Ethn:* Lingaiat(-iaid) *m&f* (*pronounced* ng-g).

lingcod *n. Ich:* codyn (cod) hir *m*.

linger *v.i.&t.* **1.** *v.i. (a)* ymdr|oi, tin-droi, oedi, sefyllian, loetran, hamddena, gwagswmera, *N:* clertian, llyffanta, *S.W: occ:* barcutana, didach, dwbldapo, *S:* straglan; **to ~ behind the others,** oedi/llusgo/ymlusgo ar ôl y lleill; **to ~ over a meal,** oedi uwchben pryd o fwyd; **a doubt still lingered in his mind,** yr oedd amheuaeth/ansicrwydd yn ei feddwl o hyd; **the melody lingers on,** erys y gân yn y cof; y gân ni dderfydd fyth; **the heartache lingers on,** mae'r hiraeth yn parhau; mae'r boen yna o hyd; *(b) (of invalid):* **to ~ [on],** llusgo byw, lled-fyw, aros yn lledfyw. **2.** *v.t.* **to ~ [out] one's time,** cicio'ch sodlau, treulio'ch amser yn hamddenol.

lingerer *n.* oedwr (oedwyr) *m*, ymdröwr (ymdrowyr) *m*, llusgwr (llusgwyr) *m*, ymlusgwr (ymlusgwyr) *m*, |oedwraig *f*, ll|usgwraig *f*, yml|usgwraig *f*.

lingerie *n.* dillad isaf *pl*, dilladau isaf *pl*, *F:* lingri *mf* (*pronounced* ng-g).

lingering *a.* **a ~ look,** edrychiad hir/araf/oediog; **a ~ doubt,** ansicrwydd parhaol/hir-barhaol; **a ~ death,** marwolaeth araf.

lingeringly *adv.* yn araf *&c.*

lingo *n. F:* **1.** *(= foreign language):* iaith (ieithoedd) *f*. **2.** = **gibberish.**

lingonberry *n. Bot:* llusaeronen (llusaeron) (*f*) y mynydd.

lingua franca *n. Ling:* iaith gyffredin (ieithoedd cyffredin) *f*.

lingual *a.* **1.** *Anat: Ling:* tafodol. **2.** *(= of languages):* ieithol, ieithyddol. *S.a.* **audio-lingual, bilingual, multilingual** *&c.*

lingualize *v.t.* tafodoli.

lingually *adv.* **1.** yn dafodol. **2.** yn ieithol *&c.*

linguiform *a. Bot: Anat:* tafodffurf, tafodog, ar ffurf tafod.

linguini *n.pl. Cu:* lingwini (*pronounced* ng-g).

linguist *n.* ieithydd(-ion, ieithwyr) *m*, *occ:* ieithyddwr (ieithyddwyr) (*more properly* linguistician), ieithmon (ieithmyn) *m*, *occ: Pej: Joc:* ieithgi (ieithgwn) *m*; **he's a good ~,** mae'n ieithydd da; mae ganddo ddawn ieithoedd.

linguistic[al] *a.* ieithyddol.
linguistically *adv.* yn ieithyddol.
linguistician *n.* ieithyddwr (ieithyddwyr) *m.*
linguistics *n.pl.* ieithyddiaeth *f*; *(= philology):* ieitheg *f*; **applied ~,** ieitheg gymhwysol/gymwysedig; **comparative ~,** ieitheg gymharol; **descriptive ~,** ieitheg ddisgrifiadol; **historical/diachronic ~,** ieitheg hanesyddol.
lingulate *a.* taf|od-ffurf, ar ffurf tafod, fel tafod.
linguo-dental *a. Phon:* tafod-ddeintiol.
lingy *a. Bot:* grugog, llawn grug.
linhay *n. Dial:* hoewal *f*, eil(-iau) *f.*
liniment *n.* eli (elïoedd, elïau) *m.*
linin *n. Biol:* linin *m.*
lining *n.* leinin(-au) *m*, llen fewnol (llenni mewnol) *f.*
link[1] *n.* **1.** *(a) (of chain &c):* dolen(-nau,-ni) *f*, dolen gyswllt (dolennau cyswllt), dolen gydiol (dolennau cydiol), *occ:* modrwy(-au) *f*, cylch(-au) *m*, dolen gadwyn (dolenni cadwyn), *F:* linc(-iau) *f*, *N.W: occ:* ling(-s) *f*; *S.W:* allwedd(-i) *f*; *(b)* **sleeve-~, cuff-~,** dolen lawes (dolennau llewys); *(c) Meas:* dolen, linc. **2.** *(= connection):* dolen, cysylltiad(-au) *m*, cyswllt (cysylltau) *m*; **missing ~,** *(i) (= gap):* dolen goll (dolennau/dolenni coll); *(ii) F:* **the Missing L~,** *(= early man):* y Cyswllt Coll *m*, y Ddolen Goll, y Ddolen Ddiffyg; **air ~,** cysylltiad awyrennol. **~-block** *n.* bloc(-iau) *(m)* cyswllt. **~-course** *n. Sch:* cwrs (cyrsiau) *(m)* cyswllt. **~-edit** *v.t. Cmptr:* cyswllt-olygu. **~-editor** *n. Cmptr:* cyswllt-olygydd(-ion) *m.* **~-lever** *n. Mch:* lifer *(mf)* cyswllt/gyswllt (liferi cyswllt). **~-motion** *n. Mec.E:* braich (breichiau) *(m)* cyswllt. **~-person** *n.* dolen gyswllt, cysylltwr (cysylltydd) *m*, cys|ylltwraig (cysylltwragedd) *f.* **~-pin** *n.* pin *(m)* cadwyn (pinnau cadwynau). **~-polygon** *n.* p|oligon (poligonau) *(m)* cyswllt.
link[2] *v.t.&i.* **1.** *v.t.* cydio, cyplysu, cysylltu; **to ~ sth to sth,** cysylltu/cyplysu rhth â rhth, cydio rhth yn rhth, cydio rhth wrth rth; **to ~ arms,** cysylltu breichiau, mynd fraich ym mraich, cydio ym mraich y naill a'r llall, cydio ym mreichiau'ch gilydd. **2.** *v.i.* **to ~ up, to ~ on to sth,** ymgysylltu â rhth; **a ~-up,** cysylltiad(-au) *m*, rhyng-gysylltiad(-au) *m.*
link[3] *n. (= torch of pitch):* ffagl(-au) *f*, ffaglen(-nau) *f.*
Link[4] trainer *n. Av:* hyfforddwr (hyfforddwyr) *(m)* Link.
linkage *n.* cysylltwaith *m*, cysylltedd(-au) *m*, doleniad(-au) *m*, dolennau *pl*, cysylltau *pl*, cysylltiad(-au) *m*; **complete ~,** cysylltedd cyflawn; **flux ~,** cysylltedd fflwcs; **incomplete ~,** cysylltedd anghyflawn; **sex ~,** cysylltedd *(m)* rhyw. **~ group** *n.* grŵp (grwpiau) cysylltiedig.
linkboy *n.* goleuwr (goleuwyr) *m.*
linked *a.* cysylltiedig; **closely ~ facts,** ffeithiau â chysylltiad agos â'i gilydd; **index-~,** mynegrifol, mynegrifedig; *Biol:* **sex-~,** rhyw-gysylltiedig; *Cmptr:* **~ sub-routine,** is-reolwaith (~-reolweithiau) cysylltiedig *m.*
linker *n.* cysylltwr: cysylltydd (cysylltwyr) *m*, cyplyswr: cyplysydd (cyplyswyr) *m*, cydiwr (cydwyr) *m.*
linking[1] *a.* cysylltol, cyplysol, cydiol; *Gram:* **~ verb,** cyplad(-au) *m.*
linking[2] *vn.* cysylltiad(-au) *m*, cyplysiad(-au) *m*; *S.a.* **link[2].**
linkman[1] *n.m.* = linker.
linkman[2] *n.m. (carrying* **link[3]***):* goleuwr (goleuwyr).
links *n.pl.* **1.** *(Scot: = dunes):* twyni. **2.** *Golf:* maes (meysydd) *(m)* golff.
linksman *n.m.* golffiwr (golffwyr).
linkwork *n.* = **linkage.**
linn *n. Scot:* = **waterfall, pool, ravine.**
Linn[a]ean *a.* Linneaidd.
linnet *n. Orn:* llinos(-iaid,-od) *f*, *occ:* brown(-iaid) *(m)* y mynydd, aderyn (adar) *(m)* cywarch, aderyn y llin; **green ~,** = **greenfinch; mountain ~,** = **twite; pine ~,** llinos y pinwydd.
lino *n. F:* leino(-s) *m*, oelcloth(-s) *m*, *N: F:* orcloth: olcloth(-s) *m.* **~-cutter** *n.* torrwr (torwyr) *(m)* leino, peth(-au) *(m)* torri leino. **~-knife** *n.* cyllell *(f)* dorri leino (cyllyll torri leino).
linocut *n. F:* print(-iau) *(m)* leino, torlun(-iau) *(m)* leino.
linoleate *n. Ch:* linolead(-au) *m.*
linoleic *a. Ch:* linolëig.
linolenate *n. Ch:* linolenad(-au) *m.*
linolenic *a. Ch:* linolenig.
linoleum *n.* linoliwm(-s, linolia) *m*, *F:* leino(-s) *m*, oelcloth(-s) *m*, *N: F:* orlcoth: olcloth(-s) *m.* **~ block** *n.* bloc(-iau) *(m)* leino.
linotype *n. Typ:* l|einoteip (leinoteipiau) *m*; **setting by ~,** cysodi [â] leinoteip, leinoteipio *vn.* **~ operator** *n.* cysodwr: cysodydd (cysodwyr) *(m)* leinoteip, leinoteipydd(-ion) *m.*
linsang *n. Z:* linsang(-od) *m.*
linseed *n.* had *(m)* llin, llinad *m*, blawd *(m)* llin. **~ cake** *n.* cacen(-nau,-ni) *(f)* had llin, cacen linad (cacennau/cacenni llinad). **~ meal** *n.* had llin mâl. **~ oil** *n.* olew *(m)* had llin, olew llinad.
linsey-woolsey *n.* **1.** *Tex:* winsi *f*, *Lit:* tenlli[f] *m*, llinwlanen *f.* **2.** = **nonsense.**
linstock *n. Hist:* ffon *(f)* danio (ffyn tanio), tanffon (tanffyn) *f.*
lint *n.* **1.** *Med:* naddion *(pl)* llin, nadd *(m)* lliain, rhwyd fân *f*, clwt (clytiau) *(m)* clwyf, lint *m.* **2.** *(= fluff):* gwlaniach *m*, cneifion *pl*; *(= piece of thread):* edefyn (edefion) *m*, incil *m.* **3.** *Scot:* = **flax. ~-white** *a.* melynwyn *(f.* melynwen, *pl.* melynwynion).
lintel *n.* capan *(m)* drws (capanau drysau), *S:* gwarddrws (gwarddrysau) *m*, *N.W: occ:* linter(-i) *mf*, lintel(-i) *mf.*
lintelled *a.* capanog, â chapan, linterog, lintelog, â linter/lintel.
linter *n. U.S:* **1.** *(machine):* pliciwr (plicwyr) *m*, naddwr (naddwyr) *m.* **2.** *(fibres):* plicion *pl*, gwlaniach *m.*
lintwhite *n. Orn:* = **linnet.**
linty *a.* edafeddog, ag edafedd (dros rth).
linum *n. Bot:* llin *m.*
liny *a.* llinellog, â llinellau *&c*, rhesog; *(= wrinkled):* rhychog, rhychlyd, â/yn rhychau; *Art:* gorlinellog.
lion *n.* **1.** *(a)* llew(-od) *m*; **African ~,** llew |Affrica; **a ~'s cub/whelp,** cenau (cenawon) *(m)* llew; **the ~'s share,** y rhan fwyaf/orau *f*, y gyfran fwyaf/orau *f*; **~'s provider,** gwas *(m)* y llew; *See* **jackal;** *B:* **there is a ~ in the way,** y mae llew mawr ar y ffordd; **a ~'s mouth,** safn *(f)* llew; *Fig:* caethgyfle *m*; **to twist the ~'s tail,** rhoi tro yng nghynffon y llew; *(b)* **mountain ~,** llew mynydd; *See* **puma, cougar. 2.** *F: (= celebrity):* rhn enwog; *pl.* **lions,** enwogion, cewri, hoelion wyth; **a literary ~,** llenor enwog, cawr llên, pendefig llên; **to make a ~ of s.o.,** rhoi bri ar rn, gwneud eilun o rn. **3.** *Rugby:* **the [British] Lions,** y Llewod [Prydeinig]. **~-hearted** *a.* dewr, arwraidd, gwrol, glew, dewrgalon. **~-hunter** *n.* **1.** *(of lions):* heliwr (helwyr) *(m)* llewod, llew-heliwr (~-helwyr) *m.* **2.** *(of celebrities):* heliwr enwogion.
lioncel *n.* = **lionet.**
lioness *n.f.* llewes(-au).
lionet *n.* llew(-od) bach *m*, llew bychan (llewod bychain), cenau (cenawon) *(m)* llew.
lionfish *n. Ich:* = **dragonfish.**
Lionheart *n. Hist:* **Richard the ~,** Rhisiart Lewgalon.
lionization *n.*, **lionize** *v.t. F:* anrhydeddu, gogoneddu.
lionizer *n.* anrhydeddwr (anrhydeddwyr) *m*, gogoneddwr (gogoneddwyr) *m.*
lionlike *a.* llewaidd, fel llew.
Lions *Pr.n. Geog:* **The Gulf of ~, The Gulf of the Lion,** Geneufor *(m)* Lion.
lip[1] *n.* **1.** *(a)* gwefus(-au) *f*, *Lit:* min(-ion) *m*; *(of animal):* gwefl(-au) *f*; **with blubbery lips,** gwefusog, gweflog, gweflfawr(-ion), gwefldew(-ion); **with pursed lips,** mingrwn (mingrynion) *(pronounced* ng-g); **~ to ~,** gwefus yng ngwefus, minfin; **hare ~,** gwefus fylchog, minfwlch *m*, bwlch *(m)* yn y wefus, bwlchfin *m*, gwefus adwyog; **to keep a stiff upper ~,** ymwroli, dal wyneb, ffrwyno'ch teimladau, peidio â chynhyrfu; **the story was on everyone's lips,** 'roedd y stori'n dew ac yn denau ym mhob man; 'roedd y stori yng ngenau pawb; **to purse one's lips,** mingrynnu, mingrychu *(both pronounced* ng-g), pletio'ch gwefusau/ceg; **with parted lips,** â gwefusau cil agored; **a cry escaped her lips,** daeth cri o'i genau; **to bite one's ~[s],** cnoi'ch gwefusau; **to curl one's ~,** crychu'ch gwefusau, gweflgamu, mingamu, mingrychu *(both pronounced* ng-g); **to move the lips,** *occ:* minial; **to smack one's lips over sth,** clecian gwefusau dros rth; **to pout one's lips,** estyn gwefusau; **to pucker one's lips,** crychu'ch gwefusau, gwn|eud ceg sws; **he never opened his lips,** ni ddywedodd air o'i ben; **to hang on s.o.'s lips,** gwrando'n astud ar rn, gwrando ar bob gair o enau rhn; **to hang one's lips,** llaesu/estyn gwefusau; **no complaint ever passes his lips,** ni fydd byth yn cwyno; nid oes byth gŵyn o'i enau; **no drink has passed my lips,** chefais i'r un diferyn i'w yfed; *(b) P: (= insolence):* digywil|ydd-dra *m*, hyfdra *m*, *S:* ewndra *m*, *N.W: occ:* powldra *m*; **none of your ~!** paid (peidiwch) â bod mor ddigywilydd/hy/ewn! *(c) (of wound &c):* ymyl(-on) *mf*, min. **2.** *(a) (of cup*

&c): ymyl, min, ochr(-au) *f*; *Geog: (of corrie):* min; *(b)* **pouring ~,** pig(-au) *fm.* **~-consonant** *n.* cytsain wefusol (cytseiniaid gwefusol) *f*, gwefusol(-ion) *m*, gwefliad (gwefliaid) *m.* **~-deep** *a.* arwynebol. **~-labour** *n.* gweflboen *m*, gwefus-lafur *m.* **~-position** *n. Phon:* safle (*m*) gwefus (safleoedd gwefusau). **~-prayer** *n.* gwefus-weddi (~-weddïau) *f.* **~-read** *v.i.* darllen gwefusau. **~-reader** *n.* darllenwr (darllenwyr) (*m*) gwefusau, darll|enwraig (*f*) gwefusau. **~-rounded** *a.* gwefusgrwn (*f.* gwefusgron, *pl.* gwefusgrynion). **~-rounding** *vn. Phon:* gwefusgrynder *m.* **~-reading** *vn.* = **lip-read. ~-service** *n.* gwasanaeth (*m*) gwefus, gwefus-wasanaeth *m*, gwefus-lafur *m*, gweflboen *m*, gwefusboen *m*; **to pay ~-service to sth,** talu gwasanaeth gwefusau i rth, esgus cefnogi rhth. **~-sync[h]**[1] *n.* cydwefusiad *m.* **~-sync[h]**[2] *v.t.* cydwefuso, cysoni.

lip[2] *v.t.* cyffwrdd rhth â'r wefus/gwefusau, gwefuso rhth; *(of water):* braidd-gyffwrdd, llepian; *Golf:* gwefuso.

lipase *n. Bio-Ch:* lipas(-au) *m.*

lipectomy *n. Surg:* lip|ectomi (lipectomïau) *m*, *F:* codi (*vn*) bloneg/blonegen.

lipid[e] *n. Bio-Ch:* lipid(-au) *m.*

lipidic *a. Bio-Ch:* lipidaidd.

lipless *a.* diwefus, di-wefl, heb wefusau/weflau.

liplike *a.* gwefusaidd, fel gwefus[-au].

lipochrome *n. Bio-Ch:* l|ipocrom (lipocromau) *m.*

lipoclastic *a. Bio-Ch:* lipoclastig.

lipogenesis *n.* lipog|enesis *m.*

lipography *n.* colli (*vn*) llythyren/llythrennau, colli gair/geiriau.

lipoic *a. Bio-Ch:* lipöig.

lipoid *a. & n. Bio-Ch:* **1.** *a.* lipoidaidd, lipöig, blonegaidd, brasterog. **2.** *n.* lipoid(-au) *m*, braster(-au) *m.*

lipoidal *a. Bio-Ch:* = **lipoid 1.**

lipolysis *n. Bio-Ch:* lip|olysis *m.*

lipolytic *a. Bio-Ch:* lipolytig.

lipoma *n. Med:* lipoma(-ta) *m*, chwydd(-i) (*m*) bloneg.

lipomatosis *n. Med:* lipomatosis *m.*

lipomatous *a. Med:* lipomataidd.

lipophilic *a. Bio-Ch:* lipoffilig.

lipopolysaccharide *n. Bio-Ch:* lipopolys|acharid (lipopolysacharidau) *m.*

lipoprotein *n. Bio-Ch:* lipoprotein(-au) *m.*

liposarcoma *n. Med:* liposarcoma(-ta) *m.*

liposomal *a. Bio-Ch:* liposomaidd.

liposome *n. Bio-Ch:* l|iposom (liposomau) *m.*

lipotropic *a. Bio-Ch:* lipotropig.

lipotropin *n. Bio-Ch:* lipotropin(-au) *m.*

lipotropism *n. Bio-Ch:* lipotropedd(-au) *m.*

lipotropy *n.* lipotropi *m.*

lipped *a.* **1.** gwefusog, gweflog; **thin-~,** â gwefusau tenau; **hare-~,** minfylchog; **black-~,** minddu(-on); **proud-~,** minfalch (minfeilchion); **ruby-~,** gwefusgoch(-ion), mingoch(-ion) (*pronounced* ng-g); **sweet-~,** gwefusber. **2.** *(jug &c):* â phig/gwefus. **3.** *Bot:* gwefusol.

lippy *a.* = **cheeky.**

lipsalve *n.* eli (elïau, elïoedd) (*m*) gwefusau.

lipstick *n. Toil:* minlliw(-iau) *m*, lliwydd(-ion) *m*, *F:* lipstic(-s) *m.*

liquate *v.t.* hylifo.

liquation *n.* hylifiad(-au) *m*, hylifo *vn.*

liquefaction *n.* hylifiad(-au) *m*, hylifiant (hylifiannau) *m*, hylifo *vn.*

liquefactive *a.* hylifol.

liquefiability *n.* natur hylifadwy *m.*

liquefiable *a.* hylifadwy.

liquefied *a.* hylifedig.

liquefier *n.* hylifwr: hylifydd (hylifwyr) *m.*

liquefy *v.t.&i.* **1.** *v.t.* hylifo, hylifoli, toddi. **2.** *v.i.* *(of gas &c):* troi'n hylif, hylifo.

liquescent *a.* hylifol, toddedig, tawdd.

liqueur *n.* gwirod(-ydd) *mf*, ***liqueur(-s)*** *m*, licor(-au) *m*, gwirodlyn(-nau) *m*; **chocolate ~,** siocled(-i) (*m*) gwirod. **~ brandy** *n.* brandi coeth *m.* **~-glass** *n.* gwydryn(-nau, gwydrau) (*m*) gwirod.

liquid *a. & n.* **1.** *a. (a) (in ordinary parlance):* gwlyb (*f.* gwleb, *pl.* gwlybion); **~ dimmer,** pylydd gwlyb *m*; *Th:* **~ make-up,** colur gwlyb *m*; *(b) Ph: Ch:* gwlybyrog, hylifol; **~ air,** aer hylifol *m*; *Geog:* **~ core,** craidd (creiddiau) hylifol *m*; *Cmptr:* **~ crystal display (LCD),** arddangosiad (*m*) grisial hylifol; **~ measure,** mesur hylifol *m*; **~ fire,** tân hylifol; *(c) (eye):* gloyw(-on), clir; *(d) (voice &c):* croyw, llifeiriol, pêr, pur, persain; **the blackbird's ~ notes,** llais pêr y fwyalchen; *(e) Fin:* **~ asset,** ased(-au,-ion) hylifol *m*, ased rhydd (asedau rhyddion); *(f) Fig:* **very ~ convictions,** daliadau simsan/ystwyth iawn; *(g) Ling:* sain dawdd (seiniau tawdd) *f.* **2.** *n.* gwlybwr (gwlybyrau, gwlybyroedd) *m*; *Ph: Ch:* hylif(-au) *m.*

liquidambar *n.* lliwefr *m.*

liquidate *v.t.* **1.** *Com:* **to ~ a debt,** talu/clirio dyled; **to ~ a company,** diddymu cwmni, dirwyn cwmni i ben. **2.** *F:* **to ~ s.o.,** lladd, llofruddio, mwrdro, dil|eu, difodi, gwaredu (rhn); cael gwared (â rhn, ar rn).

liquidated *a. Jur:* **~ damages,** iawndal penodedig.

liquidation *n.* **1.** *Com:* diddymiad(-iau) *m*, diddymu *vn*, dilead(-au) *m*, datodiad(-au) *m*, ymddatodiad(-au) *m*; **voluntary ~,** ymddatodiad gwirfoddol; **to go into ~,** ymddiddymu, ymddatod; **the company went into ~,** fe'i diddymodd y cwmni ei hun; fe ddaeth y cwmni i ben; *S.a.* **liquidate 1. 2.** *(= murder):* llofruddiaeth(-au) *f*, mwrdrad(-au) *m.*

liquidator *n.* **1.** diddymwr (diddymwyr) *m*, datodwr (datodwyr) *m.* **2.** *(= assassin):* lladdwr (lladdwyr) *m*, lleiddiad (lleiddiaid) *m.*

liquidity *n. Fin:* hylifedd *m.* **~ preference** *n.* hylifddewis *m.*

liquidize *v.t.* hylifo.

liquidizer *n.* hylifwr: hylifydd (hylifwyr) *m.*

liquidly *adv.* yn wlyb, yn hylifol.

liquidness *n.* hylifedd *m*, natur hylifol *f*, gwlybaniaeth *m*, gwlybni *m.*

liquidus curve *n. Ph:* cromlin (*m*) hylifedd.

liquor[1] *n.* **1.** *(spirituous):* gwirod(-ydd) *mf*, licar(-s) *m*, *S.W: occ:* licorach *m*; **hard ~,** gwirod poeth (gwirodydd poethion), licar; *F:* **to be in ~, to be the worse for ~,** bod yn feddw *&c*; *See* **drunk. 2.** *Ch: Pharm:* toddiant (toddiannau) *m.* **3.** *Cu:* gwlych *m.* **~ licence** *n.* trwydded (*f*) wirodydd (trwyddedau gwirodydd).

liquor[2] *v.t.* **to ~ shoes,** iro esgidiau; **to ~ malt,** mwydo/trwytho brag.

liquorice *n.* **1.** *Bot:* gwylys *m*, p|erwraidd *m*, llaethwyg *m*; **wild ~,** = **milk-vetch. 2.** *Cu:* sbanish *m*, licris *m*, l|icoris *m*, *N.W: occ:* licisbôl: nicisbôl: nicsbôl: niclasbôl *m*, bara suglas *m*, *S.W: V:* coce (*pl*) mabon. **~ all-sorts** *n.pl.* licris cymysg.

liquorish *a.* **1.** = **lickerish. 2.** *(= fond of liquor):* diotgar, potlyd.

lira *n. Num:* lira (lire) *f.*

liriodendron *n. Bot:* pren(-nau) (*m*) tiwlip.

liripipe *n. Hist: Cost:* l|iribib (liribibau) *f.*

lisle [thread] *a. Needlew: Tex:* edau (*f*) leil.

lisp[1] *n.* tafod tew *m*, bloesgedd *m*, bloesgni *m*, deilen (*f*) ar dafod, blewyn (*m*) ar dafod, *F: occ:* lisb(-iau) *mf*; **to speak with a ~,** *See foll.*

lisp[2] *v.i.&t.* **1.** *v.i.* bloesgi, siarad â deilen/blewyn ar dafod, siarad â thafod tew, lisbian, lisbio, *S.E: occ:* whilia thancthwth; *(= to say "ll" instead of "s"):* atal llongllan. **2.** *v.t.* **to ~ a reply,** ateb yn floesg; **to ~ sth,** dweud rhth yn floesg, dweud rhth â deilen ar dafod.

lisper *n.* rhn â thafod tew, bloesgwr (bloesgwyr) *m*, lisbiwr (lisbwyr) *m.*

lisping[1] *a.* bloesg, lisblyd, â thafod tew, â deilen ar dafod.

lisping[2] *vn.* = **lisp**[1],[2].

lissom[e] *a.* ystwyth, heini, gwisgi.

lissom[e]ly *adv.* yn ystwyth *&c.*

lissom[e]ness *n.* ystwythder *m.*

lissotrichous *a.* â gwallt syth.

list[1] *n.* **1.** *Tex:* godre(-on) *m*, ymyl(-on) *mf.* **2.** *n.pl. A:* **lists,** maes (*m*) ymwan; **to enter the ~ against s.o.,** mynd i faes y frwydr yn erbyn rhn, derbyn her rhn.

list[2] *n.* rhestr(-au) *f*; **accessions ~,** rhestr dderbynion (rhestrau derbynion); **alphabetical ~,** rhestr yn nhrefn yr wyddor; **the Civil L~,** y Rhestr Sifil; **credit ~,** rhestr ddiolchiadau (rhestrau diolchiadau), rhestr gydnabod (rhestrau cydnabod); **material ~,** rhestr ddefnyddiau (rhestrau defnyddiau); **waiting-~,** rhestr aros; *Com:* **mailing ~,** rhestr dderbynwyr (rhestrau derbynwyr), rhestr bost/bostio (rhestrau post/postio); *Cust:* **free ~,** rhestr [yr] eithriadau; *(in hospitals):* **on the danger ~,** yn ddifrifol wael, mewn perygl; **off the danger ~,** allan o berygl;

black ~, rhestr ddu (rhestrau du[-on]); *S.a.* **active, check[1], fixture, honour[1] 4, hit[2]. ~ price** *n.* pris(-iau) sylfaenol *m.*
list[3] *v.t.&i.* **1.** *v.t.* rhestru. **2.** *v.i. A:* = **enlist 2. to ~ oneself among ...,** eich gosod/cyfrif eich hun ymhlith ....
list[4] *n. Nau:* gogwyddiad(-au) *m*; **to have/take a ~,** gogwyddo.
list[5] *v.i. Nau:* gogwyddo, pwyso i'r naill ochr.
list[6] *v.t.&i. A:* = **listen.**
list[7] *v.i. A:* mynnu; *B:* **the wind bloweth where it listeth,** y mae y gwynt yn chwythu lle y mynno.
listed *a.* ar restr, ar gofrestr, rhestredig, cofrestredig.
listel *n. Arch:* ysnoden(-ni) *f*, ysnodennig (ysnodenigau) *f.*
listen[1] *v.ind.t.* **to ~ to sth,** gwrando ar rth, *Lit: occ:* gwrando rhth; **listen!** gwrando (gwrand|ewch)! *F:* gwranda (gwrandwch)! clyw (clywch)! **to ~ for sth,** clustfeinio am rth. **~ in** *v.i.* gwrando, clustfeinio (**to sth,** ar rth).
listen[2] *n.* gwrandawiad *m*, *occ:* clust *f*; *F:* **have a ~ to this,** clyw(-ch) hwn; gwrando (gwrand|ewch) ar hwn; rho (rhowch) glust i hwn.
listenable *a.* gwrandawadwy.
listener *n.* gwrandäwr: gwrandawydd (gwrandawyr) *m*, gwrand|aw-wraig (gwrandaw-wragedd) *f*; *Prov:* **listeners never hear good of themselves,** ni chlywch eirda yn eich cefn. **~-in** *n.* clustfeiniwr: clustfeinydd (clustfeinwyr) *m.*
listening[1] *a.* astud, gwrandawgar, gwrandawus, gwrandawol, yn gwrando, parod i wrando.
listening[2] *vn.* gwrandawiad(-au) *m*, gwrando. **~-post** *n. Mil: Tp:* safle(-oedd) (*m*) gwrando.
lister[1] *n. (of names &c):* rhestrwr: rhestrydd (rhestrwyr) *m.*
lister[2] *n. U.S: Agr:* aradr ddwygwys (erydr dwygwys) *f.*
Listerian *a.* Listeraidd.
listeriosis *n. Med: Vet:* listeriosis *m.*
listing[1] *a. Nau:* ar ogwydd, gogwyddol.
listing[2] *vn. Needlew:* selfais (selfeisiau) *m.*
listing[3] *vn. (= list[2]):* rhestru, rhestriad(-au) *m.*
listless *a.* diynni, diegni, di-fynd, di-awch, di-ffrwt, llesg, difater, didaro, *occ:* swrth.
listlessly *adv.* yn ddiynni *&c.*
listlessness *n.* llesgedd *m*, difaterwch *m*, diffyg (*m*) ynni/egni/ffrwt, syrthni *m.*
Lisvane *W.Pl.n.* Llys-faen *m.*
lit *a.* **1. a ~ lamp,** lamp oleuedig/olau, lamp wedi ei goleuo, lamp a golau arni, lamp yn olau; **a ~ cigarette,** sigarét wedi ei thanio, sigarét a thân arni. **2. a poorly-~ room,** ystafell wedi ei goleuo'n wael, ystafell a golau gwael ynddi; **a well-~ room,** ystafell wedi ei goleuo'n dda, ystafell a golau da ynddi, ystafell olau. **~ up** *a.* goleuedig.
litany *n. Ecc:* l|itani (litanïau) *f*, gweddïau *pl.*
litchi *n. Bot:* litshi(-s) *mf.*
liter *n. U.S:* litr(-au) *m.*
literacy *n.* llythrennedd *m*, llythrenogrwydd *m.*
literal *a. & n.* **1.** *a.* llythrennol; *Typ:* **~ error,** gwall(-au) (*m*) teipio/cysodi; **~ interpretation,** esboniad(-au) llythrennol *m*, esboniadaeth lythrennol *f*; **~ mnemonic,** cofweiniad llythrennol *m.* **2.** *n. (a) Alg:* llythrennol (llythrenolion) *m*; *(b) Typ:* gwall(-au) *m*; *pl.* **literals,** mân wallau. **~-minded** *a.* rhyddieithol.
literalism *n.* llythrenoliaeth *f.*
literalist *n.* llythrenolwr (llythrenolwyr) *m.*
literalistic *a.* llythrenolaidd.
literality *n.* = **literalness.**
literalize *v.t.* llythrenoli.
literally *adv.* yn llythrennol.
literalness *n.* llythrenoldeb *m*, llythrenolrwydd *m.*
literarily *adv.* yn lenyddol.
literariness *n.* llenyddoldeb *m.*
literary *a.* llenyddol; **~ history,** hanes (*m*) llên, hanes llenyddiaeth; **~ man,** llenor(-ion) *m*, *occ:* gŵr (gwŷr) (*m*) llên; *(in National Eisteddfod):* **the L~ Pavilion,** y Babell (*f*) Lên.
literate *a. & n.* **1.** *a.* llythrennog; **non-~,** anllythrennog. **2.** *n.* llythrennog (llythrenogion) *m&f.*
literately *adv.* yn llythrennog.
literateness *n.* llythrenogrwydd *m.*
literati *n.pl.* llenorion, gwŷr llên.
literatim *a. & adv.* lythyren am lythyren.
literation *n.* llythreniad *m*, llythrennu *vn.*
literator *n.* = **litterateur.**
literature *n.* **1.** llenyddiaeth *f*, *occ:* llên *f.* **2.** *(= brochures &c):* deunydd (*m*) darllen, taflenni *pl.* **~ search** *n. Lib:* chwilota(*vn*)'r maes.
literatus *n.* llenor(-ion) *m*, gŵr (gwŷr) (*m*) llên.
litharge *n. Ch:* gorferw (*m*) plwm, litharg *m*; **~ of silver,** ewyn (*m*) arian.
lithe *a.* ystwyth, heini, sionc, gwisgi, *occ:* hyblyg.
lithely *adv.* yn ystwyth *&c.*
litheness *n.* ystwythder *m*, hyblygrwydd *m*, gwisgïwch *m.*
lithesome *a.* = **lithe.**
lithia *n. Ch:* lithia *m.* **~ water** *n.* dŵr (*m*) lithia.
lithiasis *n. Med:* cerrig *pl.*
lithic[1] *a. (= stony):* carreg, caregaidd, caregol.
lithic[2] *a. Ch:* lithig.
lithically *adv.* yn garegaidd *&c.*
lithium *n. Ch:* lithiwm *m.*
litho[1] *n.* litho(-s) *m.*
litho[2] *v.t.* lithograffu.
lithograph[1] *n.* l|ithograff (lithograffau) *m.*
lithograph[2] *v.t.* lithograffu.
lithographer *n.* lithograffwr: lithograffydd (lithograffwyr) *m.*
lithographic *a.* lithograffig.
lithographically *adv.* yn lithograffig.
lithography *n.* lithograffeg *f.*
lithologic[al] *a.* litholegol.
lithology *n.* litholeg *f*, maenyddiaeth *f.*
lithomarge *n. Cer:* meinfarl *m.*
lithophane *n. Cer:* l|ithoffan (lithoffanau) *m.*
lithophyte *n.* **1.** *Bot:* l|ithoffyt (lithoffytau) *m*, maendyfiant (maendyfiannau) *m.* **2.** *Z:* maenfil(-od) *m.*
lithophytic *a.* maendyfiannol, lithoffytig.
lithopone *n. Ch:* l|ithopon *m.*
lithosere *n.* l|ithoser (lithoserau) *m.*
lithosol *n. Geol:* l|ithosol (lithosolau) *m.*
lithosphere *n. Geol:* l|ithosffer (lithosfferau) *m.*
lithospheric *a. Geol:* lithosfferig.
lithotomist *n. Surg:* maendrychwr (maendrychwyr) *m.*
lithotomy *n. Surg:* maendrychiad(-au) *m*, tynnu (*vn*) carreg/cerrig.
lithotritist *n.* maenfalwr (maenfalwyr) *m.*
lithotritize *v.t. Surg:* maenfalurio.
lithotrity *n. Surg:* maenfaluriad(-au) *m.*
Lithuania *Pr.n. Geog:* Lithwania *f.*
Lithuanian *a. & n.* **1.** *a.* Lithwanaidd, [o] Lithwania; *(in language).* Lithwaneg; **the ~ government,** llywodraeth Lithwania; **he's ~,** Lithwaniad yw ef. **2.** *n. (a) Ethn:* Lithwaniad (Lithwaniaid) *m&f*; *(b) Ling:* Lithwaneg *f*, *m.*
litigable *a.* cyfreith[i]adwy.
litigant[1] *a.* ymgyfreithiol.
litigant[2] *n.* ymgyfreithiwr (ymgyfreithwyr) *m*, **~ in person,** ymgyfreithiwr drosto'i hun.
litigate *v.i.&t.* **1.** *v.i.* mynd i gyfraith, ymgyfreithio, ymgyfreitha, cyfreithio, cyfreitha (**with s.o.,** â rhn). **2.** *v.t.* ymladd.
litigation *n.* cyfreithiad *m*, ymgyfreithiad *m*; *vn.* = **litigate.**
litigious *a.* **1.** *(case):* cyfreith[i]adwy. **2.** *(man):* cyfreithgar, ymgyfreithgar, cynhennus.
litigiously *adv.* yn gyfreithgar *&c.*
litigiousness *n.* cyfreithgarwch *m.*
litmus *n.* litmws *m.* **~-paper** papur(-au) (*m*) litmws.
litoral *a. Geog:* arfordirol.
litotes *n. Rhet:* lleihad *m.*
litre *n. Meas:* litr(-au) *m.*
litter[1] *n.* **1.** *(a) Veh:* elor(-au) *f*; **horse-drawn ~,** elor feirch (elorau meirch); *(b) (for wounded &c):* elor-wely(-au) *m.* **2.** *Husb: (a) (= straw &c):* llaesod[r] *f*, gwasarn *m*; **deep ~,** gwasarn dwfn; **deep ~ house,** tŷ (tai) (*m*) gwasarn. **3.** *(a) (= rubbish):* [y]sbwriel *m*; *(b) (= mess):* llanast[r] *m.* **4.** *(of animals): N:* torllwyth(-i) *fm*, *occ:* ael(-oedd) *f*, *N.W: occ:* (nythaid (nytheidiau) *fm*, *S:* torraid (toreidiau) *fm*, *S.E:* tor *f*, *S.W: occ:* troglw[y]th *f*, *M.W: occ:* hatsiad: hatsied *mf.* **~-basket** *n.* basged(-i) (*f*) [y]sbwriel. **~-bin** *n.* bin(-iau) (*mf*) [y]sbwriel. **~-lout** *n.* taflwr (taflwyr) (*m*) [y]sbwriel.
litter[2] *v.t.* **1. to ~ a place,** gwn|eud llanast[r] o le, taflu/taenu sbwriel dros le, *N:* gwneud lle'n flêr; **(a room) littered with**

books, (ystafell) â llyfrau dros bob man, â llyfrau ar hyd y lle, â llyfrau yn un llanast[r], yn [un] llanast[r] o lyfrau, â llyfrau yn blith draphlith; **(a table) littered with papers,** (bwrdd) dan bentwr o bapurau, â phapurau ar ei draws; **a copy littered with mistakes,** copi yn frith o gamgymeriadau. **2.** *(of animals):* bwrw (torllwyth *&c*); *(of cow):* halu, bod ar ben ei hâl. **3. to ~ a horse down,** rhoi gwellt/gwasarn dan geffyl.

litterae humaniores *n.pl.* yr astudiaethau dyneiddiol, y dyneiddiaethau.

litterateur *n.* llenor(-ion) *m*, gŵr (gwŷr) (*m*) llên.

litterbug, litterer *n.* = **litter-lout**.

littermate *n.* cydanedig(-ion) *m&f*.

littery *n.* aflêr, anniben, llanastraidd.

little *a., n. & adv.* I. *a.* **1.** bach, bychan (*f.* bechan, *pl.* bychain), *occ:* mân *(usu. with plural n., and often precedes n.)*; *N.B. in N:* bach *is not usu. mutated after fem. n.*; **a ~ boy,** bachgen bach *m*, *N:* hogyn bach, *S:* crwt bach *m*, *M. W: occ:* cog bach *m*; **a ~ girl,** merch fach *f*, *N:* hogan fach/bach *f*, *S:* croten fach *f*, cronnen fach *f*, lòs fach *f*, *M. W: occ:* lodes fach *f*; **a ~ man,** dyn bach/bychan *m*, pwt (*m*) o ddyn, pwtyn bach *m*; **a ~ woman,** dynes/gwr|aig/menyw fach/fechan *f*, pwten fach *f*; **when I was a very ~ boy/girl,** pan oeddwn i'n ddim o beth; pan oeddwn i'n beth bychan bach; **~ brother,** brawd (brodyr) bach *m*; *O:* **~ ones,** plantos, plant [bach], *S. W: occ:* plant crynion, *N: occ:* plant mân, *Lit:* rhai bychain; *(of animal):* rhai bach, rhai bychain, cywion, llydnod, cenawon; **~ fish,** pysgod mân, mân bysgod; **the L~ People,** *See* **fairy**; *Mec.E:* **the ~ end,** y pen bychan *m*; **bless your ~ heart!** bendith ar dy galon fach di! *O: (to child):* **come here, my ~ man,** dere 'ma, 'machgen glân i; *N:* tyrd yma, 'ngwas i; *(to girl):* dere/tyrd, 'mechan/'ngeneth i; *S:* dere, 'run fach; dere, 'merch fach i; **the ~ Joneses,** plant bach y Jonesiaid; *Joc:* **the ~ woman,** y wraig *f*, *N:* 'nacw *f*, *N:* y fenyw fach *f*; *F:* **a tiny ~ house,** tŷ bychan bach; **broken into ~ bits,** wedi malu'n ddarnau/yfflon mân; **so that is your ~ game!** dyna sut mae ei deall hi! **(I'm used) to his ~ ways,** ('rwy'n gyfarwydd) â'i gastiau bach rhyfedd e; **you've had your ~ joke,** 'rwyt ti wedi cael dy hwyl; **(wait) a ~ while,** (arhoswch) funud, ychydig bach, ronyn bach; **be it ever so ~,** er ei leied, er lleied y bo, pa mor fychan bynnag y bo, boed cyn lleied ag y bo, [ni waeth] pa mor fychan y bo; **to take no ~ trouble,** mynd i gryn drafferth, mynd i gryn dipyn o drafferth, mynd i drafferth nid bychan, mynd i beth trafferth; **the ~ finger,** y bys bach *m*, *occ:* y clustfys *m*; **~ toe,** bys bach troed; **in ~,** ar raddfa fach/fechan; **the ~ hours,** yr oriau mân; *Art: Hist:* **the L~ Masters,** y Meistri Bychain; *R.C.Ch:* **L~ Office,** Gwasanaeth Bychan *m*; **L~ England beyond Wales,** Lloegr Fach *f*, De (*m*) Sir Benfro, Gwaelod (*m*) Sir Benfro, Sir Benfro Saesneg *f*; *Astr:* **the L~ Bear,** *U.S:* **the L~ Dipper,** yr Arth Fechan; **the L~ Dog,** y Ci Bychan; **the L~ Fox,** y Cadno/Llwynog Bychan; **~ theatre,** theatr fach (theatrau bychain) *f*; **~ magazine,** cylchgrawn bychan (cylchgronau bychain) *m*. **2.** ychydig *(+ soft mut. or foll. by* o *+ soft mut.)*; **~ money,** ychydig [o] arian, *Lit: occ:* nemor arian; **he has ~ money,** ychydig o arian sydd ganddo; nid oes ganddo fawr o arian; **a ~ money,** ychydig o arian, peth arian; **he has a ~ money,** mae ganddo beth arian; mae ganddo ychydig/rywfaint [o] arian; mae ganddo ryw ychydig o arian; mae ganddo dipyn bach o arian; **a ~ while ago,** gynnau [fach], ychydig yn ôl; **for a ~ while,** am beth amser, am ennyd, am encyd, am ychydig amser, am dipyn bach, am ysbaid; **I took very ~ of it,** ni chymerais ond y nesaf peth i ddim ohono; ychydig iawn ohono a gymerais; ni chymerais nemor ddim ohono; ni chymerais ond y mymryn lleiaf ohono; **be it ever so ~,** [ni] waeth faint/cyn lleied, [ni] waeth pa mor ychydig, [ni] waeth pa mor fychan [a fo], er ei leied, lleied ag y bo. **3.** *(= small):* bychan, bach, pitw; **a ~ mind,** meddwl bychan. II. *n.* **1.** ychydig *m*, tipyn *m*, peth *m*, gronyn bach *m*, rhywfaint *m*, *S:* ticyn *m*; **(she ate) a ~,** (fe fwytaodd hi) dipyn/ychydig/beth/rywfaint; **to eat ~ or nothing,** bwyta'r nesaf peth i ddim, bwyta ychydig neu ddim, bwyta ychydig onid dim; **~ or no,** fawr ddim, odid ddim, y nesaf peth i ddim, ychydig neu ddim; **there was ~ or nothing left,** ni adawyd ond y nesaf peth i ddim; nid oedd ond y nesaf peth i ddim ar ôl; **he knows very ~,** ychydig iawn a ŵyr; ni ŵyr fawr ddim; **I could make ~ of it,** nid oeddwn i'n deall fawr arno; **she was within a ~ of being killed,** bu ond y dim iddi gael ei lladd; *N: occ:* mi fu hi drws nesa' i gael ei lladd; **I have ~ to do with it,** nid oes a wnelwyf i fawr ddim ag ef; **I see very ~ of him,** ychydig y byddaf i'n ei weld arno; ni byddaf i'n gweld fawr ddim arno; **~ did I think ...,** ychydig/bychan a feddyliwn i ...; nid oeddwn i fawr feddwl ...; **~ did I know,** ychydig/bychan a wyddwn i; **I think ~ of it,** 'does gennyf fawr o olwg arno; 'does gennyf fawr o feddwl ohono; **she did no ~ for the cause,** fe wnaeth hi gryn dipyn dros yr achos; **how ~ there is!** cyn lleied sydd yna! **that ~,** cyn lleied â hynny/hynna, *N. W:* hynny bach, hynna bach; **~ by ~,** o dipyn i beth, bob yn ychydig, bob yn dipyn, fesul tipyn, yn araf deg, gan bwyll, *N: F:* o dow i dow, *occ:* o walbant i walbant; *Prov:* **every ~ helps,** mae pob tipyn yn gymorth; **ever so ~,** y mymryn lleiaf, y gronyn lleiaf, y tipyn lleiaf; **so ~,** cyn lleied (o rth). **2. a ~;** *(a)* **a ~ more,** ychydig yn rhagor/ychwaneg; **a ~ (makes us laugh),** (mae) ychydig, dim o beth, peth bach, peth bychan (yn gwneud inni chwerthin); **for a ~ [while],** am ychydig [amser], am beth amser, am dipyn bach, am ysbaid, dros dro, am encyd, *F:* am sbel, am sbelen; *(b)* **I was a ~ afraid,** 'roedd ofn braidd arnaf; 'roedd arnaf braidd ofn; 'roeddwn yn lled ofnus; 'roedd arnaf dipyn [bach] o ofn; nid oedd arnaf ddim llai nag ofn; **he is not a ~ wiser,** mae'n gallach o beth/dipyn/lawer; **he drinks a ~ too much,** mae'n yfed gormod braidd; mae'n yfed [braidd] ar y mwyaf. III. *adv.* **~ more than an hour ago,** prin awr yn ôl, cwta awr yn ôl, ychydig dros awr yn ôl; *B:* **a ~ lower than the angels,** ychydig is na'r angylion. **~ bitty** *a. F:* bychan bach, pitw bach, tila. **~-known** *a.* [go] anadnabyddus, [go] anhysbys, anenwog, anghyfarwydd, di-nod, prin hysbys/gyfarwydd, na wyddai neb fawr amdano *&c*. **~ liked** *a.* amhoblogaidd. **L~ Dewchurch** *Eng.Pl.n.* Llanddewi *f*. **L~ Dipper** *n. U.S: Astr:* = **Little Bear**. **~-ease** *n. Hist:* cell gyfyng (celloedd cyfyng) *f*, caethgell(-oedd) *f*. **L~ Englander** *n.* Pleidiwr (Pleidwyr) (*m*) Lloegr Fechan. **~-go** *n. A: Sch:* rhan gyntaf *f* [arholiad]. **L~ Haven** *W.Pl.n.* Yr Aber Bach *m*. **L~ Hill** *W.Pl.n.* Y Mynydd Bach *m*. **L~ Mountain** *W.Pl.n.* Y Mynydd Bach *m*. **L~ Newcastle** *W.Pl.n.* Casnewydd Bach *m*. **L~ Orme** *Pr.n. W.Geog:* Trwyn (*m*) y Fuwch, Rhiwledyn *f*. **L~ Robin** *n. Bot:* dail Robin/Robert bychain *pl*. **L~ Russia** *Pr.n. Geog:* Rwsia Fechan *f*. **L~ Russian 1.** *a.* [o] Rwsia Fechan. **2.** *n.* Rwsiad Bychan (Rwsiaid Bychain) *m*.

littleness *n.* bychander *m*, bychandra *m*.

littoral *a. & n.* **1.** *a.* arfordirol, glan môr; **~ zone,** arfordir(-oedd) *m*, glannau *pl*. **2.** *n.* glan(-nau) (*f*) môr, arfordir(-oedd) *m*, cefnfro(-ydd) *f*.

liturgic[al] *a.* litwrgïol, litwrgïaidd, litwrgaidd.

liturgically *adv.* yn litwrgïol *&c*.

liturgics *n.pl.* litwrgeg *f*.

liturgiologist *n.* litwrgegwr: litwrgegydd (litwrgegwyr) *m*.

liturgiology *n.* litwrgeg *f*.

liturgist *n.* litwrgïwr (litwrgiwyr) *m*.

liturgy *n.* **1.** *Ecc:* l|itwrgi (litwrgïau) *mf*, ffurfwasanaeth(-au) *m*; **L~,** *(= Book of Common Prayer):* Llyfr (*m*) Gweddi. **2.** *Gr.Ant:* gwasanaeth.

live¹ *a.* **1.** *(a)* byw; **~ birth,** genedigaeth fyw (genedigaethau byw) *f*; *F:* **a real ~ burglar,** lleidr go iawn, lleidr yn y cnawd; *(b)* **a ~ coals,** marworyn (marwor), colsyn (cols); *(c)* **~ broadcast,** darllediad(-au) byw *m*. **2.** *(a)* **~ cartridge,** cetrisen fyw (cetris byw) *f*; *(b) El.E:* **~ wire,** gwifren fyw (gwifrau byw) *f*; *F:* **he's a real ~ wire,** mae'n llawn mynd; *N. W:* mae o fel m|iriman; *O:* mae o fel |anterliwt. **3.** *Tchn:* **~ weight,** pwysau byw *m*; **~ load,** llwyth byw *m*; **~ steam,** ager byw *m*; *S.a.* **axle**; *Carp:* **~ centre,** canol tro *m*; *Cmptr:* **~ record,** cofnod(-ion) byw *m*; *Th:* **~ stage,** llwyfan byw/fyw (llwyfannau byw) *mf*; **~ trap,** trap(-iau) byw *m*. **~-bait** *n. Fish:* abwyd byw *m*. **~-bearer** *n. Ich:* esgorwr (esgorwyr) *m*. **~-bearing** *a. Ich:* esgorol. **~-born** *a. Med:* bywanedig. **~-oak** *n. Bot:* *(Quercus virginiana):* derwen (derw) (*f*) Virginia.

live² *v.i.&t.* **1.** *v.i.* *(a) (= be alive):* byw *(has no inflected forms in the literary language)*; **she'll live,** fe fydd hi byw; *F:* fe fywith [hi]; **I lived there (for five years),** mi fûm i byw yno, mi fûm i'n byw yno, *F:* mi fywiais i yno (am bum mlynedd); **is he still living?** a ydyw'n fyw o hyd? a ydyw'n dal yn fyw? **while my father lives,** tra bydd/bo fy nhad yn fyw, yn ystod oes fy nhad; **if I'm still living,** os byddaf i byw, os caf i fyw, os byw ac iach, os iach a byw; **long ~ the King!** hir oes i'r Brenin! byw fyddo'r Brenin! **he hasn't a year to ~,** *F:* blwyddyn sydd ganddo i fyw; **he will ~ to be a hundred,** fe fydd fyw yn gant oed; **she lived to a**

great age, bu hi fyw i fod yn hen iawn; bu hi fyw i oedran teg; **I couldn't ~ with it,** ni allwn i mo'i ddioddef; ni allwn fyw gydag ef; **as long as I ~,** tra byddaf i byw; **he cannot ~ through the winter,** ni wêl mo ddiwedd y gaeaf; *Prov:* **~ and learn,** mae ysgol i'w chael o febyd hyd fedd; mae dysg i'w chael o grud i fedd; mae dysg i'w chael o'r bedydd i'r bedd; mwyaf fyth y bydd dyn byw, mwyaf wêl a mwyaf glyw; **to ~ for the day one retires,** dyh|eu am y dydd yr ymddeolwch; **~ and let ~,** mae ar bawb eisiau byw; rhaid i bawb gael ei luniaeth; *(b) (= last):* byw, parh|au, *F:* para; **his name will ~,** nid â ei enw'n angof; fe fydd ei enw fyw byth; fe fydd i'w enw fyw byth; ei enw a bery byth; *(c)* **to ~ on vegetables,** byw ar lysiau; **to ~ on hope,** byw ar obaith, byw mewn gobaith; **to ~ on air,** byw ar y gwynt, bwyta gwellt eich gwely, byw wrth fin y gyllell, byw ar drugaredd a gwynt y dwyrain; **(he earns/gets enough) to ~ on,** (mae'n ennill digon) i gael deupen llinyn ynghyd, i'w gynnal ei hun, i ymgynnal, i fedru byw, at ei fyw; **to ~ on one's capital,** byw ar eich cyfalaf, bwyta'r mêl o'r cwch, byw ar eich bloneg; **to ~ on one's wits,** byw ar beth gewch chi, *N. W: occ:* byw ar waed pryfed eraill; **to ~ by one's labour,** *N:* byw wrth eich deg ewin; **he lives by his pen,** mae'n byw ar ei ysgrifennu; **to ~ in a small way,** byw'n gynnil, byw'n fain, *S. W:* tolio, tynnu miwn; *(d)* **(to ~) honestly,** (byw)'n onest, 'n ail i'ch lle, 'n fucheddol, 'n agos i'ch lle, *S. W: occ:* 'n dalïedd; **to ~ out of a suitcase,** byw a bod mewn gwestai; **(to ~) in style,** (byw)'n foethus, fel brenin, fel gŵr bonheddig; **to ~ without being in debt,** byw'n ddiddyled, byw heb yn wybod i'r beili; **to ~ to oneself,** byw i chi'ch hun; **to ~ well,** byw'n fras; **to ~ up to one's principles,** byw yn ôl eich egwyddor, byw'ch proffes; **to ~ up to one's reputation,** gwireddu'ch/cyfiawnh|au'ch enw; **to ~ up to expectations,** bodloni'r disgwyliadau, ateb y disgwyliadau; **to ~ it up,** byw'n wyllt, cael randibŵ, *N: F:* jolihoetian, jolihoetio, bedlema, rafinio; *(e) (= dwell):* byw, *Lit:* trigo, *occ:* anheddu; **to ~ with s.o.,** byw gyda rhn, cyd-fyw â rhn; **a house not fit to ~ in,** tŷ anaddas i fyw ynddo; **to ~ almost permanently in s.o.'s house,** byw a bod yn nhŷ rhn; **to ~ together,** *(not married):* cyd-fyw, *N: F:* byw tali (*not* byw talu). **2.** *v.t.* *(a)* **to ~ a happy life,** byw bywyd hapus; **he lived (what he narrated),** fe brofodd, fe fu fyw (yr hanes a adroddai); *(b) Th:* **to ~ a part,** byw rhan; **to ~ a cat and dog life,** byw fel cŵn a moch, byw fel cŵn a brain. **~ down** *v.t.* **(he managed) to ~ down the scandal,** (llwyddodd) i adfer ei enw da, i oroesi'r sgandal, i beri anghofio'r sgandal; **she never lived it down,** ni chafodd hi anghofio'r peth. **~-forever** *n. Bot:* = **stonecrop.** **~ in** *v.i.* byw i mewn. **~-in** *a.* preswyl. **~ on** *v.i.* *(= continue):* parh|au i fyw, dal i fyw. **~ out 1.** *v.t.* goroesi. **2.** *v.i.* byw allan, *S:* byw mas.

liveable *a. (a) (house):* cyfannedd, anheddol, trigiadwy, y gellir byw ynddo; *(b)* **a ~ life,** bywyd gwerth ei fyw; *(c)* **he's ~ with,** gellir cyd-fyw/cyd-dynnu ag ef.

liveableness *n.* cyfan|edd-dra *m.*

lived *a.* **long-~,** hirhoedlog; **short-~,** byrhoedlog; **that ~-in look,** golwg [bod] rhn yn byw yno.

livelihood *n.* bywoliaeth *f,* cynhaliaeth *f,* moddion (*pl*) byw; **to make a ~,** ennill bywoliaeth, ennill eich tamaid, cael rhywbeth at eich byw, *S. W: occ:* ennill eich toc.

livelily *adv.* yn fywiog *&c.*

liveliness *n.* bywiogrwydd *m,* sioncrwydd *m,* hoen *f,* hoenusrwydd *m,* nwyf *m,* nwyfiant *m,* nwyfusrwydd *m,* asbri *m,* mynd *vn.*

livelong *a. & n.* **1.** *a.* **[all] the ~ day,** trwy gydol y dydd, o fore gwyn tan nos, *S. W:* drwy'r dydd gwyn, *O:* drwy'r dydd gwybrol; **all the ~ night,** ar hyd y nos, trwy gydol y nos. **2.** *n. Bot: (Sedum telephium):* can[h]ewin *f,* llysiau (*pl*) Taliesin, berwr (*m*) Taliesin, orpin *m,* ffäen (*f*) Taliesin.

lively *a.* **1.** = **lifelike. 2.** *(a) (pers.):* bywiog, byw, sionc, hoyw, nwyfus, llawn mynd, llawn asbri, *N. W: occ:* fflonsh, ysbrydol, *S.E: occ:* bywus; *(colours):* bywiog, llachar, hoyw; *(b) F:* **things are getting ~,** mae pethau'n dechrau bywiogi/poethi/twymo; **we had a ~ time of it,** *(= difficult):* fe gawsom ddigon o helynt; fe fu yna dipyn o le; *(c)* **to take a ~ interest in sth,** cymryd diddordeb byw yn rhth. **3. as ~ as a cricket,** fel y wiwer, fel y cricsyn, fel y geirchen, fel y gog, mor sionc â'r dryw/ewig; **look ~!** *S:* siapa hi (siapwch hi)! mwstra (mwstrwch)! *N. W: F:* ceirch iddi! tân arni! **a ~ person,** sioncyn *m,* sioncen *f, S.E:* sbrycsyn *m.*

liven *v.t.&i.* **1.** *v.t.* **to ~ [up],** bywiogi, bywiocáu. **2.** *v.i.* **to ~ up,** bywiogi, bywiocàu, sirioli, mynd yn fywiog, sioncio, *S: occ:* siarpo.

liver[1] *n. Anat: S:* afu(-au) *m, N:* iau (ieuau) *m, M. W:* iafu *m; F:* **to have a ~,** *(i) Med:* dioddef o'r afu/iau; *(ii) Fig: (= be peevish):* bod yn biwis/bifis; **white ~, lily-~,** llwfrdra *m.* **~-chestnut** *a. & n. (colour):* gwineuddu (*m*), gwinau tywyll (*m*). **~-colour** *a.* dugoch(-ion). **~ fluke** *n. Vet:* llyng[h]yren (llyngyr) (*f*) yr iau/afu, pryf(-ed) (*m*) yr iau/afu, *N: occ:* euodyn (euod) *m, S. W:* llythi (*f*) afu. **~ fluke disease** *n. Vet:* y pwd *m,* ffliwc *m,* braenedd *m,* clefyd (*m*) yr ieuad. **~ salts** *n.pl.* halwynau bustl. **~ sausage** *n.* sosej(-is) (*f*) iau/afu, *Lit:* selsigen (selsig) (*f*) iau/afu.

liver[2] *n.* **loose ~, evil ~,** pechadur(-iaid) *m,* oferwr (oferwyr) *m,* oferddyn(-ion) *m;* **good ~,** dyn bucheddol, dyn ail ei le.

liverbird *n.* aderyn (adar) (*m*) Lerpwl.

liveried *a.* lifreiog, mewn lifrai.

liverish *a.* **1.** *Med:* claf o'r iau/afu, yn dioddef gan yr iau/afu. **2.** = **glum, peevish.**

liverishness *n.* **1.** *Med:* clefyd (*m*) yr iau/afu. **2.** *(= peevishness):* piwisrwydd *m,* pifisrwydd *m; (= glumness):* hwyl ddrwg *f,* y felan *f,* iselder *m* [ysbryd].

Liverpool *Eng.Pl.n.* Lerpwl *f, N: occ:* Nerpwl *f, Lit: occ:* Llynlleifiad *m.*

Liverpudlian *a. & n.* **1.** *a.* [o] Lerpwl, Lerpwlaidd. **2.** *n.* brodor(-ion) (*m*) o Lerpwl, Lerpwliad (Lerpwliaid) *m&f,* Lerpwlyn(-nod) *m,* Lerpwlen(-nod) *f,* Lerpwles(-au) *f; pl.* **Liverpudlians,** pobl (*f or pl*) Lerpwl, trigolion Lerpwl.

liverwort *n. Bot: (Hepatica):* llysiau(*pl*)'r afu, llysiau'r iau, clust (*fm*) yr asen, clust yr asyn, goferllys *m,* y ddeilen ddu *f,* auad: afuad *m,* cynghlenydd (*m*) yr afon; **cup ~,** *(Lichen pyxidatus):* ffiolgen *m,* clych (*pl*) y cerrig, cwpanau(*pl*)'r ddaear, bysedd garw *pl;* **dusty ~,** *(L. pulverulentus):* llychgen *m;* **foliaceous ~,** *(L. foliaceus):* callod[r] *pl;* **leprous ~,** *(L. leprosus):* clafrgen *m,* cen (*m*) y cerrig; **lettered ~,** *(L. sprictus):* ysgrifgen *m;* **purple-margined ~,** *(Reboulia hemisphaerica):* ysgenllys *m.* **stringy ~,** *(L. filamentosus):* gwcryd *m;* **tiled ~,** *(L. imbrictus):* cip (*m*) y coed; **umbilicated ~,** *(L. umbilicatus):* bogeilgen *m.*

liverwurst *n.* = **liver sausage.**

livery[1] *n.* **1.** lifrai (lifreion) *m.* **2. to take/keep horses at ~,** cadw ceffylau ar eu gogor. **3.** *Hist: (i) (= fodder): N:* ebran(-nau) *m, S:* gogor(-ion) *f; (ii) Jur:* **to give ~ and seisin,** traddodi seisin, estyn meddiant, rhoi goresgyn a gafael. **~ company** *n.* cwmni (cwmnïau, cwmnïoedd) (*m*) lifrai. **~ cupboard** *n.* cwpwrdd (cypyrddau) (*m*) bwyd. **~ horse** *n.* ceffyl(-au) hur *m,* ceffyl ar log. **~ servant** *n* gwas (gweision) (*m*) lifrai/lifreiog. **~ stable** *n.* gogordy (gogordai) *m,* marchdy (marchdai) *m,* stabl(-au) (*f*) hurio.

livery[2] *a.* **1.** *(= of liver):* afuaidd, afuol, ieuaidd, ieuol. **2.** *(of soil = tenacious):* glynol. **3.** = **liverish.**

liveryman *n.m.* lifreiwr (lifreiwyr), gŵr (gwŷr) lifrai.

lives *n.pl. See* **life.**

livestock *n.* da byw *pl,* anifeiliaid *pl.*

livetrap *v.t.* dal/maglu/trapio (rhth) yn fyw.

liveware *n. Cmptr:* byw-wâr *m.*

livid *a.* **1.** dulas (duleision), gwelwlas (gwelwleision); *(= bruised):* cleisiog; *(= pale):* gwelw(-on). **2.** *F:* **she was ~,** 'roedd hi'n gandryll; *N:* 'roedd hi o'i cho'n las ulw; *S:* 'roedd hi'n wynad; *S.a.* **angry.**

lividity *n.* lliw dulas *m.*

lividly *adv.* **1.** yn ddulas. **2.** = **angrily.**

lividness *n.* **1.** = **lividity. 2.** = **anger.**

living *a. & n.* **1.** *a.* byw, bywiol; *B:* **~ water,** dyfroedd (*pl*) y bywyd, dyfroedd bywiol; **~ or dead,** yn fyw neu'n farw; **(not) a ~ soul (was to be seen),** (nid oedd) yr un enaid byw, yr un gopa walltog, un perchen anadl (i'w weld); **no ~ man could do better,** 'does dim undyn byw a allai wneud yn well; *Biol:* **~ cell,** cell fyw (celloedd byw) *f;* **~ pictures,** darluniau byw, *F:* pictiwrs *pl;* **~ theatre,** theatr fyw *f; Th:* **~ newspaper,** newyddiadur byw *m;* **a ~ death,** marwolaeth fyw *f,* bywyd (*m*) gwaeth nag angau; **within ~ memory,** o fewn cof. **2.** *n.* **the ~,** y [rhai] byw *pl;* **in the land of the ~,** ar dir y [rhai] byw; **it is the ~ who sleep,** y byw sy'n cysgu.

living[2] *vn.* **1.** bywyd *m,* byw *vn;* **style of ~,** dull(-iau) (*m*) o fyw; **standard of ~,** safon(-au) (*m*) byw; *S.a.* **gracious; to be fond of good ~,** hoffi'r bywyd bras/moethus. **2.** *(work):* byw[i]oliaeth(-au) *f;* **to earn one's ~,** ennill eich byw[i]oliaeth, *F:* ennill eich

bara a chaws, ennill eich tamaid, *S. W: occ:* ennill eich toc; *Joc:* **it's a ~,** mae'n rhywbeth at fyw; mae'n well na dim. **3.** *Ecc:* bywoliaeth(-au) *f.* **~-room** *n.* ystafell (*f*) fyw (ystafelloedd byw), lle(-oedd) (*m*) byw, *F:* cegin(-au) *f*, *(opposed to* cegin gefn, cegin fach = *kitchen)*, *S. W: occ:* neuadd(-au) *f.* **~-space** *n.* lle (*m*) i fyw. **~-unit** *n.* uned (*f*) fyw (unedau byw). **~ wage** *n.* cyflog(-au) (*m*) byw.
livingly *adv.* yn fywiol.
livingness *n.* bywioldeb *m.*
Livonia *Pr.n. Geog:* Lifonia *f.*
Livonian *a.* & *n.* **1.** *a.* Lifonaidd. **2.** *n.* Lifoniad (Lifoniaid) *m&f.*
Livy *Pr.n.m.* Lifi.
lixiviate *v.t.* trwytho.
lixiviation *n.* trwythiad *m*, trwytho *vn.*
Lixwm *W.Pl.n.* Licswm *mf*, *A:* yr Wyddfid *f.*
Liz *Pr.n.f.* = **Lizzie.**
lizard[1] *n. Z:* **common/viviparous ~,** *(Lacerta vivipara):* madfall(-od) *f*, budrchwilen (budrchwilod) *f*, genau-goeg(-iaid,-ion) *f*, *N:* genau goed, *N. W: occ:* genau pry' gwirion, giali/gialan pen wirion, gialopi/galape wirion *f*, *S. W: occ:* mablath: madlath *f*, *S.E:* botrywilen *f*, motrywilen *f*; **European green ~,** *(L. viridis):* madfall werdd (madfallod gwyrdd) Ewrop; **sand ~,** *(L. agilis):* madfall y twyni; **wall ~,** *(L. muralis):* madfall y muriau. **~ orchid** *n. Bot:* *(Himantoglossum hircinum):* tegeirian (*m*) madfall. **~'s tail** *n. Bot:* *(Saururus):* cynffon (*f*) madfall.
Lizard[2] **clover** *n. See* **clover.**
Lizzie *Pr.n.f.* Lisi, Lis, Leisa, Leus; *S.a.* **busy, dusky.**
llama *n. Z:* lama(-od) *mf.*
llamero *n.* brodor(-ion) (*m*) y paith, peithdirwr (peithdirwyr) *m.*
Llanbadoc *W.Pl.n.* Llanbadog Fawr *f.*
Llanbadrig Cove *Pr.n. W.Geog:* Porth (*m*) Padrig.
Llanbadrig Head *Pr.n. W.Geog:* Trwyn (*m*) y Buarth.
Llanbeder *W.Pl.n.* Llanbedr (*f*) yn Henriw.
Llanbedr Painscastle *W.Pl.n.* Llanbedr (*f*) Castell-paen.
Llanbedrog Point *Pr.n. W.Geog:* Trwyn (*m*) y Mynydd.
Llanbethery *W.Pl.n.* Llanbydderi *f.*
Llanblethian *W.Pl.n.* Llanfleiddan *f.*
Llancadle *W.Pl.n.* Llancatal *f.*
Llancayo *W.Pl.n.* Llancaeo *f.*
Llancillo *Eng.Pl.n.* Llansulfyw *f.*
Llancloudy *Eng.Pl.n.* = **Llanloudy.**
Llandaff *W.Pl.n.* Lland|af *f.*
Llandarcy *W.Pl.n.* Llandarsi *f.*
Llandawke *W.Pl.n.* Llan-dawg *f.*
Llanddetty *W.Pl.n.* Llanddeti *f.*
Llanddew *W.Pl.n.* Llan-dduw *f.*
Llanddewi Skyrrid *W.Pl.n.* Llanddewi (*f*) Ysgyryd.
Llanddewi Velfrey *W.Pl.n.* Llanddewi (*f*) Efelffre.
Llandebie *W.Pl.n.* Llandybïe *f.*
Llandegai *W.Pl.n.* Llandygái *f.*
Llandegley *W.Pl.n.* Llandeglau *f.*
Llandegveth *W.Pl.n.* Llandegfedd *f.*
Llandegwning *W.Pl.n.* Llandygwnning *f.*
Llandeloy *W.Pl.n.* Llan-lwy *f*, Llandylŵyf *f.*
Llandenny *W.Pl.n.* Llandenni *f.*
Llandevaud *W.Pl.n.* Llandifog *f.*
Llandevenny *W.Pl.n.* Llandyfenni *f.*
Llandilo *W.Pl.n.* Llandeilo Fawr *f.*
Llandinabo *Eng.Pl.n.* Llanwnabwy *f.*
Llandissilio *W.Pl.n.* Llandysilio *f.*
Llandogo *W.Pl.n.* Llaneuddogwy *f*, Llaneinion *f.*
Llandonoch *W.Pl.n.* Llandynog *f.*
Llandough *W.Pl.n.* **1.** *(Cowbridge):* Llandochau(*f*)'r Bont-faen. **2.** *(Penarth):* Llandochau Fach.
Llandovery *W.Pl.n.* Llanymddyfri *f.*
Llandow *W.Pl.n.* Llandŵ *f.*
Llandruidion *W.Pl.n.* Llandridian *f.*
Llandudno Junction *W.Pl.n.* Cyffordd (*f*) Llandudno.
Llandysilio East *W.Pl.n.* Llandysilio (*f*) yn Nyfed.
Llandyssil *W.Pl.n.* Llandysul *f.*
Llaneilian Cove *W.Pl.n.* Porth (*m*) Eilian, Porth yr Ysgaw.
Llanelieu *W.Pl.n.* Llaneleu *f.*
Llanerthill *W.Pl.n.* Llanefrddyl *f.*
Llanfaenor *W.Pl.n.* Llanfannar *f.*
Llanfair Discoed *W.Pl.n.* Llanfair (*f*) Isgoed.
Llanfair Kilgeddin *W.Pl.n.* Llanfair (*f*) Cilgedin.
Llanfair Waterdine *Eng.Pl.n.* Llanfair (*f*) Dyffryn Tefeidiad.
Llanfairfechan Hill *Pr.n. W.Geog:* Carreg Fawr *f.*
Llanfihangel juxta Llantarnam *W.Pl.n.* Llanfihangel (*f*) Llantarnam.
Llanfihangel near/nigh Roggiett *W.Pl.n.* Llanfihangel Fawr *f.*
Llanfihangel nigh Usk *W.Pl.n.* Llanfihangel (*f*) Dyffryn Wysg, Llanfihangel y Gofion.
Llanfoist *W.Pl.n.* Llan-ffwyst *f.*
Llangarren *Eng.Pl.n.* Llangaran *f* (*pronounced* ng-g).
Llangattock nigh Usk *W.Pl.n.* Llangatwg (*f*) Dyffryn Wysg (*pronounced* ng-g).
Llangattock Vibon Avel *W.Pl.n.* Llangatwg (*f*) Feibion Afel (*pronounced* ng-g).
Llangendeirne *W.Pl.n.* Llangynd|eyrn *f* (*pronounced* ng-g).
Llangennith *W.Pl.n.* Llangynydd *f* (*pronounced* ng-g).
Llangeview *W.Pl.n.* Llangyfiw *f* (*pronounced* ng-g).
Llanginning *W.Pl.n.* Llangynin *f* (*pronounced* ng-g).
Llangorse *W.Pl.n.* Llan-gors *f.* **~ Lake** *Pr.n. W.Geog:* Llyn (*m*) Syfaddan.
Llangower *W.Pl.n.* Llangywer *f* (*pronounced* ng-g).
Llangua *W.Pl.n.* Llangiwa *f* (*pronounced* ng-g).
Llanguicke *W.Pl.n.* Llan-giwg *f.*
Llangunnock *Eng.Pl.n.* Llangynog *f* (*pronounced* ng-g).
Llangunnor *W.Pl.n.* Llangynnwr *f* (*pronounced* ng-g).
Llangunville *Eng.Pl.n.* Llangynfyl *f* (*pronounced* ng-g).
Llangwathan *W.Pl.n.* Llwyn (*m*) Gwaeddon.
Llangyniew *W.Pl.n.* Llangynyw *f* (*pronounced* ng-g).
Llanharry *W.Pl.n.* Llanhari *f.*
Llanhennock *W.Pl.n.* Llanhenwg *f.*
Llanheylo *W.Pl.n.* Llwyn (*m*) Hoedlfyw.
Llanhilleth *W.Pl.n.* Llanhiledd *f.*
Llanhowel *W.Pl.n.* Llanhywel *f.*
Llanishen *W.Pl.n.* Llanisien *f.*
Llanithog *Eng.Pl.n.* Llanheiddog *f.*
Llanllowell *W.Pl.n.* Llanllywel *f.*
Llanloudy *Eng.Pl.n.* Llanllwydau *f.*
Llanmartin *W.Pl.n.* Llanfarthin *f.*
Llanmerewig *W.Pl.n.* Llanfair (*f*) yr Ewig.
Llanmihangel *W.Pl.n.* Llanfihangel (*f*) y Bont-faen.
llano *n.* paith (peithiau) *m.*
Llanover *W.Pl.n.* Llanofer *f.*
Llanrothal *Eng.Pl.n.* Llanridol *f.*
Llanrumney *W.Pl.n.* Llanrhymni *f.*
Llansanffraid Pool *W.Pl.n.* Llansanffr|aid(*f*)-ym-Mechain.
Llansannor *W.Pl.n.* Llansanwyr *f.*
Llansantffraed-in-Elwell *W.Pl.n.* Llansanffr|aid(*f*)-yn-Elfael.
Llanshiver *W.Pl.n.* Llys (*m*) Ifor.
Llansoy *W.Pl.n.* Llandysóe *f*, Llan-soe *f.*
Llanspyddid *W.Pl.n.* Llansbyddyd *f.*
Llanstephan *W.Pl.n.* Llansteffan *f.*
Llanthewy Skirrid *W.Pl.n.* Llanddewi (*f*) Ysgyryd.
Llanthony *W.Pl.n.* Llanddewi (*f*) Nant Hodni.
Llantilio Crossenny *W.Pl.n.* Llandeilo (*f*) Gresynni.
Llantilio Pertholey *W.Pl.n.* Llandeilo (*f*) Bertholau.
Llantood *W.Pl.n.* Llantwyd *f.*
Llantrissent *W.Pl.n.* Llantrisaint Fawr *f.*
Llantwit Fardre *W.Pl.n.* Llanilltud (*f*) Faerdre.
Llantwit juxta Neath *W.Pl.n.* Llanilltud (*f*) Nedd.
Llantwit Major *W.Pl.n.* Llanilltud (*f*) Fawr.
Llantysilio *W.Pl.n.* Llandysilio (*f*) yn Iâl.
Llanungar *W.Pl.n.* Llanwengar *f* (*pronounced* ng-g).
Llanvaches *W.Pl.n.* Llanfaches *f.*
Llanvapley *W.Pl.n.* Llanfable *f.*
Llanvetherine *W.Pl.n.* Llanwytherin *f.*
Llanveynoe *Eng.Pl.n.* Llanfeuno *f.*
Llanvihangel Ystern Llewern *W.Pl.n.* Llanfihangel (*f*) Ystum Llewern.
Llanvithyn *W.Pl.n.* Llanfeuthin *f.*
Llanwarne *Eng.Pl.n.* Llanwern (*f*) Teilo a Dyfrig.
Llanwenny *W.Pl.n.* Llynwene *m.*
Llanybyther *W.Pl.n.* Llanybydder *f.*
Llanyre *W.Pl.n.* Llanllŷr (*f*) yn Rhos.
Llawhaden *W.Pl.n.* Llanhuadain *f.*

Llay *W.Pl.n.* Llai *m.*

Lleyn *W.Pl.n.* Llŷn *mf*; **the ~ Peninsula,** Pen (*m*) Llŷn.

Llysworney *W.Pl.n.* Llyswyrny *m.*

lo *int. A: & Lit:* wele! *F:* **and ~ and behold, there he is!** a dyna fe, ar y gair!

loach *n. Ich:* **spined ~,** *(Cobitis taenia):* gwrachen bigog (gwrachod pigog) *f*; **stone ~,** *(Nemacheilus barbata):* gwyniad barfog, gwrachen farfog (gwrachod barfog).

load[1] *n.* **1.** *(a)* llwyth(-i) *m*, baich (beichiau) *m*; *(of horse):* pwn (pynnau) *m*; **a small ~,** llwythyn *m*, *N.W: occ:* jegyn: jygyn *m*, haldiad *m*; *Av:* **flight ~,** llwyth hedfan; **touchdown ~,** llwyth glanio; **lorry-~,** llond lori (~ loriau), llwyth lori (llwythi lori/lorïau), lorïaid (lorieidiau) *f*; **cart-~,** llond gambo, llond trol, trolaid (troleidiau) *f*, gamboaid (gamboeidiau) *f*, llond cart/cert, certaid (certeidiau) *f*, cartaid (carteidiau) *m*, llwyth trol/cart/cert; **a plane-~ of troops,** llond awyren o filwyr; *El:* **to shed the ~,** bwrw'r llwyth; **to sink under the ~,** ysigo dan y baich/pwysau. **2.** *(of gun &c):* llwyth, llenwad(-au) *m*. **3. I had a ~ on my mind,** 'roedd gennyf lawer yn pwyso ar fy meddwl; **that's a ~ off my mind,** dyna ryddhad! *F:* **get a ~ of that!** edrych(-wch) ar hynna! gwrando (gwrand|ewch) ar hynna! **4.** *pl. F:* **loads (of sth),** llawer *m*, llaweroedd *pl*, digon *m*, digonedd *m*, llond gwlad, peth (*m*) wmbredd, *S: occ:* pwêr *m* (o rth); **we've loads of time,** mae gennym hen ddigon o amser. **~-displacement** *n. Nau:* dadleoliad (*m*) llwyth. **~-draught** *n. Nau:* dyfnder (*m*) dan lwyth. **~ line** *n. Nau:* llinell (*f*) lwytho. **~-shedding** *vn. El:* bwrw llwyth.

load[2] *v.t.&i.* **1.** *v.t.* *(a)* llwytho (**with sth,** â rhth); **to be loaded up with sth,** bod yn llwythog o rth; **to ~ s.o. with favours,** llwytho rhn â ffafrau; **to ~ s.o. with work,** gorlwytho/llethu rhn â gwaith; **to ~ s.o. with praise,** clodfori rhn; *(b) (gun):* llwytho, llenwi; *(c) Cmptr:* llwytho, llenwi. **2.** *v.i. (of ship):* **to ~ [up],** llwytho, codi llwyth.

loaded *a.* **1.** *(cart &c):* llwythog, trymlwythog, dan lwyth, llawn; **air ~ with soot,** awyr lawn [o] huddygl; **~ with cares,** dan lwyth/faich o ofalon, gofidus; **a ~ gun,** gwn/dryll llawn/llwythog; **a table ~ with food,** bwrdd [yn] llwythog o fwyd. **2. ~ dice,** dis(-iau) llwythog; **a ~ question,** cwestiwn ensyniadol/awgrymog. **3.** *Ins:* **a ~ premium,** premiwm llwythog. **4.** *P: (= rich):* cefnog, cyfoethog, yn graig o arian. **5.** = **drunk**. **6.** *Paperm:* **~ paper,** papur braisg *m*.

loader *n.* llwythwr (llwythwyr) *m*.

loading[1] *vn.* llwythiad(-au) *m*, llwytho; **bulk ~,** llwytho crynswth. **~ bay** *n.* cilfach (*f*) lwytho (cilfachau llwytho).

loading[2] *a. Sm.a:* llanwol; **breech-~,** bôn-lanwol.

loadstone *n.* tynfaen (tynfeini) *m*.

loaf[1] *n.* **1.** torth(-au) *f*; *the pl.* **loaves** *is often translated as* bara, *though not after numerals*; **five loaves,** pum torth; **small ~,** torth fach (torthau bach/bychain), *S.W:* cwgen(-ni,-nos) *f*; **cottage ~,** torth waelod (torthau gwaelod); **currant ~,** torth gyrains; *occ:* torth frith, bara brith *(also = fruitcake)*; **sandwich ~,** torth frechdanau (torthau brechdanau), torth dun (torthau tun); **brown ~,** torth goch (torthau cochion), torth frown (torthau brown); **tin ~,** torth sgwâr; **pan ~,** torth dan badell, *N.W: occ:* torth dan getal; *Prov:* **half a ~ is better than none,** gwell hanner torth na dim; gwell bychod yng nghod na chod wag; **meat-~,** torth gig (torthau cig); **sliced ~,** torth dafellog (torthau tafellog), *F:* torth sleis; **sugar-~,** torth siwgwr. **2.** *P:* = **head[1]**; **use your ~!** bydd yn gall! paid â bod yn dwp! **~-sugar** *n.* siwgwr (*m*) lwmp.

loaf[2] *v.i.* **to ~ about,** diogi, stelcian, hamddena, sefyllian, sgwlcan, clertian, gwasgswmera, tin-droi, barcutana, llercian, *S:* pwdreddan, *occ:* [h]ewcan.

loaf[3] *n. (= spell of loafing):* hoe fach *f*, hamdden *f*, *N: F:* stelcan: stelc *f*.

loafer *n.* **1.** diogyn (diogwyr) *m*, stelciwr (stelcwyr) *m*, gwagsymerwr (gwagsymerwyr) *m*, *S:* pwdryn (pwdrod) *m*, pwdren (pwdrod) *f*, repsyn (reps) *m*, *N:* rhn diffaith; **young loafers,** taclau diog, taclau pwdr. **2.** *U.S: (= shoe):* esgid ysgafn (esgidiau ysgeifn) *f*.

loafing *vn.* diogi. **~ yard** *n. Geog:* lloc(-iau) (*m*) cadw.

loam *n. Agr:* pridd llwyd *m*, cleibridd *m*, priddglai *m*, lôm (lomau) *fm*.

loamy *a.* priddgleiog.

loan[1] *n.* benthyciad(-au) *m*, benthyg (benthycion) *m*, *Lit: occ:* echwyn(-ion) *m*; **amicable ~,** benthyciad cyfeillgar; **forced ~,** benthyciad gorfodol; **bridging ~,** benthyciad pontio; **call ~,** benthyciad adalw; **conversion ~,** benthyciad arnewid; **short ~,** benthyciad cyfnod byr, benthyciad dros gyfnod byr; **funding ~,** benthyciad cronnol; **~ without security,** benthyg diwarant, *N.W: occ:* benthyg rhwng llaw a llaw; **on ~ from s.o.,** ar fenthyg gan rn; **may I have the ~ of ...?** a gaf i fenthyg ...? *Fin:* **to raise a ~,** codi benthyciad. **~ bank** *n.* banc(-iau) (*m*) benthyca. **~ capital** *n.* cyfalaf (*m*) benthyg. **~ collection** *n.* casgliad (*m*) benthyg/benthyca, casgliad ar fenthyg. **~ fee** *n.* tâl (taliadau) (*m*) benthyca. **~-holder** *n.* daliwr (dalwyr) (*m*) gwarant. **~ period** *n.* cyfnod(-au) (*m*) benthyca. **~ sanction,** caniatâd (*m*) benthyca. **~ shark** *n. U.S:* usuriwr (usurwyr) *m*. **~-sharking** *vn.* usurio, usuriaeth *f*. **~-translation** *n.* cyfieithiad(-au) (*m*) benthyg. **~-word** *n. Ling:* gair (geiriau) benthyg *m*.

loan[2] *v.t. U.S:* benthyca, rhoi benthyg (rhth i rn); rhoi (rhth) yn/ar fenthyg (i rn), *Lit: occ:* echwynna (rhth i rn).

loan[3] *Scot:* **1.** *(= lane):* lôn (lonydd) *f*, *S.W:* beid[i]r(-oedd) *f*, meid[i]r(-oedd) *f*. **2.** *(= open place where cows are milked):* buarth (*m*) godro, clos(-ydd) (*m*) godro.

loanable *a.* benthyciadwy.

loaner *n.* benthyciwr (benthycwyr) *m*, benth|ycwraig (benthycwragedd) *f*, *Lit:* echwynnwr (echwynwyr) *m*, ech|wynwraig (echwynwragedd) *f*.

loaning *n.* = **loan[3]**.

loath, *occ:* **loth** *a.* amharod (i wneud rhth), anfodlon (gwneud rhth), cyndyn (o wneud rhth); **I am ~ to do it,** mae'n gas gennyf ei wneud; **to be ~ for s.o. to do sth,** bod yn anfodlon i rn wneud rhth; **(he did it) nothing ~,** (fe wnaeth y peth) o'i wirfodd, yn ddigon parod, o lwyrfryd calon, yn llawen.

loathe *v.t.* casáu (rhth) [â chas perffaith], ffieiddio (rhth), *N: occ:* gwaredu (at rth); **I ~ doing it,** mae'n gas gennyf ei wneud; rwy'n casáu ei wneud; *S:* 'does 'da fi gynnig iddo fe; **he loathes being praised,** mae'n gas ganddo gael ei ganmol.

loathed *a.* atgas, ffiaidd (**to s.o.,** gan/i rn).

loather *n.* ffieiddiwr (ffieiddwyr) *m*.

loathing *n.* ffi|eidd-dod *m*, atgasedd *m*, casineb *m* (**for s.o.,** tuag at rn).

loathliness *n.* = **loathsomeness.**

loathly *a. a.* = **loathsome**; *Myth:* **the L~ Damsel,** y Forwyn Hyll.

loathsome *a.* atgas, ffiaidd, cyfoglyd, *N: occ:* anghynnes, ysglyfaethus; **a ~ thing,** ffieiddbeth(-au) *m*, *N:* ysglyfaeth(-au,-od) *f*.

loathsomely *adv.* yn atgas *&c.*

loathsomeness *n.* atgasrwydd *m*, ffieiddrwydd *m*.

lob[1] *n. Ten:* lob(-iau) *mf*, pêl (peli) uchel *f*; *Cr:* pêl isel, tafliad(-au) isel *m*; *Ten:* **to play a ~ (against s.o.),** lobio pêl (at rn).

lob[2] *v.t.* **1.** taflu, lluchio, *S:* lobio; **to ~ along,** loncian yml|aen, loncian mynd.

lobar *a.* llabedol, dalennol.

lobate[d] *a. Nat Hist:* llabedog; *Geog:* **~ bar,** bar(-iau) clustennog *m*.

lobation *n.* llabed(-au) *mf*, llabediad(-au) *m*.

lobby[1] *n.* **1.** *(a) (= hall, corridor):* cyntedd(-au) *m*, c|oridor (coridorau) *m*, *F:* lobi (lobïau) *f*, *S.W:* cynted *m*; *(b) Parl:* **the L~ of the House,** Cyntedd (*m*) y Senedd; **division ~,** cyntedd pleidleisio. **2.** *(= pressure group):* lobi, carfan (*f*) wasgu (carfanau gwasgu). **~ correspondent** *n.* gohebydd(-ion, gohebwyr) (*m*) cyntedd.

lobby[2] *v.t.&i.* **1.** *v.t. Pol:* **to ~ s.o.,** pwyso/gwasgu ar rn, ceisio dylanwadu ar rn, lobïo rhn. **2.** *v.i.* cyntedda, lobïo, lobïa.

lobbyer *n.* = **lobbyist**.

lobbyism *n.* lobïaeth *f*.

lobbyist *n.* lobïwr (lobïwyr) *m*, lobïwraig (lobiwragedd) *f*.

lobe *n.* llabed(-au) *mf*, clusten(-nau,-ni) *f*. **~-fin** *n. Ich:* pysgodyn (pysgod) (*m*) llabedog. **~ shell** *n. Conch:* *(Philine aperta):* môr-wlithen labedog (morwlith llabedog) *f*.

lobectomy *n. Med:* llabed-drychiad(-au) *m*, lob|ectomi (lobectomïau) *m*.

lobed *a. Nat.Hist:* llabedog, clustennog; **multi-~,** aml-labedog.

lobeless *a.* dilabed.

lobelia *n. Bot:* bidoglys(-iau) *m*, *N.W: occ:* bidog(-au) *mf*; **heath ~,** *(Lobelia urens):* bidoglys chwerw; **water ~,** *(L. dortmanna):* bidoglys y dŵr.

lobeline *n. Pharm:* l|obelin *m*.

loblolly *n. Nau: Hist:* **~ boy, ~ man,** gwas (gweision) *(m)* llawfeddyg. **~ bay** *n. Bot:* llawryf(-oedd) *(f)* lobloli. **~ pine** *n. Bot: (Pinus taeda):* pinwydden (pinwydd) *(f)* lobloli. **~ tree** *n.* coeden (coed) *(f)* lobloli.
lobo *n. Z:* blaidd (bleiddiaid) *(m)* coed.
lobotomy *n. Med:* lob|otomi (lobotomïau) *m.*
lobscouse *n. Cu:* lobsgóws *m, S.W:* lapsgóws *m; (without meat): N.W:* lobsgóws troednoeth, lobsgóws dall.
lobster[1] *n. Crust: (Homarus vulgaris):* cimwch (cimychiaid, cimychod) *m;* **hen-~,** cimwch benyw, cimyches(-au) *f; (= with berries): N:* brywnes(-au) *f;* **rock ~, spiny ~, = crawfish. Norway ~,** *(= Dublin Bay prawn):* cimwch Norwy; **squat ~,** *(Galathea):* cimwch byrdew. **~-fishing** *vn.* pysgota cimwch, cimycha, dal cimychiaid. **~ moth** *n. Ent:* cimwch y ffawydd. **~-pot, ~-trap** *n.* cawell *(m)* cimwch (cewyll cimychiaid). **~'s horn coralline** *n. Z:* ysgubau *(pl)* môr.
lobster[2] *v.i.* = **lobster-fishing.**
lobsterman *n.m.* pysgotwr (pysgotwyr) cimychiaid, cimychwr (cimychwyr), dyn(-ion) dal cimychiaid.
lobular *a.* llabedynnol.
lobulate *a.* llabedynnog.
lobule *n.* llabedyn(-nau) *m,* llabeden(-nau) *f.*
lobulose *a.* = **lobulate.**
lobworm *n.* = **lug**[1].
local *a. & n.* **1.** *a.* lleol, *occ:* o'r fro, o'r ardal; **there will be some ~ rain,** bydd glaw mewn mannau; **~ boy makes good,** bachgen o'r ardal/fro yn llwyddo *or* yn gwneud rhywbeth ohoni; llwyddiant/dyrchafiad i fachgen o'r ardal/fro; *occ: Joc:* dyrchafiad arall i Gymro; **~ area network,** rhwydwaith (rhwydweithiau) lleol *m;* **~ authority,** awdurdod(-au) lleol *m;* **~ colour,** naws leol *f,* naws bro/ardal, blas lleol *m,* blas bro/ardal, lliw lleol, arlliw *(m)* bro; *Art:* lliw lleol *m;* **~ eisteddfod,** eisteddfod(-au) *(f)* bro; **~ government,** llywodraeth leol *f;* **~ derby,** gornest leol (gornestau lleol) *f;* **~ option,** dewis lleol *m;* **~ paper,** papur(-au) lleol *m;* **~ railway,** rheilffordd leol (rheilffyrdd lleol) *f;* **~ preacher,** pregethwr (pregethwyr) cynorthwyol/lleyg *m;* **~ time,** amser lleol *m; Cmptr:* **~ variable,** newidyn (newidion) lleol *m; (on addresses):* **"local", "lleol". 2.** *n. (a)* brodor(-ion) *m,* ardalwr (ardalwyr) *m;* **the locals,** y brodorion, yr ardalwyr, trigolion yr ardal, trigolion y fro, pobl y fro, pobl yr ardal, y bobl leol, pobl y lle; **he's a ~,** mae'n un o'r ardal; mae'n un o'r ffordd yma; mae'n un o'r fan'ma; *(b) F:* **the ~,** y dafarn [leol] *f,* y tŷ *(m)* tafarn.
locale *n.* lle(-oedd) *m,* mangre(-oedd) *f (pronounced* ng-g), bro (bröydd) *f.*
localism *n. (a) (= local patriotism):* brogarwch *m; (= narrowness):* plwyfoldeb *m; (b) (idiom):* ymadrodd(-ion) lleol *m,* gair (geiriau) lleol *m,* gwerinair (gwerineiriau) *m; (custom):* arfer l[l]eol (arferion lleol) *fm.*
localite *n.* = **local 2** *(a).*
locality *n. (= location):* lleoliad(-au) *m; (= neighbourhood): (place):* ardal(-oedd) *f,* cymdogaeth(-au) *f,* bro (bröydd) *f;* **she has a good sense of ~; she has the bump of ~,** mae hi'n un dda am wybod ble y mae hi.
localizable *a.* lleoladwy.
localization *n.* lleoliad(-au) *m,* lleoli *vn,* lleoleiddiad *m,* lleoleiddio *vn.*
localize *v.t.* lleoli; *(= decentralize):* lleoleiddio, datganoli.
localized *a.* lleol, lleoledig, cyfyngedig, mewn mannau, mewn rhai lleoedd.
locally *adv.* yn lleol, yn yr ardal; *(= here and there):* mewn mannau; **to live ~,** byw yn yr ardal, byw yn y cyffiniau.
locatable *a.* lleoladwy.
locate *v.t.&i.* I. *v.t.* **1.** *(= to find):* darganfod, olrhain, lleoli (rhth); dod o hyd, cael hyd (i rth). **2.** *(= set, establish):* gosod, lleoli, sefydlu, rhoi, dodi; **to be located in somewhere,** bod/sefyll yn rhywle. II. *v.i. U.S: (= take up residence, business):* ymsefydlu, ymgartrefu (yn rhywle).
locater *n.* = **locator.**
locating *vn.* lleoli. **~ pin** *n. Carp:* pin(-nau) *(m)* lleoli *mf.*
location *n.* **1.** *(action): vn.* = **locate. 2.** *(= establishing):* lleoliad(-au) *m,* gosodiad(-au) *m; (= place):* lle(-oedd) *m,* lleoliad, safle(-oedd) *m, occ:* mangre(-oedd) *f (pronounced* ng-g); **(filmed) on ~,** (ffilmiwyd) yn y fan a'r lle, ar leoliad. **3.** *(in South Africa):* rhandir(-oedd) *(f)* i frodorion. **~ card** *n.* cerdyn (cardiau) *(m)* lleoliad. **~ mark** *n.* lleolnod(-au) *m.*
locational *a.* lleoliadol; **~ quotient,** cyniferydd(-ion) *(m)* lleoliad.
locationally *adv.* yn lleoliadol.
locative *a. & n. Gram:* **1.** *a.* lleoliadol. **2.** *n.* **the ~ [case],** y cyflwr lleoliadol *m.*
locator *n.* lleolwr (lleolwyr) *m.*
loch *n. Scot:* **1.** llyn(-noedd, *occ:* -nau) *m, occ: (in place-names):* llwch (llychau) *m;* **L~ Lomond,** Llyn Llumonwy. **2. sea ~,** culfor(-oedd) *m,* moryd(-iau) *f,* cyfyngfor(-oedd) *m,* cainc *(f)* o fôr.
lochia *n. Med:* esgorlif *m.*
lochial *a. Med:* esgorlifol.
Lochmeyler *W.Pl.n.* Lochmeilir *m.*
Lochvane *W.Pl.n.* Lochfân *m.*
loci *n.pl. See* **locus.**
lock[1] *n.* **1.** *(a) (of hair):* cudyn(-nau) *m,* llyweth(-au) *f, S.E: occ:* fflwcsyn (fflwcs) *m;* **very long ~,** cudyn dedwydd; **curled ~,** cudyn crych, cudyn o grychwallt; *(b)* **his scanty locks,** ei wallt prin *m.* **2.** *(of wool):* cudyn, tusw(-au) *m,* siobyn(-nau) *m.*
lock[2] *n.* **1.** *(of door &c):* clo(-eon,-eau) *m; S.a.* **padlock; double ~,** clo dwbl; **cut door ~,** torglo drws; **mortice ~,** clo mortais; **left-hand ~,** clo llaw chwith; **right-hand ~,** clo llaw dde; **rim ~,** clo ymyl; *S.a.* **airlock; to pick a ~,** datod clo; **under ~ and key,** tan glo [ac allwedd]; **spring ~,** clo adlam. **2.** *(a) (of wheel):* cadwyn *(f)* lusg (cadwyni llusg), *S.W:* clo bach. **3.** *(of gun):* clo; *F:* **~ stock and barrel,** y cwbl, y cyfan [yn ddieithriad], yn un crynswth; **to swallow sth ~, stock and barrel,** llyncu rhth yn groen, cyrn a charnau. **4.** *Wr:* gafael(-ion) *f,* bachell(-au,-ion) *f,* craff(-au) *mf,* clo. **5.** *Aut:* **on full ~,** ar dro llawn; **[steering] ~,** cylch *(m)* troi. **6.** *(of canal):* loc(-iau) *mf.* **~-block** *n. Carp:* bloc(-iau) *(m)* clo. **~ forward** *n. Rugby Fb:* wythwr (wythwyr) *m,* blaenwr (blaenwyr) *(m)* clo. **~-gate** *n.* llifddor(-au) *f,* fflodiard(-au) *f,* fflodiart (fflodiardau) *f.* **~-in** *n.* yfed *(vn)* ar ôl oriau. **~-keeper** *n.* ceidwad *(m)* loc (ceidwaid lociau). **~-knit** *a.* o wead rhynglo *(pronounced* ng-g), gweuglwm. **~-nut** *n.* nyten *(f)* gloi (nytiau cloi). **~-ring** *n. Archeol:* cudynfodrwy(-au) *f.* **~-shield** *n. Metalw:* caead(-au) *(m)* clo, clawr (cloriau) *(m)* clo. **~-step** *n.* cam clos *m,* camu *(vn)* clos. **~-stitch**[1] *n.* pwyth(-au) *(m)* clo. **~-stitch**[2] *v.t.* clobwytho.
lock[3] *v.t.&i.* I. *v.t.* **1.** *(a)* cloi; **to ~ a door,** cloi drws, rhoi clo ar ddrws; **to ~ s.o. in a room,** cloi rhn mewn ystafell; rhoi rhn dan glo mewn ystafell; **to find oneself locked out,** cael drws ar glo, cael drws clo; *Prov:* **to ~ the stable door after the horse has bolted,** codi pais ar ôl piso, cau'r drws wedi colli'r defaid, cau'r stabl wedi dwyn y march, cau drws y gorlan wedi i'r defaid redeg allan; **a wheel rigidly locked with another,** olwyn wedi ei chloi'n sownd yn y llall; *(b)* **they were locked together in a struggle,** yr oeddent ynghl|wm/ynghl|o mewn brwydr; yr oeddent yn ymwasgu mewn brwydr; **(they were) locked in each other's arms,** ('roeddent) yn cofleidio'i gilydd, yn ymwasgu'n dyn[n], ynghlwm ym mreichiau ei gilydd. **2.** *Hyd.E:* **to ~ a boat,** mynd â chwch/bad trwy loc, locio cwch/bad. II. *v.i.* **1.** cloi. **2.** *(of canal-boat):* **to ~ through,** locio trwodd. **~-in** *n. F: (in public house):* yfed *(vn)* hwyr. **~ on** *v.i. (of radar beam):* **to ~ on to a target,** dilyn targed. **~-out** *n. Ind:* cloi *(vn)* drysau, cloi allan, cload *(m)* allan. **~ out** *v.t.* cloi (rhn) allan. **~-up**[1] *n.* = **gaol**[1]; *attrib.* **~-up shop,** siop *(f)* gloi (siopau cloi); **~-up time,** amser *(m)* cloi; *Fin:* **~-up securities,** gwarannau clo. **~ up**[2] *v.t.* **1.** *(a)* rhoi (rhth) dan glo; *N.W: occ:* rhoi clo (ar rth); *(b)* **he ought to be locked up,** fe ddylai fod dan glo; yn y carchar mae ei le; *(c)* **to ~ up a house,** rhoi tŷ dan glo, cloi tŷ; *(d) Typ:* **to ~ up forms,** cloi fframiau, cloi teip. **2.** *Fin: (capital):* cloi, rhwymo.
lockable *a.* cloadwy.
lockage *n. (of canal): (a) (= locks):* lociau *pl* [dŵr]; *(b) (= toll):* tâl *(m)* locio.
lockbox *n.* blwch (blychau) *(m)* clo.
locked *a.* clo, ar glo, cloëdig, dan glo; **a ~ door,** drws clo, drws ynghl|o. **~ in** *a.* wedi'ch cloi i mewn, dan glo. **~ up,** dan glo.
locker *n.* **1.** cwpwrdd (cypyrddau) bach *m,* cloer(-iau) *mf,* clior(-au) *m, N.W:* cloeor: cleior(-iau) *m.* **2.** *Nau: (= chest):* cist(-iau) *f,* coffor (coffrau) *mf,* coffr(-au) *mf,* blwch (blychau) *m;* **Davy Jones's L~,** Cwpwrdd *(m)* Dafydd Jôs; *F:* **I hadn't a shot in the ~,** *(i) (= I had no money):* 'roeddwn wedi gwario fy ngheiniog olaf; *(ii) (= I had no more weapons/arguments):* 'roeddwn

wedi saethu fy saeth olaf. **~-room** *n.* ystafell *(f)* gypyrddau (ystafelloedd cypyrddau).
locket *n.* loced(-i) *f*, *Lit:* gyddfdlws (gyddfdlysau) *m*.
lockfast *a. Scot:* cloëdig, ynghl|o, dan glo.
locking *vn.* cload(-au) *m*, cloi; *See* **lock³**. **~-plate** *n. Carp:* plât (platiau) *(m)* cloi. **~ stile** *n.* cledren *(f)* gloi (cledrau cloi). **~ washer** *n.* wasier *(f)* gloi (wasiers cloi).
lockjaw *n. Med:* genglo *m*, gengload *m* (*both pronounced* ng-g), *F:* loc-jo *m*.
lockram *n. Tex:* locram *m*.
locksmith *n.* saer (seiri) *(m)* cloeau/cloeon, gof(-aint) *(m)* cloeau/cloeon.
locksmithing *vn.* gwn|eud cloeau/cloeon.
loco¹ *n. F:* loco(-s) *mf*.
loco² *a. P:* = **crazy; have you gone ~?** wyt ti wedi drysu? **~ disease** *n. Bot:* y ddera *f*, y bendro *f*, y gysb *f*.
locomote *v.i.* ymsymud.
locomotion *n.* ymsymudiad(-au) *m*.
locomotive *a. & n.* **1.** *a.* ymsymudol, ysmudol. **2.** *n.* *(= engine):* locomotif(-au) *mf*.
locomotor *a. Med:* **~ ataxy,** atacsia *(m)* symudiadau.
locomotory *a.* = **locomotive.**
locoweed *n. Bot:* llysiau*(pl)*'r ddera/bendro.
Locrian *a.* Locriaidd.
locular *a. Z: Bot:* cellanol.
loculated *a. Anat:* cellanog.
loculation *n. Anat:* cellaniad(-au) *m*.
locule *n.* = **loculus.**
loculed *a.* = **loculated.**
loculicidal *a. Bot:* cellanholltol.
loculus *n. Z: Bot: Anat:* cellan(-au) *f*.
locum *n.* locwm *m*. **~-tenency** *n.* swydd(-i) *(f)* dirprwy feddyg. **~[-tenens]** *n.* dirprwy(-on) *m*; *(doctor):* dirprwy feddyg(-on) *m*; *(clergyman):* dirprwy offeiriad (~ offeiriaid) *m*; **to act as ~-tenens for a doctor, to do ~,** dirprwyo dros feddyg.
locus *n.* **1.** *Geom: Biol:* locws (loci, locysau) *m*; *Jur:* **~ sigilli,** lle*(m)*'r sêl; **~ standi,** hawl i ymddangos; **~ *in quo*,** lleoliad(-au) *m*, y fan *(f)* lle digwyddodd rhth. **2.** *Lit:* **~ *classicus*,** cyfeiriad(-au) clasurol *m*, enghraifft glasurol (enghreifftiau clasurol) *f*; ***genius loci*,** naws *(f)* lle, anian *(f)* lle.
locust *n.* *Ent:* **1.** locust(-iaid) *m*; **migratory ~,** locust crwydrol/teithiol. **2.** *Bot:* **~[-bean],** = **carob; honey-~,** *(Gleditschia triacanthos):* mêl-ddraenen (melddrain) *f*. **~-beetle** *n. Ent:* pryf(-ed) *(m)* carob. **~-bird, ~-eater** *n. Orn:* *(Pastor roseus):* drudwen rosliw (drudwy rhosliw) *f*, aderyn (adar) *(m)* locustiaid. **~ tree** *n. Bot:* **1.** = **carob tree. 2. [black] ~ tree,** *(Robinia pseudoacacia):* ffug acasia *f*, pren(-nau) *(m)* locust, lindyswydden (lindyswydd) *f*.
locution *n.* troad(-au) *(m)* ymadrodd, ymadrodd(-ion) *m*; *(= idiom):* priod-ddull(-iau) *m*.
locutory *n.* parlwr (parlyrau) *(m)* sgwrsio, siaradfa (siaradf|eydd) *f*.
loddon *n.* **~ lily** *n. Bot:* *(Leucojum aestivum):* eiriaidd *m*.
lode *n. Min:* gwythïen (gwythiennau) *f*.
loden *n. Tex:* loden *m*.
lodestar *n.* **1. the L~,** Seren *(f)* y Gogledd, Seren y Pegwn. **2.** *Fig:* *(= principle):* egwyddor(-ion) *f*, seren arweiniol *f*; *(= object of pursuit)* nod(-au) *mf*.
lodestone *n.* = **loadstone.**
lodge¹ *n.* **1.** *(a) (of porter, gamekeeer &c):* porthordy (porthordai) *m*, porthdy (porthdai) *m*, cynhordy (cynhordai) *m*; *(b)* **keeper's ~,** bwthyn *(m)* ciper (bythynnod ciperiaid). **2. shooting-~,** caban(-au) *(m)* saethu; **hunting-~,** caban hela. **3.** *(of trade union, freemasons &c):* cyfrinfa (cyfrinf|eydd) *f*; **Grand L~,** Cyfrinfa Fawr, Prif Gyfrinfa. **4.** *(of otter, beaver):* = **earth¹ 4, lair. 5.** *(= wigwam):* pabell (pebyll) *f*. **~-keeper** *n.* porthor(-ion) *m*, ceidwad *(m)* porth (ceidwaid pyrth).
lodge² *v.t.&i.* I. *v.t.* **1.** *(s.o. in a room &c):* lletya (rhn), rhoi llety (i rn). **2.** *(a)* **to ~ money with s.o.,** ymddiried arian i rn, rhoi/dodi arian yng ngofal rhn; *(b)* **to ~ a bullet on the target,** plannu/sodro bwled yn y nod; *(c)* **to ~ a complaint,** achwyn, cwyno, gwn|eud/cofnodi cwyn; *S.a.* **appeal¹** 1. II. *v.i.* **1.** *(of pers.):* lletya, aros, *S:* sefyll. **2.** *(= become stuck):* mynd yn sownd (yn rhth), glynu (wrth rth), sefyll, aros; **the bullet has lodged (in the lung),** mae'r bwled yn glynu, mae'r bwled yn sownd, mae'r bwled wedi aros (yn yr ysgyfaint). **3.** *(of crops):* gorwedd.
lodged *a.* **1.** mewn llety. **2.** *Her:* gorwe[i]ddiog.
lodg[e]ment *n.* **1.** *Mil:* troedle(-oedd) *m*. **2.** *Jur:* *(= depositing of money):* adneuad(-au) *m*; *(= money deposited):* adneu(-oedd) *m*. **3.** *(= accumulation):* casgliad(-au) *m*.
lodgepole pine *n. Bot:* pinwydden *(f)* bolion (pinwydd polion).
lodger *n.* llet|ywr (lletywyr) *m*, llet|ywraig (lletywragedd) *f*, *F:* lojar(-s) *m&f*, lojwr(-s) *m*.
lodging *vn. & n.* I. *vn.* **1.** *See* **lodge²**; **a night's ~,** llety *(m)* [am] noson; *S.a.* **board¹** 2. II. *n.* *(usu.pl.):* llety(-au) *m*; **to let lodgings,** gosod llety. **~-house** *n.* llety(-au) *m*, tŷ (tai) *(m)* llety, *F:* tŷ lojin. *O:* *(common lodging-house):* llety llwm *m*.
lodicule *n. Bot:* l|odicwl (lodicylau) *m*.
loess *n. Geol:* marianbridd *m*, ***loess*** *m*.
loessial *a. Geol:* marianbriddol.
loft *n.* **1.** *(= hayloft):* llofft(-ydd) *(f)* stabl, taflod(-ydd) *f*, *S.W:* towlad: towlod(-ydd) *f*, *occ:* ystafell *(f)* wair (ystafelloedd gwair). **2.** *(b) (for pigeons):* colomendy (colomendai) *m*; *(b)* **a ~ of pigeons,** haid *(f)* o golomennod. **3.** *(= attic):* croglofft(-ydd) *f*, coglofft(-ydd) *f*; *(= gallery):* oriel(-au) *f*, llofft. **4.** *U.S: Ind:* llawr (lloriau) uchaf, gweithdy (gweithdai) *m*; *N.Arch:* **drawing ~,** ystafell *(f)* gynllunio (ystafelloedd cynllunio). **5.** *Golf:* *(i)* pefel *mf*; *(ii) (= stroke):* cledren *f*, swaden *f*.
loft² *v.t. Golf:* codi, cledro.
lofted *a.* *(golf-clubs):* â phefel, peflog.
lofter *n. Golf:* cledrwr (cledrwyr) *m*.
loftily *adv.* **1.** *(= on high):* yn uchel. **2.** yn ffroenuchel *&c*.
loftiness *n.* **1.** *(of room &c):* uchder *m*, uchdwr *m*, uchelder *m*. **2.** *(of tone):* ffroenucheledd *f*, trahauster *m*. **3.** *(of style &c):* arucheledd *m*, arddunedd *m*.
lofty *a.* **1.** *(mountain &c).* uchel, tal. **2.** *(attitude):* urddasol; *Pej:* nawddoglyd, nawddogol, ffroenuchel, mawreddog, uchel, trwynsur. **3.** *(style):* dyrchafedig, aruchel, arddunol, urddasol.
log¹ *n.* **1.** boncyff(-ion) *m*, cyff(-ion) *m*, plocyn (plociau) *m*, *F:* logyn (logiau) *m*, log (-iau) *m*; *Prov:* **you roll my ~, and I'll roll yours,** cân di bennill mwyn i'th nain, fe gân dy nain i tithau; *V:* crafa di 'nhin i, mi grafa' i dy din di; **chopping-~,** plocyn torri, plocyn naddu; **Yule ~,** boncyff/cyff Nadolig; **timber in the ~,** coed heb eu torri; **(to sleep) like a ~,** (cysgu) fel twrch [daear], fel mochyn, fel hoelen, *S:* fel maten, fel craig [yr oesoedd]; **to stand like a ~,** sefyll fel delw, delwi, delffo; **to fall like a ~,** syrthio'n glwt/glewtan/swp/swpan, syrthio fel darn o bren; **a King L~,** brenin disymud. **2.** *Nau:* lòg (logiau) *mf*; **to heave/stream the ~,** taflu'r lòg; **to sail by the ~,** hwylio yn ôl y lòg. **3.** *Nau:* = **log[-book]** 1. **~[-book]** *n.* **1.** llyfr *(m)* llong (llyfrau llongau), dyddlyfr(-au) *m*, coflyfr(-au) *m*, *F:* llyf lòg. **2.** *(a) Aut: &c:* llyfr cofrestru, cofnodlyfr(-au) *m*, *F:* llyfr lòg; *(b) Av: Ind: &c:* dyddlyfr, *F:* llyfr lòg; *(c) Cmptr:* lòg (logiau) *m*, cofnodydd(-ion) *m*. **~ cabin, ~ house, ~ hut** *n.* caban(-au) *(m)* coed/pren; **from ~ cabin to White House,** o'r caban coed i'r Tŷ Gwyn; *(in British context):* o weithdy'r crydd i Stryd Downing. **~ drum** *n.* drwm (drymiau) *(m)* pren. **~-jam** *n.* tagfa *(f)* goed (tagf|eydd coed); *Fig:* tagfa. **~-line** *n. Nau:* llinyn(-nau) *(m)* cyfrif. **~ perch** *n. Ich:* draenogyn (draenogiaid) gwibiol *m*. **~-roll** *v.i.&t.* powlio boncyffion, *S:* moelyd boncyffion. **~-roller** *n.* powliwr (powlwyr) *(m)* boncyffion. **~-rolling** *vn.* **1.** *For:* powlio/moelyd boncyffion. **2.** *U.S: Pol:* cydweithredu, helpu'r naill y llall, canu pennill mwyn i'ch gilydd.
log² *v.t.* **1.** *Nau: &c:* cofnodi, *F:* logio. **2.** *(= fine):* dirwyo. **3.** *(= cut into logs):* torri (coed) yn foncyffion.
log³ *n. F: Mth:* log(-iau) *m*.
loganberry *n. Bot:* mwyaren (mwyar) *(f)* Logan, mafonen (mafon) *(f)* Logan, mwyaren goch (mwyar cochion).
logan[-stone] *n.* **1.** *(in Gorsedd ceremonial):* maen (meini) llog *m*. **2.** *(= rocking stone):* carreg (cerrig) *(f)* siglo, maen (meini) *(m)* siglo, maen chwyf.
logaoedic *a. Pros:* logäedig.
logarithm *n. Mth:* l|ogarithm (logarithmau) *m*.
logarithmic *a.* logarithmig.
logarithmically *adv.* yn logarithmig, â logarithmau.
loge *n.* ***loge(-s)*** *m*, bocs(-ys) *(m)* theatr.
logfish *n.* = **rudderfish.**

loggats *n.pl. A: Games:* ceilys *pl*, chwarae (*vn*) ceilys.
logged[1] *a.* cofnodedig, a gofnodir/gofnodwyd.
logged[2] *a.* = **waterlogged.**
logger *n. U.S:* coed[i]wr (coedwyr) *m*, cwympwr (cwympwyr) (*m*) coed, cymynwr (cymynwyr) *m*.
loggerhead *n.* **1. at loggerheads (with s.o.),** yn benben, cad-yng-nghad, cad-yng-nghudyn, *N.W: occ:* yn benbwygilydd (â rhn); **to come to loggerheads (with s.o.),** mynd yn benben, ffraeo'n benben (â rhn); **to set people at loggerheads,** gyrru pobl yn benben, *occ:* gyrru rhwng pobl, *S.W:* hala rhwng pobl, dodi rhwng pobl. **2.** *A:* = **fool**[1]. **3.** *(for melting pitch):* haearn (heyrn) pendew *m*. **~ shrike** *n. Orn: (Lanius ludovicianus):* cigydd(-ion) pendew *m*. **~ turtle** *n. Z:* crwban(-od) (*m*) pendew.
Loggerheads *W.Pl.n.* Tafarn (*f*) y Celyn.
loggia *n. Arch:* logia(-s) *mf*.
logic *n.* rhesymeg *f*; **to chop ~,** hollti blew, degymu mintys rhesymeg. **~ board** *n. Cmptr:* bwrdd (byrddau) (*m*) rhesymeg. **~-chopping** *a.* crachresymegol, hollti blew, blewholltol. **~ circuit** *n. Cmptr:* cylched (*f*) resymeg (cylchedau rhesymeg). **~ flowchart** *n. Cmptr:* llifsiart (*f*) resymeg (llifsiart[i]au rhesymeg), siart(-[i]au) (*f*) rhediad rhesymeg.
logical *a.* rhesymegol; *Cmptr:* **~ operator,** gweithredwr (gweithredwyr) rhesymegol *m*; *Phil:* **~ positivism,** positifiaeth resymegol *f*; **~ positivist** *(i) a.* positifaidd-resymegol; *(ii) n.* positifydd(-ion) rhesymegol *m*; *Cmptr:* **~ shift** syfliad(-au) rhesymegol *m*.
logicality *n.* rhesymegoldeb *m*, rhesymegolrwydd *m*.
logically *adv.* yn rhesymegol.
logicalness *n.* = **logicality.**
logician *n.* rhesymegwr: rhesymegydd (rhesymegwyr) *m*.
logily *adv. U.S:* yn swrth *&c*.
login *v.t. Cmptr:* mewngofnodi (*pronounced* ng-g).
loginess *n. U.S:* syrthni *m*.
logion *n. Theol:* logion (logia) *m*.
logistic *a. & n.* **1.** *a.* logistaidd, cyflenwol. *S.a.* **logistics.**
logistical *a.* = **logistic 1.**
logistically *adv.* yn logistaidd.
logistician *n.* logistegwr: logistegydd (logistegwyr) *m*.
logistics *n.pl.* logisteg *f*.
lognormal *a.* lognormal.
lognormality *n.* lognormaledd *m*.
logo *n. F:* logo(-s) *m*.
logoff *v.t.* = **logout.**
logogram *n.* geirarwydd(-ion) *m*, l|ogogram (logogramau) *m*.
logogrammatic *a.* logogramaidd.
logograph *n.* = **logogram.**
logographer *n. Gr.Hist:* logograffwr: logograffydd (logograffwyr) *m*.
logographic *a.* logograffig.
logographically *adv.* yn logograffig.
logogriph *n.* l|ogogriff (logogriffau) *m*, pos(-au) geiriol *m*.
logomachy *n.* ymryson(-au) *m*, geirddadl(-au) *f*, dadl(-euon) *f*.
logon *v.t. Cmptr:* = **login.**
logorrhoea *n.* geiriogrwydd *m*, amleiriogrwydd *m*.
logorrhoeic *a.* geiriog, amleiriog.
Logos *n. Theol:* Y Gair *m*. **~ doctrine** *n.* athrawiaeth (*f*) y Logos.
logotype *n.* l|ogoteip (logoteipiau) *m*.
logout *v.t. Cmptr:* allgofnodi.
Logres *Pr.n. Geog: Lit:* Lloegr *f*.
logwood *n.* coed (*m*) lliwio, coed llifo, coed lliwyddion, logwd *fm*.
logy *a. U.S:* swrth, diegni, diynni, digychwyn, disymud, di-fynd.
loin *n.* lwyn(-au) *f*; *Med:* ystlys(-au) *f*; **fore ~,** lwyn flaen; **chump end of ~,** rhan drwchus y lwyn, lwyn drwchus; *A:* **to gird up one's loins,** ymwregysu; **the fruit of one's loins,** ffrwyth eich lwynau. **~-chop** *n.* golwyth(-ion) (*m*) lwyn.
loincloth *n.* lliain (llieiniau) (*m*) lwynau.
loined *a.* lwynog.
loir *n. Z:* pathew(-od) mawr *m*.
loiter *v.i.* **1.** oedi, loetran, ymdr|oi, sefyllian, [y]stelcian, tin-droi, gwagswmera, *S.W: occ:* heglan, lerian, cleiran, didach, barcutana, chwilibawan, whilibawa[n], *N.W:* clertian, llyffanta, dwdlian, cyllyfan, *S.E:* sefyllach, llercan; *(= travel slowly):* rhodianna, crwydro, cerdded lincyn loncyn. **2.** *Jur:* **to ~ with intent,** sefyllian gyda bwriad.
loiterer *n.* **1.** *(= loafer):* gwagswmerwr (gwagswmerwyr) *m*, oedwr (oedwyr) *m*, loetrwr: loetryn (loetrwyr) *m*, ymdröwr (ymdrowyr) *m*, sefylliwr (sefyllwyr) *m*, *S.E: occ:* oedyn (oedwyr) *m*, llercyn (llercod) *m*. **2.** *(= prowler):* [y]stelciwr ([y]stelcwyr) *m*, llerciwr (llercwyr) *m*.
loitering[1] *a.* oediog, sefylliog.
loitering[2] *vn. See* **loiter**; **no ~,** dim sefyllian.
loll *v.t.&i.* **1.** *v.t.* dyhefod, dyh|eu, *S.W:* dihâ, llyfedu; **the dog was lolling out its tongue,** 'roedd y ci'n estyn ei dafod [allan]; 'roedd y ci'n dyhefod *&c*. **2.** *v.i. (a) (of tongue):* **to ~ out,** hongian [allan]; **his head was lolling on his shoulder,** 'roedd ei ben [yn gorwedd] ar ei ysgwydd; 'roedd ei ben yn llipa; *(b) (of pers.):* gorweddian, diogi, *N.W:* clertian.
Lollard *n. Rel.Hist:* Lolard(-iaid) *m&f*; *attrib.* Lolardaidd.
Lollardism, Lollardy *n. Rel.Hist:* Lolardiaeth *f*.
lollie *n. F:* loli(-s) *m*.
lolling *a. (tongue):* yn hongian; *(head):* siglog, pendrwm, llipa; *(pers.):* gorwe[i]ddiog, yn gorwedd, *N.W:* clert[i]og, yn clertian.
lollipop *n.* l|olipop(-s) *m*. **~ man** *n.m.* dyn(-ion) lolipop. **~ lady/woman** *n.f.* dynes (merched) lolipop, menyw(-od) lolipop.
lollop *v.i. F:* ffit-ffatio, haldian, carlamu.
lolly *n. F:* **1.** loli(-s) *m*; **ice[d] ~,** loli rhew/iâ. **2.** *(= money):* arian *m*, *N:* pres *m*, *F: N.W:* mags *pl*, *S: occ:* tocins *pl*.
Lombard *a. & n.* **1.** *a.* Lombardaidd; **it's all ~ Street to a China orange,** mae'n fwy na thebyg; mae cyn sicred â'r pader; mae cyn sicred â bod bara mewn torth; mae cyn sicred â'r farn. **2.** *n.* Lombard(-iaid) *m&f*.
Lombardian, Lombardic *a.* Lombardaidd.
Lombardy *Pr.n. Geog:* L|ombardi *f*. **~ poplar** *n. Bot:* poplysen (poplys) (*f*) Lombardi.
loment *n. Bot:* loment(-au) *mf*.
lomentaceous *a. Bot:* lomentaidd.
lomentum *n.* = **loment.**
Lomond *Pr.n. Geog:* **Loch ~,** Llyn (*m*) Llumonwy.
London *Eng.Pl.n. & attrib.* **1.** *Eng.Pl.n.* Llundain *f*, *A: or Lit: occ:* Caer Ludd *f*; **Greater ~,** Llundain Fwyaf *f*. **2.** *attrib.* Llundeinaidd, Llundeinig, o Lundain. **~ clay** *n.* clai Llundeinig *m*. **~ pride** *n. Bot: N:* balchder (*m*) Llundain, r[h]ubanau(*pl*)'r ladis, *S:* crib (*m*) y ceiliog, *S.W:* stôl (*f*) y frenhines, *S.E:* pluf (*pl*) Arthur, *M.W:* pernel *m*. **~ rocket** *n. Bot: (Sisymbrium irio):* berwr (*m*) Caersalem. **~ smoke** *a. (colour):* llwydlas (llwydleision).
Londonderry *Irish Pl.n.* Dinas (*f*) y Deri.
Londoner *n.* Llundeiniwr (Llundeinwyr) *m*, Llundeiniad (Llundeiniaid) *m&f*, Llund|einwraig (Llundeinwragedd) *f*, Llundeines(-au,-i) *f*, gŵr (gwŷr) (*m*) o Lundain, gwr|aig (gwragedd) (*f*) o Lundain, un (rhai) o Lundain.
Londonism *n.* ymadrodd(-ion) Llundeinig *m*.
Londonize *v.t.* Llundeineiddio.
lone *a.* unig, ar eich pen eich hun; **to play a ~ hand,** gwn|eud rhth *&c* ar eich pen/liwt eich hun; *Biol:* **~ pair,** pâr unig *m*; **~ scout,** cadlanc ar ei liwt ei hun; *U.S:* **the L~ Star [State],** Tecsas *f*, Talaith (*f*) yr un Seren; **~ wolf,** *(i) Z:* blaidd (bleiddiaid) unig *m*; *(ii) Fig:* **he's a ~ wolf,** mae'n well ganddo hela ar ei ben ei hun; mae'n aderyn unig.
lonelily *adv.* yn unig *&c*.
loneliness *n.* unigrwydd *m*, unigedd *m*.
lonely *a.* unig, digwmni, ar eich pen eich hun; *(place):* unig; **~ heart,** rhywun (rhywrai) unig *m*, calon(-nau) unig *f*; **~ hearts' club,** clwb (clybiau) (*m*) pobl unig; **~ hearts' column,** colofn(-au) (*f*) pobl unig.
loneness *n.* = **loneliness.**
loner *n.* dyn(-ion) unig *m*, merch(-ed) unig *f*, *N.W: occ:* cynyn *m*; **he's a bit of a ~,** ar ei ben ei hun y mae'n hoffi bod; mae'n well ganddo fod ar ei ben ei hun; mae'n mynd o gwmpas fel adyn [ar gyfeiliorn]; pererin go unig ydyw; tipyn o feudwy ydyw.
lonesome *a.* unig; **by one's ~,** ar eich pen eich hun, heb gwmni, digwmni.
lonesomely *adv.* yn unig, ar eich pen eich hun, heb gwmni, yn ddigwmni.
lonesomeness *n.* = **loneliness.**
long[1] *a., n. & adv.* **I.** *a.* **1.** hir(-ion); *(esp. of time):* maith (meithion), *occ:* hirfaith (hirfeithion); **longer,** hwy, *F:* hirach; **longest,** hwyaf, *F:* hiraf; **as ~,** cyh|yd, *F:* cŷd, cyn hired; *(dress,*

trousers): llaes(-ion), *S:* hir; *(hair):* llaes, hirllaes(-ion), hir, *occ:* mawr; ~ **johns,** *N:* trôns (tronsiau, tronsys) llaes *m*, *S:* drafers: drofers(-i) hir *m*; ~ **and narrow,** hirgul(-ion); ~ **and slender,** hirfain (hirfeinion); *F: (= tall):* tal; ~ **and bleak,** hirlwm (*f.* hirlom, *pl.* hirlymion); ~ **ship,** llong (*f*) rwyfo (llongau rhwyfo), llong hir (llongau hirion); **to be six feet ~,** bod yn chwe throedfedd o hyd; **to make a ~ arm for sth,** estyn [braich] at rth, cyrraedd am/at rth; **the ~ arm of the law,** cyrraedd pell y gyfraith, crafanc y gyfraith, braich hir y gyfraith; **how ~ is the table?** beth yw hyd y bwrdd? pa mor hir yw'r bwrdd? **to make (sth) longer,** gwneud (rhth) yn hwy/fwy; estyn, *occ:* hwyh|au (rhth); *(dress &c):* llaesu, ymestyn; **a ~ haul,** haliad hir; *F:* **it's a ~ haul (to the top of the mountain),** mae'n ddringfa faith, mae'n waith helcyd, mae'n dipyn o hen ddring, *N:* mae'n dipyn o step (i ben y mynydd); **to take the longest way round,** dilyn/mynd y ffordd hwyaf; *N.W: occ:* mynd i nôl dŵr tros afon; **to make a ~ nose at s.o.,** bodio trwyn ar rn; **~ tongue,** *(= loquacity):* tafod hir *m*, huodledd *m*; **to win by a ~ chalk,** ennill o bell fordd, dod yn gyntaf o dipyn, *S. W: occ:* cario i hewl, ennill o hewl; **not by a ~ chalk,** ddim o bell ffordd; **the best by a ~ way,** y gorau o bell ffordd, y gorau o ddigon, *S. W: occ:* y gorau o hewl; **in the ~ run,** yn y pen draw, yn y tymor hir; *Typ:* ~ **mark,** hirnod(-au) *m*, *F:* to(-eau) bach *m*; ~ **measure,** mesur (*m*) hyd; ~ **metre,** metr hir *m*; **two ~ miles,** dwy filltir go dda, dwy filltir faith; **from a ~ way off,** o hirbell, o bellter mawr; **a ~ way away,** ymh|ell bell i ffwrdd, ymhell draw; **a ~ drink,** diod hir; **to pull a ~ face,** edrych yn weplaes/wyneblaes, gwneud gwep; **the runner has ~ wind,** mae'r rhedwr yn hir ei wynt; **~ short story,** stori fer hir (straeon byrion hirion) *f*; *Mth:* **~ division,** rhannu (*vn*) hir, rhaniad(-au) hir *m*; **he's a bit ~ in the tooth to be working,** mae braidd yn hen i fod yn gweithio; **a face as ~ as a fiddle,** wyneb llaes *m*, gwep laes *f*, gwep fel pe bai'r byd ar ben; **the ~ finger,** y bys canol *m*, y bys hir, yr hirfys *m*, *V:* bys y din; **~ waist,** gwasg isel *mf*; *Sp:* **~ horse,** ceffyl(-au) (*m*) neidio; ~ **jump,** naid (neidiau) hir *f*, hirnaid (hirneidiau) *f*; ~ **jumper,** neidiwr (neidwyr) hir *m*, n|eidwraig hir *f*; *Cr:* ~ **hop,** sbonc(-iau) hir *f*; ~ **pig,** *(= human flesh):* cnawd dynol *m*; *B:* **when man goeth to his ~ home,** pan elo dyn i dŷ ei hir gartref; **he's ~ in the arm,** mae ganddo freichiau hir; ~ **sight,** golwg pell *m*; **to take a ~ view,** edrych/tremio ymhell i'r dyfodol; **to take the ~ view of sth,** rhagweld/ystyried canlyniadau rhth; **in the ~ view,** yn y pen draw, yn y tymor hir. **2.** *(in time):* **how ~ are the holidays?** am faint mae'r gwyliau'n para? faint sydd o wyliau? pa mor hir yw'r gwyliau? **~ hours,** oriau meithion; **a ~ day,** diwrnod hir (diwrnodiau hirion) *m*, *occ:* hirddydd(-iau) *m*; **it's been a ~ day,** fe fu hi'n ddiwrnod maith; **the ~ vacation,** y gwyliau hir *pl*, gwyliau'r haf; **the days are getting longer,** mae'r dyddiau'n dechrau ymestyn; mae'r dydd yn ymestyn [cam ceiliog]; **a ~ night,** hirnos(-au) *f*; *A:* ~ **time,** am gyfnod maith; **~ time he laboured,** hir y llafuriodd; **it will take a ~ time,** fe gymer gryn amser; fe gymer amser maith [i'w wneud &c]; **they are a ~ time/while [in] coming,** maent yn hir iawn yn cyrraedd; mae'n hwyr glas iddynt gyrraedd; **to be a ~ time [doing sth],** bod yn hir, bod am allan o hydion, *F:* bod am allanodion [yn gwneud rhth]; *F:* ~ **time no see,** sut mae hi ers cantoedd/hydoedd/tro/talwm? **it is a ~ time since I saw him,** nid wyf wedi ei weld ers cantoedd *or* ers tro [byd] *or* ers oes *or* ers talwm iawn *or* ers llawer dydd *or* ers amser maith; *(with ref. to the same day):* ers meitin; **a ~ time ago,** amser maith yn ôl, ers talwm iawn, ers llawer dydd; **it will be a ~ time before the agitation dies down,** bydd yn hir cyn i'r cynnwrf dawelu; **(to wait) for a ~ time,** (aros) yn hir, am amser maith, am allan o hydion; **for a ~ time he was thought to be dead,** am amser maith fe gredid ei fod yn farw; **for a ~ time past he had been contemplating this step,** yr oedd wedi bod yn ystyried y cam hwn ers cryn amser; **(three days) at the longest,** (tridiau) ar y mwyaf, fan bellaf; *Mil: Navy:* **~ service men,** dynion tymor hir; *Hist:* **the L~ Parliament,** y Senedd Faith *f*; **~ dozen,** dwsin (*m*) gwehydd. **3.** ~ **price,** pris uchel *m*; ~ **figure,** ffig[i]wr uchel *m*; ~ **clay [pipe],** pibell (*f*) glai hir; **~ bill,** bil hir *m*; **~ odds,** ods hir *pl*; **it's ~ odds on his succeeding,** prin iawn y llwydda; mae'n annhebyg y llwydda; *Fin:* ~ **date,** dyddiad pell/hir *m*; *Mus:* ~ **drum,** drwm (drymiau) tenor *m*; **a ~ purse,** pwrs llawn *m*; *Cin:* ~ **shot,** cip(-iau) pell *m*, saethiad(-au) pell *m*; **medium ~ shot,** saethiad eithaf pell; **it's a bit of a ~ shot,** mae hi'n ergyd go bell; mae hi'n bur annhebyg; mae hi'n dipyn o fenter; lwc fyddai iti (*&c*) daro; **not by a ~ shot,** ddim o bell ffordd; *Cards:* ~ **suit,** rhesaid (rheseidiau) hir *f*; ~ **section,** toriad(-au) hydredol *m*, hyd-doriad(-au) *m*; *Com:* **~ hundred,** cant hir *m*; ~ **hundredweight,** canpwys hir *m*; **~ ton,** tunnell hir *f*. II. *n.* **1.** *(a)* **he knows the ~ and the short of the matter,** fe ŵyr hyd a lled y peth; **the ~ and the short of it is . . .,** swm a sylwedd y peth yw . . .; *(b) Pros:* **long and shorts,** llafariaid hir a byr; *(c) Typ:* hirnod(-au) *m*. **2. for ~,** am amser hir/maith; **before/ere ~,** cyn bo hir; **I haven't ~ to live,** ni fyddaf i fyw'n/byw'n hir; 'does gen i fawr i fyw; 'does dim hir oes i mi; **it will not take ~,** ni chymer fawr [o amser]; ni fydd yn cymryd yn hir; **I had only ~ enough to . . .,** ni fu gennyf ond digon o amser i . . . . **3.** *St.Exch:* stoc hirdymor *m*. III. *adv.* **1.** *(a)* **have you been here ~?** ydych chi wedi bod yma'n hir? ydych chi yma ers tro? *(with ref. to same day):* ydych chi yma ers meitin? **he has been gone so ~,** mae cymaint ers iddo fynd; mae i ffwrdd ers cymaint o amser; **~ live the King!** hir oes i'r Brenin! **~ live Wales!** Cymru am byth! **stay as ~ as you like,** arhoswch faint bynnag a fynnoch chi; arhoswch gyhyd ag a fynnoch chi; **as/so ~ as I live,** tra byddaf i [fyw/byw], am weddill fy oes/mywyd, cyhyd ag y byddaf i fyw/byw, tra bydd/bo anadl/chwyth ynof i; **(you may do as you like) so ~ as you pay,** (cewch wneud fel y mynnoch) cyhyd â'ch bod yn talu, ond ichi dalu, ar yr amod eich bod yn talu, am y talwch chi; **to be ~ [in] doing sth,** bod wrthi'n hir yn gwneud rhth; **he was not ~ in/about/over finding work,** buan y cafodd waith; ni fu fawr o dro cyn cael gwaith; **I won't be ~,** fydda' i ddim yn hir, *N: occ:* fydda' i ddim gwerth; **I won't be ~ doing it; I won't be ~ about it,** fydda' i fawr o dro yn ei wneud; **he won't be ~,** ni fydd yn hir [cyn dod]; fe ddaw cyn [bo] hir; **it will be ~ before we see his like,** ni welwn ni mo'i debyg yn fuan; **it is ~ since I saw her,** ni welais i mohoni ers tro; mae amser maith er imi ei gweld; mae amser maith er pan welais i hi; **she has ~ since been recognized as a great writer,** cydnabuwyd ers amser maith *or* ers tro byd ei bod hi'n awdures fawr; **to suffer sth ~,** hirymaros rhth; *F:* **so ~!** da bo ti (da boch chi)! hwyl [fawr]! *(b)* **I have ~ been expecting him,** 'rwyf wedi bod yn ei ddisgwyl ers tro; *occ:* 'rwyf yn ei ddisgwyl ers tro; *(c)* **how ~?** am faint o amser, am faint? ers faint? am ba hyd? **how ~ have you been here,** ers faint 'rydych chi yma? **how ~ will it be until . . .?** faint [o amser] sydd nes/tan . . .? **how ~ (do your holidays last)?** am faint, am ba hyd (y bydd eich gwyliau'n para)? **2.** ~ **before,** ymhell cyn hynny, gryn amser cyn hynny, *F:* sbel/sbelan cyn hynny; **~ before the war,** ymhell cyn y rhyfel; ~ **after,** ym mhen yr hir a'r hwyr, gryn amser wedyn, *F:* sbel/sbelan wedyn, *occ:* [ymhen] y rhawg ar hugain; ~ **after the war,** ymhell ar ôl y rhyfel, ymhell wedi'r rhyfel; **not ~ after,** cyn bo hir; **not ~ before,** ychydig ynghynt; **he died ~ ago,** bu farw amser maith yn ôl; mae wedi marw ers talwm iawn *or* ers llawer dydd; **he died not ~ ago/since,** bu farw ychydig [amser] yn ôl; bu farw'n ddiweddar; 'does fawr er pan fu farw; **he is not ~ for this world,** ni fydd yma'n hir; 'does ganddo fawr o amser eto; 'does dim hir oes iddo; *S: Joc:* mae bachan y bâl ar ei ôl e; *N: Joc:* mae'r twrch daear wedi wincio arno fo; *Joc:* mae clefyd y faten/dywarchen/fynwent arno fo/fe. **3. all day ~,** trwy gydol y dydd, o fore gwyn tan nos, o olau i olau, *S. W:* drwy'r dydd gwyn; **his life ~,** trwy gydol ei oes, ar hyd ei oes. **4. I could no longer see him,** ni allwn ei weld mwyach/bellach; **(I could not wait) any longer,** (ni allwn i aros) yn hwy, ymhellach, ddim hwy, ddim rhagor; **how much longer (will it last)?** am faint mwy, am ba hyd eto (y bydd yn para)? **5. a ~ felt want,** angen a deimlwyd ers tro. ~ **ago 1.** *a. & adv.* ers llawer dydd, gynt, dyddiau fu, yn y dyddiau gynt, ers talwm [iawn], ers llawer dydd. **2.** *n.* yr oes (*f*) o'r blaen, y gorffennol pell *m*, yr hen ddyddiau (*pl*) a fu, y dyddiau pell yn ôl; **in the days of ~ ago,** gynt, ddyddiau a fu, ers talwm, ers llawer dydd (*usu. pronounced* 'slawer dydd), yn yr oes o'r blaen. **~-and-short-work** *n. Arch:* gwaith hir a byr *m*. ~ **arm** *n. (pole):* polyn (polion) bachog *m*. **~-armed** *a.* â breichiau hirion, hirfraich. **~-bill** *n. Orn:* = **snipe.** **~-boat** *n. Nau:* cwch (cychod) hir *m*, bad(-au) hir *m*, hirfad(-au) *m*, hirgwch (hirgychod) *m*. **~-case clock** *n.* = **grandfather clock.** **~-chain** *a. Ph:* cadwynhir, hirgadwynog. **~-clothes, ~ coats** *n.pl.* peisiau; **I was still in ~-clothes when . . .,** 'roeddwn i'n dal [i fod] yn fy nghlytiau pan . . . . **~-dated** *a. Fin:* hirddyddiedig, hirddyddiad. **~-day** *a. (plant):* hirddydd. **~-delayed** *a.* hwyr, hiroediog. **~-distance** *attrib. (a) Tp:* pell, hirbell, pellter mawr; **~-distance call,** galwad bell/hirbell (galwadau pell/hirbell) *f*; *(b)* **~-distance driver,** gyrrwr (gyrwyr) (*m*) hirdaith, gyrrwr teithiau hirion, gyrrwr pellter mawr; *Sp:* **~-distance runner,** rhedwr (rhedwyr) hirbell *m*, rhedwr pellter mawr. **~-drawn[-out]** *a.* **a ~-drawn[-out] sigh,** ochenaid hir; **a ~-drawn[-out] struggle,** brwydr hirfaith/estynedig. **~-eared** *a.* clustiog, clustir, â chlustiau hir/hirion, hirglust, clustlaes, clustfawr. **~-established** *a.* hirsefydlog, wedi hen ymsefydlu, wedi hen ennill ei blwyf, [hen/hir] sefydledig. **~-faced** *a.* ag wyneb hir, â gwep hir/hirllaes, wyneplaes, gweplaes, hirwynebog. **~-hair[ed]** *a.* hirwallt, hirwalltog, gwalltlaes, [â] gwallt llaes, *N: occ:* gwallt mawr. **~-handle** *attrib. Cr:* parod eich trawiad. **~-head, ~-headed** *a.* hirben, hir eich pen; *N.W: occ:* hir eich corun; *Metalw:* **~-head stake,** bonyn (bonion) (*m*) pen hir. **~-headedness** *n.* craffter *m*, doethineb *m*. **~-horned** *a.* hirgorn. **~-lasting** *a.* parhaol, hirbarhaol, hirhoedlog, hiroediog, hiroesog, hir oes. **~-leaved** *a.* hirddail, hirddeiliog. **~-legged** *a.* heglog, hirgoes, hir-heglog, gaflog, yn goesau i gyd, *N.W: occ:* ysgaflog. **~-life** *attrib.* oes hir, hirhoedlog. **~-liner** *n. Fish:* pysgotwr (pysgotwyr) (*m*) lein hir. **~-lived** *a.* hirhoedlog, hiroesog, hiroesol. **~-livedness** *n.* hirhoedledd *m*. **~-lost** *a.* hirgolledig, hirgoll. **L~ Mountain (the)** *Pr.n. W.Geog:* Cefn (*m*) Digoll. **~-necked** *a.* â gwddf hir. **~-playing** *a.* hir(-ion), hirfaith (hirfeithion). **~-range** *a.* pellgyrhaeddol; *(aircraft):* pell-ehedol, hirdaith; *(prospects &c):* [y] tymor hir, [yr] hirdymor; *Ph:* **~-range forces,** grymoedd amrediad pell; *Meteor:* **~-range weather forecast,** rhagolygon hirbell [ar] y tywydd. **~ service** *n.* hir-wasanaeth *m*, gwasanaeth maith/hir *m*. **~-sighted** *a.* **1.** *Med:* hirolwg, hir/pell eich golwg, â golwg pell. **2.** *(= having foresight):* craff, llygadog, pell eich gweledïad. **~-sightedness** *n.* **1.** *Med:* hir olwg *m*, golwg pell *m*. **2.** *(= foresight):* craffter *m*, gweledïad pell *m*. **~-sleeved** *a.* â llewys hir/llaes. **~-standing** *attrib.* hen, hirsefydlog, yn bod ers tro; **a ~-standing engagement,** trefniant a wnaed ers tro, hen drefniant. **~ stay bed** *n.* gwely(-au) (*m*) arhosiad hir. **~-stemmed** *a.* hirgoes, hirgoesog. **~-suffering 1.** *n.* dioddefgarwch *m*, hirymaros *m*, hiramynedd *m*, amynedd mawr *m*. **2.** *a.* amyneddgar, goddefgar, hirymarh|ous, hiramyneddgar, dioddefgar. **~-sufferingly** *adv.* yn hirymarhous *&c.* **~-tailed** *a.* cynffon hir, â chynffon/chwt hir, cynffonnog. **~-term 1.** *attrib.* cyfnod hir, hir dymor, tymor hir. **2.** *n.* **in the ~ term,** yn y tymor/cyfnod hir, yn y pen draw. **~-time¹** *attrib.* ers tro, ers amser maith. **~-waisted** *a.* â gwasg/gwast isel. **~-winded** *a. F:* **1.** *(athlete):* hir eich gwynt/anadl, hiranadlog. **2.** *(speaker):* hirwyntog, amleiriog. **3.** *(story):* hirwyntog, diderfyn, di-ben-draw. **~-windedly** *adv.* **1.** yn hirwyntog, yn amleiriog. **2.** yn ddiderfyn *&c.* **~-windedness** *n.* hirwyntogrwydd *m*. **~-wool** *a.* hirwlanog.

long² *v.i.* **to ~ (for sth),** dyh|eu, hiraethu, *Lit: occ:* chwantu (am rth); chwennych, chwenychu (rhth); **I ~ for home,** mae arna' i hiraeth am gartref; **to ~ to do sth,** dyheu am wneud rhth; **I ~ to go,** 'rwy'n dyheu am gael mynd; 'rwyf bron marw eisiau mynd; 'does dim byw na marw na chaf fynd.

longaeval = **longeval.**

longan *n. Bot:* longan(-au) *f* (*pronounced* ng-g); *(tree):* coeden (coed) (*f*) longan.

longanimity *n. Lit: A:* hiramynedd *m*, hirymaros *m*, hirymarhouster *m*.

longbow *n.* bwa (bwâu) hir *m*; *Fig:* **to draw the ~,** ei hymestyn hi, ei 'mystyn hi, gor-ddweud, brolio, *S.W: occ:* brathu'r gaseg wen.

longbowman *n.m.* gŵr (gwŷr) bwa hir.

longer *n.* dyhëwr (dyhewyr) *m* **(for sth,** am rth).

longeron *n. Av: (usu.in pl):* tulath(-au) *f* [awyren].

longeval *a. A:* hirhoedlog, parhaol.

longevity *n.* hirhoedledd *m*, hir oes *f*, byw(*vn*)'n hir/hen.

longevous *a.* = **long-lived.**

Longford *W.Pl.n.* Rhydhir *f*.

longhand *n.* llawysgrifen *f*.

longhead *n.* dyn(-ion) hirben *m*, merch(-ed) hirben *f*; *pl.* pobl hirben *f or pl.*

longhorn¹ *n.* **1.** *Ent:* chwilen gorniog (chwilod corniog) *f*, chwilen hirgorn; **house ~,** *(Hylotrupes bajulus):* chwilen gorniog y tai.

longhorn² *n. Husb: (cattle):* buwch (buchod, gwartheg) hirgorn *f*; *(bull):* tarw (teirw) hirgorn *m*.

longhouse *n.* tŷ hir (tai hirion) *m*.

longicorn *n. Ent:* = **longhorn¹**.

longing¹ *a.* hiraethus, hiraethlon, llawn dyhead, angerddol.

longing² *n.* dyhead(-au) *m*, awydd(-au) *m*, dymuniad(-au) *m*, awch *m*; *(= nostalgia):* hiraeth *m* (am rth); **to have a ~ for/after sth,** dyh|eu am rth, bod ag awydd rhth, hiraethu am rth, *S:* bod â chwant rhth.

longingly *adv.* yn hiraethus *&c;* â hiraeth.

longish *a.* go hir, eithaf hir, lled hir, braidd yn hir, pur hir, gweddol hir.

longitude *n.* hydred(-ion,-au) *m*; **~ East,** hydred i'r Dwyrain, hydred dwyreiniol; **in the ~ 20 degrees,** ar hydred [o] ugain gradd; **in the ~ of Greenwich,** ar hydred Greenwich.

longitudinal *a.* **1.** *(= lengthwise):* hydredol, hydol, ar ei hyd, yn ei hyd, arhydol; **~ section,** toriad(-au) hydredol *m*; *Ph:* **~ vibration,** dirgryniad(-au) arhydol *m*. **2.** *Geog: Astr:* hydredol.

longitudinally *adv.* **1.** *(= lengthwise):* ar ei hyd. **2.** *Geog: Astr:* yn hydredol.

longleaf *n. Bot: (Falcaria vulgaris):* hirddail *pl.* **~ pine** *n. Bot:* pinwydden (pinwydd) hirddail *f*.

longline *n.Fish:* lein(-iau) hir *f*.

Longmynd *Pr.n. Eng.Geog:* Cefn (*m*) Hirfynydd.

longness *n.* hyd *m*.

Longobard *n.* = **Lombard 2.**

Longobardic *a.* = **Lombard 1.**

Longridge *W.Pl.n.* Y Mynydd Hir *m*.

longshanks *a. & n.* **1.** *a.* heglog, hirgoes. **2.** *n. Orn:* = **stilt 4.**

longshore *a.* y glannau, yr arfordir, arfordirol; *Geog:* **~ current,** cerrynt (*m*) arfordir/glannau; **~ drift/movement,** drifft (*m*) y glannau, drifft arfordirol.

longshoreman *n.m.* **1.** *Nau:* llwythwr (llwythwyr). **2.** *(fisher):* pysgotwr (pysgotwyr) glannau.

longshoring *vn.* llwytho [llongau].

longsome *a.* hirfaith (hirfeithion).

longsomely *adv.* yn hirfaith.

longsomeness *n.* hirfeithder *m*.

longspur *n. Orn:* = **bunting (Lapland).**

longstop *n. Cr:* stop(-iau) pell *m*.

longueur *n.* darn(-au) maith *m*, meithder(-au) *m*.

longways, longwise *adv.* ar ei hyd, yn ei hyd. **~ set** *n. Danc:* set (*f*) ar ei hyd.

lonicera *n. Bot:* = **honeysuckle.**

loo¹ *n. Cards:* lŵ *mf*.

loo² *n. (= lavatory):* tŷ (tai) bach *m*.

loo³ *n. Vet: (disease of horses):* llaid *m*.

looby *n.* llabwst (llabystiaid) *m*, lob(-iaid) *m*, awff(-od) *m*, drelyn (dreliaid, drelod) *m*, lleban(-od) *m*, penbwl (penbyliaid) *m*, *S.W:* lwff(-od,-s) *m*; *S.a.* **oaf, loafer.**

loofah *n. Toil: Bot:* lwffa (lwffâu) *mf*.

look¹ *n.* **1.** golwg (*m when meaning "sight", f when meaning "view", "appearance"*), edrychiad(-au) *m*, trem(-iau,-ion) *f*, cip(-ion) *m*, cipdrem(-iau) (*f*), cipedrychiad(-au) *m*, *S.W: F:* pip *m*, *N.W: F: occ:* stag *mf*; **to have a ~ at sth,** cael/bwrw/taflu golwg ar rth, cael cip ar rth, edrych ar rth, *S:* disgwyl (*usu. pronounced* dishgwl) ar rth; **to take a good ~ at s.o.,** llygadu rhn, craffu ar rn, edrych yn ofalus/fanwl ar rn; **a ~ at current events,** golwg/trem ar ddigwyddiadau'r dydd; **to have/take a ~ round the town,** mynd am dro o gylch y dref, cael golwg ar y dref, *S.W: F:* cael pip ar y dref, pipo ar y dref, drychid ar y dref. **2.** *(a) (= appearance)* golwg *f*, gwedd *f*, *occ:* pryd *m*, ymddangosiad *m*; **a ~ of love,** golwg gariadus, edrychiad cariadus; **by her ~ one can see that . . .,** ar ei golwg hi gellwch weld . . .; **I should not have thought that by the ~ of her,** *N.W:* fyddwn i ddim yn meddwl hynny arni hi; *Prov:* **you can't go by looks alone,** nid wrth ei big y mae prynu cyffylog; **to judge by looks,** barnu ar yr olwg allanol; **it is the ~,** dyna'r ffasiwn; **(I don't like) her looks, the ~ of her,** ([ni] dda gennyf) mo'i golwg hi, mo'r olwg arni; **by the look[-s] of it,** yn ôl pob golwg; **I don't like the ~ of this,** mae rhywbeth o'i le ar hwn; mae rhywbeth o chwith yma; **the portrait has a ~ of your mother,** mae golwg eich mam ar y llun; *(b) pl.* **[good] looks,** harddwch *m*, tegwch (*m*) pryd, *occ:* glendid *m*; *(of girl):* prydferthwch *m*, pertrwydd *m*; **black looks,** cuch[i]au; **he gave me a black ~,** edrychodd yn ddu arnaf; gwgodd/ffromodd arnaf.

look² *v.i., v.t. & pred.* **1.** *v.i.* edrych (ar rth), *S: occ:* disgwyl (*usu.pronounced* dishgwl) (ar rth); *(a)* **to ~ through** *or* **out of a**

window, edrych trwy ffenestr; **to ~ in at a window,** edrych i mewn trwy ffenestr; **to ~ down a list,** edrych trwy restr; **to ~ the other way,** edrych draw, edrych heibio, edrych i'r cyfeiriad arall, troi'ch golwg/golygon; **to ~ in s.o.'s face,** edrych yn wyneb rhn; *(b)* **(~ [and see]) what time it is, what the time is,** (edrych(-wch), gwêl (gwelwch)) [pa] faint o'r gloch yw hi; *(c) O:* **I had looked to find a stern master,** 'roeddwn i wedi disgwyl cael meistr caled; *(d)* **which way does the house ~?** i ba gyfeiriad y mae'r tŷ yn wynebu? *S.a.* **leap**[2]. **2.** *v.t. (a)* **to ~ s.o. [full, straight] in the face/eyes,** edrych yn syth yn wyneb/llygaid rhn, edrych ym myw llygaid rhn; **I can never ~ him in the face again,** alla' i mo'i wynebu byth eto; **to ~ s.o. up and down,** llygadu rhn o'i gorun i'w draed; *(b)* **to ~ one's last at sth,** edrych am y tro olaf ar rth; *S.a.* **dagger. 3.** *pred. (= seem):* bod a golwg rhth arnoch, ymddangos; *the Anglicisms* edrych, *S: occ:* disgwyl *are in common use*; **she looks happy,** mae golwg hapus arni; mae hi'n edrych yn hapus; **she looks tired,** mae golwg flinedig arni; mae golwg wedi blino arni; mae hi'n edrych yn flinedig; **he looked ill,** yr oedd golwg wael arno; **he looks young for his age,** mae golwg ifanc o'i oed/oedran arno; **she looks her age,** mae golwg ei hoed arni; **it doesn't ~ well,** mae'n creu argraff wael; **things are looking bad/ugly/black/nasty,** mae golwg wael ar bethau; *N:* mae hi'n edrych yn ddu/hyll/flêr; mae hi'n ddiolwg [iawn]; **how did she ~?** sut olwg oedd arni? sut yr oedd hi'n edrych? **how does my hat ~?** sut olwg sydd ar fy het i? sut mae fy het i'n edrych? beth [a] feddyliwch chi o fy het i? **he looked as if/ though he wanted to say sth,** 'roedd [i'w weld] fel pe bai ag awydd dweud rhth; **it looks as if he wouldn't go,** mae'n ymddangos na fynnai fynd; **it does not ~ to me as if . . .,** nid yw'n ymddangos i mi fod . . .; **what does she ~ like?** sut olwg sydd arni? tebyg i beth yw hi? **the rock looks like granite,** mae'r graig i'w gweld yn debyg i wenithfaen; mae golwg fel gwenithfaen ar y graig; **this looks to me like a way in,** mae hon i'w gweld i mi fel ffordd i mewn; **he looks a rascal,** mae golwg gwalch arno; **he looks the part,** mae'n edrych fel y dylai; mae'n edrych yn union fel y cymeriad/rhan; **to ~ like doing sth,** edrych yn debyg o wneud rhth; **it looks like it,** mae'n edrych yn bur debyg; mae'n edrych yn debyg iawn; **it looks like rain,** mae golwg glaw arni; mae hi am law; mae glaw ynddi; glaw sydd ynddi; *S: occ:* mae'r mynydd yn gwisgo clogyn; mae'r awyr yn llawn padelli; *M.W: occ:* mae hi'n cowlio; *S.W: occ:* mae hi'n salwino; *N:* mae hi'n addo glaw; mae hi'n hel am law; mae hi'n clafychu. **4.** *F:* **~ here!** gwrando di (gwrand[e]wch chi)! clyw di (clywch chi)! *N: F:* yli di (ylwch chi)! *S:* dishgwl(-wch) 'ma! **~ about** *v.i.* **1. to ~ about one,** edrych o'ch cwmpas, edrych oddi amgylch. **2. to ~ about (for sth),** edrych o gwmpas, chwilota, chwilio, ffureta (am rth). **~ after** *v.ind.t.* gofalu, ymorol (am rth); gwarchod (rhth); cymryd gofal (o rth); *S: occ:* carco (rhth); *the Anglicism* edrych ar ôl rhth *is in common use but not recommended*; **he's well able to ~ after himself,** gall ei amddiffyn ei hun yn iawn; *N.W:* mae o'n ddigon 'tebol/abal i ofalu amdano'i hun; *S.W:* fe dynnith e fara mas o'i gawl; **to ~ after one's interests,** gofalu am eich buddiannau'ch hun; edrych atoch eich hun; **to ~ after one's rights,** gwarchod eich hawliau, gofalu am eich hawliau; **I ~ after the car myself,** fi sy'n gofalu am y car; fi sy'n cynnal a chadw'r car fy hun. **~ at** *v.ind.t.* **1.** edrych, syllu, *S: occ:* disgwyl (ar rth); llygadu (rhth); **what are you looking at?** beth wyt ti'n ei weld? ar beth 'rwyt ti'n edrych (*not* beth 'rwyt ti'n edrych ar)? *F:* **she will not ~ at a man,** chymer hi ddim sylw o ddynion; **to ~ at him one would say . . .,** o'i weld fe ddywedech . . .; **what sort of man is he to ~ at?** sut un ydyw o ran ei olwg? **the hotel is not much to ~ at,** mae'r gwesty'n ddigon disylw. **2.** *(= consider):* ystyried (rhth), edrych (ar rth). **~-alike** *n.* un (rhai) 'run ffunud *mf* (of s.o., â rhn). **~-at** *a. Cmptr:* ar-edrych; **~-at table,** tabl(-au) ar-edrych *m.* **~ away** *v.i.* edrych draw, edrych heibio. **~ back** *v.i.* edrych yn ôl; **what a day to ~ back to!** dyna ddiwrnod cofiadwy! dyna ddiwrnod i'w gofio! *Th:* **L~ Back in Anger,** Cilwg yn Ôl. **~ down** *v.i. F:* **to ~ down on s.o.,** edrych i lawr ar rn, dirmygu/dibrisio rhn. **~ for** *v.ind.t.* **1.** *(= search):* chwilio (am rth), *less correctly:* edrych (am rth); **to go and ~ for s.o.,** mynd i chwilio am rn. **2.** *(= expect):* disgwyl (rhth, am rth); **don't look for miracles,** paid â disgwyl gwyrthiau. **~ forward** *v.i.* **to ~ forward to sth,** disgwyl yn eiddgar am rth, edrych ymlaen at rth. **~ in** *v.i.* **to ~ in on s.o., to ~ in at s.o.'s house,** galw yn nhŷ rhn, galw heibio i rn, galw i weld rhn, *N:* taro heibio [i weld] rhn, picio i mewn i dŷ rhn, mynd i edrych am rn, rhoi tro am rn. **~-in** *n. F:* **1.** *(= visit):* **to give s.o. a ~-in,** ymweld â rhn, taro/bwrw heibio i weld rhn; *See above.* **2.** *Sp: &c:* cyfle(-oedd) *m*; **he won't get a ~-in,** ni chaiff mo'i big i mewn; fydd e ddim ynddi; 'does ganddo mo'r gobaith lleiaf; **I didn't get much of a ~-in,** ches i fawr o gyfle. **~ into** *v.ind.t. (a)* **to ~ into sth,** edrych yn fanwl ar rth, chwilio i mewn i rth, archwilio rhth, craffu'n fanwl ar rth, ymchwilio i rth; **I will ~ into it,** mi holaf yn ei gylch; mi af yn ei gylch; *(b)* **to ~ into a book,** edrych trwy lyfr. **~ on 1.** *v.t. (a)* **= look upon;** *(b) (= of building &c):* **to ~ on (to sth),** wynebu rhth, edrych allan ar rth, edrych tuag at rth. **2.** *v.i. (= observe):* gwylio; **suppose you helped me instead of looking on,** beth am roi help llaw yn lle edrych arna' i? **~ out 1.** *v.i. (a)* edrych allan, *S:* disgwyl mas; **a room that looks out on the garden,** ystafell sy'n edrych allan ar yr ardd; *(b) (= watch):* **to ~ out for s.o.,** gwylio am rn, cadw llygad am rn; *(c) F:* cymryd gofal, gofalu, gochel, *S:* carco; **~ out!** gofala di (gofalwch chi)! gan bwyll! cymer(-wch) ofal! gochel(-wch)! gwachel(-wch)! carca (carcwch)! *N: F:* tendia (tendiwch)! *Min: &c: N.W:* enbyd! wardia (wardiwch)! **2.** *v.t. (= seek):* chwilio (am rth). **~-out** *n.* **1.** gwyliadwriaeth(-au) *f*; **to keep a ~-out,** gwylio, bod ar wyliadwriaeth, *N.W: F: occ:* stagio, bod ar stag; **he kept a sharp ~-out,** 'roedd â'i lygaid ar ei ysgwydd; **to be on the ~-out for sth,** chwilio am rth, cadw golwg am rth. **2.** *(a) Mil:* **~-out post,** gwylfa (gwylfâu) *f. (b)* **~-out [man],** gwyliwr (gwylwyr) *m.* **3.** *(prospects):* rhagolygon *pl*, dyfodol *m*, argoelion *pl*; **that's a bad ~-out for him,** mae'n argoeli'n wael iddo; **that's his ~-out!** rhyngddo ef a'i botes/ gawl! ei anlwc ef yw hynny! ei fusnes ef yw hynny! *N.W:* ei fochyn o ydi hwnna! **that's their ~-out!** rhyngddyn' nhw a'u potes! *S:* rhwng gwŷr Pentyrch a'i gilydd! **~ over** *v.t.* **1.** bwrw golwg dros rth, edrych dros rth, archwilio rhth; **to ~ over a house,** bwrw/cael golwg ar dŷ; **to ~ over some papers,** edrych trwy/dros ychydig bapurau; **to ~ s.o. all over,** llygadu rhn. **2. to ~ over a wall,** edrych dros glawdd, edrych dros ben clawdd; *(at cards):* **he is looking over your hand,** *S:* mae e'n pipo ar eich cardiau chi; *N:* mae o'n sbïo/sbecian ar eich cardiau chi. **~ round** *v.i.* **1.** edrych o'ch cwmpas, edrych oddi amgylch, *S:* disgwyl obeitu; **to ~ round for s.o.** edrych/chwilio [o gwmpas] am rn. **2.** *(= turn one's head):* troi['ch pen], edrych yn ôl. **~ through** *v.t.* **1.** edrych trwy (rth), bwrw golwg dros (rth); **to ~ through a lesson,** adolygu gwers. **2. to ~ s.o. through and through,** edrych trwy rn; **~ to** *v.i. (a)* **to ~ to sth,** ymorol am rth, gofalu am rth; **you must ~ to it,** rhaid iti edrych ati; **~ to it that sth is done,** gofalu/sicrh|au y gwneir rhth, ymorol am wneud rhth; **to ~ to the future,** edrych tuag at y dyfodol, edrych i'r dyfodol, wynebu'r dyfodol; *(b)* **to ~ to s.o. to do sth,** disgwyl i rn wneud rhth, dibynnu ar rn i wneud rhth; **I ~ to you for backing,** 'rwy'n dibynnu arnoch chi am gefnogaeth. **~ up 1.** *v.i. (a)* edrych i fyny, codi'ch golygon/llygaid; *S:* disgwyl lan; *(b)* **to ~ up to s.o.,** parchu rhn, meddwl yn fawr o rn; *(c) F:* **business is looking up,** mae pethau'n gwella; **things are looking up with him,** mae hi'n well arno. **2.** *v.t. (a)* **to ~ up a time-table,** chwilio/ edrych mewn amserlen; **to ~ up a word in a dictionary,** chwilio am air mewn geiriadur; edrych gair mewn geiriadur; *(b) F:* **to ~ s.o. up,** galw heibio i rn, ymweld â rhn, taro heibio i rn, taro i weld rhn, *N.W:* edrych am rn, *occ:* rhoi tro am rn. **~-up** *a. Cmptr:* am-edrych; **~-up table,** tabl(-au) am-edrych *m.* **~ upon** *v.ind.t.* **1.** edrych (ar rn/rth); *A:* **she was fair to ~ upon,** yr oedd hi'n deg ei phryd; yr oedd hi'n deg yr olwg; yr oedd hi'n deg i edrych arni. **2. to ~ upon s.o. favourably,** ystyried rhn yn ffafriol, edrych yn ffafriol ar rn; **to ~ upon that as done,** ystyried/cymryd bod hynny wedi ei wneud; **I do not ~ upon it in that light,** nid felly y gwelaf i'r peth. **-see** *n. F: S:* pip *m*, cewc: ciwc *m* (ar rth), *N.W:* sbec *mf*, *occ:* stag *mf* (ar rth); **go and have a ~-see!** dos/cer i weld/sbecian! *S.W:* cer i bipo/gewcan! cer i gael pip! *N.W:* dos/cer i gael sbec/stag!

lookdown *n. Ich:* = **moonfish.**

looker *n.* **1.** edrychwr (edrychwyr) *m*, edr|ychwraig *f*; **~ on,** gwyliwr (gwylwyr) *m*, gw|ylwraig *f.* **2. [good-]~,** *(either sex):* rhn golygus, pishyn (pishis) *m&f*; *S: (female):* clatsien *f*, *M.W: occ: (man):* ced *(f)* y gog; **she's a [good-]~,** mae hi'n un olygus/bert/hardd/brydferth; mae hi'n bishyn; **he a [good-],** mae'n un golygus/hardd; mae o'n bishyn.

-looking[1] *a.* yr olwg; **good-~,** golygus, pert, hardd, prydferth, glân, glandeg, *N: F:* del; **queer-~,** rhyfedd yr olwg; **serious-~,** difrif[ol] yr olwg; *(= earnest):* sychdduwiol, *S:* prysur [yr olwg].

looking² *vn.* **~-glass** *n.* drych(-au) *m, F:* glas(-ys) *m; Bot:* **Venus's ~-glass,** *(Campanula hybrida):* clychlys (*m*) yr ŷd, drych (*m*) Gwener, *occ:* drycheigiog *m.* **~-glass self** *n. Psy:* yr hunan adlewyrchedig *m,* adlewyrchiad (*m*) ohonoch eich hun.

loom¹ *n.* gwŷdd (gwyddiau) *m,* ffrâm (*f*) wau (fframiau gwau) *f;* **warp ~,** gwŷdd ystofi; **steam ~, power ~,** gwŷdd peiriannol, peiriant (peiriannau) (*m*) gwehyddu; **hand ~,** gwŷdd llaw; **tabby ~,** gwŷdd tabi; **foot-power ~,** gwŷdd troedlath; **vertical ~,** gwŷdd sythlin; **warp-weighted ~,** gwŷdd pwysau. **~-darning** *vn.* creithio gwŷdd. **~ weight** *n.* pwysau (*m or pl*) gwŷdd.

loom² *v.i.* ymddangos, ymrithio, dod i'r amlwg/golwg; **a ship loomed up out of the fog,** ymrithiodd llong o'r niwl; *(of event):* **to ~ large,** ei amlygu ei hun, edrych yn enbyd [o fawr/bwysig]; **the examination loomed large in my mind,** yr oedd yr arholiad yn llenwi fy meddwl.

loom³ *n. (of ship &c):* ymrithiad(-au) *m.*

loom⁴ *n. (of oar):* paladr (pelydr) *m,* coes(-au) *fm.*

loon *n.* **1.** *Orn:* **= grebe, diver 2. 2.** *(= crazy person):* hurtyn(-nod) *m,* lloerigyn (lloerigion) *m,* gwallgofddyn(-ion) *m; See* **crazy, fool. 3.** *A: or Scot:* **= idler, lad.**

looniness *n.* hurtwch *m,* hurtrwydd *m,* gwallgofrwydd *m.*

loony *a. & n.* **1.** *a.* hurt, penwan, lloerig, hanner call, hanercof, hanner pan; *F:* **the L~ Left,** y Chwith Loerig; **the L~ Right,** y Dde Loerig. **2.** *n.* **= loon 2. ~-bin** *n. F:* seilam *m.*

loop¹ *n.* dolen(-nau,-ni) *f, occ:* torch(-au) *f,* cengl(-au) *f; (of river):* dolen, ystum(-iau) *f,* tro(-eon) *m; Needlew:* **hanging ~,** dolen grog (dolenni crog); *Cmptr:* **infinite ~,** dolen ddiddiwedd; **running ~,** cwlwm (c[y]lymau) (*m*) rhedeg, dolen redeg (dolenni rhedeg); **film ~,** cylch (*m*) ffilm; **induction ~,** cylchwifren (cylchwifrau) *f; Needlew:* **worked ~,** dolen edau; *Anat:* **~ of Henle,** dolen Henle; *U.S:* **to knock s.o. for a ~,** bwrw/cnocio rhn ar ei hyd. **~-line** *n. Rail:* llinell ddolennog (llinellau dolennog) *f,* llinell osg|oi. **~ stop** *n. Cmptr:* stop (*m*) dolen (stopiau dolennau).

loop² *v.t.&i.* **1.** *v.t. (a)* dolennu; *(b)* **to ~ (sth with sth),** dolennu, dirwyn, clymu, cenglu, cenglo, ceirsio, lapio (rhth am rth); *(c)* **to ~ up the hair,** torchi'r gwallt; **to ~ back a curtain,** clymu llen yn ei hôl; *(d) Av: &c:* **to ~ the ~,** gwn|eud dolen. **2.** *v.i.* ymddolennu, dolennu.

looped *a.* dolennog.

looper *n.* **1.** *Ent:* Siani ddolennog (Sianis dolennog *f*), lindysyn (lindys) dolennog *m.* **2.** *Needlew:* dolennwr (dolenwyr) *m.*

loophole¹ *n.* **1.** *(a) Fort:* cloerdwll (cloerdyllau) *m,* agen(-nau) *f.* **2.** *(in the law &c):* bwlch (bylchau) *m,* twll (tyllau) *m,* dihangfa (diangf|eydd) *f,* man(-nau) gwan *m, N. W: occ:* penelin(-oedd) *m;* **to find a ~,** darganfod ffordd ymwared, dod o hyd i dwll i sleifio trwyddo.

loophole² *v.t. (wall &c):* gwn|eud cloerdwll mewn mur, cloerdyllu mur.

loopy *a. F:* **= crazy.**

loose¹ *a.* **1.** *(a)* rhydd(-ion), llac; *Med:* **~ body,** corffyn rhydd; **~ cover,** gorchudd(-ion) rhydd *m;* **~ box,** *(in stable):* stâl rydd (staliau rhyddion) *f; (= vehicle):* men rydd (menni rhyddion) *f;* **a ~ knot,** cwlwm (*m*) wedi datod, cwlwm llac; **a ~ tongue,** tafod rhydd/brac *m;* **a ~ tooth,** dant rhydd *m;* **with a ~ rein,** â ffrwyn lac, â'r ffrwyn ar war y ceffyl; *El:* **~ connection,** cysylltiad(-au) rhydd/llac *m;* **to let (s.o. &c) ~,** gollwng (rhn *&c*) yn rhydd, rhyddh|au (rhn) (*not* gadael rhn yn rhydd, *= leave s.o. loose*); **to come ~, to get ~,** mynd/dod yn rhydd; *(of knot, screw):* datod, *S: occ:* mysgu; **to cut (sth) ~,** *(a)* torri (rhth) yn rhydd, rhyddh|au rhth; *(b) (= act freely):* ymryddh|au, mynd yn benrhydd; **to work ~,** dod yn rhydd, datod, llacio; *(of chisel &c):* **to be ~ in the handle,** bod yn llac/siglog yn ei garn; troi yn ei garn, *S. W: occ:* bod ar sigl; **he has a screw/slate ~,** mae rhyw goll ynddo; nid yw'n llawn llathen; nid yw yna i gyd; mae ganddo sgriwen/slaten yn rhydd; *(b) (animal):* rhydd; **to let a dog ~,** gollwng ci [yn rhydd]; **to let ~ a torrent of abuse,** bwrw drwyddi, bwrw llysnafedd, rhegi a rhwygo/sincio/diawlio; *Sp:* **~ ball,** pêl rydd *f; Cr:* **~ fielding,** maesu diofal/llac; *(c)* **~ sheets [of paper],** dalennau rhydd[-ion]; *Mec.E:* **~ wheel,** olwyn weili (olwynion gweili) *f;* **~ piece,** darn rhydd *m;* **~ end of rope,** pen rhydd *m; F:* **I was at a ~ end,** nid oedd gennyf ddim i'w wneud; 'roeddwn yn dal fy nwylo; *(of rope &c):* **to hang ~,** hongian yn llac/rhydd; **~ cash,** arian mân *m; Com:* **~ goods,** nwyddau rhyddion; **~ tea,** te rhydd *m.* **2.** *(= slack): (a)* llac, *occ:* llaes, *S.E: occ: Needlew:* rhwth; **~ knot,** cwlwm llaes/llac; *(of shoe-lace):* **to come ~,** datod; **~ draperies,** llenni llaes, croglenni; *(b)* **a man of ~ build/make,** dyn cenglog, *N.W: occ:* clulbo *m,* sgilffyn *m,* snidyn *m,* llipryn *m; Med:* **~ cough,** peswch rhydd *m;* **~ bowels,** rhyddni *m; Agr:* **~ smut,** penddu rhydd *m.* **3. ~ earth/soil,** pridd chwâl *m,* pridd ysgafn; *Mil:* **~ order,** trefn wasgarog *f.* **4.** *(= vague):* llac, amwys, anfanwl; *(style):* llac, gwasgarog; **~ translation,** cyfieithiad(-au) llac/rhydd *m,* rhydd-gyfieithiad(-au) *m.* **5.** *(= dissolute):* anfoesol, afradlon, ofer, llac eich moesau, gwyllt, *N. W: F:* rafin; **~ living,** bywyd anfoesol/gwyllt/ofer; **~ morals,** anfoesoldeb *m,* oferedd *m,* drygioni *m;* **~ liver,** pechadur(-iaid) *m,* oferwr (oferwyr) *m, N. W: F:* rafiwr(-s) *m,* rafin(-s,-iaid) *m;* **~ woman,** merch ddrwg (merched drwg) *f,* merch wyllt (merched gwyllt), putain (puteiniaid) *f, S. W: V:* hwch lodig *f;* **to live a ~ life,** ofera, byw'n ofer, *N. W: F:* ei rafio hi, mynd yn fforffed. **6.** *n. F:* **to be on the ~,** *(a) (= escaped):* bod ar ffo, bod ar herw, bod wedi dianc, bod yn droedrydd, bod â'ch traed yn rhydd; **a convict on the ~,** carcharor wedi dianc; *(b) (= on a spree):* **to go/be on the ~,** ofera, mynd ar sbri, *S:* mynd ar y cnap, cnapo, *N:* galifantio, jolihoetio, cymowta, bedleman, gwyllmera, gwilihoban, mynd ar y criws; *(c) (= wandering):* crwydro, *N. W:* cymowta, bod ar gymówt, bedleman; *(d) Sp:* **the ball is in the ~,** mae'r bêl yn rhydd; *(e)* **to give a ~ to one's feelings,** mynegi'ch teimladau, arllwys eich cwd, *S:* bwrw'ch bola berfedd. **~-fitting, ~-flowing** *a. (dress):* llaes, llac; *(shoes):* llac. **~-jointed** *a.* ystwyth. **~-jointedness** *n.* ystwythder *m.* **~-leaf** *attrib.* dalen rydd; *Lib:* **~-leaf service,** gwasanaeth rhyddlenni. **~-limbed** *a.* **= loose-jointed. ~-living** *a.* anfoesol, ofer, drwg, drygionus, pechadurus, anfucheddol, llac eich moesau. **~-tongued** *a.* brac eich tafod, tafodrydd, tafotrydd.

loose² *v.t.* **1.** *(= free):* gollwng, rhyddh|au; *(= undo knot &c):* datod, *S: occ:* mysgu; **to ~ s.o. from his bonds,** rhyddhau rhn o'i rwymau/gadwynau; **to ~ one's hold of sth,** llacio'ch gafael ar rth. **2.** *(= undo):* datod, *occ:* datglymu, dadwn|eud, datrys. **3. to ~ off an arrow,** gollwng saeth; **to ~ off a gun (at s.o.),** saethu (at rn), tanio dryll (ar rn).

loosely *adv.* **1. to hold sth ~,** dal rhth yn llac; **~ clad,** [wedi'ch gwisgo] mewn dillad llac. **2.** *(= vaguely):* yn llac, yn amwys *&c,* yn fras. **3. to live ~,** byw'n ofer/ddrygionus *&c.*

loosen *v.t.&i.* **1.** *v.t. (a) (knot &c):* llacio; **to ~ s.o.'s bonds,** datod rhwymau/cadwynau rhn, dadrwymo rhn, dilyffetheirio rhn; **to ~ one's grip,** llacio'ch gafael; **to ~ s.o.'s tongue,** llacio tafod rhn; *Med:* **to ~ the bowels,** rhyddh|au'r ymysgaroedd, *N: F:* gweithio rhn, *S: F:* cael corff rhn i lawr; **to ~ a cough,** llacio/rhyddh|au peswch; *(b) (= detach):* datod, tynnu. **2.** *v.i. (of knot &c):* llacio, datod, ymddatod; *(of cough):* llacio.

looseness *n.* **1.** *(of rope, discipline, soil, knot, clothes &c):* llacrwydd *m.* **2.** *Med:* **~ of the bowels,** rhyddni *m,* dolur rhydd *m, N.W: occ:* y bib *f.* **3.** *(a) (of thought):* llacrwydd *m,* amwysedd *m,* amhendantrwydd *m,* niwl[i]ogrwydd *m; (of style):* llacrwydd, gwasgarogrwydd *m.* **4.** *(of behaviour):* penrhyddid *m,* anfoesoldeb *m,* anlladrwydd *m,* afradlonedd *m,* oferedd *m.*

loosestrife *n. Bot:* trewynyn *m,* gwyarllys *m;* **dotted ~,** *(Lysimachia punctata):* gwyarllys mannog/brith, trewynyn brych; **franged ~,** *(L. ciliata):* trewynyn eddïog; **golden ~, yellow ~,** *(L. vulgaris):* trewynyn, llysiau(*pl*)'r milwr melyn, milwyr melynion *pl;* **hyssop-leaved ~,** *(Lythrum hyssopifolia):* gwyarllys isopddail, urddon *m;* **spiked ~, red ~, purple ~,** *(Lythrum salicaria):* gwyarllys [pigog], yr helyglys *m,* llysiau'r milwr coch, gwaedlys [mawr] *m;* **tufted ~,** *(L. thyrsiflora):* trewynyn sypflodeuog; **wood ~,** *(L. nemorum):* trewynyn y goedwig, gwlydd melyn (*m*) Mair.

loot *n.* **1.** *(= pillage):* **on the ~,** yn ysbeilio, yn chwilio am ysbail. **2.** *(= booty):* ysbail (ysbeiliau) *f,* anrhaith (anrheithiau) *f.* **3.** *F: (= money): N. W:* mags *pl, S:* tocins *pl.*

loot² *v.t.* **1.** *(town &c):* ysbeilio, anrheithio. **2.** *(cattle &c):* dwyn, lladrata, dwgyd.

looter *n.* ysbeiliwr (ysbeilwyr) *m,* anrheithiwr (anrheithwyr) *m.*

lop¹ *n.* brigyn (brigau) *m;* **~ and top, ~ and crop,** tocion (*pl*) coed.

lop² *v.t.&i.* **1.** *v.t.* tocio, brigdocio, torri, brigdorri, *S.W: occ:*

sgolpo. **2.** *v.i.* **to ~ [over],** hongian [yn llac, yn llipa]; **to ~ about,** *(= slouch, dawdle):* gorweddian, stelcian, diogi, llercan; *(= hop about):* sboncio. **~-ear** *n.* **1.** clust laes (clustiau llaes) *f,* clust lipa (clustiau llipa). **2.** *(rabbit):* cwningen glustlaes (cwningod clustlaes) *f.* **~-eared** *a.* clustlipa, clustlaes, clustlibin. **~-grass** *n. Bot: (Bromus mollis):* bromwellt masw *m,* pawrwellt masw *m.*

lope[1] *n.* cam bras (camau breision) *m,* brasgam(-au) *m.*

lope[2] *v.i.* brasgamu.

lophobranch *n. Ich:* pysgodyn (pysgod) cribdagellog *m.*

lophodont *n. Z:* l|offodont (loffodontiaid) *m.*

lophophore *n. Z:* l|offoffor (loffofforau) *m.*

lopolith *n.* l|opolith (lopolithau) *f.*

loppy *a.* llaes, llipa, llibin.

lopsided *a.* unochrog, naill ochr, ar un ochr, cyrlaes: cyrllaes, gwyrgam, cam (ceimion), anwastad, anghytbwys, anghyfartal, *F:* yn sgi-wiff, *S.W:* ar y llwrw, ar oledd, ar sgiw, *S.E: occ:* acha wew, *N:* ar y slant.

lopsidedly *adv.* yn unochrog, ar un ochr.

lopsidedness *n.* camedd *m,* gwyredd *m,* gwyrgemi *m,* anghytbwysedd *m.*

loquacious *a.* siaradus, parablus, huawdl, *occ:* tafodrydd, tafotrydd, clebarddus, clepgar, baldorddus.

loquaciously *adv.* yn siaradus *&c.*

loquaciousness, loquacity *n.* siaradusrwydd *m,* huodledd *m.*

loquat *n.* **1.** *(tree):* coeden (coed) *(f)* locwat, ceri̇en (ceri) *(f)* Jap|an. **2.** *(fruit):* locwat(-s) *mf,* ceri̇en (ceri) *f* [Japan].

lor' *int. F:* 'rachlod! 'rargian! 'rargol! diawch! [myn] diain i! [myn] diaist i!

loral *a. Z:* careiol.

loran *n. Mil:* loran *mf.*

lord[1] *n.* **1.** arglwydd(-i) *m;* **~ of the manor,** arglwydd y faenor; **liege-~,** uwch-arglwydd(-i) *m,* dyledog(-ion) *m;* **lords of creation,** arglwyddi'r greadigaeth; *F:* **to live like a ~,** byw fel gŵr bonheddig; **as drunk as a ~,** mor feddw â thincer, cyn feddwed â'r dwsel/hoeden/horsen/hopsyn; **~ and master,** *Joc:* y gŵr, yr hen foi; *B:* **the ~ of the flies,** duw'r cylion; **to swear like a ~,** rhegi fel cath. **2.** *Ecc:* **L~ God Almighty,** Arglwydd Dduw Hollalluog; **the L~ Jesus Christ,** yr Arglwydd Iesu Grist; *abs.* **the L~,** yr Arglwydd *m,* Duw *m, occ:* y Bod Mawr *m,* y Brenin Mawr *m, Lit:* yr Iôr *m,* Nêr *m,* Naf *m,* Iôn *m;* **the L~ of Hosts,** Arglwydd y Lluoedd; **the L~ God of Hosts,** Arglwydd Dduw'r Lluoedd; **the L~ of Misrule,** Arglwydd Anhrefn, Arglwydd Anghyfraith; **in the year of our L~ ...,** yn oed Crist ..., ym mlwyddyn ein Harglwydd ...; **the L~'s Day,** Dydd *(m)* yr Arglwydd, y Saboth *m;* **the L~ only knows,** Duw [yn unig] a ŵyr, dyn a ŵyr; **L~ have mercy upon us,** Dduw, trugarh|a wrthym; *F:* [Duw] caton pawb; dygaton pawb; **the L~'s Prayer,** Gweddi*(f)*'r Arglwydd, *F:* y Pader *m;* **the L~'s Supper,** Swper yr Arglwydd; **the L~'s Table,** Bwrdd yr Arglwydd; *F:* **[good] ~!** [yr] arglwydd! 'rargian! 'rargol! 'rachlod! y nefoedd [fawr]! iesgwn! esgob! **thank the L~!** diolch i'r drefn! diolch i'r Nefoedd! diolch i Dduw! **3.** *(title):* arglwydd; **L~ Huw Huws,** yr Arglwydd Huw Huws; **L~ Maelor,** Arglwydd Maelor; *N.B. article included when title is coupled with personal name; no article when title is coupled with place-name;* **L~ Justice,** Arglwydd Ustus (Arglwyddi Ustusiaid); **L~ Justice of Appeal,** Arglwydd Ustus Apêl; **L~ Chief Justice,** Arglwydd Brif Ustus (Arglwyddi Brif Ustusiaid); **the Lords of Appeal [in Ordinary],** yr Arglwyddi Apêl; **the Law Lords,** Arglwyddi'r Gyfraith, yr Arglwyddi Cyfraith; **a Law L~,** Arglwydd Cyfraith, un o Arglwyddi'r Gyfraith; **L~ Chamberlain,** Arglwydd Siambrlen (Arglwyddi Siambrleniaid); **L~ Chancellor,** Arglwydd Ganghellor (Arglwyddi Gangellorion); **L~ President of the Council,** Arglwydd Lywydd (Arglwyddi Lywyddion) y Cyngor; **the House of Lords,** Tŷ'r Arglwyddi; **L~-in-waiting,** Arglwydd preswyl; **Sea L~,** Arglwydd yn y Morlys; **First L~ of the Admiralty,** Prif Arglwydd y Morlys; **Lords Marcher,** Arglwyddi'r Mers/Gororau; **a L~ Marcher,** un o Arglwyddi'r Mers/Gororau; **L~ Privy Seal,** Arglwydd y Sêl Gyfrin (Arglwyddi'r Sêl Gyfrin); **L~ Protector,** Arglwydd Amddiffynnydd; **L~ Advocate,** Arglwydd |Adfocad (Arglwyddi Adfocadiaid); **L~ [High] Chancellor,** Arglwydd [Uchel] Ganghellor (Arglwyddi [Uchel] Gangellorion); **L~ High Constable,** Arglwydd Uchel Gwnstabl (Arglwyddi Uchel Gwnstabliaid); **L~ Commissioner,** Arglwydd Gomisiynydd (Arglwyddi Gomisiynwyr); **L~ High Commissioner,** Arglwydd Uchel Gomisiynydd (Arglwyddi Uchel Gomisiynwyr); **L~ Warden,** Arglwydd Geidwad (Arglwyddi Geidwaid); **L~ Lieutenant,** Arlgwydd Raglaw(-iaid) *m;* **~ Mayor,** Arglwydd Faer (~ Feiri) *m;* **~ Rector,** Arglwydd Reithor(-iaid); **the Lords Spiritual and Temporal,** yr Arglwyddi Ysbrydol a Thymhorol; **L~ High Executioner,** Arglwydd Uchel Ddienyddiwr (Arglwyddi Uchel Ddienyddwyr). **4.** *Astrol:* rheolwr (rheolwyr) *m.* **5.** *Bot:* **lords and ladies,** pidyn *(m)* y gog, *S.W: occ:* coc *(f)* y neidr; *S.a.* **cuckoo-pint. L~ Hereford's Knob** *W.Pl.n.* Pen *(m)* y Twmpa.

lord[2] *v.i. F:* **to ~ it,** rhodresa, torsythu, ei lordio hi, **(over s.o.,** dros rn); tra-arglwyddiaethu (ar rn).

lordless *a.* heb arglwydd, heb reolwr.

lordliness *n.* **1.** *(= majesty):* urddas *m.* **2.** *(= haughtiness):* balchder *m,* rhodres *m,* trahauster *m.*

lordling *n.* arglwyddyn *m,* lordyn *m; pl.* mân arglwyddi.

lordly *a. & adv.* **1.** arglwyddaidd, uchelwrol, pendefigaidd, bonheddig; *(= dignified):* urddasol, gwych. **2.** *(= haughty):* balch, penuchel, rhodresgar, trah|aus, ucheldrem.

lordosis *n. Med:* lordosis *m, F:* crwbi *m,* crwb (crybau) *m.*

lordotic *a. Med:* lordotig, *F:* cefngrwm *(f.* cefngrom, *pl.* cefngrymion) *(pronounced* ng-g).

lordship *n.* **1.** arglwyddiaeth(-au) *f.* **2. Your L~,** f'Arglwydd; **his L~,** yr Arglwydd; **their Lordships,** yr Arglwyddi.

lordy *int.* 'rarglwydd [mawr]! brenin mawr! 'rargian [fawr/annwyl]! y nefoedd [fawr/wen]! 'rargol [fawr]! 'rachlod [fawr]!

lore[1] *n.* dysg *f,* gwybodaeth *f,* llên *f,* gwyddor(-au) *f;* **the ~ of rivers and lakes,** llên afonydd a llynnoedd, chwedlau *(pl)* [am] afonydd a llynnoedd; **bird-~,** adareg *f; S.a.* **folklore.**

lore[2] *n. Z:* carrai (careiau) *f.*

loreal *a.* careiol.

lorgnette *n.* ***lorgnette(-s)*** *f.*

lorgnon *n.* ***lorgnon(-s)*** *f.*

lorica *n.* llurig(-au) *f.*

loricate *a. & n. Z:* **1.** *a.* llurigog. **2.** *n.* llurigog(-ion) *m.*

loricated *a.* = **loricate 1.**

lorikeet *n. Orn:* loricît (loricitiaid) *m.*

lorimer, loriner *n. Hist:* ysbardunwr (ysbardunwyr) *m.*

loris *n. Z:* loris(-iaid) *mf.*

lorisiform *a. Z:* lorisaidd.

lorn *a. Poet:* unig.

lornness *n.* unigedd *m,* unigrwydd *m.*

lorry *n. Veh:* lor[r]i(-s, lorïau) *f, N.W: occ:* lyr[r]i(-s) *f;* **articulated ~,** lori gymalog. **~-driver** *n.* gyrrwr *(m)* lori (gyrrwyr lorïau), dyn *(m)* lori (dynion lorïau).

lory *n. Orn:* lori (lorïaid, lorïod) *f.*

losable *a.* colladwy.

losableness *n.* natur golladwy *f,* colladwyedd *m.*

lose *v.t.* **1.** *(a)* colli; **the story did not ~ in the telling,** ni chollodd yr hanes ddim wrth ei adrodd; **to ~ in value,** colli [mewn] gwerth, colli o ran gwerth, dirywio mewn gwerth; **to ~ in interest,** colli o ran diddordeb, mynd yn anniddorol/ddiflas; **to ~ confidence/heart,** colli hyder, gwangalonni *(pronounced* ng-g), diffygio; *Rac: &c:* **to ~ [ground] on a competitor,** colli tir yn erbyn cystadleuydd; **he has lost an arm,** mae wedi colli braich; mae heb fraich; **to ~ one's head,** colli'ch pen [yn lân]; **to ~ one's voice,** colli'ch llais; **to ~ one's mind/reason,** colli'ch pwyll/rheswm, drysu, gwallgofi, colli arnoch eich hun, colli arni; **to ~ one's temper,** gwylltio, colli'ch tymer, *F: occ:* colli'ch limpin; **to ~ one's character,** colli'ch enw da, colli'ch cymeriad, *N.W:* cael torri'ch c|iarictor; **to ~ face,** colli wyneb, cael eich cywilyddio; **to ~ strength,** colli nerth, gwanh|au, gwanio; **to ~ one's heart,** colli'ch calon; *(of ship &c):* **to ~ way,** arafu; **to ~ weight,** colli pwysau, teneuo; **to be lost at sea,** mynd ar goll ar y môr; **he was lost at sea,** fe'i collwyd ar y môr. **2. to ~ one's way, to ~ oneself, to get ~,** mynd ar goll, colli'ch ffordd, mynd ar gyfeiliorn, mynd ar ddisberod; **to ~ oneself in the crowd, to be lost in the crowd,** mynd ar goll yn y dorf, ymgolli yn y dorf, ymdoddi i'r dorf; *F:* **get lost!** bacha (bachwch) hi! dos (cerwch) i grafu! **to ~ oneself in a book,** ymgolli mewn llyfr; **to be lost in apologies,** ymddiheuro'n llaes; **to ~ sight of s.o.,** colli golwg ar rn, *M.W: occ:* colli cydít ar rn. **3.** *(= waste):* gwastraffu, afradu, *S:* bradu; *F:* **the joke was lost on him,** ni ddeallodd mo'r jôc. **4. a clock that loses five minutes a day,** cloc sy'n colli pum munud bob dydd; **I lost the opportunity,** collais y cyfle; **the motion was lost,** gwrthodwyd y cynnig; **that mistake lost him the match,** fe gollodd y gêm o achos y camgymeriad hwnnw; fe gollodd/gostiodd y camgymeriad hwnnw'r gêm iddo. **5.** *v.i.* **to ~ out,** colli, methu, bod ar eich colled, bod yn golledwr/goll|edwraig.

loser *n.* collwr (collwyr) *m*, c|ollwraig *f*, *occ:* colledwr (colledwyr) *m*, coll|edwraig *f*; **I am the ~ by it,** fi sy'n colli o'i herwydd; fi sydd ar fy ngholled o'i herwydd; fi yw'r colledwr o'i herwydd; **to be the ~ of a battle,** colli brwydr; **a bad/poor ~,** collwr gwael/sâl; **there are no losers,** nid oes neb yn colli; nid oes neb ar ei golled.

losing *a.* *(a)* sy'n colli; *(b)* **a ~ game,** gêm golledig; **to play a ~ game,** chwarae'n aflwyddiannus/ofer, chwarae a cholli, chwarae i golli.

loss *n.* **1.** *(a)* colled(-ion) *f*, colli *vn*, *occ:* coll(-iadau) *m*; **gross ~,** colled grynswth; **net ~,** gwir golled, colled glir (colledion clir); *(b)* **~ of sight,** coll golwg, colli golwg, dallineb *m*, *occ:* mynd yn dywyll; **~ of voice,** colli llais, coll llais, mudandod *m*; **without ~ of time,** yn ddi-oed, yn ddiymdr|oi, ar unwaith, heb golli amser; **~ of earnings,** coll enillion; **~ of expectations,** colled disgwyliad. **2. to meet with a ~,** cael colled; *(through death):* cael profedigaeth; **a dead ~,** colled lwyr; *F:* **he's a dead ~,** mae'n anobeithiol; mae'n gwbl ddiwerth; *N:* 'dydi o'n [d]da i ddim; *Com:* **to sell at a ~,** gwerthu ar golled; *F:* **to cut one's losses,** torri'ch colledion, eich digolledu'ch hun; **it is her ~; the ~ is hers,** hi sydd yn colli; ei cholled hi ydyw, hi sydd ar ei cholled; **it is no ~,** nid yw'n golled yn y byd [ar ei ôl]; nid yw fawr o golled [ar ei ôl]; *M.Ins:* **constructive total ~,** colled lwyr i bob diben. **3. to be at a ~,** bod ar goll [yn lân], bod yn ddryslyd; **I am quite at a ~,** 'rwyf ar goll yn llwyr; **I was at a ~ to answer him,** ni wyddwn sut i'w ateb; nid oedd gennyf ateb iddo; **I am at a ~ for words to express . . .,** ni wn sut i fynegi . . .; geiriau a balla i fynegi . . . . **~ adjuster** *n.* *Ins:* aseswr: asesydd (aseswyr) *(m)* colledion. **~-leader** *n.* *Com:* nwydd(-au) *(m)* ar golled, collednwydd(-au) *m*. **~-making** *a.* colledus. **~-taking** *vn.* llyncu colledion.

lossy *a.* gollyngus; *El:* sy'n colli ynni.

lost *a.* colledig, ar goll, *occ:* coll, ar gyfeiliorn; **a ~ dog,** ci colledig; **~ property office,** swyddfa (swyddf|eydd) *(f)* eiddo coll/colledig; **letter-writing is a ~ art,** celfyddyd ddiflanedig yw llythyru; **a ~ village,** pentref diflan/diflanedig; **a ~ tribe,** tylwyth colledig/diflanedig; **to give s.o. up for ~,** anobeithio ynghylch rhn; **get ~!** cer/dos (cerwch) i grafu/bori! cer/dos o 'ngolwg i! cer/dos i weld dy nain! **the ~ generation,** y genhedlaeth goll/golledig; **I gave myself up for ~,** 'roeddwn i'n meddwl ei bod hi ar ben arnaf; *S.a.* **Paradise; a ~ soul,** enaid coll/colledig; **~ souls,** colledigion, eneidiau coll/colledig; **(to wander) like a ~ soul,** (crwydro) fel enaid coll, *F:* fel adyn [ar gyfeiliorn]; **he seems/looks ~,** mae'n edrych fel pe bai ar goll; mae golwg ar goll arno; **she was ~ to all sense of shame,** 'roedd hi'n hollol ddigywilydd; *Ph:* **~ motion,** mudiant colledig *m*; *Pol:* **a ~ motion,** cynnig gwrthodedig, cynnig a wrthodwyd; **~ wax process,** proses *(fm)* colli cŵyr; **~ wax casting,** bwrw cŵyr coll, bwrw ***cire perdue***.

lostness *n.* colledigrwydd *m*.

lot *n.* **1. to draw/cast lots (for sth)** *Lit:* bwrw coelbren[-nau], *S:* tynnu [blewyn] cwta, *N.W:* tynnu dob, tynnu tocyn, tynnu byrra'i docyn, tynnu cwtws, *N.E:* *occ:* tynnu cwtyn (am rth); **to throw in one's ~ with s.o.,** bwrw'ch coelbren gyda rhn; **drawn by ~ from amongst . . .,** dewisir/dewiswyd ar hap o blith . . . . **2.** *(a)* *(= destiny &c):* tynged *f*, rhan *f*, ffawd *f*; **the ~ fell upon him to go,** daeth i'w ran ef fynd; mynnodd ffawd iddo ef fynd; **to fall to s.o.'s ~,** dod/syrthio i ran rhn; *S.a.* **part**[1] I. 2. **3.** *(a) (at auction):* eitem(-au) *f*; *(b)* *U.S:* *(of land):* llain (lleiniau) *f*, clwt (clytiau) *m*; *(c) (of studio):* safle(-oedd) *m*; *Aut:* **parking-~,** man(-nau) *(m)* parcio; *U.S:* **across lots,** ar draws y caeau, ar hyd llwybr tarw; *(d)* *Com:* **in lots,** yn gyfrannau; **to buy sth in one ~,** prynu rhth yn ei grynswth, prynu'r cwbl/cyfan o rth, prynu rhth yn gyfan; *(e)* *F:* **a bad ~,** un drwg, adyn *m*, *S.W:* repsyn *m*; *(f)* *F:* **the ~,** y cyfan, y cwbl, *F:* y cwb[w]l lot; **that's the ~,** dyna'r cyfan/cwbl; **that's your ~,** dyna [i] ti; dyna'r cyfan gei di; **the whole ~, all the ~ (of you),** pob un, pawb, pob copa [walltog] (ohonoch chi). **4.** *(a)* *F:* llawer(-oedd) *m*, tipyn [go lew] *m*, llond *(m)* gwlad, lot [fawr] *f*, *S.W:* *occ:* pŵer *m*, crugyn *(m)* (o rth), *M.W:* *occ:* ystodwm *mf*; **what a ~ of people!** dyma dorf! am bobl! welais i erioed gymaint o bobl! **such a ~,** cymaint, *S.W:* *occ:* shwt gymaint; **not a ~,** dim llawer, *N.W:* *occ:* dim gwerth; **I have quite a ~,** mae gen i eitha' tipyn; mae gen i dipyn go lew; **I saw quite a ~ of him when I was in Cardiff,** mi welais lawer arno pan oeddwn i'n byw yng Nghaerdydd; **he would have given a ~ to go,** fe roddasai lawer er mwyn cael mynd; *adv.* **times have changed a ~,** mae'r byd wedi newid llawer; mae'r byd wedi newid gryn dipyn; daeth tro [go fawr] ar fyd; *(b) pl.* **lots (of good things),** llawer[-oedd], llond gwlad (o bethau da); **lots of people,** llawer o bobl, *S.W:* *occ:* pŵer/crugyn/carnedd o bobl; *adv.* **(I feel) lots better,** ('rwy'n teimlo)'n llawer gwell, 'n well o lawer. **5.** *Hist:* **scot and ~,** sgot a lot *m*.

lot[2] *v.t.* rhannu.

Lot[3] *Pr.n.m.* *B:* Lot; **remember ~'s wife,** cofiwch wraig Lot.

lota[h] *n.* lota (lotâu) *f*.

Lothario *Pr.n.m.* **a gay ~,** merchetwr (merchetwyr), *S:* menwotwr (menwotwyr).

Lothian *Pr.n.* *Geog:* Lleuddiniawn *f*.

lotic *a.* *Nat.Hist:* lotig; **~ plants,** planhigion dŵr rhedegog.

lotion *n.* *Pharm:* golchdrwyth(-au) *m*; **cleansing ~,** hufen(-nau) *(m)* wyneb; **hand ~,** hufen *(m)* dwylo.

lottery *n.* hapchwarae(-on) *m*, lotri (lotrïau) *f*; **life is a ~,** hap a damwain yw bywyd. **~-wheel** *n.* olwyn(-ion) *(f)* lotri.

lotto *n.* *Games:* loto *mf*.

lotus *n.* **1.** *Gr.Myth:* lotws (lotysau) *mf*. **2.** *Bot:* *(= water-lily):* alaw(*m*)'r dŵr (alawon y dŵr), lili'r dŵr (lilïau'r dŵr). **~-eater** *n.* *Gr.Myth:* bwytäwr (bwytawyr) *(m)* lotysau. **~-land** *n.* *Gr.Myth:* gwlad *(f)* y lotws. **~ position** *n.* ystum lingroes *f* (*pronounced* ng-g).

louche *a.* amh|eus.

loud *a. & adv.* **1.** *a.* *(a)* uchel (*comp. forms* cyf|uwch, uwch, uchaf), *occ:* croch, cryf (*f.* cref, *pl.* cryfion); *Ph:* seinfan; *(in public meeting):* **louder!** llais! uwch! gwaedda (gwaeddwch)! **a ~ noise,** sŵn uchel/mawr; *Mus:* **~ pedal,** pedal(-au) *(m)* cynnal; **a ~ cry,** bloedd(-iau,-iadau) *f*, gwaedd uchel *f*, *Lit:* crochwaedd *f*; **to be ~ in one's praises of sth,** canmol rhth yn uchel; *(b) (pers.):* swnllyd, stwrllyd, swnfawr, mawr ei sŵn, uchel ei gloch; *(c) (costume, colour):* llachar, coegwych, gorliwgar, fel cangen Mai. **2.** *adv.* yn uchel, yn groch; **to laugh out ~,** chwerthin dros bob man; *F:* **for crying out ~!** mae eisiau amynedd/gras! **to shout ~,** gweiddi nerth [esgyrn] eich pen. **~ hailer** *n.* corn (cyrn) *(m)* siarad. **~-mouthed ~-spoken** *a.* cegfawr, uchel eich cloch, swnllyd, cegog.

louden *v.i.* mynd yn uwch.

loudish *a.* go uchel, eithaf uchel, braidd yn uchel.

loudly *adv.* **1.** yn uchel, nerth eich pen; **to talk ~,** codi'ch cloch, *occ:* clochderan, clochgeran. **2. ~ [dressed],** [wedi'ch gwisgo'n] llachar, fel cangen Mai, *N.W:* fel caseg sioe, fel ceffyl i breimin.

loudmouth *n.* ceg fawr (cegau mawr) *f*, *occ:* cloch *(f)* i'r gymdogaeth.

loudmouthed *a.* cegog, uchel eich cloch.

loudness *n.* uchder *m*, maint *m* [sŵn, llais *&c*]; crochder *m*, crochni *m*; *Mus:* cryfder *m*; *Ph:* *Cmptr:* seinfannedd (seinfaneddau) *m*.

loudspeaker *n.* corn (cyrn) *(m)* siarad, *occ:* uchelseinydd(-ion) *m*, *Lit:* *occ:* darseinydd(-ion) *m*.

lough *n.* *Geog:* **1.** *(= lake):* llyn(-noedd,-nau) *m*; *(occ: in place-names):* llwch (llychau) *m*. **2.** *(= arm of sea):* culfor(-oedd) *m*.

Loughor *W.Pl.n.* **1.** *(river):* [afon] Llwchwr *f*. **2.** *(village):* Casllwchwr *m*; *(district):* Llwchwr *m*.

Louis *Pr.n.m.* Lewis; **~ Quatorze,** Lewis y Pedwerydd ar Ddeg.

lounge[1] *n.* **1.** *O:* *(= stroll):* tro(-eon) hamddenol *m*, *S.W:* *occ:* s[h]ercel *m*. **2.** *(room):* lolfa (lolf|eydd) *f*; **sun ~,** lolfa haul, ystafell(-oedd) *(f)* haul. **~ bar** *n.* bar(-iau,-rau) *(m)* lolfa. **~ car** *n.* *Rail:* *U.S:* cerbyd(-au) esmwyth *m*. **~ chair** *n.* cadair (cadeiriau) esmwyth *f*. **~ lizard** *n.* hamddenwr (hamddenwyr) *m*. **~-room** *n.* lolfa. **~ suit** *n.* siwt *(f)* bob dydd (siwtiau pob dydd), siwt hamdden.

lounge[2] *v.i.* **to ~ about,** hamddena, segura, diogi, gorweddian, *N.W:* clertian, *S.W:* *occ:* gorwái, pencawna; **to ~ against a wall,** pwyso'n ddiog/ddioglyd yn erbyn wal.

lounger *n.* hamddenwr (hamddenwyr) *m*, segurwr (segurwyr) *m*, seguryn *m*, *N:* *occ:* clertiwr (clertwyr) *m*.

loupe *n.* chwyddwydr(-au) *m*.

loup-garon *n.* = **werewolf.**

louping-ill *n.* *Vet:* y breid *m*.

lour *n. & v.i.*, **louring** *a.* = **lower**[2],[3], **lowering**.

lourie *n. Orn:* lowri (lowrïaid) *f*; **grey ~,** lowri lwyd (lowrïaid llwyd).

louse[1] *n.* **1.** lleuen (llau) *f*; **to hunt for lice,** lleua, chwilio am lau; **bee-~,** *(Braula coeca):* lleuen y gwenyn (llau'r gwenyn); **bird/biting/feather ~,** *(Mallophagus):* lleuen adar; **body ~,** *(Pediculus corporis):* lleuen y corff (llau corff); **book ~,** *(Liposcalis divinatorius):* pryf(-ed) (*m*) llyfrau; **chicken ~,** *(Menopon gallinae):* lleuen yr ieir (llau ieir); **fish ~, = louse (sea); head ~,** *(P. capitis):* lleuen y pen (llau pen); **pigeon ~,** *(Columbicola columbae):* lleuen y colomennod (llau'r colomennod); **plant-~,** *(Aphididae):* llysleuen (llyslau) *f*; **sea ~,** *(P. marinus):* lleuen bysgod (llau pysgod); **sheep-~,** *(Melophagus ovinus):* hisleuen (hislau, hislod) *f*; **sucking ~,** *(Anoplura):* lleuen sugnol; **swine ~,** horen (hôr, horod) *f*; *S.a.* **leaf-louse, wood-louse. 2.** *(= contemptible pers.):* llipryn(-nod) *m*, sinach(-od) *m*, tinllach(-od) *m*, brych(-od) *m*, sgilffyn(-nod) *m*, *V:* cachwr(-s, cachwyr) *m*, cythraul (cythreuliaid) *m*, *S. W: occ:* pewc *m*, pewcyn *m*. **~-borne typhus** *n. Med:* teiffws (*m*) llau.

louse[2] *v.t.* **1.** *(= remove lice):* dileuo, tynnu llau, lleua. **2.** *F:* **to ~ sth up,** cawlio rhth, gwn|eud cawl/llanast/smonaeth o rth.

lousewort *n. Bot: (Pedicularis sylvatica):* cribell goch (cribellau cochion) *f*, blodyn (*m*) [y] llyffant, mêl (*m*) y cŵn, melsugn *f*, llysiau(*pl*)'r eglwys, llysiau'r cŵn, melog (*m*) y borfa, llysiau'r llau, llysiau'r poer, melog y cŵn, balog (*m*) y waun; **ascending ~,** *(P. ascendens):* melog esgynnol; **beaked ~,** *(P. rostratocapitata):* melog gylfinog; **beakless red ~,** *(P. recubitata):* melog coch diylfin; **common ~,** *(P. sylvatica):* melog y cŵn, mêl y cŵn, llysiau'r eglwys, llysiau'r cŵn, blodyn [y] llyffant, melog y borfa, melsugn y borfa; **crested ~,** *(P. comosa):* melog cribog; **crimson-tipped ~,** *(P. oesteri):* melog blaengoch (*pronounced* ng-g); **fern-leaved ~,** *(P. asplenifolia):* melog rhedynddail; **flesh-pink ~,** *(P. incarnata):* melog cnodliw; **Lapland ~,** *(P. lapponica):* melog y Lapdir; **leafy ~,** *(P. foliosa):* melog deiliog; **long-beaked yellow ~,** *(P. tuberosa):* melog melyn hirbig; **marsh ~,** *(P. palustris):* melog y waun, cribell goch; **Mont Cenis ~,** *(P. cenisia):* melog Mont Cenis; **pink ~,** *(P. rosea):* melog rhosliw; **Pyrenean ~,** *(P. pyrenaica):* melog y Pyreneau; **stemless ~,** *(P. acaulis):* melog digoes; **Tauern ~,** *(P. portenschlagii):* melog Tauern; **tufted ~,** *(P. gyroflexa):* melog siobynnog; **verticillate ~,** *(P. verticillata):* melog troellog.

lousily *adv.* yn wael *&c*; *See* **lousy 2.**

lousiness *n.* **1.** *(= abundance of lice):* lleuogrwydd *m*. **2.** *(= badness):* sobrwydd *m*, trybeiligrwydd *m*, cochni *m*, affwysoldeb *m*.

lousy *a.* **1.** *(= full of lice):* lleuog; **~ watchman, = dor [beetle]. 2.** *F:* gwael, truenus, sâl, salw, diwerth, sobor, cythreulig, difrifol, affwysol, *N: occ:* trybeilig, melltigedig, pig, coch, ciami, *V:* diawledig, piblyd, cachlyd; **a ~ performance,** perfformiad cythreulig/truenus *&c*; **I feel ~ today,** 'rwy'n teimlo fel clwtyn llestri heddiw; **a ~ trick,** hen dro dan din, tro sâl, tro gwael, tro ffadin, tro Wesle, tro Gwyddel; **~ with money,** yn graig o arian, yn berwi/drewi o arian, yn ariannog, *S. W: occ:* yn abal.

lout *n.* llabwst (llabystiaid) *m*, hwlcyn (hwlcod) *m*, lleban(-od) *m*, *N. W: occ:* hen lath [mawr] *m*, hen lathrwm *m*, hen larp *m*, hwlyn *m*, baldi *m*, llaprwth *m*, *S. W:* awff(-iaid) *m*, lwff(-od) *m*; *S.a.* **lager, litter**[1].

loutish *a.* llabystaidd, di-foes.

loutishly *adv.* yn llabystaidd *&c*.

loutishness *n.* llabystiaeth *f*.

louver *n. Arch:* lwfer (lwfrau) *mf*. **~-boards** *n.pl.* dellt. **~ window** *n.* ffenestr (*f*) ddellt (ffenestri dellt).

louvered *a.* lwfrog.

louvre *n.* = **louver.**

lovable *a.* hawddgar, annwyl, cariadus, hoffus, serchus, serchog.

lovableness *n.* hawddgarwch *m*, sercho[w]grwydd *m*, anwyldeb *m*, anwylder *m*.

lovably *adv.* yn hawddgar *&c*.

lovage *n. Bot: (Levisticum officinale):* marchbersli *m*, lofatsh *m*, *Lit:* llwfach *m*; **Alpine ~,** *(Ligusticum mutellina):* llwfach yr Alpau; **Cornish ~,** *(Ligusticum cornubiense):* llwfach Cernyw; **Scots ~,** *(Ligusticum scoticum):* llwfach Albanaidd; **unbranched ~,** *(Mutellinoides):* llwfach di-gainc.

love[1] *n.* **1.** cariad *m*, *Lit:* serch *m*; **~ of/for/toward s.o.,** cariad [tuag] at rn; *(= girl):* cariad(-on) *f*, cariadferch(-ed) *f*; **brotherly ~,** brawdgarwch *m*, cariad brawdol; **~ of one's country,** gwladgarwch: gwlatgarwch *m*, cariad/serch at eich gwlad: **~ of money,** ariangarwch *m* (*pronounced* ng-g); **self-~,** hunangarwch *m*, hunangariad *m* (*both pronounced* ng-g); **there is no ~ lost between them,** ni dda ganddynt mo'i gilydd; 'does dim llawer o Gymraeg rhyngddynt; *N. W: occ:* mae 'na ryw ddaint rhyngddo fo a fo; **for the ~ of God,** er mwyn Duw, er mwyn y Tad, *Lit:* er Duw, *F:* 'neno'r Tad; **he learnt Welsh for the ~ of it,** fe ddysgodd Gymraeg oherwydd ei gariad tuag ati; **to play for ~,** chwarae er mwyn pleser y peth; **(to work) for ~,** (gweithio) am ddim, *F:* am gyflog mwnci, er mwyn yr achos; **a labour of ~,** llafur (*m*) cariad; **for the ~ of Mike!** er mwyn y Tad! er mwyn popeth! 'neno'r Tad! **give my ~ to your parents,** cofia fi at dy rieni; *F:* **it can't be had for ~ nor money,** chewch chi mohono am bris yn y byd; *F:* **first ~,** cariad cyntaf, *Lit:* cynserch *m*; *Prov:* **first ~ best ~,** gorau cariad cariad cyntaf; **~ at first sight,** cariad ar yr olwg gyntaf; **calf ~,** cariad cyntaf, cariad llo bach, cariad lloaidd, caru fel llo; **free ~,** cariad rhydd, caru penrhydd; *Lit:* **courtly ~,** serch cwrtais, *occ:* serch llysaidd; **to be in ~ with s.o.,** bod mewn cariad â rhn; **head over heels in ~,** dros eich pen a'ch clustiau mewn cariad; **I'm out of ~ with her,** nid wyf i'n ei charu rhagor; *Lit:* a gerais i digaraf; **to fall in ~ with s.o.,** syrthio/cwympo mewn cariad â rhn, *Lit:* ymserchu yn rhn; **to make ~ to s.o.,** *(i) (= pay court):* dweud geiriau cariadus/caruaidd wrth rn; *(ii) (= have sexual intercourse):* caru â rhn, cydgaru â rhn, *Lit:* ymgaru â rhn; **~ in a cottage,** clwb y rhacs, cariad ar y clwt; **to marry for ~,** priodi o achos cariad, priodi o gariad. **2.** *(pers.):* **my ~,** fy nghariad, 'nghariad i, *Lit:* f'anwylyd; **what did you say, ~?** be' ddwedaist ti, cariad? *N:* be' ddwedaist ti, del/cyw? *occ:* be' ddwedaist ti, yr aur? *S: occ:* beth ddwedaist ti, caru? **an old ~ of mine,** hen gariad i mi; **he's an old ~,** *(= delightful):* mae'n hen gariad o ddyn; **what loves of teacups!** dyna gwpanau bach pert! **3.** *(at tennis &c):* dim *m*; **~ all,** dim i neb. **~ affair** *n.* carwriaeth(-au) *f*. **~-apple** *n.* tomato(-s) *m*, *A:* afal(-au) (*m*) cariad. **~ beads** *n.pl.* gleiniau cariad. **~-begotten** *a.* anghyfreithlon; **a ~-begotten child, = love-child. ~-bird** *n. Orn:* aderyn (adar) (*m*) cariad. **~-child** *n.* plentyn (plant) (*m*) cariad/serch, plentyn anghyfreithlon, *F:* plentyn siawns, plentyn llwyn a pherth, plentyn drwy'r gwrych. **~-feast** *n. Ecc.Hist:* car|iadwledd (cariadwleddoedd) *f*. **~ game** *n. Ten:* gêm (gemau) (*f*) heb sgôr. **~-grass** *n. Bot: (Eragrostis):* serchwellt *m*. **~-hate [relationship]** *n.* [perthynas *f*] cas a chariad. **~-in** *n.* sesiwn (*f*) garu (sesiynau caru). **~-in-a-mist** *n. Bot: (Nigella damascena):* blodyn (blodau) (*m*) ffenigl, blodau cariad, cwlwm (*m*) cariadon. **~-in-idleness** *n. Bot:* **pansy (wild). ~-knot** *n.* cwlwm (*m*) cariad [cywir], cwlwm caredig. **~-letter** *n.* llythyr(-au) (*m*) caru, llythyr cariad, llythyr serch. **~-lies-bleeding** *n. Bot:* Mari waedlyd *f*, y galon waedlyd *f*, gwaed (*m*) y groes, *N:* gwaedlys *m*, *S. W:* y ddalen waedlyd *f*, *S.E:* cur (*m*) cariad. **~-making** *vn.* **1.** *(= courtship):* carwriaeth(-au) *f*, [cyfnod *m*] canlyn/caru. **2.** *(= sexual intercourse):* caru, cydgaru, *Lit:* cydymgaru, cydanwesu. **~-match** *n.* priodas(-au) (*f*) o gariad. **~-messenger** *n.* llatai (llateion) *m*. **~-nest** *n.* nyth (*m*) cariad/cariadon, nythle(-oedd) (*m*) cariad/cariadon. **~-philtre** *n.* diod(-ydd) (*f*) serch. **~-seat** *n.* cadair (*f*) gariadon (cadeiriau cariadon). **~-song** *n.* cân (caneuon) (*f*) serch, cerdd(-i) (*f*) serch. **~-spoon** *n.* llwy (*f*) garu (llwyau caru), llwy serch. **~-story** *n.* stori (storïau) (*f*) serch, stori garu (storïau caru), rhamant(-au) *f*. **~-token** *n.* arwydd(-ion) (*m*) serch.

love[2] *v.t.* **1.** caru; **Lord ~ you!** rhad arnat ti! bendith [Duw] arnat ti! bendith y Tad arnat ti! *Prov:* **~ me, ~ my dog,** a'm caro i, cared fy nghi; **she loves me, she loves me not,** caru'n driw, caru'n ofer. **2. as you ~ your life,** os oes gennych feddwl o'ch einioes; **I ~ horse-racing,** 'rwy'n dwli/dotio ar rasys ceffylau; **I ~ singing,** 'rwyf wrth fy modd yn canu; 'rwy'n hoff iawn o ganu; canu yw fy niléit i; **to ~ to do sth, to ~ doing sth,** hoffi gwneud rhth [yn fawr], *S:* dwli gwneud rhth; **(will you come with me?) - I should ~ to,** (a ddewch chi gyda mi?) - dof a chroeso, dof ar bob cyfrif, *Lit:* dof yn llawen.

lovebug *n. Ent:* pryf(-ed) (*m*) caru.

loveless *a.* digariad, di-serch, anghariadus, anghariadlon.

lovelessly *adv.* yn ddigariad *&c*.

lovelessness *n.* diffyg (*m*) cariad.

lovelily *adv.* yn hawddgar *&c.*
loveliness *n.* prydferthwch *m*, hyfrydwch *m*, tegwch *m*, harddwch *m*, hawddgarwch *m*.
lovelock *n.* cudyn(-nau) (*m*) cariad.
lovelorn *a.* claf o gariad/serch.
lovelornness *n.* dolur (*m*) serch, gofid (*m*) serch.
lovely *a.* & *n.* **1.** *a.* *(a)* hawddgar, prydferth, hyfryd, teg; *B:* **how ~ are thy dwellings,** mor hawddgar yw dy bebyll di; *(b) F:* **it's been just ~ seeing you again,** mae hi wedi bod yn braf/fendigedig/hyfryd eich gweld chi eto; **it was ~ and warm,** 'roedd hi'n gynnes braf. **2.** *n.* merch hardd (merched heirdd) *f*, *Lit:* meinwen *f*, rhiain deg (rhianedd teg) *f*.
lover *n.* **1.** *(romantic or sexual):* cariad(-on) *m&f*, *occ:* carwr (carwyr) *m*, cariadfab (cariadfeibion) *m*, cariadlanc(-iau) *m*, cariadferch(-ed) *f*, *N.W:* carmon (carmyn) *m*; **a ~ and his lass,** mab a merch, cariadfab a chariadferch, llanc a llances, mab a'i feinwen. **2.** *(of music &c):* carwr (carwyr, caredigion), hoffwr (hoffwyr) *m*, addolwr (addolwyr) *m*. **~-boy** *n.* cariad *m*, carmon *m*, *S:* sboner(-s) *m*. **lovers' knot** *n.* cwlwm (*m*) cariad. **lovers' lane** *n.* lôn (*f*) gariadon (lonydd cariadon); **to walk down lovers' lane,** rhodio llwybrau serch.
loverly *a.* cariadlon, cariadus.
Lovesgrove *W.Pl.n.* Gelli (*f*) Angharad.
lovesick *a.* claf o gariad.
lovesickness *n.* dolur (*m*) serch.
lovesome *a.* **1.** = **lovely. 2.** = **affectionate.**
lovey *n.* *F:* cariad, *N:* del, yr aur, pwt, cyw, *S:* caru. **~ dovey** *a.* caruaidd, maldodus.
loving *a.* **1.** cariadus, cariadlon, caruaidd, serchog, serchus, tyner. **2. money-~,** hoff o arian, ariangar (*pronounced* ng-g). **3. ~ cup,** cwpan(-au) (*mf*) cariad/serch. **~ kindness,** caredigrwydd *m*, tynerwch *m*.
lovingly *adv.* yn gariadlon, yn garuaidd, yn dyner.
lovingness *n.* cariadusrwydd *m*, caru|eidd-dra *m*, cariadlondeb *m*.
low[1] *a.*, *adv.* & *n.* I. *a.* **1.** isel (*comp. forms:* ised, is, isaf); **the lower of two things,** yr isaf o ddau beth; **to keep a ~ profile,** cadw'ch pen yn isel, peidio â thynnu sylw, bod yn ddisylw/anymwthiol, cadw yn y cudd, *F:* swatio; **~ spin,** sbin baredig/paredig (sbiniau paredig) *fm*; **~ stature,** byrder *m*, byrdra *m*, bychander *m*, bychandra *m*; *Mus: Th:* **~ register,** cwmpas isel *m*; *Art:* **~ relief,** cerfwedd isel *f*, basgerfwedd *f*; **light turned ~,** goleuadau isel; **~ season,** tymor (tymhorau) tawel *m*, adeg dawel (adegau tawel) *f*; **~ tide, ~ water,** trai *m*, distyll *m*; **at ~ water,** pan fo'r llanw ar drai, ar ddistyll; *Fig:* **in low ~,** yn brin o arian; **the stocks are rather ~,** mae'r stoc braidd yn isel; mae'r stoc wedi gostwng. **2.** *(a) S.a.* **run**[2] I. **10**; **a ~ bow,** moesymgrymiad isel/llaes; **L~ Calvinism,** Isel Galfiniaeth *f*; *W.Tel:* **~ band,** amledd isel *m*; *Geog:* **the L~ Countries,** yr Iseldiroedd; *Aut:* **~ chassis,** ffrâm isel *f*; **lower part,** rhan(-nau) isaf *f*, gwaelod(-ion) *m*; **lower lip,** gwefus isaf *f*; **Lower Chapel,** Llanfihangel Fechan *f*; **Lower Egypt,** Yr Aifft Isaf; **Lower California,** De (*m*) Califfornia; **Lower Cwmtwrch,** Cwmtwrch Isaf; **lower deck,** dec isaf *m*; **lower jaw,** gên isaf *f*; **the lower regions/world,** yr isfyd *m*; **the Lower Chamber/House,** y Siambr Isaf *f*; **the Lower Empire,** yr Ymerodraeth Hwyraf *f*; **the Lower Alps,** Godreon yr Alpau; **~ mordent,** isfordent(-au) *m*; **L~ German,** Isel Almaeneg *f*, *m*; **L~ Latin,** Lladin Isel *m*. **3.** *(a)* **of ~ birth,** o isel radd, iselradd, o dras isel; **the lower orders,** y bobl gyffredin *f or pl*, y werin *f*, gwerin gwlad, *Lit:* y gwr|eng/gwrêng *m*; **~ life,** bywyd isel *m*, bywyd y werin; **a lower court,** llys is; **the lower end of the table,** pen isaf y bwrdd; *Sch:* **lower forms,** dosbarthiadau isaf; **the lower animals,** yr anifeiliaid isaf; **a ~ species,** un o'r rhywogaethau isaf; **~ comedy,** comedi fras/isel *f*; **~ comedian,** comedïwr (comedïwyr) bras/iselradd *m*; *Typ:* **lower case,** llythrennau bach *pl*; **a lower case letter,** llythren fach; *(b) (= vulgar &c):* comon, coman, gwael, iselwael; **the lowest of the ~,** yr isaf o'r isel rai; *Pej: Coll:* gwehilion (*pl*) cymdeithas; **a ~ expression,** ymadrodd sathredig/bras *m*; **a ~ trick,** tro gwael *m*, tro sâl, *N.W:* *occ:* tro ffadin, tro Gwyddel, tro Wesle; **~ language,** iseliaith *f*, iaith isel/fras *f*, brastod *m*. **4.** *(a)* **~ diet,** *(i)* bwyd gwael *m*, lluniaeth wael *f*; *(ii) (for slimmers):* deiet isel *m*; *(b) (= poorly):* gwael, gwantan, gwanllyd, llegach; **~ condition,** cyflwr gwael *m*; *(c) (= dispirited):* isel, digalon, prudd; **~ spirits,** digalondid *m*, ysbrydoedd isel, isel ysbrydoedd, melancolia *f*, *F:* y felan *f*; **I was feeling ~,** 'roedd y felan arna' i; 'roeddwn i yn y felan; 'roeddwn i'n ddi-hwyl. **5. ~ price,** pris isel *m*, iselbris *m*; **at a ~ price,** am bris isel, yn rhad; **~ attendance,** cynulleidfa wael (cynulleidfaoedd gwael) *f*; **(a hundred pounds) at the very lowest,** (canpunt) ar y lleiaf, o leiaf, fan leiaf, *S:* man lleiaf; *Mth:* **lowest common denominator,** cyfenwadur(-on) lleiaf *m*; **lowest common multiple,** lluosrif cyffredin lleiaf *m*; **lowest terms,** ffurf symlaf *f*; **~ pressure,** gwasgedd isel *m*; **~ fever,** twymyn isel/araf *f*; **~ frequency,** amledd(-au) isel *m*; **~ key,** cywair (cyweiriau) isel *m*; **~ gear,** gêr(-s, geriau) isel *mf*; **~ tension,** *(i)* tyndra isel *m*; *(ii) El:* foltedd isel *m*; **~ latitudes,** lledredau isel. **6.** *Mus:* **lower auxiliary note,** isnodyn (isnodau) tonnog *m*; **~ note,** nodyn isel; **~ sound,** sŵn isel *m*, murmur *m*; **in a ~ voice,** mewn llais isel, yn isel. **7.** *Ecc:* **~ mass,** isel offeren *f*; **L~ Sunday,** Sul (*m*) y Pasg Bach/Bychan. II. *adv.* **1.** yn isel; **to bow ~,** moesymgrymu'n llaes/isel; **to bring (s.o.) ~,** darostwng, llorio, trechu, *occ:* iselu (rhn); **to lie ~,** mynd/cadw o'r golwg, cadw yn y cudd, cadw'ch pen i lawr, cuddio, ymguddio, llechu, stelcian, *N:* swatio, [g]wardio, *S:* cwato; *S.a.* **lay**[4] **1**; **to play ~,** chwarae'n isel; **to tackle ~,** taclo'n isel; **I cannot go so ~ as to do that,** ni allaf ymostwng i wneud hynny. **2. the lowest paid employees,** y gweithwyr ar y cyflog isaf, y gweithwyr a delir leiaf, y gweithwyr lleiaf/isaf eu cyflog. III. *n.* *(a)* **all-time ~,** isafbwynt(-iau) *m*; **to reach an all-time ~,** cyrraedd y gwaelod eithaf/isaf [un], syrthio'n is nag erioed, taro'r gwaelod; *(b) Meteor:* **Icelandic ~,** gwasgedd isel Gwlad yr Iâ. **~-angle** (L.A.) *a.* *T.V:* ongl isel (O.I.) **~-born** *a.* iseldras, iselradd, o isel dras, o isel radd. **~-bred** *a.* difoes, difaners. **~-browed** *a.* aeldew, aeldrwm, cuchiog. **~-built** *a.* isel. **L~ Church 1.** *n.* Eglwys Isel *f*. **2.** *attrib.* Iseleglwysig. **L~ Churchman** *n.m.* Iseleglwyswr (Iseleglwyswyr). **L~ Churchwoman** *n.f.* Iseglegl|wyswraig. **~-class** *attrib.* **1.** gwael, iselradd, isel-radd, o isel radd, o'r radd isaf, comon, coman. **2.** *(social):* o'r dosbarth gweithiol, gwerinol. **~-cut** *a.* *(dress):* [â gwddf] isel. **~-down**[1] *a.* **1.** agos i'r llawr, isel. **2.** *(= ignoble):* gwael, sâl, dan din; **a ~-down trick,** tro gwael, tro sâl, tro dan din. **~-down**[2] *n.* gwybodaeth *f*, ffeithiau *pl*; *F:* **to give s.o. the ~ down,** rhoi gwybod i rn [am rth], rhoi rhn ar ben y ffordd. **~-foaming detergent** *n.* *Laund:* glanedydd(-ion) (*m*) prindrochion. **~-frequency** *attrib.* amledd isel. **~-gear** *a.* [â] gêr isel. **~-grade** *attrib.* iselradd, isel radd, gwael, sâl. **~-key, ~-keyed** *a.* iselgywair, [mewn] cywair isel. **~-level** *attrib.* [ar lefel] isel; *Cmptr:* **~-level language,** iaith (*f*) lefel isel; *Sociol:* **~-level theories,** theorïau cyfyngedig. **~-loader** *n.* cerbyd(-au) (*m*) llwytho isel. **~-lying a.** isel; **~-lying ground,** iseldir *m*, tir isel *m*, gwastadedd *m*, llawr (*m*) gwlad. **~-minded** *a.* iselfryd, iselfrydig. **~-mindedly** *adv.* yn iselfrydig. **~-mindedness** *n.* iselfrydedd *m*. **~-order** *attrib.* *Cmptr:* iselradd, isel radd. **~-necked** *a.* [â] gwddf isel. **~-pitched** *a.* **1.** *Constr:* isel, iselgrib. **2.** *(piano):* iseldraw; *(voice):* isel. **~-power** *attrib.* pŵer/grym isel; **~-power drawing,** lluniad(-au) (*m*) chwyddhad isel. **~-powered** *a.* *(car &c):* iselnerth, isel ei nerth. **~-pressure** *attrib.* iselbwysedd, pwysau isel. **~-profile** *attrib.* anymwthiol, anamlwg. **~-rise** *attrib.* *U.S: Constr:* isel. **~-slung** *a.* isel, yn hongian yn isel. **~-spirited** *a.* isel eich ysbryd, digalon, di-hwyl, prudd, pruddglwyfus, a'r felan arnoch, yn y felan. **~-spiritedly** *adv.* yn isel eich ysbryd *&c.* **~-spiritedness** *n.* iselder (*m*) ysbryd, digalondid *m*, pruddglwyf *m*. **~-tension** *attrib.* *El:* foltedd isel. **~-water** *attrib.* treiol; **~-water mark,** marc (*m*) distyll.
low[2] *n.* *(of cow):* bref(-au) *f*, brefiad(-au) *m*, beichiad(-au) *m*.
low[3] *v.i.* *(of cattle):* brefu, *occ:* beichio, bugunad, *S.W:* *occ:* boichen, bolgen, rhuo, bugenad, *S.E:* *occ:* buganad, *N:* *occ:* rhuo, peuo.
lowboy *n.* *Furn:* *N:* bwrdd (byrddau) isel *m*, *S:* bord(-ydd) isel *f*.
lowbrow *a.* & *n.* **1.** *a.* isel-ael. **2.** *n.* rhn isel-ael; **lowbrows,** pobl isel-ael *f or pl*.
lower[1] *v.t.&i.* **1.** *v.t.* *(a)* gostwng, *occ:* llaesu; **to ~ the head,** gostwng/plygu/gwyro pen; **to ~ one's eyelids,** gostwng eich amrannau, llaesu'ch amrannau; *(b)* **to ~ s.o. on a rope,** gollwng rhn [i lawr] ar raff; **to ~ a ladder/boat,** gollwng ysgol/cwch [i lawr]; *Nau:* **~ away!** i lawr ag e/o! i lawr â nhw! gollyngwch! **to ~ away a sail,** halio hwyl i lawr; *(c)* **to ~ the height of sth,** gostwng rhth, gwn|eud rhth yn is; *(price &c):* gostwng; **he lowered his voice,** gostyngodd ei lais; **to ~ the enemy's morale,** digalonni'r gelyn, torri ewyllys/calon y gelyn, lladd ysbryd y gelyn; **to ~ pressure,** lleih|au/gostwng pwysau; **to ~ the tone of sth,**

gostwng tôn rhth; **to ~ a light,** gostwng/lleihau/pylu goleuni; **to ~ oneself to do sth,** ymostwng i wneud rhth; **to ~ the status of s.o.,** diraddio rhn. **2.** *v.i.* *(price, voice):* gostwng, lleihau, mynd yn is; *(= descend, slope down):* gostwng, disgyn, mynd ar oleddf.

lower² *n.* **1.** *(= scowl):* gwg *m*, cuwch (cuchiau) *m*. **2.** *(of sky &c):* cymylogrwydd *m*, düwch *m*, golwg fygythiol *f*, golwg benddu, *S.W:* lowryn *m*.

lower³ *v.i.* **1.** *(of pers.):* cuchio, gwgu, cilwgu, edrych yn sarrug/guchiog/ddu, edrych dan eich cuwch, crychu talcen, edrych dan eich ysgafell. **2.** *(of sky):* mynd yn gymylog, cymylu'n fygythiol, duo, tywyllu, *S.W:* lowro; *(of storm):* bygwth.

lower⁴ *a. & adv. See* **low¹**.

lowering¹ *a.* **1.** *(= degrading):* darostyngol, diraddiol. **2.** *Med: (= weakening):* gwanhaol.

lowering² *vn.* (= **lower¹**): gostyngiad(-au) *m*, gostwng *vn*.

lowering³ *a.* **1.** *(appearance):* gwgus, cilwgus, cuchiog, sarrug, bygythiol, cuchiol. **2.** *(sky &c):* tywyll, bygythiol, cymylog, du(-on), *N.W: occ:* penddu(-on).

loweringly *adv.* yn guchiog *&c*; yn fygythiol.

lowermost *a.* isaf; **the ~ point,** yr isafbwynt(-iau) *m*.

lowery *a.* = **lowering³**.

lowing *a.* brefol, yn brefu.

lowland *n. & attrib.* **1.** *n.* gwastadedd(-au) *m*, iseldir(-oedd) *m*, tir(-oedd) isel *m*, *occ:* gwaelod(-ion) *m*, gwaelod gwlad, llawr (*m*) gwlad; *Geog:* **the Lowlands,** Iseldir yr Alban. **2.** *attrib. W.Myth:* **the L~ Hundred,** Cantre(*m*)'r Gwaelod.

lowlander *n.* iseldirwr (iseldirwyr) *m*, iseld|irwraig *f*; *pl.* **lowlanders,** pobl (*f or pl*) llawr/gwaelod gwlad, pobl yr iseldir, pobl y tir isel, pobl y gwastadeddau.

lowliness *n.* gostyngeiddrwydd *m*, gwyl|eidd-dra *m*, *occ:* iselfrydedd *m*.

lowly¹ *adv.* **1. ~ born,** o dras isel, o isel dras. **2.** *(= humbly):* yn ostyngedig, yn wylaidd.

lowly² *a. A: & Lit:* **1.** gostyngedig, dirodres, isel, gwylaidd, diymffrost, difalch, dinod, iselradd; **the ~,** y rhai gwylaidd, yr isel rai; **of ~ birth,** o dras isel, o isel dras. **2. the ~ earthworm,** yr abwydyn syml.

lowness *n.* **1.** *(of tree &c):* iselder *m*, bychander *m*, bychandra *m*. **2.** *(of sound, price, temperature &c):* iselder. **3.** *(of behaviour):* gwaelder *m*, iselder *m*, natur isel/gomon *f*. **4. ~ (of spirits),** iseldra *m*, iselder *m* [ysbryd], digalondid *m*, gwangalondid (*pronounced* ng-g) *m*, pr|udd-der *m*.

lox¹ *n. Ch:* locs *m*.

lox² *n. Cu: (= smoked salmon):* eog (*m*) wedi'i gochi, eog(-iaid) coch, *F:* samon(-s) coch *m*.

loxodrome *n. Nau:* l|ocsodrom (locsodromau) *mf*.

loxodromic *a. Nau:* locsodromig.

loxodromically *adv. Nau:* yn locsodromig.

loyal *a.* ffyddlon, teyrngar (*pronounced* ng-g), cywir, *F:* triw; **to drink the ~ toast,** yfed iechyd y brenin/frenhines, yfed llwncdestun i'r brenin/frenhines.

loyalism *n. Pol:* teyrngaredd *m* (*pronounced* ng-g).

loyalist *n. & attrib. Pol:* **1.** *n.* teyrngarwr (teyrngarwyr) *m*, teyrng|arwraig *f*. **2.** *attrib.* teyrngarol (*all pronounced* ng-g).

loyally *adv.* yn ffyddlon *&c*.

loyalty *n.* teyrngarwch *m* (*pronounced* ng-g), ffyddlondeb *m* (**to sth,** i rth); ymlyniad *m* (wrth rth).

lozenge *n.* **1.** *Geom: Her:* losen(-nau,-ni) *f*, siâp (*m*) diemwnt/deimwnt, *Lit: occ:* lleddfbetryal(-au) *m*. **2.** *Pharm:* tabled(-i) *f*, losinen (losin) *f*. **~ graver** *n. Art:* grafell(-au) (*f*) losin.

lozenged, lozengy *a. Her:* lleddfbetryalog.

Ltd. *abbr.* Cyf.

luau *n.* parti(-s, partïon) *m*.

lubber *n.* llabwst (llabystiaid) *m*, delff(-od,-iaid) *m*, llabi (llabïod) *m*, llabystyn *m*, lleban(-od) *m*, crymffast(-iaid) *m*, *S.W:* llabwstyn *m*, lwff(-od,-s) *m*. **~['s] hole** *n. Nau:* twll (tyllau) (*m*) llabwst. **~['s] line** *n. Nau:* llinell(-au) (*f*) llabwst.

lubberlike *a.* = **lubberly.**

lubberliness *n.* llabysteiddiwch *m*, hurtrwydd *m*, twpdra *m*, llebandod *m*, crymffastiaeth *f*, delffeiddrwydd *m*, anfedrusrwydd *m*, lletchwithdod *m*, trwstaneiddiwch *m*.

lubberly *a. & adv.* **1.** *a.* llabystaidd, chwithig, lletchwith, trwstan, delffaidd, crymffastaidd. **2.** *adv.* yn llabystaidd *&c*.

lubrical *a.* = **lubricative.**

lubricant *n.* iraid (ireidiau) *m*.

lubricate *v.t.* iro, ireidio.

lubricated *a.* **1.** iredig, ireidlyd; **well-~,** tra iredig. **2.** *U.S: F:* **he's a bit ~,** *N: F:* mae o wedi cael oel; *See* **drunk 1.**

lubricating *vn.* iro, ireidio. **~ oil** *n.* olew (*m*) treuliau, *F:* oel (*m*) treuliau.

lubrication *n.* iriad(-au) *m*, iro *vn*, ireidiad(-au) *m*.

lubricative *a.* ireidiol.

lubricator *n.* irwr (irwyr) *m*; **cap ~,** irwr â chap; **drop ~,** irwr diferol.

lubricious *a.* **1.** *(= slippery):* llithrig, llathraidd, ireidlyd, slic. **2.** *Fig: (= lewd):* anllad, blysig, chwantus, trythyll.

lubriciously *adv.* **1.** yn llithrig *&c*. **2.** yn anllad *&c*.

lubricity *n.* **1.** *(= smoothness):* llithrigrwydd *m*, llathreiddrwydd *m*. **2.** *(= lewdness):* anlladrwydd *m*, blysigrwydd *m*, chwantusrwydd *m*, trythyllwch *m*.

lubricous *a.* = **lubricious.**

lubritorium *n. U.S:* irfa (irf|eydd) *f*.

Lucan *a. B:* Lucaidd, Luc; **the ~ account of the Crucifixion,** adroddiad Luc am y Croeshoelio.

lucarne *n. Arch:* ffenestr (*f*) gromen (ffenestri cromen).

luce *n. Ich:* penhwyad (penhwyaid) *m*.

lucency *n.* **1.** disgleirdeb *m*, gloywder *m*, llewy[r]ch *m*. **2.** *(= transparency):* tryloywder *m*, tryloywedd *m*.

lucent *a.* **1.** disglair, llachar, llewy[r]chol, gloyw, golau, llathrwyn(-ion), lleuerog, lleuerol, llathr, llathraidd. **2.** *(= transparent):* tryloyw.

lucently *adv.* **1.** yn ddisglair *&c*. **2.** yn dryloyw.

lucern[e] *n. Bot: (Medicago sativa):* maglys [rhuddlas] *m*, lwsérn *m*, alffaffa *m*.

Lucianic *a. Lit:* Lwsianaidd, bachog, crafog, ffraeth, coeglyd.

lucid *a.* *(a) (= clear):* eglur, clir; *(b) Med:* **a ~ interval,** saib o iawn bwyll, saib o gallineb; *(c) Poet: (= bright):* gloyw(-on), golau, llathraidd; *(d) Bot:* gloyw.

lucidity *n.* **1.** *(a) (= clarity):* eglurder *m*, eglurdeb *m*, clirdeb *m*; *(b) (= transparency):* tryloywder *m*. **2.** *(= sanity):* callineb *m*, pwyll *m*.

lucidly *adv.* yn eglur *&c*.

lucidness *n.* = **lucidity**.

Lucifer *n.* **1.** *(= planet Venus):* Gwener *f*, y Seren Fore *f*. **2.** *Theol:* L|wsiffer *m*; **as proud as ~,** mor falch â Lwsiffer. **~ match** *n.* matsien (matsis) *f*, *A:* tanen(-nau) *f*.

luciferase *n. Bio-Ch:* lws|ifferas *m*.

luciferin *n. Bio-Ch:* lws|ifferin *m*.

Luciferous *a. Lit:* goleuddwyn.

lucifugous *a. Nat.Hist:* goleuffo.

Lucina shell *n.* cragen (cregyn) (*f*) Lwsina.

lucite *n.* = **perspex.**

luck¹ *n.* **1.** lwc *f*, *Lit:* ffawd *f*, ffortiwn *f*; **Lady ~,** Ffawd, Meistres (*f*) Ffawd, Dâm (*f*) Ffortiwn; **good ~,** lwc dda, hwyl *f*, pob hwyl (ar rth); **to have good ~,** bod yn lwcus/ffodus, *occ:* bod yn ffortunus; **good ~ to you,** pob hwyl i chi; **and the best of [British] ~ to them!** a mawr dda iddyn' nhw! a phob lwc iddyn' nhw! **bad ~,** anffawd *f*, aflwydd *m*; **to have bad ~,** bod yn anlwcus/anffodus, cael anffawd; **it's a matter of ~,** hap a damwain yw hi; **to be down on one's ~,** bod mewn twll; **to try one's ~,** mentro'ch siawns/lwc; **any ~?** unrhyw lwc? unrhyw lwyddiant? unrhyw hwyl? **to bring s.o. good/bad ~,** dod â lwc dda/ddrwg i rn; **I didn't have much ~,** ni chefais i fawr o hwyl/lwc arni; **better ~ next time!** gwell hwyl y tro nesaf! **you never know your ~!** wyddoch chi mo'ch lwc! **just my ~!** dyna fy lwc i! **no such ~,** dim o'r fath beth; **worse ~!** gwaetha'r modd! *Lit:* ysywaeth! **hard ~!** hen dro! bechod! trueni! gresyn [o beth]! **as ~ would have it,** fel y digwyddai [fod], yn ffodus, wrth [ryw] lwc, trwy [ryw] lwc, yn lwcus; *(= unluckily):* yn anffodus, fel y mynnai pethau fod. **2.** *abs. (= good luck):* lwc; **to keep sth for ~,** cadw rhth am lwc, cadw rhth er mwyn lwc; **a bit/piece/stroke of ~,** tipyn o lwc, tro lwcus/ffodus *m*; **to be in ~,** bod yn lwcus; **beginner's ~,** lwc bwngler (*pronounced* ng-g), lwc mwngrel (*pronounced* ng-g), lwc mwnci; **to be out of ~,** bod yn anlwcus/anffodus; **my ~ is in!** dyna/am lwc i mi! **~-money, ~-penny** *n.* **1.** arian lwcus *m*, ceiniog lwcus *f*. **2.** *(= returned by seller to buyer):* hansel: honsel(-au) *f*.

luckily *adv.* wrth lwc, drwy [ryw] lwc, yn ffodus, yn ffortunus, drwy drugaredd, diolch byth.

luckiness *n.* ffodusrwydd *m*, lwcusrwydd *m*.
luckless *a.* anlwcus, anffodus, *occ:* anffortunus, di-lwc.
lucklessly *adv.* yn anlwcus *&c*.
lucklessness *n.* anlwc *fm*, anffawd *f*, anffodusrwydd *m*, diffyg (*m*) lwc.
lucky *a.* *(pers.)*: lwcus, ffodus, ffortunus; *F:* **~ blighter/dog!** *N:* cenau lwcus! *S:* 'na fachan lwcus! **to be ~ enough to get sth,** bod yn ddigon lwcus i gael rhth, *S.W: occ:* lwcio cael rhth; **the ~ ones,** y ffodusion, y bobl ffodus/lwcus *f or pl*, y rhai ffodus/lwcus; **a ~ hit/shot,** ergyd lwcus, *F:* ffliwcen *f*, lwc bwngler (*pronounced* ng-g); **at a ~ moment,** ar funud lwcus; **how ~!** dyna beth yw lwc! am/dyna lwc! am/dyna lwcus/ffodus! **it's ~ for me (that I saw her),** mae'n lwcus i mi, lwc i mi (ei gweld hi); **it's ~ that he escaped at that moment,** lwc iddo ddianc y funud honno; *(of sth)*: **to be ~,** dod â lwc (i rn), bod yn lwcus. **~ bag, ~ dip, ~ tub** *n.* twb lwcus *m*, twba lwcus *m*, cwdyn (*m*) y saint.
lucrative *a.* [sy'n] dwyn elw, proffidiol, buddiol, enillfawr.
lucratively *adv.* yn broffidiol *&c*.
lucrativeness *n.* proffidioldeb *m*.
lucre *n.* elw *m*, cribddail *m*; **filthy ~,** budrelw *m*.
Lucretian *a. Lit:* Lwcretaidd.
Lucretius *Pr.n.m.* Lwcretiws.
lucubrate *v.i.* myfyrio, nosfyfyrio, ysgrifennu myfyrion.
lucubration *n.* nosfyfyrdod(-au) *m*, nosfyfyrion *pl*; *vn.* = **lucubrate**.
lucubrator *n.* nosfyfyriwr (nosfyfyrwyr) *m*.
luculent *a.* = **lucid**.
luculently *adv.* = **lucidly**.
Lucullan *a.* moethus, tra moethus, Lwcwlaidd.
lud[1] *n.* = **lord.**
Lud[2] *Pr.n.m. Myth:* Lludd.
Ludchurch *W.Pl.n.* Yr Eglwys Lwyd *f*.
Luddism *n. Hist:* Ludiaeth *f*.
Luddite *n. & attrib. Hist:* **1.** *n.* Ludiad (Ludiaid) *m&f*. **2.** *attrib.* Ludaidd.
Ludgate *Eng.Pl.n.* Porth (*m*) Lludd.
ludicrous *a.* chwerthinllyd, afresymol, hurt.
ludicrously *adv.* yn chwerthinllyd *&c*.
ludicrousness *n.* ffwlbri *m*, ffolineb *m*, hurtwch *m*, hurtrwydd *m*; **I could see its ~,** gallwn weld mor chwerthinllyd oedd.
Ludlow *Eng.Pl.n.* Llwydlo *f*.
ludo *n. Games:* liwdo *mf*.
lues *n. Med:* pla (plâu) *m*, haint (heintiau) *mf*; **~ [venerea],** clefyd gwenerol *m*.
luetic *a. Med:* gwenerol.
luetically *adv. Med:* yn wenerol.
luff[1] *n. Nau: (i) (of sail)*: blaen *m*; *(ii) (of bar)*: lled *m*; *(of sail)*: **to tear from ~ to leech,** rhwygo ar ei hyd.
luff[2] *v.i. Nau:* cadw llong at y gwynt, lyffio.
lug[1] *n.* **~[-worm],** *(Arenicola marina)*: *N:* abwyd du *m*, abwyd llwyd, lwgan (lwgwns) *f*, lygwn(-s) *m*, abwydyn tywod, llyng[h]yren (llyngyr) (*f*) y traeth; *(A. ecaudata)*: abwyd du cwta.
lug[2] *n.* **1.** *F: (a) (= ear)*: clust(-iau) *usu.f*; *(b) (of cap)*: clust, clusten(-nau,-ni) *f*, llabed(-au) *fm*. **2.** *Tchn:* clust, clusten; *Archeol:* clusten, oddf(-au) *m*. **3.** *U.S: F:* **you big ~!** y lembo/twpsyn *&c* mawr iti! **~-hole** *n. F:* clust.
lug[3] *n.* **1.** *(= pull)*: haliad(-au) *m*, plwc (plyciau) *m*. **2.** *(= basket)*: cawell (cewyll) *m*. **3.** *pl. U.S: F: (= affectation)*: clemau, smachau.
lug[4] *v.t.* llusgo, tynnu, halio, *N.W: occ:* helcyd, lygio, lygian, *S.W:* cargywain; **to ~ a sack,** *occ:* clustio sach.
luge[1] *n.* car (ceir) llusg *m*.
luge[2] *v.i.* mynd ar gar llusg.
Lugg *Pr.n. W.Geog:* [afon] Llugwy *f*.
luggage *n.* bagiau *pl*, paciau *pl*; *S.a.* **left**[2]; **~ in advance,** bagiau/paciau [a anfonir] ymlaen llaw. **~-label** *n.* label (*mf*) bag (labeli bagiau). **~-net** *n.* rhwyd (*f*) fagiau/baciau (rhwydi bagiau/paciau). **~-rack** *n.* rhesel (*f*) fagiau/baciau (rheseli bagiau/paciau), silff (*f*) fagiau/baciau (silffoedd bagiau/paciau). **~-ticket** *n.* tocyn(-nau) (*m*) bagiau/paciau. **~-van** *n. Rail:* cerbyd(-au) (*m*) bagiau/paciau.
lugged *a.* **~ chisel,** cŷn (cynion) oddfog/clustennog *m*.
lugger *n. Nau:* lygar(-s) *f*, llusglong(-au) *f*.
Luggy Brook *Pr.n. W.Geog:* [Nant] Helygi *f*.
lugsail *n. Nau:* hwyl lusg (hwyliau llusg) *f*.
lugubrious *a.* digalon, galarus, athrist, gofidus, prudd, pruddglwyfus, melancolaidd.
lugubriously *adv.* yn ddigalon *&c*.
lugubriousness *n.* pr|udd-der *m*, tristwch *m*, digalondid *m*.
lugworm *n.* = **lug**[1]
Luke *Pr.n.m.* Luc.
lukewarm *a.* *(= tepid)*: claear, llugoer; **to become ~,** mynd yn glaear *&c*, claearu; *Fig: (= indifferent)*: claear, difater, difraw, *occ:* Laodiceaidd, *N.W: occ:* dicra.
lukewarmly *adv.* yn glaear *&c*.
lukewarmness *n.* claearineb *m*, claearder *m*, claearedd *m*, claearwch *m*, llugoerni *m*, *N.W: occ:* dicräwch *m*.
lull[1] *n.* gosteg(-ion) *mf*, seibiant (seibiannau) *m* [o dawelwch], saib (seibiau) *m*.
lull[2] *v.t.&i.* **1.** *v.t.* *(a)* **to ~ s.o. to sleep,** suo/lwlio/lwl[i]an rhn i gysgu; *(b)* **to ~ s.o.'s fears/grief** *&c*, lleddfu, gostegu, tawelu (ofnau/gofid *&c* rhn); *(c) (tempest)*: gostegu. **2.** *v.i. (of tempest)*: gostegu, *N: occ:* hwylio i lawr.
lullaby[1] *n. Mus:* hwiangerdd(-i) *f* (*pronounced* ng-g), suo-gân (~-ganau, ~-ganeuon) *f*, cân (caneuon) (*f*) suo.
lullaby[2] *v.t.* suo, lwl[i]an, lwlio (rhn) [i gysgu].
lulu *n. F: N:* clincer(-s) *m*, *S:* cliper(-s) *m*; **it's a ~,** mae'n wych [o beth]!
Lulworth skipper *n. Ent:* gwibiwr (gwibwyr) (*m*) Lulworth.
lumbago *n. Med:* cryd (*m*) y lwynau, lwynwst *f*, llyfenwst *f*, *F:* lymbego *mf*.
lumbar *a. & n. Anat:* **1.** *a.* lwynol, llyfenol, meingefnol (*pronounced* ng-g), y meingefn (*pronounced* ng-g); **~ puncture,** pigiad(-au) (*m*) yn y lwynau; **~ region,** adran (*f*) y meingefn, yr adran lwynol; **lumbar vertebrae,** fertebrae'r meingefn. **2.** *n. Biol:* meingefn(-au) *m*.
lumber[1] *n.* **1.** *(= old furniture)*: hen ddodrefn *pl*, hen gelfi *pl*, celfiach *pl*, hen geriach *pl*, *N:* 'nialwch *m*, celwi *pl*, *S.W: occ:* clambar *m*. **2.** *U.S: (= partly prepared timber)*: coed (*m*) defnydd, coed [cadw]. **~-jacket** *n.* siaced (*f*) coediwr (siacedi coedwyr), crysbais (*m*) coediwr (crysbeisiau coedwyr). **~-mill** *n. U.S:* melin (*f*) goed (melinau coed). **~-room** *n.* ystafell(-oedd) (*f*) geriach. **~-yard** *n.* iard (*f*) goed (iardiau/ierdydd coed).
lumber[2] *v.t* *(= encumber room &c)*: gorlenwi; **to ~ s.o. with sth,** llwytho/beichio rhn â rhth; **I was lumbered with the task,** fi gafodd y dasg; arnaf i y rhoddwyd/dodwyd y dasg; **I was lumbered with an old car,** 'roedd gennyf hen gar ar fy nwylo.
lumber[3] *v.i.* **to ~ (along/past),** troedio, ymlwybro, trampio, clocsio, hwndro (heibio).
lumber[4] *v.t. For:* coetmona.
lumberer *n.* = **lumberjack.**
lumbering *a.* afrosgo, troetrwm; **a ~ fellow,** l[l]ymbar (*m*) o ddyn.
lumberjack, lumberman *n.* coedwigwr (coedwigwyr) *m*, cymynwr (cymynwyr) *m* [coed], torrwr (torwyr) (*m*) coed, coedwr (coedwyr) *m*, fforestwr (fforestwyr) *m*, coetmon (coetmyn) *m*.
lumbosacral *a. Anat:* lwynol-sacrol.
lumbrical *a. Anat:* **~ muscle,** cyhyr(-au) abwydaidd *m*.
lumbricord *a.* abwydaidd, llyng[h]yraidd.
lumen *n.* **1.** *Ph: Meas:* lwmen (lwmina) *m*. **2.** *Anat: Bot:* ceudod(-au) *m*, ceuedd(-au) *m*.
lumenal *a.* = **luminal**.
luminaire *n.* uned (*f*) oleuo (unedau goleuo).
luminal *a.* lwminaidd.
luminance *n.* goleuder *m*, lleuferedd *m*. **~ signal** *n. T.V:* signal(-au) (*m*) golau.
Luminarist *n. Art:* Goleueddwr (Goleueddwyr) *m*.
luminary *a. & n.* **1.** *a.* goleuol, disglair. **2.** *n.* goleuad(-au) *m*, lleufer(-au) *m*; *(pers.)*: goleuwr (goleuwyr) *m*, seren olau (sêr golau) *f*.
luminesce *v.i.* ymoleuo.
luminescence *n.* goleuedd *m*, ymoleuedd *m*.
luminescent *a.* ymoleuol.
luminiferous *a.* goleuddwyn, goleubair.
Luminist *n.* = **Luminarist**.
luminosity *n.* disgleirdeb(-au) *m*, goleuedd(-au) *m*; *Ph:* llewy[r]chiant (llewy[r]chiannau) *m*.
luminous *a.* disglair, golau, llachar, goleuol, llewy[r]chol,

ymoleuol, goleuog; *Ph:* ~ **intensity,** arddwysedd(-au) goleuol *m*; ~ **paint,** paent llewy[r]chol/goleuol.
luminously *adv.* yn ddisglair *&c.*
luminousness *n.* disgleirdeb *m.*
lumme *int. F:* caton pawb! 'neno'r Tad! nefoedd! *N:* wannwl! 'rargian! iesgob! iesgwm! brensiach! nefi! 'rachlod! *S:* wel y jiw jiw! gwetwch y gwir!
lummox *n. U.S:* = **fool**[1], **oaf.**
lump[1] *n.* **1.** *(a)* lwmpyn (lympiau) *m*, lwmp (lympiau) *m*, telpyn (talpiau) *m*, talp(-iau) *m*; *(of meat): S:* twmpyn (tymp[i]au) *m*; *(of coal): N.W:* cnap(-iau) *m*, cnapyn (cnapiau) *m*, clap(-iau) *m*, clapyn: clepyn (clapiau) *m*, *S.W:* cnepyn (cnapiau) *m*, *S.E:* twlpyn (twlpau) *m*; *S.a.* **coal**[1]. *(of sugar): N:* lwmp, *S: M.W:* clap, clepyn; *S.W:* lwmpyn, talpyn, cnepyn, *S.E:* twlpyn, cnepyn; **to sell sth in the ~,** gwerthu rhth yn ei grynswth; **to freeze to a ~,** rhewi'n glap, rhewi'n gorcyn; **the lake has frozen in a solid ~,** mae'r llyn wedi rhewi'n dalp; **to have a ~ in one's throat,** bod â lwmp yn eich gwddf; **to form lumps,** mynd yn lympiau/glapiau *&c*, *N:* clapio, *S:* cnapo; *(b) (on head &c):* lwmp, chwydd(-i) *m*, *S:* hwrlyn *m*, *occ:* hwrwg *m*, chwrlyn *m*. **2.** *F: (pers.):* lwmp, pwlffyn *m*; *(male):* hwlcyn *m*, l[l]ymbar *m*, horwth *m*, *S:* hwdwch *m*, slabyn *m*, slampyn *m*, cwlffyn *m*, clobyn *m*, cnwbyn *m*, clorwth *m*, *N:* log *m* [o ddyn]; *(female):* pwlffen *f*, lympen *f*, slaben *f*, slampen *f*, cnoben *f*, cloben *f* o fenyw [fawr]. ~ **sugar** *n.* siwgwr *(m)* lwmp, *S:* siwgir *(m)* lwmp, siwgir twlpau. ~ **sum** *n.* cyfandaliad(-au) *m*, swm (symiau) *(m)* un taliad, *F:* lwmp-swm (lymp-symiau) *m.*
lump[2] *v.t.&i.* **1.** *v.t.* *(a) (= heap):* pentyrru, crugio, lympio; **to ~ different things together,** trin pethau gwahanol gyda'i gilydd, lympio pethau gyda'i gilydd, taflu pethau gwahanol i'r un fasged. **2.** *v.i. (of earth):* mynd yn dalpiau/lympiau, mynd yn glapiog, *S.E:* cnwbo, *S.W:* cnapo.
lump[3] *v.t. P: in the phr:* **like it or ~ it,** ei hoffi neu beidio, ei gymryd neu fynd hebddo; **(if he doesn't like it) he can ~ it,** (os na chaiff o mo'i blesio) eled i'r diawl, eled i'w grogi.
lumpen *a.* **1.** *Pol:* diwreiddiedig. **2.** *(= gauche):* lletchwith, afrosgo, trwsgl.
lumpenproletariat *n.* **1.** *Pol:* ***lumpenproletariat*** *m.* **2.** *F: Pej:* y werin *(f)* gaws.
lumper *n. Nau:* dadlwythwr (dadlwythwyr) *m.*
lumpfish *n. Ich:* iâr *(f)* fôr (ieir môr), *N.W:* pysgodyn (pysgod) *(m)* clytsiwr.
lumpiness *n.* talpiogrwydd *m*, clapiogrwydd *m*, cnapiogrwydd *m.*
lumpish *a.* **1.** afrosgo, trwsgl, lletchwith. **2.** *(mind):* twp, araf, di-ddeall, di-glem, swrth.
lumpishly *adv.* yn drwm *&c*; yn swrth *&c.*
lumpishness *n.* **1.** trymder *m*, lletchwithdod *m.* **2.** twpdra *m*, dylni *m*, syrthni *m.*
lumpsucker *n. Ich:* = **lumpfish.**
lumpy *a. (coal &c):* talpiog, clapiog, cnapiog, lympiog; *(flour, mattress, porridge &c):* llawn lympiau, yn lympiau i gyd, **to go ~,** *N:* clapio, mynd yn glapiog, mynd yn lympiau/glapiau, cnapian, cnapio, *S:* mynd yn gnapiog, cnapo; *Vet:* ~ **jaw,** gên glapiog/gnapiog *f*; **a ~ sea,** môr cnapiog.
luna *n. Ent:* ~ **moth,** *(Actias luna):* gwyfyn(-od) lloerennog *m.*
lunacy *n.* gwallgofrwydd *m*, gorffwylledd *m*, gorffwylltra *m*, lloerigrwydd *m*; **it's sheer ~,** mae'n ffolineb noeth *(m)*; *Hist: Jur:* **master in ~,** meistr mewn lloerigrwydd.
lunar *a.* **1.** *Astron: &c:* lleuadol, lloerol, y lleuad, y lloer; ~ **cycle,** cylch(-oedd) lleuadol/lloerol *m*, cylch y lleuad; ~ **day,** diwrnod(-iau) *(m)* lleuad, diwrnod lleuadol/lloerol; ~ **distance,** pellter lleuadol/lloerol *m*, pellter y lleuad; ~ **eclipse,** diffyg(-ion) *(m)* ar y lleuad; ~ **module,** modiwl(-au) *(m)* lleuadol/lloerol; ~ **month,** mis(-oedd) lleuadol/lloerol *m*, mis lleuad. **2.** *(= pale):* egwan, gwelw(-on), di-liw, llwyd(-ion), llwydwelw(-on). **3.** *Anat:* ~ **bone,** asgwrn (esgyrn) lloerol *m.* **4.** *Ch:* ~ **caustic,** nitrad *(m)* arian.
lunate *a.* cilgantol, cilgantaidd; ~ **bone,** asgwrn (esgyrn) *(m)* cilgant.
lunately *adv.* yn lloerennol *&c.*
lunatic *a. & n.* **1.** *a.* lloerig, gwallgof, gorffwyll; *(in attenuated sense):* ffôl, hurt, penwan, hanner call; ~ **fringe,** eithafwyr lloerig *pl*, lleiafrif lloerig *m*, penboethiaid *pl*; ~ **asylum,** gwallgofdy (gwallgofdai) *m*, *F:* seilam *fm*, *S.W: F:* aseilin *m.* **2.** *n.* dyn(-ion) gwallgof/lloerig *m*, dyn o'i gof (dynion o'u coeau), lloerigyn (lloerigion) *m*, gwallgofddyn(-ion, gwallgofiaid) *m.*
lunation *n.* lloeriad(-au) *m.*
lunch[1] *n.* cinio (ciniawau) *m in N*, *f occ: in S*, cinio canol dydd, *S: occ:* cinechwydd *m*; **she's at [her] ~,** mae hi ar ei chinio; mae hi'n cael ei chinio. ~**-box** *n. N.W:* tun(-iau) *(m)* bwyd, *S:* bocs(-ys) *(m)* bwyd. ~**-hour** *n.* awr *(f)* ginio (oriau cinio). ~**-room** *n.* ystafell *(f)* giniawa (ystafelloedd ciniawa). ~**-time** *n.* amser *(m)* cinio.
lunch[2] *v.i.&t.* **1.** *v.i.* cael cinio, ciniawa. **2.** *v.t.* **to ~ s.o.,** mynd â rhn i ginio, rhoi cinio i rn.
luncheon *n.* = **lunch**; *Rail:* **second ~,** ail eisteddiad(-au) *m* [i ginio], ail ginio *mf.* ~ **basket** *n.* basged *(f)* fwyd (basgedi bwyd). ~ **meat** *n. Cu:* torth *(f)* gig. ~ **voucher** *n.* tocyn(-nau) *(m)* cinio.
luncheonette *n. U.S:* bar(-rau) *(m)* cinio.
luncher *n.* ciniäwr (ciniawyr) *m*, cin|iawraig (ciniawragedd) *f.*
Lundy *Pr.n. Geog:* ~ **Island,** Ynys *(f)* Wair.
lune *n. Geom:* cilgant(-au) *m.*
lunette *n.* cilgant(-au) *m.*
lung *n.* ysgyfaint *pl* (*sing.occ:* ysgyfant); **a ~,** un o'r ysgyfaint; *Med:* **farmer's ~,** clefyd *(m)* y ffarmwr, mogfa(*f*)'r fuwch, mogfa'r/mygfa'r ffermwr; **she has good lungs,** mae ganddi lais cryf; **iron ~,** ysgyfaint haearn; *Arach:* **book ~,** ysgyfaint dalennog. ~ **capacity** *n.* cynhwysedd *(m)* yr ysgyfaint. ~**-fish** *n. Ich:* pysgodyn (pysgod) ysgyfeiniog *m.* ~**-power** *n.* nerth *(m)* ysgyfaint, nerth eich llais.
lunge[1] *n. Equit:* penffust(-au) *m*, penwast(-au) *m*, cebystr(-au) *m.*
lunge[2] *v.t. Equit:* arwain, tywys, *S.W:* cebysto.
lunge[3] *n.* **1.** *Fenc:* rhagwth(-ion) *m*; ~ **outward,** rhagwth allan; ~ **in low line,** rhagwth ar linell isel; ~ **sideways,** rhagwth ochr; ~ **forward,** rhagwth blaen. **2.** *(movement):* hwp *m*, hergwd (hergydiau) *mf*, hwrdd (hyrddiau) *mf*, hyrddiad(-au) *m*; **with each ~ of the ship,** â phob hwrdd ar ran y llong.
lunge[4] *v.i.* **1.** *(a) Fenc:* rhagwthio; *Box:* estyn/cynnig ergyd, ei chynnig hi (**at s.o.,** i rn); **to ~ out at s.o.,** *(i) (of pers.):* estyn/cynnig ergyd i rn, anelu ergyd at rn, taflu dwrn at rn; *(ii) (of horse):* tindaflu, rhuthro (ar rn). **2. to ~ forward,** hyrddio ymlaen, rhuthro ymlaen.
lunged *a.* ysgyfeiniog.
lunger *n.* **1.** *Fenc:* rhagwthiwr (rhagwthwyr) *m.* **2.** *(horse):* tindaflwr (tindaflwyr) *m.*
lungful *n.* llond *(m)* ysgyfaint.
lungi *n.* **1.** *Tex:* lwngi *m* (*pronounced* ng-g). **2.** = **loincloth.**
lunging-rein *n.* = **lunge**[1].
lungless *a.* heb ysgyfaint, diysgyfaint.
lungsought *n. Vet:* clefyd *(m)* yr ystlysau.
lungworm *n.* llyng[h]yren (llyngyr) *(f)* yr ysgyfaint.
lungwort *n.* **1.** *Bot: (Pulmonaria officinalis):* llysiau(*pl*)'r ysgyfaint, llaeth *(m)* bron Mair, *N:* dagrau(*pl*)'r Iesu, siaced fraith *(f)* Joseff, Mair a Martha *f*; **long-eared ~,** *(P. longifolia):* llysiau'r ysgyfaint hirddail; **mountain ~,** *(P. montana):* llysiau ysgyfaint y mynydd; **narrow-leaved ~,** *(P. angustifolia):* llysiau'r ysgyfaint culddail; **sea ~,** *(P. maritima):* glesyn *(m)* y forlan, llysiau ysgyfaint arfor; **Styrian ~,** *(P. styriaca):* llysiau ysgyfaint Styria. **2.** *Fung:* **tree ~,** *(Lobaria pulmonaria):* llabed *(fm)* yr ysgyfaint, clustiau(*pl*)'r derw, callodr *(pl)* y derw.
lunisolar *a. Astr:* lloerheulol.
lunitidal *a. Astr:* lloerlanwol.
lunker *n.* clamp *(m)* o rth.
lunkhead *n.* = **dolt.**
lunkheaded *a.* = **doltish.**
lunula *n. Archeol: &c:* cilgant(-au) *m*, l|wnwla (lwnwlâu) *m*; *(of fingernail):* gwyn *(m)* yr ewinedd.
lunulate *a.* cilgantog.
lupanar *n.* = **brothel.**
Lupercalia *n.pl. Rom.Ant:* Lwpercalia.
Lupercalian *a. Rom.Ant:* Lwpercalaidd.
lupiform *a. Med:* lwpysaidd.
lupin *n. Bot:* bysedd *(pl)* y blaidd, bleiddlys(-iau) *m*, ffeuen *(f)* y blaidd (ffa'r blaidd), bleiddbysen (bleiddbys) *f*; **annual ~,** *(Lupinus angustifolius):* bysedd y blaidd culddail; **garden ~,** *(L. polyphyllus):* bysedd blaidd y gerddi; **Nootka/Scottish ~,** *(L. nootkatensis):* bysedd blaidd gwylltion; **sweet ~,** *(L.*

luteus): bysedd blaid pêr; **tree ~,** *(L. arboreus):* coeden (coed) *(f)* bysedd y blaidd.
lupine *a.* bleiddaidd, bleiddiol, fel blaidd.
lupoid, lupous *a. Med:* lwpysaidd.
lupulin *n. Bot: Pharm:* l|wpwlin *m.*
lupus *n. Med:* lwpws (lwpysau) *m.*
lur *n. Mus: Ant:* corn (cyrn) *(m)* efydd, corn pres, lwrgorn (lwrgyrn) *m.*
lurch¹ *n.* **(to leave s.o.) in the ~,** (gadael rhn) ar y clwt, mewn twll, ar ei faw, *N.W: occ:* yn ei fandiau.
lurch² *n.* honc(-iau) *f,* honciad(-au) *m,* siglad(-au) *m,* gwegiad(-au) *m.*
lurch³ *v.i.* honcio, honcian, gwegian, siglo, hwntian, hwntro, *S.W:* fflychio.
lurcher *n.* **1.** *(dog):* ci (cŵn) *(m)* potsiwr. **2.** *(pers.):* cynllwyngi (cynllwyngwn) *m (pronounced* ng-g).
lure¹ *n.* **1.** *Ven: Fish:* abwydyn (abwyd) *m,* llith(-iau) *m;* **a falconer's ~,** llith hebogydd. **2.** *(= trap):* magl(-au) *f.* **3.** *(= attraction):* atyniad(-au) *m,* swyn(-ion) *m,* hud *m,* deniad(-au) *m,* cyfaredd(-ion) *f;* **he fell victim to her lures,** cafodd ei hudo/ddenu/hud-ddenu/gyfareddu ganddi; aeth yn ysglyfaeth i'w swynion hi.
lure² *v.t.* **1.** *(fish, falcon):* llithio, denu. **2.** *(= attract):* denu, hudo, atynnu, cyfareddu, swyno, hud-ddenu, swyngyfareddu *(pronounced* ng-g), llithio.
lurer *n.* denwr (denwyr) *m,* d|enwraig *f,* hudwr (hudwyr) *m,* h|udwraig *f,* hud-ddenwr (~-ddenwyr) *m,* hud-dd|enwraig *f,* llithiwr (llithwyr) *m,* ll|ithwraig *f.*
lurex *n. R.t.m: Tex:* lwrecs *m.*
lurg *n.* = **ragworm.**
lurid *a.* **1.** *(a) (= wan):* gwelw(-on), gw|elwlas (gwelwleision), llwyd(-ion); *(b) (= coppery):* copraidd, coprog. **2.** *(a) (= ghastly):* ofnadwy, dychrynllyd, erchyll, echryslon, erch, cethin; **to cast a ~ light on sth,** taflu goleuni erchyll ar rth; **the ~ details of a murder,** manylion erchyll/echrydus llofruddiaeth; *(b) (= gaudy):* coegwych, gorliwgar, gorlachar; **~ language,** iaith liwgar.
luridly *adv.* **1.** yn welw *&c.* **2.** yn ofnadwy *&c.*
luridness *n.* **1.** *(= paleness):* gwelwder *m; (= coppery colour):* cochni *m,* copreiddiwch *m.* **2.** *(= ghastliness):* erchyllter *m,* erchylltra *m,* echryslondeb *m,* echryslonder *m,* echryslonrwydd *m.*
lurk *v.i.* llechu, llechian, stelcian, ymguddio, llercian, *N.W: occ:* herwa, *S: occ:* sgelpan, lewcan, *S.W: occ:* llechwra, llechwrian.
lurker *n.* stelciwr (stelcwyr) *m,* llechwr (llechwyr) *m,* llercyn(-nod) *m,* llechiad (llechiaid) *m,* llechgi (llechgwn) *m.*
lurking¹ *a.* **1.** *(bandits &c):* llechwraidd, llechwrus. **2.** *(suspicion, sympathy &c):* cuddiedig, cudd, dirgel.
lurking² *vn.* = **lurk. ~-place** *n.* cuddfan(-nau) *mf, S:* cwat *m.*
Lusatia *Pr.n. Geog:* Lwsatia *f.*
Lusatian *a. & n.* **1.** *a.* Lwsataidd. **2.** *n.* Lwsatiad (Lwsatiaid) *m&f.*
luscious *a.* **1.** *(a) (fruit):* melys, blasus, melysber, pêr; *(odour):* pêr, peraidd, melysber; *(b) (= voluptuous):* synhwyrus. **2.** *Pej: (wine &c):* gorfelys, siwg[w]raidd; *(style):* gorflodeuog.
lusciously *adv.* yn felys *&c.*
lusciousness *n.* **1.** melyster *m,* per|eidd-dra *m.* **2.** *Pej:* gorfelyster *m.*
lush¹ *a. (vegetation &c):* toreithiog, iraidd, ir(-ion), irlas (irleision), gwyrddlas (gwyrddleision); **lusher pastures,** porf|eydd mwy gwelltog.
lush² *n. P:* = **drink¹, drunkard.**
lush³ *v.t.&i. P:* **1.** *v.t.* yfed; **to ~ s.o. up,** rhoi diod i rn, llenwi rhn â diod. **2.** *v.i.* yfed, diota, *N.W: F:* lyshio, ei lyshio hi.
lushly *adv.* yn iraidd *&c.*
lushness *n.* ir|eidd-dra *m,* irder *m,* irlesni *m,* gwyrddlesni *m.*
Lusitania *Pr.n. A.Geog:* Lwsitania *f.*
Lusitanian *a. & n.* **1.** *a.* Lwsitanaidd. **2.** *n.* Lwsitaniad (Lwsitaniaid) *m&f.*
lust¹ *n.* blys(-iau) *m,* chwant(-au) *m,* trachwant(-au) *m, Lit: occ:* gwŷn (gwyniau) *m.*
lust² *v.ind.t. Lit:* **to ~ for/after sth,** dyh|eu (am rth); chwantu, blysio, chwennych, chwenychu (rhth); *occ:* awyddu (rhth), awchio (am rth).
lustful *a. Lit:* blysig, chwantus, trachwantus, anllad, trythyll.
lustfully *adv.* yn chwantus *&c.*
lustfulness *n.* chwant *m,* blys *m,* blysigrwydd *m,* trythyllwch *m.*
lustily *adv.* yn gryf *&c.*
lustiness *n.* egni *m,* ynni *m,* cryfder *m,* nerth *m.*
lustral *a.* puredigol, pureiddiol.
lustrate *v.t.* puro, glanh|au, pureiddio.
lustration *n.* puredigaeth(-au) *f,* pureiddiad(-au) *m,* puro *vn,* pureiddio *vn,* glanh|au *vn.*
lustre¹ *n.* **1.** *(= shine):* gloywder *m,* disgleirdeb *m,* llewy[r]ch *m; Cer:* gloywedd *m, F:* sglein *mf;* **to shed ~ on a name,** rhoi bri *(m)* ar enw. **2.** *(= pendant of chandelier):* goleudlws (goleudlysau) *m; S.a.* **chandelier. ~ jug** *n.* jwg (jygiau) *(mf)* lystar. **~-ware** *n. Cer:* llestri gloyw *pl,* llestri lystar.
lustre² *v.t. Tex:* gloywi.
lustre³ *n.* = **lustrum.**
lustreless *a.* dilewy[r]ch, afloyw(-on), annisglair, di-sglein.
lustrin[e] *n. Tex:* sidan gloyw *m.*
lustrous *a.* gloyw(-on), llachar, llewy[r]chus, llathraidd, disglair, sgleiniog.
lustrously *adv.* yn loyw *&c.*
lustrousness *n.* gloywder *m,* llewy[r]ch *m,* disgleirdeb *m,* disgleirder *m,* llathreiddrwydd *m,* llathredd *m, F:* sglein *mf.*
lustrum *n. Rom.Ant:* pum mlynedd *pl.*
lusty *a.* cryf *(f.* cref, *pl.* cryfion), nerthol, hoenus, heini, glew(-ion), *F: occ:* lysti.
lutanist *n.* liwtiwr: liwtydd (liwtwyr) *m.*
lute¹ *n.* liwt(-iau) *f;* **Baroque ~,** liwt y Baróc; **Mediaeval ~,** liwt yr Oesoedd Canol; **Renaissance ~,** liwt y Dadeni. **~-string** *n.* tant *(m)* liwt (tannau liwt/liwtiau).
lute² *n.* dwb *m,* dwbin *m; (= rubber seal):* sêl (seliau) *f.*
lute³ *v.t.* dwbio, plastro, cau, selio.
luteal *a. Biol:* **~ cells,** celloedd lwteal/melynaidd.
lutecium *n. Ch:* = **lutetium.**
lutein *n. Med:* lwtein *m.*
luteinization *n.* lwteineiddio *vn.*
luteinizing *a.* lwteineiddiol.
lutenist *n.* = **lutanist.**
luteofulvous *a.* melynrhudd.
luteotrop[h]ic *a.* lwteotroffig, lwteotropig.
luteotrop[h]in *n.* lwteotroffin *m,* lwteotropin *m.*
luteous *a. (= greenish yellow):* melynwyrdd *(f.* melynwerdd, *pl.* melynwyrddion), gwyrddfelyn *(f.* gwyrddfelen, *pl.* gwyrddfelynion); *(= orange yellow);* melyngoch(-ion) *(pronounced* ng-g), rhuddfelyn *(f.* rhuddfelen, *pl.* rhuddfelynion).
lutestring *n.* **1.** *A: Tex:* = **lustrin[e]. 2.** = **lute-string.**
lutetium *n. Ch:* lwtetiwm *m.*
luth *n. Z:* crwban(-od) *(m)* môr lledraidd.
Lutheran *a. & n.* **1.** *a.* Lwtheraidd. **2.** *n.* Lwtheriad (Lwtheriaid) *m&f.*
Lutheranism *n.* Lwtheriaeth *f.*
Lutheranize *v.t.&i.* Lwthereiddio.
Lutherism *n.* Lwtheriaeth *f.*
Luwian *a. & n.* **1.** *a.* Lwaidd; *(in language):* Lweg. **2.** *n. (i) Ethn:* Lwiad (Lwiaid) *m&f; (ii) Ling:* Lweg *f, m.*
lux *n. Ph:* lwcs (lycsau) *m.*
luxate *v.t.* dadleoli, datgymalu.
luxation *n.* dadleoliad(-au) *m,* datgymaliad(-au) *m; vn.* = **luxate.**
luxe *n. & a.* = **luxury.**
Luxembourg *Pr.n. Geog:* L|wcsembwrg *f.*
Luxembourger *n. & attrib.* **1.** *n.* Lwcsembwrgiad (Lwcsembwrgiaid) *m&f.* **2.** *attrib.* Lwcsembwrgaidd.
luxuriance *n.* helaethrwydd *m,* amlder *m,* toreth *f.*
luxuriant *a.* toreithiog.
luxuriantly *adv.* yn doreithiog.
luxuriate *v.i.* ymhyfrydu, ymddigrifo, ymfoethuso.
luxurious *a.* moethus.
luxuriously *adv.* yn foethus *&c.*
luxuriousness *n.* moethusrwydd *m, occ:* moeth *m.*
luxury *n. & attrib.* **1.** *n. (a) (= luxurious condition):* moeth(-au) *m,* moethusrwydd *m;* **to live in [the] lap of ~,** byw fel gŵr bonheddig. *(b)* **a ~,** moeth, peth(-au) moethus *m,* moethusbeth(-au) *m; pl.* moethusion; **table luxuries,** danteithion. **2.** *attrib.* moethus; **a ~ dish,** danteithfwyd(-ydd) *m.*

lyase *n. Bio-Ch:* lyas *m.*
lycanthrope *n.* bl|eidd-ddyn(-ion) *m*, blaidd-ddyn(-ion) *m.*
lycanthropic *a.* bleidd-ddynol, lycanthropig.
lycanthropy *n.* lycanthropedd *m.*
lyceum *n.* addysgfa (addysgf|eydd) *f.*
lych-gate *n.* = **lich-gate.**
lychee *n.* = **litchi.**
lychnis *n. Bot:* = **ragged robin.**
Lycia *Pr.n. A.Geog:* Lycia.
Lycian *a. & n.* **1.** *a.* Lyciaidd. **2.** *n. (i) Ethn:* Lyciad (Lyciaid) *m&f; (ii) Ling:* Lycieg *f, m.*
lycopene *n. Biol:* l|ycopen *m.*
lycopod *n.* = **club-moss, ground-pine.**
lycopodium *n.* **1.** *Bot:* lycopodiwm *m.* **2.** *Pyr:* llwch (*m*) mwsog.
lycra *n. R.t.m: Tex:* lycra *m*, leicra *m.*
lyddite *n. Exp:* lydit *m.*
Lydham *n. Eng.Pl.n.* Llidwm *mf.*
Lydian *a. & n.* **1.** *a.* Lydiaidd, [o] Lydia; *(in language):* Lydieg; *Mus:* ~ **mode,** *Mus:* modd Lydiaidd *m.* **2.** *n. (i)* Lydiad (Lydiaid) *m&f; (ii) Ling:* Lydieg *f, m.*
lye *n.* lleisw *m*, troeth *m*, trwnc *m.*
lygus bug *n. Ent:* chwilen (chwilod) (*f*) lygus.
lying[1] *a. (= deceitful):* celwyddog, twyllodrus.
lying[2] *vn.* **1.** *See* **lie**[2]. **2.** *See* **lie**[3], gorweddiad *m*; ~ **in state,** gorwedd yn gyhoeddus, gorwedd ar goedd, *Lit: occ:* gorwedd dan eich crwys/eurgrwys/teyrngrwys (*pronounced* ng-g). **~-in** *vn.* gwelyfod *m*, esgorfa *f*, gorweddiad i mewn, gwely (*m*) esgor, etifedd-wely *m*; **~-in hospital,** ysbyty (ysbytai) (*m*) mamaeth.
lying[3] *a. (on ground &c):* gorweddol, yn gorwedd, ar eich hyd, ar eich gorwedd, yn eich gorwedd; *(esp. in bed):* gorwe[i]ddiog; **low-~,** isel. ~ **press** *n.* gwasg (*f*) osod (gweisg gosod).
lyke-wake *n.* gwylnos(-au) *f.*
lyme-grass *n. Bot: (Elymus):* amdowellt *m*, clymwellt *m.*
lymph *n.* **1.** *Physiol:* gwaedlyn *m*, lymff *m.* **2.** *Med: (from sore):* crawn *m.* **3.** *Poet: (= pure water):* dŵr pur/croyw *m.* ~ **cell** *n.* = **lymphocyte.** ~ **gland** *n.* chwarren (chwarennau) (*f*) lymff. ~ **vessel** *n.* pibell(-au,-i) (*f*) lymff, dwythell(-au,-i) (*f*) lymff.
lymphadenitis *n. Med:* lymffadenitis *m.*
lymphadenoma *n. Med:* lymffadenoma(-ta) *m.*
lymphangiectasis *n. Med:* lymffangiectasis *m* (*pronounced* ng-g).
lymphatic *a. & n.* **1.** *a. (a) Med:* lymffatig; *(b) (= sluggish):* swrth, disymud, llipa, llibin. **2.** *n.* = **lymph vessel.**
lymphatically *adv.* yn lymffatig.
lymphocyte *n. Physiol:* l|ymffosyt (lymffosytau) *m.*
lymphocytic *a. Physiol:* lymffosytig.
lymphocytoma *n. Med:* lymffosytoma(-ta) *m.*
lymphocytosis *n. Med:* lymffosytosis *m.*
lymphocytotic *a. Med:* lymffosytotig.
lymphogranuloma *n. Med:* lymffogranwloma(-ta) *m.*
lymphogranulomatosis *n. Med:* lymffogranwlomatosis *m.*
lymphogranulomatous *a. Med:* lymffogranwlomataidd.
lymphographic *a.* lymffograffig.
lymphography *n.* lymffograffeg *f.*
lymphoid *a. Med:* lymffoid, lymffaidd.
lymphoma *n. Med:* lymffoma(-ta) *m.*
lymphomatoid, lymphomatous *a. Med:* lymffomataidd.
lymphomatosis *n.* lymffomatosis *m.*
lymphoperia *n. Med:* lymffoperia *m.*
lymphopoiesis *n. Physiol:* lymffopoiesis *m.*
lymphopoietic *a. Physiol:* lymffopoietig.
lymphosarcoma *n. Med:* lymffosarcoma(-ta) *m.*
lymphosarcomatous *a. Med:* lymffosarcomataidd.
lyncean *a.* craff, llygatgraff.
lynch[1] *n.* ~ **law,** cyfraith (*f*) y cortyn.
lynch[2] *v.t.* lynsio.
lyncher *n.* lynsiwr (lynswyr) *m.*
lynchet *n.* balc(-iau) *m*, linsied(-i) *f*, glaslain (glasleiniau) *f.*
lynx *n. Z:* lyncs(-od) *mf.* **~-eyed** *a.* llygatgraff, craff, â llygad barcud.
Lyon *n.* **[Lord] ~ King of Arms,** Arwyddfardd (*m*) yr Alban.
lyophile, lyophilic *a. Ch:* lïoffilig.
lyophilization *n.*, **lyophilize** *v.t.* rhewsychu.
lyophilizer *n.* rhewsychydd(-ion) *m.*
lyophobic *a. Ch:* lyoffobig.
Lyra *Pr.n. Astr:* Telyn (*f*) Arthur.
Lyraid *n.* = **Lyrid.**
lyrate *a. Bot:* telynaidd, ar ffurf telyn, telynffurf.
lyre *n. Mus:* telyn fach (telynau bach) *f*, lyra (lyrâu) *f.* **~-bird** *n.* aderyn (adar) (*m*) y delyn. **~-flower** *n. Bot:* calon waedlyd *f.* **~-tailed** *a. Orn:* â chynffon delynaidd, telyngynffonnog (*pronounced* ng-g).
lyric *a. & n.* **1.** *a.* telynegol; ~ **poetry,** telynegion *pl*, barddoniaeth delynegol *f*, cerddi telynegol *pl*, canu (*vn*) telynegol. ~ **tenor,** tenor(-iaid) ysgafn *m.* **2.** *n.* telyneg(-ion) *f*; *Mus: Th:* **lyrics,** *(= words):* geiriau *pl.*
lyrical *a.* telynegol; **to wax ~ over sth,** perlesmeirio dros rth, telynegu ynghylch rhth.
lyrically *adv.* yn delynegol.
lyricalness *n.* telynegolrwydd *m*, natur delynegol *f.*
lyricism *n.* telynegiaeth *f*, *occ:* telynegu *vn.*
lyricist *n.* **1.** *Lit:* telynegwr: telynegydd (telynegwyr) *m.* **2.** *Th:* awdur(-on) (*m*) geiriau.
lyricize *v.i.* telynegu.
Lyrid *n. Astr:* Lyrid(-au) *mf.*
lyrism *n.* = **lyricism.**
lyrist *n.* **1.** telynor(-ion) *m*, telynores(-au) *f.* **2.** *(= lyric poet):* telynegwr: telynegydd (telynegwyr) *m.*
lysate *n. Ch:* lysad(-au) *m.*
lyse *v.t.&i.* lysu.
Lysenkoism *n.* Lysencoaeth *f.*
lysergic *a. Ch:* lysergig.
lysidine *n. Ch:* l|ysidin *m.*
lysimeter *n.* lysimedr(-au) *m.*
lysimetric *a.* lysimetrig.
lysin *n. Biol:* lysin *m.*
lysine *n. Bio-Ch:* lysîn *m.*
lysis *n.* **1.** *Bio-Ch:* lysis *m.* **2.** *Med: (= recession):* ciliad *m.*
lysogen *n. Bac:* l|ysogen (lysogenau) *m.*
lysogenic *a. Bac:* lysogenig.
lysogenicity *n. Bac:* lysogenedd *m.*
lysogenization *n.*, **lysogenize** *v.t. Bac:* lysogeneiddio.
lysogeny *n. Bac:* lysogenedd *m.*
lysol *n. R.t.m.* lysol *m.*
lysolecithin *n. Bio-Ch:* lysol|esithin *m.*
lysosomal *a. Bio-Ch:* lysosomaidd.
lysosome *n. Bio-Ch:* l|ysosom (lysosomau) *m.*
lysozyme *n. Bio-Ch:* l|ysosym (lysosymau) *m.*
lyssophobia *n. Psy:* ofn (*m*) y gynddaredd, ofn gwallgofrwydd.
lystav *n. Needlew:* ***lystav*** *m.*
lythe *n.* = **pollack.**
lythraceous *a. Bot:* gwyarllysol, o deulu'r gwyarllys.
lytic *a. Biol:* lytig.
lytta *n. Anat: Vet:* llinyn (*m*) tafod (llinynnau tafodau).
Lyvennet *Pr.n. Geog:* [afon] Llwyfenydd *f.*

M

M, m *n.* [y llythyren] M, m *f* (*pronounced* em, *pl.* -iau); *Tp:* **M for Mary,** M am Mair. **M.E.P.** *abbr.* A.S.E. (= Aelod Seneddol Ewropeaidd). **M.P.** *abbr.* A.S. (= Aelod Seneddol). **m.p.g.** *abbr.* m.y. g. (= milltir y galwyn). **m.p.h.** *abbr.* m.y.a. (= milltir yr awr).
ma *n. P:* mam(-au) *f.*
ma'am *n.* = **madam.**
maar *n. Geog:* llyn (*m*) crater, crater(-au) *m.*
Mabel *Pr.n.f.* Mabli.
Mabinogion *n.pl. W.Lit:* **the ~,** y Mabinogi *pl, (less correctly):* y Mabinogion; **the Four Branches of the ~,** Pedair Cainc (*f*) y Mabinogi.
mac[1] *n. F:* = **mackintosh.**
mac[2] *n.* **1.** *(as patronymic prefix):* ap; *(before vowels):* ab. **2.** *F: (= Scotsman):* Sgotyn (Sgotiaid) *m.* **3.** *U.S: (as voc.):* = **lad.**
macabre *a.* erchyll, echrys, echryslon, echrysol, erch, angladdol, macâbr; ***danse* ~,** dawns (*f*) angau.
macaco *n. Z:* **1.** *(monkey):* macaco(-s) *m.* **2.** *(= lemur):* lemwr(-iaid) *m.*
macadam *n. Civ.E:* macadam *m, F:* metlin *m.*
macadamia nut *n. Bot:* cneuen (*f*) facadamia (cnau macadamia).
macadamize *v.t. Civ.E:* macadameiddio.
macaque *n. Z:* = **macaco.**
macaroni *n.* **1.** *Cu:* macaroni *m, N: F:* pwdin (*m*) peips. **2.** *Hist: (= dandy):* coegyn(-nod) *m.* **~ cheese** *n. Cu:* macaroni a chaws.
macaronic *a.* cymysgiaith, macaronig.
macaronically *adv.* yn facaronig.
macaroon *n. Cu:* bisgeden (bisgedi) (*f*) almon, macarŵn(-s) *m.*
macaw[1] *n. Orn:* macaw(-iaid) *m;* **blue and gold ~,** macaw glas ac aur; **green-winged scarlet ~,** macaw sgarlad asgellwerdd.
macaw[2] *n. Bot: (palm tree):* palmwydden (*f*) faco (palmwydd maco).
Maccabean *a. B:* Macabeaidd.
Maccabee *n. B:* Macabead (Macabeaid) *m&f.*
mace[1] *n.* **1.** *(weapon):* pastwn (pastynau) *m.* **2.** *(ceremonial):* byrllysg(-au) *mf, (less correctly):* brysgyll(-au) *m.* **3.** *(= stick in bagatelle):* ffon (ffyn) *f.* **~-bearer** *n.* byrllysgwr (byrllysgwyr) *m,* brysgyllwr (brysgyllwyr) *m.* **~ head** *n. Archeol:* pen(-nau) (*m*) brysgyll. **~-reed** *n.* = **reed-mace.**
mace[2] *n. Bot: Cu:* pergibyn *m,* mês *m.*
macédoine *n. Cu:* cymysgwch *m,* cymysgedd(-au) *m,* cybolfa (cybolf|eydd) *f,* ***macédoine*** *m.*
Macedonia *Pr.n. Geog:* Macedonia *f.*
Macedonian *a. & n.* **1.** *a.* Macedonaidd; **the ~ mountains,** mynyddoedd Macedonia; **he's ~,** Macedoniad yw ef. **2.** *n.* Macedoniad (Macedoniaid) *m&f.*
macer *n.* byrllysgwr (byrllysgwyr) *m,* brysgyllwr (brysgyllwyr) *m.*
macerate *v.t.&i.* **1.** *v.t. (= soak):* mwydo, mysgu. **2.** *v.i. (= waste away):* teneuo, dihoeni, nychu, diharffo, *M.W: occ:* harpio, *S.W: occ:* diharpo. **3.** *v.t. Biol: Ch:* briwo.
maceration *n.* mwydiad(-au) *m,* mwydo *vn.*
macerator *n.* mwydwr (mwydwyr) *m.*
Mach *n. Aerodynamics:* Mach *m;* **~ one, ~ two &c,** Mach un, Mach dau *&c.* **~ [number]** *n.* machrif(-au) *m,* rhif(-au) (*m*) Mach. **~ meter** *n.* machfedr(-au) *m.*
machete *n.* twca (twceiod) *m,* ***machete(-s)*** *f.*
Machiavellian *a. & n.* **1.** *a.* Maciafelaidd. **2.** *n.* Maciafeliad (Maciafeliaid) *m&f.*
Machiavellianism, Machiavellism *n.* Maciafeliaeth *f.*
machicolate *v.t.* rhyngdyllu.
machicolated *a.* rhyngdyllog.
machicolation *n.* rhyngdyllau *pl.*
machinability *n.* peirianadwyedd *m.*
machinable *a.* peirianadwy; **this is not ~,** ni ellir trin hwn ar y peiriant; ni ellir rhoi hwn drwy'r peiriant.
machinate *v.i.* cynllwynio, *S.W: occ:* cwnsela.
machination *n.* cynllwyn(-ion) *m.*
machinator *n.* cynllwyn[i]wr (cynllwynwyr) *m.*
machine[1] *n.* peiriant (peiriannau) *m;* **adding-~,** peiriant adio; **bathing-~,** cerbyd(-au) (*m*) ymdrochi; **bench drilling-~,** peiriant dril mainc; **calculating-~,** peiriant cyfrif; **drilling-~,** peiriant drilio; **flying-~,** awyren(-nau) *f,* llong(-au) (*f*) awyr; **hand ~,** peiriant llaw; **pedestal drilling-~,** peiriant dril pedestal; **pillar drilling-~,** peiriant dril piler; **sewing-~,** peiriant gwnïo, *F:* injan (*f*) wnïo (injans gwnïo); **washing-~,** peiriant golchi [dillad]. **~ age** *n.* oes (*f*) y peiriant. **~ architecture** *n.* saernïaeth(-au) (*f*) peiriant, adeiladwaith (*m*) peiriant. **~ code** *n. Cmptr:* côd (codau) (*m*) peiriant. **~ cycle** *n. Cmptr:* cylchred(-au) (*f*) peiriant. **~-gun**[1] *n.* dryll(-iau) peiriannol *m,* peirianddryll(-iau) *m,* gwn (gynnau) (*m*) peiriant. **~-gun**[2] *v.t.* peiriant-saethu. **~-gunner** *n.* peiriant-saethwr (~-saethwyr) *m.* **~ head** *n. Mus:* ebillres(-i) *f.* **~ independent** *a. Cmptr:* annibynnol ar beiriant. **~ indexing** *vn. Lib:* mynegeio mecanyddol. **~ language** *n. Cmptr:* iaith (ieithoedd) (*f*) peiriant. **~ language coding** *vn. Lib:* codio iaith peiriant. **~-made** *a. (= made by machine):* a wnaed gan beiriant, gwaith peiriant; *(= stereotyped):* ystrydebol, undonog, peiriannol. **~ minder** *n.* gofalwr (gofalwyr) (*m*) peiriannau. **~ operating system (MOS)** *n. Cmptr:* system (*f*) weithredu peiriant (systemau gweithredu peiriant). **~ play** *n. Th:* drama (*f*) beiriant (dramâu peiriant). **~-readable** *a. Cmptr:* peiriant-ddarllenadwy, darllenadwy gan beiriant. **~ shop** *n.* gweithdy (gweithdai) (*m*) peiriannau. **~ shop engineering** *vn.* peirianneg (*f*) y gweithdy. **~ tool** *n.* offeryn (offer) peiriannol *m.* **~ turned** *a.* turniedig, wedi ei durnio. **~ vice** *n.* feis (f) beiriant (feisiau peiriant). **~ word** *n. Cmptr:* gair (geiriau) (*m*) peiriant.
machine[2] *v.t.* **1.** *Ind:* turnio, llunio, ffurfio, gwn|eud, gweithio, peiriannu. **2.** *Dressm:* gwnïo [â pheiriant].
machinelike *a.* fel peiriant.
machinery *n. (= mechanism):* peirianwaith (peirianweithiau) *m; (= machines):* peiriannau *pl.*
machining *vn.* turnio, gorffennu peiriannol, peiriannu.
machinist *n. (i)* peiriannwr (peirianwyr) *m,* dyn(-ion) (*m*) gweithio peiriant; *(ii) (of sewing-machine):* gwni|adwraig (gwniadwragedd) *f,* gwniadyddes(-au) *f; (man):* gwniadwr (gwniadwyr) *m.*
machismo *n.* ***machismo*** *m,* gwrywdod *m,* gwroliaeth *f.*
macho *a. & n.* **1.** *a.* ***macho,*** gwrol. **2.** *n.* ***macho(-s)*** *m,* gwron(-iaid) *m.*
mack[1] *n.* = **mackintosh.**
mack[2] *n.* = **pimp.**
mackerel *n. Ich: (Scomber scombrus):* macrell (mecryll) *m; dim.* macrellyn *m, S:* macrelyn (macrel) *m;* **frigate ~,** *(Auxis rochei):* macrell ffrigad, macrell Roche; **horse ~,** *(Trachurus trachurus):* marchfacrell (marchfecryll) *m;* **jack-~,** *(T. symmetricus):* jacfacrell (jacfecryll) *m;* **Pacific ~,** *(S. japonicus):* macrell Jap|an; **pygmy ~,** corfacrell (corfecryll) *m;* **Spanish ~,** *(Scomber japonicus):* macrell Sbaen. **~ breeze, ~ gale** *n.* awel gref *f,* brisyn *m.* **~ mint** *n. Bot:* = **spearmint.** **~ shark** *n. Ich:* corgi (corgwn) (*m*) môr. **~ sky** *n. N:* traeth (*m*) awyr, awyr (*f*) draeth, *N: S.W: occ:* gwallt (*m*) y forwyn, *S:* ffedog (*f*) y ddafad, *S.W:* cymylau (*pl*) caws a maidd.
mackinaw *n. Tex:* m|acino *m.*
mackintosh *n.* côt (*f*) law (cotiau glaw), *F:* m|acindos (macindosiau) *f.*
mackle[1] *n. Typ:* blotyn (blotiau) *m.*

mackle[2] *v.t. Typ:* blotio.
mackled *a. Typ:* blotiog.
macle *n. Crust: Miner:* smotyn (smotiau) *m*, magl(-au) *f*.
macled *a.* smotiog.
macramé *n.* clymwaith *m*, ***macramé*** *m*.
macro *a.* & *n.* **1.** *a. Cmptr:* macro. **2.** *n. (a) Cmptr:* macro(-s) *m*; *(b) T.V:* lens graff (lensys craff) *f*.
macroaggregate *n.* macrogyfanred(-au) *mf*.
macroaggregated *a.* macrogyfanredol.
macroassembler *n. Cmptr:* macro-osodwr (~-osodwyr) *m*.
macrobiotic *a.* macrofiotig.
macrocephalic, macrocephalous *a.* penfawr, hirben, hir eich pen, macroseffalig.
macrocephaly *n.* macros|effali *m*.
macro-climate *n. Geog:* macro-hinsawdd (~-hinsoddau) *f*.
macrocosm *n.* **1.** *(= the universe):* y bydysawd *m*, yr holl fyd *m*, y cyfanfyd *m*, y m|acrocosm *m*. **2.** *(= any great whole):* macrocosm(-au), cyfanfyd(-oedd), mawrfyd(-oedd) *m*, cyfangorff (cyfangyrff) *m* (*pronounced* ng-g), cyfanwaith (cyfanweithiau) *m*.
macrocosmic *a.* macrocosmig.
macrocosmically *adv.* yn facrocosmig.
macrocyte *n. Bio-Ch:* m|acrosyt (macrosytau) *m*.
macrocytic *a. Med:* mawrgellog, macrosytig.
macrocytosis *n. Med:* macrosytosis *m*.
macroeconomic *a.* macro-economaidd.
macroeconomics *n.pl.* macro-economeg *f*.
macroevolution *n.* macro-esblygiad *m*.
macroevolutionary *a.* macro-esblygol.
macrofossil *n.* macroffosil(-au) *m*.
macrogamete *n. Biol:* macrogamet(-au) *m*.
macroglobulin *n. Bio-Ch:* macrogl|obwlin *m*.
macroglobulinaemia *n. Med:* macroglobwlinemia *m*.
macroglobulinaemic *a. Med:* macroglobwlinemig.
macroinstruction *n. Cmptr:* macro(-s) *m*.
macrolepidoptera *n.pl. Bot:* macrolepidoptera.
macromere *n.* m|acromer (macromerau) *m*.
macromolecule *n. Ch:* macrom|olecwl (macromolecylau) *m*, macrom|oleciwl (macromoleciwlau) *m*.
macron *n. Typ:* hirnod(-au) [syth] *m*.
macronucleus *n.* macroniwclews (macroniwclei) *m*.
macronutrient *n. Bio-Ch:* macrofaetholyn (macrofaetholion) *m*.
macrophage *n. Biol:* m|acroffag (macroffagau) *m*.
macrophagic *a. Biol:* macroffagig.
macrophotography *n.* macroffotograffiaeth *f*.
macrophyte *n. Bot:* m|acroffyt (macroffytau) *m*.
macrophytic *a. Bot:* macroffytig.
macropterous *a. Orn:* asgellfawr.
macroscopic *a. (i) (= visible):* gweladwy [i'r llygad]; *(ii) (of large units):* eang, macrosgopig.
macroscopically *adv. (i)* yn weladwy; *(ii)* yn eang *&c.*
macrostructural *a.* macro-adeileddol.
macrostructure *n.* macro-adeiledd(-au) *m*.
macrurous *a.* cynffonnog, cynffonhir.
macula *n.* brycheuyn (brychau) *m*, smotyn (smotiau) *m*, man(-nau) *m*, m|acwla (macwlâu) *m*; *Med:* **~ lutea,** smotyn melyn *m*.
macular *a.* brith (*f.* braith, *pl.* brithion), brych (*f.* brech, *pl.* brychion), smotiog, mannog, brycheulyd.
maculate *v.t.* brychu, britho; *(= defile):* llychwino, difwyno.
maculation *n.* brychni *m*, smotiau *pl*, brychau *pl*, mannau *pl*; *(= defilement):* halogiad *m*, difwyniad *m*, llychwinad *m*; *vn.* = **maculate.**
macule *n.* smotyn (smotiau) *m*.
maculopapular *a. Med:* macwlopapwlaidd.
maculopapule *n. Med:* macwlopapwl(-au) *m*.
mad[1] *a.* **1.** *(= insane):* gwallgof(-ion), hurt(-ion), gorffwyll, angall, ynfyd, o'ch cof, yn/wedi drysu, *N: F:* ddim yn gall; **raving ~,** gwallgof wyllt, cynddeiriog, lloerig, *N:* gwallgof ulw, hurt bost, gwallgof bost, honco bost, o'ch co'n racs ulw, wedi cael gwyllt, yn ffagl ulw, wedi colli'ch limpin, *S:* penwan [walacs], ynfyd, yn ynfyd grac, yn wynad, mas o'ch clocs, yn wyllt o'ch croen, mas [o] natur; *Lit:* **the M~ Hatter,** yr Hetiwr Hurt *m*; **(as ~) as a hatter, as a March hare,** hurt bost, (cyn wyllted) ag ysgyfarnogod ym Mawrth; (cyn wirioned) â'ch cysgod, â llo tarw blwydd, â diawl dwyflwydd; **he's ~ as a hatter,** nid yw'n hanner/chwarter call; mae'n hurt bost; **to drive s.o. ~,** gyrru rhn o'i gof, gyrru rhn yn wallgof &c, gwallgofi/drysu/hurtio rhn, *S:* hala colled [wyllt] ar rn; *(= make angry):* gwylltio/cythruddo/cynddeiriogi rhn; **he went ~,** drysodd; aeth yn wallgof; aeth o'i gof; collodd arno'i hun; **are you ~?** wyt ti o dy gof? wyt ti'n drysu? *N.W: F:* wyt ti'n eu cael nhw? *S:* oes colled arnat ti? *F:* **~ money,** arian i wario'n ffôl, *S.W:* arian pen; **imperialism gone ~,** imperialaeth wedi mynd yn rhemp; **a ~ plan,** cynllun gwallgof/hurt/disynnwyr/lloerig &c; **a ~ gallop,** carlam gwyllt; *F:* **like ~,** fel dyn gwyllt, yn wyllt, fel dyn o'i gof, fel dyn lloerig, fel peth gwyllt; **(I ran) like ~,** (rhedais) nerth fy nhraed, am fy hoedl, *V:* fel y diawl, fel y cythraul, *N.E:* fel cỳth; **a ~ dog,** ci cynddeiriog. **2. he was ~ for revenge,** 'roedd yn ysu am ddial; *F:* **(she was) ~ (about/on him),** ('roedd hi) wedi gwirioni, wedi mopio'i phen, wedi ffoli, wedi dotio, *N:* wedi holpio, *S:* wedi dwli (arno); **he is ~ on fishing,** *S: occ:* mae elfen pysgota ynddo fe; mae'n elfentu mewn pysgota; mae'n dwli/ffoli ar bysgota; **he's cricket ~,** mae'n gwirioni *&c* ar griced. **3.** *esp. U.S:* = **angry. 4.** *(bull, dog):* cynddeiriog. **~ cow disease** *n. Vet:* clwy(*m*)'r gwartheg cynddeiriog.
mad[2] *v.t. U.S:* = **madden.**
Madagascan *a.* & *n.* **1.** *a.* Madagasgaidd, Malagasaidd. **2.** *n.* Madagasgiad (Madagasgiaid) *m&f*, Malagasiad (Malagasiaid) *m&f*.
Madagascar *Pr.n. Geog:* Madagasgar *f*.
madam *n.f.* **1.** madam, *Iron:* meiledi; *A: or Lit:* meistres; **dear ~,** annwyl fadam; **what did ~ require?** *(i)* beth oedd ei eisiau ar fadam? beth oedd arnoch ei eisiau? *(ii) Iron:* beth oedd ei eisiau ar meiledi? 2. *F:* llances(-au,-i), peunes(-au); *F:* **she's a little ~,** mae hi'n dipyn o lances; mae hi'n dipyn o feiledi. **3.** *F: (of brothel):* meistres(-i) puteiniaid, madam(-iaid) *f*. **4.** *(singer's title):* madam.
madcap *a.* & *n.* **1.** *a.* = **crazy, mad**[1]. **2.** *n.* hurtyn(-nod) *m*, hurten(-nod) *f*, gwirionyn (gwirioniaid) *m*, ffwlcyn(-nod) *m*, ffolcen(-nod) *f*; *S.a.* **fool**[1].
madden *v.t.* **1.** *(= make crazy):* gwallgofi, lloerigo, drysu. **2.** *(= make angry):* digio, cythruddo, ffyrnigo, gwylltio, llidio, cynddeiriogi.
maddening *a.* cythruddol, pryfoclyd; **(the whole thing) was ~ for him,** ('roedd y cyfan) yn ddigon i'w wylltio, yn ei foedro.
maddeningly *adv.* yn gythruddol *&c.*
madder *n.* **1.** *Bot: (Rubia peregrina tinctorum):* gwreiddrudd wyllt *f*, gwreiddrudd lwyd, c|ochwraidd gwyllt *m*; **field ~,** *(Sherardia arvensis):* mandon las (*f*) yr ŷd, corwreiddrudd *f*, sherardia glas *m*. **2.** *Dy:* madr *m*.
madding *a.* gwyllt, terfysglyd; *S.a.* **maddening.**
maddish *a.* lled wallgof, hanner gwallgof.
made *a.* **1.** gwneuthuredig, gwn|eud, a wnaethpwyd; **~ to measure,** a wneir/wnaethpwyd/wnaed wrth fesur *or* i fesur; **a ~ to measure suit,** siwt [wedi ei gwneud] gan deiliwr; **~ to order,** a wneir/wnaethpwyd/wnaed ar archeb; **ready-~,** parod; **home ~,** cartref; **home-~ wine,** gwin cartref; **well-~,** cymen, cywrain, o waith da, o wneuthuriad da; *(pers.):* lluniaidd; **self-~,** hunanddyrchafedig, hunangreëdig, wedi'ch dyrchafu'ch hun, wedi'ch creu'ch hun; **~ in Wales, Welsh ~,** gwnaethpwyd yng Nghymru, a wnaethpwyd yng Nghymru, wedi ei wneud yng Nghymru, cynnyrch Cymru; **a ~ dish,** saig wneud/gyfansawdd (seigiau gwneud/cyfansawdd) *f*; **a ~ road,** ffordd (*f*) wneud, ffordd [ag] wyneb. **2.** *F:* **he is a ~ man,** mae wedi llwyddo; mae wedi cyrraedd; mae'n ddyn llwyddiannus; **(if the horse wins), I'm ~,** (os gwnaiff y ceffyl ennill), mi fydda' i'n werth ffortiwn, mi fydda' i'n werth fy miloedd; **he's ~ of money,** mae'n graig o arian; mae'n gefnog iawn; **you'll have it ~,** fe fyddi di'n siŵr o lwyddo; fedri di ddim methu. **~ up** *a.* **1.** *(= composed):* gwneuthuredig, cyfansoddedig **(of sth,** o rth), cyfansawdd, gwneud. **2.** *(= false):* ffug, ffugiedig, celwyddog; *(= invented):* dyfeisiedig, bathedig, bath, a ddyfeisiwyd, a fathwyd. **3.** *(with cosmetics):* coluriedig. **4.** *Lib:* **~ copy,** copi c|anibal.
Madeira *Pr.n. Geog:* Madeira *f*. **~ broom** *n. Bot: (Cytisus racemosus):* banhadlen bêr (banadl pêr) *f*. **~ cake** *n. Cu:* teisen (*f*) Fadeira (teisennau Madeira), teisen felen (teisennau melyn). **~ orchis** *n. Bot: (Orchis foliosa):* tegeirian(-au) (*m*) Madeira. **~ vine** *n. Bot: (Boussingaultia basselloides):* gwinwydden (gwinwydd) (*f*) Madeira. **~ [wine]** *n.* [gwin *m*] Madeira *m*.

madeleine *n. Cu:* teisen (*f*) Fadlen (teisennau Madlen), ***madeleine(-s)*** *f.*
madhouse *n.* gwallgofdy (gwallgofdai) *m*, *F:* seilam *mf*, madws *m*, *S.W: occ:* aseilin *m. F:* **it's like a ~ here,** mae hi fel bedlam yma.
madly *adv.* **1.** yn wallgof, yn wyllt *&c; See* **mad. 2.** *Fig:* yn wyllt, yn angerddol; **to love s.o. ~, to be ~ in love with s.o.,** caru rhn yn angerddol.
madman *n.m.* dyn(-ion) gwallgof/lloerig/gorffwyll, *Lit:* gwallgofddyn(-ion), gorffwyllddyn(-ion), lloerig: lloerigyn (lloerigion), *F:* dyn o'i gof (dynion o'u cof/coeau); **(to fight) like a ~,** (ymladd) fel dyn o'i gof, fel peth gwallgof; *S.a.* **mad**[1].
madness *n.* **1.** *(= lunacy):* gwallgofrwydd *m*, gorffwylltra *m*, gorffwylledd *m*, lloerigrwydd *m*; *(of animals):* cynddaredd *f.* **2.** *(= folly):* hurtrwydd *m*, gwiriondeb *m*, *Lit:* ynfydrwydd *m*; **it's mere midsummer ~,** hurtrwydd yw.
madonna *n. Rel:* **1. the M~,** y Forwyn [Fair] *f.* **2.** *Art: (picture):* llun(-iau) (*m*) o'r Forwyn; *(statue):* delw(-au) (*f*) o'r Forwyn, cerflun(-iau) (*m*) o'r Forwyn. **~ lily** *n. Bot: (Lilium candidum):* lili wen (lilïau gwynion) *f*, lili'r Forwyn.
madras *n. Tex:* madr|as *m.*
madrepore *n. Coel:* m|adrepor (madreporau) *m.*
madreporian *a. & n. Coel:* **1.** *a.* madreporaidd. **2.** *n.* madreporiad (madreporiaid) *m.*
madreporic *a. Coel:* madreporaidd.
madreporite *n. Coel:* madreporit(-au) *m.*
madrigal *n. Mus:* m|adrigal (madrigalau) *f.*
madrigalesque, madrigalian *a. Mus:* madrigalaidd.
madrigalist *n. Mus:* madrigalydd(-ion) *m.*
madrona *n. Bot:* madrona (madronâu) *f.*
madtom *n. Ich:* gwrcath(-od) (*m*) yr afon.
Madurese *a. & n.* **1.** *a.* Madwraidd; *(in language):* Madwreg. **2.** *n. (i) Ethn:* Madwriad (Madwriaid) *m&f*; *(ii) Coll:* Madwriaid *pl*; *(iii) Ling:* Madwreg *f*, *m.*
maduro *n. (cigar):* madwro(-s) *f.*
madwoman *n.f.* gwr|aig wallgof/loerig/orffwyll (gwragedd gwallgof/lloerig/gorffwyll), gwallg|ofwraig (gwallgofwragedd), gwraig wedi drysu, gwraig o'i chof (gwragedd o'u cof/coeau), hurten(-nod) *f.*
madwort *n. Bot: (Asperugo procumbens):* y cynghafan mwyaf *m.*
Maecenas *Pr.n.m.* Maecenas; *(= patron):* noddwr (noddwyr) *m.*
maelstrom *n.* trobwll (trobyllau) *m*, pwll (pyllau) tro *m.*
maenad *n. Gr.Myth:* maenad(-iaid) *f.*
maenadic *a. Gr.Myth:* maenadaidd, gorffwyll.
Maesbrook *Eng.Pl.n.* Maesbrog *m.*
Maesbury *Eng.Pl.n.* Llysfeisir *m.*
maestoso *adv. Mus:* yn urddasol.
maestro *n.* meistr(-i) *m*, ***maestro(-s)*** *m.*
Mae West *n. F: (= life-jacket):* siaced(-i) (*f*) achub, ***Mae West(-s)*** *f.*
maffick *v.i.* gorfoleddu.
mafia *n.* maffia *m.*
mafioso *n.* maffioso (maffiosi) *m.*
magazine *n.* **1.** *(a) Mil:* arfdy (arfdai) *m*, [y]stordy ([y]stordai) (*m*) arfau, [y]storfa ([y]storf|eydd) *f*; *(b) (of gun, camera &c):* [y]storgell(-oedd) *f*; *T.V:* cas(-iau,-ys) *m.* **2.** *(= periodical):* cylchgrawn (cylchgronau) *m*, cyfnodolyn (cyfnodolion) *m.* **~ rack** *n.* rhesel (*f*) gylchgronau (rheseli cylchgronau).
magdalen *n.* m|agdalen (magdaleniaid) *f*; *B:* **Mary M~,** Mair Fadlen *f*, Mair Fagdalen, Mair o Fagdala; *S.a.* **college.**
Magdalenian *a. Archeol: Art:* Magdalenaidd.
Magellanic *a.* Magelanaidd, Magelanig; **~ cloud,** cwmwl (cymylau) (*m*) Magellan.
magenta *a. & n.* [coch] majenta *m*, *N.W:* coch Lerpwl.
Maggie *Pr.n.f.* Megan, Meg, Mag, Magi, Marged, Margiad.
maggot *n.* **1.** cynrhonyn (cynrhon) *m.* **2.** *(= fancy):* chwilen (chwilod) *f*, mympwy(-on) *m.*
maggoty *a.* cynrhonllyd, cynrhonog, llawn cynrhon.
Magi *n.pl. See* **magus.**
Magian *a. & n.* **1.** *a.* Magïaidd. **2.** *n.* un o'r Doethion; *(= magician):* consuriwr (consurwyr) *m.*
Magianism *n.* Magïaeth *f.*
magic[1] *n. & a.* **1.** *n.* hud *m*, hudoliaeth *f*, dewiniaeth *f*, lledrith *m*, swyngyfaredd *f (pronounced* ng-g), *occ:* hud a lledrith; **black ~,** y gelfyddyd ddu *f*, dewiniaeth ddu; **white ~,** dewiniaeth wen/dda; **sympathetic ~,** dewiniaeth sympathetig; **as if by ~, like ~,** mewn chwinciad, ar amrantiad, chwap, chwipyn, megis trwy hudoliaeth. **2.** *a.* hud, hudol, dewinol, swyn, lledrithiol. **~ carpet** *n.* carped(-i) (*m*) hud/hudol, carped swyn. **~ eye** *n.* llygad (llygaid) (*m*) hud. **~ lantern** *n.* hudlusern(-au) *f*, llusern(-au) (*f*) hud. **~ number** *n.* rhif(-au) (*m*) swyn, rhif rhiniol. **~ square** *n.* sgwâr (sgwar[i]au) (*m*) swyn. **~ wand** *n.* hudlath(-au) *f.*
magic[2] *v.t.* hudo, swyno, dewino; **to ~ sth away,** swyno rhth ymaith.
magical *a.* dewinol, hud, hudol, hud a lledrith, lledrithiol, swyngyfareddol (*pronounced* ng-g), swyn.
magically *adv.* yn ddewinol *&c*; trwy hud *&c.*
magician *n.* dewin(-iaid) *m*, swynwr (swynwyr) *m*, consuriwr (consurwyr) *m*, *A:* hudol(-ion) *m.*
Maginot Line *Pr.n. Mil: Hist:* Llinell (*f*) Maginot.
magisterial *a.* **1.** *(= masterly):* meistraidd, meistrolgar, awdurdodol; *Rel:* arglwyddol. **2.** *(of magistrate):* ynadol, ustusaidd; **~ law,** cyfraith ynadol *f.*
magisterially *adv.* **1.** yn feistraidd, yn awdurdodol. **2.** yn ynadol, fel ynad, fel ustus.
magistracy *n.* ynadaeth(-au) *f*, swydd (*f*) ynad (swyddi ynadon).
magistral *a.* meistraidd.
magistrally *adv.* yn feistraidd.
magistrate *n.* ynad(-on) *m*, ustus(-iaid) *m*; **lay ~,** ynad lleyg; **stipendiary ~,** ynad cyflog/cyflogedig; **to go before the magistrates,** *F:* mynd o flaen eich gwell. **~'s court** *n.* llys (*m*) ynadon, ynadlys(-oedd) *m*, *F: occ:* llys bach.
magistrateship *n.* ynadaeth(-au) *f.*
magistratical *a.* ynadol, ynadaidd.
magistratically *adv.* fel ynad.
magistrature *n.* = **magistrateship.**
Maglemosian *a. Archeol:* Maglemosaidd.
magma *n. Geol:* magma (magmâu) *m.*
magmatic *a. Geol:* magmatig.
Magna Carta *n. Eng.Hist:* y Freinlen Fawr *f*, y Siart[e]r Fawr *f*, Magna Carta *f.*
magnalium *n. Metall:* magnaliwm *m.*
magnanimity *n.* mawrfrydedd *m*, mawrfrydigrwydd *m*, haelfrydedd *m*, haelfrydigrwydd *m*, *occ:* ehangder (*m*) bryd.
magnanimous *a.* mawrfrydig, haelfrydig, hael, *Lit: occ:* eneidfawr.
magnanimously *adv.* yn fawrfrydig *&c.*
magnanimousness *n.* = **magnanimity.**
magnate *n.* pendefig(-ion) *m*, pennaeth (penaethiaid) *m*, penadur(-iaid) *m*, gŵr mawr (gwŷr mawrion) *m*; **a press ~,** un o feistri/feistradoedd y wasg.
magnesia *n. Ch:* magnesia *m.*
magnesian *a. Ch:* magnesaidd.
magnesite *n. Ch:* m|agnesit *m.*
magnesium *n. Ch:* magnesiwm *m.*
magnet *n.* **1.** magned(-au) *m*; *(= loadstone): A: or Lit:* tynfaen (tynfeini) *m*, ehedfaen (ehedfeini) *m*, maen (meini) (*m*) tynnu; **bar ~,** magned syth, barfagned(-au) *m*; **horseshoe ~,** magned pedol; **compound ~,** sypyn(-nau) magnetig *m*, magned clymog. **2.** *Fig:* atyniad(-au) *m*, tynfa (tynf|eydd) *f.*
magnetic *a. & n.pl.* **1.** *a.* magnetig; *Cmptr:* **~ bubble memory,** cof (*m*) bwrlwm magnetig; **~ card,** cerdyn (cardiau) magnetig *m*; **~ core store,** [y]storfa (*f*) craidd magnetig ([y]storf|eydd creiddiau magnetig); **~ field,** maes (meysydd) magnetig *m*; **~ head,** pen(-nau) magnetig *m*; **~ ink character recognition (MICR),** adnabyddiad (*m*) nodau inc magnetig; **~ media,** cyfryngau magnetig; **~ moment,** moment fagnetig (momentau magnetig) *f*; *Geog:* **~ north,** gogledd magnetig *m*; **~ pole,** pegwn (pegynau) magnetig *m*; *Mth:* **~ quantum number,** rhif(-au) (*m*) cwantwm magnetig; **~ storm,** storm fagnetig (stormydd magnetig) *f.* **2.** *a. (pers., power):* cyfareddol, atyniadol, deniadol, hudol, magnetig. **3.** *n.pl.* **magnetics,** magneteg *f.*
magnetically *adv.* yn fagnetig.
magnetism *n.* **1.** *(a) Ph: (science):* magneteg *f*; *(b) (of iron, earth &c):* magnetedd *m*; **terrestrial ~,** magnetedd y ddaear, magnetedd daearol, tynfa(*f*)'r ddaear; **residual ~,** magnetedd gweddillol. **2.** *Fig:* swyn *m*, cyfaredd *f*, tynfa; **animal ~,** = **mesmerism.**
magnetist *n.* **1.** magnetegwr: magnetegydd (magnetegwyr) *m.* **2.** = **mesmerist.**
magnetite *n. Miner:* m|agnetit *m.*

magnetitic *a. Miner:* magnetitig.
magnetizable *a.* magneteiddiadwy.
magnetization *n.* magneteiddiad *m*, magneteiddio *vn.*
magnetize *v.t.* **1.** *Ph:* magneteiddio. **2.** *Fig: (= attract):* denu, cyfareddu, tynnu, swyno, hudo, hud-ddenu.
magnetizing *a.* magneteiddiol.
magneto *n. I.C.E: &c:* magneto(-s) *m.* **~-electric** *a. Ph:* magned-drydanol. **~-electricity** *n. Ph:* magned-drydan *m.*
magnetograph *n. Ph:* magn|etograff (magnetograffau) *m.* **~-optic** *a. Ph:* magneto-optegol. **~-optics** *n.pl. Ph:* magneto-opteg *f.*
magnetohydrodynamic *a. Ph:* magnetohydrodynamig.
magnetohydrodynamics *n.pl. Ph:* magnetohydrodynameg *f.*
magnetometer *n. Ph:* magnetomedr(-au) *m.*
magnetometric *a. Ph:* magnetometrig.
magnetometry *n. Ph:* magnetometreg *f.*
magnetomotive *a. Ph:* magned-symudol.
magneton *n. Ph:* m|agneton (magnetonau) *m.*
magnetoplasmadynamic *a. Ph:* magnetoplasmadynamig.
magnetoplasmadynamics *n.pl.* magnetoplasmadynameg *f.*
magnetoresistance *n. Ph:* magned-wrthiant *m.*
magnetoscope *n. Ph:* magn|etosgop (magnetosgopau) *m.*
magnetosphere *n. Ph:* magn|etosffer (magnetosfferau) *m.*
magnetospheric *a. Ph:* magnetosfferig.
magnetostatic *a. Ph:* magnetostatig.
magnetostriction *n. Ph:* magned-gyfyngiad *m.*
magnetostrictive *a. Ph:* magned-gyfyngol.
magnetron *n. Ph:* m|agnetron (magnetronau) *m.*
Magnificat *n. Ecc:* Cân (*f*) Mair Forwyn, ***Magnificat*** *f.*
magnification *n.* **1.** *Opt:* mwyhad (mwynhadau) *m*, chwyddiad(-au) *m.* **2.** *(= exaltation):* mawrygiad *m*, mawrygu *vn.*
magnificence *n.* gwychder *m*, ardderchowgrwydd *m*, godidowgrwydd *m*, ysblander *m.*
magnificent *a.* gwych(-ion), ardderchog, godidog, gogoneddus, ysblennydd, *F:* bendigedig.
magnificently *adv.* yn wych *&c.*
magnifico *n.* **1.** *Hist: (= magistrate):* ynad(-on) *m.* **2.** *(= grandee):* pendefig(-ion) *m.*
magnifier *n.* chwyddwydr(-au) *m.*
magnify *v.t.* **1.** chwyddo, mwyh|au. **2.** *(= extol):* mawrygu, mawrh|au; *Ecc:* **my soul doth ~ the Lord,** fy enaid a fawrha yr Arglwydd.
magnifying *vn.* = **magnify.** **~ glass** *n.* chwyddwydr(-au) *m.* **~ power** *n.* nerth mwyhaol *m*, nerth mwyh|au.
magniloquence *n.* iaith chwyddedig/rwysgfawr *f*, mawreiriogrwydd *m*, chwyddiaith *f*, geirfawredd *m.*
magniloquent *a.* mawreddog, chwyddeiriog, mawreiriog; *S.a.* **boastful.**
magniloquently *adv.* yn fawreddog *&c.*
magnitude *n.* maint (meintiau) *m*, maintioli *m*; *Astr:* maintioli; **~ and direction,** maint a chyfeiriad; *Fig:* **of the first ~,** o'r pwysigrwydd mwyaf, tra phwysig; **a problem of this ~,** problem gymaint â hon, cymaint problem â hyn.
magnolia *n. Bot:* **~ [tree],** magnolia(-s) *f*, coeden (*f*) fagnolia (coed magnolia). **~ warbler** *n. Orn:* telor(-ion,-iaid) (*m*) y magnolia.
magnum *n.* magnwm (magnymau) *m*, chwart glas (chwartiau gleision) *m.*
magnum opus *Lt.n.phr.* campwaith (campweithiau) *m*, gorchestwaith (gorchestweithiau) *m*, gwaith mawr (gweithiau mawrion) *m.*
Magnus Maximus *Pr.n.m. Hist:* Macsen Wledig.
Magor *W.Pl.n.* Magwyr *f.*
magpie *n. Orn: (Pica pica):* pioden (pïod) *f*, *occ:* pia: pi (pïod) *f*, *S.E:* pia (pïaid) *m*; **Indian blue ~,** pioden las (pïod gleision) yr India. **~ fungus** *n. Fung:* cap(-iau) (*m*) inc brith. **~ moth** *n. Ent: (Abraxas grossulariata):* brith(-iaid) (*m*) y cyrains/rhyfon, pioden (pïod) (*f*) y cyrains; **small ~ moth,** *(Eurrhypara hortulata):* brith bach y cyrains.
maguey *n. Bot:* magwe(-au) *m.*
magus *n.* sêr-ddewin(-iaid) *m*, dewin(-iaid) *m*; *B:* **the [three] Magi,** y Doethion *pl* [o'r Dwyrain], y Tri Gŵr Doeth [o'r Dwyrain].
Magyar *a. & n.* **1.** *a.* Magyar, Hwngaraidd (*pronounced* ng-g); *(in language):* Hwngareg; *Needlew:* **~ sleeve,** llawes Fagyar (llewys Magyar) *f.* **2.** *n.* *(i) Ethn:* Magyar(-iaid) *m&f*, Hwngariad (Hwngariaid) *m&f*; *(ii) Ling:* Hwngareg *f*, *m.*
maharaja[h] *n. Hist:* maharaja(-s) *m*, tywysog(-ion) *m.*
maharanee *n.f. Hist:* maharanî(-s), tywysoges(-au) *f.*
maharishi *n.* maharishi(-s) *m*, dyn(-ion) doeth *m*, gŵr (gwŷr) doeth *m*, proffwyd(-i) *m*, gweledydd(-ion) *m.*
mahatma *n.* mahatma(-s) *m.*
Mahayana *n. Rel:* Mahaiana *m.*
Mahayanist *n. Rel:* Mahaianiad (Mahaianiaid) *m&f.*
Mahayanistic *a. Rel:* Mahaianaidd.
Mahdi *n.* Mahdi (Mahdïaid) *m.*
Mahdism *n.* Mahdïaeth *f.*
Mahdist *n.* Mahdïwr (Mahdïwyr) *m.*
mah-jong *n.* mah-jong *m.*
mahlstick *n.* = **maulstick.**
mahoe *n. Bot:* maho(-s) *m.*
mahogany *n.* mah|ogani *m.*
Mahometan *a. & n.* = **Mohammedan.**
mahonia *n. Bot:* mahonia(-s) *m.*
Mahound *n.* yr Andras *m.*
mahout *n.* gyrrwr (*m*) |eliffant (gyrwyr eliffantod), mahŵt (mahwtiaid) *m.*
Mahratta *n.* = **Maratha.**
mahseer *n. Ich: (Barbus tor):* masir(-iaid,-od) *m.*
maid *n.f.* **1.** *Lit: & Poet:* morwyn(-ion, morynion), rhiain (rhianedd), bun, mun, meinwen; **little ~,** morwynig(-ion) *f*; **M~ Marian,** Marian Forwyn; **the M~ of Orleans,** Siân d' Arc. **2. old ~,** hen ferch(-ed) *f*; *S.a.* **gaper. 3.** *(servant):* morwyn; **serving ~,** *occ:* morwyn weini (mor[w]ynion gweini); **between ~,** morwyn ganol (mor[w]ynion canol); **lady's ~,** morwyn bersonol (mor[w]ynion personol), llawforwyn(-ion, llawforynion) *f.* **4. ~ of honour,** *(i) (of queen):* morwyn y frenhines, morwyn breswyl (mor[w]ynion preswyl); *(ii) U.S: (at wedding):* morwyn briodas (mor[w]ynion priodas); *(iii) Cu:* teisen (*f*) gaws (teisennau caws), teisen geuled (teisennau ceuled). **~-in-waiting** = **maid of honour** *(i).* **~-of-all-work** *n.f.* morwyn waith (mor[w]ynion gwaith). **~'s love** *n. Bot:* = **southernwood.**
maiden *n.f. & attrib.* **1.** *(a)* = **girl, maid;** *(b) (= virgin):* gwyryf(-on), morwyn(-ion, morynion); *(c) Hist: (= kind of guillotine):* y forwyn; *Hist:* **iron ~,** morwyn haearn. **2.** *attrib.* *(a)* **~ aunt,** modryb ddi-briod (modrybedd di-briod) *f*; *O:* **~ lady,** merch ddi-briod (merched di-briod) *f*; *(b)* **~ name,** enw(-au) morwynol *m*, enw cyn priodi; *(c)* **~ voyage,** mordaith gyntaf (mordeithiau cyntaf) *f*; **~ speech,** araith gyntaf (areithiau cyntaf) *f*, araith forwynol (areithiau morwynol), anerchiad(-au) cyntaf/morwynol *m*; **~ speaker,** siaradwr (siaradwyr) newydd *m*, siar|adwraig (siaradwragedd) newydd *f*; *Cr:* **~ over,** pelawd wag (pelawdau gwag) *f*; *(d) (animal, forest, land &c):* gwyryfol, *occ:* gwyryfaidd. **~ fee** *n. W.Hist:* amobr(-au) *m*, gobr(-au) (*m*) merch, gobrwy(-on) (*m*) merch, agweddi (agweddïau) *mf*, cowyll(-au,-ion) *m.* **~ oak** *n. Bot: (Quercus sessiliflora):* derwen ddigoes (derw digoes) *f.* **~ pink** *n. Bot: (Dianthus deltoides):* penigan(-au) gwyryfaidd *m*, ceilys *m.* **~ plum** *n. Bot: (Comocladia dentata):* eirinen (eirin) (*f*) y forwyn. **~'s blush** *n.* **1.** *Ent: (Zonosoma punctata):* gwrid (*m*) y forwyn. **2.** *Hort: (rose):* gwrid (*m*) y forwyn. **~'s wreath** *n. Bot: (Francoa):* blodyn (blodau) (*m*) priodas.
maidenhair *n. Bot:* **~ [fern],** gwallt (*m*) y forwyn, *occ:* gwallt Mair, gwallt Gwener, gwallt y ddaear, briger (*m*) Gwener, briger Gwenno, diwlith: diwlydd *f*; **white ~,** duegredynen (duegredyn) (*f*) y muriau. **~ grass** *n. (Briza media):* = **quaking-grass. ~ spleenwort** *n. See* **spleenwort. ~ tree** *n.* coeden (coed) (*f*) gwallt y forwyn.
maidenhead, maidenhood *n.* **1.** morwyndod *m*, gwyryfdod *m*; **to lose one's ~,** colli'ch gwyryfdod. **2.** *(= hymen):* y bilen forwynol *f*, y llen wyryfol *f*, gwyryflen(-ni) *f.* **~ fee** *n. W.Hist:* cowyll(-au,-ion) *m.*
maidenlike *a. & adv. O:* **1.** *a.* *(a)* morwynol, gwyryfol; *(b) (= demure):* gwylaidd, diymhongar (*pronounced* ng-g), llednais, gweddus, gweddaidd. **2.** *adv.* yn wylaidd *&c.*
maidenliness *n.* gwyl|eidd-dra *m*, lledneisrwydd *m*, gweddeiddrwydd *m.*
maidservant *n.f.* morwyn(-ion, morynion).
maieutic *a. Phil:* maiewtig.
maigre[1] *a. R.C.Ch:* **~ day,** dydd(-iau) (*m*) arbedrwydd, dydd di-gig, dydd heb gig.

maigre[2], *U.S:* **maiger** *n.* = **meagre[2]**.

mail[1] *n.* **1.** *Arm:* mael *m*; **coat of ~**, llurig(-au) *f*, crys(-au) (*m*) haearn, crys mael; *Conch:* **coat of ~ shell**, lleuen (*f*) fôr (llau môr). **2.** *(= shell, scales):* cen *pl*, llurig.

mail[2] *n.* **1.** *Post:* post *m*, llythyrau *pl*, *F:* mêl *m*; *S.a.* **air, fan[3], junk[1]**; **electronic ~**, llythyru (*vn*) electronig; **the Royal M~**, y Post Brenhinol *m*. **~-bag** *n.* sach (*fm*) bost/post (sachau post). **~-boat** *n.* llong (*f*) bost (llongau post). **~-box** *n.* *U.S:* blwch (blychau) (*m*) post. **~ carrier** *n.* = **mail-man**. **~-cart** *n.* cert (*f*) post (certiau post), car (ceir) (*m*) post. **~ coach** *n.* **1.** *Veh:* *A:* cerbyd(-au) (*m*) post, coetsh fawr (coetshis mawr), *F:* y mâl/mêl *m*. **2.** *Rail:* = **mail-van**. **~ drop** *n.* blwch post. **~ interception** *n.* agor (*vn*) llythyrau. **~ order** *n.* *Com:* archeb(-ion) (*f*) drwy'r post; **~ order catalogue** c|atalog (catalogau) (*m*) archebu drwy'r post; **~ order firm**, cwmni (cwmnïau) (*m*) archebu drwy'r post. **~-packet** *n.* = **mail-boat**. **~-shot** *n.* *Cmptr:* post-dafliad(-au) *m*. **~ train** *n.* trên (trenau) (*m*) post. **~-van** *n.* *Rail:* fan (*f*) bost (faniau post).

mail[3] *v.t.* *esp. U.S:* anfon, postio (rhth); rhoi (rhth) yn y post (*not* danfon rhth = **deliver sth**).

mail[4] *v.t.* *(= clothe with mail):* llurigo.

mailability *n.* posibilrwydd (*m*) postio (rhth), natur anfonadwy/bostiadwy (*f*) rhth; **it's ~ is an advantage**, mae'r ffaith y gellir ei bostio yn fantais.

mailable *a.* *U.S:* anfonadwy, postiadwy.

mailed *a.* llurigog; **to show the ~ fist**, dangos y dwrn dur.

mailer *n.* postiwr (postwyr) *m*, p|ostwraig (postwragedd) *f*.

mailing *vn.* **~ list**, rhestr (*f*) bost/bostio/dderbynwyr (rhestrau post/postio/derbynwyr).

maillot *n.* *Cost:* **1.** = **tights**. **2.** = **swimsuit**. **3.** = **jersey**.

mailman *n.* *U.S:* = **postman**.

mailmerge *v.t.* *Cmptr:* postgyfuno.

maim *v.t.* anafu, clwyfo, anffurfio, cloffi, *F:* andwyo, *Lit:* efryddu, *Fig:* llurgunio.

maimed *a.* anafus, clwyfedig.

maimer *n.* anafwr (anafwyr) *m*, clwyfwr (clwyfwyr) *m*.

main[1] *n.* **1. with might and ~**, â'ch holl nerth, â'ch deng ewin, nerth deng ewin. **2.** *Poet:* *(= sea):* môr (moroedd) *m*, cefnfor(-oedd) *m*, gweilgi *f*; *S.a.* **Spanish. 3. in the ~**, yn bennaf, ar y cyfan, at ei gilydd, ran amlaf, gan amlaf, *S:* fynychaf. **4.** *Civ.E:* *(waterpipe):* prif bibell(-au) *f*; **main[s] water**, dŵr (*m*) pibell; *El:* *pl.* **the mains**, prif wifren (~ wifrau) *f*, prif gyflenwad *m*. **5.** *Dice:* rhif(-au) (*m*) galw; *Cockfighting:* gornest(-au) *f*.

main[2] *a.* **1.** *(before noun):* **by ~ force**, trwy rym, â nerth braich ac ysgwydd, â nerth bôn braich. **2.** prif *(before noun + soft mut.)*; pennaf, pwysicaf, mwyaf; *(a)* *Mil:* **the ~ body**, corff (*m*) byddin; *Agr:* **~ crop**, prif gnwd *m*; *(b)* **the ~ point, the ~ thing**, y prif bwynt *m*, y prif beth *m*, y peth mawr, y peth hanfodol, y pennaf peth, y peth pwysicaf, yr hanfod *m*; **the ~ points of a sermon**, pennau pregeth; *Gram:* **~ clause**, prif gymal(-au) *m*; *Cu:* **~ dish, ~ course**, prif saig (~ seigiau) *f*, prif gwrs (~ gyrsiau) *m*; *Nau:* **~ deck**, prif fwrdd (~ fyrddau) *m*; **~ subject**, prif destun(-au) *m*; *(c)* **~ road, ~ highway**, *U.S:* **~ stem**, priffordd (priffyrdd) *f*, *S.W:* tyrnpeg: trwmpeg: twrpeg *m*, *N:* lôn (*f*) bost (lonydd post), ffordd (*f*) bost (ffyrdd post); *Cmptr:* **~ frame**, prif gyfrifiadur(-on) *m*; *Cmptr:* **~ menu**, prif ddewislen(-ni) *f*; *Cmptr:* **~ screen**, prif sgrîn (~ sgriniau) *f*; *Cmptr:* **~ store**, prif [y]storfa (~ [y]storf|eydd) *f*; *Mus:* *&c:* **~ subject**, prif destun(-au) *m*; **~ street**, stryd fawr *f*, heol fawr *f*, *occ:* prif heol(-ydd) *f*; **~ line** *(i)* *Rail:* *&c:* prif linell(-au) *f*, *F:* lein fawr (leiniau mawr) *f*; *(ii)* *F:* *(= main vein):* prif wythïen (~ wythiennau) *f*; *(d)* *Nau:* **the ~ masts**, y prif hwylbrenni; **he has an eye for the ~ chance**, mae'n gweld ei gyfle; mae'n gwylio'i gyfle; mae'n esgud/barod i achub ei gyfle; *F:* mae'n sgut am ei gyfle. **~ brace** *n.* *Nau:* prif dynraff(-au) *f*, prif ddalraff(-au) *f*; **to splice the ~ brace**, *(a)* *Nau:* *Hist:* rhannu'r rỳm allan; *(b)* *Joc:* *(= drink):* gwlychu pig, yfed ei hochor hi. **~-line[1]** *a.* *(= main):* prif *before noun*; + *soft mut. before noun*; pennaf; *(= central):* canol, canolog. **~-line[2]** *v.i.* *F:* *(of drug addict):* chwistrellu, cymryd pigiad. **~-top** *n.* *Nau:* top(-iau) canol *m*. **~-topgallant** *n.* *Nau:* hwyl (*f*) frigalant uchaf (hwyliau brigalant uchaf). **~-topgallant mast** *n.* *Nau:* hwylbren(-nau,-ni) (*m*) brigalant uchaf. **~-topmast** *n.* *Nau:* prif uwch-hwylbren(-nau,-ni) *m*. **~-yard** *n.* *Nau:* prif hwyl-lath(-au) *f*.

Maindee *W.Pl.n.* Maendy *m*.

Maindiff *W.Pl.n.* Maendy *m*.

Maine *Pr.n.* *Geog:* *(in France):* *A:* Maen *f*.

mainland *n.* **1.** tir mawr *m*; *attrib.* **~ Britain**, tir mawr Prydain; **~ towns**, trefi'r tir mawr. **2.** *(of island group):* prif ynys *f*.

mainlander *n.* rhn (rhai) o'r tir mawr.

mainliner *n.* *F:* *(= drug addict):* chwistrellwr (chwistrellwyr) *m*, chwistr|ellwraig *f*.

mainly *adv.* yn bennaf, gan mwyaf, fynychaf, ran fynychaf, ran amlaf, gan amlaf.

mainmast *n.* *Nau:* prif hwylbren(-nau,-ni) *m*.

mainsail *n.* *Nau:* prif hwyl(-iau) *f*.

mainsheet *n.* *Nau:* prif raff(-au) *f*.

mainspring *n.* **1.** *(of watch &c):* prif sbring(-s,-iau) *mf*, *M.W:* maen-sbring *mf*. **2.** *Fig:* prif ysgogiad(-au) *m*, prif symbyliad(-au) *m*, hanfod(-ion) *m*.

mainstay *n.* **1.** *Nau:* prif ateg(-ion) *f*. **2.** *(pers. &c):* prif gynheiliad (~ gynheiliaid) *m&f*, pen-cynheiliad, prif gynhalydd (~ gynalyddion) *m*, prif gynhaliwr (~ gynhalwyr) *m*.

mainstream *n.* & *attrib.* **1.** *n.* prif ffrwd (~ ffrydiau) *f*, llif *m*. **2.** *attrib.* canolog; **a ~ Conservative**, Ceidwadwr o'r brif ffrwd; *Sch:* **~ classes**, dosbarthiadau(*pl*)'r brif ffrwd.

maintain *v.t.* **1.** cynnal, cadw, parh|au, dal; **to ~ order**, cynnal/cadw trefn; **he maintains his health**, mae'n cynnal ei iechyd, mae'n cadw'i iechyd; **to ~ progress**, sicrh|au cynnydd cyson; **to ~ a siege**, cynnal/parhau gwarchae; **to ~ sth in its position**, dal/cadw rhth yn ei le; **to ~ a conversation**, cynnal sgwrs, dal pen rheswm; **to ~ one's calm**, peidio â chyffr|oi; **the improvement is maintained**, mae'r gwelliant yn parhau; **to ~ contact with s.o.**, cadw cysylltiad â rhn; **to ~ silence**, tewi, aros yn fud, aros yn dawel; **to ~ an attitude**, dal at agwedd. **2.** *(financially &c):* cynnal. **3.** *(building, machines &c):* cynnal a chadw; *(road):* cynnal. **4.** *(a cause):* cynnal, cefnogi, amddiffyn, pleidio, ategu (rhth); dal dan (rth); dadlau dros (rth); **to ~ one's rights**, amddiffyn eich hawliau; **to ~ one's ground**, dal eich tir; **to ~ an opinion**, haeru, taeru, honni, dal [allan], *occ:* maentumio.

maintainability *n.* **I doubt the ~ of the argument**, yr wyf yn amau a ellir cynnal y ddadl.

maintainable *a.* **1.** *(position):* amddiffynadwy, cynaliadwy. **2.** *(opinion):* daliadwy, diffynadwy.

maintained *a.* cynaledig, a gynhelir; **~ school**, ysgol wladol (ysgolion gwladol) *f*; **~ secondary school**, ysgol uwchradd wladol (ysgolion uwchradd gwladol).

maintainer *n.* cynhaliwr: cynhalydd (cynhalwyr) *m*, cynheiliad (cynheiliaid) *m&f*.

maintenance *n.* **1.** *(of order, family):* cynhaliaeth *f*, cynnal *vn*; *Biol:* *(of growth):* cynnal. **2.** *(of roads, buildings &c):* cynnal (*vn*) a chadw *vn*, cynhaliaeth (*f*) a chadwraeth *f*; *Cmptr:* **file ~**, cynnal (*vn*) ffeil, cynhaliaeth (*f*) ffeil. **3. ~ of one's rights**, amddiffyn (*vn*) eich hawliau; **in ~ of this opinion**, er mwyn ategu'r farn hon, yn ateg i'r farn hon; **cap of ~**, cap (*m*) cynhaliaeth. **4.** *Ph:* *Mth:* arofal(-on) *m*. **~ fund** *n.* cronfa (*f*) gynnal (cronf|eydd cynnal). **~ man** *n.m.* dyn(-ion) cynnal a chadw, cynhaliwr (cynhalwyr), *occ:* *(of road, railway):* fforddoliwr (fforddolwyr). **~ order** *n.* *Jur:* gorchymyn (*m*) cynnal. **~ payment** *n.* *Jur:* tâl (taliadau) (*m*) cynnal, taliad(-au) (*m*) cynnal. **~ reserve** *n.* cyfrif(-on) (*m*) [cynhaliaeth] neilltuedig.

maintenor *n.* = **maintainer.**

maisonnette *n.* fflat (*f*) ddeulawr (fflatiau deulawr), ***maisonnette(-s)*** *f*.

maître de ballet *n.* *Th:* cyfarwyddwr (cyfarwyddwyr) (*m*) bale/***ballet***.

maître d'hôtel *n.* distain (disteiniaid) *m*, prif weinydd(-ion) *m*.

maize *n.* *Bot:* india-corn *m*, indrawn *m*, corn (*m*) yr India, corn melys; *S.a.* **flaked**.

majagua *n.* *Bot:* coeden (coed) (*f*) majagwa.

majestic[al] *a.* urddasol, mawreddog, rhwysgfawr.

majestically *adv.* yn urddasol *&c*.

majesty *n.* **1.** *(= grandeur):* urddas *m*, rhwysg *m*, mawredd *m*, ardderchowgrwydd *m*; **Christ in ~**, Crist ar Ei orsedd, Crist gorseddog, Crist mewn gogoniant/mawrhydi, y Crist dyrchafedig. **2.** *n.* *(title):* mawrhydi *m*; **His M~**, Ei Fawrhydi; **Her M~**, Ei Mawrhydi; **Their Majesties**, Eu Mawrhydi.

majlis *n.* *Pol:* cynulliad(-au) *m*, senedd(-au) *f*, majlis(-au) *m*.

majolica *n. Cer:* mai|olica *m.*

major¹ *n. Mil:* uwchgapten (uwchgapteiniaid) *m*, uchgapten (uchgapteiniaid) *m*; **drum-~,** *(i) (= leader of band):* arweinydd(-ion) *m*; *(ii) A:* prif dabyrddwr (~ dabyrddwyr) *m*; **fife-~,** prif gadbibydd(-ion) *m*; **trumpet-~,** prif drympedwr (~ drympedwyr) *m*, prif utganwr (~ utganwyr) *m*. **~-domo** *n.* prif stiward(-iaid) *m*, distain (disteiniaid) *m*. **~-general** *n.* uwchfrigadydd (uwchfrigadwyr) *m*.

major² *a. & n.* **1.** *a.* prif + *soft mut. (precedes noun)*; mwyaf, pennaf, pwysig, pwysicaf; o bwys; *(a)* **the ~ portion,** y brif ran *f*, y rhan fwyaf *f*, y mwyafrif *m*; **a ~ author,** awdur o bwys, un o'r prif awduron; *Pol:* **a ~ party,** un o'r prif bleidiau, plaid bwysig; **the ~ party,** y brif blaid; *Geom:* **~ axis,** echelin hwyaf *f*; *Log:* **~ premise,** prif ragosodiad(-au) *m*; *Mus:* **~ key,** y cywair mwyaf *m*, y cywair llon; **~ interval,** cyfwng mwyaf *m*; **~ scale,** graddfa fwyaf *f*; **~ common chord,** cord cyffredin mwyaf *m*; *Sp:* **~ and minor games,** prif a mân chwaraeon; *Aut:* **~ road,** priffordd (priffyrdd) *f*; *Cards: (at bridge):* **the ~ suits,** y prif liwiau, y prif siwtiau; **~ tranquilizer,** prif dawelydd *m*; *U.S: Games:* **~ league,** y prif gynghrair *m*; *Fig:* y radd uchaf *f*; *(b) Sch:* **Jones ~,** Jones yr hynaf. **2.** *n. (a) Jur: (pers.):* dyn(-ion) (*m*) mewn oed, gwr|aig (gwragedd) (*f*) mewn oed, oedolyn (oedolion) *m*; *(b) Log:* prif ragosodiad(-au) *m*, prif osodiad(-au) *m*; *(c) Sch: U.S: (i) (= main subject):* cwrs (*m*) anrhydedd, prif bwnc (~ bynciau) *m*; *(ii) (= student):* **he is a philosophy ~,** athroniaeth yw ei brif bwnc; myfyriwr anrhydedd mewn athroniaeth yw ef.

major³ *v.i. Sch: U.S:* **to ~ in a subject,** arbenigo mewn pwnc, cymryd rhth yn brif bwnc, cymryd rhth yn bwnc anrhydedd.

Majorca *Pr.n. Geog:* Maiorca *f*, *occ:* Mallorca *f*.

Majorcan *a. & n.* **1.** *a.* Maiorcaidd, o Faiorca; **she's ~,** un o Faiorca yw hi. **2.** *n.* rhn (rhai) o Faiorca, Maiorcad (Maiorcaid) *m&f*.

majorette *n.f.* ***majorette(-s)***; **drum ~,** blaenores(-au) (*f*) band.

majoritarian *a. & n. Pol:* **1.** *a.* mwyafrifyddol. **2.** *n.* mwyafrifwr: mwyafrifydd (mwyafrifwyr) *m*.

majoritarianism *n. Pol:* mwyafrifyddiaeth *f*.

majority *n. & attrib.* **1.** *n. (a)* mwyafrif(-oedd) *m*, y rhan fwyaf *f*; **the [great] ~,** *(= the dead):* y meirwon; **to join the [great] ~,** marw, mynd o blith y byw; **by an overwhelming ~,** trwy/gan fwyafrif llethol; *(b) attrib.* mwyafrifol; **~ party,** plaid fwyafrifol (pleidiau mwyafrifol) *f*; **the ~ party,** plaid y mwyafrif, y blaid fwyaf; *Jur:* **~ holding,** daliad mwyafrifol *m*; **~ rule,** llywodraeth (*f*) fwyafrifol, llywodraeth y mwyafrif; **~ verdict,** rheithfarn [y] mwyafrif, rheithfarn trwy fwyafrif; **the silent ~,** y mwyafrif tawel/mud. **2.** *Jur:* **[age of] ~,** llawn oed *m*, cyflawn oed *m*; **to attain/reach one's ~,** dod i oed, dod i lawn oed; *(of man):* cyrraedd oedran gŵr; *(of woman):* cyrraedd oedran gwraig. **3.** *Mil:* = **majorship.**

majorship *n. Mil:* u[w]chgapteiniacth(-au) *f*, swydd (*f*) u[w]chgapten.

majuscular *a.* priflythrennol.

majuscule *a. & n.* **1.** *a.* priflythrennol. **2.** *n. (i)* priflythyren (priflythrennau) *f*; *(ii) Rel:* llawysgrif briflythrennog (llawysgrifau priflythrennog) *f*.

make¹ *n.* **1.** *Com: Ind:* gwneuthuriad(-au) *m*; **our own ~ of shoes,** esgidiau o'n gwneuthuriad ni ein hunain; **(sth) of Welsh ~,** (rhth) o wneuthuriad Cymreig, a wnaethpwyd yng Nghymru, wedi ei wneud yng Nghymru. **2.** *See* **build¹**. **3.** *F:* **he's always on the ~,** *(i) (= intent on gain):* mae'n gwylio'i gyfle; mae'n trïo'i lwc; mae'n troi pob dŵr i'w felin ei hun; mae'n sgut am arian; mae'n un [garw] amdani; mae'n wastad amdani; *(= ambitious):* mae'n barod am ei gyfle; **a Welshman on the ~,** Cymro'n ceisio'i fantais ei hun, Cymro'n gwylio/chwilio am ei gyfle; *(ii) (= looking for sexual partners): N: V:* mae'n wastad yn chwilio am groen; mae'n wastad yn hel am ei din; mae'n wastad yn hel merched. **4.** *El.E:* cwblhad *m*. **5.** *(= shuffling of cards):* cymysgiad(-au) *m*; **it's ~ or break,** dyma'r cyfle olaf.

make² *v.t.&i.* I. *v.t.* **1.** gwn|eud, *Lit: & S.E: occ:* gwneuthur; *(= fashion):* gwneud, llunio, creu, *occ:* gweithio; *(boat, furniture &c):* saernïo; **God made man,** Duw a greodd ddyn; **you are made for this work,** ti yw'r union un ar gyfer y gwaith hwn; *F:* **he's as sharp as they ~ 'em,** 'does neb cyn graffed ag e/o; chewch chi neb cyn graffed ag e/o; mae e/o fel nodwydd; *N:* un bachog ofnadwy ydi o; **what is it made of?** o [ba] beth y gwnaethpwyd/gwnaed ef? o ba ddefnydd y gwnaed ef? **to ~ a friend of s.o.,** gwneud cyfaill o rn, mynd yn gyfaill i rn, dod yn ffrindiau â rhn; **I don't know what to ~ of it; I can ~ nothing of it,** 'rwy'n methu'n lân â'i ddeall; 'rwy'n methu gwneud na phen na chynffon/chwt ohono; 'rwy'n methu gwneud na rhych na rhawn/gwellt ohono; **to ~ little of sth,** *(= understand little of sth):* deall dim ond ychydig ar rth, deall fawr ddim ar rth; *(= belittle sth):* bychanu/dibrisio rhth; **what do you ~ of it?** beth ydych chi'n ei feddwl ohono? **to ~ the best of sth,** gwneud y gorau o rth; **to ~ the most of sth,** manteisio i'r eithaf ar rth; **to ~ the best of a bad job,** gwneud y gorau o'r gwaethaf; **to ~ much of sth,** *(= consider important):* rhoi pwys ar rth; *(= understand):* deall/amgyffred (rhth); **to ~ too much of sth,** rhoi gormod o bwys ar rth, gwneud môr a mynydd o rth; **to show what one is made of,** dangos eich hyd a'ch lled, dangos beth yw lliw eich gwaed, dangos eich rhuddin; **to ~ (a jumper),** gwneud, *S.W: occ:* gweithio (siwmper); **to ~ milk into butter,** troi/gwneud llaeth yn ymenyn, gwneud ymenyn o laeth; **to ~ one's will,** gwneud eich ewyllys; **to ~ the bed,** cyweirio'r gwely, gwneud y gwely, *S:* ta[e]nu'r gwely, cweiro'r gwely; **to ~ the tea,** gwneud te, *N: occ:* hwylio te, *S.W: occ:* gweithio te; *Turf:* **to ~ a book (on sth),** agor llyfr, derbyn betiau (ar rth); **to ~ a cake,** gwneud teisen/cacen, *S.W: occ:* gweithio cacen; *Cards:* **to ~ cards,** shifflo/cymysgu cardiau; **to ~ trouble,** creu/codi helynt, codi stŵr, *S.W: occ:* cadw swae; **to ~ trouble between people,** gwneud drwg rhwng pobl, gyrru pobl yn benben, *occ:* gyrru rhwng pobl, *S.W: occ:* hala rhwng pobl; **to ~ a noise,** gwneud/cadw sŵn, *S.W: occ:* cadw swae; **to ~ one's mark in the world,** gadael eich ôl ar y byd; **to ~ fun/game of sth,** cael hwyl am ben rhth; **to ~ merry,** bod yn llawen, ymlawenh|au; *Ven:* **to ~ a bag,** saethu helfa; **to ~ place/room for s.o.,** gwneud lle i rn; **to ~ way for s.o.,** mynd o ffordd rhn, mynd oddi ar ffordd rhn, gwneud lle i rn; **~ way!** o'r ffordd! gwna (gwnech) le! **to ~ a day of it,** gwneud diwrnod ohoni; **(to ~ time) for sth, to do sth,** (cael/neilltuo amser) ar gyfer rhth, i wneud rhth; **to ~ hay,** trin gwair, *occ:* gwneud gwair, cweirio gwair, *S.W:* moelyd gwair; **to ~ hay while the sun shines,** cynnull dy wair tra pery'r tes, cynaeafu tra bo'n dywydd teg; *Fig:* **to ~ hay with an argument,** tynnu dadl yn gareiau, chwalu dadl; **to ~ war (on s.o.),** rhyfela, mynd i ryfel (yn erbyn rhn); **to ~ peace,** heddychu (â rhn); **to ~ love (to s.o.),** *(i) (= pay court):* dweud geiriau cariadus/caruaidd (wrth rn); *(ii) (= have sexual intercourse):* caru, cydgaru, *Lit:* ymgaru, cydymgaru (â rhn); **it made my day for me,** 'roedd yn goron ar fy niwrnod; **to ~ one's escape,** dianc, ffoi; **to ~ an entrance,** dod i mewn; **to ~ good,** *(i)* **to ~ good a loss,** ad-dalu colled, talu iawn am golled; **to ~ good s.o.'s loss,** digolledu rhn; *(ii) Constr: (= tidy up):* tacluso; *(= repair):* trwsio, atgyweirio; **to ~ good one's escape,** llwyddo i ddianc; **to ~ one's way to somewhere,** mynd/ymlwybro/ymdeithio i le; **we made the whole distance in ten days,** fe aethom yr holl ffordd mewn deng niwrnod; **to ~ sail,** hwylio, cychwyn; *F:* **I just made my train,** mi ddaliais y trên mewn union bryd; bûm bron â cholli'r trên; bu ond y dim imi golli'r trên; cael a chael fu hi imi ddal y trên; **just made it!** cael a chael! **you made it then?** mi ddoist/lwyddaist/gyrhaeddaist felly? **2.** *(a) (= complete):* cwblh|au, cau, cyfannu; *El:* **to ~ a circuit,** cau/cwblhau cylched; *(b)* **two and two ~ four,** mae dau a dau yn bedwar; mae dau a dau yn gwneud pedwar; **this book makes pleasant reading,** mae'r llyfr hwn yn bleser i'w ddarllen; **that makes the tenth time,** dyna'r ddegfed waith; dyna'r degfed tro; **that makes two of us,** dyna [iti *&c*] ddau ohonom ni; **(to ~) a good husband, a good wife,** bod yn ŵr da, bod yn wraig dda; **she'll ~ s.o. a good wife,** fe wnaiff hi wraig dda i rn; fe fydd hi'n wraig dda i rn; **will you ~ one of the party?** a ddowch chi'n un o'r parti? **he would ~ a good preacher,** mae deunydd pregethwr [da] ynddo; fe ellid pregethwr [da] ohono; fe wnâi bregethwr da/iawn. **3. to ~ a hundred pounds a week,** ennill canpunt yr wythnos; **to ~ a fortune,** gwneud ffortiwn; *U.S: F:* **to ~ a girl,** cael/gwneud/chwarae merch; *F:* **to ~ a bit,** gwneud ceiniog fach, ei gwneud hi'n iawn; *F:* **to ~ a bit on the side,** ennill tipyn dros ben; **to ~ a living,** ennill bywoliaeth, ennill eich tamaid; **to ~ a name,** ennill bri, gwneud enw; **to ~ profits,** gwneud elw; **to ~ progress,** dod ymlaen, dangos cynnydd; **what will you ~ by it?** faint elwach a fyddwch chi ohono? *Cards:* **to ~ a trick,** codi/ennill tric; **to ~ one's contract,** cwblhau'ch cytundeb; *abs. (of card):* **to ~,** codi, ennill; *F:* **to ~ it,** llwyddo, cyrraedd; **I hope you ~ it to Paris,** gobeithio y cyrhaeddi di Baris; **do you think he'll ~ the university?** a gredwch chi y caiff fynd i'r brifysgol? **4.** *(= make famous):* enwogi (rhn), gwneud (rhn) yn enwog; **it was this book that made him,** y llyfr hwn a'i henwogodd; y llyfr hwn a ddaeth ag ef i fri; **this time it's ~ or break,** llwyddo neu fethu yw hi y tro hwn; dyma'r cyfle olaf; **to ~ or break sth, to ~ or mar sth,** hybu neu ddifetha rhth. **5.** *pred.* **to ~ s.o. happy,** gwneud rhn yn hapus, llonni rhn; **to ~ light of sth,** bod yn ddibris o rth, dibrisio rhth, diystyru rhth, trin rhth yn ysgafn; **to ~ s.o. hungry,** codi awydd/chwant/eisiau bwyd ar rn; **to ~ s.o. thirsty,** codi syched ar rn; **to ~ s.o. angry,** gwylltio rhn; **to ~ s.o. desirous,** codi awydd ar rn; **to ~ s.o. sleepy,** gwneud rhn yn gysglyd; **to ~ s.o. sick,** codi pwys/cyfog ar rn; **to ~ a dish hot,** twymo dysgl/llestr; **to ~ s.o. frightened,** codi ofn ar rn, *S:* hala ofn/ofan/ofon ar rn; **to ~ s.o. a judge,** penodi rhn yn farnwr; **to ~ s.o. depressed,** codi'r felan ar rn; **he was made a knight,** cafodd ei urddo'n farchog; **he made himself a martyr,** gwnaeth ferthyr ohono'i hun; **to ~ sth known,** gwneud rhth yn hysbys, rhoi rhth ar ddeall, rhoi gwybod am rth; **to ~ sth felt,** peri teimlo rhth; **to ~ it hot (for s.o.),** ei phoethi hi, ei gwneud hi'n boeth/dwym (i rn); **to ~ sth understood (to s.o.),** rhoi rhth ar ddeall (i rn); **to ~ oneself heard,** eich gwneud eich hun yn glywadwy, peri i bobl eich clywed; **to ~ oneself comfortable,** eich gwneud eich hun yn gysurus; **to ~ oneself ill,** eich gwneud eich hun yn wael/sâl *&c*; **I ~ it a rule never to borrow,** fel rheol ni fyddaf yn benthyca; mae'n rheol gen i beidio â benthyca; **she made it her object to succeed,** llwyddo, dyna oedd ei nod; ei nod oedd llwyddo; 'roedd yn nod ganddi lwyddo; **can you come at six? - ~ it half-past,** a ellwch chi ddod am chwech o'r gloch? - dywedwch hanner awr wedi chwech. **6. the weather is not so bad as you ~ out,** nid yw'r tywydd cynddrwg ag a ddywedwch chi; **what do you ~ the time? what time do you ~ it?** faint o'r gloch yw hi gennych chi? faint wnaiff hi o'r gloch, meddech chi? faint ddywedech chi yw hi o'r gloch? **I ~ it five miles,** mi ddywedwn i mai pum milltir yw hi; **what bird do you ~ that to be?** pa aderyn yw hwnna, meddech chi? pa aderyn yw hwnna, yn eich barn chi? pa aderyn ddywedech chi yw hwnna? **7. to ~ s.o. speak,** gorfodi rhn i siarad, peri/gwneud i rn siarad; **he was made to speak,** gwnaethpwyd iddo siarad; gorfodwyd ef i siarad; gorfu iddo siarad; bu raid iddo siarad; **you should ~ him do it,** dylech chi ei orfodi [i'w wneud]; **what made you go?** beth a barodd/wnaeth ichi fynd? **what made you say that?** pam y dywedsoch chi hynny? beth a wnaeth/barodd ichi ddweud hynny? **to ~ do with sth,** bodloni ar rth, defnyddio rhth am y tro, defnyddio rhth dros dro, gwneud y tro â rhth. **8.** *Nau: (a) (= arrive):* cyrraedd (lle), dod (i le); **to ~ a headland,** *(i) (sight):* dod i olwg penrhyn; *(ii) (round):* mynd heibio i benrhyn, troi penrhyn, rowndio penrhyn; *(b) (of ship):* **to ~ twenty knots,** gwneud ugain milltir yr awr; **we made bad weather,** cawsom dywydd gwael. **9.** *(= represent):* **he makes Richard [to be] the King's son,** mae'n dangos Richard fel mab y brenin. II. *v.i.* **1. to ~ for/ towards a place,** anelu/mynd/ymlwybro/unioni am le, cyrchu [tuag] at le, cyrchu i le; **to ~ for s.o.,** mynd am/at rn, rhuthro at rn; *(in attack):* rhuthro rhn, rhuthro i rn, cythru i rn. **2. (these agreements) ~ for peace,** (mae'r cytundebau hyn) yn fodd[-ion] cadw heddwch, yn arwain at heddwch, yn cyfrannu at heddwch. **3. to ~ as if/though to go,** gwneud osgo mynd, cynnig mynd, gwneud/symud fel pe baech am fynd, smalio/cogio/ esgus mynd; **he made to go,** cychwynnodd fynd; cynigiodd fynd; gwnaeth osgo mynd. **4.** *U.S: F:* **to ~ like sth,** gwneud fel rhth, dynwared rhth. **5.** *(of hay):* sychu. **6.** *(of water, to increase in depth):* mynd yn ddyfnach, dyfnh|au. **~ away** *v.i. (a)* mynd [ymaith], cilio, ymbellh|au; **to ~ away with sth,** mynd i ffwrdd â rhth; dwyn rhth; *F:* **to ~ away with s.o.,** lladd rhn, cael gwared â rhn; **she made away with herself,** fe'i lladdodd ei hun; gwnaeth amdani ei hun; gwnaeth ei diwedd ei hun; gwnaeth ddiwedd arni hi ei hun; **~ off** *v.i.* = **make away. ~ out** *v.t.* **1.** *(a list):* gwneud rhestr (o rth), rhestru (rhth); **to ~ out a cheque,** ysgrifennu/llenwi siec. **2.** *(a) (= claim):* haeru, dal, honni, maentumio; **how do you ~ that out?** beth sy'n gwneud/ peri ichi feddwl hynny? *(b)* **to ~ s.o. out (to be richer than he is),** dal allan, honni, tybio (bod rhn yn fwy cyfoethog nag ydyw); **(he is not so stupid) as people ~ out,** (nid yw mor dwp) ag y credir gan rai, ag y myn[n] rhai. **3.** *(a problem):* datrys, deall, dirnad; *(writing):* dehongli, deall, darllen; **I can't ~ him out,** 'rwy'n methu ei ddeall ef; nid wyf yn deall dim arno; *S. W: occ:* anodd gwybod ei oer neu'i dwym; **I can't ~ it out,** nid wy'n deall dim arno; *(= discern):* canfod, dirnad; *(= pretend):* cogio, smalio, honni, cymryd arnoch; *(= succeed):* llwyddo, cael hwyl ar rth; **I wonder how Mary is making out in her new job,** ys gwn i sut hwyl y mae Mair yn ei chael yn ei swydd newydd? *S:* ys gwn i sut mae Mair yn taro mas yn ei swydd newydd? **how did you ~ out?** sut hwyl gefaist ti [arni]? **~ over** *v.t.* **1.** *(property &c):* trosglwyddo, ildio, cyflwyno. **2.** *Needlew:* ail-wnïo, ail-wneud. **~ up** I. *v.t.* **1.** *(a deficiency &c):* cyflenwi, llenwi, cyfannu (rhth); ad-dalu, gwneud iawn (am rth); llenwi bwlch (yn rhth). **2. to ~ up lost ground,** adennill tir a gollwyd; **to ~ it up to s.o. for sth,** gwneud iawn i rn am rth, digolledu rhn am rth. **3.** *(package):* gwneud; *Pharm:* **to ~ up a medicine,** cymysgu ffisig/ moddion; *Ch: (a solution):* parat|oi; **to ~ up a prescription,** cyflenwi presgripsiwn/rhagnodiad. **4.** *(a) Needlew:* **to ~ up materials,** gwnïo defnyddiau; *(b)* **to ~ up a list,** gwneud rhestr; *(c)* **to ~ up an account,** mantoli cyfrif; *(d)* **to ~ up a story,** ffugio/dyfeisio/llunio/gwneud stori; **you're making it up!** dweud celwydd yr wyt ti! **5.** *(a) (a company of people, a sum of money):* casglu, cynnull, hel, crynh|oi (pobl, arian) [at ei gilydd]; *(b)* **to ~ up a fire,** rhoi glo ar y tân; *(c) Typ:* **to ~ up a page,** gosod/cysodi tudalen. **6.** *(= compose):* **to ~ up a whole,** ffurfio cyfanwaith. **7. she made up (in front of the mirror),** fe'i colurodd ei hun, rhoes hi golur, ymbinciodd, *S. W: F:* jimodd hi (o flaen y drych). **8. to ~ up one's mind,** penderfynu, gwneud penderfyniad. **9. to ~ up a difference,** cymodi; **to ~ it up [again],** ailgymodi. II. *v.i.* **1.** *(a)* **to ~ up for lost time,** gwneud iawn am amser a gollwyd, adennill amser a gollwyd; **to ~ up for one's losses,** gwneud/cael iawn am golled, eich digolledu'ch hun; **that makes up for it,** mae hynny'n gwneud iawn am y peth; mae hynny'n gysur o fath; *(b)* **to ~ up for the want of sth,** cyflenwi diffyg rhth, gwneud iawn am ddiffyg rhth; **to ~ up to s.o.,** *(= curry favour):* seboni rhn, gwerthu sebon/lledod i rn, mynd i lawes rhn, ffalsio i rn, cynffonna i rn; **~ with** *v.i. U.S: F:* dod â rhth. **~ and break coil** *n. El:* dirgrynwr (dirgrynwyr) *m*, torch ddirgrynol (torchau dirgrynol) *f*. **~-believe**[1] **1.** *n.* rhith(-iau) *m*, lledrith(-iau) *m*, dychymyg (dychmygion) *m*; **the land of ~-believe,** gwlad *(f)* hud a lledrith. **2.** *a.* dychmygol, rhithiol, lledrithiol, esgus; **~-believe soldiers,** milwyr cogio [bach], milwyr smalio [bach]; **~-believe policeman,** plisman drama. **~-believe**[2] *v.i. (of children):* cogio bach, smalio bach, cymryd arnoch, esgus, creu a chredu. **~-do** *attrib.* dros dro, *occ:* esgud. **~-up**[1] *n.* **1.** *(= composition):* cyfansoddiad *m*, gwneuthuriad *m*, sylwedd *m*. **2.** *Toil: Th:* colur(-on) *m*, *F:* powdwr *(m)* a phaent *m*; **straight ~-up,** colur plaen; *Th:* **~-up man,** colurwr (colurwyr) *m*; **~-up girl,** col|urwraig (colurwragedd) *f*. **3.** *Typ:* cysodiad *m*. **4.** *(= fabrication):* ffugiad(-au) *m*, chwedl(-au) *f*, celwydd(-au) *m*. **5. ~-up length** *(of pipe &c):* darn(-au) llanw *m*. **~-up**[2] *v.t.* coluro.

makeable *a.* gwneuthuradwy.

makefast *n. Nau:* postyn (pyst) *(m)* angori/clymu.

maker *n.* **1.** gwneuthurwr (gwneuthurwyr) *m*, gwneuth|urwraig *f*. **2. the M~,** *(= God):* y Creawdwr *m*, y Crëwr *m*.

makeready *n. Typ:* paratoad *m*.

makeshift *a. & n.* **1.** *a.* dros dro, *occ:* esgud. **2.** *n.* peth(-au) *(m)* dros dro, dyfais (dyfeisiau) *f*.

makeweight *n.* beindin *m*, tro*(m)*'r dafol, tro'r fantol.

making *n.* **1.** *(a)* gwneuthuriad *m*; *(of building &c):* saernïaeth *f*, adeiladwaith *m*; **the marriage was none of her ~,** nid ei gwaith hi oedd y briodas; nid hi a drefnodd y briodas; **that was the ~ of him,** hynny a'i gwnaeth yr hyn ydyw; hynny a'i cododd i'r lle y mae heddiw; **it'll be the ~ of you, lad,** fe wnaiff ddyn ohonot ti, 'machgen i; **history in the ~,** hanes byw, hanes fel y'i creir, hanes fel y mae'n digwydd; **the ~ of Welsh,** datblygiad *(m)* yr Iaith Gymraeg; *(b) pl.* **makings,** *(= stuff, material):* deunydd *m*, defnyddiau *pl*; **he has the makings of a carpenter,** mae deunydd saer ynddo; **I have not the makings of a hero,** wnaf i byth arwr; 'does dim byd arwrol ynof i. **2.** *pl. (= takings):* derbyniadau, elw *m*. **~-up** *vn.* **1.** *(for losses):* digollediad(-au) *m*, iawn *m*, digolledu. **2.** *Pharm:* cymysgiad(-au) *m*, cymysgu, paratoad(-au) *m*, parat|oi. **3.** *(a) (of clothing):* gwnïo, gwneuthuriad *m*; *(b) St.Exch:* **~-up price,** pris *(m)* cloi; *(c) (of story &c):* ffugiad(-au) *m*, ffugio. **4.** *Typ:* **~-up and imposing,**

cysodiad *m*. **5.** *(= composition):* cyfansoddiad *m*. **6.** *Th: &c:* coluriad *m*, coluro. **7.** *(of differences):* cymodi.

mako[1] *n*. **1.** *Z:* maco(-aid,-s) *m*. **2.** *Bot:* coeden *(f)* faco (coed maco).

mako[2] *n*. *Ich: (Isurus oxyrhynchus):* morgi (morgwn) trwynfain *m*, maco(-aid,-s) *m*.

malabsorb *v.t.&i. Med:* camamsugno.

malabsorption *n*. *Med:* camamsugniad *m*, camamsugno *vn*.

malabsorptive *a*. *Med:* camamsugnol.

malacca cane *n*. ffon *(f)* falacca (ffyn malacca).

malaceous *a*. *Bot:* afalaidd.

Malachi *Pr.n.m. B:* M|alachi.

malachite *n*. *Miner:* m|alachit *m*.

malacoderm *n*. *Rept:* croenfeddal(-ion,-iaid) *m*, croenfeddalog(-ion) *m*.

malacologic[al] *a*. *Moll:* malacolegol.

malacologist *n*. malacolegwr: malacolegydd (malacolegwyr) *m*.

malacology *n*. malacoleg *f*.

malacopterygian *a*. & *n*. *Ich:* **1.** *a*. mwythasgellog. **2.** *n*. pysgodyn (pysgod) mwythasgellog *m*.

malacostracan *a*. & *n*. **1.** *a*. cragen feddal. **2.** *n*. cragenfeddalog(-ion) *m*, cragen feddal (cregyn meddal) *f*.

maladaptation *n*. diffyg *(m)* ymaddasiad, camymaddasiad(-au) *m*, camaddasiad(-au) *m*.

maladapted *a*. camaddasedig.

maladaptive *a*. camaddasol.

maladjusted *a*. heb addasu, heb ymaddasu, camaddas; **~ child,** plentyn (plant) *(m)* heb ymaddasu.

maladjustive *a*. camaddasol.

maladjustment *n*. diffyg *(m)* addasiad/ymaddasiad/ymaddasu. camaddasiad *m*.

maladminister *v.t.* camweinyddu.

maladministration *n*. camweinyddiaeth *f*, camweinyddu *vn*, camweinyddiad *m*.

maladroit *a*. lletchwith *&c*; *S.a.* **clumsy.**

maladroitly *adv*. yn lletchwith.

maladroitness *n*. lletchwithdod *m*.

malady *n*. anhwylder(-au) *m*, anhwyldeb(-au) *m*, clefyd(-au,-on) *m*, salwch *m*, afiechyd(-on) *m*.

Malagasy *a*. & *n*. **1.** *a*. Malagasaidd. **2.** *n*. *(i) Ethn:* Malagasiad (Malagasiaid) *m&f*; *(ii) Ling:* Malagasi *f*, *m*.

malaguena *n*. *Mus: Danc:* malagena(-s) *f*.

malaise *n*. **1.** *Med:* anhwylder *m*, anhwyldeb *m*. **2.** *(= unease):* anniddigrwydd *m*, chwithdod *m*, anhunedd *m*, annifyrrwch *m*.

malamute *n*. *Z:* ci (cŵn) *(m)* |Esgimo.

malapert *a*. *A:* digywilydd *&c*; *S.a.* **cheeky.**

malapertly *adv*. *A:* yn ddigywilydd *&c*.

malapertness *n*. *A:* digywil|ydd-dra *m*.

malapportioned *a*. camranedig, anghytbwys.

malapportionment *n*. camraniad(-au) *m*, camrannu *vn*.

malaprop *n*. & *a*. **1.** *n*. = **malapropism**. **2.** *a*. malapropaidd, cameiriedig

malapropian *a*. = **malaprop 2**.

malapropism *n*. cameiriad(-au) *m*, malapropiaeth(-au) *f*.

malapropos *a*., *adv*. & *n*. **1.** *a*. anaddas, amhriodol; **a ~ comment,** sylw allan o'i le. **2.** *adv*. allan o'i le, yn amhriodol, yn anaddas, heb fod yn addas. **3.** *n*. peth(-au) anaddas *m*, gair (geiriau) anaddas *m &c*.

malar *a*. *Anat:* **~ bone,** bochgern(-au) *f*.

malaria *n*. *Med:* malaria *m*, y cryd *m*, *Lit: occ:* y deirton *f*, y ddryton *f*.

malarial, malarian *a*. *Med:* malarïaidd, dyrtonol; *Geog:* **~ swamps,** corstiroedd malaria.

malariologist *n*. malariolegydd (malariolegwyr) *m*.

malariology *n*. malarioleg *f*.

malarious *a*. *Med:* llawn malaria, â malaria, malarïaidd.

malarkey *n*. *F:* = **humbug**[1], **nonsense.**

malate *n*. *Ch:* malad(-au) *m*.

malathion *n*. *Ch:* malathïon *m*.

Malay *a*. & *n*. **1.** *a*. Maleiaidd; *(in language):* Maleieg; **the ~ States,** Taleithiau Maleia; **the ~ Archipelago,** Ynysfor *(m)* Maleia; **she's ~,** Malaiad yw hi; un o Falaia yw hi. **2.** *n*. *(i) Ethn:* Maleiad (Malaiaid) *m&f*; *(ii) Ling:* Maleieg *f*, *m*.

Malaya *Pr.n. Geog:* Malaia *f*.

Malayalam *n*. *Ling:* Malaialam *f*, *m*.

Malayan *a*. = **Malay.**

Malaysia *Pr.n. Geog:* Maleisia *f*.

Malaysian *a*. & *n*. **1.** *a*. Maleisaidd, o Faleisia; **the ~ government,** llywodraeth Maleisia; **he's ~,** Maleisiad yw ef. **2.** *n*. Maleisiad (Maleisiaid) *m&f*.

malcontent *a*. & *n*. **1.** *a*. anfoddog, anfodlon, anniddig. **2.** *n*. rhn (rhai) anfoddog *&c*, gwrthryfelwr (gwrthryfelwyr) *m*, gwrthryf|elwraig *f*.

malcontented *a*. = **malcontent 1**.

malcontentedly *adv*. yn anfoddog *&c*.

malcontentedness *n*. anfodd *m*, anfoddogrwydd *m*, anfodlonrwydd *m*, anniddigrwydd *m*.

mal de mer *n*. salwch *(m)* môr.

maldistribution *n*. camddosbarthiad *m*, camddosbarthu *vn*.

mal du pays *n*. hiraeth *m*.

male *a*. & *n*. **1.** *a*. gwryw, gwrywaidd, *occ:* gwrywol; **~ cat,** *N:* cath wryw (cathod gwryw) *f*, *S:* cwrcath: gwrcath(-od) *m*, cwrcyn(-nod) *m*, cwrci (cwrcïod) *m*; **a ~ child,** plentyn gwryw, bachgen bach *m*; **~ nurse,** nyrsiwr (nyrswyr) *m*, ysbytÿwr (ysbytywyr) *m*; *S.a.* **midwife;** *Mec.E:* **~ screw,** sgriw wryw (sgriwiau gwryw) *f*; **the ~ sex,** y rhyw wryw *f*; **~ voice choir,** côr (corau) *(m)* meibion. **2.** *n*. gwryw(-od,-iaid, *N: F: occ:* gyrfod); *S.a.* **chauvinism, chauvinist.** **~ fern** *n*. *Bot: (Dryopteris filix-mas):* marchredynen wryw (marchredyn gwryw) *f*, rhedynen (rhedyn) *(f)* y cadno; **dwarf ~ fern,** *(D. oreades):* marchredynen fach (marchredyn bach); **scaly ~ fern,** *(D. pseudomas):* marchredynen gennog (marchredyn cennog), marchredynen wisg euraid[d] (marchredyn gwisg euraid[d]).

maleate *n*. *Ch:* malead(-au) *m*.

maledict[1] *a*. melltigedig, melltithiedig, *Lit:* melltigaid.

maledict[2] *v.t.* melltithio, *Lit: occ:* melltigo.

malediction *n*. melltith(-ion) *f*.

maledictive, maledictory *a*. melltithiol.

malefaction *n*. camwedd(-au) *m*, drwgweithrediad(-au) *m*, drwgweithred(- oedd) *f*, drwgweithredu *vn*.

malefactor *n*. drwgweithredwr (drwgweithredwyr) *m*, troseddwr (troseddwyr) *m*, camweddwr (camweddwyr) *m*.

malefic *a*. niweidiol, drygionus, adwythig.

maleficence *n*. drygioni *m*, niweidioldeb *m*.

maleficent *a*. **1.** *(= harmful):* niweidiol (**to s.o.,** i rn). **2.** *(= criminal):* troseddol, drygionus.

maleic *a*. *Ch:* malëig *m*.

malemute *n*. = **malamute.**

maleness *n*. gwrywedd *m*, gwrywdod *m*, gwryw|eidd-dra *m*.

malentendu *n*. camddealltwriaeth(-au) *f*.

malevolence *n*. drwgewyllys *m*, malais *m*, casineb *m*, mileindra *m* (**towards s.o.,** tuag at rn); gwenwyn *m* (i rn).

malevolent *a*. maleisus, maleisddrwg, milain, mileinig, llawn cas/gwenwyn, gwenwynig, gwenwynllyd, drwgewyllysgar, drwgewyllysiol, drygionus, drygnaws.

malevolently *adv*. yn faleisus *&c*; â malais.

malfeasance *n*. *Jur:* camymddygiad *m*, camymddwyn *vn*, troseddu *vn*.

malfeasant *a*. & *n*. *Jur:* **1.** *a*. troseddol, camymddygol. **2.** *n*. troseddwr (troseddwyr) *m*, tros|eddwraig (troseddwragedd) *f*, camymddygwr (camymddygwyr) *m*.

malformated *a*. camffurfiedig, efrydd, cam (ceimion).

malformation *n*. camffurfiad(-au) *m*, camffurfiant (camffurfiannau) *m*.

malformed *a*. camffurfiedig.

malfunction[1] *n*. diffyg(-ion) *m*, aflwydd *m*, anghaffael *m*, *F: occ:* cam-hwyl *f* (**of sth,** ar rth).

malfunction[2] *v.i.* camweithio, camymddwyn, *F:* gwrthod gweithio, pallu gweithio, *N: F:* 'cau gweithio.

malic *a*. *Ch:* **~ acid,** asid malig *m*, asid afalau.

malice *n*. malais *m*, casineb *m* (**towards s.o.,** tuag at rn); gwenwyn *m* (i rn); **out of ~,** trwy falais, o ran malais; **he bears me ~,** mae ganddo ddant i mi; mae â'i gyllell ynof i; **with/of ~ prepense, with ~ aforethought,** â drwgfwriad; **to impute ~ to s.o.,** priodoli malais i rn.

malicious *a*. **1.** maleisus, maleisgar, maleisddrwg, milain, mileinig, gwenwynig, gwenwynllyd, cas; **to be ~,** bod yn faleisus *&c*, *S. W: occ:* sbengan; **to be ~ about s.o.,** trin a thrafod rhn, *S.E: occ:* trin a threpu (= diarhebu) rhn. **2.** *Jur:* maleisus, rhagfwriadol, bwriadol; ~ **prosecution,** erlyniad maleisus; **M~ Damage Act,** Deddf (*f*) Difrod Maleisus.

maliciously *adv.* **1.** yn faleisus *&c.* **2.** *Jur:* yn fwriadol, gyda bwriad maleisus, yn faleisus.

maliciousness *n.* = **malice**.

malign[1] *a.* *(disease &c):* niweidiol, enbyd, *Lit:* adwythig, malaen; *(= malevolent):* milain, mileinig, drygnaws, gwenwynllyd.

malign[2] *v.t.* enllibio, athrodi, difrïo, pardduo.

malignance, malignancy *n.* **1.** *(= malevolence):* mileindra *m,* malais *m,* atgasedd *m,* casineb *m,* cas *m.* **2.** *Med:* malaenedd *m,* enbydrwydd *m,* llidiogrwydd *m.*

malignant *a. & n.* **1.** *(a)* maleisus, maleisddrwg, milain, mileinig, gwenwynig, gwenwynllyd, adwythig, drwg, cas, drygionus; *(b) Med:* enbyd, adwythig, llidiog, ffyrnig; *(= cancerous):* canseraidd, gwyllt, malaen; *(c) Hist:* breningarol (*pronounced* ng-g), gwrthseneddol, drwgewyllysiol. **2.** *n. Hist:* cefnogwr (cefnogwyr) (*m*) Siarl, brenhinwr (brenhinwyr) *m.*

malignantly *adv.* **1.** yn faleisus *&c.* **2.** yn ffyrnig *&c.* **3.** yn freningarol (*pronounced* ng-g) *&c.*

maligner *n.* enllibiwr (enllibwyr) *m,* enll|ibwraig (enllibwragedd) *f,* athrodwr (athrodwyr) *m,* athr|odwraig (athrodwragedd) *f,* difrïwr (difriwyr) *m,* pardduwr (pardduwyr) *m.*

malignity *n.* = **malignancy.**

malignly *adv.* yn filain *&c.*

malinger *v.i. Mil: &c:* cymryd arnoch fod yn sâl/dost, cogio/ffugio salwch, esgus bod yn sâl, ffug-glafychu, *S.E: occ:* trochi'n dost.

malingerer *n.* ffug-glaf (~-gleifion) *m,* ffug-glafychwr (~-glafychwyr) *m.*

malingering *vn. See* **malinger.**

malism *n.* *drygionaeth *f.*

malison *n.* = **malediction.**

mall *n.* **1.** *(= sheltered walk):* rhodfa (rhodf|eydd) *f; U.S: Can: (= shopping precinct):* marchnadfa (marchnadf|eydd) *f.* **2.** *Games: Hist:* gordd (gyrdd) *f.*

mallard *n. Orn: (= Anas boscas):* hwyaden wyllt (hwyaid gwylltion) *f,* garanhwyad (garanhwyaid) *f;* **male ~,** ceiliog (*m*) hwyaden wyllt (ceiliogod hwyaid gwylltion); *(= drake):* ceiliog hwyaden (ceiliogod hwyaid), *N:* ceiliog chwiaden, *M.W:* palat: peilat *m,* maelad: meilat *m, S.W:* barlad: barlat *m,* merlat: marlat *m, S.E:* milart *m.*

malleability *n.* morthwyledd *m,* hydrinedd *m.*

malleable *a.* morthwyliadwy, gorddadwy, curadwy, hydrin, hyblyg, hawdd ei forthwylio; ~ **iron,** haearn hydrin *m.*

malleableness *n.* = **malleability**.

mallee *n. Austr: Bot:* llwyn(-i) (*m*) malî. **~-bird, ~-fowl, ~-hen** *n. Orn: (Leipoa ocellata):* aderyn (adar) (*m*) malî.

mallemuck *n. Orn:* = **fulmar**.

mallenders *n. Vet:* clwy(*m*)'r garan.

malleolus *n. Anat:* gorddan(-au) *f,* migwrn (migyrnau) *m.*

mallet *n.* **1.** *Tls:* gordd bren (gyrdd pren) *f,* morthwyl(-ion) pren *m, N: occ:* clobar(-s) *m, N: S.W:* rhys(-od) *m, N.W: Min:* **splitting ~,** gordd hollti; **bossing [egg-shaped] ~,** gordd ben ŵy (gyrdd pen ŵy); **boxwood ~,** gordd bren bocs (gyrdd pren bocs); **carver ~,** gordd gerfio (gyrdd cerfio); **fabric printing ~,** gordd brintio (gyrdd printio) ffabrig; **raising ~,** gordd godi (gyrdd codi). **2.** *Games:* gordd (gyrdd) *f.* **3.** *Med:* **~-finger,** bys(-edd) (*m*) morthwyl.

malleus *n. Anat:* morthwyl (*m*) y glust.

mallow *n. Bot:* **common ~,** *(Malva sylvestris):* hocysen (hocys) *f, N: occ:* dail (*pl*) rhocos, *N.E: occ:* dail ocas, *S:* malws *pl, A: or Lit:* meddalai *f,* y feddalai, melotai *f,* glyf *f,* malwen (malw, malws) *f,* malw'r meysydd, malw'r perthi; **Chinese ~,** *(M. verticillata):* hocysen droellog (hocys troellog); **curled ~,** *(M. crispa):* hocysen grech (hocys crychion); **cut ~,** *(M. alcea):* hocysen ddragiog (hocys dragiog), malws Alis; **dwarf ~,** *(M. neglecta):* hocysen grynddail (hocys crynddail), corhocysen (corhocys) *f;* **Egyptian ~,** *(M. parviflora):* hocysen yr Aifft; **false ~,** *(Malvastrum):* ffug-hocysen (~-hocys) *f;* **globe ~,** *(Sphaeralcea):* hocysen bengron (hocys pengrwn) (*pronounced* ng-g); **hairy/hispid ~,** *(Althaea hirsuta):* hocysen flewog (hocys blewog); **Indian ~,** *(Abutilon avicennae):* hocys yr India; **Jew's ~,** *(Corchorus olitorius):* malws melyn; **least ~,** *(M. parviflora):* yr hocysen leiaf (yr hocys lleiaf); **marsh ~,** *(Althaea officinalis):* dail yr hocys, hocysen y gors/morfa, hocysen wen (hocys gwyn), *Lit: occ:* malw'r hêl, meddalai'r morfa; *S.a.* **marshmallow; musk ~,** *(M. moschata):* hocysen fwsg (hocys mwsg), llysiau (*pl*) Simwnt, hocysen bêr (hocys pêr); **rose-~,** *(A. rosea):* hocys bendigaid, hocys y gerddi, malw bendigaid; **rough ~,** = **mallow (hairy/hispid); sea ~,** *(Lavatera maritima):* môr-hocysen (~-hocys) *f,* hocysen fôr (hocys môr); **small ~,** *(M. pusilla):* hocysen fechan (hocys bychain); **smaller tree-~,** *(L. cretica):* hocyswydden fach (hocyswydd bach) *f;* **tree-~,** *(L. arborea):* hocysen goediog (hocys coediog), hocyswydden (hocyswydd) *f,* hocysen fendigaid (hocys bendigaid).

Malltraeth Marsh *W.Pl.n.* Cors (*f*) Ddyga.

malm *n. Geol:* malm *m.*

malmaison *n. Hort:* ***malmaison(-s)*** *m.*

Malmesbury *Eng.Pl.n.* Mambri *m.*

malmsey *n. Vit:* gwin (*m*) Mawmsai/Malmsi/Malfasi.

malnutrition *n.* diffyg (*m*) maeth, cam-faeth *m,* camfaethiad *m,* camfaethu *vn,* camluniaeth *m, F:* hanner llwgu *vn.*

malocclusion *n. Dent:* camgymheiriad *m.*

malodor *n.* drewdod *m,* drycsawr: drygsawr *m,* drewsawr *m.*

malodorous *a.* drewllyd, drygsawrus: drycsawrus, drewedig, drycsawr.

malodorously *adv.* yn ddrewllyd *&c.*

malodorousness *n.* drewdod *m,* drycsawr: drygsawr *m.*

malolactic *a.* malolactig.

Malpighian, Malpighiaceous *a.* Malpighiaidd, Malpighi; ~ **corpuscle,** corffilyn (corffilod) (*m*) Malpighi.

malposition *n. Med:* camleoliad(-au) *m.*

malpractice *n.* **1.** *(= misdeed):* trosedd(-au) *m,* camwedd(-au) *m.* **2.** *Jur: (a) (of doctor):* esgeulustod *m,* esgeulustra *m,* diofalwch *m; (b) (= illegal action):* camymddwyn *vn,* camymddygiad(-au) *m.*

malpractitioner *n.* camymddygwr (camymddygwyr) *m,* camymdd|ygwraig *f.*

malrotation *n.* camdro(-adau) *m.*

malt[1] *n.* brag(-au) *m;* **a grain of ~,** bregyn *m;* **barley ~,** heiddfrag *m;* **barley-~ beer,** cwrw (*m*) brag; **~ from wheat grain,** brag (*m*) gwenith. **~-house** *n. Brew:* bracty (bractai) *m, Lit: occ:* darllawdy (darllawdai) *m, S.W:* briw|edd-dy (~-dai) *m.* **~-kiln** *n.* odyn (*f*) frag (odynnau brag). **~ liquor,** brag haidd, braglyn *m,* diod (*f*) frag, dŵr (*m*) brag, bragod *m.* **~ loaf** *n. Cu:* torth (*f*) frag (torthau brag). **~ vinegar,** finegr (*m*) brag. **~ whisky,** wisgi (*m*) brag.

malt[2] *v.t.&i.* **1.** *v.t.* bragu, brago, bragio, *S.W: occ:* macsu. **2.** *v.i. (a)* gwneud brag, darllaw; *(b) (of seeds):* troi'n frag, bragu.

Malta *Pr.n. Geog:* Malta *f, B:* Melita *f.* **~ fever** *n. Med:* y dwymyn donnol *f.*

maltase *n. Bio-Ch:* maltas *m.*

malted *a.* ~ **milk,** llaeth a brag.

Maltese *a. & n.* **1.** *a.* Maltaidd, Melitaidd; **the ~ government,** llywodraeth Malta; **she's ~,** un o Falta yw hi; **~ cat,** cath (*f*) Malta/Melita; **~ cross,** croes (*f*) Malta/Melita, croes wythbwynt. **2.** *n. (i) Ethn:* Melitiad (Melitiaid) *m&f,* brodor(-ion) (*m*) o Felita/Falta; *(ii) Ling:* = **Malti**.

maltha *n.* maltha *m.*

Malthusian *a. & n.* **1.** *a.* Malthwsaidd. **2.** *n.* Malthwsiad (Malthwsiaid) *m&f.*

Malthusianism *n.* Malthwsiaeth *f.*

Malti *Pr.n. Ling:* Malti *f, m,* Malteg *f, m,* Meliteg *f, m.*

malting *vn. & n.* **1.** *vn. See* **malt**[2] **1. 2.** *n.* = **malt-house**.

maltose *n. Ch: Ind:* maltos *m.*

maltreat *v.t.* cam-drin.

maltreatment *n.* camdriniaeth(-au) *f,* camddefnydd *m* **(of sth,** o rth); camdrin *vn* (ar rth).

maltster *n.* bragwr (bragwyr) *m,* bragydd(-ion) *m.*

maltworm *n.* diotwr (diotwyr) *m,* potiwr (potwyr) *m,* llymeitiwr (llymeitwyr) *m,* slotiwr (slotwyr) *m.*

malty *a.* â blas brag.

malvaceae *n.pl. Bot:* malws, hocys.

malvaceous *a. Bot:* hocysol, malysol.

malversation *n.* **1.** *(= corrupt behaviour):* camymddygiad *m,* camymddwyn *vn,* dichelltro *m.* **2.** *(= corrupt administration):* camweinyddiaeth *f,* camweinyddiad *m,* camweinyddu *vn.*

malvoisie *n. Vit:* = **malmsey.**

mam *n.f.* mam(-au).
mamba *n. Rept:* mamba(-s,-od) *f.*
mambo[1] *n. Danc:* mambo(-s) *mf.*
mambo[2] *v.i. Danc:* gwn|eud y mambo.
mamelon *n. Geog:* bryncyn(-nau) *m*, twmpath(-au) *m*.
Mameluke *n. Hist:* Mamlwc(-iaid) *m&f.*
mamilla *n. Anat:* teth(-i,-au) *f*, tethen(-ni,-nau) *f*, diden(-nau) *f*, diten(-nau) *f*.
mamillary *a.* didennol, tethol; **~ gland,** chwarren (*f*) y fron.
mamillate, mamillated *a.* tethog.
mamma[1] *n.f.* mam(-au). **~'s boy** *n.* bachgen [gwyn] ei fam, *N:* hogyn (*m*) ei fam, *Pej:* : *N:* babi(-s) (*m*) mam, *S:* babi(-s) losin.
mamma[2] *n. Anat: Z:* teth(-au) *f*, bron(-nau) *f*.
mammal *n. Z:* mamal(-iaid) *m*, tethog(-ion) *m*, mamolyn (mamolion) *m*.
mammalian *a.* & *n.* **1.** *a.* mamalaidd. **2.** *n.* mamaliad (mamaliaid) *m*.
mammaliferous *a.* mamalddwyn.
mammalogist *n.* mamalegwr: mamalegydd (mamalegwyr) *m*.
mammalogy *n.* mamaleg *f*.
mammary *a. Anat:* tethol, bronnol; *Med:* **~ gland,** chwarren (*f*) laeth (chwarennau llaeth).
mammatocumulus *n. Meteor:* brongwmwl (brongymylau) *m* (*pronounced* ng-g).
mammee *n. Bot:* coeden (*f*) fami (coed mami).
mammiferous *a.* tethog, bronnog.
mammiform *a.* tethol, ar ffurf teth.
mammillary *a.* = **mamillary**.
mammillated *a.* = **mamillated**.
mammogram *n. Med:* m|amogram (mamogramau) *m*.
mammography *n. Med:* mamograffeg *f*.
Mammon *n.* Mamon *m*, golud *m*; **the ~ of unrighteousness,** y Mamon anghyfiawn.
Mammonish *a.* Mamonaidd.
Mammonism *n.* Mamoniaeth *f*.
Mammonite *n.* Mamoniad (Mamoniaid) *m&f*, Mamonydd(-ion) *m*.
mammoth *n.* & *attrib.* **1.** *n. Z:* mamoth(-iaid) *m*. **2.** *attrib. F:* aruthrol [fawr], anferth, anferthol, cawraidd, enfawr.
mammy *n.f.* **1.** *A:* & *P:* mam(-au). **2.** *U.S:* (*= nanny*): mamaeth(-od) *f*.
man[1] *n.m.* **1.** *(a)* (*= human being*): dyn(-ion), gŵr (gwŷr); *S.a.* **male; two men,** dau ddyn, *Lit:* deuddyn; **three men,** tri dyn, tridyn, *occ:* triwyr; **the ~ in the street,** y dyn cyffredin; **the ~ in the moon,** y dyn yn y lleuad, dyn [bach] y lleuad, hen ŵr y lleuad; **every ~,** pawb *m*, pobun *m*, pob enaid *m*, *F:* pob copa walltog *f*; *S.a.* **jack; a fellow ~, a ~ and a brother,** c|yd-ddyn (cyd-ddynion) *m*; *Theol:* **the Son of M~,** Mab y Dyn; **any ~,** unrhyw un, *occ:* rhywun-rhywun; **no ~,** neb; **no ~'s land,** tir (*m*) neb; **a married ~,** gŵr priod; **~ and wife,** gŵr a gwraig; **some men,** rhai dynion, rhai pobl, rhywrai, rhai, ambell un; **old ~,** hen ŵr, hen ddyn; (*N.B.* hen ddyn *is usually pej., without specifying age*); **young ~,** llanc(-iau) *m*, gŵr ifanc (gwŷr ifainc), dyn ifanc (dynion ifainc), *N: occ:* hoglanc(-iau) *m*; **few men,** ychydig, ychydig o bobl, ychydig [o] ddynion; **men say that...,** dywed rhai fod...; maen' nhw'n dweud bod ...; *Lit:* dywedir bod...; *F:* **dig that, ~!** weli di hwnna, ddyn! **cool, ~!** gwych, achan! **a ~ has a right to speak!** rhydd i bawb ei farn! mae hawl gan ddyn siarad! **come here, my [good] ~!** dewch yma, wnewch chi! tyrd/dere yma, 'ngwas i! **solitude changes ~,** mae unigrwydd yn newid dyn; mae unigrwydd yn eich newid; *(b)* (*= mankind*): dyn *m*, dynion *pl*, dynol ryw *f*, dynolryw *f*, dynoliaeth *f*, *Lit:* hil (*f*) Adda; *(c) Theol:* **the old ~,** yr hen ddyn; **the new ~,** y dyn newydd; **the Rights of M~,** Hawliau Dyn; *B:* **the inner ~,** y dyn oddi mewn; *F:* **to satisfy the inner ~,** bodloni'r dyn oddi mewn; *Prov:* **~ proposes, God disposes,** meddwl dyn, Duw a'i terfyn; Duw a farn, dyn a lefair; dyn a chwennych, Duw a ran; dyn yn bwriadu, ond Duw yn gweithredu. **2.** (*= adult male*): dyn(-ion) (*m*) mewn oed, *occ:* dyn yn ei fan, dyn yn ei oed a'i amser, *S.E: occ:* g|wrnewas (gwyrnegweision) *m*; *(a)* **a ~ to ~ talk,** sgwrs blwmp a phlaen; **(may I speak) as ~ to ~?** (a gaf i siarad) yn blaen, heb flewyn ar dafod, heb hel dail, *Lit:* ŵr wrth ŵr, ŵr â gŵr? **(I've worked here fifty years) ~ and boy,** ('rwyf wedi gweithio hanner can mlynedd yma) ers yn llanc, ar hyd f'oes, yn fachgen ac yn ddyn, yn llanc ac yn ŵr; **(they were killed) to a ~,** (lladdwyd hwy) hyd y gŵr olaf, *occ:* bod ag un, bob gŵr, heb ado un; lladdwyd pob copa walltog ohonynt; **to separate the men from the boys,** dangos pwy yw'r dynion a phwy yw'r llanciau; **to show oneself a ~,** dangos eich bod yn ŵr/wrol; **to be a ~, to play the ~,** ymwroli, bod yn wrol; **to make a ~ of s.o.,** gwneud dyn o rn; **a ~ or a mouse,** naill ai gŵr ai dim; **(to bear sth) like a ~,** (dioddef rhth) fel gŵr, yn wrol, yn ddewr; **(they replied) as one ~,** (atebasant) ag un llais, fel un gŵr; **the very ~,** yr union ddyn, yr union un; **he is not the ~ for that,** nid ef yw'r dyn ar gyfer hynny; nid ef yw'r dyn addas i hynny; **a ~ for all seasons,** dyn ar gyfer pob tymor/tywydd; **he is not the ~ to refuse,** nid yw ef y math o ddyn i wrthod; nid yw ef yn debyg o wrthod; nid dyn i wrthod mohono; **I'm your ~!** fi yw'r dyn ichi! **to be your own ~,** *(i)* (*= be independent*): gweithio ar eich liwt eich hun, peidio â bod yn was i neb; *(ii)* (*= recover*): dod atoch eich hun, cael eich cefn atoch; **he is just the ~ for me,** dyna'r dyn i mi; **a man's ~,** dyn go iawn; *F:* **(come here) young ~!** (tyrd yma) 'machgen [glân] i, 'ngwas i! **good ~!** go dda ti (chi)! da was! **(good-bye) old ~!** (da bo ti) yr hen frawd, *N: occ:* yr hen goes! *F:* **my old ~,** *(i)* (*= father*): fy nhad, 'nhad; *(ii)* (*= husband*): y gŵr acw, 'nacw, y dyn acw, *S:* hwnco s' 'da fi, *N.W: occ:* yr hen go'; **best ~,** (*in wedding*): gwas (gweision) (*m*) priodas; *F:* **dead ~,** (*= empty bottle*): potel wag (poteli gweigion) *f*; **he's an important ~,** *F:* **he's a big ~,** mae'n ddyn pwysig; mae'n rhywun o bwys; *F:* mae'n un o'r hoelion wyth; *Theol:* **the M~ of Lawlessness,** Dyn Anghyfraith; *B:* **a ~ of sin,** dyn pechod, pechadur(-iaid) *m*; *B:* **a ~ of blood,** gŵr gwaedlyd; **a ~ of straw,** dyn gwellt; **a ~ of destiny,** gŵr tynghedus; *Jur:* **the ~ Davies,** y dyn Dafis, y dywededig Ddafis; **~ about town,** cymdeithaswr (cymdeithaswyr) *m*; **~ of the world,** dyn o'r byd, dyn y byd hwn, gŵr doeth yn ffordd y byd, dyn sy'n ei deall hi, dyn bydol-ddoeth; *Pej:* bydolddoethyn (bydolddoethion) *m*; **we're all men of the world here,** 'rydym ni i gyd yn ei deall hi; *(c)* **the men of Gwent,** gwŷr Gwent, *Lit:* y Gwenhwys, y Gwenhwys[i]on; **the men of Anglesey,** y Monwys, y Monwysion; **the men of Gwynedd,** y Gwyndyd; *Sch:* **he's an Oxford ~,** yn Rhydychen y mae/bu ef; *(d) attrib.* **~ cook,** cogydd(-ion) *m*, *A: or Lit:* cog(-au) *m*; *(e)* **ice-cream ~,** dyn gwerthu hufen iâ, gwerthwr (gwerthwyr) (*m*) hufen iâ *m*; **lollipop ~,** dyn l|olipop; *(f)* **a ~ of God,** dyn(-ion) duwiol *m*, gwas (gweision) (*m*) Duw; (*= minister, priest*): clerigwr (clerigwyr) *m*, gweinidog(-ion) *m*, offeiriad (offeiriaid, offeiriadon) *m*; *(g)* **the ~ of the house,** gŵr y tŷ; **a ~ of letters,** llenor(-ion) *m*; **a small ~,** *(i)* dyn bychan (dynion bychain), *Lit:* dynyn *m*, dynan *m*; *(ii)* (*= tradesman*): siopwr (siopwyr) bach *m*; *Pej:* **small men,** dynionach, corachod. **3.** *P:* *(i)* (*= boyfriend*): cariad(-on) *m*, carmon (carmyn) *m*, *S.W:* sboner(-s) *m*; *(ii)* (*= fiancé*): dyweddi (dyweddïon, dyweddïau) *m*, darpar ŵr (~ wŷr) *m*. **4.** *(a)* (*= servant*): gwas (gweision) *m*; *Prov:* **like master, like ~,** fel y bydd y gŵr y bydd ei was; *(b) Adm: Com:* gwas cyflog, gweithiwr (gweithwyr) *m*, gŵr cyflog; *S.a.* **Friday**; *(c) Ind:* **the men and the employers,** y gweithwyr a'r cyflogwyr/meistradoedd; *(d)* **delivery ~,** danfonwr (danfonwyr) *m*, cariwr (car|iwyr) *m*; *(e) Mil: Nau:* (*usu.pl.*): dyn; *(f) Sp:* chwaraewr (chwaraewyr) *m*, dyn. **5.** (*at chess &c*): darn(-au) *m*, gŵr; *in pl.* gwerin *f*; **~-at-arms** *n. A:* milwr (milwyr) *m*, dyn arfog, gŵr arfog; **men-at-arms,** *W. Hist:* teulu(-oedd) *m*, gosgordd(-au,-ion) *f*. **~-child** *n.* plentyn (plant) gwryw *m*, bachgen (bechgyn) [bach] *m*, *B:* dyn(-ion) bach. **~-day** *n.* diwrnod(-iau) (*m*) gwaith. **~-eater** *n.* llarpiwr (llarpwyr) (*m*) dynion, bwytäwr (bwytawyr) (*m*) dynion, dynfwytäwr (dynfwytawyr) *m*, dyn-yswr (~-yswyr) *m*; *Fig:* **she's a real ~-eater,** mae hi'n un arw am ddynion. **~-eating** *a.* **1.** (*tribe &c*): canibalaidd. **2.** (*tiger &c*): llarpiol, dynfwytaol, dyn-ysol. **~-hater** *n.* **1.** = **misanthropist**. **2.** (*= woman who hates men*): casäwraig (*f*) dynion/gwrywod; **she's a ~-hater,** mae'n gas ganddi ddynion. **~-hating** *a.* **1.** (*= misanthropic*): dyngasäol (*pronounced* ng-g). **2.** (*woman*): gwrywgasäol. **~-hour** *n. Ind:* awr (*f*) waith (oriau gwaith). **~-hunt** *n.* helfa (*f*) ar ôl dyn[-ion] (helf|eydd ar ôl dynion), dyn-helfa (~-helf|eydd) *f*. **~-machine interface** *n. Cmptr:* rhyngwyneb (*m*) peiriant-dyn. **~-made** *a.* o waith dyn[-ion], o waith llaw dyn, gwn|eud, gwneuthuredig, synthetig. **~-midwife** *n.* bydwr (bydwyr) *m*, esgorydd(-ion) *m*, colwynwr (colwynwyr) *m*. **~-of-war** *n. Nau:*

llong (*f*) ryfel (llongau rhyfel), llong arfog, cadlong(-au) *f*, *F:* maniwâr(-s) *f*; **~-of-war bird** *n.* = **frigate-bird**; *Z:* **Portugese ~-of-war,** *(Physalia):* chwysigen (*f*) fôr (chwysigod môr), *F:* swigen (*f*) fôr (swigod môr). **~ orchid** *n. Bot: (Aceras anthropophorum):* tegeirian(-au) (*m*) gŵr, tegeirian dynol, blodyn dyn bychan (blodau dynion bychain). **~-size, ~-sized** *a.* mawr(-ion), digon mawr i ddyn, o faint dyn, sylweddol, o faint eithaf; **a ~-sized task,** tasg aruthrol. **~-tailored** *a. Cost:* ffasiwn [g]wrywaidd. **~-trap** *n.* trap(-iau) (*m*) dal dyn/dynion. **~-week** *n.* wythnos (*f*) waith (wythnosau gwaith). **~-year** *n.* blwyddyn (*f*) waith (blynyddoedd gwaith).

man² *v.t. (a)* cyflenwi/llenwi [â dynion]; rhoi/dodi dyn[-ion] mewn swydd *&c*; *(a)* **to ~ a fort,** rhoi/dodi milwyr/garsiwn mewn caer, garsiynu caer; *(b) Nau:* **to ~ a ship,** criwio llong; **a fully manned boat,** cwch â chriw llawn; *(in salute):* **to ~ ship,** mwstro criw llong; **to ~ a pump,** gweithio pwmp; **~ the pump!** at y pwmp! **to ~ a rope,** cydio mewn rhaff; **~ the ropes!** at y rhaffau! **to ~ the yards,** *(in salute):* llenwi'r hwyl-lathau, sefyll ar hyd yr hwyl-lathau; *(c)* **to ~ oneself,** ymwroli.

Man³ *Pr.n. Geog:* **Isle of ~,** Ynys (*f*) Manaw, *F:* yr Eil o Man.

mana *n.* mana *m.*

manacle¹ *n. (usu.pl.):* gefyn(-nau) *m.*

manacle² *v.t.* gefynnu (rhn), rhoi/dodi (rhn) mewn gefynnau, rhoi/dodi gefynnau (ar rn).

manacled *a.* mewn gefynnau, gefynnog, gefynedig.

manage *v.t.* **1.** *(tool):* trin, trafod; **can you ~ the door?** elli di agor y drws? elli di fynd trwy'r drws? **can you ~ the stairs?** elli di fynd i fyny/lawr y grisiau? *occ:* elli di wn|eud â'r grisiau? **2.** *(business &c):* rheoli, *occ:* llywio (rhth); gofalu (am rth); *(ship):* llywio; **to ~ jointly,** cydreoli, *occ:* cydlywio; **to ~ s.o.'s affairs,** trefnu/gwarchod buddiannau rhn. **3.** *(children, animals):* rheoli, trin, gwastrodi, gwastrodaeth, meistroli (rhn); cadw trefn (ar rn); *(animal):* dofi, meistroli; **to know how to ~ s.o.,** gwybod sut mae trin/trafod rhn, *N.W: occ:* medru tynnu trwy rn. **4.** *(= succeed):* llwyddo; **to ~ to do sth,** llwyddo i wneud rhth, dod i ben â gwneud rhth, medru gwneud rhth; **she managed to smile,** llwyddodd i wenu; **she managed a smile,** llwyddodd i roi gwên [fach]; **I shall ~ it somehow,** mi ddof i ben rywsut; *S: occ:* fe gaf i bethau i fwcl rywsut; **how do you ~ to do so much?** sut yr ydych chi'n llwyddo i wneud cymaint? **I can ~ ten pounds,** mi allaf roi decpunt; **a hundred pounds is the most I can ~,** canpunt yw'r gorau y gallaf fi ei gynnig; *F:* **can you ~ a few more cherries?** a allech chi fwyta rhagor o geirios? **can you ~ lunch next Saturday?** a ellwch chi ddod i ginio ddydd Sadwrn nesaf? **5.** *abs.* **she manages well,** mae hi'n dod i ben yn dda; *occ:* mae hi'n ymdopi/ymdaro/gwneud yn dda; **~ as best [as] you can,** gwnewch y gorau a allwch chi; ceisiwch ymdopi orau y gallwch; gwnewch eich gorau i ddod i ben; **I'll ~ somehow,** mi ddof i ben rywsut; mi wnaf rywbeth ohoni; mi wna' i rywsut; **how will you ~ about the children?** beth a wnewch chi ynglŷn â'r plant? **I can't ~ Sunday,** alla' i ddim dod ddydd Sul.

manageability *n.* hydrinedd *m*, rhwyddineb (*m*) trafod (rhth), hawster (*m*) trin (rhth).

manageable *a.* **1.** hydrin, rhwydd, hawdd ei drin, hywedd, hylaw. **2.** *(pers.):* hawdd i'ch trin/trafod, hawdd eich trin/trafod, *S.W: occ:* hywedd, gw[i]rion. **3.** *(= feasible):* posibl, dichonadwy.

manageableness *n.* hydrinedd *m*, natur hydrin *f*, hawster *m*, rhwyddineb *m.*

manageably *adv.* yn hydrin, yn hawdd *&c.*

management *n.* **1.** *(a) (of tools, men):* triniaeth *f*, trin *vn*; *(b) (of business):* rheolaeth *f*, rheoli *vn*, goruchwyliaeth *f*, goruchwylio *vn*, llywio *vn*; **under new ~,** dan reolaeth newydd; **~ by exception,** rheolaeth trwy eithriad; **~ by objective,** rheolaeth trwy nod/amcanion. **2.** *Coll:* rheolaeth *f*, rheolwyr *pl*, goruchwylwyr *m.* **3.** *(= trickery):* dichellion *pl.* **4.** *Med:* triniaeth *f.* **5.** *Cmptr:* rheolaeth(-au) *f*; **~ accounting** *n.* cyfrifeg (*f*) reolaeth/reolaethol. **~ committee** *n.* pwyllgor(-au) (*m*) rheoli. **~ information** *n.* gwybodaeth (*f*) rheoli. **~ information system** *n.* system (*f*) wybodaeth rheoli (systemau gwybodaeth ~).

managemental *a.* rheolaethol.

manager *n.* rheolwr (rheolwyr) *m*, *occ:* trefnydd(-ion) *m*; *Cmptr:* goruchwyliwr (goruchwylwyr) *m*; **acting ~,** rheolwr gweithredol; **joint ~,** cydreolwr (cydreolwyr) *m*; **she's a good ~,** mae hi'n wr|aig tŷ dda.

manageress *n.f.* rhe|olwraig (rheolwragedd), rheolyddes(-au).

managerial *a.* rheolwrol, rheolaethol; **the ~ revolution,** chwyldro(*m*)'r rheolwyr; **~ experience,** profiad rheoli, profiad o fod yn rheolwr; **a ~ post,** swydd (*f*) reoli, swydd fel rheolwr; **to obtain a ~ post,** cael lle'n rheolwr, cael eich gwneud yn rheolwr, mynd yn un o'r rheolwyr; **~ studies,** efrydiau rheolaeth.

managerialism *n.* rheolwriaeth *f.*

managerialist *n. & attrib.* **1.** *n.* rheolwriaethydd (rheolwriaethwyr) *m.* **2.** *attrib.* rheolwriaethol.

managership *n.* rheolaeth(-au) *f*, swydd (*f*) rheolwr.

managing *a.* rheolaethol; **~ director,** rheolwr-gyfarwyddwr (rheolwyr-gyfarwyddwyr) *m*; *Jur:* **solicitor's ~ clerk,** prif glerc cyfreithiwr; **~ editor,** rheolwr golygyddol.

manakin *n. Orn:* m|anacin (manacinod) *m.*

mañana *adv. & n.* yfory (*m*).

manatee *n. Z:* morfuwch (morfuchod) *f*, manatî (manatïaid, manatïod) *m.*

manatoka *n. Bot: (Myoporum insulare):* llwyn(-i) (*m*) manatoca.

manavelins *n.pl. Nau: F:* geriach.

manbote *n. Hist:* galanas(-au) *f.*

Manchester *Eng.Pl.n.* Manceinion *f*; **~ goods,** nwyddau (*pl*) cotwm.

manchet *n. Cu:* bara (*m*) coesed, bara peilliaid, bara can, mansieden *f*, bara mansied.

manchineel *n. Bot: (Hippomare manchinella):* afal(-au) (*m*) mansinîl.

Manchu *a. & n.* **1.** *a.* Manshw. **2.** *n. (i) Ethn:* Manshw(-iaid) *m&f*; *(ii) Ling:* Manshw *f, m.*

Manchuria *Pr.n. Geog:* Manshwria *f.*

Manchurian *a. & n.* **1.** *a.* Manshwraidd. **2.** *n.* Manshwriad (Manshwriaid) *m&f.*

manciple *n.* darmerthwr (darmerthwyr) *m*, distain (disteiniaid) *m*, arlwywr (arlwywyr) *m.*

Mancunian *a. & n.* **1.** *a.* Manceiniol, o Fanceinion. **2.** *n.* Manceiniad (Manceiniaid) *m&f*, brodor(-ion) (*m*) o Fanceinion.

mancus *n. Num:* mancws (mancysau) *m.*

Mandaean *a. & n.* **1.** *a.* Mandeaidd; *(in language):* Mandëeg. **2.** *n. (i) Ethn:* Mandead (Mandeaid) *m&f*; *(ii) Ling:* Mandëeg *f, m.*

mandala *n. Psy: Art:* mandala (mandalâu) *m.*

mandalic *a.* mandalaidd.

mandamus *n.* arch-wŷs (~-wysion) *f*, llysorchymyn (llysorchmynion) *m*, mandamws *m*, ***mandamus*** *m.*

Mandan *a. & n.* **1.** *a.* Mandanaidd; *(in language):* Mandaneg. **2.** *n. (i) Ethn:* Mandan(-iaid) *m&f*; *(ii) Ling:* Mandaneg *f, m.*

mandarin¹ *n. & attrib.* **1.** *(pers.):* m|andarin (mandariniaid) *m.* **2.** *Ling:* Mandarin *f, m*, yr iaith (*f*) Fandarin. **3.** *attrib.* **~ collar,** coler (*f*) Fandarin; **~ style,** arddull fandarinaidd. **~ duck** *n. Orn: (Aix galericulata):* hwyaden (*f*) Fandarin (hwyaid Mandarin). **~ sleeve** *n.* llawes (*f*) fandarin (llewys mandarin).

mandarin², mandarine *n. Bot:* m|andarin (mandarinau) *m.*

mandarinate *n.* mandariniaeth(-au) *f.*

mandarinic *a.* mandarinaidd.

mandarinism *n.* mandariniaeth *f.*

mandatary *n. Jur:* mandadedig(-ion) *m&f.*

mandate¹ *n.* **1.** *Lit: (= command):* gorchymyn (gorchmynion) *m*, arch (eirchion) *f*, archiad(-au) *m*; **Divine M~,** Archiad Dwyfol. **2.** *Pol.Hist:* mandad(-au) *m.*

mandate² *v.t. Hist:* ymddiried, mandadu; **to ~ a country to one of the powers,** ymddiried/mandadu gwlad i un o'r pwerau; rhoi gwlad dan awdurdod un o'r pwerau.

mandated *a.* mandadedig, mandadol, dan fandad.

mandator *n.* mandadwr (mandadwyr) *m.*

mandatory *a. & n.* **1.** *a. (a) (= commanding):* mandadol; *(b) Hist:* **~ states,** gwledydd mandad; *(c) (= compulsory):* gorfodol. **2.** *n.* = **mandatary.**

Mande *n. Ling:* = **Mandingo 2.**

mandible *n.* **1.** *Z: (of beak):* gorfant (gorfannau) *m*, mandibl(-au) *m.* **2.** *Anat:* gên (genau) *f*, gên isaf, asgwrn (*m*) yr ên. **3.** *Ent:* mant(-au) *m*, malwr (malwyr) *m.*

mandibular *a.* gorfannol, mandiblaidd; **~ arch,** bwa(*m*)'r mandibl.

mandibulate *a.* gorfannog, mandiblog.
Mandingo *n.* **1.** *Ethn:* Mandingo(-s) *m (pronounced* ng-g). **2.** *Ling:* Mandingo *f, m.*
mandola *n. A: Mus:* mandola (mandolâu) *mf.*
mandolin[e] *n. Mus:* m|andolin (mandolinau) *mf.*
mandolinist *n. Mus:* mandolinydd (mandolinwyr) *m.*
mandorla *n. Rel: Art:* mandorla (mandorlâu) *m.*
mandragora, mandrake *n. Bot:* mandr|agora (mandragorâu) *m,* mandrag *m,* mandraglys(-iau) *m.*
mandrel, mandril *n. Mec.E:* **1.** ebill(-iau,-ion) tro *m,* trobill(-ion) *m,* mandrel(-au) *m&f;* **sugar-loaf ~,** mandrel côn. **2.** *Min: (= pick):* caib (ceibiau) *f.*
mandrill *n. Z:* mandril(-iaid,-od) *m.*
manducate *v.t.* cnoi, bwyta.
manducation *n.* bwyta *vn,* cnoi *vn,* bwytâd *m,* cnoad *m.*
manducatory *a.* bwytaol, cnöol.
mane *n.* mwng (myngau) *m.*
-maned *a.* myngog; **long-~,** mynglaes, â mwng llaes, llaes ei fwng; **thick-~,** myngfras, â mwng bras.
manège *n.* **1.** *(= riding school):* ysgol *(f)* farchogaeth (ysgolion marchogaeth), ***manège(-s)*** *m.* **2.** *(training):* hyfforddiant *(m)* ceffylau. **3.** *(movements):* symudiadau *(pl)* ceffyl.
maneless *a.* di-fwng, heb fwng.
manes *n.pl. Rom.Ant:* eneidiau [dwyfol].
manful *a.* dewr(-ion), gwrol, glew(-ion), *S.E: occ:* gwraidd.
manfully *adv.* yn ddewr *&c.*
manfulness *n.* dewrder *m,* gwroldeb *m,* gwrhydri *m.*
mangabey *n. Z:* m|angabe (mangabeod) *m (pronounced* ng-g).
manganate *n. Ch:* m|anganad (manganadau) *m (pronounced* ng-g).
manganese *n. Ch:* manganîs *m, F:* mango *m (both pronounced* ng-g).
manganesian *a. Ch:* manganisaidd *(pronounced* ng-g).
manganic, manganous *a. Ch:* manganig, manganaidd *(pronounced* ng-g).
manganite *n. Miner:* m|anganit *m (pronounced* ng-g).
manganous *a. Ch:* = **manganesian.**
mange *n.* y mans[h] *m, N:* clafr *m* [y cŵn], *S:* clawr *m* [y cŵn], *S.W: occ:* clewri *m;* **he has the ~,** mae'r mansh/clafr/clewri arno; *occ:* mae'n mansio. **~ mite** *n. Ent:* gwreinyn (gwraint) *(m)* y clafr.
mangel[-wurzel], mangold[-wurzel] *n.* betysen (betys) *(f)* y maes, *F:* mangl(-s) *f,* mangold(-s) *f,* manglen (mangls, manglod) *(all pronounced* ng-g).
manger *n.* minsier: mansier(-i) *m, Lit:* preseb(-au) *m, N.W: occ:* cafn(-au) *(m)* ebran; **he's a dog in the ~,** mae fel ci yn y preseb.
mangetout pea *n. Hort:* pysen felys (pys melys) *f.*
mangily *adv.* yn ddi-raen.
manginess *n.* **1.** *Vet:* golwg glafrllyd/glafrog *f,* cyflwr clafrllyd/clafrog, clafrllydrwydd *m.* **2.** *(= shabbiness):* golwg ddi-raen *f* **(of sth,** ar rth), salwineb *m.*
mangle[1] *n. Laund:* mangl(-s,-au) *m (pronounced* ng-g), gwasgwr (gwasgwyr) *(m)* dillad.
mangle[2] *v.t. Laund:* **to ~ (clothes),** rhoi (dillad) drwy'r mangl; manglo *(pronounced* ng-g), gwasgu (dillad); gwasgu dŵr (o ddillad).
mangle[3] *v.t.* **1.** *(= mutilate):* rhwygo, llarpio, darnio, dryllio. **2.** *(word &c):* llurgunio, ystumio, camystumio.
mangled *a.* rhwygedig, llarpiedig, drylliedig; *(word &c):* llurguniedig, ystumiedig, camystumiedig.
mangler *n.* **1.** llarpiwr (llarpwyr) *m,* ll|arpwraig *f,* darniwr (darnwyr) *m,* d|arnwraig *f,* drylliwr (dryllwyr) *m,* dr|yllwraig *f.* **2.** llurguniwr (llurgunwyr) *m,* llurg|unwraig *f,* ystumiwr (ystumwyr) *m,* yst|umwraig *f,* camystumiwr (camystumwyr) *m,* camyst|umwraig *f.*
mango *n. Bot:* mango(-s,-au) *m (pronounced* ng-g).
mangold *n.* = **mangel. ~ fly** *n.* = **onion fly.**
mangonel *n. Hist:* magnel(-au) *f,* blif(-iau) *m.*
mangosteen *n. Bot:* mangostîn (mangostinau) *m (pronounced* ng-g).
mangrove *n. Bot:* mangrof(-au) *m (pronounced* ng-g). **~ swamp** *n. Geog:* gwern *(f)* fangrof (gwernydd mangrof), corstir(-oedd) *(m)* mangrof.
mangy *a.* **1.** *(dog &c):* clafrllyd, clafrog, clawrllyd, crachlyd; **a ~ dog,** ci a'r clafr/clewri arno. **2.** = **shabby.**
manhandle *v.t.* **1.** *(goods &c):* trafod, trin, symud, llusgo, codi (rhth) [â'r dwylo, â nerth bôn braich]. **2.** *(= mistreat):* camdrin (rhn); trin (rhn) yn arw; *N:* llygindio, llibindio, hambygio (rhn).
manhole *n.* twll (tyllau) *(m)* caead, twll archwilio, manol(-au) *m.* **~ cover** *n.* clawr *(m)* twll caead (cloriau tyllau caead), caead *(m)* manol (caeadau manolau).
manhood *n.* **1.** dynoliaeth *f,* dyndod *m.* **2.** *(= maturity):* oedran *(m)* gŵr; **to reach ~,** dod i oedran gŵr. **3.** *(= men of country):* dynion *pl,* gwŷr *pl.* **4.** = **manliness. ~ suffrage** *n.* pleidlais *(f)* i wŷr, hawl *(f)* gwŷr i bleidleisio.
mania *n.* **1.** *Med:* mania *m,* gwallgofrwydd *m,* gorffwylledd *m,* gorffwylltra *m,* amhwylledd *m.* **2.** *F: (= passion):* obsesiwn (obsesiynau) *m* **(about sth,** â rhth); gorawydd *m* (am rth); **religious ~,** gorffwylledd/gorffwylltra crefyddol; *F:* **he has a ~ (for collecting stamps),** mae wedi mopio'n lân, mae wedi mopio'i ben, mae wedi drysu/gwirioni (ar gasglu stampiau); *S.W:* mae'n elfentu (mewn casglu stampiau).
maniac *a. & n.* **1.** *a.* = **maniacal. 2.** *n.* = **madman; a religious ~,** lloerigyn crefyddol, crefyddwr (crefyddwyr) lloerig/gorffwyll, cref|yddwraig loerig/orffwyll (crefyddwragedd lloerig/gorffwyll) *f,* rhn (rhai) gorffwyll yngh|ylch crefydd, rhn gorffwyll-grefyddol, rhn gorgrefyddol; *F:* **he's a jazz ~,** mae'n dwli/dotio ar jazz; mae wedi drysu ei ben â jazz; *S.a.* **sex.**
maniacal *a.* lloerig, gwallgof, gorffwyll.
maniacally *adv.* yn lloerig *&c.*
manic *a. & n.* **1.** *a.* manig, lloerig, gorffwyll. **~ depression** *n.* iselder *(m)* gorffwyll. **~-depressive** *a. & n.* **1.** *a.* manig-oriog, gorffwyll-oriog. **2.** *n.* manig-oriog(-ion) *m&f,* pruddglaf (pruddgleifion) manig *m.*
manically *adv.* yn fanig *&c.*
Manichean *a. & n. Rel.Hist:* **1.** *a.* Manicheaidd. **2.** *n.* Manichead (Manicheaid) *m&f.*
Manicheanism, Manicheism *n.* Manicheaeth *f.*
Manichee *n.* Manichead (Manicheaid) *m&f.*
Manicheistic *a.* Manicheaidd.
manicure[1] *n. (a)* triniaeth *(f)* dwylo, trin *(vn)* dwylo; *(b)* = **manicurist.**
manicure[2] *v.t.* trin (dwylo, ewinedd *&c).*
manicurist *n.* triniwr (trinwyr) *(m)* dwylo, dyn(-ion) *(m)* trin dwylo, trinyddes(-au) *(f)* dwylo, merch(-ed) *(f)* trin dwylo.
manifest[1] *a.* amlwg, eglur, clir; **~ function,** swyddogaeth amlwg *f.*
manifest[2] *n. Nau:* rhestr(-au) *f* [cargo, teithwyr *&c*], m|aniffest (maniffestau) *m.*
manifest[3] *v.t.* **1.** amlygu, dangos, arddangos; **to ~ oneself,** ymddangos, dod i'r golwg; *(of ghost):* ymrithio. **2.** *Nau:* rhestru (rhth); datgan, cofnodi (rhth) [ar restr].
manifestation *n.* **1.** *(= appearance):* amlygiad(-au) *m,* ymddangosiad(-au) *m; (of ghost):* ymrithiad(-au) *m.* **2.** *(= sign):* arwydd(-ion) *m.* **3.** *(= phantom):* rhith(-iau) *m.* **4.** *(= demonstration):* gwrthdystiad(-au) *m,* ardystiad(-au) *m.*
manifestative *a.* ymddangosiadol.
manifestly *adv.* yn amlwg *&c;* **~ the game has been lost,** mae'n amlwg fod y gêm wedi'i cholli.
manifestly *adv.* yn amlwg *&c.*
manifestness *n.* amlygrwydd *m.*
manifesto *n. Pol:* maniffesto(-s) *m,* datganiad(-au) *m.*
manifold[1] *a. & n.* **1.** *a. (a) (= varied):* amrywiol, amryfal *(before noun + soft mut., or following n.);* amryfath, amlochrog; *(b) (= many):* niferus. **2.** *n. (a) Com: &c:* copi (copïau) *m; (b) I.C.E: &c:* m|aniffold (maniffoldiau) *m;* **exhaust ~,** m|aniffold gwacáu. **~ paper** *n.* papur *(m)* dyblygu.
manifold[2] *v.t. Com: (= make copies):* copïo, lluosogi, dyblygu.
manifoldly *adv.* yn lluosog *&c.*
manifoldness *n.* lluosogrwydd *m,* amrywioldeb *m.*
manikin *n.* **1.** *(= little man):* dyn bychan (dynion bychain) *m, occ:* dynyn *m,* dynan *m,* gwryn *m; (= dwarf):* corrach (corachod) *m.* **2.** *Art: &c:* dyn(-ion) pren *m.*
Manila *Pr.n. Geog:* Manila *f.* **~ [hemp]** *n.* cywarch *(m)* Manila. **~ paper** *n.* papur llwyd *m,* papur manila. **~ rope** *n.* rhaff gywarch (rhaffau cywarch).
manilla *n. Cost:* breichled(-au) *f.*
manille *n. Cards:* manîl *m.*
manioc *n. Bot:* manioc *m,* [blawd *m*] casafa *m.*

maniple *n.* **1.** *Rom.Mil:* manipl(-au) *m.* **2.** *R.C.Ch:* ffunen(-ni,-nau) (*f*) arddwrn, breichaddurn(-au) *m.*
manipulability *n.* hydrinedd *m.*
manipulable *a.* = **manipulatable**.
manipular *a.* *Rom.Mil:* maniplaidd.
manipulatable *a.* hydrin, hawdd eich trin.
manipulate *v.t. & a.* **1.** *v.t.* trafod, trin (rhth) [yn ddeheuig]; *Carp: &c:* llawdrin; **to ~ sth into place,** rhoi rhth yn ei le'n ofalus, symud rhth i'w le'n ofalus, *occ:* ystwytho rhth i'w le. **2.** *Surg:* llawdrin, dylofi. **3.** *F:* **to ~ s.o.,** defnyddio rhn, dylanwadu ar rn; **to ~ accounts,** ffugio cyfrifon; **to ~ funds,** camddefnyddio/camdrafod arian; **to ~ a conversation,** llywio sgwrs. **4.** *a.* llawdriniol, dylofol.
manipulation *n.* **1.** triniaeth *f*, defnyddiad *m*, *more usually vn.* = **manipulate**; *Surg:* llawdriniad(-au) *m*, dylofiad(-au) *m.* **2.** *Fin: (of funds &c):* camddefnydd *m.*
manipulative *a.* = **manipulatory**; **~ skills,** medrau trafod.
manipulatively *adv.* yn llawdriniol *&c.*
manipulator *n.* **1.** triniwr (trinwyr) *m*; *Pej:* sgemar(-s) *m*; *Surg:* llawdriniwr (llawdrinwyr) *m.* **2.** *Pej:* camddefnyddiwr (camddefnyddwyr) *m.*
manipulatory *a.* **1.** *Surg:* llawdriniol, dylofol. **2.** *(= devious):* ystrywus, ystrywgar; **~ skill,** medr wrth drafod a thrin.
manitou *n.* *Rel:* manitŵ *m*, ysbryd(-ion) *m.*
mankind *n.inv.* **1.** dynolryw: dynol-ryw *f*, dynoliaeth *f.* **2.** *(opp. to womankind):* dynion *pl.*
manless *a.* di-ddyn.
manlike *a.* fel dyn, dynol.
manliness *n.* **1.** *(= masculinity):* gwryweiddiwch *m*, gwrywdod *m.* **2.** *(= bravery):* gwroldeb *m*, gwrolder *m*, dewrder *m.*
manly *a.* **1.** *(= masculine):* gwrywaidd, *occ:* gwrywol; **a ~ woman,** gwr|aig wraidd (gwragedd gwraidd), gwrforwyn (gwrforynion) *f*, ceilioges(-au) *f*, gwrywes(-au) *f*, peth wryw (pethau gwryw) *f.* **2.** *(= brave):* gwrol; **a ~ feat,** gwrolgamp(-au) *f*, gwrhydri *m*; **~ behaviour,** gwroldeb *m*, gwrolder *m.*
manna *n.* *B:* manna *m.* **~-ash** *n.* *Bot: (Fraxinus ornus):* onnen (*f*) fanna (ynn manna). **~-grass** *n.* *Bot:* glaswellt (*m*) manna.
mannan *n.* *Biol:* mannan (mananau) *m.*
manned *a.* â dynion, â chriw, â gofalwr *&c*; **fully-~,** â chriw llawn.
mannequin *n.* **1.** *(girl):* model(-au) *f.* **2.** *(= wooden dummy):* dyn(-ion) pren *m*, merch bren (merched pren) *f*, dynes bren (merched pren) *f.*
manner *n.* **1.** dull(-iau) *m*, ffordd (ffyrdd) *f*, modd(-au) *m*; *Gram:* **adverb of ~,** adferf dull; **in/after this ~,** yn y dull hwn, fel hyn, fel yma; **in/after that ~,** yn y dull hwnnw, fel hynny, felly; **the ~ in which we go about it,** ein dull ni o fynd ati, y ffordd yr awn ni ati; **after his own ~,** yn [ôl] ei ddull ei hun, yn ôl ei arfer ei hun; **in like ~ as sth,** yn yr un ffordd/dull â rhth, yn union fel rhth; **in such a ~ that,** yn y fath fodd nes/fel bod. . .; **in the same ~ as s.o.,** yn yr un ffordd/dull â rhn, fel rhn, yr un fath â rhn; **in a ~ [of speaking],** mewn ffordd o siarad, rywsut neu'i gilydd; *(after phrase):* megis, fel petai; **it is a ~ of speaking,** mae'n ffordd o siarad; **a novel in the ~ of Dickens,** nofel yn null Dickens; *S.a.* **grand. 2.** *A: & Lit:* dull(-iau) *m*, arfer(-ion) *mf*, defod (*f*) a moes *f*; **after the ~ of the kings of old,** yn ôl arfer y brenhinoedd gynt; **as [if] to the ~ born,** fel un cynefin â'r drefn, fel un a aned iddi. **3.** *pl.* **manners,** arferion, moesau, ymarweddiad *m*; *Prov:* **~ maketh man,** nid gŵr heb foes; **comedy of manners,** comedi (*f*) foesau, comedi fonheddig; **manners change with the times,** mae'r oes yn/wedi newid. **4.** *(= attitude):* agwedd *f.* **5.** *pl.* *(a)* **bad manners,** anghwrteisi *m*, anfoesgarwch *m*, diffyg (*m*) cwrteisi/moesgarwch; **it is bad manners to stare,** peth anghwrtais/anfoesgar/anfoneddigaidd yw rhythu ar bobl; *(b)* **[good] manners,** moesgarwch *m*, cwrteisi *m*, moesau da; **to teach s.o. manners,** dysgu parch/moesau i rn; **to forget one's manners,** anghofio'ch moesau, anghofio cwrteisi; **where are your manners, Tommy?** paid bod mor ddifaners, Twm bach! *Aut:* **road manners,** cwrteisi ar y ffordd fawr. **6.** *(= kind):* math(-au) *m*; **what ~ of man is he?** pa fath [o/ar] ddyn yw ef? sut ddyn yw ef? **all ~ of people,** pob math[-au] o bobl, pobl o bob math; **all ~ of things,** pob math o bethau; **all ~ of men,** pob math[-au] o ddynion, dynion o bob math, pob math ar ddyn; **no ~ of doubt,** dim rhithyn o amheuaeth, dim amheuaeth o fath yn y byd, dim unrhyw amheuaeth.
mannered *a.* **1. rough-~,** difaners, anfoesgar, di-foes, dreng, garw (geirwon) [eich moes/moesau]; **well-~,** moesgar, boneddigaidd, bonheddig, cwrtais, *S.W:* syber, *N.W: occ:* manesol. **2.** *(style):* arddullaidd, arddulliedig, darddullaidd; *Pej: (= affected):* mursennaidd.
mannerism *n.* **1.** *(= gesture):* ystum(-iau) *mf*; *(of style):* nodwedd(-ion) *f*, hynodwedd(-au,-ion) *f*, dullwedd(-au) *f*, pri|od-ddull(-iau) *m.* **2.** *Art: Lit: Hist:* darddulliaeth *f.*
mannerist *n.* *Art:* darddulliwr (darddullwyr) *m*; *attrib.* **~ style,** arddull ddarddullaidd *f.*
manneristic[al] *a.* darddullaidd.
mannerless *a.* anghwrtais, di-foes, difaners, anfoneddigaidd, *N.W: occ:* anfanesol.
mannerliness *n.* cwrteisi *m*, moesgarwch *m.*
mannerly *a.* cwrtais, moesgar, boneddigaidd, *N.W: occ:* manesol.
mannish *a.* gwrywaidd, fel dyn; **she's very ~,** mae hi'n wrywaidd iawn; *N.W: occ:* hen beth wryw ydi hi.
mannishly *adv.* yn wrywaidd *&c.*
mannishness *n.* gwryweiddiwch *m.*
mannite *n.* *Bio-Ch:* = **mannitol**.
mannitic *a.* *Bio-Ch:* manitig.
mannitol *n.* *Bio-Ch:* m|anitol *m.*
mannose *n.* *Bio-Ch:* mannos *m.*
manoeuvrability *n.* hydrinedd *m*, hawster (*m*) trin (rhth), natur symudadwy (*f*) (rhth), posibilrwydd (*m*) trin/symud (rhth); **ten marks for speed and ten for ~,** deng marc am gyflymdra a deg am fod yn hawdd ei drin.
manoeuvrable *a.* symudadwy, hydrin, hawdd ei drin, hawdd ei drafod, manwfradwy.
manoeuvre[1] *n.* **1.** *Mil: Navy:* symudiad(-au) *m*, cad-drefniad(-au) *m*, cad-drefniant (~-drefniannau) *m*, manwfr(-au) *m*; **to be on manoeuvres,** bod ar symudiadau/fanwfrau. **2.** *(a)* **a (clever) ~,** cast(-iau) *m*, symudiad, tro(-eon) *m* (cyfrwys); *(b)* *n.pl.* *Pej:* **[underhand] manoeuvres,** cynllwyn(-ion) *m*, dichelltro(-eon) *m*, dichell(-ion) *m*, ystryw(-iau) *mf*, cast.
manoeuvre[2] *v.t.&i.* **1.** *v.t.* *(an army &c):* symud, trefnu, cad-drefnu, byddino, *F:* manwfro; **to ~ s.o. into a corner,** cael/manwfro rhn i gornel. **2.** *v.i.* symud, manwfro.
manoeuvrer *n.* manwfrwr (manwfrwyr) *m*; *Mil:* cad-drefnydd(-ion, ~-drefnwyr) *m.*
manometer *n.* *Ph:* manomedr(-au) *m.*
manometric[al] *a.* *Ph:* manometrig.
manometrically *adv.* *Ph:* yn fanometrig.
manometry *n.* *Ph:* manometreg *f.*
manor *n.* **1.** *Hist: (land):* *S:* maenor(-au,-ydd) *f*, *N:* maenol(-au) *f*; **lord of the ~,** arglwydd (*m*) y faenor. **2.** *F: (police area):* ardal(-oedd) *f*, *F:* clwt (clytiau) *m.* **~-house** *n.* maenordy (maenordai) *m*, plas(-au) *m*, plasty (plastai) *m.*
Manorbier *W.Pl.n.* Maenorbŷr *f.*
manorial *a.* maenoraidd, maenorol.
Manorowen *W.Pl.n.* Marnawan *m.*
manpower *n.* **1.** nerth (*m*) bôn braich, nerth corfforol. **2.** *Ind:* gweithwyr *pl*, llafurlu *m*, gweithlu *m*; **M~ Services Commission,** Comisiwn Gwasanaethau Gweithwyr.
mansard *n.* *Arch:* **~ [roof],** to (toeau) (*m*) mansard.
mansarded *a.* mansardog, â tho mansard.
manse *n.* mans(-au) *m*, tŷ (*m*) gweinidog (tai gweinidogion).
manservant *n.* gwas (gweision) *m.*
-manship *comb.fm.* -wriaeth *f.*
mansion *n.* **1.** plas(-au) *m*, plasty (plastai) *m.* **2.** *B:* **in my Father's house there are many mansions,** yn nhŷ fy Nhad y mae llawer o drigfannau.
manslaughter *n.* *Jur:* dynladdiad(-au) *m.*
manslaughteree *n.* *Jur:* dynladdedig(-ion) *m&f.*
manslaughterer *n.* *Jur:* dynleiddiad (dynleiddiaid) *m&f.*
mansuetude *n.* *A:* addfwynder *m*, llari|eidd-dra *m*, tiriondeb *m.*
manta *n.* *Ich:* morgath(-od) neidiol *f*, manta(-s, mantâu) *m.* **~ ray** *n.* = **devilfish**.
manteau *n.* *Cost:* mantell (mentyll) *f.*
mantel *n.* *Arch:* **1.** *(beam):* trawst(-iau) (*m*) simnai. **2.** = **mantlepiece, mantleshelf**.
mantelet *n.* **1.** *Cost:* mantell fer (mentyll byrion) *f*, mantellan(-au) *f.* **2.** *Artil:* mantellan.
mantelpiece *n.* **1.** mantell (*f*) simnai (mentyll simneiau), mantell tân. **2.** = **mantleshelf.**

mantelshelf *n.* silff (*f*) ben tân (silffoedd pen tân); *Mount:* silff (*f*) fantell (silffoedd mantell).

mantic *a.* dewinol, proffwydol, daroganol.

manticore *n. Myth:* m|anticor (manticorau) *m.*

mantid *n. & a. Ent:* **1.** *n.* mantis(-iaid) *m.* **2.** *a.* mantidaidd.

mantilla *n. Cost:* mantila(-s, mantilâu) *mf.*

mantis *n. Ent:* mantis(-iaid) *m*; **praying ~,** mantis gweddïol *m.*

mantissa *n. Mth:* mantisa (mantisâu) *m.*

mantle[1] *n.* **1.** *Cost:* mantell (mentyll) *f*, cochl(-au) *mf*, clog(-au) *f*, clogyn(-nau) *m*; **gas-~,** mantell nwy. **2.** *(of snow &c):* caenen(-nau) *f*, mantell, gorchudd *m*, hugan(-au) *f*; *(of mist):* mantell, llen(-ni) *f*, haen *f*, haenen(-nau) *f*. **3.** *Moll: Geol: Orn:* mantell. **~ cavity** *n. Biol:* ceudod(-au) (*m*) mantell. **~ rock** *n. Geol:* creicaen(-au) *f*.

mantle[2] *v.t.&i.* **1.** *v.t.* mantellu (rhth), gorchuddio/gwisgo (rhth) â mantell. **2.** *v.i. (of blush):* ymledu; *(of face, cheeks):* cochi, gwrido; *(of liquid):* croenio, croeni.

mantled *a.* mantellog, gorchuddiedig.

mantlet *n.* = **mantelet.**

mantling *n. Her:* mantellwaith *m*, mantelliad *m.*

mantra *n. Rel:* mantra (mantrâu) *m.*

mantua *n. Hist:* gŵn (gynau) *m.* **~-maker** *n.* gwniadyddes(-au) *f.*

manual *a. & n.* **1.** *a. (a)* [â] llaw, [â] dwylo; *Aut:* **~ count,** rhifiad (*m*) llaw; **~ labour,** gwaith (*m*) dwylo, gwaith corfforol; **~ worker,** gweithiwr (gweithwyr) (*m*) llafuriol, llafurwr (llafurwyr) *m*, gweithiwr â llaw *or* â'i ddwylo, *F:* gweithiwr bôn braich; *(= navvy &c):* gweithiwr caib a rhaw; **~ alphabet,** yr wyddor (*f*) ddwylo, gwyddor y bysedd; *Theol:* **the ~ acts,** yr actau llaw; **~ factor,** ffactor (*m*) deheurwydd llaw; *S.a.* **sign-manual; non-~,** heb fod yn waith llaw; *(worker):* heb fod yn gweithio â'r dwylo; **a non-~ worker,** *F:* gweithiwr dwylo glân; *(b) Mil:* **~ exercise,** ymarfer (*m*) [ag] arfau. **2.** *n. (a) (book):* llawlyfr(-au) *m*, hyfforddwr (hyfforddwyr) *m*; *(b) Mus:* chwaraefwrdd (chwaraefyrddau) *m*, seinglawr (seingloriau) *m* (*pronounced* ng-g).

manually *adv.* â llaw, â dwylo.

manubrium *n. Anat:* manwbriwm (manwbria) *m.*

manufactory *n. O:* = **factory.**

manufacture[1] *n.* **1.** *(a) (= make):* gwneuthuriad *m*; *(b) (= industry):* diwydiant (diwydiannau) *m.* **2.** *(= product):* cynnyrch (cynhyrchion) *m*, gwneuthuryn (gwneuthurion) *m.*

manufacture[2] *v.t. (a)* gwn|eud, cynhyrchu; *(b) (= concoct):* ffugio, creu, dyfeisio.

manufactured *a.* gwneuthur[i]edig; **a ~ story,** stori wn|eud.

manufacturer *n.* gwneuthurwr: gwneuthurydd (gwneuthurwyr) *m*, cynhyrchwr (cynhyrchwyr) *m*; **a ~ of lies,** dyfeisiwr (dyfeiswyr) (*m*) celwyddau, *F:* palwr (palwyr) (*m*) celwyddau.

manufacturing *vn. & attrib.* **1.** *vn.* gwneuthur nwyddau [cynhyrchu]; *Econ:* ffatrïaeth *f.* **2.** *attrib.* **a ~ town,** tref ddiwydiannol (trefi diwydiannol); **~ cost,** cost (*f*) cynhyrchu; **~ industry,** diwydiant (diwydiannau) (*m*) cynhyrchu.

manuka *n. Bot:* llwyn(-i) (*m*) manwca.

manumission *n. Hist:* rhyddhad *m*, rhyddfraint *f*; rhyddh|au *vn*, datgaethiwo *vn.*

manumit *v.t. Hist:* rhyddh|au, gollwng, datgaethiwo.

manure[1] *n.* gwrtaith (gwrteithiau, gwrteithion) *m*, *S.W: occ:* gweryd(-au,-on) *m*, *S: occ:* achles(-au) *mf*, *S.E: occ:* trwsiad *m*; **artificial ~,** gwrtaith gwneud, *S.W: occ:* gweryd (*m*) cwdyn; **farmyard ~,** *N: S: occ:* tail *m*, teiliau *pl*, *S.W: S.E: occ:* tom (*more usu.* dom) *f*; **fish ~,** gwrtaith pysgod; **liquid ~,** gwrtaith hylif, hylif gwrteithiol *m*; **vegetable ~,** gwrtaith llysieuaidd *m.* **~ distributor** *n.* chwalwr (chwalwyr) (*m*) tail/gwrtaith. **~ heap** *n.* tomen(-ni-nydd) *f*; *(farmyard):* tomen dail (tomennydd tail).

manure[2] *v.t.&i.* gwrteithio, achlesu, teilo, *S.E: occ:* trwsio, *S.W:* sgwaru dom.

manurer *n.* gwrteithiwr (gwrteithwyr) *m.*

manurial *a.* gwrteithiol, achlesol, gwerydol.

manuring *vn.* gwrteithiad(-au) *m*, gwrteithio.

manus *n. Anat:* manws (manysau) *m.*

manuscript *a. & n.* **1.** *a.* llawysgrif, a ysgrifennwyd, llawysgrifol, mewn llawysgrif; **~ evidence,** tystiolaeth lawysgrifol, tystiolaeth llawysgrifau. **2.** *n.* llawysgrif(-au) *f*; **~ music book,** llyfr(-au) (*m*) erwydd; **~ paper,** papur(-au) (*m*) erwydd; **~ sheet,** taflen(-ni) (*f*) erwydd.

manward *adv. & a.* tuag at ddyn.

manwise *adv.* yn null dynion, fel y gwna dynion.

Manx *a. & n.* **1.** *a.* Manawaidd; **~ cat,** cath gwta/gota (cathod cwta) *f*, cath Ynys Manaw, *F:* cath Eil o Man; **she's ~,** Manawes yw hi; un o Ynys Manaw yw hi. **2.** *n. Ethn: Coll: (i)* **the ~ [people],** pobl (*f or pl*) Ynys Manaw, y Manawiaid *pl*; *(ii) Ling:* Manaweg *f*, *m.*

Manxman *n.m.* Manawiad (Manawiaid), Man|aw-wr (~-wyr).

Manxwoman *n.f.* Manawes(-au); gwr|aig (gwragedd) o Ynys Manaw.

many *a. & n.* **1.** *a.* llawer, llaweroedd, nifer (o rth); aml, sawl *(followed by sing. noun)*; **too ~,** gormod, gormodedd (o rth); **as ~,** cynifer, cymaint (o rth); **how ~?** [pa] faint (o rth)? [pa] sawl (rhth)? **~ a time, ~ and ~ a time,** llawer gwaith, aml waith, sawl gwaith, sawl tro, droeon; **~ people, ~ a man, ~ a one,** llawer un, sawl un; llawer/nifer [o bobl]; **~ men,** llawer o ddynion, *occ:* dynion lawer; **before ~ days have passed,** cyn bo hir; **of ~ kinds,** o lawer math, o sawl math; **for ~ years,** *(of past time):* am flynyddoedd, ers blynyddoedd lawer, ers llawer blwyddyn; *(of future time):* am flynyddoedd lawer; **[ever] so ~ times,** lawer gwaith, sawl gwaith, laweroedd o weithiau, sawl tro, droeon, cynifer o weithiau, aml [i] dro, dro ar ôl tro; **many's the time,** sawl gwaith, sawl tro; **he made ~ mistakes,** fe wnaeth sawl camgymeriad; fe wnaeth lawer/nifer o gamgymeriadau; **not ~ went,** ychydig a aeth; nid aeth llawer; **~ of us,** nifer/llawer ohonom, sawl un ohonom; **~ have seen it,** mae nifer/llawer/llaweroedd wedi ei weld; mae sawl un wedi ei weld; **they were so ~,** 'roedd cymaint/cynifer ohonynt; 'roeddent mor lluosog/niferus; **so ~ people here!** am dyrfa o bobl! ond'd oes 'ma lawer o bobl! *Prov:* **so ~ men, so ~ minds,** ym mhob pen y mae piniwn; **six mistakes in as ~ lines,** chwe gwall mewn cynifer [â hynny] o linellau; **how ~ are there?** pa faint/nifer sydd yna? [pa] sawl un sydd yna? **how ~ brothers has he?** [pa] sawl brawd sydd ganddo? [pa] faint o frodyr sydd ganddo? **how ~ will you have,** sawl un gymeri di? **collect as ~ as you can,** casglwch hynny a ellwch chi; **(he told me) in so ~ words . . .,** (fe ddywedodd wrthyf) yn blaen, mewn cynifer/cymaint â hynny o eiriau. . .; **how ~ are you?** [pa] faint sydd ohonoch? **three of you are none too ~ for the job,** prin y mae tri ohonoch yn ddigon i'r gwaith; **there were not ~ there,** nid oedd [dim] llawer yno; nid oedd dim gwerth o bobl yno; ychydig oedd yna; **a chair too ~,** cadair yn ormod; **to be one too ~ for s.o.,** twyllo rhn, cael y trechaf ar rn, achub y blaen ar rn; **how ~ horses (have you)?** [pa] faint o geffylau, [pa] sawl ceffyl (sydd gennych)? **I have as ~ books as you,** mae gennyf gymaint o lyfrau â chi; **as ~ again, twice as ~,** dwywaith gymaint, cymaint ddwywaith, cymaint wedyn, cymaint eto; **as ~ as ten people saw it,** fe'i gwelwyd gan gymaint/gynifer â deg o bobl; **a great ~ [people],** nifer fawr *f*, llu *m*, *F:* llond *m* gwlad, *Lit:* lliaws *m*, *S.W:* crugyn *m*, *occ:* twr *m*, pŵer *m* [o bobl]; **a great ~,** *(things):* nifer fawr, swrn *m*, llond gwlad, cruglwyth *m*, pentwr *m* (o bethau); **there are a good ~,** mae yna gryn nifer; mae yna dipyn go lew. **2. the ~,** y dorf *f*, y dyrfa *f*, y lliaws *m*, *Phil.* **the one and the ~,** yr un a'r lliaws. **3.** *comb.fm.* **~-coloured** *a.* amryliw. **~-faced** *a.* amlwynebog. **~-faceted** *a.* amlochrog, amlweddog, amlffasedog. **~-fingered** *a.* amlfyseddog, tra byseddog, â llawer o fysedd. **~-flowered** *a.* amlflodeuog. **~-footed** *a.* amldroed, amldroediog. **~-headed** *a.* amlben, amlbennog, amlbeniog; **the ~-headed beast/monster,** y dorf *f*, y dyrfa *f*. **~-leaved** *a.* amryddail, amlddeiliog. **~-sided** *a.* amlochrog; *(problem):* amlweddog, amlochrog; *(= versatile):* amryddawn. **~-valued** *a. Mth: Ph:* lluoswerth *m.* **~-voiced** *a.* aml-leisiog.

manyfold *adv.* lawer gwaith drosodd.

manyplies *n. Vet:* = **omasum.**

Maoism *n.* Maoaeth *f.*

Maoist *n. & attrib.* **1.** *n.* Maöydd(-ion) *m.* **2.** *attrib.* Maoistaidd, Maoaidd.

Maori *a. & n.* **1.** *a.* Maori, Maorïaidd; **~ Land,** Gwlad (f) y Maori, Seland Newydd *f*; **~ customs,** arferion y Maoriaid. **2.** *n. (i) Ethn:* Maori (Maorïaid) *m&f*; *(ii) Ling:* Maori *f*, *m.*

map[1] *n.* map(-iau) *m*; **annotated ~,** map anodedig; **base ~,** map sylfaenol; **contour ~,** map cyfuchlinol; **distribution ~,** map dosbarthiad/gwasgariad; **enclosure ~,** map cau tir; **estate ~,** map ystâd; **land utilization ~,** map defnydd tir; **ordnance survey ~,** map ordnans; **outline ~,** map amlinellol; **relief ~,** map tirwedd; **sketch-~,** map bras, bras fap, braslun (*m*) map (brasluniau mapiau); **sheet ~,** map (*m*) dalen (mapiau dalen/dalennau), dalenfap(-iau) *m*; **tithe ~,** map degwm; **to put a place on the ~,** *Fig:* tynnu sylw at le, enwogi/anfarwoli lle; **our village is really off the ~,** mae'n pentref ni ym mhen draw'r byd; **to wipe sth off the ~,** dil|eu/dinistrio rhth. **~-extract** *n.* rhanfap(-iau) *m*, detholiad(-au) (*m*) o fap. **~ lichen** *n. Bot:* cwilt (*m*) y mynydd, cen (*m*) mapiau. **~-maker** *n.* mapiwr (mapwyr) *m*, mapluniwr (maplunwyr) *m*. **~-making** *vn.* mapio, mapyddiaeth *f*, maplunio, gwneud mapiau. **~-reference** *n.* cyfeirnod(-au) (*m*) map, cyfeiriad(-au) (*m*) map. **~-sheet** *n.* dalen (*f*) fap (dalennau map/mapiau), dalenfap(-iau) *m*. **~-winged swift moth** *n. Ent:* chwimwyfyn(-od) mapadeiniog *m*.

map² *v.t.* mapio; **to ~ out a course of action,** cynllunio/amlinellu [pa] beth i'w wneud; cynllunio sut i fynd ati.

maple *n. Bot:* masarnen (masarn) *f*; *occ:* gwenwialen(-nau) *f*, gwiniolen(-nau) *f*, masarnwydden (masarnwydd) *f*; **field ~,** *(Acer campestre):* masarnen fach (masarn bach) *f*; **Norway ~,** *(A. platanoides):* masarnen Norwy; **sugar-~, rock-~,** *(A. saccharum):* masarnen siwgwr. *S.a.* **bird's eye, full. ~-leaf** *n.* deilen (*f*) fasarn (dail masarn). **~ sugar** *n.* siwgwr (*m*) masarn. **~ syrup** *n.* sudd (*m*) masarn, surop (*m*) masarn.

mappable *a.* mapiadwy.

mapped *a.* mapiedig; **a well-~ period of history,** cyfnod tra chyfarwydd mewn hanes.

mapper *n.* mapiwr (mapwyr) *m*, m|apwraig (mapwragedd) *f*; *S.a.* **map-maker.**

mapping *vn.* mapio, mapiad(-au) *m*; **bijective ~,** mapiad deusaethol; **conformal ~,** mapiad cydffurfiol; **injective ~,** mapiad unsaethol/mewnsaethol; **surjective ~,** mapiad ardafliadol. **~-pen** *n.* pin(-nau) (*m*) mapio.

maquette *n.* **1.** model(-au) *m*. **2.** *(= sketch):* braslun(-iau) *m*.

maquis *n. (a) Geog:* ***maquis*** *m*, prysgwydd *pl*; *(b)* **M~,** *Pol:* ***Maquis*** *m*.

maquisard *n.* ***maquisard(-s)*** *m*.

mar *v.t.* difetha, andwyo, sbwylio (rhth); amharu, mennu (ar rth); **to make or ~ s.o.,** dyrchafu neu ddarostwng rhn, hybu neu ddifetha rhn.

marabou, marabout¹ *n. Orn:* marabŵ(-od) *m*.

marabout² *n. Rel:* meudwy(-od,-aid) *m*.

maraca *n. Mus:* maraca(-s) *m*.

maraschino *n.* marasgino *m*, gwirod (*mf*) ceirios/geirios.

marasmic *a. Med:* nychlyd, edwinol, dihoenol.

marasmus *n. Med:* nychdod *m*, dihoeniad *m*, edwiniad *m*, nychiad *m*, nychu *vn*, dihoeni *vn*, edwino *vn*.

Maratha *n. Ethn:* Marata(-s) *m&f*.

Marathi *n. Ling:* Marati *f*, *m*.

marathon *n. Sp:* m|arathon (marathonau) *mf*.

marathoner *n.* marathonwr (marathonwyr) *m*, marath|onwraig *f*.

maraud *v.i.&t.* ysbeilio, anrheithio, *occ:* herwhela.

marauder *n.* ysbeiliwr (ysbeilwyr) *m*, anrheithiwr (anrheithwyr) *m*, *occ:* herwheliwr (herwhelwyr) *m*.

marauding *a.* ysbeiliol, ysbeilgar, anrheithiol, anrheithgar.

maravedi *n. Num:* marafedi(-s) *m*.

marble¹ *n.* **1.** *(a) (stone):* marmor(-au) *m*, *A: or Lit:* maen (meini) (*m*) clais, mynor *m*; **~ chips,** sglodion marmor; **clouded ~,** marmor brith; *(b) attrib. Cu:* **~ cake,** teisen frith/fraith (teisennau brith) *f*. **2.** *Games:* marblen (marblis, *occ:* marbls) *f*; *(from pop bottle):* ali (*f*) bop (alis pop); **a large ~,** to(-eau) *m*, *N.W: occ:* togo(-s) *m*, to tsieni, to-jin(-s) *m*, *S.E: occ:* bompar(-s) *m*, *S.W: occ:* clapen *f*; **a small ~,** *S:* pilcyn (pilcs) *m*, siapin (*m*) tô; **a glass ~,** *(with colours): S:* ali bert (alis pert) *f*; **to play ~,** chwarae marblis, *S:* niclo. **~-edged** *a. Bookb:* ag ymyl fraith. **~-gall** *n. Nat.Hist:* marblen goed (marblis coed).

marble² *v.t.* britho, marmori, mynori, mynorliwio.

marbled *a. (book, meat):* brith (*f.* braith, *pl.* brithion); *Ent:* **~ white,** glöyn(-nod) gwyn cleisiog *m*, iâr fach wen (ieir bach gwynion) *f*.

marbleize *v.t.* = **marble².**

marbling *n.* brithwaith *m*; *(of meat):* brithder *m*.

marbly *a.* fel marmor, marmoraidd; *S.a.* **marbled.**

marc *n. (= pulp):* gweisgion *pl*, seitan *m*, soeg (*m*) grawnwin; *(drink):* brandi *m*, marc *m*.

Marcan *a.* Marcaidd; **the ~ Hypothesis,** y Ddamcaniaeth Farcaidd *f*.

marcasite *n. Miner:* maen (*m*) tân; *Lap:* m|arcasit *m*.

marcasitic[al] *a. Miner:* marcasitig.

marcel¹ *n. Haird:* **~ wave,** ton(-nau) (*f*) marsel.

marcel² *v.t. (hair):* marselu, tonni.

marcescence *n.* gwywder *m*.

marcescent *a.* gwywlyd, gwyw, gwywedig.

March¹ *n.* [mis] Mawrth *m*; *S.a.* **hare;** *Prov:* **~ slays, April flays,** Mawrth a ladd, Ebrill a fling; *Prov:* **~, many weathers,** Mawrth, aml ei dywydd; **in ~,** ym [mis] Mawrth; **[on] the fifth of ~,** ar y pumed o Fawrth. **~ fly** *n. Ent:* pryf(-ed) (*m*) Mawrth.

march² *n. Hist: (often in pl.):* goror(-au) *m*; **the Welsh Marches,** y Gororau, y Mers *m*, *A: occ:* yr Ardal *f*. **~-land** *n.* gororau *pl*, tir (*m*) goror.

march³ *v.i. (of country, domain):* **to ~ upon/with...,** ffinio â....

march⁴ *n.* **1.** *(a) Mil:* ymdaith (ymdeithiau) *f*; *(= procession):* gorymdaith (gorymdeithiau) *f*; **on the ~,** ar ymdaith, ar gyrch, *occ:* ar gerdded; **to do a day's ~,** gwneud ymdaith diwrnod; *Mil:* **route ~,** ymdaith hyfforddi; **forced ~,** ymdaith dan orfod; **hunger ~,** ymdaith/gorymdaith newyn; *Hist:* **the Long M~,** yr Ymdaith Faith; **the M~ on Rome,** yr Ymdaith i Rufain; *(b) (= pace):* cerddediad *m*, cam *m*, camre *m*, camu *vn*; **slow ~, parade ~,** cam/camre araf; **slow ~,** *(procession):* gorymdaith (gorymdeithiau) araf/angladdol *f*; **quick ~,** brasgam cyflym/buan; **double ~,** cam dwbl. **2.** *(of time, events):* hynt *f*, cwrs *m*. **3.** *Mus:* ymdeithgan(-au) *f*; **dead/funeral ~,** ymdeithgan angladdol. **~ fracture** *n. Med:* torasgwrn (*m*) cerdded. **~-past** *n.* gorymdaith (gorymdeithiau) *f* [heibio i le].

march⁵ *v.i.&t.* **1.** *v.i. Mil: &c:* ymdeithio, gorymdeithio, *F:* martsio; *Mil:* **quick ~!** *Mil:* brasgamwch! **~ at ease!** wrth eich pwysau! **to ~ into a room,** brasgamu [i mewn] i ystafell. **2.** *v.t. (a)* **to ~ troops,** gorymdeithio milwyr; *(b)* **he was marched off/away to gaol,** aed ag ef ymaith i'r carchar.

märchen *n.pl.* chwedlau, ***märchen***.

marcher¹ *n. Mil: &c:* ymdeithiwr: ymdeithydd (ymdeithwyr) *m*, ymd|eithwraig *f*, gorymdeithiwr: gorymdeithydd (gorymdeithwyr) *m*, gorymd|eithwraig *f*.

marcher² *n. Hist:* un o wŷr y Gororau, un o wŷr y Mers, merswr (merswyr) *m*, *A: occ:* ardalwr (ardalwyr) *m*; **the Lords M~,** Arglwyddi'r Gororau *pl*, Arglwyddi'r Mers, *A:* yr Ardalwyr; **a M~ Lord,** un o Arglwyddi'r Gororau/Mers; **M~ jurisdiction,** cyfraith (*f*) y Gororau/Mers.

marchesa *n.f.* ardalyddes(-au).

marchese *n.* ardalydd(-ion) *m*.

marching *vn. Mil:* **in ~ order,** yn barod i ymdeithio, yn barod i gychwyn; **~ orders,** gorchymyn i gychwyn; *F:* **to give s.o. his ~ orders,** dweud wrth rn am fynd, dweud wrth rn am hel ei bac *&c*, *occ:* dangos y drws i rn, *N: occ:* certio rhn i ffwrdd, rhoi'r hwi i rn, rhoi'r lôn i rn, dangos giât y lôn i rn. **~-song** *n.* ymdeithgan(-au) *f*.

marchioness *n.f.* ardalyddes(-au).

marchpane *n.* = **marzipan.**

Marcionism *n. Rel.Hist:* Marcionaeth *f*.

Marcionite *a. & n. Rel.Hist:* **1.** *a.* Marcionaidd; **the ~ Prologues,** y Prologau Marcionaidd. **2.** *n.* Marcioniad (Marcioniaid) *m&f*.

Marcosian *a. & n. Rel.Hist:* **1.** *a.* Marcosaidd. **2.** *n.* Marcosiad (Marcosiaid) *m&f*.

Marcross *W.Pl.n.* Marcroes *f*.

Mardi Gras *n.* Dydd (*m*) Mawrth Ynyd.

Mardy *W.Pl.n.* Maerdy *m*.

mare¹ *n.f.* caseg (cesig); **a grey ~,** caseg las (cesig glas/gleision) *f*; **a mare's nest,** *S:* nyth(-od) (*fm*) cwhwrw, *N:* cawell gwag *m*; **to go by Shanks' ~,** mynd ar eich deudroed, cerdded, ei throedio hi, *Joc:* mynd ar y trên ddau; **a ~ in foal,** caseg gyfeb/gyfebol (cesig cyfeb/cyfebol); **a brood ~,** caseg fagu (cesig magu), *A: or Lit:* caseg rewys (cesig grewys); **(an) oestrum/proud/horsy (~), (a ~) in heat,** (caseg) *N:* yn marchio, yn marcha, yn tyrra, yn gofyn stalwyn/ceffyl, *M.W:* yn w[y]nedd, *S:* yn gofyn/mofyn march, yn w[y]nen, yn wyner, yn gein[d], yn farchus; **a brood ~,** caseg fagu (cesig magu), *Lit: occ:* caseg re (cesig gre); *S.a.* **harvest, flying. ~'s tail** *n.* **1.** *Bot: (a) (Hippuris vulgaris):* rhawn (*m*) y gaseg, cynffon (*m*) caseg; *(b)* = **wood-spurge. 2.** *Meteor:* blew (*pl*) geifr.

mare² *n. (= sea):* môr (moroedd) *m*; **~ *clausum*,** môr caeëdig; **~ *liberum*,** môr rhydd/agored.

maremma *n. Geog:* morfa (morf|eydd) *m*.

Marford *W.Pl.n.* Merffordd *f*.

Margaret *Pr.n.f.* Marged, Mererid, *occ:* Mared, *F:* Margiad, Megan, Magi, Mag, Meg.
margaric *a. Ch:* margarig.
margarine *n.* marjarîn: margarîn *m*; **slab ~,** margarîn caled.
margay *n. Z: (Felis tigrina):* teigr-gath(-od) *f*, margai (margeiod) *f*.
marge[1] *n. Poet:* = **margin.**
marge[2] *n. P:* = **margarine.**
margin[1] *n.* **1.** *(a)* ymyl(-on,-au) *mf*, godre(-on,-euon) *m*, ffin(-iau) *f*; *Geog:* glandir(-oedd) *m*; *(of wood &c):* cwr (cyrion, cyrrau) *m*; *(of river):* glan(-nau, glennydd) *f*, min(-ion) *m*; *Bookb:* **binding ~,** ymyl r[h]wymo; *(b)* **to allow s.o. some ~,** lwfio rhth ar gyfer rhn, rhoi digon o led i rn, rhoi digon o le i rn; **to allow a ~ for mistakes,** lwfio ar gyfer camgymeriadau, gadael lle i gamgymeriadau; *(c) Com:* **~ (of profit),** lled *m*, maint *m* (yr elw); maintioli('r elw); *St.Exch:* arian (*m*) diogelu; **by a narrow ~,** o drwch blewyn, o fewn dim; *(d) Med: &c:* **~ of error,** lwfans (*m*) gwallau, lwfans cyfeiliornad; **safety ~,** lwfans diogelwch, goddefiant (*m*) diogelwch, ffin ddiogelwch. **2.** *(of page):* ymyl, *occ:* talar(-au) *f*; **on/in the ~,** ar yr ymyl/ochr. **~ guide** *n.* ymyl-ganllaw(-iau) *fm*, canllaw(-iau) (*fm*) ymyl. **~ release** *n.* rhyddhäwr (rhyddhawyr) (*m*) ymyl, datglöwr (datglowyr) *m*. **~ setting** *n.* gosodiad(-au) (*m*) ymyl (gosodiadau ymylon). **~ stop** *n.* stop (*m*) ymyl (stopiau ymylon).
margin[2] *v.t.* **1. to ~ a page &c,** ymylu tudalen &c, rhoi/dodi ymyl ar dudalen &c; *(= give notes):* rhoi/dodi nodiadau ymyl. **2. a page insufficiently margined,** tudalen heb ddigon o ymyl. **3.** *St.Exch:* diogelu, gwarantu.
marginal *a.* ymylol, ffiniol; *Ph: Mth:* **~ distribution function,** ffwythiant (*m*) dosraniad ffiniol; **~ note,** ymylnod(-au) *m*; *Agr:* **~ land,** tir ymylol *m*, tir ymyl; **~ man,** dyn(-ion) ffiniol/ymyl *m*; **~ people,** pobl (*f or pl*) yr ymylon; *Pol:* **a ~ seat,** sedd(-au) ymylol *f*; *Com:* **~ returns,** elw ffiniol *m*; **~ costs,** costau ymylol/ffiniol; **~ revenue,** incwm ffiniol *m*.
marginalia *n.pl.* ymylnodau, nodiadau ymyl dalen.
marginality *n.* ffinioldeb *m*.
marginalize *v.t.* gwthio/gyrru (rhth) i'r cyrion.
marginalized *a.* ar y cyrion, ffiniol.
marginally *adv.* o ychydig, fymryn.
marginate[1] *v.t.* = **margin[2].**
marginate[2], marginated *a.* ag ymyl &c, ymylog.
margination *n. vn.* = **margin[2].**
margravate *n.* ardalyddiaeth(-au) *f*.
margrave *n.f. Hist:* ardalydd(-ion), ffiniarll (ffinieirll) *m*, margraf(-iaid) *m*.
margravial *a.* ardalyddol.
margraviate *n.* = **margravate.**
margravine *n.f.* ardalyddes(-au), ffiniarlles(-au), margrafin(-au).
marguerite *n. Bot:* = **daisy (ox-eye).**
Maria *Pr.n.f.* Mair, Mari; *F:* **black ~,** fan ddu (faniau duon) *f*, fan yr heddlu (faniau'r heddlu)
Marian *a. & n.* **1.** *a.* Marïaidd; *Hist* **the ~ persecution,** erledigaeth (*f*) Mari [Waedlyd]. **2.** *n.* Marïad (Marïaid) *m&f*.
Marianist *n. R.C.Ch:* Marianiad (Marianiaid) *m&f*.
marigold *n. Bot:* **1. garden ~, pot ~, Scotch ~,** *(Calendula officinalis):* gold (*m*) Mair, melyn (*m*) Mair, gold yr Alban, rhuddos *m*, *S.W: occ:* blodyn (*m*) y gwenyn (blodau'r gwenyn), golden *f*. **2. French ~,** *(Tagetes patula):* gold Ffrainc; **African ~,** *(T. erecta):* gold yr Affrig, gold talsyth. **3. bur ~,** *(Bidens tripartita):* graban (*m*) gogwydd; **corn ~,** *(Chrysanthemum segetum):* gold yr ŷd, melyn yr ŷd, gold melyn, graban (*m*) yr ŷd, *S.W:* golden felen *f*; **field ~,** *(Calendula arvensis):* melyn Mair yr âr, cannwyll (*f*) Fair, *S.W:* golden felen; **fig ~,** *(Mesembryanthemum crystallinum):* gold ffigys; **marsh ~,** *(Caltha palustris):* gold y gors, melyn y gors, gold y morfa, rhuddos y morfa, sawdl (*mf*) y fuwch; **sweet ~,** *(T. lucida):* gold pêr.
marihuana, marijuana *n.* **1.** *Bot:* cywarch *m*. **2.** *(drug):* mariwana *m*.
marimba *n. Danc:* marimba(-s) *m*.
marina *n.* marina (marinâu) *mf*.
marinade[1] *n.* pic[i]l (piclau) *m*, marinâd (marinadau) *m*.
marinade[2], marinate *v.t.* piclo, marinadu.
marine *a. & n.* **1.** *a.* môr, morol; **~ force,** morlu(-oedd) *m*; *Jur:* **~ insurance,** yswiriant môr/morwrol *m*; **~ science,** gwyddor (*f*) môr/fôr. **2.** *n.* *(a) (= navy):* llynges(-au) *f*, llongau *pl*; **mercantile ~,** llynges fasnachol *f*; *(b) Mil:* môr-filwr (~-filwyr) *m*; *F: O:* **tell that to the [horse] marines!** choelia' i fawr! *(c) (= sea picture):* llun(-iau) (*m*) môr, morlun(-iau) *m*. **~ painting** *vn. Art:* merinbeintio, morlunio. **~ terrace** *n. Archeol:* cerlan forol (cerlannau morol) *f*.
mariner *n. Nau:* llongwr (llongwyr) *m*, morwr (morwyr) *m*; **master ~,** capten (capteiniaid) *m*.
Mariolater *n. Rel:* Mairaddolwr (Mairaddolwyr) *m*, Mairadd|olwraig (Mairaddolwragedd) *f*.
Mariolatry *n. Rel:* Mairaddoliad *m*, addoli (*vn*) Mair.
Mariological *a. Rel:* Mairaddolgar.
Mariology *n. Rel:* Maironeg *f*.
marionette *n. Th:* pyped(-au) *m*, marionét(-s, marionetau) *m*.
mariposa *n. Bot:* mariposa(-s) *m*.
Marist *n. R.C.Ch:* Meiriad (Meiriaid) *m&f*.
marital *a.* priodasol; **~ breakdown,** tor-priodas(-au) *m*; **~ exchange,** cyfnewid (*vn*) priodas; **~ instability,** ansadrwydd (*m*) [mewn] priodas; **~ status,** statws priodasol *m*.
maritally *adv.* yn briodasol.
maritime *a.* arforol, arfor, glan môr, ar lan y môr; *Geog:* **the M~ Provinces,** Taleithiau'r Arfordir; **~ insurance,** yswiriant (*m*) môr/morwrol; *Jur:* **~ lien,** lien morwrol *m*.
marjoram *n. Bot:* **wild ~,** *(Origanum vulgare):* mint[ys] (*m*) y creigiau, mint[ys] y graig, eidran *m*, penrhudd *m*, mesuriad *m*, *S.W:* rhigam *m*; **sweet ~,** *(Osmajerana):* penrhudd yr ardd.
Marjorie *Pr.n.f.* Marsli.
mark[1] *n.* **1.** *(a) (= target):* nod(-au) *mf*; **to hit the ~,** bwrw'r/taro'r nod; **to miss the ~,** methu'r nod; *F:* **beside the ~,** amherthnasol; **to be wide of the ~,** bod yn bell ohoni, *Fig: N.W: occ:* colli'r pwnc; **you little know how near the ~ you are,** wyddost ti ddim mor agos yr wyt ti ati/iddi; *(b) F:* **he's an easy ~,** mae'n un hawdd ei dwyllo; un diniwed yw ef; *(c) Box:* **a blow to the ~,** ergyd ym mhwll y galon. **2.** *Nau:* marc(-iau) *m*, arwydd(-ion) *m*. **3.** *(= sign):* arwyddnod(-au) *m*, arwydd, nod; **assay ~,** nod prawf; **kite ~,** nod barcud; **wool ~,** nod gwlân; *S.a.* **earmark[1], hallmark[1]; a ~ III motor,** motor cynllun tri, motor math tri; **as a ~ of my esteem,** fel arwydd o'm hedmygedd. **4.** ôl (olion) *m*; **the ~ of a blow,** ôl ergyd; **marks of old age,** arwyddion/olion henaint; **marks of the Church,** nodau'r Eglwys; **to leave one's ~ upon sth,** gadael eich ôl ar rth; **he made his ~ (in the theatre),** gwnaeth ei ôl, enillodd fri, daeth i fri, gwnaeth enw iddo'i hun, gwnaeth ei farc (yn y theatr); *(= birthmark):* man(-nau) (*m*) geni, man [cyn] geni; **[God] save the ~!** os caf i ddweud! maddeuwch imi am ddweud! **the ~ of a foot,** ôl troed (olion traed); *Rugby Fb:* **to make a ~,** gwneud ôl sawdl. **5.** *(a)* **he cannot write - he makes his ~,** nid yw'n medru ysgrifennu -gwneud croes y bydd; **punctuation mark,** atalnod(-au) *m*; **exclamation ~,** ebychnod(-au) *m*; **interrogation/question mark,** gofynnod (gofynodau) *m*, holnod(-au) *m*; **suspension ~,** nod crogiad, *Mus:* **~ of expression,** marc mynegiant; *(b) Sch:* marc(-iau) *m*; **a good ~,** marc da; **a bad ~,** marc gwael; **examination marks,** canlyniadau/marciau arholiad. **6.** *(a)* **guiding ~, guide-~, reference ~,** cyfeirnod(-au) *m*; *(b) Nau:* **Plimsoll ~,** llinell (*f*) Plimsoll; **he's not up to the ~,** *(i) (in ability):* nid yw'n ddigon da; nid yw'n atebol; nid yw'n ateb y gofyn; nid yw'n cwrdd â'r safon/gofynion; *(ii) (in health):* nid yw ar ei orau; nid yw yn ei hwyliau gorau; *S.a.* **poorly; it is hardly up to the ~,** mae ymhell o fod yn foddhaol; **is it up to the ~?** a yw e'n plesio? a yw'n cwrdd â'r gofynion? a wnaiff e'r tro? **close to the thousand ~,** agos at hicyn y fil, agos at y fil; *(c) For: (= blaze):* rhic(-iau) *m*; *(d) Sp:* llinell (*f*) gychwyn (llinellau cychwyn); *(of motor car):* **to be quick off the ~,** cychwyn ar unwaith; *F: (of pers.):* **he's quick off the ~,** mae'n un cyflym; *Sp:* **on your marks! get set! go!** ar eich marc[-iau]! parod! ewch! **7. a man of ~,** dyn(-ion) nodedig *m*. **8.** *Hist:* cytir(-oedd) *m*, tir(-oedd) cyd *m*. **~ sensing** *vn. Cmptr:* synhwyro marc.
mark[2] *v.t.* **1.** *(a) (linen &c):* marcio (rhth), rhoi marc (ar rth); **to ~ cards,** marcio cardiau; *(b) (usu. passive):* **to be marked with sth,** dwyn ôl/olion rhth, dwyn nod/nodau rhth; **it's marked with spots,** mae'n frith/smotiog/fannog; **it's marked with stripes,** mae'n rhesog; mae'n streipiau i gyd. **2.** *(a)* **to ~ [the price of] an article,** nodi [pris] nwydd; *(b) Sch:* **to ~ an exercise,** cywiro/marcio ymarfer. **3.** *(= choose):* nodi, dewis; **if we are marked to die,** os tynghedir ni i farw. **4.** *(a)* nodi, marcio; **to ~**

the points in a game, to ~ a game, nodi'r pwyntiau/sgôr mewn chwarae; *(b)* **a stream that marks the limit of the estate,** afon sy'n nodi ffiniau'r ystâd; **a post marking the course,** postyn sy'n nodi'r llwybr/cwrs, arwyddbost (arwyddbyst) *m*; *(c)* **signs which ~ the trend of public opinion,** arwyddion sy'n dangos tuedd y farn gyhoeddus. **5.** *(a)* **to ~ one's approval,** dangos eich cymeradwyaeth; *Mil:* **to ~ time,** troedio yn eich unfan; *Fig:* cicio'ch sodlau, aros eich cyfle; **(he had to) ~ time (before entering University),** (bu'n rhaid iddo) aros, gicio'i sodlau (cyn mynd i'r Brifysgol); *(b)* **his reign was marked with great victories,** nodweddid ei deyrnasiad gan fuddugoliaethau mawr; bu ei deyrnasiad yn nodedig am ei fuddugoliaethau; **to ~ an era,** nodweddu cyfnod. **6.** *(a) Lit: (= observe):* sylwi, dal sylw (ar rth); nodi, ystyried (rhth); *(b)* **to ~ the fall of a shell,** nodi man cwympo pelen; *(c)* **~ me! ~ you! ~ my words!** cofia di (cofiwch chi)! coelia di fi (coeliwch chi fi)! **7.** *Fb:* **to ~ another player,** marcio/sodli chwaraewr; **~ down** *v.t.* **1. to ~ down [the price of] an article,** gostwng pris nwydd. **2.** *(= list):* nodi/rhestru/cofnodi pris rhth. **3.** *Sch:* **to ~ down a paper,** gostwng marc papur arholiad. **4. to ~ s.o. down as a victim,** nodi rhn fel ysglyfaeth. **~ off** *v.t.* **1.** *(a) Surv:* **to ~ off a road,** nodi/dangos ffordd; *(b)* **to ~ off a distance on a map,** mesur/marcio pellter ar fap; *(c) (a list):* ticio. **2. to ~ sth off from sth,** gwahaniaethu rhwng dau beth, tynnu llinell derfyn rhwng dau beth, gwahannodi dau beth. **~ out** *v.t.* **1.** amlinellu rhth, nodi/dangos ffiniau rhth. **2.** *(a)* **his neat appearance marked him out from the crowd,** nodid ef ymhlith y dyrfa gan yr olwg daclus arno; *(b)* **to ~ s.o. out for sth,** nodi rhn ar gyfer rhth. **~ up** *v.t. Com:* codi pris (rhth), ychwanegu at bris (rhth). **~-up** *n. Com:* ychwanegiad(-iau) *m*, elw *m*, codiad(-au) *m*.

mark[3] *n. Num: (a) (German &c):* marc(-iau) *m*; *(b) A:* morc(-iau) *m*.

Mark[4] *Pr.n.m.* Marc.

marked *a.* **1.** marciog, marciedig, ag ôl, â marc; **a ~ card,** cerdyn a marc arno, cerdyn wedi'i farcio; **wood ~ by scratches,** pren ac ôl crafu arno. **2. he's a ~ man,** mae nod arno; fe'i caiff hi; mae'n ei haros hi. **3.** *(= evident):* eglur, amlwg, sylweddol, gweladwy, neilltuol, arbennig; **strongly ~ features [of a face],** wynepryd cryf *m*, golwg gadarn *f*, edrychiad cadarn *m*; **to have a ~ effect on s.o.,** dylanwadu'n drwm ar rn; **in [such] ~ contrast to sth,** mor [gwbl] wahanol i rth.

markedly *adv.* yn amlwg *&c*; **to improve ~,** gwella'n sylweddol, *S.W: occ:* gwella o hewl; **it contrasts ~ with this,** mae'n wahanol iawn i hwn; mae'n amlwg wahanol i hwn.

markedness *n.* eglurder *m*, eglurdeb *m*, amlygrwydd *m*.

marker *n.* **1.** marciwr (marcwyr) *m*, nodwr (nodwyr) *m*; *(= corrector):* cywirwr (cywirwyr) *m*; *(at games):* sgoriwr (sgorwyr) *m*. **2.** *(a)* **court-marker,** marciwr calch; *(b) Cards:* **bridge ~,** pad(-iau) *(m)* sgorio; *(c)* **= bookmark[er]. 3.** arwydd(-ion) *m*; *(= post):* arwyddbost (arwyddbyst) *m*; *Av:* **boundary ~,** arwydd terfyn; **flush ~ light,** golau (goleuadau) *(m)* glanio. **~ post** *n.* postyn (pyst) *(m)* marcio, arwyddbost, marciwr (marcwyr) *m*.

market[1] *n.* marchnad(-oedd) *f*, *S.W: occ:* marced(-au) *f*; *S.a.* **mart; black ~,** marchnad ddu; **call[-futures] ~,** marchnad blaendrafodion; **call loan ~,** marchnad caisfenthycion; **capital ~,** marchnad gyfalaf; *Pol.Ec:* **the Common M~,** y Farchnad Gyffredin; **covered ~,** marchnad dan do; **retail ~,** marchnad fanwerth; **wholesale ~,** marchnad gyfanwerth; **~ overt,** marchnad agored; **to make a ~ of sth,** *N:* ffeirio rhth, *S:* trwco rhth; **to bring one's eggs/hogs to a bad ~,** cael bargen wael ohoni; *St.Exch:* **bear ~,** marchnad ostyngol; **bull ~,** marchnad gynyddol, marchnad ar godi/gynnydd, marchnad yn codi; *S.a.* **bear[1], bull[1], buyer, consumer, flea; I'm in the ~ for a car,** 'rwy'n barod i brynu car; **to put sth on the ~,** rhoi/dodi rhth ar werth, rhoi/dodi rhth ar y farchnad; **to be on the ~, to come into/onto the ~,** bod/dod ar werth; **to corner the ~,** cornelu'r farchnad; **to find a ~ for sth,** cael prynwr/prynwyr i rth; **the book found a ready ~,** fe werthodd y llyfr yn rhwydd; **the ~ has risen,** mae'r farchnad wedi codi. **~ cross** *n.* croes *(f)* farchnad (croesau marchnad). **~-day** *n.* diwrnod(-iau) *(m)* marchnad, *occ:* dydd(-iau) *(m)* marchnad, *S:* diwrnod marced. **~ garden** *n.* gardd *(f)* farchnad (gerddi marchnad), gardd fasnach (gerddi masnach). **~ gardener** *n.* masnach-arddwr (~-arddwyr) *m*, garddwr (garddwyr) masnachol *m*. **~-gardening** *vn.* masnacharddio, garddio masnachol. **~-house** *n.* marchnaty (marchnatai) *m*. **~-place** *n.* marchnad *f*, marchnadfa (marchnadf|eydd) *f*. **~ price** *n. Com:* pris *(m)* y farchnad. **~ research** *n.* ymchwil *(f)* farchnata. **~ square** *n.* sgwâr *(m)* marchnad (sgwarau marchnadoedd), maes *(m)* marchnad (meysydd marchnadoedd). **~ stall** *n.* stondin *(f)* farchnad (stondinau marchnad). **~ town** *n.* tref *(f)* farchnad (trefi marchnad). **~ value** *n.* gwerth marchnadol *m*, gwerth [ar] y farchnad, marchnadwerth *m*.

market[2] *v.i.&t.* **1.** *v.i.* marchnata, *occ:* marchnatáu. **2.** *v.t.* marchnata, gwerthu (rhth), rhoi/dodi (rhth) ar y farchnad, rhoi/dodi (rhth) ar werth.

marketability *n.* marchnadwyedd *m*; **I doubt its ~,** 'rwy'n amau a ellir ei farchnata; 'rwy'n amau a fyddai gwerthu arno.

marketable *a.* hawdd ei werthu, gwerthadwy, marchnadol, marchnadwy, marchnataol, marchnatadwy; *Com:* **~ securities,** gwarantau gwerthadwy/marchnadol. **~ value** *n.* gwerth *(m)* yn y siopau.

marketeer *n.* **[common] ~,** marchnadwr (marchnadwyr) cyffredin, pleidiwr (pleidwyr) *(m)* y Farchnad Gyffredin; **black ~,** masnachwr (masnachwyr) du *m*, un o wŷr y farchnad ddu.

marketer *n.* gwerthwr (gwerthwyr) *m*, gw|erthwraig (gwerthwragedd) *f*, marchnadwr (marchnadwyr) *m*, marchnatäwr (marchnatawyr) *m*, marchnatwr (marchnatwyr) *m*, marchn|adwraig (marchnadwragedd) *f*, marchn|atwraig (marchnatwragedd) *f*.

marketing *vn.* marchnata. **~ board** *n.* bwrdd (byrddau) *(m)* marchnata.

markhor *n. Z:* marcor(-iaid,-od) *m*.

marking *vn. & n.* **1.** *vn.* **= mark[2]. 2.** *n.usu.pl.* marc(-iau) *m*. **~-board** *n. Games:* bwrdd (byrddau) *(m)* sgorio. **~-gauge** *n. Tchn:* medrydd(-ion) *(m)* marcio. **~-ink** *n.* inc *(m)* nodi/marcio. **~-knife** *n.* cyllell *(f)* farcio (cyllyll marcio). **~-out fluid** *n. Tchn:* hylif *(m)* marcio. **~-pencil** *n.* pensel *(f)* farcio (penseli marcio). **~-tool** *n.* pwyntil(-au) *m*.

markka *n. Num:* marca (marcâu) *m*.

Markovian *a.* Marcofaidd.

marksman *n.m.* anelwr (anelwyr), saethwr (saethwyr).

marksmanship *n.* aneliad *m*, cywirdeb *(m)* anelu, sicrwydd *(m)* ergyd, sicrwydd traw/trawiad, saethwriaeth *f*.

markswoman *n.f.* an|elwraig (anelwragedd), s|aethwraig (saethwragedd).

marl[1] *n. Agr:* marl *m*, pridd cleiog *m*. **~ pit** *n.* cloddfa *(f)* glai (cloddf|eydd clai).

marl[2] *v.t. Nau:* marlio.

marlin *n. U.S: Ich:* marlyn(-iaid) *m*.

marline *n. Nau:* llinyn(-nau) *(m)* dwygainc, pyglinyn(-nau) *m*; *(three yarns):* rhaff *(f)* deircainc (rhaffau teircainc).

marlinespike *n. Nau:* sbigyn (sbigau) *(m)* datrys.

marlite *n. Geol:* marlit *m*.

marlitic *a. Geol:* marlitig.

marlstone *n. Geol:* marlit *m*.

marly *a. Geol:* marlog.

marmalade *n. Cu:* m|armaled: marmalêd (marmaledau) *m*. **~ tree** *n. Bot:* coeden *(f)* farmaled (coed marmaled).

marmite *n.* **1.** *(= flavouring extract):* marmit *m*. **2.** *(= cooking-vessel):* crochan(-au) *m*.

marmolite *n. Min:* m|armolit *m*.

marmoreal *a. Poet:* marmoraidd.

marmoreally *adv. Poet:* yn farmoraidd; fel marmor.

marmoset *n. Z:* m|armoset (marmosetiaid, marmosetod) *m*.

marmot *n. Z:* twrlla(-od) *m*, marmot(-iaid,-od) *m*, llygoden *(f)* fynydd (llygod mynydd).

marocain *n. Tex:* ***marocain*** *m*.

Maronite *a. & n. Rel:* **1.** *a.* Maronaidd. **2.** *n.* Maroniad (Maroniaid) *m&f*.

maroon[1] *a. & n.* **1.** *a. (colour):* lliw castan, marŵn, browngoch(-ion) *(pronounced* ng-g). **2.** *n. Pyr:* ffrwydryn (ffrwydron) *m*, *F:* clecar(-s) *mf*.

maroon[2] *n. (= class of Negroes):* marŵn (marwniaid) *m&f*.

maroon[3] *v.t. (on island):* gadael (rhn) ar ynys, ynysu (rhn); **villagers marooned by floods,** pentrefwyr a ynyswyd gan lifogydd.

marouflage *n. Art:* ***marouflage*** *m*.

marplot *n.* dryswr (dryswyr) *(m)* cynlluniau.

marque[1] *n. Hist:* **letter of ~ [and reprisal]**, llythyr(-au) (*m*) atrais.
marque[2] *n. (= make of motor car):* gwneuthuriad(-au) *m*, enw(-au) *m*.
marquee *n.* **1.** pabell fawr (pebyll mawrion) *f*. **2.** *U.S:* = **canopy.**
marquess *n.* ardalydd(-ion) *m*, marcwis(-iaid) *m*.
marquessate *n.* = **marquisate.**
marqueterie, marquetry *n.* argaenwaith *m*.
marquis *n.* = **marquess.**
marquisate *n.* ardalaeth(-au) *f*, ardalyddiaeth(-au) *f*.
marquise *n.* **1.** ardalyddes(-au) *f*. **2.** *Lap:* ***marquise(-s)*** *f*.
marquisette *n. Tex:* ***marquisette*** *mf*.
marram *n. Bot: (Ammophilia arenaria):* moresg *pl*, hesg (*pl*) môr, cas (*m*) gan bladurwr, glaswellt (*m*) y tywod, corswellt (*m*) y tywod, merydd *m*, myrydd *m*.
Marrano *n. Rel.Hist:* Marano(-aid,-s) *m&f*.
marriage *n.* **1.** priodas(-au) *f*; **to take s.o. in ~**, priodi rhn, priodi â rhn, cymryd rhn yn ŵr/wr|aig; **breakdown of ~**, tor-priodas(-au) *m*; **dissolution of ~**, diddymiad(-au) (*m*) priodas; **an uncle by ~**, ewythr trwy briodas; **~ of convenience**, priodas fantais (priodasau mantais), priodas er mantais; **civil ~**, priodas sifil, *F: occ:* priodas [yn] yr offis bach; **proxy ~**, priodas trwy ddirprwy; **a forced ~**, priodas orfod (priodasau gorfod); *S.a.* **fleet**[3], **hedge**[1], **group**[1]. **~ allowance** *n.* lwfans (*m*) gŵr priod (lwfansiau gŵyr ~). **~ articles** *n.* cytundeb(-au) (*m*) priodas. **~-bed** *n.* gwely(-au) (*m*) priodas. **~-broker** *n.* trefnwr (trefnwyr) (*m*) priodasau. **~ bureau** *n.* trefnwyr (*pl*) priodasau, cwmni (cwmnïau) (*m*) trefnu priodasau. **~ certificate** *n.* tystysgrif (*f*) briodas (tystysgrifau priodas). **~ guidance** *n.* cyfarwyddyd (*m*) priodas, cyngor priodasol *m*; **M~ Guidance Council**, Cyngor (*m*) Cyfarwyddo Priodas[ol]. **~ guidance counsellor** *n.* cyfarwyddwr (cyfarwyddwyr) priodas[ol] *m*. **~ licence** *n.* trwydded (*f*) briodas (trwyddedau priodas), trwydded briodi (trwyddedau priodi). **~ lines** *n.pl.* = **marriage certificate. ~ market** *n.* y farchnad (*f*) briodasau. **~ portion** *n.* gwaddol (*m*) priodas. **~ settlement** *n.* setliad(-au) priodasol *m*, cytundeb(-au) (*m*) priodas. **~ vow** *n.* adduned(-au) (*f*) priodas.
marriageable *a.* priodadwy; **she is of ~ age,** mae hi wedi cyrraedd oedran priodi; mae hi'n ddigon hen i briodi.
married *a.* **1.** *(pers.):* priod; **a happily ~ man,** gŵr priod hapus; **a twice-~ lady,** gwraig a briododd ddwywaith, gwraig ar ei hail ŵr; **much-/oft-~ man,** gŵr a briododd sawl gwaith, gŵr a gymerodd sawl gwraig; **to get ~,** = **marry**[1] **2. 2.** *(name, life &c):* priodasol.
Marrington *Eng.Pl.n.* Hafod-wen *f*.
marron glacé *n. Cu:* castan(-au) (*m*) siwgwr.
Marros *W.Pl.n.* Marchros *f*.
marrow *n.* **1.** *(of bone): (a)* mêr (merion) *m*, *occ:* madruddyn (madruddion) *m*, madrudd(-ion) *m*; **I was frozen to the ~,** 'roeddwn wedi rhewi hyd at fêr f'esgyrn; *(b) Fig:* mêr, craidd *m*, hanfod *m*. **2.** *Hort:* **vegetable ~, ~ squash,** pompiwn (pompiynau) *m*, pwmpen(-ni) *f*, maro(-s) *m*.
marrowbone *n.* mêr-asgwrn (~-esgyrn) *m*, asgwrn (esgyrn) (*m*) mêr.
marrowfat *n. Hort:* **~ [pea],** merbysen (merbys) *f*.
marrowless *a.* di-fêr, heb fêr.
marrowy *a.* merog.
marry[1] *v.t.* **1.** *(of priest, parent):* priodi, **to ~ s.o. off,** priodi rhn â rhn arall, rhoi rhn yn ŵr/wraig; **to ~ your daughter off,** cael gŵr i'ch merch. **2.** *(a) (of bride, groom):* priodi (rhn, â rhn), *Lit:* ymbriodi (â rhn); *(b) abs.* **to ~, to get married,** priodi, *Lit:* ymbriodi; **to ~ again, to ~ a second time,** ailbriodi; **to ~ into a family,** priodi teulu. **3.** *Nau:* sbleisio, plethu. **4.** *Fig: (= combine):* cyfuno.
marry[2] *int. A:* myn Mair!
marrying[1] *a.* **she's not the ~ kind,** 'dyw hi ddim y math o ferch sy'n priodi.
marrying[2] *vn.* priodi, priodas(-au) *f*, neithior(-au) *f*, neithiori.
Mars *Pr.n. Myth:* Mawrth *m*; *Astr:* y blaned (*f*) Mawrth.
marsh *n.* cors(-ydd) *f*, *occ:* mignen(-ni) *f*, mign(-oedd,-edd) *f*, siglen(-nydd) *f*, mign-wern(-i) *f*; *S.a.* **bog**[1]; **sea-~,** morfa (morf|eydd) *m*; **salt-~,** morfa heli. **~ bedstraw** *n. Bot: (Galium palustre):* briwydd (*m*) y gors. **~ damsel-bug** *n. Ent:* mursen(-nod) (*f*) y gors. **~ elder** *n. Bot: U.S: (Iva frutescens):* ysgawen (*f*) y morfa (ysgaw'r morfa). **~ fern** *n. Bot: (Thelypteris palustris):* marchredynen (marchredyn) (*f*) y gors. **~ fever** *n.* = malaria. **~ flea-wort** *n. Bot: See* **flea-wort. ~-fly** *n. Ent:* pryf(-ed) (*m*) y gors. **~ gas** *n.* nwy (*m*) cors, methan *m*. **~-harrier** *n. Orn: (Circus aeruginosus):* boda(*m*)'r wern/gwerni (bodaod y wern/gwerni), boncath(-od) (*m*) y wern, hebog(-au,-iaid) (*m*) y wern/gors, hebog yr hesg; *(male):* barcud glas (barcudiaid gleision) *m*. **~-hawk** *n. Orn: (C. cyaneus):* hebog(-au,-iaid) (*m*) y gors. **~-hen** *n. Orn:* iâr (*f*) ddŵr (ieir dŵr). **~ mallow** *n.* **1.** *Bot:* = **mallow (marsh). 2.** *Cu:* = **marshmallow. ~ marigold** *n.* = **marigold (marsh). ~ orchid** *n. Bot:* = **orchid (marsh). ~ pennywort** *n. Bot:* = **pennywort (marsh). ~ snail** *n. Moll:* malwen (malwod) (*f*) y gors, malwoden (malwod) (*f*) y gors. **~ tit** *n. Orn:* = **titmouse (marsh). ~ trefoil** *n. Bot:* = **trefoil (marsh). ~ worm** *n. Ann:* abwydyn coch (abwyd cochion) *m*. **~ wren** *n. Orn:* dryw(*m*)'r gors (drywod y gors).
marshal[1] *n.* **1.** *Hist: Mil:* cadlywydd(-ion) *m*, marsial(-iaid) *m*; **earl ~,** iarll (ieirll) marsial *m*; **knight ~,** marchog(-ion) marsial *m*; **field ~,** cadlywydd(-ion) *m*, maeslywydd(-ion) *m*, cadfarsial(-iaid) *m*; **air ~,** marsial yr awyrlu; **air chief ~,** prif farsial yr awyrlu; **air vice-~,** is-farsial yr awyrlu. **2. judge's ~,** marsialydd(-ion) (*m*) barnwr. **3.** *U.S: (of police, fire dept.):* pennaeth (penaethiaid) *m*, marsial.
marshal[2] *v.t. (a)* **to ~ people,** trefnu pobl, rhoi/gosod/dodi pobl mewn trefn; *(b) Mil:* byddino, rhencio; **to ~ one's forces,** byddino, ymfyddino; trefnu'ch lluoedd; *(c)* **to ~ facts,** gosod ffeithiau mewn trefn; **to ~ one's thoughts,** hel eich meddyliau at ei gilydd; *(d)* **to ~ two coats of arms in one shield,** cyfuno dwy arfbais ar un darian; *(e) Rail:* cynnull; *(f)* **(to ~ s.o.) in, out,** (hebrwng/danfon rhn) i mewn, allan; *(g) Jur:* **to ~ assets,** marsialu asedau.
marshalcy *n.* = **marshalship.**
marshalling *vn.* **~ yard,** iard (*f*) drefnu (ierdydd trefnu), iard gynnull (ierdydd cynnull).
marshalship *n.* marsialaeth(-au) *f*, swydd (*f*) marsial; *Mil:* cadlywyddiaeth(-au) *f*.
Marshfield *W.Pl.n.* Maerun *m*.
marshiness *n.* natur gorslyd *f*, corsiogrwydd *m*.
marshland *n.* corstir(-oedd) *m*; *(by sea):* morfa (morf|eydd) *m*.
marshmallow *n. Cu:* malws melys *pl*.
marshmallowy *a.* malws-felys.
marshwort *n. Bot: (Apium inundatum):* corslys(-iau) *m*, dyfrforonen [leiaf] (dyfrforon [lleiaf]) *f*.
marshy *a.* corslyd, corsiog, siglennog.
marsipobranch *a. & n. Ich:* **1.** *a.* safngrwn (*pronounced* ng-g). **2.** *n.* safngrwn (safngrynion) *m*.
Marstow *Eng.Pl.n.* Llanmartin *f*.
marsupial *a. & n. Z:* **1.** *a.* bolgodog. **2.** *n. Z:* bolgodog(-ion) *m*.
marsupium *n. Z:* bolgod(-au) *m*.
mart *n.* **1. [auction-]~,** ystafell(-oedd) (*f*) ocsiwn, *Lit:* marchnaty (marchnatai) *m*. **2.** mart(-s,-au) *m*, marchnad(-oedd) *f*, marchnadfa (marchnadf|eydd) *f*, *S: occ:* marced(-i) *f*, *N: occ:* cae(-au) (*m*) sêl.
martagon *n. Bot: (Lilium martagon):* llysiau (*pl*) m|artagon, lili(-s, lilïau) (*f*) martagon, cap (*m*) y Twrc.
Martello *n.* **~ [tower],** tŵr (tyrau) amddiffynnol *m*, tŵr Martelo.
marten *n. Z:* bele (belaod) *m*; **beech-~,** bele'r graig; **pine-~,** bele'r coed.
martensite *n. Metall:* m|artensit *m*.
martensitic *a. Metall:* martensitig.
martial *a.* milwraidd, milwrol; **court-~,** llys(-oedd) marsial *m*, cwrt(-iau) marsial *m*; **~ arts,** crefft (*f*) ymladd; **~ law,** rheolaeth filwrol *f*.
martially *adv.* yn filwrol.
Martian *a. & n.* **1.** *a.* Mawrthaidd; **the ~ moons,** lleuadau Mawrth. **2.** *n.* brodor(-ion) (*m*) o Fawrth, brodores(-au) (*f*) o Fawrth, Mawrthiad (Mawrthiaid) *m&f*, *F:* dyn(-ion) (*m*) o Fawrth.
Martin[1] *Pr.n.m.* Marthin *m*; **St. ~'s summer,** haf bach Gŵyl Farthin.
martin[2] *n. Orn:* gwennol (gwenoliaid) *f*; **fairy ~,** *(Lagenoplastes ariel):* corwennol (corwenoliaid) *f*; **house-~,** *(Chelidon urbica):* gwennol y bondo, *occ:* gwennol y mur/muriau, gwennol y simdde, gwennol y tai, gwennol fronwen (gwenoliaid bronwyn), marthin penbwl *m*; **sand-~,** *(Riparia riparia):* gwennol y glennydd, gwennol y llynnoedd, gwennol y traeth, gwennol y dŵr, groig (*f*) y dŵr; **plain sand-~,** *(R. paludicola):* gwennol blaen (gwenoliaid plaen) y traeth;

crag-~, *(Hirundo rupestris):* gwennol y graig; **pale crag-~,** *(H. obsoleta):* gwennol lwyd (gwenoliaid llwyd) y graig; **~ bug** *n. Ent:* lleuen (*f*) y wennol (llau'r wennol).

martinet *n.* disgyblwr (disgyblwyr) llym *m*; **he is a regular ~,** mae'n llym iawn ei ddisgyblaeth.

martingale *n. Harn: &c:* m|ortical: m|orticel(-s) *m*, m|artingal(-s) *m*, m|ortingel(-s) *mf* (*both pronounced* ng-g).

martini *n.* martini(-s) *m*.

Martinmas *n.* Gŵyl (*f*) Farthin, Dygwyl (*mf*) Farthin/Marthin.

martlet *n.* **1.** *Orn:* = **martin**[2]. **2.** *Her:* gwennol ddigoes (gwenoliaid digoes) *f*.

martyr[1] *n.* merthyr(-on) *m*, merthyres(-au) *f*; *F:* **to be a ~ to sth,** dioddef gan rth; *Lit:* **oh, I'm a ~ to music,** o, ma' miwsig jest â'n lladd i.

martyr[2] *v.t.* merthyru.

martyrdom *n.* merthyrdod(-au) *m*.

martyred *a.* merthyredig.

martyrization *n.* merthyru *vn*, merthyriad(-au) *m*.

martyrize *v.t.* merthyru.

martyrological *a.* merthyrolegol.

martyrologist *n.* merthyrolegwr: merthyrolegydd (merthyrolegwyr) *m*.

martyrology *n.* **1.** *(list):* merthyriadur(-on) *m*, merthyrdraeth(-au) *m*, merthyroliaeth(-au) *f*. **2.** *(study):* merthyroleg *f*.

martyry *n.* merthyrfan(-nau) *mf*, *A:* merthyr *m*.

marula *n. Bot:* llwyn(-i) (*m*) marwla.

marvel[1] *n.* rhyfeddod(-au) *m*, peth(-au) rhyfedd *m*, *occ:* gwyrth(-iau) *f*; **it is a ~ to me (that...),** mae'n syndod mawr imi, 'rwyf i'n synnu'n fawr, mae'n rhyfedd gennyf, mae'n syn gennyf (fod...); **she's a ~,** mae hi'n rhyfeddod/rhyfeddol; **to work marvels,** gwn|eud gwyrthiau. **~ of Peru** *n. Bot: (Mirabilis jalapa):* rhyfeddod (*m*) Per|iw, blodyn (blodau) (*m*) pedwar o'r gloch.

marvel[2] *v.i.* **1.** *(= be surprised):* synnu, rhyfeddu **(at sth,** at rth). **2.** = **wonder**[2].

marvelling *a.* syn, llawn rhyfeddod.

marvellous *a. & n.* **1.** *a. (= wondrous):* rhyfeddol; *(= excellent):* rhagorol, gwych, ardderchog, *F:* bendigedig. **2.** *n.* **(I don't believe) in the ~,** (nid wyf i'n credu) mewn gwyrthiau *pl*, yn y goruwchnaturiol *m*, mewn rhyfeddodau.

marvellously *adv.* yn rhyfeddol *&c*.

marvellousness *n.* rhyfeddod *m*; gwychder *m*.

Marxian *a. & n. Pol:* = **Marxist**.

Marxism *n. Pol:* Marcs[i]aeth *f*, Marx[i]aeth *f*.

Marxist *a. & n. Pol:* **1.** *a.* Marcsaidd, Marxaidd. **2.** *n.* Marcsydd (Marcswyr) *m*, Marxydd (Marxwyr) *m*, Marcsiad (Marcsiaid) *m&f*, Marxiad (Marxiaid) *m&f*. **~-Leninism** *n.* Marcs/Marx-Leniniaeth *f*. **~-Leninist** *a. & n.* **1.** *a.* Marcsaidd/Marxaidd-Leninaidd. **2.** *n.* Marcs/Marx-Leninydd (~/~-Leninwyr) *m*.

Mary *Pr.n.f.* **1.** Mair, *F:* Mari, Meri, *occ:* Mali; **Saint ~,** y Santes Fair; **St. ~'s,** *(church):* eglwys (*f*) Fair; *(in place-names):* Llanfair *f*; **~ Magdalen,** Mair Fadlen, Mair M|agdalen; *Hist:* **Bloody ~,** Mari Waedlyd; **~ Queen of Scots,** Mari Frenhines yr Alban; **the Virgin ~,** y Wyryf Fair, y Forwyn Fair, Mair Forwyn; **the Three Maries,** y Tair Mair; **hail ~,** henffych Fair; *S.a.* **hairy**. **2.** *F:* **little ~,** *(= stomach): N:* y bol *m*, *S:* y bola *m*. **~ apple** *n. Hort:* afal(-au) (*m*) Mair. **~ sole** *n. Ich:* lleden (*f*) Fair (lledod Mair).

marzipan *n. Cu:* marsipán *m*.

Masai *a. & n.* **1.** *a.* Mas|ai. **2.** *n. (a) Ethn:* Masai(-s) *m&f*; *(b) Ling:* Masai *f*, *m*, yr iaith (*f*) Fasai.

mascara *n. Toil:* lliw du *m*, masgara *m*.

mascle *n. Her:* masgl(-au) *m*; **~ cross,** croes fannog (croesau mannog) *f*.

mascon *n. Astron:* masgon(-au) *m*.

mascot *n.* masgot(-iaid) *m*.

masculine *a. & n.* **1.** *a.* gwrywaidd, *occ:* gwryw. **2.** *n.* gwryw(-od) *m*.

masculinely *adv.* yn wrywaidd.

masculineness, masculinity *n.* gwrywdod *m*, gwryweiddiwch *m*.

masculinize *v.t.* gwryweiddio.

maser *n. Ph:* maser(-au) *m*.

mash[1] *n.* **1.** *Husb:* llith(-iau) *m*, *S.W: occ:* stwciaeth *f*, lwtsh *m*, *occ:* lap *m*, *S.E:* blith *m*, swpyn *m*; **bran-~,** llith (*m*) eisin; **to feed ~ to calves,** llithio lloi, rhoi llith i'r lloi, *S. W: occ:* stwceido lloi. **2.** *F: Cu: N:* stwnsh *m*, mwtrin *m*, stwmp *m*, *S. W:* potsh *m*. **3.** *(= mixture):* cymysgwch *m*, cymysgfa *f*, cybolfa *f*. **4.** *Brew:* brag gwlyb *m*. **~-tub** *n. (a) Brew:* cerwyn (*f*) frag (cerwyni brag); *(b) Husb:* stwc (styciau) (*m*) llith.

mash[2] *v.t.* **1.** pwyo, pwnio (rhth) [yn seitan, yn stwnsh *&c*], *N.W: occ:* mwtro, *S: occ:* ponsio, *S.W:* potsio, bwtso; *Cu:* **to ~ (potatoes),** *N:* mwtro, stwnsio, stompio (tatws), *S.W:* pwno, bwtsio, potsio (tato), *S.E:* pono (tatws). **2.** *Brew:* brec|au.

mashed *a.* cymysg, stwnsh, yn seitan, yn sitrws; **~ potatoes,** *N:* tatws stwmp, tatws stwnsh, stwnsh tatws, *occ:* mwtrin (*m*) tatws, tatws mwtrin, tatws wedi'u stwnsio, *N.E:* tatws ponsh, *S.W:* tato pwtsh, tato bwtsh, tato potsh, tato stwmp, tato wedi'u potsio, tato pwno.

masher *n.* **1.** *Tch: Dom.Ec:* stwnsiwr (stwnswyr) *m*, peiriant (peiriannau) (*m*) stwnsio, *S:* pwner(-s) *m*, *S. W:* potsiwr(-s) *m* [tato]. **2.** *O: P: (= dandy):* masiar(-s) *m*, masier(-s) *m*.

mashie *n. Golf:* mashi(-s) *m*.

mashing *vn.* = **mash**[2]. **~-staff, ~ stick** *n.* ffon (*f*) gerwyn (ffyn cerwyn).

mashlam *n.* = **maslin**.

mask[1] *n.* **1.** *(a)* mwgwd (mygydau) *m*, masg(-iau) *m*; **under the ~ of friendship,** dan gochl/rith/esgus cyfeillgarwch. **2.** *Ven: (of fox):* wyneb(-au) *m*, pen(-nau) *m*. **~ crab** *n. Crust:* cranc (crancod) mygydog *m*, cranc melyn. **~ flower** *n. Bot:* blodyn (blodau) (*m*) mwgwd.

mask[2] *v.t.* **1.** mygydu, masgio. **2.** *Mil: &c: (= hide):* cuddio, celu; *(= hinder):* rhwystro.

maskable *a.* cuddiadwy; *Cmptr:* **~ interrupt,** ymryiad(-au) cuddiadwy *m*.

maskalonge, maskanonge *n. Ich: U.S:* marchbenhwyad (marchbenhwyaid) *m*.

masked *a.* **1.** mygydog, â mwgwd, mewn masg; **~ ball,** dawns (*f*) fwgwd/fygydau, dawns fasgiau. **2.** *(= concealed):* cudd, cuddiedig.

masker, masquer *n.* masger(-iaid) *m*.

masking *vn.* masgiad(-au) *m*, masgio. **~-tape** *n.* tâp (tapiau) (*m*) masgio/cuddio.

maslin *n.* amyd *m*, siprys *m*, brithyd *m*, ŷd cymysg *m*.

masochism *n. Psy:* masochistiaeth *f*, masochyddiaeth *f*.

masochist *n. Psy:* m|asochydd (masochyddion) *m*, m|asochist (masochistiaid) *m*.

masochistic *a. Psy:* masochistaidd.

masochistically *adv.* yn fasochistaidd.

mason[1] *n.* **1.** saer (*m*) maen (seiri meini), *S:* masiwn (masiyniaid) *m*. **2. Free and Accepted Masons,** Seiri Rhyddion a Derbyniedig; *S.a.* **freemason**. **~-ant** *n. Ent:* saerforgrugyn (saerforgrug) *m*. **~-bee** *n. Ent:* saerwenynen (saerwenyn) *f*. **~-wasp** *n. Ent:* saergacynen (saergacwn) *f*. **~'s mark** *n.* naddiad(-au) (*m*) saer, naddnod(-au) *m*.

mason[2] *v.t.* saernïo, atgyfnerthu.

masonic *a.* **1.** saernïol. **2. M~,** *(= of Freemasons):* Masonaidd, Masiwnaidd, Saeryddol; **M~ Lodge,** Cyfrinfa Fasonaidd (Cyfrinf|eydd Masonaidd) *f*, Cyfrinfa Seiri Rhyddion; **M~ Hall,** Neuadd(-au) (*f*) Seiri Rhyddion.

masonry *n.* **1.** cerrig [nadd] *pl*, meini [nadd] *pl*, gwaith (*m*) cerrig, gwaith maen, gwaith saer maen. **2.** = **Freemasonry**.

Masorah *n. Jew.Rel:* Masorah *m*.

Masorete *n. Jew.Rel:* Masoriad (Masoriaid) *m&f*.

Masoretic *a. Jew.Rel:* Masoretig, Masoraidd, Masorig.

masque *n. Th:* masc(-iau) *m*.

masquerade[1] *n.* **1.** *(= masked ball):* dawns (*f*) fasgiau (dawnsiau masgiau). **2.** *Fig: (= pretence):* esgus(-ion) *m*, ffug(-ion) *m*, rhith(-iau) *m*, cogio *vn*, ffugio *vn*, ymrithio *vn*, ffugymrithio *vn*.

masquerade[2] *v.i.* **to ~ as sth,** ffugio/cogio bod yn rhth, cymryd arnoch fod yn rhth, ymhonni'n rhth, ymrithio/ffugymrithio fel rhth.

masquerader *n.* ymrithiwr (ymrithwyr) *m*, ymr|ithwraig *f*, ffugymrithiwr (ffugymrithwyr) *m*, ffugymr|ithwraig *f*, ymhonnwr (ymhonwyr) *m*, ymh|onwraig (ymhonwragedd) *f*.

mass[1] *n. Ecc:* offeren(-nau) *f*; **to say ~,** canu offeren; **black ~,** offeren ddu (offerennau duon); **choral ~,** offeren gân (offerennau cân); **folk ~,** offeren werin (offerennau gwerin); **dialogue ~,** offeren ddialog (offerennau dialog); **dry ~,** offeren sych; **high ~,** uchel offeren; **low ~,** isel offeren; **nuptial ~,** offeren briodasol (offerennau priodasol); **pontifical ~,** offeren esgobol; **requiem ~,** offeren ***requiem,*** offeren dros y meirw.

mass² **1.** *(a) (= bulk):* crynswth *m,* cruglwyth(-i) *m;* **in the ~,** gyda'i gilydd, mewn crynswth; *(b) Mec: Ph:* (*)crynswth *m,* màs *m;* **molar ~,** màs molar; **relative atomic ~,** màs atomig cymharol; **relative molecular ~,** màs molecylaidd cymharol; **Law of Conservation of M~,** Deddf *(f)* Cadwraeth Màs; **Law of M~ Action,** Deddf Adweithio Masau. **2.** *(a)* **a ~ of people** *&c,* torf (torf|eydd) *f,* tyrfa(-oedd) *f,* llu(-oedd) *m, F:* fflyd(-oedd) *f, S. W:* crugyn *m* (o bobl *&c*); **to gather in masses,** tyrru, ymdyrru, dod yn llu[-oedd]; **(the exercise was) a ~ (of mistakes),** ('roedd yr ymarfer) yn frith, yn swp, yn llawn, *N: F:* yn uwd (o gamgymeriadau); **he was a ~ of bruises,** 'roedd yn gleisiau i gyd; *(b)* **the great ~ of the people,** mwyafrif mawr *(m)* y bobl, trwch *(m)* y boblogaeth; **the masses,** y lluoedd *pl,* y dorf *f,* y dyrfa *f,* y werin *f,* y werin bobl *f or pl,* y bobl gyffredin *f or pl,* y werin a'r miloedd. **~ communication** *n.* cyfathrebu *(vn)* torfol. **~ culture** *n.* diwylliant torfol *m.* **~ defect** *n. Ph:* difodiad *(m)*/diffyg *(m)* màs. **~-energy equation** *n. Ph:* màs-ynni *m.* **~-flow hypothesis** *n. Biol:* damcaniaeth *(f)* màs-lifiad y ffloem. **~ grave** *n.* bedd(-au) torfol *m.* **~ housing** *vn.* masanheddu. **~ hysteria** *n.* hysteria torfol *m.* **~ media** *n.pl.* cyfryngau torfol. **~ meeting** *n.* cyfarfod(-ydd) cyffredinol/mawr *m.* **~ movement** *n.* **1.** *Ph:* màs-symudiad *m.* **2.** *(a) (of people):* symudiad(-au) torfol *m; (b) Pol:* mudiad(-au) torfol *m.* **~ noun** *n. Gram:* enw(-au) torfol *m.* **~ number** *n.* rhif(-au) torfol *m.* **~ murder** *n.* llofruddiaeth dorfol (llofruddiaethau torfol) *f,* torflofruddiaeth(-au) *f,* torfladdiad(-au) *m.* **~ murderer** *n.* llofrudd(-ion) torfol *m,* torfleiddiad (torfleiddiaid) *m&f.* **~ observation** *n.* arsylwad torfol *m.* **~ produce** *v.t.* masgynhyrchu. **~-produced** *a.* masgynyrchedig, masgynnyrch. **~ production** *n.* masgynhyrchiad *m,* masgynhyrchu *vn.* **~ protest** *n.* protest gyffredinol/dorfol (protestiadau cyffredinol/torfol) *f.* **~ ratio** *n. Ph:* cymhareb (cymarebau) *(f)* màs. **~ spectograph** *n.* sb|ectograff (sbectograffau) *(m)* màs. **~ spectrometer** *n.* sbectromedr(-au) *(m)* màs. **~ spectrometric** *a.* màs-sbectrometrig. **~ storage** *n. Cmptr:* màs-strofa (~-storf|eydd) *f.* **~ spectrum** *n. Ph:* sbectrwm (sbectrymau) *(m)* màs. **~ transport** *n.* cludiad cyhoeddus *m.* **~-wasting** *n. Ph:* masddarfodiant (masddarfodiannau) *m.*

mass³ *v.t.&i.* **1.** *v.t. (troops &c):* casglu, byddino. **2.** *v.i. (of clouds &c):* casglu, ymgasglu; *(of troops):* ymfyddino, ymgasglu.

massacre¹ *n.* lladdfa (lladdfâu, lladdf|eydd) *f, Lit:* cyflafan(-au) *f,* galanastra *m.*

massacre² *v.t.* lladd, *occ.* cigyddio; gwn|eud lladdfa/cyflafan (ar bobl *&c*).

massacrer *n.* llofrudd(-ion) *m,* cyflafanwr (cyflafanwyr) *m.*

massage¹ *n.* tyliniad(-au) *m,* ***massage*** *m.* **~ parlour** *n.* parlwr (parlyrau) *(m)* tylino.

massage² *v.t. Med:* tylino; *Fig:* **to ~ statistics,** ystwytho ystadegau, **to ~ s.o.'s ego,** llwytho hunanfalchder rhn.

massager *n.* tylinwr (tylinwyr) *m,* tyl|inwraig *f.*

massasauga *n. Rept:* masasawga(-od) *mf.*

masse *n. Bill:* ***masse(-s)*** *m.*

massed *a. (choirs &c):* cyfun, cyfunedig; *(battalions, clouds &c):* ymgasgledig, yn llu, yn lluoedd.

masseter *n. Anat:* cyhyryn (cyhyrau) *(m)* cnoi, cyhyryn maseter.

masseteric *a. Anat:* maseterig.

masseur *n.* tylinwr (tylinwyr) *m,* ***masseur(-s)*** *m.*

masseuse *n.* tyl|inwraig (tylinwragedd) *f,* ***masseuse(-s)*** *f.*

massicot *n. Ch:* m|asicot *m,* plwm melyn *m.*

massif *n. Geog:* ***massif(-s)*** *m.*

massiness *n.* pwysau *pl,* trymder *m,* soletrwydd *m,* trwch *m,* swmpusrwydd *m.*

massive *a.* anferth, anferthol, aruthrol fawr, sylweddol, enfawr, swmpus, solet; **a ~ (thing),** clamp *(m),* clobyn *(m),* cloben *(f)* (o beth).

massively *adv.* yn anferth *&c.*

massiveness *n.* anferthedd *m,* anferthwch *m,* maint aruthrol *m,* enfawredd *m.*

massless *a.* di-fàs.

Massoretic *a. Rel:* Masoretig.

massy *a.* anferth, enfawr, dirfawr.

mast¹ *n.* **1.** *Nau:* hwylbren(-nau,-ni) *m, F:* mast(-iau) *m, S: O:* gwernen(-ni) *f.* **2.** *(a) (of radio &c aerial):* mast. **~ cell** *n. Biol:* mastgell(-oedd) *f.* **~-head** *n. (a) Nau:* pen *(m)* hwylbren (pennau hwylbrennau/hwylbrenni); **to be at the ~-head,** bod ar wyliadwriaeth, gwylio; *(b) Journ:* teitl(-au) *m,* banernod(-au) *m.* **~-heel** *n. N.Arch:* troed *(mf)* hwylbren (traed hwylbrenni).

mast² *v.t. usu. in p.p.* rhoi hwylbren[-ni] (ar long).

mast³ *n. Husb:* mesen (mes) *f,* cneuen (cnau) *f.*

mastaba *n.* **1.** *(= tomb):* beddrod(-au) *m.* **2.** *(= bench):* mainc (meinciau) *f.*

mastectomy *n. Med:* brondrychiad(-au) *m,* codi *(vn)* bron, mast|ectomi (mastectomïau) *m.*

masted *a.* mastiog; **a three-~ ship,** llong dri mast/hwylbren.

master¹ *n. & attrib.* **1.** *n. (a)* meistr(-i,-iaid, *N: occ:* -adoedd) *m, N:* mistar (meistri *&c*) *m, S:* mishtir(-edd, meistri *&c*) *m;* **to be ~ in one's own house,** bod yn feistr yn eich tŷ eich hun; **to be ~ of oneself,** eich meistroli'ch hun, bod yn feistr arnoch eich hun; **to make oneself ~ of sth,** meistroli rhth; **he's his own ~,** mae'n feistr arno'i hun; mae'n annibynnol; mae'n gweithio ar ei liwt ei hun; **the ~ of the house,** gŵr y tŷ, *Lit:* y penteulu *m;* **to remain ~ (of the field),** gorchfygu, trechu, bod yn drech, aros yn orchfygwr (ar faes y gad); *Prov:* **everyone meets his ~,** mae meistr ar Mistar Mostyn; *(b) (employer):* meistr; *Prov:* **like ~, like man,** fel y bo'r dyn y bydd ei was; fel y bo'r gŵr y bydd y gwas; gwas da, meistr caled; meistr da wnaiff was da; *O:* **the ~ is not at home,** nid yw'r meistr gartref; *(c) (at Oxford and Cambridge):* prifathro (prifathrawon) *m,* pennaeth (penaethiaid) *m; (d) Nau: (of boat):* capten (capteiniaid) *m,* meistr(-i), llongfeistr(-i) *m; (e)* **~ of foxhounds,** meistr y bytheiaid, *Lit: occ:* pencynydd(-ion) *m;* **M~ in Chancery,** Meistr yn Siawnsri; **M~ of Laws,** Meistr yn y Cyfreithiau; **M~ of the Revels,** Meistr y Gyfeddach, *Lit: occ:* Taplaswr (Taplaswyr) *m;* **M~ of the Court of Protection,** Meistr y Llys Nawdd/Gwarchod; **~ of ceremonies,** meistr y ddefod/defodau/seremonïau; *(loosely):* arweinydd(-ion) *m,* cyflwynydd (cyflwynwyr) *m,* llywydd(-ion) *m, A:* taplaswr (taplaswyr) *m;* **M~ of the Horse,** Meistr y Meirch, *A:* Pengwastrawd (Pengwastrodion) *m (pronounced* ng-g); **M~ of the Rolls,** Meistr y Rholiau, Ceidwad *(m)* y Rholiau; **M~ of the Wards,** Meistr y Gwardiau; **Grand M~,** Pennaeth, Penllywydd(-ion), Uchel Feistr. **2.** *(a) Sch: (= teacher):* athro (athrawon) *m; S.a.* **housemaster**; *(b)* **M~ of Arts,** Meistr yn y Celfyddydau; **M~ of Science,** Meistr yn y Gwyddorau; **M~ of Theology,** Meistr mewn Diwinyddiaeth. **3.** *Art:* **an old ~,** hen feistr; *(painting):* hen gampwaith (~ gampweithiau) *m,* gwaith (gweithiau) *(m)* un o'r hen feistri. **4.** *(as title): (a) A:* **my masters,** fy meistri, foneddigion; *(b) O: (as title given to boy):* **M~ John,** Meistr Siôn. **5.** *attrib. a.* prif- + *soft mut.*; pen-, arch- + *soft mut.* **~-at-arms** *n. Navy:* meistr arfau. **~ bedroom** *n.* prif ystafell *(f)* wely (~ ystafelloedd gwely). **~ budget** *n.* cyllideb gyfansawdd (cyllidebau cyfansawdd) *f.* **~ builder** *n.* **1.** *(= contractor):* prifadeiladydd (prifadeiladwyr) *m.* **2.** = **architect**. **~ carpenter** *n.* pen-saer (~-seiri) *(m)* coed, crefftwr (crefftwyr) *(m)* coed. **~-class** *n. Mus:* dosbarth(-iadau) *(m)* meistr. **~ control room** *n. T.V:* prif ystafell *(f)* reoli (~ ystafelloedd rheoli). **~ controller** *n. Aut:* gor-reolwr (~-reolwyr) *m.* **~ copy** *n.* prif gopi (~ gopïau) *m.* **~ craftsman,** pencampwr (pencampwyr) *m,* meistr ar ei grefft (meistri ar eu crefft). **~ criminal** *n.* archdroseddwr (archdroseddwyr) *m,* carndroseddwr (carndroseddwyr) *m.* **~ cycle time** *n. Aut:* prif amser *(m)* cylchred. **~ disk** *n. Cmptr:* prif ddisg(-iau) *mf.* **~ file** *n. Cmptr:* prif ffeil(-iau) *f.* **~ gunner** *n. Mil:* prif fagnelwr (~ fagnelwyr) *m.* **~ hand** *n.* meistr(-i) *m* **(at sth,** ar rth), arbenigwr (arbenigwyr) *m,* campwr (campwyr) *m,* llaw feistraidd *f, F:* giamstar(-s) *m.* **~ hole** *n. Lib:* twll (tyllau) allweddol *m.* **~-key** *n.* prifallwedd(-i) *f,* prifagoriad(-au) *m.* **~ mariner** *n.* capten (capteiniaid) *m.* **~ mason** *n.* pen-saer maen (~ seiri meini) *m.* **~ mechanic** *n.* prif fecanydd(-ion) *m,* prif fecanig(-ion) *m.* **~ mind¹** *n.* **1.** *(= genius):* athrylith(-oedd) *m&f.* **2.** *(of a plot &c):* cyfarwyddwr (cyfarwyddwyr) *m,* prif gynllunydd (~-gynllunwyr) *m.* **~-mind²** *v.t.* **to ~-mind sth,** cynllunio'r cyfan/cwbl o rth, cyfarwyddo rhth. **~ print** *n.* prif gopi (~ gopïau) *m.* **~ program** *n. Cmptr:* prif raglen(-ni) *f.* **~ race** *n.* hil *(f)* oruchaf (hiliau goruchaf), goruwch-hil(-ion) *f,* hil y meistri. **~ sergeant** *n. Mil: U.S:* prif ringyll(-iaid) *m.* **~-slave system** *n. Cmptr:* system *(f)* meistr-gwas. **~-stroke** *n.* gorchest(-ion) *f,* camp(-au) *f,* trawiad(-au) *(m)* athrylith, trawiad athrylithgar/meistraidd. **~-switch** *n. El.E:* prif switsh(-is) *m.* ~ **tape** *n. Cmptr:* prif dâp (~ dapiau) *m.* ~ **touch** *n.* cyffyrddiad(-au) meistraidd *m.* ~ **workman** *n.* pen-gweithiwr (~-gweithwyr) *m.*

master[2] *v.t.* **1.** meistroli, trechu, dofi, gwastrodi (rhn, rhth); *occ:* gwn|eud meistr (ar rth). **2. to ~ a subject,** meistroli pwnc; **to ~ a difficulty,** goresgyn anhawster.

-master[3] *comb.fm. Nau:* **a three-~,** llong(-au) (*f*) â thri mast, llong dri mast (llongau tri mast).

masterful *a.* awdurdodol, meistrolgar, meistrolaidd; *(= wilful):* meistradaidd, ystyfnig, penderfynol; **a ~ woman,** ceilioges(-au) *f, N: F:* cownslar(-s) *f,* dytsias *f.*

masterfully *adv.* yn awdurdodol *&c.*

masterfulness *n.* penderfynolrwydd *m,* natur awdurdodol *f,* ystyfnigrwydd *m,* awdurdodolrwydd *m,* meistrolaeth *f.*

masterliness *n.* camp *f,* campusrwydd *m,* medrusrwydd *m,* meistrolaeth *f.*

masterly *a.* & *adv.* **1.** *a.* meistrolgar, meistraidd, campus, gorchestol, medrus. **2.** *adv.* yn feistrolgar *&c.*

masterpiece *n.* campwaith (campweithiau) *m, occ:* gorchest(-ion) *f.*

mastership *n.* **1.** rheolaeth *f,* meistrolaeth *f* **(of sth,** ar rth). **2.** *Sch:* swydd (*f*) athro (swyddi athrawon); *(at Oxford & Cambridge):* swydd prifathro (swyddi prifathrawon), prifathrawiaeth(-au) *f.*

mastersinger *n. Mus:* meistersinger(-s) *m.*

masterwork *n.* = **masterpiece.**

masterwort *n. Bot: (Peucedanum ostruthium):* dyfrforonen (dyfrforon) sypflodeuog *f,* p|oethwraidd *pl,* sinsir (*m*) y gors, poerlys *m,* pelydr gau (*m*) Sbaen, llysiau(*pl*)'r ddannodd, llysiau'r ysgyfaint.

mastery *n.* meistrolaeth *f,* rheolaeth *f* (ar rth); **to gain the ~ (over s.o.),** trechu (rhn); dod yn drechaf, cael y llaw uchaf, gwn|eud meistr (*f*) (ar rn).

mastic *n.* mastig *m.* **~-tree** *n.* pren(-nau) (*m*) mastig, lentysgbren (-nau) *m.*

masticate *v.t.*, **mastication** *n.* cnoi.

masticator *n.* cnöwr (cnowyr) *m,* cn|owraig (cnowragedd) *f.*

masticatory *a.* cnöol.

mastiff *n.* mastiff(-iaid) *m,* gafaelgi (gafaelgwn) *m,* costowci (costowcwn) *m,* ci (cŵn) (*m*) tarw, *N.W:* 'stowci ('stowcwn) *m.*

mastigophoran *a.* & *n. Z:* **1.** *a.* mastigofforaidd, fflangellog. **2.** *n.* mastigofforiad (mastigofforiaid) *m,* fflangellog(-ion) *m.*

mastitic *a. Med:* mastitig.

mastitis *n.* **1.** *Med:* llid (*m*) y fron, mastitis *m;* **cystic ~,** llid codennog y fron. **2.** *Vet: S.W:* yr awel *f,* y garged *m, N.W: occ:* pwrs caled *m.*

mastodon *n. Z:* m|astodon (mastodoniaid) *m.*

mastodont *a.* & *n.* **1.** *a.* mastodontig. **2.** *n.* = **mastodon.**

mastodontic *a.* mastodontig.

mastoid *a.* & *n. Anat:* **1.** *a.* bronffurf, mastoid. **2.** *n.* ~ **[process],** asgwrn (esgyrn) (*m*) bôn y glust, [asgwrn] mastoid *m,* cnepyn(-nau) (*m*) mastoid.

mastoidectomy *n. Surg:* tynnu (*vn*) mastoid, mastoid|ectomi (mastoidectomïau) *m.*

mastoiditis *n. Med:* llid (*m*) y mastoid.

masturbate *v.i.* mastyrbio, *V:* godro, cnuchio dwrn.

masturbation *n.* mastyrbiad(-au) *m,* mastyrbio *vn.*

masturbator *n.* mastyrbiwr (mastyrbwyr) *m,* mast|yrbwraig (mastyrbwragedd) *f.*

masturbatory *a.* mastyrbaidd, mastyrbiol.

Masuria *Pr.n. Geog:* Maswria *f.*

Masurian *a.* & *n.* **1.** *a.* Maswraidd. **2.** *n.* Maswriad (Maswriaid) *m&f.*

masurium *n. Ch:* = **technetium.**

mat[1] *n.* mat(-iau) *m;* **fibre-~,** mat gwellt; *F:* **to be on the ~,** bod mewn helynt/trafferth; **table-~,** mat bwrdd. ~ **grass** *n. Bot:* **1.** = **marram. 2.** *(Nardus stricta):* cawnen ddu (cawn duon) *f,* cas (*m*) gan bladurwr. ~ **rush** *n. Bot:* = **bulrush.**

mat[2] *v.t.* **1.** *(= cover with mats):* matio. **2.** *(= entangle):* drysu; *(of hair):* **to ~, to become matted,** mynd yn g[y]lymau, mynd yn ddryslyd, glynu yn ei gilydd; **matted hair,** gwallt dryslyd, gwallt yn un geden; *(of material):* **to become matted,** mynd yn un geden.

mat[3] *a.* = **matt.**

matador *n.* m|atador: matadôr (matadoriaid) *m,* ymladdwr (ymladdwyr) (*m*) teirw.

match[1] *n.* **1.** *(a) (of pers.):* tebyg *m,* cystal *m;* **he has met his ~,** mae wedi taro ar ei debyg/gystal/fatsh; **(to meet) more than your ~,** (cwrdd) ag un sy'n drech na chi, â'ch meistr, â'ch trech; (taro) ar eich trech; **to be a ~ for s.o.,** bod cystal â rhn, bod yn gystadleuydd teilwng o rn, *S.W:* bod yn ddigon ffit i gwrdd â rhn, *N:* bod yn ddigon o un/ddyn/ddynes/foi i rn; *(b) (of things):* **to be a [good] ~,** cyd-fynd yn dda, cydweddu'n dda, mynd yn dda gyda'i gilydd; **a perfect ~ of colours,** cydweddiad lliwiau perffaith, cydweddiad perffaith rhwng lliwiau. **2.** *Sp:* gêm (gemau) *f (initial g is never mutated),* gornest(-au) *f;* **challenge ~,** her ornest(-au) *f;* **friendly ~,** gêm/gornest gyfeillgar (gemau/gornestau cyfeillgar). **3.** *(= marriage):* cydweddiad(-au) *m,* priodas(-au) *f,* uniad(-au) *m,* ieuad(-au) *m;* **an unsuitable ~,** ieuad anghymharus; **he's an excellent ~,** bydd yn gwneud gŵr da i rywun; **they make a good ~,** maen' nhw'n bâr da; maen nhw'n gweddu i'w gilydd i'r dim; maen' nhw wedi ieuo'n gymharus. **4.** *Cmptr:* cysefaill (cysefeilliaid) *m.* **~-board** *n. Carp:* bwrdd (byrddau) (*m*) tafod a rhigol, astell (*f*) dafod a rhigol (estyll tafod a rhigol). **~-maker** *n.* trefnwr: trefnydd (trefnwyr) (*m*) priodasau, tr|efnwraig (*f*) priodasau; **she's a regular ~-maker,** mae hi'n chwilio am ŵr neu wraig i rn byth a hefyd. **~-making** *vn.* trefnu priodasau. **~-play** *n. Golf:* chwarae (*vn*) gornest. **~-point** *n. Sp:* pwynt(-iau) (*m*) gornest.

match[2] *v.t.&i.* **1.** *v.t. (a)* bod cystal â rhn, bod yn hafal i rn, cystadlu â rhn; **evenly matched,** cyfartal; *(b)* **to ~ s.o. against s.o.,** rhoi rhn i gystadlu yn erbyn rhn; *(c) (gloves &c):* cael cymhares, cael partneres (i rth), paru (rhth); **the hat matches the coat,** mae'r het yn cyd-fynd/cydweddu â'r gôt; mae'r het yn mynd gyda'r gôt; mae'r het yn gweddu i'r gôt; *Com:* **articles difficult to ~,** nwyddau anodd eu paru/matsio; *(d) Cmptr:* cysefeillio. **2.** *v.i.* cyd-fynd, cydweddu, mynd, *S.W:* taro; **with colours to ~,** â lliwiau'n cyd-fynd, â lliwiau cyfliw/tebyg/cydweddog; **a dress with hat to ~,** gwisg a het yn mynd gyda hi. **~-mark** *n. Ind:* nod(-au) (*m*) cyplysu, nod paru.

match[3] *n.* **1.** matsien (matsis) *f, Lit: occ:* tanen(-nau) *f;* **safety ~,** matsien ddiogel (matsis diogel); **to strike a ~,** tanio matsien; **have you a ~?** oes gennych chi dân? **2.** *A: Artil:* **slow ~,** cordyn (*m*) tanio [araf]. **~-head lichen** *n. Fung:* pennau (*pl*) matsis.

matched *a.* **[well-]~,** cymharus; **evenly ~,** cyfartal.

matchable *a.* paradwy.

matchbox *n.* blwch (blychau) (*m*) matsis, *F:* bocs(-ys) (*m*) matsis.

matcher *n.* parydd(-ion) *m.*

matchet *n.* = **machete.**

matching *a.* tebyg, cyfartal, cystal, parog, cyfatebol, cydwedd, cydweddog, sy'n cyd-fynd, sy'n cydweddu; *(colours):* cyfliw; **~ accessories,** cyfwisgoedd cydwedd, manion yn cydweddu.

matchless *a.* digymar, digyffelyb, dihafal, di-ail, heb eich ail, heb eich tebyg, *occ:* heb yr un atoch; **a ~ (poet),** (bardd) heb ei ail, heb ei debyg, nad oes debyg iddo, nad oes mo'i debyg/hafal/gyffelyb.

matchlessly *adv.* yn ddigymar *&c.*

matchlock *n. Sm.a:* mwsged(-au) (*m*) matsien, gwn (gynnau) (*m*) clo dylwyf.

matchstick *n.* coes (*mf*) matsien (coesau matsis).

matchwood *n.* pren (*m*) matsis; *(= splinters):* ysgyrion *pl,* asglodion *pl;* **to smash sth to ~,** malu rhth yn gandryll/ysgyrion/siwtrws/chwilfriw.

mate[1] *n. Chess:* = **checkmate[1].**

mate[2] *v.t. Chess:* = **checkmate[2].**

mate[3] *n.* **1.** *(= fellow worker):* cydweithiwr (cydweithwyr) *m,* cydlafuriwr (cydlafurwyr) *m, occ:* cydymaith (cymdeithion) *m, F:* partner(-iaid) *m;* **workman's ~,** cynorthwywr (cynorthwywyr) *m.* **2.** *(in marriage &c):* cymar (cymheiriad) *m&f,* cymhares (cymaresau) *f.* **3.** *(= chum):* ffrind(-iau) *m, S:* partner(-s) *m, F:* mêt(-s) *m;* **hello, ~!** *N:* s'ma'i was! s'ma i 'achan! *S:* shw ma'i bach! **3.** *Nau: Navy:* **first ~,** is-gapten (~-gapteiniaid), *F:* mêt(-s) *m;* **second ~,** ail is-gapten, *F:* ail fêt.

mate[4] *v.t.&i.* **1.** *v.t. (animals):* cymharu, paru, cyplu; *(= marry):* priodi. **2.** *v.i. (of birds &c):* cymharu, paru, cyplu. **3.** *Mec.E:* cyplysu, paru.

maté *n.* mate *m.*

mateless *a.* heb gymar.

matelot *n.* = **sailor.**

mater *n.* **1.** = **mother[1]**. **2.** *Anat:* **dura ~,** breithell dew *f*; **pia ~,** breithell denau *f*.

materfamilias *n.f.* penteulues(-au).

material *a. & n.* I. *a.* **1.** *Phil: &c:* materol; **~ culture,** diwylliant materol *m*; **~ help,** cymorth materol *m*; *Theol:* **~ principle,** egwyddor ddeunydd[i]ol *f*; **the ~ world,** y byd materol *m*. **2.** *(a) (= essential):* pwysig, hanfodol; **it has been of ~ service to me,** bu'n wirioneddol ddefnyddiol i mi; bu o fudd go iawn i mi; **any other ~ consideration,** unrhyw ystyriaeth arall o bwys; *(b) (= relevant):* perthnasol; *Jur:* **~ evidence,** tystiolaeth berthnasol *f*; **~ witness,** tyst(-ion) perthnasol *m*; **~ particular,** manylyn (manylion) perthnasol *m*. II. *n.* **1.** defnydd(-iau) *m*. **raw materials,** defnyddiau crai. **2.** *(a) Tex:* defnydd: deunydd *m*, ffabrig(-au) *m*; **~ weave,** gwehyddiad *(m)* defnydd; **double ~,** defnydd dwbl; **fraying ~,** defnydd rhaflog; **lustrous ~,** defnydd gloyw; **plaid ~,** defnydd plod; *(b)* **reading ~,** deunydd darllen.

materialism *n.* materoliaeth *f*.

materialist *n. & attrib.* **1.** *n.* materolwr: materolydd (materolwyr) *m*. **2.** *attrib.* = **materialistic.**

materialistic *a. Phil:* materolaidd, materyddol; *(loosely):* materol.

materialistically *adv.* yn faterol *&c*.

materiality *n.* materoldeb *m*; *(= relevance):* perthnasedd *m*; *Com:* defnyddioldeb *m*.

materialization *n.* materoli *vn*; *Theol: &c:* ymfateroliad *m*.

materialize *v.t.&i.* **1.** *v.t.* *(= make material):* materoli, sylweddoli. **2.** *v.i.* *(a) Psychics:* ymrithio, ymddangos; *(b) (= turn up):* ymddangos, dod i'r golwg/fei; *(c) (of project):* dod yn ffaith.

materially *adv.* **1.** *(= essentially):* yn hanfodol, yn ei hanfod. **2.** *(= markedly):* yn sylweddol, i raddau mawr. **3.** *Phil:* yn fateryddol.

materialness *n.* materoldeb *m*.

materia medica *n. Med: (science):* gwyddor *(f)* meddyginiaethau; *(substances):* meddyginiaethau *pl*.

matériel *n.* offer *pl*, defnyddiau *pl*.

maternal *a.* **1.** mamol, mamaidd; **the ~ instinct,** greddf *(f)* y fam; **~ and child health,** iechyd *(m)* mam a phlentyn; **~ love,** cariad mamol *m*, cariad mam. **2. ~ ancestors,** cyndadau/cyndeidiau ar ochr y fam.

maternally *adv.* yn famol *&c*; fel mam.

maternity *n.* mamolaeth *f*, *occ:* mamogaeth *f*, mamaeth *f*. **~ allowance** *n.* lwfans *(m)* mamolaeth. **~ benefit** *n.* budd-dâl *(m)* mamolaeth. **~ dress** *n.* gwisg(-oedd) *(f)* beichiogrwydd. **~ hospital** *n.* ysbyty (ysbytai) *(m)* mamau, ysbyty geni. **~ leave** *n.* seibiant (seibiannau) *(m)* mamolaeth. **~ ward** *n.* ward *(f)* famau (wardiau mamau).

matey *a. & n.* **1.** *a.* cyfeillgar, agos-atoch, *N:* clên, *S.E: occ:* ffrensibol. **2.** *n.* = **chum, mate[1].**

mathematical *a.* mathemategol.

mathematically *adv.* yn fathemategol.

mathematician *n.* mathemategwr: mathemategydd (mathemategwyr) *m*.

mathematics *n.pl.* mathemateg *f*.

mathematization *n.*, **mathematize** *v.t.* mathemateiddio.

Mathern *W.Pl.n.* Merthyr *(m)* Tewdrig.

maths *n.pl. F:* mathemateg *f*, *F:* syms.

matico *n. Bot:* matico(-s) *m*.

Matilda *Pr.n.f.* Mawd, Mallt; *Aus: F:* **to walk/waltz ~,** cario'ch pac, hel eich pac, crwydro.

matin[al] *a.* boreol, plygeiniol.

matinée *n. Th:* perfformiad(-au) *(m)* prynhawn, ***matinée(-s)*** *mf*, dydd-berfformiad(-au) *m*; *Cin: F: occ:* pictiwrs *(m)* pnawn. **~ coat** *n.* côt gwta (cotiau cwta) *f*, côt babi (cotiau babis), côt ***matinée***. **~ idol** *n.* eilun(-od) *(m)* sinema/ffilmiau.

matiness *n.* cyfeillgarwch *m*, agosatrwydd *m*, *N:* clenrwydd *m*, *S.W:* ffrensibeth *f*.

mating *vn.* = **mate[4]**. **~ instinct** *n.* greddf *(f)* baru. **~ parts** *n.pl. Mec.E:* rhannau cyplysol, rhannau paru. **~ season** *n.* tymor *(m)* paru.

matins *n.pl. Ecc:* boreol weddi *f*, gweddi foreol *f*; *(= very early service)* plygain (plygeiniau) *mf*, pylgain (pylgeiniau) *mf*.

matrass *n. Ch:* distyll-lestr(-i) *m*, llestr(-i) *(m)* distyllio.

matriarch *n.f.* matriarch(-iaid).

matriarchal *a.* matriarchaidd.

matriarchate, matriarchy *n.* matriarchaeth(-au) *f*, mamlywodraeth(-au) *f*.

matric *n.* = **matriculation.**

matricidal *a.* mamladdol, mamleiddiol, mamleiddiadol.

matricide *n. Jur:* **1.** *(killer):* mamleiddiad (mamleiddiaid) *m&f*, mamlofrudd(-ion,-iaid) *m*. **2.** *(crime):* mamladdiad(-au) *m*.

matriclinous *a. Bot: Z:* mamdueddol, mamdebyg.

matriculant *n. Sch:* ymaelodwr (ymaelodwyr) *m*, ymael|odwraig *f* [mewn prifysgol].

matriculate *v.i.&t.* **1.** *v.i.* ymaelodi [mewn prifysgol], matricwleiddio. **2.** *v.t.* derbyn (rhn) i brifysgol.

matriculation *n.* **1.** ymaelodiad *m*, ymaelodi *vn*, matricwleiddio *vn* [mewn prifysgol]. **2.** *A:* arholiad(-au) *(m)* mynediad [i brifysgol], *F:* matríc *m*.

matriculatory *a.* derbyniadol, mynediadol, matricwleiddiol.

matrilineal *a.* mamlinachol, o linach/linell y fam, ar ochr y fam, *Lit: occ:* ar gogail, o gogail.

matrilocal *a.* gwreig-gynefinol, yng nghynefin y wraig.

matrimonial *a.* priodasol; **M~ Causes Act,** Deddf *(f)* Achosion Priodasol; **M~ Homes Act,** Deddf Cartrefi Priodasol; **~ supervision order,** gorchymyn *(m)* goruchwyliad priodasol; **~ care order,** gorchymyn gofal priodasol.

matrimonially *adv.* yn briodasol.

matrimony *n.* priodas *f*; **holy ~,** glân briodas. **~ vine** *n. Bot: (Lycium):* draenen *(f)* focs (drain bocs).

matrix *n.* **1.** *Anat:* croth(-au) *f*, *Lit:* bru(-oedd) *m*, *F:* mam(-au) *f*, mamog *f*. **2.** *Geol: Miner:* amgaen(-au) *f*. **3.** *Typ: &c:* mo[w]ld(-iau) *m*, matrics(-au) *m*. **4.** *Mth: Biol:* matrics; **calcified ~,** matrics calcheiddiedig; **column ~,** matrics colofn; **compound ~,** matrics cyfansawdd; **non-singular ~,** matrics anhynod; **orthogonal ~,** matrics orthogonol; **rectangular ~,** matrics petryal; **row ~,** matrics rhes; **square ~,** matrics sgwâr. **~ printer** *n. Cmptr:* matrics-argraffydd(-ion) *m*. **~ product** *n. Mth:* lluoswm (lluosymiau) *(m)* matrics. **~ sentence** *n. Gram:* brawddeg(-au) amgaeol *f*, brawddeg gynhwysol (brawddegau cynhwysol).

matroclinal, matroclinous *a.* = **matriclinous.**

matron *n.f.* **1.** gwr|aig [briod] (gwragedd [priod]); **jury of matrons,** rheithgor gwragedd; **~ of honour,** gwraig briodas (gwragedd priodas). **2.** *(of hospital &c):* penaethes(-au), *F:* metron(-au,-s); *(male):* pennaeth (penaethiaid) *m*.

matronage, matronhood *n.* oedran *(m)* gwr|aig.

matronly *a.* urddasol; *(= portly):* corffog, corffol; **she was of ~ build,** *F:* 'roedd hi'n bladres o ddynes.

matronymic *a. & n.* **1.** *a.* mamenwol. **2.** *n.* enw(-au) mamol *m*, mamenw(-au) *m*.

matt[1] *a.* di-sglein, pŵl, mat, afloyw(-on).

Matt[2] *abbr. (= Matthew):* Math.

mattamore *n.* seler(-i,-ydd) *f*.

matte *n. Metall:* ***matte*** *m*.

matted *a.* matiog, cedenog; *(hair):* c[y]lymog, dryslyd, yn un geden, cedenog.

matter[1] *n.* **1.** *(= substance):* sylwedd(-au) *m*, mater *m*; *Log:* **form and ~,** ffurf a sylwedd; *Ph:* **the indestructibility of ~,** annistrywedd *(m)* mater; **vegetable ~,** sylwedd llysieuol; **colouring ~,** lliw *m*, sylwedd lliwio; *F:* **grey ~,** *(i) Anat:* breithell *f*, sylwedd llwyd *m*, llwydyn *m*; *(ii) F:* ymennydd *m*, crebwyll *m*. **2.** *Med: (= pus):* crawn *m*, gôr *m*. **3.** *(a) (of conversation):* deunydd *m*, sylwedd; **reading ~,** pethau *(pl)* i'w darllen, deunydd darllen; **printed ~,** deunydd printiedig/argraffedig; *(b) Typ:* **plain ~,** deunydd plaen; *S.a.* **print[2]**. **4. it makes no ~,** nid yw o wahaniaeth; 'does dim gwahaniaeth *(m)* [yn y byd]; ni waeth am hynny; *F:* 'does dim ots; *int.* **no ~!** 'tae waeth! dim ots! **no ~ how you do it,** [ni] waeth sut y gwnewch chi ef; sut bynnag y gwnewch chi ef; **no ~ how fast you run, you will not catch him,** [ni] waeth pa mor gyflym y rhedwch, ni ddaliwch chi mohono. **5.** *(= case, affair, business):* pwnc (pynciau) *m*, mater(-ion) *m*, achos(-ion) *m*, peth(-au) *m*; **the ~ (I am speaking of),** y pwnc, y mater, yr hyn (sydd dan sylw gennyf); **an easy ~,** peth hawdd, mater hawdd; **it's a ~ of common knowledge,** mae'n hysbys i bawb; **it is no great ~,** nid yw fawr o bwys; nid yw o bwys mawr; **that's quite another ~,** peth arall hollol yw hynny; peth hollol wahanol yw hynny; **as matters stand,** fel y mae/saif pethau; **money matters,** materion ariannol; **as a ~ of fact,** fel y mae'n digwydd. . ., mewn gwirionedd. . .; **the fact of**

the ~ is..., y ffaith amdani yw...; **business matters,** materion busnes; **as a ~ of form,** o ran ffurfioldeb; **in the ~ of...,** yn achos..., o ran..., yngh|ylch..., *Lit:* parthed...; **in this ~,** yn hyn o beth; **a ~ of taste,** mater o chwaeth; **it's only a ~ of time before we succeed,** yn hwyr neu'n hwyrach fe lwyddwn; mater o amser yw inni lwyddo; **it will be a ~ of ten days,** deng niwrnod fydd hi; mater o ddeng niwrnod fydd hi; **it will be a ~ of two hours to reach the summit,** gwaith dwy awr fydd cyrraedd y copa; fe gymer ddwy awr i gyrraedd y copa; **for that ~, for the ~ of that,** o ran hynny; *(= moreover):* at hynny, pa un bynnag, sut bynnag, ac ar ben hynny; **what ~?** pa ots? pa wahaniaeth? pa waeth? **what is the ~?** beth sy'n bod, beth sydd [o'i le]? **sth must be the ~,** rhaid bod rhth yn bod; **as if nothing was the ~,** fel pe na bai dim yn bod, fel pe na bai dim o'i le, fel pe bai popeth yn iawn; **what is the ~ with your finger?** beth sy'n bod ar dy fys di? **what's the ~ with you?** beth sy'n bod arnat ti? *N.W: occ:* be haru ti? *S.a.* **course¹ 1, fact².** **~-of-course** *a.* naturiol, rheolaidd, normal. **~-of-fact** *a.* didaro, digyffro, difraw; *(= factual):* ffeithiol; *(= prosaic):* diddychymyg, rhyddieithol. **~-factly** *adv.* yn ddidaro *&c.* **~-of-factness** *n.* difrawder *m*; *(= factualness):* ffeithioldeb *m*, natur ffeithiol *f*; *(= prosaicness):* rhyddieithioldeb *m*, natur ddiddychymyg/ryddieithol.

matter² *v.i.* **1.** bod o bwys, bod yn bwysig **(to s.o.** i rn); **it does not ~,** 'does dim gwahaniaeth; *F:* 'does dim ots; **it does not ~ (whether he comes or not),** nid yw o bwys, nid yw wahaniaeth, ni waeth (a ddaw ai peidio); **nothing else matters,** 'does dim byd arall o bwys; **what does it ~ to you?** pa bwys/wahaniaeth/fusnes yw ef i chi? **it matters a good deal to me,** mae o bwys mawr i mi; mae'n bwysig iawn i mi. **2.** *Med:* crawni, casglu, crynh|oi.

mattery *a.* crawnllyd, gorllyd.

Matthaean, Matthean *a. Theol:* Mathewaidd; **the ~ account of the Crucifixion,** adroddiad Mathew am y Croeshoelio, hanes y Croeshoelio gan Fathew.

Matthew *Pr.n.m.* Mathew, *occ:* Mathéus.

matting *n.* matin *m*, defnydd *(m)* matiau, matiau *pl*; *S.a.* **coconut.**

mattock *n. Tls:* matog(-au) *f*, batog(-au) *f*, *occ:* patwg (patygau) *m*, caib *(f)* fetin (ceibiau betin); **blubber ~,** batog flingo (batogau blingo).

mattoid *n. Psy:* matoid(-iaid) *m*.

mattress *n.* matres(-i) *mf*; **down ~,** matres blu/plu (matresi plu); **box ~,** matres bocs, matres hydwyth; **spring ~,** matres sbring.

maturate *v.i. Med:* aeddfedu, casglu.

maturation *n.* **1.** *Med:* casgliad *m*, crawniad *m*, casglu *vn*, crawni *vn*. **2.** *(of fruit):* aeddfediad *m*, aeddfedu *vn*.

maturational, maturative *a.* aeddfedol.

mature¹ *a.* **1.** aeddfed; **a person of ~ years,** rhn mewn oed [a synnwyr], rhn yn ei oed a'i amser, oedolyn (oedolion) *m*; **a ~ animal,** anifail llawn dwf, anifail ar ei lawn dwf; **~ deliberation,** ystyriaeth bwyllog *f*; **~ insect,** pryfyn (pryfed) llawn-dwf *m*. **2.** *Fin:* dyledus, aeddfed.

mature² *v.t.&i.* aeddfedu.

maturely *adv.* yn aeddfed.

matureness, maturity *n.* aeddfedrwydd *m*. **~ date** *n.* dyddiad(-au) *(m)* aeddfedu; *(of animal):* anifail llawn dwf.

matutinal *a.* boreol; *(= early):* bore, cynnar.

matutinally *adv.* yn foreol, yn fore *&c.*

maty *a.* = **matey.**

matzo *n. Jew.Rel:* bara croyw *m*, bara crai. **~ ball** *n.* torth grai (torthau crai) *f*.

maud¹ *n. Tex: Cost:* brethyn llwyd *m*, plod llwyd *m*; *(rug):* carthen lwyd (carthenni llwyd) *f*.

Maud² *Pr.n.f.* Mallt, Mawd.

maudlin *a. & n.* **1.** *a. (a)* dagreuol, dagreullyd, dagreugar, gordeimladwy, gordeimladol, ffugdeimladol, crachdeimladwy, crachdeimladol; *(b) (drunk):* meddw-ddagreuol. **2.** *n.* dagreuoldeb *m*, sentimentaleiddiwch *m*.

Maudscastle *W.Pl.n.* Castell *(m)* Mallt.

maugre *prep. A:* er gwaethaf, er, serch.

maul¹ *n.* **1.** *Tls:* gordd *(f)* bren (gyrdd pren). **2.** *(= brawl, scrum):* [y]sgarmes(-oedd) *f*; **a loose ~,** [y]sgarmes rydd.

maul² *v.t. (of tiger &c):* llarpio; *(= handle roughly):* cam-drin, llibindio, *N: F:* hambygio, llygindio.

maulstick *n. Art:* ffon *(f)* gynnal (ffyn cynnal), ffon peintiwr (ffyn peintwyr).

maunder *v.i.* paldaruo, moedro, *Lit:* baldorddi.

maunderer *n.* paldaruwr (paldaruwyr) *m*, moedrwr (moedrwyr) *m*, *Lit:* baldorddwr (baldorddwyr) *m*.

Maundy *n.* **1. ~ money,** arian *(m)* cablyd; **Royal ~,** Arian Cablyd y Brenin/Frenhines; **~ Thursday,** Dydd Iau *(m)* Cablyd, Difiau *(m)* Cablyd, Dydd Iau'r Gofid. **2.** *R.C.Ch:* [seremoni *f*] golchi traed [y tlodion].

Mauretania *Pr.n. A: Geog:* Mawretania *f*.

Maurice *Pr.n.m.* Meurig.

Maurist *n. R.C.Ch:* Mawrydd(-ion) *m*.

Mauritania *Pr.n. Geog:* Mawritania *f*.

Mauritanian *a. & n.* **1.** *a.* Mawritanaidd; **the ~ desert,** anialwch Mawritania. **2.** *n.* Mawritaniad (Mawritaniaid) *m&f*.

Mauritian *a. & n.* **1.** *a.* Mawris[i]aidd; **the ~ government,** llywodraeth Mawrisiws. **2.** *n.* Mawrisiad (Mawrisiaid) *m&f*.

Mauritius *Pr.n. Geog:* Mawrisiws *m*.

mausoleum *n.* beddrod(-au) *m*, mawsolëwm (mawsolea) *m*, beddadail (beddadeiliau) *m*, gwyddfa (gwyddfâu, gwyddf|eydd) *f*.

mauve *a. & n.* [lliw] môf *m*, porffor golau *m*, piwswyn(-ion) *m*.

maverick *n.* **1.** *Husb: (calf):* llo(-i) blwydd *m*. **2.** *Fig: (pers.):* rebel(-iaid) *m*, *N.W: occ:* llo(-i,-eau) (ffôl) tarw.

mavis *n. Orn: Poet:* bronfraith (bronfreithod) *f*.

mavourneen *n. int.* fy nghariad, f'anwylyd.

maw *n.* **1.** crombil(-iau) *mf*, cylla(-on, cyllâu) *m*, ceubal(-au) *m*; *(of pers.): Joc:* cylla, bol(-iau) *m*, cest *f*, cetog *f*, ceubal. **2.** *(= mouth):* safn(-au) *f*. **~-worm** *n.* llyng[h]yren (llyngyr) *f*.

mawkish *a.* **1.** *(= insipid):* merfaidd, diflas. **2.** *(feeling):* ffugdeimladol, sentimental, gordeimladwy, dagreuol, dagreullyd.

mawkishly *adv.* **1.** yn ferfaidd *&c.* **2.** yn sentimental *&c.*

mawkishness *n.* **1.** merf|eidd-dra *m*, diffyg *(m)* blas. **2.** ffugdeimladrwydd *m*, sentimentaleiddiwch *m*, dagreuoldeb *m*.

maxi¹ *n. F: Cost: &c:* macsi(-s) *m*, dilledyn (dillad) llaes *m*.

maxi²- *comb.fm.* llaes; **~-coat,** côt laes (cotiau llaes) *f*.

maxilla *n. Anat:* asgwrn *(m)* gên (esgyrn genau), asgwrn yr ên, cern(-au) *f*, macsila (macsilâu) *m*, gên uchaf *f*.

maxillary *a. Anat:* genol; **~ sinus,** ceudod *(m)* yr ên, sinws *(m)* yr ên.

maxilliped[e] *n. Crust:* *geneudroed (geneudraed) *mf*.

maxillofacial *a. Med:* genol-wynebol.

maxim *n.* gwireb(-au) *f*, dihareb (diarhebion) *f*, gwerseb(-au) *f*; *(= rule):* rheol(-au) *f*, egwyddor(-ion) *f*; *Jur:* **~ of equity,** gwireb ecwitïol.

maxima *n. Mus:* m|acsima *m*, nodau macsima *pl*.

maximal *a.* mwyaf, hwyaf, uchaf [posibl]; anterthol; *Mth:* mwyafsymiol, uchafrifol, uchafsymiol.

maximalism *n.* mwyafsymiaeth *f*.

maximalist *n.* mwyafsymiwr: mwyafsymydd (mwyafsymwyr) *m*, mwyafwr: mwyafydd (mwyafwyr) *m*.

maximally *adv.* i'r eithaf, i'r mwyaf.

maximin *n. Mth:* m|acsimin (macsiminau) *m*, *uchisafrif(-au) *m*.

maximite *n. Expl:* m|aximit *m*.

maximization *n.* mwyafiad *m*, eithafiad *m*; *vn.* = **maximize.**

maximize *v.t.* mwyh|au, amlh|au, mwyafu, uchafu, eithafu, *occ:* hyrwyddo; **to ~ one's chances of success,** amlhau i'r eithaf eich gobeithion o lwyddo; *Cmptr:* macsimeiddio, mwyafu; *Mth:* mwyafsymio.

maximizer *n.* mwyhäwr (mwyhawyr) *m*, amlhäwr (amlhawyr) *m*, mwyafwr (mwyafwyr) *m*.

maximum *n. & a.* **1.** *n.* uchafswm (uchafsymiau) *m*, uchafrif(-au) *m*, mwyafswm (mwyafsymiau) *m*, *occ:* uchafbwynt(-iau) *m*; *Geog:* **glacial ~,** uchafbwynt rhewlifol. **2.** *a.* uchaf, mwyaf, uchafrifol, uchafsymiol, mwyafsymiol; *Aut:* **~ green,** gwyrdd hwyaf *m*; **~ multiplicity rule,** egwyddor *(f)* lluosogrwydd m|acsimwm; **~ price,** y pris uchaf *m*, uchafbris(-iau,-oedd) *m*; **~ load,** y llwyth trymaf/mwyaf *m*; **~ security prison,** carchar *(m)* diogelwch eithaf; *Aut:* **~ speed,** y cyflymdra mwyaf/uchaf *m*. **~ thermometer** *n.* thermomedr *(m)* uchafbwynt.

Maximus *Pr.n.m. W.Hist:* **Magnus ~,** Macsen Wledig.

maxwell *n. Meas:* ***maxwell(-s)*** *m*.

may¹ *v.aux.* **1.** gallu; *(a)* **with luck I ~ succeed,** gyda lwc mi allaf lwyddo; **he ~ not be hungry,** efallai/hwyrach/gall/dichon nad oes eisiau bwyd arno; **it ~ not be true,** gall/dichon/efallai nad yw'n wir; **he ~ miss the train,** o bosibl bydd yn colli'r trên; fe all golli'r trên; **I ~ [possibly] have done so,** efallai imi wneud hynny;

mae'n bosibl fy mod wedi gwneud hynny; gall fy mod i wedi gwneud hynny; *(b)* **how old might she be?** beth allai ei hoedran hi fod? **who might you be?** a phwy ydych chi, os caf i ofyn? pwy ydych chi, tybed? **might it not be well to warn him?** oni fyddai'n beth doeth ei rybuddio? *(c)* **it ~ be that...,** fe all fod...; **it might be that...,** gallai fod...; **be that as it ~,** bid/boed hynny fel y bo; bid a fo am hynny; sut bynnag y bo; beth bynnag am hynny; *S. W:* 'ta beth am hynny; *N. W:* 'ta[e] waeth am hynny; **that's as ~ be,** efallai'n wir; fe all hynny fod; digon posib; **as you ~ suppose,** fel y gallwch dybio; *S.a.* **cost[2] 1; run as he might, he could not catch me,** ni waeth faint a redai, ni allai fy nal; *(b)* **we ~/might as well stay where we are,** ni waeth inni aros yma ddim; [llawn] cystal inni aros lle'r ydym ni; *S.a.* **well[3]** I. 1; *(e)* **I say, you might shut the door,** a fyddet ti (fyddech chi) cystal â chau'r drws? a fyddai'n rhywbeth gen ti (gennych chi) gau'r drws? **he might have offered to help,** gallai fod wedi cynnig help; gallasai fentro cynnig help; **you might have left me some,** pam na fuaset ti wedi gadael peth i mi? **2.** *(= be allowed to):* cael; **~ I?** [a] gaf i? ga' i? **~ I come in? - you ~,** ga' i ddod i mewn? - cewch; **if I ~ say so,** os ca' i ddweud; **the Council ~ decide,** caiff y Cyngor benderfynu; y Cyngor biau penderfynu. **3. I hope it ~ be true,** gobeithio'i fod yn wir; o na bai'n wir; **(I hope) he ~ succeed,** (gobeithio) y llwydda, y bydd yn llwyddo, y caiff lwyddo. **4. ~ he rest in peace!** heddwch i'w lwch! gorffwysed mewn heddwch! **much good ~ it do you!** boed o les i chi! mawr dda i chi! **long ~ you live to enjoy it!** hir oes i chi ei fwynhau! **he's a might have been,** dyn na chafodd ei gyfle ydyw.

May[2] *n.* **1.** [mis] Mai *m*; **in [the month of] ~,** ym [mis] Mai, *Lit: occ:* fis Mai; **the first of ~,** Calan *(m)* Mai, *F:* Clamai, Clame; **~ Day,** Gŵyl *(f)* Fai; **Queen of the ~,** Brenhines *(f)* Fai, Brenhines y Mai. **2. m~,** *Bot: (a)* **m~ [bush], m~ [tree],** y ddraenen wen *f*; *(b)* **French m~,** *(Spiraea arguta):* erwaint Ffrengig *m*. **~-apple** *n. Bot: U.S:* afal(-au) *(m)* Mai. **~-beetle, ~-bug** *n.* = **cockchafer. ~ blobs** *n. Bot:* = **kingcup. ~[-blossom],** blodau*(pl)*'r ddraenen wen, *S:* blodau mis Mai. **~ dancer** *n.* dawnsiwr (dawnswyr) *(m)* haf, d|awnswraig (dawnswragedd) *(f)* haf. **~ dancing** *vn.* dawnsio haf. **~ Day** *n.* **1.** Calan *(m)* Mai, Calanmai *m*, *F:* Clamai, Clame. **2.** *Av. Nau: (S.O.S.): may-day.* **~ fair** *n.* ffair *(f)* Galan Mai, *F:* ffair Glame. **~-fly** *n. Ent: (Ephemeroptera):* cylionyn (cylion) *(m)* Mai, gwybedyn (gwybed) *(m)* Mai, cleren *(f)* Fai (clêr Mai). **~ lily** *n. Bot:* **1. = lily of the valley. 2.** *(Maianthemum bifolium):* lili (liliau) *(f)* Mai. **~ queen** *n.* brenhines *(f)* Fai (breninesau Mai).

maya[1] *n. Hindu Phil:* maia *m*.

Maya[2] *n.* **1.** *Ethn:* Maia(-s) *m&f*. **2.** *Ling:* Maia *f, m*.

Mayan *a. & n.* **1.** *a.* Maiaidd. **2.** *n. (i) Ethn:* Maiad (Maiaid) *m&f*; *(ii) Ling:* Maieg *f, m*.

maybe *adv.* efallai, *N:* hwyrach, *Lit:* dichon, *occ:* o bosibl, feallai, *F: occ:* fallc, *N: F:* ella, *N.W: occ:* nid hwyrach.

mayflower *n. Bot:* blodeuyn (blodau) *(m)* Mai.

mayhap *adv.* – **maybe.**

mayhem *n.* **1.** *Jur: U.S:* **to commit ~ on s.o,** anafu rhn, andwyo rhn. **2.** *(= confusion, disorder):* llanast[r] *m*, anhrefn *f*, tryblith *m*.

maying *vn.* dathlu Calan Mai, cadw Gŵyl Fai, cadw'r Mai.

mayonnaise *n. Cu: mayonnaise m*.

mayor *n.* maer (meiri) *m*; **deputy ~,** dirprwy faer (~ feiri) *m*; **Lord M~,** Arglwydd Faer (~ Feiri); *Fr.Hist:* **~ of the palace,** maer y palas.

mayoral *a.* maerol.

mayoralty *n.* maeryddiaeth(-au) *f*.

mayoress *n.f.* maeres(-au); **Lady M~,** Arglwydd Faeres(-au).

maypole *n.* bedwen (bedw) *(f)* haf, bedwen Fai, bedwen Ifan, cangen (canghennau) *(f)* haf, polyn: pawl (polion) *(m)* haf.

Maytide, Maytime *n.* Mai *m*, mis *(m)* Mai, *A:* y Mai.

mayweed *n. Bot:* **rayless ~, pineapple ~,** *(Matricaria matricarioides):* amranwen bêr, amranwen bîn-afalaidd *f*, camri*(m)*'r moch; **scented ~,** *(M. recutita):* = **chamomile (wild); scentless ~,** *(Tripleurospermum inodorum):* ffenigl *(m)* y cŵn, amranwen ddi-sawr; **sea ~,** *(T. maritimum):* amranwen y môr, amranwen arfor; **stinking ~,** *(Anthemis cotula):* camri'r cŵn, milwydd *m*, llygad *(m)* yr ych; *S.a.* **chamomile.**

mazaedium *n. Biol:* masediwm (masedia) *m*.

mazard *n. Bot:* = **cherry (wild).**

mazarine *a. & n.* glas tywyll *(m)*, dulas *(m)*, m|asarin *m*. **~ blue** *n. Ent:* glesyn (gleision) *(m)* masarin. **~ floor** *n.* seler *(f)* llwyfan.

Mazdaism *n.* Masdäeth *f*.

maze[1] *n.* **1.** drysni *m*, drysfa (drysf|eydd) *f*, drysle(-oedd) *m*, bachdrofa (bachdrof|eydd) *f*; **a turf ~,** Caer *(f)* Droea, Caer Dro. **2.** *Fig:* dryswch *m*, penbleth *f*.

maze[2] *v.t.* drysu.

mazed *a.* dryslyd, mewn penbleth.

mazer *n. Hist:* cwpan(-au) *(m)* masarn, cwpan *(f)* fasarn (cwpanau masarn), basarnen *f*, basarn(-au) *mf*.

mazily *adv.* **1.** yn ddryslyd *&c.* **2.** yn droellog.

mazuma *n. U.S: P:* = **cash[1].**

mazurka *n.* masyrca(-s) *f*.

mazy *a.* **1.** dryslyd, bachdroeog. **2.** *(river):* troellog, dolennog, ymddolennog.

mazzard *n.* **1. = mazard. 2.** *F: A:* = **head[1].**

McCarthyism *n. U.S: Pol:* McCarthyaeth *f*.

McCarthyite *n. U.S: Pol:* McCarthyad (McCarthyaid) *m&f*.

McCoy *n.* **the real ~,** y peth go iawn *m*.

me[1] *pers.pron.obj.* **1.** *(affixed form): (i) (after verb):* fi, *occ:* i; **she saw ~,** gwelodd fi; fe'm gwelodd i; **believe [you] ~,** credwch [chi] fi; **did you hear ~?** [a] glywsoch chi fi? *(ii) (after vn.):* i; **he sees ~,** mae ef yn fy ngweld i; **she has disappointed ~,** mae hi wedi fy siomi i; *F: occ:* mae hi wedi fy siomi fi; (fi *can occur here in speech if the vn. ends with a vowel*); *(iii) (after negative verb):* mohonof [i]; **she did not see ~,** ni welodd hi mohonof [i]. **2.** *(a) (prefixed form, before verb or vn.):* fy, *occ:* f', *F:* y + *nasal mut. of vn. but no mut. of verb in a relative clause after* a'i; *(b) after preposition* i: 'm; **he tried to see ~,** ceisiodd fy ngweld [i]; *F:* mi/fe driodd fy ngweld i; **he tried to hear ~,** ceisiodd fy nghlywed [i]; **he tried to save ~,** ceisiodd f' achub [i]; *note the use of prefixed and affixed forms in combination*; *the affixed pronoun is obligatory in informal speech but optional in the literary language where a prefixed form has already been used:* **she believes ~,** mae hi'n y nghredu i; *Lit:* mae hi'n fy nghredu [i]. **3.** *(infixed form):* 'm + h- *aspirate before vowel:* **he came to see ~,** dacth i'm gweld; **it was John who heard ~,** John a'm clywodd i; **she saw ~,** fe'm gwelodd i; fe'm gwelodd hi fi; **the one who welcomed ~,** yr un a'm croesawodd i; **it was Gwen who saved ~,** Gwen a'm hachubodd i. **4.** *(emphatic reduplicated form): Lit:* myf|i, *F:* y fi; *constructed with* a *(often omitted in speech)* + *soft mut. of verb, or (in present tense)* sydd yn *or* sy'n + *vn.*; **it was ~ whom you saw,** *Lit:* myfi a welsoch; *F:* y fi welsoch chi. **5.** *(conjunctive forms): (translating* **and ~, ~ also, ~ too,** *or to contrast with an unemphatic pronoun): Lit:* minnau, finnau, innau; *N.W: & S.E:* minna, finna, inna; *N.E: M.W: & S.W:* minne, finne, inne; **I love her and she loves ~,** 'rwyf i'n ei charu hi a hithau'n fy ngharu innau; **he saw ~ as well,** fe'm gwelodd innau [hefyd]; **she is as tall as ~,** mae hi cyn daled â minnau; **~, I'm going out too,** 'rwyf innau'n mynd allan hefyd; **nor ~,** na finnau [chwaith]; **the door banged, and ~ sleeping soundly,** clepiodd y drws, a minnau'n cysgu'n sownd. **6.** *F: (used as nom., replacing* **I***):* **it's ~,** fi yw e; fi ydi o; fi sydd yma; **that's ~!** dyna/dacw fi! **it's only ~,** dim ond fi sydd yma; **it's not quite ~,** *(garment):* 'dyw e ddim yn taro'n iawn i mi; **is it ~?** [ai] fi ydyw? **it isn't ~ that's lying,** nid fi sy'n dweud celwydd; **wasn't it ~ who told you?** onid/nid fi [a] ddywedodd wrthych? **~ and my schemes!** fi a'm cynlluniau! *F:* fi a 'nghynlluniau! **what? ~ go there?** beth? fi fynd yno? **7.** *(as indirect object):* **he obeys ~,** mae ef yn ufuddhau i mi; **she gave ~ some money,** rhoddodd hi arian i mi; **he told ~ so,** fe ddywedodd hynny wrthyf; **he was thinking of ~,** yr oedd yn meddwl amdanaf; **they can't get rid of ~,** ni allant gael gwared arnaf/ohonof; **give it ~,** tyrd ag ef/hi i mi; dyro/rho fe/fo/hi i mi; *N: occ:* dyro i mi o. **8.** *(a) the prepositions* ar, at, dan, tan, o dan, am, o, er, heb, rhag, trwy, drwy, dros, tros, rhwng, yn, gan, wrth *have inflected 1st. pers. sing. forms; e.g.* **on ~,** arnaf i; **towards ~,** [tuag] ataf i; **under ~,** danaf i; **about ~,** amdanaf i; **without ~,** hebof i; **against ~,** rhagof i; **through ~,** trwof i; *note also the infixing of the pronoun in some cases, e.g.* **because of ~,** o'm herwydd i; **around ~,** o'm cwmpas i *&c*; *(b) the prepositions* â, [h]efo, gyda *(= with) and* na *(= than) are followed by* mi *in the literary language and by either* mi *or* fi *in speech; the preposition* i *is followed by* mi *(Lit: & N:) and by* fi *(S:)*; imi *occurs commonly when the pronoun is unstressed.* **9.** *(a) (emphatic):* **it's ~ she likes,** fi mae hi'n ei hoffi; **he gave it to ~, not to you,** i mi y rhoddodd ef, nid i ti; *F:* **no-one ever thought of poor little ~,** ni feddyliodd neb amdanaf i, druan [ohonof i]; *(b) (in interjections):* **ah ~! poor ~!** druan ohonof! *Lit:* gwae fi! **dear ~! goodness ~!** o'r annwyl! diar annwyl! bobol annwyl! *&c.* **10.** *A: or Lit:* **I laid ~ down to sleep,** gorweddais i gysgu.

me[2] *n. Mus:* mi *m.*

mead[1] *n.* medd *m*; **fresh ~,** *Lit:* glasfedd *m.*

mead[2] *n. Poet:* = **meadow.**

meadow *n.* dôl (dolydd) *f, occ:* gweirglodd(-iau) *f*, gwaun (gweunydd) *f*; **water-~,** llifddol(-ydd) *f.* **~ ant** *n. Ent:* morgrugyn (morgrug) melyn *m.* **~ barley** *n. Bot: (Hordeum secalinum):* heiddwellt (*m*) y maes/gweunydd. **~ brome** *n. Bot: See* **brome. ~ brown** *n. Ent:* llwyd(-ion) (*m*) y ddôl. *S.a.* **buttercup. ~ clary** *n. Bot: (Salvia pratensis):* saets (*m*) y waun, clais (*m*) y moch, gwerddonell (*f*) y waun. **~ cranesbill** *n. Bot:* = **cranesbill (meadow). ~ cress** *n. Bot:* = **cuckoo flower.** *S.a.* **dock[1]. ~ down** *n. Bot:* plu(*pl*)'r gweunydd. **~ fescue** *n. Bot: (Festuca pratensis):* peisgwellt (*m*) y waun, melys (*m*) y weirglodd. **~ foxtail** *n. Bot: (Alopecurus pratensis):* cynffonwellt (*m*) y maes. **~-grass** *n. Bot:* gweunwellt [llyfn] *m*; **alpine ~-grass,** *(Poa alpina):* gweunwellt y mynydd; **annual ~-grass,** *(P. annua):* gweunwellt unflwydd; **Balfour's ~-grass,** *(P. balfourii):* gweunwellt Balfour; *S.a.* **barley; broad-leaved ~-grass,** *(P. chaixii):* gweunwellt llydanddail; **bulbous ~-grass,** *(P. bulbosa):* gweunwellt oddfog; **flattened ~-grass,** *(P. compressa):* gweunwellt cywasgedig; **fowl ~-grass,** *(P. trivialis):* gweunwellt lledarw; **glaucous ~-grass,** *(P. glauca):* gweunwellt llwydwyrdd; **marsh ~-grass,** *(P. palustris):* gweunwellt y gors; **narrow-leaved ~-grass,** *(P. angustifolia):* gweunwellt culddail; **rough ~-grass,** *(P. trivialis):* gweunwellt garw; **Scilly Isles ~-grass,** *(P. infirma):* gweunwellt Cernyw; **sea ~-grass,** *(P. maritima):* gweunwellt arfor; **smooth-stalked ~-grass, spreading ~-grass,** *(P. subcaerulea):* gweunwellt llyfngoes (*pronounced* ng-g); **swamp ~-grass,** *(P. palustris):* = **meadow-grass (marsh); wood/woodland ~-grass,** *(P. nemoralis):* gweunwellt y coed. **~ grasshopper** *n. Ent:* sioncyn(-nod, sioncod) (*m*) y gwair. **~ land** *n.* doldir(-oedd) *m*, gweirgl|odd-dir (gweirglodd-diroedd) *m*, gweundir(-oedd) *m.* **~ lark** *n. Orn:* **1.** = **pipit (meadow). 2.** = **grackle. ~ mussel** *n. Moll:* misglen (misglod) (*f*) y morfa. **~ oat-grass** *n. Bot:* ceirchwellt culddail *m.* **~ pipit** *n. Orn:* = **pipit (meadow). ~ rue** *n. Bot: (Thalictrum flavum):* arianllys *m*, troed (*m*) y barcud; **alpine ~ rue,** *(T. alpinum):* arianllys y mynydd; **great ~ rue,** *(T. aquilegifolium major):* arianllys mawr; **large-fruited ~ rue,** *(T. macrocarpum):* arianllys hirbig; **lesser/cliff ~ rue,** *(T. minus):* yr arianllys lleiaf; **sand ~ rue,** *(T. arenarium):* arianllys y twyni; **small ~ rue,** *(T. simplex):* arianllys bach; **stinking ~ rue,** *(T. foetidum):* arianllys drewllyd. **~ saffron** *n. Bot:* saffrwm (*m*) y gweunydd. **~ saxifrage** *n. Bot: (Saxifraga granulata):* tormaen gwyn *m*, clôr (*pl*) y brain. **~ thistle** *n. Bot: (Cirsium dissectum):* ysgallen (ysgall) (*f*) y ddôl; **tuberous ~ thistle,** *(C. tuberosum):* ysgallen y ddôl oddfog. **~ vetchling** *n. Bot: (Lathyrus pratensis):* ytbysen (ytbys) (*f*) y ddôl/waun, ewinedd (*pl*) ieir.

meadowsweet *n. Bot:* erwain[t] *m*, chwys (*m*) Arthur, brenhines (*f*) y weirglodd, blodau(*pl*)'r mêl, llysiau(*pl*)'r Forwyn, barf (*f*) y bwch, meddlys *m.*

meagre[1] *U.S:* **meager** *a.* prin(-ion), annigonol, tenau (teneuon), pitw; **~ attendance at a meeting,** cynulleidfa denau mewn cyfarfod; **a ~ sum of money,** swm pitw o arian; **~ praise,** canmoliaeth dila/grintach.

meagre[2] *n. Ich: (Argyrosomus regium):* y drymiwr (y drymwyr) *m.*

meagrely *adv.* yn brin *&c.*

meagreness *n.* prinder *m*, anamlder *m, occ:* teneuder *m*, teneudra *m*, teneuwch *m.*

meal[1] *n. (= flour):* blawd (blodiau) *m*; *S.a.* **bone, fish, oatmeal, wholemeal. ~-beetle** *n. Ent: (Tenebrio molitor):* chwilen (chwilod) (*f*) y blawd. **~-moth** *n. Ent: (Pyralis farinalis):* gwyfyn(-od) (*m*) [y] blawd; **Indian ~-moth,** *(Plodia interpunctella):* gwyfyn blawd yr India. **~-worm** *n. Ent: (Tenebrio molitor):* cynrhonyn (cynrhon) (*m*) y blawd.

meal[2] *n.* pryd(-au) (*m*) o fwyd (*N.B. pl. not* prydiau); **a square ~, a hearty ~,** pryd go lew, pryd solet, pryd iawn, llond (*m*) bol; **meals on wheels,** pryd ar glud, pryd o'r stryd, gwasanaeth danfon prydau; *Fig:* **to make a ~ of sth,** gwneud môr a mynydd o rth. **~-time** *n.* amser (*m*) bwyd, adeg (*f*) bwyta; **at ~-times,** ar adeg bwyta, adeg bwyd. **~-ticket** *n.* tocyn(-nau) (*m*) bwyd.

mealie *n. (usu.pl.)* india-corn bras *m.*

mealiness *n.* blodiogrwydd *m*, peilliogrwydd *m.*

mealy *a.* **1.** *(a)* blodiog, peilliog, cannog, blodlyd; **~ potatoes,** tato/tatws blodiog/sychion; *(b) F: (= pale):* llwyd, gwelw; *(horse):* mannog, smotiog. **~-bug** *n. Ent: (Pseudococcus):* pryf(-ed) blodiog *m.* **~-mouthed** *a.* mursennaidd, mindlws, minfwyn, gwenieithus.

mean[1] *n.* **1.** *(a)* canol(-au) *m*, man(-nau) canol *m*, cymedr(-au) *m*, canolffordd *f*; *Com:* cyfartaledd *m*; *Phil:* **the ~,** y canol, y cymedrol; *Phil:* **the Doctrine of the Golden M~,** Athrawiaeth y Cymedr Euraid; **the golden ~, the happy ~,** y ffordd ganol *f*, y ffordd gymedrol, y llwybr canol *m*; *(b) Mth:* cymedr; **geometric ~,** cymedr geometrig; **arithmetic ~,** cymedr rhifyddol; **harmonic ~,** cymedr harmonig; **weighted ~,** cymedr pwysol. **2.** *pl.* **means,** modd *m*, moddion, dull *m*, dulliau, ffordd *f*, ffyrdd; **to find [a] means of doing sth,** cael modd i wneud rhth; **there is no means of doing it,** 'does dim modd/dichon ei wneud; **he has been the means of saving me,** bu'n foddion i'm hachub; trwyddo ef y'm hachubwyd i; *Rel:* **means of grace,** moddion gras; **means of payment,** dull/modd talu; *S.a.* **access[1]; by all [manner of] means!** ar bob cyfrif! **by fair means or foul,** trwy deg neu drwy drais, trwy deg neu drwy hagr; **by any means,** mewn un modd, mewn modd yn y byd; **may I come in? - (by all means)!** a gaf i ddod i mewn? - (cewch a chroeso! ar bob cyfrif!) **by no means, not by any means,** [nid] er dim, ddim ar unrhyw gyfrif, ddim ar gyfrif yn y byd; **the way and means thereto,** y ffordd a'r modd i hynny; *S.a.* **way; he is not by any means a hero,** nid arwr mohono o bell ffordd; nid yw'n arwr o fath yn y byd; mae ymhell o fod yn arwr; **by some means or other,** r[h]ywsut neu'i gilydd, r[h]ywffordd neu'i gilydd, r[h]ywfodd, trwy ryw fodd neu'i gilydd; **by means of sth,** trwy gyfrwng rhth, trwy rth, trwy gymorth rhth; **by what means?** sut? ym mha ffordd? ym mha ddull? pa fodd? drwy ba fodd? **3.** *pl.* **means,** *(= resources):* modd, moddion byw, modd i fyw, incwm *m*, adnoddau; **to live beyond one's means,** gwario mwy na'ch incwm, byw yn uwch na'ch stad; **this car is beyond my means,** ni allaf fforddio'r car hwn; **private means,** incwm preifat; **examination as to means,** archwiliad/ymholiadau ynghylch moddion byw; **he is a man of means,** mae'n ddyn cefnog; mae ganddo fodd; *Com:* **he has ample means at his disposal,** mae ganddo ddigon o fodd; mae ganddo ddigon wrth gefn. **means test** *n.* prawf (profion) (*m*) moddion. **means tested** *a.* â phrawf moddion.

mean[2] *a. Mth: &c:* canolig, cymedrig; *Ph: Mth:* **~ deviation,** gwyriad cymedrig *m*; **~ difference,** gwahaniaeth cymedrig *m*; **~ time,** amser cymedrig *m*; *Mth:* **proportional ~,** cymedr geometrig/cyfrannol *m*; *Ph:* **~ free path,** taith gymedrig *f*; **~ score,** sgôr gymedrig *f*; **~ sea level,** lefel (*f*) môr gymedrig; *Astron:* **~ sun,** haul cymedrig *m.*

mean[3] *a.* **1.** *(a) (street &c):* gwael, dinod, distadl, iselwael, salw, tlodaidd, diurddas, diolwg, truenus; **the meanest citizen,** y dinesydd mwyaf dinod/dibwys, y dinesydd isaf ei radd; **that ought to be clear to the meanest intelligence,** dylai hynny fod yn amlwg i'r lleiaf deallus; *(b)* **he is no ~ scholar,** mae'n gryn ysgolhaig; *N.W: occ:* mae o'n ffèl/ffŷl 'sglaig; *B:* **a citizen of no ~ city,** dinesydd o ddinas nid anenwog; **he had no ~ opinion of himself,** 'roedd ganddo gryn feddwl ohono'i hun; mae ganddo feddwl nid bychan ohono'i hun. **2.** *(trick &c):* sâl, gwael, dan din; **a ~ trick,** tro gwael/sâl, tro dan din, *N.W: occ:* tro Wesle, tro ffadin, tro Gwyddel; **to take a ~ revenge,** dial yn gas; **to take a ~ advantage of s.o.,** manteisio'n annheg ar rn. **3.** *(= miserly):* crintach, crintachlyd, cybyddlyd, cynnil, llawgaead, *F:* mên, *N.W: occ:* tyn[n], cwta. **4.** *U.S: F:* = **ill, ashamed, skilful. ~-minded** *a.* crintach, crintachlyd, cul, culgalon, culfarn, culfryd, culfrydig. **~-mindedly** *adv.* yn grintachlyd *&c.* **~-mindedness** *n.* crintachrwydd *m*, culni *m*, culfrydedd *m.* **~-spirited** *a.* = **mean-minded. ~-spiritedly** *adv.* = **mean-mindedly. ~-spiritedness** *n.* = **mean-mindedness.**

mean[4] *v.t.* **1.** *(a) (= intend):* bwriadu, amcanu (**to do sth,** gwn|eud rhth); bod am (wneud rhth); *N.W: occ:* darofun, pwrpasa, *N.W: F:* 'pasa, *S: occ:* golygu, *S.E:* permisio (gwneud rhth); **what do you ~ to do?** beth ydi'ch bwriad chi? beth ydych chi'n bwriadu ei wneud? **I ~ to go,** 'rwy'n bwriadu mynd; mae yn fy mwriad fynd; 'rwy'n benderfynol o fynd; 'rwy'n meddwl mynd; mae'n fwriad gennyf fynd; **he means no harm,** 'does dim malais/dichell ynddo; mae'n ddigon diniwed; nid yw'n meddwl dim drwg; **I ~ him no harm,** ni fynnwn i wneud niwed iddo; **he meant no offence,** nid oedd yn fwriad ganddo bechu; **to ~ business,** bod o ddifrif, *S: occ:* bod yn brysur; **he didn't ~ [to do] it,** nid o fwriad y'i gwnaeth; nid yn fwriadol y'i gwnaeth; **without meaning it,** yn anfwriadol; *(b)* **he means well,** mae ei fwriad yn iawn; mae ei amcan yn dda; **to ~ well to/towards/by s.o.,** ffafrio, pleidio, cefnogi (rhn); teimlo ewyllys da (tuag at rn); ewyllysio'n dda (i rn); *(c)* **I ~ to be obeyed,** 'rwy'n mynnu cael ufudd-dod; **I ~ to succeed,** 'rwyf yn benderfynol o lwyddo. **2.** *(a)* **I meant this purse for you,** ar eich cyfer chi yr oeddwn i'n bwriadu'r pwrs hwn; *(b)* **the remark was meant for you,** atoch chi yr anelwyd y sylw; **it was meant to be,** felly yr oedd hi i fod; **he meant that for you,** atoch chi yr oedd yn cyfeirio; chi oedd dan sylw ganddo; *(c)* **do you ~ me?** amdanaf i 'rydych chi'n sôn? fi sydd gennych chi? fi sydd dan sylw? fi ydych chi'n ei feddwl? *F:* fi felly? **this portrait is meant to represent Mr. A,** mae'r portread hwn i fod i ddarlunio Mr. A; portread o Mr. A. yw hwn i fod. **3.** *(a) (of words, phrase):* golygu, *occ: F:* arwyddoc|au, meddwl; **what does that word ~?** beth yw ystyr y gair yna? beth y mae'r gair yna'n ei feddwl? **the name means nothing to me,** nid yw'r enw'n golygu/cyfl|eu dim i mi; **what is meant by this?** beth yw ystyr hyn? beth a olygir gan hyn? beth y mae hyn yn ei feddwl? *(b) (of pers.):* **what do you ~?** beth [yr] ydych chi'n ei feddwl? beth ydi'ch meddwl chi? **what do you ~ by that?** beth [yr] ydych chi'n ei feddwl wrth hynny? **I ~ my sister in Rhyl,** fy chwaer yn y Rhyl yr wy'n ei golygu; *F:* **what do you ~ by coming home late?** beth ydi dy feddwl di yn dod adre'n hwyr? **does he ~ what he says?** a ydyw ef o ddifrif yn dweud hynny? a yw'n golygu/meddwl yr hyn y mae'n ei ddweud? **I meant the remark for a joke,** o ran hwyl y dywedais i hynny; **he meant it as a kindness,** fe wnaeth y peth fel cymwynas; fe'i gwnaeth o ran cymwynas; **you don't ~ it!** 'dych chi ddim o ddifrif! tewch [â] sôn! **I ~ it,** 'rydw i o ddifrif; *(c)* **this means a loss for me,** mae hyn yn golygu colled i mi; **ten pounds means a lot to him,** mae deg punt yn golygu llawer iddo; **that means nothing,** 'dyw hynny'n golygu dim; mae hynny'n hollol ddibwys; **if you knew what it means to live alone,** pe gwyddech beth yw byw ar eich pen eich hun; **it means catching the early train,** mae'n golygu dal y trên cynnar.

meander[1] *n.* **1.** *(of river):* doleniad(-au) *m,* ymddoleniad(-au) *m, occ:* ystum(-iau) *mf; Geog:* **abandoned ~,** ystumllyn(-noedd) *m;* **entrenched ~,** ystum gulrychog (ystumiau culrychog); **incised ~,** ystum rychog (ystumiau rhychog); **ingrown ~,** ystum ledrychog (ystumiau lledrychog); **spiral ~,** doleniad troellog. **2.** *(pattern):* troell(-au) *f.* **3.** *(journey):* crwydr[i]ad(-au) *m.*

meander[2] *v.i. (of river):* ymddolennu, ymdroelli, ystumio, dolennu, troelli.

meandering *a.* **1.** *(river):* dolennog, troellog, ymdroellog. **2.** *(speech):* digyswllt, crwydrol.

meandrine *a.* troellog.

meanie *n.* cybydd(-ion) *m, F:* hen gỳb *m,* hen gybi *m.*

meaning[1] *a.* **1.** *(with adv. prefixed, e.g.):* **well-~,** â bwriadau da, da eich bwriad, llawn bwriadau da, â'r bwriadau gorau. **2.** *(smile):* ystyrlon, arwyddocaol, awgrymog, llawn ystyr, llawn mynegiant.

meaning[2] *n.* ystyr(-on) *mf,* arwyddocâd *m,* meddwl *m;* **you mistake my ~,** 'rydych yn fy nghamddeall i; **do you take my ~?** ydych chi'n fy neall i?

meaningful *a.* ystyrlon, arwyddocaol.

meaningfully *adv.* yn ystyrlon *&c.*

meaningfulness *n.* ystyrlonder *m,* ystyrlonrwydd *m.*

meaningless *a.* diystyr, heb ystyr.

meaninglessly *adv.* yn ddiystyr, heb ystyr.

meaninglessness *n.* diystyredd *m,* diffyg *(m)* ystyr.

meaningly *adv.* yn llawn arwyddocâd.

meanly *adv.* yn wael *&c;* **to think ~ of s.o.,** meddwl yn fach/isel o rn; **to behave ~,** ymddwyn yn grintachlyd.

meanness *n.* **1.** *(of street &c):* distadledd *m,* dinodedd *m,* truenusrwydd *m,* gwaelder *m,* tlodi *m,* salwineb *m,* salwedd *m; (of mind):* bychander *m,* distadledd *m,* culni *m.* **2.** *(a) (= avarice):* cyb|ydd-dod *m,* crintachrwydd *m; (b) (of action):* mileindra *m,* dialgarwch *m.*

means *n.pl.* = **mean**[1] **2.**

meant *p.p.* **well-~ advice,** cyngor da ei fwriad.

meantime, meanwhile *n.* cyfamser *m; adv.* **[in the] ~,** yn y cyfamser.

mease *n. Meas:* mwys(-au) *f.*

measle *n. Ann:* llyng[h]yren (llyngyr) *f.*

measled *a.* brechlyd, smotiog.

measles *n.pl.* **1.** y frech goch *f;* **black ~,** y frech ddu; **German ~,** y frech Almaenig, brech goch yr Almaen *f,* y frech goch fach, rwbela *m.* **2.** *Vet:* [clefyd *m*] y llyngyr *m.*

measly *a.* **1.** *(a) Vet:* llyng[h]yrog, llawn llyngyr; *(b) Med:* brechlyd. **2.** *F:* diwerth, pitw, dibwys, tila, ceiniog a dimai; **I was paid a ~ pound,** rhyw bunten a gefais i'n dâl; **just for a ~ shilling,** am ddim ond swllt, *N:* 'wnelo swllt; 'wnelo rhyw swlltyn; **I got only a ~ amount,** dim ond rhyw gardod/gil-dwrn a gefais i; *N.W:* rhyw gymyn *(m)* a gefais i.

measurability *n.* hyfesuredd *m,* mesuradwyedd *m.*

measurable *a.* mesuradwy, *occ:* hyfesur; **within a ~ distance of success,** o fewn cyrraedd llwyddo, yn lled agos i lwyddo.

measure[1] *n.* **1.** *Mth: &c:* mesur(-au) *m.* **2.** *(a) (=portion):* mesur, dogn(-au) *m,* cyfran(-nau) *f,* mesuraid (mesureidiau) *m;* **half-~,** hanereg(-au) *f,* hanner *(m)* mesur; **short ~,** rhy ychydig, mesur byr; **give me a full/good ~,** rhowch y mesur llawn imi; dowch â mesur da imi; **for good ~,** ar ben hynny, yn ogystal, *M.W: occ:* yn feindin; *(b)* **to take the ~ of s.o.,** gweld beth yw hyd a lled rhn, rhoi tâp mesur ar rn; **made to ~,** a wnaed i/wrth fesur; *(c) (instrument):* mesurydd(-ion) *m; (rod):* llathen *(f)* fesur (llathau mesur), ffon *(f)* fesur (ffyn mesur); **tape-~,** tâp (tapiau) *(m)* mesur. **3. to set measures to sth,** gosod terfynau ar rth; **beyond ~,** yn ormodol, y tu hwnt i fesur, yn eithafol, fwy na mwy, yn ddirfawr; **in great ~,** i raddau helaeth; **without bound or ~,** heb na maint na mesur; **in some ~,** i [ryw] raddau, i ryw fesur, yn rhannol; **a ~ of sth,** rhywfaint *(m)* o rth, mesur o rth; **a considerable ~ of freedom,** cryn ryddid; *Jur:* **~ of damage,** mesur y difrod. **4.** *(a)* cam(-au) *m;* **to take measures to do sth,** mynd ati i wneud rhth, hwylio i wneud rhth, ymorol am wneud rhth, cymryd camau i wneud rhth, trefnu gwneud rhth; **as a precautionary ~,** fel rhagofal, fel rhagbaratoad, rhag ofn; **he took measures (accordingly),** fe wnaeth baratoadau, fe weithredodd (yn unol â hynny); **to devise measures to do sth,** dyfeisio dulliau/ffyrdd o wneud rhth, dyfeisio cynlluniau/ mesurau i wneud rhth; **to take extreme measures,** gweithredu'n llym, cymryd mesurau eithafol; **a half-~,** lledfesur(-au) *m;* **no half-measures,** dim cyfaddawd, dim gwangalonni (*pronounced* ng g); *(b) Parl:* mesur seneddol. **5.** *Geol:* gwely(-au) *m,* haen(-au) *f,* gwythïen (gwythiennau) *f.* **6.** *Mus: (i) (of hymn):* mesur; *(ii) (bar):* bar(-rau) *m; S.a.* **dance**[1]. **7.** *Pros:* mesur, mydr(-au) *m.*

measure[2] *v.t.&i.* **1.** *v.t. (a)* mesur, *occ:* mesuro (rhth); cymryd mesur, cymryd hyd a lled (rhth); *F:* **to ~ one's length [on the ground],** mesur eich hyd ar y llawr, cwympo/syrthio ar eich hyd [ar lawr]; *(b)* **to ~ one's strength with s.o.,** mesur eich nerth yn erbyn rhn, ymgodymu â rhn; *(c)* **to ~ one's words,** pwyso'ch geiriau, siarad yn bwyllog/ofalus. **2.** *v.i.* mesur. **~ out** *v.t.* **1.** *(ground):* mesur; *(grain &c):* mesur (rhth) allan. **2.** *(= distribute):* rhannu, dosbarthu, dosrannu. **~ up** *v.i.* **to ~ up [to sth],** bod yn gymwys/atebol (i rth), cymharu'n ffafriol (â rhth); **to ~ up to the requirements,** cwrdd â'r gofynion, bod gyf|uwch â'r gofynion.

measured *a.* **1.** *(weight &c):* mesuredig, penodol, cyson, gwastad. **2. ~ tread,** cerddediad pwyllog; **~ steps,** camau pwyllog. **~ words,** geiriau pwyllog/ystyriol; **to speak in ~ tones,** siarad yn bwyllog.

measuredly *adv.* yn bwyllog, yn ystyriol.

measureless *a.* difesur, anfeidrol, anfesurol, diderfyn.

measurement *n.* **1.** *(action):* mesur *vn.* **2.** mesuriad(-au) *m.*

measurer *n.* mesurwr (mesurwyr) *m,* mesurydd(-ion) *m.*

measuring *vn.* **~-chain** *n.* cadwyn *(f)* fesur (cadwynau mesur). **~-glass** *n.* gwydr(-au) *(m)* mesur. **~-jug** *n.* jwg *(mf)* mesur/fesur (jygiau mesur). **~-worm** *n. Ent:* lindysyn (lindys) *(m)* mesur, (*)Siani *(f)* fesur (Sianis mesur).

meat *n.* **1.** cig(-oedd) *m;* **scraps of ~,** cigach *pl;* **fat/fatty ~,** cig brasterog, *S:* cig bras, *N:* cig gwyn; **lean ~,** cig coch, *occ:* cig cul; **salted ~,** cig hallt, *occ:* cig sych; **minced ~,** briwgig *m;*

poultry ~, cig gwyn; **white ~,** cig golau, cig gwyn; **s.o. fond of ~,** *F:* cigwr (cigwyr) *m*; *S.a.* **olive 3. 2. ~ and drink,** bwyd a diod, *Lit: occ:* bwyd a llyn; **to get the ~ out of a book,** cael mêr/madruddyn/nodd llyfr; **there's not much ~ in this argument,** 'does dim llawer o swmp/sylwedd yn y ddadl hon; *Prov:* **one man's ~ is another man's poison,** mêl y naill, gwenwyn y llall; pawb at y peth y bo. **3. grace before ~,** bendith *f*, *occ:* gras *m* [o flaen bwyd]; **to say grace before ~,** gofyn bendith [o flaen bwyd]. **~-axe** *n. Tls:* bwyell (*f*) gig (bwyelli cig). **~-ball** *n. Cu:* pelen (*f*) gig (pelenni cig). **~-broth** *n. Cu:* cawl (*m*) cig. **~ extract** *n.* nodd (*m*) cig, rhin (*f*) cig. **~-fly** *n. Ent:* pryf(-ed) (*m*) chwythu, cleren (*f*) gig (clêr cig). **~ joint** *n. Cu:* darn(-au) (*m*) o gig, toriad(-au) (*m*) cig. **~-loaf** *n. Cu:* torth (*f*) gig (torthau cig). **~-man** *n.m.* cigydd(-ion). **~ pasty** *n. Cu:* pasten (*f*) gig (pastenni cig), pastai (*f*) gig (pasteiod cig). **~-pie** *n. Cu:* pastai gig. **~-roll** *n. Cu:* rhôl (*f*) gig (rholiau cig). **~-safe** *n.* cwpwrdd (cypyrddau) (*m*) cig. **~-saw** *n. Tls:* llif (*f*) gig (llifiau cig). **~-tea** *n.* te mawr *m*, *N.W: occ:* swper (*m*) chwarel. **~ type** *n. Husb:* mochyn (moch) (*m*) cig.

meatily *adv.* yn gigog.

meatiness *n.* cigogrwydd *m*, cnodiogrwydd *m*.

meatless *a.* di-gig, heb gig; *occ: (broth &c):* troednoeth.

meatus *n. Anat:* camlas (camlesi) *f*, meatws (meatysau) *m*; **auditory ~,** cyntedd (*m*) y glust.

meaty *a.* **1.** cigog, cnodiog. **2.** *(topic):* swmpus, sylweddol.

mecamylamine *n. Pharm:* mecam|ylamin *m*.

Mecca *Pr.n. Geog:* Mecca *f*.

Meccano *n. R.t.m:* Meccano *m*.

mechanic *n.* **1.** *A: (= worker):* gweithiwr (gweithwyr) *m*. **2.** *(in garage):* mecanydd(-ion) *m*, mecanig(-ion) *m*, peiriannydd (peirianwyr) *m*.

mechanical *a.* **1.** mecanyddol; **~ advantage,** mantais fecanyddol *f*; *Mus:* **~ action,** arwaith mecanyddol *m*; **~ drawing,** dylunio (*vn*) mecanyddol; **~ reproduction of music,** atgynhyrchu (*vn*) cerddoriaeth trwy beirianwaith. **2.** *(gesture, reflex, imitation &c):* peiriannol, peiriannaidd.

mechanicalism *n.* mecanyddoliaeth *f*.

mechanically *adv.* yn beiriannol, yn fecanyddol; **~ operated,** a weithir yn beiriannol; **~ propelled vehicle,** cerbyd peiriannol; **(the light changes) ~,** (mae'r golau'n newid) ohono'i hun, ar ei ben ei hun.

mechanician *n.* = **mechanic.**

mechanics *n.pl.* mecaneg *f*.

mechanism *n.* **1.** *(= machine, system):* peirianwaith (peirianweithiau) *m*, mecanwaith (mecanweithiau) *m*. **2.** *Phil:* peiriannaeth *f*, mecaniaeth *f*. **3.** *Art:* techneg(-au) *f*. **4.** *Biol:* dull(-iau) *m*.

mechanist *n.* **1.** = **mechanician. 2.** *Phil:* peirianaethwr: peirianaethydd (peirianaethwyr) *m*.

mechanistic *a. Phil:* mecanistig, peirianaethol.

mechanistically *adv.* yn fecanistig *&c*.

mechanite *n. Art:* m|ecanit *m*.

mechanizable *a.* mecaneiddiadwy, peirianeiddiadwy.

mechanization *n.* mecaneiddiad *m*; *vn.* = **mechanize.**

mechanize *v.t.* mecaneiddio, peirianeiddio.

mechanized *a.* mecanaidd, mecaneiddiedig, peirianeiddiedig; **~ farming,** ffermio mecanaidd.

mechanizer *n.* mecaneiddiwr (mecaneiddwyr) *m*.

mechanochemical *a.* mecanocemegol.

mechanochemistry *n.* mecanocemeg *f*.

mechanoreception *n.* mecanodderbyniad *m*.

mechanoreceptive *a.* mecanodderbyniol.

mechanoreceptor *n.* mecanodderbynnydd (mecanodderbynyddion) *m*.

meconic *a. Ch:* meconig.

meconium *n. Med:* meconiwm *m*.

mecopterous *a.* mecopteraidd.

medal *n.* medal(-au) *f*, *occ:* bathodyn(-nau) *m*; **the reverse of the ~,** y tu chwith i'r fedal, yr ochr chwith i'r geiniog. **~-play** *n. Golf:* chwarae (*vn*) trawiadau.

medallic *a.* medalaidd, bathodol.

medallion *a.* medaliwn (medaliynau) *m*.

medallist *n.* medalydd(-ion) *m*, medalyddes(-au) *f*.

meddle *v.ind.t.* **to ~ (with sth),** ymyrryd, ymyrraeth, ymh|el (â rhth); busnesu, busnesa (yn rhth); *N.W: F:* stwna, piltran (efo rhth); *occ:* mela (rhth); **don't ~ with that!** gad lonydd i hwnna!

meddler *n.* busneswr (busneswyr) *m*, busn|eswraig (busneswragedd) *f*, ymyrrwr (ymyrwyr) *m*, ym|yrwraig (ymyrwragedd) *f*, *occ:* busnesgi (busnesgwn) *m*, Robin (*m*) y busnes.

meddlesome *a.* busnesgar, busneslyd, ymyrgar.

meddlesomeness *n.* busnesgarwch *m*, ymyrgarwch *m*.

meddling[1] *a.* = **meddlesome.**

meddling[2] *n.* ymyriad(-au) *m*; *S.a.* **meddle.**

Mede *n.* Mediad (Mediaid) *m&f*; **the Law of the Medes and Persians,** Deddf y Mediaid a'r Persiaid.

media[1] *n.* **1.** *Phon:* ffrwydrolyn (ffrwydrolion) lleisiol *m*, atalsain leisiol (atalseiniau lleisiol) *f*. **2.** haen ganol (haenau canol) *f*.

media[2] *n.pl. (= mass ~):* cyfryngau [torfol]. **~ don** *n.* un o athrawon yr awyr, un o athrawon y sgîn. **~-people** *n.* pobl (*f or pl*) y cyfryngau.

mediacy *n.* cyfryngdod *m*, cyfryngiaeth *f*.

mediaeval *a. & n.* **1.** *a.* canoloesol, o'r Oesoedd/Oesau Canol, o'r Canol Oesoedd; **~ art,** celfyddyd yr Oesoedd Canol; *(in language): occ:* Canol; **~ Latin,** Lladin Canol. **2.** *n.* rhn (rhai) o'r Oesoedd Canol, canoloeswr (canoloeswyr) *m*, canol||oeswraig (canoloeswragedd) *f*.

mediaevalism *n.* canoloesoldeb *m*, mediefaliaeth *f*.

mediaevalist *n.* canoloeswr: canoloesydd (canoloeswyr) *m*.

mediaevally *adv.* yn ganoloesol, o'r Oesoedd Canol.

Mediaevalspeak *n. Lit: Joc:* Canoloeseg *f*, *m*.

medial *a.* canol, canolig, cymedrol, medial.

medially *adv.* yn ganolig, yn y canol.

median[1] *a. & n.* **1.** *a.* canol, canolog, canolrifol; **~ mental age,** oedran meddyliol canolrifol; **~ fins,** esgyll canol. **2.** *n. (a) Biol:* gwythïen ganol (gwythiennau canol) *f*; *(b) Mth: Stat:* canolrif(-au) *f*; *Geom:* llinell ganol (llinellau canol) *f*, sythlin(-au) *f*; *(c) Anat: (vein):* gwythïen ganol (gwythiennau canol) *f*; *(nerve):* nerf ganol (nerfau canol) *f*; *(d) Tchn:* llinganol *f* (*pronounced* ng-g); *(e) Aut:* llain ganol (lleiniau canol) *f*; **~ barrier,** rhwystr(-au) (*m*) canol.

Median[2] *a. & n.* **1.** *a.* Medaidd. **2.** *n.* Mediad (Mediaid) *m&f*.

mediant *n. Mus:* meidon(-au) *f*.

mediastinal *a. Anat:* mediastinaidd.

mediastinum *n. Anat:* mediastinwm (mediastina) *m*, teisban ganol *f*, canol (*m*) yr afell.

mediate[1] *a.* cyfryngol.

mediate[2] *v.i.&t.* **1.** *v.i.* cyfryngu, dyddio, cyflafareddu, bod yn ganolwr (**between people,** rhwng pobl); eiriol (**on s.o.'s behalf,** dros rn). **2.** *v.t. Sch:* **to ~ a subject,** cyflwyno pwnc.

mediately *adv.* yn gyfryngol.

mediateness *n.* cyfryngdod *m*.

mediation *n.* cyfryngiad *m*, cyfryngu *vn*, cyfryngdod *m*.

mediational, mediative *a.* cyfryngol.

mediatization *n.* cyfrynguniaeth *f*, cyfrynguniad *m*, cyfrynguno *vn*.

mediatize *v.i.* cyfrynguno.

mediator *n.* cyfryngwr: cyfryngydd (cyfryngwyr) *m*, canolwr: canolydd (canolwyr) *m*, cyflafareddwr (cyflafareddwyr) *m* (**between people,** rhwng pobl); eiriolwr (eiriolwyr) *m*, eiriolydd(-ion) *m* (**on s.o's behalf,** dros rn).

mediatory *a.* cyfryngol, cyflafareddol.

mediatress, mediatrice, mediatrix *n.f.* cyfr|yngwraig (cyfryngwragedd), cyfryngyddes(-au), eiriolyddes(-au), eir|iolwraig (eiriolwragedd).

medic[1] *n.* = **doctor**[1]**, medical student.**

medic[2] *n.* = **medick.**

medicable *a.* meddygadwy, iachadwy, gwelladwy, triniadwy.

medical *a. & n.* **1.** *a.* meddygol; **~ appeal tribunal,** tribiwnlys (*m*) apêl meddygol; **~ board,** bwrdd (byrddau) meddygol *m*; **~ certificate,** tystysgrif feddygol (tystysgrifau meddygol) *f*, tystysgrif meddyg, *F:* papur(-au) (*m*) doctor; **~ inspection,** archwiliad(-au) meddygol *m*; **~ jurisprudence,** meddygaeth gyfreithiol *f*, cyfreitheg feddygol *f*; **~ man,** meddyg(-on) *m*, doctor(-iaid) *m*; **~ officer,** swyddog(-ion) meddygol *m*; **~ officer of health,** swyddog iechyd; **~ practitioner,** meddyg; **~ school,** ysgol feddygol (ysgolion meddygol) *f*, ysgol feddygaeth (ysgolion meddygaeth); **~ social work,** gwaith cymdeithasol

meddygol *m*; ~ **sociology,** cymdeithaseg feddygol *f*; ~ **stores,** nwyddau meddygol. **2.** *n.* archwiliad(-au) meddygol *m.*
medically *adv.* yn feddygol.
medicament *n.* meddyginiaeth(-au) *f.*
medicamentous *a.* meddyginiaethol.
medicare *n. U.S:* gofal meddygol *m.*
medicate *v.t.* trin (rhn) yn feddygol, rhoi triniaeth/meddyginiaeth (i rn), meddyginiaethu (rhn).
medicated *a.* meddyginiaethol.
medication *n.* meddyginiaeth(-au) *f, S:* moddion *pl or m, N:* ffisig(-au) *m.*
medicative *a.* meddyginiaethol.
Medicean *a.* Medicïaidd; ~ **patronage,** nawdd y Medici.
medicinal *a.* meddyginiaethol, llesol, ffisigwriaethol.
medicinally *adv.* yn feddyginiaethol.
medicine *n.* **1.** *(study, profession):* meddygaeth *f,* ffisigwriaeth *f* (*not* meddyginiaeth). **2.** *(= physic, drug):* meddyginiaeth(-au) *f, S:* moddion *pl or m, N:* ffisig (-au) *m; F:* **to give s.o. a dose of his own ~,** rhoi blas o'i ffisig ei hun i rn; rhoi dau chwech am swllt i rn; **to take one's ~,** llyncu'r bilsen, derbyn eich cosb. **3.** *U.S: (among Amer. Indians):* swyngyfaredd *f* (*pronounced* ng-g); **bad ~,** anfadwch *m.* ~ **ball** *n.* pêl (peli) (*f*) ymarfer. ~ **chest** *n.* cist(-iau) (*f*) ffisig/moddion, cwpwrdd (cypyrddau) (*m*) ffisig/moddion. ~**-glass** *n.* gwydryn (gwydrau) (*m*) ffisig/moddion. ~**-man** *n.m.* dyn(-ion) hysbys, gŵr (gwŷr) hysbys.
medick *n. Bot:* **black ~,** *(Medicago lupulina):* maglys gwineuddu/gwineuddail *m;* **bur ~,** *(M. minima):* maglys bach; **fimbriate ~,** = **medick (toothed); heart ~,** = **medick (spotted); purple ~,** *(M. sativa):* maglys rhuddlas; **Pyrenean ~,** *(M. hybrida):* maglys y Pyreneau; **sickle ~,** *(M. falcata):* meillionen gorniog (meillion corniog) *f;* **small ~,** = **medick (bur); spotted ~,** *(M. arabica):* maglys brith; **sprawling ~,** *(M. suffruticosa):* maglys gorweddol; **toothed ~,** *(M. polymorpha):* maglys eddïog/amrywedd; **yellow ~,** = **medick (sickle).**
medico[1] *n.* = **doctor**[1].
medico-[2] *comb.fm.* ~**-legal,** meddygol-gyfreithiol.
medieval = **mediaeval.**
mediocracy *n.* cyffredinlywodraeth *f,* mediocratiaeth *f; (class):* mediocratiaid *pl.*
mediocre *a.* gweddol, canolig, cyffredin, cymedrol, tila, dinod, diddrwg d[d]idda, go lew.
mediocrely *adv.* yn weddol *&c.*
mediocrity *n.* **1.** cyffredinedd *m,* cyffredinwch *m,* dinodedd *m,* canoligrwydd *m.* **2.** *(pers.):* rhn (rhai) dinod *&c.*
meditate *v.t.&i.* **1.** *v.t.* *(= plan):* cynllunio, ystyried, bwriadu. **2.** *v.i.* myfyrio **(on/about sth,** ar rth), meddwl (am rth); synfyfyrio, pensynnu, ymr|oi i fyfyrdod.
meditation *n.* myfyrdod(-au) *m,* meddyliau *pl,* myfyrion *pl,* synfyfyrion *pl, Lit: occ:* myfyr *m; vn.* = **meditate.**
meditative *a.* myfyriol, synfyfyriol, meddylgar.
meditatively *adv.* yn fyfyriol *&c.*
meditativeness *n.* myfyrioldeb *m; (loosely):* myfyrdod *m.*
meditator *n.* meddyliwr (meddylwyr) *m,* synfyfyriwr (synfyfyrwyr) *m,* meddyliwr dwfn.
Mediterranean *a. & n.* **1.** *a.* Canoldirol, Canolforol. **2.** *n. (i)* **the ~ [Sea],** y Canolfor *m,* Môr *(m)* y Canoldir; *(ii) (region):* glannau'r Canolfor, ardal Môr y Canoldir.
medium *n. & a.* I. *n.* **1.** *(= middle):* canol(-au) *m,* lle canol *m,* man (-nau) canol *m,* canolbwynt(-iau) *m;* **happy ~,** canol teg, llwybr canol *m,* ffordd ganol *f.* **2.** *(a) (= means, agency):* cyfrwng (cyfryngau) *m;* **mass media,** cyfryngau torfol; **through the ~ of the press,** trwy gyfrwng y wasg; *Med: Biol:* **culture ~,** cyfrwng tyfu/meithrin; **growth ~,** cyfrwng cynnal twf; **selective culture ~,** cyfrwng *(m)* meithrin detholiadol; *(b) Psychics:* cyfrwng (cyfryngau) *m,* cyfryngwr (cyfryngwyr) *m,* cyfr|yngwraig (cyfryngwragedd) *f.* II. *a.* *(= middle):* canol, canolog; *(= moderate):* cymedrol, gweddol, canolig; *T.V:* ~ **close-up,** saethiad eithaf agos *m;* ~ **long shot,** saethiad eithaf pell; ~ **wide shot,** saethiad eithaf llydan; *Cmptr:* ~ **scale integration (MSI),** cyfannu *(vn)* graddfa ganolig; *Com:* ~ **term,** tymor canolig *m;* **the ~ wave,** y donfedd ganol. ~**-sized** *a.* o faint canolig, canolig ei faint.
mediumism *n.* cyfryngiaeth *f.*
mediumistic *a.* cyfryngiaethol.
medlar *n. Bot: (Mespilus germanica):* **1.** *(tree):* meryswydden (meryswydd) *f,* merysbren(-nau) *m.* **2.** *(fruit):* afal(-au) agored/tindwll/tinagored *m.*
medley *n.* **1.** cymysgwch *m,* cymysgedd(-au) *mf,* cymysgfa (cymysgf|eydd) *f.* **2.** *Mus:* cadwyn(-i) *(f)* o alawon, medlai (medleion) *m.* ~ **relay [race]** *n. Sp:* ras *(f)* gyfnewid gymysg (rasys cyfnewid cymysg).
medulla *n. Anat:* mêr *m* [asgwrn], medwla *m; (spinal):* madruddyn *m; (= middle of organ):* craidd (creiddiau) *m,* canol *m; (= pith):* bywyn *m;* ~ **oblongata,** y craidd hir/hirgul, medwla oblongata *mf.*
medullary *a.* merol, meraidd, creiddiol, medwlaidd; *Bot:* ~ **ray,** rheidden greiddiol (rheiddennau creiddiol) *f;* ~ **sheath** *(i) Anat:* myelin *m; (ii) Bot:* ambilen greiddiol (ambilennau creiddiol) *f.*
medullated *a. Biol:* ~ **nerve fibre,** edefyn *(m)* nerf myelinaidd.
Medusa *Pr.n. & n.* **1.** *Pr.n.f. Gr.Myth:* Medwsa. **2.** *n. Coel:* slefren *(f)* fôr (slefrod môr).
medusan *a. Coel:* medwsaidd, slefrennaidd.
medusoid *a. & n.* **1.** *a.* **medusan. 2.** *n.* = **medusa 2.**
meed *n.* gwobr(-au) *f,* haeddiant (haeddiannau) *m.*
meek *a.* gostyngedig, addfwyn, llariaidd, llarïaidd, mwyn, *S.W: occ:* gw[i]rion, hywedd; **as ~ as a lamb,** mor ddiniwed ag oen; *B:* **blessed are the ~,** gwyn eu byd y rhai addfwyn.
meekly *adv.* yn ostyngedig *&c.*
meekness *n.* gostyngeiddrwydd *m,* addfwynder *m,* llari|eidd-dra *m,* llarieiddrwydd *m,* llarieiddiwch *m,* mwynder *m.*
meerkat *n. Z:* = **suricate.**
meerschaum *n.* ewyn *(m)* môr, ***meerschaum*** *m, N.W: occ:* ffroth *(m)* y môr.
meet[1] *a. A: & Lit:* gweddus, gweddaidd, priodol; **as was ~,** fel y gweddai, fel yr oedd yn briodol.
meet[2] *n. Ven:* cyfarfod(-ydd) *(m)* hela, helfa (helfâu, helf|eydd) *f.*
meet[3] *v.t.&i.* I. *v.t.* **1.** cyfarfod (rhn, â rhn), taro (ar rn), *S:* cwrdd, cwrdda, cwrddyd (rhan, â rhn); **he met his death...,** cwrddodd/cyfarfu â'i ddiwedd...; *S:* cafodd ei ddiwedd...; *F:* aeth i'w aped.... **2. to ~ a difficulty,** wynebu anhawster. **3. to go to ~ s.o.,** mynd i gwrdd/gyfarfod [â] rhn, *S: occ:* mynd yn/i erbyn rhn, *N:* mynd i gŵr/gwfwr/gwarfod rhn; **(the bus) meets all the trains** (mae'r bws) yn mynd i gwrdd â phob trên, yn cwrdd â phob trên. **4. pleased to ~ you,** mae'n dda gen i gwrdd â chi; *U.S:* ~ **Mr. Davies,** a gaf i gyflwyno Mr. Davies? **5. (the scene) that met my eyes,** (yr olygfa) a welais, a drawodd fy ngolygon; **there is more in it than meets the eye,** mae mwy yn hyn nag a welir [ar yr wyneb]; **my eye met his,** cyfarfu ein llygaid; **I dared not ~ his eye,** ni feiddiwn edrych ym myw ei lygad. **6.** *(a)* **to ~ s.o.'s views,** *F:* **to ~ s.o.,** dod i gytuno â rhn, **to ~ s.o. half way,** cyfaddawdu â rhn, cwrdd â rhn hanner ffordd; *(b)* **to ~ a demand,** cwrdd â galw/gofyn, bodloni galw, ateb galw; *(c) Com:* **to ~ a bill,** talu bil; *(d)* **to ~ expenses,** cwrdd â'r draul, cwrdd â'r costau; *(e)* **to ~ needs,** diwallu anghenion, cwrdd ag anghenion, gweddu i anghenion. II. *v.i.* cyfarfod, cwrdd; *F:* **to make [both] ends ~,** cael deupen llinyn ynghyd; **to ~ with sth,** cwrdd/cyfarfod â rhth, taro ar rth; **to ~ with a kindly reception,** cael croeso caredig; **to ~ with difficulties,** cael anawsterau; **to ~ with losses,** cael/dioddef colledion; **it met with his approval,** cafodd ei gymeradwyaeth; fe'i cymeradwywyd ganddo; *Lit:* rhyngodd ei fodd; **to ~ with a refusal,** cael eich gwrthod; **he has met with an accident,** mae wedi cael damwain.
meeting *n.* **1.** *(chance):* cyfarfyddiad(-au) *m.* **2.** *(a) (formal): Pol: &c:* cyfarfod(-ydd) *m; (b) S: (of chapel)* cwrdd (cyrddau) *m;* **to hold a public ~,** cynnal cyfarfod cyhoeddus. ~**-house** *n.* tŷ *(m)* cwrdd (tai cyrddau), addoldy (addoldai) *m,* capel(-i) *m.* ~**-place** *n.* man(-nau) *(m)* cyfarfod. ~ **stiles** *n. Carp:* cledrau cau/cwrdd.
meetly *adv.* yn weddus *&c.*
megabar *n. Ph:* m|egabar (megabarau) *m.*
megabit *n. Cmptr:* m|egabit (megabitiau) *m.*
megabyte *n. Cmptr:* m|egabeit (megabeitiau) *m.*
megacephalic *a.* penfras, penfawr, megaseffalig.
megacycle *n. W.Tel: T.V:* m|egaseicl (megaseiclau) *m.*
megadeath *n.* megafarwolaeth(-au) *f.*
megagamete *n. Bot:* megagamet(-au) *m.*
megagametophyte *n. Bot:* megagam|etoffyt (megagametoffytau) *m.*
megahertz *n. El.Meas:* ***megahertz*** *m.*

megajoule *n. Ph.Meas:* ***megajoule(-s)*** *f.*
megakaryocyte *n. Biol:* megac|aryosyt (megacaryosytau) *m.*
megalith *n. Archeol:* maen (meini) mawr *m*, m|egalith (megalithau) *m.*
megalithic *a. Archeol:* megalithig.
megaloblast *n. Biol:* m|egaloblast (megaloblastiau) *m*, cawrgell(-oedd) *f.*
megaloblastic *a. Biol:* megaloblastig, cawrgellog.
megalomania *n. Psy:* megalomania *m.*
megalomaniac *a. & n. Psy:* **1.** *a.* megalomanaidd. **2.** *n.* megalomaniad (megalomaniaid) *m&f.*
megalomaniacal *a.* = **megalomaniac 1.**
megalomaniacally *adv.* yn fegalomanaidd.
megalopolis *n.* goruwchddinas(-oedd) *f*, megal|opolis (megalopolisau) *f.*
megalopolistic *a.* goruwchddinasol, megalopolisaidd.
megalopolitan *n. & a.* **1.** *n.* goruwchddinesydd (goruwchddinasyddion) *m*, megalop|olitan (megalopolitaniaid) *m.* **2.** *a.* megalopolitanaidd, goruwchddinesig.
megalopolitanism *n.* megalopolitaniaeth *f.*
megalopteran *n. Ent:* megal|opteriad (megal|opteriaid) *m.*
megalopterous *a. Ent:* megal|opteraidd.
megalosaurus *n. Paleont:* m|egalosor (megalosoriaid) *m.*
megaparsec *n. Astr.Meas:* megaparsec(-au) *m.*
megaphanerophyte *n. Bot:* megaffan|eroffyt (megaffaneroffytau) *m.*
megaphone *n.* corn (cyrn) (*m*) siarad, m|egaffon (megaffonau) *m.*
megaphonic *a.* megaffonig.
megapod[e] *n. Orn:* aderyn (adar) troedfawr *m*, aderyn y domen.
megapolis *n.* = **megalopolis.**
megapolitan *a.* = **megalopolitan.**
Megarian, Megaric *a. & n.* **1.** *a.* Megaraidd. **2.** *n.* Megariad (Megariaid) *m&f.*
megaron *n. Archeol:* m|egaron (megaronau) *m.*
megascopic *a.* megasgopig.
megascopically *adv.* yn fegasgopig.
megasporangium *n. Biol:* megasborangiwm (megasborangia) *m.*
megaspore *n. Biol:* m|egasbor (megasborau) *m.*
megasporic *a. Biol:* megasborig.
megasporogenesis *n. Biol:* megasborog|enesis *m.*
megasporophyll *n. Biol:* megasb|oroffyl *m.*
megathere, megatherium *n. Paleont:* mawrfil(-od) *m*, m|egather (megatheriaid) *m.*
megatherm *n. Ph.Meas:* m|egatherm (megathermau) *m.*
megaton *n. Ph.Meas:* m|egaton (megatonau) *m.*
megavolt *n. El.Meas:* m|egafolt (megafoltiau) *fm.*
megawatt *n. El.Meas:* m|egawat (megawatiau) *f.*
megger *n. El:* meger(-au) *m.*
megilp *n. Art:* megilp *m.*
megohm *n. El.Meas:* megohm(-au) *m.*
megrim[1] *n. A:* **1.** *(= migraine):* meigryn *m.* **2.** *(= whim):* mympwy(-on) *m*, chwiw(-iau) *f.* **3.** *(i)* = **depression;** *(ii) Vet:* = **staggers.**
megrim[2] *n. Ich: (Lepidorhombus whiffiagonis):* lleden (*f*) Fair (lledod Mair), lleden arw safnrhwth (lledod garw safnrhwth); **four-spot ~,** *(L. boscii):* lleden Fair bedwar smotyn (lledod Mair pedwar smotyn).
meiosis *n.* **1.** = **litotes. 2.** *Biol:* meiosis *m.*
meiotic *a.* meiotig.
meiotically *adv.* yn feiotig.
Meistersinger *n.* (*)pencerdd (penceirddiaid) *m*, ***Meistersinger(-s)*** *m.*
melaena *n. Med:* melaena *m.*
melamine *n.* m|elamin *m.*
melancholia *n. Med:* pruddglwyf *m*, iselder *m*, *F:* y felan *f*, *S.W:* y falen *f.*
melancholiac *n.* rhn (rhai) pruddglwyfus *&c*; **he's a ~,** *F:* mae'n cael y felan; mae yn y felan o hyd; mae'r felan arno.
melancholic *a.* pruddglwyfus, melancolaidd.
melancholically *adv.* yn bruddglwyfus *&c.*
melancholy *n. & a.* **1.** *n. (of pers.):* pruddglwyf *m*, iselder (*m*) ysbryd, pr|udd-der *m*, *F:* y felan *f*, *S.W:* y falen *f*; *(of place):* prudd-der, tristwch *m.* **2.** *a. (a) (pers.):* pruddglwyfus, melancolaidd, prudd; *(b) (news):* trist, prudd, digalon, *Lit:* athrist. **~ thistle** *n.* ysgallen (*f*) fwyth (ysgall mwyth).
Melanesia *Pr.n. Geog:* Melanesia *f.*
Melanesian *a. & n.* **1.** *a.* Melanesaidd; **he's ~,** Melanesiad yw ef. **2.** *n.* Melanesiad (Melanesiaid) *m&f.*
mélange *n.* cymysgedd(-au) *m*, cymysgwch *m*, cymysgfa (cymysgf|eydd) *f.*
melanic *a. & n.* **1.** *a.* melanig. **2.** *n.* melaniad (melaniaid) *m&f.*
melanin *n. Bio-Ch:* m|elanin *m.*
melanism *n.* düwch *m*, lliw tywyll *m*, tywyllni *m*, melanedd *m.*
melanist *n.* = **melanic 2.**
melanistic *a.* = **melanic 1.**
melanite *n. Miner:* m|elanit *m.*
melanitic *a. Miner:* melanitig.
melanization *n.*, **melanize** *v.t.* duo, tywyllu.
melanoblast *n. Biol:* mel|anoblast (melanoblastau) *m.*
melanoblastic *a. Biol:* melanoblastig.
melanoblastoma *n. Med:* melanoblastoma(-ta) *m.*
melanochroi *n.pl.* mel|anocroi.
melanochroic *a.* melanocröig.
melanocyte *n. Biol:* mel|anosyt (melanosytau) *m.*
melanogenesis *n.* melanog|enesis *m.*
melanoid *n.* m|elanoid (melanoidau) *m.*
melanoma *n. Med:* melanoma(-ta) *m.*
melanophore *n.* mel|anoffor (melanofforau) *m.*
melanosis *n.* melanosis *m.*
melanotic *a.* melanotig.
melaphyre *n. Geol:* m|elaffyr *m.*
melatonin *n. Bio-Ch:* melatonin *m.*
Melba toast *n. Cu:* tost (*m*) Melba.
Melchite *n. Rel.Hist:* Melchiad (Melchiaid) *m.*
meld[1] *v.t.&i. U.S:* **1.** *v.t.* toddi, cyfuno, cymysgu, asio. **2.** *v.i.* ymdoddi.
meld[2] *n. Cards:* cyfuniad(-au) *m.*
meld[3] *v.t. Cards:* dangos, datgan.
melder *n.* cyfunwr (cyfunwyr) *m.*
melée *n.* ysgarmes(-oedd) *f*, ffrwgwd (ffrygydau) *m*, ymrafael(-ion) *m*, cythrwfl (cythryflau) *m.*
Meletianism *n.* Meletiaeth *f.*
melic *a.* canadwy, i'w ganu/chanu *&c.*
melick *n. Bot:* **mountain ~,** *(Melica nutans):* meligwellt gogwydd *m*, meligwellt rhuddlas; **wood ~,** *(M. uniflora):* meligwellt y goedwig.
Meliden *W.Pl.n.* Galltmelyd *f*, Alltmelyd *f.*
melilot *n. Bot:* **common ~, ribbed ~,** *(Melilotus officinalis):* meillionen (meillion) (*f*) y ceirw, mêl (*m*) y ceirw, meillion tair dalen, gwydro [r[h]esog] *mf*, godrwyth *m*; **field ~, golden ~, tall ~,** *(M. altissima):* godrwyth euraid; **white ~,** *(M. alba):* meillionen y ceirw; **small ~,** *(M. indica):* gwydro blodau bach, meillionen wen dair dalen (meillion gwynion tair dalen). **~ shoots** *n.pl.* cenawon godrwyth.
Melin Court *W.Pl.n.* Melin (*f*) y Cwrt, Melin Glydach.
Melin Court Brook *W.Pl.n.* Clydach Isaf *f.*
Melingriffith *W.Pl.n.* Melingruffydd *f (pronounced* ng-g).
melinite *n.* m|elinit *m.*
meliorate *v.t.&i.* gwella.
melioration *n.* gwellhad *m*, gwelliant *m.*
meliorative *a.* gwellhaol.
meliorator *n.* gwellhäwr (gwellhawyr) *m.*
meliorism *n.* diwygiadaeth *f.*
meliorist *n.* diwygiadwr: diwygiadydd (diwygiadwyr) *m*, meliorydd(-ion, meliorwyr) *m.*
melioristic *a.* melioraidd.
melisma *n. Mus:* melisma(-ta) *m.*
melismatic *a.* melismataidd, melismatig.
melliferous *a.* llawn mêl, melog, melddwyn.
mellifluence *n.* melyster *m.*
mellifluent *a.* melys, llawn melyster; *(song &c):* melysber, persain.
mellifluently *adv.* yn felys *&c.*
mellifluous *a.* = **mellifluent.**
mellifluously *adv.* yn felys *&c.*
mellifluousness *n.* melyster *m.*
Mellington *Eng.Pl.n.* Melltun *m.*
mellophone *n. Mus:* m|eloffon (meloffonau) *m.*

mellow[1] *a.* **1.** *(fruit):* aeddfed, meddal; *(wine):* aeddfed iawn; *(earth):* bras, *occ:* ffaeth. **2.** *(voice, sound):* mwyn, mwynaidd, addfwyn, tirion, suol, tyner. **3.** *(personality):* rhadlon, mwyn, mwynaidd, addfwyn, tirion. **4.** *F:* = **tipsy**.
mellow[2] *v.t.&i. (fruit &c):* aeddfedu; *(personality &c):* tyneru, tirioni, llareiddio, mwyneiddio.
mellowly *adv.* yn aeddfed *&c*; yn fwynaidd *&c*.
mellowness *n.* aeddfedrwydd *m*, tynerwch *m*, mwyn|eidd-dra *m*, tiriondeb *m*, mwynder *m*, addfwynder *m*; *(of earth):* ffaethder *m*.
melodeon *n. Mus:* melodion(-au) *m*.
melodic *a. Mus: (quality):* melodaidd; *(form):* melodig; *(as opp. to harmonic):* alawol; ~ **minor scale,** graddfa leiaf felodig (graddf|eydd lleiaf melodig) *f*; ~ **sequence,** dilyniant alawol *m*; *S.a.* **passage 5.**
melodically *adv.* yn felodaidd *&c*.
melodion *n.* = **melodeon.**
melodious *a.* pêr, persain, perseiniol, hyfrydlais, melodaidd, melysber.
melodiously *adv.* yn bersain *&c*.
melodiousness *n.* perseinedd *m*, perseinder *m*.
melodist *n. (= singer):* canwr (canwyr, cantorion) *m*, cantor(-ion) *m*, cantores(-au) *f*, peror(-ion) *m*, perorydd(-ion) *m*, *occ:* pynciwr (pyncwyr) *m*; *(= composer):* cyfansoddwr (cyfansoddwyr) *m*, cyfans|oddwraig (cyfansoddwragedd) *f*.
melodize *v.t.&i.* **1.** *v.t.* perori, melodeiddio. **2.** *v.i.* perori, pyncio.
melodizer *n.* = **melodist.**
melodrama *a.* melodrama (melodramâu) *mf (usu f. when referring to individual play).*
melodramatic *a.* melodramatig, melodramataidd.
melodramatically *adv.* yn felodramatig *&c*.
melodramatics *n.pl.* melodramateg *f*.
melodramatist *n.* melodramodwr: melodramodydd (melodramodwyr) *m*.
melodramatization *n.*, **melodramatize** *v.t.* melodramateiddio.
melody *n. (= music):* peroriaeth *f*, m|elodi (melodïau) *f*; *(= tune):* alaw(-on) *f*, cainc (ceinciau) *f*, *A: or Lit:* erddigan(-au) *f*; ~ **by condensation,** alaw wedi'i chywasgu; ~ **of varying timbre,** alaw symudliw, alaw drosliw (alawon trosliw) *f*. ~ **writer** *n.* melodïwr (melodiwyr) *m*, cyfansoddwr (cyfansoddwyr) *m*.
meloid *a. Ent:* ~ **beetle,** chwilen (chwilod) chwysigennol *f*; *See* **Spanish fly.**
melon *n.* **1.** melon(-au) *m*; **water-~,** melon dŵr, dyfrfelon(-au) *m*. **2.** *Fin: U.S: F:* **to carve the ~, to cut up the ~,** rhannu'r dorth.
melt[1] *v.i.&t.* **I.** *v.i.* **1.** toddi; *(of snow, ice):* meiriol, meirioli, *N:* dadmer, *S:* dadleth, dadlaith, dadledd, *S.E: occ:* datod. **2. his heart melted with pity,** tynerodd ei galon gan dosturi; **to ~ into tears,** dechrau wylo'n hidl, ymollwng i wylo, toddi'n llyn o ddagrau, toddi'n llymaid, *S:* llefain y glaw. **3. to ~ into sth else,** ymdoddi'n rhth arall. **II.** *v.t.* **1.** toddi; *S.a.* **molten. 2.** *(s.o.'s heart &c):* tyneru, meddalu. ~ **away** *v.i.* llwyr-doddi, toddi, cilio; *(of crowd):* ymwasgaru, diflannu, ymgilio. ~ **down** *v.t.* toddi. **~-down** *n.* toddiad(-au) *m*.
melt[2] *n. (= spleen): N.W:* cleddyf *(m)* Bleddyn, *M.W:* cleddau(*m*)'r boten, *S:* y boten *(f)* ludw.
melt[3] *n. (i) (= melted metal):* metel tawdd *m*, toddiad *m*; *(ii) (= process):* toddiant *m*, toddi *vn.* ~ **water** *n.* dŵr *(m)* toddi/tawdd.
meltability *n.* toddadwyedd *m*.
meltable *a.* toddadwy, hydawdd.
melted *a.* toddedig, *occ:* tawdd; ~ **butter,** ymenyn toddi.
melter *n.* toddwr (toddwyr) *m*, toddydd(-ion) *m*.
melting[1] *a.* **1.** *(a) (snow):* toddedig, sy'n toddi, *occ:* tawdd; *(b) (voice):* tyner, tirion, *occ:* toddedig; ~ **mood,** tynerwch *m*, tiriondeb *m*. **2.** ~ **sun,** haul eirias/eiriasboeth/crasboeth *m*.
melting[2] *vn.* **1.** toddiad(-au) *m*, ymdoddiad(-au) *m*, toddi, ymdoddi. **2.** *(of hearts):* tyneriad *m*, ymdyneriad *m*, meddaliad *m*, tyneru, meddalu. **~-point** *n.* toddbwynt(-iau) *m*, pwynt(-iau) *(m)* toddi. **~-pot** *n.* pair (peiriau) *m*, tawddlestr(-i) *m*; *F:* **it's all in the ~-pot,** mae'r cyfan yn y pair.
meltingly *adv.* yn doddedig, yn dyner, yn deimladwy.
melton *n.* **1.** *Tex:* melton *m*. **2.** *Cu:* **M~ Mowbray [pie],** pastai *(f)* gig (pasteiod cig).
Melverley *Eng.Pl.n.* Melwern *f*.
member *n.* **1.** aelod(-au) *m*; **M~ of Parliament (M.P.),** Aelod Seneddol (A.S.). **2.** *Nat.Hist: Mth:* aelod. **3.** *(a) Carp:* darn(-au) *m*; *(b) Gram:* cymal(-au) *m*.
membered *a.* aelodog, esgeiriog.
membership *n.* aelodaeth *f*; *(= members):* aelodau *pl.* ~ **fee** *n.* tâl *(m)* aelodaeth.
membranaceous *a.* pilennaidd.
membrane *n.* pilen(-nau,-ni) *f*, pilionen (pilion) *f*, croenyn *m*, ambilen(-nau) *f*, amwisg(-oedd) *f*, gwisg(-oedd) *f*; *(of egg): N:* dim *m* [ŵy]; **basement ~,** pilen waelodol (pilennau gwaelodol); **cell ~,** cellbilen(-nau) *f*; **impermeable ~,** pilen anhydraidd; **investing ~,** amwisg(-oedd) *f*; **mucous ~,** pilen ludiog (pilennau gludiog); **selective ~,** pilen ddetholus (pilennau detholus); **semi-permeable ~,** pilen led-hydraidd (pilennau lled-hydraidd); **serous ~,** pilen serws; **tectoral ~,** pilen orchuddiol (pilennau gorchuddiol).
membraned *a.* pilennog.
membraneous *a.* pilennaidd, pilennog, pilennol.
membraneously *adv.* yn bilennaidd *&c*.
membranous *a.* = **membraneous.**
membrum virile *n.* aelod(-au) dirgel *m*, gwialen(-nau,-ni) *f*.
memento *n.* cofarwydd(-ion) *m*, swfenîr(-s, swfeniriau) *m*, cofrodd(-ion) *f*; **a ~ of the visit,** rhywbeth i gofio'r ymweliad. ~ ***mori*** *Lt.phr.* cofia dy ddiwedd.
memo *n. F:* = **memorandum. ~-pad** *n.* pad(-iau) *(m)* nodiadau.
memoir *n. (a) (= study):* astudiaeth(-au) *f*, ysgrif(-au) *f*; *(b) (= biography &c):* cofiant (cofiannau) *m*; *(c) pl.* **memoirs,** atgofion *pl*, hunangofiant (hunangofiannau) *m (pronounced* ng-g).
memorabilia *n.pl.* pethau cofiadwy.
memorability *n.* natur gofiadwy/fythgofiadwy *f*; **this verse is popular because of its ~,** mae'r pennill hwn yn boblogaidd am ei fod yn hawdd ei gofio.
memorable *a.* cofiadwy, bythgofiadwy, *occ:* cofus; **a ~ occasion,** achlysur i'w gofio, achlysur bythgofiadwy; **a ~ face,** wyneb hawdd ei gofio.
memorably *adv.* yn gofiadwy *&c*.
memorandum *n.* **1.** *(= note):* nodyn (nodiadau) *m*, nodiad(-au) *m*, cofnod(-ion) *m*, cofnodiad(-au) *m*; *(= book)* llyfr(-au) *(m)* nodiadau. **2.** *Jur: Dipl: Adm:* memorandwm (memoranda) *m*; ~ **of association,** memorandwm cymdeithasiad, memorandwm sefydlu.
memorial *a. & n.* **1.** *a.* coffa, coffaol, coffadwriaethol; ~ **hall,** neuadd *(f)* goffa (neuaddau coffa); ~ **plaque,** coflech(-au) *f*; ~ **stone,** carreg *(f)* goffa (cerrig coffa), maen (meini) *(m)* coffa; ~ **poem,** cerdd *(f)* goffa (cerddi coffa), *F:* penillion *(pl)* coffa; ~ **service,** gwasanaeth(-au) *(m)* coffa; ~ **window,** ffenestr *(f)* goffa (ffenestri coffa); *U.S:* **M~ Day,** Diwrnod *(m)* Coffa. **2.** *n. (a) (= monument &c):* cofeb(-ion,-au) *f*, cofadail (cofadeiliau, cofadeiladau) *f*, cofgolofn(-au) *f*, cofarwydd(-ion) *m*; **war ~,** cofgolofn [rhyfel/milwyr]; *(b) (= petition):* deiseb(-au,-ion) *f*; *(c) (= account):* cofnod(-ion) *m*, cronicl(-au) *m*, adroddiad(-au) *m*; *Jur:* ~ **of a deed,** cofnod(-ion) *(m)* gweithred, crynodeb *(m)* o weithred.
memorialism *n.* coffaoliaeth *f*.
memorialist *n.* **1.** cofiannydd: cofiannwr (cofianwyr) *m*, coffäwr: coffäydd (coffawyr) *m*, cofnodwr: cofnodydd (cofnodwyr) *m*, croniclwr: croniclydd (croniclwyr) *m*. **2.** *(= petitioner):* deisebwr: deisebydd (deisebwyr) *m*.
memorialize *v.t.* **1.** *(= commemorate):* coff|au, dathlu. **2.** *(= petition):* deisebu.
memorially *adv.* yn goffaol *&c*; er cof, er coffa, er coffadwriaeth.
memoriter *a.* ar gof, oddi ar gof, ar dafod leferydd.
memorizable *a.* cofiadwy, dysgadwy, y gellir ei ddysgu ar gof.
memorize *v.t.* dysgu (rhth) [ar gof].
memorizer *n.* cofiwr (cofwyr) *m*, c|ofwraig (cofwragedd) *f*; rhn (rhai) cofus; **he's a good ~,** mae'n un da am ddysgu ar ei gof; mae'n ddysgwr da ar ei gof; mae'n un cofus iawn.
memory *n.* **1.** cof(-ion) *m*; **a faint ~,** brithgof(-ion) *m*; **he has a good ~,** mae ganddo gof da; mae'n gofiwr da; mae'n un da am gofio; *occ:* mae'n un cofus; *F:* **a ~ like a sieve,** cof fel gogor/rhidyll, cof tyllog, cof pallus; **I have a bad ~,** un anghofus ydw i; cof gwael sydd gen i; **I have a bad ~ for names,** un gwael ydw i am gofio enwau; **loss of ~,** colli(*m*)'r cof, anghofrwydd *m*; **a failure of ~,** pall [ar y] cof; **to the best of my ~,** hyd y cofiaf, hyd y gallaf i gofio; **if my ~ serves me well,** os da y cofiaf; **within living ~,** o

fewn cof [yr oes hon]; o fewn cof dyn byw; o fewn cof rhai sy'n fyw; **beyond ~,** er cyn cof; **to go down ~ lane,** hel atgofion, rhodio llwybrau atgof, cerdded hen lwybrau; **he played the piece from ~,** chwaraeodd y darn oddi ar ei gof; **to commit sth to ~,** rhoi rhth ar gof, dysgu rhth ar gof, trysori rhth ar gof; *S.a.* **folk**; *Cmptr:* **random access ~ (RAM),** cof hapgyrch; **read-only ~ (ROM),** cof darllen yn unig. **2.** *(= reminiscence):* atgof(-ion) *m*, cof(-ion) *m*; **of blessed ~,** coffa da amdano; **of revered ~,** o barchus goffadwriaeth; **childhood memories,** atgofion bore oes; **of happy ~,** o hapus goffawdwriaeth; **we shall keep his ~,** fe gofiwn amdano; ni fydd yn angof gennym; ni fyddwn ni'n anghofio amdano; nid â byth yn angof gennym; **the Immortal M~,** y Cof Anfarwol; **in ~ (of s.o.),** er cof, er coffa, er coffadwriaeth (am rn); i gofio (rhn); **to bring (sth) to ~,** dwyn (rhth) ar gof, galw (rhth) i gof. **~ address register** *n. Cmptr:* cofrestr(-au) *(f)* cof-gyfeiriad. **~ cycle** *n. Cmptr:* cof-gylchred(-au) *fm*. **~ data register** *n. Cmptr:* cofrestr(-au,-i) *(f)* cof-ddata. **~ expansion** *n. Cmptr:* ehangiad *(m)* cof. **~ overlay** *n. Cmptr:* tros-haen(-au) *(f)* cof. **~ trace** *n. Psy:* engram(-au) *m* *(pronounced* ng-g), ôl (olion) *(m)* cof.

memsahib *n.f.* memsahib(-s).

men *n.pl. See* **man[1]**.

menace[1] *n.* **1.** *(= threat):* bygythiad(-au) *m*; **(to demand money) with menace,** (hawlio arian) â bygythion, gan fygwth. **2.** *(= danger):* perygl(-on) *m*; *F:* **he's a ~,** mae'n berygl bywyd; *(weakened sense, = nuisance):* mae fel pla; mae'n felltith; mae fel barn; *N: occ:* mae fel barn ar datws; *S:* mae e'n farnol; **these cars are a ~,** mae'r ceir yma'n berygl bywyd; **these children are a ~,** mae'r plant yma'n bla.

menacing *a.* bygythiol, peryglus.

menacingly *adv.* yn fygythiol.

menadione *n. Bio-Ch:* menadïon *m*.

ménage *n.* cartref(-i) *m*, teulu(-oedd) *m*; **~ *à trois*,** *F:* tri'n byw trwy'i gilydd.

menagerie *n.* sioe(-au) *(f)* anifeiliaid, *Lit:* milodfa (milodf|eydd) *f*.

Menai *W.Pl.n. Geog:* **~ Straits,** Menai *f*, y Fenai *f*, Afon Menai/Fenai; **~ Bridge** *W.Pl.n. (town):* Porthaethwy *f*, *F:* Y Borth *f*; *(bridge):* Pont *(f)* y Borth, *occ:* Pont Menai.

menarche *n. Physiol:* dechreuad *(m)* y misglwyf/mislif, menarche *m*.

menarcheal *a. Physiol:* menarchol.

mend[1] *n.* **1.** *(in fabric):* cyweiriad(-au) *m*, trwsiad(-au) *m*, atgyweiriad(-au) *m*. **2. to be on the ~,** gwella, cyfnerthu, bod yn well, *N:* mendio, criwtio, cael eich cefn atoch, fflonsio, *S: occ:* geino; **trade is on the ~,** mae busnes ar i fyny; mae busnes yn gwella/ailgodi.

mend[2] *v.t.&i.* I. *v.t.* **1.** *(garment):* atgyweirio, cyweirio, *S: F:* cweirio, cwiro, *N:* trwsio; **to make do and ~,** clytio a thrwsio. **2. to ~ one's pace,** cyflymu['ch camau], mynd yn gynt/gyflymach, prysuro; **to ~ one's ways,** dod at eich coed, cael diwygiad, diwygio['ch buchedd]; **~ or end,** diwygio neu ddil|eu. **3.** *Prov:* **least said soonest mended,** gorau po leiaf a ddywedir; brathu'r tafod sydd orau; tawed y callaf; y callaf dawo; da dant i atal tafod; *Fig:* **to ~ one's fences,** cymodi â rhn, gwn|eud heddwch; **to ~ matters,** gwella pethau. II. *v.i.* gwella; *N: F: (of invalid):* mendio; *See* **mend[1] 2.**

mendable *a.* atgyweiriadwy, cyweiriadwy, trwsiadwy.

mendacious *a.* celwyddog, anwireddus.

mendaciously *adv.* yn gelwyddog.

mendaciousness, mendacity *n.* natur gelwyddog *f*, celwyddgarwch *m*, anwiredd *m*, celwydd *m*.

mendelevium *n. Ch:* mendelefiwm *m*.

Mendelian *a. & n.* **1.** *a.* Mendelaidd. **2.** *n.* Mendeliad (Mendeliaid) *m&f*.

Mendelianist *n.* = **Mendelian 2.**

Mendelism *n.* Mendeliaeth *f*.

Mendelist *n.* = **Mendelian 2.**

mender *n.* atgyweiriwr (atgyweirwyr) *m*, cyweiriwr (cyweirwyr) *m*, *N:* trwsiwr (trwswyr) *m*.

mendicancy *n.* cardoteiaeth *f*, angenoctid *m*, cardota *vn*.

mendicant *a. & n.* **1.** *a.* cardotol, cardodol, cardotaidd, cardotlyd; *Ecc:* **~ orders,** urddau cardod; **M~ Friars,** y Brodyr Cardod, y Cardotwyr. **2.** *n.* cardotwr (cardotwyr) *m*, cardotyn (cardotwyr) *m*, card|otwraig (cardotwragedd) *f*.

mendicity *n.* = **mendicancy.**

mending *vn. (a)* trwsiad *m*, cyweiriad *m*, atgyweiriad *m*; *vn.* = **mend[2] 1; there's a lot of ~,** mae llawer o waith atgyweirio/trwsio. **~ cotton** *n.* edefyn *(m)* cyweirio, edau *(f)* drwsio.

Menevia *Pr.n. W.Ecc:* Mynyw *f*.

Menevian *a. W.Ecc:* Mynywaidd, o Fynyw.

menfolk *n.pl.* dynion, *S.W:* gwrywod, *S.E: occ:* gwŷrnagweision.

menhaden *n. Ich:* menhaden(-iaid) *m*.

menhir *n. Prehist:* maen hir (meini hirion) *m*.

menial *a. & n.* **1.** *a. (of duties):* gwasaidd, isel, diraddiol. **2.** *n. usu. Pej:* gwas (gweision) [bach] *m*, morwyn(-ion, morynion) *f*.

menially *adv.* yn wasaidd.

meningeal *a. Anat:* breithellol.

meninges *n.pl. Anat: See* **meninx.**

meningioma *n. Med:* meningioma *m (pronounced* ng-g).

meningitic *a. Med:* *breithell-lidiol.

meningitis *n. Med:* llid *(m)* yr ymennydd, llid y freithell.

meningocele *n. Med:* coden freithellol (codennau breithellol) *f*, men|ingosel (meningoselau) *m (pronounced* ng-g).

meningococcal, meningococcic *a. Anat:* meningococaidd *(pronounced* ng-g).

meningococcus *n. Anat:* meningococws (meningococi) *m*.

meningoencephalitic *a. Med:* meningo-enseffalitig *(pronounced* ng-g).

meningoencephalitis *n. Med:* meningo-enseffalitis *m (pronounced* ng-g).

meninx *n. Med:* breithell(-au,-i) *f*, pilenni*(pl)*'r ymennydd.

meniscectomy *n. Med:* codi*(vn)*'r menisgws, menisgectomi (menisgectomïau) *m*.

meniscus *n.* **1.** *Ph: Anat:* menisgws (menisgi) *m*. **2.** *Mth:* cilgant(-au) *m*.

Mennonite *a. & n. Rel:* **1.** *a.* Mennonaidd. **2.** *n.* Mennoniad (Mennoniaid) *m&f*.

menology *n. Ecc:* calendr(-au) *(m)* seintiau.

meno mosso *adv. Mus:* yn llai cyflym.

menopausal *a.* atal-mislifol, climacterol.

menopause *n.* darfyddiad *(m)* mislif, diwedd *(m)* y mislif, climacterig *m*, *F:* terfyn *(m)* oed, newid *(m)* bywyd.

menorah *n. Jew.Rel:* canhwyllbren (canwyllbrennau, canwyllbrenni) *m*, menora (menorâu) *fm*.

menorrhagia *n. Med:* gorfislif *m*, menorrhagia *m*.

menorrhagic *a. Med:* gorfislifol, menorrhagig.

menorrhea *n. Med:* mislif *m*.

mensal *a.* wrth y bwrdd.

menses *n.pl. Physiol:* misglwyf *m*, mislif *m*.

Menshevik, Menshevist *n. & a. Pol.Hist:* **1.** *n.* M|ensiefic (Mensieficiaid) *m&f*. **2.** *a.* Mensieficaidd.

menstrual *a. Physiol:* mislifol, misglwyfol; **~ cycle,** cylchred *(mf)* y mislif, y cylchred/gylchred mislifol/fislifol, y cylch misol *m*.

menstruate *v.i. Physiol:* mislifo, bod a'r mislif arnoch, cael mislif.

menstruation *n.* mislifo *vn*, mislif *m*, misglwyf *m*.

menstruous *a.* mislifol, misglwyfol.

menstruum *n.* toddydd(-ion) *m*.

mensurability *n.* = **measurability.**

mensurable *a.* mesuradwy, penodol, gosod; *Mus:* sefydlog.

mensurableness *n.* = **measurability.**

mensural *a.* mesurol.

mensuration *n.* mesuriad *m*, mesuriaeth *f*, mesur *vn*, mesuro *vn*; *Mth:* mesureg *f*.

menswear *n.* dillad *(pl)* dynion.

mental[1] *a.* meddyliol; **~ age,** oedran meddyliol *m*; **~ arithmetic,** rhifyddeg feddyliol *f*, rhifyddeg pen, *F:* syms yn y pen; **~ constructs,** teipiau syniadol; **~ deficiency,** diffyg meddyliol *m*, nam meddyliol *m*, diffyg/nam *(m)* ar y meddwl; **the ~ defectives, the ~ deficients,** y rhai araf eu meddwl, y rhai â nam ar y meddwl, y rhai gwan eu meddwl; **~ deterioration,** dirywiad meddyliol *m*; **~ disorder,** anhwylder(-au) meddyliol *m*, nam(-au) meddyliol *m*; **~ disturbance,** cyffro meddyliol *m*, cyffroad(-au) meddyliol *m*, cynnwrf *(m)* meddwl; *Mus:* **~ effects,** effeithiau amgyffredol; **~ handicap,** anfantais feddyliol (anfanteision meddyliol) *f*; **~ handicap,** anfantais feddyliol (anfanteision meddyliol) *f*; **~ health,** iechyd *(m)* meddwl, iechyd meddyliol; **M~ Health Act,** Deddf *(f)* Iechyd Meddwl; **M~ Health Commission,** Comisiwn *(m)* Iechyd Meddwl; **~ health review tribunal,** tribiwnlys *(m)* adolygu iechyd meddwl;

~ **illness,** afiechyd (*m*) meddwl, salwch (*m*) meddwl; *P:* **he's ~!** mae'n drysu! *See* **crazy, mad; he's a ~ case,** mae wedi drysu; mae'n colli arni; mae colled arno; mae rhyw goll ynddo; *N:* dydi o ddim yn gall; *See* **madman; ~ hospital, ~ home,** ysbyty (ysbytai) (*m*) meddwl; **~ specialist,** meddyg(-on) (*m*) y meddwl, seiciatrydd(-ion) *m*; **~ subnormality,** isnormaledd meddyliol *m*.
mental² *a.* *(of chin):* genol, yr ên.
mentalism *n.* meddyliaeth *f*, ymenyddiaeth *f*.
mentalist *n.* meddyliaethwr: meddyliaethydd (meddyliaethwyr) *m*.
mentality *n.* *(a) (= outlook):* meddylfryd *m*; *(b) (= mental ability):* gallu meddyliol *m*, cyraeddiadau *pl* [meddwl]; **I can't understand the ~ of such people,** ni allaf i ddeall meddwl y fath bobl.
mentally *adv.* yn feddyliol, yn y meddwl; **the ~ defective,** pobl (*for pl*) â diffyg/nam ar y meddwl, rhai gwan eu meddwl; **~ deficient,** gwan eich meddwl, araf eich meddwl; **~ handicapped,** dan anfantais feddyliol.
mentation *n.* meddylwaith *m*, ymenyddiad *m*, meddyliad *m*.
menthol *n.* menthol *m*.
mentholated *a.* *Pharm:* mentholedig.
mention¹ *n.* **1.** crybwylliad(-au) *m*, crybwyll(-ion) *m*, sylw *m* (o rth); cyfeiriad(-au) *m* (at rth); sôn *vn* (am rth); **to make no ~ of sth,** peidio â sôn am rth, peidio â chrybwyll rhth. **2.** *Sch: &c:* **honourable ~,** canmoliaeth *f*, clod *m*, gair (*m*) o ganmoliaeth/glod, geirda *m*.
mention² *v.t.* crybwyll (rhth), sôn (am rth), cyfeirio (at rth); **not to ~ sth,** *(i)* peidio â sôn am rth; *(ii) (= and moreover):* heb sôn am rth, *Lit:* chwaethach rhth; **I shall ~ it to her,** mi soniaf amdano wrthi; **it must never be mentioned again,** peidier â sôn am y peth byth eto; **(too numerous) to ~,** (rhy niferus) i'w henwi, i'w crybwyll, i sôn amdanynt; **it isn't worth mentioning,** nid yw'n werth sôn amdano; **I heard my name mentioned,** clywais grybwyll fy enw; *F:* **don't ~ it!** peidiwch [â] sôn! tewch [â] sôn! croeso!
mentionable *a.* crybwylladwy, y gellir ei grybwyll.
mentioner *n.* crybwyllwr: crybwyllydd (crybwyllwyr) *m*.
mentor *n.* cynghorwr (cynghorwyr) *m*, athro (athrawon) *m*.
mentorship *n.* swydd (*f*) cynghorwr/athro.
mentum *n.* *Anat:* gên (genau) *f*.
menu *n.* *(a)* **a ~ [card],** bwydlen(-ni) *f*; **what's on the ~?** beth sydd i'w gael i fwyta? *(b) Cmptr:* dewislen(-ni) *f*; **main ~,** prif ddewislen. **~-driven system** *n.* *Cmptr:* system (*f*) gynnwys-yredig (systemau cynnwys-yredig). **~-selection** *n.* *Cmptr:* dewisiad(-au) *m*.
mepacrine *n.* *Pharm:* m|epacrin *m*.
meperidine *n.* *Pharm:* mep|eridin *m*.
Mephistophelean *a.* Meffistoffelaidd; *(loosely):* cythreulig, dieflig.
Mephistopheles *Pr.n.* Meffist|offeles *m*.
Mephistophelian *a.* = **Mephistophelean.**
mephitic *a.* drewllyd, drycsawrus, drycsawr.
mephitis *n.* drewdod *m*, drycsawr *m*.
meprobamate *n.* *Ch:* meprobamad(-au) *m*.
merbromin *n.* *Ch:* merbromin *m*.
mercantile *a.* masnachol, marchnadol, marsiandïol, *occ:* mercantilaidd; **a ~ nation,** cenedl fasnachol (cenhedloedd masnachol); **~ law,** cyfraith fercantilaidd *f*; **~ marine,** llynges fasnachol *f*; **the ~ system/theory,** y gyfundrefn farsiandïol *f*.
mercantilism *n.* mercantiliaeth *f*.
mercantilist *n.* mercantilydd(-ion) *m*.
mercantilistic *a.* mercantilaidd.
mercaptan *n.* *Ch:* mercaptan *m*.
mercaptopurine *n.* *Ch:* mercaptopwrin *m*.
mercenarily *adv.* yn ariangar (*pronounced* ng-g).
mercenariness *n.* ariangarwch *m* (*pronounced* ng-g).
mercenary *a. & n.* **1.** *a.* ariangar (*pronounced* ng-g). **2.** *n.* milwr (milwyr) hur *m*, hurfilwr (hurfilwyr) *m*, milwr tâl, milwr cyflog.
mercer *n.* sidanwr (sidanwyr) *m*, sidanydd(-ion) *m*.
mercerization *n.*, **mercerize** *v.t.* sgleinio, gloywi.
mercerized *a.* gloyw, [â] sglein; **~ cotton,** cotwm sglein; **~ thread,** edau sglein.
mercery *n.* nwyddau (*pl*) sidan.
merchandise¹ *n.* nwyddau *pl*, marsiandïaeth *f*.
merchandise² *v.t.&i.* gwerthu, marchnata.
merchandiser *n.* gwerthwr (gwerthwyr) *m*, gw|erthwraig (gwerthwragedd) *f*, marchnatwr (marchnatwyr) *m*, marchn|atwraig (marchnatwragedd) *f*.
merchant *n. & attrib.* **1.** *n.* masnachwr (masnachwyr) *m*, gwerthwr (gwerthwyr) *m*, marsiandïwr (marsiandïwyr) *m*, marsiandwr (marsiandwyr) *m*, marchnatwr (marchnatwyr) *m*, marchn|atwraig (marchnatwragedd) *f*, masn|achwraig (masnachwragedd) *f*; *Lit:* **The M~ of Venice,** Marsiandwr Fenis; *F:* **speed-~,** gyrrwr (gyrwyr) gwyllt *m*, rasiwr (raswyr) *m*, sbidiwr (sbidwyr) *m*. **2.** *attrib.* masnachol, masnach; **Law M~,** y Gyfraith Farsiandïol *f*, Cyfraith Marsiandïaeth. **~ bank** *n.* banc(-iau) masnachol *m*. *S.a.* **bar¹**. **~ banker** *n.* banciwr (bancwyr) masnachol *m*. **~ fleet, ~ marine, ~ navy** *n.* llynges fasnachol (llyngesau masnachol) *f*. **~ prince** *n.* archfasnachwr (archfasnachwyr) *m*. **~ seaman** *n.* masnachlongwr (masnachlongwyr) *m*. **~ service** *n.* = **merchant marine. ~ ship, ~ vessel** *n.* masnachlong(-au) *f*, llong fasnach[ol] (llongau masnach[ol]).
merchantability *n.* marchnadwyedd *m*, gwerthadwyedd *m*.
merchantable *a.* masnachol, marchnadadwy, marchnataol, gwerthadwy; **~ quality,** ansawdd werthadwy/fasnachol.
merchantman *n.* masnachlong(-au) *f*, llong (*f*) fasnach (llongau masnach).
Mercia *Pr.n.* *Hist:* Mersia *f*.
Mercian *a. & n.* **1.** *a.* Mersiaidd. **2.** *n.* Mersiad (Mersiaid) *m&f*.
merciful *a.* trugarog, tosturiol (**to s.o.,** wrth rn); *B:* **blessed are the ~,** gwyn eu byd y rhai trugarogion.
mercifully *adv.* **1.** yn drugarog *&c.* **2.** *(= fortunately):* wrth drugaredd, trwy drugaredd, o drugaredd.
mercifulness *n.* trugarowgrwydd *m*, tosturi *m*, trugaredd *m*.
merciless *a.* didrugaredd, didostur, anhrugarog, annhosturiol, diarbed, *Lit: occ:* didosturi, anhrugar.
mercilessly *adv.* yn ddidrugaredd *&c.*
mercilessness *n.* diffyg (*m*) trugaredd, anhrugarowgrwydd *m*, annhosturi *m*.
mercurate *v.t.* merchyru.
mercuration *n.* merchyriad *m*, merchyru *vn*.
mercurial¹ *a.* **1.** *(a) (= lively):* bywiog, hoenus, hoyw, sionc; *(b) (= inconstant):* anwadal, mympwyol, aflonydd, chwit-chwat. **2.** *Med: Pharm:* [o] arian byw, merchyriol; *Astron:* merchyriol.
mercurial² *n.* *Med:* cyffur(-iau) merchyriol *m*.
mercurialism *n.* merchyrioledd *m*.
mercuriality *n.* **1.** *(= vivacity):* bywiogrwydd *m*, hoywder *m*, hoen *f*, hoenusrwydd *m*, sioncrwydd *m*. **2.** *(= inconstancy):* anwadalwch *m*, chwitchwatrwydd *m*.
mercurialize *v.t.* merchyrioli.
mercurially *adv.* **1.** yn fywiog *&c.* **2.** yn chwit-chwat *&c.*
mercurialness *n.* = **mercuriality.**
mercuric *a.* *Ch:* mercwrig.
mercurochrome *n.* *Pharm:* merc|wrocrom *m*.
mercurous *a.* = **mercuric.**
Mercury¹ *Pr.n.m.* *Myth: Astr:* Mercher; **the planet ~,** y blaned (*f*) Mercher.
mercury² *n.* **1.** *Ch:* arian byw *m*, m|ercwri *m*; **the ~ is rising,** mae hi'n codi'n braf; mae'r gwydr yn codi. **2.** *Bot:* *(Mercurialis):* **annual ~,** clais (*m*) yr hydd, blaen (*m*) yr iwrch [blynyddol], bresych (*pl*) y cŵn blynyddol; **dog's ~,** *(M. perennis):* bresych y cŵn, cwlwm (*m*) yr asgwrn. **~ goose-foot** *n.* *Bot:* *(Chenopodium bonus henricus):* sawdl (*m*) y crydd, llysiau(*pl*)'r gŵr da, llysiau meudwy. **~ vapour** *n.* anwedd (*m*) arian byw.
mercy *n.* *(a)* trugaredd *mf*, tosturi *m*; **he has no ~,** mae'n ddidrugaredd; mae'n ddidostur; **to have ~ (on s.o.),** bod yn drugarog, tosturio, trugarh|au (wrth rn); **to call/beg for ~,** erfyn/ymbil am drugaredd; **for ~'s sake,** o drugaredd; *int. F:* **~ [on us]!** trugaredd! y drugaredd fawr/annwyl! neno'r trugaredd/drugaredd! druan ohonom ni! nefoedd drugaredd! 'rarswyd! er mwyn popeth! caton pawb! dygaton pawb! *(b)* **to be at s.o.'s ~,** bod ar drugaredd rhn; *B:* **through the tender mercies of our God,** trwy dirion drugareddau ein Duw; *F:* **I left him to the tender mercies of his brother,** fe'i gadewais yng ngofal tyner ei frawd; *(c)* **be thankful for small mercies,** diolch am fân drugareddau; **what a ~!** diolch byth! diolch i'r drefn! *(d)* **Sisters of M~,** Chwiorydd Trugaredd. **~-seat** *n.* trugareddfa *f*, gorseddfa (*f*) trugaredd, gorseddfainc (*f*) trugaredd.

mere[1] *n. Geog:* llyn(-nau,-noedd) *m*, pwllyn (pyllau) *m*, pwll (pyllau) *m.*
mere[2] *a.* unig, pur, syml, dim ond..., ... yn unig, *occ:* hollol, noeth; **out of ~ spite,** o falais pur, dim ond o ran malais; **it's ~ chance,** lwc bur/hollol/noeth yw hi; lwc yn unig yw hi; lwc a dim arall yw hi; **the ~ sight of her,** dim ond yr olwg arni; dim ond ei gweld hi; **I shudder at the ~ thought of it,** 'rwy'n crynu dim ond wrth feddwl amdano; **he's a ~ boy,** dim ond bachgen ydyw; **he's no ~ fool,** nid ffŵl yn unig mohono; nid dim ond ffŵl yw; *Jur:* **~ right,** hawl syml *f*; *S.a.* **nobody** 2, **nothing** II. 3.
Meredith *Pr.n.m.* Maredudd, Meredydd, *F:* Mred, Mer|ed, Mrêd, Merêd.
merely *adv.* yn unig; **the invitation is ~ formal,** ffurfiol yn unig yw'r gwahoddiad; **he ~ smiled,** dim ond gwenu a wnaeth; ni wnaeth ond gwenu; **I said it ~ as a joke,** o ran hwyl yn unig y dywedais hynny; **it's not ~ an office,** nid swyddfa'n unig mohoni; nid dim ond swyddfa mohoni.
meretricious *a.* **1.** *(= like prostitute):* puteinllyd. **2.** *(= specious):* coegwych(-ion), ffuantus.
meretriciously *adv.* **1.** yn buteinllyd. **2.** yn goegwych.
meretriciousness *n.* **1.** puteindra *m.* **2.** coegwychder *m*, ffuantusrwydd *m.*
merganser *n. Orn: (Mergus):* hwyadwydd(-au) *f*; **red-breasted ~,** *(M. serrator)*; hwyaden ddanheddog fronrudd (hwyaid danheddog bronrudd) *f*, hwyaden frongoch (hwyaid brongoch) (*pronounced* ng-g), trochydd(-ion) brongoch *m*, trochydd danheddog; **hooded ~,** *(M. cucullatus):* hwyaden benwen (hwyaid penwyn), trochydd danheddog copog.
merge *v.t.&i.* **1.** *v.t.* **to ~ sth in/into sth,** cyfuno rhth â rhth, corffori rhth yn rhth, *occ:* soddi/toddi rhth yn rhth; *Com: Fin:* cyfundoddi rhth yn rhth; *Cmptr:* cyfuno; **~ filing,** cyfuno-ffeilio *vn*; *Aut:* **merging flow,** llif(-au) cymerog *m*; **~ sort,** trefniad cyfunol *m*; **these states became merged in the Empire,** cyfunwyd y taleithiau hyn yn yr Ymerodraeth. **2.** *v.i.* ymgyfuno (**with sth,** â rhth; **in/into sth,** yn rhth, i rth); cyfundoddi, ymsoddi, ymdoddi, toddi, asio, cydasio; *Econ:* cydsoddi; *(of colours &c):* ymdoddi (**into sth,** yn rhth); **to ~ together,** toddi/ymdoddi i'w gilydd.
merged *a.* cyfun, cyfunedig, ymgyfunedig, cyfundoddedig, cyfunol; *Cmptr:* cyfun.
mergence *n.* ymdoddiad *m*, ymdoddi *vn.*
merger *n.* **1.** *Fin:* cyfuniad(-au) *m*, cyfundoddiad(-au) *m*, cydsoddiad(-au) *m*; **there has been a ~ between A and B,** y mae A a B wedi cyfuno; **the directors opposed the ~,** yr oedd y cyfarwyddwyr yn erbyn y cyfuno. **2.** *Jur:* ymdoddiad *m*, soddiad *m*, ymsoddiad *m.* **~ company** *n.* cwmni (cwmnïau) cyfunedig/cyfunol *m.*
meridian *n. & a.* **1.** *n. (a) Geog:* nawnlin(-au) *f*, cyhydedd(-au) *m*, meridian(-au) *m*; **prime ~,** prif feridian; *(b) Astron:* anterth *m*; **at the ~ of his glory,** yn anterth ei ogoniant. **2.** *a. (sun):* anterthol, canol-dydd; *Fig:* anterthol.
meridional *a. & n.* **1.** *a. (a) (= southern):* deheuol, deheubarthol; o dde Ewrop; *(b) (of meridian):* nawnlinol, cyhydeddol. **2.** *n.* deheuwr (deheuwyr) *m*, deh|euwraig (deheuwragedd) *f*, deheubarthwr (deheubarthwyr) *m*, deheub|arthwraig (deheubarthwragedd) *f.*
meridionally *adv. (a)* yn ddeheuol *&c*; *(b)* yn nawnlinol *&c.*
meringue *n. Cu:* ***meringue(-s)*** *m.*
merino *n. Husb: Tex:* merino *m*; **~ sheep,** dafad (*f*) ferino (defaid merino).
Merioneth *Pr.n. W.Geog:* Meirionnydd *f*, *Lit: occ:* Meirion *f*; **a ~ man,** Meirionwr (Meirionwyr) *m.*
Merionethshire *Pr.n. W.Geog:* Sir (*f*) Feirionnydd.
meristem *n. Bot:* m|eristem (meristemau) *m*; **apical ~,** meristem apigol; **primary ~,** meristem cyntafol; **primordial ~,** meristem dechreuol.
meristematic *a. Bot:* meristematig.
meristematically *adv. Bot:* yn feristematig.
meristic *a. Bot:* meristig.
meristically *adv.* yn feristig.
merit[1] *n.* **1.** *(a) (= deserts):* haeddiant (haeddiannau) *m*, teilyngdod *m*; **Order of M~,** Urdd (*f*) Teilyngdod; *Sch:* **certificate of ~,** tystysgrif (*f*) teilyngdod; **to treat s.o. according to his merits,** trin rhn yn ôl ei deilyngdod/haeddiant; *(b) Jur:* **the merits of a case,** rhinweddau achos; **to make a ~ of sth,** gwneud rhinwedd (*mf*) o rth. **2.** *(= value, virtue):* gwerth *m*, rhinwedd(-au) *mf*, teilyngdod; **a book of great ~,** llyfr o gryn werth.
merit[2] *v.t.* haeddu, teilyngu (rhth); bod yn deilwng (o rth).
merited *a.* haeddiannol, teilwng.
meritocracy *n.* meritocratiaeth *f.*
meritocratic *a.* meritocrataidd.
meritorious *a.* haeddiannol, teilwng, clodwiw.
meritoriously *adv.* yn haeddiannol *&c.*
meritoriousness *n.* = **merit**[1].
merle *n. Orn:* = **blackbird.**
merlin[1] *n. Orn:* cudyll(-od) bach *m*, gwalch (gweilch) bach *m*, y gwalch lleiaf, cudyll pengoch (*pronounced* ng-g), grugwalch (grugweilch) *m*, cornwalch (cornweilch) *m*, creigwalch (creigweilch) *m.*
Merlin[2] *Pr.n.m.* Myrddin; **~ Celidonius, ~ Silvester,** Myrddin Wyllt; **~'s Oak,** yr Hen Dderwen *f.* **~'s Bridge** *W.Pl.n.* Pont (*f*) Fadlen.
merlon *n. Arch:* merlon(-au) *m.*
mermaid *n.f.* môr-forwyn (~-forynion). **M~ Cove** *W.Pl.n.* Porth (*m*) Gwynedd. **~'s glove** *n. Z: (Halichondria palmata):* maneg (menyg) (*f*) y fôr-forwyn. **~'s head** *n. Z: (Spatangus cordatus):* pen (*m*) y fôr-forwyn (pennau'r fôr-forwyn). **~'s purse** *n. Z:* pwrs (*m*) y fôr-forwyn (pyrsiau'r fôr-forwyn).
merman *n.* morwas (morweision) *m*, morfab (morfeibion) *m.*
meroblast *n. Biol:* m|eroblast (meroblastau) *m.*
meroblastic *a. Biol:* meroblastig.
meroblastically *adv. Biol:* yn feroblastig.
merocrine *a. Biol:* merocrinaidd *m.*
merohedral *a. Cryst:* merohedrol.
meromorphic *a. Ph:* meromorffig.
meromyosin *n. Bio-Ch:* merom|yosin *m.*
Merovingian *a. & n.* **1.** *a. Hist:* Merofingaidd. **2.** *n. Hist:* Merofingiad (Merofingiaid) *m&f.*
merrie *a.* = **merry**[2].
merrily *adv.* yn llawen *&c.*
merriment *n.* hwyl *f*, rhialtwch *m*, miri *m*, afiaith *m*, *F:* sbort *mf*, sbri *fm*; *(laughter):* chwerthin *vn.*
merriness *n.* sirioldeb *m*, llonder *m*, hwyliogrwydd *m*, afiaith *m.*
merry[1] *n. Bot:* = **gean.**
merry[2] *a.* **1.** *(a)* llawen, llon, siriol, hwyliog, afieithus; *(pers.): S.W: F:* smala, *N.W: F:* dilidan[n]o, diridan[n]o; **to make ~,** cael hwyl, bod yn llawen, ymddifyrru, *B:* gwneuthur yn llawen; **to make ~ over sth,** cael hwyl am ben rhth, chwerthin am ben rhth, gwawdio rhth; **the M~ Monarch,** y Brenin Llon; **M~ Christmas!** Nadolig Llawen! **M~ Andrew,** m|eriman: m|iriman *m*; *S.a.* **dancer**; *Prov:* **the more the merrier,** gorau po fwyaf; mwyaf o ffyliaid, mwya'r hwyl; *(b) F:* **to be ~, = drunk.** **2.** *A: (a)* **the ~ month of May,** mis mwyn Mai, *Lit:* mis mwynlan Mai; **M~ England,** Lloegr Lawen *f*; **to create ~ hell with s.o.,** chwarae'r diawl â rhn; *(b)* **Robin Hood and his ~ men,** Robin Hwd a'i gymdeithion/griw, Robin Hwd a'i lanciau llon. **~-eyed** *a.* llygatlon, â llygaid llon/siriol. **~-faced** *a.* wyneblon, ag wyneb llon/siriol. **~-go-round** *n.* ceffylau bach *pl.* **~-maker** *n.* gorfoleddwr (gorfoleddwyr) *m*, ymddifyrrwr (ymddifyrwyr) *m*, llawenychwr (llawenychwyr) *m.* **~-making** *vn.* hwyl (*f*) a sbri, rhialtwch *m*, miri *m*, ysbleddach *m*, gorfoleddu, gorfoledd *m*, ymddifyrru, llawenychu, *S.W:* randibŵ *f*, topyn *m.*
merrythought *n.* asgwrn (esgyrn) (*m*) tynnu, asgwrn (*m*) y gwenydd, *N.E: occ:* asgwrn coel.
Merthyr Tydfil *W.Pl.n.* Merthyr (*m*) Tudful.
Merthyr Vale *W.Pl.n.* Ynysowen *f.*
merveille du jour *n. Ent:* ***merveille(-s) (mf) du jour.***
mesa *n. Geog:* mesa (mesâu) *m.*
mésalliance *n.* priodas(-au) (*f*) islaw'ch safle, ieuad(-au) anghymharus *m.*
mesarch *a. Biol:* mesarchaidd.
mescal *n. Bot:* mesgal *m.*
mescaline *n. Bio-Ch:* m|esgalin *m.*
meseems *v.i. impers.* mi dybiaf, ymddengys i mi, mae'n debyg gen i.
mesembryanthemum *n. Bot:* blodyn (blodau) (*m*) canolddydd.
mesencephalic *a. Anat:* mesenseffalig.
mesencephalon *n. Anat:* craidd (*m*) yr ymennydd, canol (*m*) yr ymennydd, mesens|effalon (mesenseffalonau) *m.*

mesenchymal, mesenchymatous *a. Anat:* mesencymaidd.
mesenchyme, mesenchyma *n. Anat:* mesencyma(-ta) *m.*
mesenteric *a. Anat:* mesenterig, perfeddlennol.
mesenteritis *n. Med:* llid (*m*) y cefndedyn/berfeddlen.
mesenteron *n. Anat:* mes|enteron (mesenteronau) *m.*
mesentery *n. Anat:* cefndedyn *m*, perfeddlen(-ni) *f*, mes|enteri (mesenterïau) *m.*
mesh¹ *n.* **1.** *(a) (of net):* masg(-au) *f*, masgl(-au) *f*; *(b) pl.* **meshes,** rhwydwaith *m*, rhwyll *f*, rhwyllau *pl*, rhwyllwaith *m*; **wire ~,** rhwyll wifrog (rhwyllau gwifrog). **2.** *Mec.E:* gafael *f*; **constant-~ gear,** gêr gafael gyson; **in ~ with sth,** yn yr afael â rhth. **~ bag** *n.* bag(-iau) rhwyllog/rhwydog *m.* **~ refinement** *n. Ph: Mth:* manylu'r rhwydwaith. **~ stocking** *n. Cost:* hosan rwyllog/rwydog (hosanau rhwyllog/rhwydog) *f.*
mesh² *v.t.&i.* **1.** *v.t. Fish:* rhwydo (rhth), dal/dala (rhth) mewn rhwyd, *occ:* masglu (rhth). **2.** *v.t.&i. Mec.E:* cydio, gafael.
-meshed *a. (net):* masglog; **wide-~,** â masglau breision.
meshwork *n.* rhwyllwaith *m.*
mesial *a. Dent:* canol-linol.
mesially *adv. Dent:* yn ganol-linol, yn y canol.
mesic *a.* = **mesonic.**
mesically *adv.* = **mesonically**.
mesityl *n. Ch:* m|esityl *m.*
mesitylene *n. Ch:* mes|itylen *m.*
mesmeric *a.* mesmeraidd, mesmerig.
mesmerically *adv.* yn fesmeraidd.
mesmerism *n.* mesmeriaeth *f.*
mesmerist *n.* mesmerydd(-ion, mesmerwyr) *m.*
mesmerization *n.* mesmereiddiad *m.*
mesmerize *v.t.* mesmereiddio, mesmeru.
mesmerized *a.* mesmeredig.
mesmerizer *n.* = **mesmerist.**
mesne *a. Jur:* canol, cyfryngol, mên, ***mesne***.
mesoblast *n. Biol:* m|esoblast (mesoblastau) *m*, m|esoderm (mesodermau) *m.*
mesoblastic *a. Biol:* mesoblastig.
mesocarp *n. Bot:* m|esocarp (mesocarpau) *m.*
mesocephalic *a. Anat:* mesoseffalig.
mesoderm *n. Biol:* = **mesoblast.**
mesodermal, mesodermic *a. Biol:* mesodermaidd.
mesogaster *n. Biol:* mesogaster (mesogastrau) *m.*
mesogastric *a. Biol:* mesogastrig.
mesogl[o]ea *n. Biol:* mesoglea *m.*
mesogl[o]eal *a. Biol:* mesogleaidd.
mesognathism *n. Anat:* mesognathedd *m.*
mesognathous *a. Anat:* mesognathaidd.
mesognathy *n.* = **mesognathism**.
mesokurtic *a. Mth:* mesocwrtig.
mesolithic *a. Archeol:* mesolithig.
mesomere *n. Biol:* me|somer (mesomerau) *m.*
mesomerism *n. Ch:* mesomeredd *m.*
mesomorph *n.* m|esomorff (mesomorffiaid) *m&f.*
mesomorphic *a.* mesomorffig.
mesomorphism, mesomorphy *n.* mesomorffedd *m.*
meson *n. Ph:* meson(-au) *m.*
mesonephric *a. Anat:* mesoneffrig.
mesonephros *n. Anat:* aren ganol (arennau canol) *f*, mesoneffros (mesoneffroi) *m.*
mesonic *a. Ph:* mesonig.
mesopause *n. Meteor:* m|esopos (mesoposau) *m.*
mesopelagic *a. Oc:* mesopelagaidd, canolforol.
mesophyll *n. Bot:* m|esoffyl (mesoffylau) *m.*
mesophyllic, mesophyllous *a. Bot:* mesoffylaidd.
mesophyte *n. Bot:* m|esoffyt (mesoffytau) *m.*
mesophytic *a. Bot:* mesoffytig.
Mesopotamia *Pr.n. Geog:* Mesopotamia *f*, *occ:* Gwlad (*f*) y Ddwy Afon.
Mesopotamian *a. & n.* **1.** *a.* Mesopotamaidd. **2.** *n.* Mesopotamiad (Mesopotamiaid) *m&f.*
mesorrhine *a.* trwynfawr.
mesoscale *a. Meteor:* graddfa ganol.
mesosome *n. Bact:* m|esosom (mesosomau) *m.*
mesosphere *n. Meteor:* m|esosffer (mesosfferau) *m.*
mesospheric *a. Meteor:* mesosfferig.
mesosternum *n. Biol:* mesosternwm (mesosterna) *m.*
mesostome *n. Biol:* m|esostom (mesostomau) *m.*
mesothelial *a. Med:* mesothelaidd.
mesothelioma *n. Med:* mesothelioma(-ta) *m.*
mesothelium *n. Anat:* mesotheliwm (mesothelia) *m.*
mesothoracic *a. Ent:* mesothorasig.
mesothorax *n. Ent:* mesothoracs(-au) *m.*
mesothorium *n. Ch:* mesothoriwm *m.*
mesotron *n. Ph:* meson(-au) *m.*
mesotronic *a. Ph:* mesonig.
mesotrophic *a. Oc:* mesotroffig.
Mesozoic *a. & n. Geol:* **1.** *a.* Mesosöig. **2.** *n.* y [Cyfnod *m*] Mesosöig *m.*
mesquit[e] *n. Bot:* mesgit *m.* **~ bean** *n. Bot:* coden (*f*) fesgit (codau mesgit). **~ grass** *n. Bot:* glaswellt (*m*) mesgit.
mess¹ *n.* **1.** *(a) A: (= dish):* saig (seigiau) *f*, dysglaid (dysgleidiau) *f*, llestraid (llestreidiau) *m*, basnaid (basneidiau) *m*, arlwy(-on) *mf*; *B:* **a ~ of pottage,** cawl (*m*) ffacbys, dysglaid (*f*) o botes; *(b) Husb: (for animals):* llith(-iau) *m*, *S.W: occ:* breci *m.* **2.** *(= disorder):* llanast[r] *m*, anhrefn *f*, aflerwch *m*, *S:* annibendod *m*, *S: F:* hychfa *f*, stecs *m*, *N: F:* blerwch *m*, smonaeth *f*, smonach *f*, stomp *f*, stremp(-iau) *m*, cawdel *m*, stremit *f*, potsh *m*, poitsh *m*; **(the place was) [in] a ~,** ('roedd y lle'n) aflêr, anhrefnus, ddi-drefn, draed moch, [un] llanast, siop siafins, siang-di-fang; 'roedd y lle ar gychwyn; **to make a ~ of sth,** gwneud llanast/cawl (o rth); bwnglera (*pronounced* ng-g), cawlio, potsio (rhth); *(of pers.): (= trouble, embarrassment):* trafferth(-ion) *f*, helynt (-ion) *f*, picil *m*, twll *m*, *N: F:* strach *mf*, stryffig *mf*; **(to get into) a ~,** (mynd i) drafferth, helynt *&c*, *S.W: occ:* bod yn y moch; **he's got into a ~,** mae hi wedi mynd yn flêr arno; **to get s.o. out of a ~,** achub rhn o dwll, achub croen rhn. **3.** *Mil: Navy:* ystafell (*f*) fwyta (ystafelloedd bwyta), lle(-oedd) (*m*) bwyta; *(= meal):* pryd(-au) *m.* **~ allowance** *n.* lwfans(au) (*m*) prydau [bwyd]. **~-jacket** *n.* siaced (*f*) giniawa (siacedi ciniawa). **~-kit** *n.* cit(-iau) (*m*) bwyta. **~-room** *n.* = **mess¹ 3.** **~-tin** *n. Mil:* tun(-iau) (*m*) bwyd.
mess² *v.t.&i.* **1.** *v.t.* *(a)* **to ~ (sth) up,** *(= dirty):* maeddu, baeddu, difwyno, *S:* trochi, bryntu, *N: occ:* dwyno (rhth); *(b)* **to ~ a plan *&c* up,** gwn|eud llanast[r] *&c* o gynllun *&c*; *See* **mess¹ 2.** **2.** *v.i.* *(a) Mil: Navy:* cydfwyta, cydfydio (**with s.o.,** â rhn). **~ about/around** *v.i. F: (in mud &c):* chwarae, *N:* poitsio, ffritian; *(b) (= potter about):* poitsio, potsian, stwna, piltran, tinpwl. **~-up** *n. F:* = **mess¹ 2.**
message¹ *n.* **1.** neges(-au,-euau,-i,-euon) *f*; **I'll give him the ~,** fe rof i'r neges iddo; **to run messages,** mynd ar neges, gwn|eud negesau. **2.** *(of prophet, writer):* neges(-euon), cenadwri (cenadwriau) *f*; **to get s.o.'s ~,** deall beth sydd gan rn, *N.W: Joc:* dallt y dalltins. **~ switching** *n. Cmptr:* switshis neges.
message² *v.t.* danfon.
messaline *n. Tex:* m|esalin *m.*
messenger *n.* **1.** *(a)* negesydd(-ion) *m*, negeswr (negeswyr) *m*, negeseuwr (negeseuwyr) *m*, neg|eswraig (negeswragedd) *f*, *Lit: occ:* cennad (cenhadon) *fm*; *Lit:* **~ of love,** llatai (llateion) *m*; *Biol:* **~ RNA,** RNA negeseuol; *(b) (= employee):* negesydd, gwas (gweision) (*m*) negesau, negeswas (negesweision) *m*; **telegraph ~,** brysnegeswr (brysnegeswyr) *m*, brysnegesydd(-ion) *m*; *(c) Adm:* **King's M~, Queen's M~,** Cennad y Brenin, Cennad y Frenhines. **2.** *Nau:* rhaff(-au) (*f*) halio, rhaff capstan.
Messiah *Pr.n. B:* Meseia(-id) *m*, Eneiniog(-ion) *m.*
Messiahship *n.* Meseiandod *m.*
Messianic *a.* Meseianaidd; **~ proof texts,** testunau prawf Meseianaidd.
Messianism *n.* Meseianaeth *f.*
messily *adv.* **1.** yn fudr *&c.* **2.** yn aflêr *&c.*
messiness *n.* **1.** *(= dirtiness):* butrwch *m*, *S:* bryntwch *m.* **2.** *(= untidiness):* aflerwch *m*, annibendod *m*, *N:* blerwch *m.*
messmate *n.* cydlongwr (cydlongwyr) *m*, partner(-iaid) *m*, cydfwytäwr (cydfwytawyr) *m*, cydymaith (cymdeithion) *m.*
Messrs *n.pl. Com:* [y] Meistri, [y] Mri.
messuage *n. Jur:* preswylfa (preswylf|eydd) *f*, mesiwais (mesiweisiau) *m.*
messy *a. F:* **1.** *(= dirty):* budr(-on), *N:* stomplyd, poitshlyd, *S:* brwnt, *S.W:* bawlyd. **2.** *(= untidy):* aflêr, di-drefn, anhrefnus, annosbarthus, *S:* anniben, *N:* blêr.
mestiza *n.f. Ethn:* mestisa(-s).

mestizo *n. Ethn:* mestiso(-s) *m&f.*
mestranol *n. Pharm:* m|estranol *m.*
met[1] *v. See* **meet**[3].
Met[2] *n. (i)* **the ~ Office,** Swyddfa(*f*)'r Tywydd. *(ii) U.S:* **the ~ [Opera House],** y Met *m.*
metabolic *a. Biol:* metabolig, metabolaidd; **basal ~ rate,** cyfradd (*f*) metaboledd gwaelodol.
metabolically *adv.* yn fetabolig *&c.*
metabolism *n.* metaboledd *m.*
metabolite *n. Biol:* metabolyn (metabolion) *m.*
metabolizable *a.* metaboladwy.
metabolize *v.t. Biol:* metaboleiddio.
metacarpal *a. Anat:* metacarpaidd, metacarpol, arddyrnol.
metacarpus *n. Anat:* metacarpws (metacarpi) *m, Lit: occ:* c|adwraidd *f.*
metacentre *n. Ph:* m|etabwynt (metabwyntiau) *m.*
metacentric *a. Ph:* metabwyntiol.
metachromatic *a. Ch:* metacromatig.
meta-ethical *a. Phil:* metafoesegol.
meta-ethics *n.pl. Phil:* metafoeseg *f.*
metafemale *n. Ent:* uwchfenyw(-od) *f.*
metagalactic *a. Astr:* metagalaethol.
metagalaxy *n. Astr:* metagalaeth(-au) *f.*
metage *n.* **1.** mesuriad *m,* mesuriant *m,* mesur *vn.* **2.** (= *duty*): tâl (*m*) mesur.
metagenesis *n. Biol:* metag|enesis *m.*
metagenetic *a. Biol:* metagenetig.
metagenetically *adv. Biol:* yn fetagenetig.
metagnathous *a. Orn:* croesbig.
metal[1] *n. & attrib.* **1.** metel(-au,-oedd) *m,* metal(-au) *m;* **base ~,** metel cyffredin; **bearing ~,** metel traul, metel treuliau; **ferrous ~,** metel fferrus/haearnaidd; **gilding ~,** metel euro; **molten ~,** metel tawdd; **native ~,** metel crai/pur; **non-ferrous ~,** metel anfferrus/anhaearnaidd; **scrap-~,** sborion (*pl*) metel, metel sgrap; **type ~,** metel teip. **sheet ~,** metel dalennog, llenfetel *m; Mus:* **heavy ~,** metel trwm. **2.** *Glassm:* gwydr tawdd *m.* **3.** *Civ.E:* **road-~,** metlin *m,* cerrig (*pl*) ffordd/heol. **4.** *Typ:* llythrennau *pl.* **5.** *pl. Rail:* cledrau, rheiliau. **6.** *Mil:* tanciau *pl,* cerbydau arfog *pl.* **7.** *attrib.* metelaidd, o fetel. **~-bearing** *a* llawn metel[-au], metelddwyn. **~-beater** *n.* curwr (curwyr) (*m*) metel. **~ fatigue** *n.* lludded (*m*) metel.
metal[2] *v.t. (i) Mec:* metelu; *(ii) Civ.E:* **to ~ a road,** rhoi metlin ar ffordd.
metalanguage *n. Ling:* uwchiaith (uwchieithoedd) *f.*
metaldehyde *n. Ch:* met|aldehyd *m.*
metalinguistic *a. Ling:* uwchieithyddol.
metallic *a.* metelaidd, metalaidd, metelig, metalig; **~ currency,** arian bath *m;* **~ lustre,** sglein fetelaidd/fetalaidd *f;* **~ sound,** sŵn metelaidd/metalaidd *m;* **a ~ voice,** llais metalaidd/metalaidd *mf.*
metallically *adv.* yn fetalaidd *&c.*
metalliferous *a.* metelog, metalog, llawn metelau/meteloedd, metelifferaidd, metelddwyn.
metalline *a.* metelaidd, metalaidd.
metalling *n. Civ.E:* metlin *m.*
metallization *n.* meteleiddiad *m,* metaleiddiad *m; vn.* = **metallize.**
metallize *v.t.* meteleiddio, metaleiddio, metelu, metalu.
metallographer *n.* metalograffydd: metalograffwr (metalograffwyr) *m.*
metallographic *a.* metalograffig.
metallographically *adv.* yn fetalograffig.
metallography *n.* metalograffeg *f,* meteleg *f.*
metalloid *a. & n.* **1.** *a.* metelffurf, metalffurf, meteloid, metaloid. **2.** *n.* metelffurf: metalffurf(-iau) *f.*
metalloidal *a.* = **metalloid 1.**
metallophone *n. Mus:* met|aloffon (metaloffonau) *m.*
metallurgic[al] *a.* metelegol, metalegol.
metallurgically *adv.* yn fetelegol *&c.*
metallurgist *n.* metelegwr: metelegydd (metelegwyr) *m,* metalegwr: metalegydd (metalegwyr) *m.*
metallurgy *n.* meteleg *f,* metaleg *f.*
metalmark *n. Orn:* (*)adain fetel (adenydd metel) *f.*
metalware *n.* llestri (*pl*) metel/metal; *(loosely):* sosbenni *pl.*
metalwork *n.* metelwaith *m,* metalwaith *m,* gwaith (*m*) metel/ metal.
metalworker *n.* gweithiwr (gweithwyr) (*m*) metel/metal.
metalworking *vn.* gweithio metel/metal, trin metel/metal.
metamale *n. Ent:* uwchwryw(-od) *m.*
metamathematical *a.* metamathemategol.
metamathematics *n.pl.* metamathemateg *f.*
metamere *n. Ch: Z:* m|etamer (metamerau) *m.*
metameric *a. Ch: Z:* metamerig.
metamerically *adv.* yn fetamerig.
metamerism *n. Ch: Z:* metameredd *m.*
metamorphic *a. Geol:* metamorffaidd, metamorffig, trawsffurfiadol.
metamorphically *adv.* yn fetamorffaidd *&c.*
metamorphism *n.* metamorffedd *m,* trawsffurfedd *m.*
metamorphose *v.t.* trawsffurfio, trawsnewid, gweddnewid.
metamorphosed *a.* metamorffedig, trawsnewidiedig, trawsffurfiedig, gweddnewidiedig.
metamorphosis *n.* trawsffurfiad(-au) *m,* gweddnewidiad(-au) *m,* trawsnewidiad(-au) *m,* metamorffosis *m,* newid (*vn*) ffurf; *Mus:* **~ of themes,** trawsffurfio (*vn*) themâu.
metamorphy *n.* metamorffedd *m.*
metanephric *a. Anat:* metaneffrig.
metanephros *n. Anat:* metaneffros (metaneffroi) *m.*
metaphase *n. Biol:* m|etaffas (metaffasau) *m.*
metaphor *n.* trosiad(-au) *m,* m|etaffor (metafforau) *m.*
metaphoric[al] *a.* trosiadol, metafforaidd, metafforig.
metaphorically *adv.* yn drosiadol *&c.*
metaphosphate *n. Ch:* metaffosffad(-au) *m.*
metaphosphoric *a. Ch:* metaffosfforig.
metaphrase[1] *n.* cyfieithiad(-au) llythrennol *m.*
metaphrase[2] *v.t.* cyfieithu (rhth) yn llythrennol.
metaphrastic *a.* llythrennol.
metaphyseal *a. Med:* metaffisaidd.
metaphysic *n.* metaffiseg *f.*
metaphysical *a. & n.pl.* **1.** *a.* metaffisegol. **2.** *n.pl.* **the Metaphysicals,** y Beirdd Metaffisegol.
metaphysically *adv.* yn fetaffisegol.
metaphysician *n.* metaffisegwr: metaffisegydd (metaffisegwyr) *m.*
metaphysicize *v.i.* metaffisegu.
metaphysics *n.pl.* metaffiseg *f.*
metaphysis *n. Med:* metaffisis *m.*
metaplasia *n. Physiol:* metaplasia *m.*
metaplasm *n. Bio-Ch:* m|etaplasm *m.*
metaplasmic *a.* metaplasmig.
metaplastic *a.* metaplastig.
metapleural *a. Anat:* metaplewraidd.
metapolitics *n.pl.* uwchwleidyddiaeth *f.*
metaprotein *n. Bio-Ch:* metaprotein(-au) *m.*
metapsychological *a.* metaseicolegol.
metapsychology *n.* metaseicoleg *f.*
metasequoia *n. Bot:* metasecwoia(-s) *f.*
metasomatic *a. Geol:* metasomatig.
metasomatically *adv. Geol:* yn fetasomatig.
metasomatism *n. Geol:* metasomatedd *m.*
metastability *n. Ch:* metasefydlogrwydd *m,* metasadrwydd *m.*
metastable *a. Ch:* metasefydlog, meta-sad.
metastably *adv. Ch:* yn fetasefydlog *&c.*
metastasis *n. Med:* metastasis(-au) *m.*
metastasize *v.i. Med:* metastaseiddio, tyfu ar chwâl.
metastatic *a. Med:* metastatig.
metastatically *adv. Med:* yn fetastatig.
metasternum *n. Ent:* metasternwm (metasterna) *m.*
metatarsal *a. Anat:* metatarsol.
metatarsalgia *n. Med:* metatarsalgia *m,* troetgur *m.*
metatarsally *adv.* yn fetatarsol *&c.*
metatarsus *n. Anat:* metatarsws (metatarsi) *m.*
metatheory *n. Phil:* uwchddamcaniaeth *f.*
metatherian *a. & n. Z:* **1.** *a.* bolgodog, metatheraidd. **2.** *n.* bolgodog(-ion) *m&f,* metatheriad (metatheriaid) *m&f.*
metathesis *n. Gram:* trawsosodiad(-au) *m,* met|athesis *m.*
metathetic[al] *a. Gram:* trawsosodol.
metathetically *adv. Gram:* yn drawsosodol.
metathoracic *a. Ent:* metathorasig.
metathorax *n. Ent:* metathoracs(-au) *m.*
metaxylem *n. Bot:* metasylem *m.*
metazoa *n.pl. Z:* metasoa, metasoaid.

metazoal *a.* = **metazoan 1.**
metazoan *a. & n. Z:* **1.** *a.* metasoaidd. **2.** *n.* metasoad (metasoaid) *m&f.*
mete[1] *n. Jur:* **metes and bounds,** ffiniau a therfynau.
mete[2] *v.t. Lit:* **to ~ sth [out],** rhoi, dosbarthu, pennu; **to ~ out a punishment,** gweinyddu cosb. **~-wand, ~-yard** *n. Fig:* ffon (*f*) fesur (ffyn mesur), llathen (*f*) fesur (llathenni mesur).
metempsychosis *n. Rel: Phil:* trawsfudiad *m* [eneidiau], abrediaeth *f.*
metencephalic *a. Anat:* metenseffalig.
metencephalon *n. Anat:* metens|effalon (metenseffalonau) *m.*
meteor *n.* seren wib (sêr gwib) *f*, meteor(-au) *m*. **~ shower** *n. Astr:* cawod(-ydd) (*f*) o sêr gwib.
meteoric *a.* **1.** meteorig, meteoraidd. **2.** *Fig:* **~ rise to fame,** enwogrwydd sydyn, enwogrwydd dros nos; *(= transient):* fel seren wib, gwibiol, byrhoedlog.
meteorically *adv.* yn feteoraidd *&c.*
meteorite *n.* awyrfaen (awyrfeini) *m*, maen (meini) (*m*) awyr, maen mellt, carreg (*f*) fellt (cerrig mellt), maen cawod, gwibfaen (gwibfeini) *m*, meteorit(-au) *m*, meteoryn(-nau) *m.*
meteorograph *n.* mete|orograff (meteorograffau) *m.*
meteorographic *a.* meteorograffig.
meteoroid *n. Astr:* meteoroid(-au) *m.*
meteoroidal *a. Astr:* meteoroidaidd, meteorffurf.
meteorologic[al] *a.* meteorolegol; **~ forecast,** rhagolygon (*pl*) y tywydd.
meteorologically *adv.* yn feteorolegol *&c*; o ran tywydd.
meteorologist *n.* meteorolegwr: meteorolegydd (meteorolegwyr) *m.*
meteorology *n.* meteoroleg *f*, tywyddeg *f.*
meter[1] *n.* mesurydd(-ion) *m*; **prepayment ~,** mesurydd blaendal.
meter[2] *v.t.* mesur.
metering *vn.* = **meter[2]**. **~-wheel** *n.* olwyn (*f*) fesur (olwynion mesur).
methacrylate *n. Ch:* meth|acrylad (methacryladau) *m.*
methacrylic *a. Ch:* methacrylig.
methadone *n. Pharm:* m|ethadon *m.*
methaemoglobinaemia *n. Med:* methemoglobinemia *m.*
methamphetamine *n. Pharm:* methamff|etamin *m.*
methane *n. Ch:* methan *m*, llosgnwy *m.*
methanol *n. Ch:* m|ethanol *m.*
Methedrine *n. R.t.m: Pharm:* ***Methedrine*** *m.*
metheglin *n.* meddyglyn *m.*
methemoglobin *a. Bio-Ch:* methemoglobin *m.*
methenamine *n. Ch:* meth|enamin *m.*
methicillin *n. Pharm:* methisilin *m.*
methinks *v.i. impers.* mi gredaf/goeliaf i, mi debygaf i, mi debygwn i, mi feddyliwn i.
methionine *n. Ch:* methïonin *m.*
method *n.* *(a)* dull(-iau) *m*, *occ:* modd(-ion) *m*, method(-au) *m*; **to use every ~,** defnyddio pob dull a modd; *(b)* **a man of ~,** dyn trefnus; **there's ~ in his madness,** mae trefn/method yn ei wallgofrwydd; nid yw mor wallgof ag yr ymddengys. **~ acting** *n.* actio (*vn*) method. **~ actor** *n.* actor(-ion) (*m*) method. **~ actress** *n.* actores (*f*) fethod (actoresau method).
methodic[al] *a.* trefnus, manwl, *S: occ:* fforddus.
methodically *adv.* yn drefnus *&c*; mewn trefn.
methodicalness *n.* trefnusrwydd *m.*
Methodism *n. Rel:* Methodistiaeth *f*, *occ:* Trefnyddiaeth *f*; **Calvinistic ~,** Methodistiaeth Galfinaidd; **Wesleyan ~,** Methodistiaeth Wesleaidd, Wesleaeth *f.*
Methodist *n. & attrib.* **1.** *n. Ecc:* M|ethodist (Methodistiaid) *m&f*, *occ:* Trefnydd(-ion) *m*, *F: occ:* Methodyn *m*, Methodsen *f*; *pl.* **Methodists,** *N: Joc:* pennau ceimion, *occ:* pinc-eis, *S:* pennau mawr; **Calvinistic ~,** Methodist Calfinaidd; **Primitive ~,** Methodist Cyntefig; **United ~,** Methodist Unedig; **Wesleyan ~,** Methodist Wesleaidd, *F:* Wesle(-aid) *m&f.* **New Connexion ~,** Methodist y Cyfundeb Newydd. **2.** *attrib.* Methodistaidd, *occ:* Trefnyddol; *W.Rel.Hist:* **the Calvinistic ~ Church,** Eglwys y Methodistiaid Calfinaidd, *F:* yr Hen Gorff *m.*
Methodistic[al] *a.* Methodistaidd.
methodize *v.t.* trefnu, cyfundrefnu.
methodized *a.* trefnedig, cyfundrefnedig, mewn trefn, dan drefn.
methodological *a.* methodolegol, trefnegol.
methodologically *adv.* yn fethodolegol *&c.*
methodologist *n.* methodolegwr: methodolegydd (methodolegwyr) *m*, trefnegwr: trefnegydd (trefnegwyr) *m.*
methodology *n.* methodoleg *f*, trefneg *f.*
methotrexate *n. Pharm:* methotrecsad *m.*
methoxychlor *n. Ch:* meth|ocsyclor *m.*
methoxyflurane *n. Ch:* methocsyfflwran *m.*
meths *n.* meths *m.*
Methuselah *Pr.n.m. B:* Methwsela; **(as old) as ~,** (cyn hyned) â Methwsela, â'r garreg.
methyl *n. Ch:* methyl *m.*
methylal *n. Ch:* m|ethylal *m.*
methylamine *n. Ch:* meth|ylamin *m.*
methylase *n. Bio-Ch:* m|ethylas *m.*
methylate *v.t. Ch:* methylu.
methylated *a. Ch:* methyledig. **~ spirit[s]** *n.* gwirod (*m*) methyl, sbirit (*m*) methyl, *F:* meths *m.*
methylation *n. Ch:* methylu *vn.*
methylator *n. Ch:* methylydd(-ion) *m.*
methylcellulose *n. Ch:* methyls|elwlos *m.*
methylcholanthrene *n. Ch:* methylcolanthren *m.*
methyldopa *n. Pharm:* methyldopa *m.*
methylene *n. Ch:* m|ethylen *m.*
methylic *a. Ch:* methylig.
methylnaphthalene *n. Ch:* methyln|affthalen *m.*
methylphenidate *n. Pharm:* methylff|enidad *m.*
methysergide *n. Pharm:* methysergid *m.*
metic *n. Gr.Ant:* estron(-iaid) *m.*
meticulosity *n.* = **meticulousness.**
meticulous *a.* manwl, gorfanwl, tra manwl, manwl gywir, manwl gyfewin, cyfewin fanwl, trylwyr, trwyadl.
meticulously *adv.* yn fanwl *&c.*
meticulousness *n.* manylder *m*, manwl gywirdeb *m*, trylwyredd *m.*
métier *n.* galwedigaeth(-au) *f.*
metis *n. Ethn:* metis(-iaid) *m&f*, dyn(-ion) cymysgwaed *m*; *pl.* pobl gymysgwaed *f or pl..*
metisse *n.f. Ethn:* merch gymysgwaed (merched cymysgwaed), benyw gymysgwaed (benywod cymysgwaed), gwr|aig gymysgwaed (gwragedd cymysgwaed) *f.*
metol *n. Ch:* metol *m.*
Metonic *a. Astr:* Metonig; **~ cycle,** cylch (*m*) y lleuad.
metonym *n. Rh:* trawsenw(-au) *m.*
metonymic[al] *a. Rh:* trawsenwol.
metonymically *adv. Rh:* yn drawsenwol.
metonymy *n. Rh:* trawsenwi *vn*, trawsenwad *m.*
metope *n. Arch:* metop(-au) *m.*
metopon *n. Pharm:* m|etopon *m.*
metre[1] *n. Pros:* mydr(-au) *m*, mesur(-au) *m.*
metre[2] *n. Meas:* medr(-au) *m*, metr(-au) *m*. **~-candle** *n. Meas:* medr cannwyll, canwyllfedr(-au) *mf.* **~-stick** *n. Needlew:* pren(-nau) (*m*) medr, ffon (*f*) fedr (ffyn medr).
metric[1] *a. Meas:* metrig.
metric[2], metrical *a. Pros:* mydryddol, ar gân; **~ psalms,** salmau cân; **~ displacement,** dadleoli mydr; **~ foot,** corfan(-nau) *m.*
metrically *adv.* **1.** *Pros:* yn fydryddol; *occ:* ar fydr, mewn mydr. **2.** *Meas:* yn fetrig.
metricate *v.i.&t.* metrigeiddio.
metrication *n.* metrigeiddiad *m*, metrigeiddio *vn.*
metrician *n.* mydryddwr (mydryddwyr) *m*, mydrwr (mydrwyr) *m*, mydrydd(-ion) *m*, mydr|yddwraig (mydryddwragedd) *f.*
metricize *v.t.* metrigeiddio.
metrics *n.pl.* mydryddiaeth *f.*
metrist *n.* = **metrician.**
metritis *n. Med:* llid (*m*) ar y groth, llid y famog, metritis *m.*
Metro *n.* Metro *m.*
metrologic[al] *a.* mesuregol.
metrologically *adv.* yn fesuregol.
metrologist *n.* mesuregwr: mesuregydd (mesuregwyr) *m.*
metrology *n.* mesureg *f*, mesuriaeth *f*, meidryddiaeth *f.*
metronome *n. Mus:* m|etronom (metronomau) *m.*
metronomic[al] *a. Mus:* metronomig.
metronomically *adv.* yn fetronomig; â m|etronom.
metronymic *a. & n.* **1.** *a.* mamenwol. **2.** *n.* mamenw(-au) *m*, enw(-au) mamol *m.*
metropolis *n.* metr|opolis (metropolisau) *f*; *(= capital):* prifddinas(-oedd) *f.*

metropolitan *a.* & *n.* **1.** *a.* prifddinesig, prifddinasol, metropolitanaidd; **the M~ Police,** Heddlu Llundain; **~ magistrate,** ynad(-on) cyflogedig *m.* **2.** *n.* *(a)* prifddinaswr (prifddinaswyr) *m*, prifddin|aswraig *f*; *(b) Ecc:* archesgob(-ion) *m.*
metropolitanate *n. Ecc:* archesgobaeth(-au) *f.*
metrorrhagia *n.* gwaedlif *(m)* o'r groth, metroragia *m.*
metrorrhagic *a.* crothlifol, metroragig.
mettle *n.* **1.** *(= spirit):* awch *m*, asbri *m*, metel *m*, ysbryd *m*, nwyf *m*, arial *m*, bywiogrwydd *m*, tanbeidrwydd *m*, brwdfrydedd *m*, anian *mf*; **to put s.o. on his ~,** herio/annog rhn i wneud ei orau glas; **to try a man's ~,** rhoi prawf ar alluoedd dyn; **I was on my ~,** 'roeddwn i ar fy mhrawf. **2.** *(= quality):* cymeriad *m*, anian, natur *f*, cyraeddiadau *pl*; **(to show) one's ~,** (dangos) pa beth a ellwch ei wneud, eich cyraeddiadau.
mettled, mettlesome *a.* nwyfus, llawn asbri.
meu *n.* = **baldmoney.**
meum *n.* **~ and *tuum*,** f'eiddof i a'r eiddot ti.
mew[1] *n. Orn:* hucan(-iaid,-od) *f*; *See* **gull[1]**.
mew[2] *n. (for hawks):* cawell (cewyll) *m*, hebocty (heboctai) *m.*
mew[3] *n. (of cat):* mewiad(-au) *m*, mew *m*, miaw *m*, mewian *vn*, mewial *vn*, miawa *vn*, miawan *vn*; *(of seagull):* cri *f.*
mew[4] *v.i. (of cat):* mewian, mewial, miawa, gweiddi miaw; *(of seagull):* crio.
mew[5] *v.t. (= put in cage):* **to ~ a hawk,** cawellu/mudio hebog, rhoi hebog mewn cawell.
mew[6] *v.i. Orn: (of bird):* bwrw plu, *Lit: occ:* mudio.
mewed *a. Orn:* mud.
mewing[1] *a.* yn mewian.
mewing[2] *vn.* mewian *&c*; *See* **mew[3,4]**.
mewl *v.i.* swnian crio, gwichian, pipian, mewian, *N.E:* gerain, gerian, crio.
mews *n.pl.* **1.** *(= stables):* stablau. **2.** *(= alley):* heol bengaead (heolydd pengaead) *f* *(pronounced* ng-g), stryd bengaead (strydoedd pengaead) *f*, cowrt(-iau) *m.* **3.** *Hist: See* **mew[2]**. **~ cottage** *n.* tŷ (tai) *(m)* cowrt.
Mexican *a.* & *n.* **1.** *a.* Mecsicanaidd; **the ~ government,** llywodraeth M|ecsico; **she's ~,** Mecsicanes yw hi; un o Fecsico yw hi. **2.** *n.* *(i) Ethn:* Mecsicanwr (Mecsicanwyr) *m*, Mecsicanes(-au) *f*, Mecsicaniad (Mecsicaniaid) *m&f*, brodor(-ion) *(m)* o Fecsico, brodores(-au) *(f)* o Fecsico; *(ii) Ling: (= Nahuatl):* Mecsicaneg *f, m*, Nahwatl *f, m.* **~ Spanish** *n.* Sbaeneg *(f)* Mecsico. **~ stand-off** *n.* ymrafael(-ion) *(m)* clo/cloëdig; **it's a ~ stand-off,** ni all neb ennill.
Mexico *Pr.n. Geog:* M|ecsico: M|exico *f.*
mezereon *n. Bot: (Daphne mezerum):* bliwlys *m*, bliw *m*, bliwyn *m*, llosglys *m*, nidwydden (nidwydd) *f*; **alpine ~,** *(D. alpina):* bliwlys y mynydd; **rock ~,** *(D. petraea):* bliwlys y graig; **flax-leaved ~,** *(D. gnidium):* pupur *(m)* y mynydd.
mezuzah *n. Jew.Rel:* meswsa (meswsâu) *m.*
mezza voce *a.* & *adv. Mus:* yn gymedrol.
mezzanine *n. Arch:* *lledlawr (lledloriau) *m*, mesanîn (mesaninau) *m.*
mezzo forte *a.* & *adv. Mus:* yn weddol uchel.
mezzo piano *a.* & *adv. Mus:* yn weddol dawel.
mezzo-relievo *n. Art:* ***mezzo-relievo*** *m.*
mezzo-soprano *n. (voice):* ***mezzo-soprano*** *m*; *(singer):* ***mezzo-soprano(-s)*** *f.*
mezzotint[1] *n. Engr:* m|esotint (mesotintiau) *m.*
mezzotint[2] *v.t. Engr:* mesotintio.
mezzotinter *n.* mesotintiwr (mesotintwyr) *m.*
mho *n. El:* mho(-s) *m.*
mi *n. Mus:* mi *m.*
miaow[1] *n.* mewiad(-au) *m*, mew *m*, miaw *m*, miawad(-au) *m.*
miaow[2] *v.i.* mewian, *occ:* mewial, miawa, gweiddi miaw.
miasma *n.* drewdod *m*, drycsawr *m*, *N.W: occ:* archfa: archwa *f*, *S:* tawch *m*, tach *m.*
miasmal, miasmatic, miasmic *a.* drycsawrus, drewllyd.
miaul *v.i.* = **miaow[2]**.
mica *n. Miner:* mica *m.*
micaceous *a. Miner:* micaol, micaog.
Micah *Pr.n.m. B:* Micah, Micha.
mice *n.pl. See* **mouse[1]**.
micellar *a. Bio-Ch:* miselaidd.
micelle *n. Ch:* mis|el *m*, misela (miselâu) *m.*
Michael *Pr.n.m.* Meical, *Lit: Rel:* Mihangel; *S.a.* **Mike[3]**.
Michaelchurch *Eng.Pl.n.* **~ [Gillow],** Llanfihangel *(f)* Cil-llwch. **~ Escley** *Eng.Pl.n.* Llanfihangel *(f)* Esglai. **~-on-Arrow** *W.Pl.n.* Llanfihangel *(f)* Dyffryn Arwy.
Michaelmas *n.* **~ [Day],** Gŵyl *(f)* Fihangel, Gŵyl Mihangel, *F:* Gwylangel, Gwylihangel. **~ daisy** *n. Bot: (Aster tradescanti):* ffarwel *(m)* haf, *occ:* blodyn (blodau) *(m)* Mihangel, blodyn ola'r haf.
Michaelston *W.Pl.n.* **~-le-Pit** *W.Pl.n.* Llanfihangel-y-pwll *f.* **~-super-Avan** *W.Pl.n.* Llanfihangel-ynys-Afan. **~-super-Ely** *W.Pl.n.* Llanfihangel-ar-Elái. **~-y-Vedw** *W.Pl.n.* Llanfihangel Gwynllŵg, Llanfihangel-y-Fedw.
Mick *Pr.n.* & *n.* **1.** *Pr.n.m.* Mic. **2. m~** *n. P:* Gwyddel(-od, *occ:* Gwyddyl) *m*, *Pej:* Padi(-s) *m.*
Mickey *Pr.n.* & *n.* **1.** *Pr.n.m.* Mici; **~ Mouse,** Mici Llygoden. **2. m~** *n. F:* **to take the ~ (out of s.o.),** herian, pryfocio (rhn); cael hwyl, chwerthin (am ben rhn); gwawdio (rhn); gwn|eud/cymryd (rhn) yn destun sbort; tynnu (ar rn).
mickle *a.* & *n.* **1.** *a.* mawr. **2.** *n.* **many a little pickle makes a mickle; many a ~ makes a muckle,** o geiniog i geiniog fe â'r arian yn bunt.
Micky *n.* = **Mickey.**
micro *a.* micro-, *often* meicro-; *occ:* mân + *soft mut..* **~ earthquake** *n.* daeargryn fechan (daeargrynf|eydd bychain) *f.*
microanalysis *n. Ch:* microddadansoddiad *m*, microddadansoddi *vn.*
microanalyst *n.* microddadansoddwr (microddadansoddwyr) *m.*
microanalytic[al] *a.* microddadansoddol.
microanatomical *a.* micro-anatomegol.
microanatomy *n.* micro-anatomeg *f.*
microbarograph *n.* microb|arograff (microbarograffau) *m.*
microbe *n. Bact:* microb(-au) *m*, meicrob(-au) *m*, *occ:* milionyn (milionod) *m.*
microbeam *n. El:* microbelydryn (microbelydrau) *m.*
microbial, microbic *a. Bact:* microbig, microbaidd.
microbiologic[al] *a.* microbiolegol.
microbiologically *adv.* yn ficrobiolegol.
microbiologist *n.* microbiolegwr: microbiolegydd (microbiolegwyr) *m.*
microbiology *n.* microbioleg *f.*
microburin *n.* microbwyntil(-au) *m.*
microcapsule *n.* microcapsiwl(-au) *m.*
microcard *n.* microgerdyn (microgardiau) *m.*
microcephalic, microcephalous *a. Med:* microseffalig.
microcephaly *n. Med:* micros|effali *m.*
microchemistry *n.* microcemeg *f.*
microchip *n.* microsglodyn (microsglodion) *m*; **the ~ revolution,** chwyldro(*m*)'r microsglodyn.
microcircuit *n. El:* microgylched(-au) *m.*
microcircuitry *n. El:* microgylchededd *m.*
microcirculation *n.* microgylchrediad *m.*
microclimate *n.* microhinsawdd (microhinsoddau) *f.*
microclimatic *a.* microhinsoddol.
microclimatological *a.* microhinsoddegol.
microclimatologist *n.* microhinsoddegydd (microhinsoddegwyr) *m.*
microclimatology *n.* microhinsoddeg *f.*
microcline *n. Miner:* m|icroclin *m.*
micrococcal *a. Bact:* micrococaidd.
micrococcus *n. Bact:* micrococws (micrococi) *m.*
microcode *n. Cmptr:* m|icrocod (microcodau) *m.*
microcomputer *n.* microgyfrifiadur(-on) *m.*
microcomputing[1] *a.* microgyfrifiadurol.
microcomputing[2] *vn.* microgyfrifiaduro.
microcopy[1] *n.* microgopi (microgopïau) *m.*
microcopy[2] *v.t.&i.* microgopïo.
microcosm *n.* m|icrocosm (microcosmau) *m*; *(= small world):* bychanfyd(-oedd) *m.*
microcosmic *a.* microcosmig.
microcosmically *adv.* yn ficrocosmig.
microcrystal *n. Cryst:* microrisial(-au) *m.*
microcrystalline *a. Cryst:* microrisialaidd.
microcrystallinity *n. Cryst:* microrisialedd *m.*
microcultural *a. Biol:* microddiwylliannol.
microculture *n. Biol:* microddiwylliant *m.*

microcurie *n. Ph.Meas:* microcurie(-s) *m.*

microcyte *n. Biol:* m|icrosyt (microsytau) *m.*

microcytic *a. Biol:* microsytig.

microdensitometer *n.* microdensitomedr(-au) *m.*

microdensitometric *a.* microdensitometrig.

microdensitometry *n.* microdensitometreg *f.*

microdissection *n.* microddyraniad *m*, microddyrannu *vn.*

microdot *n.* m|icrodot (microdotiau) *m.*

microeconomic *a.* micro-economaidd.

microeconomics *n.pl.* micro-economeg *f.*

microelectrode *n.* micro-electrod(-au) *m.*

microelectronic *a.* micro-electronig.

microelectronically *adv.* yn ficro-electronig.

microelectronics *n.* micro-electroneg *f.*

microelectrophoresis *n.* micro-electrofforesis *m.*

microelectrophoretic[al] *a.* micro-electrofforetig.

microelement *n.* micro-elfen(-nau) *f.*

microencapsulate *v.t.* microamgáu.

microencapsulation *n.* microamgaead(-au) *m*, microamgáu *vn.*

microenvironment *n.* microamgylchedd(-au) *m.*

microenvironmental *a.* microamgylchol, microamgylcheddol.

microevolution *n.* micro-esblygiad(-au) *m.*

microevolutionary *a.* micro-esblygol, micro-esblygiadol.

microfarad *n. Ph:* microffarad(-au) *m.*

microfauna *n.pl.* microffawna, milionos, mân-filod.

microfaunal *a.* microffawnaidd.

microfibril *n. Biol:* microffibril(-au) *m.*

microfibrillar *a. Biol:* microffibrilaidd.

microfiche *n.* ***microfiche(-s)*** *m.*

microfilaria *n. Z:* microffilaria (microffilariâu) *m.*

microfilarial *a. Z:* microffilaraidd.

microfilm[1] *n.* m|icroffilm (microffilmiau) *mf.*

microfilm[2] *v.t.* microffilmio.

microfilmable *a.* microffilmiadwy.

microfilmer *n.* microffilmydd(-ion) *m.*

microflora *n.pl.* mân-flodau.

microfloral *a.* mân-flodeuol.

microform *n.* m|icroffurf (microffurfiau) *f.*

microfossil *n.* microffosil(-au) *m.*

microfungal *a. Fung:* microffyngaidd.

microfungus *n. Fung:* m|icroffwng (microffyngau, microffyngoedd) *m.*

microgamete *n. Biol:* microgamet(-au) *m.*

microgametocyte *n. Biol:* microgam|etosyt (microgametosytau) *m.*

microgauss *n. Ph. Meas:* microgauss(-au) *m.*

microgram *n. Ph:* m|icrogram (microgramau) *m.*

micrograph[1] *n.* m|icrograff (micrograffau) *m.*

micrograph[2] *v.t.* micrograffu.

micrographic *a.* micrograffig.

micrographics, *n.pl.* **micrography** *n.* micrograffeg *f.*

microgroove *n.* micro-rych(-au) *f*, microrigol(-au) *f*, mân-rigol(-au) *f.*

microhabitat *n.* microgynefin(-oedd) *m.*

microhm *n. Meas:* microhm(-au) *m.*

micro-image *n. Meas:* microddelwedd(-au) *f.*

micro-inch *n.* microfodfedd(-i) *f.*

micro-injection *n.* microchwistrelliad(-au) *m*, microchwistrellu *vn.*

micro-instruction *n. Cmptr:* microgyfarwyddyd (microgyfarwyddiadau) *m.*

microjacket *n. Cost:* siaced (*f*) ficro (siacedi micro), microsiaced(-i) *f.*

microlepidoptera *n.pl.* microlepid|optera.

microlepidopterous *a.* microlepid|opteraidd.

microlith *n.* m|icrolith (microlithau) *m*; **lunate ~,** microlith lloerffurf; **transverse ~,** microlith lletraws.

microlithic *a.* microlithig.

microlitre *n.* m|icrolitr (microlitrau) *m.*

micromanipulation *n.* micromanipwleiddio *vn.*

micromanipulator *n.* micromanipwleiddiwr (micromanipwleiddwyr) *m.*

micromere *n.* m|icromer (micromerau) *m.*

micrometeorite *n. Astr:* micrometeorit(-au) *m.*

micrometeoritic *a. Astr:* micrometeoritig.

micrometeoroid *n. Astr:* micrometeoroid(-au) *m.*

micrometeorological *a.* micrometeorolegol.

micrometeorologist *n.* micrometeorolegydd (micrometeorolegwyr) *m.*

micrometeorology *n.* micrometeoroleg *f.*

micrometer[1] *n.* micromedr(-au) *m.*

micrometer[2] *n. Meas: U.S:* **= micrometre.**

micromethod *n.* dull(-iau) (*m*) micro, m|icroddull (microddulliau) *m.*

micrometre *n. Meas:* micrometr(-au) *m*, micron(-au) *m.*

micrometric *a.* micrometrig.

micrometry *n.* micrometreg *f.*

micromicron *n. Meas:* micromicron(-au) *m.*

microminiature *n.* microm|iniatur (microminiaturau) *m.*

microminiaturization *n.* microleih|au *vn*, microleihad *m.*

microminiaturized *a.* microfychan (*f.* microfechan, *pl.* microfychain).

micromolar *a.* micromolaidd.

micromole *n. Ph:Meas:* m|icromol (micromolau) *m.*

micromorphological *a.* micromorffolegol.

micromorphologically *adv.* yn ficromorffolegol.

micromorphology *n.* micromorffoleg *f.*

micron *n. Meas:* micron(-au) *m.*

Micronesia *Pr.n. Geog:* Micronesia *f.*

Micronesian *a. & n.* **1.** *a.* Micronesaidd; **~ islands,** ynysoedd Micronesia. **2.** *n.* Micronesiad (Micronesiaid) *m&f.*

micronize *v.t.* microneiddio.

micronucleus *n.* microniwclews (micronwiclei) *m.*

micronutrient *n.* microfaethyn(-nau) *m.*

micro-opaque *a.* microddidraidd.

micro-organism *n.* micro-organedd(-au) *m.*

micropalaeontologic[al] *a.* micropaleontolegol.

micropalaeontologist *n.* micropaleontolegwr: micropaleontolegydd (micropaleontolegwyr) *m.*

micropalaeontology *n.* micropaleontoleg *f.*

microparasite *n. Biol:* microp|arasit (microparasitiaid) *m.*

microparasitic *a. Biol:* microparasitig.

microphage *n. Biol:* m|icroffag (microffagau) *m.*

microphanerophyte *n. Bot:* microffan|eroffyt (microffaneroffytau) *m.*

microphone *n.* m|eicroffon (meicroffonau) *m*, m|icroffon (microffonau) *m*, *F:* meic(-iau,-s) *m*; **moving coil ~,** m[e]icroffon coil symudol.

microphonic *a. & n.* **1.** *a.* microffonig. **2.** *n.pl.* sŵn (*m*) microffon, sŵn microffonig.

microphotogram *n. Ch:* microff|otogram (microffotogramau) *m.*

microphotograph[1] *n.* microff|otograff (microffotograffau) *m.*

microphotograph[2] *v.t.* microffotograffio.

microphotographer *n.* microffotograffydd (microffotograffwyr) *m.*

microphotographic *a.* microffotograffig.

microphotography *n.* microffotograffeg *f.*

microphotometer *n.* microffot|omedr (microffotomedrau) *m.*

microphotometric *a.* microffotometrig.

microphotometrically *adv.* yn ficroffotometrig.

microphotometry *n.* microffotometreg *f.*

microphyll *n. Bot:* m|icroffyl (microffylau) *m*, dalennig (dalenigion) *f*, mân-ddalen (~-ddail) *f.*

microphyllous *a. Bot:* mân-ddeiliog.

microphysical *a. Ph:* microffisegol.

microphysically *adv. Ph:* yn ficroffisegol.

microphysics *n.pl. Ph:* microffiseg *f.*

microphyte *n. Bot:* m|icroffyt (microffytau) *m*, mân-blanhigyn (~-blanhigion) *m.*

micropipette *n.* micropiped(-au,-i) *f.*

microplankton *n.* microplancton *m.*

micropopulation *n.* microboblogaeth(-au) *f.*

micropore *n.* microfandwll (microfandyllau) *m*, micropôr (microporau) *m.*

microporosity *n.* microfandylledd *m*, microporedd *m.*

microporous *a.* microfandyllog, microhydraidd.

microprint[1] *n.* m|icroprint (microprintiau) *m.*

microprint[2] *v.t.* microprintio.

microprism *n. Phot:* m|icroprism (microprismau) *m.*

microprobe *n.* microdreiddiwr (microdreiddwyr) *m.*

microprocessor *n.* microbrosesydd(-ion) *m.*
microprogram *n.* microraglen(-ni) *f.*
microprogramming *vn. Cmptr:* microraglennu.
microprojection *n.* microdafluniad(-au) *m.*
microprojector *n.* microdaflunydd(-ion) *m.*
micropublisher *n.* microgyhoeddwr (microgyhoeddwyr) *m.*
micropublishing *vn.* microgyhoeddi.
micropulsation *n.* microguriad(-au) *m*, mân-guriad(-au) *m.*
micropuncture *n. Biol:* microdwll (microdyllau) *m.*
micropylar *a. Biol:* micropylaidd.
micropyle *n.* m|icropyl (micropylau) *m.*
microradiograph *n.* micror|adiograff (microradiograffau) *m.*
microradiographic *a.* microradiograffig.
microradiography *n.* microradiograffeg *f.*
microreader *n.* microddarllenydd(-ion, microddarllenwyr) *m.*
microreproduction *n.* micro-atgynhyrchiad (~-atgynyrchiadau) *m*; *(action):* micro-atgynhyrchu *vn.*
microscale *n.* microraddfa *f.*
microscope *n.* m|icrosgop (microsgopau) *m*, m|eicrosgop (meicrosgopau) *m.*
microscopic[al] *a.* microsgopaidd, microsgopig, mân [iawn].
microscopically *adv.* yn ficrosgopig *&c.*
microscopist *n.* microsgopydd(-ion) *m.*
microscopy *n.* microsgopeg *f.*
microsecond *n. Meas:* micro-eiliad(-au) *mf.*
microseism *n.* m|icroseism (microseismau) *m*, mân-ddaeargryn (~-ddaeargrynf|eydd) *f.*
microseismic *a. Geol:* microseismig.
microseismicity *n. Geol:* microseismigedd *m.*
microsomal *a. Biol:* microsomaidd.
microsome *n. Biol:* m|icrosom (microsomau) *m*, mân-ronyn(-nau) *m.*
microspecies *n. Z:* microrywogaeth(-au) *f.*
microspectrophotometer *n.* microsbectroffotomedr(-au) *m.*
microspectrophotometric[al] *a.* microsbectroffotometrig.
microspectrophotometry *n.* microsbectroffotometreg *f.*
microsphere *n.* m|icrosffer (microsfferau) *m.*
microspherical *a.* microsfferig.
microsporangiate *a. Bot:* microsborangaidd.
microsporangium *n. Bot:* microsborangiwm (microsborangia) *m.*
microspore *n. Bot:* m|icrosbor (microsborau) *m.*
microsporidian *a. & n. Z:* **1.** *a.* microsboridiaidd. **2.** *n.* microsboridiad (microsboridiaid) *m&f.*
microsporocyte *n. Bot:* microsb|orosyt (microsborosytau) *m.*
microsporogenesis *n. Bot:* microsborog|enesis *m.*
microsporophyll *n. Bot:* microsb|oroffyl *m.*
microsporous *a. Bot:* microsboraidd.
microstate *n. Pol:* microwladwriaeth(-au) *f.*
microstructural *a.* microsaernïol, microffurfiannol, microadeileddol.
microstructure *n.* microadeiledd(-au) *m*, mân-adeiledd *m.*
microsurgery *n.* microlawfeddygaeth *f.*
microsurgical *a.* microlawfeddygol.
microtechnique *n.* microtechneg(-au) *f.*
microtechnology *n.* microtechnoleg *f.*
microtext *n.* testun(-au) (*m*) micro, microdestun(-au) *m.*
microtherm *n. Ph.Meas:* m|icrotherm (microthermau) *m.*
microtome *n.* m|icrotom (microtomau) *m*, m|icrolafn (microlafnau) *m.*
microtonal *a.* microtonaidd, microtonyddol.
microtonality *n.* microtonyddiaeth(-au) *f.*
microtonally *adv.* yn ficrotonaidd *&c.*
microtone *n. Mus:* micro-dôn (microdonau) *m.*
microtubular *a.* microdiwbaidd, microbibellaidd.
microtubule *n.* microdiwbyn(-nau) *m.*
microvillar, microvillous *a. Biol:* microfilaidd.
microvillus *n. Biol:* microfilws (microfili) *m.*
microwatt *n. Meas:* m|icrowatt (microwattiau) *m.*
microwave[1] *n.* microdonfedd(-au) *m*, micro-don (~-donnau) *f.* ~ **oven** *n.* popty (poptai) (*m*) micro-don, ffwrn (*f*) ficro-don (ffyrnau micro-don).
microwave[2] *v.t. Cu:* coginio (rhth) mewn popty micro-don *or* mewn ffwrn ficro-don, microdonni rhth.
microzoa *n.pl. Biol:* microsoa, mân-filod.
micrurgy *n. Biol:* microdrafod *vn.*
micturate *v.i. Med:* troethi.
micturition *n. Med:* troethi *vn*, troethiad(-au) *m.* ~ **reflexes** *n.pl.* atgyrchion troethi.
mid *a.* canol; **from ~ June to ~ August,** o ganol Mehefin hyd ganol Awst; **M~ Wales,** Canolbarth (*m*) Cymru, y Canolbarth *m*; **in ~ air,** yn yr awyr; **in ~ Channel,** yng nghanol y Sianel. **~-brain** *n.* ymennydd canol *m.* **~-feather** *n. Carp:* slip(-iau) (*m*) rhannu. **~-field** *n.* canol y maes. **~-fielder** *n.* dyn(-ion) (*m*) canol [y] maes, maeswr (maeswyr) canol *m.* **~-iron** *n. Golf:* clwb (clybiau) canol *m*, haearn (heyrn) canol *m.* **~-latitudes** *n.pl. Geog:* lledredau canol. **~-life** *n.* canol (*m*) oed. **~-line** *n.* llinell ganol *f.* **~-off** *n. Sp:* [maeswr] canol-draw *m.* **~-on** *n. Sp:* [maeswr] canol-llawdde *m.* **~-ordinate rule** *n. Ph: Mth:* dull (*m*) y mesuryn canol. **~-point** *n.* canolbwynt(-iau) *m.* **~-rise** *attrib. U.S:* lled-uchel. **~-season** *n.* canol (*m*) tymor. **~-shot** *n. T.V:* saethiad(-au) canolig *m.* **~-town** *n. U.S:* canolfaestref(-i) *f.* **~-week** *a.* canol [yr] wythnos. **~-west** *n.* gorllewin canol *m.* **~-wicket** *Cr:* [maeswr] canol-wiced *m.*
Midas *Pr.n.m.* Midas; **he has the ~ touch,** mae'n troi popeth yn aur.
midday *n.* canol (*m*) dydd, hanner (*m*) dydd, canolddydd *m.*
midden *n.* tomen(-ni) *f*, tomen dail (tomenni tail), tomen [y]sbwriel; **kitchen ~,** tomen gegin (tomenni cegin), tomen [y]sbwriel tŷ; **shell ~,** tomen gregyn (tomenni cregyn).
middle[1] *attrib. & n.* **1.** *attrib.* canol, canolog, canolig; **to take a ~ course/way,** dilyn ffordd ganol, cyfaddawdu; **~ distance,** pellter canol *m*; **~ name,** enw(-au) canol *m*; **~ passage,** mordaith ganol *f*; **~ range theories,** theorïau canolig; **~ school,** ysgol ganol (ysgolion canol) *f*; *Log:* **~ [term],** term canol *m*; *Gram:* **~ voice,** ystâd ganol *f*; *Nau: &c:* **~ watch,** gwylfa ganol (gwylf|eydd canol) *f.* **2.** *n. (a)* canol(-au) *m*, *S.E:* cenol *m*, *Lit: occ:* craidd *m*, perfedd(-ion) *m*; **the ~ of life,** canol oed, canol eich bywyd; **in the ~ of sth,** yng nghanol rhth, ar ganol rhth; **in the ~ of doing sth,** wrth wn|eud rhth, ar ganol gwneud rhth; **I was in the ~ of reading,** 'roeddwn ar ganol darllen; **to knock s.o. into the ~ of next week,** colbio/dyrnu rhn nes ei fod ar wastad ei gefn; **in the ~ of nowhere,** ym mhen draw'r byd; **the ~ of the night,** perfedd[-ion] nos, cefn (*m*) nos, canol (*m*) nos; **in the ~ of the night,** ym mherfeddion y nos, gefn nos, gefn trymedd nos; *(b) (of body):* canol *m*, gwasg *mf.* **~ age** *n.* canol (*m*) oed. **~-aged** *a.* canol oed. **M~ Ages** *n.pl. Hist:* yr Oesoedd/Oesau Canol, y Canol Oesoedd. **M~ America** *n.* America Ganol *f.* **M~ American** *a. & n.* **1.** *a.* [o] America Ganol; **M~ American attitudes,** agweddau America Ganol. **2.** *n.* Americanwr (Americanwyr) Canol *m*, Americanes Ganol (Americanesau Canol) *f.* **~-band** *n. Agr: (of flail):* carrai (*f*) ffust (careiau ffustiau). **~ C** *n. Mus:* C ganol *f.* **~ class** *n.* dosbarth(-iadau) canol *m.* **~-class** *attrib.* dosbarth canol. **~ cut** *n. Cu:* darn main (darnau meinion) *m.* **~ cut file** *n. Metalw:* ffeil orfras (ffeiliau gorfras) *f.* **~ earth** *n. Rel:* y canolfyd *m.* **M~ East** *Pr.n. Geog:* y Dwyrain Canol *m.* **M~ English** *n. & attrib.* Saesneg Canol *m.* **~ game** *n.* canol (*m*) y chwarae. **~ ground** *n.* tir canol *m.* **M~ Kingdom (the)** *Pl.n. Hist:* y Deyrnas Ganol *m*, y Frenhiniaeth Ganol *f.* **M~ Mill** *W.Pl.n.* Y Felinganol *f* (*pronounced* ng-g). **M~ Mouse** *W.Pl.n.* Ynys (*f*) Badrig. **~-of-the-road** *a.* cymedrol, canol y ffordd. **~-sized** *a.* o faint cymedrol/gweddol/canolig, gweddol/canolig/cymedrol eich maint. **M~ Temple** *n. Jur:* Y Deml Ganol *f.* **M~ Welsh** *n. & attrib.* Cymraeg Canol *m.*
middle[2] *v.t.* canoli.
middlebrow *n. & attrib.* **1.** *n.* rhn (rhai) canol-ael. **2.** *attrib.* canol-ael.
middleman *n.m. Com:* canolwr (canolwyr), dyn(-ion) canol, rhyngfasnachwr (rhyngfasnachwyr).
middlemost *a.* mwyaf canolog.
Middletown *W.Pl.n.* Treberfedd *f.*
middleweight *n.* pwysau (*m or pl*) canol; *(boxer):* paffiwr (paffwyr) (*m*) pwysau canol.
middling *a., adv. & n.pl.* **1.** *(a) (= fair):* gweddol, go lew; *(b)* **of ~ size,** o faint canolig, cymedrol. **2.** *adv.* gweddol, yn weddol *&c.* **3.** *n.pl.* **middlings,** manyd *m*, manion *pl*, blaenion (*pl*) sil, *S.W:* blawd coch *m*, *M.W:* eisin (*m*) topyn.
middlingly *adv.* yn weddol.
middorsal *a.* canol y cefn, yng nghanol y cefn.
middy *n. Nau: F:* = **midshipman.** ~ **[blouse]** *n. Cost:* blows laes (blowsys llaes) *f.*

midge *n.* gwybedyn (gwybed) mân *m*, *occ:* chwiwiad (chwiwiaid) *m*, *N.W: occ:* piw(-iaid) *m*, chwiw(-s) *m*; **biting ~,** *(Ceratopogonidae):* gwybedyn [mân] brathog. **gall ~,** *(Ceciomyiidae):* gwybedyn bustl; **non-biting ~,** *(Chironomidae):* gwybedyn di-frath; **owl ~,** *(Psychodidae):* gwybedyn tylluan, gwybedyn blewog; **wheat ~,** *(Sitodiplosis mosellana):* gwybedyn y gwenith.

midget *n. & attrib.* **1.** *n.* corrach (corachod) *m*, dynan (dyneddon) *m*. **2.** *attrib.* cor- + *soft mut.*; bychan iawn, bychan bach; *Geog:* **~ state,** c|orwlad (corwledydd) *f*.

midgut *n.* canol (*m*) perfeddyn.

midi *n. Cost:* midi(-s) *m*.

Midianite *a. & n.* **1.** *a.* Midianaidd. **2.** *n.* Midianiad (Midianiaid) *m&f*.

midinette *n.* ***midinette(-s)*** *f*.

midland *n. & attrib.* **1.** *n.* canolbarth(-au) *m*; *pl.* **the Midlands,** Canolbarth Lloegr. **2.** *a.* canolbarthol, o'r canolbarth.

midlander *n.* canolbarthwr (canolbarthwyr) *m*, canolb|arthwraig (canolbarthwragedd) *f*, rhn (rhai) o'r canolbarth.

midmost *a.* mwyaf canolog, nesaf at y canol.

midnight *n.* canol (*m*) nos, hanner (*m*) nos; **to burn the ~ oil,** llosgi'r gannwyll yn hwyr, gweithio tan berfeddion [y] nos, gweithio tan oriau mân y bore; **land of the ~ sun,** gwlad (*f*) haul hanner nos. **~ blue** *a. & n.* **1.** *a.* dulas (duleision). **2.** *n.* dulas *m*.

midnightly *a. & adv.* **1.** *a.* canolnosol. **2.** *adv.* ganol nos.

midpoint *n.* man(-nau) canol *m*, pwynt(-iau) canol *m*, canolbwynt(-iau) *m*.

Midrash *n. Jew.Rel:* Midrash(-ion) *m*.

Midrashic *a. Jew.Rel:* Midrashig.

midrib *n.* **1.** asen ganol (asennau canol) *f*. **2.** *(of leaf):* gwythïen ganol (gwythiennau canol) *f*.

midriff *n.* **1.** *Anat: (i) (= diaphragm):* llengig *m* (*pronounced* ng-g); *(ii) F: S:* bola (boliau) *m*, *N:* bol(-iau) *m*. **2.** *Cost:* canol(-au) *m*, gwasg(-au) *mf*, gwast(-au) *f*.

midsection *n.* rhan ganol (rhannau canol) *f*, adran ganol (adrannau canol) *f*.

midship *n. N.Arch:* canol (*m*) llong. **~ frame** *n. N.Arch:* prif gyplau *pl*.

midshipman *n. Nau:* canol-longwr (~-longwyr) *m*.

midships *adv.* = **amidships.**

midst *n.* canol *m*, plith *m*, mysg *m*; **in the ~ of sth,** yng nghanol rhth, ar ganol rhth, ymhlith rhth; **in our ~,** yn ein plith, yn ein mysg; **in your ~,** yn eich plith, yn eich mysg; **in their ~,** yn eu plith, yn eu mysg; **in the ~ of life we are in death,** yng nghanol ein bywyd yr ydym mewn angau.

midstream *n.* canol (*m*) afon; **to interrupt s.o. in ~,** torri ar draws rhn ar ei ganol; **in the ~ of his career,** ar ganol ei yrfa.

midsummer *n.* canol (*m*) haf; *Lit:* **A M~ Night's Dream,** Breuddwyd Nos Gŵyl Ifan. **M~ Day** *n.* Gŵyl (*f*) Ifan, Dygwyl (*mf*) Ifan Canol (*m*) Haf.

midway *adv.* hanner [y] ffordd; *Gym:* **~-upward,** hanner [y] ffordd i fyny.

midweek *n. & a.* canol (*m*) [yr] wythnos.

midweekly *a. & adv.* **1.** *a.* canol wythnos, canol-wythnosol. **2.** *adv.* ganol yr wythnos.

midwife *n.f.* b|ydwraig (bydwragedd), *A: or Lit:* col|wynwraig (colwynwragedd), *S.W: occ:* midwidd, midwith: *N.W:* bydwaeth, *M.W:* bydfaeth; **male ~, man-~** colwynwr (colwynwyr) *m*, esgorydd(-ion) *m*, bydwr (bydwyr) *m*; **to act as ~ to s.o.,** colwyno rhn. **~ toad** *n. Amph:* llyffant (llyffaint) (*m*) magu.

midwifery *n.* bydwreigiaeth *f*, gwaith (*m*) b|ydwraig, *A: or Lit:* colwynyddiaeth *f*.

midwinter *n. (a)* canol (*m*) [y] gaeaf, cefn (*m*) gaeaf, trymder (*m*) gaeaf; *(b) (solstice):* Alban Arthan *mf*.

midyear *n. & attrib.* **1.** *n.* canol (*m*) y flwyddyn, canol blwyddyn. **2.** *attrib.* canol y flwyddyn.

mien *n. Lit:* pryd (*m*) a gwedd *m*, golwg *f*.

miff[1] *n.* penc *m*, pwd *m*.

miff[2] *v.t.* digio rhn, pechu yn erbyn rhn; **to be miffed,** digio['n bwt], cymryd y penc, pencio, pwdu, mynd i'r pwd.

miffed *a.* dig, siomedig, sorllyd, wedi pwdu, wedi pencio.

might[1] *n.* nerth *m*, grym *m*, grymuster *m*, cadernid *m*; **to work with all one's ~,** gwn|eud eich gorau glas, gweithio â'r deng ewin, bod wrthi nerth deng ewin; **~ against right,** grym yn erbyn hawl; *Prov:* **~ is right,** trechaf treisied, gwannaf gwaedded/gwichied.

might[2] *v. See* **may**[1].

mightily *adv.* yn rymus *&c*.

mightiness *n.* grym *m*, grymuster *m*, nerth *m*, cadernid *m*, cryfder *m*.

mighty *a. & adv.* **1.** *a. (a) (= strong):* cryf (*f.* cref, *pl.* cryfion), grymus, nerthol; *S.a.* **high** I. **2.** *(b) (= massive):* mawr, aruthrol fawr, swmpus, enfawr, anferth, anferthol, helaeth, eang; *(c) F:* **you're in a ~ hurry,** mae brys ofnadwy/aruthrol arnat ti; 'rwyt ti ar frys ofnadwy. **2.** *adv. F:* = **very**.

mignon *a. Cu:* ***mignon.***

mignonette *n.* **1.** *Bot: (Reseda odorata):* melengu beraroglus/bêr/bersawr *f* (*pronounced* ng-g), f'anwylyd fach *f*, perllys *m*; **Pyrenean ~,** *(R. glauca):* melengu werddlas; **wild ~,** *(R. lutea):* melengu wyllt [ddi-sawr]; **corn ~,** *(R. phyteuma):* melengu'r ŷd; **white ~** *(R. alba):* melengu wen [unionsyth]. **2.** *Needlew:* ***mignonette*** *m*, sider (*m*) clustogau.

migraine *n. Med:* [y] meigryn *m*.

migrainous *a. Med:* meigrynaidd.

migrant *a. & n.* **1.** *a.* ymfudol. **2.** *n.* ymfudwr (ymfudwyr) *m*, ymf|udwraig (ymfudwragedd) *f*, mudwr (mudwyr) *m*, m|udwraig (mudwragedd) *f*; *pl.* **migrants,** pobl symudol/ymfudol *f or pl*.

migrate *v.i.* ymfudo, mudo.

migration *n.* ymfudiad(-au) *m*, ymfudo *vn*, mudo *vn*.

migrational *a.* ymfudol, mudol.

migrator *n.* ymfudwr (ymfudwyr) *m*.

migratory *a.* ymfudol; **~ cell,** cell(-oedd) ymfudol *f*; **~ locust,** locust(-iaid) ymfudol *m*.

mikado *n.* micado(-s) *m*.

mike[1] *n. F:* meic(-iau) *m*.

mike[2] *n.* **to be on the ~,** diogi, *S:* dala'r slac yn dyn[n].

Mike[3] *Pr.n.m.* Meic; *F:* **for the love of ~,** neno'r Tad, er mwyn Duw, er mwyn popeth, er mwyn y Tad, er mwyn dyn *&c*.

mil *n. Meas:* milfed(-au) *mf*.

milady *n.f. F:* Madam, *Lit:* f'Arglwyddes; *Iron:* meiledi.

Milanese *a. & n.* **1.** *a.* Milanaidd, o Fil|an. **2.** *n.* Milaniad (Milaniaid) *m&f*.

milch *a. Husb:* blith(-ion), llaethog; **~ cow,** buwch (*f*) odro (buchod godro), buwch flith (buchod blithion), buwch laethog (buchod llaethog), ll|aethwraig (llaethwragedd) *f*; *Coll:* gwartheg blithion, da blith.

mild *a.* **1.** *(pers., word):* addfwyn, mwyn(-ion), tyner, tirion, llarïaidd: llariaidd, hynaws. **2. ~ punishment,** cosb ysgafn *f*. **3.** *(climate):* mwyn, tyner, addfwyn. **4.** *(a) (drug &c):* mwyn; **~ [tobacco],** baco mwyn; **~ [beer],** cwrw mwyn; *(b)* **a ~ form of measles,** ffurf ysgafn ar y frech goch. **5.** *(exercise):* ysgafn, cymedrol; *(amusement):* ysgafn, diniwed. **6. ~ steel,** dur meddal/hydrin *m*.

mildew[1] *n.* **1.** *Fung: (on wheat &c):* llwydni *m*, *occ:* llwydi *m*, malltod *m*, cafod lwyd *f*, y gawod lwyd *f*, *A: or Lit:* mêl-gawod: mêl-gafod *f*; **downy ~,** *(Peronosporaceae):* llwydni blewog; **grass ~,** *(Erysibe graminis):* llwydni'r glaswellt. **oak ~,** *(Microsphaera quercina):* llwydni'r derw; **onion ~,** *(Peronospora destructor):* llwydni'r winiwns/nionod; **grape/powdery/true ~,** *(Erysiphyceae):* llwydni'r grawnwin, llwydni blodiog. **2.** *(= dampness):* lleithder *m*, llwydni *m*, tamprwydd *m*.

mildew[2] *v.t.&i.* llwydo, ysbrychu.

mildewed, mildewy *a.* llwyd, wedi llwydo, ysbrychlyd, yn llwydni i gyd, â llwydni [drosto/drosti/drostynt].

mildly *adv.* yn fwyn *&c*; *F:* **to put it ~,** a dweud y lleiaf; **I was ~ amused,** cefais fy ngoglais dipyn bach.

mildness *n.* **1.** mwynder *m*, tynerwch *m*, tiriondeb *m*, addfwynder *m*. **2.** *(of illness, punishment):* ysgafnder *m*.

mile *n.* milltir(-oedd) *f*; **statute ~, English ~,** milltir swyddogol; **nautical ~, sea ~,** milltir fôr (milltiroedd môr); **air ~,** milltir hedfan; *F:* **it's miles too big,** mae'n rhy fawr o bell ffordd; mae'n rhy fawr o lawer; mae'n rhy fawr o'r hanner; *F:* **nobody comes within miles of him,** 'does neb yn dod yn agos ato; 'does neb yn yr un cae ag ef; **not a hundred/million miles from sth,** heb fod yn bell o rth. **~-post** *n. Rac:* postyn (pyst) (*m*) milltir.

mileage *n.* milltiroedd *pl*, milltiredd *m*; **car with very small ~,** car heb wn|eud llawer o filltiroedd.

miler *n.* milltirwr (milltirwyr) *m*, millt|irwraig (milltirwragedd) *f.*
Milesian *a. & n.* **1.** *a.* Milesaidd. **2.** *n.* Milesiad (Milesiaid) *m&f.*
milestone *n.* carreg (*f*) filltir (cerrig milltir).
milfoil *n. Bot: (= yarrow): (Achillea millefolium):* milddail *pl*, llysiau(*pl*)'r gwaedlif, llysiau'r gwaedlin, llysiau'r gwaed, gwilffrai *f*, y wilffrai *f*, y filffrai *f*, y filffydd *f*, y filfydd *f*, y filfyd *f*; **Andorra ~,** *(A. chamaemelifolia):* milddail Andorra; **dwarf ~,** *(A. nana):* milddail bychain; **large-leaved ~,** *(A. macrophylla):* milddail deilfawr; **musk ~,** *(A. moschata):* milddail sawrus; **silvery ~,** *(A. clavennae):* milddail ariannaidd; **simple-leaved ~,** *(A. erba-rotta):* milddail syml; **spiked water-~,** *(Myriophyllum spicatum):* m|yrdd-ddail tywysennaidd; **tansy ~,** *(A. tanacetifolia):* milddail tansi; **water-~,** *(Myriophyllum):* myrdd-ddail *pl*, milffoil *f*, milffydd; **whorled water-~,** *(M. verticillatum):* myrdd-ddail troellog; **woolly yellow ~,** *(A. tomentosa):* gwilffrai felen wlanog.
Milford Haven *W.Pl.n.* Aberdaugleddau *f*, *F:* Milffwrd *f.*
miliaria *n. Path:* miliaria *m*, gwres pigog *m.*
miliarial, miliary *a.* miliaraidd, gronynnol; *Med:* **~ fever,** y clefyd bychan.
milieu *n.* amgylchfyd(-oedd) *m*, cynefin(-oedd) *m*, cefndir(-oedd) *m*, ***milieu(-x)*** *m.*
militancy *n.* milwriaethusrwydd *m*, ysbryd milwriaethus *m.*
militant *a. & n.* **1.** *a.* milwriaethus, *occ:* milwrus, ymosodol; *Pol:* **the M~ Tendency,** y Tueddiad Milwriaethus *m.* **2.** *n.* milwriaethwr (milwriaethwyr) *m*, ymgyrchwr (ymgyrchwyr) *m*, ymg|yrchwraig (ymgyrchwragedd) *f*, brwydrwr (brwydrwyr) *m*, ymladdwr (ymladdwyr) *m*, yml|addwraig (ymladdwragedd) *f.*
militantly *adv.* yn filwriaethus *&c.*
militantness *n.* = **militancy**.
militarily *adv.* yn filwrol.
militarism *n.* militariaeth *f*, rhyfelgarwch *m*, *occ:* milwriaeth *f.*
militarist *n.* militarydd (militarwyr) *m*, militariad (militariaid) *m&f*, rhyfelgarwr (rhyfelgarwyr) *m.*
militaristic *a.* militaraidd, rhyfelgar.
militaristically *adv.* yn filitaraidd.
militarization *n.*, **militarize** *v.t.* **1.** *(= make military):* milwroli. **2.** *(= make militaristic):* milwreiddio, militareiddio.
militarized *a.* **1.** milwrol, milwroledig. **2.** *(= militaristic):* militaraidd, militareiddiedig, milwreiddiedig.
military *a. & n.* **1.** *a.* milwrol (*not* militaraidd, = *militaristic*); *Pol:* **~-civil relations,** cydberthynas filwrol a sifil *f*; **~ court,** llys milwrol *m*; **~ fever,** *See* **enteric**; **~ law,** cyfraith filwrol *f*; *Bot:* **~ orchid,** tegeirian(-au) (*m*) milwr, tegeirian milwrol; **~ police,** heddlu milwrol *m*; **~ testament,** ewyllys filwrol *f.* **2.** *n. Coll:* milwyr *pl*, y fyddin *f*, y lluoedd arfog *pl.*
militate *v.i.* milwrio; **to ~ against sth,** milwrio yn erbyn rhth, *occ:* llesteirio rhth.
militia *n.* milisia *m*, byddin (*f*) sir.
militiaman *n.* gŵr (gwŷr) (*m*) milisia, milisiad (milisiaid) *m*, *N.W: occ:* m[i]lisyn *m.*
milium *n. Path:* miliwm (milia) *m*, gronyn(-nau) *m.*
milk[1] *n.* llaeth *m*, *N:* llefrith *m*; **to give ~,** llaetha; **~ of magnesia,** llaeth magnesia; **new ~, sweet ~,** llaeth llefrith, llaeth efrith; **first ~,** blaenion *pl*; **first ~,** *(after calving):* llaeth tor, llaeth torro, llaeth brith, llaeth llo bach, llaeth melyn, cynllaeth *m*; **second ~,** armel *m*, ailodro *m*; **third ~, last ~,** tical *m*; **condensed ~,** llaeth cyddwys; **dried ~, powdered ~,** powdwr (*m*) llaeth, llaeth powdwr, llaeth sych; **evaporated ~,** llaeth anwedd/anweddog; **curdled ~,** posel *m*; **flavoured ~,** blasuslaeth *m*, llaeth blas; **homogenized ~,** llaeth homogenaidd; **pasteurised ~,** llaeth pasteureiddiedig/pasteuraidd, llaeth wedi ei basteureiddio, llaeth wedi ei sgaldio/sgaldan, llaeth sgaldio; **skimmed ~,** llaeth sgim, llaeth glas; **sterilized ~,** llaeth wedi'i ddiheintio, llaeth diheintiedig; **tuberculin tested ~,** llaeth ardystiedig; **U.H.T. (long life) ~,** llaeth hir oes; **unskimmed/whole ~,** llaeth cyflawn/cyfan/trwyddo, llaeth heb ei sgimio; *F:* **to come home with the ~,** cyrraedd adref yn oriau mân y bore; **a land flowing with ~ and honey,** gwlad yn llifeirio o laeth a mêl; **to cry over spilt ~,** codi pais ar ôl piso; **the ~ of human kindness,** llaeth hynawsedd dynol; **~ and water,** glastwr *m*, *S:* glastwn *m*, *S.W: occ:* glastwyn *m*; **~ and watery** *a.* glastwraidd. **~ bar** *n.* tafarn (*f*) laeth (tafarnau llaeth), bar(-rau) (*m*) llaeth. **~ bottle** *n.* potel (*f*) laeth (poteli llaeth), *N:* potel lefrith (poteli llefrith). **~-can** *n.* *(a) (= churn):* can(-iau) (*m*) llaeth; *(b) (= pitcher):* piser(-i) (*m*) llaeth, cunnog (*f*) laeth (cunogau llaeth). **~-cap** *n. Fung: (Lactarius):* cap(-iau) (*m*) llaeth, llaeth (*m*) y lleuad; **coconut-scented ~-cap,** *(L. glyciosmus):* cap llaeth c|oconyt; **curry-scented ~-cap,** *(L. camphoratus):* cap llaeth cyri; **fleecy ~-cap,** *(L. vellereus):* cap llaeth gwlanog; **grey ~-cap,** *(L. vietus):* cap llaeth llwyd; **oak ~-cap,** *(L. quietus):* cap llaeth y derw; **peppery ~-cap,** *(L. piperatus):* cap llaeth poeth; **rufous ~-cap,** *(L. rufus):* cap llaeth coch; **saffron ~-cap,** *(L. deliciosus):* cap llaeth melyngoch (*pronounced* ng-g); **slimey ~-cap,** *(L. blennius):* cap llaeth llysnafeddog; **ugly ~-cap,** *(L. turpis):* cap llaeth hyll; **watery ~-cap,** *(L. cimicarius):* cap llaeth glastwr; **woolly ~-cap,** *(L. torminosus):* cap llaeth gwlanog. **~-cart** *n. S:* cart(-iau) (*m*) llaeth, cert (*f*) laeth (certi llaeth), *N:* trol (*f*) laeth/lefrith (troliau llaeth/llefrith). **~ chocolate** *n.* siocled(-i) (*m*) llaeth. **~ churn** *n.* can(-iau) (*m*) llaeth. **~ diet** *n.* llaethfwyd(-ydd) *m.* **~ factory** *n.* ffatri (*f*) laeth (ffatrïoedd llaeth). **~ fever** *n. Med:* twymyn (*f*) laeth, clwy (*m*) llaeth, bradgyfarfod *m*, *N:* atgyfarfod *m.* **~-float** *n.* car (ceir) (*m*) llaeth, *N:* car llaeth/llefrith, fan (*f*) laeth/lefrith (faniau llaeth/llefrith). **~ glass** *n.* gwydr gwyn *m.* **~-hedge** *n. Bot:* llwyn llaethog *m.* **~-jug** *n.* jwg (jygiau) (*m*) llaeth, jwg (*f*) laeth (jygiau llaeth), *N:* jwg l[l]efrith (jygiau llefrith). **~-leg** *n. Med:* coes wen *f.* **~-livered** *a.* = **cowardly**. **~-loaf** *n.* torth (*f*) laeth (torthau llaeth). **~-lorry** *n.* lori (*f*) laeth (lorïau llaeth). **M~ Marketing Board (the)** *n.* y Bwrdd (*m*) Marchnata Llaeth. **~-pail** *n.* cunnog (*f*) laeth (cunogau llaeth), ystên (ystenau) *f*, piser(-i) (*m*) llaeth, pwced (*f*) laeth (pwcedi llaeth), stwc (styciau) (*m*) llaeth. **~-parsley** *n. Bot: (Peucedanum palustre):* llaethberllys *m*, perllys (*m*) llaeth, lloerlys llaethog *m.* **~-pea, ~-plant** *n. Bot:* llaethbysen (llaethbys) *f.* **~-powder** *n.* powdwr (*m*) llaeth. **~-pudding** *n. Cu:* pwdin(-au) (*m*) llaeth, *S.W:* poten (*f*) laeth (potenni llaeth). **~ punch** *n.* pwnsh (*m*) llaeth. **~ round, ~ run** *n.* rownd (*f*) laeth (rowndiau llaeth). **~ shake** *n.* llaeth wedi'i guro, ysgytlaeth(-au) *m.* **~ sickness** *n. Med: Vet:* clefyd (*m*) llaeth, clwy (*m*) llaeth. **~ snake** *n. Rept:* neidr (*f*) laeth (nadroedd llaeth). **~ stout** *n.* stowt melys *m.* **~ sugar** *n.* siwgwr (*m*) llaeth, lactos *m.* **~ tanker** *n.* tancer(-i) (*m*) llaeth, tancer (*f*) laeth (tanceri llaeth). **~ thistle** *n.* **1.** *(Silybium marianum):* ysgallen wen (ysgall gwynion) *f*, ysgallen fraith (ysgall brithion), ysgallen Fair (ysgall Mair), cribau (*pl*) Mair. **2.** = **sowthistle**. **~-tooth** *n.* dant (dannedd) (*m*) sugno. **~-tree** *n. Bot:* llaethwydden (llaethwydd) *f.* **~-vetch** *n. Bot: (Astragalus):* llaethwyg *m*; **Alpine ~-vetch,** *(A. alpinus):* llaethwyg yr Alpau; **Austrian ~-vetch,** *(A. austriacus):* llaethwyg Awstria; **Central Alps ~-vetch,** *(A. centralpinus):* llaethwyg canol yr Alpau; **Foucaud's ~-vetch,** *(Oxytropis):* llaethwyg Foucaud; **Gauden's ~-vetch,** *(A. triflorus):* llaethwyg tri blodyn; **inflated ~-vetch,** *(A. vesicarius):* llaethwyg chwyddedig; **meadow ~-vetch,** *(A. campestris):* llaethwyg y ddôl; **mountain ~-vetch,** *(A. montanus):* llaethwyg y mynydd; **northern ~-vetch,** *(O. lapponica):* llaethwyg y Gogledd; **Norwegian ~-vetch,** *(A. norvegicus):* llaethwyg Norwy; **pallid ~-vetch,** *(A. frigidus):* llaethwyg melynwyn; **purple ~-vetch,** *(A. danicus):* llaethwyg rhuddlas; **Samnitic ~-vetch,** *(A. pyrenaica):* llaethwyg y Pyreneau; **silky ~-vetch,** *(A. sericeus):* llaethwyg sidanaidd; **southern ~-vetch,** *(A. australis):* llaethwyg y De; **sprawling ~-vetch,** *(A. depressus):* llaethwyg gorweddol; **stemless ~-vetch,** *(A. exscapus):* llaethwyg digoes; **stinking ~-vetch,** *(A. fetidus):* llaethwyg drewllyd; **sweet ~-vetch,** *(A. glycyphyllos):* llaethwyg pêr, mell|yswraidd *pl*, gwreiddber *pl*, p|erwraidd *pl*; **Tyrolean ~-vetch,** *(A. leontinus):* llaethwyg y Tyrol; **woolly ~-vetch,** *(A. pilosus):* llaethwyg gwlanog; **yellow ~-vetch,** = **milk-vetch (meadow)**. **~-walk** *n.* rownd (*f*) laeth, *S.W:* wâc (*f*) laeth. **~-white** *a.* claerwyn (*f.* claerwen, *pl.* claerwynion) llaethwyn (*f.* llaethwen, *pl.* llaethwynion), gwyn (*f.* gwen, *pl.* gwynion) fel y llaeth.
milk[2] *v.t.* godro; *Th:* **to ~ it dry, to ~ the audience, to ~ the curtain,** godro'r gynulleidfa.
milker *n.* **1.** *(a) (pers.):* godrwr (godrwyr) *m*, g|odrwraig, *F:* godreg (godrwragedd) *f*, ll|aethwraig, *F:* llaethreg *f* (llaethwragedd); *(b)* **[mechanical] ~,** peiriant (peiriannau) (*m*) godro. **2.** *(= cow):* buwch (*f*) odro (buchod godro), buwch laethog (buchod llaethog); **she's a fine ~,** mae hi'n llaetha'n ardderchog; *S.a.* **milch**.

milkfish *n. Ich:* pysgodyn (pysgod) (*m*) llaeth.
milkiness *n.* llaethogrwydd *m*, llaethedd *m*.
milking *vn.* godro. **~-machine** *n.* peiriant (peiriannau) (*m*) godro, *F:* mashîn (*mf*) [g]odro. **~-pail** *n.* pwced (*f*) odro (pwcedi godro), cunnog (*f*) laeth (cunogau llaeth). **~-parlour** *n.* parlwr (parlyrau) (*m*) godro. *S.a.* **cow, milch.**
milkmaid *n.f.* llaethferch(-ed), morwyn laeth (mor[w]ynion llaeth), ll|aethwraig (llaethwragedd) *f*.
milkman *n.m.* dyn(-ion) llaeth/llefrith.
milksop *n.* brechdan (*f*) o ddyn (brechdanau o ddynion), cadach (*m*) o ddyn (cadachau o ddynion), gwlanen (*f*) o ddyn (gwlanenni o ddynion), llipryn(-nod) *m*, un (rhai) llywaeth *m*, oen (ŵyn) swci *m*.
milkweed *n. Bot:* (*a*) (*= sowthistle, sun-spurge*): llysiau(*pl*)'r llaeth, llaethlys *m*; (*b*) **American ~**, (*Asclepias*): llaethlys America. **~ bug** *n. Ent:* (*Oncopeltus fasciatus*): pryf(-ed) (*m*) y llaethlys. **~ butterfly** *n.* (*Danaus plexippus*): glöyn(-nod) (*m*) y llaethlys.
milkwort *n. Bot:* (*Polygala vulgaris*): amlaethai *m*, llysiau(*pl*)'r llaeth, llaethlys *m*, llysiau Crist; **Alpine ~**, (*P. alpina*): amlaethai'r Alpau; **bitter ~**, (*P. amara*): amlaethai chwerw; **chalk ~**, (*P. calcarea*): amlaethai calch; **dwarf ~**, (*P. amarella*): amlaethai bychan; **heath ~**, (*P. serpyllifolia*): llysiau'r groes, amlaethai'r rhos; **mountain ~**, (*P. alpestris*): amlaethai'r mynydd; **Nice ~**, (*P. nicaeensis*): amlaethai Ffrengig; **Pyrenean ~**, (*P. vayredae*): amlaethai'r Pyreneau; **sea ~**, (*Glaux maritima*): h|el-las *m*, glas (*m*) yr heli; **shrubby ~**, (*P. chamaebuxus*): amlaethai coediog; **thyme-leaved ~**, = **milkwort (heath)**; **tufted ~**, (*P. comosa*): amlaethai siobynnog.
milky *a.* llaethog, *occ:* llaethlyd, llaethol, llefrithaidd, llefrithog; *Astr:* **the M~ Way**, y Llwybr Llaethog *m*, Bwa(*m*)'r Gwynt, Heol (*f*) y Gwynt, Llwybr (*m*) y Gwynt, y Ffordd Laethog *f*, y Ffordd Wen, y Ffordd Laethwen, *Lit:* Caer (*f*) Gwydion, Caer (*f*) Arianrhod.
mill[1] *n.* **1.** melin(-au) *f*; **bolting-~**, melin ruwch (melinau rhuwch), melin ogryn (melinau gogryn), melin beillio (melinau peillio); **coffee-~**, melin goffi (melinau coffi); **flour ~**, melin flawd (melinau blawd); **fulling-~**, pandy (pandai) *m*, melin ban (melinau pan), melin bannu (melinau pannu); **grist-~**, melin fâl (melinau mâl), melin falu (melinau malu); **mortar ~**, *S.E:* padell (*f*) forter (pedyll morter); **pepper-~**, melin bupur (melinau pupur); **water-~**, melin ddŵr (melinau dŵr); *S.a.* **gin.** **2.** *Metalw:* **rolling-~**, melin ro[w]lio, melin farrau (melinau barrau); **[continuous] cold strip ~**, melin strip oer [ddi-dor]; **hot strip ~**, melin strip boeth. **3.** *Tls:* = **milling-cutter**. **4.** (*= factory*): melin(-au) *f*, ffatri (ffatrïoedd) *f*, gwaith (gweithydd, gweithf|eydd, gweithiau) *m*; **cotton-~**, melin (*f*) gotwm (melinau cotwm); **paper-~**, melin bapur (melinau papur); **sugar-~**, purfa (purf|eydd) (*f*) siwgwr. **~-bank** *n.* eisingrug(-iau) *m* (*pronounced* ng-g). **M~ Bay** *W.Pl.n.* Porth (*m*) y Pistyll. **~-course** *n.* ffrwd (ffrydiau) (*f*) melin, cafn(-au) (*m*) melin, *S.W:* pynfarch (pynfeirch) *m*. **~-dam** *n.* argae (*m*) melin (argaeau melinau), cored(-au) *f*. **~-dust** *n.* llwch (*m*) melin, blawd[i]ach *m*, *S.W: O:* goflawd *m*. **~-hand** *n.* (*a*) (*in factory &c*): gweithiwr (gweithwyr) (*m*) melin; (*b*) (*in mill*): gwas (gweision) (*m*) melinydd. **~-house** *n.* breuandy (breuandai) *m*. **~ moth** *n.* = **flour moth**. **~-owner** *n.* (*of mill*): perchennog (perchenogion) (*m*) melin[-au]; (*of factory &c*): perchennog ffatri. **~-pick** *n. S.W:* gaing ddeuben (geingiau deuben) *f*. **~-pond** *n.* **1.** pwll (pyllau) (*m*) melin, llyn(-noedd) (*m*) melin, *S.W:* llynwen(-ni) *m*, *Lit:* llynwyn *m*. **2. (sea as smooth) as a ~ pond,** (môr yn llonydd) fel pwll hwyaid, *N:* fel llyn llefrith. **~-race** *n.* ffrwd (*f*) melin (ffrydiau melinau), cafn (*m*) melin (cafnau melinau), *Lit: occ:* pynfarch (pynfeirch) *m*. **~ run** *a. & n.* **1.** *a.* cyffredin. **2.** *n.* = **mill-race**. **~-wheel** *n.* olwyn (*f*) ddŵr (olwynion dŵr), *occ:* rhod (*f*) ddŵr (rhodau dŵr).
mill[2] *v.t.* **1.** (*a*) (*corn, mineral*): malu, melino; (*chocolate*): chwipio; (*b*) (*cloth*): pannu; (*c*) (*gears, screw &c*): llifanu; (*d*) (*coin*): rhigoli. **2.** *v.i.* (*of cattle, crowd &c*): **to ~ about,** heidio, tyrru, mwstro; gwau trwy'i gilydd.
mill[3] *n. Num:* milfed(-au) *f* [o ddoler].
millboard *n.* *melinfwrdd *m*.
milled *a. Num:* rhigolog.
millefeuille *n. Cu:* ***millefeuille*** *mf*.
millenarian *a. & n.* **1.** *a.* milflwyddol, milflynyddol, milenaraidd. **2.** *n.* milflwyddwr (milflwyddwyr) *m*, milenariad (milenariaid) *m&f*.
millenarianism *n.* milflwyddiaeth *f*, milenariaeth *f*.
millenary *a. & n.* **1.** *a.* milflwyddiannol; *Rel:* **M~ Petition,** Deisyfiad y Fil. **2.** *n.* (*= anniversary*): milflwyddiant (milflwyddiannau) *m*; (*= period*): mil(-oedd) (*f*) o flynyddoedd.
millennial *a.* milflwyddol, milflwydd.
millennialism *n.* milflwyddiaeth *f*, milflynyddiaeth *f*.
millennium *n.* milflwyddiant *m*, mil blynyddoedd *pl*, mileniwm (milenia) *m*; *Ecc:* **the M~**, y Milflwyddiant, y Mil Blynyddoedd.
millepede *n.* = **millipede**.
millepore *n. Z:* milbor(-au) *m*.
miller *n.* **1.** melinydd(-ion, melinwyr) *m*. **2.** *Mec.E:* llifanwr (llifanwyr) *m*. **3.** *Fung:* **the ~**, cap(-iau) blodiog *m*, cap y melinydd; *S.a.* **dusty**. **4.** *Ent:* gwyfyn(-od) blodiog *m*. **~'s thumb** *n. Ich:* bawd (*m*) [y] melinydd (bodiau melinydd), penlletwad (-au) *m*, *occ:* penbwl (penbyliaid, pennau byliaid) *m*.
millerite *n. Miner:* m|ilerit *m*.
millesimal *a. & n.* **1.** *a.* milfedol. **2.** *n.* milfed(-au,-i) *fm*.
millesimally *adv.* yn filfedol.
millet *n. Bot:* (*Panicum miliaceum*): miled *m*, grawn bach *pl*, mân-rawn *pl*; **foxtail ~, German ~**, (*Setaria italica*): cibogwellt (*m*) yr Eidal, cynffon (*f*) [y] llwynog/cadno; **wood ~**, (*Milium effusum*): miledwellt *m*, miled y coed. **~-grass** *n.* (*M. panicum*): miledwellt *m*.
milliameter *n. Meas:* miliamedr(-au) *m*.
milliampere *n. El.Meas:* miliamper(-au) *m*.
milliard *n.* mil(-oedd) (*f*) o filiynau, milfiliwn (milfiliynau) *f*.
milliary *a. Rom.Ant:* **~ [column]**, colofn (*f*) filltir (colofnau milltir).
millibar *n. Meas:* m|ilibar (milibarau) *m*.
millicurie *n. Meas:* milicurie(-s) *m*.
millidegree *n. Meas:* m|iliradd (miliraddau) *f*.
millième *n. Med:* miliem(-au) *m*.
millifarad *n. Meas:* miliffarad(-au) *m*.
milligal *n.* m|iligal (miligalau) *m*.
milligram[m] *n. Meas:* m|iligram (miligramau) *m*.
millilitre *n. Meas:* m|ililitr (mililitrau) *m*.
millime *n. Meas:* milim(-au) *m*.
millimetre *n. Meas:* m|ilimedr (milimedrau) *m*.
millimicron *n. Meas:* milimicron(-au) *m*.
millimole *n. Meas:* m|ilimol (milimolau) *m*.
milline *n. Typ:* milin(-au) *f*.
milliner *n.usu.f.* h|etwraig (hetwragedd), *occ:* hetiwr (hetwyr) *m*; *Fig:* **man ~**, piltrwr (piltrwyr) *m*, hen het (*f*) o ddyn.
millinery *n.* (*a*) (*craft*): gwn|eud (*vn*) hetiau; (*b*) (*goods*): hetiau a lasiau *pl*. **~ shop** *n.* siop(-au) (*f*) hetiau.
milling[1] *a.* aflonydd, heidiol, heidiog; **people ~ around,** pobl yn gwau trwy'i gilydd.
milling[2] *vn. See* **mill[2] 1**; **climb ~**, melino dringol. **~-cutter** *n. Mec.E:* melinwr (melinwyr) *m*; **cylindrical ~-cutter,** melinwr silindrol; **end ~-cutter,** melinwr ochr; **shell ~-cutter,** melinwr cragen; **side and face ~-cutter,** melinwr ochr ac wyneb; **tee slot ~-cutter,** melinwr rhigol T; **Woodruff key seat ~-cutter,** melinwr sedd glo Woodruff. **~ machine** *n.* peiriant (peiriannau) (*m*) melino, melin(-au) *f*.
million *n.* miliwn (miliynau) *f*; **the ~**, (*= bulk of population*): trwch (*m*) y boblogaeth, y werin (*f*) a'r miloedd *pl*, y llu *m*, y lliaws *m*. **~ city** *n.* dinas (*f*) filiwn (dinasoedd miliwn).
millionaire *n.* miliwnydd(-ion) *m*, *F:* milionêr: miliwnêr(-s) *m*.
millionairess *n.f.* miliwnyddes(-au), *F:* milioneres: miliwneres(-au) *f*.
millionfold *a. & adv.* **1.** *a.* miliwnwaith. **2.** *adv.* [yn] filiwnwaith.
millionth *a. & n.* **1.** *a.* miliwnfed, miliynfed. **2.** *n.* miliwnfed(-au) *mf*, miliynfed(-au) *mf*.
millipede *n. Myr:* miltroed(-iaid) *mf*, neidr filtroed (nadroedd miltroed) *f*, milr[h]ed(-ion) *f*; **black ~**, (*Tachypodoiulus niger*): miltroed du (miltroediaid duon); **pill ~**, (*Glomeris marginata*): miltroed hirgrwn (miltroediaid hirgrynion); **spotted snake ~**, (*Blaniulus guttulatus*): miltroed brith (miltroediaid brithion).
Millon's reagent *n. Ch:* adweithydd (*m*) Millon.
Mills bomb *n. Exp:* bom(-iau) (*mf*) Mills.
millstone *n.* maen (meini) (*m*) melin; *Lit: O:* **to be between the**

upper and the nether ~, bod rhwng y diawl a'i gynffon/gyrn. ~ grit *n.* grut (*m*) melinfaen.
millstream *n.* ffrwd (*f*) melin (ffrydiau melinau), cafn (*m*) melin (cafnau melinau).
millwork *n.* melinwaith *m.*
millwright *n.* saer (*m*) melin[au] (seiri melinau).
milo *n. Bot:* milo *m.*
milometer *n.* milomedr(-au) *m*, *F:* cloc(-iau) (*m*) milltiroedd.
milord *n.* gŵr (gwŷr) bonheddig *m*; *F: Iron:* mei lord *m.*
milreis *n. Num:* milreis *m.*
milt *n.* **1.** *Anat:* = **spleen. 2.** *(of fish): S. W:* poten *f* [sgadenyn]; *See* **roe.**
milter *n. Fish:* cemyw(-od,-ion) *m*, gleisiad: gleisiedyn (gleisiaid) *m.*
Milton[1] *W.Pl.n.* Bryncwtyn *m.*
Milton[2] *Pr.n. Lit: occ:* Miltwn.
Miltonian, Miltonic *a. Lit:* Miltonaidd, *occ:* Miltwnaidd.
mime[1] *n. Th:* **1.** *(= play):* meim(-iau) *mf*, mudchwarae(-on) *m.* **2.** *(= performer):* meimiwr (meimwyr) *m*, m|eimwraig (meimwragedd) *f*, mudchwaraewr (mudchwaraewyr) *m*, mudch|waraewraig *f.*
mime[2] *v.t.&i.* meimio, mudchwarae.
mimeograph[1] *n.* dyblygwr (dyblygwyr) *m*, m|imeograff (mimeograffau) *m.*
mimeograph[2] *v.t.* mimeograffu, dyblygu.
mimer *n.* = **mime[1] 2.**
mimesis *n.* mimesis *m*, efelychiad *m*, dynwarediad *m.*
mimetic *a.* dynwaredol, efelychol, efelychiadol, mimetig.
mimetically *adv.* yn ddynwaredol *&c.*
mimetism *n. Nat.Hist:* dynwared *vn*, dynwarediaeth *f*, dynwaretedd *m.*
mimic[1] *a. & n.* **1.** *a.* dynwaredol. **2.** *n.* dynwaredwr (dynwaredwyr) *m*, dynwar|edwraig (dynwaredwragedd) *f.* ~ **wasp** *n. Ent:* gwenynen ddu (gwenyn duon) *f.*
mimic[2] *v.t.* dynwared, *N.W: occ:* gwat[w]ar, *S: occ:* watwar.
mimical *a.* dynwaredol.
mimicker *n.* dynwaredwr (dynwaredwyr) *m*, dynwar|edwraig (dynwaredwragedd) *f.*
mimicry *n.* dynwarediad *m*; *Biol:* dynwaretedd *m.*
miminy-piminy *a. F:* mursennaidd, misi, cysetlyd.
mimosa *n. Bot:* mimosa(-s, mimosâu) *m*, munudlys *m*, pren(-nau) (*m*) goglais.
mimulus *n. Bot:* blodyn (blodau) (*m*) mwnci.
Min *n. Ling:* Min *f, m.*
mina[1] *n. Num: Meas:* mina (minâu) *m.*
mina[2] *n. Orn: (Gracula religiosa):* maina(-od) *m*; **hill ~,** maina bach y mynydd.
minacious *a.* bygythiol.
minaciously *adv.* yn fygythiol.
minacity *n.* bygythiolrwydd *m*, bygythioldeb *m.*
minaret *n.* minarét(-s, minaretau) *m*, meindwr (meindyrau) *m.*
minatory *a.* bygythiol.
mince[1] *n. Cu:* briwfwyd(-ydd) *m*, briwdda *m*; *(meat):* briwgig *m*, cig mân *m*, *F:* mins *m.* ~ **pie** *n. Cu:* tarten(-ni) (*f*) Nadolig, teisen friwdda (teisennau briwdda), cacen (*f*) friwdda (cacennau/cacenni briwdda), pastai (pasteiod) (*f*) Nadolig, *F:* mins-pei(-s) *f*, mins-peien (~-peis) *f.*
mince[2] *v.t.* **1.** briwo, mân-friwo (rhth); torri (rhth) yn fân. **2.** *(always neg.):* **not to ~ matters, not to ~ one's words,** siarad yn blwmp ac yn blaen, siarad heb flewyn ar eich tafod, siarad heb hel dail, dweud y caswir. **3. to ~ [one's words],** siarad yn findlws/fursennaidd, dweud yn deg. **4.** *(= walk mincingly):* cerdded yn fân ac yn fuan, cerddetian, *N. W:* cerdded yn ffill-ffall/ffil-ffal, ffrwtian mynd.
mincemeat *n. Cu: (i)* briwgig, cig manfriw *m*; *(ii) (= mixed fruit):* briwfwyd [melys] *m*; *F:* **to make ~ of sth,** malu rhth yn chwilfriw, malu rhth yn dipiau mân *&c.*
mincer *n. Dom.Ec:* melin (*f*) gig (melinau cig), briwydd(-ion) *m*, peiriant (peiriannau) (*m*) briwo, briwell(-au) *f.*
mincing *a. (a) (speech):* mursennaidd, mindlws (*f.* mindlos, *pl.* mindlysion); *(b)* **to take ~ steps,** cerddetian, cerdded yn fursennaidd, *N. W:* cerdded yn ffill-ffall, cerdded yn ffil-ffal, *S: occ:* cerdded ar wyau.
mincingly *adv. (talk):* yn fursennaidd; **to walk ~,** cerddetian, cerdded yn fân ac yn fuan, cerdded yn ffill-ffall/ffil-ffal, ffill-ffallian, ffrwtian mynd.
mind[1] *n.* **1.** *(= remembrance):* cof *m*; **to bear/keep sth in ~,** dwyn/cadw/dal rhth mewn cof; **bear him in ~,** cofiwch amdano; **bear in ~ that she is only a child,** cofiwch nad yw hi ond plentyn; **to bring/[re]call sth to s.o.'s ~,** atgoffa rhn o rth, dwyn rhth i gof rhn, *S. W:* cofio rhn am rth; **to call sth to ~,** galw rhth i'ch cof, cofio rhth, cofio am rth, dwyn rhth ar gof; **to put s.o. in ~ of sth,** atgoffa rhn o rth; **out of sight, out of ~,** allan o olwg, allan o feddwl; angof pob absen; **(to go/pass) out of ~,** (mynd) yn angof, dros gof, i ebargofiant, i golli; **it went out of my ~,** mi anghofiais i amdano; fe aeth yn angof gennyf; fe'i gollyngais dros gof; *N. W:* mi gollyngais i o'n angof. **2.** *(a) (= opinion):* barn(-au) *f*, tyb *mf*, meddwl *m*, bryd *m*; **to give s.o. a piece/bit of one's ~,** dweud y drefn wrth rn, rhoi pryd o dafod i rn, ei rhoi hi i rn; **of the same ~,** *(= unanimous):* unfryd, unfrydol, cytûn, unfarn; **to be of the same ~ as s.o.,** bod o'r un farn/bryd â rhn, bod yn unfryd â rhn, cyd-fynd/cydsynio â rhn; **to my ~,** yn fy marn i, i'm tyb i, *occ:* i'm bryd i; **it takes my ~ off my work,** mae'n gwn|eud/peri imi anghofio am fy ngwaith; mae'n mynd â'm meddwl i oddi ar fy ngwaith; **nothing was farther from my ~,** 'doeddwn i'n meddwl am ddim o'r fath beth; 'doedd dim byd ymhellach o'm meddwl; *(b)* **to know one's own ~,** gwybod eich meddwl eich hun, bod yn sicr eich barn; **to make up one's ~ [to do sth],** penderfynu [gwneud rhth]; **to make up one's ~ to sth,** *(i) (= be resigned):* derbyn rhth, dygymod â rhth; *(ii) (= decide in favour of sth):* penderfynu o blaid rhth; **to be in two minds (about sth),** cloffi/bod rhwng dau feddwl (ynglŷn â rhth); **I must speak my ~,** rhaid imi ddweud fy meddwl; rhaid imi leisio fy marn; **to change/alter one's ~,** newid eich meddwl, ailfeddwl; **I have a [good] ~ to go,** mae arnaf awydd mawr mynd; mae arnaf flys/chwant mynd; **I have half a ~ to go,** mae arnaf hanner awydd/blys mynd; *occ:* mae un droed imi'n mynd; *N: F:* hidiwn i ddim â mynd; **I have no ~ to go,** nid oes arnaf awydd mynd; *O:* **those who have a ~ can go,** caiff y sawl sy'n dymuno fynd; *(c)* **to let one's ~ run upon sth,** meddwl am rth, myfyrio ar rth, myfyrio ynghylch rhth, hel meddyliau am rth; **to set one's ~ on sth,** rhoi'ch bryd/meddwl ar rth, *occ:* gweld eich gwyn ar rth; **I've set my ~ on going,** 'rwyf wedi rhoi fy mryd ar fynd; mae yn fy mryd fynd; 'rwy'n benderfynol o fynd; **his ~ turned to...,** aeth ei feddwl at...; **to give one's ~ to sth,** rhoi'ch meddwl ar rth, ymr|oi i rth; **to give one's whole ~ to sth,** rhoi'ch holl sylw i rth, rhoi'ch holl feddwl ar rth, canolbwyntio ar rth; **to keep one's ~ on sth,** rhoi'ch sylw i rth, cadw'ch meddwl ar rth; **(I have sth) in ~,** (mae gennyf rth) mewn golwg, dan sylw; **(to find sth) to one's ~,** (cael hyd i rth) wrth eich bodd, wrth fodd eich calon, sydd yn eich plesio. **3.** meddwl *m*; **state of ~,** cyflwr meddyliol *m*, cyflwr meddwl; **turn of ~,** meddylfryd *m*, tueddfryd *m*; **frame of ~,** hwyl *f*, hwyliau *pl*, agwedd (*f*) meddwl/feddwl, tymer (*f*) meddwl/feddwl; **peace of ~,** tawelwch (*m*) meddwl, *occ:* esmwythdra (*m*) enaid; *S.a.* **boggle. 4.** *(a) Phil: Psy:* meddwl *m*; **it comes to my ~ that...,** mae cof gennyf fod...; mae'n fy nharo i fod...; **she has sth on her ~,** mae rhth yn pwyso ar ei meddwl; mae ganddi ryw bryder; **to take s.o.'s ~ off his sorrow,** diddanu rhn, cysuro rhn [yn ei ofid/alar/drallod], mynd â meddwl rhn oddi ar ei loes; **easy in one's ~,** tawel eich meddwl; **uneasy in one's ~,** pryderus, anniddig, anesmwyth eich meddwl; **to set one's ~ to sth,** rhoi'ch bryd ar rth, ymr|oi i rth; **that is a weight off my ~,** dyna ryddhad; dyna un pryder yn llai; **to get an idea fixed in one's ~,** cymryd rhth yn eich pen, mynd i feddwl rhth; **put it out of your ~,** anghofiwch amdano; peidiwch â meddwl amdano; rhowch y peth o'ch meddwl; **I can't get it out of my ~,** ni allaf mo'i anghofio; mae'n wastad ar fy meddwl; **in the ~'s eye,** yn y meddwl, yn y dychymyg, yn [llygad] y meddwl; *(b)* **a noble ~,** enaid mawr/mawrfrydig *m*; *Prov:* **great minds think alike,** tebyg meddwl pob doeth; unfarn pob doeth. **5. to be out of one's ~,** bod yn wallgof *&c*; *See* **mad; to go out of one's ~,** drysu, gwallgofi, mynd o'ch cof, colli'ch pwyll, mynd yn wallgof; **to be in one's right ~,** bod yn eich iawn bwyll, bod yn eich synhwyrau, bod yn gall; **of sound ~, sound in ~,** yn eich iawn bwyll, yn iach eich meddwl, call, synhwyrol; **time out of ~,** ers cyn cof. **~-bending** *a.* seicedelig. **~-blower** *n.* **1.** cyffur(-iau) seicedelig *m.* **2.** *Fig:* syndod(-au) *m*, peth(-au) syfrdanol *m*, agoriad (*m*) llygad. **~-blowing** *a.* seicedelig. **~-boggling** *a.*

syfrdanol, aruthrol. **~-expanding** *a.* seicedelig. **~-picture** *n.* darlun(-iau) meddyliol *m.* **~-reader** *n.* darllenwr: darllenydd (darllenwyr) (*m*) meddwl/meddyliau. **~-reading** *vn.* darllen meddwl/meddyliau. **~-set** *n.* cyfeiriad (*m*) meddwl/meddyliau. **~-stuff** *n. Phil:* defnydd meddyliol *m.*

mind² *v.t.* **1.** cymryd sylw (o rth), dal (ar rth), malio (am rth, yn rhth), hitio: hidio (am rth, yn rhth); **never ~ her,** paid (peidiwch) â chymryd sylw ohoni hi; paid (peidiwch) â hidio dim ynddi hi; *Lit:* na hidia (hidiwch) [amdani] hi; *N: F:* hidia (hidiwch) befo hi; **never ~ that,** paid (peidiwch) â hidio am hynny; *S:* paid (peidiwch) â becso am hynny; *N.W:* hidia (hidiwch) befo [hynny]; *Lit:* na hidia (hidiwch) [am] hynny; **never ~ the money,** paid (peidiwch) â phoeni am y gost; *Lit:* na hidia'r gost (na hidiwch y gost); **~ my words!** gwrando di (gwrand|ewch chi) arnaf i! clyw di (clywch chi) fi! **~ you!** cofia di (cofiwch chi)! **2. ~ your own business!** paid (peidiwch) â busnesu! paid (peidiwch) â holi! *F:* meindia dy fusnes (meindiwch eich busnes)! **3. would you ~ shutting the door?** [a] wnewch chi gau'r drws? caewch y drws, wnewch chi? caewch y drws, da chi; a fyddech chi gystal â chau'r drws? *occ:* a fyddai'n rhywbeth gennych chi gau'r drws? **do you ~ coming?** [a] wnewch chi ddod? [a] oes gwahaniaeth/ots gennych chi ddod? **do you ~ if I open the window?** a gaf i agor y ffenestr gennych chi? a oes gwahaniaeth gennych os agoraf i'r ffenestr? **you don't ~ my keeping you waiting?** a oes ots gennych fy mod yn eich cadw chi? **you don't ~ my mentioning it?** fyddwch chi ddim dicach fy mod i'n sôn amdano? **if you don't ~,** os nad oes ots/gwahaniaeth gennych chi; **I don't ~ trying,** waeth gen i roi cynnig; *N:* [ni] hidiwn i ddim â rhoi cynnig; **I shouldn't ~ that,** mi fyddwn i'n hoffi hynny; ni byddai dim gwaeth gen i hynny; *F:* **I wouldn't ~ a cup of tea,** fe fyddai'n dda gen i gael cwpanaid/dysglaid o de; *P:* **(a glass of wine?) - I don't ~,** (gwydraid o win?) - pam lai, mi gymera' i, ni waeth gen i; **never ~ the consequences!** ni waeth beth fo'r canlyniadau! 'tae waeth am y canlyniadau! **never ~!** 'ta[e] waeth! pa wahaniaeth? paid (peidiwch) â becso/hidio! *N. W: occ:* hidia (hidiwch) befo! dim ots! pa ots? **I don't ~ (what people say),** [ni] waeth gen i, 'does dim ots gen i (beth ddywed pobl); **who minds what he says?** pa wahaniaeth gan neb [pa] beth a ddywed? pwy sy'n hidio [pa] beth mae'n ei ddweud? **I don't ~ the cold,** nid yw'r oerfel yn fy mhoeni i; nid yw'r oerfel yn mennu/tarfu arnaf i; ni waeth gen i am yr oerfel; **he doesn't ~ the expense,** nid yw'n malio dim am y gost; ni waeth ganddo am y gost; **I don't ~,** [ni] waeth gen i; 'does dim gwahaniaeth/ots gen i. **4.** *(= take care):* gofalu, cymryd gofal, gwylio, bod yn ofalus, ymorol, *S:* carco, carcu, *N:* tendio; **~ you're not late!** cofia (cofiwch) beidio â bod yn hwyr! paid di (peidiwch chi) â bod yn hwyr! gofala/ymorola nad wyt ti'n hwyr (gofalwch/ymorolwch nad ydych chi'n hwyr)! **~ you write to him!** gofala/cofia (gofalwch/cofiwch) 'sgrifennu ato! paid (peidiwch) ag anghofio 'sgrifennu ato! **~ what you're doing!** gwylia beth 'rwyt ti'n ei wneud! *N: F:* tendia beth 'rwyt ti'n ei wneud! **~ your language!** paid (peidiwch) â rhegi! gwylia d'araith (gwyliwch eich araith)! llai o'r iaith 'na! llai o'r rhegi 'na! **~ (you don't fall)!** gofala, cymer ofal, bydd yn ofalus (na chwympi/syrthi di)! *N: F:* tendia (rhag ofn iti syrthio)! **~ the step!** gwyliwch y gris! cymerwch ofal rhag y step! *S:* carcwch y step! *N: F:* tendiwch y step! **just you ~ out! ~ yourself!** gofala (gofalwch)! cymer(-wch) ofal! bydd(-wch) ofalus! *N. W: occ:* cymer di'r ofal (cymerwch chi'r ofal)! **~ away/out, ~ your backs!** o'r ffordd! saf (sefwch) draw! **5.** *(= care for):* gofalu (am rn); gwylio, gwarchod, *S:* carco (rhn); **to ~ the house,** gofalu am y tŷ; **to ~ a child,** gwarchod plentyn. **~-your-own business** *n. Bot:* **1.** *(Helxine soleirolii):* y pelydr lleiaf *m.* **2.** *(Saxifraga sarmentosa):* crwydryn llon *m,* mam (*f*) y miloedd.

minded *a.* **1.** *(a)* **if you are so ~,** os ydych chi'n teimlo felly, os dyna'ch dymuniad/bwriad/bryd chi, os ydych chi'n teimlo ar eich calon; *(with adv.):* **commercially ~,** â gogwydd at fasnach; **politically ~,** [â meddwl] gwleidyddol, â'ch bryd ar wleidyddiaeth, gwleidyddol eich bryd, â thuedd at wleidyddiaeth, â gogwydd at wleidyddiaeth. **2. -~,** *(with n. or a. prefixed):* -frydig, -fryd; **the book-~ public,** y cyhoedd llengar (*pronounced* ng-g); **broad-~,** eangfrydig, llydan eich meddwl; **feeble-~,** gwan eich meddwl; **generous-~,** haelfrydig; **healthy-~,** iach [eich meddwl]; **heavenly-~,** duwiolfrydig, nefolfrydig; **high-~,** uchelfrydig, uchelfryd; **liberal-~,** rhyddfrydig; **light-~,** ysgafnfryd, penysgafn, ysgafala, penchwiban, penwan; **like-~,** cytûn, cytunol, o'r un feddwl/fryd/anian/natur, o feddwl/fryd tebyg, o anian/natur debyg, o gyffelyb feddwl/fryd/anian; **two like-~ companions,** dau enaid hoff cytûn; **narrow-~,** cul [eich meddwl], culfrydig, culfarn; **small-~,** bychanfrydig, pitw, â meddwl bychan; **sober-~,** pwyllog, call, ystyriol, sobr, difrif; *S.a.* **able, absent.**

-mindedness *n.* -frydedd *m,*-frydigrwydd *m;* **like-~,** tebygrwydd (*m*) meddwl/bryd/anian, cyffelybrwydd (*m*) meddwl *&c.* **strong-~,** grym (*m*) cymeriad, ewyllys gref *f,* cryfder (*m*) meddwl/ewyllys, penderfyniad *m,* penderfynoldeb *m;* **narrow-~,** culni *m* [meddwl], meddwl cul *m,* culfrydigrwydd *m,* culfrydedd *m.*

minder *n.* gofalwr (gofalwyr) *m, occ:* gof|alwraig (gofalwragedd) *f;* *(of children):* gwarchodwr (gwarchodwyr) *m,* gwarch|odwraig (gwarchodwragedd) *f.*

mindful *a.* *(i) O: (= careful):* gofalus (o rth), *S:* carcus; **to be ~ of one's good name,** gofalu am eich enw da; **to be very ~ of sth,** bod yn dra ymwybodol (o rth), cadw rhth mewn cof; *in adv. phrases:* **~ of his need,** gan gofio'i angen, yn ymwybodol o'i angen; *(ii) (= considerate):* ystyriol, cofus (o rth).

mindfully *adv.* yn ofalus, yn ystyriol, yn garcus.

mindfulness *n.* gofal *m* (am rth).

mindless *a.* **1.** *O: (= careless):* difeddwl, diofal, esgeulus, anghofus, di-feind, di-hid, dihidio, dihitio (**of sth,** o rth). **2.** *(= unthinking):* hurt, disynnwyr, difeddwl, anystyriol, anfeddylgar; *(task):* difeddwl, undonog.

mindlessly *adv.* yn ddifeddwl *&c.*

mindlessness *n.* *(= carelessness):* diofalwch *m,* esgeulustod *m,* esgeulustra *m;* *(= stupidity):* hurtrwydd *m;* *(of task):* anfeddylgarwch *m,* undonedd *m.*

mine¹ *n.* **1.** *(of coal):* glofa (glof|eydd) *f,* pwll (pyllau) (*m*) glo, gwaith (gweithiau, gweithf|eydd, gweithydd) (*m*) glo; *(of other minerals):* cloddfa (cloddf|eydd) *f,* gwaith, mwnglawdd (mwngloddiau) *m,* mwynglawdd (mwyngloddiau) *m* (*both pronounced* ng-g); **a gold ~,** gwaith aur; *Fig:* mwynglawdd o aur; **open-cast ~,** mwnglawdd agored/brig; *(coal):* gwaith glo brig; **a ~ of information,** cloddfa o wybodaeth, trysorfa (*f*) o wybodaeth. **2.** *Mil:* ffrwydryn(-nau, ffrwydron) *m,* pelen(-ni) ffrwydrol *f,* mein(-iau,-s) *mf;* **to spring a ~, to touch off a ~,** tanio ffrwydryn; *Navy:* **contact ~,** ffrwydryn cyffwrdd; *S.a.* **land¹, limpet; floating ~,** ffrwydryn nofio; **ground ~,** ffrwydryn gwaelod. **~-detection** *n.* synhwyro (*vn*) ffrwydron, darganfod (*vn*) ffrwydron. **~-detector** *n.* synhwyrydd (synwyryddion) (*m*) ffrwydron. **~-shaft** *n. Min:* twll (tyllau) *m.* **~-thrower** *n. Mil:* taflwr (taflwyr) (*m*) ffrwydron. **~-yard** *n.* mwynlawr (mwynloriau) *m.*

mine² *v.t.&i.* **1.** *(a)* **to ~ [under] the earth,** tyrchu/turio/cloddio dan y ddaear, tyrchu'r/turio'r/cloddio'r ddaear; *(b) Mil: (a wall):* tanseilio; *(c) Mil: Navy:* **to ~ a field,** hau/gosod ffrwydron mewn cae. **2.** *Min:* **to ~ [for] coal,** cloddio am lo, codi glo.

mine³ *poss.pron. & poss.a.* **1.** *poss.pron.* fy un i, f'un i (fy rhai i), *Lit:* yr eiddof i; *(conjunctive):* f'un innau (fy rhai innau), *Lit:* yr eiddof innau; **this is ~,** fi biau hwn; fy un i yw hwn; **these are yours and those are ~,** dyma dy rai di a dacw fy rhai innau; **I took his book and ~,** cymerais ei lyfr ef a'm llyfr innau; **~ is a new department,** mae f'adran i yn un newydd; adran newydd yw f'adran i; **I like ~ better,** mae'n well gen i f'un i *or* fy rhai i; **the house became ~,** fi a gafodd y tŷ; daeth y tŷ'n eiddo i mi; **it's not ~ to decide,** nid fi biau penderfynu; **the choice is ~,** fi biau'r dewis; **(would you like to read) sth of ~?** (a hoffech chi ddarllen) rhth o'm gwaith i, rhth gen i? **(as he had no sugar) he asked for some of ~,** (gan nad oedd ganddo ddim siwgwr) gofynnodd a gâi ef beth o'm siwgwr/peth i, gofynnodd a gâi beth/dipyn gen i; **(as she had no stamps) she asked for some of ~,** (gan nad oedd ganddi ddim stampiau) gofynnodd am rai o'm rhai i, gofynnodd am rai gen i; **~ is a good one too,** mae f'un i yn un da hefyd; mae gen innau un da hefyd; **a friend of ~,** cyfaill imi, un o'm cyfeillion i; **a cousin of ~,** cefnder (*m*)/cyfnither (*f*) imi, un o'm cefndryd/cyfnitheroedd; **some friends of ~,** rhai o'm cyfeillion i, *F:* rhai o 'nghyfeillion i; **he's no friend of ~,** 'dyw ef ddim yn ffrind i mi; 'dyw ef ddim yn un o'm ffrindiau i; **that stupid son of ~,** y twpsyn o fab sydd gen i; **this pride of ~,** y balchder yna sydd ynof i; **is this hat ~?** [ai] fi biau'r het hon? ai fy het i yw hon? **it's no business of ~,** nid yw'n ddim busnes i mi; **it's no fault of ~,** nid fy mai i ydyw; nid fi sydd ar fai; **~ and hers,** fy eiddo i a'r eiddo hithau; **no effort of ~ could move it,** ni allai unrhyw ymdrech ar fy rhan i mo'i symud; **be ~!** bydd yn gariad/wraig imi! **2.** *poss.a. A:* **sweetheart ~,** f'anwylyd, *Poet:* yr anwylyd fau; *for* mau *See* **my**; **~ host,** y tafarnwr *m*, y gwestŷwr *m*.

minefield *n.* **1.** *Mil: Navy:* maes (meysydd) (*m*) ffrwydron. **2.** *Fig:* tir peryglus *m*.

minelayer *n.* gosodwr (gosodwyr) (*m*) ffrwydron; *Nau:* llong (*f*) osod ffrwydron (llongau gosod ffrwydron).

minelaying *vn.* gosod ffrwydron.

miner *n.* *(a) Min:* cloddiwr (cloddwyr) *m*, mwynwr (mwynwyr) *m*, mwngloddiwr (mwngloddwyr) *m*, mwyngloddiwr (mwyngloddwyr) *m* (*both pronounced* ng-g), *O:* mwnwr (mwnwyr) *m*; *(of coal):* glöwr (glowyr) *m*, torrwr (torwyr) (*m*) glo, *F:* colier(-s) *m*, meinar(-s) *m*; *(b) Mil:* ffrwydrwr (ffrwydrwyr) *m*; *(c) Ent:* turiwr (turwyr) *m*, pryf(-ed) (*m*) turio; *S.a.* **leaf**[1]. **~'s cramp** *n.* cramp (*m*) y mwynwyr.

Minera *W.Pl.n.* Y Mwynglawdd *m* (*pronounced* ng-g).

mineral *a. & n.* **1.** *a.* mwnol, *often, less correctly:* mwynol; **the ~ kingdom,** byd (*m*) y mwnau/mwynau, y deyrnas fwnol/fwynol *f*; **~ drink** diod fw[y]nol (diodydd mw[y]nol); *Husb:* **~ licks,** mw[y]nau llyfu; **~ oil,** petroliwm *m*; **~ salts,** halwynau mw[y]nol; **~ spring,** ffynnon fw[y]nol (ffynhonnau mw[y]nol) *f*; **~-water,** *(i) (in spa &c):* dŵr (dyfroedd) mw[y]nol; *(ii) (= soda water, pop &c):* diod feddal (diodydd meddal) *f*, diod soda, *N.W: occ:* diod bigog (diodydd pigog); **~ wax,** gwêr (*m*) mynydd. **2.** *n. (a)* mŵn (mwnau) *m*, *less correctly:* mwyn(-au) *m*; *(in coal mining):* glo *m*; *(b)* = **mineral water. ~ rights** *n.* hawliau (*pl*) cloddio.

mineralizable *a.* mwneiddiadwy.

mineralization *n.* mwneiddiad *m*.

mineralize *v.t.&i.* mwneiddio.

mineralogical *a.* mwnyddol.

mineralogist *n.* mwnyddwr (mwnyddwyr) *m*, mwnolegwr: mwnolegydd (mwnolegwyr) *m*.

mineralogy *n.* mwnyddiaeth *f*, mwnoleg *f*.

minestrone *n. Cu:* minestrone *m*.

minesweeper *n. Nau:* pysgotwr (pysgotwyr) (*m*) ffrwydron, llong (*f*) bysgota ffrwydron (llongau pysgota ffrwydron), llong ysgubo ffrwydron.

minesweeping *vn.* pysgota ffrwydron, ysgubo ffrwydron.

mineworker *n.* mwngloddiwr (mwngloddwyr) *m* (*pronounced* ng-g), mwynwr (mwynwyr) *m*; *(of coal):* glöwr (glowyr) *m*.

mingle *v.t.&i.* **1.** *v.t.* cymysgu. **2.** *v.i.* cymysgu, ymgymysgu.

mingy *a. F:* cybyddlyd, mên, crintachlyd, llawgaead, gorgynnil, llygad y geiniog, ewin-gyrraedd, *N.W: occ:* cŷn; *S.a.* **mean**[1].

mini *a. & n.* **1.** *a.* mini, bychan (*f.* bechan, *pl.* bychain). **2.** *n. (a) (car):* mini(-s) *m*, car (ceir) mini *m*; *(b) (skirt):* mini(-s) *f*, *N:* sgert fini (sgertiau mini) *f*, *S:* sgyrt fini (sgyrts mini). **~-floppy disc** *n. Cmptr:* disg llipa bychan (disgiau llipa bychain) *m*. **~-series** *n. T.V:* cyfres fer (cyfresi byrion) *f*. **~-skirt** *n.* = **mini 2** *(b)*.

miniate *v.t. Art:* lliwio (rhth) yn goch.

miniature *n. & a.* **1.** *n. Art:* m|iniatur (miniaturau) *m*; *(otherwise):* ffurf fechan (ffurfiau bychain) (*f*) (ar rth), *occ:* bychanig(-ion) (*m*) (o rth); **a Niagara in ~,** Niagara fach/fechan, Niagara ar raddfa fechan. **2.** *a.* bychan (*f.* bechan, *pl.* bychain), *occ:* bychanig, bychanigol; *Mus:* **~ score,** sgôr (*f*) boced (sgorau poced). **~ painter** *n.* miniaturwr (miniaturwyr) *m*.

miniaturist *n. Art:* mân-ddarluniwr (~-ddarlunwyr) *m*, miniaturwr (miniaturwyr) *m*.

miniaturization *n.* ffurf fechan (ffurfiau bychain) *f* (**of sth,** ar rth); *S.a.* **miniaturize**.

miniaturize *v.t.* lleih|au, bychanigo, miniaturo (rhth); gwn|eud (rhth) yn fychan iawn; **miniaturized version (of sth),** fersiwn fechan (fersiynau bychain) [iawn] *f*, *occ:* fersiwn boced (fersiynau poced) (o rth).

minibike *n.* beic(-iau,-s) mini *m*, m|inibeic(-s,-iau) *m*.

minibus *n.* m|inibws (minibysiau) *m*, m|inibys(-ys) *m*, *occ:* bŷs (bysys) bach *m*.

minicab *n.* cab bychan (cabiau bychain) *m*.

miniskirt *n. See* **mini 2.**

minicomputer *n. Cmptr:* minigyfrifiadur(-on) *m*.

minify *v.t.* bychanu, lleih|au, bychanigo.

minikin *n. & attrib.* **1.** *n.* corrach (corachod) *m*, eiddilyn (eiddilion) *m*. **2.** *attrib.* *(= small):* bychan (*f.* bechan, *pl.* bychain), pitw, eiddil; *(= affected):* mursennaidd.

minim *n.* **1.** *Mus:* minim(-au) *m*, nodyn (nodau) (*m*) hanner. **2.** *Meas:* diferyn (diferion) *m*. **3.** *(= down-stroke of pen):* coes(-au) *mf*.

minimal *a.* lleiaf, isaf [posibl], isafol, m|inimol, lleiafsymiol.

minimalism *n.* lleiafsymiaeth *f*.

minimalist *n.* lleiafsymiwr: lleiafsymydd (lleiafsymwyr) *m*.

minimally *adv.* [o] ychydig, fymryn.

minimization *n.* bychanu *vn*; *Cmptr:* minimeiddio *vn*; *Geog: Econ:* isafu; *Mth:* lleiafsymio.

minimize *v.t.* **to ~ the effect of sth,** lleih|au/lleddfu/gostwng effaith rhth.

minimizer *n.* bychanwr: bychanydd (bychanwyr) *m*, lleihäwr (lleihawyr) *m*.

minimum *n. & attrib.* **1.** *n.* y lleiaf [posibl] *m*, lleiafswm (lleiafsymiau) *m*, isafswm (isafsymiau) *m*, isafbwynt(-iau) *m*; *(of countable objects):* isafrif(-au) *m*, isafswm, isrif(-au) *m*; **(to reduce sth) to a ~,** (lleih|au rhth) gymaint ag a ellir, i'r lleiaf posibl, i'r eithaf; **to reach the ~,** cyrraedd yr isafbwynt; **with the ~ of delay,** gyda chyn lleied o oedi ag a ellir, mor gyflym ag sy'n bosibl, cyn gynted ag sy'n bosibl; **~ wage,** lleiafswm cyflog, isrif cyflog. **2.** *attrib.* lleiaf [posibl], isaf [posibl]; **~ care fabrics,** ffabrigau gofal lleiaf; **~ price,** pris isaf posibl *m*, isafbris(-iau,-oedd) *m*; *Mth:* **~ value,** isafwerth(-oedd) *m*; *Ph.* **~ thermometer** *n.* thermomedr(-au) (*m*) isafbwynt.

mining *vn. See* **mine**[2]. **~ bee** *n. Ent:* gwenynen (*f*) durio (gwenyn turio), cacynen (*f*) durio (cacwn turio). **~ engineer** *n.* peiriannydd (peirianwyr) mwngloddiol *m* (*pronounced* ng-g). **~ village** *n.* pentref(-i) glofaol *m*.

minion *n.* **1.** *A: or Hist:* ffefryn(-nau) *m*. **2.** *F: Iron:* gwas (gweision) bach *m*.

ministate *n. Pol:* miniwladwriaeth(-au) *f*, m|iniwlad (miniwledydd) *f*.

minister[1] *n.* **1.** gweinidog(-ion) *m*; *Pol:* **Prime M~,** Prif Weinidog; **M~ of State,** Gweinidog Gwladol; **a M~ of the Crown,** un o Weinidogion y Goron; **M~ without Portfolio,** Gweinidog heb Weinyddiaeth. **2.** *Hist:* **~'s account,** cyfrif (*m*) swyddwr (cyfrifon swyddwyr).

minister[2] *v.i.* *(a)* **to ~ to s.o., to ~ to s.o.'s needs,** gweini ar anghenion rhn, gofalu am anghenion rhn; *(b) Ecc:* **to ~ to a parish/church,** gweinidogaethu ar/i blwyf/eglwys, bod yn weinidog ar blwyf/eglwys; **to ~ to a chapel,** bugeilio capel, bod yn weinidog ar gapel.

ministerial *a.* **1.** *Pol:* gweinidogol. **2.** *Ecc:* gweinidogaethol, gweinidogol, offeiriadol, bugeiliol, bugeil[i]aidd; **~ student,** myfyriwr (myfyrwyr) diwinyddol *m*, myf|yrwraig ddiwinyddol (myfyrwragedd diwinyddol), ymgeisydd (ymgeiswyr) (*m*) am y weinidogaeth, *Joc:* cyw (*m*) pregethwr (cywion pregethwyr).

ministerially *adv.* **1.** *Pol:* yn weinidogol. **2.** *Ecc:* yn weinidogaethol *&c*.

ministering[1] *a.* cymwynasgar, gwasanaethgar; **~ angel,** angel (angylion) gwasanaethgar *m*.

ministering[2] *vn. See* **minister**[2].

ministrant *a. & n.* **1.** *a.* gweinyddol. **2.** *n.* gweinyddwr (gweinyddwyr) *m*.

ministration *n.* **1.** *(= aid):* cymorth *m*, gwasanaeth *m*, cymwynas(-au) *f*. **2.** *Ecc:* gweinidogaeth *f*; **to go about one's ministrations,** mynd o gwmpas eich gofalaeth (*f*), mynd ynghylch eich gofalaeth.

ministrative *a.* gwasanaethgar, cymwynasgar.

ministry *n.* **1.** *(a) Pol: (= government):* llywodraeth(-au) *f*, gweinyddiaeth(-au) *f*; *(b) (= government department):* gweinyddiaeth. **2.** *Ecc: (of church):* offeiriadaeth *f*; *(of chapel):* gweinidogaeth *f*. **3.** *Ecc:* llyfr(-au) (*m*) offeren.

minitrack *n.* m|initrac (minitraciau) *m*.

minium *n. Hist:* plwm coch *m*, mwyn coch *m*.

miniver *n. Cost:* ffwr gwyn *m*, mynfyr *m*.

mink *n.* minc(-od) *m*. **~ coat** *n. Cost:* côt (*f*) finc (cotiau minc).

minkery *n.* mincfa (mincf|eydd) *f*.

minnow *n. Ich: N:* crothell (crethyll) (*f*) y dom, sil(-od) (*m*) y dom, sili-don(-s) *m*, brithyll(-od) (*m*) y dom, *S:* pilcodyn (pilcod, pilcots) *m*, *occ:* pilcyn (pilcs) *m*, *S.W:* shilgotsyn (shilgots) *m*, sildyn(-nod) *m*; **a Triton among the minnows,** cawr ym mysg y corachod, *Poet:* Berwyn ymysg bryniau mân; **to catch minnows,** pilcota, dal crethyll/sili-dons *&c*.

Minoan *a. & n.* **1.** *a.* Minoaidd. **2.** *n.* Minoad (Minoaid) *m&f*.

minor[1] *a. & n.* **1.** a. *(a) (= lesser):* bychan (*f.* bechan, *pl.* bychain), bach; lleiaf, llai; **~ league,** cynghrair leiaf *mf*; **~ axis,** echelin leiaf *f*; **the ~ planets,** y planedau lleiaf, y planedau bychain; **Asia M~,** Asia Leiaf *f*; *Ecc:* **~ orders,** yr urddau lleiaf, yr is-urddau; **Friars M~,** y Brodyr Lleiaf; *(b) (= of little importance):* dibwys, distadl, dinod, eilradd, pitw; *(with n.pl.):* mân + *soft mut.*; *Ecc:* **~ canon,** is-ganon(-iaid) *m*; **~ poet,** bardd eilradd *m*; **~ poets,** mân feirdd; **of ~ interest,** o ychydig ddiddordeb, heb fod o fawr ddiddordeb; *Chess:* **~ piece,** darn(-au) dibwys *m*; **to play a ~ part,** chwarae rhan fechan; *Med:* **~ operation,** llawdriniaeth fechan *f*; **~ illnesses,** mân anhwylderau; **~ tranquillizer,** tawelyn(-nau) gwan *m*, tawelydd(-ion) gwan *m*; *(c) Log:* **~ term,** is-derm(-au) *m*; *(d) Mus:* **~ common chord,** cord(-iau) cyffredin lleiaf; **~ scale,** graddfa leiaf (graddf[eydd lleiaf) *f*; **~ key,** y cywair lleiaf, cywair lleddf *m*; **in A ~,** yn A leiaf; *(e) Sch:* **Jones ~,** Jones yr ieuengaf/ifengaf. **2.** *n.* *(a) Jur:* plentyn (plant) (*m*) dan oed; *(b) Mth: Ph:* minor(-au) *m*.

minor[2] *v.i. U.S:* **to ~ in sth,** astudio rhth fel pwnc atodol.

Minorca *Pr.n. Geog:* Minorca *f*, *occ:* Menorca *f*.

Minorcan *a. & n.* **1.** *a.* Minorcaidd, *occ:* Menorcaidd; **~ beaches,** traethau Minorca. **2.** *n.* Minorciad (Minorciaid) *m&f*, *occ:* Menorciad (Menorciaid) *m&f*.

Minoress *n.f. Ecc:* Chwaer Leiaf (Chwiorydd Lleiaf).

Minorite *n. Ecc:* Brawd (Brodyr) Lleiaf *m*.

minority *n. & attrib.* **1.** *n.* *(a) Pol: Mth: &c:* lleiafrif(-oedd) *m*; *(b) Jur:* minoriaeth *f*; **to be in one's ~,** bod dan oed; **age of ~,** oed lleiaf, oed minoriaeth. **2.** *attrib.* lleiafrifol.

Minotaur *n. Gr.Myth:* M|inotor *m*.

minster *n. Ecc:* **1.** *(= cathedral):* cadeirlan(-nau) *f*, eglwys gadeiriol (eglwysi cadeiriol) *f*. **2.** *(= church of monastery):* eglwys (*f*) mynachlog (eglwysi mynachlogydd), mynachlys(-oedd) *mf*, mynachlan(-nau) *f*.

minstrel *n.* **1.** *W.Lit:* clerwr (clerwyr) *m*, clerddyn(-ion) *m*, *Coll:* clêr *f*; **to wander like/as a ~,** *Lit:* clera. **2.** *Mus:* cerddor(-ion) *m*; **nigger minstrels,** cantorion duon/croenddu, *F:* cantorion blacs. **~-like** *a.* clerwraidd, yn null y glêr, clerwrol.

minstrelsy *n.* cerddoriaeth *f*, alawon *pl*; *W.Lit:* clerwriaeth *f*.

mint[1] *n.* **1.** bathdy (bathdai) *m*, bathfa (bathf[eydd) *f*; **fresh from the ~,** newydd sbon [danlli grai], newydd fflam; *(of medal, stamp, book &c):* **in ~ state/condition,** fel newydd, dilychwin, mewn cyflwr perffaith; **he's worth a ~ of money,** mae'n werth ffortiwn; mae'n graig o arian; *N.W: occ:* mae o fel clwch; **it's worth a ~ of money,** mae'n werthfawr iawn; mae'n werth ffortiwn; mae'n werth ei bwysau mewn aur; **to make a ~ of money,** gwneud pentwr/tocyn o arian, gwneud ffortiwn; **it costs a ~ of money,** mae'n costio ffortiwn. **2.** *Fig: (= source of invention):* ffynhonnell (ffynonellau) *f*, tarddiad(-au) *m*. **~-mark** *n.* bathnod(-au) *m*, nod (*m*) bathdy (nodau bathdy/bathdai). **~-master** *n.* bathfeistr(-i) *m*.

mint[2] *v.t.* **1.** bathu; **to ~ money,** *(i)* bathu arian, *occ:* cweinio arian; *(ii) Fig:* gwn|eud arian fel y gro *or* fel slecs *or* fel y mwg. **2.** *(word, expression &c):* bathu, creu, llunio, dyfeisio.

mint[3] *n. Bot: (Mentha):* mint *m*, *Lit:* mintys *m*; **apple-scented ~, lamb's ~, round-leaved ~, woolly ~,** *(M. rotundifolia):* mint[ys] crynddail, mint[ys] gwlanog; **corn ~,** *(i) (M. arvensis):* mint[ys] y maes, mint[ys] yr âr, mint[ys] yr ardir, mint[ys] yr ŷd, mint[ys] gwyllt; *(ii) (= calamint):* **horse ~,** *(M. longifolia):* marchfint[ys] *m*, mint[ys] y march; **large apple ~,** *(M. villosa):* mint[ys] lletgrwn, mint[ys] gwlanog; **marsh ~, whorled ~,** *(M. verticillata):* mint[ys] y gors, mint[ys] troellog; **narrow-leaved ~,** *(M. gentilis):* mint[ys] culddail; **round-leaved ~,** *(M. suaveolens):* mint[ys] deilgrwn; **tall red ~,** *(M. smithiana):* mint[ys] coch; **water ~,** *(M. aquatica):* mint[ys] y dŵr, mint[ys] blewog; *S.a.* **peppermint, spearmint. ~ bush** *n. Bot:* llwyn(-i) (*m*) mint. **~ flower** *n. Bot:* blodyn (blodau) (*m*) mint. **~ sauce** *n.* saws (*m*) mint, *F:* mint-sôs *m*. *S.a.* **imperial, julep.**

mintage *n.* **1.** bathiad(-au) *m*, *occ:* cweiniad(-au) *m*. **2.** *(= tax):* bathdal *m*.

mintcake *n. Comest:* minceg *m*.

minted *a.* bath, bathedig, bathol; **~ money,** arian bath *m*.

minter *n.* bathwr: bathydd (bathwyr) *m*.

minting-press *n.* gwasg (*f*) fathu (gweisg bathu).

minty *a.* â blas mint, mintlyd, mintiog.

minuend *n. Mth:* m|inw[i]end (min[i]wendau) *m*.

minuet *n. Danc:* min[i]wét(-s, min[i]wetau) *mf*.

minus *prep., a. & n.* **1.** *prep.* a thynnu, namyn; **ten ~ eight leaves two,** mae deg namyn wyth yn gadael dau; mae deg a thynnu wyth yn gadael dau; mae deg tynnu wyth yn gadael dau; *F: (= without):* heb + *soft mut.*; **he ran off ~ his hat,** rhedodd i ffwrdd heb ei het. **2.** *a.* minws, negyddol; *Mth:* **~ [sign],** arwydd(-ion) (*m*) lleihad, arwydd tynnu, minws *m*; **~ quantity,** maint negyddol *m*. **3.** *n.* *(a) El:* minws (minysau) *m*, negyddol(-ion) *m*; *(b) Fig: (disadvantage):* anfantais (anfanteision) *f*. **~ sign** *n. Mth:* arwydd(-ion) (*m*) lleih|au/tynnu.

minuscular *a.* mân-lythrennog.

minuscule *a. & n.* **1.** *a.* bychan (*f.* bechan, *pl.* bychain) iawn, bychanigol; *(manuscript):* mân-lythrennog. **2.** *n.* llawysgrif fân-lythrennog (llawysgrifau mân-lythrennog) *f*, llawysgrif llaw fân.

minute[1] *n.* **1.** munud(-au) *N: m, S: f, S.W: occ:* muned *f*; *always f in the expression* **at the last ~,** ar y funud olaf; **it's twenty minutes from the station,** mae'n waith ugain munud o'r orsaf; **a ~'s rest,** hoe fach *f*, pum munud bach *m*, saib *m*, seibiant *m*, *M.W:* gwynt bach *m*; **wait a ~!** aros di (arhoswch chi) eiliad/funud! *S:* saf (sefwch) funud fach! *N: F:* dal dy wynt! (daliwch eich gwynt)! **(she has come in) this [very] ~,** (mae hi newydd ddod i mewn) y funud hon, y munud yma; **(he was here) a ~ ago,** ('roedd ef yma) funud yn ôl, gynnau fach; **(I'll come) in a ~,** (mi fydda' i yna) mewn munud, yn y munud, ymh|en munud; **I shan't be a ~,** dim ond munud/eiliad fydda' i; fydda' i fawr o dro; **on the ~, to the ~,** yn brydlon iawn, i'r funud; **he arrived at nine to the ~,** cyrhaeddodd am naw o'r gloch ar ei ben; **I expect him any ~,** 'rwyf yn ei ddisgwyl unrhyw funud; **I'll send him to you the ~ [that] he arrives,** byddaf yn ei anfon atoch cyn gynted ag y daw; **every ~ of the day,** bob munud awr; **up to the ~,** diweddar, diweddaraf; **at the ~,** ar hyn o bryd. **2.** *Geom: Astr:* munud(-au) *mf*. **3.** *(= draft):* braslun(-iau) *m*. **4.** *(of meeting):* cofnod(-ion) *m*; **to make a ~ of sth,** cofnodi rhth; **treasury ~,** memorandwm (memoranda) (*m*) trysorlys. **~-book** *n.* llyfr(-au) (*m*) cofnodion. **~-gun** *n.* dryll(-iau) (*m*) munud. **~-hand** *n.* bys(-edd) mawr *m*, *occ:* bys hir, bys munud. **~-man** *n. U.S: Hist:* milwr (milwyr) parod *m*. **~-mark** *n.* arwydd(-ion) (*m*) munud. **~ steak** *n.* stecen (stêcs) sydyn *f*. **~ timer** *n.* cloc(-iau) (*m*) munudau.

minute[2] *v.t.* **1.** *(a meeting):* cofnodi. **2.** **to ~ s.o.,** hysbysu rhn, anfon cofnod/memorandwm at rn.

minute[3] *a.* **1.** bach, bychan (*f.* bechan, *pl.* bychain); *with n.pl.* mân- + *soft mut.*; **the minutest particulars,** y manylion/manion lleiaf. **2.** *(= detailed):* manwl, manwl gywir.

minutely *adv.* **1.** [o] ychydig, [o] fymryn; **it differs ~,** mae fymryn/ychydig yn wahanol. **2.** yn fanwl; **I examined it ~,** archwiliais ef yn fanwl.

minuteness *n.* **1.** *(of difference, size):* bychander *m*. **2.** *(of examination):* manyldeb *m*, manylder *m*, manwl gywirdeb *m*.

minutia *n.* manylyn (manylion) *m*.

Minwear *W.Pl.n.* Mynwar *m*.

minx *n.f.* maeden(-nod), hoeden(-nod), hoeten(-nod), cenawes fach (cenawesau bach), ffriten(-nod), jaden(-nod), sopen(-nod), *N: F:* sili-ffrit(-s), jili-ffrit(-s), ffifflen (ffifflod).

Miocene *a. & n. Geol:* **1.** *a.* Mïosen, Mïosenaidd. **2.** *n.* y cyfnod Mïosen/Mïosenaidd *n*.

miosis *n. Med:* gorgrebachiad *m*, miosis *m*.

miotic *a. Med:* gorgrebachlyd, miotig.

mir *n. Hist:* pentref(-i) *m*.

mirabelle *n.* **1.** *Hort:* **~ [plum],** eirinen felen (eirin melyn) *f*, ***mirabelle(-s)*** *f*. **2.** *Dist:* ***mirabelle*** *mf*.

miracidium *n. Biol:* mirasidiwm (mirasidia) *m*.

miracle *n. & attrib.* **1.** gwyrth(-iau) *f*, *Poet: occ:* miragl(-au) *m*; **by a ~,** trwy [ryw] wyrth, yn wyrthiol. **2.** *attrib.* gwyrthiol; **~ cure,** *(i)* gwellhad gwyrthiol *m*; *(ii) (= medicine):* meddyginiaeth wyrthiol (meddyginiaethau gwyrthiol) *f*; **~ drug,** cyffur(-iau) gwyrthiol *m*. **~ play** *n. Lit:* miragl(-au) *m*, drama (*f*) firagl (dramâu miragl), *Lit: occ:* gwyrthchwarae(-on) *m*. **~ fruit** *n. Bot:* ffrwyth(-au) gwyrthiol *m*.

miraculous *a.* gwyrthiol; *Bot:* **~ berry,** aeronen wyrthiol (aeron gwyrthiol) *f.*
miraculously *adv.* yn wyrthiol, trwy wyrth.
miraculousness *n.* gwyrthioldeb *m.*
mirador *n.* m|irador (miradorau) *m.*
mirage *n.* rhith(-iau) *m,* lledrith(-iau) *m,* geurith(-iau) *m,* rhitholygfa (rhitholygf|eydd) *f,* rhithlun(-iau) *m.*
mire[1] *n.* **1.** = **bog[1] 1. 2.** *(= mud):* llaid *m,* llaca *m,* baw *m*; *Fig:* **in the ~,** mewn trafferth, mewn picil.
mire[2] *v.t.* **1. to be mired,** bod mewn trafferth/picil. **2.** *(= defile):* baeddu, maeddu, bryntu, llychwino.
mirepoix *n. Cu:* ***mirepoix*** *m.*
mirror[1] *n.* drych(-au) *m, F:* glàs (glasys) *m.* **~ canon** *n. Mus:* drychganon(-au) *fm.* **~ carp** *n. Ich:* carp(-iaid) gloyw *m,* cerpyn (carpiaid) gloyw *m.* **~ fugue** *n. Mus:* ffiwg (*f*) ddrych (ffiwgiau drych). **~ image** *n.* drych-ddelwedd(-au) *f,* adlewyrchiad(-au) *m,* llun(-iau) (*m*) mewn drych. **~ style** *n. Archeol:* arddull (*fm*) drych. **~ symmetry** *n.* cymesuredd (*m*) drych, drychgymesuredd *m.* **~ writing** *vn.* ysgrifen (*f*) o chwith, drychysgrifen *f,* drychysgrifennu *vn.*
mirror[2] *v.t.* adlewyrchu.
mirrorlike *a.* drychaidd, fel drych.
mirth *n.* chwerthin *vn,* afiaith *m,* hwyl *f,* digrifwch *m,* miri *m,* rhialtwch *m.*
mirthful *a.* llon, llawen, afieithus, hwyliog.
mirthfulness *n.* llawenydd *m,* afiaith *m,* hwyl *f.*
mirthless *a.* aflawen, trist, prudd, lleddf, di-hwyl, digalon.
mirthlessly *adv.* yn aflawen *&c.*
mirthlessness *n.* aflawenydd *m.*
miry *a.* lleidiog, bawlyd.
mis- *pref. usu.* cam- + *soft mut.*
misadventure *n.* anffawd (anffodion) *f,* an[h]ap(-au,-on) *mf,* anlwc *fm,* amryfusedd(-au) *m,* aflwydd(-ion) *m,* damwain (damweiniau) *f*; *Jur:* **through ~,** trwy anffawd, yn ddamweiniol; **death by ~,** marwolaeth trwy anffawd.
misalign *v.t.* camlinellu, camosod, camleoli.
misaligned *a.* camosodedig, camleoledig, allan ohoni.
misalignment *n.* camlinelliad(-au) *m,* camosodiad(-au) *m,* camleoliad(-au); *vn.* = **misalign.**
misalliance *n.* camgyfathrach(-au) *f*; *(marriage):* cambriodas(-au) *f.*
misallocate *v.t.* camrannu, camddosbarthu.
misallocation *n.* camraniad(-au) *m,* camddosbarthiad(-au) *m.*
misanthrope *n.* casäwr (casawyr) (*m*) dynolryw, casawraig (*f*) dynolryw, dyngasäwr (dyngasawyr) *m,* dyngasawraig *f* (*both pronounced* ng-g).
misanthropic[al] *a.* dyngasäol (*pronounced* ng-g), annyngar (*pronounced* ng-g).
misanthropically *adv.* yn ddyngasäol *&c* (*pronounced* ng-g).
misanthropist *n.* dyngasäwr (dyngasawyr) *m,* dyngasawraig *f* (*both pronounced* ng-g), casäwr (casawyr) (*m*) dynol ryw, casawraig (*f*) dynol ryw, dyn(-ion) (*m*) casáu pobl, merch(-ed) (*f*) casáu pobl.
misanthropy *n.* dyngasedd *m* (*pronounced* ng-g).
misapplication *n.* camddefnydd *m* **(of sth,** ar rth); camgymhwysiad (camgymwysiadau) *m* (o rth); *vn.* = **misapply.**
misapplied *a.* camddefnyddiedig, camgymwysedig, ofer, di-fudd, seithug.
misapply *v.t.* camddefnyddio, camgymhwyso.
misapprehend *v.t.* camddeall.
misapprehension *n.* camddealltwriaeth(-au) *f,* camddeall *vn,* camsyniad(-au) *m,* camgymeriad(-au) *m,* camargraff(-au) *f*; **to be under a ~,** camddeall, bod dan gamargraff.
misapprehensive *a.* camddeallus, camddeallgar, camsyniol.
misapprehensively *adv.* yn gamddeallus *&c.*
misappropriate *v.t.* camddefnyddio.
misappropriation *n.* camddefnydd *m* **(of sth,** ar/o rth).
misbecome *v.t. O:* **it misbecomes you,** nid yw'n gweddu ichwi.
misbecoming *a.* amhriodol.
misbegotten *a.* **1.** *(child):* anghyfreithlon. **2.** *F: (= contemptible):* diwerth, da i ddim, llywaeth, *N.W: occ:* m|aliffwt.
misbehave *v.t.* camymddwyn, *F:* camfihafio, cambihafio.
misbehaver *n.* camymddygwr (camymddygwyr) *m,* camymdd|ygwraig *f, F:* camfihafiwr (camfihafwyr) *m,* camfih|afwraig *f,* bachgen (bechgyn) drwg/afreolus *m,* merch(-ed) afreolus *f.*
misbehaviour *n.* camymddygiad *m,* camymddwyn *vn.*
misbelief *n.* geugred(-au) *f,* camgoel(-ion) *f,* camgred(-au) *f,* camdybiaeth(-au) *f,* cam-dyb (camdybiau) *mf,* geudyb(-iau,-iadau) *mf,* camgrediniaeth *f.*
misbelieve *v.t.&i.* camgoelio, camgredu.
misbeliever *n.* camdybiwr (camdybwyr) *m,* camgredwr (camgredwyr) *m,* camgoeliwr (camgoelwyr) *m,* geugredwr (geugredwyr) *m.*
misbrand *v.t.* camalw, camenwi, camnodi, camgyhuddo (rhn); galw/cyhuddo (rhn) ar gam; **he was misbranded a traitor,** galwyd ef ar gam yn fradwr.
miscalculate *v.t.&i.* **1.** *v.t.* *(= sum &c):* camgyfrif, camrifo, camfwrw, camgymryd. **2.** *v.i.* **to ~ (about sth),** camgymryd, gwn|eud camgymeriad (yngh|ylch rhth).
miscalculation *n.* camgymeriad(-au) *m,* camgyfrifiad(-au) *m*; *vn.* = **miscalculate.**
miscall *v.t.* **1.** *(= name wrongly):* camenwi, camalw. **2.** *(= insult):* difenwi, enllibio, sarh|au.
miscarriage 1. *(of letter &c):* camgludiad *m,* camgludo *vn,* colled (-ion) *f,* colli *vn.* **2.** *(a) (of scheme &c):* methiant (methiannau) *m,* aflwyddiant (aflwyddiannau) *m*; *(b) Jur:* **~ of justice,** camwedd(-au) *m,* camweinyddiad(-au) (*m*) cyfiawnder. **3.** *Med:* erthyliad(-au) [naturiol] *m,* camesgoriad(-au) *m,* colli (*vn*) plentyn.
miscarry *v.i.* **1.** *(of letter):* mynd ar goll, mynd ar gyfeiliorn. **2.** *(of scheme):* methu, aflwyddo, bod yn aflwyddiant/aflwyddiannus, *F:* mynd yn ffliwt, mynd i'r gwellt. **3.** *Med:* erthylu['n naturiol], camesgor, colli plentyn.
miscarrying *a. Med:* camesgorol.
miscast *v.t.* **1.** *(accounts):* camgyfrif. **2.** *Th:* camgastio.
miscegenation *n.* hilgymysgedd *m,* rhyngfridio *vn,* croeshilio *vn.*
miscegenational *a.* hilgymysgol, rhyngfridiol, croeshiliol.
miscellanea *n.* amrywiaeth *f,* amrywion *pl,* amrywiol bethau *pl*; *(as title):* "amrywiol", "amryw", "cell gymysg", "hyn a'r llall".
miscellaneous *a.* amrywiol, amryfath.
miscellaneously *adv.* yn amrywiol *&c.*
miscellaneousness *n.* amrywiaeth *f,* amrywioldeb *m.*
miscellanist *n.* amrywiaethwr: amrywiaethydd (amrywiaethwyr) *m.*
miscellany *n.* **1.** cymysgwch *m,* cymysgedd(-au) *mf,* cymysgfa (cymysgfâu) *f,* amrywiaeth(-au) *f, Lit: occ:* cell gymysg (celloedd cymysg) *f, S:* cwdyn (*m*) y saint. **2.** *Lit: (a) pl.* **miscellanies,** amrywion; *(b) (= collection):* casgliad(-au) amrywiol *m,* amrywiaeth; **a ~ of poems,** cerddi amrywiol *pl, occ:* amrywiol ganiadau.
mischance *n.* **1.** *(= bad luck):* anlwc *f,* anffawd (anffodion) *f.* **2.** *(= accident):* an[h]ap(-au,-on) *mf,* damwain (damweiniau) *f,* anffawd (anffodion) *f,* aflwydd(-ion) *m,* ansiawns *m.*
mischief *n.* **1.** *(a) (= harm):* drwg (drygau) *m,* drygau *pl,* drygioni *m,* niwed (niweidiau) *m,* anfadrwydd *m,* dihirwch *m,* ysgelerder(-au) *m*; *Jur:* **public ~,** drygau cyhoeddus; **to do (s.o.) a ~,** gwneud niwed (i rn); niweidio (rhn); *N: F:* andwyo, hambygio (rhn); **to mean ~,** bwriadu drwg, bod â bwriad drwg; *(b) (= ill-feeling):* cynnen *f,* helynt *f*; **to make ~,** gwneud drwg, codi/creu helynt; **to make ~ between two people,** tynnu dau ym mhennau ei gilydd, gyrru dau yn benben, creu helynt/cynnen rhwng dau, *occ:* gyrru rhwng dau, *S.W:* hala rhwng dau. **2.** *(a) (= malice):* malais *m,* drygioni *m,* cythreuligrwydd *m,* cythreuldeb *m,* diawlineb *m*; *(b) (of child):* direidi *m*; **out of pure ~,** *(i)* o ran malais pur; *(ii) (of child):* o ran direidi; *(c) (= trouble):* helynt(-ion) *f,* trafferth(-ion) *f*; **he is always getting into ~,** mae byth a hefyd yn mynd i helynt/drafferth; mae byth a hefyd yn gwneud drygau; **(to keep s.o.) out of ~,** (atal/cadw rhn) rhag gwneud drygau, rhag mynd i helynt; **he is up to [some] ~,** mae'n gwneud drygau/drygioni; mae ar ryw berwyl drwg; *N: F:* mae'n gwneud rhyw fisdimanars; *(d)* **eyes full of ~,** llygaid direidus, llygaid llawn direidi. **3.** *(= child):* **little ~,** mawrddrwg (*pronounced* mwrddrwg) *m,* ellyll(-on) bach *m,* coblyn(-nod) bach *m,* bwbach(-od) bach *m,* cenau (cenawon) bach *m,* cnaf(-on) bach *m.* **4. where the ~ have you been?** ble gebyst/gythgam/gythraul y buost ti? **~-maker** *n.*

cynhennwr (cynhenwyr) *m*, cynh|enwraig (cynenwragedd) *f*, cwd (*m*) y gynnen.
mischievous *a.* **1.** *(pers.):* maleisus, drwg, drygionus; *(thing):* niweidiol, andwyol. **2.** *(child):* direidus, drwg; **as ~ as a monkey,** mor ddireidus â mwnci.
mischievously *adv.* **1.** yn faleisus. **2.** yn ddireidus.
mischievousness *n.* = **mischief.**
mischmetall *n.* cymysgfetel *m*, ***mischmetall*** *m.*
miscibility *n.* cymysgadwyedd *m.*
miscible *a.* cymysgadwy.
misclassification *n.* camddosbarthiad(-au) *m*, camddosbarthu *vn.*
misclassify *v.t.* camddosbarthu.
miscommunicate *v.t.* camgyfl|eu, camfynegi.
miscommunication *n.* camgyfl|eu *vn*, camgyflead(-au) *m*, camfynegiant (camfynegiannau) *m*, camfynegi *vn.*
misconceive *v.t.* camddeall, camamgyffred (rhth); camdybio, camsynio (am rth).
misconceiver *n.* camddeallwr (camddeallwyr) *m*, camsyniwr (camsynwyr) *m.*
misconception *n.* camdybiaeth(-au) *f*, camsyniad(-au) *m*, syniad(-au) anghywir *m*, camddealltwriaeth(-au) *f.*
misconduct[1] *n.* **1.** *(of business):* camweinyddiad *m*, camweinyddu *vn*, camreolaeth *f*, camreoli *vn* (**of sth,** ar rth). **2.** *(of pers.):* camymddygiad(-au) *m*, camymddwyn *vn.*
misconduct[2] *v.t.* **1.** *(business &c):* camweinyddu, camreoli. **2.** *O:* **to ~ oneself,** camymddwyn.
misconstruction *n.* camddehongliad (camddeongliadau) *m.*
misconstrue *v.t.* camddehongli, camddeall, camddirnad.
miscopy *v.t.* camgopïo.
miscount[1] *n.* camgyfrifiad(-au) *m*, camgyfrif(-on) *m.*
miscount[2] *v.t.* camgyfrif, camfwrw, camrifo.
miscreant[1] *n.* pechadur(-iaid) *m*, troseddwr (troseddwyr) *m*, dyn(-ion) drwg *m*, drwgweithredwr (drwgweithredwyr) *m*, dihiryn (dihirod) *m*, adyn(-od) *m*, cnaf(-on) *m*; *S.a.* **churl.**
miscreant[2] *a.* drwg, drygionus, cnafaidd, diffaith.
miscreate *v.t.* cam-greu.
miscreation *n.* camgread *m*, cam-greu *vn.*
miscue[1] *n.* *Bill:* camdrawiad(-au) *m*; **you had a ~ there,** fe'i methaist ti hi yn fanna; fe gest gaff/gam gwag yn fanna.
miscue[2] *v.i.* *Bill:* camdaro, camgiwio.
misdate *v.t.* camddyddio.
misdeal[1] *n.* *Cards:* camraniad(-au) *m.*
misdeal[2] *v.t.* *Cards:* camrannu.
misdeed *n.* trosedd(-au) *m*, camwedd(-au) *m*, drwgweithred(-oedd) *f*, camymddygiad(-au) *m.*
misdeem *v.t.* camfarnu.
misdemeanant *n.* **1.** *Jur:* mân-drosedd(-au) *m.* **2.** *F:* = **misdeed.**
misdemeanour *n.* camymddygiad *m.*
misdescribe *v.t.* camddisgrifio.
misdescription *n.* camddisgrifiad(-au) *m.*
misdiagnose *v.t.* camddehongli.
misdiagnosis *n.* camddehongliad (camddeongliadau) *m*, camddiagnosis(-au) *m*, camddehongli *vn.*
misdirect *v.t.* **1.** *(letter):* camgyfeirio. **2.** *(blow &c):* camanelu, camgyfeirio. **3.** *(business &c):* camweinyddu, camreoli. **4.** *(inquirer, jury):* camarwain, camgyfeirio.
misdirection *n.* **1.** *(on letter):* cyfeiriad(-au) anghywir *m*, camgyfeiriad(-au) *m.* **2.** *(= erroneous information):* camarweiniad(-au) *m*, camgyfeiriad(-au) *m*; *S.a.* **misdirect.**
misdo *v.t.* gwn|eud (rhth) yn anghywir.
misdoing *n.* = **misdeed.**
misdoubt *v.t.* amau.
mise *n.* **1.** *Hist:* cytundeb(-au) *m*, meis(-iau) *m*; **church ~,** treth (*f*) eglwys. **2.** **~ *en scène*,** *(of play):* golygf|eydd *pl*; *Fig:* *(of event):* lleoliad(-au) *m.*
miseducate *v.t.* camaddysgu (rhn), addysgu (rhn) yn wael.
miseducation *n.* camaddysg *f*, addysg wael *f.*
miser *n.* cybydd(-ion) *m*, cribiniwr (cribinwyr) *m*, cybyddes(-au) *f*, *F:* Siôn (*m*) llygad y geiniog, crimp(-iau) *m*, crimpyn *m*, crimpen *f*, cribin *m*, *N: F:* cỳb: cybi *m*, hen gỳb/gybi, croengi *m* (*pronounced* ng-g), cỳn *m*, un (rhai) cynnil *m*, *S.E: F: occ:* crab(-s) *m*, crebyn *m*, crafanc (crafangau) *m*, sgriw *mf*, hen gob(-iau,-s) *m*, Cardi(-s) *m*, sgrimpyn *m*, twrchyn *m*, *S.W: occ:* sgrwbyn *m*, cletshyn *m*, crabyn: crebyn *m*, craben *f*, crabiniwr (crabinwyr) *m*, *N: E:* cledwr (cledwyr) *m*, cledryn *m*, cledren *f*, *Lit: occ:* cerlyn(-od) *m*, crinwas (crinweision) *m.*
miserable *a.* **1.** *(pers.):* *(a)* *(= unfortunate):* truan, truenus, anffodus; *(b)* *(= unhappy):* digalon, prudd, trist. **2.** *(a)* *(condition):* truenus, gresynus, digalon; *(b)* *(= poor):* tlodaidd, llwm (*f.* llom, *pl.* llymion); **what ~ weather!** am dywydd diflas! dyma dywydd digalon! **a ~ hovel,** hofel druenus/dlodaidd/lom. **3.** *(pay &c):* pitw, tila, truenus.
miserableness *n.* **1.** *(of condition &c):* truenusrwydd *m.* **2.** = **misery 1.**
miserably *adv.* yn druenus *&c.*
misère *n.* *Cards:* ***misère*** *mf.*
miserere *int.* & *n.* **1.** *int.* trugarh|a [wrthyf *&c*]. **2.** *n.* *Mus:* miserere(-s) *m.*
misericord *n.* **1.** *Ecc:* mis|ericord (misericordiau) *m.* **2.** *(dagger):* bidogan(-au) *f.*
miserliness *n.* cyb|ydd-dod *m*, cyb|ydd-dra *m*, cybyddiaeth *f*, crintachrwydd *m*, gorgynildeb *m.*
miserly *a.* cybyddlyd, crintachlyd, crintach, llawgaead, *F: occ:* tyn[n], clòs, mên, *N.W: F:* hafing, di-roi, cethin, cwta, cỳn *N.W: & S.W: occ:* glew, *S.W:* crabachlyd.
misery *n.* **1.** *(= suffering):* dioddefaint (dioddefiannau) *m*, poen(-au) *mf*, gofid(-iau) *m*, trallod(-ion) *m*; **to put an animal out of its ~,** rhoi anifail o'i boen, *S.W:* gwaredu anifail; *Fig:* **to put s.o. out of his ~,** rhoi pen ar boenau/bryderon rhn. **2.** *(of living conditions &c):* truenusrwydd *m*, trueni *m*, adfyd *m.* **3.** *(pers.):* cwynwr (cwynwyr) *m*, c|wynwraig *f*, ceintachwr (ceintachwyr) *m*, ceint|achwraig *f*, grwgnachwr (grwgnachwyr) *m*, grwgn|achwraig *f*, *S.W:* conachyn *m*, conyn *m*, conen *f*, *N:* swnyn(-nod) *m*, swnen(-nod) *f*; **don't be such a ~!** paid â chwyno/thuchan/swnian gymaint! paid ag achwyn gymaint! taw â dy gwyno *&c*! *S:* gad dy gonan! **he's a real ~,** *S:* mae e fel gafar wanwyn. **~-guts** *n.* = **3.** *above.*
misesteem *v.t.* camfesur, camfarnu.
misestimate *v.t.* camamcangyfrif (*pronounced* ng-g).
misestimation *n.* camamcangyfrif(-on) *m* (*pronounced* ng-g).
misfeasance *n.* *Jur:* camwneuthuriad *m*, camweithrediad(-au) *m.*
misfeasor *n.* camweithredwr: camweithredydd (camweithredwyr) *m.*
misfile *v.t.* camffeilio (rhth), ffeilio (rhth) yn anghywir, rhoi (rhth) yn y ffeil anghywir.
misfire[1] *n.* **1.** *Sm.a: Artil: I.C.E:* camdaniad(-au) *m*, camdanio *vn.* **2.** *Min:* camdaniad, camdanio, ffaeliad(-au) *m.*
misfire[2] *v.i.* *(a)* *I.C.E:* camdanio; *(b)* *(of joke, plan &c):* methu['n llwyr], mynd o chwith.
misfit *n.* **1.** *(= garment):* gwisg(-oedd) anaddas *f*, gwisg nad yw'n ffitio. **2.** *(pers.):* rhn (rhai) anaddas, misffit(-iaid) *m&f*; **[social] misfits,** pobl anaddas *f or pl*; **he's a ~ everywhere,** nid yw byth yn gartrefol yn unman. **3.** *Geog:* **~ river,** afon(-ydd) afrwydd *f.*
misfortune *n.* anlwc *f*, anffawd (anffodion) *f*, an[h]ap(-au,-on) *mf*, aflwydd *m*, helynt(-ion) *f*, trallod(-ion) *m*, *S.W: occ:* habsi *f*; **misfortunes never come singly,** an[h]ap ni ddaw ei hunan.
misgive *v.t.* **my heart/mind misgives me,** 'rwy'n gwangalonni/ gwangredu (*both pronounced* ng-g); 'rwy'n teimlo'n amh|eus.
misgiving *n.* amheuaeth *f*, amheuon *pl*, petruster *m.*
misgovern *v.t.* camreoli, camlywodraethu.
misgovernment *n.* camlywodraeth *f*, camreolaeth *f.*
misguidance *n.* camarwain *vn.*
misguide *v.t.* camarwain, camlywio (rhn); arwain (rhn) ar gyfeiliorn.
misguided *a.* cyfeiliornus, annoeth, *occ:* camdybiol, camsyniol, amhwyllog.
misguidedly *adv.* yn gyfeiliornus, yn annoeth, ar gam, ar gam-dyb.
misguidedness *n.* cyfeiliornusrwydd *m*, annoethineb *m.*
misguider *n.* camarweiniwr: camarweinydd (camarweinwyr) *m.*
mishandle *v.t.* **1.** *(= ill-treat):* cam-drin, *N: F:* hambygio, hambygian, *S.W: occ:* drelo. **2.** *(business):* camdrafod.
mishap *n.* damwain (damweiniau) *f*, anffawd (anffodion) *f*, aflwydd(-au) *m*, *S:* an[h]ap(-au,-on) *mf*, *S.W: occ:* ansiawns *f*, *N.E: occ:* dryglam(-au) *m.*
mishear *v.t.* camglywed.
mishit[1] *n.* camdrawiad(-au) *m*, camergyd(-ion) *fm.*
mishit[2] *v.t.* camdaro.

mishmash *n.* cymysgedd(-au) *mf,* cymysgwch *m,* cybolfa (cybolf|eydd) *f,* cawdel(-au) *m.*
Mishnah *n. Jew.Rel:* Mishnah *m.*
Mishnaic *a. Jew.Rel:* Mishnäig.
misidentification *n.* camadnabod *vn,* camadnabyddiad(-au) *m.*
misidentify *v.t.* camadnabod.
misimpression *n.* camargraff(-iadau) *f.*
misinform *v.t.* camhysbysu, camarwain.
misinformation *n.* camhysbysrwydd *m,* gwybodaeth anghywir *f.*
misinformed *a.* â gwybodaeth anghywir, heb wybodaeth gywir, dan gamargraff.
misinterpret *v.t.* camddehongli.
misinterpretation *n.* camddehongliad (camddeongliadau) *m,* camddehongli *vn.*
misjoinder *n. Jur:* camgyplysiad(-au) *m.*
misjudge *v.t.&i.* camfarnu.
misjudgement *n.* camfarn(-au) *f.*
Miskin *W.Pl.n.* Meisgyn *m.* ~ **Meadow** *W.Pl.n.* Waun (*f*) Meisgyn.
Miskito *a.* & *n.* **1.** *a.* Misgito, Misgitaidd. **2.** *n.* *(a) Ethn:* Misgito(-s) *m&f;* *(b) Ling:* Misgito *f, m.*
mislabel *v.t.* camlabelu (rhth), labelu (rhth) yn anghywir, rhoi/dodi label anghywir (ar rth); *(loosely):* camenwi (rhth).
mislay *v.t.* **1.** colli, *F: occ:* camgadw, *N.W: occ:* rhoi rhth ar wasgar. **2.** *Carp: Metalw:* camosod.
mislead *v.t.* camarwain (rhn), mynd (â rhn) ar gyfeiliorn.
misleader *n.* camarweiniwr: camarweinydd (camarweinwyr) *m.*
misleading *a.* camarweiniol.
misleadingly *adv.* yn gamarweiniol.
mislike *v.t.* = **dislike.**
mismanage *v.t.* camweinyddu, camreoli.
mismanagement *n.* camreolaeth *f,* camweinyddiad *m,* camreoli *vn,* camweinyddu *vn.*
mismarriage *n.* priodas(-au) anaddas/anghymharus *f,* priodi(*vn*)'n anghymharus.
mismatch¹ *n.* camgymhariad (camgymariadau) *m;* **there is a ~ between A and B,** nid yw A a B yn cyd-fynd/cydweddu.
mismatch² *v.t.* camgymharu.
mismatched *a.* anghymharus, anghydweddol.
mismate *v.t.* cambaru, camgymharu.
misname *v.t.* camenwi.
misnomer *n.* camenw(-au) *m,* camenwad(-au) *m,* camenwi *vn.*
misnomered *a.* camenwedig, a gamenwir/gamenwyd.
miso *n. Cu:* miso *m.*
misogamist *n.* casäwr (casawyr) (*m*) priodas, gelyn(-ion) (*m*) priodas.
misogamy *n.* casineb (*m*) at briodas, gelyniaeth (*f*) at briodas, casáu (*vn*) priodas.
misogynic *a.* gwr|eig-gasaol.
misogynist *n.* casäwr (casawyr) (*m*) gwragedd, gwr|eig-gasäwr (~-gasawyr) *m;* **he is a ~,** mae'n casáu gwragedd; mae'n gas ganddo ferched/fenywod.
misogynistic *a.* = **misogynic.**
misogyny *n.* casineb (*m*) at wragedd, gwr|eig-gasineb *m.*
misologist *n.* casäwr (casawyr) (*m*) rheswm.
misology *n.* casineb (*m*) at reswm, casáu (*vn*) rheswm.
misoneism *n.* casineb (*m*) at bethau newydd, newydd-gasineb *m,* casáu(*vn*)'r newydd, casáu pethau newydd.
misoneist *n.* casäwr (casawyr) (*m*) pethau newydd, newydd-gasäwr (~-gasawyr) *m.*
misorient *v.t.,* **misorientation** *n.* camgyfeirio.
misperceive *v.t.* camganfod.
misperception *n.* camganfyddiad(-au) *m,* camganfod *vn.*
mispickel *n. Min:* mispicel *m.*
misplace *v.t.* **1.** *(stress accent &c):* camleoli, camosod, *occ:* camddodi. **2. to ~ one's trust in s.o.,** camymddiried yn rhn. **3.** *(object):* symud (rhth) o'i le, rhoi/gadael/dodi (rhth) yn y lle anghywir; **I must have misplaced it,** rhaid fy mod heb ei roi/ ddodi yn y lle iawn. **4.** *(= mistime):* camamseru.
misplaced *a.* **1.** *(confidence &c):* [a roddwyd] ar gam. **2.** *(word):* anaddas, anghymwys; **a ~ comment,** sylw di-alw-amdano, sylw allan o'i le; **~ ideas,** syniadau cyfeiliornus.
misplacement *n.* camleoliad(-au) *m,* camosodiad(-au) *m,* camosod *vn,* camleoli *vn.*
misplay¹ *n.* camchwarae(-on) *m,* camsymudiad(-au) *m,* camdrawiad(-au) *m.*
misplay² *v.t.* camchwarae, camsymud, camdaro.
mispleading *vn. Jur:* camblediad *m,* cambledio *vn.*
misprint¹ *n.* gwall(-au) (*m*) argraffu, *occ:* cam-brint(-iau) *m,* cambrintiad(-au) *m.*
misprint² *v.t.* camargraffu, cambrintio.
misprision *n. Jur:* camweithred(-oedd) *f,* camwedd(-au) *m;* **~ of treason,** cuddio (*vn*) teyrnfradwriaeth.
misprize *v.t.* dibrisio, dilorni, dirmygu.
mispronounce *v.t.* camynganu.
mispronunciation *n.* camynganiad(-au) *m,* camynganu *vn.*
misquotation *n.* camddyfyniad(-au) *m;* *(action):* camddyfynnu *vn.*
misquote *v.t.* camddyfynnu.
misread *v.t.* camddarllen.
misreading *vn.* camddarlleniad(-au) *m.*
misreckon *v.t.&i.* camfesur, camgyfrif.
misremember *v.t.* camgofio.
misreport¹ *n.* adroddiad(-au) anghywir *m,* camadroddiad(-au) *m.*
misreport² *v.t.* rhoi adroddiad anghywir am rth, camadrodd am rth.
misrepresent *v.t.* camgyfl|eu, camddarlunio, camfynegi, camliwio, ystumio, llurgunio, gwyrdr|oi.
misrepresentation *n.* camgyflead(-au) *m,* camliwiad(-au) *m,* camfynegiant (camfynegiannau) *m,* ystumiad(-au) *m,* camddarlun(-iau) *m;* *vn.* = **misrepresent;** *S.a.* **fraudulent, innocent. M~ Act** *n. Jur:* Deddf (*f*) Camliwiad.
misrepresentative *a.* camddarluniol, camliwiol, camarweiniol.
misrule¹ *n.* camlywodraeth *f,* afreolaeth *f,* aflywodraeth *f,* anllywodraeth *f,* anhrefn *f;* **Lord/Master of M~,** Arglwydd Anghyfraith/Anhrefn.
misrule² *v.t.* camlywodraethu, camreoli.
miss¹ *n.* meth *m,* methiant (methiannau) *m, occ:* caff gwag *m;* **a near ~,** methiant agos; **that was a near ~!** 'roedd hwnna'n/ honna'n agos! cael a chael oedd hi! trwch y blewyn oedd ynddi! **I had a near ~,** bu bron i mi ei chael hi; *N: occ:* mi fûm i drws nesa'; *F:* **to give sth a ~,** osg|oi rhth, mynd/gwn|eud heb rth, hepgor/gomedd rhth, *Lit:* rhoi diofryd i rth; **I gave the party a ~,** nid euthum i'r parti; **I should give it a ~ if I were you,** yn dy le di fyddwn i ddim yn trafferthu/cyboli; yn dy le di 'dawn i ddim i'r drafferth; *(food):* peidio â bwyta rhth; **I'll give the sweet a ~,** chymera' i mo'r pwdin; *Prov:* **a ~ is as good as a mile,** cystal dianc o fodfedd ag o filltir.
miss² *v.t.* **1.** *(a)* **to ~ the target,** methu'r nod, methu â tharo'r nod; **to ~ the point,** camddeall, methu'r pwynt/ergyd, *N.W: occ:* colli'r pwnc; *Th: (of actor):* **to ~ one's entrance,** methu/colli mynediad; **to ~ one's cue,** methu'ch ciw; *(b)* **to ~ one's way,** colli'ch ffordd, methu'r ffordd, mynd ar goll/gyfeiliorn; **to ~ one's footing,** colli'ch traed, llithro, cael cam gwag; *(c)* *(= not to meet s.o.):* colli (rhn), methu [gweld] (rhn); *(d)* *(train &c):* colli, methu dal/dala; **to ~ the train by three minutes,** colli'r trên o dair/dri munud; **an opportunity not to be missed,** cyfle na ddylid ei golli; *F:* **you haven't missed much!** chawsoch chi fawr o golled! **to ~ the bus, to ~ the market,** *Fig:* colli cyfle, colli'r ffair; *(e)* **I missed my holiday this year,** ni chefais i ddim gwyliau eleni; *(f)* *(lecture &c):* colli, methu; **I never ~ going there,** ni fyddaf i byth yn colli cyfle i fynd yno; byddaf yn mynd yno bob cyfle a gaf; byddaf yn mynd yno'n ddi-ffael/ ddi-feth; *S.a.* **miss² 3** *(b);* *(g)* **he narrowly missed being killed; he just missed being killed,** bu ond y dim iddo gael ei ladd; bu bron iawn â chael ei ladd; cael a chael fu hi na laddwyd mohono; *(h)* **to ~ a remark/joke,** methu deall sylw/jôc; **she doesn't ~ much,** mae hi'n graff iawn; 'does dim llawer nad yw hi'n ei weld; ychydig mae hi'n [ei] golli/fethu; **you can't ~ the house,** ni ellwch chi fethu'r tŷ. **2.** *(= omit):* **to ~ [out] a word,** methu/hepgor gair, gadael gair allan; *(at dinner):* **I missed [out] the fish course,** ni chymerais i mo'r pysgodyn; **to ~ out on sth,** peidio â chael rth, methu cael rhth. **3.** *(a)* **I missed my spectacles,** mi gefais fod fy sbectol ar goll; mi welais golli fy sbectol; mi welais eisiau fy sbectol; **it will never be missed,** ni fydd dim colled ar ei ôl; ni fydd neb yn gweld ei golli/eisiau; *(b)* *(= long for):* hiraethu (am rn), ei gweld hi'n chwith (ar ôl rhn), gweld eisiau (rhn), gweld colled (ar ôl rhn); **I ~ you,** 'rwy'n dy golli di; 'rwy'n

hiraethu amdanat ti; 'rwy'n gweld dy eisiau di; mae arna' i hiraeth amdanat ti; **they will ~ one another,** bydd arnynt hiraeth am ei gilydd; byddant yn hiraethu am ei gilydd; bydd yn chwith ganddynt y naill ar ôl y llall.

Miss³ *n.f.* **1. M~ Davies,** Miss Davies; **the Misses Davies,** y Merched Davies; y ddwy/tair *&c* Miss Davies; *(of beauty queen):* **M~ Wales,** Miss Cymru, Rhiain Cymru; *F:* **~ Right,** y ferch/fenyw iawn; *F:* **a young ~,** merch ifanc, geneth ifanc. **2.** *Com: (garment size):* maint (*m*) merch, maint merched.

missal *n. Ecc:* llyfr(-au) (*m*) offeren, offerenlyfr(-au) *m*.

missed *a.* a fethir/fethid/fethwyd; *Th:* **~ entrance,** mynediad hwyr *m*; **a ~ opportunity,** cyfle a gollwyd.

missel[-thrush] *n. Orn:* bronfraith fawr (bronfreithod mawr) *f*, tresglen (tresglod) *f*, caseg (*f*) y ddrycin (cesig drycin), pen (*m*) y llwyn, y dresglen fwyaf (tresglod mwyaf) *f*, brych (*m*) y coed, tresglen lwyd (tresglod llwyd), crecer(-od) *m*, crec (*m*) y coed (creiciau'r coed), crogell (*f*) y coed, cragell (*f*) y coed, crogyn *m*, *N. W: occ:* sgrechgi (sgrechgwn) *m*, sgrachgi (sgrachgwn) *m*.

missend *v.t.* camanfon (rhth), anfon (rhth) yn anghywir.

misshape *v.t.* ystumio, camystumio, aflunio, camlunio.

misshapen *a.* afluniaidd, di-lun, di-siâp, ystumiedig, camystumiedig, diolwg; **a ~ hat,** *S. W: occ:* shibwchen *f* [o het], *N. W: occ:* hen siagan *f* [o het].

misshapenly *adv.* yn afluniaidd *&c*.

missile *n.* teflyn(-nau) *m*, arf(-au) anelog *m*, arf tafl, saethyn(-nau) *m*; *(stone):* carreg (*f*) dafl (cerrig tafl); **he was pelted with missiles (as he went down the street),** cafodd ei bledu, taflwyd pethau ato (wrth iddo fynd i lawr y stryd); **the ~ turned out to be a brick,** bricsen oedd y peth a daflwyd; *(rocket):* roced(-i) *f*, taflegr(-au) *m*, taflegryn (taflegrau) *m*; **air-to-ground ~,** taflegryn awyren i'r ddaear; **ground-to-air ~,** taflegryn daear i awyren; **air-to-air ~,** taflegryn awyren i awyren; **guided ~,** roced annel, teflyn annel, taflegryn annel; **intercontinental ballistic missiles,** taflegrau balistig rhyng-gyfandirol.

missileer, missileman *n.* taflegrwr (taflegrwyr) *m*.

missilery *n.* saethynnau *pl*, teflynnau *pl*, arfau tafl *pl*, rocedi *pl*, taflegrau *pl*.

missing *a.* coll, ar goll, colledig, yng ngholl, absennol, yn eisiau; **~ line,** llinell goll (llinellau coll) *f*; **~ link,** dolen goll (dolennau coll) *f*; **one man is ~,** mae un dyn ar goll; mae un dyn ar ôl; *Mil: &c:* **the ~,** y rhai sydd ar goll, y rhai heb gyfrif ohonynt, y rhai heb wybodaeth/hanes amdanynt; **there is a page ~,** mae tudalen ar goll; mae tudalen yn eisiau.

missiology *n.* cenadaetheg *f*.

mission *n.* **1.** *(a)* perwyl(-ion) *m*, cennad *f*, neges *f*; **to be sent on a ~,** cael eich anfon ar neges; *(of spy &c):* cael eich anfon ar berwyl/orchwyl; **she thinks her ~ in life is to help lame dogs,** mae'n meddwl mai ei chenhadaeth yw helpu trueiniaid y byd hwn; **~ completed/accomplished/achieved**! fe wnaed y dasg/gorchwyl! mae'r gwaith ar ben! cyflawnwyd y neges! *(b) Ecc:* cenhadaeth (cenadaethau) *f*; **the M~ to Seamen,** y Genhadaeth i Forwyr. **2. space ~,** taith (teithiau) (*f*) i'r gofod. **~-house, ~ [station]** *n.* gorsaf genhadol (gorsafoedd cenhadol) *f*, cenhadfa (cenadfâu) *f*, cenhaty (cenhatai) *m*.

missionary *a. & n.* **1.** *a.* cenhadol. **2.** *n. (a)* cenhadwr (cenhadon, cenhadwyr) *m*, cenhades (cenadesau) *f*; *(b)* **police-court ~,** gweithiwr (gweithwyr) cymdeithasol *m*.

missioner *n.* cenhadwr (cenhadwyr) *m*, cenhades (cenadesau) *f*.

missionization *n.*, **missionize** *v.t.&i.* cenhadu (i rn).

missionizer *n.* = **missionary**.

missis *n.f. P: (a)* **I say, ~!** hei, misus/musus! *S:* hê, fenyw fach! *(b)* **the ~, my ~,** y wraig [acw] *f*, *S:* honco s' da fi, *N: occ:* 'nacw *f*.

missive *a. & n.* **1.** *a. Ecc:* **letter[s] ~,** llythyr(-au) (*m*) anfon, llythyrau (*pl*) enwebu esgob. **2.** *n.* llythyr(-au,-on) *m*.

misspell *v.t.* camsillafu.

misspelling *n.* camsillafiad(-au) *m*.

misspelt *a.* camsillafedig, wedi ei gamsillafu.

misspend *v.t.* afradu (rhth), camwario (rhth), gwario (rhth) yn ofer, *occ:* oferwario (rhth).

misspent *a.* ofer, afradlon.

misstate *v.t.* cam-ddweud, camddywedyd, camfynegi.

misstatement *n.* camddywediad(-au) *m*, camfynegiant (camfynegiannau) *m*.

misstep *n.* cam gwag (camau gweigion) *m*.

missus *n.f. P:* = **missis.**

missy *n.f.* 'ngeneth i, fy merch i.

mist¹ *n.* **1.** niwl(-oedd) *m*, niwliach *m*, tarth(-au,-oedd) *m*, tawch(-ion) *m*, niwlen *f*, nudden *f*, *S: occ:* crwyb[y]r *m*; **(to see things) through a ~,** (gweld pethau) trwy niwl, yn aneglur; *(from river &c):* tarth, *S. W:* tes (*m*) y glennydd; *(= summer haze):* tes, *N: occ:* rhwd *m* [sychdwr]; **Scotch ~,** smwc *m*, *N. W:* smwcan *f*, smwclaw *m*, *S. W: occ:* ffwgen *f*. **2.** *(on mirror, glass &c):* tarth, ager *m*, angar (*pronounced* ng-g), agerdd *m*, *S. W:* anwedd *m*.

mist² *n. Hort: (apple):* **white ~,** gwyn (*m*) Cwmcidi.

mist³ *v.t.&i.* niwl[i]o.

mistake¹ *n.* camgymeriad(-au) *m*, camsyniad(-au) *m*, gwall(-au) *m*, amryfusedd(-au) *m*; **grammatical ~,** gwall iaith, gwall gramadegol; **to make a ~,** gwneud camgymeriad, camgymryd; **to do sth by ~,** gwneud rhth trwy amryfusedd; **to labour under a ~,** bod dan gamargraff; **to acknowledge one's ~,** syrthio/cwympo ar eich bai; **there is some ~!** mae rhyw gamgymeriad! mae rhywbeth o'i le! **there is no ~ about that,** 'does dim dwywaith/dau ynghylch hynny; **let there be no ~ about it; make no ~,** peidied neb â chamgymryd; peidied neb â chymryd ei dwyllo; *F:* **(I am unlucky) and no ~,** ('rwy'n anlwcus), 'does dim dwywaith, a dyna'r gwir; **(to take s.o.'s hat) in ~ for one's own,** (cymryd het rhn arall) mewn camgymeriad, trwy amryfusedd.

mistake² *v.t.&i.* camgymryd, cyfeiliorni, *S. W: occ:* camstaco; **to ~ one's way,** colli'ch ffordd, mynd ar gyfeiliorn; **there is no mistaking the facts,** ni ellir gwadu'r ffeithiau; ni ellir camgymryd/camddeall y ffeithiau; mae'r ffeithiau'n ddiymwad; **to ~ s.o. for s.o.,** camgymryd rhn am rn.

mistakeable *a.* hawdd eich camgymryd.

mistaken *a.* **1.** *(pers.):* **to be ~,** camgymryd, *often, but regarded as incorrect:* camgymeryd; **if I am not ~,** os nad wyf yn camgymryd; **that is just where you are ~!** dyna'r lle 'rydych yn camgymryd/methu. **2.** *(opinion &c):* cyfeiliornus, anghywir; **a ~ opinion,** camfarn(-au) *f*; **~ zeal,** sêl annoeth/anffodus *f*. **3. ~ identity,** camadnabod *vn*, camadnabyddiaeth *f*. **4.** *(= misunderstood):* a gamddeallwyd, camddealledig.

mistakenly *adv.* trwy gamgymeriad, ar gam.

mistakenness *n.* anghywirdeb *m*, cyfeiliornedd *m*, cyfeiliornrwydd *m*.

mistaker *n.* cyfeiliornwr (cyfeiliornwyr) *m*, camgymerwr (camgymerwyr) *m*.

mister *n.* mister *m*, *Lit:* meistr(-i) *m*; **M~ Jones,** Mr. Jones, *occ:* y Br. (= Bonwr) Jones.

mistful *a.* niwl[i]og.

mistigris *n. Cards:* cerdyn gwag *m*.

mistily *adv.* yn niwl[i]og *&c*.

mistime *v.t.* camamseru.

mistimed *a.* camamseredig, ar gamamser/gamadeg.

mistiness *n.* niwl[i]ogrwydd *m*.

mistle-thrush *n. Orn:* = **missel-thrush.**

mistletoe *n. Bot:* uchelwydd *m*, *occ:* uchelfar *m*, pren(-nau) (*m*) awyr. **~ fig** *n. Bot:* ffigysen (ffigys) amryddail *f*.

mistook *v. See* **mistake²**.

mistral *n. Meteor:* mistral(-au) *m*.

mistranslate *v.t.* camgyfieithu, camdrosi.

mistranslation *n.* camgyfieithiad(-au) *m*, camdrosiad(-au) *m*; *vn.* = **mistranslate**.

mistreat *v.t.* cam-drin, *N: F:* hambygio, llibindio, llygindio.

mistreatment *n.* camdriniaeth *f*, cam-drin *vn*.

mistress *n.f.* **1.** *(a)* meistres(-i); **to be one's own ~,** bod yn feistres arnoch chi eich hun; **she was ~ of herself,** *(= self-controlled):* yr oedd ganddi reolaeth arni hi ei hun; **she is ~ of her subject,** mae'n feistres ar ei phwnc; mae'r pwnc ar bennau/flaenau ei bysedd; **~ of ceremonies,** arweinyddes(-au), meistres y ddefod; *(b) (of school):* athrawes(-au) *f*. **2.** *(= lover):* meistres(-i), cariad(-on), gordderch(-on), gordd|erchwraig (gordderchwragedd). **3.** *(in titles): (a) A:* **M~ Quickly,** Meistres Quickly; *(b) (now always Mrs):* **M~ Jones,** Mrs Jones, *occ:* y Fns. (= Foneddiges) Jones.

mistrial *n. Jur:* camdreial(-on) *m*.

mistrust¹ *n.* drwgdybiaeth *f*; **to have a ~ of sth,** amau/drwgdybio rhth.

mistrust² *v.t.* amau, drwgdybio.

mistrustful *a.* amh|eus, drwgdybus (**of sth,** o rth).

mistrustfully *adv.* yn amh|eus *&c*.

mistrustfulness *n.* = **mistrust¹**.

misty *a.* niwl[i]og, tarthog, aneglur; ~ **outlines,** amlinellau aneglur/niwl[i]og; ~ **eyes,** llygaid llaith; **a ~ recollection,** brithgof(-ion) *m.*
misunderstand *v.t.* camddeall.
misunderstanding *n.* camddealltwriaeth(-au) *f.*
misunderstood *a.* a gamddeallwyd, camddealledig.
misusage *n.* **1.** camddefnydd *m*, camddefnyddio *vn*, camarfer *vn* **(of sth,** ar rth). **2.** *(= treatment):* camdriniaeth *f*, cam-drin *vn.*
misuse[1] *n.* camddefnydd *m*; **M~ of Drugs Act,** Deddf (*f*) Camddefnyddio Cyffuriau.
misuse[2] *v.t.* **1.** camddefnyddio, camarfer. **2.** *(= mistreat):* cam-drin.
misvalue *v.t.* cambrisio.
Mitchel Troy *W.Pl.n.* Llanfihangel Troddi *f.*
mite *n.* **1.** *(a) (coin):* ffyrling(-au) *f*, hatling(-au) *f*; *B:* **the widow's ~,** hatling y wraig weddw; *(b) (= bit):* mymryn *m*, tipyn *m*; *See* **bit. 2.** *(child):* pwt (pytiau) *m*, pwtyn (pytiau) *m*, pwten (pytiau) *f*; *S.a.* **child. 3.** *Arach:* gwiddonyn (gwiddon) *m*, euddonyn (euddon) *m*; **to breed mites,** gwiddoni, euddoni.
Mithraic *a. Rel:* Mithräig.
Mithraism *n. Rel:* Mithräeth *f.*
Mithraist *n. Rel:* Mithräydd(-ion) *m.*
mithridate *n.* gwrthwenwyn(-au) *m.*
mithridatic *a.* gwrthwenwynol.
mithridatism *n.* mithridatiaeth *f.*
mithridatize *v.t.* gwrthwenwyno.
miticidal *a.* gwiddonleiddiol.
miticide *n.* peth(-au) (*m*) lladd gwiddon, gwiddonladdwr (gwiddonladdwyr) *m.*
mitigatable *a.* esmwythadwy, lliniaradwy.
mitigate *v.t.* **1.** *(pain &c):* lleddfu, ysgafnu, ysgafnh|au, lliniaru, esmwytho, esmwyth|au, *Lit: occ:* llaesu. **2.** *(heat):* lleih|au, gostwng. **3.** *(crime):* lliniaru.
mitigating *a.* lliniarol, lliniarus.
mitigation *n.* lleddfiad(-au) *m*, ysgafnhad *m*, lleihad *m*, gostyngiad(-au) *m*, lliniariad *m*; *Jur:* **plea in ~,** ple lliniaru, ple i liniaru; **~ of damages,** gostyngiad (*m*) iawndal.
mitigative *a.* = **mitigating.**
mitigator *a.* lleddfwr: lleddfydd (lleddfwyr) *m*, lliniarydd (lliniarwyr) *m.*
mitigatory *a.* lliniarol, lliniarus.
mitochondrial *a. Biol:* mitocondriaidd.
mitochondrion *n. Biol:* mitocondrion (mitocondria) *m.*
mitogen *n. Biol:* m|itogen (mitogenau) *m.*
mitogenic *a. Biol:* mitogenig.
mitogenicity *n. Biol:* mitogenedd *m.*
mitomycin *n. Pharm:* mitomysin *m.*
mitosis *n. Biol:* mitosis(-au) *m.*
mitotic *a. Biol:* mitotig.
mitotically *adv. Biol:* yn fitotig.
mitrailleuse *n. Sm.a:* dryll(-iau) peiriannol *m*, ***mitrailleuse(-s)*** *f*, *peirianddryll(-iau) *m.*
mitral *a.* meitrol; ~ **regurgitation,** dadlynciad meitrol *m*; ~ **stenosis,** culhad meitrol *m*; **~ valve,** falf feitrol (falfiau meitrol) *f*, falf ddwylen (falfiau dwylen).
mitre[1] *n. Ecc:* meitr(-au) *m*; *S.a.* **bishop.**
mitre[2] *n. Carp:* **~[-joint],** uniad(-au) meitrog *m*, meitr(-au) *m*; *S.a.* **dovetail. ~-block** *n.* plocyn (plociau) (*m*) meitro. **~-board, ~-box** *n. Carp:* bwrdd (byrddau) (*m*) meitro, blwch (blychau) (*m*) meitro. **~-cramping** *vn.* meitrgrampio. **~-gauge** *n.* medrydd(-ion) (*m*) meitr. **~-cramp** *n.* cramp(-iau) (*m*) meitr. **~-cress** *n. Bot:* berwr capanog. **~-gear** *n. Mec.E:* gêr meitrog *m*, cocos conig/meitrog *pl.* **~-shooting board** *n. Carp:* bwrdd meitro. **~-square** *n. Tls:* sgwaryn (sgwarau) (*m*) meitro. **~-template** *n. Carp:* patrymlun(-iau) (*m*) meitro. **~-wheel** *n. Mec.E:* olwyn feitrog (olwynion meitrog) *f.*
mitre[3] *v.t. Carp: &c:* meitro, meitru.
mitred *a.* meitrog; **~ bridle joint,** uniad(-au) (*m*) baglau meitrog; ~ **dovetail joint,** uniad meitrog/cynffonnog/dyfftel; ~ **halving joint,** uniad hanner meitrog.
mitrewort *n. Bot:* cap (*m*) esgob.
mitt *n. P:* = **mitten.**
mitten *n.* **1.** *Cost:* dyrnfol(-au) *f*, maneg (menig) *f*; **hedging ~,** maneg gau (menig cau), *N.E:* dyrnfolen (dyrnwyl) *f*; *F: O:* **to give a suitor the ~,** rhoi cawell i gariad, *N.W:* rhoi'r hwi i gariad, *S.W: O:* rhoi capan helyg i gariad; **to get the [frozen] ~,** cael cawell, cael glasgroeso. **2.** *pl. Box: F:* **the mittens,** y menig.
mittened *a.* manegog, menigog.
mittimus *n. Jur:* carcharwarant(-au) *m.*
mity *a.* llawn gwiddon, llawn euddon, gwiddonog, gwiddonllyd, euddonog, euddonllyd.
mitzvah *n. Jew.Rel:* ***mitzvah*** *m.*
mix[1] *n.* cymysgedd(-au) *mf*, cymysgfa(-oedd, cymysgfâu) *f*; *T.V:* toddiad(-au) *m.*
mix[2] *v.t.&i.* **1.** *v.t.* cymysgu; *F:* **to ~ it,** *(= start fighting):* dechrau ymladd. **2.** *v.i.* cymysgu, ymgymysgu. **3.** *T.V:* toddi. ~ **and match** *a.* cyfun-cydwedd. **~ up[1]** *v.t.* **1.** *(papers &c):* cymysgu, drysu. **2. I was mixing you up with your brother,** 'roeddwn yn eich camgymryd am eich brawd; 'roeddwn yn cymysgu rhyngoch chi a'ch brawd; meddyliais mai eich brawd oeddech chi; **she was mixed up in the affair,** 'roedd hi'n gysylltiedig â'r achos; 'roedd a wnelo hi â'r achos; 'roedd hi â chysylltiad â'r achos. **~-up[2]** *n.* **1.** cymysgwch *m*, dryswch *m*, cawl *m*, cawdel *m*. **2.** *F:* *(= disturbance):* ysgarmes(-oedd) *f*, helynt(-ion) *f*, cythrwfl *m*, *N.W:* cwffas[t] *f.*
mixable *a.* cymysgadwy.
mixed *a.* cymysg, *occ:* cymysgedig; **(a person) of ~ blood,** (rhn) cymysgwaed, cymysg ei waed, *Lit:* lledwaed; ~ **bag,** amrywiaeth *f*, cymysgedd *m*, cymysgwch *m*, *S: occ:* cwdyn (*m*) y saint; **~ blessing,** bendith gymysg (bendithion cymysg) *f*; **of ~ colour,** cymysgliw; *W.Gram:* ~ **sentence,** brawddeg gymysg (brawddegau cymysg) *f*; *Ten:* ~ **doubles,** parau cymysg; ~ **feelings,** teimladau cymysg/cymysglyd; ~ **language,** cymysgiaith *f*; **of ~ type,** *(= hybrid):* cymysgryw. **~-up** *a.* cymysglyd, dryslyd; *(pers.):* ffwndrus, mwydrus; *F:* **a [crazy] ~-up kid,** crwt dryslyd [gwirion]; **to get ~-up,** drysu, mynd yn ddryslyd/gymysglyd, drysu'n lân, cymysgu, ffwndro, *S.W: occ:* cawlo lan, *N:* moedro: mwydro.
mixedness *n.* cymysgwch *m*, natur gymysg/gymysglyd/ddryslyd *f*, dryswch *m.*
mixen *n. Dial:* tomen (*f*) dail (tomenni tail); *W.Pl.n.* **The Black M~,** Y Domen Ddu *f.*
mixer *n.* **1.** *(in most senses):* cymysgwr: cymysgydd (cymysgwyr) *m*. **2. a good ~,** cymdeithaswr (cymdeithaswyr) da *m*, cymdeith|aswraig dda *f*, cwmnïwr (cwmniwyr) da *m*, cwmnïwraig dda *f*, cymysgwr da, cym|ysgwraig dda *f*, rhn (rhai) cymdeithasgar; **a bad ~,** cymdeithaswr gwael. **3. [food] ~,** cymysgwr; **cement ~,** *occ:* corddwr (corddwyr) (*m*) sment, peth(-au) (*m*) cymysgu sment, peiriant (peiriannau) (*m*) cymysgu sment; *S.a.* **concrete.**
mixing *vn.* cymysgu, cymysgiad(-au) *m*. **~-bowl** *n.* dysgl (*f*) gymysgu (dysglau cymysgu), powlen (*f*) gymysgu (powlenni/powliau cymysgu).
mixolydian *a. Mus:* micsolydiaidd.
mixture *n.* **1.** cymysgwch *m*, cymysgedd(-au) *m*, cymysgfa(-oedd, cymysgfâu) *f*. **2.** *Pharm:* cymysgedd; **cough ~,** ffisig(-au,-on) (*m*) annwyd, moddion (*m or pl*) annwyd; *F:* **the ~ as before,** yr un hen driniaeth eto; *S.a.* **dolly, heather. ~ stop** *n. Mus:* stop(-iau) cymysg *m.*
mizen, mizzen *attrib. Nau:* ôl, y llyw. **~-mast** *n.* hwylbren (*m*) y llyw (hwylbrenni'r/hwylbrennau'r llyw), hwylbren ôl, mast(-iau) ôl *m*. **~ royal** *n.* hwyl (*f*) reiol ôl (hwyliau rheiol ôl). **~-sail** *n.* hwyl (*f*) y llyw (hwyliau'r llyw), hwyl ôl. **~-skysail** *n.* *nenhwyl(-iau) ôl *f*. **~-staysail** *n.* hwyl y tant (hwyliau'r tant), tant-hwyl(-iau) *f*. **~-topgallant sail** *n.* hwyl (*f*) frigalant ôl (hwyliau brigalant ôl). **~-topsail** *n.* brig-hwyl(-iau) ôl *f*. **~ yard** *n.* hwyl-lath (*f*) y llyw (~-lathau'r llyw), hwyl-lath ôl.
mizzle[1] *n.* glaw mân *m*, *N:* smwc *m*, smwcen *f*, smwclaw *m*; *See* **drizzle[1].**
mizzle[2] *v.t.* bwrw glaw mân, bwrw'n fân, mân fwrw, smwclawio; *See* **drizzle[2].**
mizzle[3] *v.i. F:* *(= run away):* ei bachu hi, ei baglu hi, ei gwadnu hi *&c.*
mizzly *a.* = **drizzly.**
mnemonic *a. & n.* **1.** *a.* cofeiriol, mnemonig; *Cmptr:* cofrifol. **2.** *n.* cofair (cofeiriau) *m*, mnemonig(-ion) *m*; *Cmptr:* cofrif(-au) *m.*
mnemonically *adv.* yn gofeiriol *&c.*
mnemonics *n.pl.* cofyddiaeth *f*, cofweinyddiaeth *f.*
mnemonist *n.* cofyddwr (cofyddwyr) *m.*
mnemotechnic *a.* cofeiriol, cofyddol.

mo *n. P:* = **moment 1**; **half a ~!** aros di (arhoswch chi) funud! dal dy wynt! hanner eiliad! hanner munud!

moa *n. Orn:* moa(-od) *m.*

Moabite *n. & attrib.* **1.** *n.* Moabiad (Moabiaid) *m&f.* **2.** *attrib.* Moabaidd.

Moabitess *n.f.* Moabes(-au).

Moabitish *a.* Moabaidd.

moan[1] *n.* **1.** *(= groan):* ochenaid (ocheneidiau) *f*, griddfan(-[n]au) *m.* **2.** *(= complaint):* cwyn (cwynion) *usu. f*, cwynfan(-au) *mf*; **to have a good ~,** dweud eich cwyn, *S:* arllwys eich bola.

moan[2] *v.i.* **1.** *(= groan):* ocheneidio, griddfan, cwynfan; *occ: (of wind):* gerain, ochain. **2.** *v.t.* *(= lament s.o.):* galaru dros rn.

moaner *n.* = **complainer.**

moaning *a. & vn.* **1.** *a.* cwynfanllyd, cwynfanus, griddfan[n]us. **2.** *vn. See* **moan**[1,2].

moat[1] *n.* ffos(-ydd) *f.*

moat[2] *v.t.* **to ~ a castle,** torri ffos o amgylch castell, ffosi castell.

moated *a.* ffosedig; **a ~ castle,** castell a ffos o'i amgylch.

moatlike *a.* fel ffos, ffosaidd.

mob[1] *n.* **1.** *(= populace):* gwerin *f*, y werin *f*, gwerinos *pl*, poblach *f or pl*, gwehilion *(pl)* y bobl; *(= gang):* criw(-iau) *m*, haid (heidiau) *f*, ciwed (ciweidiau) *f.* **2.** *(riotous):* torf (torf|eydd) *f*, tyrfa(-oedd) *f*, haid (heidiau) *f*, terfysgwyr *pl*, criw afreolus *m*, ciwed, terfysglu(-oedd) *m.* **~ law, ~ rule** *n.* cyfraith *(f)* y dorf, cyfraith yr haid.

mob[2] *v.t.&i.* **1.** *v.t.* *(a) (of angry crowd):* ymosod (ar rn); ymlid, pledu (rhn); *(b) (of admiring crowd):* heidio/tyrru (o amgylch rhn). **2.** *v.i.* ymdyrru, ymgasglu, ymfyddino, heidio, tyrru.

mob-cap *n. A: Cost:* capan(-au) *(m)* gwr|aig, cap(-iau) hirglust *m.*

mobile[1] *a. & n.* **1.** *a.* *(a)* symudol, symudadwy, mudol; *(pers.):* yn medru symud; **~ shop,** siop deithiol (siopau teithiol) *f*; *(b) (character):* oriog, anwadal, di-ddal, di-saf, cyfnewidiol, chwit-chwat; *(c) (face):* aflonydd, hyblyg, ystwyth. **2.** *n. Art:* symudyn (symudion) *m.*

Mobile[2] *n.* ***Primum ~,*** y Cynsymudydd *m.*

mobiliary *a. Jur:* symudol; **~ property,** *N:* dodrefn, *S:* celfi *pl.*

mobilistic *a.* mobilistig.

mobility *n.* **1.** symudoldeb *m*, symudedd *m*, mudoledd *m*, symudoledd *m*; **social ~,** mudoledd cymdeithasol. **2.** *(of face):* aflonyddwch *m*, hyblygrwydd *m*, ystwythder *m.* **~ allowance** *n. Adm:* lwfans *(m)* symud o gwmpas. **~ art** *n. Archeol:* celfyddyd gludadwy *f.* **~ scheme** *n.* cynllun *(m)* symud/mudo.

mobilizable *a. (forces):* byddinadwy; *(resources):* ar gael.

mobilization *n.* byddiniad(-au) *m*, byddino *vn*, galw *(vn)* i'r fyddin

mobilize *v.t.&i.* **1.** *v.t.* byddino, cynnull, mwstro; *Fig:* **to ~ resources,** parat|oi/crynh|oi adnoddau. **2.** *v.i.* *(of army):* ymfyddino, ymgasglu, byddino, lluyddu, dygyfor.

mobocracy *n.* *moblywodraeth *f*, llywodraeth *(f)* yr haid/dorf.

mobocratic *a.* *moblywodraethol.

mobster *n.* = **gangster**

Moccas *Eng.Pl.n.* Mochros *f.*

moccasin *n. Cost:* m|ocasin (mocasinau) *f*, esgid(-iau) *(f)* hyddgen. **~ snake** *n. Rept:* gwiber *(f)* f|ocasin (gwiberod m|ocasin). **~ flower** *n. Bot:* esgid *(f)* Fair.

Mocha[1] *n. Lap:* maen *(m)* Mocha, agat mwsoglyd *m.*

mocha[2] *n.* **~ coffee,** coffi *(m)* moca; *Cu:* **~ cake,** teisen *(f)* foca (teisennau moca).

mock[1] *a.* ffug *(usu. before noun + soft mut.)*; gwn|eud, smalio, cogio *(after noun).* **~ cream** *n.* hufen ffug *m.* **~ fight** *n.* ffugfrwydr(-au) *f.* **~-heroic** *a.* ffugarwrol. **~-heroically** *adv.* yn ffugarwrol. **~ modesty** *n.* ffugwyl|eidd-dra *m.* **~ moon** *n.* cyw(-ion) *(m)* lleuad. **~ orange** *n. Bot:* ffug oren(-nau) *mf.* **~ poem** *n.* gwatwargerdd(-i) *f.* **~ sun** *n.* cyw(-ion) *(m)* haul, ci (cŵn) *(m)* haul. **~ tragedy** *n.* ffugdrasiedi (ffugdrasiedïau) *f.* **~-tragic** *a.* ffugdrasig. **~ trial** *n.* ffug dreial(-on) *m*, ffug brawf (~ brofion) *m.* **~ turtle** *n. Cu:* **~ turtle soup,** cawl *(m)* pen llo.

mock[2] *n.* **1. to make ~ of s.o.,** gwatwar rhn, gwneud rhn yn gyff gwawd *or* yn destun sbort *or N:* yn bricsiwn. **2.** *n.usu.pl. Sch:* arholiad(-au) ffug *m*, ffugarholiad(-au) *m.*

mock[3] *v.t.&i.* **1.** *v.t.&i.* **to ~ [at] s.o.,** gwawdio, gwatwar (rhn); gwn|eud hwyl/sbort (am ben rhn). **2.** *v.t.* *(a) (= delude):* twyllo; *(b) (= imitate):* dynwared, gwatwar. **~-up** *n.* model(-au) *m*, brasfodel(-au) *m.*

mocker *n.* gwawdiwr (gwawdwyr) *m*, gw|awdwraig (gwawdwragedd) *f*, gwatwarwr (gwatwarwyr) *m*, gwatw|arwraig *f*; *F:* **to put the mockers on an idea,** difetha cynllun, taflu dŵr oer ar gynllun.

mockery *n.* **1.** *(= derision):* gwatwar *m*, gwawd *m*, dirmyg *m.* **2.** *(= subject of mockery):* testun(-au) *(m)* sbort, cyff(-ion) *(m)* gwawd. **3.** *(= simulacrum):* rhith(-iau) *m*, esgus(-ion) *m*, rhyw lun *(m)* o rth, dynwarediad(-au) *m.*

mocking *a.* **1.** *(= derisive):* gwatwarus, gwawdlyd, gwawdiol, gwawdus, dirmygus, cellweirus. **2.** *(= imitative):* dynwaredol. **~-bird** *n. Orn: U.S:* aderyn (adar) *(m)* gwatwar, gwatwarwr (gwatwarwyr) *m.*

mockingly *adv.* yn watwarus *&c.*

Mocktree *Eng.Pl.n.* Mochdre *f.*

Mod[1] *n.* *(= Gaelic congress):* y Mod *m*, Eisteddfod *(f)* y Gaeliaid (Eisteddfodau'r Gaeliaid).

mod[2] *a. & n.* **1.** *a.* *(= modern):* **with all ~ cons,** â phob cyfleustra modern; **she's very ~,** mae hi'n fodern/gyfoes iawn. **2.** *n. P:* *(= teenager):* mod(-s,-iaid) *m&f.*

modacrylic *a. Ch:* modacrylig.

modal *a.* moddol; *Ph: Mth:* **~ class,** dosbarth modd; *Gram:* **~ verb,** berf foddol (berfau moddol) *f*; **~ auxiliary,** berf gynorthwyol foddol (berfau cynorthwyol moddol); *Aut:* **~ split,** rhaniad(-au) moddol *m.*

modalism *n. Theol:* moddolaeth *f.*

modalist *a. Theol:* moddolaethol.

modality *n.* **1.** moddolrwydd *m*, moddolder *m.* **2.** *(= procedure):* dull(-iau) *m.*

modally *adv.* yn foddol, o ran modd.

mode *n.* **1.** *(= manner):* dull(-iau) *m*, modd(-au) *m*; **~ of life,** ffordd *(f)* o fyw, dull o fyw, buchedd(-au) *f*; **the Welsh ~ of life,** y ffordd Gymreig o fyw. **2.** *(= fashion):* ffasiwn (ffasiynau) *mf.* **3.** *Mus: Log: Gram: Phil:* modd. **4.** *Cmptr:* modd; **create ~,** modd creu; **format ~,** modd fformat; **index ~,** modd mynegai; **revise ~,** modd addasu; **view ~,** modd gweld. **5.** *Mus:* **Aeolian ~,** modd Eolaidd; **authentic ~,** modd sylfaenol; **Dorian ~,** modd Doriaidd; **Hypoaeolian ~,** modd Hypoëolaidd; **Hypodorian ~,** modd Hypodoriaidd; **Hypoionian ~,** modd Hypoïonaidd; **Hypolocrian ~,** modd Hypolocriaidd; **Hypolydian ~,** modd Hypolydiaidd; **Hypomixolydian ~,** modd Hypomicsolydiaidd; **Hypophrygian ~,** modd Hypophrygiaidd; **Ionian ~,** modd Ionaidd; **Locrian ~,** modd Locriaidd; **Lydian ~,** modd Lydiaidd; **Mixolydian ~,** modd Micsolydiaidd; **Phrygian ~,** modd Phrygiaidd; **plagal ~,** modd deilliedig.

model[1] *n. & attrib.* **1.** *n. Art: &c:* model(-au) *m*; **scale ~,** model wrth raddfa. **2.** *(a) Art:* **drawn from the ~,** a dynnwyd o fodel; *(b)* **on the ~ of s.o.,** ar batrwm *(m)* rhn, mewn dynwarediad *(m)* o rn; **to take s.o. as one's ~,** efelychu rhn, cymryd rhn yn batrwm/fodel; *(c) Art: (pers.):* model(-au) *m&f.* **3.** *Dressm:* *(a) (pattern):* patrwm (patrymau) *m*, *S:* patrwn (patrynau) *m.* **4.** *attrib.* *(a)* **~ farm,** fferm(-ydd) enghreifftiol *f*, fferm fodel (ffermydd model) *f*; **~ town,** modeldref(-i) *f*, tref fodel (trefi model) *f*; **~ husband,** gŵr (gwŷr) delfrydol/perffaith, patrwm o ŵr da; *(b)* **~ aeroplane,** model awyren (modelau awyrennau), awyren *(f)* fodel (awyrennau model), model-awyren(-nau) *f*; *Jur:* **~ rules/standards,** rheolau/safonau enghreifftiol. **5.** *Hist:* **the New M~,** y Cynllun Newydd *m*; **the New M~ Army,** y Fyddin *(f)* Fodel Newydd. **~ maker** *n.* modelwr (modelwyr) *m*, saer (seiri) *(m)* modelau.

model[2] *v.t.* modelu, cynllunio; **to ~ oneself upon s.o.,** efelychu/dynwared rhn; **to ~ sth after/upon sth,** modelu/patrymu/seilio rhth ar rth, gwn|eud rhth ar lun rhth; **to ~ [fashions],** modelu ffasiynau, bod yn fodel.

modeller *n.* modelwr (modelwyr) *m*, mod|elwraig (modelwragedd) *f.*

modelling *vn.* modelu; **computer ~,** modelu cyfrifiadurol.

modem *n. Cmptr:* modem(-au) *m.*

moderate[1] *a. & n.* **1.** *a.* cymedrol, rhesymol; *occ: (= middling):* gweddol, canolig, go lew. **2.** *n.* cymedrolwr (cymedrolwyr) *m*, rhn (rhai) cymedrol *m.*

moderate[2] *v.t.&i.* **1.** *(a) v.t.* cymedroli; *(heat):* tymheru, lleddfu; *(b) v.i. (of storm &c):* gostegu, tawelu, ymdawelu. **2.** *v.i. Ecc: esp. Scot:* llywyddu.

moderately *adv.* yn gymedrol *&c*; **~ good,** gweddol dda, lled dda, go lew [o dda]; **to be ~ pleased,** bod yn weddol fodlon.

moderateness *n.* **1.** cymedrolder *m*, cymedroldeb *m*; *(of price):*

rhesymoldeb *m.* **2.** *(= mediocrity):* canoligrwydd *m*, cyffredinedd *m*, dinodedd *m*.
moderating *a.* cymedrolaidd, lliniarol; **a ~ influence,** dylanwad o blaid cymedroldeb.
moderation *n.* **1. = moderateness 1; in ~,** yn gymedrol. **2.** *pl. Sch:* **Moderations,** arholiadau'r flwyddyn gyntaf. **3.** *Atom.Ph:* arafu *vn*, arafiad *m*.
Moderatism *n. Theol:* Cymedroliaeth *f.*
moderato *a. & adv. Mus:* ***moderato.***
moderator *n.* **1.** *esp. Ecc: Scot: &c:* llywydd(-ion) *m*, cymedrolwr (cymedrolwyr) *m.* **2.** *(in nuclear reactor):* arafwr (arafwyr) *m.* **3.** *Sch: (a)* safonwr (safonwyr) *m*; *(b) (at Oxford):* arholwr (arholwyr) *m.* **4.** *Ph: Mth:* cymedrolydd(-ion) *m*.
moderatorship *n. Ecc:* llywyddiaeth(-au) *f.*
modern *a. & n.* **1.** *a.* modern, cyfoes, newydd; **Hymns Ancient and M~,** Emynau Hen a Newydd; **~ times,** yr oes hon *f*, y dwthwn hwn *m*, y byd *(m)* sydd ohoni; **~ languages,** ieithoedd modern; **M~ Welsh,** Cymraeg diweddar. **2.** *n.* **the ancients and the moderns,** yr hynafiaid a'r diweddariaid/modernwyr/moderniaid.
modernism *n.* **1.** moderniaeth *f.* **2.** *Ling:* bathiad(-au) newydd *m*, newyddair (newyddeiriau) *m*, gair (geiriau) newydd *m*.
modernist *n.* modernydd(-ion, modernwyr) *m*, moderniad (moderniaid) *m&f.*
modernistic *a.* modernaidd.
modernity *n.* modernedd *m*, modernrwydd *m*, moderneiddiwch *m*.
modernization *n.* diweddaru *vn*, moderneiddio *vn*, moderneiddiad(-au) *m*, diweddariad(-au) *m*.
modernize *v.t.* moderneiddio, diweddaru.
modernized *a.* moderneiddiedig, a foderneiddiwyd.
modernizer *n.* moderneiddiwr (moderneiddwyr) *m*, modern|eiddwraig *f.*
modernly *adv.* yn fodern *&c.*
modernness *n.* modernrwydd *m*, modernedd *m*, moderneiddiwch *m*.
modest *a.* **1.** *(a) (= humble, diffident):* gwylaidd, gostyngedig, diymhongar *(pronounced* ng-g), diymffrost, gweddaidd; *(b) (woman):* gwylaidd, diwair, llednais, gweddus, *F:* swil. **2. his requirements are ~,** cymedrol/rhesymol yw ei anghenion; **a ~ number,** nifer cymharol/gweddol fach; *(= without pretentions):* dirodres, diymhongar, syml, cyffredin, dinod.
modestly *adv.* yn wylaidd *&c*; **I was ~ pleased,** yr oeddwn yn rhesymol/gymedrol/weddol/lled fodlon.
modesty *n.* **1.** *(= diffidence):* gwyl|eidd-dra *m*, diymhongarwch *m* *(pronounced* ng-g); **with all due ~,** heb ymffrost, heb ymffrostio. **2.** *(of woman):* gwyleidd-dra, diweirdeb *m.* **3.** *(of demand &c):* cymedroldeb *m*, rhesymoldeb *m.* **4.** *(= lack of pretension):* symlrwydd *m.* **~-front, ~-vest** *n. Cost:* tsiêt (tsietiau) *f.*
modicum *n.* tipyn [bach] *m*, ychydig *m*, gronyn *m*, mymryn *m*, *S:* ticyn *m*.
modifiability *n.* addasadwyedd *m*, cyfaddasadwyedd *m*; **its great virtue is its ~,** ei rinwedd mawr yw bod modd ei addasu.
modifiable *a.* addasadwy, cyfaddasadwy.
modifiableness *n.* **= modifiability.**
modification *n.* **1.** newidiad(-au) *m*, addasiad(-au) *m*, cyfaddasiad(-au) *m*, cyfnewidiad(-au) *m*; *Geog:* adnewidiad(-au) *m.* **2.** *Jur: (= attenuation):* lliniariad *m*, lliniaru *vn.*
modified *a.* addasedig, wedi'i addasu; *Geog:* adnewidiadol.
modifier *n.* addasydd(-ion, addaswyr) *m*, cyfaddasydd(-ion, cyfaddaswyr) *m*; *Gram:* goleddfiad(-au) *m*.
modify *v.t.* **1.** *(a)* addasu, cyfaddasu; *Geog:* amodi; *Carp:* adnewid; *Biol:* newid, adnewid; *(b) (= mitigate):* lliniaru; **to ~ one's demands,** lleih|au/gostwng eich gofynion, cymedroli'ch gofynion. **2.** *Gram:* goleddfu.
modifying *a.* addasol, cyfaddasol, amodol, lliniarol; *Gram:* goleddfol.
modillion *n. Arch:* modiliwn (modiliynau) *m*, braced(-i) *m*.
modish *a.* ffasiynol.
modishly *adv.* yn ffasiynol.
modishness *n.* ffasiynoldeb *m*, ffasiynolrwydd *m*.
modiste *n.* ffasiynydd(-ion) *m*, ffasi|ynwraig (ffasiynwragedd) *f.*
Mods *n.pl.* **= moderation 2, mod².**
modulability *n. Mus: &c:* natur/ansawdd drawsgyweiriadwy *f.*
modulable *a. Mus: &c:* trawsgyweiriadwy.
modular *a. Mth:* modylaidd, m|odwlar; *Mth:* **~ arithmetic,** rhifyddeg fodwlar *f*; *Cmptr:* **~ programming,** rhaglennu modwlar.
modularity *n.* modwlaredd *m*.
modularized *a.* modwlaredig.
modularly *adv.* yn f|odwlar.
modulate *v.t.&i.* **1.** *v.t. (a) (voice):* codi a gostwng, goslefu, cyweirio; **a well-modulated voice,** llais persain *m*; *(b) (= adjust):* addasu, cyfaddasu; *(c) T.V:* tonfeddu, gosod. **2.** *v.i. Mus:* **to ~ from one key [in]to another,** mynd o un cywair i'r llall, trawsgyweirio.
modulated *a. (voice):* persain; *Ph: Mth:* modyledig; *W.Tel: Cin:* **~ power,** grym modyledig *m*.
modulating *a. Mus: El:* trawsgyweiriol, cyweiriol.
modulation *n.* trawsgyweiriad(-au) *m*, trosiad *m*, goslefiad *m*; *Mth: Ph:* modyliad(-au) *m*.
modulator *n. El:* cyweiriadur(-on) *m*, trosiadur(-on) *m*; *Mus:* cyweiriadur *m*, siart(-iau) *(f)* sol-ffa; **extended ~,** cyweiriadur mawr; *Cmptr: Ph: Mth:* modylydd(-ion) *m*.
modulatory *a.* cyweiriadurol.
module *n.* uned(-au) *f*, modiwl(-au) *m*, modwl (modylau) *m*; **lunar ~,** mod[i]wl lleuadol/lloerol; **command ~,** mod[i]wl rheoli.
modulo *a. Cmptr:* m|odwlo.
modulus *n. Mth: Cmptr:* m|odwlws (m|odwli) *m*.
modus operandi *n.* dull *(m)* o weithredu.
modus vivendi *n.* dealltwriaeth *f*, trefniant *m*.
Moelfre Sound *W.Pl.n.* Y Swnt *m*.
mofette *n. (= fissure):* agen(-nau) *f*; *(= exhalation):* tawch *m*.
mog, moggie *n.* cath(-od, *S:* -au) *f*, *N.W: occ:* giaman *f*, sgiatan *f.*
Mogul¹ *n. & a.* **1.** *n. (a) Ethn:* Mogwl (Mogyliaid) *m&f*; *(b) Hist:* **the Great/Grand ~,** y Mogwl Mawr *m*, Ymherodr (m) yr India; *(c) Fig: (= important pers.):* pwysigyn (pwysigion) *m*; **the oil moguls,** ymerodron yr olew, mawrion byd olew. **2.** *a.* Mogylaidd; **the ~ Empire,** Ymerodraeth y Mogyliaid.
mogul² *n. Ski:* cnwc (cnyciau) *m*.
mohair *n. Tex:* edau *(f)* flew, moher *m*.
Mohammedan *a. & n.* **1.** *a.* Mohametanaidd, Moslemaidd. **2.** *n.* Mohametaniad (Mohametaniaid) *m&f*, Moslem(-iaid) *m&f.*
Mohammedanism *n.* Mohametaniaeth *m*.
Mohawk *n.* **1.** *Ethn:* Mohociad (Mohociaid) *m&f.* **2.** *Ling:* Mohoceg *f*, *m*.
Mohican *a. & n. Ethn:* **1.** *a.* Mohicanaidd. **2.** *n.* Mohican(-iaid) *m&f.*
Mohism *n.* Mohyddiaeth *f.*
Mohist *a. & n.* **1.** *a.* Mohyddol. **2.** *n.* Mohydd(-ion) *m*.
moho *n. Geol:* moho(-s) *m*.
Mohock *n. Hist:* Mohoc(-iaid) *m*.
Mohockism *n.* Mohociaeth *f.*
mohole *n.* *mohodwll (mohodyllau) *m*.
moider *v.t. F:* moedro, mwydro, drysu.
moidore *n. Num:* moidôr(-s, moidorau) *m*.
moiety *n. A: & Jur: (i) (= half):* hanner (haneri, hanerau) *m*; *(ii) (= part):* rhan(-nau) *f*, cyfran(-nau) *f.*
moil¹ *n.* llafur *m*, slafdod *m*.
moil² *v.i.* llafurio, bustachu; *S.a.* **toil².**
moiling *a.* llafurus, llafurfawr.
moilingly *adv.* yn llafurus *&c.*
moiré **1.** *a. (silk):* ***moiré,*** tonnog, symudliw; **~ silk,** *occ:* sidan tonnau'r môr; *(metal):* cymylog [yr olwg]. **2.** *n.* ***moiré*** *m*.
moist *a.* llaith (lleithion), gwlyb *(f. occ:* gwleb, *pl.* gwlybion), *occ:* gwlybyrog, gwlybyrllyd, *F:* tamp; **to grow ~,** mynd yn llaith, gwlychu, lleithio, *F:* tampio.
moisten *v.t.&i.* gwlychu, *occ:* lleithio, *F:* tampio.
moistened *a.* gwlyb *(f. occ:* gwleb, *pl.* gwlybion), gwlychedig.
moistener *n.* gwlychwr: gwlychydd (gwlychyddion) *m*.
moistening *vn.* gwlychiad(-au) *m*, gwlychu *vn.*
moistly *adv.* yn wlyb *&c.*
moistness *n.* lleithder *m*, gwlybaniaeth *f*, gwlybyrwch *m*, *F:* tamprwydd *m*, *S:* gwlybanwch *m*.
moisture *n.* lleithder(-au) *m*, gwlybaniaeth *f*, gwlybwr (gwlybyrau) *m*, gwlybyrwch *m*, *S.W: occ:* gwlybanwch *m.* **~ content** *n.* cynnwys *(m)* lleithedd. **~-proof** *a.* diddos.
moisturize *v.t.* lleithio, gwlybyru.

moisturizer *n.* **1.** lleithydd(-ion) *m.* **2.** *Cosmetics:* hufen(-nau) (*m*) lleithio.
moisturizing *vn.* ~ **cream** *n.* = **moisturizer.**
moither *v.t.* = **moider.**
moke *n. F:* = **donkey.**
moksa *n. Hindu Rel:* mocsa *m*, ymryddhad *m.*
mola *n. Ich:* mola(-od) *m.*
molal *a. Ch:* molaidd.
molality *n. Ch:* moleiddiwch *m.*
molar[1] *n. Anat:* dant (dannedd) (*m*) malu, cilddant (cilddannedd) *m.*
molar[2] *a. Ph:* (= *of mass*): masol, molar.
molar[3] *a. Ch:* molol, molar.
molarity *n. Ch:* molaredd *m.*
molasses *n.pl.* triagl: triogl *m*, *S.W:* tregl *m.*
Mold *W.Pl.n.* Yr Wyddgrug *f.*
Moldsdale *W.Pl.n.* Ystrad (*m*) Alun.
mole[1] *n. Anat:* man(-nau) (*m*) geni, *occ:* man du (mannau duon), *S.W: occ:* man cyn geni.
mole[2] *n. Z: S:* gwadd(-od) *f*, gwadden (gwaddod) *f*, gwahadden (gwahaddod) *f*, *N:* twrch (tyrchod) (*m*) daear; **to catch moles,** *S:* gwaddota, dal gwaddod, *N:* tyrcha, dal tyrchod. **~-catcher** *n. S:* gwaddotwr (gwaddotwyr) *m*, *N:* tyrchwr (tyrchwyr) *m*, dyn(-ion) (*m*) dal tyrchod. **~-cricket** *n. Ent:* rhinc(-iau,-od) (*f*) y tes, rhinc (*m*) y llin, cricsyn (crics) (*m*) y tes, cric[i]edyn (*m*) y tes, criced (*m*) y tes. **~ drain** *n.* traen/draen (*m*) twrch (traeniau/draeniau tyrchod). **~ drainer** *n.* = **mole plough.** **~ drainage** *n.* traenio/draenio (*vn*) tyrchol, traeniau/draeniau tyrchol. **~ plough** *n. Agr:* aradr (*f*) dyrchu (erydr tyrchu), tyrchwr (tyrchwyr) *m.* **~ rat** *n. Z:* llygoden dyrchol (llygod tyrchol) *f*, blesmol(-iaid) *m.* **~-trap** *n.* trap(-iau) (*m*) gwaddod, trap tyrchod daear.
mole[3] *n.* (= *breakwater*): morglawdd (morgloddiau) *m*, cob(-iau) *m.*
mole[4] *n. Ch:* môl (molau) *m.*
mole[5] *n. Med:* (*in uterus*): môl (molau) *m.*
molecular *a.* molecwlaidd, molecylaidd.
molecularity *n.* molecyledd *m.*
molecularly *adv.* yn folecwlaidd *&c.*
molecule *n. Ch:* m|olecwl (molecylau) *m*, m|oleciwl (moleciwlau) *m.*
molehill *n.* pridd (*m*) y wadd, priddwal(-au) *m*, twmpath(-au) (*m*) gwadd, cocyn (*m*) twrch daear (cocynnau tyrchod daear), tocyn (*m*) twrch daear (tociau tyrchod daear); *S.a.* **mountain.**
moleskin *n.* **1.** *S:* croen (*m*) gwadd, *N:* croen twrch daear. **2.** *Tex:* (*a*) mo[w]lsgin *m*, melfaréd *m*, ffustion *m*; *S.a.* **corduroy**; ~ **coat,** côt (*f*) fo[w]lsgin (cotiau mo[w]lsgin); (*b*) *pl.* **moleskins,** *S:* trwser (*m*) mo[w]lsgin, *N:* trowsus (*m*) ffustion.
molest *v.t.* aflonyddu (ar rn), ymyrryd (â rhn); *Jur:* molestu rhn, *N: F:* hambygio (rhn), cau gadael llonydd (i rn), cau bod l[l]onydd (i rn).
molestation *n.* ymosod *vn*, ymosodiad(-au) *m*, ymyrraeth *f*; *Jur:* molestiad *m*, molestu *vn.*
molester *n.* aflonyddwr (aflonyddwyr) *m*, ymyrrwr (ymyrwyr) *m*; *Jur:* molestwr (molestwyr) *m.*
Molièresque *a.* Molieraidd.
moline *a. Her:* melinaidd.
molinia *n. Bot:* gwellt (*m*) y gweunydd.
Molinism *n. Theol:* Moliniaeth *f.*
Molinist *n. & attrib. Theol:* **1.** *n.* Molinydd(-ion, Molinwyr) *m*, Moliniad (Moliniaid) *m&f.* **2.** *attrib.* Molinaidd.
moll *n.f.* (*i*) (= *prostitute*): putain (puteiniaid); (*ii*) (*gangster's*): partneres(-au), cariad(-on), *N.W: F:* modan (modins), bodan (bodins).
mollification *n.* taweliad *m*, tawelu *vn*; *S.a.* **mollify.**
mollified *a.* llai dig, bodlonach, tynerach, tawelach.
mollify *v.t.* tawelu, lliniaru, heddychu, tyneru, meddalu, *occ:* diddigio (rhn); dofi llid (rhn).
mollusc *n. Moll:* meddalog(-ion) *m*, molwsg (molysgiaid) *m.*
molluscan *a. Moll:* meddalogaidd, molysgaidd.
molluscicidal *a.* molysgleiddiol.
molluscicide *n.* molysgladdwr (molysgladdwyr) *m.*
molluscoid *a. & n.* **1.** *a.* molysgffurf, molysgaidd. **2.** *n.* = **mollusc.**
molluscous *a.* = **molluscan.**
molly[1] *n. Ich:* moli (moliod, moliaid) *m.*
Molly[2] *Pr.n.f. & n.* (*i*) *Pr.n.f.* Mari, Mali; (*ii*) *n.* (= *effeminate man*): Cadi Mari, Cadi Martha, cadi ffan, cadi ffan[n]i *m*, hen ferch (*f*), hen wlanen (*f*) o ddyn.
mollycoddle[1] *n.* babi(-s) (*m*) mam, babi mami, *S:* bapa(-s) *m*, babi loshin, babi dol, *N:* babi swci mam, babi swc, swci-babi(-s) *m*, *Lit:* maethen(-nod) *f*; **he's a ~,** mae wedi ei ddifetha'n lân/bot.
mollycoddle[2] *v.t.* maldodi, mwytho, difetha, tinpwl, *M.W:* babanu, *S: occ:* malpo, tolach.
mollycoddler *n.* maldodwr (maldodwyr) *m*, mald|odwraig (maldodwragedd) *f.*
mollymawk *n.* = **mallemuck.**
Moloch *n.* **1.** *B:* Moloch *m.* **2.** *Rept:* moloch(-iaid,-od) *m*, cythraul (cythreuliaid) (*m*) mynydd.
molossus *n. Pros:* corfan hir deirsill (corfannau hir teirsill) *f.*
Molotov *Pr.n.* ~ **bread-basket** *n.* basged(-i) (*f*) M|olotof. ~ **cocktail** *n.* coctel(-s) (*m*) Molotof.
molten *a.* tawdd, toddedig; *See* **melt.**
Molucca *Pr.n. Geog:* **the Moluccas, the ~ Islands,** Ynysoedd Molwca.
moly *n. Bot:* **1.** *Myth:* moli *m.* **2.** (*Allium moly*): garlleg gwyllt *m.*
molybdate *n. Ch:* molybdat(-au) *m.*
molybdenite *n. Ch:* mol|ybdenit *m.*
molybdenum *n. Ch:* mol|ybdenwm *m.*
molybdic *a. Ch:* molybdig.
molybdous *a. Ch:* molybdaidd.
mom *n.f. U.S:* mam(-au).
moment *n.* **1.** eiliad(-au) *mf*, munud(-au) *mf*, ennyd *mf*, moment(-au) *f*, *occ:* munudyn *m*; **for a ~,** am ennyd, am eiliad, *Lit:* [am] ennyd awr; **wait a ~! one ~! half a ~! just a ~! one ~ please!** arhoswch funud! arhoswch damaid bach! hanner munud! **(to expect s.o.) [at] any ~,** (disgwyl rhn) bob awr, unrhyw eiliad, unrhyw funud, bob munud awr; **(to interrupt) at every ~,** (torri ar draws) bob eiliad, o hyd [ac o hyd]; **his entry was timed to the ~,** amserwyd ei ddyfodiad i'r eiliad; **I have just/only this ~ heard of it,** [dim ond] newydd glywed amdano yr wyf; dim ond gynnau fach y clywais amdano; y funud yma y clywais amdano; **(I saw him) a ~ ago,** (mi gwelais i ef) gynnau fach, eiliad yn ôl; **(I came) the [very] ~ I heard of it,** (deuthum) yr eiliad y clywais amdano, cyn gynted fyth ag y clywais amdano; **the ~ I saw him (I recognized him),** ('roeddwn i'n ei adnabod) cyn gynted ag y gwelais i ef, yr eiliad y gwelais i ef; **from the ~ when I saw him,** o'r eiliad y gwelais i ef, cyn gynted ag y gwelais i ef; **at this ~, at the present ~ [in time],** ar hyn o bryd, y munud/funud yma, ar y funud; **at that ~,** y funud honno, yr eiliad honno; (= *at that time*): ar y pryd; **at the last ~,** ar y funud olaf, *N: F:* yn ben set; **the book appeared just at the right ~,** daeth y llyfr ar yr adeg (*f*) iawn, ar yr union adeg; **at some moments,** ar rai adegau; **the critical ~,** yr adeg dyngedfennol, y funud bwysig; **(I will come) in a ~,** (mi ddof) mewn eiliad, yn y munud, *F:* ymhen chwinciad; **(come here) this ~!** (tyrd/dere yma)'r funud/eiliad 'ma, ar unwaith! **(it was all over) in a ~,** ('roedd y cyfan drosodd) mewn eiliad/chwinciad/fflach, mewn byr o dro, mewn dim o amser, ar amrantiad, *F:* chwap, chwipyn; **(I want nothing) for the ~,** ('does arnaf eisiau dim) ar hyn o bryd, am y tro; **he's the man of the ~,** efe yw dyn yr awr; **not for a ~!** byth bythoedd! ddim dros fy nghrogi! ddim o gwbl! **in a weak ~,** ar awr wan; **the ~ of truth,** yr awr o brysur bwyso, yr eiliad dyngedfennol. **2.** *Mec:* moment(-au) *m*; **~ of momentum,** moment momentwm; **bending ~,** moment plygu. **3.** (= *importance*): pwys *m*, pwysigrwydd *m*; **to be of ~,** bod o bwys, bod yn bwysig; **of great ~,** pwysig, pwysfawr, o bwys mawr; **of little ~,** dibwys, dinod, distadl; **it is of [but] little ~,** nid yw o fawr bwys.
momentarily *adv.* am eiliad, am funud, dros dro, am ennyd [awr], am gyfnod byr.
momentariness *n.* byrbarh|ad *m*, byrhoedledd *m.*
momentary *a.* dros dro, byrhoedlog; **a ~ hesitation,** eiliad o betruso; **a ~ feeling,** teimlad ennyd awr.
momently *adv.* o un eiliad i'r llall, bob eiliad, byth a hefyd, o hyd, bob munud awr, am eiliad, am ennyd.
momento *n.* = **memento.**
momentous *a.* pwysig, pwysfawr, tyngedfennol, tynghedus.
momentously *adv.* yn bwysig *&c.*
momentousness *n.* pwysigrwydd *m*, tyngedfenoldeb *m.*
momentum *n.* **1.** *Mec: Ph:* momentwm (momenta) *m*, ysgogrym(-

oedd) *m.* **2.** *(= impetus):* grym [symudol] *m*, rhuthr *m*, cyflymder *m*, cyflymdra *m*; **to lose ~,** arafu, colli cyflymdra/cyflymder; **carried away by my own ~,** yn fy rhuthr, yn fy mrys.
momism *n. U.S:* mamgarwch *m*, mamaddoliad *m*.
momus *n.* cwenciwr (cwencwyr) *m*, crachfeirniad (crachfeirniaid) *m*.
monacal, monachal *a.* mynachol, mynachaidd.
monachism *n.* mynachaeth *f*.
monad *n. Phil:* monad(-au) *m*.
monadelphous *a. Biol:* unsypynnog, monadelffaidd.
monadic *a. Phil:* monadig.
monadism *n. Phil:* monadiaeth *f*.
monadnock *n. Geog:* monadnoc(-au) *m*.
monandrous *a. Bot:* unfrigerog.
monandry *n.* unwriaeth *f*.
monanthous *a. Bot:* unflodeuog.
monarch *n.* **1.** *(= king):* brenin (brenhinoedd) *m*, teyrn(-oedd,-edd) *m*; *(= queen):* brenhines (breninesau) *f*. **2.** *Ent:* brenin (brenhinoedd) *m*, glöyn(-nod) *(m)* y llaethlys, iâr fawr (ieir mawr) *(f)* Am|erica.
monarchal, monarchial *a.* brenhinol, teyrnaidd.
Monarchian *a. & n. Rel.Hist:* **1.** *a.* Monarchaidd. **2.** *n.* Monarchiad (Monarchiaid) *m&f*.
Monarchianism *n. Theol:* Monarchiaeth *f*.
monarchic[al] *a.* monarchaidd, breniniaethol.
monarchically *adv.* yn fonarchaidd *&c*.
monarchism *n.* monarchaeth *f*, breninyddiaeth *f*.
monarchist *n.* breniniaethwr (breniniaethwyr) *m*, monarchydd (monarchwyr) *m*; *(loosely):* brenhinydd: brenhinwr (brenhinwyr) *m*.
monarchistic *a.* breniniaethol.
monarchy *n.* brenhiniaeth (breniniaethau) *f*; *Theol:* **the Divine M~,** y Fonarchiaeth Ddwyfol *f*; *Hist:* **the Fifth M~,** y Bumed Frenhiniaeth.
monasterial *a.* mynachlogaidd.
monastery *n.* mynachlog(-ydd) *f*, *occ:* mynachdy (mynachdai) *m*.
monastic *a.* mynachaidd.
monastically *adv.* yn fynachaidd.
monasticism *n.* mynachaeth *f*.
monasticize *v.t.* mynacheiddio.
monatomic *a. Ch:* monatomig.
monatomically *adv. Ch:* yn fonatomig.
monaural *a. W.Tel: &c:* un glust.
monaurally *adv.* ag un glust.
monaxial *a.* unechelin.
monazite *n. Miner:* m|onasit *m*.
mondaine *n.f. & attrib.* **1.** *n.f.* menyw(-od) ffasiynol, ***mondaine(-s)***. **2.** *attrib.* ffasiynol, ***mondaine***.
Monday *n.* dydd(-iau) *(m)* Llun; *adv.* **Mondays,** bob dydd Llun, ar ddydd/ddyddiau Llun; *Joc:* **St. ~,** dydd Llun segur, dydd Llun i'r brenin, *N.W: occ:* dydd Llun cryddion; **Hock ~,** dydd Llun y Pasg Bychan; **Plough ~,** Dygwyl *(mf)* y Ceiliau, Dygwyl Geiliau; **Whit ~,** y Llungwyn *m* *(pronounced* ng-g), *occ:* dydd Llun Sulgwyn. **~ blues** *n.* melan *(f)* bore Llun, y Llunglwyf *m* *(pronounced* ng-g). **~ Club** *n. Pol:* Clwb *(m)* Dydd Llun. **~ evening, ~ night** *n.* nos *(f)* Lun (nosau Llun), *occ:* nos dydd Llun. **~ morning** *n.* bore(-au) *(m)* Llun. **~ morning disease** *n. Vet:* y parsiwn *m*.
Mondayish *a.* dioglyd, Llunglwyfus *(pronounced* ng-g).
Mondayishness, Mondayitis *n.* y Llunglwyf *m* *(pronounced* ng-g), diogi *(m)* bore Llun.
monde *n.* y byd ffasiynol *m*.
mondial *a.* byd-eang.
monecious *a. Bot:* = **monoecious.**
monepiscopacy *n. Ecc:* unesgobyddiaeth *f*.
monergism *n.* monergaeth *f*.
monestrous *a. Biol:* monestraidd.
monetarily *adv.* yn ariannol.
monetarism *n.* arianyddiaeth *f*, monetariaeth *f*.
monetarist *n. & attrib.* **1.** *n.* arianyddwr (arianyddwyr) *m*, monetariad (monetariaid) *m&f*. **2.** *attrib.* arianyddol, monetaraidd.
monetary *a.* ariannol; **~ reserves,** arian wrth gefn.
monetization *vn.* cylchredeg arian.
monetize *v.t.* rhoi/dodi (arian) mewn cylchrediad, cylchredeg arian, pennu gwerth (arian).
money *n.* **1.** arian *m*, *N:* pres *m*, *N.W: F:* mags *pl*, *occ:* cregyn *(pl)* heddwch, *S: F:* tocins *pl*; **a piece of ~,** pis[h]yn (pis[h]iau) *(m)* arian, darn(-au) *(m)* o arian; **copper ~,** arian cochion, *F:* copers/copars/copors; **inconvertible ~,** arian anarnewidiol; **silver ~,** arian gleision, arian gwynion; **paper ~,** arian papur; **hard ~,** arian caled, arian sych[-ion]; **convertible ~,** arian arnewidiol; **correct/exact ~,** yr arian cywir, yr arian union, *N:* yr union bres; **counterfeit ~, base ~,** arian drwg; **ready ~,** arian parod; **to throw good ~ after bad,** taflu arian da ar ôl arian drwg; *F:* **he's coining ~,** mae'n gwn|eud arian fel gro/slecs; mae'n gwneud arian fel y mwg; *M.W:* mae'n cweinio arian; mae'n gwneud arian ar eu hochrau; **to come into ~,** etifeddu arian, cael arian ar ôl rhn; **I'm in the ~,** mae gen i arian; **he's made of ~; he's rolling in ~,** mae'n graig/garn o arian; *N: occ:* mae o fel clwch; **to part with one's ~,** rhoi'ch arian, cyfrannu; **to put ~ into sth,** rhoi/dodi/buddsoddi arian mewn rhth; *F:* **he's the man for my ~,** dyna'r dyn i mi; **there's ~ in it,** mae'n talu'n dda; **it will bring in big ~,** bydd yn dwyn elw mawr; **you have had your ~'s worth; you have had a good run for your ~,** 'rydych wedi cael gwerth eich arian; **time is ~,** amser a gollir byth nid enillir; mae amser yn arian; amser dyn yw ei gynhysgaeth; *Prov:* **~ makes/begets ~,** i'r pant y rhed y dŵr; i'r hwn y mae ganddo y rhoddir; **it's ~ for jam; it's ~ for old rope,** mae'n arian hawdd; mae'n bres am ddim byd; **your ~ or your life!** eich arian neu'ch einioes! *Prov:* **~ makes the mare [to] go,** arian a wna i'r gaseg duthio; *Prov:* **~ talks,** arian sy'n cyfrif; arian sy'n mynd â hi. **2.** *pl. A: & Jur:* **moneys, monies,** [symiau *pl*] arian; **moneys paid out,** arian a dalwyd allan, taliadau; **moneys paid in,** arian a dalwyd i mewn, derbyniadau; **public moneys,** arian cyhoeddus; **sundry monies owing to him,** amryw symiau [o arian] dyledus iddo. **~-bag** *n.* cwdyn (cydau) *(m)* arian. **~-bags** *n. F:* dyn(-ion) cefnog *m*; *(= miser):* cybydd(-ion) *m*. **~-belt** *n.* gwregys(-au) *(m)* arian. **~-bill** *n.* mesur(-au) *(m)* ariannol. **~-box** *n.* cadw-mi-gei *m*, *M.W:* cynilyn-bocs *m*, *Lit:* blwch (blychau) *(m)* arian, blwch cynilo. **~-changer** *n.* cyfnewidiwr (cyfnewidwyr) *(m)* arian. **~-grubber** *n.* cribiniwr (cribinwyr) *(m)* arian, crafangwr (crafangwyr) *(m)* arian, cribddeiliwr (cribddeilwyr) *m*, *F:* Siôn *(m)* l[l]ygad y geiniog, *N.W: F:* croengi (croengwn) caled *m* *(pronounced* ng-g), hen gribin *m*. **~-grubbing**[1] *a.* cribinllyd, crafangus, cribddeilgar, cybyddlyd, esgud am arian, *M.W:* ewin-gyrraedd, *S.W: occ:* glew [am arian], *N.W: F:* hafing, garw amdani. **~-grubbing**[2] *vn.* cribinio [arian], crafangu [arian], cybydda, cribddeilio, *N.W: occ:* glewa, jybio, sbinio, sbachu [arian]. **~ interest** *n.* buddiant ariannol *m*. **~-lender** *n.* benthyciwr (benthycwyr) *(m)* arian, benth|ycwraig *(f)* arian, *Lit:* usuriwr (usurwyr) *m*, us|urwraig *f*, echwynnwr (echwynwyr) *m*, ech|wynwraig *f*. **~-lending** *vn.* benthyca arian, echwyn arian, rhoi benthyg arian, rhoi arian ar fenthyg. **~-maker** *n.* gwneuthurwr (gwneuthurwyr) *(m)* arian; **this book is a ~-maker,** mae'r llyfr hwn yn gwneud arian; **this scheme is a ~-maker,** mae'r cynllun hwn yn talu'n dda. **~-making**[1] *a.* proffidiol. **~-making**[2] *vn.* gwneud arian. **~-market** *n.* marchnad(-oedd) *(f)* arian. **~ order** *n.* archeb(-ion) *(f)* arian. **~ spider** *n. Arach: N:* copyn(-nod) lwcus *m*, *S:* corryn (corynnod) lwcus *m*. **~-spinner** *n.* **1.** *Arach: N:* copyn(-nod) coch *m*, *S:* corryn (corynnod) coch *m*. **2.** *Fig:* cweiniwr (cweinwyr) *(m)* arian; **it's a real ~-spinner,** mae'n talu ar ei ganfed; mae'n talu'n dda.
moneyed *a.* **1.** cyfoethog, cefnog, ariannog, *Lit:* goludog; **the ~ classes,** y cyfoethogion *pl*, pobl *(f or pl)* yr arian mawr. **2. the ~ interest,** y cyfalafwyr *pl*.
moneyer *n. Hist:* bathwr (bathwyr) *(m)* arian.
moneywort *n. Bot:* ceinioglys *m*, canclwyf *m*, dwygeinioglys *m*, *F:* siani lusg *f*; **Cornish ~,** *(Sibthorpia europaea):* ceinioglys Cernyw.
-monger *n.* *(chiefly in combination):* **1.** gwerthwr (gwerthwyr) *m*, masnachwr (masnachwyr) *m*; **cheese-~,** cawswr (cawswyr) *m*. **2.** *Pej:* **news-~,** heliwr (helwyr) *(m)* chwedlau, heliwr straeon; **slander-~,** clepiwr (clepwyr) *m*, cl|epwraig (clepwragedd) *f*, clapgi (clapgwn) *m*, clapiast (clapieist) *f*, cleci (clecwn) *m*, clecast (cleceist) *f*; *S.a.* **ironmonger, warmonger.**
Mongol[1] *a. & n. Ethn:* **1.** *a. Ethn:* Mongolaidd. **2.** *n.* Mongol(-iaid) *m&f* *(all pronounced* ng-g).

mongol² *a. & n. Med:* **1.** *a.* mongolaidd. **2.** *n.* mongol(-iaid) *m&f* (*all pronounced* ng-g). *S.a.* **Down⁵**.
Mongolia *Pr.n. Geog:* Mongolia *f* (*pronounced* ng-g).
Mongolian *a. & n.* **1.** *a.* Mongolaidd; *Hist:* **the ~ People's Republic,** Gwerinlywodraeth (*f*) Mongolia; **she's ~,** un o Fongolia yw hi; *(in language):* Mongoleg. **2.** *n. (i) Ethn:* Mongol(-iaid) *m&f*, Mongoliad (Mongoliaid) *m&f*; *(ii) Ling:* Mongoleg *f, m* (*all pronounced* ng-g).
Mongolic *a. & n.* **1.** *a.* Mongolig. **2.** *n. (i) Ling:* Mongolig *f, m*; *(ii) Ethn:* Mongolig(-ion) *m&f* (*all pronounced* ng-g).
mongolism *n. Med:* mongoliaeth *f* (*pronounced* ng-g). *S.a.* **Down⁵**.
Mongoloid *a. & n.* **1.** *a. (i) Ethn:* Mongolaidd; *(ii)* **m~**, *Med:* mongolaidd. **2.** *n. (i) Ethn:* Mongolig(-ion) *m&f*; *(ii)* **m~**, *Med:* mongol(-iaid) *m&f* (*all pronounced* ng-g).
mongoose *n. Z:* mongŵs (mongwsiaid) *m* (*pronounced* ng-g).
mongrel *n. & a.* **1.** *n.* mwngrel(-iaid,-od) *m* (*pronounced* ng-g), *Lit: occ:* brithgi (brithgwn) *m*, ci brith (cŵn brithion) *m*. **2.** *a.* cymysgryw, mwngrelaidd (*pronounced* ng-g), lledryw, lledwaed, [o] hanner gwaed.
mongrelism *n.* mwngreliaeth *f* (*pronounced* ng-g), cymysgrywiaeth *f*.
mongrelization *n.*, **mongrelize** *v.t.* mwngreleiddio (*pronounced* ng-g).
mongrelly *a.* mwngrelaidd (*pronounced* ng-g), cymysgryw, lledryw.
monial *n.* = **mullion.**
monicker *n. F:* enw(-au) *m*.
monied *a.* = **moneyed.**
moniliasis *n. Med:* moniliasis *m*.
moniliform *n.* cadwynffurf, paderaidd, fel mwclis.
moniliformly *adv.* ar ffurf cadwyn/paderau.
Monington *W.Pl.n.* Eglwys (*f*) Wythwr.
monism *n. Phil:* monyddiaeth *f*.
monist *n. Phil:* monydd(-ion) *m*.
monistic[al] *a.* monistig, monyddol, monistaidd.
monition *n.* rhybudd(-ion) *m*.
monitor¹ *n.* **1.** *in most senses: Sch: Z:* m|onitor (monitoriaid) *m*. **2.** *(= observer):* sylwedydd(-ion) *m*, gwyliwr (gwylwyr) *m*. **3.** *(= detector):* synhwyrydd (synwyryddion) *m*. **4.** *A: (= one who admonishes):* ceryddwr (ceryddwyr) *m*, rhybuddiwr (rhybuddwyr) *m*. **5.** *Cmptr: T.V:* monitor(-au) *m*, dangosydd (dangoswyr) *m*.
monitor² *v.t. (= watch):* gwylio, arolygu (rhth); sylwi, cadw llygad, cadw golwg (ar rth); *(= listen to):* gwrando, clustfeinio (ar rth); *(= regulate):* rheoli; *Cmptr: &c:* monitorio (rhth).
monitored *a.* dan arolygaeth, dan reolaeth, monitoredig.
monitorial *a.* arolygol, monitoraidd.
monitoring *vn.* gwyliadwriaeth *f*; *vn.* = **monitor²**.
monitorship *n. Sch:* monitoriaeth(-au) *f*.
monitory *a. & n.* **1.** *a.* rhybuddiol. **2.** *n.* llythyr(-au,-on) (*m*) rhybudd.
monitress *n.f.* monitores(-au), swyddoges(-au).
monk *n.* mynach(-od, mynaich) *m*. **~ bat** *n. Z:* ystlum(-od) trwynir *m*. **~-bishop** *n.* mynach-esgob(-ion) *m*. **~ seal** *n. Z:* morlo torwyn (morloi torwynion) *m*. **~'s cloth** *n. Tex:* brethyn (*m*) mynach. **~'s rhubarb** *n. Bot:* tafolen (tafol) (*f*) y mynydd.
monkery *n. Pej:* mynachaeth *f*, mynachdod *m*.
monkey¹ *n.* **1.** *Z:* mwnci (mwncïod, mwncwn, *F: occ:* mwncwns) *m*; *F:* **you young ~!** yr ellyll bach! y bwbach bach! y mawrddrwg! y cna' bach! y cena' bach! y mwnci bach! **to make a ~ of s.o.,** gwneud rhn yn destun sbort *or* yn bricsiwn *or* yn bric pwdin; **(as artful) as a cartload of monkeys,** (mor ystumddrwg) â chant o fwncïod, â llond trol/cert o fwncïod; *P:* **to put s.o.'s ~ up,** gwylltio/gwylltu rhn, codi gwrychyn rhn, *occ:* codi mwnci rhn; *See* **anger²**; **to get one's ~ up,** gwylltio, digio, codi'ch gwrychyn, colli'ch tymer, lluchio'ch cylchau, *M.W:* codi'ch mwnci, *S.W:* mynd i natur. **2.** *(i) Civ.E:* **~[-engine],** peiriant (peiriannau) (*m*) morthwylio, gordd beiriannol (gyrdd peiriannol) *f*; *(ii) (= water-vessel):* costrel(-au,-i) *f*. **3.** *P: (= 500 pounds):* pum can punt. **~-block** *n. Nau:* bloc(-iau) (*m*) mwnci. **~-bread** *n. Bot:* bara mwnci. **~ business** *n.* drygau *pl*, *N:* misdimanars *pl*, giamocs *pl*; *F:* **I won't stand for any ~ business!** chymera' i ddim lol(*f*)/giamocs/misdimanars! **~-cup** *n. Bot: (= pitcher-plant):* piserlys *m*. **~-faced** *a.* ag wyneb mwnci; **~-faced owl,** = **owl (barn).** **~-flower** *n. Bot:* blodyn (blodau) (*m*) mwnci, mwsg (*m*) yr epa. **~ gaff** *n. Nau:* gaff(-au) (*m*) mwnci. **~ house** *n.* tŷ (tai) (*m*) mwncïod. **~-jacket** *n. Cost:* siaced gota (siacedi cwta) *f*. **~-nut** *n. Bot:* cneuen (*f*) fwnci (cnau mwnci). **~-orchid** *n. Bot:* tegeirian(-au) (*m*) mwnci. **~-pot** *n.* **1.** *Bot:* crochan (*m*) yr epa (crochanau'r epa), pot(-iau) (*m*) mwnci. **2.** *Glassm:* pot mwnci. **~-puzzle** *n. Bot: (Araucaria):* coeden (*f*) gas gan fwnci (coed cas gan fwnci), pinwydden (pinwydd) (*f*) Chile. **~-tricks** *U.S:* castiau drwg/gwirion *pl*, castiau mwnci, drygau *pl*, drygioni *m*, giamocs *pl*, misdimanars *pl*, *N: occ:* castiau mul. **~-wrench** *n.* tyndro(-eon) (*m*) mwnci; **to throw a ~-wrench into the works,** rhoi sbrag/ strocen (*f*) yn yr olwyn, *S:* rhoi sbogen (*f*) yn y whilsen.
monkey² *v.i.&t.* **1.** *v.i.* **to ~ [about] (with sth),** busnesu, piltran, stwna, ymh|el, ffidlan, potsian, ponsio (â rhth). **2.** *v.t. (= ape):* dynwared, *N: occ:* gwatwar.
monkeypod *n. Bot:* coeden (*f*) law (coed glaw).
monkfish *n. Ich:* **1.** *(Squatina squatina):* maelgi (maelgwn) *m*, malgi (malgwn) *m*. **2.** *(= angler-fish):* môr-lyffant(-od, ~-lyffaint), llyffant(-od, llyffaint) (*m*) môr.
monkhood *n.* mynachdod *m*.
monkish *a.* mynachaidd, *Pej:* mynachlyd.
Monknash *W.Pl.n.* Yr As Fawr *f*.
monkshood *n. Bot: (Aconitum napellus):* cwcwll (*m*) y mynach, cwfl (*m*) y mynach, llysiau(*pl*)'r mynach, llysiau'r blaidd, *N:* cap (*m*) nain, blodau (*pl*) Adda ac Efa, *S.E:* blodau Arch Noa; **variegated ~**, *(A. variegatum):* cwcwll mynach brithlas; **yellow ~**, *(A. anthora):* cwcwll mynach melyn.
Monkswood *W.Pl.n.* Capel (*m*) Coed y Mynach.
Monkton *W.Pl.n.* Cil-maen *m*.
Monmouth *W.Pl.n.* Trefynwy *f*; *Hist:* **Geoffrey of ~**, Sieffre o Fynwy, *occ:* Sieffre ab Arthur; **Harry ~**, Harri o Drefynwy.
Monmouthshire *Pr.n. W.Geog:* Sir (*f*) Fynwy, Mynwy *f*, *F: Poet:* Gwent *f*.
Monnow *Pr.n. W.Geog:* [Afon] Mynwy *f*.
mono *a. & n. F:* **1.** *a.* mono, monoffonig. **2.** *n.* mon|offoni *m*.
monoacid *n. Ch:* monoasid(-au) *m*.
monoacidic *a. Ch:* monoasidig, monoasidaidd.
monoalphabetic *a.* unwyddorol.
monoamine *n. Bio-Ch:* monoamin(-au) *m*.
monoaminergic *a. Bio-Ch:* monoaminergaidd.
monobasic *a. Ch:* monobasig.
monocarboxylic *a. Ch:* monocarbocsylig.
monocarp *n. Bot:* m|onocarp (monocarpau) *m*.
monocarpic, monocarpous *a.* monocarpig.
monocellular *a. Biol:* ungell, ungellog (*both pronounced* ng-g).
monocephalous *a. Bot:* unben, unbennog, [ag] un pen.
monochasial *a. Bot:* monocasiaidd.
monochasium *n. Bot:* monocasiwm (monocasia) *m*.
monochord *n. Mus:* m|onocord (monocordiau) *m*.
monochromat *n. Med:* monocromat(-iaid) *m&f*, lliwddall (lliwddeillion) *m&f*.
monochromatic *a.* unlliw, monocromatig.
monochromatically *adv.* yn unlliw *&c.*
monochromaticity *n.* unlliwedd *m*, monocromatedd *m*.
monochromatism *n. Med:* monocromatiaeth *f*, lliwddallineb *m*.
monochromator *n.* monocromadur(-on) *m*.
monochrome *a. & n. Art:* **1.** *a.* unlliw; *T.V: Cin:* du a gwyn. **2.** *n.* m|onocrom (monocromau) *m*.
monochromic *a.* unlliw.
monocle *n.* monocl(-au) *m*, *F:* sbectol(-s) (*f*) un llygad.
monocled *a.* â monocl, yn gwisgo monocl, monoclog.
monoclinal *a. Geol:* monoclinol.
monocline *n. Geol:* m|onoclin (monoclinau) *m*.
monoclinic *a. Cryst:* monoclinig.
monoclinous *a. Cryst:* monoclinaidd.
monocoque *n. Veh:* cerbyd(-au) ungragen *m* (*pronounced* ng-g); *Aer:* awyren(-nau) ungragen *f*.
monocotyledon *n. Bot:* monocotyledon(-au) *m*, unhad-ddeilen (~-ddail) *m*, ungibog(-ion) *m*.
monocotyledonous *a. Bot:* monocotyledonaidd, unhadgibog.
monocracy *n. Pol:* unbennaeth (unbenaethau) *f*.
monocrat *n. Pol:* unben(-nau,-iaid) *m*.
monocratic *a. Pol:* unbenaethol.
monocrotic *a. Mus:* un curiad, monocrotig.
monocular *a.* un llygad.

monocultural *a. Agr:* unllystyfiannol.
monoculture *n. Agr:* ungnwd *m* (*pronounced* ng-g), unllystyfiant *m.*
monocycle *n.* beic(-iau) (*m*) un olwyn.
monocyclic *a.* un cylch, ungylch (*pronounced* ng-g).
monocycly *n.* ungylchedd *m* (*pronounced* ng-g).
monocyte *n. Biol:* m|onosyt (monosytau) *m.*
monocytic *a. Biol:* monosytig.
monocytoid *a. Biol:* monosytaidd.
monocytosis *n. Biol:* monosytosis *m.*
monodactylous *a.* unbys.
monodic[al] *a.* marwnadol, galarus, galarnadol.
monodically *adv.* yn farwnadol *&c.*
monodist *n.* marwnadwr (marwnadwyr) *m*, galarnadwr (galarnadwyr) *m.*
monodrama *n. Th:* monodrama (monodramâu) *f*, drama (dramâu) (*f*) un dyn.
monodramatic *a.* monodramatig.
monodromy *n. Mth:* mon|odromi (monodromïau) *m.*
monody *n.* m|arwnad (marwnadau) *f* (*usu. pronounced* marnad), galargan(-au,-euon) *f*, galarnad(-au) *f.*
monoecious *a.* **1.** *Bot:* cydryw. **2.** *Z:* = **hermaphroditic.**
monoeciously *adv. Bot:* yn gydryw *&c.*
monoecism *n.* **1.** *Bot:* cydrywiaeth *f.* **2.** *Z:* = **hermaphroditism.**
monoepiscopacy *n. Ecc:* unesgobyddiaeth *f.*
monoester *n. Ch:* mono-ester(-au) *m.*
monofilament *n.* monoff|ilament (monoffilamentau) *m*, unffibryn (unffibrau) *m.*
monogamic *a.* unwreigiol, unweddog.
monogamist *n.* unweddogwr (unweddogwyr) *m*, unwreigydd(-ion) *m*, unwreiciwr (unwreicwyr) *m*, monogamydd(-ion) *m.*
monogamous *a.* unweddog, ag un gŵr/wr|aig.
monogamously *adv.* yn unweddog *&c.*
monogamousness *n.* unweddogaeth *f*, unwreiciaeth *f*, unwriaeth *f.*
monogamy *n.* unweddogaeth *f*, unwreiciaeth *f*, un briodas *f*, mon|ogami *m.*
monogastric *a.* unstumogaidd.
monogenean *a. & n. Z:* **1.** *a.* monogeneaidd. **2.** *n.* monogenead (monogeneaid) *m&f.*
monogenesis *n. Biol:* monog|enesis *m.*
monogenetic *a. Biol:* monogenetig; *Ling:* |unwraidd.
monogenic *a. Biol:* monogenig.
monogenically *adv. Biol:* yn fonogenig.
monogeny *n. Biol:* monogenedd *m.*
monogerm *a. Bot:* unegin, uneginol.
monoglot *a. & n.* **1.** *a.* uniaith, unieithog. **2.** *n.* rhn (rhai) uniaith/unieithog *m&f.*
monogram[1] *n.* m|onogram (monogramau) *m*, llythyrbleth(-au) *f.*
monogram[2] *v.t.* monogramio, llythyrblethu.
monogrammatic *a.* llythyrblethol, monogramaidd.
monogrammed *a.* monogramog, llythyrblethog.
monograph *n.* ysgrif(-au) *f*, m|onograff (monograffau) *m*, traethawd (traethodau) *m.*
monographer *n.* traethodydd(-ion, traethodwyr) *m*, monograffydd (monograffwyr) *m.*
monographic *a.* ysgrifol, monograffig, traethodol.
monographist *n.* = **monographer.**
monogynous *a. Bot:* un bistil, unbistilog.
monogyny *n.* unwreiciaeth *f.*
monohull *n. N:* cwch (cychod) ungragen *m* (*pronounced* ng-g), *S:* bad(-au) ungragen *m.*
monohybrid *a. & n.* **1.** *a.* monohybrid. **2.** *n.* monohybrid(-au) *m.*
monohydric *a. Ch:* monohydrig.
monohydroxy *a. Ch:* monohydrocsi.
monolatrist *n. Rel:* unaddolwr (unaddolwyr) *m*, unadd|olwraig *f.*
monolatry *n. Rel:* mon|olatri *m*, unaddoliad *m.*
monolayer *n. Biol: &c:* monohaen(-au) *f*, unhaen(-au) *f.*
monolingual *a. & n.* **1.** *a.* uniaith, unieithog. **2.** *n.* rhn (rhai) uniaith *m&f.*
monolith *n.* m|onolith (monolithau) *m*, maen hir (meini hirion) *m.*
monolithic *a.* **1.** monolithig, hirfaenol. **2.** *Fig:* unffurf, disyflyd, monolithig.
monolithically *adv.* **1.** yn fonolithig *&c.* **2.** *Fig:* yn unffurf *&c.*
monological *a. Th:* ymsonol.
monologist *n. Th:* ymsonwr: ymsonydd (ymsonwyr) *m.*
monologize *v.i. Th:* ymson.
monologue *n. Th:* ymson(-au,-ion) *m*, *occ:* m|onolog (monologau) *mf.*
monomania *n.* monomania *m*, unwallgofrwydd *m.*
monomaniac *n.* monomaniad (monomaniaid) *m&f*, unwallgofddyn(-ion) *m.*
monomaniacal *a.* monomanaidd, monomanig.
monomark *n.* arwydd(-ion) *m*, llythyrglwm (llythyrglymau) *m*, llythyrbleth(-au) *f.*
monomer *n. Ch:* m|onomer (monomerau) *m.*
monomeric *a.* monomerig, monomeraidd.
monometallic *a.* unfetelaidd.
monometallism *n.* unfeteledd *m.*
monometer *n. Pros:* llinell(-au) unban *f.*
monomial *a. & n.* **1.** *a. Mth:* monomialaidd, un term; *Biol:* un enw, unenwol. **2.** *n.* monomial(-au) *m.*
monomolecular *a. Ch:* unfolecylaidd.
monomolecularly *adv. Ch:* yn unfolecylaidd.
monomorphemic *a. Ling:* un morffem, unforffemig.
monomorphic *a.* digyfnewid, unffurf.
monomorphism *n.* digyfnewidedd *m*, unffurfedd *m.*
monomorphous *a.* = **monomorphic.**
mononuclear *a. Biol:* mononiwclear, ungnewyllol (*pronounced* ng-g).
mononucleosis *n. Med:* mononiwcleosis *m.*
mononucleotide *n. Ch:* monon|iwcleotid (mononiwcleotidau) *m.*
monopetalous *a. Bot:* unbetalog.
monophagous *a.* unysol.
monophagy *n.* unysiant *m.*
monophase *a. El.E:* unffas, m|onoffas.
monophobia *n.* monoffobia (monoffobiâu) *m.*
monophonic *a.* monoffonig.
monophonically *adv.* yn fonoffonig.
monophony *n. Mus:* mon|offoni *m.*
monophthong *n. Ling:* llafariad (llafariaid) *f*, unsain (unseiniau) *f.*
monophthongal *a. Ling:* unsain, llafarog.
monophthongize *v.t.*, **monophthongization** *n. Ling:* unseineiddio.
monophyletic *a. Biol:* monoffyletig.
monophyletism, monophylety *n.* monoffyletedd *m.*
monophylous *a. Bot:* un ddeilen, unddeiliog.
Monophysite *a. & n. Rel.Hist:* **1.** *a.* Monoffysaidd. **2.** *n.* Monoffysydd(-ion) *m*, Monoffysiad (Monoffysiaid) *m&f.*
Monophysitic *a. Rel.Hist:* Monoffysaidd.
Monophysitism *n. Rel.Hist:* Monoffysyddiaeth *f.*
monopitch *attrib. Const:* un codiad/rhediad/gogwydd.
monoplane *n. Aer:* m|onoplan (monoplanau) *m.*
monoploid *a. & n. Biol:* **1.** *a.* monoploidaidd. **2.** *n.* m|onoploid (monoploidau) *m.*
monopode *a. & n.* **1.** *a.* undroed. **2.** *n.* undroediad (undroediaid) *m&f.*
monopodial *a. Bot:* monopodaidd.
monopodially *adv. Bot:* yn fonopodaidd.
monopodium *n. Bot:* monopodiwm (monopodia) *m.*
monopole *n. El: Ph:* m|onopol (monopolau) *m.*
monopolist *n.* monopolwr (monopolwyr) *m*, monopolydd(-ion) *m.*
monopolistic *a.* monopolaidd, monopolistig, monopolyddol.
monopolistically *adv.* yn fonopolaidd *&c.*
monopolization *n.*, **monopolize** *v.t.* **1.** monopoleiddio. **2.** *Fig: (conversation &c):* meddiannu, llwyrfeddiannu.
monopolizer *n.* monopoleiddiwr (monopoleiddwyr) *m.*
monopoly *n.* mon|opoli (monopolïau) *m.* ~ **capitalism** *n.* cyfalafiaeth (*f*) fonopoli.
monopropellant *n. Rockets:* *cyfundanwydd(-au) *m.*
monopsony *n. Econ:* mon|opsoni *m.*
monopsychism *n.* uneneidiaeth *f*, monoseiciaeth *f.*
monorail *n. & attrib.* **1.** *n.* trên (trenau) (*mf*) un gledren. **2.** *attrib.* ungledrog (*pronounced* ng-g).
monorchid *a. & n. Med:* **1.** *a.* ungaill, ungeilliog (*both pronounced* ng-g). **2.** *n.* ungeilliad (ungeilliaid) *m* (*pronounced* ng-g).
monorchidism *n. Med:* ungeilledd *m* (*pronounced* ng-g).
monorhyme *n. Pros:* cerdd(-i) unodl *f*; **in ~**, yn unodl, ar un odl.
monorhymed *a. Pros:* unodl.
monosaccharide *n. Ch:* monos|acarid (monosacaridau) *m.*

monosepalous *a. Bot:* unsepalog.
monoshell *a. Aut:* = **monocoque.**
monosodium glutamate *n. Ch:* monosodiwm-gl|wtamad *m.*
monosome *n. Biol:* m|onosom (monosomau) *m.*
monosomic *a. & n. Biol:* **1.** *a.* monosomig. **2.** *n.* monosomigyn (monosomigion) *m.*
monospermous *a. Bot:* unhadog, un hedyn.
monostable *a. Cmptr:* unsad.
monostele *n.* = **protostele.**
monostelic *a.* = **protostelic.**
monostich *n. Pros:* cerdd(-i) un llinell *f.*
monostichic *a. Pros:* un llinell.
monostichous *a. Bot: Z:* un rhes, un haen, unhaenog.
monostome, monostomous *a. Z:* un safn, unsafnog.
monostrophic *a. Pros:* unstroffig.
monosyllabic *a.* unsill, unsillaf, unsillafog.
monosyllabically *adv.* yn unsill, yn unsillafog.
monosyllabicity *n.* unsillafogrwydd *m.*
monosyllable *n.* gair (geiriau) unsill *m*, unsillaf(-au) *f.*
monosymmetric *a.* monosymetrig.
monosynaptic *a. Anat:* monosynaptig.
monotheism *n. Rel:* undduwiaeth *f*, monotheistiaeth *f.*
monotheist *n. & attrib. Rel:* **1.** *n.* monotheist(-iaid) *m&f*, undduwiad (undduwiaid) *m&f.* **2.** *attrib.* = **monotheistic[al].**
monotheistic[al] *a.* undduwaidd, undduwiol, undduwiaethol, monotheistaidd, monotheistig.
Monotheletism *n. Rel.Hist:* Monotheletiaeth *f.*
Monothelite *a. & a. Rel.Hist:* **1.** *n.* Monotheletydd(-ion) *m.* **2.** *a.* Monotheletaidd.
Monothelitic *a. Rel.Hist:* Monotheletaidd.
monothematic *a. Mus:* monothematig, un thema.
monotint *n.* = **monochrome.**
monotone¹ *a. & n.* **1.** *a.* un dôn, m|onoton. **2.** *n.* m|onoton (monotonau) *m*, llais (lleisiau) undonog *m*, tôn undonog *f*, undon: un-dôn *f.*
monotone² *v.t.* llafarganu, unseinio.
monotonic *a. Mth:* monotonig.
monotonically *adv.* yn fonotonig.
monotonize *v.t.* gwn|eud (rhth) yn undonog, undonogi (rhth).
monotonous *a.* undonog.
monotonously *adv.* yn undonog.
monotonousness, monotony *n.* undonedd *m.*
monotremata *n.pl. Z:* monotremiaid, unarllwysfaolion.
monotrematous *a. Z:* monotremaidd, unarllwysfaol.
monotreme *n. Z:* monotremiad (monotremiaid) *m&f.*
monotrichous *a. Bact:* mon|otricaidd.
monotropic *a. Ch:* monotropig.
monotype *n. Typ: Biol:* m|onoteip (monoteipiau) *m.*
monotyper *n. Typ:* m|onoteipydd(-ion) *m*, monoteipyddes(-au) *f.*
monotypic *a. Biol:* monotypig.
monovalence, monovalency *n. Ch:* unf|alensi *m.*
monovalent *a. Ch:* unfalens.
monovular *a.* = **monozygotic.**
monoxide *n. Ch:* monocsid(-au) *m.*
monozygotic *a. Biol:* monosygotig.
Monroeism *n. Pol:* Monroaeth *f*, athrawiaeth (*f*) Monroe.
Monroeist *n. Pol:* Monröydd(-ion) *m.*
monsignorial *a. Ecc:* preladaidd.
monsoon *n. Meteor:* monsŵn (monsynau) *m*, tymhorwynt (tymorwyntoedd) *m*; **burst of the ~,** toriad (*m*) y monsŵn.
monsoonal *a.* monsynol, tymorwyntol.
monster *n. & attrib.* **1.** *n. (i) (= animal, freak):* anghenfil (angenfilod) *m*; *(ii) Fig:* **a ~ of iniquity,** rhn drygionus aruthrol, anghenfil drygionus. **2.** *attrib. F:* anferth, anferthol, aruthrol fawr.
monstrance *n. Ecc:* afrlladfa(-oedd, afrlladf|eydd, afrlladfâu) *f*, monstrans(-au) *m.*
monstrosity *n.* **1.** *(of crime &c):* anferthedd *m*, anferthwch *m*, erchyllter *m*, echylltra *m.* **2.** *(= monster):* anghenfil (angenfilod) *m.*
monstrous *a.* **1.** *(= misshapen):* angenfilaidd, afluniaidd, gwrthun. **2.** *(= huge):* aruthrol, anferth, anferthol, cawraidd, enfawr. **3.** *(= excessive):* gormodol; **a ~ price,** crocbris(-iau) *m.* **4.** *(= outrageous):* gwarthus, ffiaidd; **it is ~ that this should be so,** mae'n warth/warthus mai felly y mae.
monstrously *adv.* yn aruthrol *&c.*
monstrousness *n.* **1.** *(of freak &c):* aflun|ieidd-dra *m*, gwrthuni *m.* **2.** *(of crime &c):* anferthedd *m*, anferthwch *m*, erchyllter *m*, erchylltra *m.* **3.** *(= hugeness):* anferthedd, enfawredd *m.*
mons Veneris, mons pubis *n. Anat:* cnwc (cnyciau) (*m*) Gwener, ***mons (m) Veneris.***
montage¹ *n.* cyfosodiad(-au) *m*, ***montage(-s)*** *m.*
montage² *v.t.* cyfosod.
Montagu Priory *W.Pl.n.* Llangyfiw *f.*
montane *a.* mynyddig.
Montanism *n. Rel.Hist:* Montaniaeth *f.*
Montanist *n. Rel.Hist:* Montanydd(-ion) *m.*
montbretia *n. Bot:* ceirchen/cyrchen goch (ceirch cochion) *f*, *N: occ:* gwialen (*f*) Mair, *S:* crib (*m*) y ceiliog.
monte *n. Cards:* monte *m.*
Montenegrin *a. & n. Ethn:* **1.** *a.* Montenegroaidd, o Fontenegro. **2.** *n.* Montenegroad (Montenegroaid) *m&f.*
montero *n. Cost:* cap(-iau) (*m*) hela.
Montessorian *a.* Montessoraidd.
Montgomery *W.Pl.n.* Trefaldwyn *f.* **~ Castle** *W.Pl.n.* Castell (*m*) Baldwyn.
Montgomeryshire *Pr.n. W.Geog:* Sir (*f*) Drefaldwyn, *Poet:* Maldwyn *f.*
month *n.* mis(-oedd) *m*; **two (consecutive) months,** deufis; **three (consecutive) months,** trimis; **calendar ~,** mis calendr; **lunar ~,** mis lloerol/lleuadol, mis lleuad; **this day ~,** mis i heddiw, fis i heddiw, ymh|en mis i heddiw; **once a ~,** unwaith y mis; *Fin:* **bill at three months,** bil trimis; *Ecc:* **~'s mind,** offeren (*f*) goffa [ar ôl mis].
monthly¹ *a. & n.* **1.** *a.* misol; *Physiol: F:* **~ period,** mislif(-oedd) *m*, misglwyf(-au) *m.* **2.** *n. F: (magazine):* misolyn (misolion) *m*, cylchgrawn (cylchgronau) misol *m.*
monthly² *adv.* yn fisol, bob mis.
monticule *n.* bryncyn(-nau) *m*, cnwc (cnyciau) *m*, cnycyn (cnyciau) *m*, twmpath(-au) *m.*
Montmorency *n. Bot:* ceiriosen (ceirios) (*f*) Montmorency.
montmorillonite *n. Miner:* montmor|ilonit *m*, clai byw *m.*
Montrealer *n.* brodor(-ion) (*m*) o Montreal, brodores(-au) (*f*) o Montreal, Montrealwr (Montrealwyr) *m*, Montrealiad (Montrealiaid) *m&f.*
monument *n.* cofadail (cofadeiliau) *mf*, cofadeilad(-au) *m*, cofeb(-au) *f*; *(pillar):* cofgolofn(-au) *f*; *(stone):* carreg (*f*) goffa (cerrig coffa), maen (meini) (*m*) coffa; **ancient ~,** heneb(-ion) *f*, henebyn (henebion) *m*; **his articles are a ~ in the history of journalism,** mae ei ysgrifau yn garreg filltir yn hanes newyddiaduraeth.
monumental *a.* **1.** *(stone, pillar):* coffa, coffadwriaethol, coffaol, cofebol; **~ mason,** saer (seiri) (*m*) meini coffa, saer maen (seiri meini), *S.W:* masiwn (masiyniaid) *m*, *N: F:* dyn(-ion) (*m*) cerrig beddau/beddi. **2.** *F: (ignorance &c):* aruthrol, affwysol, anferth, anferthol, dybryd.
monumentality *n.* aruthredd *m*, anferthedd *m*, anferthwch *m*; *(of ignorance &c):* affwysedd *m*, dybrydrwydd *m.*
monumentalize *v.t.* coffa, coffáu.
monumentally *adv.* yn aruthrol *&c.*
monuron *n. Ch:* m|onwron *m.*
monzonite *n. Miner:* m|onsonit *m.*
monzonitic *a. Miner:* monsonitig.
moo¹ *n. & int.* **1.** *n. (a)* bref(-au) *f*, brefiad(-au) *m*; *(b) F:* **silly ~,** hen het wirion (hen hetiau gwirion), hurten(-nod) *f*, *Lit:* ffolog(-od) *f*, *S:* twpsen (twps) *f*, *N: occ:* hulpen/hulpan wirion (hulpod gwirion) *f*, jolpen wirion (jolpod gwirion) *f*, *occ:* hen hugan(-au) *f*, hen gogail wirion (hen gogeiliau gwirion) *f*, hen glustog(-au) *f.* **2.** *int.* mw! **~-cow** *n. Childish:* mw-mw(-s) *f.*
moo² *v.i.* brefu, *S.W: occ:* breifad.
mooch *v.i. F:* **to ~ about,** segura, sefyllian, loetran, clertian, stelcian, llyffanta, llercian, straffaldio, straffaldian, *Lit:* gwagrodianna, gwagswmera.
moocher *n.* loetrwr: loetryn (loetrwyr) *m*, stelciwr (stelcwyr) *m*, sefylliwr (sefyllwyr) *m*, straffaldyn (straffaldwyr) *m*, clertiwr (clertwyr) *m.*
mood¹ *n. Gram: Log: Mus:* modd(-au) *m*; **imperative ~,** modd gorchmynnol; **indicative ~,** modd mynegol; **optative ~,** modd eiddunol; **subjunctive ~,** modd dibynnol.
mood² *n.* **1.** hwyl(-iau) *f*, tymer (tymherau) *f*; **I was in a good ~,**

'roedd hwyl dda arnaf; 'roeddwn mewn hwyl dda *or* mewn hwyliau da; **she's in a bad ~,** mae hi allan o'i hwyl; mae hwyl ddrwg arni; mae hi'n taflu 'i chylchau; **to feel in the ~ to write,** teimlo awydd ysgrifennu, bod mewn hwyl ysgrifennu. **2.** *pl.* **she has moods,** mae hi'n oriog; mae hi'n cael hwyliau; *N.W:* mae hi'n cael hyntiau; *S: occ:* mae amserau arni; mae awelon arni. 3. *(= atmosphere):* awyrgylch *m.* **~ music** *n.* cerddoriaeth *(f)* awyrgylch. **~ swings** *n. Psy:* amrywiad(-au) *(m)* hwyl, hwyliau ansad/oriog.

moodily *adv.* yn oriog.

moodiness *n.* orio[w]grwydd *m,* hwyliau drwg *pl, N.W: occ:* hyntiau *pl.*

moody *a.* oriog.

moolah *n. P: (= money):* arian *m,* pres *m.*

moolvi[e] *n. Rel:* doethur(-iaid) *m.*

moon[1] *n.* **1.** lleuad(-au) *f, N: occ: m, Lit:* lloer(-au) *f;* **new ~,** lleuad newydd, blaen *(m)* lloer/lleuad, blaenlloer *f, N.W: occ:* blaen newydd *m;* **full ~,** lleuad lawn (lleuadau llawn), llawn lleuad, *S.W: occ:* lleuad gyfan, lleuad gefnlloer; **crescent ~,** lleuad ar gynnydd, lleuad yn ei grym, lleuad fain, cilgant *m, N.W: occ:* ewin *(f)* o leuad newydd, cefn *(m)* y lleuad; **cusped/horned ~,** lleuad gorniog; **gibbous ~,** lleuad amgrom, lleuad yn ei chwarter olaf, lleuad ar ei thri chwarter; **harvest ~,** lleuad fedi (lleuadau medi), lleuad [y] naw nos olau, lleuad gynhaeaf, *S: occ:* lleuad whech nos olau, *S.W:* lloer saith nos olau; **hunter's ~,** lleuad gwŷr Iâl, lleuad gwŷr Penllyn, lleuad hela, lleuad yr heliwr; **half ~,** hanner (haneri) *(m)* lleuad, hanner-lleuad(-au) *mf, S.W: occ:* cetyn *(m)* lleuad; **quarter ~,** chwarter(-i) *(m)* lleuad, chwarter-lleuad(-au) *mf;* **the last quarter of the ~,** y lleuad ar ei gwendid, gwendid *(m)* ar y lleuad, cil *(m)* y lleuad; **the waning ~,** lleuad ar gil, lleuad ar ei thraul/chil, lleuad yn/ar ei gwendid, lleuad ar ei chefn; **the waxing ~,** lleuad ar gynnydd, lleuad ar ei chynnydd, lleuad yn llanw/llenwi, cynnydd *(m)* y lleuad, lleuad yn ei grym; **waxing and waning of the ~,** cynnydd a chil y lleuad; **the orb of the ~,** pelen *(f)* y lleuad, *Lit:* lloergant *m;* **the phases of the ~,** gweddau'r lleuad; **(she was) over the ~,** ('roedd hi) wrth ei bodd, uwchben ei digon, ar ben ei digon, wrth ben ei digon; *F:* **to cry for the ~; to ask for the ~,** gofyn yr amhosibl, gofyn am y lleuad; **to promise the ~,** addo popeth, addo'r môr a'r mynydd, addo'r byd i gyd yn grwn; **the man in the ~,** y dyn yn y lleuad, dyn [bach] y lleuad, hen ŵr y lleuad, Rhys Llwyd y Lleuad; **blue ~,** lleuad las, lloer las; **bright ~,** lleuad wen; **coppery ~,** lleuad goch, lleuad borffor; **once in a blue ~,** unwaith yn y pedwar amser. **2.** *Poet: (= month):* mis(-oedd) *m.* **3.** *(of finger nail):* bôn *(m)* ewin (bonion ewinedd), lloeren(-nau) *f.* **~-blind** *a. Vet:* lloerddall. **~-blindness** *n. Vet:* lloerddallineb *m,* lloerddellni *m.* **~-carrot** *n. Bot:* lloerforonen (lloerforon) *f.* **~-daisy** *n. Bot: (Leucanthemum):* llygad *(m)* llo mawr, asbygan *mf &c; S.a.* **daisy (ox-eye); Alpine ~-daisy,** *(Leucanthemopsis alpina):* asbygan yr Alpau, llygad llo'r Alpau; **saw-leaved ~-daisy,** *(Leucanthemum atratum):* asbygan llifddanheddog. **~-eyed** *a.* lloerlygeidiog, llygatbwl. **~-face** *n.* wyneb crwn (wynebau crynion) *m,* wyneb [fel] lleuad. **~-faced** *a.* wynepgrwn *(f.* wynepgron), lloerwynebog, ag wyneb fel lleuad. **~-flower** *n.* **1.** = **daisy (ox-eye). 2.** *(Ipomoea):* blodyn (blodau) *(m)* lleuad. **~-like** *a.* lleuadaidd, lloerennaidd, fel lleuad. **~ shell** *n. Moll:* lloergragen (lloergregyn) *f.* **~-shot** *n.* lansiad(-au) *(m)* i'r lleuad. **~-wane** *n.* cil *(m)* y lleuad, encil *(m)* y lleuad. **~-wax** *n.* cynnydd *(m)* y lleuad, blaen *(m)* y lleuad.

moon[2] *v.i.&t.* **1.** *v.i.* **to ~ about,** clertian, loetran *&c; S.a.* **mooch. 2.** *v.t.* **to ~ away two hours,** gwastraffu/afradu dwy awr, gwagswmera am ddwy awr; **to ~ (over s.o.),** delwi (o achos rhn); mopio'ch pen, synfyfyrio, breuddwydio, hel meddyliau (am rn).

Moon[3] *Pr.n.* **~ type,** gwyddor *(f)* Moon.

moonbeam *n.* pelydryn (pelydrau) *(m)* lleuad, lloerbelydryn (lloerbelydrau) *m.*

mooncalf *n.* llo(-i, lloeau) *(m)* lleuad, llo brych, llo gwlyb (lloi/lloeau gwlybion), *N.W: occ:* llo cors.

mooneye *n. Vet: Ich:* lloerlygad (lloerlygaid) *m.*

moonfish *n. Ich:* lloerbysgodyn (lloerbysgod) *m,* lloeren *(f)* fôr (lloerennau môr).

moonglow *n.* = **moonlight.**

Moonie *n. Rel: F:* Moonie(-s, Mooniaid) *mf.*

moonily *adv.* yn freuddwydiol *&c.*

moonless *a.* dileuad, di-loer.

moonlet *n.* lloeren(-nau) *f,* lleuaden(-nau) *f.*

moonlight[1] *n.* golau *(m)* lleuad, llewy[r]ch *(m)* lleuad, *Lit:* lloergan *m;* **to do a ~ flit,** ffoi dros nos.

moonlight[2] *v.i.* *nosweithio.

moonlighter *n. F:* *nosweithiwr (nosweithwyr) *m,* *nosw|eithwraig (nosweithwragedd) *f.*

moonlighting *vn.* *nosweithio.

moonlit *a.* golau leuad, goleu-leuad, lloergan, lloerog, lloerwyn *(f.* lloerwen, *pl.* lloerwynion), lloergannaid; **one ~ night,** un nos olau leuad *f.*

moonman *n.m.* lleuadwr (lleuadwyr), dyn(-ion) o'r lleuad.

moonquake *n.* lleuatgryn (lleuatrynf|eydd) *fm,* lloergryn (lloergrynf|eydd) *fm.*

moonraker *n.* = **moonsail.**

moonrat *n. Z:* lloerlygoden (lloerlygod) *f.*

moonrise *n.* codiad *(m)* [y] lleuad.

moonsail *n. Nau:* lloerhwyl(-iau) *f.*

moonscape *n.* lloerwedd(-au) *f; (picture):* lloerlun(-iau) *m.*

moonseed *n. Bot:* lloerhad *m,* lloerhadlys *m.*

moonset *n.* machlud *(m)* [y] lleuad.

moonshine *n.* **1.** golau(*m*)'r lleuad, *Lit:* golau'r lloer, lloergan *m.* **2.** *F:* ffiloreg *f,* lol *f &c; See* **nonsense. 3.** *U.S: F: (whisky):* llaeth *(m)* mwnci, wisgi *(m)* golau lleuad.

moonshiner *n.* smyglwr(-s, smyglwyr) *(m)* wisgi.

moonstone *n. Lap:* lloerfaen (lloerfeini) *m.*

moonstruck *a.* **1.** *(= crazy):* lloerig, o'ch pwyll. **2.** *F: (= dazed):* dryslyd, syn, syfrdan, synfyfyriol, breuddwydiol.

moonward *adv.* at y lleuad, tua'r lleuad, tuag at y lleuad.

moonwort *n. Bot:* lloer-redynen (~-redyn) *f,* lloerlys *m,* lleuadlys *m,* dibedoliad *(m)* y meirch/march.

moony *a. F:* breuddwydiol, synfyfyriol; **he's ~ about her,** mae'n dwli arni; mae wedi mopio'i ben amdani.

moor[1] *n. (a)* rhos(-ydd) *f,* rhostir(-oedd) *m, occ:* gwaun (gweunydd) *f,* gweundir(-oedd) *m; (by sea):* morfa (morfâu) *m; (b) Scot: (= ground for shooting):* heldir(-oedd) *m.* **~-bird, ~-cock, ~-fowl, ~-game** *n. Orn:* = **grouse[1]**; *S.a.* **buzzard. [purple] ~-grass** *n. Bot: (Molinia caerulea):* glaswellt *(m)* y bwla, glaswellt y gweunydd, gwellt *(m)* y gweunydd, gwellt y bwla, gwellt gwyn y waun, crawcwellt *m;* **blue ~-grass,** *(Sesleria albicans):* corswelltyn (corswellt) rhuddlas *m.* **~-hen** *n. Orn:* **1.** *(= water-hen):* iâr *(f)* ddŵr (ieir dŵr), iâr fach (ieir bach) *(f)* y dŵr, iâr fach yr hesg, cotiar (cotieir) *f,* cwtiar (cwtieir) *f.* **2.** = **grouse[1]. ~-ill** *n. Vet:* clwy(*m*)'r corsydd.

moor[2] *v.t.&i. Nau:* **1.** *v.t. (boat):* clymu, mwrio (bad/cwch); rhoi (bad/cwch) yn sownd; *(buoy &c):* angori (bwi). **2.** *v.i.* angori, mwrio.

Moor[3] *n.* Mŵr (Mwriaid) *m.*

moorage *n. Nau:* angorfa(-oedd, angorf|eydd) *f.*

mooring *vn. & n.pl.* **1.** *vn. See* **moor[2]. 2.** *n.pl.* **moorings,** angorau, cadwyni; *(= anchorage):* angorfa(-oedd, angorf|eydd) *f;* **a ship at her moorings,** llong wrth ei hangor, llong yn ei hangorfa.

Moorish *a.* Mwraidd. **~ idol** *n. Ich:* (*)eilun(-od) corniog *m.*

moorland *n. & attrib.* **1.** *n.* rhostir(-oedd) *m,* gweundir(-oedd) *m,* ffridd(-oedd) *f.* **2.** *attrib.* gweundirol, y gweundir, y rhos, y waun; **~ flowers,** blodau'r gweundir.

moorpan *n. Geog:* cletir *(m)* hwmws.

moorstone *n. Geol:* rhosfaen *m.*

moorwort *n. Bot: (Andromeda polifolia):* rhosmari gwyllt *m.*

moose *n. Z:* elc(-iaid,-od) *m.*

moot[1] *n.* **1.** *Hist:* cynulliad(-au) *m.* **2.** *Jur:* dadl(-euon) *f.* **~ court** *n. Jur:* ffug lys(-oedd) *(m)* barn.

moot[2] *a.* dadleuol.

moot[3] *v.t.* crybwyll, codi (rhth): sôn (am rth); cyfeirio (at rth).

mop[1] *n.* **1.** mop(-iau) *m;* **dish ~,** mop [golchi] llestri; *Joc:* **Mrs M~,** gwraig *(f)* lanh|au (gwragedd glanh|au). **2.** *F: (of hair):* mop *m,* mwng *m,* ffluwch *f,* sioch *f.*

mop[2] *v.t.* sychu, mopio; **to ~ one's brow,** sychu'ch talcen. **~ up** *v.t. (a)* sychu; *(= clear):* clirio; *(b) (= absorb):* llyncu; *(c) Mil:* clirio (lle), rhoi trefn (ar le), ysgubo (lle'n lân).

mop[3] *n.* **mops and mows,** = **grimace[1].**

mop[4] *v.i.* **~ and mow,** = **grimace[2].**

mop[5] *n. (= hiring fair):* ffair *(f)* gyflogi (ffeiriau cyflogi), ffair bentymor (ffeiriau pentymor).

mopboard *n.* = **skirting-board.**
mope[1] *v.i.* gofidio, pensynnu, digalonni, anobeithio, mwytho/magu gofidiau, pendwmpian, monni, pendrymu, hel meddyliau; **he's at home, moping,** mae gartref a'i ben yn ei blu.
mope[2] *n.* **1.** *(= one who mopes):* pensynnwr (pensynwyr) *m*, rhn (rhai) trist, rhn isel ei ysbryd, heliwr (helwyr) (*m*) meddyliau. **2. the mopes,** y felan *f*, iselder (*m*) ysbryd.
moped *a. Veh:* moped(-au) *m.*
moper *n.* = **mope**[2] **1.**
mopoke *n. Orn:* **1.** *(= spotted brown owl):* tylluan fraith (tylluanod brith) *f.* **2.** *(= small brown owl):* tylluan fach (tylluanod bach) *f.* **3.** = **nightjar.**
mopper *n.* mopiwr (mopwyr) *m*, m|opwraig (mopwragedd) *f.*
moppet *n. (a) (child):* pwt *m*, pwtyn *m*, pwten *f*; *(b)* = **doll**[1].
mopping *vn. Mil:* **~-up operations,** ysgubiadau *pl.*
moquette *n.* mocét *m*, ***moquette*** *m.*
mor *n. Geog:* mòr *m.*
mora *n. Games:* chwarae (*vn*) minddu manddell.
moraceous *a. Bot:* morwyddol.
morainal *a. Geog:* marianol.
moraine *n. Geol:* marian(-au) *m*; **end/terminal ~,** marian terfynol; **englacial ~,** marian perfedd; **ground ~,** marian llusg; **lateral ~,** marian ochrol/ystlysol; **medial ~,** marian canol; **push ~,** marian gwthio; **recessional ~,** marian enciliol; **subglacial ~,** marian tanrewlifol. **~ dammed lake** *n.* cronlyn(-noedd) (*m*) marian.
morainic *a. Geol:* marianol.
moral *a. & n.* I. *a.* **1.** moesol; **~ philosophy,** athroniaeth foesol/foesegol *f*, moeseg *f*; **M~ Rearmament,** Ailarfogi (*vn*) Moesol; **~ theology,** diwinyddiaeth foesol/foesegol *f.* **2.** *(= decent):* bucheddol, moesol; **~ code,** côd moesol *m*; *Th:* **~ interlude,** anterliwt (*f*) foes (anterliwtiau moes). **3. it's a ~ certainty,** mae agos yn sicr. II. *n.* **1.** *(of story &c):* moeswers(-i) *f.* **2.** *pl.* **morals,** moesau, moesoldeb *m*, buchedd *f*; **a man of loose morals,** dyn anfoesol, dyn llac ei foesau, dyn drwg ei fuchedd. **3.** = **morale.**
morale *n. (no pl.)* ysbryd *m*, hyder *m*, calon *f*, morâl *m*; **to keep s.o.'s ~ up,** calonogi rhn, codi calon rhn; **to lose ~,** digalonni, gwangalonni (*pronounced* ng-g).
moralism *n.* moesolaeth *f.*
moralist *n.* moesolwr: moesolydd (moesolwyr) *m*, moes|olwraig (moesolwragedd) *f.*
moralistic *a.* moesolaidd, moesolaethol, moesolgar.
moralistically *adv.* yn foesolaidd *&c.*
morality *n.* **1.** *(a)* moesoldeb *m*; *(b) (= conduct):* moesau da *pl.* **2.** *(= ethics):* moeseg *f.* **~ play** *n. Lit: Hist:* drama (*f*) foes (dramâu moes), moes-chwarae(-on) *m.*
moralization *n.* moesoliad(-au) *m*, moesoli *vn.*
moralize *v.t.&i.* moesoli, moesegu.
moralizer *n.* moesolwr: moesolydd (moesolwyr) *m*, moesegwr: moesegydd (moesegwyr) *m.*
moralizing[1] *a.* pregethwrol, moesegol.
moralizing[2] *vn.* = **moralize.**
morally *adv.* yn foesol.
morass *n. Geog:* cors(-ydd) *f*, siglen(-nydd) *f.*
morassy *a.* corslyd.
moratorium *n.* gohiriad(-au) *m*, moratorium (moratoria) *m.*
Moravia *Pr.n. Geog:* Morafia *f.*
Moravian *a. & n. Ethn: Rel:* **1.** *a.* Morafaidd; **the ~ people,** pobl Morafia; **he's ~,** Morafiad yw ef. **2.** *n.* Morafiad (Morafiaid) *m&f.*
Moravianism *n. Rel.Hist:* Morafiaeth *f.*
moray eel *n. Ich:* llysywen (llysywod) noeth *f*, llysywen farus (llysywod barus).
morbid *a.* **1.** afiach, afiachus, angladdol, morbid. **2.** *Med:* **~ anatomy,** anatomeg glefydol *f.*
morbidezza *n. Art:* ***morbidezza*** *m.*
morbidity *n.* afiachusrwydd *m*, morbidrwydd *m.*
morbidly *adv.* yn afiach *&c.*
morbidness *n.* = **morbidity.**
morbific *a.* heintbair, heintddwyn, heintus.
morbilli *n.pl.* mannau, brech *f.*
morceau *n.* darn(-au) *m*, dernyn(-nau) *m.*
mordacious *a.* brathog, deifiol.
mordacity, mordancy *n.* brath *m*, brathogrwydd *m*, llymder *m*, toster *m.*
mordant *a. & n.* **1.** *a.* brathog, deifiol. **2.** *n. Dy: &c:* brathliw(-iau) *m*, mordant(-au) *m*; **flocking ~,** glud (*m*) fflocio.
mordantly *adv.* yn frathog *&c.*
mordent *n. Mus:* mordent(-au) *m*; **inverted/lower ~,** isfordent(-au) *m.*
Mordvinian *a. & n.* **1.** *a.* Mordfinaidd; *(in language):* Mordfineg; **~ customs,** aferion Mordfiniaid; **she is ~,** Mordfiniad yw hi. **2.** *n. (i) Ethn:* Mordfiniad (Mordfiniaid) *m&f. (ii) Ling:* Mordfineg *f*, *m.*
more *a., n. & adv.* **1.** *a.* mwy, rhagor, ychwaneg (o rth); *occ:* ychwanegol *(follows n.)*; **he has ~ money than I,** mae ganddo fwy o arian na mi; **~ than ten men,** rhagor/mwy na deg o ddynion; **~ money is needed,** mae angen arian ychwanegol; mae angen mwy/ychwaneg/rhagor o arian; **one ~,** un yn rhagor, un arall, un yn ychwaneg/ychwanegol, un eto; **one ~ time,** un tro eto, unwaith eto, un waith eto; **one or ~,** un neu ragor, un neu fwy; **a mile or ~,** milltir neu ragor, milltir neu well; **~ than ten years ago,** dros ddeng mlynedd yn ôl, deng mlynedd a mwy yn ôl; **[some] ~ bread,** rhagor o fara, ychwaneg o fara, mwy o fara; **it's neither ~ nor less than dishonesty,** nid yw'n ddim amgen/llai nag anonestrwydd; **there's ~ to this than meets the eye,** *Lit:* mae yma ryw ystyr hud; **is there any ~?** oes rhagor/ychwaneg ar gael? oes yna ragor? *F: occ: (of food):* oes yna beth eto? **how much ~?** pa faint mwy? pa faint rhagor/ychwaneg? **do you want any/some ~?** oes arnat ti eisiau rhagor/ychwaneg? gymeri di ragor/ychwaneg? *F: occ: (of food):* gymeri di beth eto? **a little ~,** ychydig yn fwy, ychydig yn rhagor, ychydig yn ychwaneg; **have you any ~ books?** oes gennych chi ragor o lyfrau? **a few ~ days,** ychydig [o] ddyddiau eto; **many ~,** llawer mwy, llawer rhagor; **as many ~,** cymaint eto/wedyn, *occ:* cymaint arall. **2.** *n. as indef. pron.* rhagor *m*, ychwaneg *m*, mwy *m*; **I cannot give ~,** ni allaf roi rhagor; **that's ~ than enough,** mae hynny'n fwy na digon; **that house costs ~ than this one,** mae'r tŷ acw'n costio mwy na hwn; **what ~ can you ask?** pa beth yn rhagor a fynnwch chi? pa beth arall a fynnwch chi? **this incident of which ~ anon,** y digwyddiad hwn y soniwn ragor/ychwaneg amdano eto; **what is ~,** [ac] ar ben hynny, yn ogystal, at hynny, a pheth arall; **to make ~ of sth,** gweld mwy o werth yn rhth, gwerthfawrogi rhth yn fwy. **3.** *adv. (a) The comparative degree of adjectives in Welsh is formed with the ending -ach for most adjectives with one or two syllables. Note that adjectives ending in* b, d, g, dr, gr, dl, *harden to* p, t, c, tr, cr, tl, *e.g.* gwlyb, gwlypach; drud, drutach; *the vowels* w, aw, *become* y *and* o, *e.g.* tlawd, tlotach; tlws, tlysach; n *and* r *double after a short vowel, e.g.* llon, llonnach; byr, byrrach. *There are several irregular formations of the comparative degree. See a grammar book. Some adjectives of more than two syllables form their comparative in this way, e.g.* cyfoethog, cyfoethocach. *In most adjectives of more than two syllables, the word* mwy *is used to form the comparative e.g.* dymunol, mwy dymunol *&c. This construction can also be used for adjectives with two or less syllables, but the former construction is to be preferred.* **~ precious,** mwy gwerthfawr, gwerthfawrocach; **~ fairly,** [yn] fwy teg, yn decach; **it is ~ blessed to give than to receive,** dedwyddach yw rhoi na derbyn; **~ and ~,** mwy a mwy, mwyfwy, [yn] fwyfwy; **(you are rich) but he is ~ so,** ('rydych chi'n gyfoethog) ond mae ef yn gyfoethocach [fyth], ond mae ef yn fwy felly; **they're much ~ contented,** maent yn llawer bodlonach; maent yn fodlonach o lawer; **he was ~ surprised than annoyed,** 'roedd yn syn yn hytrach nag yn ddig; 'roedd yn fwy syn na dig; **I love her ~ than you,** 'rwy'n ei charu'n fwy na thi; **I love her ~ than you do,** 'rwy'n ei charu'n fwy nag yr wyt ti; **~ or less,** mwy neu lai, [yn] fwy neu lai, mwy na heb; **she ~ than anyone is responsible,** hi yn anad neb sy'n gyfrifol; *(b)* **once ~,** unwaith eto, unwaith yn rhagor; **never ~,** byth eto, byth mwy; **she never calls any ~,** ni fydd hi byth yn galw mwyach; **if I see him any ~,** os byth y gwelaf i ef eto, os gwelaf i ef eto. **4. the ~,** *(a) a.* **he only does the ~ harm,** nid yw ond yn gwaethygu pethau; nid yw'n gwneud dim ond rhagor/mwy/ychwaneg o niwed; **~ fool you,** mwyaf ffŵl iti, mwyaf ffôl wyt ti, mwyaf ffŵl dithau, fel yr wyt ti wirionaf, ti sydd wirionaf; **the ~'s the pity,** gwaetha'r modd, yn anffodus, *S: occ:* ysgwaetheroedd, *Lit:* ysywaeth; *Prov:* **~ haste the less speed,** mwya'r brys/hast mwya'r rhwystr; *(b) n.* **the ~ one has the ~ one wants,** mwya'n y

byd sydd gennych, mwya'n y byd a ddymunwch; **the ~ the merrier,** gorau [yn y byd] po fwyaf; mwyaf o ffyliaid, mwya'r hwyl; *(c) adv.* **all the ~ reason for going,** mwya'n byd o reswm tros fynd; **(it makes me) all the ~ proud,** (mae'n fy ngwneud) yn falchach fyth/byth, o gymaint â hynny'n falchach, yn fwyfwy balch; **they smiled [all] the ~,** gwenent [yn] fwyfwy [fyth]; **the ~ he drank the thirstier he got,** po fwyaf a yfai, mwyaf sychedig yr âi; mwya'n y byd yr yfai, mwyaf sychedig yr âi; **it's all the ~ curious, in that I heard differently,** mae hynny'n rhyfeddach fyth gan imi glywed yn wahanol. **5. no ~, not any ~**; *(a) a.* **I have no ~ money,** 'does gen i ddim mwy/rhagor/ychwaneg o arian; **no ~ soup, thank you,** dim rhagor o gawl, diolch yn fawr; *(b) n.* **I have no ~,** 'does gen i ddim rhagor; **say no ~!** gair i gall! **let us say no ~ about it,** anghofiwn amdano; taw piau hi; *(c) adv. (i)* **the house is no ~,** ni saif y tŷ mwyach/bellach; 'does dim sôn am y tŷ mwyach; **sin no ~,** na phecha mwyach; **I shall see her no ~,** ni welaf mohoni fyth rhagor/eto/mwyach; *(ii)* **he is no ~ a lord than I am,** nid arglwydd mohono mwy na minnau; nid yw ef yn fwy o arglwydd na minnau; **he thought you didn't want to see him - no ~ I do,** 'roedd yn meddwl nad oedd arnat ti eisiau ei weld eto - 'does arna'i ddim eisiau ychwaith; **I can't make out how it happened - no ~ can I,** alla' i ddim deall sut y digwyddodd - na minnau chwaith.

moreen *n. Tex:* cotwm rib *m.*

moreish *a. F:* blasus, melys-moes-mwy, â blas chwaneg.

morel[1] *n. Fung:* **common ~,** *(Morchella vulgaris):* morel cyffredin *m*; **false ~,** *(Helvella):* morel ffug.

morel[2], morelle *n. Bot:* = **nightshade.**

morello *n. Hort:* ceiriosen ddu (ceirios duon) *f.*

moreover *adv.* yn ogystal, ymhellach, ar ben hynny, ym mhen hynny, at hynny, [a] hefyd.

morepork *n. Orn:* = **mopoke.**

mores *n.pl.* arferion, moesau.

Moresque *a.* Mwraidd.

Morgan *Pr.n.* Morgan(-iaid) *m.* **~ le Fay** *Pr.n.f. Myth:* Morgan dduwies [o Annwfn].

morganatic *a.* llawchwith, morganatig.

morganatically *adv.* yn llawchwith.

morganite *n. Miner:* m|organit (morganitau) *m.*

Morganstown *W.Pl.n.* Pentre-poeth *m*, *(the spurious* Treforgan *is in use).*

morgen *n. Meas:* morgen(-au) *m*, dwy erw *f.*

morgue[1] *n.* **1.** = **mortuary. 2.** *Journ:* storfa (storf|eydd) *f.*

morgue[2] *n. (= haughty demeanour):* ffroenucheledd *m.*

moribund *a.* ar farw, ar drengi, ar ddarfod, sydd yn marw, marwaidd, marweiddiol, nychlyd.

moribundity *n.* marw|eidd-dra *m*, nychdod *m.*

morion[1] *n. Hist:* helm(-au) *f.*

morion[2] *n. Miner:* morion *m.*

Morisco *a. & n. Ethn:* **1.** *a.* Mwraidd, Morisgo. **2.** *n.* Mŵr (Mwriaid) *m*, Morisgo(-s) *m&f.*

Mormon *n. & attrib. Rel:* **1.** *n.* Mormon(-iaid) *m&f*, Mormoniad (Mormoniaid) *m&f.* **2.** *attrib.* Mormonaidd.

Mormonism *n. Rel:* Mormoniaeth *f.*

morn *n.* **1.** *Poet:* = **morning. 2.** *Scot:* **the ~,** yfory; **the ~'s ~,** bore yfory, yfory nesaf.

mornay *n. Cu:* saws (*m*) caws, ***mornay*** *m*; **egg ~,** wy mewn saws caws.

morning *n. & attrib.* **1.** *n. (a)* bore(-au) *m*, *Lit: Poet:* bore[u]ddydd(-iau) *m*; **(I saw him) this ~,** (fe'i gwelais) y bore yma, bore heddiw, *occ:* heddiw'r bore; **(I saw her) one ~,** (fe'i gwelais hi) un bore, ryw fore, *Lit:* fore[u]gwaith; **tomorrow ~,** bore yfory; **the next ~, the ~ after,** bore trannoeth, drannoeth, y bore wedyn, *occ:* trannoeth y bore; **the ~ after the night before,** trannoeth y ffair, trannoeth wedi'r digwydd, *occ:* bore ffair wen; **the ~ before,** y bore cynt; **yesterday ~,** bore ddoe, *occ:* ddoe'r bore; **every Monday ~,** pob bore Llun; **four o'clock in the ~,** pedwar o'r gloch y bore; **first thing in the ~,** ben bore, y peth cynta['n y bore]; **from early ~ till night,** o fore gwyn tan nos; **early in the ~,** yn y bore bach, yn gynnar yn y bore, yn fore [iawn], yn fore fore; **the earliest part of the ~,** y bore cyntaf, y bore glas, y bore bach; *S.a.* **dawn[1], daybreak; what do you do in the ~?** beth fyddwch chi yn ei wneud [yn] y bore? **the ~ of life,** bore oes; **good ~,** bore da; **~, noon and night,** hwyr a bore; bore, nawn a nos; o fore gwyn tan nos; **a ~ off,** bore rhydd; *B:* **one who watches for the ~,** borewyliwr (borewylwyr) *m.* **2.** *attrib.* boreol, y bore, cynnar. **~ after** *n. (= hangover): N:* pen mawr *m*, cur (*m*) pen, *S:* pen tost [ar ôl meddwi]. **~ coat** *n. Cost:* côt (cotiau) (*f*) a chwt, côt gynffon/din fain (cotiau cynffon/tin fain). **~ dress** *n. Cost: (i) (= daytime wear):* dillad pob dydd; *(ii) (morning coat &c):* boreuwisg(-oedd) *f*, gwisg foreol (gwisgoedd boreol) *f.* **~ glory** *n. Bot: (Ipomoea):* tegwch (*m*) y bore. **~ paper** *n.* papur(-au) (*m*) bore. **~ prayer** *n. Ecc:* boreol weddi *f.* **~-room** *n.* lolfa (lolf|eydd) *f*, parlwr (parlyrau) bach *m.* **~ sickness** *n. Med:* salwch (*m*) bore. **~ star** *n. Astr:* seren fore *f*, *Lit: occ:* gwenddydd *f.* **~ watch** *n. Nau:* gwyliadwriaeth fore/ foreol *f.*

mornings *adv.* yn y boreau.

Moro *a. & n.* **1.** *a. Ethn:* Moroaidd; *(in language):* Moröeg. **2.** *n. (i) Ethn:* Moro(-aid) *m&f*; *(ii) Ling:* Moro *f, m*, Moröeg *f, m.*

Moroccan *a. & n.* **1.** *a.* Morocaidd, o Foroco; **the ~ government,** llywodraeth Moroco; **he's ~,** Morociad yw ef. **2.** *n.* Morociad (Morociaid) *m&f.*

Morocco[1] *Pr.n. Geog:* Moroco *f.*

morocco[2] *n. Bookb:* **~ binding,** rhwymiad(-au) (*m*) moroco.

moron *n. (a) Psy:* moron(-iaid) *m*; *(b) F:* = **fool[1], idiot.**

moronic *a.* moronaidd, moronig.

moronically *adv.* yn foronaidd *&c.*

moronicalness *n.* moroneiddiwch *m.*

moronism, moronity *n. Med:* moronedd *f.*

morose *a.* sorllyd, anynad, anfoddog, sarrug, dreng, afrywiog, piwis, drengar (*pronounced* ng-g); **to grow ~,** sarugo, sorri.

morosely *adv.* yn sorllyd *&c.*

moroseness, morosity *n.* sarugrwydd *m*, anynadrwydd *m*, anfoddogrwydd *m*, piwisrwydd *m.*

morph *n.* = **allomorph.**

morphactin *n. Biol:* morffactin(-au) *m.*

morphallaxis *n. Biol:* morffalacsis *m.*

morpheme *n. Ling:* morffem(-au) *mf.*

morphemic *a.* morffemig, morffemaidd.

morphemically *adv.* yn forffemig *&c.*

morphemics *n.pl.* morffemeg *f.*

Morpheus *Pr.n.m. Myth:* Morffews; **in the arms of ~,** ym mreichiau cwsg, yn cysgu, yng nghwsg.

morphia, morphine *n. Pharm:* morffin *m.*

morphinic *a. Pharm:* morffinig.

morphinism *n. Med:* morffiniaeth *f.*

morphinomania *n. Med:* morffinomania *m.*

morphinomaniac *n. Med:* morffinomaniad (morffinomaniaid) *m&f.*

morphogenesis *n. Biol:* morffog|enesis *m.*

morphogenetic *a. Biol:* morffogenetig.

morphogenetically *adv. Biol:* yn forffogenetig.

morphogenic *a.* morffogenig.

morphological *a.* morffolegol.

morphologically *adv.* yn forffolegol.

morphologist *n. Ling:* morffolegwr: morffolegydd (morffolegwyr) *m.*

morphology *n. Biol: Ling:* morffoleg *f*; *Log:* ffurfianneg *f.*

morphometric[al] *a.* morffometrig.

morphometrically *adv.* yn forffometrig.

morphometry *n.* morffometreg *f.*

morphophonemic *a.* morffoffonemig.

morphophonemics *n.pl. Ling:* morffoffonemeg *f.*

morra *n.* = **mora.**

morris[1] *attrib.* **~ dance** *n.* dawns (*f*) forys (dawnsiau morys), morys-ddawns(-iau) *f*, dawns y Mwriaid. **~ dancer,** *n.* morys-ddawnsiwr (~-ddawnswyr) *m*, morys-dd|awnswraig *f*, corelwr (corelwyr) *m*, cor|elwraig *f.* **~ man** *n.m.* morys-ddawnsiwr. **~-pike** *n. Hist:* morys-peic(-iau) *m.*

morris[2] *n. Games:* **nine men's ~,** chwarae (*vn*) nawtwll, *N: occ:* chwarae crown; *S.a.* **fivepenny.**

Morris[3] *Pr.n.m.* Morys, *F:* Moi; *(as surname):* Morys(-iaid), Morris(-iaid); *W.Lit:* **the Morrises of Anglesey,** Morrisiaid Môn; **the ~ Circle,** Cylch (*m*) y Morrisiaid.

Morriston *W.Pl.n.* Treforys *f.*

morrow *n. A: & Lit:* **good ~,** bore da; **on the ~,** *(= tomorrow):* yfory; **[on] the ~ after,** drannoeth; **on the ~ of the battle,** drannoeth y frwydr/drin.

morse[1] *n. Z:* = **walrus.**

Morse[2] *Pr.n.* **~ code** *n. Tg:* côd (*m*) Morse. **~ drill** *n. Tls:* dril(-iau) (*m*) Morse. **~ key** *n.* cleciwr (clecwyr) (*m*) Morse. **~ tapers** *n.pl.* taprau Morse.
Morse[3] *v.t.&i.* anfon (neges *&c*) mewn Morse.
morse[4] *n. Ecc: (= clasp):* gwäeg (gwaegau) *f.*
morsel *n.* tamaid (tameidiau) *m,* tameidyn *m,* tipyn *m,* cegaid (cegeidiau) *f;* **a choice/dainty ~,** tamaid blasus, *Lit:* dantaith (danteithion) *m,* danteithfwyd(-ydd) *m,* amheuthun(-ion) *m, S:* moethyn *m, N:* blesyn *m;* **not a ~ of bread,** dim briwsionyn (*m*)/bripsyn (*m*) o fara.
mort[1] *n. Ven:* marwddygan(-au) *f.*
mort[2] *n. Ich:* brithiad (brithiaid) *m.*
mort[3] *n. Dial:* llawer *m,* peth wmbredd *m,* pŵer *m,* parsel *m,* llwyth *m,* llond (*m*) gwlad.
mortadella *n. Cu:* mortadela(-s) *mf.*
mortal *a. & n.* I. *a.* **1.** meidrol, marwol; **~ remains,** gweddillion [marwol]. **2.** *(= fatal): (a)* marwol, angheuol; **~ blow,** ergyd farwol *f, F:* y farwol *f; (b)* **~ sin,** pechod(-au) marwol *m.* **3. ~ enemy,** gelyn marwol *m,* gelyn glas; **~ combat,** ymladdfa (*f*) hyd angau; **~ agony,** gloes(-ion) (*f*) angau; *Lit:* **this ~ coil,** y marwol rwymau hyn. **4.** *(a)* **I was in ~ anxiety,** 'roeddwn mewn pryder enbyd/dybryd/dirfawr; **she was in ~ fear of him,** 'roedd arni ei ofn am ei heinioes/bywyd; 'roedd arni ei ofn drwy [waed] ei chalon; *(b) F: O:* **two ~ hours,** dwy awr ddiddiwedd/ddi-ben-draw; *(c) F:* **any ~ thing,** unrhyw beth o gwbl; **in a ~ hurry,** ar frys aruthrol; **it's of no ~ use,** nid yw'n dda i ddim yn y byd. II. *n.* meidrolyn (meidrolion) *m,* marwolyn (marwolion) *m; F: O:* **she's a queer ~,** un ryfedd yw hi.
mortality *n. (a) (= mortal state):* marwoldeb *m; (b) (= death):* marwolaeth(-au) *f;* **infant ~ rate,** cyfradd (*f*) marwolaethau babanod; **a high ~,** cyfradd marwolaethau uchel, *F:* llawer o farw, marw mawr.
mortally *adv.* yn angheuol, hyd at farw; **she was ~ offended,** cafodd ei brifo i'r byw; cafodd ei thramgwyddo'n enbyd.
mortar[1] *n.* **1.** *(a) (and pestle):* breuan(-au) (*f*) a phestl, mortar(-au) *m; (b) Artil:* mortar(-au) *m.* **2.** *Constr: (a)* morter *m, Lit: occ:* priddgalch *m,* cymrwd *m.*
mortar[2] *v.t.* **1.** *Constr:* plastro (rhth) â morter. **2.** *Artil:* pledu (rhth) [â morter].
mortarboard *n.* **1.** *Constr:* ystyllen (*f*) forter (ystyllod morter), bwrdd (byrddau) (*m*) morter. **2.** *Cost:* cap(-iau) academaidd *f.*
mortgage[1] *n.* morgais (morgeisiau) *m, Lit: occ:* arwystl(-on) *m;* **loan on ~,** benthyciad morgeisiol *m;* **to raise a ~,** codi morgais; **endowment ~,** morgais gwaddol; **equitable ~,** morgais ecwitïol; **option ~,** morgais dewisol; **puisne ~,** morgais diadnau, morgais ***puisne***; **second ~,** ail forgais, morgais ychwanegol; **to pay off/redeem a ~,** darfod morgais, gorffen talu morgais. **~ deed** *n.* cytundeb(-au) (*m*) morgais. **~ protection scheme** *n.* cynllun (*m*) diogelu morgais. **~ valuation** *n.* prisio (*vn*) morgais.
mortgage[2] *v.t.* morgeisio, *Lit:* arwystlo (tŷ *&c*); *F:* codi arian (ar dŷ *&c*); **mortgaged to the hilt,** yn cwp/berwi/uwd o ddyledion, at eich clustiau mewn dyled; *F:* **I've already mortgaged my month's salary,** 'rwyf eisoes wedi gwario fy nghyflog am y mis.
mortgageable *a.* morgeisiadwy, *Lit:* arwystladwy.
mortgagee *n.* morgeisedig(-ion) *m&f,* codwr (codwyr) (*m*) morgais, *Lit:* arwystledig(-ion) *m&f.*
mortgager, mortgagor *n.* morgeisiwr (morgeiswyr) *m,* morgeisydd(-ion) *m,* rhoddwr (rhoddwyr) (*m*) morgais, *Lit:* arwystlwr (arwystlwyr) *m.*
mortice *n.* = **mortise**[1].
mortician *n. U.S:* trefnwr (trefnwyr) (*m*) angladdau, ymgymerwr (ymgymerwyr) (*m*) angladdau.
mortification *n.* **1.** *Rel: (of flesh):* darostyngiad *m,* marweiddiad *m,* penydiaeth *f; vn.* = **mortify. 2.** *(= disappointment):* siom *fm,* siomedigaeth(-au) *f; (= shame):* cywilydd *m.* **3.** *Med:* madredd *m,* cig marw *m,* marweiddiad *m,* marwhad *m.*
mortified *a.* penisel, siomedig, gofidus.
mortify *v.t.&i.* **1.** *v.t. (a) (the flesh):* penydio, disgyblu, darostwng; *(b) (= humiliate):* darostwng, iselh|au (rhn); codi cywilydd (ar rn); *(= chagrin):* siomi, gofidio; *(c) Med:* marweiddio. **2.** *v.i. Med:* marweiddio, pydru, madru.
mortise[1] *n. Carp:* mortais (morteisiau) *mf;* **~ and tenon joint,** uniad(-au) (*m*) mortais a thyno; **bare-face ~ and tenon,** mortais a thyno unysgwyddog; **fox wedged ~,** mortais wedi'i letemu'n gudd; **haunched ~ and tenon,** mortais a thyno clunedig/hansiedig; **long ~ and tenon,** mortais a thyno hir; **long-shouldered ~ and tenon,** mortais a thyno ag ysgwydd hir; **secret haunched ~ and tenon,** mortais a thyno clunedig/hansiedig cudd; **short-shouldered ~ and tenon,** mortais a thyno ag ysgwydd fer; **square-haunched ~ and tenon,** mortais a thyno clunedig/hansiedig sgwâr; **stubbed ~ and tenon,** mortais a thyno pwt; **twin/double ~ and tenon,** mortais a thyno dwbl; **wedged ~,** mortais wedi'i letemu. **~ chisel** *n.* cŷn (cynion) (*m*) morteisio, cŷn mortais. **~ gauge** *n.* medrydd(-ion) (*m*) mortais. **~ lock** *n.* clo(-eon) (*m*) mortais.
mortise[2] *v.t.* morteisio.
mortised *a.* morteisiog.
mortising *vn.* morteisio. **~ axe** *n. Tls:* bwyell (*f*) forteisio (bwyeill morteisio).
mortlake *n. Geog:* ystumllyn(-noedd) *m,* merllyn(-noedd) *m.*
mortmain *n. Jur:* meddiant anaralladwy *m,* marwddaliad(-au) *m,* tir(-oedd) (*m*) llaw farw, ***mortmain*** *m.*
mortuary *a. & n.* **1.** *a.* angladdol; *Archeol:* **~ enclosure,** corfflan (-nau) *f.* **2.** *n. (a)* m|arwdy (m|arwdai) *m,* corffdy (corffdai) *m; (as euphemism):* elordy (elordai) *m, N.W: occ:* madrodd(-au) *f, N.W: Min:* cwt (*m*) yr elor; *(b) Hist: (payment):* m|ortiwari *m,* daerawd(-au) *m,* daered(-au) *m.*
morula *n. Biol:* m|orwla (morwlâu) *m.*
morular *a. Biol:* m|orwlaidd.
morulation *n. Biol:* morwleiddio *vn.*
Morvil *W.Pl.n.* Morfil *m.*
morwong *n. Ich:* morwong(-iaid) *m.*
mosaic[1] *a. & n.* **1.** *a.* mosäig, brith (*f.* braith, *pl.* brithion), brithweithiol; *Hort:* **~ disease,** brychni *m,* clefyd (*m*) dail brith; **~ floor,** llawr mosäig, *N.W: occ:* llawr teilchion; *Ch:* **~ gold,** aur brith *m,* copor-sinc *m.* **2.** *n.* mosäig (mosaigau) *m,* brithwaith (brithweithiau) *m.*
Mosaic[2] *a. B.Hist:* Moesenaidd; **~ Law,** Cyfraith (*f*) Moses.
Mosaicism *n. Rel:* Moesenaeth *f.*
mosaicist *n.* brithweithiwr (brithweithwyr) *m.*
mosasaurus *n. Z:* m|osasor (mosasoriaid) *m.*
moschatel *n. Bot:* mwsglys: mysglys *m,* diaddurn *m,* anfri *m,* manllys (*m*) y wig.
Moscow *Pr.n. Geog:* Mosgo *f.*
moselle *n.* gwin Mosél *m,* ***moselle*** *m.*
Moses *Pr.n.m.* Moses, *A:* Moesen; *P:* **Holy ~!** argoledig! 'rargian! 'rachlod! 'randros! duwedd! esgob annwyl! Moses ar y mynydd! Moses ac Aron! *&c.* **~ in the cradle** *n. Bot: (Rhoeo discolor):* crud (*m*) Moses. **~ rod** *n. Bot:* gwialen (*f*) Foesen.
mosey *v.i. P:* picio draw, mynd [dow-dow]
Moslem *n. & attrib. Rel:* **1.** *n.* Moslemiad (Moslemiaid) *m&f.* **2.** *attrib.* Moslemaidd.
mosque *n. Rel:* mosg(-[i]au) *m.*
mosquito *n. Ent:* mosgito(-s) *m.* **~ bean** *n. Bot:* ffeuen/ffäen (*f*) dro (ffa tro). **~ bee** *n. Ent:* gwenynen wybedog (gwenyn gwybedog) *f,* *chwiw-wenynen (~-wenyn) *f.* **~ boat** *n.* *chwiwfad(-au) *m.* **~ bush** *n. Bot:* llwyn (*m*) mosgitos. **~ craft** *n.* chwiwfadau *pl.* **~ fish** *n. Ich:* pysgodyn (pysgod) (*m*) mosgitos. **~ hawk** *n. Orn:* = **nightjar. ~-net** *n.* rhwyd (*f*) fosgitos (rhwydau/rhwydi mosgitos).
moss[1] *n.* **1.** *Scot: N.Eng:* = **bog**[1], **peat-bog. 2.** *Bot:* mwsogl(-au) *m, S:* mwswgl *m,* mwswm *m, N:* mwsog *m;* **to gather ~,** mwsogli; *Prov:* **a rolling stone gathers no ~,** carreg a dreigla ni fwsogla; ni thyf mwswm ar y garreg a dreiglir; **~ of Tillaea,** *(Crassulatillaea):* briweg fwsoglyd *f;* **American ~,** = **moss (Florida); apple-headed ~,** *(Bartra):* crynfwsogl *m;* **beard ~,** *(Usnea barbata):* barf lwyd *f;* **beardless ~,** *(Gymnostomum):* mwsogl minfoel; **black ~,** = **moss (Florida); bog ~,** *(Sphagnum):* migwyn *m;* **bristle ~,** *(Orthotrichum):* gwrychfwsogl *m;* **club-~,** *(Lycopodium):* cnwpfwsogl *m,* corn (*m*) carw mynydd; **cord ~,** *(Funaria):* rheffynfwsogl *m;* **Dovedale ~,** *(Saxifraga hypnoides):* clustog (*f*) Efa, tormaen llydandroed/mwsoglaidd *m;* **earth ~,** *(Phascum):* mwsogl y ddaear, daearfwsogl *m;* **feather ~,** *(Hypnum):* mwsogl pluog, plufwsogl *m;* **fern ~,** *(Fissidens):* mwsogl rhedynog; **Florida ~,** *(Tillandsia usneoides):* mwsogl du; **fork ~,** *(Dicranum):* fforchfwsogl *m;* **fringe ~,** *(Trichostomum):* mwsogl eddïog; **gland ~,** *(Splachnum):* chwarenfwsogl *m;* **hair ~,** *(Polytrichum commune):* eurwallt (*m*) y forwyn, brigerfwsogl *m,* hirwlydd *m,* gwallt (*m*) y ddaear; **woolly hair ~,** *(Rhacomitrium*

languinosum): mwsogl gwlanog; **Irish/carragheen ~,** *(Chondrus crispus):* mwsogl Iwerddon, *N.W:* mòs *(m)* Iwerddon; **reindeer ~,** *(Cladonia):* cen *(m)* y ceirw; **screw-~,** *(Tortula):* nyddfwsogl *m;* **snake ~, = moss (club); Spanish long ~,** *(Tillandsia):* mwsogl hir; **sphagnum ~, = moss (bog); spring ~,** *(Mivium):* mwsogl y ffynhonnau; **staghorn ~, = moss (club); thread ~,** *(Bryum):* edeufwsogl *m;* **water ~,** *(Fontinalis):* dyfrfwsogl *m,* mwsogl y dŵr, mwsogl y ffynhonnau; **willow ~,** *(Fontinalis antipyretica):* dyfrfwsogl tairochrog; **wing ~,** *(Pterogonium):* adeinfwsogl *m.* **~ agate** *n. Lap:* *mwsagat *m.* **~-berry** *n. Bot:* = **cranberry. ~-campion** *n. Bot: (Silene acaulis):* gludlys digoes/mwsoglaidd *m.* **~-carder** *n. Ent:* gwenynen (gwenyn) *(f)* y mwsogl. **~ catchfly** *n.* = **moss campion. ~-corn** *n.* = **silverweed. ~-covered** *a.* mwsoglyd. **~-fern** *n. Bot: (Selaginella):* cnwpfwsogl bach *m.* **~-gall** *n.* nyth(-od) *(mf)* cynrhon, pincas(-au) *(m)* robin. **~ green** *n.* gwyrdd *(m)* mwsogl. **~-grown** *a.* **1.** mwsoglyd. **2.** *Fig:* hen ffasiwn, hynafol. **~-hag** *n. Scot:* pwll (pyllau) *(m)* mawn, mawnog(-ydd) *f,* mawnbwll (mawnbyllau) *m.* **~-pink** *n. Bot:* **1. = moss-campion. 2. = phlox (mossy). ~-plant** *n. Bot:* grug mwsoglyd *m.* **~-rose** *n. Bot:* rhosyn(-nau) mwsoglaidd *m,* mwsoglrosyn(-nau) *m.* **~-stitch** *n. Needlew:* pwyth(-i) *(m)* mwsogl, *N.W: occ:* pwyth gratur. **~ verbena** *n. Bot: (Verbena tenuisecta):* y ferfaen/ferfain fwsoglaidd *f.*

moss² *v.t.* gorchuddio (rhth) â mwsogl, mwsogli (rhth).

mossback *n.* rhn (rhai) hen ffasiwn, rhn henaidd.

mossbacked *a.* hen ffasiwn, henaidd.

mossbunker *n. Ich:* = **menhaden.**

mosser *n.* mwsoglwr: mwsoglydd (mwsoglwyr) *m.*

mossie *n. Orn: (Passer melanurus):* llwyd(-iaid) *(m)* y Penrhyn.

mossiness *n.* golwg fwsoglyd *f* **(of sth,** ar rth), mwsogleiddiwch *m.*

mosslike *a.* mwsoglaidd.

mosstrooper *n. Hist:* ysbeiliwr (ysbeilwyr) *m.*

mossy *a.* mwsoglyd; *S.a.* **phlox, saxifrage, moss (Dovedale); ~ stonecrop,** briweg fwsoglyd *f.*

most *a., n., indef.pron. & adv.* **1.** *a. (a)* mwyaf; **you have made the ~ mistakes,** chi a wnaeth y [nifer] mwyaf/fwyaf o gamgymeriadau; chi a wnaeth fwyaf o gamgymeriadau; **(who made) the ~ noise?** (pwy a wnaeth) y mwyaf o dwrw, fwyaf o dwrw, y twrw mwyaf? *(b)* **~ men,** y rhan fwyaf *(f),* y mwyafrif *(m)* [o ddynion]; **for the ~ part,** *(i) (= in the main):* at ei gilydd, y rhan fwyaf; *(ii) (= usually):* fel arfer, ran amlaf, gan amlaf, gan mwyaf, yn amlach na pheidio, fel rheol, fynychaf, ran fynychaf. **2.** *n. & indef.pron. (a)* **do the ~ you can,** gwnewch gymaint ag a ellwch chi; gwnewch hynny a ellwch chi; **at [the very] ~,** ar y mwyaf, fan bellaf; **to make the ~ of sth,** gwneud yn fawr o rth, gwneud y gorau o rth; **this is at ~ a makeshift,** nid yw hyn ond peth dros dro ar y gorau; peth dros dro yw hyn ar y gorau; *(b) (i) (of uncountable nouns):* y rhan fwyaf *f;* **[the] ~ of the work,** y rhan fwyaf o'r gwaith; *(ii) (of countable nouns):* mwyafrif *m,* rhan fwyaf; **~ of them have forgotten him,** mae'r rhan fwyaf ohonynt wedi ei anghofio. **3.** *adv. as sup. of comparison: (i)* **what I desire ~,** yr hyn a ddymunaf fwyaf; *(ii) (with adjective):* mwyaf + *a. or sup. degree, usu. with ending* -af *(for formation, See* **more**): **the ~ intelligent child,** y plentyn mwyaf deallus; **the ~ beautiful girls,** y merched harddaf; **~ favoured nation,** gwlad [fwyaf] ffafriedig; *Pol:* **~ favoured nation [policy],** [polisi] *(m)* ffafrio gwlad; *Cmptr:* **~ significant bit,** did mwyaf arwyddocaol *m;* **~ significant digit (MSD),** digid mwyaf arwyddocaol *m; (iii) with adv.* yn fwyaf + *a., or sup. degree of a. with soft mut.:* **(those who worked) ~ quickly,** (y rhai a weithiodd) gyflymaf, [yn] fwyaf cyflym. **4.** *adv. (intensive):* tra *(before a.)*; iawn *(after a.)*; *See* **extremely; ~ likely,** mwy na thebyg, yn dra thebyg; **a ~ expensive car,** car tra drud, car drud iawn, *occ:* car o'r drutaf, car gyda'r drutaf; **~ certainly!** ar bob cyfrif! **he has been ~ kind,** bu'n garedig dros ben; bu'n garedig y tu hwnt; bu'n garedig iawn; **the M~ Honourable,** y Tra Anrhydeddus; **the M~ Reverend,** y Parchedicaf.

mostest *n. P:* y mwyaf *m.*

mostly *adv.* **1.** *(= mainly):* yn bennaf, at ei gilydd. **2.** *(= most often):* y rhan amlaf, fynychaf, gan mwyaf, gan amlaf, ran amlaf, y rhan fwyaf, y rhan fynychaf.

mot *n.* **~ juste,** yr union air *m;* **bon ~,** ffraetheb(-ion) *f,* ffraethair (ffraetheiriau) *m.*

mote *n.* llychyn *m,* brycheuyn (brychau) *m; B:* **the ~ that is in thy brother's eye,** y brycheuyn sydd yn llygad dy frawd.

motel *n.* motél (motelau) *fm.*

motet *n. Mus:* anthem(-au) *f,* motét (motetau) *m.*

moth *n. Ent:* gwyfyn(-od, gwyfod) *m, F:* pry(m)'r gannwyll (pryfed y gannwyll), *S.W: occ:* bwllwch *m, N.W: occ:* cocorwrw *m, S.E: occ:* ffôl *(m)* y gannwyll; **[clothes-] ~,** gwyfyn dillad, *F:* pryf(-ed) *(m)* dillad; *S.W: occ:* iâr (ieir) *(f)* y gist; **peppered ~,** *(Briston betularia):* gwyfyn brith; *S.a.* **antler, death's head ~, emperor ~, tiger** *&c.* **~-ball** *n.* pêl *(f)* gamffor (peli camffor); *Fig:* **to put (sth) in ~-balls,** (rhoi/dodi rhth) i'w gadw, o'r neilltu, heibio. **~ bean** *n. Bot:* ffeuen (ffa) aconitaidd *f.* **~-eaten** *a.* yn dyllau pryfed; *F: (pers.):* carpiog, aflêr; *(idea &c):* hen ffasiwn, hendraul. **~-fly** *n. Ent:* = **midge (owl). ~-gnat** *n. Ent:* gwybedyn (gwybed) gwyfynog *m,* gwybedyn blewog. **~-killer** *n.* peth(-au) *(m)* lladd gwyfynod, gwyfynladdwr (gwyfynladdwyr) *m.* **~ mullein** *n. Bot: (Verbascum blattaria):* gwyfynog *m,* gwyflys *m.* **~ orchid, ~ plant** *n. Bot: (Phalaenopsis):* blodyn (blodau) *(m)* gwyfynod, tegeirian(-au) *(m)* gwyfynod. **~-proof¹** *a.* gwrthwyfynod, gwrthwyfyn, diogel rhag gwyfynod. **~-proof²** *v.t.* diogelu (rhth) rhag gwyfynod/pryfed.

mother¹ *n.f.* **1.** mam(-au); **she is the ~ of six,** mae'n fam i chwech o blant; *F:* **every ~'s son,** pob copa walltog, pob dyn byw [bedyddiol]; *attrib.* **~ hen,** iâr a chywion, mamiar (mamieir) *f;* **queen ~,** mam frenhines (~ freninesau); **earth ~,** daearfam(-au); **surrogate ~,** dirprwy fam(-au), mam fenthyg (mamau benthyg). **2.** *A: & F:* **old ~ Brown,** yr hen wreigan Brown. **3.** *Ecc:* **M~ Superior,** Uchel Fam. **4.** *(of vinegar &c):* cen *(m)* diod fethedig, diotgen *m,* llysnafedd *m.* **~ abbey** *n.* mam-abaty (~-abatai) *m,* mam-fynachlog(-ydd) *f.* **M~ Carey's chicken** *n. Orn:* = **petrel (stormy). ~ cell** *n. Biol:* mamgell(-oedd) *f.* **~ church** *n.* mameglwys(-i) *f;* **the M~ Church,** *F:* yr Hen Fam. **~ country** *n.* m|amwlad (mamwledydd) *f,* h|enwlad *f.* **~ earth** *n.* ein mam y ddaear, y fam ddaear, y ddaear *f.* **~ fern** *n. Bot: (Asplenium bulbiferum):* duegredynen (duegredyn) epiliol *f.* **~ figure** *n.* ffigur(-au) mamol *m.* **~-goddess** *n.f.* mamdduwies(-au). **~ goose** *n. Orn:* mamwydd(-au) *f,* gŵydd orllyd (gwyddau gorllyd) *f;* **M~ Goose rhyme,** rhigwm (rhigymau) *(m)* plant, rhigwm yr Hen Fam Ŵydd (rhigymau'r Hen Fam Ŵydd); **M~ Goose story,** chwedl(-au) *(f)* fy hen nain/fam-gu. **M~ Hubbard** *n. Cost:* gwisg laes (gwisgoedd llaesion) *f.* **~-in-law** *n.* mam(-au) *(f)* yng nghyfraith *f, B:* chwegr(-au) *f.* **~-in-law's tongue** *n. Bot:* tafod *(m)* mam yng nghyfraith. **~ liquor** *n.* mamdoddiant *m,* hylif(-au) *(m)* bwrw. **~ love** *n.* cariad *(m)* mam. **~-naked** *a.* noethlymun. **~-of-pearl** *n.* cregynnen *f,* nacr *m, occ:* mam *(f)* y perl, mamaeth *(f)* y perl. **~-of-pearl moth** *n. Ent:* gwyfyn(-od) perlaidd *m,* arianwyn(-ion) *(m)* y danadl. **~-of-thousands/millions** *n. Bot:* **1. = toadflax (ivy-leaved). 2.** *(Saxifraga):* crwydryn llon *m.* **M~ Russia** *Pr.n.* y Fam Rwsia. **M~'s Day** *n.* [dydd *m*] Sul *(m)* y Mamau/Meibion. **~ ship** *n. Navy:* mamlong(-au) *f.* **M~ Shipton** *n. Ent:* hen wraig (hen wragedd) *(f)* y meillion. **~ substitute** *n.* dirprwy fam(-au) *f,* mam ddirprwyol (mamau dirprwyol) *f,* eilfam(-au) *f;* **a good aunt is a ~ substitute,** eilfam modryb dda. **~ tongue** *n.* mamiaith (mamieithoedd) *f.* **~ wit** *n.* synnwyr cyffredin *m.*

mother² *v.t.* **1.** *(a)* bod yn fam (i rn); magu, meithrin (rhn); gofalu (am rn); *(b) (= comfort):* anwylo, anwesu, mwytho (rhn). **2. to ~ a young wolf upon a bitch,** rhoi cenau blaidd i'w fagu gan ast.

mothercraft *n.* crefft *(f)* y fam, mamaethu *vn,* crefft magu, magu *(vn)* plant.

motherhood *n.* mamolaeth *f,* mamogaeth *f,* bod *(vn)* yn fam, mamedd *m.*

mothering *vn.* **M~ Sunday,** [dydd] Sul *(m)* y Meibion, [dydd] Sul y Mamau.

motherland *n.* m|amwlad (mamwledydd) *f; (= Wales):* yr h|enwlad *f.*

motherless *a.* heb fam, di-fam, amddifad [o fam].

motherlessness *n.* amddifadrwydd *(m)* o fam, bod *(vn)* heb fam, diffyg *(m)* mam.

motherlike *a.* mamol, fel mam.

motherliness *n.* mamoldeb *m,* mamolrwydd *m.*

motherly *a.* mamol.

motherwort *n. Bot: (Leonurus cardiaca):* mamlys *m*, llysiau(*pl*)'r fam, llysiau'r galon, llysiau'r famog, llun (*m*) llaw Crist.
mothery *a. (liquid):* llysnafeddog.
motif *n.* **1.** *(= feature):* nodwedd(-ion) *f*, hynodwedd(-ion) *f*; *(= ornament):* addurn(-au) *m*, motiff(-au) *m*. **2.** *(= theme):* thema (themâu) *f*, motiff. ~ **index** *n.* rhestr (*f*) fotiffau (rhestrau motiffau).
motile *a. Z: Bot:* yn gallu symud, symudol, mudadwy, mudol.
motility *n.* symudoldeb *m*.
motion[1] *n.* **1.** symudiad(-au) *m*, symud *vn*; *Ph: &c:* mudiant (mudiannau) *m*; **wave ~,** mudiant ton/tonnau, symudiad ton/tonnau, tonfudiant *m*; **in ~,** yn symud, ar fynd, yn mynd, ar gerdded; *Mus:* **conjunct ~,** symud bob yn gam, symud cysylltiol; **contrary ~,** gwrthsymud; **disjunct ~,** symud digyswllt; **oblique ~,** symud lletraws; **parallel ~,** symud cyfochrog; **similar ~,** symud tebyg/cydgyfeiriol; **simple harmonic ~,** mudiant harmonig syml; **to put/set (sth) in ~,** cychwyn, *occ:* ysgogi (rhth). **2.** *(= gesture):* ystum(-iau) *m*, arwydd(-ion) *m*, amnaid (amneidiau) *f*; *pl. F:* mosiwns, migmars; **to make motions to s.o. to do sth,** gwneud arwydd ar rn i wneud rhth; **to go through the motions (of doing sth),** cogio, smalio, cymryd arnoch (wneud rhth). **3.** *(a)* **(to do sth) of one's own ~,** (gwneud rhth) ohonoch eich hun, *F:* o'ch pen a'ch pastwn eich hun; *(b) (= proposition):* cynnig (cynigion) *m*; **to propose a ~, to bring forward a ~,** dwyn cynnig gerbron; **the ~ was carried,** derbyniwyd y cynnig; *(c) Jur:* cais (ceisiadau) *m*. **4.** *(a) (mechanical):* symudiad(-au) *m*, mudiant (mudiannau) *m*, *S: occ:* cerdded *vn*; *(b) (of watch):* symudiad, *S: occ:* cerdded. **5.** *Med: (i)* ysgarthiad(-au) *m*, gwagiad(-au) *m*, symudiad (*m*) yr ymysgaroedd; **have you had a ~ today?** *N:* a gawsoch chi'ch gweithio heddiw? *S:* a gawsoch chi'ch corff i lawr heddiw? *(ii) pl. (= faeces):* carthion, ysgarthion. ~ **picture** *n. Cin:* llun(-iau) *m*, ffilm(-iau) *f*; **the ~ pictures,** y darluniau byw; **the ~ picture industry,** y diwydiant ffilmiau. ~ **sickness** *n.* salwch (*m*) teithio. **~-work** *n.* peirianwaith *m*.
motion[2] *v.t.&i.* **to ~ [to] s.o. to do sth,** gwneud arwydd ar rn i wneud rhth, amneidio ar rn i wneud rhth; **he motioned me to a chair,** cyfeiriodd fi at gadair; cynigiodd gadair i mi; amneidiodd arnaf i eistedd.
motional *a.* symudiadol, mudiannol.
motionless *a.* llonydd, disymud, heb symud.
motionlessness *n.* llonyddwch *m*.
motivate *v.t.* ysgogi, cymell (rhth); bod yn achos (rhth).
motivated *a.* **well-~,** brwdfrydig, selog, ewyllysgar, awyddus **(in favour of sth,** dros rth); **highly ~,** cryf eich cymhelliad; **poorly ~,** prin o gymhelliad, prin eich cymhelliad, diawydd, anawyddus, di-sêl, digynnig, digychwyn.
motivation *n.* ysgogiad(-au) *m*, cymhelliad (cymhellion) *m*, cymhelliaeth *f*, cymhelliant *m*, symbyliad(-au) *m* **(to do sth,** i wneud rhth); rhesymau *pl* (dros wneud rhth); **the ~ in the play is convincing,** mae'r cymhelliant/gymhelliaeth yn y ddrama yn argyhoeddi.
motive[1] *a. & n.* **1.** *a.* symudol, ysmudol, ysgogol, cymelliadol; ~ **power,** grym symudol/ysgogol *m*; **~ energy,** egni symudol *m*. **2.** *n.* cymhelliad (cymelliadau, cymhellion) *m*, ysgogiad(-au) *m*, rheswm (rhesymau) *m* (dros wneud rhth); *Mus:* motiff(-au) *m*.
motive[2] *v.t.* = **motivate**.
motiveless *a.* heb reswm, direswm, diysgogiad, digymhelliad.
motivity *n.* grym ysgogol *m*; *Biol:* motifedd *m*.
motley *a. & n.* **1.** *a. (a) (= many-coloured):* brithliw, amryliw, cymysgliw, symudliw; *(b) (= diverse):* cymysg, amrywiol, *occ:* amryfath; **a ~ crew,** criw brith. **2.** *n. (i) Hist: (of jester):* gwisg fraith *f*, *A:* mwtlai *m*; **to wear ~,** chwarae'r ffŵl; **on with the ~!** ymlaen â'r chwarae! *(ii) (= mixture):* cymysgfa *f*, cybolfa *f*, cawdel *f*.
motleygill *n. Fung:* **bell-shaped ~,** cloch (*f*) y borfa (clychau'r borfa), y gloch fraith (clychau brithion).
motmot *n. Orn:* motmot(-iaid) *m*.
moto-cross *n.* motocrós *m*.
motoneuron *n. Anat:* motoniwron(-au) *m*.
motor[1] *a. & n.* **1.** *a. Med: &c:* ysgogol, gweithredol, echddygol, motor; ~ **area,** adran ysgogol *f*; ~ **nerve,** nerf echddygol/weithredol (nerfau echddygol/gweithredol) *f*; ~ **neurone disease,** clefyd (*m*) niwronau motor; ~ **root,** gwreiddyn echddygol *m*. **2.** *n. (a) (clockwork, electric &c):* motor(-au) *m*; *(loosely):* peiriant (peiriannau) *m*; *(b)* ~ **vehicle,** cerbyd(-au) (*m*) modur, modur(-on) *m*, *F:* moto[r](-s) *m*; *Jur:* **the M~ Vehicles (Construction and Use) Regulations,** Rheoliadau Cerbydau Modur (Gwneuthuriad a Defnydd). ~ **bicycle** *n.* beisicl(-au) (*m*) modur, moped(-au) *m*. ~ **bike** *n. F:* = **motor-cycle**. ~ **boat** *n.* cwch (cychod) (*m*) modur, *S:* bad(-au) (*m*) modur, *occ:* modurfad(-au) *m*. ~ **boater** *n.* modurfadwr (modurfadwyr) *m*, modurgychwr (modurgychwyr) *m*. ~ **boating** *vn.* modurfadio. ~ **bus** *n.* bỳs (bysus) *m*, *Adm:* bws (bysiau) *m*. ~ **car** *n.* car (ceir) *m*, *occ:* car bach, *Lit: & Adm:* modur(-on) *m*, car (ceir) (*m*) modur, *F: occ:* moto[r](-s) *m*. ~ **coach** *n.* cerbyd(-au) (*m*) modur, *F:* coetsh(-is) *f*. ~ **cycle** *n.* beic(-iau) (*m*) modur, *F:* moto[r]-beic(-s) *m*. **~-cycling** *vn.* marchogaeth (*vn*) beic modur, reidio beic modur, mynd ar gefn moto[r]-beic, motorbeicio. ~ **cyclist** *n.* motorbeiciwr (motorbeicwyr) *m*, *Adm:* gyrrwr (gyrwyr) (*m*) beic modur, *F:* dyn(-ion) (*m*) [ar gefn] moto[r]-beic. **~ launch** *n.* = **motor boat**. ~ **lorry** *n. O:* lori(-s, loriau) *f*, *N: occ:* lyri(-s) *f*. ~ **pump** *n.* motor-bwmp (~-bympiau) *m*. ~ **road** *n.* ffordd fawr (ffyrdd mawr) *f*, ffordd geir (ffyrdd ceir). ~ **scooter** *n.* sgwter(-s,-i) (*m*) modur. ~ **show** *n.* sioe (*f*) foduron (sioeau moduron), sioe geir (sioeau ceir). ~ **spirit** *n.* tanwydd (*m*) cerbydau. ~ **traffic** *n.* trafnidiaeth (*f*) gerbydau, traffig (*m*) cerbydau. ~ **vehicle** *n.* modur, cerbyd modur.
motor[2] *v.i.&t.* **1.** *v.i.* mynd, gyrru, teithio [mewn car]; moduro, *F: (= speed):* gyrru. **2.** *v.t. O:* **to ~ s.o.,** mynd â rhn mewn car, cludo rhn mewn car.
motorable *a.* addas i gerbydau, tramwyadwy.
motorcade *n.* modurgad(-au) *mf*.
motorial *a.* = **motory**.
motoring *vn.* moduro; **school of ~,** ysgol (*f*) foduro (ysgolion moduro).
motorist *n.* gyrrwr (*m*) car (gyrwyr ceir), modurwr (modurwyr) *m*, mod|urwraig (modurwragedd) *f*.
motorization *n.*, **motorize** *v.t.* modureiddio.
motorized *a. (troops):* moduraidd, â moduron; ~ **bicycle,** beic â motor; *Metalw:* ~ **blower,** peiriant (peiriannau) (*m*) chwythu.
motorman *n.m.* gyrrwr (gyrwyr).
motorway *n.* traffordd (traffyrdd) *f*.
motory *a. Anat:* ysgogol.
motte *n. (a)* = **mound**; *(b) (of castle):* mwnt(-iau, myntiau) *m*, tomen(-ni,-nydd) *f*; ~ **and bailey,** mwnt a beili, tomen a beili.
mottle[1] *n.* [y]smotyn ([y]smotiau) *m*, brychni *m*, man(-nau) *m*.
mottle[2] *v.t.* britho, brychu; **the cold mottles the skin,** mae'r oerfel yn brychu'r croen.
mottled *a.* brith (*f.* braith, *pl.* brithion), brycheulyd; *(hide &c):* ceiniogog; *(soap):* rhesog; ~ **grey,** brychlwyd(-ion), ag ysmotiau llwyd; ~ **white,** brychwyn(-ion); ~ **yellow,** brychfelyn(-ion). ~ **grasshopper** *n. Ent:* ceiliog brith (ceiliogod brithion) (*m*) y rhedyn, sioncyn brith (sioncynnod brithion) *m*. ~ **umber** *n. Ent:* gwlnau (gwlneuon) brith *m*.
mottlegill *n. Fung:* **bell-shaped ~,** cloch (*f*) y borfa (clychau'r borfa).
motto *n.* arwyddair (arwyddeiriau) *m*. ~ **theme** *n. Mus:* thema (*f*) gylch (themâu cylch), prif thema (~ themâu) *f*.
moue *n.* = **pout[2]**.
moufflon *n. Z: (Ovis musimon):* mwfflon(-iaid) *m&f*.
mouillé *a. Ling:* taflodol.
moujik *n. Hist:* tyddynnwr (tyddynwyr) *m*.
moulage *n.* mo[w]ldiad(-au) *m*, mo[w]ldio *vn*.
mould[1] *n. (= earth):* pridd *m*, *Lit: occ:* gweryd *m*; **leaf ~, vegetable ~,** deilbridd *m*, hwmws *m*; **man of ~,** meidrolyn (meidrolion) *m*. **~-board** *n.* chwelydr(-au) *m*, ystyllen (*f*) bridd (ystyllod pridd), *S.W:* castin *m*, casten *f*, borden *f*, *Lit: occ:* asgell (*f*) aradr (esgyll erydr), boch (*f*) asgell (bochau esgyll), boch astell (bochau estyll).
mould[2] *n.* mowld(-iau) *m*, mold(-iau) *m*; **they were cast in heroic ~,** 'roedd deunydd arwyr ynddynt; 'roeddent o gymeriad arwrol; *Metall:* **casting ~,** mo[w]ld bwrw; **box ~,** blwch (blychau) (*m*) mo[w]ldio; *Metalw:* **green sand ~,** mo[w]ld tywod llaith; *Cu:* **rice ~,** pwdin (*m*) reis, mo[w]ld (*m*) reis.
mould[3] *v.t.* mo[w]ldio, llunio, ffurfio.
mould[4] *n. (on cheese &c):* llwydni *m*, *occ:* llwydi *m*; *Husb:* **black ~,** malltod du *m*; *(= mildew):* cawod *f*; *S.a.* **iron-~**.

mould⁵ *v.i.* llwydo, mynd yn llwyd; **blue moulded cheese,** caws glas *m.*
mouldable *a.* mo[w]ldiadwy, lluniadwy.
moulder¹ *v.i.* pydru, madru, braenu, malurio, troi'n llwch; **to ~ in idleness,** llesg|au, diogi, ymr|oi i ddiogi, pydru byw.
moulder² *n. Cer: Metall:* mo[w]ldiwr (mo[w]ldwyr) *m.*
mouldering *a.* pydredig, pwdr, braen, braenllyd, madredig.
mouldiness *n.* llwydni *m, occ:* llwydi *m.*
moulding *vn. & n.* **1.** *vn.* mo[w]ldiad *m,* mo[w]ldio; **billet ~,** mo[w]ldio bilet; **gravity ~,** mo[w]ldio disgyrchol; *(of character):* ffurfiant *m,* ffurfio *vn.* **2.** *n.* mo[w]ldin(-au) *m;* **bracket ~,** mo[w]ldin braced; **cavetto ~,** mo[w]ldin cafeto; **flush ~,** mo[w]ldin cyfwyneb; **half-round ~,** mo[w]ldin hanner crwn; **hollow ~,** mo[w]ldin cau; **keel ~,** mo[w]ldin cilfin; **quadrant ~,** mo[w]ldin cwadrant/pedrant; **quarter round ~,** mo[w]ldin chwarter crwn; **ogee ~,** mo[w]ldin pigfain; **ovolo ~,** mo[w]ldin ofolo; **planted ~,** mo[w]ldin gosod; **roll ~,** mo[w]ldin rholiog; **solid/stuck ~,** mo[w]ldin solet; **sunk ~,** mo[w]ldin suddo; **wave ~,** mo[w]ldin tonnog, tonfo[w]ldin(-au) *m.* **~-bench** *n.* mainc *(f)* fo[w]ldio (meinciau mo[w]ldio). **~-plane** *n.* plaen(-iau) *(m)* gleinio/siapio. **~-sand** *n.* tywod *(m)* mo[w]ldio.
mouldy *a.* **1.** wedi llwydo, yn llwydni i gyd; **to go ~,** llwydo. **2.** *F: (= dull):* diflas, anniddorol; **keep your ~ books!** cadw dy hen lyfrau!
moulin *n. Geog:* ***moulin(-s)*** *m.*
moult¹ *n.* mud *m; See* **moulting²**.
moult² *v.i.&t.* **1.** *v.i. (of bird):* bwrw plu; *(of reptile):* bwrw croen, bwrw hengroen (*pronounced* ng-g); *(of animal):* bwrw blew, bwrw henflew, colli blew. **2.** *v.t.* bwrw, colli.
moulting¹ *a.* sy'n bwrw [plu *&c*].
moulting² *vn.* bwrw [plu *&c*]; **the ~ season,** cyfnod *(m)* bwrw [plu *&c*]. **~ gland** *n.* chwarren (chwarennau) ecdysaidd *f.*
mound¹ *n. (of earth):* twmpath(-au) *m, occ:* crug(-iau) *m,* crugyn(-nau) *m,* cnwc (cnyciau), cnycyn (cnyciau) *m;* **a ~ of hay,** *See* **cock⁴**; *S.a.* **pile²**; *Archeol:* **burial ~,** gwyddfa (gwyddfâu, gwyddf|eydd) *f,* tomen *(f)* gladdu (tomenni claddu), carnedd(-au,-i) *f;* **burnt stone ~,** twmpath cerrig llosg; **long ~,** twmpath hir; **trapezoid ~,** twmpath trapesoid; **wedge-shaped ~,** twmpath lletemffurf. **~-builder** *n.* **1.** *Archeol:* codwr (codwyr) *(m)* tomenni, tomennwr (tomenwyr) *m.* **2.** *Orn:* aderyn (adar) *(m)* tomen.
mound² *n. Her:* pelen(-ni) *f,* daearbel(-i) *f.*
mound³ *v.t.* pentyrru, cruglwytho.
mount¹ *n.* **1.** mynydd(-oedd) *m; B:* **the Sermon on the M~,** y Bregeth ar y Mynydd; **M~ Sinai,** Mynydd *(m)* Sinai; **the M~ of Olives,** Mynydd yr Olewydd; **M~ Pleasant,** Bryn Hyfryd. **2.** *Palmistry:* twddf (tyddfau) *m,* chwydd(-au) *m.* **3. M~,** *W.Pl.n.* Y Mwnt *m.* **M~ Bank** *W.Pl.n.* Foel *(f)* y Mwnt.
mount² *n.* **1.** mownt(-iau) *m,* gosodiad(-au) *m;* **brass ~,** addurn(-au) pres *m;* **dentated bone ~,** gosodiad deintiog; **stamp-~,** dolen(-nau) *f.* **2.** *(steed):* ceffyl(-au) *m,* march (meirch) *m;* **my ~ was a camel,** ar gefn camel yr euthum i.
mount³ *v.i.&t.* I. *v.i.* **1.** *(hill &c):* dringo, esgyn. **2.** *Equit:* mynd ar gefn ceffyl, marchogaeth. **3.** *(of bill &c):* codi; *(of casualties &c):* cynyddu, amlh|au, mynd yn fwy niferus. II. *v.t.&i.* esgyn; **to ~ [on, upon] a chair,** mynd ar/i ben cadair; **to ~ the pulpit,** esgyn i'r pulpud; *(of car):* **to ~ the pavement,** mynd ar y palmant. **to ~ [on/upon] a horse/bicycle,** mynd ar gefn ceffyl/beic. III. *v.t.* **1. to ~ a ladder,** mynd i ben ysgol, dringo ysgol. **2. to ~ s.o. [on a horse],** rhoi/dodi rhn ar gefn ceffyl. **3.** *(a) Artil:* **to ~ a cannon,** codi/gosod canon; *(b)* **a ship mounting twenty cannon,** llong yn cario ugain canon; *(c)* **to ~ guard,** gwarchod (rhth), gwylio (dros rth), mynd/bod ar wyliadwriaeth (dros rth); *(d)* **to ~ an attack,** ymosod. **4.** *(a) (gem, machine &c):* gosod, dodi, mowntio; *(b) Th: (a play):* llwyfannu; **to ~ an exhibition,** trefnu arddangosfa. **5. a horse which mounts a mare,** march yn mynd ar gefn caseg, march yn neidio/marchogi/marchocáu caseg. **6.** *Needlew:* trososod.
mountable *a.* **1.** *(of photo &c):* gosodadwy, dodadwy. **2.** *(horse &c):* marchogadwy. **3.** *(platform &c):* esgynadwy, dringadwy.
mountain *n.* mynydd(-oedd, *occ:* mynyddau) *m;* **rounded ~,** moel(-ydd) *f;* **to make mountains out of molehills,** gwneud môr a mynydd o rth, *occ:* gwn|eud melin a phandy o rth, gwneud tŵr melin ac eglwys o rth, gwneud mynydd o dwmpath morgrug, gwneud mynydd o gocyn twrch daear; **the mountains after a fall of snow,** *Poet:* y mynyddoedd yn eu crysau gwynion; **to move mountains,** gwneud gwyrthiau, symud mynyddoedd. **~ ash¹** *n. Bot:* cerdinen: cerddinen (cerdin, cerddin) *f,* criafolen(-nau) *f,* coeden *(f)* griafol (coed criafol), pren(-nau) *(m)* criafol, *Lit:* criafolbren(-nau) *m.* **M~ Ash²** *W.Pl.n.* Aberpennar *f.* **~ avens** *n. Bot:* derig *f.* **~-bike** *n.* beic(-iau,-s) *(m)* mynydd. **~ bladder-fern** *n. Bot:* *chwysigredynen (chwysigredyn) *f.* **~ buckler-fern** *n. Bot:* = **fern (male).** **~ burnet** *n. Ent:* gwyrdd(-ion) *(m)* y mynydd. **~ cock** *n. Orn:* = **capercaillie.** **~ cranberry** *n. Bot:* ceiriosen (ceirios) *(f)* y waun/wern, llugaeronen (llugaeron) *(f)* y mynydd. **~ cure** *n. Med:* triniaeth *(f)* yn y mynyddoedd. **~ devil** *n. Z:* = **moloch.** **~ dew** *n. Joc:* gwlith *(m)* y mynydd, llaeth *(m)* mwnci. **~ ebony** *n. Bot: (Bauhinia):* |eboni(*m*)'r mynydd. **~ everlasting** *n. Bot:* = **cat's foot.** **~ fern** *n. See* **fern.** **~ fringe** *n. Bot: (Adlumia cirrhosa):* mwg *(m)* daear dringol. **~ goat** *n. Z:* gafr *(f)* fynydd (geifr mynydd), gafr y mynydd. **~ hare** *n. Z:* glastorch(-od, glastyrch) *f.* **~ holly** *n. Bot: (Ilicieides mucronata):* celyn *(m)* y mynydd. **~-high** *a.* cyfuwch â mynydd, uchel iawn. **~ laurel** *n. Bot:* llawryf(-on) *(m)* y mynydd. **~ linnet** *n. Orn:* llinos(-od) *(f)* y mynydd. **~ lion** *n. Z:* llew(-od) *(m)* mynydd. **~ milk** *n. Geol:* llaeth *(m)* y mynydd. **~ mint** *n. Bot: (Monarda didyma):* mint[ys] *(m)* y mynydd. **~ pansy** *n. Bot: (Viola lutea):* fioled *(f)* y mynydd (fioledau'r mynydd), fioled felen (fioledau melyn). **~ panther** *n. Z:* panther(-od) *(m)* y mynydd. **~ pasture** *n.* porfa *(f)* fynydd (porf|eydd mynydd), ffridd(-oedd) *f,* ffrith(-oedd) *f.* **~ range** *n. Geog:* cadwyn(-i) *(f)* o fynyddoedd, mynyddres(-i) *f.* **~ rescue** *n.* achub *(vn)* [ar y] mynydd; **~ rescue post,** safle(oedd) *(m)* achub ar fynydd; **~ rescue team,** tîm (timau) *(m)* achub ar fynydd. **~ ringlet** *n. Ent:* modrwyog(-ion) *(m)* y mynydd. **~ sage** *n. Bot:* saets *(m)* [y] mynydd. **~ sheep** *n.* dafad *(f)* fynydd (defaid mynydd), *S: occ:* shiwan(-od) *f.* **~ shield-fern** *n. Bot: See* **fern.** **~ sickness** *n. Med:* salwch *(m)* [y] mynydd. **~ snow** *n. Bot: (Arabis albida):* eira(*m*)'r mynydd. **~ spinach** *n. Bot: (Atriplex hortensis):* llygwyn coch *(m)* yr ardd. **~ stream** *n.* nant (nentydd) *(f)* y mynydd. **~ sweet** *n. Bot: (Ceanothus americanus):* perlwyn *(m)* y mynydd (perlwyni'r mynydd). **M~ Time** *n. U.S:* Amser Mynyddig *m.* **~ tobacco** *n. Bot: (Arnica):* baco(*m*)'r mynydd. **~ tribe** *n.* llwyth(-i) mynyddig *m.* **~ violet** *n. Bot:* fioled felen (fioledau melyn) *f,* fioled y mynydd.
mountaineer¹ *n.* mynyddwr (mynyddwyr) *m,* myn|yddwraig (mynyddwragedd) *f,* dringwr (dringwyr) *m* [mynyddoedd], dr|ingwraig (dringwragedd) *f* [mynyddoedd]; *pl. F:* pobl *(f or pl)* dringo mynyddoedd.
mountaineer² *v.i.,* **mountaineering** *vn.* mynydda, dringo mynyddoedd.
mountainous *a.* mynyddig; **~ regions,** ardaloedd mynyddig; **~ seas,** môr garw/tonnog/moriog/aruthrol, moroedd mawr[-ion].
mountainously *adv.* fel mynydd.
mountainousness *n.* natur fynyddig *f.*
mountainside *n.* llethr(-au) *f,* llechwedd(-au,-i) *f, N.W:* llepen *(m)* mynydd, ochr *(f)* mynydd (ochrau mynyddoedd).
mountaintop *n.* copa *(mf)* mynydd (copaon mynyddoedd), pen *(m)* mynydd (pennau mynyddoedd).
mountainy *a.* mynyddig.
mountebank *n. (= clown):* ffŵl (ffyliaid) *(m)* pen ffair; *Pej: (= actor):* actor(-ion) *(m)* pen ffair; *S.a.* **quack³, charlatan.**
mountebankery *n.* ffiloreg *f.*
mounted *a.* **1.** *(gem &c):* gosod, mowntiedig, wedi'i osod/fowntio. **2.** *(= on horseback):* ar gefn ceffyl, ar farch/feirch, *occ:* marchogol; **~ police,** heddlu marchogol *m,* march-heddlu *m or pl, F:* plismyn *(pl)* ar gefn ceffylau; **the Royal Canadian M~ Police,** March-heddlu Brenhinol Canada; **~ policeman,** march-heddwas (~-heddweision) *m, F:* plismon *(m)* ar gefn ceffyl (plismyn ar gefn ceffylau).
mounter *n. (of diamonds):* gosodwr (gosodwyr) *(m)* gemau.
Mountie *n. F:* Mownti(-s) *m.*
mounting *vn.* gosodiad(-au) *m,* gosod *vn; Aut:* mowntin(-au) *m;* **harness ~,** gosodiad harnais; **hub ~,** both-osodiad(-au) *m.* **~-block** *n.* esgynfaen (esgynfeini) *m,* carreg *(f)* farch (cerrig march), *S.W: occ:* hosbins *m,* horsbloc *m, N.W: occ:* horsin *f,* gorsin *f.*
Mounton *W.Pl.n.* Cil-maen *m.*
Mounty *n.* = **Mountie.**

mourn *v.i.&t.* galaru, *F: occ:* mowrnio, *B: occ:* arwylo, alaethu; **to ~ for/over s.o.,** galaru dros/am rn.

mourner *n.* galarwr (galarwyr) *m*, gal|arwraig (galarwragedd) *f.*

mournful *a.* galarus, trist, gofidus, angladdol, alaethus; *(voice):* dolefus; *Ent:* **~ wasp,** cacynen alarus (cacwn galarus) *f.*

mournfully *adv.* yn alarus *&c.*

mournfulness *n.* tristwch *m*, pr|udd-der *m*; **I liked the song in spite of its ~,** hoffais y gân er mor alarus oedd.

mourning[1] *a.* galarus.

mourning[2] *vn.* **1.** galar(-au) *m*, *Lit: occ:* alaeth *m*, *F:* mowrnin *m*, *S: F:* mwrning *m*; *B:* **make no ~ for the dead,** na wna f|arwnad. **2.** *(= clothing):* dillad *(pl)* galar, galarwisg(-oedd) *f*, *F:* mowrnin, *S: F: occ:* dillad mwrning. **~-band** *n.* rhwymyn(-nau) *(m)* galar. **~-card** *n.* cerdyn *(m)* galar, cerdyn coffa/coffaol, *S:* carden goffa/goffaol (cardiau coffa/coffaol) *f.* **~ cloak** *n. Ent:* mantell alar (mentyll galar) *f.* **~-coach** *n.* cerbyd(-au) *(m)* angladd, galar-gerbyd(-au) *m.* **M~ Combe** *W.Pl.n.* Cwm *(m)* Maen Diastwr. **~ dove** *n. U.S: Orn:* colomen alarus (colomennod galarus). **~ iris** *n. Bot: (Iris susiana):* elestren alarus (elestr galarus) *f.* **~-paper** *n.* papur(-au) *(m)* galar. **~-ring** *n.* modrwy *(f)* alar (modrwyau galar), galarfodrwy(-au) *f.* **~ widow** *n. Bot: (Geranium phaeum):* pig *(f)* yr aran ddulwyd.

mourningly *adv.* yn alarus *&c.*

mousaka *n. Cu:* mwsaca *m.*

mouse[1] *n.* **1.** *Z:* llygoden (llygod) *f*; *(as distinct from rat):* llygoden fach (llygod bach); **field ~, wood ~,** *(Apodemus sylvaticus):* llygoden y maes; **harvest ~,** *(Micromys minutus):* llygoden y cynhaeaf, llygoden yr ŷd; **house ~,** *(Mus musculus):* llygoden fach, llygoden y tŷ; **yellow-necked ~,** *(A. flavicollis):* llygoden warfelen (llygod gwarfelyn); *S.a.* **cat. 2.** *Ent:* (*)llwyd(-iaid) llyglwyd *m.* **3.** *Cmptr:* llygoden (llygod) *f.* **~-bird** *n. Orn:* coli (colïod) *m.* **~-coloured** *a.* llygliw, lliw llygoden, llwyd [fel llygoden]. **~ deer** *n.* = **chevrotain. ~-ear** *n. Bot:* **1.** = **hawkweed (mouse-ear). 2.** = **forget-me-not. 3.** = **chickweed. ~-hole** *n.* twll *(m)* llygoden (tyllau llygod). **~-hunt** *n. Dial:* = **weasel.**

mouse[2] *v.i.* llygota, chwilota am lygod, dal/dala llygod.

mouser *n.* llyg|otwraig (llygotwragedd) *f*, *occ:* llygotwr (llygotwyr) *m.*

mousetail *n. Bot:* cynffon *(f)* llygoden (cynffonnau llygod).

mousetrap *n.* trap(iau) *(m)* llygod, *occ:* magl *(f)* lygod (maglau llygod). **~ cheese** *n.* caws *(m)* dal/dala llygod.

mousily *adv.* yn ddisylw, yn ddinod.

mousiness *n.* dinodedd *m.*

moussaka *n.* = **mousaka.**

mousse *n. Cu: &c:* ***mousse(-s)*** *m.*

mousseline *n. Tex:* ***mousseline*** *m.*

moustache *n.* mwst|as[h] (mwstashis) *m*, bwst|as[h] (bwstashis) *m*, *A: & Lit:* trawswch (trawsychau) *f*; *S.W: (on women):* swch ddu *f*; **handlebar ~,** mwstas[h] deubig, mwstas[h] cyrn beic. **~-cup** *n.* cwpan(-au) *(mf)* trawswch, cwpan fwstas[h] (cwpanau mwstas[h]). **~ plant** *n. Bot: (Caryopteris):* (*)barf las *f.*

moustached *a.* â mwst|as[h]/bwst|as[h], mwstasiog, bwstasiog.

Mousterian *a. Archeol:* Mousteraidd.

mousy *a. (a) (= like mouse):* fel llygoden, llygodaidd; *(= timid)*; swil, ofnus; *(= insignificant):* disylw, dinod; **a ~ little woman,** llygoden fach *(f)* o wraig; *(b) (in colour):* lliw llygoden, llygliw.

mouth[1] *n.* **1.** *(of pers.):* ceg(-au) *f*, *S: F:* pen(-nau) *m*, *Lit:* safn(-au) *f*, genau (geneuau) *m*; *Poet:* min(-ion) *m*, gwefusau *pl*; *S.a.* **hand[1] 2** *(e)*; **by word of ~,** ar dafod leferydd, ar air; **down in the ~,** = **depressed**; **to make s.o.'s ~ water,** tynnu dŵr [glas] o ddannedd rhn; **they have ten mouths to feed,** mae ganddynt ddeg i'w bwydo; **~ to ~,** ceg yng ngheg, minfin, genau yng ngenau; **to put words into s.o.'s ~,** rhoi geiriau yng ngheg rhn; *B:* **out of the mouths of babes and sucklings,** o enau plant bychain a rhai yn sugno; **not to have a tooth in one's ~,** bod heb ddant yn eich pen; *P:* **I'll stop your ~ for you!** mi rof gaead ar dy biser di! **to shut s.o.'s ~,** rhoi taw ar rn, cau ceg/safn rhn; **to keep one's ~ shut,** cau'ch ceg, cadw cyfrinach, *N.W: occ:* bod yn fant gaead; **that sounds strange in your ~,** rhyfedd yw eich clywed chi yn dweud peth felly; **to make a wry ~,** gwneud ceg gam, mingamu *(pronounced* ng-g); **put your money where your ~ is,** rhatach brolio na thalu; rho dy arian ar dy air; **to wipe one's ~,** sychu'ch ceg, *S. W: occ:* sychu'ch swch; **to take the words out of s.o.'s ~,** mynd â'r geiriau o geg rhn. **2.** *(of animals):* safn, *occ:* ceg, genau; *(of bird):* ceg, gylfin(-od) *m*, pig(-au) *fm*; **to give ~,** *(of dog):* cyfarth, *N.W: occ:* coethi. **3.** *Fig:* genau, safn, ceg; *(of river):* aber(-oedd) *f*, genau; **the ~ of a sack,** genau sach. **~-breeder, ~-brooder** *n. Ich:* *safnddeorydd(-ion) *m.* **~-filling** *a.* chwyddedig, sy'n llond ceg. **~ hook** *n.* bach(-au) *(m)* genau. **~-organ** *n.* organ *(f)* geg (organau ceg). **~ parts** *n. Z:* gên-rannau *pl*; **piercing ~ parts,** gên-rannau treiddiol.

mouth[2] *v.t.&i.* **1.** *v.t.* llefaru, datgan; *(= rant):* cega, rhefru, brygowthan. **2.** *v.i.* *(= move lips silently):* gwefuso, sibrwd, gwn|eud siâp ceg.

mouthed *a.* â cheg, â genau, -safnog; **foul-~,** rheglyd, bras/budr/brwnt eich iaith/tafod, *Lit:* serth; **hard-~,** *(horse):* pengaled, pengryf, mingaled *(all pronounced* ng-g), ystyfnig; **loud-~,** cegog, cegfawr, ceg fawr, uchel eich cloch, swnllyd; **mealy-~,** mindlws, mursennaidd, minfwyn, gwenieithus; **open-~,** cegrwth, safnrhwth, cegagored; **wide-~,** ceglydan; **wry-~** mingam *(pronounced* ng-g).

mouther *n.* brygowthwr (brygowthwyr) *m*, bryg|owthwraig (brygowthwragedd) *f.*

mouthful *n.* **1.** cegaid (cegeidiau) *f*, llond *(m)* ceg, *N:* cegiad *f*; *S:* llond pen; **he swallowed the beer in one ~,** llyncodd y cwrw ar ei dalcen; **to give s.o. a ~,** rhoi llond ceg i rn, rhoi pryd o dafod i rn, *S:* rhoi llond pen i rn. **2.** *F: (= long word):* llond ceg.

mouthless *a.* di-geg, heb geg, di-safn, heb safn.

mouthlike *a.* fel ceg, cegaidd, safnaidd.

mouthpiece *n.* **1.** *(of instrument &c):* genau (geneuau) *m*, ceg(-au) *f*, cetyn(-nau) *(m)* ceg. **2.** *(= spokesman):* llefarydd(-ion) *m*, *occ:* genau.

mouthwash *n.* ceglyn(-noedd) *m*, cegolch(-ion) *m*, gyddfolch(-ion) *m*, *F:* peth(-au) *(m)* golchi ceg.

mouthy *a.* cegog, uchel eich cloch, brac eich tafod, swnllyd; **he's a ~ person,** mae'n hen geg fawr.

moutonnée *a. Geol:* mollt; **roche moutonneé ~,** craig follt (creigiau myllt) *f.*

movability *n.* symudoledd *m*, symudadwyedd *m.*

movable *a. & n.* **1.** *a.* symudol, symudadwy; **~ feast,** gŵyl (gwyliau) symudol *f*; **~ effects,** celfi/pethau symudol. **2.** *n.* peth(-au) symudol *m*; *pl.* celfi, dodrefn, *S. W:* moddion tŷ; *Jur:* symudolyn (symudolion) *m.*

movableness *n.* = **movability.**

movably *adv.* yn symudol.

move[1] *n.* symudiad(-au) *m*; **to have first ~,** symud yn gyntaf; **to make a ~,** *(in chess &c):* symud, gwneud eich symudiad; **whose ~ is it?** tro pwy yw hi [i symud]? pwy sydd i symud? **your ~,** eich tro chi [yw hi i symud]; **what is the next ~?** beth wnawn ni nesaf? i ble nesaf? beth yw'r cam nesaf? **he must make the first ~,** rhaid iddo ef gymryd y cam cyntaf; *F:* **he is up to every ~ [in the game],** mae mor gyfrwys â llwynog/chadno/sarff; nid yw'n cnoi/torri cnau gweigion; mae'n medru pob cast; *F:* **we must make a ~,** rhaid inni ei throi/chychwyn/hel hi; rhaid inni fynd 'nawr; **they're always on the ~,** maent ar fynd o hyd; *F:* **to get a ~ on,** brysio, ei symud hi, *S. W:* ei siapo hi, hastu; **get a ~ on!** *S. W:* siapa (siapwch) hi! *N:* brysia (brysiwch)! styria (styriwch)! tân arni!

move[2] *v.t.&i.* I. *v.t.* **1.** *(a)* symud, *Lit: occ:* syflyd; *(b)* **to ~ house,** *abs.* **to ~,** symud, ymfudo, newid tŷ, newid aelwyd, *N:* mudo; **not to ~ a muscle,** peidio â symud ber, peidio â syflyd; **the wind moving the trees,** y gwynt yn siglo'r coed. **2.** *(= set going):* cychwyn rhth; *Med:* **to ~ the bowels,** *N:* cael eich gweithio, *S:* cael eich corff i lawr; **have your bowels been moved?** *N:* a gawsoch chi'ch gweithio? *S:* a gawsoch chi'ch corff i lawr? **3.** *(a) (= change one's mind):* **he is not to be moved,** 'does dim symud/syflyd arno; mae'n ddisyflyd; *(b)* **to ~ s.o. to do sth,** peri i rn wneud rhth, annog/cymell/symbylu/ysgogi rhn i wneud rhth, cael gan rn wneud rhth; **I will do it when the spirit moves me,** fe'i gwnaf pan fyddaf yn teimlo ar fy nghalon; *(c) (= affect):* cynhyrfu, gwefreiddio, cyffr|oi; **to ~ s.o. to anger,** gwylltio rhn; **to ~ s.o. to laughter,** peri/gwn|eud i rn chwerthin; **to ~ s.o. to tears,** cyffwrdd rhn hyd at ddagrau, peri i rn wylo, dwyn dagrau i lygaid rhn, dod â dagrau i lygaid rhn; **to ~ s.o. to pity,** peri i rn dosturio, ennyn tosturi yn rhn. **4. to ~ a resolution,** gwneud cynnig; **to ~ that. . .,** cynnig bod. . . . II. *v.i.* symud, *occ:* ymsymud; **keep moving!** ymlaen â thi (chi)! **don't ~!** bydd(-wch) yn llonydd! dim symud! **~ right down!** symud(-

wch) i'r pen draw! *Com: F:* **this article is not moving,** 'does dim mynd ar y nwydd hwn; **to ~ in high society,** troi ymhlith y boneddigion, ymh|el â boneddigion, ymrwbio yn y mawrion; **to ~ in on sth,** ymyrryd yn rhth, cael eich pig i mewn i rth; **to ~ in with s.o.,** mynd/dod i fyw at rn; *F:* **it is time we were moving,** mae'n bryd inni fynd/symud/gychwyn; mae'n bryd inni ei throi/hel hi.

moveless *a.* ansymudol, disymud, llonydd.

movelessly *adv.* yn ansymudol *&c*; heb symud.

movelessness *n.* ansymudolrwydd *m*, disymudedd *m*, llonyddwch *m*.

movement *n.* **1.** symudiad(-au) *m*, symud *vn*, ymsymudiad(-au) *m*; *Biol:* **Brownian ~,** symudiad Brown; *Gym:* **by-movements,** symudiadau sgîl; **mobilising movements,** symudiadau llacio; **strengthening movements,** symudiadau cryfh|au. **there was a general ~ towards the door,** aeth pawb at y drws; **clockwork ~,** symudiad clocwaith. **2. to make a ~ of impatience,** amneidio'n ddiamynedd, gwneud amnaid/ystum ddiamynedd, arwyddo colli amynedd, gwneud arwydd diamynedd. **3.** *Pol: Rel: &c:* mudiad(-au) *m*. **4.** *Mus:* symudiad *m*.

mover *n.* **1. prime ~,** prif ysgogwr/ysgogydd (prif ysgogwyr) *m*. **2.** *(of motion):* cynigydd (cynigwyr) *m*. **3.** *F:* **she's a great little ~,** mae hi'n symud yn ddel.

movie *n. F: esp. U.S:* ffilm(-iau) *f*, llun(-iau) *m*, pictiwr(-s) *m*. **~-house** *n.* s|inema (sinemâu) *f*, pictiwrs *m & inv*.

moviedom *n.* byd (*m*) y ffilmiau.

moviegoer *n.* mynychwr (mynychwyr) (*m*) s|inema/pictiwrs, myn|ychwraig (mynychwragedd) (*f*) sinema/pictiwrs.

moviemaker *n.* cynhyrchydd (cynhyrchwyr) (*m*) ffilmiau.

moving *a.* **1.** *(staircase &c):* symudol, sy'n symud; **~ picture,** darlun(-iau) byw *m*. **2.** *(force &c):* ysgogol, symudol; **the ~ spirit,** ysgogwr: ysgogydd (ysgogwyr) *m*. **3.** *(experience &c):* gwefreiddiol, cynhyrfus, cyffr|ous, ysmudiadol.

movingly *adv.* yn wefreiddiol *&c*.

mow[1] *n. U.S: Dial:* = **stack**[1] **1**; *S.a.* **barley**.

mow[2] *v.t.* **1.** *Agr:* lladd, *occ:* torri, pladur[i]o; **to ~ down the enemy,** pladurio'r/medelu'r/medi'r gelyn. **2. to ~ the lawn,** torri'r lawnt, *F: occ:* rhoi'r injan fach ar yr ardd.

mow[3] *n. v.i.* = **mop**[3].

mower *n.* **1.** *(pers.):* pladur[i]wr (pladurwyr) *m*, medelwr (medelwyr) *m*. **2.** *(machine): (a) Agr:* peiriant (peiriannau) (*m*) lladd gwair, *F:* injan (*f*) ladd gwair (injans lladd gwair), lladdwr (lladdwyr) (*m*) gwair; *(b) (garden):* peiriant torri glaswellt/gwair, peiriant torri lawnt, *F:* injan fach (*f*) dorri gwair. **3.** *Carp: &c:* torrwr (torwyr) *m*.

moya *n. Geog:* llaid (*m*) llosgfynydd, moia *m*.

Moyddyn *W.Pl.n.* Moeddyn *m*.

Moylegrove *W.Pl.n.* Trewyddel *f*.

Mozarab *n. Ethn:* Mosarab(-iaid) *m&f*.

Mozarabic *a. Ethn:* Mosarabaidd.

mozzarella *n. Cu:* mosarela *m*.

Mr. *abbr.* = **mister**.

Mrs. *abbr.* = **mistress 3.** *(b)*.

Ms.[1] *abbr.* Ms.

MS.[2] *abbr.* llsgr (= llawysgrif).

mu *n. Gr.Alph:* [y llythyren] mw(-au) *f*. **~-meson** *n. Ph:* = **muon.** **~-metal** *n. Metall:* mw-metel *m*.

much *a., adv. & n.* **1.** *a. (a)* llawer, cryn dipyn, tipyn go lew (o rth); **~ care,** llawer o ofal; *(b)* **how ~ bread?** [pa] faint o fara? **~ talk,** llawer o sôn, cryn dipyn o sôn, tipyn go lew o sôn; **how ~ is it?** [pa] faint yw ef? **it's a bit ~,** mae'n ormod; mae'n annioddefol. **2.** *adv.* [yn] llawer, *occ:* lawer, o lawer; **[very] ~ better,** llawer [iawn] gwell, gwell o lawer [iawn]; **I want ~ more,** mae arnaf eisiau llawer rhagor/mwy; **~ more of this, and I'll lose my temper,** os ca' i lawer mwy o hyn, mi wylltia' i; **it's ~ nicer in the garden,** mae'n llawer mwy dymunol yn yr ardd; **~ worse,** gwaeth o lawer, llawer gwaeth; **~ obliged!** diolch yn fawr! llawer o ddiolch! **it doesn't matter ~,** nid yw o bwys mawr; nid yw fawr/lawer o bwys; **he is not ~ richer than I,** nid yw'n llawer mwy cyfoethog na mi; **so ~ more intelligent,** gymaint yn fwy deallus; **~ the largest,** y mwyaf/fwyaf o dipyn/lawer, y mwyaf/fwyaf o bell ffordd; **thank you very ~,** diolch yn fawr iawn i chwi; **~ of an age,** tua'r un oed, o'r un oedran fwy neu lai; **it is pretty ~ the same thing,** yr un peth yw i bob pwrpas *or* i bob diben *or* fwy neu lai; **~ to my astonishment,** er mawr syndod i mi; **(I don't want two), ~ less three,** (nid oes arnaf eisiau dau), heb sôn am dri, chwaethach tri, llai byth tri; **I hope very ~ to see you,** 'rwy'n mawr obeithio eich gweld; **he is ~ away from home,** mae oddi cartref yn aml; **I ~ regret it,** mae'n ddrwg iawn gennyf yn ei gylch. **3.** *n. (a)* llawer *m*, llaweroedd *pl*; **~ still remains to be done,** erys llawer eto i'w wneud; **did you see ~ of one another?** a welsoch chi ryw lawer ar eich gilydd? **~ happened while you were away,** digwyddodd llawer tra buoch chi oddi cartref; **there is not ~ to see,** 'does dim llawer i'w weld; ychydig (*m*) sydd i'w weld; 'does fawr i'w weld; **there's not so ~ since then,** 'does dim cymaint â chymaint/hynny oddi ar hynny; **I have ~ to be thankful for,** mae gennyf lawer o le i ddiolch; *F:* **it's not up to ~,** nid yw'n fawr o beth; 'dyw e ddim llawer o beth; nid yw o ddim gwerth; *F:* **he wasn't ~ of a teacher,** nid oedd yn rhyw lawer o athro; 'doedd o/e fawr o athro; **I am not ~ of a playgoer,** anaml y byddaf yn mynd i'r theatr; 'dydw i fawr o un am ddramâu; **not ~ of a dinner,** cinio gwael/tila/symol; **~ ado about nothing,** llawer o helynt/ffwdan ynghylch dim; helynt fawr ynghylch dim; helynt fawr am ddim byd; *Iron:* **~ she knows about it!** beth a ŵyr hi! ychydig a ŵyr hi! *(b)* **this ~,** cymaint â hyn; *adv.* gymaint â hyn; **that ~,** cymaint â hynny, *adv.* gymaint â hynny; **there's not that ~ difference,** 'does dim cymaint â chymaint/hynny o wahaniaeth; **that ~ too big,** cymaint â hynny'n rhy fawr; **this ~ is certain,** mae hyn o leiaf yn sicr; mae cymaint â hyn yn sicr; *(c)* **to make ~ of sth,** gwneud yn fawr o rth, brolio/canmol rhth, gwneud môr a mynydd o rth; **to make ~ of s.o.,** rhoi sylw mawr i rn, croesawu rhn, canmol/clodfori rhn, mynd i drafferth â rhn; **I can't make ~ of this book,** ni allaf i ddeall fawr ar y llyfr yma; **I don't think ~ of it,** nid wyf i'n meddwl llawer ohono; 'does gen i ddim llawer o olwg arno; 'does gen i ddim llawer o feddwl ohono; **she's not ~ to look at,** nid yw hi fawr o beth; **he'll never come to ~,** nid aiff byth uwch bawd sawdl. **4.** *(a)* **~ as, however ~; ~ as I like him,** er cymaint yr wyf yn ei hoffi; **~ as I dislike it...,** er lleied yr wyf yn ei hoffi..., er cased ydyw gennyf...; *(b)* **as ~,** cymaint (o rth); **as ~ again,** cymaint eto, cymaint arall; **give me half as ~ again,** rhowch hanner cymaint imi eto; **twice as ~,** cymaint ddwywaith, dwywaith cymaint, *occ:* dau cymaint; **twice as ~ water,** dwywaith cymaint o ddŵr; *F:* **I thought as ~,** 'roeddwn i'n amau braidd; *(c)* **as ~ as...,** gymaint... â; lawn gymaint... â; **I have three times as ~ as I want,** mae gennyf dair gwaith cymaint ag sydd arnaf ei eisiau; **he hates you as ~ as you like him,** mae ef yn dy gasáu di gymaint ag yr wyt ti'n ei hoffi ef; **it is as ~ as he can do to read,** hynny a all ei wneud yw darllen; o'r braidd y mae'n medru darllen; cymaint ag a all ei wneud yw darllen; **do as ~ as you can,** gwnewch gymaint fyth ag a ellwch; gwnewch hynny a ellwch chi; **(he looked at me) as ~ as [if] to say,** (edrychodd arnaf) cystal â dweud, fel petai am ddweud; *(d)* **as ~ [as], so ~ [as],** cymaint, gymaint; **he does not like me as ~ as her,** nid yw ef yn fy hoffi i gymaint ag y mae'n ei hoffi hi; **oceans do not so ~ divide the world as unite it,** nid yw cefnforoedd yn rhannu'r byd gymaint â'i uno; nid rhannu'r byd, ond yn hytrach ei uno, a wna moroedd; **I haven't so ~ as my fare,** 'does gen i ddim hyd yn oed bris fy nhocyn; *(e)* **so ~,** cymaint; **so ~ money,** cymaint o arian; **so ~ exaggerated,** wedi ei orliwio gymaint; **so ~ the better,** gorau i gyd, gorau oll, gorau yn y byd; **so ~ the worse,** gwaethaf oll; **it will be so ~ the less to pay,** bydd cymaint â hynny'n llai i'w dalu; **so ~ so that...,** yn gymaint felly nes..., cymaint felly nes..., i'r fath raddau nes...; **so ~ for his friendship!** naw wfft i'w gyfeillgarwch! dyna werth ei gyfeillgarwch! **so ~ for that!** a dyna ben ar hynna! dyna hynna ar ben; *(f)* **so ~ per cent,** hyn a hyn y cant; *(g)* **too ~,** gormod (*m*) [o rth], gormodedd *m*; **ten pounds too ~,** decpunt yn ormod, decpunt dros ben; **it's too ~,** mae'n ormod/ormodol; **too ~ by half,** gormod o'r hanner; **to make too ~ of sth,** rhoi gormod o bwys ar rth, rhoi gormod o sylw i rth; *F:* **she's too ~,** mae hi'n rhemp; **they were too ~ for him,** 'roeddent yn drech nag ef. **~-admired** *a.* a edmygir gan lawer. **M~ Dewchurch** *Eng.Pl.n.* Llanddewi (*f*) Rhos Ceirion. **~-loved** *a.* annwyl gan lawer, tra hoff. **~-quoted** *a.* a ddyfynnir/ddyfynwyd yn aml. **~-travelled** *a.* a deithiodd lawer; **the ~-travelled John Jones,** John Jones y crwydryn mawr. **~-used** *a.* treuliedig.

muchness *n. F:* **they're much of a ~,** 'does fawr o wahaniaeth/ddewis rhyngddynt; yr un [peth] yw ci â'i gynffon; brawd tagu yw mygu; *N.W: occ:* ail ydi Huwcyn i Ffowcyn.

mucic *a.* mwsig.
mucid *a.* mws, hendrwm.
muciferous *a.* mwcwsddwyn.
mucilage *n.* glud(-iau) *m.*
mucilaginous *a.* gludiog.
mucin *n. Biol: Ch:* mwsin *m.*
mucinous *a.* mwsinog.
muck[1] *n.* **1.** *(a) (= manure):* tail *m*, tom *f*, baw *m*, *occ:* dom *f*, caglach *m*, biswail *m*; *(b) (= dirt):* baw, budreddi *m*, *S:* brynti: bryntni *m*, bryntwch *m*, *S.W: occ:* stecs *pl*, *S: occ:* mochyndra *m*; *Prov:* **where there's ~ there's brass,** mae aur mewn baw; *N.W:* mewn baw mae hel arian; *F:* **all in a ~,** yn faw i gyd, yn gaglog, *N: occ:* yn drybola/derrig o faw; **in a ~ sweat,** yn chwys domen [dail], yn foddfa o chwys, *S:* yn chwys drabŵd/stecs; *F:* **lady ~,** gwr|aig fawr *(f)* faw, *V:* gwraig fawr gachu. **2.** *F: (moral):* sothach *m*, budreddi, *occ:* mochyneiddiwch *m*, mochyndra. **3.** *F: (= mess):* llanast[r] *m*, cawl *m*, poitsh *m.* **~ heap** *n.* tomen *(f)* dail (tomenni tail). **~-rake** *n.* cribin *(f)* dail (cribiniau tail), *occ:* caff(-iau) *(m)* tail, *S.W:* corlac(-au) *m*, corleg(-au) *m*, gwarloc(-au) *m.* **~-raker** *n.* **1.** cribiniwr (cribinwyr) *(m)* tail. **2.** *Fig:* codwr (codwyr) *(m)* godre. **~-raking** *vn. & attrib.* **1.** *vn. Agr:* cribinio tail, troi tail. **2.** *vn. Fig:* codi godre. **3.** *attrib.* straegar, straellyd. **~-spreader** *n. Agr:* chwalwr (chwalwyr) *(m)* tail, gwasgarwr *(m)* tom, *S.W:* sgwarwr *(m)* dom. **~-spreading** *vn.* chwalu tail, gwasgaru tom, *S.W:* sgwaru dom.
muck[2] *v.t.&i.* **1.** *v.t. (a)* **to ~ [out] a stable,** carthu stabl; *(b) (= make filthy):* maeddu, baeddu, *occ:* caglo, difwyno, *S:* sarnu, *N.E:* dwyno; *(c) F:* **to ~ [up] a job,** gwn|eud llanast o swydd, *S:* sarnu swydd; *See* **mess 2. 2.** *v.i. F:* **to ~ about,** stwna, piltran; *S.a.* **mooch**; **~ in** *v.i. P:* **to ~ in with s.o.,** rhannu [gwaith, llety] â rhn.
mucker *n.* **1.** codwm (codymau) *m*; **to come a ~,** cael codwm. **2.** *F:* = **chum[1]**. **~-out** *n.* carthwr (carthwyr) *m*, c|arthwraig (carthwragedd) *f.*
muckily *adv.* = **dirtily.**
muckiness *n.* = **dirtiness.**
muckworm *n.* **1.** *Ann:* abwydyn (abwydod) *(m)* y dom/tail. **2.** *Fig:* = **miser.**
mucky *a. F:* = **dirty.**
mucocutaneous *a. Anat:* mwcocwtanaidd.
mucoid *a. & n. Bio-Ch:* **1.** *a.* mwcysaidd, mwcaidd. **2.** *n.* = **mucoprotein.**
mucolytic *a. Bio-Ch:* mwcolytig.
mucopolysaccharide *n. Bio-Ch:* mwcopolys|acarid (mwcopolysacaridau) *m.*
mucoprotein *n. Bio-Ch:* mwcoprotein(-au) *n.*
mucor *n. Fung:* mwcor(-au) *m.*
mucosa *n. Anat:* pilen ludiog (pilenni gludiog) *f*, mwcosa (mwcosâu) *mf.*
mucosal *a. Anat:* mwcosaidd.
mucosity *n.* gludiogrwydd *m.*
mucous *a.* gludiog, mwcysaidd; **~ membrane,** pilen ludiog *f.*
mucro *n. Bot: Z:* pigyn(-nau) *m.*
mucronate *a. Bot: Z:* blaenfain, pigfain.
mucronation *n.* mynd *(vn)* yn bigfain, meinh|au.
mucus *n.* llysnafedd *m*, mwcws *m.*
mud *n.* llaid *m*, *F:* mwd *m*, *S:* llaca *m*, *S: occ:* bwdel: pwdel *m*, llacs *pl*, bwdlac(-s) *m*, stegetsh *m*; **here's ~ in your eye!** iechyd! hir oes! **to drag s.o.'s name in the ~,** llusgo enw rhn trwy'r baw/llaid/mwd, pardduo rhn, codi godre rhn; **his name is ~,** 'does dim gair da iddo; mae ei enw'n faw; **to fling/throw ~ at s.o.,** bwrw sen ar rn, difrïo rhn, codi godre rhn, taflu baw/llaid/mwd at rn; *Joc:* **as clear as ~,** annealladwy, *N: occ:* fel tatws llaeth. **~-bank** *n.* traethell(-au) *f*, poncen *(f)* laid (ponciau llaid). **~-barge** *n.* cwch (cychod) *(m)* mwd. **~-bath** *n.* **1.** baddon(-au) *(m)* llaid. **2.** *(for animals):* trybola *m.* **~-cock** *n. Mech:* dwsel(-au,-i) *(m)* mwd. **~-coloured** *a.* lliw mwd. **~-dauber** *n. Ent:* cacynen (cacwn) *(f)* y llaid/mwd. **~-eel** *n. Ich:* llysywen (llysywod) *(f)* y llaid/mwd. **~ fever** *n. Vet:* llaid. **~-flap** *n.* llabed *(f)* laid (llabedi llaid), fflap(-iau) *(m)* mwd. **~-flat** *n.* traethell [leidiog] *f* (traethellau [lleidiog]), fflat *(f)* laid (fflatiau llaid). **~-flinging** *n.* = **mud-slinging.** **~ hut** *n. N:* tŷ (tai) *(m)* baw, *S:* tŷ (tai) clom. **~ pack** *n. Toil:* pac(-iau) *(m)* mwd. **~ pie** *n.* cacen *(f)* fwd (cacenni mwd), teisen *(f)* fwd (teisennau mwd). **~ puppy** *n. Rept:* ci (cŵn) *(m)* llaid. **~ skipper** *n. Ich:* neidiwr (neidwyr) *(m)* mwd. **~-slinger** *n.* pardduwr (pardduwyr) *m*, enllibiwr (enllibwyr) *m.* **~-slinging** *vn. F:* pardduo, enllibio, taflu baw. **~-snail** *n. Moll:* malwen/malwoden (malwod) *(f)* y llaid/mwd. **~-turtle** *n. Rept:* crwban(-od) *(m)* y llaid/mwd. **~ volcano** *n. Geog:* folcano(-s) *(m)* llaid.
muddied *a.* lleidiog, mwdlyd, yn llaid/llaca/llacs/fwd i gyd; *(water):* llwyd(-ion).
muddiness *n.* **1.** lleidiogrwydd *m.* **2.** *(of water):* llwydni *m.*
muddle[1] *n.* anhrefn *f*, dryswch *m*, tryblith *m*, cymysgwch *m*, llanast[r] *m*, cawdel *m*, *S:* annibendod *m*; *S.a.* **mess[1] 3**; **in a ~,** *(i) (of sth):* yn aflêr, yn llanast[r], yn flêr, *S:* yn anniben, *S: F:* yn siang-di-fang, *N:* ar gychwyn, fel tŷ Jeroboam; *(ii) (of pers.):* yn ddryslyd, mewn penbleth, wedi drysu, wedi hurtio, *N: F:* mewn strach, mewn styffig; **to get into a ~,** *(of pers.):* drysu, moedro, mwydro, mynd i ddryswch *&c.* **~-headed** *a.* dryslyd, penwan, hurt, cymysglyd. **~-headedness** *n.* dryswch *m*, penwendid *m.*
muddle[2] *v.t. (a) (things):* cymysgu, drysu, *S: occ:* cafflo; *(b) (pers.):* drysu, moedro; **to ~ one's head,** moedro'ch pen, drysu'ch pen; **to ~ through,** dod drwyddi rywsut, stryffaglo/stryffaglu [drwodd], *S:* bracsan drwyddi; **to ~ along,** stryffaglo mynd, potsian, *N.W: occ:* stwna, piltran.
muddled *a.* cymysglyd, dryslyd; *(mind): (also):* ffwndrus.
muddler *n.* cawliwr (cawlwyr) *m*, dryswr (dryswyr) *m*, moedrwr: moedryn (moedrwyr) *m*, c|awlwraig *f*, dr|yswraig *f*, m|oedrwraig *f.*
muddy[1] *a.* **1.** *(a)* lleidiog, mwdlyd, yn llaid/llaca *&c* i gyd, *S.W: occ:* slacht, slabri, mwdog, bwdelog, pwdelog, slacsog, slwt; *Nau:* **~ bottom,** gwaelod lleidiog *m*; *(b) (clothing): (also):* terrig [o laid *&c*]; caglog, diblog. **2.** *(a)* **~ water,** dŵr llwyd *m*; **~ ink,** inc budr *m*; *(b) (colour):* pyglyd, pỳg; **~ complexion,** wynepryd pyglyd.
muddy[2] *v.t.* baeddu, dwyno.
mudejar *n. & a.* **1.** *n. Hist:* mwdechar(-iaid) *m&f.* **2.** *a. Arch:* mwdecharaidd.
mudfish *n. Ich:* lleidbysgodyn (lleidbysgod) *m*, pysgodyn (pysgod) *(m)* y llaid/mwd.
mudflow *n. Geog:* lleidlif(-oedd) *m.*
mudge *v. See* **fudge[2]**.
mudguard *n. Veh:* g[i]ard *(m)* olwyn (g[i]ardau olwynion).
mudlark *n.* slotiwr (slotwyr) bach *m*, poitsiwr (poitswyr) *m.*
mudsill *n. Arch:* haen(-au) isaf *f*, grwndwal(-au) *m.*
mudstone *n. Geol:* carreg *(f)* laid (cerrig llaid).
mudwort *n. Bot: (Limosella aquatica):* lleidlys *m*; **Welsh ~,** *(L. subulata):* lleidlys Cymreig.
muesli *n.* miwsli *m*, ***muesli*** *m.*
muezzin *n. Rel:* mwcsin(-iaid) *m.*
muff[1] *n. Cost:* mwff: mỳff (myffiau) *m.*
muff[2] *n. F: O:* **1.** *(pers.):* bwngler(-iaid) *m (pronounced* ng-g). **2.** *Sp:* caff gwag *m.*
muff[3] *v.t. F: O: Th.* bwnglera (rhth) *(pronounced* ng-g), cawlio (rhth), gwn|eud cawl (o rth); *Sp:* **to ~ a shot,** methu trawiad/ergyd; **he muffed it!** fe'i methodd hi! *Th:* **to ~ one's lines,** gwneud cawl o'ch llinellau.
muffetee *n. Cost:* llawes (llewys) wstid *f*, mwffatî(-s) *f.*
muffin *n.* myffin(-s) *m*, chwiogen (chwiogod) *f*, chwiog(-od) *f*, bara *(m)* teisen, *N.W:* bara *(m)* peilliaid, *S.W:* bara troi a rhuglo. **~-bell** *n.* cloch *(f)* chwiogod. **~-man** *n.m.* gwerthwr (gwerthwyr) chwiogod, chwiogwr (chwiogwyr).
muffineer *n.* ysgeintiwr (ysgeintwyr) *(m)* siwgwr.
muffle[1] *n. (of lip):* gwefl(-au) *f*, swch (sychau) *f.*
muffle[2] *n. Metall: Cer:* ffwrn (ffyrnau) *f.*
muffle[3] *v.t.* **1. to ~ oneself up,** eich lapio'ch hun. **2.** *(= reduce sound):* lleih|au, pylu, distewi, lleddfu, lladd, mygu.
muffled *a.* aneglur, distaw, *occ:* myglyd.
muffler *n.* **1.** myffler: mwffler(-s) *mf*, crafat(-iau) *m*, cadach(-au) *(m)* gwddf, *S.E: occ:* shwni mwni *m*, *B:* moled(-au) *f.* **2.** *Mus: (of piano-hammer):* clustog(-au) *f.* **3.** *I.C.E:* = **silencer.**
mufti *n.* **1.** *Rel:* offeiriad (offeiriaid) *m*, myffti (myfftïaid) *m.* **grand ~,** archoffeiriad (archoffeiriaid) *m*, myffti mawr. **2.** *Mil: F:* dillad *(pl)* pob dydd.
mug[1] *n. (= cup):* mwg (mygiau) *m*, *S.W:* damper(-i) *m.*
mug[2] *n. F:* ffŵl (ffyliaid) *m*, hurtyn(-nod) *m*, diniweityn (diniweitiaid, pobl ddiniwed) *m*; *See* **fool[1]**; **he looks a bit of a ~,**

mae golwg go ddiniwed arno; **it's a ~'s game,** 'dyw hi ddim yn werth y drafferth.

mug[3] *v.t. Sch: F:* **to ~ up a subject,** parat|oi pwnc, *N.W: F:* ffagio pwnc.

mug[4] *v.t. P: (= attack):* mygio (rhn), ymosod (ar rn), *N.W:* rhoi pac (ar rn).

mug[5] *n. P: (= face):* gwep(-iau) *f*, *S.W: occ:* swch *f*. **~ shot** *n.* *gweplun(-iau) *m*.

mugger[1] *n. (= attacker):* mygiwr (mygwyr) *m*, ymosodwr (ymosodwyr) *m*.

mugger[2] *n. Rept: (Crocodylus palustris):* mygar(-iaid) *m*.

muggily *adv.* yn drymaidd *&c.*

mugginess *n.* trymder *m*, myllni *m*, mwrndra *m*, mwygledd *m*.

mugging *vn.* ymosodiad(-au) *m*, ymosod *vn*, mygio *vn*.

muggins *n.* **1. = mug[2]; ~ will have to do it,** fi druan fydd raid ei wneud; fi fydd raid ei wneud, fel 'rydw i wiriona'; fi fydd raid ei wneud, mwya'r ffôl finnau. **2.** *Cards:* mygins *m*.

Muggletonian *a. & n. Rel.Hist:* **1.** *a.* Muggletonaidd. **2.** *n.* Muggletoniad (Muggletoniaid) *m&f*.

muggy *a. (weather):* trymaidd, clòs, mwll, *S.W: occ:* gwygl, gwygyl, mwrn, mwrnaidd, *N.W: occ:* mwygl; **to become ~,** *S:* mwrno, *N.W: occ:* mwyglo.

mugwort *n. Bot:* **1.** *(= crosswort): (Galium cruciata):* croeslys *m*, llysiau(*pl*)'r groes, briwydd y groes, paderau (*pl*) Mair. **2.** *(Artemisia vulgaris):* beidiog lwyd *f*, llysiau llwydion *pl*, llwydlys *m*, llysiau Ieuan, gwrysgen lwyd *f*, c|anwraidd lwyd *f*, dail (*pl*) Ifan, llysiau Ifan; **Chinese ~,** *(A. verlotorum):* beidiog Tsieina; **lesser ~,** *(A. biennis):* y feidiog leiaf.

mugwump *n. F: U.S: Pol:* annibynnwr (annibynwyr) *m*, dyn(-ion) (*m*) canol y ffordd.

Muhammadan *a. & n.* = **Mohammedan.**

mukluk *n. Cost:* myclyc(-s) *m*.

mulatto *a. & n.* **1.** *a. (in colour):* melynddu (*f.* melenddu, *pl.* melyndduon). **2.** *n.* melynog(-ion) *m*, melynddyn(-ion) *m*, mylato(-s) *m&f*.

mulberry *n. Bot:* **1.** *(fruit):* mwyaren (*f*) Fair (mwyar Mair), eirinen (*f*) forwydd (eirin morwydd), mwyaren Ffrengig, merysen (merys) *f*. **2.** *(tree):* merwydden (merwydd) *f*, morwydden (morwydd) *f*, meryswydden (meryswydd) *f*; *B:* **the sound of a going in the tops of the ~ trees,** trwst cerddediad ym mrig y morwydd; **paper ~,** *(Broussonetia papyrifera):* morwydden bapur (morwydd papur).

mulch[1] *n. Hort:* gwellt *pl*, tomwellt *m*, taenfa (taenf|eydd) *f*.

mulch[2] *v.t. Hort:* taenu (gwellt *&c*) ar rth, gorchuddio rhth (â gwellt).

mulct[1] *n. Jur:* dirwy(-on) *f*.

mulct[2] *v.t.* **1.** *Jur:* dirwyo. **2.** *(= deprive):* amddifadu **(s.o. of sth,** rhn o rth); *(= swindle):* twyllo (rhn o rth).

mule[1] *n. & attrib.* **1.** *n.* **[he] ~,** mul(-od) *m*, *N.W:* mulsyn(-nod) *m*, bastard (*m*) mul(-od), *S:* mwlsyn (mwlsod, mwls) *m*, *M.W:* mulyn (mulod) *m*; **[she] ~,** mules(-au) *f*, *N.W:* bastard mules(-au) *f*, *S:* mwlsen(-nod) *f*; **she's as stubborn as a ~,** mae hi'n bengaled fel mul; **on a ~,** ar gefn mul. **2.** *n.* = **hybrid;** *Husb:* **Welsh ~,** dafad groesryw Gymreig (defaid croesryw Cymreig) *f*. **3.** *n. Tex:* peiriant (peiriannau) (*m*) nyddu, mul(-od) *m*. **4.** *attrib.* = **hybrid. ~ canary** *n. Orn:* caneri(-s) croes *m*. **~-deer** *n. Z:* carw (ceirw) clustiog/hirglust *m*. **~-driver, ~-skinner** *n.* gyrrwr (*m*) mul[-od] (gyrwyr mulod). **~-train** *n.* cadwyn (*f*) fulod (cadwyni mulod), mintai (*f*) fulod (minteioedd mulod).

mule[2] *n. (= slipper):* llopan(-au) *f*.

Mule[3] *Pr.n. W.Geog:* Miwl *f*.

muleteer *n.* = **mule-driver.**

muley *a.* moel(-ion), heb gyrn.

mulga *n. Bot: (Acacia aneura):* mylga(-s, mylgâu) *m*.

muliebrity *n.* benyw|eidd-dra *m*, benyweiddiwch *m*, merchedeiddrwydd *m*, gwreigeiddrwydd *m*.

mulish *a.* mulaidd, fel mul; *(= stubborn):* ystyfnig, cyndyn, anufudd, penstiff, pencïaidd, anystywallt, di-ddweud.

mulishly *adv.* yn fulaidd; fel mul *&c.*

mulishness *n.* mul|eidd-dra *m*, ystyfnigrwydd *m*, cyndynrwydd *m*.

mull[1] *n. Tex:* mwslin *m*.

mull[2] *v.t.&i.* **1.** *v.t.* poethi, twymo, cynhesu. **2.** *v.i. (= ponder):* **to ~ over sth,** meddwl dros rth, cnoi cil ar rth, myfyrio ar rth, troi rhth yn eich meddwl, cysidro rhth.

mull[3] *n. Geog: Scot:* penrhyn(-ion) *m*.

mull[4] *n. Scot: (= snuff-box):* blwch (blychau) (*m*) snisin.

mull[5] *n. (= humus):* mwl *m*.

mull[6] *n.* = **mess[1] 2, 3.**

mullah *n. Rel:* mylah(-od) *m*.

mullahism *n. Rel:* mylahaeth *f*.

mulled *a.* twym, poeth(-ion), brwd, cynnes.

mullein *n. Bot:* **common/great ~,** *(Verbascum thapsus):* dail melfed *pl*, pannog melyn *m*, cannwyll (*f*) yr adar, tewbannog *f*, melfedog *m*, clust (*f*) y fuwch, clust y tarw, clust yr oen, siercyn (*m*) y melinydd, tapr (*m*) dunos, tapr Mair, rhosgampau *m*, blewog *f*, llwyn (*m*) y tewlaeth, cynffon (*f*) llwynog, *S.E:* dail y dargod, *N.W:* siaced (*f*) y melinydd, *V:* coc melfed *m*; **dark ~,** *(V. nigrum):* pannog tywyll; **hoary ~,** *(V. pulverulentum):* pannog blodiog; **lanate ~,** *(V. lanatum):* pannog moel; **moth ~,** *(V. blattaria):* gwyflys *m*, gwyfynog *m*; **nettle-leaved ~,** *(V. chaixii):* pannog danadl-ddail; **orange ~,** *(V. phlomoides):* pannog melyngoch (*pronounced* ng-g); **purple ~,** *(V. phoenicea):* pannog porffor; **slender ~, twiggy ~,** *(V. virgatum):* pannog main; **white ~,** *(V. lychnitis):* hanner pan *m*. **~ foxglove** *n. Bot: (Seymeria macrophylla):* bysedd melyn *pl*. **~ moth** *n. Ent:* gwyfyn(-od) (*m*) y pannog. **~ pink** *n. Bot: (Lychnis coronaria):* y dewbannog wen wryw *f*, gwynddail *pl*.

muller *n.* maen (meini) (*m*) malurio, maen breuan.

Müllerian duct *n. Anat:* dwythell(-au) (*f*) Müller.

mullet *n. Ich:* hyrddyn (hyrddiaid) *m*; **golden grey ~,** *(Liza auratus):* hyrddyn aur; **grey ~,** *(Mugil):* mingrwn (mingryniaid) *m* (*pronounced* ng-g), hyrddyn [llwyd]; **thick-lipped ~,** *(Crenimugil labrosus):* hyrddyn gweflog; **thin-lipped ~,** *(L. ramada):* hyrddyn brych, hyrddyn minfain; **bearded ~,** *(Mullus barbatus):* mingrwn barfog; **red ~,** *(Mullus surmuletus):* mingrwn coch, hyrddyn coch; **striped grey ~,** *(Mugil cephalus):* hyrddyn rhesog. **~-head** *n. Ich:* pen hyrddyn (pennau hyrddiaid) *m*.

mulligan *n. U.S: Cu:* lobsgóws *m*.

mulligatawny *n. Cu:* cawl (*m*) cyri.

mulligrubs *n.pl.* y felan *f*; *S.a.* **melancholy.**

mullion *n. Arch:* post (*m*) ffenestr (pyst ffenestri), myliwn: mwliwn (myliynau) *m*.

mullioned *a. Arch:* myliynog.

mullite *n. Miner:* mylit *m*.

mulloway *n. Ich: (Sciaena antarctica):* mylwy(-aid,-od) *m*.

multangular *a.* amlonglog.

multi- *comb.fm.* aml- + *soft mut.*, lluos- + *soft mut.* **~-access** *a. Cmptr:* amlfynediad. **~-aspect** *a.* amlagweddol. **~-based** *a.* lluosfon. **~-media** *a.* amlgyfryngol. **~-part** *a.* amlran, amlrannol. **~-ply** *a.* amlhaen, amlhaenog. **~-precision arithmetic** *n.* rhifyddeg (*f*) tra-chywiredd dwbl. **~-programming** *vn. Cmptr:* amlraglennu. **~-role** *a.* amlbwrpasol, amlbwrpas. **~-stage** *a. (rocket):* lluosran, lluosrannog. **~-storey** *a.* aml-loriog, amrylawr. **~-tasking** *a. Cmptr:* amlorchwyl. **~-tool post** *n.* twred(-au) *m*. **~-track** *a.* lluosdrac, amldrac. **~-user** *n. & attrib. Cmptr:* amlddefnyddiwr (amlddefnyddwyr) *m*.

multicellular *a.* amlgellog, lluosgell.

multicellularity *n.* amlgellogrwydd *m*, lluosgelledd *m*.

multichrome *a.* lluosliw, amryliw.

multicoil *a.* lluosdorchog.

multicollinear *a. Econ:* lluosgyflinellol.

multicollinearity *n. Econ:* lluosgyflinelledd *m*.

multicolour[ed] *a.* amryliw, *F:* [o] bob lliw[-iau].

multicore *a. T.V: &c:* amlwifrog.

multicultural *n.* amlddiwylliannol.

multicylinder *a.* lluosilindrog.

multidentate *a.* amlddanheddog.

multidimensionality *n.* amlddimensiyndod *m*.

multidimensional *a.* amlochrog, amlddimensiynol.

multidirectional *a.* amlgyfeiriol.

multidisciplinary *a.* amlddisgyblaethol.

multiethnic *a.* amlhiliol.

multifaceted *a.* amlochrog, amrywedd, amlweddog.

multifactor[ial] *a.* amlffactoraidd.

multifactorially *adv.* yn amlffactoraidd.

multifamily *a.* amldeuluol.

multifarious *a.* amryfal, amryfath, amrywiol, lluosog.

multifariously *adv.* yn amrywiol *&c*; mewn sawl dull a modd, mewn gwahanol foddau/ddulliau/weddau.
multifariousness *n.* amrywiaeth *fm*, amrywiogrwydd *m*, amrywioldeb *m*, lluoso[w]grwydd *m*.
multifid *a. Bot: & Z:* amryhollt.
multiflorous, multiflowered *a. Bot:* amlflodeuog, lluosflodeuog.
multifoil *n. Arch:* amlffwyl(-iau) *m*.
multifold *a.* lluosog, amryfath.
multifont *a.* amlffontiog.
multiform *a.* amrywedd, amlffurf, amlweddog, amryffurf, lluosffurf, amryfath.
multiformity *n.* amlffurfiaeth *f*, amlffurfedd *m*, amlweddogrwydd *m*, amryfathedd *m*.
multifunctional *a.* amlswyddogaethol.
multigerm *a.* amleginol.
multigrade *a.* lluosradd.
multilaminate *a.* amlhaenog.
multilane *a.* aml-lôn.
multilateral *a.* amlochrog.
multilateralism *n.* amlochroldeb *m*.
multilateralist *n. & attrib.* **1.** *n.* amlochrydd(-ion) *m*. **2.** *attrib.* amlochrol.
multilaterally *adv.* yn amlochrog; o'r ddeutu, o/ar bob ochr, ar/o bob tu.
multilayer[ed] *a.* amlhaenog.
multilevel, multilevelled *a.* aml-lefelog.
multilingual *a.* amlieithog.
multilingualism *n.* amlieithedd *m*, amlieithrwydd *m*, amlieithogrwydd *m*.
multilingually *adv.* yn amlieithog; mewn sawl iaith.
multilobed, multilobular *a.* aml-labedog, lluoslabedog.
multimillionaire *n.* lluosfiliwnydd(-ion) *m*, *F:* miliwnêr(-s) (*m*) sawl gwaith drosodd.
multimillionairess *n.f.* lluosfiliwnyddes(-au), *F:* miliwnyddes(-au) (*f*) sawl gwaith drosodd.
multinational *a. & n.* **1.** *a.* rhyngwladol, cydwladol, amlgenhedlig. **2.** *n.* cwmni (cwmnïau, cwmnïoedd) rhyngwladol/cydwladol *m*.
multinomial *a. & n.* **1.** *a.* lluosnomaidd. **2.** *n.* lluosnomial(-au) *m*.
multinuclear, multinucleate[d] *a.* amlgnewyllol.
multiparous *a. Biol:* amlhiliog, lluos-hiliog; *Med:* amlfeichiog, amlesgorol, lluosddwyn.
multipartite *a.* lluosran, lluosrannog, amlrannog.
multiparty *a.* amlbleidiol, lluosbleidiol.
multipeninsular *a. Geog:* amlbenrhynnol.
multiphase, multiphasic *a. El:* amlwedd, amr|yw-wedd.
multiphonic *a.* lluosain.
multiple *a. & n.* **1.** *a.* lluosog, amryfal, lluosol; **Law of M~ Proportions,** Deddf (*f*) Cyfraneddau Lluosol; **~ angles,** onglau cyfansawdd; **~ choice,** dewis amrywiol *m*, lluosddewis(-iadau) *m*, amlddewis(-iadau) *m*; **~ deprivation,** amddifadiad lluosog *m*; *Book-k: Lib:* **~ entry,** lluosgofnod(-ion) *m*; **~ fractures,** toriadau lluosog; *Metalw:* **~ graver,** crafell luosbig (crafellau lluosbig) *f*; **~ occupation,** amlbreswyliaeth *f*; **~ poles,** pegynau cyfansawdd; **~ puncture test,** prawf (*m*) lluosbigiadau; **~ regression analysis,** dadansoddi (*vn*)/dadansoddiad (*m*) lluosatchweliad; *Med:* **~ sclerosis,** sglerosis ymledol *m*, parlys ymledol *m*; **~ setting,** gosodiad(-au) amryfal *m*; **~ shop/store,** siop (*f*) gadwyn (siopau cadwyn); *Astr:* **~ star,** lluos-seren (~-sêr) *f*; *Mus:* **~ stopping,** tagu amryfal, gwasgiad(-au) amryfal *m*; *Econ:* **~ transfer method,** dull (*m*) trosglwyddo arian; **~ voting,** pleidleisio [d]dwywaith. **2.** *n. Mth:* lluosrif(-au) *m*; **least/lowest common ~,** lluosrif cyffredin lleiaf; **integral ~,** lluosrif cyfannol. **~-valued** *a.* lluoswerth.
multiplet *n. Ch: Ph:* *lluosglwm (lluosglymau) *m*.
multiplex¹ *a.* amryfal, amryfath, amrywiol; *W.Tel:* amlneges.
multiplex² *v.t.* trawsyrru, trosglwyddo.
multiplexity *n.* amryfathedd *m*, amrywioldeb *m*.
multiplexor *n. Cmptr:* amlblecsydd(-ion) *m*.
multipliable, multiplicable *a. Mth:* lluosrifol, lluosadwy, lluosogadwy.
multiplicand *n. Mth:* lluosrif(-au) *m*, lluosyn(-nau, lluosion) *m*.
multiplicate *a.* = **multiple**.
multiplication *n.* lluosiad(-au) *m*, lluosi *vn*, lluosogi *vn*; **long ~,** lluosi hir. **~ sign** *n.* arwydd(-ion) (*m*) lluosi/lluosogi.
multiplicative *a.* lluosiadol, lluosogol, lluosol; *n.pl. Gram:* **multiplicatives,** gweithiolion, rhifolion gweithiol.
multiplicatively *adv.* yn lluosiadol *&c*.
multiplicator *n.* lluosogydd(-ion) *m*.
multiplicity *n.* lluosedd *m*, lluoso[w]grwydd *m*, amlder *m*, nifer mawr/fawr *mf*; **maximum ~ rule,** egwyddor (*f*) lluoso[w]grwydd macsimwm.
multiplier *n.* **1.** *Mth: &c:* lluoswr (lluoswyr) *m*, lluosydd(-ion, lluoswyr) *m*, lluosogwr (lluosogwyr) *m*, lluosogydd(-ion) *m*; *Econ:* **impact ~,** trawluoswr (trawluoswyr) *m*. **2.** (*= breeder*): epiliwr (epilwyr) *m*, ep|ilwraig (epilwragedd) *f*.
multiply¹ *v.t.* (*of species &c*): amlh|au, lluosogi, cynyddu, mynd ar gynnydd; *Mth:* lluosi, lluosogi; **post-~,** ôl-luosi; **pre-~,** blaenluosi.
multiply² *adv.* yn lluosog, yn amryfal *&c*.
multipolar *a.* amlbegynol.
multipolarity *n.* amlbegynedd *m*.
multiprocessing *vn.* amlbrosesu.
multiprocessor *n.* amlbrosesydd(-ion) *m*.
multipronged *a.* **1.** (*spear &c*): fforchog, amlfforchog, lluosbigog. **2.** (*attack*): lluosbigog, o sawl cwr/cyfeiriad.
multipurpose *a.* amlbwrpas.
multiracial *a.* amlhiliol.
multiracialism *n.* amlhiliaeth *f*.
multirange *a. Cmptr: Mth: Ph:* amlamrediad, amlarfod.
multisense *a.* amlystyrol, ag amryw ystyron.
multisensory *a.* amlsynhwyraidd.
multiseriate *a. Bot:* amlhaenog.
multistate *a.* amlwladwriaethol.
multisyllabic *a.* amlsillafog, lluosillafog.
multitone *a.* aml-dôn.
multitude *n.* **1.** lluoso[w]grwydd *m*, lliaws *m*, llaweroedd *pl*, myrddiwn (myrddiynau) *m*, nifer mawr/fawr (niferoedd mawr) *mf*. **2.** (*= crowd*): torf (torf|eydd) *f*, tyrfa(-oedd) *f*; **the ~,** y werin bobl *f or pl*, y lliaws, y trwch *m*; **noun of ~,** enw(-au) torfol *m*.
multitudinous *a.* **1.** (*= numerous*): niferus, lluosog, di-rif, dirifedi, *occ:* lleng, mil. **2.** (*= of many sorts*): amryfath, amrywiol, amryfal.
multitudinously *adv.* yn niferus *&c*.
multitudinousness *n.* lluoso[w]grwydd *m*, amlder *m*.
multivalence *n. Ch:* amlf|alensi *m*.
multivalent *a. Ch:* amlfalent.
multivallate *a.* amlgloddiog.
multivalued *a.* amlwerth, amrywerth.
multivalve *a.* **1.** (*shell*): amlgloriog, amlglawr. **2.** *Metalw:* amlfalfog.
multivariate *a. & n.* **1.** *a.* amlamrywedd; **~ analysis,** dadansoddi amryw ffactorau. **2.** *n. Econ:* lluosnewidyn (lluosnewidion) *m*.
multiversity *n. Sch:* prifysgol(-ion) anferth *f*, archbrifysgol(-ion) *f*.
multivibrator *n. Ph:* amlddirgrynydd(-ion) *m*.
multivitamin *n.* lluosf|itamin (lluosfitaminau) *m*.
multivocal *a.* amlystyrol.
multivoltine *a. Z:* amldorrog, lluostorrog.
multivolume[d] *a.* amlgyfrolog, lluosgyfrolog, mewn amryw gyfrolau.
multiway *a.* amlffordd, aml-lwybrog.
multure *n. Hist:* melindoll(-au) *f*.
mum¹ *int. & a.* hisht! isht! *Lit:* ust! **~'s the word!** taw piau hi! dim gair [wrth neb]! *N.W: occ:* gwasga dy frest! gwasga dy fegin! **to keep ~ (about sth),** peidio â dweud dim, peidio ag yngan gair, peidio â sôn (am rth), *N.W: occ:* bod yn bantgaead.
mum² *n. F:* (*= mother*): mam(-au) *f*.
mum³ *n. F:* (*= ma'am*): madam *f*.
mum⁴ *v.i.* (*= act in dumb show*): mudchwarae, mudactio.
mumble¹ *n.* mwmial *vn*, mwmian *vn*, myngial *vn*; *See* **mumble²**.
mumble² *v.t.&i.* **1.** *v.t.* dweud (rhth) yn aneglur; myngial, mwngial, mwmian, mwmial, *occ:* grymial, grymialu. **2.** *v.i.* mwngial *&c*, llyncu'ch geiriau, *S.W:* bwyta'ch gweud (= dweud), bratsian, mansial, *N.W: occ:* blermian.
mumbled *a.* aneglur, myngus.
mumbler *n.* siaradwr (siaradwyr) aneglur/myngus *m*, *S:* myngialwr (myngialwyr) *m*.
Mumbles *W.Pl.n.* Y Mwmbwls *pl*.

mumbo-jumbo *n.* migmars *pl*, rwdl-mi-ri *mf*, mymbo-jymbo *m.*
mumchance *a.* tawedog, dywedwst.
mummer *n.* mudchwaraewr (mudchwaraewyr) *m*, mudactor(-ion) *m*, mudactores(-au) *f.*
mummery *n.* **1.** *(= dumb show):* mudchwarae *m.* **2.** *Pej:* coegchwarae *m*, chwarae (*m*) mig, *F:* migmars *pl*, giamocs *pl*, *S.E:* chware wewcs.
mummification *n.* mymïo *vn*, mymieiddio *vn.*
mummified *a.* mymiedig, mymïaidd.
mummify *v.t.* mymïo, mymieiddio.
mummy[1] *n.* **1.** mymi (mymïaid, mymïod) *m.* **2. to beat sth to a ~,** curo/pwyo rhth yn seitan.
mummy[2] *n. F: (= mother):* mam(-au) *f*, mami(-s) *f.*
mump[1] *v.i. (= be silent):* bod yn dawedog; *(= sulk):* monni, pwdu, sorri, *S.W:* gwn|eud cwpsau/cwcsau.
mump[2] *v.i. (= beg):* cardota, begian, begera.
mumper *n.* cardotyn (cardotwyr) *m*, card|otwraig (cardotwragedd) *f.*
mumping, mumpish *a.* pwdlyd, sorllyd, *S.W:* cwpsog.
mumps *n.pl. Med: N:* clwy(*m*)'r pennau, *N: O:* y bensach *f*, *S:* y dwymyn doben. **~ orchitis** *n.* llid (*m*) y ceilliau.
munch[1] *n.* cegaid (cegeidiau) *f*, brathiad(-au) *m*, *S:* hansh *m*, hanshiad(-au) *m*; **he took one ~ at the apple,** brathodd i'r afal; **have a ~,** hwde (hwdiwch) damaid.
munch[2] *v.t.* cnoi, *S.E: occ:* cnwffo.
muncher *n.* cnöwr (cnowyr) *m*, cnowraig *f.*
mundane *a.* **1.** *(= of this world):* bydol, daearol. **2.** *(= ordinary):* cyffredin, diddrwg-d[d]idda, dibwys, dinod; **at a more ~ level,** ar lefel lai dyrchafol; **~ matters,** pethau pob dydd, pethau'r byd hwn.
mundanely *adv.* yn gyffredin.
mundaneness *n.* cyffredinedd *m*, cyffredinwch *m.*
mung bean *n. Bot:* ffeuen/ffäen (*f*) fwng (ffa mwng).
mungo *n. Tex:* brethyn eilban *m.*
municipal *a.* trefol, bwrdeistrefol, dinesig,' dinasol; **~ buildings,** neuadd (*f*) y dref, adeiladau'r cyngor.
municipalism *n.* dinasoliaeth *f.*
municipalist *n.* dinasolydd(-ion) *m.*
municipality *n.* bwrdeisdref: bwrdeistref(-i) *f.*
municipalization *n.*, **municipalize** *v.t.* dinasoli.
municipally *adv.* yn ddinesig.
munificence *n.* haelioni *m.*
munificent *a.* hael, haelionus, rhoddgar, haelwych.
munificently *adv.* yn hael *&c.*
muniment *n.* hawlysgrif(-au) *f*, archif(-au) *f*, dogfen(-nau) *f.*
munition[1] *n.usu.pl.* arfau (*pl*) rhyfel, *occ:* cyflegrau *pl.*
munition[2] *v.t.* arfogi.
muntin *n. Carp:* mwntin *m.*
muntjak *n. Z: (Muntiacus):* myntjac(-od) *m.*
muon *n. Ph:* mwon(-au) *m.*
muraena *n. Ich:* = **eel.**
murage *n. Hist:* murdreth(-i) *f.*
mural *a. & n.* **1.** *a.* murol; *Med:* parwydol, murol; *Art:* **~ ground,** grwnd murol; *Rom.Ant:* **~ crown,** coron gaerog (coronau caerog) *f.* **2.** *n.* murlun(-iau) *m.*
muralist *n.* murlunydd: murluniwr (murlunwyr) *m.*
muramic *a. Ch:* mwramig.
murder[1] *n.* llofruddiaeth(-au) *f*, *occ:* llofruddiad(-au) *m*, *F:* mwrdrad(-au) *m*, mwrdwr *m*; **capital ~,** llofruddiaeth ddihenydd; **attempted ~,** ymgais (*mf*) i lofruddio, ceisio (*vn*) llofruddio; *Lit:* **M~ in the Cathedral,** Lladd wrth yr Allor; **to commit [a] ~,** llofruddio/lladd rhn; *F:* **it's ~ in there,** mae hi'n uffern/uffernol yn fan'na; **this work is ~,** mae'r gwaith yma'n lladdfa (*f*); **to cry [blue] ~,** gweiddi mwrdwr; *Prov:* **~ will out,** fe sieryd mwrdwr, er muted yw; nid hir y celir cilwg; taer yw'r gwir am y golau; galanas nid hir gelir; y gwir a fyn[n] y golau; **to get away with ~,** cael mynd yn rhemp, cael gwneud y peth a fynnoch.
murder[2] *v.t.* **1.** llofruddio, *F:* mwrdro, lladd; *F:* **I'll ~ him!** *N:* mi'i lladda' i o! mi'i darnladda' i o! *S:* fe'i lladda' i e! **2.** *F: (song, language):* mwrdro, llurgunio, darnio.
murderee *n.* llofruddiedig(-ion) *m&f.*
murderer *n.* llofrudd(-ion) *m*, *occ:* lleiddiad (lleiddiaid) *m*, *F:* mwrdrwr(-s, mwrdrwyr) *m.*
murderess *n.f.* llofruddes(-au).
murderous *a.* milain, mileinig, *Lit: occ:* llofruddiol, llofruddiog, gwaedlyd.
murderously *adv.* yn filain *&c.*
murderousness *n.* mileindra *m.*
mure *v.t.* = **immure.**
murein *n. Ch:* mwrein *m.*
murex *n. Moll:* cragen borffor (cregyn porffor) *f*; **apple ~,** cragen borffor afalaidd.
muriate *n. Ch:* clorid *m.*
murid *a. & n. Z:* **1.** *a.* llygodol *f.* **2.** *n.* llygoden (llygod) *f.*
murine *a. & n. Z:* **1.** *a.* llygodol, llygodaidd. **2.** llygoden (llygod) *m.*
murk *n.* tywyllwch *m*, tywyllnos *f*, düwch *m*, mwrllwch *m*, *Lit: occ:* caddug *m*, gwyll *m.*
murkily *adv.* yn dywyll *&c.*
murkiness *n.* tywyllwch *m*, aneglurder *m.*
murky *a.* tywyll, aneglur, *Lit: occ:* caddugol; *F:* **a ~ past,** gorffennol amh|eus *m*, hanes brith *m*; **~ water,** dŵr llwyd *m*, *occ:* dŵr trwbwl/trwblus; **~ waters,** dyfroedd tywyll/llwydion.
murmur[1] *n.* murmur(-on) *m*; *(of bees &c):* su *m*, suad *m.*
murmur[2] *v.i.* **1.** murmur, sibrwd; *(of bees &c):* suo. **2. to ~ at/against sth, = complain.**
murmurer *n.* murmurwr (murmurwyr) *m*, achwynwr: achwynwydd (achwynwyr) *m*; *S.a.* **complainer.**
murmuring, murmurous *a.* murmurog.
murmurously *adv.* yn furmurog.
murphy[1] *n. P:* = **potato.**
Murphy[2] *Pr.n.m.* **~'s Law,** Deddf (*f*) Diawlineb.
murra *n.* = **murrhine.**
murragh *n. Ent:* casbryf(-ed) coch *m*, corbet(-s) coch *m.*
murrain *n.* **1.** *Vet:* mwren *f*, *S: occ:* clefyd (*m*) y mynydd; **bloody ~,** y clwyf byr *m.* **2.** *A:* **a ~ on you !** pla (*m*) arnoch chi!
murre *n. Orn:* = **guillemot.**
murrelet *n. Orn:* gwylogyn(-nod) *m.*
murrey *a. & n.* **1.** *a.* mwrrai. **2.** *n.* mwrrai *m.*
murrhine *a. & n.* **1.** *a.* mwrin (*m*). **2.** *n.* mwrin *m.*
murry *n.* = **moray.**
Murton *W.Pl.n.* Gwern (*f*) y Llaeth.
murus gallicus *n. Archeol:* mur Galaidd *m.*
muscadine *n. Bot:* m|ysgadin *m*, gwinwydden ddeilgron (gwinwydd deilgrwn) *f.*
muscarine *n. Bio-Ch:* m|ysgarin *m.*
muscarinic *a. Bio-Ch:* m|ysgarinig.
muscat *a. & n.* mysgad (*m*).
muscatel *n.* mysgatél *m.*
muscid *a. Ent:* **~ flies,** pryfed cylionol.
muscle[1] *n.* cyhyr(-au) *m*, cyhyryn (cyhyrau) *m*; **not to move a ~,** aros yn llonydd, peidio â symud ber, peidio â symud gewyn/blewyn, peidio â syflyd; **involuntary ~,** cyhyr/cyhyryn anrheoledig; **skeletal ~, striated ~, striped ~,** cyhyr/cyhyryn rhesog; **smooth ~,** cyhyr/cyhyryn llyfn; **voluntary ~,** cyhyr/cyhyryn rheoledig; **ciliary ~,** cyhyr/cyhyryn ciliaraidd; **extensor ~,** cyhyr/cyhyryn estyn/estynnol; **flexor ~,** cyhyr/cyhyryn plygu/plygol. **~ attachment** *n.* cydfan(-nau) (*m*) cyhyrau. **~-bound** *a.* gorgyhyrog. **~ fatigue** *n.* lludded cyhyrol *m.* **~ mass** *n. Med:* màs (*m*) y cyhyrau, crynswth (*m*) y cyhyrau. **~ spindle** *n. Anat:* gwerthyd gyhyrol (gwerthydau cyhyrol) *f.*
muscle[2] *v.i. P:* **to ~ in,** ymwthio, eich gwthio'ch hun, elino/ymelino i mewn; **to ~ in on s.o.,** ymwthio ar rn.
muscled *a.* cyhyrog.
muscleman *n.m.* dyn(-ion) cyhyrog/caled, paladr o ddyn, colbiwr (colbwyr).
muscologist *n. Bot:* mwsoglegwr: mwsoglegydd (mwsoglegwyr) *m.*
muscology *n. Bot:* mwsogleg *f.*
muscovado *n.* siwgwr crai *m.*
muscovite[1] *n. Ch:* mica *m.*
Muscovite[2] *a. & n.* **1.** *a.* Mosgofaidd. **2.** *n.* Mosgofiad (Mosgofiaid) *m&f.*
Muscovy *n. A:* Rwsia *f.* **~ duck** *n. Orn: (Cairina moschata):* hwyaden (*f*) fwsg (hwyaid mwsg).
muscular *a.* **1.** cyhyrog; **~ Christianity,** Cristnogaeth gyhyrog. **2.** *Med: Anat:* cyhyrol. **~ dystrophy** *n. Med:* nychdod cyhyrol *m*, dystroffi'r (*m*) cyhyrau.

muscularity *n.* cyhyrogrwydd *m*, cyhyredd *m*, cyhyrwch *m*.
muscularly *adv.* yn gyhyrog *&c*.
musculature *n.* cyhyrau *pl*, system gyhyrol *f*.
musculocutaneous *a. Anat:* cyhyrgroenol.
musculoskeletal *a. Anat:* cyhyrysgerbydol.
muse[1] *n.* awen(-au) *f*.
muse[2] *v.i.* myfyrio, synfyfyrio, pensynnu (**on/about sth,** ar/am rth); **"I wonder", she mused,** "tybed", meddai'n synfyfyriol.
muser *n.* synfyfyriwr (synfyfyrwyr) *m*, synfyf|yrwraig (synfyfyrwragedd) *f*.
musette *n. Mus:* sachbib(-au) *f*, ***musette(-s)*** *f*.
museum *n.* amgueddfa (amgueddf|eydd) *f*; **the National M~ of Wales,** Amgueddfa Genedlaethol Cymru; **the Welsh Folk M~,** Amgueddfa Werin Cymru; **the British M~,** yr Amgueddfa Brydeinig; **the Welsh Slate ~,** Amgueddfa Lechi Cymru. **~ beetle** *n. Ent:* chwilen (chwilod) (*f*) amgueddfa. **~-like** *a.* amgueddfaol. **~ piece** *n.* crair (creiriau) *m*, peth(-au) (*m*) hen ffasiwn.
mush[1] *n.* **1.** soeg *m*, slwtsh *m*, sitrach *m*, sitrws *m*, *N: occ:* seitan *m*. **2.** *U.S:* uwd *m*, bwdram: bwdran *m*, stwnsh *m*, stwmp *m*, mwtrin *m*, potsh *m*. **3.** *(= sentimental rubbish):* slwtsh *m*, rwdl *f*, rwtsh *f*. **4.** *W.Tel:* ymyrraeth *vn*.
mush[2] *n. U.S:* taith (teithiau) *f* [ar gar llusg].
mush[3] *v.i. U.S:* sledio, cychwyn/mynd ar daith; *(to dogs):* ~! ~! ymlaen! ymlaen! *N:* ffwrdd [â] chi! *S:* bant â chi!
mush[4] *n. & int. P:* **1.** *(= face):* gwep(-iau) *f*. **2.** *int.* **listen, ~,** gwrando di 'ngwas i; *N:* gwranda di wàs/boi; *S:* clyw di bachan/'achan/gwb|oi.
musher *n.* stwnshiwr (stwnshwyr) *m*.
mushily *adv.* yn soeglyd *&c*.
mushiness *n.* **1.** meddalwch *m*. **2.** = **sentimentality**.
mushroom[1] *n. & attrib.* **1.** *(a) (Agaricus):* madarchen (madarch) *f*, *Lit: Coll:* grawn (*pl*) unnos, *occ:* bwyd (*m*) y boda *(also = toadstool)*, *M.W: occ:* bwyd broga *(also = toadstool)*, *S:* sh[i]rwmpsen (shrwmps) *f*, *S.E: occ:* llioffion (*pl*) y ddafad; *N: F:* masiarŵm(-s) *m*, *N.W: occ:* caws (*m*) llyffant *(also = toadstool)*; **Caesar's ~,** *(Amanita caesarea):* caws Cesar, amanita Cesar; **field ~,** *(Ag. bisporus):* madarchen y maes; **fool's ~,** *(Ag. verna):* caws ffyliaid; **horse ~,** *(Ag. arvensis):* caws ceffyl; **magic ~,** *(Psilocybe):* madarchen hud/hudol; **oyster ~,** *(Pleuratus ostreatus):* wystrysen (wystrys) (*f*) y coed; **parasol ~,** *(Lepiota procera): N:* ambarél (ambareli) (*m*) bwgan; **wood ~,** *(Ag. silvicola):* caws y coed, madarchen y coed; **St. George's ~,** *(Tricholoma gambosum):* caws San Siôr, caws calan Mai; **yellow-staining ~,** *(Ag. xanthodermus):* caws melyn; *(b) Needlew:* **darning ~,** pellen (*f*) wnïo (pellenni gwnïo), top(-iau) (*m*) gwnïo. **2.** *attrib. (colour):* lliw madarch. **~-anchor** *n. Nau:* angor(-au,-ion) (*m*) pen madarch. **~-bed** *n.* gwely(-au) (*m*) madarch, *S:* pâm (pamau) (*m*) sh[i]rwmps. **~ cloud** *n.* cwmwl (cymylau) (*m*) madarch. **~-coloured** *a.* lliw madarch, llwydfelyn (*f.* llwydfelen, *pl.* llwydfelynion). **~ growth** *n.* tyfiant (*m*) dros nos. **~ heads** *n.pl. Metalw:* pennau ffurf madarch. **~-like** *a.* madarchaidd. **~ spawn** *n. Fung:* sil (*m*) madarch, grawn (*m*) madarch. **~ town** *n.* tref(-i) unnos *f*.
mushroom[2] *v.i.* **1.** *(= gather mushrooms):* casglu/hel madarch, madarcha, *S:* crynh|oi shrwmps. **2.** *(of bullets &c):* gwasgaru, ymledu. **3.** *F: (of town &c):* tyfu/ymddangos dros nos; *(= multiply):* ymagor, ymledu, tyfu fel caws llyffant *&c*. **4.** *Metalw:* madarchu.
mushy *a.* **1.** *(food, ground):* soeglyd, meddal, slwtshlyd, slwtsh, shiwps, potshlyd; *(food):* stwnshlyd, stwnsh; **~ peas,** pys gleision, pys slwtsh, pys stwnsh, pys stwmp, mwtrin (*m*) pys; **to go ~,** *(of fruit &c):* mynd yn slwtsh/feddal/seitan. **2.** **~ sentimentality,** dagreuoldeb *m*, sentimentaleiddiwch meddal *m*, gordeimladrwydd *m*.
music *n.* cerddoriaeth *f*, *F:* miwsig *m*, *Lit: occ:* cerdd *f*, peroriaeth *f*, caniadaeth *f*; **to set verses to ~,** gosod penillion ar alaw/gân; **it was ~ to their ears,** 'roeddynt yn falch o'i glywed; 'roedd yn hyfrydwch/fiwsig i'w clustiau; **hearing of his misfortune was ~ to their ears,** bu clywed am ei anffawd yn fêl ar eu bysedd; **programme ~,** cerddoriaeth destunol; **rough ~,** twrw *m*, sŵn *m*, mwstwr *m*; **harp ~,** cerdd (*f*) dant, canu (*vn*) telyn; **string ~,** cerdd dannau; **instrumental ~,** cerddoriaeth offerynnol; **church ~, sacred ~,** cerddoriaeth yr eglwys, cerddoriaeth eglwysig, caniadaeth gysegredig, caniadaeth y cysegr; **to face the ~,** wynebu'r gosb/canlyniadau; **to make ~,** cerddori, perori, chwarae cerddoriaeth; **the ~ of the spheres,** cytgord (*m*) y bydoedd uwchben, y gynghanedd nefol *f*; *Lit:* **if ~ be the food of love, play on;** os porthir serch â miwsig, ewch ymlaen. **~ adjudicator** *n.* beirniad (beirniaid) (*m*) cerdd. **~ and effects track** *n. T.V:* trac(-iau) (*m*) cerdd ac effeithiau. **~ case** *n.* cas(-ys) (*m*) cerddoriaeth. **~ drama** *n.* drama (*f*) gerdd (dramâu cerdd). **~-hall** *n.* theatr (*f*) gerdd (theatrau cerdd), theatr amrywiaethol, ***music-hall*** *m*. **~-lover** *n.* cerddgarwr (cerddgarwyr) *m*, cerddg|arwraig *f*. **~-loving** *a.* cerddgar, cerddorol. **~-maker** *n.* cerddor(-ion) *m*, cerddores(-au) *f*. **~-making** *vn.* cerddori, perori, cerddora, chwarae cerddoriaeth. **~-paper** *n.* papur(-au) (*m*) cerddoriaeth. **~-rest** *n.* cynhalydd (cynalyddion) (*m*) miwsig, astell (*f*) fiwsig (estyll miwsig), *F:* peth(-au) (*m*) dal miwsig. **~-roll** *n. O:* rhôl (*f*) gerddoriaeth (rholiau cerddoriaeth). **~-stand** *n.* stand (*mf*) miwsig/fiwsig (standiau miwsig), *F:* peth(-au) *m* dal miwsig. **~-stool** *n.* stôl (*f*) biano (stolion piano), astell gerdd (estyll cerdd).
musical *a. & n.* **1.** *a.* *(a) (instrument, pers.):* cerddorol; **~ box,** blwch (blychau) (*m*) cerdd, *F:* bocs(-ys) (*m*) canu; *Games:* **~ chairs,** chwarae (*vn*) newid cadeiriau; **~ comedy,** c|omedi gerdd (comedïau cerdd) *f*, comedi gerddorol (comedïau cerddorol) *f*; *Lit:* **praise the Lord! we are a ~ nation,** clod i Dduw am Wlad y Gân! *(b) (= harmonious):* persain, pêr, soniarus, melodaidd. **2.** *n. Th:* sioe (*f*) gerdd (sioeau cerdd); *Cin:* ffilm (*f*) gerdd (ffilmiau cerdd).
musicale *n. U.S:* parti (partïon) (*m*) cerdd, noson (*f*) gerddorol (nosweithiau cerddorol).
musicality *n.* *(a) (= harmoniousness):* perseinedd *m*, perseinder *m*, peroriaeth *f*, cerddoroldeb *m*; *(b) (of pers.):* cerddgarwch *m*, cerddoroldeb.
musicalization *n.* gosodiad(-au) *m*, gosod *vn*.
musically *adv.* yn gerddorol *&c*.
musicalness *n.* = **musicality**.
musician *n.* cerddor(-ion) *m*, cerddores(-au) *f*.
musicianly *a.* cerddoraidd.
musicianship *n.* gallu cerddorol *m*, dawn gerddorol *f*.
musicological *a.* cerddolegol.
musicologist *n.* cerddolegwr: cerddolegydd (cerddolegwyr) *m*.
musicology *n.* cerddoleg *f*.
musing *a. & n.pl.* **1.** *a.* breuddwydiol, myfyriol, synfyfyriol, pensyniol. **2.** *n.pl.* synfyfyrion.
musingly *adv.* yn fyfyriol *&c*.
musique concrète *n.* cerddoriaeth goncrit *f*.
musk *n.* **1.** *(perfume):* mwsg *m*. **2.** *Bot: (Mimulus moschanus):* blodyn (*m*) mwsg, blodyn mwnci. **~-apple** *n. Bot:* mwsgafal(-au) *m*. **~-beetle** *n. Ent:* chwilen (*f*) fwsg (chwilod mwsg). **~-bison, ~-buffalo** *n. Z:* = **musk-ox**. **~-deer** *n. Z: (Moschus):* mwsg-garw (~-geirw) *m*. **~-duck** *n. Orn:* hwyaden (*f*) fwsg (hwyaid mwsg). **~ mallow** *n. Bot:* hocysen (*f*) fwsg (hocys mwsg), hocysen bêr (hocys pêr), llysiau (*pl*) Simwnt. **~-kangaroo** *n. Z:* mwsg-gangarŵ(-od) *m* (*pronounced* ng-g). **~-melon** *n. Bot: (Cucumis melo):* mwsgfelon(-au) *m*. **~-orchid** *n. Bot: (Herminium monorchis):* tegeirian(-au) mân-flodeuog *m*. **~-ox** *n. Z: (Ovibos moschatus):* ych(-en) (*m*) mwsg. **~-pear** *n. Bot:* gellygen (*f*) fwsg (gellyg mwsg). **~-rat** *n. Z: (Ondatra zibethica):* mwsglygoden (mwsglygod) *f*, llygoden (*f*) fwsg (llygod mwsg). **~-root** *n. Bot:* m|wsg-wr|aidd *m*. **~-rose** *n. Bot: (Rosa moschata):* mwsgrosyn(-nau) *m*, rhosyn(-nau) (*m*) mwsg. **~-thistle** *n. Bot: (Carduus nutans):* ysgallen ogwydd (ysgall gogwydd) *f*. **~-tortoise, ~-turtle** *n. Rept:* mwsg-grwban(-od) *m*. **~-tree, ~-wood** *n. Bot: (Olearia):* mwsgwydden (mwsgwydd) *f*.
muskallonge *n.* = **muskellunge**.
muskeg *n. Geog:* mignen(-ni) *f*, siglen(-nydd) *f*.
muskellunge *n. Ich:* marchbenhwyad (marchbenhwyaid) *m*.
musket *n.* mwsged: mysged(-au,-i) *mf*.
musketeer *n.* mysgedwr (mysgedwyr) *m*.
musketry *n.* **1.** *(= marksmanship):* saethyddiaeth *f*. **2.** *(= muskets):* mysgedi *pl*.
muskily *adv.* yn fwsglyd *&c*.
muskiness *n.* aroglau (*m*) mwsg/mwsglyd.
musky *a.* mwsglyd, mysglyd, mwsgaidd.
Muslim *a. & n.* **1.** *a.* Moslemaidd. **2.** *n.* Moslem(-iaid) *m&f*.

muslin *n. Tex:* mwslin *m.* **~ cloth** *n. (for straining milk): S:* lliain (*m*) [hidlo] llaeth. *S.a.* **footman.**

muslined *a.* myslinog, o wead clòs/tyn[n].

musmon *n.* = **moufflon.**

musquash *n. Z:* = **musk-rat.**

muss[1] *n. U.S:* dryswch *m*, aflerwch *m*.

muss[2] *v.t. U.S:* drysu.

mussel *n. Moll: Cu: (Mytilus edulis): N:* cragen las (cregyn gleision) *f, occ:* cragen ddu (cregyn duon), *S:* misglen (misglod, misgl) *f*; **date ~,** *(Lithodomus):* cragen las y graig; **duck ~,** *(Anodonta anatina):* misglen yr hwyaid; **freshwater ~,** *(Unionidae):* misglen dŵr croyw, misglen yr afon; **horse-~,** *(Modiolus):* marchfisglen (marchfisglod) *f*, cragen ddilyw (cregyn dilyw); **bearded horse-~,** *(M. barbatus):* marchfisglen farfog (marchfisglod barfog), cragen las farfog (cregyn gleision barfog); **bean horse-~,** *(M. phaseolinus):* ffeuen (*f*) fôr (ffa môr); **painter's ~,** *(Unio pictorum):* misglen y peintiwr; **fan ~,** *(Pinna fragilis):* cragen (cregyn) (*f*) adain, cragen wyntyll (cregyn gwyntyll); **Mediterranean ~,** *(Mytilus galloprovincialis):* misglen Ffrengig, misglen Dyfnaint; **pea ~,** *(Sphaeriidae):* cocosen (cocos) (*f*) yr afon; **pearl ~,** *(Margaritifer margaritifer):* cragen las berlog (cregyn gleision perlog), misglen berlog (misglod perlog); **swan ~,** *(Anodonta cygnea):* misglen yr elyrch; **zebra ~,** *(Dreissena polymorpha):* cragen las resog (cregyn gleision rhesog), misglen resog (misglod rhesog). **~-farm** *n.* magwrfa (*f*) fisglod (magwrf|eydd misglod), fferm (*f*) gregyn gleision/duon (ffermydd cregyn gleision/duon).

mussily *adv. U.S:* yn aflêr *&c.*

mussiness *n.* = **muss**[1].

Mussulman *n. O:* = **Moslem.**

mussy *a. U.S:* afler, aflêr, blêr, anniben.

must[1] *n. Vit:* gwin newydd *m.*

must[2] *n. (= mould):* llwydni *m*, cawod lwyd *f, S:* llwydi *m.*

must[3] *modal aux. v. (pr.t. & p.t.* **must** *in all persons, no infin., pr.p, p.p., or future); S.a.* **needs. 1.** *(a) (= obligation):* rhaid + i + *n. or pron. + vn*; gorfod; **you ~ be ready tomorrow,** [bydd yn] rhaid i chi fod yn barod yfory; **it ~ be found,** [mae'n] rhaid ei gael; [mae'n] rhaid dod o hyd iddo; **you ~ hurry up,** [mae'n] rhaid ichi frysio; **we ~ have patience,** [mae'n] rhaid inni fod yn amyneddgar; [mae'n] rhaid inni wrth amynedd; *Lit:* caffed amynedd; **a plant that ~ have continual attention,** planhigyn sy'n gofyn gofal parhaus, planhigyn y mae'n rhaid iddo wrth ofal parhaus; **you ~ not do it,** rhaid i chwi beidio â'i wneud; ni chewch chi mo'i wneud; [ni] wiw i chwi ei wneud; **he simply ~ come,** mae'n rhaid iddo ddod [a dyna ben arni]; **I ~ away,** rhaid imi fynd; 'rwy'n gorfod mynd; **you ~ be joking,** 'dwyt ti ddim o ddifrif; cellwair yr wyt ti; **do so if you ~,** gwnewch felly os oes r[h]aid [i chi]; **~ you slam the door?** oes r[h]aid i chi glepian y drws? **he is failing, I ~ say,** mae'n colli'r frwydr, rhaid imi ddweud; *(b) (= probability):* **(there's a ring), it ~ be the doctor,** (dyna'r gloch), [mae'n] rhaid mai'r doctor sydd yna, y doctor mae'n rhaid; **he ~ have missed the train,** [mae'n] rhaid ei fod wedi colli'r trên; **it ~ be too late,** mae'n rhaid ei bod hi'n rhy hwyr; mae hi'n rhy hwyr, siŵr o fod; **I ~ have made a mistake,** rhaid fy mod wedi camgymryd; **you ~ know him,** mae'n rhaid eich bod yn ei adnabod. **2.** *(past tense): (a)* **I saw that I ~ appear guilty,** gwelwn fy mod yn ymddangos yn euog, o raid; **I saw that he ~ have suspected sth,** gwelais fod yn rhaid ei fod wedi amau rhth; **had he attempted the task he ~ have failed,** pe bai wedi rhoi cynnig ar y gwaith byddai'n sicr o fod wedi methu; *(b)* **as we were starting, what ~ he do but lose his ticket!** a ninnau ar gychwyn, fe fu'n rhaid iddo fo/fe gael colli ei docyn!

must[4] *n. F:* anghenraid (angenrheidiau) *m*, anhepgor(-ion) *m*; **it's a ~,** mae'n angenrheidiol; mae'n anghenraid; mae'n hanfodol; mae'n anhepgor.

must[5] *a. & n. Vet: (of camel, elephant):* **1.** *a.* gwresog. **2.** *n.* gwr|es *m*; **elephant in ~,** eliffant a gwres arno.

mustachio *n. A:* = **moustache.**

mustachioed *a.* mwstasiog, bwstasiog.

mustang *n. Z:* ceffyl(-au) gwyllt *m.*

mustard *n. Bot: Cu:* mwstard *m*; *old dictionaries give the factitious name* cedw *m*; **as keen as ~,** *(= strict):* cyn llymed â'r nodwydd ddur; *(= zealous):* mor frwd â thân poeth; *U.S: F:* **he doesn't cut the ~,** nid yw'n ddigon da; **ball ~,** *(Neslia paniculata):* mwstard pengrwn (*pronounced* ng-g); **bastard/false ~,** *(Polanisia graveolens):* ffug fwstard *m*; **black/brown ~,** *(Brassica nigra):* mwstard du; **buckler ~,** *(Biscutella laevigata):* mwstard pentarian; **corn/field ~,** = **charlock; garlic ~, poor man's ~,** *(Alliaria petiolata):* garllegog *f*, troed (*mf*) yr asen, garlleg (*pl*) y berth, garlleg-ferwr *m*; **hare's ear ~,** *(Conringia orientalis):* clust (*f*) yr ysgyfarnog; **hedge ~,** *(Sisymbrium officinale):* garllegog, Jac (*m*) y gwrych, arfog meddygol *m*, cedw'r berth; **hoary ~,** *(Hirschfeldia incana):* mwstard penwyn; **mithridate ~,** = **pepperwort; Russian ~,** *(S. volgense):* berwr (*m*) Rwsia; **tower ~,** *(Arabis turritis glabra):* twrged llyfn/esmwyth *m*; **treacle ~,** *(Erysimum cheiranthoides):* triagl-arfog *m*; **tumbling ~,** *(S. altissimum):* arfog tal, garllegog dal, berwr tal *m*; **wall ~,** *(Diplotaxis muralis):* mwstard y tywod; **white ~,** *(Sinapis alba):* mwstard gwyn; **wild ~,** = **charlock. ~-bath** *n. Med:* ymdrochiad(-au) (*m*) mwstard, baddon(-au) (*m*) mwstard, *F:* bath(-s) (*m*) mwstard. **~-beetle** *n. Ent:* chwilen (*f*) fwstard (chwilod mwstard). **~ gas** *n. Mil:* nwy (*m*) mwstard. **~-plaster** *n. Med:* plastr(-au) (*m*) mwstard. **~-pot** *n.* pot(-iau) (*m*) mwstard. **~-poultice** *n.* powlt[r]is(-iau) (*m*) mwstard. **~ seed** *n. Bot:* hedyn (had, hadau) (*m*) mwstard. **~-shrub** *n. Bot:* llwyn(-i) (*m*) mwstard.

mustelid *n. Z:* *carlymoliad (carlymoliaid) *m&f.*

musteline *a. & n. Z:* **1.** *a.* carlymol, gwencïaidd. **2.** *n.* = **mustelid.**

muster[1] *n. (of tribe &c):* cynulliad(-au) *m*, ymgynulliad(-au) *m*, mwstwr *m*; **to take a ~ of troops,** mwstro milwyr, *B:* cyfrif y lluoedd; *F:* **to pass ~,** gwn|eud y tro, bod yn ddigon da; **to turn out in full ~,** ymgynnull [yn gyfan]. **~-book** *n.* llyfr(-au) (*m*) mwstro. **~-master** *n.* mwstwrfeistr(-i) *m.* **~-roll** *n.* rhestr (*f*) fwstro/fwstwr (rhestrau mwstro/mwstwr), rhôl (*f*) fwstro/fwstwr (rholiau mwstro/mwstwr).

muster[2] *v.t.&i.* **1.** *v.t. (a)* cynnull, mwstro; **a society that musters a hundred [members],** cymdeithas sy'n cynnwys cant o aelodau; *(b) Mil:* mwstro, byddino; *U.S:* **to ~ in,** listio, recriwtio; **to ~ out,** rhyddh|au; *(c) Nau:* galw, mwstro; *(d)* **to ~ [up] one's strength,** mwstro'ch holl nerth, casglu'ch nerth, magu nerth, rhoi pob gewyn ar waith; **to ~ courage,** ymwroli, magu gwroldeb. **2.** *v.i.* cyfarfod, cwrdd, ymgynnull, ymgasglu, mwstro.

mustered *a.* cynulledig.

mustily *adv.* yn llwydaidd *&c.*

mustiness *n.* llwydni *m*, mysni *m.*

musty *a.* **1.** llwydaidd, *occ:* hendrwm, mws; **a ~ smell,** aroglau llwydni, *S:* gwynt trymaidd. **2.** *F: (old laws &c):* hen [ffasiwn], o'r oes o'r blaen.

mutability *n.* cyfnewidioldeb *m*, newidioldeb *m, occ:* mudoldeb *m.*

mutable *a. & n.* **1.** *a.* cyfnewidiol, newidiol, *occ:* mudol; *Gram:* treigladwy. **2.** *n. Gram:* cytsain dreigladwy (cytseiniaid treigladwy) *f.*

mutableness *n.* = **mutability.**

mutably *adv.* yn gyfnewidiol *&c.*

mutagen *n. Biol:* m|wtagen (mwtagenau) *m.*

mutagenesis *n. Biol:* mwtag|enesis *m.*

mutagenic *a. Biol:* mwtagenig.

mutagenically *adv. Biol:* yn fwtagenig *&c.*

mutagenicity *n. Biol:* mwtagenedd *m.*

mutant *n. & attrib.* **1.** *n.* mwtant(-iaid) *m*, cellwyriad(-au) *m.* **2.** *attrib.* cellwyriadol.

mutase *n. Ch:* mwtas(-au) *m.*

mutate *v.t.&i.* **1.** newid; *Biol:* mwtadu. **2.** *Gram:* treiglo; **to ~ wrongly,** camdreiglo.

mutated *a.* **1.** *Biol:* wedi mwtadu, cellwyredig. **2.** *Gram:* treigledig.

mutation *n.* **1.** newid(-iadau) *m*, altrad(-au) *m.* **2.** *Gram:* treiglad(-au) *m*; **soft ~,** treiglad meddal; **nasal ~,** treiglad trwynol; **aspirate ~,** treiglad llaes; **hard ~,** treiglad caled; **petrified ~,** treiglad sefydledig; **vowel ~,** gwyriad *m* [llafariad] (gwyriadau [llafariaid]); **wrong ~,** camdreiglad(-au) *m*, gwall(-au) (*m*) treiglo; **book of mutations, guide to ~,** treigladur(-on) *m.* **3.** *Biol:* mwtadiad(-au) *m*, cellwyriad(-au) *m*, trawsblygiad(-au). **~ stop** *n. Mus:* stop (*m*) cyfwng (stopiau cyfyngau).

mutational *a.* **1.** newidiadol; *Biol:* mwtadol, mwtantol, cellwyrol. **2.** *Gram:* treigladol.

mutationally *adv.* **1.** yn newidiadol; *Biol:* yn fwtadol *&c.* **2.** *Gram:* yn dreigladol.
mutative *a.* = **mutational.**
mutch *n. Scot: Cost:* cap(-iau) (*m*) lliain.
mutchkin *n. Scot. Meas:* tri chwarter peint *m.*
mute[1] *a. & n.* I. *a.* **1.** mud(-ion), *occ:* mudan; *Jur:* **~ of malice,** mud o fwriad, mud trwy falais; *Jur:* **to stand ~ [of malice],** gwrthod pledio; **~ by visitation of God,** mud trwy ymweliad dwyfol; **~ swan,** *(Cygnus olor):* alarch (elyrch, eleirch) dof/mud *m.* **2.** *Ling: (a)* **H ~,** H ddi-sain/ddistaw; **~ consonant,** cytsain fud (cytseiniaid mud) *f,* cytsain ffrwydrol; *(b) Cin: T.V:* **~ shot,** saethiad(-au) mud *m.* II. *n.* **1.** *(pers.): (a)* mudan(-od) *m,* mudanes(-au) *f;* **a deaf ~,** mud a byddar; *(b) Th:* actor(-ion) mud *m.* **2.** *Ling:* mutsain (mutseiniaid) *f,* sain fud (seiniau mud) *f.* **3.** *Mus:* mudydd(-ion) *m.*
mute[2] *v.t.* distewi, tawelu (rhth); gwn|eud (rhth) yn fud/ddistaw.
muted *a. Mus:* distaw, distawach, tawel, tawelach, aneglur.
mutedly *adv.* yn ddistaw *&c.*
mutely *adv.* yn fud.
muteness *n.* mudandod *m, occ:* mudaniaeth *f.*
mutilate *v.t.* llurgunio, anffurfio, llarpio, rhwygo, darnio, difrodi.
mutilated *a.* llurguniedig, llarpiedig, llarpiog.
mutilation *n.* llurguniad(-au) *m; vn.* = **mutilate.**
mutilator *n.* llurguniwr (llurgunwyr) *m,* llarpiwr (llarpwyr) *m.*
mutineer *n.* gwrthryfelwr (gwrthryfelwyr) *m,* gwrthryf|elwraig (gwrthryfelwragedd) *f.*
mutinous *a.* anufudd, gwrthryfelgar, anystywallt.
mutinously *adv.* yn anufudd *&c.*
mutinousness *n.* anuf|udd-dod *m,* gwrthryfelgarwch *m.*
mutiny[1] *n.* gwrthryfel(-oedd) *m,* anuf|udd-dod *m,* terfysg(-oedd) milwrol *m,* m|iwtini (miwtiniau) *m; (at sea):* terfysg morwrol.
mutiny[2] *v.i.* gwrthryfela, anufuddh|au, terfysgu, *F:* codi dani.
mutism *n.* mudandod *m,* mudaniaeth *f.*
mutt *n. F:* **1.** = **blockhead. 2.** *(dog):* mwngrel(-iaid) *m* (*pronounced* ng-g).
mutter[1] *n.* islais *m,* mwmian *vn.*
mutter[2] *v.t.&i.* mwmian, myngial, grymial, *S.W: occ:* browlan (rhth); dweud (rhth) dan eich gwynt; **to ~ an oath,** rhegi rhwng eich dannedd.
mutterer *n.* mwmiwr (mwmwyr) *m,* myngialwr (myngialwyr) *m.*
muttering[1] *a.* myngus, grymialog, grymialus.
muttering[2] *vn.* = **mutter**[1,2].
mutteringly *adv.* yn fyngus *&c;* dan eich gwynt, dan fwmian *&c,* rhwng eich dannedd.
mutton *n. Cu:* cig (*m*) dafad, cig mollt, *S:* cig gwedder, *occ:* cig manllwdn, cig maharen, cig mallwyn, cig llwdn, *Lit: occ:* mollgig *m;* **leg of ~,** coes (*f*) dafad (coesau defaid), clun (*f*) maharen (cluniau meheryn), *S.W:* chwarthor(-au) *mf* [o gig maharen], *S.E:* coesgen (*f*) [g]wedder; **loin of ~,** lwyn (*f*) maharen (lwynau meheryn); **shoulder of ~,** ysgwydd(-au) (*f*) dafad, *N.W: O:* sbawd (sbodau) *f, S:* palfais (palfeisiau) *f;* **dead as ~,** mor farw â hoelen/phenogyn, cyn farwed â phennog/'sglodyn, yn farw gorn, yn farw gelain; **~ dressed up as lamb,** hen ddafad yng nghnu oen bach. **~-bird** *n. Orn:* pâl (palod) cwta *m,* pâl du (palod duon). **~-bird tree** *n. Bot:* creulys grynddail *f.* **~ chop** *n. Cu:* golwyth(-ion) (*m*) gwedder; *F:* **~ chop whiskers,** cernflew *pl,* cerngudyn(-nau) *m* (*pronounced* ng-g), *F:* locsyn (*m*) [clust]. **~ cloth** *n. Tex:* cotwm braswe *m,* lliain braswe *m.* **~ fat** *n.* saim (*m*) dafad/defaid/gwedder, siwet *m.* **~-head** *n. F:* pen (*m*) dafad (pennau defaid) *m; S.a.* **fool**[1]. **~-headed** *a.* pendafadaidd, twp. **~ snapper** *n. Ich:* = **muttonfish 2. ~ suet** *n.* gwêr (*m*) dafad/defaid, gwêr manllwdn/manllwyn, siwet *m.*
muttonfish *n. Ich:* **1.** = **eel-pout. 2.** *(Lutianus analis):* pargo(-aid) *m,* pysgodyn (*m*) mollt (pysgod myllt).
muttonwood *n. Bot:* coeden (*f*) y palod.
muttony *a.* fel cig dafad *&c.*
mutual *a.* **1.** *(= reciprocal):* cilyddol, i'ch gilydd, â'ch gilydd, y naill i'r llall, cyd-rhwng y naill a'r llall; **~ admiration,** cydedmygedd *m,* cydedmygu *vn;* **~ admiration society,** cymdeithas (*f*) gydedmygu (cymdeithasau cydedmygu); **~ dislike,** anhoffter y naill o'r llall, anhoffter o'r ddeutu, anhoffter o'r ddwy ochr; **their ~ dislike,** eu hanhoffter o'i gilydd; **~ aid,** cydgymorth *m,* cydgynorthwyo *vn,* cynorthwyo(*vn*)'r naill y llall; **~ benefit society,** cymdeithas gydfuddiannol (cymdeithasau cydfuddiannol), *S:* clwb (clybiau) (*m*) cleifion; **~ interdependence,** cydymddibyniad *m; U.S:* **~ fund = unit trust;** *El:* **~ induction** cydanwythiad *m;* **~ insurance company,** cwmni (*m*) yswiriant cydfuddiannol; **~ reinforcement,** cydgynnal *vn;* **~ support,** cydgefnogaeth *f;* **for our ~ gain,** er elw inni'n dau/dwy; *Jur:* **~ testaments,** ewyllysiau(*pl*)'r naill i'r llall; **~ understanding,** cyd-ddealltwriaeth *f,* dealltwriaeth (*f*) o'r ddwy ochr, dealltwriaeth o'r ddeutu. **2.** *(= in common):* yn gyffredin, cyffredin; **~ friend,** cyfaill (cyfeillion) cyffredin *m;* **our ~ friend,** ein cyfaill ni'n dau/dwy; cyfaill inni ein dau/dwy.
mutualism *n.* cydymddibyniaeth *f.*
mutualist *n.* cydymddibynnwr (cydymddibynwyr) *m.*
mutualistic *a.* cydymddibynnol.
mutuality *n.* cydymddibyniaeth *f,* cydgyfnewidiad *m,* cyffredinoldeb *m,* cilyddoldeb *m,* cydrhyngedd *m.*
mutualization *n.,* **mutualize** *v.t.* cilyddoli, cilyddu.
mutually *adv.* **~ exclusive,** yn annibynnol ar ei gilydd; yn cau ei gilydd allan; **~ independent,** yn annibynnol ar ei gilydd; **~ satisfying,** cydfoddhaol, yn foddhaol i'r ddwy ochr/blaid; **~ perpendicular,** cydberpend|icwlar, yn sgwâr â'i gilydd; **it will benefit us ~,** bydd o les i ni'n dau/dwy; bydd o les i'r naill a'r llall ohonom; bydd o les o'r ddeutu.
mutule *n. Arch:* mwtwl (mwtylau) *m.*
muu-muu *n. Cost:* mŵ-mŵ *m.*
muzhik *n.* = **moujik.**
muzz *v.t. F:* drysu, hurtio, pensyfrdanu, penddaru, penfeddwi, moedro, mwydro.
muzzily *adv.* yn ddryslyd *&c.*
muzziness *n. (a) (of pers.):* dryswch *m,* madrondod *m; (b) (of ideas &c):* gwlanogrwydd *m,* aneglurder *m; (c) (of weather):* niwl[i]ogrwydd *m,* tawchogrwydd *m; S.a.* **muzzy.**
muzzle[1] *n.* **1.** *(= nose):* trwyn(-au) *m.* **2.** *(of gun):* trwyn, ffroen(-au) *f,* blaen(-au) *m; (of cannon):* genau (geneuau) *m,* safn(-au) *f.* **3.** *(over animal's head):* mwsel(-i) *m,* safnrhwym(-au) *m,* penwar(-au) *m,* penffrwyn(-au) *m,* pennor (penorau) *m, F:* penffust(-iau) *m,* penwast(-iau) *m.* **~-loader** *n.* blaenlwythwr (blaenlwythwyr) *m.* **~-velocity** *n.* cyflymder (*m*) tanio.
muzzle[2] *v.t.* **1.** *(dog &c):* mwselu, penrhwymo, penffrwyno. **2.** *F: (to silence):* mwselu, safnrhwymo (rhn); cau ceg/safn (rhn), rhoi caead ar biser (rhn), ffrwyno (rhn), rhoi taw (ar rn), rhoi pennor (ar rn).
muzzled *a.* mwselog, penffrwynog.
muzzler *n.* mwselwr (mwselwyr) *m,* penffrwynwr (penffrwynwyr) *m.*
muzzy *a. (a) (pers.):* cymysglyd, dryslyd, swrth, hurt, wedi ffwndro, ffwndrus, pensyfrdan, moedrus, mwydrus; *(b) (ideas &c):* dryslyd, cymysglyd, gwlanog, niwl[i]og; *(c) (weather):* niwl[i]og, tarthlyd, tawchog.
my *poss.a.* **1.** *(a) (prefixed form): fy, occ: before vowel:* f', *F:* 'y[n] + *nasal mut.;* **~ garden,** fy ngardd, *F:* 'y ngardd i; **I changed ~ name,** mi newidiais f'enw; **~ son, ~ mother, ~ daughter,** fy mab, fy mam, fy merch; **~ father and mother,** fy nhad a'm mam (*not* fy nhad a mam); *(b) (affixed form):* i, fi *added in written Welsh for emphasis or clarity; used freely without emphasis in spoken Welsh, and for emphasis only when the antecedent is the subject of the sentence; thus* cymerodd fenthyg fy nghar *can be correct written Welsh for* **he borrowed ~ car;** *the standard spoken form would be* fe gymerodd fenthyg 'y nghar i; **~ house,** *Lit:* fy nhŷ [i], *F:* 'y nhŷ [f]i; **~ turn,** *Lit:* fy nhro [i], *F:* 'y nhro [f]i; **is this ~ car?** ai fy nghar i yw hwn? **that's ~ story,** dyna [ichi] fy stori i; **~ father and his,** fy nhad i a'i dad yntau; **she liked ~ house,** 'roedd hi'n hoffi fy nhŷ i; **~ own home,** fy nghartref [i] fy hun; **that is ~ book,** fi biau'r llyfr yna; fy llyfr i yw hwnna. **2.** *(infixed form):* 'm *(after the following prepositions and conjunctions:* a *(= and),* â, gyda, efo *(= with),* tua *(= towards),* na *(= nor),* i *(= to),* o *(= of &c);* 'm *does not mutate but aspirates an initial vowel to* h *):* **me and ~ mother,** fi a'm mam; **with ~ hand,** â'm llaw; **from ~ home,** o'm cartref; **towards ~ country,** tua'm gwlad; **to ~ house,** i'm tŷ; **from ~ room,** o'm hystafell; **one of ~ friends,** un o'm ffrindiau i, ffrind i mi. **3.** *(conjunctive forms): (following noun): Lit:* innau, *N: F:* inna, *S: F:* inne; **his and ~ father,** ei dad ef a'm tad innau; **her hat and ~ umbrella,** ei het hi a'm hambarél innau; **I took his bag and he took ~ basket,**

cymerais i ei fag ef a chymerodd yntau fy masged innau; **she didn't see ~ picture either,** ni welodd hi mo fy llun innau [chwaith]. **4.** *A:* mau, *usually follows noun, but may sometimes precede noun in poetry;* **~ care,** y gofid mau, *Poet:* y mau ofid. **5.** *int. P:* ~! wel wel! dew! ew! y nefoedd! yr argian! 'tawn i'n marw! 'dawn i byth o'r fan! duwcs! *S:* jiw jiw! mowredd! de! *&c.*

myalgia *n. Med:* myalgia *m*, cyhyrwayw *m*, cyhyrboen *mf.*
myalgic *a. Med:* myalgig.
myalism *n.* dewindabaeth *f.*
myall *n. Bot:* maial *m.*
myasthenia *n. Med:* gwendid (*m*) y cyhyrau, cyhyrwendid *m*; **~ gravis,** gwendid cyhyrol gerwin, ***myasthenia gravis.***
myasthenic *a. Med:* myasthenig.
mycelial *a. Bot:* myseliol.
mycelium *n. Bot:* myseliwm (myselia) *m.*
mycena *n. See* **bonnet.**
Mycenaean *a. & n.* **1.** *a.* Myseneaidd. **2.** *n.* Mysenead (Myseneaid) *m&f.*
mycetoma *n. Med:* mysetoma.
mycetomatous *a. Med:* mysetomaidd.
mycetophagous *a. Nat.Hist:* ffyngysol.
mycetophagy *n. Nat.Hist:* ffyngysiant *m.*
mycetozoan *a. & n. Fung:* **1.** *a.* mysetosoaidd. **2.** *n.* mysetosoad (mysetosoaid) *m&f.*
mycobacterial *a. Bac:* mycobacteraidd.
mycobacterium *n. Bac:* mycobacteriwm (mycobacteria) *m.*
mycoflora *n.pl. Fung:* ffyngau, ffyngoedd.
mycologic[al] *a. Fung:* mycolegol.
mycologically *adv. Fung:* yn fycolegol.
mycologist *n. Fung:* mycolegydd (mycolegwyr) *m.*
mycology *n. Fung:* mycoleg *f.*
mycophagist *n.* ffyngyswr (ffyngyswyr) *m.*
mycophagous *a.* ffyngysol.
mycophagy *n.* ffyngysiant *m.*
mycoplasma *n. Biol:* mycoplasma *m.*
mycoplasmal *a. Biol:* mycoplasmaidd.
mycorrhiza *n. Bot:* mycorhisa *m.*
mycorrhizal *a. Bot:* mycorhisol.
mycosis *n. Med:* mycosis *m*, clefyd (*m*) ffwng.
mycotic *a.* mycotig; *Husb:* **~ dermatitis,** gwlân clapiog *m.*
mycotoxicosis *n. Vet:* mycotocsicosis *m.*
mycotoxin *n. Med:* gwenwyn(-au) (*m*) ffwng.
mycotrophy *n. Bot:* mycotroffedd *m.*
mydriasis *n. Med:* mydriasis *m*, cannwyll (*f*) rwth.
mydriatic *a. Med:* mydriatig.
myelencephalic *a. Anat:* myelenseffalig.
myelencephalon *n. Anat:* myelens|effalon (myelens|effala) *m.*
myelin *n. Anat:* myelin *m.* **~ sheath** *n.* gwain (*f*) fyelin.
myelinated *a. Anat:* myelinedig.
myelitis *n. Med:* myelitis *m.*
myeloblast *n. Biol:* my|eloblast (myeloblastau) *m.*
myeloblastic *a. Biol:* myeloblastig.
myelocele *n. Med:* my|elosel (myeloselau) *m.*
myelocoel *n. Anat:* my|elocoel (myelocoelau) *m.*
myelocyte *n.* my|elosyt (myelosytau) *m.*
myelocytic *a.* myelosytig.
myelofibrosis *n. Med:* myeloffibrosis *m.*
myelofibrotic *a. Med:* myeloffibrotig.
myelogenic, myelogenous *a. Med:* myelogenig.
myelogram *n. Med:* my|elogram (myelogramau) *m.*
myelography *n. Med:* myelograffeg *f.*
myeloid *a. Med:* myeloid, madruddol.
myeloma *n. Path:* myeloma(-ta) *m.*
myelomatosis *n. Med:* myelomatosis *m.*
myelomatous *a. Path:* myelomataidd.
myelomeningocele *n. Med:* myelomen|ingosel (myelomeningoselau) *m* (*pronounced* ng-g).
myelopathic *a. Med:* myelopathig.
myelopathy *n. Med:* myel|opathi *m.*
myeloproliferative *a. Med:* myelo-luosogol.
myelosis *n. Med:* myelosis *m.*
myiasis *n. Path:* clefyd (*m*) pryfed.
mylodon *n. Paleont:* mylodon(-iaid) *m.*
mylonite *n. Geol:* m|ylonit (mylonitau) *m.*

mynah *n. Orn:* maina(-od) *m*; **lesser hill ~,** maina bach y mynydd.
myoblast *n. Biol:* m|yoblast (myoblastau) *m.*
myocardial *a. Med:* myocardaidd.
myocardiograph *n. Med:* myoc|ardiograff (myocardiograffau) *m.*
myocarditis *n. Med:* myocarditis *m.*
myocardium *n. Med:* cyhyrau(*pl*)'r galon, myocardiwm (myocardia) *m.*
myofibril *n. Anat:* myoffibril(-au) *m.*
myofibrillar *a. Anat:* myoffibrilaidd.
myofilament *n. Anat:* myoff|ilament (myoffilamentau) *m.*
myogenic *a. Physiol:* myogenig.
myoglobin *n. Bio-Ch:* myoglobin *m.*
myoinositol *n. Bio-Ch:* myoin|ositol *m.*
myology *n. Med:* cyhyreg *f.*
myoma *n. Path:* myoma(-ta) *m.*
myomatous *a. Path:* myomaidd.
myomer *n.* m|yomer (myomerau) *m.*
myoneural *a. Anat:* cyhyr-nerfol.
myopathic *a. Med:* myopathig.
myopathy *n. Med:* my|opathi *m.*
myope *n. Med:* byrweledydd: byrweledwr (byrweledwyr) *m*, *F:* rhn byr ei olwg (rhai byr eu golwg).
myopia *n. Med:* golwg byr *m*, byrdra (*m*) golwg, byrolwg *m*, byrwelediad *m*, myopia *m.*
myopic *a. Med:* byr eich golwg, byrolwg, byrweledol, byr yr olwg, myopig.
myopically *adv.* yn fyr eich golwg, yn fyopig.
myosin *n. Bio-Ch:* m|yosin *m.*
myosis *n.* = **miosis.**
myositis *n. Med:* myositis *m.*
myosote, myosotis *n. Bot:* = **forget-me-not.**
myotonia *n. Med:* myotonia *m.*
myotonic *a. Med:* myotonig.
myriad *n. & attrib.* **1.** *n.* myrdd *m*, myrddiwn (myrddiynau) *m.* **2.** *attrib. Poet:* myrdd, di-rif, dirifedi, rif y gwlith, rif y tywod mân; **~ flowers,** blodau fyrdd.
myriagramme *n. Meas:* m|yriagram (myriagramau) *m.*
myrialitre *n. Meas:* m|yrialitr (myrialitrau) *m.*
myriametre *n. Meas:* m|yriamedr (myriamedrau) *m.*
myriapod *n. & attrib. Z:* **1.** *n.* milrhed(-ion) *f*, amldroed(-ion) *m*, myrdd-droed(-ion) *m.* **2.** *attrib.* amldroedog.
myriapoda *n.pl. Z:* milrhedion, amldroedion.
myricaria *n. Bot:* grugbren (*m*) yr Almaen.
myringitis *n. Med:* tympanlid *m*, myringitis *m* (*pronounced* ng-g).
myriopod *n.* = **myriapod.**
myristate *n. Ch:* m|yristad (myristadau) *m.*
myristic *a. Ch:* myristig.
myrmecological *a.* morgrugegol.
myrmecologist *n.* morgrugegwr: morgrugegydd (morgrugegwyr) *m.*
myrmecology *n.* morgrugeg *f.*
myrmecophagous *a.* morgrugysol.
myrmecophile *n.* morgrug-garwr (~-garwyr) *m.*
myrmecophilous *a.* morgr|ug-gar.
myrmecophily *n.* morgrug-garwch *m.*
myrmidon *n.* anfadwas (anfadweision) *m*, gwas (gweision) *m*; **~ of the law,** gwas y gyfraith, plisman: plismon (plismyn) *m*; *(= bailiff):* beili (beiliaid) *m.*
myrobalan *n.* **1.** *Bot: (a)* myr|obalan (myrobalanau) *m*; *(b)* = **cherry-plum.** **2.** *Dy:* myrobalan *m.*
myrrh *n. Bot:* **1.** *(Commiphora myrrha):* myrr *m*, llysiau(*pl*)'r gïau. **2.** *(= sweet cicely):* creithig bêr *f*, sisli bêr *f*, cegiden wen *f.*
myrrhic, myrrhy *a.* myrllyd.
myrtaceae *n.pl. Bot:* myrtwydd.
myrtaceous *a.* myrtwyddol.
myrtle *n. Bot:* **1.** *(Myrtus):* myrtwydden (myrtwydd) *f.* **2. bog ~,** *(Myrica gale):* helygen (*f*) Mair, gwyrddling *m*, grug melynion *pl*, madywydd *m*, *N.W: occ:* gwrlid *m*, gwrli *m*, bwrli *m.* **3.** *U.S:* = **periwinkle**[1].
myself *pers.pron.* **1.** fi fy hun/hunan, *Lit: occ:* myfi fy hun/hunan, *N: F:* [y] fi fy hun, fi'n hun, *S: F:* fi'n hunan; **such as ~,** fel [fi] fy hun; **all by ~,** ar fy mhen fy hun [bach]; **I bought ~ a car,** prynais gar i mi fy hun; **I can please ~,** mi gaf wneud fel y mynnaf; **I ~ said so,** fi fy hun a ddywedodd; **I helped ~ to the potatoes,**

estynnais at y tatws; **did I hurt ~?** [a] wnes i frifo? [a] gefais i anaf? **I was speaking for ~,** drosof fy hun yr oeddwn yn siarad; **I'm not ~ today,** 'dwyf i ddim fel fi fy hun heddiw; **I asked ~,** gofynnais i mi fy hun; fe'm holais i fy hun; **I blame ~,** 'rwy'n fy meio fy hun; **I was speaking to ~,** 'roeddwn yn siarad â mi fy hun/hunan; **I was beside ~,** 'roeddwn i o 'ngho'; 'roeddwn i'n wyllt gynddeiriog *&c*; *S:* 'rown i'n wynad; *S.a.* **angry; I excelled ~,** mi ragorais arnaf fy hun; **~, I agree,** o'm rhan fy hun, 'rwy'n cytuno. **2.** *the sense of ~ is frequently conveyed in Welsh, and especially in the literary language, by means of a reflexive verb, i.e. a verb with the prefix* ym-, *e.g.* **I prepared ~,** ymbaratoais; **I crossed ~,** ymgroesais; **I excused ~,** ymesgusodais; **I comforted ~,** ymgysurais *&c.*

mysid *n. Crust:* berdysyn (berdys) codog *m.*

mystagogical *a.* cyfrinddysgodrol.

mystagogue *n.* cyfrinddysgawdwr (cyfrinddysgawdwyr) *m,* cyfrinddysgawdr (cyfrinddysgodron) *m.*

mystagogy *n.* cyfrinddysgeidiaeth *f.*

mysterious *a. (a) (= inexplicable):* anesboniadwy, rhyfedd, rhyfeddol, hynod, annirnad, annirnadwy, diamgyffred; *(b) (= hidden):* dirgel, dirgelaidd, cêl, cudd.

mysteriously *adv.* yn anesboniadwy *&c*; yn ddirgel *&c*; **wait and see, he said ~,** arhoswch chi, meddai'n ddirgelaidd; **~ (it was not to be found),** yn rhyfedd/anesboniadwy ddigon, er cryn ddirgelwch (nid oedd dim golwg ohono).

mysteriousness *n.* dirgelwch *m,* dirgeledd *m,* natur ryfedd *&c f,* rhyfeddod *m.*

mystery *n.* **1.** dirgelwch (dirgelion) *m,* rhyfeddod(-au) *m,* penbleth *fm, occ:* dirgeledigaeth(-au) *f*; *(book title):* **The Lighthouse M~,** Dirgelwch y Goleudy; *Rel:* **the Five Glorious Mysteries,** y Pum Dirgelwch Gogoneddus; **the ancient mysteries,** yr hen gyfrinion. **2.** *A: Th:* **~[-play],** drama *(f)* firagl (dramâu miragl). **~ novel** *n.* nofel *(f)* ddirgelwch (nofelau dirgelwch). **~ religion** *n.* cyfrin-grefydd(-au) *f.* **~ ship** *n.* llong *(f)* dwyllo (llongau twyllo). **~ tour** *n.* taith ddirgel (teithiau dirgel) *f.*

mystic *a. & n.* **1.** *a.* cyfriniol; *(loosely):* dirgel, dirgelaidd. **2.** *n.* cyfrinydd: cyfriniwr (cyfrinwyr) *m.*

mystical *a.* cyfriniol.

mystically *adv.* yn gyfriniol.

mysticism *n.* cyfriniaeth *f.*

mystification *n.* **1.** *(= hoax):* cast(-iau) *m.* **2.** *(= bewilderment):* dryswch *m,* penbleth *fm*; *S.a.* **mystify.**

mystified *a.* dryslyd, syfrdan, pensyfrdan, mewn penbleth/dryswch/syfrdandod.

mystify *v.t.* drysu, syfrdanu, synnu, hurtio (rhn), chwarae cast (ar rn); bod yn ddirgelwch/ddryswch/benbleth (i rn); **I was mystified by her,** 'roedd hi'n ddirgelwch i mi; *abs.* creu/gweu dirgelwch, dirgeledigaethu.

mystifying *a.* dirgelaidd, annealladwy, anchwiliadwy.

mystifyingly *adv.* er dryswch/dirgelwch; yn ddirgelaidd.

mystique *n.* dirgelion *pl,* dirgeledd *m.*

myth *n.* myth(-au) *m*; *(loosely):* chwedl(-au) *f.*

mythic[al] *a.* mytholegol, mythaidd; *(loosely):* chwedlonol.

mythically *adv.* yn fythaidd *&c.*

mythicism *n.* mytheiddiaeth *f.*

mythicist *n.* mythegwr: mythegydd (mythegwyr) *m.*

mythicize *v.t.* mytheiddio.

mythicizer *n.* mytheiddiwr (mytheiddwyr) *m.*

mythmaker *n.* myth-grëwr (~-grewyr) *m,* crëwr (crewyr) *(m)* mythau, awdur(-on) *(m)* mythau.

mythmaking *a. & vn.* **1.** *a.* myth-greol. **2.** *vn.* creu mythau.

mythogenesis *n.* creu *(vn)* chwedlau/mythau.

mythographer *n.* mythograffwr: mythograffydd (mythograffwyr) *m.*

mythography *n.* mythograffeg *f.*

mythologer *n.* = **mythmaker, mythologist.**

mythologic[al] *a.* mytholegol; *(loosely):* chwedlonol.

mythologically *adv.* yn fytholegol *&c.*

mythologist *n.* mytholegwr: mytholegydd (mytholegwyr) *m,* chwedlonydd(-ion) *m,* chwedlonwr (chwedlonwyr) *m.*

mythologize *v.t.* mytholegu, chwedloni.

mythologizer *n.* = **mythologist.**

mythology *n.* mytholeg *f*; *(loosely):* chwedloniaeth *f.*

mythomania *n.* celwyddgarwch *m,* mythomania *m.*

mythomaniac *n. & attrib.* **1.** *n.* celwyddwr (celwyddwyr) *m,* celwyddgi (celwyddgwn) *m*; *Med:* mythomaniad (mythomaniaid) *m&f, F: occ:* Wil *(m)* celwydd golau. **2.** *attrib.* celwyddgar; *Med:* mythomanig.

mythopoeia *n.* creu *(vn)* mythau/chwedlau.

mythopoeic, mythopoetic[al] *a.* mythopoeig, myth-grëol.

mythos *n.* mythos (mythoi) *m.*

myxoedema *n. Med:* mycsedema *m.*

myxoedematous, myxoedemic *a. Med:* mycsedemig.

myxoma *n. Med:* mycsoma(-ta) *m.*

myxomatosis *n. Vet:* mycsomatosis *m.*

myxomatous *a. Vet:* mycsomataidd.

myxomycete *n. Fung:* mycsomyset(-au) *m.*

myxomycetous *a. Fung:* mycsomysetaidd.

myxomycophyta *n. Fung:* ffwng (ffyngau, ffyngoedd) *(m)* llysnafedd.

myxophyceae *n. Bot:* gwymon *(m)* yr afon, gwymon gwyrddlas, llyfanog *f.*

myxoviral *a. Bac:* mycsof[e]iraidd.

myxovirus *n. Bac:* mycsof[e]irws (mycsof[e]irysau) *m.*

N

N, n[1] [y llythyren] N, n *f* (*pronounced* en, *pl.* eniau). **N.B.** (*abbr. of* **Nota Bene**): D.S. (*abbr. of* Dalier Sylw).

n[2] *n. Mth:* n *m*; **to the nth [power],** i'r n^{fed} radd; *Fig:* i'r eithaf; *F:* **there were n reasons,** yr oedd sawl rheswm; yr oedd rhesymau di-rif/dirifedi; yr oedd rhesymau rif y gwlith.

nab *v.t. F:* **1.** *(= catch):* dal, dala; **to ~ s.o. as he goes by,** bachu/byrddio rhn wrth iddo fynd heibio. **2.** *(= filch):* bachu, *N.W: F:* 'sbachu, 'sbachio; **someone has nabbed my book,** mae rhywun wedi rhoi ei bump ar fy llyfr i; mae rhywun wedi gweld ei wyn ar fy llyfr i; mae fy llyfr i wedi magu traed.

Nabataean *a. & n.* **1.** *a.* Nabateaidd; *(in language):* Nabatëeg. **2.** *n. (a) Ethn:* Nabatead (Nabateaid) *m&f*; *(b) Ling:* Nabatëeg *f, m.*

nabob *n.* nabob(-iaid) *m.*

nabs *n.pl. F:* **my ~,** mei naps, 'y ngwas i.

nacarat *a. & n.* eurgoch (*m*).

nacelle *n. Aer:* **1.** *(of engine):* nasél (naseli, naselau) *m.* **2.** *(of balloon):* car (ceir) *m.*

nacre *n.* nacr *m,* cregynwisg *f.*

nacred, nacreous *a.* nacrog; *(colour):* symudliw, enfysliw, seithliw.

nadir *n. Astr:* nadir *m,* isafbwynt(-iau) *m.*

naevus *n.* man(-nau) (*m*) geni.

nag[1] *n. F:* ceffyl(-au) *m,* merlyn (merlod) *m,* cobyn(-nau) *m,* cob(-iau) *m, Lit:* corfarch (corfeirch) *m*; **an old ~,** hen geffyl, *S.W:* hen gel *m,* hen glet *m.*

nag[2] *v.i.&t.* **1.** *v.i.* swnian, cwyno, achwyn, dwrdio, cega, cecru, cecran, cadw sŵn, *S:* conan, ceintach, *N.W: F:* rhincian, *N: occ:* hewian, cwencian, cyrnewian, cnewian. **2.** *v.t.* cega (ar rn); dwrdio (rhn), ffraeo (â rhn); **these doubts still nagged me,** daliai'r amheuon hyn i'm blino/plagio/poenydio/ty[r]mentio.

Naga *n. Ethn:* Naga(-s) *m&f.*

Nagaland *Pr.n. Pol:* Gwlad (*f*) y Nagas.

nagana *n. Vet:* nagana *m.*

nagger *n.* swnyn(-nod) *m,* swnen(-nod) *f,* cwynwr (cwynwyr) *m,* c|wynwraig *f,* cwenciwr (cwencwyr) *m,* hen geg *f,* gwr|aig gegog (gwragedd cegog) *f, N: F:* rhincyn (rhincod) *m,* rhinces(-i) *f,* hewiwr(-s) *m, S:* conyn(-nod) *m,* conen(-nod) *f, S.W:* conachyn (conachod) *m.*

nagging *a. & vn.* **1.** *a. (wife &c):* cegog, swnllyd, ffraellyd, anynad, cwenclyd. *N.W: F:* hewlyd, rhinclyd; *(pain, doubt):* parhaol, cyson, aflonyddol, di-baid, *N.W: F:* plagus, annifyr, anniddan. **2.** *vn. See* **nag**[2]; *N: occ:* rhinc *m.*

naggingly *adv.* **1.** *(= complainingly):* gan swnian, gan hewian. **2.** *(a) (= ceaselessly):* yn ddiarbed, yn ddi-baid; *(b) (= uncomfortably):* yn annifyr, yn anniddan.

nagor *n. Z:* nagor(-od) *m.*

Nahuatl[an] *a. & n.* **1.** *a.* Nahwatl, Nahwatlaidd. **2.** *n. (a) Ethn:* Nahwatl(-iaid) *m&f. (b) Ling:* Nahwatl *f, m.*

naiad *n.* **1.** *Myth:* afondduwies(-au) *f,* naiad(-au) *f,* nymff (*f*) yr afon (nymffau'r afon). **2.** *Ent:* naiad(-au) *f.*

nail[1] *n.* **1.** *(of finger, toe):* ewin(-edd) *m, occ:* gewin(-edd) *m*; **to bite one's nails,** cnoi'ch ewinedd; **to pay on the ~,** talu arian parod, talu ar law. **2.** *Z: (on bird's beak):* ewingorn (ewingyrn) *m* (*pronounced* ng-g). **3.** *A: Meas:* ewinfedd(-i) *f.* **~-biting 1.** *a.* cyffr|ous, cynhyrfus. **2.** *vn.* cnoi ewinedd. **~-brush** *n.* brws(-ys) (*m*) ewinedd. **~ enamel** *n.* = **nail varnish. ~-file** *n.* ffeil(-iau) (*f*) ewinedd. **~ polish** *n.* = **nail varnish**; **~-scissors** *n.* siswrn (sisyrnau) (*m*) [torri] ewinedd. **~ varnish** *n.* lliw(-iau) (*m*) ewinedd, farnis(-iau) (*m*) ewinedd.

nail[2] *n. Carp: &c:* hoelen (hoelion) *f,* hoel(-ion) *f*; **to hit the ~ on the head,** taro'r hoelen ar ei phen, *S:* ei tharo hi ar ei chlopa; **as hard as nails,** caled fel haearn Sbaen, cyn galeted â'r dur; **brad ~,** hoelen fain (hoelion main); **clasp ~,** hoelen lorio (hoelion llorio); **clout ~,** hoelen benfras (hoelion penfras), corhoelen (corhoelion) *f*; **oval ~,** hoelen hirgron (hoelion hirgrwn); **wire ~,** hoelen gron (hoelion crwn/crynion); **an eight-inch ~,** hoelen wyth. **~-bound** *a. Vet:* hoelgloff. **~-claw, ~-drawer, ~-wrench** *n.* tynnwr (tynwyr) (*m*) hoelion. **~-head ornament** *n.* addurn(-iadau) (*m*) pen hoelen. **~-punch** *n.* pwns(-ys) (*m*) hoelion.

nail[3] *v.t.* hoelio; **to ~ s.o. [down] to his promise,** dal rhn at ei air; **to ~ a lie,** dinoethi celwydd; **to ~ sth up,** hoelio rhth yn sownd/gaead, cau rhth â hoelion; *S.a.* **colour**[1] **4**.

nailed *a.* **1.** *(hand &c):* ewinog. **2.** *(boot &c):* â hoelion, hoeliog; *S.a.* **hobnailed**. **3.** *(= fixed with nails):* hoeliedig.

nailer *n.* hoeliwr (hoelwyr) *m,* gof(-aint) (*m*) hoelion.

nailery *n.* gwaith (*m*) hoelion.

nailsmith *n.* = **nailer**.

nainsook *n. Tex:* nainswc *m.*

naïve *a.* diniwed, naïf.

naïvely *adv.* yn ddiniwed *&c.*

naïveness, naïveté, naïvety *n.* diniweidrwydd *m,* naïfder *m,* naïfrwydd *m.*

naked *a.* noeth(-ion); **stark ~, mother-~,** noethlymun [groen], *S:* porcyn, noeth borcyn; **the ~ truth,** y gwir plaen; **the ~ eye,** y llygad noeth; **a ~ light,** fflam noeth/agored; *Bot:* **~ boys, ~ lady, ~ ladies,** saffrwn/saffrwm (*m*) y gweunydd.

nakedly *adv.* yn noeth.

nakedness *n.* noethni *m.*

naker *n. Mus: Hist:* tympan(-au) *m.*

namby-pamby *a. & n.* **1.** *a.* mursennaidd, sentimental, merfaidd, llipa, llibin, di-asgwrn-cefn. **2.** *n.* babi (*m*) mam, babi clwt, gwlanen [o ddyn], brechdan [o ddyn], llipryn(-nod) *m.*

name[1] *n.* **1.** enw(-au) *m*; **Christian ~, first ~,** *U.S:* **given ~,** enw bedydd, enw cyntaf; **pet ~,** enw anwes; **proper ~,** enw priod; **assumed ~,** enw benthyg, enw ffug, ffugenw(-au) *m*; **a man, John by ~,** dyn o'r enw John; **a king in ~ only,** brenin mewn enw yn unig; **he goes by the ~ of Tom,** adwaenir ef dan yr enw Tom; **to know s.o. [only] by ~,** adnabod rhn wrth ei enw [yn unig], adnabod rhn o ran ei enw; **to write one's ~,** torri'ch enw; *F:* **to name names,** rhoi enwau, enwi pobl; **to name no names,** peidio ag enwi neb; *F:* **that's the ~ of the game,** dyna holl bwrpas y peth; **it's all I have to my ~,** dyna'r cwbl sydd gennyf ar f'elw; **what's in a ~?** beth sydd mewn enw? **(to act) in one's own ~,** (gweithredu) ar eich liwt eich hun, yn eich enw'ch hun; **to call (s.o.) names,** galw enwau (ar rn), galw (rhn) yn bob enw; difenwi, difrïo, enllibio (rhn); *F:* **(what) in the ~ of goodness (are you doing)?** (beth) ar y ddaear, yn enw'r mawredd, goblyn, gynllwyn *&c* (ydych chi'n ei wneud)? **in God's ~,** yn enw'r Tad, yn enw'r Arglwydd, *F:* 'neno'r Tad, 'neno'r annwyl, *Lit:* myn Duw; **in the ~ of the law,** yn enw'r gyfraith; *Fig:* **big ~,** enw mawr, rhn (rhai) enwog, enwogyn (enwogion) *m,* enwogen (enwogion) *f,* hoelen (hoelion) (*f*) wyth; **household ~,** enw cyfarwydd; **code-~,** ffugenw. **2.** *(= reputation):* enw *m,* clod *m,* bri *m*; **to get a bad ~,** cael enw drwg; **he has a ~ for honesty,** mae ganddo'r/iddo'r enw o fod yn onest; **to make one's ~, to make a ~ for oneself,** ennill clod/bri; **your ~ will be mud,** bydd d'enw di'n faw. **~-board** *n.* bwrdd (byrddau) (*m*) enwau. **~-calling** *vn.* galw enwau, difenwi, difrïo, enllibio. **~-child** *n.* plentyn (plant) (*m*) cyfenw. **~-day** *n.* diwrnod(-au) (*m*) nawddsant, gwylmabsant(-au) *f,* gŵyl (gwyliau) (*f*) mabsant. **~-dropper** *n.* gollyngwr (gollyngwyr) (*m*) enwau, goll|yngwraig (*f*) enwau, broliwr (brolwyr) (*m*) cydnabod, br|olwraig (*f*) cydnabod, un (rhai) am ollwng enwau *or* am frolio cydnabod. **~-dropping** *vn.* brolio'ch cydnabod, gollwng enwau. **~-part** *n. Th:* prif ran(-

nau) *f.* **~-plate** *n.* plac(-iau) *m.* **~-tape** *n.* tâp (*m*) enw (tapiau enwau).
name² *v.t.* **1.** enwi; **he was named Peter,** *(i) (= baptized &c):* galwyd/enwyd ef yn Bedr; rhoddwyd Bedr yn enw arno; *(ii) (= bore the name):* Pedr oedd ei enw; gelwid ef yn Pedr; **s.o. named Jones,** rhn o'r enw Jones, rhn yn dwyn yr enw Jones; **to ~ s.o. after s.o.,** *U.S:* **to ~ s.o. for s.o.,** rhoi enw rhn ar rn, enwi rhn ar ôl rhn. **2. to ~ s.o. to an office,** enwebu rhn ar gyfer swydd. **3. ~ the Princes of Wales,** rhowch enwau Tywysogion Cymru; enwch Dywysogion Cymru; *F:* **he had everything, you ~ it,** 'roedd ganddo bopeth, ni waeth beth; 'roedd ganddo beth bynnag a fynnech chi; 'roedd ganddo bopeth y gallech ei enwi; **she's not to be named in the same breath as her mother,** 'dyw hi ddim i'w chymharu â'i mam; **~ your price,** dywed faint yw dy bris; dyro dy bris; **to ~ names,** rhoi enwau, enwi pobl; **to ~ no names,** peidio ag enwi neb; **to ~ the day,** pennu/dewis dydd priodas.
named *a.* ag enw, yn dwyn enw, a enwir/enwid/enwyd; **afore-~,** uchod, crybwylledig, rhag-grybwylledig, a grybwyllwyd eisoes; **the last-~,** yr olaf, y diwethaf [a enwyd].
nameless *a.* **1.** dienw, heb enw; *(= unknown):* anhysbys, dieithr. **2. (a lady) who shall be ~,** (gwraig) nas enwir, na chrybwyllir mo'i henw, a gaiff fod yn ddienw. **3.** *(fear &c):* anhraethol, anhraethadwy, anniffiniol, annisgrifiadwy, anniffiniadwy, dieithr; *(orgy, vice &c):* ffiaidd, ysglyfaethus, nad gwiw ei enwi.
namelessly *adv.* **1.** yn anhraethol *&c.* **2.** yn ffiaidd *&c.*
namelessness *n.* **1.** dieithrwch *m*, dirgelwch *m*, natur anhraethol *f*; **his ~ perplexed me,** yr oedd y ffaith nad oedd arno enw yn ddirgelwch i mi; **~ can be an advantage,** gall fod o fantais bod heb enw; **in this work ~ is essential,** yn y gwaith hwn nid gwiw rhoi'ch enw. **2.** *(of vices &c):* ffi|eidd-dra *m*, ffi|eidd-dod *m.*
namely *adv.* sef, wrth ei enw; **there were three men there, ~ Tom, Dick and Harry,** yr oedd tri dyn yno, sef Twm, Dic a Harri; yr oedd tri dyn yno, Twm, Dic a Harri wrth eu henwau, *Lit: occ:* nid amgen Twm, Dic a Harri.
namesake *n.* *cydenw; **she is my ~,** mae hi o'r un enw â mi.
Namibia *Pr.n. Geog:* Namibia *f.*
Namibian *a. & n.* **1.** *a.* Namibiaidd, o Namibia. **2.** *n.* Namibiad (Namibiaid) *m&f.*
nan *n.f. F: (= grandmother): N:* nain (neiniau), *S:* mam-gu(-au,-od,-s).
Nancy¹ *Pr.n.f.* Nansi, *occ:* Nans, Nanni.
nancy²[-boy] *n. F:* cadi-ffan(-s) *m*, cadi-ffan[n]i(-s) *m*, cadi-Martha(-s) *m.*
nankeen *n. Tex:* nancîn *m.*
nanny¹ *n.f.* mamaeth(-od). **~-goat** *n.* gafr (geifr) *f.*
nanny² *v.t.&i.* bod yn famaeth (i rn).
nano- *pref. Mth: Ph:* nano-.
nanosecond *n.* nano-eiliad(-au) *f.*
Nantwich *Eng.Pl.n.* Yr Heledd Wen *f.*
naos *n. Arch: Gr.Ant:* tu mewn (*m*) teml.
nap¹ *n. (= sleep):* cyntun *m*, hoe *f*; **to take/have a ~,** cael cyntun.
nap² *v.i. (= sleep):* hepian, cael cyntun, pendwmpian; **(to catch s.o.) napping,** (dal rhn) yn ddiarwybod, ar y gamfa, ar ei fai.
nap³ *n. (of velvet &c):* ceden(-au) *f*, goflew *pl*, casnach *pl*; **against the ~,** yn groes i'r geden.
nap⁴ *v.t. Tex:* cedenu (rhth), codi ceden (ar rth).
nap⁵ *n.* **1.** *Cards:* nap *m*; **to go ~,** ei mentro hi; *F:* **to go ~ on a horse,** mentro'r cyfan ar geffyl; **to deal oneself a ~ hand,** delio dyrnaid diguro i chi'ch hun. **2.** *Turf:* **~ [election],** dewis-geffyl(-au) *m.*
nap⁶ *v.t.* **to ~ a horse,** napio ceffyl, dewis ceffyl i ennill.
napalm *n. & v.t.* **1.** *n.* napalm *m.* **2.** *v.t.* napalmio.
nape *n.* gwar(-rau) *mf*, gwegil(-[i]au) *m.*
napery *n. A: & Scot:* llieiniau *pl.*
naphtha *n. Ch:* nafftha *m.*
naphthalene *n. Ch:* n|affthalin *m.*
naphthalic *a. Ch:* naffthalig.
naphthene *n. Ch:* naffthen *m.*
naphthenic *a. Ch:* naffthenig.
Napierian *a. Mth:* Napieraidd, naturiol.
napkin *n.* **1. [table-]~,** napcyn(-au, *S:* -on) *m*; **to lay sth up in a ~,** dodi rhth mewn napcyn, peidio â defnyddio rhth. **2.** *(baby's): N:* clwt (clytiau) *m*, *S: & M.W:* cewyn(-nau,-non, cawiau) *m.* **~-ring** *n.* modrwy(-au) (*f*) napcyn, cylch(-au,-oedd) (*m*) napcyn.
napless *a.* digeden, moel.
napoleon *n. Num:* napoleon(-au) *m.*
Napoleonic *n.* Napoleonaidd; **the ~ wars,** rhyfeloedd Napoleon; **the ~ Code,** Deddfau (*pl*) Napoleon.
nappa *n. Tex:* lledr (*m*) napa.
napper *n. F:* = **head¹**; **from your ~ to your feet,** o dy gorun i dy sawdl.
nappy *n. F:* = **napkin 2,** *occ:* clwtyn *m.* **~ liner** *n.* leinin(-au) (*m*) clwt/cewyn. **~ rash** *n.* brech (*f*) glytiau/gawiau.
napu *n. Z:* napw (napŵod) *m.*
Narberth *W.Pl.n.* Arberth *f.*
narceine *n. Ch:* narsëin *m.*
narcissism *n. Psy:* hunanaddoliad *m*, narsisiaeth *f.*
narcissistic *a. Psy:* hunanaddoliadol, narsisaidd.
narcissus *n. Bot:* gylfinog *f*, narsisws (narsisi) *m*; **poetic ~,** *(Narcissus poeticus):* gylfinog farddol. **~-fly** *n. Ent:* pryf(-ed) (*m*) y gylfinog.
narcolepsy *n. Med:* narcolepsi *m.*
narcoleptic *a. & n.* **1.** *a.* narcoleptig. **2.** *n.* narcoleptig(-ion) *m&f.*
narcosis *n. Med:* narcosis *m.*
narcotic *a. & n.pl.* **1.** *a.* narcotig, cysgbair, cysglyd. **2.** *n.pl.* cyffuriau, drygiau.
narcotically *adv.* yn narcotig *&c.*
narcotism *n.* narcotiaeth *f.*
narcotize *v.t.* narcoteiddio, drygio.
nard *n. Bot:* nard: nardus *m.*
nardoo *n. Bot:* nardŵ *m.*
nardus *n.* = **mat-grass.**
nares *n.pl. Anat:* ffroenau.
narghile, nargileh *n.* = **hookah.**
nark¹ *n. F:* prep(-iaid) *m&f*, prepiwr (prepwyr) *m*, pr|epwraig *f*, cariwr(-s) (*m*) clecs, clepgi (clepgwn) *m*, *N.W: occ:* chwidlwr (chwidlwyr) *m.*
nark² *v.i.&t. F:* **1.** *v.i.* prepian, cario straeon, clepian, cario clecs, *N.W: occ:* chwidlo, clapian. **2.** *v.t.* *(a) (= irritate):* gwylltio; **it narks me,** mae'n dân ar fy nghroen i; *(b)* **~ it,** rho'r (rhowch y) gorau iddi; taw (tewch).
narrate *v.t.* adrodd, traethu; **to ~ tales,** chwedleua.
narration *n.* adroddiad *m*, hanes(-ion) *m*; *(in novel):* traethiad *m*, adroddiant *m*, traethu *vn*, adrodd *vn.*
narrative¹ *n.* adroddiad(-au) *m*, hanes *m*; *(of novel):* traethiad *m*, adroddiant *m*, n|aratif *m.*
narrative² *a.* traethiadol, *occ:* hanesiol, adroddiannol, n|aratif; **~ devices,** dyfeisiadau adrodd stori.
narratively *adv.* yn draethiadol, o ran adrodd stori, o ran dweud yr hanes.
narrator *n.* **1.** *(of story; in oratorio):* adroddwr (adroddwyr) *m*, adr|oddwraig *f*; *W.Lit: Hist:* cyfarwydd(-iaid) *m.* **2.** *(of commentary):* traethwr (traethwyr) *m*, traethydd(-ion) *m.*
narrow *a. & n.pl.* **1.** *a.* *(a)* cul(-ion), main (meinion), *occ:* culfain (culfeinion); *(passage):* cyfyng; **to grow ~,** culh|au, meinh|au; **~-gauge railway,** rheilffordd gul/fain (rheilffyrdd cul/main) *f*, *F:* lein fach/bach (leins bach) *f*; **~-gauge station,** gorsaf(-oedd) (*f*) lein fach/bach, *F:* stesion (stesiynau) (*f*) lein fach/bach; **the ~ seas,** y culforoedd; *(b)* **a ~ mind,** meddwl cul; **in the narrowest sense,** yn yr ystyr fwyaf cyfyng; *(c) (= meticulous):* gofalus, manwl; *(d)* **a ~ majority,** mwyafrif bychan; **~ circumstances,** tlodi *m*, caledi *m*, cyni *m*, adfyd *m*; *S.a.* **escape¹ 1, shave¹ 2, squeak¹. 2.** *n.pl.* **narrows,** (= *straits*): culfor(-oedd) *m*, cyfyngfor(-oedd) *m*, swnt(-iau) *m*; *(of harbour):* culfan(-nau) *mf.* **~-minded** *a.* cul [eich meddwl], *occ:* culfrydig, culfarn. **~-mindedly** *adv.* yn gul. **~-mindedness** *n.* culni *m* [meddwl], culfrydigrwydd *m*, culfrydedd *m.*
narrow² *v.t.&i.* **1.** *v.t.* *(a)* culh|au, meinh|au, cyfyngu; *(b) (= restrict):* cyfyngu, lleih|au. **2.** *v.i.* culhau, meinhau, mynd yn gulach/feinach, mynd yn fwy cyfyng.
narrowboat *n.* cwch cul (cychod culion) *m*, bad cul (badau culion) *m.*
narrowed *a.* wedi ei gulh|au *&c*; **~ eyelids,** amrannau hanner caead.
narrowish *a.* braidd yn gul, lled gul, go gul, culaidd.
narrowly *adv.* **1.** *(a) (interpret):* yn gyfyng, yn fanwl; *(b) (examine):* yn fanwl, yn ofalus. **2.** *(= barely):* prin, o'r braidd;

he ~ missed being killed, ni bu ond y dim iddo gael ei ladd; bu o fewn trwch blewyn i gael ei ladd; cael a chael oedd hi na laddwyd mohono; *N. W: occ: F:* mi fu drws nesa' i gael ei ladd; *S: occ:* bu agos iddo gael ei ddiwedd.

narrowness *n.* **1.** culni *m*, meinder *m*; *(of passage &c):* cyfyngder *m*; *(of mind):* culni. **2.** *(of examination):* manylrwydd *m*.

narthex *n. Ecc: Arch:* narthecs(-au) *m*.

narwhal *n. Z:* môr-ungorn (~-ungyrn) *m (pronounced* ng-g), morfil(-od) *(m)* ungorn.

nary *a. U.S: F:* **~ a one,** dim un.

nasal *a. & n.* **1.** *a.* trwynol; **~ cavity,** ceudod *(m)* y trwyn. **2.** *n. (a) Arm:* trwynddarn(-au) *m*; *(b) Ling:* sain drwynol (seiniau trwynol, trwynolion) *f*.

nasality *n.* trwynoldeb *m*.

nasalization *n. Phon:* trwynoliad(-au) *(m)*, trwynoli *vn*.

nasalize *v.t. Phon:* trwynoli.

nasalized *a. Phon:* trwynol, trwynoledig.

nasally *adv.* yn drwynol; *occ:* drwy'r trwyn.

nascence, nascency *n.* **1.** *(= beginning):* geni *vn*, genedigaeth *f*, cychwyn *vn*, cychwyniad *m*, dechrau *vn*, dechreuad *m*. **2.** *(= early state):* cyflwr cynnar *m*, cyflwr cychwynnol.

nascent *a.* cychwynnol, dechreuol, eginol, tarddol; **in his action I saw a ~ fanaticism,** yn ei weithred fe welais gychwyniadau ffanatigiaeth.

naseberry *n. Bot:* = **sapodilla.**

Nash *W.Pl.n. (i) (Glamorgan):* Yr As Fach *f*; *(ii) (Gwent):* Trefonnen *f*.

naso-frontal *a.* trwyn a thalcen, talcen-drwynol.

nastic *a. Bot:* nastig.

nastily *adv.* **1.** yn annymunol *&c.* **2.** *(a) Esp. U.S:* yn fudr *&c*; *(b)* yn anweddus.

nastiness *n.* **1.** *(taste):* blas drwg *m*; *(smell):* oglau drwg *m*, gwynt drwg *m*, drewdod *m*; *(in general sense):* natur annymunol *f*, annymunoldeb *m*. **2.** *(= malice):* atgasedd *m*, natur gas *f*, malais *m*, mileindra *m*. **3.** *Esp. U.S: (= filth):* budreddi *m*, bryntwch *m*, aflendid *m*, ffi|eidd-dra *m*. **4.** = **obscenity.**

nasturtium *n.* **1.** *Bot:* = **watercress.** **2.** *Hort: (Tropaeolum):* capan(-au) *(m)* cornicyll, *M.W: occ:* storsion(-s) *m*.

nasty *a.* **1.** *(a)* annymunol, drwg, ffiaidd, cas, *N.W: occ:* 'sglyfaethus; **it smells ~,** mae oglau/gwynt drwg arno; mae'n drewi; *(b) (weather):* gwael, drwg, annymunol, *N.W: occ:* annifyr, budr, diflas; **a ~ corner,** tro peryglus/cas; **a ~ accident,** damwain ddifrifol/gas; **to receive a ~ blow,** cael ergyd/cnoc gas; *F:* **that's a ~ one!** dyna beth cas/annifyr! dyna un egr! **cheap and ~,** rhad a gwael; *F:* tsiêp. **2.** *(= spiteful):* annifyr, cas, sbeitlyd, milain; *(= irritable):* blin, piwis. **to turn ~ towards s.o.** troi'n gas wrth rn, troi'r tu min at rn, *S. W:* troi pen y pigau ar rn; *F:* **(he's) a ~ piece of work,** *N:* hen jero/gono cas, hen eurach/elach drwg, hen gythraul brwnt (ydi o); **a ~ trick,** tro gwael/sâl, *N. W: occ:* tro ffadin, tro Gwyddel, tro Wesle. **3.** *Esp. U.S: (= dirty):* budr(-on), brwnt *(f.* bront, *pl.* bryntion); **he has a ~ mind,** mae ganddo feddwl budr/brwnt; *S.a.* **video.**

natal[1] *a.* genedigol.

Natal[2] *Pr.n. Geog:* Nat|al *f.* **~ vine** *n. Bot: (Rhoicissus rhomboidea):* gwinwydden (gwinwydd) *(f)* Natal.

natality *n.* cyfradd *(f)* genedigaethau.

natation *n.* nofio *vn*, nofiad *m*, *Lit:* nawf *m*.

natatorial *a.* nofiol.

natatorium *n. U.S:* pwll (pyllau) *(m)* nofio.

natatory *a.* = **natatorial.**

nates *n.pl. Anat:* ffolennau.

nation *n.* **1.** cenedl (cenhedloedd) *f*; *Pol:* **the United Nations,** y Cenhedloedd Unedig. **2.** *(of American Indians):* llwyth(-au) *m*, tylwyth(-au) *m*. **~-state** *n.* cenedl-wladwriaeth(-au) *f*, gwladwriaeth *(f)* genedl (gwladwriaethau cenedl), gwladwriaeth genhedlig (gwladwriaethau cenhedlig). **~-wide** *a.* ledled y wlad.

national *a. & n.* **1.** *a.* cenedlaethol, *occ:* gwladol, cenhedlig; *Adm:* **~ status,** dinasyddiaeth *f*, cenedl *f*; *Mil:* **~ service,** gwasanaeth milwrol/cenedlaethol *m*; **~ anthem,** anthem genedlaethol (anthemau cenedlaethol) *f*; **the N~ Debt,** y Ddyled Wladol *f*, Dyled y Wlad; **N~ Insurance,** *usu:* Yswiriant Cenedlaethol *m*, *(preferably):* Yswiriant Gwladol; **N~ Assistance,** *usu:* Cymorth Cenedlaethol *m*, *(preferably):* Cymorth Gwladol; **the N~ Health Service,** *usu:* y Gwasanaeth Iechyd Cenedlaethol, *(preferably):* y Gwasanaeth Iechyd Gwladol; **N~ Savings,** Cynilion Cenedlaethol; **N~ Park,** Parc(-iau) Cenedlaethol *m*; **the N~ Trust,** yr Ymddiriedolaeth Genedlaethol *f*; *U.S:* **the N~ Guard,** y Gwarchodlu Cenedlaethol *m*; **a ~ winner,** enillydd (enillwyr) cenedlaethol *m*; *S.a.* **bank, company, front, guard, party, socialism, socialist, union.** **2.** *n. F:* **the N~ ,** *(i) (Eisteddfod):* yr Eisteddfod Genedlaethol *f*, *F:* y Genedlaethol *f*, y Brifwyl *f*; *(ii) Turf:* **the Grand N~,** y ***Grand National,*** y Ras Fawr Genedlaethol *f*. **3.** *n. (= citizen):* dinesydd (dinasyddion) *m*.

nationalism *n.* cenedlaetholdeb *m*.

nationalist *n. & attrib.* **1.** *n.* cenedlaetholwr (cenedlaetholwyr) *m*, cenedlaeth|olwraig *f*; *(in Wales): F:* Pleidiwr (Pleidwyr) *m*, Pl|eidwraig (Pleidwragedd) *f*. **2.** *attrib.* cenedlgarol, cenedlaetholaidd; *(loosely):* cenedlaethol; **the Welsh N~ Party,** Plaid Genedlaethol Cymru, y Blaid Genedlaethol, *(latterly):* Plaid Cymru, *F:* y Blaid, *F: occ:* y Blaid bach; **~ literature,** llenyddiaeth y cenedlaetholwyr, llenyddiaeth cenedlaetholdeb; **a ~ paper,** papur cenedlaetholwyr.

nationalistic *a.* = **nationalist 2.**

nationality *n.* cenedligrwydd *m (also = nationhood)*; *(= citizenship):* dinasyddiaeth *f*; **he acquired British ~,** daeth yn ddinesydd Prydeinig; *(more correctly):* daeth yn ddeiliad Prydeinig; **he was of French ~,** Ffrancwr ydoedd o ran cenedl; **what is his ~?** o ba genedl y mae? un o ba genedl ydyw? **men of all nationalities,** dynion o bob cenedl [dan haul]; **the various nationalities of America,** amrywiol genhedloedd America.

nationalization *n.*, **nationalize** *v.t. (preferably):* gwladoli; *(often):* cenedlaetholi.

nationalized *a.* gwladol, gwladoledig.

nationally *adv.* yn genedlaethol; *(= throughout the nation):* trwy'r wlad, ledled y wlad.

nationhood *n.* cenedligrwydd *m (also = nationality)*.

native *n. & a.* I. *n.* brodor(-ion) *m*, brodores(-au) *f*; **he speaks Welsh like a ~,** mae'n siarad Cymraeg fel Cymro; **to go ~,** troi'n frodor. II. *a.* **1.** *(qualities &c):* cynhenid, naturiol, cynhwynol; **~ wit,** synnwyr cyffredin [cynhenid]; *(place):* genedigol; **~ language,** mamiaith (mamieithoedd) *f*, iaith frodorol (ieithoedd brodorol) *f*. **~ land/country,** m|amwlad (mamwledydd) *f*; **my ~ land,** gwlad fy ngeni, fy ngwlad enedigol, *Lit: occ:* fy ngenedigol wlad. **2.** *(mineral):* naturiol, crai, pur. **3.** *(plant, pers., costume &c):* brodorol.

nativism *n. Phil:* cynhwynoliaeth *f*.

nativist *n. Phil:* cynhwynolwr: cynhwynolydd (cynhwynolwyr) *m*.

nativity *n.* **1.** *Ecc: (= birth):* genedigaeth(-au) *f*, geni *vn*; **N~,** *(festival):* Gŵyl *(f)* y Geni, y Nadolig *m*; **N~ play,** drama'r Geni. **2.** *Astrol:* h|orosgop (horosgopau) *m*.

natron *n. Ch:* natron *m*.

natter *v.i.& n.* **1.** *v.i.* clebran, sgwrsio, janglo *(pronounced* ng-g), *N:* cloncian, *S. W:* cloncan. **2.** *n.* sgwrs (sgyrsiau) *f*, *N. W: F:* 'gom(-iau) *f*.

natterer *n.* clebrwr (clebrwyr) *m*, clebryn(-nod) *m*, clebren(-nod) *f*, cloncyn(-nod) *m*, cloncen(-nod) *f*, janglwr (janglwyr) *m*, janglen(-nod) *f (both pronounced* ng-g).

nattering *a. & vn.* **1.** *a.* cleberddus, clonclyd, preplyd. **2.** *vn.* = **natter 1.**

natterjack *n. Z: (Bufo calamita):* llyffant(-od, llyffaint) cefnfelyn *m*, llyffant America.

Nattier blue *n. Art:* glas *(m)* Nattier.

nattily *adv.* yn ddestlus *&c.*

nattiness *n.* destlusrwydd *m*.

natty *a.* **1.** *(= neat):* destlus, trwsiadus, taclus, sbriws, fel pin mewn papur, *N. W: occ:* smêc. **2.** = **deft.**

natural *a. & n.* I. *a.* **1.** naturiol; **~ law,** *(i) Phil:* y ddeddf naturiol *f*; *(ii) (= laws of nature):* deddf natur; **~ size,** maintioli naturiol/normal *m*; **~ selection,** dethol *(vn)* naturiol, detholiad naturiol *m*; *F: (of plan &c):* **to die a ~ death,** mynd i'r gwellt, mynd i ddifancoll, mynd yn angof; **~ childbirth,** geni *(vn)* naturiol, genedigaeth(-au) naturiol *f*; *Mth:* **~ number,** rhif(-au) naturiol *m*; *Mus:* **~ note,** nodyn (nodau) naturiol *m*; **~ history,** *(i) (study):* astudiaeth *(f)* natur, astudiaethau *(pl)* natur; *(ii) (= flora & fauna)* byd *(m)* natur, bywyd gwyllt *m*; **~ historian,** naturiaethwr (naturiaethwyr) *m*, natur|iaethwraig *f*; ~

philosophy, gwyddoniaeth *f, occ:* anianeg *f;* ~ **philosopher,** gwyddonydd (gwyddonwyr) *m,* gwydd|onwraig (gwyddonwragedd) *f.* **2.** *(= inborn):* naturiol, cynhenid, *occ:* cynhwynol; **it comes ~ to him,** mae'r ddawn ganddo; mae'n ail natur iddo; mae yn nhoriad ei fogail; *Ph:* ~ **oscillation,** osgiladiad priod *m.* **3.** *(= illegitimate):* anghyfreithlon; ~ **child,** plentyn siawns/anghyfreithlon/gordderch, plentyn trwy'r berth, mab llwyn a pherth. II. *n.* **1.** *A: (= imbecile):* diniweityn (diniweitiaid) *m,* symlyn(-nod) *m,* hurtyn(-nod) *m.* **2. as an actor, he's a ~,** mae'n actor o'i eni; mae'n actor o hil gerdd; mae dawn actio ganddo; mae'n actor greddfol; mae'n actor wrth reddf; mae wedi ei eni'n actor; **he's a ~ for the part,** fe yw'r union un ar gyfer y rhan. **3.** *Mus:* nodyn (nodau) naturiol *m; (sign):* arwydd(-ion) naturiol *m.* **4.** *Cards:* llaw naturiol *f,* dyrnaid naturiol *m; Craps:* tafliad naturiol *m.* **~-born** *a.* o'ch geni, o'ch genedigaeth, cynhenid, o hil gerdd. **~-coloured** *a.* o liw naturiol.

naturalism *n.* naturiolaeth *f.*

naturalist *n.* **1.** *Th: &c:* naturiolwr: naturiolydd (naturiolwyr) *m.* **2.** *(= student of nature):* naturiaethwr (naturiaethwyr) *m,* natur|iaethwraig *f.*

naturalist[ic] *a.* naturiolaidd.

naturalistically *adv.* yn naturiolaidd.

naturalization *n.* **1.** *Adm:* dinasyddiad *m,* dinasyddio *vn,* dinasfreiniad *m,* dinasfreinio *vn, occ:* brodori *vn.* **2.** *Biol:* cynefino *vn.*

naturalize *v.t.* **1.** *Adm:* dinasyddio, dinasfreinio, *occ:* brodori (rhn); derbyn (rhn) yn ddinesydd. **2.** *Biol:* cynefino. **3.** *(= make natural):* naturioli.

naturalized *a.* **1.** *Pol:* dinasfreiniedig, dinasfreiniol, brodoredig; **to become (a ~ Frenchman),** cael eich derbyn, dod (yn ddinesydd Ffrengig). **2.** *Biol:* cynefin.

naturally *adv.* **1.** *(a)* ~ **lazy,** diog wrth natur; ~ **curly hair,** gwallt naturiol fodrwyog; *(b) (to speak, write &c):* yn naturiol. **2.** *(= of course):* yn naturiol, wrth reswm, wrth gwrs, bid siŵr, debyg iawn; **did you answer him? - ~,** a roesoch chi ateb iddo? - do wrth gwrs.

naturalness *n.* naturioldeb *m.*

nature *n.* **1.** natur(-oedd) *f,* anian(-au) *f, occ:* naturiaeth *f,* anianawd *m,* hanfod *m,* **human ~,** y natur ddynol; **man's ~,** natur dyn; ~ **and nurture,** natur a magwraeth; **it is in the ~ of things that ...,** mae'n naturiol bod ...; mae yn nhrefn natur bod ...; trefn natur yw bod ...; **by ~,** wrth natur/naturiaeth, o ran natur/naturiaeth, yn naturiol; **it comes to him by ~,** mae'n dod yn naturiol iddo; **it isn't in his ~ to refuse,** nid yw gwrthod yn ei natur; **good ~,** hynawsedd *m,* rhadlondeb *m,* rhadlonrwydd *m,* natur dda; **ill ~,** mileindra *m,* malais *m,* piwisrwydd *m,* natur ddrwg; **second ~,** greddf *f,* ail natur; *F:* **it's second ~ with him,** mae'n reddf ynddo; mae'n ail natur iddo. **2.** *(= kind, sort):* math(-au) *m;* **sth in the ~ of a reward,** rhyw fath o wobr; **different in ~,** o fath gwahanol, gwahanol o ran natur. **3.** *(= the natural world):* natur *f (often with capital)*; **the laws of ~,** deddfau natur; *Art:* **(to draw) from ~,** (tynnu llun, lluniadu) o'r byw; **to return to ~,** dychwelyd at natur *(not* i natur); **back to ~,** yn ôl at natur; **contrary to ~,** *(= miraculous):* croes i natur, gwyrthiol, annaturiol; **against ~,** *(= immoral):* croes i natur, annaturiol; **a call of ~,** galwad *(f)* natur; **one of ~'s gentlemen,** bonheddwr naturiol *m,* bonheddwr wrth natur; **the debt of ~,** marwolaeth *f;* **a state of ~,** cyflwr naturiol *m.* ~ **conservancy** *n.* gwarchodaeth *(f)* natur, gwarchod *(vn)* natur. **N~ Conservancy Council** *Pr.n.* Cyngor *(m)* Gwarchod Natur. ~ **cure** *n.* iachâd naturiol *m.* **~-printing** *vn.* print o'r byw, printio natur. **N~ religion** *n.* crefydd *(f)* Natur. ~ **reserve** *n.* gwarchodfa (gwarchodf|eydd) *(f)* natur. ~ **study** *n.* astudiaeth(-au) *(f)* natur. ~ **trail** *n.* llwybr(-au) *(m)* natur. ~ **walk** *n.* tro(-eon) *(m)* natur, *occ:* tro trwy'r wig. **N~-worship** *n.* addoli *(vn)* Natur, Natur-addoliad *m.* **N~-worshipper** *n.* addolwr (addolwyr) *m* Natur, add|olwraig (addolwragedd) *(f)* Natur.

naturism *n.* **1. = naturalism. 2.** *(= nudism):* noethlymuniaeth *f.*

naturist *n.* **1. = naturalist 1. 2.** *(= nudist):* noethlymunwr (noethlymunwyr) *m,* noethlym|unwraig *f.*

naturopath *n.* natur-iachäwr (~-iachawyr) *m,* iachäwr (iachawyr) naturiol *m.*

naturopathic *a.* natur-iachaol.

naturopathy *n.* iachâd naturiol *m,* natur-iachâd *m.*

naught *n. & a.* **1.** *n.* dim *m;* **to come to ~,** methu, mynd i'r gwellt, mynd i'r clawdd, mynd i'r wal, *N: F:* mynd yn ffliwt, mynd yn fflemp, *S: F:* mynd yn ffladach/ffrondach; **our plan came to ~,** ni ddaeth dim o'n cynllun; **to bring (sth) to ~,** difetha, distrywio (rhth); **to set the law at ~,** anwybyddu'r/diystyru'r/herio'r gyfraith. **2.** *a.* diwerth, diddim.

naughtily *adv.* **1.** yn ddrwg *&c;* **to behave ~,** camymddwyn, *F:* cambyhafio, bod yn ddrwg. **2.** yn anweddus.

naughtiness *n.* **1.** drygioni *m,* direidi *m.* **2.** *(= indecency):* anwedduster: anweddustra *m.*

naughty *a.* **1.** *(child):* drwg *(comp.forms:* dryced, drycach, drycaf), drygionus, direidus, castiog, *M. W:* drygiog; **a ~ child,** *N. W: occ:* m[a]wrddrwg *m (usu. pronounced* mwrddrwg) **[you] ~ child!** bachgen drwg! *N. W:* y m[a]wrddrwg! **to be a ~ boy,** bod yn fachgen drwg, *N. W: occ:* gwn|eud hogyn drwg; ~ **but nice!** drwg ond da! *S.a.* **ninety. 2.** *F: (story, picture):* anweddus, *S:* brwnt *(f.* bront, *pl.* bryntion).

nauplius *n. Crust:* nawpliws (nawplii) *m.*

Nauru *Pr.n. Geog:* Nawrw *f.*

Nauruan *a. & n.* **1.** *n. (i) Ethn:* Nawrŵad (Nawrŵaid) *m&f; (ii) Ling:* Nawrŵeg *f, m.* **2.** *a.* Nawrŵaidd; *(in language):* Nawrŵeg.

nausea *n.* cyfog *m, occ:* gloesfa *f,* pwys *m,* pwys gloesi/gleisio, *S. W: occ:* gloesygion *pl, Lit:* gloesyctod *m.*

nauseate *v.t.&i.* **1.** *v.t. (a) (= feel disgust at sth):* ffieiddio (rhth); *(b) (= disgust):* codi cyfog/pwys (ar rn). **2.** *v.i. (= feel sick):* cyfogi, teimlo cyfog.

nauseating *a.* cyfoglyd, chwydlyd, ffiaidd, *F:* ych-a-fi, *N. W: occ:* 'sglyfaethus; **I find it ~,** mae'n ddigon â 'ngwneud i'n sâl; mae'n troi arnaf i; mae'n codi pwys arnaf i.

nauseatingly *adv.* yn gyfoglyd *&c.*

nauseous *a.* = **nauseating.**

nauseously *adv.* yn gyfoglyd *&c.*

nauseousness *n.* ffi|eidd-dra *m.*

nautch *n.* dawnsio *(vn)* Indiaidd. ~ **girl** *n.f.* d|awnswraig (dawnswragedd) Indiaidd.

nautical *a.* morwrol, [y] môr; ~ **almanac,** |almanac (almanaciau) *(m)* môr; ~ **mile,** milltir *(f)* fôr (milltiroedd môr); ~ **chart,** map(-iau) *(m)* môr; *Sch:* ~ **school,** ysgol *(f)* fordwyo (ysgolion mordwyo), ysgol forlywio (ysgolion morlywio), ysgol fôr (ysgolion môr).

nautically *adv.* yn forwrol.

nautilus *n. Moll:* cragen *(f)* Bedr (cregyn Pedr), n|awtilws (nawtilysau) *m;* **paper ~,** cragen [Bedr] bapur (cregyn [Pedr] papur).

Navaho, Navajo *n. Ethn:* N|afacho(-s) *m&f.*

naval *a.* llyngesol, morol, morwrol, môr; ~ **architect,** pensaer (penseiri) *(m)* llongau; ~ **bombardment,** tanio *(vn)* o'r môr, tanio o longau; ~ **officer,** swyddog(-ion) *(m)* [yn y] llynges; ~ **forces,** lluoedd *(pl)* môr, morluoedd; ~ **stores,** defnyddiau llyngesol; ~ **power,** nerth llynges/llyngesol; ~ **academy,** ac|ademi forwrol (academïau morwrol) *f;* ~ **engagement,** brwydr *(f)* fôr (brwydrau môr); ~ **base,** canolfan(-nau) *(mf)* llynges.

navarin *n.* stiw(-iau) *m,* n|afarin(-s) *m.*

nave[1] *n. (of wheel):* both(-au) *f.*

nave[2] *n. (of church):* corff (cyrff) *m;* **in the ~,** yng nghorff yr eglwys.

navel *n. Anat:* bogail (bogeiliau) *m in N, f in S; F:* botwm *(m)* bol (botymau boliau); **to contemplate one's ~,** syllu ar eich bogail, bogailsyllu. **~-gazing** *a.* bogailsyllol. ~ **ill** *n. Vet:* clwy(*m*)'r bogail. ~ **orange** *n.* oren bogeiliol/fogeiliog (orennau bogeiliog) *mf.* ~ **string** *n.* llinyn *(m)* bogail (llinynnau bogeiliau).

navelwort *n. Bot: (Umbilicus rupestris):* bogail *(mf)* y Forwyn, bogail Gwener, bogail y bugail, deilen gron *f,* dail *(pl)* ceiniog, dail y gron leiaf, dail cyrn, dail pen bron, bog|eil-lys *m.*

navicert *n.* tystysgrif(-au) *(f)* llong.

navicular *a.* cychog, cychaidd, fel cwch; *Anat:* ~ **bone,** asgwrn cychog *m; Vet:* ~ **disease,** clefyd *(m)* yr asgwrn cychog.

navigability *n. (of river &c):* natur fordwyol *f,* hawster *(m)* tramwyo, rhwyddineb *(m)* tramwyo, mordwyedd *m,* mordwyoldeb *m; (of ship &c):* natur lywiadwy *f,* hawster *(m)* llywio, llywiadwyedd *m,* hwyliadwyedd *m.*

navigable *a. (sea, river):* mordwyadwy, mordwyol; *(ship, balloon):* hwyliadwy, llywiadwy.

navigate *v.t.&i.* **1.** *v.i. (a)* mordwyo, hwylio, morio; *(b) (= find way):* dod o hyd i'r ffordd, cael pen ffordd, chwilio'r ffordd; *(c) (= direct):* dweud y ffordd, cyfarwyddo. **2.** *v.t. (a)* **to ~ (seas),** hwylio, tramwyo (moroedd); *(b) (= steer):* llywio, morlywio.

navigation *n.* **1.** morwriaeth *f*, llongwriaeth *f*, mordwyaeth *f*, mordwyo *vn*, morlywio *vn*; **head of ~,** terfyn (*m*) mordwyo; **~ coal,** glo ager; **~ colliery,** glofa (glof|eydd) (*f*) glo ager; **~ lights,** goleuadau llywio. **2.** *(= navigable river):* camlas (camlesi, camlesydd) *f*, dyfrffordd (dyfrffyrdd) *f*.

navigator *n.* **1.** morlywiwr (morlyw-wyr) *m*, morlywydd(-ion) *m*, mordwywr (mordwywyr) *m*, llywiwr (llyw-wyr) *m*. **2.** *(in car):* cyfeiriwr (cyfeirwyr) *m*, cyf|eirwraig *f*.

navvy *n. & v.i.* **1.** *n.* cloddiwr (cloddwyr) *m*, labrwr(-s, labrwyr) *m*, ceibiwr (ceibwyr) *m*, *F:* nafi(-s) *m*. **2.** *v.i.* labro, cloddio, ceibio, gwn|eud gwaith nafi.

navy *n.* llynges(-au) *f*; **merchant ~,** llynges fasnach (llyngesau masnach); **the Royal N~,** y Llynges Frenhinol. **~ blue** *n. & a.* glas (*m*) y llynges, glas tywyll, *F:* nefi [blw] (*m*). **~ beans** *n.pl.* ffa gwynion. **~ cut** *n.* baco (*m*) llongwr. **N~ List (the)** *n.* Rhestr (*f*) y Llynges.

nawab *n.* nawab(-iaid) *m*.

nay *adv. & n.* **1.** *adv. (a) A: & Lit:* = **no**; *(b) Lit:* **difficult, ~, impossible,** anodd, na, amhosibl; anodd, yn hytrach amhosibl; anodd, amhosibl yn wir. **2.** *n. A:* **I cannot say him ~,** ni allaf mo'i wrthod; ni allaf ddweud "na" wrtho; *N.W: occ:* alla' i mo'i naca fo; **he will not take "~" for an answer,** nid yw'n fodlon derbyn "na" yn ateb; chymer e/o ddim "na" yn ateb; ni chymer mo'i wrthod.

Nazarene *a. & n. B:* **1.** *a.* Nasareaidd. **2.** *n.* Nasaread (Nasareaid) *m&f*.

Nazareth *Pr.n. Geog:* N|asareth *f*.

Nazarite *n. B:* **1.** Nasaread (Nasareaid) *m&f*. **2.** = **Nazirite**.

naze *n.* trwyn(-au) *m*, penrhyn(-ion) *m*.

Nazi *a. & n. Pol: Hist:* **1.** *a.* Natsïaidd, Nazïaidd. **2.** *n.* Natsi (Natsïaid) *m&f*, Nazi (Nazïaid) *m&f*.

Nazification *n.* Natsieiddiad: Nazieiddiad *m*, Natsieiddio: Nazieiddio *vn*.

Nazify *v.t.* Natsieiddio, Nazieiddio.

Nazirite *n. B:* Nasiread (Nasireaid) *m&f*.

Nazism *n. Pol: Hist:* Natsïaeth *f*, Nazïaeth *f*.

né *a.* gynt; **Lord Cwm-sgwt, ~ John Jones,** Arglwydd Cwm-sgwt, gynt John Jones.

Neanderthal *a.* Neanderthalaidd.

neap¹ *a.* **~ tide,** llanw isel *m*, *occ:* llanw bach, nêp *m*, iselfor *m*, *N.W: occ:* marddwr *m*, marwal *m*; **at ~ tide,** ar lanw isel, *N.W: occ:* ar farddwr.

neap² *v.i.&t.* **1.** *v.i. (of tides):* treio, distyll. **2.** *v.t.* **the ship was neaped,** daliwyd y llong ar drai/f|arwddwr.

Neapolitan *a. & n.* **1.** *a.* Naplaidd, o Napoli; **~ ice,** hufen (*m*) iâ seithliw; *Bot:* **~ violet,** fioled bêr ddwbl (fioledau pêr dwbl) *f*. **2.** *n.* Napliad (Napliaid) *m&f*, un o Napoli.

near¹ *adv., prep. & a.* I. *adv.* **1.** *(a)* yn agos (i/at rth), *occ:* yn gyfagos (i/at rth), *Lit:* gerll|aw (rhth), nid nepell (o rth, oddi wrth rth); **to come/draw ~,** dod yn nes, agosáu, nesáu, nesu, *Lit:* dynesu (at rth); **nearer and nearer,** yn nesnes, yn nes ac yn nes (at rth); **he drew nearer,** nesaodd; daeth yn nes; **far and ~,** ym mhobman, ymh|ell ac agos; **~ at hand, ~ by,** o fewn cyrraedd, gerllaw, wrth law, heb fod ymhell, yn ymyl, wrth ymyl; **keep ~ to me,** aros (arhoswch) wrth f'ymyl i; *(b)* **they are ~ of kin,** maent yn berthnasau agos; maent yn perthyn yn agos i'w gilydd. **2. she came ~ to succeeding,** bu bron iddi lwyddo; bu ond y dim iddi lwyddo; daeth yn agos at lwyddo; bu hi agos â llwyddo; **I came ~ to crying,** 'roeddwn ar fin wylo; **as ~ as I can remember,** hyd y cofiaf, hyd y gallaf gofio; **the nearer it came, the bigger it looked,** agosa'n y byd y deuai, mwya'n y byd yr edrychai. II. *prep.* **1.** yn agos (i/at rth); yn ymyl, wrth ymyl, ar bwys, ger (rhth); wrth (rth); *Lit:* gerllaw (rhth); **the houses ~ the mountains,** (y tai) gerllaw'r mynyddoedd, yng nghyffiniau'r mynyddoedd; **nearer the mark,** nes ati; **bring your chair near[er] the rest of us,** dewch â'ch cadair yn nes atom ni; *F:* dowch â'ch cadair yn nes at yr achos; tynnwch eich cadair yn nes. **2. (he was) ~ death,** ('roedd) ar fin marw, ar farw, ar drengi, ar ddarfod amdano, *F:* ym mhorth y fynwent; **the time draws ~ Christmas,** mae'r Nadolig yn nesáu; **to be ~ the end,** tynnu tua'r terfyn, tynnu at ben talar; **it occurs ~ the end,** mae'n digwydd tua'r terfyn; **he came ~ to being run over by a car,** bu'n agos iddo fynd o dan gar; cael a chael nad aeth o dan gar; bu ond y dim iddo gael ei daro gan gar; bu bron i gar fynd drosto; **(the sun is) ~ setting,** (mae'r haul) bron ar fachlud, bron [â] machlud, yn agos at fachlud, bron [â] mynd i lawr; **who comes nearest him in wit?** pwy yw'r agosaf ato o ran ffraethineb? III. *a.* **1.** *(relatives, friends &c):* agos (*comp. forms:* nesed, nes, nesaf, *F:* agosed, agosach, agosaf). **2. the ~ side,** *Aut:* yr ochr (*f*) i mewn, yr ochr agos; **the ~ side wheel,** olwyn yr ochr i mewn; **the ~ side [lane],** y lôn fewnol; *P.N:* **keep to the ~ side [lane],** arhoswch yn y lôn fewnol; **~ work,** gwaith agos *m*; **~ sight,** golwg byr *m*; **in the ~ future,** yn fuan, gyda hyn, toc, yn y dyfodol agos; **the N~ East,** y Dwyrain Agos; **N~ Eastern,** o'r Dwyrain Agos, Agos-Ddwyreiniol. **3. the nearest inn,** y gwesty agosaf; **the nearer of two places,** yr agosaf o ddau le; **the hour is ~,** daeth yr awr; mae hi'n bryd. **4. to go by the nearest road,** dilyn y ffordd gyntaf, dilyn llwybr llygad. **5. a ~ (translation),** (cyfieithiad) agos, manwl gywir, ffyddlon; **a ~ resemblance,** tebygrwydd agos; **a ~ guess,** dyfaliad agos ati; **it is a ~ certainty,** mae bron yn sicr;**~ impossible,** lled amhosibl, bron [â bod] yn amhosibl; **a ~ impossibility,** lled amhosibilrwydd, peth/rhth sydd bron yn amhosibl; **it is a ~ impossibility,** mae bron yn amhosibl; *Wr:* **a ~ fall,** lled-godwm (~-godymau) *mf*; *Opt:* **~ point,** nesafbwynt *m*; **a ~ miss,** methiant agos *m*, methu (*vn*) o ychydig/fymryn, methu o drwch blewyn; **it was a ~ miss,** ni bu ond y dim; **it was a ~ thing,** cael a chael oedd hi. **6.** *(= miserly):* cybyddlyd, llawgaead, crintachlyd. **7.** *in comb.form:* lled- + *soft mut.*; *occ:* go- + *soft mut.*, *e.g. Geog:* **~-bankful,** gogyforlan(-nau) *f*; **~-beer,** lled-gwrw; **~-Communist,** lled-Gomiwnydd, Comiwnydd ond y dim; **~-hysterical,** lled-hysteraidd; **~-sighted,** byrolwg, byr eich golwg, â golwg byr.

near² *v.t.* mynd/dod yn nes, nesáu, nesu, agosáu, *Lit:* dynesu (at rth); **the road is nearing completion,** mae'r ffordd yn nesu at ei chwblhau; mae'r ffordd bron â bod yn barod; maen' nhw bron â chwblhau'r ffordd.

nearby *a. & adv.* **1.** *a.* agos, *Lit:* cyfagos. **2.** *adv.* gerll|aw, wrth ymyl, yn ymyl, yn gyfagos, *S:* ar bwys.

Nearctic *a.* Nearctig.

nearly *adv.* **1.** *(= closely):* yn agos; **we are ~ related,** 'rydym yn perthyn yn agos; 'rydym yn berthnasau agos; *Nat.Hist:* **~ related species,** rhywogaethau yn perthyn yn agos. **2.** *(a) (= almost):* bron, *Lit:* ymr|on; **very ~,** bron iawn, *F:* jest/dest iawn; *F: (before vn.):* jest â, dest â; **I ~ went,** mi fûm i jest/dest â mynd; **it's ~ midnight,** mae hi bron yn hanner nos; **~ everybody,** pawb bron (*not* o'r bron), bron bawb; **~ the whole (of our resources),** bron y cyfan, y cyfan bron (o'n hadnoddau); **it's the same thing or ~ so,** yr un peth yw, ond y dim; **is it ready? - pretty ~,** a ydyw'n barod? - bron iawn; **I ~ caught them,** bu bron i mi eu dal; **I ~ died,** bu bron i mi farw; 'roeddwn i bron [â] marw; *(b)* **she's not ~ so old as you,** nid yw hi agos cyn hyned â chi; mae hi ymhell o fod cyn hyned â chi.

nearness *n.* **1.** agosrwydd *m* (*not* agosatrwydd); *(also, of translation):* cywirdeb *m*, ffyddlondeb *m*. **2.** *(= meanness):* cyb|ydd-dod *m*, crintachrwydd *m*.

nearside *n. & attrib. See* **near¹**.

neat¹ *n. A:* buwch (buchod) *f*, eidion(-nau) *m*, *Coll:* gwartheg, da corniog. **~-herd** *n.* bugail (bugeiliaid) (*m*) gwartheg, *F:* cowmon: cowman (cowmyn) *m*, *A:* heusor(-ion) *m*. **~-house** *n.* beudy (beudái) *m*; *S.a.* **cowshed.** **~'s foot** *n.* troed (*m*) llo, troed eidion. **~'s leather** *n.* lledr (*m*) eidion. **~'s tongue** *n.* tafod (*m*) eidion.

neat² *a.* **1.** *(of liquor):* heb ddŵr; **to drink one's whisky ~,** yfed wisgi ar ei ben ei hun. **2.** *(= tidy &c):* taclus, destlus; *(= orderly):* trefnus, twt, cymen, *F:* del, fel pin mewn papur; **~ handwriting,** ysgrifen daclus; **~ ankles,** fferau lluniaidd/main; **his ~ attire,** ei ddillad taclus/trwsiadus/twt; **as ~ as a new pin,** fel pin mewn papur; **a ~ phrase,** ymadrodd deheuig/bachog; *(pers.):* taclus, twt, trefnus. **~-handed** *a.* deheuig, dehau, *F:* deche, dethe, dechau, dethau.

Neath¹ *Pr.n. W.Geog: (a) (river):* (afon) Nedd *f*; *(b) (town):* Castell (*m*) Nedd. **~ Abbey** *W.Pl.n.* Mynachlog (*f*) Nedd.

neath² *prep. Poet:* = **beneath**.

neatly *adv.* yn daclus, yn drefnus *&c*; **a ~ turned compliment,** c|ompliment deheuig.
neatness 1. taclusrwydd *m*, destlusrwydd *m*, trefn *f*, trefnusrwydd *m*, twtrwydd *m*, cymhendod *m*. **2.** *(of phrase &c):* deheurwydd *m*. **3.** *(of ankles &c):* llun|ieidd-dra *m*, meinder *m*.
neb *n. Scot: & N.Eng: (= beak, spout):* pig(-au) *mf*; *(= nose):* trwyn(-au) *m*; *(= tip):* blaen(-au) *m*.
nebbish *a. & n.* **1.** *a.* swil, ofnus, disylw, lliprynnaidd, llibin. **2.** *n.* llibyn(-nod) *m*, llipryn(-nod) *m*.
Nebuchadnezzar *Pr.n.m. B.Hist:* Nebuchodonosor, Nabuchodonosor.
nebula *n. Astr:* nifwl (nifylau) *m*; **linear ~,** nifwl hirfain/llinellol; **ring ~,** nifwl modrwy; **spiral ~,** nifwl troellog.
nebular *a. Astr:* nifylaidd.
nebulium *n. Ch:* nifyliwm *m*, nebwliwm *m*.
nebulosity *n.* niwl[i]ogrwydd *m*.
nebulous *a.* **1.** *Astr:* nifylaidd. **2.** *Fig:* niwl[i]og, aneglur, cymylog.
nebuly *a. Her:* cymylog.
necessarian *a. & n.* = **necessitarian.**
necessarianism *n.* = **necessitarianism**.
necessarily *adv.* o reidrwydd, o raid, o angenrheidrwydd, yn anorfod, yn anochel.
necessary 1. *a. (a)* angenrheidiol, anhepgor, sy'n rhaid, *occ:* rheidiol; (*comp. forms of* rhaid: rheitied, rheitiach, rheitiaf); **it is ~ to do sth,** rhaid gwneud rhth; **if ~,** os oes/bydd raid/angen/eisiau, a bod rhaid/angen/eisiau, wrth raid; *(b) (= inevitable):* anorfod, anochel. **2.** *n. (a) usu.pl.* angenrheidiau, rheidiau; *(b) P:* **the ~,** arian *m*, pres *m*; *F:* **to do the ~,** talu'r bil.
necessitarian *n. Phil:* rheidiolwr: rheidiolydd (rheidiolwyr) *m*, angenrheidiwr: angenrheidydd (angenrheidwyr) *m*.
necessitarianism *n. Phil:* rheidiolaeth *f*, angenrheidiaeth *f*.
necessitate *v.t.* **1.** *(= make essential):* gwn|eud (rhth) yn angenrheidiol, peri bod angen/eisiau (rhth), peri bod rhaid wrth (rth), golygu (rhth), hawlio (rhth), *occ:* angenrheidio (rhth); **an errand which necessitates going ten miles,** neges sy'n golygu mynd ddeng milltir. **2.** *U.S: (= oblige):* gorfodi.
necessitous *a.* mewn angen, tlawd, anghenus, anghenog.
necessitude *n.* angenoctid *m*, tlodi *m*, caledi *m*, cyni *m*.
necessity *n.* **1.** *(a) (= constraint):* rheidrwydd *m*, angenrheidrwydd *m*, rhaid (rheidiau) *m*, anghenraid (angenrheidiau) *m*; **~ compels me to admit,** mae'n rheidrwydd arnaf gyfaddef; **by ~, out of ~,** o reidrwydd, o angenrheidrwydd, o raid; **of ~,** yn anochel, yn anorfod; **I'm under the ~ of doing sth,** 'rwy'n gorfod gwneud rhth; mae'n rhaid imi wneud rhth; **to make a virtue of ~,** gwneud rhaid yn rhinwedd; *(b) (= need):* angen (anghenion) *m*, anghenraid, eisiau *m*; **in case of ~,** os bydd angen, at angen, rhag ofn y bydd angen, at raid; **there is no ~ for you to come,** 'does dim angen/rhaid/gofyn/eisiau ichi ddod; **~ is the mother of invention,** angen yw mam pob dyfais; **~ knows no law,** angen a dyr ddeddf, angen a ddysg i hen redeg, angen a bair i hen wrach duthio. **2.** = **necessary 2**; **the bare necessities,** yr angenrheidiau lleiaf posibl, y mymryn angenrheidiol; **a car is a ~,** mae car yn anghenraid; mae'n rhaid wrth gar. **3.** *(= poverty):* angenoctid *m*, tlodi *m*, caledi *m*, cyni *m*.
neck[1] *n.* **1.** *(a)* gwddf (gyddfau) *m*, *F: N:* gwddw (gyddfau) *m*, *S:* gwddwg (gydd[y]gau) *m*, *Lit: occ:* mwnwgl (mynyglau) *m*; **the back/nape of the ~,** gwar(-rau) *m in N, f in S*, gwegil(-[i]au) *m*; **a stiff ~,** cric (*m*) yn eich gwar; *S.a.* **bull**[1]; **up to my ~ in work,** hyd at fy nghlustiau mewn gwaith; *F:* **(he's in it) up to his ~,** (mae ef ynddi) hyd at ei glustiau; **to break one's ~,** torri asgwrn eich gwddf, torri'ch gwddf; **to break s.o. else's ~,** torri gwddf rhn, *Lit:* torfynyglu rhn; **to wring a hen's ~,** rhoi tro yng nghorn gwddf iâr, *M.W: occ:* necio iâr; *F:* **to save one's ~,** achub eich croen; *F:* **to talk through the back of one's ~,** siarad lol, lolian, siarad trwy'ch het, siarad dwli, rwdl[i]an, dallgeibio; *See* **nonsense**; *P:* **it gives me a pain in the ~,** mae'n ddiflas i mi; mae'n codi'r felan arna' i; *N.W: occ:* mae'n codi pip arna' i; *S.W:* mae'n tynnu fy nghlustiau i; **he's a real pain in the ~,** mae'n un diflas; mae'n bigyn yn y glust; mae'n boendod; mae'n syrffed; poen o ddyn ydyw; **on the ~ of sth,** *(= immediately after):* ar warthaf rhth; *F:* **to get it in the ~,** ei chael hi'n arw/enbyd/egr, *N.W: occ:* ei chael hi hyd at y gwaltas; **to fall on s.o.'s ~,** syrthio ar war/warthaf rhn; *Rac:* **to win by a ~,** ennill o hyd gwddf; **to stick one's ~ out,** ei mentro hi, mentro'ch pen; **it's ~ or nothing,** rhaid mentro'r cyfan; naill ai gŵr ai dim; **(I'll do it) ~ or nothing,** (fe'i gwnaf) doed a ddelo, costied a gostio; **to finish ~ and ~,** cyrraedd yn gyfartal; *F:* **he's dead from the ~ up,** 'does dim yn ei ben e/o; **a ~ and ~ (race),** (ras) gyfartal, gydwastad, heb neb ar y blaen, ochr yn ochr; **(to throw s.o. out) ~ and crop,** (taflu rhn allan) yn bendramwnwgl, ar ei ben, llwrw'i ben; *(b) Cu:* gwddf; *(c) Dressm:* gwddf *m*; **boat ~,** gwddf bad; **polo-~,** gwddf polo; **round ~,** gwddf crwn; **square ~,** gwddf sgwâr; **V-~,** gwddf V. **2.** *(a) (of bottle &c):* gwddf, gwar; *(of harbour):* culfor(-oedd) *m*, cyfyngfor(-oedd) *m*; *(of uterus):* gwddf, mwnwgl; *Geol:* **volcanic ~,** gwddf folcanig; *(b) (of land):* cyfyngdir(-oedd) *m*, mwnwgl, culdir(-oedd) *m*, gyddfdir(-oedd) *m*; *F:* **this ~ of the woods,** y rhan hon o'r wlad, yr ardal hon, *Joc:* y parthau hyn, *N.W: occ:* y swabiau hyn. **3.** *F:* **you've got a ~ asking that!** un iach wyt ti'n gofyn hynna! mae gen ti wyneb yn gofyn hynna! **4.** *(= last sheaf of corn cut):* gwrach(-od) *f*, caseg (*f*) fedi (cesig medi). **~-band** *n.* gwddf (gyddfau) *m*, coler(-i) *fm*, band(-iau) (*m*) crys, band gwddf. **~-cloth** *n.* crafat(-iau) *m*, cadach(-au) (*m*) gwddf. **~-verse** *n. Hist:* gyddfwers(-i) *f*. **~-wear** *n. Com:* teis *pl*, crafatiau *pl*, gyddflieiniau *pl*.
neck[2] *v.i. F:* cusanu, caru, *S.W:* labswcho, labswchan, *N:* labsochian, llobsochian, swsio, llyfu a swsio; **there they were necking in the corner,** dyna ble 'roeddynt yn llyfu'i gilydd yn y gornel.
necked *a.* â gwddf, gyddfog; **bull-~,** gwardew, gwargryf, â gwddf/gwar fel tarw; **long-~,** gyddfhir, gwddf hir, gyddfog; **short-~,** gyddfyr, gwddf-fyr; **stiff-~,** gwargaled, gwarsyth, ystyfnig, cyndyn, pengaled (*pronounced* ng-g), *occ:* di-ddweud; **V-~,** â gwddf V; **wry-~,** gyddfgam, gyddfdro.
neckerchief *n.* gyddfliain (gyddflieiniau) *m*, cadach(-au) (*m*) gwddf, ffunen(-nau,-ni) *f*.
necking *n. & vn.* **1.** *n. Arch:* mo[w]ldin (*m*) gwddf. **2.** *vn.* = **neck**[2].
necklace *n.* cadwyn(-i) *f* [am y gwddf]; *the forms* cadwen, cadwan *are in common use*; *N.W:* mwclis *pl*.
necklet *n.* gyddfdlws (gyddfdlysau) *m*, gyddfdorch(-au) *f*.
neckline *n.* gwddf (gyddfau) *m*, gyddflin(-au) *f*.
necktie *n.* tei(-s) *mf*.
necrobiosis *n.* madredd *m*, pydredd *m*.
necrogenic *a.* *corffdarddol.
necrolatry *n.* meirw-addoliad *m*, meirw-addoliaeth *f*, addoli(*vn*)'r meirw.
necrological *a.* coffa, coffhaol.
necrologist *n.* coffäwr (coffawyr) *m*, awdur(-on) (*m*) ysgrifau coffa.
necrology *n.* *(= list):* cofrestr (*f*) y meirwon (cofrestri'r meirwon, cofrestrau'r meirwon); *(= obituary):* ysgrif (*f*) goffa (ysgrifau coffa), llith (*mf*) coffa/goffa (llithoedd coffa).
necromancer *n.* codwr (codwyr) (*m*) y meirwon, consuriwr (consurwyr) (*m*) y meirwon.
necromancy *n.* meirw-ddewiniaeth *f*, dewindabaeth *f*, *A.* n|igromans: nigrom|ans *m*.
necromantic *a.* meirw-ddewinol, necromantig.
necrophagous *a.* corffysol.
necrophagy *n.* corffysu *vn*, bwyta (*vn*) cyrff.
necrophile *n.* corffgarwr (corffgarwyr) *m*, corffg|arwraig *f*.
necrophilia *n.* corffgarwch *m*.
necrophilous *a.* corffgarol, necroffilig.
necrophily *n.* = **necrophilia.**
necropolis *n.* mynwent(-ydd) *f*, tre(*f*)'r meirw, dinas (*f*) y meirwon.
necropsy, necroscopy *n.* = **autopsy**.
necrose *v.i.* madru.
necrosis *n.* necrosis *m*, madredd *m* [esgyrn].
necrotic *a.* necrotig, madreddog.
necrotize *v.i.* madru.
nectar *n.* neithdar *m*.
nectarean, nectared, nectar[e]ous *a.* neithdaraidd, neithdarog.
nectariferous *a.* neithdarog, neithdarddwyn, llawn neithdar.
nectarine *n.* nectarîn (nectarinau) *f*, *neithdaren(-nau) *f*, eirinen (*f*) fetus (eirin betus), eirinen nectarîn.
nectary *n.* neithdarfa (neithdarf[eydd) *f*.
Ned *Pr.n.m.* Ned, Nedw.
Neddy *n.* *(= donkey):* mul(-od) *m*, asyn(-nod) *m*, Nedw *m*, Nedi *m*.

neé *a.* gynt; **Gwen Williams, *née* Jones,** Gwen Williams, Jones gynt.

need[1] *n.* **1.** angen (anghenion) *m*, eisiau *m*; **if ~[s] be, in case of ~,** os bydd angen, os bydd eisiau, rhag angen, wrth angen, at raid; **I have ~ of it,** mae ei eisiau/angen arnaf; mae arnaf ei eisiau/ angen; **what ~ is there to go?** pa angen/raid/eisiau mynd? **no ~ to say that . . .,** dim angen dweud bod . . .; afraid dweud bod . . .; **you had no ~ to speak,** nid oedd angen/raid/eisiau i chi siarad; **I had ~, I was in ~ (of sth),** 'roedd arnaf angen (rhth); **a building badly in ~ of repairs,** adeilad ac arno fawr angen ei atgyweirio; **I have no ~ of your help,** 'does arna' i ddim angen eich help chi; **my needs are few,** prin yw f'anghenion; nid oes angen llawer arnaf; **in times of ~,** mewn angen, pan fo angen. **2.** *(= neediness):* angen *m*, angenoctid *m*; **in ~,** mewn angen.

need[2] *v.t.&i.* **1.** *v.t. (a) (of pers.):* bod ag angen rhth, bod mewn angen rhth; *(also, of thing):* gofyn rhth; **I ~ a holiday,** mae angen gwyliau arnaf; **this door needs painting,** mae angen/ gofyn/eisiau peintio'r drws hwn; mae ar y drws hwn eisiau ei beintio; **a much needed lesson,** gwers yr oedd ei mawr angen, gwers angenrheidiol iawn; **(don't be longer) than you ~ to,** (paid â bod yn hwyrach) nag sydd ei angen, nag sydd raid; *(b)* **they ~ to be told everything,** rhaid dweud popeth wrthynt; **you needed only to ask,** 'doedd raid i chwi ond gofyn. **2.** *Modal Aux:* **~ he go?** a oes raid/angen iddo fynd? **he needn't go, ~ he?** 'does dim angen/raid iddo fynd, nac oes? **you ~ not wait,** [ni] waeth i chwi heb ag aros; **I ~ hardly tell you,** nid oes raid/angen imi ddweud wrthych; prin y mae'n rhaid imi ddweud wrthych; prin bod rhaid imi ddweud wrthych; **why ~ he bother us?** pa angen sydd iddo ein poeni? paham y dylai ein poeni? **3.** *Impers:* **it needed the horrors of war to open our eyes,** bu'n rhaid wrth erchyllterau'r rhyfel i agor ein llygaid.

needful *a.* angenrheidiol, hanfodol; **as much as is ~,** cymaint ag sydd ei angen; *F:* **to do the ~,** gwneud yr hyn sydd raid; *F:* **to supply the ~,** rhoi'r arian angenrheidiol.

needfulness *n.* angenrheidioldeb *m.*

neediness *n.* angen *m*, angenoctid *m*, eisiau *m*, cyni *m.*

needle[1] *n.* **1.** *(sewing):* nodwydd(-au) *f*, nodwydd ddur (nodwyddau dur); **the eye of a ~,** crau (creuau) *(m)* nodwydd; **to look for a ~ in a haystack,** chwilio am nodwydd mewn tas wair; **as sharp as a ~,** mor llym â nodwydd [ddur]; **between ~,** nodwydden *f*; **crewel ~,** nodwydd frodio (nodwyddau brodio); **darning ~,** nodwydd ddur 'sanau (nodwyddau dur 'sanau), nodwydd greithio (nodwyddau creithio); **embroidery ~,** nodwydd frodwaith (nodwyddau brodwaith); **etching ~,** nodwydd ysgythru; **harness ~,** nodwydd harnais; **machine ~,** nodwydd beiriant (nodwyddau peiriant); **sewing ~,** nodwydd wnïo (nodwyddau gwnïo); **swing ~,** nodwydd sigl; **upholstery ~,** nodwydd glustogwaith (nodwyddau clustogwaith); **whip-stitching ~,** nodwydd pwyth chwipio. **2.** *(knitting):* gwäell: gweyllen (gwëyll) *f*, gweillen: gwiallen (gweill) *f*, *M.W: occ:* gwachell(-au,-i, gwechyll) *f.* **3. Cleopatra's N~,** Colofn *(f)* Cleopatra. **4.** *F:* **he gives me the ~,** mae'n dân ar fy nghroen i; mae'n bigyn yn fy nghlust i. **5.** *Bot:* **Adam's ~, beggar's ~, shepherd's ~,** *(Scandix pecten-veneris):* nodwydd *(f)* y bugail, creithig *mf.* **6.** *attrib. F:* **~ game, ~ match,** gornest bigog *f*, gornest gynhennu. **~-bath** *n.* cawod bigog (cawodydd pigog) *f.* **~-book** *n.* llyfr(-au) *(m)* nodwyddau. **~-case** *n.* cas(-ys) *(m)* nodwyddau. **~-file** *n.* ffeil(-iau) *(f)* nodwydd. **~-fish** *n. Ich:* môr-nodwydd(-au) *f.* **~-furze** *n. Bot: (Genista):* eithin *(pl)* y gath, eithin yr ieir. **~-grass** *n. Bot: (Aristida oligantha):* nodwyddwellt *m.* **~-gun** *n. Sm.a:* dryll(-iau) *(m)* nodwydd, gwn (gynnau) *(m)* nodwydd. **~-holder** *n. Surg:* peth(-au) *(m)* dal nodwydd. **~-lace** *n.* les *(f)* nodwyddau. **~-ivy** *n. Bot: (Hedera helix sagittaefolia):* eiddew blaenllym *m.* **~-point** *n.* blaen *(m)* nodwydd (blaenau nodwyddau). **~-pointed** *a.* blaenllym (*f.* blaenllem, *pl.* blaenllymion), pigfain. **~-shell** *n. (Bittium reticulatum):* cragen (cregyn) *(f)* agor, ebill(-ion) *(m)* môr. **~ valve** *n.* falf(-iau) *(f)* nodwydd. **~-weave** *v.i.* gwehyddu [â] nodwydd. **~-woman** *n.f.* gwniadyddes(-au) *f*, gwni|adwraig (gwniadwragedd) *f*, nodwyddes(-au) *f.*

needle[2] *v.i.&t.* **1.** *v.i.&t.* gwnïo. **2.** *v.t. (= irritate):* pigo, pryfocio; **it needles me,** mae'n fy mhoeni i.

needlecord *n.* melfaréd main *m*, r[h]ib main *m.*

needlecraft *n.* crefft *(f)* gwnïo, crefft nodwyddau, crefft edau a nodwydd.

needled *a.* **1.** wedi'ch pigo. **2.** *See* **carpet[1]**.

needleful *n.* nodwyddaid (nodwyddeidiau) *f*; llond *(m)* nodwydd.

needler *n.* **1.** *(= maker):* nodwyddwr (nodwyddwyr) *m.* **2.** *(= teaser):* pryfociwr (pryfocwyr) *m*, pryf|ocwraig *f.*

needless *a.* diachos, diangen, dieisiau, dianghenraid, di-alw-amdano/amdani *&c*, afraid, afreidiol, ofer; **~ to say,** nid oes angen dweud; afraid dweud.

needlessly *adv.* yn ddiangen *&c*; heb fod angen/eisiau.

needlessness *n.* oferedd *m*, afreidioldeb *m.*

needlework *n.* gwnïo *vn*, gwaith *(m)* gwnïo, gwniadwaith *m*, nodwyddwaith *m.*

needments *n.pl.* anghenion, angenrheidiau.

needs *a. & n.* **if ~ must,** os oes raid; *Lit:* **I must ~ obey,** rhaid imi ufuddhau; nid oes imi ond ufuddhau; **~ must when the devil drives,** angen a bair i'r wrach duthio; angen a yrr yr hen i redeg; **(he had no money), but what must she ~ do but marry him,** ('doedd ganddo'r un geiniog) ond fe fynnodd hi ei briodi, fe fu'n rhaid iddi gael ei briodi.

needy *a.* anghenus, anghenog, mewn angen.

ne'er *adv. Poet:* = **never. ~-do-well** *n.* dyn da i ddim *m*, dyn diffaith, pwdryn (pwdrod) *m.*

nefarious *a.* ysgeler, drygionus, anfad.

nefariously *adv.* yn ysgeler *&c.*

nefariousness *n.* ysgelerder: ysgelerdra *m*, drygioni *m*, anfadrwydd *m.*

negate *v.t.* **1.** *(= deny):* gwadu bodolaeth (rhth), nacáu (rhth). **2.** *(a law):* negyddu, dirymu.

negation *n.* nacâd *m*, negyddiad *m*, gwadiad *m*; *vn.* = **negate.**

negationist *n.* negyddwr (negyddwyr) *m*, neg|yddwraig *f.*

negative[1] *a.* negyddol, nacaol; *Ph: El:* negyddol, n|egatif; *El:* **~ electrode,** cathod(-au) *m*; **a ~ answer,** ateb nacaol; **a ~ proposition,** gosodiad nacaol; **a ~ attitude,** agwedd negyddol; **a ~ virtue,** rhinwedd negyddol; **a ~ result,** canlyniad negyddol; **~ quantity,** dim *m.*

negative[2] *n.* **1.** *Gram:* negydd(-ion) *m*; **to answer in the ~,** ateb "na", ateb yn y nacaol; **the answer is in the ~,** "na" yw'r ateb. **2.** *Phot:* n|egatif (negatifau) *m.*

negative[3] *v.t.* **1.** *(= oppose):* nacáu, gomedd, gwrthwynebu, gwrthod. **2.** *(= refute):* nacáu, gwadu, gwrth-ddweud, gwrthbrofi. **3.** *(= neutralize):* negyddu, dirymu, gwrth-wn|eud.

negatively *adv. Gram: Pol: &c:* yn nacaol; *Ph: El: Gram:* yn negyddol.

negativeness *n.* negyddoldeb *m*, natur negyddol/nacaol *f.*

negativism *n.* negyddiaeth *f.*

negativist *n.* negyddwr (negyddwyr) *m*, neg|yddwraig *f.*

negativistic *a.* negyddol, negyddiaethol.

negativity *n.* negyddoldeb *m.*

negatory *a.* nacaol, negyddol.

negatron *n. Ph:* n|egatron (negatronau) *m.*

neglect[1] *n.* **1.** *(a) (= disregard of duty &c):* esgeulustra *m*, esgeuluster *m*, esgeulustod *m*, diystyrwch *m*, dibristod *m*, diofalwch *m*; **from ~,** trwy esgeulustod; **~ of one's duties,** esgeuluso'ch dyletswyddau; *(b)* **to die in total ~,** marw mewn esgeulustod llwyr, marw'n ddiymgeledd. **2.** *(= carelessness):* diofalwch *m*, esgeulustod *&c.*

neglect[2] *v.t.* esgeuluso, anwybyddu, anghofio, diystyru; **to ~ an opportunity,** esgeuluso/colli cyfle; **to ~ to do sth,** esgeuluso rhth, peidio â gwneud rhth.

neglected *a.* diymgeledd, anghofiedig, angof, *occ:* esgeulusedig, a esgeuluswyd; *(garden &c):* aflêr, anniben, diffaith; **a ~ garden,** gardd heb ei thrin; **a ~ writer,** awdur a gafodd ei ddiystyru/ ddibrisio; **a ~ child,** plentyn wedi cael cam, plentyn heb gael gofal; **a ~ dress,** gwisg flerllyd; **she felt ~ by her husband,** teimlai nad oedd ei gŵr yn rhoi sylw iddi.

neglectful *a.* esgeulus.

neglectfully *adv.* yn esgeulus.

néglígé, negligee *n. Cost:* ***néglígé[e](-s)*** *mf.*

negligence *n.* **1.** esgeulustod *m*, diofalwch *m*; *S.a.* **neglect[1]**. **2.** *(= nonchalance):* diofalwch, difrawder *m.*

negligent *a.* **1.** esgeulus, diofal. **2.** *(= nonchalant):* didaro, difraw, difater, iach, *F: N.W. occ:* côm.

negligently *adv.* yn esgeulus *&c.*

negligible *a.* dibwys, *occ:* esgeulusadwy, anwybyddadwy.

negotiable *a.* **1.** *Fin: (cheque &c):* cyfnewidiadwy, trosglwyddadwy; **not ~,** anghyfnewidiadwy, anhrosglwyddadwy. **2.** *(fence, obstacle, road &c):* tramwyadwy, y gellir ei groesi/chroesi *&c*, y gellir ei dramwyo/thramwyo *&c*. **3.** *(conditions of agreement, pay &c):* trafodadwy, agored i'w trafod, agored i drafodaeth, y gellir eu trafod.

negotiant *n.* = **negotiator.**

negotiate *v.t.&i.* **1.** *v.t. (a) (a loan, a settlement): (= discuss):* trafod telerau (rhth); *(= obtain):* ennill, sicrh|au, trefnu (rhth); cytuno, dod i delerau (ar rth); **a settlement was negotiated,** caed cytundeb drwy drafodaeth; daethpwyd i delerau; *(b) (a cheque):* cyfnewid, trosglwyddo; *(c) (an obstacle):* goresgyn, croesi (rhth); dod dros (rth); **to ~ a difficulty,** dod dros anhawster, cael gwared â'r anhawster; *Aut:* **to ~ a bend,** cymryd tro. **2.** *v.i.* trafod, cyflafareddu, cyd-drafod, cynhadlu.

negotiation 1. *(of treaty, loan &c):* trafodaeth(-au) *f*, trafod *vn*; **under ~,** yn cael ei drafod, yn destun trafodaeth; **by ~,** trwy drafod/drafodaeth; **price a matter of ~,** pris i'w drafod; **to enter into/upon negotiations with s.o.,** cychwyn trafodaethau â rhn. **2.** *(of obstacle &c):* llwyddiant *(m)* i ddod dros rth, goresgyn *(vn)* rhth, datrys *(vn)* rhth, dod *(vn)* dros rth.

negotiator *n.* *(of treaty &c):* trafodwr (trafodwyr) *m*, traf|odwraig *f*, cynnadleuwr (cynnadleuwyr) *m*, cynnadl|euwraig *f*, cyflafareddwr (cyflafareddwyr) *m*, cyflafar|eddwraig *f*.

Negress *n.f.* dynes ddu (merched duon), benyw ddu (benywod duon), merch ddu (merched duon), gwr|aig ddu (gwragedd duon), *occ:* negroes(-au), *F:* blaces(-au), blacen(-nod).

Negrillo *n. Ethn:* Negrilo(-s) *m&f*.

Negrito *n. Ethn:* Negrito(-s) *m&f*.

Negritude *n.* Negroeiddiwch *m*, Negroaeth *f*.

Negro *a. & n.* **1.** *a. (a)* Negroaidd; *(b)* **n~**, *Z:* du. **2.** *n.* Negro(-aid) *m*, dyn du (dynion duon) *m*. **~ bug** *n. Ent: (Thyreocoris scarabeoides):* tarianbryf du (tarianbryfed duon) *m*. **~-head** *n. (tobacco):* baco *(m)* plwg du.

Negrohood *n.* Negroeiddiwch *m*.

Negroid *a.* Negroaidd.

Negroism *n.* Negroaeth *f*.

Negrophile *n.* Negro-garwr (~-garwyr) *m*, Negro-g|arwraig *f*.

Negrophilia *n.* Negro-garwch *m*.

Negrophobe *n.* Negro-gasäwr (~-gasawyr) *m*, Negro-gasawraig *f*.

Negrophobia *n.* Negro-gasineb *m*, ofn *(m)* dynion duon.

Negus[1] *n. Pol:* Ymerawdwr (Ymerawdwyr) *m*, Ymherodr (Ymerodron) *m*.

negus[2] *n. (wine):* gwin poeth *m*.

neigh *n. & v.i.* **1.** *n.* gweryriad(-au) *m*. **2.** *v.i.* gweryru.

neighbour[1] *n. & attrib.* **1.** *n.* cymydog (cymdogion) *m*, cymdoges(-au) *f*; **beggar-my-~,** *(a)* byw ar fenthyg; *(b) Cards:* (*)cipio'r cwbl. **2.** *attrib.* cymdogol, nesaf [atoch *&c*].

neighbour[2] *v.i.* cyfinio, ffinio (â rhth); bod yn agos/gyfagos (i/at rth).

neighbourhood *n.* **1.** *(= where one lives):* cymdogaeth(-au) *f*, bro(-ydd) *f*. **2.** *(= region):* ardal(-oedd) *f*, cyffiniau *pl*, ochrau *pl*, *N.W: F: occ:* swabiau *pl*, mograu *pl*; **a friendly ~,** cymdogaeth dda; **fruit grown in that ~,** ffrwythau a dyfwyd yn yr ardal honno; **all the youth of the ~,** holl bobl ifanc y gymdogaeth/fro. **3.** *(= nearness): F:* **sth in the ~ of ten pounds,** rhth yn agos i/at ddeg punt, tua deg punt, rhyw ddeg punt; **in the ~ of the town,** yng nghyffiniau'r dref; **to live in the ~ of a place,** byw yn agos i/at rywle, byw yng nghyffiniau rhywle. **~ watch scheme** *n.* cynllun(-iau) *(m)* gwarchod cymdogaeth.

neighbouring *a.* agos, cyfagos, cymdogol.

neighbourliness *n.* natur gymdogol *f*, cymwynasgarwch *m*, cymdogrwydd *m*, cymdogaeth dda *f*.

neighbourly *a.* cymdogol, cymwynasgar.

neighing *vn.* gweryriad *m*, gweryru.

neither *adv., conj., a., & pron.* **1.** *adv. & conj. (a)* **neither ... nor ...,** ni ... na[c], na[c] ... na[c]; nac *is pronounced* nag; na *is foll. by the spirant mut.*; **he will ~ eat nor drink,** ni fyn[n] ef na bwyta nac yfed; ni fyn[n] fwyta nac yfed; **it's ~ here nor there,** nid yw nac yma nac acw; nid yw o unrhyw bwys; **he had ~ dog nor cat,** nid oedd ganddo na chi na chath; *(b)* **if you don't go, ~ shall I,** os nad ewch chi, yna nid af innau chwaith; **I can't see her - me ~!** wela' i mohoni - na finnau chwaith! *(c)* = **nor 1. 2.** *a. & pron* *(of two):* y naill na'r llall, yr un; **~ of them knows,** ni ŵyr yr un ohonynt; ni ŵyr y naill na'r llall ohonynt; **on ~ side was there room,** nid oedd lle ar y naill ochr na'r llall; nid oedd lle ar yr un o'r ddwy ochr.

nekton *n.* necton *m*.

nelly 1. = **petrel. 2.** *F:* **not on your ~!** ddim ar gyfrif yn y byd!

nelson[1] *n. Wr:* codwm (codymau) *(m)* gwar; **a half-~,** hanner *(m)* codwm gwar; *(in weakened sense):* **he had me in a half-~,** yr oedd wedi fy nal yn dyn[n].

Nelson[2] *W.Pl.n.* Ffos *(f)* y Gerddinen.

nelumbo *n. Bot:* nelwmbo(-s) *m*.

nematocyst *n Biol:* nem|atosyst (nematosystau) *m*.

nematode *n. Biol:* n|ematod (nematodau) *m*; *Agr:* **potato cyst-~** llyngyr *(pl)* tatws.

nembutal *n. R.t.m:* ***nembutal*** *m*.

nem. con. *Lt.adv.phr.* yn ddiwrthwynebiad, heb neb yn erbyn.

Nemean *a. Gr.Ant:* Nemeaidd, [o] Nemea.

nemertine *a. & n.* **1.** *a.* nemertaidd. **2.** *n.* nemertiad (nemertiaid) *m&f*.

nemesia *n. Bot:* nemesia(-s) *m*.

nemesis *n.* dialedd *m*, cosb *f*, cosbedigaeth *f*, barn *f*, barnedigaeth *f*, n|emesis *m*; **he met his ~,** daeth ei gosb arno.

nene *n. Orn:* gŵydd (gwyddau) nene *f*.

Nennian *a. W.Hist:* **the ~ account of the fall of Britain,** adroddiad Nennius am goll Prydain.

nenuphar *n. Bot:* = **water-lily.**

neo- *pref.* newydd- *(with soft mut.)*, neo- *(occ: with soft mut.)*; *occ:* newydd(-ion) *(used as a. after n.)*. **~-Cambrian** *a. Geol:* neo-Cambriaidd. **~-classical** *a.* neo-glasurol, newydd-glasurol. **~-classicism** *n.* neo-glasur[i]aeth *f*, newydd-glasur[i]aeth *f*, clasur[i]aeth newydd *f*. **~-classicist 1.** *a.* = **neo-classical. 2.** *n.* neo-glasurwr: neo-glasurydd (~-glasurwyr) *m*, newydd-glasurwr: newydd-glasurydd (~-glasurwyr) *m*, clasurwr/clasurydd (clasurwyr) newydd *m*. **~-colonialism** *n.* neo-wladychiaeth *f*. **~-colonialist 1.** *a.* neo-wladychol, neo-wladychiaethol. **2.** *n.* neo-wladychwr: neo-wladychydd (~-wladychwyr) *m*. **~-fascism** *n. Pol:* neo-ffasgaeth *f*, ffasgaeth newydd *f*. **~-fascist 1.** *n.* neo-ffasgydd (~-ffasgiaid) *m*. **2.** *a.* neo-ffasgaidd. **~-Gothic** *a.* neo-Gothig. **~-Hellenism** *n.* neo-Heleniaeth *f*. **~-impressionism** *n.* neo-argraffiadaeth *f*. **~-Latin** *n. & attrib.* Lladin newydd *(m)*. **~-Melanesian** *n. Ling:* neo-Melaneseg *f*, *m*. **~-Nazi** *Pol:* **1.** *n.* neo-Natsi (~-Natsïaid) *m&f*, neo-Nazi (~-Nazïaid) *m&f*. **2.** *a.* neo-Natsïaidd, neo-Nazïaidd. **~-Nazism** *n. Pol:* neo-Natsïaeth *f*, neo-Nazïaeth *f*, Natsïaeth/Nazïaeth newydd *f*. **~-orthodox** *a.* newydd-uniongred *(pronounced* ng-g). **~-orthodoxy** *n.* uniongrededd newydd *m (pronounced* ng-g). **~-Platonism** *n.* neo-Platoniaeth *f*, Platoniaeth newydd *f*. **~-Platonist 1.** *n.* neo-Platonydd (~-Platoniaid) *m&f*, Platonydd (Platoniaid) newydd *m*. **2.** *a.* neo-Platonaidd, newydd-Blatonaidd. **~-scholastic 1.** *n.* neo-sgolastig(-iaid) *m&f*, ysgolwr (ysgolwyr) newydd *m*. **2.** *a.* neo-sgolastig, newydd-ysgolaidd. **~-scholasticism** *n.* neo-sgolastigiaeth *f*, sgolastigiaeth newydd *f*, ysgoliaeth newydd *f*. **~-Thomism** *n.* Thomistiaeth newydd *f*, neo-Thomistiaeth *f*. **~-Thomist 1.** *n.* neo-Thomist(-iaid) *m&f*. **2.** *a.* neo-Thomistaidd.

neodymium *n. Ch:* neodymiwm *m*.

neolith *n.* neolith(-au) *m*.

neolithic *a.* neolithig; **the N~ Age,** Oes Newydd y Cerrig.

neologian *a. & n.* **1.** *a.* neologaidd. **2.** *n.* neologydd(-ion) *m*.

neologism *n.* **1.** *Ling:* newyddair (newyddeiriau) *m*, gair (geiriau) *(m)* gwn|eud/gwneuthur. **2.** *Theol:* neologiaeth *f*.

neologist *n.* = **neologian.**

neologize *v.i.* bathu geiriau.

neomycin *n. Pharm:* neomysin *m*.

neon *n. Ch:* neon *m*.

neonatal *a.* newydd-anedig, newydd-enedigol.

neonate *n.* plentyn (plant) newydd-anedig *m*.

neontologist *n.* neontolegwr: neontolegydd (neontolegwyr) *m*.

neontology *n.* neontoleg *f*.

neopentane *n. Ch:* neopentan *m*.

neophron *n. Orn:* fwltur(-iaid) gwyn *m*.

neophyte *n.* newyddian(-od) *m*.

neoplasm *n. Med:* neoplasm *m*.

neoplastic *a.* neoplastig.

neoplasticism *n. Art:* neoplastigiaeth *f.*
neoprene *n.* n|eopren *m.*
neoteny *n. Biol:* ne|oteni *m.*
neoteric *a.* diweddar, newydd, modern, newyddgoeg, ffasiwn newydd.
neotropical *a.* neodrofannol.
neotype *n. Biol:* n|eoteip (neoteipiau) *m.*
neozoic *a. Geol:* neosöig.
Nepal *Pr.n. Geog:* Nep|al *f.*
Nepalese, Nepali *a.* & *n.* **1.** *a.* Nepalaidd, [o] Nep|al; **the ~ government,** llywodraeth Nepal; **he's ~,** Nepali ydyw; un o Nepal ydyw; *(in language):* Nepali, Nepaleg. **2.** *n. (a) Ethn:* Nepali(-aid) *m&f*; *(b) Ling:* Nepali *f,* Nepaleg *f, m.*
nepenthean *a.* nepenthaidd.
nepenthe[s] *n. (drug):* nepenth *m.*
nepenthes *n. Bot:* piserlys(-iau) *m.*
neper *n. Meas: Ph: Mth:* neper(-au) *m.*
nephelometer *n.* neffelomedr(-au) *m.*
nephelometric *a.* neffelomedrig.
nephelometry *n.* neffelomedreg *f.*
nephew *n.* nai (neiaint, *occ:* neiod) *m*; **great-~,** gor-nai.
nephology *n.* cymyleg *f.*
nephrectomy *n. Surg:* codi (*vn*) aren[-nau], arengodiad(-au) *m* (*pronounced* ng-g), neffr|ectomi (neffrectomïau) *m.*
nephrite *n. Miner:* = **jade²**.
nephritic *a. Med:* neffritig, arennol.
nephritis *n. Med:* llid (m) yr arennau, arennwst *m*, neffritis *m.*
nephrology *n. Med:* arenneg *f.*
nephrotomy *n. Surg:* arendrychiad *m.*
ne plus ultra *n.* **1.** *(= obstacle):* rhwystr(-au) *m.* **2.** *(= prohibition):* gwaharddiad(-au) *m.* **3.** *(= furthest point):* terfyn(-au) *m*, pen pellaf *m*, eithaf(-oedd) *m*, eithafbwynt(-iau) *m.* **4.** *(= highest point):* uchafbwynt(-iau) *m*, anterth(-au,-oedd) *m*, pinacl(-au) *m.* **5.** *(= perfection, perfect thing):* perffeithrwydd *m*, peth(-au) perffaith *m.*
nepotism *n.* neigaredd *m*, neigarwch *m*, nepotiaeth *f.*
nepotist *n.* & *attrib.* **1.** *n.* neigarwr (neigarwyr) *m*, nepotydd (nepotiaid) *m.* **2.** *attrib.* neigarol, nepotaidd.
Neptune *Pr.n.* **1.** *Myth:.* Neifion *m.* **2.** *Astr:* [y blaned *f*] Neifion.
Neptunian *a.* & *n.* **1.** *a.* Neifionaidd. **2.** Neifionydd(-ion) *m.*
Neptunist *n.* Neifionydd(-ion) *m.*
neptunium *n. Ch:* neptwniwm *m.*
nerd *n. F:* llipryn(-nod) *m*, gwlanen(-ni,-nod) *m*, brechdan(-au) *f*, crys(-au) *m.*
nereid *n.* **1.** *Myth:* môr-dduwies(-au) *f*, môr-riain (~-rianedd) *f.* **2.** *Z:* môr-gantroed(-iaid) *m*, cantroed(-iaid) (*m*) môr.
nerine *n. Bot:* nerina (nerinâu) *m*, lili(-s, liliau) (*f*) Guernsey.
nerite *n. Conch:* cragen (cregyn) (*f*) neidr.
nerka *n. Ich:* = **sockeye.**
nero antico *n.* marmor du *m.*
neroli *n.* neroli *m.*
Neronian *a.* Neronaidd, fel Nero.
Nerquis *W.Pl.n.* Nercwys *m.*
nervate *a. Bot:* asennog.
nervation *n. Bot:* asennau *pl.*
nerve¹ *n.* **1.** *Anat:* gieuyn: giewyn (gïau) *m*, nerf(-au) *fm*; **motor ~,** nerf echyddygol. **2.** *F:* **nerves,** nerfusrwydd *m*, nerfau *pl*; **in a state of nerves,** yn nerfus, ar bigau drain, fel gafr ar daranau, fel cath ar farwor; **he gets on my nerves,** mae'n dân ar fy nghroen i; mae'n mynd ar fy nerfau i; mae'n fy mlino i; *S.W:* mae'n tynnu fy nghlustiau i; **to take sth for one's nerves,** cymryd rhth at eich nerfau; **(to suffer) with one's nerves,** (dioddef) gan nerfusrwydd, gyda'ch nerfau; **she's a bundle of nerves,** mae hi'n nerfau i gyd; **a fit of nerves,** pwl o nerfusrwydd; **he has iron nerves; he has nerves of steel,** mae o'n wydn fel cortyn; mae cyn galeted â haearn Sbaen; mae'n hen ewin [o ddyn]. **3.** *(a) (= assurance):* plwc *m*, hyder *m*; **to lose one's ~,** colli'ch plwc/hyder, gwangalonni (*pronounced* ng-g), digalonni; *(b) (= impertinence):* digywil|ydd-dra *m*, ehofndra *m*, haerllugrwydd *m*, wyneb *m*; **he had the ~ to tell me,** bu mor ddigywilydd/eofn â dweud wrthyf; **what a ~!** am ddigywilydd! dyna i mi wyneb! y fath ehofndra! *F:* **you have got a ~!** 'does dim cywilydd arnat ti? un iach wyt ti! **4.** *Bot: Arch:* asen(-nau) *f.* **5.** *(a) (= tendon):* g[i]ewyn(-nau, gïau) *m*; **to strain every ~,** rhoi pob g[i]ewyn ar waith, gweithio nerth deng ewin, gwn|eud eich gorau glas; *(b) (= strength):* [nerth *m*] bôn (*m*) braich, grym *m.* **~-cell** *n.* nerfgell(-oedd) *f.* **~-centre** *n.* canolfan(-nau) nerfol *mf*; *Fig:* craidd *m*, calon *f.* **~-cord** *n.* llinyn(-nau) nerfol/gieuol *m.* **~-ending** *n.* terfyn (*m*) nerf (terfynau nerfau). **~ fibre** *n.* ff[e]ibr(-au) nerfol/gieuol *m.* **~ gas** *n.* nwy(-on) (*m*) nerfau. **~-net** *n.* nerfrwyd(-au) *f.* **~-racked** *a.* nerfus, ar bigau drain. **~-racking** *a.* ingol, arteithiol, dirdynnol. **~-root** *n.* nerfwreiddyn (nerfwreiddiau) *m.* **~-shattering** *a.* nerfrwygol. **~ specialist** *n.* niwrolegwr: niwrolegydd (niwrolegwyr) *m.*
nerve² *v.t.* gwroli, nerthu, atgyfnerthu; **to ~ oneself,** ymwroli, magu gwroldeb.
nerved *a.* **1.** *Bot:* asennog. **2. strong-~,** gwydn, caled, gwrol, â nerfau cryfion; **weak-~,** nerfus, ofnus, gwangalon (*pronounced* ng-g), anwrol, â nerfau gwan/gweinion.
nerveless *a.* **1.** *(= weak):* egwan, di-rym, llipa, llibin, diegni, diynni, llegach. **2.** *(a) Anat: Z:* heb ewynnau, heb ïau; *(b) Bot:* diasen, heb asennau. **3.** *(= confident):* digyffro, hyderus, ffyddiog, difraw, an-nerfus, digryn, digryndod, dibryder.
nervelessly *adv.* **1.** yn egwan *&c.* **2.** yn ddigyffro *&c.*
nervelessness *n.* **1.** *(= weakness):* dinerthedd *m*, diffyg (*m*) ynni. **2.** *(= confidence):* hyder *m*, gwytnwch *m.*
nervily *adv.* yn nerfus.
nervine *n.* ffisig (*m*) [at y] nerfau, moddion (*m or pl*) [at y] nerfau.
nerviness *n.* nerfusrwydd *m.*
nervous *a.* **1.** *(a) (pers., = excitable):* cynhyrfus, ar bigau drain, nerfus; *(b) (= worried):* nerfus, anniddig, gofidus, pryderus; *(c) (= shy):* swil, ofnus; **to get ~,** cynhyrfu; anniddigo; swilio; **I was ~ on his account,** 'roeddwn i'n poeni/pryderu drosto; **I'm ~ that she may go,** 'rwy'n poeni/pryderu rhag [ofn] iddi fynd. **2.** *A: (= sinewy):* gewynnog, cyhyrog, grymus. **3.** *Anat:* nerfol; **~ system,** cyfundrefn(-au) nerfol *f*, system(-au) nerfol *f*, cyfundrefn/system nerfau; **~ tissue,** meinwe nerfol *m*; *S.a.* **breakdown 2, wreck¹ 1.**
nervously *adv.* yn nerfus *&c*; yn bryderus *&c.*
nervousness *n. (a) (= excitement):* cynnwrf *m*, nerfusrwydd *m*; *(b) (= timidity):* swilder *m*, swildod *m*, ofnusrwydd *m.*
nervure *n. Bot:* gwythïen (gwythiennau) *f.*
nervy *a.* **1.** *Poet:* gewynnog, grymus, nerthol, cyhyrog. **2.** = **nervous 1; to feel ~,** bod ar bigau drain, bod fel gafr ar daranau. **3.** *F:* = **impudent.**
nescience *n.* anwybodaeth *f.*
nescient **1.** *a.* anwybodus. **2.** *n.* anwybodusyn (anwybodusion) *m*, anwybodusen *f.*
ness *n. Geog:* penrhyn(-ion) *m*, trwyn(-au) *m.*
Nesscliff *Eng.Pl.n.* Tal (*m*) Clegir.
nest¹ *n.* **1.** nyth(-od) *mf*; *(of robbers &c):* nythaid (nytheidiau) *mf*, nythfa(-oedd) *f*, nythle(-oedd) *m*; **it's an ill bird that fouls its own ~,** drwg aderyn a faeddo'i nyth ei hun; *S.a.* **bird, crow¹, love¹, mare.** **2.** *(= nestful):* nythaid (nytheidiau) *mf*, *occ:* nythlwyth(-i) *m.* **3.** *(of objects):* cyfres(-i) *f*, set(-iau) *f*, nythaid; **a ~ of tables,** nythaid o fyrddau; *Mil:* **a ~ of machine guns,** nythle o ddrylliau peiriannol; **a ~ of drawers,** cwpwrdd (*m*) droriau. **4.** *Bot:* **bird's ~,** *(Monotropa hypopithys):* cytwf *m.* **~-box** *n.* blwch (blychau) (*m*) nythu. **~-egg** *n.* **1.** wy (wyau) addod *m.* **2.** *Fig: (= money):* celc *m*, ceiniog (*f*) wrth gefn, arian (*m*) wrth gefn, *occ:* hosan *f.* **~ fly** *n. Ent: (Neottophilum praeustum):* pryf(-ed) (*m*) nythod.
nest² *v.i.&t.* **1.** *v.i.* *(a) (of bird &c):* nythu, gwn|eud nyth, *occ:* cyweirio nyth; *(b)* = **bird's-nest².** *v.t.* nythu, amnythu (un peth yn y llall).
nested *a.* amnyth.
nestful *n.* nythaid (nytheidiau) *mf.*
nesting *a.* & *vn.* **1.** *a. (bird):* ar y nyth, yn nythu, nythol. **2.** *vn.* **~-box** *n.* = **nest-box.** **~-place** *n.* nythfa (nythf|eydd) *f*, nythle(-oedd) *m.*
nestle *v.i.* nythu, swatio; **to ~ down in an armchair,** swatio mewn cadair freichiau; **to ~ close [up] to s.o.,** closio/cwtsio at rn; **a village nestling in a valley,** pentref yn swatio/gorwedd mewn cwm.
nestling *n.* cyw(-ion) bach *m*, cyw aderyn (cywion adar), nythgyw(-ion) *m.*
Nestorian *a.* & *n.* **1.** *Rel.Hist:* **1.** *a.* Nestoraidd. **2.** *n.* Nestoriad (Nestoriaid) *m&f.*
Nestorianism *n.* Nestoriaeth *f.*
net¹ *n.* **1.** *(a) Fish: &c:* rhwyd(-i,-au) *f*; **~-line,** tant (tannau) (*m*)

rhwyd; **trawl-~,** treillrwyd(-i,-au) *f,* llusgrwyd(-i,-au) *f;* **seine-~,** sân (sanau) *f,* rhwyd sân, rhwyd hir, rhwyd lusg (rhwydi llusg); **casting-~,** taflrwyd(-i,-au) *f,* rhwyd fwrw (rhwydi/rhwydau bwrw); **drag-~,** llusgrwyd(-i,-au) *f,* tynrwyd(-i,-au), ballegrwyd(-i,-au) *f,* rhwyd lusg (rhwydi/rhwydau llusg); **hoop ~,** rhwyd giblaid (rhwydi/rhwydau ciblaid); **bow ~,** ballegrwyd(-i,-au) *f,* rhwyd berced (rhwydi/rhwydau perced), crywyn (crywion) *m,* cryw(-ion) *m;* **weir ~,** rhwyd gored (rhwydi/rhwydau cored); **salmon ~,** rhwyd *(f)* [[d]al] samon[s] (rhwydi dal samons), *Lit: occ:* gaflaweg(-au) *f;* **butterfly ~,** rhwyd d[d]al gwyfynod (rhwydi/rhwydau dal gwyfynod); **shrimping-~,** rhwyd d[d]al berdys (rhwydi/rhwydau dal berdys); *Ten:* **~ cord,** cordyn *(m)* rhwyd; *(b) Ven:* rhwyd. **2. hair-~,** rhwyden *(f)* wallt (rhwydenni gwallt); *Tex:* rhwydwe *f;* **~ stocking,** hosan rwyllog (hosanau rhwyllog) *f;* **~ fishing** *vn.* pysgota â rhwyd, rhwydo. *S.a.* **dip, gill, life, luggage.**

net² *v.t.&i.* **1.** *v.t. (a) Fish: Ven:* rhwydo (rhth), dal (rhth) mewn rhwyd; *(b)* **to ~ a river,** rhoi rhwydi mewn afon; *(c)* **to ~ a fruit bush,** rhoi rhwydi dros lwyn ffrwythau; *(d) Sp:* **to ~ a ball,** taflu pêl i rwyd. **2.** *v.i.* rhwydo, pysgota â rhwyd.

net[t]³ *a. (weight, price):* clir, net, go iawn; gwir *(usu. precedes n.)*; **~ weight,** pwysau clir *m or pl,* gwir bwysau; **~ gain,** ennill clir *m,* gwir ennill; **~ interest,** llog clir *m,* gwir log; **~ loss,** colled glir *f,* gwir golled; **~ profit,** elw clir *m,* gwir elw.

net[t]⁴ *v.t.* **1.** *(= gain):* ennill. **2.** *(= yield):* **to ~ a profit,** dwyn/dychwelyd elw.

netball *n. Sp: (a)* pêl *(f)* rwyd, rhwydbel *f; (b) (game):* pêl-rwyd *m.*

nether *a.* isaf; **the ~ regions,** yr isfyd *m,* y tanddaearolion leoedd *pl;* (= *hell):* uffern *f; W.Myth:* Annwfn: Annwn *f.* **N~ Gorther** *W.Pl.n.* Gorddwr Isaf *m.*

Netherlander *n.* Iseldirwr (Iseldirwyr) *m,* Iseldires(-au) *f.*

Netherlandish *a.* o'r Iseldiroedd, Iseldirol, Iseldiraidd.

Netherlands [The] *Pr.n. Geog:* Yr Iseldiroedd *pl.*

nethermost *a.* isaf.

Netherwent *Pr.n. W.Geog:* Gwent *(f)* Is Coed.

netmaker *n.* rhwydwehydd(-ion) *m,* rhwydwr (rhwydwyr) *m,* gwneuthurwr (gwneuthurwyr) *(m)* rhwydi/rhwydau.

netsuke *n. Cost:* netswce(-s) *m.*

nett *a.* = **net[t]³**.

netted *a. (a) (= reticulate):* rhwydog; *(b) Fish: Ven:* rhwydedig, wedi ei rwydo, wedi ei ddal mewn rhwyd, a ddaliwyd mewn rhwyd.

netter *n.* rhwydwr (rhwydwyr) *m.*

netting *vn. & n.* **1.** *vn.* = **net²** **2.** *n.* rhwyd(-i,-au) *f,* rhwyden(-ni) *f; Cost:* rhwydwe *f,* **wire-~,** rhwyd wifren/weiren, *F:* weiren/weiar *(f)* netin.

nettle¹ *n.* **1.** *Bot:* danhadlen (danadl, *S:* dynad, dyned, dynent) *f;* **stinging ~,** danhadlen boeth (danadl poethion, *N:* dalan/dail poethion); *occ:* danhadlen ddu (danadl duon), danhadlen ysgar; **dumb ~,** *(Lamium album):* marddanhadlen wen (marddanadl gwynion) *f; S.a.* **grasp² 1; hedge ~,** *(Stachys sylvatica):* briwlys *(m)* y goedwig; **horse ~,** *(Solanum carolinense):* marchddanhadlen (marchddanadl) *f;* **Roman ~,** *(Urtica urens):* y ddanhadlen leiaf (y danadl lleiaf); *S.a.* **dead nettle, hemp-nettle; full of nettles,** danhadlog. **2.** *Z:* **sea ~,** môr-ddanhadlen (~-ddanadl) *f,* danhadlen fôr (danadl môr), *V:* cont goch (contiau cochion) *f,* cont fôr (contiau môr). **~ beer** *n.* cwrw *(m)* danadl, diod *(f)* d[d]ail poethion. **~-rash** *n. Med:* llosg *(m)* danadl/dynad, brech *(f)* y danadl/dynad, danad frech *f.* **~ tree** *n.* danadlwydden (danadlwydd) *f,* awel *(f)* wynt, pren(-nau) *(m)* danadl.

nettle² *v.t.* pigo, pryfocio, llidio, cynhyrfu, cyffr|oi, gwylltio, cynddeiriogi (rhn); bod yn dân ar groen (rhn); *S:* hala (rhn) yn grac.

nettled *a.* dig, dicllon, cynhyrfus, *N.W: occ:* milain, *S:* crac.

network *n. & v.t.* **1.** *n.* rhwydwaith (rhwydweithiau) *m.* **2.** *v.t.* rhwydweithio; **the programme was networked,** aeth y rhaglen drwy'r rhwydwaith; rhoed y rhaglen ar y rhwydwaith.

neum[e] *n. Mus:* newm(-au) *m.*

neural *a. Anat:* gieuol, niwral, nerfol.

neuralgia *n.* niwralgia *m,* gwayw *m* [yn y pen *&c*], *F:* tic dolerŵ *m.*

neuralgic *a.* niwralgaidd.

neurasthenia *n.* nerfwst *m,* gwendid nerfol *m,* niwrasthenia *m.*

neurasthenic *a. & n.* niwrasthenig(-ion) *(m&f).*

neuration *n.* gwythieniad *m.*

neuritic *a.* niwritig.

neuritis *n.* llid *(m)* [ar] y gïau, niwritis *m.*

neuroglia *n. Anat:* niwroglia *m.*

neurological *a.* niwrolegol.

neurologist *n.* niwrolegydd (niwrolegwyr) *m.*

neurology *n.* niwroleg *f.*

neuroma *n. Med:* niwroma(-ta, niwromâu) *m.*

neuro-muscular *a.* gïeu-gyhyrol, niwro-gyhyrol.

neuron[e] *n. Anat:* niwron(-au) *m.*

neuronic *a. Anat:* niwronig.

neuropath *n.* n|iwropath (niwropathiaid) *m&f.*

neuropathic *a.* niwropathig.

neuropathology *n.* niwropatholeg *f.*

neuropathy *n.* niwropatheg *f.*

neurophysiological *a.* niwroffisiolegol.

neurophysiology *n.* niwroffisioleg *f.*

neuropterous *a. Ent:* niwr|opteraidd.

neurosis *n.* niwrosis(-au) *m.*

neuro-surgery *n.* llawdriniaeth nerfol *f.*

neurotic *a. & n.* niwrotig(-ion) *(m&f).*

neurotically *adv.* yn niwrotig.

neuroticism *n.* niwrotiaeth *f.*

neurotomy *n. Surg:* gïeudrychiad(-au) *m,* niwr|otomi (niwrotomïau) *m.*

neuter¹ *a.* **1.** *(a) Gram: (noun):* diryw, canolryw; *(verb):* cyflawn; *(b) Biol: Z:* diryw, neodr. **2.** = **neutral.**

neuter² *n.* **1.** *Gram:* y diryw *m,* y canolryw *m.* **2.** *(animal):* anifail (anifeiliaid) diryw *m; (castrated):* anifail ysbaddedig.

neuter³ *v.t. F:* ysbaddu, cyweirio (rhth); torri (ar rth).

neutered *a.* ysbaddedig.

neutral *a. & n.* **1.** *a. (a) Pol: &c:* amhleidiol, niwtral, di-duedd, di-blaid, amhartïol; *(b) (colour):* amhendant, amhenodol, llwyd(-ion), llwydaidd; **a ~ tint,** llwyd *m,* llwydlas *m; (c) Ent: Bot:* diryw, canolryw; *(d) Phon:* **~ vowel,** llafariad dywyll (llafariaid tywyll); *(e) Ch: El:* niwtral; *Aut:* **~ gear,** gêr rydd *f,* gêr niwtral. **2.** *n. (a) Pol:* gwlad (gwledydd) amhleidiol/niwtral *f; (b) (pers.):* niwtralydd: niwtralwr (niwtralwyr) *m,* niwtraliad (niwtraliaid) *m; (c) (colour):* llwyd *m,* llwydlas *m; (c) Aut:* **in ~,** yn y gêr rydd/niwtral, mewn niwtral.

neutralism *n.* niwtraliaeth *f.*

neutrality *n. Pol:* amhleidioldeb *m,* niwtraledd *m,* niwtralrwydd *m,* niwtraliaeth *f; (of colour):* llwydni *m; Ch: El:* niwtraledd.

neutralization *n.* niwtraliad *m,* niwtraleiddiad *m,* niwtralu *vn,* niwtraleiddio *vn.*

neutralize *v.t. (= make ineffective):* niwtraleiddio, niwtralu, dirymu; *(= counterbalance):* gwrthbwyso.

neutralized *a.* niwtraledig.

neutralizer *n.* niwtralydd(-ion) *m.*

neutrino *n. Ph:* niwtrino(-s) *m.*

neutron *n. Ph:* niwtron(-au) *m.*

névé *n. Geog:* ***névé*** *m.*

never *adv.* **1.** *with all past tenses, except* oeddwn, byddwn *&c: (a)* ni[d] ... er|ioed; (byth *in past tense = never yet, not yet, never since*); **~ before,** ni[d] ... [ddim] erioed o'r blaen; **~ since,** ni[d] ... byth wedyn, ni[d] ... byth er hynny; **he ~ came back,** ni ddaeth erioed yn ei ôl; **~ have I heard such nonsense,** ni chlywais i erioed y fath lol; **I ~ saw her in all my life,** ni welais i mohoni erioed yn fy myw/mywyd; **I have ~ been there,** ni fûm i erioed yno; nid wyf erioed wedi bod yno (*not* ni fûm i byth yno, = *I haven't been there yet*); **you surely ~ left him alone?** wnaethoch chi erioed ei adael ar ei ben ei hun? **I ~ thought he would fail,** ni feddyliais erioed y methai; **I ~ remember his winning,** ni allaf i gofio iddo erioed ennill. **2.** *in present & future time, and with* byddaf *as habitual imperfect, and imperfect of* gweld, clywed, medru, gallu: ni[d] ... byth, fyth; **~ again!** byth eto! *emphatic:* byth bythoedd! **~ shall I forget it,** nid anghofiaf i byth mohono; **~ say die,** paid (peidiwch) [byth] ag anobeithio; paid [byth] â digalonni; dal(-iwch) i gredu; **he ~ used to go to school,** ni fyddai byth yn mynd i'r ysgol; **you ~ used to hear him complain,** ni chlywech chi fyth mohono'n achwyn; **I ~ could (=** *was able to***) understand them,** ni allwn i fyth mo'u deall; **~ is a long time/word/day,** amser maith yw byth; hir yw byth; **it's ~ too late to mend,** nid yw byth yn rhy hwyr i wella; **it ~ rains but it pours,** nid yw fyth yn bwrw na bydd yn tywallt; *N.W: occ:* daw un, daw cant; **now or ~**, bellach neu fyth; 'nawr/rŵan amdani; **better late than ~**, gwell hwyr na hwyrach. **3.** *int.* **(she's remarried) - well I ~!** (mae hi wedi ailbriodi) - na! [naddo] erioed! tewch da chi! 'dawn i byth o'r fan! **~ a bit!** dim o gwbl! **~ mind!** paid (peidiwch) â phoeni! na hidia (hidiwch)! dim ots! 'tae waeth! *N:* hidia (hidiwch) befo! waeth befo [fo]! *S:* paid (peidiwch) becso! **4. ~ a one,** ni[d] ... dim un; **~ a man did I see who . . .,** ni welais i neb eto a .... **5.** *(in concessive clauses):* **(the task is beyond him), though he work ~ so hard,** (mae'r dasg y tu hwnt iddo) ni waeth pa mor galed y gweithia/gweithio, er caleted y gweithia/gweithio, pa mor galed bynnag y gweithia/gweithio. **~-ceasing** *a.* = **never-ending. ~-dying** *a.* anfarwol, bythol, *Lit:* difarw. **~-ending** *a.* di-baid, di-ben-draw, tragwyddol, diderfyn, diddiwedd, annherfynol, anorffen, diddarfod; **~-ending complaints,** cwynion tragwyddol. **~-failing** *a.* diball, di-ffael, dibynadwy, di-feth; *(source, spring &c):* dihysbydd. **~-never** *n. F:* **(to buy sth) on the ~-~,** (prynu rhth) ar goel, *N: F:* ar lab; *Bot:* **~-~ plant,** *(Ctenanthe oppenheimia tricolor):* gwayw drilliw (gwewyr trilliw) *f*; **the N~-N~ Land,** Gwlad Byth Bythoedd. **~-to-be-forgotten** *a.* bythgofiadwy, diangof, nad â'n angof, nad â byth yn angof.

nevermore *adv.* byth eto, byth mwy; *Lit:* **quoth the Raven: "N~",** eb y Gigfran: "Ofer yw".

Nevern *W.Pl.n.* Nyfer *f*, Nanhyfer *f*.

nevertheless *adv. & conj.* er hynny, er hyn/hynny oll, eto, serch hynny.

Nevin *W.Pl.n.* Nefyn *f*.

new *a. & adv.* newydd(-ion); **brand ~,** newydd sbon [danlli grai]; **as [good as] ~,** fel newydd; **to make sth like ~,** adnewyddu rhth; **to turn over a ~ leaf,** troi dalen newydd; **a ~ lease of life,** estyniad (*m*) einioes; **the ~ Jerusalem,** y Gaersalem newydd; **~ bread,** bara newydd/ffres. **~-blown** *a.* newydd flodeuo. **~-born** *a.* newydd-anedig, newydd [ei *&c*] eni. **N~ Brighton** *W.Pl.n.* Pentre (*m*) C|atheral, Argoed *m*. **~-come** *a.* newydd-ddod. **~-comer** *n.* newydd-ddyfodiad (~-ddyfodiaid) *m&f*, *F:* dyn(-ion) (*m*) dŵad, gwr|aig (*f*) ddŵad (gwragedd dŵad); *pl.* pobl (*f or pl*) ddŵad. **N~ Cross** *W.Pl.n.* Y Groes Newydd *f*. **N~ Deal (the)** *Pr.n. Hist:* y Fargen Newydd. **N~ Delhi** *Pr.n. Geog:* Delhi Newydd *f*. **N~ England** *Pr.n. Geog:* Lloegr Newydd *f*. **N~ Englander** *Pr.n.* brodor(-ion) (*m*) o Loegr Newydd, Lloegriad (Lloegriaid) Newydd *m&f*. **~-fashioned** *a.* ffasiwn newydd. **~-found** *a.* newydd, diweddar, diweddaraf. **N~ Guinea** *Pr.n. Geog:* Gini Newydd *f*. **N~ Guinean 1.** *a.* [o] Gini Newydd. **2.** *n.* brodor(-ion) (*m*) o Gini Newydd, Giniad (Giniaid) Newydd *m&f*. **N~ Hedges** *W.Pl.n.* Llan-Fair *f*. **~-laid** *a.* **a ~-laid egg,** wy newydd ei ddodwy. **~ look** *n.* gwedd newydd *f*, *Lit: occ:* newydd wedd; *Cost:* **the N~ Look,** yr Olwg Newydd; **a ~-look policy,** polisi newydd wedd, polisi ffasiwn newydd. **~-made** *a.* newydd sbon, newydd ei wneud. **N~ Mills** *W.Pl.n.* Y Felin Newydd *f*. **N~ Moat** *W.Pl.n.* Y Mot *m*. **~-model** *v.t.* ailwampio, ail-wneud. **~-mown** *a.* **~-mown hay,** gwair newydd ei ladd/dorri. **N~ Quay** *W.Pl.n.* Y Ceinewydd *m*. **N~ Radnor** *W.Pl.n.* Maesyfed *m*. **N~ South Wales** *Pr.n. Geog:* De Cymru Newydd *m*, Y Deheubarth Newydd *m*. **N~ South Welshman** *n.m.* Deheuwr (Deheuwyr) Newydd. **~ year** *n.* blwyddyn newydd *f*; **N~ Year's Day,** Dydd (*m*) Calan; **N~ Year's Eve,** Nos (*f*) Galan; **Old N~ Year's Day,** yr Hen Galan *m*; **N~ Year's gift,** calennig *m*. **N~ York** *Pr.n. Geog:* Efrog Newydd *f*. **N~ Yorker** *n.* rhn o Efrog Newydd, Efrogiad (Efrogiaid) Newydd *m&f*. **N~ Zealand** *Pr.n. Geog:* Seland Newydd *f*. **N~ Zealander** *n.* Selandwr (Selandwyr) Newydd *m*, Sel|andwraig Newydd *f*, Selandiad (Selandiaid) Newydd *m&f*.

Newborough *W.Pl.n.* Niwbwrch.

Newbridge *W.Pl.n.* **1.** *(Wrexham):* Cefnbychan *m*. **2.** *(Gwent):* Trecelyn *f*. **3.** *(Powys):* **~ on Wye,** Y Bontnewydd (*f*) ar Wy.

Newcastle *W.Pl.n.* **1.** *(Glamorgan):* Y Castellnewydd *m*, Plwyf (*m*) Elidnerth. **2.** *(Gwent):* Castell-meirch *m*. **3.** *(Dyfed):* **Little ~,** Casnewydd-bach *m*. **4. ~ Emlyn** *W.Pl.n.* Castellnewydd (*m*) Emlyn. *Vet:* **~ disease,** clefyd Newcastle; **to carry coals to ~,** cario dŵr tros afon, cario dŵr i ffynnon, cario glo i Fflint.

Newchapel *W.Pl.n.* Y Capel Newydd *m*.

Newchurch *W.Pl.n.* **1.** *(Dyfed):* Llannewydd *f*, Llanfihangel Croesfeini *f*. **2.** *(Radnor):* Yr Eglwys Newydd *f*. **3.** *(Gwent):* Yr Eglwys Newydd ar y Cefn. **4.** *(Brecknock):* Llanddulas *f*, Tiryrabad *m*.

newel *n.* postyn (pyst) (*m*) grisiau.

newfangled *a.* ffasiwn newydd, newyddllyd, *Lit:* newyddgoeg.

Newfoundland *Pr.n. Geog:* Y Tir Newydd *m*; **the ~ Banks,** Traethellau'r Tir Newydd.

Newfoundlander *n.* Tirnewyddiad (Tirnewyddiaid) *m&f*, un o'r Tir Newydd.

Newgale *W.Pl.n.* Niwgwl *f*.

newish *a.* gweddol newydd, lled newydd, go newydd.

Newland *W.Pl.n.* Tirnewydd *m*.

newly 1. *adv.* newydd + *soft mut.*; **~ arrived** newydd gyrraedd; **~ discovered,** newydd ei (*&c*) ddarganfod. **2.** mewn dull newydd, o'r newydd. **~-wed 1.** *a.* newydd briodi. **2. the ~ weds** *n.pl.* y pâr ifanc, y ddeuddyn dedwydd.

Newmarket *W.Pl.n.* Trelawnyd *f*.

newness *n.* new|ydd-deb *m*.

Newport *W.Pl.n.* **1.** *(Dyfed):* Trefdraeth *f* (*often pronounced* Tydrath). **2.** *(Gwent):* Casnewydd *m* [ar Wysg].

news *n.pl.* newydd *m*, newyddion *pl*; **a piece of ~, an item of ~,** newydd(-ion), hanes(-ion) *m*; **~ in brief,** mân newyddion; **what [is the] ~?** pa newydd? pa hanes? *N. W: occ:* be' dâl dy newydd di? **good ~,** newydd[-ion] da, *Lit: occ:* llawen chwedl *f*; *Prov:* **no ~ is good ~,** prin chwedl, llawen chwedl; **that's ~ to me,** mae hynny'n newydd i mi; **to break the ~ to s.o.,** dweud newydd wrth rn, *often:* torri'r newydd i rn; **when the ~ broke,** pan dorrodd y newydd; **I was in the ~ after that,** bu sôn amdanaf wedyn; **to make ~,** creu sôn amdanoch; **the war is very much in the ~,** mae cryn sôn am y rhyfel; mae'r rhyfel yn destun pob sgwrs; mae'r rhyfel ar ben pob sgwrs. **~ agency** *n.* swyddfa (swyddf|eydd) (*f*) newyddion, asiantaeth(-au) (*f*) newyddion. **~-boy** *n.* danfonwr (danfonwyr) (*m*) papurau newydd, bachgen (bechgyn) (*m*) papurau newydd. **~ bulletin** *n.* b|wletin (bwletinau) (*m*) newyddion. **~ cinema** *n.* s|inema (sinemâu) (*mf*) newyddion. **~ conference** *n.* cynhadledd (cynadleddau) (*f*) i'r wasg. **~ flash** *n.* fflach(-iadau) (*f*) newyddion. **~-gathering** *vn.* casglu/hel newyddion. **~-hawk** *n.* = **~-hound. ~ headlines** *n.pl.* penawdau newyddion; **here are the ~ headlines,** dyma benawdau'r newyddion. **~-hound** *n.* newyddiadurwr (newyddiadurwyr) *m*, dyn(-ion) (*m*) papur newydd, chwilotwr (chwilotwyr) (*m*) newyddion, tyrchwr (tyrchwyr) (*m*) newyddion, ffroenwr (ffroenwyr) (*m*) newyddion; **a good ~-hound,** un â thrwyn da am newyddion. **~-letter** *n.* cylchlythyr(-au) *m*, llythyr(-au) (*m*) newyddion. **~-reader** *n.* darllenwr (darllenwyr) (*m*) newyddion, darll|enwraig (*f*) newyddion, dyn(-ion) (*m*) darllen newyddion, dynes (merched) (*f*) darllen newyddion, merch(-ed) (*f*) darllen newyddion. **~-reel** *n.* ffilm(-iau) (*f*) newyddion. **~-room** *n.* ystafell(-oedd) (*f*) newyddion. **~-sheet** *n.* dalen(-nau) (*f*) newyddion, newyddlen(-ni) *f*. **~-stand** *n.* stondin (*f*) bapurau newydd (stondinau papurau ~). **~ theatre** *n.* s|inema (sinemâu) (*mf*) newyddion. **~-vendor** *n.* gwerthwr (gwerthwyr) (*m*) papurau newydd. **~-worthy** *a.* gwerth ei gofnodi, gwerth sylw.

newsagent *n.* gwerthwr (gwerthwyr) (*m*) papurau newydd; **~-agents' [shop],** siop (*f*) bapur[-au] newydd (siopau papurau newydd).

newscast *n. W.Tel: F:* darllediad(-au) (*m*) newyddion.

newscaster *n. W.Tel:* darlledwr (darlledwyr) (*m*) newyddion, darll|edwraig (*f*) newyddion; *S.a.* **news-reader.**

newsmonger *n.* = **gossip**[1].

newspaper *n.* papur(-au) (*m*) newydd (*pl.occ:* -ion), *Lit:* newyddiadur(-on) *m*. **~-man** *n.m.* newyddiadurwr (newyddiadurwyr), dyn(-ion) papur newydd. **~-woman** *n.f.* merch(-ed) papur newydd, dynes (merched) papur newydd, menyw(-od) papur newydd.

newsprint *n.* papur (*m*) papur newydd.

newsy *a.* llawn newyddion.

newt *n.* madfall(-od) (*f*) dŵr; *S.a.* **lizard.**

newton[1] *n. Ph: Meas:* newton(-au) *m*.

Newton[2] *W.Pl.n.* **1.** *(Pemb.):* Trenewydd *f*. **2.** *(Carm.):* Y Drenewydd *f*. **3. ~ Nottage,** Y Drenewydd yn Notais.

Newtonian *a. & n.* **1.** *a.* Newtonaidd. **2.** *n.* Newtoniad (Newtoniaid) *m&f*.

Newtown *W.Pl.n.* Y Drenewydd *f*.

next *a., adv. & prep.* I. *a.* **1.** *(of place):* nesaf; **the ~ room,** yr ystafell nesaf; **(her room is) ~ to mine,** (mae ei hystafell hi) y drws nesaf i f'un i, y nesaf at f'un i, am y pared â f'un i, wrth ochr f'un i; **(the garden) ~ to mine,** (yr ardd) nesaf at f'un i, am y clawdd â f'un i; **(seated) ~ to me,** (yn eistedd) wrth f'ochr i, nesaf ataf i; **the farm ~ to ours,** y fferm am y terfyn â ni; **the ~ house but one,** y tŷ nesaf ond un. **2.** *(a) (of time):* nesaf, wedyn, canlynol, dilynol; **the ~ day,** trannoeth, *adv.* drannoeth; **the ~ day but one,** trennydd, *adv.* drennydd; **the ~ day but two,** tradwy, *adv.* dradwy; **~ Friday,** dydd Gwener nesaf, *adv.* ddydd Gwener nesaf; **on the ~ or the following day,** drannoeth neu dradwy; **the ~ three days were fine,** bu'r tridiau canlynol/wedyn yn braf; *(future time):* nesaf, **~ week,** yr wythnos nesaf; **~ year,** y flwyddyn nesaf; **by this time ~ year,** flwyddyn i hyn; erbyn blwyddyn i 'nawr/rŵan; **the ~ time I see her,** y tro nesaf y gwelaf i hi; *F:* **what ~?** be' nesa'? **who comes ~?** tro pwy yw hi? pwy sydd nesaf? **the ~ best thing,** y peth ail orau; *F:* **I got it for ~ to nothing,** fe'i cefais am y nesaf peth i ddim; **there is ~ to no evidence,** 'does bron ddim tystiolaeth; *Jur:* **~ friend,** ffrind agosaf; **it's ~ to impossible,** mae bron yn amhosibl. **3.** *U.S: F:* **to get ~ to s.o.,** closio at rn. *S.a.* **kin.** II. *adv.* **1.** *(past time):* wedyn, ar ôl hynny, wedi hynny; *(future time):* nesaf; **what shall we do ~?** beth wnawn ni nesaf? **~ I bought some meat,** wedyn mi brynais gig. **2. when you are here ~,** y tro nesaf y byddwch yma; **when I ~ saw him,** y tro nesaf imi ei weld, y tro nesaf y gwelais ef. III. *prep.* nesaf (at rth), wrth ymyl (rhth), ar bwys (rhth); **the ~ last,** yr olaf ond un. IV. *n.* y [peth] nesaf. **~ door 1.** *n.* y drws nesaf *m.* **2.** *adv.phr.* **(he lives) ~ door to me,** (mae'n byw) y drws nesaf i mi, y tŷ nesaf i mi, *occ:* am y pared â mi. **3.** *attrib.* **~-door neighbours,** cymdogion drws nesaf, *F:* pobl drws nesaf; **the man ~ door,** y gŵr drws nesaf; **the woman ~ door,** y wraig drws nesaf.

nexus *n.* cysylltiad(-au) *m.*

ngaio *n. Bot: N.Z:* ngaio(-s) *m.*

niacin *n. Ch:* nïasin *m.*

Niagara *n. Fig:* llif *m*, dilyw *m*, llifeiriant *m*, rhaeadr *f.*

nib *n.* **1.** nib(-iau) *m.* **2.** *pl.* **cocoa nibs,** ffa coco mâl; **coffee nibs,** ffa coffi mâl.

nibbed *a.* â nib.

nibble¹ *n.* deintiad(-au) *m*, cnoad(-au) *m*, tamaid (tameidiau) *m*, brathiad(-au) *m*; *Fish:* **I didn't have a ~ today,** 'doedd y pysgod ddim yn plycio/brathu heddiw; **a ~,** *(of biscuit &c):* mymryn *m*, briwsionyn *m*; **a ~ of grass,** blewyn *(m)* o laswellt, blewyn glas.

nibble² *v.t.&i.* deintio, cnoi; *(of sheep):* blewynna.

nibbler *n.* deintiwr (deintwyr) *m*, cnöwr (cnowyr) *m*, blewynnwr (blewynwyr) *m.*

niblick *n. Golf:* niblic(-au) *m.*

nibs *n. F:* **his ~,** y giaffar *m*, mei lord *m.*

Nicaragua *Pr.n. Geog:* Nicaragwa *f.*

Nicaraguan *a. & n.* **1.** *a.* Nicaragwaidd, [o] Nicaragwa; **he's ~,** Nicaragwad ydyw; un o Nicaragwa ydyw; **the ~ army,** byddin Nicaragwa. **2.** *n.* Nicaragwad (Nicaragwaid) *m&f.*

nice *a.* **1.** *Lit: (a) (of pers.): (i) (= finicky):* anodd eich plesio, dicra, *N: F:* misi; *(ii) (= scrupulous, meticulous):* gofalus, manwl, gorfanwl, gochelgar; **to be ~ about/in the choice of words,** dethol eich geiriau'n ofalus iawn; *(b) (of distinction):* main, tenau; **that's a very ~ point,** dyna gwestiwn cywrain/anodd/dyrys; *(of ear, hearing):* main; *(of eye):* craff; **a ~ question,** cwestiwn tringar *(pronounced* ng-g), cwestiwn dadleuol. **2.** *F: (a) (of pers., = pleasant):* dymunol, hoffus, annwyl, rhadlon, *F:* clên, neis, ffeind iawn **(to s.o.,** wrth rn); *N. W: occ:* clyfar, nobl, *S:* piwr; **not ~,** annymunol, anghynnes; **to be ~ to s.o.,** bod yn garedig wrth rn; **it is ~ of you to ...,** 'rydych yn garedig iawn yn ...; *(b) (of sth):* dymunol, tlws, pert, da, braf (braf *does not usu. mutate*), *F:* neis, *N: F:* del, *N. W: occ:* smêc; **[and] very ~ too,** braf/neis iawn hefyd; **~ to meet you,** braf eich cyfarfod chi; 'rwy'n falch o'ch cyfarfod chi; neis cwrdd â chi; **a ~ dinner,** cinio bach da; **a ~ evening,** noson ddymunol/braf; **a ~ little cottage,** bwthyn bach del; **a ~ little car,** car bach del, *S:* car bach pert; **a ~ little sum of money,** arian bach del, *S:* arian bach net; **~ work,** swydd braf, *S:* jobyn net; **(~ work) if you can get it,** (gwaith braf) os gallwch ei gael, os yw ar gael, i'r sawl a all ei gael; **~ work!** go dda! **~ one!** go dda! da iawn! gwych! dyna un dda! **it is ~ here,** mae hi'n braf yma; *S:* mae hi'n ffein yma; *(c) (intensive):* **it is ~ and cool here,** mae hi'n oer braf yma; **they're ~ and warm in bed,** maen nhw'n glyd braf yn y gwely; *(d)* **~ (people),** *(= respectable):* (pobl) iawn, barchus, agos at eu lle, ail i'w lle; **not ~,** annymunol, anweddus, amharchus, ych a fi; *(e) Iron:* **this is a ~ mess!** dyma lanast! **I do the work and you get paid, very ~!** fi'n gwneud y gwaith a thithau'n cael y tâl, braf iawn! **that's a ~ way to talk!** am iaith! **you're a ~ one, you are!** un da wyt ti! *N. W: occ:* hogyn del wyt tithau hefyd! **~-looking** *a. (both sexes):* golygus, deniadol, del; *(woman only):* tlws *(f.* tlos, *pl.* tlysion), prydferth.

nicely *adv.* **1.** *Lit: (= meticulously):* yn fanwl *&c.* **2.** *(= pleasantly):* yn ddymunol *&c*; **that'll do ~,** fe wnaiff hynny'r tro i'r dim; *F:* **(he's getting on) ~,** (mae'n dod yn ei flaen) yn iawn, yn ddigon taclus, *N:* yn reit ddel.

Nicene *a. & n.* **1.** *a.* Niceaidd; **the ~ Creed,** Credo *(f)* Nicea. **2.** *n.* Nicead (Niceaid) *m&f.*

niceness *n.* **1.** *Lit: (= fastidiousness):* neisrwydd *m*, manylder *m*, manylrwydd *m*, dicräwch *m*, gofalusrwydd *m.* **2.** *F: (= pleasantness):* dymunoldeb, dymunolrwydd *m*; *(= kindness):* caredigrwydd *m*, *N: F:* ffeindrwydd *m*, clenrwydd *m*; *(= prettiness):* tlysni *m*, prydferthwch *m.*

nicety *n.* **1.** *(a) (= precision):* manwl gywirdeb *m*, manylrwydd *m*; **to a ~,** i'r dim, i drwch y blewyn; *(b) (= of a distinction):* meinder *m*; *(of a question):* tringarwch *m (pronounced* ng-g). **2.** *pl.* manylion, manion.

niche *n.* cilfach(-au) *f*; **to make a ~ for oneself,** ennill eich lle, ennill/cael troedle, gwneud nyth.

Nicholas *Pr.n.m.* Nicolas, Niclas. **St. ~** *W. Pl.n.* **1.** *(Glam.):* Sain Nicolas *m.* **2.** *(Dyfed):* Tremarchog *f.*

nichrome *n. Metall:* nicrom *m.*

Nick¹ *Pr.n.m.* Nic, Niclas; **Old ~,** y gŵr drwg, yr hen was, yr hen ddyn, y diafol, y cythraul.

nick² *n.* **1.** hic(-iau) *f*, rhicyn(-nau) *m*, hicyn(-nau, hiciau) *m*; *(= groove):* rhigol(-au) *f.* **2. just in the ~ of time,** mewn union bryd. **3.** *P: (= prison):* carchar(-au) *m*, *N. W: occ:* rheinws *m.* **4.** *P:* **in good ~,** mewn cyflwr da, mewn cas cadw da.

nick³ *v.t.&i.* **1.** *v.t. (a stick &c):* gwn|eud hicyn (yn rhth); hicio, rhicio (rhth). **2.** *v.t. F: (= catch):* dal, restio; *(= steal):* dwyn, lladrata, bachu, *N: F:* sbachu, sbachio; *S.a.* **nab. 3.** *v.i. Rac:* **to ~ in,** bachu i mewn, torri ar draws.

nickel *n.* **1.** nicel *m.* **2.** *U.S:* nicel(-i) *m*, darn(-au) *(m)* pum senten. **~[-plate]** *v.t.* nicelplatio. **~-plated** *a.* plât nicel.

nickelic *a.* nicclig.

nickelodeon *n.* = **juke-box.**

nickelous *a.* nicelaidd.

nicker *n. P:* punten: punt (punnau, punnoedd) *f.*

nick-nack *n.* = **knick-knack.**

nickname¹ *n.* llysenw(-au) *m*, glasenw(-au) *m*, *occ:* blasenw(-au) *m.*

nickname² *v.t.* llysenwi, glasenwi, *occ:* blasenwi.

nicotine *n.* n|icotin: nicotîn *m.*

nicotinic *a.* nicotinig.

nicotinism *n.* nicotiniaeth *f.*

nicotinize *v.t.* nicotinio, nicotineiddio.

nictitate *v.i.* amrantu, ysmicio, wincio.

nictitating *a.* **~ membrane,** pilen(-nau) amrannol *f.*

nictitation *n.* amrantu *vn*, amrantiad *m.*

nidamental *a.* nythol, nythleol.

niddle-noddle *v.i.* siglo.

nide *n.* nythaid (nytheidiau) *mf*, nythlwyth(-i) *m.*

nidicolous *a.* nythdrig.

nidificate *v.i.*, **nidification** *n.* nythu, gwn|eud nyth.

nidifugous *a.* nythffo.

nidify *v.i.* = **nidificate.**

nid-nod *v.t.&i.* siglo['r pen].

nidus *n.* nythle(-oedd) *m.*

niece *n.* nith(-oedd,-od) *f*; **great-~,** gor-nith(-oedd,-od) *f.*

niello *n.* nielo(-s) *m.*

nielloed *a.* nielöedig.

Nietzschean *a. & n.* **1.** *a.* Nietzscheaidd. **2.** *n.* Nietzschead (Nietzscheaid) *m&f.*

Nietzscheanism, Nietzschism *n.* Nietzscheaeth *f.*

nifé *n. Geol:* **nifé** *m*, niffe *m.*

niff *n. & v.i.* **1.** *n.* drewdod *m*, oglau (ogleuon) drwg *m*, gwynt drwg *m.* **2.** *v.i.* drewi, ogleuo, *S:* gwynto.

niffy *a.* drewllyd.
niftily *adv.* yn ddel *&c.*
nifty *a. F: (= smart):* del, pert, smart, *N.W: occ:* smêc; *(= clever):* clyfar; *(= excellent):* p|enigamp: penig|amp, campus.
Niger *Pr.n. Geog:* Niger *f.*
Nigeria *Pr.n. Geog:* Nigeria *f.*
Nigerian[1] *a. & n. (of Niger)* **1.** *a.* Nigeraidd, [o] Niger; **the ~ government,** llywodraeth Niger; **he's ~,** Nigerwr yw ef. **2.** *n.* *Nigerwr (Nigerwyr) *m*, *Nigeres(-au) *f.*
Nigerian[2] *a. & n. (of Nigeria)* **1.** *a.* Nigeriaidd, [o] Nigeria; **the ~ government,** llywodraeth Nigeria; **he's ~,** Nigeriad yw ef. **2.** *n.* Nigeriad (Nigeriaid) *m&f.*
niggard *a. & n.* **1.** *a.* = **niggardly. 2.** *n.* cybydd(-ion) *m*, *A: or Lit:* cerlyn *m.*
niggardliness *n.* cyb|ydd-dod *m*, crintachrwydd *m.*
niggardly *a. & adv.* **1.** *a.* cybyddlyd, crintachlyd, llawgaead; **he gave me only a ~ sum,** *N.W:* rhyw gymyn [o rodd/arian] a gefais i ganddo. **2.** *adv.* yn gybyddlyd *&c.*
nigger *n.* **1.** *(a) F: Pej:* dyn du (dynion duon), dynes ddu (merched duon) *f*, menyw ddu (menywod duon) *f*, *F:* nigar(-s) *m&f*, blac(-s) *m*, blacyn (blacs) *m*, blacen (blacs) *f*; *pl.* pobl dduon *f or pl*; *F:* **there's a ~ in the woodpile,** mae rhyw ddrwg yn y caws; **to work like a ~,** gweithio fel blac, gweithio fel lladd nadroedd, slafio [gweithio], *N.W: occ:* slanu gweithio; **ten little ~ boys,** deg o ddynion duon bach; *(b) attrib.* du, croenddu; **~ minstrels,** cerddorion/cantorion duon/croenddu. **2. ~ brown** *a. & n.* brown tywyll *m.* **3.** *Z:* **sea-~,** nyddwr (nyddwyr) du *m.*
niggle *v.i., v.t. & n.* **1.** *v.i.* ffwdanu, hollti blew, degymu mintys, traffertha, *N: F:* stwna, cwencian, codi cwenc. **2.** *v.t. (= annoy):* pryfocio (rhn), bod yn dân ar groen (rhn), *F:* piwsio (rhn). **3.** *n. (= fussy pers.):* rhn ffwdanus, ffwdanwr (ffwdanwyr) *m*, ffwd|anwraig *f.*
niggler *n. (= complainer):* swnyn(-nod) *m*, swnen(-nod) *f*, cwenciwr (cwencwyr) *m*, *S:* conyn(-nod) *m*, conen(-nod) *f.*
niggling *a. (details):* mân *(usu. precedes n. + soft mut.)*, dibwys, pitw; *(pers.):* trafferthus, cwenclyd, ffwdanus, ffyslyd; *(handwriting):* mân *(in this case follows n.)*, cywasgedig, crablyd; *(doubts):* plagus, annifyr.
nigh *a. adv. & prep. Poet:* = **near. ~ unto death,** bron marw, ar fin marw; *S.a.* **well-nigh.**
night *n.* **1. ~[-time],** *(as opposed to daytime):* [y] nos(-au); **dark ~,** nos ddu, *Lit: occ:* dunos; **a dark ~,** noson dywyll; **at ~,** yn ystod y nos, liw nos; **the dead of ~,** cefn nos, cefn trymedd nos; **at dead of ~,** gefn nos; **(to work) nights,** (gweithio)'r nos, dros nos; **to become ~, to come on of ~,** nosi, mynd/dod yn nos; **(ten [o'clock]) at ~,** (deg [o'r gloch]) [yn] y nos, [yn] yr hwyr; **late ~,** hwyrnos(-au) *f*; **from morning to ~,** o fore gwyn tan nos, o fore hyd hwyr; **~ and day,** ddydd a nos; **the ~ train,** trên yr hwyr, y trên nos; **good ~!** nos da *(N.B. no mut.)*! *N:* nos dawch! **by ~,** liw nos; **over ~,** dros nos, yn ystod y nos. **2.** *(= single night):* noson (nosau); noswaith (nosweithiau); **a ~'s sleep,** noson o gwsg, cwsg noson; **a good ~'s sleep,** noson dda o gwsg; **Monday ~,** nos Lun, *N.W: occ:* nos dydd Llun; **Monday nights,** nosweithiau Llun; **last ~,** neithiwr; **the ~ before last,** echnos; **tomorrow ~,** nos yfory; **the following ~,** nos drannoeth, y noson wedyn; **the ~ before,** y noson gynt; **the ~ after,** y noson wedyn; **to stay the ~,** aros dros nos, bwrw/treulio noson; **a short ~,** bernos (byrnosau) *f*; **a long ~,** hirnos(-au) *f*; **a summer ~,** noson/noswaith o haf, *Lit:* hafnos(-au) *f*; **a winter ~,** noson/noswaith o aeaf, *Lit:* gaeafnos(-au) *f*; **long winter nights,** nosweithiau hir y gaeaf; **the moon is full for one ~,** am un noson/noswaith y mae'r lleuad yn llawn; **a starry ~,** noson serog/serennog, noson o sêr; **a moonlit ~,** noson leuad, nos olau leuad, noson loergan [leuad]; **two sleepless nights,** dwy noson heb gwsg, dwy noson ddi-gwsg; **too many late nights,** gormod o nosweithiau hwyr; *Lit:* **The Thousand and One Nights,** Y Fil Noson/Noswaith ac Un; **Twelfth N~,** Nos Ystwyll; **A Midsummer ~'s Dream,** Breuddwyd Nos Gŵyl Ifan; **one ~ stand,** *(a) Th:* sioe(-au) *(f)* unnos, sioe un noson; *(b) F: (= night of love):* [un] noson/noswaith o garu. **3.** *(= evening):* noswaith (nosweithiau) *f*, noson *f*; **it's a fine ~,** mae hi'n noson/noswaith braf; **a great ~,** noson/noswaith fawr; *(of play &c):* **first ~,** noson gyntaf; **a one-~ stand,** *(i)* sioe(-au) *(f)* unnos, perfformiad(-au) *(m)* unnos, sioe/perfformiad un noson; *(ii) Fig:* un noson/noswaith o garu; **to make a ~ of it,** gwneud noson ohoni; *W.Anthr:* **merry ~,** noson lawen (nosweithiau llawen); **a ~ off,** noswyl *f*, noson rydd (nosweithiau rhyddion) *f*; **to get the ~ off,** cael noson rydd; **to finish for the ~,** noswylio, cadw noswyl. **~ attire** *n.* dillad *(pl)* nos. **~-bell** *n.* cloch (clychau) *(f)* nos. **~-bird** *n.* aderyn (adar) *(m)* [y] nos. **~-blindness** *n.* dallineb *(m)* nos, nosddallineb *m.* **~-blooming** *a. Bot:* nosflodeuol; **~-blooming cactus,** cactws (cacti) *(m)* unnos. **~-boat** *n.* cwch (cychod) *(m)* nos, bad(-au) *(m)* nos. **~-chair** *n.* cadair (cadeiriau) *(f)* nos. **~-clothes** *n.pl.* dillad nos. **~-club** *n.* clwb (clybiau) *(m)* nos. **~-dress** *n. S:* gŵn *(m)* nos(-ys), *N:* coban(-au) *f.* **~ fighter** *n.* awyren(-nau) *(f)* ymladd nos. **~-flowering** *a.* nosflodeuol. **~-glass** *n.* ysbienddrych(-au) *(m)* nos. **~-gown** *n.* = **night-dress. ~-hag** *n.* ellylles(-au) *(f)* nos, hunllef(-au) *f*, ŵyll (wyllau) *f.* **~-hawk** *n.* = **nightjar, mopoke. ~ letter** *n.* llythyr(-au) *(m)* nos. **~-life** *n.* bywyd *(m)* nos. **~-light** *n.* golau (goleuadau) *(m)* nos. **~-line** *n. Fish:* cefnen(-nau) *f.* **~-long** *a. & adv.* ar hyd y nos, trwy gydol y nos. **~-night** *int. F:* nos da! nos dawch! **~ nurse** *n.* nyrs(-ys) *(f)* nos. **~-owl** *n.* aderyn (adar) *(m)* [y] nos. **~-piece** *n. Art:* noslun(-iau) *m.* **~-rail** *n. Cost: A:* = **dressing-gown. ~-robe** *n.* = **night-dress. ~ safe** *n.* coffor (coffrau) *(m)* nos. **~-scented** *a.* nos-bersawrus. **~-school** *n.* ysgol(-ion) *(f)* nos. **~ shift** *n. Ind:* daliad(-au) *(m)* nos, shifft(-iau) *(f)* nos, *N.W:* stem(-iau) *(f)* nos. **~-shirt** *n.* crys(-au) *(m)* nos. **~-sitter** *n.* gofalwr (gofalwyr) *(m)* nos, gof|alwraig (gofalwragedd) *(f)* nos. **~-sitting service** *n.* gwasanaeth *(m)* gofal nos. **~-soil** *n.* carthion *(pl)* nos. **~-spot** *n.* = **night-club. ~-stool** *n.* = **night-chair. ~-time** *n.* y nos *f*; **at ~-time,** liw nos, yn hwyr. **~-watch** *n.* gwylnos(-au) *f*, gwylfa (gwylf|eydd) *(f)* nos, gwyliadwriaeth(-au) *(f)* nos. **~-watchman** *n.* gwyliwr (gwylwyr) *(m)* nos. **~-wear** *n.* gwisg(-oedd) *(f)* nos. **~-work** *n.* gwaith *(m)* nos.
nightcap *n.* **1.** *Cost:* cap(-iau) *(m)* nos. **2.** *(drink):* diod(-ydd) *(f)* [cyn] noswylio, diod mynd i'r gwely.
nightfall *n.* hwyr *m*, hwyrnos(-au) *f*, *Lit:* cyflychwr *m*; **at ~,** wrth iddi nosi, *occ:* ym min yr hwyr, ym min tywyllnos.
nightie *n. F:* = **night-dress.**
nightingale *n. Orn:* eos(-iaid) *f.*
nightjar *n. Orn:* [y] troellwr (troellwyr) *m*, troellwr safnog, aderyn (adar) *(m)* y droell, nyddwr (nyddwyr) *m*, rhodiwr (rhodwyr) *m*, gafr (geifr) *(f)* y gors, gafr wanwyn (geifr gwanwyn), gafr wybr, gwalch (gweilch) *(m)* y nos, brân (brain) *(f)* nos, aderyn *(m)* naw.
Nightline *Pr.n.* Nawdd *(m)* Nos.
nightly *a. & adv.* **1.** *a. (a) (= happening at night):* nosol, nosweithiol, [yn y] nos; *(b) (= every night):* beunosol, bob nos. **2.** *adv.* beunos, bob nos.
nightmare *n.* hunllef(-au) *f.*
nightmarish *a.* hunllefus, hunllefol.
nightshade *n. Bot:* **[black] ~,** *(Solanum nigrum):* mochlys grawnddu *m or pl*, cysgadur *m*, llysiau*(pl)*'r moch, codwarth du *m*; **deadly ~,** *(Atropa belladonna):* codwarth, ceirios *(pl)* y gŵr drwg; *(berries):* sosban fach ddu *f*; **enchanter's ~,** *(Circaea lutetiana):* llysiau Steffan, llysiau'r swynwyr, mochlys [duon] *pl*, swynyddlys *m*; **Alpine enchanter's ~,** *(C. alpina):* llysiau Steffan y mynydd; **woody ~,** *(Solanum dulcamara):* elinog *f*, manyglog *f*, codwarth caled; **green ~,** *(S. saccharoides):* codwarth gwyrdd; **hairy ~,** *(S. villosum):* codwarth blewog.
nightstick *n.* pastwn (pastynau) *m.*
nignog *n. F:* = **nigger.**
nigrescence *n.* düwch *m.*
nigrescent *a.* go-ddu, duaidd.
nigritude *n.* düwch *m.*
nigrosine *n. Ch:* n|igrosin (nigrosinau) *m.*
nihil ad rem *pred.a.* amherthnasol.
nihilism *n.* nihiliaeth *f.*
nihilist *n.* nihilydd(-ion) *m.*
nihilistic *a.* nihilaidd, nihilyddol.
nihility *n.* dim *m*, dim o beth, diddymder *m*, diddymdra *m*, dimbydwch *m*, y difod *m*, y diddim *m*, anfodolaeth *f.*
nil *n.* dim *m*; **two ~,** dwy i ddim, dwy yn erbyn dim.
Nile *Pr.n. Geog:* [afon] Nîl: Nilus: Neil *f.*
nilgai *n. Z:* nilgai(-od) *m.*
nilometer *n.* nilomedr(-au) *m.*
Nilotic *a.* Nilotig, Nilaidd.

nim[1] *n. Games:* nim *m.*
nim[2] *v.t.&i.* chwiwladrata.
nimble *a.* sionc, heini, ystwyth, gwisgi, esgud, troediog, *S:* distwyth. **~-footed** *a.* sionc *&c* eich traed, buandroed, cyflymdroed, ysgafndroed. **~-witted** *a.* craff, effro, esgud, chwim eich meddwl.
nimbleness *n.* sioncrwydd *m*, ystwythder *m*, gwisgïwch *m.*
nimbly *adv.* yn sionc *&c.*
nimbo-stratus *n. Meteor:* nimbo-stratws *m.*
nimbus *n.* **1.** *(a) Art: Rel: (= cloud):* cwmwl (*m*) gogoniant; *(b) Meteor: (= halo):* corongylch(-au,-oedd) *m* (*pronounced* ng-g). **2.** *Meteor: (= grey cloud):* nimbws (nimbysau) *m*, cwmwl (cymylau) (*m*) glaw.
nimbused *a.* corongylchog (*pronounced* ng-g).
nimiety *n.* gormod *m*, gormodedd *m.*
niminy-piminy *a.* mursennaidd, merchetaidd.
nincompoop *n.* hurtyn(-nod) *m*; *S.a.* **fool[1]**.
nine *num. a. & n.* **1.** *a.* naw *foll. by sing. noun or by* o + *n.pl.*; *it is foll. by the unmutated form of the noun, except that it is foll. by the nasal mut. of* blynedd, blwydd, diwrnod; **~ years,** naw mlynedd; **~ years old,** nawmlwydd oed, naw oed; **~ days,** naw niwrnod; **~ days' wonder,** rhyfeddod naw niwrnod; **there'll be another ~ days' wonder soon,** fe fydd rhywun arall wedi torri cynffon ei gi gyda hyn; **~ tenths,** naw rhan o ddeg; **a cat has ~ lives,** mae naw byw/bywyd gan gath; **~ years is a cat's lifetime,** nawmlwydd yw canmlwydd cath; **he has ~ lives,** mae naw byw/bywyd cath ynddo; **~ times,** naw gwaith; **~ times worse,** naw gwaeth; **~ times out of ten,** naw gwaith o bob deg, gan amlaf, fynychaf, y rhan amlaf/fynychaf; **the ~ times table,** y tabl naw; *Myth:* **the N~ Muses,** y Naw Awen. **2.** *n.* naw(-[i]au) *m*; **the ~ of us,** y naw ohonom; *F:* **she was dressed up to the nines,** 'roedd hi yn ei dillad crandiaf; 'roedd hi'n grand ofnadwy; *N:* 'roedd hi'n grand o'i cho; *Pej:* 'roedd hi wedi gwisgo fel cangen haf *or* fel ceffyl preimin *or* fel caseg sioe; **1809,** mil wyth gant a naw; **a ~ to five job,** swydd naw tan bump. **~-bark** *n. Bot: (Spiraea opulifolia):* erwain (*m*) naw rhisgl. **~-holes** *n. Games:* [chwarae *vn*] nawtwll *pl.* **~-men's-morris** *n. Games:* chwarae nawtwll, *N: occ:* chwarae crown. **N~-Wells** *W.Pl.n.* Nawffynnon *f.* **~-yearly** *a.* nawmlynyddol, nawmlwyddol, bob naw mlynedd.
ninefold *a. & adv.* **1.** *a.* nawplyg. **2.** *adv.* naw gwaith [cymaint].
ninepin *n.* ceilysen (ceilys) *f*, nawpin(-nau) *m*; **to go down like ninepins,** *See* **fall[2]**.
nineteen *num. a. & n.* pedwar (*m*) ar bymtheg, pedair (*f*) ar bymtheg, un deg [a] naw; *foll. by sing. noun, unmutated, or by* o + *n.pl.*: **~ times,** pedair gwaith ar bymtheg, pedair ar bymtheg o weithiau, un deg [a] naw gwaith, un deg [a] naw o weithiau; **~ years,** pedair blynedd ar bymtheg; **~ years old,** pedair [blwydd] ar bymtheg oed; **to talk ~ to the dozen,** siarad pymtheg [yn] y dwsin, siarad pymtheg i'r dwsin; **1990,** mil naw naw dim; **1319,** mil tri un naw; **the ~ hundreds,** degawd cynta'r ugeinfed ganrif.
nineteenth *num. a. & n.* **1.** *a.* pedwerydd (*m*) ar bymtheg, pedwaredd (*f*) ar bymtheg, un deg [a] nawfed; pedwaredd *mutates after the article and mutates a fem. noun:* **the ~ verse,** y bedwaredd adnod ar bymtheg; **the ~ time,** y bedwaredd waith ar bymtheg; *for the construction after* nawfed, *See* **ninth**; **her ~ birthday,** ei phen blwydd yn bedair ar bymtheg [oed]. **2.** *n.* pedwerydd (*m*) ar bymtheg, pedwaredd (*f*) ar bymtheg; *Mth:* un rhan (*f*) o bedair ar bymtheg, un rhan o un deg [a] naw.
ninetieth *num. a. & n.* **1.** *a.* degfed a phedwar ugain, naw degfed; degfed *mutates a fem. noun and is itself mutated after the article:* **the ~ time,** y ddegfed waith ar bedwar ugain; **his ~ birthday,** ei ben blwydd yn ddeg a phedwar ugain [oed]. **2.** *n.* degfed (*m&f*) a phedwar ugain, naw degfed *m&f*; *Mth:* un rhan (*f*) o bedwar ugain, un rhan o naw deg.
ninety *num. a. & n.* **1.** *a.* deg a phedwar ugain, naw deg, *foll. by sing. noun or by* o + *n.pl.*: **~ houses,** deg tŷ a phedwar ugain, naw deg tŷ, naw deg o dai, deg a phedwar ugain o dai; deg *is replaced by* deng *before* m-; **~ minutes,** deng munud a phedwar ugain; deng *is foll. by the nasal mut. of* blwydd, blynedd, diwrnod; **~ years,** deng mlynedd a phedwar ugain; **~ years old,** deg/dengmlwydd a phedwar ugain oed; **~ days,** deng niwrnod a phedwar ugain; **~ pounds,** *(money):* decpunt a phedwar ugain; *(weight):* decpwys a phedwar ugain; **~ yards,** decllath a phedwar ugain; **~ miles,** deng milltir a phedwar ugain; **~ shillings,** decswllt a phedwar ugain; **~ inches,** deng modfedd a phedwar ugain. **2.** *n.* deg (*m*) a phedwar ugain, naw deg(-au) *m*; **he's in his nineties,** mae yn ei naw degau; mae dros ei ddeg a phedwar ugain; **the Naughty Nineties,** y Naw Degau Nwydus; **1990,** mil naw naw dim. **~-eight** *a. & n.m.* deunaw a phedwar ugain, naw deg [ac] wyth, *foll. by a sing. noun or by* o + *n.pl.*; *for construction after* deunaw, *See* **eighteen**; **1898,** mil wyth naw wyth; *for construction after* wyth, *See* **eight, eighty-eight.** **~-eighth** *a. & n.* deunawfed a phedwar ugain, naw deg [ac] wythfed; *for construction after* wythfed *See* **eighth, eighty-eighth.** **~-fifth** *a. & n.* pymthegfed a phedwar ugain, naw deg a phumed, naw deg pumed; *for construction after* pymthegfed, *See* **fifteenth**; *after* pumed, *See* **fifth, eighty-fifth.** **~-first** *a. & n.* unfed ar ddeg a phedwar ugain, naw deg ac unfed; *for construction See* **first, eighty-first**. **~-five 1.** *a.* pymtheg a phedwar ugain, naw deg a phum, naw deg pum *foll. by sing. noun, or* naw deg a phump *or* naw deg pump + o + *n.pl.*; *for construction after* pymtheg, *See* **fifteen,** *after* pum *See* **five, eighty-five**. **2.** *n.* pymtheg (*m*) a phedwar ugain, naw deg a phump *m*, naw deg pump *m*; **1795,** mil saith naw pump. **~-four** *a. & n. m.* pedwar ar ddeg a phedwar ugain, *f.* pedair ar ddeg a phedwar ugain, naw deg a phedwar/phedair, naw deg pedwar/pedair, *foll. by sing. noun or* o + *n.pl.*; *for construction See* **four, eighty-four**; **~-four sheep,** pedair dafad ar ddeg a phedwar ugain, naw deg a phedair dafad, naw deg a phedair o ddefaid; **~-four soldiers,** pedwar milwr ar ddeg a phedwar ugain, naw deg a phedwar milwr, naw deg a phedwar o filwyr; **1394,** mil tri naw pedwar. **~-fourth** *a. & n.* pedwerydd (*m*) ar ddeg a phedwar ugain, pedwaredd (*f*) ar ddeg a phedwar ugain, naw deg a phedwerydd/phedwaredd, naw deg pedwerydd/pedwaredd; *for construction See* **fourth, eighty-fourth; his ~-fourth birthday,** ei ben blwydd yn naw deg a phedair [oed], ei ben blwydd yn bedair ar ddeg a phedwar ugain [oed]. **2.** *n. Mth:* un rhan (*f*) o naw deg a phedwar. **~-nine** *a. & n.* pedwar (*m*) ar bymtheg a phedwar ugain, pedair (*f*) ar bymtheg a phedwar ugain, naw deg [a] naw, *occ:* can[t] namyn un, *foll. by sing. noun or by* o + *n.pl.*; *for construction after* pedwar/pedair *See* **four;** *after* naw, *See* **nine**; *after* can[t] *See* **hundred; nineteen ~-nine,** mil naw naw naw. **~-ninth** *a. & n.* pedwerydd (*m*) ar bymtheg a phedwar ugain, pedwaredd (*f*) ar bymtheg a phedwar ugain, naw deg [a] nawfed; **her eighty-~ birthday,** ei phen blwydd yn wyth deg a naw [oed]; *for construction after* pedwerydd/pedwaredd, *See* **fourth;** *after* nawfed *See* **ninth, eighty-ninth. 2.** *n. Mth:* un rhan (*f*) o naw deg [a] naw. **~-one** *num. a. & n.* un ar ddeg a phedwar ugain, naw deg [ac] un *foll. by sing. noun or by* o + *n.pl.*; un *is foll. by the soft mut. of a fem. noun (but not of* rh-, ll-) *and by the nasal mut. of* blynedd, blwydd; *for construction See* **eighty-one**; **1791,** mil saith naw un. **~-second 1.** *a.* deuddegfed a phedwar ugain, naw deg ac eilfed; *for construction, See* **twelfth, eighty-second**; **one's ~-second birthday,** eich pen blwydd yn naw deg a dwy [oed]. **2.** *n. Mth:* un rhan (*f*) o naw deg [a] dwy. **~-seven** *a. & n.* dau (*m*) ar bymtheg a phedwar ugain, dwy (*f*) ar bymtheg a phedwar ugain, naw deg [a] saith, *foll. by a sing. noun or by* o + *n.pl.*; *for construction after* dau/dwy, *See* **seventeen, two, eighty-two;** *after* saith, *See* **seven, eighty-seven; 1497,** mil pedwar naw saith. **~-seventh 1.** *a.* ail ar bymtheg a phedwar ugain, naw deg [a] seithfed; *for construction, See* **seventh, seventeenth, eighty-seventh; his ~-seventh birthday,** ei ben blwydd yn naw deg [a] saith [oed]. **2.** *n. Mth:* un rhan (*f*) o naw deg [a] saith. **~-six 1.** *a.* un ar bymtheg a phedwar ugain, naw deg [a] chwe, *foll. by sing. noun, or* naw deg [a] chwech + o + *n.pl.*; *for construction See* **six, sixteen, eighty-six. 2.** *n.* un ar bymtheg a phedwar ugain *m*, naw deg [a] chwech *m*; **1196,** mil un naw chwech. **~-sixth 1.** *a.* unfed ar bymtheg a phedwar ugain, naw deg [a] chweched; *for construction See* **sixteenth, sixth, eighty-sixth; her ~-sixth birthday,** ei phen blwydd yn naw deg a chwech [oed]. **2.** *n. Mth:* un rhan (*f*) o naw deg [a] chwech. **~-third 1.** *a. m.* trydydd ar ddeg a phedwar ugain, *f.* trydedd ar ddeg a phedwar ugain, naw deg a thrydydd/thrydedd, naw deg trydydd/trydedd; *for construction See* **third, thirteenth; his ~-third birthday,** ei ben blwydd yn naw deg a thair [oed]. **2.** *n. Mth:* un rhan (*f*) o naw deg a thair. **~-three** *a. & n.* tri (*m*) ar ddeg a phedwar ugain, tair (*f*) ar ddeg a phedwar ugain, naw deg a thri/thair, naw deg tri/tair *foll. by sing. noun or* o + *n.pl.*; *for construction See* **thirteen, three; 1793,** mil saith naw tri. **~ two** *a. & n.* deuddeg a phedwar

ugain, naw deg [a] dau/dwy, *foll. by sing. noun or by* o + *n.pl.*; *for construction See* **twelve, two**; **1492,** mil pedwar naw dau.
Nineveh *Pr.n. B:* N|inife *f.*
Ninevite *Pr.n.* Ninifiad (Ninifiaid) *m&f.*
ninny *n.* gwirionyn (gwirioniad) *m*; *See* **fool¹**.
ninth *num. a. & n.* **1.** *a.* nawfed, *foll. by soft mut. of fem. noun:* **the ~ wave,** y nawfed don; **his ~ birthday,** ei nawfed pen blwydd, ei ben blwydd yn naw [oed], pen ei flwydd yn naw [oed]. **2.** *n.* nawfed(-au) *m&f*; *Mth:* nawfed, nawfed ran *f*; **Louis the N~,** Lewis y Nawfed; **April the ~, the ~ of April,** Ebrill y nawfed, y nawfed (*m*) o Ebrill. **~-rate** *attrib.* nawfed radd.
ninthly *adv.* yn nawfed.
niobic *a. Ch:* niobig.
niobite *n. Miner:* niobit *m.*
niobium *n. Ch:* niobiwm *m.*
niobous *a. Ch:* niobaidd.
nip¹ *n.* **1.** *(= pinch):* pinsiad(-au) *m*; *(= bite):* brathiad(-au) *m.* **2.** *(of frost &c):* **there's a ~ in the air today,** mae brath ar yr awel heddiw; mae'r gwynt yn fain heddiw. **3. it was ~ and tuck,** cael a chael oedd hi.
nip² *v.t.&i.* I. *v.t.* **1.** pinsio, *occ:* gwasgu; *F:* **to ~ sth in the bud,** lladd rhth yn yr egin. **2.** *(of cold): (fingers &c):* gafael (yn rhth); *(b)* **to ~ buds,** deifio egin. II. *v.i. F:* **to ~ round to a place,** picio i le, *S:* gwân/gwanu i le; **to ~ in and out of the traffic,** sleifio/bachu i mewn ac allan o'r traffig. **~ off 1.** *v.t.* **to ~ off a bud,** pinsio eginyn. **2.** *v.i.* picio, ei hel hi, ei bachu hi *&c.*
nip³ *n. F: (of drink):* diferyn (diferion) *m*, joch(-iau) *mf*, llymaid (llymeidiau) *m.*
Nip⁴ *n. P: Pej:* Jap(-s) *m.*
nipper *n.* **1.** *pl.* **nippers,** gefel (*f*) bedoli (gefelau/gefelydd pedoli), gefail (*f*) bedoli (gefeiliau pedoli), pinswrn (pinsyrnau) *m*; *S.a.* **band-nipper**. **2.** *(of lobster &c):* crafanc (crafangau) *f.* **3.** *F:* = **kid¹ 2.**
nippily *adv.* yn gyflym, yn chwim, yn fachog, yn chwipyn, *S.E:* waff, woff.
nippiness *a.* **1.** *(= speed):* cyflymder: cyflymdra *m*, chwimder *m*, buandra *m*, sydynrwydd *m*, bachogrwydd *m*; *S.a.* **speed, speediness, quickness**. **2.** *(= cold):* oerfel *m*, oerni *m*, brath *m.*
nipping *a.* deifiol, brathog, egr, main (meinion).
nipple *n.* **1.** *Anat:* teth(-i, *S:* -au) *f*, tethen (tethi, tethau) *f*, diden(-nau) *f*, blaguryn (*m*) bron (blagur bronnau). **2.** *Tchn: Cy: Aut:* diden.
nipplewort *n. Bot: (Lapsana communis):* cartheig *f.*
Nippon *Pr.n. Geog:* Jap|an *f*, *Lit: occ:* Siap|an *f.*
Nipponese *a.* Japaneaidd, *Lit: occ:* Siapaneaidd.
nippy *a.* **1.** *(= quick):* cyflym, sydyn, buan, chwim, bachog, rhwydd; **he's ~ on his feet,** mae'n sionc iawn ar ei draed. **2.** *(= cold):* **it's ~ today,** mae hi'n cydio heddiw; mae'r gwynt yn fain heddiw; mae brath ar yr awel heddiw; *S:* mae'n sythlyd heddiw.
nirvana *n.* gwynfyd *m*, nirfana *f.*
nisi *a. Jur:* amodol, dros dro, ***nisi***.
nit¹ *n.* **1.** *Ent:* nedden (nedd) *f.* **2.** *F:* = **fool¹**. **~-picker** *n.* heliwr (helwyr) (*m*) beiau, pigwr (pigwyr) (*m*) beiau, cwenciwr (cwencwyr) *m.* **~-picking 1.** *vn.* hel/pigo beiau, codi cwenc, cwencio, cwencian. **2.** *a.* cwenclyd; **~-picking (criticism),** (beirniadaeth) pigo beiau, hollti blew, degymu mintys, hidlo gwybedyn, crachfeirniadaeth *f*, crachfeirniadu *vn.* **~-grass** *n. Bot: (Gastridium ventricosum):* neddwellt *m.*
nit² *n. Ph: Meas:* nit(-iau) *m.*
nitery *n. U.S:* clwb (clybiau) (*m*) nos.
nitid *a. Lit:* llachar, gloyw.
nitramine *n. Ch:* n|itramin (nitraminau) *m.*
nitrate¹ *n. Ch:* nitrad(-au) *m.*
nitrate² *v.t. Ch:* nitradu.
nitration *n. Ch:* nitradiad *m*, nitradu *vn.*
nitre *n. Ch:* neit[a]r *m*, solpitar *m*, *Lit:* creighalen *m*; *F:* **spirit of ~,** sbirit (*m*) neit[a]r.
nitric *a. Ch:* nitrig; **~ acid,** asid nitrig *m*, *F:* sbirit (*m*) neit[a]r.
nitride *n. Ch:* nitrid(-au) *m.*
nitriding *vn.* nitrido.
nitrification *n.* nitreiddiad *m*, nitreiddio *vn.*
nitrify *v.t.* nitreiddio.
nitrifying *a.* nitreiddiol.
nitrile *n. Ch:* nitril *m.*
nitrite *n.* nitraid (nitreidiau) *m.*
nitro- *n. Ch:* nitro-. **~-acid** *n. Ch:* nitro-asid(-au) *m.* **~-benzene** *n.* nitro-bensen *m.* **~-cellulose** *n.* nitro-s|elwlos *m.* **~-chalk** *n.* nitro-sialc *m.* **~-compound** *n.* nitro-gyfansoddyn (~-gyfansoddion) *m.* **~-explosive** *n.* nitro-ffrwydryn (~-ffrwydron) *m.* **~-glycerine** *n.* nitro-gl|yserin *m*, *N: F:* neitar cliw *m*, powdwr (*m*) oel. **~-group** *n.* nitro-grŵp (~-grwpiau) *m.* **~-lime** *n.* nitro-galch *m.* **~-powder** *n. Exp:* nitro-bowdwr *m.*
nitrogen *n. Ch:* n|itrogen *m.* **~ cycle** *n.* cylchred (*m*) nitrogen. **~ fixation** *n.* sefydlogiad (*m*) nitrogen, sefydlogi (*vn*) nitrogen.
nitrogenous *a. Ch:* nitrogenaidd.
nitrous *a. Ch:* nitraidd. **~ oxide** *n.* = **laughing-gas**.
nitty *a.* neddog, llawn nedd.
nitty-gritty *n. F:* hanfodion *pl*, manylion bychain *pl*, manion bethau *pl*, *F:* glo mân *m.*
nitwit *n. F:* twpsyn(-nod, twps) *m*, hurtyn(-nod) *m*, pen (*m*) dafad (pennau defaid) *&c*; *S.a.* **fool¹**.
nitwitted *a.* twp, hurt, gwirion, pendafadaidd *&c*; *S.a.* **foolish.**
nix *n. & int.* **1.** *n. P:* dim *m.* **2.** *int.* **~!** tendia (tendiwch)! gwylia (gwyliwch)!
nix[ie] *n. Myth:* coblyn(-nod) (*m*) [y] dŵr.
no¹ *a., n. & adv.* I. *a.* **1.** *(after a negative particle e.g.* ni, nid, na, nad *&c, or with a negative implied):* dim, yr un, unrhyw; **he made ~ reply,** nid atebodd ddim; ni roes yr un ateb; ni roes unrhyw ateb; **~ news is good news,** prin chwedl, llawen chwedl; **he spared ~ pains,** nid arbedodd unrhyw drafferth; fe wnaeth bopeth o fewn ei allu; **he did it in ~ time at all,** fe'i gwnaeth mewn dim o dro; **I had ~ room to move,** nid oedd gennyf le i symud; **~ Welshman would say that,** ni ddywedai'r un Cymro [mo] hynny; nid oes yr un Cymro a ddywedai hynny; **he's ~ end of a fool,** mae'n un gwirion ofnadwy; mae'n dwpsyn na bu ei fath; fu neb erioed gwirionach; mae'n ffŵl o'r radd flaenaf; mae'n andros o ben dafad; **there was ~ end of food,** 'roedd digonedd o fwyd; 'roedd faint a fynnid o fwyd; 'doedd dim prinder bwyd; **it is ~ distance,** nid yw'n bell; nid yw ymh|ell; nid yw fawr o ffordd; *Lit:* nid yw nepell; **to ~ purpose,** i ddim [byd], i ddim pwrpas/diben, yn ofer, yn seithug; **~ two men are alike,** nid oes dim dau yr un fath [â'i gilydd]; **by ~ means,** d[d]im o gwbl; nid ... mewn unrhyw fodd; nid ... er dim; **details of ~ interest,** manylion heb fod o ddiddordeb, manylion nad ydynt o unrhyw bwys, manylion anniddorol; **~ doubt she's right,** diau, mae hi'n iawn; diau ei bod hi'n iawn; 'does dim dwywaith/dau nad yw hi'n iawn; **~ wonder!** dim rhyfedd! nid yw'n syndod yn y byd! **~ way!** amhosib! byth! d[d]im ar unrhyw gyfrif! d[d]im ar gyfrif yn y byd! dim peryg! *N: occ:* dim ffiars o beryg! **~ way will I go,** 'd a' i byth; dim peryg yr a' i; 'd a' i ddim dros fy nghrogi; **~ fear!** dim peryg! **have ~ fear,** paid (peidiwch) ag ofni; *Lit:* nac ofna (ofnwch); **~ surrender!** dim ildio! **~ nonsense!** dim lol! **~ good will come of it,** ni ddaw dim da ohono; *P.N:* **~ entry, ~ admittance,** dim mynediad; **~ thoroughfare,** dim ffordd drwodd; **by ~ stretch of the imagination could it be called fair,** ni ellid byth mo'i alw'n deg; **by ~ effort of mine could I lift it,** er gwaethaf pob ymdrech ni allwn mo'i godi; ni allwn i wneud dim i'w godi; **~ smoking,** dim ysmygu; **~ comment,** dim i'w ddweud; **it was ~ good/use,** nid oedd yn dda i ddim; **it's ~ good/use your complaining,** ni waeth ichi heb â chwyno; ofer i chi gwyno. **2.** *(a)* **the task is ~ easy one,** nid tasg hawdd mohoni; *S.a.* **such** I. **1.**; *(b)* **he is ~ artist,** nid artist mohono; nid yw'n artist o fath yn y byd; nid yw'n artist o gwbl; **he's ~ genius,** nid athrylith mohono; mae ymhell o fod yn athrylith; **king or ~ king, he has ~ right to interfere,** brenin neu beidio, nid oes ganddo'r hawl i ymyrryd; *(c) (with gerund):* **there is ~ pleasing him,** 'does dim plesio arno; 'does dim modd ei blesio; **there's ~ getting out of it,** 'does dim osgoi arni; amhosibl dod allan ohoni. **3. ~ one, ~ man, = nobody 1.** *(a)*; **~ place,** *U.S:* = **nowhere**. II. *adv.* **1. or ~,** ai peidio; *S.a.* **no** I. **2** *(b)*; **whether or ~,** pa un bynnag ai peidio; **whether you agree or ~,** pa un a ydych yn cytuno ai peidio; cytunwch chi neu beidio; **he's ~ more a lord than I am,** nid yw'n arglwydd mwy na minnau; nid yw'n ddim mwy o arglwydd na minnau; **I could ~ more do it than fly in the air,** ni allwn i mo'i wneud fwy na hedfan yn yr awyr; **she didn't come, and ~ more did he,** ni ddaeth ef, na hithau chwaith; ni ddaeth hi, mwy nag yntau; **~ more** *(i)* dim rhagor, dim ychwaneg, dim mwy; *(ii)* **= no longer**. **2.** *(with comp.):* **I am ~ richer than he is,** nid wyf i ddim cyfoethocach

nag ef; **she's ~ better than she should be,** mae tipyn o hanes iddi hi; *N. W: F:* mae hi'n ffeind iawn wrth y tlodion; **he is ~ longer here,** nid yw yma bellach/mwyach; *S.a.* **less, more, soon; ~ sooner said than done,** dim ond dweud a dyma wneud; **~ sooner had she left than . . .,** [cyn] gynted [fyth] ag yr aethai . . .; nid cynt yr aethai, na . . .; **~ less than 50 pounds,** dim llai na hanner canpunt, cymaint â hanner canpunt; **~ less a person than Lloyd George,** neb llai na Lloyd George; **for ~ good reason,** heb reswm digonol, heb ddim rheswm [digonol]; **in ~ small part/ degree,** i raddau helaeth/pell, i gryn raddau; **there's ~ telling what will happen to him,** 'does wybod beth a ddaw ohono; **in ~ possible way can it be said that . . .,** ni ellir dweud o gwbl fod . . .; **there was ~ one reason,** 'roedd sawl rheswm; 'roedd mwy nag un rheswm; nid un rheswm oedd; **he's ~ mean boxer,** mae'n gryn baffiwr; mae'n eithaf paffiwr; mae'n dipyn o baffiwr; *B:* **a citizen of ~ mean city,** dinesydd o ddinas nid anenwog; **~ mean achievement,** cryn gamp, eithaf camp, tipyn o gamp, nid bach/ bychan o gamp, camp nid bychan; **it's ~ great sacrifice,** nid yw'n fawr o aberth; **it's ~ great shakes,** nid yw'n fawr o beth; nid yw mor wych â hynny; **~ mere woman could lift it,** ni allai gwraig gyffredin mo'i godi; **it was ~ mere formality,** nid ffurfioldeb yn unig oedd; **this is ~ fit job for a woman,** nid yw hon yn swydd o fath yn y byd i ferch; **this is ~ laughing matter,** nid testun sbort mo hyn; **it was ~ small surprise,** yr oedd yn syndod nid bychan; yr oedd yn gryn syndod; nid bach o syndod ydoedd; **it's ~ better/more than he deserves,** dyna'i haeddiant; nid yw'n haeddu dim gwell; nid yw'n ddim mwy/ gwell nag y mae'n ei haeddu; eitha' gwaith ag o/e; **we spoke for ~ more than two minutes,** ni fuom yn siarad am fwy na dau funud; **with ~ kindly eye,** â llygaid angharedig/didostur; **~ less/ fewer than twenty thousand saw the game,** gwyliodd o leiaf ugain mil y gêm; **arrive ~ later than eight,** cyrhaeddwch erbyn wyth o'r gloch fan bellaf; **~ more beautiful girl could be imagined,** ni ellid dychmygu tecach merch; **(we could leave) ~ earlier than midnight,** (ni allem adael) tan hanner nos fan leiaf, tan o leiaf hanner nos, cyn hanner nos, ddim cynt na hanner nos; **he gave up his work for ~ better reason than boredom,** rhoes y gorau i'w waith am ddim gwell rheswm na diflastod; **~ finer tribute could be paid,** ni ellid talu gwell teyrnged; ni ellid harddach teyrnged. III. **1.** *adv. answering questions: (a) answering unemphatic questions, introduced by* a + *verb:* na, nac + *verb*; **(are you ready?) - ~,** ([a] wyt ti'n barod?) - na, nac ydwyf; **is there a doctor here? - ~,** [a] oes yma feddyg? - nac oes; **(were they there?) - ~,** [a] oeddynt yno? - na, nac oeddynt; **do you know? - ~,** [a] wyddost ti? - na wn [i]; **do you see her? - ~,** [a] weli di hi? - na welaf [i]; **(have you finished?) - ~,** ([a] wyt ti wedi darfod?) - nac ydwyf, naddo; **will you agree? - ~,** [a] wnei di gytuno? - na wnaf; **~, ~, you are mistaken!** na, na, 'rydych chi'n camgymryd! *(b) answering a question in the historic tense:* naddo; **(have you seen him?) - ~,** ([a] welsoch chi ef?) - naddo; na, [ni] welais i mohono; *(c) answering emphatic questions, introduced by* ai *or* oni[d]: na, nage; **(was it today she came?) - ~,** (ai heddiw y daeth hi?) - na, nage; **(are you the owner of this car?) - ~,** (ai chi biau'r car hwn?) -na, nage; **(sleeping, was he?) - ~,** (ai cysgu yr oedd ef?) - na, nage; **(wasn't it Gwyn who won?) - ~,** (onid Gwyn a enillodd?) - na, nage; *(d)* **one man could not lift it, ~, not half a dozen,** ni allai un dyn mo'i godi, na, na hanner dwsin ych|waith; **B: I have not found so great faith, ~, not in Israel,** ni chefais gymaint ffydd, naddo, yn yr Israel. **2.** *n.* na *m*, nacâd *m*, nag *m*; **I won't take ~ for an answer,** chymera' i ddim na yn ateb; chymera' i mo 'ngwrthod; *(in voting):* **the ayes and noes,** y cefnogwyr a'r gwrthwynebwyr, y lleisiau dros ac yn erbyn, y rhai o blaid ac yn erbyn; **the noes have it,** y na piau hi. **~-account** *a. U.S:* dibwys, diwerth, da i ddim, diffaith. **~-ball** *Cr:* **1.** *n.* dim pêl, pêl ofer *f.* **2.** *v.t.* **to ~-ball s.o.,** gwrthod pêl rhn. **~-claim[s] bonus** *n.* bonws *(m)* am beidio â hawlio, bonws dim hawliadau. **~-fault insurance** *n. U.S:* yswiriant *(m)* dim bai. **~-fines** *n. Const:* concrid *(m)* heb dywod. **~-go** *a.* gwaharddedig, caeëdig. **~-hoper** *n.* rhn diffaith, rhn da i ddim, rhn heb obaith. **~-load** *attrib. Ind: Mec.E:* heb lwyth, gwag, gweili. **~ man's land,** tir *(m)* neb. **~-side** *n. Rugby:* diwedd *(m)* y gêm.

no[h][2] *n. Th:* no[h] *m.*

Noachian, Noachic *a.* Noachaidd.

Noah *Pr.n.m. B:* Noa; **~'s ark,** arch *(f)* Noa.

nob[1] *n. P: (= head):* pen(-nau) *m*, *F:* copa(-on, copâu) *mf*, corun(-au) *m*, penglog(-au) *f (pronounced* ng-g), *N: F:* pennog *m*, c|oconet(-s) *m*, *S: F:* clopa(-nau) *mf.*

nob[2] *n. P:* gŵr (gwŷr) bonheddig *m*, gŵr mawr; **the nobs,** y crach, y byddigions, y mawrion, y bobl fawr.

nobble *v.t. F:* **1.** *(a racehorse):* ymyrryd, ymyrraeth (â cheffyl); sbragio (ceffyl); *(= drug):* drygio ceffyl. **2.** *(= suborn):* prynu, llwgrwobrwyo. **3.** *(= steal):* progio, dwyn, bachu; *S.a.* **nab 2. 4.** *(= catch):* dal.

nobbut *adv.* dim ond.

nobby *a. P:* crand, smart.

Nobel *Pr.n.* **~ Prize,** Gwobr(-au) *(f)* Nobel; **the ~ Institute,** Sefydliad Nobel.

nobelium *n. Ch:* nobeliwm *m.*

nobiliary *a.* bonheddig.

nobility *n.* **1.** *(of character):* mawredd *m*, boneddigeiddrwydd *m*; *(= dignity):* urddas *m.* **2.** *(social class):* pendefigaeth *f*, bonedd *m*, uchelwyr *pl*, pendefigion *pl*, *A: Lit:* gwyrda; **the ~ and gentry,** y bendefigaeth a'r uchelwyr.

noble *a. & n.* **1.** *a. (a) (= aristocratic):* bonheddig, pendefigaidd, uchelwrol; **he was of ~ birth,** 'roedd yn ŵr o dras fonheddig; yr oedd yn ŵr o uchel ach; yr oedd o linach bendefigaidd; **~ blood,** gwaed yr uchelwyr; **the most ~ Lord . . .,** yr ardderchocaf Arglwydd . . .; *F:* **the ~ art,** paffio *vn*, bocsio *vn*; *(b) (sentiment &c):* ardderchog, aruchel, arddunol, uchelfrydig, mawrfrydig; **the ~ savage,** yr anwar/anwariad nobl *m*; *(c) (monument &c):* urddasol, gwych; *B:* **~ vine,** pêr winwydden *f*; *S.a.* **beech, fir;** *(d) (= generous):* hael, haelfrydig; **that's very ~ of you,** 'rwyt ti'n garedig iawn; 'rwyt ti'n hael iawn; *F:* 'rwyt ti'n nobl iawn; 'rwyt ti'n barod iawn; *(e)* **~ metal,** metel diledryw *m*; **~ gas,** nwy diledryw *m.* **2.** *n. (i)* uchelwr (uchelwyr) *m*, pendefig(-ion) *m*, bonheddig (boneddigion) *m*, bonheddwr (bonheddwyr) *m*, *A:* brëyr: brehyr (brehyrion, brehyrau, brehyrod) *m*; *(ii) Num:* nobl(-au) *f.* **~-minded** *a.* uchelfrydig, haelfrydig, mawrfrydig.

nobleman *n.* = **noble 2.** *(i).*

nobleness *n.* = **nobility.**

noblesse *n.* = **nobility 2**; **~ *oblige*,** bonedd a ddwg gyfrifoldeb; bonedd a rwyma.

noblewoman *n.f.* pendefiges(-au), uch|elwraig (uchelwragedd), arglwyddes(-au), gwr|aig fonheddig (gwragedd bonheddig).

nobly *adv.* **1. ~-born,** o dras fonheddig/bendefigaidd, [o] uchel dras, [o] uchel ach, o waed yr uchelwyr. **2.** yn aruchel *&c*; yn hael *&c.*

nobody *pron. & n.* **1.** *pron. (a)* neb *with* ni[d], na[d] *&c (expressed or understood)*; **~ spoke to me,** ni siaradodd neb â mi; **who's there? - ~,** pwy sy' 'na? - neb; **that's ~'s business,** nid yw hynny'n fusnes i neb; **like ~'s business,** i'w ryfeddu, fel wn i ddim be'; **~ is perfect,** 'does neb yn berffaith; heb ei fai, heb ei eni; **~ who was there heard anything,** ni chlywodd neb a oedd yno ddim; **there was absolutely ~ there,** 'doedd yr enaid byw yno; 'doedd yr un gopa walltog yno; **she's ~'s fool,** chymer hi mo'i thwyllo gan neb; thwyllwch chi mohoni hi; *(b) F:* **I knew him when he was ~,** 'roeddwn i'n ei adnabod pan nad oedd yn neb [o bwys]. **2.** *n.* neb *m*, rhn dibwys; **they are [mere] nobodies,** pobl ddibwys ydyn' nhw; 'dydyn' nhw'n neb.

nock *n. & v.t.* **1.** *n.* hicyn(-nau) *m*, hic(-iau) *m.* **2.** *v.t.* hicio.

nocking *vn.* **~-point,** man(-nau) *(mf)* hicio.

noctambulant *a.* nosrodiol, nosgerddol, yn rhodio'r nos, yn cerdded y nos.

noctambulist *n.* nosrodiwr (nosrodwyr) *m*, nosgerddwr (nosgerddwyr) *m*, nosg|erddwraig *f*, rhodiwr (rhodwyr) *(m)* nos, cerddwr *(m)* trwy'i hun (cerddwyr trwy'u hun), c|erddwraig *(f)* trwy'i hun.

noctambulous *a.* = **noctambulant.**

noctivagant, noctivagous *a.* nosgrwydrol, yn crwydro'r nos, yn rhodio'r nos.

noctule *n. Z:* ystlum(-od) *m.*

nocturn *n. R.C.Ch:* nos-weddi (~-weddïau) *f.*

nocturnal *a.* nosol, yn [ystod] y nos, gyda'r nos, dros nos; *Art:* nosluniol.

nocturnally *adv.* yn nosol, yn [ystod] y nos, liw nos, wedi bo nos.

nocturne *n.* **1.** *Mus:* hwyrgan(-au) *f*, noctwrn (noctyrnau) *m.* **2.** *Art:* noslun(-iau) *m.*

nocuous *a.* niweidiol.

nod[1] *n.* **1.** amnaid (amneidiau) *f*, nòd (nodiau) *m*; **all was**

dependent on his ~, dibynnai popeth ar ei fympwy ef; **he gave me a ~,** nodiodd arnaf; **(to get sth) on the ~,** *(= on credit):* (cael rhth) ar goel, *F:* ar lab; **(the committee passed it) on the ~,** (derbyniodd y pwyllgor ef) heb drafodaeth, heb ei drafod; **it all went through on the ~,** aeth popeth drwodd ar amnaid; *Prov:* **a ~ is as good as a wink to a blind horse,** hanner gair i gall. **2. the land of N~,** *(i) B:* tir Nod; *(ii) F:* cwsg *m*, gwlad (*f*) cwsg, y cae sgwâr *m*, y ciando *m*, y cae nos, y lle sgwâr *m*.

nod² *v.t.&i.* **1. to ~ [one's head],** nodio['ch pen], amneidio [â'ch pen]; **to ~ to s.o.,** nodio ar rn; **he nodded assent,** nodiodd i gytuno; nodiodd ei fod yn cytuno; nodiodd ei gytundeb; rhoddodd amnaid o gytundeb. **2.** *(when dozing):* siglo, pendympian, pendrymu; **to ~ off,** hepian, mynd i gysgu; **Homer nods,** mae Homer yn hepian; mae'r gorau'n methu weithiau. **3.** *(of feathers &c):* siglo, chwifio.

nodal *a.* nodol.

nodality *n.* nodaledd *m*.

nodding *a.* & *vn.* **1.** *a. (head &c):* siglog. **2.** *vn.* **I have a ~ acquaintance with him,** 'rwy'n ei adnabod o bell; 'rwy'n ei adnabod o ran ei weld; 'rwy'n ei adnabod i'w gyfarch.

noddle¹ *n. F: (= head):* pen(-nau) *m*, copa(-on, copâu) *mf*, penglog(-au) *f (pronounced* ng-g), *N: F:* pennog *m*, c|oconet(-s) *m*, *S: F:* clopa(-nau) *f*, clol(-iau) *f*, siol(-au) *f*.

noddle² *v.t.&i.* **1.** *v.t.* siglo, nodio. **2.** *v.i.* siglo pen, nodio pen, pendympian, pendrymu.

noddy *n.* **1.** = **fool¹**. **2.** *Orn: (Anous stolidus):* môr-wennol (~-wenoliaid) hurt *f*.

node *n.* **1.** *Astr: Ph: Geom: Bot:* nod(-au) *m*. **2.** *(a) (of tree-trunk &c):* cainc (ceinciau) *f*, cnap(-iau) *m*; *(b) Med:* chwydd(-au) *m*, cnotyn(-nau) *m*, cnot(-iau) *m*, cwgn (cygnau) *m*.

nodose *a.* ceinciog, cnotiog, cygnog.

nodosity *n.* cnotyn(-nau) *m*, cnot(-iau) *m*.

nodular *a.* nodylaidd, cnepynnaidd, cnapiog.

nodulated *a.* = **nodular**.

nodulation *n.* cnapiad *m*.

nodule *n.* nodwl (nodylau) *m*, cnepyn(-nau) *m*, cnap(-iau) *m*.

nodulous *a.* = **nodular**.

nodus *n.* pwynt(-iau) dyrys *m*.

Noel *n.* Nadolig *m*; ***Bon*** **~,** Nadolig Llawen.

noesis *n.* gwybyddiad *m*.

Noetian *a.* & *n. Rel.Hist:* **1.** *a.* Noëtaidd. **2.** *n.* Noëtiad (Noëtiaid) *m&f*.

Noetianism *n. Rel.Hist:* Noëtiaeth *f*.

noetic *a.* & *n.* **1.** *a.* deallusol, deallol, meddyliol. **2.** *n. (i)* meddyleg *f*; *(ii)* **N~,** = **Noetian 2.**

nog¹ *n.* & *v.t. Const: Min:* **1.** *n.* plocyn (plociau) *m*, blocyn (blociau) *m*. **2.** *v.t.* plocio.

nog² *n. (beer):* cwrw cryf; *S.a.* **egg-nog**.

noggin *n.* **1.** *(= mug):* picyn(-nau) *m*. **2.** *(= measure):* chwarter peint(-iau) *m*, chwarter(-i) (*m*) peint, picyn *m*. **3.** *F: (= a drink):* llymaid (llymeidiau) *m*, peintyn (peintiau) *m*, *N.W: occ:* talbo *m*. **4.** *(= head):* = **noddle¹**.

nogging *n. Const:* plociau pren *pl*, nogwaith *m*.

nohow *adv. (after negative particle) e.g.* ni[d] *&c*; [ddim] mewn unrhyw fodd/ffordd/ddull/sut.

noil *n.* cribion *pl* [gwlân].

noise¹ *n.* sŵn (synau) *m*, twrw *m*, trwst *m*, stŵr *m*, mwstwr *m*, dadwrdd *m*, *Lit: occ:* twrf *m*; *Prov:* **empty vessels make most ~,** mwya'u trwst, llestri gweigion; **to make a ~,** cadw sŵn, gwneud twrw, *occ:* tyrfu; *P:* **(he's the) big ~ (here),** (ef yw'r) prif ddyn, pen-dyn, ceffyl blaen (yma); **he's a big ~ (in broadcasting),** mae'n rhn pwysig, mae'n ddyn o bwys (ym myd darlledu); **a rustling ~,** siffrwd *vn*; **a tinkling ~,** sŵn tincial/tincian; **a hammering ~,** sŵn curo/morthwylio; **surface ~,** *(of record):* siffrwd, hisian *vn*; **they made sympathetic noises,** gwnaethant sŵn cydymdeimlad; **to make a ~ (about sth),** codi stŵr, creu helynt (yngh|ylch rhth); **to make a noise in the world,** dod yn enwog, dod i fri, creu sôn amdanoch; *Th:* **noises off,** sŵn [y] tu ôl; *S.a.* **abatement**.

noise² *v.t.* **to ~ sth abroad,** cyhoeddi rhth, dweud rhth ar goedd, sôn am rth, taenu rhth ar led; **it was noised abroad that . . .,** aeth y si/sôn ar led fod . . . .

noiseless *a.* di-sŵn, di-stŵr, distaw, di-drwst, didwrw, difwstwr.

noiselessly *adv.* yn ddi-sŵn *&c*, yn ddistaw bach; heb unrhyw sŵn.

noiselessness *n.* distawrwydd *m*.

noisette¹ *n. Hort:* rhosyn(-nau) (*m*) Noisette.

noisette² *n. Cu:* (*)cnepyn(-nau) *m*, cnap(-iau) *m*.

noisily *adv.* yn swnllyd *&c*.

noisiness *n.* sŵn *m*, twrw *m*, *occ:* trystiogrwydd *m*.

noisome *a. (= foul):* drewllyd, drycsawr; *(= disagreeable):* ffiaidd, annymunol.

noisomely *adv.* yn ddrewllyd *&c*.

noisomeness *n.* drewdod *m*.

noisy *a.* swnllyd, stwrllyd, tyrfus, *occ:* swniog, *S:* mwstrog, llawn twrw *&c*, *Lit: occ:* trystfawr, trystiog.

nolens volens *adv.* o'ch bodd neu o'ch anfodd.

noli [me] tangere *n. Bot:* ffromlys *m*.

nolle prosequi *n.* peidio ag erlyn, ymwrthod ag erlyn.

nom *n. Fr:* **~ *de guerre*, ~ *de plume*** *n.* ffugenw(-au) *m*.

noma *n. Med:* noma (nomâu) *m*.

nomad *n.* crwydryn (crwydriaid) *m*, *occ:* nomad(-iaid) *m&f*.

nomadic *a.* crwydrol, nomadaidd, nomadig.

nomadism *n.* nomadiaeth *f*.

nomarch *n.* llywodraethwr (llywodraethwyr) *m*.

nomarchy *n.* talaith (taleithiau) *f*.

nome *n.* talaith (taleithiau) *f*.

nomen *n. Rom.Ant:* ail enw(-au) *m*.

nomenclative *a.* enwol.

nomenclator *n.* **1.** *Rom.Ant:* galwedydd(-ion) *m*. **2.** *(= namer):* enwr (enwyr) *m*, enwedydd(-ion) *m*.

nomenclature *n.* enwau *pl*, cyfundrefn (*f*) enwau, dull (*m*) enwi.

nominal *a.* **1.** *Gram: Phil:* enwol. **2.** *(= in name):* mewn enw; **he is the ~ chief,** ef yw'r pennaeth mewn enw. **3.** *Mil: &c:* **~ list,** rhestr (*f*) enwau.

nominalism *n. Phil:* enwoliaeth *f*, nominaliaeth *f*.

nominalist *a.* & *n. Phil:* **1.** *a.* nominalaidd, enwolyddol. **2.** *n.* enwolwr: enwolydd (enwolwyr) *m*, nominalydd (nominalwyr) *m*.

nominalistic *a.* = **nominalist 1.**

nominally *adv.* mewn enw.

nominate *v.t.* **1.** *(= name, appoint):* enwi, dewis. **2.** *(= propose):* enwebu (rhn), cynnig enw (rhn).

nomination *n.* enwebiad(-au) *m*; *(action):* enwebu *vn*.

nominative *a.* & *n.* **1.** *Gram: (a) a.* enwol; *(b) n.* cyflwr enwol *m*. **2.** *a. Pol:* enwebol.

nominator *n.* ebwebwr: enwebydd (enwebwyr) *m*.

nominee *n.* dewisddyn(-ion) *m*, enwebedig(-ion) *m&f*; **my ~ for the post is X,** X yw'r un a enwebaf i ar gyfer y swydd.

nomogram *n.* n|omogram (nomogramau) *m*.

nomographic *a.* nomograffig.

nomography *n.* nomograffeg *f*.

nomothetic *a.* deddfwriaethol.

non¹ *Lt.neg.* **~ *compos mentis*** *a.* & *adv.* heb fod yn eich iawn bwyll, allan o'ch pwyll, amhwyllog. ***non est*** *a.* nad yw'n bod. ***non est invenitus*** *n. Jur:* ni chafwyd mohono, nis cafwyd. **~ *possumus*** *n. Jur:* datganiad (*m*) o anallu. **~ *sequitur*** *n.* camgasgliad(-au) *m*, annilyneb(-au,-ion) *f*; **that's a ~ *sequitur*,** nid yw hynna'n dilyn.

non-² *pref.* **1.** af-, an-, angh-; *e.g.* **~-existence,** anfodolaeth. **2.** *(= without):* heb + *soft mut.*, di- + *soft mut.* **~-alcoholic,** di|alcohol, heb |alcohol, analcoholaidd. **~-abstainer** *n.* anymwrthodwr (anymwrthodwyr) *m*, anymwrth|odwraig *f*. **~-acceptance** *n.* gwrthodiad *m*, gwrthod *vn*. **~-access** *n. Jur:* annichonoldeb *m*. **~-accidental** *a.* annamweiniol, nad yw'n ddamweiniol. **~-accredited** *a.* anachrededig, anwarantedig. **~-aggression 1.** *n.* anymosodedd *m*. **2.** *attrib.* anymosod, anymosodol; **~-aggression pact,** cytundeb (*m*) i beidio ag ymosod. **~-aligned** *a.* amhleidiol, anymochrol. **~-alignment** *n.* anymochredd *m*, amhleidioldeb *m*. **~-alloyable** *a. Metall:* analoiadwy, anghydweddol. **~-appearance** *n. (a) Jur:* anymddangosiad(-au) *m*, diffyg (*m*) ymddangosiad; **he was imprisoned for ~-appearance in court,** fe'i carcharwyd am fethu â bod yn y llys; *(b) F:* absenoldeb(-au) *m*. **~-arrival** *n.* peidio (*vn*) â chyrraedd; **the ~-arrival of the letter worried me,** yr oedd y ffaith na chyrhaeddodd y llythyr yn fy mhoeni. **~-attendance** *n.* absenoldeb *m*, colli *vn*; **~-attendance at school,** colli'r ysgol. **~-availability** *n.* diffyg *m*. **~-being** *n.* di-fod *m*, difod *m*, anfod *m*, anfodolaeth *f*, difodedd *m*; *S.a.* **non-existence**. **~-belligerent** *a.* anymladdol, anrhyfelog, anrhyfelgar, anrhyfelwrol; **a ~-**

belligerent country, gwlad heb fod yn y rhyfel. **~-belligerency** *n.* anymladdoldeb *m*, anrhyfelgarwch *m*. **~-book** *a.* anllyfrol. **~-classical** *a.* anghlasurol. **~-com** *n. Mil: F:* = **non-commissioned.** **~-combatant 1.** *a.* anymladdol. **2.** *n.* anymladdwr (anymladdwyr) *m*. **~-commissioned** *a. Mil:* digomisiwn, anghomisiynedig, heb gomisiwn; **~-commissioned officer,** swyddog(-ion) digomisiwn *m*. **~-committal** *a.* gofalus, gochelgar, gwyliadwrus, anymrwymol, di-ddangos-ochr. **~-communicant 1.** *a.* anghymunol. **2.** *n.* anghymunwr (anghymunwyr) *m*, anghym|unwraig *f*. **~-completion** *n.* anghwblhad *m*, anghyflawniad *m*, methu (*vn*) â chyflawni/chwblh|au/gorffen. **~-compliance** *n.* anufludd-dod *m* **(with sth,** i rth), anghydsyniad *m* (â rhth). **~-condensing** *a.* anghyddwysol. **~-conducting** *a. Ph:* annargludol; *El:* ynysol. **~-conductor** *n. Ph:* annargludwr (annargludwyr) *m*; *El:* ynyswr (ynyswyr) *m*. **~-consummation** *n.* anghyflawniad *m*, peidio (*vn*) â chyflawni, methu (*vn*) â chyflawni, diffyg cyflawni/cyflawniad. **~-content** *n. Parl:* pleidlais (pleidleisiau) (*f*) yn erbyn, gwrthwynebwr: gwrthwynebydd (gwrthwynebwyr) *m*. **~-contentious** *a.* anghynhennus, annadleuol. **~-contrastive** *a.* anghyferbynnol. **~-contributory** *a.* digyfraniad, anghyfraniadol. **~-co-operation** *n.* anghydweithrediad *m*, anghydweithredu *vn*, anghydweithredaeth *f*, diffyg (*m*) cydweithrediad/cydweithredu, peidio â chydweithredu, methu â chydweithredu. **~-corrosive** *a.* anghyrydol. **~-crystallisation** *n.* anghrisialiad *m*. **~-custodial** *a.* angharcharol, digarchar, digaethiwed. **~-dazzle** *a. Aut:* annallol. **~-delivery** *n.* methu â danfon; *Fig:* methu â chyflawni; **in case of ~-delivery, return to sender,** onis derbynnir, dychweler. **~-denominational** *a.* anenwadol. **~-detachable** *a.* annatod, annatodadwy, *F:* sownd, na ddaw yn rhydd. **~-directive** *a.* anghyfeiriol. **~-disclosure** *n.* diffyg datguddio, peidio â datguddio. **~-drip** *a.* anniferol. **~-driver** *n.* rhn heb fod yn yrrwr, rhn nad yw'n yrrwr, rhn nad yw'n medru gyrru; **I'm a ~-driver,** ni fedraf i yrru; nid wyf i'n yrrwr. **~-effective** *a. Mil:* anweithredol. **~-ego** *n. Phil:* an-ego *m*, an-fyfi, *m*, nid myfi *m*. **~-essential** *a.* anhanfodol, diangen, dianghenraid, hepgoradwy, hepgorol. **~-event** *n.* digwyddiad(-au) dibwys *m*, annigwyddiad(-au) *m*, *F:* sioe (*f*) bin (sioeau pin). **~-existence** *n.* anfodolaeth *f*; **its ~-existence has been definitely proved,** profwyd yn bendant nad yw'n bod; **what worries me is the ~-existence of the letter,** yr hyn sy'n fy mhoeni i yw'r ffaith nad yw'r llythyr yn bod. **~-existent** *a.* nad yw'n bod, anfodol. **~-explosive** *a.* anffrwydrol. **~-fading** *a.* annifiannol, anniflan; *F: (material &c):* na chyll ei liw. **~-feasance** *n. Jur:* pall-wneuthuriad *m*, gomeddiad *m*. **~-ferrous** *a.* anfferrus, anhaearnaidd. **~-fiction** *n.* llyfrau ffeithiol *pl*. **~-flammable** *a.* anfflamadwy, anhylosg. **~-flowering** *a.* anflodeuol, diflodau. **~-freezing** *a.* anrhewadwy. **~-fulfilment** *n.* anghyflawniad *m*, anghwplad *m*, anghyflawni (*vn*), methu â chyflawni, **the ~-fulfilment of a promise,** methu â chadw addewid. **~-glare** *a.* gwrthddallol. **~-human** *a.* anddynol; annynol *(more usu. = inhumane)*. **~-hydrous** *a.* anhydrus, annyfrlon. **~-identical** *a.* anunfath, annhebyg i'w gilydd, heb fod yn union yr un fath [â'i gilydd]. **~-integral** *a.* anintegrol. **~-interference, ~-intervention** *n.* anymyrraeth *f*, anymyriad *m*, peidio ag ymyrryd. **~-iron** *a. Dom.Ec:* dim smwddio, nad oes raid ei smwddio. **~-isolatable** *a.* annidoladwy, anynysadwy. **~-item** *n.* eitem wan/dila (eitemau gwan/tila) *f*, an-eitem(-au) *f*, sioe (*f*) bin (sioeau pin), llwyth(-i) (*m*) o ddim byd. **~-joinder** *n. Jur:* anghysylltiad *m*. **~-judgemental** *a.* anfarnol, yn gohirio barn, yn ymatal rhag barnu. **~-juring** *a. Hist:* annhyngol. **~-juror** *n. Hist:* annhyngwr (annhyngwyr) *m*. **~-jury** *a. Jur:* heb reithgor, heb reithwyr. **~-ladder** *a.* anrhwygadwy, anrhedadwy. **~-linear** *a. Mth:* aflinol. **~-living** *a.* difywyd, anfyw. **~-logical** *a.* anrhesymegol; afresymegol *(more usu. = irrational)*. **~-manual** *a.* heb fod â llaw, heb fod yn waith llaw, anllafuriol; **~-manual work,** *F:* gwaith dwylo glân; **~-manual worker,** *F:* gweithiwr dwylo glân. **~-member** *n.* rhn nad yw'n aelod; **open to non-members,** agored i westeion. **~-metal** *n. Ch:* anfetel(-au) *m*. **~-metallic** *a. Ch:* anfetelaidd, anfetelig. **~-moral** *a.* anfoesegol. **~-mutant** *a.* digyfnewid. **~-natural** *a.* annaturiol, heb fod yn naturiol. **~-nuclear** *a.* anniwclear; (diniwclear *is common but incorrect*). **~-observance** *n.* **1.** *(of rule):* anufudd-dod *m* **(of sth,** i rth). **2.** **~-observance of the Sabbath,** torri'r Saboth, esgeuluso cadw'r Saboth. **~-pareil 1.** *a.* digymar, digyffelyb, dihafal, di-ail. **2.** *n. (apple):* afal(-au) digymar *m*. **3.** *Orn: (Emberiza ciris):* bras (breision) digymar *m*. **4.** *Ent:* gwyfyn(-od) digymar *m*; **Clifden ~-pareil,** gwyfyn yr onnen. **~-party** *a.* annibynnol, di-blaid, amhleidiol. **~-payment** *n.* diffyg taliad, methu talu, peidio â thalu. **~-performance** *n.* anghyflawniad *m*, anweithrediad *m*, methu cyflawni. **~-philosophic[al]** *a.* anathronyddol. **~-phosphoric** *a.* anffosfforig. **~-playing** *a.* anweithredol, anghyfrannol, nad yw'n chwarae. **~-porous** *a.* difandwll, anrhydyllog. **~-productive** *n.* anghynhyrchiol; *(plant &c):* anffrwythlon, digynnyrch. **~-positive** *a.* amh|ositif. **~-profit-making** *a.* heb wneud elw, dielw, dibroffid. **~-proliferation** *Pol:* **1.** *n.* anamlhad *m*, anymlediad *m*, rhwystro/atal (*vn*) amlh|au; **nuclear ~-proliferation treaty,** cytundeb atal amlhau arfau niwclear. **2.** *attrib.* gwrthymledol. **~-reactive** *a.* anadweithiol. **~-residence** *n.* anhrigiannaeth *f*; *Sch: &c:* byw (*vn*) allan. **~-resident 1.** *a. (guest &c):* anhrigiannol; *Sch:* amhreswyl, allanol, yn byw allan. **2.** *n.* rhn o'r tu allan; **open to ~-residents,** agored i bobl o'r tu allan; *Sch:* disgybl allanol *m*, disgybl sy'n byw allan. **~-resistance** *n.* anwrthsafiad *m*, anwrthwynebiad *m*, diffyg (*m*) gwrthsafiad/gwrthwynebiad, peidio (*vn*) â gwrthsefyll/gwrthwynebu; *S.a.* **passivity.** **~-resistant, ~-resisting** *a.* anwrthsafol, anwrthwynebol. **~-respiratory** *a.* an-anadlog. **~-restrictive** *a.* anghyfyngiadol. **~-returnable** *a.* annychweladwy; **the bottle is ~-returnable,** na ddychweler y botel; ni chymerir y botel yn ôl. **~-reversible** *a. (a) Mec.E: Ph:* diwrthdro, annatro; *(b) (material &c):* untu, unffordd, na ellir ei droi tu chwith. **~-rigid** *a.* hyblyg, ystwyth. **~-ruminant** *a.* anghilgnöol, heb fod yn cnoi ei gil. **~-satisfaction** *n.* anfoddhad *m*, anfodlondeb *m*, anfodlonrwydd *m*; **money back in case of ~-satisfaction,** arian yn ôl os na chewch eich plesio/bodloni. **~-selective** *a.* annethol, annetholiadol. **~-singular** *a.* anhynod. **~-skid[ding]** *a.* gwrthsglefrio, anllithrog. **~-slip** *a.* gwrthlithro. **~-smoker** *n.* **1.** *(pers.):* anysmygwr (anysmygwyr) *m*, anysm|ygwraig *f*. **2.** *Rail: F:* cerbyd(-au) (*m*) dim ysmygu. **~-smoking** *a. Rail: &c:* dim ysmygu. **~-starter** *n.* rhn/rhth amhosibl/anobeithiol, rhn/rhth na ddaw dim ohono; **that's a ~-starter,** ni ddaw dim byth o hwnna; **the idea was a ~-starter,** yr oedd y syniad yn fethiant o'r cychwyn; **he's a ~-starter,** nid yw ef yn y ras o gwbl; ni wnaiff ddim byd ohoni. **~-stick** *a.* anlynol; **a ~-stick pan,** padell nad yw'n glynu. **~-stop** *attrib. (noise &c):* di-baid, diatal, di-ball, di-dor, diddiwedd, diderfyn, tragwyddol, cyson, *F:* di-stop; *(train):* syth drwodd, diaros; *(run, flight):* pendramwnwgl. **2.** *adv.* yn ddi-baid *&c*; yn syth drwodd; yn bendramwnwgl, ar eich pen; **(to talk) ~-stop,** (siarad) fel pwll y môr, fel melin bupur, pymtheg yn y dwsin, yn r|ibidi-res, fel clap y felin, fel clep melin, fel melin/injan falu metlin, heb ball. **~-syllabic** *a.* ansillafog. **~-toxic** *a.* diwenwyn, anwenwynig, anwenwynol. **~-U** *a.* anfonheddig, gwerinol, difonedd, ansyber, an-iawn. **~-union** *a.* anundebol, diundeb. **~-unionist** *n.* anundebwr (anundebwyr) *m*, anund|ebwraig *f*. **~-usage, ~-use** *n.* diffyg (*m*) defnydd (ar rth). **~-user** *n.* **1.** *Jur: (action):* annefnyddiaeth *f*. **2.** *(pers.):* annefnyddiwr (annefnyddwyr) *m*, annefn|yddwraig *f*. **~-verbal** *a.* aneiriol, dieirau. **~-violence** *n.* dulliau di-drais *pl*, ymwrthod (*vn*) â thrais, didreisedd *m*. **~-violent** *a.* di-drais. **~-violently** *adv.* yn ddi-drais, heb drais. **~-volcanic** *a.* anfolcanig. **~-voluntary** *a.* anwirfoddol. **~-voting** *a. St.Exch: &c:* dibleidlais, heb bleidlais. **~-Welsh speaking** *a.* di-Gymr|aeg. **~-white 1.** *a.* nad yw'n wyn, heb fod yn wyn, lliw. **2.** *n.* dyn(-ion) (*m*) lliw, gwr|aig (*f*) liw (gwragedd lliw); *pl.* pobl liw *f or pl.*

nonage *n.* mebyd *m*, maboed *m*, mabolaeth *f*.

nonagenarian *a. & n.* **1.** *a.* yn eich naw degau, nawdegol. **2.** *n.* rhn yn ei naw degau, *nawdegwr (nawdegwyr) *m*, *nawd|egwraig *f*, *F:* hen ŵr (*m*) dros ei ddeg a phedwar ugain, hen wr|aig (*f*) dros ei deg a phedwar ugain; **the ~ William Jones,** William Jones ddeg a phedwar ugain oed; **she's a ~,** mae hi dros ei deg a phedwar ugain; mae hi yn ei naw degau.

nonagon *n. Geom:* n|onagon (nonagonau) *m*, nawongl(-au) *m*.

nonary *a. Mth:* nawol.

nonce *n.* **for the ~,** ar hyn o bryd, am y tro. **~-word** *n.* gair (geiriau) (*m*) am y tro, gair untro.

nonchalance *n.* difrawder *m*, difaterwch *m*, anghyffro *m*, diofalwch *m*, ysgafalwch *m*, dihidrwydd *m*.
nonchalant *a.* didaro, digyffro, difraw, difater, diofal, ysgafala, dihidio, iach, *F:* côm.
nonchalantly *adv.* yn ddidaro *&c.*
nonconformist *a.* & *n.* **1.** *a.* anghydffurfiol, ymneilltuol. **2.** *n.* anghydffurfiwr (anghydffurfwyr) *m*, anghydff|urfwraig *f*, ymneilltuwr (ymneilltuwyr) *m*, ymneillt|uwraig *f.*
nonconformity *n.* anghydffurfiaeth *f*, ymneilltuaeth *f.*
nonda *n. Bot: (Parinarium nonda):* nonda(-s) *m.*
nondescript *a.* heb fod y naill beth na'r llall, di-liw, cyffredin, dinod, anhynod, digymeriad, diddim, disylw, diddrwg-d[d]idda, anarbennig.
none *pron., a. & adv.* **1.** *pron. (a) (with neg. particle e.g.* ni[d], na[d] *expressed or understood):* neb *(of pers. only)*; dim un, yr un; **~ (of them is/are known to us),** (nid oes) neb, yr un, dim un (ohonynt yn adnabyddus i ni); **almost ~,** odid ddim, odid yr un; **bar ~,** heb eithriad, heb eithrio'r un, yn ddieithriad, yn anad dim, yn anad neb, yn anad yr un; **he is the best bar ~,** nid yw'n ail i neb; **~ of you can tell me . . . ,** ni all yr un ohonoch ddweud wrthyf i . . . ; **~ of this concerns me,** nid oes a wnelo dim o hyn â mi; nid oes a wnelwyf i ddim â hyn; **no news today? - ~,** dim/ unrhyw newydd heddiw? - [na,] dim; **strawberries? there are ~!** mefus? 'does dim! **~ at all,** dim [un] o gwbl, yr un o gwbl; **any job is better than ~ at all,** mae unrhyw swydd yn well na dim [un] o gwbl; **~ of your cheek!** dim o dy hyfdra di! paid â bod mor ddigywilydd! **his style is ~ of the best,** nid yw ei arddull gyda'r orau; *(b)* **~ can tell,** ni all neb ddweud; ni ŵyr neb; nid oes neb a ŵyr; **~ but fools would believe it,** dim ond ffyliaid a gredai hynny; **he is aware, ~ better, that . . . ,** fe ŵyr yn well na neb fod . . . ; 'does neb a ŵyr yn well nag ef fod . . . **~ but he knew of it,** ni wyddai neb ond efe amdano; efe'n unig a wyddai amdano; **the visitor was ~ other than the king,** nid oedd yr ymwelydd yn neb amgen/llai na'r brenin; *Prov:* **there's ~ so blind as those who will not see,** nid oes neb mor ddall â'r hwn/ sawl na fyn[n] weled; *F:* **there's ~ so queer as folks,** rhai rhyfedd yw pobl; *(c) (in schedules &c):* dim. **2.** *a. A:* **money I had ~,** nid oedd gennyf ddim arian; **village there was ~,** nid oedd dim pentref; nid oedd yr un pentref; **(I sought rest) and found ~,** (ceisiwn orffwys) heb gael dim, a chael dim. **3.** *adv. (a)* **he is ~ the happier,** nid yw ddim/fymryn/damaid hapusach; **he is ~ the wiser,** nid yw ddim (*&c*) callach; **I like him ~ the worse for that,** nid wyf yn ei hoffi damaid yn llai o'r herwydd; **it is ~ the worse for wear,** nid yw damaid gwaeth; *S.a.* **less 4, worse 1**; *(b)* **he was ~ too soon,** ni ddaeth eiliad yn rhy fuan; fe ddaeth mewn union bryd; **they love each other ~ too well,** nid ydynt yn or-hoff o'i gilydd; nid ydynt yn rhyw hoff iawn o'i gilydd; nid oes llawer o Gymraeg rhyngddynt; nid oes llawer o dda rhyngddynt; **the evening passed ~ too gaily,** aeth y noson heibio heb fod yn rhyw siriol iawn; **his job is ~ too secure,** nid yw ei swydd yn rhy sicr. **~-so-pretty** *n. Bot:* = **London pride.**
nonentity *n.* **1.** *(= non-existence):* anfodolaeth *f.* **2.** *(pers.):* dyn(-ion) dibwys/dinod/disylw *m*, neb *m*; *pl.* pobl ddibwys *f or pl*, rhai dibwys; **he's a ~,** nid yw'n neb o bwys; nid yw'n ddim byd; un di-ddim/disylw ydyw.
nones *n.pl.* **1.** *Rom.Calendar:* nawfedau, nonau. **2.** *Ecc:* nonau.
nonesuch = **nonsuch.**
nonet *n. Mus:* noned(-au) *f.*
nonetheless *adv. & conj. See* **less 4.**
nonillion *n. Mth:* noniliwn (noniliynau) *f.*
nonius *n. Mth:* noniws (noniysau) *m.*
nonpareil *n.* = **non-pareil.**
nonplus *n. & v.t.* **1.** *n.* syfrdandod *m*, penbleth *mf.* **2.** *v.t.* syfrdanu, drysu.
nonplussed *a.* syn, syfrdan, dryslyd, mewn penbleth; **he was ~,** ni wyddai beth i'w wn|eud; ni wyddai pa le i droi; **a ~ look,** *F:* golwg be' wna' i.
nonsense *n. (a) N:* lol *f*, *S:* dwli *m*, dyli *m*, *F: occ:* nonsens *m*, sothach *m*, *N: occ:* ffregod *f*, rwdl *f*, rwdl-mi-ri *f*, ponsh *m*, stwnsh *m*, tatws *(pl)* llaeth, rwtsh *m*, rwtsh-ratsh *m*, strydwm *m*, cybôl *m*, codl *m*, cabalátsh *m*, *Lit:* ffiloreg *f*, ynfydrwydd *m*, hurtrwydd *m*, ffregod *f*, *S: occ:* lap *m*, *S.E: occ:* fframwndi *m*, ffrwmwndws *m*, ffregl *m*, dwldod *m*, whaldod *m*, ffragots *pl*, *S.W: occ:* rebetsh *m*, ffol-lol *f*; **to talk ~,** malu awyr, bregliach, *N:* lolian, siarad lol, rwdlio, rwdl[i]an, stwnsio, boddro, cabalatsio, colmio, ponsio, holmio, holpio, paldaruo, bambaruo, ffaldyruo, dulio, malu, moedro, mwydro, dallgeibio, cyboli, cabarddulio, codlo, berwi, *V:* malu cachu, *S:* siarad dwli, lapan, siarad lap, brewlan, siarad wast, *S.E:* whalu [whaldod], bermoni, *S.W:* siarad glibir-blabar; **a talker of ~,** malwr (malwyr) *(m)* awyr, loliwr (lolwyr) *m*, lolyn(-nod) *m*, lolen(-nod) *f*, holmyn *m*, holpyn(-nod) *m*, rwdlyn(-nod) *m*, rwdlen(-nod) *f*, ponsiwr (ponswyr) *m*, stwnsiwr (stwnswyr) *m*, paldaruwr (paldaruwyr) *m*, cybolwr (cybolwyr) *m*, bambaruwr (bambaruwyr) *m*, moedrwr (moedrwyr) *m*, cabalatsiwr (cabalatswyr) *m*, *S:* brewgi (brewgwn) *m*, *V:* malwr cachu; **don't talk ~!** taw â dy lol! *S:* gad dy ddwli! gad dy lap! *N:* paid â lolian *&c*! **this passage makes ~,** mae'r darn hwn yn ddisynnwyr/annealladwy; *(c) as int. N:* lol [i gyd]! lol botes maip! twt lol! lol-mi-lol! lol [godl] gybôl! *occ:* tatws *(pl)* llaeth! *S:* 'na ddwli! shwd ddwli! **it is ~ to think that . . . ,** lol/dwli yw meddwl . . . ; **now, no ~!** *N:* rŵan, dim lol! *S:* 'nawr 'te, dim o dy ddwli di! *S.a.* **stuff 1**; *(b) attrib.* **~ verse,** cerddi *(pl)* dwli; **no-~,** *a.* di-lol, diffwdan.
nonsensical *a.* disynnwyr, diystyr, gwirion, hurt, ynfyd, nonsenslyd.
nonsensically *adv.* yn ddisynnwyr *&c*; heb synnwyr.
nonsuch *n.* **1.** rhn/rhth digymar/digyffelyb/di-ail/perffaith. **2.** *Bot: (Medicago lupulina):* maglys [gwineuddu] *m.*
nonsuit *n. & v.t.* **1.** *n.* atal *(vn)* cyngaws. **2.** *v.t.* **to ~ s.o.,** atal cyngaws rhn.
nonuplet *n.* nawpled(-au,-i) *m&f*, un o naw gefaill.
noodle *n.* **1.** *F:* gwirionyn *m*, ffwlcyn *m*, hurtyn *m*, *S:* clopa (clopâu) *fm*; *S.a.* **fool**[1]. **2.** *U.S: F:* = **head. 3. chicken ~ soup,** cawl cyw a nwdls.
noodles *n.pl.* nwdls.
nook *n.* cilfach(-au) *f*; *S.a.* **ingle ~.**
noon, noonday, noontide, noontime *n.* **1.** canol *(m)* dydd, hanner *(m)* dydd. **2.** *Fig: (= culmination):* anterth *m.*
noose[1] *n. (in rope):* dolen *(f)* redeg (dolenni rhedeg), cwlwm (c[y]lymau) *(m)* rhedeg; **to throw a ~ over a horse's head,** taflu rhaff dros ben ceffyl; **hangman's ~,** rhaff *(f)* crogwr; *F:* **he's for the ~,** y rhaff sy'n ei ddisgwyl o/e; cortyn gaiff o/e; *(= snare):* magl(-au) *f*, *Lit:* byddagl(-au) *f.*
noose[2] *v.t.* **1.** *(a rope):* dolennu (rhaff), rhoi cwlwm rhedeg (ar raff). **2.** *(= snare):* maglu, *Lit:* byddaglu.
nopal *n. Bot:* nopal(-au) *m.*
nope *n. U.S: F:* = **no**[1].
nor[1] *conj. with negative particle e.g.* ni[d] *expressed* na, nac *(pronounced* nag) + *spirant mut.* **1. neither you ~ I know,** ni wn i na thithau; **she had neither dog ~ cat,** nid oedd ganddi na chi na chath; **he shall not go ~ you either,** ni chaiff ef fynd na thithau ychwaith. **2. I don't know, ~ can I guess,** ni wn i ddim, ac ni allaf ddyfalu ychwaith; **~ does it seem likely,** ac nid ymddengys yn debyg ychwaith; *F:* a 'does dim golwg chwaith; **I can't go - ~ can I,** ni allaf fynd - na finnau ychwaith.
nor[2] = **north.**
Nordic *a.* Nordig.
noria *n.* chwimsi(-s) *f.*
norland *n.* y gogledd *m.*
norm *n.* safon(-au) *f*, norm(-au) *m*; **the ~,** y peth normal *m*, y peth arferol.
normal *a. & n.* **1.** *a. (a) Geom:* normal, sythlinol, ar ongl sgwâr (i rth); *(b) (= usual):* arferol, cyffredin, rheolaidd, normal, safonol; *U.S: Fr: Sch:* **~ school,** coleg normal *m*, coleg normalaidd, coleg hyfforddi; *S.a.* **college**; **it's a ~ thing,** mae'n beth arferol/normal. **2.** *n.* peth(-au) normal *m*, peth arferol, cyflwr normal, yr arferol; *Geom:* sythlin(-au) *f*; **back to ~,** yn ôl i'r arferol; **temperature above ~,** gwres uwch na'r arferol.
normalcy, normality *n.* normalrwydd *m*, normaledd *m*, cyflwr normal/arferol *m.*
normalization *n.* normaleiddiad(-au) *m*, normaleiddio *vn.*
normalize *v.t.* normaleiddio.
normally *adv.* **1.** *(= usually):* fel arfer, yn arferol, fel rheol. **2. ~-formed,** a ffurfiwyd yn normal, wedi ei ffurfio'n normal.
Norman *a. & n.* **1.** *a.* Normanaidd; **the ~ Conquest,** y Goncwest Normanaidd *f*, y Goresgyniad Normanaidd *m*. **2.** *n.* Norman(-iaid) *m*, Normanes(-au) *f.* **~ French 1.** *a.* Normanaidd-Ffrengig; *(in language):* Ffrangeg Normanaidd, Normaneg.

2. *n.* *(i) Ling:* Ffrangeg Normanaidd *f, m,* Normaneg *f, m;* *(ii) Ethn: Coll:* Normaniaid Ffrengig *pl.*
Normandy *Pr.n. Geog:* N|ormandi *f.*
Normanism *n.* **1.** *(attitude):* Normanedd *m,* Normaniaeth *f.* **2.** *(expression):* Normaniaith *f,* Normaneb(-au,-ion) *f.*
Normanization *n.,* **Normanize** *v.t.* Normaneiddio.
normative *a.* normadol.
Norn *n.* **1.** *Myth:* tynged (tynghedau, tynghedion) *f.* **2.** *Ling:* Norn *f, m.*
Norroy King of Arms *n.* Herodr (*m*) y Gogledd.
Norse *a.* & *n.* **1.** *a.* *(a)* Norwyaidd; *(b) Hist:* Nordig, Llychlynaidd, Llychlynig. **2.** *(i) n.pl.* Norwyaid, Llychlynwyr; *(ii) n. Ling:* [Hen] Norwyeg *f, m,* Llychlyneg *f, m,* Norseg *f, m.*
Norseland *Pr.n. Geog: Hist:* Llychlyn *f.*
Norseman *n.m. Hist:* Llychlynwr (Llychlynwyr); *pl.,* **Norsemen,** *Lit: occ:* y Cenhedloedd Duon.
north *n., a. & adv.* **1.** *n.* gogledd *m;* **on/to the ~ of sth,** i'r gogledd o rth; **the frozen ~,** y gogledd oer; **the magnetic ~,** y gogledd magnetig. **2.** *adv.* i'r gogledd, tua'r gogledd. **3.** *a.* gogleddol, [o'r] gogledd; **the ~ wind,** gwynt (*m*) y gogledd, y gogleddwynt *m.* **N~ Africa** *Pr.n. Geog:* Gogledd (*m*) |Affrica. **N~ African 1.** *a.* Gogledd-Affricanaidd. **2.** *n.* Gogledd-Affricaniad (~-Affricaniaid) *m&f,* un o Ogledd Affrica. **N~ America** *Pr.n. Geog:* Gogledd (*m*) Am|erica. **~ American 1.** *a.* Gogledd-Americanaidd; **the ~-American Indians,** Indiaid Gogledd America. **2.** *n.* Gogledd-Americaniad (~-Americaniaid) *m&f,* Gogledd-Americanwr (~-Americanwyr) *m.* **N~ Atlantic Treaty Organization** *Pr.n.* Cyfundrefn (*f*) Cytundeb Gogledd Iwerydd. **N~ Britain** *n.* *(a) O: (= Scotland):* yr Alban *f,* Sgotland *f;* *(b) W.Hist:* yr Hen Ogledd. **N~ British** *a.* *(a) O: (= Scottish):* Albanaidd, Sgotaidd; *(b) W.Hist:* o'r Hen Ogledd, Hen-Ogleddol. **N~ Briton** *n.* *(a) O: (= Scot):* Albanwr (Albanwyr) *m,* Sgotyn (Sgotiaid) *m;* *(b) W.Hist:* gŵr o'r Hen Ogledd, un o wŷr y Gogledd. **N~ Cape (the)** *Pr.n. Geog:* Penrhyn (*m*) y Gogledd. **N~ Country (the)** *n.* Gogledd (*m*) Lloegr. **N~-countryman** *n.m.* gogleddwr (gogleddwyr) *m,* Sais (Saeson) (*m*) o'r Gogledd, un o wŷr Gogledd Lloegr. **~-countrywoman** *n.f.* gogl|eddwraig (gogleddwragedd) *f,* Saesnes(-au) (*f*) o'r Gogledd. **~-east 1.** *n.* gogledd-ddwyrain *m.* **2.** *a.* gogledd-ddwyreiniol. **3.** *adv.* i'r gogledd-ddwyrain. **~-easter, nor'easter** *n. Nau:* gwynt (*m*) y gogledd-ddwyrain, gogledd-ddwyreinwynt *m.* **~-easterly 1.** *adv.* i'r gogledd-ddwyrain; *(of wind):* o'r gogledd-ddwyrain. **2.** *a. See foll.* **~-eastern** *a.* gogledd-ddwyreiniol. **~ light** *n. Art:* golau(*m*)'r gogledd. **the N~ Sea** *Pr.n. Geog.* Môr (*m*) y Gogledd, y Môr Tawch. **N~ Stack** *Pr.n. W.Geog:* Ynys Arw *f.* **the N~ star** *n. Astron.* seren (*f*) y Gogledd. **N~ Walian 1.** *a.* Gogleddol, o'r Gogledd; **a N~-Walian accent,** acen Ogleddol, acen y Gogledd. **2.** *n.* = **N~ Welshman, N~ Welshwoman. N~ Wales** *Pr.n. W.Geog:* Gogledd (*m*) Cymru. **N~ Welshman** *n.m.* Gogleddwr (Gogleddwyr), *F:* Northyn, Northman (Northmyn), *S: F: or Joc:* Gog(-s). **N~ Welshwoman** *n.f.* Gogl|eddwraig (Gogleddwragedd), *F:* Northen *f.* **~-west 1.** *n.* gogledd-orllewin *m.* **2.** *a.* gogledd-orllewinol; **the N~-W~ Frontier,** Gororau(*pl*)'r Gogledd-Orllewin; **the N~-W~ Passage,** Tramwyfa(*f*)'r Gogledd-Orllewin. **3.** *adv.* i'r gogledd-orllewin. **~-wester, nor'wester** *n. Nau:* gwynt (*m*) y gogledd-orllewin, gogledd-orllewinwynt *m.* **~-westerly 1.** *adv.* i'r gogledd-orllewin; *(of wind):* o'r gogledd-orllewin. **2.** *a. See foll.* **~-western** *a.* gogledd-orllewinol.
northbound *a.* [ar eich ffordd] i'r/tua'r gogledd, yn mynd/gwn|eud/anelu am y gogledd.
norther *n. Meteor: U.S:* gogleddwynt *m.*
northerly *a. & adv.* **1.** *a.* gogleddol, yn y gogledd; *(wind):* o'r gogledd, gogleddol. **2.** *adv.* i'r gogledd; *(wind):* o'r gogledd. **3.** *n.* gogleddwynt(-oedd) *m.*
northern *a. & n.* **1.** *a.* gogleddol; **N~ Ireland,** Gogledd (*m*) Iwerddon; **the N~ Lights,** Goleuni(*m*)'r Gogledd, y Goleuni Gogleddol, Golau(*m*)'r Gogledd, *S.W:* Ffagl (*f*) yr Arth, *S.E:* Goleufer *m* (*usu. pronounced* Glifer); *Hist:* **the Great N~ Wars,** Rhyfeloedd Gogledd Ewrop. **2.** *n. U.S:* = **northerner.**
northerner *n.* gogleddwr (gogleddwyr) *m,* gogl|eddwraig (gogleddwragedd) *f;* *S.a.* **north-countryman, north-countrywoman, North Welshman, North Welshwoman.**
northernmost *a.* mwyaf gogleddol, mwyaf i'r gogledd, pellaf i'r gogledd, nesaf at y gogledd.
northing *n. Nau: Geog:* gogleddiad(-au) *m.*
Northman *n.m.* **1.** = **Norseman. 2.** = **North Welshman.**
Northop *W.Pl.n.* Llaneurgain *f.* **~ Hall** *W.Pl.n.* Pentre Catheral.
Northumbria *Pr.n. Hist:* Northymbria *f.*
Northumbrian *a. & n.* **1.** *a.* Northymbraidd. **2.** *n.* Northymbriad (Northymbriaid) *m&f.*
northward *a. & n.* **1.** *a.* i'r gogledd, tua'r gogledd, gogleddol. **2.** *n.* *(a) (direction):* cyfeiriad gogleddol; *(b) (part):* gogledd *m,* rhan ogleddol *f,* gogleddbarth *m.*
northwards *adv.* i'r gogledd, tua'r gogledd, am y gogledd.
Northwich *W.Pl.n.* Yr Heledd Ddu *f.*
Norway *Pr.n. Geog:* Norwy *f.* **~ lobster** *n.* cimwch (cimychiaid) (*m*) Norwy. **~ rat** *n.* llygoden fawr (llygod mawr) *f,* llygoden Ffrengig.
Norwegian *a. & n.* **1.** *a.* Norwyaidd, [o] Norwy; **the ~ parliament,** senedd Norwy; **he's ~,** un o Norwy ydyw; Norwyad ydyw; *(in langauge):* Norwyeg. **2.** *n.* *(a) Ethn:* Norwyad (Norwyaid) *m&f,* Norwyes(-au) *f;* *(b) Ling:* Norwyeg *f, m.*
nose[1] *n.* **1.** trwyn(-au) *m;* *S.a.* **snout; to blow one's ~,** chwythu'ch trwyn; **to hold one's ~,** dal eich trwyn; **I did it under his [very] ~,** fe'i gwneuthum o dan ei drwyn; **(to look) down one's ~ (at s.o.),** (edrych) ar hyd eich trwyn, yn ffroenuchel, yn drwynsur (ar rn); **to lead s.o. by the ~,** tywys rhn gerfydd ei drwyn; **as plain as the ~ on your face,** cyn blaened â dim, cyn eglured â dim, mor amlwg â thrwyn ar wyneb; **to win by a ~,** ennill o hyd trwyn; **to count noses,** cyfrif pennau; **to cut off one's ~ to spite one's face,** torri'ch trwyn i ddial ar eich wyneb; **to follow one's ~,** dilyn eich trwyn; **to keep one's ~ clean,** *F:* cadw'ch dwylo'n lân, peidio â mynd i helynt, peidio â thramgwyddo; **to keep one's ~ to the grindstone,** dygnu arni/wrthi, cadw'ch trwyn ar y maen, gweithio'n ddiwyd/ddygn, *S: F:* hemo arni, *N: F:* slanu gweithio, pydru arni; **to pay sth on the ~,** talu rhth ar ei ben; **to pay through the ~,** talu trwy'ch trwyn; **to poke/thrust one's ~ into s.o.'s business,** ymyrryd/busnesa ym musnes rhn, rhoi'ch bys ym mrywes rhn, gwthio'ch trwyn i fusnes rhn; **to put s.o.'s ~ out of joint,** troi trwyn rhn; **to rub s.o.'s ~ in sth,** rhwbio trwyn rhn yn rhth; **he could see no further than his ~,** ni allai weld ymhellach na'i drwyn; **to bite/snap s.o.'s ~ off,** brathu yn wyneb rhn, neidio/mynd i gorn gwddf rhn, *N.W: occ:* cipio rhn; **to speak through one's ~,** siarad trwy'ch trwyn; **to thumb one's ~ at s.o.,** bodio'ch trwyn ar rn; **to turn up one's ~ at sth,** troi'ch trwyn ar rth; **with one's ~ in the air,** a'ch trwyn yn yr awyr, yn drwynsur, yn ffroenuchel; **a bottle ~,** trwyn smwt/pwt; **a hook ~,** trwyn crwbi/bwa; **a saddleback ~,** trwyn cefnbant; **a squashed ~,** trwyn fflat; **an upturned nose,** trwyn troi i fyny, trwyn pica; **a Roman ~,** trwyn Rhufeinig; **a Grecian ~,** trwyn Groegaidd. **2.** *(= sense of smell):* trwyn *m,* arogliad *m,* ffroen *f;* **a dog with a good ~,** ci a ffroen iawn ganddo; *(of pers.):* **to have a good ~ [for sth],** gallu synhwyro [pethau]; bod yn esgud, *F:* bod yn 'sgut [am rth]; **he has a good ~ for a story,** mae ganddo drwyn am stori; *S:* mae'n gallu gwynto stori. **3.** *Tchn:* *(of boat, tool, pipe &c):* trwyn *m,* blaen(-au) *m, occ:* pig(-au) *mf,* swch (sychau) *f;* **the cars were ~ to tail,** 'roedd y ceir drwyn wrth gynffon/gwt. **4.** *(of wine &c):* aroglau (arogleuon) *m,* sawr *m.* **5.** *F: (= police spy):* ysbïwr (ysbiwyr) *m.* **~-ape** *n. Z:* epa(-od) trwynog *m.* **~-bag** *n.* bag(-iau) (*m*) ceirch. **~-band** *n. Harn:* trwynffrwyn(-au) *mf.* **~-bleed[ing]** *n.* gwaedlin *m,* gwaedlif(-au,-oedd) *m* [o'r trwyn]. **~-cone** *n. Ball:* côn (conau) (*m*) blaen. **~-dive 1.** *n.* sythblymiad(-au) *m,* trwynblymiad(-au) *m.* **2.** *v.i.* sythblymio, trwynblymio, plymio ar eich pen. **~-flute** *n.* ffliwt (*f*) drwyn (ffliwtiau trwyn). **~-monkey** *n. Z:* mwnci (mwncïod) trwynog *m.* **~-piece** *n.* **1.** = **nose-band. 2.** *Arm:* trwynddarn(-au) *m.* **3.** = **nozzle. ~-pipe** *n.* = **nozzle. ~-rag** *n. F:* = **handkerchief. ~-ring** *n.* modrwy (*f*) drwyn (modrwyau trwynau). **~-wheel** *n.* olwyn (*f*) drwyn (olwynion trwynau).
nose[2] *v.t.&i.* **1.** *v.t.* *(= smell):* **to ~ sth [out],** synhwyro, ffroeni, *N:* arogleuo, ogleuo, *S:* gwynto (rhth); *F:* **to ~ out a secret,** dod o hyd i gyfrinach, ffureta cyfrinach, stilio am gyfrinach. **2.** *v.i.* **to ~ at sth,** synhwyro rhth; **to ~ about,** ffureta, chwilota, busnesa, chwilmanta, chwilmentan, holi a stilio, *N:* cymowta, sbrotian, sbaena, snwffa; **the ship nosed her way through the fog,** gwthiodd y llong ei thrwyn trwy'r niwl; ymwthiodd y llong trwy'r niwl.

nosed *a.* trwynog; **big-~,** trwynog, trwynfawr, trwynhir; **a big-~ man,** dyn trwyn mawr; *W.Myth:* **the big-~ goblin,** pwca'r trwyn; **broken-~,** trwyndwn; **bottle-~,** trwyn smwt, â thrwyn smwt; **bull-~,** trwynbwl; **flat-~,** â thrwyn fflat; **hook-~,** â thrwyn crwbi, â thrwyn bwa; **long-~,** trwynhir; **red-~,** trwyngoch (*pronounced* ng-g), â thrwyn coch; **sharp-~,** trwynllym, ffroenllym; **snub-~,** â thrwyn smwt; **toffee-~,** ffroenuchel, trwynsur; **well-~,** â thrwyn da.
nosegay *n.* pwysi (pwysïau) *m*, blodeuglwm (blodeuglymau) *m*.
noseless *a.* di-drwyn, heb drwyn, trwyndwn.
noser *n.* **1.** *Nau:* blaenwynt(-oedd) *m.* **2.** *(pers.):* synhwyrwr (synhwyrwyr) *m*, synh|wyrwraig *f*, ffroenwr (ffroenwyr) *m*, ffr|oenwraig *f*, ffuretwr (ffuretwyr) *m*, ffur|etwraig *f*, stiliwr (stilwyr) *m*, st|ilwraig *f*.
nosey = **nosy.**
nosh *n.*, *v.t.&i. F:* **1.** *n.* bwyd *m.* **2.** *v.t.&i.* bwyta. **~-up** *n.* gwledd(-oedd) *f*, *N: occ:* sgram(-s) *f*.
nosily *adv.* yn fusneslyd *&c.*
nosiness *n.* busnesgarwch *m.*
nosing *n. Const:* ymyl (*f*) flaen (ymylon blaen).
nosography *n.* nosograffeg *f*.
nosology *n.* clefydeg *f*, nosoleg *f*.
nostalgia *n.* hiraeth *m.*
nostalgic *a.* hiraethus, hiraethlon.
nostoc *n. Algae:* chwŷd (*m*) awyr, chwydredd (*m*) sêr, grifft (*m*) sêr, *S. W:* pwdredd (*m*) sêr.
Nostratic *a. & n. Ling:* **1.** *a.* Nostrateg. **2.** *n.* Nostrateg *f*, *m.*
nostril *n.* ffroen(-au) *f*; **the nostrils,** *occ:* y ddwyffroen.
nostrilled *a.* ffroenog; **wide-~,** ffroenlydan (ffroenlydain), ffroenfoll; **narrow-~,** ffroenfain (ffroenfeinion).
nostrum *n.* coegfeddyginiaeth(-au) *f*.
nosy *a.* busneslyd, busnesgar; **a N~ Parker,** busneswr (busneswyr) *m*, busnesgi (busnesgwn) *m*, rhn busneslyd, busnes (*m*) pawb, Robin (*m*) y Busnes; **he's a real N~ Parker,** mae ym musnes pawb; mae â'i drwyn ym mhopeth.
not *adv. Negation is expressed by negative particles as follows:* **1.** *Before verbs: in a direct statement:* ni, nid; *in subordinate clause:* na, nad; *in a relative clause usually:* na, nad, *Lit:* ni, nid; *in commands:* na, nac (*pronounced* nag); *in answering a question:* na, nac (*pronounced* nag). *Questions are introduced by* oni, onid, *occ:* nid, *S: occ:* nage; *conditional clauses are introduced by* oni, onis, os na *or* pe na; *the forms* nid, nad, nac, onid *are used before radical initial vowels*; ni, na, oni *before consonants and a mutated* g. *These particles can be followed by infixed pronouns in the literary language:* ni'm, ni'th, nis, ni'n, ni'ch, nis; na'm, na'th, nas, na'n, na'ch, nas; oni'm, oni'th, onis, oni'n, oni'ch, onis. *The initial mutation after* ni, na, oni *is the spirant mutation of* p, t, c: paid: ni phaid; torrais: ni thorrais; cewch: ni chewch *&c, but the soft mutation of* b d g ll rh m: boddodd: ni foddodd; daw: ni ddaw; gwelant: ni welant; lladd: na ladd; rhoesoch: oni roesoch; methwyd: ni fethwyd. *Forms of* bod *beginning with* b- (byddaf, bûm *&c*) *usually mutate, but may not in the literary language.* **2.** *Before any other part of speech, n., vn, a., pron., adv. or prep., the form in a direct statement is* nid *before vowels and consonants, and followed by the radical, not a mutation. Such statements are usually emphatic. Subordinate clauses are introduced by* nad + *radical, before vowels and consonants. Questions are introduced by* onid + *radical, before vowels and consonants, occ:* nid, *S: occ:* nage. **3.** *Negative particles are supplemented by* ddim *or* mo + *definite noun*; mo *coalesces with object pronouns thus:* mohonof, mohonot, mohono, mohoni, mohonom, mohonoch, mohonynt; ddim *is optional in the literary language*; *conversely, in speech,* ddim *is nearly always present, while* ni *is often omitted, leaving however the mutation in the initial word.* **4.** Na *may stand alone as a negative adverb answering a question introduced by* a *or* ai. *It is usually followed by a negative particle with a verb, noun, pronoun &c. e.g.* **no, I did ~ see it,** na, ni welais i mohono. *A question introduced by* a *is answered by* na, nac *with verb, e.g.* **will she come? - no, she will ~,** a ddaw hi? - na ddaw. *When the question is in the historic tense, the answer is* naddo *or* na + *verb:* **(did you go?) - no, we did ~,** ([a] fuoch chi?) - naddo, [ni] fuom ni ddim; na fuom. *An emphatic question introduced by* ai, onid *is answered in the negative by* nag e, nage: **was it you who did this? - no, it was ~,** ai ti a wnaeth hyn? - nage [ddim]. *Further illustrations and amplification of the above summary:* **1.** *In direct statements.* **I don't know,** ni wn i ddim, *F:* wn i ddim, *often, incorrectly:* 'dwn i ddim; **I doubt ~,** nid wy'n amau dim; **they didn't die,** ni fuont farw; **she can't get up,** ni all hi godi; *F:* all hi ddim codi; **I hope ~,** 'rwy'n gobeithio nad felly; 'rwy'n gobeithio nad yw/ydynt/oes *&c (according to context)*; **I think ~,** nid wy'n meddwl felly; nid wy'n meddwl mai e; nage/naddo *&c* greda' i; *N:* 'dydw i ddim yn meddwl; *S:* sa' i'n credu. *After a negative particle, the third person present tense forms of* bod *are as follows: (a) with a pronoun* (ef, hi, hwy, yntau, hithau, hwythau) *as subject:* yw/ydyw, ŷnt/ydynt; **she isn't ready,** nid yw/ydyw hi'n barod; *F:* 'dyw/dydi hi ddim yn barod; **they're not going,** nid ydynt yn mynd; *F:* 'dyn'/'dydyn' nhw ddim yn mynd; **(she wasn't there) was she?** ('doedd hi ddim yno) nac oedd [hi], *N: F:* yn nac oedd? *(b) with a definite or proper noun or nouns as subject:* nid yw/ydyw *with singular or plural*; **the girl isn't here,** nid yw'r/ydyw'r ferch yma, *F:* 'dyw'r/'dydi'r ferch ddim yma; **the girls aren't here,** nid yw'r/ydyw'r merched yma; *F:* 'dyw'r/'dydi'r merched ddim yma; *(c) with a predicative adjective or noun, the construction is either as in (b) or, more idiomatically, the verb is omitted, and subject and predicate are linked by* mo (*pronominal forms*; mohonof, mohonot, mohono, mohoni, mohonom, mohonoch, mohonynt); **Gwyn isn't a carpenter,** nid yw Gwyn yn saer; nid saer mo Gwyn; **they're not fools,** nid ydynt yn ffyliaid; nid ffyliaid mohonynt; **that's not fair,** nid yw hynny'n deg; nid teg mo hynny; *(d) with an indefinite subject, the form used is* nid yw, nid ydyw; **food isn't scarce there,** nid yw bwyd yn brin yno; **isn't food scarce?** onid yw bwyd yn brin? *F:* on'd yw/ydi bwyd yn brin? **men don't believe such things,** nid yw dynion yn credu'r fath bethau; **(it's cold) isn't it?** (mae'n oer) onid yw, *F:* on'd yw hi, on'd ydi, *N:* yn tydi? *However, in sentences corresponding to English sentences beginning* **there isn't . . ., there aren't . . .** *or where the subject is* neb *or other pronouns implying "no-one" e.g.* nemor neb, dim neb, dim llawer, fawr neb, nemor un, yr un, rhyw lawer *&c, then the form used is* nid oes: **there isn't any need for you to go,** nid oes rhaid iti fynd; *F:* 'does dim rhaid iti fynd; **there isn't a God,** nid oes Duw; *F:* 'does 'na ddim Duw; **isn't there a God?** onid oes Duw? **I haven't any books,** nid oes gennyf lyfrau; *F:* 'does gen i ddim llyfrau; *S:* 'does dim llyfrau 'da fi (*literally:* **there are no books with me); there's some bread left, isn't there?** mae bara ar ôl, onid oes? **there aren't men who believe such things; no men believe such things,** nid oes dynion sy'n credu'r fath bethau; *F:* 'does 'na ddim dynion sy'n credu'r fath bethau; yr un *can be introduced by either* nid oes *or, less usually,* nid yw; **there's not one left,** nid oes yr un ar ôl; *F:* 'does dim un ar ôl; **not one of us is ready,** nid yw'r un ohonom yn barod; *F:* 'does yr un ohonom ni'n barod; *(e) with* da, gwaeth, gwiw, rhaid *the verb is omitted in the present tense only in certain idioms:* **I can't stand him,** ni dda gennyf mohono; *F:* dda gen i mohono fo/fe; **you don't have to go,** ni raid ichwi fynd; *F:* 'does dim raid ichi fynd; **he daren't go,** ni wiw iddo fynd; *F:* fiw iddo fynd; **I don't mind who comes,** ni waeth gen i pwy a ddaw. *In a statement containing a definite direct object noun or verb-noun* ni[d] *is supplemented by* ddim o *before the object; this is usually reduced to* mo; **I can't see the house,** ni welaf i ddim o'r tŷ; *F:* wela' i mo'r tŷ; **I don't remember seeing him,** ni chofiaf i mo'i weld [ef]; *F:* chofia' i mo'i weld o; *when the object is a pronoun,* mo *coalesces with it:* mohonof, mohonot, mohono, mohoni, mohonom, mohonoch, mohonynt; **they won't believe us,** ni chredant hwy mohonom; *F:* chredan nhw mohonon ni; *in the literary style, the infixed pronouns are used:* ni'm, ni'th, nis, ni'n, ni'ch, nis: **he didn't see me,** ni'm gwelodd ef [fi]; *F:* welodd e/o mohono' i; **I won't follow you,** ni'ch dilynaf i chwi; *F:* ddilyna' i mohonoch chi; *N.B:* ni'th *is followed by the soft mutation:* **mother didn't see you,** ni'th welodd mam; **she didn't know you,** ni'th adwaenai hi; *the passive voice is also thus constructed, in the literary style:* **I wasn't punished,** ni'm cosbwyd; *F:* chosbwyd mohono' i; chefais i mo 'nghosbi. **it isn't believed by most people,** nis credir gan y mwyafrif; *F:* dyw'r mwyafrif o bobl ddim yn ei gredu; *in a statement containing an indefinite direct object,* ni[d] *is supplemented by* ddim *or* unrhyw; **they didn't have any trouble,** ni chawsant ddim trafferth; ni chawsant unrhyw drafferth; **I wasn't given any meat,** nid chefais i gig; chefais i ddim cig. **2.** *Before any other*

part of speech (n., vn., a., pron., adv. or prep.), the particle used is nid + *radical, before vowels and consonants; such sentences are usually emphatic, often with no natural equivalents in English; in the familiar style,* nid *is replaced by* ddim *(N) or* nage *(S)*; **it isn't my fault,** nid fi sydd ar fai; nid fy mai i yw e; *N: F:* nid/ddim fy mai i ydi o; *S: F:* nage fy mai i yw e; **it wasn't me,** nid fi ydoedd; *F:* 'doedd e/o mohono' i; **it was you, wasn't it?** ti ydoedd, onid e? *N: F:* ti/chdi oedd o, yntê? *S: F:* ti oedd e, ontefe? **all that glitters isn't gold,** nid aur [yw] popeth melyn; **~ everyone can be a hero,** nid pawb a all fod yn arwr; nid pawb sy'n gallu bod yn arwr; **it isn't in London that they live,** nid yn Llundain y maent yn byw; *N: F:* nid/ddim yn Llundain maen nhw'n byw; *S: F:* nage yn Llundain maen nhw'n byw; **the news caused ~ a little surprise,** achosodd y newydd syndod nid bychan; **~ a few succeeded (in escaping),** llwyddodd nid ychydig, llwyddodd aml un, llwyddodd sawl un (i ddianc); **~ lightly will I forgive,** nid ar chwarae bach y maddeuaf; **that's ~ what she said, was it?** nid dyna a ddywedodd hi, nage? **(a pity) isn't it?** (trueni) onid e, *N: F:* yntê, *S: F:* ontefe, ondife, yndyfe; **they won't go, ~ they,** ân nhw ddim, nid [y] nhw; **~ so!** nid felly [y mae]! nage ddim! nage chwaith! **~ to worry!** paid (peidiwch) â phoeni! dim achos poeni! na phoener! **so as ~ to bother,** rhag trafferthu; **so as ~ to be late,** rhag bod yn hwyr; **~ at all,** ddim o gwbl; **~ likely!** dim peryg! *N: occ:* dim ffiars o beryg! *V:* **~ bloody likely!** dim diawl o beryg! **she's ~ half pretty,** mae hi'n brydferth i'w ryfeddu; mae hi'n dlws/ddel [y] tu hwnt; *S:* mae hi'n bert reit i wala; **(are you pleased?) - ~ half!** (wyt ti'n falch?) - ydw, siŵr! ydw, tu hwnt! ydw'n Tad! *S: occ:* odw, gwl|ei! **I'm ~ without influence,** nid wyf fi heb ddylanwad; *F:* 'dydw i ddim heb ddylanwad; **many thanks - ~ at all!** diolch yn fawr - dim o gwbl! **~ a thing was broken,** ni thorrwyd yr un dim; ni thorrwyd dim byd; **~ a hair on her head shall be touched,** ni chyffyrddir â'r un blewyn ar ei phen; **I've asked him ~ once but three times,** 'rwyf wedi gofyn iddo nid unwaith ond teirgwaith; **there's sth ~ quite right (in her story),** mae rhth heb fod yn hollol iawn, mae rhth nad yw'n hollol iawn (yn ei stori hi); **(how are you?) - ~ so well,** (sut 'rydych chi?) - go lew, gweddol, heb fod yn rhy dda; **~ often do we get the chance,** nid yn aml yn cawn y cyfle; *Bank:* **"~ sufficient",** "annigonol"; **~ even in France,** nid yn Ffrainc hyd yn oed, *F:* ddim hyd yn oed yn Ffrainc; **~ least,** ond nid anad dim, uwchl|aw popeth; **last but ~ least, John,** yr olaf ond nid y lleiaf, John; **I found ~ a thing,** ni chefais i ddim oll; *before infinitives and -ing forms:* peidio + [â] + *vn.*; **to be or ~ to be,** ai bod ai peidio â bod; **it's best ~ to rush,** gwell peidio â rhuthro; **how ~ to do sth,** sut i beidio â gwneud rhth; **I asked them ~ to bother you,** gofynnais iddynt beidio â'ch poeni chi; **~ to go to the party would be impolite,** byddai peidio â mynd i'r parti yn anghwrtais; **~ knowing the rules is no excuse,** nid yw peidio â gwybod y rheolau yn esgus; *however, where* **not** = *without, then this is translated by* heb + *soft mut.*: **~ knowing why, I turned left,** heb wybod paham, troais i'r chwith, **price ~ including tax,** pris heb gynnwys treth; *clauses introduced by* **not that**: nid + *vn.*: **she insisted, ~ that I believed her, that she was telling the truth,** taerodd, nid fy mod yn ei choelio, ei bod yn dweud y gwir; **it's ~ that I'm ~ grateful,** nid nad wyf i [ddim] yn ddiolchgar; **I cannot do it, ~ but [what] a stronger man might,** ni allaf i mo'i wneud, nid na allai dyn cryfach; **it's ~ that I haven't tried,** nid nad wyf wedi gwneud fy ngorau; *F:* 'dydw i ddim nad ydw i wedi gwneud fy ngorau; **~ to mention ..., ~ to talk of ...,** heb sôn am ...; *Lit:* chwaethach .... **3.** *in relative clauses:* **people ~ included on the list,** pobl heb eu cynnwys ar y rhestr, pobl nad ydynt wedi eu cynnwys ar y rhestr (*not* na sydd wedi eu cynnwys); **the houses ~ for sale,** y tai nad ydynt ar werth; **land ~ owned by the family,** tir nad yw'n eiddo i'r teulu, tir heb fod yn eiddo i'r teulu; **those ~ there,** y rhai nad ydynt/oeddynt &c yno; **if ~,** onidê; *See* **if.** **~-being** *n.* anfodolaeth *f.* **~-content** *n. Pol:* gwrthwynebwr: gwrthwynebydd (gwrthwynebwyr) *m*, gwrthwyn|ebwraig *f.* **~-self** *n.* anhunan *m.*

nota bene **(N.B.)** *v.imper.* dalier sylw (D.S.).

notability 1. *(pers.):* rhn enwog (pobl enwog) *m*, rhn nodedig *m*, enwogyn (enwogion) *m*, rhn amlwg. **2.** *(of fact &c):* hynodrwydd *m*, enwogrwydd *m.*

notable *a. & n.* **1.** *a.* nodedig, hynod, trawiadol; *(pers.):* nodedig, enwog; *Ch: (of quality &c):* sylweddol. **2.** *n.* = **notability 1**; *Fr.Hist:* **Assembly of Notables,** Cynulliad (*m*) yr Enwogion.

notably *adv.* **1.** yn hynod *&c.* **2.** *(= especially):* yn arbennig, yn nodedig, yn anad dim, yn enwedig, yn neilltuol; *(pers. only):* yn anad neb.

notarial *a.* notarïol.

notarially *adv.* yn notarïol.

notarize *v.t.* notareiddio, ardystio.

notary *n.* n|otari (notarïaid) *m*, noter(-iaid) *m*; **Papal ~,** notari'r Pab; **~ public,** notari cyhoeddus.

notate *v.t.* nodiannu.

notation *n.* nodiant (nodiannau) *m*; **staff ~,** hen nodiant.

notch[1] *n.* **1.** rhicyn(-nau) *m*, rhic(-iau) *m*, hicyn(-nau) *m*, hic(-iau) *m*; *(in blade &c):* bwlch (bylchau) *m*; **top-~,** *See* **top. 2.** *U.S: (= defile, pass):* bwlch (bylchau) *m.*

notch[2] *v.t.* rhicio, hicio; **to ~ up twenty runs,** sgorio ugain rhediad.

notched *a.* rhiciog, hiciog.

notcher *n.* **top-~,** *See* **top.**

note[1] *n.* **1.** *Mus: &c:* nodyn (nodau) *m*; **accented passing notes,** nodau cyplad acennog; **auxiliary notes,** nodau tonnog; **characteristic ~,** nodyn nodweddiadol; **distinguishing ~,** nodyn dangos; **dotted ~,** nodyn dot, nodyn unpwynt; **double dotted ~,** nodyn deuddot; **essential ~,** nodyn anhepgor; **marked ~,** nodyn â marc, nodyn rhifol; **passing ~,** nodyn cyplad/camu; **unmarked ~,** nodyn heb farc, nodyn plaen; **reiterated ~,** nodyn mynychedig; **suspended ~,** gohirnod(-au) *m*, daliad(-au) *m*; **tied notes,** nodau clwm; **inessential notes,** nodau afraid; **~ fatigue,** gorddefnyddio (*vn*) nodyn; **~ row,** rhes(-i) (*f*) nodau; **grouping of notes,** cyfosod nodau; **a false ~,** nodyn anghywir; **there was a ~ of hope in her voice,** 'roedd tinc (*m*) gobaith yn ei llais; **(a speech) that hits the right ~,** (araith) sy'n taro deuddeg, sydd yn y cywair iawn, yn taro i'r dim, yn taro'r nodyn iawn; **to sound a ~ of warning,** seinio rhybudd. **2.** *(= sign, characteristic):* arwydd(-ion) *m*, nodwedd(-ion) *f.* **3.** *(of lecture &c): (a)* nodyn (nodion) *m*, nodiad(-au) *m*; **to make notes, to take down notes,** gwneud/cymryd nodiadau; **to make a ~ of sth,** nodi rhth; *(b) (= commentary): usu.pl.* nodiadau *pl*, esboniad *m*, sylwadaeth *f*; *(c) (= letter):* **(I sent her) a ~,** (anfonais) nodyn, bwt o lythyr (ati) (*not* iddi). **4.** *(a) Com:* nodyn (nodion) *m*; **advice ~,** nodyn hysbysu; **consignment ~,** nodyn llwyth; **cover ~,** nodyn diogelu; **credit ~,** nodyn credyd; **debit ~,** nodyn debyd; **packing ~,** nodyn cludo; *Fin:* **promissory ~, ~ of hand,** nodyn addewid, addaweb(-au) *f*; *(b)* **[bank-]~,** papur(-au) (*m*) banc; **pound ~,** papur punt; **five pound ~,** papur pumpunt. **5.** *(a) (= importance):* pwys *m*, pwysigrwydd *m*, enwogrwydd *m*, bri *m*; **a man of ~,** dyn o bwys, dyn enwog, dyn o fri; *(b)* **it's worthy of ~ that ...,** mae'n werth sylwi bod ...; **nothing of ~,** dim o [unrhyw] bwys; **to take ~ of sth,** sylwi ar rth, cymryd sylw o rth. **~-row** *n. Mus:* rhes(-i) (*f*) nodau.

note[2] *v.t.* **1.** nodi (rhth), sylwi (ar rth). **2. to ~ sth down,** nodi rhth, gwn|eud nodyn o rth, taro rhth i lawr, taro rhth ar bapur.

notebook *n.* llyfr(-au) (*m*) nodiadau, llyfr ysgrifennu, nodlyfr(-au) *m*, *Lit; occ:* nodiadur(-on) *m.*

notecase *n.* waled(-i) *f.*

noted *a.* nodedig, hynod, enwog, adnabyddus (**for sth,** am rth).

noteless *a.* **1.** *(= undistinguished):* disylw, dinod, di-nod. **2.** *(= without voice):* dilais, di-gân.

notelet *n.* papuryn(-nau) *m*, papur (*m*) nodyn (papurau nodiadau).

notepad *n.* pad(-iau) (*m*) ysgrifennu.

notepaper *n.* papur (*m*) ysgrifennu.

noteworthily *adv.* yn nodedig.

noteworthiness *n.* hynodrwydd *m.*

noteworthy *a.* hynod, nodedig, gwerth sylw, trawiadol.

nothing *n., pron., a. & int.* **I.** *n. or pron.* dim [byd], *(with* ni, nid, na, nad, *or* heb *expressed or understood): (a)* **I see ~ that I like,** ni welaf ddim sydd wrth fy modd; **I had ~ on,** *(i) (no clothes):* nid oedd gennyf ddim amdanaf; *(ii) (nothing arranged):* nid oedd gennyf ddim yn galw; nid oedd gennyf ddim trefniadau; *occ:* nid oedd gennyf ddim ar y gweill; **~ could be easier,** ni allai dim fod yn haws; **there's ~ to it,** 'does dim byd haws; **there's ~ in it,** 'does dim byd ynddi; **(you can't live) on ~,** (ni ellwch fyw) ar ddim, ar y gwynt; **he has ~ on me** *(i) (= doesn't compare):* ni all gymharu â mi; nid yw [agos] cystal â mi; nid yw yn yr un cae â mi; *Lit:* nid yw'n ddim wrthyf i; *(ii) (= has no evidence against me):* ni all fy nghyhuddo i o ddim; ni all roi bys arnaf i; 'does ganddo ddim tystiolaeth yn f'erbyn i; *S.a.* **next 2**; **it looked like**

~ on earth, nid oedd yn debyg i ddim ar wyneb y ddaear; **to say ~ of sth,** heb sôn am rth; **no ~, ~ at all,** dim [byd] o gwbl, dim oll, dim yn y byd, *S:* dim yw dim, dim ar affeth hon y ddaear, *S. W: occ:* dim cyffrwythyn, [dim] pencifaredd, *N. W: occ:* dim bons, dim gronyn/llwchyn/abwyd [o ddim byd], affliw o ddim [byd]; **there's ~ in these rumours,** 'does dim sail i'r sibrydion hyn; **he was ~ if not cautious,** yr oedd yn ofalus yn anad dim; yr oedd yn ofalus uwchlaw dim; **to create an army out of ~,** creu byddin o ddim; *(b) (foll. by a.):* **~ new,** dim [byd] newydd; **there's ~ heroic about him,** 'does dim byd arwrol yn ei gylch; **~ much,** dim llawer [o ddim], fawr ddim [byd]; **~ more,** dim rhagor, dim mwy; **~ important,** dim [byd] o bwys; **it's ~ near satisfactory,** mae ymhell o fod yn foddhaol; nid yw'n foddhaol o bell ffordd; *(c)* **that has ~ to do with me,** nid oes a wnelo hynny ddim â mi; nid oes a wnelwyf i ddim â hynny (*not* 'dyw hynny ddim i'w wneud â mi); **I have ~ to do with it,** nid oes gennyf i ran ynddo; **I want ~ to do with it,** nid oes arnaf eisiau clywed sôn amdano; pell y bo oddi wrthyf i; **~ doing!** dim peryg! **there's ~ to cry about,** 'does dim achos wylo; *(d)* **he is ~ of a scholar,** nid yw'n ysgolhaig o fath yn y byd; *S.a.* **kind[1] 2, sort[1] 1**; *(e)* **~ else,** dim [byd] arall; **~ but the truth,** dim ond y gwir/gwirionedd; **it's ~ but a lie,** nid yw'n ddim byd ond celwydd; *Lit:* nid yw amgen na chelwydd; **there's ~ for it (but to submit),** 'does dim dewis, 'does dim amdani (ond ildio); *(f)* **it's not for ~ that I fought,** nid heb reswm y brwydrais; *F:* **I got ~ out of it,** ni fûm i ddim elwach ohono; ni chefais i ddim/unrhyw elw ohono; ni bûm i ddim ar fy ennill ohono; *(g)* **she is ~ to him,** nid yw hi'n golygu dim iddo; **it's ~ to me (whether she goes or not),** nid yw [o] wahaniaeth gen i, ni waeth gen i, ni waeth i mi, nid yw o bwys gen i (pa un a aiff hi ai peidio); *(h)* **I can make ~ of it,** ni allaf i ddeall dim arno; *occ:* ni allaf i wneud rhych na gwellt ohono; **he thinks ~ of walking twenty miles,** nid yw cerdded ugain milltir yn ddim ganddo; nid yw'n ddim ganddo gerdded ugain milltir; **he thinks ~ of borrowing from the till,** nid yw'n ddim ganddo fenthyca arian o'r til; **think ~ of it!** anghofia fe/fo (anghofiwch e/o)! **I thought ~ of it,** ni feddyliais i ddim yn ei gylch. II. *n.* dim *m.* **for ~,** *(= without charge):* am ddim, yn rhad ac am ddim; *(= in vain):* yn ofer, i ddim [byd]; **all that went for ~,** nid oedd hynny'n cyfrif dim; aeth y cwbl yn ofer; **to come to ~,** methu, bod yn fethiant, mynd i'r gwellt, *F: occ:* mynd yn ffliwt; **the plan came to ~,** ni ddaeth dim o'r cynllun; aeth y cynllun i'r gwellt; **~ venture, ~ win,** os na fentrwch chi beth, [nid] enillwch chi ddim; ni chaiff dda nid êl yn namwain; *S.a.* **ado; to reduce sth to ~,** diddymu/dil|eu rhth yn llwyr; **a hundred pounds? a mere ~!** canpunt? dim o beth! **to punish s.o. for a mere ~,** cosbi rhn am y nesaf peth i ddim; **the little nothings of life,** manion bethau bywyd; *S.a.* **sweet 5.** III. *adv.* **~ loath,** bodlon, yn fodlon, yn ddigon parod; **~ daunted,** yn eofn, yn dalog, heb ddigalonni; **he is ~ the worse for it,** nid yw fymryn/ronyn/damaid gwaeth; *N. W: occ:* 'dydi o ddim soilyn gwaeth; **it was ~ like so wonderful as we had imagined,** nid oedd agos mor wych ag yr oeddem wedi meddwl; **it's ~ near so big,** nid yw agos gymaint; mae'n ymhell o fod mor fawr; **it's ~ less than madness,** ffolineb llwyr yw; **robbery, ~ less!** lladrad, dim llai! IV. *int.* **(is it gold?) gold, ~!** (ai aur ydyw?) - aur, nage ddim! aur, o faw!

nothingness *n.* diddymdra *m*, diddymrwydd *m*, *occ:* dimbydwch *m*.

notice[1] *n.* **1.** *(= warning):* rhybudd(-ion) *m*, *occ:* hysbysiad(-au) *m*; **to give s.o. ~ of sth,** rhybuddio rhn yngh|ylch rhth, rhoi gwybod i rn am rth; **without ~ (he left),** yn ddirybudd, heb rybudd (ymadawodd); **to give out a ~,** cyhoeddi (rhth), gwneud cyhoeddiad; **~ is hereby given . . .,** hysbysir trwy hyn . . .; **until further ~,** nes clywir yn wahanol; *Jur:* **counter-~ to do sth,** gwrth-rybudd(-ion) *(m)* i wneud rhth; **preliminary ~,** rhaghysbysiad(-au) *m*, rhagrybudd(-ion) *m*; **statutory ~,** hysbysiad [y]statudol; **final ~,** rhybudd terfynol, y rhybudd olaf; **~ of intended prosecution,** hysbysiad o fwriad i erlyn; **~ to admit facts,** rhybudd i addef ffeithiau; **~ to inspect documents,** rhybudd i archwilio dogfennau; **~ to pay,** rhybudd/hysbysiad i dalu; **~ to produce documents,** rhybudd i ddangos dogfennau; **~ to quit,** rhybudd i ymadael; **~ of quitting,** rhybudd ymadael; **to serve a ~ on s.o.,** cyflwyno rhybudd/hysbysiad i rn; **to take judicial ~,** cydnabod heb dystiolaeth; **at short ~,** ar fyr rybudd, ar unwaith; **at a moment's ~,** â dim ond eiliad o rybudd; heb fawr ddim rhybudd; **to give six months' ~ of sth,** rhoi rhybudd chwe mis o rth; *Com:* **can be delivered at three days' ~,** gellir ei ddanfon o fewn tridiau; **to give ~ to an employer,** rhoi rhybudd i gyflogwr. **2.** *(= poster &c):* rhybudd, arwydd(-ion) *m*, *occ:* hysbyseb(-ion) *f*; *(= review):* adolygiad(-au) *m*, sylw(-adau) *m*; *(= advertisement):* hysbyseb. **3.** *(= attention):* sylw *m*; **to take ~ (of sth),** sylwi, dal sylw (ar rth); cymryd sylw (o rth); **to take no ~ of sth,** anwybyddu rhth, peidio â sylwi ar rth, peidio â chymryd sylw o rth, peidio â rhoi sylw i rth; **he didn't take much ~ of her,** ni chymerodd fawr o sylw ohoni; **the fact came to his ~ that . . .,** daeth i'w sylw fod . . .; **to attract ~,** tynnu sylw; **to avoid ~,** osg|oi sylw; **to bring/call sth to s.o.'s ~,** tynnu sylw rhn at rth, dod â rhth i sylw rhn, dwyn rhth i sylw rhn; *F:* **to sit up and take ~,** clustfeinio, moeli clustiau, talu sylw. **~-board** *n.* hysbysfwrdd (hysbysfyrddau) *m*, arwyddfwrdd (arwyddfyrddau) *m*, bwrdd (byrddau) *(m)* arwyddion/hysbysiadau, *occ:* hysbyslen(-ni) *f*.

notice[2] *v.t.* sylwi (ar rth); **to get oneself noticed,** tynnu sylw atoch eich hun, creu sôn amdanoch.

noticeable *a.* canfyddadwy, amlwg, sylweddol, yn tynnu sylw; **it's not ~,** ni ellir sylwi arno; **it's barely ~,** prin y sylwir arno.

noticeably *adv.* yn amlwg.

notifiable *a.* hysbysadwy.

notification *n.* hysbysiad(-au) *m*, hysbysu *vn*.

notify *v.t.* **1.** *(= announce):* cyhoeddi, hysbysu, datgan (rhth). **2.** *(= inform):* hysbysu, rhybuddio (rhn); rhoi gwybod (i rn).

notion *n.* **1.** *(= idea):* syniad(-au) *m*, amcan(-ion) *m*; **(she hadn't) the faintest ~,** ('doedd ganddi) mo'r syniad lleiaf, ddim amcan, ddim clem, *N. W: occ:* ddim narith, ddim obadeia, *S. W:* ddim llefeleth; **I have a ~ that . . .,** 'rwy'n amau bod . . .; mae gennyf ryw syniad bod . . . . **2.** *(= whim):* mympwy(-on) *m*, chwiw(-iau) *f*; **as the ~ takes him,** yn ôl ei fympwy, fel y daw'r chwiw. **3.** *(= intention):* bwriad(-au) *m*, amcan(-ion) *m*; **I have a ~ to go there,** mae yn fy mwriad fynd yno; 'rwy'n amcanu/darofun/bwriadu/pwrpasu mynd yno; mae arnaf awydd mynd yno. **4.** *pl. U.S: Com:* petheuach.

notional *a.* **1.** tybiannol, damcaniaethol, dychmygol, syniadol, tybiedig, tybiadol. **2.** *Gram:* cyflawn.

notionalist *n.* damcaniaethwr (damcaniaethwyr) *m*, damcan|iaethwraig *f*.

notionally *adv.* yn dybiannol *&c*; mewn egwyddor.

notochord *n. Biol:* n|otocord (notocordau) *m*.

notoriety *n.* **1.** *(of fact &c):* enwogrwydd *m*, hysbysrwydd *m*. **2.** *Pej: (of pers.):* enw drwg *m*, drwg-enwogrwydd *n*.

notorious *a.* drwg-enwog, ag enw drwg, yn rhemp (**for sth,** am rth), *occ: (esp. before Pr.n.):* bondigrybwyll (*f.* fondichrybwyll), anfad.

notoriously *adv.* yn enwog, yn ddrwg-enwog; **he had a ~ bad memory,** 'roedd yn ddihareb am ei anghofrwydd; 'roedd ei anghofrwydd yn ddiarhebol.

notoriousness *n.* = **notoriety**.

notornis *n. Orn:* notornis(-iaid) *m*.

Nottingham *Pr.n. Geog: A:* y Tŷ Ogofog *m*.

notwithstanding *prep. & adv.* **1.** *prep.* er (rhth), er gwaethaf (rhth), *occ:* serch (rhth); **this ~,** er gwaethaf hyn. **2.** *adv.* er hynny, serch hynny.

nougat *n.* nyget *m*.

nought *n.* = **naught**; *Mth:* sero *m*, gwagnod(-au) *m*, *F:* nôt *m*; **noughts and crosses,** gêm (gemau) *(f)* OXO; **to play noughts and crosses,** chwarae OXO.

noumenal *a. Phil:* nowmenol.

noumenally *adv. Phil:* yn nowmenol.

noumenon *n. Phil:* nowmenon (nowmena) *m*.

noun *n. Gram:* enw(-au) *m*; **common ~,** enw cyffredin; **proper ~,** enw priod; **collective ~,** enw torfol; **verbal ~,** berfenw(-au) *m* *(also = infinitive)*. **~ clause** *n.* cymal(-au) enwol *m*. **~ phrase,** ymadrodd(-ion) enwol *m*.

nourish *v.t.* **1.** porthi, maethu (**s.o. on sth,** rhn ar rth). **2. to ~ hopes,** meithrin gobeithion.

nourishing *a.* maethlon.

nourishment *n.* maeth *m*, lluniaeth *m*, bwyd(-ydd) *m*.

nous *n.* **1.** crebwyll *m*, deall *m*, deallusrwydd *m*. **2.** *F:* synnwyr cyffredin *m*.

nouveau riche *a. & n.pl.* **1.** *a.* newydd-gyfoethog, newydd ddod i gyfoeth. **2.** *n.pl.* cyfoethogion newydd.

nouvelle *n. Lit:* stori fer hir (straeon byrion hirion) *f*, nofelig(-au) *f*.
nova *n. Astr:* nofa (nofâu) *f*.
Novatian *n. Rel.Hist:* Nofatianydd (Nofatianwyr) *m*.
Novatianism *n. Rel.Hist:* Nofatianaeth *f*.
novation *n. Jur:* newyddiad *m*.
novel¹ *n.* nofel(-au) *f*, *A:* ffugchwedl(-au) *f*.
novel² *a.* newydd [sbon], gwahanol, gwreiddiol.
novelette *n.* nofelig(-au) *f*; *Pej:* nofelét (nofeletau) *f*.
novelettish *a.* nofeletaidd.
novelettist *n.* nofeletydd (nofeletwyr) *m*.
novelist *n.* nofelydd (nofelwyr) *m*, nof|elwraig (nofelwragedd) *f*, nofelyddes(-au) *f*.
novelistic *a.* nofelyddol, nofelaidd.
novelization *n.*, **novelize** *v.t.* nofeleiddio.
novella *n.* nofel fer (nofelau byrion) *f*, stori fer hir (straeon byrion hirion) *f*.
novelty *n.* **1.** *(= new thing):* peth(-au) newydd *m*, newyddbeth(-au) *m*. **2.** *(of idea &c):* new|ydd-deb *m*, newyddwch *m*.
November *n.* [mis] Tachwedd *m*, *F: occ:* y mis du *m*; **the first of ~,** Calan (*m*) Gaeaf, *F:* Clangaea[f]: Glangaea[f] *m* (*pronounced* ng-g).
novena *n. Ecc:* *nawen(-au) *f*.
novercal *a. A:* llysfamol.
novice *n.* **1.** *Ecc:* newyddian(-od) *m&f*, nofydd(-ion) *m*, nofyddes(-au) *f*. **2.** *Ind:* newyddian, prentis(-iaid) *m*, dechreuwr (dechreuwyr) *m*, dechr|euwraig *f*; **he's a ~ at it,** mae'n newydd iddi; **he's no ~,** mae'n hen law arni; **I'm just a ~ at this work,** prentis wyf i ar y gwaith yma.
noviciate, novitiate *n.* **1.** *(period):* nofyddiaeth *f*, newyddianaeth *f*, tymor (*m*) prawf. **2.** *(quarters):* tŷ (tai) (*m*) nofyddion.
novocaine *n. Pharm:* nofocên *m*.
now *adv., conj. & n.* I. *adv.* **1.** yn awr, 'nawr, *N:* [y]rŵan, 'rŵan, *Lit:* yr awr hon *f*, yr awron, *Lit: occ:* weithian; *(a)* **the ~ reigning king,** y brenin sy'n teyrnasu ar hyn o bryd, y brenin presennol; **it's ~ or never!** 'nawr amdani! 'rŵan amdani! 'nawr neu ddim! **~ or never** *or* **~ if ever is the time to go,** dyma'r adeg i fynd, neu nid awn ni byth; bellach neu fyth yw'r adeg i fynd; *(b)* **he won't be long ~,** ni fydd yn hir cyn dod bellach/'nawr; fydd e ddim yn hir 'nawr; fydd o ddim yn hir 'rŵan; *(c)* **(it's going to start) ~,** (bydd yn cychwyn) ar unwaith, 'nawr; **~ I'm ready,** dyma fi'n barod bellach; *U.S:* **right ~,** ar unwaith, y funud hon, y munud yma, *N: occ:* 'rŵan hyn; *(d) (in narrative):* yn awr, bryd hynny, bellach; **all was ~ ready,** yr oedd popeth bellach yn barod; **he was even ~ on his way,** yr oedd eisoes ar ei ffordd; **I saw him just ~,** fe'i gwelais gynnau [fach]; *(e)* **[every] ~ and then, [every] ~ and again,** bob hyn a hyn, o bryd i'w gilydd, bob yn ail â phcidio, yn awr ac yn y man, yn awr ac eilwaith; **now ... now,** weithiau ... weithiau; ambell waith/dro ... ambell waith/dro ...; dro yma ... arall; bryd hyn ... bryd arall; **even ~,** y munud hwn, y funud hon, hyd yn oed yn awr; *S.a.* **just II. 1. 2.** *(without temporal reference):* *(a)* a, ac, yn awr, *S:* 'nawr 'te, *N:* 'rŵan 'ta; *B:* **~ Barabbas was a robber,** a'r Barabbas hwnnw oedd leidr; *(b)* **~ what's the matter with you?** wel, beth sy'n bod arnat ti? **come ~, stop quarrelling!** dewch 'nawr, peidiwch â ffraeo! **well ~!** 'nawr 'te! 'rwan 'ta! **~, ~! ~ then!** tyrd (dewch/dowch) o'na! 'nawr 'nawr! 'rŵan 'rŵan! gwrando (gwrandewch)! dyna ddigon! II. *conj.* **~ I am older (I think otherwise),** a minnau'n hŷn, gan fy mod yn hŷn, *less idiomatically;* 'nawr fy mod yn hŷn ('rwyf o farn wahanol); **~ that I think of it, I did meet her,** erbyn meddwl, mi gwrddais i â hi. III. *n.* hyn *m*; **between ~ and Sunday,** o hyn i ddydd Sul; **in three days from ~,** ym mhen tridiau [i hyn]; **by ~,** erbyn hyn; **before ~, ere ~,** cyn hyn; **until ~, up to ~,** hyd yn hyn, hyd yma; **as of ~, from ~ on,** o hyn allan, o hyn ymlaen; **for ~,** am y tro, dros dro, am hyn o dro; **that'll do for ~,** dyna ddigon am y tro.
nowaday *a.* cyfoes, presennol.
nowadays *adv.* heddiw, y dyddiau hyn, bellach, yn y byd sydd ohoni, ar hyn o bryd, yn yr oes oleuedig hon, y dwthwn hwn.
Nowel[l] = **Noel.**
nowhere *adv. & n.* **1.** *adv. with* ni[d], na[d], heb *&c expressed or understood:* yn unman, yn unlle, *N: F:* 'nunlle; **where have you been? - ~,** ble buost ti? - yn unlle; **he is ~ near as tall as you,** nid yw agos cyn daled â chi; **it was ~ to be found,** nid oedd dim golwg ohono [yn unman]; *Rac:* **the horse came in ~,** 'doedd y ceffyl ddim yn ddi; ni chyrhaeddodd y ceffyl eto. **2.** *n.* **a man appeared from ~,** ymddangosodd dyn yn ddisymwth; daeth rhyw ddyn o rywle heb ei ddisgwyl; **the actor came from ~,** fe gododd yr actor o ddim; **in the middle of ~,** ymh|ell o bobman, ym mhen draw'r byd.
nowise *adv. with neg. particle expressed or understood:* mewn unrhyw fodd, o gwbl, ar gyfrif yn y byd.
nowt *n.* = **nought.**
noxious *a.* niweidiol, andwyol, afiach, atgas; *(= poisonous):* gwenwynig, gwenwynllyd.
noxiously *adv.* yn niweidiol *&c.*
noxiousness *n.* niweidioldeb *m*.
noyade *n.* boddi *vn.*
noyau(-x) *n.* ***noyau(-x)*** *m*.
nozzle *n.* trwyn(-au) *m*, pig(-au) *fm*, blaen(-au) *m*, ffroenell(-au) *f*; **spray ~,** chwistrell(-au) *f*.
nth *a. & n.* nfed (*mf*).
nuance *n.* arlliw(-iau) *m*, eiliw(-iau) *m*; **a ~ (of difference),** awgrym bach *m*, trwch (*m*) blewyn, trwch asgell gwybedyn, cysgod *m* (o wahaniaeth); **a ~ of irony,** tinc (*m*) o eironi.
nub *n.* **1.** *(of coal &c):* cnepyn(-nau) *m*, cnap(-iau) *m*, clap(-iau) *m*; **~ sugar,** siwgwr (*m*) lwmp. **2.** *(of question):* craidd *m*, hanfod *m*.
nubble *n.* = **nub 1.**
nubbly *a.* cnapiog, clapiog.
nubile *a.* **1.** *(= marriagable):* priodadwy. **2.** *(= sexually attractive):* rhywiol, atyniadol, deniadol.
nubility *n.* **1.** cyflwr priodadwy *m*, oed (*m*) priodi. **2.** = **glamour.**
nuchal *a. Anat:* gwegilog.
nuciferous *a.* cneuddwyn.
nucivorous *a.* cneuysol, cneufwytaol.
nuclear *a.* **1.** *Atom.Ph:* niwclear; **~ power station,** gorsaf(-oedd) (*f*) ynni niwclear, *F:* atomfa (atomf|eydd) *f*; **~ sap,** sudd niwclear *m*; **~ waste,** gwastraff niwclear *m*; **the ~ winter,** y gaeaf niwclear; **~ weapon,** arf(-au) niwclear *m*; **the Campaign for N~ Disarmament (C.N.D.),** yr Ymgyrch Ddiarfogi Niwclear (Y.D[d].N.). **2.** **~ family,** teulu cnewyllol *m*. **~-free** *a.* anniwclear; diniwclear *is common but incorrect.*
nuclease *n. Ch:* niwcleas *m*.
nucleate *v.t.&i.* cnewyllu.
nucleated *a.* cnewyllol, cnewylledig.
nucleic *a.* niwclëig.
nuclcide *n.* = **nuclide.**
nucleolar *a.* niwcleolaidd.
nucleolus *n.* niwcleolws (niwcleoli) *m*.
nucleon *n. Atom.Ph:* niwcleon(-au) *m*.
nucleonic *a. & n.pl.* **1.** *a.* niwcleonig. **2.** *n.pl.* niwcleoneg *f*.
nucleoplasm *n.* niwcleoplasm *m*.
nucleoprotein *n.* niwcleoprotein(-au) *m*.
nucleoside *n. Ch:* niwcleosid(-au) *m*.
nucleotide *n. Ch:* niwcleotid(-au) *m*
nucleus *n.* **1.** *Astr: Ph:* niwclews (niwclei) *m*. **2.** *Bot:* bywyn(-nau) *m*, cnewyllyn (cnewyll) *m*. **3.** *(of a collection &c):* cnewyllyn, craidd (creiddiau) *m*.
nuclide *n. Ph:* niwclid(-au) *m*.
nuclidic *a. Ph:* niwclidig.
nude *a. & n.* **1.** *a.* noeth(-ion); **stark ~,** noethlymun [groen], *S: F:* porcyn, noeth borcyn. **2.** *n. (i) Art: (picture):* noethlun(-iau) *m*; *(ii) (model &c):* rhn noeth ([rhai] noethion), dyn(-ion) noeth *m*, merch(-ed) noeth *f*, noethyn (noethion) *m*, noethen(-ni,-nod) *f*, *S: F:* porcyn (pyrcs) *m*, porcen (pyrcs) *f*; *(iii)* **in the ~,** yn noethlymun.
nudge¹ *n.* pwniad(-au) *m*, pwt(-iadau) *m*.
nudge² *v.t.* pwnio, penelino, elino, gwthio.
nudibranch *n. Z:* noethdagellog(-ion) *m*, gwlithen (*f*) fôr (gwlithenni môr).
nudism *n.* noethlymuniaeth *f*.
nudist *n.* noethlymuniad (noethlymuniaid) *m&f*, noethlymunwr (noethlymunwyr) *m*, noethlym|unwraig (noethlymunwragedd) *f*. **~ camp, ~ colony** *n.* gwersyll(-oedd) (*m*) noethlymunwyr/noethlymuniaid.
nudity *n.* noethni *m*, noethlymundod *m*.
nuff *n. F:* = **enough**; **~ said!** iawn! i'r dim! hanner gair i gall!
nugatory *a.* diwerth, dibwys, pitw, tila.

nugget *n.* clap(-iau) *m*, cnepyn(-nau) *m*, cnap(-iau) *m*, telpyn(-nau) *m*, talp(-iau) *m*, clepyn(-nau) *m*.

nuisance *n.* **1.** *Jur:* niwsans *m.* **2.** *F:* pla(-on) *m*, niwsans, poendod(-au) *m*, rhth (pethau) diflas, diflastod *m*; **he's a perfect ~,** mae'n bla; mae'n ddiflastod; mae'n boendod; mae'n bigyn yn y glust; mae fel barn; **a common/public ~,** niwsans cyhoeddus; **to be a ~ (to s.o.),** aflonyddu, tarfu (ar rn); **that's a ~!** dyna ddiflas! **what a ~!** am ddiflas! am boendod! *attrib.* **~ value,** gwerth (*m*) [fel] niwsans.

nuke *n. & v.t. U.S: F:* **1.** *n.* bom(-iau) atomig/niwclear *mf.* **2.** *v.t.* **to ~ a city,** gollwng bom atomig/niwclear ar ddinas.

null *a. & n.* I. *a.* **1.** *Jur:* **~ and void,** di-rym, dirym. **2.** *(= characterless):* di-nod, dinod, disylw. **3.** *Mth: Ph:* nwl; **~ point,** nwlbwynt(-iau) *m*; **~ set,** set wag (setiau gweigion) *f.* II. *n. Mth: &c:* nwl(-iau) *m*; *(in cipher):* llythyren wag (llythrennau gweigion) *f.*

nulla-nulla *n. Austr:* pastwn (pastynau) *m.*

nullah *n.* ceunant (ceunentydd) *m.*

nullification *n.* dirymiad *m*, dirymu *vn.*

nullifidian *a. & n.* **1.** *a.* anffyddiol, anghrediniol, anghred, di-gred. **2.** *n.* anffyddiwr (anffyddwyr) *m*, anff|yddwraig *f*, anghrediniwr (anghredinwyr) *m*, anghred|inwraig *f.*

nullify *v.t.* dirymu, dil|eu.

nullipara *n.f.* gwr|aig heb esgor, gwraig heb blant, gwraig ddi-blant.

nulliparous *a.* heb esgor, diepil, di-blant, heb blant.

nullipore *n. Z:* n|wlipor (nwliporau) *m.*

nullity *n.* **1.** *Jur:* dirymedd *m.* **2.** *(of pers.):* diddymdra *m.* **3.** *(pers.):* rhn di-ddim, rhn disylw.

numb[1] *a.* fferllyd, dideimlad, diffrwyth, wedi fferru, wedi merwino; **a ~ pain,** mud boen. **~-fish** *n. Ich:* rhaien drydanol (rhaiod trydanol) *f.*

numb[2] *v.t.* merwino, fferru, marweiddio.

numbat *n. Z:* nymbat(-od,-iaid) *m.*

number[1] *n.* **1.** *(a) Ar:* rhif(-au) *m*, nifer(-oedd) *mf*; **whole ~,** rhif cyfan, cyfanrif(-au) *m*; **mixed ~,** rhif cymysg; **even ~,** rhif gwastad, eilrif(-au) *m*; **odd ~,** rhif anwastad/od, odrif(-au) *m*; **cardinal ~,** *(in ordinary parlance):* rhifolyn (rhifolion) *m*; *Mth:* prifol(-ion) *m*; **ordinal ~,** trefnol(-ion) *m*, trefnolyn (trefnolion) *m*; **the golden ~,** y rhif euraid; *(b)* **the greater ~,** y mwyafrif *m*; **to swell the ~,** chwyddo'r nifer; **few in ~,** ychydig [o ran rhif/nifer], anaml, prin; **they were six in ~,** 'roedd chwech ohonynt; 'roeddynt yn chwech [o ran nifer]; **without ~,** di-rif, aneirif, dirifedi, afrifed, *Lit: occ:* dinifer; **out of ~,** rhif y gwlith; **in round numbers,** mewn rhifau crynion; *U.S:* **the numbers game,** lotri (lotrïau) *f*; *F:* **it's just a numbers game,** mater o ffigyrau ydyw; *(c)* **what ~ of men?** [pa] sawl dyn? [pa] faint o ddynion? **a ~ of people,** nifer o bobl, lliaws *m*, llawer *m* [o bobl]; **a certain ~ of people,** nifer o bobl, rhai pobl; **a large ~ of men,** nifer [mawr/fawr] o ddynion, llawer o ddynion; **a good ~,** cryn nifer; **there was a good ~ there,** yr oedd tipyn [o bobl] yno; yr oedd nifer pur dda yno; yr oedd criw go dda yno; *N.W: occ:* 'roedd yno bobol reit ddel; *F:* **(there were) any ~ (of people there),** ('roedd) faint a fynnir, llond gwlad (o bobl yno); ('roedd pobl yno) yn llu, yn heidiau, yn un fflyd; *(d)* **in small numbers,** [yn] ychydig o ran rhif; **to win by force of numbers,** ennill trwy rym niferoedd; **in great numbers,** yn llu[-oedd]; *(e)* **one of their ~,** un ohonynt hwy, un o'u plith hwy, un o'u nifer, un o'u mysg; *(f) pl. B:* **Numbers,** Numeri. **2.** *(written):* rhif, ffigur(-au) *m*, ffig[i]wr (ffigyrau) *m*; **to write a ~ on a page,** rhifo tudalen; **to do sth by numbers,** gwneud rhth yn ôl y drefn. **3.** *(of house, phone, car &c):* rhif; *Tp:* **wrong ~,** rhif anghywir; *F:* **to take care of ~ one,** gofalu amdanoch chi eich hun, edrych atoch chi eich hun, *S:* carco'ch hunan; *F:* **the ~ one priority,** y brif flaenoriaeth, y flaenoriaeth bennaf, y peth pwysicaf un; *F:* **he's the ~ one,** ef yw'r pennaeth; ef yw'r pen-dyn; ef sy'n ben; ef yw'r prif ddyn; **he's the ~ two,** ef yw'r ail; ef yw'r dirprwy; ef yw'r nesaf at y pennaeth; *F:* **I've got your ~,** 'rwy'n dy ddeall di i'r dim; *F:* **his ~ is up,** mae hi ar ben arno; mae hi wedi wech arno; mae hi wedi darfod arno; *F:* **to make one's ~ with s.o.,** dod i gysylltiad â rhn. **4.** *Gram:* rhif. **5.** *(a) Th: (in variety programme):* eitem(-au) *f*; *(= song):* cân (caneuon) *f*; *(b) Publ: (of magazine &c):* rhifyn(-nau) *m*; **back ~,** ôl-rifyn(-nau) *m*; *F:* **he's a back ~,** mae ar ôl yr oes; mae'n henffasiwn; mae wedi cael/gweld ei ddydd; mae wedi gweld ei ddyddiau gwell. **~ cruncher** *n. Cmptr:* crensiwr (crenswyr) (*m*) rhifau. **~ crunching** *vn. Cmptr:* crensio rhifau. **~-plate** *n.* plât (platiau) (*m*) rhif.

number[2] *v.t.&i.* **1.** *v.t.* cyfrif, rhifo; **his days are numbered,** mae ei ddyddiau wedi eu rhifo; **to ~ s.o. among one's friends,** ystyried/cyfrif rhn yn ffrind; **the army numbers twenty thousand,** mae'r fyddin yn ugain mil o ran nifer; mae'n fyddin o ugain mil; mae ugain mil yn y fyddin; **the village numbers four hundred inhabitants,** mae'r pentref yn cynnwys pedwar cant o drigolion; mae'n bentref o bedwar cant o drigolion. **2.** *v.t. (a) (pages, houses &c):* rhifo; *(b) v.i. Mil:* **to ~ off,** galw'ch rhif.

numberless *a.* di-rif, dirifedi, afrifed, aneirif, rhif y gwlith, *Lit: occ:* dinifer.

numbles *n.pl. A:* perfedd *m*, perfeddion, coluddion.

numbly *adv.* yn ddideimlad *&c.*

numbness *n.* merwindod *m*, diffrwythdra *m*, fferdod *m*, marw|eidd-dra *m*, dideimladrwydd *m*, diffyg (*m*) teimlad.

numbskull *n.* penbwl (penbyliaid) *m*, *occ:* pen (*m*) swejen; *S.a.* **fool[1]**

numen *n.* **1.** *Rom.Rel:* nwmen (nwmina) *m.* **2.** *Rel:* duwdod *m*, ysbryd (*m*) duw, ysbryd dwyfol.

numerable *a.* rhifadwy, cyfrifadwy.

numeracy *n.* rhifogrwydd *m.*

numeral *a. & n.* **1.** *a.* rhifol, niferol. **2.** *n.* rhif(-au) *m*, rhifol(-ion) *m*, rhifolyn (rhifolion) *m*; **cut-out ~,** rhif torlun.

numerate *a.* rhifog.

numeration *n.* cyfrifiad *m*, cyfrif *vn.*

numerator *n.* rhifiadur(-on) *m*, rhifiedydd(-ion) *m.*

numerical *a.* rhifiadol, niferiadol, rhifol.

numerically *adv.* o ran nifer, mewn nifer, o ran rhif, mewn rhif.

numerological *a.* rhifolegol.

numerologist *n.* rhifolegwr: rhifolegydd (rhifolegwyr) *m.*

numerology *n.* rhifoleg *f.*

numerous *a.* **1.** niferus, lluosog, aml; **~ gifts,** nifer/llawer o anrhegion. **2.** *(of verse, prose):* persain.

numerously *adv.* yn niferus *&c.*

numerousness *n.* lluoso[w]grwydd *m.*

numinous *a.* nwmenaidd, dwyfol, dwyfolaidd.

numismatic *a.* nwmismatig.

numismatics *n.pl.* nwmismateg *f.*

numismatist *n.* nwmismatydd(-ion) *m.*

numismatology *n.* = **numismatics.**

nummary *a.* ariannol, bathol, bath.

nummulite *n.* n|wmwlit (nwmwlitiaid, nwmwlitau) *m.*

numskull *n.* = **numbskull.**

nun *n.* lleian(-od) *f*, *Lit: occ:* mynaches(-au) *f.* **~'s cloth, ~'s veiling** *n.* brethyn (*m*) lleianod. **~-buoy** *n. Nau:* bwi(-au) (*m*) top.

nunatac *n. Geog:* n|wnatac (nwnatacau) *m.*

nunciature *n. Ecc:* llysgenhadaeth (llysgenadaethau) *f*, cenhadaeth (cenadaethau) *f.*

nuncio *n.* llysgennad (llysgenhadon) (*m*) y Pab.

nuncupate *v.t.* llefaru, datgan.

nuncupation *n.* datganiad(-au) *m*, llefaru *vn*, datgan *vn.*

nuncupative *a.* datganiadol, llafar.

nunhood *n.* lleianaeth *f*, lleiandod *m.*

nunnery *n.* lleiandy (lleiandai) *m*, cwfaint (cwfennoedd) *m.*

nuptial *a. & n.pl.* **1.** *a.* priodasol, neithiorol. **2.** *n.pl.* priodas(-au) *f*, neithior(-au) *f.*

nurse[1] *n.* **1.** *(a)* **[wet-]~,** mamaeth(-od) *f* [yn rhoi sugn], llaethfam(-au) *f*; **to put a child [out] to ~,** rhoi plentyn i'w fagu, rhoi plentyn ar faeth; **[dry-]~,** mamaeth, llawfamaeth(-od) *f.* **2.** **[sick-]~,** nyrs(-ys) *f*, *Lit: occ:* gweinyddes(-au) *f (also = waitress)*; **male ~,** nyrsiwr (nyrswyr) *m*; **district ~,** nyrs ardal; **State Registered N~,** Nyrs Gofrestredig (Nyrsys Cofrestredig). **3.** *Fig:* **(Greece) ~ of liberty,** (Groeg) crud (*m*) rhyddid, magwrfa (*f*) rhyddid, mam (*f*) pob rhyddid, a fagodd ryddid. **4.** *Ent:* gofalwr (gofalwyr) *m.* **~-child** *n.* plentyn (plant) maeth *m.* **~-frog** *n. Z:* *maethlyffant(-od, maethlyffaint) *m.* **~-hound** *n. Ich: (Scyliorhinus stellaris):* morgi (morgwn) brych *m*, ci (cŵn) (*m*) sgarmes, penci (pencwn) *m.*

nurse[2] *v.t.* **1.** *(= give suck):* **to ~ (a child),** rhoi sugn (i blentyn); magu, meithrin, maethu (plentyn). **2.** *(a patient):* gofalu (am rn); nyrsio, tendio (rhn); **to ~ a cold,** mwytho/nyrsio annwyd. **3.** *(plants, horses):* meithrin; **to ~ a constituency,** meithrin/

mwytho etholaeth; **to ~ a hope,** coleddu gobaith; **to ~ a grievance,** magu cwyn. **4.** *(= cradle in one's arms):* siglo, magu.
nursemaid *n.f.* morwyn(-ion, morynion) plant, morwyn fagu (mor[w]ynion magu).
nursery *n.* **1.** meithrinfa (meithrinf|eydd) *f,* magwrfa (magwrf|eydd) *f;* **day-~,** cylch(-oedd) *(m)* meithrin, meithrinfa *(f)* ddydd (meithrinf|eydd dydd); **night-~,** hundy (hundai) *(m)* plant. **2.** *(of plants):* meithrinfa, planhigfa (planhigf|eydd) *f, F: occ:* nyrs *f* [goed]. **~ rhyme** *n.* hwiangerdd(-i) *f (pronounced* ng-g) *(also = lullaby),* rhigwm (rhigymau) *(m)* plant. **~ nurse** *n.* gweinyddes *(f)* feithrin (gweinyddesau meithrin). **~ school** *n.* ysgol *(f)* feithrin (ysgolion meithrin). **~ slope** *n.* llethr *(f)* ddysgu (llethrau dysgu), llethr y dysgwyr (llethrau'r dysgwyr).
nurseryman *n.m.* meithrinwr (meithrinwyr).
nursing[1] *a.* **1. a ~ mother,** mam sy'n magu, mam sy'n rhoi llaeth, mam laethog. **2.** *(in hospital):* **~ staff,** staff *(m)* nyrsio, nyrsys *pl.*
nursing[2] *vn. See* **nurse**[2]; *(= care):* gofal *m* (am rth). **~ home** *n.* cartref(-i) *(m)* nyrsio, cartref ymgeledd.
nursling *n.* plentyn (plant) *(m)* maeth.
nurture[1] *n.* **1.** *(= upbringing):* magwraeth *f,* meithriniad *m.* **2.** *(= food):* maeth *m,* bwyd *m.*
nurture[2] *v.t.* **1.** *(= bring up):* magu, meithrin. **2.** *(= feed):* bwydo, *occ:* maethu, porthi.
nut *n.* **1.** *(a) (fruit):* cneuen (cnau) *f;* **hazel-~,** cneuen gollen (cnau cyll); **an empty ~,** cneuen goeg (cnau coeg); **to gather nuts,** cneua, hel/casglu cnau; **a slip-shelled ~,** cneuen wisgi (cnau gwisgi); **a tough/hard ~ to crack,** *(i) (= problem):* problem ddyrys iawn; *(ii) (pers.):* dyn caled/gwydn/garw iawn; *F:* **(he can't sing) for nuts,** (ni all o ganu) dros ei grogi, am bensiwn; *F:* **he's nuts on her,** mae wedi gwirioni arni; *N:* mae wedi holpio arni; mae wedi mopio'i ben amdani; *S:* mae wedi dwli'n lân arni; *S.a.* **crazy; she's nuts about folk-singing,** mae hi'n dotio/dwli/gwirioni ar ganu gwerin; *V:* **nuts to you!** twll dy din di! dos i grafu! *(b) P: (= head): S:* clopa (clopâu) *fm, N:* penglog(-au) *f (pronounced* ng-g), pennog *m,* c|oconet *m;* **he's off his ~,** *See* **mad. 2.** *Mec.E:* nyten (nytiau, nyts) *f;* **castle ~,** nyten gaerog (nytiau caerog); **die ~,** nyten dei; **hexagonal ~,** nyten chweochrog; **lock ~,** nyten gloi (nytiau cloi); **quick action ~,** nyten gyflym (nytiau cyflym), nyten sydyn; **slotted ~,** nyten rychog (nytiau rhychog), nyten slot; **wing-~, butterfly ~,** nyten adeiniog; **the nuts and bolts of sth,** manylion rhth. **3.** *Mus: (of violin):* traws(-ion) *m; (of bow):* hoeldro(-eon) *f.* **4.** *(of coal):* cnepyn(-nau) *m,* cnap(-[i]au) *m,* clap(-iau) *m;* **~ coal,** glo *(m)* cnapau, glo clapiau, glo clapiog. **~-brown** *a.* lliw'r gneuen; **~-brown ale,** cwrw coch *m,* cwrw llwyd. **~-butter** *n.* ymenyn *(m)* cnau. **~-case** *n.* **= lunatic 2. ~-gall** *n.* afal(-au) *(m)* derw. **~-hatch** *n. Orn:* cnocell(-od) *(f)* y cnau, delor(-ion) *(m)* y cnau. **~-house** *n. F:* seilam(-au,-s) *f.* **~-meat** *n.* cnewyllyn (cnewyll) *m.* **~-oil** *n.* olew *(m)* cnau. **~-palm** *n. Bot:* cneubalmwydden (cneubalmwydd) *f.* **~-pine** *n. Bot:* cneubinwydden (cneubinwydd) *f.* **~-tree** *n.* collen (cyll) *f,* coeden *(f)* gnau (coed cnau). **~-weevil** *n. Ent:* gwiddonyn (gwiddon) *(m)* cnau.
nutant *a.* pendrwm (*f.* pendrom, *pl.* pendrymion), siglog.
nutate *v.i.* troelli.
nutation *n.* troelliad *m,* troelli *vn.*
nutcracker *n.* **1.** gefail *(f)* gnau (gefeiliau cnau). **2.** *Orn:* brân (brain) *(f)* y cnau, brân fraith (brain brithion).
nutmeg *n.* nytmeg *m,* cneuen *(f)* yr India (cnau'r India), *A:* cneuen pen. **~ apple** *n.* afal(-au) *(m)* nytmeg.
nutria *n. Cost:* nwtria *m.*
nutrient *a. & n.* **1.** *a.* maethol. **2.** *n.* maetholyn (maetholion) *m.*
nutriment *n.* maeth *m.*
nutrimental *a.* maethol.
nutrition *n.* **1.** maethiad *m,* maethu *vn.* **2.** *(science):* maetheg *f,* ymbortheg *f.*
nutritional *a.* maethol; **~ value,** gwerth [fel] maeth.
nutritionist *n.* maethegwr: maethegydd (maethegwyr) *m,* ymborthegwr: ymborthegydd (ymborthegwyr) *m.*
nutritious *a.* maethlon.
nutritiously *adv.* yn faethlon.
nutritiousness *n.* maethlonrwydd *m,* maeth *m.*
nutritive *a. & n.* **1.** *a.* maethol, maethlon. **2.** *n.* **= nutrient 2.**
nutshell *n.* **1.** *N:* plisgyn (plisg) *(m)* cneuen, *S:* masgl(-au) *(m)* cneuen; **to put sth in a ~,** dweud rhth yn gryno. **2.** *Conch:* cneuen *(f)* fôr (cnau môr).
nuts *a. & int. See* **nut 1.**
nutter *n. F:* **= lunatic 2.**
nutting *vn.* casglu cnau, hel[a] cnau, cneua.
nutty *a.* **1.** *(tree):* llawn cnau, cneuog. **2.** *(taste):* cneuol, cneuog, cneuaidd. **3.** *F:* **= crazy.**
nux vomica *n.* cneuen *(f)* gyfog (cnau cyfog).
nuzzle *v.i.* **1.** *(of pig &c):* turio, trwyno. **2.** *(of dog, horse):* **to ~ against s.o.,** gwthio'r trwyn yn erbyn rhn; *(of pers.):* **to ~ against s.o.'s shoulder,** claddu'ch wyneb yn ysgwydd rhn; **to ~ up close to s.o.,** ymwthio i gôl rhn, swatio yng nghôl rhn.
Nyasaland *Pr.n. Geog:* Gwlad *(f)* Nyasa.
nyctalope *n. & a. Med:* **1.** *n.* rhn nosddall (nosddeillion) *m.* **2.** *a.* nosddall.
nyctalopia *n. Med:* nosddallineb *m.*
nyctinasty *n.* nyctinastedd *m.*
nyctitropic *a. Bot:* nosdrofannol.
nye *n.* **= nide.**
nylghau *n.* **= nilgai.**
nylon *n. & attrib.* **1.** *n.* neilon(-au) *m;* **nylons** *pl,* hosanau neilon, *F:* neilons. **2.** *attrib.* neilon.
nymph *n.* **1.** *Myth:* nymff(-au) *f,* duwies(-au) *f.* **2.** *Poet:* rhiain (rhianedd) *f.* **3.** *Ent:* nymff(-au) *f.*
nymphae *n.pl. Anat:* y gweflau lleiaf.
nymphal *a.* nymffol.
nymphean *a.* nymffaidd, duwiesaidd; *(= beautiful):* teg, prydferth.
nymphet *n.* hoeden(-nod) *f,* nymffed(-au) *f.*
nymphlike *a.* **= nymphean.**
nympho *n. F:* nymffo(-s) *f.*
nympholepsy *n.* gorffwylltra *m,* penboethni *m,* nymffolepsi *m.*
nympholept *n.* penboethyn (penboethiaid) *m,* penboethen (penboethiaid) *f,* n|ymffolept (nymffoleptiaid) *m&f.*
nympholeptic *a.* gorffwyll, gorfrwdfrydig, penboeth, nymffoleptaidd.
nymphomania *n.* nymffomania *m, Lit:* trythyllwch *m.*
nymphomaniac *n.f.* nymffomaniad (nymffomaniaid), *F:* merch farus/flysig (merched barus/blysig), *Lit:* merch drythyll (merched trythyll), *V:* merch dinboeth (merched tinboeth).
nystagmic *a. Med:* llygadgrynol.
nystagmus *n. Med:* llygadgrynu *vn.*

O

O[1] *n.* **1.** [y llythyren] O, o(-au) *f*; *Tp:* **O for Oliver,** O am Owain. **2.** *Tp: (= nought):* dim *m.* **3.** *(= circle)* cylch(-au) *m.* **O.K.** *int., a., n. & v.t.* = **okay.**
O[2] *int.* O + *soft mut.:* **O how tired I am!** O mor flinedig ydwyf! *Lit: Poet:* flined wyf! **O to be in Wales!** O na bawn yng Nghymru! **O for a drink of water!** O am ddiod o ddŵr! **O Wales!** O Gymru!
O'[3] *pref. (of Irish name):* ap, ab; *occ: (in woman's name):* ferch.
o'[4] *prep.* = **of, on; I can't sleep o' nights,** ni allaf gysgu'r nos; **o'clock,** o'r gloch, *occ:* ar y gloch; **what o'clock is it?** faint o'r gloch yw hi? faint yw hi o'r gloch?
oaf *n.* llabwst (llabystiaid) *m*, lleban(-od) *m*, llo(-eau, lloi) *m*, llabi (llabïod) *m*, drel: drelyn (drelod) *m*, penci (pencïaid) *m*, hurtyn(-nod, hurtod) *m*, hulpyn(-nod, hulpod) *m*, delff(-od,-iaid) *m*, twpsyn(-nod, twpsod) *m*, awff(-iaid) *m*, *S.W:* lwff: lwffyn (lwffs) *m.*
oafish *a.* llabystaidd, fel llabwst, delffaidd, twp, pencïaidd, anfoesgar, awffaidd, llabïaidd, *F:* difanars.
oafishly *adv.* fel llabwst, yn llabystaidd *&c.*
oafishness *n.* anfoesgarwch *m*, delffeiddrwydd *m*, pencieiddiwch *m*, llebandod *m*, llabysteiddiwch *m.*
oak *n. & attrib.* **1.** *n. (a) Bot: (Quercus):* derwen (derw, deri) *f*; **common ~, cut-leaved ~, English ~, pedunculate ~,** *(Q. robur):* derwen goesynnog (derw coesynnog); **chestnut ~, durmast ~, maiden ~, sessile ~,** *(Q. petraea):* derwen ddigoes (derw digoes), derwen ddail digoes (derw dail digoes); **Algerian ~, Mirbeck's ~,** *(Q. canariensis):* derwen Algeria; **Armenian ~, Pontine ~,** *(Q. pontica):* derwen Armenia; **bamboo-leaved ~,** *(Q. myrsinifolia):* derwen dail bambŵ; **basket ~, chestnut ~,** *(Q. prinus):* derwen gastanaidd (derw castanaidd); **black ~, dyer's ~, quercitron ~,** *(Q. velutina):* derwen ddu (derw duon), derwen y barcer (derw'r barcer); **blackjack ~,** *(Q. marilandica):* derwen Maryland; **blue ~,** *(Q. oblongifolia):* derwen las (derw gleision); **burr ~, mossy-cup ~, overcup ~,** *(Q. macrocarpa):* derwen bigog (derw pigog), derwen hirfes; **Californian black ~,** *(Q. kelloggii):* derwen ddu Califfornia (derw duon Califfornia); **Californian live ~,** *(Q. agrifolia):* derwen anwyw Califfornia; **canyon live ~, golden-cup ~, maul ~,** *(Q. chrysolepis):* derwen felynddail (derw melynddail); **Caucasian ~,** *(Q. macranthera):* derwen y C|awcasws (derw'r Cawcasws); **chestnut-leaved ~, Persian ~,** *(Q. castaneifolia):* derwen Persia; **cork ~,** *(Q. suber):* coeden (*f*) gorc (coed corc); **Daimio ~,** *(Q. senbata):* derwen Jap|an, derwen Daimio; **downy ~,** *(Q. pubescens):* derwen fanflewog (derw manflewog); **dwarf ~,** = **germander; evergreen ~, holm ~, holly ~,** *(Q. ilex):* derwen fytholwyrdd (derw bytholwyrdd), derwen anwyw, *A:* glastannen *f*; **Hungarian ~,** *(Q. frainetto):* derwen Hwngaria (*pronounced* ng-g); **Italian ~,** *(Q. farnetto):* derwen yr Eidal; **kermes ~,** *(Q. coccifera):* prinwydden (prinwydd) *f*; **laurel ~,** *(Q. laurifolia):* derwen lawryfaidd (derw llawryfaidd); **Lea's hybrid ~,** *(Q. leana):* derwen groesryw Lea (derw croesryw Lea); **Lebanon ~,** *(Q. libani):* derwen L|ibanus; **live ~,** *(Q. virginiana):* derwen Virginia; **Macedonian ~,** *(Q. trojana):* derwen Macedonia; **pin ~,** *(Q. palustris):* derwen y gors (derw'r gors); **Pyrenean ~,** *(Q. pyrenaica):* derwen y Pyreneau (derw'r Pyreneau); **Quebec ~,** = **oak (white); red ~,** *(Q. rubra):* derwen goch (derw cochion); **scarlet ~,** *(Q. coccinea):* prinwydden (prinwydd) *f*, derwen goch; **shingle ~,** *(Q. imbricaria):* derwen beithynnog (derw peithynnog); **Shumard ~,** *(Q. shumardii):* derwen Shumard; **swamp white ~,** *(Q. bicolor):* derwen ddeuliw (derw deuliw); **tanbark ~,** *(Lithocarpus densiflorus):* derwen ddwysflodeuog (derw dwysflodeuog); **Turkey ~,** *(Q. cerris):* derwen Twrci; **Turner's ~,** *(Q. turneri):* derwen Turner; **water ~,** *(Q. nigra):* derwen ddu (derw duon); **white ~,** *(Q. alba):* derwen wen (derw gwynion); **willow ~,** *(Q. phellos):* derwen helygaidd; **weeping ~,** *(Q. albatristis):* derwen wylofus; **yellow ~,** *(Q. velutina):* derwen felen (derw melyn); **native ~, she ~,** = **casuarina; ~ of Cappadocia,** *(Ambrosia maritima):* derwen Cappadocia; **~ of Jerusalem, ~ of Paradise,** *(Chenopodium botrys):* troed (*f*) yr ŵydd dderw-ddeiliog, derwen Caersalem; **poison ~,** *(i) (Rhus quercifolia):* derwen wenwynig (derw gwenwynig) *f*; *(ii)* = **poison sumach**; *S.a.* **golden**; *(b) Carp:* [coed] derw *m*; *(c) (at universities):* drws (drysau) allanol *m*, d|erwddor (derwddorau) *f*; **to sport one's ~,** cau'r ddôr; *(d) attrib.* derw. **~-apple, ~ button, ~ fig, ~-gall, ~ plum, ~ potato, ~-wart** *n.* afal(-au) (*m*) derw/deri, derw-afal(-au) *m*, *F:* marblen (*f*) goed (marblis coed). **~-beauty** *n. Ent:* rhiain (rhianedd) (*f*) y deri. **~-fern** *n. Bot: (Gymnocarpium dryopteris):* llawredynen (*f*) y derw. **~-grove** *n.* d|erwlwyn (derwlwyni) *m.* **~-leather** *n. Fung: (Xylostroma):* bloneg (*m*) derw. **~ mast** *n.* mes *pl.* **~-spangle** *Bot:* seren (sêr) (*f*) y derw. **~-tree** *n. Bot:* derwen (derw, deri) *f*, coeden (*f*) dderw (coed derw). **~-wood** *n.* coed (*pl*) derw, d|erwgoed *pl.*
oaken *a.* derw, *Lit: occ:* derwin.
Oakford *W.Pl.n.* Derwen-gam *f.*
oaklet, oakling *n.* glasdderwen (glasdderw, glasdderi) *f*, derwen ifanc (derw/deri ifainc) *f.*
oakum *n.* ocwm *m*, carth *m*; **to pick ~,** plicio/tynnu ocwm.
oar[1] *n.* **1.** rhwyf(-au) *f*; **to ply the oars, to pull at the oars,** tynnu'r rhwyfau, tynnu ar/wrth/yn y rhwyfau; **the blade of an ~,** pâl (*f*) rhwyf (palau rhwyfau); **the handle of an ~,** dwrn (*m*) rhwyf (dyrnau rhwyfau); **the loom of an ~,** coes (*mf*) rhwyf (coesau rhwyfau); *Nau:* **oars!** codwch rwyfau! **to rest on one's oars,** *(i)* codi'r rhwyfau, gorffwys; *(ii) Fig:* llaesu dwylo, gorffwys ar eich rhwyfau; *F:* **to stick one's ~ in sth,** ymyrryd/ymyrraeth â rhth, rhoi'ch bys yn y brywes, rhoi'ch pig i mewn; **he's a good ~,** mae'n rhwyfwr da.
oar[2] *v.t.&i.* rhwyfo.
-oared *a.* **four-~,** â phedair rhwyf; **a four-~ boat,** cwch/bad pedair rhwyf.
oarfish *n. Ich:* rhwyfbysgodyn (rhwyfbysgod) *m.*
oarless *a.* di-rwyf, dirwyfau, heb rwyf[-au].
oarlike *a.* fel rhwyf, rhwyfol.
oarlock *n. U.S:* = **rowlock.**
oarsman *n.m.* rhwyfwr (rhwyfwyr).
oarsmanship *n.* rhwyfo *vn*, rhwyfwriaeth *f*, rhwyfyddiaeth *f.*
oarweed *n. Algae:* môr-wiail [byseddog] *pl*, gwregysau(*pl*)'r môr, *N.W: occ:* brŵal *m.*
oary *a.* = **oarlike, -oared.**
oasis *n.* gwerddon(-au) *f.*
oast *n. (= kiln):* odyn(-au) *f*; *(= hurdle):* clwyd (*f*) frag (clwydi brag). **~-house** *n.* odyndy (odyndai) *m.*
oat *n.usu.pl. (Avena): (a)* ceirchen (ceirch, cerch, cyrch) *f*; **black Tartarian oats,** ceirch [du] crib y ceiliog, ceirch cynffon ceiliog, ceirch Tartaraidd; **cultivated oats,** *(A. sativa):* ytgeirch; **false oats,** *(Arrhenatherum elatius):* ceirchwellt tal; **small hairy oats, bristle-pointed oats,** *(A. strigosa):* blewgeirch, ceirch llwyd, ceirch Teifi, ceirch blewog, ceirch coliog; **late sown oats,** ceirch y gog, ceirch y gwcw; **naked oats,** *(A. nuda):* ceirch noeth; **Poland oats,** ceirch main; **potato oats,** ceirch y cloron, ceirch cwta; **rolled oats,** ceirch wedi'u rhostio/rholio; **Scotch potato oats,** ceirch gwyn cwta; **shelled oats,** hilgeirch, ceirch moel; **smutted oats,** ceirch llosg; **wild ~,** *(A. fatua):* ceirch gwyllt, ffetur *m*, ceirchwellt gwyllt y gwanwyn; *(A. ludoviciana):* ceirchwellt gwyllt yr hydref; **yellow oats,** *(Trisetum flavescens):* ceirch melyn; **to feed a horse with oats,** ceircho

ceffyl, rhoi ceirch i geffyl; **to sow one's wild oats,** hau hadau gwylltion, byw'n wyllt, byw'n ofer, ofera, *F:* rafio, byw fel rafin/rafil; **to feel one's oats,** teimlo'n dipyn o ddyn/ddynes, teimlo'n rêl llanc/llances, *N: V:* clywed oglau ar eich dŵr; *V:* **he's not getting his oats,** 'dydi o ddim yn cael ei damaid; **he's off his oats,** 'does dim awydd/chwant bwyd arno. ~ **bread** *n.* bara (*m*) ceirch. ~ **cell** *n. Med:* ceirchgell(-oedd) *f.* ~ **fly** *n. Ent:* pryf(-ed) (*m*) ceirch. ~**-grass** *n. Bot:* ceirchwellt *m*, maswellt ceirchaidd *m*; **bearded ~-grass,** *(A. barbata):* ceirchwellt coliog; **black ~-grass,** *(Stipa avenacea):* ceirchwellt duon; **downy ~-grass,** *(Helictotrichon pubescens):* ceirchwellt blewog; **meadow ~-grass,** *(H. pratense):* ceirchwellt culddail. ~ **grouts** *n.pl.* rhynion ceirch.

oatcake *n.* torth (*f*) geirch (torthau ceirch), bara (*m*) ceirch; ~ **crumbled in buttermilk,** picws mali *m*, siot *m*. ~ **brose** *n.* brwes (*m*) bara ceirch. ~ **crusher** *n.* malwr (malwyr) (*m*) bara ceirch. ~ **rack** *n.* car (ceir) (*m*) bara ceirch, diogyn(-nod) *m*. ~ **rake,** ~ **slice** *n.* crafell(-i) *f*, *N.W: occ:* rhafell(-i) *f*, *S.W:* rhawlech(-i) *f*, *S.E:* pil (pilau) *f*, sgleish(-ys) *f*.

oaten *a.* cerchaidd, ceirchaidd, ceirchiog, [o flawd] ceirch.

oath *n.* **1.** *Jur: &c:* llw(-on) *m*; **to take/swear an ~,** tyngu llw, cymryd llw, mynd ar eich llw; **upon ~,** ar lw; **a false ~,** anudon(-au) *m*, llw celwyddog; **evidence on/under ~,** tystiolaeth ar/tan lw; **Commissioner for Oaths,** Comisiynydd Llwon; ~ **of allegiance,** llw teyrngarwch/gwrogaeth; **I'll take my ~ on it,** mi af ar fy llw drosto; **to put s.o. on his ~, to administer/tender the ~ to s.o.,** rhoi rhn ar ei lw, peri i rn dyngu llw, gweinyddu llw i rn. **2.** *(= swear-word):* llw, rheg (rhegf|eydd) *f*.

oatmeal *n.* blawd (*m*) ceirch; ~ **and buttermilk,** llith *m*, sopas *m*; **water off ~,** gloywon (*pl*) llymru, gloywon sucan, *S.W:* whigin *m*. ~ **porridge** *n.* uwd *m* [blawd ceirch], *S.W: occ:* sucan (*m*) blawd.

obbligato *a. & n. Mus:* obligato(-s) *m*, rhan (*f*) ofynnol (rhannau gofynnol).

obconical *a. Biol:* gwrthgonig.

obcordate *a. Biol:* gwrthgalonffurf.

obduracy *n.* caledwch *m*, cyndynrwydd *m*, ystyfnigrwydd *m*, calongaledwch (*pronounced* ng-g).

obdurate *a.* calongaled (*pronounced* ng-g), caled, cyndyn, ystyfnig, diwyro, di-droi, diedifar; **he was ~,** nid oedd dim troi arno.

obdurately *adv.* yn gyndyn *&c.*

obdurateness *n.* = **obduracy.**

obeah *n.* dewiniaeth *f*.

obeche *n. Carp:* obeshe *m*.

obedience *n.* uf|udd-dod *m*.

obedient *a.* ufudd.

obedientiary *n.* dyletswyddog(-ion) *m*.

obediently *adv.* yn ufudd.

obeisance *n.* **1.** *A: & Lit:* (= *bow):* moesymgrymiad(-au) *m*; **to make [an] ~ (to s.o.),** moesymgrymu, gostwng yn eich garrau (i rn). **2.** *(= homage):* gwrogaeth *f*; **to make ~,** talu gwrogaeth, gwrogi.

obeisant *a.* ufudd, gwasaidd.

obeliscal *a.* obelisgol.

obelisk *n.* **1.** *Archeol:* |obelisg (obelisgau) *m*. **2.** *Typ:* bernod(-au) *m*, bidog(-au) *mf*, croes(-au) hir(-ion) *f*.

obelize *v.t. Typ:* bernodi (rth), dynodi (rhth) â bernod.

obelus *n.* |obelws (|obeli) *m*, bernod(-au) *m*.

obese *a.* tew(-ion) [iawn], rhy dew, corffol, gordew(-ion), corffog.

obesely *adv.* yn [rhy] dew.

obeseness *n.* = **obesity.**

obesity *n.* tewder *m*, tewdra *m*, gordewdra *m*, gordewder *m*, corffogrwydd *m*.

obey *v.i.&t.* **1.** *v.i.* ufuddh|au. **2.** *v.t.* **to ~ s.o.,** ufuddhau i rn.

obeyer *n.* ufuddhäwr (ufuddhawyr) *m*.

obfuscate *v.t.* *(= darken):* tywyllu, cymylu; *(= confuse):* moedro, mwydro, drysu; *(= stupefy):* syfrdanu, hurtio.

obfuscation *n.* tywylliad *m*, cymyliad *m*; *vn.* = **obfuscate.**

obfuscatory *a.* tywyllol, cymylol; *(= confusing):* dryslyd; *(= stupefying):* syfrdanol.

obi[1] *n.* *(= sorcerer):* dewin(-iaid) *m*.

obi[2] *n. Cost:* obi (obïau) *mf*.

obit *n.* **1.** *(service):* gwasanaeth(-au) (*m*) coffa, coffadwriaeth (-au) *f*, coffâd *m*. **2.** *(= obituary notice):* ysgrif (*f*) goffa (ysgrifau coffa), llith (*mf*) coffa/goffa (llithoedd coffa).

obiter dictum *n.* sylw(-adau) (*m*) wrth fynd heibio.

obituarist *n.* coffäwr (coffawyr) *m*, coffäwraig *f*.

obituary *n. & attrib.* **1.** *n.* ysgrif (*f*) goffa (ysgrifau coffa), llith (*mf*) coffa/goffa (llithoedd coffa); *(list):* rhestr (*f*) goffa (rhestri coffa). **2.** *attrib.* coffa, er cof, coffäol, coffadwriaethol; **the ~ column,** colofn (*f*) y marwolaethau.

object[1] *n.* **1.** *(a)* peth(-au) *m*, *Lit:* gwrthrych(-au) *m*; **found ~,** peth a gafwyd, peth y cafwyd hyd iddo, gwrthrych hapgael; *(b)* **an ~ of/for pity,** testun (*m*) tosturi; **an ~ of ridicule,** testun sbort, testun hwyl, cyff (*m*) gwawd, *N:* pricsiwn *m*; **she is the ~ of my affections,** hi yw gwrthrych fy serchiadau; hi biau fy nghalon; *F:* **(did you ever see) such an ~?** (welsoch chi erioed) y fath beth, y fath olwg? **2.** *(a) (= aim, purpose):* nod *mf*, amcan(-ion) *m*, bwriad(-au) *m*, pwrpas(-au) *m*; **with this ~ [in view],** gan anelu at y nod hwn, gyda hyn mewn golwg; **she went there with the sole ~ of seeing him,** aeth yno yn un swydd i'w weld; **what is the ~ of all this?** beth yw diben hyn oll? **there's no ~ in doing that,** ofer gwneud hynny; 'does dim diben gwneud hynny; 'does dim pwynt gwneud hynny; peth di-fudd yw gwneud hynny; *(b)* **money is no ~,** ni waeth am y gost; costied a gostio; na hidiwch/faliwch am y gost; **salary no ~,** ni waeth beth fo'r cyflog; **time is no ~,** ni waeth faint a gymer; **distance no ~,** ni waeth pa mor bell; ni waeth am y pellter. **3.** *Gram:* gwrthrych(-au) *m*. **~-ball** *n. Bill:* pêl (*f*) daro (peli taro), pêl nod. ~ **clause** *n. Gram:* cymal(-au) gwrthrychol *m*. **~-finder** *n. Opt:* lleolwr (lleolwyr) *m*. **~-glass, ~-lens** *n. Opt:* lens (*f*) flaen (lensys blaen), gwrthrychydd(-ion) *m*. ~ **language** *n.* nodiaith (nodieithoedd) *f*. **~-lesson** *n.* *(a) Sch:* gwers (*f*) ddangos (gwersi dangos); *(b) Fig:* **an ~-lesson in how not to drive,** enghraifft dda o sut i beidio â gyrru, gwers ymarferol yn sut i beidio â gyrru. **~-plate, ~-slide** *n.* plât (platiau) (*m*) dal gwrthrych, sleid(-iau) (*mf*) dal gwrthrych, daliwr (dalwyr) (*m*) gwrthrych(-au). ~ **programme** *n. Cmptr:* nod-raglen(-ni) *f*.

object[2] *v.t.&i.* **1.** *v.t.* **to ~ sth to s.o.,** dannod/edliw/lliwied rhth i rn; **it was objected that. . .,** gwnaethpwyd y gwrthwynebiad fod. . .; cafwyd gwrthddadlau fod. . .. **2.** *v.i.* gwrthwynebu; **to ~ to sth,** gwrthwynebu rhth; **to ~ to doing sth,** gwrthod gwneud rhth; **I ~!** 'rwy'n gwrthwynebu! 'rwyf yn erbyn! **I ~ to his doing it,** 'rwy'n gwrthwynebu iddo'i wneud; **do you ~ to my smoking?** a oes wahaniaeth gennych i mi smygu? *F:* **I don't ~ to a glass of wine,** [ni] wnaf i ddim gwrthod gwydraid o win.

objectification *n.* gwrthrycholiad(-au) *m*, gwrthrychiad(-au) *m*; *vn.* = **objectify.**

objectify *v.t.* gwrthrycholi, gwrthrychu.

objection *n.* **1.** gwrthwynebiad(-au) *m*, gwrth-ddadl(-euon) *f*; **to raise an ~,** codi gwrthwynebiad; **to take ~ to sth,** digio wrth rth, gweld bai ar rth; **to make no ~ to sth,** peidio â gwrthwynebu rhth; **if you have no ~,** os nad oes [g]wahaniaeth gennych; **conscientious ~,** gwrthwynebiad cydwybodol, gwrthwynebiad ar sail/dir cydwybod. **2.** *(= obstacle):* rhwystr(-au) *m*; **there's no ~ to your leaving,** 'does dim yn rhwystro i chi fynd; *N: F:* 'does dim yn nadu i chi fynd.

objectionable *a.* **1.** *(= unacceptable):* annerbyniol, anghymeradwy. **2.** *(= disagreeable):* annymunol, atgas, cas; **an idea that is most ~ to me,** syniad sy'n gas iawn gennyf; syniad na dda gennyf mohono; **to use ~ language,** arfer iaith fras, siarad brastod.

objectionably *adv.* yn annerbyniol *&c.*

objectival *a. Gram:* gwrthrychol.

objective *a. & n.* **1.** *a. Phil: Gram:* gwrthrychol. **2.** *n.* *(i) (= aim):* nod(-au) *mf*, amcan(-ion) *m*, bwriad(-au) *m*, pwrpas(-au) *m*; *(ii) Gram:* gwrthrych(-au) *m*; *(b) Opt:* gwrthrychydd(-ion) *m*, gwrthrychiadur(-on) *m*; **oil immersion ~,** gwrthrychiadur mewn olew. ~ **lens** *n. Phot:* lens(-ys) (*f*) gwrthrych. ~ **point** *n.* nod, cyrchnod(-au) *m*.

objectively *adv.* yn wrthrychol.

objectiveness *n.* gwrthrychedd *m*, gwrthrycholdeb *m*.

objectivism *n.* gwrthrychaeth *f*.

objectivist *a. & n.* **1.** *a.* = **objectivistic.** **2.** *n.* gwrthrychydd (gwrthrychwyr) *m*.

objectivistic *a.* gwrthrychyddol.

objectivity *n.* = **objectiveness.**

objectivize *v.t.* gwrthrychu, gwrthrycholi (rhth); troi (rhth) yn wrthrych.
objectless *a.* **1.** diwrthrych, heb wrthrych. **2.** *(= purposeless):* diddiben, dibwrpas, diamcan.
objector *n.* gwrthwynebydd (gwrthwynebwyr) *m.*
objet d'art *n.* peth(-au) cain *m*, ***objet(-s) d'art*** *m.*
objet trouvé *n. Art:* gwrthrych(-au) hapgael *m*, ***objet(-s) trouvé*** *m.*
objurgate *v.t.* ceryddu, dwrdio.
objurgation *n.* cerydd(-on) *m.*
objurgatory *a.* ceryddol, ceryddgar.
oblanceolate *a. Biol:* gwrthwaywffurf, bonfain (bonfeinion).
oblate[1] *n. Ecc:* oblad(-iaid) *m&f.*
oblate[2] *a. Geom:* penfflat.
oblately *adv. Geom:* yn benfflat.
oblation *n. Ecc:* offrwm (offrymau) *m*, offrymiad(-au) *m.*
oblational, oblatory *a.* offrymol.
obligate[1] *v.t.* rhwymo, gorfodi.
obligate[2] *a. Biol:* anorfod, anochel.
obligation *n.* *(a)* rhwymedigaeth(-au) *f*, gorfodaeth *f*, rheidrwydd *m*; **to put/lay s.o. under an ~ to do sth,** gorfodi/rhwymo rhn i wneud rhth, dodi/rhoi rhn dan orfodaeth i wneud rhth; **to be under an ~ to do sth,** gorfod gwneud rhth, bod dan orfod/orfodaeth gwneud rhth *or* i wneud rhth; **I am under no ~ to go there,** 'does dim rhaid imi fynd yno; 'does dim rheidrwydd arnaf fynd yno; **no ~ to buy,** nid oes raid ichwi brynu; *Ecc:* **Feast of O~,** Gŵyl Ddyledus (Gwyliau Dyledus) *f*; **perfect ~,** rhwymedigaeth gyfreithiol; **imperfect ~,** rhwymedigaeth foesol; **statutory ~,** rhwymedigaeth [y]statudol; *(b)* **under an ~ to s.o.,** dyledus i rn, yn nyled rhn, mewn dyled i rn, dan rwymedigaeth i rn; **to lay/put s.o. under an ~,** rhoi rhn yn eich dyled; *(c) Com:* **to meet one's obligations,** cyflawni'ch ymrwymiadau; **without ~,** heb ymrwymiad *(m).*
obligatorily *adv.* yn orfodol.
obligatory *a.* gorfodol.
oblige *v.t.&i.* I. *v.t.* **1.** gorfodi (rhn i wneud rhth); **to be obliged to do sth,** gorfod gwneud rhth; **I was obliged (to obey),** bu'n rhaid imi, gorfu imi (ufuddhau); gorfodwyd fi (i ufuddhau). **2.** *(a)* **to ~ (a friend),** gwn|eud cymwynas *(f)*, gwneud tro da *(m)* (â chyfaill); **you would greatly ~ me by sending me...,** byddwn yn ddiolchgar iawn ped anfonech ataf...; *O:* **~ me by closing the door,** [a] fyddech chi cystal â chau'r drws? **can you ~ me with a light?** [a] gaf i dân os gwelwch yn dda? **he did it to ~ us,** fe'i gwnaeth o ran cymwynas â ni; **in order to ~ you,** er mwyn gwneud cymwynas â chi; **an answer by bearer will ~,** rhodder yr ateb i'r negesydd os gwelwch yn dda; **(anything) to ~,** (unrhyw beth) i helpu, i fod o gymorth, i blesio; **can you ~?** *(= pay):* a fedrwch chi dalu? *P:* **a lady I used to ~,** gwraig y byddwn yn gwneud gwaith tŷ iddi; *(b)* **I am obliged to you,** 'rwyf yn ddiolchgar/ddyledus iawn ichi; **"much obliged",** "diolch yn fawr". II. *v.i.* **to ~ with a song,** cyfrannu cân, cytuno i ganu cân; **will you ~ with a song?** [a] rowch chi gân inni? **he obliged with five pounds,** gwnaeth gyfraniad o bum punt.
obligee *n. Jur:* ymrwymydd(-ion) *m.*
obliger *n.* cymwynaswr (cymwynaswyr) *m*, cymwyn|aswraig (cymwynaswragedd) *f.*
obliging *a.* cymwynasgar, parod [eich cymwynas], caredig.
obligingly *adv.* yn gymwynasgar.
obligingness *n.* cymwynasgarwch *m*, parodrwydd *m.*
obligor *n.* ymrwymwr (ymrwymwyr) *m.*
oblique[1] *a. & n.* **1.** *a. Geom:* ar osgo, arosgo, ar ogwydd, lletraws, ar letraws, gwyrdraws, gogwyddol; **~ angle,** ongl letraws (onglau lletraws) *f*; *Geog:* **~ fault,** ffawt(-iau) *(mf)* ar osgo; **~ projection,** tafluniad(-au) lletraws *m*; **~ reverse pin,** pin(-nau) croes *(m)* ar osgo; **~ section,** toriad(-au) lletraws *m*, toriad ar osgo; **~ view,** darlun(-iau) lletraws *m*, golwg letraws (golygon lletraws) *f*; *(b) (= indirect):* anuniongyrchol *(pronounced* ng-g), anunion, trof|aus; *(c) Gram:* **~ case,** cyflwr (cyflyrau) traws *m*; **~ oration, ~ speech,** araith anunion/anuniongyrchol *f*; **~ relative clause,** cymal(-au) perthynol afrywiog *m*; *(d) Mus:* **~ motion,** symud lletraws *m.* **2.** *n. Typ:* lletraws(-au) *m.*
oblique[2] *v.i. Mil:* gogwyddo, trawsio.
obliquely *adv.* **1.** ar osgo, ar ochr, ar letraws. **2.** *(= indirectly):* yn anuniongyrchol *(pronounced* ng-g) *&c.*
obliqueness *n.* **1.** *Geom: &c:* lletrawsedd *m*, gogwydd *m.* **2.** *(of hint &c):* anuniongyrchedd *m (pronounced* ng-g).
obliquitous *a.* **= perverse.**
obliquity *n.* **= obliqueness.**
obliterate *v.t.* dil|eu, difodi.
obliteration *n.* dilead(-au) *m*, dil|eu *vn*, difodi *vn.*
obliterative *a.* difodol, dileol.
oblivion *n.* angof *m*, ebargofiant *m*; **to sink/fall into ~,** mynd yn angof, mynd i ebargofiant, mynd dros gof.
oblivious *a.* anystyriol, anymwybodol, heb gymryd sylw **(of sth,** o rth); heb sylwi (ar rth), heb gofio (am rth).
obliviously *adv.* yn anystyriol.
obliviousness *n.* anymwybod *m*, anystyriaeth *f* **(to sth,** o rth); diffyg *(m)* sylw (i rth).
obliviscence *n.* anghofuster *m*, anghofrwydd *m.*
oblong *a. & n.* **1.** *a.* hirsgwar, hirgul(-ion). **2.** *n.* oblong(-au) *m*, hirsgwar(-au) *m.*
obloquy *n.* **1.** *(= calumny):* difenwad *m*, difenwi *vn*, anair (aneiriau) *m.* **2.** *(= shame):* gwarth *m*, cywilydd *m*, gwaradwydd *m*, gwarthrudd *m*; **to cover s.o. with ~, to hold s.o. up to ~,** difenwi/gwaradwyddo rhn, codi cywilydd ar rn, *F:* codi godre rhn; **to come in for ~,** dod o dan y lach, dod o dan yr ordd; **he came in for some ~,** bu cryn ladd arno.
obnoxious *a.* cas, atgas, gwrthun, ffiaidd, annymunol.
obnoxiously *adv.* yn gas *&c.*
obnoxiousness *n.* ffi|eidd-dra *m*, ffi|eidd-dod *m.*
obnubilate *v.t.*, **obnubilation** *n.* cymylu, tywyllu.
oboe *n. Mus:* obo(-au) *m.*
oboist *n. Mus:* oböydd(-ion, obowyr) *m.*
obol *n. Num:* obol(-au) *m.*
obovate *a. Biol:* gwrthwyffurf.
obovoid *a. Bot:* wyffurf.
obscene *a.* anllad, anweddus, afledneis, serth, *N: F:* bras; **~ language,** iaith anweddus *f*, brastod *m*, *N. W: occ:* araith *f*; *Jur:* **~ libel,** enllib anllad *m.*
obscenely *adv.* yn anllad *&c.*
obsceneness, obscenity *n.* anlladrwydd *m*, anweddustra *m*, anwedduster *m*, afledneisrwydd *m*, serthedd *m*; **to shout obscenities,** gweiddi geiriau anweddus.
obscurant *n. & a.* **1.** *n.* **= obscurantist. 2.** *a.* tywyllfrydig.
obscurantism *n.* tywyllfrydigrwydd *m*, tywyllfrydedd *m*, obsgwrantiaeth *f*, gwrtholeuaeth *f.*
obscurantist *n. & attrib.* **1.** *n.* tywyllfrydwr (tywyllfrydwyr) *m*, obsgwrantydd(-ion) *m*, obsgwrantiad (obsgwrantiaid) *m&f*, gwrtholeuwr (gwrtholeuwyr) *m.* **2.** *attrib.* tywyllfrydig, obsgwrantaidd, gwrtholeuol.
obscuration *n.* tywyllu *vn*; *Ph: &c:* amguddiad(-au) *m.*
obscure[1] *a.* **1.** *(= dark):* tywyll, aneglur; *Ph:* **~ rays,** pelydrau anweledig; *Phon:* **~ vowel,** llafariad dywyll *f.* **2.** *(book):* tywyll, astrus, aneglur, dyrys, *occ:* caddugol. **3. (a man) of ~ origins,** (dyn) o dras anhysbys; **an ~ author** *(i) (little-known):* awdur anadnabyddus; *(ii) (abstruse):* awdur astrus/dyrys/tywyll; **~ poetry,** barddoniaeth dywyll, canu *(vn)* tywyll; **~ poets,** *F:* beirdd tywyll, *occ:* beirdd y niwl.
obscure[2] *v.t.* **1.** tywyllu, cuddio; **to ~ sth from s.o.'s view,** cuddio rhth rhag rhn; *S.a.* **issue**[1] **5. 2. to ~ sth,** *(= surpass, eclipse):* taflu/bwrw rhth i'r cysgod, rhagori ar rth.
obscurely *adv.* yn aneglur *&c.*
obscureness, obscurity *n.* **1.** *(of night):* tywyllwch *m.* **2.** *(of text):* astrusi *m*, tywyllwch, dyryswch *m*, aneglurder *m.* **3. to live in ~,** byw mewn dinodedd *(m)*, byw'n ddisylw/ddinod, byw o olwg y byd.
obsecrate *v.t.* **= beseech.**
obsecration *n.* ymbiliad(-au) *m*, erfyniad(-au) *m*, deisyf *vn*, deisyfiad(-au) *m*, ymbil *vn*, erfyn *vn*, ymhŵedd *vn.*
obsequial *a.* angladdol, arwyl[i]ol.
obsequies *n.pl.* angladd(-au) *mf*, *Lit: occ:* arwyl(-ion) *f*, arwyliant (arwyliannau) *m*; *S.a.* **funeral.**
obsequious *a.* gwasaidd, *Pej:* cynffongar *(pronounced* ng-g), cynffonllyd.
obsequiously *adv.* yn wasaidd *&c*, *occ:* yn llaes.
obsequiousness *n.* gwas|eidd-dra *m*, *Pej:* cynffongarwch *m (pronounced* ng-g).
obsequy *n.usu.pl.* **= obsequies.**
observable *a.* **1. ~ feast,** gŵyl *(f)* i'w chadw (gwyliau i'w cadw), gŵyl orfodol (gwyliau gorfodol). **2.** *(= visible):* gweladwy, i'w

weld, canfyddadwy; *Ph: &c:* arsylladwy. **3.** *(= remarkable):* hynod, gwerth sylw.
observably *adv.* yn weladwy.
observance *n.* **1.** *(of feast, law):* cadwraeth *f*, cadw *vn.* **2.** *(= rule, rite):* defod(-au) *f*, rheol(-au) *f*, arfer(-ion) *mf.*
observant *a. & n.* **1.** *a. (a) (of rule &c):* cofus, gofalus (o reol); ffyddlon, ufudd (i reol); defodol, deddfol; *O:* **he's ~ of his duty,** mae'n gwn|eud ei ddyletswydd yn ddefodol; mae'n un deddfol/cydwybodol iawn yngh|ylch ei ddyletswydd; *F:* mae'n gweld ei waith; *(b) (= keen-sighted):* craff, s|ylwgar, llygatgraff, llygadog; **an ~ man,** dyn a'i lygaid yn ei ben. **2. O~,** *n. Ecc:* Cadwrydd(-ion) *m.*
Observantines *n.pl. Ecc:* Cadwryddion.
observantly *adv.* yn graff *&c.*
observation *n.* **1.** *(= watching):* gwyliadwriaeth *f*, gwylio *vn*, sylw *m*, sylwi *vn*; *(in tech. senses):* arsylliad(-au) *m*, arsylwad(-au) *m*, arsylw(-adau) *m*; **to keep s.o. under ~,** cadw rhn dan wyliadwriaeth/sylw, cadw gwyliadwriaeth ar rn, cadw llygad/golwg ar rn; **to escape ~,** osg|oi sylw, osgoi cael eich gweld; **participant ~,** sylwadaeth *(f)* o'r tu mewn; **non-participant ~,** sylwadaeth allanol; **powers of ~,** sylwgarwch *m*, craffter *m*, gallu *(m)* i sylwi; *Astr: Surv: &c:* arsylliad, arsylwad; **to take an ~,** gwn|eud arsylliad; **visual ~,** arsylwad golygol, *F:* gweld, edrych. **2.** *(= remark):* sylw(-adau) *m*; **to make observations on sth,** gwneud sylwadau ar rth. **3.** *Econ:* **[statistical] ~,** mesuriad(-au) *m*; **grouping of observations,** dosbarthu mesuriadau. **~ car** *n. Rail:* car (ceir) *(m)* arsyllu. **~ order** *n.* gorchymyn (gorchmynion) *(m)* arsylliad. **~ post** *n. Mil:* gwylfa (gwylf|eydd) *f.* **~ ward** *n. Med:* ward *(f)* wyliadwriaeth (wardiau gwyliadwriaeth).
observational *a.* sylwadol, gwyliadol, arsylliadol, arsylwadol.
observatory *n.* arsyllfa (arsyllf|eydd) *f*, gwylfa (gwylf|eydd) *f.*
observe *v.t.* **1.** *(law, feast):* cadw; **to ~ an order,** ufuddh|au i orchymyn, cadw/dilyn gorchymyn; **to ~ silence,** tewi, cadw'n ddistaw. **2.** *(= gaze):* syllu (ar rth), gwylio (rhth); *Astr: &c:* arsyllu (rhth, ar rth). **3.** *(= notice):* gweld (rhth), sylwi (ar rth), arsylwi (ar rth), nodi (rhth); *Rel:* **to ~ omens,** edrych argoelion. **4.** *(= say):* gwn|eud sylw (o rth), dweud (rhth); **I observed to him that...,** dywedais/soniais wrtho fod...; **"a fine morning", he observed,** "bore braf", meddai yntau; **it is fair to ~ that...,** mae'n deg nodi/dweud bod....
observed *a.* gweledig, a welwyd, y sylwyd arno/arni *&c*; *Lit:* **the ~ of all observers,** sylw'r sylwedyddion oll.
observer *n.* gwyliwr (gwylwyr) *m*, g|wylwraig (gwylwragedd) *f*, sylwedydd(-ion) *m*, *occ: (in tech. senses):* gwyliadwr (gwyliadwyr) *m*, arsyllydd: arsyllwr (arsyllwyr) *m*, ars|yllwraig (arsyllwragedd) *f.*
observingly *adv.* yn graff.
obsess *v.t.* meddiannu, llenwi, obsesu.
obsessed *a.* obsesedig, ag obsesiwn **(with sth,** â rhth); **to be ~ with sth,** gwirioni/penwirioni (ar rth, â rhth), *N:* mopio'ch pen, drysu'ch pen, moedro'ch/mwydro'ch pen (â rhth), *S:* dwli'n lân (ar rth); **he's ~ with it,** 'does ganddo ddim byd arall ar ei feddwl; mae'n llawn o'r peth; mae'r peth yn obsesiwn ganddo.
obsession *n.* obsesiwn (obsesiynau) *m.*
obsessional, obsessive *a.* obsesiynol.
obsessively *adv.* yn obsesiynol.
obsidian *n. Miner:* obsidian *m*, gwydrfaen *m*; **~ dating** *vn. Archeol:* dyddio dull obsidian.
obsolescence *n.* darfodiad *m*, darfodedigrwydd *m*, darfodoldeb *m*; **built-in ~,** darfodiad bwriadus.
obsolescent *a.* darfodol, darfodadwy, yn darfod [amdano], yn dod i ben, yn mynd o fod, ar ddarfod [amdano], yn darfod â bod, yn mynd o fodolaeth, ar ddiwedd ei [h]oes, diflannol.
obsolete *a.* darfodedig, anarferedig, hynafol, palledig, wedi hen ddarfod, wedi darfod amdano/amdani/amdanynt, wedi mynd o arfer, wedi ei [d]disodli, wedi mynd o fod, wedi darfod â bod; *Biol:* diflannol, darfodedig; **to become ~,** darfod amdano/amdani, diflannu [o ddefnydd], mynd o arfer; **it's been rendered ~ by a new model,** fe'i disodlwyd gan fodel newydd.
obsoletely *adv.* yn anarferedig *&c.*
obsoleteness *n.* darfodedigrwydd *m*, darfodoldeb *m.*
obstacle *n.* rhwystr(-au) *m*, maen (meini) *(m)* rhwystr, carreg *(f)* rwystr (cerrig rhwystr), *N. W: occ:* cocyn *(m)* rhwystr. **~-race** *n.* ras *(f)* rwystrau (rasys rhwystrau).
obstetric[al] *a.* obstetrig.
obstetrically *adv.* yn obstetrig.
obstetrician *n.* obstetrydd(-ion) *m.*
obstetrics *n.pl.* obstetreg *f.*
obstinacy *n.* ystyfnigrwydd *m*, cyndynrwydd *m*, pengaledwch *m*, pengaledrwydd *m (both pronounced* ng-g), penstiffni *m*, penstiffrwydd *m*, gwarsythni *m*, *occ:* cildynrwydd *m*, gwargaledwch *m*, pencieiddiwch *m*, *N. W: occ: F:* stiwprwydd *m.*
obstinate *a.* ystyfnig, cyndyn, pengaled *(pronounced* ng-g), penstiff, penciaidd, *occ:* gwargaled, gwarsyth, cildyn, *F:* mulaidd, *N: F:* di-ddweud, stiwpid, pinionllyd, *S: F:* stwbwrn; **to become ~, to be ~,** cyndynnu, ystyfnigo, mynd yn bengaled, pencieiddio, *N: F:* stiwpio, *S:* stwbwrnu, stwbwrno.
obstinately *adv.* yn ystyfnig *&c.*
obstinateness *n.* = **obstinacy.**
obstipant *n. Med:* trarhwymwr (trarhwymwyr) *m.*
obstipation *n. Med:* trarhwymedd *n.*
obstreperous *a.* **1.** *(= noisy):* swnllyd, cegog, uchel eich cloch, tyrfus, stwrllyd, *occ:* swniog, yn cadw twrw/reiat; **when I spoke to him he became ~,** pan siaradais ag ef dechreuodd godi stŵr. **2.** *(= unruly):* afreolus, annosbarthus, anystywallt, terfysglyd.
obstreperously *adv.* yn swnllyd *&c.*
obstreperousness *n.* cegogrwydd *m*, twrw *m*, trystiogrwydd *m*, dadwrdd *m*, terfysg *m*, cynnwrf *m.*
obstruct *v.t.* **1.** *(street, pipe):* cau, *occ:* tagu; **to ~ s.o.'s view,** rhwystro rhn rhag gweld, sefyll yng ngolau rhn. **2.** *(= impede):* **to ~ s.o.,** sefyll yn ffordd rhn, mynd ar ffordd rhn, rhwystro rhn, llesteirio rhn, *Lit: occ:* lluddias rhn; *Parl:* **to ~ a bill,** llesteirio mesur; **to ~ (traffic),** rhwystro, atal, llesteirio (trafnidiaeth); **to ~ a police officer,** rhwystro swyddog o'r heddlu.
obstructed *a.* caeëdig; rhwystredig; atal[i]edig.
obstructer *n.* = **obstructor.**
obstructing *a.* = **obstructive.**
obstruction *n.* **1.** *(of street, pipe):* tagfa (tagf|eydd) *f*; *Med:* ataliad(-au) *m*, atalfa (atalf|eydd) *f*; *Jur: occ:* rhwystrad(-au) *m*, rhwystr(-au) *m*, *Lit:* lluddiant *m.* **2.** *(= obstacle):* rhwystr, llestair (llesteiriau) *m.*
obstructionism *n. Pol:* rhwystradaeth *f.*
obstructionist *n. Pol:* rhwystrwr (rhwystrwyr) *m.*
obstructive *a.* rhwystrol, ataliol, llesteiriol; *Pol:* **~ tactics,** tactegau rhwystro.
obstructively *adv.* yn rhwystrol *&c.*
obstructiveness *n.* rhwystroldeb *m.*
obstructor *n.* rhwystrwr (rhwystrwyr) *m*, ataliwr (atalwyr) *m*, llesteiriwr (llesteirwyr) *m*, lluddiwr (lluddwyr) *m.*
obstruent *a. & n. Med:* **1.** *a.* argaeol. **2.** *n.* argaewr (argaewyr) *m*, ffisig(-au) *(m)* argáu, moddion *(m or pl)* argáu.
obstupefy *v.t.* = **stupefy.**
obtain *v.t.&i.* **1.** *v.t. (a) (= procure):* cael (rhth), *occ.* sicrh|au (rhth), ymorol (am rth); *Ph: &c:* darganfod (rhth); *Jur:* **to ~ by deceit,** cael trwy ddichell; **to ~ by false pretences,** cael trwy haeriad anwir; *(b)* **to ~ sugar from beet,** cael siwgwr o fetys; *(c)* **to ~ first place,** ennill y lle blaenaf. **2.** *v.i.* bodoli, bod mewn grym; **the morals that obtained in Rome,** y moesau a geid yn Rhufain, y moesau a oedd [ohoni] yn Rhufain.
obtainable *a.* ar gael, i'w gael, *occ:* caffaeladwy.
obtainer *n.* caffaelwr (caffaelwyr) *m.*
obtainment, obtention *n.* cael *vn*, caffaeliad *m*, sicrhad *m*, sicrh|au *vn.*
obtect[ed] *a. Ent:* anhuddedig, anhuddol.
obtest *v.t.&i.* **1.** *v.t.* = **adjure. 2.** *v.i.* = **beseech, protest.**
obtestation *n.* = **supplication.**
obtrude *v.t.&i.* **1.** *v.t.* gwthio (rhth) ymlaen *or* yn ei flaen. **2.** *v.i.* ymwthio, eich gwthio'ch hun, tarfu (ar rn).
obtruder *n.* ymwthiwr (ymwthwyr) *m* **(on sth,** i rth), tarfwr (tarfwyr) *m* **(on sth,** ar rth).
obtruncate *v.t. Lit:* torri pen.
obtrusion *n.* ymwthiad(-au) *m*, ymwthio *vn.*
obtrusive *a.* ymwthiol, ymwthgar, sy'n mynnu sylw, sy'n tynnu sylw, goramlwg.
obtrusively *adv.* yn ymwthiol, yn ymwthgar, yn oramlwg.
obtrusiveness *n.* ymwthgarwch *m*, goramlygrwydd *m.*
obtund *v.t. Med:* pylu, dylu, marweiddio.

obtundent *a.* blaenblygol.
obturate *v.t.* cau, selio, plygio.
obturation *n.* **1.** caead(-au) *m*, cau *vn*, selio *vn*. **2.** caead(-au) *m*, plwg (plygiau) *m*, seliwr (selwyr) *m*.
obturator *n.* caead(-au) *m*, argaead(-au) *m*.
obtuse *a.* **1.** *(point):* pŵl, aflym (*f.* aflem, *pl.* aflymion), di-awch, di-fin; *Geom:* **~ angle,** ongl aflem (onglau aflymion) *f*. **2.** *(= stupid):* twp, dwl, pendew(-ion), penbylaidd; **an ~ person,** twpsyn (twps, twpsod) *m*, twpsen(-nod) *f*, penbwl (penbyliaid) *m*, *S:* mwlsyn (mwlsod) *m*. **~-angled** *a.* aflym-onglog.
obtusely *adv.* yn dwp *&c*.
obtuseness, obtusity *n.* **1.** *(of blade &c):* pylni *m*, aflymdra *m*, diffyg *(m)* awch/min. **2.** *(of angle):* aflymdra. **3.** *(= stupidity):* twpdra *m*, dylni *m*, pendewdra *m*, penbylni *m*.
obverse *a. & n.* **1.** *a. (solid):* bonfain. **2.** *n. (of coin):* blaen(-au) *m*, ochr *(f)* flaen (ochrau blaen), wyneb(-au) *(m)* blaen, tu *(m)* blaen (i rth). **3.** *Log: &c:* gwrthdro(-eon) *m*, gwrthwyneb(-au) *m*.
obversely *adv.* yn fonfain *&c*.
obversion *n.* gwrthdroad(-au) *m*, gwrthdr|oi *vn*, cefndroad(-au) *m*.
obvert *v.t. Log:* gwrthdr|oi.
obviate *v.t. (= avoid):* osg|oi; *(= get rid):* cael gwared, cael ymadael (**of sth,** ar/o rth, â rhth), *occ:* gwaredu rhth; **to ~ the need for…,** dil|eu'r angen am….
obviation *n.* = **obviate.**
obvious *a.* amlwg, eglur.
obviously *adv.* yn amlwg *&c*; **he was ~ disappointed,** yr oedd yn amlwg siomedig; yr oedd yn amlwg ei fod yn siomedig; yr oedd yn amlwg wedi ei siomi; yr oedd y siom yn amlwg arno; **~ (I can't go),** wrth gwrs, wrth reswm (ni allaf fynd).
obviousness *n.* amlygrwydd *m*, eglurdeb *m*, eglurder *m*; **the ~ of its ending weakens the play,** mae ei diwedd amlwg yn gwanhau'r ddrama.
obvolute *a.* mewndroëdig.
obvolution *n.* mewndroad(-au) *m*.
obvolutive *a.* mewndröol, mewndroadol.
ocarina *n. Mus:* ocarina(-s) *f*.
Occamism *n. Phil:* Occamiaeth *f*.
Occamist, Occamite *n. Phil:* Occamydd(-ion) *m*.
occasion *n.* **1.** *(= cause):* achos(-ion) *m*, rheswm (rhesymau) *m* (**for sth,** dros rth); lle *m* (i rth); **to give ~ to sth,** achosi rhth, rhoi achos i/dros rth; **I have no ~ for complaint,** nid oes gennyf le i gwyno; nid oes gennyf achos cwyno; **you have no ~ to be alarmed,** 'does dim rheswm ichi ddychryn; **should the ~ arise,** petai achos, petai hynny'n digwydd. **2.** *pl.* **to go about one's lawful occasions,** mynd ynghylch eich perwylion cyfreithlon, ymorol am eich perwylion cyfreithlon. **3.** *(a) (= occurrence, time):* achlysur(-on) *m*, amgylchiad(-au) *m*, adeg(-au) *f*, tro(-eon) *m*; **on the ~ of sth,** ar achlysur rhth, ar adeg rhth; **on one ~,** unwaith, un tro; **on several occasions,** sawl tro, sawl gwaith, ar sawl achlysur, aml dro; **on some occasions,** weithiau, ambell dro, ar rai achlysuron; **on such an ~,** ar adeg/achlysur o'r fath; **on that ~,** yr adeg honno, bryd hynny, y tro hwnnw; **on ~,** weithiau, o dro i dro, ar dro, ambell waith, ambell dro, ar adegau, o bryd i'w gilydd, ar achlysur, yn achlysurol; **as ~ requires,** yn ôl y gofyn, yn ôl yr angen, fel y bo'r gofyn, yn ôl rhaid, fel y bo rhaid; **to rise to the ~,** ymateb i'r gofynion, ymateb i'r achlysur, ymateb i'r amgylchiadau, bod yn deilwng o'r achlysur, bod yn gyfartal â'r gofynion, gwn|eud cyfiawnder â'r dasg; **a play written for the ~,** drama ar gyfer yr achlysur; *Lit:* **how all occasions do inform against me,** mae pob amgylchiad fel pe'n edliw i mi; *(b) (= ceremony):* achlysur, dathliad(-au) *m*. **4.** *(= opportunity):* cyfle(-oedd) *m*; **to take ~ to do sth,** achub/dal ar gyfle i wneud rhth; **if I have ~,** os caf y cyfle, *N.W: F: occ:* os ca' i ffatsh. **5. for/upon s.o.'s ~,** o achos rhn, oblegid rhn.
occasion[2] *v.t.* achosi, peri; **to ~ an opportunity,** rhoi/codi/creu cyfle, esgor ar gyfle.
occasional *a.* **1.** *(a)* **~ verse,** barddoniaeth achlysurol *f*; **~ music,** cerddoriaeth achlysurol *f*; *(b)* **~ table,** *N:* bwrdd (byrddau) bach *m*, *S:* bord fach (bordydd bach) *f*. **2.** ambell + *soft mut.*, ysbeidiol; **an ~ visitor called,** galwai ambell ymwelydd heibio; **~ (showers),** (cawodydd) ysbeidiol, achlysurol, gwasgaredig, o bryd i'w gilydd; *Geog:* **~ stream,** ffrwd (ffrydiau) ysbeidiol *f*; **an ~ (visitor),** (ymwelydd) prin, anaml, achlysurol. **3.** *Phil:* **~ (cause),** (achos) achlysurol, eilradd; *Rel:* **~ offices,** gwasanaethau achlysurol; *Hist:* **O~ Conformity Act,** Deddf *(f)* Cydymffurfiaeth/Cydymffurfio Achlysurol.
occasionalism *n. Phil:* achlysurol[i]aeth *f*.
occasionalist *n. Phil:* achlysurolwr (achlysurolwyr) *m*.
occasionality *n.* achlysuroldeb *m*, ysbeidioldeb *m*.
occasionally *adv.* ambell waith, ambell dro, weithiau, o bryd i'w gilydd, ar dro, bob hyn a hyn, o dro i dro, ar adegau, yn achlysurol, yn ysbeidiol.
Occident (the) *n.* y Gorllewin *m*.
occidental *a. & n.* **1.** *a.* gorllewinol, gorllewinaidd, y Gorllewin. **2.** *n.* gorllewinwr (gorllewinwyr) *m*, gorllew|inwraig (gorllewinwragedd) *f*.
occidentalism *n.* gorllewiniaeth *f*.
occidentalist *n.* gorllewiniaethwr (gorllewiniaethwyr) *m*.
occidentalize *v.t.* gorllewineiddio.
occidentally *adv.* yn orllewinol, yn y Gorllewin.
occipital *a. Anat:* y gwegil, gwegil[i]ol, ocs|ipitol; **~ bone,** asgwrn (esgyrn) *(m)* y gwegil; **~ crest,** gwr|ym *(m)* y gwegil (gwrymiau'r gwegil).
occipitofrontal *a. Anat:* gwegildalcennol.
occipitohyoid *a. Anat:* gwegilhyoidaidd.
occiput *n. Anat:* gwegil(-[i]au) *m*, |ocsipwt (ocsipytau) *m*.
occlude *v.t.* **1.** *(= block):* cau, llenwi, tagu. **2.** *Ch:* achludo. **3.** *Astr:* arguddio, achludo.
occluded *a.* achludedig.
occludent *a.* = **occlusive.**
occlusion *n.* achludiad(-au) *m*, achludo *vn*; *Med:* tagiad *m*, rhwystriad *m*.
occlusive *a.* achludol.
occult[1] *a. & n.* **1.** *a.* goruwchnaturiol, dirgel, cêl, argel, cyfriniol, dirgeledig, oc|wlt; *Med:* cudd, cuddiedig. **2.** *n.* y goruwchnaturiol *m*, yr ocwlt *m*.
occult[2] *v.t.&i.* **1.** *v.t. Astr:* cuddio, argelu, arguddio. **2.** *v.i. Nau: (of light):* diffodd.
occultation *n.* arguddiad(-au) *m*, arguddio *vn*; *Astr:* argeliad(-au) *m*, argelu *vn*.
occulter *n. Astr:* achludwr (achludwyr) *m*.
occulting *a. Nau:* **~ light,** golau diffoddol/achludol.
occultism *n.* ocwltiaeth *f*.
occultist *n.* ocwltydd(-ion, ocwltwyr) *m*.
occupancy *n.* deiliadaeth(-au) *f*.
occupant *n.* **1.** *Jur:* deiliad (deiliaid) *m*, deiliades(-au) *f*; *(of house):* tenant(-iaid) *m*, preswylydd (preswylwyr) *m*, trigiannydd (trigianyddion) *m*; **the occupants of the house,** trigolion y tŷ. **2. the occupants (of the car),** y teithwyr *pl*, y bobl *(f or pl)* (yn y car).
occupation *n.* **1.** *(a) (of house):* anheddiad *m*, meddiannaeth *f*, deiliadaeth *f*, preswylio *vn*, preswyliad *m*; **beneficial ~,** meddiannaeth lesiannol; *Archeol:* **cave ~,** anheddu *(vn)* mewn ogof; **cyclic ~,** anheddu cylchdröol; **multiple ~,** amlbreswyliaeth *f*; **permanent ~,** anheddu parhaol; **seasonal ~,** anheddu tymhorol; **to be in ~ (of a house),** trigo, preswylio (mewn tŷ); *occ:* anheddu tŷ; **a house fit for ~,** tŷ aneddadwy, tŷ y gellir byw ynddo; *(b) (of a country):* goresgyniad(-au) *m*, meddianiad *m*, meddiannaeth (meddianaethau) *f*, meddiannu *vn*, goresgyn *vn*; **an army of ~,** byddin *(f)* y goresgynnwr, byddin oresgynnol/feddiannol *f*. **2.** *(a)* **to give s.o. ~,** rhoi rhth i'w wn|eud i rn; *(b) (= work):* gwaith *m*, swydd(-au,-i) *f*, galwedigaeth(-au) *f*; **primary ~,** galwedigaeth elfennol; **secondary ~,** galwedigaeth eilradd; **tertiary ~,** galwedigaeth ychwanegol. **~ bridge** *n.* pont breifat (pontydd preifat) *f*. **~ franchise** *n.* etholfraint ddeiliadol (etholfreintiau deiliadol) *f*. **~ number** *n. Mth:* rhif(-au) *(m)* meddiannaeth.
occupational *a.* galwedigaethol; **an ~ hazard,** un o beryglon y gwaith, perygl galwedigaethol; **~ health,** iechyd galwedigaethol *m*; **~ culture,** diwylliant *(m)* galwedigaeth; **~ disease,** clefyd(-au) galwedigaethol *m*; **~ mobility,** mudoledd galwedigaethol *m*; **~ pension,** pensiwn galwedigaethol *m*; **~ structure,** adeiledd galwedigaethol *m*; **~ therapy,** th|erapi galwedigaethol *m*, therapi gwaith; **~ therapist,** therapydd(-ion) galwedigaethol *m*.
occupied *a.* **1.** *(house):* cyfannedd. **2.** *(country):* goresgynedig,

dan oresgyniad, meddianedig. **3.** *(= busy):* prysur; **~ with sth,** prysur gyda rhth; **~ by sth,** wedi ymgolli yn rhth.

occupier *n.* **1.** *Jur:* deiliad (deiliaid) *m*, deiliades(-au) *f*, tenant(-iaid) *m*, preswylydd: preswyliwr (preswylwyr) *m*, meddiannydd: meddiannwr (meddianwyr) *m*, trigiannydd: trigiannwr (trigianwyr) *m*; **owner-~,** perchennog (perch[e]nogion) preswyl *m*, perchen-breswyliwr (~-breswylwyr) *m*, perchen-feddiannwr (~-feddianwyr) *m*, perchenddeiliad (perchenddeiliaid) *m*; **notice to the ~,** rhybudd i'r sawl sy'n dal yr eiddo. **2.** *Mil: (of country):* goresgynnwr (goresgynwyr) *m*.

occupy *v.t.* **1.** *(a) (= live in a house):* byw, *Lit:* trigo, preswylio (mewn tŷ); *Jur:* anheddu (tŷ); *(b) (a job):* llenwi; *(c) Mil: &c (= take over):* meddiannu, goresgyn, cipio, cyfeddiannu. **2.** *(a space):* llenwi, cymryd; **it occupies half the floor space,** mae'n llenwi hanner yr ystafell; mae'n mynd â hanner y lle; **to ~ the attention of s.o.,** mynd â sylw rhn; **is this seat occupied?** a yw'r sedd hon yn rhydd/wag? a oes rhn yn y sedd hon? **to ~ one's time (doing sth),** eich difyrru'ch hun â rhth, llenwi'ch amser (yn gwneud rhth); **to ~ oneself,** eich diddori'ch/difyrru'ch hun. **3.** *(= keep busy):* **to ~ s.o., to keep s.o. occupied,** rhoi gwaith i'w wneud i rn, llenwi amser rhn; **to be occupied doing sth,** bod yn brysur yn gwneud rhth, bod wrthi'n gwneud rhth.

occupying *a. Mil:* cyfeddiannol, goresgynnol.

occur *v.i.* **1.** *(of event):* digwydd, bod, dod (*not* cymryd lle); **should the case ~,** petai hynny'n digwydd, pe deuai achos, pe ceid achos; **if another opportunity occurs,** os daw/bydd/ceir cyfle arall; **this seldom occurs,** anaml y ceir/digwydd hyn; **don't let it ~ again!** peidied hyn â digwydd eto! paid di (peidiwch chi) â gadael i hyn ddigwydd eto! **2. the word occurs twice in the letter,** fe ddigwydd/geir/welir y gair hwn ddwywaith yn y llythyr. **3. it occurs to me that...,** mae'n fy nharo i fod...; **the idea occurred to me,** daeth y syniad i'm meddwl; trawodd y syniad yn fy mhen; **didn't it ~ to you to ask?** wnaethoch chi ddim meddwl gofyn?

occurrence *n.* **1. to be of frequent ~,** digwydd yn aml. **2.** *(= event):* digwyddiad(-au) *m*.

ocean *n.* môr (moroedd) *m*, *occ:* cefnfor(-oedd) *m*, *Lit: occ:* eigion(-au) *m*; *Sa.* **Atlantic, German, Indian, Pacific. ~ floor** *n.* gwely(*m*)'r môr. **~-going** *a.* cefnforol, hir-hynt, i/yn hwylio'r cefnfor. **~ greyhound** *n.* milgi (milgwn) (*m*) môr. **~ lane** *n.* llwybr(-au) (*m*) môr.

oceanarium *n.* pwll (pyllau) (*m*) heli.

oceanaut *n.* môr-deithiwr (~-deithwyr) *m*.

Oceania *Pr.n. Geog:* Ynysoedd (*pl*) y De.

Oceanian *a. & n.* **1.** *a.* o Ynysoedd y De. **2.** *n.* Ynyswr (Ynyswyr) (*m*) y De, Yn|yswraig (Ynyswragedd) (*f*) y De.

oceanic *a.* cefnforol.

Oceanid *n. Gr.Myth:* Eigiones(-au) *f*.

oceanographer *n.* eigionegwr: eigionegydd (eigionegwyr) *m*.

oceanographic[al] *a.* eigionegol.

oceanography *n.* eigioneg *f*, cefnforeg *f*.

ocellar *a. Z:* llygedynnol.

ocellate[d] *a. Z:* llygedynnog, [y]smotiog, ceiniogog, lloerennog.

ocellation *n.* llygad (llygaid) syml *m*, llygedyn(-nau) *m*.

ocellus *n.* **1.** *(= simple eye):* oselws (oseli) *m*, llygad (llygaid) syml *m*. **2.** *(= spot):* [y]smotyn ([y]smotiau) *m*, *occ:* lloeren(-ni,-nau) *f*, lloeran(-au) *f*.

ocelot *n. Z:* |oselot (oselotiaid) *m*.

och *int.* och!

oche *n. Games:* rhicyn (rhiciau) *m*.

ochlocracy *n.* torflywodraeth *f*.

ochlocrat *n.* torflywodraethwr (torflywodraethwyr) *m*.

ochlocratic *a.* torflywodraethol.

ochlocratically *adv.* yn dorflywodraethol.

ochone *int.* gwae! ochôn!

ochre *n. & attrib.* **1.** *n.* ocr(-au) *m*. **2.** *attrib.* ocr, ocraidd, melynaidd.

ochre[2] *v.t.* ocru (rhth), lliwio (rhth) ag ocr.

ochrea *n.* = **ocrea.**

ochreous, ochrous, ochry *a.* ocr, ocraidd, melyn (*f.* melen, *pl.* melynion).

ochroid *a.* ocraidd, melynaidd.

ocotillo *n. Bot:* ocotilo(-au) *m*.

ocrea *n. Bot: Z:* gwain (gweiniau) *f*.

ocreate *a. Bot: Z:* gweiniog.

octachord *n. Mus:* wythgord(-iau) *m*.

octad *n.* wythawd (wythodau) *f*, wyth(-au) *m*.

octadic *a.* wythodol.

octagon *n. Geom:* |octagon (octagonau) *m*, wythongl(-au) *f*.

octagonal *a.* wythonglog.

octagonally *adv.* yn wythonglog.

octahedral *a.* wythochrog.

octahedrite *n.* = **anatase.**

octahedron *n.* wythochr(-au) *f*, octahedron(-au) *m*.

octal *a.* wythol.

octamerous *a.* wythran, wythrannol.

octameter *n. Pros:* [mesur] wythban *m*.

octan *a. Med:* wythnosol.

octane *n. Ch:* octan (octanau) *m*. **~ number/rating** *n.* rhif(-au) (*m*) octan.

octangular *a.* wythonglog.

octant *n.* octant (octannau) *m*.

octantal *a.* wythrannol.

octarchy *n. Hist:* **1.** *(= government by 8):* wythlywodraeth(-au) *f*. **2.** *(= 8 countries):* wythwlad *f*.

octastyle *n. Arch:* |octastyl (octastyliau) *m*.

Octateuch *n. B:* yr Wythlyfr *m*.

octaval *a.* wythfedol.

octavalent *a. Ch:* wythf|alensi, wythfalent.

octave *n.* **1.** *Ecc:* wythnoswyl(-iau) *f*, wython(-au) *mf*, wyth niwrnod *m*, wythaid (wytheidiau) *m*. **2.** *Pros:* wythawd(-au, wythodau) *f*. **3.** *Mus:* wythfed(-au) *m*; **consecutive octaves,** wythfedau dilynol; **exposed octaves,** wythfedau noeth; **hidden octaves,** wythfedau cudd. **~ coupler** *n.* cyplydd (*m*) wythfed (cyplyddion wythfedau).

octavo *a. & n.* **1.** *a.* wythblyg. **2.** *n.* llyfr(-au) wythblyg *m*.

octennial *a.* wythmlynyddol.

octennially *adv.* bob wyth mlynedd.

octet, octette *n.* wythawd(-au, wythodau) *f*.

octillion *n. Mth:* octiliwn (octiliynau) *mf*.

octillionth *a. & n.* **1.** *a.* octiliynfed. **2.** *n.* octiliynfed(-au) *mf*.

October *n.* Hydref(-au) *m*; **in ~,** ym mis Hydref.

Octobrist *n. Pol: Hist:* Hydrefwr (Hydrefwyr) *m*.

octocentenary, octocentennial *n.* wythganmlwyddiant (wythganmlwyddiannau) *m*.

octodecimo *a. & n.* **1.** *a.* deunawplyg *m*. **2.** *n.* llyfr(-au) deunawplyg *m*.

octogenarian *a. & n.* **1.** *a.* pedwar-ugeinmlwydd [oed]; **the ~ John Jones,** John Jones bedwar ugain oed. **2.** *n.* rhn (rhai) pedwar-ugeinmlwydd [oed], rhn yn ei wyth degau.

octonarius *n. Pros:* [mesur] wythban *m*.

octonary *a. & n.* **1.** *a.* wythol, wythrifol. **2.** *n.* wythawd(-au, wythodau) *f*.

octoploid *a. & n. Biol:* **1.** *a.* |octoploid. **2.** *n.* |octoploid (octoploidiaid) *m*.

octopod *n. Z:* wythdroed(-iaid) *m*.

octopus *n. Z:* wythdroed(-iaid) *m*, |octopws (octopysau) *m*; **common ~,** *(Octopus vulgaris):* octopws cyffredin; **curled ~,** *(Eledone cirrhosa):* octopws crych; **long-legged ~,** *(O. macropus):* octopws heglog.

octoroon *n. Ethn:* octorŵn (octorwniaid) *m&f*.

octosyllabic *a. & n.* **1.** *a.* wythsill, wythsillafog. **2.** *n.* mesur wythsill/wythsillafog *m*, llinell(-au) wythsill/wythsillafog *f*.

octosyllable **1.** *See prec.* **2.** *(word):* gair (geiriau) wythsill *m*.

octroi *n. Fr.Hist:* toll(-au) *f*.

octuple[1] *a. & n.* wythblyg, wyth gwaith (*f*) cymaint.

octuple[2] *v.t.&i.* wythblygu.

octuplet *n.* wythbled(-au,-i) *m&f*, un o wyth gefaill.

ocular *a. & n.* **1.** *a.* golygol, llygadol, llygeidiol; *(= visible):* gweladwy; **~ demonstration,** prawf gweladwy *m*. **2.** *n. Opt:* sylladur(-on) *m*.

ocularly *adv.* â'r llygad, â'r llygaid; yn weladwy, yn weledol.

oculate *a.* = **ocellate.**

oculist *n.* **1.** meddyg(-on) (*m*) llygaid. **2.** = **optician.**

oculomotor *n.* llygatsymudol.

oculo-nasal *a.* trwyn a llygaid, llygad-drwynol.

oculus *n.* llygad (llygaid) *m*.

od *n.* = **odyl[e].**

odalisque *n.* gordderch(-au,-adon) *f*.

odd *a.* **1.** *(a) Mth:* od, anwastad; ~ **number,** odrif(-au) *m*; *Cmptr:* ~ **parity,** odbaredd *m*; ~**-parity check,** prawf (profion) (*m*) odbaredd; *(b)* **a hundred ~ sheep,** rhyw gant o ddefaid; **you can have the ~ three half pence,** fe gewch y geiniog a dimai sydd dros ben; **the ~ man out,** yr eithriad *f*, y dyn heb fod fel pawb arall, y dyn od, yr un dyn bach ar ôl, yr un dyn dros ben; **~ day,** *(of leap year):* diwrnod naid; *Cards:* ~ **trick,** tric dros ben; **sixty thousand ~,** ychydig dros drigain mil, tua thrigain mil, rhyw drigain mil; **sixty ~ thousand,** rhwng trigain mil a deng mil a thrigain. **2.** *(a)* ~ **stockings,** hosanau anghymharus, hosanau annhebyg i'w gilydd, hosanau o bob pâr; **you're wearing ~ stockings!** 'rwyt ti'n gwisgo hosan o bob pâr! **(an) ~ (stocking/glove/shoe),** (hosan/maneg/esgid) heb bartneres, *S. W: occ:* heb whâr; **an ~ glove,** maneg weddw; **~ volumes,** *(of a set):* cyfrolau unigol; *(b)* ~ **moments,** munudau hamdden, oriau hamdden; **at ~ times,** ambell dro, ambell waith, o bryd i'w gilydd; **in some ~ corner,** mewn rhyw gornel neu'i gilydd; ~ **jobs,** mân swyddi; ~**-job man,** dyn(-ion) (*m*) gwn|eud popeth, dyn mân swyddi, tasgmon (tasgmyn) *m*, *S. W:* gwas twt *m*, *S: occ:* hobler(-s,-iaid) *m*, *N. W: occ: (on farm):* dyn caled; *Com:* ~ **lots,** *(of goods):* amryfal eitemau. **3.** *(a) Com:* ~ **(size),** (maintioli) anarferol, arbennig, anghyffredin; *(b) (= strange):* rhyfedd, hynod *(comp. forms* hynoted, hynotach, hynotaf); od *(comp. forms* odied, odiach, odiaf); **he's an ~ fish,** un rhyfedd yw ef; creadur od ydyw. ~**-function** *n. Mth:* od-ffwythiant (~-ffwythiannau) *m*.

oddball *n. F: U.S:* rhn (rhai) rhyfedd, creadur(-iaid) rhyfedd/od *m*, *S:* bachan od *m*.

Oddfellow *n.* Odydd(-ion) *m*.

oddish *a.* od braidd, braidd yn rhyfedd, braidd yn od, rhyfedd braidd.

oddity *n.* **1.** *(a) (= oddness):* odrwydd *m*, hynodrwydd *m*, rhyfeddwch *m*; *(b)* **he has some little oddities,** mae ganddo rai hynodion bach rhyfedd/od; mae rhyw bethau rhyfedd/od ynddo. **2.** *(a) (pers.):* rhn (rhai) rhyfedd/hynod *&c*; *(b) (thing):* peth(-au) hynod *m* (*pl. also* hynodion), *Lit:* hynodbeth(-au) *m*.

oddlegs *n.pl. Metalw:* caliprau anghyfartal, caliprau jeni.

oddly *adv.* yn rhyfedd *&c*; ~ **enough,** fel mae hi ryfeddaf, yn rhyfedd ddigon, odiaf/ryfeddaf erioed; **it was ~ moving,** 'roedd yn rhyfedd o wefreiddiol.

oddments *n.pl.* **1.** *Com:* gweddillion. **2.** = **odds and ends;** *See* **odds.**

oddness *n.* **1.** *Mth:* anghyniferedd *m*, odrwydd *m*. **2.** *(= strangeness):* hynodrwydd *m*, odrwydd; *occ: (of pers.):* rhyfeddwch *m*.

odds *n.pl.* **1.** *(a) (= balance of advantage):* ods, ots *pl*; **the ~ are against him succeeding,** annhebyg iawn y bydd yn llwyddo; **even ~,** ods cyfartal; **long ~,** ods hir; **there are long ~ that he will succeed,** mae'n dra thebyg o lwyddo; mae siawns dda iawn y llwydda; **to fight against [great, long] ~,** brwydro yn nannedd anfanteision, brwydro yn erbyn galluoedd cryfach; **we won against all the ~,** enillasom er gwaethaf pob disgwyl/tebygolrwydd; **the ~ are in your favour,** mae pob dim o'th du, mae ffawd (*f*) o'th blaid; mae'r fantais gennyt ti; 'rwyt ti ar dy fantais; *(b) (= difference):* gwahaniaeth(-au) *m*, *F:* ots *m*; **what's the ~?** pa wahaniaeth? *F:* beth yw'r ots? pa ots? **it makes no ~,** nid yw [o] wahaniaeth, *F:* 'does dim ots; **it makes no ~ what you do,** ni waeth beth a wnewch chi; *(c) Turf:* ots: ods *pl*; **to lay/give ~,** rhoi ods; **to take ~,** derbyn ods; **I'll give/lay you any ~,** mi fetiaf iti unrhyw beth; **to pay over the ~,** talu mwy na'r pris arferol, talu mwy na'r disgwyl; **what are the ~,** faint yw'r ods? *Fig:* **the ~ are..., there's an ~-on chance that...,** y tebyg yw fod...; mwy na thebyg fod...; *(d) Sp:* **to give s.o. ~,** ildio mantais i rn. **2. to be at ~ with s.o.,** anghytuno â rhn, bod yn benben â rhn, bod yn groes i rn; bod yn anghytûn â rhn. **3.** ~ **and ends,** manion, manion bethau, hyn a'r llall, gweddillion, petheuach, tameidiach, tameidiau, trugareddau, *S:* trangwls, tranglwns *(both pronounced* ng-g), capasgleddau. ~**-on** *a.* mwy na thebyg, tra thebygol. ~**-pinnate** *a. Bot:* odbinnog.

oddside *a. Metalw:* ~ **pattern,** patrwm (*m*) ochr od.

ode *n. Lit:* awdl(-au) *f*, cerdd(-i) *f*, *occ:* odlig(-au) *f*; *W. Pros: (in strict metre):* awdl; *(in free metre):* pryddest(-au) *f*; **the Odes of Solomon,** Caniadau Solomon.

odeum *n. Gr. Ant:* cerddfa(-oedd, cerddf|eydd) *f*.

odic *a. Lit:* awdlaidd.

odious *a.* atgas, cas, ffiaidd, gwrthun, gwarthus, anghynnes.

odiously *adv.* yn atgas *&c*.

odiousness *n.* atgasrwydd *m*, ffieiddrwydd *m*, ffi|eidd-dod *m*, gwarthusrwydd *m*.

odium *n.* atgasedd *m*, casineb *m*, cas *m*, gwaradwydd *m*; ~ **theologicum,** cynnen ddiwinyddol *f*.

odograph *n.* **1.** = **odometer. 2.** = **pedometer.**

odometer *n.* odomedr(-au) *m*.

odometry *n.* odometreg *f*.

odontalgia *n.* = **toothache.**

odontalgic *a.* danoddol.

odontoblast *n. Anat:* od|ontoblast (odontoblastau) *m*.

odontoblastic *a. Anat:* odontoblastig.

odontoglossum *n. Bot:* tegeirian(-au) danheddog *m*.

odontograph *n. E:* od|ontograff (odontograffau) *m*.

odontographic *a.* odontograffig.

odontography *n.* odontograffeg *f*.

odontoid *a.* danheddol, deintffurf; ~ **process,** cnepyn (cnapiau) deintffurf *m*.

odontological *a.* deintyddol, daneddegol.

odontologist *n.* = **dentist.**

odontology *n.* danheddeg *f*, deintyddiaeth *f*.

odontophoral *a. Z:* odontofforol.

odontophore *n. Moll:* od|ontoffor (odontofforau) *m*.

odontophorous *a.* odontofforol.

odontorhynchous *a. Orn:* danheddbig.

odoriferous *a.* pêr, peraidd, pereiddiol, peraroglus, persawrus, arogleuber, arogleuog, aroglber, aroglus.

odoriferously *adv.* yn bêr *&c*.

odoriferousness *n.* per|eidd-dra *m*, pereiddiwch *m*.

odorous *a.* = **odoriferous.**

odour *n.* **1.** aroglau (arogleuon) *m*, oglau (ogleuon) *m*, sawr: sawyr *m*, *S:* gwynt(-oedd) *m*; *the bogus form* arogl(-au) *m is found in the literary language only.* **2.** *Fig:* **in good ~ with s.o.,** yn ffafr rhn; **she's in bad ~ with them,** mae hi wedi pechu yn eu herbyn hwy; **he died in the ~ of sanctity,** bu farw ym mher|eidd-dra (*m*) sancteiddrwydd.

odourless *a.* diaroglau, heb aroglau, diarogl.

odyl[e] *n.* odyl *m*.

Odyssey *n.* **1.** *Lit:* Yr Odyseia *f*. **2.** *(= wanderings):* crwydradau *pl*, hynt(-iau,-oedd) *f*.

oea *n. See* **bean.**

oecology *n.* = **ecology.**

oecumenical *a.* = **ecumenical.**

oecumenicity, oecumenism *n.* ec[i]wmeniaeth *f*, ec[i]wmeneiddiwch *m*.

oedema *n.* chwydd(-au) gwyn *m*, m|arwchwydd(-au) *m*, edema(-ta) *m*, dyfrchwydd(-au) *m*, chwyddi *m*.

oedematose, oedematous *a.* chwyddedig, m|arwchwyddol.

Oedipal *a.* |Oidipaidd.

Oedipus *Pr.n.m.* |Oidipos, |Oedipws; *Lit:* ~ **Rex,** Oidipos Frenin. ~ **complex** *n. Psy:* cymhleth (*m*) Oidipos/Oedipws.

oeillade *n.* cilwen(-au) *f*.

oenological *a.* gwinyddol, gwinegol.

oenologist *n.* gwinydd(-ion) *m*, gwinegwr (gwinegwyr) *m*.

oenology *n.* gwinyddiaeth *f*, gwineg *f*.

oenomel *n.* gwinfel *m*.

oenophile, oenophilist *n.* gwingarwr (gwingarwyr) *m*, gwing|arwraig *f (both pronounced* ng-g).

o'er *adv. & prep. Poet:* = **over.**

oersted *n. Ph: Meas:* oersted(-au) *m*.

oesophageal *a.* Anat: sefnigol, esoffagaidd; ~ **groove,** rhigol (*f*) y sefnig/llwnc.

oesophagitis *n. Med:* llid (*m*) y sefnig, llid yr es|offagws.

oesophagus *n. Anat:* sefnig(-au) *fm*, y llwnc *m*, pibell (*f*) fwyd (pibellau bwyd), es|offagws (es|offagi) *m*.

oestradiol *n. Bio-Ch:* estradiol.

oestriol *n. Bio-Ch:* estriol *m*.

oestrogen *n. Bio-Ch:* |estrogen *m*.

oestrogenic *a. Bio-Ch:* estrogenaidd, estrogenig.

oestrone *n. Bio-Ch:* estron *m*.

oestrous *a.* gwresol, a gwres arni *&c*; **an ~ bitch,** gast gynh|aig (geist cynh|aig), gast desach (geist tesach), gast yn cwna; **an ~ sow,** hwch lodig (hychod llodig), hwch yn gofyn baedd; **an ~ mare,** caseg wynad (cesig gwynad), caseg farchus (cesig marchus), caseg yn gofyn stalwyn; **an ~ cow,** buwch derfenydd (buchod terfenydd), buwch wasod (buchod gwasod), buwch yn gofyn tarw; **an ~ sheep,** dafad yn maharenna/rhidio; **~ cycle,** cylchred (*f*) estrws.

oestrum, oestrus[1] *n.* gwres *m* (ar rth), estrws *m.*

oestrus[2] *n. Ent:* = **gadfly.**

oeuvre n. holl waith *m*, holl weithiau *pl.*

of *prep.* **1.** *(is not translated when linking a definite noun and a dependent noun)*; **the end ~ the street,** pen y stryd; **the end ~ a street,** pen stryd; **one end ~ a street,** un pen i stryd; **this side ~ the Alps,** y tu hwn i'r Alpau; **the other side ~ the Severn,** y tu draw i'r Hafren; *contrast:* **a map ~ the world,** map o'r byd; **a branch ~ the tree,** cangen o'r goeden; **an element ~ truth,** elfen o wirionedd; **the map ~ the world that I have,** y map o'r byd sydd gen i; **which leg ~ the chair is loose?** pa goes i'r gadair sy'n rhydd? **a play ~ Shakespeare's,** drama gan Shakespeare, drama o eiddo Shakespeare, un o ddramâu Shakespeare; **the story ~ the life ~ the Prince ~ Wales,** hanes bywyd Tywysog Cymru; **the works ~ Milton,** gweithiau Milton; **the home ~ a friend,** cartref cyfaill. **2.** *(a) (separation):* **south ~ sth,** i'r de o rth; **free ~ sth,** [yn] rhydd o rth *or* oddi wrth rth; **within a mile ~ sth,** o fewn milltir i rth; *U.S:* **five minutes ~ one,** pum munud i un; **in front ~ sth,** o flaen rhth; **upwards ~ sth,** yn uwch na rhth, mwy na rhth; **wide ~ the mark,** ymh|ell ohoni, allan ohoni; **irrespective ~ sth,** ar wahân i rth; **independently ~ sth,** ar wahân i rth, yn annibynnol ar rth; *(b) (i) (origin):* **to buy/get/receive/borrow/hire sth ~ s.o.,** prynu/llogi/cael/derbyn/benthyca/hurio rhth gan rn (*not* oddi wrth rn *and not* o rn); *S.a.* **beg, inquire; I wish you joy ~ it,** pob hwyl i chwi arno *or* gydag ef; *(ii) (cause):* **~ necessity,** o reidrwydd; **to die ~ a wound,** marw o [achos] anaf; *S.a.* **smell**[2], **taste**[2]; *(c)* **~ one's own accord,** ohonoch eich hun, o'ch gwirfodd; **~ course,** wrth gwrs; **~ itself,** *(i) (= in itself):* ar ei ben ei hun; *(ii) (= spontaneously):* ohono'i hun. **3.** *(agency): (a) A:* **beloved ~ all,** hoff gan bawb; *(b)* **it is very kind ~ you,** 'rydych yn garedig iawn; mae'n garedig iawn ar eich rhan. **4.** *(material):* **it's made ~ wood,** mae wedi ei wneud o goed; **~ interest,** diddorol, o ddiddordeb; **~ worth,** gwerthfawr, o werth; **a dish made ~ wood,** dysgl (*f*) bren; **a wall ~ stones,** wal (*f*) gerrig; **a roof ~ slates,** to (*m*) llechi. **5.** *(a) (introducing ind. obj. of verbs):* **to think ~ sth,** meddwl am rth; **to think well ~ sth,** edmygu rhth; **we spoke ~ the war,** soniasom am y rhyfel; **judge ~ my surprise,** meddyliwch faint oedd fy syndod; **I've never heard ~ him,** ni chlywais i erioed [sôn] amdano; *(b) (after adjs.):* **guilty ~ sth,** euog o rth; **I'm sick ~ it,** 'rwyf wedi syrffedu arno; **she's afraid ~ him,** mae arni ei ofn ef; **(it's true) ~ every case,** (mae'n wir) ym mhob achos, am bob achos; **full ~ sth,** llawn rhth, llawn o rth; *(c)* **Doctor ~ Medicine,** Meddyg(-on) *m*; **Doctor ~ Philosophy,** Doethur mewn Athroniaeth; **he's a master ~ his craft,** mae'n feistr ar ei grefft; **Master ~ Arts,** Meistr yn y Celfyddydau; *(d) F:* **well, what ~ it?** wel, beth amdano? beth am hynny? **6.** *(descriptive genitive): (a) (i)* **a man by the name ~ Jones,** dyn o'r enw Jones; **a case ~ measles,** achos o'r frech goch; **the city of Rome,** dinas Rhufain; **the topic ~ education,** pwnc addysg; **the world ~ nature,** byd natur (*not* y byd natur); **the Chain ~ Being,** Cadwyn Bod (*not* y Gadwyn Bod); **your letter ~ the 1st May,** eich llythyr dyddiedig y cyntaf o Fai; **trees ~ my planting,** coed a blannwyd gennyf; **on the point ~ departing,** ar fin ymadael; **people ~ strange appearance,** pobl a golwg ryfedd arnynt, pobl ryfedd yr olwg; **a man ~ note,** gŵr nodedig; **a man ~ unusual height,** dyn o daldra anarferol, dyn anarferol o dal; **a child ~ ten,** plentyn deng mlwydd oed; *U.S:* **his wife ~ twenty years,** ei wraig ers ugain mlynedd; **we ~ the working class,** ni'r werin; *(ii)* **swift ~ foot,** buan/cyflym eich troed, buandroed, chwim; **in days ~ yore,** yn y dyddiau gynt, yn y dyddiau a fu, yn yr hen ddyddiau, ers talwm, 'slawer dydd; **hard ~ hearing,** trwm eich clyw; **hard ~ heart,** caled eich calon, â chalon galed, calongaled (*pronounced* ng-g); *(b)* **a palace ~ a house,** palas o dŷ; **that fool ~ a son ~ mine,** y twpsyn ag yw fy mab, y twpsyn o fab sydd gen i, y twpsyn gan fy mab, y twpsyn hogyn acw; *(c)* **all ~ a sudden,** yn [fwyaf] sydyn, yn sydyn reit, yn ddisymwth, ar ddim, chwipyn, chwap; *F:* **all ~ a tremble,** yn gryndod i gyd, yn crynu trosoch. **7.** *(a) (subjective genitive):* **the love ~ a mother,** cariad mam; *(b) (objective genitive):* **the fear ~ God,** ofn Duw; **hope ~ relief,** gobaith cymorth, gobaith am gymorth. **8.** *(partitive): (a)* **how much ~ it do you want?** faint ohono sydd arnoch ei eisiau? **one half ~ the loaf,** hanner y dorth; **half ~ them,** eu hanner; **a quarter ~ it,** ei chwarter; **two-thirds ~ the book,** deuparth y llyfr, dwy ran o dair o'r llyfr; **to partake ~ sth,** cyfranogi o rth; **two ~ them died,** bu farw dau ohonynt; **the two/three &c ~ them died,** buont farw ill dau/tri &c; **he's one ~ us,** mae'n un ohonom ni; **there were several ~ us,** 'roedd nifer ohonom; **~ the twenty, only one was bad,** o'r ugain, dim ond un oedd yn ddrwg; **he's too much ~ a gentleman,** mae'n ormod o ŵr bonheddig; *(b) (after superlative):* **the best ~ men,** y gorau o ddynion, y gorau o blith dynion; **most ~ all,** yn fwyaf oll, yn bennaf oll, yn anad dim; **best ~ all** *(a) a.* gorau oll; *(b) adv.* orau oll; *(c) (out of):* **he ~ all men,** ef yn anad neb, ef o bawb; **the one thing ~ all others that I want,** yr un peth yn anad dim a ddymunaf; *F:* **~ all the cheek!** dyna ddigywilydd! am ddigywilydd! *(d) (intensive):* **a fool ~ fools,** arch-ffŵl, pen ffŵl, pen ffwlcyn, ffŵl o'r ffyliaid, ffŵl o'r mwyaf; **the virtue ~ all virtues,** y prif rinwedd, y rhinwedd pennaf, y pennaf o'r rhinweddau. **9.** *(possession or dependence): (a)* **the widow ~ a farmer,** gweddw ffermwr, gweddw i ffermwr; **the first ~ the month,** diwrnod cyntaf y mis, calan y mis; **the first ~ June,** y cyntaf o Fehefin, diwrnod cyntaf Mehefin; *(b) (+possessive):* **a friend ~ mine,** un o'm ffrindiau, ffrind i mi; **a friend ~ my mother's,** un o ffrindiau fy mam, ffrind i'm mam; **a relative ~ mine,** perthynas i mi; **that long nose ~ his,** y trwyn hir yna sydd ganddo; **it's no business ~ yours,** nid yw'n fusnes i chi; nid yw'n ddim o'ch busnes chi; 'does a wnelo ddim â chi; **a friend ~ the vicar's,** cyfaill i'r ficer, cyfaill o eiddo'r ficer, un o gyfeillion y ficer; **a picture ~ hers,** llun o'i heiddo hi, llun biau hi; *contrast:* **a picture ~ her,** llun ohoni hi. **10.** *(in temporal phrases): F:* **~ a Sunday,** ddydd Sul, ar ddydd Sul, ar y Sul; **she calls ~ an evening,** bydd hi'n galw gyda'r nos; **~ old, ~ yore,** gynt, ers talwm, ers llawer dydd; **~ late,** yn ddiweddar; **~ late years,** yn y blynyddoedd diweddaraf. **11.** *(= concerning):* am + *soft mut.*, yngh|ylch; **what ~ it?** beth amdano/amdani? **~ mice and men,** ynghylch llygod a dynion; **to speak/talk ~ sth,** sôn am rth.

off *adv., prep., a. & n.* I. *adv.* **1.** *(= away): (a)* draw, *N:* i ffwrdd, *S:* bant; **a house a mile ~,** tŷ milltir/filltir draw *or* i ffwrdd; **to keep s.o. ~,** cadw rhn draw, atal/rhwystro rhn rhag dod; *S.a.* **hold off, keep off**; *(b) (departure):* **to go ~,** mynd, cychwyn, ymadael; **I'm ~ to Cardiff,** 'rwyf i am Gaerdydd; am Gaerdydd â mi; i ffwrdd â fi i Gaerdydd; **(it's getting late) I'm ~,** (mae hi'n mynd yn hwyr) rhaid i mi fynd, rhaid i mi ei throi hi, rhaid i mi ei hel hi, rhaid i mi hel fy nhraed; **I'm ~ to bed,** 'rwy'n mynd am y gwely; *S.a.* **bed**[1]; **be ~!** i ffwrdd â thi (chi)! *S:* bant â thi (chi)! **they're ~!** i ffwrdd â nhw! *S:* bant â nhw! **~ we go!** i ffwrdd â ni! *S:* bant â ni! **to go ~ to sleep,** mynd/syrthio i gysgu; *(c) Nau:* ar y môr; *(d) Th:* oddi ar y llwyfan. **2.** *(a) (removal): Lit:* ymaith, *N:* i ffwrdd, *S:* [i] bant; **to take ~ one's coat,** tynnu'ch côt, diosg eich côt; **to throw sth ~,** taflu/bwrw rhth ymaith; **hats ~!** tynnwch eich hetiau! **to cut s.o.'s head ~,** torri pen rhn; **~ with his head!** torrwch ei ben! ymaith â'i ben! *(on gas, electric equipment &c):* "diffodd"; *I.C.E:* **the ignition is ~,** mae'r tanio wedi ei ddiffodd; **to turn the switch ~,** cau'r switsh; **to turn the tap ~,** cau'r tap; **to turn the fire ~,** diffodd y tân; **to break ~ a conversation,** torri ar sgwrs, rhoi pen ar sgwrs; **to leave ~ work/working,** peidio â gweithio, rhoi'r gorau i weithio; **to cut ~ supplies,** torri cyflenwad, torri ar gyflenwad; **to laugh sth ~,** wfftio rhth gan chwerthin, chwerthin am ben rhth, gwn|eud hwyl o rth, trin rhth yn ysgafn; **to sleep sth ~,** cysgu i gael gwared ar rth; **he slept ~ his hangover,** cysgodd a sobri; **to be ~ with an old love,** torri cysylltiad â hen gariad; *(in restaurant):* **chicken is ~,** 'does dim cyw iâr ar ôl; **to get a daughter ~ [in marriage],** cael gwared ar ferch [mewn priodas], cael gŵr i ferch; **the deal is ~,** ni fydd dim bargen; ni threwir bargen; dyna ben arni; **the concert is ~,** ni chynhelir y cyngerdd; **the wedding's ~,** ni fydd dim priodas; ni fydd y briodas ddim; **(he did it) ~ his own bat,** (gwnaeth y peth) ar ei liwt ei hun, ohono'i hun, o'i ben a'i bastwn ei hun; **to fence ~ a field,** codi ffens o gwmpas cae; amgáu cae â ffens; *(b)* **meat slightly ~,** cig sy'n dechrau mynd yn ddrwg, cig sy'n dechrau troi; *F:* **this beer's ~,** mae'r cwrw 'ma'n ddiflas/ddrwg; **his behaviour's a bit ~,** mae'n ymddwyn braidd yn annymunol; *Fig:* **the gilt is ~ the gingerbread,** daeth awr y dadrithio; *(c)* **to finish ~ a piece of work,** cwblh|au gwaith; **to clear sth ~,** clirio rhth yn llwyr; **to drink sth ~,** llyncu diod ar eich talcen *or* ar ei dalcen; **~ the record,** yn answyddogol, rhyngom ni, yn ddistaw bach; **to kill sth ~,** lladd rhth yn gelain; **to pay s.o. ~,** talu rhn yn llawn; **to sell sth ~,** gwerthu rhth [yn llwyr]. **3. well ~,** cefnog, â digon wrth gefn, da eich byd, â digon o fodd; **he's quite well ~,** *N.W: occ:* mae hi'n daclus arno; **you don't know when you're well ~,** ni wyddoch chi mo'ch geni; **badly ~, poorly ~,** caled eich byd, tlawd eich byd, mewn cyni, mewn tlodi; **he's badly ~,** mae hi'n dlawd/fain/llwm arno; **how are you ~ for sugar?** sut mae hi arnoch chi am siwgwr? **we're badly ~ for books,** mae hi'n dlawd arnom am lyfrau; **he's better ~ (where he is),** mae'n well arno, mae'n well ei fyd (ble y mae); **he's no better ~,** nid yw ddim/damaid elwach; nid yw ar ei ennill o gwbl; **he's worse ~,** mae hi'n waeth arno; mae'n waeth ei fyd. **4.** *adv.phr.* **on and ~, ~ and on,** bod yn ail â pheidio, yn ysbeidiol; **right ~, straight ~,** ar unwaith, yn syth. II. *prep.* **1.** *(a) usu.* oddi ar (rth); **to (fall) ~ sth,** (syrthio, cwympo, disgyn) oddi ar rth; **~ balance,** anghytbwys, an-sad, siglog, sigledig, unochrog; **to throw s.o. ~ [his] balance,** bwrw rhn oddi ar ei echel; **~ the beaten track,** diarffordd, anghysbell, *Lit:* didramwy, *N:* dinad-man, dinab-man; **to chase the cat ~ the flower-bed,** hel y gath oddi ar y gwely blodau; **to take sth [from] ~ a table,** mynd â rhth oddi ar ben bwrdd; **take it ~ him!** dos (ewch) ag ef oddi arno! **to eat ~ silver plate,** bwyta [oddi] ar blât arian; **to take a cover ~ a dish,** codi caead oddi ar ddysgl; **to dine ~ a leg of mutton,** ciniawa ar goes gwedder; **to take sth ~ a price,** gostwng rhywfaint ar bris; **"prices 10 per cent ~!"** "prisiau ddeg y cant yn is!" "pethau'n rhatach o ddeg y cant!" **"twenty pounds ~ the standard price!"** "ugain punt yn llai na'r pris gosod!" *(b)* **a yard ~ me,** *(= away from):* llathen oddi wrthyf; **a street ~ the main road,** *(i) (leading off):* stryd yn arwain o'r ffordd fawr; *(ii) (back street):* stryd [yn] agos i'r ffordd fawr, cilffordd (cilffyrdd) *f*; *Fb:* **a player ~ side,** chwaraewr allan ohoni; *S.a.* **point**[1] 3; *(c) F:* **~ one's food,** yn methu â bwyta, heb awydd bwyd; **I'm ~ smoking,** mi rois y gorau i smocio; **I'm being run ~ my feet with work,** 'rwyf bron methu sefyll gan waith; **to sweep a girl ~ her feet,** ysgubo merch oddi ar ei thraed; *F:* **I'm feeling a bit ~ colour,** nid wyf yn teimlo'n rhy dda; 'rwy'n teimlo braidd yn llegach; *N.W: F:* 'rydw i'n teimo'n gwla/giami braidd; *N.E: F:* 'rydw i'n teimlo braidd yn ddi-âm/fawaidd; **~ the peg clothes,** dillad parod; *U.S: F:* **an ~ colour joke,** jôc goch/anweddus/fras *f*; **an ~ the shoulder (dress),** (gwisg) is na'r ysgwyddau, oddi ar yr ysgwyddau; **I'm ~ that work now,** 'rwyf wedi rhoi'r gorau i'r gwaith yna 'nawr; **(to speak) ~ the cuff,** (siarad) o'r frest, yn fyrfyfyr; **to have time ~ [work],** cael amser rhydd [o'r gwaith]; **~ the point,** amherthnasol; **a day ~,** diwrnod rhydd *m*, diwrnod i'r brenin; **she's ~ sick,** mae hi adre'n wael o'i gwaith; mae hi adref o'i gwaith yn wael; mae hi'n wael adref o'i gwaith; *S:* mae hi gartre'n dost. **2.** *Nau: (a)* **~ the Cape,** gerllaw'r Penrhyn, gyferbyn â'r Penrhyn, ar gyfer y Penrhyn, ger y Penrhyn; *(b)* **to sail ~ the wind,** hwylio rhag y gwynt. III. *a.* **1.** *(a) Aut:* **the ~ side,** yr ochr allan/allanol; *(in Britain):* yr ochr dde *f*, y llaw dde *f*; *(b) Bookb:* **~ side,** y cefn *m*, y tu chwith *m*; **the ~ side of a wall,** yr ochr arall/bellaf *(f)* i wal; *(c) Cr:* hwnt, draw, tu draw, gyferbyn. **2. ~ street,** cilffordd (cilffyrdd) *f*. **3. ~ day,** *(i) (= free day):* diwrnod rhydd, diwrnod i'r brenin; *(ii) (when one is poorly):* diwrnod gwael; **the ~ season,** yr adeg dawel/farwaidd *(f)* o'r flwyddyn. **4. ~ consumption,** *(of drink &c):* yfed oddi allan, yfed gartref. IV. *n.* **1.** *Rac:* cychwyn *m*, cychwyniad(-au) *m*. **2.** *Cr:* yr ochr draw *f*. **~-balance** *a.* anghytbwys, unochrog, ansad, an-sad, siglog, sigledig. **~-beat 1.** *n. Mus:* trawsaceniad *m*, trawsacen *f*. **2.** *(a)* **~-beat rhythm,** rhythm trawsacennog; *(b) F:* anghyffredin, anghonfensiynol, gwreiddiol. **~-break** *n. Cr:* gwyriad(-au) *(m)* draw. **~-centre** *a.* anghanolog, allan ohoni, heb fod ar y canol. **~ chance** *n.* **on the ~ chance,** yn y gobaith, mewn gobaith, ar antur, ar siawns, *occ:* ar dro siawns. **~-cut** *n.* pen *(m)* llif (pennau llifiau), torryn (torion) *m*. **~-drive** *n. Cr:* gyriad(-au) *(m)* draw. **~-glide** *n. Phon:* ôl-lithriad(-au) *m*. **~-key** *a.* allan o gywair, digywair. **~-licence** *n.* **1.** *(licence):* trwydded(-au) allanol *f*, all-drwydded(-au) *f*. **2.** *(place):* siop *(f)* drwyddedig (siopau trwyddedig), *F:* siop ddiodydd (siopau diodydd). **~-line** *a. Cmptr:* all-lein, oddi ar lein; *T.V:* **~-line [video editing],** golygu ar wahân; *Cmptr:* **~-line processing,** prosesu all-lein *m*; **~-load** *v.t.* dadlwytho. **~-peak** *a.* trai, allfrig, tawel, tawelach, llai prysur; **~-peak hours,** oriau trai; **~-peak charge,** tâl cyffredin/arferol *m*. **~-putting** *a.* anhyfryd, annymunol, *N.W:* anghynnes. **~-stage** *a. & adv.* oddi ar y llwyfan, ger-llwyfan. **~-street** *a.* oddi ar y stryd. **~-the-wall** *attrib.* = **crazy, outlandish.** **~-white 1.** *a.* llwydwyn *(f.* llwydwen, *pl.* llwydwynion). **2.** *n.* llwydwyn *m*.

Offa *Pr.n.* **~'s Dyke,** Clawdd *(m)* Offa.

offal *n.* **1.** *(meat):* syrth *m*, offal *m*, *N:* ysgyfaint *pl.* **2.** *Fish:* pysgod rhad *pl.* **3.** *(= rubbish):* [y]sbwriel *m*, sothach *m*. **4.** *(= carrion):* celanedd *pl*, burgyn *m*. **5.** *(= scraps):* gweddillion *pl*, tameidiach *pl*, cigach *m*.

offdrive *v.t. Cr:* gyrru (pêl) draw.

offence *n.* **1.** *(personal):* tramgwydd(-au,-iadau) *m*; **to cause ~ to s.o.,** digio rhn, tramgwyddo rhn, pechu yn erbyn rhn, peri tramgwydd i rn, *occ:* pechu rhn; **to take ~ (at sth),** digio (wrth rth, o achos rhth); cymryd atoch (o achos rhth); **I meant no ~; no ~ meant,** paid (peidiwch) â digio; 'doedd hi ddim yn fwriad gen i dramgwyddo; 'doeddwn i ddim wedi meddwl pechu; **he's quick to take ~,** mae'n hawdd ei bechu/dramgwyddo; mae'n un hawdd ei frifo; mae'n un tramgwyddus iawn; *N:* mi bechwch ar ddim efo fo; mae'n hawdd troi'r drol efo fo; **the best defence is ~,** ymosod yw'r amddiffyn gorau; trech a gais nag a geidw. **2.** *Jur: &c:* tramgwydd; *(in ordinary parlance):* trosedd(-au) *m*, *occ:* camwedd(-au) *m*, drwgweithred(-oedd) *f*; **capital ~,** tramgwydd dihenydd; **civil ~,** tramgwydd sifil; **criminal ~,** tramgwydd troseddol; **matrimonial ~,** tramgwydd priodasol; **to commit an ~,** tramgwyddo, cyflawni tramgwydd; **summary ~,** tramgwydd diannod; **indictable ~,** tramgwydd ditiadwy; **punishable ~,** tramgwydd cosbadwy; **an ~ punishable with imprisonment,** tramgwydd yn dwyn cosb o garchar, tramgwydd carchar.

offenceless *a.* diniwed, didramgwydd.

offend *v.i.&t.* **1.** *v.i.* **to ~ against the law,** torri'r gyfraith, troseddu yn erbyn y gyfraith; **to ~ against the laws of courtesy,** tramgwyddo/troseddu yn erbyn rheolau cwrteisi. **2.** *v.t. (a)* **to ~ s.o.,** digio/tramgwyddo rhn, pechu yn erbyn rhn; **to be offended at/with/by sth,** digio wrth rth, *N: occ:* gwaredu at rth, *S:* pwdu am rth *or* oherwydd rhth; **she's easily offended,** mae'n hawdd ei digio hi; **he was terribly offended,** yr oedd wedi cymryd ato'n arw; yr oedd wedi cael brath ofnadwy; *(b) (of sth):* **to ~ the eye,** dolurio'r/brifo'r llygad; **a word that offends the ear,** gair sy'n merwino'r glust; **it offends our sense of justice,** mae'n tramgwyddo yn erbyn ein syniad o gyfiawnder; *(c) B:* **if thine eye ~ thee,** os dy lygad a'th rwystra.

offendable *a.* tramgwyddus, hawdd eich pechu/tramgwyddo, hawdd pechu yn eich erbyn.

offended *a.* dig, dicllon, wedi digio; **the ~ party,** y sawl a dramgwyddwyd; **~ (he strode away),** (brasgamodd ymaith) yn ddicllon, mewn pwd.

offendedly *adv.* yn ddig.

offender *n.* **1.** *Jur:* tramgwyddwr (tramgwyddwyr) *m*, tramg|wyddwraig *f*, troseddwr (troseddwyr) *m*, tros|eddwraig (troseddwragedd) *f*; **first ~,** cyntaf-dramgwyddwr, tramgwyddwr am y tro cyntaf. **2.** *(in attenuated sense):* pechadur(-iaid) *m*, pechadures(-au) *f*.

offending *a. Jur:* tramgwyddus; *(in attenuated sense):* pechadurus.

offensive *a. & n.* **1.** *a. (a) Mil: &c:* ymosodol; **~ weapon,** arf ymosodol/bygythiol; *(b) (remark &c):* tramgwyddus, tramgwyddol, annymunol, sarh|aus, cas, atgas; *Jur:* **~ trade,** masnach dramgwyddus *f*; *(smell):* ffiaidd, cyfoglyd, drwg, *N.W:* anghynnes, 'sglyfaethus, *S.W:* cas; *(c)* **to be ~ to s.o.,** bod yn gas wrth rn, sarh|au rhn. **2.** *n. Mil:* ymosodiad(-au) *m*, cyrch(-oedd) *m*, ymgyrch(-oedd) *mf*; **a peace ~,** ymgyrch heddwch; **to take the ~,** ymosod, ymgyrchu; **it's time we took the ~,** mae'n bryd i ni ddechrau ymosod.

offensively *adv.* **1.** *Mil: &c:* yn ymosodol. **2.** yn annymunol *&c.*

offensiveness *n.* atgasedd *m*, natur gas/sarh|aus/dramgwyddus *&c f*, annymunoldeb *m*.

offer[1] *n.* cynnig (cynigion) *m*; **~ and acceptance,** cynnig a derbyn; **to make an ~ of sth to s.o.,** cynnig rhth i rn; **to make an ~ for sth,** cynnig am rth, gwneud cynnig am rth; **on ~,** a gynigir, ar gynnig. **~ price** *n. St.Exch:* pris(-iau) *(m)* cynnig.

offer[2] *v.t.&i.* **1.** *v.t. (a)* cynnig; **to ~ sth to s.o., to ~ s.o. sth,** cynnig rhth i rn; **I was offered some wine,** cefais gynnig gwin; cynigiwyd gwin imi; **to ~ [up] some prayers to God,** offrymu gweddïau i Dduw; **to ~ oneself (for a post),** ymgynnig, eich cynnig eich hun (am swydd); **to ~ goods for sale,** cynnig nwyddau ar werth; **a house offered for sale,** tŷ ar werth; **to ~ to do sth,** cynnig gwneud rhth; *(b) (= try):* **to ~ resistance,** ceisio gwrthsefyll; *O:* **he offered to strike me,** cynigiodd fy nharo i; *N: occ:* mi cynigiodd fi; *Th:* **"offers to go",** "yn cynnig mynd". **2.** *v.i.* ymgynnig; **if a good occasion offers,** os daw cyfle da.

offeree *n.* derbyniwr (derbynwyr) (*m*) cynnig.

offerer *n.* = **offeror.**

offering *n. Ecc:* offrwm (offrymau) *m*, *occ:* aberth (ebyrth) *m*; **burnt ~,** poethoffrwm (poethoffrymau) *m*; **freewill ~,** offrwm ewyllysgar, offrwm gwirfodd; **guilt ~,** aberth dros gamwedd; **heave ~,** offrwm dyrchafael, ysgwyddog y dyrchafael; **an ~ made of fire,** aberth tân/tanllyd; **meal ~,** bwyd-offrwm *m*; **~ of first fruits,** offrwm blaenffrwyth; **peace-~,** hedd-aberth (~-ebyrth) *m*, aberth hedd, hedd-offrwm (~-offrymau) *m*, offrwm hedd; **sin-~,** pech-aberth *m*, aberth dros bechod; **thank-~,** diolch-offrwm *m*; **trespass ~,** = **guilt offering**; **wave ~,** offrwm cyhwfan.

offeror *n.* cynigiwr: cynigydd (cynigwyr) *m*.

offertory *n. Ecc:* **1.** *(service):* offrymiad(-au) *m*, offrwm (offrymau) *m*. **2.** *(= collection):* casgliad(-au) *m*, offrwm. **3.** *Mus:* offrymgan(-euon) *f*.

offhand *adv. & a.* **1.** *adv. (a) (= unprepared):* yn ddifyfyr, yn fyrfyfyr; **to speak ~,** siarad o'r frest, siarad yn fyrfyfyr; **~ (I can't say),** ar hyn o bryd, y funud hon (alla' i ddim dweud); **(I couldn't say) ~,** (allwn i ddim dweud) yn y fan a'r lle, ar y funud, ar drawiad, ar un trawiad, heb feddwl, heb ystyried; *(= casually):* yn ddidaro. **2.** *a. (= brusque):* diseremoni, swta, cwta; *(= indifferent):* didaro, dihitio, ffwrdd-â-hi, difater, difraw.

offhanded *a.* = **offhand 2.**

offhandedly *adv.* = **offhand 1.**

offhandedness *n. (a) (= brusqueness):* ffordd ddis|eremoni/swta/gwta, agwedd ddiseremoni *&c*; *(b) (= indifference):* difrawder *m*, difaterwch *m*, dihidrwydd *m*.

office *n.* **1.** *(a) (= act of kindness):* cymwynas(-au) *f*, gwasanaeth (-au) *m*, swydd (*f*) o waith; **a good ~,** cymwynas, cymwynasgarwch *m*, caredigrwydd *m*, tro(-eon) da *m* (**to s.o.,** â rhn); **through the good offices of s.o.,** trwy gymwynasgarwch rhn; **he offered his good offices,** cynigiodd fod yn gymodwr/gyfryngwr; **good offices commission,** comisiwn cymodi/cyfryngu/cyflafareddu; *(b)* **last offices [to the dead],** y defodau olaf. **2.** *(= function):* gwaith *m*, swyddogaeth *f*, swydd *f*, rhan *f*, dyletswydd(-au) *f*; **public offices,** gweinyddiaeth gyhoeddus *f*; **to perform the ~ of secretary,** gweithredu fel ysgrifennydd/ysgrifenyddes, bod yn ysgrifennydd/ysgrifenyddes; **it is my ~ to...,** fy ngwaith/swydd i yw...; *(b) (post):* swydd; **to be in ~, to hold ~,** dal swydd, llenwi swydd; *(of government):* bod mewn grym; **to take ~, to enter into ~,** cymryd swydd, cychwyn ar swydd; *(of government):* dod i rym; **to leave ~,** gadael swydd, ymddiswyddo. **3.** *Ecc:* **~ for the dead,** gwasanaeth (*m*) y meirw; **daily offices,** gwasanaethau beunyddiol; *Hist:* **the Holy O~,** y Swyddogaeth Sanctaidd *f*, y Chwilys *m*. **4.** *(a) (place of work, business):* swyddfa (swyddf|eydd) *f*; **the Home O~,** y Swyddfa Gartref; **the Foreign O~,** y Swyddfa Dramor; **the Welsh O~,** y Swyddfa Gymreig; **the Scottish O~,** Swyddfa'r Alban; **O~ of Fair Trading,** Swyddfa Masnachu Teg; **General Post O~,** Prif Swyddfa Bost; **the Post O~,** Swyddfa'r Post, *F:* y Post *m*; **sub post ~,** llythyrdy (llythyrdai) *m*, *F:* post [bach]; **main post ~,** prif lythyrdy, *F:* post mawr; *(b)* **the offices of a house,** cegin a storf|eydd tŷ; *(of a farm):* tai (*pl*) allan. **~-bearer** *n.* deiliad (*m&f*) swydd (deiliaid swyddi), swyddog(-ion) *m*, swyddoges(-au) *f*. **~-block** *n.* bloc(-iau) (*m*) swyddf|eydd. **~-boy** *n.* gwas (gweision) (*m*) swyddfa. **~ copy** *n.* copi (copïau) (*m*) swyddogol. **~-holder** *n.* swyddog; *S.a.* **office-bearer. ~-holding** *vn.* dal swydd, swydd-ddaliad *m*. **~ hours** *n.pl.* oriau swyddfa. **~-seeker** *n.* chwenychwr (*m*) swydd (chwenychwyr swyddi), chwen|ychwraig (*f*) swydd. **~ supplies** *n.pl.* anghenion swyddfa. **~-worker** *n.* gweithiwr (gweithwyr) (*m*) swyddfa, gw|eithwraig (*f*) swyddfa.

officer *n.* swyddog(-ion) *m*, *occ:* swyddoges(-au) *f*; **an ~ and a gentleman,** gŵr (gwŷr) bonheddig *m*; **police ~,** cwnstabl(-iaid) *m*, heddwas (heddweision) *m*, swyddog o'r heddlu; **excuse me, ~!** esgusodwch fi, cwnstabl! **~ of arms,** herodr(-on) *m*; **~ of the day,** swyddog y dydd; **~ of the Court,** swyddog o'r Llys; *Nau:* **second ~,** ail swyddog, ail is-gapten (~-~-gapteiniaid) *m*, *F:* ail fêt(-s) *m*; *Jur:* **sheriff's ~,** beili (beilïaid) *m*; *Mil:* **pilot ~,** peilot-swyddog(-ion) *m*; **~ in charge,** pennaeth (penaethiaid) *m*, swyddog(-ion) (*m*) â gofal; **prison ~,** swyddog carchar; **regimental ~,** swyddog catrawd; **flight ~,** awyr-swyddog; **flying ~,** swyddog hedfan; **commanding ~,** prif swyddog; **liaison ~,** swyddog cyswllt; **non-commissioned ~,** swyddog heb gomisiwn, swyddog digomisiwn; **probation ~,** swyddog prawf, swyddog profiannaeth; *Pol:* **returning ~,** swyddog etholiad.

officer[2] *v.t. (usu. in p.p.):* **(an army) officered by the upper classes,** (byddin) â swyddogion uchelwrol, dan reolaeth swyddogion uchelwrol.

official *a. & n.* **1.** *a.* swyddogol; **the O~ Petitioner,** y Deisebydd Swyddogol; **the O~ Receiver,** y Derbynnydd Swyddogol; **O~ Referee,** Canolwr Swyddogol; **O~ Secrets Act,** Deddf Cyfrinachau Swyddogol. **2.** *n. (a)* swyddog(-ion) *m*; *(b) Ecc:* offisial *m*.

officialdom *n.* swyddogion *pl*, y byd swyddogol *m*, biwrocratiaeth *f*.

officialese *n.* iaith swyddogol *f*, iaith swyddf|eydd/swyddogion, swyddogeg *f*, *m*, biwrocratiaith *f*, *m*.

officialism *n.* swyddogyddiaeth *f*, biwrocratiaeth *f*.

officially *adv.* yn swyddogol.

officiant *n.* gweinyddwr (gweinyddwyr) *m*.

officiary *a.* swyddogol.

officiate *v.i.* gweinyddu, gweithredu.

officiation *n.* gweinyddiad *m*, gweinyddu *vn*.

officiator *n.* gweinyddwr (gweinyddwyr) *m*.

officinal *a.* meddyginiaethol.

officious *a.* **1.** *(= meddling):* gorselog, swyddoglyd, ymyrgar, busneslyd, busnesgar, ffyslyd, ffwdanus, ffwdanllyd, rhy barod eich cymwynas, gorgymwynasgar, gorfrwdfrydig. **2.** *(= unofficial):* answyddogol, anffurfiol.

officiously *adv.* **1.** yn orselog *&c*. **2.** yn answyddogol.

officiousness *n.* gorselogrwydd *m*, busnesgarwch *m*, gorgymwynasgarwch *m*, ymyrgarwch *m*.

offing *n. Nau:* arfor *m*, cefnfor *m*; **in the ~,** nid nepell, mewn golwg, gerll|aw, yn y cyffiniau; *F:* **I have a job in the ~,** mae gen i olwg am swydd; mae gen i swydd mewn golwg.

offish *a. F:* ffroenuchel, trwynsur, pell, oeraidd; *S.a.* **standoffish.**

offishness *n.* ffroenucheledd *m*, pellter *m*, oerni *m*, oerfelgarwch *m*.

offprint *n.* gwahanlith(-iau,-oedd) *f*, hanlith(-iau,-oedd) *f*.

offscourings *n.pl.* ysgarthion, gwehilion, sorod, carthion, golchion.

offset[1] *n.* **1.** *occ:* = **outset. 2.** *Hort:* blaguryn (blagur) (*m*) bôn, eginyn (egin) (*m*) bôn, [y]sbardun(-au) *m*. **3.** *(= contrast):* gwrthgyferbyniad *m*, cyferbyniad *m*; **to serve as an ~ to s.o.'s beauty,** pwysleisio/dwysáu harddwch rhn. **4.** *(= compensation):* iawn *m*; **as an ~ to my losses,** yn/fel iawn am fy ngholledion. **5.** *(a) Arch:* ysgafell(-au) *f*; *(b) Mec.E: (of pipe &c):* plyg (plygion) *m*, penelin(-oedd) *m*. **6.** *Surv:* sythlin(-au) *f*. **7.** *(a) Typ:* gwrthincio *vn*, offsetio *vn*, atred(-au) *m*; **~ duplicating,** dyblygu offset; **~ litho printing,** argraffu offset litho; *(b) Phot: Engr:* **~ process,** proses(-au) (*mf*) offset; **~ printing,** argraffu offset; **~ print,** printiad(-au) (*m*) offset.

offset[2] *v.t.&i.* **1.** *v.t. (a)* **to ~ a loss,** gwn|eud iawn am golled, gwrthbwyso colled; **to ~ problems,** lleddfu problemau; *(b) Mec.E: (a wheel):* *naillochri; *(a pipe, line &c):* ongli, plygu. **2.** *v.i. (a) Hort: (of plant):* blaguro, egino; *(b) Typ:* gwrthincio, offsetio.

offset[3] *a. Mec.E: (wheel):* naill ochr; *(line):* onglog, penelinog.

offshoot *n.* cangen (canghennau) *f*, blaguryn (blagur) *m*, eginyn (egin) *m*.

offshore *adv. & a. Nau:* **1.** *adv.* ar y môr. **2.** *a. (wind):* o'r tir, o'r lan, alltraeth; *(= far out):* pell o'r lan, ar y môr.

offside *a.* **1.** *Fb: &c:* ochr draw, tu hwnt, ar gam ochr; **to be ~,** camochri. **2.** *Aut:* ar y [llaw] dde, ar yr ochr allan.

offsider *n. F: Austr:* partner(-iaid) *m*, dirprwy(-on) *m*, cynorthwywr (cynorthwywyr) *m*.

offspring *n.* **1.** *Coll:* plant *pl*, disgynyddion *pl*, epil *pl*, hiliogaeth *f*, hil *f*. **2.** *(= child):* plentyn (plant) *m*, disgynnydd (disgynyddion) *m*.

oft *adv. Poet:* = **often; many a time and ~,** mynych, sawl tro, droeon; **~-times** *adv.* = **often.**

often *adv.* yn aml, yn fynych; **how ~?** pa mor aml? [pa] sawl gwaith? pa mor fynych? **oftener,** yn amlach; **as ~ as...,** pob tro y..., *Lit:* cynifer gwaith â...; **as ~ as not, more ~ than not,** gan amlaf, ran amlaf, fynychaf, yn amlach na pheidio, lawn cyn amled â pheidio; **every so ~,** bob hyn a hyn, o bryd i'w gilydd; **once too ~,** unwaith yn ormod, unwaith yn rhy aml.

ogam = **ogham.**

ogdoad *n.* wyth(-au) *m,* wythawd(-au, wythodau) *m.*

ogee *n. Arch:* **~[-moulding],** mo[w]ldin(-au) pigfain *m, ogee(-s) mf,* ojî (ojïau) *mf.* **~ arch** *n.* bwa (bwâu) pigfain *m.*

ogeed *a.* ojïog, igam-ogam.

ogham *n.* [yr wyddor] ogam *f,* arysgrif(-au) *(f)* ogam.

ogival *a.* igam-ogam, ogifol.

ogive *n.* ogif(-au) *m,* asen groes (asennau croes) *f.*

ogle[1] *n.* llygadiad(-au) *m,* cilwen(-au) *f.*

ogle[2] *v.t.&i.* gwn|eud llygaid, *Lit:* cilwenu, *N.W: occ:* gwneud pâr, *S.E: occ:* ymol llygaid (ar rn).

ogler *n.* llygadwr (llygadwyr) *m.*

Ogmore *Pr.n. W.Geog:* **1.** *(river):* [afon] Ogwr Fawr *f.* **2. ~ by Sea,** Aberogwr *f.* **3. ~ Vale,** Cwm *(m)* Ogwr.

ogre *n.* **1.** cawr (cewri) *m.* **2.** *Fig: (= bogy):* bwgan(-od) *m,* cawr *(m)* canibalaidd.

ogreish, ogrish *a.* ffyrnig, llarpgar.

ogress *n.f.* **1.** cawres(-au,-i). **2.** *Fig:* **a real ~,** cenawes, hen arthes, hen 'sguthan, canibales anferth.

Ogwen Falls *Pr.n. W.Geog:* Rhaeadr *(f)* y Benglog.

Ogwen Valley Nant *(fm)* Ffrancon, Dyffryn *(m)* Ogwen.

Ogygian *a.* cynoesol, hynafol.

oh *int.* o!

ohm *n. El.Meas:* ohm(-au) *mf.*

ohmage *n. El.Meas:* ohmedd *m.*

ohmic *a. El.Meas:* ohmig.

ohmmeter *n.* ohm-medr(-au) *m.*

oho *int.* oho!

oidium *n. Bot:* oïdiwm (oïdia) *m.*

oil[1] *n.* **1.** olew(-au,-on) *m, F:* oel(-iau,-ion) *m; Ecc:* **holy ~,** ennaint *m,* olew sanctaidd; *Tchn:* **lubricating ~,** olew iro, oel iro, *F:* oel treuliau; **cod-liver ~,** olew iau/afu penfras; **castor ~,** olew castor; **corn ~,** olew grawn; **lard ~,** oel lard; **fuel ~, crude ~,** olew crai; **heavy ~,** olew trwchus; **lamp ~,** oel lamp, paraffin: p|araffin *m;* **light ~,** olew tenau; **linseed ~,** olew had llin, olew llinad; **maize ~, corn ~,** olew corn/grawn; **olive ~,** olew olewydd, *F: occ:* swît oel; **middle ~,** olew canol; **vegetable ~,** olew llysiau; *F:* **to burn the midnight ~,** llosgi'r gannwyll, gweithio'n hwyr, gweithio hyd oriau mân y bore, *S: occ:* gweithio hyd gefnlle'r nos; **essential ~,** olew naws, naws(-au) *f;* **to pour ~ on troubled waters,** lleddfu/arafu llid, gostegu'r tonnau, tawelu pethau, *B:* datroi llid; **to pour ~ on flames,** porthi fflamau; **to strike ~,** taro ar olew, cael hyd i olew; **painting in oils,** paentiad/peintiad *(m)* olew, paentio/peintio *(vn)* olew. **2.** *F:* **to give s.o. the old ~,** *(= flatter):* gwenieithio i rn, gwerthu sebon/lledod i rn, seboni rhn. **~-bath** *n. Mec.E:* baddon(-au) *(m)* olew. **~-bearing** *a.* oel-gynhyrchiol, olewddwyn, llawn olew; **~-bearing rocks,** creigiau dal olew. **~-beetle** *n. Ent:* chwilen (chwilod) *(f)* olew. **~-bird** *n. Orn:* aderyn (adar) *(m)* olew. **~-bomb** *n.* bom(-iau) *(mf)* olew. **~-burner** *n.* llosgydd(-ion) *(m)* olew. **~-can** *n.* tun(-iau) *(m)* olew, *F:* can(-iau) *(m)* oel; *(with long spout): F:* tebot(-iau) *(m)* oel. **~-colour** *n.* lliw(-iau) *(m)* olew. **~-cooled** *a.* a oerir gan olew, olew-oeredig. **~-duct** *n.* dwythell(-au) *(f)* olew. **~ drum** *n.* drwm (drymiau) *(m)* olew/oel. **~ engine** *n.* motor(-au) *(m)* olew, injan(-s, injeini) *(f)* oel. **~ field** *n.* maes (meysydd) *(m)* olew. **~-fired** *a.* a danir ag olew, olew-daniedig; **~-fired central heating,** gwres canolog llosgi olew. **~-gauge** *n.* deial(-au) *(m)* olew, mesurydd(-ion) *(m)* olew, *F:* cloc(-iau) *(m)* oel. **~-gland** *n.* chwarren (chwarennau) *(f)* olew. **~-groove** *n.* rhigol(-au) *(f)* olew. **~-heater** *n.* twymydd(-ion) *(m)* olew, gwresogydd(-ion) *(m)* olew. **~-heating** *vn.* twymo ag olew. **~-hole** *n.* twll (tyllau) *(m)* iro. **~-immersion objective** *n.* gwrthrychiadur(-on) *(m)* mewn olew. **~-lamp** *n.* lamp *(f)* baraffîn (lampau paraffîn), lamp oel[-lamp]. **~-meal** *n.* blawd *(m)* llinad. **~-merchant** *n.* gwerthwr (gwerthwyr) *(m)* olew. **~-mill** *n.* melin(-au) *(f)* olew. **~-paint** *n.* lliw(-iau) *(m)* olew, paent(-iau) *(m)* olew. **~-painting** *(a) vn. (art):* peintio/paentio ag olew; *(b) n.* paentiad: peintiad(-au) *(m)* olew, llun(-iau) *(m)* olew, darlun(-iau) *(m)* olew; *F:* **she's no ~-painting,** 'does dim byd yn bert ynddi; *N:* 'dydi hi mo'r ddela'. **~-palm** *n.* oel-balmwydden (~-balmwydd) *f.* **~-pan** *n.* padell (pedyll) *(f)* olew/oel, cafn(-au) *(m)* oel. **~-paper** *n.* papur *(m)* olew/oel. **~-plant** *n.* planhigyn (planhigion) *(m)* olew. **~-press** *n.* gwasg (gweisg) *(f)* olew. **~-rig** *n.* llwyfan(-nau) *(mf)* olew. **~-ring** *n. Mec.E:* cylchyn(-nau) *(m)* iro. **~-seed** *n.* had *(pl)* olew/oel. **~-shale** *n.* siâl *(m)* olew/oel. **~-slick** *n.* strimyn(-nau) *(m)* olew/oel, stremp(-iau) *(m)* olew/oel. **~-spring** *n.* ffynnon (ffynhonnau) *(f)* olew. **~ stove** *n.* stôf(-s, stofiau) *(f)* oel/olew. **~-tanker** *n.* tancer(-i) *(mf)* olew. **~-tracks** *n.pl. Mec.E:* llwybrau olew, llwybrau iro. **~-varnish** *n.* farnis(-iau) *(m)* olew. **~ well** *n.* ffynnon (ffynhonnau) *(f)* olew.

oil[2] *v.t.&i.* **1.** *v.t.* *(a)* iro, oelio; *Fig:* **to ~ the wheels,** hwyluso pethau, rhoi olew ar yr olwynion; **to ~ s.o.'s palm,** iro llaw rhn; **to ~ a pool,** *(against mosquitoes):* taenu olew ar bwll. **2.** *v.i. Nau: (of ship):* codi olew, llwytho olew; **to ~ up,** *(with passive force):* mynd yn olew i gyd.

oilcake *n.* cacen *(f)* oel, cacen linad.

oilcan *n.* = **oil-can.**

oilcloth *n.* oelcloth *m, N: F:* olcloth: orcloth *m.*

oiled *a.* **1.** oeliog. **2.** = **drunk.**

oiler *n.* **1.** *(pers.):* oeliwr (oelwyr) *m,* irwr (irwyr) *m.* **2.** = **oil-can, oil-tanker, oil well, oilskins.**

oilily *adv.* yn sebonllyd *&c.*

oiliness *n.* **1.** *(of machine &c):* oeliogrwydd *m; (of food):* braster *m,* blas seim[l]lyd *m,* golwg seim[l]lyd *f.* **2.** *F: (of manner):* sebon *m,* seboneiddiwch *m,* gweniaith *f,* gwenieithusrwydd *m.*

oilman *n.m.* **1.** *Com:* gwerthwr (gwerthwyr) olew. **2.** = **oiler 1.**

oilskin *n. & n.pl.* **1.** *n. Tex:* oelcloth *m,* brethyn oeliog *m.* **2.** *n.pl.* **[suit of] ~,** côt (cotiau) *(f)* oel, dillad *(pl)* oel, siwt(-iau) *(f)* oel.

oilstone *n.* calen(-nau) *(f)* hogi, carreg (cerrig) *(f)* hogi, hôn (honau) *f;* **combination ~,** carreg hogi ddwbl (cerrig hogi dwbl); **ship ~,** carreg hogi gau (cerrig hogi cau).

oily *a.* **1.** *(machine &c):* oeliog, olewaidd, olewog; **~ waste,** oeliach *m.* **2.** *(food):* seimlyd, seimllyd, bras. **3.** *F: (manner):* sebonaidd, sebonllyd, gwenieithus, ffals, oeliog, seimlyd.

ointment *n.* eli (elïau, elïon, elïoedd) *m,* balm *m, Lit:* ennaint (eneiniau) *m;* **zinc ~,** eli sinc, *N.W: occ:* eli'r India; **the fly in the ~,** y drwg yn y caws, *B:* y gwybedyn yn yr ennaint.

oka *n. Meas:* oca (ocâu) *mf.*

okapi *n. Z:* ocapi (ocapïod, ocapïaid) *m.*

okay[1] *int., a. & n. F:* **1.** *int.* iawn! i'r dim! o'r gorau! dyna ni! **2.** *a.* iawn. **3.** *n.* caniatâd *m.*

okay[2] *v.t.* cymeradwyo/amenio (rhth), rhoi'r am|en (i rth).

okey-doke, okey-dokey = **okay**[1].

Oklahoman *a. & n.* **1.** *a.* Oklahomaidd, [o] Oklahoma. **2.** *n.* Oklahomiad (Oklahomiaid) *m&f.*

okra *n. Bot:* ocra (ocrâu) *m.*

okta *n. Meteor: Meas:* wythfed(-au) *mf.*

old *a.* **1.** *(a) (= aged):* hen *(usu. precedes n. + soft mut.) (comp. forms:* hyned, hŷn *(F:* hynach), hynaf, *S:* hened, henach, henaf); oedrannus; **to grow ~,** heneiddio, mynd yn hen/hŷn, tynnu ymlaen, mynd i oed, *S.E:* henu; **he's very ~,** mae mewn gwth o oedran; mae'n oedrannus; mae mewn oed mawr; **a good ~ age,** oedran teg, henaint teg; **a man is as ~ as he feels,** ifanc pob iachus; **an ~ man,** hen ŵr (hen ddynion) *m, Lit:* henwr (henwyr) *m,* hynafgwr (hynafgwyr) *m, Pej:* hen gant *m;* **poor ~ man!** yr hen druan! *N:* yr hen greadur! **an ~ woman,** hen wr|aig (~ wragedd) *f; Prov:* **the ~ man knows, and the young man thinks he knows,** yr hen a ŵyr a'r ifanc a dybia; *Prov:* **there's no fool like an ~ fool,** henach henach, ffolach ffolach; *S.a.* **fool**[1]; *Prov:* **to pay for the ~ and steal the new,** talu'r hen a dwyn y newydd; **an ~ head on young shoulders,** hen ben ar ysgwydd ifanc; *Lit: A:* bryd gŵr, oed gwas; **as ~ as Methuselah, as ~ as the hills,** cyn hyned â phechod, cyn hyned â Methuselah, cyn hyned â'r garreg, mor hen â'r garreg; **an ~ buffer, an ~ fogey,** hen begor(-iaid) *m,* hen greadur(-iaid) *m,* hen gant(-oedd) *m,* hen bererin(-ion) *m;* **as ~ as my tongue and a little older than my teeth,** yr un oed â bawd fy nhroed ac ychydig yn hŷn na'm dannedd; **the child has an ~ face,** mae wyneb henaidd gan y plentyn; mae golwg henaidd ar y plentyn; **a child ~ for his years,** plentyn henaidd/henffel, plentyn hen ffasiwn; **~ and infirm,** hen a musgrell, hen a methedig, henwan; **~ wives' tale,**

chwedl(-au) (*f*) gwrach(-od), coel(-ion) (*f*) gwrach; **~ bachelor,** hen lanc(-iau) *m*; **~ maid,** hen ferch(-ed) *f*; **he's a real ~ maid/woman,** mae'n rêl hen ferch; mae'n hen Siani o ddyn; mae'n rêl Meri Jên; **~ age pension,** pensiwn (*m*) yr hen, pensiwn henoed; **~ age pensioner,** hen bensiynwr (~ bensiynwyr) *m*, hen bensi|ynwraig (~ bensiynwragedd) *f*; **~ people,** hen bobl *f or pl*, henoed *pl*; **~ people's welfare,** lles (*m*) yr hen/henoed; **~ people's home,** cartref(-i) (*m*) hen bobl, cartref henoed; **~ person's pension,** pensiwn hynafgwr; **~ and young,** hen ac ieuanc; **~ age,** henaint *m*, oed mawr *m*, henoed *m*; *Prov:* **~ age does not come alone,** henaint ni ddaw ei hunan; **to die at a good ~ age,** marw mewn gwth o oedran; **make ~ bones,** byw'n hen, byw i fod yn hen, *occ:* gwneud hen ŵr [bach]; **~ and worn,** hendraul; **~ and sad,** hendrist. **2.** (*S.a.* **elder[1] 1, eldest**); *(a)* **how ~ are you?** faint ydi d'oed di ('ch oed chi)? faint/beth yw d'oed/oedran di? ('ch oed/oedran chi)? *occ:* faint wnei di (wnewch chi)? pa mor hen wyt ti (ydych chi)? **I don't know how ~ the church is,** wn i ddim pa mor hen yw'r eglwys; **she's a year ~,** mae hi'n flwydd [oed]; **she's ten years ~,** mae hi'n ddengmlwydd oed; *F:* mae hi'n ddeg oed; **she's ten years older,** mae hi ddeng mlynedd yn hŷn; **a two-year-~ [child],** plentyn dwyflwydd [oed]; **~ enough (to do sth),** mewn oed, yn ddigon hen (i wneud rhth); *(b)* **an ~ hand (at sth),** hen law(-iau) *m*, *F:* giamstar(-s), giamblar(-s) *m* (ar rth); **~ salt,** hen forwr (~ forwyr) *m*, hen longwr (~ longwyr) *m*; *F:* **the ~ Pals' Act,** crefydd (*f*) hen geffylau; *F:* os mêts, mêts. **3.** *(= former):* hen, cyn + *soft mut.*; **~ boy, ~ pupil,** hen ddisgybl(-ion) *m*, cyn-ddisgybl(-ion) *m*; *Pol:* **~ boy network,** rhwydwaith (*m*) cyn-ddisgyblion; **~ girl,** hen ddisgybles(-au) *f*, cyn-ddisgybles(-au) *f*; **the good ~ days,** y dyddiau difyr gynt, yr hen ddyddiau gynt, ers talwm, ers llawer dydd, 'slawer dydd, y dyddiau [braf] [a] fu; **O~ Stone Age,** Hen Oes y Cerrig, yr Hen Oes Garreg; *F:* **it's ~ hat,** mae'n hen ffasiwn; **the ~ guard,** yr hen warchodlu *m*, *Fig:* yr hen do *m*, yr hen genhedlaeth *f*, yr hen griw *m*, yr hen frîd *m*, yr hen ddwylo *pl*, yr hen lawiau *pl*; **in the ~ days,** gynt, ers talwm, ers llawer dydd, 'slawer dydd; **O~ Welsh,** Hen Gymraeg *m*; **~ master,** *Art:* hen gampwaith (~ gampweithiau) *m*; **the O~ World,** yr Hen Fyd, yr Henfyd *m*; **the ~ country,** yr henwlad, yr hen wlad, y famwlad *f*; *Rel:* **O~ Believers,** Hen Gredinwyr; **O~ Catholics,** Hen Gatholigion; **the O~ Testament,** yr Hen Destament *m*; **the O~ Hundredth,** yr Hen Ganfed *f*; **~ England,** Lloegr y dyddiau gynt, Lloegr fel yr oedd, Lloegr fu; **~ Wales,** Cymru fu, Cymru'r oes o'r blaen. **4.** *F: (a)* **any ~ thing,** unrhyw [hen] beth, rhywbeth-rywbeth *m*, rhywbeth a fynnoch; **take any ~ book,** cymerwch unrhyw lyfr; **any ~ how,** rywsut-rywsut; **any ~ rubbish,** unrhyw hen sothach; *(b)* **~ man, ~ fellow, ~ chap, ~ sport, ~ horse, ~ bean, ~ egg, ~ fruit, ~ stick, ~ thing, ~ top** *&c*, yr hen ddyn, yr hen goes, yr hen law, yr hen gyfaill; **~ girl,** yr hen goes; **good ~ Gwyn!** go dda [ti], yr hen Gwyn! chwarae teg i'r hen Gwyn! *P:* **the ~ man,** *(i) (= father):* tada, yr hen ŵr, yr hen ddyn acw, *S:* yr hen foi; *(ii) (= boss):* y gaffar, y pen-dyn; **you ~ rascal!** y gwalch iti! *N:* yr hen genau iti! **the ~ Adam,** yr hen ddyn; **to have a fine/good/high ~ time,** cael hen hwyl, cael hwyl anfarwol, *occ:* cael hwyl a hanner; *P:* **my ~ man,** *(= husband):* y gŵr [acw]; *P:* **my ~ woman,** *(= wife):* y wraig, 'nacw, *S:* hon'co s' 'da fi; **~ lady,** *(= mother):* mam *f*; **~ Harry, ~ Nick,** y diafol *m*, yr hen ddiafol, y cythraul *m*, y gŵr drwg *m*, yr hen was *m*, yr hen fachgen *m*. **5.** **of ~,** *a.phr. & adv.phr.* gynt, ers talwm, ers llawer dydd, 'slawer dydd; **(the knights) of ~,** (marchogion) y dyddiau [a] fu, yr oes o'r blaen; *(b)* **(I know him) of ~,** ('rwy'n ei adnabod) ers tro, ers talwm, ers llawer dydd. **O~ Bailey (the),** *Pr.n.* yr Hen Feili. **~ Chapel** *W.Pl.n.* Capel Banhadlog *m*. **~-clothes-man** *n.* dyn(-ion) (*m*) hen ddillad, dyn r[h]acs; **the ~-clothes-man,** dyn yr hen ddillad, dyn y r[h]acs. **~-established** *a.* hir-sefydlog, hir-sefydledig, yn bod ers tro *&c*. **~ face** *n. Typ:* teip (*m*) wyneb hynafol. **~-fashioned** *a.* hen ffasiwn, henaidd; *(child):* hengall (*pronounced* ng-g), henffel. **~ ground surface** *n. Archeol:* hen arwyneb (*m*) y tir. **~ lady** *n. Ent:* hen wraig (~ wragedd) *f*. **~-line** *a. U.S:* hen ffasiwn, ceidwadol, traddodiadol. **~-maidish** *a.* henferchetaidd, cysetlyd, ffwdanus, ffyslyd. **~ man** *n. Bot:* **1.** = **southernwood. 2. ~ man cactus** *(Cephalocereus senilis):* gwallt (*m*) hen ŵr. **~ man's beard** *n. Bot:* **1.** *(Clematis vitalba):* cudd (*m*) y coed, dringiedydd *m*, barf (*f*) y gŵr hen, coluddion (*pl*) y diawl, hen ŵr (*m*) barf hir. **2.** *(moss):* barf hen ŵr. **O~ Quarry Point** *Pr.n. W.Geog:* Trwyn (*m*) y Parc. **O~ Radnor** *W.Pl.n.* Pencraig *m*. **~ squaw** *n. Orn:* hwyaden gynffon hir (hwyaid cynffon hir) *f*. **~ stager** *n.* hen law(-iau) *mf*, hen stejar(-s) *m*. **~-style** *a.* o'r hen ddull, hen ffasiwn; *(calendar &c):* yn ôl yr hen ddull, yn ôl yr hen gyfrif. **~-time** *a.* hen ffasiwn, yr oes o'r blaen, o'r oes o'r blaen. **~-timer** *n. U.S:* hen ŵr (~ wŷr) *m*, hen begor(-iaid) *m*. **~ wife** *n.* **1.** *Ich:* = **bream (black), menhaden, alewife. 2.** *Orn:* = **old squaw. ~ woman** *n. Bot: (Artemisia argentea):* hen wraig *f*. **~-womanish** *a.* = **old maidish. ~-world, ~-worldly** *a.* hen ffasiwn, o'r oes a fu; **~-worldly manners,** moesau'r oes o'r blaen.

Oldcastle *W.Pl.n.* Yr Hengastell *m* (*pronounced* ng-g).

olden[1] *a. Lit:* **in ~ times,** gynt, ers talwm, ers llawer dydd, 'slawer dydd, ddyddiau [a] fu, yn yr oes o'r blaen, yn oes yr arth a'r blaidd.

olden[2] *v.t.&i.* heneiddio.

oldie *n. F:* hen un (~ rai) *mf*, hen beth(-au) *m*; **the golden oldies,** yr hen ddisgiau aur.

oldish *a.* go hen, braidd yn hen, henaidd.

oldster *n.* hen ŵr (~ wŷr) *m*, hen wr|aig (~ wragedd) *f*; *Coll:* hen bobl *f or pl*, yr henoed *m*.

oleaceous *a. Bot:* olewyddol.

oleaginous *a.* |oel-lyd, oeliog, olewaidd, seimlyd, seimllyd, bras, brasterog.

oleaginousness *n.* = **oiliness.**

oleander *n. Bot:* rhoswydden (rhoswydd) *f*, rhoslawryf(-oedd) *m*. **~ hawkmoth** *n. Ent:* gwalchwyfyn(-od) (*m*) y rhoslawryf.

oleaster *n. Bot:* **1.** *(Colla oleaster):* olewydden wyllt (olewydd gwyllt) *f*. **2.** *(Elaeagnus):* oleaster(-au) *m*.

oleate *n. Ch:* olead(-au) *m*.

olecranon *n. Anat:* ol|ecranon (olecranonau) *m*.

olefin, olefine *n. Ch:* |oleffin (oleffinau) *m*.

olefinic *a. Ch:* oleffinig.

oleic *a.* olëig.

oleiferous *a.* oelgynhyrchol.

olein *n. Ch:* olëin *m*.

oleo *n.* |oleo(-s) *m*.

oleograph *n.* |oleograff (oleograffau) *m*.

oleographic *a.* oleograffig.

oleography *n.* oleograffeg *f*.

oleomargarine *n.* oleom|argarin *m*.

oleometer *n.* oleomedr(-au) *m*.

oleoresin *n.* oleoresin(-au) *m*.

oleum *n. Ch:* olëwm *m*.

olfaction *n. Med:* arogleuad *m*, arogleuo *vn*, synhwyro *vn*.

olfactive, olfactory *a. Med:* arogleuol, arogliadol; **~ lobe,** llabed arogleuol *f*.

olibanum *n.* ol|ibanwm *m*, thus *m*.

oligaemia *n. Med:* prinder (*m*) gwaed, oligemia *m*.

oligaemic *a. Med:* prin o waed, oligemig.

oligarch *n.* |oligarch (oligarchiaid) *m*.

oligarchic[al] *a.* oligarchaidd.

oligarchy *n.* oligarchiaeth(-au) *f*.

oligocarpous *a. Bot:* prinffrwythog.

oligocene *a. Geol:* ol|igosen.

oligochaete *n. Z:* llyng[h]yren (llyngyr) *f*.

oligochaetous *a. Z:* llyng[h]yrol.

oligoclase *n. Miner:* ol|igoclas *m*.

oligocythaemia *n. Path:* oligosythemia *m*.

oligomenorrhoea *n. Med:* mislif prin *m*, oligomenorea *m*.

oligomer *n. Ch:* ol|igomer (oligomerau) *m*.

oligophagous *a.* oligoffagaidd.

oligopoly *n. Com:* olig|opoli (oligopolïau) *m*.

oligotrophic *a.* oligotroffig.

oliguria, oliguresis *n. Path:* oligwria *m*, diffyg (*m*) troeth.

olingo *n. Z:* olingo(-d) *m* (*pronounced* ng-g).

olio *n. Cu:* cymysgedd(-au) *mf*, cymysgwch *m*.

oliphant *n. Lit:* |oliffant *m*.

olivaceous *a.* melynwyrdd (*f.* melynwerdd, *pl.* melynwyrddion), gwyrddfelyn (*f.* gwyrddfelen, *pl.* gwyrddfelynion).

olivary *a. Anat:* hirgrwn (*f.* hirgron, *pl.* hirgrynion).

olive *n. & a.* **1.** *n. (tree):* olewydden (olewydd) *f*; *B: Hist:* **the Mount of Olives,** Mynydd yr Olewydd; **the Garden of Olives,** Gardd yr Olewydd; **spurge ~,** = **mezereon. 2.** *(fruit):* ffrwyth (*m*) yr olewydd (ffrwythau'r olewydd), olif(-au) *f*. **3.** *Cu:* **[meat-]olives,** rholion cig. **4.** *a.* melynwyrdd (*f.* melynwerdd, *pl.*

melynwyrddion), gwyrddfelyn (*f.* gwyrddfelen, *pl.* gwyrddfelynion); *(complexion):* melynfrown, [pryd] tywyll. **~ baboon** *n. Z:* babŵn (babwniaid) melynwyrdd *m.* **~-branch** *n.* cangen (*f*) olewydden (canghennau olewydd). **~ drab, ~-green** *a.* gwyrdd olewydd, lliw olewydd, melynwyrdd, gwyrddfelyn. **~ oil** *n.* olew (*m*) olewydd, *F: occ:* swît-oel *m.*

olivine *n. Geol:* |olifin *m.*

olla podrida *n.* **1.** *Cu:* stiw(-iau) *m*, ola podrida *m.* **2.** *Fig:* cymysgedd(-au) *mf*, cymysgwch *m.*

olm *n. Z:* olm(-od,-iaid) *m.*

Olmec *Pr.n. & attrib. Ethn:* **1.** *Pr.n.* Olmec(-iaid) *m&f.* **2.** *attrib.* Olmecaidd.

ology *n. F:* gwyddor(-au) *f*, oleg(-au) *f.*

oloroso *n.* oloroso(-s) *m.*

Olway *W.Pl.n.* Nant (*f*) Olwy.

Olympiad *n.* Olympiad(-au) *m.*

Olympian *a. & n.* **1.** *a.* Olympaidd. **2.** *n.* Olympiad (Olympiaid) *m&f.*

Olympic *a.* Olympaidd. **~ Games** *n.pl. (a) (in ancient Greece):* Chwaraeon Olympia; *(b) (in modern times):* Chwaraeon Olympaidd, Campau Olympaidd.

Omani *a. & n.* **1.** *a.* Omanaidd, o Oman. **2.** *n.* Omaniad (Omaniaid) *m&f.*

omasum *n. Vet:* y god fach *f*, clwtyn (clytiau) dilladog *m*, omaswm (omasa) *m.*

ombre *n. Cards:* ombr *m.*

ombrology *n.* gwyddor (*f*) glaw, glaweg *f.*

ombrometer *n.* glaw-fesurydd(-ion) *m.*

ombudsman *n.* |ombwdsman (|ombwdsmyn) *m.*

omega *n. Gr.Alph:* |omega (omegâu) *f.*

omegatron *n. Ph:* om|egatron (omegatronau) *m.*

omelette *n.* omled(-au) *mf*, *N.W: occ:* ponco(-s) *m.*

omen¹ *n.* argoel(-ion) *f*, rhagarwydd(-ion) *m*, rhagargoel(-ion) *f*; **a bad ~, an ill ~,** drwgargoel(-ion) *f*; **of ill ~,** drwgargoelus.

omen² *v.t.* argoeli;

-omened *a.* **ill-omened, = ominous.**

omental *a.* yswedol, gwerennol.

omentum *n. Anat:* gweren (*f*) fol, ysweden (yswedod) *f*, bloneg (*m*) y bol.

omer *n. B: Meas:* omer(-au) *m.*

omicron *n. Gr.Alph:* |omicron (omicronau) *f.*

ominous *a. (= ill-omened):* drwgargoelus, anffortunus, anffodus, anlwcus; *(= menacing):* bygythiol.

ominously *adv.* yn fygythiol *&c.*

ominousness *n.* bygythioldeb *m.*

omissable, omissible *a.* hepgoradwy.

omission *n.* **1.** *(= leaving out):* gadael (*vn*) allan, hepgor *vn*, hepgoriad(-au) *m*, gomedd *vn*, gomeddiad(-au) *m*, gadawiad(-au) (*m*) allan, diffyg(-ion) *m*, bwlch (bylchau) *m.* **2.** *(= negligence):* esgeulustod *m*, esgeulusiad *m*, esgeuluso *vn*; **error of ~,** gwall trwy esgeulustod; **sin of ~,** pechod trwy esgeulustod; *Jur:* anwaith *m*; **act or ~,** gweithred neu anwaith; **commission or ~,** camwaith (*m*) neu anwaith. **~ mark** *n. Lib:* nod(-au) (*m*) hepgor.

omissive *a.* esgeulus, esgeulusol.

omit *v.t.* **1.** *(= leave out):* gadael (rhth) allan, hepgor (rhth). **2.** *(= neglect, fail):* anghofio, esgeuluso, peidio, pallu (**to do sth,** gwneud rhth); **not to ~ to do sth,** peidio ag anghofio gwneud rhth, cofio gwneud rhth, ymorol eich bod yn gwneud rhth.

ommateal *a. Z: Anat:* omateaidd.

ommateum *n. Z: Anat:* llygad (llygaid) cyfansawdd *m*, omatëwm (omatea) *m.*

ommatidial *a. Z: Anat:* omatidiol.

ommatidium *n. Z: Anat:* omatidiwm (omatidia) *m.*

ommatophore *n. Moll: Anat:* llygatgoes(-au) *f.*

ommatophorous *a. Moll: Anat:* llygatgoesol.

omnibus *n. & attrib.* **1.** *n.* bỳs (bysiau, bysus) *m*, *Lit: Adm:* bws (bysiau) *m.* **2.** *attrib.* **~ volume,** cyfrol(-au) (*f*) |omnibws.

omnidirectional *a.* i bob cyfeiriad; *T.V:* **~ microphone,** meic(-iau) amgylchol *m.*

omnifarious *a.* amryfal, amryfath, amryddull, o bob math.

omnifariousness *n.* amrywogaeth *f*, amryfathedd *m*, amryfaledd *m.*

omnific *a.* holl-greadigol.

omnipotence *n.* hollalluo[w]grwydd *m.*

omnipotent *a.* hollalluog, *occ:* hollgyfoethog.

omnipotently *adv.* yn hollalluog.

omnipresence *n.* hollbresenoldeb.

omnipresent *a.* hollbresennol, presennol ym mhob man.

omniscience *n.* hollwybodaeth *f*, hollwybodolrwydd *m.*

omniscient *a.* hollwybodus, hollwybodol, yn gwybod popeth, yn gwybod y cwbl/cyfan.

omnisciently *adv.* yn hollwybodus.

omnium gatherum *n.* cybolfa *f.*

omnivore *n.* hollysydd(-ion) *m.*

omnivorous *a.* **1.** hollysol, hollfwytäol, yn bwyta popeth. **2.** *Fig:* **an ~ reader,** darllenwr awchus/anniwall, un sy'n darllen popeth.

omnivorously *adv.* yn hollysol; *(loosely):* yn awchus.

omnivorousness *n.* hollysoldeb *m.*

omophagia *n.* omoffagia *m.*

omophagic *a.* **= omophagous.**

omophagist *n.* omoffagydd(-ion) *m.*

omophagous *a.* omoffagaidd.

omophorion *n. Ecc: Cost:* cwnsallt(-au) *m.*

omphalos *n.* **1. = navel. 2.** *(of wheel):* both(-au) *f*; *(of shield):* both, bogail (bogeiliau) *m.* **~ base** *n. Archeol:* gwaelod(-ion) (*m*) twll bogail.

omphalotomy *n. Surg:* llinyndoriad(-au) *m*, torri (*vn*) llinyn y bogail.

ompok *n. Ich:* ompoc(-iaid) *m.*

on *prep., adv. & a.* I. *prep.* **1.** *(a) usu.* ar (arnaf, arnat, arno/arni, arnom, arnoch, arnynt; *adverbial form:* arnodd); **to tread on sth,** sathru/damsang ar rth; **~ the Continent,** ar y Cyfandir; **is she ~ the phone?** a oes ganddi ffôn? a yw hi ar y ffôn? *(b)* **~ shore,** ar y lan; **~ foot,** ar ddeudroed, ar eich dwydroed; **to go somewhere ~ foot,** cerdded i rywle, mynd ar eich dwydroed, mynd ar ddeudroed, *F:* ei throedio hi; **~ all fours,** ar eich pedwar; **~ all sides,** ar bob tu; **~ horseback,** ar gefn ceffyl; **~ a bicycle,** ar gefn beic; **~ the wing,** ar adain, yn hedfan, hedegog; *(c)* **she's ~ the committee,** mae hi'n aelod o'r pwyllgor; mae hi ar y pwyllgor. **2.** *(a)* **hanging (~ the wall),** yn hongian, ynghrog (ar y pared); **shoes ~ his feet,** esgidiau am ei draed (*not* ar ei draed); **a hat ~ his head,** het am ei ben (*not* ar ei ben); **a crown ~ his head,** coron ar ei ben *(note:* ar *is correct here)*; **he carried a bucket ~ his head,** yr oedd yn cario bwced ar ei ben *(note:* ar *is correct here)*; **have you any cash ~ you?** a oes gen ti arian arnat? **he played it ~ his violin,** fe'i chwaraeodd ar ei ffidil; **~ page four,** ar dudalen pedwar; *(b) (proximity):* **a house ~ the main road,** tŷ ar [fin] y ffordd fawr; *U.S:* **she lives ~ X street,** mae hi'n byw yn stryd X; *(c)* **just ~ a year ago,** ryw flwyddyn yn ôl, tua blwyddyn yn ôl. **3.** *(a)* **~ [to],** i; **(to drift) on ~ the shore,** (drifftio) i'r lan, at y lan; *(b)* **~ the left,** ar y chwith, i'r chwith; *Cr:* **the bowling is ~ the wicket,** mae'r bowlio'n syth; **~ the spot,** yn y fan a'r lle, ar y pryd; **~ this side of sth,** [ar] yr ochr hon i rth; **~ the far side (of sth),** yr ochr draw, y tu draw, y tu hwnt (i rth); *(c)* **to march ~ London,** gorymdeithio, martsio am Lundain, gorymdeithio tua Llundain, cyrchu Llundain; **~ the road,** ar y ffordd, ar gerdded, ar dramp; **to smile ~ s.o.,** gwenu ar rn; **to hit ~ sth,** taro ar rth, *occ:* taro wrth rth; **he drew a knife ~ me,** tynnodd gyllell arnaf; **to walk out ~ s.o.,** mynd a gadael rhn, gadael rhn ar ei domen, gadael rhn ar y clwt; **to die ~ s.o.,** marw dan ddwylo rhn; **to rat ~ a promise,** torri addewid, torri gair; **to rat ~ s.o.,** bradychu rhn, gwerthu rhn; *(= leave in lurch):* gadael rhn ar y clwt; *(d)* **to serve a writ ~ s.o.,** cyflwyno gwŷs i rn; *(e)* **to seize ~ sth,** cydio yn rhth, dal ar rth. **4. based ~ a fact,** seiliedig ar ffaith; **~ a theory,** yn ôl damcaniaeth; **~ this showing. . .,** yn ôl y perfformiad hwn. . .; yn ôl yr olwg hon. . .; **I have it ~ good authority,** fe'i clywais/cefais o le da; **~ account (of sth),** oherwydd, o achos, ar gyfrif (rhth), *F: occ:* ar gownt (rhth); **~ account of it,** o'i herwydd, o'i achos, o'i ran, o'i blegid; **~ a charge of murder,** ar gyhuddiad o lofruddio; **~ pain/penalty of death,** dan boen/gosb marwolaeth; **~ one's own admission,** yn ôl eich cyfaddefiad eich hun, ar eich cyffes eich hun; **~ purpose,** *(a) (= deliberately):* yn fwriadol, o fwriad; *(b) (= especially):* yn un swydd, yn unswydd; **~ [an] average,** ar gyfartaledd, yn ôl yr herwydd; **~ condition that. . .,** ar yr amod bod. . . . **5.** *(a)* **~ Sunday,** [ar] ddydd Sul; **~ Sundays,** ar [y] Suliau; **~ Saturdays,** ddydd Sadyrnau; **~ the following day,** drannoeth; **~ the previous day,** y diwrnod cynt; **~ April 3rd,** [ar] y trydydd o Ebrill; **~ the evening of June 1st,** gyda'r nos ar y cyntaf o Fehefin; *(b)* **~ a fine day like this,** ar ddiwrnod braf fel heddiw; **at six o'clock ~ the dot,** ar ben chwech o'r gloch, am chwech o'r gloch i'r funud; **~ and after the fifteenth,** o'r pymthegfed allan/ymlaen; **~ every hour, ~ the hour,** ar ben pob awr; **~ or about the twelfth,** ar y deuddegfed neu o gwmpas hynny, oddeutu'r deuddegfed; **~ time,** mewn pryd, yn brydlon; *(of clock):* ar amser, yn cadw amser; **~ that occasion,** yr adeg hynny, bryd hynny, y tro hwnnw; **~ the instant,** ar unwaith, yn syth; **~ his majority,** pan ddaeth i oed dyn; **~ my arrival,** pan gyrhaeddais; **~ application,** ar gais; **~ approval,** ar brawf; **~ examination,** ar ôl archwiliad; **~ inquiry,** o holi, ar ôl ymholi; **~ delivery of the letter,** pan geir y llythyr, pan dderbynnir y llythyr, pan ddanfonir y llythyr i'r tŷ, pan ddaw'r llythyr i law; *(c)* **~ my entering the room,** wrth imi fynd i'r ystafell; pan euthum i'r ystafell. **6.** *(with adjs.):* **~ the cheap,** yn rhad; **~ the quiet,** yn ddistaw bach, heb yn wybod i neb; **~ the sly,** yn llechwraidd, yn ddirgel, yn slei bach, *F:* ar y slei. **7. ~ sale,** ar werth; **~ tap,** yn barod i'w dynnu, ar gael; **~ loan,** ar fenthyg; **~ fire,** ar dân, yn llosgi; *Mil:* **~ guard,** yn wyliadwrus, ar eich gwyliadwriaeth; *Mil:* **~ guard!** ar ochel! gwylia dy hun (gwyliwch eich hun)! **~ the move,** yn symud, yn symudol, *occ:* ar gerdded, ar drafael; **~ the run,** ar ffo, ar gil, ar herw; **~ tour,** ar daith; *Th:* **~ the boards,** ar y llwyfan; **~ the same bill,** ar yr un bil; **~ the stage,** ar y llwyfan; **~ the wane,** ar drai; *(moon):* yn ei gwendid, ar ei gwendid, mewn gwendid, ar ei chil; **~ watch,** ar wyliadwriaeth, yn gwylio; **to be ~ one's best behaviour,** ymddwyn orau y gellwch. **8.** *(= concerning):* **a lecture ~ history,** darlith ar hanes; **(an inquiry) ~ sth,** (ymchwiliad) ynghylch rhth, i rth; **to congratulate s.o. ~ his success,** llongyfarch rhn ar ei lwyddiant; *F:* **he's keen (~ cars),** mae'n gwirioni, mae'n dotio, *S:* mae'n dwli, *N:* mae wedi mopio'i ben, mae wedi drysu'i ben, mae wedi mwydro'i ben (ar geir); **I'm set ~ going,** 'rwy'n benderfynol o fynd. **9. ~ business,** ar berwyl, ar fusnes; **~ tour,** ar daith; **~ holiday,** ar wyliau. **10. I had pity ~ her,** 'roedd yn biti/drueni gennyf drosti, tosturiais wrthi, bûm yn drugarog wrthi; **to have pity (~ s.o.),** tosturio, trugarh|au (wrth rn); **an attack ~ s.o.,** ymosodiad ar rn; *F:* **this round [of drinks] is ~ me,** fi sy'n talu am hon; fi biau hon; *F:* **to have one ~ the house,** cael diod am ddim, cael diod ar gorn y dafarn; *U.S: F:* **I have nothing ~ him,** 'does gen i dim yn ei erbyn. **11. many live ~ less than that,** mae llawer un yn byw ar lai na hynny. **12. ~ sth, ~ top of sth,** ar rth, ar ben rhth, am ben rhth; **disaster ~ disaster,** trychineb ar ben trychineb, y naill drychineb ar ben y llall; *Th:* **~ top of 'em,** ar eu pennau nhw. **13.** *Turf:* **money ~ a horse,** arian ar geffyl. II. *adv.* **1.** *(a)* **to put ~ a tablecloth,** rhoi lliain ar fwrdd, hulio bwrdd; **to put the light ~,** rhoi'r golau [ymlaen] (*not* ar, *not* arno), cynnau'r golau, *S:* cynnu'r golau; **to put a kettle ~,** rhoi tecell [i ferwi]; **put the kettle ~ will you?** rho'r/dyro'r tecell wnei di? *Th:* *(of actor):* **to be ~,** bod ar y llwyfan; **you're ~!** *(a) Th:* ti sy' nesa'! *(b) (= I accept):* o'r gorau! 'rwy'n derbyn! **it's just not ~!** amhosib! 'dyw'r peth ddim yn bosib! ddaw hi ddim! **a new theatre is not ~,** ni bydd dim theatr newydd; *(c)* **to put clothes ~,** gwisgo amdanoch, rhoi dillad amdanoch (*not* arnoch, *not* ar, *not* ymlaen), gwisgo dillad; **he had his boots ~,** 'roedd ei esgidiau am ei draed (*not* ar ei draed); **she had her hat ~,** 'roedd ei het am ei phen (*not* ar ei phen); **I had my gloves ~,** 'roedd fy menyg am fy nwylo (*not* ar fy nwylo); **put your coat ~,** rho/dyro dy gôt [amdanat]; **put your cap ~,** rho/dyro dy gap [am dy ben]; **put your gloves ~,** rho/dyro dy fenyg [am dy ddwylo]; **have you enough clothes ~ you?** *(in bed):* oes gen ti ddigon o ddillad arnat/drosot? *(note:* ar *may be correct here)*; **what did he have ~?** beth oedd e'n ei wisgo? beth oedd ganddo amdano? **he had nothing ~,** 'roedd yn noethlymun [groen]; 'doedd ganddo ddim amdano; *S. W:* 'roedd yn borcyn [jac]. **2. to fly ~,** hedfan yn eich blaen, hedfan ymlaen; **to carry ~, to go ~,** mynd yn eich blaen, mynd ymlaen, *Lit:* mynd rhagoch; **go ~!** dos yn dy flaen (ewch yn eich blaen)! ymlaen â thi (chi)! *N:* i ffwrdd â thi (chi)! *S:* bant â thi (chi)! **and so ~,** ac yn y blaen, ac ati [hi], ac felly ymlaen, *N: F:* a ballu (= a rhywbeth felly). **3.** *Nau:* **broadside ~ to sth,** â'r ochr at rth. **4.** *(a)* **later ~,** yn ddiweddarach, gyda hyn, yn nes ymlaen, *N:* toc; **(I'll see you) later ~,** (mi gwela' i di) eto, gyda hyn, *N:* toc; **earlier ~,** yn gynharach, gynnau [fach]; **from that day ~,** o'r dydd hwnnw allan/ymlaen, er y dydd hwnnw, [byth] oddi ar y dydd hwnnw; *S.a.* **now** III; **well ~ in April,** yn hwyr yn Ebrill; **well ~ in years,** mewn gwth o oedran, mewn tipyn o oed; **it's getting ~ for five o'clock,** mae hi'n tynnu am bump o'r gloch; *(b) P:* **to have s.o. ~,** *(= hoax):* herian rhn, tynnu coes rhn; **your're having me ~!** cymryd arnat 'rwyt ti! 'dwyt ti ddim o ddifrif! herian yr wyt ti! *(c)* **to turn ~ a tap,** agor tap, troi tap; **to switch ~,** *(a light, a T.V. set &c):* rhoi, troi (rhth) [i fynd]; *occ:* goleuo, tanio, cychwyn, cynnau, cynnu (rhth); **turn ~ the radio,** rho'r radio [ymlaen, i fynd], tro'r radio [ymlaen] (*not* ar, *not* arno); **the gas/water/current is ~,** mae'r nwy/dŵr/trydan yn rhedeg/llifo; **"On"**, "Agored", "Ymlaen", "Yngh|ynn"; **the strike is still ~,** *(i) (= to go on):* mae'r streic i barh|au; *(ii) (= still in force):* mae'r streic yn parh|au; **the engine was ~,** 'roedd y motor yn troi/mynd; **the brakes are ~,** mae'r breciau wedi cau [yn dyn[n]] (ar rth); **you've got the brake ~,** mae'r brêc gen ti; **the performance is now ~,** mae'r perfformiad wedi dechrau; mae'r perfformiad yn mynd ymlaen; **~ with the show!** yn ei blaen â'r sioe! ymlaen â'r sioe! *(at the theatre &c):* **what's ~?** be' sy' yn y theatr? beth sydd ymlaen? beth maen nhw'n ei ddangos? **I see "Hamlet" is ~ again,** 'rwy'n gweld eu bod nhw'n chwarae "Hamlet" eto; **what's ~ tonight?** ble bydd hi heno? **have you anything ~ this evening?** wyt ti'n brysur heno? oes rhywbeth ar y gweill heno? *N.E: occ:* os gen ti rywbeth ar gêt heno? **5.** *F: (a)* **I'm ~!** mi ddo' i! mi wna' i! **are you ~?** wyt ti'n barod, wyt ti'n cytuno? ddoi di? wnci di? *(b)* **to be ~ to sth,** bod ar drywydd rhth, bod ar ôl rhth, cael gwynt rhth, sylwi/dal ar rth; **they were ~ to him at once,** daethant ar ei ôl ar unwaith; fe welsant beth oedd ganddo yn syth; **(the police are) ~ to him,** (mae'r heddlu) ar ei ôl, ar ei drywydd; *(c)* **I was ~ to him on the telephone today,** 'roeddwn yn siarad ag ef ar y ffôn heddiw; *(d)* **she's always ~ at me,** mae hi yn fy mhen i byth a hefyd; **to go ~ and ~ about sth,** rhygnu/rhefru/rhincian ymlaen ynghylch rhth; **don't go ~ and ~ about it!** gad lonydd i'r peth! rho daw arni! paid â rhygnu ar yr un peth o hyd! **she does go ~ and ~,** 'does dim taw arni; mae hi fel rygar-ryg; **what are you ~ about?** am [ba] beth 'rwyt ti'n sôn? **6. ~ and off,** bob yn ail â pheidio. III. *a. Cr:* de, llaw dde, iawn; **~ side,** ochr dde *f,* llaw dde *f,* iawn ochr, ochr iawn. **~-boards** *a. & adv. Th:* ar lwyfan. **~-cost** *n.* argost(-au) *f.* **~-drive** *n. Cr:* gyriad(-au) *(m)* llaw dde. **~-fall** *n.* ymosodiad(-au) *m.* **~-flow** *n.* llif ymlaen. **~-glide** *n. Ling:* llithriad blaen *m.* **~-going** *a.* cyfredol, sydd ohoni, mewn bod, mewn grym. **~-line** *a.* ar lein, ar linell. **~-licence** *n.* mewndrwydded(-au) *f.* **~-off** *a. (switch):* agor a chau, agor-cau. **~-shore** *a.* o'r môr. **~-stage** *a. & adv.* ar y llwyfan, ar lwyfan; **~-stage off ~,** ar gwr [y] llwyfan. **~-street** *a.* ar y stryd.

onager *n.* **1.** *Z:* onagr(-od) *m,* asyn(-nod) gwyllt *m.* **2.** *A: Mil:* magnel(-au) *f,* onagr(-od) *m.*

onagraceous *a. Bot:* onagraidd.

onanism *n.* onaniaeth.

onanist *n.* onanydd(-ion) *m.*

onanistic *a.* onanaidd.

once *adv.* **1.** *(a)* unwaith, *S. W:* siwrne; **~ a week,** unwaith yr wythnos; **~ more, ~ again,** unwaith eto, unwaith yn rhagor, eilwaith, drach|efn; **~ in a while,** ambell dro, unwaith yn y pedwar amser, bob hyn a hyn, yn awr ac yn y man; **~ I saw her in the park,** un tro fe'i gwelais yn y parc; **~ seen never forgotten,** unwaith sy raid ichi'i [g]weld; mae un olwg yn ddigon; unwaith y'i gwelir, byth nis anghofir; **~ and for all,** unwaith ac am byth; **~ or twice,** unwaith neu ddwy, dro neu ddau; **~ a thief, always a thief,** unwaith yn lleidr, lleidr am/hyd byth; a ddwg yr wy, a ddwg a fo mwy; *Prov:* **~ bitten, twice shy,** cas gan gath y ci a'i bratho; a losgodd ei fysedd a ochel y tân; **for [this, that] ~,** am unwaith, am y tro [hwn, hwnnw], *Lit:* y waith hon/honno; **I've told you ~ and ~ is enough,** unwaith mae dweud; *N. W: occ:* unwaith mae berwi cabaitsh; *(b)* **[if] ~, [when] ~,** unwaith...; **[when] ~ through the wood, we'll be safe,** unwaith y byddwn wedi mynd drwy'r coed, byddwn yn ddiogel; **[if] ~ we lose sight of him...,** unwaith y collwn ni olwg arno...; **~ grasp this fact, and all will be clear,** dim ond ichi ddeall y ffaith hon, fe fydd y cwbl yn eglur. **2.** *(= formerly):* **~ upon a time,** unwaith, un tro, gynt, ers talwm, ers llawer dydd, rywdro, un tro. **3. at ~,** *(a) (= immediately):* ar unwaith, yn syth, yn ddiymaros, yn ddiatreg, *occ:* chwipyn, chwap; **I can't say at ~,** ni allaf ddweud ar ei ben; ni allaf ddweud allan o law; *(b) (= together):* ar unwaith, ar yr un pryd, yn un, gyda'ch gilydd, *occ:* dan un, tan un; **at ~ a food**

and a tonic, bwyd a thonig dan un, bwyd a thonig yn un, bwyd a thonig ar yr un pryd; **he did a great deal at ~,** *(= in one go):* gwnâi lawer ar un tro; **~-over** *n. F:* archwiliad(-au) *m*; **I'll give it the ~-over,** mi wna' i fwrw golwg arno; mi gaf olwg frysiog arno; mi daflaf olwg drosto.

oncer *n. F:* punten: punt (punnoedd) *f*, papur(-au) (*m*) punt.

oncogenic, oncogenous *a. Med:* oncogenig.

oncology *n. Med:* oncoleg *f*.

oncoming *a. & n.* **1.** *a. (a) (traffic):* sy'n dod atoch, sy ar ddod, sy'n dynesu, sy'n dod i'ch cwrdd/cyfarfod/wyneb, dynesol, agosaol, nesaol; *(danger):* enbyd; *P.N:* **~ vehicles in middle of road,** cerbydau yn dod ar ganol y ffordd; *(b) Ind:* **~ shift,** y stem newydd *f*, y daliad newydd *m*. **2.** *n.* dyfodiad *m*; **the ~ of winter,** agosrwydd (*m*) y gaeaf.

ondogram *n.* |ondogram (ondogramau) *m*.

ondograph *n.* |ondograff (ondograffau) *m*.

ondometer *n.* ondomedr(-au) *m*.

one *num.a., n., dem.pron., indef.a. & indef.pron.* I. *num.a.* **1.** *(a)* un *(+ soft mut. of f. noun):* **~ boy,** un bachgen; **~ girl,** un ferch; **twenty-~ pounds,** un bunt ar hugain; **~ [shilling] and threepence,** swllt a thair; **~ and six,** deunaw [ceiniog] *f*; **a hundred and ~ things,** cant ac un o bethau; *(indefinitely large):* cant a mil o bethau; **[what] with ~ thing and another,** rhwng y naill beth a'r llall; **~ man, ~ vote,** un dyn, un bleidlais; pob un â'i bleidlais; un bleidlais i bob un; **~ third,** traean *m*, un rhan (*f*) o dair; **~ quarter,** chwarter(-i) *m*; **~ fifth,** pumed ran *f*; **~ tenth,** degfed ran *f*, *occ:* degwm *m*; **the Thousand and O~ Nights,** y Mil ac Un Noswaith, y Fil Noswaith ac Un; **~ or two people,** ambell un, un neu ddau [o bobol]; **~ or two horses,** ceffyl neu ddau, un neu ddau o geffylau; **~ year old,** blwydd oed; *(b)* **he comes ~ day in two,** fe ddaw bob yn eilddydd; **(she goes there) ~ day in three,** (mae hi'n mynd yno) unwaith mewn tridiau, bob yn dridiau; **that's ~ way of doing it,** mae cystal ffordd â dim o'i wneud; dyna un ffordd o'i gwneud hi; **that's ~ comfort,** dyna un cysur; *S.a.* **another 4; for ~ thing, he's too old,** yn un peth, mae'n rhy hen (*not* am un peth); **I for ~,** fi yn un (*not* am un). **2.** *(= sole):* unig; **my ~ and only razor,** f'unig rasel, yr unig rasel sy gennyf; **~ parent benefit,** budd-dâl (*m*) un rhiant; **~ parent family,** teulu un rhiant; **the ~ way to do it,** yr unig ffordd o'i wneud; **no ~ man can do it,** ni all yr un dyn ar ei ben ei hun mo'i wneud; *(b)* **(they cried out) with ~ voice,** (llefasant) ag un llais, yn unllais; **like ~ man,** fel un gŵr; *(c) (= same):* yr un; **all went in ~ direction,** aeth pawb i'r un cyfeiriad; **~ and the same,** yr un [un] [yn union]; **~ and the same thought came into our minds,** daeth yr un meddwl [yn union] i ben pawb; *F:* **it's all ~,** 'does dim gwahaniaeth; *S:* man a man; *F:* **it's all ~ to me,** nid oes gwahaniaeth gennyf i; ni waeth gennyf i; *N:* 'does dim ots gen i; *S:* 'does dim ots 'da fi; man a man gen' i; *(d)* **God is ~,** un yw Duw; *O:* **to become ~, to be made ~,** dod yn un, uno, ymuno; *(= marry):* priodi, ymbriodi; **to be ~ with sth,** bod yn un â rhth. II. *n.* un(-au) *m*; **1. eleven is written with two ones,** â dau un yr ysgrifennir un ar ddeg; **chapter ~,** y bennod gyntaf; **end of part ~,** diwedd y rhan gyntaf; **in ones and twos,** fesul un a dau; **three in ~,** tri yn un; **number ~,** rhif un, *F:* chi'ch hun; *F:* **to look after number ~,** gofalu amdanoch chi'ch hun, edrych atoch eich hun, eich rhoi'ch hun yn gyntaf/flaenaf; **he's looking after number ~,** *N.W:* a nofio fo, waeth pwy a foddo. **2.** *(a)* **there's only ~ left,** un yn unig sydd ar ôl; un yn unig sy'n weddill; *F:* dim ond un sydd ar ôl; **the last but ~,** yr olaf ond un; *S.a.* **last[2] I. 1, next I. 1, 2; goods sold in ones,** nwyddau a werthir fesul un; **a garment all in ~,** dilledyn yn un darn, gwisg ddiwnïad; **to be at ~ with s.o.,** bod yn gytûn â rhn; **(a desk and cupboard) all in ~,** (desg a chwpwrdd) gyda'i gilydd, yn un dodrefnyn; *(b)* **~ and six [pence],** swllt a chwech, deunaw; **~ [o'clock],** un o'r gloch; *P:* **I fetched/handed him ~,** mi rois/estynnais i un iddo; fe gafodd un gen i; *F:* **I had a quick ~ (at the pub),** mi ges i beintyn bach sydyn, mi ges i un bach/fach sydyn (yn y dafarn); **~ for the road,** un bach/fach, joch cyn cychwyn; *F:* **~ too many,** diferyn/tropyn yn ormod; **that's ~ up for/to us!** dyna un i ni! un i ni oedd honna! *Knitting:* **knit ~, make ~,** pwyth o dde, codi pwyth. III. *dem.pron. (a)* **this ~,** hwn [yma] *m*, hon [yma] *f*; **this ~ here,** hwn/hon fan hyn; **that ~,** *(i) (within sight of speaker):* hwn [acw] *m*, hon [acw] *f*, hwnna *m*, honna *f*, *N:* nacw *m&f*, *S:* hwnco *m*, honco *f*; *(ii) (otherwise):* hwnnw *m*, honno *f*; **that ~ there,** *N:* nacw fancw, *S:* hwnco manco *m*, honco manco; **these ones,** y rhai hyn, y rhain; **those ones,** *(within sight):* y rhai acw, *F:* [y] rheicw, rheina, *S:* rheico; *(otherwise):* y rhai hynny, *F:* y rheini; **which ~?** pa un? *F:* pa 'run, p'run? **how many ones?** [pa] sawl un? **the ~ on the table,** yr un [sydd] ar y bwrdd, hwnnw/honno sydd ar y bwrdd; **she's the ~ who spoke,** hi [yw'r un] a siaradodd; *(b)* **to pick the ripe plums and leave the green ones,** casglu'r eirin aeddfed a gadael y rhai gwyrdd; **that's a good ~!** dyna un dda! **the best ones,** y goreuon; **he's a sharp ~,** un craff/bachog yw e; *N: F:* ffliar ydi o; *S. W:* bachan bore yw e; **many a ~,** sawl un, mwy nag un; *P:* **he's a ~!** dyna gymeriad! *N: F:* am gymêr! mae o'n rêl un! pry/pryfyn ofnadwy ydi o! un ar y naw ydi o! un garw ydi o! peiriant ydi o! creadur ydi o! *S:* 'na fachan/dderyn yw e! **you're a ~!** un glas wyt ti! un da wyt ti! **our dear ones,** ein hanwyliaid; **young/little ones,** rhai bach, rhai bychain, plant, plantos; *(of animals):* cywion, rhai bach, llydnod; **the Evil O~,** y Gŵr Drwg *m*; **the Holy O~, the O~ above,** y Bod Mawr *m*, y Brenin Mawr *m*. IV. *indef.a. (past reference):* **~ day,** un diwrnod, pa ddydd, pa ddiwrnod, rhyw ddiwrnod, *S:* pwy ddiwrnod; *(with future reference):* rhyw ddydd [a ddaw], rhyw ddydd [neu'i gilydd]; **~ moonlit night,** un nos olau leuad; **~ of these days,** rywbryd neu'i gilydd. V. *indef.pron.* **1.** *(pl. some, any):* **I haven't a pencil, have you ~?** 'does gen i 'run bensel, oes gennych chi un? **the story is ~ found in many countries,** chwedl yw hi a geir mewn sawl gwlad; mae'r stori'n un a geir mewn sawl gwlad; **~ way and another (it was a good idea),** rhwng popeth, a chymryd popeth at ei gilydd (yr oedd yn syniad da); **~ of them,** un ohonynt hwy, un o'u plith hwy; *F: (= homosexual):* un ohonyn nhw, un o'r rheini; **will you make ~ of our party?** a ddewch chi'n un o'n parti ni? **he's ~ of the family,** mae'n un o'r teulu; **any ~ of us,** unrhyw un ohonom ni; *S.a.* **every** *(c)*; **not ~ [of them],** *O:* **never a ~,** dim un [ohonynt], dim undyn ohonynt *(with neg. particle expressed or implied):* **~ and all,** un ac oll, pawb yn ddieithriad, bob yr un, *Lit:* heb ado un, *N.W: F:* bod ag un; **[the] ~ ... the other,** y naill... y llall; **you can't have ~ without the other,** ni chewch chi mo'r naill heb y llall; **~ after the other,** y naill ar ôl y llall; **we lived in ~ flat after another,** buom yn byw yn y naill fflat ar ôl y llall; **~ another,** *See* **another 4; ~ by ~,** fesul un, o un i un, yn un ac un, bob yn un; **~ with another,** at ei gilydd, ar y cyfan, ar gyfartaledd; **I want the opinion of ~ better qualified,** mae arna' i eisiau barn rhn mwy cymwys; **like ~ frenzied,** fel dyn lloerig, fel rhn lloerig, fel dyn o'i gof; **to ~ who knows it (it's a fine country),** i'r sawl/un sy'n ei hadnabod, i bwy bynnag sy'n ei hadnabod (mae'n wlad odidog); **there entered ~ Mr Jones,** daeth rhyw Mr Jones i mewn; **I for ~ agree,** o'm rhan fy hun, 'rwy'n cytuno; 'rwyf i o leiaf yn cytuno; **I'm not ~ to complain,** ni fyddaf i byth yn cwyno; nid wyf i'n un i/am gwyno; nid wyf i ddim yn arfer cwyno; *F:* **I'm not much of a ~ for wine,** nid wyf i fawr o un am win; 'does gen i fawr i'w ddweud wrth win; *S:* 'does 'da fi fawr i'w gynnig i win. **2.** *(= someone):* rhywun, chwi, chi, *occ:* dyn; **~ never knows,** [ni] wyddoch chi byth; [ni] ŵyr neb byth; [ni] ŵyr dyn byth; [ni] ŵyr rhn ddim; 'does wybod; **~ tires of the same old thing,** mae rhn/dyn yn blino ar yr un hen beth; **(it's enough) to kill ~,** (mae'n ddigon) i'ch lladd chi, i ladd rhn/dyn. **4. ~'s** *(after chi):* eich; *(after rhn, dyn):* ei + *soft mut.*; **to give ~'s opinion,** rhoi'ch barn; **to change ~'s mind,** newid eich meddwl; **when ~ is allowed to see ~'s children,** pan fyddwch yn cael gweld eich plant; pan gewch chi weld eich plant; pan gaiff dyn/rhn weld ei blant. **~-and-twentieth** *ord.a.* unfed ar hugain. **~-and-twenty** *num.a.&n.* un ar hugain. **~-armed** *a.* un fraich, unfraich; **~-armed bandit,** lleidr (lladron) unfraich *m*. **~-celled** *a. Biol:* un gell, ungellog (*pronounced* ng-g). **~-cylinder** *attrib. I.C.E:* ag un s|ilindr, unsilindrog. **~-eared** *a.* un glust, unglust (*pronounced* ng-g). **~-eyed** *a.* **1.** *Z:* unllygeidiog, *F:* [ag] un llygad. **2.** *Fig:* cibddall, unllygeidiog; *S.a.* **blind[1]. ~-handed** *a.* ag un llaw, unllaw. **~-horned** *a.* uncorn, ungorn (*pronounced* ng-g). **~-horse** *attrib. F:* pitw, tila, dibwys, ceiniog-a-dimai; **~-horse town,** twll (*m*) o dref. **~-idea'd, ~-ideaed** *a.* cul, un syniad. **~-legged** *a.* **1.** ungoes (*pronounced* ng-g), *F:* [ag] un goes, *Z:* undroed, untroed. **2.** *T.V: Cin:* gogyswllt. **~-man** *a.* undyn, un dyn; **~-man band,** band(-iau) (*m*) un dyn. **~-night stand** *n.* **1.** *Th:* sioe(-au) (*f*) unnos, sioe un noson, perfformiad(-au) (*m*) unnos, perfformiad un noson. **2.** *Fig: (= night of love):* noswaith (nosweithiau) (*f*) o garu, un noson o garu. **~-off 1.** *a.* unigryw, ar ei ben ei hun; *Sch:* unigol.

2. *n.* **it's a ~-off,** mae'n un ar ei ben/phen ei hun, mae'n unigryw; dyna'r unig enghraifft (*f*). **~-piece** *a.* undarn. **~-pass system** *n. Cmptr:* system(-au) unffordd *f.* **~-shot** *a. F:* un tro. **~-sided** *a.* unochrog. **~-sidedness** *n.* unochredd *m.* **~-stage cookery** *n.* coginio (*vn*) un cam. **~-storied** *a.* unllawr. **~-time 1.** *a. (= former):* cyn, hen + *soft mut.*; **~-time pad,** pad un tro. **2.** *adv.* gynt, ar un adeg, ar ryw adeg. **~-to-~** *a.* un i un; **~ to ~ interview,** cyfweliad (*m*) un ag un. **~-track** *a. F:* un syniad, un trywydd, un cyfeiriad. **~-two** *n. F:* dwy ddyrnod *f*; **to give s.o. the old ~-two,** dyrnu rhn. **~-up** *a.* ar y blaen, trech, trechaf. **~-upmanship** *n.* trechafiaeth *f.* **~-way** *a.* unffordd.

onefold *a.* unplyg.

oneiric *a.* breuddwydiol.

oneirocritic *n.* dehonglwr (dehonglwyr) (*m*) breuddwydion.

oneirocritical *a.* breuddwyd-ddeongliadol.

oneirocriticism *n.* dehongli (*vn*) breuddwydion.

oneirology *n.* breuddwydeg *f.*

oneiromancer *n.* dehonglwr (dehonglwyr) (*m*) breuddwydion.

oneiromancy *n.* breuddwydgoel *f*, dewiniaeth (*f*) breuddwydion, breuddwyd-ddewiniaeth *f.*

oneness *n.* undod *m*, unoliaeth *f*, undeb *m*, uniaeth *f*, under *m.*

onerous *a.* **1.** beichus, llethol, trwm (*f.* trom, *pl.* trymion). **2.** *Jur:* rhwymedigaethus.

onerously *adv.* yn feichus.

onerousness *n.* beichusrwydd *m*, trymder *m*, pwysau *pl.*

oneself *pron.* eich hun, eich hunan; *See* **self 4.**

onestep *n. Danc:* [dawns(-iau)] ungam *f* (*pronounced* ng-g), ***onestep(-s)*** *f.*

onfall *n.* ymosodiad(-iau) *m*, cyrch(-au,-oedd) *m.*

onflow *n.* llif(-oedd) *m.*

ongoing *a.* cyfredol, sydd ohoni, mewn bod, sy'n mynd yml|aen.

onion *n. & attrib.* **1.** *n. N:* nionyn (nionod) *m*, *S:* winwnsyn (winwns) *m*, *Lit:* winionyn (winwyn) *m*, *M.W: occ:* nionsen (winiwns) *f*; **spring ~, Welsh ~,** sibolsyn (sibols) *m*, sibolsen (sibols) *f*, *S:* shibwnsyn (shibwns) *m*; **button ~,** cor-nionyn (~-nionod) *m*, corwinwnsyn (corwinwns) *m*; *F:* **he knows his onions,** mae'n gwybod ei bethau; mae'n ei deall hi i'r dim; **wild ~,** garlleg gwyllt; *F:* **he's off his ~,** *See* **crazy. 2.** *attrib.* **~ dome,** cromen (*f*) [siâp] nionyn. **~-fly** *n. Ent:* pryf(-ed) (*m*) nionod, *S:* cleren (clêr) (*f*) winwns. **~-patch** *n. N:* cefn(-au) (*m*) nionod, *S:* gwely(-au) (*m*) winwns. **~ seller, ~ Johnny** *n.* Sioni(-s) (*m*) winwns, *N:* dyn(-ion) (*m*) nionod.

onionskin *n.* **1.** *N:* croen (*m*) nionyn, *S:* croen winwnsyn. **2.** *Paperm:* papur (*m*) croen nionyn/winwnsyn.

oniony *a.* winionaidd, winionllyd, nionynaidd, nionynllyd.

onlay *n.* addurn(-au) arosod *m.*

onlie *a. Lit:* **the ~ begetter of these... sonnets,** unig symbylydd y soncdau... hyn.

onlooker *n.* gwyliwr (gwylwyr) *m*, edrychwr: edrychydd (edrychwyr) *m.*

onlooking *a.* yn gwylio.

only *a., adv. & conj.* I. *a.* unig + *soft mut.* (*precedes noun*). **an son,** unig fab; **his one and ~ hope,** ei unig obaith; **(the ~ one) who spoke,** (yr unig un) i siarad, a siaradodd. II. *adv.* yn unig; nid... ond, *F:* dim... ond; **I have ~ three,** tri yn unig sydd gennyf; nid oes gennyf [ddim] ond tri; *F:* dim ond tri sydd gen i; (*not* ond tri sydd gen i); **~ three?** tri'n unig? dim ond tri? *P.N:* **ladies ~,** merched yn unig; **~ he knows,** fe'n unig a ŵyr; dim ond ef a ŵyr; 'does neb ond ef a ŵyr; **I ~ touched it,** ni wneuthum i ddim ond ei gyffwrdd; *F:* dim ond ei gyffwrdd e wnes i; **he has ~ to ask,** 'does raid iddo ond gofyn; dim ond gofyn sy' raid iddo; **I shall ~ be too pleased,** ni fyddaf ond yn rhy falch; **I ~ just made it,** cael a chael oedd hi imi; bu ond y dim imi fethu; o'r braidd y cyrhaeddais i; **if ~ they were here,** o na baen' nhw yma; mae'n drueni/bechod nad ydyn' nhw yma; **I will ~ say...,** ni ddywedaf ond hyn...; **you ~ have to ask,** ['does] raid ichi ond gofyn; **you ~ have to ask and you'll get it,** fe'i cewch dim ond ichi ofyn; **I'll go if ~ to please her,** mi af petai ond er mwyn ei phlesio hi; **if ~ I knew!** petawn ond yn gwybod! **it's ~ fair to add...,** teg ychwanegu...; **I was ~ too aware of the danger,** yr oedd y perygl yn fyw iawn imi; **not ~ but also...,** nid yn unig... ond hefyd; **if ~ she hadn't gone,** o na bai hi heb fynd; trueni iddi fynd; **if ~ it were not so,** o na bai/byddai ddim felly! o nad felly y bai/byddai! **do you know him?** - **~ too well,** a ydych yn ei adnabod? - yn rhy dda, mae arnaf ofn; **~ yesterday,** ddoe ddiwethaf [yn y byd]; *S.a.* **just** II. **2, 4; ~ listen!** gwrando, wnei di! gwrando, da ti! **~ take care,** cymer ofal, yn anad dim/popeth! III. *conj.* **1.** ond, onib|ai; **the book is interesting ~ rather long,** mae'r llyfr yn ddiddorol, ond [ei fod] braidd yn hir; **I would tell you ~ [that] you wouldn't listen,** mi ddywedwn wrthyt ti, onibai na fyddet ti ddim yn gwrando. **2. if ~,** (*introducing a conditional clause*): **(she'll be content) if ~ she's left alone,** (fe fydd hi'n fodlon) ond iddi gael llonydd, am y caiff hi lonydd, cyhyd ag y caiff hi lonydd; **(he would be happy) if ~ he had enough money,** (byddai'n ddedwydd) am y câi ddigon o arian, cyhyd ag y câi ddigon o arian, on iddo gael digon o arian. **~-begotten** *a.* unig-anedig.

onomancy *n.* enw-ddewiniaeth *f.*

onomastic *a.* onomastig.

onomatopoeia *n.* onomatopeia *m.*

onomatopoeic, onomatopoetic *a.* onomatopëig.

onrush *n.* rhuthr(-au) *m*; (*of water &c*): llif(-ogydd) *m*, tywalltiad(-au) *m*, dylifiad(-au) *m*, llifeiriant (llifeiriannau) *m.*

onset *n.* **1.** (= *attack*): ymosodiad(-au) *m.* **2.** (= *start*): cychwyniad(-au) *m*, cychwyn *m*, dechrau *vn*, dechreuad *m*; **at the first ~,** ar y cychwyn, ar y cyntaf; **from the ~,** o'r cychwyn. **3.** *attrib. Geog:* **~ side of ice,** ochr(-au) (*f*) atrew.

onshore *a.* at y tir, tua'r tir.

onside *n. See* **on side.**

onslaught *n.* ymosodiad(-au) *m*, cyrch(-au) *m.*

onstage *a.* ar-lwyfan; **~ off,** ger ar-lwyfan.

ontal *a. Phil:* ontol, bodol.

Ontarian *n.* Ontariad (Ontariaid) *m&f.*

ontic *a. Phil:* ontig, bodaidd.

onto *prep. See* **on I. 3.**

ontogenesis *n.* ontog|enesis *m.*

ontogenetic *a.* ontogenetig.

ontogenist *n.* ontogenydd(-ion) *m.*

ontogeny *n.* **= ontogenesis.**

ontological *a. Phil:* ontolegol, bodegol.

ontologism *n. Phil:* ontolegaeth *f*, bodegaeth *f.*

ontologist *n. Phil:* ontolegydd(-ion) *m*, bodegydd(-ion) *m.*

ontology *n. Phil:* ontoleg *f*, bodeg *f.*

onus *n.* baich *m*, cyfrifoldeb *m*; **the ~ has been laid upon us to...,** bydd gofyn i ni...; ein cyfrifoldeb ni yw....

onward *adv. & a.* **1.** *adv.* **= onwards; O~ Christian Soldiers,** Rhagom Filwyr Iesu. **2.** *a.* yml|aen, cynyddol.

onwards *adv.* yml|aen, yn eich blaen, *Lit:* (*forms of* rhag): rhagof, rhagot, rhagddo/rhagddi, rhagom, rhagoch, rhagddynt; **from tomorrow ~,** o yfory allan/ymlaen; **from this time ~,** o hyn allan/ymlaen.

onychiogryphosis *n. Med:* crafangedd *m.*

onychophoran *a. & n. Z:* **1.** *a.* onychofforaidd. **2.** *n.* onychofforiad (onychofforiaid) *m&f.*

onymous *a.* hysbys, ag enw.

onyx *n.* **1.** *Miner:* onics(-au), onycs(-au) *m.* **2.** *Vet:* ewin(-edd) (*f*) [*yn y* llygad]. **~ marble** *n.* marmor rhesog *m.*

oocyst *n.* öosyst(-au) *m.*

oocyte *n.* öosyt(-au) *m*, wygell(-oedd) *f.*

oodles *n. F:* digonedd *m*, llond (*m*) gwlad, peth wmbredd/wmbreth *m*, peth mwdredd/mwdrel *m*, faint a fynner.

oof *n. O: F:* cyfoeth *m*, arian *m*, pres *m*, *F:* cregin (*pl*) heddwch, *N.W: occ:* mags *pl.*

oofy *a. F:* cefnog, ariannog, cyfoethog.

oogamete *n. Biol:* öogamet(-au) *m.*

oogamous *a. Biol:* öogamus.

oogamy *n. Biol:* öogamedd *m.*

oogenesis *n. Biol:* öog|enesis *m.*

oogonium *n.* ögoniwm (öogonia) *m.*

ooh *int.* o! w! **to ~ and ah,** cwyno ac ochain, tuchan a chwyno, conan a chwynfan.

oolite *n. Geol:* gronellfaen (gronellfeini) *m*, öolit(-au) *mf.*

oolitic *a. Geol:* öolitig.

oological *a.* öolegol.

oologist *n.* öolegwr: öolegydd (öolegwyr) *m.*

oology *n.* öoleg *f.*

oolong *n.* wlong *m.*

oompah *n.* wmpa *mf*, bwm *m*; **~-~!** bwm-bwm!

oomph *n.* **1. = sex appeal. 2.** (= *vitality*): mynd *vn*, bywyd *m*, cic *f.*

oophore *n.* ööffor(-au) *m.*

oophorectomy *n.* öoffor|ectomi (öofforectomïau) *m.*
oophoritis *n. Med:* llid (*m*) yr wyfa, öofforitis *m.*
oophyte *n.* öoffyt(-au) *m.*
ooplast *n.* öoplast(-au) *m.*
oops *int.* wps! **~-a-daisy,** wp-a-dei[s]!
oosperm *n. Biol:* öosberm(-au) *m.*
oosphere *n. Biol:* öosffer(-au) *m.*
oosporangium *n. Biol:* öosborangiwm (öosborangia) *m.*
oospore *n. Biol:* öosbor(-au) *m.*
oosporic, oosporous *a. Biol:* öosborig.
ootheca *n. Ent:* wygist(-iau) *f*, öotheca (öothecâu) *mf.*
ootype *n. Biol:* öoteip (öoteipiau) *m.*
ooze[1] *n.* **1.** *(= mud):* llaid (lleidiau) *m*; *(= slime):* llysnafedd(-au) *m.* **2.** *(= exudation):* nawsiad(-au) *m*, diferiad(-au) *m.* **3.** *(= infusion):* trwyth(-i) *m.*
ooze[2] *v.i.* nawsio, chwysu, llifo, diferu, hidlo, dyhidlo; **to ~ (away),** gollwng, diferu, llifo (ymaith); *(of tide &c):* treio; *Fig:* **his courage was oozing away,** 'roedd ei ddewrder yn llifo allan ohono; 'roedd ei ddewrder yn pallu; **he oozes conceit,** mae'n llawn ohono'i hun; **he oozes hypocrisy,** mae'n diferu o ragrith; **she was oozing goodwill,** 'roedd ewyllys da yn llifo ohoni; 'roedd hi'n nawsio/dyhidlo/tywynnu ewyllys da.
ooziness *n.* lleidiogrwydd *m*; *(= sliminess):* llysnafeddogrwydd *m.*
oozy *a.* lleidiog; *(= slimy):* llysnafeddog; *(= exuding):* nawsiog.
op[1] *n. F:* **1.** *Med:* = **operation. 2.** *Mil:* **combined ops,** ymgyrch ar y cyd, ymgyrch gyfunol *f.*
op[2] *a. (= optical):* **~ art,** opgelfyddyd *f.*
opacification *n.* didreiddiad *m.*
opacity *n.* **1.** tywyllni *m*, afloywder *m*, anhydreiddedd *m*, didreiddedd *m*, anhryloywedd *m.* **2.** *(of intelligence):* pylni *m*, dylni *m*, myllni *m.*
opah *n. Ich:* opa (opäod) *m.*
opal *n. Lap:* opal(-au) *m.* **~ glass** *n.* gwydr (*m*) opal, gwydr opalaidd, |opalin *m.*
opalescence *n.* symudliwedd *m*, seithliwedd *m.*
opalescent *a.* symudliw, enfysliw, seithliw.
opaline *a. & n.* **1.** *a.* opalaidd, symudliw, seithliw. **2.** *n.* gwydr (*m*) opal, gwydr opalaidd, |opalin *m.*
opaque *a.* **1.** *(glass):* tywyll, *occ:* afloyw, anhryloyw, anhydraidd, didraidd, pŵl. **2.** *(mind):* twp, hurt, mwll, dwl.
opaquely *adv.* yn dywyll *&c.*
opaqueness *n.* = **opacity.**
ope *a. & v.t.&i.* = **open[1],[2].**
open[1] *a. & n.* **1.** *a.* agored; *(shop, door &c):* ar agor; **half ~,** cilagored, lled agored; **wide ~,** llydan agored, agored led y pen, ar led; **the wide ~ spaces,** yr eangderau maith; **to keep ~ house/table,** croesawu pawb [a ddêl], cadw drws agored; **the door flew ~,** agorodd y drws yn chwap; taflwyd y drws ar agor; **to break/smash ~ a box,** malu blwch i'w agor; **~ court,** llys agored; **in ~ court,** yn y llys agored, yn gyhoeddus yn y llys; **~ trial,** prawf cyhoeddus; **~ prison,** carchar agored; **in the ~ [air],** yn yr awyr agored; **the house stands in the ~ [country],** saif y tŷ ar dir agored; **the ~ sea[s],** y cefnfor[-oedd] *m*, y môr mawr *m*; **on the ~ sea,** ar y môr mawr, ar y cefnfor; **the O~ University,** y Brifysgol Agored; *Jur:* **~ verdict,** rheithfarn agored; **~ light,** goleuni noeth; **to lay oneself ~ to criticism,** rhoi lle i feirniadaeth, rhoi lle i gael eich beirniadu; **~ to ridicule,** chwerthinllyd; **~ to doubt,** amh|eus, dadleuol; **I'm ~ to conviction,** 'rwy'n barod i gael f'argyhoeddi; **an invention ~ to improvement,** dyfais y gellid gwella arni, dyfais y gellir ei gwella; **an ~ secret,** cyfrinach sydd yng ngheg pawb, cyfrinach hysbys/gyhoeddus/agored; **a fact ~ to all,** ffaith hysbys/amlwg i bawb; **~ admiration,** edmygedd amlwg/agored; **~ sesame!** agored y drws! **an ~ sesame to success,** drws sy'n agor ar lwyddiant, allwedd/agoriad i lwyddiant; **an ~ enemy of the Government,** gelyn addefedig/proffesedig i'r llywodraeth; **to be ~ with s.o.,** siarad [yn blwmp ac] yn blaen â rhn, peidio â chelu dim rhag rhn; *Mil:* **(to attack) in ~ order,** (ymosod) yn wasgarog, ar wasgar; **an ~ fence,** ffens fylchog/adwyog/rwyllog; **an ~ car,** car heb do, car agored; *Pol:* **O~ Door Policy,** Polisi Drws Agored; **an ~ road,** ffordd rydd/agored; **to keep the bowels ~,** gofalu cael eich gweithio, cadw'r ymysgaroedd yn rhydd; *Mth:* **~ interval,** cyfwng agored; *Mus:* **~ diapason,** diapason agored; **~ note,** nodyn agored; **~ pipe,** pib agored; *Cin:* **~ reel,** tâp agored; **~ score,** sgôr agored; **~ string,** tant agored; *Mil:* **~ town,** tref ddiamddiffyn/agored; **to keep a day ~ for s.o.,** cadw diwrnod yn rhydd ar gyfer rhn; **to throw sth ~,** agor rhth; **the issue was thrown wide ~,** agorwyd y mater led y pen; **~ to discussion,** agored i'w drafod; **the job is still ~,** mae'r swydd ar gael o hyd; **(to go into sth) with ~ eyes,** (mynd i rth) â'ch llygaid ar agor, yn ymwybodol; **two courses are ~ to you,** gellwch wneud y naill [neu'r llall] o ddau beth; mae dau gwrs/lwybr yn agored ichwi; **it is ~ to you to object,** mae'n rhydd ichwi wrthwynebu; **an ~ question,** pwnc dadleuol, mater i'w drafod, cwestiwn penagored; **the outcome is ~,** mae'r canlyniad yn benagored; **to keep an ~ mind on sth,** bod â meddwl agored ar rth; **(to welcome s.o.) with ~ arms,** (croesawu rhn) â'ch breichiau ar led, â breichiau agored; *Com:* **~ account,** cyfrif agored/cyfredol. **2.** *n.* **to come out into the ~,** dod i'r amlwg, dod i olau dydd. *N: F:* dod i'r fei, *S:* dod ar glawr. **~-access** *a.* [â] silffoedd agored, [â] mynediad agored. **~-air** *attrib.* awyr agored. **~-and-shut** *a. (case):* didrafferth, syml, eglur. **~-cast** *a.* ar yr wyneb, brig; **~-cast mine,** mwynglawdd agored/brig; *(coal):* gwaith glo brig; **~-cast mining,** mwyngloddio brig, gweithio glo brig; **~-cast coal,** glo brig. **~-end spanner** *n.* sbaner(-i) (*m*) ceg agored. **~-ended** *a.* penagored; **more ~-ended,** ehangach. **~-entry** *n. Lib:* cofnod(-ion) anorffenedig *m.* **~-eyed** *a.* **1.** *(= staring):* llygadrwth. **2.** *(= shrewd):* craff, llygatgraff. **~-faced** *a.* wyneb agored. **~-field** *a. Hist:* **~-field system,** cyfundrefn (*f*) faes agored, cyfundrefn dryfaes *f.* **~-handed** *a.* hael, haelionus, llawagored. **~-handedly** *adv.* yn hael *&c.* **~-handedness** *n.* haelioni *m.* **~-heart** *attrib. (surgery):* ar y galon, a'r galon yn y golwg, calon agored. **~-hearted** *a.* **1.** *(= frank):* calonagored, gonest, didwyll, agored. **2.** *(= sympathetic):* cydymdeimladol, llawn cydymdeimlad, tyner. **~-heartedly** *adv.* yn galonagored. **~-heartedness** *n.* didwylledd *m*, tynerwch *m.* **~-hearth** *a. (furnace):* tân agored; *Metalw:* ffwrnais gegagored *or* â thân agored; **~-hearth process,** proses (*f*) tân agored. **~-minded** *a.* diduedd, â meddwl agored, eangfrydig. **~-mindedly** *adv.* yn ddiduedd *&c.* **~-mindedness** *n.* eangfrydedd *m*, meddwl agored *m.* **~-mouthed** *a.* cegrwth, cegagored, safnrhwth; **to look at sth ~-mouthed,** cegrythu/safnrhythu ar rth. **~-necked** *a.* [â] gwddf agored. **~-plan** *a.* heb barwydydd, heb balisau, cynllun agored.
open[2] *v.t.&i.* I. *v.t.* agor; **to half ~,** cilagor, lled-agor; *El:* **to ~ a circuit,** torri ar gerrynt, torri cerrynt; *Med:* **to ~ the bowels,** cael eich gweithio, rhyddh|au'r ymysgaroedd, *S.W:* cael eich corff i lawr; **to ~ one's heart, to ~ oneself (to s.o.),** dweud eich cwyn/meddwl/cyfrinach (wrth rn), agor eich calon (i rn); **to ~ a conversation,** agor/cychwyn/dechrau sgwrs, *F:* taro sgwrs; **to ~ fire,** tanio, saethu, dechrau tanio/saethu; *Cards:* **to ~ hearts,** agor/cychwyn â'r calonnau. II. *v.i.* **1.** agor, ymagor; **a door that opens onto the garden,** drws sy'n arwain/agor i'r ardd; **~, Sesame!** agor, Sesame! agored y drws! **as soon as the season opens,** gyda chychwyn y tymor. **2.** *(of view &c):* ymagor, ymestyn, ymledu. **3. a play that opens with a fight,** drama sy'n cychwyn â sgarmes; *Th:* **to ~ cold,** agor mewn ffydd. **~ out 1.** *v.t. (a) (paper, wings &c):* agor; *(b) (enterprise):* datblygu; *(c) (hole, wings &c):* lledu. **2.** *v.i. (a) (of view):* ymledu, ymagor, ymestyn; **to ~ out onto sth,** agor ar rth; *(b) Aut:* cyflymu, magu gwib, mynd yngh|ynt, *F:* codi sbîd. **~ up 1.** *v.t. (mine, road &c):* agor; *(perspective):* datgelu, agor; **to ~ up a country to trade,** agor gwlad i fasnach. **2.** *v.i. Com: (of business):* cychwyn, agor; *(b) F:* **to make s.o. ~ up,** agor ceg rhn, llacio tafod rhn; **he opened up after a couple of whiskies,** fe laciodd ei dafod ar ôl wisgi neu ddau; *(c) (of gun):* tanio; **the enemy opened up,** dechreuodd y gelyn danio.
opener *n.* **1.** *(pers.):* agorwr: agorydd (agorwyr) *m*, ag|orwraig *f.* **2.** *(device):* peth(-au) (*m*) agor, agoriad(-au) *m*, agorwr (agorwyr) *m*, agorydd(-ion) *m*, agorell(-au) *f*; *S.a.* **can, case, eye, letter, tin. 3.** *(= first item):* eitem gyntaf (eitemau cyntaf) *f*; *Cr:* batiwr (batwyr) cyntaf *m*; *Cards:* **openers,** cardiau agoriadol; *F:* **how's this for openers?** beth am hyn/hwn i gychwyn?
opening[1] *vn. & n.* **1.** *vn.* agoriad(-au) *m*, agor *vn*; *(of play &c): (= start):* dechreuad(-au) *m*, cychwyniad(-au) *m*, cychwyn *m*, dechrau *m*; **(chess) openings,** agoriadau, cychwyniadau, ymosodiadau (gwyddbwyll); **~ of Parliament,** agor/agoriad y Senedd. **2.** *(= hole):* twll (tyllau) *m*, agorfa (agorf|eydd), agen(-nau) *f*; *(of sack):* ceg(-au) *f*; *(in clouds, undergrowth):*

bwlch (bylchau) *m*, lle(-oedd) clir *m*; *Needlew:* agoriad; **back ~,** agoriad cefn; **bound ~,** agoriad rhwymog; **box pleat ~,** agoriad plet bocs; **concealed ~,** agoriad cudd; **continuous lap/strip ~,** agoriad di-dor; **cuff ~,** agoriad cwff; **dress placket ~,** agoriad placed ffrog; **faced ~,** agoriad wedi'i wynebu, agoriad ffesin; **first ~,** agoriad blaen; **fly ~,** *S:* copis(-au) *m*, *N:* balog(-au) *m*; **hemmed ~,** agoriad hem; **neck ~,** agoriad gwddf; **side ~,** agoriad ochr; **skirt ~,** agoriad sgert. **3.** *n. (= opportunity):* cyfle(-oedd) *m*; **a fine ~ for a young man,** cyfle gwych i ŵr ifanc; *Mil:* **to give the enemy an ~,** rhoi cyfle i'r gelyn. **~ ceremony** *n.* s|eremoni (seremonïau) (*f*) agor. **~ hours** *n.pl.* oriau agor. **~ time** *n.* amser (*m*) agor.

opening² *a.* agoriadol, cychwynnol; agor, cychwyn; *Com:* **~ balance,** gweddill agor/agoriadol; **~ gambit,** symudiad(-au) agoriadol *m*; *Jur:* **~ pleadings,** plediadau agoriadol; *Th:* **~ night,** noson gyntaf; **~ line,** llinell agoriadol; *Phon:* **~ diphthong,** deusain (deuseiniaid) (*f*) agor; *(flower):* sy'n ymagor/blodeuo, ymagorol.

openly *adv.* yn agored, yn amlwg, ar goedd; **to act ~,** chwarae'n deg, gweithredu heb dwyll, gweithredu'n ddidwyll/ddi-gêl/agored; **(to speak) ~,** (siarad) yn eofn, yn blwmp ac yn blaen, yn agored, heb flewyn ar dafod; **they were ~ living together,** 'roeddent yn cyd-fyw ar goedd gwlad.

openness *n.* **1.** *(of country &c):* agoredrwydd *m*, natur agored *f*. **2.** *(= frankness):* didwylledd *m*, diffuantrwydd *m*, gonestrwydd *m*, plaendra *m*.

openwork *n.* rhwyllwaith *m*, gwaith rhwyllog *m*.

opera *n.* |opera (operâu) *f*; **ballad ~,** opera faledi (operâu baledi), opera faled (operâu baled); **comic ~,** opera gomig (operâu comig); **grand ~,** opera fawreddog (operâu mawreddog); **light ~,** opera ysgafn; **rock ~,** opera roc; **soap ~,** sioe(-au) (*f*) sebon, opera sebon. ***opéra-ballet*** *n.* ***opéra-ballet (opéras-ballet)*** *f.* ***opéra bouffe*** *n.* ***opéra(-s) bouffe*** *f.* ***opera buffa*** *n.* ***opera buffa (opere buffe)*** *f.* **~-cloak** *n.* mantell (mentyll) (*f*) opera. ***opéra comique*** *n.* ***opéra comique (opéras comiques)*** *f.* **~-glass[-es]** *n.* ysbienglas(-au) (*m*) opera (*pronounced* ng-g), gwydrau (*pl*) theatr. **~-hat** *n.* het(-iau) (*f*) opera. **~-hood** *n.* cwfwl (cyflau) (*m*) opera. **~-house** *n.* tŷ (tai) (*m*) opera. **~-oratorio** *n.* opera-oratorio (operâu-oratorio) *f.* **~ *seria*** *n.* ***opera seria (opere serie)*** *f.* **~-top** *n.* gwddf (gyddfau) isel *m*.

operable *a.* **1.** *Surg:* operadwy, llawdriniadwy. **2.** *(= practical):* ymarferol, gweithredadwy. **3.** *(machine):* gweithiadwy.

operand *n.* *Mth:* |operand (operandau) *m*.

operant *a.* gweithredol.

operatable *a.* = **operable 1**.

operate *v.i.&t.* **I.** *v.i.* **1.** gweithio, gweithredu; *Sch:* **to ~ independently,** mynd i'ch ffordd eich hun. **2.** *St.Exch:* **to ~ (for a rise/fall),** mentro, gweithredu (ar gyfer codiad/gostyngiad). **3.** *Surg:* llaw-drin; **to ~ on s.o. for appendicitis,** llaw-drin rhn ar gyfer llid y pendics, tynnu/codi pendics rhn; **to be operated on,** cael llawdriniaeth, cael eich llaw-drin. **II.** *v.t.* **1.** *(= bring about):* peri, achosi. **2.** *(a machine):* gweithio, rheoli, trafod, trin.

operatic *a.* & *n.pl.* **1.** *a.* operatig. **2.** *n.pl.* *F:* **operatics,** |opera amatur *f*.

operatically *adv.* yn operatig.

operating *vn.* **~ budget** *n.* *Com:* cyllideb weithredol (cyllidebau gweithredol) *f.* **~ characteristic curve** *n.* *Com:* cromlin nodweddiadol weithredol *f.* **~ documentation** *n.* *Cmptr:* dogfennaeth (*f*) weithredu. **~ lever** *n.* lifer (*mf*) rheoli/reoli (lifrau rheoli). **~ cost** *n.* cost(-au) (*f*) rhedeg. **~ profit** *n.* elw gweithredol *m.* **~ system** *n.* system (*f*) weithredu (systemau gweithredu). **~-table** *n.* bwrdd (byrddau) (*m*) llaw-drin/llawdriniaeth. **~-theatre** *n.* ystafell (*f*) law-drin/lawdriniaeth (ystafelloedd llaw-drin/llawdriniaeth), llawdrinfa (llawdrinf|eydd) *f*, *F:* theatr(-au) *f*.

operation *n.* **1.** *(of machine &c):* gweithrediad *m*; *(= activity, action):* gweithred(-oedd) *f*, gweithrediad; *(of law):* **to come into ~,** dod i rym; **to be in ~,** *(of machine):* gweithio, gweithredu; *(of law):* bod mewn grym, bod yn weithredol, bod mewn gweithrediad; **in full ~,** yn gweithredu'n llawn, yn gweithio ar/hyd ei eithaf, ar lawn waith, mewn llawn weithrediad; **the ~ of breathing,** y weithred o anadlu; **mode of ~,** dull o weithio, sut i weithio; *Mth:* gweithrediad(-au) *m*; *Econ:* **open market ~,** gweithredu yn y farchnad warannoedd. **2.** *Mil:* gweithrediad(-au) *m*, ymgyrch(-oedd) *mf*; **to set up an ~,** trefnu ymgyrch; **combined ~,** gweithrediad ar y cyd, cydymgyrch(-oedd) *mf*; *Police:* **"~ Julie",** "Ymgyrch Julie"; **operations room,** ystafell (*f*) reoli (ystafelloedd rheoli); **operations research,** ymchwil masnachol *m*, ymchwil ar weithredu; **moving house is quite an ~,** tipyn o hen helynt (*f*) yw mudo. **3.** *Surg:* llawdriniaeth(-au) *f*, triniaeth lawfeddygol (triniaethau llawfeddygol) *f.* **~ code** *n.* *Lib:* rheolau (*pl*) gweithredu; *Cmptr:* côd (codau) (*m*) gweithrediad. **~ table** *n.* *Cmptr:* tabl(-au) (*m*) gweithrediad/gweithredu.

operational *a.* gweithredol; *Mil:* ymgyrchol; **~ duties,** dyletswyddau ar ymgyrch/waith; **fully ~,** yn gweithio'n llawn, mewn llawn weithrediad, ar waith yn llawn, yn gweithio hyd ei eithaf, ar lawn waith, yn llawn weithredol; **~ training,** hyfforddiant (*m*) rhyfela; **~ difficulties,** anawsterau gweithredu; **this rule is now ~,** mae'r rheol hon bellach mewn grym.

operationalism *n.* gweithredolaeth *f*.

operative *a.* & *n.* **1.** *a.* *(a)* gweithredol, ar waith; *(law &c):* mewn grym; *Jur:* **~ clause,** cymal hanfodol/allweddol *m*; **the ~ part of a deed,** y rhan weithredol o weithred; **the ~ word,** y gair allweddol; **~ date,** dyddiad effeithiol/gweithredol; *(b) Surg:* **~ field,** maes (*m*) llawdriniaeth, maes llawdriniaethol; *(c) Gram:* gweithiol. **2.** *n.* *(a) (= worker):* gweithiwr (gweithwyr) *m*; *(b) U.S.:* = **detective.**

operatively *adv.* yn weithredol.

operativeness *n.* gweithredolrwydd *m*, effeithiolrwydd *m*.

operatize *v.t.* operateiddio.

operator *n.* **1.** gweithredwr (gweithredwyr) *m*, gweithiwr (gweithwyr) *m*; *Tg:* telegraffydd(-ion) *m*, negesydd(-ion) *m*; **wireless ~,** dyn(-ion) (*m*) radio; **telephone ~,** teleffonydd(-ion) *m*, teleffonyddes(-au) *f*, cysylltwr (cysylltwyr) (*m*) ffôn, cys|ylltwraig (cysylltwragedd) (*f*) ffôn, *F:* dyn(-ion) (*m*) ffôn, merch(-ed) (*f*) ffôn; *Cmptr:* cyfrifiadurwr (cyfrifiadurwyr) *m*. **2.** *St.Exch:* **~ for a fall/rise,** hapfasnachwr (hapfasnachwyr) (*m*) ar gyfer gostyngiad/codiad. **3.** *Surg:* llawfeddyg(-on) *m*. **4.** *F:* **he's a smooth ~,** un bachog yw ef; mae'n un go gyfrwys; *N:* mae'n dipyn o fflïar; *(= flirt):* mae'n gryn ferchetwr. **5.** *(a) Mth:* gweithredydd(-ion) *m*; **matrix ~,** gweithredydd matrics; *(b) pl.* *Lib:* **operators,** symbolau gweithredu.

opercular *a.* caeadol.

operculate[d] *a.* caeadog, cloriog.

operculum *n.* *Biol:* cloryn(-nau) *m*, caead(-au) *m*, clawr (cloriau) *m*, op|ercwlwm (opercwla) *m*.

operetta *n.* *Mus:* opereta(-s, operetâu) *f*.

operon *n.* *Biol:* |operon (operonau) *m*.

operose *a.* **1.** *(= industrious):* diwyd, gweithgar. **2.** *(= laborious):* llafurus.

operoseness *n.* diwydrwydd *m*, llafurusrwydd *m*.

ophicleide *n.* *A: Mus:* sarffutgorn (sarffutgyrn) *m*.

ophidia *n.pl.* *Rept:* seirff, nadr[o]edd.

ophidian *a.* & *n.* **1.** *a.* neidrol, neidraidd, sarffaidd. **2.** *n.* neidr (nadr[o]edd) *f*, sarff (seirff) *f*.

ophiolatrous *a.* sarffaddolgar, sy'n addoli seirff.

ophiolatry *n.* sarffaddoliaeth *f*, sarffaddoliad *m*, addoli (*vn*) seirff.

ophiological *a.* sarffegol.

ophiologist *n.* sarffegwr: sarffegydd (sarffegwyr) *m*.

ophiology *n.* sarffeg *f*.

ophiomancy *n.* sarff-ddewiniaeth *f*.

ophite *n.* **1.** *Miner:* s|arff-faen (~-feini) *m*, sarff-farmor *m*. **2.** *Rel.Hist:* sarffaddolwr (sarffaddolwyr) *m*, offiad (offiaid) *m&f*, offitiad (offitiaid) *m&f*, neidr-addolwr (~-addolwyr) *m*.

ophitic *a.* offitig.

ophthalmia *n.* llid (*m*) y llyga[i]d, clwy(*m*)'r llyga[i]d, fflameg (*f*) y llyga[i]d, offthalmia *m*.

ophthalmic *a.* llygadol, [y] llygaid, offthalmig; **~ hospital,** ysbyty llygaid.

ophthalmitis *n.* *Med:* = **ophthalmia.**

ophthalmological *a.* offthalmolegol.

ophthalmologist *n.* meddyg(-on) (*m*) llygaid, offthalmolegydd: offthalmolegwr (offthalmolegwyr) *m*.

ophthalmology *n.* offthalmoleg *f*, meddygaeth (*f*) y llygaid.

ophthalmoplegia *n.* *Med:* parlys (*m*) y llygaid.

ophthalmoscope *n.* *Med:* offth|almosgop (offthalmosgopau) *m*.

ophthalmoscopic[al] *a.* offthalmosgopig.

ophthalmoscopy *n.* offthalmosgopeg *f.*
opiate[1] *n. Pharm:* cyffur(-iau) *(m)* cysgu, opiad(-au) *m*, cysglyn(-nau) *m*, cysgbair (cysgbeiriau) *m.*
opiate[2] *v.t.* **to ~ s.o.,** peri i rn gysgu.
opine *v.i.* barnu, tybio, tybied, mynegi barn; *U.S:* **I ~,** debygwn i, debyg gen i, 'rwy'n barnu, mi feddyliwn i, *S:* gwl|ei.
opinion *n. (a)* barn(-au) *f, occ:* meddwl *m*, tyb(-iau) *f*, tybiaeth(-au) *f*; **a matter of ~,** mater o farn; **in my ~,** yn fy marn i, yn fy nhyb i, yn fy meddwl i; **to be of the ~ that...,** barnu bod..., bod o'r farn bod..., ystyried bod...; **to have/hold a high ~ of s.o.,** meddwl yn uchel o rn; **he has a high ~ of himself,** mae'n ei feddwl ei hun; mae ganddo feddwl mawr ohono'i hun; mae ganddo dipyn o feddwl ohono'i hun; **I have no high ~ of it,** 'does gen i fawr o feddwl ohono; 'does gen i fawr o olwg arno; **public ~,** y farn gyhoeddus, barn y wlad/bobl/cyhoedd; *(b) (of doctor):* barn, dyfarniad(-au) *m*; *Jur:* **to take counsel's ~,** ymgynghori â chwnsler; *(c) (= belief):* daliad(-au) *m*, cred *f*, barn, *F:* piniwn *m*. **~ poll** *n.* arolwg (arolygon) *(m)* barn, *F:* pôl (polau) *(m)* piniwn.
opinionated *a.* rhagfarnllyd, cyndyn eich barn, tybgar, piniwngar (*pronounced* ng-g), piniynllyd, piniwnus.
opinionatedly *adv.* yn biniwnus *&c.*
opinionatedness *n.* = **opinionativeness.**
opinionative *a.* = **opinionated.**
opinionatively *adv.* yn rhagfarnllyd.
opinionativeness *n.* rhagfarn *f*, ystyfnigrwydd *m*, cyndynrwydd *(m)* barn.
opioid *a. & n. Pharm:* **1.** *a.* opioid. **2.** *n.* opioid(-au) *m.*
opisometer *n.* opisomedr(-au) *m.*
opisthobranch *a. & n. Z:* **1.** *a.* opisthobranchaidd. **2.** *n.* op|isthobranch (opisthobranchiaid) *m.*
opisthodomos *n. Gr.Ant:* opisthodomos (opisthodomoi) *m.*
opisthognathous *a. Physiol:* opisthognathaidd, *F:* [â] gên slip.
opisthograph *n. Gr.& Rom.Ant:* op|isthograff (opisthograffau) *m.*
opium *n.* opiwm *m*. **~ addict** *n.* caeth(-ion) *(m)* i opiwm, caethes(-i) *(f)* i opiwm. **~ den** *n.* ogof (ogofâu, ogof|eydd) *(f)* opiwm. **~ poppy** *n. Bot:* pabi *(m)* opiwm, llysiau*(pl)*'r cwsg.
opiumism *n. Med:* opiymedd *m.*
opopanax *n. Pharm:* op|opanacs *m.*
opossum *n. Z:* oposwm (oposymiaid) *m*; **to play ~,** *(a) (= pretend to be dead):* cymryd arnoch fod wedi marw, smalio/cogio bod wedi marw, cwato; *(b) (= feign ignorance):* smalio/cogio anwybodaeth, *occ:* bwrw dieithr. **~ shrimp** *n. Crust:* berdysyn (berdys) codog *m.*
oppidan *n.* trefwr (trefwyr) *m.*
oppidum *n. Archeol:* |opidwm (opidymau) *m.*
oppilate *v.t.* = **obstruct.**
oppilation *n.* = **obstruction.**
oppo *n. F:* cyfaill (cyfeillion) *m*, cyd-weithiwr (cyd-weithwyr) *m*, mêt(-s) *m.*
opponency *n.* gwrthwynebiad *m* **(to sth,** i rth), gelyniaeth *f* (i rth, tuag at rth).
opponent *a. & n.* **1.** *a. (muscle):* cyferbyniol, cyferbyn. **2.** *n.* gwrthwynebwr: gwrthwynebydd (gwrthwynebwyr) *m*, gwrthwyn|ebwraig *f* **(of sth,** i rth), *Lit: occ:* erbyniwr (erbynwyr) *m*, erbynnydd (erbynyddion) *m.*
opportune *a.* amserol, hwylus, cyfl|eus, cyfaddas, cyfamserol, ffafriol, manteisiol; **this cheque is most ~,** daeth y siec hon ar yr union bryd; mae'r siec hon yn dderbyniol iawn ar hyn o bryd.
opportunely *adv.* yn amserol *&c.*
opportuneness *n.* cyfamseroldeb *m*, amseroldeb *m*, hwylusrwydd *m*, cyfleuster *m.*
opportunism *n.* manteisiaeth *f*, oportiwnistiaeth *f*, cyflëyddiaeth *f*, bachu *(vn)* ar gyfle, achub cyfle.
opportunist *n.* manteisiwr (manteiswyr) *m*, oportiwnydd(-ion) *m*, cyflëydd(-ion) *m*, bachwr (bachwyr) *(m)* ar gyfle, Siôn *(m)* lygad y cyfle, dyn *(m)* gweld ei gyfle (dynion gweld eu cyfle), achubwr (achubwyr) *(m)* cyfle.
opportunistic *a.* manteisgar, oportiwnistaidd, bachog.
opportunity *n.* **1.** cyfle(-oedd) *m*; **to seize an ~,** achub/dal/bachu ar gyfle, *N.E:* achub ar adeg; **if I get an ~,** os caf gyfle, *F: N.W: occ:* os ca' i ffatsh; **at the first/earliest ~,** y cyfle cyntaf a gewch chi, [cyn] gynted ag y gellwch. **2.** = **opportuneness.** **~ cost** *n.* cost *(m)* ymwad, cost cyfle. **~ model** *n.* model(-au) *(m)* cyfle.
opposability *n.* natur gyferbynadwy/wrthosodadwy *f*, cyferbynadwyedd *m*; **I could see the ~ of the two theories,** gallwn weld bod modd gwrthosod y ddwy ddamcaniaeth.
opposable *a.* cyferbynadwy, gwrthosodadwy.
oppose *v.t.* **1. to ~ one thing to another,** cyferbynnu dau beth, rhoi'r naill beth gyferbyn â'r llall. **2.** *(= object to):* gwrthwynebu (rhth).
opposed *a.* **1.** *Anat:* **~ digits,** bysedd cyferbyniol. **2.** *(= hostile):* gwrthwynebol, gwrthwynebus, gelyniaethus **(to sth,** i rth); **it's ~ to all reason,** mae'n groes i bob rheswm; **as ~ to,** o'i gyferbynnu â, mewn cyferbyniad â.
opposer *n.* gwrthwynebydd: gwrthwynebwr (gwrthwynebwyr) *m*, gwrthwyn|ebwraig *f* **(of sth,** i rth).
opposing *a.* gwrthwynebol, gwrthwynebus, gwrthwyneb, croes, gelyniaethus; *Aut:* **~ traffic,** trafnidiaeth wrthwynebol; **~ interests,** buddiannau croes.
opposite *a., n., adv. & prep.* **1.** *a. (a) (= facing):* cyferbyn, *occ:* cyfarwyneb, cyferbyniol; **on the ~ page,** ar y tudalen gyferbyn; **the house ~,** y tŷ gyferbyn, y tŷ am y ffordd â ni, y tŷ sy ar ein cyfer ni, y tŷ dros y ffordd, y tŷ sy'n ein hwynebu; *Mil: Navy: &c:* **~ number,** swyddog(-ion) cyfatebol *m*, cyfatebydd(-ion) *m*; **he's my ~ number at Aberystwyth,** ef sy'n cyfateb i mi yn Aberystwyth; *(b) (= contrary):* gwrthwyneb, croes, cyferbyniol, gwrthgyferbyniol; **the ~ sex,** y rhyw arall *f*; *Mth:* **equal and ~,** hafal a dirgroes, unfaint a dirgroes; **~ sides,** ochrau cyferbyn; **~ signs,** arwyddion dirgroes; **~ angles,** onglau cyferbyn; *Magn:* **~ (poles),** (pegynau) dirgroes, croes i'w gilydd; *Mth: Ph:* **~ direction,** cyfeiriad dirgoes; **in the ~ direction,** i'r cyfeiriad arall, y ffordd arall, yn groes, yn wrthwyneb (i rn); **ships going in the ~ direction to each other,** llongau'n mynd yn groes i'w gilydd. **2.** *n.* y gwrthwyneb *m*, y peth croes *m* **(of sth,** i rth); **the ~ of what he says,** y gwrthwyneb i'r hyn a ddywed. **3.** *adv.* cyferbyn, gyferbyn, ar eich cyfer. **4.** *prep.* gyferbyn (â rhth), ar gyfer (rhth), *S.W: occ:* goddyreb (â rhth); **to sit ~ s.o.,** eistedd gyferbyn â rhn, eistedd ar gyfer rhn; **to sit ~ s.o. at a table,** eistedd am y bwrdd â rhn; *Th:* **to play ~ s.o.,** chwarae gyferbyn â rhn; *Th:* **~ prompt,** gyferbyn â'r cofweinydd.
oppositely *adv.* gyferbyn.
oppositeness *n.* cyferbyniaeth *f*, cyferbynrwydd *m*, gwrthgyferbyniad *m*, gwrthwynebrwydd *m.*
opposition *n.* **1.** *(a)* gwrthwynebiad(-au) *m*; **in ~ to sth,** yn groes i rth, yn erbyn rhth; **parties in ~ [to each other],** pleidiau gwrthwynebol i'w gilydd; *(b) (= resistance):* gwrthsafiad *m*; *(c) Pol: &c:* gwrthwynebwyr *pl*; *(in Parliament):* gwrthblaid *f*; **the ~ spokesman,** y llefarydd dros yr wrthblaid; **the ~ parties,** y gwrthbleidiau; *(d) Com:* cystadleuaeth *f*, *F:* opsisiwn *mf*; *(pers.):* cystadleuydd(-ion) *m*; **to open a shop in ~ to s.o.,** agor siop mewn cystadleuaeth â rhn. **2.** *Astr:* gwrthsafiad(-au) *m*. **3.** *Log:* gwrthgyferbyniad(-au) *m.*
oppositional *a.* gwrthbleidiol.
oppositive *a.* gwrthgyferbyniol, gelyniaethus, gwrthwynebol, gwrthsafol.
oppress *v.t.* **1.** *(= tyrannize):* gorthrymu, gormesu. **2.** *(= weigh down):* llethu.
oppression *n.* **1.** gorthrwm *m*, gorthrymder *m*, gormes *f*. **2.** *(of spirit):* trymder *(m)* ysbryd.
oppressive *a.* **1.** *(law &c):* gormesol, gorthrymus. **2.** *(atmosphere &c):* llethol, trymaidd, trymllyd, mwll, *N.W: occ:* gwygyl, mwygl.
oppressively *adv.* **1.** yn ormesol. **2.** yn llethol.
oppressiveness *n.* **1.** *(of law &c):* gorthrymuster *m*, gorthrymder *m*. **2.** *(of atmosphere):* trymedd *m*, trymder *m*, lletholdeb *m*, myllni *m.*
oppressor *n.* gormeswr (gormeswyr) *m*, gorthrymwr (gorthrymwyr) *m.*
opprobrious *a.* sarh|aus, enllibus, gwaradwyddus.
opprobriously *adv.* yn sarh|aus *&c.*
opprobriousness *n.* gwarthusrwydd *m*, enllibusrwydd *m*, sarhausrwydd *m.*
opprobrium *n.* gwarth *m*, gwaradwydd *m*, cywilydd *m*, gwarthrudd *m.*
oppugn *v.t.* amau (rhth), ymosod (ar rth).
oppugnance, oppugnancy *n.* gwrthwynebiad *m.*
oppugnant *a.* ymosodol, gwrthwynebol.

oppugnation *n.* ymosod *vn* (ar rth), ymosodiad *m.*
oppugner *n.* **1.** = **assailant. 2.** = **disputer.**
opsimath *n.* hwyrddysgwr (hwyrddysgwyr) *m*, hwyrdd|ysgwraig *f.*
opsimathy *n.* hwyrddysg *f.*
opsonic *a. Med:* opsonig.
opsonin *n. Med:* |opsonin *m.*
opsonization *n.*, **opsonize** *v.t. Bact:* opsoneiddio.
opt *v.i.* **to ~ for sth,** dewis rhth; **to ~ in,** [dewis] ymuno, [dewis] bod i mewn, [dewis] bod yn/â rhan, *F:* optio i mewn; **to ~ out (of sth),** tynnu'n ôl, ymeithrio, eich eithrio'ch hun, (o rth); ymwrthod, dewis peidio ag ymuno (â rhth); dewis peidio â dilyn/derbyn (rhth); *F:* optio allan (o rth); **to ~ out of local authority control,** eithrio/ymeithrio o ofal awdurdod lleol. **~-out programme** *n. T.V:* rhaglen (*f*) ddisodli (rhaglenni disodli).
optant *n.* dewiswr: dewisydd (dewiswyr) *m.*
optative *a. & n. Gram:* **~ mood,** y modd eiddunol *m.*
optic *a. & n.* **1.** *a.* golygol, llygadol, optig; **~ lobe,** llabed optig *fm*; **~ nerve,** nerf (*f*) y llygad (nerfau'r llygaid), nerf olygol (nerfau golygol), nerf optig. **2.** *n. (a)* optig(-au) *m*; *(b) pl.* **optics,** opteg *f.*
optical *a. & n.pl.* **1.** *a.* optegol, gweledol; **~ angle,** ongl weledol (onglau gweledol) *f*; **~ illusion,** twyll (*m*) llygaid, rhith(-iau) golygol *m*, twyll-ymddangosiad(-au) *m*; *T.V:* **~ barrier,** ffin weledol *f*; **~ activity,** actifedd(-au) optegol *m*; *Laund:* **~ brightener,** disgleirydd optegol *m*; *Cmptr:* **~ character recognition,** adnabyddiaeth (*f*)/adnabod (*vn*) nodau gweledol; **~ isomer,** |isomer (isomerau) optegol *m*; *Laund:* **~ white,** gwyn optegol; *Lib:* **~ coincidence card,** cerdyn (cardiau) (*m*) cyfatebiaeth weladwy. **2. opticals** *n.pl. T.V:* effeithiau gweledol.
optically *adv.* yn optegol.
optician *n.* optegwr: optegydd (optegwyr) *m.*
optimal *a.* gorau oll, gorau posibl, |optimaidd.
optimism *n.* optimistiaeth *f*, gobaith *m*, hyder *m*, ffyddiogrwydd *m.*
optimist *n.* |optimydd (optimyddion) *m*, |optimist (optimistiaid) *m*, gobeithiwr (gobeithwyr) *m*, rhn (rhai) ffyddiog *&c.*
optimistic[al] *a.* optimistaidd, gobeithiol, ffyddiog, hyderus; **over-~,** gorffyddiog, gorhyderus.
optimistically *adv.* yn obeithiol *&c.*
optimization *n.* optimeiddiad *m*, optimeiddio *vn.*
optimize *v.t.&i.* **1.** *v.t.* gwn|eud y gorau o rth. **2.** *v.i.* bod yn obeithiol, gobeithio. **3.** *v.t. Cmptr: &c:* optimeiddio; **optimizing compiler,** crynhöydd (crynhowyr) (*m*) optimeiddio.
optimizer *n.* optimeiddiwr (optimeiddwyr) *m.*
optimum *n. & attrib.* **1.** *n. Biol:* y gorau posibl *m*, yr amodau mwyaf ffafriol, |optimwm (|optima) *m*; *Econ:* **the major ~,** yr optimwm uchaf; **the minor ~,** yr optimwm isaf. **2.** *attrib.* gorau posibl, mwyaf ffafriol, |optimaidd; **to make ~ use of sth,** defnyddio rhth hyd yr eithaf; **~ marketing unit,** uned (*f*) farchnata optimwm; *Aut:* **~ setting,** gosodiad(-au) (*m*) optimwm.
option *n.* dewis(-ion) *m*, dewisiad(-au) *m*, opsiwn (opsiynau) *m*; *Econ:* hawlddewis(-ion) *m*; **soft ~,** dewis hawdd; **to make one's ~,** dewis, gwneud eich dewis; **I had no ~ but to agree,** nid oedd dewis gennyf ond cytuno; **imprisonment without the ~ of a fine,** carchariad heb gael dewis talu dirwy; **to keep/leave one's options open,** cadw'ch dewis yn rhydd, peidio ag ymrwymo i ddim, cadw pob drws ar agor; *St.Exch:* **to take an ~ on sth,** cymryd opsiwn ar rth. **~ block** *n.* bloc(-iau) (*m*) dewis. **~ choice** *n.* dewisiad(-au) *m.* **~ mortgage** *n.* morgais (morgeisi) dewisol *m.*
optional *a.* dewisol, opsiynol, yn ôl eich dewis, heb fod yn orfodol; **evening dress is ~,** cewch wisgo gwisg hwyrol neu beidio.
optionally *adv.* yn ôl eich dewis, yn ddewisol *&c.*
optometer *n.* optomedr(-au) *m.*
optometrist *n.* optometrydd(-ion) *m.*
optometry *n.* optometreg *f.*
optophone *n.* |optoffon (optoffonau) *m.*
opulence, opulency *n. (= wealth):* golud *m*, cyfoeth *m*; *(= splendour):* godidowgrwydd *m*, gwychter *m*, ysblander *m.*
opulent *a. (= rich):* cyfoethog, goludog, cefnog; *(= magnificent):* godidog, gwych, gorwych, ysblennydd.
opulently *adv.* yn gyfoethog *&c*; yn odidog *&c.*
opuntia *n. Bot:* opwntia(-s, opwntiâu) *mf*, gellygen bigog (gellyg pigog) *f.*
opus *n.* gwaith (gweithiau) *m*; ***magnum* ~,** gwaith mawr (gweithiau mawrion) *m*, campwaith (campweithiau) *m*; *Mus:* opws (|opera) *m.*
opuscule, opusculum *n.* manwaith (manweithiau) *m.*
or[1] *conj.* **1.** *In direct or indirect question: (a) linking mutually exclusive alternatives:* ynteu, neu ynteu, *N: F:* 'ta (*not* neu); *after neg:* na + *spirant mut.*; **will you have tea ~ coffee?** *(i.e. but not both):* te ynteu coffi gymeri di? a gymerwch chi de, ynteu coffi? (*not* a gymerwch chi de neu goffi?); **won't you have tea, ~ coffee?** chymerwch chi ddim te na choffi? **is it true ~ false?** [ai] cywir ynteu anghywir? (*not* cywir neu anghywir?); **is it today you're going, ~ tomorrow?** [pa un ynteu] heddiw ynteu yfory yr ydych yn mynd? ai heddiw ai yfory yr ydych yn mynd? (*not* heddiw neu yfory yr ydych yn mynd?); **are you coming, ~ what?** wyt ti'n dod, ynteu beth? **is it a boy, ~ a girl?** ai bachgen yw, ynteu merch? ai bachgen ai merch ydyw? (*not* ai bachgen yw neu ferch?); *(b) linking words felt to be nearly synonyms, or where the distinction between the alternatives is unimportant:* neu + *soft mut. after neg*; neu; **would you like to have two ~ three apples?** hoffech chi gael dau neu dri afal? **was it a weasel, ~ a stoat, ~ something like that?** ai gwenci, neu garlwm, neu rywbeth tebyg, oedd ef? *(c)* **~ not,** ai peidio; **are you going ~ not?** ydych chi'n mynd ai peidio? (*not* neu ddim?). **2.** *in statements:* neu + *soft mut. after neg.:* na[c]; **either one ~ the other is guilty,** mae'r naill neu'r llall yn euog; **either you ~ she has done it,** un ai ti neu hi a'i gwnaeth; **I can't [either] read ~ write,** fedra'i ddim [nac] ysgrifennu na darllen; **sink ~ swim!** suddwch neu nofiwch! **without money ~ luggage,** heb nac arian na phaciau; **a mile ~ so,** rhyw filltir, tua milltir; **don't move, ~ I'll shoot,** sa'n llonydd, ne' mi saetha' i; *S.a.* **else.**
or[2] *n. Her:* aur *m*, melyn *m*, eurlliw *m.*
orach[e] *n. Bot: (Atriplex):* eurlys: eurllys *m*, llygwyn *m* (*incorrectly* llew gwyn), y ddiflas *f*; **Babington's ~,** *(A. glabriuscula):* llygwyn y tywod; **common ~,** *(A. patula):* llygwyn culddail, llygwyn tryferddail syth; **frosted ~,** *(A. sabulosa):* llygwyn ariannaidd; **garden ~,** *(A. hortensis):* llygwyn yr ardd; **grass-leaved ~, shore ~,** *(A. littoralis):* llygwyn arfor; **sea-beach ~,** *(A. avenaria):* llygwyn y twyni; **spear-leaved ~, hastate ~,** *(A. hastata):* llygwyn tryfal, llygwyn tryferddail; **stalked ~,** *(Haliasione pedunculata):* llygwyn coesog; **shrubby ~,** *(A. halimus):* llwylys gwryw, llygwyn llyswyddaidd.
oracle *n.* oracl(-au) *m*; **to work the ~,** gweithio'r oracl.
oracular *a.* oraclaidd.
oracularity *n.* natur oraclaidd *f*, oracleiddiwch *m*, amwysedd *m*, astrusi *m.*
oracularly *adv.* yn oraclaidd; megis oracl, fel rhyw oracl.
oracy *n.* llithrigrwydd (*m*) ymadrodd, dawn (*m*) dweud, llafaredd *m.*
oral[1] *a.* **1.** *(= spoken):* llafar; *Sch:* **~ [examination],** arholiad(-au) llafar *m*; **~ tradition,** traddodiad llafar *m*; **~ arithmetic,** rhifyddeg (*m*) llafar *f.* **2.** *(a) (= of the mouth):* geneuol; **~ cavity,** ceudod (*m*) y genau; **~ vaccine,** brechlyn (*m*) trwy'r genau, brechlyn i'w lyncu; *Med:* **~ contraceptive,** pilsen (pils) (*f*) atal cenhedlu; **~ hygiene,** glanweithdra geneuol *m*, glanweithdra'r genau, cadw(*vn*)'r genau'n lân; **~ sex,** cyfathrach eneuol; **~ administration,** *(of drug &c):* rhoi (cyffur *&c*) (*vn*) trwy'r geg; *Psy:* **~ stage,** cyfnod geneuol *m*, cyfnod y genau.
oral[2] *v.t.* **to ~ s.o.,** arholi rhn ar lafar, rhoi arholiad llafar i rn.
orality *n.* llafaredd *m.*
orally *adv.* **1.** ar lafar. **2.** trwy'r genau; *(medicine):* **to be taken ~,** i'w lyncu.
orange[1] *n. & a.* **1.** *n. Bot: (a)* oren(-nau) *mf*, *S.W:* orenshyn (orenshys) *m*, *N: F:* oraens(-ys) *m*, *Lit: occ:* afal(-au) euraid *m*, eurafal(-au) *m*; **Seville ~,** oren chwerw; **blood ~,** oren [g]waed (orennau gwaed), oren [g]waedlyd (orennau gwaedlyd); **~ marmalade,** m|armaled/marmalêd orennau; **mock ~,** ffug oren; *(b) Hort:* **Cox's ~ [pippin],** afal(-au) (*m*) Cox; **Blenheim ~,** afal(-au) (*m*) Blenheim. **2. ~ [tree],** coeden (coed) (*f*) orennau, orenwydden (orenwydd) *f.* **3.** *a. & n. (colour):* melyngoch(-

ion) (*pronounced* ng-g), lliw (*m*) oren. **~-ball tree** *n. (Buddleia globosa):* coeden (coed) (*f*) y peli melyn. **~-blossom** *n.* blodau (*pl*) [coed] orennau. **~-daisy** *n. Bot: (Erigeron aurantiacum):* amhrydlwyd melyngoch *m.* **~ drink** *n.* diod(-ydd) (*f*) oren. **~-flower** *n.* blodyn (*m*) oren (blodau orennau). **~-grove** *n.* perllan(-nau) (*f*) orenwydd. **~-house** *n.* tŷ (tai) (*m*) coed orennau, orendy (orendai) *m.* **~-lily** *n. Bot: (Lilium croceum):* lili felen (liliau melynion) *f.* **~-peel** *n.* croen (*m*) oren (crwyn orennau). **~-peel fungus** *n. Fung:* ffwng (*m*) croen oren. **~ poppy** *n. Bot: (Papaver lateritium):* pabi melyngoch *m.* **~ squash** *n.* diod (*f*) oren. **~ star** *n. Bot: (Guzmania lingulata):* seren (sêr) (*f*) oren. **~-stick** *n. Toil:* pric(-iau) (*m*) oren, coesyn(-nau) (*m*) oren. **~-tip** *n. Ent:* blaen(-au) (*m*) oren, blaen euraidd, boneddiges (*f*) y wig (boneddigesau'r wig). **~-wood** *n.* coed (*m*) oren, pren (*m*) oren.

Orange[2] *a.* **1.** *Pol:* yr Orenwyr, Orennaidd, Oren; **~ Lodge,** Cyfrinfa (Cyfrinf|eydd) (*f*) Orenwyr, Cyfrinfa Orennaidd; **the ~ Order,** Urdd (*f*) yr Orenwyr. **2.** *Hist:* **~ Free State,** Gweriniaeth Rydd yr [afon] Oren.

orangeade *n.* diod (*f*) oren, orenêd *m.*

Orangeman *n.m. Pol:* Orennwr (Orenwyr), un o wŷr yr Oren.

orangery *n.* tŷ (tai) (*m*) orenwydd, orendy (orendai) *m.*

Orangism *n. Pol:* Oreniaeth *f.*

orang-[o]utang *n. Z:* orang-wt|ang(-iaid,-od) *m.*

orate *v.i.* areithio, traethu, annerch.

oratio *n. Gram:* **~ *recta*,** araith union *f*; **~ *obliqua*,** araith anunion.

oration *n.* **1.** araith (areithiau) *f*, anerchiad(-au) *m*, *occ:* arawd(-au) *f.* **2.** *Gram:* araith *f.*

orator *n.* areithydd(-ion) *m*, areithiwr (areithwyr) *m.*

Oratorian *n. Ecc:* Oratoriad (Oratoriaid) *m.*

oratorical *a.* rhethregol, areithyddol.

oratorically *adv.* yn rhethregol *&c.*

oratorio *n. Mus:* oratorio(-s, oratorïau) *f.*

oratory[1] *n.* areithyddiaeth *f*, areitheg *f*, areithio *vn*, rhethreg *f.*

oratory[2] *n. Ecc:* betws (betysau) *m*, |oratori (oratorïau) *m*, capel(-i) preifat *m.*

oratress *n.* ar|eithwraig (areithwragedd) *f.*

orb[1] *n.* pelen(-ni) *f*, pellen(-ni) *f*, cronnell (cronellau, cronelli) *f*, globyn(-nau) *m.*

orb[2] *v.t.* cronellu.

orbicular *a.* *(= round):* crwn (*f.* cron, *pl.* crynion); *(= ring-shaped):* cylchog, modrwyog; *(= globular):* crwn, amgrwn (*f.* amgron, *pl.* amgrynion), cronellog, cyfangrwn (*f.* cyfangron, *pl.* cyfangrynion) (*pronounced* ng-g), cyfrgrwn (*f.* cyfrgron, *pl.* cyfrgrynion).

orbicularity *n.* crynder *m*, crynedd *m*, amgrynder *m.*

orbicularly *adv.* yn grwn *&c.*

orbiculate[d] *a. Bot:* crwn (*f.* cron, *pl.* crynion).

orbit[1] *n.* **1.** *(of planet):* cylchdro(-eon) *m*, rhod(-au) *f*, orbit(-au) *mf.* **2.** *Anat:* crau (*m*) llygad (creuau llygaid), twll (*m*) llygad (tyllau llygaid), pwll (*m*) llygad (pyllau llygaid), soced(-i,-au) *fm.* **3.** *Pol:* cylch(-oedd) (*m*) dylanwad.

orbit[2] *v.t.* cylchdr|oi, chwyrlïo, troi (o gwmpas rhth).

orbital *a. & n.* **1.** *a.* *(a)* cylchdröol, cylchdroadol, |orbitol; *(b) Anat:* creuol; *(c) (road):* amgylchynol. **2.** *n. Ph: Mth:* |orbitol (orbitolion) *m*, |orbital (orbitalau) *m.*

orbitale *n. Anat:* orbitale (orbitalia) *m.*

orbiter *n.* cylchdröwr (cylchdrowyr) *m.*

orc, orca *n. Z:* morfil(-od) *m.*

Orcadian *a. & n.* **1.** *a.* Orcadaidd, o Ynysoedd Erch/Orch. **2.** *n.* Orcadiad (Orcadiaid) *m&f*, rhn (rhai) o Ynysoedd Erch/Orch.

orcein *n. Ch: Dy:* orsëin *m.*

orchard *n.* perllan(-nau,-noedd) *f.* **~ grass** *n. Bot:* = **cocksfoot.**

orchardist, orchardman *n.* tyfwr (tyfwyr) (*m*) ffrwythau, perllannwr (perllanwyr) *m.*

orchestic *a. & n.pl.* **1.** *a.* dawnsiol. **2.** *n.pl.* **orchestics,** astudiaeth (*f*) dawnsio, astudiaethau (*pl*) dawnsio, dawnseg *f*, dawnsyddiaeth *f.*

orchestra *n.* cerddorfa (cerddorf|eydd) *f.* **~ bell** *n.* cloch (*f*) y gerddorfa. **~ room** *n.* ystafell (*f*) y gerddorfa. **~ pit** *n.* pwll (pyllau) (*m*) cerddorfa. **~ stall** *n.* sedd flaen (seddau blaen) *f.*

orchestral *a.* cerddorfaol; **~ score,** sgôr (sgorau) (*f*) cerddorfa.

orchestrally *adv.* yn gerddorfaol; i gerddorfa, ar gyfer cerddorfa.

orchestrate *v.t.* **1.** sgorio, trefnu [ar gyfer cerddorfa]. **2.** *Fig:* cyfuno, cytgordio, trefnu, cyd-drefnu (rhth); trefnu (rhth) ar y cyd.

orchestrated *a.* **1.** *Mus:* a drefnwyd ar gyfer cerddorfa; cerddorfaol. **2. an ~ campaign,** ymgyrch a gyd-drefnwyd, ymgyrch fwriadus; **carefully ~ opposition,** gwrthwynebiad wedi ei drefnu'n ofalus.

orchestration *n.* offeryniaeth(-au) *f.*

orchestrator *n.* sgoriwr (sgorwyr) *m*, trefnwr (trefnwyr) *m* [ar gyfer cerddorfa].

orchestrina, orchestrion *n. Mus:* orcestrina (orcestrinâu) *f*, orcestrion(-au) *m.*

orchid *n.* tegeirian(-au) *m*, *V:* caill (*f*) y ci, ceilliau(*pl*)'r ci, eirin (*pl*) y ci, caldrist *f*; **bee ~,** *(Ophrys apifera):* tegeirian gwenynog; **bird's nest ~,** *(Neottia nidus-avis):* tegeirian nyth aderyn; **black vanilla ~,** *(Nigritella nigra):* tegeirian dugoch; **bog ~,** *(Malaxis paludosa):* tegeirian y gors, gef|ell-lys (*m*) y gors; **broad-leaved marsh ~,** *(Dactylorhiza majalis):* tegeirian y gors llydanddail; **bug ~,** *(Orchis coriophora):* tegeirian drewllyd; **burnt tip ~,** *(Orchis ustulata):* cordegeirian(-au) *m*; **butterfly ~,** *(Platanthera chlorantha):* tegeirian llydanwyrdd; **common spotted ~,** = **orchid (spotted)**; **coralroot ~,** *(Corallorrhiza trifida): See* **coralroot**; **dense-flowered ~,** *(Neotinea intacta):* tegeirian dwysflodeuog; **early marsh ~,** *(D. incarnata):* tegeirian y gors; **early purple ~,** *(Orchis mascula):* tegeirian porffor y gwanwyn, dail (*pl*) galar Crist, gwaed (*m*) Iesu Grist; **elder-flowered ~,** *(D. sambucina):* tegeirian ysgawennaidd; **false ~,** *(Chamorchis alpina):* tegeirian bach yr Alpau; **fen ~,** *(Liparis loeselii):* gefell-lys y fignen, tegeirian y fign; **flecked marsh ~,** *(D. cruenta):* tegeirian gwaetgoch; **fly ~,** *(Ophrys insectifera):* tegeirian pryf/cleren; **fragrant ~,** *(Gymnadenia conopsea):* tegeirian pêr; **frog ~,** *(Coeloglossum viride):* llysiau(*pl*)'r ysgyfarnog, paladr blodeuwyrdd *m*; **green-winged ~,** *(Orchis morio):* tegeirian y waun; **heath spotted ~,** *(D. maculata):* tegeirian brith y rhos; **Iceland ~,** *(Habenaria hyperborea):* tegeirian Ynys yr Iâ; **lady ~,** *(Orchis purpurea):* tegeirian porffor; **lady's slipper ~,** *(Cypripedium calceolus):* tegeirian esgid Fair; **late spider ~,** *(Ophrys fuciflora):* tegeirian copynnaidd [hwyr]; **lesser butterfly ~,** *(Platanthera bifolia):* tegeirian llydanwyrdd bach; **lizard ~,** *(Himantoglossum hircinum):* tegeirian madfall; **loose-flowered ~,** *(Orchis laxiflora):* tegeirian coch llipa; **man ~,** *(Aceras anthropophorum):* tegeirian gŵr, blodyn (blodau) (*m*) dyn bychan; **marsh ~,** *(D. traunsteineri):* tegeirian rhuddgoch; **meadow ~,** = **orchid (early marsh)**; **military ~,** *(Orchis militaris):* tegeirian milwr, tegeirian milwrol; **monkey ~,** *(Orchis simia):* tegeirian mwnci; **moorland spotted ~,** *(D. maculata):* tegeirian brith y rhos; **musk ~,** *(Herminium monorchis):* tegeirian mân-flodeuog; **northern marsh ~,** *(D. purpurella):* tegeirian cors y gogledd; **one-leaved bog ~,** *(M. monophyllos):* tegeirian y gors unddeiliog; **pale-flowered ~,** *(Orchis pallens):* tegeirian llwydflodeuog; **Provence ~,** *(Orchis provincialis):* tegeirian Profens; **Pugsley's marsh ~,** = **orchid (marsh)**; **pyramidal ~,** *(Anacamptis pyramidalis):* tegeirian bera, tegeirian pigfain, tegeirian coch yr haf; **round-headed ~,** *(Traunsteinera globosa):* tegeirian pengrwn (*pronounced* ng-g); **small white ~,** *(Pseudorchis albida):* tegeirian bach gwyn; **southern marsh ~,** *(D. praetermissa):* tegeirian cors y de; **spotted ~,** *(D. fuchsii):* tegeirian brych/mannog; **sweet-scented ~,** = **orchid (fragrant)**; **toothed ~,** *(Orchis tridentata):* tegeirian danheddog; **violet bird's nest ~,** *(Limodorum abortivum):* tegeirian porffor; **wasp ~,** *(Ophrys apifera):* tegeirian cacynaidd; **white frog ~,** = **orchid (small white).**

orchidaceous *a. Bot:* tegeirianaidd.

orchidectomy *n. Med:* orcid|ectomi (orcidectomïau) *mf*, tynnu (*vn*) caill.

orchidist *n.* tegeirianwr (tegeirianwyr) *m.*

orchidology *n.* tegeirianeg *f.*

orchidopexy *n. Surg:* orcidopecsi (orcidopecsïau) *m.*

orchiectomy *n.* = **orchidectomy.**

orchil, orchilla *n. Dy:* orcil *m.* **~ lichen** *n. Fung:* rhubanau (*pl*) môr.

orchis *n. Bot:* = **orchid.**

orchitis *n. Med:* llid (*m*) y ceilliau, ceillwst *m*, orcitis *m.*

orchos *n.* = **orchid.**

orcinol *n. Ch:* |orsinol *m.*

ordain *v.t.* **1.** *Ecc:* ordeinio, urddo. **2.** *(of God, fate):* ordeinio, arfaethu, deddfu. **3.** *(of law):* deddfu, ordeinio.

ordainer *n.* ordeiniwr (ordeinwyr) *m*; **Lords Ordainers,** Arglwyddi Ordeinwyr.

ordainment *n.* ordinhad (ordinhadau) *f*, urddiad(-au) *m*, ordeinio *vn*, urddo *vn*.

ordeal *n.* **1.** *Hist: Rel:* diheurbrawf (diheurbrofion) *m*; **~ by fire/ water,** diheurbrawf tân/dŵr. **2.** *Fig:* profedigaeth(-au) *f*, profiad(-au) caled *m*, dioddefaint (dioddefiannau) *m*. **~ bean** *n. Bot:* ffeuen/ffäen (ffa) *(f)* c|alabar. **~ tree** *n. Bot:* coeden *(f)* brawf (coed prawf).

order[1] *n.* **1.** *(a) (= degree):* gradd(-au) *f*; *Mth:* **equation of the first ~,** hafaliad o'r radd gyntaf; **second ~ equation,** hafaliad trefn dau; **second ~ spectrum,** sbectrwm trefn dau; *Mth:* **first ~,** trefn un, y drefn gyntaf; **second ~,** trefn dau, yr ail drefn; **~ of magnitude,** trefn *(f)* maint; **~ statistics,** ystadegau trefn; *Sch:* **higher ~ learning,** dysgu *(vn)* o radd uwch; **talents of the first/ highest ~,** doniau o'r radd flaenaf/uchaf; **a sum of the ~ of a million pounds,** swm o ryw filiwn o bunnoedd; **kinetic ~,** gradd ginetig; **first ~ reaction,** adwaith *(m)* gradd un; *(b) pl. Ecc:* **holy orders,** urddau cysegredig/eglwysig; **major ~,** prif urdd; **minor ~,** is-urdd; **to be in holy orders,** bod yn offeiriad, bod mewn urddau; *(c)* **monastic ~,** urdd fynachaidd; **O~ of Knighthood,** Urdd Marchogion; **O~ of the Garter,** Urdd y Gardas Aur; **O~ of Merit,** Urdd Teilyngdod; *S.a.* **boot**[1] **1**; *(d)* **he was wearing all his orders,** yr oedd yn gwisgo'i holl fedalau/addurniadau; *(e) Arch:* dull(-iau) *m*; **Doric ~,** y dull Dorig; *(f) Nat.Hist:* is-ddosbarth(-au,-iadau) *m*; *(g) Biol:* urdd(-au) *f*. **2.** *(= sequence):* trefn *f*; **in alphabetical ~,** yn nhrefn yr wyddor; **ascending ~,** trefn esgynnol; **in chronological ~,** yn nhrefn amser; **descending ~,** trefn ddisgynnol; **typological ~,** cyfundrefn deipolegol; **in ~ of age,** yn ôl oedran; **out of [its] ~,** allan o['i] drefn, anhrefnus, di-drefn, didrefn; *S.a.* **order**[1] **5**; **pecking ~,** trefn bigo, trefn blaenoriaeth; **batting ~,** trefn y batio; *I.C.E:* **~ of firing,** trefn tanio; **~ of work,** trefn gwaith; **in short ~,** mewn byr o dro, cyn pen dim, yn fuan. **3.** *Mil:* *(a)* **close ~,** trefn glòs; **~ of battle,** trefn frwydro; *(b) (= uniform & equipment):* **in marching ~,** mewn trefn orymdeithio, mewn gwisg orymdeithio; **in review ~, in gala ~,** mewn trefn arolygiad. **4.** goruchwyliaeth *f*; **the old ~ [of things],** yr hen drefn *f*, yr hen oruchwyliaeth; **the present ~ of things,** yr oruchwyliaeth bresennol, y drefn bresennol, y drefn sydd ohoni. **5.** *(a)* **to put sth in ~,** rhoi rhth mewn trefn, rhoi trefn ar rth; *(room &c):* tacluso, twtio, cymhennu; **the matter is now in ~,** mae trefn ar y peth bellach; **to set one's house in ~,** rhoi trefn ar eich pethau; **is your passport in ~?** a yw eich pasport yn gywir? **an apology would be in ~,** byddai ymddiheuriad yn briodol/dderbyniol; **cargo received in good ~,** llwyth a dderbyniwyd mewn cyflwr da; **machine in good [working] ~,** peiriant yn gweithio'n iawn, peiriant mewn cyflwr gweithio; *S.a.* **apple-pie, out of ~,** mewn cyflwr gwael; *(of room, business affairs):* di-drefn, anhrefnus, mewn anhrefn, yn llanast, yn aflêr *&c*; *(of machine):* wedi torri; **the machine is out of ~,** mae rhyw gam-hwyl ar y peiriant; nid yw'r peiriant yn gweithio; **to get/go out of ~,** mynd yn ddi-drefn; *(of machine):* torri; *(b) Parl: &c:* **in ~,** *(= licit):* iawn, derbyniol, priodol, mewn trefn, perthnasol; **out of ~,** allan o drefn; **he was ruled out of ~,** dyfarnwyd ei fod allan o drefn; **it's not in ~ to say that,** nid yw hi'n iawn ichwi ddweud hynny; **(to rule a question) out of ~,** (dyfarnu bod cwestiwn) yn annerbyniol, yn groes i'r rheol, yn amherthnasol; **to rise [to a point of] ~,** codi ar bwynt o drefn; **to call s.o. to ~,** *(a) Parl:* galw rhn i drefn; *(b)* **= scold, berate**; **order!** trefn! **public ~,** y drefn gyhoeddus; **to call a meeting to ~,** agor cyfarfod; **the ~ of the day,** *Parl:* trefn *(f)* y dydd, rhaglen *(f)* y dydd; *Fig:* y peth arferol *m*; **~ paper** *n.* papur y drefn/ rhaglen. **6. law and ~,** trefn gyhoeddus, trefn a rheol, rheol a threfn, cyfraith a threfn; **to keep ~,** cadw trefn; **to keep (s.o.) in order,** cadw trefn (ar rn); gwastrodaeth, gwastrodi (rhn), cadw gwahardd (ar rn), *N.W: occ:* cadw cow (ar rn). **7.** *Ecc:* **~ of service,** trefn y moddion/gwasanaethau; *(at wedding, funeral &c):* trefn y gwasanaeth. **8.** *Mil:* **arm at the ~,** arf wrth droed. **9. in ~ to do sth,** er mwyn [cael] gwneud rhth; **in ~ not to do sth,** er mwyn [cael] peidio â gwneud rhth, rhag gwneud rhth; **in ~ that...,** fel bod..., fel y bo...; **in ~ that... not,** fel na bo..., rhag bod.... **10.** *(a) (= command):* gorchymyn (gorch[y]mynion) *m*, *F:* [g]ordor(-s) *mf*, *Lit:* arch (eirchion) *f*, archiad(-au) *m*; **to give orders to s.o. for sth to be done,** gorchymyn i rn wneud rhth, rhoi gorchymyn i rn wneud rhth; **orders to quit,** gorchymyn [i] ymadael; **he gave me orders to do it,** gorchmynnodd imi ei wneud; **orders are orders,** rhaid dilyn gorchymyn; **affiliation ~,** gorchymyn tadogaeth; **compulsory purchase ~,** gorchymyn pryniant gorfodol; **court ~,** gorchymyn llys; **closing ~,** gorchymyn cau; **demolition ~,** gorchymyn dymchwel; **enforcement ~,** gorchymyn gorfodi; **eviction ~,** gorchymyn troi allan; **exclusion ~,** gorchymyn cadw allan; **maintenance ~,** gorchymyn cynnal; *Parl:* **Standing Orders,** Rheolau Sefydlog; **preservation ~,** gorchymyn cadwraeth; **removal ~,** gorchymyn symud; **supervision ~,** gorchymyn goruchwyliaeth; **restitution ~,** gorchymyn dychwelyd; **witness ~,** gorchymyn tystiolaeth; **until further orders,** nes clywir/ gorchymynnir/dywedir yn wahanol; **by ~ of...,** ar orchymyn..., *Lit:* ar arch..., ar archiad...; **under orders,** dan orchymyn; *(b) Com:* **(pay) to the ~ of...,** (taler) yn ôl dymuniad, ar orchymyn...; **pay X or ~,** taler i X neu a enwo; **bill to ~,** bil ar orchymyn; **~ to pay,** archeb *(f)* i dalu; *(c) Com: (for goods):* archeb(-ion) *f*, *F:* [g]ordor(-s) *f*; **to place an ~ with s.o., to give an ~ to s.o.,** rhoi archeb i rn, archebu rhth gan rn (*not* oddi wrth rn); **standing ~,** archeb sefydlog/barhaol (archebion sefydlog/parhaol); **bank ~, banker's ~,** archeb banc; **mail ~,** archeb drwy'r post; **mail ~ catalogue,** catalog archebu/ archebion drwy'r post; **to put goods on ~,** archebu nwyddau; **they are on ~,** maent wedi eu harchebu; **(done/made) to ~,** (gwnaethpwyd) ar gais, yn arbennig; **(a suit made) to ~,** (siwt a wnaed) ar fesuriad, i fesur; *Fig:* **this job is made to ~ for you,** dyma'r union swydd i ti; dyma'r union swydd ar dy gyfer di; *F:* **that's a tall ~!** cais go anodd! 'rwyt ti'n gofyn tipyn 'nawr/rŵan! dyna un anodd! **11.** *(a) (= official ruling):* gorchymyn *m*; **by ~,** trwy orchymyn; **written ~,** gorchymyn ysgrifenedig; **~ to view a house,** caniatâd *(m)* i weld tŷ; **~ to pay,** gorchymyn i dalu; **O~ in Council,** Gorchymyn y Cyfrin-Gyngor; *Mil:* **mention in orders,** sylw yn hysbysiadau'r dydd; *Navy:* **sailing orders,** cyfarwyddiadau hwylio, *N.W: F:* gordors; **we're under sailing orders,** cawsom y gair i hwylio; *S.a.* **marching**; *F:* **to give s.o. his marching orders,** dweud wrth rn am hel ei bac; *(b)* **~ on a bank,** archeb ar fanc; **money ~,** archeb arian; **postal ~,** archeb bost (archebion post). **~-book** *n.* llyfr(-au) *(m)* archebion. **~ card** *n.* cerdyn (cardiau) *(m)* archebu, *S:* carden (cardiau) *(f)* archebu. **~-clerk** *n.* clerc(-od) *(m)* archebu. **~-form** *n.* ffurflen(-ni) *(f)* archebu.

order[2] *v.t.* **1.** *(a) (= arrange):* trefnu (rhth), rhoi trefn (ar rth), *occ:* hwylio (rhth); *(b) Mil:* **~ arms!** arfau mewn trefn! **2. = ordain 2. 3.** *(a)* **to ~ s.o. to do sth,** gorchymyn i rn wneud rhth (*not* gorchymyn rhn i wneud rhth), *F:* gordro rhn i wneud rhth, rhoi [g]ordors i rn wneud rhth; **they ordered him to be shot,** gorchmynnwyd ei saethu; gorchmynnwyd iddo gael ei saethu; *Jur:* **to be ordered to pay costs,** cael gorchymyn i dalu costau; **to ~ an officer to Brawdy,** anfon swyddog i Freudeth, gorchymyn i swyddog fynd i Freudeth; **to ~ a retreat,** gorchymyn encilio; *(b) Med:* argymell, rhagnodi; *F:* **it's just what the doctor ordered,** dyma'r union beth yr oedd ei angen; dyma'r tonic gorau; *(c) Com:* archebu (rhth), gofyn (am rth); **to ~ a taxi,** galw tacsi; *(d)* **to ~ s.o. about,** hel/anfon rhn o gwmpas, danfon a gyrru rhn, *F:* gordro rhn o gwmpas, *N.W: occ:* helcyd rhn; **to ~ s.o. off,** gorchymyn i rn fynd, gyrru/hel rhn ymaith.

ordered *a.* trefnus, trefnedig.

orderer *n. Com:* archebwr: archebydd (archebwyr) *m*.

ordering *n. & vn.* **1.** trefn *(f)* (ar rth), trefniad(-au) *m*, trefniant *m*. **2.** *vn.* trefnu; *Econ:* trefnoli.

orderliness *n.* **1.** *(= tidiness):* trefnusrwydd *m*, trefn *f*, taclusrwydd *m*, destlusrwydd *m*. **2.** *(= discipline):* trefnusrwydd, trefn, disgyblaeth *f*.

orderly *a. & n.* **1.** *a.* *(a)* trefnus, mewn trefn; *(= tidy):* taclus, twt, destlus, cymen; *(life):* trefnus, parchus, gweddus, gweddaidd, bucheddol; *(b) (crowd &c):* tawel, disgybledig, trefnus, ufudd. **2.** *n. Mil:* swyddog(-ion) *(m)* negesau; **hospital ~,** ysbytŷwr (ysbytywyr) *m*, ysbytywraig (ysbytywragedd) *f*, cynorthwywr (cynorthwywyr) *m*; *(= cleaner):* glanhäwr (glanhawyr) *m*. **~ book** *n.* llyfr(-au) *(m)* gorchmynion. **~ officer** *n. Mil:* swyddog(-ion) *(m)* y dydd. **~ room** *n. Mil:* ystafell *(f)* y clercod.

ordinal *a. & n.* **1.** *a. Biol:* is-ddosbarthol; *Mth: Gram:* trefnol; *Sociol:* ~ **scales,** graddf|eydd rhestrol; *Rel:* |ordinal; *Lib:* ~ **notation,** nodiant (nodiannau) trefnol *m.* **2.** *n.* ~ **[number],** trefnolyn (trefnolion) *m*, rhif(-au) trefnol *m.*
ordinance *n.* gorchymyn (gorch[y]mynion) *m*, ordinhad(-au) *f*, deddfiad(-au) *m.*
ordinand *n. Ecc:* |ordinand (ordinandiaid) *m*, ymgeisydd (ymgeiswyr) (*m*) am urddau.
ordinarily *adv.* fel arfer, fel rheol, yn arferol.
ordinariness *n.* cyffredinedd *m*, *occ:* cyffredinwch *m.*
ordinary *a. & n.* I. *a.* *(a)* cyffredin; ~ **people/folk,** pobl gyffredin *f or pl*; *(b) (= usual):* arferol; **in the ~ way,** fel arfer. II. *n.* **1.** *(a)* **out of the ~,** anghyffredin, eithriadol; *(b)* **physician in ~,** meddyg sefydlog, meddyg teulu, meddyg teuluaidd. **2.** *Her:* arfbais gyffredin (arfbeisiau cyffredin) *f.* **3.** *Scot: Jur:* barnwr (barnwyr) *m*; *Ecc:* esgob(-ion) *m*, archesgob(-ion) *m.* **4.** *Ecc:* **the O~ of the Mass,** |Ordinari(*m*)'r Offeren. **5.** *(meal):* pryd(-au) gosod *m.*
ordinate *n. Mth:* mesuryn(-nau) *m*; **co-~,** cyfesuryn(-nau) *m*; **mid-~ rule,** dull (*m*) y mesuryn canol.
ordination *n.* **1.** *(= arrangement):* trefn *f*, trefniant *m*; *(of plants &c):* dosbarthiad(-au) *m.* **2.** *(= decree):* ordinhad(-au) *m*, gorchymyn (gorch[y]mynion) *m.* **3.** *Ecc:* urddiad(-au) *m*, ordeiniad(-au) *m*, urddo *vn*, ordeinio *vn*, sefydlu *vn.*
ordnance *n.* **1.** *(= artillery):* gynnau mawr *pl*, canonau *pl*, *Lit:* magnelau *pl*, cyflegr *m.* **2.** *Mil:* cyflenwadau *pl*, ordnans *mf*; **Royal O~ Factory,** Ffatri Arfau'r Goron. ~ **datum** *n.* datwm (data) (*m*) ordnans. **O~ Survey** *n.* yr Arolwg (*m*) Ordnans, yr Adran (*f*) Fapio; **O~ Survey map,** map(-iau) (*m*) Ordnans.
ordonnance *n.* trefn *f*, trefniant *m.*
Ordovices *n.pl. Hist:* Ordofigiaid.
Ordovician *a.* Ordofigaidd.
ordre *n. Mus:* cyfres(-i) *f*, ***ordre(-s)*** *m.*
ordure *n.* = **dung, filth.**
ore *n.* mwyn(-au) *m*, mwn(-au) *m*; **argentiferous ~,** mwyn ariannaidd; **iron ~,** mwyn haearn; **bog iron ~,** mwyn haearn cors; **native ~,** mwyn naturiol. ~ **carrier** *n.* mwynlong(-au) *f.* ~ **dressing** *vn.* trin mwyn.
öre *n. Num:* öre *mf & inv.*
oread *n. Myth:* nymff (*f*) fynydd (nymffau mynydd).
orectic *a. Phil:* dyheadol.
oregano *n. Cu:* oregano *m.*
oreography, oreology *n.* = **orography, orology.**
orethrum *n. Ent:* **keeled ~,** orethrwm rhesog *m.*
oreweed *n. Bot:* = **oarweed.**
orfe *n. Ich:* **[golden] ~,** orff(-od,-iaid) (*m*) aur; **silver ~,** orff arian.
organ *n.* **1.** *Mus:* organ(-au) *f*; **mouth-~,** organ geg (organau ceg); **American ~,** harmoniwm (harmonia) *m*, organ Americanaidd; **pipe-~,** organ bib (organau pib); **street-~,** handl-organ(-s) *f*, hyrdi-gyrdi(-s) *f*, organ stryd. **2.** *(a) Anat:* organ(-au) *f*; *(b) (= medium, paper):* papur(-au) *m*, cylchgrawn (cylchgronau) *m*, llais (lleisiau) *m.* **3.** **an ~ of government,** corff (cyrff) (*m*) llywodraeth, sefydliad(-au) (*m*) llywodraeth. ~ **bellows** *n.* megin(-au) (*f*) organ. **~-bird** *n. Orn:* cigydd(-ion) cras *m.* **~-blower** *n.* chwythwr (*m*) organ (chwythwyr organau). **~-builder** *n.* saer (seiri) (*m*) organau. ~ **case,** ~ **chest** *n.* cist (*f*) wynt (cistiau gwynt). ~ **console** *n.* consol (*m*) organ (consolau organau). **~-grinder** *n.* troellwr (*m*) organ (troellwyr organau), dyn(-ion) (*m*) hyrdi-gyrdi, dyn handl-organ. **~-loft** *n.* llofft (*f*) organ (llofftydd organau). **~-mass** *n.* offeren(-nau) (*f*) organ. **~-pipe** *n.* pibell(-au) (*f*) organ. **~-scholar** *n.* ysgolor(-ion) (*m*) organ. **~-screen** *n.* sgrîn (*f*) organ (sgriniau organau). ~ **sound-board** *n.* seinfwrdd (*m*) organ (seinfyrddau organau). **~-stop** *n.* stop (*m*) organ (stopiau organ/organau). ~ **voluntary** *n.* ***voluntary (voluntaries)*** *m.* ~ **wind-chest** *n.* cist (*f*) wynt organ (cistiau gwynt organau).
organdie *n. Tex:* |organdi *m.*
organelle *n. Biol:* organél (organelau, organeli) *mf*, organyn(-nau) *m.*
organic *a.* **1.** *Med: Biol: Ch:* organig, organaidd. **2.** *(food &c):* organig, organaidd, naturiol. **3.** *Pol:* sylfaenol, organaidd, cynhenid; ~ **law,** deddf sylfaenol *f*; **an ~ society,** cymdeithas organaidd *f*; ~ **solidarity,** undod organaidd *m.* **4.** *(= systematic):* cyfundrefnol, trefnus, trefnedig.
organically *adv.* yn organig *&c.*
organicism *n.* organyddiaeth *f.*
organism *n.* creadur(-iaid) *m*, bod(-au) byw *m*, milyn (milod) *m*, organedd(-au) *m*, *less correctly:* organeb(-au) *f.*
organist *n.* organydd(-ion) *m*, organyddes(-au) *f.*
organizable *a.* trefnadwy.
organization *n.* **1.** trefniant *m*, trefniadaeth *f*; *(action):* trefnu *vn.* **2.** *(= company, society &c):* corff (cyrff) *m*, cyfungorff (cyfungyrff) *m* (*pronounced* ng-g), cymdeithas(-au) *f*, mudiad(-au) *m*; *(= system):* cyfundrefn(-au) *f*, trefniadaeth *f*, trefnyddiaeth *f*, trefn *f*, *occ:* trefnoliad *m*; **charity ~,** elusen(-nau) *f*; **social ~,** cyfundrefn gymdeithasol; **O~ of African Unity,** Cyfundrefn Undod Affrica; **O~ of American States,** Cyfundrefn Gwledydd America; **North Atlantic Treaty O~,** Cyfundrefn Cytundeb Gogledd Iwerydd; **South-East Asia Treaty O~,** Cyfundrefn Cytundeb De-Ddwyrain Asia; **United Nations O~,** Cyfundrefn y Cenhedloedd Unedig; **United Nations Educational, Social and Cultural O~,** Cyfundrefn Addysgol, Gymdeithasol a Diwylliannol y Cenhedloedd Unedig; **Food and Agriculture O~,** Y Gyfundrefn Fwyd ac Amaeth; **World Health O~,** Cyfundrefn Iechyd y Byd; **Palestine Liberation O~,** Mudiad Rhyddhad Palesteina; **O~ of African Unity,** Cyfundrefn Undod Affrica.
organizational *a.* cyfundrefnol, trefniadol, trefnyddol, trefniadaethol; ~ **conflict,** gwrthdaro (*vn*) mewn cyfundrefnau.
organize *v.t.* trefnu.
organized *a.* cyfundrefnol, trefnus, trefnedig, mewn trefn; *Biol:* organig, organaidd; ~ **labour,** undebwyr *pl*, undebau (*pl*) llafur; ~ **religion,** crefydd gyfundrefnol *f.*
organizer *n.* **1.** trefnydd(-ion) *m*, trefnwr (trefnwyr) *m*, tr|efnwraig (trefnwragedd) *f.* **2.** *Biol:* meinwe (*f*) batrymu (meinweoedd patrymu).
organography *n.* organograffeg *f.*
organoleptic *a.* organoleptig.
organology *n.* organoleg *f.*
organometallic *a.* organometalig.
organon *n. Phil:* |organon (organonau) *m.*
organotherapy *n.* organoth|erapi *m.*
organum *n. Mus:* |organwm *m.*
organza *n. Tex:* organsa *m.*
organzine *n. Tex:* organsin *m.*
orgasm *n.* **1.** = **frenzy. 2.** *(sexual):* cynhyrfiad(-au) *m*, uchafbwynt(-iau) *m*, anterth(-au) *m*, orgasm(-au) *m.*
orgasmic, orgastic *a.* orgasmig; *(loosely):* gorffwyll, gwyllt.
orgeat *n.* diod (*f*) farlys.
orgiastic *a.* gorffwyll, trythyll.
orgy *n.* **1.** *(= revelry):* gloddest(-au) *f*, rhialtwch *m*, cyfeddach *f.* **2.** *(sexual):* cywestach *m*, trythyllwest(-i) *f.* **3.** **an ~ (of colour),** toreth (*fm*), gloddest (o liwiau); **an ~ of killing and raping,** gloddest o ladd a threisio.
originative *a.* creadigol.
originatively *adv.* yn greadigol.
oribi *n. Z:* |oribi (oribïod, oribïaid) *mf.*
orichalc, orichalcum *n.* eurbres *m*, cop[o]r melyn *m.*
oriel *n. Arch:* oriel(-au) *f.*
orient[1] *n.* **1.** **O~,** *(= East):* y Dwyrain *m.* **2.** llewy[r]ch *m*; **a pearl of a fine ~,** perl o lewy[r]ch gwych.
orient[2] *v.t.* = **orientate.**
oriental *a. & n.* **1.** *a.* dwyreiniol, o'r Dwyrain. **2.** *n.* dwyreiniad (dwyreiniaid) *m&f*, dwyreiniwr (dwyreinwyr) *m*, dwyr|einwraig (dwyreinwragedd) *f.*
orientalism *n.* dwyreinioldeb *m*; *(idiom):* dwyreinair (dwyreineiriau) *m.*
orientalist *n.* dwyreinydd(-ion) *m.*
orientalize *v.t.* dwyreinio.
orientate *v.t.* *(a) (= point east):* cyfeirio (rhth) tua'r dwyrain; *(b) (= place, adjust &c):* gosod/lleoli (rhth), *occ:* cyfeiriadu (rhth); **to ~ oneself,** eich cyfeirio'ch hun, ymgyfeirio, eich lleoli'ch hun, cael pen eich ffordd, gweld ble yr ydych; *Sch:* **to ~ work,** gogwyddo gwaith.
orientated *a.* â gogwydd; *Cmptr:* cyfeiriedig (**towards sth,** at rth).
orientation *n.* **1.** *(= position):* lleoliad(-au) *m.* **2.** *(= direction):* cyfeiriad(-au) *m.* **3.** *(= directing):* cyfeiriadu *vn*, gogwydd *m*, cyfeiriadedd *m.* **4.** *(= birds' faculty):* synnwyr (*m*) cyfeiriad, ymgyfeiriad *m.*

orientator *n.* cyfeiriwr (cyfeirwyr) *m*, cyfeiriadwr (cyfeiriadwyr) *m*. **~ course** *n.* cwrs (*m*) ymgyfarwyddo.

orienteering *vn.* cyfeiriadu, trywyddu. **~ club** *n.* clwb (clybiau) (*m*) pen ffordd.

orifice *n.* twll (tyllau) *m*, agen(-nau) *f*; *Ph: (of instrument &c):* genau (geneuau) *m*, agorfa (agorf|eydd) *f*.

oriflamme *n. Hist:* eurfflam *f*.

origami *n.* origami *m*.

origan, origanum *n. Bot:* mintys (*m*) y graig, mintys y creigiau, mesuriad *m*.

Origenism *n.* Origeniaeth *f*.

Origenist *n.* Origenydd(-ion) *m*.

origin *n.* **1.** *(= beginning):* dechreuad(-au) *m*, dechrau *vn*, cychwyniad(-au) *m*, cychwyn *vn*; **the ~ of the universe,** dechreuad y bydysawd. **2.** *(= derivation):* tarddiad *m*, gwreiddyn *m*; *Rel:* **~ stories,** storïau tarddiad; *(of a rumour &c):* tarddiad, ffynhonnell (ffynonellau) *f*; **a word of Greek ~,** gair o darddiad Groegaidd; **point of ~,** tarddle(-oedd) *m*, dechreule(-oedd) *m*, man(-nau) (*m*) cychwyn/tarddiad. **3.** *(of pers.):* tarddiad, haniad *m*, tras *f*, *occ:* gwreiddiau *pl*; **a humble ~,** tras isel, tras werinol; **she'll show up her origins,** hysbys y dengys dyn o ba radd y bo'i wreiddyn; *N. W:* mi ddaw clocsiau ei nain i'r golwg; **one's country of ~,** gwlad eich geni/genedigaeth, gwlad eich gwreiddiau, gwlad eich cychwyniad, eich mamwlad *f*, *Lit:* eich genedigol wlad; **the ~ of the dispute,** gwr|aidd yr anghydfod; *Cust:* **certificate of ~,** tystysgrif (*f*) tarddiad/haniad. **4.** *Mth: Cmptr:* lleolbwynt(-iau) *m*, man(-nau) (*m*) cychwyn. **5.** *Anat:* **[muscle] point of ~,** tarddle(-oedd) *m*. **~-destination** *n.* tarddiad-nod *m*.

original 1. *a. (= first, earliest):* gwreiddiol, cysefin, *occ:* cyntaf, cynharaf; *Theol:* **~ sin,** pechod gwreiddiol; *Needlew:* **~ design,** dyluniad/cynllun gwreiddiol; *Cmptr:* **~ equipment manufacturer,** cynhyrchydd (*m*) offer gwreiddiol; *Mus: (in serialism):* sylfaenol; *(b) (= novel):* gwreiddiol, newydd; **an ~ mind,** meddwl gwreiddiol. **2.** *n. (a)* gwreiddiol(-ion) *m*, cynddelw(-au) *f*; **(it means "white") in the ~,** ("gwyn" yw ei ystyr) yn yr iaith wreiddiol, yn y gwreiddiol; **copied from the ~,** copïwyd o'r gwreiddiol; **based on a lost ~,** seiliedig ar wreiddiol coll; *(b) (pers.):* rhn (rhai) gwreiddiol/hynod *m*, cymeriad(-au) *m*, *F:* cymêr(-s) *m*, *N: F:* peiriant (peiriannau) *m*.

originality *n.* gwreiddioldeb *m*.

originally *adv.* **1.** *(= in origin):* yn wreiddiol, ar y cyntaf, ar y cychwyn, yn ei haniad, yn ei darddiad, yn y bôn. **2.** *(= in an original manner):* yn wreiddiol; **the play is ~ conceived,** mae cynllun gwreiddiol i'r ddrama.

originate *v.t.&i.* **1.** *v.t.* cychwyn, dechrau. **2.** *v.i.* tarddu, deillio, hanfod, hanu (**in sth,** o rth); cychwyn, dechrau (yn rhth); **the fire originated under the floor,** cychwynnodd y tân dan y llawr; **he originated from the South,** 'roedd yn hanu/hanfod o'r De.

originating *a.* cychwynnol.

origination *n.* **1.** cychwyniad *m*, dechreuad *m*, cychwyn *vn*, dechrau *vn*. **2. = origin.**

originator *n.* cychwynnwr: cychwynnydd (cychwynwyr) *m*, dechreuwr (dechreuwyr) *m*, cychw|ynwraig *f*, dechr|euwraig *f*.

orinasal *a. Phon:* geneu-drwynol.

oriole *n. Orn:* **1.** oriol(-iaid) *m*; **golden ~,** euryn(-nod) *m*, robin (*m*) aur, mwyalchen felen (mwyeilch melyn) *f*, eurgeg(-au) *f*; **Baltimore ~,** euryn Baltimore.

Orion *n. Astr:* Orïon *m*; **~'s Belt,** Llathen (*f*) Fair, y Groes Fendigaid *f*, y Tri Brenin *pl*, Llathen Teiliwr.

orison *n. A:* gweddi (gweddïau) *f*.

Oriya *a.* & *n.* **1.** *a.* Orïaidd. **2.** *n. (a) Ethn:* Orïad (Orïaid) *m&f*; *(b) Ling:* Orïa *f*, *m*.

Orkneys *Pr.n.pl. Geog:* Ynysoedd Erch/Orch.

orle *n. Her: A:* wrlys *m*, godre(-on) *m*.

Orleton *W.Pl.n.* Tre-wern *f*.

Orlon *n. R.t.m:* Orlon *m*.

orlop *n. Nau:* **~ deck,** bwrdd (byrddau) isaf *m*.

ormer *n. Moll:* clust (*f*) fôr (clustiau môr), morglust(-iau) *f*, *N. W:* cragen (*f*) gasgliad (cregyn casgliad).

ormolu *n.* |ormolw *m*.

ornament¹ *n.* addurn(-au) *m*, addurniad(-au) *m*, *occ:* tlws (tlysau) *m*; *F: (household):* |ornament(-s) *m*. **~ horizon** *n. Archeol:* terfynlin (*f*) addurn. **ornaments rubric** *n. Rel:* rhuddell (*f*) yr addurniadau.

ornament² *v.t.* addurno.

ornamental *a.* & *n.* **1.** *a.* addurnol, addurniadol; **~ mason,** saer (*m*) maen (seiri meini). **2.** *n.* planhigyn (planhigion) addurnol *m*.

ornamentalism *n.* addurniadaeth *f*.

ornamentalist *n.* addurniadwr (addurniadwyr) *m*.

ornamentality *n.* addurnoldeb *m*.

ornamentally *adv.* yn addurnol *&c*.

ornamentation *n.* addurnau *pl*, addurniadau *pl*, addurnwaith *m*, addurno *vn*; *Mus:* addurniad(-au) *m*.

ornamented *a.* addurnedig, addurnog.

ornate *a.* addurnol, addurnedig.

ornately *adv.* yn addurnol *&c*.

ornateness *n.* addurnedd *m*.

orneriness *n. F: U.S:* piwisrwydd *m*, tymer flin *f*.

ornery *a. F: U.S:* annymunol, blin, milain, mileinig, piwis, pifis.

ornithic *a.* adarol.

ornithine *n. Bio-Ch:* ornithin *m*.

ornithischian *a.* & *n. Paleont:* **1.** *a.* ornithisgaidd. **2.** *n.* ornithisgiad (ornithisgiaid) *m*.

ornithoid *a.* adaraidd.

ornithologic[al] *a.* adaregol.

ornithologist *n.* adaregwr: adaregydd (adaregwyr) *m*, adar|egwraig *f*.

ornithology *n.* adareg *f*, adaryddiaeth *f*.

ornithomancy *n.* adarddewiniaeth *f*, adargoeliaeth *f*.

ornithopod *n.* adardroedog(-ion) *m*.

ornithopter *n. Av:* ornithopter(-au) *m*.

ornithorhynchus *n. Z:* **= platypus.**

ornithoscopy *n.* adargoeliaeth *f*.

ornithosis *n. Vet:* clefyd (*m*) y golomen, ornithosis *m*.

orobanchaceous *a.* gorfanhadlog, orfancaidd.

orogenesis *n.* orog|enesis *m*, orogenedd *m*, orogeni *m*.

orogenetic, orogenic *a.* orogenetig.

orogeny *n.* **= orogenesis.**

orographic[al] *a.* orograffig.

orography *n.* orograffeg *f*.

oroide *n. Metall:* oroid *m*.

orological *a.* mynyddegol.

orologist *n.* mynyddegwr (mynyddegwyr) *m*.

orology *n.* mynyddeg *f*.

orometer *n.* oromedr(-au) *m*.

oropharynx *n. Anat:* oroffaryncs(-au) *m*.

orotund *a.* **1.** *(= sonorous):* soniarus, llawnllafar, urddasol. **2.** *Pej: (= bombastic):* chwyddedig, mawreddog, chwyddeiriog.

orphan¹ *n.* & *a.* **1.** *n.* plentyn amddifad (plant amddifaid) *m*. **2.** *a.* amddifad.

orphan² *v.t.* amddifadu; **he was orphaned by an earthquake,** collodd ei rieni mewn daeargryn.

orphanage *n.* **1.** *(condition):* amddifedi *m*, amddifadrwydd *m*. **2.** *(= home):* cartref(-i) (*m*) plant amddifaid, *occ:* amddifaty (amddifatai) *m*.

orphaned *a.* amddifad (amddifaid); **he was ~ of a father,** yr oedd yn amddifad o dad; yr oedd wedi colli ei dad.

orphanhood *n.* amddifadrwydd *m*, amddifedi *m*.

Orphean *a.* Orffeaidd; *(in general sense):* swynol, hudolus.

Orpheus *Pr.n.m.* Orffews.

Orphic *a.* Orffig.

Orphism *n.* Orffiaeth *f*.

orphrey *n. Ecc:* orffrais *m*.

orpiment *n. Miner:* eurbibau *pl*, eurlliw *m*.

orpin[e] *n. Bot: (Sedum telephium):* berwr (*m*) Taliesin, canewin *f*, bywydog lydanddail *f*, llysiau (*pl*) Taliesin, ffäen (*f*) Taliesin, orpin *m*, teleffin *m*.

orrery *n. Astr:* planedur(-on) *m*, oreri (orerïau) *mf*.

orris¹ *n. Bot:* **= iris 3. ~-root** *n. Pharm:* gwr|aidd (*m or pl*) elestr. **~-powder** *n.* powdwr (*m*) elestr.

orris² *n. Needlew:* eurwaith *m*.

orthetrum *n. Ent:* orthetrwm (orthetrymau) *m*; **black-lined ~,** orthetrwm llinell ddu; **keeled ~,** orthetrwm rhesog.

orthite *n. Miner:* orthit *m*.

orthoboric *a. Ch:* orthoborig.

orthocaine *n. Ch:* |orthocen *m*.

orthocentre *n. Geom:* |orthograidd (orthogreiddiau) *m*.

orthocephalic, orthocephalous *a.* orthoseffalig.

orthocephaly *n.* orthoseffaledd *m*.

orthochromatic *a. Phot:* orthocromatig.
orthoclase *n. Miner:* |orthoclas *m.*
orthodontic *a.* orthodontig.
orthodontics *n.pl.* orthodonteg *f.*
orthodontist *n.* orthodontydd(-ion) *m*, orthodeintydd(-ion) *m.*
orthodox *a.* **1.** *Rel: Pol: &c:* uniongred (*pronounced* ng-g), *occ:* union-gred. **2.** *(= usual):* arferol, confensiynol.
orthodoxly *adv.* yn uniongred (*pronounced* ng-g), yn arferol *&c.*
orthodoxy *n.* uniongrededd *m* (*pronounced* ng-g).
orthoepic *a.* orthoëpig.
orthoepist *n.* orthoëpydd(-ion) *m.*
orthoepy *n.* orthoëpeg *f.*
orthogenesis *n.* orthog|enesis *m.*
orthogenetic *a.* orthogenetig.
orthognathic, orthognathous *a.* gensyth, orthognathig.
orthogonal *a.* iawn-onglog, orthogonol.
orthogonality *n.* orthogonoledd *m.*
orthogonally *adv.* yn orthogonol.
orthographer, orthographist *n.* orgraffwr (orgraffwyr) *m*, orgraffydd(-ion) *m.*
orthographic[al] *a.* **1.** *Gram:* orgraffyddol. **2.** *Geom:* **= orthogonal. 3.** *Geog:* orthograffig; **~ projection,** tafluniad orthograffig *m*; **~ view,** golwg orthograffig *f.*
orthographically *adv.* o ran orgraff, yn orgraffyddol.
orthography *n.* orgraff(-au) *f.*
orthohydrogen *n. Ch:* orthoh|ydrogen *m.*
orthonormal *a.* orthonormal.
orthopaedic *a.* orthopedig.
orthopaedics *n.pl.* orthopedeg *f.*
orthopaedist *n.* orthopedydd(-ion) *m.*
orthopaedy *n.* **= orthopaedics.**
orthophosphoric *a. Ch:* orthoffosfforig.
orthopsychiatric[al] *a.* orthoseiciatrig.
orthopsychiatrist *n.* orthoseiciatrydd(-ion) *m.*
orthopsychiatry *n.* orthoseiciatreg *f.*
orthopteron *n. Ent:* orth|opteron (orth|optera) *m.*
orthopterous *a. Ent:* orthopteraidd.
orthoptic *a.* orthoptig.
orthoptics *n.pl.* orthopteg *f.*
orthoptist *n.* orthoptydd(-ion) *m.*
orthorhombic *a.* orthorhombig.
orthoscopic *a.* orthosgopig.
orthostat *n. Arch:* |orthostat (orthostatau) *f*, carreg syth (cerrig sythion) *f.*
orthostichous *a. Bot:* orthostichaidd.
orthostichy *n. Bot:* orthostichedd *m.*
orthotics *n.pl.* orthoteg *f.*
orthotone *a. & n.* **1.** *a.* orthotonig. **2.** *n.* |orthoton (orthotonau) *m.*
orthotropic *a. Bot:* syth, orthotropig.
orthotropism *n. Bot:* orthotropedd *m.*
orthotropous *a. Bot:* orthotropaidd.
ortolan *n. Orn:* bras (breision) (*m*) y gerddi.
Orwellian *a.* Orwel[l]aidd.
oryx *n. Z:* orycs(-od) *m.*
os[1] *n. Anat: Z:* **= bone.**
os[2] *n. Anat:* **= mouth, opening.**
os[3] *n. Geol:* esgair (esgeiriau) *f.*
Osage *Pr.n.* **~ orange,** *(tree):* orenwydden ddreiniog (orenwydd dreiniog) *f*; *(fruit):* oren [d]dafadennog (orennau dafadennog) *mf.*
Osbaston *Eng.Pl.n.* *(in Shropshire):* Tre-osbon *f.*
Oscan *a. & n.* **1.** *a.* Osgaidd; *(in language):* Osgeg. **2.** *n.* *(a) Ethn:* Osgiad (Osgiaid) *m&f*; *(b) Ling:* Osgeg *f*, *m.*
Oscar *Pr.n.m.* Osgar.
oscillate *v.t.* pendilio, siglo; *Ph: El: Mus:* osgiladu; *Ling:* ymsiglo; *T.V:* tonni.
oscillating *a.* siglog, osgiladol, pendiliol.
oscillation *n.* pendiliad(-au) *m*, siglad(-au) *m*; *vn.* **= oscillate**; *Ph: El: Mus:* osgiladiad(-au) *m*; **damped ~,** osgiladiad gwanychol; **forced ~,** osgiladiad gorfod; *Ling:* ymsiglad(-au) *m.*
oscillator *n.* osgiladur(-on) *m*; **beat frequency ~,** osgiladur amledd curiad.
oscillatory *a.* pendiliol, siglog, osgiladol.
oscillograph *n. Ph: El:* osg|ilograff (osgilograffau) *m.*
oscilloscope *n.* osg|ilosgop (osgilosgopau) *m.*
oscine, oscinine *a.* **= passerine.**
oscitance, oscitancy *n.* **= drowsiness, yawning**[2]**.**
oscitant *a.* **= drowsy, yawning.**
oscitation *n.* **= yawn.**
osculant *a.* minialaidd.
oscular *a.* *(= of the mouth):* geneuol; *(= of kissing):* cusanol.
osculate *v.i.* minialu.
osculating *a.* minialaidd.
osculation *n.* minialu *vn*, minialedd(-au) *m.*
osculatory *a. & n.* **1.** *a.* cusanol; *Geom:* minialaidd. **2.** *n.* cusanlun (-iau) *m.*
osculum *n.* |osgwlwm (|osgwla) *m*, agorfa (agorf|eydd) *f.*
osey *n. Vit:* osai *m.*
osier *n.* **1.** *Bot:* helygen (helyg) *f*, merhelygen (merhelyg) *f*; **auricled ~,** *(Salix stipularis):* helygen glustennog (helyg clustennog); **common ~,** *(S. viminalis):* helygen wiail (helyg gwiail); **green ~,** *(Cornus alternifolia):* gwyros(-ydd) gwyrdd *m*; **green-leaved ~,** *(S. purpurea syn. rubra):* helygen werdd (helyg gwyrddion); **silky-leaved ~,** *(S. smithiana):* helygen sidanddail. **2.** *(in basketwork):* gwialen (gwiail) *f.*
Osmanli *Pr.n.* **= Ottoman.**
osmic *a. Ch:* osmig.
osmicridium *n.* **= iridosmine.**
osmious *a. Ch:* osmiaidd.
osmium *n. Ch:* osmiwm *m.*
osmometer *n.* osmomedr(-au) *m.*
osmoregulation *n.* osmoreolaeth *f.*
osmoregulatory *a.* osmoreolaethol.
osmose[1] *n.* **= osmosis.**
osmose[2] *v.t.&i.* osmosio.
osmosis *n.* osmosis *m.*
osmotic *a.* osmotig; **~ pressure,** gwasgedd osmotig *m.*
osmotically *adv.* yn osmotig.
osmund *n. Bot:* cyfrdwy *f*, rhedynen (*f*) gyfrdwy (rhedyn cyfrdwy), rhedynen Crist, rhedynen flodeuog (rhedyn blodeuog), lloeredynen (~lloeredyn) *f.*
osprey *n.* **1.** *Orn:* gwalch (gweilch) (*m*) y pysgod. **2.** *Cost:* pluen (plu) (*f*) eryr.
ossein *n.* osëin *m.*
osselet *n. Vet:* cragen (*f*) gar (cregin garrau).
osseous *a.* esgyrnog, esgyrnaidd, esgyrnol.
Ossetia *Pr.n. Pol:* Osetia *f.*
Ossetian *a. & n.* **1.** *a.* Osetaidd; *(in language):* Oseteg. **2.** *n.* *(i) Ethn:* Osetiad (Osetiaid) *m&f*; *(ii) Ling:* Oseteg *f*, *m.*
ossia *conj. Mus:* neu + *soft mut.*
Ossian *Pr.n.m. Myth:* Osian.
Ossianic *a.* Osianaidd, Osianig.
Ossianism *n.* Osianaeth *f.*
ossicle *n.* esgyrnyn(-nau) *m*, asgyrnyn(-nau) *m*, osigl(-au) *m.*
ossiferous *a.* esgyrnddwyn.
ossification *n.* asgwrneiddiad *m*, asgwrneiddio *vn*, esgyrniad *m.*
ossified *a.* esgyrnaidd, esgyrnedig, wedi ymgaledu/ymgaregu.
ossifrage *n.* **= osprey 1.**
ossify *v.t.&i.* esgyrnu, asgyrnu, esgyrneiddio, asgwrneiddio, ymgaledu, ymgaregu.
ossuary *n.* esgyrndy (esgyrndai) *m*, esgyrnfa (esgyrnf|eydd) *f.*
osteal *a.* **= osseous.**
osteitis *n.* esgyrnwst *m*, osteitis *m*, llid (*m*) esgyrn.
ostensible *a.* ymddangosiadol, honedig, proffesedig.
ostensibly *adv.* yn ôl pob golwg, i bob golwg, yn ymddangosiadol, o ran ymddangosiad.
ostensive *a.* dangosol.
ostensively *adv.* **= ostentatiously, ostensibly.**
ostensory *n. Ecc:* afrlladfa (arlladfâu) *f*, afrllatgist(-iau) *f.*
ostentation *n.* **1.** rhodres *m*, rhwysg *m*, rhwysgfawredd *m*, gorchest *f*, *F:* crandrwydd *m*, siou: sioe *f*, *N.W: occ:* [hen] snorit *f.* **2.** *(action):* rhodresa *vn*, ymorchestu *vn.*
ostentatious *a.* rhodresgar, rhwysgfawr.
ostentatiously *adv.* yn rhodresgar *&c*; **to do sth ~,** gwneud rhth fel ag i dynnu sylw pawb.
ostentatiousness *n.* **= ostentation 1.**
osteoarthritis *n.* cryd (*m*) cymalau esgyrnol, osteoarthritis *m*; **rheumatoid ~,** osteoarthritis gwynegol *m.*
osteoarthropathy *n.* osteoarthr|opathi *m.*
osteoarthrosis *n.* osteoarthrosis *m.*

osteoblast *n. Anat:* |osteoblast (osteoblastau) *m.*
osteochondritis *n.* osteocondritis *m.*
osteochondroma *n.* osteocondroma(-ta) *m.*
osteochondromatosis *n.* osteocondromatosis *m.*
osteoclasis *n.* osteoclasis *m.*
osteoclast *n. Anat:* osteoclast(-au) *m.*
osteoclastoma *n.* osteoclastoma(-ta) *m.*
osteodystrophy *n.* osteod|ystroffi *m.*
osteogenesis *n.* osteog|enesis *m.*
osteogenic *a.* osteogenig.
osteography *n.* osteograffeg *f.*
osteoid *a.* esgyrnaidd.
osteological *a.* esgyrnegol.
osteologist *n.* esgyrnegwr: esgyrnegydd (esgyrnegwyr) *m.*
osteology *n.* esgyrneg *f,* ysgerbydeg *f.*
osteoma *n. Med:* osteoma (osteomâu) *m.*
osteomalacia *n.* meddaliad (*m*) esgyrn, esgyrn meddal *pl,* osteomalasia *m.*
osteomyelitis *n.* esgyrnwst *m,* osteomyelitis *m.*
osteopath *n.* meddyg(-on) (*m*) esgyrn, |osteopath (osteopathiaid) *m&f.*
osteopathic *a. Med:* osteopathig.
osteopathy *n.* meddygaeth (*f*) esgyrn, osteopatheg *f.*
osteoperiostitis *n.* osteoperiostitis *m.*
osteopetrosis *n.* osteopetrosis *m.*
osteophyte *n.* esgyrndyfiant (esgyrndyfiannau) *m,* |osteoffyt (osteoffytau) *m.*
osteophytic *a. Path:* osteoffytig.
osteoplastic *a. Surg:* osteoplastig.
osteoplasty *n. Surg:* osteoplasti (osteoplastïau) *mf.*
osteoporosis *n. Med:* osteoporosis *m,* clefyd (*m*) esgyrn brau.
osteosarcoma *n. Med:* osteosarcoma(-ta) *m.*
osteotome *n. Surg:* cŷn (cynion) (*m*) esgyrn, trychwr (trychwyr) (*m*) esgyrn.
osteotomist *n.* osteotomydd(-ion) *m.*
osteotomy *n.* oste|otomi (osteotomïau) *mf,* asgwrndrychiad(-au) *m.*
osteomyelitis *n.* osteomyelitis *m.*
ostiary *n. R.C.Ch:* porthor(-ion) *m.*
ostinato *n. Mus:* ostinato(-s, ostinati) *m.*
ostiole *n.* = **orifice.**
ostium *n.* ostiwm (ostia) *m,* agorfa (agorf|eydd) *f.*
ostler *n.* gwas (gweision) (*m*) stabal, ostler(-iaid) *m, Lit:* gwastrawd (gwastrodion) *m.*
ostosis *n. Physiol:* esgyrneiddio *vn.*
ostracism *n.* diarddeliad *m,* diarddelwi *vn,* diarddel *vn.*
ostracizable *a.* diarddeladwy.
ostracize *v.t.* **1.** *Gr.Ant:* alltudio. **2.** *(= reject):* gwrthod, diarddel, diarddelwi; *(= ignore):* anwybyddu.
ostracizer *n.* diarddelwr: diarddelydd (diarddelwyr) *m.*
ostracod *n. Crust:* |ostracod (ostracodau) *m.*
ostracodan, ostracodous *a.* ostracodaidd.
ostracoderm *n. Paleont:* ostr|acoderm (ostracodermau) *m.*
ostracon *n.* talch, telchyn (teilchion) *m.*
ostreiculture *n.* magu (*vn*) wystrys.
ostrich *n. Orn:* estrys(-iaid,-od) *mf.* **~ fern** *n. Bot:* plu(*pl*)'r estrys, plufredynen (plufredyn) *f.* **~-like** *a.* fel estrys, tebyg i estrys, estrysaidd.
Ostrogoth *n.* |Ostrogoth (Ostrogothiaid) *m&f.*
Ostrogothic *a.* Ostrogothig.
Ostyak *a. & n.* **1.** *a.* Ostiacaidd; *(in language):* Ostiaceg. **2.** *n. (i) Ethn:* Ostiac(-iaid) *m&f; (ii) Ling:* Ostiaceg *f, m.*
Oswald *Pr.n.m.* Yswallt, Oswallt.
Oswego *Pr.n. Bot:* **~ tea,** balm (*m*) gwenyn.
Oswestry *Eng.Pl.n.* Croesoswallt *f, F:* 'Syswallt *f.*
otalgia *n.* poen (*f*) clust, clust-boen *f, N:* pigyn (*m*) yn y glust, *S:* clust dost *f.*
otalgic *a.* otalgaidd.
otary *n. Z:* morlo(-i) clustiog *m.*
other *a., pron. & adv.* **1.** *a.* arall (eraill), *occ:* amgen; **the ~ one,** y llall, yr un arall; **the ~ day,** *(= a few days ago):* y dydd/diwrnod o'r blaen, *S:* pa/pwy ddiwrnod; **the ~ night,** *(= a few nights ago):* y nos/noson o'r blaen, *S:* pa/pwy noson; **every ~ day,** bob yn ail ddiwrnod, *Lit:* bob yn eilddydd; **the ~ world,** y byd arall; **the ~ side,** y tu hwnt i'r llen, yr ochr draw; *F:* **if he doesn't like it he can do the ~ thing,** os nad yw'n fodlon arno fe gaiff fynd i'r diawl; **it was none ~ than Gwyn,** pwy oedd ond Gwyn; **the ~ four,** y pedwar arall; **on the ~ hand,** ar y llaw arall; **~ things being equal,** a phopeth arall yn gyfartal; **~ people,** pobl eraill *f or pl;* **~ people's property,** eiddo rhn arall, eiddo [pobl] eraill; **no one ~ than he knows it,** ni ŵyr neb ond efe hynny; ef yn unig a'i gŵyr; *Aut:* **~ traffic,** cerbydau eraill; *S.a.* **some** I. **1;** **the wholly ~,** y cwbl arall; **someone or ~,** rhywun neu'i gilydd; **somewhere or ~,** [yn] rhywle neu'i gilydd; **the ~ way round,** o chwith, y ffordd arall; **some time or ~,** rywbryd neu'i gilydd, ryw ben [neu'i gilydd]; **somehow or ~,** rywsut neu'i gilydd, rywfodd neu'i gilydd; *(b) (= different):* gwahanol, amgen; **(I would not wish her) ~ than she is,** (ni hoffwn ei gweld) yn wahanol i'r hyn yw, amgen na'r hyn yw; **was she ever ~ than kind**? a fyddai hi byth yn llai na charedig? **2.** *pron.* y llall (y lleill); *S:* y naill (*pronounced* nâll); *(a)* **one after the ~,** y naill ar ôl y llall; **they love each ~,** maent yn caru ei gilydd; mae'r naill yn caru'r llall; **(they correspond) to each ~, each to the ~,** (maent yn cyfateb) y naill i'r llall; **they follow each ~,** maent yn dilyn y naill y llall; maent yn dilyn ei gilydd; *(b)* **the others,** y lleill; *(= the rest):* y gweddill, y rhelyw; *(c)* **some... others...,** rhai... eraill...; **(have you) any others?** (a oes gennych) rai eraill, rai eto, ragor, ychwaneg? **there are five others,** mae pump arall; **I have no ~,** 'does gennyf yr un arall; **others than I,** eraill heblaw fi; **I can do no ~,** ni allaf wneud dim arall/gwahanol; *Lit:* ni allaf amgen; **(for this reason) if for no ~,** (oherwydd hyn) yn anad dim, onid dim arall; **one or ~ of us will go,** fe aiff y naill neu'r llall ohonom; **this day of all others,** heddiw o bob dydd; *S.a.* **something** I. **1;** *(d) pl. (of pers.):* **others,** [pobl] eraill *f or pl; (e)* **I could do no ~ than agree,** ni allwn wneud dim [arall] ond cytuno; ni allwn beidio â chytuno; **(I could do) no ~,** (ni allwn wneud) dim arall, dim amgen; **I can't open it ~ than by breaking the lock,** ni fedraf ei agor ond trwy dorri'r clo. **3.** *adv.* **to see things ~ than they are,** gweld pethau'n wahanol i'r hyn ydynt; **~ than that,** ar wahân i hynny, ac eithrio hynny, heblaw am hynny. **~-directed** *a.* arallgyfeiriedig. **~-directedness** *n.* arallgyfeiredd *m.* **~-direction** *n.* arallgyfeirio *vn.*
otherness *n.* arwahanrwydd *m,* gwahaniaeth *m,* arallrwydd *m.*
otherwise *adv.* **1.** yn wahanol; fel arall; **he could not do ~ than obey,** ni allai wneud amgen nag ufuddh|au; ni allai [wneud dim] ond ufuddhau; **an ~ hopeless situation,** sefyllfa [sydd, a oedd] fel arall yn anobeithiol; **should it be ~,** pe amgen, os [mai] fel arall y bydd hi; **(except) where ~ stated,** (ac eithrio) lle dywedir fel arall, lle dywedir yn wahanol; **(fate decreed) ~,** (deddfodd ffawd) yn wahanol, fel arall, yn amgen; **if he's not ~ engaged,** os nad yw'n brysur fel arall, oni bai ei fod yn brysur fel arall; **Griffiths, ~ Gruffydd,** Griffiths, neu fel arall Gruffydd; **(a plan I could wish) ~,** (cynllun yr hoffwn ei weld) yn wahanol, fel arall. **2. work, ~ you shan't eat,** gweithiwch, onid e ni chewch fwyta; gweithiwch neu ni chewch fwyta. **3. ~ (he is quite sane),** ar wahân i hynny, ac eithrio hynny (mae'n hollol gall). **4. and ~,** a'r gwrthwyneb, ac fel arall, **or ~,** neu'r gwrthwyneb, neu fel arall; **the merits or ~ of the bill,** rhinweddau neu wendidau'r mesur; rhinweddau'r mesur neu'r gwrthwyneb; **all readers, regular and ~,** pob darllenwr cyson ac anghyson.
otherworld *n. & attrib.* **1.** *n.* y byd arall *m; W.Myth:* Annw[f]n *m.* **2.** *attrib.* **an ~ character,** cymeriad o'r byd arall.
otherworldliness *n.* arallfydolrwydd *m.*
otherworldly *a.* arallfydol.
otic *a.* clustiol; **the ~ bones,** esgyrn y glust.
otiose *a.* ofer, di-fudd, difudd, seithug, di-alw-amdano/amdani *&c,* diangen, dianghenraid, dieisiau.
otiosely *adv.* yn ofer *&c.*
otiosity *n.* oferedd *m,* seithugrwydd *m,* seithuctod *m.*
otitis *n. Med:* **~ [media],** llid (*m*) y glust/clustiau, clustwst *m;* **~ externa,** llid (*m*) y glust allanol; *S.a.* **earache.**
otocyst *n. Physiol:* |otosyst (otosystau) *m.*
otolaryngology *n. Med:* otolaryngoleg *f.*
otolith *n. Med:* |otolith (otolithau) *mf.*
otologist *n. Med:* clustegwr: clustegydd (clustegwyr) *m.*
otology *n. Med:* clustyddiaeth *f,* clusteg *f.*
otorhinolaryngology *n. Med:* otorhinolaryngoleg *f.*
otorrhoea *n. Med:* clustlif *m.*
otosclerosis *n.* sglerosis (*m*) y glust, otosglerosis *m.*
otoscope *n. Med:* |otosgop (otosgopau) *m.*

otter *n.* **1.** *Z:* dyfrgi (dyfrgwn) *m*, *occ:* ci (cŵn) (*m*) dŵr, dwrgi (dwrgwn) *m*; **she-~**, dyfrast (dyfreist) *f*. **2.** *Fish:* estyllen (estyllod) *f*. **~-board** *n. Fish:* estyllen rwyd (estyllod rhwydau/rhwydi). **~-dog, ~-hound** *n.* ci (cŵn) (*m*) hela dyfrgwn. **~shell** *n. Conch: (Lutraria lutraria):* cragen (cregyn) (*f*) y dyfrgi. **~ shrew** *n. Z:* chwistlen (chwistlod) (*f*) yr afon.

otto *n.* = **attar.**

Ottoman[1] *a. & n.* **1.** *a.* Otomanaidd, Tyrcaidd. **2.** *n.* |Otoman (Otomaniaid) *m&f*, Twrc (Tyrciaid) *m*, Tyrcen(-nod) *f*, Tyrces(-au) *f*.

ottoman[2] *n.* **1.** *Furn:* |otoman (otomanau) *mf*. **2.** *Tex:* |otoman *mf*.

ouabain *n. Pharm:* wabäin *m*.

oubliette *n.* daeargell(-oedd) *f*, *S:* dwnsiwn: dwnsiwr: dwnjwn(-s) *m*, *N:* dyfnjwn(-s, dyfnjynau) *m*, dynjwn (dynjynau) *m*.

ouch[1] *int.* aw! ow!

ought[1] *v.aux.* **1.** *(obligation): imperfect forms, with present force:* dylwn, dylet, dylai, dylem, dylech, dylent; *impers.* dylid; *pluperfect forms, with past force:* dylaswn, dylaset, dylasai, dylasem, dylasech, dylasent; *impers.* dylsid, dylasid; *(note the defective nature of this verb)*; **one ~ never to be unkind,** ni ddylai neb byth fod yn angharedig; **to behave as one ~,** ymddwyn fel y dylech/dylid; **it ~ to be done,** dylid ei wneud; dylai gael ei wneud; eisiau'i wneud o sydd; **you ~ to have gone,** dylasech fynd; dylech fod wedi mynd; eisiau ichi fynd oedd. **2.** *(vague desirability):* **you ~ to see the exhibition,** dylech weld yr arddangosfa; **you ~ not to have waited,** ni ddylech fod wedi aros; **you ~ to know,** chi a ddylai wybod; **you ~ to have seen it!** petaech [ond] wedi ei weld! **3.** *(probability):* **your horse ~ to win,** dylai eich ceffyl ennill; **that ~ to do,** dylai hynny wneud y tro.

ought[2] *n.* = **aught.**

Oughtred *Pr.n.m.* Uchtryd.

ouija *n.* **~-board,** bwrdd (byrddau) (*m*) *ouija*.

ounce[1] *n. Meas:* owns(-ys) *f*.

ounce[2] *n. Z:* llewpard(-iaid) (*m*) yr eira, owns(-iaid,-od) *m*.

our *poss.a.* **1.** *(a) (prefixed form):* ein, *F:* yn + *aspirate* h *before vowel*; **~ garden,** ein gardd, *F:* yn gardd ni; **~ house,** ein tŷ, *F:* [yn] tŷ ni; **~ age,** ein hoes, *F:* yn hoes ni; **~ language,** ein hiaith; **~ property,** ein heiddo; **we shall change ~ names,** fe newidiwn ein henwau; *B:* **O~ Father,** Ein Tad; **~ brother and sister,** ein brawd a'n chwaer (*not* ein brawd a chwaer); *(b) (affixed form):* ni, *added in written Welsh for emphasis or clarity; used freely without emphasis in spoken Welsh, and for emphasis only when the antecedent is the subject of the sentence; thus* cymerodd fenthyg ein car *can be correct written Welsh for* **he borrowed ~ car**; *the standard spoken form would be* fe gymerodd fenthyg yn car ni; **that's ~ story,** dyna [ichi] ein stori ni; **~ own home,** ein cartref [ni] ein hunain; **that is ~ book,** ni biau'r llyfr yna; ein llyfr ni yw hwnna; **for all ~ sakes,** er ein mwyn ni oll. **2.** *(infixed form): (after vowel):* 'n + h *aspirate before vowels*; **with ~ hands,** â'n dwylo; **from ~ home,** o'n cartref; **towards ~ country,** tua'n gwlad; **to ~ house,** i'n tŷ; **from ~ room,** o'n hystafell; **one of ~ friends,** un o'n ffrindiau ni, ffrind i ni. **3.** *(conjunctive forms): Lit:* ninnau, *N:* ninna, *S:* ninne; **his and ~ father,** ei dad ef a'n tad ninnau; **her house and ~ garden,** ei thŷ hi a'n gardd ninnau; **she didn't see ~ picture either,** ni welodd hi mo'n llun ninnau [ychwaith].

ours *poss.pron.* ein hun ni (ein rhai ni), *Lit:* yr eiddom ni; *(conjunctive):* ein hun ninnau (ein rhai ninnau), *Lit:* yr eiddom ninnau; **this is ~,** ni biau hwn; ein hun ni yw hwn; **these are yours and those are ~,** dyma'ch rhai chi a dacw'n rhai ninnau; **we'll take their books and ~,** fe awn â'u llyfrau hwy a'n rhai ninnau; **~ is a new department,** mae'n hadran ni yn un newydd; **the house became ~,** ni a gafodd y tŷ; daeth y tŷ'n eiddo i ni; **it's not ~ to decide,** nid ni biau penderfynu; **the choice is ~,** ni biau'r dewis; **as he had no sugar he asked for some of ~,** gan nad oedd ganddo siwgwr gofynnodd a gâi ef beth o'n peth ni; **as she had no stamps she asked for some of ~,** gan nad oedd ganddi stampiau gofynnodd am rai o'n rhai ni; **a friend of ~,** cyfaill inni, un o'n cyfeillion ni; **some friends of ~,** rhai o'n cyfeillion ni; **he's no friend of ~,** 'dyw ef ddim yn ffrind i ni; 'dyw ef ddim yn un o'n ffrindiau ni; **(that old horse) of ~,** (yr hen geffyl yna) sydd gennym ni, sy'n eiddo inni, [sydd] biau ni; **this pride of ~,** y balchder yma sydd ynom ni; **it's no business of ~,** nid yw'n ddim busnes i ni; **it's no fault of ~,** nid ein bai ni ydyw; nid ni sydd ar fai; **~ and theirs,** ein heiddo ni a'u heiddo hwythau; **no effort of ~ could move it,** ni allai unrhyw ymdrech ar ein rhan ni mo'i symud; **victory is ~!** dyma ni'n fuddugol! ni biau'r fuddugoliaeth!

ourselves *pers.pron.* **1.** ni ein hunain, ni'n hunain; *Lit: occ:* nyn|i ein hunain, *N: F:* [y] ni'n hunain; **such as ~,** fel ni['n hunain], *F:* fel y ni; **by ~,** ar ein pennau'n hunain; **we bought ~ a car,** prynasom gar i ni'n hunain; **we can please ~,** mi gawn wneud fel y mynnom; **we ~ said so,** ni'n hunain a ddywedodd; **we were speaking for ~,** drosom ein hunain yr oeddem yn siarad; **we're not ~ today,** *Iron:* 'does dim llawer o hwyl arnom ni heddiw; **let us ask ~,** gofynnwn i ni'n hunain; **we blame ~,** 'rydym yn ein beio'n hunain; **we excelled ~,** bu inni ragori arnom ein hunain. **2.** *the sense of ~ is frequently conveyed in Welsh, and especially in the literary language, by means of a reflexive verb, i.e. a verb with the prefix* ym-, *e.g.* **we prepared ~,** ymbaratoasom; **we comfort ~,** ymgysurwn *&c.*

ousel *n.* = **ouzel.**

oust *v.t.* **1.** *Jur:* difeddiannu, dadfeddiannu; *F:* bwrw/gyrru/hel/taflu/gwthio/troi (rhn) allan. **2. to ~ s.o.,** cymryd lle rhn, disodli rhn, gwthio/bwrw rhn allan.

ouster *n.* **1.** *Jur:* wster *m*. **2.** bwriwr (bwrwyr) (*m*) allan, taflwr (taflwyr) (*m*) allan, disodlwr: disodlydd (disodlwyr) *m*.

out *adv., n. & v.t.* I. *adv.* **1.** *N:* allan, *S:* [i] maes, *F:* mas, tu fas; **to go ~,** mynd allan/mas; **~ you go!** allan/mas â thi (chi)! **~ and about with s.o.,** o gwmpas gyda rhn; *Cr:* **a hundred not ~,** cant heb fod allan; *Nau:* **the voyage ~,** y daith allan/mas; *S.a.* **call ~, drive ~, go ~, show ~** *&c*; **my father is ~,** mae fy nhad allan/mas; **they're ~ and away the best,** hwy sydd orau o bell ffordd; **she's ~ and about again,** mae hi wedi codi allan eto; mae hi ar ei thraed eto; mae hi o gwmpas eto; **a day ~,** diwrnod rhydd, diwrnod allan/mas; *F:* **to have a night ~,** cael noson allan/mas; **the workmen are ~ [on strike],** mae'r gweithwyr ar streic; **he lives not far ~ of the town,** mae'n byw heb fod ymhell o'r dre; **~ on a limb,** ar eich pen eich hun, dan anfantais; **~ at sea,** ar y cefnfor; **~ there,** draw yn y fan acw; **the tide is ~,** mae hi'n drai; mae'r môr ar drai; mae'r llanw allan/mas. **2. to turn one's toes ~,** troi'ch traed allan/mas, cerdded â'ch traed ar chwarter i dri; *S.a.* **inside 1, hand ~, hit ~, stick ~** *&c.* **3.** *(a)* **the secret's ~,** mae'r gyfrinach yn hysbys; daeth y gyfrinach i'r amlwg *or N:* i'r fei *or S:* ar glawr; **the chicks are hatched ~,** deorwyd y cywion; mae'r cywion wedi deor; **the sign's been painted ~,** mae'r arwydd wedi ei ddil|eu [â phaent]; **the sword is ~,** tynnwyd/dadweiniwyd y cleddyf; **the sun is ~,** mae'r haul yn tywynnu; mae'r haul allan/mas; **the stars are ~,** mae'r sêr yn disgleirio; mae'r sêr wedi ymddangos; mae'n serog; *S: occ:* mae'n serlog; **(a book) just ~,** (llyfr) newydd ymddangos, newydd ei gyhoeddi; *(b) F:* **~ with it!** dywed(-wch) y gwir! dywed dy feddwl (dywedwch eich meddwl)! *N:* allan ag o! *S:* mas â fe, mas ag e! *(c)* **the sail was ~,** 'roedd yr hwyl wedi ei thaenu/chodi; 'roedd yr hwyl ar led/daen; **(the roses) are ~,** (mae'r rhosynnau) wedi blodeuo *or* yn eu blodau; **it's the best thing ~,** dyna'r peth gorau sydd ar gael; *(d) F:* **she's ~ after sth,** mae hi ar ôl rhth; mae hi'n chwilio am rth; mae hi ar drywydd rhth; **he's ~ for revenge,** mae â'i fryd ar ddial; mae am gael dial; **I'm not ~ to reform the world,** 'dyw hi ddim yn fwriad gen i ddiwygio'r byd; nid diwygio'r byd yw fy mwriad i; **to go all ~ (for sth),** rhoi popeth ar waith, gwneud pob ymdrech, gwneud hynny a ellwch (er mwyn rhth); anelu'n syth (am rth); **an all-~ attack,** ymosodiad diarbed/penderfynol; **an all-~ attempt,** ymdrech drylwyr; *(e) Sp: Aut: &c:* **to go all ~,** mynd nerth eich traed/olwynion &c; **the horse went all ~,** aeth y ceffyl nerth ei garnau; *(f)* **~ loud,** yn uchel; **to shout ~ loud,** gweiddi nerth [esgyrn] eich pen; **(to say sth) right/straight ~,** (dweud rhth) yn blwmp ac yn blaen, heb flewyn ar dafod; *S.a.* **call ~, cry ~, shout ~. 4. a shoulder ~ [of joint],** ysgwydd allan o'i lle; *Lit:* **the times are ~ of joint,** mae'r oes oddi ar ei hechel; **I'm ~ of practice,** 'rwyf wedi colli'r arfer; 'rwyf wedi colli fy llaw; *S: occ:* 'rwyf heb fod yn fy nghymal; **I'm 50 pounds ~ of pocket,** 'rwyf hanner canpunt yn fy ngholled; *Pol:* **the Tories are ~ [of office],** mae'r Toriaid allan; nid yw'r Toriaid mewn grym; *Cr: (of batsman):* allan/mas [ohoni]; *Baseball:* **caught ~,** allan trwy ddal; **forced ~,** allan trwy wth; **touched ~,** allan trwy gyffwrdd; *Golf:* **~-to-in,** oddi allan i mewn; *(boxer):* anymwybodol, *F:* allan/mas; **he was ~**

[cold], *S: occ:* 'roedd wedi ei fwrw'n stŵn; 'roedd wedi ei fwrw'n fatfyw; *S.a.* **knock out 2**; *F:* **he was ~ on his feet from tiredness,** 'roedd yn cysgu uwchben ei draed gan flinder. **5. you're ~ (in your calculations),** 'rwyt ti allan ohoni, 'rwyt ti ymhell ohoni (yn dy gyfrifon); **he's five pounds ~ [in his accounts],** mae camgymeriad o bum punt yn ei gyfrifon; mae bum punt allan ohoni; **(I wasn't) far ~,** ('doeddwn i ddim) ymhell o fy lle, ymhell ohoni; **you've put me ~,** 'rwyt ti wedi fy mwrw i oddi ar f'echel; 'rwyt ti wedi fy nrysu i. **6. the fire/light is ~,** mae'r tân/golau wedi diffodd; *Mil:* **lights ~,** adeg *(f)* diffodd [goleuadau]. **7.** *(a) (= finished):* ar ben, wedi darfod; **my pipe is smoked ~,** 'rwyf wedi smocio fy maco i gyd; **before the week is ~,** cyn pen yr wythnos; **before the day is ~,** cyn diwedd y dydd, cyn bo heddiw ar ben, cyn bo heddiw drosodd; *S.a.* **die ~, give ~ 2, year**; *(b)* hyd y pen, hyd y diwedd; **hear me ~,** gwrandewch arnaf hyd y pen; **to have one's sleep ~,** cysgu ei hochor hi, cysgu i'r pen; *F: (of fashion &c):* **that's ~!** mae hynna'n hen ffasiwn; mae hynna allan ohoni! *S.a.* **fight ~, have ~ 2.** *&c*; *(c)* **this plan is definitely ~,** 'does dim lle i'r cynllun hwn; rhaid gwrthod y cynllun hwn; wnaiff y cynllun hwn mo'r tro. **8.** *prep.phr.* **from ~ the open window,** trwy'r ffenestr agored. **9. ~ at elbows,** â thyllau yn eich penelinoedd, a'ch penelinoedd yn dyllog/dyllau; **~ at heels,** â thyllau yn eich sodlau, a'ch sodlau'n dyllog/dyllau; **~ of sth,** *(a)* y tu allan/fas i rth; **that is ~ of our power,** nid yw hynny yn ein gallu ni; **~ of danger,** allan/mas o berygl, diogel, yn ddiogel, mewn diogelwch; **~ of range,** *Cmptr:* y tu allan i'r amrediad; *Artil:* allan o gyrraedd; **~ of sight,** allan/mas o'r golwg, anweledig, anweladwy; *T.V:* **~ of vision,** o'r golwg; *S.a.* **mind[1] 1, sight[1] 2**; **~ of order,** *(machine):* wedi torri; **~ of bounds,** gwaharddedig, dan waharddiad; **(to live) ~ of the world,** (byw) ar wahân i'r byd, ymhell o'r byd; **~ of doors,** oddi allan, y tu allan, yn yr awyr agored, *S:* mas, [y] tu fas, oddi mas; **he's well ~ of the whole business,** mae'n well arno allan o'r holl fusnes; *S.a.* **place[1] 2, reach[1] 2**; *(b)* **~ of season,** allan o'i bryd, annhymhorol, allan o'i dymor/thymor; **times ~ of number,** sawl gwaith/tro, droeon di-rif; **~ of measure,** tu hwnt i fesur, mwy na mwy, yn ddirfawr; **~ and away (the best),** (y gorau) o ddigon, o bell ffordd, *S:* o hewl; **~ of work,** ar y clwt, heb waith, heb swydd, di-waith, segur; **she's ~ of her mind,** mae hi allan o'i phwyll; mae hi o'i chof; mae hi wedi drysu *&c*; *See* **crazy**; *S.a.* **mind[1] 5**; **I'm ~ of spirits,** 'does dim hwyl arna' i; 'rwy'n ddi-hwyl; **it's ~ of the question,** mae'n amhosibl; ni ellir ei ystyried; **(I felt) ~ of it,** (teimlwn fy hun) allan ohoni, yn ddieithr; *(c) (with motion):* **to go ~ of the house,** mynd mas/allan o'r tŷ, mynd y tu allan/fas i'r tŷ; **(to throw sth) ~ of the window,** (taflu rhth) trwy'r ffenestr, allan/mas o'r ffenestr; *(d)* **to drink ~ of a glass/bottle** *&c*, yfed o wydryn/botel *&c*; **to get money ~ of s.o.,** mynnu [cael] arian gan rn, cael arian o groen rhn; **there's nothing to be got ~ of them,** nid oes dim i'w gael o'u crwyn nhw; **(to eat) ~ of a dish,** (bwyta) o ddysgl, oddi ar ddysgl; **to copy sth ~ of a book,** codi rhth [allan] o lyfr; **to look ~ of a window,** edrych [allan] trwy ffenestr; *(e)* **choose one ~ of these,** dewiswch un o blith y rhain; **one ~ of every three,** un ym mhob tri, un o bob tri *(not* allan o bob tri); *(f)* **a hut made ~ of wood,** caban wedi ei wneud o bren; *(g)* **~ of respect for you,** o barch i chwi, o ran parch i chwi; **to do sth ~ of curiosity,** gwneud rhth o ran chwilfrydedd/ymyrraeth; **to do sth ~ of fun,** gwneud rhth o ran hwyl; *(h)* **we've run ~ of tea,** 'does gennym ni ddim rhagor o de; mae hi'n brin o de arnom ni; *N.W: occ:* mae hi'n smit te arnom ni; **the tea has run ~,** mae'r te wedi dod i ben; *Com:* **this article is out of stock,** 'dyw'r eitem hon ddim mewn stoc; **I'm right ~ of this article,** 'does gen i ddim rhagor o'r peth hwn; **this book is ~ of stock,** 'dyw'r llyfr hwn ddim ar gael; *Breed:* **(Gladiator by Monarch) ~ of Gloria,** (Gladiator trwy Monarch) o Gloria *or* yn ebol i Gloria; *S.a.* **breath, pocket[1] 1, work[1] 4**; **~ of hand,** *(i) (= at once):* ar unwaith, yn syth, ar eich union, yn ebrwydd, rhag llaw; *(ii) (= unruly):* afreolus, di-drefn, blêr. II. *n.* **1. ins and outs,** *See* **in** III. **2.** *Typ:* **to make an ~,** gollwng gair (geiriau) *(m)*, gadael bwlch (bylchau) *(m)*. **3.** *U.S: (= way out):* dihangfa (diangf|eydd) *f*, ffordd (ffyrdd) allan *f*. III. *v.t.* bwrw/gyrru (rhn/rhth) allan/mas; *Box:* llorio rhn. **~-act** *v.t.* actio'n well (na rhn). **~ and out 1.** *adv.phr:* yn llwyr, yn hollol. **2.** *a.* trwyadl, llwyr, perffaith, rhonc, o'r mwyaf; **an ~ and ~ patriot,** gwladgarwr digymrodedd/digyfaddawd, gwladgarwr i'r carn/gwr|aidd; **an ~ and ~ refusal,** gwrthodiad llwyr *m*. **~ and outer** *n.* eithafwr (eithafwyr) rhonc *m*, eith|afwraig ronc (eithafwragedd rhonc) *f*. **~-college** *a.* *U.S:* y tu allan i goleg. **~-herod** *v.t.* *Lit:* **it ~-herods Herod,** mae'n fwy herod-wyllt na Herod. **~ of date** *a.* **1.** *(= old-fashioned):* hen ffasiwn, wedi dyddio. **2.** *(passport &c):* di-rym. **~ of pocket** *attrib.* **~ of pocket expenses,** mân dreuliau, treuliau ychwanegol. **~ of print** *a.* allan o brint, mas o brint. **~ of school** *a.* y tu allan i'r ysgol. **~ of stock** *a.* allan/mas o stoc. **~ of the way** *a.* **1.** *(house &c):* anghysbell, diarffordd, o'r neilltu, anhygyrch, didramwy, *N.W:* di-nad-man, di-nab-man. **2.** *(= unusual):* anarferol, anghyffredin. **~-pensioner** *n.* pensiynwr: pensiynydd (pensiynwyr) allanol *m*. **~-talk** *v.t.* siarad mwy (na rhn). **~-think** *v.t.* meddwl yn well (na rhn). **~-top** *v.t.* mynd/bod yn uwch (na rhth). **~-tray** *n.* cawell (cewyll) *(m)* allan. **~-turn** *n.* canlyniad(-au) *m*, ffrwyth *m*, cynnyrch *m*. **~-winter** *v.i.* *Husb:* gaeafu allan.

outage *n.* *El:* diffoddiad(-au) *m*, toriad(-au) *m*.

outargue *v.t.* dadlau'n well (na rhn), curo/trechu (rhn) mewn dadl.

outback *n.* perf|eddwlad *f*, cefnfro *f*, y gwyllt *m*.

outbacker *n.* perfeddwladwr (perfeddwladwyr) *m*, rhn (rhai) o'r berfeddwlad.

outbalance *v.t.* gorbwyso.

outbargain *v.t.* bargeinio'n well (na rhn).

outbarker *v.t.* *N:* ffeirio'n well (na rhn), *S:* trwco'n well (na rhn).

outbawl *v.t.* bloeddio'n uwch (na rhn).

outbid *v.t.* **1.** *(at auction):* cynnig mwy na rhn. **2.** *(= surpass):* rhagori ar rn, trechu rhn.

outblaze *v.i.&t.* **1.** *v.i.* tywynnu, disgleirio. **2.** *v.t.* **= outshine.**

outbluff *v.t.* blyffio'n well (na rhn).

outbluster *v.t.* rhefru/brygowthan yn fwy (na rhn).

outboard *a. & adv.* **1.** *a. esp. Nau:* allanol. **2.** *adv.* y tu allan, oddi allan.

outboast *v.t.* brolio'n fwy (na rhn).

outbound *a.* ar eich ffordd allan/mas, ar gychwyn.

outbox *v.t.* paffio'n well (na rhn); trechu, llorio, *S:* ffusto (rhn).

outbrag *v.t.* **= outboast.**

outbrave *v.t.* herio (rhn), bod yn ddewrach (na rhn).

outbreak *n.* **1.** *(of war, epidemic):* cychwyn *m*, cychwyniad *m*, toriad *(m)* allan; *(of temper &c):* ffrwydrad(-au) *m*, hwrdd (hyrddiau) *m*, pwl (pyliau) *m*; *(of pimples, rash):* tarddiant *m*, cruclardd *m*. **2.** *(= revolt):* gwrthryfel(-oedd) *m*.

outbreed *v.t.* **1.** *Breed: (= breed out)*: allfridio. **2.** *(= breed more):* bridio'n/epilio'n fwy (na rhn).

outbuild *v.t.* adeiladu mwy (na rhn).

outbuilding *n.* tŷ (tai) *(m)* allan, cwt (cytiau) *(m)* fferm, *N.* eil(-ion) *f*, *S:* tŷ (tai) *(m)* mas.

outburst *n.* **1.** *(of words, feelings):* ffrwydrad(-au) *m*, hwrdd (hyrddiau) *m*. **2.** *Geog:* **= outcrop[1].**

outcast *n.* crwydryn: crwydrad (crwydriaid) *m*, alltud(-ion) *m*, alltudes(-au) *f*, esgymun(-iaid) *m*, rhn (rhai) digartref *m*, gwrthodedig(-ion) *m&f*, diarddeledig(-ion) *m&f*, deoledig(-ion) *m&f*.

outcaste[1] *a. & n.* **1.** *a.* esgymun. **2.** *n.* rhn (rhai) esgymun, *allgast(-iaid) *m&f*.

outcaste[2] *v.t.* diarddel, esgymuno, *allgastio.

outchip *v.t.* *Golf:* tsipio'n drech (na rhn).

outclass *v.t.* *Sp:* rhagori (ar rn), trechu (rhn), curo (rhn) yn lân; **we were outclassed by them,** 'roedden nhw'n drech na ni o bell ffordd; 'doeddem ni ddim yn yr un cae â nhw.

outcome *n.* canlyniad(-au) *m*.

outcrop[1] *n.* brigiad(-au) *m*; *Geol:* carreg *(f)* frig (cerrig brig); **~ of coal,** glo *(m)* brig.

outcrop[2] *v.i.* brigo.

outcross *v.t.* allgroesi.

outcry *n.* protest(-iadau) *mf*, banllef(-au) *(f)* o brotest, *occ:* gwrthgri (gwrthgrïoedd) *fm*, gwrthlef(-au) *f*, gwrthwaedd(-au) *f*.

outdance *v.t.* dawnsio'n well (na rhn).

outdare *v.t.* mentro mwy (na rhn), bod yn fwy mentrus (na rhn).

outdate *v.t.* dyddio, disodli, heneiddio, hynafu, hynafoli, dangos oed, cymryd lle (rhth); bwrw (rhth) o'r ffasiwn.

outdated *a.* ar ôl yr oes, hen ffasiwn, wedi dyddio, darfodedig, heneiddiedig, hynafedig, o'r oes o'r blaen.

outdazzle *v.t.* disgleirio'n gryfach (na rhth).

outdistance *v.t.* mynd ymhellach (na rhn), gadael (rhn) ar eich ôl.
outdo *v.t.* rhagori (ar rn), trechu (rhn), gwn|eud yn well (na rhn).
outdoor *a.* **1.** allanol, y tu allan, yn yr awyr agored; **~ activities, ~ pursuits,** gweithgareddau awyr agored. **2.** *Adm:* **~ relief,** cymorth allanol, cymorth i'r cartref.
outdoors *adv. & n.* **1.** *adv.* [y tu] allan/fas i'r tŷ. **2.** *n.* yr awyr agored *m*, y byd (*m*) y tu allan/fas.
outdrink *v.t.* yfed mwy (na rhn).
outdrive *v.t.* **1.** gyrru'n well (na rhn). **2.** *Golf:* dreifio'n drech (na rhn).
outeat *v.t.* bwyta mwy (na rhn).
outer *a. & n.* **1.** *a.* allanol; **~ space,** y gofod *m*, y gwagle *m*; **~ garments,** dillad uchaf; *S.a.* **port**[1]; **the ~ fringe/zone/parts of sth,** cyrion rhth; **~ city use,** swyddogaeth (*f*) cyrion dinas; **~ country ring,** cylch gwledig y cyrion; **the ~ man,** y gŵr allanol *m*. **2.** *n.* *(in archery &c):* cylch allanol *m*, pêl (peli) allanol *f*; *(shot):* saethiad(-au) allanol *m*.
outermost *a.* mwyaf allanol, pellaf, eithaf.
outface *v.t.* wynebu (rhn) i'r eithaf, dal her (â rhn).
outfall *n.* arllwysfa (arllwysf|eydd) *f*.
outfield 1. *Cr: Geog: &c:* y maes pell *m*, allfaes (allf|eysydd) *m*. **2.** *Agr:* tir pell *m*, tir allan.
outfielder *n.* *Cr:* maeswr (maeswyr) *m*, ffildiwr (ffildwyr) *m*, allanolwr (allanolwyr) *m*; **centre ~,** ffildiwr canol; **left/right ~,** ffildiwr chwith/de.
outfight *v.t.* ymladd yn well (na rhn).
outfighting *vn.* ymladd [o] hirbell.
outfit *n.* **1.** *(= equipment):* cyfarpar *m*, angenrheidiau *pl*, celfi *pl*, offer *pl*, pethau *pl*, taclau *pl*, darpariaeth(-au) *f*, darpar *m*; **tool ~,** cist(-iau) (*f*) arfau, set(-iau) (*f*) arfau; **first aid ~,** darpariaethau ymgeledd; **repair ~,** offer atgyweirio. **2.** *(of clothes):* dillad *pl*, dilladau *pl*, siwt(-iau) *f*, owtffit *f*, pâr (parau) (*m*) o ddillad, gwisg gyflawn (gwisgoedd cyflawn) *f*, *S: occ:* pilyn *m*. **3.** *F:* *(= firm &c):* cwmni (cwmnïau) *m*, ffyrm(-iau) *f*.
outfitter *n.* *Tail:* dilladwr (dilladwyr) *m*, dilledydd(-ion) *m*. **~'s [shop]** *n.* siop (*f*) ddillad (siopau dillad).
outfitting *vn.* *Com:* **~ department,** adran (*f*) ddillad[-au].
outflank *v.t.* **1.** *Mil:* gorasgellu. **2.** *(= circumvent):* achub y blaen (ar rn), ennill y blaen (ar rn), bod yn fwy deheuig (na rhn).
outflow[1] *n.* llif(-oedd) (*m*) allan, all-lif(-oedd) *m*, gofer(-oedd,-ydd) *m*; *Econ:* echlif(-oedd) *m*.
outflow[2] *v.i.* llifo allan; *Metalw:* all-lifo.
outflowing *a.* *Geog:* all-lifol.
outflung *a.* ar led, pellennig.
outfly *v.t.* hedfan ymhellach na (rhn).
outfox *v.t.* *F:* twyllo (rhn), bod yn gyfrwysach (na rhn), bod yn fwy o gadno/lwynog (na rhn).
outfrown *v.t.* gwgu'n fwy (na rhn).
outgaze *v.t.* syllu'n daerach (na rhn).
outgeneral *v.t.* rhagori (ar rn) mewn tacteg, curo rhn ar faes y gad.
outgo *n.* gwariant *m*, treuliau *pl*.
outgoing[1] *a.* *(tenant &c):* ymadawol, sy'n ymadael; *(personality):* rhadlon, clên; **~ tide,** trai *m*; **~ mail,** llythyrau i'w danfon.
outgoing[2] *n.* **1.** mynediad(-au) (*m*) allan, ymadawiad(-au) *m*. **2.** *pl.* **outgoings,** treuliau, taliadau allan, allan-daliadau, gwariant *m*, costau.
outgrow *v.t.* **1.** tyfu/prifio ynghynt (na rhn), mynd yn fwy (na rhn). **2.** *(clothes &c):* tyfu'n rhy fawr (i rth), mynd yn rhy fawr (i rth), tyfu (trwy rth); **he outgrew his strength,** tyfodd ynghynt na'i nerth; **to ~ a habit,** colli cast wrth fynd yn hŷn, tyfu allan o gast.
outgrowth *n.* tyfiant (tyfiannau) *m*, alltyfiant (alltyfiannau) *m*; *(= product):* cynnyrch (cynhyrchion) *m*.
outguess *v.t.* dyfalu'n well (na rhn).
outgun *v.t.* saethu'n well (na rhn); **. . . but Earp outgunned him,** . . . ond bu Earp yn sicrach ei ergyd nag ef.
outhaul *n.* *Nau:* rhaff(-au) (*f*) halio.
outhouse *n.* **1.** **= outbuilding. 2.** *U.S:* tŷ (tai) bach allan *m*.
outing *n.* tro(-eon) *m*, trip(-iau) *m*, swae(-au) *f*, sgyrsiwn (sgyrsiynau) *f*, gwibdaith (gwibdeithiau) *f*, pleserdaith (pleserdeithiau) *f*, *F:* owtin(-s) *mf*.
outjockey *v.t.* twyllo (rhn); bod yn drech, bod yn fwy deh|euig/bachog (na rhn).
outjump *v.t.* neidio'n well/uwch (na rhn).
outlander *n.* **= foreigner.**
outlandish *a.* dieithr, rhyfedd [ac ofnadwy], anarferol, anghyffredin, estron.
outlandishly *adv.* yn ddieithr *&c.*
outlandishness *n.* dieithrwch *m*, rhyfeddwch *m*.
outlast *v.t.* goroesi (rhn), parh|au'n hwy (na rhn).
outlaw[1] *n.* herwr (herwyr) *m*; **to lead an ~'s life,** herwa, bod ar herw.
outlaw[2] *v.t.* **1.** *(pers.):* rhoi (rhn) ar herw; herwrio, deol (rhn). **2.** *(practice):* gwahardd.
outlawed *a.* **1.** *(man):* ar herw, herwog. **2.** *(practice):* anghyfreithlon, gwaharddedig.
outlawry *n.* herwriaeth *f*.
outlay *n.* gwariant *m* **(on sth,** ar rth); traul (treuliau) *f*, cost(-au) *f* (rhth).
outleap *v.t.* neidio'n uwch/bellach (na rhn).
outlet 1. *(of tunnel &c):* ceg(-au) *f*, agorfa (agorf|eydd) *f*; *(of sewer &c):* gollyngfa (gollyngf|eydd) *f*, allanfa (allanf|eydd) *f*, arllwysfa (arllwysf|eydd) *f*, allfa (allf|eydd) *f*, *S.E: occ:* diddwr *m*; **to give one's feelings an ~,** rhoi mynegiant (*m*)/llais (*m*) i'ch teimladau; **an ~ for s.o.'s energies,** gollyngfa *f*. **2.** *Com:* marchnad(-oedd) *f*. **3.** *El: U.S:* pwynt(-iau) (*m*) trydan.
outlier *n.* *Geol:* allgraig (allgreigiau) *f*.
outline[1] *n. & attrib.* **1.** *(a)* *(of hill &c):* amlinell(-au) *f*; *(b)* *(of novel &c):* amlinelliad(-au) *m*, braslun(-iau) *m*; *pl.* **outlines of astronomy,** elfennau seryddiaeth; *Sch:* **~ schemes of work,** bras gynlluniau gwaith; *(c)* *(shorthand):* amlinell; *(d)* *Metalw:* amlin(-iau) *f*. **2.** *attrib.* amlinellol; **~ diagram,** diagram(-au) amlinell[ol] *m*; **~ stitch,** pwyth(-au) (*m*) amlinell[ol]. **~ map,** map(-iau) (*m*) amlinell[ol].
outline[2] *v.t.* amlinellu.
outlive *v.t.* *(= live after or beyond):* goroesi, byw ar ôl (rhn); *(= live longer):* byw'n hwy/hŷn (na rhn).
outlook *n.* **1. to be on the ~ for sth,** bod ar eich gwyliadwriaeth (*f*) am rth; aros i weld rhth. **2.** *(= prospects):* rhagolwg *m*, rhagolygon *pl*, argoel *f*, argoelion *pl*; **the ~ is bleak,** tywyll yw'r rhagolwg *&c*; *F:* mae hi'n ddiolwg iawn. **3.** *(= mental attitude):* agwedd(-au) *f* **(on sth,** [tuag] at rth), golygwedd(-au) *f* (ar rth); **his ~ on the world,** ei olwg ar y byd; **a broad ~,** meddwl eangfrydig *m*, eangfrydedd *m*.
outlying *a.* pellennig, pellaf, anghysbell.
outman *v.t.* **= outnumber.**
outmanoeuvre *v.t.* rhagori ar rn mewn tacteg, trechu rhn mewn tacteg, bod yn rhy gall/ddeh|euig i rn, bod yn gyfrwysach na rhn.
outmarch *v.t.* martsio'n bellach/well (na rhn).
outmatch *v.t.* trechu, curo; **he was outmatched,** fe gwrddodd â'i drech.
outmeasure *v.t.* bod/mesur yn fwy (na rhth), rhagori (ar rth).
outmoded *a.* hen ffasiwn.
outmost *a.* **= outermost.**
outness *n.* allanoldeb *m*.
outnumber *v.t.* bod yn fwy niferus (na rhth), *occ:* gorniferu (rhth); **the Welsh outnumbered the English,** 'roedd yno fwy o Gymry nag o Saeson.
outpace *v.t.* bod yn gynt/gyflymach (na rhn), ennill y blaen (ar rn).
outpatient *n.* claf (cleifion) allanol *m*; **outpatients [department],** adran [y] cleifion allanol.
outplay *v.t.* chwarae'n well (na rhn); trechu, curo (rhn).
outplease *v.t.* plesio'n well (na rhn).
outpoint *v.t.* sgorio'n well (na rhn).
outport *n.* allborthladd(-oedd) *m*.
outpost *n.* **1.** *(= station):* rhagorsaf(-oedd) *f*, allbost (allbyst) *m*; **outposts of the Empire,** cyrion pellaf yr Ymerodraeth; **last ~,** caer(-au) olaf *f*, cadarnle(-oedd) olaf *m*. **2.** *Mil:* *(troops):* rhagfintai (rhagfinteioedd) *f*.
outpour[1] *n.* llif(-oedd) *m*, arllwysiad(-au) *m*, tywalltiad(-au) *m*.
outpour[2] *v.t.* arllwys, tywallt.
outpouring *n.* tywalltiad(-au) *m*, arllwysiad(-au) *m*; tywallt *vn*, arllwys *vn*.
outprice *v.t.* prisio (rhth) yn uwch (na rhth).

output[1] *n.* cynnyrch (cynhyrchion) *m*, allgynnyrch (allgynhyrchion) *m*, *occ:* allbwn (allbynnau) *m*; *Lib: &c:* allosod *vn*, **total ~,** allgynnyrch cyfan. **~ buffer** *n. Cmptr:* clustog(-au) *f*, byffer(-au) *(m)* allbwn. **~ device** *n.* dyfais (dyfeisiau) *(f)* allbynnau. **~ stream** *n.* all-lif(-oedd) *m.*
output[2] *v.t. Cmptr: &c:* cynhyrchu, allbynnu.
outputt *v.t. Golf:* pytio'n well (na rhn).
outrage[1] *n.* **1.** *(= attack):* ymosodiad(-au) *m*, trais *m* **(against/ upon sth,** ar rth); **an ~ upon decency,** sarhad *(m)* ar weddusrwydd, anwedduster(-au) *m.* **2.** *(= disgrace):* gwarth *m*, cywilydd *m*; **it's an ~!** mae'n warth [o beth]! mae'n gywilydd [o beth]! mae'n warthus! mae'n waradwyddus! mae'n gywilyddus! **3.** *(= strong resentment):* dicter *m*, dicllonedd *m* **(at sth,** wrth rth).
outrage[2] *v.t.* **1.** *(= violate):* treisio; *(= insult):* sarh|au. **2.** *(= offend):* digio, gwylltio.
outrageous *a.* **1.** *(morally):* gwarthus, gwaradwyddus, cywilyddus, ffiaidd, cythreulig; *(= insulting):* sarh|aus, *Lit:* anfad, ysgeler. **2.** *(price):* gormodol; **an ~ price,** crocbris(-iau) *m.* **3.** *(remarks, clothes, fashion, way of life):* beiddgar, rhyfygus, pryfoclyd, tu hwnt; digon i ddychryn y saint; **to make ~ remarks,** dweud pethau mawr, *N.W: F:* dweud pethau ar y naw.
outrageously *adv.* yn warthus *&c.*
outrageousness *n.* **1.** *(moral):* gwarthusrwydd *m*, ffi|eidd-dod *m*, sarhad *m*, anfadrwydd *m*, ysgelerder *m*, gwarthlonedd *m*, cywilyddusrwydd *m.* **2.** *(of price &c):* gormodedd *m.* **3.** *(of clothes &c):* beiddgarwch *m*, rhyfyg *m*, tuhwntrwydd *m.*
outrance *n.* yr eithaf *m.*
outrange *v.t.* cyrraedd ymhellach (na rhn).
outrank *v.t.* bod yn uwch eich rheng/swydd (na rhn).
outré *a.* eithafol, gormodol, hynod, rhyfedd.
outreach[1] *n.* gwaith allanol *m.*
outreach[2] *v.t.* **1.** cyrraedd ymhellach (na rhn). **2.** *Poet:* **to ~ an arm,** estyn braich.
outreason *v.t.* dadlau'n/rhesymu'n well (na rhn).
outreign *v.t.* teyrnasu'n hwy (na rhn).
outrelief *n. Hist:* cymorth allanol *m.*
outride *v.t.* **1.** marchogaeth ymhellach, marchogaeth yn gynt (na rhn), *S.W:* brochgáu yn gynt (na rhn). **2.** *Nau:* **to ~ (a storm),** hwylio, nofio (trwy storm); *F:* dod trwyddi.
outrider *n.* **1.** *Mil: &c:* rhagfarchog(-ion) *m*, ystlyswr (ystlyswyr) *m.* **2.** *U.S:* bugail (bugeiliaid) *(m)* gwartheg, cowmon (cowmyn) *m.*
outrigger *n.* sadiwr (sadwyr) *m.*
outright *adv. & a.* **I.** *adv.* **1.** *(a) (= completely):* yn llwyr, yn gyfan gwbl, ar ei ben; *(b) (= at once):* ar unwaith, yn ebrwydd, yn syth, unwaith ac am byth; **to kill s.o. ~,** lladd rhn yn gelain [gegoer]. **2.** *(= without reservation):* yn blwmp ac yn blaen, heb flewyn ar dafod, yn ddifloesgni; **to laugh ~ at s.o.,** chwerthin yn braf am ben rhn. II. *a.* **1.** *(= utter):* hollol, llwyr, *occ:* glân, teg; **an ~ failure,** methiant llwyr/glân; **an ~ sale,** gwerthiant llwyr; **an ~ success,** llwyddiant ysgubol. **2.** *(manner):* plwmp a phlaen, plaen, di-flewyn-ar-dafod, di-lol.
outrightness *n. (of manner):* plaendra *m*, gonestrwydd *m*; *(of defeat &c):* llwyrni *m*, llwyrdeb *m.*
outrival *v.t.* cystadlu (â rhn), trechu (rhn), bod yn drech (na rhn).
outroar *v.t.* rhuo'n uwch (na rhn).
outroot *v.t.* dadwreiddio.
outrun *v.t.* rhedeg yn gynt, rhedeg ymhellach (na rhn); trechu (rhn); dianc (rhag rhn); curo (rhn) mewn ras *or* yn y ras; mynd y tu hwnt, mynd heibio (i rth); gor-redeg (rhth).
outrunner *n.* blaenredwr (blaenredwyr) *m.*
outrush *n.* ffrwd (ffrydiau) *f*, ffrydiad(-au) *m*, ffrydlif(-au,-oedd) *mf.*
outsail *v.t.* hwylio'n well, hwylio ymhellach (na rhn).
outsell *v.t.* gwerthu mwy (na rhn/rhth).
outsert *n. Lib:* allosodyn (allosodion) *m.*
outset *n.* cychwyn *m*, cychwyniad *m*, dechreuad *m*, dechrau *m*; **at the ~,** ar y cychwyn; **from the ~,** o'r cychwyn [cyntaf].
outshine *v.t.* disgleirio'n/tywynnu'n fwy (na rhth); *Fig:* rhagori tra-rhagori (ar rth); **this far outshines the other,** *F:* mae hwn yn frenin i'r llall; mae hwn yn rhoi'r llall yn y cysgod.
outside *n., attrib., adv. & prep.* **1.** *n. (a)* y tu *(m)* allan/fas; **on the ~ (of sth),** [y] tu allan, [y] tu fas, oddi allan, oddi mas (i rth); **from the ~,** o'r tu allan, oddi allan; **the window opens to the ~,** mae'r ffenestr yn agor at allan; **(to turn sth) ~ in,** (troi rhth) y tu mewn allan, y tu chwith allan, *N:* y tu chwyneb allan; troi tu mewn rhth [y tu] allan; *(b)* **at the ~,** man pellaf, [yn] y fan bellaf, ar y mwyaf. **2.** *attrib.* allanol, o'r tu allan, pellaf allan, nesaf allan, *S:* mas; **~ agency,** cyfrwng (cyfryngau) allanol *m*; **the ~ world,** y byd mawr y tu allan; **~ broadcast,** darllediad/darllediad allanol; **~ worker,** gweithiwr cartref, gweithiwr allanol; **to get an ~ opinion,** cael barn rhn dieithr, cael barn annibynnol, cael barn o'r tu allan; **~ prices,** y prisiau uchaf [posibl]; *F:* **there's an ~ chance they're alive,** mae rhyw obaith egwan eu bod yn fyw; **he's in with an ~ chance,** mae rhyw obaith y gall ennill; nid yw'n llwyr heb obaith; mae ganddo ryw siawns fechan. **3.** *adv. N:* [y] tu allan, oddi allan, *S:* [y] tu fas, mas tu fas; **(I've left my dog) ~,** (mi adewais fy nghi) y tu allan, *S: occ:* mas tu fas; **to put s.o. ~,** anfon rhn allan; **seen from ~,** a welir o'r tu allan; **seen from ~, they were a happy family,** a barnu o'r tu allan, yr oeddynt yn deulu hapus. **4.** *prep.* o flaen (rhth); y tu allan, oddi allan, *S:* y tu fas (i rth); **~ my kitchen,** y tu allan i'm cegin; **that's ~ my authority,** mae hynny y tu hwnt i'm hawdurdod i; **that's ~ the question,** mae hynny'n amherthnasol; *F:* **to get ~ of food,** claddu bwyd; **get ~ of that one!** dyro hwnna o'r golwg! *S.a.* **get, put**; **~ of sth,** *(= except):* ac eithrio rhth, ar wahân i rth. **~ forward** *n. Sp:* asgellwr (asgellwyr) *m.* **~ half** *n. Sp:* maswr (maswyr) *m.* **~ left** *n. Sp:* asgellwr chwith. **~ right** *n. Sp:* asgellwr de.
outsider *n. F:* **1.** dieithryn (dieithriaid) *m*, dyn(-ion) dieithr *m*, rhn (rhai) o'r tu allan, rhn o'r cyrion, *occ:* allanwr (allanwyr) *m*, dyn dŵad; **all his life he was an ~,** dyn ar y cyrion a fu drwy gydol ei oes; **he's an ~,** nid yw'n un ohonom ni; **he's a rank ~,** un o bobl yr ymylon ydyw. **2.** *Turf:* ceffyl(-au) *(m)* annhebygol, ceffyl a gobaith mul ganddo.
outsight *n.* allweledid *m.*
outsing *v.t.&i.* canu'n well/uwch (na rhn).
outsit *v.t.* eistedd yn hwy (na rhn).
outsize, outsized *a. & n.* **1.** *a.* mawr iawn. **2.** *n.* maint (meintiau) mawr *m*, maint eithriadol *m.*
outskirts *n.pl.* cwr *m*, cyrion *pl*, cyrrau *pl*, godre *m*, godreon *pl.*
outsleep *v.t.* cysgu'n hwy (na rhn).
outsmart *v.t. F:* bod yn glyfrach/gyfrwysach (na rhn).
outsoar *v.t.* codi/hedfan/ehedeg yn uwch (na rhn).
outspan *v.i.&t.* **1.** *v.i.&t. (= unyoke):* dadieuo, di-ieuo. **2.** *v.i. (= trek):* hirdeithio, fforio.
outsparkle *v.t.* pefrio'n ddisgleiriach (na rhth).
outspeak *v.t.* llefaru'n well (na rhn).
outspend *v.t. (a)* gwario mwy (na rhn); *(b) (money):* **gorwario; to ~ your budget,** gorwario ar eich cyllideb.
outspoken *a.* plaen, di-flewyn-ar-dafod, heb flewyn ar dafod, plwmp a phlaen, difloesgni; *(words):* plaen, croyw.
outspokenly *adv.* yn blaen *&c.*
outspokenness *n.* plaendra *m.*
outspread *a. & v.t.* **1.** *a.* ar led, estynedig, ar daen. **2.** *v.t.* lledu, estyn, ymestyn, taenu; *(peacock's tail):* castellu.
outstanding *a.* **1.** *(= eminent):* neilltuol, nodedig, arbennig, eithriadol, amlwg, rhagorol, aruthrol, dirfawr. **2.** *(matter):* heb ei benderfynu; *(= left over):* dros ben, yn weddill, ar ôl; *(bill):* dyledus, heb ei dalu; **an ~ debt,** dyled heb ei chlirio/ thalu.
outstandingly *adv.* yn neilltuol *&c*; *occ:* y tu hwnt.
outstare *v.t.* rhythu (ar rn), llygadu (rhn) [nes codi cywilydd arno]; rhythu'n galetach (na rhn); **I outstared him,** rhythais arno nes gostyngodd ei olygon.
outstation *n.* **= outpost.**
outstay *v.t.* aros yn hwy (na rhn); **to ~ one's welcome,** mynd yn hyfach na'ch croeso.
outstep[1] *v.t.* camu y tu hwnt (i rn).
outstep[2] *a. Fb: &c:* y tu allan i'r droed.
outstretch *v.t.* ymestyn.
outstretched *a.* ar led, estynedig; *(arms):* agored.
outstrip *v.t.* mynd y tu hwnt, mynd heibio (i rn); curo, trechu (rhn).
outstroke *n. I.C.E:* allstroc(-iau) *f.*
outswinger *n. Cr:* *outswinger(-s) m.*
outvalue *v.t.* bod yn werth mwy (na rhth).
outvie *v.t.* trechu (rhn), rhagori (ar rn).

outvote *v.t.* trechu (rhn) [trwy bleidlais], cael mwyafrif (ar rn); **he was outvoted,** collodd y bleidlais.
outwait *v.t.* aros yn hwy (na rhn).
outwalk *v.t.* cerdded ymhellach (na rhn).
outward *a. & adv.* **1.** *a. (a)* allan, tuag at allan, *S:* [i] maes, [i] mas; **the ~ journey,** y daith allan; *(b) (= external):* allanol; **~ form,** allanolion *pl,* tu allan *m,* tu faes/fas *m.* **2.** *adv.* **= outwards. ~-bound** *a.* ar y ffordd allan, yn cychwyn.
outwardly *adv.* yn allanol, yn ôl pob golwg, i bob golwg, ar yr wyneb; **he was ~ successful,** 'roedd yn ymddangosiadol lwyddiannus.
outwardness *n.* allanolrwydd *m,* gwrthrycholdeb *m.*
outwards *adv.* tuag [at] allan.
outwash *n.* allolchiad(-au) *m.* **~ apron** *n.* ffedog(-au) *(f)* allolchi. **~ deposits** *n.pl.* dyddodion allolchi. **~ plain** *n.* sandur(-au) *m,* gwastatir(-oedd) *(m)* allolchi.
outwatch *v.t.* gwylio'n hwy (na rhn).
outwear *v.t.* **1.** *(= wear out):* treulio. **2.** *(= last longer):* parh|au'n hwy (na rhth).
outweigh *v.t.* gorbwyso; **to ~ sth,** bod yn drech na rhth, troi'r fantol yn erbyn rhth.
outwit *v.t.* twyllo (rhn), bod yn rhy gyfrwys (i rn), bod yn gyfrwysach (na rhn).
outwith *prep.* **= outside.**
outwork *n.* **1.** *Fort:* allfur(-iau) *m,* rhagwaith (rhagweithiau) *m,* allanwaith (allanweithiau) *m,* amddiffynfa (amddiffynf|eydd) allanol *f.* **2.** *Ind:* gwaith *(m)* allan, gwaith allanol.
outworker *n.* gweithiwr (gweithwyr) *(m)* allanol, gw|eithwraig *(f)* allanol.
outworn *a.* **1.** *(= outlived):* hen ffasiwn, darfodedig, treuliedig, wedi darfod amdano/amdani/amdanynt, wedi hen ddarfod. **2.** *(= worn out):* wedi treulio/gwisgo, ac ôl traul [arno/arni/arnynt].
ouzel *n. Orn:* **1.** *(a)* **ring ~,** mwyalchen (mwyeilch) *(f)* y mynydd, mwyalchen y graig, mwyalchen fronwen (mwyeilch bronwyn), rhegen(-nod) *(f)* y graig, aderyn du*(m)*'r mynydd (adar duon y mynydd), *Lit: occ:* merwys(-od) *m;* *(b)* **water ~, = dipper 2. 2.** *Lit:* **= blackbird.**
ouzo *n.* owso *m.*
oval *a. & n.* **1.** *a.* hirgrwn (*f.* hirgron, *pl.* hirgrynion), *occ:* wyffurf. **2.** *n.* hirgrwn (hirgrynion) *m,* wyffurf(-iau) *f.*
ovality *n.* hirgrynedd *m, occ:* wyffurfedd *m.*
ovalize *v.t.&i.* **1.** *v.t.* gwn|eud (rhth) yn hirgrwn. **2.** *v.i.* mynd yn hirgrwn.
ovally *adv.* yn hirgrwn *&c.*
ovalness *n.* **= ovality.**
Ovambo *a. & n.* **1.** *a.* Ofamboaidd. **2.** *n. (i) Ethn:* Ofambo(-s,-aid) *m&f; (ii) Ling:* Ofambo *f, m.*
ovarian *a. Med:* wyfaol, ofarïaidd.
ovariectomy *n. Surg:* ofari|ectomi (ofariectomïau) *m.*
ovariotomy *n. Surg:* ofari|otomi (ofariotomïau) *mf.*
ovaritis *n. Med:* llid *(m)* yr wyfa/|ofari.
ovary *n. Anat: Biol:* wyfa(-oedd, wyf|eydd) *f,* wygell(-oedd) *f,* |ofari (ofarïau) *mf.*
ovate[1] *a. Nat.Hist:* wyffurf; *S.a.* **oval 1.**
ovate[2] *n. W.Lit:* ofydd(-ion) *m,* ofyddes(-au) *f;* **bardic ~,** bardd ofydd; **musician ~,** cerdd ofydd; **literature ~,** llên ofydd; **~'s rank,** urdd(-au) *(f)* ofydd, ofyddiaeth(-au) *f.*
ovation *n.* **1.** cymeradwyaeth *f;* **a standing ~,** cymeradwyaeth sefyll; **there was a standing ~,** yr oedd pawb ar ei draed yn gweiddi hwrê; **he was given the customary standing ~,** cododd/safodd y dorf fel arfer i'w gymeradwyo; cododd/safodd pawb fel arfer i'w gymeradwyo. **2.** *Rom.Ant:* dathliad(-au) *(m)* buddugoliaeth.
oven *n.* **1.** *Dom.Ec: N:* popty (poptai, popt|ai) *m, S:* ffwrn (ffyrnau) *f;* **Dutch ~,** *(box):* ffwrn/popty agored, ffwrn dun (ffyrnau tun), *M.W:* bonet(-i) *f, N.W:* sgiwad *f;* *(pot):* crochan(-au) *m;* **to cook sth in a slow ~,** coginio rhth ar wres isel; *F:* **it's like an ~ in here,** mae hi fel ffwrn/ffwrnais *(f)*/popty yma; **brick wall-~,** ffwrn *(f)* frics (ffyrnau brics), ffwrn goed (ffyrnau coed), ffwrn wal, popty mawr; **cast-iron ~,** ffwrn fach (ffyrnau bach), ffwrn gast (ffyrnau cast), popty haearn bwrw, popty shît; **cauldron ~,** ffwrn gidl (ffyrnau cidl), ffwrn grochan (ffyrnau crochan); **fan ~,** ffwrn wyntyll (ffyrnau gwyntyll), popty gwyntyll; **microwave ~,** ffwrn ficro-don (ffyrnau micro-don), popty micro-don; **self-clean ~,** ffwrn/popty glanh|au'i hun; **to light the ~,** cynnau'r ffwrn/popty; **to turn off the ~,** diffodd y ffwrn/popty. **2. = kiln. ~-bird** *n. Orn:* aderyn (adar) *(m)* popty/ffwrn. **~-proof** *a.* dal gwres. **~-ready** *a.* parod i'r ffwrn/popty.
ovenful *n. S:* ffyrnaid (ffyrneidiau) *f,* llond *(m)* ffwrn, *N:* poptyaid (poptyeidiau) *m,* llond popty.
ovenware *n.* llestri *(pl)* ffwrn/popty.
over *prep., adv. & n.* I. *prep.* **1.** *(a)* tros, dros + *soft mut.*; *with forms:* trosof, trosot, trosto/trosti, trosom, trosoch, trostynt; *or* drosof, drosot *&c;* **~ me,** trosof i; **~ them,** trostynt hwy *&c;* **to spread a cloth ~ sth,** taenu lliain tros rth; *(b) (= throughout):* tros, trwy + *soft mut.*; **all ~ Wales,** tros Gymru i gyd, trwy Gymru benbaladr, o Fôn i Fynwy, o Gaergybi i Gaerdydd, *Lit: occ:* drwy Gymru achlân; **from all ~ Wales,** o bob cwr o Gymru; **all ~ the world,** ar draws y byd, ar hyd y byd, ar hyd a lled y byd, ar led y byd, led-led y byd, trwy'r byd i gyd; *S.a.* **overall;** *F:* **to be all ~ s.o.,** ffalsio i rn, cynffonna i rn, glafoerio am ben rhn; **measured ~ the widest part,** o'i fesur/mesur ar draws y rhan letaf, o'i mesur/fesur lle mae letaf; **(it's ten feet long) ~ all,** (mae'n ddeg troedfedd) ar ei hyd, o'r naill ben i'r llall, o'i gwr, *occ:* o gwr bwygilydd; *(c)* **~ [the top of] sth,** tros/dros rth, tros/dros ben rhth; **we heard a voice ~ the wall,** clywsom lais o'r ochr arall i'r wal; **to fall ~ a cliff,** syrthio/cwympo dros ddibyn; **(to trip) ~ sth,** (baglu) dros rth, dros ben rhth, ar draws rhth. **2.** *(a)* **(to jut out) ~ sth,** (bargodi) dros rth, dros ben rhth, uwchb|en rhth, uwch rhth; **his name is ~ the door,** mae ei enw uwchben y drws; **hanging ~ our heads,** yn crogi uwch ein pennau; **with his hat ~ his eyes,** â'i het dros ei lygaid; **~ my dead body!** ddim tra bo chwythiad ynof i! **she may go only ~ my dead body,** ni chaiff hi fynd ond dros fy nghrogi; **I was ~ my ankles in water,** 'roeddwn dros fy fferau mewn dŵr; *S.a.* **ear[1] 1, hand[1] 2;** *(b)* ar + *soft mut.:* arnaf, arnat, arno/arni, arnom, arnoch, arnynt; **she had an advantage ~ him,** 'roedd ganddi fantais drosto/arno; **she has no control ~ herself,** nid oes ganddi reolaeth arni ei hun; **to reign ~ a country,** teyrnasu ar wlad; **he is ~ me,** mae'n uwch na mi; mae uwch fy mhen i; **we were victorious ~ them,** buom yn drech na hwy; cawsom fuddugoliaeth arnynt; **to give s.o. the preference ~ s.o. else,** ffafrio rhn yn hytrach na rhn arall; *(c)* **(he was bending) ~ his work,** (plygai) uwchben ei waith, dros ei waith; **how long will you be ~ it?** faint fyddi di wrthi? **I fell asleep ~ my work,** euthum i gysgu uwchben fy ngwaith; **(I was sitting) ~ the fire,** ('roeddwn yn eistedd) wrth y tân, uwch ben y tân, *occ:* ar ben y tân; roeddwn yn cadw gŵyl bentan; **~ the radio,** ar y radio; **~ the phone,** ar y ffôn. **3.** *(across):* *(a)* **the house ~ the way,** y tŷ dros y ffordd, y tŷ am y ffordd â ni, y tŷ gyferbyn; **~ the road from me,** am y ffordd â mi, gyferbyn â mi, dros y ffordd i mi; **~ the border,** tros y ffin, y tu draw i'r ffin, y tu hwnt i'r ffin; **to live ~ the river,** byw yr ochr draw i'r afon; **~ the counter,** dros y cownter; *(b)* **the bridge ~ the river,** y bont tros/ar yr afon. **4.** *(= in excess of):* tros + *soft mut.*; uwch na, mwy na + *spirant mut.*; **~ a hundred pounds,** tros ganpunt, mwy na chanpunt; **~ and above one's salary,** ar ben eich cyflog, at eich cyflog, ym mhen eich cyflog, yn ogystal â'ch cyflog, yn ychwanegol at eich cyflog. **5.** *(= during):* yn ystod, trwy gydol, dros, tros; **~ (the last five years),** yn ystod, trwy gydol (y pum mlynedd diwethaf); **(can you stay) ~ Sunday?** (a ellwch chi aros) dros y Sul, fwrw'r Sul? II. *adv.* **1.** *(a)* i gyd, trosodd, drosodd; *with forms:* trosof, trosot, trosto/trosti, trosom, trosoch, trostynt; drosof *&c;* **it was all ~ dust; it was dust all ~,** 'roedd yn llwch i gyd; 'roedd yn llwch drosto/drosti; **(I'm aching) all ~,** ('rwy'n brifo) trosof, drwof i gyd; *F:* **that's you all ~!** dyna ti i'r dim! dyna ti drwot draw! *(b)* **to read a letter ~,** darllen trwy lythyr; **(I did it) all ~ again,** (fe'i gwneuthum) eto, o'r newydd, eilwaith, o'r cwr, o'r cychwyn; *S.a.* **go over 1, look over; to think sth ~,** meddwl dros rth; *(c) (repetition):* **ten times ~,** dengwaith ar ôl ei gilydd, dengwaith drosodd; **twice ~,** dwywaith; **~ and ~ again,** drosodd a throsodd, droeon, sawl gwaith, drosodd a thro. **2.** *(a)* **to look ~ into a garden,** edrych trosodd i ardd; **the milk boiled ~,** fe ferwodd y llaeth drosodd; *(b)* **to lean ~,** plygu drosodd; *(of load, building &c):* gwyro, gogwyddo; **the load of hay leaned ~ precariously,** yr oedd y llwyth gwair yn gogwyddo'n beryglus. **3.** *(a)* **to fall (~),** syrthio/cwympo (drosodd, i lawr); **to knock sth ~,** dymchwel rhth, bwrw/taro

rhth i lawr, troi rhth; **he was run ~ by a car,** cafodd ei daro [i lawr] gan gar; aeth car drosto; *(b)* **please turn ~,** trowch drosodd, trowch y tudalen; **to turn sth ~ and ~,** troi a throsi rhth; *S.a.* **turnover; (to bend sth) ~,** (plygu rhth) drosodd, yn ei hanner; *(c) Nau:* **hard ~!** reit drosodd! **4. to cross ~,** croesi, mynd drosodd, mynd draw; **can you run me ~?** fedri di fynd â mi draw? *N:* ga' i bas yno gen ti? roi di bas imi yno? **~ there, ~ yonder,** draw, draw acw, draw [yn y] fan acw, *F:* fan'cw, *S:* man 'co; **~ here,** yma [yn y] fan yma, *F:* fan'ma, *S:* man hyn; **~ against sth,** gyferbyn â rhth, am y ffordd â rhth, dros y ffordd i rth, yn wynebu rhth, gyfarwyneb â rhth; **he's ~ from France,** mae ef wedi dod drosodd o Ffrainc; fe ddaeth draw o Ffrainc; **to hand sth ~,** trosglwyddo rhth; **hand it ~!** i mi! tyrd ag e/o i mi! *N:* dyro fo i mi! dyro i mi o! *S:* dere ag e i mi! **to throw s.o. ~,** cefnu ar rn, rhoi cawell i rn, gadael rhn ar y clwt, *N:* rhoi'r hwi i rn; **I'll come ~ (tomorrow),** mi ddof draw, mi alwaf (yfory); **to ask s.o. ~,** gwahodd rhn draw; *W.Tel:* **~ [to you],** drosodd (atat ti, atoch chi); *S.a.* **get over, give over 1. 5.** *(= remaining):* dros ben, ar ôl, trosodd, drosodd; *(a)* **children of ten and ~,** plant dengmlwydd oed a throsodd; **three into seven goes twice and one ~,** fe â tri i saith ddwy waith ac un dros ben; **he's six foot and a bit ~,** mae'n ddwy lath o daldra ac ychydig dros ben; mae ychydig dros ddwy lath o daldra; *(b)* **(you can keep) what's left ~,** (cewch gadw)'r gweddill, yr hyn sydd dros ben, 'r hyn sy'n weddill; **(a dozen cakes) and one ~,** (dwsin o deisennau) ac un dros ben, *M.W: occ:* ac un yn feindin; **to run ~,** gorlifo, goferu; *B:* **my cup runneth ~,** fy ffiol sydd lawn; *(c) (= till later):* **to hold ~ a decision,** gohirio penderfyniad; *(d) (compounded with adjs. and advs.):* gor- + *soft mut.*, rhy + *soft mut.*; **~-particular,** rhy fanwl, gorfanwl; **not ~-keen,** heb fod yn rhy awyddus; *(e) (compounded with a noun):* gor- + *soft mut.*; *(f) (compounded with a verb): (i)* gor- + *soft mut.*; **to ~-stretch,** gorestyn, gordynnu; *(ii)* **to overstep sth,** camu y tu hwnt i rth. **6.** *(= finished):* ar ben, drosodd, gorffenedig, wedi darfod, wedi gorffen, *S:* wedi cwpla, wedi 'bennu; **the danger is ~,** mae'r perygl drosodd; mae'r perygl ar ben; aeth y perygl heibio; darfu am y perygl; darfu'r perygl; **to get sth ~ and done with,** gwn|eud rhth a darfod, darfod â rhth, cwblh|au rhth, *S:* cwpla rhth; **it's all ~ (with me),** mae hi ar ben, mae hi wedi canu, mae hi'n am|en, *F:* mae hi wedi wech, mae hi'n ddominô (arna' i); *S.a.* **give over 2. III.** *n.* **1.** *Cr:* pelawd(-au) *f*; **maiden ~,** pelawd wag (pelawdau gweigion). **2.** *Publ:* **overs,** copïau dros ben. **~-large** *a.* rhy fawr (**for sth,** i rth).

over-abound *v.i.* gorlifeirio, gorheigio, bod yn orhelaeth, bod yn orlawn (**with sth,** o rth).

overabsorb *v.t.* goramsugno.

overabsorption *n.* goramsugniad(-au) *m*, goramsugno *vn.*

overabstemious *a.* gorgymedrol, rhy gymedrol.

overabstemiously *adv.* yn orgymedrol *&c.*

overabstemiousness *n.* gorgymedroldeb *m.*

over-abundance *n.* gorhelaethrwydd *m*, gormodedd *m*, goramlder *m*, goramledd *m*, gorlawnder *m*, mwy (*m*) na digon.

over-abundant *a.* gormodol, gorlifeiriol, gorhelaeth, gorlawn, goraml.

over-abundantly *adv.* yn ormodol.

overaccentuate *v.t.* gorbwysleisio *m.*

overacidity *n.* gorasidedd *m.*

overact *v.t.&i.* goractio, gor-wn|eud.

over-active *a. (worker):* gorweithredol, gorweithgar, gorbrysur, rhy brysur; *(child, imagination):* gorfywiog.

over-actively *adv.* yn orfywiog *&c.*

over-activity *n.* gorfywiogrwydd *m.*

over-age *a.* rhy hen, dros yr oed.

overall *a., n. & adv.* **1.** *a. (a)* cyfan, cyfan gwbl, hollgynhwysfawr, cyflawn; *Pol:* **~ majority,** mwyafrif dros bawb; *(b) (rate, reaction):* cyflawn, drwyddo draw, rhwng popeth, at ei gilydd, yn gyffredinol; *Geog:* **~ decrease,** lleihad (*m*) trwodd a thro; *Aut:* **~ stopping distance,** cyfanswm (*m*) pellter stopio. **2.** *n.* troswisg(-oedd) *f*, *F:* ofarôl: oferôl(-s) *mf*. **3.** *adv.* ar y cyfan, at ei gilydd.

overambitious *a.* rhy uchelgeisiol, goruchelgeisiol.

overambitiously *adv.* yn rhy uchelgeisiol.

overambitiousness *n.* goruchelgais *m.*

over-anxiety *n.* gorbryder *m*; *(= overeagerness):* gorawydd *m.*

over-anxious *a.* gorbryderus; **to be ~,** gorbryderu; *(= overeager):* gorawyddus.

over-anxiously *adv.* yn orbryderus; yn orawyddus.

over-anxiousness *n.* = **overanxiety.**

overarch *v.i.* ffurfio bwa (tros rth).

overarching *a.* trosfwaol.

overarm[1] *n. Swim:* nofio (*vn*) dros ysgwydd; *S.a.* **crawl[1]**

overarm[2] *attrib. & adv.* dros [yr] ysgwydd.

overassert *v.t. (a case &c):* gor-ddweud, gorbwysleisio; **to ~ oneself,** ymwthio, eich gwthio'ch hun, bod yn ymwthgar.

overassertion *n. (of a case):* gorbwyslais *m* (**of sth,** ar rth); *(of oneself):* gorymwthiad *m*, gorymwthio *vn.*

overassertive *a.* ymwthgar.

overassertiveness *n.* ymwthgarwch *m.*

overassessment *n.* gorasesiad(-au) *m.*

overattentive *a.* gorofalus, gorwasanaethgar, gors|ylwgar.

overattentively *adv.* yn orofalus *&c.*

overattentiveness *n.* gorofal *m*, gormod (*m*) o sylw.

overawe *v.t.* codi arswyd (ar rn), creu parchedig ofn (yn rhn).

overawed *a.* mewn parchedig ofn.

overbalance[1] *n.* gormodedd *m*, gormod *m.*

overbalance[2] *v.t.&i.* **1.** *v.t. (= outweigh):* gorbwyso; *(= capsize):* dymchwel, dymchwelyd, troi (rhth), gwthio (rhth) drosodd. **2.** *v.i.* cwympo, syrthio drosodd.

over-bankful *n. Geog:* gorgyforlan(-nau) *f.*

overballast *v.t.* gorfalastio.

overbear *v.t.* **1.** *(= cast down):* llorio (rhth); bwrw/taflu (rhth) i lawr. **2.** *(a)* **to ~ s.o., to ~ s.o.'s will,** pwyso ar rn, pwyso ar wynt rn, gormesu rhn, gwasgu ar rn, bod yn drah|aus tuag at rn.

overbearing *a.* gormesol, trah|aus, tra-awdurdodol.

overbearingly *adv.* yn ormesol *&c.*

overbid[1] *n. Cards:* gorgynnig (gorgynigion) *m.*

overbid[2] *v.t.* cynnig mwy (na rhn); *abs. Cards:* gorgynnig, goralw.

overbite *n. Dent:* gorfrathiad(-au) *m.*

overblanket *n.* gwrthban(-au) *m*, carthen(-ni) *f.*

overblouse *n.* trosflows(-ys) *mf*, blows l[l]aes (blowsys llaes) *mf*, blows r[h]ydd (blowsys rhydd) *mf.*

overblow *v.t. Mus:* gorchwythu, trachwythu, uwch-chwythu.

overblown *a.* **1.** *(storm &c):* wedi gostegu, wedi mynd heibio, wedi chwythu ei phlwc. **2.** *(= inflated):* gorchwyddedig, chwyddedig, gwyntog, ymhongar (*pronounced* ng-g). **3.** *(flower, beauty):* goraeddfed, wedi hedeg.

overboard *adv. Nau:* dros y bwrdd, i'r môr; *F:* **to go ~ for sth,** mopio'ch/drysu'ch pen am rth, dotio/dwli/gwirioni ar rth, mynd dros ben llestri am rth; **man ~!** dyn yn y môr! **to throw sth ~,** cael gwared ar rth.

overbold *a.* rhyfygus, gorfentrus, rhy fentrus *&c*; *See* **bold.**

overboldly *adv.* yn orfentrus, yn rhy fentrus *&c.*

overboldness *n.* gorfentrusrwydd *m*, rhyfyg *m*, gorhyfdra *m.*

overbook *v.t.* gorarchebu, gorfwcio.

overboot *n.* botasen (botasau, bwtsias) uchaf *f.*

overbright *a.* rhy ddisglair, gorddisglair.

overbrightly *adv.* yn rhy ddisglair.

overbrightness *n.* gorddisgleirdeb *m.*

overbrim *v.t.&i.* gorlifo, *occ:* goferu.

overbuild *v.t.* adeiladu dros (rth), goradeiladu (ar rth).

overbuilt *a.* gorlawn [o adeiladau].

overburden[1] *n.* gorlwyth(-i) *m.*

overburden[2] *v.t.* gorlwytho, gorlethu.

overburdened *a.* gorlwythog, gorlwythedig.

overburdensome *a.* llethol, beichus, gorlethol.

overbusily *adv.* yn rhy brysur.

overbusy *a.* rhy brysur, gorbrysur.

overbusyness *n.* gorbrysurdeb *m.*

over-buy *v.t.&i.* gorbrynu.

overcall[1] *n. Cards:* goralwad(-au) *f.*

overcall[2] *v.t. Cards:* goralw.

overcanopy *v.t.* gor-doi.

overcapitalization *n.*, **overcapitalize** *v.t.* gorgyfalafu.

overcapitalized *a.* gorgyfalafog, â gormod o gyfalaf.

over-careful *a.* gorofalus, gorfanwl, rhy ofalus.

over-carefully *adv.* yn rhy ofalus *&c.*

over-carefulness *n.* gorofal *m*, gormod (*m*) gofal.

overcast[1] *v.t.* **1.** *(sky):* cymylu, gorchuddio, tywyllu, gor-doi. **2.** *Needlew:* trawsbwytho, pwytho dros ben.

overcast² *a.* **1.** *(sky):* cymylog, tywyll, *occ:* penddu; gorchuddiedig (â rhth, gan rth). **2.** *Needlew:* **~ stitch,** pwyth(-au) (*m*) dros ben; *S.a.* **seam¹ 1.**
over-caution *n.* gorofal *m.*
over-cautious *a.* gorofalus, rhy ofalus.
over-cautiously *adv.* yn orofalus.
over-cautiousness *n.* gorofal *m*, gormod (*m*) gofal.
overcentralization *n.* gorganoliad *m*, gorganoli *vn.*
overcentralize *v.t.* gorganoli.
overcharge¹ *n.* **1.** *(of battery):* gorlwyth *m*, gorlenwad *m.* **2.** *(a) (= high price):* crocbris(-iau) *m*; *(b) (= extra charge):* gordaliad(-au) *m.*
overcharge² *v.t.* **1.** *(battery &c):* gorlwytho, gorlenwi; *(a picture):* gorliwio. **2.** *(price):* **to ~ s.o.,** codi gormod ar rn.
overcharitable *a.* *(= overgenerous):* gor-hael, rhy hael; *(= too forbearing):* gordrugarog, rhy drugarog.
overcharitableness *n.* *(= overgenerousness):* gorhaelioni *m*; *(= too magnanimous):* gordrugaro[w]grwydd *m.*
overcharitably *adv.* yn rhy hael, yn rhy drugarog.
overcheck *n.* *Tex:* brethyn (*m*) dau siec.
overchildish *a.* gorblentynnaidd, rhy blentynnaidd.
overchildishly *adv.* yn rhy blentynnaidd.
overchildishness *n.* gorblentyneiddiwch *m.*
overclothes *n.pl.* dillad uchaf.
overcloud *v.t.* cymylu, tywyllu.
overcoat *n.* côt (cotiau) uchaf *f*, côt fawr (cotiau mawr), *N: F:* top-côt (topiau-cotiau) *f.*
overcome *v.t.* **1.** *(enemy):* gorchfygu, goresgyn, trechu (rhn); bod yn drech (na rhn). **2.** *(emotion):* meistroli. **3. to be ~ (by emotion, heat &c),** cael eich llethu (gan deimlad, wres *&c*); **he was ~ by his feelings,** aeth ei deimladau'n drech nag ef; aeth ei deimladau'n ormod iddo; **I was ~ by sleep,** aeth cwsg yn drech na mi; **she was ~ by fear,** llethwyd hi gan ofn; daeth ofn mawr drosti; **to be ~ by a spectacle,** cael eich gwefreiddio gan olygfa; **~ with liquor,** *See* **drunk. 4.** *(problems):* datrys, goresgyn.
overcommercialization *n.*, **overcommercialize** *v.t.* gorfasnacholi.
overcommercialized *a.* gorfasnachol, rhy fasnachol.
over-compensate *v.t.* gorgydadfer.
over-compensation *n.* *Psy:* gorgydadferiad *m.*
over-confidence *n.* gorhyder *m.*
over-confident *a.* gorhyderus, rhy hyderus.
over-confidently *adv.* yn orhyderus.
overconservative *a.* gorgeidwadol, rhy geidwadol.
overconservatively *adv.* yn rhy geidwadol *&c.*
overconservativeness *n.* gorgeidwadaeth *f*, gorgeidwadrwydd *m.*
over-cook *v.t.* gorgoginio, gor-wn|eud.
over-cooked *a.* wedi ei [g]orgoginio *&c.*
overcorrect¹ *a.* rhy gywir, gorgywir.
overcorrect² *v.t.&i.* gorgywiro (rhth), cywiro gormod (ar rth).
overcostly *a.* rhy ddrud.
overcounting *vn.* *Aut:* gor-rifo.
overcourteous *a.* rhy foesgar, rhy gwrtais, gorfoesgar, gorgwrtais.
overcourteously *adv.* yn rhy foesgar *&c.*
overcourteousness *n.* gorfoesgarwch *m*, gorgwrteisi *m.*
over-credulity *n.* gorhygoeledd *m.*
over-credulous *a.* gorhygoelus, rhy hygoelus.
over-credulously *adv.* yn orhygoelus.
over-credulousness *n.* = **overcredulity.**
overcritical *a.* rhy feirniadol, gorfeirniadol, *occ:* barnllyd.
overcrop *v.t.* dihysbyddu, gorgynaeafu.
overcrow *v.t.* gorohïan, clochdar (uwch ben rhth).
overcrowd *v.t.* gorlenwi, gorlwytho; *(a town):* gorlenwi, gorboblogi.
overcrowded *a.* *(room):* gorlawn, rhy lawn; *(town):* gorlawn, gorboblog; *(forest):* rhy drwchus/glòs, gordyrrog.
overcrowding *vn.* = **overcrowd.**
over-curiosity *n.* gorchwilfrydedd *m.*
over-curious *a.* rhy chwilfrydig, rhy fusneslyd, gorfusneslyd, gorchwilfrydig.
over-curiously *adv.* yn rhy chwilfrydig.
over-curiousness *n.* gorchwilfrydedd *m.*
overdecorate *v.t.* goraddurno.
overdecorative *a.* goraddurnol.
overdecoratively *adv.* yn oraddurnol.
overdecorativeness *n.* goraddurnoldeb *m*, gormod (*m*) addurn.
overdeepen *v.t.* *Geog:* gorddyfnh|au.
overdeepened *a.* *Geog:* gorddwfn (*f.* gorddofn, *pl.* gorddyfnion); *Metalw:* gorddyfnedig.
over-delicacy *n.* gordringarwch *m* (*pronounced* ng-g).
over-delicate *a.* gordringar (*pronounced* ng-g).
over-delicately *adv.* yn ordringar (*pronounced* ng-g).
over-delicateness *n.* = **over-delicacy.**
overdetailed *a.* rhy fanwl, gorfanwl.
overdevelop *v.t.* gorddatblygu.
overdeveloped *a.* gorddatblygedig.
overdevelopment *n.* gorddatblygiad(-au) *m*, gorddatblygu *vn.*
overdignified *a.* rhy urddasol, gorurddasol.
overdiscriminating *a.* gorddethol.
overdiscriminatingly *adv.* yn orddethol.
overdo *v.t.* **1.** gor-wn|eud; **to ~ it, to ~ things,** mynd yn rhy bell, mynd dros ben llestri, ei gor-wneud hi; **don't ~ it,** *(= don't work too hard):* paid â gwneud gormod; paid â'i gor-wneud hi; paid â'th ladd dy hun. **2.** *Cu:* gor-wneud, gorgoginio.
overdone *a.* **1.** gormodol. **2.** *Cu:* wedi gor-wn|eud/gorgoginio.
overdose¹ *n.* gorddos (gorddosau) *m*, dôs [g]ormodol (dosau gormodol) *fm*, *F:* gormod *m.*
overdose² *v.t.* gorddosio.
overdraft *n.* *Bank:* gorddrafft(-iau) *m*, gorgodiad(-au) *m*, gorgodi *vn*, dyled (*f*) cyfrif, gordynnu *vn.*
overdramatic *a.* rhy ddramatig, gorddramatig.
overdraw *v.t.* **1.** *(picture):* gorliwio, gorlwytho, gor-wn|eud. **2.** *Bank:* gordynnu, gorgodi.
overdrawn *a.* **1.** *(picture):* gorliwiedig. **2.** *Bank:* dyledus, mewn dyled; **you are ~,** 'rydych wedi codi gormod o'ch cyfrif; mae'ch cyfrif yn ddyledus.
overdress¹ *n.* troswisg(-oedd) *f*, ffrog (*f*) diwnig (ffrogiau tiwnig).
overdress² *v.t.&i.* gorwisgo; **she's overdressed,** mae hi wedi ei gwisgo'n rhy grand; *F:* mae hi fel cangen Mai; mae hi fel caseg i breimin; mae hi fel caseg sioe.
overdrink *v.t.* goryfed.
overdrive¹ *v.t.* goryrru, gorweithio; **to ~ oneself,** ymlâdd, eich blino'ch hun, eich gyrru'ch hun, gweithio gormod, eich lladd eich hun, *F:* ofarweithio.
overdrive² *n.* *Aut:* trosyriant (trosyriannau) *m.*
overdue *a.* *(debt):* gorddyledus, dyledus ers tro; *(reform &c):* hir-ddisgwyliedig; **a train ten minutes ~,** trên ddeng munud yn hwyr; *Lib:* **~ book,** llyfr hwyr.
overdye *v.t.* **1.** *(= dye too much):* gorliwio. **2.** *(= dye over):* trosliwio.
over-eager *a.* gorawyddus (**for sth,** am rth), gorselog (dros rth), rhy barod (i/am rth), gorchwannog (i rth).
over-eagerly *adv.* yn orawyddus.
over-eagerness *n.* gorawydd *m*, gorbarodrwydd *m*, gorselogrwydd *m.*
over-earnest *a.* rhy ddifrif[ol], gorddifrif[ol].
over-earnestly *adv.* yn rhy ddifrif *&c.*
over-earnestness *n.* gorddifrifoldeb *m*, gorddifrifwch *m.*
overeat *v.t.&i.* gorfwyta, bwyta gormod.
overeffusive *a.* rhy fyrlymus, rhy afieithus, gorfyrlymus, gorafieithus.
overeffusively *adv.* yn rhy fyrlymus *&c.*
overeffusiveness *n.* gorafiaith *m.*
overelaborate¹ *a.* gorgywrain, gorfanwl.
overelaborate² *v.t.&i.* gorgywreinio (rhth), gorfanylu (ar rth).
overelaborately *adv.* yn orfanwl *&c.*
overelaborateness *n.* gorfanylrwydd *m*, gorgywreinder *m*, gorgywreinrwydd *m.*
overelaboration *n.* gorfanylu *vn.*
overembellish *v.t.* goraddurno, gorliwio.
overemotional *a.* gordeimladol, rhy deimladol.
overemotionalism *n.* gordeimladrwydd *m.*
overemotionally *adv.* yn rhy deimladol *&c.*
over-emphasis *n.* gorbwyslais *m.*
over-emphasize *v.t.* gorbwysleisio.
overenthusiastic *a.* rhy frwd, rhy frwdfrydig, gorfrwdfrydig, gor-frwd.
overenthusiastically *adv.* yn rhy frwd *&c.*
overestimate¹ *n.* goramcan(-ion) *m*, goramcangyfrif(-on) *m* (*pronounced* ng-g), gor-ragbrisiad(-au) *m.*

overestimate² *v.t.* goramcangyfrif (*pronounced* ng-g), goramcanu, gorbrisio, gor-ragbrisio; **to ~ one's strength,** meddwl eich bod yn gryfach nag yr ydych.
overestimation *n.* goramcan *m*, goramcangyfrif(-on) *m* (*pronounced* ng-g).
over-excitable *a.* gorgynhyrfus.
over-excite *v.t.* gorgynhyrfu.
over-excited *a.* gorgynhyrfus, rhy gynhyrfus, wedi gorgynhyrfu, wedi cynhyrfu [g]ormod.
over-excitement *n.* gorgynnwrf *m*.
overexercise *v.t.&i.* gorymarfer.
over-exert *v.t.* & *v.pr.* **1.** *v.t.* gorarfer, gorweithio. **2.** *v.pr.* **to ~ oneself,** ymegnïo ormod, gorweithio, gorymdrechu, gorymlafnio, gwn|eud gormod, ei gor-wn|eud hi.
over-exertion *n.* *vn.* = **overexert 2**; gorymdrech *f*.
overexpand *v.t.&i.*, **overexpansion** *n.* gorhelaethu, gorehangu.
overexpansive *a.* gorhelaethol.
overexpansively *adv.* yn orhelaethol.
overexplicit *a.* rhy eglur.
overexplicitly *adv.* yn rhy eglur.
overexpose *v.t.* **1.** goramlygu, gorddangos. **2.** *Phot:* goroleuo, gorddadlennu.
overexposed *a.* **1.** goramlwg, rhy amlwg, wedi cael gormod o sylw/gyhoeddusrwydd. **2.** *Phot:* **an ~ film,** ffilm wedi ei goroleuo/gorddadlennu, ffilm wedi cael gormod o olau.
overexposure *n.* **1.** goramlygrwydd *m*. **2.** *Phot:* gorolau *m*, gorddadleniad(-au) *m*, goroleuad(-au) *m*.
overfall *n.* **1.** *Nau:* geirw (*f*) fôr (geirwyau môr). **2.** *(= overflow):* gofer(-oedd,-ydd) *m*, gorlif(-oedd,-iau,-ogydd) *m*.
overfamiliar *a.* **1.** *(= too forward):* rhy hy[f]. **2.** *(= too well-known):* gorgyfarwydd, gorgydnabyddus, gorhysbys.
overfamiliarity *n.* **1.** gorhyfdra *m*. **2.** gorgyfar|wydd-dra *m*.
overfamiliarly *adv.* yn rhy hyf.
overfanciful *a.* rhy ddychmygus, rhy ffansïol, gorddychmygus, gorffansïol.
overfancifully *adv.* yn rhy ddychmygus *&c.*
overfancifulness *n.* gorddychymyg *m*, gormod (*m*) ffansi.
over-fatigue¹ *n.* gorflinder *m*, gorludded *m*.
over-fatigue² *v.t.* gorflino, gorluddedu.
over-fatigued *a.* gorflinedig, gorluddedig.
overfeed *v.t.* gorfwydo.
overfill *v.t.&i.* gorlenwi.
overfish *v.t.* gorbysgota.
overfit *a.* rhy heini, rhy atebol *&c.*
overflight *n* ehediad(-au) (*m*) dros rth.
overflow¹ *n.* gorlif(-oedd,-iau,-ogydd) *m*, gorlifiad(-au) *m*, gorlifiant (gorlifiannau) *m*, gorlanw(-au) *m*, gofer(-oedd,-ydd) *m*. **~ bit** *n.* *Cmptr:* did(-au) (*m*) gorlif. **~ channel** *n.* sianel (*f*) orlif (sianeli gorlif). **~ pavilion** *n.* pabell (*f*) orlanw (pebyll gorlanw).
overflow² *v.t.&i.* gorlifo (rhth, dros rth), *occ.* goferu (dros rth), *abs.* llifeirio, gorlenwi, goferu, llifo drosodd.
overflowing *a.* gorlifol, llifeiriol; **a heart ~ with gratitude,** calon orlawn o ddiolchgarwch.
overfly *v.t.* hedfan dros rth.
overfold *n.* *Geol:* trosblyg(-ion) *m*.
overfolded *a.* trosblygedig; *Metalw:* **~ seam,** sêm (*f*) orlap (semau gorlap).
overfond *a.* gor-hoff.
overfondly *adv.* yn or-hoff.
overfondness *n.* gorhoffter *m*.
overfree *a.* rhy hy[f] (**with s.o.,** ar rn).
overfrequent *a.* rhy fynych, gorfynych, rhy aml, gor-aml.
overfrequently *adv.* yn rhy fynych *&c.*
overfulfil *v.t.* gorgyflawni.
overfulfilment *n.* gorgyflawniad(-au) *m*, gorgyflawni *vn*.
overfull *a.* rhy lawn, gorlawn.
overfullness *n.* gorlawnder *m*.
overfully *adv.* yn rhy lawn.
overgarment *n.* dilledyn (dillad) uchaf *m*, trosdilledyn (trosddillad) *m*.
overgenerous *a.* rhy hael, gor-hael, rhy haelionus, gor-haelionus.
overgenerously *adv.* yn rhy hael *&c.*
overgenerousness *n.* gor-haelioni *m*.
overgentle *a.* rhy dyner, rhy addfwyn, gordyner, goraddfwyn.
overgentleness *n.* gordynerwch *m*, goraddfwynder *m*.
overgently *adv.* yn rhy dyner *&c.*
overgild *v.t.* goreuro.
overglaze¹ *n.* & *attrib.* **1.** *n.* troswydriad *m*, troswydryn *m*. **2.** *attrib.* troswydrol.
overglaze² *v.t.* troswydro.
Over Gorther *W.Pl.n.* Gorddwr *m*.
overgraze *v.t.* gorbori.
overgreedily *adv.* yn rhy farus.
overgreediness *n.* gorfarusrwydd *m*.
overgreedy *a.* rhy farus, gorfarus.
overground *a.* uwchddaearol.
overgrow *v.t.&i.* **1.** *v.t.* *(of plants &c):* **to ~ a wall,** tyfu dros fur, gorchuddio mur. **2.** *v.i.* *(of child &c):* gordyfu, *F:* ofardyfu.
overgrown *a.* **1.** *(garden &c):* llawn tyfiant, llawn chwyn &c, gorchuddiedig [â thyfiant], wedi tyfu'n wyllt. **2.** *(child):* wedi gordyfu.
overgrowth *n.* gordyfiant (gordyfiannau) *m*, gordwf *m*.
overhand *a.* **1.** *Swim: Bowls:* tros ysgwydd. **2. ~ knot,** cwlwm (c[y]lymau) (*m*) tros law.
overhang¹ *n.* bargod(-ion) *m*, bargodiad(-au) *m*, gordo(-eau,-eon) *m*, trosgrog(-au) *f*.
overhang² *v.t.&i.* crogi, taflu [allan], hongian, *occ:* gorhongian (uwch ben rhth, dros rth); bargodi (dros rth); *S.a.* **overhung.**
overhanging *a.* sy'n taflu [allan], sy'n crogi drosodd, bargodol, gordo; **~ cliff,** craig sy'n taflu dros ei throed/sawdl, craig fargodol; **~ cave,** ogof (*f*) ordo (ogofâu gordo).
over-haste *n.* gorfrys *m*, gormod (*m*) brys.
over-hastily *adv.* yn orfrysiog, yn rhy frysiog, ar ormod brys, *S: F:* ar ormod o hast.
over-hastiness *n.* gorfrys *m*, gormod (*m*) brys, gorfrysiogrwydd *m*.
over-hasty *a.* gorfrysiog, rhy frysiog, ar ormod brys, *S: F:* ar ormod o hast.
overhaul¹ *n.* **1.** *(= inspection):* archwiliad(-au) *m*. **2.** *(= repair):* atgyweiriad(-au) *m*.
overhaul² *v.t.* **1.** *(= inspect):* archwilio. **2.** *(= repair):* atgyweirio, *N:* trwsio. **3.** *(= overtake):* dal (rhn); dal i fyny, dod yn gyfuwch/gyfochrog (â rhn); dynesu, closio (at rn); ennill [tir] (ar rn); *Lit:* goddiweddyd (rhn).
overhead *adv.*, *attrib.* & *n.pl.* **1.** *adv.* uwchb|en, uwch eich pen, yn yr awyr, *Lit:* fry. **2.** *attrib.* uwchddaearol, uwchben; **~ railway,** rheilffordd uwchddaearol; **~ camshaft,** camwerthyd uwchben; **~ projector,** uwchdaflunydd(-ion) *m*; *I.C.E:* **~ valve,** falf(-iau) uwchben *f*; **~ wires,** gwifrau uwchben; *Com:* **~ expenses,** costau cyffredinol. **3.** *n.pl.* **overheads,** = **overhead expenses.**
overhear *v.t.* digwydd clywed (rhth), clywed (rhth) ar ddamwain.
overheard *a.* y digwyddwyd ei glywed, a glywyd ar ddamwain, a drawodd ar eich clyw.
overheat *v.t.* gordwymo, gorgynhesu, gorboethi.
overheated *a.* rhy dwym, rhy boeth, gor-dwym, gorgynnes, wedi gordwymo/gorboethi/gorgynhesu.
overhelpful *a.* rhy gymwynasgar, gorgymwynasgar, rhy barod eich cymwynas.
overhelpfully *adv.* yn rhy gymwynasgar *&c.*
overhelpfulness *n.* gorgymwynasgarwch *m*, gorbarodrwydd (*m*) i helpu.
overhigh *a.* rhy uchel.
overhighly *adv.* yn rhy uchel.
overhung *a.* **1.** *(= jutting):* bargodol, ynghrog. **2.** *(under sth):* isl|aw rhth, tan/dan rth, oddi tan rth. **3.** *(of meat):* wedi hongian ormod.
overidentification *n.* = **overidentify**; *Econ:* gorarganfod *vn*.
overidentify *v.t.&i.* **1.** *v.t.* goruniaethu. **2** *v.i.* gorymuniaethu.
overimaginative *a.* rhy ddychmygus, gorddychmygus, â gormod o ddychymyg.
overimaginatively *adv.* yn rhy ddychmygus.
overimaginativeness *n.* gorddychymyg *m*, gormod (*m*) o ddychymyg, gorddychmygusrwydd *m*.
over-indulge *v.t.&i.* **1.** bod yn or-hoff (**in sth,** o rth); gorymblesera, ymhyfrydu ormod (yn rhth); gorhoffi (rhth); *abs. F:* cael gormod; *(in food):* gorfwyta; *(in drink):* goryfed; **have you been overindulging?** wyt ti wedi bod yn hel gormod yn dy fol? **2.** *(= pamper):* mwytho, difetha, gorfaldodi, gorfwytho, gorblesio.

over-indulgence *n.* **1.** gorhoffter *m* **(in sth,** o rth), gorymblesera (yn rhth); *(of child &c):* gorfaldod *m.* **2.** *abs.* *(= overeating):* gorfwyta *vn*; *(= excessive drinking):* goryfed *vn.*
over-indulgent *a.* *(= too fond of sth):* gor-hoff (o rth); *(= too lavish):* rhy afradlon; *(parent &c):* gorfaldodus, gorfwythol, gorfwythlyd, difethgar; **an ~ uncle,** ewythr rhy ddifethgar.
overindustrialization *n.*, **overindustrialize** *v.t.* gorddiwydiannu.
overink *v.t.* *Typ:* gorincio.
overinsurance *n.* goryswiriant *m.*
overinsure *v.t.* goryswirio.
overinsured *a.* goryswiriedig.
overinvolvement *n.* gorymrwymiad *m* **(in sth,** i rth), gorgysylltiad *m* (â rhth), gormod *(m)* o ran (yn rhth).
over-issue[1] *n.* gorgyhoeddiad(-au) *m.*
over-issue[2] *v.t.* gorgyhoeddi.
overjealous *a.* rhy genfigennus, gorgenfigennus, rhy eiddigeddus, goreiddigeddus.
overjealously *adv.* yn orgenfigennus *&c.*
overjealousness *n.* gorgenfigen *f*, gorwenwyn *m*, gormod *(m)* gwenwyn, goreiddigedd *m.*
overjoyed *a.* llawen iawn, tra llawen, wrth eich bodd, balch dros ben, llawn llawenydd, uwch ben eich digon, wrth ben eich digon, wedi cael modd i fyw.
overkill *n.* gorladdfa *f*, gor-ladd *vn.*
over-kind *a.* rhy garedig, gorgaredig.
over-kindly *adv.* yn rhy garedig.
over-kindness *n.* gorgaredigrwydd *m.*
over-labour *v.t.* gorweithio.
over-lade *v.t.* gorlwytho.
over-laden *a.* gorlwythog.
overland[1] *adv. & attrib.* dros y tir, ar draws [y] tir.
overland[2] *v.t.* gyrru (gwartheg *&c*) dros y tir; *abs.* porthmona.
overland[3] *n.* *Geog:* trostir(-oedd) *m.*
overlander *n.* porthmon (porthmyn) *m.*
overlap[1] *n.* gorgyffwrdd *vn*, gorgyffyrddiad(-au) *m*, gorymyl(-on) *mf.*
overlap[2] *v.t.* gorgyffwrdd (â rhth), ymestyn tros ymyl (rhth), gorymylu (ar rth); *Mus:* croesi; *U.S:* croesi.
overlapping[1] *a.* gorgyffyrddol, gorymylol.
overlapping[2] *vn.* gorgyffwrdd; *Mus:* **~ of parts,** gorgyffwrdd rhannau.
overlay[1] *n.* **1.** *Furn:* cwrlid(-au) *m*, gorchudd(-ion) *m.* **2.** *Typ: &c:* gorddalen(-nau) *f*, trosgaen(-au) *f*; *Cmptr:* tros-haen(-au) *f.* **3.** *T.V:* troslun(-iau) *m.*
overlay[2] *v.t.* **1.** gorchuddio (rhth â rhth). **2.** *Typ:* gorddalennu, trosgaenu; *Cmptr:* troshaenu. **3.** *T.V:* troslunio.
overleaf *adv.* drosodd.
overleap *v.t.* neidio (dros rth).
overlie *v.t.* *(= lie on):* gorwedd ar (rth), bod uwchb|en (rhth), bod ar ben (rhth); *(= cover):* gorchuddio (rhth).
overload[1] *n.* gorlwyth(-i) *m.*
overload[2] *v.t.* gorlwytho.
over-long *a. & adv.* **1.** *a.* rhy hir. **2.** *adv.* yn rhy hir.
overlook *v.t.* **1.** *(of window &c):* edrych (dros rth). **2.** *(= forget):* esgeuluso, anghofio (rhth); *(= ignore):* edrych heibio (rhth, i rth), anwybyddu (rhth), peidio â sylwi (ar rth); *(= fail to see):* peidio â gweld, methu gweld (rhth). **3.** *(= excuse):* maddau (rhth); edrych heibio, pasio heibio (i rth). **4.** *(= oversee):* goruchwylio, arolygu. **5.** *(= bewitch):* rheibio, witsio.
overlooker *n.* **= overseer.**
overlord *n.* **1.** *Hist:* penarglwydd(-i) *m*, unben(-iaid) *m*, mechd|eyrn(-edd,-oedd) *m.* **2.** *(of ministries &c):* uwcharglwydd(-i) *m*, uwchbennaeth (uwchbenaethiaid) *m.*
overlordship *n.* penarglwyddiaeth(-au) *f*, unbennaeth (unbenaethau) *f*, uwcharglwyddiaeth(-au) *f*, *A:* mechdeyrniaeth(-au) *f.*
over-loud *a.* rhy uchel, rhy swnllyd, rhy groch.
over-loudly *adv.* yn rhy uchel *&c.*
over-loudness *n.* twrw *m*, crochder *m*, crochni *m*, natur swnllyd *f*, natur rhy uchel; **I complained about the ~ of the music,** cwynais fod y miwsig yn rhy uchel.
overly *adv.* [yn] rhy + *soft mut.*
overlying *a.* gorchuddiol; *Geog:* **~ rock,** craig *(f)* orchudd (creigiau gorchudd).
overman[1] *n.* *Min:* **= overseer.**
overman[2] *v.t.* gorgyflogi, gorgriwio, gorstaffio; *abs.* **the company has been overmanning,** mae'r cwmni wedi bod yn cyflogi gormod.
overmanned *a.* â gormod o weithwyr/staff/ddwylo/griw, yn cyflogi gormod.
overmantel *n.* silff *(f)* simnai/simdde/sifnai (silffoedd simneiau/simddeau/sifneiau).
over-many *a. & n.* **1.** *a.* gorniferus, rhy niferus. **2.** *n.* gormod *m*, gormodedd *m* (o rth).
overmaster *v.t.* meistroli, trechu, goresgyn, gwastrodi, llethu, gorlethu (rhn); bod yn drech (na rhn); gwn|eud meistr (ar rn).
overmastering *a.* awdurdodus, llethol, gorlethol; *(passion &c):* trech (na rhn), anorchfygol, diwrthdro, anorthrech.
overmatch *v.t.* bod yn drech (na rhn), trechu (rhn), rhagori (ar rn).
overmatter *n.* *Typ:* teip gormodol *n.*
over-measure *n.* gormodedd *m*, gorfesur(-au) *m.*
overmerry *a.* gorlawen, rhy lawen.
overmighty *a.* gornerthol, gor-rymus.
over-modest *a.* gorwylaidd, rhy wylaidd.
over-modestly *adv.* yn orwylaidd *&c.*
over-modesty *n.* gorwyl|eidd-dra *m.*
over-mournful *a.* rhy ddigalon, rhy alarus.
over-mournfully *adv.* yn rhy ddigalon *&c.*
over-mournfulness *n.* gorddigalondid *m.*
over-much *adv.* yn ormodol, ormod; *(before adjs.):* rhy + *soft mut.*
overneat *a.* rhy daclus, rhy dwt.
overneatly *adv.* yn rhy daclus *&c.*
overneatness *n.* gordaclusrwydd *m*, gordwtrwydd *m.*
overnegligent *a.* rhy esgeulus, goresgeulus.
overnegligently *adv.* yn rhy esgeulus *&c.*
over-nice *a.* rhy neis, gorfanwl *&c*; *See* **nice.**
over-niceness, over-nicety *n.* gorfanylrwydd *m*; *See* **nicety.**
overnight *adv. & attrib.* dros nos.
overobedience *n.* goruf|udd-dod *m.*
overobedient *a.* rhy ufudd, gorufudd.
overobediently *adv.* yn rhy ufudd *&c.*
overoptimism *n.* gorffyddiogrwydd *m*, gorobaith *m*, goroptimistiaeth *f*, gormod *(f)* ffydd.
overoptimistic *a.* rhy obeithiol, gorobeithiol, gorffyddiog, goroptimistaidd.
overoptimistically *adv.* yn rhy obeithiol *&c.*
overpaint *v.t.* **1.** trosbeintio (rhth), peintio (dros rth). **2.** *(= paint too much):* gorbeintio (rhth).
overpass[1] *v.t.* goresgyn, trechu (rhth); dod (dros rth).
overpass[2] *n.* *Civ.E:* trosffordd (trosffyrdd) *f.*
overpassed, overpast *a.* a aeth heibio, gorffenedig.
overpay *v.t.* gordalu (rhn), talu gormod (i rn).
overpayment *n.* gordaliad(-au) *m.*
over-people *v.t.* gorboblogi.
over-peopled *a.* gorboblog.
overpersuade *v.t.* gorberswadio.
overpitch *v.t.* **1.** *Cr:* gorbitsio. **2.** *Fig:* *(= exaggerate):* gor-ddweud.
overplay *v.t.* **1.** *Th: &c:* goractio, gorchwarae, gor-wn|eud. **2. to ~ one's hand,** mynd yn rhy bell, anelu'n rhy uchel, ei gor-wneud hi, ei mentro hi ormod.
overpleased *p.p.* **not ~,** heb fod yn rhy falch.
overplump *a.* rhy dew.
overplus *n.* gormodedd *m*, gorhelaethrwydd *m.*
over-populate *v.t.* gorboblogi.
over-populated *a.* gorboblog, gorboblogedig.
over-population *n.* gorboblogaeth *f.*
over-populous *a.* rhy boblog, gorboblog.
over-populousness *n.* gorboblogaeth *f.*
overpower *v.t.* trechu (rhn), bod yn drech (na rhn); *(of emotion):* llethu, gorlethu; **she was overpowered by grief,** 'roedd galar yn drech na hi.
overpowerful *a.* rhy rymus, gor-rymus.
overpowerfully *adv.* yn rhy rymus *&c.*
overpowerfulness *n.* gor-rymuster *m.*
overpowering *a.* llethol, gorlethol, gorthrechol, anorchfygol, anorthrech; trech (na rhn); aruthrol, dwys.
overpoweringly *adv.* yn llethol *&c.*

overpraise *v.t.* gorganmol, gorglodfori.
over-pressure *n.* gorbwysedd *m.*
overprint[1] *n.* *(on stamp):* trosbrint(-iau) *m.*
overprint[2] *v.t.* **1.** *Phot: Publ:* gorbrintio. **2.** *(on stamp):* trosbrintio.
overprize *v.t.* gorbrisio.
over-produce *v.t.* gorgynhyrchu.
over-production *n.* gorgynnyrch *m*, gorgynhyrchu *vn.*
overproof *a.* gorgadarn.
overproportion[1] *n.* gorfaintioli *m*, gormodedd *m.*
overproportion[2] *v.t.* gwn|eud (rhth) yn rhy fawr.
overproud *a.* rhy falch, gor-falch, gorfalch.
overpublicize *v.t.* gorhysbysebu.
over-rash *a.* rhy fyrbwyll, gorfyrbwyll, rhy ehud.
over-rashly *adv.* yn rhy fyrbwyll *&c.*
over-rashness *n.* gorfyrbwylltra *m*, gorehudrwydd *m.*
overrate *v.t.* gorbrisio (rhth), meddwl gormod (o rth), gorganmol (rhth).
overrated *a.* gorganmoledig, a organmolwyd, a orbrisiwyd; **an ~ book,** llyfr a gafodd ormod o'i ganmol, llyfr y bu gormod o ganmol arno.
overreach[1] *v.t.* **1.** *(= exceed):* gorgyrraedd (rhth), mynd heibio (i rth). **2.** *(= outwit):* twyllo (rhn), bod yn drech (na rhn), bod yn fwy cyfrwys (na rhn). **3. to ~ oneself,** mynd yn rhy bell, mynd dros ben llestri, eich gorestyn eich hun.
overreach[2] *n.* *Vet:* carn *(m)* ymorddiwes, gorcham *m*, gorchamu *vn.*
overreaching *a.* gorgyrhaeddol; *Jur:* **~ clause,** cymal gorgyrraedd.
over-react *v.i.* goradweithio, gorymateb **(to sth,** i rth).
over-reaction *n.* goradwaith (goradweithiau) *m*, gorymateb(-ion) *m* **(to sth,** i rth).
over-refine *v.t.* gorgoethi, gorburo; *(= make distinctions):* gorfanylu.
over-refined *a.* gorgoeth, gorfanwl; *(accent &c):* rhy fursennaidd, rhy syber, rhy neis, mindlws.
over-refinement *n.* gorgoethder *m*, gorgoethni *m.*
over-religious *a.* gorgrefyddol, rhy grefyddol.
over-religiously *adv.* yn orgrefyddol *&c.*
over-religiousness *n.* gorgrefyddoldeb *m.*
over-rehearse *v.t.&i.* gorymarfer.
override *v.t.* **1.** *(a) (= exceed orders &c):* mynd y tu hwnt (i rth); diystyru, anwybyddu (rhth); *(rights &c):* sarnu (rhth), sathru (rhth) [dan draed]; *(b)* **a consideration that overrides all else,** ystyriaeth sy'n bwysicach na dim arall. **2.** *(a horse):* gorfarchogaeth, gorweithio. **3.** *v.i.* *(of toes, broken bones):* gorgyffwrdd.
overrider *n.* *Aut:* trosfar(-rau) *m.*
overriding *a.* blaenaf, pwysicaf, prif, pennaf, tra phwysig, o'r pwys mwyaf, hollbwysig.
over-ripe *a.* goraeddfed.
over-roast *v.t.* gor-rostio.
overruff *v.t.* = **overtrump.**
overrule *v.t.* **1.** *(= be superior):* goruwchreoli. **2.** *(= set aside, annul):* gwrthod, dirymu (rhth); deddfu, penderfynu (yn erbyn rhth); **he was overruled by the chairman,** dyfarnodd y cadeirydd yn ei erbyn; **objection overruled**! gwrthodir y gwyrthwynebiad!
overrun[1] I. *v.t.&i.* **1.** *v.t.* *(a)* **to ~ a country,** goresgyn gwlad, heidio dros wlad; *(= ravage):* ysbeilio; *(b) in past part.* **(house) ~ (with mice),** (tŷ) yn heidio/heigio, *F:* yn berwi (gan/o lygod). **2.** *(= go beyond):* gor-redeg (rhth), mynd y tu hwnt (i rth). **3.** *(a machine):* gor-redeg, gorweithio. **4.** *Typ:* cario drosodd. II. *v.i.* *(of liquid):* rhedeg drosodd, gorlifo, colli, *occ:* goferu.
overrun[2] *n.* *Aut:* gor-rediad *m*, arafiad *m.*
oversailing *a.* bargodol.
oversalt[1] *a.* rhy hallt.
oversalt[2] *v.t.* gorhalltu.
oversalty *a.* rhy hallt.
oversanguine *a.* = **overoptimistic.**
oversanguinely *adv.* = **overoptimistically.**
oversanguineness *n.* = **overoptimistic.**
oversceptical *a.* rhy amheugar.
oversceptically *adv.* yn rhy amheugar.
overscore *v.t.* troslinellu, dil|eu.
over-scrupulous *a.* rhy gydwybodol, gorgydwybodol.
over-scrupulously *adv.* yn rhy gydwybodol, yn orgydwybodol.
over-scrupulousness *n.* gorgydwybod *m*, gorgydwybodolrwydd *m*, gorgydwybodolder *m*, gorofal *m.*
oversea, overseas *adv. & attrib.* **1.** *adv.* dros y môr, dramor; **from ~,** oddi tramor. **2.** *attrib.* tramor.
oversecretion *n.* gor-riniad(-au) *m*, gornawsio *vn*, gornawsiad(-au) *m.*
oversee *v.t.* goruchwylio, arolygu (rhth); bwrw golwg (dros rth); cadw golwg (ar rth).
overseer *n.* goruchwyliwr (goruchwylwyr) *m*, goruch|wylwraig (goruchwylwragedd) *f*, arolygwr: arolygydd (arolygwyr) *m*, arol|ygwraig (arolygwragedd) *f*; **overseers of the poor,** goruchwylwyr y tlodion.
oversell *v.t.* gorwerthu (rhth), gwerthu gormod (o rth); *Fig:* gorganmol, *N: F:* hwrjo, *S: F:* hwtro.
over-sensitive *a.* gordeimladwy, gors|ensitif, gor-hydeiml, croendenau, gordyner.
over-sensitiveness *n.* gorsensitifrwydd *m*, gor-hydeimledd *m*, croendeneuwch *m*, gordynerwch *m.*
overset[1] *v.t.* **1.** dymchwel (rhth), troi (rhth) drosodd, *S.W:* moelyd, diwel (rhth). **2.** *Typ:* gorgysodi.
overset[2] *n.* *Typ:* teip *(m)* dros ben; **three galleys of ~,** tair gali'n ormod.
oversew *v.t.* troswnïo, amylu.
over-sexed *a.* gornwydus, gorchwantus, *Lit:* trythyll.
overshade *v.t.* taflu cysgod (dros rth).
overshadow *v.t.* **1.** *(= shade):* cysgodi (rhth). **2.** *(= eclipse):* bwrw/taflu (rhth) i'r cysgod.
oversharp *a.* rhy finiog.
overshine *v.t.* = **outshine.**
overshoe *n.* esgid(-iau) uchaf *f*, gorchudd *(m)* esgid (gorchuddion esgidiau), esgid rwber.
overshoot[1] *n.* *Av:* gorehediad(-au) *m*; *(of missile &c):* gorsaethiad(-au) *m.*
overshoot[2] *v.t.* **1.** mynd yn rhy bell, saethu'n rhy bell, mynd y tu hwnt; *Av:* gorhedfan, gorhedeg; **to ~ the mark,** mynd y tu hwnt i'r nod. **2.** *Ven:* gorhela, gorsaethu.
overshot *a.* **1.** *Hyd.E:* **~ wheel,** olwyn dros y rhod. **2.** *Metalw:* **~ casting,** castin *(m)* gorymyl.
over-shoulder *a.* *T.V:* tros ysgwydd.
overside *adv.* tros yr ochr.
oversight *n.* **1.** *(= omission):* diofalwch *m*, amryfusedd(-au) *m*, esgeulustod *m.* **2.** *(= overseeing):* arolygiaeth *f*; *Sch:* **to exercise ~,** goruchwylio (rhth).
over-simplicity *n.* gorsymlrwydd *m*, gorsymlder *m.*
over-simplification *n.* gorsymleiddiad *m*, gorsymleiddio *vn.*
over-simplified *a.* gor-syml.
over-simplify *v.t.* gorsymleiddio.
oversize, oversized *a. & n.* **1.** *a.* mwy nag arfer, anarferol o fawr; *Lib:* **~ book,** llyfr(-au) *(m)* gorfaint. **2.** *n.* gorfaintioli *m*, gorfaint (gorfeintiau) *m.*
overskirt *n.* sgert(-iau) uchaf *f.*
overslaugh *v.t.* *Mil:* gadael (dyletswydd) heibio; diystyru, anwybyddu.
oversleep *v.i.& refl.* cysgu'n hwyr, *occ:* gorgysgu.
oversleeve *n.* llawes (llewys) uchaf *f*, llawes osod/ddodi (llewys gosod/dodi).
over-solicitous *a.* gorofalus, gorbryderus.
over-solicitously *adv.* yn orofalus, yn orawyddus i blesio.
over-solicitousness *n.* gorawydd *(m)* i blesio, gorofal *m.*
over-solicitude *n.* gorofal *m*, gorbryder *m.*
oversoul *n.* goruwch-enaid *m.*
overspecialization *n.*, **overspecialize** *v.i.* gorarbenigo.
overspecialized *a.* rhy arbennig, gorarbenigol, wedi arbenigo [g]ormod.
overspend *v.t.* gorwario.
overspent *a.* wedi gorwario, mewn dyled.
overspill[1] *n.* gorlif(-oedd) *m.*
overspill[2] *v.i.* gorlifo, goferu, llifo drosodd.
overspread[1] *v.t.* ymledu, ymdaenu (dros rth); gorchuddio (rhth).
overspread[2] *p.p.* gorchuddiedig **(with sth,** â rhth).
oversquare *n.* *Mec.E:* gorsgwar *m.*
overstaff *v.t.* gorstaffio.
overstaffed *a.* â gormod o staff/weithwyr/ddwylo, wedi gorstaffio.

overstate *v.t.* gorbwysleisio, gor-ddweud.
overstatement *n.* gorbwyslais *m*, gor-ddweud *vn*, dweud (*vn*) rhy fawr, dweud gormod, gorddywediad(-au) *m*.
overstay *v.t.&i.* **1.** *v.t.* aros yn hwy (na rhth); **he overstayed his welcome,** fe arhosodd yn hwy na'i groeso. **2.** *v.i.* aros yn rhy hir.
oversteer *v.i. Aut:* gorlywio, troi'n ormodol.
overstep *v.t.* camu, mynd (y tu hwnt i rth); **to ~ the mark,** mynd yn rhy bell, mynd dros ben llestri, mynd dros y tresi.
overstimulate *v.t.* gorsymbylu.
overstock *v.t.* gorstocio, gorlenwi.
overstrain[1] *n.* gordyndra *m*.
overstrain[2] *v.t.* **1.** *(= overstretch):* gordynnu, gorestyn. **2.** *(a) (= overwork):* gorweithio; *(b)* **to ~ an argument,** gwthio dadl yn rhy bell.
overstress[1] *n. Mec.E:* gorlwyth(-i) *m*.
overstress[2] *v.t.* **1.** *Mec.E:* gorlwytho (rhth), pwyso gormod (ar rth). **2.** *(a detail &c):* gorbwysleisio.
overstretch *v.t.* gorestyn, gorymestyn, gordynnu.
overstrict *a.* rhy gaeth, rhy lym.
overstrictly *adv.* yn rhy gaeth *&c*.
overstrictness *n.* gorgaethiwed *m*, gorlymdra *m*.
overstride *v.t.* brasgamu (dros rth).
overstrung *a.* **1.** *Mus:* trosdantiog. **2.** *(pers.):* tra nerfus.
overstudy *v.t.&i.* gorastudio.
overstuff *v.t.* gorlenwi, gorstwffio.
overstuffed *a.* gorlawn (**with sth,** o rth), gorstwffiedig (â rhth).
over-subscribe *v.t.* gordanysgrifio (i rth).
over-subscribed *a.* gordanysgrifiedig.
over-subscription *n.* gordanysgrifio *vn*, gordanysgrifiad(-au) *m*.
oversubtle *a.* gorgynnil, gorgyfrwys.
oversubtlety *n.* gorgynildeb *m*, gorgyfrwyster *m*.
oversubtly *adv.* yn orgynnil *&c*.
oversufficient *a.* mwy na digon; **~ cash,** hen ddigon o arian.
oversufficiently *adv.* yn fwy na digon.
oversufficientness *n.* gorddigonoldeb *m*, gorlawnder *m*.
oversupply[1] *n.* gorgyflenwad(-au) *m*, gormodedd *m*, gormod *m*.
oversupply[2] *v.t.* gorgyflenwi (rhn â rhth).
oversusceptible *a.* rhy agored (i rth), gordeimladwy.
oversusceptibleness *n.* natur ordeimladwy *f*.
oversusceptibly *adv.* yn ordeimladwy *&c*.
oversuspicious *a.* rhy amh|eus, goramh|eus.
oversuspiciously *adv.* yn rhy amh|eus.
oversuspiciousness *n.* goramheuaeth *f*, goramheuon *pl*.
oversweet *a.* rhy felys, gorfelys.
oversweetly *adv.* yn rhy felys *&c*.
oversweetness *n.* gorfelyster *m*.
overswell *v.t.* gorchwyddo.
overswing *n.* tros-swing *mf*; **long arm ~,** tros-swing breichsyth/freichsyth.
overt *a.* agored, amlwg, gweladwy, di-gêl; **~ market,** marchnad agored/gyhoeddus *f*; **~ response,** ymateb agored/amlwg *m*.
overtake *v.t.* **1.** *(= catch up):* dal (rhn); dal i fyny, dod gyf|uwch (â rhn); *Lit: & Adm:* goddiweddyd (rhn); *(= pass):* mynd heibio (i rn); *Aut:* **overtaking sight distance,** pellter (*m*) gweld i oddiweddyd. **2.** *(of accident &c):* digwydd (i rn); **we were overtaken by a storm,** daliwyd ni gan storm; daeth storm ar ein gwarthaf.
overtalkative *a.* rhy siaradus, gorsiaradus.
overtalkatively *adv.* yn rhy siaradus *&c*.
overtalkativeness *n.* gorsiaradusrwydd *m*.
overtask *v.t.* llethu (rhn), bod yn ormod o dasg (i rn).
overtax *v.t.* gordrethu, llethu.
overtechnical *a.* rhy dechnegol, gordechnegol.
overtechnicality *n.* gordechnegoldeb *m*.
overtechnically *adv.* yn rhy dechnegol *&c*.
overthrow[1] *n.* **1.** *(of government &c):* dymchweliad(-au) *m*. **2.** *Cr:* gordafliad(-au) *m*.
overthrow[2] *v.t.* *(fortress &c):* dymchwel (rhth), bwrw/taflu (rhth) i lawr; *(régime):* dymchwel, disodli (rhth); rhoi pen (ar rth); *(king &c):* diorseddu, disodli.
overthrust *n. Geol:* gorwthiad(-au) *m*.
overtighten *v.t.* gordynh|au, tynh|au (rhth) yn rhy dyn[n].
overtime *n. & adv.* **1.** *n.* goramser *m*, oriau (*pl*) tros ben, amser (*m*) tros ben, oriau ychwanegol. **2.** *adv.* **to work ~,** gweithio dros ben oriau, gweithio heibio i'ch oriau, *S:* gweithio 'mlaen.
overtire *v.t.* gorflino.
overtly *adv.* yn agored *&c*.
Overton *W.Pl.n.* Owrtyn/Owrtun (*f*) Fadog.
overtone *n.* **1.** *Mus:* uwchsain (uwchseiniau) *f*, cysain (cyseiniau) *f*; *Ph:* uwchdon(-au) *f*. **2.** *Fig:* arlliw(-iau) *m*, eiliw(-iau) *m*, awgrym(-iadau) *m*, naws(-au) *f*.
overtop *v.t.* bod yn uwch (na rhth), trechu (rhth), rhagori (ar rth).
overtrade *v.i.* gorfasnachu.
overtrain *v.t.&i.* **1.** *v.t.* gorhyfforddi. **2.** *v.i.* gorymarfer.
overtrick *n. Cards:* tric(-iau) (*m*) dros ben.
overtrump *v.t.* gordrympio (rhn), chwarae trymp uwch (na rhn).
overture *n.* **1. to make overtures to s.o.,** agor trafodaethau â rhn, gwn|eud cynigion i rn, *F:* byrddio rhn. **2.** *Mus:* agorawd(-au) *f*.
overturn[1] *n.* dymchweliad(-au) *m*.
overturn[2] *v.t.* dymchwel, dymchwelyd (rhth); troi (rhth) [drosodd], troi (rhth) ar ei ben, troi (rhth) ar ei ochr, troi (rhth) a'i ben i lawr; *N.W: occ:* mowntio, llympio, *S:* moelyd, *S.W: occ:* diwel, *M.W:* towlu (rhth).
overtwist *v.t.* gor-droi, gorgordeddu.
overtype *v.t.* trosdeipio.
overtyping *vn.* trosdeipiad(-au) *m*, trosdeipio.
over-use[1] *n.* gorddefnydd *m* (**of sth,** o rth).
over-use[2], overutilize *v.t.* gorddefnyddio.
overvaluation *n.* gorbrisiad(-au) *m*, gorbrisio *vn*.
overvalue *v.t.* gorbrisio.
overvehement *a.* rhy chwyrn, gorangerddol, rhy angerddol.
overvehemently *adv.* yn rhy chwyrn *&c*.
overvehementness *n.* gorangerdd *m*.
overventuresome *a.* rhy anturus, goranturus, rhyfygus.
overview *n.* arolwg (arolygon) *m* (**of sth,** ar rth).
overvigorous *a.* rhy egnïol, goregnïol.
overvigorously *adv.* yn rhy egnïol.
overviolent *a.* rhy gryf, rhy chwyrn *&c*; *See* **violent**.
overviolently *adv.* yn rhy gryf *&c*.
overviolentness *n.* gorgryfder *m*.
overvoltage *n. El:* gorfoltedd *m*.
overwarmed *a.* rhy gynnes/dwym.
overwatch *v.t.* gwylio (dros rth).
overwear *v.t.* **1.** *(clothes):* gorwisgo, gordreulio. **2.** *(= tire):* gorflino.
overweary[1] *a.* rhy flinedig, gorflinedig.
overweary[2] *v.t.* gorflino.
overweening *a.* trah|aus, hunandybus, haerllug.
overweeningly *adv.* yn drah|aus *&c*.
overweigh *v.t.* **1.** = **outweigh**. **2.** = **weigh down**.
overweight *n. & attrib.* **1.** *n.* gorbwysau *pl*, gorlwyth(-i) *m*, gorbwysedd *m*. **2.** *a.* rhy drwm.
overweight[2] *v.t.* gorlwytho, gorbwyso.
overwhelm *v.t.* **1.** gorlwytho; *(= bury):* claddu; *(= drown):* boddi (rhth), ysgubo (dros rth). **2.** *(a) (an enemy):* ysgubo (dros rn); darostwng, maeddu, llorio, trechu (rhn); sathru (rhn) dan draed; rhuthro am ben (rhn); *(b)* **to be overwhelmed with work,** cael eich llethu/gorlethu gan waith; *(c)* **to ~ s.o. with gifts,** tywallt/pentyrru rhoddion ar rn; **I am overwhelmed by your kindness,** mae eich cymwynasau yn drech na mi; **overwhelmed with shame,** llawn cywilydd; **she was overwhelmed with joy,** 'roedd hi ar ben ei digon; 'roedd hi wrth ei bodd.
overwhelming *a.* llethol, aruthrol, anorchfygol, ysgubol, diwrthdro, anorthrech.
overwhelmingly *adv.* **1.** yn llethol; **the proposal was ~ defeated,** trechwyd y cynnig â mwyafrif llethol. **2.** *(= most often, in most cases):* ran amlaf o lawer.
overwind *n.* gorddirwyn, gorweindio.
overwinter *v.i.* gaeafu, gaeafa, treulio'r gaeaf.
overwork[1] *n.* **1.** *(= extra work):* gwaith (*m*) dros ben. **2.** *(= too much work):* gormod (*m*) o waith.
overwork[2] *v.t.* **1.** gorweithio; **I'm overworked,** mae gen i ormod o waith. **2.** *(theme &c):* rhygnu (ar rth).
overworked *a.* **1.** *(= too busy):* gorbrysur, llwythog/gorlwythog â gwaith. **2.** *(= pedestrian, outworn):* ystrydebol, treuliedig, blinedig, hendraul, ail-law; **an ~ phrase,** hen drawiad; **an ~ theme,** thema y bu gormod o rygnu arni.
overwound *a.* wedi ei orddirwyn/orweindio.

overwrap *n.* troslap(-iau) *m*, troslapiad(-au) *m*.
overwrite *v.t.* **1.** *(= write on top):* ysgrifennu uwchb|en (rhth), ysgrifennu ar ben (rhth); arysgrifennu (rhth); *Cmptr:* trosysgrifo. **2.** *(= write too much):* gorysgrifennu.
overwrought *a.* gorgynhyrfus.
over-zeal *n.* = **over-zealousness**.
over-zealous *a.* gorselog, gorfrwdfrydig, goreiddgar, gorawchus.
over-zealously *adv.* yn orselog *&c*; â gormod [o] sêl.
over-zealousness *n.* gorselogrwydd *m*, gormod (*m*) [o] sêl, gorfrwdfrydedd *m*, goreiddgarwch *m*.
ovibos *n. Z:* ych(-en) mwsg *m*.
ovibovine *a. Z:* *buchddafadaidd.
Ovid *Pr.n.m.* Ofydd.
Ovidian *a. Lit:* Ofyddaidd, Ofyddol.
oviducal, oviductal *a. Anat:* wyddwythellol.
oviduct *n. Biol:* wyffos(-ydd) *f*, wybib(-au) *f*, wyddwythell(-au) *f*, dwythell(-au) (*f*) wyau.
oviferous *a. Z:* dodwyol.
oviform *a.* wyffurf.
ovine *a. Z:* defeidiog, dafadaidd.
ovines *n.pl. Z:* teulu(*m*)'r ddafad.
ovipara *n.pl. Z:* dodwywyr.
oviparity *n.* dodwyedd *m*, dodwy *vn.*
oviparous *a.* dodwyol, ofiparol.
oviparously *adv.* yn ddodwyol; trwy/gan ddodwy.
ovipary *n.* dodwy *vn.*
oviposit *v.t.* dodwy.
oviposition *n.* dodwy *vn*, dodwyad *m*.
ovipositor *n.* wyddodydd(-ion) *m*.
ovisac *n. Z:* wygoden(-nau) *f*.
ovoid *a.* & *n.* **1.** *a.* wyffurf. **2.** *n.* wyffurf(-iau) *f*; *(of coal):* ofoid(-au) *m*.
ovolo *n. Arch:* |ofolo (|ofoli) *m*.
ovotestis *n. Biol:* wygaill (wygeilliau) *f*.
ovoviviparous *a. Z:* ymddeorol, mewnddeorol.
ovulant *n. Biol:* ofylydd(-ion) *m*.
ovular *a. Biol:* ofylaidd.
ovulate *v.i. Biol:* ofylu, bwrw wy.
ovulation *n. Biol:* ofyliad(-au) *m*, bwrw (*vn*) wy, ofylu *vn*.
ovulatory *a. Biol:* ofyliadol.
ovule *n. Biol:* ofwl(-au, ofylau) *m*.
ovum *n.* wy(-au) *m*, ofwm (ofa) *m*, hadrith(-iau) *m*.
ow *int.* ow! aw!
owe *v.t. forms of* bod + ar + *soft mut.: (inflected forms of* ar: arnaf, arnat, arno/arni, arnom, arnoch, arnynt); *(a)* **I ~ them money,** mae arnaf arian iddynt; mae arnaf ddyled iddynt; 'rwyf mewn dyled iddynt; *abs.* **I ~ you for the petrol,** mae arna' i [arian] ichi am y petrol; *(b)* **you ~ respect to your father,** fe ddylet ti barchu dy dad; mae arnat ti barch i dy dad; **he owed her a grudge,** 'roedd ganddo ddant iddi; **I ~ it to my friends to go,** dylwn fynd er mwyn fy ffrindiau; o ran dyled i'm ffrindiau rhaid imi fynd; **I ~ it to myself to speak out,** mae'n rheidrwydd arnaf lefaru; er fy mwyn fy hun, dylwn lefaru; *S.a.* **ought**; **I ~ my life to him,** 'rwy'n ddyledus am fy mywyd iddo; **he owes his talent to his mother,** gan ei fam y cafodd ei ddawn; **to what do I ~ this honour?** i beth yr wy'n ddyledus am yr anrhydedd hwn?
Owen *Pr.n.m.* Owain, *less correctly:* Owen, *F:* Now, Owi; *W.Hist:* **~ Glendower,** Owain Glyndŵr; **~ Tudor,** Owain Tudur; **~ of the Red Hand,** Owain Lawgoch; *(surname):* Owen(-iaid).
Owenian *a. Pol.Hist:* Owenaidd.
Owenism *n. Pol.Hist:* Oweniaeth *f*.
Owenite *n. Pol.Hist:* Oweniad (Oweniaid) *m&f*.
owing *pred.a.* & *prep.phr.* **1.** *pred.a.* *(money):* dyledus. **2.** *prep.phr.* **~ to sth,** o achos rhth, oherwydd rhth, oblegid rhth; **~ to her,** o'i hachos hi, o'i herwydd hi, o'i phlegid hi.
owl *n. Orn:* tylluan(-od) *f*, *S: F:* gwdihŵ(-s,-iaid) *f*; **as drunk as an ~,** meddw gaib *&c*; *See* **drunk**; **African marsh ~,** *(Asio capensis):* tylluan cors y Penrhyn; **barn ~,** *(Tyto alba):* tylluan wen (tylluanod gwynion), tylluan ysgubor, aderyn (adar) (*m*) corff; **brown ~,** *(Strix aluco):* tylluan frech (tylluanod brych), tylluan felynddu (tylluanod melynddu), tylluan y coed, tylluan lwyd (tylluanod llwydion), tylluan rudd (tylluanod rhudd), y dylluan fig, gwdihŵ frech (gwdihwiaid brych), gwdihŵ goch (gwdihwiaid cochion); **brown fish ~,** *(Ketupa zeylonensis):* tylluan lwyd y pysgod (tylluanod llwydion y pysgod); **Bruce's scops ~,** = **striated scops owl**; **eagle ~,** *(Bubo bubo):* tylluan fawr (tylluanod mawr), tylluan eryraidd; **hawk ~,** *(Surnia ulula):* gwalchdylluan(-od) *f*; **Hume's tawny ~,** *(S. butleri):* tylluan frech Hume (tylluanod brych Hume); **great grey ~,** *(S. nebulosa):* tylluan fawr lwyd (tylluanod mawr llwydion); **horned ~,** tylluan glustiog/gorniog (tylluanod clustiog/corniog); **great horned ~,** *(B. virginianus):* tylluan gorniog fawr (tylluanod corniog mawr); **little ~,** *(Athene noctua):* tylluan fach (tylluanod bach), coeg-dylluan(-od) *f*; **long-eared ~,** *(Asio otus):* tylluan gorniog (tylluanod corniog), tylluan hirglust; **pygmy ~,** *(Glaucidium passerinum):* cordylluan(-od) *f*; **screech-~,** = **owl (barn); short-eared ~,** *(Asio flammeus):* tylluan glustiog (tylluanod clustiog), tylluan glust fer (tylluanod clustiau byrion); **snowy ~,** *(Nyctea scandiaca):* tylluan yr eira; **spotted little ~,** *(Athene brama):* tylluan fach fraith (tylluanod bach brith); **striated scops ~,** *(Otus brucei):* tylluan sgops resog (tylluanod sgops rhesog); **tawny ~, wood ~,** = **owl (brown)**; **Tengmalm's ~,** *(Aegolinus funereus):* tylluan Tengmalm; **Ural ~,** *(S. uralensis):* tylluan yr Wralau; **woodcock ~,** = **owl (short-eared). ~-light** *n.* = **dusk. ~-like** *a.* fel tylluan, tylluanaidd, *S: F:* gwdihŵaidd. **~ midge** *n. Ent:* gwybedyn (gwybed) blewog *m*. **~-monkey** *n. Z:* mwnci (mwncïod, mwncwn) llygadrwth *m*. **~-moth** *n. Ent:* gwyfyn(-od) (*m*) tylluan. **~-pigeon** *n. Orn:* colomen (*f*) ben tylluan (colomennod pen tylluan).
owlet *n.* cyw(-ion) (*m*) tylluan. **~ moth** *n. Ent:* noswyfyn(-od) *m*.
owlish *a.* fel tylluan, tylluanaidd, *S: F:* gwdihŵaidd; *Fig:* sobor, difrifol, dwys.
owlishly *adv.* fel tylluan; yn sobor *&c*.
owlishness *n.* tylluaneiddiwch *m*, golwg (*mf*) tylluan/gwdihŵ; *Fig:* sobrwydd *m*, difrifoldeb *m*.
own[1] *v.t.* & *v.ind.t.* **1.** *v.t.* meddu (rhth, ar rth), bod yn berchen/berchennog (rhth, ar rth), perchenogi (rhth); *the most usual construction uses the invariable verb:* piau, biau: **I ~ this,** fi piau hwn; fi biau hwn; fy eiddo i yw hwn; **who owns this land?** pwy [a/sydd] biau'r tir hwn? eiddo pwy yw'r tir hwn? tir pwy yw hwn? **she owned the house,** hi oedd piau'r tŷ; ei heiddo hi oedd y tŷ. **2.** *(a) (= acknowledge):* cydnabod, arddel; *(b) (= admit):* addef, cyfaddef; **to ~ oneself beaten,** cyfaddef ichwi gael eich curo. **3.** *v.ind.t.* **to ~ [up] to an offence,** cyfaddef trosedd; **(to ~ up) to having done sth,** (cyfaddef) ichwi wneud rhth, mai chwi a wnaeth rth; **now, ~ up!** 'nawr, dywedwch y gwir!
own[2] *a.* & *n.* **1.** *a.* *(a) attrib.* eich hun *&c*; **her ~ money,** ei harian [hi] ei hun; **I had my ~ house,** 'roedd gennyf fy nhŷ fy hun; 'roedd gennyf dŷ i mi fy hun; **I do my ~ cooking,** 'rwy'n coginio ar fy nghyfer fy hun, fi sy'n gwneud bwyd i mi fy hun; **she's her ~ worst enemy,** hi ei hun yw ei gelyn pennaf; **every man his ~ lawyer,** pawb yn dwrnai iddo'i hun; **I'm my ~ man,** fi sy'n penderfynu drosof fy hun; *(b) pred.* **the house is my ~,** fy nhŷ i fy hun ydyw; fi biau'r tŷ; mae'r tŷ'n eiddo i mi; i eiddo i yw'r tŷ; **one's ~ flesh and blood,** eich teulu/tylwyth eich hun, eich cnawd a'ch gwaed eich hun; **of one's ~ accord,** ohonoch eich hun, o'ch gwirfodd; **an ~ goal,** gôl yn eich erbyn eich hun; **to score an ~ goal,** cicio i'ch gôl eich hun; *(c)* **~ brother,** brawd cyfan. **2.** *n.* *(a)* **my ~,** f'eiddo i fy hun, f'un i fy hun; *(as endearment):* fy nghariad, 'nghariad i, *Lit:* f'anwylyd; **he has a copy of his ~,** mae ganddo ei gopi ei hun; **a style all one's ~,** arddull arbennig i chwi eich hun; **in his ~ style,** yn ei briod arddull ei hun; **I'll give you one of my ~,** mi rof un o fy rhai i ichwi; **may I have it for my ~?** a gaf i ef i mi fy hun? **to come into one's ~,** cael eich eiddo eich hun, dod i'ch hawl; *Fig: (= be esteemed):* cael eich haeddiant, cael eich dyledus barch; *(b)* **on one's ~,** *(i) (= alone):* ar eich pen eich hun, yn unig; **I'm here on my ~,** 'rwyf yma wrthyf f'hunan; **all on my ~,** ar fy mhen fy hun bach; *(ii) (= on one's resources):* eich hun/hunan, ar eich pen eich hun, ar eich liwt eich hun; *(iii) (= unrivalled):* ar eich pen eich hun, digymar, dihafal, di-ail, heb eich ail; **to hold one's ~,** dal eich tir; **to get one's ~ back,** talu'r pwyth, *occ:* talu'r hen chwech yn ôl.
owner *n.* perchennog (perch[e]nogion) *m*, *Lit:* perchen *m*; **joint ~,** cyd-berchennog (~-berch[e]nogion) *m*. **~-driver** *n.* perchen-yrrwr (~-yrwyr) *m*, perchen-|yrwraig *f*. **~-occupier** *n.* perchennog (perch[e]nogion) preswyl *m*, perchen-breswyliwr (~-breswylwyr) *m*, perchen-feddiannwr (~-feddianwyr) *m*,

perchen-ddeiliad (~-ddeiliaid) *m&f.* **~'s equity** *n. Com:* |ecwiti perch[e]nogol *m.*
ownerless *a.* heb berchennog, diberchennog, diberchen.
ownership *n.* perchenogaeth *f,* meddiant *m;* **home ~,** perchentyaeth *mf;* **common ~,** cydberchenogaeth *f,* perchenogaeth ar y cyd; **public ~,** perchenogaeth gyhoeddus. **~ mark** *n. Lib:* marc(-iau) *(m)* perchen.
ownsome *n.* **on one's ~,** ar eich pen eich hun, unig.
ox *n.* ych(-en) *m,* bustach (bustych) *m,* eidion(-nau) *m;* **as strong as an ~,** cyn gryfed â cheffyl, *S: occ:* mor gryf â march; **hindmost ~,** *(in team):* boniad (boniaid) *m,* ych bôn; **fellowless ~,** ych gweddw; **left-hand ~,** gwelltor(-ion) *m,* ych gwellt, tywarchor(-ion) *m;* **right-hand ~,** rhychor(-ion) *m.* **~-bone** *n. Bot:* = **hemlock (water). ~-bird** *n.* = **dunlin. ~-bow** *n. (a) (of yoke):* dôl *(f)* iau (dolau ieuoedd/ieuau), gwragen(-nau) *f; (b) Geog:* doleniad(-au) *m,* ystum(-iau) *m.* **~-bow lake** *n. Geog:* ystumllyn(-noedd) *m.* **~-cart** *n.* men(-ni) *(f)* ychen. **~-eye** *n. Bot:* **1.** = **daisy (ox-eye), marigold (corn). 2.** *(Telethia):* llygad *(m)* yr ych. **~-eyed** *a.* llygadrwth. **~-fence** *n.* clawdd (cloddiau) *(m)* gwartheg. **~-gall** *n.* bustl *(m)* ych. **~-head** *n.* pen *(m)* ych. **~-heel/heal** *n. Bot:* = **hellebore (stinking). ~-like** *a.* fel ych, ychennaidd. **~-pecker** *n. Orn:* pigwr (pigwyr) *(m)* ychen, aderyn (adar) *(m)* trogod. **~-tail** *n.* cynffon *(f)* ych (cynffonnau ychen); *Cu:* **~-tail soup,** cawl *(m)* bôn y gwt. **~-tongue** *n.* **1.** tafod *(m)* ych. **2.** *Bot:* = **bugloss; bristly ~-tongue,** *(Picris echioides):* gwylaeth chwerw *m,* tafod *(m)* y llew; **hawkweed ~-tongue,** *(P. hieracioides):* gwylaeth yr hebog. **~-tongue fungus** *n. Fung: (Fistulina hepatica):* tafod *(m)* bustach, cig coch *(m)* y dderwen.
oxalate *n. Ch:* |ocsalad (ocsaladau) *m.*
oxalic *n. Ch:* ocsalig.
oxalidaceous *a. Bot:* suranaidd.
oxalis *n. Bot:* suran *f; S.a.* **sorrel (wood). pale ~,** *(Oxalis incarnata):* suran welw; **pink ~,** *(O. articulata):* suran ruddgoch; **small pink ~,** *(O. corymbosa):* suran oddfog, codiad *(m)* yr haul; **upright yellow ~,** *(O. europaea):* suran felen syth; **yellow ~,** *(O. corniculata):* suran felen.
oxazine *n. Ch:* |ocsasin (ocsasinau) *m.*
Oxbridge *Eng.Pl.n. & attrib.* Rhydgr|awnt *(f).*
oxer *n.* = **ox-fence.**
Oxford *Eng.Pl.n. & attrib.* **1.** *Eng.Pl.n.* Rhydychen *f; Cost:* **~ bags,** trowsus/trwser llydan (trowsusau/trwseri llydain) *m;* **~ accent,** acen *(f)* Rhydychen, acen Rydychennaidd; **~ English,** Saesneg *(f, m)* Rhydychen; **the ~ Movement,** Mudiad Rhydychen; **the ~ Group,** Grŵp Rhydychen; **an ~ college,** coleg yn Rhydychen, un o golegau Rhydychen; **an ~ man,** Rhydychennwr (Rhydychenwyr). **2.** *attrib.* Rhydychennaidd, *Pej:* Rhydychenllyd. **~ blue** *n.* **1.** glas tywyll *m,* glas Rhydychen. **2.** *Sp:* glesyn (gleision) *(m)* Rhydychen, glasen (gleision) *(f)* Rhydychen. **~ shoe** *n.* esgid(-iau) isel *f.*
Oxfordshire *Pr.n. Eng.Geog:* Swydd *(f)* Rydychen.
oxgang *n. Meas: Hist:* gwaith *(m)* aradr, ugain erw *f.*
oxherd *n.* geilwad (geilwaid) *m.*
oxhide *n.* croen *(m)* ych (crwyn ychen), lledr *(m)* ych.
oxidant *a. & n.* **1.** *a.* ocsidiol, ocsidyddol. **2.** *n.* ocsidydd(-ion) *m.*
oxidase *n. Bio-Ch:* |ocsidas (ocsidasau) *m.*
oxidate *v.t.&i.* = **oxidize.**
oxidation *n.* oscidiad(-au) *m,* ocsideiddiad(-au) *m,* ocsidio *vn,* ocsideiddio *vn.* **~ number** *n.* rhif *(m)* ocsidiad. **~ state** *n.* cyflwr *(m)* ocsidiad.
oxidative *a.* ocsidiol, ocsideiddiol.
oxide *n. Ch:* ocsid(-iau) *m.*
oximetry *n. Ch:* ocsidimetreg *f.*
oxidizable *a.* ocsidiadwy, ocsideiddiadwy.
oxidization *n.* oscidiad(-au) *m,* ocsideiddiad(-au) *m,* ocsidio *vn,* ocsideiddio *vn.*
oxidize *v.t.* ocsideiddio, ocsidio; *(in ordinary parlance):* rhydu.
oxidized *a.* ocsidiedig, ocsidaidd, ocsideiddiedig.
oxidizer *n.* ocsideiddiwr (ocsideiddwyr) *m,* ocsidydd(-ion) *m.*
oxidizing *a.* ocsideiddiol; **~ agent,** ocsidydd(-ion) *m,* cyfrwng (cyfryngau) *(m)* ocsidio; **~ bleach,** cannydd (canyddion) *(m)* ocsidiol.
oxime *n. Ch:* ocsim(-au) *m.*
oxlip *n. Bot:* briallu *(pl)* Mair disawr, llysiau*(pl)*'r parlys, briallu tal; **false ~,** coeg-friallu.
Oxonian *a. & n.* **1.** *a.* Rhydychennaidd, o Rydychen. **2.** *n.* rhn (rhai) o Rydychen, Rhydychennwr (Rhydychenwyr) *m,* Rhydych|enwraig (Rhydychenwragedd) *f.*
oxonium *attrib. Ch:* ocsoniwm.
oxter[1] *n.* cesail (ceseiliau) *f.*
oxter[2] *v.t.* ceseilio, cofleidio.
oxy-acetylene *n. Ch:* ocsi-as|etylen *m.*
oxy-acid *n. Ch:* ocsi-asid(-au) *m.*
oxycalcium *attrib. Ch:* ocsicalsiwm.
oxygen *n. Ch:* |ocsigen *m.* **~ mask** *n.* mwgwd (mygydau) *(m)* ocsigen. **~ tent** *n.* pabell (pebyll) *(f)* ocsigen.
oxygenate *v.t.* = **oxygenize.**
oxygenated *a.* ocsigenedig.
oxygenation *n.* ocsigeniad *m; vn.* = **oxygenize.**
oxygenize *v.t.* ocsigenu, ocsigeneiddio.
oxyhaemoglobin *n. Bio-Ch:* ocsihemoglobin *m.*
oxyhydrogen *n. Ch:* ocsih|ydrogen *m.*
oxymoron *n. Rh:* ocsimoron(-au) *m,* gwrtheiriad(-au) *m.*
oxysalt *n. Ch:* ocsihalen(-nau) *m.*
oxysulphide *n. Ch:* ocsisylffid(-au) *m.*
oxytocic *a. & n. Med:* **1.** *a.* ocsitosig. **2.** *n.* ocsitosig(-ion) *m.*
oxytocin *n. Bio-Ch:* ocsitosin *m.*
oxytone *a. & n.* **1.** *a.* llymsain. **2.** *n.* gair (geiriau) llymsain *m.*
oyer *n. Jur:* **~ and terminer,** gwrando a therfynu.
oyez *int.* gwrand|ewch! clywch hyn! ***oyez!***
oyster *n.* wystrysen (wystrys) *f, Lit: occ:* llymarch (llymeirch) *m;* **common European ~,** *(Ostrea edulis):* wystrysen, llymarch; **Japanese ~,** *(Crassostrea gigas):* wystrysen Jap|an; **Mediterranean ~,** *(O. plicata):* wystrysen y Canolfor, llymarch Môr y Canoldir; **Portugese ~,** *(C. angulata):* wystrysen P|ortiwgal; **saddle ~,** *(Anomia ephippium):* wystrysen gyfrwy (wystrys cyfrwy); **Virginia ~,** *(C. virginica):* wystrysen Firginia; **the world's her ~,** mae'r byd i gyd o'i blaen hi; mae'r byd yn ymagor o'i blaen hi; mae'r byd yn eiddo iddi; **he's as close as an ~,** *N.W:* mae o fel ceg llyffant ym mis Mai; mae o fel cragen gocos; mae o'n un min-gaead/bant-gaead iawn; *Bot:* **vegetable ~,** s|alsiffi *m.* **~-bank, ~-bed** *n.* gwely(-au) *(m)* wystrys. **~-breeder** *n.* magwr (magwyr) *(m)* wystrys. **~-catcher** *n. Orn:* pioden (pïod) *(f)* y môr, wystryswr (wystryswyr) *m, N.W:* saer (seiri) *m* [Enlli], agorwr (agorwyr) *(m)* westras, agorwr cregyn, bilcoch *m,* dwbi *m,* pib(-au) *f,* picoch *m, S:* Twm *(m)* Pib, *Lit:* llymarchog *m,* llymarchyn *m.* **~ crab** *n. Crust:* cranc(-od) *(m)* wystrys. **~-farm** *n.* magwrfa (magwrf|eydd) *(f)* wystrys, wystrysfa (wystrysf|eydd) *f.* **~-knife** *n.* cyllell (cyllyll) *(f)* wystrys. **~ mushroom** *n. Fung:* wystrysen *(f)* y coed. **~-park** = **oyster-bed. ~-plant** *n.* **1.** = **salsify. 2.** *(Mertensia maritima):* llymarchlys *m,* maenhad arfor *m.* **~-shell** *n.* cragen *(f)* wystrysen (cregyn wystrys). **~-white** *a.* llwydwyn *(f.* llwydwen, *pl.* llwydwynion).
oysterman *n.m.* wystryswr (wystryswyr).
Oystermouth *W.Pl.n.* Ystumllwynarth *m.*
oysterwife *n.f.* wystr|yswraig (wystryswragedd).
ozocerite, ozokerite *n. Miner:* gwêr *(m)* mynydd.
ozone *n. Ch:* osôn *m.* **~ layer** *n.* = **ozonosphere.**
ozonic *a. Ch:* osonig.
ozonide *n. Ch:* |osonid (osonidau) *m.*
ozoniferous *a. Ch:* osonddwyn.
ozonization *n.*, **ozonize** *v.t. Ch:* osoneiddio.
ozonizer *n. Ch:* osoneiddiwr (osoneiddwyr) *m.*
ozonolysis *n. Ch:* oson|olysis *m.*
ozonosphere *n. Meteor:* os|onosffer (osonosfferau) *m,* haen *(f)* osôn.
ozonous *a. Ch:* osonaidd.

P

P, p [y llythyren] P, p *f* (*pronounced* pi, *pl.* pïau); *although f., names of letters are not mutated*; **two p's,** dwy pi (*not* dwy bi); **this p,** y pi hon (*not* y bi hon); **to mind one's P's and Q's,** gwylio ar eich gair, bod yn wyliadwrus; *Tp:* **P for Peter,** P am Pedr. **p.a.** *n. T.V: &c:* = **production assistant**. **p.a. system** *n.* corn (*m*) siarad, cyrn (*pl*) siarad. **P.C.**[1] *abbr. (Police Constable):* **P.C. Jones,** yr Heddwas Jones. **P.C.**[2] *abbr. (Privy Councillor):* Cyfrin Gynghorwr (~ Gynghorwyr) *m.* **P.E.** *n. Sch:* ymarfer (*mf*) corff, addysg gorfforol *f.* **P.M.**[1] *n.* = **Prime Minister**. **p.m.**[2] *abbr.* **at three p.m.,** am dri o'r gloch [yn] y pnawn/prynhawn. **P.R.** *n. Pol:* cynrychiolaeth gyfrannol *f.* **P.R.O.** *n.* swyddog(-ion) (*m*) cysylltiadau cyhoeddus. **P.S.** *abbr. (Post Scriptum):* O.N. (ôl-nodyn). **P.T.** *n. Sch:* = **P.E.**. **P.T.A.** *n. Sch:* Cymdeithas (*f*) Rieni ac Athrawon (Cymdeithasau Rhieni ac ~). **P.T.O.** *abbr.* trowch drosodd.

pa *n. & int.* **1.** *n.* tad(-au) *m, F:* tada *m,* dad *m.* **2.** *int.* 'nhad, tada, dad.

pabulum *n.* maeth *m,* ymborth *m.*

paca *n. Z:* paca(-od) *m.*

pace[1] *n.* **1.** *(= step):* cam(-au) *m;* **ten paces off,** deg cam draw. **2.** *(a) (= gait):* cerddediad *m,* symudiad *m; (of horse):* tuth(-iau) *m;* **to put s.o. through his paces,** rhoi prawf ar allu rhn; rhoi rhn ar brawf; *(b) (= speed):* cyflymdra *m,* cyflymder *m;* **to gather ~,** cyflymu, mynd yn gynt, *N. F:* codi sbîd, magu gwib; **at a good ~, at a smart ~,** yn fuan, yn gyflym, yn sionc, yn chwimwth, ar redeg, ar duth; **at a walking ~,** ar gyflymdra cerdded; **to quicken one's ~,** prysuro'ch cam/camau/camre, cerdded yn gynt, camu'n gynt; *Sp:* **to set/make the ~,** gosod y cyflymder/cyflymdra, pennu'r cyflymder/cyflymdra; **to keep ~ (with sth),** mynd bob yn gam, aros cyf|uwch, mynd cyn gynted, cadw'n wastad, mynd yr un mor gyflym (â rhth); **wages have not kept ~ with inflation,** nid yw cyflogau wedi codi gyfuwch â chwyddiant; **to go the ~,** *(i)* mynd ar wib; *(ii) Fig:* byw'n wyllt, *N: F:* rafinio, mynd yn fforffed ulw; **to stand/stay the ~,** dal i fynd, dal ati, aros yn y ras; *S.a.* **force**[2]. **3.** *Equit: (= amble):* cerddediad hamddenol *m, Lit: occ:* rhygyng(-au) *m,* rhygyngiad(-au) *m.* **~-maker** *n.* **1.** *Sp:* (*)tuthiwr (tuthwyr) *m,* safonwr (safonwyr) *m.* **2.** *Med:* rheolydd(-ion) (*m*) calon, amseriadur(-on) *m,* rheoliadur(-on) *m.* **~-setter** *n.* pennwr (penwyr) (*m*) cyflymder/cyflymdra, arweinydd(-ion) *m.*

pace[2] *v.i.&t.* **1.** *v.i.* *(a)* camu; *(b) Equit:* mynd yn hamddenol, rhygyngu. **2.** *v.t.* *(a)* **to ~ a room,** camu/cerdded ar hyd ystafell; *(b)* **to ~ [off] a distance,** mesur pellter trwy gamu, mesur pellter â chamau; *(c)* **to ~ a runner,** gosod cyflymder i redwr, gosod camre rhedwr, (*)safoni rhedwr.

pace[3] *prep.* gyda phob parch (i rn).

-paced *a.* â cham, â cherddediad; **easy-~,** hamddenol; **even-~,** cyson eich cam, cyson eich cerddediad.

pacer *n.* **1.** *(man):* camwr (camwyr) *m.* **2.** *Equit:* rhygyngwr (rhygyngwyr) *m,* rhygyngfarch (rhygyngfeirch) *m.* **3.** *Sp:* = **pace-maker**.

pachinko *n. Games:* pin-bêl *m.*

pachisi *n. Games:* patshisi *m.*

pachyderm *n. Z:* anifail (anifeiliaid) croendew *m.*

pachydermatous *a. Z:* croendew.

pacific *a. & Pr.n.* **1.** *a.* heddychlon, heddychol, tawel; *Geog:* Pasiffig. **2.** *Pr.n. Geog:* **the P~ [Ocean],** y Môr Tawel, y Tawelfor *m,* y Pasiffig *m; Pol:* **P~ Security Pact,** Cytundeb (*m*) Diogelwch y Môr Tawel.

pacifically *adv.* yn heddychlon *&c.*

pacification *n.* taweliad(-au) *m,* heddychiad(-au) *m,* llonyddiad(-au) *m,* tawelu *vn,* llonyddu *vn,* heddychu *vn; (of revolt &c):* dofi *vn.*

pacificatory *a.* heddychol, llonyddol, tawelol.

pacifier *n.* **1.** tawelwr (tawelwyr) *m,* llonyddwr (llonyddwyr) *m,* heddychwr (heddychwyr) *m.* **2.** = **dummy**[1] **2.** *(c).*

pacifism *n.* heddych[i]aeth *f,* pasiffistiaeth *f.*

pacifist *n. & attrib.* **1.** *n.* heddychwr (heddychwyr) *m,* hedd|ychwraig (heddychwragedd) *f,* p|asiffist (pasiffistiaid) *m&f.* **2.** *a.* pasiffistaidd, heddychol.

pacify *v.t.* heddychu, tawelu, llonyddu; *(a revolt):* dofi, gwastrodaeth, gwastrodi.

pacifying *a.* = **pacificatory**.

pacing *vn. Sp:* ras (*f*) rygyngu (rasys rhygyngu).

Pacinian *a. Biol:* **~ corpuscle,** corffilyn (corffilod) (*m*) Pacini.

pack[1] *n.* **1.** *(a) (= bundle &c):* pecyn(-nau) *m,* pac(-iau) *m, occ:* swp: sypyn (sypiau) *m; Ph:* **power ~,** pecyn (*m*) pŵer; *(of mule &c):* pwn (pynnau) *m; (of pedlar):* pac, pecyn; *(b) F: Pej:* **it's a ~ of lies,** llwyth (*m*) o gelwydd yw; mae'n gelwydd noeth; mae'n gelwydd i gyd; **it's a ~ of nonsense!** lol i gyd! lol botes maip! **2.** *(a) (of dogs, wolves &c):* cnud(-oedd) *m,* haid (heidiau) *f; (of fools, thieves &c):* haid, ciwed (ciweidiau) *f,* criw(-iau) *m, N. W:* epil (-oedd) *m;* **scout ~,** pac sgowtiaid; *(b) Rugby: Fb:* pac; *(c) Cards: Dominoes:* pac, *A: or Lit: occ:* cyff(-iau) *m.* **3.** *Geog:* **[ice-]~,** pac [rhew], pacfa (pacf|eydd) *f.* **4.** *(a) Med:* **cold/wet ~,** pac oer/gwlyb; *(b) Toil:* **mud ~,** pac mwd. **~-animal** *n.* anifail (anifeiliaid) (*m*) pwn. **~-cloth** *n.* lliain (*m*) lapio, sachliain *m.* **~-drill** *n. Mil:* pacdril(-iau) *m,* cosb(-au) (*f*) dril â phac; **no names, no ~-drill,** dim enw, dim cosb. **~-full** *a.* llawn dop. **~-horse** *n.* pynfarch (pynfeirch) *m,* march (meirch) (*m*) pwn, ceffyl(-au) (*m*) pwn. **~-ice** *n.* pacrew *m,* rhew (*m*) pac, pacfa (pacf|eydd) (*f*) iâ; **close ~-ice,** pac clòs; **open ~-ice,** pac agored. **~-mule** *n.* *pynful *m,* mul(-od) (*m*) pwn. **~-rat** *n. Z:* llygoden fochog (llygod fochog) *f.* **~-road** *n.* ffordd (*f*) fulod (ffyrdd mulod). **~-saddle** *n.* ystrodur(-iau) *f,* ystarn(-au) *f.* **~-trail** *n.* llwybr(-au) (*m*) mulod. **~-train** *n.* mintai (minteioedd) (*f*) o fulod, cadwyn(-au) (*f*) o fulod, mintai/cadwyn fulod (minteioedd/cadwynau mulod). **~-wool** *n.* gwlân (*m*) sypyn.

pack[2] *v.t.&i.* I. *v.t.* **1.** *(a)* pacio, *occ:* sypynnu, bwndelu; *(parcel):* lapio; *abs.* **to ~ [one's baggage],** pacio, hel eich pac; **to ~ up,** *(i)* pacio, hel eich pac, *(ii) (= stop working):* rhoi'r gorau iddi, rhoi'r ffidil yn y to; *(of machine):* torri; *P:* **~ it in/up!** rho'r gorau iddi (rhowch y gorau iddi)! **a tent that packs [up] easily,** pabell hawdd ei phacio; **to ~ on all sail,** codi pob hwyl. **2.** *(earth in hole, people in train):* pacio, gwasgu, *F: occ:* stwffio, *S. W: occ:* saco; **they were packed [in] like herrings/sardines [in a tin],** 'roedden nhw wedi'u pacio'n glòs fel penwaig mewn halen. **3.** *(= fill):* pacio, llenwi, stwffio, gorlenwi, gorlwytho, *S. W: occ:* saco, *N. W: occ:* stofio (rhth â rhth); *S.a.* **packed. 4.** *Mch:* pacio. **5. to ~ a jury,** dethol rheithgor ffafriol, pacio rheithgor; **to ~ a meeting,** pacio cyfarfod. **6.** *(a)* **to ~ s.o. off to bed,** anfon rhn i'w wely, *F:* certio rhn i'w wely; *(b)* **to send s.o. packing,** cael gwared/ymadael â rhn, peri i rn hel ei bac, *N. W: F:* rhoi'r hwi i rn. **7.** *U.S:* **to ~ a pistol,** cario gwn. II. *v.i.* **1.** *(of earth &c):* sadio, gwaelodi, pacio. **2.** *(of wolves, dogs):* cnudo, heidio; *(of people):* tyrru, ymdyrru, ymgasglu, heidio, ymwasgu, ymgrynh|oi.

package[1] *n.* pecyn(-nau) *m,* pac(-iau) *m,* sypyn(-nau) *m,* paced(-i) *m,* parsel(-i,-ydd) *m;* **closed ~,** pecyn caeëdig; **open ~,** pecyn agored. **~ deal** *n.* cynnig (cynigion) (*m*) pecyn, cynnig cynhwysfawr, bargen gryno (bargeinion cryno) *f,* bargen becyn (bargeinion pecyn), bargen gyfansawdd (bargeinion cyfansawdd). **~ holiday** *n.* gwyliau parod *pl,* gwyliau pecyn. **~ store** *n. U.S:* siop (*f*) ddiod (siopau diod). **~ tour** *n.* taith barod (teithiau parod) *f,* taith drefnedig (teithiau trefnedig) *f.*

package² *v.t. Com:* pacio, lapio, pacedu, pecynnu; *(= present):* cyflwyno; **the policy was attractively packaged,** cyflwynwyd y polisi yn becyn deniadol.

packaged *a.* mewn paced/pecyn/pac, yn becyn, lapiedig, wedi ei lapio.

packager *n.* pacedwr (pacedwyr) *m*, pac|edwraig (pacedwragedd) *f*.

packaging *vn.* **1.** = **package²**. **2.** *(= wrappers &c):* papur (*m*) lapio, pacediad(-au) *m*; *(= presentation):* cyflwyniad(-au) *m*, diwyg *mf*.

packed *a.* **1.** *(food &c):* paciedig, wedi ei bacio, mewn pac/pecyn; **~ lunch,** cinio pecyn. **2.** *(= full):* llawn dop, gorlawn, *S.W:* llawn hyd y fyl; **(the hall was) ~,** ('roedd y neuadd) yn llawn dop, yn orlawn, dan ei sang.

packer *n.* paciwr (pacwyr) *m*, p|acwraig (pacwragedd) *f*.

packet *n.* *(a)* paced(-i) *m*, pecyn(-nau) *m*; **postal ~,** parsel(-i) *m*; *(b) F:* **(I've won) a ~ (of money),** ('rwyf wedi ennill) ffortiwn *f*, peth wmbredd *m*, pentwr *m*, llond (*m*) gwlad, haldiad *m* (o arian); **that'll cost you a ~,** fe gyst hynny'n ddrud iti; fe gyst ffortiwn iti; *F:* **he copped/stopped a ~ in the war,** fe'i cafodd hi'n ddifrifol yn y rhyfel. **~-boat** *n.* llong (*f*) bost (llongau post). **~ port** *n.* pacedborth (pacedbyrth) *m*, pacborth (pacbyrth) *m*. **~ steamer** *n.* pacedlong(-au) *f*. **~ switching** *vn. Cmptr:* switsio pecynnau.

packing *vn.* & *n.* **1.** *vn.* = **pack²**. **2.** *n.* paciad(-au) *m*, lapiad(-au) *m*, papur (*m*) lapio, defnydd (*m*) pacio. **~-box** *n.* blwch (blychau) (*m*) pacio, bocs(-ys) (*m*) pacio. **~-case** *n.* blwch pacio, bocs pren. **~ density** *n. Ph:* dwysedd (*m*) pacio. **~-house** *n. U.S:* tŷ (tai) (*m*) pacio. **~-needle** *n.* nodwydd (*f*) ddur (nodwyddau dur). **~ note** *n. Com:* nodyn (nodion) (*m*) pacio. **~-plant** *n.* = **packing-house**. **~-sheet** *n.* **1.** *Com:* dalen(-nau) (*f*) lapio. **2.** *Med:* cynfas(-au) (*f*) lapio.

packman *n.m. A:* = **pedlar**.

packsack *n. U.S:* = **rucksack**.

packthread *n.* edau fras *f*, edau bacio, edau rwymo, edau bynnau, edau bynorio.

pact *n.* cytundeb(-au) *m*.

pad¹ *n.* **1.** *P:* **to be on the ~,** bod ar dramp; *S.a.* **footpad**. **2.** *(= footfall):* troediad(-au) *m*, tuth(-iau) *m*, tuthfa *f*.

pad² *v.t.&i.* *(a) F:* **to ~ it, to ~ the hoof,** ei cherdded hi, ei throedio hi, ymlwybro; *(b) (of wolf &c):* **to ~ along,** tuthio, trotian [yn ddistaw, yn ysgafndroed]; *(of pers.):* **to ~ about a room,** troedio'n ysgafn o gwmpas ystafell.

pad³ *n.* **1.** *(a) (= small cushion):* pad(-iau) *m*, *occ:* clustogan(-au) *f*, clustogen(-ni) *f*, clustog(-au) *f*; *Fb:* **ankle-~,** pad ffêr (padiau fferau); **knee ~,** pad pen-glin; **shin-~,** pad crimog (padiau crimogau); *Needlew:* **shoulder-~,** pad ysgwydd (padiau ysgwyddau); *(b)* **stamp-~,** pad stampio; **inking-~,** pad incio; *(c) Harn:* **saddle-~,** pilyn(-nau) (*m*) pwn, panel(-i) *m*. **2.** *(of fox, hare &c):* pawen(-nau) *f*; *(of camel &c):* gwadn(-au) *mf*; *Vet:* **hard ~,** pawen galed. **3.** *(of paper):* pad; *S.a.* **blotting-~, letter-~, memo-~, writing-~**; *Aut: (of brake):* pad. **4.** *Tls:* *(= handle):* dwrn (dyrnau) *m*. **5.** *Ball: &c:* **launching-~,** safle(-oedd) (*m*) lansio; **landing-~,** glanfa (glanf|eydd) *f*. **6.** *P:* *(= lodging):* lle(-oedd) *m*, llety(-au) *m*; *S.a.* **crash ~**. **7.** *(of water-lily):* deilen (dail) *f*. **~-saw** *n.* llif (*f*) dwll clo (llifiau twll clo), llif gwmpas (llifiau cwmpas).

pad⁴ *v.t.* **1.** *(cushion &c):* llenwi, padio, *S: F:* parso; *(door, garment, saddle &c):* clustogi, padio, cwiltio, *S:* clustogo. **2.** *F:* **to ~ out a chapter,** llenwi/padio pennod.

padded *a.* clustogog, cwiltiog, *occ:* cobog; **~ cell,** cell gwiltiog (celloedd cwiltiog) *f*.

padding *vn.* & *n.* **1.** *vn.* = **pad⁴**. **2.** *n.* clustogau *pl*, padin *m*; *(under saddle):* panel(-i) *m*. **~ stitch** *n. Needlew:* pwyth(-au) (*m*) padio.

paddle¹ *n.* **1.** *(of canoe):* rhwyf(-au) *f*, rhodl(-au) *f*, padl(-au) *f*. **2.** *(of mill-wheel):* llwy(-au) *f*, cafn(-au) *m*; *(of paddle-wheel):* asgell (esgyll) *f*. **3.** *Z:* *(of turtle &c):* asgell. **4.** *Print:* rhodlen(-ni) *f*. **~-ball** *n. Games:* pêl (*f*) rodli (peli rhodli); *the game is m.* **~-boat** *n.* cwch (cychod) (*m*) olwyn, bad(-au) (*m*) olwyn, cwch rhodli, bad rhodli. **~-box** *n.* amgaead(-au) (*m*) rhodlau, blwch (blychau) (*m*) rhodlau. **~-loom** *n.* coes (*mf*) rhwyf (coesau rhwyfau). **~-steamer** *n.* stemar(-s) (*f*) olwyn, stemar rodlau (stemars rhodlau), rhodlong(-au) *f*. **~-wheel** *n.* olwyn (*f*) rodli (olwynion rhodli), olwyn badl/badlo (olwynion padl/padlo). **~ worm** *n. Ann:* rhodlwr (rhodlwyr) *m*.

paddle² *n.* **1.** *Row:* rhodliad(-au) *m*; *Swim:* **dog-~,** nofio (*vn*) ci. **2.** **to go for a ~,** mynd i ymdrochi, mynd i badlo.

paddle³ *v.t.* **1.** rhodli, rhwyfo, padlo; *F:* **to ~ one's own canoe,** rhwyfo'ch cwch eich hun, *Fig:* torri'ch cwys eich hun; *Row:* **forward paddling stroke,** strôc (*f*) badlo yml|aen (strociau padlo ymlaen); **reverse paddling stroke,** strôc badlo'n ôl (strociau padlo'n ôl); **to ~ firm,** rhwyfo'n gadarn; **to ~ light,** padlo'n araf. **2.** *U.S:* = **spank**.

paddle⁴ *v.i.* *(= play in water):* slotian, padlo, *N.W: occ:* ffritian, *S.W: occ:* bracso, *S.E: occ:* pishlewtan, slapan.

paddlefish *n. Ich:* pysgodyn (pysgod) (*m*) sbodol.

paddler *n.* **1.** *Row:* rhodlwr (rhodlwyr) *m*, rhwyfwr (rhwyfwyr) *m*, padlwr (padlwyr) *m*. **2.** *pl. Cost:* = **rompers**.

paddling-pool *n.* pwll (pyllau) (*m*) padlo.

paddock *n.* padog(-au) *m*, coetgae(-au) *m*, cae bychan (caeau bychain) *m*, marchgae(-au) *m*, *S: occ:* crofften(-ni) *f*, *M.W: & N.E: occ:* cotel(-au) *f*.

paddy¹ *n. Com:* reis cibynnog *m*. **~-field** *n.* cae(-au) (*m*) reis.

Paddy² *Pr.n.m.* & *n.* **1.** *(a) Pr.n.m.* Padrig; *(b)* = **Irishman**; *(c) U.S:* = **policeman**. **2.** *n. P:* **to be in a ~,** bod yn wyllt, bod yn y gwyllt, gwylltio; *See* **angry**. **~-wagon** *n. U.S:* fan (*f*) blismyn (faniau plismyn).

paddywhack *n. F:* = **Paddy² 2.**

pademelon *n. Z:* pademelon(-od,-iaid) *m*.

padlock¹ *n.* clo(-eau,-eon) (*m*) clap, clo clwt, clo clec, *N.W: occ:* clo clatsh.

padlock² *v.t.* rhoi clo clap &c ar rth, cloi rhth.

padlocked *p.p.* tan glo [clap].

padouk *n.* **1.** *Bot:* coeden (*f*) badwc (coed padwc). **2.** *Carp:* padwc *m*.

padre *n.* offeiriad (offeiriaid) *m*, caplan(-iaid) *m*.

paduasoy *n. Tex:* sidan (*m*) rib.

paean *n.* mawlgan(-au,-euon) *f*, molawd(-au) *mf*, *A: Poet:* arwyrain *f*.

paedagogics *n.pl.* addysgiaeth *f*.

paederast &c *See* **pederast** &c.

paediatric *a.* pediatrig, pediatregol.

paediatrician *n.* pediatregwr: pediatregydd (pediatregwyr) *m*, pediatrydd(-ion) *m*.

paediatrics *n.pl.* pediatreg *f*.

paediatrist *n.* pediatrydd(-ion) *m*.

paedo-baptism *n. Rel:* babanfedydd *m*.

paedo-baptist *n. Rel:* babanfedyddiwr (babanfedyddwyr) *m*.

paedogenesis *n.* pedog|enesis *m*.

paedogenetic, paedogenic *a.* pedogenig.

paedomorphic *a.* pedomorffig.

paedomorphism *n.* pedomorfedd *m*.

paedomorphosis *n.* pedomorffosis *m*.

paedophile *n.* pedoffilydd(-ion) *m*.

paedophilia *n.* pedoffilia *m*.

paella *n. Cu:* paëla(-s) *m*.

paeon *n. Pros:* paeon(-au) *m*.

paeonic *a. Pros:* paeonig.

pagan *a.* & *n.* **1.** *a.* paganaidd. **2.** *n.* pagan(-iaid) *m*, paganes(-au) *f*.

pagandom *n.* paganiaid *pl*, paganiaeth *f*.

paganish *a.* paganaidd.

paganism *n.* paganiaeth *f*, paganeiddiwch *m*.

paganize *v.t.* paganeiddio.

page¹ *n.* *(= boy):* gwas bach (gweision bychain) *m*, *A: or Lit:* macwy(-aid) *m*; *Hairdr:* **~-boy bob, ~-boy style,** gwallt (*m*) macwy.

page² *v.t.* *(= call):* galw.

page³ *n.* *(of book):* tudalen(-nau) *mf*, dalen(-nau) *f*; **to take a ~ out of s.o.'s book,** cymryd dalen o lyfr rhn, cymryd siampl gan rn, efelychu rhn. **~ boundary** *n. Cmptr:* ffin(-iau) (*f*) tudalen. **~ fault** *n. Cmptr:* gwall(-au) (*m*) tudalen. **~ proof** *n. Typ:* proflen(-ni) (*f*) tudalen. **~ reference** *n. Lib:* cyfeiriad(-au) (*m*) tudalen. **~ swap** *n. Cmptr:* cyfnewidiad(-au) (*m*) tudalen.

page⁴ *v.t.* **1.** *(= number):* rhifo, tudalennu. **2.** *Typ:* cysodi (rhth) [yn dudalennau].

pageant *n.* pasiant(-au) *m*. **~-like** *a.* pasiantaidd.

pageantry *n.* p|asiantri *m*.

paged *a.* tudalennog.

paginal, paginary *a.* tudalennol, dalennol; *(= corresponding):* cyfatebol.
paginate *v.t.* tudalennu.
pagination *n.* tudaleniad *m*, tudalennu *vn.*
paging *vn.* rhifo, daleniad *m*, tudalennu, tudaleniad *m.*
pagoda *n.* pagoda (pagodâu) *m.* **~ tree** *n. Bot:* coeden (*f*) bagoda (coed pagoda).
pagurian *a. Z:* pagwraidd.
pah *n.* pw! twt! pa!
Pahlavi *n. Ling:* Pahlafi *f, m.*
paid *a.* **1.** *(worker &c):* cyflogedig, cyflog, taledig, tâl. **2.** *(debt, price):* taledig, wedi ei thalu/dalu, a delir/delid/dalwyd; *Com:* "**~ in full**", "talwyd yn llawn"; *Adm:* **~ contributions,** cyfraniadau taledig; *Fin:* **~ up capital,** cyfalaf llawndaledig; *Com:* **~-up shares,** cyfrannau llawndaledig.
paigle *n. Bot:* = **cowslip**.
pail *n.* **1.** bwced: pwced(-i) *f*, *occ:* stwc (styciau) *m*, *S.W:* pail *m*; **milk ~,** ystên (ystenau) *f*, cunnog (*f*) odro/laeth (cunogau godro/llaeth). **2.** = **pailful**.
pailful *n.* llond (*m*) bwced/pwced *&c*, bwcedaid (bwcedeidiau) *f*, pwcedaid (pwcedeidiau), *S.W:* peilaid (peleidiau) *f*; *(of milk):* stycaid (styceidiau) *f*, ystenaid (ysteneidiau) *f*, cunogaid (cunogeidiau) *f.*
paillette *n.* seren fach (sêr bach) *f*, fflochen (fflochiau) *f.*
pain¹ *n.* **1.** *(a)* poen(-au) *mf*, *occ:* cur *m*, gwayw (gwewyr) *m*, pigyn(-nau) *m*, dolur(-iau) *m*, gloes(-au) *f*, gwŷn (gwyniau) *mf*; *(also mental):* gofid(-iau) *m*, ing(-oedd) *m*; **shooting ~,** gwayw, saethwayw (saethwewyr) *f*; *S.a.* **ache¹**; **growing pains,** poenau twf/tyfu/tyfiant, gwyniau twf *&c*; **to give s.o. ~,** *(of tooth &c)*: *N:* brifo, anafyd, *S:* anafu (rhn); rhoi/gwn|eud dolur (i rn); *(of incident &c):* poeni, brifo (rhn); rhoi poen (i rn); *(b)* **a ~ in the side,** pigyn yn yr ochr; **I have a ~ in the head,** *N:* mae gen i gur yn fy mhen; *S:* mae pen tost gyda fi; **he is, he gives me (a ~ in the neck),** mae'n bigyn yn fy nghlust i; *S.W:* mae'n tynnu fy nghlustiau i; *N: F:* mae'n codi pip arna' i. **2.** *(a)* **labour ~,** gwewyr esgor, poenau esgor; *(b) pl. (= trouble taken):* trafferth(-ion) *f*, llafur *m*; **to take pains, to be at great ~ (to do sth),** mynd i drafferth fawr (i wneud rhth); **to take ~ (over sth),** ymdrafferthu, ymboeni, mynd i drafferth (ynghylch rhth), *S: F:* panso; **(he got a thrashing) for his ~,** (cafodd gurfa) am ei holl lafur, am ei drafferth. **3.** *A:* **on ~ of death,** dan gosb marwolaeth, ar boen eich bywyd. **~-killer** *n.* tawelydd(-ion) (*m*) poen, poenladdwr (poenladdwyr) *m*, peth(-au) (*m*) lladd/lleddfu poen. **~ receptor** *n.* derbynnydd (derbynyddion) (*m*) poen. **~ reliever** *n.* = **pain-killer**.
pain² *v.t.* brifo, anafu (rhn); rhoi poen (i rn); *(mentally):* poeni (rhn); *(of wound &c):* gwynio; **it pains me (to say so),** mae'n flin gen i, mae'n chwith gen i, mae'n boen enaid imi (ddweud hynny).
pained *a.* poenus [yr olwg], pryderus.
painful *a.* **1.** *(limb, spectacle):* poenus, *occ:* dolurus. **2.** *(effort):* llafurus, trafferthus.
painfully *adv.* **1.** yn boenus *&c.* **2.** yn llafurus *&c.*
painfulness *n.* poenusrwydd *m.*
painless *a.* di-boen.
painlessly *adv.* yn ddi-boen; heb boen *&c.*
painlessness *n.* diffyg (*m*) poen.
Painscastle *W.Pl.n.* Castell (*m*) Paen.
painstaking *a.* gofalus, dyfal, trylwyr, trwyadl.
painstakingly *adv.* yn ofalus *&c.*
paint¹ *n.* *(a)* paent(-iau) *m*; **glossy/gloss ~,** paent sglein; **matt ~,** paent mat; **eggshell ~,** paent plisgyn wy; **emulsion ~,** paent emylsiwn; **oil-based ~,** paent sail olew; **primer ~,** paent preimio; **undercoat ~,** paent isaf; **as pretty as ~,** hardd i'w ryfeddu; **box of paints,** bocs paent, blwch o liwiau. **~-brush** *n.* brwsh(-is) (*m*) paent. **~ frame** *n. Th:* ffrâm (*f*) baent (fframiau paent). **~-pot** *n.* pot(-iau) (*m*) paent. **~-roller** *n.* rholer (*f*) baent (rholeri paent). **~-sprayer** *n.* gwn (gynnau) (*m*) paent, chwistrell (*f*) baent (chwistrellau paent).
paint² *v.t.* **1.** paentio, peintio; **to ~ sth red,** paentio rhth yn goch; *P:* **to ~ the town red,** mynd ar sbri, mynd ar y criws; **to ~ sth out,** dil|eu/cuddio/gorchuddio rhth â phaent, paentio *&c* dros rth. **2.** *Fig:* paentio, peintio, darlunio, portreadu, disgrifio; **he's not as black as he's painted,** nid yw cynddrwg ag a ddywedir.
paintbox *n.* bocs(-ys) (*m*) paent, blwch (blychau) (*m*) paent.

painted *a.* paentiedig, peintiedig, lliwiedig. **~ lady** *n. Ent:* glöyn (-nod) (*m*) yr ysgall, iâr fach dramor (ieir bach tramor) *f.*
painter¹ *n.* **1.** *Art:* arlunydd: arluniwr (arlunwyr) *m*, arl|unwraig (arlunwragedd) *f.* **2.** *(of house, toys &c):* paentiwr (paentwyr) *m*, peintiwr (peintwyr) *m*, p|aentwraig (paentwragedd) *f*, p|eintwraig (peintwragedd) *f.*
painter² *n. Nau:* rhaff(-au) *f*, rhaff glymu (rhaffau clymu); **to cut the ~,** *Fig:* torri cysylltiad.
painterly *a.* arlunyddol, arluniol.
painting *vn. & n.* **1.** *vn.* paentio, peintio; **action ~,** paentio/peintio arweithiol. **2.** *n. Art:* paentiad(-au) *m*, peintiad(-au) *m*; **oil ~,** paentiad olew; *(in ordinary parlance):* llun(-iau) *m.*
paintwork *n.* gwaith (*m*) paent, paentwaith *m.*
painty *a.* llawn paent.
pair¹ *n.* **1.** *(a)* pâr (parau) *m*, dau (deuoedd) *f*, cwpwl (cyplau) *m*; **in pairs,** mewn parau, yn barau, yn ddeuoedd, fesul dau, bob yn bâr, bob yn ddau; **the ~ of you,** chwi'ch dau/dwy, chwi ill dau/dwy, y ddau/ddwy ohonoch; *(b) (of shoes &c):* pâr; **two ~,** deubar *f*; **three ~,** tripharm *m*; **a ~ of trousers,** *N:* tr[y]wsus(-au) *m*, trowsus(-au) *m*, *S:* tr[o]wser(-i) *m*; **a ~ of scissors,** siswrn (sisyrnau) *m*; *(c)* **(carriage) and ~,** (cerbyd) a phâr, â dau geffyl; **a ~ of oxen,** gwedd(-oedd) (*f*) o ychen; *(d) (married):* pâr priod, cwpwl; *(e)* **where is the ~ of this glove?** ble mae partneres (*f*) *or* cymhares (*f*) y faneg hon? *(f) Row:* pâr. **2.** *O: (of stairs):* rhes(-i) *f*; **a ~ of steps,** = **stepladder**. **~-horse** *a.* [ar gyfer] gwedd, [ar gyfer] dau geffyl. **~-oar** *n. Row:* cwch (cychod) dwyrwyf *m*, bad(-au) dwyrwyf *m.* **~ production** *n. Ph:* trawsnewidiad(-au) parol *m.* **~ royal** *n. Cards:* pâr rheiol.
pair² *v.t.&i.* **1.** *v.t.* *(a) (gloves &c):* paru; *(b) (birds &c):* paru, cyplu. **2.** *v.i.* *(a) (of vases &c):* bod yn bâr, gwn|eud pâr; *(b) (of birds &c):* paru, cyplu, cymharu; *(c) Parl:* gwncud pâr, paru. **~ off 1.** *v.t.* paru (rhn); trefnu (rhn) yn barau/ddeuoedd; trefnu (rhn) fesul dau. **2.** *v.i.* paru, dewis cymar/cymhares, cymharu, mynd fesul dau, dewis partner/partneres; *F: (= marry):* priodi.
pair³ *used in the a.phr.* **au ~; an au ~ student,** myfyriwr/myfyrwraig ***au pair***.
paired *a.* yn bâr, pâr, fesul pâr, cyplysedig, paredig; *(oxen, horses):* cyfieuedig.
pairing *vn.* **1.** = **pair² 2**; cyplysiad(-au) *m*, cymhariad (cymariadau) *m*, cydgysylltiad(-au) *m*; *Mth: &c:* pariad(-au) *m.* **2.** *Tex:* gwau â dwy weyllen; *(of oxen &c):* cyfieuad(-au) *m.*
paisa *n. Num:* paisa (paisâu) *m.*
Paisley *Pr.n.* **~ shawl,** siôl (*f*) bersli (sioliau persli), *N.W:* siôl (*f*) ffilt.
pajamas *n. U.S:* = **pyjamas**.
pakeha *n.* dyn gwyn (dynion gwynion) *m.*
Pakistan *Pr.n. Geog:* Pacist|an *f.*
Pakistani *a. & n.* **1.** *a.* Pacistanaidd. **2.** *n.* Pacistaniad (Pacistaniaid) *m&f.*
pal¹ *n. P:* ffrind(-iau) *m*, partner(-iaid) *m*, mêt(-s) *m.*
pal² *v.i. P:* **to ~ up with s.o.,** mynd yn ffrindiau/llawiau â rhn.
PAL *n. T.V: (Phase Alternate Line):* PAL (Pob yn Ail Linell).
palace *n.* palas(-au) *m.*
paladin *n.* **1.** *(of Charlemagne):* gogyfurdd(-ion) *m.* **2.** *(= knight errant):* marchog(-ion) crwydrad *m.*
Palaearctic *a. Z:* Palearctig.
palaeo-anthropology *n.* paleo-anthropoleg *f.*
palaeobotany *n.* paleobotaneg *f.*
Palaeocene *a. & n. Geol:* **1.** *a.* Paleosenaidd, P|aleosen. **2.** *n.* y cyfnod Paleosen *m.*
palaeoclimatology *n.* paleohinsoddeg *f.*
palaeogeography *n.* paleoddaearyddiaeth *f.*
palaeograph *n.* p|aleograff (paleograffau) *m.*
palaeographer *n.* paleograffydd: paleograffwr (paleograffwyr) *m.*
palaeographical *a.* paleograffig.
palaeography *n.* paleograffeg *f.*
palaeolithic *a.* paleolithig.
palaeontological *a.* paleontolegol.
palaeontologist *n.* paleontolegwr: paleontolegydd (paleontolegwyr) *m.*
palaeontology *n.* paleontoleg *f.*
palaeopathology *n.* paleopatholeg *f.*
palaeozoic *a. Geol:* paleosöig.

palaestra *n. Gr.Rom.Ant:* campfa (campf|eydd) *f.*
palafitte *n. Archeol:* crannog (cranogau) *m.*
palais *n.* **~ de danse,** neuadd (*f*) ddawnsio (neuaddau dawnsio).
palanquin *n.* cadair (cadeiriau) (*f*) ysgwyddau, palancîn (palancinau) *m.*
palatability *n.* derbynioldeb *m*; *Cu:* blasusrwydd *m.*
palatable *a.* blasus, derbyniol, cymeradwy.
palatably *adv.* yn flasus *&c.*
palatal *a. & n. Phon:* **1.** *a.* taflodol. **2.** *n.* taflodol(-ion) *f*, sain daflodol (seiniau taflodol) *f.*
palatalization *n. Phon:* taflodoli *vn*, taflodoliad(-au) *m.*
palatalize *v.t. Phon:* taflodoli.
palatalized *a. Phon:* taflodol, taflodoledig.
palate *n.* **1.** *Anat:* taflod(-ydd) (*f*) y genau; **hard ~,** taflod galed (taflodydd caled), blaen (*m*) y daflod; **soft ~,** taflod feddal (taflodydd meddal), cefn y daflod; **cleft ~,** taflod hollt. **2.** *Fig:* chwaeth *f*, blas *m*, archwaeth *mf*; **sth to suit every ~,** rhth at ddant pawb.
palatial *a.* palasaidd.
palatially *adv.* yn balasaidd.
palatinate *n. Hist:* breiniarllaeth(-au) *f*, etholaeth (*f*) b|alatin (etholaethau palatin).
Palatine[1] *n.* **1.** *Hist:* **Count ~,** Breiniarll (Breinieirll) *m*; **County ~,** Breiniarllaeth(-au) *f*, Iarllaeth (*f*) B|alatin (Iarllaethau P|alatin); **Earl ~,** Iarll (Ieirll) (*m*) P|alatin: **Elector ~,** Etholwr: Etholydd (Etholwyr) (*m*) Palatin. **2.** *A: Geog:* **the ~ [Hill],** Bryn (*m*) Palatin.
palatine[2] *a. & n. Anat:* **1.** *a.* taflodol. **2.** *n.* asgwrn (*m*) y daflod (esgyrn taflodau).
palato-alveolar *a. Phon:* taflod-orfannol.
palatogram *n.* taflodlun(-iau) *m.*
palatum *n. Anat:* taflod(-ydd) *f.*
palaver[1] *n.* **1.** *(= discussion):* trafodaeth(-au) *f*, seiat (seiadau) *f.* **2.** *F: (= idle talk):* lol *f*, lolian *vn*, gwag-siarad *m*, parablu *vn*, cleber *mf*, clebran *vn*, baldordd *m*, baldorddan *vn*; **none of your ~,** digon o'th lol di; *See* **nonsense**.
palaver[2] *v.i.&t.* **1.** *v.i. (= discuss):* trafod, dal pen rheswm; *(= talk profusely):* clebran, parablu, paldaruo. **2.** *v.t.* = **flatter, wheedle**.
pale[1] *n.* **1.** *(= stake):* estyllen (estyll) *f*, pawl (polion) *m*, cledr(-au) *f*, cledren (cledrau) *f*; *pl.* palis. **2.** *A:* rhanbarth(-au) *m*; *Hist:* **the [English] P~,** y Rhanbarth Seisnig; **beyond/outside the ~ of society,** y tu hwnt [i'r ffin], anwaraidd, anwareiddiedig; **his behaviour was beyond the ~,** 'roedd ei ymddygiad yn anfaddeuol; fe aeth dros ben llestri; **within the ~ of the Church,** ym mynwes yr Eglwys. **3.** *Her:* cledren; **in ~,** yn unionsyth.
pale[2] *a. (a)* llwyd(-ion), gwelw(-on), llwydwyn (*f.* llwydwen, *pl.* llwydwynion), llwydaidd, gw|elwlwyd(-ion), llwydwelw(-on), *occ:* gwynlas (gwynleision); *(face): N.W: occ:* piglas (pigleision), piglwyd(-ion); **to turn ~,** gwelwi; *(of sky):* goleuo; *(of colour):* pylu; **~ death,** angau glas/gwelw; *(b) (colour):* golau; *(= dim):* gwan (gweinion), egwan; **~ blue,** glas golau, gw|elwlas, glaswyn (*f.* glaswen, *pl.* glaswynion), gwynlas (gwynleision); **in the ~ light of the moon,** yng ngolau gwan y lloer, yn y lloergan egwan/pŵl; **~ ale,** cwrw main, cwrw golau; **a ~ imitation of sth,** dynwarediad tila/egwan o rth. **~-face** *n.* dyn gwyn (dynion gwynion) *m.* **~-faced** *a.* gwelw, wyneblwyd, wyneblas, llwyd(-ion), llwydaidd, llwydwelw(-on). **~-skinned** *a.* pryd golau, â chroen golau.
pale[3] *v.i.* **1.** *(of face):* gwelwi. **2.** *(of sky):* goleuo, gwelwi; *(of colour, light):* gwelwi, pylu. **3.** *Fig:* **to ~ (in comparison),** bod yn ddim, bod yn ddibwys (mewn cymhariaeth).
palea *n. Bot:* *usddeilen (usddail) *f*, palea (paleâu) *f.*
paled *a.* palisog.
palely *adv.* yn welw *&c.*
paleness *n.* gwelwedd *m*, gw|elwder *m*, llwydni *m*, lliw gwelw *m.*
Palestine *Pr.n. Geog:* Palestina *f*, Palesteina *f*; **~ Liberation Organization,** Mudiad Rhyddid Palest[e]ina.
Palestinian *a. & n.* **1.** *a.* Palestinaidd, Palesteinaidd. **2.** *n.* Palestiniad (Palestiniaid) *m&f*, Palesteiniad (Palesteiniaid) *m&f.*
palestra *n.* = **palaestra**.
paletot *n. Cost:* clogyn(-nau, clogau) *m.*
palette *n. Art:* palet(-au) *m*; **to set a ~,** llenwi palet; **arm ~,** palet braich; **disposable ~,** palet hepgor; **hooked ~,** palet siâp bachyn. **~-knife** *n. Art:* cyllell (*f*) balet (cyllyll palet).
palfrey *n.* crynfarch (crynfeirch) *m*, palffrai (palffreiod) *m.*
Pali *n. Ling:* Pali *f, m.*
palimpsest *n.* p|alimpsest (palimpsestau) *m.*
palindrome *n.* p|alindrom (palindromau) *m.*
palindromic *a.* palindromig.
paling *n.* palis(-au) *m*, ystyllod *pl*; **slate ~,** pileri (*pl*) llechi, *N.W:* pleris *pl.*
palingenesis *n.* ailenedigaeth(-au) *f*, adfywiad(-au) *m*; *Biol:* paling|enesis *m* (*pronounced* ng-g).
palingenetic *a.* ailenedigol, adfywiol; *Biol:* palingenetig (*pronounced* ng-g).
palinode *n.* **1.** *Pros:* gwrthgan(-au,-iadau) *f*, p|alinod (palinodau) *m.* **2.** *(= recantation):* datgyffesiad(-au) *m.*
palisade[1] *n.* **1.** palis(-au) *m*, cledrfur(-iau) *m*, cledrwaith (cledrweithiau) *m*, palisâd (palisadau) *m.* **2.** *Mil:* stanc(-iau) *m.* **3.** *pl. Geog: U.S:* mur(-iau) (*m*) o glogwyni. **~ cell** *n.* cell (*f*) balis (celloedd palis). **~ enclosure** *n.* lloc(-iau) (*m*) palis. **~ layer** *n.* haen/haenen (*f*) balis (haenau palis).
palisade[2] *v.t.* palisio, cledru.
palish *a.* llwydaidd, go lwyd, braidd yn llwyd, gw|elwlwyd (gwelwlwydion), llwyd braidd, go welw, braidd yn welw, gwelw braidd.
pall[1] *n.* **1.** *Ecc: (of coffin &c):* brethyn du *m*, elorwisg(-oedd) *f*, elorlen(-ni) *f*, cwnsallt(-au) *m*; *Ecc: Cost:* cochl(-au) *m*; *(of chalice):* gorchudd(-ion) *m*, lliain (llieiniau) *m*; *S.a.* **pallium**. **2.** *Fig: (of fog &c):* mantell (mentyll) *f*, gorchudd. **~-bearer** *n.* elorgludwr (elorgludwyr) *m.*
pall[2] *v.i.* **to ~ on s.o.,** mynd yn ddiflas (i rn); syrffedu, diflasu (rhn); **these pleasures ~,** mae rhn yn alaru/syrffedu ar y pleserau hyn; mae'r pleserau hyn yn colli eu blas.
Palladian *a. Arch:* Paladaidd.
Palladianism *n. Arch:* Paladiaeth *f.*
palladium[1] *n. Ant:* delw (*f*) Palas, paladiwm (paladia) *m.*
palladium[2] *n. Ch:* paladiwm *m.*
pallet[1] *n.* **1.** *(= bed):* gwely(-au) (*m*) gwellt. **2.** = **palliasse**.
pallet[2] *n.* **1.** = **palette**. **2.** *(of potter):* sbodol(-au) *f.* **3.** *Ind: Mec: (= portable platform):* paled(-i,-au) *m.*
palliasse *n.* matres(-i) (*m*) gwellt, matres (*f*) wellt (matresi gwellt).
palliate *v.t.* **1.** *(malady):* lleddfu, lliniaru, esmwytho, llaesu. **2.** *(fault):* esgusodi, lleih|au.
palliation *n.* **1.** lleddfiad(-au) *m*, esmwythâd (esmwythadau) *m*, llaesiad(-au) *m.* **2.** esgusodiad(-au) *m*; **in ~ of sth,** er esgusodi rhth, fel esgus dros rth; *S.a.* **palliate**.
palliative *a. & n.* **1.** *a.* lleddfol, lliniarol, esmwythaol, llaesol; *(= extenuating):* esgusodol. **2.** *n.* lliniarydd(-ion) *m*, lleddfwr (lleddfwyr) (*m*) poen.
pallid *a.* llwyd, gwelw *&c*; *See* **pale**[2].
pallidity *n.* llwydni *m*, gwelwder *m*; *S.a.* **paleness**.
pallidly *adv.* yn llwyd, yn welw; *S.a.* **palely**.
pallidness *n.* = **pallidity**.
palliness *n.* natur gyfeillgar *f*, clenrwydd *m*, agosatrwydd *m*, ffrindiaeth *f.*
pallium *n. Hist:* mantell (mentyll) *f*; *Ecc:* cwnsallt(-au) *m*, paliwm (palia) *m.*
pall-mall *n. Games:* *gorddbel *f.*
pallor *n.* = **pallidity**.
pally *a.* cyfeillgar (**with s.o.,** â rhn, wrth rn), clên (wrth rn), *M.W:* ffrindiol (efo rhn), *S.W:* bwrdis, ffril-ffral (â rhn); **they are very ~,** maen' nhw'n dipyn o ffrindiau; maen' nhw'n gryn lawiau; *S.W: occ:* maen' nhw'n eitha' bwrdis.
palm[1] *n.* **1.** *Bot:* palmwydden (palmwydd) *f*; **rattan ~,** palmwydden gorsen (palmwydd cyrs). **2.** *(= branch):* cangen (canghennau) *f*; *Fig:* **to bear the ~,** ennill y wobr, ennill y gamp; **to yield the ~ to s.o.,** ildio'r wobr i rn. **~ butter** *n.* ymenyn (*m*) palmwydd. **~ cabbage** *n. Bot:* coeden (*f*) fresych (coed bresych). **~ civet** *n. Z:* palm-bergath(-od) *f.* **~-crab** *n. Moll:* cranc(-od, crangod) (*m*) y palmwydd, palmgranc(-od) *m.* **~ dove** *n. Orn:* colomen(-nod) (*f*) y palmwydd. **~ kernel** *n. Geog:* cnewyllyn (cnewyll) (*m*) palmwydd. **~-lily** *n. Bot:* palmwydden (palmwydd) lilïog *f.* **~-oil** *n.* **1.** olew (*m*) palmwydd. **2.** *Joc:* **(= bribe**[1]**):** cil-dwrn *m.* **~ sugar** *n.* siwgwr (*m*) palmwydd. **P~ Sunday** *n. Ecc:* Sul (*m*) y Blodau. **~ wine** *n.* gwin (*m*) palmwydd.
palm[2] *n.* **1.** *(of hand):* cledr (*f*) llaw (cledrau dwylo); *F:* **to grease/**

oil s.o.'s ~, iro llaw rhn. 2. *Nau: (of anchor):* adfach(-au) *m*, palf(-au) *f*; *(of oar):* pâl (palau) *f*. 3. *Meas:* dyrnfedd(-au) *m*. ~-pat *n*. palfod(-au) *f*.

palm[3] *v.t.* **to ~ a card,** cuddio cerdyn [yn y llaw]; **to ~ sth off on s.o.,** twyllo rhn â rhth, rhoi rhth ffug i rn.

Palma Christi *n. Bot:* trogenllys *m*.

palmaceous *a. Bot:* palmwyddol.

palmar *a.* palfaidd, palfol, cledrol.

palmary *a.* blaenllaw, tra rhagorol.

palmate *a.* palfaidd, palfol, palfog, cledrol, cledrog.

palmation *n.* palfeiddiad(-au) *m*.

palmer *n.* 1. *Hist: (= pilgrim):* pererin(-ion) *m*, palmer(-iaid) *m*, palmeres(-au) *f*; *(= itinerant monk):* mynach (mynaich) crwydrol *m*. 2. **~[-worm],** pryf(-ed) cadachog *m*, *F:* Siani flewog (Sianis blewog) *f*. 3. *Fish:* pluen flewog (plu blewog) *f*; **black ~,** pluen ddu, corff (*m*) paen.

palmette *n.* 1. *Bot:* corbalmwydden (corbalmwydd) *f*. 2. *Archeol:* palmaddurn(-au) *m*, palmet: palmed(-au,-i) *m*.

palmful *n.* llond (*m*) cledr llaw.

palmiet *n. Bot:* palmita (palmitâu) *m*.

palmiped[e] *a. & n. Orn:* 1. *a.* troedweog, cyfandroed, troedbalfog, palfdroedog. 2. *n.* aderyn (adar) troedweog *m*.

palmist *n.* llawddewin(-iaid) *m*, llawddewines(-au) *f*, *F:* dyn(-ion) (*m*) darllen dwylo, gwr|aig (gwragedd) (*f*) darllen dwylo.

palmistry *n.* llawddewiniaeth *f*, darllen (*vn*) dwylo.

palmitate *n. Bio-Ch:* p|almitad (palmitadau) *m*.

palmitic *a. Bio-Ch:* palmitig.

palmitin *n. Bio-Ch:* p|almitin *m*.

palmy *a.* 1. *(= full of palms):* palmwyddog. 2. *Fig:* blodeuog.

palmyra *n. Bot:* palmyra(-s) *f*.

palolo *n. Ann:* palolo(-s) *m*.

palomino *n. Z:* palomino(-s) *m*.

palooka *n. P:* llabwst (llabystiaid) *m*, horwth (horythod) *m*.

paloverde *n. Bot:* paloferde(-s) *mf*.

palp[1] *n.* = **palpus**.

palp[2] *v.t.* byseddu, teimlo, bodio.

palpability *n.* 1. *(= touchableness):* cyffyrddadwyedd *m*. 2. *(= obviousness):* amlygrwydd *m*, eglurder *m*.

palpable *a.* 1. *(= touchable):* cyffyrddadwy, teimladwy, synwyradwy, dirnadadwy, *occ:* hydeiml. 2. *(= obvious):* amlwg, eglur, canfyddadwy; *Lit:* **a ~ hit!** trawiad pendant!

palpably *adv.* yn amlwg &c.

palpal *a.* teimlyddol.

palpate *v.t.* teimlo, archwilio, dylofi.

palpation *n.* dylofiad *m*, dylofi *vn*.

palpebral *a.* amrantol, amrannol.

palpebrate *a.* amrannog, amrantog.

palpitant *a.* = **palpitating**.

palpitate *v.i. (of heart &c):* curo, dychlamu; *(= tremble):* crynu.

palpitating *a. (of heart):* dychlamol; *(novel &c):* gwefreiddiol, cynhyrfus, cyffr|ous.

palpitation *n.* dychlamiad(-au) *m*, crychguriad (*m*) y galon (crychguriadau'r galon).

palpus *n. Ent: Anat:* palpws (palpysau) *m*, palp(-[i]au) *m*.

palsgrave *n.* = **Palatine (Count)**.

palsied *a.* 1. *(= paralysed):* parlysedig, diffrwyth. 2. *(= trembling):* crynedig.

palstave *n. Archeol:* palstaf(-au) *mf*, ffonfwyell/ffonfwyall (ffonfwyeill) *f*.

palsy[1] *n.* parlys *m*.

palsy[2] *v.t.* parlysu.

palsy-walsy *a. F:* cyfeillgar, *S.W: occ:* ffril-ffral.

palter *v.i.* 1. *(= equivocate):* **to ~ with s.o.,** troi'r gath yn y badell â rhn, troi yn eich carn â rhn, chwarae'r ffon ddwybig â rhn; **to ~ with the truth,** piltran/chwarae â'r gwirionedd; **you're paltering with your honour,** 'rydych chi'n cyfaddawdu â'ch anrhydedd. 2. *(= trifle): N:* piltran, stwna (â rhth). 3. = **haggle**.

palterer *n.* cyfaddawdwr (cyfaddawdwyr) *m*, piltrwr (piltrwyr) *m*.

paltering *vn.* cyfaddawd *m*, cyfaddawdu; *S.a.* **palter**.

paltriness *n.* distadledd *m*, gwaeledd *m*, salwedd *m*, salwineb *m*; **the ~ of the reward disappointed me,** siomwyd fi gan mor dila oedd y wobr.

paltry *a.* tila, pitw, diwerth, salw, distadl, gwael, *F:* ceiniog a dimai.

paludal *a.* corsol, y gors; *Med:* malaraidd.

paludism *n. Med:* malaria *m*, *S.W: O:* cryd (*m*) y wrach, yr hen wrach *f*.

paly[1] *a. Poet:* llwydaidd.

paly[2] *a. Her:* palisiog.

palynological *a.* peillegol.

palynologist *n.* peillegwr: peillegydd (peillegwyr) *m*.

palynology *n.* peilleg *f*.

pampa *n.usu.pl. Geog:* paith (peithiau) *m*, peithdir(-oedd) *m*, pampas *pl*.

pampas-grass *n. Bot:* peithwellt *m*.

pamper *v.t.* rhoi mwythau/maldod (i rn); mwytho, maldodi, tolach, sbwylio (rhn); *N:* dandwn, dandlwn, tinpwl (rhn).

pampered *a.* mwythlyd; **a ~ child,** plentyn wedi'i ddifetha, plentyn wedi cael maldod *or* wedi ei faldodi, plentyn wedi ei sbwylio.

pampering *vn.* maldod *m*, maldodi; *S.a.* **pamper**.

pampero *n. Geog:* pampero(-s) *m*.

pamphlet *n.* llyfryn(-nau) *m*, pamffledyn *m*, pamffled(-i) *m*, taflen(-ni) *f*. **~ volume** *n.* cyfrol(-au) (*f*) amryw, cyfrol (*f*) bamffledi (cyfrolau pamffledi).

pamphleteer[1] *n.* pamffledwr (pamffledwyr) *m*, *occ:* pamffletîr (pamffletiriaid) *m*.

pamphleteer[2] *v.i.* pamffledu.

pan[1] *n.* 1. *(a) Cu:* padell(-au,-i) *f*, *occ:* pedyll) *f*, *occ:* sosban (sosbenni); **baking [iron] ~,** padell haearn, cetlan *f*, *N:* dysgl(-au) *f*; **frying-~,** padell ffrio, *S:* ffrimpan(-au) *f*, ffreipan(-au) *f*; **non-stick ~,** padell anlynol; **stew-~,** *S.E:* stiwpan(-au) *f*; *(b) (earthenware):* crochan(-au) *m*, padell bridd (padellau/padelli/pedyll pridd). 2. *(a) (of balance):* padell; *(b) Hyg:* **lavatory ~,** powlen (powliau) *f*. 3. *A: (of gun):* **priming-~,** padell danio (padellau/padelli tanio); *S.a.* **flash**[2] **1, flash**[3] **1.** 4. *Geol: (= hollow):* pant(-iau) *m*, pannwl (panylau) *m*; *(= hard substratum):* padell galed; **hard ~,** cletir *m*, clai caled *m*; *S.a.* **salt-pan.** 5. *F: (= face*[1]*):* gwep(-iau) *f*, gwepan (gwepiau) *f*. 6. = **panful**. 7. *Cin: T.V:* trem(-iau) *f*. **~ head rivet** *n. Metalw:* rhybed(-ion) panben *m*. **~ loaf** *n.* torth dan badell.

pan[2] *v.t.&i.* 1. *v.t. Gold Min:* **to ~ gold [out],** golchi aur trwy badell, golchi aur mewn padell, panio aur. 2. *v.i.* **to ~ for gold,** chwilio/panio am aur, golchi (rhth) i gael aur. **~ out** *v.i.* **we'll see how things ~ out,** cawn weld sut yr aiff pethau; cawn weld beth fydd y canlyniad.

pan[3] *v.t. esp. U.S: F: (= criticize):* cystwyo (rhth); beirniadu (rhth) yn hallt, rhoi'r lach (ar rth).

pan[4] *v.t.&i. Cin: F:* panio, tremio.

Pan[5] *Pr.n. Myth:* Pan *m*. **~-pipe[-s]** *n. Mus:* pibau (*pl*) Pan.

pan[6] *n. Bot:* deilen (*f*) betel, pan *m*.

pan[7] *pref.* holl- + *soft mut.*, *occ:* pan-. **~-African** *a.* holl-Affricanaidd. **~-Africanism** *n.* holl-Affricaniaeth *f*. **~-American** *a.* holl-Americanaidd. **~-Americanism** *n.* holl-Americaniaeth *f*. **~-Anglican** *a.* holl-Anglicanaidd. **~-Arab 1.** *a.* holl-Arabaidd. 2. *n.* holl-Arabiad (~-Arabiaid) *m&f*. **~-Arabism** *n.* holl-Arabiaeth *f*. **~-Celtic** *a.* holl-Geltaidd. **~-Celticism** *n.* holl-Geltigiaeth *f*. **~-Germanic** *a.* holl-Almaenaidd. **~-Germanism** *n.* holl-Almaeniaeth *f*. **~-Islamic** *a.* holl-Islamaidd. **~-Islamism** *n.* holl-Islamiaeth *f*. **~-Slav, ~-Slavic** *a.* holl-Slafig. **~-Slavism** *n.* holl-Slafiaeth *f*. **~-Teutonism** *n.* holl-Diwtoniaeth *f*.

panacea *n.* 1. *Med:* meddyginiaeth(-au) holliachaol *f*, holliachâd *m*, *N:* ffisig(-au) (*m*) at bob clwyf, *S:* moddion (*m or pl*) at bob clwyf. 2. *Fig:* ateb(-ion) (*m*) i bob problem.

panache *n.* 1. *Cost:* helmbluen (helmblu) *f*, helmgrib(-au) *f*. 2. *Fig: (= verve):* ***panache*** *m*, rhwysg *m*, steil *m*, osgo *m*; **with ~,** gyda steil, mewn steil.

panada *n. Cu:* mwydion (*pl*) bara, panada *m*, *N:* tyrci pei *m*.

Panama *Pr.n. Geog:* P|anama: Panamâ *f*. **~ hat** *n. Cost:* het (*f*) Banamâ (hetiau Panamâ).

Panamanian *a. & n.* 1. *a.* Panamaidd, o B|anama/Banamâ. 2. *n.* Panamiad (Panamiaid) *m&f*.

panatella *n.* panatela(-s) *mf*.

panatrope *n. Th:* p|anatrop (panatropau) *m*.

pancake[1] *n. Cu: N:* crempogen (crempogau) *f*, crempog(-au) *f*, *S:* ffroisen (ffrois, ffroisod), ffreisen (ffreisod) *f*, pancosen (pancos) *f*, *S.E:* cramwythen (cramwyth) *f*; **Scotch ~,** leicec(-s) *f*; **snow ~,** crempog &c eira; **soda ~,** crempog &c soda; **sour-oat ~,** *N.W:* bara surgeirch, bara bwff; **yeast[ed] ~,** crempog furum

(crempogau burum). **P~ Day** *n.* Dydd Mawrth (*m*) Crempog, Mawrth Ynyd. **~ coil** *n. El:* torch(-au) fflat *f.* **~ ice** *n. Geol:* plymen(-nau,-ni) *f* [o rew/iâ]. **~ landing** *n.* bol-laniad(-au) *m. S.a.* **flat² I. 1.**
pancake² *v.i. Av:* bol-lanio.
pancarditis *n. Med:* pancarditis *m.*
panchax *n. Ich:* pansiacs(-iaid,-od) *m.*
panchromatic *a.* pancromatig.
pancratic *a.* pancratig.
pancratium *n. Gr.Ant:* gornest(-au) (*f*) ymgodymu.
pancreas *n. Anat:* cefndedyn(-nau) *m*, pancreas(-au) *m*, *N:* cleddau (*pl*) Bleddyn.
pancreatic *a. Anat:* cefndedol, pancreatig; **~ duct,** dwythell (*f*) y cefndedyn.
pancreatitis *n. Med:* llid (*m*) y cefndedyn.
panda *n. Z:* panda(-s,-od) *m.* **~ car** *n.* car (ceir) (*m*) panda. **~ plant** *n. Bot:* dail (*pl*) panda.
pandanaceous *a. Bot:* pandanaidd.
pandanus *n. Bot:* = **screw-pine.**
Pandean *a.* Pandeaidd; **~ *pipe*** = **Pan-pipe[s].**
pandects *n.usu.pl.* corff (*m*) cyfreithiau.
pandemic *a. & n.* **1.** *a.* byd-eang; *Med:* pandemig. **2.** *n.* clefyd(-au) pandemig *m.*
pandemonism *n. Rel:* panddemoniaeth *f.*
pandemonium *n.* anhrefn lwyr *f*, pandemoniwm *m*, reiat *f*, stŵr *m*, *S:* mwstwr *m*; **it was ~ there,** fe aeth hi'n holics gwyllt (*m*) yno; 'roedd hi fel tŵr Babel yno; *N.W: occ:* mi aeth hi'n ffatri yno; **to kick up a fearful ~,** cadw reiat ofnadwy, creu mwstwr/stŵr *&c.*
pander¹ *n.* **1.** *(= go-between):* llatai (llateion) *m*, llateies (-au) *f.* **2.** *Pej: (= procurer):* puteinfeistr(-i) *m.*
pander² *v.t.&i.* **to ~ to a desire,** porthi blys; **to ~ to s.o.,** boddio rhn, *Lit:* dyhuddo rhn, rhyngu bodd rhn; **he pandered to her every whim,** yr oedd yn ceisio boddio pob mympwy o'i heiddo.
panderer *n.* porthwr (porthwyr) *m* [blys].
pandit *n.* = **pundit.**
Pandora¹ *Pr.n. & n.* **1.** *Pr.n.f.* Pandora. **2.** *n. Ich:* pandora(-od,-id) *m.* **~'s box** *n.* blwch (*m*) Pandora, cist (*f*) Pandora. **~ shell** *n.* cragen (*f*) Bandora (cregyn Pandora).
pandora², pandore *n. Mus:* = **bandore.**
pandurate, panduriform *a. Bot:* meinwasg, mein-ganol.
pane¹ *n.* cwarel(-au,-i) *m*, paen(-au) *m.*
pane² *n.* = **peen¹.**
paned *a.* cwarelog, paenog.
panegyric *n.* molawd(-au) *fm*, mawlgan(-au) *f*, cân (caneuon) (*f*) o fawl/foliant, *A:* arwyrain *f*, gwawd *m*; *(as genre):* moliant *m*, mawl *m*, canu (*vn*) mawl/moliant, *W.Lit: A:* y glod *f.*
panegyrical *a.* canmoliaethus, moliannus, clodforus; **~ poetry,** canu mawl/moliant.
panegyrist *n.* molwr (molwyr) *m*, clodforwr (clodforwyr) *m*, canmolwr (canmolwyr) *m*; *Poet:* mawlfardd (mawlfeirdd) *m*, bardd (beirdd) (*m*) mawl/moliant.
panegyrize *v.t.* moli, canmol, clodfori, mawrygu, *A:* arwyrain.
panel *n.* **1.** panel(-au,-i) *m*; *S.a.* **juror; remote control ~,** panel pell-reoli. **2.** *Scot.Jur: (= accused):* cyhuddedig(-ion) *m&f.* **~-beater** *n. Ind:* curwr (curwyr) (*m*) paneli, codwr (codwyr) (*m*) tolciau. **~-beating** *vn. Ind:* codi tolciau, curo paneli. **~ doctor** *n.* meddyg(-on) (*m*) panel. **~ game** *n.* gêm (*f*) banel (gemau panel). **~ heating** *vn.* twymo â phaneli. **~ lighting** *vn.* goleuo â phaneli. **~-pin** *n.* pin(-nau) (*m*) panel. **~-saw** *n. Tls:* llif (*f*) banel (llifiau panel). **~ stamp** *n. Lib:* stamp(-iau) (*m*) panel. **~ survey** *n.* arolwg (*m*) panel. **~ technique** *n.* techneg (*f*) panel.
panel² *v.t.* panelu.
panelled *a.* panelog.
panelling *vn. & n.pl.* **1.** *vn.* panelu. **2.** *n.pl.* panelau, paneli.
panellist *n.* panelwr (panelwyr) *m*, panelydd(-ion) *m.*
panentheism *n.* panentheistiaeth *f.*
panful *n.* padellaid (padelleidiau) *f*, llond (*m*) padell; *(= saucepanful):* sosbennaid (sosbeneidiau) *f*, llond sosban.
pang *n.* **1.** *(of pain):* gwayw (gwewyr) *f*, pang(-au) *m*, pangfa (pangf|eydd) *f*, gloes(-au,-ion) *f.* **2.** *(of regret &c):* brathiad(-au) *m*, brath(-au) *m*, pigiad(-au) *m*; **~ of remorse,** cnoad(-au) (*m*) cydwybod, atgno(-eau,-eon) (*m*) cydwybod; **~ of homesickness,** pigiad (*m*) o hiraeth.
panga *n.* twca (twceiod) *m.*
panglossian *a.* panglossaidd (*pronounced* ng-g), gorffyddiog, gorobeithiol, gorhyderus.
pangola grass *n. Bot:* glaswellt (*m*) pangola (*pronounced* ng-g).
pangolin *n. Z:* p|angolin (pangolinod, pangoliniaid) *m* (*pronounced* ng-g).
panhandle¹ *n.* **1.** coes (*m*) padell (coesau padelli/padellau), coes sosban (coesau sosbenni). **2.** *Geog:* est|ynwlad (estynwledydd) *f.*
panhandle² *v.i. U.S:* begera, cardota.
panhandler *n. U.S:* cardotyn (cardotwyr) *m*, cardotes(-au) *f*, beger(-iaid) *m*, begeres(-au) *f.*
Panhellenic *a.* holl-Roegaidd.
Panhellenism *n.* holl-Roegiaeth *f.*
Panhellenist *n.* holl-Roegydd(-ion) *m.*
Panhellenistic *a.* holl-Roegyddol.
panic¹ *n. (= terror, fear):* panig *m*, dychryn *m*, braw *m*, *F:* panics *pl*; **to throw s.o. into a ~,** codi braw/arswyd ar rn. **~ bolt** *n.* bollten (*f*) fraw (bolltiau braw). **~ button** *n.* botwm (botymau) (*m*) braw. **~ buying** *vn.* prynu gwyllt. **~-monger** *n.* crëwr (crewyr) (*m*) braw, codwr (codwyr) (*m*) bwganod. **~ station** *n.usu.pl.* safle(-oedd) (*m*) argyfwng; *F:* **it was ~-stations when the lights went out,** 'roedd hi'n banics llwyr/gwyllt pan ddiffoddwyd y goleuadau. **~-stricken** *a.* llawn braw *&c*, rhuslyd, gwyllt, ofnus, wedi rhusio, wedi p|anicio, wedi mynd i banic.
panic² *v.t.&i.* **1.** *v.t.* dychryn, rhusio, cynhyrfu, *F:* p|anicio (rhn); codi braw/arswyd (ar rn). **2.** *v.i.* dychryn, rhusio, cynhyrfu, *F:* panicio, *S:* gwylltu; **don't ~!** paid (peidiwch) â chynhyrfu!
panic³ *n. Bot: (grass):* gwellt cibog *m*, cibogwellt *m.*
panicky *a. F:* rhuslyd, ofnus.
panicle *n. Bot:* panicl(-au) *m.*
paniculate *a.* paniclog, paniclaidd.
paning *a.* **~ hammer,** morthwyl(-ion) (*m*) twcio.
panjandrum *n.* dyn(-ion) pwysig *m*, pwysigyn (pwysigion) *m*, pen-dyn(-ion) *m*, gŵr (gwŷr) mawr *m.*
panlogism *n.* panlogiaeth *f.*
panmixia, panmixis *n. Breed:* hapfridio *vn.*
pannage *n. Hist:* mesobr(-au) *m.*
panne *n. Tex:* **~ velvet,** sidan (*m*) melfed.
pannier *n.* **1.** *(= basket):* cawell (cewyll) *m*, basged(-i) *f*, pilyn(-nau) (*m*) pwn. **2.** *A: Cost:* panier(-i) *m.*
pannikin *n.* picyn(-nau) *m*, padellan(-au) *f.*
panning *vn.* = **pan²,³,⁴. ~ handle** *n. Cin: T.V:* braich (*f*) camera (breichiau camerâu). **~ head** *n.* gwddf (*m*) camera (gyddfau camerâu).
Pannonia *Pr.n. Geog:* Panonia *f.*
Pannonian *a. & n.* **1.** *a.* Panonaidd. **2.** *n.* Panoniad (Panoniaid) *m&f.*
panoplied *a.* **1.** cyflawn-arfog. **2.** *Fig:* ysblennydd.
panoply *n.* **1.** *Arm:* cyflawn arfogaeth *f.* **2.** *Fig:* ysblander *m*, rhwysg *m.*
panoptic *a.* hollweladwy, hollweledol.
panoptically *adv.* yn hollweladwy *&c.*
panorama *n.* panorama(-s, panoramâu) *mf.*
panoramic *a.* panoramig.
panpipe *n.* = **Pan-pipe[-s].**
panplain *n. Geog:* llifwastadedd(-au) *m.*
panplanation *n. Geog:* llifwastadiant *m.*
panpsychism *n.* panseiciaeth *f.*
pansophic *a.* hollwybodol.
pansophy *n.* hollwybodaeth *f.*
pansy *n.* **1.** *Bot:* **[field] ~,** *(Viola arvensis):* caru'n ofer *m*, fioled (*f*) ofergaru, *occ:* llysiau(*pl*)'r Drindod, y feidiog drilliw *f*, y ddauwynebog *f*, trilliw(-iau) *m*, fioled fraith (fioledau brithion), fioled ddauwynebog (fioledau dauwynebog), *N.W: occ:* mam (*f*) yng nghyfraith, *M.W: occ:* yr hen wynebau *pl*, *S.E: occ:* melys y cof *m*, *F:* Siwsi lygatddu *f*; **Alpine ~,** *(V. alpina):* trilliw'r Alpau; **Betoloni's ~,** *(V. heterophylla):* trilliw amryddeiliog; **Duby's ~,** *(V. dubyaria):* trilliw Duby; **dwarf ~,** *(v. kitaibeliana):* trilliw bychan; **field ~,** *(V. arvensis):* trilliw'r âr, trilliw'r maes; **horned ~,** *(V. cornuta):* trilliw corniog; **long-spurred ~,** *(V. calcarata):* trilliw [y]sbardunog; **maritime Alps ~,** *(V. valderia):* trilliw'r Alpau arfor; **Mont Cenis ~,** *(V. cenisea):* trilliw Mont Cenis; **mountain ~,** *(V. lutea):* fioled y mynydd (fioledau'r mynydd), fioled felen (fioledau melyn);

Tenerife ~, *(V. cheiranthifolia):* trilliw Tenerife; **wild/ heartsease ~,** *(V. tricolor):* trilliw. **2.** *P: (= homosexual):* pansi(-s) *m, N.W: occ:* pansan (pansis) *m,* mihifir-mihafar(-s) *m,* mifi-mihafan *m,* cadi-ffan[n]i(-s) *m,* cadi-Martha(-s) *m.* **3.** *attrib. Pej:* pansïaidd, merchetaidd. **~ orchid** *n. Bot: (Miltonia aurora):* tegeirian(-au) trilliw *m.*

pant¹ *n.* dyhefiad(-au) *m,* peuad(-au) *m.*

pant² *v.i.* dyh|eu, *N.W:* dyhefod, peuo, *S.W:* llyfedu, *occ:* dihâ; *(of heart):* dychlamu; *B:* **as the hart panteth after the water brooks,** fel y brefa yr hydd am yr afonydd dyfroedd; **to ~ for breath,** dyhefod *&c* am wynt, bod â'ch gwynt yn eich dwrn, bod yn fyr eich gwynt; **to ~ with desire for sth,** blysu/awchio rhth; **to ~,** dyh|eu, ysu **(to do sth,** am wneud rhth; **for sth,** am rth); **he was panting to go,** 'roedd bron â thagu/marw [o] eisiau mynd; 'roedd bron â thorri ei fol [o] eisiau mynd.

pantagruelian, pantagruelic *a.* pantagruelaidd.

pantalettes *n.pl. A: Cost:* drafers llaes, trowsus(-au) *(m)* pais.

pantaloon *n.* **1.** *(a) Th:* ysgentyn *m,* croesan(-iaid) *m; (b) (= old man):* cleiriach(-od) *m.* **2.** *pl. Cost:* llodrau, drafers, pantalŵns.

pantechnicon *n. N:* fan *(f)* ddodrefn (faniau dodrefn), *S:* fan gelfi (faniau celfi).

pantheism *n.* holl-dduwiaeth *f,* pantheistiaeth *f.*

pantheist *n.* pantheist(-iaid) *m&f.*

pantheistical *a.* pantheistaidd.

pantheon *n.* pantheon(-au) *m.*

panther *n. Z:* panther(-od) *m.* **~ cap** *n. Fung:* amanita*(m)*'r panther.

pantheress *n.f. Z:* pantheres(-au).

pantie-belt/girdle *n. Cost:* corsed(-i) ysgafn *m.*

panties *n.pl. Cost:* pantis *pl,* nicers: nicyrs *pl,* blwmar *m, N: occ:* trywsus bach *pl, S: occ:* trwser bach *m.*

pantihose *n. Cost:* trowsanau *pl.*

pantile *n. Const:* panteilsen (panteils) *f.*

panting¹ *a.* â'ch gwynt yn eich dwrn, byr eich gwynt, dyhefol, llyfedol.

panting² *vn.* = **pant¹,².**

pantisocracy *n. Pol:* pantisocratiaeth *f.*

pantler *n. Hist:* pantler(-iaid) *m.*

panto *n.* = **pantomime.**

pantograph *n.* p|antograff (pantograffau) *m.*

pantographic *a.* pantograffig.

pantologic *a.* hollwybodol.

pantology *n.* hollwybodaeth *f.*

pantomime¹ *n. Th:* **1.** *Rom.Ant:* actor(-ion) mud *m,* mud-actor(-ion) *m.* **2.** *(a) (= dumb show):* sioe fud (sioeau mud) *f,* mudchwarae(-on) *m; (b) (= Christmas play):* p|antomeim (pantomeimiau) *m;* **he's a ~,** mae'n bantomeim; *N:* mae o'n beiriant; *occ:* mae o fel m|iriman; *O:* mae o fel |antarliwd.

pantomime² *v.t. &i.* mud-actio, mudchwarae, meimio.

pantomimic *a.* pantomimig.

pantomimist *n.* mud-actor(-ion) *m.*

pantomorphic *a.* amryddull, amryfath, amryffurf.

pantonality *n. Mus:* pandonyddiaeth *f.*

pantoscopic *a.* pantosgopig, hollweledol.

pantothenic *a. Bio-Ch:* pantothenig.

pantry *n.* pantri (pantrïau, pantrïoedd) *m, N: occ:* bwtri(-s, bwtrïoedd) *m.*

pantryman *n.m.* bwtler(-iaid).

pants *n.pl. Cost:* **1.** = **trousers. 2.** = **underpants;** *F:* **a kick in the ~,** cic yn y pen-ôl, cic dan din, cic yn din; **to bore the ~ off s.o.,** diflasu rhn yn llwyr, *S.W:* tynnu clustiau rhn; **to scare the ~ off s.o.,** codi ofn ar rn, dychryn rhn ar ei hyd, *V:* dychryn rhn trwy'i din ac allan; **to be caught with one's ~ down,** cael eich dal ar y gamfa, *V:* cael eich dal yn din-noeth.

panty-hose *n.* = **pantihose.**

pantywaist *n. U.S:* **1.** *Cost:* trowsus/trwser cwta *m,* trowsus bodis. **2.** = **pansy 2.**

panzer *a. & n.pl.* **1.** *a.* arfog. **2.** *n.pl.* lluoedd arfog.

pap¹ *n. A: & Dial:* = **nipple.**

pap² *n.* **1.** *(= soft food):* bwyd *(m)* llwy, *occ:* mwydion *pl; Pej:* rwtsh *m,* slwtsh *m.* **2.** *Fig:* rwtsh.

papa *n.m. F:* tad(-au), tada, dad.

papacy *n.* pabaeth(-au) *f.*

papain *n. Bio-Ch:* papäin *m.*

papal *a.* pabaidd, *occ:* pabol; **~ legate,** llysgennad y Pab; **P~ States,** Taleithiau'r Pab, Tiroedd y Babaeth; **P~ Schism,** Sgism *(f)* y Babaeth.

papalism *n.* pabeiddiaeth *f.*

papalist *n.* pabeiddiwr (pabeiddwyr) *m.*

papalize *v.t.* pabeiddio, paboli.

papally *adv.* yn babaidd *&c.*

papaveraceous *a. Bot:* pabïaidd.

papaverine *n. Bio-Ch:* pap|aferin *m.*

papaverous *a. Bot:* pabïaidd.

papaw, papaya *n. Bot:* **1.** *(fruit):* papaia(-s) *m.* **2.** *(tree):* coeden *(f)* bapaia (coed papaia).

paper *n. & attrib.* **1.** *n.* papur(-au) *m; (a)* **art ~, coated ~,** papur llyfn/sglein; **blotting-~,** papur blotio, papur sugno; **brown ~,** papur llwyd; **corrugated ~,** papur gwrymiog; *S.a.* **notepaper, wallpaper;** *Needlew:* **drafting-~,** papur drafftio; **squared ~,** papur sgwariau; **glass-~,** papur llyfnu, papur gwydrog; **glazed ~,** papur disglair; **glossy ~,** papur sglein; **grease-proof ~,** papur gwrthsaim, *F: occ:* papur menyn; **dull finish ~,** papur pŵl; **kraft ~,** papur llwyd; **oil[proof] ~,** papur olew/oel; **rag ~,** papur lliain/ racs; **silk finish ~,** papur sidanaidd; **tissue-~,** papur sidan; **waxed ~,** papur cwyr/cwyrog; *(b)* **(to put sth) down on ~,** (rhoi rhth) ar bapur, ar ddu a gwyn; **to set pen to ~,** rhoi pin ar bapur; **the scheme is good on ~,** mae'r cynllun yn un da ar bapur. **2. a piece of ~,** darn *(m)* o bapur, darn papur, papuryn(-nau) *m.* **3.** *(= document):* papur, dogfen(-nau) *f;* **old papers,** papurach, hen bapurau; *Archives:* **papers of examination and removal,** papurau arholi a symud; **settlement papers,** papurau anheddu; *Mil:* **call-up papers,** papurau listio; *(of officer):* **to send in one's papers,** ymddiswyddo. **4.** *Sch:* **examination ~,** papur arholiad. **5.** *(= article):* ysgrif(-au) *f; (= lecture):* darlith(-oedd) *f.* **6.** *(= newspaper):* papur newydd (papurau newyddion) *m;* **a weekly ~,** wythnosolyn (wythnosolion) *m;* **a monthly ~,** misolyn (misolion) *m.* **2.** *attrib.* papur; **~ profit,** elw ar bapur; **~ tiger,** teigr(-od) papur *m.* **~-birch** *n. Bot:* bedwen *(f)* bapur (bedw papur). **~ boards** *n.pl. Bookb:* byrddau papur. **~-boy** *n.* bachgen (bechgyn) *(m)* danfon papurau, *N:* hogyn (hogiau) *(m)* papur newydd. **~-chase** *n.* helfa *(f)* bapurau (helf|eydd papurau), chwarae *(vn)* cŵn cadno. **~-clip** *n.* clip(-iau) *(m)* papurau. **~ covers** *n.pl. Bookb:* cloriau papur. **~ dicky** *n. Th:* tsiêt *(f)* bapur (tsietiau papur). **~ fastener** *n.* pin(-nau) *(mf)* clymu papur. **~ folder** *n.* cas(-ys) *(m)* papurau. **~ flower** *n. Bot: (Psilostrophe cooperi):* blodyn (blodau) *(m)* papur. **~-girl** *n.* geneth(-od) *(f)* danfon papurau, geneth bapurau (genethod papurau). **~-hanger** *n.* papurwr (papurwyr) *m,* pap|urwraig (papurwragedd) *f.* **~-knife** *n.* cyllell *(f)* bapur (cyllyll papur). **~ low condition** *n. Cmptr:* cyflwr *(m)* papur isel. **~-mill** *n.* melin *(f)* bapur (melinau papur). **~ money** *n.* arian *(m)* papur. **~ mulberry** *n. Bot:* morwydden *(f)* bapur (morwydd papur). **~ nautilus** *n. Moll:* cragen *(f)* [Bedr] bapur (cregyn [Pedr] papur). **~ shapes** *n.pl. Needlew:* ffurfiau papur. **~ tape** *n. Cmptr:* tâp (tapiau) *(m)* papur. **~ tape reader** *n. Cmptr:* darllenydd (darllenwyr) *(m)* tâp papur. **~ tracing** *vn.* dargopïo.

paper² *v.t.* **1.** papuro. **2.** *Th: F:* **to ~ a theatre,** llenwi (theatr) yn rhad.

paperback *a. & n.* **1.** *a.* clawr papur, cloriau papur. **2.** *n.* llyfr(-au) *(m)* clawr/cloriau papur.

paperweight *n.* pwysau *(m)* papur.

paperwork *n.* gwaith *(m)* papur.

papery *a.* fel papur, papuraidd, tenau.

papeterie *n. Furn:* blwch (blychau) *(m)* papurau.

Paphian *a. & n.* **1.** *a.* Paphiaidd. **2.** Paphiad (Paphiaid) *m&f.*

Paphlagonia *Pr.n. A.Geog:* Paphlagonia *f.*

Paphlagonian *a. & n.* **1.** *a.* Paphlagonaidd. **2.** *n.* Paphlagoniad (Paphlagoniaid) *m&f.*

papier mâché *n.* mwydion *(pl)* papur.

papilionaceous *a. Bot:* glöynnaidd.

papilla *n. Biol:* tethen(-au) *f,* papila (papilâu) *m,* diden(-nau) *f.*

papillary *a.* papilaidd, didennol, tethennol.

papillate *a.* papilog, didennog, tethennog.

papilliform *a.* pap|iliffurf.

papilloedema *n. Med:* chwyddi*(m)*'r papila optig, papiloedema(-ta) *m.*

papilloma *n. Med:* papiloma(-ta) *m.*

papillomatous *a. Med:* papilomaidd.

papillon *n.* papilon(-s) *m*, ci (cŵn) (*m*) ***papillon***, sbaengi (sbaengwn) (*pronounced* ng-g) clustlaes *m*.
papillose *a.* = **papillate.**
papism *n.* pabyddiaeth *f.*
papist *n.* & *attrib.* **1.** *n.* pabydd(-ion) *m*, pabyddes(-au) *f.* **2.** *attrib.* pabyddol, pabaidd.
papistical *a.* pabyddol, pabaidd.
papistry *n.* pabyddiaeth *f.*
papoose *n.* baban(-od) *m.*
pappose *a. Bot:* papysol.
pappus *n. Bot:* papws (papi) *m*, ffrwythflew *pl.*
pappy *a.* soeglyd.
paprika *n. Bot: Cu:* paprica *m.*
papula, papule *n.* **1.** = **pimple**. **2.** *Bot:* p|apwla (papwlâu) *m.*
papular, papulose, papulous *a.* papwlaidd, papwlog.
papyraceous *a.* papuraidd, fel papur; *(= thin):* tenau.
papyrological *a.* papurolegol.
papyrologist *n.* papurolegwr: papurolegydd (papurolegwyr) *m.*
papyrology *n.* papuroleg *f.*
papyrus *n.* **1.** *Bot:* papurfrwynen (papurfrwyn) *f*, hesgen lydan (hesg llydain) *f.* **2.** *(material):* papyrws (papyri) *m*, brwynbapur(-au) *m.*
par[1] *n.* *(a)* cyfartaledd *m*; *Golf: Fin:* par *m*; **to be on a ~ (with s.o.),** bod yn gyfartal, bod cystal, bod yn gyfwerth, bod ar yr un gwastad, bod ar yr un tir (â rhn); *(b) Fin:* **~ of exchange,** par cyfnewid; **above ~,** uwchl|aw'r par, ar bremiwm; **below ~,** isl|aw'r par, ar ddisgownt; **at ~,** ar bar, ar lawn werth; *(c) Fig:* **below ~,** islaw'r safon, anfoddhaol, annigonol; **I feel below ~,** 'rwy'n teimlo'n symol *&c*; *See* **unwell**; *(d) Mth:* llawn werth *m*; **at ~,** ar lawn werth. **~ value** *n.* llawnwerth *m*, parwerth *m*, gwerth (*m*) par.
par[2] *n.* = **paragraph. ~ writer** *n.* paragraffydd(-ion) *m*, paragraffwr (paragraffwyr) *m.*
par[3] *prep.* **~ excellence,** yn anad dim, uwchl|aw popeth.
para *n.* = **parachutist, paragraph, paratrooper**.
parabaptism *n. Rel:* bedydd anghanonaidd *m.*
parabasis *n. Th: Gr.Ant:* anerchiad(-au) *m.*
parabiosis *n. Biol:* parabiosis(-au) *m.*
parabiotic *a. Biol:* parabiotig.
parablast *n. Biol:* p|arablast (parablastau) *m.*
parable *n.* dameg (damhegion) *f*; **to speak in parables,** siarad mewn damhegion, siarad ar ddamhegion, damhegu.
parabola *n. Geom:* par|abola (parabolâu) *m.*
parabolic[al] *a.* **1.** *Geom:* parabolig. **2.** *(= of parable):* damhegol, trosiadol, ffigurol.
parabolically *adv.* **1.** *Geom:* yn barabolig. **2.** ar ddameg, mewn dameg, yn ddamhegol.
parabolize *v.t.* paraboleiddio.
paraboloid *n. Geom:* par|aboloid (paraboloidau) *m.*
paraboloidal *a. Geom:* paraboloidaidd.
paracetamol *n. Pharm:* paras|etamol *m.*
parachronism *n.* camddyddio *vn*, camddyddiad(-au) *m.*
parachute[1] *n.* p|arasiwt (parasiwtiau) *m.* **~ drop** *n.* gollyngiad(-au) (*m*) parasiwt. **~ flare** *n.* ffagl (*f*) barasiwt (ffaglau parasiwt). **~ landing** *n.* glaniad(-au) (*m*) parasiwt *or* â pharasiwt. **~ mine** *n.* ffrwydryn(-nau) (*m*) parasiwt. **~ regiment** *n.* catrawd (*f*) barasiwtwyr (catrodau parasiwtwyr). **~ spinnaker** *n. Y:* sbinacr(-au) (*m*) parasiwt. **~ troops** *n.pl.* milwyr parasiwt.
parachute[2] *v.t.&i. Aer:* parasiwtio.
parachutist *n.* parasiwtydd(-ion) *m*, parsiwtiwr (parasiwtwyr) *m*, paras|iwtwraig (parasiwtwragedd) *f.*
Paraclete *n. Rel:* yr Eiriolwr *m*, yr Ysbryd Glân *m*, y Diddanydd *m.*
parade[1] *n.* **1.** *(= show):* sioe(-au) *f*; **to make a ~ of one's wealth,** gwneud sioe o'ch cyfoeth; **programme ~,** rhestr (*f*) raglenni. **2.** *Mil:* mwstwr *m*, parêd (paredau) *m.* **3.** *(= procession):* gorymdaith (gorymdeithiau) *f*, parêd *m*; **mannequin ~,** sioe fodelau (sioeau modelau). **4.** *(= promenade):* rhodfa (rhodf|eydd) *f.* **~-ground** *n.* maes (meysydd) (*m*) ymarfer, maes parêd.
parade[2] *v.t.&i.* **1.** *v.t.* *(a) (= show off):* dangos, arddangos, brolio (rhth); gwn|eud sioe (o rth); *(b) Mil:* **to ~ (troops),** mwstro, *F:* paredio (milwyr). **2.** *v.i.* *(a) Mil:* mwstro, paredio; *(b)* **to ~ (through streets),** gorymdeithio, *F:* paredio (trwy strydoedd).

parader *n.* **1.** *(= flaunter):* broliwr (brolwyr) *m.* **2.** *Mil:* mwstrwr (mwstrwyr) *m*, parediwr (paredwyr) *m.*
paradichlorobenzene *n. Ch:* paradiclorobensen *m.*
paradiddle *n. Mus:* rhugliad(-au) *m*, bwrlwm (byrlymau) *m.*
paradigm *n.* **1.** *Gram:* rhediad(-au) *m.* **2.** *(= pattern, model):* patrwm (patrymau) *m*, model(-au) *m*, esiampl(-au) *f.*
paradigmatic *a.* **1.** *Gram:* rhediadol. **2.** patrymol.
paradisaic[al], paradisal *a.* paradwysaidd.
paradise *n.* **1.** *Theol:* paradwys(-au) *f*, *Lit: occ:* gwynfa(-oedd) *f*; *Lit:* **P~ Lost,** Coll (*m*) Gwynfa; **P~ Regained,** Adferiad (*m*) Gwynfa; **the Earthly P~,** y Baradwys Ddaearol; **an earthly ~,** nefoedd ar y ddaear, gwynfyd *m*; *F:* **to live in a fool's ~,** byw mewn paradwys ffŵl; *Orn:* **bird of ~,** aderyn (adar) (*m*) Paradwys. **2.** *Z:* parc(-iau) *m.* **~ apple** *n. Bot:* afal(-au) (*m*) Paradwys. **~ duck** *n. Orn:* hwyaden (*f*) Baradwys (hwyaid Paradwys). **~ fish** *n. Ich:* pysgodyn (pysgod) (*m*) Paradwys. **~ palm** *n. Bot:* palmwydden (*f*) Baradwys (palmwydd Paradwys).
paradisean, paradisiac[al], paradisial, paradisian, paradisic[al] *a.* paradwysaidd.
parados *n. Mil:* ôl-glawdd (~-gloddiau) *m.*
paradox *n.* p|aradocs (paradocsau) *m*, gwrthfynegiad(-au) *m.*
paradoxical *a.* paradocsaidd.
paradoxicality *n.* paradocsedd *m.*
paradoxically *adv.* yn baradocsaidd.
paradoxure *n. Z:* paradocswr(-iaid) *m*, cath (*f*) balmwydd (cathod palmwydd).
paradrop *n. Aer:* gollyngiad(-au) (*m*) p|arasiwt.
paraesthesia *n. Med:* paresthesia *m*, *F:* pigau mân *pl*, pinnau bach *pl.*
paraffin[1] *n.* paraffin: p|araffin *m*; **~ [oil],** oel (*m*) lamp; **liquid ~,** olew paraffin. **~ lamp** *n.* lamp (*f*) baraffin (lampau paraffin), lamp oel [lamp]. **~ wax** *n.* cwyr (*m*) paraffin.
paraffin[2] *v.t.* rhoi/taenu paraffin (ar rth), paraffinio (rhth).
paragenesia, paragenesis *n. Geol:* parag|enesis *m.*
paragenetic *a. Geol:* paragenetig.
paragoge *n. Ling:* ychwanegiad(-au) *m*, argymeriad(-au) *m.*
paragogic *a. Ling:* ychwanegol, argymerol.
paragon *n.* p|aragon (paragonau) *m*, patrwm (patrymau) *m*, model(-au) (*m*) o rinwedd perffaith; **she's a ~,** mae hi'n berffaith.
paragraph[1] *n.* p|aragraff (paragraffau) *m*; *Cmptr:* **block ~,** paragraff ochr; **hanging ~,** paragraff bargodol/crog; **indented ~,** paragraff wedi'i gulh|au/gilosod.
paragraph[2] *v.t.* **1.** *Typ:* paragraffu. **2.** *Journ:* llunio/ysgrifennu paragraff (ar rth).
paragrapher *n.* = **paragraphist.**
paragraphia *n. Psy:* paragraffia *m.*
paragraphic *a.* paragraffaidd.
paragraphist *n. Journ:* paragraffydd: paragraffwr (paragraffwyr) *m.*
Paraguay *Pr.n. Geog:* Paraguay *f*, Paragwâi *f.* **~ tea** *n.* mate *m.*
Paraguayan *a.* & *n.* **1.** *a.* Paragwaiaidd, Paraguayaidd; o Baragwâi/Baraguay. **2.** *n.* Paragwaiad (Paragwaiaid) *m&f*, Paraguayad (Paraguayaid) *m&f*, brodor(-ion) (*m*) o Baragwâi/Baraguay.
para-hydrogen *n. Ch:* para-h|ydrogen *m.*
parakeet *n. Orn:* parotan(-od) *m*, parotyn(-od) *m*, paracît (paracitiaid) *m.*
parakite *n.* *paragutan(-au) *m.*
paralanguage *n. Ling:* goruwchiaith (goruwchieithoedd) *f.*
paraldehyde *n. Ch:* par|aldehyd *m.*
paral[e]ipsis *n.* crybwylleb(-au) *f.*
paralipomena *n.pl.* **1.** *B:* atodion, ychwanegion. **2. P~,** = **Chronicles.**
parallactic *a. Astr:* paralactig.
parallax *n. Astr:* p|aralacs (paralacsau) *m*; **in ~,** mewn paralacs.
parallel *a.* & *n.* I. *a.* **1.** cyfochrog, cyfochr, cyflinellol, cyflinellog, cyflin (**with sth,** â rhth); *Mus:* cyfochrog, dilynol; **in a ~ direction, in ~ (with sth),** yn gyfochrog *&c* (â rhth); *Lib:* **~ arrangement,** trefn gyfochrog *f*; **~ classification,** dosbarthu (*vn*) cyfochrog; **~ edition,** argraffiad cyfochrog *m*; *Metalw:* **~ jaw vice,** feis b|aralel *f*; *Gym:* **~ bars,** barrau cyflin; **~ perspective,** persbectif(-au) cyflin *m*; **~ play,** chwarae cyfochrog *m*; *Metalw:* **~ reamer,** agorell baralel (agorellau paralel) *f*; *Ph: &c:* **~**

resistances, gwrthiannau paralel; **~ text,** testun(-au) cyfochrog *m*; **~ title,** teitl(-au) cyfochrog *m*; **~ translation,** cyfieithiad(-au) cyfochrog *m*. **2.** *(= similar):* tebyg, cyffelyb, cyfatebol. II. *n.* **1.** *(a) (line):* cyflin(-iau) *f*, cyflinell(-au) *f*, p|aralel (paralelau) *m*; **standard ~,** cyflin safonol *f*; *(b) Geog:* **~ of latitude,** cydrediad(-au) lledredol *m*, cyflin lledred, paralel lledred. **2.** *(= similar thing):* rhth tebyg, rhth cyffelyb; **to draw a ~ (between two things),** cyffelybu (dau beth); dangos tebygrwydd *(m)*, dangos cyffelybiaeth *(f)* (rhwng dau beth); **(wickedness) without ~,** (drygioni) heb ei ail, heb ei debyg, na welwyd mo'i debyg, na bu ei fath. **3. (dynamos) out of ~,** (dynamoau) anghydwedd/anghyfamser.

parallel² *v.t.* **1. to ~ (two things),** cyfochri, cyffelybu (dau beth). **2.** *(= correspond):* ymdebygu, cyfateb, bod yn gyffelyb/debyg (i rth). **3.** *El.E:* cydweddu, cyfamseru.

parallelepiped *n. Geom:* paralelepiped(-au) *m*.

parallelism *n.* cyfochredd(-au) *m*, cyffelybiaeth(-au) *f*.

parallelogram *n.* paral|elogram (paralelogramau) *m*; *Carp:* cyflinog(-au) *m*.

paralogism *n. Log:* camresymiad(-au) *m*, geuddadl(-au,-euon) *f*.

paralogist *n. Log:* camresymwr (camresymwyr) *m*, geuddadleuwr (geuddadleuwyr) *m*, camres|ymwraig (camresymwragedd) *f*.

paralogize *v.i.* camresymu.

paralysation *n.* parlysiad(-au) *m*, parlysu *vn*.

paralyse *v.t.* parlysu.

paralysed *a.* parlysedig, a'r parlys arnoch *&c*, disymud; **~ with fear,** yn ddisymud gan ofn.

paralysing *a.* parlysol.

paralysingly *adv.* yn barlysol.

paralysis *n. Med:* parlys(-au) *m*; **infantile ~,** parlys *(m)* plant, polio *m*; **~ agitans,** parlys crynedig, clefyd *(m)* Parkinson; **creeping ~,** parlys cynyddol.

paralytic *a. & n.* **1.** *a.* diffrwyth, parlysedig, paralytig; *F: See* **drunk¹**. **2.** *n.* claf (cleifion) *(m)* o'r parlys, paralytig(-ion) *m&f*.

paramagnet *n. Ph:* paramagned(-au) *m*.

paramagnetic *a. Ph:* paramagnetig.

paramagnetism *n. Ph:* paramagnetedd *m*.

paramatta *n.* = **parramatta**.

paramedical *a.* parameddygol.

paramedic *n.* parameddyg(-on) *m*.

parameter *n. Mth:* paramedr(-au) *m*, ffin(-iau) *f*; *Econ:* **structural ~,** paramedr fframwaith.

parametric *a.* parametrig; **non-~,** amharametrig.

parametron *n. El:* parametron(-au) *m*.

paramilitary *a. & n.* **1.** *a.* paramilwrol, lledfilwrol. **2.** lledfilwr (lledfilwyr) *m*.

paramnesia *n. Psy:* paramnesia *m*.

paramo *n. Geog:* paramo(-au,-s) *m*.

paramoecium *n. Z:* parameciwm (paramecia) *m*.

paramount *a.* goruchaf, pennaf, aruchaf, mwyaf; prif *(precedes noun + soft mut.)*; **of ~ importance,** o'r pwys mwyaf; **~ chief/lord,** pennaeth (penaethiaid) goruchaf, goruchaf bennaeth, *Lit:* penciwdod(-au) *m*.

paramountcy *n.* goruchafiaeth *f*.

paramountly *adv.* yn bennaf *&c*.

paramour *n.* carwr (carwyr) *m*, cariad(-on) *mf*, *N.W: occ:* carmon (carmyn) *m*, *Lit:* gordderch(-adon) *mf*.

parang *n.* cyllell (cyllyll) *f*, parang(-au) *mf*.

paranoia *n. Psy:* paranoia *m*.

paranoiac, paranoic, paranoid *a. & n. Psy:* **1.** *a.* paranoiaidd, paranöig. **2.** *n.* paranöig(-ion) *m&f*, paranoiad (paranoiaid) *m&f*.

paranormal *a. & n.* **1.** *a.* goruwchnaturiol, paranormal. **2.** *n.* y goruwchnaturiol *m*, y paranormal *m*.

paranormally *adv.* yn oruwchnaturiol *&c*.

paraparesis *n. Med:* paraparesis *m*.

parapet *n.* *(a) Fort:* rhagfur(-iau) *m*, p|arapet (parapetau) *m*, erchwyn *(m)* mur (erchwynion muriau); *Archeol:* pen *(m)* clawdd, murganllaw(-iau) *f*; *(b)* **the ~ of a bridge,** canllaw *(m)* pont (canllawiau pontydd). **~ breastwork** *n.* palis pen clawdd. **~ walk** *n.* rhodfa *(f)* ben clawdd (rhodf|eydd pen clawdd); **~ wall** *n.* mur(-iau) *(m)* canllaw.

parapeted *a.* rhagfuriedig; *(bridge):* canllawiog.

paraph *n.* paraff(-au) *m*.

paraphernalia *n.pl.* paraffernalia, pethau, petheuach, geriach, trugareddau, *N: F:* celfi, taclau, ffigiaris, ffaldigêr, *S:* trangwls *(pronounced* ng-g); *(= equipment):* taclau, offer, cyfarpar *m*; **personal ~,** eiddo personol *m*, meddiannau personol.

paraphimosis *n. Med:* blaengroen *(pronounced* ng-g) tyn *m*, paraffimosis *m*.

paraphrase¹ *n.* aralleiriad(-au) *m*.

paraphrase² *v.t.* aralleirio.

paraphrastic *a.* aralleiriol.

paraphysis *n. Biol:* paraffysis(-au) *m*.

paraplegia *n. Med:* paraplegia *m*, parlys cyfan *m*.

paraplegic *a. & n.* **1.** *a.* paraplegig, llwyr-barlysedig. **2.** *n.* paraplegig(-ion) *m&f*.

parapodium *n. Biol:* parapodiwm (parapodia) *m*.

parapsychological *a.* paraseicolegol.

parapsychologist *n.* paraseicolegydd (paraseicolegwyr) *m*.

parapsychology *n.* paraseicoleg *f*.

paraquat *n. R.t.m:* p|aracwat *m*.

parasang *n. Hist: Meas:* p|arasang (parasangau) *m*.

parascending *n.* paresgyn *vn*.

paraselene *n. Meteor:* cyw(-ion) *(m)* lleuad, ffugloer(-au) *f*, ffugleuad(-au) *mf*.

parasite *n.* arfilyn (arfilod) *m*, p|arasit (parasitiaid) *m*, p|araseit (paraseitiaid) *m*; *Fig:* paras[e]it. **~ drag, ~ resistance** *n. Aer:* llusgiant parasitig *m*.

parasitic *a.* parasitig.

parasiticide *n.* parasitleiddiad (parasitleiddiaid) *m*.

parasitism *n. Z: &c:* parasitiaeth *f*, parasitedd *m*; *Z: only:* arfiliaeth *f*.

parasitize *v.t.* parasitio.

parasitology *n.* parasitoleg *f*.

parasol *n.* p|arasol: parasôl (parasolau) *m*, ambarél/ambarelo (ambereli) *(mf)* haul. **~ fir tree** *n. Bot:* ffynidwydden (ffynidwydd) *(f)* ambarél. **~ mushroom** *n. Fung:* *(Basidiomycetes lepiota):* ambarél (ambareli) *(mf)* bwgan; **shaggy ~ mushroom,** *(Lepiota rhacodes):* ambarél carpiog.

parastichous *a. Bot:* parastichaidd.

parastichy *n. Bot:* parastichedd(-au) *m*.

parasympathetic *a.* parasympathetig.

parasynthesis *n. Gram:* paras|ynthesis *m*.

parasynthetic *a. Gram:* parasynthetig.

parasyntheton *n. Gram:* gair (geiriau) parasynthetig *m*.

paratactic *a. Gram:* atgyfleol, paratactig.

parataxis *n. Gram:* atgyflead *m*, paratacsis *m*.

parathion *n. Ch:* parathïon *m*.

parathyroid *a. & n.* **1.** *a.* parathyroid. **2.** *n.* chwarren barathyroid (chwarennau parathyroid) *f*.

paratrooper *n.* awyrfilwr (awyrfilwyr) *m*.

paratroops *n.pl.* awyrfilwyr.

paratype *n.* p|arateip (parateipiau) *m*.

paratyphoid *a. & n. Med:* **1.** *a.* paratyffoid, parateiffoid. **2.** twymyn baratyffoid *&c f*, paratyffoid: parateiffoid *m*.

paravane *n.* parafân (parafanau) *m*.

paraxial *a. Mth:* parechelin.

parazoan *a. & n. Z:* **1.** *a.* parasoaidd. **2.** *n.* parasoad (parasoaid) *m*.

parboil *v.t. Cu:* lledferwi, goferwi, *S.W: O:* parferwi, barferwi.

parboiled *a.* lledferwedig.

parbuckle¹ *n. Nau:* parbwcl (parbyclau) *m*.

parbuckle² *v.t.* **to ~ sth up,** halio rhth i fyny.

parcel¹ *n.* **1.** *(a) See* **part¹** I. 1; *(b) (of land):* darn(-au) *m*, llain (lleiniau) *f*, parsel(-i,-au) *m*, *N.W: occ:* sling(-iau) *mf*, *S.W:* slangen (slangod) *f*, slanged *f*; *(c) St.Exch:* **~ of shares,** parsel o gyfranddaliadau; **~ (of goods),** llwyth(-i) m, haldiad(-au) m (o nwyddau). **2.** *(= packet):* parsel(-i) *m*, pecyn(-nau) *m*, *occ:* swp (sypiau) *m*, sypyn(-nau) *m*. **~ post** *n.* post *(m)* parseli. **parcels office** *n.* swyddfa *(f)* barseli (swyddf|eydd parseli).

parcel² *v.t.* **1. to ~ [out],** rhannu, dosbarthu, dosrannu, parselu. **2. to ~ up,** *(book &c):* gwn|eud parsel (o rth), gwneud (rhth) yn barsel, lapio rhth yn barsel; pecynnu, parselu (rhth); rhoi (rhth) mewn parsel; rhoi (rhth) mewn pecyn; sypynnu (rhth).

parcenary *n. Jur:* cydetifeddiaeth *f*.

parcener *n.* cydetifedd(-ion) *m*, cydetifeddes(-au) *f*.

parch *v.t.&i.* **1.** *v.t.* *(a) (cereals &c):* crasu, sychu, *N:* crimpio, cremstio, crimstio; *(of wind):* sychu, deifio, crino; **grass**

parched by the wind, glaswellt yn crino o achos y gwynt; *(b) (of fever &c):* codi syched (ar rn). **2.** *v.i.* **to be parched with thirst,** sychedu, bod yn sychedig, bod a syched arnoch; **I'm parched,** mae syched arna' i; 'rwyf bron â thagu gan syched; *N: F:* mae 'ngheg i'n grimp; mae 'ngheg i'n sych; mae' ngheg i fel nyth cath; *occ:* mae'r geg wyllt arna' i; 'rydw i bron gweld nain; *S:* 'rydw i bron gole.

parched *a. (soil &c):* cras (creision), crin(-ion), crinsych(-ion), sych(-ion), *N: occ:* crimp, crimstin; *(pers.):* sychedig, a syched arnoch; **~ corn,** crasyd *m*, ŷd cras *m*; **~ ground,** crastir(-oedd) *m*, crindir (-oedd) *m*.

parching *a.* crasboeth, crasol, crinol.

parchment *n.* memrwn (memrynau) *m*; *Cu:* papur (*m*) pobi. **~ bark** *n. Bot:* rhisgl memrynol *m*. **~ worm** *n. Ann:* llyng[h]yren (*f*) femrwn (llyngyr memrwn).

parchmenty *a.* memrynaidd, fel memrwn.

parclose *n. Ecc:* palis(-au) *m*, parclos(-au) *m*. **~ screen** *n.* sgrîn (*f*) barclos (sgriniau parclos).

pard[1] *n. A:* = **leopard.**

pard[2], **pardner** *n.* partner(-iaid) *m*.

pardalote *n. Orn:* p|ardalot (pardalotiaid) *m*, aderyn (adar) (*m*) deimwnt.

pardon[1] *n.* **1.** *Jur: &c:* maddeuant *m*, *occ:* pardwn (pardynau) *m*; **I beg your ~?** mae'n ddrwg gen i? beth ddywedsoch chi? sut? beth? begio'ch pardwn? **2.** *Ecc:* maddeueb(-au) *f*. **3.** *Ecc: (= Breton fête):* gwylfabsant(-au) *f*, gwylmabsant(-au) *f*, pardwn (pardynau) *m*.

pardon[2] *v.t.* maddau (i rn); **to ~ s.o. for sth,** maddau rhth i rn, maddau i rn am rth; **~ my disturbing you,** maddeuwch imi am darfu arnoch; **~ me!** esgusodwch fi! mae'n ddrwg gen i!

pardonable *a.* maddeuadwy, esgusadwy, *occ:* maddeuol.

pardonably *adv.* yn faddeuadwy *&c.*

pardoner *n.* **1.** maddeuwr (maddeuwyr) *m*. **2.** *Hist:* pardynwr (pardynwyr) *m*, maddeuebwr (maddeuebwyr) *m*, gwerthwr (gwerthwyr) (*m*) maddeuebau.

pardoning *a.* maddeugar.

pare *v.t. (wood):* naddu; *(fingernails):* torri; *(vegetables):* pilio, plicio, crafu, *occ:* didonni, digroeni, *S.W:* plisgo; *(leather):* crafu, ginïo; **to ~ down expenses,** cwtogi ar wario.

pared *a.* naddedig; *(fruit):* pliciedig, piliedig; *(turf):* didon; *S.a.* **fallow.**

paregoric *a. Pharm:* **~ elixir,** paregorig *m*.

pareira *n. Pharm:* pareira *m*.

parella *n. Fung:* crystyn (*m*) y mur.

parenchyma *n. Anat:* parencyma *m*.

parenchymal, parenchymatous *a. Anat:* parencymol.

parent *n. & attrib.* **1.** *n.* rhiant (rhieni) *m&f (the sing. is rare)*; **do you have a ~ alive?** a yw eich mam neu'ch tad yn fyw? **one ~ family,** teulu(-oedd) (*m*) un rhiant. **2.** *attrib.* **~ country,** m|amwlad (mamwledydd) *f*; *Ph:* **~ element,** elfen wreiddiol (elfennau gwreiddiol) *f*; *Com:* **~ establishment, ~ company,** cwmni cychwynnol/gwreiddiol *m*, rhiant-gwmni (~-gwmnïau) *m*; **~ language,** iaith gysefin (ieithoedd cysefin) *f*; **~ population,** poblogaeth gysefin *f*; **~ rock,** mamgraig (mamgreigiau) *f*; *Nav:* **~ ship,** mamlong(-au) *f*; **~ society,** mamgymdeithas(-au) *f*. **~ bug** *n. (Elasmucha grisea):* llysleuen famol (llyslau mamol) *f*. **~-teacher association** *n.* cymdeithas (*f*) rieni ac athrawon (cymdeithasau rhieni ac athrawon).

parentage *n.* tras *f*, teulu *m*; **his ~ is unknown,** ni wyddys pwy oedd ei rieni.

parental *a.* [y] rhieni, tadol, mamol, *occ:* rhieiniol; **~ care,** gofal (*m*) rhieni; **~ character,** nodweddion (*pl*) rhieni, cymeriad (*m*) rhieni; **~ element,** elfen (*f*) riant (elfennau rhiant), elfen wreiddiol (elfennau gwreiddiol); **~ instinct,** greddf rieiniol (greddfau rhieiniol) *f*, greddf rhiant; **~ rights and duties,** hawliau a dyletswyddau rhieni.

parenteral *a. Med:* parenterol.

parenthesis *n.* **1.** *(= interpolation):* ymsang(-au) *m*, sangiad(-au) *m*. **2.** *Typ:* cromfach(-au) *f*; **in ~,** mewn/rhwng cromfachau; *Mth: Cmptr:* par|enthesis (parenthesisau) *m*. **3.** *Fig: (= interval):* egwyl(-iau,-ion) *f*, saib (seibiau) *m*.

parenthesize *v.t.* ymsangu; rhoi (rhth) rhwng cromfachau.

parenthetic[al] *a.* cromfachog, rhwng cromfachau, ymsangol, sangiadol.

parenthetically *adv.* rhwng cromfachau, yn ymsangol.

parenthood *n.* tadolaeth *f*, mamolaeth *f*; bod (*vn*) yn dad/fam/rhiant; **~ was a novel experience,** bu bod yn dad/fam yn brofiad newydd; bu cael plant yn brofiad newydd.

parenting *vn.* magu plant, bod yn dad/fam/rhiant.

parentless *a.* heb rieni, amddifad.

pareo *n. Cost:* pareo(-s) *m*.

parer *n.* pliciwr (plicwyr) *m*, piliwr (pilwyr) *m*, crafwr (crafwyr) *m*, *S.W:* plisgwr (plisgwyr) *m*.

parergon *n.* gwaith atodol *m*, atodwaith *m*.

paresis *n. Med:* lled-barlys *m*, paresis *m*.

paretic *a. & n.* **1.** *a.* lled-barlysol, paretig. **2.** *n.* paretig(-ion) *m&f*.

parfait *n. Cu:* ***parfait(-s)*** *m*.

parget[1] *n. Const:* plastr *m*.

parget[2] *v.t. Const:* plastro.

pargeting *vn. Const:* plastro.

parheliacal, parhelic *a. Meteor:* ffug-heulol.

parhelion *n. Meteor:* ci (cŵn) (*m*) haul, cyw(-ion) (*m*) haul, ffug haul (~ heuliau) *m*, eilun(-od) (*m*) haul, *S.E:* bustl (*m*) haul.

pariah *n.* dyn(-ion) ysgymun *m*, parïa(-id) *m*.

Parian *a. & n.* **1.** *a.* Pariaidd, o Baros. **2.** *n. (a) Ethn:* Pariad (Pariaid) *m&f*; *(b) Cer:* porslen (*m*) Paros.

paries *n. Anat:* parwyden(-nau) *f*.

parietal *a. (a) Anat:* parwydol; **~ bone,** asgwrn (esgyrn) parwydol *m*, asgwrn y greuan; **~ cell,** cell barwydol (celloedd parwydol) *f*; *(b) U.S: Sch:* preswyl.

paring *vn. & n.* **1.** *vn. See* **pare**; *Husb:* **~ and burning,** didonni a llosgi, batingo, betingo, llosgi bating/beting. **2.** *n.usu.pl.* naddyn (naddion) *m*; *(of vegetables):* croen (crwyn) *m*, pilyn (pilion) *m*, *S.W:* plisgyn (plisg) *m*; *pl.* creifion, crafion; **a nail ~,** *S.W:* glas (*m*) ewin (glasiau ewinedd). **~-chisel** *n.* cŷn (cynion) hir *m*, gaing (geingiau) hir *f*. **~-iron** *n.* haearn (heyrn) (*m*) didonni. **~-knife** *n.* cyllell ddeugarn (cyllyll deugarn) *f*, *S.W: occ:* cyllell ddwygarn (cyllyll dwygarn); *Bootm:* **heel ~-knife** cyllell wadn (cyllyll gwadn); *Art:* cyllell bilio/blicio (cyllyll pilio/plicio). **~-shovel** *n.* rhaw (*f*) ddidonni (rhawiau didonni).

pari passu *Lt.phr.* yn gyfartal, gam a cham.

paripinnate *a. Bot:* cyfartaladeiniog.

Paris *Pr.n. Geog:* Paris *f*; **plaster of ~,** plastar (*m*) Paris.

parish *n.* plwyf(-i,-ydd) *m*; **to go on the ~,** mynd ar y plwyf. **~ church** *n.* eglwys (*f*) blwyf (eglwysi plwyf), eglwys y llan/plwyf, *Lit:* llan(-nau) *f*. **~ clerk** *n.* clerc (*m*) plwyf (clercod plwyfi). **~ council** *n.* cyngor (cynghorau) (*m*) plwyf. **~ feast** *n.* gwylmabsant(-au) *f*, gwylfabsant(-au) *f*; **to celebrate a parish ~,** gwylmabsanna, gwylmabsanta. **~ lantern** *n. (= moon):* cannwyll (*f*) y plwyf, lamp (*f*) y plwyf, *N.W: occ:* haul (*m*) Tomos Owen, y lamp fawr, y lantar fawr. **~ library** *n.* llyfrgell (*f*) blwyf (llyfrgelloedd plwyf). **~ priest** *n.* offeiriad (*m*) plwyf (offeiriaid plwyfi), *F:* person (*m*) plwyf (personiaid plwyfi). **~ pump** *n.* pistyll (*m*) y llan, pwmp (*m*) y pentref, pwmp y llan; **~ pump politics,** gwleidyddiaeth blwyfol *f*, gwleidyddiaeth pwmp [y] pentref/llan. **~ register** *n.* cofrestr (*f*) plwyf (cofrestrau/cofrestri plwyf[i]), llyfr(-au) (*m*) cofnodion plwyf. **~ relief** *n.* cymorth (*m*) plwyf. **~ road** *n.* ffordd (*f*) blwyf (ffyrdd plwyf), *S.W: occ:* ffordd barsel (ffyrdd parsel). **~ wake** *n.* = **parish feast.**

parishioner *n.* plwyfolyn (plwyfolion) *m*.

Parisian *a. & n.* **1.** *a.* Parisaidd, o Baris. **2.** *n.* Parisiad (Parisiaid) *m&f*.

parison *n. Glassm:* p|arison *m*.

parisyllabic *a. & n. Gram:* **1.** *a.* cydsillafol. **2.** *n.* enw(-au) cydsillafol *m*.

parity[1] *n.* **1.** *(a) (of rank &c):* cydraddoldeb *m*; *(b)* **~ of reasoning,** ymresymiad cyffelyb *m*. **2.** *Com: Ph: Mth: Cmptr:* paredd(-au) *m*; **exchange at ~,** cyfnewid ar baredd; **even ~,** eilbaredd *m*. **~ bit** *n. Cmptr:* did(-au) (*m*) paredd. **~ check** *n.* prawf (profion) (*m*) paredd.

parity[2] *n. Obst:* esgoredd *m*.

park[1] *n.* **1.** parc(-au,-iau) *m*. **2. car-~,** maes (meysydd) (*m*) parcio, parc (*m*) ceir. **~-keeper** *n.* ceidwad (*m*) parc (ceidwaid parciau). **~ savannah** *n. Geog:* safana coediog *m*.

park[2] *v.t.* **1.** *(sheep &c):* corlannu, cau, llocio, ffaldio. **2.** *(car):* parcio. **3.** *F: (= put):* gosod, taro, *N:* sodro, *S:* hwpo; **he parked himself in my best chair,** fe'i sodrodd ei hun yn fy nghadair orau; **~ it over there!** *N:* taro fo yn fanna! *S:* hwp e man 'na!

parka *n. Cost:* parca(-s) *m.*
parker *n.* **1.** parciwr (parcwyr) *m*, p|arcwraig (parcwragedd) *f.* **2.** *See* **nosey.**
parkin *n. Cu:* teisen(-nau) (*f*) sinsir, *N.W:* cacen goch (cacenni coch) *f.*
parking *vn.* = **park²**; *P.N:* **"no ~"**, "dim parcio". **~-attendant** *n.* gofalwr (gofalwyr) (*m*) maes parcio. **~-bay** *n.* cilfach (*f*) barcio (cilfachau parcio). **~-ground** *n.* maes (meysydd) (*m*) parcio. **~-index** *n.* indecs (*m*) parcio. **~-light** *n.* golau (goleuadau) (*m*) parcio. **~-lot** *n.* **1.** = **parking-ground. 2.** man(-nau) (*m*) parcio. **~-meter** *n.* cloc(-iau) (*m*) parcio, mesurydd(-ion) (*m*) parcio. **~-orbit** *n.* cylchdro(-eon) (*m*) aros. **~-place** *n.* lle(-oedd) (*m*) parcio, maes parcio. **~-ticket** *n. (permit):* tocyn(-nau) (*m*) parcio; *(for illegal parking):* tocyn am barcio.
Parkinson *Pr.n. Med:* **~'s disease** *n. Med:* clefyd (*m*) Parkinson. **~'s law** *n. Joc:* deddf (*f*) Parkinson.
parkland *n.* parcdir(-oedd) *m.* **~ avenue** *n.* rhodfa (rhodf|eydd) (*f*) parcdir, parcffordd (parcffyrdd) *f.*
parkway *n. U.S:* parcffordd (parcffyrdd) *f.*
parky *a.* rhynllyd, fferllyd, oeraidd, *S.W: occ:* go-oer.
parlance *n.* lleferydd *m*, iaith *f*; **in common ~**, ar lafar gwlad; **in legal ~**, mewn termau cyfreithiol, yn iaith y gyfraith.
parlay¹ *n. Cards:* ailfetiad(-au) *m.*
parlay² *v.t. Cards:* cynyddu, dyblu; betio rhagor, ailfetio.
parley¹ *n. Mil:* cyd-drafodaeth(-au) *f*; **to beat/sound ~**, seinio cyd-drafodaeth.
parley² *v.i.&t.* **1.** *v.i.* cyd-drafod. **2.** *v.t. (a foreign language):* siarad, patro, *S:* whilia.
parleyvoo¹ *n. F:* = **French, Frenchman.**
parleyvoo² *v.i.* siarad Ffrangeg, *S: F:* whilia Ffrensh, Ffrenshian.
parliament *n.* senedd(-au) *f*; **the Houses of P~**, y Senedd *f*; **Member of P~ (M.P.)**, Aelod(-au) Seneddol (A.S.) *m.* **~ house** *n.* sen|edd-dy (~-dai) *m.*
parliamentarian *a. & n.* **1.** *a.* seneddol. **2.** *n.* aelod(-au) seneddol *m*, seneddwr (seneddwyr) *m*, sen|eddwraig (seneddwragedd) *f*; *Hist:* seneddwr.
parliamentary *a.* seneddol; **P~ Commissioner for Administration,** Comisiynydd Seneddol dros Weinyddiad; **~ reform,** diwygio(*vn*)'r senedd, diwygio seneddol.
parlour *n.* **1.** parlwr (parlyrau) *m.* **2. bar ~**, parlwr tafarn; **beauty ~**, parlwr harddu; **billiard ~**, lle(-oedd) (*m*) biliards, neuadd (*f*) filiards (neuaddau biliards); **funeral ~**, parlwr angladdau; **ice-cream ~**, siop(-au) (*f*) hufen iâ; **massage ~**, parlwr tylino; **milking ~**, tŷ (tai) (*m*) godro. **~ car** *n. U.S:* cerbyd(-au) moethus *m.* **~ game** *n.* chwarae(-on) (*m*) parlwr. **~ ivy** *n. Bot: (Mikania scandens):* eiddew(*m*)'r parlwr. **~ palm** *n. Bot: (Aspidistra lurida):* palmwydden (palmwydd) (*f*) y parlwr. **~ socialist** *n.* sosialydd (sosialwyr) (*m*) cadair freichiau. **~ trick** *n.* tric(-iau) (*m*) parlwr.
parlourmaid *n.f.* morwyn barlwr (mor[w]ynion parlwr).
parlous *a. & adv.* **1.** *a.* enbyd. **2.** *adv.* yn enbyd, *S.a.* **extremely.**
Parma violet *n. Bot:* fioled(-au) (*f*) Parma.
parmelia *n. Bot:* fflurgen(-nau) *m.*
Parmesan *a. & n.* **~ [cheese],** caws (*m*) Parma.
Parnassian *a. & n.* **1.** *a.* Parnasaidd. **2.** *n.* Parnasiad (Parnasiaid) *m&f.*
Parnassus *Pr.n. Myth:* Parnasws *m*; *S.a.* **grass¹.**
Parnellian *a. & n.* **1.** *a.* Parnelaidd. **2.** *n.* Parneliad (Parneliaid) (*m&f*).
Parnellism *n.* Parneliaeth *f.*
parochial *a.* **1.** *Ecc:* plwyfol; **extra-~**, amhlwyfol, y tu allan i'r plwyf; **~ hall,** neuadd (*f*) blwyf (neuaddau plwyf[i]); **~ library,** llyfrgell (*f*) blwyf (llyfrgelloedd plwyf[i]). **2.** *Fig:* plwyfol.
parochialism, parochiality *n.* plwyfoldeb *m.*
parochialize *v.t.* plwyfoli.
parochially *adv.* yn blwyfol *&c.*
parodic *a.* parodïaidd.
parodist *n.* parodïydd: parodïwr (parodiwyr) *m*, parodïwraig *f.*
parodos *n. Arch:* parodos(-au, parodoi) *m.*
parody¹ *n.* p|arodi (parodïau) *mf.*
parody² *v.t.* parodïo.
parol *a. Jur:* llafar.
parole¹ *n.* **1.** *Mil: Jur:* parôl *m*, gair *m*, llw *m*; **on ~**, ar eich llw, ar eich gair, ar barôl. **2.** *Ling:* ymadrodd(-ion) *m*, dywediad(-au) *m.*
parole² *v.t. Mil: Jur:* rhyddh|au (rhn) ar barôl, parolio (rhn).
parolee *n. Mil: Jur:* paroledig(-ion) *m&f.*
paronomasia *n. Rh:* gair (geiriau) mwys *m*, chwarae (*vn*) ar eiriau, mwyseirio *vn.*
paronychia *n. Med:* paronychia *m.*
paronym *n.* gair (geiriau) cytras *m.*
paronymous *a.* cytras; *Log:* argyfenwol.
paroquet *n.* = **parakeet.**
parotic *a.* parotig.
parotid *a. & n.* **1.** *a.* parotid; **~ [gland],** chwarren barotid (chwarennau parotid) *f.* **2.** *n.* **~ duct,** dwythell (*f*) barotid, dwythell cil y glust;
parotitis *n.* = **mumps.**
Parousia *n. Theol:* yr Ail Ddyfodiad *m.*
paroxysm *n.* ffit(-iau) *f*, pwl (pyliau) *m*, hwrdd (hyrddiau) *mf*, gwasgfa (gwasgf|eydd) *f*, pangfa (pangf|eydd) *f*; **to have paroxysms of laughter,** cael ffitiau o chwerthin, chwerthin ei hochr hi, chwerthin nes eich bod yn wan.
paroxysmal *a.* gwasgfaol, gwasgfeuol, pangfeuol; *(laughter &c):* hyrddiog.
paroxytone *a. & n.* **1.** *a.* gobennol. **2.** *n.* gobenair (gobeneiriau) *m.*
parpen *n. Const:* pwyth(-au,-i) (*m*) trwy'r mur.
parquet¹ *n.* **~ floor,** llawr (lloriau) (*m*) ***parquet***/parce.
parquet² *v.t.* llorio (â ***parquet***/pharce).
parquetry *n.* gwaith (*m*) ***parquet***/parce.
parr *n. Ich:* gleisiad (gleisiaid) *m.*
parral *n. Nau:* parel(-i) *m.*
parramatta *n. Tex:* paramata *m.*
parrel *n.* = **parral.**
parricidal *a. Jur:* tadladdiadol.
parricide *n. Jur:* **1.** *(criminal):* tadleiddiad (tadleiddiaid) *m&f.* **2.** *(crime):* tadladdiad(-au) *m.*
parrot¹ *n. Orn:* parot(-iaid) *m*, *F:* poli-parot(-iaid) *m.* **~-fashion** *a.* fel poli parot, ar dafod leferydd. **~-fish** *n. Ich:* pysgodyn (pysgod) (*m*) parot, parot(-iaid) (*m*) môr. **~ fungus** *n. Fung:* cap cwyr seithliw *m*, cap parot. **~ leaf** *n. Bot: (Alternanthera amoena):* deilen (dail) (*f*) parot. **~'s bill** *n. Bot: (Clianthus):* pig (*mf*) parot. **~ toadstool, ~ wax-cap** *n.* = **parrot fungus.**
parrot² *v.t.* ailadrodd (rhth) [fel poli-parot].
parrotlet *n. Orn:* parotan(-od) *m.*
parry¹ *n. Box:* ataliad *m*, atal *vn*, pario *vn*; *Fenc:* **circular or counter ~**, pario cylchol, gwrthbario; **direct or simple ~**, pario syml/union.
parry² *v.t. (a) (a blow):* atal, pario; troi (rhth) naill ochr; **~ by detachment,** pario trwy ysgaru; **~ by opposition,** pario trwy wrthwynebu; *(b) (a difficulty):* osg|oi.
Parry³ *Pr.n.* Parri (Parïaid), *occ:* ap Harri.
parse *v.t.* **1.** *Gram:* dosbarthu. **2.** *Cmptr:* dosrannu.
parsec *n. Meas:* parsec(-[i]au) *m.*
Parsee *a. & n.* **1.** *a.* Parsïaidd. **2.** *n. (a) Ethn: Rel:* Parsî (Parsïaid) *m*, *(b) Ling:* = **Pahlavi.**
Parseeism *n.* Parsïaeth *f.*
parsimonious *a.* cynnil, darbodus; *(= mean):* crintach, crintachlyd, gorgynnil, cybyddlyd.
parsimoniously *adv.* yn gynnil *&c.*
parsimony *n.* cynildeb *m*, darbodaeth *f*; *(= meanness):* crintachrwydd *m*, cyb|ydd-dod *m*, gorgynildeb *m*; **law of ~**, deddf cynildeb.
parsley *n.* persli *m*, *Lit: occ:* perllys *m*; **bur ~**, *(Anthriscus caucalis):* eilun-berllys bychan *m*; **Cambridge milk ~**, *(Selinum carvifolia):* llaethberllys (*m*) Caergrawnt; **corn ~**, *(Petroselinum segetum):* troed (*m*) y cyw, githran *f*, githrog *m*, eilun-berllys; **cow ~**, *(Anthriscus sylvestris):* gorthyfail [llyfn] *m*, cegiden fenyw; **fool's ~**, *(Aethusa cynapium):* gwyn (*m*) y cloddiau, coegberllys *m*, geubersli *m*, persli'r ffŵl, persli Ffrengig, geuberllys *m*, y gegiden leiaf *f*; **greater bur ~**, *(Turgenia latifolia):* eilun-berllys mawr; **hedge ~**, = **bur parsley; knotted bur/hedge ~**, *(Torilis nodosa):* eilun-berllys clymog; **[marsh] milk ~**, *(Peucedanum palustre):* llaethberllys *m*, perllys llaeth, lloerlys llaethog *m*; **small bur ~**, *(Caucalis platycarpos):* eilun-berllys bychan; **spreading bur/hedge ~**, *(Torilis arvensis):* eilun-berllys ymdaenol; **stone ~**, *(Sison amomum):* creigberllys *m*, githran; **upright hedge ~**, *(Torilis japonica):* eilun-berllys syth; **wild ~**, *(Petroselinum crispum):* persli gwyllt *m.* **~ fern** *n. Bot: (Cryptogramma crispa):*

rhedynen (*f*) bersli (rhedyn persli), rhedynen y mynydd, rhedynen y chwarel, adeinredynen (adeinredyn) (*f*) y chwarelau. **~-leaved elder** *n. Bot: (Sambucus nigra laciniata):* ysgawen (*f*) bersli (ysgaw persli). **~-piert** *n. Bot: (Aphanes arvensis):* troed (*mf*) y dryw; **slender ~-piert,** *(A. microcarpa):* troed y dryw main. **~ water-dropwort** *n. Bot: (Oenanthe lachenalii):* persli(*m*)'r dŵr, dibynlor perllysddail *m.*

parsnip *n. S:* panasen (pannas) *f*, llysiau gwynion (*pl*) y gerddi, *N:* moronen wen (moron gwynion) *f*, llysiau Gwyddelig; *Prov:* **fine words butter no parsnips,** ni wna geiriau teg hau'r tir; ni lenwir cylla gwag â geiriau teg; **cow-~,** *(Heracleum sphondylium):* moronen y meirch, efwr *m*; *S.a.* **cow-parsnip; creeping water ~,** *(Sium repens):* dyfrforonen (dyfrforon) ymlusgol *f*; **great water ~,** *(S. latifolium):* dyfrforonen lydanddail (dyfrforon llydanddail), panasen y dŵr, moronen y dŵr; **lesser water ~,** *(Berula erecta):* dyfrforonen syth; **procumbent water ~,** *(S. nudiflorum):* dyfrforonen sypflodeuog; **wild ~,** *(Pastinaca sativa):* panasen wyllt (pannas gwyllt), moronen y moch. **~ chervil** *n. Bot: (Anthriscus bulbosus):* gorthyfail oddfog *m.*

parson *n.* person(-iaid) *m*, *S: F:* 'ffeirad(-on) *m.* **~ bird** *n. Orn:* aderyn (adar) (*m*) y goler gron. **~'s nose** *n.* trwyn (*m*) [y] person.

parsonage *n.* **1.** persondy (persondai) *m.* **2.** = **benefice.**

parsonic *a.* personaidd, clerigol.

part¹ *n. & adv.* I. *n.* **1.** rhan(-nau) *f*; **in ~,** mewn rhan, yn rhannol; **good in parts,** da mewn rhannau, rhannol dda; **the greater ~ of the inhabitants,** y rhan fwyaf o'r trigolion, mwyafrif (*m*) y trigolion; **to be/form ~ of sth,** bod yn rhan o rth; **it is ~ and parcel of sth,** mae'n rhan hanfodol o rth; **the strangest ~ about it is...,** y peth rhyfeddaf yn ei gylch yw...; **it is no ~ of my intention,** nid yw yn fy mwriad o gwbl; **in this ~ of the world,** yn yr ardal hon (*f*), yn y rhan hon o'r byd, yn y parthau hyn, *F:* y ffordd hyn, y ffordd yma, ffor'ma; *S.a.* **foreign; in [a] great ~ (due to)...,** yn bennaf oherwydd..., i raddau helaeth oherwydd...; **~ payments,** taliadau rhannol; **to pay in ~,** talu'n rhannol, talu fesul rhan; **(ten parts of water) to one of milk,** (deg rhan o ddŵr) i un o laeth, ar gyfer un rhan o laeth; *S.a.* **most; results accurate to one ~ in ten million,** canlyniadau sy'n gywir o fewn un rhan mewn deng miliwn; **two parts [of three],** dwy ran o dair, deuparth *m*; **three parts,** tri chwarter *m*; **three parts drunk,** lledfeddw; *See* **drunk**; *(b) Ind: (of machine &c):* rhan, darn(-au) *m*, part(-iau) *m*, *occ:* cydran(-nau) *f*; **spare parts,** darnau sbâr, partiau sbâr, cydrannau sbâr; **spare-~ surgery,** llawdriniaeth organau newydd; **parts list,** rhestr (*f*) ddarnau (rhestrau darnau); *(c) Gram:* **parts of speech,** rhannau ymadrodd; **principal parts,** *(of a verb):* prif rannau; *(d) (= fascicule):* rhifyn(-nau) *m*, rhan; *(e)* **private parts,** rhannau dirgel, dirgelion. **2.** *(a)* **to take [a] ~ in sth,** cymryd rhan mewn rhth, *occ:* cyfranogi yn rhth; **each one did his ~,** cyfrannodd pawb; chwaraeodd/gwnaeth pawb ei ran; **I had no ~ in it,** ni chymerais i ddim rhan ynddo; nid oedd a wnelwyf i ddim ag ef; ni fu imi unrhyw ran ynddo; **to have neither ~ nor lot in sth,** bod heb ran na chyfran o rth, bod heb gysylltiad â rhth; *(b) Th:* rhan, part; **bit ~,** mân ran(-nau); **name ~,** prif ran(-nau); **butler ~,** part bwtler; **grand dame ~,** part arglwyddes; **he is playing a ~,** mae'n chwarae rhan; mae'n smalio; mae'n cogio; **in all this, imagination plays a large ~,** yn hyn oll, mae'r dychymyg yn chwarae rhan fawr; **it is not my ~ to speak about it,** nid fy lle i yw sôn amdano; **it is the part of prudence to...,** peth doeth fyddai...; doeth o beth fyddai...; *(c)* **orchestral parts,** rhannau cerddorfa; **to sing in parts,** rhan-ganu. **3.** *(a)* **(do you belong) to these parts?** (a ydych chi) o'r parthau hyn, yn perthyn i'r ardal yma, o'r ffordd yma? un o'r ffordd yma ydych chi? *(b)* **on the one ~..., on the other ~,** ar y naill law..., ar y llaw arall; o'r naill du..., o'r tu arall; *(c)* **to take s.o.'s ~,** achub cam rhn, ochri â rhn, pledio achos rhn, cymryd part rhn, dal dan rn, cadw plaid rhn, cadw cefn rhn; *(d)* **an error on the ~ of s.o.,** camgymeriad ar ran rhn; **for my ~...,** o'm rhan i..., yn bersonol.... **4. to take sth in good ~,** cymryd eich herian, cymryd eich pryfocio, peidio â digio wrth rth, cymryd rhth yn iawn/hwyliog, cymryd rhth mewn ysbryd iawn, peidio â chymryd atoch. **5. a man of [good] parts,** dyn galluog/dawnus/peniog, dyn o ddoniau. **6.** *U.S:* = **parting.** II. *adv.* **sth ~ eaten,** rhth yn rhannol wedi ei fwyta, rhth wedi hanner ei fwyta; **~ one and ~ the other,** hanner y naill a hanner y llall, yn rhannol y naill ac yn rhannol y llall. **~-exchange** *n.* rhan-gyfnewid(-iadau) *m.* **~-owner** *n.* rhan-berchennog (~-berch[e]nogion) *m*, cydberchennog (cydberch[e]nogion) *m.* **~-ownership** *n.* rhan-berchenogaeth *f*, cydberchenogaeth *f.* **~ publication** *n.* rhan-gyhoeddiad(-au) *m.* **~-publish** *v.t.* rhan-gyhoeddi, cyhoeddi rhifynnol. **~-song** *n. Mus:* rhan-gân (~-ganau, ~-ganeuon) *f.* **~ time** *a.* rhan-amser; **to be on ~ time,** gweithio rhan-amser, gweithio ran o'r amser. **~-timer** *n.* gweithiwr (gweithwyr) rhan-amser *m*, gw|eithwraig (*f*) ran-amser (gweithwragedd rhan-amser). **~-work** *n.* gwaith (gweithiau) rhifynnol *m.* **~-writing** *vn.* rhan-ysgrifennu.

part² *v.t.&i.* **1.** *v.t.* *(a)* rhannu; **to ~ one's hair,** rhannu'r gwallt, gwn|eud rhesen wen yn y gwallt; *B:* **to ~ [the hoof],** hollti'r ewin; *(b) (= separate):* gwahanu; **to ~ the sheep from the goats,** didoli'r defaid a'r geifr; **till death do us ~,** hyd oni wahaner ni gan angau; *(c) Nau:* **to ~ one's cable,** torri'r rhaff; *(d)* **to ~ company with s.o.,** ymwahanu â rhn, ffarwelio â rhn; **to ~ brass rags with s.o.,** cefnu ar rn, ymwahanu [am byth] â rhn. **2.** *v.i.* *(a) (of crowd &c):* ymrannu; *(b) (of friends &c):* ymwahanu; *(of roads):* fforchio, *occ:* fforchogi; *(c) (of cable &c):* torri; **to ~ with sth,** rhoi'r gorau i rth, cael gwared â rhth *or* ar rth, ildio rhth, ymadael â rhth; **he can't bear to ~ with money,** ni all ddioddef rhoi arian; ni all ddioddef talu.

partake *v.i.* *(a)* **to ~ (in/of sth),** cyfranogi (yn rhth, o rth); **to ~ of a meal,** bwyta pryd o fwyd; **to ~ of the sacrament,** *(in R.C. & Anglican church):* derbyn y sagrafen; *(in Nonconformist usage):* derbyn cymun; **his manner partakes of insolence,** mae rhth digywilydd yn ei ddull; *(b)* **language that partakes of boastfulness,** iaith a thinc ymffrost ynddi.

partaker *n.* cyfranogwr: cyfranogydd (cyfranogwyr) *m.*

partan *n. Crust:* cranc(-od) *m.*

parted *a.* *(friends):* gwahanedig, ar wahân; *(lips):* agored; *(hair):* â rhesen, wedi ei rannu, rhanedig; *(cable):* toredig, wedi torri.

parterre *n. Th: Hort:* llawr (lloriau) *m.*

parthenogenesis *n.* parthenog|enesis *m*, gwyryfgenhedliad *m.*

parthenogenetic *a.* parthenogenetig, gwyryfgenhedlol.

Parthian *a. & n.* **1.** *a.* Parthaidd; **a ~ shot,** gair (*m*) dros ysgwydd. **2.** *n.* Parthiad (Parthiaid) *m&f.*

parti *n.* **he is quite a ~,** fe wnaiff ef ŵr da i rn; **she is quite a ~,** fe wnaiff hi wr|aig dda i rn. **~ pris** *n.* rhagfarn(-au) *f.*

partial *a. & n.* I. *a.* **1.** *(a) (= biased):* pleidiol, pleidgar, unochrog, partïol, rhagfarnllyd, annh|eg; *(b) F:* **to be ~ to sth,** cael blas ar rth, bod yn hoff o rth; **I'm very ~ to strawberries,** *N:* ni allaf faddau i fefus; *S:* 'rwy'n dwli ar syfi [pêr]. **2.** *(= in part):* rhannol; *Econ:* **~ adjustment,** cymhwysiad rhannol *m*; **~ board,** llety a rhai prydau; *Lib:* **~ title entry,** cofnod(-ion) (*m*) rhan-deitl. II. *n. Mus:* rhansain (rhanseiniau) *f.*

partiality *n.* **1.** *(= bias):* unochredd, pleidgarwch *m*; **a mother's ~ for her children,** tuedd mam i ffafrio'i phlant; *(= prejudice):* rhagfarn(-au) *f*, annhegwch *m.* **2.** *(= liking):* hoffter *m* **(for sth,** o rth), tuedd(-iadau) *f* (at rth), blas (*m*) (ar rth); **to have a ~ for sth,** bod yn hoff o rth, tueddu at rth, cael blas ar rth, mwynh|au rhth, *N:* methu maddau i rth.

partially *adv.* **1.** *(= unfairly):* yn unochrog *&c.* **2.** *(= in part):* yn rhannol, o ran, mewn rhan; **~ blind,** rhannol ddall, ll|ed-ddall (lled-ddeillion); **~ deaf,** rhannol fyddar, trwm eich clyw; **~ sighted,** gwan eich golwg.

partible *a.* rhanadwy.

particeps criminis *n. Jur:* cyfrannog (cyfranogion) (*m&f*) mewn trosedd.

participable *a.* cyfranadwy.

participance *n.* cyfranogaeth *f*, cyfranogiad *m* **(in sth,** o rth, yn/mewn rhth).

participant *a. & n.* **1.** *a.* cyfrannog **(in sth,** o rth, yn/mewn rhth); **~ observation,** sylwadaeth o'r tu mewn. **2.** *n.* cyfrannog (cyfranogion) *m&f*, cyfranogwr (cyfranogwyr) *m*, cyfran|ogwraig *f.*

participate *v.i.* *(a)* **to ~ (in sth),** cyfranogi (o rth), cymryd rhan (yn/mewn rhth); *(b) (of thg):* bod yn rhan o rth; **his poems ~ of the nature of satire,** mae naws ddychanol i'w gerddi; mae rhth dychanol yn ei gerddi.

participating *a.* cyfrannog **(in sth,** o rth, yn/mewn rhth).

participation *n.* cyfranogi *vn*, cyfranogiad(-au) *m*, cyfranogaeth *f*, cymryd (*vn*) rhan; **social ~,** cymryd rhan gymdeithasol.

participator *n.* cyfranogwr (cyfranogwyr) *m* (**in sth,** o rth, yn/mewn rhth).

participatory *a.* cyfranogol.

participial *a. Gram:* rhangymeriadol (*pronounced* ng-g).

participle *n. Gram:* rhangymeriad(-au) *m* (*pronounced* ng-g).

particle *n.* **1.** gronyn(-nau) *m,* mymryn(-nau) *m, S.W:* bribsyn (bribs) *m,* bwthryn *m,* sgilffyn *m,* sgilffidyn *m,* pigadyn *m;* **dust ~,** llwchyn (llwch) *m,* llychyn(-nau) *m; Ph:* **elementary ~,** gronyn elfennol; *Ph:* **~ of mass,** gronyn màs; **(there is not) a ~ (of truth in the story),** (nid oes) ronyn, fymryn, rithyn (*m*), iot (*f*), iod (*f*) (o wirionedd yn y stori); *Ph:* **~-~ description,** disgrifiad (*m*) gronyn-gronyn. **2.** *Gram:* geiryn(-nau) *m.*

particoloured *a.* amryliw, brithliw, brith (*f.* braith, *pl.* brithion), tryfrith(-ion).

particular *a. & n.* I. *a.* **1.** arbennig, neilltuol, penodol; **a ~ object,** gwrthrych/peth penodol; **my own ~ feelings,** fy nheimladau [personol] i fy hun; *Rel:* **P~ Baptists,** Bedyddwyr Neilltuol; **to take ~ care (over sth),** cymryd gofal arbennig, mynd i drafferth arbennig (dros rth); **for no ~ reason,** heb reswm arbennig, heb unrhyw reswm neilltuol; **on this ~ day,** ar y diwrnod penodol/arbennig/neilltuol hwn. **2.** *(= detailed):* manwl, manwl gywir; *(= finicky):* anodd eich plesio, gorfanwl, *S:* ffwdanus, *N:* dicra, *N: F:* misi, cysetlyd, pyticlar; **to be ~,** ffwdanu, ymboeni; **to be ~ about one's dress,** bod yn ofalus iawn sut y gwisgwch, ffwdanu/ymboeni ynghylch eich gwisg; **he is not ~ (to a few pounds),** nid yw'n malio rhyw lawer, nid yw'n poeni rhyw lawer (o a wnelo ychydig bunnoedd); **she's very ~ about her food,** mae hi'n ddicra/ffwdanus iawn ynghylch ei bwyd; **don't be too ~!** peidiwch â bod yn rhy anodd eich plesio! **~ on points of honour,** tra gofalus ynghylch eich anrhydedd *or* eich enw da; *F:* **I am not ~ about it,** nid wyf i ddim yn or-hoff ohono; nid wyf yn malio rhyw lawer amdano; **I'm not ~,** 'rwy'n hawdd fy mhlesio; nid yw fawr wahaniaeth gen i; ni waeth gen i; *F:* 'does dim ots gen i. II. *n.* manylyn (manylion) *m; Jur:* **particulars of offence,** manylion y ddrwgweithred; **in ~,** yn arbennig, yn neilltuol, yn anad dim; **alike in every ~,** tebyg ym mhob manylyn; *B:* **members in ~,** aelodau o ran; **he asked me for particulars about her,** holodd fi yn ei chylch; **to give particulars of sth,** rhoi manylion am rth; **for further particulars apply to. . .,** am ragor a fanylion anfonwch at. . .; *Jur:* **particulars of claim,** hawleb(-au) *f,* manylion o'r hawliad; **particulars of defence,** diffyneb(-au) *f.*

particularism *n.* neilltuoldeb *m; Pol:* talcithioldeb *m.*

particularist *n. & attrib.* **1.** *n.* neilltuolwr: neilltuolydd (neilltuolwyr) *m.* **2.** *attrib.* neilltuolaidd.

particularity *n.* **1.** *(= speciality):* peth(-au) neilltuol/arbennig/hynod *m,* arbenigrwydd *m,* neilltuolrwydd *m,* penodolrwydd *m,* hynodrwydd *m; pl.* hynodion. **2.** *(= minuteness):* manylrwydd *m,* manyldeb *m,* manylder *m,* manyldra *m.* **3.** *Theol:* **scandal of ~,** tramgwydd (*m*) y neilltuol.

particularize *v.t.* *(a) (= specify):* nodi, enwi (rhth) (yn fanwl or fesul un); *(b) abs.* manylu (ar rth), mynd i fanylion (ynghylch rhth).

particularly *adv.* yn arbennig, yn enwedig, yn anad dim; **notice ~ that. . .,** sylwch yn arbennig fod. . .; **most ~,** yn anad dim, yn anad unpeth, yn anad popeth; **I ~ asked him to go,** pwysais arno i fynd; mi ofalais ofyn iddo fynd; mi ofynnais yn unswydd/benodol iddo fynd.

particulate *a. & n.* **1.** *a.* gronynnol, gronynnog; *Biol:* **~ inheritance,** etifeddiad gronynnol *m.* **2.** *n.* defnydd gronynnol *m,* gronynnau *pl.*

partie carrée *n.* pedwarawd(-au) *m,* grŵp (grwpiau) (*m*) o bedwar/bedair.

parting[1] *a.* **1. ~ line,** llinell raniadol (llinellau rhaniadol) *f,* llinell rannu (llinellau rhannu), gwahanlin(-iau) *f,* rhaniad(-au) *m.* **2.** *(of friends &c):* ymadawol, sy'n ymwahanu, ymwahanol, ar wahanu; *A: Poet:* **the ~ day,** y diwetydd *m,* diwedd (*m*) y dydd, terfyn (*m*) dydd, yr hwyrddydd *m;* **a ~ kiss,** cusan ffarwel/farwél, cusan cyn mynd/ymadael; **a ~ shot,** ergyd olaf *fm,* gair olaf *m,* gair dros ysgwydd, sylw wrth ymadael; **a few ~ directions,** ychydig gyfarwyddiadau cyn ymwahanu/ffarwelio.

parting[2] *n.* **1.** *(a) (line):* rhaniad(-au) *m,* ymraniad(-au) *m; (of friends, waters &c):* ymwahaniad *m,* gwahaniad *m; S.a.* **watershed; at the ~ of the ways,** wrth ymwahanu, wrth ffarwelio, ar y groesffordd, lle mae'r llwybrau'n gwahanu; *Lit:* **~ is such sweet sorrow,** mae'r gwahanu hwn yn boen mor felys; *(b) (= departure):* ymadawiad(-au) *m.* **2.** *(of cable &c):* toriad(-au) *m.* **3.** *(of the hair): N:* rhesen wen (rhesi gwynion) *f,* hacen wen (haciau gwynion) *f, S:* rhaniad. **4.** *Min:* partin(-s) *m.* **~-off** *vn. Tchn:* partio; *Carp:* **~-off tool,** erfyn (arfau) (*m*) partio. **~ powder** *n.* powdwr (*m*) partio. **~ sand** *n.* tywod (*m*) partio.

partisan[1] *a. & n.* **1.** *a.* pleidiol, pleidgar, dallbleidiol; **~ spirit,** pleidgarwch *m.* **2.** *n. Pol:* pleidiwr (pleidwyr) *m,* dallbleidiwr (dallbleidwyr), cefnogwr (cefnogwyr) *m; Mil: (= guerilla):* herwfilwr (herwfilwyr) *m,* partis|an (partisaniaid) *m&f.*

partisan[2] *n. Hist:* gwaywffon (gwaywffyn) hir *f,* halbert(-au) *f.*

partisanship *n.* pleidgarwch *m,* dallbleidiaeth *f,* partisaniaeth *f.*

partita *n. Mus:* partita (partitâu, partite) *mf.*

partite *a. Bot: Ent:* rhanedig.

partition[1] *n.* **1.** *(of land &c):* rhaniad(-au) *m,* dyraniad(-au) *m,* dosraniad(-au) *m,* dyrannu *vn,* rhannu *vn,* dosrannu *vn.* **2.** *(= wall):* pared (parwydydd) *m,* canolfur(-iau) *m,* partisiwn (partisiynau) *m;* **a wooden ~,** palis(-au,-oedd) (*m*) pren, *N.E:* sbur(-iau) *m; (of cowshed):* cefngor(-au) *m* (*pronounced* ng-g). **3.** *Mth: Cmptr:* ymraniad(-au) *m.* **~ aspect** *n.* agwedd (*f*) ymraniad. **~ chromatography** *n.* cromatograffeg ddosrannol *f.* **~ co-efficient** *n.* cyfernod(-au) (*m*) dosrannu.

partition[2] *v.t.* **1.** *(land &c):* rhannu, dyrannu; *abs. Mth:* ymrannu. **2. to ~ off (a room),** rhannu (ystafell) â phalis; **to ~ off part of a room,** gwahanu rhan o ystafell â phalis.

partitioned *a.* **1.** *(land):* rhanedig. **2.** *(room):* parwydog, palisog.

partitive *a. & n. Gram:* **1.** *a.* cyfrannol; **~ genitive,** genidol cyfrannol *m.* **2.** *n.* gair (geiriau) cyfrannol *m.*

partitively *adv.* yn gyfrannol.

partly *adv.* yn rhannol, o ran, mewn rhan; **~ paid,** rhandaledig, wedi ei dalu'n rhannol.

partner[1] *n.* **1.** *(= spouse, companion &c): Danc: Games:* cymar (cymheiriaid) *m&f,* cymhares (cymaresau) *f,* partner(-iaid) *m,* partneres(-au) *f.* **2.** *Com: Jur:* **junior ~,** partner iau/ieuaf, partneres iau/ieuaf, isbartner(-iaid) *m,* isbartneres(-au) *f;* **senior ~,** uwchbartner(-iaid) *m,* uwchbartneres(-au) *f;* **sleeping ~,** *(i) Com:* partner segur; *(ii)* = **bedmate; working ~,** partner gweithredol; *N. W: Min:* **partners in a bargain,** criw (*m*) bargen. **3.** *Jur:* **~ in crime,** cyfrannog (cyfranogion) (*m&f*) mewn trosedd, cyd-droseddwr (~-droseddwyr) *m,* cyd-dros|eddwraig *f; Joc:* cydbechadur (-iaid) *m,* cydbechadures(-au) *f.* **4.** *pl. N.Arch:* trawstiau.

partner[2] *v.t.* **1. to ~ s.o.,** bod yn gymar/gymhares &c (i rn), partneru [â] (rhn). **2. to ~ s.o. with s.o.,** rhoi rhn yn gymar/gymhares i rn, paru rhn â rhn.

partnerless *a.* heb gymar/gymhares, digymar, dibartner, unig.

partnership *n.* **1. ~ in crime,** cyfranogaeth (*f*) mewn trosedd. **2.** *Com:* partneriaeth(-au) *f;* **to enter into ~ (with s.o.),** mynd yn bartner (i rn, â rhn); **to take s.o. into ~,** derbyn rhn yn bartner.

partridge *n.* **1.** *Orn:* **common/grey/English ~,** *(Perdix perdix):* petrisen (petris) *f, Lit: occ:* clugiar (clugieir) *f;* **bamboo ~,** *(Bambusicola thoracia):* petrisen y bambŵ; **Barbary ~,** *(Alectoris barbara):* petrisen Gogledd |Affrica; **black ~,** *(Francolinus francolinus):* petrisen ddu (petris duon); **French ~, Guernsey ~,** = **red-legged partridge**; **Greek ~,** *(Caccabis saxatilis):* petrisen y graig, petrisen Roegaidd (petris Groegaidd); **red-legged ~,** *(A. rufa):* petrisen goesgoch (petris coesgoch); **rock ~,** = **Greek partridge**; **sand ~,** *(Ammoperdix heyi):* petrisen y tywod; **see-see ~,** *(A. griseogularis):* petrisen fach y tywod (petris bach y tywod); **snow ~,** *(Lerwa nivicola):* petrisen yr eira. **2.** *Fish:* **~ and green,** petrisen corff gwyrdd; **~ and orange,** petrisen corff oren; **~ and gold,** petrisen corff melyn. **~-berry** *n. Bot:* llusen (llus) (*f*) y petris. **~-breasted aloe** *n. Bot:* plu (*pl*) petris. **~-shell** *n. Conch: (Dolium perdix):* cragen fraith (cregyn brithion) *f.* **~-wood** *n. Carp:* petrisgoed *m,* coed brith *m.*

Partrishow *W.Pl.n.* Pertrisw *m,* Partrisio *m, A:* Merthyr Isw *m.*

parturient *a. & n.* **1.** *a.* ar fin esgor; **~ (cow),** (buwch) ar fin [h]alu, ar ben ei hâl, ar ben ei hamod, yn dywyddu, yn dwddu; **a ~ cow,** buwch ddywydd (buchod dywydd). **2.** *n.* gwr|aig (gwragedd) (*f*) ar esgor.

parturition *n.* esgor *vn,* esgoriad(-au) *m,* esgoredigaeth(-au) *f,* genedigaeth(-au) *f; (of cow):* [h]âl ([h]alau, [h]aloedd) *f,* bwrw/taflu (*vn*) llo; *(of mare):* bwrw/taflu ebol.

party[1] *n. & attrib.* I. *n.* **1.** *Pol:* plaid (pleidiau) *f.* **2.** *(pleasure):* parti(-s, partïon) *m*; **tea-~**, te-parti(-s) *m.* **3.** *(a) (of travellers &c):* grŵp (grwpiau) *m*, cwmni (cwmnïau, cwmnïoedd) *m*, parti (partïon) *m*, criw(-iau) *m*, *Lit:* mintai (minteioedd) *f*, bagad(-au) *m*; **will you join our ~?** a wnewch chi ymuno â ni? **we are a small ~**, ychydig ohonom sydd; **I was one of the ~**, 'roeddwn i yn eu plith; 'roeddwn i'n un o'r grŵp/criw/cwmni/fintai; *(b)* **rescue ~**, criw achub; *(c) Mil:* mintai; **advance ~**, mintai flaen (minteioedd blaen); *Mil:* **firing-~**, mintai saethu (minteioedd saethu). **4.** *(a) Jur:* **~ to a dispute,** plaid mewn achos, parti (partïon) *m*; **to be ~ to a suit,** cyfreithio, mynd i gyfraith, bod mewn achos; **~ and ~ costs,** costau rhwng parti a pharti; *(b) Com:* **to become ~ to an agreement,** arwyddo cytundeb; **a third ~**, trydydd person; *(c)* **to be [a] ~ to a crime,** bod yn gyd-droseddwr, bod â rhan mewn trosedd, bod yn gyfrannog o drosedd; **to be no ~ to sth,** bod heb ran mewn rth; **I'll be no ~ to it,** ni chymeraf i unrhyw ran ynddo; **I was no ~ to it,** nid oedd a wnelwyf i ddim â'r peth; nid oedd gennyf ran yn y peth; *(d)* **a ~ (of the name of Jones),** rhn, dyn (o'r enw Jones); **an old ~ with spectacles,** hen begor(-iaid) *(m)* â sbectol; *Joc:* **collapse of stout ~**, y dyn tew yn datchwyddo. II. *attrib.* [ar y] cyd, cydrannol, a rennir, rhanedig. **~-coloured** *a.* = **particoloured. ~ dress** *n.* gwisg *(f)* barti (gwisgoedd parti). **~ girl** *n. U.S:* = **prostitute. ~-goer** *n.* partïwr (partïwyr) *m*, partïwraig (partiwragedd) *f.* **~ line** *n.* **1.** *Pol:* p|olisi *(m)* plaid; **to toe the ~ line,** dilyn polisi plaid, cydymffurfio. **2.** *Tp:* llinell(-au) *(f)* ar y cyd. **~ man** *n.m.* pleidiwr (pleidwyr), cefnogwr (cefnogwyr) plaid; **I was never much of a ~ man,** ni fûm i erioed yn fawr o ddyn plaid. **~ member** *n.* aelod(-au) *(m)* o blaid. **~ politics** *n.pl.* gwleidyddiaeth bleidiol *f*, gwleidyddiaeth plaid. **~ spirit** *n.* **1.** *Pol:* pleidgarwch *m.* **2.** *(= high spirits):* hwyl *f*, hwylgarwch *m*, hwyliogrwydd *m*, brwdfrydedd *m*, sêl *f*, asbri *m.* **~ structure** *n.* adeiladwaith cydrannol *m.* **~ wall** *n. Cost:* gwahanfur(-iau) *m*, mur cydrannol, mur cyd, pared (parwydydd) *m.* **~ warfare** *n.* rhyfela *(vn)* pleidiol, rhyfela rhwng pleidiau.

party[2] *a. Her:* parthedig.

parvenu *n. & attrib.* **1.** *n.* ***parvenu(-s)*** *m*, crachfonheddwr (crachfonheddwyr) *m*, newydd-ddyfodiad (~-ddyfodiaid) *m.* **2.** *attrib.* crachfonheddig, newydd-ddyfod.

parvis *n.* porth *(m)* eglwys (pyrth eglwysi).

pas *n.* **1.** *(= precedent):* blaenoriaeth *f.* **2.** *Danc:* cam(-au) *m*; ***~ de bourré***, cam bwre; ***~ de chat***, cam cath; ***~ de cheval***, cam march; ***~ de deux***, dawns *(f)* i ddau; ***~ seul***, dawns i un.

pascal[1] *n. Ph: Meas:* pascal(-au) *m.*

PASCAL[2] *n. Cmptr:* PASCAL *mf.*

Pascalian *a.* Pascalaidd; **the ~ wager,** cyngwystl *(m)* Pascal.

paschal *a.* [y] Pasg, Pasgaidd; **~ cycle,** cylch y Pasg; **the P~ Lamb,** Oen *(m)* y Pasg.

pash *n. F:* **she has a ~ for/on him,** mae hi dros ei phen a'i chlustiau mewn cariad ag ef; *S:* mae hi wedi ffoli/dwli arno; *N:* mae hi wedi drysu amdano; mae hi wedi mopio'i phen amdano; mae hi wedi holpio amdano.

pasha *n.* rhaglaw(-iaid) *m.*

pashalic *n.* talaith (taleithiau) *f.*

pashka *n. Cu:* pashca *m.*

pashm *n. Tex:* manflew *pl.*

pasodoble *n. Mus: Danc:* pasodoble(-s) *mf.*

pasque-flower *n. Bot:* blodyn *(m)* y Pasg (blodau'r Pasg).

pasquinade *n.* dychangerdd(-i) *f (pronounced* ng-g).

pass[1] *n.* **1.** *Geog:* bwlch (bylchau) *m*; **Horseshoe P~**, Yr Oernant; **Crimea P~**, Bwlch y Gorddinen; **Aberglaslyn P~**, Y Gymwynas *f*, Bwlch *(m)* Aberglasyn; *Fig:* **to hold the ~**, dal yr allwedd (i rth); **to sell the ~**, bradychu'r achos. **2.** *Nau:* ffordd glir (ffyrdd clir) *f*, tramwyfa (tramwyf|eydd) *f.*

pass[2] *n.* **1.** *(a) Lit:* **to come to ~**, digwydd, darfod; **it came to ~ that he died,** darfu iddo farw; **to bring sth to ~**, peri i rth ddigwydd, achosi rhth; *(b)* **things have come to a pretty ~**, mae hi'n sobor o beth; mae hi wedi mynd; mae hi wedi mynd i'w chrogi; *N: occ:* mae hi wedi mynd ryw fyd; **it's come to a pretty ~ when it's not safe to go out,** mae hi wedi mynd nad yw hi'n ddiogel mynd allan. **2.** *Sch:* llwyddiant (llwyddiannau) *m*, *F:* pas *m*; **to obtain a ~**, llwyddo mewn arholiad, pasio. **3.** *(a) (conjuror's):* chwifiad(-au) *m*; *pl. F:* migmars, mosiwns; *(b) Fenc:* rhagwth(-ion) *m*; *F:* **to make a ~ at a girl,** ceisio codi merch, rhoi cynnig ar ferch, *N. W: occ:* trio cael hwyl ar ferch, tynnu ar ferch, trio mynd i'r afael â merch. **4.** *(= written permission):* caniatâd *m*, gwarant(-au) *mf*, trwydded(-au) *f*; **vagrant ~**, trwydded *(f)* grwydro; **a free ~**, tocyn(-nau) rhad *m*, tocyn am ddim. **5.** *Sp:* pas(-[i]au) *m*; **bounce ~**, pas bowndio/tampio; **centre ~**, pas cyntaf; **chest ~**, pas o'r frest; **forward ~**, pas ymlaen; **javelin ~**, pas gwaywffon; **one-handed ~**, pas unllaw; **overarm ~**, pas dros ysgwydd; **penalty ~**, pas cosb; **reverse ~**, pas gwrthol; **shoulder ~**, pas o'r ysgwydd; **underarm ~**, pas dan ysgwydd. **6. to give s.o. a ~ (in a car &c),** rhoi pas *(m)* i rn, rhoi lifft *(f)* i rn. **~ degree** *n. Sch:* gradd gyffredin (graddau cyffredin) *f*, gradd pasio, gradd heb anrhydedd. **~ door** *n. Th:* drws *(m)* trwydded. **~ laws** *n.pl. S.A:* deddfau trwydded. **~-mark** *n. Sch:* marc *(m)* llwyddo/pasio.

pass[3] *v.i.&t.* **1.** *v.i.* mynd heibio, *F:* pasio; *(a)* **to ~ into a room,** mynd i mewn i ystafell; **words passed between them,** fe aeth hi'n ffrae/ddrwg rhyngddynt; *N. W: occ:* fe aeth hi'n godiad; *Mil:* **~, friend!** ymlaen, gyfaill! yn eich blaen, gyfaill! **the procession passed by,** aeth yr orymdaith heibio; *(b)* **let it ~!** bid a fo am hynny! boed hynny fel y bo! gad(-[e]wch) iddo fod! **be it said in passing,** hynny wrth fynd heibio. **2.** *(of time):* **when five minutes had passed,** ar ôl pum munud, wedi i bum munud fynd heibio, ar ben pum munud; **how time passes!** dyna fuan yr â'r amser heibio! dyna fynd y mae'r amser! **the day passed without my doing anything,** aeth y diwrnod i'r brenin; diwrnod i'r brenin a fu hwnnw. **3. to ~ away,** *(of storm, depression &c):* diflannu, mynd, darfod, cilio, dod i ben, diweddu, terfynu; *(= die):* marw, huno. **4. to come to ~**, digwydd, darfod. **5. (a coin) that passes (in England),** (darn arian) sydd mewn cylchrediad, sy'n cylchredeg (yn Lloegr); **that won't ~!** ni wnaiff hynny mo'r tro! mae'n annerbyniol! **she passes for a great beauty,** ystyrir hi'n ferch hardd iawn. II. *v.t.* **1.** *(a) (= go past):* mynd o flaen rhth, mynd heibio i rth, *F:* pasio rhth; *(b) Rail:* **to ~ a station,** mynd trwy orsaf, mynd heibio i orsaf; *(c) Com:* **to ~ a dividend,** peidio â thalu difidend; *but S.a.* **pass**[3] II. **2.** *(a)*; *(d)* **to ~ a frontier,** croesi ffin, mynd dros ffin; *(e) (= go beyond):* mynd y tu hwnt (i rth); **that passes my comprehension,** mae hynny y tu hwnt i'm deall i; mae hynny y tu hwnt i mi; *B:* **the peace of God, which passeth all understanding,** tangnefedd Duw, yr hwn sydd uwchlaw pob deall; *(f) (= overtake):* mynd heibio (i rn), *Lit:* goddiweddyd (rhn), *F:* pasio (rhn); *(g)* **(to ~) a test, an exam,** (llwyddo mewn) prawf, arholiad; mynd trwy brawf/arholiad, *F:* pasio prawf/arholiad; *(h) abs. Parl:* **if the bill passes,** os â'r mesur drwodd; os derbynnir y mesur; **the book passed the censor,** cafodd y llyfr ganiatâd y sensor. **2.** *(a) (= approval):* derbyn, caniatáu (rhth), rhoi sêl bendith (ar rth); *Adm:* **to ~ an item of expenditure,** caniatáu eitem o wariant; *(of company):* **to ~ a dividend of 5%,** penderfynu ar ddifidend o 5%; *but S.a.* **pass**[3] II. **1.** *(c)*; *(b) Sch:* **to ~ a candidate,** derbyn/pasio ymgeisydd; *(c) Parl:* **to ~ a bill,** derbyn/pasio mesur. **3.** *(a) (= hand on):* estyn, rhoi, *occ:* cyrraedd, *F:* pasio, *S. W:* ercyd; **to ~ sth from hand to hand,** estyn rth o law i law; **~ the salt, please?** wnewch chi estyn yr halen, os gwelwch yn dda? **to ~ the buck,** taflu'r baich, bwrw'r cyfrifoldeb; *Fb:* **to ~ a ball,** pasio pêl; *(b)* **to ~ forged money,** pasio arian ffug. **4. he passed his hand through the bars,** sleifiodd/gwthiodd ei law rhwng y barrau; *Fig:* **to ~ a sponge over sth,** anghofio rhth, gadael i rth fynd yn angof, gollwng rhth dros gof; *Cu:* **to ~ vegtables through a sieve,** gogrwn llysiau. **5.** *Mil:* **to ~ troops in review,** arolygu milwyr; **to ~ one's eye over sth,** bwrw golwg dros rth, taflu llygad dros rth. **6.** *(= spend):* treulio, bwrw; **to ~ the spring abroad,** treulio'r gwanwyn oddi cartref; **to ~ away (the time),** bwrw, treulio, difyrru, *F:* pasio('r amser); **to ~ the weekend at home,** bwrw'r Sul gartref, bod gartref dros y Sul. **7.** *(a) Jur:* **to ~ sentence,** traddodi/rhoi dedfryd; **to ~ sentence on s.o.,** dedfrydu rhn; *(b) F:* **to ~ remark[-s] on sth,** gwneud sylw[-adau] ar rth; **8.** *Med:* **to ~ water,** gwneud dŵr, pasio dŵr; **to ~ blood,** pasio gwaed. **9.** *Cards: &c:* pasio, mynd heibio, *N:* nogio, *S:* jibo. **~ across 1.** *v.i.* croesi, mynd drosodd. **2.** *v.t.* **to ~ sth across to s.o.,** estyn/pasio rhth i rn. **~ along 1.** *v.i.* mynd, symud [ymlaen]; **to ~ along a street,** mynd ar hyd stryd; **~ along!** dos yn dy flaen (ewch yn eich blaen/blaenau)! **2.** *v.t.* estyn (rhth) o law i law. **~ away 1.** *v.i. (a) See* **pass**[3] I. 3; *(b)* = **die**[2]. **2.** *v.t. See* **pass**[3] II. **6. ~ down** *v.i.* mynd i lawr. **~ off 1.** *v.i. (a) (of pain):* mynd, diflannu, cilio, lleih|au, lleddfu; *(b)* **everything passed off smoothly,** aeth popeth yn ddidrafferth. **2.** *v.t. (a)* **to**

~ **sth off on s.o.,** twyllo rhn â rhth; *(b)* **to ~ oneself off as an artist,** cogio/smalio/honni bod yn artist, ymhonni'n artist; *(c)* **to ~ sth off [as a joke],** cymryd rhth yn sbort/hwyl; chwerthin am ben rhth. **~ on 1.** *v.i.* mynd/symud ymlaen (**to sth,** at rth). **2.** *v.t.* anfon/pasio rhth ymlaen. **~ out 1.** *v.i.* *(a) (of a room &c):* mynd/dod allan/mas (o le); *(b) Sch: Mil:* ymadael (â lle). **2.** = **faint[3], die[2]. 3.** *v.t.* **to ~ sth out of a window,** estyn rhth trwy ffenestr. **~ over** I. *v.i.* **1.** *(a)* croesi, mynd drosodd; **to ~ over a river,** croesi afon, mynd ar draws afon; *(b) (in silence):* mynd heibio (i rth), gadael (rhth) allan, hepgor (rhth); **I will ~ over his conduct,** ni soniaf ddim am ei ymddygiad; **2.** *(a)* **to ~ over to the enemy,** mynd drosodd at y gelyn; *(b) (of storm):* mynd heibio, gostegu, ymdawelu, dod i ben, hwylio i lawr. III. *v.t.* **1.** rhoi, estyn, pasio (rhth i rn). **2. to ~ s.o. over,** *(in promotion &c):* anwybyddu rhn, mynd dros ben rhn. **~ round 1.** *v.i.* *(a) (an obstacle):* mynd heibio (i rth), osg|oi (rhth); *(b)* **the bottle passed round,** aeth y botel o law i law. **2.** *v.t.* **to ~ round wine,** estyn gwin o law i law; **to ~ round the hat,** anfon yr het o gwmpas. **~ through** *v.i.* mynd trwodd; **to ~ through a country,** mynd trwy wlad. **~ up** *v.t.* **1.** codi rhth, estyn rhth i fyny *or S:* i lan. **2.** *U.S: (a chance &c):* gwrthod, colli.

passable *a.* **1.** *(bridge, river):* croesadwy; *(road):* tramwyadwy, agored, *Lit: occ:* hylwybr, hyffordd; **~ to vehicles,** agored i gerbydau. **2.** *(= not bad):* gweddol [dda], eithaf [da], lled dda, purion, derbyniol, cymeradwy, go lew, di-fai.

passably *adv.* **1.** yn weddol *&c*, yn lled dda, yn burion. **2.** *(before a.):* **~ correct,** gweddol gywir, lled gywir.

passacaglia *n. Mus:* ***passacaglia (passacaglie)*** *m.*

passage[1] *n.* **1.** *(a) (= going past):* hynt(-iau,-oedd) *f*, mynediad *m* [heibio], *occ:* tramwyad *m*; **the ~ of time,** treigl *(m)* amser; **he was given free ~,** cafodd fynd yn rhydd; **birds of ~,** adar ymfudol/teithiol; *(b) (= journey):* taith (teithiau) *f*; *(at sea):* mordaith (mordeithiau) *f*; **he worked his ~,** gweithiodd ei ffordd; *(c) Pol: (of a bill):* hynt *f*. **2.** *(a) (= corridor):* c|oridor (coridorau) *m*, cyntedd(-au) *m*; *(b) (= alley &c):* tramwyfa (tramwyf|eydd) *f*, rhodfa (rhodf|eydd) *f*, ale (-au,-on) *f*; **the North-West P~,** Tramwyfa'r Gogledd-Orllewin. **3.** *(a)* **air ~,** *Mec.E:* pibell(-au) *(f)* awyr, cwndid(-au) *(m)* awyr; *Min:* ffordd (ffyrdd) *(f)* aer/awyr; *(b) Anat: F:* **the back ~,** twll *(m)* y pen ôl, *S: occ:* y ffordd *(f)* bridd; **the front ~,** *F:* y lle *(m)* dŵr, ffordd ddŵr, y siop *f*, y gath fach *f*, Siani winten *f*. **4. ~ of arms** *(i) A: Mil:* ysgarmes(-oedd) *f*, ymladdfa (ymladdf|eydd) *f*; *(ii) (= quarrel):* ffrae(-on) *f*, ymryson(-au) *m*. **5.** *(of text):* rhan(-nau) *f*, darn(-au) *m*. **~ grave** *n. Archeol:* bedd(-au) *(m)* cyntedd. **~ work** *n. Mus:* adran *(f)* llanw (adrannau llanw).

passage[2] *v.i.&t. Equit:* ystlysu.

passageway *n.* **1. to leave a ~,** gadael ffordd glir/agored *(f)*. **2.** = **passage[1] 2.**

passant *a.* **1.** *Her:* rhygyngog. **2. *en* ~,** wrth fynd heibio.

passbook *n.* paslyfr(-au) *m*.

passé *a.* hen ffasiwn, wedi dyddio, ar ôl yr oes

passel *n. U.S: (= great many):* llawer(-oedd) *m*, llond *(m)* gwlad, peth wmbredd *m*.

passementerie *n. Needlew: Cost:* ***passementerie*** *m.*

passenger *n.* **1.** teithiwr (teithwyr) *m*, t|eithwraig (teithwragedd) *f*; **foot ~,** teithiwr ar droed/ddeudroed. **2.** *F: Sp: Ind:* diogyn(-nod) *m*, diogen(-nod) *f*. **~ car unit** *n. Aut:* uned(-au) *(f)* car. **~ mile** *n.* milltir *(f)* daith (milltiroedd taith). **~ pigeon** *n. Orn:* colomen *(f)* grwydr (colomennod crwydr). **~ terminal** *n.* terfynfa *(f)* deithwyr (terfynf|eydd teithwyr).

passe-partout *n.* **1.** *(= key):* prif allwedd(-i) *f*. **2. ~-~ framing,** ffrâm (fframiau) *(f)* ***passe-partout***.

passepied *n. Mus:* ***passepied*** *m.*

passer *n.* pasiwr (paswyr) *m*; **~ by,** dyn(-ion) *(m)* yn mynd heibio, merch(-ed) *(f)* yn mynd heibio; **passers-by,** pobl *(f or pl)* yn mynd heibio.

passerine *a. & n. Orn:* **1.** *a.* golfanaidd. **2.** *n.* golfan(-od) *f*.

passibility *n. Theol:* hyboenedd *m*.

passible *a. Theol:* hyboen.

passing[1] *a. & adv.* **1.** *(a) (pers.):* yn mynd heibio; **~ events,** digwyddiadau amserol; **a ~ remark,** sylw didaro, sylw wrth fynd heibio; *(b) (= brief):* darfodedig, dros dro, diflannol, byrhoedlog; **the ~ hour,** yr awr ddiflannol. **2.** *adv.* = **extremely.**

passing[2] *vn.* *(a) See* **pass[3], passage;** *(b) (= death):* marwolaeth (-au) *f*, ymadawiad(-au) *m*; *Lit:* **The P~ of Arthur,** Ymadawiad Arthur. **~-bay** *n. Aut:* man(-nau) *(m)* pasio. **~-bell** *n.* cnul(-iau) *m*, clul(-iau) *m*, cloch (clychau) *(f)* angladd, cloch gnul (clychau cnul). **~-note** *n. Mus:* nodyn (nodau) *(m)* camu, nodyn cyplad. **~ 6/4 chord** *n. Mus:* cord(-iau) *(m)* 6/4 camu/cyplad.

passion[1] *n.* **1. the P~ [of Christ],** y Dioddefaint *m*, y Pasiwn *m*; **St. Matthew P~,** y Dioddefaint yn ôl Sant Mathew. **2.** *(a) (esp. sexual):* nwyd(-au) *mf*, *occ:* traserch *m*; *(of expression, words):* angerdd *m*, angerddoldeb *m*; *(= eagerness):* brwdfrydedd *m*; **she has a ~ for painting,** mae ganddi awch *(m)* am baentio; mae hi'n frwd am baentio; **a ~ for work,** awch i weithio, hoffter o waith, cariad at waith. **3.** *(= temper):* gwylltineb *m*, ffyrnigrwydd *m*, angerdd; *See* **anger[1]**; **to go into a ~,** gwylltio, digio, cynddeiriogi, mynd yn wyllt gynddeiriog, mynd yn gacwn gwyllt, ynfydu, *S:* mynd yn wynad. **4.** *(= love):* traserch *m*, serch(-iadau) *m*, cariad *m* (**for s.o.,** at rn); **to conceive a ~ for s.o.,** rhoi'ch serch/bryd ar rn, ymserchu yn rhn; **a grand ~,** traserch mawr, cariad angerddol. **5. she burst into a ~ of tears,** dechreuodd feichio wylo; aeth i bwl *(m)* o ddagrau; *S:* dechreuodd lefain y glaw. **~-flower** *n. Bot: (Passiflora):* llysiau *(pl)* poen, blodyn *(m)* y dioddefaint (blodau'r dioddefaint). **~-fruit** *n. Bot:* granadila(-s) *m*. **P~-play** *n. Lit: Hist:* drama*(f)*'r Pasg, drama'r Dioddefaint, drama'r Pasiwn. **P~ Sunday** *n.* Sul *(m)* y Dioddefaint. **P~ Week** *n.* Wythnos *(f)* y Dioddefaint.

passion[2] *v.i. Poet:* teimlo/mynegi/dangos angerdd.

passional *a. & n.* **1.** *a.* angerddol, nwydus, nwydwyllt. **2.** *n.* llyfr(-au) *(m)* Pasiwn.

passionate *a.* **1.** *(speech &c):* angerddol, tanbaid, brwd, brwdfrydig. **2.** *(pers., love):* nwydwyllt, nwydus, tanbaid, *N.W:* gwyllt, gwaedwyllt.

passionately *adv.* yn angerddol *&c*.

Passionist *n.* Dioddefwr (Dioddefwyr) *m*, Diodd|efwraig (Dioddefwragedd) *f*.

passionless *a.* diangerdd, dideimlad, oeraidd.

passionlessness *n.* diffyg *(m)* angerdd/teimlad, dideimladrwydd *m*, oerni *m*.

Passiontide *n.* Wythnosau*(pl)*'r Dioddefaint.

passivate *v.t.* goddefoli.

passivation *n.* goddefoliad *m*, goddefoli *vn*.

passive *a. & n.* **1.** *a.* goddefol; **~ resistance,** gwrthsafiad goddefol/di-drais *m*. **2.** *n. Gram:* **the ~ [voice],** y stad oddefol *f*, y goddefol *m*.

passively *adv.* yn oddefol.

passiveness, passivity *n.* goddefolrwydd *m*, goddefoldeb *m*, goddefedd *m*.

passkey *n.* pas-allwedd(-au,-i) *f*.

passman *n.m. Sch:* pasman: pasmon (pasmyn).

Passover *n.* y Pasg *m*, Gŵyl *(f)* y Bara Croyw.

passport *n.* trwydded *(f)* deithio (trwyddedau teithio), pasport(-[i]au) *m*; *Fig:* **flattery is the sole ~ to his favour,** gweniaith yw'r unig ddull o ennill ei ffafr.

password *n.* cyfrinair (cyfrineiriau) *m*; *(loosely):* arwyddair (arwyddeiriau) *m*.

past[1] *a. & n.* **1.** *a.* *(a)* cynt, o'r blaen, wedi mynd heibio, a aeth heibio; *(with titles &c):* cyn + *soft mut.*; **a remembrance of things ~,** atgof am bethau a fu; cof am y pethau a fu; **those days are ~,** aeth y dyddiau hynny heibio; darfu am y dyddiau hynny; **~ chairman,** cyn-gadeirydd(-ion) *m*; *Sch:* **~ papers,** hen bapurau; *Sch:* **~ questions,** hen gwestiynau; **in times ~,** gynt, yn y dyddiau gynt, yn yr amseroedd gynt, yn yr hen ddyddiau/amseroedd, ers talwm, ers llawer dydd, yn y dyddiau [a] fu, yn yr oes o'r blaen; *(b) Gram:* **~ participle,** rhangymeriad(-au) gorffennol *m*; **~ definite, ~ historic [tense],** amser gorffennol *m*; *(c)* **in these ~ years,** yn [ystod] y blynyddoedd diwethaf/diweddaraf hyn; **for some time ~,** ers peth amser, ers tipyn, ers tro. **2.** *n.* *(a)* gorffennol *m*, yr oes *(f)* o'r blaen, doe/ddoe *m*; **in the ~,** yn yr oes o'r blaen, yn y gorffennol, gynt, ers talwm, ers llawer dydd; *Lit:* **the ~ is another country,** gwlad arall yw'r gorffennol; *Prov:* **you can't undo the ~,** ni ddaw i neb ddoe yn ôl; **as in the ~,** fel o'r blaen, megis cynt, fel yn y gorffennol; **(the custom is) a thing of the ~,** (mae'r arferiad) yn perthyn i'r oes o'r blaen, wedi chwythu ei blwc, wedi darfod o'r tir, wedi darfod amdano, wedi mynd i golli; *Lit:* darfu am yr arferiad; *(b)* **a town with a ~,** tref hanesyddol; *(c)* **someone who has a ~,** rhn a hanes *(m)* iddo. **~ master** *n.* **1.** *(= expert):* arbenigwr (arbenigwyr) *m*, campwr (campwyr) *m*, pencampwr (pencampwyr) *m*, *F:* giamstar(-s) *m*, giamblar(-s) *m* **(at sth,** ar rth). **2.** *(= former master):* cyn-feistr(-i) *m*.

past[2] *prep. & adv.* **1.** *prep.* wedi (rhth), ar ôl (rhth), y tu draw (i rth), y tu hwnt (i rth), heibio (rhth *or* i rth); *(a)* **(a little) ~ (the bridge),** (ychydig) y tu hwnt, y tu draw (i'r bont), heibio ([i]'r bont); **(no goods) ~ this point, ~ here,** (dim nwyddau) heibio i'r fan hon; **to walk ~ s.o.,** cerdded heibio i rn; *(b) (= more than):* **he is ~ eighty,** mae ef dros ei bedwar ugain; mae wedi gweld ei bedwar ugain; *(c)* **a quarter ~ four,** chwarter wedi pedwar; *(d)* **~ all understanding,** uwchl|aw pob deall; **it's ~ endurance,** mae'n annioddefol; **(that's) ~ all belief,** (mae hynny'n) ormod i'w gredu, anhygoel, anghredadwy; **he's ~ his work;** *F:* **he's ~ it,** mae'n mynd ar ei hen sodlau; mae wedi gweld ei ddyddiau gwell/gorau; mae'n rhy hen iddi; mae'r gwaith yn mynd yn drech nag ef; **I was ~ caring,** nid oedd wahaniaeth gennyf bellach; **I wouldn't put it ~ him,** nid yw y tu hwnt iddo; mae'n ddigon drwg i'w wneud; ni synnwn i ddim petai'n gwneud hynny; *N.W: occ:* rown i ddim chwech ar ei droed o; **they're ~ praying for,** ofer gweddïo drostynt. **2.** *adv.* heibio; **to walk/go ~,** mynd heibio.

pasta *n. Cu:* pasta *m*.

paste[1] *n.* **1.** *Cu: &c:* pâst (pastau) *m*; **fish ~,** pâst pysgod. **2.** *Lap:* pâst *m*, gem(-au) ffug *f*. **~ marbling** *vn. Bookb:* marmori â phâst.

paste[2] *v.t.* **1.** pastio, *occ:* gludio. **2.** *F:* = **hit[2] 2. ~-up** *n.* pastiad(-au) *m*, clytwaith (clytweithiau) *m*.

pasteboard *n.* pasbord *m*, cardbord *m*; *Bookb:* gludfwrdd *m*.

pasted *a.* pastiog, gludiog.

pastedown *n. Bookb:* glud-ddalen(-nau) *f*.

pastel[1] *n. Art:* pastel(-au,-i) *m*. **~ colour** *n.* lliw(-iau) golau *m*, lliw pastel. **~ drawing** *n.* llun(-iau) *(m)* pastel, pastel-lun(-iau) *m*.

pastel[2] *Bot: Dy:* = **woad.**

pastellist *n.* pastelwr: pastelydd (pastelwyr) *m*.

paster *n.* **1.** *(= pers.):* pastiwr (pastwyr) *m*, gludiwr (gludwyr) *m*. **2.** *(= sticker):* gludyn (gludion) *m*.

pastern *n.* egwyd(-au,-ydd) *f*, meilwng (meilyngau) *m*. **~ joint** *n.* plygiad(-au) *m*.

pasteurism *n. Med:* pasteuriaeth *f*, triniaeth *(f)* Pasteur.

pasteurization *n.* pasteureiddio, pasteureiddiad *m*.

pasteurize *v.t.* pasteureiddio, *F: N:* sgaldio, *S:* sgaldanu.

pasteurized *a.* pasteureiddiedig, pasteuraidd.

pasticcio, pastiche *n.* clytwaith (clytweithiau) *m*; *Mus:* ***pastiche(-s)*** *m*.

pastil, pastille *n.* pastil(-iau) *m*.

pastime *n.* difyrrwch (difyrion) *m*. **~ worker** *n.* gweithiwr (gweithwyr) *(m)* hamdden.

pasting *vn.* **1.** *See* **paste[2] 2.** *F: See* **beating 2.**

pastis *n.* pastis *m*.

pastor *n.* **1.** *Ecc:* bugail (bugeiliaid) *m*, gweinidog(-ion) *m*; **to act as ~,** bugeilio, gweinidogaethu; *U.S:* **P~ John Jones,** y Parchedig John Jones. **2.** *Orn:* drudwen rosliw (drudwy rhosliw) *f*.

pastoral *a. & n.* **1.** *a.* *(a) Lit: &c:* bugeiliol; **~ poem,** bugeilgerdd(-i) *f*; *(b) Ecc:* bugeiliol, gweinidogaethol; **~ care/ charge,** gofal eglwysig *m*, bugeiliaeth(-au) *f*, gofalaeth bugeiliol (gofalaethau bugeiliol) *f*; **~ letter,** llythyr(-au,-on) bugeiliol *m*; **~ staff,** bugeilffon (bugeilffyn) *f*; *(of bishop):* bagl(-au) *f* [esgob]. **2.** *n.* bugeilgerdd(-i) *f*, *occ:* bugeilgan(-au) *f*, bugeileg(-ion) *f*.

pastorale *n. Mus:* = **pastoral 2.**

pastoralia *n.pl.* pastoralia.

pastoralism *n.* bugeilyddiaeth *f*.

pastoralist *n.* ffermwr (ffermwyr) *(m)* defaid/gwartheg, bugeiliwr (bugeilwyr) *m*.

pastorality *n.* bugeilioldeb *m*.

pastorally *adv.* yn fugeiliol.

pastorate *n.* bugeiliaeth(-au) *f*, gofalaeth(-au) *f*.

pastorship *n.* gweinidogaeth(-au) *f*.

pastry *n.* **1.** *Cu: (= dough):* toes *m*; *(baked):* crwst *m*; **to make ~,** *N.W: occ:* gweithio crwst; **biscuit ~,** *S:* crwst bisgïen, *N:* crwst bisgeden; **cheese ~,** crwst caws; **choux ~,** crwst ***choux***; **flaky ~,** crwst haenog; **hot water crust ~,** crwst dŵr poeth; **oatmeal ~,** crwst blawd ceirch; **puff ~,** crwst pwff; **rough puff ~,** crwst pwff bras; **short crust ~,** crwst brau; **suet crust ~,** crwst siwed. **2.** *(cake):* teisen(-nau) *f*, cacen(-nau,-ni, *S:* cacs) *f*. **~ board** *n.* bwrdd (byrddau) *(m)* toes/crwst, estyllen *(f)* does (estyll toes), estyllen grwst (estyll crwst), *S:* bord *(f)* grasu (bordydd crasu). **~ brush** *n.* brwsh(-is) *(m)* crwst. **~-cook** *n.* teisennwr (teisenwyr) *m*, pasteiwr (pasteiwyr) *m*, teis|enwraig (teisenwragedd) *f*, past|eiwraig (pasteiwragedd) *f*. **~ cutter** *n.* torrwr (torwyr) *(m)* crwst. **~ knife** *n.* cyllell *(f)* grwst (cyllyll crwst).

pasturable *a.* porfadwy, hybawr.

pasturage *n.* **1.** *(= pasturing):* porfelaeth *f*, hawl *(f)* pori, hawl mynydd. **2.** = **pasture[1] 1.**

pasture[1] *n.* **1.** *(= grazing land):* porfa (porf|eydd, porfâu, porfaoedd) *f*, tir(-oedd) *(m)* pori, cae(-au) *m*, gweirglodd(-iau) *f*, dôl (dolau, dolydd) *f*, *S.E: occ:* gweirlod(-ydd), *occ:* porfel(-oedd) *f*, porfeldir(-oedd) *m*, *S.E:* pordon *m*; **rich in ~,** porfelog; **green ~,** porfa las (porfeydd gleision); *B:* **green pastures,** porfeydd gwelltog; **to live off scarce ~,** *(of animals):* byw ar eu dannedd; **common/joint ~,** comin(-s) *m*, cytir(-oedd) *m*, tir(-oedd) cyd *m*; **they moved to greener pastures,** aethant i borfeydd mwy gwelltog; newidiasant eu porfa; **mountain ~,** porfa fynydd (porfeydd mynydd); **rough ~,** porfa arw (porfeydd garw/geirw/geirwon). **2.** = **pasturage 1. ~ land** *n.* tir(-oedd) *(m)* pori, porfeldir(-oedd) *m*.

pasture[2] *v.i.&t.* **1.** *v.i.* *(of animals):* pori. **2.** *v.t.* *(of shepherds):* rhoi (anifail) i bori; pori, porfelu, porfela.

pasturing *vn.* porfelaeth *f*, porfelu, porfela.

pasty[1] *a.* **1.** *(mixture &c):* gludiog, pastiog. **2.** *(face):* llwyd(-ion), gwelw(-on), piglwyd(-ion), piglas (pigleision). **~-faced** *a.* ag wyneb llwyd, wyneblwyd, ag wyneb fel y galchen.

pasty[2] *n. Cu:* pastai (pasteiod) *f*, pasten(-ni) *f*.

pat[1] *n.* **1.** palfod(-au) *f*, pat(-iau) *m*, patiad(-au) *m*, ffaten (ffatiau) *f*, ffat(-iau) *f*, pratiad(-au) *m*, ffatiad(-au) *m*, lab(-iau) *m*, wab(-iau) *m*, clipen (clipiau) *f*, cnith(-iau) *m*, *Lit: occ:* cis(-iau) *m*; **to give s.o. a ~ on the back,** curo cefn rhn. **2.** *(of butter):* talp(-iau) *m*, *N.W:* print(-iau) *m*, printen (printiau) *f*, *S.W:* preint *m*, *S.E:* seigen(-ni) *f*, sigan *m*; **to make butter pats,** *S.E:* shigina. **~-a-cake** *n. Games:* tylino, tylino, tylino torth wen.

pat[2] *v.t.* taro (rhth) yn ysgafn; patio, ffatio, ffatian, pratio; **to ~ a dog,** anwesu ci, *S.W: F:* rhoi 'ta i gi, rhoi maldod i gi, *N: F:* rhoi "o bach" i gi, *S: occ:* canmol ci; **to ~ s.o. on the back,** curo cefn rhn.

pat[3] *adv. & a.* **1.** *adv.* **he answered ~; his answer came ~,** atebodd yn syth; yr oedd ganddo ateb parod; yr oedd â'i ateb yn barod; **to stand ~,** aros yn eich unfan, peidio â symud, sefyll yn eich rhych. **2.** *a.* parod.

Pat[4] *Pr.n.* **1.** *(dim. of Patrick, Patricia):* Pat. **2.** *(= Irishman):* Padi(-s) *m*.

patagium *n. Z:* adeinbilen(-ni) *f*.

Patagonia *Pr.n. Geog:* Patagonia *f*; **the Welsh colony in ~,** y Wladfa *f*.

Patagonian *a. & n.* **1.** *a.* Patagonaidd; *(of the Welsh settlement):* Gwladfaol. **2.** *n.* Patagoniad (Patagoniaid) *m&f*; *(of Welsh settlement):* Gwladfäwr (gwladfawyr) *m*; **the ~ Welsh,** y Gwladfawyr, Cymry'r Wladfa.

patball *n. Games:* pat *(f)* a phêl *f*, bat *(m)* â phêl.

patch[1] **1.** *n.* clwt (clytiau) *m*, clwtyn (clytiau) *m*, *occ:* bretyn (bratiau) *m*; **calico ~,** clwt calico; **cloth ~,** clwt brethyn; **fitted ~,** clwt ffitio; **flannel ~,** clwt gwlanen; **machine darn ~,** clwt craith peiriant; **print ~,** clwt print; *F:* **he's not a ~ on his father,** ni ddaw byth i 'sgidiau ei dad; nid yw i'w gymharu â'i dad; ni ddaw byth i'r un cae â'i dad; **a leather ~,** *(for shoes &c):* *N.W: (for soles):* clem(-iau) *f*, *S.W:* tapyn (tapau) *m*; **a metal ~,** *(on sole):* clewtan (clewtiau) *f*, clemp(-iau) *m*, clem; **eye ~,** clwtyn llygad, *S.W:* plotyn (plotau) du *m*. **2.** *(of colour &c):* clwt, clwtyn, darn(-au) *m*, *occ:* smotyn (smotiau) *m*; *(of sweat, mud &c):* staen(-iau) *m*; **a ~ of blue sky,** darn o awyr las; **a ~ of (fine &c) weather,** ysbaid (ysbeidiau) *(mf)* o dywydd (braf *&c*), *S.W:* brithyn *m*; *M.W: S.W:* cnocell(-au) *(f)* o dywydd (braf *&c*); **a green ~, a ~ of grass,** clwt glas; **a ~ of ice on road,** plymen(-ni) *f*; **a ~ of snow on the mountain,** asgwrn (esgyrn) *(m)* eira; **a ~ of sunlight on a wet hillside,** clwt (clytiau) *(m)* Marsli; **(good) in patches,** (da) mewn mannau, yn ysbeidiol, yma ac acw, o bryd i'w gilydd; *F:* **to strike a bad ~,** mynd trwy gyfnod gwael; cael ysbaid [g]wael; cael pwl gwael; *(a) (of land):* darn o dir, llain (lleiniau) *f*, *S.E:* platshyn (platsys) *m*, plotyn (plotau) *m*; **a good big ~ (of land),** *S.E:* gafael dda *(f)* (o dir); **grazed ~ (on**

field), *N.W:* llecyn (*m*) bwyta (llacia' bwyta); **to keep to one's own ~,** cadw'ch plwyf; **~ of unploughed land,** *occ:* malc(-iau) *m*; *(b) Hort:* **vegetable ~,** cefn(-au) *m*, gwely(-au) *m*, *S:* pâm (pamau) *m*. **~ pocket** *n. Cost:* poced (*f*) glwt (pocedi clwt). **~ system** *n. Sociol:* gwaith (*m*) bro. **~ test** *n.* prawf (profion) (*m*) clytiau.

patch² *v.t.* clytio, cyweirio, *N:* trwsio, *S.E:* clwto; *(shoes): N.W:* clemio; *W.Tel:* **to ~ s.o. through,** cysylltu rhn (â rhn arall). **~ up** *v.t.* clytio, ailwampio.

patched *a.* clytiog; **a ~-up peace,** heddwch gwŷr mawr.

patchily *adv.* yn glytiog, yn ysbeidiol, yn ddrabiau.

patchiness *n.* clytiogrwydd *m*, natur glytiog *f*; *(of reception):* ysbeidioldeb *m*, bylchogrwydd *m*.

patchouli *n. Bot:* patsiwli *m*.

patchwork *n.* clytwaith (clytweithiau) *m*. **~ quilt** *n.* cwilt(-iau) (*m*) clytiau, cwilt racs.

patchy *a.* **1.** clytiog, bratiog; **~ grass,** glaswellt clytiog; *(of knowlege &c):* anghyflawn, bratiog, bylchog, drabiog; *(of performance):* anghyson, anwadal. **2.** *(= irregular):* ysbeidiol, afreolaidd, bylchog.

pate *n.* = **head¹**.

pâté *n. Cu:* pate(-s) *m*.

patella *n.* **1.** *Anat:* pellen (*f*) ben-glin (pellenni pennau gliniau), padell (*f*) ben-glin (padellau/padelli pennau gliniau), *Lit: occ:* padelleg(-au) *f*. **2.** *Rom.Ant:* padell(-i,-au, pedyll) *f*. **3.** *Moll:* = **limpet**.

patellar *a.* padellol.

patellate *a.* padellog.

patelliform *a.* padellffurf.

paten *n. Ecc:* plât (platiau) (*m*) cymundeb, paten(-au) *m*, afrlladgib(-au) *f*.

patency *n.* amlygrwydd *m*, eglurdeb *m*, eglurder *m*.

patent¹ *a. & n.* I. *a.* **1. letters ~,** brein[t]lythyr *m*, brein[t]lythyrau *pl.* **2. ~ medicine,** ffisig (*m*) siop, moddion (*m or pl*) siop, ffisig/moddion parod; **~ leather,** lledr patent *m*, lledr gloyw; *Nau:* **~ log,** log(-iau) patent *m*. **3.** *(= obvious):* amlwg, eglur. II. *n.* **1. ~ of nobility,** brein[t]lythyr (*m*) bonedd. **2.** *(a) (of invention):* breint[l]ythyr(-au) *m*, breinlen(-ni) *f*, patent(-au) *m*; **infringement of a ~,** toriad(-au) (*m*) patent, torri (*vn*) patent; *(b) F: (= device):* dyfais (dyfeisiau) *f*, *F:* patent(-s) *m*. **~ agent** *n.* gweithredwr (gweithredwyr) (*m*) patentau. **~ office** *n.* swyddfa (swyddf|eydd) (*f*) brein[t]lythyrau, swyddfa batent/batentau. **~ pending** *n.* patent dan ystyriaeth. **~ rights** *n.* breinhawliau, hawliau patent. **~ roll** *n.* rhestr (*f*) batentau (rhestrau patentau), rhôl (*f*) batentau (rholiau patentau).

patent² *v.t.* **1.** rhoi patent (ar rth), patentu (rhth). **2.** *(= invent):* dyfeisio.

patentable *a.* patentadwy.

patentee *n.* patentedig(-ion) *m&f*, derbyniwr (derbynwyr) (*m*) patent, derb|ynwraig (*f*) patent.

patently *adv.* yn amlwg, yn eglur.

patentor *n.* **1.** patentwr (patentwyr) *m*. **2.** *(= inventor):* dyfeisiwr: dyfeisydd (dyfeiswyr) *m*.

pater *n.* tad(-au) *m*, tada *m*; *Voc:* 'nhad, tada *m*.

patera *n.* dysgl(-au) *f*.

paterfamilias *n.* penteulu(-oedd) *m*.

paternal *a.* tadol, tadofalus; *(relative):* ar/o ochr y tad; **~ grandmother,** mam-gu/nain o ochr y tad.

paternalism *n.* tadofalaeth *f*, tadoldeb *m*, agwedd dadol *f*.

paternalist *n.* tadofalwr (tadofalwyr) *m*.

paternalistic *a.* tadol, nawddogol, nawddoglyd, tadofalus, tadofalaethol.

paternally *adv.* **1.** yn dadol. **2.** ar ochr y tad.

paternity *n. (a)* tadogaeth *f*, tadaeth *f*, tadolaeth *f*; *(b) F: (= source):* tarddiad(-au) *m*; *(= authorship):* awduraeth *f*; **(child) of doubtful ~,** (plentyn) â'i dad yn anhysbys, o darddiad anhysbys. **~ leave** *n.* rhyddhad (*m*) tadaeth/geni.

paternoster *n.* **1.** *(= prayer):* gweddi(*f*)'r Arglwydd, pader(-au) *m*. **2.** *(= bead):* gorlain (gorleiniau) *m*, glain (gleiniau) *m*, pader(-au) *m*. **~ line** *n. Fish:* ffunen fachog (ffunennau bachog) *f*, lein fachog (leiniau bachog) *f*. **~ pea** *n. (Abrus precatorius):* hedyn (hadau) (*m*) paderau.

path *n.* **1.** *(a)* llwybr(-au) *m*, *occ:* troedffordd (troedffyrdd) *f*; **a beaten ~,** llwybr sathredig; *S.a.* **downward** 1. **2.** *(of moving body):* llwybr, cwrs (cyrsiau) *m*, hynt(-iau,-oedd) *f*, ffordd (ffyrdd) *f*; *Biol: &c:* **~ of reaction,** llwybr adwaith; **motor ~,** llwybr ymudo.

Pathan *a. & n.* **1.** *a.* Pathanaidd. **2.** *n.* Pathan(-iaid) *m&f*.

pathetic *a. & n.* **1.** *a. (a) (= pitiful):* truenus, pathetig, *Lit:* gresynus; *(= moving):* teimladwy; *Pej: (= derisory):* truenus, sobor, difrifol, affwysol, pathetig; *(b) (= pertaining to emotions):* teimladwy, teimladol; **the ~ fallacy,** y camsyniad teimladol *m*. **2.** *n.pl.* **pathetics,** patheteg *f*.

pathetically *adv.* yn druenus *&c.*

pathfinder *n.* arloeswr (arloeswyr) *m*; **to be a ~,** arloesi.

pathless *a.* dilwybr, diarffordd, disathr, didramwy, heb lwybrau.

pathogen *n.* p|athogen (pathogenau) *m*.

pathogenesis *n.* pathog|enesis *m*.

pathogenetic, pathogenic, pathogenous *a.* pathogenig, pathogenaidd.

pathognomic *a.* pathognomig.

pathognomonic *a.* pathognomonig.

pathognomy *n.* pathognomeg *f*.

pathological *a.* patholegol.

pathologist *n.* patholegydd: patholegwr (patholegwyr) *m*.

pathology *n.* patholeg *f*.

pathos *n. (of style, expression):* dwyster *m*, pathos *m*, teimlad dwys *m*; **told with ~,** wedi'i adrodd â theimlad dwys; *(of scene, situation):* trueni *m*, truenusrwydd *m*.

pathway *n.* llwybr(-au) *m*, troedffordd (troedffyrdd) *f*.

patience *n.* **1.** amynedd *mf*, *occ:* hiramynedd *m*, hirymaros *m*; **out of ~,** diamynedd, heb amynedd; **to try/tax s.o.'s ~,** trethu amynedd rhn; *Lit:* **like P~ up on a monument,** 'run ffunud ag Amynedd ar gofgolofn; *B:* **let ~ have her perfect work,** caffed amynedd ei pherffaith waith; **have ~!** bydd(-wch) yn amyneddgar! amynedd! caffed amynedd! **to have ~ with s.o.,** ymarfer amynedd gyda rhn; **he has little ~,** mae'n ddiamynedd; *S.W: occ:* 'does dim llawer o fol gyda fe; **to lose ~,** colli amynedd; **one loses ~,** mae amynedd yn pallu; **to possess one's soul in ~,** aros yn amyneddgar; **my ~ is exhausted,** mae f'amynedd i ar ben; *int. F:* **God give me ~!,** mae isio/ishe gras!. **2.** *Cards:* (*)amynedd *m*. **3.** *Bot: (Rumex patientia):* tafolen oddefus (tafol goddefus) *f*; **wild ~,** *(R. obtusifolius):* tafolen lydanddail (tafol llydanddail) *f*, tafolen (tafol) y cŵn.

patient *a. & n.* **1.** *a.* amyneddgar, dioddefgar, *occ:* hirymarh|ous; *Bot:* **~ Lucy,** = **busy Lizzie. 2.** *n.* claf (cleifion) *m*; **in-~,** claf mewn ysbyty; **out-patients,** cleifion allanol, *S.W: occ:* masgleifion.

patiently *adv.* yn amyneddgar, gydag amynedd.

patina *n.* patina *m*; *(on copper):* rhwd gwyrdd *m*; *(on wood):* sglein *m*, llathredd *m*.

patinated *a. (copper):* rhydlyd, gwyrdd; *(wood):* llathraidd, sgleiniog.

patination *n.* patiniad *m*.

patio *n.* patio(-s) *m*.

patisserie *n* siop (*f*) deisennau (siopau teisennau)

patois *n.* **1.** *(= dialect):* tafodiaith (tafodieithoedd) *f*. **2.** *Pej:* bratiaith (bratieithoedd) *f*.

patrial *a. & n.* **1.** *a.* brodorol, treftadol, cynhwynol. **2.** *n.* brodor(-ion) *m*, brodores(-au) *f*.

patriality *n.* brodoroldeb *m*.

patriarch *n.* p|atriarch (patriarchiaid) *m*.

patriarchal *a.* patriarchaidd.

patriarchalism *n.* patriarchaeth *f*.

patriarchalist *a. & n.* **1.** *a.* patriarchaidd. **2.** *n.* patriarchydd (patriarchwyr) *m*, patriarchiad (patriarchiaid) *m&f*.

patriarchate *a.* patriarchaeth(-au) *f*, swydd (*f*) patriarch (swyddi patriarchiaid).

patriarchical *a.* = **patriarchal**.

patriarchism *n.* patriarchaeth *f*.

patriarchy *n.* patriarchaeth(-au) *f*.

patrician *a. & n.* **1.** *a.* pendefigaidd, bonheddig, uchelwrol. **2.** *n.* pendefig(-ion) *m*, uchelwr (uchelwyr) *m*.

patriciate *n.* pendefigaeth(-au) *f*.

patricidal *a.* = **parricidal**.

patricide *n.* = **parricide**.

Patrick *Pr.n.m.* Padrig. **~'s Ford** *W.Pl.n.* Tre-ros *f*.

patrilineal *a.* tadlinachol, o linach y tad.

patrilocal *a.* o gynefin y gŵr.

patrimonial *a.* treftadol, etifeddol.

patrimony *n.* treftadaeth(-au) *f*, etifeddiaeth(-au) *f*, cynhysgaeth (cynysgaethau) *f*; **the P~ of St. Peter,** Treftadaeth Sant Pedr.
patriot *n.* gwladgarwr (gwladgarwyr) *m*, gwladg|arwraig (gwladgarwragedd) *f*.
patriotic *a.* gwladgarol, gwlatgar.
patriotically *adv.* yn wladgarol *&c.*
patriotism *n.* gwladgarwch *m*.
patripassian *a.* & *n.* *Rel.Hist:* **1.** *a.* patripasaidd. **2.** *n.* patripasydd(-ion) *m*.
patripassianism *n.* *Rel.Hist:* patripasiaeth *f*.
patristic *a.* & *n.* **1.** *a.* patristig. **2.** *n.pl.* patristeg *f*.
patrol[1] *n.* patrôl (patrolau) *m*, *Lit:* cylchrawd (cylchrodau) *f*; **to go on ~,** mynd ar batrôl, patrolio, *Lit:* cylchrodio; **mounted ~,** patrôl ar gefn ceffylau; *Mil:* **member of a ~,** patroliwr (patrolwyr) *m*. **~ boat** *n.* *S:* bad(-au) (*m*) patrôl, *N:* cwch (cychod) (*m*) patrôl. **~ car** *n.* car (ceir) (*m*) patrôl. **~ ship** *n.* llong (*f*) batrôl (llongau patrôl). **~ wagon** *n.* *U.S:* fan(-iau) (*f*) heddlu.
patrol[2] *v.i.&t.* patrolio, *Lit: occ:* cylchrodio, cylchwylio.
patrolman *n.m.* **1.** patroliwr (patrolwyr), *Lit: occ:* cylchrodiwr (cylchrodwyr), cylchwyliwr (cylchwylwyr). **2.** *U.S:* = **policeman.**
patrological *a.* patrolegol.
patrology *n.* patroleg *f*.
patron *n.* **1.** *(a) (of arts, benefice):* noddwr (noddwyr) *m*; **~-client relationship,** perthynas noddwr (â/a) noddedig; *(b) Ecc:* **~ saint,** nawddsant (nawddsaint, nawddseintiau) *m*; *Hist:* mabsant (mabsaint) *m*; *(female):* nawddsantes(-au) *f*. **2.** *Com: (of shop):* cwsmer(-iaid) *m*; *(of a cinema &c):* mynychwr (mynychwyr) *m*, myn|ychwraig (mynychwragedd) *f*.
patronage *n.* **1.** *(a)* nawdd (noddau) *m*, nawddogaeth *f*, *occ:* cefnogaeth *f*; *(b) (= patronizing air):* nawddogaeth *f*. **2.** = **clientele. 3.** *Ecc:* nawdd. **~ board** *n.* bwrdd (*m*) nawddogaeth, bwrdd nawdd.
patronal *a.* noddol; **~ festival,** gŵyl (*f*) mabsant, gŵyl nawddsant; **to go to a ~ feast,** gwylmabsanta.
patroness *n.f.* **1.** n|oddwraig (noddwragedd). **2.** *(= patron saint):* nawddsantes(-au) *f*.
patronize *v.t.* **1.** *(a) (= protect):* noddi; *(b) (= treat condescendingly):* trin (rhn) yn nawddoglyd, nawddogi (rhn). **2.** *(a shop &c):* mynychu, cefnogi.
patronizing *a.* nawddoglyd, nawddogol.
patronizingly *adv.* yn nawddoglyd *&c.*
patronymic *a.* & *n.* **1.** *a.* cyfenwol, tadenwol. **2.** *n.* cyfenw(-au) *m*, tadenw(-au) *m*, enw(-au) teuluol *m*.
patsy *n.* *F:* pric(-iau) (*m*) pwdin, pricsiwn *m*.
pattée *a.* *Her:* **cross ~,** croes agored.
patten *n.* ffollach(-au,-od) *f*, ffollach bren (ffollachod pren), *N.W:* patan(-au,-s) *f*.
patter[1] *n.* **1.** *(a) (= jargon):* iaith *f*, geirfa *f*, lleferydd *m*; *(b) (of showman):* truth *m*, parabl *m*, parablu *vn*, paderuo *vn*, paldaruo *vn*, *N.W:* patro *vn*; *(c) (= chatter):* mân siarad *m*, cleber: clebar *fm*, siaradach *m*. **2.** *(in song &c):* geiriau (*pl*) cân, geiriau comedi *&c.* **~ song** *n.* cân (*f*) barablu (caneuon parablu). **~ talk** *n.* chwim-glebran *vn*.
patter[2] *v.t.&i.* clebran, paldaruo, *N.W: occ:* patro, padera, padereuo.
patter[3] *n.* *(of feet):* pitran *vn*; *(of rain &c):* pitran[-patran], sŵn (*m*) pigo, pigiadau *pl*.
patter[4] *v.i.* *(a) (of footsteps):* pitran; *(of rain):* pigo, pitran, *F:* pitran-patran; *(of hail):* clecian. **~ about, ~ along,** mynd yn fân ac yn fuan, trotian, mynd drot-drot, *N.W:* ffatian, ffit-ffatio.
pattern *n.* **1.** patrwm (patrymau) *m*, *S.W:* patrwn(-au) *m*; **to take s.o. as a ~,** cymryd rhn yn batrwm, cymryd rhn yn esiampl (*f*), efelychu rhn; **block ~,** patrwm bloc; **bought [commercial] ~,** patrwm parod; *Metall:* **casting ~,** patrwm bwrw; *Tchn:* **contraction ~,** patrwm (*m*) cyfangiad; **cored ~,** patrwm creiddig; **drafted ~,** patrwm drafft; **herring-bone ~,** patrwm cefn pennog, patrwm [asgwrn] pysgodyn, patrwm pen saeth, patrwm saethben; **to lay out a ~,** gosod patrwm; **to lengthen a ~,** ymestyn patrwm; **multi-purpose ~,** patrwm aml-bwrpas; **multi-size ~,** patrwm aml-faint; **odd side ~,** patrwm ochr od; **one-piece ~,** patrwm undarn; **perforated ~,** patrwm tyllog; **printed ~,** patrwm print/printiedig; **random ~,** patrwm siawns; **to reverse a ~,** ôl-droi patrwm; **split ~,** patrwm hollt; **trade ~,** patrwm masnachol. **~ bombing** *n.* *Mil: Av:* bomio eang, bomio o fewn patrwm. **~ book** *n.* *Com:* llyfr(-au) (*m*) patrymau. **~ darning** *vn.* creithio patrymog. **~ layout** *n.* cynllun (*m*) gosod patrwm. **~ maintenance** *n.* cynhaliaeth (*f*) patrwm. **~-room** *n.* *Ind:* ystafell (*f*) batrymau (ystafelloedd patrymau). **~ sequence** *n.* trefn (*f*) patrwm/patrymau. **~-shop** *n.* *Ind:* gweithdy (gweithdai) (*m*) patrymau. **~ variable** *n.* ffactor(-au) amrywiol (*m*) patrwm.
patterned *a.* patrymog.
patternism *n.* patrymiaeth *f*.
patty *n.* *Cu:* pasteian(-au) *f*, pati(-s) *m*. **~ tin** *n.* tun(-iau) (*m*) patis, tun (*m*) picau.
patulous *a.* agored, ar led, ymledol, eang.
patulously *adv.* ar led.
patulousness *n.* ymlediad *m*, ehangrwydd *m*.
paucity *n.* prinder *m*, diffyg *m*.
Paul *Pr.n.m.* Pawl, Paul; *S.a.* **rob. ~'s betony** *n.* *Bot: (Veronica swepyllifolia):* rhwyddlwyn *m*, gwrywddail *m*, llysiau (*pl*) Sant Pawl. **~ Pry** *n.* busneswr (busneswyr) *m*, busnesgi (busnesgwn) *m*.
Paulianist *n.* Pawlianiad (Pawlianiaid) *m&f*.
Paulician *n.* Pawliciad (Pawliciaid) *m&f*.
Pauline *a.* Pawlaidd; **the ~ Epistles,** Epistolau Paul/Pawl, Llythyrau Paul/Pawl, y Llythyrau Pawlaidd.
Paulinus *Pr.n.m.* *Ecc.Hist:* Peulin, Pawl Hen.
Paulist *n.* Pawlydd(-ion) *m*.
Paulite *n.* Pawliaid *m*.
paulo-post-future *n.* *Gr.Gram:* y dyfodol perffaith *m*.
paulownia *n.* *Bot:* pawlonia(-s) *m*.
paunch[1] *n.* *(a)* bol(-iau) *m*, bola (boliau) *m*, *occ:* ffargod(-au) *f*, ceubal(-au) *m*, cest(-iau) *f*, *F:* bol cwrw, bol uwd; *(b)* = **rumen.**
paunch[2] *v.t.* diberfeddu.
paunchy *a.* boliog, cestog; **a ~ man,** *N.W:* ffargod o ddyn.
pauper *n.* tlotyn (tlodion) *m*.
pauperdom, pauperism *n.* tlodi *m*, angen *m*, angenoctid *m*, *occ:* tlodeiddiwch *m*.
pauperization *n.*, **pauperize** *v.t.* tlodi, tlodeiddio.
pause[1] *n.* **1.** *(a)* saib (seibiau) *m*, seibiant (seibiannau) *m*, egwyl(-ion) *f*, gosteg(-ion) *mf*, ysbaid (ysbeidiau) *mf*, gorffwysiad(-au) *m*, gorffwys *m*; *(b)* **to give ~ to s.o.,** gwn|eud i rn betruso/ailfeddwl, atal rhn, arafu rhn. **2.** *Pros:* saib. **3.** *Mus: Ling:* daliant (daliannau) *m*. **4.** *Tp:* **~ dot,** atalnod(-au) *f*. **~ button** *n.* *T.V:* seibiwr (seibwyr) *m*.
pause[2] *v.i.* **1.** oedi, aros [am funud], cymryd saib/egwyl, gorffwys; *(of noise &c):* peidio, tewi. **2.** *(= hesitate):* petruso, oedi; **to make s.o. ~,** achosi/peri/gwneud i rn betruso/oedi. **3. to ~ [upon] a word,** aros/oedi ar air.
pavage *n.* *palmantreth *f*.
pavane *n.* pafán (pafanau) *f*.
pave *v.t.* palmantu, llorio, *S.W:* peimo; *F:* **to ~ the way,** paratoi'r/arloesi'r ffordd.
paved *a.* palmantog.
pavement *n.* *Lit:* palmant(-au, palmentydd) *m*, *F:* pafin(-au) *m*. **~ artist** *n.* arlunydd (arlunwyr) (*m*) palmant, arlunydd min ffordd. **~ glass, ~ light** *n.* fflacsen wydr (fflacs gwydr) *f*.
paver *n.* = **pavior.**
Paviland *W.Pl.n.* Pen-y-fai *m*.
pavilion[1] *n.* pafiliwn (pafiliynau) *m*.
pavilion[2] *v.t.* amgáu, pafiliynu.
pavimentum *n.* palmant(-au, palmentydd) *m*.
paving *n.* **1.** palmant(-au, palmentydd) *m*, *F:* pafin *m*. **~ stone** *n.* carreg (*f*) balmant (cerrig palmant), *N:* fflacsen(-ni, fflacs) *f*, *S:* fflag(-iau,-s), fflagen (fflagiau, fflags) *f*.
pavior, paviour *n.* palmantydd: palmantwr (palmantwyr) *m*, lloriwr (llorwyr) *m*.
pavise *n.* *Hist:* tarian(-[n]au) *f*.
pavlova *n.* *Cu:* p|aflofa(-s) *m*.
pavonine *a.* peunaidd.
paw[1] *n.* *(a) (of animal):* pawen(-nau) *f*, palf(-au) *f*; *(b) P: (= hand):* llaw (dwylo) *f*; *pl.* bachau; **keep your paws off!** cadw dy fachau!
paw[2] *v.t.* **1.** *(a) (of cat &c):* pawennu; *(b) (of horse or bull):* **to ~ the ground,** pystylad, *S.W:* ceibo. **2.** *(of pers.):* ymh|el (â rhn); bodio, byseddu (rhn); hel eich dwylo (dros rn); *N: F:* moldio, hambygio (rhn); *S.W:* twro (rhn).
pawkily *adv.* yn ysmala *&c.*

pawkiness *n. Scot:* ysmaldod *m*, hiwmor sych *m*, |eironi *m*; *(= shrewdness):* craffter *m*.

pawky *a. Scot:* ysmala, sychddoniol, sychddigrif; *(= shrewd):* craff.

pawl *n. Mec.E:* atalfar(-rau) *m*.

pawn[1] *n.* **1.** gwystl(-on) *m*. **2. in ~,** ar wystl; **to put a watch in ~,** rhoi watsh ar wystl, gwystlo watsh, *F:* ponio watsh; **to take sth out of ~,** atbrynu rhth. **~ ticket** *n.* tocyn(-nau) (*m*) gwystlo, ticed(-i) (*m*) ponio.

pawn[2] *v.t. Lit:* gwystlo, *occ:* adneuo, prido, *F:* ponio.

pawn[3] *n. Chess:* gwerinwr (gwerinwyr) *m*; **to be s.o.'s ~,** bod yn bric pwdin i rn, bod yn degan yn nwylo rhn.

pawnbroker *n.* gwystlwr (gwystlwyr) *m*, gwystlydd(-ion) *m*; **the ~'s [shop], = pawnshop. ~'s plant** *n. Bot: (Galium tricornutum):* **= cleavers (corn).**

pawnee[1] **1.** *n.* gwystledig(-ion) *m&f*.

Pawnee[2] *a. & n.* **1.** *a.* Pownïaidd. **2.** *n.* *(a) Ethn:* Pownî (Pownïaid) *m&f*; *(b) Ling:* Pownî *f, m*.

pawner *n.* gwystlwr (gwystlwyr) *m*, *F:* poniwr (ponwyr) *m*.

pawnshop *n.* siop (*f*) wystlo (siopau gwystlo), *F:* ponsiop(-au) *f*, siop (*f*) y pôn.

pawpaw *n.* **= papaw.**

pax *n. & int.* **1.** *n. Ecc:* **~ brede,** llech (*f*) y gusan (llechi'r gusan). **2.** *int. N:* barli, *N.W: occ:* trws, trwsi, triws, bara [i] feddwl, fforteims, *S.W: occ:* peril, *S.E:* cri, *occ:* bar.

paxwax *n. Dial: F:* llinyn(-nau) (*m*) gwegil.

pay[1] *n.* cyflog(-au) *m*, *occ:* tâl *m*, *F:* pae *m*, *S.E: occ:* talment(-au) *m*; *Ind:* **back ~,** ôl-dâl *m*, ôl-gyflog *m*, cyflog dyledus; **equal ~,** cyflog cydradd; **gross ~,** cyflog crynswth; **net ~,** cyflog clir, gwir gyflog; **over ~,** gordaliad(-au) *m*; **under ~,** tandaliad(-au) *m*; **holidays with ~,** gwyliau ar gyflog; **sick-~,** cyflog/tâl salwch; **unemployment ~,** tâl diweithdra; **to be in s.o.'s ~,** cael eich cyflogi gan rn, bod yn nhâl rhn. **~-bed** *n.* gwely(-au) (*m*) tâl. **~-box** *n.* desg (*f*) dalu (desgiau talu), lle(-oedd) (*m*) talu. **~-claim** *n.* cais (ceisiadau) (*m*) am godiad *or* am gyflog uwch. **~-day** *n.* **1.** diwrnod(-iau) (*m*) cyflog, diwrnod talu, diwrnod tâl, *F:* diwrnod pac. **2.** *St.Exch:* diwrnod talu. **~-desk** *n.* **= pay-box. ~ dirt** *n. Gold Min:* mwn/mwyn rhywiog *m*. **~ envelope** *n. U.S:* **= pay-packet. ~ freeze** *n.* rhewiad(-au) (*m*) cyflogau; **there'll have to be a ~ freeze,** bydd rhaid rhewi cyflogau. **~ gravel** *n.* **= pay dirt. ~-off** *n. See after* **pay**[2]. **~ office** *n.* swyddfa (*f*) gyflog (swyddf|eydd cyflogau), swyddfa dâl (swyddf|eydd tâl). **~-packet** *n.* pecyn(-nau) (*m*) cyflog, *S.W:* pacyn(-nau) (*m*) pae, *N:* paced(-i) (*m*) pae. **~ pause** *n.* saib (seibiau) (*m*) [mewn] cyflogau. **~ phone, ~ station** *n* ffôn (ffonau) (*m*) talu. **~ productivity scheme** *n.* cynllun (*m*) tâl yn ôl y cynnyrch. **~ settlement** *n.* cytundeb(-au) (*m*) cyflog. **~-sheet** *n.* **= payroll. ~-slip** *n.* papur(-au) (*m*) cyflog, slip(-iau) (*m*) cyflog, *S:* papur bach, tocyn(-nau) (*m*) pae, ticed(-i) (*m*) pae, *N.E:* papur tsiec, papur setlo.

pay[2] *v.t.* *(a)* talu; **to ~ s.o. sth, to ~ sth to s.o.,** talu rhth i rn, **~ as you earn,** *U.S:* **~ as you go,** talu wrth ennill, talu o incwm; *F:* **what's to ~?** faint yw hynny? *abs.* **to ~ ready money, to ~ cash down,** talu [ag] arian parod, talu ar law; **to ~ in advance,** talu ymlaen llaw, talu o flaen llaw; *F:* **to ~ through the nose,** talu crocbris, talu trwy'ch trwyn; *S.a.* **devil**[1] **1, rob;** *(b) (employee):* taflu, cyflogi; **to ~ s.o. to do sth,** talu i rn am wneud rhth, talu rhn am wneud rhth. **2.** *(a) (debt, price, cash &c):* **to ~ a bill,** talu/setlo bil; **to ~ a debt,** talu/clirio dyled; *F:* **to put paid to s.o.,** rhoi halen ym mhotes rhn; setlo rhn; rhoi sbrag yn olwyn rhn; *S.W:* rhoi sbog[en] yn whil[sen] rhn; *N.W: occ:* setlo arian moch efo rhn; *F:* **to put paid to sth,** rhoi pen ar rth, rhoi'r farwol i rth, difetha rhth; *S.a.* **way**[1] **2;** *(b)* **to ~ s.o. a compliment,** talu teyrnged i rn; **to ~ honour to s.o.,** anrhydeddu rhn; **to ~ s.o. homage,** gwn|eud gwrogaeth i rn, gwrogi i rn; **to ~ one's last respects,** talu'r gymwynas/deyrnged olaf; **to ~ one's respects to s.o.,** mynd i gyfarch rhn; *S.a.* **court**[1] **2; to ~ s.o. a visit,** ymweld â rhn, galw heibio i rn, mynd i weld rhn, *occ:* rhoi tro am rn; mynd i edrych am rn (*not* talu ymweliad â rhn); *F:* **~ a visit,** *(= go to W.C.):* mynd i rywle, mynd i'r lle chwech, mynd i edrych am modryb; **it would ~ you to go,** fe dalai i chwi fynd; fe fyddai'n werth [chweil] i chwi fynd; **it doesn't ~,** nid yw'n talu; **to ~ attention (to sth),** gwneud sylw, cymryd sylw (o rth); **it pays to advertise,** mae hysbysebu'n talu; fe dâl hysbysebu. **~ away** *v.t.* gwario. **~ back** *v.t.* **1.** talu (rhth) yn ei ôl, ad-dalu (rhth) (i rn). **2.** *F:* **to ~ s.o. back in his own coin,** talu'r pwyth [yn ôl] i rn, *N.W:* talu'ch echwyn adre, rhoi dau chwech am swllt i rn, talu i rn yn ei gwein ei hun, talu i rn gast am gast, talu'r hen chwech yn ôl i rn; **I paid her back with interest,** mi'i rhois hi iddi yn ei dannedd. **~ down** *v.t.* rhoi arian i lawr, talu arian parod, talu ar law. **~ for** *v.t.* **1.** *(a)* **to ~ s.o. for sth,** talu i rn am rth; *F:* **to ~ dearly (for sth),** talu'n hallt, talu crocbris (am rth); **he paid for his folly with his life,** fe gostiodd ei ffolineb ei fywyd iddo; fe dalodd â'i fywyd am ei ffolineb; **I'll make him ~ for this!** fe gaiff dalu am hyn! **2. he likes to invite people, and ~ for them,** mae'n hoffi gwahodd pobl, a thalu drostynt. **~ in** *v.t.* **to ~ in a cheque at the bank,** talu siec i mewn i'r banc; *abs.* **to ~ in to a fund,** cyfrannu i gronfa. **~ off** *v.t.* **1.** *(debt):* talu, clirio, setlo. **2.** *(creditor, employee):* talu [yn llwyr]; *(= dismiss):* diswyddo rhn, rhoi'r cyflog olaf i rn. **3.** *(= prove worthwhile):* talu, llwyddo, dwyn elw; **the work paid off,** fe dalodd y gwaith yn dda; fe fu'r gwaith yn werth chweil *or* yn werth y drafferth. **pay-off** *n.* taliad olaf *m*; *(= climax):* diweddglo *m*, gair (geiriau) olaf *m*; *U.S:* **the ~-off test,** y prawf terfynol. **~ out** *v.t.* **1.** talu (rhth) allan/mas. **2. I'll ~ you out for that!** mi dala' i'r pwyth iti am hynna! fe'i cei di hi gen i am hynna! *N.W:* mi'th bwytha'i di am hynna! **3.** *Nau:* **to ~ out (a rope),** dirwyn/gollwng (rhaff) fesul tipyn. **~ up** *v.t.* **1. to ~ up one's debts,** talu'ch/setlo'ch dyledion; **~ up!** tala (talwch)! **2.** *Fin:* talu'n llwyr.

pay[3] *v.t. Nau: (= tar*[2]*):* tario, coltario.

payable *a.* taladwy, dyledus (**to s.o.,** i rn); **not ~,** nad yw'n daladwy, heb fod yn daladwy, annhaladwy; *Com:* **~ at sight,** taladwy ar olwg.

payback *attrib. Com:* **~ method,** dull (*m*) ad-dalu; **~ period,** cyfnod (*m*) ad-dalu.

payee *n.* taledig(-ion) *m&f*.

payer *n.* talwr (talwyr) *m*, t|alwraig (talwragedd) *f*.

paying[1] *a.* **1. ~ guest,** lletywr (lletywyr) *m*, lletywraig (lletywragedd) *f*, gwestai (gwesteion) (*m&f*) sy'n talu. **2.** *(of business &c):* proffidiol, sy'n gwn|eud elw, sy'n talu.

paying[2] *vn. Bank:* **~-in slip,** mewnslip(-iau) *m*, slip(-iau) (*m*) talu i mewn.

payload *n.* prif lwyth(-i) *m*.

paymaster *n.* tâl-feistr(-i) *m*; **P~ General,** Tâl-feistr Cyffredinol.

payment *n.* tâl (talau, talion) *m*, taliad(-au) *m*, *S.E: occ:* talment(-oedd) *m*, *Lit: occ:* taledigaeth(-au) *f*; **on ~ of ten pounds,** wrth dalu deg punt, ar daliad o ddeg punt, os telir decpunt; **as ~ for your service,** yn dâl am eich gwasanaeth; **to stop ~ of a cheque,** atal talu siec; *(of bank):* **to stop ~,** peidio â thalu; **balance of payments,** mantol (*f*) daliadau, mantolen (*f*) daliadau, mantoliad (*m*) taliadau; **bonus ~,** tâl/taliad bonws; **cash ~,** taliad parod, tâl [arian] parod, talu (*vn*) ar law; **deferred ~,** tâl/taliad gohiriedig; **deficiency ~,** tâl/taliad diffyg; **down ~,** ernes(-au) *f*, blaendal(-iadau) *m*; **excess ~,** tâl/taliad gormodedd; **excessive ~,** gordal(-iadau) *m*; **incentive ~,** tâl anogaeth, tâl cymell; **method of ~,** dull (*m*) talu; **overtime ~,** tâl/taliad goramser; **pre-~,** blaendal(-iadau) *m*; **redundancy ~,** tâl/taliad diswyddo; **~ on account,** tâl/taliad ar gyfrif; **~ in full,** tâl/taliad llawn; **~ of interest,** taliad llog; **~ in kind,** tâl/taliad mewn nwyddau, tâl/taliad o'r unfath; **"~ received",** "talwyd".

paynim *n. Lit:* pagan(-iaid) *m*.

payola *n. U.S: F:* llwgrwobrwyo *vn*, eli (*m*) cildwrn.

payroll *n.* rhestr(-au,-i) (*f*) gweithwyr, cyflogres(-i) *f*, rhestr gyflogi (rhestrau/rhestri cyflogi); **she's on our ~,** mae hi'n un o'n gweithwyr ni; fe'i cyflogir hi gennym ni.

paysage *n. Art:* tirlun(-iau) *m*.

paysagist *n. Art:* tirluniwr (tirlunwyr) *m*, tirl|unwraig (tirlunwragedd) *f*.

pea *n.* **1.** *Hort:* pysen (pys) *f*; **split peas,** pys hollt, pys mân; *Cu:* **green peas,** pys gleision; *S.a.* **mushy; (to jump about) like a ~ on a drum,** (neidio) fel gafr ar d'ranau, fel cath ar farwor; **they're as alike as two peas in a pod,** maen' nhw'r un ffunud â'i gilydd. **2.** *Bot:* **sweet ~,** *(Lathyrus odoratus):* pysen bêr (pys pêr); **chick ~,** *(Cicer arietinum):* pysen llygod, corbysen (corbys); **common heath ~, common orobus ~,** *(L. macrorrhizus):* pysen y coed; **everlasting ~,** *(L. latifolius):* ytbysen barhaus lydanddail (ytbys parhaus llydanddail) *f*; **narrow leaved everlasting ~,** *(L. sylvestris):* ytbysen barhaus gulddail (ytbys parhaus culddail); **black ~,** *(L. niger):* pysen ddu'r coed (pys du'r coed), ffugbysen ddu (ffugbys duon) *f*; **marsh ~,** *(L. palustris):* ytbysen las (ytbys gleision) y morfa; **meadow ~,** ytbysen y waun, ytbysen y ddôl; **sea ~,** *(L. japonicus):* pysen arfor, morbysen (morbys) *f*, pysen gochlas arfor (pys cochlas arfor); **spring ~,** *(L. vernus):* ffugbysen y gwanwyn; **tuberous ~,** *(L. tuberosus):* ytbysen oddfog/gnapiog (ytbys oddfog/ cnapiog). **~ crab** *n. Crust:* pysgranc(-od) *m*, cranc(-od) bach *m*. **~-flower** *n. Bot: (Centrosema):* pysflodyn (pysflodau) *m*. **~-green** *a. & n.* gwyrdd (*m*) [fel] pysen, melynwyrdd(-ion) (*m*). **~-pod** *n. N:* coden (*f*) bys (codau pys), *S:* masgl (*f*) bys (masglau pys). **~-shooter** *n.* gwn (gynnau) (*m*) pys. **~ soup** *n. Cu:* cawl (*m*) pys. **~-souper** *n.* mwrllwch *m*, niwl(-oedd) *m*, tawch(-ion) *m*. **~-stick** *n.* pric(-iau) (*m*) pys.

peaberry *n. Bot:* *pysronyn (pysrawn) *m*.

peabush *n. Bot:* llwyn(-i) (*m*) pys.

peace *n.* **1.** heddwch *m*, *Lit:* hedd *m*, tangnefedd *mf*, *occ:* tangnef *mf*; **a country at ~ with its neighbours,** gwlad mewn heddwch â'i chymdogion; **to make [one's] ~ (with s.o.),** cymodi, ymgymodi (â rhn); **to make ~ between people,** tangnefeddu/cymodi/ heddychu rhwng pobl; **to sue for ~,** erfyn am heddwch, ceisio heddwch; **~ with honour,** heddwch anrhydeddus; **a kiss of ~,** cusan (*fm*) tangnefedd; **(~) at any price,** (heddwch) ar unrhyw gyfrif, ar bob cyfrif, costied a gostio, am ba bris bynnag, beth bynnag fo'r pris/gost; *B:* **~ on earth,** ar y ddaear tangnefedd; *B:* **the ~ of God, which passeth all understanding,** tangnefedd Duw, yr hwn sydd uwchlaw pob deall; *B:* **no ~ unto the wicked,** nid oes heddwch i'r rhai annuwiol; **~ be unto you,** tangnefedd i chwi. **2. ~ and order,** heddwch a threfn; **~ prevails in the town,** mae popeth yn dawel/heddychlon yn y dref; **to keep the ~,** cadw'r heddwch; **to break/disturb the ~,** torri'r heddwch, tarfu ar yr heddwch; **Justice of the P~,** Ynad(-on) (*m*) Heddwch, Ustus(-iaid) (*m*) Heddwch. **3.** *(a) (= quietness):* heddwch, llonyddwch *m*, llonydd *m*, tawelwch *m*, distawrwydd *m*; **to live in ~ [and quiet],** byw mewn heddwch; **(you may sleep) in ~,** (cewch gysgu)'n llonydd/dawel, mewn heddwch; **leave him in ~!** gad(-wch,-|ewch) lonydd iddo! **there was no ~ to be had (till I agreed to go there),** 'doedd dim byw na bod, 'doedd dim byw na marw (nad awn i yno); ni chawn i ddim llonydd (nes imi gytuno i fynd yno); **to give s.o. no ~,** aflonyddu/tarfu ar rn, peidio â gadael llonydd i rn; **~ of mind,** tawelwch meddwl, heddwch cydwybod; **God rest his soul in ~!** heddwch i'w enaid! *(b)* **to hold one's ~,** tewi, dweud dim, distewi, dal eich tafod, brathu'ch tafod; *S.a.* **speak**; *(c) int.* **~!** ust! tewch! tawelwch! **P~ Corps (the)** *Pr.n. Hist:* y Corfflu (*m*) Heddwch. **~ lily** *n. Bot: (Spathiphyllum):* lili (*f*) heddwch. **~-loving** *a.* heddychlon, heddychol, heddychgar, heddgarol. **~-offering** *n.* hedd-offrwm (~-offrymau) *m*, offrwm (offrymau) (*m*) hedd/ heddwch, aberth (ebyrth) (*m*) hedd/heddwch, hedd-aberth (~-ebyrth) *m*. **~-pipe** *n.* pibell(-i) (*f*) heddwch, pibell gymodi (pibelli cymodi), cetyn (catiau) (*m*) cymod/heddwch.

peaceable *a.* **1.** *(pers.):* heddychlon, tawel. **2.** = **peaceful**.

peaceableness *n.* heddychlonrwydd *m*.

peaceably *adv.* yn heddychlon *&c*; mewn heddwch.

peaceful *a.* tawel, llonydd, heddychlon, digynnwrf, tangnefeddus; **~ coexistence,** cydfodoli/cyd-fyw heddychlon; **~ in mind,** tawel eich meddwl.

peacefully *adv.* yn dawel *&c*.

peacefulness *n.* heddwch *m*, llonyddwch *m*, llonydd *m*, distawrwydd *m*, tangnefedd *mf*, *Lit:* hedd *m*, tangnef *mf*.

peacemaker *n.* tangnefeddwr (tangnefeddwyr) *m*, heddychwr (heddychwyr) *m*, cymodwr (cymodwyr) *m*, tangnef|eddwraig, hedd|ychwraig *f*, cym|odwraig *f*; *B:* **blessed are the peacemakers,** gwyn eu byd y tangnefeddwyr.

peacetime *n.* adeg (*f*) heddwch.

peach[1] *n. Hort:* eirinen wlanog (eirin gwlanog) *f*, *occ:* eirinen flewog (eirin blewog), *F:* pitsien (pitshis) *f*; **peaches and cream complexion,** croen glân a gwridog, croen gwyn a gwridog, wynepryd melfedaidd; *F:* **she's a real ~,** mae hi'n bishyn go iawn. **~-blossom** *n. Bot:* blodyn (blodau) (*m*) eirin gwlanog. **~-blossom moth** *n. Ent:* gwyfyn(-od) (*m*) blodau eirin. **~-blow** *n. Cer:* porfforbinc *m*. **~ brandy** *n.* brandi (*m*) eirin gwlanog, *F:* brandi pitshis. **~-coloured** *a.* melynbinc, pincfelyn (*f.* pincfelen, *pl.* pincfelynion). **~ Melba** *n.* pwdin(-au) (*m*) Melba. **~ tree** *n. Hort:* coeden (coed) (*f*) eirin gwlanog, *F:* coeden bitshis (coed pitshis).

peach[2] *v.t. P:* achwyn (**about s.o.,** ar rn); *N:* prepian, chwidlo, chwiglen, *S:* clapan (am rn); **he peached to the boss,** fe brepiodd wrth y rheolwr.

pea-chick *n. Orn:* cyw (*m*) paun (cywion paun/peunod).

peachwort *n. Bot:* = **persicaria**.

peachy *a.* gwlanog, manflewog, esmwyth, llyfn (*f.* llefn, *pl.* llyfnion).

peacock *n. Orn:* paun (peunod) *m*; **as proud as a ~,** cyn falched â phaun, cyn falched â pheunod y plasau, cyn falched â'r fwyalchen, mor falch â'r bioden, mor falch ag alarch ar lyn. **~ blue** *n. & attrib.* glas peunaidd (*m*). **~ butterfly** *n. Ent:* iâr fach lygadog (ieir bach llygadog) *f*, peunog(ion) *m*, cynffon (*f*) paun (cynffonnau peunod). **~ coal** *n.* glo seithliw *m*. **~ fern** *n. Bot:* rhedynen werddlas (rhedyn gwyrddlas) *f*. **~ fish** *n. Ich:* gwrachen resog las (gwrachod rhesog glas) *f*. **~ flower** *n. Bot: (Caesalpina pulcherrima):* blodyn (*m*) y paun (blodau'r paun). **~ iris** *n. Bot: (Iris pavonia):* gellesgen (gellesg) (*f*) y paun. **~ moth** *n. Ent:* gwyfyn(-od) peunaidd *m*, peunwyfyn(-od) *m*. **~ pheasant** *n. Orn:* peunffesant(-od) *m*. **~ plant** *n. Bot:* dail (*pl*) paun. **~'s tail** *n. Algae:* cynffon (*f*) paun. **~ worm** *n. Ann:* peunlyng[h]yren (peunlyngyr) *f*, llyng[h]yren (*f*) wyntyll (llyngyr gwyntyll). **~ wrasse** *n. Ich:* = **peacock fish**.

peafowl *n. Orn:* paun (peunod) *m*; *(hen):* peunes(-au) *f*.

peahen *n. Orn:* peunes(-au) *f*.

pea-jacket *n. Nau:* siaced (*f*) morwr (siacedi morwyr), siaced fôr (siacedi môr).

peak[1] *n. & attrib.* **1.** *n. (of cap, anchor):* pig(-au) *mf*, blaen(-au) *m*, *S.W:* pigyn(-nau) *m*; *(of roof):* brig(-au) *m*; *Cu:* **in peaks,** wedi pinaclu; **widow's ~,** pigyn gweddw, *S:* cudyn(-nau) (*m*) gwidw. **2.** *Nau: (a) (of hold):* pen(-nau) *m*; *(b) (of sail):* pig, corn (cyrn) *m*. **3.** *(a) (of mountain):* copa(-on, copâu) *fm*, crib(-au) *mf*, brig(-au) *m*, pigyn; *(b) Med: (of storm, tension, fever &c):* uchafbwynt(-iau) *m*, anterth *m*; *(of flood, tide &c):* penllanw(-au) *m*, uchafbwynt, *(of curve):* uchafbwynt, brig; *(of wave):* brig; *(c) T.V:* brig. **4.** *attrib.* brig; **off-~** *a.* trai, tawel, llai prysur, allfrig; **~ current,** cerrynt brig *m*; **~ demand,** brig y galw, galw (*m*) brig; *Geog:* **off-~ demand,** galw allfrig; *Aut:* **~ flow,** briglif(-oedd) *m*; **~ hour,** awr (*f*) benllanw/frig (oriau penllanw/brig), brigawr (brigoriau) *f*; **off-~ hours,** yr oriau mân; *Aut:* **~-hourly flow,** llif(-oedd) (*m*) brigawr; **~ load,** llwyth(-i) (*m*) penllanw; **~ output,** cynnyrch (*m*) brig; **~ period traffic,** cyfnod(-au) (*m*) penllanw, traffig (*m*) oriau brig, trafnidiaeth (*f*) oriau brig; **~ population,** penllanw (*m*) poblogaeth, poblogaeth (*f*) frig; *El.E:* **~ power,** grym anterthol/brig *m*; **~ value,** brigwerth(-oedd) *m*, uchafwerth(-oedd) *m*; **~ value intersection,** croestoriad(-au) (*m*) uchafwerth; **~ halyard,** tynraff (*f*) pig/corn (tynraffau pigau/cyrn).

peak[2] *v.i. (= reach peak):* dod i anterth, cyrraedd uchafbwynt, cyrraedd y brig, cyrraedd penllanw, anterthu; *T.V:* brigo; **he's peaked too soon,** mae wedi cyrraedd ei frig yn rhy fuan; mae wedi dod i'w anterth yn rhy fuan; mae e wedi magu adenydd yn rhy fuan.

peak[3] *v.i. (= waste away):* nychu, dihoeni, curio.

peak[4] *v.t.&i. Nau: &c:* codi.

peaked *a.* **1. ~ cap,** cap (*m*) pig, cap â phig; **high ~ hat,** het bigfain (hetiau pigfain) *f*. **2.** = **peaky**.

peakedness *n.* pigedd *m*.

peaky *a. F:* nychlyd, curiedig, gwantan, llwyd(-ion), *N: occ:* piglwyd, pig.

peal[1] *n.* **1.** *(= sound of bells):* caniad(-au) *m*, sain (*f*) clychau, atsain (atseiniau) (*f*) clychau; **to ring a ~,** canu clychau; *(= set of bells):* rhes(-i) (*f*) o glychau. **2. ~ of thunder,** taraniad(-au) *m*, clec (*f*) taran, sŵn (*m*) taran, rhu (*m*) taran, rhuad(-au) (*m*) taran, *S:* twrf (tyrfau) *m*. **3. ~ of laughter,** chwerthiniad(-au) *m*, hwrdd (hyrddiau) (*m*) o chwerthin, pwl (pyliau) (*m*) o chwerthin.

peal[2] **1.** *v.i. (a) (of bells):* canu, seinio, atseinio; *(b) (of thunder):* rhuo, taranu, atseinio, diasbedain, tyrfu; *(c) (of laughter):* seinio, diasbedain, atseinio, tincian, tincial. **2.** *v.t.* canu, seinio.

peal[3], peel *n. Ich:* gleisiad: gleisiedyn (gleisiaid) *m*.

peanut *n. Bot:* pysgneuen (pysgnau) *f*, cneuen (*f*) ddaear (cnau daear), *F:* cneuen (*f*) fwnci (cnau mwnci); *F:* **to work for peanuts,** cael cyflog mwnci [am dorri cnau], gweithio am geiniog a dimai. **~ brittle** *n.* taffi (*m*) pysgnau. **~ butter** *n.*

[y]menyn (*m*) pysgnau. ~ **cactus** *n. Bot:* *(Chamaecereus):* (*)bysedd pigog *pl.*

pear *n. Hort:* **1.** gellygen (gellyg) *f, (often, wrongly):* garlleg (gerllyg) *f, N: F:* peren (pêrs) *f, S.W: F:* persen (pêrs) *f, N.E: occ:* rhwnen: rhwningen (rhwning) *f.* **2.** ~ **[tree],** coeden (*f*) ellyg (coed gellyg), pren(-nau) (*m*) gellyg, gellygbren(-nau), gellycbren(-nau) *m*, gellygwydden (gellygwydd) *f*; **prickly ~,** gellygen bigog (gellyg pigog); **alligator/avocado ~,** afocado(-s) *m.* **~-drop** *n.* **1.** *(jewel):* tlws (tlysau) perffurf *m.* **2.** *(sweet):* (*)per[s]en felys (pêrs melys) *f.* **~-shaped** *a.* ar ffurf gellygen, gellygffurf, perffurf.

pearl[1] *n.* **1.** perl(-au) *m*; **cultured ~,** perl gwn|eud; **seed pearls,** perlau mân, mân berlau, hadberlau; **a string of pearls,** cadwyn(-i) (*f*) o berlau; *B:* **to cast pearls before swine,** taflu gemau o flaen moch, *S.W:* rhoi cramwyth i foch, rhoi syfi i foch/hwch; **mother of ~,** cregynem *f*, nacr *m*, *occ:* mam (*f*) y perl, mamaeth (*f*) y perl. ~ **ash** *n.* perl-ludw *m*, golchludw *m.* ~ **barley** *n. Bot:* haidd perlog *m*, haidd gwyn. **~-berry** *n. Bot:* *(Margyricarpus setosus):* aeronen berlog (aeron perlog) *f.* **~-blue** *a. & n.* llwydlas (llwydleision) (*m*), glaslwyd(-ion) (*m*). ~ **button** *n.* botwm (botymau) (*m*) perl. **~-diver** *n.* plymiwr (plymwyr) (*m*) am berlau. ~ **fish** *n. Ich:* (= **bleak**[1], **fierasfer**): pysgodyn (pysgod) (*m*) perlau. **~-fisher** *n.* pysgotwr (pysgotwyr) (*m*) perlau. **~-fishery** *n.* pysgodfa (pysgodf|eydd) (*f*) perlau. ~ **glue** *n. Carp:* perlau (*pl*) glud. ~ **grass** *n. Bot:* *(Briza maxima):* crydwellt mawr *m.* **~-grey** *a. & n.* llwydwyn (*f.* llwydwen, *pl.* llwydwynion). ~ **lamp** *n.* bylb(-iau) llwydwyn *m.* ~ **millet** *n. Bot:* *(Pennisetum glaucum):* miled perlog *m.* ~ **mussel** *n. Moll:* cragen las berlog (cregyn gleision perlog) *f, S:* misglen berlog (misglod perlog) *f.* ~ **onion** *n. N:* nionyn (nionod) (*m*) picl, *S:* winwnsyn (winwns) (*m*) picl. ~ **oyster** *n. Moll:* wystrysen berlog (wystrys perlog) *f.* **~-plant** *n. Bot:* *(Haworthia margaritifera):* dail perlog *pl.* **~-shell** *n. Conch:* cragen berlog (cregyn perlog) *f.* **~-side** *n. Ich:* *(Maurolicus muelleri):* gwangen (gwangod) arian *f*, gwangyn (gwangod) arian *m.* **~-spar** *n. Geol:* sger llwyd *m*, d|olomit *m.* **~-white 1.** *a.* perlaidd, perl-wyn(-ion). **2.** *n.* gwyn perlaidd *m*, perl-wynder *m.*

pearl[2] *v.i.&t.* **1.** *v.i.* *(a) (of sweat &c):* diferu, diferynnu, perlio; *(b) (fish):* pysgota am berlau, perlio. **2.** *v.t.* *(barley):* gronynnu, perlio.

pearl[3] *n. Needlew:* picot *m.*

pearlbush *n. Bot:* *(Exochorda racemosa):* perl-lwyn(-i) *m.*

pearled *a.* perlog.

pearler *n.* perlwr (perlwyr) *m*, p|erlwraig (perlwragedd) *f.*

pearlies *n.pl. F:* **1.** *(= clothes):* dillad perlog. **2. the P~,** y Perlogion; *See* **Pearly (King, Queen).**

pearliness *n.* gwynder *m*, perlogrwydd *m*, perleiddiwch *m*, perl-wynder *m.*

pearlite *n.* perlit *m.*

pearlwort *n. Bot:* *(Sagina):* corwlyddyn (corwlydd) *m*, troellig *m*; **alpine/mountain ~,** *(S. saginoides/linnaei):* corwlyddyn alpaidd; **annual ~,** *(S. apetala ssp. erecta):* corwlyddyn unflwydd; **ciliate/fringed ~,** *(S. ciliata):* corwlyddyn canghennog; **cushion ~,** *(S. caespitosa):* corwlyddyn clustogog; **heath ~,** *(S. subulata):* corwlyddyn mynawydaidd; **knotted ~,** *(S. nodosa):* corwlyddyn/troellig clymog; **mossy/procumbent ~,** *(S. procumbens):* corwlyddyn gorweddol; **Scottish ~,** *(S. X normaniana):* corwlyddyn yr Alban; **sea ~,** *(S. maritima):* corwlyddyn arfor; **snow ~,** *(S. intermedia):* corwlyddyn yr eira.

pearly *a.* fel perl, perlog, perlaidd. ~ **cudweed,** ~ **everlasting** *n. Bot:* *(Anaphalis margaritacea):* edafeddog dlysog *f.* **P~ Gates** *n.pl.* y Pyrth Perlog, Pyrth y Nefoedd. **P~ King** *n.* Brenin (Brenhinoedd) Perlog *m.* ~ **nautilus** *n. Z:* cragen (*f*) Bedr (cregyn Pedr). **P~ Queen** *n.* Brenhines Berlog (Breninesau Perlog) *f.*

pearmain *n. Hort:* afal(-au) (*m*) pêr Mai.

peasant *n. & attrib.* **1.** gwerinwr (gwerinwyr) *m*, gwladwr (gwladwyr) *m*, gwerinwr cefn gwlad, gwerinwr tir, tyddynnwr (tyddynwyr) *m*, *occ:* tirweiniad (tirweiniaid) *m*; *Hist:* taeog(-ion) *m*; *Pej:* anwariad (anwariaid) *m&f*, llabwst (llabystiaid) *m*, lleban(-od) *m*; *Hist:* **the Peasants' Revolt,** Gwrthryfel y Werin/Gwerinwyr. **2.** *attrib.* gwerinol, y werin, gwladaidd; ~ **costume,** gwisg werinol (gwisgoedd gwerinol) *f*; ~ **community,** cymuned (*f*) werin (cymunedau gwerin).

peasantry *n.* gwerin(-oedd) *f*, gwerin bobl(-oedd) *f or pl*, gwerin cefn gwlad, gwerin wledig, pobl (*f or pl*) y wlad, pobl cefn gwlad, gwladwyr *pl*, gwerinwyr *pl*, tyddynwyr *pl*; *Pej:* gwerinos *pl.*

pease *n.* pys *pl.* ~ **flour,** ~ **meal** *n.* blawd (*m*) pys. ~ **pudding** *n.* cawl/potes (*m*) pys, pwdin (*m*) pys.

peasecod *n. N:* coden (*f*) bys (codau pys), *S:* masgl (*f*) bys (masglau pys).

peat *n.* mawn *m*; **a turf/sod/block of ~,** mawnen *f*, *S.W: occ:* maten (mate) *f*; **a field of ~,** mawndir(-oedd) *m*; **to dig/cut ~,** codi mawn, torri mawn, *occ:* lladd mawn. ~ **bog** *n.* mawnog(-ydd) *f*, gwaun (*f*) fawn (gweunydd mawn), siglen (*f*) fawn (siglennydd/siglenni mawn). ~ **cutter** *n.* **1.** *(pers.):* torrwr (torwyr) (*m*) mawn, *occ:* lladdwr (lladdwyr) (*m*) mawn. **2.** *Tls:* haearn (heyrn) (*m*) torri mawn. ~ **hag** *n.* torlan (*f*) fawn (torlannau mawn). ~ **moss** *n.* **1.** = **peat-bog. 2.** *Bot:* migwyn *m*, brigwyn *m.* ~ **mound** *n.* aelfa (*f*) fawn. ~ **pit** *n.* pwll (pyllau) (*m*) mawn, mawnbwll (mawnbyllau) *m.* **~-sand [mixture]** *n.* [cymysgedd *m*] mawn a swnd, *S.E: occ:* cymysgedd crawnog. ~ **stack** *n.* tas (*f*) fawn (teisi mawn).

peaty *a.* mawnaidd; *S.E:* ~ **and sandy,** crawnog.

peau-de-soie *n. Tex:* sidan rib *m.*

pebble[1] *n.* **1.** *a.* carreg gron (cerrig crynion) *f*, carreg fach (cerrig bychain, cerrig mân), *occ:* caregan (caregos) *f*, cerigyn (cerigos) *m*, poblen(-ni, pobls) *f*, gröyn (gro) *m*, *S.W:* poplen (poplis, poplys) *f*; *F:* **you're not the only ~ on the beach,** nid ti yw'r unig un yn y byd; *(b)* **Scotch ~,** agat *m.* **2.** *Opt:* *(a)* grisial *m*, creigrisial *m*; *(b)* lens(-ys) grisial *mf.* **~-dash**[1] *n. Const:* gro (*m*) chwipio. **~-dash**[2] *v.t. Const:* chwipio (rhth) [â gro]. **~-leather** *n.* lledr (*m*) graen. **~-rock** *n. Geol:* craig (*f*) gerigos (creigiau cerigos).

pebble[2] *v.t.* **1.** cerigo; *(= pave):* palmantu/llorio (rhth) â cherrig. **2.** = **pebble-dash.**

pebbled, pebbly *a.* caregog, llawn cerrig/cerigos.

pébrine *n. Vet:* clefyd brith *m.*

pecan *n. Bot:* **1. [-nut],** pecan(-au) *f*, cneuen (*f*) becan (cnau pecan). **2. [-tree],** coeden (*f*) becan (coed pecan), pecanwydden (pecanwydd) *f.*

peccability *n.* hybechedd *m*, pechadwyaeth *f*, pechadurusrwydd *m.*

peccable *a.* pechadwy, hybech, annibech, pechadurus.

peccadillo *n.* pechod bychan (pechodau bychain) *m*, trosedd fechan (troseddau bychain) *f*; *pl.* mân bechodau/droseddau.

peccancy *n.* **1.** *(= guilt):* euogrwydd *m*, beiusrwydd *m.* **2.** *Med:* afiachusrwydd *m*, aflesoldeb *m.*

peccant *a.* **1.** *(= guilty):* euog, beius, pechadurus, ar fai. **2.** *Med:* aflesol, afiach, afiachus.

peccary *n. Z:* p|ecari (pecarïod, pecarïaid) *m*, mochyn (moch) (*m*) dŵr.

peccavi *int. & n.* **1.** *int.* pechais. **2.** *n.* cyfaddefiad(-au) *m.*

peck[1] *n.* *(a)* pigiad(-au) *m*, peciad(-au) *m*; *(b) F: (= kiss):* cusan(-au) *f, F:* sws(-ys) *f.*

peck[2] *v.t.* **1.** *(a) (of bird):* pigo, pecian; *(b) F: (= kiss):* **to ~ s.o. on the cheek,** rhoi cusan/sws i rn ar ei foch/boch. **2.** *abs. F:* **to ~ at sth,** *(of bird):* pigo (rhth); **to ~ at one's food,** pigo bwyta. ~ **out** *v.t.* pigo allan; **to ~ out an eye,** tynnu llygad.

peck[3] *n. Meas:* **1.** pec(-eidiau) *m*, pecaid (peceidiau) *m.* **2.** *F:* **a ~ (of troubles),** llond (*m*) gwlad/trol, llwyth *m*, cruglwyth *m* (o drafferthion); pac *m* (o drwbwl).

pecked *a.* pigedig.

pecker *n.* **1.** *Orn:* pigwr (pigwyr) *m*, cnocell(-au) *f.* **2.** *F:* **to keep one's ~ up,** codi'ch calon, sirioli, bod yn siriol, bod yn galonnog; **keep your ~ up!** paid (peidiwch) â digalonni!

pecking *vn.* ~ **order,** trefn (*f*) bigo, trefn flaenoriaeth.

peckish *a.* ag eisiau bwyd, newynog, ag awydd bwyd, â chwant bwyd; **I feel ~,** mae eisiau bwyd arnaf; mae chwant bwyd arnaf.

Pecksniff *n.* rhagrithiwr (rhagrithwyr) *m.*

Pecksniffian *a.* rhagrithiol, sebonllyd.

pectase *n. Bio-Ch:* pectas *m.*

pectate *n. Bio-Ch:* pectad(-au) *m.*

pecten *n.* **1.** *Z: Anat:* crib(-au) *mf.* **2.** *Moll:* = **scallop**[1].

pectic *a. Bio-Ch:* pectig.

pectin *n. Bio-Ch:* pectin *m.*

pectinate, pectinated *a. Nat.Hist:* cribddanheddog.
pectination *n. Nat.Hist:* cribddanheddiad *m.*
pectinous *a. Bio-Ch:* pectig.
pectize *v.t.* jelïo, ceulo.
pectoral *a. & n.* **1.** *a.* dwyfronnol, y ddwyfron, y frest, p|ectoral; *Ecc:* ~ **cross,** brongroes(-au) *f* (*pronounced* ng-g); *Ich:* ~ **fin,** bronasgell (bronesgyll) *f,* asgell ddwyfronnol (esgyll dwyfronnol); *Anat:* ~ **girdle,** gwregys (*m*) y ddwyfron (gwregysau'r ddwyfron), gwregys(-au) dwyfronnol. **2.** *n. (a) Jew.Rel:* dwyfronneg (dwyfronegau) *f; (b) Pharm: N:* ffisig(-au) (*m*) i'r frest, *S:* moddion (*m or pl*) i'r frest; *(c) Ich:* bronasgell.
pectose *n. Bio-Ch:* pectos *m.*
peculate *v.i.* celcio, chwiwladrata, darnguddio (*pronounced* ng-g), dwyn.
peculation *n.* chwiwladrad(-au) *m,* darnguddiad(-au) *m* (*pronounced* ng-g), lladrad(-au) *m* [arian].
peculator *n.* chwiwleidr (chwiwladron) *m,* darnguddiwr (darnguddwyr) (*m*) (*pronounced* ng-g) arian, celciwr (celcwyr) (*m*) arian.
peculiar *a. & n.* **1.** *a. (a)* neilltuol; **(the condor is) ~ (to the Andes),** (mae'r condor) yn neilltuedig, yn perthyn yn arbennig (i'r Andes); *(b) (= especial):* neilltuol, arbennig; **of ~ interest,** o ddiddordeb arbennig/neilltuol; *(c) (= strange):* rhyfedd, od, hynod; **to be ~ in one's dress,** gwisgo'n rhyfedd *&c; S.a.* **funny**[1]; *(d) Rel.Hist: (i)* **God's ~ people,** pobl briodol Duw; *(ii)* **the P~ People,** y Priodolwyr. **2.** *n. (a) Ecc:* plwyf(-i) neilltuol *m,* priodoriaeth(-au) *f; (b) Rel.Hist: (= member of sect):* Priodolwr (Priodolwyr) *m,* Priod|olwraig (Priodolwragedd) *f; (c) Typ:* llythyren (llythrennau) acennog *f.*
peculiarity *n.* **1.** *(= distinctive/peculiar feature):* nodwedd(-au,-ion) *f,* hynodwedd(-au) *f,* priodoledd(-au) *f,* nod(-au) amgen *mf; pl.* hynodion; *(on passport):* **special peculiarities,** arwyddion neilltuol. **2.** *(= oddness):* hynodrwydd *m,* neilltuolrwydd *m.*
peculiarly *adv.* **1.** *(= personally):* yn bersonol. **2.** *(= especially):* yn arbennig, yn neilltuol. **3.** *(= oddly):* yn hynod, yn rhyfedd.
pecuniarily *adv.* yn ariannol.
pecuniary *a.* ariannol.
ped *v.t. Cin:* **to ~ up,** codi corff y camera; **to ~ down,** gostwng corff y camera.
pedagogic[al] *a.* addysgol, pedagogaidd.
pedagogics *n.pl.* = **pedagogy.**
pedagogue *n.* dysgawdr: dysgawdwr (dysgodron) *m,* athro (athrawon) *m,* ysgolfeistr(-i) *m,* hyfforddwr (hyfforddwyr) *m.*
pedagogy *n.* addysgu *vn,* addysgeg *f,* addysg *f.*
pedal[1] *n.* pedal(-au) *m, occ:* troedlath(-au) *f, N: F:* padlen (padls, padlau) *f; Mus:* **left ~, soft ~,** pedal chwith; **loud ~, sustaining ~,** pedal dal/cynnal; **swell-~,** pedal chwyddo. **~ bass** *n. Mus:* basbedal(-au) *m.* **~ bin** *n.* bin(-iau) pedal/pedalog *m.* **~ board** *n.* troedfwrdd (troedfyrddau) *m.* **~-car** *n.* car (ceir) (*m*) pedal, car pedlo/padlo. **~ coupler stop** *n. Mus:* stop(-iau) (*m*) cyplydd pedal. **~-craft** *n.* cwch (cychod) (*m*) pedlo/padlo, p|edalo(-s) *m.* **~ cycle** *n.* beic(-iau) *m, F: occ:* beic bach. **~ harp** *n. Mus:* telyn (*f*) bedal (telynau pedal). **~ note** *n. Mus:* pedalnod(-au) *m.* **~ point** *n.* pwynt(-iau) (*m*) pedal, pedalbwynt(-iau) *m.* **~ position** *n.* safle (*m*) pedal (safleoedd pedalau). **~-pushers** *n.pl. Cost: N:* trywsus(-au) (*m*) padlo, *S:* trwser(-i) (*m*) pedlo.
pedal[2] *v.i.* **1.** *Cy:* pedlo, padlo. **2.** *Mus:* pedalu.
pedal[3] *a. Z:* troedol, gwadnol; *Mth:* ~ **triangle,** triongl troedol.
pedalfer *n. Geol:* pedalffer(-au) *m.*
pedaller *n.* pedalwr (pedalwyr) *m,* ped|alwraig (pedalwragedd) *f, N: F:* padlwr(-s, padlwyr) *m,* pedliwr(-s, pedlwyr) *m.*
pedalling *vn.* = **pedal**[2].
pedalo *n.* p|edalo(-s) *m, N:* cwch (cychod) (*m*) padlo, *S:* bad(-au) (*m*) pedlo.
pedant *n.* pedant(-iaid) *m,* crachysgolh|aig (crachysgolheigion) *m.*
pedantic *a.* pedantaidd, pedantig, coegysgolheigaidd, coegddysgedig, crachysgolheigaidd.
pedantically *adv.* yn bedantaidd *&c.*
pedantry *n.* pedantiaeth *f,* coegddysg *f,* crachysgolheictod *m.*
pedate *a. Z:* troedog; *Bot:* byseddog, ewinog.
pedatifid *a. Z: Bot:* troedholltog.
peddle *v.t.&i.* pedlera, gwerthu, *A: or Lit:* edwica, *N.W: occ:* creisio, *S.W:* hocan, hocio, hocach.
peddler *n.* = **pedlar.**
pederast *n.* gwrywgydiwr (gwrywgydwyr) *m,* p|ederast (pederastiaid) *m.*
pederastic *a.* gwrywgydiol, pederastaidd.
pederasty *n.* gwrywgydiaeth *f,* pederastiaeth *f.*
pedesis *n. Ph:* pedesis(-au) *m.*
pedestal *n.* p|edestal (pedestalau) *m; F:* **to put s.o. on a ~,** addoli rhn, rhoi rhn ar bedestal; *Cin:* corff (*m*) camera (cyrff camerâu). **~-cupboard** *n. Furn:* cwpwrdd (cypyrddau) (*m*) pedestal. **~ drilling machine** *n. Tls:* peiriant (*m*) drilio pedestal. **~ rock** *n. Geol:* craig (*f*) gynnal (creigiau cynnal). **~-table** *n. Furn: N:* bwrdd (byrddau) ungoes *m, S:* bord(-ydd) ungoes *f* (*pronounced* ng-g). **~ writing-table** *n.* biwrô(-s) *m.*
pedestrian *a. & n.* **1.** *a. (a)* ar draed, ar eich deudroed/dwydroed, pedestraidd; ~ **crossing,** croesfan(-nau) (*mf*) cerddwyr; ~ **precinct,** man(-nau) (*mf*) cerddwyr; ~ **refuge,** ynys (*f*) groesi (ynysoedd croesi); *(b) (style &c):* cyffredin, di-fflach, diawen, dieneiniad, rhyddieithol, pedestraidd, ystrydebol. **2.** *n.* cerddwr (cerddwyr) *m,* c|erddwraig (cerddwragedd) *f, occ:* pedestriad (pedestriaid) *m&f,* troediwr (troedwyr) *m.*
pedestrianism *n.* pedestriaeth *f.*
pedestrianization *n.* pedestreiddio.
pedestrianize *v.t.* pedestreiddio; **pedestrianized area,** lle i gerddwyr yn unig.
pediatric *a.* pediatrig.
pediatrician, pediatrist *n.* pediatrydd(-ion) *m.*
pediatrics *n.pl.* pediatreg *f.*
pediatry *n.* pediatreg *f.*
pedicab *n. Veh:* p|edicab (pedicabiau) *m.*
pedicel *n. Bot:* coesyn(-nau) *m,* coesig(-au,-ion) *f,* pedicl(-au) *m,* coesyn (*m*) blodyn (coesynnau blodau).
pedicellate, pedicilled *a. Bot:* pediclog, coesynnog.
pedicle *n. Bot:* = **pedicel.**
pedicled *a. Bot:* = **pedicellate.**
pedicular *a.* lleuog.
pediculate *a. Bot:* = **pedicellate.**
pediculosis *n. Med:* pla (*m*) llau, pedicwlosis *m.*
pediculous *a. Med:* lleuog.
pedicure[1] *n.* **1.** *(= treatment):* triniaeth (*f*) y traed, trin (*vn*) traed, troed-driniaeth(-au) *f.* **2.** = **chiropodist.**
pedicure[2] *v.t. (feet):* trin; **I was pedicured,** cefais drin fy nhraed.
pedicurist *n.* = **chiropodist.**
pedigree *n.* **1.** *(= genealogical table):* achres(-i) *f,* siart(-iau) (*fm*) achau, cart(-au) (*m*) achau. **2.** *(a) (= ancestral line):* tras(-au) *f,* llinach(-au) *f,* ach(-au) *f,* gwehelyth(-au) *mf,* disgyniad(-au) *m; (b) (of dog, horse &c):* pedigrî: p|edigri *m,* tras *f,* brîd *m;* ~ **bull,** tarw o dras, tarw pedigri, *S.E:* tarw urddas; ~ **dog,** ci pedigri, *S.E:* ci urddas; ~ **goat,** gafr bedigri (geifr pedigri), *S.E:* gafr [o] linach; ~ **horse,** ceffyl brîd, ceffyl o frîd; ~ **stock,** stoc (*m*) o dras.
pedigreed *a.* â phedigrî/ph|edigri, o dras, o linach, o frîd.
pediment *n. Arch:* p|ediment (pedimentau) *m,* talog(-au) *m,* talfa (talfâu) *f;* **broken ~,** pediment/talog torlin; **stone ~,** talogfaen (talogfeini) *m.*
pedimental *a. Arch:* pedimentog.
pedipalp *n. Arach:* p|edipalp (pedipalpau) *m.*
pedipalpate *a. Arach:* pedipalpog.
pedipalpous *a. Arach:* pedipalpaidd.
pediplan *n. Geog:* p|ediplan (pediplanau) *m.*
pediplanation *n. Geog:* pediplaniant *m.*
pedlar *n.* pedler(-iaid) *m,* pacmon (pacmyn) *m, N.W: occ: (of herrings, potatoes, fruit &c):* creisiwr (creiswyr) *m.*
pedlary *n.* pedleriaeth *f.*
pedobaptism *n. Ecc:* bedydd (*m*) plant.
pedocal *n. Geol:* p|edocal (pedocalau) *m.*
pedogenic *a.* priddegol.
pedological *a.* priddegol.
pedologist *n.* priddegwr: priddegydd (priddegwyr) *m.*
pedology *n.* priddeg *f.*
pedometer *n.* camfesurydd(-ion) *m,* mesurydd(-ion) (*m*) camau.
peduncle *n. Bot:* coesyn(-nau) *m,* coesig(-au,-ion) *f.*
peduncular *a. Bot:* coesynnol, coesigol.
pedunculate *a. Bot:* coesynnog.

pee¹ *v.i.* gwn|eud dŵr, [gwneud] pi-pi, *V:* piso.
pee² *n.* pi-pi *m*, dŵr *m*.
peek¹ *n. F:* = **peep³**.
peek² *v.t. F:* = **peep⁴**.
peekaboo *int., n. & attrib.* **1.** *int. & n.* pi-po! pib-bo! i-w! **to play ~,** chwarae mig. **2.** *attrib.* **~ dress,** gwisg (*f*) bib-bo (gwisgoedd pib-bo). **~ card** *n. Sch:* cipgerdyn (cipgardiau) *m*.
peel¹ *n. (of fruit):* croen (crwyn) *m*, *S:* pil(-ion) *m*, pilyn (pilion) *m*, plisgyn (plisg) *m*; *Cu:* **mixed ~,** croen candi, pil candi, candi-pîl *m*.
peel² *v.t.&i.* **1.** *v.t. (fruit &c):* plicio, pilio, tynnu croen, digroeni; *(a stick &c):* pilio, rhisglo, dirisglo, rhasglio; *(carrots, potatoes):* crafu, plicio, *S.W:* plisgo, crafu, noblo, *S.E:* sgardo; *F:* **keep your eyes peeled!** cadw dy lygaid ar agor (cadwch eich llygaid ar agor)! *(b) B:* **every shoulder was peeled,** pob ysgwydd a ddinoethwyd. **2.** *v.i.* **to ~ [off],** *(a) (of paint, skin &c):* plicio, pilio; *(of wood, tree):* rhisglo; *(of marchers, aeroplanes &c):* ymwahanu; *(b) F: (= undress):* tynnu'ch dillad [oddi amdanoch], tynnu [oddi] amdanoch.
peel³ *n. Arch: Hist:* tŵr (tyrau) *m*.
peel⁴ *n. (= baker's shovel):* rhawlech(-au,-i) *f*.
peeled *a.* piliedig, pliciedig, *N.W: occ:* pîl.
peeler¹ *n. Dom.Ec:* pliciwr (plicwyr) *m*, crafwr (crafwyr) *m*, piliwr (pilwyr) *m*, peth(-au) (*m*) plicio/pilio *&c*.
peeler² *n. Hist: P:* = **policeman**.
peeling *a. & n.* **1.** *a. (paint, skin &c):* sy'n plicio/pilio. **2.** *n. (of potato &c):* croen (crwyn) *m*; *pl.* creifion, crafion, pilion, plicion, parion, rhasglion; *S:* pil(-ion) *m*, pilyn (pilion) *m*.
Peelite *n. Pol: Hist:* Peeliad (Peeliaid) *m*.
peen¹ *Tls: n.* pig (*fm*) morthwyl (pigau morthwylion), blaen (*m*) morthwyl (blaenau morthwylion). **~ hammer** *n.* morthwyl(-ion) (*m*) â phig, morthwyl pigfain; **ball ~ hammer** *n.* morthwyl wyneb crwn, morthwyl pengrwn (*pronounced* ng-g).
peen² *v.t.* **1.** morthwylio/dyrnu (rhth) â blaen morthwyl. **2.** *(= fold, shape):* plygu.
peep¹ *n. (of bird &c):* yswitiad(-au) *m*, trydar *m*; *(of mouse):* gwich(-iau) *f*, gwichiad(-au) *m*; *F:* **I haven't heard a ~ (from the baby),** ni chlywais i'r un smic (*m*), ni chlywais i na siw na miw (gan y babi).
peep² *v.i. (of bird &c):* pipian, pipianu, trydar, yswitian; *(of mouse):* gwichian; *B:* **wizards that ~ and mutter,** dewiniaid, y rhai sy'n hustyng ac yn sibrwd.
peep³ *n.* **1.** *(= glance):* cipolwg (cipolygon) *m*, *F:* cipdrem(-iau) *f*, cip(-iau,-ion) *m*, ciledrychiad(-au) *m*, *N:* sbec *f*, *N.W: occ:* stag *f*, *S.W:* cewc(-iau) *m*, sgap *m*, pip *m*, ciwc(-iau) *m*, cipod(-au) *f*; **to get a ~ at sth,** cael cipolwg *&c* ar rth. **2.** *(of light):* llygedyn (llygadau) *m*; *(of dawn):* toriad *m*, glasiad *m*; **at ~ of day,** ar lasiad y wawr/dydd, ar doriad y wawr/dydd, *occ:* ar ei glasiad hi, *S.W:* gyda whip y dydd; *See* **dawn¹, daybreak**; **~-bo** *int.* pip-po! pib-bo! mig! *S.E:* bic! **~-hole** *n.* twll (tyllau) (*m*) sbïo/sbecian, ysbiendwll (ysbiendyllau) *m*. **~-show** *n.* sioe(-au) (*f*) sbecian. **~-sight** *n. Sm.a:* sbecdwll (sbecdyllau) *m*. **~-toe, ~-toed** *a.* bysnoeth.
peep⁴ *v.i.* **1. to ~ at sth,** *Lit:* ciledrych, cipdremio, *N.W:* sbecian, sbecio, sbïo, *S.E:* cewcach, ciwco, *S.W:* cewcan, ciwco, pipo (**at sth,** ar rth). **2. to ~ out,** *(of star, flower &c):* dechrau ymddangos, dod i'r golwg; **the mouse peeped out of the hole,** rhoddodd y llygoden ei thrwyn allan o'r twll; *(of daylight):* gwawrio, torri.
peeper *n.* **1.** *N:* sbeciwr (sbecwyr) *m*, sb|ecwraig *f*, *S:* cewcwr (cewcwyr) *m*, c|ewcwraig *f*, pipiwr (pipwyr) *m*, p|ipwraig *f*, ciwciwr (ciwcwyr) *m*, c|iwcwraig *f*. **2.** *P: (= eye):* llygad (llygaid, llygadau) *m*.
peeping *a.* yn sbecian *&c*, sbeclyd, cewclyd, sbecianllyd; **P~ Tom,** Twm Pip *m*, sbeciwr (sbecwyr) *m*; *See* **peeper 1.**
peepul *n.* = **pipal**.
peer¹ *n.* **1.** *(= one's equal):* cymar (cymheiriaid) [cyfoed] *m&f*, cyfoed(-ion) *m&f*, eich hafal, eich tebyg, rhn (rhai) cydradd, rhn cyfurdd, *Lit: occ:* cyfurddor(-ion,-iaid) *m*, eich hefelydd *m*; *Hist:* urddolyn (urddolion) *m*; **status among one's peers,** statws ymhl|ith eich cymheiriaid; **trial by one's peers,** prawf gan eich cymheiriaid/cyfurdd/cydradd; **without ~,** digymar, digyffelyb, di-ail, dihafal, dihefelydd; **you'll not find her ~,** ni chewch chi mo'i thebyg; ni chewch chi neb tebyg iddi. **2. a P~ of the Realm,** Arglwydd(-i) *m*, un o Arglwyddi'r Deyrnas; **Life P~,** Arglwydd am Oes. **~ group** *n.* grŵp (grwpiau) cyfoed *m*, grwp cyfurdd; **those who keep to their ~ group,** y rhai sy'n aros gyda'u tebyg.
peer² *v.t.&i.* **1.** *v.t.* cymheirio, cyfartalu, cydraddoli. **2.** *v.i.* **to ~ at s.o.,** craffu, syllu (ar rn); llygadu (rhn); *S.W:* cewcan, cewco, ciwco, pipo (ar rn).
peerage *n.* **1.** *Coll:* arglwyddiaeth(-au) *f*, pendefigaeth(-au) *f*, *occ:* urddol[i]aeth(-au) *f*, cyfurddol[i]aeth(-au) *f*, arglwyddi *pl*, pendefigion *pl*. **2.** *(of individual):* urdd (*f*) arglwydd; **he was given a ~,** cafodd ei urddo'n arglwydd; gwnaed ef yn arglwydd; **she was given a ~,** urddwyd hi'n arglwyddes; gwnaed hi'n arglwyddes; *S.a.* **life**.
peeress *n.f.* arglwyddes(-au); *S.a.* **life**.
peerless *a.* digymar, digyffelyb, di-ail, heb eich ail, heb eich hafal, heb eich tebyg, dihafal, dihefelydd.
peetweet *n. Orn:* pibydd(-ion) mannog *m*.
peeve¹ *n.* achos(-ion) (*m*) cwyno.
peeve² *v.t.* digio, gwylltio.
peeved *a.* dig, wedi gwylltio, dicllon, *N:* blin, milain, *S:* crac, yn wynad (**with s.o.,** wrth rn).
peevish *a.* croes, cwerylgar, anfoddog, anhydrin, piwis, pifis, *N:* blin, pigog, dreng, *S.W:* bibys, naturus, *S.E:* draenogllyd, *N.W:* siosi.
peevishly *adv.* yn groes *&c*.
peevishness *n.* piwisrwydd *m*, tymer flin *f*, pigogrwydd *m*, anfoddogrwydd *m*, *S.W:* natur [ddrwg] *f*.
peewee *n. Orn:* piwi (piwïaid, piwïod) *m*.
peewit *n. Orn:* = **lapwing**; *S.a.* **gull¹**.
peg¹ *n.* **1.** *Join:* peg(-iau) *m*, *occ:* hoelen (*f*) bren (hoelion pren), *Lit: occ:* ebill(-ion) *m*; **clothes-~,** peg dillad, *S.E:* fforch (*f*) ddillad (ffyrch dillad), *S: F:* pin (*m*) coed (pinnau coed); **off the ~,** *(suit &c):* parod; *F:* **he's a square ~ in a round hole,** nid yw yn y lle sy'n gweddu iddo; **to take s.o. down a ~ [or two],** torri crib rhn, rhoi rhn yn ei le, rhoi pin yn swigen rhn, tynnu rhn i lawr dipyn; **to come down a ~,** dod i lawr dipyn, bod yn is eich cloch, brolio'ch hun lai, brolio llai arnoch eich hun, dangos llai o rodres; **a ~ to hang a grievance on,** esgus (*m*) i gwyno; **hammer ~,** peg dyrnu; **ice ~,** peg rhew; **piton ~,** peg piton; **scythe-handle ~,** pegwm (pegymau) *m*; **wheel ~,** *(acting as cog):* hoelen (*f*) gocos (hoelion cocos). **2.** *Mus:* ebill, peg. **3.** *(of drink):* joch(-iau) *mf*, jochiad(-au) *m*. **~ awl** *n.* pegol(-au) *m*. **~-board** *n. Games:* pegfwrdd (pegfyrddau) *m*. **~ box** *n. Mus:* bocs(-ys) (*m*) ebill; **bent-back ~ box,** bocs(-ys) ebill crog. **~-leg** *n.* coes bren (cocsau pren) *f*, coes glec (coesau clec) *f*, coes gorcyn (coesau corcyn) *f*.
peg² *v.t.* **1.** pegio, *Lit: occ:* ebillio; **to ~ (clothes on a line),** pegio, rhoi, taenu (dillad ar lein). **2.** *Games:* pegio, marcio'r pwyntiau. **3.** *Fin:* **to ~ the exchange,** sefydlogi'r cyfnewid; *Pol.Ec:* **to ~ prices,** sefydlogi/mynegrifo prisiau. **4.** *v.i.* **to ~ away (at sth),** dal ati (gyda rhth); dygnu arni, pydru arni (â rhth). **~ down** *v.t.* pegio (rhth) i lawr, sicrh|au (rhth) â pheg[-iau]. **~ out 1.** *v.t.* pegio (rhth) allan; **to ~ out a claim,** pegio terfynau hawl. **2.** *v.i. (a) Croquet:* taro'r peg olaf; *Cribbage:* ennill y pwynt olaf; *(b) F:* = **die 2.**
Pegasean *a.* Pegasaidd.
Pegasus *Pr.n. Myth:* P|egasws *m*.
pegged *a.* pegiog, *Lit: occ:* ebilliog; *(prices):* sefydlog.
pegger *n.* pegiwr (pegwyr) *m*.
pegging *vn.* **level ~,** sgôr gyfartal *f*.
pegmatite *n. Geol:* p|egmatit *m*.
pegtop *n. & attrib.* **1.** *n.* top(-iau) tro *m*, top pegi. **2.** *attrib.* **~-top trousers,** *N:* trowsus(-au) (*m*) godre main, *S:* trwser(-i) (*m*) godre main.
peignoir *n.* gŵn (gynau) (*m*) llofft.
pein *n.* = **peen**.
pejorative *a. & n.* **1.** *a.* difrïol. **2.** *n.* gair (geiriau) difrïol *m*.
pekan *n. Z:* pecan(-iaid,-od) *m*.
peke *n.* ci (cŵn) (*m*) Pec|in, *F:* pecinî(-s) *m*.
Peking *Pr.n. Geog:* Pec|in *f*, Beij|ing *f*.
Pekin[g]ese *a. & n.* **1.** *a.* Pecinaidd, o Bec|in. **2.** *n. (a) Ethn:* brodor(-ion) o Becin, Peciniad (Peciniaid) *m&f*; *(b) (dog):* ci (cŵn) (*m*) Pecin, *F:* pecinî(-s) *m*.
pekoe *n.* te (*m*) peco, te du.
pelage *n. Z:* blew *pl.*

Pelagian[1] *a. & n. Rel.Hist:* **1.** *a.* Pelagaidd; **the ~ heresy,** heresi Pelagiws. **2.** *n.* Pelagiad (Pelagiaid) *m&f.*
pelagian[2] *a. & n. Z:* **1.** *a.* cefnforol. **2.** *n.* cefnforwr (cefnforwyr) *m.*
Pelagianism *n. Rel.Hist:* Pelagiaeth *f.*
pelagic *a.* cefnforol, pelagig.
Pelagius *Pr.n. Hist:* Pelagiws *m, occ:* Peleg *m.*
pelagonic *a. Ch:* pelagonig.
pelamid *n. Ich:* = **bonito.**
pelargonium *n. Bot:* mynawyd (*m*) y bugail, pig (*mf*) yr aran, pig y crychydd.
Pelasgian *a. & n.* **1.** *a.* Pelasgaidd. **2.** *n.* Pelasgiad (Pelasgiaid) *m&f.*
Pelasgic *a.* Pelasgaidd.
pelerine *n. Cost:* mantell laes (mentyll llaes) *f.*
pelf *n. Pej:* cyfoeth *m*, arian *m*, pres *m*, golud(-oedd) *m.*
pelham *n. Harn:* pelham(-iau) *m*, genfa (genfâu) (*f*) pelham.
pelican *n. Orn:* p|elican (pelicanod) *m.* **~ crossing** *n.* croesfan(-nau) (*mf*) pelican. **~'s foot shell** *n. (Apporhais pes-pelicani):* iâr (*f*) fôr (ieir môr), cragen (*f*) droed pelican (cregyn troed pelican).
pelisse *n. A: Cost:* mantell (*f*) flew (mentyll blew), ***pelisse(-s)*** *mf.*
pellagra *n. Med:* pelagra *m.*
pellagrous *a. Med:* pelagraidd.
pellet[1] *n.* **1.** *Metall: Ch: &c: (of clay, paper &c):* pelen(-ni) *f*, peled(-i) *f*; *Geog:* **coal ~,** *S:* pêl (*f*) lo (pelau glo); **mud ~,** pelen laid (pelenni llaid). **2.** *Sm.a:* gronyn(-nau) (*m*) plwm, *N:* haelsen (haels) *f*, slycsen (slycs) *f.* **3.** *Pharm:* pilsen (pils) *f*, pelen. **~ gun** *n.* gwn (gynnau) (*m*) haels, gwn slycs.
pellet[2] *v.t.* peledu, pelennu.
pelleted *a.* pelennog.
pellicle *n.* pilen(-nau) *f*, ambilen(-nau) *f*, pelicl(-au) *m*, allbilen(-nau) *f.*
pellicular *a.* pilennol.
pellitory *n. Bot: (Parietaria):* pelydr *m*; **~ of Spain,** *(Anacyclus pyrethrum):* pelydr Sbaen; **wall-~,** *(P. diffusa):* pelydr (*m*) y wal, pelydr y cerrig, llysiau(*pl*)'r pared, pelydr y gwelydd, cantafog *m*, murlwyn *m*, barthlys *m*, murlys *m*, paredlys *m*, *N.W:* pared y wôl, pared y wal.
pell-mell *adv., a. & n.* **1.** *adv.* yn bendramwnwgl, yn bendraphen, yn blith draphlith, yn ddi-drefn, yn dinbenstrellach. **2.** *a.* pendramwngl, pendraphen, anhrefnus, di-drefn, tinbenstrellach. **3.** *n.* llanast[r] *m*, anhrefn *f*, tryblith *m*, trybestod *m.*
pellucid *a.* clir, eglur, tryloyw.
pellucidity *n.* clirdeb *m*, clirder *m*, eglurdeb *m*, eglurder *m*, tryloywedd *m*, tryloywder *m.*
pellucidly *adv.* yn glir *&c.*
Pelmanism *n. R.t.m:* Pelmaniaeth *f.*
pelmet *n.* pelmet(-au) *m*, falans(-iau) *f.*
Peloponnese (the) *Pr.n. Geog:* Y Peloponesos *m.*
Peloponnesian *a.* Peloponesaidd; **the ~ War,** Rhyfel y Peloponesos.
peloria *n. Bot:* peloria *m.*
peloric *a. Bot:* pelorig.
pelorus *n. Nau:* pelorws (pelorysau) *m.*
pelota *n. Games:* pelota *mf.*
pelt[1] *n. (= skin):* croen (crwyn) *m.*
pelt[2] *n. (of stones &c):* plediad *m*; **(to go) full ~,** (mynd) nerth eich traed, fel cath i gythraul.
pelt[3] *v.t.&i.* **1.** *v.t.* **to ~ (s.o.) with stones,** pledu (rhn) â cherrig; taflu cerrig (at rn); *N.W: occ:* pledio, plyndro (rhn); pwmpio cerrig (at rn); **to ~ s.o. with snowballs,** pledu eira at rn, pledu rhn ag eira, *N.W: occ:* mopio rhn, pledu rhn â mopins. **2.** *v.i. (of rain): (a)* **to ~ [down],** arllwys y glaw, tywallt y glaw, bwrw'n drwm, *N:* tresio bwrw, stido bwrw, *S:* diwel y glaw, *S.W:* cringo; **it is pelting down,** mae'n ei harllwys hi; *(b) F:* **she was off as fast as she could ~,** i ffwrdd â hi nerth ei thraed.
pelta *n.* tarian(-[n]au) *f.*
peltate *a.* tarianffurf, tarian[n]og.
pelting *a.* **~ rain,** glaw (*m*) gyrru, curlaw *m*, *N.W: occ:* horslaw *m*, stidlaw *m.*
peltry *n.* crwyn *pl.*
pelvic *a. Anat:* pelfig, isgeudodol; **~ cavity,** ceudod(-au) pelfig *m*, isgeudod(-au) *m*; **~ girdle,** gwregys(-au) pelfig *m.*
pelvis *n.* pelfis(-au) *m*, isgeudod(-au) *m*, ceudod pelfig *m.*
Pembrey *W.Pl.n.* Pen-bre *m.*
Pembroke *W.Pl.n.* Penfro *f.* **~ Dock** *W.Pl.n.* Doc (*m*) Penfro. **~ table** *n.* bwrdd (byrddau) (*m*) Penfro, *S.W:* bord (*f*) adain (bordiau adenydd) *f.*
Pembrokeshire *Pr.n. Geog:* Sir (*f*) Benfro.
pemmican *n.* p|emican *m.*
pemphigoid, pemphigous *a.* pemffigaidd.
pemphigus *n. Med:* llid (*m*) pothelli.
pen[1] *n. (for sheep &c):* corlan(-nau) *f*, lloc(-iau) *m*, ffald(-au) *f*, *S.W:* crut(-iau) *m*, crit(-iau) *m.*
pen[2] *v.t.* **~ [up],** corlannu, llocio, ffaldio, *S.W:* lloco, cryto.
pen[3] *n. (for writing):* pen(-nau) (*m*) ysgrifennu, pin(-nau) (*m*) ysgrifennu, *Lit:* ysgrifbin(-nau) *m*, *N.W:* pin dur; **the ~ is mightier than the sword,** gorau arf, arf dysg; trech pin dur na chleddyf; **fountain-~,** pin llenwi/llanw, ysgrifbin llenwi/llanw, llifbin(-nau) *m*; **at a stroke of a ~,** ar drawiad; **to put ~ to paper,** rhoi bin ar bapur; **to have a ready ~,** ysgrifennu'n ddidrafferth; **to make a living by one's ~,** byw ar lenydda; **to run one's ~ through sth,** dil|eu rhth, rhoi pensel trwy rth; **~ and ink,** pin ac inc; **~ and wash,** pin a golchiad. **~-box** *n.* blwch (blychau) (*m*) ysgrifbinnau. **~-feather** *n.* cwilsen (cwils) *f*, cwilsyn (cwils) *m.* **~-friend, ~-pal** *n.* cyfaill (cyfeillion) gohebol *m*, ffrind(-iau) gohebol *m*, cyfaill/ffrind drwy'r post. **~-light** *n.* pwyntil(-au) (*m*) goleuo. **~-name** *n.* ffugenw(-au) *m.* **~-nib** *n.* nib(-iau) *m.* **~-portrait** *n.* ysgrif (*f*) bortread (ysgrifau portread). **~ process** *n.* proses (*mf*) ysgrifbin. **~-pusher** *n.* clercyn (clercod) *m*, clerc(-od) *m.* **~-pushing** *vn.* clercio, clarcio.
pen[4] *v.t. (= write):* ysgrifennu.
pen[5] *n. Orn: (= female swan):* alarches(-au) *f.*
pen[6] *n.* = **penitentiary.**
penal *a.* penydiol, cosbol, cosbedigol, cosbedigaethol; *(offence):* cosbadwy; **~ code,** côd (codau) penydiol *m*, côd cosbau; **~ colony,** gwladfa (*f*) gosb/gosbi (gwladf|eydd cosb/cosbi); **~ institution,** penydfa (penydf|eydd) *f*, carchar(-au) *m*; **~ law,** deddf (*f*) gosb/gosbi (deddfau cosb/cosbi); **~ sanction,** sancsiwn (sancsiynau) penydiol/cosbedigol *m*; **~ servitude,** penyd-wasanaeth *m*; **~ system,** system (*f*) gosb (systemau cosb); **~ theory,** damcaniaeth (*f*) gosbi.
penalize *v.t.* cosbi.
penally *adv.* fel cosb; yn benydiol *&c.*
penalty *n.* cosb(-au) *f*, *occ:* cosbedigaeth(-au) *f*, penyd(-iau) *m*; **maximum ~,** uchafgosb(-au) *f*; **a fixed ~,** penyd sefydlog, cosb benodol (cosbau penodol); **[the] death ~,** cosb (*f*) marwolaeth, cosb angau, y gosb eithaf, y gosb ddihenydd, dienyddio *vn*; **[up]on/under ~ of death,** ar gosb marwolaeth, ar/dan boen marwolaeth; *F:* **to pay the ~ of one's foolishness,** talu'r pris am eich ffolineb. **~ area** *n. Fb:* cwrt(-iau) (*m*) cosbi. **~ clause** *n.* cymal(-au) (*m*) cosb. **~ goal** *n.* gôl (*f*) gosb (goliau cosb). **~ kick** *n.* cic (*f*) gosb (ciciau cosb). **~ pass** *n.* pas (*m*) cosb (pasys cosb). **~ spot** *n.* man(-nau) (*m*) cosb, smotyn (smotiau) (*m*) cosb. **~ stroke** *n.* trawiad(-au) (*m*) cosb.
penance *n.* penyd(-iau) *m*; **to do ~,** gwneud penyd, penydu.
penannular *a.* bylchgrwn (*f.* bylchgron, *pl.* bylchgrynion).
Penates *n.pl. Rom.Ant:* Penates.
pence *n.pl. See* **penny.**
penchant *n.* tuedd *f*, tueddiad(-au) *m* **(for sth,** at rth); hoffter *m* (o rth), *N.W: occ:* asgen (*f*) (i rth).
pencil[1] *n.* **1.** pensel(-i) *f*; *(a)* **lead ~,** pensel blwm (penseli plwm), *F:* pensel lèd; **indelible ~,** pensel gopïo (penseli copïo), *F:* pensel biws (penseli piws); **marking-~,** pensel farcio (penseli marcio); **propelling ~,** pensel droi (penseli troi); *(b)* **slate ~,** pensel garreg (pensils cerrig), carreg (cerrig) (*f*) nadd; *Toil:* **eyebrow ~,** pensel aeliau. **2.** *Opt:* **~ of light-rays, light ~,** ysgub(-au) (*f*) o belydrau, pensel o belydrau; *Ball:* **~ of trajectories,** ysgub o dafl-lwybrau. **~-arm** *n.* braich (breichiau) (*mf*) pensel. **~-box, ~-case** *n.* blwch (blychau) (*m*) penseli. **~-holder** *n.* daliwr (dalwyr) (*m*) pensel/penseli, peth(-au) (*m*) dal pensel/penseli. **~-mark** *n.* ôl (olion) (*m*) pensel, marc(-iau) (*m*) pensel. **~-sharpener** *n.* peth(-au) (*m*) rhoi min/blaen ar bensel, hogwr (*m*) pensel (hogwyr penseli), miniwr (minwyr) *m* [penseli]. **~-work** *n.* gwaith (*m*) pensel.
pencil[2] *v.t.* marcio (rhth) â phensel, penselu; **to ~ sth in,** rhoi rhth i mewn â phensel, ysgrifennu rhth mewn pensel.
Pencoyd *Eng.Pl.n.* Pencoed *m.*
pendant *n.* **1.** *(a) Lap:* tlws (tlysau) crog *m*, crogdlws

(crogdlysau) *m*, crogaddurn(-au) *m*; *Furn:* **electric light ~,** lamp grog (lampau crog) *f*; *(b)* = **pennant**. **2.** *Nau:* rhaff grog (rhaffau crog) *f*, crograff(-au) *f*. **3.** *(= companion, complement): (of masc. n.):* cymar (cymheiriaid) *m*, partner(-iaid) *m*; *(of fem. n.):* cymhares (cymaresau) *f*, partneres (-au) *f*.
pendent *a.* **1.** crog, crogedig, ynghrog; *(of drapery):* crog, llaes. **2.** *Jur:* sy'n disgwyl, sy'n aros. **3.** *Gram:* anghyflawn, crog.
pendentive *n. Arch:* crognen(-nau) *f*, pendentif(-au) *m*.
Pendine *W.Pl.n.* Pentywyn *m*.
pending *a. & prep.* **1.** *a.* = **pendent**. **2.** *prep. (a) (= during):* yn ystod (rhth); *(= until):* hyd at (rth), tra'n aros/disgwyl (rhth); **~ a decision,** hyd nes gwneir penderfyniad.
Pendoylan *W.Pl.n.* Pendeulwyn *m*.
pendragon *n. & Pr.n.* **1.** *n.* pendragon(-au) *m*. **2.** *Pr.n.m.* **Uther P~,** Uthr Bendragon, Uthr Pendragon.
pendulate *v.i.* siglo, pendilio.
penduline *a. (nest):* crog, crogedig, ynghrog; *(bird):* nyth crog.
pendulous *a.* **1.** *(= hanging):* yn hongian, crog; *(breast, earlobe):* llaes, llipa. **2.** *(= swinging):* siglog, pendilaidd, pendiliog.
pendulum *n.* pendil(-iau) *m*.
peneplain *n. Geog:* lledwastadedd(-au) *m*.
peneplanation *n. Geog:* lledwastadiad(-au) *m*, lledwastadiant (lledwastadiannau) *m*.
penetrability *n.* treiddiadwyedd *m*, hydreiddedd *m*.
penetrable *a.* treiddiadwy, hydreiddiadwy, hydraidd.
penetralia *n.pl.* perfeddion.
penetrance *n.* treiddiad(-au) *m*.
penetrate *v.t.&i.* **1.** *v.t. (a)* mynd (trwy rth); treiddio, ymdreiddio (i rth); mynd i mewn (i rth, trwy rth); hydreiddio (rhth); **the knife penetrated the heart,** aeth y gyllell i'r galon; aeth y gyllell trwy'r galon; gwanodd y gyllell y galon; *(b)* **to ~ (a mystery),** dirnad, dehongli, datrys (dirgelwch); treiddio (i ddirgelwch); **to ~ s.o.'s mind,** treiddio i feddwl rhn. **2.** *v.i.* ymdreiddio, treiddio (i rth).
penetrating *a.* **1.** *(voice &c):* treiddgar, treiddiol. **2.** *(= shrewd):* craff, treiddgar, dirnadol.
penetratingly *adv.* yn dreiddgar, yn graff *&c*.
penetration *n.* **1.** treiddiad(-au) *m*. **2.** *(= shrewdness):* craffter *m*, treiddgarwch *m*, dirnadaeth *f*.
penetrative *a.* treiddgar, treiddiol.
penetrator *n.* treiddiwr (treiddwyr) *m*.
Pengam Garden Village *W.Pl.n.* Cefn (*m*) Fforest.
Pengethly *Eng.Pl.n.* Pengelli *m*.
penguin *n. Orn:* pengwin(-iaid) *m*, pengwyn(-iaid) *m* (*both pronounced* ng-g); **emperor ~,** pengwin ymerodrol; **king ~,** pengwin brenhinol.
penholder *n.* ysgrifbin(-nau) *m*.
Penhow *W.Pl.n.* Pen-hw *m*.
penial *a.* pidynnol.
penicillate *a.* *(= tufted):* cudynnog; *(= streaked):* rhesog
penicillin *n. Pharm:* penisilin *m*.
penicillium *n. Fung:* penisiliwm (penisilia) *m*.
penile *a.* pidynnol.
penillion *n.pl. W.Mus:* penillion. **~ singer** *n.* canwr (cantorion) (*m*) penillion, cantores(-au) (*f*) penillion, canwr (*&c*) cerdd dant. **~ singing** *vn.* canu penillion, cerdd (*f*) dant.
peninsula *n. Geog:* penrhyn(-ion) *m*, gorynys(-oedd) *f*; **the Lleyn P~,** Pen (*m*) Llŷn, Penrhyn Llŷn.
peninsular *a. & n.* **1.** *a.* gorynysol; *Hist:* **the P~ War,** Rhyfel (*m*) Iberia. **2.** *n.* gorynyswr (gorynyswyr) *m*, goryn|yswraig (gorynyswragedd) *f*.
peninsulate *v.t.* gorynysu.
penis *n.* pidyn(-nau) *m*, *Lit: occ:* cal(-iau) *f*, cala (caliau) *f*, *N.W: occ:* gwialen(-ni, gwiail) *f*, *S.W:* piden *f*, pisyn *m*, wt *m*, bidi *m*, *N.E: occ:* conyn *m*, coes(-au) bach *m*, darn(-au) *m*.
penitence *n.* edifeirwch *m*.
penitent *a. & n.* **1.** *a.* edifar, edifeiriol, edifarus, edifarh|aus. **2.** *n.* edifeiriwr (edifeirwyr) *m*, edifarhäwr (edifarhawyr) *m*, edifarydd (-ion, edifarwyr) *m*, edifarwr (edifarwyr) *m*, penydiwr (penydwyr) *m*, pen|yd-ddyn(-ion) *m*, pen|ydwraig (penydwragedd) *f*.
penitential *a.* edifeiriol, penydiol.
penitentially *adv.* yn edifeiriol *&c*.
penitentiary *a. & n.* **1.** *a. Ecc:* penydiol; **~ priest,** offeiriad (offeiriaid) penydiol *m*. **2.** *n. (a) (book):* llyfr(-au) penyd *m*. *(b) U.S:* carchar(-au) *m*, penydfa(-oedd, penydf|eydd) *f*.
penitently *adv.* yn edifar, yn edifeiriol *&c*.
Penkilan Head *W.Pl.n.* Trwyn (*m*) Cilan.
penknife *n.* cyllell (*f*) boced (cyllyll poced), *S.W:* pengneth *m* (*pronounced* ng-g), *N.W: occ:* pencnath (pencnith) *f*.
Penkridge *Eng.Pl.n.* Pencrug *m*.
Penley *W.Pl.n.* Llannerch (*f*) Banna.
Pellline *W.Pl.n.* Pen-llin *m*.
Penmaenpool *W.Pl.n.* Llyn (*m*) Penmaen.
penman *n.m.* ceinysgrifennwr (ceinysgrifenwyr).
penmanship *n.* **1.** *(of author):* crefft (*f*) ysgrifennu, crefft llenor. **2.** *(= calligraphy):* ceinder (*m*) ysgrifen, ceinysgrifennu *vn*, ceinlythrennu *vn*.
Penmark *W.Pl.n.* Pen-marc *m*, *A:* Penmarch (*m*) Hywel.
Penmon Point *W.Pl.n.* Y Trwyn Du *m*, Trwyn Penmon.
pennant *n.* penwn (penynau) *m*.
pennanular *a.* bylchog, bylchgrwn (*f.* bylchgron, *pl.* bylchgrynion); **~ armlet,** breichdlws bylchgrwn; **~ brooch,** tlws bylchgrwn.
pennate *a. Nat.Hist:* adeiniog.
penniform *a. Nat.Hist:* ar ffurf pluen, pluenffurf.
penniless *a.* heb yr un geiniog, heb ddimai goch y delyn, *N.W: F:* heb yr un ffadan beni, heb yr un bensan, *S:* heb un chwiden, yn eich dim; **(they were left) ~,** (gadawyd hwy) heb yr un geiniog, *S:* yn eu dim.
pennill *n. W.Pros:* pennill (penillion) *m*.
Pennine *a. Geog:* **the ~ Way,** Llwybr (*m*) y Penwynion; **the P~ Chain,** Cadwyn (*f*) y Penwynion.
Pennines *Pr.n. Geog:* y Penwynion *pl.*
pennon *n.* penwn (penynau) *m*.
pennoned *a.* penynog.
penn'orth *n.* = **pennyworth**.
Pennsylvania *Pr.n. Geog:* Pensylfania *f.* **~ Dutch 1.** *a.* Almaenaidd o Bensylfania; **he is ~ Dutch,** Almaenwr o Bensylfania yw ef; **she is ~ Dutch,** Almaenes o Bensylfania yw hi. **2.** *n. (a) Ethn: Coll:* Almaenwyr Pensylfania. *(b) Ling:* Almaeneg (*f*, *m*) Pensylfania.
Pennsylvanian *a. & n.* **1.** *a.* Pensylfanaidd. **2.** *n.* Pensylfaniad (Pensylfaniaid) *m&f*.
penny *n.* **1.** ceiniog(-au) *f*, *N.W: occ: F:* niwc *f*, pensan *f*; **silver ~,** ceiniog wen (ceiniogau gwynion); **without a ~,** heb yr un geiniog, heb ddimai goch, heb ddimai goch y delyn, *N.W: F:* heb sentan goch, heb un ffadan beni; **you wouldn't have thought she had two pennies to rub together,** *N.W:* fuasech chi ddim yn meddwl bod ganddi ddau chwech am swllt; **pennies from heaven,** arian annisgwyl, manna o'r Nefoedd; **I didn't get a ~,** *N.W: occ:* ches i ddim bilan; **a ~ for your thoughts,** beth sydd ar dy feddwl di? faint gymri di am dy feddyliau? ceiniog am dy feddyliau di; **the ~ dropped,** syrthiodd y geiniog; **to look twice at every ~,** edrych yn llygad y geiniog, bod yn gynnil ar geiniog; **a ~ saved is a ~ earned,** cystal imi'r geiniog a gynilaf â'r geiniog a enillaf; cystal achub ceiniog â'i hennill; *N.W:* ni waeth ichi geiniog sbariwch chi na cheiniog enillwch chi; **to turn up like a bad ~,** dod yn ôl fel ceiniog ddrwg; **he's like a bad ~,** mae fel hanner coron drwg, 'does dim newid arno. **2.** *(pl. pence) (a) (value):* **nobody was a ~ the worse,** 'doedd neb yr un geiniog ar ei golled; **I'm not a ~ the worse,** nid wyf geiniog ar fy ngholled; **in ~ numbers,** fesul tipyn; *Prov:* **in for a ~, in for a pound,** cystal gwario punt â gwario ceiniog; *Prov:* **take care of the pennies and the pounds will take care of themselves,** o geiniog i geiniog fe â swllt yn bunt; gofaler am y ddimai, gofala'r bunt amdani ei hun. **3. (that cost) a pretty ~,** (fe gostiodd hynny) yn ddrud, geiniog a dimai, dipyn o geiniog, geiniog go lew; **to earn an honest ~,** gwn|eud ceiniog fach, ennill cyflog da; *Hist:* **Peter's pence,** ceiniogau Pedr. **~-a-line** *a. Journ:* ceiniog y llinell. **~-a-liner** *n. Journ:* gohebydd(-ion) (*m*) ceiniog y llinell. **~ black** *n. (stamp):* stamp (*m*) ceiniog du (stampiau ceiniog duon). **~ blood** *n.* = **penny dreadful.** **~ bun** *n. Cu: Fung:* wicsen gron (wics crynion) *f*. **~ dreadful** *n. Journ:* comic(-s) (*m*) ceiniog, stori (*f*) geiniog (straeon ceiniog). **~ farthing** *n.* beic(-s,-iau) (*m*) peni-ffardding, *N.W: O:* ceffyl(-au) haearn *m*. **~ gaff** *n. Th:* theatr rad (theatrau rhad) *f*. **~ grass** *n. Bot:* = **pennywort, yellow rattle.** **~ halfpenny** *n.* ceiniog a dimai *f*. **~-in-the-slot** *attrib.* ceiniog yn y twll. **~-piece** *n.* ceiniog(-au) *f*, pis[h]yn (*m*) ceiniog (pis[h]iau

ceiniogau). **~-pincher** *n.* Siôn (*m*) llygad y geiniog, cybydd(-ion) *m*; **he's a ~-pincher,** mae'n edrych yn llygad y geiniog; mae'n un am wylio pob ceiniog; *S:* mae'n garcus o'i geiniog. **~-pinching** *a.* cybyddlyd, crintach, crintachlyd, llygad y geiniog. **~ post** *n.* post (*m*) ceiniog. **~-weight** *n. Meas:* pwys (*m*) ceiniog. **~ whistle** *n.* chwiban (*f*) dun (chwibanau tun), chwisl (*f*) dun (chwislau tun). **~ wise** *a.* cynnil ar y geiniog, llygad y geiniog, carcus o'ch ceiniog; **to be ~ wise,** edrych yn llygad y geiniog, bod yn garcus o'ch ceiniog; **to be ~ wise and pound foolish,** gwario swllt er ennill ceiniog; rhoi'r dorth a gofyn y dafell; ennill y blewyn a cholli'r bwrn; cynnil, tra chynnil, colli tri chymaint.

pennycress *n. Bot: (Thlaspi):* codywasg *m*; **Alpine ~,** *(T. alpestre):* codywasg yr Alpau; **Apennean ~,** *(T. stylosum):* codywasg yr Apeninau; **common ~ = field pennycress; early ~,** *(T. praecox):* codywasg cynnar; **field ~,** *(T. arvense):* codywasg y maes; **garlic ~,** *(T. alliaceum):* codywasg drewllyd; **mountain ~,** *(T. montanum):* codywasg y mynydd; **perfoliate ~,** *(T. perfoliatum):* codywasg trydwll; **round-leaved ~,** *(T. rotundifolium):* codywasg crynddail; **small-flowered ~,** *(T. brachypetalum):* codywasg mân-flodeuog.

pennyroyal *n. Bot: (Mentha pulegium):* llysiau(*pl*)'r gwaed, dail (*pl*) y gwaed, brymlys *m*, breflys *m*, dalen (*f*) y geiniog, coluddlys *m*, y brefai *m*, llysiau'r pwdin, llysiau'r archoll, llysiau'r coludd, llyrcadys, *S.E:* llysau'r geiniog, *S.W:* organs *pl*; **mock ~,** *(Hedeoma pulegioides):* ffug frymlys *m*.

pennywort *n. Bot:* **1. wall ~,** *(= navelwort): (Umbilicus rupestris):* dail (*pl*) y gron, dail ceiniog, dail y geiniog, crondoddaid *f*, bogail (*mf*) y forwyn, bogail Gwener, bogail y bugail, bog|eil-lys *m*, y gron fawr *f*, y gron fwyaf, y gron ar y muriau, llysiau(*pl*)'r ddimai, ceinioglys *m*, llestr (*m*) ceiniog. **2. marsh/water ~,** *(= white rot): (Hydrocotyle vulgaris):* ceiniog (*f*) y gors, llysiau'r geiniog, toddaid wen *f*, cron y gweunydd, dail ceiniogau, dail y clwy, dail y geiniog, toddedig wen *f*, dail y gron leiaf, dail cyrn, dail pen bron, amrain *m*, y gron o'r dŵr.

pennyworth *n.* gwerth (*m*) ceiniog, ceiniogwerth(-i,-au) *f*, *F:* cnegwa[r]th, cnegwe[r]th, *N.W: occ:* gwerth (*m*) niwc.

penological *a.* penydegol.

penologist *n.* penydegwr: penydegydd (penydegwyr) *m*.

penology *n.* penydeg *f*.

Penrhos Point *W.Pl.n.* Y Penrhyn Mawr *m*.

Penrhyn Bay *W.Pl.n.* Bae (*m*) Penrhyn.

Penrhynside *W.Pl.n.* Ochr (*f*) Penrhyn, *F:* Yr Ochor.

Penrice *W.Pl.n.* Pen-rhys *m*.

Penrith *W.Pl.n.* Penrhydd *m*.

Penrose *Eng.Pl.n.* Penrhos *m*.

Penselwood *Eng.Pl.n.* Pen (*m*) y Coed Mawr.

pensile *a. (nest &c):* yn hongian, crog, crogedig; **~ bird,** aderyn nyth crog/grog.

pension[1] *n.* pensiwn (pensiynau) *m*; **contributory ~,** pensiwn cyfrannol; **flat rate ~,** pensiwn cywastad; **graduated ~,** pensiwn graddedig; **invalidity ~,** pensiwn anabledd; **non-contributory ~,** pensiwn anghyfrannol/digyfraniad; **occupational ~,** pensiwn galwedigaethol; **old-age ~,** pensiwn henoed; **old age person's ~,** pensiwn hynafgwr; **retirement ~,** pensiwn ymddeol; **war ~,** pensiwn rhyfel; **widow's ~,** pensiwn gweddw, pensiwn gwr|aig weddw.

pension[2] *v.t.* pensiynu (rhn), rhoi pensiwn (i rn), rhoi (rhn) ar bensiwn.

pension[3] *n. (= boarding house):* llety(-au) *m*.

pensionable *a.* pensiynadwy, mewn oed pensiwn.

pensionary *n.* pensiynydd(-ion) *m*.

pensioner *n.* pensiynwr (pensiynwyr) *m*, pensi|ynwraig (pensiynwragedd) *f*, *F:* pensiwnïar(-s) *m&f*; **old-age ~,** hen bensiynwr, hen ŵr ar ei bensiwn (hen wŷr ar eu pensiwn), hen bensiynwraig *f*, hen wr|aig ar ei phensiwn (hen wragedd ar eu pensiwn).

pensive *a.* meddylgar, myfyrgar, myfyriol, synfyfyriol, dwysfyfyriol.

pensively *adv.* yn feddylgar *&c*.

pensiveness *n.* meddylgarwch *m*, dwysfyfyrdod *m*, synfyfyrdod *m*.

penstemon *n. U.S:* = **pentstemon.**

penstock *n.* **1.** *(= sluice):* llifddor(-au) *f*. **2.** *U.S:* = **mill-race.**

pent *a.* **1.** *(= confined):* caeth, wedi'ch cau i mewn. **2. ~ up,** *(emotion &c):* cronedig.

pentachord *n. Mus:* **1.** *(= instrument):* pumtant (pumtannau) *m*. **2.** *(= series of notes):* pumnodyn (pumnodau) *m*.

pentacle *n.* pentacl(-au) *m*.

pentad *n.* pentad(-au) *m*, pump (pumoedd) *m*.

pentadactyl *a.* pumbys.

pentadecagon *n. Geom:* pentad|ecagon (pentadecagonau) *m*.

pentagon *n.* **1.** *Geom:* p|entagon (pentagonau) *m*, pumochr(-au) *f*, pumongl(-au) *f*. **2.** *Pol:* **the P~,** y Pentagon *m*.

pentagonal *a. Geom:* pumochrog, pumonglog, pentagonol.

pentagram *n.* p|entagram (pentagramau) *m*, pumongl(-au) *mf*.

pentagynous *a. Bot:* pum pistil.

pentahedral *a. Geom:* pumochrog, pumochrol.

pentahedron *n. Geom:* pentahedron(-au) *m*.

pentamerism *n.* pumrannedd *m*.

pentamerous *a.* **1.** *Bot:* pumran. **2.** *Z:* pumcymalog, pumran.

pentameter *n. Pros:* [y] mesur pumban *m*; *(line):* llinell bumban (llinellau pumban) *f*.

pentandrous *a. Bot:* pumbrigerog.

pentane *n. Ch:* pentân *m*.

pentangle *n.* = **pentagram.**

pentangular *a.* pumonglog.

pentanoic *a. Ch:* pentanöig.

pentapeptide *n. Bio-Ch:* pentapeptid(-au) *m*.

pentapetalous *a. Bot:* pumpetalog.

pentaploid *a. & n.* **1.** *a.* pentaploidaidd. **2.** *n.* p|entaploid (pentaploidau) *m*.

pentaploidy *n.* pentaploidedd *m*.

pentapody *n. Pros:* mesur pumban *m*, llinell bumban (llinellau pumban) *f*.

pentaprism *n. Opt:* p|entaprism (pentaprismau) *m*.

pentaptych *n. Ecc:* allor bumnalen (allorau pumnalen) *f*.

pentaquine *n. Pharm:* p|entacwin *m*.

pentarchical *a. Pol:* pentarchaidd.

pentarchy *n. Pol:* pentarchaeth(-au) *f*.

pentastich *n. Pros:* pennill (penillion) (*m*) pumllinell.

pentasyllabic *a. Pros:* pumsill, pumsillaf, pumsillafog.

Pentateuch (the) *n. B:* y Pumllyfr *m*.

pentateuchal *a. B:* pumllyfrol, yn perthyn i'r Pumllyfr.

pentathlete *n. Sp:* pentathlet(-au,-iaid) *m*.

pentathlon *n. Sp:* pentathlon(-au) *m*.

pentatomic *a. Ch:* pentatomig.

pentatonic *a. Mus:* pentatonig.

pentavalent *Ch:* pumfalent.

Pentecost *n. Rel:* [y] P|entecost (Pentecostau) *m*, [y] Sulgwyn *m*.

pentecostal *a. & n.* **1.** *a.* pentecostaidd. **2.** *n.* **P~,** Pentecostiad (Pentecostiaid) *m&f*.

Pentecostalism *n. Rel:* Pentecostiaeth *f*.

Pentecostalist *n. Rel:* = **pentecostal 2.**

penthouse, pentice *n.* pentis(-iau) *m*, penty (pentai) *m*.

pentimento *n. Art:* pentimento (pentimenti) *m*.

pentlandite *n. Miner:* p|entlandit *m*.

pentobarbital, pentobarbitone *n. Pharm:* pentob|arbital *m*, pentob|arbiton *m*.

pentode *n. El:* pentod(-au) *m*.

pentomic *a. Mth:* pentomig.

pentomino *n. Mth: Ph:* pent|omino (pentominos) *m*.

pentosan *n. Bio-Ch:* p|entosan (pentosanau) *m*.

pentose *n. Ch:* pentos *m*.

pentosuria *n. Med:* pentoswria *m*.

Pentothal *n. R.t.m:* P|entothal *m*.

pentoxide *n. Ch:* pentocsid(-au) *m*.

Pentre Halkyn *W.Pl.n.* Pentre (*m*) Helygain.

Pentre Hill *W.Pl.n.* Bryn (*m*) yr Ellyllon.

Pentremeyrick *W.Pl.n.* Pentremeurig *m*.

pent-roof *n.* to(-eau) (*m*) pentis.

pentstemon *n. Bot:* p|entstemon (pentstemonau) *m*.

pentyl *attrib. Ch:* pentyl.

penult, penultimate *a. & n.* **1.** *a.* olaf ond un, cynderfynol, gobennol. **2.** *n.* goben(-nau) *m*.

penumbra *n.* gogysgod(-ion) *m*, penwmbra (penwmbrâu) *m*.

penurious *a.* **1.** *(= poor):* tlawd (tlodion), anghenus, tlodaidd. **2.** = **niggardly.**

penuriously *adv.* yn dlawd *&c*; mewn tlodi.

penuriousness, penury *n.* **1.** *(= poverty):* tlodi *m*, cyni *m*, angenoctid *m*. **2.** *(= lack):* prinder *m*, diffyg *m*.
penwiper *n.* sychwr (sychwyr) (*m*) ysgrifbinnau.
peon *n.* peon(-iaid) *m*, taeog(-ion) *m*.
peonage *n.* peoniaeth *f*, taeogaeth *f*.
peony *n. Bot:* rhosyn (*m*) [y] mynydd, *Lit:* coronllys *m*, *N: occ:* cysgadur *m*, blodyn (*m*) y brenin (blodau'r brenin), pomporelo *m*, *S.W:* peian(-au) *m*, rhosyn y grog, pwmpaliri *m*.
people[1] *n.* I. *(= nation, pl. peoples):* pobl(-oedd) *f or pl*, gwerin(-oedd) *f*, cenedl (cenhedloedd) *f*; **Welsh ~,** Cymry, pobl Cymru (*not* pobl Gymraeg); **the English ~,** y Saeson, pobl Lloegr (*not* pobl Saesneg); **Irish ~,** Gwyddelod, pobl Iwerddon (*not* pobl Wyddelig); **Scottish ~,** Sgotiaid, pobl yr Alban (*not* pobl Sgotaidd); **French ~,** Ffrancwyr, Ffrancod, pobl Ffrainc (*not* pobl Ffrangeg) *and so with all other nationalities. N.B.* pobl *is fem. in that it mutates after the article in sing. and pl:* y bobl, y bobloedd; *also in that the a. is always mutated:* **kind ~,** pobl garedig (*not* pobl caredig); **fat ~,** pobl dew[-ion] (*not* pobl tew[-ion]); *but* pobl *can take a plural verb:* **the ~ got up and saw...,** cododd y bobl a gwelsant...; **they are poor ~,** maent yn bobl dlawd. II. *(Coll. with pl. const.):* **1.** *(a) (of a town &c):* pobl, trigolion *pl*, *F:* pobol *f or pl*; **country ~,** gwladwyr *pl*, gwerin (*f*) gwlad, trigolion y wlad, pobl y wlad, pobl cefn gwlad; *(b)* **the king and his ~,** y brenin a'i ddeiliaid; *(c) F: (= family):* perthnasau *pl*, teulu *m*, tylwyth *m*, pobl; *(= parents):* rhieni; **how are your ~?** sut mae pawb acw? *(d)* **the little ~,** *See* **fairy**; *(e)* **the chosen ~,** y bobl/genedl etholedig, dewis bobl; *S.a.* **peculiar. 2.** *(a) Pol: (= citizens):* dinasyddion *pl*, pobl, gwerin; **government by the ~,** llywodraeth gan y werin/bobl; **the ~ at large,** y wlad *f*, y cyhoedd *m*; **the voice of the ~ at large,** llais gwlad, llais y wlad; *Hist:* **~'s democracy,** democratiaeth werinol (democratiaethau gwerinol) *f*; *(b)* **the [common] ~,** y werin, y werin bobl, y bobl gyffredin, y werin a'r miloedd, *Pej:* y gwerinos *pl*, y werin gaws, y boblach *f or pl*; **a man of the ~,** gwerinwr (gwerinwyr) *m*, dyn(-ion) (*m*) o'r werin, dyn o blith y werin. **3.** *(a) (in vague general sense):* pobl, *S:* dyn[i]on; **rich ~,** cyfoethogion *pl*; **poor ~,** tlodion; **young ~,** pobl ifa[i]nc; **old ~,** hen bobl, yr henoed *m*, yr hen *pl*; **all ~ who are honest,** pawb sy'n onest; **what do you ~ think?** beth ydych chi'n ei feddwl? **black ~,** pobl dduon; **the black peoples,** y bobloedd dduon; **white ~,** pobl wynion; *(N.B.* pobl *is often foll. by the plural form of the a.) (b) (after numbers):* pobl, personau *pl*; *numbers must be followed by* o + *soft mut.:* **ten ~,** deg o bobl (*not* deg pobl); **(one thousand) ~,** (mil) o bobl, *occ:* o bersonau; *(c) (as impersonal pron.):* pobl, nhw *pl*, *S:* dyn[i]on; **~ say,** fe ddywedir; *F:* maen' nhw'n dweud; medden' nhw; **(that's enough) to alarm ~,** (mae hynny'n ddigon) i ddychryn dyn, i'ch dychryn, i ddychryn rhn, i ddychryn pobl/dynion.
people[2] *v.t.* poblogi.
peopler *n.* poblogwr (poblogwyr) *m*, pobl|ogwraig *f*.
pep[1] *n. P:* mynd *m*, sbonc *m*, sioncrwydd *m*, asbri *m*, hoywder *m*; **put some ~ in it!** rho sbonc ynddi! *N:* tân arni! bîff iddi! styria (styriwch)! *S:* siapa (siapwch) hi! **~ pill** *n.* pilsen (pils) (*f*) codi calon. **~ talk** *n.* sgwrs (*f*) codi calon (sgyrsiau codi calon), siars(-iau) *f*, gair (geiriau) (*m*) o galondid/anogaeth.
pep[2] *v.t. F:* **to ~ sth up,** bywiogi/hwbio/hwbian rhth, rhoi mynd yn rhth, rhoi hwb i rth; **it needs pepping up,** mae eisiau mwy o fynd/sbonc ynddo.
peperino *n. Geol:* peperino *m*.
peperomia *n. Bot:* peperomia (peperomiâu) *m*; **creeping ~,** *(Peperomia prostrata):* peperomia crwydrol; **Cupid ~,** *(P. scandens variegata):* peperomia amryliw.
peplos *n. Gr.Ant: Cost:* peplos (peploi) *m*.
peplum *n. Gr.Ant: Cost:* peplwm (peplymau) *m*.
pepo *n. Bot:* pepo(-au) *m*.
pepper[1] *n.* **1.** *N:* pupur (puprau) *m*; ***cayenne* ~,** pupur ***cayenne***, *S.E:* pupur hinon; *attrib.* **~-and-salt,** *(cloth, hair &c):* brith (*f.* braith, *pl.* brithion), *occ:* brithliw. **2.** *Cu:* **[sweet] ~,** pupryn(-nau) melys *m*. **3.** *S.a.* **bird-pepper, wall-pepper, water-pepper. ~-castor** *n.* = **~-pot. ~-mill** *n.* melin (*f*) bupur (melinau pupur). **~ moth** *n. Ent:* gwyfyn(-od) brith *m*, gwyfyn mannog. **~-pot** *n.* pot(-iau) (*m*) pupur. **~ saxifrage** *n. Bot (Silaum silaus):* ffenigl (*m*) yr hwch. **~ tree** *n. Bot:* coeden (*f*) bupur (coed pupur).
pepper[2] *v.t.* **1.** *(meat &c):* pupro (rhth), rhoi pupur (ar rth, yn rhth). **2.** *(with missiles):* pledu (rhth). **3. to ~ a speech with quotes,** britho sgwrs â dyfyniadau.
pepperbox *n.* = **pepper[1]-pot.**
peppercorn *n.* pupren(-nau) *f*, grawn (*pl*) pupur. **~ rent** *n.* rhent(-i) rhad *m*.
peppered *a.* **1.** *Cu:* puprog. **2.** *(colour):* brith (*f.* braith, *pl.* brithion), *occ:* brithliw. **3.** *(of speech &c):* brith **(with sth,** o rth). **4.** *(with holes):* rhidyllog; **~ with bullet holes,** yn rhwyll o dyllau bwledi.
peppergrass *n. Bot:* = **pepperwort.**
peppermint *n.* **1.** *Bot: (Mentha piperita):* pupur-fintys *m*, mintys poethion *pl*. **2. ~[-drop,-lozenge],** *N:* da-da (*m*) mint, botwm gwyn (botymau gwynion) *m*, cacen wen (cacenni gwynion) *f*, fferen (*f*) fint (fferins mint), *S:* losinen (*f*) fint (losin mint), *S.W:* pibren(-nau) *f*, *S.E:* pibirment *m*, pepsyn *m*.
pepperwort *n. Bot:* **[field] ~,** *(Lepidium campestre):* codywasg (*m*) y maes; **American ~,** *(L. densiflorum):* pupurl[l]ys (*m*) Am|erica; **broad-leaved ~,** *(L. latifolium):* berwr gwyllt *m*, pupurl[l]ys; **downy ~,** *(L. heterophyllum):* pupurl[l]ys; **hoary ~,** *(Cardaria draba):* pupurl[l]ys llwyd; **least ~,** *(L. neglectum):* y pupurl[l]ys lleiaf; **narrow-leaved ~,** *(L. ruderale):* pupurl[l]ys culddail; **perfoliate ~,** *(L. perfoliatum):* pupurl[l]ys trydwll; **poor man's ~,** *(L. virginianum):* pupurl[l]ys Virginia; **Smith's ~,** = **downy pepperwort; tall ~,** *(L. graminifolium):* pupurl[l]ys culddail.
peppery *a.* **1.** *(food &c):* puprog, poeth, pupraidd. **2.** *(pers.):* pupraidd, pigog, pupurllyd, piwis, pifis, draenoglyd; **a ~ man,** *N.W:* hen shinsir *m*.
peppy *a.* bywiog, sionc, llawn mynd, nwyfus.
pepsin *n. Bio-Ch:* pepsin *m*.
peptic *a. Bio-Ch:* peptig.
peptidase *n. Bio-Ch:* p|eptidas (peptidasau) *m*.
peptide *n. Bio-Ch:* peptid(-au) *m*.
peptize *v.t.* pepteiddio.
peptonase *n. Bio-Ch:* p|eptonas (peptonasau) *m*.
peptone *n. Bio-Ch:* pepton(-au) *m*.
peptonize *v.t.* peptoneiddio.
per *prep.* **1.** *(a)* trwy (rth), trwy gyfrwng (rhth); **sent ~ carrier,** a anfonwyd trwy gludydd; *(b)* **as ~ invoice,** fel yn yr anfoneb, yn ôl yr anfoneb; **as ~ sample,** megis yn y siampl; **as ~ usual,** yn ôl yr arfer, fel y gellid ei ddisgwyl; *(c)* **one penny ~ pound,** un geiniog [yn] y bunt; **sixty miles ~ hour,** trigain milltir yr awr; **~ day,** [yn] y dydd, y diwrnod; **once ~ day,** unwaith [yn] y diwrnod/dydd. **2. ~ annum,** y flwyddyn; **rates ~ annum,** trethi blynyddol, trethi blwyddyn; **~ caput,** y pen, yr un; **~ cent,** y cant; **~ head,** y pen, fesul pen; **settlement as ~ contra,** setliad megis ***per contra***; **~ pro,** ar ran.
peradventure *adv. A:* **1.** = **perhaps. 2.** *n.* **beyond/without ~,** yn ddiamau, yn bendifaddau, y tu hwnt i bob amheuaeth.
perambulate *v.t.&i.* rhodio (rhth); cerdded, mynd am dro (o gwmpas rhth), cylchdeithio (rhth); **to ~ a parish,** cerdded terfynau plwyf.
perambulation *n.* rhodiad(-au) *m*, rhodio *vn*, cylchdaith (cylchdeithiau) *f*, cylchdeithio *vn*.
perambulator *n.* pram(-iau) *m*, *N:* coetsh(-is) bach *m*.
perambulatory *a.* rhodiannol, cylchdeithiol.
perborate *n. Ch:* perborad (perboradau) *m*.
percale *n. Tex:* percal *m*.
perceivable *a.* canfyddadwy; *(sound):* clywadwy; *(sight):* gweladwy.
perceivably *adv.* yn ganfyddadwy &c.
perceive *v.t.* **1.** *(truth &c):* canfod, dirnad, amgyffred. **2.** *(noise):* clywed; *(sight):* gweld, canfod; *(smell):* clywed, synhwyro, *N:* ogleuo, *S:* gwynto. **3.** *(= notice):* sylwi (ar rth); canfod, sylweddoli (rhth); **he perceived (that he was being watched),** canfu, sylwodd (fod rhn yn ei wylio).
perceived *a.* canfyddedig, gweledig, ymddangosiadol; **a ~ need,** angen cydnabyddedig *m*.
percentage *n.* canran(-nau) *f*; *F:* **only a small ~ of the pupils failed,** dim ond nifer bychan o'r disgyblion a fethodd. **~ decline** *n.* gostyngiad(-au) canrannol *m*. **~ growth** *n.* twf canrannol *m*. **~ mark** *n.* marc(-iau) (*m*) o gant.
percenter *n. See* **hundred.**
percentile 1. *a.* canraddol; **~ point,** pwynt (*m*) canradd; **~ rank,** safle ganraddol *f*. **2.** *n.* canradd(-au) *f*.

percept *n. Phil:* canfodiad(-au) *m*, canfod *vn.*
perceptible *a.* canfyddadwy, dirnadwy, gweladwy, amgyffredadwy; **sth barely ~**, peth anodd ei ganfod/weld, peth diamgyffred/annirnad; **a clearly ~ change,** newid amlwg; **the difference was clearly ~,** 'roedd y gwahaniaeth i'w weld yn glir.
perceptibly *adv.* yn ganfyddadwy *&c.*
perception *n.* **1.** canfyddiad(-au) *m*, canfod *vn*, amgyffrediad *m*, amgyffred *vn*, dirnadaeth *f*, dirnad *vn.* **2.** = **perceptiveness.**
perceptional *a.* dirnadol, canfyddiadol.
perceptive *a.* craff, treiddgar, llygadog, s|ylwgar; **she's ~,** *S.W:* mae cyrraedd ynddi.
perceptively *adv.* yn graff *&c.*
perceptiveness, perceptivity *n.* craffter *m*, sylwgarwch *m.*
perceptual *a.* canfyddiadol; **~ difficulties,** anawsterau canfyddiad.
perch¹ *n.* **1.** *(of bird):* clwyd(-i,-au) *f*, *S: occ:* esgynbren(-nau) *m*, *usu. in the form S. W:* sgimren(-nau) *m*; *F:* **to knock s.o. off his ~,** bwrw rhn oddi ar ei echel, torri crib rhn, llorio rhn, bwrw rhn i'r llawr. **2.** *Meas:* perc(-iau) *m.* **3.** *Th:* clwyd (*f*) olau (clwydi golau).
perch² *v.i.* **1.** *(of bird):* clwydo, eistedd. **2. the castle was perched on a hill,** safai'r/eisteddai'r castell ar ben bryn.
perch³ *n. Ich:* draenog(-iaid) *m*, draenogyn (draenogiaid) *m*, pysgodyn (pysgod) garw *m*; **log ~,** = **hogfish 3.**
Perch⁴ Rock *W.Pl.n.* Carreg (f) Edwen.
perchance *adv. A:* = **perhaps**; *Lit:* **to sleep, ~ to dream,** cysgu! breuddwydio efallai.
perched *a. (bird):* yn clwydo; *(building, town):* yn sefyll; *Geog:* **~ block,** crogfaen (crogfeini) *m*; *Geog:* **~ water-table,** lefel (*f*) trwythiad dŵr clo.
percher *n. Orn:* aderyn (adar) clwydol *m.*
percheron *n.* ***percheron(-s)*** *m*, ceffyl(-au) (*m*) ***percheron.***
perching *a.* clwydol.
perchlorate *n. Ch:* perclorad(-au) *m.*
perchloric *a. Ch:* perclorig.
perchloride *n. Ch:* perclorid(-au) *m.*
percipient *a. & n.* **1.** *a.* craff, s|ylwgar; *S.a.* **perceptive. 2.** *n.* canfyddwr (canfyddwyr) *m*, dirnadwr (dirnadwyr) *m*, canf|yddwraig *f*, dirn|adwraig *f.*
percolate *v.i.&t.* **1.** *v.i.* hidlo, diferu, *occ:* trylifo, *S: F:* hilo; *(of ideas &c):* treiddio. **2.** *v.t. (coffee &c):* hidlo.
percolated *a.* hidledig; **~ coffee,** coffi hidledig, coffi percoladur; **~ drops,** hidlon *pl.*
percolation *n.* hidlo *vn*, hidliad(-au) *m*, trylifo *vn*, trylifiad(-au) *m*; *pl.* hidlon.
percolator *n.* peiriant (peiriannau) (*m*) hidlo, hidlwr (hidlwyr) *m*, percoladur(-on) *m.*
percuss *v.t. Med:* taro, cnithio.
percussion *n.* trawiad(-au) *m*; *Med:* trawiad, cnithiad(-au) *m*, taro *vn* [ar y frest *&c*]; **centre of ~,** craidd (creiddiau) (*m*) taro. **~ band** *n.* band(-iau) (*m*) taro, seindorf (*f*) daro (seindyrf taro). **~ cap** *n.* capsen (*f*) daro (caps taro). **~ fuse** *n. Artil:* ffiwsen (*f*) daro (ffiwsiau taro). **~ instrument** *n.* offeryn(-nau) (*m*) taro. **~ pin** *n. Artil:* pin(-nau) (*m*) taro. **~ section** *n.* adran (*f*) daro (adrannau taro).
percussionist *n. Mus:* offerynnwr (offerynwyr) (*m*) taro.
percussive *a.* tarawol, ergydiol.
percutaneous *a.* trwy'r croen.
perdition *n.* damnedigaeth *f*, colledigaeth *f*, distryw *m.*
perdu[e] *a. Mil:* yngh|udd.
perdurability *n.* = **durability.**
perdurable *a.* = **durable.**
peregrinate *v.i.* teithio, crwydro, pererino, pererindota.
peregrination *n.* taith (teithiau) *f*, crwydr[i]ad(-au) *m*, pererindod (-au) *f*, siwrnai (siwrneiau, siwrneion) *f.*
peregrinator *n.* teithiwr (teithwyr) *m*, crwydryn (crwydriaid) *m*, pererin(-ion) *m.*
peregrine *n.* = **falcon (peregrine).**
perelle *n. Bot: (Ochrolechia parella):* crystyn (*m*) y mur.
peremptorily *adv.* yn ddi-nâg, yn swta *&c*; ar ei ben, yn blwmp ac yn blaen, heb hel dail.
peremptoriness *n. (of challenge):* terfynolrwydd *m*; *(of refusal):* pendantrwydd *m*, llwyrdeb *m*; *(of order, tone &c):* trahauster *m*, herfeiddioldeb *m*, *S:* plaendra *m.*
peremptory *a.* di-nâg, dinacâd, dinacáu; *Jur:* **~ challenge,** her derfynol/ddinacâd *&c f*; *(refusal &c):* llwyr, diamod, terfynol, pendant; *(necessity):* di-nâg *&c*, diymwad, llwyr; *(order, tone):* swta, cwta, herfeiddiol, awdurdodol, trah|aus, di-dderbyn-wyneb, plwmp a phlaen, di-flewyn-ar-dafod, *S:* di-flew-ar-dalcen.
perennation *n.* perennaeth (perenaethau) *f.*
perennial *a. & n.* **1.** *(a)* bythol, tragwyddol, parhaol, hirhoedlog, beunyddiol; **it's a ~ complaint,** mae'n gŵyn dragwyddol/feunyddiol; *(b) Bot:* lluosflwydd, parhaol. **2.** *n.* planhigyn (planhigion) lluosflwydd/parhaol.
pereniality *n.* hirhoedledd *m*, bytholdeb *m*, parhauster *m.*
perennially *adv.* yn fythol, yn dragwyddol, byth a hefyd, beunydd.
perfect¹ *a.* **1.** *(a)* perffaith; *(work):* cyflawn, gorffenedig; *Prov:* **nobody's ~,** 'does neb yn berffaith; heb ei fai, heb ei eni; **to have ~ knowledge of sth,** bod â gwybodaeth lwyr/gyflawn/drylwyr o rth, gwybod rhth yn drylwyr *&c*, gwybod rhth o'i gwr; *(b) F:* **a ~ idiot,** twpsyn llwyr/hollol; **she's a ~ fright,** mae hi fel bwgan brain; *S:* mae hi fel bwbach (*m*); mae hi fel hwdwch (*f*); **~ nonsense,** *N:* lol hollol *f*, lol botes, lol gybôl, *S:* dwli llwyr/hollol *m*, y dwli pennaf/mwyaf; **he's a ~ stranger to me,** mae'n hollol ddieithr i mi. **2.** *(a) Mth:* **~ square,** sgwâr (sgwarau) perffaith *m*; *(b) Mus:* **~ cadence,** diweddeb berffaith (diweddebau perffaith) *f*; **~ fourth,** pedwerydd perffaith *m*; **~ interval,** cyfwng (cyfyngau) perffaith *m*; **~ pitch,** traw perffaith *m.* **3.** *(plant, insect):* cyflawn, perffeithgwbl. **4.** *Gram:* **the ~ [tense],** yr amser perffaith *m*; **the future ~,** yr amser dyfodol perffaith; **the past ~,** y gorberffaith *m.* **5.** *Bookb:* **~ binding,** rhwymiad (*m*) diwnïad.
perfect² *v.t.* **1.** *(task &c):* gorffen, cyflawni, cwblh|au. **2.** *(method, skill):* perffeithio. **3.** *Typ:* cwblhau, cefnu.
perfected *a.* perffeithiedig.
perfectibility *n.* perffeithioldeb *m*, perffeithiadwyedd *m.*
perfectible *a.* perffeithiadwy.
perfection *n.* **1.** *(a) (= completion):* cyflawn[i]ad *m*, cwblhad *m*, gorffeniad *m*; *(b) (of invention &c):* perffeithiad *m.* **2.** *(a) (= excellence):* perffeithrwydd *m*, perffeithder(-au) *m*; **(to succeed) to ~,** (llwyddo)'n berffaith, 'n llwyr, i'r blewyn, i'r dim; *S.a.* **counsel¹ 2**; *(of plant):* datblygiad llawn *m*, llawn dwf *m.*
perfectionism *n.* perffeithiaeth *f.*
perfectionist *n.* perffeithydd: perffeithiwr (perffeithwyr) *m*, perff|eithwraig (perffeithwragedd) *f.*
perfective *a. & n. Gram:* perffeithiol (*m*).
perfectly *adv.* yn berffaith; i'r dim; **(you knew) ~ well,** (fe wyddet) o'r gorau, i'r dim, yn iawn, yn burion.
perfector *n.* perffeithiwr (perffeithwyr) *m*, perffeithydd(-ion) *m*, perff|eithwraig (perffeithwragedd) *f.*
perfervid *a.* brwd iawn, tra brwd, brwdfrydig iawn, tra brwdfrydig, tanbaid.
perfervidly *adv.* yn frwd iawn, yn dra brwd *&c*; **he supports Wales ~,** mae ar dân dros Gymru.
perfidious *a.* bradwrus, dichellgar, twyllodrus, ffals, *Lit: occ:* bradog; **~ Albion,** Lloegr fradwrus/fradog *f.*
perfidiously *adv.* yn fradwrus *&c.*
perfidiousness, perfidy *n.* bradwrusrwydd *m*, brad(-au) *m*, dichell(-ion) *f*, twyll *m*, ffalster *m.*
perfoliate *a. Bot:* trydwll (*f.* trydoll), tryddeiliog.
perforate *v.t.&i.* **1.** *v.t.* tyllu, trydyllu, rhydyllu. **2.** *v.i.* *(of ulcer):* torri, mynd yn dwll.
perforated *a.* tyllog, trydyllog, trydwll, rhydyllog.
perforation *n.* **1.** twll (tyllau) *m*, trydylliad(-au) *m*, rhydylliad(-au) *m.* **2.** *(of ulcer):* toriad(-au) *m*, rhwygiad(-au) *m.* **3.** *(of stamp):* trydylliad.
perforator *n.* **1.** tyllydd(-ion) *m*, trydyllwr (trydyllwyr) *m*, rhydyllwr (rhydyllwyr) *m.*
perforce *adv. A:* & *Lit:* o raid, wrth raid, yn anorfod, o reidrwydd.
perform *v.t.* **1.** *(movement):* gwn|eud, gwneuthur, cyflawni, perfformio; *(duty, task):* cyflawni. **2.** *(play):* *(a)* chwarae, actio, perfformio; *Mus:* datgan, datganu, perfformio; *abs.* **to ~ (in a play),** chwarae rhan, actio, perfformio (mewn drama); **to ~ on a harp/piano,** canu telyn/piano.
performable *a.* perfformiadwy, chwaraeadwy.
performance *n.* **1.** *(a) (of task &c):* cyflawniad(-au) *m*, cwblhad

m, cwblh|au *vn*, cyflawni *vn*; *(b) (of machine):* perfformiad(-au) *m*, gweithrediad(-au) *m*; *(c) Sp: Aut:* perfformiad. **2.** *(of play &c):* perfformiad; *Mus:* datganiad(-au) *m*; **to give or put on a ~,** rhoi perfformiad; **command ~,** perfformiad ar orchymyn, perfformiad gŵys/brenhinol, perfformiad i'r brenin/frenhines. **3.** *(= ridiculous behaviour):* perfformans *m*.

performative *a.* perfformiadol.

performer *n.* **1.** perfformiwr (perfformwyr) *m*, perff|ormwraig (perfformwragedd) *f*; *Mus:* chwaraewr (chwaraewyr) *m*, chwar|aewraig (chwaraewragedd) *f*, datgeiniad (datgeiniaid) *m&f*, artist(-iaid) *m&f*. **2.** *Th:* actor(-ion) *m*, actores(-au,-i) *f*, artist.

performing¹ *a.* **~ dog,** ci (cŵn) (*m*) perfformio, ci gwn|eud campau *m*; **~ arts,** celfyddydau perfformiadol.

performing² *vn. See* **perform, performance.** **~ fee** *n.* tâl (taliadau) (*m*) perfformio. **~ licence** *n.* trwydded (*f*) berfformio (trwyddedau perfformio). **~ right** *n.* hawl(-iau) (*f*) perfformio.

perfume¹ *n.* **1.** *(of flower &c): N:* oglau (ogleuon) melys/da *m*, *S:* gwynt melys *m*, *Lit:* aroglau (arogleuon) *m*, peraroglau (perarogleuon) *m*, persawr(-au) *m*; *the erroneous forms* arogl(-au) *m*, perarogl(-au) *m will be found in older writings.* **2.** *(artificial):* persawr(-au) *m*, peraroglau, *F:* sent (-iau) *m*.

perfume² *v.t.* persawru, perarogleuo, perarogli, pereiddio, *S:* gwynto, aroglo.

perfumed *a. (flower, odour):* pêr, peraidd, persawrus, peraroglus, aroglber, arogleuber; *(lady &c):* peraroglus, persawrus *&c*; **~ soap,** sebon (*m*) sent, *N:* sebon oglau da, *S:* sebon gwynt da.

perfumer *n.* peraroglydd(-ion) *m*, peraroglwr (peraroglwyr) *m*, gwerthwr (gwerthwyr) (*m*) persawr.

perfumery *n.* peraroglaeth *f*; *(shop):* siop (*f*) bersawr (siopau persawr).

perfunctorily *adv.* yn glaear, yn swta *&c*, [yn] ffwrdd-â-hi, rywsut-rywsut.

perfunctoriness *n.* claearwch *m*, difaterwch *m*, diofalwch *m*, dihidrwydd *m*.

perfunctory *a.* claear, difater, swta, rywsut-rywsut, didaro, di-hid, dihidio, diofal, diawydd, dicra, *F:* rhywsut-rywsut, ffwrdd-â-hi. **a ~ glance,** cipolwg (cipolygon) (*m*) **(at sth,** ar rth).

perfuse *v.t.* **1.** *(= sprinkle):* ysgeintio, taenellu (rhth) (â dŵr *&c*). **2.** *Med:* darlifo.

perfusion *n. Med:* darlifiad(-au) *m*, darlifo *vn*.

perfusive *a.* darlifol.

pergamenous *a.* o femrwn, memrynaidd.

pergola *n.* deildy (deildai) *m*, p|ergola (pergolâu) *m*.

perhaps *adv.* efallai, hwyrach, o bosibl, *Lit:* dichon, feallai, *N.W:* ella, *S: F:* falle; **~ not,** na, efallai; efallai nage; efallai ddim; **~ so,** efallai'n wir, *S:* efallai taw e, falle 'ny; **~ (I have it),** hwyrach, efallai (ei fod gennyf); **~ she will not come,** efallai na ddaw hi; **~ she will come,** efallai y daw hi; **~ it is he who will come,** efallai mai ef a ddaw; **~ it is she who's right,** efallai mai hi sy'n iawn; **~ there's (some truth in the story),** efallai fod/bod, dichon fod (gwir yn yr hanes); **~ it will clear up by afternoon - ~,** hwyrach/efallai y daw i godi at y p'nawn - na hwyrach, *N.W: occ:* nid hwyrach; **where is the book? - ~ someone's borrowed it?** *N:* ble mae'r llyfr? -beidio bod rhn wedi'i fenthyg o? **~ it's lost?** tybed nad yw ar goll? *N:* beidio'i fod o ar goll? **~ she's there,** o bosib ei bod hi yno.

peri *n. Myth:* tylwythyn (tylwyth) teg *m*; *S.a.* **fairy**.

perianth *n. Bot:* perianth(-au) *m*, blodamlen(-ni) *f*.

periapt *n.* swynogl(-au) *f*.

periblem *n. Bot:* p|eriblem (periblemau) *m*.

pericardiac, pericardial *a. Anat:* pericardaidd, pericardiol.

pericarditis *n. Med:* pericarditis *m*, llid (*m*) y pericardiwm.

pericardium *n. Anat:* pericardiwm (pericardia) *m*, pilen (*f*) y galon, gwisg (*f*) y galon.

pericarp *n. Bot:* hadlestr(-i) *m*, p|ericarp (pericarpau) *m*, hadbilen (-nau) *f*, hatgell(-oedd) *f*, hatgib(-au) *m*, hatgoden(-au) *f*.

perichaetium *n. Bot:* pericetiwm (pericetia) *m*.

perichondrium *n. Anat:* pericondriwm (pericondria) *m*.

periclase *n. Miner:* p|ericlas *m*.

Periclean *a.* Pericleaidd; **the ~ age,** oes Pericles.

periclinal *a. Bot: Z:* periclinol.

pericline *n.* **1.** *Miner:* p|ericlin *m*. **2.** *Geol:* = **dome.**

pericope *n.* detholiad(-au) *m*.

pericranium *n.* amgreuan(-au) *f*, pericraniwm (pericrania) *m*.

pericycle *n. Bot:* perisycl(-au) *m*.

pericyclic *a. Bot:* perisyclig.

pericynthion *n. Rocketry:* perisynthion(-au) *m*.

periderm *n. Bot:* p|eriderm (peridermau) *m*.

peridermal, peridermic *a. Bot:* peridermig, peridermaidd.

peridium *n. Fung:* peridiwm (peridia) *m*.

peridot *n. Lap:* eurfaen (eurfeini) *m*.

peridotite *n. Miner:* peridotit *m*.

perigean *a. Astr:* perigeaidd, daearnesafol.

perigee *n. Astr:* perigê (perigeau) *m*, daearnesafiant (daearnesafiannau) *m*.

periglacial *a. Geol:* amrewlifol, ffinrewlifol.

Perigordian *a. & n. Archeol:* **1.** *a.* Perigordaidd. **2.** *n.* y diwylliant Perigordaidd *m*.

perigynous *a. Bot:* perigynaidd.

perigyny *n. Bot:* perigynedd *m*.

perihelion *n. Astr:* perihelion(-au) *m*, heulnesafiant (heulnesafiannau) *m*.

peril *n.* perygl(-on) *m*, *usu. pronounced, and often written,* perig[l] (peryglon) *m*, *occ:* enbydrwydd *m*; **to go in ~ of one's life,** ofni am eich bywyd; **at one's own ~,** ar eich menter (*f*) eich hun, ar berygl i chwi eich hun; **touch her at your ~,** gwae chi os cyffyrddwch â hi.

perilous *a.* peryglus, *occ:* enbyd, enbydus, anturus, *N: F:* perig, *S: F:* dansierus; *Lit:* **the Siege P~,** yr Eisteddfa Beryglus *f*.

perilously *adv.* yn beryglus *&c*.

perilousness *n.* perygl *m*, *occ:* enbydrwydd *m*.

perilune *n. Astr:* lloernesafiant (lloernesafiannau) *m*.

perilymph *n. Physiol:* p|erilymff *m*.

perimeter *n.* **1.** *Geom:* perimedr(-au) *m*, amfesur(-au) *m*, cylchfesur(-au) *m*. **2.** *(of camp &c):* terfyn(-au) allanol *m*, amderfyn (-au) *m*.

perimorph *n. Geol:* p|erimorff (perimorffau) *m*, amgaen(-au) *f*.

perimorphic, perimorphous *a. Geol:* perimorffig.

perimysium *n. Anat:* perimysiwm *m*.

perinatal *a. Med:* amenedigol, amesgorol.

perineal *a. Anat:* perineol, gwerddyrol.

perinephrium *n. Anat:* perineffriwm *m*.

perineum *n. Anat:* perinëwm (perinea) *m*, gwerddyr(-au) *f*.

perineuritis *n. Med:* perinewrwst *m*.

perineurium *n. Anat:* perinewriwm (perinewria) *m*.

period *n.* **1.** *(a) (of time):* cyfnod(-au) *m*, *Lit: occ:* talm(-au, oedd) (*m*) o amser; **over a ~ [of time],** dros gyfnod [o amser]; **fixed ~ loan,** benthyciad dros gyfnod penodol; *(b)* **~ (of a planet's revolution),** cylch (*m*), cylchyniad (*m*), cyfnod (chwyldro planed); *Adm:* **P~ of Interruption of Employment,** Cyfnod Colli Cyflogaeth; *(c) Med:* **periods of a disease,** cyfnodau clefyd; **gestation ~,** cyfnod cario; *(esp. of animals):* torogiad *m*; *(d) Meteor:* **a dry ~,** cyfnod sych, adeg(-au) sych *f*, *S.W: occ:* cnocell (-au) sych *f*, llocell(-au) sych *f*; **a hot ~,** *occ:* llygad poeth (llygadau poethion) *m*; *(e) Sch:* gwers(-i) *f*. **2.** *Hist: &c:* cyfnod, adeg, oes(-au,-oedd) *f*; **(in the dress) of the ~,** (yng ngwisg) y cyfnod, yr oes honno, yr adeg honno; **in the prehistoric ~,** yn y cyfnod cynhanesiol, *F:* yn oes yr arth a'r blaidd; **his work reflects the ~,** mae ei waith yn adlewyrchu'r oes; **in the ~ (of the Great War),** yn/ar adeg, yn ystod, yng nghyfnod, ym mlynyddoedd (y Rhyfel Mawr). **3.** *Rh: Mus:* brawddeg(-au) *f*, cyfran(-nau) *f*, cyfadran(-nau) *f*, cyfnod; **well-rounded ~s,** brawddegau caboledig. **4.** *Gram: Typ:* atalnod(-au) llawn *m*; **to put a ~ to sth,** rhoi pen/terfyn ar rth. **5.** *Av: Ch: Mth:* cyfnod. **6.** *Physiol:* mislif(-oedd) *m*, misglwyf(-au) *m*, *occ:* blodau *pl*; **she's having her ~,** mae'r misglwyf arni; *occ:* mae hi yn ei blodau; mae hi'n blodeuo. **7.** *Econ:* tymor (tymhorau) *m*; **long ~,** hirdymor *m*; **medium ~,** canoldymor *m*; **short ~,** byrdymor *m*. **~ costume/dress** *n.* gwisg (*f*) gyfnod (gwisgoedd cyfnod). **~ furniture** *n.* dodrefn/celfi (*pl*) cyfnod. **~ piece** *n.* darn(-au) (*m*) o'r oes o'r blaen; *F:* **he's a real ~ piece,** mae'n hen ffasiwn iawn. **~ play** *n.* drama (*f*) gyfnod (dramâu cyfnod). **~ residence** *n.* tŷ (tai) (*m*) cyfnod, trigfan(-nau) (*f*) o'r oes o'r blaen.

periodate *n. Ch:* p|eriodat (periodatau) *m*.

periodic¹ *a.* **1.** *Ph: Astr:* cyfnodol, cylchol, rheolaidd; **~ table,** tabl cyfnodol *m*, tabl (*m*) yr elfennau. **2.** *Lit:* **~ style,** arddull rhethregol *m*, arddull rethregol *f*.

periodic² *a. Ch:* **~ acid,** asid periodig *m*.

periodical *a.* & *n.* **1.** *a.* *(= recurring):* cyfnodol, cyson, rheolaidd, dychweliadol; *Journ: Lib:* cyfnodol. **2.** *n.* cylchgrawn (cylchgronau) *m*, cyfnodolyn (cyfnodolion) *m*; *(monthly):* misolyn (misolion) *m*; *(weekly):* wythnosolyn (wythnosolion) *m*.
periodically *adv.* yn gyson, yn gyfnodol, yn rheolaidd, bob hyn a hyn, o dro i dro.
periodicity *n.* cyfnodoldeb *m*.
periodization *n.*, **periodize** *v.t.* cyfnodoli.
periodontal *a.* periodontol, amddanheddol.
periodontics *n.pl. Dent:* periodonteg *f*, amddeintyddiaeth *f*.
periodontist *n. Dent:* periodontydd(-ion) *m*, amddeintydd(-ion) *m*.
periodontology *n. Dent:* periodontoleg *f*, amddeintyddiaeth *f*.
periosteal *a. Anat:* periosteol.
periosteum *n. Anat:* periostëwm (periostea) *m*, pilen *(f)* asgwrn, esgyrnbilen(-nau) *f*.
periostitis *n. Med:* periostitis *m*.
periotic *a. Anat:* periotig.
peripatetic **1.** *a.* *(a) A: Phil:* peripatetig; *(b) (teacher &c):* peripatetig, teithiol, cylchynol, amgrwydrol, crwydrol. **2.** *n.* *Joc: (a) (= wanderer):* crwydryn (crwydriaid) *m*; *(b) pl.* teithiau, crwydradau.
peripateticism *n.* peripatetiaeth *f*.
peripediment *n. Geog:* perip|ediment (peripedimentau) *m*.
peripeteia, peripety *n.* **1.** *Th:* peripeteia(-u) *m*, trobwynt(-iau) *m*. **2.** *Fig:* **the peripeties of life,** troeon bywyd, helyntion bywyd, troeon yr yrfa.
peripheral **1.** *a.* ymylol, ffiniol, amgylchol, amgantol, per|ifferol; **~ people,** pobl (*f or pl*) yr ymylon; *Cmptr:* **~ interface,** rhyngwyneb perifferol *m*; *Cmptr:* **~ interface adaptor,** addasydd (*m*) rhyngwyneb perifferol; **~ interrupt,** ymyriad(-au) perifferol *m*; **~ vascular resistance,** gwrthiant (*m*) fasgwlar/amgantol; **~ vasoconstrictor,** fasogyfyngydd amgantol *m*; **~ vasodilator,** fasoymledydd amgantol *m*. **2.** *n.* *Cmptr:* perifferolyn (perifferolion) *m*.
periphery *n.* **1.** *Geom: &c:* amgant(-au) *m*, cylchfesur(-au) *m*, per|ifferi (perifferïau) *m*. **2.** *(of town &c):* ymylon *pl*, cyrion *pl*, cwmpasoedd *pl*.
periphrasis *n.* cylchymadrodd(-ion) *m*, dull(-iau) cwmpasog *m*.
periphrastic *a.* cwmpasog, periffrastig, cylchymadroddol; **~ form,** *F:* ffurf hir.
periphrastically *adv.* yn gwmpasog *&c.*
peripteral *a.* peripterol.
periscope *n.* p|erisgop (perisgopau) *m*.
periscopic *a.* perisgopig.
perish *v.i.&t.* **1.** *v.i.* *(a) (= die): (of human beings):* marw, *Lit:* trengi; *(of animals):* marw, trigo; *Lit:* **~ the thought!** yn bell y bo'r fath beth! na ato Duw! Duw a'n gwaredo rhag y fath beth! *F:* **I'm perishing with cold,** *N:* 'rydw i'n rhynnu; 'rydw i'n rhewi i farwolaeth; 'rydw i'n clemio/fferru/starfio; *S:* 'rwy'n sythu gan oerfel; *(b) (of rubber &c):* dirywio, madru, pydru, treulio, *S:* mallu. **2.** *v.t.* *(a) (rubber &c):* = **1.** *(b)*; *(b) (of frost):* deifio, lladd.
perishable *a.* & *n.* **1.** *a.* darfodus, byrhoedlog. **2.** *n.* nwydd(-au) darfodus *m*.
perishableness *n.* byrhoedledd *m*, darfodusrwydd *m*, darfodedigrwydd *m*.
perished *a.* **1.** *(of rubber):* treuliedig, wedi dirywio *&c.* **2.** *(with cold):* fferllyd, rhynllyd; *See* **perish**.
perisher *n.* *F:* cenau (cenawon) *m*, cnaf(-on) *m*, cythraul (cythreuliaid) *m*.
perishing *a.* **1.** *(cold):* cythreulig, uffernol, melltigedig, *N.W: occ:* trybeilig; **it's ~ cold,** mae'n ddigon oer i rewi cathod/llyffantod; mae'n ddigon oer i sythu brain; mae'n oer gythreulig *&c.* **2.** **he's a ~ idiot,** mae'n gythgam/andros o ffŵl.
perishingly *adv.* yn gythreulig *&c.*
perisperm *n. Biol:* p|erisberm (perisbermau) *m*.
perispomenon *n. Gram:* perisp|omenon (perisp|omena) *m*.
perissodactylate *a. Z:* odfyseddog.
peristalith *n. Archeol:* ymylfaen (ymylfeini) *m*.
peristalsis *n.* gwringhelliad *m*, peristalsis *m*.
peristaltic *a.* gwringhellog, peristaltig.
peristome *n. Z:* amsafn(-au) *f*.
peristomial *a. Z:* amsafnol.
peristyle *n.* pendist(-iau) *m*, p|eristyl (peristyliau) *m*.
perithecial *a. Bot:* peritheciol.
perithecium *n. Bot:* peritheciwm (perithecia) *m*.
peritoneal *a.* peritoneol, peritoneaidd, perfeddlennol.
peritoneum *n.* peritonewm (peritonea) *m*, perfeddlen(-ni) *f*, *F:* gweren *(f)* fol (gwerennau bol, gwerenni bol), ffedog(-au) *f*.
peritonitis *n.* peritonitis *m*, llid (*m*) y berfeddlen, llid y ffedog, llid y weren fol, perfeddlenwst *m*.
periwig *n.* perwig(-au) *mf*, gwallt(-iau) gosod *m*.
periwinkle[1] *n. Bot: (Vinca minor):* llysiau(*pl*)'r gwaed, llysiau'r cyrff, llysiau'r corff, perfagl(-au) *f*, llawrig *m*, y ddeilen/ddalen orau *(f)* yn y byd, y dail gorau *(pl)* yn y byd, erllysg *m*, ysgarllys *m*, gwanwden *f*, *S.W:* blodyn (blodau) (*m*) dail at bob clwyf, dalen (dail) *(f)* pob clwyf; **greater ~,** *(V. major):* y berfagl fwyaf (y perfaglau mwyaf).
periwinkle[2] *n. Moll:* gwichiad *m*: gwichiedyn *m*: gwichyn *m*: gwichen *f* (gwichiaid); **dwarf ~,** gwichiad bychan; **flat ~,** gwichiad y gwymon, gwichiad bach pob lliw, gwichiad melyn, gwichiad ci; **rough ~,** gwichiad garw.
perjure *v.t.* **to ~ oneself,** tyngu anudon, camdyngu.
perjured *a.* anudonus.
perjurer *n.* anudonwr (anudonwyr) *m*, anud|onwraig (anudonwragedd) *f*.
perjurious *a.* anudonus.
perjury *n.* anudon *m*, anudoniaeth *f*, anudonedd *m*; **to commit ~,** tyngu anudon.
perk[1] *v.i.&t.* **to ~ [up],** sirioli, sioncio, bywiogi, bywioc|au, llonni; *(= improve):* gwella; *N.W: (after illness):* fflonsio.
perk[2] *n.usu.pl.* mân fanteision *pl*, *F:* prog *m*, *N.W: occ:* siawnsis *pl*.
perk[3] *v.t.* = **percolate**.
perkily *adv.* yn sionc *&c.*
perky *a.* sionc, siriol, bywiog, calonnog, talog, eofn; *(after illness): N:* fflonsh, *S.W:* ysbrydol.
perlite *n. Geol:* perlit *m*.
perm[1] *n. F:* pyrm(-iau) *m*; *See* **permutation**.
perm[2] *v.t. F:* pyrmio.
permafrost *n. Geog: N:* rhew parhaol *m*, *S:* iâ parhaol *m*.
permalloy *n. Metall:* p|ermaloi *m*.
permanence *n.* parhauster *m*.
permanency *n.* **1.** = **permanence**. **2.** *(= permanent post):* swydd barhaol (swyddi parhaol) *f*.
permanent *a.* **1.** parhaol, arhosol, sefydlog, safadwy; *Rail:* **the ~ way,** y ffordd *(f)* haearn, y cledrau *pl*; **~-way man,** fforddoliwr (fforddolwyr) *m*; *Haird:* **~ wave,** toniad(-au) parhaol *m*, *F:* pyrm(-iau) *m*; **~ pasture,** porfa barhaol (porf|eydd parhaol) *f*; *Adm:* **~ resettlement,** ailsefydlu (*vn*) parhaol; **~ setting,** gosodiad(-au) arhosol *m*; **~ teeth,** dannedd arhosol. **2.** *Phil:* **the P~,** y Parh|aus *m*.
permanently *adv.* yn barhaol *&c*; *(= forever):* am byth; *(= constantly):* byth a hefyd, [yn] wastad; **he's ~ drunk,** mae'n feddw byth a hefyd; mae'n wastad yn feddw; nid yw byth nad yw'n feddw; *N:* mae'n feddw rownd y rîl.
permanganate *n. Ch:* perm|anganad (permanganadau) *m* (*pronounced* ng-g).
permanganic *a. Ch:* perm|anganig (*pronounced* ng-g).
permeability *n.* athreiddedd *m*, hydreiddedd *m*, hydreiddrwydd *m*.
permeable *a.* athraidd, hydraidd.
permeance *n.* = **permeation**.
permeant *a.* hydreiddiol.
permeate *v.t.&i.* **to ~ [through] sth,** treiddio trwy rth, treiddio i rth, trwytho rhth, hydreiddio rhth.
permeation *n.* treiddiad(-au) *m*, hydreiddiad(-au) *m*, trwythiad(-au) *m*.
Permian *a. Geol:* Permaidd.
permissible *a.* caniataol, goddefadwy; **smoking is not ~,** ni chaniateir ysmygu; **a ~ mistake,** camgymeriad goddefadwy; **a ~ error,** gwall dibwys *m*.
permissibly *adv.* yn ganiataol.
permission *n.* caniatâd *m*, *occ:* cennad *f*; **to get/have ~ to do sth,** cael gwn|eud rhth; **with your kind ~,** gyda'ch caniatâd, gyda'ch cennad.
permissive *a.* goddefgar, goddefol; **the ~ society,** y gymdeithas

oddefol *f*; ~ **legislation,** deddfwriaeth ganiataol/oddefol; *Pej: (esp. sexually)*: penrhydd.
permissively *adv.* yn oddefol; *Pej:* yn benrhydd.
permissiveness *n.* goddefoldeb *m*, goddefgarwch *m*, penrhyddid *m*; bod (*vn*) yn oddefol.
permit[1] *n.* **1.** trwydded(-au) *f*, hawlen(-ni) *f*, papur(-au) (*m*) caniatâd; **to take out a ~,** codi trwydded; **movement ~,** trwydded symud; *P.N:* ~ **holders only,** deiliaid trwydded yn unig.
permit[2] *v.t.* caniatáu, *occ:* goddef; **to ~ sth to s.o., to ~ s.o. sth,** caniatáu rhth i rn; **to ~ s.o. to do sth,** caniatáu/gadael i rn wneud rhth (*not* gadael rhn i wneud rhth, = *leave s.o. to do sth*); **to be permitted to do sth,** cael gwneud rhth; **I was permitted to visit the works,** caniatawyd imi ymweld â'r gwaith; cefais ganiatâd i ymweld â'r gwaith; cefais ymweld â'r gwaith (*not* cefais fy nghaniatáu i ymweld â'r gwaith *nor* caniatawyd fi i ymweld â'r gwaith); ~ **me to tell you the truth,** gad[e]wch imi ddweud y gwir wrthych; **a statement which permitted [of] no reply,** datganiad na oddefai ateb.
permit[3] *n. Ich:* permit(-iaid) *m*.
permitted *a.* goddefedig, caniataol, caniataëdig, caniadedig; **fishing is not ~,** ni cheir/chaniateir pysgota; *P.N:* ~ **vehicles,** cerbydau a ganiateir.
permitting *a.* **weather ~,** os ceir tywydd braf, os caniatâ'r tywydd, os bydd y tywydd yn caniatáu, a bod y tywydd yn caniatáu.
permittivity *n. Ph:* goddefedd(-au) *m*, permitifedd(-au) *m*; ~ **of a free space,** permitifedd (*m*) gofod rhydd.
permutable *a.* cyfnewidiadwy, trynewidiadwy, cydgyfnewidiadwy.
permutate *v.t.* cyfnewid, trynewid, cydgyfnewid.
permutation *n.* trynewidiad(-au) *m*, trynewid *vn*, cyfnewidiad(-au) *m*; *Log: &c:* cyfrdroad(-au) *m*, cyfrnewid(-iadau) *m*, amnewid(-iadau) *m*; *Footb.pools:* pŷrm (pyrmiau) *m*. ~ **index** *n. Lib:* mynegai (*m*) trynewid. ~ **indexing** *vn. Lib:* mynegeio trynewidiol.
permute *v.t.* = **permutate**.
permuted *a. Ling:* trynewidiol, cyfnewidiol.
pern *n. Orn:* boda(*m*)'r mêl (bodaod y mêl).
pernicious *a.* niweidiol, enbyd, dinistriol, difethol, andwyol, aflesol; ~ **anaemia,** anemia dinistriol/gwyllt.
perniciously *adv.* yn niweidiol *&c.*
perniciousness *n.* niweidioldeb *m*, enbydrwydd *m*, aflesoldeb *m*.
pernickety *a.* **1.** dicra, cysetlyd, anodd eich plesio, *S.E:* neis, *N:* misi, bisi; **to be ~ about one's food,** *S.W:* bod yn neis ar eich bwyd, *N:* bod yn fisi ynghylch eich bwyd. **2.** *(of task)*: tringar (*pronounced* ng-g), manwl, anodd, cymhleth.
pernoctation *n.* noswyliad(-au) *m*, noswaith (nosweithiau) *f*; *Rel:* gwylnos(-au) *f*.
peroneal *a. Anat:* peroneol.
peroneus *n. Physiol:* peronëws (peronëi) *m*.
perorate *v.i.* *(= conclude)*: cloi araith, rhoi perorasiwn; *(= speak at length)*: traethu, areithio, perorasiynu.
peroration *n.* diweddglo(-eon) *m*, diwedd (*m*) araith, perorasiwn (perorasiynau) *m*.
peroxidase *n. Ch:* per|ocsidas (perocsidasau) *m*.
peroxide[1] *n. Ch:* perocsid(-au) *m*.
peroxide[2] *v.t.* perocsidio, cannu.
peroxided *a.* perocsidaidd; ~ **hair,** gwallt perocsid.
perpend[1] *v.t. A:* = **ponder**.
perpend[2] *n.* = **parpen**.
perpendicular *a. & n.* **1.** *a.* unionsyth, sythlin, pensyth, perpend|icwlar, unionsgwar, *F:* plwm. **2.** *n.* ~ **[line],** sythlin(-au) *f*, llinell blwm (llinellau plwm) *f*, perpend|icwlar (perpendicwlarau) *m*; **out of [the] ~,** heb fod yn sythlin, heb fod yn blwm, *F:* allan/mas o'i blwm; **foot of the ~,** troed (*f*) y perpendicwlar.
perpendicularity *n.* unionsythder *m*, sythlinedd *m*.
perpendicularly *adv.* yn unionsyth, yn sythlin, *F:* yn blwm.
perpetrate *v.t.* cyflawni (rhth), bod yn gyfrifol (am rth); **who perpetrated this hoax?** pwy sy'n gyfrifol am y cast hwn?
perpetration *n.* **1.** cyflawniad(-au) *m*, cyflawni *vn*. **2.** *(= offence)*: trosedd(-au) *m*, tramgwydd(-au) *m*.
perpetrator *n.* cyflawnwr (cyflawnwyr) *m*; *abs. (= offender)*: tramgwyddwr (tramgwyddwyr) *m*, troseddwr (troseddwyr) *m*; *Joc:* pechadur (-iaid) *m*; ~ **of a hoax,** castiwr (castwyr) *m*, chwaraewr (*m*) cast (chwaraewyr castiau).
perpetual *a. (a)* bythol, tragwyddol, gwastadol; ~ **motion,** symudiad diddiwedd *m*; ~ **screw,** sgriw ddiddiwedd (sgriwiau diddiwedd) *f*; *Ecc:* ~ **curate,** curad(-iaid) parhaol/parhaus *m*; *(b) F: (complaints, noise &c)*: parh|aus, diddiwedd, dibaid, di-baid; *(c) Jur:* ~ **injunction,** gwaharddeb wastadol (gwaharddebau gwastadol); ~ **rent-charge,** rhent-dâl (~-daliadau) gwastadol *m*; *(d) Mus:* ~ **[infinite] canon,** canon d[d]iderfyn (canonau diderfyn) *mf*, cylchganon(-au) *mf*; ~ **variation,** amrywiad (-au) parhaol *m*.
perpetually *adv. (a) (= forever)*: yn fythol, am byth, dros byth; *(b) (= constantly)*: yn barh|aus, byth a hefyd, byth a beunydd, dragywydd, dragwyddol, byth dragywydd; *Jur:* ~ **renewable,** gwastadol adnewyddol.
perpetuate *v.t.* **1.** parh|au (rhth) am byth *or* yn ddiddiwedd, *occ:* tragwyddoli, bytholi. **2. this invention has perpetuated her name,** y mae'r ddyfais hon wedi ei hanfarwoli hi; **to ~ s.o.'s memory,** parhau'r/cadw'r cof am rn, coffáu rhn hyd byth.
perpetuation *n.* parhad *m*, *occ:* bytholiad *m*, tragwyddoliad *m*, anfarwoliad *m*; *S.a.* **perpetuate**.
perpetuator *n.* parhäwr (parhawyr) *m*; *(of name &c)*: anfarwolwr (anfarwolwyr) *m*.
perpetuity *n.* **1.** bytholrwydd *m*; **in/to/for ~,** dros byth, am byth, byth bythoedd, byth bythol. **2.** *(a)* bythol-dâl (~-daliadau) *m*; *(b) pl. Jur:* **the rule against perpetuities,** y rheol yn erbyn trefniadau gwastadol.
perplex *v.t.* drysu, moedro, mwydro.
perplexed *a.* dryslyd, wedi'ch moedro, mewn penbleth; **to be ~,** drysu, pendroni, moedro'ch pen, bod ar gyfyng-gyngor, bod mewn cyfyng-gyngor, bod mewn penbleth, bod mewn dryswch.
perplexedly *adv.* yn ddryslyd *&c.*
perplexing *a.* dyrys, astrus, cymhleth, yn peri dryswch/penbleth.
perplexingly *adv.* yn ddyrys, yn gymhleth; *occ:* er dryswch.
perplexity *n.* dryswch *m*, penbleth(-au) *f*, cyfyng-gyngor *m*.
perquisite *n. (a) (= casual profit)*: cilfantais (cilfanteision) *f*, elw digwydd *m*; *(b) pl.* **perquisites,** mân fanteision, *F:* prog *m*, *N.W: occ:* siawnsis *pl*.
perron *n. Arch:* perron (peronau) *m*, grisiau allanol *pl*.
perry *n.* perai *m*, gellygwin *m*, diod (*f*) ellyg.
per se *Lat.Phr:* ynddo'i hun, ynddi ei hun.
persecute *v.t.* erlid; **to ~ s.o. with questions,** poeni/blino/plagio rhn â chwestiynau.
persecution *n.* erledigaeth(-au) *f*, erlid *vn*.
persecutor *n.* erlidiwr (erlidwyr) *m*.
perseverance *n.* dyfalbarhad *m*, dyfalwch *m*, diwydrwydd *m*, dyfalrwydd *m*, dycnwch *m*, dygnwch *m*.
perserveration *n. Psy: Med:* gorbarhad *m*, gorailadrodd *vn*.
perseverate *v.i. Psy: Med:* gorbarh|au, gorailadrodd.
persevere *v.i.* dyfalbarh|au, dal ati, dygnu arni (**with sth,** â rhth).
persevering *a.* dyfal, diwyd, dyfalbarh|aus, dygn, penderfynol, *N.W: occ:* ystig.
perseveringly *adv.* yn ddyfal *&c.*
Persia *Pr.n. Geog:* Persia *f*.
Persian *a. & n.* **1.** *a.* Persiaidd; **he's ~,** Persiad ydyw; **the ~ capital,** prifddinas Persia; *(in language)*: Perseg; **[blue] ~ cat,** cath (*f*) Bersia (cathod Persia), cath las (cathod gleision); **the ~ Gulf,** Ceufor (*m*) Persia, Geneufor (*m*) Persia; ~ **lamb,** gwlân (*m*) Persia. **2.** *n. (i) Ethn:* Persiad (Persiaid) *m&f*; *(ii) Ling:* Perseg *f*, *m*.
persicaria *n. Bot: (Polygonum persicaria)*: elinog goch *f*, dail (*pl*) y dinboeth/dindost, y bengoch *f* (*pronounced* ng-g), gwaed (*m*) y groes, dail (*pl*) y groes, gwaedlys *m*, helyglys *m*, *S.W:* llysiau(*pl*)'r gaseg; **amphibious ~,** = **bistort (amphibious)**; **biting ~,** = **water-pepper**; **pale ~,** *(P. lapathifolium)*: costog (*m*) y domen, llysiau'r domen, tafod (*m*) yr iâr, llysiau'r dom; **small creeping ~,** *(P. minus)*: clymog bychan *m*, treigledlys *m*.
persiennes *n.pl. Furn:* ***persiennes*** *pl*.
persiflage *n.* herian *vn*, pryfocio *vn*, cellwair *m*.
persimmon *n. Bot:* persimon(-au) *m*, eirinen goch (eirin cochion) *f*.
persist *v.i.* **1.** parh|au, dyfalbarh|au, dal ati, cyndynnu (**in sth,** i wn|eud rhth, yn rhth); **to ~ in one's assertions,** dal at eich haeriad, dal i haeru rhth; **to ~ in a lie,** dal at gelwydd, *N.W:*

haeru celwydd. **2.** *(of custom &c):* parhau, goroesi, dal i fod, dal mewn bod/bodolaeth, para mewn bod/bodolaeth.
persistence, persistency *n.* **1.** dyfalwch *m*, dyfalrwydd *m*, dyfalbarhad *m*, dycnwch *m*, dygnwch *m*; **[stubborn]** ~, cyndynrwydd *m*; *(of questions, entreaties &c):* taerni *m*, taerineb *m*. **2.** *(of custom &c):* parhad *m*, hirbarhad *m*, goroesiad *m*.
persistent *a.* **1.** *(pers.):* dyfal, dyfalbarhaol, dyfalbarh|aus, taer, cyndyn, di-droi, di-droi'n-ôl; ~ **questions,** cwestiynau taer. **2.** *(thing):* parh|aus, parhaol; *(rain):* parhaus, di-baid; *(noise):* di-daw, parhaus, di-baid, parhaol. **3.** *Biol:* parhaol.
persistently *adv.* yn ddyfal *&c*, byth a hefyd, yn gyson.
person *n.* rhywun (rhywrai) *m*; *in the sing.* dyn(-ion) *m*, merch(-ed) *f*, gwr|aig (gwragedd) *f*, benyw(-od) *f are used as appropriate; in the pl.* pobl (*f or pl*) *is normally used; the word* person(-au) *m is being over-used; except in sense 2, it is scarcely ever necessary and scarcely ever used by good native speakers; the normal meaning of* person *for a native speaker is* **parson** *(in which sense its plural is* personiaid). **three persons,** tri [o bobl], tri dyn, tair merch *(as appropriate)*; **room for three persons,** lle i dri; **an ignorant ~,** rhn (rhai) twp *m*, twpsyn (twpsod) *m*, twpsen(-nod) *f*; **a private ~,** unigolyn (unigolion) *m*; **rescue came in the ~ of a policeman,** daeth achubiaeth ar ffurf plismon; **she found a friend in the ~ of her cousin,** cafodd gyfaill ym mherson ei chyfnither; **to respect persons,** derbyn wynebau; **she's no respector of persons,** nid yw hi'n malio dim am neb; mae'n un ddi-dderbyn-wyneb; nid yw hi'n derbyn wyneb; **a certain ~ called Jones,** rhywun o'r enw Jones; *Jur:* **some ~ or persons unknown,** rhywun neu rywrai anhysbys; *(unidiomatically):* person neu bersonau anhysbys; **natural ~,** person naturiol; *(b)* **in [one's own] [proper] ~,** yn bersonol, eich hun, eich hunan; **it was Gwyn in ~,** Gwyn ydoedd yn y cnawd; *(c)* **he had a commanding ~,** 'roedd gwedd/golwg (*f*) awdurdodol arno; **he was attracted by her fortune, not by her ~,** atynwyd ef gan ei chyfoeth, nid ganddi hi ei hun; **he was small of ~,** bychan oedd o gorffolaeth (*f*); *B:* **Joseph was a goodly ~,** Ioseff oedd deg o bryd; *(d) Th: Lit:* cymeriad(-au) *m*. **2.** *Gram:* **a verb in the third ~,** berf yn y trydydd person; *Theol:* **the Three Persons of the Godhead,** Tri Pherson y Duwdod.
persona *n.* persona (personâu) *m*, gwedd(-au) allanol *f*; *Dipl:* **~ *grata,*** person derbyniol; **~ *non grata,*** person annerbyniol.
personable *a.* prydweddol, golygus, hardd, teg o bryd, dymunol.
personage *n.* **1.** rhywun (rhywrai) (*m*) o bwys, pwysigyn (pwysigion) *m*, gŵr (gwŷr) pwysig *m*, dyn(-ion) pwysig *m*, gwr|aig bwysig (gwragedd pwysig) *f*, merch bwysig (merched pwysig) *f*, benyw bwysig (benywod pwysig) *f*. **2.** *Th: Lit:* cymeriad(-au) *m*.
personal *a.* personol; **~ liberty,** rhyddid personol, rhyddid (*m*) [yr] unigolyn; **~ rights,** hawliau(*pl*)'r unigolyn, hawliau'r dinesydd; **this is ~ to myself,** peth [personol] i mi yw hwn; myfi biau hwn; **(don't be) ~!** (peidiwch â bod) yn bersonol, yn hyf, yn ddigywilydd! **to make a ~ application,** ymgeisio'n bersonol, gwn|eud cais personol.
personalism *n. Phil:* personolyddiaeth *f*.
personalist *n. Phil:* personolydd(-ion) *m*.
personality *n.* **1.** personoliaeth(-au) *f*, cymeriad(-au) *m*; **lacking in ~,** dibersonoliaeth, digymeriad, di-liw; **he has a strong ~,** mae'n gymeriad cryf; **split ~,** personoliaeth hollt/ranedig (personoliaethau hollt/rhanedig); **he's a split ~,** *F:* Wil Dau Hanner ydi o; Huw a Huwcyn ydi o; mae o'n Huwcyn ac yn Huw. **2. to indulge in personalities,** dweud pethau personol [am rn]; lladd ar rn.
personalization *n.* personoliad(-au) *m*, personoli *vn*.
personalize *v.t.* personoli.
personalized *a.* personoledig.
personally *adv.* yn bersonol; **~, I think...** , rwy'n credu, yn bersonol...; o'm rhan fy hun, 'rwy'n credu....
personalty *n. Jur:* eiddo personol *m*.
personate[1] *a. Bot:* mygydog.
personate[2] *v.t.* **1.** *Th:* chwarae rhan (rhn); portreadu, dynwared (rhn). **2.** *Jur:* (*= impersonate*): personadu.
personation *n.* **1.** *Th:* portread(-au) *m*, dynwarediad(-au) *m*. **2.** *Jur:* personiad(-au) *m*.
personator *n.* **1.** *Th:* portreadwr (portreadwyr) *m*, dynwaredwr (dynwaredwyr) *m*, portre|adwraig *f*, dynwar|edwraig *f*. **2.** *Jur:* personiadwr (personiadwyr) *m*, personi|adwraig *f*.
personification *n.* personoliad(-au) *m*; *(action):* personoli *vn*.
personified *a.* mewn cnawd, yn y cnawd.
personify *v.t.* personoli; *(= embody):* ymgnawdoli.
personnel *n.* gweithwyr *pl*, staff *m*, personél *m*. **~ carrier** *n. Mil:* cerbyd(-au) (*m*) milwyr.
perspectival *a.* persbectifaidd, persbectifol.
perspective *n. & a.* **1.** *(a)* persbectif(-au) *m*, golygfa (golygf|eydd) *f*; *Art:* persbectif; *F:* **to see sth in its true ~,** gweld rhth yn ei wir oleuni; *(b)* **a fine ~ opened out before his eyes,** ymledai golygfa hardd o'i flaen; **an aerial (~),** (persbectif) awyrol, o'r awyr; *(c) (= viewpoint):* safbwynt(-iau) *m*. **2.** *a.* persbectifaidd, persbectifol, mewn persbectif; **~ drawing,** lluniadu mewn persbectif.
perspectivity *n.* persbectifedd *m*.
perspex *n. R.t.m:* persbecs *m*.
perspicacious *a.* craff, s|ylwgar, llygadog.
perspicaciously *adv.* yn graff *&c*.
perspicaciousness, perspicacity *n.* craffter *m*, sylwgarwch *m*.
perspicuity *n.* eglurdeb *m*, clirdeb *m*.
perspicuous *a.* eglur, clir.
perspicuously *adv.* yn eglur *&c*.
perspicuousness *n.* = **perspicuity**.
perspirable *a.* chwysadwy.
perspiration *n.* **1.** *(action):* chwysiad *m*, chwysu *vn*. **2.** chwys *m*; **to break into ~,** dechrau chwysu; **bathed in ~,** yn chwys i gyd, yn chwys domen, yn chwys diferol, *S:* yn chwys drabŵd, *N: F:* yn laddar o chwys.
perspiratory *a.* chwysol.
perspire *v.i.* chwysu.
perspiring *a.* chwyslyd.
persuade *v.t.* *(a) (= convince):* **to ~ (s.o. of sth),** darbwyllo, perswadio, argyhoeddi (rhn o rth); **I am persuaded (that you are right),** 'rwy'n credu'n sicr, 'rwy'n argyhoeddedig, mae'n ddiogel gennyf (eich bod chi'n iawn); *(b) (= urge):* **to ~ (s.o. to do sth),** annog, perswadio, darbwyllo (rhn i wneud rhth); dwyn perswâd (ar rn i wneud rhth); cael gan (rn wneud rhth); *N: occ:* cynnwys (rhn i wneud rhth); mynd dros ben (rhn i wneud rhth); **he persuaded me not to come,** perswadiodd ef fi i beidio â dod.
persuader *n.* perswadiwr (perswadwyr) *m*, darbwyllwr (darbwyllwyr) *m*, anogwr (anogwyr) *m*, cymhellwr (cymhellwyr) *m*, persw|adwraig *f*, darb|wyllwraig *f*, an|ogwraig *f*, cymh|ellwraig *f*; **the hidden persuaders,** y cymhellwyr cudd.
persuasible *a.* darbwylladwy.
persuasion *n.* **1.** perswâd *m*, *occ:* perswadiaeth(-au) *f*, darbwylliad (-au) *m*; **by ~,** trwy berswâd; **the art of ~,** dawn (*f*) darbwyllo. **2.** *(a) (= belief):* credo(-au) *m*, cred(-au) *f*, argyhoeddiad(-au) *m*; *(b) (= sect):* enwad(-au) *m*; *(= religion):* crefydd(-au) *f*.
persuasive *a.* perswadiol, llawn perswâd, darbwyllol, argyhoeddiadol.
persuasively *adv.* yn berswadiol *&c*.
persuasiveness *n.* grym (*m*) perswâd.
persulphate *n. Ch:* persylffad(-au) *m*.
persulphuric *a. Ch:* persylffwrig.
pert *a.* **1.** *(= bold):* hyf(-ion), eofn, beiddgar, tafodrydd, *F:* sosi, powld, *S:* ewn. **2.** *(= jaunty):* talog, sionc, hoyw, bywiog; *(= neat):* pert, taclus, del.
pertain *v.i.* perthyn (**to sth,** i rth), ymwn|eud (â rhth), bod yn rhan (o rth); **subjects pertaining to religion,** materion yn ymwneud â chrefydd; **this does not ~ to my office,** nid yw hyn yn rhan o'm swydd i; nid oes a wnelo hyn ddim â mi.
pertinacious *a.* **1.** ystyfnig, cyndyn, di-ildio, dygn, cildynnus, *occ:* di-ddweud. **2.** *(= persistent):* dyfal, dygn, dyfalbarh|aus, dyfalbarhaol, taer.
pertinaciously *adv.* **1.** yn ystyfnig *&c*. **2.** yn ddyfal *&c*.
pertinaciousness, pertinacity *n.* *(= stubbornness):* ystyfnigrwydd *m*, cyndynrwydd *m*; *(= persistence):* dyfalwch *m*, dycnwch *m*, dygnwch *m*, dyfalbarhad *m*, taerni *m*, taerineb *m*.
pertinence, pertinency *n.* perthnasoldeb *m*, perthnasolrwydd *m*.
pertinent *a.* perthnasol, cymwys (**to sth,** i rth); cysylltiedig (â rhth).
pertinently *adv.* yn berthnasol *&c*.

pertly *adv.* **1.** yn hyf *&c.* **2.** yn dalog *&c.*
pertness *n.* **1.** *(= cheekiness):* hyfdra *m*, ehofndra *m*, digywilIydd-dra *m.* **2.** *(= jauntiness):* bywiogrwydd *m*, sioncrwydd *m*, pertrwydd *m.*
perturb *v.t.* aflonyddu, anesmwytho, tarfu (rhth, ar rth); cynhyrfu, cyffr|oi (rhth).
perturbation *n.* **1.** *(action):* aflonyddiad(-au) *m* **(of sth,** ar rth); cyffroad(-au) *m*, cynhyrfiad(-au) *m.* **2.** *(feeling):* aflonyddwch *m*, cyffro *m*, cynnwrf *m*, anesmwythder *m.*
perturbative *a.* aflonyddol, anesmwythol, cynhyrfiol, cyffroadol, cyffr|ous.
perturbed *a.* cynyrfedig, cynhyrflyd, aflonydd, anesmwyth.
pertussis *n. Med:* y pâs *m.*
Peru *Pr.n. Geog:* Per|iw *f.*
peruke *n.* = **periwig.**
perusal *n.* astudiaeth(-au) *f*, archwiliad(-au) *m*; **to give sth careful ~,** darllen/archwilio rhth yn ofalus, edrych yn ofalus ar rth.
peruse *v.t.* darllen, archwilio, astudio (rhth); craffu (ar rth).
Peruvian *a. & n.* **1.** *a.* Periwaidd; **the ~ government,** llywodraeth Per|iw; **he's ~,** Periwiad ydyw; un o Beriw ydyw. **2.** *n.* Periwiad (Periwiaid) *m&f.*
pervade *v.t.* trwytho, hydreiddio (rhth); treiddio, nawsio (trwy rth).
pervading *a.* hydreiddiol, trwythol, treiddiol; **all-~,** hollbresennol, yn treiddio trwy bopeth.
pervasion *n.* hydreiddiad *m*, trwythiad *m.*
pervasive *a.* hydreiddiol, hollbresennol, treiddiol, trwythol.
pervasively *adv.* yn hydreiddiol *&c.*
pervasiveness *n.* hollbresenoldeb *m*, hydreiddioldeb *m.*
perverse *a.* *(= contrary):* gwrthnysig, cyndyn, croes [i'r graen], anynad, afrywiog, pencïaidd, pengryf (*f.* pengref, *pl.* pengryfion) *(pronounced* ng-g), *occ:* pengam *(pronounced* ng-g); *Jur:* **a ~ verdict,** rheithfarn wrthnysig *f.*
perversely *adv.* yn wrthnysig *&c.*
perverseness *n.* gwrthnysigrwydd *m*, cyndynrwydd *m*, croesineb *m*, pengamrwydd *m*, pengemi *m* *(both pronounced* ng-g).
perversion *n.* gwyrdroad(-au) *m*, gwyrdro(-eon) *m*; **a ~ of the facts,** ystumiad(-au) (*m*) o'r ffeithiau.
perversity *n.* = **perverseness.**
perversive *a.* gwyrdroadol, llygrol, ystumiol.
pervert[1] *n.* gwyrdröedig (gwyrdroedigion) *m&f.*
pervert[2] *v.t.* *(justice):* gwyrdr|oi; *(facts):* ystumio, gwyrdroi.
perverted *a.* gwyrdroëdig, llygredig; *(facts):* ystumiedig.
perverter *n.* gwyrdröwr (gwyrdröwyr) *m*, llygrwr (llygrwyr) *m*; *(of facts):* ystumiwr (ystumwyr) *m.*
pervious *a.* hydraidd, treiddiadwy.
perviousness *n.* hydreiddedd *m*, hydreiddiwch *m.*
pes *n. Med:* **~ cavus,** troed fwaog *f*; **~ planus,** troed fflat-wadn *f.*
peseta *n. Num:* peseta(-s) *mf*
Peshito, Peshitta *n. B:* Peshita *m.*
pesky *a. F:* gythgam, gebyst, gynllwyn, felltith *(all follow n.).*
peso *n. Num:* peso(-s) *m.*
pessary *n. Med:* p|esari (pesarïau) *m.*
pessimism *n.* pesimistiaeth *f*, *occ:* gwangalondid *m* *(pronounced* ng-g), gwaethafiaeth *f*, pesimyddiaeth *f.*
pessimist *n.* p|esimist (pesimistiaid) *m&f*, *occ:* p|esimydd (pesimyddion) *m*, gwaethafwr (gwaethafwyr) *m.*
pessimistic *a.* pesimistaidd, diobaith, gwangalon *(pronounced* ng-g).
pessimistically *adv.* yn besimistaidd *&c.*
pest *n.* *(a) (animal, insect &c):* pla (plâu) *m*; *(b) F: (child &c):* pla, poendod *m*, bwrn *m*, *N.W: occ:* tormach *m*, *occ:* barn *f*; **(hop it) you little ~!** (bacha hi) y cenau bach, y mawrddrwg bach, yr ellyll bach *&c!* **that child is a perfect ~,** mae'r plentyn yna'n boendod/fwrn/ddiflas/bla *&c.* **~ control** *n.* difa *(vn)* pla. **~-hole** *n.* twll (tyllau) afiach *m*, twll o le. **~-house** *n.* clafdy (clafdai) *m.*
pester *v.t.* poeni, blino, plagio, *S.W:* bigitan, nafel; **to ~ s.o. for sth,** poeni/plagio rhn i gael rhth, swnian ar rn am rth; **she's always pestering me,** mae hi yn fy mhen i byth a hefyd.
pesterer *n.* poenwr (poenwyr) *m*, plagiwr (plagwyr) *m*, p|oenwraig (poenwragedd) *f*, pl|agwraig (plagwragedd) *f.*
pesticidal *a.* plaladdol.
pesticide *n.* plaladdwr (plaladdwyr) *m.*
pestiferous *a.* afiach, aflesol, plaog, andwyol, niweidiol, adwythig.
pestilence *n.* haint (heintiau) *mf*, pla (plâu) *m*, adwyth(-au) *m.*
pestilent *a.* angeuol, marwol, dinistriol, niweidiol, enbyd, *Lit: occ:* adwythig.
pestilential *a.* *(a) (hovel &c):* heintus, afiach; *(b) (doctrine &c):* andwyol, dinistriol, niweidiol, llygrol, llygredig; *(c) F:* **that ~ dog,** y ci gythraul 'na.
pestilentially *adv.* yn heintus *&c.*
pestilently *adv.* yn farwol *&c.*
pestle[1] *n.* pestl(-au) *m*; *S.a.* **mortar.**
pestle[2] *v.i.* pwyo, pwnio (rhth) [â phestl]; pestlo (rhth).
pestological *a.* pläegol.
pestologist *n.* pläegwr: pläegydd (pläegwyr) *m.*
pestology *n.* pläeg *f.*
pet[1] *n. & attrib.* **1.** *n.* *(a)* anifail (anifeiliaid) anwes *m*, *A:* lledfegin(-au) *m*, anwesyn (anwesion) *m*; **to make a ~ of an animal,** mwytho/anwesu/maldodi anifail; *P.N:* **"no pets",** "dim anifeiliaid"; *(b)* **(his mother's) ~,** babi swci *m*, bachgen gwyn *m*, ffefryn *m*, babi dail (ei fam); *(= youngest child):* bach (*m*) y nyth, tin (*f*) y nyth, cyw melyn olaf *m*; **he's a real ~,** mae'n un annwyl iawn; **teacher's ~,** ffefryn(-nau) (*m*) athro/athrawes; **my ~!** fy nghariad bach i! 'mlodyn i! blodyn! siwgwr lwmp! fy nghyw bach i! siwgwr candi! *N.W: occ:* fy nghalon bapur i! yr aur! 'mlodyn tatws i! **2.** *attrib.* *(animal):* anwes; *(idea &c):* hoff *(follows n. or precedes + soft mut.)*; **his ~ theory,** ei hoff ddamcaniaeth; **a ~ lamb,** *N:* oen llawfaeth/llywaeth, *S:* oen swci *m*; **~ aversion/hate,** casbeth(-au) *m*; **my ~ aversion,** fy mhrif gasbeth, y casaf peth gen i, *Joc:* fy hoff gasbeth; **a ~ name,** enw(-au) anwes *m*; **~ food,** bwyd(-ydd) (*m*) [i] anifeiliaid. **~-cock** *n.* dwsel(-au,-i) *m.* **~-shop** *n.* siop(-au) (*f*) anifeiliaid.
pet[2] *v.t.* **1.** mwytho, maldodi, anwesu (rhth); rhoi mwythau (i rth). **2.** *(= caress):* anwylo; *(sexually):* byseddu, bodio, *S.W:* twro.
pet[3] *n.* *(= bad mood):* soriant *m*, pwd *m*, *N: occ:* penc *m*; **to be in a ~,** bod yn sorllyd/fonllyd/bwdlyd, pwdu, digio, monni, sorri, bod mewn pwd, bod yn y pwd, mynd i'r pwd, cael y pwd, *N:* cymryd y penc, pencio, llyncu mul.
petal *n. Bot:* petal(-au) *m*; *(of orange):* = **segment.**
petaliferous *a. Bot:* petalddwyn.
petaline *a. Bot:* petalaidd.
petalled *a. Bot:* petalog.
petalodic *a. Bot:* petalodig.
petalody *n. Bot:* petalodedd *m.*
petaloid *a. Bot:* petalffurf, petalaidd.
petalon *n. Bot:* p|etalon (petalonau) *m.*
petalous *a. Bot:* petalog.
petard *n.* **1.** *Hist:* petard(-au) *m*; **to be hoist with one's own ~,** cael cich dal yn eich magl eich hun. **2.** *Pyr:* clecar(-s) *mf.*
petasus *n. A: Cost:* het (*f*) gantel (hetiau cantel).
petaurist *n. Z:* petawrist(-iaid) *m.*
Pete *Pr.n.m.* **for ~'s sake,** neno'r Tad, er mwyn y Tad; *S.a.* **Peter**[1].
petechiae *n.pl. Med:* mân-waedu *vn.*
Peter[1] *Pr.n. & n.* **1.** *Pr.n.* Pedr, *F:* Pitar; *Hist:* **~'s pence,** ceiniogau (*pl*) Pedr, treth (*f*) Pedr; **~ the Great,** Pedr Fawr; **~ the Hermit,** Pedr Feudwy; **to rob ~ to pay Paul,** *See* **rob. St. ~'s** *Pl.n.* **1.** *(in Rome):* Eglwys (*f*) Bedr. **2.** *W.Pl.n.* Llanbedr *f.* **2.** *n. Nau:* **Blue ~,** fflag las (fflagiau gleision) *f.* **~'s cress** *n. Bot:* = **samphire (rock, true).**
peter[2] *v.i. F:* **1.** *(of stream, ore &c):* **to ~ out,** dod i ben, diflannu, darfod; *(of scheme &c):* chwythu ei blwc, mynd i'r gwellt, mynd i'w golli, mynd gyda'r gwynt; *(of engine &c):* diffodd yn raddol, diffygio, pallu. **2.** *Bridge:* chwarae eco.
peter[3] *n. P: (= safe):* coffor (coffrau) *m.*
peter[4] *n. Bridge:* eco *m.*
Peterborough *Eng.Pl.n.* Trebedr *f.*
peterman *n.m. P:* torrwr (torwyr) coffrau.
petersham *n. Tex:* sidan rib *m*, ***petersham*** *m.*
Peterstone *W.Pl.n.* Llanbedr *f*; **~ Wentloog,** Llanbedr Gwynllŵg; **~ Super Ely,** Llanbedr-y-fro, Llanbedr-ar-Elai; **~-super-montem,** Llanbedr-ar-fynydd.
Peterstow *Eng.Pl.n.* Llanbedr *f.*
Peterwell *W.Pl.n.* Ffynnon (*f*) Bedr.
pethidine *n. Pharm:* p|ethidin *m.*
petiolar *a. Bot:* petiolaidd, deilgoesol.

petiolate *a. Bot:* petiolog, deilgoesog.
petiole *n. Bot:* petiol(-au) *m*, deilgoesyn (deilgoesau) *m*.
petiolule *n. Bot:* deilgoesig(-au) *m*.
petit *a.* = **petty.** ~ ***mal*** *n. petit-mal m*, epilepsi bach *m.* ~ ***point*** *n. Needlew: **petit point** m. **petits fours** n.pl. Cu: **petits fours**.*
petite *a.f.* bechan (bychain); **she's ~,** mae hi'n fechan; mae hi'n beth fechan.
petition[1] *n. (a) Rel:* erfyniad(-au) *m*, deisyfiad(-au) *m*; *(b) Pol:* deiseb(-au) *f*, petisiwn (petisiynau) *m*; *(c) Jur:* cais (ceisiadau) *m*, deiseb, petisiwn; *Hist: Jur:* **~ of right,** deiseb iawnderau; *Hist:* **the P~ of Right,** y Ddeiseb Iawnderau.
petition[2] *v.t.* erfyn, deisyf, deisyfu (ar rn); deisebu (rhn); **to ~ a court for sth,** gwn|eud cais i lys am rth.
petitionary *a.* erfyniol, deisyfol, deisebol.
petitionee *n.* deisyfedig(-ion) *m&f*, deisebedig(-ion) *m&f*.
petitioner *n.* deisyfwr: deisyfydd (deisyfwyr) *m*, deis|yfwraig (deisyfwragedd) *f*, deisebwr: deisebydd (deisebwyr) *m*, deis|ebwraig (deisebwragedd) *f*; *Jur:* **the Official P~,** y Deisebydd Swyddogol.
petitioning *a.* deisyfol, deisebol, erfyniol.
Petrarchan *a.* Petrarchaidd.
petrel *n. Orn: (Fulmaris glacialis):* gwylan(-od) *(f)* y graig, aderyn (adar) *(m)* drycin, pedryn(-od) *m*; **fork-tailed/Leach's ~,** *(Oceanodroma leucorrha):* pedryn cynffon fforchog, pedryn Leach; **storm-~, stormy ~,** *(i) Orn: (Procellaria pelagica):* pedryn drycin, aderyn drycin, gwylan y weilgi, cas *(m)* gan longwr; *(ii) Fig: (= pers.):* aderyn drycin.
petrifaction *n.* **1.** caregiad *m*, ymgaregiad *m*, petreiddiad *m*, caregu *vn*, ymgaregu *vn.* **2.** *Fig: (with fear):* fferdod *m*.
petrified *a.* **1.** *(wood &c):* caregaidd, petraidd; **~ forest,** fforest betraidd *f.* **2.** *(with fear &c):* llonydd, disymud, parlysedig, fferllyd, delwaidd, wedi'ch parlysu (gan ofn); **to become ~,** fferru, delwi (gan ofn); **I was ~ at the sight,** mi fferrais/ddelwais o'i weld; *M.W:* mi chwithais drwof pan welais i'r peth; **(I stood) ~,** (mi sefais) yn stond, fel delw.
petrify *v.t.&i.* **1.** *v.t. (a)* troi (rhth) yn garreg, *occ:* caregu, caregeiddio; *(b) Fig:* **to ~ s.o.,** fferru/parlysu rhn ag ofn, dychryn rhn, codi ofn/braw ar rn, delwi gwaed calon rhn. **2.** *v.i.* ymgaregu, troi'n garreg.
Petrine *a.* Pedraidd.
petrochemical *a. & n.* **1.** *a.* petrocemegol. **2.** *n.* petrocemegyn (petrocemegion) *m*.
petrochemistry *n.* petrocemeg *f*.
petrodollar *n. Econ:* petrodoler(-i) *f*.
petrogenesis *n. Geol:* petrog|enesis *m*, creigdarddiad *m*.
petroglyph *n.* creig-gerfiad(-au) *m*, p|etroglyff (petroglyffau) *m*.
petrographer *n.* petrograffwr: petrograffydd (petrograffwyr) *m*.
petrographic[al] *a.* petrograffig.
petrography *n.* petrograffeg *f*.
petrol *n.* petrol *m.* **~ filler cap cover** *n.* cap(-iau) *(m)* petrol. **~ gauge** *n.* deial(-au) *(m)* petrol, *F:* cloc(-iau) *(m)* petrol. **~ pump** *n.* pwmp (pympiau) *(m)* petrol. **~ station** *n.* gorsaf *(f)* betrol (gorsafoedd petrol), *F:* lle(-oedd,-fydd) *(m)* petrol.
petrolatum *n. U.S:* eli gwyrdd *m*, jeli *(m)* petrolewm/petroliwm.
petroleum *n.* petrolewm: petroliwm *m*, creigolew *m*.
petrolic *a.* petrolig.
petrologic[al] *a.* petrolegol.
petrologically *adv.* yn betrolegol.
petrologist *n.* petrolegwr: petrolegydd (petrolegwyr) *m*.
petrology *n.* petroleg *f*.
petronel *n. Hist:* gwn (gynnau) *(m)* marchog, p|etronel (petronelau) *m*.
petrous *a.* caregaidd, caled (celyd); *Physiol:* **~ bone,** asgwrn *(m)* bôn clust.
petticoat *n.* pais (peisiau) *f*; **(I've known him) since he was in petticoats,** ('rwy'n ei 'nabod) ers pan oedd yn ddim o beth, ers pan oedd yn ei glytiau/beisiau. **~ government** *n. F:* llywodraeth *(f)* y bais; **he's under ~ government,** ei wraig sy'n gwisgo'r clôs.
petticoated *a.* peisiog, mewn pais.
pettifog *v.t.* hollti blew/blewyn, degymu mintys, gorfanylu.
pettifogger *n.* holltwr *(m)* blew[yn] (holltwyr blew); *Jur:* crachgyfreithiwr (crachgyfreithwyr) *m*.
pettifoggery *n.* hollti *(vn)* blew; *Jur:* crachgyfreithio *vn*.
pettifogging *a.* gorfanwl; *Jur:* crachgyfreithiol.
pettily *adv.* yn bitw *&c.*
pettiness *n.* bychander *m*, bychandra *m*, pitŵedd *m*.
pettish *a.* piwis, pifis, croes, anfoddog, pwdlyd, sorllyd, *N:* blin, *S.W:* naturus.
pettishly *adv.* yn biwis *&c.*
pettishness *n.* piwisrwydd *m*, soriant *m*, pwd *m*, croesineb *m*, anfoddogrwydd *m*.
pettitoes *n.pl. Cu:* traed moch.
petty *a.* **1.** *(a)* bach: bychan *(f.* bechan, *pl.* bychain), dibwys, pitw; mân + *soft mut. (precedes usu. n.pl.)*; **~ bourgeois** *(i) a.* mân-fwrdeisaidd, mân-fwrgeisaidd; *(ii) n.* mân-fwrdais (~-fwrdeisiaid) *m&f*, mân-fwrgais (~-fwrgeisiaid) *m&f.* **~ amounts,** mân symiau; **~ expenses,** mân dreuliau, treuliau mân; *Jur:* **~ jury,** isel reithgor(-au) *m*; **~ larceny,** mân ladrad(-au) *m*; **~ monarch,** brenhinyn *m*, brenin bychan (brenhinoedd bychain) *m*; *pl.* mân frenhinoedd; **P~ Sessions,** y Sesiwn Fach *f*, *F:* Cwrt Bach *m.* **~ bourgeoisie,** mân-fwrgeisiaeth *f*, mân-fwrdeisiaeth *f*; *(b)* **~[-minded],** bychan, pitw [eich meddwl]. **2.** *Com:* **~ cash,** mân arian *m*, arianach, arian mân, arian parod. **3.** *Navy:* **~ officer,** is-swyddog(-ion) *m.* **~-minded** *a.* = **petty 1.** *(b).* **~-mindedness** *n.* = **pettiness.**
petulance *n.* piwisrwydd *m*, pigogrwydd *m*, anniddigrwydd *m*, croesineb *m*.
petulant *a.* piwis, pigog, diamynedd, swta, anfoddog.
petulantly *adv.* yn biwis *&c.*
petunia *n. Bot:* petwnia(-s) *m*.
petuntse *n. Cer:* petwntse *m*, powdwr *(m)* gwenithfaen.
pew *n.* côr (corau) *m*, sedd(-au) *f*, sêt (seti) *f*, *N.W: occ:* cwir(-iau) *m*, *S.W:* côr tŷ cwrdd; **elders' ~, big ~,** *(in chapel):* y sêt fawr, *S.W:* y côr mawr; *F:* **take a ~,** eistedd(-wch). **~-opener** *n.* agorwr (agorwyr) *(m)* seddau. **~-rent** *n.* tâl *(m)* yr eisteddleoedd.
pewit *n. Orn:* = **lapwing.** **~ gull** *n. Orn:* gwylan benddu (gwylanod/gwylain penddu) *f*.
pewter *n.* piwter: piwtar *m*, *S.W: occ:* powtur *m.* **~ ware** *n.* llestri *(pl)* piwter/piwtar.
pewterer *n.* piwtrwr (piwtrwyr) *m*.
peyote *n. Bot: Pharm:* peiote *m*.
peyotism *n. Rel:* peiotiaeth *f*.
peytrel *n. Harn:* dwyfronneg (dwyfronegau) *f*.
pfennig *n. Num:* pfennig(-s) *mf*.
pH *n. Ch:* **at a pH of 7.3,** a'i ddal ar pH 7.3. **pH meter** *n.* mesurydd(-ion) *(m)* pH. **pH value** *n. Geog: &c:* gwerth(-oedd) *(m)* pH.
phaeton *n. Veh:* ffaeton(-au) *m*.
phage *n. Bot:* = **bacteriophage.**
phaged[a]ena *n. Biol:* dolur(-iau) gwyllt *m*, briw(-iau) gwyllt *m*.
phagocyte *n. Biol:* ff|agosyt (ffagosytau) *m*.
phagocytic *a. Biol:* ffagosytig.
phagocytosis *n. Biol:* ffagosytosis *m*.
-phagous *suffix.* -ysol.
Phalange *n. Pol:* y Ffalang *mf*.
phalangeal *a. Anat:* ffalangol.
phalanger *n. Z:* bodfil(-od) *m*, ffalangr(-od) *m* (*pronounced* ng-g).
phalanges *n.pl. See* **phalanx 2.**
Phalangist *a. & n. Pol:* **1.** *a.* Ffalangaidd. **2.** *n.* Ffalangiad (Ffalangiaid) *m&f*.
phalansterian *a. & n.* **1.** *a.* ffalansteraidd. **2.** *n.* ffalansteriad (ffalansteriaid) *m&f*.
phalanstery *n.* ffalanstr(-au) *m*.
phalanx *n.* **1.** *Gr.Ant:* catyrfa(-oedd, catyrfâu, catyrf|eydd) *f*, llu(-oedd) *m*, ffalancs(-au) *m*, ffalang(-au) *mf.* **2.** *Anat: (also pl. phalanges):* ffalang(-au) *mf*, *F:* asgwrn *(m)* bys (esgyrn bysedd).
phalarope *n. Orn:* **grey ~,** pibydd(-ion) llydandroed llwyd *m*; **red-necked ~,** pibydd llydandroed gyddfgoch; **Wilson's ~,** [pibydd] llydandroed Wilson.
phallic *a.* ffalig.
phallicism *n.* ffaligiaeth *f*.
phallus *n.* ffalws (ffalysau) *m*.
phanariot *n. Hist:* ffanariad (ffanariaid) *m*.
phanerogam *n. Bot:* hadlysieuyn (hadlysiau) *m*.
phanerogamic, phanerogamous *a. Bot:* hadlysieuol.
phanerophyte *n. Bot:* ffan|eroffyt (ffaneroffytau) *m*.
phanerozoic *a. Geol:* ffanerosöig.
phantasm *n.* drychiolaeth(-au) *f*, rhith(-iau) *m*, lledrith(-iau) *m*.

phantasmagoria *n.* ffantasmagoria (ffantasmagoriâu) *mf*, lledrithfa(-oedd, lledrithfâu, lledrithf|eydd) *f.*
phantasmagoric *a.* ffantasmagorig, lledrithiol, breuddwydiol, dychmygol.
phantasmal *a.* rhithiol, lledrithiol, drychiolaethol, drychiolaethus.
phantasmally *adv.* yn rhithiol *&c.*
phantasmic *a.* = **phantasmal**.
phantasy *n.* = **fantasy**[1].
phantom *n.* & *attrib.* **1.** *n.* drychiolaeth(-au) *f*, ysbryd(-ion) *m*, bwgan(-od) *m.* **2.** *attrib.* *(= spectral):* rhithiol, lledrithiol; rhith-; *e.g.* **a ~ ship,** llong rithiol (llongau rhithiol) *f*, rhithlong(-au) *f*; **a ~ funeral,** toili (toilïoedd) *m*; **~ pregnancy,** ffug feichiogrwydd(-au) *m*; *Ent:* **~ crane-fly,** rhithdeiliwr (rhithdeilwriaid) *m*; *Ent:* **~ larva,** rhithlarfa (rhithlarfâu) *m*; **~ limb,** rhithaelod(-au) *m*; *Tchn:* **~ lines,** llinellau manylion cudd; *Ent:* **~ midge,** rhithwybedyn (rhithwybed) *m*; **~ tumour,** rhithdyfiant (rhithdyfiannau) *m.*
Pharaoh *n.* *Hist:* Pharo(-aid) *m.* **~ ant** *n.* *Ent:* morgrugyn (morgrug) *(m)* Pharo.
Pharaonic *a.* Pharaonig.
Pharisaic[al] *a.* **1.** *Rel:* Phariseaidd. **2. p~,** hunangyfiawn (*pronounced* ng-g), rhagrithiol.
Pharisaically *adv.* **1.** *Rel:* yn Phariseaidd. **2. p~,** yn hunangyfiawn (*pronounced* ng-g) *&c.*
Pharisaism *n.* **1.** *Rel:* Phariseaeth *f.* **2. p~,** rhagrith *m*, hunangyfiawnder *m* (*pronounced* ng-g).
Pharisee *n.* **1.** *Rel:* Pharisead (Phariseaid) *m.* **2. p~,** rhagrithiwr (rhagrithwyr) *m*, rhagr|ithwraig *f.*
pharmaceutic[al] *a.* fferyllol; **the P~ Society,** Cymdeithas *(f)* y Cyffurwyr.
pharmaceutics *n.pl.* fferylleg *f.*
pharmacist *n.* fferyllydd(-ion) *m*, fferyllwr (fferyllwyr) *m*, ffer|yllwraig (fferyllwragedd) *f*, cyffuriwr (cyffurwyr) *m*, *F:* drygist(-iaid) *m.*
pharmacological *a.* ffarmacolegol.
pharmacologist *n.* ffarmacolegydd: ffarmacolegwr (ffarmacolegwyr) *m.*
pharmacology *n.* ffarmacoleg *f.*
pharmacopoeia *n.* cyffuriadur(-on) *m*, cyffurlyfr(-au) *m.*
pharmacopoeial *a.* cyffuriadurol.
pharmacy *n.* **1.** *(= preparation of drugs):* fferylliaeth *f.* **2.** *(place):* fferyllfa(-oedd, fferyllf|eydd) *f*, *F:* siop *(f)* drygist (siopau drygistiaid).
pharos *n.* goleudy (goleudai) *m.*
pharyng[e]al *a.* *Anat:* argegol, ffaryngol, sefnigol, uwchlyncol; **~ cavity,** ceudod *(m)* yr argeg.
pharyngitis *n.* *Med:* ffaryngwst *m*, llid *(m)* ar yr argeg, llid *(m)* y ffaryncs.
pharyngocele *n.* *Med.* chwydd(-au) *(m)* ar yr argeg
pharyngoscope *n.* *Med:* ffar|yngosgop (ffaryngosgopau) *m.*
pharyngotomy *n.* *Surg:* ffaryng|otomi (ffaryngotomïau) *m.*
pharynx *n.* *Anat:* argeg(-au) *f*, ffaryncs(-au) *m*, sefnig(-au) *f*, uwchlwnc *m.*
phase[1] *n.* **1.** *(of illness):* cyfnod(-au) *m*; *(of project):* cyfnod, rhan(-nau) *f*, cam(-au) *m*; *Archeol:* is-gyfnod(-au) *m*; **causal ~,** cyfnod achosol; **it's just a passing ~,** dim ond chwiw *(f)* ydyw; dim ond peth dros dro ydyw; **she's going through a ~,** mynd trwy ryw gyfnod y mae hi. **2.** *El.E:* *Astr:* *Lib:* gwedd(-au) *f*; *Ph:* *(of waves):* cydwedd(-au) *f*; *El.E:* **three-~,** teirgwedd; **in ~,** cydwedd; **out of ~,** anghydwedd, gwrthwedd; **90 degrees out of ~,** anghydwedd 90 gradd; 90 gradd allan o gydwedd; **disperse ~,** gwasgarwedd *f*; **execute ~,** gwedd weithredu; **moving ~,** symudwedd *f*; **stationary ~,** arhoswedd *f.* **~ bias** *n.* *El.E:* pwyslais *(m)* gwedd. **~-contrast** *attrib.* gweddgyferbyniol. **~ lag** *n.* *El.E:* oediad(-au) *(m)* gweddau, cyfnod(-au) *(m)* oedi. **~ modulation** *n.* trosiad *(m)* gweddau, modyliad *(m)* gweddau. **~ relationship** *n.* cydberthynas *(f)* gwedd. **~ rule** *n.* rheol *(f)* y gweddau. **~ transition** *n.* trawsnewidiad *(m)* gwedd/gweddau.
phase[2] *v.t.* graddoli; **to ~ sth in,** cyflwyno rhth yn raddol, cyflwyno rhth o gam i gam, defnyddio rhth fwyfwy; **~ sth out,** dil|eu/diddymu rhth yn raddol, dileu/diddymu rhth o gam i gam, defnyddio rhth leilai, defnyddio llai a llai ar rth, graddol gael gwared â rhth.
phaseal *a.* cyfnodol.
phased *a.* graddol, gam wrth gam.
phasic *a.* cyfnodol.
phasing *vn.* *Aut:* cyfnodedd *m.*
phasis *n.* gwedd(-au) *f.*
phasmid *a.* & *n.* *Ent:* **1.** *a.* ffasmidaidd. **2.** *n.* ffasmid(-au,-iaid) *m.*
phasor *n.* *El:* ffasor(-au) *m.*
phatic *a.* llafar, ffatig.
Ph.D. *n.* doethuriaeth(-au) *f*, gradd(-au) *(f)* doethur; **she's a Ph.D.,** mae hi'n ddoethur/ddoethures.
pheasant *n.* *Orn:* *(Phasianus colchicus):* ffesant(-od, ffesynt) *m*, *occ:* coediar (coedieir) *f*, iâr *(f)* goed (ieir coed), gwyddiar (gwyddieir) *f*, ceiliog(-od) *(m)* [y] coed; **cock ~,** ceiliog ffesant; **argus ~,** *(Argusianus):* ffesant llygadog; **blood ~,** *(Ithegenes):* ffesant gwaetgoch; **copper/Soemmering's ~,** *(Ph. soemmeringii):* ffesant copraidd; **eared ~,** *(Crossoptilon):* ffesant clustiog; **golden ~,** *(Chrysolophus pictus):* ffesant euraidd; **green/Japanese ~,** *(Ph. versicolor):* ffesant gwyrdd (ffesantod *&c* gwyrddion); **Lady Amherst's ~,** *(Ch. amherstiae):* ffesant Amherst; **Mongolian ~,** *(Ph. mongolicus):* ffesant Mongolia; **peacock ~,** *(Polyplectron):* peunffesant(-od) *m*; **Reeves's ~,** *(Syrmaticus reevesii):* ffesant Reeves; **ring-necked ~,** *(Ph. torquatus):* ffesant torchog; **silver ~,** *(Lophura nycthemera):* ffesant arian; **snow ~,** *(Tetraogallus):* ffesant yr eira. **~'s eye** *n.* *Bot:* **1.** *(Adonis annua):* llygad *(m)* y goediar; **Apennine ~'s eye,** *(A. distorta):* llygad coediar yr Apeninau; **Pyrenean ~'s eye,** *(A. pyrenaica):* llygad coediar y Pyreneau. **2.** = **narcissus.** **~ shell** *n.* *Moll:* cragen (cregyn) *(f)* ffesant.
phellem *n.* *Bot:* ffelem(-au) *m*, corcyn *m*, corc *m.*
phelloderm *n.* *Bot:* ff|eloderm (ffelodermau) *m.*
phellogen *n.* *Bot:* ff|elogen (ffelogenau) *m.*
phellogenetic, phellogenic *a.* *Bot:* ffelogenig.
phenacetin *n.* *Pharm:* ffen|asetin *m.*
phenacite *n.* *Miner:* ff|enasit *m.*
phenetic *a.* *Biol:* ffenetig.
phenetidine *n.* *Ch:* ffen|etidin *m.*
phenetole *n.* *Ch:* ff|enetol *m.*
phenformin *n.* *Pharm:* ffenfformin *m.*
phenobarbital, phenobarbitone *n.* ffenob|arbiton *m*, ffenob|arbital *m.*
phenocopy *n.* ffenocopi (ffenocopïau) *m.*
phenocryst *n.* *Geol:* ff|enocryst (ffenocrystau) *m.*
phenol *n.* *Ch:* ffenol *m.*
phenolate[1] *n.* *Ch:* ff|enolad (ffenoladau) *m.*
phenolate[2] *v.t.* *Ch:* ffenoladu.
phenolic *a.* *Ch:* ffenolig.
phenological *a.* ffenolegol.
phenologist *n.* ffenolegydd: ffenolegwr (ffenolegwyr) *m.*
phenology *n.* ffenoleg *f.*
phenolphthalein *n.* *Ch:* ffenolffthalein *m.*
phenomena *n.pl.* ffen|omena, ffenomenau.
phenomenal *a.* **1.** *Phil:* ffenomenaidd. **2.** *F:* gwyrthiol, rhyfeddol, syfrdanol, aruthrol, anarferol.
phenomenalism *n.* *Phil:* ffenomen[i]aeth *f.*
phenomenalist *n.* *Phil:* ffenomenydd(-ion) *m.*
phenomenally *adv.* yn wyrthiol *&c.*
phenomenological *a.* *Phil:* ffenomenolegol.
phenomenologist *n.* *Phil:* ffenomenolegydd: ffenomenolegwr (ffenomenolegwyr) *m.*
phenomenology *n.* ffenomenoleg *f.*
phenomenon *n.* **1.** *Phil:* ffenomen(-au) *f*, ffen|omenon (ffen|omena) *m*, digwyddiad(-au) *m.* **2.** *F:* rhyfeddod(-au) *m.*
phenotype *n.* *Biol:* ff|enoteip (ffenoteipiau) *m.*
phenotypic *a.* *Biol:* ffenotypig.
phenyl *n.* *Ch:* ffenyl *m.*
phenylene *n.* *Ch:* ff|enylen *m.*
phenylketonuria *n.* ffenylcetonwria *m.*
pheromonal *a.* *Bio-Ch:* fferomonaidd.
pheromone *n.* *Bio-Ch:* ff|eromon (fferomonau) *m.*
phew *int.* chwiw! whiw!
phi *n.* *Gr.Alph:* [y llythyren] ffi (ffïau) *f.*
phial *n.* ffiol(-au) *f.*
Philadelphia *Pr.n.* *Geog:* Philadelphia *f.*
Philadelphian *a.* & *n.* **1.** *a.* Philadelphaidd, [o] Philadelphia. **2.** *n.* Philadelphiad (Philadelphiaid) *m&f.*

philadelphus *n. Bot:* ffug-oren(-nau) *fm.*
philander *v.i.* mercheta, cellwair caru, fflyrtio, fflyrtian, hel merched, *S.W:* menwota, *N.W:* cyboli [â merched], *S:* cwrcatha, gwrcatha, *S.E:* ceilioca.
philandering *vn. & a.* **1.** *vn.* = **philander**; **my ~ days,** fy nyddiau cellwair caru. **2.** *a.* merchetgar, fflyrtgar, *S:* menwotgar.
philanderer *n.* merchetwr (merchetwyr) *m*, fflyrtiwr (fflyrtwyr) *m*, *S.W:* menwotwr (menwotwyr) *m.*
philanthrope *n.* = **philanthropist.**
philanthropical *a.* dyngarol (*pronounced* ng-g).
philanthropically *adv.* yn ddyngarol (*pronounced* ng-g).
philanthropism *n.* = **philanthropy.**
philanthropist *n.* dyngarwr (dyngarwyr) *m*, dyng|arwraig *f*, merch ddyngarol (merched dyngarol) *f*, gwr|aig ddyngarol (gwragedd dyngarol) *f* (*all pronounced* ng-g).
philanthropize *v.i.* bod yn ddyngarol (*pronounced* ng-g), bod yn hael.
philanthropy *n.* dyngarwch *m* (*pronounced* ng-g), haelioni *m.*
philatelic *a.* ffilatelig.
philatelist *n.* casglwr (casglwyr) (*m*) stampiau, ffilatelydd(-ion) *m*, ffilatelwr (ffilatelwyr) *m*, *F:* stampiwr (stampwyr) *m*, st|ampwraig (stampwragedd) *f.*
philately *n.* casglu (*vn*) stampiau, ffilateleg *f.*
-phile *suffix. a. & n.* **1.** *a.* -gar, -garol. **2.** *n.* -garwr (-garwyr) *m*, -g|arwraig (-garwragedd) *f.*
philharmonic *a.* ffilharmonig.
philhellene **1.** *a.* Gr|oeg-gar, Groeg-garol. **2.** *n.* Groeg-garwr (~-garwyr) *m*, Groeg-g|arwraig *f.*
philhellenic *a.* Gr|oeg-gar, Groeg-garol.
philhellenism *n.* Groeg-garwch *m.*
Philip *Pr.n.m.* Philip, *occ:* Phylip; *Hist:* **~ the Fair,** Philip Deg; **~ the Handsome,** Philip Olygus.
Philippians *n.pl. B:* Philipiaid.
philippics *n.pl.* ceryddiadau *pl*, araith gerydd (areithiau cerydd) *f*, araith chwyrn *f.*
Philippina[1] *n.f. Ethn:* Philipines(-au).
philippina[2] *n. (nut):* cneuen ddwbl (cnau dwbl) *f.*
Philippine[1] *a. & n.* **1.** *a.* Philipinaidd; **the ~ Sea,** Môr y Philipinau. **2.** *n.pl. Geog:* Ynysoedd (*pl*) y Philipinos/Philipinau.
philippine[2] *n.* = **philippina**[2].
Philippino *n. & attrib. Ethn:* **1.** *n.* Philipino(-s) *m&f*, Philipiniad (Philipiniaid) *m&f.* **2.** *attrib.* Philipinaidd.
Philippism *n. Rel.Hist:* Philipiaeth.
Philippist *n. Rel.Hist:* Philipwr (Philipwyr) *m*, Philipydd(-ion) *m.*
Philipston *W.Pl.n.* Trephilip *f.*
Philistia *Pr.n. A.Geog:* Philistia *f.*
Philistine *a. & n.* **1.** *a.* *(a) B.Hist:* Philistaidd; *(b)* **p~,** *(= uncultured):* philistaidd, diddiwylliant. **2.** *n.* *(a) B.Hist:* Philistiad (Philistiaid) *m&f*; *(b)* **p~,** *(= uncultured pers.):* philistiad (philistiaid) *m&f.*
philistinism *n.* philistiaeth *f.*
phillumenist *n.* ffilwmenydd(-ion) *m*, casglwr (casglwyr) (*m*) labeli matsis.
phillumeny *n.* casglu (*vn*) labeli matsis, ffilwmeniaeth *f.*
philobiblic *a.* llyfrgarol.
philodendron *n. Bot:* ffilodendron(-au) *f.*
philogynist *n.* gwr|eig-garwr (~-garwyr) *m.*
philologer, philologian *n.* = **philologist.**
philological *a.* ieithegol, ffilolegol.
philologically *adv.* yn ieithegol *&c.*
philologist *n.* ieithegwr: ieithegydd (ieithegwyr) *m*, ffilolegwr: ffilolegydd (ffilolegwyr) *m.*
philologize *v.i.* ieithegu, ffilolegu.
philology *n.* **1.** ieitheg *f*, ffiloleg *f.* **2.** *U.S:* llenyddiaeth *f.*
philomath *n.* carwr (carwyr) (*m*) dysg, dysg-garwr (~-garwyr) *m.*
Philomel, Philomela *n. Poet:* eos(-iaid) *f.*
philopena, philopoena *n.* = **philippina**[2].
philoprogenitive *a.* epilgar.
philoprogenitiveness *n.* epilgarwch *m.*
philosopher *n.* athronydd (athronwyr) *m*; **natural ~,** gwyddonydd (gwyddonwyr) *m*; **the ~'s stone,** maen (*m*) yr athronydd, yr eurfaen *m.*
philosophical *a.* **1.** athronyddol. **2.** *(= stoical, uncomplaining):* ffilosoffaidd, stoicaidd, pwyllog, cymedrol, dirwgnach, call, synhwyrol.
philosophically *adv.* **1.** yn athronyddol. **2.** yn ffilosoffaidd *&c.*
philosophism *n.* coegathroniaeth *f*, coegathronyddu *vn.*
philosophist *n.* coegathronydd (coegathronwyr) *m.*
philosophize *v.i.* athronyddu.
philosophy *n.* athroniaeth(-au) *f*; **natural ~,** gwyddoniaeth *f*, anianeg *f.*
philotechnic *a.* ffilotechnig.
philtre *n.* diod(-ydd) (*f*) swyn.
phimosis *n. Med:* blaengroen tyn *m* (*pronounced* ng-g), ffimosis *m.*
phiz *n. F: O:* wyneb(-au) *m*, gwep(-au,-iau) *f.*
phlebitic *a. Med:* fflebitig.
phlebitis *n. Med:* fflebitis *m*, gwythïenwst *m*, llid (*m*) y gwythiennau.
phlebogram *n. Med:* ffl|ebogram (fflebogramau) *m.*
phlebography *n. Med:* ffleboograffeg *f.*
phlebosclerosis *n. Med:* fflebosglerosis *m.*
phlebotomist *n.* gwaedwr (gwaedwyr) *m.*
phlebotomize *v.i.&t.* gollwng gwaed, gwaedu.
phlebotomy *n.* gwaedu *vn*, gollwng (*vn*) gwaed, ffleb|otomi (fflebotomïau) *m*, gwaed-ollyngiad(-au) *m*, ffleimiad(-au) *m.*
phlegm *n.* **1.** llysnafedd *m*, fflem *f*, crachboer *m*, cornboer *m*; **to spit ~,** *V:* fflemsio; **a lump of ~,** fflemsen (fflems) *f.* **2.** *Fig:* difaterwch *m*, syrthni *m*, difrawder *m*, dicräwch *m.*
phlegmatic[al] *a.* digyffro, didaro, difraw, dicra, fflegmatig, *F:* côm, di-feind.
phlegmatically *adv.* yn ddigyffro *&c.*
phlegmon *n. Med:* = **boil**[1], **carbuncle.**
phloem *n. Bot:* ffloem *m.*
phlogistic *a.* **1.** *A.Ph:* fflogistig. **2.** *Med:* llidiol, enynnol.
phlogiston *n. A.Ph:* fflogiston *m.*
phlorizin *n. Bio-Ch:* ffl|orisin *m.*
phlox *n. Bot:* ladis gwynion *pl*, ladis bach, fflocen: fflocsen (fflocs) *f*, *S: occ:* ffarwel (*mf*) haf *(N.B. also = chrysanthemum)*; **mossy ~,** fflocs mwsoglyd, ladis bach mwsoglog.
phobia *n.* arswyd(-au) *m*, ffobia (ffobiâu) *m*; **I have a ~ about mice,** mae llygod yn codi arswyd arnaf; byddaf yn arswydo rhag llygod.
phocomelia *n. Med:* palfau (*pl*) morlo, ffocomelia *m.*
phoebe *n. Orn:* ffibi (ffibïod, ffibïaid) *m.*
Phoebus *n. Poet:* yr Haul *m.*
Phoenicia *Pr.n. A.Geog:* Phoenicia *f.*
Phoenician *a. & n.* **1.** *a.* Phoenicaidd; *(in language):* Phoeniceg. **2.** *n.* *(a) Ethn:* Phoeniciad (Phoeniciaid) *m&f*; *(b) Ling:* Phoeniceg *f*, *m.*
phoenix *n. Orn: Myth:* ffenics(-iaid) *m.*
pholas *n.* = **piddock.**
pholiota *n. Fung:* ffoliota (ffoliotâu) *m*; **charcoal ~,** ffoliota'r poethfel; **shaggy ~,** ffoliota cennog.
phon *n. Ph:* phon(-au) *m.*
phonate *v.i.* llefaru.
phonation *n.* llefariad(-au) *m*, llefaru *vn*, lleferydd *m.*
phonatory *a.* llafar.
phonautograph *n.* ffon|awtograff (ffonawtograffau) *m.*
phone[1] *n. F:* ffôn (ffonau) *m.* **~ box** *n.* ciosg(-au) (*m*) ffôn. **~-in** *n.* rhaglen(-ni) (*f*) ffonio [i mewn]. **~ tapping** *vn.* clustfeinio *vn* [ar y ffôn], tapio ffôn/ffonau.
phone[2] *v.t.&i. F:* ffonio.
phone[3] *n. Ling:* sain (seiniau) *f.*
phoneme *n. Ling:* ffonem(-au) *mf.*
phonemic *a. & n.pl. Ling:* **1.** *a.* ffonemig. **2.** *n.pl.* ffonemeg *f.*
phonemicize *v.t. Ling:* ffonemeiddio.
phonendoscope *n. Med:* ffon|endosgop (ffonendosgopau) *m.*
phonetic *a.* seinegol, ffonetig, yn ôl y sain.
phonetically *adv.* yn seinegol *&c.*
phonetician *n.* seinegwr: seinegydd (seinegwyr) *m.*
phoneticism *n. (= phonetic quality):* ffonetigrwydd *m.*
phoneticist *n.* = **phonetician.**
phoneticize *v.t.* seinegoli.
phonetics *n.pl.* seineg *f.*
phonetist *n.* = **phonetician.**
phoney *a. & n. U.S: F:* **1.** *a.* ffug *(can precede n. + soft mut.)*; *Hist:* **the P~ War,** y Rhyfel Ffug. **2.** *n.* *(pers.):* rhn (rhai) ffug *m*, ffugiwr (ffugwyr) *m*; *(thg):* peth(-au) ffug *m.*
phoniatrics *n.pl.*, **phoniatry** *n. Med:* ffonïatreg *f.*

phonic *a. & n.pl.* **1.** *a.* ffonig, seiniol, lleisiol, llafar. **2.** *n.pl.* ffoneg *f.*
phonogram *n.* ff|onogram (ffonogramau) *m.*
phonogramic *a.* ffonogramig.
phonograph[1] *n.* ff|onograff (ffonograffau) *m.*
phonograph[2] *v.t.* ffonograffu.
phonographer *n.* ffonograffwr: ffonograffydd (ffonograffwyr) *m.*
phonographic *a.* ffonograffig.
phonographically *adv.* yn ffonograffig.
phonography *n.* llaw-fer *f.*
phonolite *n. Geog:* tincfaen (tincfeini) *m*, ff|onolit (ffonolitau) *m.*
phonolitic *a. Geog:* ffonolitig.
phonologic[al] *a.* seinyddol, ffonolegol.
phonologist *n.* seinyddwr (seinyddwyr) *m*, sein|yddwraig (seinyddwragedd) *f*, ffonolegwr: ffonolegydd (ffonolegwyr) *m.*
phonology *n.* seinyddiaeth *f*, ffonoleg *f.*
phonometer *n.* ffonomedr(-au) *m.*
phonon *n. Ph:* ffonon(-au) *m.*
phonopore *n. El.E:* ff|onopor (ffonoporau) *m.*
phonoporic *a. El.E:* ffonoporig.
phonoscope *n.* ff|onosgop (ffonosgopau) *m.*
phonotactics *n.pl. Ling:* ffonotacteg *f.*
phonotype *n. Typ:* ff|onoteip (ffonoteipiau) *m.*
phonotypic[al] *a. Typ:* ffonotypig, seinargraffol.
phonotypist *n.* ffonoteipydd(-ion) *m*, ffonoteipyddes(-au) *f.*
phonotypy *n.* llaw-fer *f.*
phony *a.* = **phoney**.
phooey *int.* pw! pach!
phormium *n. Bot:* fformiwm *m*, llin (*m*) Seland Newydd.
phosgene *n. Ch:* ffosgen *m.*
phosgenite *n. Ch:* ff|osgenit *m.*
phosphatase *n. Ch:* ff|osffatas (ffosffatasau) *m.*
phosphate *n. Ch:* ffosffad(-au) *m.*
phosphatic *a. Ch:* ffosffatig.
phosphatide *n. Ch:* ff|osffatid (ffosffatidau) *m.*
phosphatize *v.t. Ch:* ffosffadu.
phosphaturia *n. Med:* ffosffatwria *m.*
phosphene *n. Med:* ffosffen *m.*
phosphide *n. Ch:* ffosffid(-au) *m.*
phosphine *n. Ch:* ffosffin(-au) *m.*
phosphinic *a. Ch:* ffosffinig.
phosphite *n. Ch:* ffosffit(-au) *m.*
phospholipid *n. Ch:* ffosffolipid(-au) *m.*
phosphonic *a. Ch:* ffosffonig.
phosphonium *n. Ch:* ffosffoniwm *m.*
phosphoprotein *n. Bio-Ch:* ffosffoprotein(-au) *m.*
phosphor *n. Ch:* ffosffor(-au) *m.* **~ bronze** *n.* ffosffor-efydd *m.*
phosphorate *v.t. Ch:* ffosfforeiddio.
phosphorated *a.* ffosfforeiddiedig.
phosphoresce *v.i. Ph:* ffosfforeddu.
phosphorescence *n. Ph:* ffosfforedd *m*, ffosfforesgedd *m*; *N.W: occ: (on sea):* mordan *m.*
phosphorescent *a. Ph:* ffosfforeddol, ffosfforesgol.
phosphoretted *a. Ch:* ffosfforedig.
phosphoric *a. Ch:* ffosfforig.
phosphorite *n. Miner:* ff|osfforit (ffosfforitau) *m.*
phosphoritic *a. Miner:* ffosfforitig.
phosphorization *n. Ch:* ffosfforeiddiad(-au) *m*, ffosfforeiddio *vn.*
phosphorize *v.t. Ch:* ffosfforeiddio.
phosphorized *a. Ch:* ffosfforeiddiedig.
phosphorogenic *a. Ch:* ffosfforogenig.
phosphorograph *n. Ph:* ffosff|orograff (ffosfforograffau) *m.*
phosphorographic *a. Ph:* ffosfforograffig.
phosphorography *n. Ph:* ffosfforograffiaeth *f.*
phosphoroscope *n. Ph:* ffosff|orosgop (ffosfforosgopau) *m.*
phosphorous *a. Ch:* ffosfforaidd.
phosphorus *n. Ch:* ff|osfforws *m.* **~ necrosis** *n. Med:* necrosis (*m*) ffosfforws, pydredd (*m*) yr ên, gên bydredig *f.*
phosphorylate *v.t.* ffosfforyleiddio.
phosphorylation *a.* ffosfforyleiddiad(-au) *m.*
phossy *a.* **~ jaw,** pydredd (*m*) yr ên, gên bydredig *f.*
phot *n. Ph:* ffot(-iau) *m.*
photic *a. Ph:* ffotig, goleuol.
photism *n.* rhithweledigaeth(-au) *f*, rhithwelediad(-au) *m.*
photo *n. F:* llun(-iau) *m*, ffoto(-s) *m.* **~ finish** *n.* diwedd (*m*) clos.
photoactinic *a. Ch:* ffotoactinig.
photoactive *a.* ffotoadweithiol.
photoautotrophic *a. Biol:* ffotoawtotroffig.
photobathic *a. Biol: Ph:* ffotobathig.
photocell *n. Ph:* ff|otogell (ffotogelloedd) *f.*
photo-charge *v.t.&i. Lib: &c:* ffotogofnodi, llun-gofnodi.
photo-charger *n. Lib: &c:* ffotogofnodwr (ffotogofnodwyr) *m*, llun-gofnodwr (~-gofnodwyr) *m.*
photochemical *a. Ph:* ffotocemegol.
photochemistry *n. Ch:* ffotocemeg *f.*
photochromy *n.* ffotocromeg *f.*
photochronograph *n. Ph:* ffotocr|onograff (ffotocronograffau) *m.*
photocomposition *n. Typ:* ffotogysodi *vn.*
photoconduction *n. Ph:* ffotoddargludo *vn*, ffotoddargludiad *m.*
photoconductive *a. Ph:* ffotoddargludol.
photoconductor *n. Ph:* ffotoddargludwr (ffotoddargludwyr) *m.*
photocopier *n.* ffotogopïwr (ffotogopiwyr) *m*, llun-gopïwr (~-gopiwyr) *m.*
photocopy[1] *n.* ffotogopi (ffotogopïau) *m*, llun-gopi (~-gopïau) *m.*
photocopy[2] *v.t.* ffotogopïo, llun-gopïo.
photodiode *n. Ph:* ffotodïod (ffotodiodau) *m.*
photodisintegration *n.* ffoto-ymddatodiad *m*, ffoto-ymddatod *vn.*
photodynamics *n.pl.* ffotodynameg *f.*
photoelasticity *n. Ph:* ffoto-elastigedd *m.*
photoelectric[al] *a. Ph:* ffoto-electrig, ffotodrydanol.
photoelectricity *n. Ph:* ffotodrydan *m.*
photoelectron *n. Ph:* ffoto-electron(-au) *m.*
photoelectrotype *n. Typ:* ffoto-el|ectroteip *m.*
photo-emission *n. Ph:* ffoto-allyriant (~-allyriannau) *m.*
photoengrave *v.t.* ffoto-engrafio (*pronounced* ng-g).
photo-engraver *n.* ffoto-engrafwr (~-engrafwyr) *m* (*pronounced* ng-g).
photo-engraving *n.* ffoto-engrafiad(-au) *m* (*pronounced* ng-g).
photofission *n.* ffoto-ymholltiad *m.*
Photofit *n. R.t.m:* Ff|otoffit (Ffotoffitiau) *m.*
photoflash *n.* ff|otofflach (ffotofflachiau) *f.*
photoflood *n.* llifolau (llifoleuadau) *m.*
photofluorogram *n. Med:* ffotofflw|orogram (ffotofflworogramau) *m.*
photofluorography *n. Med:* ffotofflwrograffiaeth *f.*
photogelatin *attrib.* ffotog|elatin.
photogene *n.* ôl-ddelwedd(-au) *f*, ôl-argraff(-au) *f.*
photogenic *a.* ffotogenig; **she's very ~,** mae hi'n werth tynnu ei llun; mae hi'n tynnu llun yn dda; mae hi'n dda mewn llun.
photogeology *n.* ffotoddaeareg *f.*
photogrammetry *n.* ffotogrametreg *f.*
photograph[1] *n.* ff|otograff (ffotograffau) *m*, *(in ordinary parlance):* llun(-iau) *m*; **to have one's ~ taken,** cael tynnu'ch llun, **aerial ~,** awyrlun(-iau) *m.*
photograph[2] *v.t.&i.* **1.** *v.t.* tynnu llun (rhn), *occ:* ffotograffio. **2.** *v.i.* **she photographs well,** mae hi'n tynnu [ei] llun yn dda; mae hi'n [edrych yn] dda mewn llun.
photographer *n.* ffotograffydd: ffotograffwr (ffotograffwyr) *m*, *(in ordinary parlance):* tynnwr (tynwyr) (*m*) lluniau, t|ynwraig (*f*) lluniau, dyn(-ion) (*m*) tynnu lluniau, merch (*f*) dynnu lluniau (merched tynnu lluniau).
photographic *a.* ffotograffig.
photography *n.* ffotograffiaeth *f*, ffotograffeg *f*, *(in ordinary parlance):* tynnu (*vn*) lluniau.
photogravure[1] *n. Typ:* ffoto-engrafiad(-au) *m* (*pronounced* ng-g), ffotografur *m*; **the ~ process,** y dull ffoto-engrafio, y dull ffotografur.
photogravure[2] *v.t. Typ:* ffoto-engrafio (*pronounced* ng-g).
photojournalism *n.* ffotonewyddiadur[i]aeth *f.*
photojournalist *n.* ffoto-ohebydd(-ion) *m*, ffotonewyddiadurwr (ffoto newyddiadurwyr) *m.*
photojournalistic *a.* ffotonewyddiadurol.
photokinesis *n. Ph:* ffotocinesis *m.*
photokinetic *a. Ph:* ffotocinetig.
photolithographic *a. Typ:* ffotolithograffig.
photolithography *n. Typ:* ffotolithograffeg *f*, ffotolithograffiaeth *f.*
photoluminescence *n. Ph:* ffoto-ymoleuedd *m.*

photoluminescent *a. Ph:* ffoto-ymoleuol.
photolysis *n. Ch:* ffot|olysis *m.*
photolytic *a. Ch:* ffotolytig.
photomacrography *n.* ffotomacrograffeg *f.*
photomap[1] *n.* ff|otomap (ffotomapiau) *m.*
photomap[2] *v.t.* ffotomapio.
photomechanical *a.* ffotomecanyddol.
photomeson *n. Ph:* ffotomeson(-au) *m.*
photometer *n. Ph:* ffotomedr(-au) *m.*
photometric[al] *a. Ph:* ffotometrig.
photometrist *n. Ph:* ffotomedrydd(-ion) *m.*
photometry *n.* ffotometreg *f.*
photomicrograph *n.* ffotom|icrograff (ffotomicrograffau) *m.*
photomicrographic[al] *a.* ffotomicrograffaidd.
photomicrography *n.* ffotomicrograffeg *f*, ffotomicrograffiaeth *f.*
photomontage *n.* ffotogyfosodiad(-au) *m.*
photomultiplier *n.* ffotoluosogydd(-ion) *m.*
photomural *n.* ffotofurlun(-iau) *m.*
photon *n. Ph:* ffoton(-au) *m.*
photonasty *n. Bot:* ffotonastedd *m.*
photoneutron *n. Ph:* ffotoniwtron(-au) *m.*
photonucelar *a. Ph:* ffotoniwclear.
photo-offset *attrib. Typ:* ffoto-offset.
photoperiodic *a. Biol:* ffotogyfnodol.
photoperiodism *n. Biol:* ffotogyfnodedd *m.*
photophilous *a. Bot:* goleugar.
photophily *n. Bot:* goleugarwch *m.*
photophobia *n.* ffotoffobia *m*, ofn (*m*) goleuni.
photophore *n. Z:* ff|otoffor (ffotofforau) *m.*
photopia *n. Physiol:* ffotopia *m.*
photopic *a. Physiol:* ffotopig.
photoplay *n.* ffilm(-iau) *f*, ffotodrama (ffotodramâu) *f.*
photopolymer *n. Ch:* ffotop|olymer (ffotopolymerau) *m.*
photoproton *n.* ffotoproton(-au) *m.*
photoreceptor *n.* goleudderbynnydd (goleudderbynyddion) *m.*
photoreconnaissance *n. Mil:* ffoto-archwilio *vn*, ffoto-archwiliad(-au) *m.*
photosensitive *a.* ffotos|ensitif.
photosensitization *n.* ffotosensitifedd *m.*
photosetting *vn. Typ:* ffotogysodi, llun-gysodi.
photospectroscope *n. Ph:* ffotosb|ectrosgop (ffotosbectrosgopau) *m.*
photosphere *n. Astr:* ff|otosffer (ffotosfferau) *m*, gwawlgylch(-au,-oedd) *m.*
photospheric *a. Astr:* ffotosfferig.
photostat[1] *n.* ff|otostat (ffotostatau) *m*, ffotocopi (ffotocopïau) *m*, llun-gopi (~-gopïau) *m.*
photostat[2] *v.t.* ffotostatio, ffotocopïo, llun-gopïo.
photostatic *a.* ffotostatig.
photosynthesis *n. Bot:* ffotos|ynthesis *m.*
photosynthesize *v.t. Bot:* ffotosyntheseiddio.
photosynthetic *a. Bot:* ffotosynthetig.
phototaxis, phototaxy *n. Z:* ffototacsis *m.*
phototelegram *n.* ffotot|elegram (ffototelegramau) *m.*
phototelegraphic[al] *a.* ffototelegraffig.
phototelegraphy *n.* ffototelegraffeg *f*, ffototelegraffiaeth *f.*
phototherapeutic *a.* ffototherapiwtig.
phototherapeutics, phototherapy *n.pl.* ffototh|erapi *m.*
photothermic *a. Ph:* ffotothermig.
phototonic *a. Bot:* ffototonig.
phototonus *n. Bot:* ffot|otonws *m.*
phototopography *n.* ffototopograffeg *f*, ffototopograffiaeth *f.*
phototransistor *n. El.E:* ffototransistor(-au) *m.*
phototropic *a. Bot:* ffototropig.
phototropism *n. Bot:* ffototropedd *m.*
phototube *n. El.E:* ff|ototiwb (ffototiwbiau) *m.*
phototype[1] *n. Typ:* ff|ototeip (ffototeipiau) *m.*
phototype[2] *v.t. Typ:* ffototeipio.
phototypesetting *vn.* ffotogysodi.
phototypography *n.* ffototeipograffeg *f.*
phototypy *n.* ffototeipio *vn.*
photovoltaic *a.* ffotofoltäig, ffotofoltaidd.
photozincography *n.* ffotosincograffeg *f*, ffotosincograffiaeth *f.*
phrasal *a. Gram:* ymadroddol.
phrasally *adv. Gram:* yn ymadroddol.

phrase[1] *n.* **1.** *(a)* ymadrodd(-ion) *m*, dywediad(-au) *m*; **turn of ~,** priod-ddull(-iau) *m*, tro(-eon) (*m*) ymadrodd; **as the ~ goes,** chwedl hwythau, fel y dywed yr hen air, *S: F:* ys gweton' nhw; **in Eliot's ~,** fel/megis y dywedodd Eliot, chwedl Eliot; *(b)* **felicity of ~,** geiriad deheuig *m*, geirio (*vn*) medrus, dweud da *vn; (c) Gram:* ymadrodd; *Cmptr:* **~ read-only memory (PHROM),** cof (*m*) cymal darllen yn unig. **2.** *Mus:* brawddeg(-au) *f*, cymal(-au) *m.* **~-book** *n.* llyfr(-au) (*m*) ymadroddion. **~ maker** *n.* ymadroddwr (ymadroddwyr) *m.* **~ mark** *n. Mus:* bwa (*m*) brawddeg (bwâu brawddegau), bwa cymal (bwâu cymalau), marc(-iau) (*m*) brawddegu. **~ marker** *n. Ling:* diagram (*m*) brawddeg (diagramau brawddegau). **~-structure rule** *n. Ling:* rheol (*f*) ymadrodd-adeiledd.
phrase[2] *v.t.* **1.** mynegi, geirio; **a well-phrased letter,** llythyr wedi'i eirio'n dda. **2.** *Mus:* brawddegu.
phraseogram *n.* arwyddlun(-iau) *m.*
phraseograph *n.* ymadrodd(-ion) *m.*
phraseological *a.* ieithweddol.
phraseologically *adv.* yn ieithweddol; o ran ieithwedd.
phraseology *n.* ieithwedd *f*, iaith *f*, mynegiant *m*, ymadroddion *pl.*
phrasing *n.* geiriad *m*, geirio *vn*; *Mus:* brawddegu *vn.*
phratry *n. Gr.Ant:* ffratri (ffratrïau) *m.*
phreatic *a. Geol:* ffreatig; **~ water,** dŵr (*m*) daear, dŵr codi.
phreatophyte *n. Bot:* ffre|atoffyt (ffreatoffytau) *m.*
phreatophytic *a. Bot:* ffreatoffytig.
phrenetic *a. A:* = **frantically, frenetically**.
phrenic *a. Anat:* ffrenig, llengigol (*pronounced* ng-g).
phrenological *a.* ffrenolegol.
phrenologically *adv.* yn ffrenolegol.
phrenologist *n.* ffrenolegwr (ffrenolegwyr) *m*, ffrenolegydd(-ion) *m*, *F:* dyn(-ion) (*m*) darllen pennau, gwr|aig (gwragedd) (*f*) darllen pennau.
phrenology *n.* ffrenoleg *f*, *F:* darllen (*vn*) pennau.
Phrygia *Pr.n. Geog:* Phrygia *f.*
Phrygian *a. & n.* **1.** *a.* Phrygiaidd; *Mus:* **~ cadence,** diweddeb(-au) Phrygiaidd *f*; **~ cap,** cap(-iau) (*m*) rhyddid; **~ mode,** modd(-au) Phrygiaidd *m.* **2.** *n.* Phrygiad (Phrygiaid) *m&f.*
phthalate *n. Ch:* ffthalad(-au) *m.*
phthalein *n. Ch:* ffthalein *m.*
phthalic *a. Ch:* ffthalig.
phthalin *n. Ch:* ffthalin *m.*
phthiocol *n. Bio-Ch:* ffthïocol *m.*
phthisical *a. Med:* = **tubercular**.
phthisis *n. Med:* = **tuberculosis**.
phut *adv. & n. P:* pwff; **to go ~,** *(of lamp):* chwythu; **the engine went ~,** diffoddodd y motor; fe chwythodd y motor ei blwc; *(of business &c):* mynd yn ffliwt, mynd i'r gwellt.
phycocyanin *n. Bot:* ffycosyanin(-au) *m.*
phycological *a.* gwymonegol.
phycologist *n.* gwymonegwr: gwymonegydd (gwymonegwyr) *m.*
phycology *n.* gwymoneg *f.*
phycomycete *n. Fung:* ffycomyset(-au) *m.*
phycomycetous *a. Fung:* ffycomysetaidd.
phylactery *n. Jew.Rel:* ffylacter(-au) *m.*
phyle *n. Gr.Ant:* tylwyth(-au) *m.*
phyletic *a. Biol:* = **phylogenetic**.
phyllit *n. Miner:* ffylit *m.*
phylloclade *n. Bot:* ff|yloclad (ffylocladau) *m.*
phyllode *n. Bot:* ffylod(-au) *m.*
phylloid *a.* deilaidd, deilffurf.
phyllome *n.* = **leaf**[1].
phyllophagan *n. Z:* deilysydd(-ion) *m*, deilyswr (deilyswyr) *m.*
phyllophagous *a. Z:* deilysol.
phyllopod *a. & n. Crust:* **1.** *a.* deildroedog. **2.** *n.* ff|ylopod (ffylopodiaid) *m*, deildroedog(-ion) *m.*
phyllostome *n. Z:* (*)ystlum(-od) deildrwyn *m.*
phyllotactic *a. Bot:* ffylotactig.
phyllotaxis, phyllotaxy *n. Bot:* ffylotacsis *m.*
phylloxera *n. Ent: Vet:* ffylocsera (ffylocserâu) *f*, lleuen (*f*) y gwinwydd (llau'r gwinwydd).
phylogenesis *n. Nat.Hist:* ffylogenedd *m.*
phylogenetic, phylogenic *a.* esblygol, esblygiadol, ffylogenetig, ffylogenig.
phylogeny *n. Nat.Hist:* ffylogenedd *m.*
phylum *n.* ffylwm (ffyla) *m*; **sub-~,** is-ffylwm (~-ffyla) *m.*

physiatrics *n.pl. U.S:* = **physiotherapy**.
physic[1] *n. (=* **medicine[1]** *2):* ffisigwriaeth(-au) *f; See* **medicine**. ~ **garden** *n.* gardd (*f*) berlysiau (gerddi perlysiau).
physic[2] *v.t.* rhoi ffisig/moddion i rn; trin, meddyginiaethu, ffisigwrio (rhn).
physical *a.* **1.** *(= bodily):* corfforol, *occ:* materol; ~ **anthropology,** anthropoleg gorfforol *f*; ~ **dependence,** dibyniaeth gorfforol *f*; ~ **disability,** anabledd corfforol *m*; ~ **education,** addysg gorfforol *f*; ~ **examination,** archwiliad(-au) corfforol *m*; ~ **exercise,** ~ **jerks,** ymarfer corfforol *m*, ymarfer corff, ystwytho(*vn*)'r cyhyrau; ~ **force,** grym corfforol *m*; ~ **handicap,** anfantais gorfforol *f*; ~ **illness,** salwch corfforol *m*; ~ **strength,** nerth corfforol *m*; **it's a ~ impossibility,** mae'n beth corfforol amhosibl. **2.** *(of physics):* ffisegol; ~ **change,** newid ffisegol *m*; ~ **geography,** daearyddiaeth ffisegol *f*; ~ **properties,** priodweddau ffisegol; ~ **science,** ffiseg *f*, *Lit: occ:* anianeg *f*; ~ **laws,** deddfau (*pl*) natur/naturiol; *Theol:* ~ **theory [of redemption],** damcaniaeth (*f*) ffisegol [prynedigaeth].
physically *adv.* **1.** yn gorfforol; ~ **handicapped,** â nam corfforol, dan anfantais gorfforol; ~ **incapacitated,** corfforol anabl. **2.** *Ph:* yn ffisegol.
physician *n.* meddyg(-on) *m*, *occ:* ffisigwr (ffisigwyr) *m*; *B:* ~, **heal thyself,** y meddyg, iachâ di dy hun.
physicist *n.* ffisegydd(-ion) *m*, ffisegwr (ffisegwyr) *m*.
physicky *a.* ffisigol, ffisigaidd.
physicochemical *a.* ffisigocemegol.
physico-theological *a.* ffisegol-ddiwinyddol.
physics *n.pl.* ffiseg *f*.
physiocracy *n.* ffisiocratiaeth *f*.
physiocrat *n.* ff|isiocrat (ffisiocratiaid) *m*.
physiocratic *a.* ffisiocratig.
physiogeny *n.* ffisiogenedd *m*.
physiognomic[al] *a.* ffisiognomig.
physiognomically *adv.* yn ffisiognomig, o ran pryd a gwedd.
physiognomy *n.* **1.** *(= face, appearance):* pryd (*m*) a gwedd *f*, wynepryd(-au) *m*, prydwedd(-au) *f*, ffisi|ognomi (ffisiognomïau) *mf*. **2.** *(art):* ffisiognomi.
physiographer *n.* ffisiograffwr: ffisiograffydd (ffisiograffwyr) *m*.
physiographic[al] *a.* ffisiograffig.
physiography *n.* ffisiograffeg *f*.
physiological *a.* ffisiolegol; ~ **saline,** heli ffisiolegol *m*.
physiologically *adv.* yn ffisiolegol.
physiology *n.* ffisioleg *f*.
physiotherapist *n.* ffisioth|erapydd (ffisiotherapyddion) *m*.
physiotherapy *n.* ffisioth|erapi *m*.
physique *n.* **1.** *(= body):* corff (cyrff) *m*. **2.** *(= bodily structure):* corffolaeth *f*, corffoledd *m*.
physoclistous *a. Ich:* ffysoclistaidd.
physostigmine *n. Pharm:* ffysostigmin *m*.
physostomous *a. Ich:* ffysostomaidd.
phytogenesis *n. Bot:* ffytog|enesis *m*.
phytogenetic *a. Bot:* ffytogenetig.
phytogenic *a. Bio-Ch:* ffytogenig.
phytogeny *n.* = **phytogenesis**.
phytogeographer *n.* llysddaearyddwr (llysddaearyddwyr) *m*.
phytogeography *n.* llysddaearyddiaeth *f*.
phytography *n. Bot:* llysieueg *f*, ffytograffeg *f*.
phytohormone *n. Bio-Ch:* ffytohormon(-au) *m*.
phytoliths *n.pl.* ffytolithau.
phytologic[al] *a.* = **botanic[al]**.
phytology *n.* = **botany**.
phytomer *n. Bot:* ff|ytomer (ffytomerau) *m*.
phyton *n. Bot:* ffyton(-au) *m*.
phytonic *a. Bot:* ffytonig.
phytopathogen *n.* ffytop|athogen (ffytopathogenau) *m*.
phytopathogenic *a.* ffytopathogenig.
phytopathologic[al] *a.* ffytopatholegol.
phytopathology *n.* ffytopatholeg *f*.
phytophagous *a. Z:* llysysol.
phytophagy *n.* llysysiant *m*, bwyta (*vn*) llysiau.
phytoplankton *n. Bot:* ffytoplancton *m*.
phytoplanktonic *a. Bot:* ffytoplanctonig.
phytosociological *a.* llysgymdeithasegol.
phytosociology *n.* llysgymdeithaseg *f*.
phytotomy *n.* llysddifyniad(-au) *m*, difynio (*vn*) llysiau.
phytotoxic *a.* llyswenwynol.
phytotoxin *n.* llyswenwyn(-au) *m*.
phytozoon *n. Z:* ffytosöon (ffytosoa) *m*, llysfilyn (llysfilod) *m*.
pi[1] *n. Gr.Alph: Ph: Mth:* [y llythyren] pi (pïau) *f*.
pi[2] *a. P: (= pious):* sychdduwiol, hunangyfiawn (*pronounced* ng-g). ~-**jaw** *n.* pregeth(-au) *f*.
pi[3] *Typ:* = **pie**.
pia mater *n. Anat:* breithell denau *f*.
piacular *a.* **1.** *(= expiatory):* iawnol, dyhuddol. **2.** *(= sinful):* pechadurus.
piaffe *v.i.* cagl-drotian, mynd ar gagl-drot.
pianism *n.* canu (*vn*) piano.
pianissimo *adv. Mus:* ***pianissimo***, yn ddistaw iawn.
pianist *n. Mus:* pianydd(-ion) *m*, pianyddes(-au) *f*.
pianistic *a.* pianistig, ar gyfer piano.
piano[1] *adv. Mus:* yn isel, yn dawel, ***piano***.
piano[2], **pianoforte** *n. Mus:* piano(-s) *m*, *occ.f*; *Lit: or Joc:* perdoneg(-au) *f*; **to play on the ~,** canu piano; **[concert] grand ~,** piano cyngerdd; **baby grand ~,** piano cyngerdd bach; **upright ~,** piano unionsyth. ~-**accordion** *n.* piano-acordion(-au) *m*. ~-**hinge** *n.* colfach hir (colfachau hirion) *m*. ~-**key** *n.* nodyn (nodau) (*m*) piano, allwedd(-au,-i) (*f*) piano, bys(-edd) (*m*) piano. ~ **organ** *n.* piano-organ(-au) *f*, organ (*f*) biano (organau piano). ~-**player** *n.* pianydd(-ion) *m*, pianyddes(-au) *f*. ~ **score** *n.* sgôr (*f*) biano (sgorau piano). ~ **stool** *n.* stôl (*f*) biano (stolion piano). ~ **tuner** *n.* tiwniwr (tiwnwyr) (*m*) pianos, dyn(-ion) (*m*) tiwnio pianos.
pianola *n. Mus:* pianola(-s) *m*.
Piarist *n. Rel:* Piariad (Piariaid) *m*.
piassava *n. Bot:* piasafa *m*.
piastre *n. Num:* piastr(-au) *m*.
piazza *n.* **1.** sgwâr (sgwarau) *m*, marchnadfa(-oedd) *f*, ***piazza (piazze)*** *mf*. **2.** *U.S:* = **veranda**.
pibcorn *n. Mus:* pibgorn (pibgyrn) *m*.
pibroch *n. Mus:* pibgerdd(-i) *f*, pibroch(-au) *mf*.
pica[1] *n. Typ:* pica (picâu) *m*.
pica[2] *n. Med:* branar *f*.
picador *n.* picellwr (picellwyr) *m*.
picamar *n. Ch:* p|icamar *m*.
Picard *a. & n.* **1.** *a.* Picardaidd; *(in language):* Picardeg. **2.** *n. (i) Ethn:* Picard(-iaid) *m&f*; *(ii) Ling:* Picardeg *f*, *m*.
Picardy *Pr.n. Geog:* P|icardi *f*.
picaresque *a.* picarésg.
picaresquely *adv.* yn bicarésg.
picaresqueness *n.* picaresgedd *m*, picaresgrwydd *m*.
picaroon *n.* môr-leidr (~-ladron) *m*.
picayune *a. & n.* **1.** *a.* pitw, diwerth, ceiniog a dimai. **2.** *n. (a) Num:* pum senten *f*; *(b) (pers.):* llipryn(-nod) *m*, tinllach(-od) *m*, ewach(-od) *m*; *S.a.* **runt, creep[3]**.
piccalilli *n. Cu:* picalili *m*, picl (*m*) mwstard.
piccaninny *n.* plentyn [bach] du (plant/plantos [bach] duon) *m*, *F:* blac(-s) bach *m*.
piccolo *n. Mus:* p|icolo(-s, p|icoli) *m*. ~ **player** *n.* canwr (canwyr) (*m*) picolo.
piceous *a.* pyglyd, fel pyg.
pichiciago *n. Z:* armadilo(-s) gwyn *m*.
pick[1] *n.* **1.** *Tls:* caib (ceibiau) *f*, *occ:* picas(-au) *f*, *N: occ:* pig(-au) *f*, *S. W:* bwyellgaib (bwyellgeibiau) *f*; **a small ~,** picsen *f*; **tranchet ~,** picas dransied (picasau transied); **road-side ~,** *N. W:* caib groes (ceibiau croes); ~ **and shovel work,** gwaith (*m*) caib a rhaw. **2. ice-~,** caib rew/iâ (ceibiau rhew/iâ), pig rew/iâ (pigau rhew/iâ). **3.** *Mus:* plectrwm (plectrymau) *m*. ~ **hammer** *n.* morthwyl(-ion) pigfain *m*, pigforthwyl(-ion) *m*.
pick[2] *n.* **1.** *(= choice):* dewis *m*, dewisiad(-au) *m*, detholiad(-au) *m*; **take your ~,** cymerwch ba un/rai a fynnoch; cymerwch eich dewis; dewiswch chi. **2.** *(= best):* y gorau (y goreuon) *m*, yr orau (y goreuon) *f*; **(he's the ~) of the basket/bunch/crop,** fe yw'r gorau o'r cyfan; **the ~ of the army,** goreuon y fyddin.
pick[3] *v.t.* **1.** *(a) (with* **pick[1]***):* ceibio, cloddio, turio; *(b)* **to ~ sth to pieces,** tynnu rhth yn gareiau; *F:* **to ~ holes in sth,** pigo brychau yn rhth, lladd ar rth; *(c)* **why ~ on me?** paham pigo arna' i? paham fy newis i? paham fy meio i? **2. to ~ one's teeth/nose,** pigo'ch dannedd/trwyn; **to ~ a bone,** crafu asgwrn; **I had a bone/crow to ~ with her,** yr oedd gennyf asgwrn i'w grafu gyda hi. **3.**

to ~ a goose, pluo/plufio gŵydd; to ~ currants &c, *(= remove calyxes):* tynnu coesau cyrains, glanh|au cyrains. 4. *(of birds):* pigo; to ~ at one's food, pigo'ch bwyd, pigo bwyta, *S.E: occ:* blewynna. 5. *(a) (= choose):* dewis, dethol, *F:* pigo; to ~ one's steps, camu'n ofalus; to ~ one's words, dewis eich geiriau'n ofalus, gwylio ar eich gair; to ~ and choose, dewis a dethol, dethol a dewis, dewis yn ofalus; *Games:* to ~ sides, dewis ochrau; *(b) (ore):* pigo. 6. *(flowers, fruit &c):* casglu, *N:* hel, *S:* crynh|oi; *(potatoes):* codi; to ~ acquaintance with s.o., dod i adnabod rhn. 7. to ~ pockets, pigo pocedi; to ~ a lock, pigo clo; *B:* to ~ and steal, chwilenna a lladrata; don't ~! *N.W:* cadw dy fodiau! cadw dy fachau! to ~ s.o.'s brains, pigo ymennydd rhn. 8. *(fibres, oakum &c):* datod. 9. *Mus: (= pluck, strum):* plicio. ~ off *v.t.* 1. *(grapes &c):* tynnu, casglu, hel, pigo. 2. a sniper picked off the three officers, saethodd saethwr y tri swyddog fesul un. ~ on *v.t.* pigo, rhoi bai (ar rn); herian, pryfocio (rhn); *S.E: occ:* Johnnie's always picking on me, mae Shoni a'i fys yn fy llygad i'n barhaus. ~ out *v.t.* 1. *(a) (bad fruit from good):* tynnu (rhth) allan/mas; *(b) (= choose):* dewis, dethol; *(= sort):* didol, didoli, *S.W:* dichlyn, dychlyn; to ~ s.o. out (in a crowd), adnabod rhn, sylwi ar rn (mewn tyrfa); I'd ~ her out anywhere, fe'i hadnabyddwn i hi ym mhig y frân. 2. *Paint:* britho; (black) picked out in gold, (du) wedi'i fritho ag aur, yn frith o aur. 3. *(= understand):* deall, dirnad. 4. to ~ out a tune on a piano, chwarae tôn fesul nodyn. ~ over *v.t.* to ~ over some apples, dethol y goreuon o blith afalau. ~ up I. *v.t.* 1. *(= lift):* codi, *S.E:* cwnnu; to ~ up one's feet, codi'ch traed; to ~ oneself up, eich codi'ch hun, ailgodi; to ~ up the pieces, codi'r darnau, casglu'r darnau, *N:* hel y darnau; to ~ up a pound, *(i)* codi darn punt; *(ii) (= gain):* ennill punt, gwn|eud punt o elw; to ~ s.o. up (in passing), codi rh, rhoi pas i rn (wrth fynd heibio); to ~ up a girl, codi merch, bachu merch, cael gafael ar ferch; *Knit:* to ~ up (a stitch), codi pwyth/magl; to ~ up the thread of a conversation, mynd ymlaen â sgwrs, ailafael yn llinyn sgwrs, ailafael mewn sgwrs, codi pen llinyn sgwrs; to ~ up the threads of a friendship, adnewyddu cyfeillgarwch; *(of police):* to ~ up a criminal, cipio troseddwr; *Nau:* to ~ up an anchor, codi angor; *Cards:* to ~ up a trick, codi tric, codi cardiau. 2. *(a habit):* codi, dysgu; to ~ up a language, cael crap ar iaith, dysgu iaith. 3. *(= find):* darganfod, cael (rhth); dod o hyd (i rth); taro, cael gafael (ar rth); *(= regain):* to ~ up one's path, taro ar eich llwybr eto; to ~ up s.o.'s trail, dod o hyd i drywydd rhn, codi trywydd rhn; to ~ up sth cheap, cael bargen ar rth, cael rhth yn fargen/rhad; to ~ up a livelihood, ennill bywoliaeth, ennill eich tamaid. 4. *(a) (of searchlight &c):* to ~ up (an aircraft), dal, dala, goleuo, dangos (awyren); *(b) El: W.Tel:* to ~ up (a signal), derbyn, codi (signal); to ~ up (Cardiff), derbyn, codi, clywed (Caerdydd). 5. this will ~ you up, fe wnaiff hwn les ichi; dyma [a] fydd yn codi'ch calon chi; dyma [a] fydd yn donig ichi. 6. *(a) (of car engine &c):* to ~ up speed; *abs.* to ~ up, = cyflymu, mynd yn gynt, magu cyflymder/cyflymdra, *F:* codi/magu sbîd; *(b) (of pers.):* to ~ up strength, cryfh|au, cael eich cefn atoch, *N.W: F:* fflonsio, criwtio, hybio, hybian. 7. *T.V:* saethu'r gweddillion. II. *v.i.* 1. *(of weather, business):* gwella; *(after illness):* ymgryfh|au, cryfh|au, gwella, hybu, cael eich cefn atoch, *S:* cryffa, *N.W: F:* fflonsio, hybu, hybio, hybian, criwtio; the weather will ~ up, fe fydd y tywydd yn gwella/codi; *N:* mi fydd yn brafio; mi fydd yn codi'n braf; mi godith/wellith; *(of engine):* ailhybu, ailhybio, ailgydio, cyflymu, *F:* codi/magu sbîd. 2. *F:* to ~ up with s.o., dod i adnabod rhn, dod yn ffrindiau â rhn, *F:* dod yn llawiau â rhn. ~ up *n.* 1. *(of prostitute):* cwsmer(-iaid) *m.* 2. *I.C.E: (of engine):* hybiad *m,* ailhybiad *m.* 3. *(of gramophone):* pen *(m)* braich (pennau breichiau). 4. *R.Tel:* derbyniad *m.* 5. *Electronics: (= detector):* synhwyrydd (synwyryddion) *m.* 6. *T.V:* gweddill(-ion) *m.* ~-up baler *n. Agr:* byrnwr (byrnwyr) *(m)* casglu. ~-up lorry/truck *n. Veh:* lori fechan (loriau bychain) *f,* tryc(-iau) agored *m.* ~-a-back *adv. & n.* = piggyback. ~-me-up *n. F:* cordial(-au) *m,* tonig(-au) *m,* cysur(-on) *m, Fig:* hwb *m;* that's a rare ~-me-up, dyna iechyd i'r galon! dyna donig!

pick[4] *Tex: n.* anwe(-oedd) *f.*

pick[5] *v.t. (= throw):* bwrw, taflu.

pickable *a.* casgladwy.

pickax[e] *n.* = pick[1].

picked *a.* 1. *(choice):* dethol, detholedig; hand-~, wedi eu dethol yn ofalus. 2. a ~ bone, asgwrn glân, asgwrn wedi ei grafu.

pickelhaube *n. Arm:* helmed bigog (helmedau pigog) *f.*

picker *n.* 1. *(a) (of fruit):* casglwr (casglwyr) *m,* c|asglwraig *f, N:* heliwr (helwyr) *m,* h|elwraig *f, S:* crynhöwr (crynhowyr) *m,* crynhöwraig *f*; *(b) (of potatoes):* codwr (codwyr) *m,* c|odwraig *f.* 2. *(of locks, pockets &c):* pigwr (pigwyr) *m.*

pickerel *n. Ich:* 1. *(= young pike):* penhwyad ifanc (penhwyaid ifainc) *m,* picrel(-iaid,-od) *m.* 2. *U.S: (= green pike):* penhwyad gwyrdd. ~ frog *n. Amph:* llyffant(-od, llyffaint) rhwydog *m.*

pickerelweed *n. Bot:* 1. = pondweed. 2. *U.S:* picrelys *m.*

picket[1] *n.* 1. *(= stake, pole):* polyn (polion) *m,* postyn (pyst) *m.* 2. *Mil: Ind: Coll:* piced(-i, picedwyr) *m;* flying pickets, picedwyr gwib. ~-fence *n.* ffens *(f)* bolion (ffensys polion). ~-line *n.* llinell *(f)* biced (llinellau piced).

picket[2] *v.t.* picedu.

picketer *n. Ind:* picedwr (picedwyr) *m,* pic|edwraig (picedwragedd) *f.*

picking *vn. & n.* 1. *vn. See* pick. 2. *n.pl.* pickings, *(a) (= scraps):* lloffion, gweddillion, briwsion, crafion, creifion, *Lit:* ysbail (ysbeiliau) *f*; *(b) F: (= perks):* prog *m.*

pickle[1] *n.* 1. picl(-s) *m,* piclen (picls) *f; S.a.* rod 1. 2. *F: (a)* in a [nice, sorry] ~, mewn picil *(m),* mewn twll *(m),* mewn strach *(mf).*

pickle[2] *v.t. Cu:* piclo.

pickled *a.* 1. picl, wedi ei biclo/phiclo, mewn finegr; ~ herring, pennog: penogyn (penwaig) *(m)* picl; ~ onion, *N:* nionyn (nionod) *(m)* picl, *S:* winwnsyn (winwns) *(m)* picl, winwnsyn wedi ei biclo (winwns wedi eu piclo). 2. *F:* = drunk.

pickling *vn.* ~ spice *n.* sbeis *(m)* piclo.

picklock *n.* bach *(m)* clo (bachau cloeon/cloeau).

pickman *n.m.* ceibiwr (ceibwyr).

pickpocket *n.* lleidr (lladron) *(m)* pocedi, pigwr (pigwyr) *(m)* pocedi.

pickup *n.* = pick-up lorry/truck.

Pickwickian *a.* Pickwickaidd.

picky *a. U.S:* = choosy.

picnic[1] *n.* picnic(-s,-iau) *m, S: occ:* bwyd *(m)* ambor; *F:* it was no ~, 'doedd hi ddim yn chwarae plant. ~ area *n.* lle(-oedd) *(m)* picnic.

picnic[2] *v.t.* picnicio, cael picnic; *(habitually):* picnica.

picnicker *n.* picniciwr (picnicwyr) *m,* picn|icwraig (picnicwragedd) *f.*

picoline *n. Ch:* p|icolin *m.*

picolinic *a. Ch:* picolinig.

picometre *n. Meas:* picomedr(-au) *m.*

picot *n.* picot(-au) *m.* ~ edging *n.* ymyl(-on) *(fm)* picot.

picotee *n. Bot:* picotî (picotïau) *m,* ceian(-au) rhimynnog *m.*

picquet *n.* = picket.

picrate *a. Ch:* picrad(-au) *m.*

picric *a. Ch:* picrig.

picris *n.* = broomrape.

picrite *n. Miner:* picrit *m.*

picrotoxin *n. Ch:* picrotocsin *m.*

Pict *n. Ethn: Hist:* Pict(-iaid) *m&f, A: or Lit:* Brithwr (Brithwyr) *m; pl.* Gwyddyl Ffichti, Ffichtiaid.

Pictish *a. & n.* 1. *a.* Pictaidd; *(in language):* Picteg. 2. *n. Ling:* Picteg *f, m.*

Pictland *n.* Prydyn *f.*

pictogram, pictograph *n. Ph: &c:* arwyddlun(-iau) *m,* p|ictogram (pictogramau) *m,* p|ictograff (pictograffau) *m.*

pictographic *a.* arwyddluniol, pictograffig.

pictographically *adv.* yn arwyddluniol *&c.*

pictography *n.* arwyddluniaeth *f,* pictograffeg *f.*

Picton Castle *W.Pl.n.* Castell *(m)* Pictwn.

Pictor *Pr.n. Astr:* Yr Arlunydd *m.*

pictorial *a.* darluniadol.

pictorially *adv.* yn ddarluniadol.

picture[1] *n.* 1. llun(-iau) *m,* darlun(-iau) *m; F: (= painting, film):* pictiwr(-s) *m;* every ~ tells a story, mae i bob llun ei hanes; llafar pob llun; one ~ is worth a hundred words, cyfwerth llun a llith; (he is) the ~ (of his father), (mae) yr un ddelw *(f),* yr un ffunud *(m)* (â'i dad); ni fydd ei dad byth farw tra bo hwn byw; *N.W: occ:* mae o'n tyngu i'w dad; *S: occ:* mae e'r un poerad â'i dad;

she is the ~ of health, mae hi'n bictiwr o iechyd; **she was the ~ of misery,** 'roedd golwg druenus arni; **his face was a ~,** 'roedd ei wyneb yn bictiwr; **to be in the ~,** bod ynddi hi, deall y cwbl; **out of the ~,** amherthnasol; **I'm not in the ~,** nid wy'n deall dim eto; **put me in the ~,** esboniwch bopeth imi. **2.** *Th:* **living ~,** tablo(-s) byw *m.* **3.** *Cin:* **[motion] ~,** llun(-iau) *m,* ffilm(-iau) *f;* **the big ~,** y llun mawr; **the pictures,** *Lit:* y s|inema *f,* y darluniau byw, y darlundy *m, F:* y pictiwrs *pl,* y pics *m;* **a talking ~,** ffilm sain/lafar (ffilmiau sain/llafar). **~-book** *n.* llyfr(-au) *(m)* darluniau/darluniadol, llyfr lluniau. **~-card** *n.* **1.** *Cards:* cerdyn (cardiau) *(m)* llys, carden (cardiau) *(f)* llys. **2.** = **picture-postcard**. **~ file** *n. Lib:* ffeil *(f)* ddarluniadau (ffeiliau darluniadau). **~-frame** *n.* ffrâm *(f)* bictiwr (fframiau pictiwr), *S.E: occ:* fframin (fframau) *(m)* pictiwr. **~-gallery** *n.* oriel *(f)* ddarluniau (orielau darluniau). **~-goer** *n.* mynychwr (mynychwyr) *(m)* sinema, myn|ychwraig *(f)* sinema. **~ hat** *n.* het *(f)* ddarlun (hetiau darlun), het bictiwr (hetiau pictiwr), *S:* hat *(f)* bictiwr (hatiau pictiwr). **~-palace** *n.* sinema (sinemâu) *f.* **~ postcard** *n.* cerdyn darlun/darluniadol, cerdyn pictiwr, *S:* carden bictiwr (cardiau pictiwr). **~-rail** *n.* rheilen *(f)* bictiwr (rheiliau pictiwr). **~ window** *n.* ffenestr *(f)* olygfa (ffenestri golygfa), ffenestr bictiwr (ffenestri pictiwr). **~-writing** *n.* llunysgrifen *f,* arwyddlunio *vn.*

picture² *v.t.* **1.** darlunio, portreadu. **2. to ~ sth to oneself,** dychmygu rhth.

picturesque *a.* fel darlun/pictiwr, darluniadwy, lliwgar, *occ:* pictiwrésg.

picturesquely *adv.* yn bictiwrésg, fel pictiwr *&c.*

picturesqueness *n.* pictiwresgrwydd *m,* lliwgarwch *m.*

picturize *v.t.* ffilmio.

picul *n. Meas:* picwl (picylau) *m.*

piculet *n. Orn:* cnocell fechan (cnocellau bychain) *f.*

piddle *n. F:* pisiad(-au) *m.*

piddle *v.i.* **1. to ~ about,** piltran, stwna. **2.** *F: (= pee):* piso.

piddler *n.* **1.** piltrwr (piltrwyr) *m.* **2.** *F:* piswr (piswyr) *m,* p|iswraig *f.*

piddling *a.* pitw, diwerth, dibwys, tila, ceiniog a dimai.

piddock *n. Moll:* **[common] ~,** pidog(-au) *f; (Pholas dactylus):* cragen *(f)* dyllu (cregyn tyllu); **American ~,** *(Petricola pholadiphormis):* pidog Americanaidd; **little ~,** *(Barnea parva):* pidog fechan (pidogau bychain); **oval ~,** *(Ziphaea):* pidog hirgron (pidogau hirgrwn); **wood ~,** *(Xylophaga dorsalis):* pidog goed (pidogau coed).

pidgin *a. & n. Ling:* **1.** *a.* bratiog, clapiog; **~ Welsh,** Cymraeg bratiog/clapiog, *S:* Cymraeg cerrig calch, Cymraeg ceffylau. **2.** *n. (a) Ling:* bratiaith (bratieithoedd) *f. See* **pigeon**.

pie¹ *n. Orn:* = **magpie**.

pie² *n. Cu: (a)* pastai (pasteiod) *f,* pei(-s) *f;* **as easy as ~,** hawdd fel baw; **it's ~ in the sky**, breuddwyd gwrach ydyw; **he has a finger in the ~,** mae ef â'i fys yn y brywes; **meat ~,** pastai gig (pasteiod cig); **cottage ~,** pastai datws stwmp/stwnsh (pasteiod tatws / ~); **shepherd's ~,** pastai bugail; **potato ~,** pastai datws (pasteiod tatws), cacen *(f)* datws (cacennau tatws), *S. W:* poten *(f)* dato (potenni tato); **steak and kidney ~,** pastai stêc a 'lwlod *(not* arennau); *(b)* **fruit ~,** tarten(-ni) *(f)* ffrwythau, *N. W:* tarten blât (tartenni plât), cacen blât (cacennau/cacenni plât); **apple ~,** teisen(-nau,-ni) *(f)* afalau, cacen(-nau,-ni) *(f)* afalau, *(often, less accurately):* tarten afalau; **in apple-~ order,** mewn trefn berffaith, fel pin mewn papur, yn ddestlus/daclus; *(c)* **mud ~,** cacen fwd (cacennau/cacenni mwd); *S.a.* **humble pie. ~ chart** *n. Mth:* siart dafellog (siartiau tafellog) *f,* siart gylch (siartiau cylch). **~-dish** *n.* dysgl *(f)* darten/gacen (dysglau tartenni/cacenni). **~ graph** *n.* graff(-iau) *(m)* olwyn.

pie³ *n. Typ:* **printer's ~,** cybolfa *f; (of type):* cymysgedd *m,* cymysgwch *m* [o deip], *F:* pei(-s) *f.* **~-eyed** *a. F:* = **drunk**.

pie⁴ *v.t.&i. Typ:* cymysgu.

piebald *a. & n.* **1.** *a. (a) (horse):* brith *(f.* braith, *pl.* brithion), brithliw, brithlwyd(-ion), lliw llaeth a chwrw; *(b) (= motley):* cymysg, brith, brithliw, mwngrelaidd *(pronounced* ng-g). **2.** *n.* **~ [horse],** ceffyl brith (ceffylau brithion) *m; (mare):* caseg fraith (cesig brithion) *f.*

piece¹ *n.* **1.** *(a)* darn(-au) *m,* pis[h]yn (pis[h]iau) *m,* tamaid (tameidiau) *m,* tipyn (tipiau) *m,* talp(-iau) *m, occ:* dernyn(-nau) *m,* cetyn (catiau) *m,* dryll(-iau) *m,* telpyn(-nau) *m; (of bread):* cwlff: cylffyn: cwlffyn (cylffiau) *m,* clwff (clyffiau) *m,* toc(-iau) *m,* tocyn (tociau) *m,* brechdan(-au) *f;* **a large ~ of bread,** *N. W:* cleman o frechdan; **the last ~,** *(of bread, cheese &c):* cilcyn(-nos) *m, S. W:* ciltyn *m; (of cheese): S. W: occ:* cog *m; (of land):* llain (lleiniau) *f,* darn *m,* clwt (clytiau) *m, S. W:* liflod *m,* drabyn (drabiau) *m, S. W: (= narrow ~ of land):* slanged *m;* **in one ~,** yn un darn, yn gyfan; *(b)* **(to come/fall/go/fly) to pieces,** (malu, mynd) yn dipiau [mân], yn chwilfriw, yn yfflon [ulw], yn gyrbibion, yn deilchion, yn gandryll, yn ysgyrion, yn racs, *S. W:* (mathru, mynd, disgyn) yn llarpiau, yn racs jibydêrs; **a garment/book falling to pieces,** dilledyn/llyfr yn mynd yn llyfrïau; *F:* **he went to pieces (in the second game),** fe aeth i'r gwellt, fe aeth yn ffliwt arno (yn yr ail gêm); **(the service has gone) to pieces,** (mae'r gwasanaeth wedi mynd) i'w grogi, rhwng cŵn a brain; *F:* **(to pick/pull s.o.) to pieces,** (tynnu rhn) yn dipiau mân, yn gareiau; lladd ar rn; **to smash (sth) to pieces,** malu (rhth) yn dipiau *&c;* malurio, dryllio, chwilfriwio (rhth); *F:* **to tear an argument to pieces,** chwalu/dinistrio dadl, tynnu dadl yn dipiau/gareiau. **2.** *(of machine &c):* darn, rhan(-nau) *f, occ:* cydran(-nau) *f; Tls:* **chucking-~,** darn crafangu; **(to take a machine) to pieces,** (tynnu/datod peiriant) yn ddarnau, yn dipiau, oddi wrth ei gilydd; **to take a dress to pieces,** datod gwisg. **3.** *Min:* **a ~ of slate,** crewyn (crawiau) *m,* crawen (crawiau) *f,* luro(-s) *m;* **a [cut] ~ of rock,** swalp(-iau) *(mf)* o garreg, *N. W:* sgolpyn (sgolpiau) *m;* **a ~ of coal,** clap(-iau) *m,* cnap(-iau) *m,* cnepyn (cnapiau) *m;* **a ~ of wood,** coedyn *m,* pren *m,* darn o bren, *S.E: occ:* alsen *f;* **a single ~, a small ~,** mymryn *m,* tipyn *m,* yfflyn (yfflon) *m;* **every ~ of hay had gone,** yr oedd pob mymryn/tipyn/yfflyn o wair wedi mynd; **a ~ of peat/turf,** *S. W:* crotsien *(f)* o fawn; **(to pay a workman) by the ~,** (talu gweithiwr) ar dasg, *S:* wrth y pen *&c; See* **piecework**. **4. all in one ~,** yn un darn, yn gyfan; **one-~ suit,** siwt(-iau) undarn *f; F:* **it's all of a ~ with her attitude,** mae'n gyson â'i hagwedd hi; *F:* **they are all of a ~,** maen' nhw i gyd yr un fath â'i gilydd; **she's a pretty ~,** mae hi'n bis[h]yn ddel/bert; **a twenty-one ~ tea-set,** set o lestri te un darn ar hugain. **5. a ~ of my work,** sampl *(f)* o'm gwaith, rhywbeth *(m)* o'm gwaith; **a ~ of water,** pwll (pyllau) *m,* llyn(-noedd) *m;* **a ~ out of a book,** darn allan o lyfr; **to say one's ~,** dweud eich pwt *(m),* dweud eich dweud; *F:* **he's a nasty ~ of work,** *S.E: occ:* hen sopyn cas yw e; *N:* hen gono/eurach/genau/jero cas ydi o; **a ~ of work,** gwaith *m,* darn o waith; **a ~ of folly,** gweithred(-oedd) ffôl *f,* ffolineb(-au) *m;* **a ~ of wit,** ffraetheb(-ion) *f,* cellwair (cellweiriau) *m;* **a ~ of advice,** cyngor (cynghorion) *m,* gair (geiriau) *(m)* o gyngor; **a ~ of carelessness,** diofalwch *m,* esgeulustod *m;* **a ridiculous ~ of affectation,** tipyn o rodres chwerthinllyd; **a ~ of [good] luck,** tipyn *(m)* o lwc, tro lwcus/ffodus *m;* **(to give s.o.) a ~ of one's mind,** (rhoi) pryd o dafod, rhoi blas eich tafod (i rn); **a ~ of news,** newydd(-ion) *m;* **a ~ of luggage,** bag(-iau) *m,* pecyn (paciau) *m,* pac(-iau) *m;* **a ~ of furniture,** *N:* dodrefnyn (dodrefn) *m, S:* celficyn (celfi) *m;* **a ~ of clothing,** dilledyn (dillad) *m; F:* **it's a ~ of cake,** mae'n hawdd fel dŵr/baw. **6.** *(a) (i) Artil:* gwn mawr (gynnau mawrion) *m, Lit:* magnel(-au) *f; (ii)* **[fowling] ~,** gwn adara/ffowlio, dryll(-iau) *(m)* adara, gwn/dryll saethu adar; *(b) (of money):* darn arian, *F:* pis[h]yn; **fifty-pence ~,** pis[h]yn hanner cant; **ten-pence ~,** pis[h]yn deg [ceiniog]; **threepenny ~,** pis[h]yn tair [ceiniog]; **shilling ~,** pis[h]yn swllt, *N: F:* swllt (sylltau) bach *m;* **five-shilling ~,** coron(-au) *f,* pis[h]yn coron; **sixpenny ~,** pis[h]yn chwech; **penny ~,** ceiniog(-au) *f;* **pieces of eight,** pisiau wyth. **7.** *(of poetry, prose, music):* darn, *S.E: occ:* dernyn; *(= play):* drama (dramâu) *f.* **8.** *Chess:* darn; **pieces and pawns,** darnau a gwerinwyr. **9.** *T.V:* **~ to camera,** pwt (pytiau) *(m)* i'r camera. **~-goods** *n.pl. Tex: Ind:* brethyn(-nau) *m.* **~-rates** *n.pl.* taliadau yn ôl y gwaith, cyfraddau yn ôl y gwaith; **we operate ~-rates,** 'rydym yn talu yn ôl y gwaith. **~-work** *n. N: M. W:* gwaith *(m)* ar dasg, gweithio *(vn)* ar dasg, gwaith gosod, *M. W:* gwaith ar fesur, *S. W:* gwaith tâl, *S. W:* gweithio wrth y pen, gweithio wrth/ar y job, *S:* gwaith/job a chwpla; *(in quarries):* gwaith bargen; *(in coal ind.):* gweithio ar hur. **~-worker** *n.* gweithiwr (gweithwyr) *(m)* ar dasg, gw|eithwraig (gweithwragedd) *(f)* ar dasg.

piece² *v.t.* **1.** *(= patch up):* clytio, trwsio, atgyweirio. **2.** *Weaving:* **to ~ threads,** ystofi edeifion. **~ together** *v.t.* cyfannu, cwblh|au, uno (rhth); rhoi (darnau rhth) at ei gilydd; **to ~ facts together,** hel/casglu ffeithiau ynghyd *or* at ei gilydd, cyfosod ffeithiau; **to ~ together the evidence,** rhoi'r dystiolaeth wrth ei gilydd.

pièce de résistance *n.* **1.** *Cu:* prif saig (~ seigiau) *f.* **2.** *Fig:* uchafbwynt(-iau) *m*, prif eitem (~ eitemau) *f.*
piecemeal *a.* & *adv.* **1.** *a.* tameidiog. **2.** *adv.* bob yn dipyn, fesul tipyn.
piecer *n.* ystofwr (ystofwyr) *m.*
piecewise *adv.* bob yn ddarn.
piecrust *n.* crwst *m*; **promises are like ~, made to be broken,** haws torri addewid na'i chadw; hawdd addo, anodd cywiro.
pied *a.* amryliw, brith (*f.* braith, *pl.* brithion); **the P~ Piper,** y Pibydd Brith *m*, Gŵr (*m*) y Fantell Fraith; *S.a.* **flycatcher, wagtail.**
pied à terre *n.* troedle(-oedd) *m*, arhosfan (arosfannau) *fm.*
Piedmontese *a.* & *n.* **1.** *a.* o Biedmont, Piedmontaidd. **2.** *n.* Piedmontiad (Piedmontiaid) *m&f.*
pie-dog *n.* = **pye-dog.**
pieman *n.m.* pasteiwr (pasteiwyr).
piepowder *n. See* **court**[1].
pier *n.* **1.** *(= ferry):* pier(-au) *m*; *(= landing):* glanfa (glanfeydd) *f.* **2.** *Civ.E: Arch:* piler(-i) *m*, colofn(-au) *f*; **clustered ~,** pier clwstwr/clystyrog. **~-glass** *n. Furn:* drych(-au) mawr *m.* **~ head** *n.* pen (*m*) pier (pennau pierau).
pierce *v.t.&i.* mynd (trwy rth); gwanu, tyllu, trydyllu (rhth); treiddio (i rth); *(= stab):* trywanu; *Metalw: &c:* rhwyllo; **a thorn pierced his finger,** aeth draenen trwy ei fys; **a wall pierced with holes,** mur a thyllau drwyddo; **light pierced the darkness,** gwanodd goleuni'r tywyllwch; **she had her ears pierced,** cafodd dyllu ei chlustiau.
pierced *a.* tyllog, trydyllog, trydwll; *Metalw:* rhwyllog.
Piercefield *W.Pl.n.* Cwrt (*m*) Pyrs.
piercer *n.* tyllwr (tyllwyr) *m*, trydyllwr (trydyllwyr) *m*; *(= stabber):* gwanwr (gwanwyr) *m*, trywanwr (trywanwyr) *m.*
piercing *a.* treiddgar, treiddiol, llym*(f* llem, *pl.* llymion); *(wind):* llym, main (meinion); **the wind is ~,** *N.W:* mae'r gwynt yn gafael ynoch chi; **~ wind,** gwynt main/llym, *F.* gwynt diog; **a ~ look,** edrychiad craff/treiddgar; **a ~ cry,** cri fain/dreiddgar; **~ pain,** gwayw (gwewyr) *m.* **~ saw** *n. Metalw:* llif (*f*) rwyllo (llifiau rhwyllo).
piercingly *adv.* yn dreiddgar; yn llym *&c.*
Pierian *a.* Pieraidd, *Fig:* awenol; **~ spring,** ffynhonnell yr awen.
pieridine *a. Ent:* pieridaidd.
pieris *n. Ent:* iâr wen (ieir gwynion) *f*, *N:* iâr fach y gerddi, *M.W:* brân wen (brain gwynion) *f.*
pierrette *n. Th:* pierét (pieretiaid) *f.*
pierrot *n. Th:* pierot(-iaid) *m.*
piert *n. See* **parsley.**
pietà *n. Art:* pieta (pietâu) *m.*
pietism *n. Rel:* pietistiaeth *f.*
pietist *n. Rel:* pietist(-iaid) *m&f.*
pietistic[al] *a. Rel:* pietistaidd, pietistig.
piety *n.* **1.** duwioldeb *m.* **2. filial ~,** ffyddlondeb (*m*) mab/merch, ymlyniad (*m*) mab/merch.
piezo-electric *a. Ph:* piesodrydanol.
piezo-electricity *n. Ph:* piesodrydan *m.*
piezometer *n. Ph:* piesomedr(-au) *m*, gwasgfesurydd(-ion) *m.*
piezometry *n. Ph:* piesometreg *f.*
piffle[1] *n. F:* = **nonsense.**
piffle[2] *v.i.* **1.** *(= talk nonsense):* malu awyr, *N:* lolian, rwdl[i]an, siarad lol/rwdl, *S:* siarad dwl/dwli. **2.** *(= trifle):* ofera, piltran, stwna.
piffler *n.* **1.** malwr (malwyr) (*m*) awyr, *N:* rwdlyn (rwdlod) *m*, lolyn(-nod) *m*, loliwr (lolwyr) *m.* **2.** *(= trifler):* piltrwr (piltrwyr) *m.*
piffling *a.* pitw, dibwys, diwerth, ceiniog a dimai.
pig[1] *n.* **1.** *(a)* mochyn (moch) *m*; *S.a.* **boar, sow; sow in ~,** hwch dorrog (hychod torrog) *f*; **a drove/sounder of pigs,** gyr(-roedd) (*m*) o foch, cenfaint (cenfeiniau/cenfeinoedd) (*f*) o foch; **an undergrown ~,** sterach(-od) *m*; **a young ~,** *(before fattening):* *N.W:* storyn (stôrs) *m*; **a full-grown ~,** *(unfattened):* *N.W:* llafn(-au) *m*; **a store ~,** mochyn stôr, mochyn cadw; **a lard ~,** mochyn bloneg; **a suckling ~,** porchell (perchyll) *m*, mochyn sugno; *Cu: N.W:* porchell pêr; **a ruptured ~,** mochyn pwrsog; **the smallest ~ of a litter,** cardydwyn *m*, cardydwen *f*, *N.W: occ:* cwlin(-s) *m*, cwling(-od) *m*, *N.W:* bach (*m*) y nyth, *M.W:* ratlin(-s) *m*, cranc: crancyn: *occ:* crencyn: crincyn *m*; *F:* **to buy a ~ in a poke,** prynu cath mewn cwd, *S.E:* prynu mochyn mewn cwd; **to bleed like a stuck ~,** gwaedu fel mochyn; **to bring one's ~ to the wrong market,** rhoi/cymryd cam gwag, methu; **pigs might fly,** pan ddaw 'Dolig yn yr haf; *N.W: occ:* aderyn bach del ydi'r gath; **to make a ~ of oneself,** bwyta fel mochyn; **as fat as a ~,** tew fel mochyn, *S.E:* mor dewed â'r wadd, *occ:* cyn dewed â'r wnt; *to call a ~ one says: N.W:* gis, gis, *S.E:* biwcs, biwcs; *(to drive away):* soch [y moch]; *(in endearment): N.W:* bic bach; *S.a.* **clover; you dirty little ~!** y mochyn [bach]! *N.W: occ:* y cacwn cwt! y mochyn grôt! *S.W:* y mochyn coron! **2.** *Metall: a. (of lead, iron &c):* hwch (hychod) *f.* **3.** *F: Pej: (= policeman):* slobyn (slobs) *m*, slob(-s) *m.* **~ bucket** *n.* bwced: pwced(-i) (*mf*) bwyd mochyn/moch, bwced/pwced soeg. **~-dealer** *n.* gwerthwr (gwerthwyr) (*m*) moch, porthmon (porthmyn) (*m*) moch, *S.E:* mochwr(-s, mochwyr) *m.* **~-eyed** *a.* â llygaid mochyn. **~-iron** *n. Metall:* haearn crai *m*, haearn hwch. **~-jump**[1] *n.* naid (*f*) mochyn. **~-jump**[2] *v.i.* neidio fel mochyn. **~-Latin** *n. Ling: S:* siarad (*vn*) Ffrensh, ffrenshian *vn*, ffrenshiach *vn*, *N:* siarad yn chwithig, iaith (*f*) yn ôl ac ymlaen. **~-meat** *n.* cig (*m*) moch. **~-pail** *n.* = **pig-tub.** **~-rat** *n. Z:* mochlygoden (mochlygod) *f.* **~-root** *v.i.* tindaflu. **~'s ear** *n. F:* llanast *m*, traed (*pl*) moch. **~'s fry** *n. Cu: S:* afu (*m*) mochyn, *N:* iau (*m*) mochyn. **~'s wash** *n.* = **pigswill.** **~ tub** *n.* hocsied (*f*) fwyd moch (hocsiedi bwyd moch).
pig[2] *v.i.* **1.** *(of sow):* mocha, porchellu, bwrw perchyll, dod â pherchyll, dod â moch bach. **2.** *(a) F:* **to ~ [it],** byw'n flêr, byw fel mochyn; *(b)* **to ~ together,** rhannu ystafell, cydletya.
pigeon *n.* **1.** *Orn:* colomen(-nod) *f*; *S.a.* **dove; domestic ~,** colomen (*f*) ddof (colomennod dof); **cock ~,** colomen wryw (colomennod gwryw), ceiliog (*m*) colomen (ceiliogod colomennod); **hen ~,** iâr golomen (ieir colomennod) *f*, colomen fenyw (colomennod benyw); **wild ~, wood-~,** ysguthan(-od) *f*, colomen wyllt (colomennod gwyllt), *S.E:* colomen las (colomennod gleision); **carrier ~,** colomen negesi, colomen gludo (colomennod cludo); **homing ~,** colomen ddychwel (colomennod dychwel); **jacobine/cop-headed ~,** colomen gycyllog (colomennod cycyllog); **passenger ~,** colomen grwydr (colomennod crwydr); *Sp:* **clay ~,** colomen glai (colomennod clai), ysguthan glai (ysguthanod clai); *S.a.* **stool-pigeon. 2.** *F: (= dupe):* pric(-iau) (*m*) pwdin, pricsiwn (pricsiynau) *m.* **3.** *F:* **that's my ~,** fy musnes i yw hynny. **~ breast** *n. Med:* dwyfron gul *f*, brest gul *f.* **~-breasted, ~-chested** *a.* culfron. **~ club** *n.* cymdeithas(-au) (*f*) cadw colomennod. **~-fancier** *n.* colomennwr (colomenwyr) *m*, bridiwr (bridwyr) (*m*) colomennod. **~-hearted** *a.* = **cowardly.** **~-hole**[1] *n.* twll (tyllau) (*m*) colomen, cloer(-au) *fm*, colomendwll (colomendyllau) *m.* **~-hole**[2] *v.t.* rhoi (rhth) heibio, rhoi (rhth) o'r neilltu. **~-house, ~-loft** *n.* colomendy (colomendai) *m.* **~'s bill apple** *n. Hort:* afal(-au) (*m*) pig y golomen. **~'s milk** *n.* llaeth (*m*) colomen. **~ pair** *n.* pâr (parau) cymysg *m*, brawd a chwaer, mab a merch. **~-pie** *n. Cu:* pastai (*f*) golomennod (pasteiod colomennod). **~-post** *n.* post (*m*) colomennod. **~-toed** *a.* â bysedd traed fel colomen.
pigeonry *n.* colomendy (colomendai) *m.*
pigfish *n. Ich:* pysgodyn (*m*) mochyn (pysgod moch).
piggery *n.* **1.** ffarm (*f*) foch (ffermydd moch). **2.** *Fig:* = **pigsty.**
piggish *a.* mochynnaidd, *occ:* mochaidd.
piggishly *adv.* fel mochyn, yn fochynnaidd *&c.*
piggishness *n.* mocheiddrwydd *m*, mochyndra *m*, mochyneiddiwch *m.*
piggy *n.* & *attrib.* **1.** *n.* mochyn (moch) bach *m.* **2.** *attrib.* mochynnaidd, fel mochyn; **~ eyes,** llygaid bach, llygaid mochyn. **~-back 1.** *adv.* **to carry s.o. ~-back,** *N.W:* rhoi corn bwch i rn, cario rhn yn gocyn ceiliog, *S.W:* cario rhn yn gocyn coch. **2.** *n. Bot: (Tolmiea menziesii):* mul bach *m*, ar lin mam *m.* **~ bank** *n.* cadw-mi-gei *m*, blwch (blychau) (*m*) cynilion, *M.W:* cynilyn-bocs(-ys) *m.*
pigheaded *a.* ystyfnig, cyndyn, penstiff, mulaidd, pengaled (*pronounced* ng-g), pencïaidd, *N: occ:* di-ddweud, pinionllyd, *S.W:* piniwngar (*pronounced* ng-g), piniwnus.
pigheadedly *adv.* yn ystyfnig *&c.*
pigheadedness *n.* ystyfnigrwydd *m*, cyndynrwydd *m*, muleiddiwch *m*, pencieiddiwch *m*, pengaledi *m*, pengaledwch *m* (*both pronounced* ng-g).
piglet, pigling *n.* mochyn (moch) bach *m*, porchell (perchyll) *m*; *(female): S.W:* porchelles(-au) *f*; *S.a.* **runt.**

piglike *a.* fel mochyn, mochynnaidd.
pigman *n.m.* dyn(-ion) *(m)* moch, *N.W:* porthmon (porthmyn) *(m)* moch, *A: or Lit:* meichiad (meichiaid) *m.*
pigment¹ *n.* **1.** *Art:* lliw(-iau) *m*, paent(-iau) *m*, pigment(-au) *m.* **2.** *Physiol: &c:* pigment, lliw; *Archeol:* **earth ~,** priddliw(-iau) *m.* **~-cell** *n.* cell *(f)* liw (celloedd lliw).
pigment² *v.t.* lliwio, pigmentu.
pigmental, pigmentary *a. Physiol:* lliwiol, pigmentol.
pigmentation *n.* lliw(-iau) *m*, lliwiad(-au) *m*, pigmentiad(-au) *m.*
pigmented *a.* â lliw, lliwiedig, pigmentog.
pigmy *n.* = **pygmy.**
pignut *n. Bot:* cneuen *(f)* ddaear (cnau daear).
pigpen *n.* = **pigsty.**
pigskin *n.* **1.** croen *(m)* mochyn (crwyn moch). **2.** *U.S:* = **football.**
pigsticker *n.* **1.** *(hunter):* heliwr (helwyr) *(m)* baeddod. **2.** *(knife):* cyllell *(f)* gig (cyllyll cig), twca (twceiod) *m.*
pigsticking *vn.* **1.** *(= hunting):* hela baeddod. **2.** *(= butchering):* lladd moch, sticio moch.
pigsty *n.* **1.** *N:* cwt *(m)* mochyn (cytiau moch), cut *(m)* mochyn (cutiau moch), *S:* twlc *(m)* mochyn (tylcau/tylciau moch); **enclosure in front of ~,** *S.W: occ:* ffronc(-au) *f*, crit(-iau) *m.* **2.** *P:* **(this house is) like a ~,** (mae'r tŷ 'ma) fel cwt mochyn, fel twlc mochyn, fel tŷ Jeroboam, *S.W:* fel ffald.
pigswill *n.* golchion *pl*, bwyd *(m)* moch, *S:* llwtrach *m*, golchon *pl*, *S.E:* agolch *m.* **~ container** *n.* casgen *(f)* fwyd moch (casgenni bwyd moch), *S.E:* casgen agolch, *S.W:* stondart *(mf)* golchon.
pigtail *n.* **1.** *(of tobacco):* rholyn (rholiau) *m.* **2.** *(of hair):* plethyn (plethi) *m*, plethen (plethi) *f*, pleth(-i,-au) *f*, *N:* cynffon(-nau) *f*, *S:* cwt(-au) *f.*
pigtailed *a.* â phlethyn/phlethen [o wallt].
pigwash *n.* = **pigswill.**
pigweed *n. Bot: (Amaranthus):* blodau amor *pl*, llysiau amor *pl*; **green ~, Russian ~,** *(Axyris amaranthoides):* chwyn *(pl)* moch Rwsia; **white ~,** *(Amaranthus albus):* chwyn moch gwyn.
pika *n. Z:* pica(-od) *m.*
pike¹ *n. Arms:* gwaywffon (gwaywffyn) *f*, picell(-au) *f.*
pike² *n. Ich:* penhwyad (penhwyaid, pennau hwyaid) *m*, blaidd *(m)* dŵr (bleiddiaid/bleiddiau dŵr); **gar-~, sea-~,** = **garfish; saury ~,** = **saury. ~-perch** *n. Ich:* = **zander.**
pike³ *n. (on road):* tyrpeg(-au) *m*, tollborth (tollbyrth) *m.*
pike⁴ *n. Geog:* = **peak³.**
pike⁵ *v.i. U.S:* **to ~ on,** cilio, gwangalonni *(pronounced* ng-g), llwfrh|au.
pikelet *n. Cu: (i) (= teacake):* pic(-au) *f*, picen (picau) *f*; *(ii)* = **crumpet.**
pikeman *n.m.* **1.** *(at turnpike):* tollborthwr (tollborthwyr). **2.** *(= soldier armed with pike):* picellwr (picellwyr) *m.*
piker *n. U.S:* llwfrgi (llwfrgwn) *m*, llwfryn (llyfriaid, llyfrion) *m.*
pikestaff *n.* ffon *(f)* big (ffyn pigau), ffon linon (ffyn llinon); *S.a.* **plain** I. 1.
pilaff *n. Cu:* pilaff(-s,-au) *m.*
pilaster *n. Arch:* pilastr(-au) *m*, colofnig(-au) *f*, atgolofn(-au) *f*, colofnwedd(-au) *f.*
Pilate *Pr.n.m.* Peilat.
pilau, pilaw *n. Cu:* pilaff(-s,-au) *m*, pilaw(-s) *m.*
pilchard *n. Ich:* pennog (penwaig) *(m)* Mair.
pile¹ *n. (= stake):* polyn (polion) *m*, pawl (polion) *m*, postyn (pyst) *m*, stanc(-iau) *m.* **~-driver** *n. Civ.E:* gordd *(f)* beiriant (gyrdd peiriant), stanciwr (stancwyr) *m.* **~-dwelling** *n. Archeol:* crannog (cranogau) *m*, llyndref(-i) *f*, annedd (anheddau) *(f)* ar byst.
pile² *n.* **1.** *(a) (= heap):* pentwr (pentyrrau) *m*, tomen(-ni,-nydd) *f*, twmpath(-au) *m*, *occ:* twr (tyrrau) *m*, crugyn(-nau, crugiau) *m*, cruglwyth(-i) *m*, *S.W:* crug(-au) *m*, *S:* twryn (twrau) *m*; *(of stones):* carnedd(-au,-i) *f*, *N.W: (esp. of slates):* peil(-iau) *m*; **a ~ of firewood,** carn *(f)* goed (carnau coed), *S.E: occ:* sgwlc *f*; **I got a ~ of bedclothes,** fe ges i sgwlc o ddillad gwely; *(b) El:* **voltaic ~,** pentwr foltäig; **atomic ~,** adweithydd(-ion) atomig *m*; *(c) Mil:* pentwr arfau; *(d) (of money):* pentwr, celc *m*; **he's made his ~,** mae wedi gwneud ei ffortiwn *(f).* **2.** *(building):* ehangle(-oedd) *m*, *N: F:* honglaid *m.*
pile³ *v.t.&i.* **1.** *v.t.* *(a)* **to ~ (sth) [up],** pentyrru, llwytho, cruglwytho, crugio, tyrru, *S.W:* cruto, *S.E: occ:* dybyneru; **a ship piled up on rocks,** llong yn sownd ar greigiau; **to ~ on the agony,** pentyrru manylion poenus; **to ~ it on,** gorliwio, gorddweud, *F:* ei 'mestyn/'mystyn hi; *(b) Mil:* **to ~ arms,** pentyrru arfau; **to ~ (into a place),** tyrru, ymwthio, ymwasgu (i le). **2.** *v.i.* **to ~ up,** *(of work, money &c):* pentyrru, mynd yn bentwr *&c*, *N:* hel, *S.E: occ:* dybyneru; *(of debts):* cynyddu, tyfu. **~-up** *n.* *Aut:* pentyriad(-au) *m.*
pile⁴ *n. Tex:* ceden *f*, peil *m*; **~ fabrics,** brethynnau cedennog; **thick-~ carpet,** carped trwchus.
pile⁵ *v.t. (= provide with* **pile¹**): coedio (rhth), rhoi pyst (dan rth).
pileate *a. Bot:* capanog.
piled *a.* yn bentwr, yn gruglwyth *&c*, pentyredig.
piler *n.* pentyrrwr (pentyrwyr) *m*, cruglwythwr (cruglwythwyr) *m.*
piles *n.pl. Med:* y peils *pl*, *Lit: occ:* clwyf *(m)* y marchogion, rhefrwst *m*, lledewigwst *m.*
pileus *n. Bot:* capan(-au) *m*, pilews (pilei) *m.*
pilewort *n. Bot:* = **celandine (lesser).**
pilfer *v.t.* mân-ladrata, chwiwladrata, *occ:* lladroni, *N.W:* pocedu (rhth); *abs.* gwn|eud llwybr i'r llaw, *S.E:* sgwlcan.
pilferer *n.* lleidr (lladron) *m*, chwiwleidr (chwiwladron) *m*, lladrones(-au) *f*, llaw flewog (dwylo blewog) *f*, *S.E:* sgwlcan *f*, sgwlcyn *m*, *N.W:* dyn(-ion) *(m)* [â] dwylo blewog, dynes (merched) *(f)* [â] dwylo blewog; **he's a ~,** mae ganddo ddwylo blewog.
pilfering *a.* lladronllyd; **~ hands,** dwylo blewog.
pilfering *vn.* = **pilfer.**
pilgrim¹ *n.* pererin(-ion) *m*; *Lit:* **The P~'s Progress,** Taith *(f)* y Pererin; *Hist:* **the P~ Fathers,** y Tadau Pererin, y Pererindadau; *Theol:* **P~ Songs,** Caniadau Pererin.
pilgrim² *v.i.* pererindota, *occ:* pererino.
pilgrimage *n.* pererindod(-au) *f*; **to go on a ~,** pererindota; *Hist:* **the P~ of Grace,** Pererindod Gras.
piliferous *a. Bot:* blewog.
piliform *a. Bot:* fel blew, blewog, blewffurf.
piling *n. (= stakes):* pyst *pl*, polion *pl.*
pill *n.* **1.** pilsen (pils) *f*, *occ:* pelen(-ni) *f*; **sleeping-~,** pilsen gysgu (pils cysgu); *F:* **she's on the ~,** mae hi ar y bilsen; *F:* **it is a bitter ~,** mae'n brofiad chwerw; *See* **gild, sugar².** **~-beetle** *n. Ent:* chwilen *(f)* bilsen (chwilod pils). **~-box** *n.* **1.** blwch (blychau) *(m)* pils. **2.** *Mil: P:* caer danddaearol (caerau tanddaearol) *f.* **~-box hat** *n.* het gron (hetiau crynion) *f.* **~-bug** *n. U.S:* = **woodlouse.**
pillage¹ *n.* anrheithiad(-au) *m*, ysbeiliad(-au) *m*, anrhaith (anrheithiau) *f*; *vn.* = **pillage².**
pillage² *v.t.* ysbeilio, anrheithio.
pillager *n.* ysbeiliwr (ysbeilwyr) *m*, anrheithiwr (anrheithwyr) *m.*
pillaging¹ *a.* anrheithiol, anrheithgar, ysbeilgar.
pillaging² *vn.* = **pillage.**
pillar¹ *n.* piler(-i) *m*, colofn(-au) *f*; *(in slate quarries):* lintar (linteri) *m*, pilar (pileri) *m*; **he is a ~ of the church,** mae'n un o hoelion wyth yr eglwys; mae'n un o golofnau'r achos; **pillars of faith,** colofnau ffydd, colofnau'r achos, bannau'r ffydd; **from ~ to post,** o bared i bost, o goed i gastell, o bant i dalar, o bant i bentan, *N.W: occ:* o walbant i walbant; **the Pillars of Hercules,** Pyrth Erclwff, Colofnau Erclwff. **~-box** *n.* blwch (blychau) *(m)* llythyrau. **~ drill** *n. Tchn:* dril(-iau) *(m)* piler. **~ drilling-machine** *n. Tchn:* peiriant (peiriannau) *(m)* dril piler. **~ type machines** *n.pl.* peiriannau pilerog.
pillar² *v.t.* pileru.
pillared *a.* pilerog, colofnog.
pillaret *n. Arch:* colofnig(-au) *f.*
pillaring *vn.* **1.** *Min:* coedio, pileru. **2.** *(of grain in slate):* pileriad(-au) *m.* **~-hole** *n.* twll (tyllau) *(m)* pileru.
Pilleth *W.Pl.n.* Pyllalai *m*, Pilalai *m.*
pilling *vn. Knit: &c:* pellennu, *N: occ:* malwod *pl.*
pillion *n.* **1.** *Harn:* cyfrwy(-au) is-gil *m*, pilyn(-nau) *m*, piliwn (piliynau) *m*; **to ride ~,** marchogaeth is-gil, marchogaeth/reidio piliwn, mynd ar y piliwn, *S:* sgilo, mynd yn is-gil. **2.** *Motor Cy:* **~[-seat],** sêt (seti) ôl *f*, piliwn (piliynau) *m*; **~-rider** *n.* teithiwr (teithwyr) *(m)* is-gil *or* ar y piliwn, t|eithwraig (teithwragedd) *(f)* is-gil *&c.*
pilliwinks *n.* gwasg *(f)* fysedd (gweisg bysedd).
pillory¹ *n.* rhigod(-au) *m*, p|ilwri (pilwrïau) *m*, cyffion *(pl)* gwddf.
pillory² *v.t.* **1.** *Hist:* rhigodi (rhn), rhoi (rhn) yn y rhigod. **2.** *Fig:* gwn|eud (rhn) yn gyff gwawd, gwneud (rhn) yn destun sbort, gwawdio (rhn).

pillow[1] *n. (a)* clustog(-au) *f*, gobennydd (gobenyddiau, gobenyddion) *m*, *F:* pilw(-s) *m*, pulw(-s) *m*; **to take counsel of one's ~,** cysgu ar rth. **~-block** *n. Mec.E:* gobennydd (gobenyddiau) *m*. **~-fight** *n.* ymladdfa (*f*) glustogau (ymladdf|eydd clustogau), brwydr (*f*) glustogau (brwydrau clustogau), cwffas (*f*) glustogau, cwffio (*vn*) â chlustogau. **~-lace** *n. Tex:* les (*f*) bobin/clustog. **~ lava** *n. Geol:* lafa (*m*) clustog. **~-sham** *n. U.S:*, **~-slip** *n.* = **pillowcase.** **~-structure** *n.* adeiledd (*m*) clustog. **~-talk** *n.* sgwrs (*f*) obennydd (sgyrsiau gobennydd), sgwrs yn y gwely.

pillow[2] *v.t.* clustogi, esmwytho, *occ:* gobenyddio; **to ~ one's head on one's arms,** gorffwys eich pen ar eich breichiau.

pillowcase *n.* gorchudd (*m*) gobennydd (gorchuddion gobenyddiau), cas (*m*) gobennydd (casys gobenyddion), cas clustog (casys clustogau), *S.E:* twycyn (twycau) *m*, *N.W: occ:* tudded(-au,-i) *mf*.

pillowed, pillowy *a.* clustogog, clustogaidd, clustogol; *(= soft):* esmwythglud, esmwyth.

pillule *n.* = **pilule.**

pillwort *n. Bot: (Pilularia):* pelenllys [gronynnog] *m*, pupur (*m*) y ddaear.

pilonidal *a.* blewog; *Physiol:* **~ sinus,** sinws blewog *m*.

pilose *a. Nat.Hist:* blewog.

pilosity *n.* blewogrwydd *m*.

pilot[1] *n.* **1.** *Nau: Av:* peilot(-iaid) *m*, *occ:* peilat(-iaid) *m*, *Lit: occ:* llywiwr (llyw-wyr) *m*; **bar ~,** peilot bar; **deep-sea ~,** peilot cefnfor; **branch ~, coast ~, inshore ~,** peilot arforol/arfordir; **test ~,** peilot prawf, peilot profi; **bomber-~,** peilot-fomiwr (~-fomwyr) *m*, peilot awyren fomio (peilotiaid awyrennau bomio); **fighter-~,** peilot-ymladdwr (~-ymladdwyr) *m*, peilot awyren ymladd (peilotiaid awyrennau ymladd); *F: (= guide):* arweinydd(-ion) *m*, arweiniwr (arweinwyr) *m*, tywysydd(-ion) *m*. **2.** *U.S: Rail: (= cowcatcher):* ffendar(-s, ffenderydd) *f*. **3.** *W.Tel: T.V:* peilot(-iau) *m*, rhaglen (*f*) brawf (rhaglenni prawf), rhaglen beilot (rhaglenni peilot). **~ balloon** *n.* balŵn (balwnau) (*m*) profi. **~-bird** *n. Orn:* tresglen wlanog (tresglod gwlanog) *f*. **~-biscuit** *n. N:* bisgeden galed (bisgedi caled) *f*, *S:* bisgïen galed (bisgis caled) *f*. **~-boat** *n. S:* bad(-au) (*m*) tywys, *N:* cwch (cychod) (*m*) tywys. **~ chute** *n.* p|arasiwt (parasiwtiau) (*m*) tynnu. **~-cloth** *n. Tex:* brethyn (*m*) morwr. **~-coat** *n.* côt (cotiau) (*f*) morwr. **~ engine** *n.* injan (*f*) dywys (injans tywys). **~-fish** *n. Ich:* llywbysgodyn (llywbysgod) *m*. **~ hole** *n. Metalw: &c:* twll (tyllau) (*m*) arwain. **~-house** *n.* caban(-au) (*m*) peilot, *F:* whilws *m*. **~ industry** *n.* diwydiant (diwydiannau) arbrofol *m*. **~-jet** *n.* jet(-iau) (*f*) peilot. **~-lamp** *n.* lamp (*f*) beilot (lampau peilot). **~-light** *n. (= flame):* fflam (*f*) beilot (fflamau peilot); *(= light):* golau (goleuadau) (*m*) peilot. **~ officer** *n.* peilot-swyddog(-ion) *m*. **~-plant** *n.* ffatri (ffatrïoedd) arbrofol *f*. **~-print** *n. Phot:* print(-iau) arbrofol *m*. **~-scheme** *n.* cynllun(-iau) arbrofol *m*, cynllun prawf, cynllun peilot. **~ study** *n.* astudiaeth (*f*) beilot (astudiaethau peilot). **~-test** *n.* prawf (profion) arweiniol *m*, blaenbrawf (blaenbrofion) *m*. **~-whale** *n. Z:* morfil du (morfilod duon) *m*, morfil pengrwn (*pronounced* ng-g).

pilot[2] *v.t.* **1.** *(= steer):* llywio. **2.** *(= guide):* arwain, tywys.

pilotage *n.* **1.** arweiniad *m*. **2.** *(dues):* taliad(-au) (*m*) llywio.

pilotless *a.* dibeilot, heb beilot.

pilous *a. Nat.Hist:* blewog.

pilular *a.* pelennol, pelenffurf.

pilule *n.* pilsen (pils) *f*, pelen(-ni) *f*.

pilulous *a.* pelennol, pelenffurf.

pimento *n. Bot: Cu:* pupryn(-nau) *m*, pimento(-s) *m*, pupur (puprau) (*m*) Jamaica.

pi-meson *n. Ph:* pi-meson(-au) *m*, pïon(-au) *m*.

pimp[1] *n.* pimp(-iaid) *m*, *Lit:* puteinfeistr(-i) *m*.

pimp[2] *v.t.* pimpio, caffael puteiniaid, rheoli puteiniaid.

pimpernel *n. Bot:* **scarlet ~,** *(Anagallis arvensis):* llysiau(*pl*)'r cryman, gwlyddyn (*m*) Mair gwryw, brathlys *m*, brathlys gwryw, gwlydd (*pl*) Mair, blodau(*pl*)'r hin, blodau'r hindda, blodau'r tes, coch (*m*) yr ŷd, coch y tywydd, seren (*f*) y tywydd, *S.W:* gini(*f*)'r owns; **water ~,** = **brooklime; yellow ~,** *(Lysimacha nemorum):* gwlydd melyn Mair, seren felen, seren y cloddiau, trewynyn (*m*) y goedwig; **blue ~,** *(A. foemina):* gwlyddyn Mair benyw, seren las; **bog ~,** *(A. tenella):* gwlyddyn Mair y gors, seren fach goch; **white ~,** *(A. pallida):* seren wen.

pimping *a. (= petty):* pitw, disylw, tila, bach, dinod; *(= sickly):* nychlyd, gwantan, eiddil.

pimple *n. N:* ploryn (plorod) *m*, *S:* tosyn (tosau) *m*, pigodyn (pigodau) *m*, *M.W:* pimplyn *m*, pynoryn *m*, *S.W:* whimpyn (whimps) *m*; **to come/break out in pimples,** cael plorod *&c*, mynd yn blorod *&c*.

pimpled, pimply *a.* plorog, plorynnog, tosynnog, pynorog.

pimplet *n. Z:* môr-an|emoni (~-anemonïau) dafadennog *m*; **glaucous ~,** môr-anemoni dafadennog llwydlas; **red-speckled ~,** môr-anemoni dafadennog brithgoch.

pin[1] *n.* **1.** *(a)* pin(-nau) *m occ: f*; **a ~ to see the peep-show,** pin am weld y sioe; *Archeol:* **crutch-headed ~,** pin pen bagl; **double-spiral headed ~,** pin pen troell ddwbl; **curling-~,** pin crychu; **disc-headed ~,** pin pen disg; **drawing-~,** pin bawd, pin gwasgu, pin pen fflat; **dressmaker's pins,** pinnau bach; **guide ~,** pin arwain; **hat-~,** pin het, hetbin(-nau) *m*; *S.a.* **hairpin; moveable ~,** pin panel; *Archeol:* **quoit ~,** pin pen coeten; *Carp:* **~ and slot,** cynffon (*f*) a bwlch; *Archeol:* **racquet ~,** pin pen raced; **ring-headed ~,** pin pen cylch; **safety-~,** pin cau, pin dwbl, *S.E:* pin caead; *(large): N.W:* pin sach; **shackle-~,** pin cyplu; *Archeol:* **skewer-~,** gwaellbin(-nau) *m*; **spruce ~,** pin sbriws; *Archeol:* **sunflower ~,** pin heulflodyn; **swan's neck ~,** pin gwddf alarch; **tie-~,** pin tei; *Archeol:* **vase-headed ~,** pin pen ffiol; *F:* **you could have heard a ~ drop,** fe aeth hi fel y bedd; 'doedd na'r un smic i'w glywed; fe allech chi glywed pin yn cwympo/syrthio/disgyn; **for two pins I'd give up,** ni fyddai'n ddim gen i roi'r gorau iddi; ni waeth gen i roi'r gorau iddi; ni hidiwn i damaid am roi'r gorau iddi; *S.W:* gyda dim fe rown i'r peth heibio; *N.W: occ:* o bin mi rown i'r gorau iddi; **(I don't care) a ~,** ('dydw i ddim yn malio) botwm corn, 'r un ffeuen *&c*; **for two pins I'd have boxed his ears,** bu ond y dim imi roi bonclust/clusten iddo; **to be on pins [and needles],** bod ar bigau'r drain, bod ar binnau, *S.W:* gwyndasu; *(b)* **pins and needles,** pinnau bach, *N: occ:* pryfed mân *pl*; **I've got pins and needles,** mae pinnau bach arna' i; **I've got pins and needles in my arm,** mae 'mraich i'n cysgu. **2.** *(a)* **axle ~,** gwarbin(-nau) *m*, limpin(-nau) *m*; *Mil:* **safety ~,** *(of fuse):* pin diogelwch; *(b) El: (of plug):* pin; *(c) Nau:* **thole-~,** tolyn(-nau, tolion, *N.W: occ:* tolers). **3.** *Cu:* **rolling-~,** rholbren(-ni,-nau) *m*. **4.** *(a) Surv:* pin tirfesur; *(b) Golf:* coes (*m*) fflag (coesau fflagiau). **5.** *(a) (in bowling):* pin; *(b) pl. P: (= legs):* coesau, heglau; **unsteady (on his pins),** siglog, ansicr (ar ei heglau). **6.** *Mus:* pin(-nau) *m*. **7.** *Brew:* casgen(-ni, casgiau) *f*, barilan(-au) *f*. **~-ball** *n.* pinbel *f*. **~ drill** *n. Tls:* dril(-iau) (*m*) pin. **~-eyed** *a. Bot:* pinllygadog. **~-feather** *n.* pluen (plu) newydd *f*, egINbluen (eginblu) *f*. **~-fire** *attrib. Sm.a:* plufyn newydd, pin tanio. **~-head** *n.* **1.** pen (*m*) pin (pennau pinnau), *S:* clopa (*fm*) pin (clopanau pinnau). **2.** *Fig:* = **nitwit.** **~-hole** *n.* twll (*m*) pin (tyllau pinnau). **~-hole borer** *n. Ent:* chwilen (chwilod) (*f*) y rhisgl, pindyllwr (pindyllwyr) *m*. **~ mark** *n. Needlew:* marc (*m*) pin (marciau pinnau). **~-money** *n.* arian (*m*) poced, *N:* pres (*m*) poced, *S:* arian pen. **~-mould** *n. Fung:* llwydni (*m*) pin. **~ plate** *n. Mec.E:* pinblat(-iau) *m*. **~-point**[1] **1.** *n.* blaen (*m*) pin (blaenau pinnau). **2.** *attrib. (of target &c):* bychan, manwl. **~-point**[2] *v.t.* lleoli (rhth) yn fanwl, pinbwyntio (rhth). **~-prick** *n.* pigiad (*m*) pin (pigiadau pin/pinnau). **~-punch** *n. Tls:* pwnsh(-is) (*m*) pin. **~-rail** *n. N.Arch:* rheilen (*f*) binnau (rheiliau pinnau). **~-stripe 1.** *n.* streipen fain (streipiau meinion) *f*, rhesen fain (rhesi meinion) *f*. **2.** *attrib.* rhesog. **~-table** *n.* bwrdd (byrddau) (*m*) pinbel. **~-tuck** *n. Needlew:* twc (tyciau) (*m*) pin. **~ vice** *n. Tchn:* feis (*f*) bin (feisiau pin). **~-wheel** *n.* **1.** *Mec.E:* olwyn (*f*) binnau (olwynion pinnau). **2.** *Pyr:* olwyn (*f*) dân (olwynion tân). **3.** *U.S:* = **windmill.** **~-worm** *n. Z:* = **threadworm.**

pin[2] *v.t.* **1.** pinio (rhth), sicrh|au (rhth) â phin; **to ~ (s.o.'s arms to his side),** dal, pinio (breichiau rhn wrth ei ochrau); **I was pinned [down] under a fallen tree,** 'roeddwn yn sownd/gaeth, 'roeddwn wedi fy nal (o dan goeden wedi cwympo); **to ~ s.o. [down] to facts,** dal/hoelio rhn at y ffeithiau; **they were pinned down by enemy fire,** cawsant eu hoelio yno gan danio'r gelyn; **you can't ~ him down,** 'does dim dal arno; **I can't ~ down the reason,** ni allaf roi fy mys ar y rheswm; **to ~ one's faith on/to sth,** seilio'ch ffydd ar rth; *Chess:* **to ~ a piece,** atal/hoelio darn. **2.** *(= support):* **to ~ [up] (a wall),** ategu, cynnal, bwtresu (wal). **~-up**

n. **1.** *(photo):* *pinlun(-iau) *m, F:* pinyp(-s) *m.* **2.** *(pers.):* pinyp(-s) *m&f,* pis[h]yn (pishis) *m&f.*
pinafore *n. Cost:* p|inaffor (pinafforau) *m.* ~ **dress** *n.* ffrog *(f)* binaffor (ffrogiau pinaffor).
pinaster *n. Bot:* pinwydden wyllt (pinwydd gwyllt) *f.*
pinboard *n.* pinfwrdd (pinfyrddau) *m.*
pince-nez *n.* ***pince-nez** m.inv.*
pincers *n. & attrib. Tls:* **1.** *n.pl.* gefail *f* [bedoli] (gefeiliau [pedoli]), pinsiwrn (pinsiyrnau) *m.* **2.** *attrib.* **pincer movement,** symudiad *(m)* gefail.
pincette *n.* gefeilian(-au) *f.*
pinch¹ *n.* **1.** *(= pinch with fingers):* pinsiad(-au) *m;* **the ~ of hunger,** brath *(m)* newyn, cnofa *(f)* newyn; **he's feeling the ~,** mae'n galed arno; mae'n fain arno; mae'r esgid yn gwasgu; **at a ~,** petai rhaid, petai angen, ar y gwaethaf, *F:* ar binsh; *F:* **it was a close ~,** bu'n [beth] agos iawn; cael a chael oedd hi. **2.** *Cu: (of salt &c):* pinsiaid (pinsieidiau) *m, occ:* bodiaid (bodieidiau) *mf, S.W: occ:* trigyn *m.* ~ **effect** *n. Ph:* effaith *(f)* wasgu. **~-hit** *v.i. U.S:* dirprwyo, dirprwy-fatio **(for s.o.,** dros rn). **~-hitter** *n. U.S:* dirprwy fatiwr (~ fatwyr) *m.*
pinch² *v.t.* **1.** pinsio, gwasgu, *occ:* ewino; *Prov:* **everyone knows best where his own shoe pinches,** pawb â'i fys lle bo'i ddolur; **that is where the shoe pinches,** dyna lle mae'r esgid yn gwasgu; mae'r esgid fach yn gwasgu mewn man na wyddoch chi; **to ~ [and scrape],** byw'n fain, crafu byw, cynilo, codi'r rhastl; **to ~ pennies,** edrych yn llygad y geiniog, cynilo ar y geiniog, arbed ceiniogau, bod yn grintachlyd. **2.** *P: (a) (= steal):* bachu, dwyn, *S.E:* sgleman, sgwlca, *S.W:* sgwlcan, *N.W:* rhoi'ch pump (ar rth), gweld eich gwyn (ar rth); *(b) (= arrest, catch):* restio, cipio, dal. **~-bar** *n. Tls:* trosol(-ion) *m.*
pinchbeck *n.* **1.** copor-sinc *m,* aur ffug *m,* pinshbec *m.* **2.** *attrib. Fig:* ffug.
pinchcock *n. Mec.E:* clamp(-iau) *(m)* gwasgu.
pinched *a.* **1. a face ~ with hunger,** wyneb crablyd gan newyn. **2. ~ for money,** prin o arian, mewn angen arian, yn fain arnoch am arian; **we're ~ for room,** mae'n gyfyng arnom; 'rydym yn brin o le.
pinchpenny *n.* cybydd(-ion) *m.*
pincushion *n.* pincas(-au) *m,* pincws (pincysau) *m.*
Pindaric *a. & n.* **1.** *a.* Pindarig. **2.** *n.usu.pl.* Pindareg(-ion) *f.*
pine¹ *n.* **1.** *Bot:* ~ **[tree],** pinwydden (pinwydd) *f;* **Arolla ~,** *(Pinus cembra):* pinwydden Arolla; **Austrian ~,** *(P. nigra):* pinwydden Awstria; **Chile ~,** *(Araucaria):* pinwydden Chile; *S.a.* **Chile; Corsican ~,** *(P. nigra ssp. laricio):* pinwydden C|orsica; **lodgepole ~,** *(P. contorta):* pinwydden bolion (pinwydd polion); **maritime ~,** *(P. pinaster):* pinwydden arfor; **Monterey ~,** *(P. radiata):* pinwydden gulddail (pinwydd culddail); **mountain ~,** *(P. mugo):* pinwydden y mynydd; **pitch-~,** pinwydden byg (pinwydd pyg), ffawydden goch (ffawydd coch) *f;* **Scots ~,** *(P. silvestris):* ffynidwydden (ffynidwydd) *f,* pinwydden wyllt (pinwydd gwyllt), pinwydden yr Alban; **stone ~,** *(P. pinea):* pinwydden gneuog (pinwydd cneuog); **sugar ~,** *(P. lambertiana):* pinwydden siwgwr; **western yellow ~,** *(P. ponderosa):* pinwydden gochfrig (pinwydd cochfrig); **white ~,** *(P. strobus):* pinwydden wen (pinwydd gwynion). **2.** *Carp:* pren *(m)* pinwydd, pren pîn. **~-beauty, ~ carpet** *n. Ent:* gwyfyn(-od) *(m)* y pinwydd. **~-cone** *n. Bot:* mochyn (moch, mochod) *(m)* coed. ~ **end** *n. Arch:* piniwn (piniynau) *m.* ~ **grosbeak** *n. Orn:* gylfinbraff *(m)* y pinwydd (gylfinbraffau'r pinwydd). **~-grove** *n.* llwyn(-i) *(m)* pinwydd. **~-kernel** *n. Bot:* = **pine-cone. ~-marten** *n. Z:* bele(m)'r coed (belaod coed). ~ **needle** *n. Bot:* nodwydd(-au) *(f)* pinwydden/pinwydd. **~-wood** **1.** *Carp:* pren *(m)* pinwydd. **2.** *For:* coed(-ydd) *(m)* pinwydd.
pine² *v.i.* **1. to ~ [away],** nychu, dihoeni, edwino, ymgur[i]o, *S.W:* diharpo; *(of sheep): N.W:* braenaru, brynaru. **2. to ~ (for sth),** dihoeni, hiraethu (am rth).
pineal *a. Anat:* pineol; ~ **body,** corffyn pineol *m.*
pineapple *n.* pîn-afal(-au) *m,* afal(-au) *(m)* pîn. ~ **weed** *n. Bot: (Matricaria):* amranwen bêr *f,* amranwen bîn afalaidd, camri(m)'r moch.
pinery *n.* coed(-ydd) *(m)* pinwydd, pinwyddlan(-nau) *f.*
Pines (the) *W.Pl.n.* Cefnhirgoed *m.*
pinetum *n.* = **pinery.**
pinfold¹ *n.* lloc(-iau) *m,* ffald(-iau) *f.*
pinfold² *v.t.* llocio, ffaldio.
ping¹ *n. (of bell):* tinc(-iau) *mf; (of bullet):* si (sïon) *m,* sïad (siadau) *m.*
ping² *v.i. (of bell):* tincian, tincial; *(of bullet):* sïo.
pingo *n. Geog:* pingo(-au) *m (pronounced* ng-g).
ping-pong *n.* tennis *(m)* bwrdd, ping-pong *m.*
pinguid *a. Hum:* blonegog, tew, seimlyd.
pinguin *n. Bot:* pingwin(-au) *m (pronounced* ng-g).
pinion¹ *n. Orn:* **1.** *(= end of wing):* blaen *(m)* adain (blaenau adenydd). **2.** = **feather, wing.**
pinion² *v.t.* **1.** *(wing):* torri, tocio (blaen adain). **2.** *(arms):* rhwymo, clymu.
pinion³ *n. Mec.E:* piniwn (piniynau) *m.* **~[-wheel]** *n.* olwyn *(f)* gocos (olwynion cocos); *(= spindle):* gwerthyd *(f)* gocos (gwerthydau cocos).
pinioned *a.* **1.** asgellog, adeiniog. **2.** *(= bound):* rhwym.
pink¹ *n. & a.* **1.** *n. (a) Bot: (Dianthus):* penigan(-au) *m,* ceian(-au) *f,* ceilys *m,* clawen (claws) *f;* **Alpine ~,** *(D. alpinus):* penigan yr Alpau; **Carthusian ~,** *(D. carthusianorum):* penigan y Carthwsiaid; **Cheddar ~,** *(D. gratianopolitanus):* clustog *(f)* y frenhines, penigan mynyddig, penigan Gwlad yr Haf; **childing ~,** *(Petrorhagia nanteilli):* penigan epilgar; **Chinese/Indian ~,** *(D. sinensis):* penigan yr India; **clove ~, carnation ~,** *(D. caryophyllus):* penigan cigliw/rhuddgoch; **Deptford ~,** *(D. armeria):* penigan y porf|eydd, ceian y porfeydd; **fire ~,** *(Silene virginica):* gludlys Virginia; **fringed ~,** *(D. monspensulanus):* penigan eddïog; **glacier ~,** *(D. glacialis):* penigan y rhew; **Jersey ~,** *(D. gallicus):* penigan Ffrengig; **large ~,** *(D. superbus):* penigan mawr; **maiden ~,** *(D. deltoides):* penigan gwyryfaidd, ceilys; **painted ~,** *(D. furcatus):* penigan fforchog; **proliferous ~,** *(P. prolifera):* penigan toreithiog; **Pyrenean ~,** *(D. pyrenaicus):* penigan y Pyreneau; **sea-~,** *(Armeria maritima):* archmain *m,* clustog *(f)* Fair; **Seguier's ~,** *(D. seguieri):* penigan Seguier; **short ~,** *(D. subacaulis):* penigan byr; **tall ~,** *(D. pontederae):* penigan tal; **three-veined ~,** *(D. pavonius):* penigan tair gwythïen; **wild ~,** *(D. plumarius):* penigan gwyllt, penigan cyffredin; **wood ~,** *(D. sylvestris):* penigan y coed; *(b) Fig:* **the ~ of perfection,** perffeithrwydd llwyr *m;* **the ~ of politeness,** perffaith foesgarwch *m;* **in the ~ [of condition],** yn berffaith iach, yn iach fel y gneuen, yn iach fel cricsyn, *S:* fel y boi. **2.** *(a) a. & n.* pinc *(m),* lliw *(m)* rhosyn, *Lit:* rhosliw *(m);* gwridog, lliw'r gwrid, gwritgoch; *P:* **strike me ~!** 'tawn i'n marw! 'dawn i byth o'r fan! *(b) n. Ven:* **the ~,** y gôt goch *f.* ~ **disease** *n. Med:* clefyd pinc *m.* **~-eye** *n. Vet: Med:* llid *(m)* y llygad, llygad llidiog *m.* **~-eyed** *Vet. Med:* llygatgoch. ~ **foot** *n. Orn:* = **goose (pink-footed).**
pink² *v.t.* **1.** *Fenc:* cyffwrdd (rhn) â chleddyf. **2.** *Dressm:* pincio, sgolpio, igam-ogamu. **3. to ~ sth out,** *(= adorn):* addurno rhth.
pink³ *v.i. I.C.E:* clecian, pincio.
pink⁴ *n. Fish:* gleisiad (gleisiaid) *m.*
pinkie *n. U.S: Scot:* bys(-edd) bach *m.*
pinkily *adv.* yn binc, yn wridog; *(= blushing):* gan wrido.
pinking *vn.* **1.** *I.C.E:* clecian, pincio. **2.** *Dressm:* **~-shears, ~-scissors,** siswrn (sisyrnau) danheddog *m,* siswrn pincio.
pinkish *a.* gwridog, gwritgoch, cochwyn, rhosliw, pincaidd.
pinkness *n.* gwrid *m,* gwawr binc *f,* lliw pinc *m,* lliw rhosyn, pincrwydd *m.*
pinko *n.* pinco(-s) *m&f.*
pinkroot *n.* **1.** *Bot:* rh|uddwraidd *m.* **2.** *Hort: (disease of onions):* gwr|aidd pinc *m.*
Pinkster *n. U.S:* y Sulgwyn *m.* ~ **flower** *n. Bot:* azalea(-s) pinc *m.*
pinna¹ *n. Nat.Hist:* adain (adenydd) *f,* asgell (esgyll) *f.*
pinna² *n. Moll:* pinna (pinnâu) *m.*
pinnace *n. Navy:* pinnas (pinasau) *m.*
pinnacle¹ *n.* **1.** *Arch:* pinacl(-au) *m.* **2.** *(of mountain &c):* crib(-au) *mf,* copa (copâu, copaon) *mf,* brig (-au) *m.* **3.** *Fig: (of fame &c):* pinacl, uchafbwynt(-iau) *m,* brig, anterth.
pinnacle² *v.t.* pinaclu, gosod (rhth) ar binacl; *(= crown):* coroni.
pinnate, pinnated *a. Nat.Hist:* adeiniog, asgellog; *Geog:* ~ **drainage,** traeniad pluog *m.*
pinnatifid *a. Bot:* adeinhollt.
pinnatilobate, pinnatilobed *a.* adeinlabedog.
pinnation *n. Bot:* adeiniad *m.*
pinnatipartite *a. Bot:* adeinhollt.
pinnatiped *a. Orn:* cyfandroed, adeindroed.

pinnatisect *a. Bot:* adeinranedig.
pinner *n.* **1.** piniwr (pinwyr) *m.* **2.** *Cost: (a)* = **apron**; *(b) (cap):* piner(-au) *m.*
pinnigrade, pinniped *a.* adeindroed, cyfandroed.
pinnular *a. Bot: Z:* pinwlaidd.
pinnule *n.* **1.** *Bot: &c:* pinwla (pinwlâu) *m.* **2.** *Orn: (of feather):* adfach(-au) *m.*
pinny *n. F:* ffedog(-au) *f,* brat(-iau) *m.*
pinoc[h]le *n. Cards:* pinocl *m.*
pinole *n. Cu:* pinoli *m.*
pinon *n. Bot:* cneubinwydden (cneubinwydd) *f.*
pint *n. Meas:* peint(-iau) *m.* **~-pot** *n.* pot(-iau) (*m*) peint. **~-sized** *a.* bychan (*f.* bechan, *pl.* bychain).
pintado *n. Orn:* pintado(-s) *m.*
pintail *n. Orn: (Anas acuta):* hwyaden gynffonfain (hwyaid cynffonfain) *f,* hwyaden lostfain (hwyaid llostfain).
pintle *n.* pin bychan (pinnau bychain) *m,* bollt(-au) *f,* powlten (powltiau) *f.*
pinto *n.* = **piebald**; *S.a.* **bean**.
piny *a.* pinwyddog.
piolet *n. Mount:* bwyell (bwyeill) (*f*) iâ, bwyell rew (bwyeill rhew).
pion *n. Ph:* pion(-au) *m.*
pioneer[1] *n. & attrib.* **1.** *n.* arloeswr (arloeswyr) *m,* arl|oeswraig (arloeswragedd) *f*; **to do ~ work in sth,** arloesi yn rhth. **2.** *attrib.* arloesol. **P~ Corps (the)** *n. Mil:* Corfflu(*m*)'r Arloeswyr. **~ crop** *n.* cnwd (cnydau) (*m*) arloesi.
pioneer[2] *v.i.&t.* **1.** *v.i.* arloesi, parat|oi ffordd. **2.** *v.t. (road &c):* agor; *(new method &c):* arloesi (yn rhth).
pioneering *a.* arloesol.
pionic *a. Ph:* pionig.
pious *a.* duwiol, duwiolfrydig, duwiolfryd, crefyddol.
piously *adv.* yn dduwiol *&c.*
piousness *n.* = **piety**.
pip[1] *n. Vet:* y big *f,* y gân *f,* llindag (*m*) y geg; *F:* **he gives me the ~,** *N:* mae'n codi pip arna' i; mae'n codi'r felan arna' i; *S.E:* mae'n hala [ch]wech arna' i.
pip[2] *n.* **1.** *Cards: Radar:* smotyn (smotiau) *m.* **2.** *Mil: Cost:* seren (sêr) *f.* **3.** *W.Tel: F:* pip(-iau) *m*; *pl.* **pips,** arwyddnod *m*; **"when you hear the pips",** "pan glywch yr arwyddnod".
pip[3] *v.t.* **1.** *(= beat):* curo, trechu; **I was pipped at the post,** trechwyd fi ar y funud olaf; mi foddais yn ymyl y lan. **2.** *(= hit):* taro (rhn) [â phêl]. **3.** *(= blackball):* gwrthod.
pip[4] *n. (of fruit):* dincodyn (dincod) *m,* carreg (cerrig) *f,* hedyn (hadau) *m, S:* hadyn (hadau) *m.*
pip[5] *n. Mel: Tg: Tp:* [y llythyren] P *f.* **~ emma,** *(= p.m.):* y prynhawn, yr hwyr; *(= in the evening):* o'r nos, [yn] y nos.
pip[6] *v.i. (of nestling):* pipian, pipianu.
pipa *n. Amph:* pipa(-od) *mf.*
pipage *n.* **1.** *Coll:* peipiau *pl.* **2.** *(payment):* tâl (*m*) peipio.
pipal *n. Bot:* ffigysbren(-nau) *m.*
pipe[1] *n.* **1.** *(a)* pibell(-au,-i) *f,* piben (pibau) *f,* pib(-au) *f, F:* peipen (peipiau) *f*; **bubble ~,** pibell swigod; **exhaust-~,** pibell fwg (pibellau mwg), peipen (*f*) fwg (peipiau mwg), pibell wacáu (pibellau gwacáu), peipen wacáu (peipiau gwacáu), *F:* peipen ecsôst; **service ~,** pibell gyswllt (pibellau cyswllt); *(b) Anat:* pibell *S.a.* **windpipe. 2.** *(a) Mus:* pib(-au) *f,* pibell(-au,-i) *f,* chwibanogl(-au) *f,* piben (pibau) *f*; *(= flute):* ffliwt(-iau) *f*; **pipes,** *(= bagpipes):* pibgod(-au) *f,* bagbib(-au) *f*; *S.a.* **Pan**[5]; *(b) Nau:* chwibanogl, chwisl(-au) *f.* **3.** *(of bird &c):* yswitian *vn,* yswitiad(-au) *m,* trydar *m,* pipian *vn,* pipianu *vn*; *(of wind, whistle):* chwibaniad(-au) *m.* **4.** *(smoker's): N.W: S.W:* pibell(-au,-i) *f, N:* cetyn (catiau) *m, S:* pib(-au) *f*; **the bowl of a ~,** *N.W:* pen (*m*) cetyn (pennau catiau); **to smoke a ~,** smocio pib/cetyn/pibell, *S:* pibo; **cutty ~,** cetyn cwta, pibell fach (pibellau bach); **~ of peace,** pibell gymodi, pibell heddwch; *Fig:* **to smoke the ~ of peace with s.o.,** cymodi â rhn; *P:* **put that in your ~ and smoke it!** llynca di hwnna (llyncwch chi hwnna)! **5.** *Meas: (of wine):* casgen(-ni) *f,* casgennaid (casgeneidiau) *f,* piben(-ni) *f.* **~-bending wrench** *n. Tchn:* tyndro(-eon) (*m*) plygu peipiau. **~-bending machine** *n. Tchn:* peiriant (peiriannau) (*m*) plygu peipiau. **~-casting** *vn.* castio/bwrw peipiau. **~-clay**[1] *n.* clai gwyn *m,* pibglai *m,* clai pibau, *N.W: occ:* peicla *m.* **~-clay**[2] *v.t.* gwynnu (rhth), glanh|au (rhth) â chlai pibau. **~-cleaner** *n.* crafwr (*m*) cetyn (crafwyr catiau), glanhäwr (*m*) pibell (glanhawyr pibelli), peth(-au) (*m*) glanh|au/crafu pibell/cetyn. **~-dream** *n.* breuddwyd(-ion) (*m*) gwrach, breuddwyd wrth eich ewyllys. **~-fish** *n. Ich:* pib-bysgodyn (~-bysgod) *m,* pibellbysgodyn (pibellbysgod) *m,* môr-nodwydd(-au) *f,* pibell (*f*) fôr (pibellau môr); **great ~-fish,** *(Syngnathus acus):* pib-bysgodyn hir, môr-nodwydd, pibell fôr fawr; **broad-nosed ~-fish,** *(S. typhle):* pibell fôr drwynllydan; **lesser ~-fish,** *(S. rostellatus):* pibell fôr fach; **Nilsson's ~-fish,** *(S. rostellatus nilsson):* pibell fôr Nilsson; **snake ~-fish,** *(Nerophis aequoris):* pib-bysgodyn byr, môr-neidr (~-nadroedd) *f,* pibell fôr fer (pibellau môr byrion); **straight-nosed ~-fish,** *(N. ophidion):* pibell fôr drwynsyth (pibellau môr trwynsyth); **worm ~-fish,** *(N. lumbriciformis):* y bibell fôr leiaf. **~-fitter** *n.* gosodwr (gosodwyr) (*m*) peipiau/pibellau. **~-fitting** *vn.* gosod peipiau/pibellau. **~-key** *n.* allwedd(-au,-i) (*mf*) pibell, *N:* agoriad (*m*) peipiau (agoriadau peipiau). **~-light** *n.* sbilsen (sbils) *f.* **~-lighter** *n.* taniwr (*m*) pibell (tanwyr pibellau/pibelli). **~ major** *n. Mil:* pib-uwchgapten (~-uwchgapteiniaid) *m.* **~-organ** *n. Mus:* organ (*f*) bib (organau pib). **~-rack** *n.* rhesel (*f*) bibelli (rheseli pibelli). **P~-Roll** *n.* Rhôl (Rholiau) (*f*) Siecr. **~-stem** *n.* coes (*mf*) cetyn/pibell (coesau catiau/pibelli). **~-stone** *n.* clai coch *m,* clai pibelli/catiau. **~-tongs** *n.pl. Tls:* gefel (*f*) beipen (gefeiliau peipiau). **~-wrench** *n. Tls:* tyndro(-eon) peipiau.
pipe[2] *v.i.&t.* I. *v.i. (a) Poet:* canu pib/ffliwt (*&c*); *Mus:* pibyddio; *(b) (of wind):* sïo, chwibanu; *(c) Nau:* chwibanu, peipio; *(d) (of bird, voice):* pipian, pipianu. II. *v.t.* **1.** *(a) (tune):* chwarae, canu; *(b) Navy:* chwibanu, peipio; **to ~ all hands down,** chwibanu diwedd gwylfa, peipio pawb i lawr; **to ~ s.o. aboard,** chwibanu croeso i rn, croesawu rhn â sain pib/pibau, peipio rhn ar fwrdd llong. **2.** *F:* **to ~ one's eyes,** wylo, llefain, crio. **3.** *Cu: Dressm: Hort:* peipio, pibellu. **4.** *(water, gas, oil &c):* peipio, pibellu. **~ up 1.** *v.i. F:* **a little voice piped up,** cododd rhn lais bychan/main; clywyd llais bychan. **2.** *v.t. Navy:* galw criw â chwibaniad, chwibanu am griw. **~ down** *v.i. F:* rhoi taw arni, bod yn ddistaw, gostwng eich llais, siarad yn is; *(= shut up):* ei chau hi, cau'ch ceg.
piped *a.* pibellog, â phibau; **~ light,** golau (*m*) trwy biben/bibell.
pipeful *n.* pibellaid (pibelleidiau) *f,* llond (*m*) pibell, llond cetyn, catiaid: catiad (cateidiau) *m.*
pipeline *n.* piblinell(-au) *f*; *Fig:* **in the ~,** yn yr arfaeth, ar y ffordd, ar ddyfod.
pipelining *vn. Cmptr:* blaenbeipio.
pipemouth *n. Ich:* pibsafn(-au) *f.*
piper[1] *n.* pibydd(-ion) *m, occ:* pibyddes(-au) *f*; **the Pied P~,** y Bibydd Brith, Gŵr y Fantell Fraith; *Prov:* **he who pays the ~ calls the tune,** a dalo i'r pibydd a ddewis y dôn; y sawl sy'n talu'r delyn sy'n gofyn am y gân; *S.a.* **gurnard**.
piper[2] *n. Ich: (Trigla lyra):* chwyrnwr (chwyrnwyr) ysgithrog *m.*
piperaceous *a. Bot:* puprynnaidd.
piperazine *n. Ch:* pip|erasin *m.*
piperidine *n. Ch:* pip|eridin *m.*
piperine *n. Ch:* p|iperin *m.*
piperonal *n. Ch:* pip|eronal *m.*
pipette[1] *n.* piped(-au,-i) *f.*
pipette[2] *v.t.* pipedu.
pipewort *n. Bot:* pibennog *m.*
piping[1] *a.* **1.** *Lit:* **~ times of peace,** dyddiau dedwydd heddwch. **2.** **~ hot,** chwilboeth, chwilbob, crasboeth, *N:* chwil boeth beipen ulw. **3.** *(voice):* main (meinion), egwan, pipianol.
piping[2] *vn.* **1.** *(of fife &c):* sŵn (*m*) pib/pibau; *(of wind):* chwibaniad(-au) *m*; *(of birds):* trydar, yswitian, canu, pipian, pipianu; *Navy:* chwibaniad. **2.** *(a) vn.* = **pipe**[2]; *(b) Coll:* pibellau *pl,* pibau *pl.* **3.** *Dressm: Cu:* peipiad *m,* peipio. **~-cord** *n. Needlew:* cordyn (cordiau) (*m*) peipio. **~-foot** *n. Needlew:* atodyn (atodion) (*m*) peipio, sipell(-au) *f.* **~-nozzle** *n. Cu:* trwyn(-au) (*m*) peipio.
pipistrel[le] *n. Z:* corystlum(-od) *m,* yr ystlum lleiaf *m.*
pipit *n. Orn: (Anthus):* corhedydd; **long-billed ~,** *(A. similis):* corhedydd hirbig; **meadow ~,** *(A. pratensis):* corhedydd(-ion) (*m*) y waun, gwas (gweision) (*m*) y gog, pibydd(-ion) (*m*) y waun, ehedydd(-ion) bach *m,* ehedydd y waun, pibydd y weirglodd, pibganwr (pibganwyr) (*m*) y ddôl, pibydd y mynydd, llwyd(-ion) (*m*) y bryn, llwyd y brwyn, coeg-hedydd(-ion) *m,* switi(*m*)'r waun, ehedydd coch; **olive-backed ~,** *(A. hodgsoni):* corhedydd gwyrddgefn; **red-throated ~,** *(A.*

cervinus): corhedydd gyddfgoch; **Richard's ~,** *(A. novaeseelandii):* corhedydd Richard; **rock ~,** *(A. petrosus):* corhedydd y graig, wid-wid *m*, pibydd y graig, pibganydd (*m*) y graig; **Pechova ~,** *(A. gustavi):* corhedydd Peshova; **tawny ~,** *(A. campestris):* corhedydd melyn; **tree ~,** *(A. trivialis):* corhedydd y coed, pibydd y coed, ehedydd y coed, ehedydd y llwyn, ehedydd bach y cae; **water ~,** *(A. spipoletta):* pibydd y dŵr.
pipkin *n.* crochan(-au) bach *m*.
pipkrake *n. Geog:* nodwyddau (*pl*) iâ/rhew.
pippin *n. Bot:* **1.** afal(-au) rhesog *m*, afal y frenhines (afalau'r frenhines), afal melynog, afal pig aderyn, pipin(-au) *m*; **Cox's ~,** *S.E: occ:* bola (bolâu) hollt *m*, cydymaith (cymdeithion) da *m*. **2.** *F:* **she's a ~!** mae hi'n bis[h]yn! mae hi'n slasien!
pip-squeak *n. P:* llipryn(-nod) *m*, tinllach(-od) *m*, sinach(-od) *m*, *N.W: occ:* cnidw(-od) *m*.
piquancy *n.* **1.** siarprwydd *m*, awch *m*, *N.W: occ:* gwawch *f*. **2.** *(of situation &c):* |eironi *m*.
piquant *a.* **1.** *(taste):* siarp, pigog, llym (*f.* llem, *pl.* llymion), awchlym (*f.* awchlem, *pl.* awchlymion), blasus, archwaethus. **2.** *(situation &c):* pryfoclyd, eironig.
piquantly *adv.* yn siarp *&c*.
pique[1] *n.* dicter *m*, soriant *m*, pwd *m*, tymer ddrwg *f*, *M.W:* penc *m*; **to have a fit of ~,** pwdu, sori, digio, mynd i'r pwd, *S:* monni, *M.W:* cymryd y penc, pencio.
pique[2] *v.t.* **1.** *(= irritate):* digio. **2.** *(= arouse):* ennyn, cynhyrfu, cyffr|oi, symbylu. **3. to ~ oneself (on sth),** ymfalchïo, ymffrostio (yn rhth).
pique[3] *n. & v.t.&i.* **1.** *n. Cards:* pîc *m*. **2.** *v.t.&i.* picio.
piqué *n. Tex:* cotwm rib *m*, ***piqué*** *m*, pice *m*.
piquet *n. Cards:* picet *m*.
piracy *n.* **1.** *Nau:* môr-ladrad *m*, môr-ladrata *vn*, herwlongwriaeth *f*. **2.** *(of ideas &c):* lladrad(-au) *m*; *(literary):* llên-ladrad(-au) *m*; **air ~,** awyrladrad *m*. **3.** *Geog:* afonladrad *m*.
piragua *n.* ceufad(-au) *m*, canŵ(-au,-od) *m*.
piranha *n. Ich:* pirana(-od) *m*.
pirate[1] *n.* **1.** *Nau:* môr-leidr (~-ladron) *m*, herwlongwr (herwlongwyr) *m*, ysbeiliwr (ysbeilwyr) (*m*) môr, herwr (herwyr) (*m*) môr, *F:* peirat(-s) *m*. **2.** *(of ideas &c):* ysbeiliwr (ysbeilwyr) *m*, lleidr (lladron) *m*, llên-leidr (~-ladron) *m*. **3. Jet Morgan, space ~,** Jet Morgan, herwr y gofod. **4.** *attrib.* herwrol, lladradol; *(= stolen):* lladrad, ysbeiliedig. **~ printing** *vn.* lleidr-argraffu. **~ ship** *n.* herwlong(-au) *f*, llong (*f*) môr-leidr/môr-ladron (llongau môr-ladron). **~ radio station,** gorsaf(-oedd) (*f*) radio answyddogol/herwrol.
pirate[2] *v.t.* **1.** lladrata, môr-ladrata. **2.** *(book, record &c):* dynwared, atgynhyrchu, lladrata, dwyn.
pirated *a.* ysbeiliedig, lladrad, lladradol; **~ edition,** lleidr-argraffiad(-au) *m*.
piratic[al] *a.* **1.** *Nau:* môr-ladradol, môr-ladronllyd, herwrol, herwraidd. **2.** ysbeilgar, lladradol.
piratically *adv.* **1.** yn fôr-ladradol *&c*. **2.** yn ysbeilgar *&c*.
piripiri *n. Bot:* piripiri *m*.
pirn *n. Weaving:* gwerthyd(-au,-on) *f*.
pirogue *n.* = **piragua**.
pirouette[1] *n.* pirwét (pirwetau) *m*, chwildro(-eon) *m*.
pirouette[2] *v.i.* pirwetio, chwil-droi.
piscary *n.* **1.** *(= fishery):* pysgodfa (pysgodf|eydd) *f*. **2. common of ~,** hawl (*f*) pysgota.
piscatorial *a.* pysgotwrol.
piscatorially *adv.* yn bysgotwrol.
piscatory *a.* = **piscatorial**.
Pisces *n.pl. Astr:* y Pysgod.
piscicultural *a.* pysgfagwrol, magu pysgod.
pisciculture *n.* magu (*vn*) pysgod.
pisciculturist *n.* magwr (magwyr) (*m*) pysgod.
piscina *n.* **1.** *(= fish-pond):* pysgodlyn(-noedd) *m*. **2.** *(= bathing-pool):* pwll (pyllau) (*m*) nofio. **3.** *Ecc:* cawg(-iau) *m*, pisgina (pisginâu) *f*.
piscine *a. & n.* **1.** *a.* pysgodol. **2.** *n.* pwll (pyllau) (*m*) nofio.
piscivorous *a. Z:* pysgysol.
pise *n. Const:* ***pise*** *m*, priddfaen (priddfeini) *m*.
pish *int.* twt! wfft! naw wfft! (*pronounced* nawfft).
pishogue *n.* swyn(-ion) *m*.
pisiform *a. Bot:* pysennaidd, ar ffurf pysen, yn ffurf pysen.
pismire *n. Ent:* morgrugyn (morgrug) *m*.
piss[1] *n.* **1.** *P:* piso *m*, *occ:* pis(-ion) *m*. **2. to have a ~,** cael pisiad(-au) (*m*). **3. a night on the ~,** noson ar y cwrw. **~ artist** *n. P:* potiwr (potwyr) *m*, slotiwr (slotwyr) *m*, p|otwraig (potwragedd) *f*, sl|otwraig (slotwragedd) *f*. **~-poor** *a.* pislyd, piblyd, rwtshlyd. **~-pot** *n.* pot(-iau) (*m*) piso.
piss[2] *v.t.&i. P:* piso; **~ off!** bacha (bachwch) hi! *See* **beat 1.** *(a)*; **it was pissing down with rain,** 'roedd hi'n piso bwrw; 'roedd hi'n piso glaw; **to ~ about (doing sth),** stwnsio, ffidlan, piltran, stwna (gwneud rhth); **stop pissing about!** dyna ddigon o'r lol/dwli 'na! paid â chwarae bili-ffŵl! paid â chwarae'n wirion! **don't ~ me about!** paid â malu cachu efo fi! **~-up** *n. P:* parti(-s, partïon) meddw *m*, sesiwn fawr (sesiynau mawr) *f*, *S:* yfwch mawr *m*; **to have a ~-up,** meddwi'n racs, yfed ei hochr hi.
pissed *a. P:* = **drunk**. **~-off** *a.* wedi cael llond bol/bola (**with sth,** o/ar rth); wedi hen alaru/syrffedu, *S:* wedi danto (ar rth).
pisser *n. P:* piswr (piswyr) *m*, p|iswraig (piswragedd) *f*.
pissoir *n. P:* pisdy (pisdai) *m*.
pissy *a.* pislyd.
pistachio *n. Bot:* **1.** *(nut):* cneuen (*f*) bistasio (cnau pistasio), *A: or Lit:* dagrau (*pl*) Adda; *(tree):* coeden (*f*) bistasio (coed pistasio). **2.** *(colour):* gwyrdd (*m*) pistasio.
pistil *n. Bot:* pistil(-iau) *m*.
pistiliferous *a. Bot:* pistilog.
pistillary, pistilline *a. Bot:* pistilaidd.
pistillate *a. Bot:* pistilog.
pistol *n.* pistol(-au) *m*, llawddryll(-iau) *m*. **~-grip** *n.* carn (*m*) pistol (carnau pistolau). **~-packing** *a.* arfog [â phistol], yn cario gwn. **~-shot** *n.* ergyd(-ion) (*mf*) pistol. **~-whip** *v.t.* colbio (rhn) â phistol.
pistole *n. Num:* pistol(-au) *m*.
pistoleer *n.* pistolwr (pistolwyr) *m*.
piston *n.* piston(-au) *m*. **~-ring** *n.* cylch(-au) (*m*) piston. **~-rod** *n.* rhoden (rhodiau) (*f*) piston. **~-stroke** *n.* ergyd(-ion) (*mf*) piston, trawiad(-au) (*m*) piston.
pit[1] *n.* **1.** *(a) (of well &c):* pwll (pyllau) *m*, pydew(-au) *m*, twll (tyllau) *m*; *Biol: &c:* manbant(-iau) *m*; **bordered pits,** pantiau gweflog, manbantiau gweflog; **simple pits,** manbantiau syml; **inspection ~,** twll archwilio; **sawing-~,** pwll (*m*) llif/llifio; *(b)* **the [bottomless] ~,** y pwll diwaelod, uffern *f*; *(c) (trap):* pydew; *Fig:* **to dig a ~ (for s.o.),** cloddio pydew (ar gyfer rhn); *(d) (= quarry):* chwarel(-i) *f*, cloddfa (cloddf|eydd) *f*; *(of coal-mine):* twll (tyllau) *m*; *(= coal-mine):* pwll glo, gwaith (gweithiau, gweithf|eydd) (*m*) glo, globwll (globyllau) *m*; **~ (where galleries are worked underground),** sinc(-iau) *m*; *(e) U.S. P:* **it's the pits!** mae'n dwll o le! **you're the pits!** y cachwr iti! twll dy din di! **2.** *(a) Th:* seddau ôl (*pl*) y llawr; *(b) U.S:* **the wheat ~,** adran (*f*) y gwenith. **3.** *(a) (in metal &c):* twll (tyllau) *m*, mandwll (mandyllau) *m*; *(b) Med: (made by smallpox):* twll (tyllau) *m*, ôl (olion) *m*. **4.** *Anat:* *(i)* **the ~ of the stomach,** *S:* pwll y cylla *N.W:* pwll y galon; *(ii) (of pit viper):* pant(-iau) *m*; *S.a.* **armpit**. **~-boy, ~-lad** *n. Min:* glöwr (glowyr) bach *m*, colier(-s) bach *m*. **~ bull-terrier** *n.* daeargi (daeargwn) (*m*) pydew. **~-coal** *n. Min:* glo (*m*) pwll, glo pwll glo. **~-dwelling** *n. Archeol:* annedd (anheddau) (*f*) pant. **~-face** *n. N:* talcen(-ni) (*m*) glo, *S:* ffas (*f*) lo (ffasis glo). **~-frame** *n. Min:* ffrâm (fframiau) (*f*) pwll, fframin(-iau) (*m*) pwll. **~-head** *n. Min:* pen (*m*) pwll (pennau pyllau). **~ pony** *n.* merlyn (merlod) (*m*) pwll glo, merlen (merlod) (*f*) pwll glo. **~-prop** *n. Min:* coedyn (coed) (*m*) pwll, postyn (pyst) (*m*) pwll. **~-saw** *n.* llif(-iau) (*f*) pwll, *M.W:* llif (*f*) bit (llifiau pit). **~-stall** *n. Th:* sedd(-i) ôl *f*. **~ viper** *n. Rept:* gwiber bantiog (gwiberod pantiog) *f*.
pit[2] *v.t.* **1.** *(a) A: Sp:* **to ~ cocks,** rhoi ceiliogod mewn talwrn; *(b)* **to ~ s.o. against s.o.,** rhoi rhn i gystadlu â rhn, gosod rhn yn erbyn rhn; **he is pitting himself against the champion,** mae'n ei gynnig ei hun yn erbyn y pencampwr. **2.** *(a) (of acid &c):* tyllu, creithio, trydyllu; *(b) Med: (of smallpox):* creithio (rhth), gadael olion/tyllau (ar rth); *(of finger pressure):* pantio. **3.** *(potatoes &c):* claddu, rhoi/dodi (rhth) mewn cladd. **2.** *v.i.* *(a) (of skin):* pantio; *(b) Metalw:* pyllu.
pit[3] *n. U.S: (= stone of fruit):* carreg (cerrig) *f*.
pit[4] *v.t. (fruit):* tynnu carreg/cerrig (rhth, o rth).
pit-a-pat *adv.* yn wyllt, yn fân ac yn fuan; **to go pit-a-pat,** *(of rain):* pitran[-patran]; *(of feet):* ffatian, mynd yn fân ac yn

fuan, trotian; *(of the heart):* mynd dib-dab, dychlamu, curo'n gyflym.
pita *n. Bot:* pita *m.*
Pitcairnese *a. & n.* **1.** *a.* o ynys Pitcairn. **2.** *n. Ling:* tafodiaith (*f*) ynys Pitcairn, Saesneg (*f, m*) Ynys Pitcairn.
pitch[1] *n.* pyg *m, F:* pitsh *m.* **~ bowl** *n.* powlen (*f*) byg (powliau/powlenni pyg). **~-black** *a.* pygddu, purddu, *F:* du bitsh, tywyll bitsh, *S.W:* parddu blac. **~ block** *n. Metalw: &c:* plocyn (plociau) (*m*) pyg. **~-dark** *a.* **(it was) ~,** ('roedd hi) fel y fagddu, fel bol buwch, *N.W:* fel y bolól, yn dywyll bitsh. **~-pine** *n.* ffawydden goch (ffawydd coch) *f,* pinwydden (*f*) byg (pinwydd pyg).
pitch[2] *v.t.* *(= smear with* **pitch[1]***):* gorchuddio (rhth) â phyg, *F:* pitsio.
pitch[3] *n.* **1.** *(= throw):* tafliad(-au) *m,* lluchiad(-au) *m; Cr:* **full ~,** lluchiad di-dor; **to throw sth full ~,** taflu rhth â holl nerth braich; *F:* **the stone came full ~ at my head,** daeth y garreg yn syth am/at fy mhen. **2.** *Nau:* tindafliad(-au) *m.* **3.** *(a) (in market):* stondin(-au) *f; S.a.* **queer[3]**; *(b) Cr:* llain (lleiniau) *f; Fb: &c:* maes (meysydd) *m,* cae(-au) *m; Sp:* chwaraefa (chwaraef|eydd) *f.* **4.** *(a) Arch: (of roof &c):* rhediad *m,* goleddf *m; (b) Mus:* traw *m; Th: Phon:* cywair *m;* **absolute ~,** traw cynhenid; **concert ~,** traw cyngerdd; **perfect ~,** traw perffaith; **French/standard ~,** traw safonol; *(c) (= degree):* gradd(-au)*f; (of falcon's flight):* uchder(-au) *m;* **to fly a high ~,** hedfan yn uchel; **to the highest ~,** i'r eithaf; **to such a ~ (that...),** i'r fath raddau, gymaint (fel [y]...). **5.** *Arch: Geol:* **[degree of] ~,** gogwydd(-ion) *m,* gogwyddiad(-au) *m,* goleddf(-au) *m,* goleddfiad(-au) *m.* **6.** *(of screw, saw-teeth &c):* danheddiad *m;* **~ circle,** cylch (*m*) danheddiad; *(of propellors):* goleddfiad. **7.** **[salesman's] ~,** broliant *m; U.S:* **to make a ~ for sth,** *(a) (= praise):* brolio rhth; *(b)* **to make a ~ for a girl,** rhoi cynnig ar ferch, ceisio denu merch. **8.** *Mount:* dringen(-nau,-ni) *f.* **~-accent** *n. Ling:* acen (*f*) draw (acenion traw). **~-faced** *a. Constr:* ag wyneb cerrig. **~-pipe** *n. Mus:* trawbib(-au) *f,* corn (cyrn) (*m*) tiwnio. **~ shot** *n. Golf:* trawiad(-au) (*m*) taflu.
pitch[4] *v.t.&i.* I. *v.t.* **1.** *(tent &c):* codi, gosod; *abs.* **to ~ camp, to ~ one's tent,** gwersyllu, pabellu; *Cr:* **to ~ wickets,** gosod y wiced. **2.** *Civ.E:* **to ~ a road,** palmantu ffordd. **3.** *Mus:* **to ~ one's voice higher/lower,** codi/gostwng [traw] eich llais; **to ~ a note,** taro nodyn, rhoi'r traw; **to ~ one's aspirations too high,** anelu'n rhy uchel, gosod y nod yn rhy uchel. **4.** *(a ball &c):* taflu, anelu, pitsio; *P:* **she was pitched off her horse,** fe'i taflwyd hi oddi ar ei cheffyl. **5.** **to ~ it strong,** gorliwio, gor-ddw|eud; **to ~ a yarn,** adrodd/dweud hanes. II. *v.i.* **1.** **he pitched onto his head,** syrthiodd/cwympodd ar ei ben. **2.** *(of ship &c):* tindaflu, taflu. **3.** **to ~ [up] on sth,** taro ar rth, dewis rhth. **4.** *Arch: Geol:* gogwyddo. **~ in** *v.i. P:* bwrw iddi; *(at meal):* estyn at y bwyd, estyn ato. **~ into** *v.i.* **1.** *F: (a)* ymosod, lladd (ar rn); *N: occ:* mynd i ben (rhn); **~ into him!** *N:* colbia fo (colbiwch o)! rho(-wch) hi iddo fo! *S:* wada fe (wadwch e)! *(b)* **to ~ into work,** bwrw iddi, bwrw i waith, mynd ati. **2.** *(= fall):* syrthio/cwympo wysg eich pen, *S:* cwympo llwrw'ch pen (i rth). **~-and-toss** *n.* chwarae (*vn*) copars, chwarae taflu ceiniogau.
pitchblende *n. Miner:* pitshblend *m,* pygfwn *m.*
pitched *a.* **1.** *Mil:* **~ battle,** cad(-au) (*f*) ar faes, brwydr lawn (brwydrau llawn) *f,* brwydr benben (brwydrau penben); *(between gangs &c):* ffrwgwd (ffrygydau) *m.* **2.** **a ~ road,** ffordd (*f*) wedi'i phalmantu, *S.W: S.E: occ:* ffordd bobl (ffyrdd pobl). **3.** *(roof):* serth, ar oleddf. **4.** *Mus:* **~ instrument,** offeryn â thraw.
pitcher[1] *n.* **1.** piser(-i,-au) *m,* stên (stenau) *f,* ystên (ystenau) *f; Prov:* **little pitchers have long ears,** mae gan foch bach glustiau hirion. **2.** *Bot:* piser. **~-plant** *n. Bot:* piserlys *m,* ystenllys *m,* ystên-blanhigyn (~-blanhigion) *m.*
pitcher[2] *n.* **1.** *(of ball &c):* taflwr (taflwyr) *m,* pitsiwr (pitswyr) *m.* **2.** *(of flagstone):* fflacsen (fflacs) *f.*
pitchfork[1] *n. Agr: Tls:* picwarch (picweirch, picwerchi) *f, N: occ:* picfforch (picffyrch) *f,* fforch (*f*) wair (ffyrch gwair), *S.W: occ:* pigau *pl.*
pitchfork[2] *v.t.* **1.** *Agr:* taflu (rhth) [â phicfforch], picwarchu (rhth). **2.** *Fig:* taflu, hyrddio.
pitching[1] *a. Nau:* tindaflog.
pitching[2] *vn.* **1.** = **pitch[2,3,4]**. **2.** *n. Constr: (a) (surface):* wyneb (*m*) cerrig; *(b) (foundation)* sylfaen (*f*) gerrig. **~ tool** *n. Tls:* cŷn (cynion) (*m*) naddu.
pitchman *n.m. U.S:* = **hawker**.
pitchstone *n. Miner:* pygfaen *m.*
pitchy *a.* pyglyd.
piteous *a.* truenus, gresynus, alaethus.
piteously *adv.* yn druenus *&c.*
piteousness *n.* truenusrwydd *m, occ:* gresyndod *m,* gresyni *m.*
pitfall *n.* **1.** pydew(-au) (*m*) maglu. **2.** *Fig:* trap(-iau) *m,* magl(-au) *f,* perygl(-on) *m.*
pith *n.* **1.** *(a)* bywyn *m,* mwydyn *m,* craidd *m;* **elder ~,** *N.W:* caws (*m*) ysgaw. **2.** *(a) (= vigour):* grym *m,* ynni *m,* egni *m; (b) (= essence):* hanfod *m,* craidd *m.* **~ helmet** *n.* helmed(-au) (*f*) haul.
pithecanthrope *n.* epa-ddyn(-ion) *m,* pithecanthrop(-iaid) *m.*
pithecoid *a.* pithecoid, fel epa.
pithily *adv.* yn gryno *&c.*
pithiness *n.* crynoder *m,* bachogrwydd *m.*
pithos *n. Archeol:* pithos (pithoi) *m.*
pithy *a.* **1.** *(stem):* bywynnog, bywynnaidd, mwydionog. **2.** *(= terse):* cryno, bachog.
pitiable *a.* truenus, gresynus, alaethus.
pitiably *adv.* yn druenus *&c.*
pitiful *a.* = **pitiable**.
pitifully *adv.* = **pitiably**.
pitifulness *n.* truenusrwydd *m,* trueni *m.*
pitiless *a.* didostur, didosturi, didrugaredd, anhrugarog, annhosturiol, diarbed.
pitilessly *adv.* yn ddidostur *&c.*
pitilessness *n.* diffyg (*m*) tosturi, anhrugaredd *m,* anhrugaro[w]grwydd *m.*
pitman *n.m.* glöwr (glowyr), *F:* colier(-s).
pitocin *n. Pharm:* p|itosin *m.*
piton *n. Mount:* piton(-au) *m,* peg(-iau) *m.* **~ hammer** *n.* morthwyl(-ion) (*m*) dringo.
pitpan *n. Nau:* ceufad(-au) *m.*
pittance *n.* cyflog bychan *m,* cyflog ci, *N.W:* cymyn *m, F:* cyflog mwnci; **to be reduced to a mere ~,** crafu bywoliaeth, byw o'r llaw i'r genau, lladd llygoden a'i bwyta.
pitted *a. (skin, metal):* tyllog, panylog, pantiog, manbantiog, pyllog; **~ by rust,** yn dyllog gan rwd; **~ skin,** croen ac ôl brech arno.
pitter-patter *adv. & n.* **1.** *adv.* yn fân ac yn fuan. **2.** *n.* [sŵn *m*] pitran *vn.*
pittite *n. Th:* cwsmer(-iaid) (*m*) seddi ôl.
pituitary *a. Anat:* pitẅidol; **~ gland,** chwarren bitẅidol (chwarennau pitẅidol) *f.*
pituitous *a. Anat:* pitẅidaidd.
pituitrin *n. Anat:* pitẅitrin *m.*
pituri *n.* **1.** *Pharm:* pitwri *m.* **2.** *Bot:* llwyn(-i) (*m*) pitwri.
pity[1] *n.* **1.** *(= compassion):* tosturi *m* **(for s.o.,** tuag at rn), *F:* piti *m* (dros rn); *(a)* **to take ~ on s.o.,** tosturio wrth rn, cymryd trugaredd ar rn, *F:* pitïo rhn, teimlo piti dros rn *or* tuag at rn; **to move s.o. to ~,** ennyn tosturi/trugaredd/piti rhn; **to do sth out of ~,** gwneud rhth o ran tosturi/trugaredd; **for ~'s sake!** er mwyn trugaredd! er mwyn y Tad! bendith y Tad iti (ichi)! *(b)* **what a ~!** dyna drueni! trueni! gresyn [o beth]! *S.W: occ:* garw iddo fe! *N:* biti garw! bechod! **it's a great ~,** mae'n drueni mawr; mae'n resyn o beth; mae'n biti mawr, mae'n bechod; **more's the ~,** gwaetha'r modd, *Lit:* ysywaeth; **a thousand pities you weren't there,** trueni o'r mwyaf nad oeddech yno. **2.** *(= regrettable fact):* trueni *m,* pechod *m,* gresyn *m.*
pity[2] *v.t.* tosturio, trugarh|au (wrth rn), *F:* pitïo (rhn); **he is to be pitied,** mae'n drueni drosto; mae'n biti/bechod drosto.
pitying *a.* tosturiol.
pityingly *adv.* yn dosturiol.
pityriasis *n. Med:* pityriasis *m.*
pivot[1] *n.* colyn(-nau) *m,* corddyn(-au) *m,* pifod(-au) *m; (of activity):* canolbwynt(-iau) *m;* **forward ~,** pifod blaen; **reverse ~,** pifod ôl. **~ bridge** *n. Civ.E:* pont (*f*) dro/droi (pontydd tro/troi). **~ chord** *n. Mus:* cord(-iau) (*m*) cysylltu; *S.a.* **chord**. **~ element** *n. Ch:* elfen (*f*) bifodol (elfennau pifodol). **~ joint** *n. Anat:* cymal(-au) (*m*) colynnog, cymal cylchdr|oi. **~[-man]** *n.m.* pifodwr (pifodwyr). **~ turn** *n.* troad(-au) (*m*) ar bifod.
pivot[2] *v.t.&i.* **1.** *v.t.* *(a)* rhoi (rhth) ar golyn/bifod, colynnu/pifodi (rhth); *(b)* **to ~ a fleet,** troi/pifodi llynges. **2.** *v.i.* troi [ar golyn

&c], canoli, pifodi; **everything pivots on her decision,** mae popeth yn troi/dibynnu ar ei phenderfyniad hi; *Needlew:* troi ar y nodwydd.
pivotal *a.* canolog, pifodol, colynnol; ~ **group,** grŵp colynnol *m.*
pivoted *a.* yn troi (**on sth,** ar rth); ar golyn, colynnog, pifodog.
pivoting *a.* colynnol, trofaol, pifodol, sy'n troi.
pixie *n.* coblyn(-nod,-iaid) *m,* pwca(-od) *m.* ~ **hat/hood** *n. Cost:* picsi(-s) *m.*
pixilated *a. U.S:* **1.** = **bewildered. 2.** = **drunk.**
pixy *n.* = **pixie.**
pizza *n. Cu: **pizza(-s)** m,* pitsa(-s) *m.*
pizzicato *adv. & n. Mus:* **1.** *adv.* = ***pizzicato*. 2.** *n.* ***pizzicato(-s, pizzicati)*** *m.*
pizzle *n.* pidyn(-nau) *m.*
placability *n.* cymodlondeb *m,* cymodlonrwydd *m,* cymodlonedd *m,* dyhuddadwyedd *m,* hynawsedd *m,* addfwynder *m,* mwynder *m,* dyhuddgarwch *m,* maddeugarwch *m.*
placable *a.* cymodlon, hynaws, addfwyn, mwyn, dyhuddgar, dyhuddadwy, maddeugar.
placably *adv.* yn gymodlon, yn fwyn *&c.*
placard[1] *n.* hysbyslen(-ni) *f,* poster(-i) *m,* placard(-iau) *m, Lit: occ:* murlen(-ni) *f, S.W: occ:* borden(-ni,-nau) *f.*
placard[2] *v.t.* **1.** *(wall &c):* gorchuddio (rhth) â phosteri, placardio, *Lit: occ:* murlennu. **2.** *(= advertize):* hysbysebu (rhth) [â phosteri], placardio, *Lit: occ:* murlennu.
placate *v.t.* lliniaru, tawelu, cymodlonni, cymodi, *Lit: occ:* dyhuddo, heddychu; **to ~ s.o., to ~ s.o.'s wrath,** lliniaru, tawelu, tymheru, gostegu, lleddfu [dig/dicter] rhn.
placation *n.* dyhuddiad *m,* dyhuddiant *m,* heddychiad *m.*
placator *n.* lliniarwr (lliniarwyr) *m,* cymodwr (cymodwyr) *m,* cym|odwraig (cymodwragedd) *f,* dyhuddwr (dyhuddwyr) *m,* dyh|uddwraig (dyhuddwragedd) *f.*
placatory *a.* lliniarol, lleddfol, cymodlonol, cymodol, dyhuddol, heddychol.
place[1] *n.* **1.** *(a)* lle(-oedd, *often incorrectly:* -fydd) *m,* man(-nau) *mf,* llecyn(-nau) *m, Lit:* mangre(-oedd) *f (pronounced* ng-g); **to come to a ~,** cyrraedd lle, dod i le, dod at le; **in this ~,** yma, yn y lle hwn, [yn y] fan hon, *F:* fan hyn, fanma; **in that ~,** yno, yn y lle hwnnw, [yn y] fan honno; *(visible to speaker):* acw, yn y fan acw, *N: F:* fancw, *S: F:* manco, fanco; **(a native) of the ~,** (brodor) o'r ardal, o'r lle, o'r fan; **from ~ to ~,** o le i le, o fan i fan; **in the very ~,** yn y fan a'r lle; **all over the ~,** dros bob man, dros y lle, ym mhob man, ar hyd ac ar draws; **in another ~,** yn rhywle arall, mewn lle arall; **to take pride of ~,** cymryd y lle blaenaf; *U.S:* **any ~, some ~,** [yn] rhywle; *F:* **to go places,** *(i)* mynd i rywle; *(ii) (= travel):* teithio; *(iii) (= get on):* llwyddo; *S.a.* **home**[1] I. 1; **in some places,** mewn [rhai] mannau, mewn [rhai] lleoedd; *(b)* **~ of execution,** dienyddfa (dienyddf|eydd) *f,* dienyddle(-oedd) *m;* **fortified ~,** amddiffynfa (amddiffynf|eydd) *f,* cadarnle(-oedd) *m;* **shady ~,** cysgodfa (cysgodf|eydd) *f,* **man cysgodol; ~ of delivery,** man *(m)* trosglwyddo; **~ of publication,** man cyhoeddi; **~ of public entertainment,** lle/man adloniant cyhoeddus; **~ of public resort,** cyrchfan cyhoeddus/gyhoeddus (cyrchfannau cyhoeddus) *mf;* **~ of refuge,** noddfa (noddf|eydd) *f;* **~ of residence,** trigfan(-nau) *f;* **~ of safety,** lle diogel, man diogel; **~ of worship,** addolfan(-nau) *f,* lle [o] addoliad; **a frequented ~,** cyrchfa(-oedd, cyrchf|eydd, cyrchfâu) *f,* cyrchfan(-nau) *mf,* cyrchle(-oedd) *m; F:* **come and lunch at our ~,** dewch acw i ginio; dewch atom ni i ginio; **a low ~,** lle isel; *B:* **a high ~,** uchelfan(-nau) *f,* uchel-le(-oedd) *m; S.a.* 3. *below; (c) (in street-names):* maes *m,* lle *m, e.g.* **Pound P~,** Lle'r Ffald; **Albert ~,** Maes Albert; *(in names of houses):* plas(-au) *m; (d)* **market-~,** marchnad(-oedd) *f,* marchnadfa(-oedd) *f,* marchnadle (-oedd) *f,* maes *(m)* y farchnad; **to put a book back in its ~,** rhoi llyfr yn ôl yn ei le; **is this ~ free?** a yw'r lle yma'n wag? **to lay a ~,** *(at table):* gosod lle; **to change ~ with s.o.,** newid/cyfnewid lle â rhn, *N:* ffeirio lle â rhn; **if I were in your ~,** petawn i yn eich lle chi, pe bawn i yn eich lle chi. **2. in [the] ~ of sth,** yn lle rhth; **to take the ~ of sth,** cymryd lle rth, disodli rhth; **take your places!** pawb i'w le! **there's no ~ for doubt,** nid oes le i amheuaeth/amau; **sth out of [its] ~,** rhth allan o['i] le; **(a remark) out of ~,** (sylw) anamserol, allan o'i le, di-alw-amdano; **it looks out of ~,** mae golwg ryfedd arno; nid yw'n cymryd ei le'n dda; **you look out of ~ here,** 'dwyt ti ddim yn edrych yn gartrefol yma; mae golwg dyn allan o'i gynefin arnat ti; **to take ~,** digwydd, bod; *(the Anglicism* cymryd lle *means to replace)*; **thefts have taken ~ in this building,** bu lladrata yn yr adeilad hwn; **the concert will not take ~,** ni chynhelir y cyngerdd; **while this was taking ~,** tra oedd hyn yn digwydd; yn ystod hyn. **3.** *(a)* **to attain to a high ~,** cyrraedd safle *(m)* uchel; **friends in high places,** cyfeillion mewn mannau/cylchoedd uchel, cyfeillion dylanwadol/pwysig; **to put s.o. in his ~,** rhoi rhn yn ei le; **servants must know their ~,** rhaid i weision wybod eu lle; **to keep one's ~,** cadw'n agos at eich lle; **to give ~ to s.o.,** ildio [lle] i rn; **in the first ~,** yn y lle cyntaf, yn gyntaf, yn gyntaf oll, i gychwyn, *N: occ:* i ddechrau cychwyn; **in the second ~,** yn yr ail le, yn ail; **in the next ~,** yn nesaf; *Rac:* **to back a horse for a ~,** betio ar geffyl i ennill lle; *(b) Mth:* **decimal ~,** lle degol; **to answer to three decimal places,** ateb i dri lle degol. **4.** *(= post):* swydd(-i) *f,* lle(-oedd) *m;* **to take s.o.'s ~,** cymryd lle rhn; *(= oust):* disodli rhn; **it is not my ~ to do it,** nid fy lle i yw ei wneud; nid myfi biau ei wneud. **5. a weak ~ in a beam,** man gwan mewn trawst; **a charming little ~,** lle/llecyn [bach] hyfryd; **a sore ~,** man dolurus *m,* dolur(-iau) *m;* **to lose one's ~ in a book,** colli'ch lle mewn llyfr; **to laugh at the right ~,** chwerthin yn y lle/man iawn. **~-bet** *n.* bet(-iau) *(mf)* ar le. **~-brick** *n.* bricsen (brics) hanner cras *f.* **~ card** *n.* cerdyn *(m)* lle: carden *(f)* le (cardiau lleoedd). **~-kick** *n. Fb:* cic *(f)* osod (ciciau gosod). **~-mat** *n.* mat(-iau) *(m)* bwrdd/bord. **~-name** *n.* enw *(m)* lle (enwau lleoedd). **~-setting** *n.* lle gosod. **~ value** *n. Mth:* gwerth *(m)* lle.
place[2] *v.t.* **1.** *(= put down):* gosod, dodi, rhoi; **to be awkwardly placed,** bod mewn lle annifyr/anodd/lletchwith; **the house is well placed,** mae'r tŷ mewn lle/lleoliad da; **I explained to him how I was placed,** eglurais iddo sut yr oedd hi arnaf; **to ~ a book with a publisher,** cael derbyn llyfr gan gyhoeddwr; *Com:* **sth difficult to ~,** rhth anodd ei werthu; *Fin:* **to ~ a loan,** trefnu benthyciad; **to ~ money,** buddsoddi arian; **to ~ an order for sth,** rhoi archeb am rth; archebu rhth; **to ~ s.o. under an order,** rhoi/gosod rhn dan orchymyn; **to ~ confidence in/on s.o.,** ymddiried yn rhn; *S.a.* **contract 2;** *Rugby:* **to ~ a goal,** gosod gôl. **2.** *(= appoint):* penodi (rhn), cael lle/swydd (i rn); **he is well placed to judge,** mae mewn lle da i farnu; *Sch: &c:* rhoi gradd i rn; **I know her face, but I can't ~ her,** 'rwy'n adnabod ei hwyneb, ond ni allaf gofio pwy yw; **to be well placed,** *(e.g. on a class list):* bod yn uchel ar restr; *Sp:* **to be placed third,** dod yn drydydd; *Turf:* **a placed horse,** un o'r ceffylau blaen; **the horse was placed,** enillodd y ceffyl le.
placebo *n. Med: N:* ffisig(-au) ffug *m, S:* moddion ffug *m or pl,* plasebo(-s) *m,* cyffur(-iau) bodlonol *m.*
placed *a.* gosod, gosodedig; **~ horse,** ceffyl a enillodd le, ceffyl a gafodd le; **well-~,** mewn lle da; **badly ~, ill-~** mewn lle gwael.
placeman *n.m.* swyddog(-ion), swyddwr (swyddwyr), gŵr (gwŷr) mewn swydd.
placement *n. (= placing):* gosodiad(-au) *m,* dodiad(-au) *m; (= location):* lleoliad(-au) *m.* **~ officer** *n.* swyddog(-ion) *(m)* lleoli. **~ teacher** *n.* athro (athrawon) *(m)* lleoli, athrawes *(f)* leoli (athrawesau lleoli).
placenta *n. Obst:* brych(-au) *m, occ:* hem(-iau) *(f)* ysgar, ôl-ysgar(-au) *m; (of cow &c):* brych, garw *m,* gwared *m; (of cow):* cwd *(m)* llo; **~ praevia,** brych blaen; **retained ~,** ôl-frych(-au) *m.*
placental, placentary *a. Obst:* brychol, y brych.
placentate *a. Biol:* brychog.
placentation *n. Biol:* brychiad *m.*
placer *n.* **1.** *Geol:* banc(-iau) *(m)* tywod, ponc/poncen *(f)* dywod (ponciau tywod). **2.** *(pers.):* gosodwr (gosodwyr) *m,* gos|odwraig *f,* lleolwr (lleolwyr) *m,* lle|olwraig *f,* dodwr (dodwyr) *m,* d|odwraig *f.* **~ gold** *n.* aur *(m)* banc tywod.
placet *n. Pol:* pleidlais (pleidleisiau) *(f)* o blaid.
placid *a.* digyffro, llonydd, tawel, didaro, *F: occ:* côm.
placidity, placidness *n.* llonyddwch *m,* tawelwch *m.*
placidly *adv.* yn ddigyffro *&c.*
placing *vn.* gosodiad(-au) *m,* dodiad(-au) *m; S.a.* **place**[2].
placket *n. Dressm:* **~[-hole],** agen(-nau) *f,* agoriad(-au) *m,* hollt (-au) *f,* placed(-i,-au) *m.*
placoid *a. & n. Ich:* **1.** *a.* plataidd. **2.** *n.* pysgodyn (pysgod) plataidd *m.*
plafond *n. Arch:* nenfwd (nenfydau) *m.*
plagal *a. Mus:* **~ cadence,** diweddeb(-au) *(f)* Am|en, diweddeb eglwysig; **~ mode,** modd(-au) deilliedig *m.*

plage *n. Geog:* traeth(-au) *m.*
plagiarism *n.* lladrad(-au) *m*, llên-ladrad(-au) *m*, llên-ladrata *vn.*
plagiarist *n.* llên-leidr (~-ladron) *m*, llên-ladrones(-au,-i) *f.*
plagiarize *v.t.* llên-ladrata, lladrata, *N: F:* dwyn.
plagiarizer *n.* = **plagiarist.**
plagiocephalic *a. Anat:* plagioseffalig.
plagioclase *n. Geol:* pl|agioclas *m.*
plagioclastic *a. Geol:* plagioclastig.
plagioclimax *n. Nat.Hist:* plagioclimacs(-au) *m.*
plagiogeotropism *n. Bot:* plagiogeotropedd *m.*
plagiostome *n. Ich:* pl|agiostom (plagiostomau, plagiostomiaid) *m.*
plagiotropic *a. Bot:* plagiotropig.
plagiotropism *n. Bot:* plagiotropedd *m.*
plague[1] *n.* pla (plâu) *m*, haint (heintiau) *mf*, *Fig:* melltith(-ion) *f*; *Hist:* **the bubonic/great ~,** y pla du, haint (*f*) y nodau, y fad fawr *f*; *W.Hist:* **the yellow ~,** y fad felen *f*, y fall felen *f*; *F:* **what a ~ (the child is)!** dyna bla, am bla (yw'r plentyn)! (mae'r plentyn) yn ddigon o farn, yn fwrn! *A:* **a ~ on her!** pla arni hi! melltith arni hi! **~-spot** *n.* **1.** *Med:* nod(-au) (*m*) pla. **2.** (= *place*)*:* lle(-oedd) heintus *m.* **~-stricken** *a.* a'r pla arnoch, dan bla, dan y pla.
plague[2] *v.t. F:* poeni, blino, plagio, *N: F:* tyrmentio, tormentio, hambygio; **he's plaguing me,** *S. W: occ:* mae yn fy meigryn i; **to ~ s.o.'s life out,** bod yn fwrn ar rn.
plaguesome *a. F:* plagus, diflas.
plaguily *adv. A:* = **annoyingly.**
plaguy *a.* & *adv. A:* **1.** *a.* = **annoying, exceeding. 2.** *adv.* = **annoyingly, exceedingly.**
plaice *n. Ich:* lleden (lledod) *f*, lleden smotyn coch, lleden frech (lledod brych), lleden goch (lledod cochion).
plaid *n. Tex:* plod(-iau) *m*, plad(-iau) *m*; (*cloth*)*:* brethyn (*m*) plod/ plad; **even ~,** plad/plod cyson; **uneven ~,** plad/plod anghyson.
plain *a., adv.* & *n.* I. *a.* **1.** eglur, plaen, clir; **to make sth ~ to s.o.,** egluro rhth i rn, gwneud rhth yn eglur *&c* i rn; *F:* **as ~ as a pikestaff,** mor amlwg â golau dydd, mor amlwg â'r dydd, mor amlwg â thrwyn ar wyneb; **to make one's meaning perfectly ~,** eich egluro'ch hun yn berffaith, mynegi'ch meddwl yn glir; **in ~ English, in ~ Welsh** *&c*, a siarad yn blaen, mewn Cymraeg croyw; *Tg: &c:* **message in ~,** neges glir *f*; **in ~ figures,** mewn ffigyrau plaen. **2.** (= *simple*)*:* (*a*) **a ~ style,** arddull seml/blaen/ ddirodres; **~ card,** *N:* cerdyn (cardiau) plaen *m*, *S:* carden blaen (cardiau plaen) *f*; **in ~ clothes,** mewn dillad cyffredin/ plaen; **a policeman in ~ clothes,** plismon yn ei ddillad ei hun; **under ~ cover,** mewn amlen blaen; **~ paper,** papur plaen *m*; **~ knitting,** gwau o dde/ddethau; **~ sewing,** gwnïo plaen; **~ and purl,** gwau o dde ac o chwith; *S.a.* **sailing**[1]; (*b*) **~ material,** brethyn plaen *m*; **~ weaving,** gwehyddu plaen; (*c*) **~ cooking,** coginio cartref, bwyd plaen; **~ cook,** cogydd(-ion) plaen *m*, cogyddes blaen (cogyddesau plaen) *f*; (*d*) **the ~ truth,** y gwir [plaen/syml/diaddurn]; **he was called ~ Gwyn,** Gwyn yn unig oedd ei enw; **a ~ answer,** ateb plaen/swta/cwta; **~ speech,** siarad (*vn*) heb flewyn ar dafod, siarad plaen, siarad yn [blwmp ac yn] blaen; **~ time,** amser plaen *m*; **to use ~ language, to be ~ with s.o.,** siarad yn [blwmp ac yn] blaen â rhn; **~ dealing,** delio gonest, gonestrwydd *m*, didwylledd *m*; **~ (country folk),** (gwladwyr) syml, dirodres, cartrefol. **3.** (= *not beautiful*)*:* plaen, diolwg. II. *adv.* yn eglur. III. *n.* gwastatir(-oedd) *m*, gwastadedd(-au) *m*, *occ:* gwastad(-oedd) *m*; **in the ~,** ar y gwastadedd *&c*; *Palmistry:* **~ of Mars,** gwastad Mawrth; **flood/alluvial ~,** gwastatir llifwaddod, gorlifdir(-oedd) *m*; **outwash ~,** gwastatir allolchi, sandur(-au) *m*; **summit ~,** gwastadedd copa. **~ speaking** *vn.* siarad plaen. **~-spoken** *a.* di-flewyn-ar-dafod. **~ tract** *n. Geog:* gwastatir (*m*) afon (gwastatiroedd afonydd).
plainchant *n. Mus:* = **plainsong.**
plainly *adv.* **1.** (= *clearly*)*:* yn eglur *&c.* **2.** (= *simply*)*:* yn blaen; **~ dressed,** mewn gwisg blaen.
plainness *n.* **1.** (= *clearness*)*:* eglurdeb *m*, eglurder *m*, clirdeb *m*, clirder *m*, plaender *m*, plaendra *m.* **2.** (= *simpleness*)*:* symlrwydd *m*, plaender *m*, plaendra *m.* **3.** (= *lack of beauty*)*:* plaender, plaendra.
plainsman *n.m.* gwastadeddwr (gwastadeddwyr).
plainsong *n. Mus:* plaengan(-au) *f* (*pronounced* ng-g), plaensiant (-iau) *f.*
plaint *n.* **1.** *Jur:* cwyn(-ion) *usu.f*, achwyniad(-au) *m*; **~ and defence,** hawl ac ateb. **2.** *Poet:* cwynfan(-au) *mf*, cwyn *mf*, galarnad(-au) *f*, dolef(-au) *f.*
plaintiff *n.* achwynydd(-ion) *m.*
plaintive *a.* cwynfanus, cwynfanllyd, dolefus, galarnadus, galarus, wylofus.
plaintively *adv.* yn gwynfanus *&c.*
plaintiveness *n.* galarusrwydd *m*, tristwch *m*, sŵn cwynfanus *&c m.*
plait[1] *n.* **1.** (*of hair &c*)*:* pleth(-au,-i) *f*, plethen *f*: plethyn *m* (plethi, plethau), plethiad(-au) *m.*
plait[2] *v.t.* (*hair &c*)*:* plethu; (*twine, thread &c*)*:* cyfrodeddu, cordeddu.
plaited *a.* (*hair*)*:* plethedig; (*twine, thread &c*)*:* cyfrodedd, cordeddog.
plan[1] *n.* **1.** (*drawing*)*:* cynllun(-iau) *m*, plan(-iau) *m*; *S. W: occ:* **~ of house,** *S: occ:* torrad (*m*) tŷ; *Carp: Ph: &c:* uwcholwg (uwcholygon) *m*, cynllun; **to draw a ~,** tynnu cynllun/plan; **ground ~,** llorgynllun(-iau) *m*, llawrgynllun(-iau) *m*, cynllun(-iau) (*m*) llawr. **2.** (= *project*)*:* cynllun, bwriad(-au) *m*, trefniad(-au) *m*; **what are your plans?** beth sydd yn eich bwriad chi? pa beth ydych chi'n ei fwriadu? **according to ~,** yn ôl y bwriad; **~ of campaign,** cynllun ymgyrch; **to draw up a ~,** gwn|eud cynllun; **he's upset the plans,** *N. W:* mae o wedi drysu'r we.
plan[2] *v.t.* cynllunio, trefnu; **to ~ for the future,** cynllunio ar gyfer y dyfodol; **to ~ (to do sth), to ~ (on doing sth),** cynllunio (i wneud rth); arfaethu, bwriadu, pwrpasu, pwrpasa (gwneud rhth); *S.a.* **planned.**
planar *a. Mth:* planol.
planarian *n. Ann:* planariad (planariaid) *m.*
planation *n.* gwastadiant *m.*
planchet *n.* disg(-iau) *mf.*
planchette *n. planchette(-s) m.*
plane[1] *a.* gwastad, lefel, fflat. **~ chart** *n.* siart [g]wastad (siartiau gwastad) *fm.* **~-table** *n. Surv:* gwastadfwrdd (gwastadfyrddau) *m.*
plane[2] *n.* **1.** (*a*) *Geol:* gwastad(-oedd) *m*, plân (planau) *m*; **horizontal ~,** plân llorwedd. *Arch:* **curved ~,** troell(-au) *f*; (*b*) *F:* **a high ~ of intelligence,** lefel (*f*) uchel o ddeallusrwydd. **2.** *Mec:* **bounding-~,** plân terfyn; **cutting-~,** plân torri; **ecliptic ~,** plân ecliptig; **inclined ~,** plân ar oleddf; **ground ~,** plân llawr; **tangent ~,** plân tangiad; *Ph:* **~ polarised wave,** ton (*f*) plân polaraidd; **~ polarised light,** golau (*m*) plân polaraidd. **3.** *Av: F:* (*a*) (= *surface*)*:* arwyneb(-au) *m*; (*b*) (= *aeroplane*)*:* awyren(-nau) *f.* **~ geometry** *n.* geometreg (*f*) arwyneb.
plane[3] *v.i. Av: &c:* gleidio.
plane[4] *n. Tls:* plaen(-au,-iau) *m*, *S.E:* plâm (plamau) *m*, *Lit: occ:* canwyr(-au,-ion) *m*; **the mouth of a ~,** ceg (*f*) plaen; **block ~,** blocblaen(-iau) *m*, plaen bloc; **bull-nose[d] ~,** plaen trwynbwl; **cap iron ~,** plaen haearn cefn; **combination ~,** plaen aml-ddefnydd; **compass ~,** plaen gwadn amgrwn; **escapement ~,** plaen cilfa, plaen dihangle; **jack ~,** jacblaen(-iau) *m*, plaen mawr; **moulding-~,** plaen gleinio, plaen siapio; **plough ~,** plaen rhigoli; **rabbet[ing] ~, rebate ~,** plaen rabed; **router ~,** plaen cafnu, dant (*m*) y wrach (dannedd gwrachod); **scraper ~,** plaen crafu; **shoulder ~,** plaen ysgwydd; **smoothing-~,** plaen llyfnu; **small ~,** *S.E:* sbecplam *m*; **toothing-~,** plaen danheddog; **trying-~,** plaen hir, trymplaen(-iau) *m.* **~-iron** *n.* haearn (heyrn) (*m*) plaen. **~-stock** *n.* carn(-au) (*m*) plaen.
plane[5] *v.t.* plaenio, llyfnu, llyfnh|au, *S.E:* plamo, *Lit:* canwyro; **to rough ~,** plaenio'n fras, brasblaenio.
plane[6] *n.* **~ [tree]** planwydden (planwydd) *f.*
planet[1] *n. Astr:* planed(-au) *f.* **~-gear** *n. Mec.E:* gêr planedol *m.* **~-pinion, ~-wheel** *n.* olwyn blanedol (olwynion planedol) *f.* **~-stricken, ~-struck** *a.* dan blaned anffodus.
planet[2] *n.* casul(-iau) *mf.*
planetarium *n. Astr:* planetariwm (planetaria) *m.*
planetary *a. Astr:* planedol.
planetesimal *n. Astr:* *planedronyn(-nau) *m.*
planetoid *n. Astr:* planedyn (planedion) *m.*
planetology *n.* planedoleg *f.*
plangency *n.* atsain *f*, atseinioldeb *m.*
plangent *a.* **1.** atseiniol. **2.** = **plaintive.**
planimeter *n.* planimedr(-au) *m.*

planimetric[al] *a.* planimetrig.
planimetry *n.* planimetreg *f.*
planing *vn.* plaenio; *S.a.* **plane**[5]. **~-board** *n.* bwrdd (byrddau) (*m*) plaenio.
planipetalous *a. Bot:* llyfnbetalog.
planish *v.t.* **1.** planisio, fflatio. **2.** *Phot:* gloywi, llathru.
planisphere *n.* pl|anisffer (planisfferau) *m.*
planispheric *a.* planisfferig.
plank[1] *n.* astell (estyll) *f,* estyllen (estyll) *f, F:* 'styllen ('styllod) *f.*
plank[2] *v.t.* **1.** coedio, estyllu. **2.** *P:* **to ~ sth down,** taro rhth i lawr. **to ~ oneself down on a seat,** eich ploncio'ch hun ar gadair, *N:* eich sodro'ch hun ar gadair.
planking *vn. & n.* **1.** *vn.* = **plank**[2] **2.** *n. Coll:* estyll *pl,* planciau *pl.*
plankton *n. Oc:* plancton *m.*
planktonic *a. Oc:* planctonig.
planned *a.* bwriadol, bwriadus, cynlluniedig; *(= intended):* arfaethedig; **well-~,** trefnus.
planner *n.* cynlluniwr (cynllunwyr) *m,* trefnwr (trefnwyr) *m,* cynll|unwraig *f,* tr|efnwraig *f.*
planning *vn.* cynllunio.
planoconcave *a.* gwastad-geugrwm (*f.* ~-geugrom, *pl.* ~-geugrymion).
planoconvex *a.* gwastad-amgrwm (*f.* ~-amgrom, *pl.* ~-amgrymion).
planometer *n.* planomedr(-au) *m.*
plant[1] *n.* **1.** *Bot:* planhigyn (planhigion) *m,* llysieuyn (llysiau) *m;* **dwarf ~,** corblanhigyn (corblanhigion) *m;* **short day ~,** planhigyn byrddydd; **twining ~,** llysieuyn troellog; **~ life,** bywyd llysieuol/planhigol *m,* llysiau *pl,* planhigion *pl.* **2.** *Ind: (a) (= machinery &c):* peiriannau *pl,* offer *m* or *pl,* cyfarpar *m;* **heavy ~,** peiriannau trymion; *(b) (= factory):* ffatri (ffatrïoedd) *f,* gwaith (gweithf|eydd) *m.* **3.** *P: (= thing deliberately planted):* planiad(-au) *m.* **~-eating** *a. Z:* llysysol. **~-louse** *n.* llysleuen (llyslau) *f.*
plant[2] *v.t.* **1.** plannu; **to ~ potatoes,** plannu tatws, *occ:* gosod tatws, *S:* dodi tato; **to ~ a garden,** plannu gardd, *S.W:* gosod gardd, *S:* dodi gardd; **to ~ a field with potatoes,** plannu cae â thatws; **to ~ a shelter-belt,** *N.W:* gostwng tir. **2.** *(a spy &c):* gosod; *(pole):* gosod, dodi, *N: F:* sodro; *(a mine):* gosod, dodi; **he found himself planted on a desert island,** fe'i cafodd ei hun yn sownd ar ynys anghyfannedd; **to ~ a colony,** sefydlu/cychwyn gwladfa; **to ~ an idea in s.o.'s mind,** plannu/rhoi syniad ym meddwl rhn; *F:* **to ~ a bullet in a target,** plannu/sodro bwled mewn targed; **to ~ a ball in a goal,** sodro pêl mewn gôl; **to ~ a blow,** anelu ergyd; **a well-planted blow,** ergyd wedi ei [h]anelu'n dda; *Th:* **to ~ a gag,** gosod smaldod; **to ~ oneself (in front of s.o.),** eich gosod eich hun, eich sodro'ch/plannu'ch hun (o flaen rhn); *F:* **to ~ oneself on s.o.,** eich gwthio'ch hun ar rn, eich gwadd eich hun at rn. **3.** *F: (stolen goods &c):* cuddio, celcio; *(incriminating evidence):* plannu. **~ out** *v.t. Hort:* plannu (rhth) allan, gosod (rhth) allan
Plantagenet *n. & attrib.* **1.** *n.* Plant|agenet (Plantagenetiaid) *m&f.* **2.** *attrib.* Plantagenetaidd.
plantain[1] *n. Bot: (Plantago):* llyriad *m,* llyriaid *pl,* erllyriad *m,* llwynhidydd *m,* llydan (*m*) y ffordd, llwyn (*m*) y neidr, sawdl (*m*) Crist; **buck's horn ~,** *(P. coronopus):* llyriad corn y carw, llyriad y môr, llysiau (*pl*) Efa, dail (*pl*) llwynhidl, llydan (*m*) y ffordd, henllydan *m,* corn (*m*) y carw, llwynhidydd corn y carw; **great ~, broad-leaved ~, ratstail ~,** *(P. major):* llydan y ffordd, y llyriad mwyaf, henllydan y ffordd, llwynhidydd mawr, dail llyriad, *N.W:* cynffon (*f*) [y] llygoden, cabaitsh (*pl*) y llawr; **hoary ~,** *(P. media):* llyriaid llwydion, tafod (*m*) yr oen, llwynhidydd blewog, pennau (*pl*) ceiliogod; **sea ~,** *(P. maritima):* bara can (*m*) y defaid, llyriad y môr, gwerog *f,* llyriad y defaid, mân (*m*) y don, sampier (*m*) y defaid, llwynhidydd arfor; **ribwort ~,** *(P. lanceolata):* dail llwynhidydd, pennau(*pl*)'r gwŷr, *N.W:* dail ceiliog, dail llwynhidyl, llysiau'r ais, traeturiaid (*pl*) y bugeilydd, llysiau'r defaid, *S.W:* dail cryman; **water-~,** *(Alisma plantago aquatica):* llyriad y dŵr/llynnoedd, llyriaid llymion, dyfr-lyriad; **floating water-~,** *(Luronium natans):* llyriad nofiadwy; **lesser water-~,** *(Baldellia ranunculoides):* dyfr-lyriad bychan; **lanceolate/narrow-leaved water-~,** *(A. lanceolatum):* dyfr-lyriad culddail. **~ lily** *n.* lili (lilïau) undydd *f.*
plantain[2] *n.* **1.** *(tree):* coeden (*f*) blantan (coed plantan), coeden fanana (coed bananas); *(fruit):* banana werdd (bananas gwyrdd) *f.* **~-eater** *n. Orn:* twraco(-aid) *m.*
plantar *a. Anat:* gwadnol, y gwadn/wadn; *Vet: (horse's):* **~ cushion,** bywyn (*m*) carn [ceffyl *&c*], llyffant (*m*) y droed.
plantation *n.* **1.** *(of trees &c):* planhigfa (planhigf|eydd) *f,* ystâd (ystadau) *f.* **2.** *Hist:* gwladfa (gwladf|eydd) *f,* gwladychfa (gwladychf|eydd) *f,* trefedigaeth(-au) *f.*
planted *a.* planedig; *S.a.* **moulding.**
planter *n.* **1.** *(a) (of plant &c):* plannwr (planwyr) *m,* pl|anwraig *f, occ:* gosodwr (gosodwyr) *m,* dodwr (dodwyr) *m,* gos|odwraig *f; (b) (= owner of plantation):* plannwr, planhigfawr (planhigfawyr) *m.* **2.** *Hist: (= settler):* ymsefydlwr (ymsefydlwyr) *m,* gwladychwr (gwladychwyr) *m.* **3.** *U.S: (= container):* dysgl(-au) *f.*
plantigrade *a. & n.* **1.** *a.* pl|antigrad, gwadnrodiol. **2.** *n.* gwadnrodiwr (gwadnrodwyr) *m,* anifail (anifeiliaid) plantigrad/gwadnrodiol *m.*
plantlet *n. Bot:* planhigyn bychan (planhigion bychain) *m.*
plantlike *a.* fel planhigyn.
plantocracy *n.* *planwriaeth(-au) *f.*
planula *n. Z:* pl|anwla (planwlâu) *m.*
planular *a. Z:* planwlaidd.
planxty *n. Mus:* plancsti (plancstïau) *f.*
plaque *n.* plac(-iau) *m; (of stone):* llechen (llechi) *f,* llechfaen (llechfeini) *m;* **number-~,** plac rhifo.
plaquette *n.* plac bychan (placiau bychain) *m.*
plash[1] *n.* sblash *f.*
plash[2] *v.i.* sblasio, llepian, slotian.
plash[3] *v.t.* **to ~ a hedge,** plygu gwrych, *M.W:* ceu sietin, *S:* bangori (*pronounced* ng-g) perth, *occ:* bidio perth/clawdd.
plash[4] *n. (= pool):* pwll (pyllau) *m.*
plashy *a.* pyllog.
plasm, plasma *n. Biol: Miner: Ph:* plasma *m.* **~ cell** *n.* plasma-gell(-oedd) *f.* **~ cell myeloma** *n.* myeloma plasmagellog *m.* **~ membrane** *n.* pilen blasmaidd (pilennau plasmaidd) *f.*
plasmagene *n. Biol:* plasmagenyn(-nau) *m.*
plasmagenic *a. Biol:* plasmagenig.
plasmatic *a. Biol:* plasmatig.
plasmodium *n. Biol:* plasmodiwm (plasmodia) *m.*
plasmolyse *v.t. Biol:* plasmolysu.
plasmolysis *n. Biol:* plasm|olysis *m.*
plasmon *n. Biol:* plasmon *m.*
plasmosome *n. Biol:* = **nucleolus.**
plaster[1] *n.* **1.** *Med:* plastr(-au) *m,* plaster(-i) *m;* **~ of Paris,** plast[e]r Paris; **adhesive/sticking ~, court ~,** plast[e]r glynu. **2.** *Constr:* plast[e]r *m, Lit: occ:* cymrwd *m.* **~ cast** *n.* cast(-iau) (*m*) plast[e]r, mo[w]ldiad(-au) (*m*) plast[e]r. **~ casting** *vn.* castio plast[e]r. **~ saint** *n.* sant (seintiau) (*m*) plast[e]r, delw (*f*) blast[e]r (delwau plast[e]r), Iesu Grist bach *m.*
plaster[2] *v.t.* plastro. **~ down** *v.t. (hair &c):* plastro (rhth) i lawr. **~ up** *v.t.* **to ~ up a hole,** cau twll â phlastr.
plasterboard *n. Const:* plastrfwrdd *m.*
plastered *a.* **1. a ~ wall,** mur plastredig, mur wedi ei blastro; **a wall ~ with posters,** mur yn blast[e]r o bosteri; **~ with dirt,** yn faw i gyd, yn faw drosoch, yn blast[e]r o faw, *N.W: occ:* yn derrig/drybola o faw. **2.** *P:* = **drunk.**
plasterer *n.* plastrwr (plastrwyr) *m.*
plastering *vn.* **1.** = **plaster**[2]. **2.** *F:* = **thrashing.**
plasterwork *n.* gwaith (*m*) plastro.
plastic *a. & n.* **1.** *a. (a)* plastig; *(b) F:* **a ~ mind,** meddwl hyblyg/ystwyth; *(c)* **~ surgeon,** llawfeddyg(-on) cosmetig *m;* **~ surgery,** llawdriniaeth gosmetig *f,* llawfeddygaeth gosmetig *f.* **2.** *n.* plastig(-au,-ion) *m;* **thermosetting ~,** plastig thermosetio.
plastically *adv.* yn blastig *&c.*
plasticine *n. R.t.m:* pl|astisin: plastisîn *m, F:* clai *m.*
plasticity *n.* plastigedd *m,* plastigrwydd *m,* hyblygrwydd *m,* ystwythder *m.*
plasticize *v.t.* plastigo, plastigeiddio.
plasticizer *n. Ch:* plastigydd(-ion) *m.*
plastid *n. Biol:* plastid(-au) *m.*
plastometer *n. Ph:* plastomedr(-au) *m.*
plastometric *a. Ph:* plastometrig.
plastron *n.* **1.** *Fenc: &c:* bronddor(-au) *f,* brondor(-au) *f,* brestblad(-au) *m.* **2.** *(= shirt-front):* gyddfgrys(-au) *m, F:* tsiêt(-s, tsieti) *f.* **3.** *Z: (of tortoise &c):* torblat(-iau) *m.*

plat[1] *n. & v.t.* = **plait**[1],[2].
plat[2] *n. Cu:* saig (seigiau) *f.*
plat[3] *n. U.S:* tirlyfr(-au) *m.*
platan *n. Bot:* planwydden (planwydd) *f.*
plate[1] *n.* **1.** *(of metal &c):* plât (platiau) *m, occ:* dalen(-nau) *f,* haearn (heyrn) *m,* haenell(-au) *f; Biol: &c:* haen(-au) *f.* **2.** *Mch:* **bottom ~,** plât isaf; *S.a.* **hotplate; valve ~,** plât falf, anod(-au) *m; Aut:* **number-~,** plât rhifau; **name-~,** plât enw; *E:* **angle ~,** plât ongl/onglog; **back-~,** cefnblat(-iau) *m,* plât ôl; **box angle ~,** plât ongl bocs; **catch [driver] ~,** plât cydio, plât troi; **dowel ~,** plât dowel; **draw ~,** plât tynnu; **driver ~,** plât troi/gyrru; **face ~,** plât wyneb; **striking ~,** plât taro; **surface ~,** plât arwyneb; **terne ~,** plât tern, ternblat(-iau) *m;* **throat-~,** gyddfblat(-iau) *m; Dent:* plât, *N:* dannedd gosod *pl, S:* dannedd dodi. **3.** *Phot:* plât; **full/whole ~,** plât cyfan; **half-~,** hanner *(m)* plât. **4.** *Engr:* plât, engrafiad(-au) *m (pronounced* ng-g), ysgythriad(-au) *m,* llun (-iau) *m;* **plates volume,** cyfrol *(f)* luniau (cyfrolau lluniau). **5.** *Const:* **roof-~, wall-~,** gwalbla[i]d (gwalbleidiau) *f,* gwalbant (gwalbentydd) *f, F:* walblad *f.* **6.** *(a)* **silver ~,** llestri *(pl)* arian; **a silver ~,** plât arian; **gold ~,** llestri aur; **a gold ~,** plât aur; *(b) Rac: (prize):* cwpan(-au) *fm; (race):* ras *(f)* gwpan (rasys cwpanau); *S.a.* **selling. 7.** *(a)* **dinner-~,** plât cinio; *Fig:* **I've got enough on my ~,** mae gen i ddigon ar fy mhlât; *N.W:* mae gen i ddigon ar fy nhrensiwr; **she expects to have it on a ~,** mae hi'n disgwyl ei gael ar blât; mae'n disgwyl ei gael heb fynd i drafferth; *(b) Ecc:* **to take the ~ round,** gwn|eud casgliad; *(c)* = **plateful. 8.** *Rac: (= horseshoe):* pedol ysgafn (pedolau ysgeifn) *f.* **~ armour** *n.* **1.** *N.Arch:* plât (platiau) dur *m.* **2.** *Archeol:* arfwisg *(f)* blât (arfwisgoedd plât), plât-arfwisg(-oedd) *f.* **~-basket** *n.* basged(-i) *(f)* cyllyll a ffyrc. **~-carrier** *n.* = **plate-holder. ~ clutch** *n. Aut:* cydiwr (cydwyr) *(m)* platiau. **~ glass** *n.* gwydr *(m)* plât. **~ guard** *n.* gard(-iau) *(m)* plât. **~-holder** *n. Phot:* peth *(m)* dal plât (pethau dal platiau), daliwr (dalwyr) *(m)* platiau. **~ iron** *n.* haearn *(m)* plât. **~-mark** *n.* **1.** = **hallmark**[1]. **2.** *Engr: Phot:* marc *(m)* plât (marciau platiau). **~-powder** *n.* powdwr *(m)* glanh|au arian. **~-rack** *n.* rhesel *(f)* lestri (rheseli llestri), *S:* car (ceir) *(m)* llestri. **~-rail** *n.* cledren *(f)* blât (cledrau plât), rheilen *(f)* blât (rheiliau plât). **~ tectonics** *n.pl. Geog:* tectoneg *(f)* platiau. **~-warmer** *n.* twymwr (twymwyr) *(m)* llestri, cynheswr (cynheswyr) *(m)* llestri.
plate[2] *v.t.* **platio;** *Biol: Metalw: &c: occ:* haenellu.
plateau *n.* **1.** *Geog:* llwyfandir(-oedd) *m.* **2.** *Pol: Psy: (= levelling off):* man(-nau) gwastad *m,* gwastadedd(-au) *m.* **~ block** *n.* bloclwyfandir(-oedd) *m.*
plated *a.* platiog, haenellog; **gold-~,** eurog, eurblatiog.
plateful *n.* platiaid: platiad (plateidiau) *m,* llond *(m)* plât (~ platiau).
platelayer *n. Rail:* fforddoliwr (fforddolwyr) *m.*
platelaying *vn.* gosod cledrau.
platelet *n.* platen(-nau) *f.*
platen *n.* **1.** *Typ:* gwasgfwrdd (gwasgfyrddau) *m,* platen(-au) *m.* **2.** *Typewr:* rholer(-i) *m,* platen. **~ press** *n.* gwasg *(f)* blaten (gweisg platen).
plater *n.* **1.** *Metalw:* platiwr (platwyr) *m,* haenellwr (haenellwyr) *m.* **2.** *(= smith):* gof(-aint) *m.* **3.** *Turf:* ceffyl(-au) gwael *m.*
plateresque *a.* addurnedig, ariannaidd.
platform *n.* **1.** *Geog: Fort: (of land):* teras(-au) *m,* llwyfan(-nau) *mf.* **2.** *(of station, bus &c):* platfform(-au) *m, occ:* esgynlawr (esgynloriau) *m;* **entrance ~,** *(of bus):* platfform esgyn; *Artil:* **loading ~,** platfform llwytho; *Rail:* **arrival ~,** platfform cyrraedd; **departure ~,** platfform ymadael. **3.** *(in meeting: Pol: Th):* llwyfan; *(= programme):* rhaglen(-ni) *f,* p|olisi (polisïau) *m.* **~ house** *n.* tŷ (tai) *(m)* llwyfan. **~ shoe** *n.* esgid *(f)* blatfform (esgidiau platfform). **~ sole** *n.* gwadn *(f)* blatfform (gwadnau platfform), gwadn drwchus (gwadnau trwchus). **~ ticket** *n.* tocyn(-nau) *(m)* platfform, ticed(-i) *(m)* platfform.
platina *n. Metalw:* platina *m.*
plating *vn.* = **plate**[2].
platinic *a. Ch:* platinig.
platiniferous *a. Geol:* platinifferaidd.
platinize *v.t. Metalw:* platineiddio, platinio.
platinoid *a. & n. Ch:* **1.** *a.* platinaidd. **2.** *n.* pl|atinoid (platinoidau) *m.*
platinotype *n. Typ:* pl|atinoteip (platinoteipiau) *m.*
platinous *a. Ch:* platinaidd.
platinum *n. Ch:* pl|atinwm *m.* **~ black** *n.* platinwm du, powdwr *(m)* platinwm. **~-blond[e] 1.** *a.* gwynfelyn *(f.* gwenfelen, *pl.* gwynfelynion), melynwyn *(f.* melynwen, *pl.* melynwynion). **2.** *n.* blonden wenfelen/felenwen (blondiaid gwynfelyn/melynwyn) *f,* blondyn (blondiaid) gwynfelyn/melynwyn *m,* dyn(-ion) *(m)* â gwallt gwynfelyn/melynwyn, merch(-ed) *(f)* â gwallt gwynfelyn/melynwyn. **~ metal** *n.* metel(-oedd) *(m)* platinwm. **~ sponge** *n.* ysbwng *(m)* platinwm.
platitude *n.* **1.** *(= commonplaceness):* ystrydebedd *m,* cyffredinedd *m.* **2.** *(remark):* ystrydeb(-au) *f, occ:* cyffredineb(-au) *f.*
platitudinarian *n.* ystrydebwr (ystrydebwyr) *m,* ystryd|ebwraig (ystrydebwragedd) *f.*
platitudinize *v.i.* ystrydebu.
platitudinous *a.* ystrydebol.
platitudinously *adv.* yn ystrydebol.
Plato *Pr.n.m.* Platon.
Platonic *a.* **1.** *Phil:* Platonig, Platonaidd. **2.** **p~,** *(love &c):* platonig, platonaidd.
Platonically *adv.* **1.** *Phil:* yn Blatonig/Blatonaidd. **2.** **p~,** yn blatonig/blatonaidd.
Platonism *n.* Platoniaeth *f.*
Platonist *n.* Platonydd(-ion, Platonwyr) *m,* Platoniad (Platoniaid) *m&f.*
Platonize *v.t.&i.* Platoneiddio.
platoon *n. Mil:* platŵn (platwnau, platynau) *m.*
Plattdeutsch *Pr.n. Ling:* Plattdeutsch *f, m.*
platter *n.* **1.** dysgl(-au) *f,* plât (platiau) *m,* treinsiwr *m,* noe(-au) *f.* **2.** *U.S: (= gramophone record):* disg(-iau) *mf.*
platy *a. Geog:* haenaidd.
platyhelminth *n. Z:* llyng[h]yren (llyngyr) fflat *f.*
platykurtic *a.* platycwrtig, llydangrwm *(pronounced* ng-g).
platypus *n. Z:* hwyatbig(-au) *m.*
platyrrhine *a.* ffroenlydan, ffroenfoll.
plaudit *n.usu.pl.* cymeradwyaeth *f,* clod(-ydd) *m.*
plausibility *n.* hygrededd *m,* tebygolrwydd *m,* credadwyedd *m.*
plausible *a.* **1.** tebygol, credadwy, argyhoeddiadol; **his story wasn't ~,** ni ellid credu ei stori; *N.W:* 'doedd ganddo fo ddim croen ar y stori. **2.** *(pers.):* gwên-deg, llithrig eich tafod, hawdd eich credu.
plausibly *adv.* yn gredadwy; yn wên-deg.
play[1] *n.* **1.** *(a) (of light):* pefriad *m,* tywyniad *m,* dawns *f; (b) (= handling of weapons):* chwifiad *m,* defnydd *m* (o rth); *(c)* **to come into ~,** dod i rym, dod ar waith, dechrau gweithio, dechrau dylanwadu, ymddangos; **to call sth into ~,** rhoi rhth ar waith; **in full ~,** mewn llawn rym, ar waith, ar fynd; **(to keep s.o.) in ~,** (cadw rhn) ar waith, yn brysur; **to keep (an enemy) in ~,** atal, arafu (gelyn); *U.S:* **to make a ~ for sth,** gwneud cynnig i gael rhth, ceisio cael rhth, gweld eich gwyn ar rth, anelu/unioni/sythu am rth; **to make [great] ~ with sth,** gwneud defnydd mawr o rth, gwneud môr a mynydd o rth, gwneud yn fawr o rth; **lively ~ of fancy,** bywiogrwydd *(m)* dychymyg; **to give full ~ (to one's imagination),** rhoi rhwydd hynt, rhoi tragwyddol heol, rhoi rhaff (i'ch dychymyg); rhoi'r ffrwyn ar war (eich dychymyg); *(d) (of working mechanism):* gweithrediad *m,* symudiad *m; (e) Mec.E: &c: (= room to move, slackness):* llacrwydd *m,* lle *(m)* [i] symud. **2.** *(a) (= recreation):* chwarae *vn or m;* **schoolchildren at ~,** plant ysgol yn chwarae; *Fig:* **child's ~,** chwarae plant [bach]; **it's not child's ~,** nid chwarae bach mohoni; ni ddaw hi ddim ar chwarae bach; *(b)* **(to say) sth in ~,** (dweud rhth) o ran hwyl *(f),* o ran chwarae, o ran cellwair *(m);* smalio (dweud rhth); **a ~ on words,** chwarae ar eiriau, gair (geiriau) mwys *m,* mwysair (mwyseiriau) *m; Sp:* **fair ~!** chwarae teg! *Sp:* **foul ~,** chwarae annheg, camchwarae, *N:* chwarae budr, *S:* chwarae brwnt; **foul ~ is not suspected,** ni chredir y bu trosedd; *(not* ni ddrwgdybir anfadwaith, *nor* nid amheuir anfadwaith *which* = *there is no doubting foul play).* **3.** *(a) O:* = **gambling;** *(b) Games:* chwarae *vn;* **~ began at one o'clock,** dechreuodd y chwarae am un o'r gloch; **a ball in ~,** pêl i mewn yn y chwarae; **a ball out of ~,** pêl allan o'r chwarae; **what's the state of ~?** sut y mae pethau bellach? **4.** *Th:* drama (dramâu) *f;* **the play's the thing,** yr actio yw'r peth; **to go to the ~,** mynd i'r theatr. **~-acting** *vn.* actio, smalio, cymryd arnoch. **~-actor** *n.* actor(-ion) *m,* smaliwr (smalwyr) *m,* cogiwr (cogwyr) *m.* **~-actress** *n.f.*

actores(-au), sm|alwraig, c|ogwraig *f*. **~-day** *n. (a) Sch:* gŵyl (gwyliau) *f*; *(b) Ind:* diwrnod (*m*) o'r gwaith. **~ doctor** *n. Th:* doctor(-iaid) (*m*) drama. **~-group** *n.* grŵp (grwpiau) (*m*) chwarae. **~-pen** *n.* corlan(-nau) (*f*) chwarae. **~ reader** *n. Th:* darllenwr (darllenwyr) (*m*) drama. **~-room** *n.* ystafell(-oedd) (*f*) chwarae. **~ scheme** *n.* cynllun(-iau) (*m*) chwarae. **~-suit** *n. Cost:* siwt(-iau) (*f*) chwarae. **~ therapy** *n.* th|erapi (*m*) chwarae.

play² *v.i.&t.* I. *v.i.* **1.** *(of animals):* prancio, chwarae; *(of light):* pefrio, gwibio, chwarae (**on sth,** ar rth); **a smile played (on her lips),** chwaraeai gwên, 'roedd gwên (ar ei gwefusau). **2.** *(a) (of fountain):* chwarae, ffrydio; *(of instrument): Mus:* chwarae, seinio, *occ:* canu: *v.t.* **the band played the troops past,** cyfeiliodd y band i orymdaith y milwyr; *(c) (of slack part of mechanism):* chwarae, symud, llacio, bod yn llac. **3.** *(a) (= amuse oneself):* chwarae, cael hwyl; **go away and ~!** dos (ewch) i chwarae! *(b)* **to ~ with fire,** chwarae â thân, *S: occ: Fig:* bwyta dail poethion; **he's not a man to be played with,** nid yw'n un i chwarae ag ef; nid yw'n un i'w drin yn ysgafn; *(c)* **to ~ at soldiers,** chwarae soldiwrs bach, smalio/cogio bod yn soldiwrs; **to ~ at school,** chwarae ysgol fach; **to ~ at doctors and nurses,** chwarae doctor bach; **to ~ at (doing sth),** piltran, stwna (gwneud rhth); ymyrraeth (â rhth); *F:* dala'r slac yn dyn[n]. II. *v.t. or ind.t.* **1. to ~ [at] chess,** chwarae gwyddbwyll; **to ~ ball (with s.o.),** *Fig:* cydweithio, cydweithredu (â rhn); **if you ~ ball with me, I'll ~ ball with you,** cân di bennill mwyn i'th nain, fe gân dy nain i tithau; **not to ~ the game,** peidio â chwarae'n deg, *N.W:* chwarae am y salaf; **to ~ safe,** chwarae'n saff; **to ~ fair,** chwarae'n deg; **to ~ foul,** chwarae'n annheg, *S:* cafflo, *S.E:* chwarae cil-bwt/cilbwt; *F:* **to ~ for one's own hand,** chwarae er eich mwyn eich hun; **to ~ fast and loose,** chwarae'r ffon ddwybig, troi'r gath yn y badell, chwarae'r llaw wen; **to ~ into the hands of s.o.,** rhoi mantais i rn, mynd yn bric pwdin i rn, chwarae i ddwylo rhn, rhoi esgus da i rn [wneud rhth], rhoi mêl ar fysedd rhn; **they ~ into each other's hands,** maent yn gwn|eud trwy ei gilydd; maent yn gweithio law yn llaw; *S.a.* **time¹ 3. 2.** *(an instrument):* **to ~ [on] a piano** *&c*, canu/chwarae piano *&c*; **to ~ the harp,** canu'r delyn, *occ:* telynori; *(music):* chwarae; **to ~ sth by ear,** *(a) Mus:* chwarae rhth o'i glywed. *(b) Fig:* chwarae rhth fel y clywch chi hi, dilyn eich greddf, ei chymryd hi fel y mae'n dod; **to ~ hell with sth,** chwarae'r diawl â rhth. III. *v.t.* **1.** *Th: (a)* **to ~ a part,** chwarae rhan; **it has its part to ~,** mae iddo'i ran; **to ~ Macbeth,** chwarae [rhan] Macbeth; **to ~ to the gallery,** chwarae i'r galeri, tynnu'r rhaffau, boddio'r dorf; **to ~ (in a film),** actio, chwarae (mewn ffilm); *F:* **to ~ the fool,** chwarae'n wirion, lolian, rwdl[i]an, chwarae'r ffŵl, *N.W:* chwarae bili-ffŵl, *S:* chwarae whic a whiw; *See* **fool¹**; **to ~ the man,** bod yn ddewr, bod yn wrol, ymwroli; **to ~ (sth) for a laugh,** chwarae (rhth) er mwyn hwyl *or* o ran hwyl; **to ~ to capacity,** chwarae i dŷ llawn; *Children's Games:* **to ~ house,** chwarae tŷ bach; *S.a.* **truant**; *(b)* **to ~ (a tragedy),** actio, chwarae, perfformio (trasiedi); *(with passive force):* **comedy now playing at...,** comedi a chwaraeir yn awr yn.... **2. to ~ a joke/trick,** chwarae cast (**on s.o.,** ar rn, â rhn). **3.** *(a) Cards:* **to ~ a card,** chwarae cerdyn/carden; **she played her cards well,** *Fig:* fe chwaraeodd ei chardiau'n dda; fe ddaliodd yn dda ar ei chyfle; *(b) Games:* **to ~ (a ball too high),** taro, gyrru (pêl yn rhy uchel); *abs.* **who plays first?** tro pwy yw hi? pwy sydd yn chwarae gyntaf? **to ~ oneself in,** *(to a game &c):* cynefino, ymgynefino, dod i arfer (â gêm *&c*); dod iddi. **4.** *(a)* **to ~ a game of tennis,** chwarae gêm o dennis; *S.a.* **game¹ 1**; *(b)* **to ~ s.o. at chess,** chwarae gwyddbwyll gyda rhn; **I'll ~ you for the drinks,** mi chwaraeaf yn d'erbyn di am y diodydd; **to ~ the market,** mentro'r farchnad, gamblo ar y farchnad; **to ~ the field,** betio ar bob ceffyl; *(c) Sp:* **to ~ s.o. in a team,** cynnwys rhn mewn tîm. **5. to ~ (s.o.) false,** twyllo, bradychu (rhn); gwn|eud tro gwael (â rhn). **6. to ~ (a fish),** chwarae, blino (pysgodyn). **7. to ~ water on a fire,** chwistrellu dŵr dros dân; **to ~ (a light on sth),** cyfeirio, tywynnu (goleuni ar rth); **to ~ (on s.o.'s feelings),** manteisio, cymryd mantais, chwarae (ar deimladau rhn); **to ~ (on s.o.'s credulity),** manteisio, cymryd mantais (ar ddiniweidrwydd rhn); **~ around** *v.i.* lolian, cyboli, piltran, stwna, stwnsian, ponsio, *S.E:* pwdlach. **~ away** *v.t. (money):* gamblo. **~ back** *v.t.* ailchwarae, ailredeg. **~-back** *n.* ailrediad(-au) *m*, ailchwaraead(-au) *m*, ailchwarae *vn.* **~ down** *v.t. (= minimize):* bychanu (rhth), gwneud yn fach (o rth). **~ off** *v.t.* **1. to ~ s.o. off against s.o.,** gosod rhn yn erbyn rhn, gyrru rhn yn benben â rhn. **2.** *Sp:* chwarae gêm dros ben. **~-off** *n.* gêm (gemau) (*f*) dros ben. **~ on** *v.i.* dal i chwarae. **~ out** *v.t.* **1.** *(drama &c):* chwarae (rhth) i'r diwedd. **2. the organ played the people out,** canodd yr organ wrth i'r bobl ymadael. **3.** *F:* **that's played out,** mae hynny wedi chwythu ei blwc; **I'm played out,** 'rwyf wedi blino'n lân; 'rwyf wedi ymlâdd; mae hi ar ben arna' i; mae hi wedi darfod arna' i. **~ up 1.** *v.i. (a) F: (= do one's best):* gwneud eich gorau glas; **~ up!** ewch ati! hai ati! *(b)* **to ~ up to s.o.,** *(i) Th:* partneru rhn; *(ii) F:* **= flatter. 2.** *v.t. F: (a)* **to ~ sth up,** *(= exaggerate):* gwneud gormod o rth, gwneud môr a mynydd o rth; *(b)* **to ~ s.o. up,** rhoi trafferth i rn, *S.E:* chwarae'r bêr â rhn; **my leg's playing me up again,** mae'r goes 'ma'n boenus/brifo/anafus eto; *V:* mae'r goes ma'n chwarae'r diawl efo fi eto.

playa *n.* plaia (plaiâu) *m.*

playable *a.* chwaraeadwy.

playbill *n.* poster(-i) *m.*

playboy *n.* plesergarwr (plesergarwyr) *m*; *Lit:* **The P~ of the Western World,** Congrinero'r Gorllewin (*pronounced* ng-g).

played *a.* **~-out,** hen ffasiwn, darfodedig, wedi chwythu ei blwc; **he's ~-out,** mae hi ar ben arno; mae hi wedi darfod arno; mae wedi darfod amdano; mae'n mynd ar ei hen sodlau.

player *n.* **1.** *Mus:* chwaraewr (chwaraewyr) *m*, chwar|aewraig (chwaraewragedd) *f*, offerynnwr (offerynwyr) *m*, offer|ynwraig *f*, canwr (canwyr) *m*. **2.** *Th:* actor(-ion) *m*, actores(-au) *f*. **3.** *Sp: (a)* chwaraewr; *(b)* **gentlemen versus players,** amaturiaid yn erbyn chwaraewyr proffesiynol. **~-piano** *n. Mus:* piano(-s) peiriannol *m.*

playfellow *n.* **= playmate.**

playful *a.* chwar|eus.

playfully *adv.* yn chwar|eus *&c.*

playfulness *n.* chwarëusrwydd *m*, chwaraegarwch *m.*

playgoer *n.* mynychwr (mynychwyr) (*m*) theatr, myn|ychwraig (*f*) theatr, dramagarwr (dramagarwyr) *m*, dramag|arwraig *f.*

playground *n.* **1.** *Sch: &c:* cwrt(-iau) (*m*) chwarae, iard(-iau, ierdydd) (*f*) chwarae, buarth(-au) (*m*) chwarae, lle(-oedd) (*m*) chwarae. **2.** *Fig: (of idle rich &c):* chwaraele(-oedd) *m*, lle chwarae.

playhouse *n. A:* theatr(-au) *f*, chwaraedy (chwaraedai) *m.*

playing *vn.* **1. = play². 2.** *Th:* perfformiad *m*. **3.** *Mus:* perfformiad, *occ:* datganiad *m*, datganu *vn.* **~-card** *n. N:* cerdyn (cardiau) (*m*) chwarae, *S:* carden (cardiau) (*f*) chwarae. **~-field** *n.* maes (meysydd) (*m*) chwarae, cae(-au) (*m*) chwarae.

playitis *n.* clefyd (*m*) drama.

playlet *n. Th:* dramodig(-au) *f.*

playmate *n.* rhn i chwarae [ag ef, â hi]: cydchwaraewr (cydchwaraewyr) *m*, cydchwar|aewraig *f*, cydymaith (cymdeithion) (*m*) chwarae, ffrind(-iau) (*m*) [i chwarae]; **off you go with your playmates,** ffwrdd â thi i chwarae â dy ffrindiau.

playstool *n.* stôl fach (stolion bach) *f.*

plaything *n.* tegan(-au) *m.*

playtime *n.* amser (*m*) chwarae, *S.W:* heten *mf*, hêt *mf.*

playwright *n.* dramodydd: dramodwr (dramodwyr) *m*, dram|odwraig *f.*

plaza *n.* marchnadfa(-oedd) *f*, sgwâr (sgwar[i]au) *m*, maes (meysydd) *m.*

plea *n.* **1.** *Jur: (a) A: & Scot:* achos(-ion) *m*; *(b)* ple(-on,-dion) *m*, amddiffyniad(-au) *m*; **~ in bar, special ~,** ple arbennig; **cognizance of pleas,** hawl(-iau) (*f*) pledio; **court of common pleas,** llys (*m*) pleon cyffredin; **~ in/of mitigation,** ple lliniaru, ple i liniaru; **Pleas of the Crown,** Pledion y Goron; **to submit a ~,** cynnig ple, pledio. **2.** *(a) (= grounds):* esgus(-ion) *m*; **on the ~ (of illness),** ar esgus, ar sail (salwch); *(b) (= appeal):* ple *m*, apêl *mf*, apeliad(-au) *m*, erfyniad(-au) *m*, deisyfiad(-au) *m*; **a ~ for mercy,** ple/apêl am drugaredd.

pleach *v.t.* plethu, plygu, bidio; *See* **plash³**.

plead *v.i.&t.* **1.** *Jur:* pledio (**for sth,** dros rth; **against sth,** yn erbyn rhth); **to ~ a special plea,** pledio ple arbennig; **to ~ justification,** pledio cyfiawnhad; **to ~ guilty,** pledio'n euog; **to ~ not guilty,** pledio'n ddieuog; **to ~ the general issue,** pledio'n gyffredinol. **2.** *(a)* **to ~ s.o.'s cause,** dadlau dros rn, dadlau/pledio achos rhn, *F:* achub cam rhn, cadw cefn rhn, *N.W: occ:* dal dan rn; *(b) F:* **to ~ (ignorance),** haeru, pledio, *F:* esgus (anwybodaeth); **to ~ a**

previous engagement, esgus bod trefniant cynharach gennych. **3.** *(= appeal):* apelio, erfyn, ymbil, deisyf, eiriol (**for sth,** am rth; **on behalf of sth,** dros rth).

pleadable *a.* pledadwy, dadleuadwy.

pleader *n.* plediwr (pledwyr) *m,* pl|edwraig (pledwragedd) *f,* dadleuwr (dadleuwyr) *m,* dadl|euwraig (dadleuwragedd) *f,* ymbiliwr (ymbilwyr) *m,* ymb|ilwraig (ymbilwragedd) *f,* apeliwr (apelwyr) *m,* ap|elwraig (apelwragedd) *f,* eiriolwr (eiriolwyr) *m,* eir|iolwraig (eiriolwragedd) *f.*

pleading¹ *a.* erfyniol, taer, ymbilgar.

pleading² *vn.* = **plead 3**; *(a) Jur:* plediad(-au) *m*; *(b) (= entreaty):* apêl *mf,* erfyniad(-au) *m,* eiriolaeth *f*; **special ~,** *(i) Jur:* pledio arbennig; *F:* dadleuon annheg, esgusodion *pl.*

pleadingly *adv.* yn erfyniol *&c.*

pleasance *n.* gardd *(f)* bleser (gerddi pleser).

pleasant *a.* **1.** hyfryd, dymunol, braf, mwyn(-ion), pleserus, *S. W: occ:* heiti; **a story that makes ~ reading,** stori ddifyr i'w darllen. **2.** *(pers.):* hyfryd, mwyn, hawddgar, hynaws, rhadlon, swynol, *N:* clên, *N.W: occ:* diridan[n]o, dilidan[n]o, *S:* serchog, piwr, fforddus; **to make oneself ~ to s.o.,** bod yn ddymunol *&c* wrth rn.

pleasantly *adv.* yn ddymunol *&c.*

pleasantness *n.* **1.** hyfrydwch *m,* dymunoldeb *m,* swyn *m.* **2.** *(of pers.):* mwynder *m,* hynawsedd *m,* hawddgarwch *m,* rhadlonrwydd *m, N:* clenrwydd *m.*

pleasantry *n.* digrifwch *m,* [y]smaldod *m,* cellwair (cellweiriau) *m.*

please *v.t.* **1.** boddh|au, bodloni, boddio, *F:* plesio (rhn); *Lit:* rhyngu bodd (rhn); **easily pleased,** hawdd eich plesio, hawdd eich bodloni; **there is no pleasing him,** mae'n anodd ei blesio; 'does dim plesio arno; **to try to ~ everybody,** ceisio plesio pawb, ceisio cadw'r ddysgl yn wastad, ceisio ffusto'r ddwyberth; **~ yourself!** gwna fel y mynnot ti (gwnewch fel y mynnoch chi)! *abs.* **to lay/put oneself out to ~,** mynd i drafferth i blesio; *Jur:* **may it ~ your Honour,** rhynged bodd eich Anrhydedd. **2.** *(a) Impers.* **~ God I'll succeed,** gobeithio i'r Tad y llwydda' i; **~ God she won't fail,** *Lit:* na ato Duw iddi fethu; *(b)* **[if you] ~,** os gweli di'n dda (os gwelwch chi'n dda); **it pleased her to ignore me,** fe welodd hi'n dda f'anwybyddu i; **~ don't cry!** paid ag wylo, da ti! (peidiwch ag wylo, da chi)! **~ tell me...,** a wnewch chi ddweud wrthyf...; **may I? - ~ do!** ([a] gaf i?) - cewch, 'n tad! cewch, siŵr iawn! cewch, neno'r tad! **~ do return this book,** gofynnir ichwi ddychwelyd y llyfr hwn; **say pretty ~,** dywed(-wch) "os gwelwch yn dda" yn fachgen da *or* yn eneth dda *&c.* **3.** *abs.* **to do as one pleases,** gwneud fel y mynnoch; **(he will do) as he pleases,** (fe wnaiff) fel y myn[n]/mynno, fel y gwêl yn dda.

pleased *a.* **1.** bodlon **(with sth,** ar rth), balch (o rth), *F:* plês (gyda rhth); **he is very ~ with himself,** mae'n falch iawn ohono'i hun; **I am ~ at the news,** 'rwy'n falch o'r newydd; *F:* **as ~ as Punch,** wrth eich bodd, uwchben eich digon, ar ben eich digon, wrth ben eich digon, cyn falched â dim, cyn falched ag a ellir bod, wedi cael modd i fyw; **she won't be very ~,** fydd hi ddim yn rhyw falch iawn; *N. W: occ:* fydd ganddi hi ddim bochau bodlon. **2. I shall be ~ to come,** byddaf yn falch o ddod; **I am ~ to (inform you that...),** y mae'n bleser gennyf, y mae'n dda gennyf (eich hysbysu bod...); **Her Majesty has been graciously ~ to...,** gwelodd Ei Mawrhydi yn dda...; fe ryngodd bodd ei Mawrhydi...; **be ~ to accept these flowers,** byddwch gystal â derbyn y blodau hyn.

pleasing *a. See* **pleasant**; dymunol; *(= attractive):* atyniadol, swynol; **it is ~ to see so many gathered here this evening,** pleser/hyfrydwch/da/hyfryd yw gweld cymaint o bobl yma heno.

pleasingly *adv.* yn ddymunol *&c.*

pleasurable *a.* dymunol, pleserus, braf.

pleasurableness *n.* hyfrydwch *m,* pleser *m.*

pleasurably *adv.* yn ddymunol *&c*; yn braf.

pleasure¹ *n.* **1.** pleser(-au) *m,* mwynhad *m,* mwyniant (mwyniannau) *m, Lit: occ:* dywenydd *m*; **it was a great ~ to me,** 'roedd yn bleser mawr imi; 'roedd wrth fodd fy nghalon; **to take ~ in doing sth,** mwynh|au gwneud rhth, cael mwynhad/pleser o wneud rhth, ymhyfrydu/ymhoffi/ymddigrifo mewn gwneud rhth, *N.W: occ:* cymryd diléit mewn gwneud rhth; **I have much ~ in informing you that...,** y mae'n bleser mawr gennyf eich hysbysu bod...; **it's a ~ to talk to her,** mae'n bleser sgwrsio â hi; **do me the ~ of dining with me,** rhowch imi'r pleser o giniawa gyda mi; **her ~ was evident,** 'roedd ei phleser yn amlwg; **we request the ~ of your company,** dymunwn gael pleser eich cwmni; **with ~,** gyda phleser, â phleser, â chroeso, ar bob cyfrif, yn llawen. **2.** *(= enjoyment):* pleser, mwynhad; **a man of ~,** plesergarwr (plesergarwyr) *m,* ymbleserwr (ymbleserwyr) *m*; **a life of ~,** bywyd o bleser; **everyone to his ~,** pawb at y peth y bo. **3.** *(= will, desire):* dymuniad *m*; **without consulting my ~,** heb wybod beth oedd fy nymuniad i; **at ~,** fel y mynner, fel y mynnoch, pan fynnir, pan fynnoch; **at s.o.'s ~,** pan fynno rhn; **an office held during ~,** swydd wrth ewyllys; *Jur:* **a person to be held at Her Majesty's ~,** person i'w gadw hyd y mynno Ei Mawrhydi; **what is your ~?** beth a fynnwch/hoffech/gymerwch chi? **~-boat** *n.* pleserfad(-au) *m,* pleserlong(-au) *f,* cwch (cychod) *(m)* pleser, bad(-au) *(m)* pleser, llong *(f)* bleser (llongau pleser). **~-fair** *n.* ffair *(f)* bleser (ffeiriau pleser). **~-giving** *a.* pleserus. **~-ground** *n.* parc(-iau) *(m)* difyrion/difyrrwch. **~-loving** *a.* plesergar. **~ principle (the)** *n. Theol:* egwyddor *(f)* pleser. **~-seeking** *a.* plesergar. **~-trip** *n.* pleserdaith (pleserdeithiau) *f.*

pleasure² *v.i.&t.* **1.** *v.i.* **to ~ (in sth),** ymhyfrydu, ymddigrifo, ymhoffi (yn rhth); mwynh|au (rhth). **2.** *v.t.* = **please 2.**

pleat¹ *n. Dressm:* pleten (pletiau) *f,* plêt (pletiau) *f, S:* plet(-iau) *f*; **box-~,** pleten ddwbl (pletiau dwbl); **inverted ~,** pleten wrthdro (pletiau gwrthdro); **kick-~,** pleten gicio (pletiau cicio); **knife-~,** pleten fflat, pleten lafn (pletiau llafn); **pinch-~,** pleten fechan/fân (pletiau bychain/mân).

pleat² *v.t.* pletio, crychu.

pleated *a.* pletiog, crych (*f.* crech, *pl.* crychion).

pleater *n.* crychwr (crychwyr) *m,* pletiwr (pletwyr) *m.*

pleating *vn.* pletio, crychu, pletiad(-au) *m,* crychiad(-au) *m*; **accordion ~,** pletio acordion; **box-~,** pletio bocs; **durable/permanent ~,** pletio parhaol; **inverted ~,** pletio gwrthdro; **soft ~,** pletio ysgafn; **sunburst ~, sunray ~,** pletio pelydrol; **unpressed ~,** pletio rhydd.

pleb *n. P:* rhn (rhai) comon *m,* un (rhai) o'r werin gaws; *S.a.* **plebs.**

plebby *a. F:* comon.

plebe *n. U.S: Mil:* glasfilwr (glasfilwyr) *m,* newyddian(-nod) *m.*

plebeian *a. & n.* **1.** *a.* gwerinol, gwerinaidd, *Pej:* comon, *Lit: occ:* gwrêng. **2.** *n.* gwerinwr (gwerinwyr) *m,* gwerinddyn(-ion) *m,* gwer|inwraig (gwerinwragedd) *f, Lit: occ:* gwrêng *m, Pej:* rhn (rhai) comon *m.*

plebeianism *n.* gwerineiddiwch *m,* gwerinedd *m,* gwerinoldeb *m,* gwerinolder *m.*

plebeianize *v.t.* gwerineiddio, gwerinoli.

plebeianized *a.* gwerinaidd, gwerinol.

plebeianness *n.* = **plebeianism.**

plebiscitary *a.* trwy bleidlais gwlad.

plebiscite *n.* pleidlais (pleidleisiau) *(f)* gwlad, gwerinbleidlais (gwerinbleidleisiau) *f,* refferendwm (refferenda) *m.*

plebs (the) *n. Coll:* y werin *f,* y werin bobl *f or pl,* y bobl gyffredin, gwerinos *pl, F:* y werin gaws, *Lit: occ:* y gwreng/gwrêng.

plecopteran *a. & n. Ent:* **1.** *a.* plec|opteraidd. **2.** *n.* = **stone-fly.**

plectognath *a. & n. Ich:* **1.** *a.* plectognathig. **2.** *n.* pl|ectognath (plectognathiaid) *m.*

plectrum *n. Mus:* plectrwm (plectrymau) *m.*

pledge¹ *n.* **1.** gwystl(-on) *m,* ernes(-au) *f*; **to put (sth) in ~,** gwystlo, arwystlo (rhth); dodi/rhoi (rhth) yng ngwystl; **to take (sth) in ~,** derbyn (rhth) fel ernes; **to take sth out of ~, to redeem a ~,** dadwystlo rhth; **a legal ~,** gwystl cyfreithiol. **2. a ~ [of payment],** ernes; **a ~ of good faith,** ernes o ewyllys da. **3.** *(= promise): (a)* addewid(-ion) *mf,* llw(-on) *m, occ:* cred *f*; *Hist:* ardystiad(-au) *m*; **temperance ~,** llw dirwest, ardystiad dirwestol; **I am under a ~ of secrecy,** 'rwyf wedi addo cadw'r gyfrinach; 'rwyf ar fy llw i gadw'r gyfrinach; 'rwyf dan amod i gadw'r gyfrinach; *(b)* **to take/sign the ~,** cymryd y llw dirwest/dirwestol, gwn|eud ardystiad dirwestol, *F:* seinio dirwest. **4.** *(= toast):* llwncdestun(-au) *m*; **to drink a ~ to s.o.,** yfed iechyd da rhn *or* i rn.

pledge² *v.t.* **1.** *(= pawn):* gwystlo, arwystlo (rhth); rhoi (rhth) yng ngwystl; rhoi (rhth) yn ernes. **2.** *(= promise):* addo, gwarantu; *abs.* mynd ar eich llw, rhoi addewid, rhoi cred, rhoi gwarant; **I am pledged to do it,** 'rwyf wedi addo'i wneud; rhoddais fy llw/ngwarant/nghred y gwnawn i ef; yr wyf wedi ymrwymo i'w wneud; **to ~ one's allegiance,** addo'ch teyrngarwch. **3.** *(= toast):* yfed iechyd rhn.

pledgeable *a.* gwystladwy.

pledged *a.* **1.** *(= pawned):* yng ngwystl. **2.** *(word):* addawedig, gwarantedig.
pledgee *n.* gwystledig(-ion) *m&f.*
pledger *n.* gwystlwr (gwystlwyr) *m*, erneswr (erneswyr) *m*, gwystlydd(-ion) *m*, ern|eswraig *f.*
pledget *n.* wad(-iau) *f*, topyn (topiau) *m*, clwt (clytiau) *m.*
Pleiad *Pr.n. usu.pl.* **1.** *Astr:* [un o'r Saith] Seren Siriol, un o'r Pleiades, un o Dŵr Tewdws; *pl.* y Saith Seren Siriol, Tŵr Tewdws, y Pleiades, *S:* y Trypser *pl.* **2.** *Fr.Lit:* y Pleiad *m*, y Saith Bardd *m.*
plein-air *a. Art:* plein-air.
pleinairism *n. Art:* pleinairiaeth *f.*
pleinairist *n. Art:* pleinairydd(-ion) *m.*
pleion *n. Geog:* **[thermo] ~,** pleion *m.*
pleiotaxy *n. Biol:* pleiotacsi *m.*
pleiotropic *a. Biol:* pleiotropig.
pleiotropism, pleiotropy *n. Biol:* pleiotropedd *m.*
Pleistocene *a. & n. Geol:* **1.** *a.* Pleistosenaidd, Pl|eistosen. **2.** *n.* y cyfnod Pleistosenaidd, y Pleistosen *m.*
plenarily *adv.* yn gyflawn *&c.*
plenary *a.* cyflawn, llawn, llwyr; **~ power,** awdurdod cyflawn/llwyr *m*; **~ assembly,** cynulliad cyflawn *m*; **~ session,** sesiwn lawn (sesiynau llawn) *f.*
plenipotentiary *a. & n.* **1.** *a. (minister):* llawnalluog; *(power):* llwyr. **2.** *n.* plenipotensiwr (plenipotenswyr) *m.*
plenitude *n. (= fullness):* llawnder *m*, cyflawnder *m*; *(= abundance):* digonedd *m*, toreth *fm*, helaethrwydd *m.*
plenteous *a.* helaeth, toreithiog.
plenteously *adv.* yn helaeth *&c.*
plenteousness *n.* helaethrwydd *m*, llawnder *m*, digonedd *m*, toreth *fm.*
plentiful *a.* helaeth, toreithiog, dibrin.
plentifully *adv.* yn helaeth *&c.*
plentifulness *n.* = **plenteousness.**
plenty *n. & adv.* **1.** *(a) (= enough):* digon *m*, digonedd *m*, *F:* llond (*m*) gwlad, peth (*m*) wmbredd, peth mwdredd; *(= abundance):* helaethrwydd *m*, llawnder *m*, toreth *fm*; **there's beer in ~ *or* a-~,** mae digon/digonedd *&c* o gwrw; **we are in ~ of time,** 'rydym yn ddigon cynnar; 'rydym mewn da bryd; **there you'll get ~ to satisfy you,** fe gewch chi'ch gwala (*m*) yno; *(b)* **to live in ~,** byw'n fras, byw mewn llawnder; **a land of ~,** gwlad doreithiog *f*; **horn of ~,** corn llawnder/digonedd; *(at Eisteddfod):* corn hirlas. **2.** *adv. F:* **~ big enough,** hen ddigon mawr.
plenum *n.* **1.** *Ph:* plenwm (plena) *m*, llawnder(-au) *m.* **2.** *(of assembly):* cynulliad(-au) llawn *m.* **~ fan, ~ ventilator** *n* gwyntyll (*f*) blenwm (gwyntyllau plenwm).
pleochroic *a.* pleocrōig.
pleochroism *n. Ph:* pleocrōedd *m.*
pleomorphic *a. Biol: Ch:* amryffurf.
pleomorphism *n. Biol: Ch:* amryffurfedd *m.*
pleonasm *n.* gair (geiriau) llanw/diangen *m*, gorymadrodd(-ion) *m.*
pleonastic *a.* llanw, gorymadroddus, diangen, ailadroddus, pleonastig.
pleonastically *adv.* yn orymadroddus.
pleopod *n. Z:* aelod(-au) (*m*) nofio.
plerome *n. Bot:* plerom(-au) *m.*
plesiosaur, plesiosaurus *n.* pl|esiosor (plesiosoriaid) *m.*
plessor *n.* = **plexor.**
plethora *n.* **1.** *Med:* pl|ethora *m*, gormeslyn *m*; *(= redness):* gwrid *m.* **2.** *(= glut):* gormodedd *m.*
plethoric *a.* plethorig, gormodol; *Med: (= red-faced):* gwritgoch.
plethorically *adv.* yn blethorig, yn ormodol.
pleura *n.* **1.** *Anat:* pliwra (pliwrâu) *m*, pilen (*f*) yr ysgyfaint (pilenni'r ysgyfaint), eisbilen(-nau,-ni) *f.* **2.** = **pleuron.**
pleural *a. Anat:* pliwrol, pliwraidd, eisbilennol.
pleurisy *n. Med:* pl|iwrisi *m*, *Lit:* eisglwyf *m*, llid (*m*) [pilen] yr ysgyfaint, *N.W: occ:* dolur byr *m*, gwayw(*m*)'r ais.
pleuritic *a.* pliwritig, eisglwyfol.
pleuritis *n. Med:* llid (*m*) y pliwra, pliwritis *m.*
pleurodynia *n. Med:* pliwrodynia *m*, eisboen *mf*, *F:* pigyn (*m*) yn yr ochr.
pleuron *n. Z:* pliwron (pliwra) *m.*
pleuro-pneumonia *n. Med:* pliwro-niwmonia *m.*
plexiform *a.* rhwydweithiol, cymhleth, dyrys.
plexiglass *n. R.t.m:* pl|ecsiglas *m.*
pleximeter *n. Med:* plecsimedr(-au) *m.*
plexor *n. Med:* plecsor(-au) *m*, morthwyl(-ion) *m.*
plexus *n. Anat:* plethwaith (plethweithiau) *m*, rhwydwaith (rhwydweithiau) *m*, nerfwaith (nerfweithiau) *m*, plecsws (plecsysau) *m*; **solar ~,** pwll (*m*) y galon.
pliability *n.* ystwythder *m*, hyblygedd *m*, hyblygrwydd *m*, hydwythder *m*, hydwythedd *m.*
pliable *a.* ystwyth, plygadwy, *Lit: occ:* hyblyg, hydwyth.
pliably *adv.* yn ystwyth *&c.*
pliancy *n.* = **pliability.**
pliant *a.* = **pliable.**
plica *n.* plyg(-ion) *m.*
plicate, plicated *a.* plygedig.
plication *n.* plygiad(-au) *m*, plygiant (plygiannau) *m*, plyg(-ion) *m.*
pliers *n.pl.* gefel: gefail (gefeiliau) *f*, gefelen(-nau,-ni) *f*, *F:* pleiars *pl*, *S.W: occ:* pig (*f*) y frân, niper(-s) *m*; **combination ~,** gefel gyfunol (gefeiliau cyfunol); **eyelet ~,** gefel lygaden (gefeiliau llygaden); **flat nose ~,** gefel drwynfflat (gefeiliau trwynfflat); **mouth-moving ~,** gefel geg symudol (gefeiliau ceg symudol); **nipping ~,** gefel nipio; **round-nose ~,** gefel drwyngron (gefeiliau trwyngrwn) (*pronounced* ng-g); **side-cutting ~,** gefel dorri ochr; **wire ~,** gefel weiars/wifrau.
plight[1] *n.* **1.** *(= condition):* cyflwr *m*, stad *f.* **2.** *abs.* **[sorry] ~,** trafferth(-ion) *f*, helynt(-ion) *f*, byd *m*, *F:* **strach** *mf*, *N.W:* stryffig *mf.*
plight[2] *v.t. Lit:* **to ~ one's troth,** ymdyngu, rhoi'ch cred/gair (**to s.o.,** i rn); dyweddïo (â rhn).
plighted *a.* **~ word,** addewid(-ion) *f*, llw(-on) *m*, cred *f*; **~ lovers,** cariadon dyweddïog.
Plimsoll *Pr.n.* **1.** *Nau:* **~ line, ~ mark,** llinell (*f*) Plimsoll. **2.** *n.usu.pl. Cost:* esgid (*f*) gynfas (esgidiau cynfas), *S: F: pl.* daps.
Plinian *a.* Pliniaidd; **the ~ Society,** Cymdeithas Pliniws.
plinth *n. (of statue &c):* plinth(-au,-iau) *m*, bôn (bonau, bonion) *m*, gwadn(-au) *mf*; *Const: (of house):* godre(-on) *m*; *(of doors):* bôn cilbost (bonion cilbyst). **~ course** *n. Const:* cwrs (cyrsiau) isaf *m*, cwrs godre.
Pliny *Pr.n.m.* Pliniws, Plini.
Pliocene *a. & n. Geol:* **1.** *a.* Plïosenaidd. **2.** *n.* y cyfnod Plïosenaidd *m*, y Plïosen *m.*
plisse *a.* crych (*f.* crech, *pl.* crychion).
plod[1] *n.* **1.** *(walk):* taith lafurus *f*, cerddediad llafurus *m*; **it's a good ~ (to the village),** mae hi'n gryn bellter (*m*), mae hi'n gryn daith (*f*), mae hi'n stepen (*f*) (i'r pentref); **at a steady ~,** yn araf deg, yn llafurus, *N: F:* dow-dow. **2.** *(sound):* troediad(-au) *m.*
plod[2] *v.i.* **1.** ymlwybran, ymlwybro, troedio, mynd yn araf/llafurus, *N.W: F:* mynd o dow i dow, mynd dow-dow. **2. to ~ on, to ~ away,** dal ati, dyfalbarh|au, dygnu mynd, bustachu, dygnu arni/ymlaen, pydru arni/ymlaen, slafio, ymlafnio, *M.W:* dogio arni.
plodder *n.* **1.** *(walker):* cerddwr (cerddwyr) araf *m.* **2.** *(worker):* bustachwr (bustachwyr) *m*, gweithiwr (gweithwyr) araf *m*, gweithiwr dyfal.
plodding[1] *a. (a) (pace):* araf, llafurus; *(b) (worker):* araf, llafurus, bustachlyd, dyfal.
plodding[2] *vn.* = **plod[2].**
ploddingly *adv.* yn llafurus.
ploidy *n. Biol:* ploidedd *m.*
plonk[1] *n. (sound):* plonc *m.*
plonk[2] *v.t.* **to ~ sth down,** taro rhth i lawr, *N:* sodro rhth, *S.W:* saco rhth; **she plonked herself on a chair,** fe'i sodrodd ei hun ar gadair.
plonk[3] *n. F: (= wine):* gwin rhad *m*, plonc *m.*
plop[1] *n., adv. & int.* **1.** *n.* plop(-iau) *m.* **2.** *adv.* **(he sat down) ~,** (eisteddodd) chwap, plop. **3.** *int.* plop!
plop[2] *v.i.* plopian.
plopping *a.* **a ~ noise,** sŵn plopian.
plosion *n. Phon:* ffrwydr[i]ad(-au) [trwynol] *m.*
plosive *a. & n. Phon:* **1.** *a.* ffrwydrol. **2.** *n.* ffrwydrolyn (ffrwydrolion) *m.*
plot[1] *n.* **1.** *(of land &c):* llain (lleiniau) *f*, clwt (clytiau) *m*, rhandir(-oedd) *m*, *S.W:* stang(-au) *f*; **a narrow ~,** *N.W: occ:* sling(-iau) *m*; **building ~,** llain adeiladu; **experimental ~,** llain arbrofol, talwrn (talyrnau) arbrofol *m*; *Hort: (for vegetables):*

gwely(-au) *m*, cefn(-au) *m*, *S:* pâm (pamau) *m*. **2.** *(of play &c):* plot(-iau) *m*, cynllun(-iau) *m*; **the ~ thickens...**, mae'r plot yn cymhlethu...; mae'r plot yn mynd yn fwy dyrys/cymhleth.... **3.** *Mth: &c:* plot(-iau) *m*, graff(-au) *m*, crymlin(-iau) *f*. **4.** *(= conspiracy):* cynllwyn(-ion) *m*; *Hist:* **the Gunpowder P~**, Brad (*m*) y Powdwr Gwn; **to hatch a ~**, gwn|eud/dyfeisio cynllwyn, cynllwynio.

plot² *v.t.* **1.** *(ground &c):* tynnu llun, plotio. **2.** *Mth:* plotio, amlinellu; **to ~ a curve,** tynnu cromlin. **3.** *(= conspire):* cynllwynio.

Plotinian *a. & n. Phil:* **1.** *a.* Plotinaidd. **2.** *n.* Plotiniad (Plotiniaid) *m&f*.

Plotinianism *n.* Plotiniaeth *f*.

Plotinus *Pr.n.* Plotinws *m*.

plotter *n.* **1.** *(pers., device): (of ground &c):* plotiwr (plotwyr) *m*. **2.** *(= conspirator):* cynllwyniwr (cynllwynwyr) *m*, cynll|wynwraig (cynllwynwragedd) *f*.

plotting *vn.* = **plot¹,²**. **~-paper** *n.* papur(-au) (*m*) graff.

plough¹ *n.* **1.** aradr, *often:* arad (erydr, ereidr) *mf*, *N.W: occ:* gwŷdd (gwyddiau) *m*; **ard ~**, aradr ddi-wadn (erydr di-wadn); **breast ~**, haearn (heyrn) (*m*) gwthio; **double ~**, aradr ddwbl/ddeublyg (erydr dwbl/deublyg); **foot ~**, aradr droed (erydr traed); **ice-~**, swch (*f*) rew (sychau rhew); *S.a.* **snowplough**; **mounted ~**, aradr grog (erydr crog); **swing ~**, aradr rydd (erydr rhyddion); **two-furrow ~**, aradr ddwygwys/ddeugwys (erydr dwygwys/deugwys); **three-furrow ~**, aradr deircwys (erydr teircwys); **wheel ~**, aradr olwyn/olwynog; **horse-drawn ~**, aradr feirch; **ox-drawn ~**, aradr ychen; **overtreading ~**, aradr arsang; *F:* **to put/set one's hand to the ~**, tynnu'r ewinedd o'r blew, torchi llewys, bwrw iddi o ddifrif, *B:* rhoi llaw ar yr aradr; **God speed the ~**, rhwydd hynt i'r aradr; **(to follow) the ~**, (canlyn) yr aradr, y wedd; **to put the ~ before the horse/oxen,** *Fig:* rhoi'r drol o flaen y ceffyl; **land under the ~**, tir wedi ei droi, tir âr. **2.** **the P~**, *Astr:* yr Arad[r], yr Haeddel *f*, y Sosban *f*, y Llong Foel *f*, Llun (*m*) y Llong, yr Arth Fawr *f*, *M.W:* Jac (*m*) a'i Wagen *f*. **3.** *Bookb: Tls:* rhigolwr (rhigolwyr) *m*; **joiner's ~**, plaen(-iau) (*m*) rhigoli. **~-alms** *n.* ceiniog (*f*) yr aradr. **~-beam** *n.* arnodd(-ion,-au) *f*. **~-boy** *n.* gyrrwr (*m*) gwedd (gyrwyr gweddoedd), *N:* hogyn (hogiau) (*m*) gyrru'r wedd. **~-chain** *n.* bondid(-au) *f*. **~-handle** *n.* haeddel(-i) *f*, corn (cyrn) (*m*) aradr. **~-horse** *n.* ceffyl(-au) (*m*) gwedd. **~-land** *n.* tir(-oedd) âr *m*, tir tro, tir llafur, ytir(-oedd) *m*; *(= fallow):* braenar(-au) *m*. **P~ Monday** *n. Ecc:* Gŵyl (*f*) y Ceiliau, Dygwyl (*f*) Geiliau. **~-money** *n.* arian (*m*) aredig. **~-shaft** *n.* hegl(-au) (*f*) aradr, *N.W:* cadair (cadeiriau) *f*. **~-shoe** *n.* gwadn (*mf*) aradr (gwadnau erydr). **~-staff** *n.* carthbren(-ni) *m*, ffon (ffyn) (*f*) aradr. **~-tail** *n.* corn aradr, haeddel fawr, haeddel gam, hegl gam (heglau ceimion).

plough² *v.t.* **1.** *(a) (land &c):* aredig, troi, *occ:* cochi, *S.W:* arddu, arddyd, moelyd; **to ~ a [lonely] furrow,** torri cwys [unig]; **to ~ fallow land,** braenaru tir; **to ~ profit back,** ailfuddsoddi elw; *F:* **to ~ the sands,** troi'r tywod; *B:* **to ~ with another's heifer,** aredig ag anner rhywun arall; *(b) (of ship):* **to ~ the waves,** hollti'r tonnau; **to ~ through a book,** turio/bustachu trwy lyfr. **2.** *Bookb:* rhigoli. **3.** *Sch: F: v.t.&i. (= fail):* **to ~ s.o.,** methu rhn; **to be ploughed,** methu [mewn arholiad]. **~ back** *v.t.* ailgladdu (rhth) [ag aradr]; *(profits):* ailfuddsoddi. **~ in** *v.t. (crops &c):* claddu (rhth) [ag aradr]. **to ~ up** *v.t.* **1.** *(a) (field):* aredig, troi; *(b)* **the shells ploughed up the earth,** 'roedd y pelennau yn tyllu'r pridd. **2.** *(weeds):* codi/tynnu (chwyn) ag aradr.

ploughable *a.* aradwy, arddadwy, troadwy, y gellir ei aredig/droi.

ploughbote *n.* coed (*pl*) [atgyweirio] aradr.

ploughed *a.* **~ land,** tir âr, tir wedi ei droi/aredig, tir coch.

ploughing *vn. & n.* **1.** *vn.* = **plough²**; **cross ~**, croes-aredig. **2.** *n.* **one day's ~**, cyfar *m*; **summer ~**, hafar *m*; **winter ~**, gaeafar *m*. **~ gear** *n.* gêr (*m*) aredig, *N.W:* gêr troi. **~ match** *n.* ras(-ys) (*f*) aredig, *S.W:* preimin (*m*) aredig, *M.W:* clwb (*m*) troi.

ploughman *n.m.* dyn(-ion) gyrru gwedd, gyrrwr (gyrwyr) gwedd, aradrwr (aradrwyr), geilwad (geilwaid), arddwr (arddwyr). **~'s lunch** *n.* cinio (ciniawau) (*m*) gwerinwr, cinio gwas ffarm, *N.W:* cnysfwyd *m*, cwynosfwyd *m*. **~'s spikenard** *n. Bot: (Inula conyza):* meddyg (*m*) Mair, meddyg y bugail.

ploughshare *n.* swch (*f*) aradr (sychau erydr/ereidr); *B:* **they shall beat their swords into ploughshares,** a hwy a gurant eu cleddyfau yn sychau; **~ slant/inclination of ~**, dichwant *m*. **~ bone** *n. Anat:* asgwrn (esgyrn) (*m*) swch.

ploughwright *n.* saer (seiri) (*m*) erydr.

plover *n.* **1.** *Orn:* cwtiad (cwtiaid) *m*, cornicyll(-od) *m*, cwtyn (cwtiaid) *m*, cornchwiglen (cornchwiglod) *f*, rhostog(-ion) *m*; **[southern] golden ~**, *(Pluvialis apricaria):* cwtiad aur, cornicyll aur, cornicyll y mynydd, cwtyn aur, chwilgorn (chwilgyrn) (*m*) y mynydd; **green ~**, **= lapwing; grey ~**, *(P. squatarola):* cwtiad llwyd, cornicyll llwyd, cornicyll y gwynt, cwtiad glas, cwtyn llwyd, cornicyll y waun, *N.W:* blyddar(-s) *m*; **Kentish ~**, *(Charadrius alexandrinus):* cwtiad Caint; **Norfolk ~, stone ~ = curlew (stone); little ringed ~**, *(Ch. dubius):* cwtiad torchog bach; **ringed ~**, *(Ch. hiaticula):* cwtiad torchog, cwtiad modrwyog, môr-hedydd(-ion) *m*, cwtyn modrwyog, cornicyll cadwynog, hutan(-od) (*m*) y môr, ehedydd(-ion) (*m*) y môr; **silver ~**, **= grey plover**; *F:* **to live like a ~**, byw ar y gwynt.

plow¹,² *n. & v. U.S:* = **plough¹,²**.

ploy *n.* dyfais (dyfeisiau) *f*, cast(-iau) *m*, dichell(-ion) *f*, *Lit:* dichelldro(-eon) *m*, *F:* sgêm (sgemiau) *f*, stynt(-iau) *f*.

pluck¹ *n.* **1.** *(= tug¹):* plwc (plyciau) *m*, plyciad(-au) *m*; **to give sth a ~**, rhoi plwc/plyciad i rth. **2.** *Cu:* syrth *m*, perfedd(-ion) *m*, ysgyfaint *pl*, *N.W: occ:* dribliwns *pl*, *S.E:* tripa *m*. **3.** *F: (= courage, spirit):* plwc *m*, calon *f*, dewrder *m*, rhuddin *m*, *N: F:* iau *m*, stumog *f*.

pluck² *v.t.* **1.** *(feathers):* tynnu, plycio; *S.a.* **pluck²** 4 *below*; *(eyebrows &c):* plicio; *(fruit, flower):* tynnu, torri, casglu; **to ~ sth out,** tynnu rhth allan; **to ~ up weeds,** diwreiddio chwyn, chwynnu, tynnu chwyn o'r gwr|aidd; **to ~ s.o. out of danger,** cipio rhn o berygl. **2.** *(a)* **to ~ s.o. by the sleeve,** tynnu [yn] llawes rhn, plycio llawes rhn, rhoi plwc yn llawes rhn; *(b)* **to ~ a guitar,** plycio [tannau] gitâr. **3.** *Sch: F: (= fail):* methu. **4.** *(a goose &c): N:* pluo, *S:* plufio; **I've a crow to ~ with her,** mae gen i asgwrn i'w grafu â hi; *F: O:* **I'll ~ his goose,** mi dorraf ei grib; mi rof halen yn ei botes. **5. to ~ up one's heart/courage/spirit,** magu plwc, magu dewrder, ymwroli, *N.E: occ:* ffrwytho.

plucked *a.* **1.** *(eyebrows, feathers):* pliciedig, wedi eu plicio. **2. a ~ goose,** gŵydd wedi ei phluo/phlufio.

plucker *n.* **1.** *(of geese &c): N:* pluwr (pluwyr) *m*, pl|uwraig (pluwragedd) *f*, *S:* plufiwr (plufwyr) *m*, pl|ufwraig (plufwragedd) *f*. **2.** *(of fruit):* casglwr (casglwyr) *m*, c|asglwraig *f*, *N:* heliwr (helwyr) *m*, h|elwraig *f*.

pluckily *adv.* yn ddewr *&c*.

pluckiness *n.* dewrder *m*, gwroldeb *m*, plwc *m*.

plucking *vn. & n.* = **pluck¹,²**; pliciad(-au) *m*.

pluckless *a.* di-blwc, ofnus, llwfr, gwangalon (*pronounced* ng-g).

plucky *a.* dewr, gwrol, glew, eofn, di-ofn, *N.W: F: occ:* stowt.

plug¹ *n.* **1.** *(most senses):* plwg (plygiau) *m*, *occ: (= sth to stop a hole):* topyn (topiau) *m*; *I.C.E:* **sparking-~**, plwg tanio; *El:* **two-pin ~**, plwg deubin. **2. ~ of tobacco,** joe(-au) *m*. **3.** *U.S: F: (a) (= horse):* hen geffyl(-au) *m*; *(b) F: (= publicity):* canmoliaeth(-au) *f*, cyhoeddusrwydd *m*, hysbysrwydd *m*, sylw *m*; **to give sth a ~**, canmol rhth, *Joc: occ:* rhoi hŷs-bŷs i rth. **~-board** *n. El:* plygfwrdd (plygfyrddau) *m*. **~-compatible** *a. Cmptr:* plwg-gytûn. **~ gauge** *n. Tchn:* plwg mesur. **~ hat** *n. Cost:* het(-iau) (*f*) sidan. **~-hole** *n.* twll (*m*) plwg (tyllau plygiau). **~-tap** *n. Tchn:* tap(-iau) (*m*) plwg. **~-tobacco** *n.* baco main *m*. **~-ugly** *n.* llabwst (llabystiaid) hyll *m*, *N.W: F:* hen jero(-s) hyll *m*, llŷg (llygod) hyll *m*.

plug² *v.t.&i.* I. *v.t.* **1.** *(hole &c):* cau, topio, stopio, plwgio, plygio; **to ~ a wound,** stansio briw. **2.** *P: (= shoot):* saethu; *(= strike):* taro. **3. to ~ a song,** gwthio/hybu cân. II. *v.i.* **to ~ away,** dal ati, dyfalbarh|au, pydru arni, dygnu arni, *M.W:* dogio arni. **~-in** *attrib.* plygio, plygiadwy; *Cmptr: &c:* **~-in unit,** uned (*f*) blygio (unedau plygio). **~ in** *v.t. El:* plygio (rhth) i mewn.

plugged *a.* plygiedig, caeëdig; **a ~ hole,** twll a phlwg ynddo, twll wedi ei blwgio/blygio.

plum *n. Bot:* **1.** eirinen (eirin) *f*, *N: F:* eiren (eirin) *f*, plymsen (plyms) *f*, *S: F:* plwmwnsen: plwmen (plwmws, plwmwns) *f*; **cherry ~**, ffug-geiriosen (~-geirios) *f*. **2.** *Cu:* = **raisin. 3.** *n. & attrib. F:* **a ~ job,** swydd ddethol (swyddi dethol) *f*, swydd b|enigamp (swyddi penigamp) *f*, swydd dan gamp (swyddi tan gamp); **~ jobs,** y swyddi gorau. **~-cake** *n. Cu:* cacen (*f*) gyraens (cacenni cyraens), cacen ffrwythau, teisen(-nau) (*f*) ffrwythau, bara brith *m*. **~ duff** *n. Cu:* pwdin(-au) (*m*) cyraens. **~ pudding** *n. Cu:* pwdin(-au) Nadolig, *occ:* pwdin brith, pwdin plwm, *S:*

plwm pwdin(-s) *m.* **~-pudding dog** *n.* = **Dalmatian.** **~-pudding stone** *n. Geol:* amryfaen (amryfeini) *m*, clobynfaen (clobynfeini) *m.* **plums and custard** *n. Fung:* eirin a chwstard. **~ tree** *n.* coeden (coed) (*f*) eirin.

plumage *n.* plu *pl.*

plumaged *a.* pluog.

plumassier *n.* gwerthwr (gwerthwyr) (*m*) plu.

plumb[1] *n.* **1.** plymen(-ni,-nau) *f.* **2. out of ~,** allan o blwm; **(sth) out of ~,** (rhth) allan o blwm, dros ei blwm; **is it ~?** ydi o'n/e'n blwm? *S.W: occ:* odi fe'n jwmp? **~-bob** *n.* plymen. **~-line** *n.* **1.** *(= cord, thread):* llinyn(-nau) (*m*) plwm, *Lit: occ:* rhawn (*pl*) a bogail. **2.** *(imaginary line):* llinell (*f*) blwm (llinellau plwm), plymlin(-au) *f.* **~-rule** *n.* ystyllen (*f*) blwm (ystyllod plwm).

plumb[2] *v.t.* plymio (rhth, i rth); **to ~ the depths,** plymio i'r dyfnderoedd.

plumb[3] *a. & adv.* **1.** *(a) (= vertical):* syth, unionsyth, plwm. **2.** *adv.* yn syth *&c*; **~ in the centre,** yn union yn y canol, yn y canol union; **~ in the middle of the fire,** yn llygad y tân; *U.S: F:* **~ crazy,** gwirion bost, hollol wallgof.

plumbaginous *a.* graffitig.

plumbago *n.* **1.** graffit *m.* **2.** *Bot:* plymlys *m.*

plumbate *n. Ch:* plymad(-au) *m.*

plumbeous *a.* plymaidd.

plumber *n.* plymer(-iaid) *m*, *Lit:* plwmwr (plymwyr) *m*, plymydd(-ion) *m.*

plumbery *n.* **1.** *(= plumbing):* gwaith (*m*) plymer, plymwaith *m.* **2.** *(workshop):* gweithdy (*m*) plymer (gweithdai plymeriaid).

plumbic *a. Ch:* plymig.

plumbicon *n. T.V.E:* pl|ymbicon (plymbiconau) *m.*

plumbiferous *a. Geol:* plymddwyn.

plumbing *vn. & n.* **1.** *vn.* = **plumb**[2]. **2.** *n.* peipiau (*pl*) dŵr, plymwaith *m*; *Joc:* **to have a look at the ~,** mynd i'r tŷ bach, mynd i rywle, mynd i edrych am modryb, mynd i droi clôs, mynd i'r lle chwech, mynd i ollwng deigryn [dros eich gwlad, dros Gymru].

plumbism *n. Med:* gwenwyn (*m*) plwm.

plumbless *a.* diwaelod.

plumbous *a. Ch:* plymus.

plume[1] *n.* **1.** *(= feather): N:* pluen (plu) *f*, *S:* plufyn (pluf) *m*; **to wear borrowed plumes,** gwisgo plu benthyg. **2.** *(of feathers):* siobyn(-nau) *m*, twffyn (tyffiau) *m*, twnshyn(-nau) *m*; **a ~ of smoke,** pluen o fwg. **~-bird** *n. Orn:* aderyn (adar) (*m*) y plu. **~-grass** *n. Bot: (Erianthus):* colwellt pluog *m.* **~-moth** *n. Ent:* gwyfyn(-od) pluog *m.*

plume[2] *v.t.&i.* **1.** *v.t.* addurno/gwisgo/trimio (rhth) â phlu, rhoi/dodi plu (ar rth), *occ:* pluennu (rhth). **2.** *v.pr. (a) (of bird):* trwsio plu, trin plu; *(b) (of pers.):* **to ~ oneself (on sth),** ymfalchïo, ymffrostio (yn rhth); cymryd y clod (am rth).

plumed *a.* â phlu, pluog; **~ hat,** *N:* het blu/bluen (hetiau plu), *S:* hat blufyn/bluf (hatiau pluf).

plumeless *a.* di-blu, heb blu, noeth(-ion).

plumelet *n.* plufyn(-nau) *m.*

plumelike *a.* pluaidd, fel pluen, fel plufyn.

plumicorn *n. Orn:* siobyn (*m*) clust (siobynnau clustiau), *plugorn (plugyrn) *m.*

plummer-block/box *n. Mec.E:* = **pillow-block.**

plummet[1] *n.* plymen(-ni,-nau) *f.*

plummet[2] *v.i.* plymio.

plumminess *n. (of voice):* coethder *m.*

plummy *a.* **1.** *(cake):* llawn eirin. **2.** *(job &c):* p|enigamp: penig|amp. **3.** *(voice):* coeth.

plumose *a.* pluog, fel plu, pluaidd.

plumosity *n.* plugrwydd *m.*

plump[1] *a.* tew(-ion), cnodiog, llond eich croen, graenus, pwyntus, a chas cadw da arnoch, casol, *S.W:* â chas da, *Lit: occ:* llyfndew(-ion), mwythdew(-ion); **a ~ man,** *N:* stwcyn *m*, trwlyn *m*, pwlffyn *m*, torpwth *m*, stordyn *m*, tordyn *m*, *S.W:* rhondyn *m*, *S.E:* bwrryn *m*; **a ~ woman,** *N:* stwcen *f*, trwlen *f*, mwthlen *f*, plympen *f*, storden *f*, torden *f*, *S.W:* rhonden *f.*

plump[2] *n., adv. & a.* **1.** *n.* [sŵn *m*] codwm *m*, plwmp *m.* **2.** *adv.* **to fall ~ into mud,** cwympo'n/syrthio'n glewt/blwmp i laid, *S.W:* cwympo'n glwriwns i'r llacs/llaca; **(I told him) ~,** (mi ddywedais wrtho) yn blwmp ac yn blaen, ar ei ben, hyd adref. **3.** *a.* **to answer with a ~ "no"**, ateb â "na" plaen, dweud "na" yn blwmp ac yn blaen.

plump[3] *v.t.&i.* **1.** *v.t. (a)* taro, *N:* sodro; **he plumped himself into a chair,** fe'i sodrodd ei hun mewn cadair; *(b)* **to ~ up a pillow,** ysgwyd clustog. **2.** *v.i. (a) (= fall):* syrthio, cwympo (yn chwap, yn glewt); *(b)* **to ~ for sth,** dewis rhth; *Pol:* **to ~ for a candidate,** pleidleisio dros ymgeisydd.

plumper *n.* **1.** *(= fall):* codwm (codymau) *m.* **2.** *Pol:* dewiswr (dewiswyr) *m*, dew|iswraig (dewiswragedd) *f*, pleidleisiwr (pleidleiswyr) *m*, pleidl|eiswraig (pleidleiswragedd) *f.* **3.** *Th: (= pad):* pad(-iau) (*m*) bochau.

plumpish *a.* braidd yn dew, go dew, tewaidd, tewlyd.

plumply *adv.* yn dew *&c.*

plumpness *n.* tewder *m*, tewdra *m*, tewdwr *m*, llyfndewder *m*, llyfndewdra *m*, llyfndewdwr *m*, graen *m*, graenusrwydd *m.*

plumpy *a.* tewaidd, tewlyd.

plumular *a.* plymylaidd.

plumule *n.* **1.** *Bot:* cyneginyn (cynegin) *m.* **2.** *(= feather of down):* manblufyn (manblu) *m*, draenbluen (draenblu) *f*, plymwl (plymylau) *m.*

plumy *a.* pluog.

plunder[1] *n. (= booty):* ysbail (ysbeiliau) *f*; *(action):* anrhaith (anrheithiau) *f.*

plunder[2] *v.t.* ysbeilio, anrheithio.

plunderage *n.* ysbail (ysbeiliau) *f*, anrhaith (anrheithiau) *f.*

plundered *a.* ysbeiliedig, anrheithiedig.

plunderer *n.* ysbeiliwr (ysbeilwyr) *m*, anrheithiwr (anrheithwyr) *m*, ysb|eilwraig (ysbeilwragedd) *f*, anrh|eithwraig (anrheithwragedd) *f.*

plundering[1] *a.* ysbeilgar, anrheithiol.

plundering[2] *vn.* anrhaith (anrheithiau) *f*, ysbeiliad(-au) *m*, anrheithio *vn*, ysbeilio *vn.*

plunge[1] *n. (= dive):* plymiad(-au) *m*, *N.W: occ:* dowc(-iau) *m*, dowciad(-au) *m*; *(= rush):* rhuthr(-au) *m*, rhuthrad(-au) *m*; **to take the ~,** ei mentro hi, ei chynnig hi, rhoi cynnig arni, bwrw i'r dwfn, bwrw naid. **~-pool** *n.* plymbwll (plymbyllau) *m.*

plunge[2] *v.t.&i.* **1.** *v.t. (clothes &c into water):* suddo, trochi, *N.W: occ:* dowcio; **we were plunged into darkness,** fe aeth yn nos/dywyll arnom; **the room was plunged into darkness,** *(i)* 'roedd yr ystafell mewn tywyllwch dudew; *(ii)* aeth yr ystafell fel y fagddu; **the news plunged us into gloom,** taflodd y newydd ni i dristwch dwfn; **she was plunged in despair,** 'roedd hi mewn anobaith dwfn; 'roedd hi wedi suddo i anobaith; 'roedd hi yn mhydew anobaith; **the country was plunged into war,** hyrddiwyd y wlad i ryfel; **stock prices plunged today,** cwympodd/syrthiodd prisiau stoc heddiw. **2.** *v.i. (a) (= dive):* plymio **(into sth,** i rth), *N.W: occ:* dowcio (i rth); *(b)* **they plunged into the wood,** rhuthrasant i ganol y coed; **she plunged towards me,** dyma hi'n sythu amdanaf; dyma hi'n rhuthro ataf; **to ~ into pleasures,** ymdaflu i bleserau; *(c) (of horse, ship):* tindaflu; *(d) Gaming:* ei mentro hi; **to ~ into a venture,** mynd dros eich pen i fenter.

plunger *n.* **1.** *F: Gaming. St.Exch:* mentrwr (mentrwyr) *m.* **2.** *(a) (of pump &c):* piston(-au) *m*; *(b) (of churn):* gordd (gyrdd) *f*; *(c) (of detonator &c):* gwthiwr (gwthwyr) *m.* **3.** *(= diver):* plymiwr (plymwyr) *m*, pl|ymwraig *f*, *N.W: occ:* dowciwr (dowcwyr) *m*, d|owcwraig *f.* **4.** *(plumber's):* cliriwr (clirwyr) *m*, cap(-iau) (*m*) sugno, offeryn (offer) (*m*) sugno.

plunging[1] *a. (= falling):* disgynnol, disgynedig; *Artil:* **~ fire,** tanio oddi uchod; **a ~ horse,** ceffyl tindaflog *m*; **a ~ neckline,** gwddf isel *m.*

plunging[2] *vn.* = **plunge**[2]

plunk[1] *n.* sŵn (*m*) plycio, plyciad(-au) *m*, clec(-iadau) *f.*

plunk[2] *v.t. (= throw):* taflu; *U.S: (= shoot):* taro, saethu.

pluperfect *a. & n. Gram:* **1.** *a.* gorberffaith. **2.** *n.* [amser] gorberffaith *m.*

plural *a. & n.* **1.** *a.* amryfath, lluosryw; *(society &c):* amryfath, lluosryw, lluosol; *Gram:* lluosog; *Pol:* **~ vote,** pleidlais luosog *f.* **2.** *n. Gram:* lluosog(-ion) *m.*

pluralism *n.* **1.** *Ecc:* lluosedd *m*, lluosogaeth *f*, amleglwysiaeth *f*, amlblwyfaeth *f.* **2.** *Phil: Pol:* lluosrywiaeth *f*, lluosogyddiaeth *f.*

pluralist *n.* **1.** *(a) Ecc:* lluosogydd(-ion) *m*, amleglwysydd(-ion) *m*, amlblwyfydd(-ion) *m*; *(b) Phil:* lluosogaethwr: lluosogaethydd (lluosogaethwyr) *m*, lluosrywiaethwr (lluosrywiaethwyr) *m.* **2.** *attrib.* = **pluralistic.**

pluralistic *a. Ecc:* amlblwyfol; *Phil: Pol:* lluosogaethol, lluoseddol, amryfath, lluosrywiaethol.
plurality *n.* **1.** *(= numerousness):* lluoso[w]grwydd *m*; *Log: &c:* ~ **of causes,** lluoso[w]grwydd achosion. **2.** ~ **(of offices),** lluosogaeth *f*, cyd-ddaliad *m* [bywiolaethau]. **3.** *U.S: Pol:* mwyafrif cymharol *m*.
pluralize *v.t.&i.* **1.** *v.t.* lluosogi. **2.** *v.i. Ecc:* lluoseddu, lluosogaethu.
plurally *adv.* yn lluosog.
plurative *a.* lluosogol.
pluriliteral *a.* aml-lythrennog.
pluripresence *n. Theol:* lluosbresenoldeb *m*.
plus *prep., a. & n.* **1.** *prep.* â (ag *beore vowel*), gyda (gydag *before vowel*) *(+ spirant mut.)*; ar ben; **three ~ four,** tri â phedwar, tri ar ben pedwar; **courage ~ sense,** dewrder yn ogystal â synnwyr. **2.** *a. (a) Mth: El:* p|ositif, plws; **temperatures between minus ten and ~ ten degrees,** tymereddau rhwng deg islaw a deg uwchlaw sero; **on the ~ side of the account,** ar ochr elw y cyfrif; *Golf:* **~ one,** *(of handicap):* un dros ben; **fifteen ~,** pymtheg a throsodd; *Sch:* **the sixteen ~,** yr [arholiad] un ar bymtheg plws; **the eleven ~,** yr [arholiad] un ar ddeg plws. **3.** *n.* plws (plysau) *m*, ychwaneg *m*; *(= advantage):* mantais (manteision) *f*; **that's a ~,** mae hynny o'i blaid ef; mae hynny'n fantais ychwanegol. **~-fours** *n.pl. Cost: F:* clôs (closau) *(m)* pen-glin, trywsus(-au) *(m)* dwyn afalau, clôs dwyn afalau. **~ sign** *n. Mth:* arwydd(-ion) *(m)* plws.
plush *a. & n.* **1.** *a.* = **plushy**. **2.** *n. Tex:* plwsh *m*, plŷsh *m*.
plushly *adv.* yn foethus.
plushy *a.* moethus, crand.
plutarchy *n.* plwtocratiaeth *f*.
Pluto *n. Astr: Myth:* Plwton *m*.
plutocracy *n.* plwtocratiaeth *f*.
plutocrat *n.* pl|wtocrat (plwtocratiaid) *m*, goludog(-ion) *m*, rhn cyfoethog (rhai cyfoethog, cyfoethogion) *m*.
plutocratic *a.* plwtocrataidd, goludog.
plutolatry *n.* addoli *(vn)* cyfoeth, ariangarwch *m* *(pronounced* ng-g), goludaddoliaeth *f*, addoli Mammon, addoli'r llo aur.
pluton *n. Geol:* plwton(-au) *m*.
Plutonian *a. Astr:* Plwtonaidd.
plutonic *a. Geol:* plwtonig.
Plutonism *n.* Plwtoniaeth *f*.
Plutonist *n.* Plwtonydd(-ion) *m*.
plutonium *n. Ch:* plwtoniwm *m*.
pluvial *a. & n.* **1.** *a. Geol:* glawog, glawol, llaith. **2.** *n. (a) (rain):* glaw mawr (glawogydd mawrion) *m*, plwfial(-au) *m*, cyfnod(-au) llaith *m*; *(b) Ecc.Cost:* mantell laes (mentyll llaes) *f*.
pluviometer *n.* glawfesurydd(-ion) *m*.
pluviometric[al] *a.* glawfesurol.
pluvious *a.* glawol.
ply[1] *n.* **1.** *(a) (= fold):* plyg(-ion) *m*, plygiad(-au) *m*; *(b) (= layer of wood):* haen(-au) *f*, trwch *m*, tew(-iau) *m*; **three-~ wood,** pren/coed tair haen, pren/coed tri thew/thrwch. **2.** *(= strand of rope &c):* cainc (ceinciau) *f*; **two-~ wool,** edafedd dwy gainc; **three-~ wool,** edafedd teircainc.
ply[2] *v.t.&i.* **1.** *v.t. (a) (= handle):* arfer, trin, trafod, defnyddio; **to ~ oars,** rhwyfo, trin rhwyfau; *(b) O:* **to ~ a trade,** canlyn crefft; *(= buy and sell):* masnachu; *(c)* **to ~ s.o. with questions,** holi rhn yn daer/ddidrugaredd, saethu cwestiynau at rn; **to ~ s.o. with drink,** gwthio/cymell diod ar rn. **2.** *v.i. (a) (of bus, boat &c):* teithio/mynd yn ôl a blaen, mynd a dod, *occ:* gwenoli (rhwng dau le); *(of ship):* hwylio tua'r gwynt; *(b)* **to ~ for hire,** gyrru tacsi; *(c)* **to ~ with a spade,** rhofio, palu.
Plynlimon *W.Pl.n.* Pumlumon *m*.
plywood *n. Carp:* pren haenog *m*.
pneuma *n. Gr.Phil:* ysbryd *m*, enaid *m*.
pneumatic *a. & n.* **1.** *a. (a) Ph: &c:* niwmatig; *Mus:* **~ action,** arwaith niwmatig *m*; **~ detector,** datgelydd(-ion) niwmatig *m*; *(b) Theol:* ysbrydol. **2.** *n. Aut:* teiar(-s) niwmatig *m*.
pneumatically *adv.* yn niwmatig.
pneumaticity *n.* niwmatigrwydd *m*.
pneumatics *n.pl.* niwmateg *f*.
pneumatocentric *a.* niwmatosentrig.
pneumatocyst *n. Orn:* coden *(f)* wynt (codau gwynt), chwydd *(m)* gwynt (chwyddau gwynt).
pneumatological *a. Theol:* ysbrydyddiaethol.
pneumatology *n. Theol:* ysbrydyddiaeth *f*.
pneumatolysis *n. Geol:* niwmat|olysis *m*.
pneumatolytic *a. Geol:* niwmatolytig.
pneumatometer *n. Physiol:* niwmatomedr(-au) *m*, anadl-fesurydd(-ion) *m*.
pneumatophore *n. Bot: Coel:* niwm|atoffor (niwmatofforau) *m*.
pneumatotherapy *n.* niwmatoth|erapi *m*, awyrdriniaeth *f*.
pneumobacillus *n. Bac:* niwmobasilws (niwmobasili) *m*.
pneumococcal *a. Bac:* niwmococol.
pneumococcus *n. Bac:* niwmococws (niwmococi) *m*.
pneumoconiosis *n. Med:* clefyd *(m)* [y] llwch, clefyd llwch y garreg, llwch *(m)* ar yr ysgyfaint, niwmoconiosis *m*, *S:* y dwst *m*, niwmo *m*; **he has ~,** mae'r llwch/dwst arno.
pneumodynamics *n.pl.* = **pneumatics**.
pneumoencephalogram *n. Med:* niwmo-enseff|alogram (~-enseffalogramau) *m*.
pneumoencephalography *n. Med:* niwmo-enseffalograffeg *f*, niwmo-enseffal|ograffi (~-enseffalograffïau) *m*.
pneumogastric *a. Anat:* niwmogastrig, ysgyfeiniol-stumogol.
pneumogram *n. Med:* n|iwmogram (niwmogramau) *m*.
pneumograph *n.* n|iwmograff (niwmograffau) *m*.
pneumonectomy *n. Surg:* tynnu *(vn)* ysgyfaint, codi *(vn)* ysgyfaint, niwmon|ectomi (niwmonectomïau) *m*.
pneumonia *n. Med:* niwmonia *m*, llid *(m)* [ar] yr ysgyfaint, *Lit: occ:* yr ysgyfeinwst *m*.
pneumonic *a.* niwmonig, ysgyfeiniol.
pneumonitis *n. Med:* niwmonitis *m*, ysgyfeinwst *m*.
pneumonoconiosis *n. Med:* = **pneumoconiosis**.
pneumotaxis *n.* niwmotacsis *m*.
pneumothorax *n. Med:* gwyntafell(-au) *f*, niwmothoracs(-au) *m*.
po *n. P:* pot(-iau) *(m)* piso, llestr(-i) *(m)* dan y gwely. **~-faced** *a.* sychdduwiol, sychlyd, di-wên.
poa *n. Bot:* gweunwellt *m*; **sea ~,** *(Puccinella maritima):* gweunwellt y traeth; *S.a.* **meadow-grass**.
poaceous *a. Bot:* gweunwelltaidd.
poach[1] *v.t. Cu:* potsio, *Lit: occ:* goferwi.
poach[2] *v.t.* **1.** *(game &c):* potsio, dwyn, *Lit:* herwhela; **to ~ by torchlight,** *S.W:* ffaglu afon, *N.W: occ:* lampio; *Ten:* **to ~ a ball,** dwyn/cipio pêl. **2.** *abs.* **to ~ on one's preserves,** tresbasu ar dir rhn. **3.** *(= trample):* migno, sathru, mathru, sarnu, damsang.
poached[1] *a. Cu:* **~ egg,** wŷ wedi ei botsio. **~ egg plant** *n. Bot:* *(Linnanthes douglasii):* melyn wy *m*.
poached[2] *a. (= stolen):* **~ pheasant,** ffesant wedi ei botsio.
poacher[1] *n.* potsiwr (potswyr) *m*, potsiar(-s, potsieriaid) *m*, *Lit:* herwheliwr (herwhelwyr) *m*.
poacher[2] *n.* **egg-~,** peth(-au) *(m)* potsio wy/wyau, potsiwr *(m)* wy (potswyr wyau).
poacher[3] *n. Ich:* **Atlantic ~,** *(Leptagonus decagonus):* penbwl (penbyliaid) *(m)* Iwerydd.
pochard *n. Orn: (Aythya ferina):* hwyaden bengoch (hwyaid pengoch) *f* *(pronounced* ng-g); **red-crested ~,** *(Netta rufina):* hwyaden gribgoch (hwyaid cribgoch); **white-eyed ~,** *(A. nyroca):* hwyaden frech (hwyaid brych), hwyaden lygadwen (hwyaid llygadwyn), hwyaden gochddu (hwyaid cochddu).
pochette *n.* pwrs (pyrs[i]au) *m*, posied(-i) *m*.
pock *n. Med:* **1.** *(= pustule):* llinoryn (llinorod) *m*, *N:* ploryn (plorod) *m*, *S:* tosyn (tosau) *m*. **2.** *(= mark, hole):* ôl (olion) *m*, twll (tyllau) *m*, craith (creithiau) *f*. **~-mark** *n.* ôl (olion) *(m)* brech, craith (creithiau) *(f)* brech, twll (tyllau) *(m)* brech. **~-marked** *a.* creithiog, tyllog, brechlyd, ag ôl brech.
pocked *a.* brechlyd, tyllog (**with sth,** gan rth).
pocket[1] *n.* **1.** *(most senses):* poced(-i) *f*, *S.W: occ:* coden(-nau,-ni) *f*, *A: or Lit:* llogell(-au,-i) *f*; *Needlew:* **bound slot ~,** poced agen; **diagonal hip-~,** poced glun letraws (pocedi clun lletraws); **hip-~,** poced glun (pocedi clun), poced [tu] ôl, *N: F:* poced tin [trowsus], *S: F:* poced tin [trwser]; **flap-~,** poced fflap; **patch-~,** poced glwt (pocedi clwt); **side-seam ~,** poced sêm ochr; **trouser ~,** poced drowsus/trwser (pocedi trowsus/trwser); **breast ~,** poced frest (pocedi brest); **inside ~,** *(i) (of jacket):* poced gesail (pocedi cesail); *(ii) (of greatcoat &c):* poced tu mewn; **waistcoat ~,** poced wasgod (pocedi gwasgod); **welt-~,** poced waltas; *Fig:* **I have him in my ~,** mae yn fy ngafael i; mae'n gwn|eud fel y mynnaf i; mae dan fy mys bawd i; *F:* **they live in each other's pockets,** maen' nhw'n llawiau mawr; maen' nhw'n

llawiach; *F:* **to line one's ~,** pluo'ch nyth, llenwi'ch poced; **to put one's pride in one's ~,** llyncu'ch balchder; **to put one's hand in one's ~,** mynd i'ch poced, cyfrannu, gwario; **it's beyond my ~,** ni allaf mo'i fforddio; **I'm in ~,** yr wyf ar fy ennill; **I'm out of ~,** yr wyf ar fy ngholled; **out-of-~ expenses,** treuliau parod; *S.a.* **air¹, burn²** 1, **pick³** 7. **2.** *(of hops):* sachaid (sacheidiau) *mf.* **3.** *Geol: Min:* poced(-i) *f*, ceudod(-au) *m.* **4.** *Mil:* **a ~ of resistance,** llecyn(-nau) (*m*) o wrthsafiad. **5.** *attrib.* bychan (*f.* bechan, *pl.* bychain), *occ:* poced, llogell; **a ~ Venus,** Fenws fechan; **a ~ Hercules,** Samson bychan; **~ dictator,** Hitler bach/bychan (Hitleriaid bychain), unben bach/bychan (unbeniaid bychain). **~ battleship** *n.* llong (*f*) ryfel fechan (llongau rhyfel bychain). **~ beach** *n. Geog:* cildraeth(-au) *m.* **~ billiards** *n.* biliards bach *m*, biliards pocedi. **~-book** *n.* **1.** llyfr(-au) (*m*) poced, pocedlyfr(-au) *m.* **2.** = **wallet. 3.** *U.S:* = **paperback, handbag. ~ borough** *n. Hist:* bwrdeistref (*f*) boced (bwrdeistrefi poced). **~ dictionary** *n.* geiriadur(-on) (*m*) poced, *occ:* geiriadur llogell. **~ edition** *n.* argraffiad(-au) (*m*) poced. **~ handkerchief** *n.* hances (*f*) boced (hancesi poced[i]); *See* **handkerchief. ~-knife** *n.* cyllell (*f*) boced (cyllyll poced). **~-money** *n.* arian (*m*) poced, *N:* pres poced, *S:* arian pen. **~ mouse** *n. Z:* llygoden fochog (llygod bochog) *f.* **~-piece** *n.* darn(-au) lwcus *m.* **~-pistol** *n. Joc:* (= *hip-flask*): fflasg (*f*) boced (fflasgiau poced). **~-sized** *a.* bychan (*f.* bechan, *pl.* bychain). **~ veto** *n. Pol: U.S:* nacâd (*m*) poced.

pocket² *v.t.* **1.** pocedu, *Lit: occ:* llogellu. **2.** (= *purloin*): pocedu, rhoi/taro (rhth) yn eich poced, *N: F:* progio (rhth); **to ~ an insult,** llyncu sarhad. **3.** *U.S: Pol: Adm:* **to ~ (a bill),** atal, oedi, nac|au (mesur).

pocketable *a.* pocedadwy.

pocketed *a.* pocedog, â phoced/phocedi.

pocketer *n.* pocedwr (pocedwyr) *m*, poc|edwraig *f.*

pocketful *n.* pocedaid (pocedeidiau) *f*, llond (*m*) poced(-i), *Lit:* llogellaid (llogelleidiau) *f.*

pococurante *a. & n.* **1.** *a.* difater, didaro, di-hid, dihidio, dihitio, difalio, dihidiaeth, dihidans. **2.** *n.* rhn (rhai) difater *&c.*

pococurant[e]ism *n.* difaterwch *m*, dihidrwydd *m*, dihitrwydd *m.*

pod¹ *n.* **1.** *Bot:* coden(-nau, codau) *f*, *S:* plisgyn (plisg) *m*, masgl(-au) *f*, cibyn (cibau) *m*, cib(-au) *m*; **senna pods,** codau senna. **2.** (= *eel-net*): rhwyd (*f*) lysywod (rhwydi llysywod). **3.** *(under aircraft &c):* coden(-nau) *f.*

pod² *v.i.&t.* **1.** *v.i.* *(of plant):* codennu, magu codennau *&c.* **2.** *v.t.* disbeinio, deor, digibo, *S.W:* plisgo, masglo, *N: occ:* duo.

pod³ *n. U.S:* *(of seals, whales, dolphins):* ysgol(-ion) *f*, haid (heidiau) *f.*

pod⁴ *v.t. U.S:* gyrru.

pod⁵ *n. Tls:* **1.** (= *socket*): soced(-i) *fm.* **2.** (= *groove*): rhigol(-au) *f.*

podagra *n. Med:* = **gout.**

podagral, podagric, podagrous *a. Med:* podagraidd.

podded *a.* **1.** codennog; **~ peas,** pys yn eu codennau/callod; **~ engine,** motor mewn coden. **2.** *F:* (= *well off, snug*): codog, da eich byd, *N.W: occ:* cobog, tewglyd.

podder *n.* casglwr (casglwyr) (*m*) pys/ffa *&c.*

poddy *n. N:* llo (lloi) llywaeth *m*, *S:* llo swci.

podesta *n.* ynad(-on) *m.*

podgily *adv.* yn flonegog *&c.*

podginess *n.* bloneg *m*, tewder *m*, tewdwr *m*, tewdra *m.*

podgy *a.* *(pers.):* blonegog, tew(-ion), llond eich croen, tordyn[n], byrdew(-ion), boldew(-ion); *(parts of body):* blonegog, tew; **a ~ face,** bochau tewion *pl*, *N.W: occ:* bochau wics; **~ fingers,** bysedd tewion, *N.W: occ:* bysedd lard.

podiatrist *n.* = **chiropodist.**

podiatry *n.* = **chiropody.**

podium *n.* podiwm (podia) *m.*

podophyllin *n. Pharm:* podoffylin *m.*

podsol *n.* = **podzol.**

podweed *n. Bot:* *(Halidrys siliquosa):* gwymon codog hir *m.*

podzol *n. Geog:* podsol(-au) *m.*

podzolize *v.t. Geog:* podsoli.

poe *n.* = **parson-bird.**

poem *n.* cerdd(-i) *f*, cân (caneuon) *f*, darn(-au) (*m*) o farddoniaeth; **epic ~,** arwrgerdd(-i) *f*, cerdd epig; **lyric ~,** telyneg(-ion) *f*; **elegiac ~,** m|arwnad (marwnadau) *f*, galarnad (-au) *f*; **~ of praise,** cerdd fawl/foliant (cerddi mawl/moliant), *W.Lit: A:* arwyrain *f*; **deathbed ~,** marwysgafn *f*; **prose ~,** cerdd brôs (cerddi prôs).

poesy *n.* barddoniaeth *f*, cerdd (*f*) dafod, barddas *f.*

poet *n.* bardd (beirdd) *m*, prydydd(-ion) *m*, *A: or Lit:* awenydd(-ion) *m*; **a bad ~,** bardd gwael, crachfardd (crachfeirdd) *m*; *See* **poetaster; a budding ~,** egin fardd (~ feirdd), eginfardd (eginfeirdd) *m*; **a chaired ~,** bardd cadair, bardd cadeiriog, prifardd (prifeirdd) [cadeiriog] *m*; **a crowned ~,** bardd coron, bardd coronog, prifardd (prifeirdd) [coronog] *m*; **~ laureate,** bardd y brenin/frenhines, bardd llawryfog, llawrwyddfardd (llawrwyddfeirdd) *m*; **household ~,** bardd ystafell, bardd teulu; **chief ~,** pencerdd (penceirddiaid) *m*, prifardd (prifeirdd) *m*; **court ~,** bardd llys; **epic ~,** arwrfardd (arwrfeirdd) *m*; **lyric ~,** telynegwr (telynegwyr) *m*; *W.Lit:* **an early Welsh ~,** cynfardd (cynfeirdd) *m*; **a ~ of the princes, a court ~,** gogynfardd (gogynfeirdd) *m*, un o feirdd y tywysogion; **a ~ of the gentry,** un o feirdd yr uchelwyr; **gentleman ~,** bardd yn canu ar ei fwyd ei hun.

poetaster *n.* rhigymwr (rhigymwyr) *m*, bardd (beirdd) (*m*) talcen slip, bardd bol clawdd, bardd cocos, bardd pen pastwn, crachfardd (crachfeirdd) *m*, pastynfardd (pastynfeirdd) *m*, cocosfardd (cocosfeirdd) *m*; *W.Lit:* bardd ysbyddad, clerwr (clerwyr) *m*; *Coll:* **poetasters,** clêr/y glêr *f*, bôn (*m*) y glêr, tin (*f*) y glêr.

poetess *n.f.* barddones(-au), prydyddes(-au), barddes(-au,-i).

poetic *a.* *(a)* (= *pertaining to poetry*): barddol, *occ:* prydyddol; (= *in verse*): mydryddol; *(b)* = **poetical; ~ drama,** drama (*f*) fydryddol (dramâu mydryddol); **~ justice,** [llawn] haeddiant *m*; **~ licence,** rhyddid (*m*) bardd, penrhyddid (*m*) bardd, trwydded (*f*) bardd; **~ school,** ysgol farddol (ysgolion barddol) *f*; **~ tradition,** traddodiad(-au) barddol *m.*

poetical *a.* barddonol, awenyddol; **that line isn't very ~,** nid yw'r llinell yna'n farddonol iawn.

poetically *adv.* yn farddol, yn farddonol.

poeticize *v.t.* barddonoli.

poetics *n.pl.* cerdd (*f*) dafod, barddoneg *f*, barddas *f*; **the P~ of Aristotle,** Barddoneg Aristotlys.

poetize *v.i.&t.* **1.** *v.i.* bod yn fardd, barddoni, mydryddu, prydyddu, awenyddu. **2.** *v.t.* barddonoli.

poetry *n.* barddoniaeth *f*, prydyddiaeth *f*, canu *m*, cerdd (*f*) dafod; **the ~ of Taliesin/Aneirin,** canu Taliesin/Aneirin; **to write ~,** barddoni, prydyddu, canu, ysgrifennu barddoniaeth, eilio cerdd, llunio cerdd, *F:* gwn|eud barddoniaeth; **prose ~,** barddoniaeth brôs; *W.Lit:* **~ in strict metre,** barddoniaeth gaeth, canu caeth; *W.Lit:* **~ in free metre,** canu rhydd; **early Welsh ~,** yr Hengerdd *f* (*pronounced* ng-g); *Hist:* **~ of the gentry,** barddoniaeth yr uchelwyr.

pogge *n. Ich:* bawd (*mf*) y melinydd (bodiau'r melinydd), penbwlan(-od) *m*, penlletwad(-au) *m*, penbwl (penbyliaid) (*m*) môr.

pogo *n.* **~ stick,** ffon (*f*) bogo (ffyn pogo).

pogonia *n. Bot:* pogonia(-s) *m.*

pogonology *n.* barfeg *f.*

pogonotomy *n.* eillio *vn*, eilliad(-au) *m.*

pogonotrophy *n.* tyfu (*vn*) barf/locsyn.

pogrom *n.* cyflafan(-au) *f*, pogrom(-au) *m.*

poignancy *n.* **1.** *(of sauce):* awch *m*, siarprwydd *m*, *N.W: occ:* gwawch *f*; *(of satire):* min *m*, miniogrwydd *m*, pigogrwydd *m*, brath *m.* **2.** *(of emotion, pain):* dwysdeimlad *m*, dwyster *m*, ing *m*, awchlymder *m.*

poignant *a.* **1.** *(taste, smell):* awchlym, pigog, llym (*f.* llem, *pl.* llymion). **2.** (= *moving*): ingol, teimladwy, dwysbigol, dwysingol.

poignantly *adv.* **1.** yn llym *&c.* **2.** yn ingol *&c.*

poikilothermic[al] *a. Biol:* poicilothermig.

poikilothermism *n. Biol:* poicilothermedd *m.*

poinciana *n. Bot:* poinsiana(-s) *m.*

poind¹ *n. Scot:* atafael(-au,-ion) *m.*

poind² *v.t.* atafael, atafaelu, atafaela.

poinsettia *n. Bot:* poinsetia(-s) *m.*

point¹ *n.* I. pwynt(-iau) *m.* **1.** *(a)* **decimal ~,** pwynt degol; **bicimal ~,** pwynt deuol; **tercimal ~,** pwynt triol; **three ~ five,** tri pwynt pump; *(b) (Hebrew vowel):* llafarnod(-au) *m*, pwynt. **2.** (= *spot, place*): man(-nau) *mf*, *occ:* pwynt; **the furthest ~,** y pen pellaf *m*, y man pellaf, y fan bellaf; **~ of departure,** man cychwyn; *Astr:* **the cardinal points,** y pwyntiau cardinal; **in all points,** ym mhob peth, ym mhob dim, ar bob pen, ar bob cyfrif; *Av:* **to reach the ~ of no return,** cyrraedd y man di-droi'n-ôl, cyrraedd y wal ddiadlam; *Econ:* **estimate ~,** amcanbwynt *m;* **freezing-~,** pwynt rhewi, rhewbwynt *m;* **boiling-~,** pwynt berwi, b|erwbwynt *m;* **to raise sth to boiling-~,** twymo rhth nes iddo ferwi, codi rhth at y berw *or* i'r berw; **tempers rose to boiling-~,** fe aeth pawb yn gynddeiriog; fe aeth pethau'n wenfflam; *S:* fe aeth hi'n dân gole; **melting-~,** pwynt toddi, toddbwynt(-iau) *m;* **critical ~, turning-~,** trobwynt(-iau) *m,* pwynt critigol *m,* chwylbwynt(-iau) *m; Metalw:* **decalescent ~,** pwynt caledu; **fixed ~,** pwynt sefydlog/anghyfnewid; **meeting-~,** cyrchfan(-nau) *mf,* man cyfarfod *m;* **~ of attachment,** cydfan(-nau) *mf,* man cydio; **~ of delay,** pwynt oedi; **~ of insertion,** mewnfan(-nau) *mf;* **~ of origin,** tarddle(-oedd) *m;* **~ of view,** safbwynt(-iau) *m; Metalw:* **yield ~,** pwynt ildio; *Ch:* **triple ~,** pwynt triphlyg; **to consider sth from all points of view,** ystyried pob ochr i rth, ystyried rhth o bob safbwynt; **~ of contact,** man cyffwrdd; **Rhyl and points West,** Y Rhyl a mannau i'r gorllewin. **3.** *(a) (= detail of argument &c):* pwynt, manylyn (manylion) *m, occ:* pen(-nau) *m;* **figures that give ~ to his argument,** ffigurau sy'n rhoi min *(m)* ar ei ddadl; **(to differ) on a ~,** (anghytuno) ar un pen, ar un pwynt, ar fanylyn; **on that ~ (we disagree),** ar hynny o beth, ar y pen hwnnw ('rŷm yn anghydweld); **the main ~ (of his speech),** byrdwn *m,* craidd *m,* baich *m,* prif ben *m,* prif bwynt *m* (ei araith); **the three main points of a sermon,** tri phen pregeth; **to pursue one's ~,** mynd ar ôl yr hyn sydd gennych dan sylw, dilyn eich pwynt/syniad/ trywydd; **to make one's ~,** gwneud eich pwynt, gosod eich dadl, gyrru'ch neges adref; **a ~ to be remembered,** rhth/peth i'w gofio, ystyriaeth(-au) *f;* **to carry one's ~,** ennill eich dadl; **a ~ of conscience,** mater *(m)* o gydwybod; *Parl:* **a ~ of order,** mater o drefn, pwynt o drefn; **~ of information,** pwynt o wybodaeth; *Metalw:* **~ of intersection,** croestorfan(-nau) *mf;* **to make a ~ of doing sth,** gwneud rhth yn un swydd, gwneud rhth o ran dyletswydd, mynnu cael gwneud rhth; **you make a ~ of annoying me,** 'rwyt ti'n gwneud ati i'm digio i; **a ~ of grammar,** pwynt gramadegol, pwnc *(m)* gramadegol; **to prove the ~,** profi'r pwynt; **in ~ of fact,** a dweud y gwir, mewn gwirionedd, fel mater o ffaith; *S.a.* **carry² 4, honour¹ 3, possession 1, stretch² 1;** *(b)* **on this ~,** ar y pen hwn, yn hyn o beth, ar y pwynt hwn; **a case in ~,** achos perthnasol *m;* enghraifft dda *(f)* o rth; **this is very much to the ~,** mae hyn yn berthnasol iawn; **brief and to the ~,** cryno a phwrpasol; **that's beside the ~,** nid yw hynny nac yma nac acw; mae hynna'n amherthnasol; **you have a good ~,** mae gennych ddadl gref *(f);* mae gennych bwynt da; **I take your ~,** 'rwy'n derbyn dy bwynt/ddadl di; **your remark is not to the ~,** nid oes a wnelo'ch sylw ddim â'r peth; mae'ch sylw'n amherthnasol; **let us get back to the ~,** dewch/gadewch inni fynd yn ôl at y pwnc dan sylw; **that's just the ~,** dyna'r union bwynt; *(c)* **what would be the ~?** beth fyddai'r diben *(m)*? i beth? beth fyddai ei werth? pa les a fyddai? **I see no ~ in it,** ni welaf ddiben iddo; **is there any ~ in going on?** a yw hi'n werth mynd yml|aen? **(I could see) the ~ of going on,** (mi welwn) werth dal ati, ei bod yn werth dal ati; **there is no ~ in denying it,** ofer yw ei wadu; ni waeth heb ei wadu; *(d)* **a ~ of interest,** peth(-au) diddorol *m,* mater *(m)* o ddiddordeb, pwynt diddorol; **she has her good points,** mae ganddi rinweddau; mae pethau da ynddi; *S.a.* **strong 2. 4.** *(a)* **the ~ of death,** awr *(f)* angau; **at the ~ of death,** ar farw, ar fin marw, ar drengi; **on the ~ of doing sth,** ar fin gwneud rhth, ar fedr gwneud rhth, *occ:* ar wneud rhth, *N.W: occ:* ar d[d]ŷd gwneud rth; **(I was) on the ~ of leaving,** ('roeddwn) ar gychwyn, ar fedr cychwyn, ar fin cychwyn; *(b)* **matters are at such a ~ that. . .,** fe aeth pethau i'r fan lle. . .; **up to a ~,** i [ryw] raddau; hyd at ryw fan; **at this ~ (he fell silent),** yn y fan honno, ar hyn (fe dawodd); **she came to the ~,** daeth at y pwynt; daeth at yr hyn a oedd ganddi; daeth at ei neges; **full to bursting-~,** llawn hyd at dorri; **(severe) to the ~ of cruelty,** (llym) hyd at fod yn greulon, hyd at greulondeb. **5.** *Games:* **to score so many points,** ennill hyn a hyn o bwyntiau; **to score points off s.o.,** trechu rhn; **what ~ shall we play?** faint o bwyntiau fydd i'r gêm? *Box:* **to win on points,** ennill ar bwyntiau; **to give points to s.o.,** rhoi pwyntiau/h|andicap *(m)* i rn. **6.** *(a)* **the thermometer went up two points,** cododd y thermomedr o ddwy radd; *St.Exch:* **to rise a ~,** codi o bwynt; *(b) Typ:* pwynt. II. *(= sharp end):* **1.** *(of needle &c):* blaen(-au) *m, occ:* pigyn (pigau) *m;* **not to put too fine a ~ on it,** a siarad yn blwmp ac yn blaen, a siarad heb flewyn ar dafod; *Mus: (of bow):* blaen; *Box:* **a blow to the ~,** dyrnod ar flaen yr ên; **five ~ star,** seren *(f)* bum pigyn (sêr pum pigyn); *(of a joke):* pwynt, ergyd *f; S.a.* **fine³ 5;** *(b) Vet:* **a bay horse with black points,** ceffyl gwinau â blaenau duon; **the points of a hound,** nodweddion ci hela; *(c) pl. Ven:* **a buck of ten points,** carw [â chyrn] deg pigyn, carw a chanddo ddeg osgl; *(d) Geog:* trwyn(-au) *m, occ:* pen(-nau) *m,* penrhyn(-ion) *m; Nau:* **to double a ~,** mynd heibio i benrhyn; *W.Pl.n.* **The P~, Gallows P~,** Y Pwynt, *A:* Penrhyn *(m)* Safnes; **Aust P~,** Penrhyn Awstin; **Abermenai P~,** Trwyn *(m)* Abermenai; **Penrhos P~,** y Penrhyn Mawr; *(e) Ballet: pl.* blaenau'r traed. **2.** *Tls:* **= awl, needle¹. 3.** *El: I.C.E: (a)* **platinum [contact] ~,** pwynt(-iau) *(m)* platinwm; *(b)* **power ~,** pwynt trydan. **4.** *Rail:* **points,** pwyntiau atal, *N: Min:* tafod *m;* **to throw over the points,** newid y pwyntiau. **5. points of the compass,** pwyntiau'r cwmpawd. **6.** *Lacem:* = **point-lace. 7.** *Cr:* pwynt. **8.** *Cost: Hist:* carrai (careiau) *f.* III. **a dog making a ~,** ci wrthi'n marcio. **~-blank 1.** *a. (a) Ball: (shot):* unionsyth, uniongyrchol *(pronounced* ng-g), syth, diwyro, o fewn dim; **at ~-blank range,** oddi agos; *(b) (question):* syth, plwmp a phlaen, ar ei ben. **2.** *adv. (a)* **(to fire) ~-blank (at s.o.),** (saethu)'n syth, oddi agos, o fewn dim (at rn); *(b)* **(he asked me) ~-blank,** (gofynnodd imi) ar ei ben, yn blwmp ac yn blaen; **to refuse sth ~-blank,** gwrthod rhth ar ei ben. **~ charge** *n. Ph:* gwefr *(f)* bwynt (gwefrau pwynt). **~ circle** *n.* cylch(-oedd) *(m)* pwynt. **~ collocation** *n.* cydleoliad pwyntiol *m.* **~-duty** *n.* dyletswydd *(f)* rheoli traffig; **a policeman on ~ duty,** plismon yn rheoli traffig. **~ graph** *n.* graff(-au) *(m)* pwynt. **~ lace** *n.* les *(f)* blaen nodwydd. **P~ Lynas** *W.Pl.n.* Trwyn *(m)* Eilian, *A:* Trwyn y Balog. **~ mass** *n. Ph:* màs (masau) *(m)* pwynt. **P~ of Ayr** *W.Pl.n.* Y Parlwr Du *m.* **~ pattern analysis** *n.* dadansoddi *(vn)* patrwm pwyntiau. **~ of sale terminal (POS)** *n. Cmptr:* terfynell *(f)* dâl-bwynt (terfynellau tâl-bwynt). **~ source** *n.* tarddle(-oedd) *(m)* pwynt. **points system** *n.* system *(f)* bwyntiau (systemau pwyntiau). **~ to ~ 1.** *a.* o fan i fan. **2.** *n.* ras(-ys) *(f)* o fan i fan.

point² *v.t.&i.* I. *v.t.* **1.** *(a) (= mark with points):* nodi, marcio; *(= Hebrew vowels):* llafarnodi, pwyntio; *(b) Gram:* atalnodi. **2.** *(a) (= sharpen): (tool):* miniogi, hogi (rhth); rhoi blaen/min/ awch (ar rth); *(a pencil): N:* rhoi min (ar bensel), *S:* dodi awch (ar bensel); **to ~ remarks,** miniogi sylwadau, rhoi min ar sylwadau; *(b)* **to ~ (a moral),** dysgu, tanlinellu (moeswers). **3. to ~ (a gun towards s.o.),** anelu, cyfeirio, pwyntio (gwn at rn); **to ~ (a finger at s.o.),** cyfeirio, estyn, pwyntio (bys at rn). **4. to ~ the way,** cyfeirio'r ffordd, dangos y ffordd. **5.** *Const:* **to ~ a wall,** pwyntio mur. **6.** *abs. Ven:* marcio, cyfeirio, pwyntio. II. *v.i.* cyfeirio, pwyntio **(to sth,** at rth); **the clock points to ten,** mae bysedd y cloc ar ddeg; mae'r cloc yn dangos deg o'r gloch; **this points to the fact. . .,** dengys hyn y ffaith. . .; **everything seems to ~ to success,** mae popeth yn argoeli'n dda; **everything points to him as the culprit,** mae pob arwydd mai ef sy'n euog. **~ out** *v.t.* **1. to ~ out sth to s.o.,** dangos rhth i rn, tynnu sylw rhn at rth, cyfeirio rhn at rth; **to ~ out a fact,** gwn|eud sylw o ffaith; **to ~ out the advantages of sth,** dangos manteision rhth; **might I ~ out that. . .,** a gaf i dynnu sylw at y ffaith fod. . . . **~ up** *v.t.* pwysleisio/tanlinellu (rhth); tynnu sylw (at rth).

pointed *a.* **1.** *(instrument &c):* â blaen, pigfain; **~ beard,** barf bigfain (barfau pigfain) *f.* **2.** *(remark):* miniog, brathog, coeglyd; *(allusion):* amlwg, plaen, diamwys; *(snub):* bwriadol, pwrpasol. **3.** *(Hebrew text):* llafarnodol, pwyntiedig.

pointedly *adv.* **1.** yn finiog *&c.* **2.** yn bwrpasol, yn fwriadol, o fwriad; **she ~ ignored me,** fe wnaeth hi bwynt o'm hanwybyddu; fe'i gwnaeth hi'n amlwg ei bod yn f'anwybyddu.

pointedness *n.* **1.** miniogrwydd *m.* **2.** *(= evidentness):* amlygrwydd *m.*

pointer *n.* **1.** *Ven:* cyfeirgi (cyfeirgwn) *m,* ci (cŵn) *(m)* marcio. **2.** *(of balance &c):* bys(-edd) *m; pl. Astr:* **the Pointers,** y Cyfeiryddion, y Sêr Cyfeiriol. **3.** *Sch:* ffon (ffyn) *f.* **4.** *F: (= tip):* awgrym(-iadau) *m;* **to give s.o. pointers,** rhoi rhn ar ben ffordd. **5.** *(= indication):* argoel(-ion) *f,* arwydd(-ion) *m* **(to sth,** o rth); **a ~ to the future,** argoel/arwydd o'r hyn sydd i ddod.

6. *Cmptr:* pwyntydd(-ion) *m*; **null ~,** nylbwyntydd(-ion) *m*. **7.** *Orn:* **blue ~,** macaw glas (macawod gleision) *m*.

pointillé *a. Bookb:* eurfrith, ***pointillé***.

pointillism *n. Art:* pwyntiliaeth *f*, pwyntilio *vn*.

pointillist *n. Art:* pwyntiliwr (pwyntilwyr) *m*, pwyntilydd(-ion) *m*.

pointless *a.* **1.** *(pencil &c):* heb flaen, heb fin, di-fin, heb awch. **2.** *(= purposeless):* dibwrpas, dibwynt, diystyr, diddiben, ofer, diwerth, seithug.

pointlessly *adv.* yn ddibwrpas *&c*; heb bwrpas.

pointlessness *n.* oferedd *m*, diffyg (*m*) pwrpas, seithugrwydd *m*.

pointsman *n.m. Rail:* pwyntiwr (pwyntwyr).

Pointz Castle *W.Pl.n.* Cas-bwnsh *m*.

poise[1] *n.* **1.** *(= balance):* cydbwysedd *m*. **2.** *(= composure):* hunanfeddiant *m*, pwyll *m*. **3.** *(= carriage of head, body):* cerddediad *m*, osgo *m*, ymarweddiad *m*, ystum *mf*; **~ and bearing,** osgo ac ymarweddiad.

poise[2] *v.t.&i.* **1.** *v.t.* *(a) (= balance):* cydbwyso, tafoli, mantoli; *(b) (spear &c):* dal, cynnal; **to ~ sth in the hand,** *S. W:* swmpo rhth yn y llaw. **2.** *v.i.* **to ~ in the air,** hofran yn yr awyr.

poise[3] *n. Meas: Ph:* ***poise*** *m*.

poised *a.* **1.** *(= self-composed):* hunanfeddiannol, pwyllog, digyffro. **2. to be ~ on the edge of sth,** sefyll/hofran ar fin rhth; **Wales is ~ to win,** mae Cymru ar fin/fedr ennill; mae Cymru mewn lle i ennill.

poison[1] *n.* gwenwyn(-au) *m*; **rank ~,** gwenwyn pur/marwol/angheuol; **to take ~,** llyncu gwenwyn, cymryd gwenwyn; **to die of ~,** marw ar ôl llyncu gwenwyn; **to hate s.o. like ~,** casáu rhn â chas perffaith; **one man's meat is another man's ~,** mêl y naill, gwenwyn y llall; *F:* **what's your ~?** beth gymerwch chi? **~ ash, ~ dogwood, ~ elder** *n.* = **poison sumach**. **~ gas** *n.* nwy(-on) gwenwynig *m*. **~ gland** *n.* chwarren (*f*) wenwyn (chwarennau gwenwyn). **~ ivy** *n. Bot: (Rhus toxicodendron):* eiddew/iorwg gwenwynig *m*. **~ oak** *n. Bot: (i) (R. quercifolia):* derwen (*f*) wenwynig (derw gwenwynig); *(ii)* = **poison sumach**. **~ pen letter** *n.* llythyr(-au) enllibus/gwenwynllyd *m*, llythyr gwenwyn. **~ pen writer** *n.* llythyrwr (llythyrwyr) enllibus/gwenwynllyd *m*, llyth|yrwraig enllibus/wenwynllyd (llythyrwragedd enllibus/gwenwynllyd) *f*. **~ pie** *n. Fung: (Hebeloma crustuliniforme):* crwst (crystiau) gwenwynig *m*. **~ sumach** *n. Bot: (R. vernix):* coeden (*f*) wenwyn (coed gwenwyn).

poison[2] *v.t.* gwenwyno.

poisonable *a.* gwenwynadwy.

poisoned *a.* **1.** *(pers.):* gwenwynedig, wedi'ch gwenwyno, wedi cael gwenwyn. **2. a ~ wound,** briw(-iau) gwenwynllyd *m*; **a ~ drink,** diod wenwyn, diod a gwenwyn ynddi; **a ~ apple,** afal gwenwyn, afal a gwenwyn ynddo.

poisoner *n.* gwenwynwr (gwenwynwyr) *m*, gwenw|ynwraig (gwenwynwragedd) *f*.

poisoning *vn.* gwenwyno, gwenwyniad *m*; **food ~,** gwenwyn (*m*) bwyd; **lead ~,** gwenwyn plwm.

poisonous *a.* **1.** *(plant &c):* gwenwynllyd, gwenwynol, gwenwynig. **2.** *(temper &c):* gwenwynllyd, mileinig, milain. **3.** *(doctrine &c):* gwenwynllyd, llygredig, peryglus, andwyol, adwythig, niweidiol.

poisonously *adv.* yn wenwynig *&c*.

poisonousness *n.* gwenwyndra *m*.

poke[1] *n. (=* **prod[1], jab[1]***):* proc(-iau) *m*, prociad(-au) *m*, pwniad(-au) *m*, pwt (pytiau) *m*. **~-bonnet** *n. Cost:* bonet (*f*) gantel (boneti cantel).

poke[2] *v.t.&i.* I. *v.t.* **1.** *(=* **prod[2], jab[2]***):* procio, pwnio, pwtian, *S. W: occ:* pocran; **to ~ a fire,** procio tân, *S. W: occ:* rhacso tân; **to ~ s.o. in the ribs,** pwnio rhn yn ei asennau; **to ~ a hole in sth,** procio twll mewn rhth. **2. to ~ (sth up sth),** gwthio, stwffio, *S. W:* saco (rhth i fyny rhth); **to ~ one's head round a corner,** brathu'ch pen heibio i gornel; *S.a.* **nose[1] 1. 3. to ~ fun at s.o.,** gwn|eud hwyl am ben rhn, gwneud rhn yn destun sbort. II. *v.i.* **to ~ at sth with an umbrella,** pwnio rhth ag ambarél; **to ~ about (in every corner),** busnesa, chwilota, ffureta, *S:* chwilmentan, *N:* sbaena, swlffa, jwlffa, progio (ym mhob twll a chornel). **~ out** *v.t.* **to ~ s.o.'s eye out,** tynnu llygad rhn; **to ~ the fire out,** procio'r tân nes ei ddiffodd, diffodd tân trwy ei brocio; **to ~ one's head out of a window,** brathu'ch pen drwy ffenestr.

poke[3] *n. O: (= bag):* cwd (cydau) *m*, cwdyn (cydau) *m*; *Prov:* **to buy a pig in a ~,** prynu cath mewn cwd.

pokeberry *n. Bot: (= inkberry):* aeronen (aeron) (*f*) inc.

poker[1] *n. N:* procer(-i) *m*, *S:* pocer(-i) *m*; **(as stiff) as a ~,** (cyn sythed) â soldiwr, â brwynen, â'r gawnen, â phrocer; cefnsyth; **he looks as if he has swallowed a ~,** mae o fel ystyllen; mae o fel petae wedi llyncu procer; **gas ~,** procer nwy; *Bot:* **red-hot ~,** *(Kniphofia):* procer coch, procer poeth, lili(*f*)'r fagl, aron *mf*. **~-work** *n.* gwaith (*m*) procer.

poker[2] *n. Games:* pocer *m*. **~ dice** *n.* dis(-iau) (*m*) pocer. **~ face** *n.* wyneb difynegiant *m*. **~-faced** *a.* difynegiant; **he was ~-faced,** *S.E:* 'roedd ei wyneb fel wal.

pokeroot, pokeweed *n. Bot: (= inkweed):* inclys *m*.

pokiness *n.* cyfyngder *m*, bychander *m*.

poky *a.* **1.** *(room):* cyfyng, bychan (*f.* bechan, *pl.* bychain); **a ~ little room,** ystafell fechan fach, ystafell fach gyfyng. **2.** *(occupation):* dinod, dibwys, pitw.

polacca *n. Nau:* polaca (polacâu) *mf*.

Polack *n. U.S: Pej:* Pwyliad (Pwyliaid) *m&f*.

polacre *n.* = **polacca**.

Poland *Pr.n. Geog:* [Gwlad *f*] Pwyl *f*, *occ:* Pwyldir *m*.

polar *a. & n.* **1.** *a.* *(a) Geog: Astr:* pegynol; **~ axis,** echel begynol (echelydd pegynol) *f*; **~ bear,** arth wen (eirth gwynion) *f*, arth y Gogledd; *Biol:* **~ body,** corffyn pegynol *m*; **~ circle,** cylch pegynol *m*; **~ curve,** cromlin begynol (cromliniau pegynol) *f*; *Astr:* **~ distance,** pellter pegynol *m*; *Meteor:* **~ front,** ffrynt pegynol *m*; **~ lights,** goleuadau pegynol, goleuni pegynol *m*; **~ regions,** ardaloedd pegynol *pl*, ardaloedd y pegynau; **~ star,** = **pole-star**; **~ type,** teip pegynol *m*; *(b) a. Mth: Ph: Geom:* pegynlinol, pegynol. **2.** *n.* *(a) Mth:* pegynlin(-iau) *f*. **~-continental** *a.* pegynol-gyfandirol. **~-maritime** *a.* pegynol-arforol.

polarimeter *n. Ph:* pol|arimedr (polarimedrau) *m*.

polarimetric *a. Ph:* polarimetrig.

polarimetry *n. Ph:* polarimetreg *f*.

Polaris *n.* **1.** *Astr:* Seren (*f*) y Pegwn. **2.** *Ball:* Polaris(-au) *m*.

polariscope *n. Ph:* pol|arisgop (polarisgopau) *m*.

polariscopic *a. Ph:* polarisgopig.

polarity *n. Ph:* polaredd *m*, pegynedd *m*.

polarizable *a. Ph:* polareiddiadwy.

polarization *n. Ph:* polareiddiad(-au) *m*, polareiddio *vn*; *(of opinions &c):* pegynu *vn*, pegyniad *m*.

polarize *v.t.* **1.** *Ph: (light &c):* polaru, polareiddio. **2.** *Fig: (society):* carfanu, hollti, pegynu, polareiddio.

polarized *a.* **1.** *(light &c):* polaraidd, polareiddiedig; **plane-~ light,** goleuni (*m*) plân-bolaraidd. **2.** *Fig: (society):* hollt, yn garfanau, pegynedig, polareiddiedig.

polarizer *n. Ph:* polarydd(-ion) *m*.

polarizing *a. Ph:* polareiddiol; *(effect, opinion):* pegynol.

polarly *adv.* yn begynol.

polarograph *n. Ph:* pol|arograff (polarograffau) *m*.

polarographic *a. Ph:* polarograffig.

polarography *n. Ph:* polarograffeg *f*.

Polaroid *n. & attrib. R.t.m:* P|olaroid (*m*).

polatouche *n. Z:* gwiwer(-od) ehedog *f*.

polder *n. Geog:* polder(-au) *m*.

pole[1] *n.* **1.** *(= rod, mast &c):* polyn (polion) *m*, postyn (pyst) *m*; **telegraph ~,** polyn (polion) telegraff; *S.a.* **barge-pole, flag-pole**; **under bare poles,** *Nau:* heb hwyliau, ar long foel; **up the ~,** *(i)* = **drunk, crazy**; *(ii) (= in difficulty):* mewn trafferth, mewn twll, mewn strach, mewn stryffig, mewn cawl, mewn picil. **2.** *Meas:* stang(-au) *f*. **~-dab, ~-flounder** *n. Ich: (Pleuronectes cynoglossus):* pysgodyn (pysgod) (*m*) witsian. **~-jump, ~-vault** *n.* naid (*f*) bolyn (neidiau polyn). **~ jumper, ~-vaulter** *n.* neidiwr (neidwyr) (*m*) â pholyn, n|eidwraig (neidwragedd) (*f*) â pholyn. **~-jumping, ~-vaulting** *vn.* neidio â pholyn.

pole[2] *v.t. (punt &c):* gwthio (rhth) â pholyn, polio.

pole[3] *n.* **1.** *Geog: Astr:* pegwn (pegynau) *m*; **North P~,** Pegwn y Gogledd; **North Celestial P~,** Pegwn Wybrennol y Gogledd; **South P~,** Pegwn y De; **South Celestial P~,** Pegwn Wybrennol y De; **they are poles apart,** mae byd o wahaniaeth rhyngddynt; maent am y pegwn â'i gilydd. **2.** *El:* **positive ~,** pegwn positif; **negative ~,** pegwn negyddol; **opposite poles,** pegynau croes. **~-star** *n.* seren (*f*) y gogledd. **~ strength** *n.* poledd *m*.

Pole[4] *n. Ethn:* Pwyliad (Pwyliaid) *m&f*, Pwyles(-au) *f*.

pole[5] *v.t. (= furnish with poles):* gosod/dodi pyst/polion (yn rhth).

pole-axe[1] *n.* **1.** *A: Arms:* ffonfwyell (ffonfwyeill) *f*, bwyell (*f*) ryfel (bwyeill rhyfel), cadfwyell (cadfwyeill) *f*, bwyell enilleg. **2.** *(butcher's):* bwyell (bwyeill) *f*.

pole-axe[2] *v.t.* bwyellu.

pole-axed *a.* bwyelledig; **he fell as if ~,** syrthiodd fel petai wedi ei daro â bwyell.

pole-axer *n.* bwyellwr (bwyellwyr) (*m*) rhyfel.

polecat *n. Z:* **1.** ffwlbart(-iaid) *m*, cath (*f*) goed (cathod coed). **2.** *U.S: (= skunk):* drewgi (drewgwn) *m*; *S.a.* **ferret[1]**.

polemic *a. & n.* **1.** *a.* dadleuol, dadleuyddol, polemig. **2.** *n. (a) usu.pl.* dadl(-euon) *f*, dadleuaeth *f*, polemeg *f*; *(b) (pers.):* dadleuydd(-ion) *m*, dadleuwr (dadleuwyr) *m*, polemegwr: polemegydd (polemegwyr) *m*.

polemical *a.* = **polemic** 1.

polemically *adv.* yn ddadleuol *&c.*

polemicist *n.* = **polemic 2.** *(b).*

polemics *n.pl. esp. Theol:* dadleuaeth *f*, dadleuon *pl*, polemeg *f*.

polemize *v.i.* ymddadlau, dadlau.

polenta *n. Cu:* uwd (*m*) india-corn, polenta *m*.

poleward *adv.* tua'r pegwn.

police[1] *n.inv.* heddlu(-oedd) *m*, *F:* plismyn *pl*; **secret ~,** heddlu cudd; **mounted ~,** heddlu marchogol, march-heddlu, *F:* plismyn ar gefn ceffylau; **the Royal Canadian Mounted P~,** March-heddlu Brenhinol Canada. **~ constable** *n.* heddwas (heddweision) *m*, swyddog(-ion) (*m*) yr heddlu, cwnstabl(-iaid) *m*, plismon (plismyn) *m*, *F:* plisman (plismyn) *m*, *Lit:* heddgeidwad (heddgeidwaid) *m*; **~ constable X,** yr heddwas X. **~ dog** *n.* ci (cŵn) (*m*) heddlu, *F:* ci plisman (cŵn plismyn). **~ inspector** *n.* arolygydd(-ion) (*m*) yr heddlu. **~ lights** *n.pl. Th:* golau (*m*) rhaid. **~ state** *n.* gwladwriaeth(-au) (*f*) heddlu, gwladwriaeth blismyn (gwladwriaethau plismyn) *f*. **~ station** *n.* swyddfa (swyddfeydd) (*f*) heddlu, gorsaf(-oedd) (*f*) heddlu, *F:* lle(-oedd,-fydd) (*m*) plismyn; *(with house):* tŷ (*m*) plisman/plismon (tai plismyn). **~ substation** *n.* is-orsaf(-oedd) (*f*) heddlu. **~ superintendent** *n.* uwcharolygydd (uwcharolygwyr) (*m*) heddlu.

police[2] *v.t.* **1.** plismona (rhth); cadw'r heddwch (yn rhywle); cadw trefn (ar rth); rheoli/disgyblu (gwlad) â heddlu, *occ:* heddluo (rhth). **2.** *U.S:* **to ~ up,** glanh|au, tacluso.

policeman *n.m.* plismon (plismyn), *F:* plisman (plismyn), *Lit:* heddwas (heddweision), heddgeidwad (heddgeidwaid), *F:* gŵr y gôt las (gwŷr y cotiau gleision); **mounted ~,** march-heddwas (~-heddweision) *m*, *F:* plisman/plismon ar gefn ceffyl (plismyn ar gefn ceffylau); **secret ~,** plismon/plisman cudd; **stage ~,** plismon/plisman drama; **traffic ~,** plismon/plisman ceir, plismon/plisman traffig. **~'s helmet** *n. Bot: (Impatiens glandulifera):* ffromlys chwarennog *m*.

policewoman *n.f.* plismones(-au), plismanes(-au), *Lit:* heddferch(-ed), heddforwyn (heddforynion).

policlinic *n. Med:* policlinig(-au) *m*.

policy[1] *n.* **1.** *Pol: &c:* p|olisi (polisïau) *m*; **honesty is the best ~,** gorau arf gwirionedd; nid oes o'r drwg ond drwg i'w ddisgwyl. **2. to deem it ~ to do sth,** ei hystyried hi'n ddoeth gwneud rhth. **3.** *Scot: (= park):* parc(-iau) *m*.

policy[2] *n.* **1.** *Ins: &c:* p|olisi (polisïau) *m*. **2.** *U.S: (= lottery):* lotri (lotrïau) *f*. **~-holder** *n.* daliwr (*m*) polisi (dalwyr polisïau), deiliad (*m&f*) polisi (deiliaid polisïau).

polio *n. Med: F:* polio *m*.

poliomyelitis *n. Med:* poliomyelitis *m*.

polish[1] *n.* **1.** *(= sheen):* disgleirdeb *m*, gloywder *m*, llewy[r]ch *m*, *Lit:* llathredd *m*, llathreiddrwydd *m*, caboledd *m*, *F:* sglein *mf*; **to give sth a ~,** caboli rhth, rhoi caboliad (*m*)/polisiad (*m*) i rth, rhoi sglein ar rth; **to lose ~,** colli sglein, pylu; **to take the ~ off sth,** pylu rhth, tynnu sglein rhth, tynnu'r sglein oddi ar rth; *S.a.* **spit[3]**. **2.** *(for furniture &c):* cwyr *m*, *F:* polish *m*, cabol *m*, *Lit:* llathrydd(-ion) *m*; **button ~,** cwyr botymau; **dry-bright ~,** cwyr disgleirsych; **emulsion ~,** cwyr emylsiwn; **floor ~,** cwyr lloriau; **French ~,** cwyr Ffrengig, cwyr sieläc; **nail ~,** farnis (*m*) ewinedd; **boot/shoe ~,** cwyr esgidiau, *F:* polish 'sgidiau, blacin *m*; **liquid wax ~,** cwyr gwlyb; **water-based emulsion ~,** cwyr emylsiwn dŵr. **3. her work has a certain ~,** mae graen (*m*) ar ei gwaith; **the ~ of his manners,** caboledd ei foesgarwch, ei foesau caboledig.

polish[2] *v.t.* **1.** gloywi, caboli, sgleinio, cwyro, *F:* polisio, *S.W: occ:* rybwno, rwbwno, rhwto; **to ~ shoes,** glanh|au esgidiau, rhoi sglein ar esgidiau, *S.W:* sheino esgidiau; **to ~ a stone,** caboli/llyfnu carreg. **2.** *(manners &c):* caboli (rhth), rhoi graen (ar rth); **to ~ up one's French,** gloywi'ch Ffrangeg. **~ off** *v.t.* **1.** *(food &c):* gorffen (rhth) yn gyflym; claddu, llowcio (rhth). **2.** *(= eliminate):* dinistrio, lladd.

Polish[3] *a. & n.* **1.** *a.* Pwylaidd; **the ~ government,** llywodraeth Pwyl; **he's ~,** Pwyliad yw ef; **she's ~,** Pwyles yw hi; *(in language):* Pwyleg; **the ~ Corridor,** y Cyntedd/Coridor Pwylaidd. **2.** *n. (a) Ling:* Pwyleg *f*, *m*; *(b) (people):* Pwyliaid *pl*.

polishable *a.* caboladwy.

polished *a.* caboledig, gloyw(-on); **~ boots,** esgidiau gloywon, *N.W: occ:* esgidiau polsin.

polisher *n.* cabolwr (cabolwyr) *m*, cab|olwraig *f*, sgleiniwr (sgleinwyr) *m*, sgl|einwraig *f*.

politburo *n.* politbiwro(-au) *m*, pwyllgor(-au) canolog *m*.

polite *a.* boneddigaidd, moesgar, cwrtais, suful, poléit, *N.W: occ:* manesol, *S.W:* syber; **~ society,** pobl wâr, y bonedd, y bobl ddiwylliedig, y boneddigion; **~ letters,** llenyddiaeth gain/goeth *f*; **~ fiction,** celwydd golau *m*.

politely *adv.* yn foneddigaidd *&c.*

politeness *n.* boneddigeiddrwydd *m*, moesgarwch *m*, cwrteisi *m*, poleitrwydd *m*.

politesse *n.* cwrteisi *m*.

politic *a.* **1.** *(of pers., conduct): (a) (= prudent):* doeth, pwyllog; *(b) (= expedient):* buddiol, cyfl|eus; *(c) Pej: (= crafty):* cyfrwys. **2. the body ~,** y wladwriaeth *f*.

political *a.* gwleidyddol, *occ:* politicaidd.

politically *adv.* yn wleidyddol *&c*; **~ correct,** gwleidyddol gywir.

politicaster *n.* gwleidyddwr (gwleidyddwyr) *m*.

politician *n.* gwleidydd(-ion) *m*.

politicization *n.* gwleidyddoli *vn*.

politicize *v.i.&t.* **1.** *v.i.* gwleidydda. **2.** *v.t.* gwleidyddoli.

politico[1] *n.* gwleidydd(-ion) *m*.

politico-[2] *comb.fm.* gwleidyddol-, pol|itico-. **~-economical** *a.* politico-economaidd, gwleidyddol-economaidd. **~-geographical** *a.* politico-ddaearyddol, gwleidyddol-ddaearyddol. **~-moral** *a.* politico-foesol, gwleidyddol-foesol. **~-social** *a.* politico-gymdeithasol, gwleidyddol-gymdeithasol.

politics *n.pl.* gwleidyddiaeth *f*, *F:* p|olitics; **power ~,** gwleidyddiaeth grym; *U.S:* **peanut ~,** mân-wleidydda *vn*; *F:* **it's not practical ~,** nid yw'n beth ymarferol; **what are his ~?** beth yw ei bolitics? beth yw ei liw gwleidyddol? i ba blaid y mae'n perthyn?

polity *n.* **1.** *(= system of government):* llywodraeth(-au) *f*, ffurflywodraeth(-au) *f*, cyfansoddiad(-au) *m*. **2.** *(= state):* gwladwriaeth(-au) *f*.

polka[1] *n.* polca(-s) *mf*. **~ dot 1.** *n.* smotyn crwn (smotiau crynion) *m*. **2.** *attrib.* **a ~ dot shirt,** crys polca dot.

polka[2] *v.i.* dawnsio'r polca. **~-dotted** *a.* smotiog, ceiniogog.

poll[1] *n.* **1.** *A: Dial: (a)* pen(-nau) *m*; *(b) (= crown of head):* corun(-au) *m*; *(of horse):* gwegil(-iau) *m*. **2.** *(= vote):* pleidlais (pleidleisiau) *f*, cyfrif (*vn*) pleidleisiau, etholiad(-au) *m*, *occ:* pôl (pol[i]au) *m*; **to go to the ~,** bwrw pleidlais/pleidleisiau; **to declare the ~,** cyhoeddi canlyniad etholiad; **to head the ~,** dod ar ben y pôl/cyfrif, dod yn ucha'n y pôl; **at the bottom of the ~,** ar waelod y pôl; **a heavy ~,** pleidleisio trwm; **a light ~,** pleidleisio ysgafn. **3.** *(of opinions):* pôl piniwn, arolwg (arolygon) (*m*) barn; **straw ~,** pôl gwelltyn, pôl ar antur. **~ evil** *n. Vet:* clwy(*m*)'r gwegil. **~-tax** *n.* treth (*f*) y pen.

poll[2] *v.t.&i.* I. *v.t.* **1.** *(tree):* tocio, *N: occ:* barbro; *(bull):* torri cyrn (tarw). **2.** *(in election):* derbyn, cael, ennill; **he polled well,** cafodd bleidlais dda; **he polled two thousand votes,** cafodd ddwy fil o bleidleisiau. II. *v.i.* pleidleisio.

poll[3] *a. & n.* **1.** *a. (= hornless):* moel(-ion), digorn. **2.** *n.* anifail (anifeiliaid) moel *m*, moelyn (moelion) *m*.

poll[4] *n.* **~ parrot,** poli-parot(-iaid) *m*.

pollack *n. Ich:* morlas: morleisiad (morleisiaid) *m*, pysgodyn gwyn (pysgod gwynion) *m*.

pollan *n. Ich:* gwyniad (gwyniaid) *m*.

pollard[1] *n.* **1.** *(a) Arb:* coeden (*f*) wedi ei thocio (coed wedi eu tocio), coeden foel (coed moel), tocbren(-nau) *m*, *N.W: occ:* crafaglach *m*; *(b) (animal):* moelyn (moelion) *m*, moelen (moelion) *f*. **2.** *See* **bran**.

pollard[2] *v.t. Arb:* tocio, barbro.
polled *a.* moel(-ion), heb gyrn, di-gyrn, digorn.
pollen *n. Bot:* paill (peilliau) *m*, *occ:* manflawd *m*, bara (*m*) gwenyn. ~ **analysis** *n.* dadansoddi (*vn*) paill. ~ **basket** *n.* peillgod(-au) *f.* ~ **count** *n.* cyfrifiad(-au) (*m*) paill, peillrif(-au) *m.* ~ **tube** *n.* peilldiwb(-iau) *m.*
poller *n.* **1.** *(of trees):* torrwr (torwyr) *m*, tociwr (tocwyr) *m.* **2.** *(voter):* pleidleisiwr (pleidleiswyr) *m*, pleidl|eiswraig (pleidleiswragedd) *f.*
pollex *n.* bawd (bodiau) *m*, bys(-edd) (*m*) bawd.
pollicitation *n. Jur:* addewid(-ion) *mf.*
pollinate *v.t. Bot:* peillio.
pollination *n. Bot:* peilliad(-au) *m*, peillio *vn*; **self-~,** hunanbeilliad *m*, hunanbeillio *vn*; **wind ~,** peillio gan y gwynt.
polling *vn.* = **poll**[2]. **~-day** *n.* diwrnod(-[i]au) (*m*) pleidleisio. **~-booth** *n.* bwth (bythau) (*m*) pleidleisio. **~-station** *n.* gorsaf (*f*) bleidleisio (gorsafoedd pleidleisio).
pollinic *a.* peilliol.
polliniferous *a.* peillddwyn.
pollinium *n. Bot:* poliniwm (polinia) *m*, paill (peilliau) *m.*
pollinosis *n. Pathol:* y dwymyn (*f*) wair.
polliwog *n. U.S:* penbwl (penbyliaid) *m.*
pollock *n.* = **pollack.**
polloi *n.pl.* gwerinos, poblach *f or pl*; **hoi ~,** y werin a'r miloedd, y werin gaws, y trwch.
pollster *n.* poliwr (polwyr) *m.*
pollutant *a. & n.* **1.** *a.* llygrol, halogol, difwynol, amhurol. **2.** *n.* llygrwr (llygrwyr) *m*, difwynydd(-ion) *m.*
pollute *v.t.* amhuro, llygru, halogi, difwyno, gwenwyno.
polluted *a.* llygredig, halogedig, amhur.
polluter *n.* llygrwr (llygrwyr) *m*, halogwr (halogwyr) *m*, amhurwr (amhurwyr) *m*, difwynwr (difwynwyr) *m.*
pollution *n.* difwyniad *m*, amhuriad *m*, llygriad *m*, llygredd *m*, halogiad *m*, aflendid *m*, budreddi *pl*; *vn* = **pollute**; ~ **of the environment,** difwyno'r amgylchedd.
Pollyanna *n.* rhn ffyddiog.
polo *n.* polo *m*; **water ~,** polo dŵr. **~-stick** *n.* ffon (*f*) bolo (ffyn polo). **~-neck** *n.* gwddw (*m*) polo, gwddf (*m*) polo.
polocrosse *n. Games:* polocrós *m.*
polonaise *n. **polonaise(-s)** f.*
polonium *n. Ch:* poloniwm *m.*
polony *n.* poloni *m*, selsigen (selsig) *f.*
poltergeist *n.* p|oltergeist (poltergeistiaid) *m*, ysbryd(-ion) swnllyd *m.*
poltroon *n* = **coward.**
poltroonery *n.* llwfrdra *m*; *S.a.* **cowardice.**
poly[1] *n. Bot: See* **grass poly.**
poly[2]**-** *pref.* poly-, aml-, amry-, lluos-.
polyadelphia *n. Bot:* amlgysylltiad *m.*
polyadelphous *a. Bot:* amlgysylltiol.
polyamide *n. Ch:* polyamid(-au) *m.*
polyandrist *n. Anthr:* aml-|wrwraig (~-wrwragedd) *f.*
polyandrous *a.* **1.** *Anthr:* aml-wrol, aml-wriog. **2.** *Bot:* amlfrigerog.
polyandry *n. Anthr:* aml-wriaeth *f.*
polyanthus *n.* briallen goch (briallu cochion) *f*, briallu amryliw *pl*, briallu amlflodeuog, briallu'r gerddi, corbïen (corbïod) *f*, corbi (corbïod) *m.*
polyarchy *n.* polyarchaeth *f.*
polyatomic *a.* polyatomig.
polyautography *n.* aml-lofnodaeth *f.*
polybasic *a. Ch:* polybasig.
polybasite *n.* polybasit *m.*
polycarpellary *a. Bot:* amlgarpelog.
polycarpic, polycarpous *a. Bot:* amlffrwythog.
polycentrism *n. Pol:* lluosganoliaeth *f.*
polychaetan *a.* polycetaidd.
polychaete *n.* = **bristleworm.**
polychaetous *a.* = **polychaetan.**
polychasium *n. Bot:* polycasiwm (polycasia) *m.*
polychroite *n.* melyn (*m*) saffrwm/saffrwn, p|olycroit *m.*
polychromatic, polychrome, polychromic *a.* aml-liwiog.
polychromy *n.* aml-liwiogrwydd *m.*
polyclad *n.* p|olyclad (polycladau, polycladiaid) *m.*
polyclinic *n.* polyclinig(-au) *m.*
polyconic *a.* polyconig.
polycotledon *n. Bot:* lluos-had-ddeilen (~-h|ad-ddail) *f.*
polycotyledonous *a.* lluos-had-ddeiliog.
polycrystal *n.* amlgrisial(-au) *m.*
polycrystalline *a.* amlgrisialog.
polyculture *n.* **1.** aml-gnwd (~-gnydau) *m.* **2.** aml-gnydio *vn.*
polycyclic *a. Ch:* polysyclig; *S.a.* **dune.**
polycyesis *n. Med:* amlfeichiogrwydd *m.*
polydactyl *a. & n.* **1.** *a.* amlfyseddog, lluosfyseddog. **2.** *n.* amlfyseddog(-ion) *m&f.*
polydactylism *n.* amlfyseddogrwydd *m.*
polydaemonism *n.* polydemoniaeth *f.*
polydemic *a.* lluosdrigiannol.
polydipsia *a. Pathol:* gorsyched *m.*
polyembryony *n.* amlrithedd *m*, lluosrithedd *m.*
polyester *n. Ch:* polyester(-au) *m.*
polyethylene *n.* poly|ethylen *m.*
polyfoil *a. & n. Arch:* **1.** *a.* amlfwaog. **2.** *n.* amlfwa (amlfwâu) *m*, p|olyffoil (polyffoiliau) *m.*
polygala *n.* = **milkwort.**
polygalaceous *a.* aml-laethol.
polygamist *n.* amlwreiciwr (amlwreicwyr) *m*; *(woman):* aml-|wrwraig *f.*
polygamous *a.* **1.** amlwreiciol; *(woman):* aml-wraidd. **2.** *Z: Bot:* amlweddog.
polygamously *a.* yn amlwreiciol *&c.*
polygamy *n.* **1.** amlwreiciaeth *f*; *(on part of woman):* aml-wriaeth *f.* **2.** *Z: Bot:* amlweddogrwydd.
polygastric *a.* polygastrig.
polygene *n.* polygenyn(-au) *m.*
polygenesic *a. Biol:* polygenetig.
polygenesis *n.* polyg|enesis *m.*
polygenetic *a.* = **polygenesic.**
polygenic *a. Biol:* polygenig.
polygenism *n.* polygenedd *m.*
polygenist *n.* polygenydd(-ion) *m.*
polygenistic *a.* polygenaidd.
polygeny *n.* polygenedd *m.*
polyglot *a. & n.* **1.** *a.* amlieithog. **2.** *n.* amlieithydd(-ion, amlieithwyr) *m.*
polyglottal *a.* amlieithog.
polyglottic *a.* amlieithaidd.
polyglottism *n.* amlieithedd *m.*
polygon *n.* p|olygon (polygonau) *m*, amlochron(-au) *m*; **circumscribed ~,** polygon amgylchol; **funicular ~,** polygon rhaff; **link ~,** polygon cyswllt.
polygonaceous *a.* clymlysol.
polygonal *a.* amlochrog, amlonglog, polygonaidd.
polygonally *a.* yn amlochrog *&c.*
polygonum *n. Bot:* clymlys(-iau) *m.*
polygram *n.* p|olygram (polygramau) *m*
polygraph *n.* **1.** *(machine):* p|olygraff (polygraffau) *m.* **2.** *(author):* amlysgrifwr (amlysgrifwyr) *m.*
polygraphic *a.* polygraffig.
polygraphy *n.* polygraffeg *f.*
polygynist *n.* = **polygamist.**
polygynous *a.* **1.** = **polygamous. 2.** *Bot:* amlbistilog.
polygyny *n.* = **polygamy.**
polyhedral *a.* polyhedrol.
polyhedric *a.* polyhedrig, amlwynebog.
polyhedron *n.* polyhedron(-au) *m.*
polyhistor *n.* = **polymath.**
polyhistoric *a.* hollwybodus.
polyhydric *a.* polyhydrig.
polyhydroxy *a. Ch:* polyhydrocsi.
polyisoprene *n. Ch:* poly|isopren *m.*
polymath *n.* p|olymath (polymathiaid) *m&f*, holldysgedig(-ion) *m&f.*
polymathic *a.* hollddysgedig, polymathig, polymathaidd.
polymathy *n.* holldysg *f.*
polymer *n.* p|olymer (polymerau) *m*; **condensation ~,** polymer cyddwys.
polymeric *a. Ch:* polymerig.
polymerism *n. Ch:* polymeru *vn*, polymeriad *m.*
polymerize *v.t.* polymeru.

polymerous *a. Bot:* lluosrannol.
polymethyl *n.* polymethyl *m.*
polymorph *a.* amryffurf(-iau) *f.*
polymorphic *a.* amryffurf.
polymorphism *n.* amryffurfedd *m.*
polymorphous *a.* amryffurf.
Polynesia *Pr.n. Geog:* Polynesia *f.*
Polynesian *a. & n.* **1.** *a.* Polynesaidd. **2.** *n.* Polynesiad (Polynesiaid) *m&f.*
polyneuritic *a.* polyniwritig.
polyneuritis *n.* polyniwritis *m.*
polynia *n. Geog:* llyn(-noedd) tawdd *m.*
polynominal *a. & n. Mth:* **1.** *a.* polynomaidd. **2.** *n.* polynomial(-au) *m.*
polynuclear *a.* lluosgnewyllol, amlgnewyllol.
polyonymous *a.* aml-enwog, lluosenwog.
polyonymy *n.* aml-enwedd *m*, lluosenwedd *m.*
polyopia *n.* polyopia *m.*
polyp *n.* **1.** *Med:* polyp(-au) *m.* **2.** *Coel:* môr-gudyn(-nau) *m*, polyp(-iaid) *m.*
polypary *n.* p|olypari (polyparïau) *m.*
polypeptide *n. Ch:* polypeptid(-au) *m.*
polypetalous *a. Bot:* amlbetalog, lluosbetalog.
polyphagia *n.* **1.** *Path:* y rhaib *f*, gorfwyta *vn*; *F: & Vet:* branar *f.* **2.** *Z:* = **polyphagy**.
polyphagous *a.* lluosfwytaol.
polyphagy *n. Z:* lluosfwyta *vn.*
polyphase *a. El.E:* amlweddol.
polyphone *n.* p|olyffon (polyffonau) *m*, lluosain (lluoseiniau) *f.*
polyphonic *a.* **1.** *Mus:* polyffonig. **2.** *Phon:* lluoseiniol, amrysain.
polyphonous *a.* lluoseiniol, polyffonaidd.
polyphony *n. Mus:* p|olyffoni *m.*
polyphyletic *a.* lluosdylwythol.
polyphyllous *a.* amlddeiliog.
polyploid *a. & n.* **1.** *a.* polyploidol. **2.** *n.* p|olyploid (polyploidau) *m.*
polyploidy *n.* polyploidedd *m.*
polypod *a. & n.* **1.** *a.* amldroedog. **2.** *n.* amldroedog(-ion) *m&f.*
polypody *n. Bot: (Polypodium):* rhedynen (rhedyn) (*f*) y derw, rhedynen y fagwyr, llawredynen (llawredyn) (*f*) y derw, llawredynen y fagwyr.
polypoid *a.* polypaidd.
polypore *n. Fung:* p|olypor (polyporau) *m*; **birch ~,** *(Piptoporus betulinus):* ysgwydd (*f*) y fedwen, *N.W: occ:* gog-yr-ogo *f*; **sulphur ~,** *(Laetiporus sulphureus):* ysgwydd felen; **cinnabar ~,** *(Pycnoporus cinnabarinus):* ysgwydd felyngoch (*pronounced* ng-g); **giant ~,** *(Meripilus giganteus):* ysgwydd fawr; **many-zoned ~,** *(Coriolus versicolor):* ysgwydd amryliw; **scaly ~,** *(Polyporus squamosus):* cyfrwy cennog *m.*
polyposis *n.* polypedd *m.*
polypous *a.* polypaidd.
polypropylene *n.* polypr|opylen *m.*
polyptych *n.* polyptych(-au) *m.*
polypus *n. Med:* polyp(-au) *m*, tyfiant (tyfiannau) *m*, *S.E: occ:* llotrwm *m.*
polysaccharide *n. Ch:* polys|acarid (polysacaridau) *m.*
polysemous *a.* amlystyrol.
polysemy *a.* amlystyredd *m.*
polysepalous *a. Bot:* amlsepalog.
polysomic *a.* polysomig.
polystichous *a. Bot: See* **barley**.
polystome *n. & a.* **1.** *n. Z:* amlsafnog(-ion) *m&f.* **2.** *a. Z:* amlsafnog.
polystyle *a.* amlgolofnog.
polystyrene *n. Ch:* polystyren *m.*
polysulphide *n. Ch:* polysylffid(-au) *m.*
polysyllabic[al] *a.* lluosillafog, lluosill, amlsillafog.
polysyllable *n.* lluosill(-au) *m*, lluosillaf(-au) *f*, gair (geiriau) lluosill *m.*
polysyllogism *n.* lluosgyfresymiad(-au) *m.*
polysyndeton *n.* amlgysylltiad *m.*
polysynthesism *n. Phil:* lluosgyfosodiad *m.*
polysynthetic *a.* polysynthetig, lluosgyfosodol.
polytechnic *a. & n.* **1.** *a.* polytechnig. **2.** *n.* coleg(-au) polytechnig *m.*
polytetrafluoroethylene *n.* polytetrafflŵro|ethylen *m.*
polythalamous *a.* aml-gellog, aml-siambrog.
polytheism *n.* amldduwiaeth *f.*
polytheist *n.* amldduwiad (amldduwiaid) *m&f.*
polytheistic *a.* amldduwiol, amldduwaidd.
polythene *n.* p|olythen *m.*
polytonal *a. Mus:* amlgyweiriol.
polytonality *n. Mus:* amlgyweiredd *m.*
polytypic[al] *a.* lluosdypig, amlrywiogaethol, amryffurf.
poly-unsaturate *n. Bio-Ch:* aml-annirlawn(-ion) *m.*
poly-unsaturated *a. Bio-Ch:* aml-annirlawn.
polyurethane *n. Ch:* polyŵrethan *m.*
polyuria *n.* gordroethi *vn*, polyŵria *m.*
polyuric *a.* gordroethol, polyŵrig.
polyvalence *n. Ch:* amryfalensedd *m.*
polyvalency *n.* = **polyvalence.**
polyvalent *a. Ch:* amryfalent.
polyvinyl *a. Ch:* polyfinyl *m.*
polywater *n.* poly-ddŵr *m.*
polyzoa *n.pl.* polysoa, mat (*m*) môr.
polyzoan *a. & n.* **1.** *a.* polysoaidd. **2.** *n.* polysoad (polysoaid) *m.*
polyzoarium *n.* polysoariwm (polysoaria) *m.*
polyzoic *a.* polysöig.
polyzonal *a.* polysonol.
pom *n. F:* = **pomeranian, pommy.**
pomace *n.* gweisgion (*pl*) afalau, soeg (*m*) afalau.
pomaceous *a.* afaleuog.
pomade[1] *n. Toil:* pomâd (pomadau) *m.*
pomade[2] *v.t. Toil:* pomadu.
pomaded *a.* pomadog.
pomander *n.* perbelen(-ni,-nau) *f*, perbel(-i) *f*, pelen bêr (peli pêr) *f.*
pomatum = **pomade**[1,2].
pombe *n. Cu:* pombe *m.*
pome *n. Bot:* afal(-au) *m.*
pomegranate *n. Bot:* **1.** *(fruit):* pomgranad(-au) *m*, grawnafal(-au) *m.* **2.** *(tree):* pomgranadwydden (pomgranadwydd) *f*, coeden (*f*) bomgranad (coed pomgranad).
pomelo *n.* grawnffrwyth(-au) *m.*
Pomerania *Pr.n. Geog:* Pomerania *f.*
Pomeranian *a. & n.* **1.** *a.* Pomeranaidd. **2.** *n.* Pomeraniad (Pomeraniaid) *m&f.*
Pomerelia *Pr.n. Geog:* Pomerelia *f.*
Pomerelian *a. & n.* **1.** *a.* Pomerelaidd. **2.** *n.* Pomereliad (Pomereliaid) *m&f.*
pomeroy, pomeroyal *n.* afal (*m*) y brenin (afalau'r brenin).
pomfret *n. Ich:* merlog(-iaid) (*m*) môr.
pomfret-cake *n.* teisen(-nau) (*f*) licras/licrys.
pomiculture *n.* tyfu (*vn*) ffrwythau.
pomiculturist *n.* tyfwr (tyfwyr) (*m*) ffrwythau, t|yfwraig (*f*) ffrwythau.
pomiferous *a. Bot:* afalog, afalddwyn.
pommée *a. Her: See* **cross**[1].
pommel[1] *n.* **1.** *(of sword):* cnepyn (cnapiau) *m*, bwlyn(-nau) *m.* **2.** *(of saddle):* blaen(-au) *m*, corn (cyrn) *m.*
pommel[2] *v.t.* dyrnu, dyrnodio, curo, pwnio, pwyo.
pommy *n. P:* pomi(-s) *m.*
pomological *a.* afalegol.
pomology *n.* afaleg *f*, tyfu (*vn*) ffrwythau.
pomologist *n.* afalegwr: afalegydd (afalegwyr) *m.*
pomp *n.* rhodres *m*, rhwysg(-au) *m*, gwychter(-au) *m*, *F:* crandrwydd *m*; *Ecc:* **the ~ and vanities of the wicked world,** rhodres a gor-wagedd y byd anwir hwn; **~ and circumstance,** rhwysg a rhodres.
pompadour *n. Toil:* pompadŵr *m.*
pompano *n. Ich:* p|ompano (pompanoaid) *m.*
Pompeian *a.* Pompeiaidd.
pom-pom *n. Mil:* gwn (gynnau) pom-pom *m.*
pompon *n.* **1.** *Cost:* pompon(-au) *m*, siobyn(-nau) *m.* **2.** *Hort:* pompon.
pomposity *n.* rhodres *m*, gwag-rodres *m*, rhwysgfawredd *m*, mawreddogrwydd *m.*
pompous *a.* rhwysgfawr, rhodresgar, mawreddog; **a ~ man,** *F:* gŵr mawr; **he's a ~ man,** mae'n llond ei esgidiau.
pompously *adv.* yn rhodresgar *&c.*

pompousness *n.* = **pomposity.**

'pon *prep. (= upon):* **'~ my life,** ar f'einioes i, 'tawn i'n marw; **'~ my soul,** ar f'enaid i; **'~ my oath,** ar fy ngair/llw.

ponce *n. & v.i.* **1.** *n.* puteinfeistr(-i) *m.* **2.** *v.i.* puteinio, byw ar buteiniaid.

ponceau *n.* coch llachar *m*, coch pabi.

poncho *n. Cost:* ponsio(-s) *mf.*

pond¹ *n.* pwll (pyllau) *m*, *occ:* llyn(-oedd) *m*; *(by mill): S.W: occ:* llynwent (llynwenni) *f*; **mill-~,** llyn melin, pwll melin. **~-life** *n.* creaduriaid (*pl*) y pyllau. **~-sedge** *n.* hesgen (hesg) *f*; **great ~-sedge,** hesgen braff-dywysennog; **lesser ~-sedge,** hesgen ganolog-dywysennog. **~-skater** *n.* hirheglyn(-nod) (*m*) y dŵr, rhiain (rhianedd) (*f*) y dŵr, sglefriwr (sglefrwyr) *m*, sglefryn(-nod) (*m*) y dŵr.

pond² *v.t.&i.* **1.** *v.t.* argáu, cronni. **2.** *v.i.* mynd yn bwll, cronni.

pondage *n.* croniad *m*, cronni *vn*, pyllaid (*m*) dŵr, cynnwys (*m*) pwll.

ponder *v.t.&i.* **1.** *v.t.* ystyried, pwyso. **2.** *v.i.* myfyrio, synfyfyrio, *N:* cysidro, sad-gysidro (ar rth); **to ~ on sth,** cnoi cil ar rth.

ponderability *n.* swmp *m*, pwysau *pl*, trymder *m.*

ponderable *a.* swmpus, pwysfawr; *(gas):* trwm (trymion).

ponderation *n.* pwyso *vn*, mesur (*vn*) a phwyso *vn.*

ponderosity *n.* trymder *m*, troetrymder *m.*

pondering *vn. & a.* **1.** *vn.* = **ponder;** myfyrdod(-au) *m*, synfyfyrdod(-au) *m.* **2.** *a.* myfyriol, synfyfyriol, meddylgar, myfyrgar.

ponderingly *adv.* yn fyfyriol, yn fyfyrgar *&c.*

ponderosa *n. U.S:* [pren *m*] ponderosa *m*, pinwydden goch (pinwydd coch) *f.*

ponderous *a.* troetrwm, trwm (*f.* trom, *pl.* trymion), afrosgo; *(of style):* clogyrnaidd, trwsgl, trymllyd.

ponderously *adv.* yn droetrwm.

ponderousness *n.* = **ponderosity.**

pondweed *n. Bot:* dyfrllys *m*; **American ~,** *(Potamogeton epihydrus):* dyfrllys Am|erica; **[beaked] tassel ~,** *(Ruppia maritima):* tusw dyfrllys, dyfrllys tuswog, rwpia(*m*)'r môr; **blunt-leaved ~,** *(P. obtusifolius):* dyfrllys gwelltog; **bog ~,** *(P. polygonifolius):* dyfrllys y gors; **broad-leaved ~,** *(P. natans):* dyfrllys nofiol/llydanddail, tafod (*m*) y ci; **Canadian ~,** *(Elodea canadensis):* alaw (*m*) C|anada; **curled ~,** *(P. crispus):* dyfrllys crych; **fen ~,** *(P. coloratus):* dyfrllys y fign; **fennel-like ~,** *(P. pectinatus):* dyfrllys danheddog/gwrychddail; **flat-stalked ~,** *(P. friesii):* dyfrllys gwastatgoes; **floating ~,** *(P. natans):* = **broad-leaved pondweed**; **grass-wrack ~,** *(P. compressus):* dyfrllys camleswellt; **grassy ~,** *(P. obtusifolius):* = **blunt-leaved pondweed**; **hair-like ~,** *(P. trichoides):* dyfrllys blewynnaidd; **horned ~,** *(Zannichellia palustris):* cornwlyddyn *m*, llynwylyddyn corniog *m*; **lanceolate ~,** *(P. lanceolatus):* dyfrllys culddail; **lesser ~,** *(P. pusillus):* dyfrllys eiddil; **Loddon ~,** *(P. nodosus):* dyfrllys cnotiog; **long-leaved ~,** *(P. zizii):* dyfrllys hirddail; **long-stalked ~,** *(P. praelongus):* dyfrllys hirgoes; **opposite-leaved ~,** *(Groenlandia densus):* dyfrllys tewdws; **perfoliate ~,** *(P. perfoliatus):* dyfrllys trydwll; **red/reddish ~,** *(P. alpinus):* dyfrllys coch; **ribbon-leaved ~,** *(P. sparganifolius):* dyfrllys ysnodennaidd; **sharp-leaved ~,** *(P. acutifolius):* dyfrllys meinddail; **Shetland ~,** *(P. rutilus):* dyfrllys melyngoch (*pronounced* ng-g); **shining ~,** *(P. lucens):* dyfrllys disglair; **slender-leaved ~,** *(P. filiformis):* dyfrllys arfor; **small ~,** *(P. berchtoldii):* dyfrllys bychan; **spiral tassel ~,** *(R. cirrhosa/spiralis):* rwpia troellog; **various-leaved ~,** *(P. gramineus):* dyfrllys amryddail.

pone¹ *n. Cards:* gwrthwynebwr (gwrthwynebwyr) *m.*

pone² *n.* **~ bread,** bara (*m*) [india-]corn, bara indrawn.

pong *n. & v.i.* **1.** *n.* drewdod(-au) *m*, oglau (ogleuon) drwg *m*, *S:* gwynt drwg *m.* **2.** *v.i.* drewi, *S:* gwynto.

pongee *n. Tex:* ponji *m.*

pongid *a. & n.* **1.** *a.* pongoaidd (*pronounced* ng-g). **2.** *n.* pongid(-iaid) *m* (*pronounced* ng-g).

pongo *n. Z:* pongo(-aid) *m* (*pronounced* ng-g).

poniard¹ *n.* dagr(-au) *f.*

poniard² *v.t.* trywanu.

pontage *n.* pontreth *f.*

pontic *a.* pontig.

pontifex *n.* pontiff(-iaid) *m*, archoffeiriad (archoffeiriaid) *m.*

pontiff *n.* pontiff(-au) *m*, archesgob(-ion) *m*, archoffeiriad (archoffeiriaid) *m*; **sovereign/supreme ~,** pab(-au) *m.*

pontifical *a. & n.* I. *a.* **1.** archesgobol, archoffeiriadol; **~ mass,** offeren esgobol *f.* **2.** *Fig: (= dogmatic):* defodol, pregethwrol, anffaeledig. II. *n. (a) (book):* esgoblyfr(-au) *m*; *(b) pl. (= vestments):* esgobwisg(-oedd) *f.*

pontificate¹ *n. (a) (office):* pabaeth(-au) *f*; *(b)* **the ~ of Paul VI,** teyrnasiad (*m*) y Pab Pawl VI.

pontificate² *v.i.* **1.** *Ecc:* offeiriadu. **2.** *Pej:* doethinebu, pregethu, pontifficeiddio.

pontify *v.i.* = **pontificate².**

Pontine *a. Geog:* **1. the ~ Marshes,** Corsydd Pontiws. **2.** *(= of Pontus):* Pontaidd; *S.a.* **oak.**

Pontius Pilate *Pr.n.m. B:* Pontiws Peilat.

pontlevis *n.* = **drawbridge.**

pontoneer, pontonier *n.* **1.** *(= boatman):* ysgraffwr (ysgraffwyr) *m.* **2.** *(= builder of pontoon):* pontwnydd(-ion) *m.*

pontoon¹ *n.* **1.** *(boat):* ysgraff(-au) *f.* **2.** *Mil.E:* pontŵn (pontynau) *m.* **~ bridge** *n.* pont(-ydd) (*f*) ysgraffau, pont gychod (pontydd cychod).

pontoon² *v.t.* pontio (rhth) â chychod/phontynau.

pontoon³ *n. Cards:* pontŵn *m.*

Pontypool *W.Pl.n.* Pont-y-pŵl *f.*

pony *n.* merlyn (merlod, *N.W: occ:* marliwns) *m*, merlen (merlod) *f*, *occ:* poni(-s) *m&f*; **mountain ~,** merlyn mynydd, merlen fynydd (merlod mynydd); *S.a.* **pit pony; a large ~,** cob(-iau) *m*, cobyn (cobiau) *m.* **~ carriage** *n.* trap(-iau) *m.* **~ express** *n.* post (*m*) merlod. **~-tail** *n.* cynffon (*f*) merlen (cynffonnau merlod). **~-trekker** *n.* merlotwr (merlotwyr) *m*, merl|otwraig *f.* **~-trekking** *vn.* merlota.

pooch *n. U.S: P:* ci (cŵn) *m.*

pood *Meas: n.* pŵd (pydau) *m.*

poodle¹ *n.* pwdl(-s) *m.*

poodle² *v.t.* pwdlo. **~-faker** *n.* merchetwr (merchetwyr) *m*, *S:* menwotwr (menwotwyr) *m.* **~-faking** *vn.* mercheta.

poof, poofta, poofter *n.* cadi-ffan(-iaid) *m*, cadi-ffan[n]i(-s) *m*, *N.W: occ:* pansan (pansis) *m.*

pooh *int.* pach! twt!

Pooh-Bah *n. F: Pej:* Siôn (*m*) mewn swydd, swyddogyn (swyddogion) *m.*

pooh-pooh *v.t.* wfftio, naw-wfftio, twt-twtian.

pooka *n. Ir:* ellyll(-od) *m*, pwca(-od) *m.*

pool¹ *n.* pwll (pyllau) *m*, *occ:* llyn(-noedd) *m*, *S:* pownd *m*, pwnt *m*; *B:* **the P~ of Bethesda,** Llyn Bethesda; **~ of standing water,** *S.* llynwen: llynwent (llynwenni) *f*; *F:* **The P~,** *(= Liverpool):* Lerpwl *f*, *N: F:* Nerpwl *f*; **~ under water wheel,** pwll rhod; **standing ~,** merllyn(-noedd) *m*, merbwll (merbyllau) *m*, merddwr *m*; **mud ~,** *S:* pwdlac *m.* **P~ Quay** *W.Pl.n.* Cei(*m*)'r Trallwng.

pool² *n. (a) (= kitty):* cronfa (cronf|eydd) *f*; *(b) Games:* pŵl *m*; *(c)* **football pools,** pyllau pêl droed; **to win on the pools,** ennill ar y pyllau, *F:* dal y pŵls, *occ:* dal ffwtbol; **typing-~,** carfan (*f*) deipyddion (carfanau teipyddio). **~ room** *n.* ystafell (*f*) bŵl (ystafelloedd pŵl). **~ table** *n.* bwrdd (byrddau) (*m*) pŵl.

pool³ *v.t. (a) (= share):* rhannu, cydrannu; *(b) (= put into* **pool² 1.**): cronni, crynh|oi, casglu, cydgyfrannu, hel, rhoi (rhth) ynghyd.

poon *n. Bot:* pŵn *m.*

poop¹ *n. Nau:* **1.** starn (sternydd) (*f*) llong. **2. ~[-deck],** bwrdd (byrddau) (*m*) starn. **~-rail** *n.* canllaw(-iau) (*mf*) starn, starn-reilen (~-reiliau) *f.*

poop² *v.t. Nau: (of wave):* **to ~ a ship,** torri dros starn llong: *(of ship):* **to be pooped,** cael ton dros y starn.

poop³ *n.* = **fool¹.**

pooped *a. F:* blinedig, wedi ymlâdd.

poor *a.* **1.** *(= needy):* tlawd (tlodion) (*comp. forms:* tloted, tlotach, tlotaf), *occ:* anghenus, anghenog; **a ~ man,** tlotyn (tlodion) *m*, dyn(-ion) tlawd *m*; *B:* **this ~ man,** y tlawd hwn; **a ~ woman,** tloten *f*; **~ white,** tlotyn gwyn (tlodion gwynion) *m*, dyn gwyn tlawd (dynion gwynion tlodion) *m*; *F:* **(as ~) as a church mouse,** (cyn dloted) â llygoden eglwys, â lleuen, â Job ar ben y domen; **to be ~,** bod yn dlawd, bod heb edau i ymgrogi, bod heb gragen i ymgrafu; **~ relation,** perthynas dlawd/ddinod (perthnasau tlawd/dinod) *f*; *Coll:* **the ~,** y tlodion, yr anghenus; *Hist:* **P~ Law,** Deddf (*f*) y Tlodion. **2.** *(= of inferior* *quality):* gwael(-ion), sâl, truenus, tila, pitw, diwerth, *occ:* tlawd, *N:* symol, sobor, *F:* coch, pig, ciami, *N.E:* bawaidd; **to take a ~ view of sth,** edrych yn anffafriol ar rth; **a ~ show,** sioe (*f*) bin; **a ~ excuse,** esgus tila/gwael *m*; **~ quality,** ansawdd [g]wael *mf*; **~ health,** afiechyd *m*, gwaeledd *m*, salwch *m*; **~ memory,** anghofrwydd *m*, cof gwael *m*; **I have a ~ opinion of it,** 'does gen i fawr o feddwl ohono; **he cuts a ~ figure,** mae golwg dila iawn arno; **he's a ~ driver,** nid yw'n fawr o yrrwr; **my Welsh is very ~,** 'does gen i fawr o grap ar y Gymraeg; gwael iawn yw fy Nghymraeg i; **~ Welsh,** Cymraeg gwael/sâl/clapiog/bratiog/cobog, *S.W:* Cymraeg cerrig calch, Cymraeg ceffylau; **ore ~ in metal,** mwyn prin ei fetel; **a ~ tool,** *Fig:* gwas (*m*) i bawb; **a ~ eater,** bwytäwr dicra/misi/gwael. **3.** *(expressing pity):* truan; **~ [little] thing!** druan bach! **~ man!** truan ŵr, druan gŵr! yr hen druan! *S:* pŵr dab [ag e]! *N:* yr hen dlawd! y creadur! **~ woman!** y greadures! **~ me,** druan ohonof! **~ Hugh!** Huw druan! druan o Huw! **a ~ wretch,** truan (trueiniaid) *m*. **~-box** *n.* cist (*f*) y tlodion (cistiau'r tlodion). **~ man's beefsteak** *n. Bot:* tafod (*m*) ŷch. **~ man's weatherglass** *n. Bot:* = **pimpernel**. *S.a.* **mustard**. **~-cod** *n. Ich:* codyn (cod) (*m*) Ebrill. **~-rate** *n. Hist:* treth (*f*) y tlodion. **~ relief** *n.* cymorth (*m*) y tlodion, cymorth plwy, *F:* y plwy; **to live on ~ relief,** byw ar y plwy. **~-spirited** *a.* gwangalon (*pronounced* ng-g), ofnus, llwfr.

poorhouse *n.* tloty (tlotai) *m*; *S.a.* **workhouse**.

poorjohn *n. Ich:* cegddu hallt *f*.

poorly *adv. & pred.a.* **1.** *adv.* yn wael *&c. S.a.* **off 1. 2.** *pred.a.* *(= ill):* gwael, sâl, *occ:* gwachul, gwanllyd, gwannaidd, *N:* cwla, symol, llegach, tila, gwantan, *occ:* fflachan, ffllegach, fflemp, *N.E: occ:* bawaidd, *S:* shimpil, tost, claf, anhwylus, afiach, di-hwyl, canolig, drwg eich hwyl, [eitha] clwc, gwanllyd, tlawd (*pronounced* clawd), *occ:* climpedd, pwlog; *(rare):* cwcla, diwil, achwyngar (*pronounced* ng-g), pwrsi, pwrsog, disymol, cwala, gwren; **she's ~,** mae hi'n cwyno, 'dyw hi ddim yn dda, 'dyw hi ddim hanner da.

poorness *n.* **1.** *(= poverty):* tlodi *m*, angen *m*, cyni *m*, angenoctid *m*, adfyd *m*. **2.** *(a) (= poor quality):* gwaeledd *m*, salwder *m*, ansawdd [g]wael *mf*, *N:* ffadinrwydd *m*; *(b) (= poor health):* gwaeledd *m*, salwch *m*, gwendid *m*.

pop[1] *int. & n.* **1.** *int.* clec! pop! **2.** *n.* *(a)* clec(-iadau) *f*; **to go ~,** gwn|eud [sŵn] clec/pop, rhoi clec, clecian, popian (*not* mynd pop); *(b) (drink):* pop *m*; *(c) P:* **to be in ~,** *See* **pawn**[1]. **~-eyed** *a.* llygadfawr, â llygaid llo, â llygaid ar wyneb y croen, â llygaid fel dwy watsh. **~-gun** *n. Toys:* gwn (gynnau) (*m*) clatsh, gwn clec, *S:* gwn bwled, gwn cwilsen (gynnau cwils), cornbwled(-i) *m*. **~-shop** *n.* = **pawnshop.**

pop[2] *v.i.&t.* **1.** *v.i.* *(of balloon, cork &c):* popian, clecian, ffrwydro, rhoi clec. **2.** *v.t.* **to ~ a balloon,** rhoi clec i swigen; **to ~ a cork,** popian corcyn; *U.S:* **to ~ corn,** rhostio india-corn; *(b) P:* **to ~ one's watch,** ponio'ch watsh. **3.** *F: (a) (= come, go):* picio, taro; **to ~ over/out/round to the butcher's,** picio draw i'r siop gig; *(b) (= put):* taro, sodro, *S.W:* saco; **to ~ sth in one's mouth,** taro rhth yn eich ceg; **to ~ one's head out of a window,** taro'ch/brathu'ch pen drwy ffenestr; **to ~ one's head round a door** *or* **in at a door,** brathu'ch pen trwy ddrws; *F:* **to ~ the question,** gofyn y cwestiwn. **~ in** *v.i.* taro draw, picio heibio [i rn], galw heibio [i rn], galw draw. **~ off** *v.i. (a) F: (= go):* ei throi hi, ei bachu hi, ei gwadnu hi *&c*; *(b) P: (= die):* marw, estyn y fer, mynd i'r bocs *&c*; *(c) F:* **to ~ off a gun,** saethu gwn, rhoi clec â gwn, clecian gwn. **~ out** *v.i. F: (= go out):* picio allan, mynd allan; *(= come out):* dod allan; **his eyes were popping out of his head,** 'roedd ei lygaid yn sefyll allan o'i ben. **~ up** *v.i. (of swimmer &c):* codi'n sydyn, codi'n chwap, saethu i fyny; *(of unexpected visitor, news &c):* ymddangos, dod i'r golwg, *N:* dod i'r fei, *S:* dod ar glawr.

pop[3] *n. U.S: P: (= father):* tada *m*, dad *m*; *int.* 'nhad, tada, dad.

pop[4] *n. F: (music):* pop *m*; **~ art,** celfyddyd bop *f*, pop-gelfyddyd *f*; **~ music,** cerddoriaeth bop *f*, pop, canu (*vn*) pop. **~ singer** *n.* pop-ganwr (~-gantorion) *m*, pop-gantores(-au) *f*, canwr (cantorion) (*m*) pop, cantores (*f*) bop (cantoresau pop). **~ song** *n.* cân (*f*) bop (caneuon pop).

popcorn *n.* popgorn *m*.

pope[1] *n.* pab(-au) *m*; **P~ John Paul,** y Pab Ioan Pawl; *Hist: Cards:* **P~ Joan,** y Babes Siân; *Cu:* **~'s eye,** cneuen (*f*) y forddwyd (cnau morddwydydd); **~'s nose, = parson's nose.**

pope[2] *n. Ecc: (in Orthodox church):* offeiriad (offeiriaid) *m*.

pope[3] *Ich:* crychbysgodyn (crychbysgod) *m*, draenog bychan (draenogiaid bychain) *m*.

popedom *n.* pabaeth *f*.

popery *n.* pabyddiaeth *f*.

popinjay *n.* **1.** *A:* parot(-iaid) *m*. **2.** *F:* coegyn(-nod) *m*. **3.** = **woodpecker (green).**

popish *a.* pabaidd; *Hist:* **the P~ Plot,** y Cynllwyn Pabaidd *m*.

popishly *adv.* yn babaidd.

poplar *n. Bot:* poplysen (poplys) *f*, aethnen(-ni) *f*, popleren: pwmpleren(-ni) *f*; **trembling ~,** aethnen, crydaethnen(-ni) *f*; **silver ~, great white ~,** poplysen wen, aethnen wen, peisgwyn *m*; **common white ~,** aethnen lwyd; **black ~,** aethnen ddu; **Lombardy ~,** poplysen Lombardi.

poples *n. Anat:* camedd (*m*) y gar.

poplin *n. Tex:* poplin *m*.

popliteal *a. Anat:* cameddol; **~ fossa,** camedd (*m*) y gar; **~ gland,** chwarren y gar.

popover *n. Cu:* pwdin(-au) (*m*) cytew.

poppa *n.* = **pop**[3].

popper *n.* **1.** *Cost:* cleciwr (clecwyr) *m*. **2.** *Pharm:* popiwr (popwyr) *m*; *S.a.* **eye-popper**. **3.** *Cu:* padell (*f*) bopio (padellau/padelli popio).

poppet *n.* **1.** cariad(-on) bach *m*, pwt *m&f*, pwtyn *m*, pwten *f*; *F:* **my ~,** 'mach i, 'mechan i, 'ngalon bapur i, 'nhwmplen 'falau i, 'ngwas i, *N.W: occ:* yr aur, siwlyn bach. **2.** *Mec.E:* **giant poppets,** popedi mawrion, cawrbopedi. **~ head** *n. Mec.E: (i)* pen (*m*) turn (pennau turnau); *(ii) Min: S:* c[a]radâ *pl.* **~ valve** *n.* poped(-i) *m*.

poppied *a.* pabïog.

popping *vn.* popian. **~-crease** *n. Cr:* cris(-iau) (*m*) batio.

popple *n. & v.i.* **1.** *n.* bwrlwm *m*. **2.** *v.i.* byrlymu.

popply *a.* byrlymog.

poppy *n. Bot:* **corn/field ~,** *(Papaver rhoeas):* llygad (*m*) y cythraul, llygad y bwgan, bochgoch *f*, blodau(*pl*)'r wig, llon llafur *m*, peryg coch *m*, ysgallen sidan *f*, *Lit:* pabi (pabïau) *m*, pabi'r ŷd; **Welsh ~,** *(Meconopsis cambrica):* pabi Cymreig, pabi melyn; **opium ~,** *(P. somniferum):* pabi gwyn, llysiau(*pl*)'r cwsg; **yellow ~, horned ~,** *(Glaucium flavum):* pabi corniog melyn, llwydlas *m*; **long-haired/smooth-headed ~,** *(P. dubium):* pabi hirben llyfn, drewg hirben llyfn *m*; **long prickly-headed ~,** *(P. argenone):* pabi hirben gwrychog, pabi bychan; **round prickly-headed ~,** *(P. hybridum):* pabi crynben pigog/gwrychog; **rough ~,** *(Argenone Mexicana):* pabi gwrychog. **P~ Day** *n.* = **Remembrance Sunday**. **~-head** *n.* **1.** *Bot:* pen (*m*) pabi (pennau pabïau). **2.** *Ecc: Arch:* addurn(-au) (*m*) pen mainc.

poppycock *n. F:* lol *f* [botes maip]; *S.a.* **nonsense.**

popsicle *n. U.S:* l|olipop(-s) (*m*) rhew.

popsy[-wopsy] *n.* pis[h]yn (pishis) *f*.

populace *n.* **1.** poblogaeth *f*, gwerin *f*, gwerin bobl *f or pl.* **2.** *Pej:* gwerinos *pl*, poblach *f or pl.*

popular *a.* poblogaidd; *Pol:* **P~ front,** Ffrynt Poblogaidd/Boblogaidd *mf*, Ffrynt y Bobl; **it is ~,** mae mynd arno; **~ language,** iaith y bobl/werin, iaith werinol/sathredig, llafar (*m*) gwlad; **~ science,** gwyddoniaeth i'r werin; **~ sovereignty,** sofraniaeth y bobl.

popularity *n.* poblogrwydd *m*.

popularize *v.t.* poblogeiddio.

populate *v.t.* poblogi.

populated *a.* poblog; **a land densely ~,** gwlad drwchus ei phoblogaeth; **a land thinly ~,** gwlad denau ei phoblogaeth.

population *n.* poblogaeth(-au) *f*.

populism *n.* poblyddiaeth *f*.

populist *n.* poblyddwr (poblyddwyr) *m*.

populistic *a.* poblyddol.

populous *a.* poblog.

populousness *n.* amlder (*m*) poblogaeth, trwch (*m*) poblogaeth, poblogaeth fawr/helaeth/niferus *f*.

porbeagle *n. Ich:* morgi (morgwn) trwynog *m*, corgi (corgwn) (*m*) môr.

porcelain *n.* porslen *m*. **~-shell** *n.* = **cowrie.**

porcelainize *v.t.* porslenio.

porcelainous, porcellaineous, porcellanic, porcellanous *a.* porslenaidd.

porch *n.* **1.** porth (pyrth) *m*, cyntedd(-au) *m*, *F:* portsh(-ys) *m*,

N.W: occ: siŵr *m.* **2.** *U.S:* feranda(-s) *mf.* **~-climber** *n.* lleidr (lladron) *m.*
porcine *a.* mochaidd, o deulu'r mochyn.
porcupine *n.* **1.** *Z:* ballasg(-od) *m.* **2.** *attrib.* dreiniog, pigog. **3.** *Tex:* = **hackle**[1] **1.** ~ **fish** *n. Ich:* pysgodyn (pysgod) (*m*) ballasg, pysgodyn dreiniog.
porcupinish, porcupiny *a.* ballasgaidd; *Fig:* dreiniog, pigog.
pore[1] *n. Anat: Bot:* mandwll (mandyllau) *m*, croendwll (croendyllau) *m.*
pore[2] *v.i.* myfyrio, synfyfyrio, pendroni, *N:* cysidro, sad-gysidro **(over sth,** ar rth, uwchben rhth, dros rth); **he is always poring over his books,** mae â'i ben yn ei lyfrau byth a hefyd.
porgy *n. U.S: Ich:* porgi (porgïaid) *m.*
porifer *n.* sbwng (sbyngau) *m.*
porifera, poriferan, poriferous *a. & n.* **1.** *a.* sbwngaidd, sbyngaidd. **2.** *n.* sbwng (sbyngau) *m.*
porion *n. Anat:* porion (poria) *m.*
porism *n. Mth:* canlyneb(-au) *f.*
porismatic, poristic *a.* canlynebol.
pork *n. Cu:* porc *m*, cig (*m*) mochyn; **side of ~,** *N.W:* hanerob(-au) *f*, hanner (*m*) hob; **~-barrel (the)** *U.S:* pwrs (*m*) y wlad. **~ pie** *n. Cu:* pastai (*f*) borc (pasteiod porc), *F:* porc-pei(-s) *f*; **~ pie hat,** het (*f*) borc-pei (hetiau porc-pei).
porker *n.* mochyn (moch) *m.*
Porkington *Eng.Pl.n.* Brogyntyn *f.*
porkling *n.* porchell (perchyll) *m.*
porky[1] *a.* *(i) (= fleshy):* cnodiog, blonegog; *(ii) (= greasy):* tew(-ion), brasterog, seimlyd.
porky[2] *n. U.S:* = **porcupine.**
porn, porno *See* **pornography, pornographic.**
pornocracy *n. Rom.Hist:* pornocratiaeth *f.*
pornographer *n.* pornograffydd: pornograffwr (pornograffwyr) *m.*
pornographic *a.* pornograffaidd, pornograffig.
pornography *n.* porn|ograffi *m.*
poroplastic *a.* poroplastig.
porosity *n.* mandyllogrwydd *m*, mandylledd *m.*
porous *a.* mandyllog.
porousness *n.* mandylledd *m*, mandyllogrwydd *m.*
porphyria *n. Med:* porffyria *m.*
porphyrin *n. Bio-Ch:* p|orffyrin *m.*
porphyritic *a.* porffyritig.
porphyrogenite *n.* porfforanedig(-ion) *m&f.*
porphyroid *n.* porffyroid *m.*
porphyry *n. Geol:* molafon *m*, p|orffyri *m.*
porpoise *n.* llamhidydd(-ion) *m*, morhwch (morhychod) *f*, *occ:* pysgodyn du (pysgod duon) *m*, *N.W:* llambedyddiol(-s) *m*, *N.W: occ:* Sambedyddiwr(-s) *m.*
porrect[1] *v.t.* **1.** *Nat.Hist:* estyn. **2.** *Ecc: Jur:* cyflwyno, cynnig.
porrect[2] *a. Bot:* estynedig, ar estyn.
porridge *n.* uwd *m*, *S.W: occ:* sucan *m*; **oatmeal ~,** uwd [blawd ceirch], sucan blawd; **oatmeal and buttermilk ~,** potes (*m*) llaeth, potes gwyn; **save your breath to cool your ~,** cadw dy gyngor. **~ spoon** *n. N.W:* mopren(-ni) *f*, uwdffon (uwdffyn) *f*, [h]wtffon ([h]wtffyn) *f*, *S:* pren (prennau) (*m*) uwd.
porriginous *a.* cennog.
porrigo *n. Med:* clefyd cennog *m*, clefyd y f|arwdon.
porringer *n.* dysgl(-au) *f*, powlen(-ni) *f.*
port[1] *n.* *(= harbour):* porthladd(-oedd) *m*, *occ:* hafan(-au) *f*; *Navy:* **home ~,** porthladd cartref; **~ of registry,** porthladd cofrestru; **packet ~,** pacborth (pacbyrth) *m*, pacedborth (pacedbyrth) *m*; *F:* **any ~ in a storm,** unrhyw hafan mewn storm; **to put into ~,** mynd i borthladd; **~ of call,** *(a) Nau:* porthladd galw; *(b) F:* man(-nau) (*m*) galw; **to leave ~,** hwylio, gadael porthladd. **~ town** *n.* porthdref(-i) *f*, tref (*f*) borthladd (trefi porthladd/porthladdoedd). **P~ Dinorwic** *W.Pl.n.* Y Felinheli *f.* **P~ Meirion** *W.Pl.n.* Aber (*mf*) Iâ. **P~ Penrhyn** *W.Pl.n.* Abercegin *mf*; *the form* Porth Penrhyn *is in official use.* **P~ Talbot** *W.Pl.n.* Aberafan *m.*
port[2] *n.* **1.** *Nau: (= opening):* porth (pyrth) *m*, agorfa (agorf|eydd) *f*; **coaling ~,** twll glo. **2.** *Mch:* agorfa *f*, twll (tyllau) *m*; **inlet ~, admission ~,** mewnfa (mewnf|eydd) *f*; *S.a.* **porthole.** **~-lid** *n.* caead (*m*) agorfa (caeadau agorf|eydd).
port[3] *n. Nau: (= left hand):* y llaw chwith *f*, *Lit:* y llaw aswy; **hard a-~!** reit i'r chwith!
port[4] *v.t.&i. Nau:* **1.** *v.t.* **to ~ the helm,** troi'r llyw i'r chwith. **2.** *v.i. (of ship):* troi i'r chwith.
port[5] *n. (wine):* port *m.*
port[6] *n. (= bearing):* ymarweddiad *m*, osgo *m*, ystum *mf*, cerddediad *m.*
port[7] *v.t. Mil:* **to ~ arms,** dal arfau i'r chwith; **~ arms!** arfau i'r chwith!
portability *n.* hygludedd *m*; **its great advantage is its ~,** ei fantais fawr yw y gellir ei gario/gludo.
portable *a.* cludadwy.
portage[1] *n.* **1.** *(= transport):* cludiant *m*, cludiad(-au) *m*; *(of boat):* cwch-gludiad *m.* **2.** *(fee):* tâl (*m*) cludiant.
portage[2] *v.t.* cario, cludo, dwyn.
portal[1] *n.* porth (pyrth) *m*, cyntedd(-au) *m.*
portal[2] *a. Anat:* porthol; **~ vein,** gwythïen borthol (gwythiennau porthol) *f.*
portamento *n. Mus:* portamento *m.*
portative *a.* cludadwy.
portcullis *n. Fort:* porthcwlis(-iau) *m*, *A:* dôr ddyrchafad (dorau dyrchafad) *f.*
portcullised *a.* porthcwlisiog.
Porte *n.* **the Sublime ~, the Ottoman ~,** y Llys Otomanaidd *m.*
porte-cochère *n.* porth (pyrth) (*m*) cerbydau.
portend *v.t.* argoeli, darogan, rhagarwyddo, addo; **the clouds ~ a storm,** mae golwg terfysg ar y cymylau.
portent *n.* **1.** *(= omen):* argoel(-ion) *mf*, darogan(-au) *mf*, addewid(-ion) *f*, rhagarwydd(-ion) *m.* **2.** *(= miracle):* rhyfeddod(-au) *m*, gwyrth(-iau) *f.*
portentous *a.* **1.** *(= ill-omened):* argoelus, drwgargoelus, drygargoelus. **2.** *(= marvellous):* rhyfeddol, aruthrol, gwyrthiol.
portentously *adv.* **1.** yn argoelus *&c.* **2.** yn rhyfeddol *&c.*
portentousness *n.* **1.** argoelusrwydd *m.* **2.** rhyfeddod *m*, gwyrthioldeb *m.*
porter[1] *n. (= doorman):* porthor(-iaid,-ion) *m*, *occ:* drysor(-ion) *m.* **~'s lodge** *n.* tŷ (*m*) porthor, porthordy (porthordai) *m.*
porter[2] *n.* **1.** *(= carrier):* cludwr (cludwyr) *m*, *F:* porter(-iaid) *m.* **2.** *(beer):* cwrw du *m.*
porterage *n.* cludiant *m.*
porterhouse *n.* **1.** *Hist:* = **tavern, chophouse.** **2.** **~ steak,** = **fillet**[1] **2.**
portfire *n. Exp:* llawdan(-au) *m.*
portfolio *n.* portffolio(-s) *m*; *Pol:* **Minister without P~,** Gweinidog (*m*) heb Weinyddiaeth.
Porthlwyd Falls *W.Pl.n.* Y Rhaeadr Mawr *m.*
porthole *n.* portwll (portyllau) *m*; *(loosely):* ffenestr(-i) *f.*
portico *n. Arch:* p|ortico(-s) *m*, cyntedd(-au) *m*, colofnfa (colofnf|eydd) *f*, *N.W: occ:* siŵr *m.*
portière *n.* llen (*f*) drws (llenni drysau).
portion *n.* **1.** *(a)* rhan(-nau) *f*, cyfran(-nau) *f*, siâr(-s, siariau) *f*; *(b) (esp.of food):* dogn(-au) *m*; *(of cake):* pis[h]yn (pisiau) *m*, tafell(-i) *f*, sleisen (sleisiau) *f*; **marriage ~,** gwaddol(-ion,-iadau) *m* [priodas]; *(c) Rail: (of train):* adran(-nau) *f*, rhan. **2.** *(= lot, destiny):* tynged *f*, ffawd *f*, rhan *f.*
portion[2] *v.t.* **1.** **to ~ out,** rhannu, dosrannu, dosbarthu. **2.** *(= give dowry): O:* gwaddoli.
portionary *a.* cydgyfranedig.
portionless *a.* heb ran, heb gyfran, di-ran, digyfran, diwaddol.
portliness *n.* corffoldeb *m*, corffogrwydd *m*, tewder *m*, tewdra *m.*
portly *a.* corffog, corffol, tew(-ion), cryndew(-ion), cestog, tordyn, llond eich croen.
portmanteau *n. O:* bag(-iau) (*m*) teithio, portmanto(-s) *m.* **~ word** *n.* cyfansoddair (cyfansoddeiriau) cywasgedig *m.*
portolan, portolano *n. Hist:* morlyfr(-au) *m.*
portrait *n.* llun(-iau) *m*, darlun(-iau) *m*, portread(-au) *m*; **to have one's ~ taken, to sit for one's ~,** cael tynnu'ch llun; *S.a.* **pen-portrait.** **~ painter** *n.* peintiwr (peintwyr) (*m*) portreadau, p|eintwraig (*f*) portreadau.
portraitist *n.* darluniwr: darlunydd (darlunwyr) *m*, portreadwr: portreadydd (portreadwyr) *m*, portre|adwraig *f.*
portraiture *n.* portread(-au) *m*, portreadu *vn.*
portray *v.t.* darlunio, portreadu.
portrayal *n.* portread(-au) *m*; *vn.* = **portray.**
portrayer *n.* darluniwr: darlunydd (darlunwyr) *m*, portreadwr: portreadydd (portreadwyr) *m*, portre|adwraig *f.*
portreeve *n.* porthfaer (porthfeiri) *m.*

portress *n.f.* porthores(-au).
Portsmouth *Eng.Pl.n. A:* Llongborth.
Portugal *Pr.n. Geog:* P|ortiwgal *f.*
Portuguese *a. & n.* **1.** *a.* Portiwgeaidd, Portiwgalaidd; **the ~ government,** llywodraeth P|ortiwgal; **she's ~,** Portiwgead *&c* yw hi; *(in language):* Portiwgaleg. **2.** *n. (i) Ethn:* Portiwgead (Portiwgeaid) *m&f,* Portiwgaliad (Portiwgaliaid) *m&f; (ii) Ling:* Portiwgaleg *f, m.* **~ man-of-war** *n. Z: (Physalia):* chwysigen *(f)* fôr (chwysigod môr).
portulaca *n. Bot:* = **purslane.**
portulacaceous *a.* porpinaidd.
posada *n.* tafarn(-au) *f,* gwesty (gwestai) *m.*
pose¹ *n.* **1.** *(of model &c):* ystum(-iau) *mf,* gorweddiad(-au) *m,* safiad(-au) *m,* eisteddiad(-au) *m; (mental):* agwedd(-au) *f.* **2.** *(= affectation):* rhodres *m,* rhagrith *m,* ymhoniad *m,* ffug *m.*
pose² *v.t.&i.* I. *v.t.* **1.** *(question):* gofyn, gosod; **he posed me a question,** gofynnodd/gosododd gwestiwn imi. **2.** *Art:* **to ~ a model,** gosod model [mewn ystum]. II. *v.i.* **1.** *(a) (of model):* sefyll, eich gosod eich hun [mewn ystum]; *(b) F: (= put on airs):* ymhonni, eich gosod eich hun. **2. to ~ as a Frenchman,** smalio/esgus/cogio bod yn Ffrancwr, cymryd arnoch fod yn Ffrancwr, eich rhoi'ch hun yn Ffrancwr, ymhonni'n Ffrancwr; **I don't ~ as a scholar,** nid wyf yn honni bod yn ysgolhaig.
poser *n.* cwestiwn (cwestiynau) dyrys *m,* pos(-au) *m,* her(-iau) *f,* penbleth(-au) *mf,* dyrysbeth(-au) *m;* **to give s.o. a ~,** rhoi her i rn.
poseur *n.* ymhonnwr (ymhonwyr) *m.*
posh¹ *a. P:* crand.
posh² *v.t. P:* **to ~ up,** crandio, *S.W:* jimo.
poshed *a.* **all ~ up,** yn grand i gyd, yn grand ofnadwy, *N:* yn grand o'ch co'.
poshly *adv.* yn grand.
poshness *n.* crandrwydd *m, N.W: occ: F:* snorit *m.*
posigrade *a.* p|osigrad.
posit *n. & v.t.* **1.** *n.* rhagdybiaeth(-au) *f,* rhagdyb(-iau) *f.* **2.** *v.t. Log: Phil: (= postulate):* rhagdybio; *(= place):* gosod, dodi, rhoi.
position¹ *n.* **1.** *(a) (of body):* ystum(-iau) *mf;* **to bring a rifle to the firing ~,** gosod reiffl mewn ystum tanio; **in a vertical ~,** mewn ystum sythlin, ar eich sefyll, ar eich traed; **in a sitting ~,** ar eich eistedd; **in a horizontal ~,** ar eich gorwedd, yn llorwedd, yn llorweddol, ar/yn eich hyd; *(b) (= attitude):* safbwynt(-iau) *m,* agwedd(-au) *f* (at rth); **to take up a ~ on a question,** cymryd safiad *(m)* ar bwnc. **2.** *(a) (of object, town &c):* safle(-oedd) *m,* lleoliad(-au) *m,* lle(-oedd) *m;* **in ~,** yn eich lle, yn eich priod le; **out of ~,** allan o'ch lle, o'ch priod le; **to place sth in ~,** rhoi rth yn ei [briod] le; *Navy:* **to take up ~ ahead,** mynd i'ch lle ar y blaen; **to determine the ~ of sth,** lleoli rhth; *(b) Nau:* **ship's ~,** lleoliad llong; **to fix one's ~,** penderfynu ym mha le yr ydych; *(c)* **to storm the enemy's positions,** ymosod ar safleoedd y gelyn; **(to manoeuvre) for ~,** (ymelino) i gael y lle gorau, i gael mantais *(f).* **3.** *(a) (= situation, condition):* lle, safle, sefyllfa(-oedd) *f;* **put yourself in my ~,** rhowch eich hun yn fy lle i; **to be in a ~ to do sth,** bod mewn lle/sefyllfa i wneud rhth; **you are in a better ~ to judge,** 'rydych chi mewn gwell lle/sefyllfa i farnu; **the cash ~,** y sefyllfa ariannol; **a customer's ~ at a bank,** sefyllfa ariannol cwsmer mewn banc; *(b) (= social rank):* statws *m,* safle; **in a high ~,** mewn lle/safle uchel, mewn swydd uchel *f;* **to keep up one's social ~,** cynnal eich urddas *(m);* **a youth of good social ~,** llanc o gefndir/safle/deulu da; **to lose one's ~,** colli'ch urddas, colli'ch lle mewn cymdeithas; *(c) Sch:* **~ in class,** lle mewn dosbarth. **4.** *(= post):* lle(-oedd) *m,* swydd(-i) *f;* **to occupy/hold a ~,** dal swydd; **a ~ of trust,** swydd gyfrifol, swydd o ymddiriedaeth. **5.** *Post: &c:* **"~ closed",** "desg *(f)* ar gau". **~ finder** *n. Artil:* lleolwr (lleolwyr) *m.*
position² *v.t.* gosod, dodi, rhoi, lleoli.
positional *a.* lleoliadol.
positive *a.* **1.** *(a) (opp. of negative):* cadarnhaol; **a ~ answer,** ateb cadarnhaol; **~ discrimination,** ffafrio *vn; (b) (= definite):* pendant, sicr, cadarn (cedyrn), diamau, diamwys, diymwad; **a ~ order,** gorchymyn pendant/cadarn; **~ proof,** prawf pendant/eglur/diamau; *(c) (intensive use):* **a ~ miracle,** gwyrth hollol, gwyrth yn wir, gwyrth a dim llai, gwyrth os bu un erioed, dim llai na gwyrth; **it's a ~ fact!** mae'n ffaith ddiymwad! **2.** *(a) (= convinced):* sicr, siŵr; **he is ~ of his facts,** mae'n sicr o'i ffeithiau/bethau; **I'm quite ~ on that point,** 'rwy'n hollol bendant ar hynny o beth; *(b)* **a ~ tone,** *(of voice):*, tôn bendant/gadarn/benderfynol/ddiymwad; **a ~ person,** rhn pendant; *(c)* **a ~ turn of mind,** meddylfryd/meddwl ymarferol; **~ philosophy,** athroniaeth ymarferol/ffeithiol. **3.** *(a) Mth:* **~ quantity,** swm p|ositif/posidiol; *(b) El:* **~ pole,** pegwn positif/posidiol; *(c) Mec.E:* **~ drive,** gyriant uniongyrchol *(pronounced* ng-g); *Civ.E:* **~ rake,** goleddf cadarnhaol, gogwydd cadarnhaol; *(d) Opt:* **~ optical system,** system optegol bositif. **4.** *Phot: (i) a.* positif; *(ii) n.* positif(-au) *m.* **5.** *Gram:* **~ degree,** gradd gysefin *f.*
positively *adv.* yn bendant *&c; Mec.E:* **~ connected,** â chysylltiad cadarn.
positiveness *n.* **1.** pendantrwydd *m,* sicrwydd *m.* **2.** *(= decisiveness):* penderfynolrwydd *m,* penderfyniad *m.*
positivism *n. Phil:* positifiaeth *f.*
positivist *n. Phil:* positifydd(-ion) *m.*
positivistic *a. Phil:* positifaidd.
positron *n. Ph:* p|ositron (positronau) *m.*
positronium *n. Ph:* positroniwm *m.*
posological *a. Med:* posolegol.
posology *n. Med:* posoleg *f.*
posse *n.* mintai (minteioedd) *f; Hist:* **~ comitatus,** ***posse comitatus*** *m.*
possess *v.t.* **1.** *(= have):* meddu (rhth, ar rth); perchenogi, bod yn berchen, bod yn berchennog (rhth, ar rth); bod piau chi (rth); **all I ~,** yr hyn oll sydd gennyf; *See* **have²**; **she is possessed of great patience,** mae ganddi amynedd mawr; mae hi'n meddu ar amynedd mawr. **2. to ~ oneself of sth,** meddiannu rhth, cymryd meddiant o rth; **to ~ a woman,** meddiannu merch. **3** *(a)* **to ~ oneself,** ymatal, ymreoli; **to ~ one's soul in patience,** bod/disgwyl yn amyneddgar; *(b)* **to be possessed of sth, = possess 1. 4. to be possessed by the devil,** cael eich meddiannu gan y diafol; **like one possessed,** fel rhn lloerig, fel rhn wedi ei feddiannu; **what possessed you?** beth ddaeth drosot ti? beth ddaeth dros dy ben di? beth oedd yn bod arnat ti? **possessed by fear,** ag ofn ar eich hyd, yng ngafael ofn; **to be possessed with an idea,** a'ch pen yn llawn o syniad.
possessed *a.* wedi'ch meddiannu, meddianedig; **one ~ by a devil,** cythreulig(-ion) *m; See* **possess 4.**
possession *n.* **1.** *(= ownership):* meddiant *m,* perchenogaeth *f; pl.* **possessions,** eiddo *m,* pethau *m,* meddiannau; **in my ~,** yn fy meddiant; *(of money): N:* ar fy elw, *S:* yn fy elw; **long ~,** hirfeddiant; **to come/enter into ~ of sth,** dod i feddiannu rhth; **in ~ of sth,** yn meddu ar rth, â meddiant ar rth, â rhth yn eich meddiant; **in full ~ of one's faculties,** yn eich iawn bwyll; **to take ~ of sth,** cymryd meddiant o rth; **to remain in ~ of the field,** dal â meddiant ar y maes; *Jur:* **vacant ~,** meddiant gwag/dirwystr; **house with vacant ~,** tŷ gwag, tŷ parod i'w feddiannu; *Prov:* **~ is nine points of the law,** gorau hawl, mi biau. **2.** *(by devil):* meddiant. **3.** *(a) (= thing possessed):* eiddo, *occ:* meddiant (meddiannau) *m;* **a valued ~ of my father's,** peth gwerthfawr oedd biau fy nhad, rhywbeth gwerthfawr o eiddo fy nhad; *(b)* **= colony.**
possessive *a.* **1.** *(parent &c):* meddiannol, meddiangar *(pronounced* ng-g). **2.** *Gram:* meddiannol.
possessively *adv.* yn feddiangar *(pronounced* ng-g) *&c.*
possessiveness *n.* meddiangarwch *m (pronounced* ng-g).
possessor *n.* perchennog (perchenogion) *m,* perchen *m,* meddiannydd (meddianyddion) *m; Rel:* **the Possessors,** y Meddianwyr; **the Non-Possessors,** y Difeddianwyr.
possessory *a.* perchenogol, meddiannol.
posset *n. Hist:* poset(-i,-ydd) *m.*
possibilism *n.* posibiliaeth *f.*
possibilist *n.* posibiliedydd(-ion) *m.*
possibility *n.* **1.** *(of event &c):* posibilrwydd *m,* dichonoldeb *m,* dichonolrwydd *m;* **the ~ of severe penalties,** posibilrwydd cosbau llym; **there is no ~,** nid oes dim dichon; mae'n annichon; *F:* 'does dim posib; **there is no ~ of his coming,** nid oes obaith y daw; **within the range of ~,** yn ddigon posib, o fewn terfynau posibilrwydd. **2.** *(= possible event):* posibiliad(-au) *m,* digwyddiad(-au) posibl *m.* **(to foresee) every ~,** (rhagweld) pob peth posibl, pob posibiliad; **life is full of possibilities,** dichon popeth; mae sawl cyfle mewn bywyd; **the plan has possibilities,**

mae dichon gwneud rhth o'r cynllun; mae i'r cynllun ei bosibiliadau.

possible *a. & n.* **1.** *a.* posibl, *F:* posib, *Lit:* dichonadwy, dichonol; **it is ~,** mae'n bosibl; dichon *(invariable verb)*; **that is quite ~,** mae hynny'n ddigon posibl; dichon hynny. **it is scarcely ~ to say,** prin y gellir dweud; o'r braidd y gellir dweud; **that is not ~,** ni ddichon hynny; nid yw hynny'n bosibl; **it is ~ [that] he knows,** mae'n bosibl ei fod yn gwybod; dichon ei fod yn gwybod; **come if ~,** dewch os gellwch chi; dewch os bydd modd; **(come as early) as ~,** (dewch cyn gynted) ag y bo modd, ag sy'n bosibl; **is it ~ that you know nothing of it?** oes bosib na wyddoch ddim amdano? **how is it ~ to get out?** sut mae [posib/dichon] mynd allan? **to give all ~ details,** rhoi pob manylion posibl; **to do the utmost ~,** gwneud eich gorau glas; **what ~ interest can you have in it?** beth ar y ddaear yw ei ddiddordeb i chi? **as far as ~,** hyd y gellir/gellid, hyd [ag] y mae modd; **(as early) as ~,** ([cyn] gynted) ag a fedrwch/ellwch chi, y medrwch/gellwch chi, ag a ellir, ag y bo modd; **it is ~ for you to choose,** gellwch ddewis. **2.** *n.* *(shooting):* **to score a ~,** sgorio'r uchaf posibl; *(b) Sp: Sch: F:* rhn posibl.

possibly *adv.* **1. I cannot ~ do it,** mae'n amhosibl imi ei wneud; 'does dim modd/dichon imi ei wneud; **how could I ~?** sut yn y byd y gallwn i? sut ar y ddaear y gallwn i? **2.** *(= perhaps):* o bosib, fe ddichon, efallai; *S.a.* **perhaps.**

possum *n. U.S: Aus: F:* = *oppossum*; **to play ~,** *(i)* cogio marw, esgus/cogio bod yn farw/anymwybodol; *(ii) (= feign ignorance):* esgus bod yn dwp, *N: occ:* bwrw diarth, peidio â chymryd arnoch.

post¹ *n.* **1.** *(= pole &c):* post (pyst) *m*, postyn (pyst) *m*, polyn (polion) *m*, stanc(-iau) *m*, *A:* pawl (polion) *m*; *Min:* piler(-i) *m*; *F:* **to stand like a ~,** sefyll fel postyn; *S.a.* **pillar; deaf as a ~,** mor fyddar â phostyn, byddar bost; *S.a.* **gatepost; perpendicular ~,** *(of gate):* cilbost (cilbyst) *m*, *S.W:* stwffwl (styffylau) *m*; **finger-~,** arwyddbost (arwyddbyst) *m*; *S.a.* **signpost; guide-~,** arweinbost (arweinbyst) *m*; **king-~,** brenhinbost (brenhinbyst) *m*; **newel-~,** post grisiau; **queen-~,** cynhalbost (cynhalbyst) *m*, banonbost (banonbyst) *m*; *Aut:* **steering-~,** colofn *(f)* lywio (colofnau llywio); *Turf:* **winning-~,** postyn terfynol; **to win on the ~,** ennill o drwch blewyn; **to be left at the ~,** methu cychwyn, gael eich gadael ar ôl; **to be beaten/pipped at the ~,** cael eich trechu ar yr eiliad olaf, boddi yn ymyl y lan. **~-mill** *n.* melin *(f)* droi (melinau troi). **~-oak** *n. Bot: U.S: (Quercus minor)* derwen *(f)* byst (derw pyst).

post² *v.t.* **1. to ~ up,** *(a notice &c):* gosod, rhoi, glynu (rhybudd ar fur *&c*); *P.N:* **"~ no bills",** "dim posteri". **2.** *(= publish):* cyhoeddi.

post³ *n.* **1.** *A:* = **courier,** *(= mail):* post *m*; **by ~,** trwy'r post; **by return of ~,** gyda'r troad, gyda throad y post; **to open one's ~,** agor eich llythyrau; **there has been a general ~ among the staff,** bu cryn ffeirio swyddi ym mysg y gweithwyr. **~-bag** *n.* bag(-iau) *(m)* post. **~-box** *n.* blwch (blychau) *(m)* llythyrau, blwch postio. **~-boy** *n.* *(i)* bachgen (bechgyn) *(m)* post; *(i)* = **postilion. ~-chaise** *n. Hist:* hurgerbyd(-au) *m*. **~-code** *n.* côd (codau) *(m)* post. **~-exchange** *n. U.S:* siop(-au) *(f)* gwersyll. **~-free** *a.* heb dâl post. **~-haste** *adv.* ar frys. **~-horn** *n.* corn (cyrn) *(m)* post. **~-horse** *n.* hurfarch (hurfeirch) *m*, ceffyl(-au) *(m)* post. **~ house** *n.* ebrandy (ebrandai) *m*. **~ office** *n.* llythyrdy (llythyrdai) *m*, swyddfa *(f)* bost (swyddf|eydd post), *F:* post *m*; **main ~-office,** prif swyddfa bost, *F:* post mawr; **branch ~-office,** is-swyddfa bost, *F:* post bach; **the P~ Office,** Swyddfa'r Post, y Llythyrdy. **~-paid** *a.* post-daledig. **~-rider** *n.* postfarchog(-ion) *m*. **~-road** *n.* ffordd *(f)* bost (ffyrdd post). **~-town** *n.* tref *(f)* bost (trefi post).

post⁴ *v.i.&t.* **1.** *v.i. Hist: (= travel):* teithio, brysio. **2.** *v.t.* *(= mail):* postio; rhoi (llythyr *&c*) yn y post; **to ~ a letter to s.o.,** anfon llythyr at rn *(not* i rn). **3.** *Book-k:* **to ~ a ledger,** llenwi/postio cyfriflyfr; **to ~ an entry,** ysgrifennu cofnod, cofnodi rhth; **to ~ oneself up on sth,** dod yn gyfarwydd/gynefin â rhth, ymgyfarwyddo/ymgynefino â rhth; *F:* **I'll keep you posted,** mi rof wybod i chi.

post⁵ *n.* **1.** *(a) (of sentry &c):* safle (safleoedd) *m*, lle(-oedd) *m*; *Mil:* **to be on ~,** bod ar wyliadwriaeth; **take ~! posts!** i'ch lle! i'ch lleoedd! **to die at one's ~,** marw yn eich lle; *(b) (fort):* caer (ceyrydd) *f*, cadarnle(-oedd) *m*; *(c) (= troops):* milwyr *pl.* **2. trading-~,** gorsaf fasnachol (gorsafoedd masnachol) *f*. **3.** *(= job):* swydd(-i) *f*. **4.** *Nav.Hist:* comisiwn (comisiynau) *m*, penodiad(-au) *m*.

post⁶ *v.t.* **1.** *(sentry &c):* gosod, dodi. **2. to be posted to a command,** cael eich penodi i reolaeth; **to ~ s.o. as captain,** enwebu/penodi rhn yn gapten. **~ captain** *n.* capten (capteiniaid) *(m)* comisiwn.

post⁷ *n. Mil:* **last ~,** y caniad olaf *m*, yr utgorn olaf *m*.

post⁸- *pref.* ôl- + *soft mut.*

postage *n.* cludiad *m*, tâl *(m)* post. **~ account** *n.* cyfrif(-on) *(m)* post. **~ stamp** *n.* stamp(-iau) *(m)* post. **~ paid** *a.* post-daledig. **~ due** *a.* post dyledus. **~ meter** *n. U.S:* peiriant (peiriannau) *(m)* dil|eu.

postal *a.* post; **~ order,** archeb *(f)* bost (archebion post).

post-alveolar *a. Ling:* ôl-orfannol.

postaxial *a.* ôl-echelinol.

postbaptismal *a.* ôl-fedyddiol.

postcard *n.* cerdyn (cardiau) *(m)* post, *S:* carden *(f)* bost (cardiau post); **picture ~,** cerdyn llun (cardiau lluniau).

postcibal *a.* ar ôl bwyd, ar ôl bwyta.

post-classical *a.* ôl-glasurol.

post-coital *a.* wedi cyfathrach, ôl-gyfathrachol.

post-colonial *a.* ôl-wladychol, ôl-drefedigaethol.

post-communion *n. & attrib.* **1.** *n.* yr ôl-gymun *m*. **2.** *attrib.* wedi'r cymun.

post-date *v.t.* ôl-ddyddio.

post-dated *a.* ôl-ddyddiedig.

post-dental *a. Ling:* ôl-ddeintiol.

post-diluvian *a. & n.* **1.** *a.* ôl-ddilywaidd. **2.** *n.* ôl-ddilywiad (~-ddilywiaid) *m&f*.

post-dissolution *n. Hist:* wedi'r diddymiad.

post-entry *n.* **1.** *Rac:* cystadleuydd (cystadleuwyr) hwyr *m*. **2.** *Book-k:* ôl-gofnod(-ion) *m*. **3.** *attrib.* ar ôl ymuno.

poste restante *n.* post *(m)* i'w gasglu.

poster *n.* **1.** *(pers.):* postiwr (postwyr) *m*. **2.** *(= placard):* poster(-i) *m*, *Lit:* hysbyslen(-ni) *f*. **~ paint** *n.* paent *(m)* posteri.

posterior *a. & n.* **1.** *a.* *(= later):* hwyrach, diweddarach; *(= hinder):* ôl. **2.** *n.* pen-ôl (penolau) *m*.

posteriority *n.* olafiaeth.

posteriorly *adv.* yn ddiweddarach; o'r tu ôl.

posterity *n.* **1.** *(= descendants):* disgynyddion *pl.* **2.** *(= future generations):* y dyfodol *m*, yr oesoedd *(pl)* i ddod.

postern *n.* cilddor(-au) *f*, cilborth (cilbyrth) *m*.

post-exilic *a.* wedi'r gaethglud.

post-existence *n.* ôl-fodolaeth *f*.

postface *n.* ôl-nodyn (~-nodion) *m*

postfix *n. & v.t.* **1.** *n.* ôl-ddodiad(-au) *m*. **2.** *v.t.* ôl-ddodi.

post-glacial *a. & n. Geol:* **1.** *a.* wedi Oes yr Iâ, ôl-rewlifol. **2.** *n.* cyfnod(-au) *(m)* wedi Oes yr Iâ.

postgraduate *a. & n.* **1.** *a.* ôl-raddedig, wedi graddio. **2.** *n.* myfyriwr (myfyrwyr) *(m)* [â] gradd, myf|yrwraig (myfyrwragedd) *(f)* â gradd, myfyrwraig radd (myfyrwragedd gradd), graddedig(-ion) *m&f*.

posthumous *a.* ar ôl marwolaeth; **~ child,** plentyn ôl-anedig; **~ work,** gwaith ôl-argraffedig.

posthumously *adv.* wedi marwolaeth; **(his novel was published) ~,** (cyhoeddwyd ei nofel) ar ôl ei farwolaeth, wedi ei farw.

posthypnotic *a.* ôl-hypnotig.

postiche *n.* cudyn(-nau) ffug *m*, cudyn gosod.

posticous *a. Bot:* y tu ôl (i rth).

posticum *n.* p|osticwm (p|ostica) *m*.

postil *n. Hist:* ymylnod(-au) *m*.

postil[l]ion *n.* rhagfarchog(-ion) *m*.

post-impressionism *n. Art:* ôl-argraffiadaeth *f*.

post-impressionist *n. & attrib. Art:* **1.** *n.* ôl-argraffiadwr: ôl-argraffiadydd (~-argraffiadwyr) *m*. **2.** *attrib.* ôl-argraffiadol.

postliminy *n.* adferiad *(m)* hawliau.

postlude *n. Mus:* postliwd(-iau) *m*.

postman *n.m.* postman: postmon (postmyn), dyn(-ion) y post, *Lit: occ:* llythyrgludydd(-ion). **~'s knock** *n.* (*)sws i'r postman.

postmark *n.* marc(-iau) *(m)* post, dilead(-au) *(m)* post.

postmaster *n.* postfeistr(-i) *m*; **P~ General,** Postfeistr Cyffredinol.

post meridian *a.* prynhawnol.

postmeridiem *Lt.Phr.* *(abbr. p.m.):* wedi canol dydd, y prynh|awn, yr hwyr; **at four p.m.,** am bedwar o'r gloch y prynhawn.

post-millennial *a.* wedi'r milflwyddiant, ôl-filflwyddiannol.
post-millennialism *n.* ôl-filflwyddiaeth *f.*
post-millennialist *n.* ôl-filflwyddwr (~-filflwyddwyr) *m.*
postmistress *n.f.* postfeistres(-i).
post-modern *a.* & *n.* **1.** *a.* ôl-fodern, ôl-fodernaidd. **2.** *n.* ôl-fodernydd (~-fodernwyr) *m*, ôl-foderniad (~-foderniaid) *m&f.*
post-modernism *n.* ôl-foderniaeth *f.*
post-mortem *n.* post-mortem(-au) *m*, archwiliad(-au) (*m*) post-mortem.
post-multiply *v.t.&i.* ôl-luosi.
post-natal *a.* ar ôl geni, ôl-enedigol, ôl-esgor, ôl-esgorol.
post-nuptial *a.* ar ôl priodi, ôl-briodasol.
post-obit *attrib.* wedi tranc.
post-operational *a. Surg:* ôl-driniaethol.
postorbital *a.* y tu ôl i'r llygad, ôl-greuol.
postpalatal *a.* ôl-daflodol.
postpartum *a. Med:* ôl-enedigol.
postpone *v.t.* gohirio, oedi, *occ:* taflu (rhth) ymlaen.
postponed *a.* gohiriedig.
postponement *n.* gohiriad(-au) *m.*
postponer *n.* gohiriwr (gohirwyr) *m*, goh|irwraig *f.*
postposition *n. Gram:* ôl-ddodiad(-au) *m*, ôl-gyflead(-au) *m.*
postpositive *a. Gram:* ôl-ddodiadol.
postpositively *a. Gram:* yn ôl-ddodiadol.
postprandial *a.* ar ôl cinio, wedi ciniawa; **~ eloquence,** huodledd (*m*) gŵr gwadd.
postremogeniture *n.* ieuafanedigaeth *f.*
postrevolutionary *a.* wedi chwyldro, ôl-chwyldroadol.
postscript *n.* *(abbr. P.S.)* ôl-nodyn (~-nodion) *m (abbr. O.N.)*, *occ:* ôl-ysgrif(-au) *f.*
poststructural *a.* ôl-adeileddol.
poststructuralism *n.* ôl-adeileddaeth *f.*
poststructuralist *a.* & *n.* **1.** *a.* ôl-adeileddol. **2.** *n.* ôl-adeileddwr (~-adeileddwyr) *m*, ôl-adeil|eddwraig *f.*
postsynchronization *n.* ôl-gydamseriad *m.*
postsynchronize *v.t.* ôl-gydamseru.
post-tensioned *a.* ôl-dynhaëdig.
postulancy *n.* ymgeisyddiaeth(-au) *f.*
postulant *n. Ecc:* ymgeisydd(-ion, ymgeiswyr) *m.*
postulate¹ *n. Geom: Log:* gosodiad(-au) *m*, cynosodiad(-au) *m.*
postulate² *v.ind.t.* **1.** *(= claim):* **to ~ for sth,** hawlio, mynnu (rhth). **2.** *(= presuppose):* rhagdybio, cynosod. **3.** *Ecc:* enwebu.
postulated *a.* cynosodedig, rhagdybiedig.
postural *a.* ystumiol.
posture¹ *n.* **1.** *(of body):* ystum(-iau) *mf*; *(of mind):* agwedd(-au) *f.* **2.** *(of affairs &c):* cyflwr (cyflyrau) *m.*
posture² *v.t.&i.* **1.** *v.t. (model):* gosod (rhth) [mewn ystum]. **2.** *v.i. (= assume posture):* mursennu, ymagweddu, munudio, ymhonni, smalio.
posturing *a.* ymhongar (*pronounced* ng-g), mursennaidd.
post-war *attrib.* wedi rhyfel, ar ôl rhyfel.
posy *n.* tusw(-on,-au) *m*, pwysi (pwysïau) *m*, blodeuglwm (blodeuglymau) *m.*
pot¹ *n.* **1.** *(a)* pot(-iau) *m*, potyn (potiau) *m*; *S.a.* **chimney-~, coffee-~, inkpot, jam-~, teapot; chamber-~,** pot dan y gwely, llestr *m*, *V:* pot piso; **nesting ~,** llestr(-i) (*m*) tas; *(b) Cu:* pot, dysgl(-au) *f*, *occ:* crochan(-au) *m*; **pots and pans,** sosbenni [a phadelli/phadellau]; **cooking-~,** *N.E: occ:* jac(-iau) (*m*) pobi; **hanging ~,** *N:* cetal: cetlen (cetlau) *f*; *P:* **to go to ~,** mynd rhwng cŵn a brain, mynd i'ch crogi, mynd i ddifetha; *(of business):* mynd i'r gwellt/clawdd/wal; *P:* **he's gone to ~,** mae wedi mynd i'w grogi; **to keep the ~ boiling,** ennill eich tamaid; **a watched ~ never boils,** ferwith o ddim cynt wrth sbïo arno fo; *Prov:* **the ~ calls the kettle black,** y crochan yn galw'r tecell yn ddu; "tinddu" medd y frân wrth yr wylan; y cythraul yn gweld bai ar bechod; y pentan yn gweiddi/crio parddu; y badell ffrio yn gweld y sosban yn fudr; wfft i'r tecell edliw tinddu; **melting-~,** pair (peiriau) *m*; *(c) Sp: F:* cwpan(-au) *mf*; *(d)* = **potful. 2.** *Fish:* cawell (cewyll) *m*; *S.a.* **crab-pot, lobster-pot. 3.** *F:* **pots (of money),** tomen *f*, llond (*m*) gwlad, peth wmbredd *m*, digonedd *m* (o arian); **he's got pots of money,** mae'n graig o arian. **4.** *F: (of pers.):* **a big ~,** pwysigyn (pwysigion) *m.* **5.** = **pot-shot. 6.** *Paperm:* **~ paper,** papur(-au) pot *m.* **~-ale** *n.* gwaddod *m.* **~-bellied** *a.* boliog, *occ:* cestog; **you're getting ~-bellied,** 'rwyt ti'n magu bol. **~-belly** *n.* bol(-iau) (*m*) cwrw, bol uwd, ceubal(-au) *m*, *S:* bola (*m*) crochan; **man with a ~ belly,** *N.W: occ:* cetog o ddyn. **~-boiler** *n.* llyfr(-au) (*m*) bara a chaws. **~-boy** *n.* gwas (gweision) (*m*) tafarn *m*, potwas (potweision) *m.* **~-bound** *a.* potrwym. **~ cheese** *n. U.S:* = **cottage cheese. ~-hanger** *n.* bach(-au) (*m*) crochan, bachyn (bachau) (*m*) crochan. **~ hat** *n.* = **bowler. ~-herbs** *n.pl.* llysiau crochan, llysiau gerddi, llysiau potes. **~-hole** *n.* **1.** *(in road):* twll (tyllau) *m.* **2.** *(= cave):* ceudwll (ceudyllau) *m*, ogof(-au,-âu,-|eydd) *f.* **~-holer** *n.* ogofäwr (ogofawyr) *m*, ogofawraig *f.* **~-holing** *vn.* ogofa. **~-hook** *n.* bach(-au) (*m*) crochan. **~-house** *n.* tafarn(-au) *fm*, dioty (diotai) *m*, tŷ (tai) (*m*) diod, tŷ potes. **~-hunter** *n.* *hap-heliwr (~-helwyr) *m.* **~-hunting** *n.* *hap-hela *m.* **~ luck** *n.* **to take ~ luck,** mentro'ch siawns, mentro'ch lwc; **come and take ~ luck with us,** dewch i weld beth gawn ni. **~ pie** *n. U.S:* pastai (*f*) bot (pasteiod pot). **~ plant** *n.* blodyn (blodau) (*m*) pot. **~-roast¹** *n.* pot-rost *m.* **~-roast²** *v.t.* pot-rostio. **~-scourer** *n.* sgwriwr (sgwrwyr) (*m*) potiau. **~-shot** *n.* ergyd(-ion) (*fm*) ar antur; **to take ~-shot at sth,** saethu ar antur at rth. **~-still** *n.* pot distyllio. **~-valiant** *a.* dewr mewn diod, cadarn/gwrol mewn cwrw, yn gawr mewn cwrw. **~-valour** *n.* dewrder (*m*) cwrw, dewrder o botel.
pot² *v.t.* **1.** *(meat &c):* *(a)* potio, cadw (rhth) mewn pot; *(b) (plant):* plannu (rhth) [mewn pot], potio; *(c) Bill:* potio. **2.** *F: (= shoot):* saethu.
pot³ *n.* *(= marijuana):* pot *m.* **~-head** *n.* pen(-nau) (*m*) pot.
potable *a.* yfadwy.
potage *n. Cu:* cawl tew *m*, potes *m.*
potamic *a.* afonol.
potamology *n.* afoneg *f.*
potash *n.* potash *m*, golchludw *m.*
potassic *a.* potasig.
potassium *n. Ch:* potasiwm *m.*
potation *n.* yfed *vn*, llymeitian *vn*, diota *vn*, cyfeddach *f*, diod(-ydd) *f.*
potato *n.* **1.** taten (tatws, *N: occ:* tatw, *S:* tato) *f*, *N: occ:* tysen (tatw, tatws) *f*, *Lit: occ:* pytaten (pytatws) *f*, cloronen (cloron) *f*; **baked ~,** taten bob (tatws *&c* pob); **roast ~,** taten rost (tatws *&c* rhost); **roast potatoes,** tatws yn [y] popty; **jacket ~,** *N:* taten trwy'i chroen (tatws trwy'u crwyn), *S:* taten trwy'r pil; **mashed potatoes,** *N:* tatws stwnsh, tatws wedi'u stwnshio, tatws mwtrin/mwtri, *S:* tato pwtsh/potsh/swabin/stwmp/ffwt-ffat; **sweet/Spanish ~,** taten felys (tatws *&c* melys); **seed potatoes,** hadyd *m*, tatws hadyd, hadyd tatws, *S.W:* tato had; **small potatoes,** *(a)* chwiblod, briblins, rhithod, manion[s], cocs, cwlins; *(b) Fig:* manion dibwys; **to pick potatoes,** codi tatws/tato; **to strain/drain potatoes,** gloywi tatws. **~ apple** *n.* afal(-au) (*m*) tatws/tato. **~ basket** *n. N:* basged (*f*) datws (basgedi tatws), *S:* fflasg (*f*) dato (fflasgau tato). **~ black leg** *n.* gwrysg du(*pl*)'r tatws/tato. **~ blight** *n.* cawod (*f*) ar datws/dato, malltod (*m*) ar datws/dato, clwy (*m*) tatws/tato. **~ chip** *n.* [y]sglodyn ([y]sglodion) (*m*) tatws, tshipsen (tships) *f.* **~-chipper** *n.* [y]sglodiwr ([y]sglodwyr) (*m*) tatws/tato, peth(-au) (*m*) gwn|eud tships. **~-clamp** *n. S:* cladd(-au) (*m*) tato/tatws, *N:* cyrnen (*f*) datws (cyrnenni tatws). **~ crisp** *n.* creisionyn (creision) *m*, creisionen (creision) *f*, crisben (crisbs) *f*, *occ:* cripsen (crips) *f.* **~ harvester** *n.* codwr (codwyr) (*m*) tatws/tato, peiriant (peiriannau) (*m*) codi tatws. **~ haulms** *n.pl. N:* gwlydd tatws, *S:* gwrysg tato. **~-masher** *n.* stwnsiwr (stwnswyr) (*m*) tatws/tato, peth stwnshio tatws. **~-patch** *n.* clwt (clytiau) (*m*) tatws/tato. **~-peeler** *n.* pliciwr (plicwyr) (*m*) tatws/tato, peth(-au) (*m*) plicio tatws. **~-peeling** *n.* croen (*m*) taten (crwyn tato/tatws). **~ spirit** *n.* gwirod (*m*) tatws/tato.
potatory *a.* diotlyd.
poteen *n.* wisgi (*m*) tatws/tato.
potence, potency *n.* cryfder(-au) *m*, nerth(-oedd) *m*, grym(-oedd) *m.*
potent¹ *a.* cryf (*f.* cref, *pl.* cryfion), nerthol, grymus.
potent² *a. Her:* baglog, pen bagl.
potentate *n.* teyrn(-edd) *m*, brenin (brenhinoedd) *m*, penadur(-iaid) *m.*
potential *a.* & *n.* **1.** *a.* *(a) (= possible):* posibl, dichonol, dichonadwy; *(= latent):* cudd, cuddiedig; *(b) Ph: El:* potensial. **2.** *n.* posibliadau *pl*, potensial *m*, gallu cudd *m*, adnoddau cudd *pl.*
potentiality *n.* *(a)* *(= possibility):* dichonoldeb *m*,

dichonolrwydd *m*; *(b) (= latency):* grym(-oedd) cudd *m*, potensialedd *m*.
potentially *adv.* **~ dangerous,** a allai fod yn beryglus.
potentiate *v.t.* grymuso; *(= make possible):* hyrwyddo, gwn|eud (rhth) yn bosibl.
potentilla *n.* = **cinquefoil.**
potentiometer *n. El:* potensiomedr(-au) *m*.
potentiometric *a.* potensiometrig.
potently *adv.* yn gryf *&c.*
potful *n.* potaid: potiad (poteidiau) *m*, crochenaid (crocheneidiau) *m*, crochanaid (crochaneidiau) *m*, llond (*m*) pot/crochan; *(of tea):* tebotaid (teboteidiau) *m*.
pother *n.*, *v.t.&i.* **1.** *n. O: (= smoke):* mwrllwch *m*. **2.** *F: (a) (= agitation):* ffwdan *f*, ffwndwr *m*, ffrwst *m*, dadwrdd *m*; *(b) (= noise):* twrw *m*, dwndwr *m*; *(c)* = **bother. 2.** *v.t.* = **fluster². 3.** *v.i.* ffwdanu, gwn|eud ffwdan.
pothos *n. Bot:* **golden ~,** calon euraid/aur *f*.
potion *n. (= drink):* diod(-ydd) *f*; *(= dose):* dogn(-au) *m*.
potlatch *n.* gloddest(-au) *f*.
potman *n.m.* gwas (gweision) tafarn, potmon (potmyn).
potoroo *n. Z:* potorŵ(-od) *m*.
potpourri *n.* **1.** ***pot-pourri(-s)*** *m*. **2.** *Fig:* cymysgedd *mf*.
potsherd *n.* telchyn: talch (teilchion) *m*.
potstone *n.* crochanfaen *m*.
pottage *n.* potes *m*, cawl *m*; *S.a.* **mess¹ 1.** *(a)*.
potted *a.* **1.** *(meat):* [mewn] pot, potiedig, wedi ei botio; **~ meat,** pâst (*m*) cig. **2.** *(= concise):* cryno; **~ history,** crynodeb (*m*) o hanes, byr-hanes *m*; **~ biography,** cofiant (cofiannau) cryno *m*, byr-gofiant (~-gofiannau) *m*.
potter¹ *n.* crochenydd(-ion, crochenwyr) *m*; *B:* **the ~'s field,** maes y crochenydd; **~'s wheel,** troell(-au) (*f*) crochenydd. **~ wasp** *n. Ent:* cacynen (cacwn) (*f*) y clai.
potter² *v.i.* **1. to ~ about,** piltran, stwna, stwnsian. **2.** = **loiter;** *Aut:* **to ~ along,** mynd yn braf, mynd lincyn loncyn, mynd o dow i dow.
potterer *n.* **1.** piltrwr (piltrwyr) *m*, stwnsiwr (stwnswyr) *m*; **she's a great ~,** mae hi'n un arw am biltran. **2.** = **loiterer.**
potteringly *adv.* yn ddidaro.
pottery *n.* **1.** *(a) (= potter's art):* crochenyddiaeth *f*, crochenwaith *m*; *(b) (workshop):* crochendy (crochendai) *m*; *Geog:* **the Potteries,** Ardal (*f*) y Crochendai. **2.** *(= pots):* priddlestri *pl*, llestri pridd *pl*.
pottily *adv.* = **crazily.**
pottiness *n.* = **craziness.**
potting *vn.* **~-shed** *n.* cwt (cytiau) (*m*) potiau. **~-compost** *n.* compost potio.
pottle *n.* = **basket.**
potto *n. Z:* poto(-aid) *m*.
potty¹ *a. F:* **1.** *(= unimportant):* bychan (*f.* bechan, *pl.* bychain), pitw, disylw, dibwys. **2.** = **crazy.**
potty² *n. (= chamber-pot):* pot(-iau) *m*, potyn (potiau) *m*.
potwalloper *n.* potferwydd(-ion) *m*.
pouch¹ *n.* cod(-au) *f*, cwd (cydau) *m*, cwdyn (cydau) *m*; **tobacco ~,** pwrs (pyrsiau) (*m*) baco.
pouch² *v.t. (= pocket):* pocedu; rhoi/dodi (rhth) mewn cod; *(b) (of fish, penguin):* bochio, llyncu; *(c) Dressm: v.t.&i.* codennu.
pouched, pouchy *a.* codog.
pouffe *n. Furn:* pwff(-au) *m*, clustog fawr (clustogau mawr) *f*.
poulard *n.* iâr dew (ieir tewion) *f*.
poul[e] *n. Moll:* ystifflog(-od) *m*.
poult *n.* cyw(-ion) *m*, cywen(-nod) *f*; *(turkey):* cyw twrci (cywion tyrcwn), twrci ifanc (tyrcwn ifainc) *m*, tyrcen ifanc (tyrcwn ifainc) *f*.
poult-de-soie *n. Tex:* sidan rib *m*.
poulterer *n.* gwerthwr (gwerthwyr) (*m*) ieir, *Lit:* dofednwr (dofednwyr) *m*, gwerthwr dofednod.
poultice¹ *n.* powltris(-iau) *m*.
poultice² *v.t.* powltrisio, powltisio.
poultry *n.* ieir *pl*, *Lit:* dofednod *pl*, *F:* ffowls *pl*. **~-farm** *n.* fferm(-ydd) (*f*) ieir. **~-farmer** *n.* magwr (magwyr) (*m*) ieir. **~-house** *n.* cwt (cytiau) (*m*) ieir, cwb (cybau) (*m*) ieir. **~ yard** *n.* = **farmyard.**
pounce¹ *n.* **1.** naid (neidiau) *f*; **to make a ~ on sth,** = **pounce². 2.** *(= claw or talon):* ewin(-edd) *mf*, crafanc (crafangau) *f*.
pounce² *v.i.* neidio, llamu, disgyn (ar rth).
pounce³ *n. (= powder):* panlwch *m*, llwch mân *m*.
pounce⁴ *(= sprinkle):* ysgeintio, panlychu.
pouncet-box *n.* blwch (blychau) tyllog *m*, trydyllgist(-iau) *f*.
pound¹ *n.* **1.** *Meas: (abbr. lb):* pwys(-au,-i) *m*, *S: often:* pownd(-i) *m*; **(to sell sth) by the ~,** (gwerthu rhth) fesul pwys, wrth y pwys, yn ôl y pwys; **~ for ~ he's the heavier man,** bwys am bwys ef yw'r trymaf. **2.** *Num:* punt (punnoedd, punnau), *occ:* punten (punnoedd, punnau) *f*, *occ:* sofren(-ni) *f*, *N.W: occ: F:* sgrîn *f*; *Prov:* **penny wise and ~ foolish,** cynnil ar geiniog, hael ar bunt; *Hist:* **~ Scots,** ugain ceiniog *f*; **it's a question of pounds, shillings and pence,** mater o arian ydyw; diwedd y gân yw'r geiniog. **~-cake** *n. Cu:* teisen driphwys (teisennau triphwys) *f*, cacen driphwys (cacenni triphwys) *f*. **~ note** *n.* papur (*m*) punt (papurau punnoedd).
pound² *n.* **1.** *(for animals):* ffald(-au) *f*, lloc(-iau) *m*, buarth(-au) (*m*) gwartheg, *S.W:* pitffald(-au) *m*. **2.** *Fish:* **~ net,** rhwyd (*f*) warchae (rhwydi gwarchae). **3.** *Hyd.El:* pownd(-iau) *m*.
pound³ *v.t. (= impound):* ffaldio, cau, llocio (rhth); *occ:* gwarchae (ar rth).
pound⁴ *v.t.&i. (= thump):* pwyo, curo, pwnio, dyrnu, pannu; *S.a.* **beat²; to ~ sth to a jelly,** pwyo/curo rhth yn seitan, mwtro/stwnsio rhth; **to ~ stones,** torri cerrig; *Mil:* **to ~ a position,** tanio ar safle, dyrnu/pwyo safle; **to ~ sth to atoms,** malu rhth yn dipiau mân, malurio rhth; **to ~ out a tune on the piano,** dyrnu tôn ar y piano; **(a policeman) pounding his beat,** (plismon) yn troedio'i rownd, yn ymlwybro ar hyd ei rownd; **a runner pounding along a track,** rhedwr yn pydru mynd ar hyd llwybr.
pound⁵ *v.t. Meas: (butter): S.W:* powndo.
poundage¹ *n.* **1.** *Num:* hyn a hyn am bunt, tâl (*m*) yn y bunt, puntdal *m*. **2.** *Meas:* hyn a hyn y pwys, tâl fesul pwys, pwysdal *m*.
poundage² *vn.* (*cf.* **pound³**)*:* tâl (*m*) ffaldio/llocio/gwarchae.
poundal *n. Ph: Meas:* pwysol(-au) *m*.
pounded *a.* curiedig, pwyedig, maluriedig; **~ (sugar),** (siwgr) rhydd, mân *m*.
pounder *n.* **1.** *Tls:* = **pestle, mortar 1. 2. two-~,** (rhth) deubwys; **three-~,** (rhth) triphwys; **four-~,** (rhth) pedwar pwys; **five-~,** (rhth) pumpwys; **six-~,** (rhth) chwephwys; **seven-~,** (rhth) seithbwys; **eight-~,** (rhth) wythbwys; **nine-~,** (rhth) nawpwys; **ten-~,** (rhth) decpwys; **hundred-~,** (rhth) canpwys.
Poundfald *W.Pl.n.* Y Bwmffallt *f*.
pounding¹ *a.* yn curo, yn dyrnu *&c*; *(heart):* dychlamol; *(footsteps):* troetrwm; *(guns):* taranog, taranol, taranllyd.
pounding² *vn.* dyrnu, curo, pwyo; *(of heart):* curiad(-au) *m*, dychlamiad(-au) *m*; *(of footsteps):* troediad(-au) *m*; *(of guns):* taraniad(-au) *m*, taranu; *(given by guns to a town &c):* pwyad(-au) *m*; **the town took a ~,** cafodd y dref ei phwyo'n drwm; *S.a.* **beating² 1, 2.**
pour¹ *n. Metalw:* arllwysiad(-au) *m*, tywalltiad(-au) *m*.
pour² *v.t.&i.* **1.** *v.t. S:* arllwys, *N:* tywallt, *N: F:* tollti *(from older form* tywalltu); **to ~ oil on troubled waters,** tawelu dyfroedd stormus; **to ~ out one's thanks,** diolch yn frwd, diolch yn llaes. **2.** *v.i.* arllwys, tywallt, ymarllwys, ymdywallt, llifo, dylifo, ffrydio, rhedeg, llifeirio, pistyllio; *(of letters, complaints &c):* llifo, dylifo; **(it is) pouring with rain,** (mae hi'n) tywallt y glaw, *N:* tresio bwrw [glaw], ei thresio hi, ei stido hi, stido bwrw [glaw], dymchwel y glaw, pistyllio bwrw [glaw], bwrw'n egr/egar, bwrw fel o grwc, bwrw fel 'tae hi'n dod o grwc, bwrw fel coesau catiau, bwrw hen wragedd a ffyn, *occ:* bwrw fel ffyn grisiau, bwrw'n llyn mawr, *S:* arllwys y glaw, *occ:* arllwysyd/hidlach/diwel y glaw, bwrw'n diwel, ei diwel hi, diwel i lawr, *S.W:* stodio glaw, dihoedlid glaw, bwrw'n shefe, bwrw'n garlibwns, *S.W: occ:* hidlo, cringo, bwrw'n hidl, bwrw'n bistyll, *S:* golim y glaw, *S.E:* hemo i lawr, pistyllan; **it never rains but it pours,** helynt ni ddaw ei hunan.
pourboire *n.* cil-dwrn (~-dyrnau) *m*.
pourer *n.* tywalltwr: tywalltydd (tywalltwyr) *m*, arllwyswr: arllwysydd (arllwyswyr) *m*.
pouring¹ *a.* **~ rain,** curlaw *m*, glaw trwm/hidl *m*, *N.W: occ:* horslaw *m*, stidlaw *m*.
pouring² *vn.* = **pour². ~-basin** *n.* basn(-au) (*m*) arllwys. **~-gate** *n.* porthell(-au,-i) (*f*) arllwys.
pourparlers *n.pl.* trafodaethau.
pourpoint *n. Hist: Cost:* crysbais (crysbeisiau) *m*.
pousette¹ *n. Danc:* ***pousette(-s)*** *mf*.
pousette² *v.t. Danc:* gwn|eud ***pousette.***

pousse-café *n.* gwirod(-ydd) *mf.*
poussin *n.* cywen(-nod) *f*, cyw(-ion) *m.*
pout[1] *n. Ich:* **bib ~, whiting ~,** *(Gadus luscus):* swtan(-od, swtain) *m*, codyn (cod) llwyd *m*, bodyn (*m*) y melinydd (bodiau'r melinydd); **Norway ~,** *(G. esmarkii):* swtan Norwy; **silvery ~,** *(Gadiculus argenteus thori):* swtan arian; **eel-~, horned ~,** *(Zoarces viviparus):* gweflogyn (gweflogion) *m.*
pout[2] *n.* **1.** *(expression): S.W:* cwpsau *pl*, *N.W:* tursiau *pl.* **2.** *pl. U.S: (mood):* pwd *m*, soriant *m.*
pout[3] *v.i.* **1.** estyn gwefl[-au], estyn gwefusau, edrych yn bwdlyd, gwn|eud ystum bwdlyd, *S:* gwneud cwpsau, pwto, *N.W:* tynnu/gollwng/gostwng tursiau, tursio. **2.** *(of pigeon):* ymchwyddo, chwyddo'r crombil/fron. **3.** *U.S:* = **sulk**[2].
pouter *n.* **1.** *Orn:* colomen grombilog/fronnog (colomennod crombilog/bronnog) *f.* **2.** *Ich:* = **pout**[1].
pouting[1] *a.* **1.** *(child, pin-up &c):* pwdlyd, sorllyd, monllyd, *S: occ:* cwpsog, *N.W:* tursiog. **2.** *(a) (pigeon):* bronnog.
pouting[2] *n. Ich:* = **pout**[1].
POV *abbr. T.V: (= point of view):* SYP (Safbwynt y Person).
poverty *n.* **1.** tlodi *m*, *occ:* angen *m*, angenoctid *m*; **abject ~, extreme ~,** dygn dlodi, tlodi mawr, tlodi enbyd, cyni *m*; **absolute ~,** tlodi diamod; **primary ~,** tlodi cynradd; **secondary ~,** tlodi eilradd; **relative ~,** tlodi cymharol; **to live in ~,** byw'n dlawd, byw mewn tlodi; *Prov:* **~ is no sin/vice,** nid pechod mo dlodi. **2.** *(= lack):* diffyg *m*, prinder *m*; *(of ideas &c):* tlodi; *(of soil):* gwaelder *m*, tlodi; *I.C.E:* **~ of mixture,** gwendid (*m*) cymysgedd. **~ cycle** *n.* cylchdro (*m*) tlodi. **~ line** *n.* llinell (*f*) dlodi, ffin (*f*) dlodi; **a family living below the ~ line,** teulu'n byw mewn tlodi, teulu tlawd. **~-stricken** *a.* = **poor**. **~ trap** *n.* magl (*f*) dlodi, trap (*m*) tlodi.
pow *int.* clec!
powan *n. Ich:* gwyniad (gwyniaid) *m.*
powder[1] *n.* powdr: powdwr (powdrau) *m*, *occ:* llwch *m*; **(to reduce sth) to a ~,** (malu rhth) yn llwch mân, yn bowdwr; **to take a ~,** *F:* ei gwadnu hi *&c*; *See* **beat**[2] **1.** *(a)*; **the smell of ~,** profiad o faes y gad; **it's not worth ~ and shot,** nid yw'n werth ei saethu; nid yw'n werth y drafferth; *S.a.* **gunpowder**; *Metalw:* **crocus ~,** powdwr crocws. **~ blue** *a.* glas golau. **~-box, ~-bowl, ~-compact** *n.* blwch (blychau) (*m*) powdwr. **~-down** *n.* plu[f] mân *pl*, mân-blu[f] *pl*, manblu[f] *pl*, plucan *m.* **~-flask, ~-horn** *n.* corn (cyrn) (*m*) powdwr, corn pylor, biwglan (biwglau) *f.* **~-keg** *n.* casgen (*f*) bowdwr (casgiau powdwr). **~-magazine** *n.* storfa (*f*) bowdwr (storf|eydd powdwr); *N.W: Min:* cwt (cytiau) (*m*) powdwr. **~-mill** *n.* gwaith (gweithydd) (*m*) powdwr. **~-monkey** *n. Hist:* gwas (gweision) (*m*) powdwr. **~-post beetle** *n. Ent:* chwilen (chwilod) (*f*) llwch llif. **~-puff** *n.* pwff (pyffiau) (*m*) powdwr/powdro. **~-room** *n.* ystafell(-oedd) (*f*) y merched, ystafell bowdro (ystafelloedd powdro). **~ snow** *n.* eira mân *m*, llwch (*m*) eira.
powder[2] *v.t.* powdro; *(with flour, snow, sugar &c):* ysgeintio; **to ~ one's nose,** *(euphemism):* mynd i rywle, mynd i'r tŷ bach, *N:* mynd i edrych am modryb, mynd i'r lle chwech.
powdered *a.* **~ milk,** powdwr (*m*) llaeth, llaeth (*m*) powdwr; **~ snow,** eira mân *m*; **~ glass,** llwch (*m*) gwydr.
powderiness *n.* powdredd *m*, powdrogrwydd *m.*
powdery *a.* powdrog, powdraidd, *occ:* llychlyd; *(snow):* mân; **~ soil,** pridd llychlyd.
power[1] *n.* **1.** *(= ability):* gallu(-oedd) *m*; **(I will do) all in my ~,** (mi wnaf) bopeth yn fy ngallu, bopeth a allaf/fedraf, fy ngorau glas; **to the utmost of my ~,** hyd eithaf fy ngallu; **it is beyond my ~,** y mae y tu hwnt i mi; y mae y tu hwnt i'm gallu; nid yw yn fy ngallu. **2.** *(= capacity, talent): (a)* gallu *m*, dawn (doniau) *f*, pŵer (pwerau) *m*; **his powers are failing,** mae'n colli ei afael; mae ei alluoedd yn gwanhau; **mental powers,** galluoedd meddyliol; **~ of invention,** dyfeisgarwch *m*; **~ of observation,** sylwgarwch *m*, craffter *m*; **~ of speech,** gallu siarad, lleferydd *m*; *(of orator):* dawn siarad, dawn dweud; *Econ:* **countervailing ~,** gallu gwrthdaro; *(b) Ph:* **~ of absorption,** cynhwysedd (*m*) amsugniad. **3.** *(= force, vigour):* grym(-oedd) *m*, nerth(-oedd) *m*, grymuster(-au) *m*; *F:* **more ~ to your elbow!** mwy o rym iti! pob hwyl iti! pob llwyddiant iti!; **a ~ for good,** grym er daioni. **4.** *(a) (of machine, microscope &c):* grym, nerth, grymuster; **attractive ~,** grym atyniad; **fire-~,** *Mil:* grym tanio; **magnifying ~,** grymuster/nerth mwyh|au; *(= magnification):* **high/low ~,** chwyddhad uchel/isel *m*; *Mec:* **~-to-weight ratio,** cymhareb nerth i bwysau; *S.a.* **horsepower**; **~ delivered,** grym datblygedig; *(b) (= energy):* ynni *m*, egni (egnïon) *m*, grym, grymuster; *El.E:* pŵer; **electric ~,** ynni/pŵer trydanol; **illuminating ~,** goleunerth *m*; **motive ~,** grym symudol; **mechanical powers,** peiriannau syml; *Nau:* **(to work an engine) at half ~,** (gweithio motor) ar ei hanner, ar hanner ei nerth; **the car came in under its own ~,** daeth y car i mewn tan ei bŵer ei hun; **under ~,** tan bŵer; *(c)* **~ (is essential to industry),** (mae) pŵer, grym peiriannol (yn hanfodol i ddiwydiant). **5.** *(a) (= authority, influence):* grym, awdurdod, pŵer; **absolute ~,** grym llwyr; **absolute ~ corrupts absolutely,** grym llwyr a lwyr lygra; **legislative ~,** grym deddfwriaethol; **executive ~,** grym gweinyddol; **judicial ~,** grym barnwrol; **delegation of powers,** dirprwyo (*vn*) pwerau, dirprwyad (*m*) pwerau; *Pol:* **distribution of powers,** dosbarthiad pwerau; **division of ~,** rhannu (*vn*) awdurdod; **~ of attorney,** pŵer atwrnai; *Pol:* **~ potential,** gallu dichonol; **assumption of ~,** meddianiad grym, dyfodiad i rym, meddiannu grym, dyfod i rym, ymgymryd â grym; **(Spain was) at the height of her ~,** (yr oedd Sbaen) ar/yn anterth ei grym, ar ei hanterth; **(they are) in my ~,** (maent) yn fy ngafael, tan fy mawd, tan fy llaw, tan f'awdurdod; **to come into ~,** dyfod/dod i rym; **~ to the people!** grym i'r werin! **Black P~,** Grym [y] Duon; **~ of life and death,** hawl maddau a chosbi, hawl gollwng a dienyddio; *(b)* **(to act) with full powers,** (gweithredu) ag awdurdod llwyr, â hawliau llwyr; **to exceed one's powers,** mynd y tu hwnt i'ch awdurdod/hawliau; *Jur:* **to furnish s.o. with full powers,** awdurdodi rhn yn llwyr. **6.** *(a)* **the powers that be,** yr awdurdodau [y sydd], y pwerau y sydd, yr awdurdodau sydd ohoni, y pwerau sydd ohoni, y rhai sydd mewn grym; **the powers of darkness,** galluoedd/grymoedd y fall/tywyllwch; *(b)* **the great powers,** y galluoedd mawrion, y pwerau mawrion; **a friendly ~,** gallu/pŵer cyfeillgar; **a hostile ~,** gallu/pŵer gelyniaethus; *(c)* **merciful powers!** grym annwyl! yn enw'r grym! **7.** *P: O:* **a ~ (of people),** llond (*m*) gwlad, llawer(-oedd) *m*, peth (*m*) wmbredd, peth myrdd, peth mwdredd, *S.W:* crugyn *m*, pŵer *m*, carnedd (*f*) (o bobol); **to do a ~ of good,** gwneud byd o les. **8.** *Mth:* gradd *f*, pŵer; **three to the fourth ~, three to the ~ of four,** tri i'r bedwaredd radd. **~-assisted** *a.* pŵeredig. **~-axle** *n.* echel (*f*) yrru (echelau/echelydd gyrru). **~ base** *n. Pol:* sail (seiliau) (*f*) grym, sylfaen (sylfeini) (*f*) grym. **~-boat** *n.* cwch (cychod) (*m*) modur. **~ consumption** *n.* defnydd (*m*) ar ynni. **~-crazed, ~-crazy** *a.* gorffwyll gan rym, meddw gan rym. **~ cut** *n.* toriad(-au) (*m*) trydan. **~-dive**[1] *n. Aer:* pŵer-blymiad(-au) *m.* **~-dive**[2] *v.i. Aer:* pŵer-blymio. **~-drill** *n. Tls:* dril(-iau) (*m*) trydan. **~-drive** *n.* pŵer-yriant *m.* **~-driven** *a.* pŵer-yredig, pweredig. **~-drunk** *a.* meddw gan rym. **~ élite** *n.* blaenwyr (*pl*) grym, arweinyddion *pl.* **~ factor** *n. Mth:* ffactor(-au) (*m*) pŵer. **~ failure** *n.* toriad(-au) (*m*) trydan. **~ figure** *n.* ffigwr (ffigyrau) grymus *m.* **~-hammer** *n. Tls:* gordd (*f*) beiriannol (gyrdd peiriannol). **~-line** *n.* llinell (*f*) drydan (llinellau trydan), lein (*f*) drydan (leiniau trydan). **~-loom** *n.* gwŷdd (gwyddion) peiriannol *m*, peiriant (peiriannau) (*m*) gwehyddu. **~ pack** *n.* pecyn(-nau) (*m*) pŵer, pac(-iau) (*m*) pŵer. **~-plant** *n. Ind:* **1.** = **powerhouse**. **2.** *(machinery):* cynhyrchydd (cynyrchyddion) (*m*) trydan. **~ point** *n. El:* pwynt(-iau) (*m*) trydan. **~ politics** *n.pl.* gwleidyddiaeth (*f*) grym. **~-rail** *n. El.Rail:* cledren (*f*) drydan (cledrau trydan). **~ series** *n. Mth:* cyfres (*f*) bwerau (cyfresi pwerau). **~-station** *n.* = **powerhouse**; **atomic ~-station,** gorsaf (*f*) drydan niwclear (gorsafoedd trydan ~), atomfa (atomf|eydd) *f.* **~ steering** *vn. Aut:* llywio pweredig. **~ stroke** *n. Mch:* gwthiad(-au) *m.* **~ structure** *n.* adeiledd(-au) (*m*) grym. **~ supply** *n.* cyflenwad (*m*) trydan. **~ tube** *n. W.Tel:* tiwb(-iau) (*m*) allyrrol. **~ unit** *n.* uned (*f*) bŵer (unedau pŵer), uned drydan (unedau trydan).
power[2] *v.t.&i.* **1.** *v.t.* gyrru, nerthu, pweru; **to ~ sth up,** cychwyn rhth, rhoi/troi rhth ymlaen; **to ~ sth down,** diffodd rhth. **2.** *v.i. F:* **to ~ through to the finish,** gyrru drwodd i'r diwedd.
power[3] *n. Ich:* = **poor-cod**.
powered *a.* gyredig, pŵeredig, â motor; **high-~,** grym uchel, nerthol, grymus, pwerus; *(= important):* pwysig; **low-~,** grym isel, di-nerth, eiddil; **steam-~,** â phŵer stêm/ager, a yrrir gan stêm/ager, ager-yredig.
powerful *a.* **1.** grymus, cadarn (cedyrn), nerthol, pwerus, cryf (*f.* cref, *pl.* cryfion); *(build):* cydnerth; *Ph:* **~ test,** prawf grymus *m.* **2.** *Dial:* = **extremely**; **a ~ lot (of people),** llawer iawn *m*,

llaweroedd *pl*, llond (*m*) gwlad, peth wmbredd *m*, crugyn *m*, pŵer *m* (o bobl).

powerfully *adv.* yn rymus *&c*; **a ~ built man,** gŵr o gorffolaeth gadarn/nerthol, gŵr cydnerth.

powerfulness *n.* grym *m*, grymuster *m*, grymusrwydd *m*.

powerhouse *n.* pwerdy (pwerdai) *m*, gorsaf (*f*) drydan (gorsafoedd trydan).

powerless *a.* **1.** *(pers.): (a)* analluog; **I am ~ to help you,** 'rwyf yn analluog i'ch helpu; ni allaf eich helpu; *(b) (politician &c):* di-rym, heb rym, diallu, diymadferth; *(c) (limb):* di-rym, dinerth, llipa, diallu. **2.** *(remedy):* di-rym, aneffeithiol, diwerth, da i ddim, diallu.

powerlessly *adv.* yn ddi-rym, heb rym.

powerlessness *n.* anallu *m*, analluogrwydd *m*, diffyg (*m*) nerth, diffyg grym, diymadferthedd *m*.

pow-wow[1] *n.* **1.** *(= medicine-man):* gŵr (gwŷr) hysbys *m*, dewin (-iaid) *m*. **2.** *(= meeting):* cyfarfod(-ydd) *m*, trafodaeth(-au) *f*, cynhadledd (cynadleddau) *f*.

pow-wow[2] *v.i.* trafod, cyd-drafod, seiadu, cwnsela.

Powys *Pr.n. W.Geog:* Powys *f*; **~ Castle** *W.Pl.n.* Y Castell Coch [ym Mhowys].

Powysian *a.* & *n.* **1.** *a.* Powysaidd; **~ Welsh,** Powyseg *f*, *m*. **2.** *n.* Powysiad (Powysiaid) *m&f*, Powyswr (Powyswyr) *m*, Pow|yswraig (Powyswragedd) *f*.

pox *n. Med: (a)* brech(-au) *f*; **chicken-~,** brech yr ieir; **swine-~,** brech y moch; *S.a.* **smallpox, cowpox;** *(b) V: (= syphilis):* y frech fawr, y frech Ffrengig; **a ~ on him!** pla arno! yn boeth y bo!

pozzolana *n. Geol:* posolana *m*, llosgludw *m*.

practicability *n.* ymarferoldeb *m*.

practicable *a.* **1.** ymarferol, gwneuthuradwy, dichonadwy, posibl. **2.** *Th: (window &c):* go iawn, gwirioneddol.

practicably *adv.* yn ymarferol *&c.*

practical *a.* **1.** ymarferol; **~ mechanics,** mecaneg gymhwysol *f*; **~ joke,** cast(-iau) *m*; **~ joker,** castiwr (castwyr) *m*, chwaraewr (chwaraewyr) (*m*) castiau; *Th:* **~ props,** gêr ymarferol. **2. with ~ unanimity,** yn fwy neu lai unfrydol.

practicality *n.* ymarferoldeb *m*; *pl.* **practicalities,** pethau ymarferol.

practically *adv.* yn ymarferol *&c*; i bob diben; **there has been ~ no snow,** ni fu bron ddim eira; ni fu odid ddim eira; **he is ~ cured now,** mae fwy neu lai'n holliach erbyn hyn; **~ the whole of the audience,** bron bawb yn y gynulleidfa; ni waeth ichwi ddweud pawb yn y gynulleidfa; pawb yn y gynulleidfa ond odid; **~ all joined up,** ymunodd pawb bron.

practicalness *n.* ymarferoldeb *m*.

practice *n.* **1.** *(= exercise):* ymarfer(-ion) *fm*, ymarferiad(-au) *m*, arfer(-ion) *mf*; **the ~ of medicine,** [ymarfer] meddygaeth, gwaith (*m*) meddyg, meddygaeth *f*, meddyginiaethu *vn*; **(a doctor) who is no longer in ~,** (meddyg) wedi rhoi'r gorau iddi, heb fod wrthi; *Jur:* **the ~ of the courts,** arfer y llysoedd, trefn (*f*) y llysoedd; *Jur:* **the Annual P~,** yr Ymarferiad Blynyddol; **P~ Master,** Meistr (*m*) yr Ymarferiad; **~ and procedure,** ymarferiad a threfniadaeth; **~ directions,** cyfarwyddyd (*m*) ymarfer; **(to put a principle) into ~,** (rhoi egwyddor) ar arfer, ar waith, mewn grym. **2.** *(= habit):* arfer, arferiad(-au) *m*, *Pej:* cast(-iau) *m*; **to make it a ~ to do sth,** arfer gwneud rhth, gwneud arferiad o rth; **to make a ~ of going to chapel,** gwneud arferiad o fynd i'r capel, ei gwneud hi'n arferiad mynd i'r capel; **a good ~,** arferiad da, arfer da; **it's the usual/normal ~,** dyna'r arfer; dyna sy'n arferol; *occ:* dyna'r drefn; **in ~,** yn ymarferol. **3. it can only be learned by ~,** trwy arfer yn unig y gellir ei ddysgu; **I'm in ~,** *(of sportsman):* 'rwyf wedi ymarfer; *N:* 'rydw i'n ddigon 'tebol; **I'm out of ~,** 'rwyf wedi colli'r arfer; *N:* dydw i ddim digon 'tebol; **to do sth for ~,** gwneud rhth er mwyn ymarfer; **choir ~,** practis (*m*) côr, ymarfer côr, *S.W:* ysgol (*f*) gân; *Mil:* **target ~,** ymarfer saethu; *Prov:* **~ makes perfect,** gwell nag athro yw arfer; arfer yw mam pob meistrolaeth; gorau arf arfer; arfer yw'r unig athro. **4.** *(of doctor):* practis(-iau) *m*; **general ~,** meddygaeth deuluol *f*; *S.a.* **group**[1]. **5. sharp ~,** arferion/gweithredoedd/gweithredu amh|eus; **restrictive practices,** arferion rhwystrol. **~ firing** *vn. Mil:* ymarfer tanio/danio. **~ flight** *n.* ehediad(-au) (*m*) ymarfer. **~ learning** *n.* dysgu (*vn*) trwy ymarfer. **~ match** *n.* gêm (gemau) (*f*) ymarfer. **~ teacher** *n.* athro (athrawon) (*m*) ymarfer, athrawes(-au) (*f*) ymarfer.

practician *n.* ymarferydd: ymarferwr (ymarferwyr) *m*.

practise *v.t.&i.* **1.** arfer, ymarfer, gweithredu, *F:* pract[e]isio; **to ~ what one preaches,** dilyn eich pregeth eich hun; byw eich proffes; **to ~ a method,** arfer/defnyddio dull. **2. to ~ a profession,** dilyn galwedigaeth; **to ~ a trade,** canlyn crefft; **to ~ medicine,** meddyginiaethu, bod yn feddyg; **to ~ law,** bod yn gyfreithiwr, trin y gyfraith. **3. to ~ at the piano,** ymarfer/pract[e]isio canu piano; **to ~ a choir,** ymarfer côr, pract[e]isio côr; **to ~ a shot,** *(at tennis &c):* ymarfer trawiad.

practised *a.* profiadol (**in/at sth,** yn/mewn rhth); cynefin, cyfarwydd (â rhth); hyddysg (yn rhth).

practiser *n.* arferwr (arferwyr) *m*, ymarferwr (ymarferwyr) *m*.

practising *a.* gweithredol; **~ Christian,** Cristion mewn gair a gweithred.

practitioner *n.* ymarferydd: ymarferwr (ymarferwyr) *m*; **medical ~,** meddyg(-on) *m*, doctor(-iaid) *m*; **general ~,** meddyg teulu; **legal ~,** cyfreithiwr (cyfreithwyr) *m*, ymarferydd cyfreithiol, *F:* twrnai (twrneiod) *m*.

praecipe *n. Jur:* archebiant (archebiannau) *m*.

praecocial *a. Orn:* buan-ymborthol.

praelector *n.* = **prelector.**

praemunire *n. Jur:* rhagrybuddeb(-au) *f*.

praenomen *n.* enw(-au) cyntaf *m*.

praepostor *n.* swyddog(-ion) *m*.

Praesepe *n. Astr:* Y Preseb *m*.

praetor *n. Rom.Hist:* pr[a]etor(-iaid) *m*.

praetorial *a. Rom.Hist:* pr[a]etorol.

praetorian *a.* & *n. Rom.Hist:* **1.** *a.* pr[a]etoraidd. **2.** *n.* pr[a]etoriad (pr[a]etoriaid) *m*.

praetorium *n. Rom.Hist:* llys(-oedd) (*m*) pr[a]etor, pr[a]etoriwm (pr[a]etoria) *m*.

praetorship *n. Rom.Hist:* pr[a]etoriaeth(-au) *f*.

pragmatic[al] *a.* pragmatig, ymarferol; *Hist:* **P~ Sanction,** Datganiad(-au) Pragmatig *m*.

pragmatics *n.pl.* pragmateg *f*, ymarferoleg *f*.

pragmatism *n.* pragmatiaeth *f*, ymarferoliaeth *f*.

pragmatist *n.* pragmatydd(-ion) *m*, ymarferolydd(-ion) *m*.

prairie *n.* paith (peithiau) *m*, peithdir(-oedd) *m*, gwastatir(-oedd) *m*. **~-chicken, ~-hen** *n. Orn:* grugiar (grugieir) (*f*) y paith. **~-dog, ~ marmot** *n. Z:* llygoden (llygod) (*f*) y paith, twrlla(*m*)'r paith (twrllaod y paith). **~ oyster** *n.* ŵy (wyau) amrwd *m*, maidd (*m*) yr iâr. **~ schooner** *n. U.S:* wagen (*f*) y paith (wageni'r paith). **~ wolf** *n. Z:* blaidd (bleiddiaid) (*m*) y paith, corflaidd (corfleiddiaid) *m*, coioti(-s) *m*.

praise[1] *n.* canmoliaeth(-au) *f*, clod(-ydd) *m*, geirda *m*; *(in adulation, or worship):* mawl *m*, moliant (moliannau) *m*; **to the ~ of God,** er mawl i Dduw; **to the ~ of s.o., in ~ of s.o.,** er clod i rn; **to speak in ~ of (s.o.),** clodfori, canmol, moli, canu clodydd (rhn); **all ~ to** [illegible], pob clod i [illegible]; **beyond all ~,** y tu hwnt i bob clod/canmoliaeth; **~ be!** diolch i'r drefn! diolch i Dduw! diolch i'r Tad! diolch byth! **to sing s.o.'s praises,** canu clodydd rhn; **to sound one's own praises,** eich canmol eich hun, canu'ch clodydd eich hun; **to damn s.o. with faint ~,** lladd rhn â phluen; **I am not given to ~,** nid wyf yn arfer canu clodydd neb; **full of praise[s],** canmoliaethus, clodforus; **I have nothing but ~ for her,** nid oes gennyf ond canmoliaeth iddi. **~ poetry** *n. W.Lit:* canu (*m*) mawl/moliant.

praise[2] *v.t.* **1.** canmol, canu clodydd, *S.W:* rhico, *Lit: A:* arwyrain; **to ~ s.o. to the skies,** canmol rhn i'r cymylau. **2. to ~ (God),** moli, moliannnu, clodfori, mawrygu (Duw).

praiser *n.* canmolwr: canmolydd (canmolwyr) *m*; *(= adulator, worshipper):* clodforwr (clodforwyr) *m*, molwr (molwyr) *m*, moliannwr: moliannydd (molianwyr) *m*, mawrygwr: mawrygydd (mawrygwyr) *m*.

praiseworthily *adv.* yn ganmoladwy *&c.*

praiseworthiness *n.* clodforusrwydd *m*, hyglodedd *m*, rhagoroldeb *m*.

praiseworthy *a.* canmoladwy, clodforus, clodwiw, hyglod, rhagorol.

Prakrit *n. Ling:* Pracrit *f*, *m*.

Prakritic *a. Ling:* Pracritig.

praline *n. Cu:* **1.** pralin *m*. **2.** *(= sugared almond):* siwgwr-almon (-au) *m*.

pralltriller *n. Mus:* mordent gwrthdro *m.*
pram *n. F:* pram(-iau) *m*, *N:* coetsh fach/bach (coetsis bach) *f*, coetsh babi (coetsis babis).
prance[1] *n.* crychnaid (crychneidiau) *f*, crychlam(-au) *m*, pranc(-iau) *m.*
prance[2] *v.i.* crychneidio, crychlamu, llamsachu, llamsach; **to ~ about,** prancio, campio, campro, camprio.
prancer *n.* pranciwr (prancwyr) *m*, crychneidiwr (crychneidwyr) *m*, crychlamwr (crychlamwyr) *m.*
prancing[1] *a.* pranciog, crychneidiol, crychlamol, llamsachus.
prancing[2] *vn.* = **prance**[1],[2].
prandial *a. Joc:* ciniawol; **~ excesses,** gorfwyta *vn.*
prang[1] *n. F: (of car &c):* smacen *f*, clec *f*, pancen *f.*
prang[2] *v.t. F:* **1.** *Av: (= bomb):* bomio. **2.** *(= crash):* **to ~ one's plane,** cael smacen yn eich awyren, malu'ch awyren.
prank[1] *n.* cast(-iau) *m*, stranc(-iau) *m*, *occ:* drwg (drygau) *m*, pranc(-iau) *m*; **to play pranks,** chwarae castiau (ar rn); *abs.* gwn|eud drygau, chwarae bili-ffŵl.
prank[2] *v.t.&i.* **1.** *v.t. (= adorn):* addurno, pincio, crandio, *S.W:* jimo, pinco. **2.** *v.i.* ymbincio, *F:* eich dangos eich hun.
prankful, prankish, pranksome *a.* castiog, chwar|eus, direidus.
prankster *n.* castiwr (castwyr) *m*, rhn (rhai) castiog *m*, chwaraewr (chwaraewyr) *(m)* castiau.
prase *n. Miner:* cenhinfaen (ceninfeini) *m.*
praseodymium *n. Ch:* praseodymiwm *m.*
prasine *a.* o liw cennin, cenhinlas.
prat *n. F:* llipryn(-nod) *m*; *S.a.* **fool**[1].
prate *v.i.* clebran, brygowthan, prygowtha, bragaldian, preblan, lolian, dwndro, paldaruo, malu awyr, *S. W:* brawlan, brywlan, brewlan; *S.a.* **prattle**.
prater *n.* preblyn(-nod, prebliaid) *m*, preblen(-nod) *f*, clebrwr (clebrwyr) *m*, clebryn(-nod) *m*, clebren(-nod) *f*, prygowthwr (prygowthwyr) *m*, pryg|owthwraig *f*, *N:* rwdlyn(-nod) *m*, rwdlen(-nod) *f*, colbar *m*, paldarüwr (paldaruwyr) *m*, paldaruwraig *f*, *S:* brawlgi (brawlgwn) *m*, brawlwr (brawlwyr) *m.*
pratfall *n. F:* codwm (codymau) *(m)* tin; **to have a ~,** cael codwm tin, syrthio/cwympo ar eich pen-ôl.
pratie *n.* = **potato**.
pratincole *n. Orn:* tywodiar (tywodieir) *f*, coriar (corieir) *(f)* y môr.
prating[1] *a.* preblyd, clebrog, baldorddus.
prating[2] *vn.* prygowtha, brygowthan, siaradach *m*, baldordd *m*, cleber: clebar *mf*, brawl *m.*
pratingly *adv.* yn breblyd *&c.*
pratique *n. Nau:* trwydded(-au) *f*; **to admit a ship to ~,** rhoi rhwydd hynt *(f)* i long, codi cwarantîn llong.
prattle[1] *n.* preblan *m*, baldordd *m*, cleber: clebar *mf*, bregliach *m*, *N:* rwdl *mf*, *S:* lwff *mf.*
prattle[2] *v.i.* clebran, prepian, preblan, baldorddi, baldorddan, dwndrian, clepian, *N:* bregliach, paldaruo, rwdlo, rwdlian, *S:* ffrensiach, bratsian, pratian, clapian, claprach, bratsiach, brawlan, brywlan, brewlan.
prattler *n.* clebrwr (clebrwyr) *m*, preblyn(-nod, prebliaid) *m*; *S.a.* **prater**.
prattling[1] *a.* preblyd, clebrog, baldorddus.
prattling[2] *vn.* = **prattle**[1],[2].
prattlingly *adv.* yn breplyd *&c.*
prau *n.* = **proa**.
prawn[1] *n. Crust: (Leander serratus squilla):* corgimwch (corgimychiaid) *m*, *occ:* locust(-iaid) *(m)* môr; **Aesop ~,** *(Pandalus montagui):* corgimwch Esop; **Baltic ~,** *(Palaemon adspersus):* corgimwch y Baltig; **Dublin Bay ~,** *(Nephrops norvegicus):* cimwch (cimychiaid) *(m)* Norwy; **freshwater ~,** *(= crayfish):* cimwch yr afon; **Norway ~,** *(Pandalus borealis):* corgimwch Norwy; **rock-pool ~,** *(Hippolyte varians):* corgimwch y pyllau.
prawn[2] *v.i.* corgimycha, dal corgimychiaid.
prawner *n.* corgimychwr (corgimychwyr) *m.*
praxis *n.* arfer *mf.*
pray *v.t.&i.* **1.** *(= say prayer &c):* gweddïo; **to ~ extempore,** gweddïo o'r frest; **to ~ to God,** gweddïo ar Dduw; **to ~ for s.o.,** gweddïo dros rn (*not* am rn); **to ~ for rain,** gweddïo am law (am *is correct here*); **to ~ publicly,** gweddïo ar goedd; **he's past praying for,** mae'n rhy hwyr i weddïo drosto; mae y tu hwnt i gyrraedd gweddi; **I ~ that she may be safe,** 'rwy'n gweddïo y bydd hi'n ddiogel; **to ~ at length,** hir-weddïo, *F:* tynnu rhaffau'r nefoedd; *S.a.* **hope**. **2.** *O: (= beg):* **to ~ (s.o. to do sth),** erfyn, ymbil, ymbilio, deisyf, deisyfu (ar rn i wneud rhth, ar i rn wneud rhth); *Jur:* **to ~ a tales,** deisyfu tales; **[I] ~ [you],** os gwelwch yn dda, *Lit: occ:* atolwg; **(what good will that do) ~?** (pa les fydd hynny) dywedwch i mi, meddech chwi/chwithau? **~, take a seat,** dewch, eisteddwch; eisteddwch, os gwelwch yn dda; eisteddwch, da chi; *Rel:* **we ~ Thee,** ni a atolygwn i Ti. **~-in** *n.* seiat *(f)* weddi (seiadau gweddi), cyfarfod(-ydd) *(m)* gweddi.
prayer[1] *n.* **1.** gweddi (gweddïau) *f*; **to say one's prayers,** gweddïo, dweud eich pader; **at ~,** ar weddi, mewn gweddi; **family prayers,** dyletswydd deuluaidd *f*; **to hold family prayers,** cadw dyletswydd; **the Lord's P~,** Gweddi'r Arglwydd, y Pader *m*; **to know the Lord's P~,** gwybod eich pader; **affective ~,** gweddi affeithiol; **bidding ~,** gweddi atolygol; **fixed ~,** gweddi benodol (gweddïau penodol); **intercessory ~,** gweddi eiriol/gyfryngol (gweddïau geiriol/cyfryngol); **intoned ~,** gweddi lafarganedig (gweddïau llafarganedig); **invocatory ~,** gweddi arddeisyfol; **mental ~,** gweddi'r meddwl; **~ of humble access,** gweddi dyfodiad gostyngedig; **~ of resignation,** gweddi o ymostyngiad; **petitionary ~,** gweddi ddeisyfol (gweddïau deisyfol); **piacular ~,** gweddi ddyhuddol (gweddïau dyhuddol); **private ~,** gweddi ddirgel (gweddïau dirgel); **set ~,** gweddi osodedig (gweddïau gosodedig); **sung ~,** gweddi ar gân, gweddi ganedig (gweddïau canedig); *Ecc:* **morning ~,** boreol weddi; **evening ~,** hwyrol weddi, gosber(-au) *m*; **the Book of Common P~,** y Llyfr Gweddi Gyffredin. **2.** *(= request):* cais (ceisiadau) *m*, erfyniad(-au) *m*, ymbil(-iau) *m*, deisyfiad(-au) *m*, ymbiliad(-au) *m.* **~-book** *n. Ecc:* llyfr(-au) *(m)* gweddi. **~-mat, ~-rug** *n. Rel:* mat(-iau) *(m)* gweddïo. **~-meeting** *n.* cwrdd (cyrddau) *(m)* gweddi, cyfarfod(-ydd) *(m)* gweddi. **~-plant** *n. Bot: (Maranta):* blodyn (blodau) *(m)* gweddi. **~-stool** *n.* stôl *(f)* weddïo (stolion gweddïo). **~-wheel** *n.* olwyn *(f)* weddïo (olwynion gweddïo).
prayer[2] *n. (pers.):* gweddïwr (gweddïwyr) *m*, gweddïwraig (gweddiwragedd) *f.*
prayerful *a.* gweddigar, gweddïol; *(= begging):* deisyfol, erfyniol.
prayerfully *adv.* yn weddigar.
prayerfulness *n.* gweddigarwch *m.*
prayerless *a.* di-weddi, heb weddi.
praying *a.* gweddïol. **~ mantis** *n. Ent:* mantis(-au) gweddïol *m.*
pre- *pref.* rhag- + *soft mut.*, cyn- + *soft mut.*, *occ:* blaen- + *soft mut.*
preabsorb *v.t.* rhagamsugno.
preaccept *v.t.* rhagdderbyn.
preaccustom *v.t.* rhag-gynefino, rhagarfer.
preach *v.t.&i.* **1.** pregethu, rhoi pregeth; *F:* **to ~ to s.o.,** pregethu i/wrth rn; **to ~ at s.o.,** anelu pregeth at rn. **2. to ~ a sermon,** pregethu, rhoi/traddodi pregeth; **to ~ the gospel,** pregethu'r efengyl; *F:* **to ~ up sth,** cyhoeddi rhth; **to ~ down sth,** lladd ar rth, torri ar rth, pregethu yn erbyn rhth; **to ~ over one's cups,** taranu dros eich cwrw.
preachable *a.* pregethadwy.
preacher *n.* pregethwr (pregethwyr) *m*; *B:* **The P~,** Y Pregethwr; **he has a preacher's voice,** mae ganddo lais pregethwr.
preachify *v.i.* prygowthan, pregowthan, moesoli.
preachiness *n.* pregethwroldeb *m.*
preaching[1] *a.* pregethol, pregethwrol.
preaching[2] *vn.* = **preach**. **~ festival** *n.* cymanfa *(f)* bregethu (cymanfaoedd pregethu), cyfarfod(-ydd) *(m)* pregethu, cyfarfodydd *(pl)* pregethu, cyrddau mawr *pl.*
preachment *n.* pregeth(-au) *f*, pregethu *vn*, pregethiad(-au) *m.*
preachy *a.* pregethwrol, pregethwrllyd.
preacquaint *v.t.* rhag-gynefino, rhag-gyfarwyddo (**s.o. with sth,** rhn â rhth); rhaghysbysu (rhn o rth).
pre-adamic *a. Rel:* cyn Adda, cynaddafol.
pre-adamite *a. & n. Rel:* **1.** *a.* cynaddafol. **2.** *n.* cynaddafiad (cynaddafiaid) *m&f.*
pre-adapt *v.t.* rhagaddasu.
pre-adaptation *n.* rhagaddasiad(-au) *m*, rhagaddasu *vn.*
pre-adapted *a.* rhagaddas, rhagaddasedig.
pre-address *v.t.* rhag-gyfeirio.
pre-addressed *a.* rhag-gyfeiriedig.

pre-adjust *v.t.* blaenosod, rhagosod, blaengyweirio (*pronounced* ng-g), rhag-gyweirio.

pre-admission *n. Mch:* rhagdderbyniad(-au) *m*, rhagdderbyn *vn.*

pre-adolescence *n.* glaslencyndod *m*, blaenlencyndod *m*, maboed *m*, mabolaeth *f.*

pre-adolescent *a.* mabolaidd, glaslencynnaidd, blaenlencynnaidd, hoglancaidd.

pre-adoption *attrib.* cyn mabwysiadu.

pre-adult *a.* cynoedrannol, cyn oedran, cyn dod i oed/oedran.

pre-advertize *v.t.* rhaghysbysebu.

pre-allot *v.t.* rhagddosbarthu.

pre-allotment *n.* blaen-gyfran(-nau) *f.*

pre-altar *a.* o flaen [yr] allor.

preamble[1] *n.* rhagymadrodd(-ion) *m*, rhaglith(-iau,-oedd) *f*; *Jur:* rhagarweiniad(-au) *m.*

preamble[2] *v.i.* rhagymadroddi.

preamplifier *n. W.Tel:* rhagfwyhäwr (rhagfwyhawyr) *m.*

preamplify *v.t. W.Tel:* rhagfwyh|au.

pre-announce *v.t.* rhag-gyhoeddi, cyhoeddi (rhth) o flaen llaw, cyhoeddi (rhth) ymll|aen llaw.

pre-appearance *n.* rhagymddangosiad(-au) *m.*

pre-application *n.* *(of ointment &c):* rhagddodi *vn*, rhagddodiad(-au) *m*; *(of law &c):* rhagweithredu *vn*, rhagweithrediad(-au) *m.*

pre-appoint *v.t.* rhagbenodi.

pre-apprehension *n.* **1.** *(= foreknowledge):* rhagwybodaeth(-au) *f*; **2.** *(= foreboding):* rhagargoel(-ion) *f.*

pre-arm *v.t.* rhagarfogi.

pre-armed *a.* rhagarfog.

pre-arrange *v.t.* rhagdrefnu (rhth), trefnu (rhth) o flaen llaw, trefnu (rhth) ymll|aen llaw.

pre-arranged *a.* rhagddarparedig, rhagdrefnedig.

pre-arrangement *n.* rhagdrefniad(-au) *m*, rhagdrefniant (rhagdrefniannau) *m.*

pre-arranger *n.* rhagdrefnydd(-ion) *m.*

pre-ascertain *v.t.* rhagsicrh|au.

pre-aspiration *n. Phon:* rhaganadl *m.*

pre-assemble *v.t.* **1.** *(people):* rhag-gynnull. **2.** *(thing):* rhag-gydosod, rhagadeiladu, rhoi (rhth) at ei gilydd ymll|aen llaw.

pre-assembled *a.* *(machine &c):* parod.

pre-assign *v.t.* rhagbenodi.

pre-assumption *n.* rhagdybiaeth(-au) *f.*

pre-assurance *n.* rhagsicrhad *m.*

pre-attune *v.t.* rhag-gyweirio.

pre-audience *n. Jur:* rhagymddangosiad(-au) *m.*

pre-Augustan *a.* cyn-Awgwstaidd.

pre-axial *a. Anat:* rhagechelinol.

pre-Babylonian *a.* cyn-Fabilonaidd.

prebend *n. Ecc:* prebend(-au) *m.*

prebendal *a. Ecc:* prebendaidd.

prebendary *n. Ecc:* canon(-iaid) mygedol *m*, prebendwr (prebendwyr) *m*, preb|endari (prebendariaid) *m.*

prebendaryship *n.* prebendarïaeth(-au) *f.*

prebind *v.t.* rhagrwymo.

prebiologic[al] *a.* cynfiolegol, rhagfiolegol.

prebiotic *a.* cynfiotig, rhagfiotig.

pre-boil *v.t.* rhagferwi.

pre-Boreal *a.* cyn-Foreaidd.

pre-British *a. Hist:* cyn-Frythonig.

pre-Buddhist *a.* cyn-Fwdïaidd.

pre-Byzantine *a.* cyn-Fysantaidd.

pre-Cambrian *a.* & *n. Geol:* **1.** *a.* cyn-Gambriaidd. **2.** *n.* y [cyfnod] cyn-Gambriaidd *m.*

pre-cancerous *a.* cyn-ganseraidd.

precapitalistic *a.* cyn-gyfalafol.

pre-Carboniferous *a. Geol:* cyn-Garbonifferaidd.

precarious *a.* ansicr, simsan, sigledig, siglog, ansefydlog.

precariously *adv.* yn ansicr *&c.*

precariousness *n.* ansicrwydd *m*, simsanrwydd *m*, ansefydlogrwydd *m.*

precast[1] *a.* rhagfwrw, rhag-gastiedig, cyn-gastiedig.

precast[2] *v.t.* rhagfwrw, rhag-gastio, cyn-gastio.

pre-cataloguing *vn. Lib:* cyn-gatalogio, rhag-gatalogio.

precative, precatory *a.* erfyniol, ymbiliol, dymuniadol, deisyfol, arddeisyfol.

precaution *n.* gofal(-on) *m*, rhagofal(-on) *m*, rhagocheliad(-au) *m*; **to take precautions (against sth),** ymorol, gofalu, gochel ymll|aen llaw, rhagofalu, rhagddarparu (ar gyfer rhth); bod yn ofalus, *S:* carco (rhag rhth).

precautionary *a.* rhagofalus, rhagocheliadol; **to take ~ measures, = to take precautions.**

precede *v.t.* *(a)* rhagflaenu, blaenori (rhth), mynd/dod o flaen (rhth), mynd/dod cyn (rhth); **for a week preceding the occasion,** am wythnos cyn yr achlysur; *(b)* **to ~ a lecture with a few words of welcome,** dweud ychydig eiriau o groeso cyn darlith *or* o flaen darlith.

precedence *n.* blaenoriaeth(-au) *f* **(over sth,** ar rth); *Cmptr: &c:* **rules of ~,** rheolau blaenoriaeth; **to take ~,** cael blaenoriaeth, cael y flaenoriaeth; **in order of ~,** yn ôl blaenoriaeth; *Sch:* **for A to take ~ to B...,** i B ddod yn ail i A....

precedent *a.* & *n.* **1.** *a.* blaenorol, cynt; *Jur:* **condition ~,** rhagamod(-au) *mf.* **2.** *n. Jur:* *(= previous example):* cynsail (cynseiliau) *mf* **(for sth,** i rth), rhagesiampl(-au) *f* (o rth); **to set a ~,** gosod cynsail; **the binding force of ~,** grym rhwymol cynsail; **a situation without ~,** sefyllfa na welwyd mo'i bath o'r blaen, sefyllfa heb gynsail, sefyllfa ddigynsail. **3.** *Jur:* *(= recognized form of words):* ffurfell(-i) *f*; **forms and precedents,** ffurflenni a ffurfelli.

precedented *a. Jur:* â chynsail.

precedential *a.* **1.** *(= having precedence):* blaenoriaethol. **2.** *Jur:* cynseiliol.

preceding *a.* & *prep.* **1.** *a.* blaenorol, cynt; **the ~ day,** y diwrnod cynt; **the ~ article,** yr erthygl flaenorol, yr erthygl o'r blaen. **2.** *prep.* cyn.

pre-Celtic *a.* cyn-Geltaidd.

precensor *v.t.* rhagsensro.

precent *v.t.* codi canu, arwain y gân.

precentor *n. Ecc:* codwr (codwyr) (*m*) canu, blaenor(-iaid) (*m*) y gân, blaenor canu, arweinydd(-ion) (*m*) y gân, prif gantor(-ion) *m.*

precentorial *a.* prifgantorol.

precentorship *n.* blaenoriaeth (*f*) y gân, swydd (*f*) codwr canu.

precentrix *n.f.* prif gantores(-au), arweinyddes (*f*) y gân (arweinyddesau'r gân).

precept[1] *n.* **1.** *(= command, maxim):* argymhelliad (argymelliadau, argymhellion) *m*, gwireb(-au,-ion) *f*, cyngor (cynghorion) *m.* **2.** *Jur:* pr[a]esept(-au) *m*; *Fin:* archebiant (archebiannau) *m*, archeb(-ion) *f.*

precept[2] *v.t.* pr[a]eseptu; *Fin: &c:* archebu; *Lib:* **precepting authority,** awdurdod (*m*) archebiant.

preceptive *a.* argymhellol, gorchmynnol, cynghorol, addysgol.

preceptor *n.* dysgawdwr (dysgodron) *m*, hyfforddwr (hyfforddwyr) *m*, athro (athrawon) *m.*

preceptorial *a.* hyfforddiol, hyfforddiadol, dysgodrol, addysgol.

preceptorship *n.* tiwtoriaeth(-au) *f.*

preceptory *n.* = **commandery.**

preceptress *n.f.* athrawes(-au) *f*, hyff|orddwraig (hyfforddwragedd) *f*, dysgodres(-au) *f.*

precess *v.i.* presesu.

precession *n. Astr:* blaenoriad(-au) *m*, presesiad(-au) *m*; **~ of the equinoxes,** blaenoriad y cyhydnosau.

precessional *a.* blaenoriadol, presesiadol.

pre-Chaucerian *a.* cyn Chaucer.

pre-check *v.t.* rhagedrych, rhagwirio.

pre-chill *v.t.* rhagoeri.

pre-Chinese *a.* cyn-Tsieineaidd.

pre-Christian *a.* cyn-Gristnogol.

pre-Christmas *a.* o flaen y Nadolig, cyn y Nadolig, cyn-Nadoligaidd.

precinct *n.* **1.** *(a)* *(= enclosed space):* caeadle(-oedd) *m*; **pedestrian ~,** man(-nau) (*m*) cerddwyr; **shopping ~,** canolfan(-nau) (*mf*) siopa; *(b) pl.* cyffiniau, cwmpasoedd. **2.** *U.S: Adm:* ardal(-oedd), ward(-iau) *f.*

preciosity *n.* mursendod *m*, mindlysni *m*, gorgymhendod *m*, gorddetholedd *m.*

precious *a.* **1.** *(a)* *(= valuable):* gwerthfawr (*comp. forms:* gwerthfawroced, gwerthfawrocach, gwerthfawrocaf), drudfawr, costus; *(b) Iron:* **a ~ pair of rogues,** pâr del/pert o gnafon, pâr o gnafon del/pert; *(c)* *(= affected):* mursennaidd, mindlws, gorddethol, gorgymen; *(d)* **she always worries about**

her ~ health, mae hi'n poeni'n wastad am ei hiechyd bondigrybwyll *(inv.)*; **you can keep your ~ book,** cadw dy lyfr ceiniog-a-dimai. **2.** *n.* **my ~!** f'anwylyd! fy nghariad annwyl i! *N.W: occ:* yr aur! *S: occ:* caru! y sidan! **3.** *adv.* **to take ~ good care of sth,** cymryd gofal mawr o rth; **there are ~ few of them,** ychydig iawn *or* pur ychydig sydd ohonynt; **there is ~ little time left,** 'does fawr o amser ar ôl; 'does odid ddim amser ar ôl; ychydig iawn o amser sydd yn weddill.

preciously *adv.* yn ddrudfawr *&c.*

preciousness *n.* **1.** gwerth *m*, gwerthfawredd *m*, gwerthfawrogrwydd *m*. **2.** *Art: Lit:* mursendod *m*, mindlysni *m*, gorgymhendod *m*.

precipice *n.* dibyn(-nau) *m*, clogwyn(-i) *m*, *Lit: occ:* diffwys(-ydd) *m*, craig *(f)* ddibyn (creigiau dibyn), *F: N:* dyfnjwn: dwnsiwn: dymshiwn: dymjwn *m*, *S:* dwnshwn: dwnshwrn: dwnshwr: dwnjwr *m*; **a sheer ~,** dibyn serth, *N.W: occ:* rhyddallt *f*; **[to fall] over a ~,** [cwympo/syrthio] i lawr dibyn, dros ddibyn, dros ben dibyn. **P~ Walk** *W.Pl.n.* Llwybr *(m)* Cynwch.

precipitable *a. Ch:* gwaddodadwy.

precipitance, precipitancy *n.* = **precipitateness.**

precipitant *n. Ch:* gwaddodydd(-ion) *m*, pres|ipitin (presipitinau) *m*.

precipitate[1] *n.* **1.** *Ch:* gwaddod(-ion) *m*; **to form a ~,** gwaddodi. **2.** *Meteor:* gwlybwr *m*, gwlybaniaeth *m*, gwlybanwch *m*.

precipitate[2] *a.* **1.** *(= foolhardy):* brysiog, hastus; **a ~ rush,** rhuthr pendramwnwgl. **2.** *(= unthinking):* byrbwyll, difeddwl, anystyriol.

precipitate[3] **1.** *v.t. (= hurl):* bwrw/taflu/hyrddio/gyrru (rhth) [yn] bendramwnwgl; *(b) (i) Ch:* gwaddodi, gwaelodi; *(ii) Meteor:* cyddwyso; *(c) (= hasten):* cyflymu, prysuro, symbylu; *(= bring about):* ysgogi, peri, achosi. **2.** *v.i. (a) Ch: Ph:* gwaddodi; *(b) Meteor:* cyddwyso.

precipitated *a. Ch:* gwaddodol.

precipitately *adv.* yn frysiog *&c*; ar eich pen, [yn] bendramwnwgl.

precipitateness *n.* byrbwylltra *m*, brys *m*, brysiogrwydd *m*, hast *f*, ffrwst *m*.

precipitation *n.* **1.** *(a) Ch: Ph:* gwaddodiad(-au) *m*, gwaddod(-ion) *m*; *(b) Meteor:* gwlybaniaeth *m*, gwlybanwch *m*. **2.** = **precipitateness.**

precipitative *a.* **1.** *(= hastening):* cyflymol. **2.** *Ch: Ph:* gwaddodol. **3.** *Meteor:* cyddwysol.

precipitator *n.* **1.** *(= hastener):* cyflymwr (cyflymwyr) *m*. **2.** *Ch: Ph:* = **precipitant. 3.** *(tank):* tanc(-iau) *(m)* gwaddodi.

precipitin *n. Ch:* = **precipitant.**

precipitous *a.* serth(-ion), syth(-ion), clogwynog, diffwysol.

precipitously *adv.* yn serth *&c.*

precipitousness *n.* serthni *m*.

précis[1] *n.* crynodeb(-au) *m*, crynhoad (crynoadau) *m*.

précis[2] *v.t.* gwn|eud crynodeb (o rth); crynh|oi, crynodebu (rhth).

precise *a.* **1.** *(= exact):* manwl, manwl gywir, cywir, tra-chywir, union, penodol; **to know s.o.'s ~ movements,** gwybod yn fanwl *or* yn union *or* i'r dim beth yw symudiadau rhn; gwybod union symudiadau rhn; **at the ~ moment,** ar yr union eiliad, ar yr eiliad benodol. **2.** *(pers.):* manwl, manwl gywir, defodol, deddfol, *F:* pryséis, cysáct.

precisely *adv.* **1.** *(a)* yn fanwl *&c*; *(b)* **at six o'clock ~,** ar ben chwech o'r gloch, am chwech o'r gloch yn union. **2. ~ [so]!** yn union [felly]! yn hollol! ar ei ben! *S:* yn gymwys *(usu. pronounced* yn gwmws)!

preciseness *n.* = **precision.**

precisian *n. Rel:* rhn (rhai) manwl/defodol *m*, defodolwr (defodolwyr) *m*, defod|olwraig (defodolwragedd) *f*.

precisianism *n. Rel:* defodoldeb *m*.

precision *n.* manylrwydd *m*, manwl gywirdeb *m*, manyldra *m*, manyldeb *m*, manylder *m*, tra-chywirdeb *m*, tra-chywiredd *m*; *Cmptr: &c:* **double ~,** tra-chywiredd dwbl; **with ~,** yn fanwl, i drwch blewyn. **~ bombing** *vn.* bomio manwl. **~ instruments** *n.pl.* offer manwl, offer manwl gywir, offer tra-chywir. **~ measuring tool** *n.* erfyn (arfau) *(m)* mesur manwl gywir.

precisionist *n.* manylwr (manylwyr) *m*, man|ylwraig (manylwragedd) *f*, rhn (rhai) manwl *&c*; *See* **precise.**

pre-civilization *a.* cyn gwareiddiad.

pre-classical *a.* cyn-glasurol.

preclean *v.t.* rhaglanh|au.

preclinical *a. Med:* cyn-glinigol.

preclude *v.t.* cau (rhth) allan/mas, rhagwahardd, nacáu, nadu, atal, eithrio, hepgor; **so as to ~ all doubt,** rhag bod unrhyw amheuaeth, er mwyn dileu unrhyw amheuaeth.

precluded *a.* eithriedig, hepgoredig, rhagwaharddedig.

preclusion *n.* nacâd *m*, hepgoriad(-au) *m*; *S.a.* **preclude.**

preclusive *a.* ataliol, nacaol, hepgorol, gwaharddol, rhagwaharddol.

preclusively *adv.* yn ataliol *&c.*

precocial *a.* = **praecocial.**

precocious *a. (fruit, growth, flower):* cynnar, rhagaeddfed; *(child):* henffel, hen ffasiwn, hengall *(pronounced* ng-g), hen o'ch oed, henaidd, ifanc-hen.

precociously *adv.* yn henaidd *&c.*

precociousness, precocity *n. (of growth &c):* cynharwch *m*, rhagaeddfedrwydd *m*; *(of child):* hengallineb *m (pronounced* ng-g), henffelni *m*.

precoded *a.* **~ (questions),** (cwestiynau) wedi eu trefnu ar gyfer côd, wedi eu rhag-godio.

precogitate *v.t.* rhagystyried.

precognition *n.* **1.** *Psychics:* rhagwybodaeth *f*, rhagwybyddiaeth *f*, rhagweledigaeth *m*, rhagweledigaeth *f*. **2.** *Jur: Scot:* rhagholiad(-au) *m*, rhagholi *vn*.

precognitive *a.* rhagwybodol.

pre-college *a.* cyn-golegol.

pre-Columbian *a. Archeol:* cyn-Golwmbaidd.

preconceive *v.t.* rhagdybio, rhagfarnu (rhth); rhagsynio, rhagsynied (am rth).

preconceived *a.* rhagdybiedig; **a ~ idea,** *See foll.*

preconception *n.* rhagdyb(-iau) *mf*, rhagdybiaeth(-au) *f*, rhagsyniad(-au) *m*, rhagdybiad(-au) *m*.

pre-concert *v.t.* rhagdrefnu.

pre-concerted *a.* rhagdrefnedig, a drefnir/drefnid/drefnwyd o flaen llaw.

preconcession *n.* rhag-gonsesiwn (~-gonsesiynau) *m*.

precondemn *v.t.* condemnio/barnu (rhn) yml|aen llaw, rhag-gondemnio, rhagfarnu, rhag-gollfarnu.

precondemnation *n.* rhag-gondemniad(-au) *m*; *S.a.* **precondemn.**

pre-condition *n.* rhagamod(-au) *mf*.

preconization *n.* cyhoeddiad(-au) *m*.

preconize *v.t. (= proclaim):* cyhoeddi; *(= summon):* gwysio; *(= commend):* cymeradwyo, argymell.

preconized *a. (= announced):* cyhoeddedig, cyhoeddus; *(= approved):* cymeradwy, argymelledig.

preconjecture *v.t.* rhagddychmygu, rhagddyfalu.

preconnection *n.* rhag-gysylltiad(-au) *m*.

pre-Conquest *a.* cyn y Goncwest.

preconscious *a. & n.* **1.** *a.* rhagymwybodol. **2.** *n.* rhagymwybod *m*.

preconsciously *adv.* yn rhagymwybodol.

preconsciousness *n.* rhagymwybyddiaeth *f*, rhagymwybod *m*.

preconsider *v.t.* ystyried (rhth) o flaen llaw, rhagystyried.

preconsideration *n.* rhagystyriaeth(-au) *f*, rhagystyried *vn*.

preconstructed *a.* rhagadeiledig.

preconstruction *n.* rhagadeiladu *vn*.

preconsultation *n.* rhagymgynghoriad(-au) *m*, rhagymgynghori *vn*.

precontract[1] *n.* rhag-gytundeb(-au) *m*.

precontract[2] *v.i.* rhag-gytuno.

precontrive *v.t.* rhagdrefnu.

preconvalescence *n. Med:* cynymadferiad *m*.

preconviction *n.* rhagargyhoeddiad(-au) *m*.

precook *v.t.* coginio (rhth) o flaen llaw.

precooked *a.* **~ food,** bwyd parod.

pre-co-ordination *n.* rhag-gydgysylltu *vn*.

pre-cordial *a. Anat:* o flaen y galon, amgalonnol.

precostal *a. Anat:* rhagasennol.

precritical *a. Med:* rhagargyfyngus.

precursive *a.* = **precursory.**

precursor *n.* **1.** rhagflaenwr (rhagflaenwyr) *m*, rhagflaenydd(-ion) *m*, rhagredegydd(-ion, rhagredegwyr) *m*, rhagarweinydd(-ion, rhagarweinwyr) *m*. **2.** *Biol:* rhagsylweddyn (rhagsylweddion) *m*.

precursory *a.* rhagflaenol, rhagredegol; *(remarks &c):* rhagarweiniol, rhagymadroddol.

predacious *a.* ysglyfiol, rheibus, ysglyfaethus, ysglyfgar.

predacity *n.* rhaib *f*, rheibusrwydd *m*, ysglyfgarwch *m*.

pre-Dantean *a.* cyn Dante, cyn-Ddanteaidd.
pre-Darwinian *a.* cyn Darwin, cyn-Ddarwinaidd.
predate *v.t.* **1.** *(= back-date):* ôl-ddyddio. **2.** = **antedate.**
predated *a.* ôl-ddyddiedig.
predation *n.* ysglyfaethu *vn*, ysglyfio *vn.*
predator *n.* rheibiwr (rheibwyr) *m*, ysglyfaethwr (ysglyfaethwyr) *m.*
predatorily *adv.* yn rheibus *&c.*
predatory *a.* **1.** rheibus, anrheithgar. **2.** *(animal):* = **predacious.**
predecease[1] *n.* marwolaeth gynharach *f*; **in the event of his ~,** a'i fod ef yn marw'n gyntaf; os bydd ef farw gyntaf; petai ef yn marw'n gyntaf.
predecease[2] *v.t.* **to ~ s.o.,** marw o flaen rhn, marw cyn rhn.
predecessor *n.* **1.** rhagflaenydd(-ion) *m*, rhagflaenwr (rhagflaenwyr) *m.*
predefine *v.t.* rhagddiffinio.
predefined *a.* rhagddiffiniedig.
predella *n. Art: Ecc:* predela (predelâu) *m.*
predesign *v.t.* rhaglunio, rhag-gynllunio.
predesignate *v.t.* rhagbenodi, rhagarfaethu, rhagbennu.
predesignated *a.* rhagbenodedig, rhagarfaethedig, rhagbenedig.
predesignation *n.* rhagbenodiad(-au) *m*; *vn.* = **predesignate.**
predestinarian *a. & n. Theol:* **1.** *a.* rhagarfaethyddol, rhagordeiniadol. **2.** *n.* rhagarfaethydd(-ion) *m*, rhagordeiniadwr (rhagordeiniadwyr) *m.*
predestinarianism *n. Theol:* rhagordeiniadaeth *f.*
predestinate[1] *a.* = **predestined.**
predestinate[2] *v.t.* = **predestine.**
predestination *n.* rhagarfaeth *f*, rhagarfaethiad *m*, rhagordeiniad *m.*
predestine *v.t.* arfaethu, rhagarfaethu, rhaglunio, rhagdynghedu, tyngedfennu, tynghedu, rhagordeinio.
predestined *a.* **1.** *(event):* arfaethedig, rhagarfaethedig, rhagluniedig, rhagordeiniedig. **2.** *(pers.):* rhagdyngededig, a ragdynghedwyd; **a man ~ for/to fame,** dyn a ragdynghedwyd i enwogrwydd.
predeterminable *a.* rhagderfynadwy.
predeterminate *a.* = **predetermined.**
predetermination *n.* rhagderfyniad *m*, rhagderfynu *vn.*
predeterminative *a.* rhagderfynol.
predetermine *v.t.* **1.** *Theol:* rhagderfynu, rhagordeinio, rhagdynghedu. **2.** *(= impel beforehand):* rhag-gyflyru, rhagannog, tueddbennu.
predetermined *a.* rhagderfynedig, rhagordeiniedig; rhag-gyflyredig; *Econ:* **~ variable,** newidyn(-nau) gosodedig *m.*
predial *a. & n.* **1.** *a.* amaethyddol, gwledig. **2.** *n.* taeog(-ion) *m.*
predicability *n. Phil:* natur haeradwy/draethadwy *f*, haeradwyaeth *f.*
predicable *a. & n. Phil:* **1.** *a.* haeradwy, traethadwy. **2.** *n.pl.* priodoleddau.
predicably *adv. Phil:* yn draethadwy, yn haeradwy.
predicament *n.* **1.** *Phil:* *(= assertion):* traethiad(-au) *m*; *(= category):* c|ategori (categorïau) *m.* **2.** *(= quandary &c):* trafferth(-ion) *f*, helynt(-ion) *f*, caethgyfle(-oedd) *m*, cyfyng-gyngor *m*, trybini *m.*
predicamental *a. Phil:* traethiadol, categorïol.
predicant *a. & n. Rel:* **1. ~ brother,** brawd-bregethwr (brodyr-bregethwyr) *m.* **2.** *(in South Africa):* pregethwr (pregethwyr) *m*, gweinidog(-ion) *m.*
predicate[1] *v.t.* haeru, honni; *Theol:* priodoli; **to ~ goodness or badness of a motive,** priodoli drygioni neu ddaioni i ysgogiad; **to ~ of a motive that it is good or bad,** honni/haeru bod ysgogiad yn dda neu'n ddrwg.
predicate[2] *n.* **1.** *Log:* honiad(-au) *m*, haeriad(-au) *m*, traethiad (-au) *m*, priodoliad(-au) *m.* **2.** *Gram:* traethiad. **3.** *pl. Theol:* priodoleddau.
predicated *a.* honedig, haeredig, traethedig, priodoledig.
predication *n.* traethiant (traethiannau) *m*, priodoliad(-au) *m.*
predicative *a.* **1.** *Log:* honiadol, haeriadol, traethiannol, traethiadol. **2.** *Gram:* traethiadol.
predicatively *adv.* **1.** *Log:* yn honiadol *&c.* **2.** *Gram:* yn draethiadol; fel traethiad, yn draethiad.
predicator *n. Gram:* traethiedydd(-ion) *m.*
predicatory *a.* pregethwrol.
predict *v.t.* rhagddw|eud, rhagddywedyd, darogan, rhagw|eld, rhagfynegi, proffwydo; *W.Lit: occ:* brudio.
predictability *n.* natur ddisgwyliadwy/ragweladwy *f*, *occ:* disgwyliadwyedd *m*, rhagweladwyedd *m*; **the ~ of his reaction was comic,** 'roedd yn ddigrif mor rhagweladwy oedd ei ymateb.
predictable *a.* rhagweladwy, disgwyliadwy, rhagddywedadwy, rhagfynegadwy; **a ~ person,** *S:* Siôn *(m)* 'run shwt.
predictably *adv.* yn ddisgwyliadwy *&c*; fel y gellid/gallesid disgwyl, yn ôl y disgwyl, fel y gallesid rhagw|eld.
predicted *a.* disgwyliedig, rhagweledig, daroganedig.
prediction *n.* proffwydoliaeth(-au) *f*, darogan(-au) *mf*, rhagfynegiad(-au) *m*, rhagfynegiant *m*, proffwydo *vn*; *W.Lit: occ:* brud(-iau) *m*, brudio *vn.*
predictive *a.* proffwydol, rhagbroffwydol, rhagfynegol, daroganol.
predictively *adv.* yn broffwydol *&c.*
predictor *n.* **1.** daroganwr (daroganwyr) *m*, proffwyd(-i) *m*, rhagfynegydd(-ion) *m.* **2.** *Aer:* rhagwelydd(-ion) *m*, rhagwelwr (rhagwelwyr) *m.*
predigest *v.t.* treulio (rhth) o flaen llaw, rhagdreulio.
predigested *a.* rhagdreuliedig.
predigestion *n.* rhagdreuliad *m*, rhagdreulio *vn.*
predilection *n.* hoffter(-au) *(m)* **(for sth,** o rth).
predisposal *n. Jur:* cymynroddi *vn.*
predispose *v.t.* **1.** tueddbennu, tueddu, rhagdueddu **(s.o. to sth,** rhn at rth); achosi, peri (i rn dueddu at rth). **2.** *Jur:* = **bequeath.**
predisposed *a.* rhagdueddol, tueddol, chwannog (i rth).
predisposition *n.* tueddiad(-au) *m*, tueddbeniad(-au) *m* **(to sth,** i rth); tuedd(-iadau) *f* (i/at rth); rhagdueddiad(-au) *m*; **~** *(+ verb-noun):* tuedd *&c* i wneud rhth; **~** *(+ noun):* **~ to religion,** tuedd *&c* at grefydd.
predissolve *v.t.* rhagdoddi.
predistinguish *v.t.* rhagwahaniaethu; **to ~ one thing from another,** rhagwahaniaethu [rhwng] dau beth, rhagwahaniaethu rhwng y naill beth a'r llall.
pre-divide *v.t.* rhagrannu, rhagddosbarthu.
prednisone *n. Pharm:* pr|ednison *m.*
predominance *n.* tra-arglwyddiaeth *f*, tra-niferedd *m*, tra-lluoso[w]grwydd *m*, goruchafiaeth *f*, rhagoriaeth *f*, trechedd *m.*
predominant *a.* mwyaf, blaenaf, amlycaf, cryfaf, pennaf, uchaf, trechaf, goruchaf, mwyaf niferus, mwyaf amlwg; prif *(before n. + soft mut.).*
predominantly *adv.* yn bennaf, gan amlaf, gan mwyaf, at ei gilydd.
predominate[1] *v.i.* rhagori, tra-arglwyddiaethu, goruchafu, bod yn bennaf/amlycaf/drechaf *&c*, bod mewn bri.
predominate[2], **predominating** *a.* = **predominant.**
predominatingly *a.* = **predominantly.**
predomination *n.* = **predominance.**
predominator *n.* peth(-au) pennaf *m*; *(pers.):* dyn(-ion) pennaf *m.*
pre-doom *v.t.* tynghedu, rhagdynghedu.
pre-dorsal *a. Anat:* rhag-gefnol.
predynastic *a.* cyndeyrnasol, cynfreninlinol.
pre-eclampsia *n. Med:* cyneclampsia *m.*
pre-elect *v.t.* rhagethol.
pre-elected *a.* rhagetholedig.
pre-election[1] *a. Pol:* cyn etholiad, cynetholiadol.
pre-election[2] *n. Theol:* rhagetholedigaeth *f.*
pre-eminence *n.* blaenoriaeth *f*, rhagoriaeth *f*, goruchafiaeth *f*, amlygrwydd *m.*
pre-eminent *a.* digymar, digyffelyb, di-ail, dihafal, heb eich ail, heb eich tebyg, heb eich hafal, amlwg, ar y blaen, rhagorol.
pre-eminently *adv.* yn anad dim, yn anad neb, uwchl|aw popeth, uwchlaw pawb, uwchlaw dim.
pre-Empire *a.* cyn-Ymerodrol.
pre-employment *attrib.* cyn dechrau gweithio.
pre-empt *v.t.&i.* **1.** *(= buy):* rhagbrynu, prynu (rhth) o flaen rhn arall; *(= occupy):* rhagfeddiannu, cynfeddiannu. **2.** *Mil:* *(= forestall):* achub y blaen (ar rn), rhagatal (rhn); *abs.* taro'n gyntaf.
pre-emption *n.* *(= purchase):* rhagbryniant (rhagbryniannau) *m*; *(= occupation):* rhagfeddiant (rhagfeddiannau) *m*; *(=*

forestalling): achub blaen (**of sth,** ar rth); rhagataliad(-au) *m*; *vn.* = **pre-empt**.

pre-emptive *a.* **1.** rhagbrynol, rhagfeddiannol. **2.** *Mil: Bridge:* rhagataliol, blaenachubol; **~ strike,** rhagymosodiad(-au) *m*.

pre-emptor *n.* rhagbrynwr (rhagbrynwyr) *m*, rhagfeddiannwr (rhagfeddianwyr) *m*.

pre-emptory *a.* = **pre-emptive**.

preen *v.t. (feathers &c):* llyfnu, llyfnh|au, trwsio, twtio, pincio, cymhennu; **to ~ oneself,** ymbincio, ymdrwsio; **to ~ oneself (on sth),** ymhyfrydu, ymfalchïo (yn rhth). **~ gland** *n. Orn:* chwarren (chwarennau) (*f*) ymdrwsio.

preened *a.* llyfn (*f.* llefn, *pl.* llyfnion), trwsiedig, twt, taclus, cymen.

preener *n.* ymbinciwr (ymbincwyr) *m*, pinciwr (pincwyr) *m*, ymb|incwraig *f*, p|incwraig *f*.

pre-engage *v.t.* **1.** *(by contract):* rhagrwymo; *(to marry):* rhagddyweddïo. **2.** *(= preoccupy, prepossess):* rhagfeddiannu, rhagfeddu. **3.** *Mil:* rhagymosod (ar rn). **4.** *(artiste, worker):* rhag-hurio, rhag-gyflogi.

pre-engaged *a.* rhagrwymedig; *(artiste &c):* rhag-gyflogedig; *(to marry):* rhagddyweddiedig.

pre-engagement *n.* **1.** rhagrwymiad(-au) *m*; *(to marry):* rhagddyweddïad (rhagddyweddiadau) *m*. **2.** *(= prepossession):* rhagfeddiant *m*. **3.** *Mil:* rhagymosodiad(-au) *m*. **4.** *(of worker, artiste):* rhag-gyflogaeth *f*, rhag-gyflogi *vn.*

pre-English *a.* cyn-Seisnig.

pre-enlistment *n.* rhaglistio *vn.*

Preesgweene *Eng.Pl.n.* Prysg (*m*) Gwên.

pre-establish *v.t.* rhagsefydlu, sefydlu (rhth) ymll|aen llaw.

pre-established *a.* rhagsefydledig.

pre-establishment *n.* rhagsefydliad *m*, rhagsefydlu *vn.*

pre-estimate[1] *n.* rhagamcangyfrif(-on) *m* (*pronounced* ng-g).

pre-estimate[2] *v.t.* rhagamcangyfrif (*pronounced* ng-g).

pre-examination *n. & attrib.* **1.** *n. (= prior examination):* rhagarchwiliad(-au) *m*, rhagarchwilio *vn.* **2.** *attrib. (= before examination):* cyn arholiad, o flaen arholiad, cynarholiadol.

pre-examine *v.t.* rhagarchwilio.

pre-exilian, pre-exilic *a. B:* cyn y Gaethglud, cyn-gaethgludol.

pre-exist *v.i.&t.* **1.** *v.i.* bodoli/bod yngh|ynt, bod o'r blaen, bod yn gynharach, cynfodoli, rhagfodoli, rhaghanfodi, rhagflaenu. **2.** *v.t.* **A pre-existed B,** bodolai A o flaen B; 'roedd A yn bod/bodoli o flaen B *or* cyn B; *occ:* rhagfodolai A B; rhagflaenai A B.

pre-existence *n.* rhaghanfod *m*, cynfodolaeth(-au) *f*, rhagfodolaeth (-au) *f*.

pre-existent, pre-existing *a.* cynt, cynharach, cynfodol, rhaghanfodol, cynhanfodol, yn bod o'r blaen, yn bod cynt; *Geog:* **~ valley,** dyffryn(-noedd) cynfodol *m*.

pre-expose *v.t.* rhagddangos, rhagddadlennu.

prefab *n.* tŷ (tai) parod *m*.

prefabricate *v.t.* saernïo/llunio/gwn|eud/parat|oi (rhth) o flaen llaw; rhagffurfio, rhagsaernïo.

prefabricated *a.* parod, rhagsaernïol, rhagsaernïedig; **~ house,** tŷ (tai) parod *m*.

prefabrication *n.* **1.** *(action):* rhagsaernïaeth *f*, rhagluniad *m*; *vn.* = **prefabricate**. **2.** *(thing):* rhagsaernïad (rhagsaerniadau) *m*, rhagluniad(-au) *m*.

prefabricator *n.* rhagsaernïwr (rhagsaerniwyr) *m*, rhagluniwr (rhaglunwyr) *m*.

preface[1] *n.* rhagair (rhageiriau) *m*, rhagymadrodd(-ion) *m*, rhagarweiniad(-au) *m*, rhaglith(-oedd) *mf*.

preface[2] *v.t.* rhagflaenu (rhth); arwain, rhagarwain (i rth); **to ~ a talk with a few remarks,** gwn|eud ychydig sylwadau cyn rhoi sgwrs.

prefacer *n.* rhagymadroddwr (rhagymadroddwyr) *m*, rhagymadr|oddwraig *f*.

pre-fade *v.t. T.V:* rhagbylu.

prefatorily *adv.* yn rhagarweiniol *&c.*

prefatory *a.* rhagarweiniol, rhagymadroddol.

prefect *n.* **1.** *Rom.Ant: (= magistrate):* prif ynad (~ ynadon) *m*; *(= governor):* llywodraethwr (llywodraethwyr) *m*, rhaglaw(-iaid, rhaglofiaid) *m*, rhaglywydd(-ion) *m*, rhaglyw(-iaid) *m*. **2.** *Fr.Adm:* prif weithredwr (~ weithredwyr) *m*, rhaglaw; *Fr.Adm:* **~ of police,** pennaeth (penaethiaid) (*m*) [yr] heddlu, prif gwnstabl(-iaid) *m*. **3.** *Sch:* swyddog(-ion) *m*; **head ~,** prif swyddog(-ion) *m*, capten (capteiniaid) *m*.

prefector[i]al, prefectural *a.* rhaglywyddol.

prefecture *n.* **1.** *Rom.Ant: Fr.Adm:* rhaglawiaeth(-au) *f*, rhaglywiaeth(-au) *f*. **2.** *(building):* rhaglawdy (rhaglawdai) *m*, swyddfa (*f*) rhaglaw (swyddf|eydd rhaglawiaid).

prefer *v.t.* **1.** *(= nominate):* enwebu, penodi; *(= promote):* dyrchafu. **2. to ~ (a complaint),** dwyn, cyflwyno (cwyn). **3.** *(= like better):* ffafrio; **I ~ wine to water,** mae'n well gen i win na dŵr; *Lit:* dewisach gennyf win na dŵr; **I ~ not to go,** gwell gennyf beidio â mynd; **he prefers this one,** hwn yw'r gorau ganddo; hwn sydd orau ganddo; *B:* **if I ~ not Jerusalem above my chief joy,** oni chodaf Jerusalem goruwch fy llawenydd pennaf.

preferability *n.* dymunoldeb *m*, rhagoriaeth *f*, mantais *f*.

preferable *a.* **1.** gorau, amgen, dewisach, mwy dymunol, rhagorach. **2. it would be ~ if...,** byddai'n well pe...; *Lit:* gwell fyddai pe....

preferableness *n.* = **preferability**.

preferably *adv.* o ddewis, os yn bosib, os gellir, os oes modd; **come next week, ~ Tuesday,** tyrd yr wythnos nesaf, gorau oll *or* gorau i gyd y dydd Mawrth; **~ I should like to come tomorrow,** o ddewis, byddai'n well gen i ddod yfory; **I should like either A or B, ~ B,** mi hoffwn gael naill ai A neu B, B os yr un.

preference *n.* **1.** hoffter(-au) *m* (**for sth,** o rth); **my ~ is for, my ~ goes to (a quiet life),** (bywyd tawel) yw fy newis i, sy'n ddewisach gen i, sydd orau gen i; **in ~ to sth,** yn hytrach na rhth, *occ:* rhagor na rhth, ychwaneg na rhth, *N:* chwedl na rhth (*usu.pronounced* chwadal, chadal). **2.** *Pol: Econ:* blaenoriaeth *f*, ffafriaeth *f*; **to give ~ to sth,** rhoi blaenoriaeth i rth; *Econ:* **the Theory of Revealed P~,** Damcaniaeth (*f*) Datgelu Dewisiad. **~ share** *n. Fin:* blaengyfran(-nau) *f* (*pronounced* ng-g), cyfran flaen (cyfrannau blaen) *f*.

preferential *a.* ffafriol, blaenoriaethol, breiniol, gwahaniaethol, rhagorfreiniol; **~ treatment,** ffafriaeth *f*, triniaeth arbennig *f*.

preferentialism *n.* ffafriolaeth *f*.

preferentialist *n.* ffafriolwr: ffafriolydd (ffafriolwyr) *m*.

preferentially *adv.* yn ffafriol *&c.*

preferment *n.* dyrchafiad(-au) *m*.

preferred *a.* gwell, amgen, amgenach, dewisach; sy'n well gennych; *Com:* ffafriedig; **death is ~ to disgrace,** gwell angau na chywilydd; *Com:* **~ creditor,** credydwr ffafriedig *m*; *Lib:* **~ order,** trefn ddewisol *f*; **~ route,** llwybr dewisol *m*; **my ~ route,** y ffordd orau gen i; *Com:* **~ stock,** stoc ffafriedig *m*.

preferrer *n.* hoffwr (hoffwyr) *m*, dewiswr (dewiswyr) *m*, ffafriwr (ffafrwyr) *m*.

prefiguration *n.* rhagddarluniad(-au) *m*.

prefigurative *a.* rhagddarluniol.

prefigure *v.t.* rhagddarlunio, rhagarddangos, rhagddychmygu, rhag-gysgodi.

prefigured *a.* rhagddarluniedig.

prefigurement *n.* = **prefiguration**.

prefix[1] *n.* **1.** *Gram:* rhagddodiad (rhagddodiaid) *m*. **2.** *(= title):* teitl(-au) *m*.

prefix[2] *v.t.* rhagddodi, rhoddi/dodi (rhth) ar y blaen.

prefixal *a.* rhagddodol, rhagddodiadol.

prefixally *adv.* yn rhagddodol *&c.*

prefixed *a. Gram:* rhagddodedig; **~ pronoun,** rhagenw(-au) blaen *m*.

prefixion, prefixture *n.* rhagddodiad(-au) *m*.

pre-flight *a.* cyn hedfan.

preform *v.t.* llunio (rhth) o flaen llaw, rhagffurfio, rhaglunio.

preformation *n.* rhagffurfiad(-au) *m*, rhagffurfio *vn.*

preformative *a. & n.* **1.** *a.* rhagddodol, rhagddodiadol. **2.** *n.* rhagddodiad (rhagddodiaid) *m*.

pre-frank *v.t.* rhagddil|eu.

pre-freeze *v.t.* rhagrewi.

prefrontal *a. Anat:* ar flaen yr ymennydd, blaenymenyddiol.

pre-Germanic *a.* cyn-Almaenaidd.

preglacial *a.* cynrewlifol, cyn rhewlif.

pregnability *n.* gwendid(-au) *m*.

pregnable *a.* trechadwy, goresgynadwy, gorchfygadwy, treiddiadwy.

pregnancy *n.* **1.** *Med:* beichiogrwydd *m*. **2.** *Lit: (of mind):* dyfeisgarwch *m*, dychymyg *m*, cynyrchioldeb *m*, ffrwythlonder *m*, ffrwythlondeb *m*. ~ **toxaemia** *n. Vet:* clwy(*m*)'r defaid cyfeb, gwenwyn (*m*) gwaed, tocsemia *m*.

pregnant *a.* **1.** *(a) (woman):* beichiog, *F:* llawn(-ion), yn cario, yn disgwyl, trom (trymion), *S.W: occ:* braisg (breisgion), *N.W: occ:* symgar; **she's ~,** mae hi'n disgwyl; mae hi dan ei gofal; *N.W: occ:* mae hi'n magu mân esgyrn; *(b) (animal):* torrog; ~ **ewe,** dafad drom/lawn/gyfoen (defaid trymion/llawnion/cyfoen), dafad ac oen ynddi (defaid ac ŵyn ynddynt); ~ **cow,** buwch gyflo (buchod cyflo), buwch a llo ynddi (buchod a lloi ynddynt); ~ **mare,** caseg gyfeb/gyfebol (cesyg cyfeb/cyfebol); ~ **bitch,** gast dorrog (geist torrog); ~ **sow,** hwch dorrog (hychod torrog); **to become ~,** beichiogi, *S: occ:* breisg|au; *(of animal):* torogi. **2.** *Fig: (mind &c):* cyforiog, toreithiog, tryfrith, llawn, ffrwythlon [o syniadau]; ~ **with meaning,** llawn ystyr, ystyrlon iawn; **a ~ pause,** saib ddisgwylgar/awgrymog; *Gram:* **a ~ construction,** cystrawen awgrymog.

pre-Gothic *a.* cyn-Othig.

pre-Greek *a.* cyn-Roegaidd.

preharden *v.t.* rhag-galedu.

preheat *v.t.* cynhesu/twymo/poethi (rhth) yml|aen llaw, cynhesu/twymo/poethi (rhth) o flaen llaw; cyn-dwymo; *Metalw:* rhagboethi.

preheated *a.* cyndwymedig, rhagdwymedig, wedi ei gynhesu'n/dwymo'n barod.

prehensile *a. Z:* yn medru gafael, gafaelol, gafaelog, gafaelgar; *(bird):* crafangol.

prehensility *n. Z:* gafaelogrwydd *m*.

prehension *n.* cydio *vn*, gafael *vn*, gafaeliad(-au) *m* **(of sth,** yn rhth); *S.a.* **comprehension.**

prehistorian *n.* cynhanesydd (cynhaneswyr) *m*.

prehistoric[al] *a.* **1.** cynhanesyddol, cynhanesiol, cyn hanes. **2.** *F: (car, dress &c):* hynafol, hen ffasiwn, ar ôl yr oes, o oes yr arth a'r blaidd, *N: F:* hen ffash, *S.W:* mas o ddat.

prehistorically *adv.* yn gynhanesyddol, mewn cynhanes, cyn hanes.

prehistory *n.* cynhanes *m*, y cynfyd *m*, *F:* oes (*f*) yr arth a'r blaidd.

pre-Homeric *a.* cyn-Homeraidd.

prehominid *n.* cynddyn(-ion) *m*.

prehuman *a.* cyn dyn, cynddynol.

pre-ignition *n. I.C.E:* rhagdanio *vn*, rhagdaniad(-au) *m*.

pre-indicate *v.t.* rhagarwyddo.

pre-industrial *a.* cynddiwydiannol.

pre-inform *v.t.* rhaghysbysu.

pre-instruct *v.t.* rhaghyfforddi, rhag-gyfarwyddo.

prejudge *v.t.* rhagfarnu.

prejudged *a.* rhagfarnedig.

prejudgement *n.* rhagfarn(-au) *f*, rhagfarnu *vn*.

prejudger *n.* rhagfarnwr (rhagfarnwyr) *m*, rhagf|arnwraig *f*.

prejudication *n.* rhagfarnu *vn*.

prejudice[1] *n.* **1.** *Jur: &c: (= detriment):* niwed (niweidiau) *m*, anfantais (anfanteision) *f*, afles(-au,-oedd) *m*; **to the ~ (of sth),** er anfantais, er afles (i rth); **without ~,** heb ymrwymiad, yn ddirwymiad, yn ddiymrwymiad; **without ~ to s.o./sth,** heb wn|eud niwed/drwg i rn/rth. **2.** *(= bias):* rhagfarn(-au) *f*.

prejudice[2] *v.t.* niweidio (rhth); gwn|eud niwed, gwneud drwg, bod yn anfantais/niwed/niweidiol (i rth).

prejudiced *a.* rhagfarnllyd.

prejudicial *a.* niweidiol, aflesol, anfanteisiol, andwyol, drwg, anffafriol; ~ **to health,** niweidiol i iechyd.

prejudicially *adv.* yn niweidiol *&c*.

pre-kindergarten *a.* cyn ysgol feithrin.

prelacy *n. Ecc:* preladiaeth(-au) *f*, esgobaeth(-au) *f*.

prelapsarian *a. Theol:* cyn y cwymp, cyn-gwympol.

prelate *n. Ecc:* prelad(-iaid) *m*, *occ:* esgob(-ion) *m*; *Hist:* abad(-au) *m*; *S.a.* **domestic.**

prelateship *n. Ecc:* preladiaeth(-au) *f*.

prelatess *n.f. Ecc:* prelades(-au).

prelatic *a. Ecc:* preladaidd, esgobol.

prelatism *n. Rel:* preladiaeth *f*.

prelatist *n. Rel:* esgobwr (esgobwyr) *m*, preladwr (preladwyr) *m*.

prelatize *v.t. Ecc:* preladeiddio.

prelature *n. Ecc:* **1.** preladiaeth(-au) *f*. **2.** *Coll:* preladiaid *pl*, esgobion *pl*.

prelect *v.i. Sch:* darlithio, traethu; **to ~ on sth to s.o.,** darlithio/traethu ar rth i rn.

prelection *n. Sch:* darlith(-iau,-oedd) *f*, llith(-oedd) *f*.

prelector *n. Sch:* darlithydd: darlithiwr (darlithwyr) *m*; *(in Cambridge):* cyflwynwr: cyflwynydd (cyflwynwyr) *m*.

prelexical *a. Ling:* cyneirfaol.

prelibation *n.* rhagflas(-au) *m*.

prelim *n.* **1.** *Sch:* rhagbrawf (rhagbrofion) *m*, arholiad (*m*) y flwyddyn gyntaf (arholiadau'r flwyddyn gyntaf). **2.** *(in competition):* rhagbrawf. **3.** *pl. Typ:* tudalennau rhagarweiniol *pl*.

preliminarily *adv.* yn rhagarweiniol; yn gyntaf, o flaen llaw, cyn cychwyn.

preliminary **1.** *a.* rhagarweiniol, rhagbaratoawl, *occ:* rhaglithiol, rhagymadroddol; *Sch:* ~ **examination,** rhagbrawf (rhagbrofion) *m*; *Jur:* ~ **investigation,** ymchwiliad(-au) rhagarweiniol *m*; *Com: &c:* ~ **statement,** blaenddatganiad(-au) *m*. **2.** *n.* *(a)* rhagarweiniad(-au) *m*; *(b) Typ:* dalen ragarweiniol (dalennau rhagarweiniol) *f*.

preliterate *a.* cynllythrennog.

prelocate *v.t.* rhagleoli.

prelude[1] *n.* **1.** rhagchwarae(-on) *m*, rhagarweiniad(-au) *m*. **2.** *Mus:* preliwd(-iau) *m*, rhagchwarae.

prelude[2] *v.i.&t.* **1.** *v.i. Mus:* rhagchwarae, preliwdio. **2.** *v.t. (= lead to, introduce, foreshadow):* arwain (i/at rth), rhagarwyddo (rhth); *(= precede):* blaenori, rhagflaenu (rhth); dod (o flaen rhth).

preluder *n.* rhagchwaraewr (rhagchwaraewyr) *m*, preliwdiwr (preliwdwyr) *m*, prel|iwdwraig *f*.

preludial *a.* rhagarweiniol.

preludize *v.i.* preliwdeiddio.

prelusion *n.* rhagarweiniad(-au) *m*.

prelusive *a.* rhagarweiniol.

prelusively *adv.* yn rhagarweiniol.

prelusory *a.* rhagarweiniol.

premarital *a.* cyn priodi, cyn priodas, cynbriodasol.

pre-Marxian *a.* cyn-Farcsaidd, cyn-Farxaidd.

premature *a.* cyn pryd, cynamserol, cyn amser, rhy gynnar, annhymig.

prematurely *adv.* cyn pryd, yn rhy gynnar.

prematureness, prematurity *n.* cynamseroldeb *m*, annhymigrwydd *m*, gorgynharwch *m*.

premaxilla *n. Anat:* blaengern(-au) *f* (*pronounced* ng-g), premacsila (premacsilâu) *m*.

premaxillary *a. Anat:* blaengernol (*pronounced* ng-g).

pre-med *n.* = **premedical, premedication.**

premedical *a.* cynfeddygol.

premedically *adv.* yn gynfeddygol.

premedicate *v.t.* rhagfeddyginiaethu.

premedication *n.* rhagfeddyginiaeth(-au) *f*, rhagfoddion *m or pl*.

premeditate *v.t.* bwriadu, pwrpasu, rhagfwriadu, rhagfyfyrio.

premeditated *a.* bwriadol, rhagfwriadol, pwrpasol, rhagfwriadedig.

premeditatedly *adv.* yn rhagfwriadol *&c*.

premeditation *n.* bwriad(-au) *m*, rhagfwriad(-au) *m*, pwrpasiad(-au) *m*.

premeditative *a.* bwriadus, bwriadlon, pwrpasol.

premeditator *n.* bwriadwr (bwriadwyr) *m*, pwrpaswr (pwrpaswyr) *m*.

pre-Mendelian *a.* cyn Mendel, cyn-Fendelaidd.

premenstrual *a.* cyn misglwyf/mislif, cynfisglwyfol, rhagfislifol; ~ **tension,** tyndra(*m*)'r mislif/misglwyf, tyndra cyn misglwyf/mislif.

premier *a. & n.* **1.** *a.* prif + *soft mut. (precedes noun)*; pennaf, blaenaf; (pennaf *may precede or follow noun*). **2.** *n.* *(a)* blaenaf *mf*, cyntaf *mf*; **the ~ of our playwrights,** y blaenaf o blith ein dramodwyr, y blaenaf o'n dramodwyr, ein prif ddramodydd; *(b) Pol:* prif weinidog(-ion) *m*.

première[1] *n. Th:* perfformiad(-au) cyntaf *m*.

première[2] *v.t.* rhoi perfformiad cyntaf (rhth); perfformio (rhth) am y tro cyntaf.

premiership *n.* swydd (*f*) prif weinidog, prifweinidogaeth(-au) *f*.

pre-military *a.* cynfilwrol.

premillenarian *n.* cynfilflwyddwr (cynfilflwyddwyr) *m*.

premillennial *a.* cynfilflwyddol.

premillennialism *n.* cynfilflwyddiaeth *f.*
premillennialist *n.* cynfilflwyddwr (cynfilflwyddwyr) *m.*
premise[1] *n.* **1.** *Log:* = **premiss. 2.** *pl. Jur: &c:* anheddau, adeiladau; **on the premises,** yn y tŷ, yn yr adeilad *&c*; **off the premises,** y tu allan [i'r tŷ/adeilad]; **to march s.o. off the premises,** gyrru/hel rhn allan, dangos y drws i rn; **licensed premises,** tŷ (tai) trwyddedig *m.*
premise[2] *v.t.* gosod/dodi/rhoi (rhth) yn gyntaf; rhagosod, rhagddodi; crybwyll/dweud (rhth) fel rhagymadrodd.
premised *a.* rhagosodedig, crybwylledig.
premiss *n. Log: Theol:* rhagosodiad(-au) *m*, cynsail (cynseiliau) *m.*
premium *n.* **1.** *(= reward):* gwobr(-au) *f*; **to put a ~ on sth,** rhoi gwerth/pris ar rth, uchelbrisio rhth. **2. insurance ~,** premiwm (premiymau) *(m)* yswiriant. **3. to sell at a ~,** gwerthu am bris uwch; **antiques are at a ~,** mae hen bethau yn mynd am bris uchel. **~ bond** *n. Fin:* bond(-iau) *(m)* premiwm.
pre-mix *v.t.* rhag-gymysgu.
premolar *n. Dent:* cilddant (cilddannedd) blaen *m.*
premonition *n.* rhagargoel(-ion) *f*, rhagdeimlad(-au) *m*, rhagarwydd(-ion) *m*, rhagrybudd(-ion) *m.*
premonitory *a.* rhagrybuddiol, rhagarwyddol, rhagargoelus.
Premonstratensian *a. & n. R.C.Ch:* **1.** *a.* Premonstratensaidd. **2.** *n.* Premonstratensiad (Premonstratensiaid) *m&f.*
premorbid *a. Med:* cyn-glwyf.
premorse *a. Bot: Ent:* cwta.
premotion *n.* rhagsymudiad(-au) *m*, rhagysgogiad(-au) *m.*
premultiply *v.t. Mth:* blaenluosi.
premundane *a.* cynfydol.
premunition *n. Med:* rhagamddiffynfa *f.*
prenatal *a.* cyn geni, cynenedigol, cyn genedigaeth, cynesgorol, cyn esgor; **~ clinic,** clinig *(m)* mamau beichiog.
prenatally *adv.* cyn geni, yn gynenedigol *&c.*
prenotion *n.* rhagdybiaeth(-au) *f.*
prentice *n.* **1.** = **apprentice. 2. ~ hand,** llaw ddibrofiad *f.*
prenticeship *n.* prentisiaeth(-au) *f*, prentisiad(-au) *m.*
prenuptial *a.* cyn priodi, cynbriodasol.
preobtain *v.t.* cael (rhth) ymlaen llaw.
preoccupancy *n.* = **preoccupation.**
preoccupant *n.* rhagfeddiannwr: rhagfeddiannydd (rhagfeddianwyr) *m.*
preoccupation *n.* **1.** *(of property):* rhagfeddiant *m*, rhagfeddiannaeth *f*, rhagfeddiannu *vn.* **2.** *(of mind):* synfyfyrdod *m.* **3.** *(= interest):* diddordeb *m* **(with sth,** yn rhth).
preoccupied *a.* **1.** synfyfyriol, absennol (eich meddwl); **~ (with sth),** wedi ymgolli, ymgolledig (yn rhth); â'ch holl fryd (ar rth). **2.** *Biol: &c: (= already in use):* rhagddefnyddiedig, eisoes mewn defnydd.
preoccupier *n.* = **preoccupant.**
preoccupy *v.t.* **1.** *(house &c):* rhagfeddiannu. **2.** *(mind):* meddiannu, llenwi, diddori (bryd rhn); mynd â (bryd rhn); **to ~ oneself (with sth),** ymddiddori/ymgolli (yn rhth).
preocular *a. Anat:* o flaen y llygad.
pre-operational *a. Mil:* cynweithredol.
pre-operative *a. Surg:* cyndriniaethol, cynllawdriniaethol, cyn triniaeth/llawdriniaeth.
preoral *a. Z:* rhageneuol, o flaen y genau.
preorally *adv.* o flaen y genau.
preordain *v.t.* rhagordeinio, rhagarfaethu, pennu (rhth) ymlaen llaw.
preordainment, preordination *n.* rhagordeiniad(-au) *m.*
prep[1] *n. Sch:* gwaith *(m)* parat|oi. **~ period** *n. Sch:* cyfnod(-au) *(m)* paratoi; *loosely:* gwers *(f)* rydd (gwersi rhyddion) *f.* **~ room** *n. Sch:* ystafell *(f)* waith (ystafelloedd gwaith). **~ school** *n. Sch:* ysgol *(f)* baratoi (ysgolion paratoi).
prep[2] *v.t.&i. U.S:* parat|oi.
pre-pack *v.t.* pacio (rhth) o flaen llaw, rhagbacio, blaenbacio.
pre-package *v.t.* pacedu/pacio (rhth) o flaen llaw, rhagbacedu/ rhagbacio.
pre-packaged, pre-packed *a.* [mewn] paced, rhagbaciedig, wedi ei bacio'n barod, wedi ei bacedu'n barod.
prepaid *a.* rhagdaledig, rhagdal, a dalwyd o flaen llaw, wedi ei dalu o flaen llaw; **~ expenses,** treuliau a dalwyd o flaen llaw, rhagdreuliau.
prepalatal *a. Phon:* rhagdaflodol, blaendaflodol.
preparation *n.* **1.** *(of food &c):* paratoad *m*, parat|oi *vn*, darparu *vn*; *Mus:* **~ of a discord,** paratoi anghytsain. **2.** *usu.pl.* paratoad(-au) *m*, rhagbaratoad(-au) *m*, darpariaeth(-au) *f*, rhagddarpariaeth(-au) *f*, *S: occ:* par[a]toians *m.* **3.** *Sch:* gwaith *(m)* paratoi, gwaith paratöol. **4.** *Pharm:* cymysgedd(-au) *mf.*
preparative *a.* & *n.* **1.** *a.* paratoawl, paratöol, paratoadol, darparol. **2.** *n.pl.* paratoad (paratoadau) *m.*
preparatively, preparatorily *adv.* yn ddarparol *&c.*
preparatory *a.* & *adv.* **1.** *a.* darparol, paratoawl, paratoadol, rhagbaratoawl, paratöol, rhagbaratöol; **~ arrangements,** trefniadau o flaen llaw; **~ school,** ysgol *(f)* barat|oi (ysgolion parat|oi); *Mus:* **~ beat,** blaenguriad(-au) *m* *(pronounced* ng-g). **2.** *adv.* cyn; **~ to going,** cyn mynd; **to pack sth ~ to sending it by post,** pacio rhth cyn ei anfon drwy'r post; **~ to his going,** cyn iddo fynd.
prepare *v.t.&i.* **1.** *v.t.* parat|oi, darparu; *(esp. meals):* arlwyo, hwylio, *S:* gweithio; **to ~ food,** paratoi bwyd, *S:* taclu bwyd, *N:* hwylio bwyd, gwn|eud bwyd; **to ~ the table,** gosod bwrdd, hulio bwrdd, *S:* taclu'r ford, *N:* hwylio'r bwrdd; **to ~ tea,** *S: occ:* gweithio te, *N:* hwylio te, gwneud te; **to ~ a corpse for burial,** ymgeleddu corff, *S:* troi corff [heibio], *N:* diweddu/ diwarthu corff. **2.** *v.i.* ymbarat|oi, paratoi, hwylio; **to ~ to do sth,** paratoi/hwylio i wneud rhth; **(to ~) for death,** (ymbaratoi) i farw, ar gyfer marw; **~ to meet thy God,** bydd yn barod i gyfarfod dy Dduw.
prepared *a.* parod **(to do sth,** i wneud rhth; **for sth,** am rth); *(meal &c):* parod, *occ:* darparedig, paratöedig; *S.a.* **fire**; *Mus:* **~ piano,** piano wedi'i baratoi; **be ~!** bydd(-wch) barod! **be ~ to be coolly received,** peidiwch â synnu os na chewch chi groeso.
preparedly *adv.* yn barod.
preparedness *n.* parodrwydd *m*; **in a state of ~,** yn barod.
preparer *n.* paratöwr (paratowyr) *m*, darparwr (darparwyr) *m*, paratöwraig *f*, darp|arwraig *f.*
prepatellar *a. Med:* arbadellog.
prepay *v.t.* talu (rhth) o flaen llaw; *occ:* rhagdalu, blaendalu.
prepayable *a.* rhagdaladwy, blaendaladwy.
prepayment *n.* tâl *(m)* o flaen llaw, taliad(-au) *(m)* o flaen llaw, blaendal(-iadau) *m*, rhagdaliad(-au) *m.*
prepense *a. Jur:* bwriadol, rhagfwriadol.
prepensely *adv. Jur:* yn fwriadol *&c*; â rhagfwriad.
preperception *n.* rhag-ganfyddiad(-au) *m*, rhag-ganfod *vn.*
preplan *v.t.* cynllunio/trefnu (rhth) o flaen llaw, rhag-gynllunio.
preplanned *a.* a ragdrefnir/ragdrefnid/ragdrefnwyd, rhagdrefnedig, wedi ei ragdrefnu/rag-gynllunio, rhag-gynlluniedig.
preponderance, preponderancy *n.* mwyafrif(-au,-oedd) *m*, y rhan fwyaf *f*, mwyafrifedd *m*; **there was a ~ of women,** merched oedd y rhan fwyaf yno; *F:* 'roedd yno ar y mwyaf o ferched.
preponderant *a.* pennaf, mwyaf, mwyaf niferus, trymaf, mwyaf pwysig, tra niferus, lluosocach, lluosocaf, mwyafrifol, llywodraethol.
preponderantly *adv.* yn bennaf, gan mwyaf, gan amlaf.
preponderate *v.i.* pwyso'n drymach, bod yn y mwyafrif, bod yn fwyaf niferus, bod yn bennaf, bod yn lluosocach/lluosocaf.
preponderating *a.* = **preponderant.**
preposition *n. Gram:* arddodiad (arddodiaid) *m*; *W.Gram:* **conjugated/inflected ~,** arddodiad rhediadol/rhedadwy; **uninflected ~,** arddodiad dirediad; **nominal ~,** arddodiad enwol; **compound ~,** arddodiad cyfansawdd.
prepositional *a. Gram:* arddodiadol.
prepositionally *adv. Gram:* yn arddodiadol; fel arddodiad.
prepositive *a. Gram:* rhagddodol, rhagddodiadol.
prepositively *adv. Gram:* yn rhagddodol *&c.*
prepositor *n. Sch:* = **prefect.**
prepositorial *a. Sch:* = **prefectoral.**
prepossess *v.t.* meddiannu, trawsfeddiannu, llenwi, rhagfeddiannu.
prepossessed *a.* ymgolledig **(with sth,** yn rhth), wedi'ch meddiannu (gan rth); *(= favourably impressed):* wedi'ch swyno (o blaid rhn).
prepossessing *a.* deniadol, dengar *(pronounced* ng-g), dymunol, atyniadol, enillgar.
prepossessingly *adv.* yn ddeniadol *&c.*

prepossession *n.* rhagfarn(-au) *f* (**with s.o.,** o blaid rhn), rhagduedd(-iadau) *f* (at rn).

preposterous *a.* hurt, afresymol, gwrthun, chwerthinllyd.

preposterously *adv.* yn hurt *&c.*

preposterousness *n.* hurtrwydd *m*, afresymoldeb *m*, gwrthuni *m*.

prepostor *n. Sch:* = **prefect.**

prepotency *n.* **1.** = **predominance. 2.** *Biol:* tra-ffrwythlondeb *m*.

prepotent *a.* **1.** = **predominant. 2.** *Biol:* tra-ffrwythlon.

prepotently *adv.* **1.** = **predominantly. 2.** *Biol:* yn dra-ffrwythlon.

preprandial *a.* cyn cinio, cyn ciniawa.

pre-preference *a. St.Exch:* ~ **share,** cyn-flaengyfran(-nau) *f* (*pronounced* ng-g).

preprint *n.* rhagargraffiad(-au) *m*.

preprinted *a.* rhagargraffedig, cynargraffedig.

pre-processed *a.* parod, wedi ei brosesu'n barod, a brosesir/brosesid/broseswyd eisoes.

prepublication *n. & attrib.* **1.** *n.* rhag-gyhoeddi *vn*, rhag-gyhoeddiad(-au) *m*. **2.** *attrib.* cyn cyhoeddi.

prepuce *n. Anat:* blaengroen (blaengrwyn) *m* (*pronounced* ng-g).

preputial *a. Anat:* blaengroenol (*pronounced* ng-g).

prequel *n. Publ:* rhaghanes(-ion) *m*.

Pre-Raphaelite *a. & n. Art:* **1.** *a.* Cyn-Raffaëlaidd. **2.** *n.* Cyn-Raffaëliad (~-Raffaëliaid) *m&f*.

Pre-Raphaelitism *n. Art:* cyn-Raffaëliaeth *f*.

pre-reading *a.* cyn darllen.

prerecord *v.t.* recordio (rhth) ymlǀaen llaw, rhagrecordio.

prerecorded *a.* wedi ei recordio ymlǀaen llaw, a recordiwyd eisoes; *Cmptr:* ~ **tape,** tâp (tapiau) parod *m*.

pre-Reformation *a.* cyn y Diwygiad [Protestannaidd], cynddiwygiadol.

preregister *v.t.* rhag-gofrestru.

preregistration *n.* rhag-gofrestriad(-au) *m*, rhag-gofrestru *vn*.

pre-release[1] *n.* blaengyhoeddiad(-au) *m* (*pronounced* ng-g).

prerelease[2] *v.t.* blaengyhoeddi (*pronounced* ng-g), cyhoeddi (rhth) o flaen llaw.

prereleased *a.* blaengyhoeddedig (*pronounced* ng-g).

pre-Renaissance *a.* cyn y Dadeni.

prerequisite *a. & n.* **1.** *a.* anhepgor, angenrheidiol, hanfodol, cynreidiol. **2.** *n.* anhepgor(-ion) *m*, anghenraid (angenrheidiau) *m*, cynraid (cynreidiau) *m*, rhaganghenraid (rhagangenrheidiau) *m*; *Sch:* **this is a ~ to the course,** mae hyn yn hanfodol i'r cwrs; rhaid wrth hyn er mwyn dilyn y cwrs.

prerogative *a. & n.* **1.** *a.* rhagorfreiniol, uchelfreiniol. **2.** *n.* hawl(-iau) *f*, rhagorfraint (rhagorfreintiau) *f*, uchelfraint (uchelfreintiau) *f*, braint (breintiau) *f*; **the Royal ~,** hawl (*f*) y Brenin, hawl y Frenhines, brenhinfraint *f*; **it is our ~ to ride,** mae gennym hawl i farchogaeth; **the ~ of mercy,** hawl i ddangos trugaredd. ~ **court** *n. Hist:* llys (*m*) archesgob, llys uchelfraint. ~ **writ** *n.* gwrit(-iau) (*f*) rhagorfraint.

pre-Roman *a.* cyn-Rufeinig.

pre-romantic *a.* cynramantaidd.

presa *n. Mus:* presa (presâu) *m*.

presage[1] *n.* argoel(-ion) *f*, rhagargoel(-ion) *f*, rhagarwydd(-ion) *mf*, argoeliaeth(-au) *f*, *S.W:* argoelyn (argoelion) *m*.

presage[2] *v.t.* darogan, argoeli, rhagfynegi, rhagarwyddo, rhagargoeli.

presageful *a.* daroganus, argoelus, rhagargoelus, llawn darogan.

presager *n.* daroganwr: daroganydd (daroganwyr) *m*, proffwyd(-i) *m*, proffwydes(-au) *f*.

Presanctified *n.pl. Ecc:* **Mass of the ~,** Offeren y Rhagsancteiddiedig.

presbyopia *n. Med:* hirolwg *m*, presbyopia *m*.

presbyopic *a. Med:* hir eich golwg, presbyopig.

presbyter *n. Rel:* **1.** *(= elder in early Christian Church):* henuriad (henuriaid) *m*, prǀesbyter (presbyteriaid) *m*. **2.** *(in Episcopal Church) (= priest):* offeiriad (offeiriaid) *m*. **3.** *(in Presbyterian Church):* blaenor(-iaid) *m*, blaenores(-au) *f*, diacon(-iaid) *m*, diacones(-au) *f*.

presbyterate *n. Rel:* **1.** *(office):* henaduriaeth(-au) *f*. **2.** *Coll:* henaduriaid *pl*, henaduriaeth.

presbyterial *a.* **1.** henurol, presbyteraidd, henuriadol. **2.** offeiriadol.

presbyterially *adv.* **1.** yn henurol *&c.* **2.** yn offeiriadol.

Presbyterian *a. & n. Rel:* **1.** *a.* Presbyteraidd; **the ~ Church of Wales,** Eglwys Bresbyteraidd (*f*) Cymru, *F:* Yr Hen Gorff *m*. **2.** *n.* Presbyteriad (Presbyteriaid) *m&f*.

Presbyterianism *n. Rel:* Presbyteriaeth *f*.

presbyterianize *v.t.* presbytereiddio.

presbytery *n.* **1.** *Ecc.Arch:* seintwar(-au) *f*. **2.** *R.C.Ch:* *(= priest's house):* tŷ (*m*) offeiriad (tai offeiriaid). **3.** *(in Presbyterian Church):* henaduriaeth(-au) *f*.

Prescelly *Pr.n. W.Geog:* Preseli: Presely *m*, *less correctly:* Y Preselau *pl*. ~ **Top** *W.Pl.n.* Moel (*f*) Cwm Cerwyn.

pre-school *a.* cyn [oed] ysgol, dan oed/oedran ysgol, cyn mynd i'r ysgol.

prescience *n.* rhagweledliad *m*, rhagwybodaeth *f*.

prescient *a.* rhagweledol, rhagwybodol.

prescientific *a.* cynwyddonol.

presciently *adv.* yn rhagweledol *&c.*

prescind *v.t.&i.* **1.** *v.t.* gwahanu, rhagwahanu. **2.** *v.i.* **to ~ from sth,** diystyru/anwybyddu/eithrio rhth.

prescribe *v.t.* *(a) (task, time):* pennu, penodi; *(b) Med: &c:* rhagnodi (**for s.o.,** ar gyfer rhn), argymell; *F:* **I'll ~ some tablets for you,** mi wna' i bresgripsiwn/bapur am dabledi ichi; *(c) (book &c):* gosod.

prescribed *a. (a) (task, time, form, fee):* penodol, penodedig; *(b) Med:* rhagnodedig; *(c)* ~ **book,** llyfr(-au) gosod *m*.

prescriber *n.* rhagnodwr (rhagnodwyr) *m*, rhagnǀodwraig *f*.

prescript *a. & n.* **1.** *a.* = **prescribed. 2.** *n.* gorchymyn (gorchmynion) *m*, ordinhad(-au) *f*, rheol(-au) *f*.

prescriptibility *n.* natur benodadwy *&c f*.

prescriptible *a.* penodadwy, gosodadwy, rhagnodadwy.

prescription *n.* **1.** *(= order):* gorchymyn (gorchmynion) *m*, cyfarwyddyd (cyfarwyddiadau) *m*; *(= recommendation):* argymhelliad (argymhellion) *m*. **2.** *Med:* rhagnodyn (rhagnodion) *m*, cyfarwyddeb(-au) *f*, presgripsiwn (presgripsiynau) *m*. **3.** *Jur:* hirfeddiant *m*.

prescriptive *a.* **1.** *Ling: &c:* cyfarwyddol, argymhellol, hyfforddol, rhagysgrifiadol. **2.** *Jur:* o hir arfer, hirfeddiannol.

prescriptively *adv.* yn argymhellol *&c*; yn ôl rheol, yn ôl cyfarwyddyd, yn ôl hir arfer; *Jur:* o hir feddiant.

prescriptivism *n.* rhagysgrifiadaeth *f*.

preselect *v.t.* dewis/dethol (rhth) o flaen llaw, rhagddewis, rhagddethol.

preselected *a.* rhagddewisedig, rhagddetholedig; **a ~ text,** testun wedi ei ddewis o flaen llaw.

preselective *a.* rhagddewisol, rhagddetholus.

preselector *n.* rhagddetholwr (rhagddetholwyr) *m*, rhagddewiswr (rhagddewiswyr) *m*, rhagddethǀolwraig *f*, rhagddewǀiswraig *f*.

presence *n.* **1.** presenoldeb(-au) *m*; gŵydd *m* (*only after* yn, i, o); **your ~ is requested at the wedding of...,** gwahoddir chwi i briodas...; **to be admitted to the ~ of the king,** cael mynediad i ŵydd/bresenoldeb y brenin, cael ymddangos o flaen y brenin; **in the ~ of s.o.,** yng ngŵydd rhn, ger bron rhn, o flaen rhn; **in your ~,** yn dy ŵydd (yn eich gŵydd), ger dy fron (ger eich bron), o'th flaen (o'ch blaen), â thi'n bresennol (â chwi'n bresennol), yn dy bresenoldeb (yn eich presenoldeb); **from s.o.'s ~,** o ŵydd rhn; *Pol:* **the French ~ in Africa,** presenoldeb Ffrainc/Ffrancwyr yn Affrica; **she made her ~ felt,** parodd i bawb sylwi ei bod hi yno; *F:* **saving your ~,** gyda phob parch i chwi. **2.** ~ **of mind,** pwyll *m*, hunanfeddiant *m*; **to keep one's ~ of mind,** cadw'ch pen, cadw'ch pwyll, peidio â chynhyrfu; **to lose one's ~ of mind,** colli'ch pen, cynhyrfu, colli'ch pwyll, colli arni, *N: F:* ffrwcsio, *S:* gwylltu; **he had the ~ of mind to hide,** bu'n ddigon effro i ymguddio. **3.** *(= imposing bearing):* arweddiad *m*, urddas *m*, presenoldeb *m*; **he has a good ~,** mae ganddo urddas; **he is lacking in ~,** mae'n un diurddas; 'does ganddo ddim urddas. **~-chamber** *n.* siambr (*f*) dderbyn (siambrau derbyn). **~-detector** *n.* datgelydd(-ion) (*m*) presenoldeb.

present[1] *a. & n.* I. *a.* **1.** *usu.pred.* *(= not absent):* presennol; **to be ~,** bod yn bresennol, bod yma/yno, *Lit: occ:* ymbresenoli; **(all) ~ (heard the sound),** (clywodd pawb) a oedd yn bresennol, a oedd yno (y sŵn); *S.a.* **company[2]. 2.** *(= current):* *(a)* presennol, ar hyn o bryd, *occ:* cyfredol; **at ~, at the ~ time,** ar hyn o bryd, bellach, heddiw, yn awr, 'nawr, *Lit:* weithian, weithion, yr awron; (*not* ar y foment); ~ **fashions,** ffasiynau heddiw, ffasiynau'r funud/oes/dydd; **the ~ year,** eleni; *Aut:* ~ **value,**

gwerth presennol; **~ worth,** gwerth ar hyn o bryd; *(b)* **the ~ writer,** yr awdur; **the ~ example,** yr enghraifft dan sylw; *Com:* **the ~ letter,** y llythyr hwn; *(c) Gram:* **the ~ tense,** yr amser presennol; **the ~ life,** y bywyd hwn, *Lit:* y fuchedd hon; **the ~ world,** y byd sydd ohoni, y byd hwn, hyn o fyd, byd heddiw; **the ~ age,** yr oes hon, yr oes sydd ohoni, yr oes bresennol; **the ~ day,** heddiw, y dydd hwn, *Lit:* y dwthwn hwn. II. *n.* **1. the ~,** y presennol *m;* **at ~,** *(referring to present time):* ar hyn o bryd; *(referring to past time):* bryd hynny, yr adeg honno; **up to the ~,** hyd yn hyn, hyd at heddiw, hyd yma, hyd yn awr; **for the ~,** am y tro. **2.** *Jur:* **by these presents,** yn ôl y dogfennau hyn; **know all men by these presents that ...,** gwybydded pawb trwy'r ysgrifeniadau/dogfennau/presenolion hyn .... **~-day** *a.* heddiw, cyfoes, yr oes hon.

present² *n. (= gift):* anrheg(-ion) *f,* rhodd(-ion) *f, F: N:* presant (-au) *m; S.E:* **a ~ from a fair,** ffeiryn(-s) *m;* **to make s.o. a ~ of sth,** rhoi rhth yn anrheg/rhodd/bresant i rn; **it's for a ~,** 'rwy'n chwilio am rth yn anrheg; 'rwy'n chwilio am rth i'w roi'n anrheg.

present³ *v.t.* **1.** cyflwyno; **to ~ oneself,** ymgyflwyno, eich cyflwyno'ch hun; **to ~ s.o./sth to s.o.,** cyflwyno rhn/rhth i rn; *Th:* **to ~ a play,** cyflwyno/llwyfannu drama; **to ~ oneself for an examination,** ymgynnig/ymddangos/ymgyflwyno ar gyfer arholiad; **to ~ a fine spectacle,** rhoi/cynnig/cyflwyno golygfa ysblennydd; **sth that presents difficulties,** rhth sy'n peri/codi anawsterau; **an opportunity presents itself,** mae cyfle yn codi/ymddangos/ymgynnig/ymgyflwyno; mae cyfle'n ei gyflwyno'i hun; mae cyfle'n ei gynnig ei hun; **to ~ a pistol at s.o.'s head,** dal gwn wrth ben rhn; **he presented a ragged appearance,** 'roedd golwg garpiog arno. **2.** *(a) (as a gift):* cyflwyno, rhoddi, rhoi (rhth i rn); anrhegu (rhn â rhth); (*not* cyflwyno rhn â rhth); **to be presented with sth,** cael/derbyn (rhth); **she was presented with a book,** cyflwynwyd llyfr iddi; cafodd lyfr yn anrheg; *(b)* **to ~ one's compliments,** cyflwyno'ch cyfarchion. **3.** *(a) Com:* **to ~ a bill,** cyflwyno/anfon bil; *(b) Parl:* **to ~ a bill,** cyflwyno mesur, gosod/dodi/rhoi mesur ger bron. **4.** *Ecc:* **to ~ s.o. to a benefice,** cyflwyno/enwebu rhn i fywoliaeth. **5.** *Mil:* **to ~ arms,** dangos arfau; *(= aim):* anelu arfau. **6.** *v.i. Obst:* **(the child) presents badly,** (mae'r plentyn) mewn ystum wael, yn ymgyflwyno'n wael. **7.** *Jur:* **to ~ a charge,** dwyn cyhuddiad; *(= indict):* cyhuddo, ditio; *(= notify):* hysbysu.

present⁴ *n. Mil:* **at the ~, 1.** *(= aimed):* ar annel. **2.** *(in salute):* ar ddangos/ddangosiad.

presentability *n.* derbynioldeb *m,* gweddusrwydd *m,* parchusrwydd *m,* taclusrwydd *m.*

presentable *a.* cymeradwy, derbyniol, gweddus, parchus, taclus.

presentableness *n.* = **presentability.**

presentably *adv.* yn gymeradwy *&c.*

presentation *n.* **1.** cyflwyniad(-au) *m.* **2.** *Phil:* cyflwyniad, cyflwyniant *m.* **3.** *Obst:* gorweddiad(-au) *m,* ymgyflwyniad(-au) *m.* **~ copy** *n.* copi (copïau) *(m)* cyflwyno/anrheg/rhodd.

presentational *a.* cyflwyniadol.

presentationism *n. Phil:* cyflwyniadaeth *f.*

presentationist *n. Phil:* cyflwyniadwr: cyflwyniadydd (cyflwyniadwyr) *m.*

presentative *a. Ecc: Phil:* cyflwyniadol.

presentee *n.* **1.** *Ecc: &c:* cyflwynedig(-ion) *m&f.* **2.** *(= recipient):* derbyniwr: derbynnydd (derbynwyr) *m,* derb|ynwraig (derbynwragedd) *f.*

presenter *n.* cyflwynydd(-ion) *m,* cyflwynwr (cyflwynwyr) *m,* cyfl|wynwraig (cyflwynwragedd) *f.*

presentient *a.* rhagargoelus, rhagweledol, rhagdybus, rhagsyniol.

presentiment *n.* argoel(-ion) *f,* rhagargoel(-ion) *f.*

presentimental *a.* = **presentient.**

presentive *a. Ling:* syniadol.

presentively *adv. Ling:* yn syniadol.

presentiveness *n. Ling:* syniadoldeb *m.*

presently *adv.* **1.** *(= soon):* yn y man, gyda hyn, yn ddiweddarach, yn fuan, maes o law, cyn pen hir, cyn bo hir, *N: F:* toc. **2.** *U.S:* *(= now):* yn awr, ar hyn o bryd (*not* ar y foment).

presentment *n.* **1.** *(a) (of idea, play):* cyflwyniad(-au) *m; (b) (= image):* darlun(-iau) *m,* darluniad(-au) *m,* portread(-au) *m; (= description):* disgrifiad(-au) *m.* **2.** *(a) Jur:* datganiad(-au) *m,* presentiad(-au) *m; (b) Ecc:* achwyniad(-au) *m,* cwyn(-ion) *f,* presentiad(-au) *m.*

presentor *n. Ecc: Jur:* present[i]wr (presentwyr) *m.*

preservable *a.* cadwadwy, y gellir ei gadw, diogeladwy; *(fruit &c):* cyffeithiadwy.

preservation *n.* **1.** cadwraeth(-au) *f,* cadwedigaeth(-au) *f,* cadw *vn,* diogelu *vn,* diogeliad *m;* **the society for the ~ of X,** y gymdeithas er cadw X; **in a good state of ~,** cadwrus, mewn cyflwr da, mewn cyflwr cadw da, mewn cas cadw da. **2.** *Theol:* cynhaliaeth *f,* cynhaliad *m;* **orders of ~,** ordeiniadau cynhaliaeth. **~ order** *n.* gorchymyn *(m)* cadwraeth.

preservative *a. & n.* **1.** *a. (a) (of foodstuffs):* cadwrol, cyffeithiol, preserfol; *(b) (of life &c):* cadwrol, achubol, amddiffynnol. **2.** *n.* cadwolyn (cadwolion) *m; (of fruit &c):* cyffeithydd(-ion) *m.*

preserve¹ *n.* **1.** *Cu: Lit:* cyffaith (cyffeithiau) *m, F:* jam(-iau) *m,* picl(-au) *m.* **2.** *(a) For:* heldir(-oedd) *m,* tir(-oedd) *(m)* hela, helfaes (helfeysydd) *m; (b) Fig:* maes (meysydd) *m;* **to trespass/poach on s.o.'s preserves,** tresmasu ar diroedd rhn; **that's my special ~,** fy maes arbennig i yw hwnna; *(c) U.S: (= reserve¹):* gwarchodfa (gwarchodf|eydd) *f.*

preserve² *v.t.* **1.** *(= keep safe):* cadw, diogelu, amddiffyn, gwarantu (rhth); cadw (rhth) yn ddiogel (**from sth,** rhag rhth); **to ~ oneself,** eich cadw'ch hun, ymgadw; **~ us! heaven/God ~ us!** Duw a'n cadwo, Duw a'n helpo! y nefoedd a'n cadwo! caton' pawb! dygaton' pawb! gwarchod pawb! **2.** *(a) (building):* cynnal a chadw, diogelu; *(peace, silence):* cadw; **to ~ appearances,** cynnal eich urddas; *(b) (fruit &c):* preserfio, jamio, piclo, *Lit:* cyffeithio; *S.E:* dodi (ffrwyth) i gadw. **3.** *(game):* cadw, magu.

preserved *a.* **1.** cadwedig, a gedwir/gedwid/gadwyd; diogel (**from sth,** rhag rhth); *(fruit, meat):* cyffeithiedig; **~ food,** bwyd(-ydd) cadw *m.* **2. well-~,** cadwrus, pwyntus, mewn cyflwr [cadw] da, *N: F:* casol, mewn cas cadw da; **badly ~,** mewn cyflwr gwael, wedi dirywio, dirywiedig, *occ:* amhwyntus.

preserver *n.* **1.** *(= keeper):* ceidwad (ceidwaid) *m; (= defender):* diogelwr (diogelwyr) *m,* amddiffynnwr: amddifynnydd (amddiffynwyr) *m,* diog|elwraig *f,* amddiff|ynwraig (amddiffynwragedd) *f.* **2.** *(of fruit &c):* cyffeithiwr (cyffeithwyr) *m,* cyffeithydd(-ion) *m,* cyff|eithwraig (cyffeithwragedd) *f.*

preset¹ *a.* rhagosodedig.

preset² *v.t.* rhagosod, gosod (rhth) yml|aen llaw.

pre-shrink *v.t.* rhagleih|au, *rhagbannu.

pre-shrunk *a.* *rhagbanedig; **a ~ shirt,** crys wedi ei ragleih|au/*ragrybannu.

preside *v.i.* llywyddu; **to ~ at table,** eistedd ym mhen y bwrdd; **to ~ at the piano,** canu piano.

presidency *n.* **1.** *(of society):* llywyddiaeth(-au) *f.* **2.** *(of republic &c):* arlywyddiaeth(-au) *f.*

president *n.* **1.** llywydd(-ion) *m,f. occ:* llywyddes(-au) *f;* **Lord P~,** Arglwydd Lywydd(-ion); **~ elect,** darpar lywydd(-ion) *m;* **Lord P~ of the Council,** Arglwydd Lywydd y Cyngor. **2.** *(of republic):* arlywydd(-ion) *m;* **~ elect,** darpar arlywydd(-ion) *m.* **3.** *Hist: (= governor):* rhaglaw(-iaid) *m,* rhaglywydd(-ion) *m;* **4.** *U.S: Sch:* prifathro (prifathrawon) *m.*

presidential *a.* **1.** *(of society):* llywyddol. **2.** *Pol:* arlywyddol. **3.** *Hist:* rhaglywyddol.

presidentially *adv.* **1.** yn llywyddol. **2.** yn arlywyddol. **3.** yn rhaglywyddol.

presidentship *n.* = **presidency.**

presidiary *a.* garsiynol.

presiding *a.* llywyddol; *Jur:* **P~ Judge,** Barnwr Gweinyddol *m.*

presidio *n.* cadarnle(-oedd) *m,* tref(-i) *(f)* garsiwn.

presidium *n.* presidiwm (presidia) *m,* pwyllgor(-au) parhaol *m.*

pre-signal *n. Aut:* cyn-olau (~-oleuadau) *m,* rhagarwydd(-ion) *m.*

presignalling *vn. Aut:* cynoleuo, rhagarwyddo.

presignification *n.* rhagarwyddocâd *m.*

presignified *a.* rhagarwyddocaëdig, rhagarwyddedig.

presignify *v.t.* rhagarwyddocáu, rhagarwyddo; *(= foretell):* darogan.

pre-Socratic *a.* cyn-Socratig.

press¹ *n.* **1.** *(a) (= pressure, squeeze):* gwasgfa (gwasgf|eydd) *f,* gwasgiad(-au) *m,* cywasgiad(-au) *m; (b) (of business &c):* pwysau *pl,* gwasgfa; *(c) (= crowd):* torf(-|eydd) *f,* tyrfa(-oedd) *f; (d) Nau:* **~ of sail, ~ of canvas,** llwyth *(m)* o gynfas. **2.** *(=*

device, machine): gwasg (gweisg) *f*; *Ten:* **racket-~,** gwasg raced (gweisg racedi); **linen-~,** cwpwrdd (cypyrddau) *(m)* llieiniau; **cloth-~,** gwasg frethyn (gweisg brethyn); **cheese-~,** gwasg gaws (gweisg caws), *S.W: occ:* peis *m*, *S.E: occ:* [g]wring(-au) *fm*, wind *m*, winsh *m*; **wine-~,** gwasg win (gweisg gwin); **cider-~,** gwasg afalau, gwasg seidr; **cutting-~,** gwasg dorri (gweisg torri); **finishing-~,** gwasg lathru (gweisg llathru); **lying-~,** gwasg osod (gweisg gosod). **3.** *Typ:* **printing-~,** gwasg argraffu, argraffwasg (argraffweisg) *f*; *F:* **the ~,** y wasg; **to go to ~,** mynd i'r wasg; **ready for ~,** parod i'r wasg; **in the ~, at ~,** yn y wasg; **~ errors,** gwallau argraffu; *(of book &c):* **to have a good/bad ~,** cael sylw da/gwael; **to write for the ~,** ysgrifennu ar gyfer y wasg, newyddiadura, *Joc:* gysfennu i'r wasg. **4.** *Furn:* cwpwrdd (cypyrddau) *(m)* près. **5.** *Tail:* près *m*; **permanent/durable ~,** près parhaol. **~ agency** *n. Journ:* asiantaeth(-au) *(f)* newyddion. **~ agent** *n. Journ:* swyddog(-ion) *(m)* y wasg, swyddog cyhoeddusrwydd. **~ attaché** *n. Dip:* swyddog y wasg. **~ bed** *n.* gwely(-au) *(m)* codi, cistwely(-au) *m*. **~-box** *n.* corlan *(f)* y wasg (corlannau'r wasg), stondin *(f)* y wasg (stondinau'r wasg). **~ button** *n. Cost:* botwm (botymau) *(m)* gwasgu. **~ campaign** *n.* ymgyrch *(m)* yn y wasg. **~ clipping** *n. U.S:* = **press cutting.** **~ cloth** *n.* lliain (llieiniau) *(m)* smwddio. **~ conference** *n. Journ:* cynhadledd (cynadleddau) *(f)* i'r wasg. **~ copy** *n. Publ:* copi (copïau) *(m)* i'r wasg. **P~ Council (the)** *n.* Cyngor *(m)* y Wasg. **~ cutting** *n.* toriad(-au) *(m)* papur newydd, torlith(-iau) *m*. **~ figure** *n. Lib:* nod(-au) *(m)* gwasgmon. **~ fit** *n. Metalw:* gwasgffit *m*. **~-forged** *a. Metalw:* gwasg-ofanedig. **~-gallery** *n.* oriel *(f)* y wasg (orielau'r wasg). **~ lord** *n.* arglwydd *(m)* y wasg (arglwyddi'r wasg). **~ number** *n.* rhif(-au) *(m)* gwasg. **~ photographer** *n.* ffotograffydd (ffotograffwyr) *(m)* o'r wasg, tynnwr (tynwyr) *(m)* lluniau papur newydd. **~-proof** *n. Typ:* proflen *(f)* y wasg (proflenni'r wasg). **~ publicity** *n.* cyhoeddusrwydd *(m)* yn y wasg, sylw *(m)* yn y papurau. **~ release** *n. Journ:* datganiad(-au) *(m)* i'r wasg. **~-stud** *n. Cost:* styden *(f)* wasgu (stydiau/stŷds gwasgu). **~ tool** *n. Tls:* erfyn (arfau) *(m)* gwasgu.

press[2] *v.t.&i.* **I.** *v.t.* gwasgu, cywasgu (rhth); pwyso (ar rth); *occ:* pwyso (rhth); *S.E: occ:* gwringo (rhth); **to ~ a button,** pwyso botwm, gwasgu botwm; **to ~ s.o. to one's bosom,** gwasgu rhn at eich mynwes, cofleidio rhn; **to ~ juice from a lemon,** gwasgu sudd o lemon; *Tail:* **to ~ a suit,** presio siwt; **to ~ s.o. hard,** pwyso'n drwm ar rn; **pressed by one's creditors,** dan bwysau eich credydwyr; **to ~ s.o. to do sth,** pwyso/gwasgu ar rn i wneud rhth; **to ~ for an answer,** pwyso am ateb, mynnu ateb; **to ~ a point,** cymell/gwthio dadl; **to ~ a claim,** gwthio hawliad, mynnu hawl; **to ~ one's advantage,** achub eich cyfle, manteisio ar eich cyfle; *abs.* **time presses,** mae'r amser yn brin; **to ~ sth on s.o.,** gwthio/cymell rhth ar rn, *N:* [h]wrjo rhth ar rn, *S:* hwto/hwtran rhth ar rn; **with her face pressed close to the window,** gan wasgu ei hwyneb yn erbyn y ffenestr, a'i hwyneb wedi ei wasgu yn erbyn y ffenestr. **II.** *v.i.* **1.** *(a)* **to ~ close (against s.o.),** gwthio, ymwasgu, ymwthio, closio, *S:* cwtsio (at rn); *(b)* **to ~ on one's pencil,** pwyso ar eich pensel. **2. his work presses heavily on him,** mae ei waith yn gwasgu'n/pwyso'n drwm arno. **~ back** *v.t.* gwthio/gwasgu (rhth) yn ei ôl. **~ down** *v.t.* *(a)* *Aut:* **to ~ a pedal down,** gwthio/gwasgu pedal, pwyso ar bedal; *(b)* *Tail:* **to ~ down a seam,** presio gwnïad. **~ forward, ~ on 1.** *v.i.* dal ati, dygnu ymlaen, dygnu arni, dal ymlaen; **~ on regardless!** ymlaen â ni, beth bynnag a ddaw! **2.** *v.t. (work &c):* gwthio (rhth) yn ei flaen. **~ round** *v.i.* tyrru, ymdyrru, ymwasgu, ymwthio. **~-up** *n.* ymwthiad(-au) *m*.

press[3] *n. Hist: (= compulsion):* gorfodaeth *f*, *F:* y près *m*. **~-gang[1]** *n.* presgang(-iau) *mf*, preswyr *pl*, mintai *(f)* orfod (minteioedd gorfod). **~-gang[2]** *v.t.* = **press[4]**.

press[4] *v.t. Hist:* presio, gorfodi, dirgymell; **to ~ into service,** *(a)* *Mil:* presio (rhn) i'r fyddin; *(b)* *Fig:* galw ar wasanaeth rhn, gorfodi rhn [i weithio *&c*], galw rhn i'r bwlch.

pressed *a.* **1.** gwasgedig, cywasgedig. **2. to be hard ~,** bod dan bwysau; **I'm ~ for time,** 'rwy'n brin o amser; **I was hard ~ to find an excuse,** fe'i cefais hi'n anodd cael esgus; **we are ~ for place,** 'rydym yn brin o le; mae'n gyfyng/fain arnom am le; **we are very ~ with orders,** 'rydym dan bwysau archebion.

presser *n.* gwasgwr (gwasgwyr) *m*, gwasgydd(-ion) *m*, cywasgwr (cywasgwyr) *m*. **~ foot** *n. Mec.E:* plât (platiau) *(m)* gwasgu.

pressing[1] *a. (need, danger):* enbyd, taer, dybryd; *(work):* brys; **I have a ~ engagement,** mae gennyf oed/gyhoeddiad buan â rhn; *(invitation):* taer.

pressing[2] *vn. & n.* **1.** *vn.* = **press[2]**. **2.** *n. (= vehicle part):* gwasgiad(-au) *m*, presiad(-au) *m*. **~-board** *n.* gwasgfwrdd (gwasgfyrddau) *m*. **~-pad** *n.* pad(-iau) *(m)* gwasgu/presio. **~-roller** *n.* rholer(-i) *(m)* gwasgu/presio, rholer *(f)* wasgu/bresio (rholeri gwasgu/presio). **~-tin** *n.* tun(-iau) *(m)* gwasgu. **~-table** *n.* bwrdd (byrddau) *(m)* gwasgu.

pressingly *adv.* yn enbyd, yn daer; *(= urgently):* ar frys.

pressman *n.m.* **1.** *Typ:* argraffydd: argraffwr (argraffwyr). **2.** *Journ:* dyn(-ion) papur newydd, newyddiadurwr (newyddiadurwyr).

pressmark *n. Lib:* gwasgnod(-au) *m*, arwydd(-ion) *(m)* lleoliad.

pressor *attrib. Physiol:* cywasgol.

pressure[1] *n.* **1.** *(a)* pwysau *m or pl*; *Ph: Mec:* pwysedd(-au) *m*, gwasgedd(-au) *m*; **at full ~,** dan bwysau/bwysedd/wasgedd llawn; **air-pressure,** pwysedd aer/awyr, awyrbwysedd *m*, gwasgedd aer/awyr, *F:* pwysau aer/awyr; *(in tyre):* pwysedd gwynt; **atmospheric ~,** pwysau'r |atmosffer, gwasgedd atmosfferig; **back ~,** ôl-bwysedd *m*, ôl-wasgedd *m*; **blood ~,** pwysedd gwaed, *F:* pwysau gwaed; **boost ~,** pwysedd/gwasgedd cyfnerthol; **constant ~,** gwasgedd cyson; **critical ~,** gwasgedd critigol; **high-~** *attrib.* *(a)* *Ph: Mec:* pwysedd/gwasgedd uchel; *(b)* *(salesmanship &c):* egnïol, nerthol, grymus, diwrthdro; **intra-cardiac ~,** pwysedd mewngalonol (*pronounced* ng-g); **low/lower ~,** gwasgedd isel; **lower ~ trough,** cafn *(m)* o wasgedd isel; **partial ~,** gwasgedd rhannol; **suction ~,** gwasgedd sugno; *Mch:* **test ~,** pwysedd/gwasgedd prawf; **total ~,** gwasgedd cyflawn; **centre of ~,** canolbwynt *(m)* gwasgedd. **2.** *(in non-technical senses):* pwysau *m or pl*; **to bring ~ to bear (on s.o.),** dwyn pwysau, pwyso, dylanwadu (ar rn); **under ~ of necessity,** dan bwysau rheidrwydd; **(to work) at full/high ~,** (gweithio)'n ddygn, dan bwysau uchel, ar frys, fel lladd nadroedd, eich gorau glas. **~ belt** *n.* cylch(-au) *(m)* gwasgedd/pwysedd, belt(-iau) *(m)* gwasgedd/pwysedd. **~ block** *n.* *Needlew: &c:* bloc(-iau) *(m)* presio. **~-cooker** *n.* sosban *(f)* bwysedd (sosbenni pwysedd), sosban frys (sosbenni brys). **~ cooking** *vn.* coginio dan bwysedd. **~ die-casting** *vn. Metalw:* deigastio gwasgol. **~ feed** *n.* porthiant *(m)* dan bwysau. **~ flaking** *vn. Archeol:* gwasgnaddu, pwysnaddu. **~ gauge** *n.* mesurydd(-ion) *(m)* pwysedd/gwasgedd. **~ gradient** *n.* graddiant *(m)* gwasgedd/pwysedd. **~ group** *n.* carfan *(f)* bwyso (carfanau pwyso), carfan wasgu (carfanau gwasgu). **~ mine** *n.* ffrwydryn (ffrwydron) *(m)* pwysedd. **~ point** *n. Anat:* gwasgbwynt(iau) *m*. **~ suit** *n.* siwt *(f)* bwysedd (siwtiau pwysedd). **~ tendency** *n.* tueddiad *(m)* gwasgedd/pwysedd; **~ torch** *n.* ffagl *(f)* bwysedd (ffaglau pwysedd), ffagl wasgedd (ffaglau gwasgedd). **~ valve** *n.* falf *(f)* bwysedd (falfiau pwysedd). **~ vessel** *n.* llestr(-i) *(m)* pwysedd/gwasgedd.

pressure[2] *v.t.* cymell, gorfodi (rhn); pwyso (ar rn); **to high-~ s.o.,** pwyso'n drwm ar rn, taer gymell rhn.

pressurization *n.* gwasgeddiad *m*, pwyseddiad *m*, *F:* pwysau *m or pl*.

pressurize *v.t.* **1.** gwasgeddu, pwyseddu. **2.** = **pressure[2]**.

pressurized *a.* dan bwysedd, dan wasgedd, gwasgeddedig, pwyseddedig.

pressurizer *n.* **1.** pwyseddwr (pwyseddwyr) *m*, gwasgeddwr (gwasgeddwyr) *m*, cywasgwr (cywasgwyr) *m*. **2.** *F: (= compeller):* cymhellwr (cymhellwyr) *m*, taer gymhellwr (~ gymhellwyr).

pressurizing *a.* pwyseddol, gwasgeddol.

presswork *n.* gwasgwaith *m*.

Presteigne *W.Pl.n.* Llanandras *f*.

Prestel *n. Cmptr:* Prestel *m*.

Prester *Pr.n. Lit:* **~ John,** y Preutur Siôn *m*, Ieuan Fendigaid *m*.

prestidigitation *n.* consuriaeth *f*.

prestidigitator *n.* consuriwr (consurwyr) *m*.

prestige *n.* bri *m*, mawredd *m*, *occ:* mawrfri *m*.

prestigious *a.* urddasol, mawr eich bri, llawn bri, mawreddog, clodfawr.

prestigiously *adv.* yn urddasol *&c*.

prestigiousness *n.* = **prestige.**

prestissimo *adv. Mus:* yn gyflym iawn.

presto *adv.* **1.** *Mus:* yn gyflym, yn chwim. **2.** *int.* **hey ~!** a dyma chi! *Fig:* am wyrth!

prestoring *vn. Cmptr:* rhagstorio.
pre-stress *v.t.* rhagdynh|au.
pre-stressed *a.* **~ cable,** cebl wedi ei ragdynh|au; **~ concrete,** concrid wedi ei ragdynhau.
pre-stressing *vn.* rhagdynhad *m.*
presumable *a.* tybiadwy, tebygol.
presumably *adv.* yn ôl pob tebyg, gellid tybio, fe debygid, am a wyddys, am a wn i (am a wyddom ni *&c*), hyd y gwn i (hyd y gwyddom ni), 'rwy'n cymryd, mae'n debyg gen i, *F:* decin i, *S:* sbo, os bo; **~ she will come,** rhaid tybio/cymryd y daw hi; fe ddaw, debyg.
presume *v.t.&i.* **1.** *v.t.* *(a)* cymryd, tybio, rhagdybio, tebygu; **you are Mr. X, I ~,** 'rwy'n cymryd mai chi yw Mr X; chi yw Mr. X, mae'n debyg gen i; **to ~ s.o. to be innocent,** tybio/rhagdybio/cymryd bod rhn yn ddieuog; *(b)* **to ~ to do sth,** mentro/rhyfygu/beiddio/meiddio gwneud rhth; **may I ~ to advise you?** a gaf i fentro'ch cynghori? a gaf i fod mor hyf â'ch cynghori? **2.** *v.i.* **to ~ too much,** rhyfygu/mentro gormod, bod yn rhy feiddgar/hyf/eofn; **to ~ (on s.o.'s friendship),** elwa, manteisio, bod yn hyf (ar gyfeillgarwch rhn).
presumed *a.* tybiedig; **he is missing, ~ dead,** mae ar goll, ac fe dybir ei fod yn farw.
presuming *a.* hyf(-ion), eofn, rhyfygus, beiddgar, gorfentrus.
presumingly *adv.* yn hyf *&c.*
presumption *n.* **1.** tybiaeth(-au) *f,* rhagdybiaeth(-au) *f,* tybiad(-au) *m;* **~ of death,** rhagdybiaeth marwolaeth; **~ of survivorship,** rhagdybiaeth goroesiad; **irrebuttable ~,** tybiaeth derfynol; **rebuttable ~,** tybiaeth amodol. **2.** = **presumptuousness.**
presumptive *a.* tybiadol, rhagdybiadol, rhagdybiol; **~ heir, heir ~** etifedd tebygol *m.*
presumptively *adv.* yn dybiadol *&c.*
presumptuous *a.* hyf(-ion), eofn, rhyfygus, beiddgar, digywilydd, trah|aus.
presumptuously *adv.* yn hyf *&c.*
presumptuousness *n.* hyfdra *m,* ehofndra *m,* digywil|ydd-dra *m,* traha *m,* trahauster *m.*
presuppose *v.t.* rhagdybio.
presupposed *a.* rhagdybiedig.
presupposition *n.* rhagdyb(-iau) *mf,* rhagdybiaeth(-au) *f.*
presurmise *n.* rhagdybiaeth(-au) *f.*
pre-tax *a.* cyn y dreth, cyn talu'r dreth.
pretence *n.* esgus(-ion) *m, occ:* ymhoniad(-au) *m,* ffugesgus(-ion) *m,* rhith(-iau) *m, S:* cellwair (cellweiriau) *m;* **under the ~ of friendship,** dan esgus bod yn ffrindiau, *Lit:* yn rhith cyfeillgarwch, dan gochl cyfeillgarwch; *(= fraud):* twyll *m,* ffug(-ion) *m,* hoced(-ion) *f; Jur:* **to obtain sth under false pretences,** cael rhth trwy dwyll; **it was all a ~,** ffug/twyll oedd y cyfan; **to make a ~ of doing sth,** smalio/cogio/esgus gwneud rhth, cymryd arnoch wneud rhth; **he makes no ~ to wit,** nid yw'n honni bod yn ffraeth.
pretend *v.t.&ind.t.* **1.** *v.t.* cymryd arnoch, honni, proffesu, ffugio, esgus, *N:* cogio, cocio, cogio bach, smalio, smalio bach, gwn|eud osgo, *occ:* cocsio, *S:* cellwair, *occ:* shamo, jocan, gwneud esgus; *Games:* **let's ~ we're at school,** dewch inni chwarae ysgol fach; gadewch inni ddychmygu ein bod yn yr ysgol; **let's ~ we're King and Queen,** dewch inni chwarae bod yn Frenin a Brenhines; gadewch inni ddychmygu ein bod yn Frenin a Brenhines; **to ~ ignorance,** cymryd arnoch fod yn ddiniwed, *N. W: occ:* bwrw diarth. **2.** *v.t.&ind.t.* *(= lay claim):* ymhonni, honni; **to ~ to intelligence,** honni deallusrwydd, honni bod yn ddeallus, ymhonni'n ddeallus.
pretended *a.* ffug, honedig, *N:* cogio [bach], smalio [bach].
pretendedly *adv.* yn honedig *&c.*
pretender *n.* **1.** cogiwr (cogwyr) *m,* ymhonnwr (ymhonwyr) *m,* ymh|onwraig *f,* smaliwr (smalwyr) *m,* c|ogwraig *f,* sm|alwraig *f; Lit:* **The Pretenders,** *(Ibsen):* Yr Ymhonwyr. **2.** *(to throne):* hawlydd: hawlwr (hawlwyr) *m,* h|awlwraig (hawlwragedd) *f.*
pretense *n. U.S:* = **pretence.**
pretension *n.* **1.** honiad(-au) *m,* ymhoniad(-au) *m* **(to sth,** o rth); **a man of no pretensions,** dyn diymhongar (*pronounced* ng-g), dyn diymffrost; **to have pretensions to literary taste,** honni bod gennych chwaeth lenyddol. **2. he has some pretensions to be considered a scholar,** mae ganddo ryw hawl (*f*) i'w ystyried yn ysgolhaig; **to make good one's pretensions,** cyflawni addewid, gwireddu honiad.
pre-tensioned *a.* rhagdynhäedig, rhagdensiynedig.
pretentious *a.* ymhongar (*pronounced* ng-g), rhodresgar, rhwysgfawr.
pretentiously *adv.* yn ymhongar (*pronounced* ng-g).
pretentiousness *n.* ymhongarwch *m* (*pronounced* ng-g), rhodres *m,* rhwysg *m.*
preter- *pref.* goruwch- + *soft mut.,* tra- + *aspirate mut. of c, p, t.*
preterhuman *a.* goruwchddynol.
preterist *n. Theol:* blaenorydd(-ion) *m.*
preterite *a. & n. Gram:* **1.** *a.* gorffennol. **2.** *n.* amser gorffennol *m.*
preterition *n.* **1.** *Theol:* esgeulusiad *m.* **2.** *Rh:* crybwylleb *f.*
preteritive *a.* = **preterite.**
pretermission *n.* esgeulustod(-au) *m,* esgeulustra *m,* esgeuluster *m.*
pretermit *v.t.* gadael (rhth) heibio, esgeuluso.
pretermitted *a.* a esgeuluswyd.
preternatural *a.* goruwchnaturiol, allnaturiol, gwyrthiol.
preternaturalism *n.* goruwchnaturioldeb *m.*
preternaturally *adv.* yn oruwchnaturiol *&c.*
pre-test[1] *n.* rhagbrawf (rhagbrofion) *m; occ:* cynarbrawf (cynarbrofion) *m.*
pre-test[2] *v.t.* rhagbrofi.
pretext[1] *n.* esgus(-ion) *m;* **a ~ for sth,** esgus dros rth; **upon/under the ~ of sth,** dan esgus rhth.
pretext[2] *v.t.* gwn|eud esgus (o rth), rhoi/cymryd (rhth) yn/fel esgus.
pretone *n. Gram:* rhagoben(-nau) *m.*
pretonic *a. Gram:* rhagobennol.
pretor *n.* = **praetor.**
pretorian *a.* = **praetorian.**
prettified *a.* tlysach, pertach, prydferthach, addurnedig, *Pej:* cymhendlws, coegdlws, mursennaidd, *F:* neis-neis.
prettify *v.t.* tlysu, harddu, addurno, tecáu, prydferthu.
prettily *adv.* yn dlws *&c.*
prettiness *n.* tlysni *m,* tlysineb *m,* prydferthwch *m,* tegwch *m,* harddwch *m, S:* pertrwydd *m, Lit:* glendid *m.*
pretty *a. & adv.* **1.** *a.* *(a)* tlws (*f.* tlos, *pl.* tlysion), prydferth, *N: F:* del, propor, *S:* pert, glân, *Lit:* glandeg, teg; **as ~ as a picture,** cyn berted/ddeled *&c* â phictiwr; **(good morning) my ~ girl,** (bore da) fy mechan bert i, fy ngeneth ddel; **to make a ~ penny,** *N:* gwneud ceiniog reit ddel, *S:* gwneud ceiniog fach deidi; *(b)* *Iron:* **that's a ~ mess you've made,** dyna gawl/lanast a wnest ti; **it's cost me a ~ penny,** fe gostiodd geiniog neu ddwy imi; **this is a ~ state of affairs!** dyma lanast! **2.** *adv.* go, lled, gweddol, pur *(+ soft mut.)*; eithaf, digon; **~ good,** go dda, go lew, lled dda, gweddol, gweddol dda, pur dda, eithaf da; *F:* **she's sitting ~,** mae hi mewn lle da; mae hi ar ei mantais; mae hi'n dda ei byd; mae hi'n iawn arni hi; **he's ~ much the same,** digon tebyg ydyw; mae agos yr un fath; mae fwy neu lai yr un fath; **it's ~ much what I expected,** dyna fwy neu lai yr hyn a ddisgwyliwn. **~-pretty** *a.* neis-neis, mursennaidd.
pretypify *v.t.* = **prefigure.**
pretzel *n. Cu:* pretsel(-s) *m.*
prevail *v.i.* **1. to ~ over/against (s.o.),** trechu, gorchfygu (rhn); bod yn drech, bod yn gryfach (na rhn); **the strong arm of the law prevailed,** grym y gyfraith a fu drechaf/drech; **threats prevailed where promises had failed,** llwyddodd bygythion lle methasai addewidion. **2.** *(= persuade):* **to ~ upon s.o. to do sth,** pwyso ar rn i wneud rhth, darbwyllo/perswadio rhn i wneud rhth, *occ:* mynd dros ben rhn i wneud rhth. **3.** *(= exist, occur):* bod, bodoli, teyrnasu.
prevailing *a.* *(= predominant):* pennaf, trechaf; **~ wind,** gwynt(-oedd) mynychaf *m,* gwynt cyffredin, prifwynt(-oedd) *m;* *(= current):* cyffredinol, arferol, ffasiynol, ar hyn o bryd, cyfredol; **~ opinion,** barn gyffredin/gyffredinol *f,* barn y mwyafrif.
prevalence *n.* mynychter *m,* mynychtra *m,* cyffredinrwydd *m,* cyffredinolrwydd *m.*
prevalent *a.* cyffredin, mynychaf, pennaf *&c; See* **prevailing.**
prevalently *adv.* yn gyffredin *&c;* ar hyn o bryd, fynychaf, y rhan amlaf, gan mwyaf.
prevaricate *v.i.* **1.** osg|oi ateb, mwyseirio, anwadalu, cloffi ateb, daueirio, *F:* hel dail, curo'r twmpath, *S: occ:* ffusto perthi. **2.** *(= lie):* dweud celwyddau.

prevaricating *a.* **1.** amwys, mwyseiriog, daueiriog. **2.** *(= lying):* celwyddog.
prevarication *n.* **1.** mwyseiriad *m*, cloffymateb(-ion) *m*; *S.a.* **prevaricate. 2.** *(= lie):* celwydd(-au) *m*.
prevaricator *n.* **1.** heliwr (helwyr) *(m)* dail, mwyseiriwr (mwyseirwyr) *m*, mwys|eirwraig *f*. **2.** *(= liar):* celwyddwr (celwyddwyr) *m*, celwyddgi (celwyddgwn) *m*, celw|yddwraig (celwyddwragedd) *f*.
prevenience *n. Theol:* rhagflaeniaeth *f*.
prevenient *a. Theol:* rhagflaenol.
prevent *v.t.* **1.** rhwystro, atal, *Lit:* lluddias, *N.W:* nadu, *S.W: occ:* nadel, hadael, dior, *S.E:* rhagod; **to ~ s.o. from doing sth,** rhwystro rhn rhag gwneud rhth, nadu i rn wneud rhth.
preventable *a.* rhwystradwy, ataliadwy.
preventative *a.* = **preventive**.
preventatively *adv.* = **preventively**.
prevented *a.* rhwystredig, ataliedig.
preventer *n.* **1.** rhwystrwr (rhwystrwyr) *m*, ataliwr (atalwyr) *m*, at|alwraig (atalwragedd) *f*, rh|wystrwraig (rhwystrwragedd) *f*. **2.** *N.Arch:* ateg(-ion) *f*.
preventible *a.* = **preventable**.
prevention *n.* rhwystrad(-au) *m*, ataliad(-au) *m*; *vn.* = **prevent**; **~ is better than a cure,** gwell rhwystro'r clwy na'i wella; **the Society for the P of…,** y Gymdeithas er Atal….
preventive *a. & n.* **1.** *a.* ataliol, rhwystrol; **the P~ Service,** yr Ecséis *m*. **2.** *n.* atalydd(-ion) *m*, ataliad(-au) *m*.
preventively *adv.* yn ataliol *&c*.
preventiveness *n.* atalioldeb *m*, rhwystroldeb *m*.
prē-verbal *a.* cyn siarad.
preview[1] *n.* rhagolwg (rhagolygon) *m*, cip(-ion) *(m)* yml|aen llaw, golwg *(f)* ymlaen llaw **(of sth,** ar rth); *(at gallery):* rhagarddangosfa (rhagarddangosf|eydd) *f*.
preview[2] *v.t.* rhagolygu, rhagwylio. **~ monitor** *n. T.V:* m|onitor (monitorau) *(m)* rhagwylio.
previous *a. & adv.* **1.** *a. (a)* cynt, blaenorol, cynharach, o'r blaen, rhagflaenol; *(b) (= hasty):* byrbwyll, rhy gynnar. **2.** *adv.* **~ to sth,** o flaen rhth, cyn rhth.
previously *adv.* o'r blaen, gynt, yngh|ynt, yn flaenorol; **~ prepared document,** dogfen *(f)* barod (dogfennau parod); **a ~ unknown poem,** cerdd na wyddai neb amdani o'r blaen, cerdd a oedd cyn hynny yn anhysbys.
previousness *n.* cynharwch *m*, blaenoroldeb *m*.
previse *v.t.* rhagw|eld.
prevised *a.* rhagweledig.
prevision *n.* rhagwelediad(-au) *m*, rhagwybodaeth(-au) *f*.
previsional *a.* rhagweledol.
pre-vocalic *a.* rhaglafarog, o flaen llafariad.
pre-war *a.* **1.** *(prices &c):* cyn [y] rhyfel. **2.** *(= preparatory to war):* o flaen rhyfel.
pre-wash *v.t. Laund:* cynolchi.
prey[1] *n.* **1.** ysglyfaeth(-au) *f*, prae(-au) *m*; **birds of ~,** adar rheibus, adar ysglyfaethus; **to fall a ~ to temptation,** syrthio'n ysglyfaeth i demtasiwn, ildio i demtasiwn.
prey[2] *v.i.* **1. to ~ upon (sth),** *(a) (of wolf &c):* ysglyfaethu, ysglyfio (rhth); *(b) (of bandit &c):* ysbeilio, anrheithio (rhth). **2. (sth is) preying on his mind,** (mae rhth yn) poeni ei feddwl, poenydio'i/plagio'i/blino'i feddwl, aflonyddu/pwyso ar ei feddwl.
Priam *Pr.n.m.* Priaf.
priapean *a.* priapaidd.
priapic *a.* priapig.
priapism *n. Pathol:* priapaeth *f*, llostchwydd *m*.
price[1] *n.* pris(-iau,-oedd) *m*; **at a ~,** am bris; **buying ~,** pris prynu; **cost ~,** pris cost; **fixed ~,** pris gosod/penodol/penodedig; **marked ~,** pris dangosol; **selling ~,** pris gwerthu; **target ~,** nodbris(-iau,-oedd) *m*; **at a reduced ~,** yn rhad, yn rhatach, am lai o bris, am bris is/gostyngol; **to advance/rise in ~,** mynd yn ddrutach, codi mewn pris; **what ~ is it?** [pa] faint ydyw? [pa] beth yw ei bris? **above/beyond/without ~,** amhrisiadwy; **at any ~,** costied a gostio; **not at any ~,** nid am bris yn y byd, nid ar unrhyw gyfrif, *S.E:* [nid] yn un wedd; **elasticity of ~,** hydwythedd *(m)* prisiau; **making-up ~,** pris cloi; **a huge/prohibitive ~,** crocbris(-iau,-oedd) *m*; **to set a high ~ (on sth),** gweld gwerth (ar rth, yn rhth); gwerthfawrogi, mawrbrisio (rhth); **to set a ~ on s.o.'s head,** rhoi pris ar ben rhn; *Turf:* **long ~,** ods hir; **short ~,** ods byr; **starting ~,** ods cychwynnol; *P:* **what ~ my new bike?** faint [roddet ti] am fy meic newydd i? **what ~ patriotism now?** pa beth a dâl gwladgarwch yn awr? pa werth sydd i wladgarwch yn awr? **~-code** *n.* côd (codau) *(m)* prisio. **~-cutting** *vn.* torri prisiau. **~ discrimination** *n. Econ:* priswahaniaethu *vn.* **~-fixing** *vn.* gosod prisiau, cytuno ar brisiau. **~-list** *n.* rhestr *(f)* brisiau (rhestrau prisiau). **~-ring** *n.* cylch(-oedd) *(m)* prisiau. **~-tag** *n.* pris(-iau,-oedd) *m*, cost(-au) *f*.
price[2] *v.t.* **1.** prisio (rhth), rhoi pris (ar rth); **the book is priced at five pounds,** pumpunt yw pris y llyfr; **to ~ oneself out of the market,** ceisio gwerthu'n rhy ddrud, eich prisio'ch hun allan/mas o'r farchnad. **2.** *Fig:* prisio, gwerthfawrogi (rhth); gweld gwerth (yn rhth, ar rth); **to ~ sth high,** prisio rhth yn fawr, mawrbrisio rhth.
Price[3] *Pr.n.* Prys(-iaid) *m&f*, *occ:* ap Rhys(-iaid) *m&f*, *F:* Preis(-iaid,-ys) *m&f*.
priced *a.* **1. low-~,** rhad, isel ei bris; **high-~,** drud, costus, uchel ei bris, *S: occ:* prid, *Lit:* drudfawr. **2. everything in the window is ~,** mae pris ar bopeth sydd yn y ffenestr.
priceless *a.* **1.** amhrisiadwy. **2.** *(fool, joke &c):* anfarwol.
pricelessness *n.* **1.** gwerth amhrisiadwy *m*. **2.** *(of joke &c):* anfarwoldeb *m*.
pricer *n.* prisiwr (priswyr) *m*, pr|iswraig (priswragedd) *f*.
pricey *a. F:* drud(-ion), costus, drudfawr, costfawr, *S:* prid.
Prichard *Pr.n.* Prisiart(-iaid) *m&f*, *occ:* ap Rhisiart(-iaid) *m&f*.
prick[1] *n.* **1.** *(of needle &c):* pigiad(-au) *m*; *(of spur):* ysbarduniad(-au) *m*; **pricks (of conscience),** brath(-iadau) *m*, atgno(-eon) *m* (cydwybod); **the ~ of a hare,** ôl *(m)* troed ysgyfarnog. **2.** *B:* **to kick against the pricks,** gwingo yn erbyn y symbylau. **3.** *V:* = **penis, fool[1]**. **~-eared** *a.* clustfain. **~ ears** *n.pl.* clustiau main. **~-teaser** *n. V:* pryf|ocwraig (pryfocwragedd) *f*, merch bryfoclyd (merched pryfoclyd) *f*. **~-teasing** *vn.* pryfocio (rhn), *V:* codi min (ar rn).
prick[2] *v.t.* **1.** pigo, *occ:* pricio; *(with a goad):* symbylu; *(with a spur):* ysbarduno; **to ~ s.o.'s bladder/bubble,** rhoi pin yn swigen *or* ym mhledren rhn, pigo/pricio swigen/pledren rhn; **to ~ a blister,** pigo swigen/pothell; *F:* **his conscience pricks him,** mae ei gydwybod yn ei bigo/boeni; **to ~ a hole in sth,** pigo twll yn rhth; **to ~ off a design on sth,** pigo patrwm ar rth; *Needlew:* **~ and pounce,** pricio a phanlychu. **2. to ~ names,** nodi enwau; *Nau:* **to ~ a bearing,** nodi cyfeiriad; **to ~ the chart,** marcio map; **to ~ a sheriff,** dewis [enw] siryf, pigo siryf. **3. to ~ on a horse,** sbarduno ceffyl. **4. to ~ one's ears,** moeli'ch clustiau. **5.** *abs. (of skin, nerves):* pigo; **my skin was pricking,** 'roedd pinnau bach ar fy nghroen. **~ out** *v.t. Hort:* pigo (rhth) allan/mas, pricio (rhth) allan/mas. **~ up** *v.t.* **to ~ up one's ears,** codi clustiau, moeli clustiau, clustfeinio, gwn|eud clust hwch mewn haidd.
pricker *n.* pigwr (pigwyr) *m*, priciwr (pricwyr) *m*; *(= awl):* mynawyd(-au) *m*.
pricket *n.* **1.** *Ven:* hydd(-od) dwyflwydd *m*. **2.** *(of candlestick):* pigyn (pigau) *m*.
pricking[1] *a.* pigog; **~ pain,** pigyn *m*.
pricking[2] *vn.* = **prick[2]**; **~ (of conscience),** pigiadau *pl*, brathiadau *pl*, atgno *m* (cydwybod); *Lit:* **by the ~ of my thumbs, sth evil this way comes,** gwn wrth y pigo yn fy mawd, dynesa rhywbeth drwg ei ffawd.
prickle[1] *n.* draenen (drain) *f*; *Coll:* dreiniach *pl*.
prickle[2] *v.t.* pigo; **my skin prickled,** 'roedd pinnau bach ar fy nghroen; *occ:* 'roedd drain ar fy nghroen.
prickle[3] *n. (= basket):* cawell (cewyll) *m*.
prickleback *n. Ich:* = **stickleback**.
pricklet *n.* draenen (drain) *f*.
prickliness *n.* pigogrwydd *m*.
prickling[1] *a.* pigog.
prickling[2] *vn. (of parts of the body):* pinnau bach *pl*.
prickly *a.* **1.** *(plant, animal):* pigog, dreiniog. **2.** *(pers.):* pigog, *occ:* draenoglyd; *(sensation):* pigog; *F:* **as ~ as gorse,** mor bigog â'r eithinen; *Bot:* **~ ash,** onnen bigog (ynn pigog) *f*; *Bot:* **~ comfrey,** cwmffri pigog *m*; *Med:* **~ heat,** gwres pigog *m*; *Bot:* **~ pear,** peren bigog (pêrs pigog) *f*, gellygen bigog (gellyg pigog) *f*; *Bot:* **~ rhubarb,** riwbob pigog *m*; *Bot:* **~ thrift,** clustog *(f)* Fair bigog.
pride[1] *n.* **1.** balchder *m*, *Lit: occ:* balchedd *m*; **false ~,** coegfalchder *m*, rhodres *m*, balchder gwag; **proper ~,** balchder cyfiawn; **to take ~ in sth,** ymfalchïo yn rhth, bod yn falch o rth;

puffed up with ~, chwyddedig gan falchder; **to give ~ of place (to sth),** rhoi'r prif le, rhoi'r lle blaenaf (i rth); **without ~,** difalch, dirodres, diymhongar (*pronounced* ng-g), heb falchder *&c.* **2.** *(= glory):* gogoniant (gogoniannau) *m, occ:* ysblander(-au) *m,* ymffrost *m,* harddwch *m,* addurn(-iadau) *m,* difyrrwch *m, F:* diléit *m;* **she was her father's ~ and joy,** hi oedd cannwyll llygad ei thad; **(the garden is) my ~ and joy,** (yr ardd yw) fy nifyrrwch pennaf, fy mhrif ddiléit; **she is the ~ of her family,** hi yw gogoniant ei theulu. **3.** *(= prime, apogee):* **(May) was in its ~,** ('roedd Mai) ar ei orau, yn ei flodau, yn ei ogoniant, yn ei ysblander; **in the ~ of years,** ym mlodau'ch oes/dyddiau; **~ of the morning,** *(mist):* tarth *(m)* y bore; *Her:* **(peacock) in its ~,** (paun) yn ei ogoniant, yn ei ysblander, ar daen; *Ven:* **(deer) in its ~,** (carw) yn ei floneg, pwyntus, blonegog; *Bot:* **London ~,** balchder Llundain, *N:* rhubanau*(pl)*'r ladis, *M.W:* pernel *m, S:* crib *(mf)* y ceiliog, *S.E:* pluf *(pl)* Arthur, *S.W:* stôl *(f)* y frenhines. **4.** *(of lions):* cnud(-oedd) *f,* haid (heidiau) *f.*

pride² *v.pr.* **to ~ oneself (on sth),** ymfalchïo, ymffrostio (yn rhth).

prideful *a.* balch (beilch, beilchion), coegfalch (coegfeilch, coegfeilchion), ymffrostgar.

pridefully *adv.* yn falch *&c.*

prie-dieu *n.* desg *(f)* weddïo (desgiau gweddïo); *(chair):* cadair *(f)* weddïo (cadeiriau gweddïo).

prier *n.* busneswr (busneswyr) *m,* busn|eswraig (busneswragedd) *f.*

priest *n.* **1.** offeiriad (offeiriaid, *S:* offeiriadon) *m, S: F:* 'ffeirad(-on) *m;* **parish ~,** person(-iaid) *(m)* plwyf; **high ~,** archoffeiriad (archoffeiriaid) *m.* **2.** *Fish:* pastwn (pastynau) *m,* pren(-nau) *(m)* lladd, *M.W:* huwcyn(-od) *m, S.W:* cnocer(-i) *m,* ciler(-i) *m.* **~-hole** *n.* twll *(m)* offeiriad (tyllau offeiriaid). **~-ridden** *a.* dan fawd/ormes offeiriaid. **~-vicar** *n. Ecc:* is-ganon(-iaid) *m.*

priestcraft *n.* ystryw *(m)* offeiriaid, ystrywiau *(pl)* offeiriaid, crefft *(f)* offeiriaid.

priestess *n.f.* offeiriades(-au); **high ~,** archoffeiriades(-au).

Priestholm *W.Pl.n.* = **Puffin Island.**

priesthood *n.* offeiriadaeth(-au) *f.*

priestliness *n.* offeiriadolrwydd *m,* offeiriadoldeb *m.*

priestling *n.* offeiriedyn *m,* offeiriad (offeiriaid) bach *m,* cyw *(m)* offeiriad (cywion offeiriaid).

priestly *a.* offeiriadol.

prig¹ *n.* rhn (rhai) cysetlyd, rhn mursennaidd, rhn cymhenllyd, rhn hunangyfiawn (*pronounced* ng-g), prig(-iaid) *m,* mursen *(f)* o ddyn, sychfoesolyn (sychfoesolion) *m; (girl):* mursen(-nod) *f; (little boy): V:* Iesu Grist bach *m.*

prig² *v.t. P:* dwyn, dwgyd, lladrata, *N: F:* progio, bachu, sbachio, sbachu.

priggery *n.* mursendod *m,* cysêt *m,* dicräwch *m,* hunangyfiawnder *m* (*pronounced* ng-g), sychgyfiawnder *m,* sychfoesoldeb *m,* cysactrwydd *m.*

priggish *a.* cysetlyd, mursennaidd, cymhenllyd, dicra, priglyd, hunangyfiawn (*pronounced* ng-g), sychgyfiawn, *N:* misi.

priggishly *adv.* yn gysetlyd *&c.*

priggishness, priggism *n.* = **priggery.**

prim¹ *a.* mursennaidd, cysáct, pryséis, sychdduwiol, sychlyd, cymen, gorgymen, cymhenllyd; **~ and proper,** sydêt, gwastad, parchus, heb flewyn o'i le; **a ~ smile,** glaswen(-au) *f.*

prim² *v.t.* **1.** twtio, cymhennu, tacluso; **to ~ up one's mouth,** pletio gwefusau, mingrychu (*pronounced* ng-g), pletio'r geg. **2. to ~ oneself up,** ymdacluso, ymdrwsio, *S:* eich jimo'ch hunan.

prima *a.* **1.** prif + *soft mut.;* **~ ballerina,** prif dd|awnswraig (~ ddawnswragedd) *f;* **~ donna,** prif gantores(-au) *f,* blaen-gantores(-au) *f; F:* **don't be a ~ donna,** paid â bod fel prima donna. **2.** *adv.* **~ facie,** ar yr olwg gyntaf, yn ymddangosiadol; **~ facie evidence,** tystiolaeth *(f)* olwg gyntaf.

primacy *n.* **1.** uchafiaeth *f,* goruchafiaeth *f,* blaenoriaeth *f,* lle blaenaf *m.* **2.** *Ecc:* archesgobaeth(-au) *f, occ:* primasiaeth(-au) *f.*

primaeval *a.* = **primeval.**

primage *n. Nau:* llwythdal *m.*

primal *a.* **1.** *(= primeval):* bore, cynnar, cysefin, cynharaf, gwreiddiol, o'r cyntaf; **~ man,** dyn(-ion) cysefin *m.* **2.** *(= chief, fundamental):* pennaf, sylfaenol.

primarily *adv.* yn gyntaf peth, yn y lle cyntaf, yn anad dim, o flaen popeth, yn bennaf.

primarrumpf *n. Geog:* lledwastad(-oedd) dechreuol *m.*

primary *a.* & *n.* **1.** *a.* *(a) (= earliest, first):* cynradd, *occ:* sylfaenol, cynnar, cychwynnol, cyntafol, cynharaf, cysefin; *Phon:* **~ accent,** prif acen(-ion) *f,* prif aceniad(-au) *m; Pol: U.S:* **~ assembly,** cynulliad(-au) cynradd *m;* **~ battery,** batri(-s) cynradd *m;* **~ cause,** achos(-ion) cychwynnol *m;* **~ cell,** cell gynradd (celloedd cynradd) *f; Mus:* **~ chord,** cord *(m)* sylfaen, prif gord; *Ph:* **~ coil,** coil(-iau) cynradd *m;* **~ colour,** lliw(-iau) cysefin/cynradd *m;* **~ course,** cwrs (cyrsiau) cyntaf *m;* **~ current,** cerrynt cynradd *m;* **~ education,** addysg gynradd *f;* **~ election,** rhagetholiad(-au) *m;* **~ emotion,** emosiwn (emosiynau) sylfaenol *m;* **~ era,** gorgyfnod(-au) cynradd *m;* **~ evidence,** tystiolaeth elfennol/wreiddiol *f,* tystiolaeth uniongyrchol (*pronounced* ng-g), y dystiolaeth orau; **~ factor,** ffactor(-au) elfennol *m;* **~ feather,** prif bluen (~ blu) *f;* **~ group,** grŵp (grwpiau) elfennol *m;* **~ mental ability,** gallu(-oedd) meddyliol sylfaenol *m;* **~ planet,** planed gynradd (planedau cynradd) *f;* **~ process,** proses gynradd/sylfaenol *f;* **~ product,** cynnyrch crai/sylfaenol *m;* **~ relations,** cysylltiadau elfennol; **~ school,** ysgol gynradd (ysgolion cynradd) *f, F:* ysgol fach (ysgolion bach); **~ source,** ffynhonnell (ffynonellau) uniongyrchol *f,* prif ffynhonnell, ffynhonnell sylfaenol, ffynhonnell wreiddiol (ffynonellau gwreiddiol); *Phon:* **~ stress,** prif aceniad(-au) *m;* **~ tense,** amser cysefin *m; Mus:* **~ triad,** prif driad(-au) *m,* triad sylfaenol; **~ tuberculosis,** tiwbercwlosis cychwynnol; **~ tumour,** tyfiant cynradd *m;* **~ vocabulary,** geirfa sylfaenol *f;* *(b) (= main, principal):* pennaf, blaenaf, mwyaf, hanfodol. **2.** *n. Pol: U.S:* rhagetholiad(-au) *m.*

primate *n.* & *attrib.* **1.** *n.* *(a) Ecc:* archesgob(-ion) *m,* primas(-iaid) *m;* **P~ of All England,** Archesgob Holl Loegr; **P~ of England,** Archesgob Lloegr; *(b) Z:* primat(-iaid) *m,* deudroedolyn (deudroedolion) *m.* **2.** *attrib.* **~ city,** archddinas(-oedd) *f.*

primateship *n.* archesgobaeth(-au) *f.*

primatial *a.* **1.** *Ecc:* archesgobol. **2.** *Z:* primataidd.

primatology *n.* primatoleg *f.*

primavera *n. Bot: (Cybistax donnellsmithii):* coeden *(f)* brimafera (coed primafera).

prime¹ *a.* **1.** prif + *soft mut. preceding noun;* pennaf, cyntaf, blaenaf, mwyaf, pwysicaf; **of ~ importance,** o'r pwys mwyaf, hollbwysig; *Geog:* **~ meridian,** prif feridian *m; Astr:* **~ vertical,** prif sythlin(-au) *f;* **~ necessity,** prif angen *m,* angen pennaf; **~ mover,** *(i) Mch:* grym symudol *m; (ii) (pers.):* cychwynnwr: cychwynnydd (cychwynwyr) *m,* ysgogwr: ysgogydd (ysgogwyr) *m,* symbylydd(-ion) *m;* **the ~ cause,** yr achos pennaf, y prif achos; **~ cost,** y pris cyntaf *m; Com:* cost grai/gyntafaidd *f;* **~ minister,** prif weinidog(-ion) *m.* **2.** *(= first-rate):* campus, ardderchog, o'r ansawdd [g]orau, dethol; **~ meat,** y cig gorau *m,* cig dethol; *T.V:* **~ time,** oriau *(pl)* brig; *Opt:* **~ lens,** lens(-ys) safonol *f.* **3.** *(= original):* gwreiddiol, cyntaf, cynharaf, cysefin; *Mth:* **~ number,** rhif(-au) cysefin *m;* **~ factor,** ffactor(-au) cysefin *m; Fin:* **~ rate,** prif gyfradd *f.*

prime² *n.* **1.** *(a) (= peak):* anterth *m;* **deer in ~ of grease,** carw yn ei floneg, carw pwyntus/blonegog; **in the ~ of life,** ym mlodau'ch dyddiau, yn/ar eich anterth; **to be past one's ~,** mynd i lawr yr allt, bod ar y goriwaered, mynd ar eich hen sodlau; **he's past his ~,** mae wedi gweld ei ddyddiau gwell/gorau; *(b) (= the best part):* y gorau *m.* **2.** *(= beginning):* dechreuad *m,* cychwyn *m,* cychwyniad *m,* bore *m.* **3.** *Ecc:* preim *m,* prim *m.* **4.** *Fenc:* y safle cyntaf *m.* **5.** *Typ: Mth:* **N ~,** N gyntaf *f.*

prime³ *v.t.* **1.** *(pump &c):* llenwi, rhaglenwi, preimio; *(explosive):* parat|oi, preimio. **2.** *(a) F:* **to ~ (a witness),** rhoi rhth ym mhen (tyst); preimio, rihyrsio, rhagborthi (tyst); *(b)* **to ~ s.o. with drink,** llenwi/stwffio rhn â diod. **3.** *Paint:* preimio, *Lit:* cynliwio.

primed *a.* llawn; *(witness &c):* parod; **well ~ with drink,** llawn diod, llawn o ddiod.

primely *adv.* yn rhagorol *&c.*

primeness *n.* rhagoroldeb *m.*

primer¹ *n.* **1.** *(pers.):* paratöwr (paratowyr) *m.* **2.** *Paint:* paent(-iau) *(m)* preimio.

primer² *n.* **1.** *Sch:* llyfr(-au) cyntaf *m,* cynlyfr(-au) *m,* llyfr elfennol, gwerslyfr(-au) cyntaf *m; Ecc:* llyfr y preim, primlyfr (-au) *m;* **"A ~ of Geography",** "Elfennau Daearyddiaeth". **2.** *Typ:* **Great P~,** Prifen Fawr *f.*

primero *n. Cards:* primero *m.*
primeval *a.* cynoesol, cynfydol, cyntefig, hynafol; **the ~ world,** y cynfyd *m.*
primevally *adv.* yn gynoesol *&c*; yn y cynfyd.
primigenial *a.* cyntefig.
primigravida *n. Obst:* cyntaf-feichiog(-ion) *f.*
primine *n. Bot:* cynwisg(-oedd) *f.*
priming[1] *n. Exp:* powdwr (*m*) tanio; *Paint:* preimin *m*, paent (*m*) preimio, y paent cyntaf, y gôt gyntaf *f*, *Lit:* cynlliw(-iau) *m.*
priming[2] *n. (of tides):* cyflymiad *m*, cyflymu *vn.*
primipara *n. Obst:* cyntafesgorol(-ion) *f.*
primiparity *n. Obst:* cyntafesgoredd *m.*
primiparous *a. Obst:* cyntafesgorol.
primitive *a. & n.* I. *a.* **1.** *(= early, ancient):* cyntefig, cynnar, cysefin, bore, boreol, boreuol; **the ~ ages of the world,** bore oesoedd y byd, oesoedd bore'r byd; **the P~ Church,** yr Eglwys Gyntefig *f*, *(loosely):* yr Eglwys Fore; **~ man,** dyn(-ion) cyntefig *m*, cynddyn(-ion) *m*; **~ people,** cyntefigion *pl*, pobl gyntefig *f or pl*; **P~ Methodist,** Methodist(-iaid) Cyntefig *m&f*; **~ music,** cerddoriaeth gyntefig *f*; **~ rocks,** cerrig/creigiau cynnar. **2.** *(= backward):* cyntefig; *(= crude):* amrwd. **3.** *(= original, primary): Gram: Ling:* cyntefig, cysefin, gwreiddiol, cynharaf. II. *n. Art:* arlunydd (arlunwyr) cyntefig *m*; **the Primitives,** y Cyntefigion/Cyntefigiaid; **he was a ~,** arlunydd cyntefig oedd; un o'r Cyntefigion oedd.
primitively *adv.* **1.** *(= originally):* yn fore, ar y cychwyn, yn y lle cyntaf, yn wreiddiol. **2.** *(= crudely):* yn gyntefig, yn amrwd.
primitiveness *n.* cyntefigrwydd *m.*
primitivism *n.* cyntefigiaeth *f.*
primitivist *n. Art:* cyntefig(-ion,-iaid) *m&f*, arlunydd (arlunwyr) cyntefig *m.*
primly *adv.* yn bryséis *&c*; *See* **prim.**
primness *n.* mursendod *m*, pryseisrwydd *m*, cysactrwydd *m*, cysêt *m*, gorfanyldeb *m*, gorgymhendod *m.*
primogenital, primogenitary *a.* cyntafanedigol.
primogenitor *n.* cyndad(-au) *m*, cyndaid (cyndeidiau) *m.*
primogeniture *n.* cyntafanedigaeth *f.*
primordial *a.* cychwynnol, dechreuol, gwreiddiol, cyntefig, cysefin, sylfaenol, primordaidd, cyntafol; **~ germ cells,** celloedd cenhedlu cychwynnol; **the ~ soup,** y cawl cychwynnol/cysefin *m.*
primordiality *n.* cysefinder *m*, cysefindra *m*, cysefindod *m.*
primordially *adv.* yn wreiddiol, ar y cychwyn.
primordium *n. Biol:* bonyn (bonion) *m*, primordiwm (primordia) *m.*
primp *v.t.&i. F: U.S:* = **prink.**
primrose *n. Bot: (Primula vulgaris):* briallen (briallu) *f (the pl. form is the most usual)*, blodyn (blodau) (*m*) llo bach, *S.W: occ:* miarllen (mierlli, brigelli) *f*, mertigen *f*, *S.E:* briallyn (briallau) *m*; **Allioni's ~,** *(P. allionii):* briallu Allioni; **bird's eye ~,** *(P. farinosa):* briallu blodiog; **Cape ~,** *(Streptocarpus):* briallu'r Penrhyn; **Chinese ~,** *(P. sinensis):* briallu Tsieina; **entire-leaved ~,** *(P. integrifolia):* briallu gwyrddlas; **evening ~,** *(Oenothera biennis):* melyn (*m*) yr hwyr; **glaucous ~,** *(P. glaucescens):* briallu gwyrddlas; **Greenland ~,** *(P. egaliksensis):* briallu'r Ynys Las; **least ~,** *(P. minima):* briallu lleiaf; **long-flowered ~,** *(P. longiflora):* briallu hirflodeuog; **marginate ~,** *(P. marginata):* briallu ymylog; **Northern ~,** *(P. scandinavica):* briallu'r Gogledd; **Piedmont ~,** *(P. pedemontana):* briallu'r Eidal; **Scottish ~,** *(P. scotica):* briallu'r Alban; **spectacular ~,** *(P. spectabilis):* briallu ysblennydd; **sticky ~,** *(P. glutinosa):* briallu gludiog; **villous ~,** *(P. villosa):* briallu mannog; **viscid ~,** *(P. viscosa):* briallu llysnafeddog; **Wulfen's ~,** *(P. wulfeniana):* briallu Wulfen; *Lit:* **the ~ path,** y llwybr briallog *m.* **~ peerless** *n. Bot: (Narcissus biflorus):* gylfinog ddeuflodeuog *f*, gylfinog welw *f.* **~ yellow** *n.* melyn (*m*) briallu.
primrosy *a.* briallog.
primula *n. Bot: (Primula):* briallen (*f*) y gerddi (briallu'r gerddi); **purple ~,** *(P. purpurea):* coron (*f*) y forwyn, cwlwm (*m*) cariad cywir.
primulaceous *a. Bot:* briallennaidd.
primum mobile *n.* y cynsymudydd *m.*
primus *n. Ecc:* prif esgob(-ion) *m.*
prince *n.* **1.** tywysog(-ion) *m*; *S.a.* **crown**[1] **1**; **the P~ of Wales,** Tywysog Cymru; **P~ Charles,** y Tywysog Siarl; **the P~ of Peace,** Tywysog Tangnefedd; **Llywelyn, last P~ of Wales,** Llywelyn ein Llyw Olaf; **(the ~) of darkness, of the air, of this world,** y gŵr drwg *m*; **he's a ~ among men,** mae'n un o'r dynion gorau'n fyw; mae'n un o ragorolion y ddaear; mae'n bendefig ymhlith dynion. **2.** *Fung:* **the ~,** madarch (*m*) cennog y coed. **~ bishop** *n.* esgob-dywysog(-ion) *m.* **P~ Charming** *n.* y Tywysog Swynol/Hawddgar *m.* **~ consort** *n.* tywysog cydweddog *m.* **P~ Regent** *n.* Rhaglyw Dywysog(-ion) *m.* **~ royal** *n.* y tywysog hynaf *m.* **~'s feather** *n. Bot: (Amaranthus hybridus hypochondriacus):* llysiau amor pluog *pl.* **~'s metal** *n.* copor-sinc *m.* **P~ Rupert's drops** *n.pl.* diferion gwydr. **P~ Rupert's metal** *n.* = **prince's metal.**
princedom *n.* tywysogaeth(-au) *f.*
princeliness *n.* tywysogeiddiwch *m*; *(of gift &c):* haelioni *m*, ysblander *m*, arddercho[w]grwydd *m.*
princeling *n.* tywysogyn (tywysogion) *m*; *Coll:* mân dywysogion.
princely *a.* tywysogaidd; *(gift &c):* tywysogaidd, hael, ardderchog, ysblennydd.
princess *n. & attrib.* **1.** *n.* tywysoges(-au) *f*; **P~ Joan,** y Dywysoges Siwan; **the P~ of Wales,** Tywysoges Cymru; **P~ Royal,** Tywysoges Frenhinol, Tywysoges Reiol; *S.a.* **crown. 2.** *attrib. Cost: (dress &c):* tywysogesol, tywysoges.
principal *a. & n.* I. *a.* prif + *soft mut. (precedes noun): occ:* pennaf, blaenaf; *Th:* **~ boy,** prif lanc(-iau) *m*; **~ girl,** prif lances(-i) *f*; *Ph: &c:* **~ focus,** prif ffocws *m*; *Mth:* **~ value,** penrhif(-au) *m*; *Aut:* **~ road,** prif ffordd (~ ffyrdd) *f*; *Geog:* **P~ Component Analysis,** Dadansoddiad (*m*) Prif Gydrannau; **~ officer,** prif swyddog(-ion) *m.* II. *n.* **1.** *(pers.): (a)* pennaeth (penaethiaid) *m*, *occ:* penadur(-iaid) *m*, penaethes(-au) *f*, *occ:* penadures(-au) *f*; *(of college, school):* prifathro (prifathrawon) *m*, prifathrawes(-au) *f*; *Adm:* **assistant ~,** is-ysgrifennydd (~-ysgrifenyddion) *m*; *(b) (in transaction):* archebwr (archebwyr) *m*, cyfarwyddwr (cyfarwyddwyr) *m*; **~ and surety,** prif ymrwymwr a meichiau; *Jur:* **"our principals",** "ein penaduriaid"; **~ and agent,** penadur ac asiant; *(c) (= chief culprit):* prif droseddwr (~ droseddwyr) *m*, prif anogwr (~ anogwyr) *m*, primas(-iaid) *m*; **~ in the first degree,** primas yn y radd gyntaf; **undisclosed ~,** primas cudd; *(d)* **principals in a duel,** ymladdwyr mewn gornest; *(e) Mus:* unawdydd (unawdwyr) *m.* **2.** *Com:* prifswm (prifsymiau) *m*, cyfalaf *m.*
principality *n.* tywysogaeth(-au) *f.*
principally *adv.* yn bennaf, gan mwyaf, gan amlaf, fynychaf.
principate *n.* tywysogaeth(-au) *f.*
principle *n.* **1.** egwyddor(-ion) *f*; **to have high principles,** bod yn egwyddorol, meddu ar egwyddorion cryf; **(a man) of ~,** (dyn) egwyddorol, o egwyddor; **on ~,** ar dir egwyddor; **in ~,** mewn egwyddor, o ran egwyddor; **laxity of ~,** llacrwydd egwyddor. **2.** *Ch:* **active ~,** sylwedd(-au) gweithredol *m.*
principled *a.* egwyddorol; **low ~,** diegwyddor.
prink *v.t.&pr.* **1.** *v.t. (of bird):* = **preen. 2.** *v.pr.* ymbincio, ymdrwsio, ymdwtio.
print[1] *n.* **1.** *(a) (of foot &c):* ôl (olion) *m*; *S.a.* **fingerprint, footprint; thumb-~,** ôl bawd (olion bodiau); *(b)* **butter ~,** print(-iau) (*m*) ymenyn, *S:* stamp(-iau) (*m*) ymenyn; *(c)* **a ~ of butter,** *(= pat):* printen (*f*) o ymenyn. **2.** *Typ: (a)* print *m*; **in ~,** mewn print; **out of ~,** allan o brint; **large ~,** print bras; **small ~,** print mân; *(b) (= printing):* argraffiad(-au) *m*; *(c) (= engraving &c):* print(-iau) *m*, engrafiad(-au) *m (pronounced* ng-g); **contact ~,** print cyffwrdd. **4.** *Phot:* print(-iau) *m*, copi (copïau) *m*; *S.a.* **blueprint. 5.** *Tex:* print *m.* **~ darn** *n. Needlew:* craith (*f*) brint. **~ format** *n.* fformat (*m*) argraffu. **~ position** *n.* cysodfan(-nau) *m.* **~ room** *n.* ystafell (*f*) brintiau (ystafelloedd printiau). **~-seller** *n.* gwerthwr (gwerthwyr) (*m*) printiau. **~-shop** *n.* siop (*f*) brintiau (siopau printiau). **~ thimble** *n. Cmptr: &c:* gwniadur(-on) (*m*) argraffu. **~ wheel** *n. Cmptr: &c:* olwyn(-ion) (*f*) argraffu. **~-works** *n. Ind: Tex:* ffatri (*f*) brintio (ffatrïoedd printio).
print[2] *v.t.* argraffu, printio; *abs.* **the book is now printing,** mae'r llyfr yn y wasg; **to ~ sth,** *(rather than write):* printio rhth, ysgrifennu rhth mewn llythrennau breision.
printable *a.* printiadwy, argraffadwy.
printanier *n. Cu:* printanier *m.*
printed *a.* printiedig, argraffedig, *occ:* print; *Lib:* **~ books section,** adran llyfrau print.

printer *n.* **1.** *Typ:* argraffwr (argraffwyr) *m*, argraffydd(-ion) *m*; *(machine):* peiriant (peiriannau) (*m*) argraffu. **2.** *Tex:* **calico ~,** printiwr (printwyr) (*m*) calico; **barrel ~,** celwrn-argraffydd(-ion) *m*; **chain ~,** cadwyn-argraffydd(-ion) *m*; **daisy-wheel ~,** olwyn-argraffydd(-ion) *m*; **dot matrix ~,** matrics-argraffydd(-ion) *m*; **drum ~,** drwm-argraffydd(-ion) *m*; **line ~,** llin-argraffydd(-ion) *m*; **wire ~,** gwifren-argraffydd(-ion) *m*. **~'s copy** *n.* copi(*m*)'r argraffydd. **~'s device** *n.* arwydd (*m*) argraffydd (arwyddion argraffwyr). **~'s devil** *n.* *(a) (servant):* gwas (gweision) bach (*m*) argraffydd; *(b) (= cause of errors):* cythraul (*m*) y wasg, diawl [bach] (*m*) y wasg. **~'s error** *n.* gwall(-au) (*m*) argraffu. **~'s manual** *n.* llawlyfr(-au) (*m*) argraffydd. **~'s mark** *n.* argraffnod(-au) *m*. **~'s ornament** *n.* addurn(-au) (*m*) argraffydd. **~'s pie** *n.* cybolfa (*f*) deip, cawl (*m*) teip, pei *f*. **~'s reader** *n.* darllennwr (darllenwyr) (*m*) y wasg.
printery *n.* argraffdy (argraffdai) *m*.
printing *vn.* & *n.* **1.** *vn.* printio, argraffu; **block ~,** argraffu/printio â blociau; **fabric ~,** printio ffabrig; **offset ~,** argraffu/printio offset; **potato ~,** printio taten, printio â thaten; **stick ~,** argraffu â phren. **2.** *n.* argraffiad(-au) *m*, printiad(-au) *m*. **~-frame** *n.* ffrâm (*f*) brintio (fframiau printio). **~-house** *n.* argraffdy (argraffdai) *m*. **~-machine** *n.* peiriant (peiriannau) (*m*) argraffu, argraffwasg (argraffweisg) *f*. **~-office** *n.* argraffdy (argraffdai) *m*, swyddfa (*f*) argraffwr (swyddf|eydd argraffwyr). **~-press** *n.* gwasg (gweisg) (*f*) argraffu, argraffwasg (argraffweisg) *f*. **~-works** *n.* gwaith (gweithf|eydd) (*m*) argraffu.
printless *a.* heb ôl, di-farc, glân.
printout *n.* allbrint(-iau) *m*, allbrintiad(-au) *m*.
prior[1] *a.* & *adv.* **1.** *a.* cynharach, cynt, blaenorol, o flaen llaw. **2.** *adv.* **~ to sth,** o flaen rhth, cyn rhth; **~ to my departure,** cyn imi ei chychwyn hi; **~ to that time,** cyn hynny, cynt.
prior[2] *n.* *Ecc.Hist:* prior(-iaid) *m*.
priorate *n.* *Ecc.Hist:* prior[i]aeth(-au) *f*.
prioress *n.f.* *Ecc.Hist:* priores(-au).
priority **1.** *n.* blaenoriaeth(-au) *f*; **to have ~ over s.o.,** bod â blaenoriaeth ar rn, cael y flaenoriaeth ar rn; **to correct s.o.'s priorities,** dod â rhn at ei goed; **to secure ~ (over s.o.),** achub y blaen (ar rn); **according to ~,** yn ôl blaenoriaeth; **order of ~,** trefn (*f*) blaenoriaeth. **2.** *attrib.* blaenoriaethol. **~ interrupt** *n.* *Cmptr:* ymyriad(-au) blaenoriaethol *m*. **~ intersection** *n.* cyffordd (*f*) flaenoriaethol (cyffyrdd blaenoriaethol). **~ rule** *n.* rheol (*f*) flaenoriaethol. **~ share** *n.* = **preference share**.
priorship *n.* prior[i]aeth(-au) *f*.
priory *n.* priordy (priordai) *m*; **alien ~,** allbriordy (allbriordai) *m*.
prisage *n.* *Hist:* preisaeth *f*.
Priscillianism *n.* *Rel.Hist:* Priscilianaeth *f*.
prise[1] *n.* **1.** gafael *f* **(on sth,** ar rth). **2.** *Hist:* preis *m*.
prise[2] *v.t.* **to ~ sth open,** agor rhth â throsol, trosoli rhth, gwthio'r caead/clawr oddi ar rth; **to ~ a safe open,** gwthio'r drws oddi ar goffor; **they had to ~ the secret from him,** bu'n rhaid gwasgu'r gyfrinach ohono.
prisere *n.* *Nat.Hist:* priser(-au) *m*, cynser(-au) *m*.
Prisk *Eng.Pl.n.* Y Prysg *m*.
prism *n.* prism(-au) *m*; *Metalw:* **oblique ~,** prism lletraws; **right ~,** prism union; *S.a.* **prune**[1]. **~ binoculars** *n.* ysbïenglas(-au) prismatig *m* (*pronounced* ng-g).
prismatic *a.* prismatig; *Opt:* **~ colours,** lliwiau'r prism.
prismatically *adv.* yn brismatig.
prismatoid *n.* pr|ismatoid (prismatoidau) *m*.
prismatoidal *a.* prismatoidaidd.
prismoid *n.* prismoid(-au) *m*.
prismoidal *a.* prismoidaidd, prismoidol.
prison *n.* carchar(-au) *m*, *occ:* carchardy (carchardai) *m*; *S.a.* **gaol**[1]; **to send s.o. to ~,** carcharu rhn, anfon rhn i garchar. **~-break** *n.* tor (*m*) carchar. **~ camp** *n.* gwersyll(-oedd) (*m*) carcharorion, carchar-wersyll(-oedd) *m*. **~-house** *n.* = **prison**. **~ reform** *n.* diwygio'r carcharau. **~ visitor** *n.* ymwelydd (ymwelwyr) (*m*) carchar. **~ welfare** *n.* lles (*m*) carchar.
prisoner *n.* carcharor(-ion) *m*, carcharores(-au) *f*; **they were taken ~,** fe'u carcharwyd; fe'u cymerwyd yn garcharorion; **to be a ~ in one's room,** bod yn gaeth i'ch ystafell; **~ at the bar,** carcharor o dan siars; **~ of conscience,** carcharor cydwybod; **~ of state,** carcharor y wladwriaeth; **~ of war,** carcharor rhyfel. **prisoner's bars/base** *n.* *Games:* chwarae (*m*) bars.
prissily *adv.* *F:* yn fursennaidd.
prissiness *n.* *F:* mursendod *m*.
prissy *a.* *F:* mursennaidd.
pristine *a.* *(= original):* cysefin, gwreiddiol; *(= unchanged):* digyfnewid; *(= fresh, as of new):* fel newydd, dilychwin, dihalog.
Pritchard *Pr.n.* = **Prichard**.
prithee *int.* *A:* atolwg.
privacy *n.* preifatrwydd *m*, *occ:* llonydd *m*, llonyddwch *m*; **in ~,** yn breifat; **the ~ of one's home,** llonyddwch eich cartref; **(to live) in ~,** (byw) o'r neilltu, yn neilltuedig/breifat; **in the ~ of his room,** yn llonyddwch ei ystafell; **there's no ~ here,** 'does dim llonydd/heddwch i'w gael yma; chewch chi ddim bod ar eich pen eich hun yma.
private *a.* & *n.* I. *a.* **1.** *(most senses):* preifat; **~ member,** aelod(-au) unigol/preifat *m*; *Parl:* **~ member's bill,** mesur (*m*) aelod preifat; *Parl:* **~ bill,** mesur preifat; **a ~ person,** unigolyn (unigolion) *m*; **~ enterprise,** menter breifat *f*; **in ~ life,** yn eich bywyd personol/preifat. **2.** *(= concealed):* cyfrinachol, cudd, dirgel, *Lit:* cêl; **~ parts,** y rhannau dirgel; *occ:* *(of man):* gwendid *m*; **to keep sth ~,** cadw rhth yn gyfrinach; **a ~ entrance,** *(i)* mynedfa gudd/ddirgel; *(ii)* mynedfa breifat. **3. ~ (study),** (astudiaeth) unigol, breifat, ar eich pen eich hun; astudio (*vn*) ar eich pen eich hun; **in my ~ opinion,** yn fy marn bersonol i, yn fy marn i fy hun. **4. ~ and confidential,** preifat a chyfrinachol; **~ business,** materion preifat *pl*; **~ conversation,** sgwrs breifat/gyfrinachol *f*; **a ~ arrangement,** trefniant preifat *m*; *Jur:* **~ agreement,** cytundeb(-au) preifat *m*; **~ company,** cwmni (cwmnïau) preifat *m*; **~ eye,** ditectif(-s) preifat *m*; **~ income,** incwm preifat *m*; **~ law,** cyfraith breifat *f*; **~ wrong,** camwedd(-au) preifat *m*. **5.** *(= not public):* preifat, anghyhoedd; **~ functions,** partïon preifat; **~ funeral,** angladd preifat *m*, *occ:* angladd gwâdd, cynhebrwng (cynhebryngau) (*m*) gwâdd, *N:* cynhebrwng bach; *Lib:* **~ edition,** argraffiad(-au) preifat *m*; **~ correspondence,** gohebiaeth anghyhoedd *f*; **~ home,** cartref(-i) preifat *m*; **~ library,** llyfrgell (*f*) breifat (llyfrgelloedd preifat); **~ press,** gwasg (*f*) breifat (gweisg preifat); **~ school,** ysgol breifat (ysgolion preifat); **~ view/viewing,** arddangosiad preifat *m*. II. *n.* **1. in ~,** yn breifat, *occ:* yn y dirgel. **2.** *(a)* *Mil:* milwr (milwyr) cyffredin *m*, preifat(-iaid) *m*; *(b)* *n.pl.* rhannau dirgel; **to hit a man in his privates,** taro dyn yn ei wendid (*m*).
privateer[1] *n.* **1.** *(ship):* h|erwlong(-au) *f*. **2.** = **privateersman**.
privateer[2] *v.i.* *Nav:* herwlongwra.
privateering *vn.* herwlongwriaeth *f*.
privateersman *n.m.* herwlongwr (herwlongwyr), preifatîr (preifatiriaid).
privately *adv.* yn breifat &c; *(= inwardly):* ynoch [chi] eich hun, yn eich meddwl eich hun, yn nwfn eich calon.
privation *n.* **1.** *(= lack):* amddifadrwydd *m*, diffyg(-ion) *m*, absenoldeb *m*. **2.** *(= poverty):* cyni *m*, angen (anghenion) *m*, angenoctid *m*.
privative *a.* amddifadol.
privatively *adv.* yn amddifadol.
privatization *n.* preifateiddiad(-au) *m*, preifateiddio *vn*.
privatize *v.t.* preifateiddio.
privatized *a.* preifateiddiedig, wedi ei breifateiddio; **~ worker,** gweithiwr (gweithwyr) arwahanol *m*.
privatizer *n.* preifateiddiwr (preifateiddwyr) *m*, preifat|eiddwraig *f*.
privet *n.* *Bot:* coeden brifet (coed prifet) *f*, *S:* coed (*pl*) te, *Lit:* *occ:* gwyros: cwyros(-ydd) *mf*, yswydden (yswydd) *f*, gwewydden (gwewydd) *f*, rhyswydden (rhyswydd) *f*. **~ hawk-moth** *n.* *Ent:* gwalchwyfyn(-od) (*m*) y gwyros, gwalchwyfyn yr yswydd.
privilege[1] *n.* **1.** braint (breintiau, breiniau) *f*, rhagorfraint (rhagorfreintiau, rhagorfreiniau) *f*; *Cmptr:* **access ~,** cyrchfraint *f*; **level of ~,** lefel braint; **parliamentary ~,** braint seneddol, braint y senedd.
privilege[2] *v.t.* breintio, breinio.
privileged *a.* breintiedig, breiniol; **I am ~ to be here today,** braint imi yw bod yma heddiw.
privily *a.* *A:* yn ddirgel.
privity *n.* **1.** *Jur:* preifatrwydd *m*. **2.** *(= being privy to sth):* cynefindra *m* **(to sth,** â rhth).
privy *a.* & *n.* I. *a.* **1.** *(= acquainted):* cyfarwydd, cydnabyddus, cynefin **(to sth,** â rhth); cyfrannog (o rth); **to be ~ to sth,** gwybod

am rth. **2. ~ chamber,** siambr gyfrin (siambrau cyfrin) *f*; **the P~ Council,** y Cyfrin Gyngor *m*; **P~ Councillor,** Cyfrin Gynghorwr (~-Gynghorwyr) *m*, Cyfrin Gyngh|orwraig *f*; **the P~ Seal,** Sêl Gyfrin *f*, y Gyfrin Sêl; **Lord P~ Seal,** Arglwydd (*m*) y Sêl Gyfrin; **the P~ Purse,** y Pwrs Cyfrin *m*; **~ parts,** rhannau dirgel. II. *n.* **1.** = **lavatory. 2.** *Jur:* cyfranogwr: cyfranogydd (cyfranogwyr) *m*.

prize[1] *n.* **1.** gwobr(-au) *f*, *occ:* gwobrwy(-on) *f*, tlws (tlysau) *m*; **the Nobel P~,** Gwobr Nobel; **booby ~,** llwy bren (llwyau pren) *f*; **consolation ~,** gwobr gysur (gwobrau cysur); **to carry off the ~,** mynd â'r wobr, ennill y wobr, cipio'r wobr, mynd â hi. **2.** *attrib. (a) (essay, poem, fellowship):* arobryn, gwobrwyol, gwobrwyedig; *(b)* **you're a ~ idiot,** 'rwyt ti'n dwpsyn o'r mwyaf/gwaethaf *or* o'r radd flaenaf/uchaf; 'rwyt ti'r ffŵl mwyaf/pennaf dan haul; ti yw'r ffŵl pennaf sydd; 'rwyt ti'n andros o ben dafad. **~ day** *n.* diwrnod(-iau) (*m*) gwobrwyo. **~-fight** *n.* gornest (*f*) baffio (gornestau paffio) [am wobr]. **~-fighter** *n.* paffiwr (paffwyr) *m* [am wobr]. **~-fighting** *vn.* paffio [am wobr]. **~-giving** *vn.* cyfarfod(-ydd) (*m*) gwobrwyo. **~ list** *n.* rhestr(-au) (*f*) enillwyr, rhestr wobrau (rhestrau gwobrau). **~ money** *n.* arian (*m*) gwobrwyo; *S.a. after* **prize[3]**. **~ poem** *n.* *W.Lit:* cerdd(-i) arobryn *f*. **~-winner** *n.* enillydd (*m*) gwobr (enillwyr gwobrau). **~-winning** *a.* buddugol, arobryn, gwobrwyol, gwobrwyedig.

prize[2] *v.t.* prisio, gwerthfawrogi (rhth); gweld gwerth (ar rth, yn/mewn rhth).

prize[3] *n. Navy:* ysbail (ysbeiliau) *f*. **~-court** *n.* llys (*m*) ysbail. **~-money** *n.* arian (*m*) ysbail.

prize[4] *v.t.* = **prise.**

prized *a.* mwyaf gwerthfawr, mwyaf hoff; **it's a ~ possession of mine,** mae'n un o'r pethau mwyaf gwerthfawr sydd gennyf.

prizeman *n.m. Sch:* enillydd (enillwyr).

pro[1] *Lt.prep.* **1. ~ forma,** fel mater o ffurf; *Com:* **~-forma,** anfoneb(-au) *f*; **~ hac vice,** am y tro hwn. **2. ~ rata,** yn ôl yr un gyfradd, ar yr un cyfartaledd, yn ôl cyfran, yn ôl yr herwydd. **3. ~ tempore,** dros dro. **4.** *F:* **~ and contra,** o blaid ac yn erbyn, dros ac yn erbyn; **the pros and cons,** y manteision a'r anfanteision, y dadleuon/rhesymau dros ac yn erbyn.

pro[2] *n. Sp: F:* = **professional 2.**

pro-[3] *pref.* **1.** *(= substitute):* dirprwy[-] + *soft mut.* **~-cathedral** *n. Ecc:* is-gadeirlan(-nau) *f*. **~-chancellor** *n. Sch:* dirprwy ganghellor (~ gangellorion) *m*. **~ form** *n. Gram:* *trosair (troseiriau) *m*. **~-proctor** *n. Sch:* dirprwy broctor(-iaid) *m*. **2.** *(= in favour of):* o blaid (rhn), pleidiol (i rth); **~-American,** pro-Americanaidd; **~-English,** pro-Seisnig; **~-nuclear,** pro-niwclear; *Hist:* **~-Soviet,** pro-Sofietaidd, *F:* o blaid Rwsia; **~-Welsh,** pro-Gymreig, pleidiol i'r Cymry, pleidiol i'r Gymraeg.

proa *n. Nau:* proa(-od) *m*.

probabiliorism *n.* *tebycachiaeth *f*, probabilioraeth *f*.

probabiliorist *n.* *tebycacholwr (tebycacholwyr) *m*, probabiliorydd(-ion) *m*.

probabilism *n.* tebygoliaeth *f*, probabiliaeth *f*.

probabilist *n.* tebygolwr (tebygolwyr) *m*, probabilydd (probabilwyr) *m*.

probability *n.* **1.** tebyg *m*, tebygolrwydd *m*; **in all ~,** yn ôl pob tebyg; **the ~ is...,** y tebyg yw...; *Ph: &c:* **posterior ~,** ôl-debygolrwydd *m*; **prior ~,** rhagdebygolrwydd *m*. **2.** *Ph: Mth:* tebygoleg *f*. **~ curve** *n.* cromlin (*f*) tebygolrwydd. **~ sampling** *vn.* samplu tebygolrwydd. **~ density function** *n.* ffwythiant (*m*) dwysedd tebygolrwydd.

probable *a. & n.* **1.** *a.* tebygol, tebyg; **it is ~ that...,** mae'n debyg bod/mai.... **2.** *n.* rhn (rhai) tebygol *m*, tebygolyn (tebygolion) *m*.

probably *adv.* yn ôl pob tebyg.

proband *n.* proband(-iaid) *m*.

probang *n. Med:* gwthiedydd(-ion) *m*, stiliwr (stilwyr) *m*.

probate[1] *n. Jur: (a)* profiant *m*; *(b) (= copy of will):* profeb(-ion) *f*.

probate[2] *v.t. Jur: U.S:* profi.

probated *a.* profedig.

probation *n.* **1.** *(of employee &c):* cyfnod(-au) (*m*) prawf; **on ~,** ar brawf. **2.** *Ecc:* nofyddiaeth *f*. **3.** *Jur:* prawf *m*, profiannaeth *f*; **breach of ~,** tor (*m*) prawf/profiannaeth. **~ hostel** *n.* hostel (*f*) y gwasanaeth prawf/profiannaeth (hosteli'r gwasanaeth prawf/profiannaeth). **~ office** *n.* swyddfa (*f*) brawf/brofiannaeth (swyddf|eydd prawf/profiannaeth). **~ officer** *n.* swyddog(-ion) (*m*) prawf/profiannaeth. **~ and after-care officer** *n.* swyddog prawf/profiannaeth ac ôl-ofal. **~ and after-care service** *n.* gwasanaeth prawf/profiannaeth ac ôl-ofal. **~ order** *n.* gorchymyn (gorchmynion) (*m*) profiannaeth/prawf. **~ part** *n.* *Th:* part(-iau) (*m*) prawf. **~ service** *n.* gwasanaeth(-au) (*m*) prawf/profiannaeth.

probational *a.* profianaethol.

probationary *a.* ar brawf, profianaethol; **~ period,** cyfnod (*m*) prawf; *Jur:* cyfnod profiannaeth.

probationer *n.* **1.** *(worker &c):* gweithiwr (gweithwyr) (*m*) ar brawf, gw|eithwraig (gweithwragedd) (*f*) ar brawf. **2.** *Ecc:* nofydd(-ion) *m*. **3.** *Jur:* profiannwr (profianwyr) *m*, troseddwr (troseddwyr) (*m*) ar brawf, tros|eddwraig (troseddwragedd) (*f*) ar brawf.

probationership *n.* **1.** cyfnod(-au) (*m*) prawf. **2.** *Ecc:* nofyddiaeth(-au) *f*. **3.** *Jur:* cyfnod (*m*) profiannaeth.

probative *a.* tystiolaethol.

probe[1] *n.* **1.** *(a) Surg:* stiliwr (stilwyr) *m*, chwiliedydd(-ion) *m*, profiedydd(-ion) *m*; *(b)* **space ~,** chwiliedydd gofod. **2.** *esp. U.S: (= inquiry):* ymchwiliad(-au) *m*.

probe[2] *v.t.&i.* **1.** *v.t. Med:* **to ~ sth,** stilio, chwilio (rhth); chwilota (trwy rth, yn rhth). **2.** *v.t. F: (a) (pers.):* holi a stilio (rhn), holi (rhn) yn fanwl; *(b) (mystery, evidence &c):* ymchwilio, treiddio, chwilota (i rth). **3.** *v.i.* **to ~ (into the past),** ymchwilio, chwilota, holi'n fanwl, tyrchu, turio, treiddio (i'r gorffennol).

prober *n.* chwiliwr (chwilwyr) *m*, chw|ilwraig *f*, chwilotwr (chwilotwyr) *m*, chwil|otwraig *f*, ymchwilydd (ymchwilwyr) *m*, holwr (holwyr) *m*, h|olwraig (holwragedd) *f*, stiliwr (stilwyr) *m*, st|ilwraig *f*.

probing *a.* stilgar, holgar, ymchwilgar, *(glance):* treiddgar, craff.

probit *n. Mth:* probid(-au) *m*.

probity *n.* gonestrwydd *m*, cywirdeb *m*, uniondeb *m*.

problem *n.* *(a)* **1.** *(= difficulty):* anhawster (anawsterau) *m*, problem(-au) *usu.f*, trafferth(-ion) *f*, drwg *m*, helynt(-ion) *f*; **to solve a ~,** datrys anhawster/problem; **that is the ~,** dyna'r drwg; dyna'r drafferth; **the ~ is that I have no money,** y drwg/drafferth yw nad oes gennyf arian; **I've had a ~ with my children,** 'rwyf wedi cael byd (*m*)/trafferth/helynt/anhawster gyda'r plant; **the housing ~,** yr argyfwng (*m*) tai, anhawster/problem/trafferthion cael tŷ; **it's a ~ to know what to do,** mae'n anodd gwybod pa beth i'w wneud; **I have a ~,** 'rwyf mewn penbleth (*fm*)/helynt/anhawster; *N.W:* 'rydw i mewn strach (*mf*)/stryffig (*mf*); *(b) attrib* **~ child,** plentyn trafferthus/anystywallt/anhydrin/anodd; **~ family,** teulu trafferthus/problemus. **~ oriented** *a.* problem-gyfeiriedig. **~ picture** *n.* darlun(-iau) (*m*) problem. **~ play** *n. Th:* drama (*f*) broblem (dramâu problem). **~ solving coefficient** *n.* cyfernod (*m*) datrys problemau. **~ specification** *n.* manyleb(-au) (*f*) problem. **2.** *Mth: Chess &c: (= puzzle):* problem, pôs (posau) *m*.

problematic[al] *a.* amh|eus, ansicr, dadleuol; *Log:* problemaidd, problematig, problemus.

problematically *adv.* yn amh|eus *&c.*

problemist *n.* problemydd(-ion) *m*, problemwr (problemwyr) *m*.

proboscidean, proboscidian *a. & n. Z:* **1.** *a.* durynnog, durynnol, â duryn/thrwnc. **2.** *n.* durynnog (durynogion) *m*, durynnol (durynolion) *m*.

proboscidiferous *a. Z:* durynnog.

proboscidiform *a. Z:* durynffurf.

proboscis *n.* **1.** *(a) (of elephant):* trwnc (tryncіau) *m*, *F:* trwyn(-au) *m*, *Lit: occ:* duryn(-nau) *m*; *(b) Ent:* sugnydd(-ion) *m*, *F:* trwyn. **2.** *F:* = **nose. ~ monkey** *n. Z:* mwnci (mwncwn, mwncïod) trwynog *m*.

procaine *n.* = **novocaine.**

procambial *a. Bot:* procambiol.

procambium *n. Bot:* procambiwm (procambia) *m*.

procarp *n. Bot:* procarp(-au) *m*.

procaryotic *a. Bact:* procaryotig.

procedural *a.* gweithredol, gweithrediadol, trefniadol; **~ instructions,** cyfarwyddiadau gweithredu.

procedure *n.* **1.** *(a)* dull(-iau) *m* [o wn|eud rhth], dull (*m*) gweithredu; *Mth: Cmptr:* gweithdrefn(-au) *f*; **(I don't like) his ~,** (ni dda gen i) mo'i ddull, mo'i osgo (*m*), mo'i ymddygiad (*m*); *(b)* **the correct ~,** y dull cywir, y drefn gywir (*f*), y ffordd gywir (*f*). **2.** *Parl:* trefniadaeth *f.* ~ **manual** *n.* llawlyfr(-au) (*m*) gweithredu.

proceed *v.i.* **1.** *(a)* **to ~ on one's way,** mynd yn eich blaen, *Lit:* mynd rhagoch; **before we ~ further,** cyn inni fynd ddim pellach; *(b)* **(to ~) towards Bangor,** (ymlwybro/mynd) tuag at Fangor, i gyfeiriad Bangor; (mynd) am Fangor; *(c)* **to ~ cautiously in an affair,** mynd ati'n ofalus mewn mater; **to ~ (to do sth),** mynd ati, mynd ymlaen (i wneud rhth); dechrau (gwneud rhth); **to ~ (to another matter),** troi, mynd (at fater arall); **they proceeded to blows,** fe aeth hi'n ymladdfa rhyngddynt; fe aeth hi'n godi dyrnau; **to pay as the work proceeds,** talu wrth i'r gwaith fynd yn ei flaen, *or* fynd rhagddo. **2.** *Jur:* **to ~ against s.o.,** rhoi'r gyfraith ar rn, dwyn achos yn erbyn rhn. **3.** *(= come out of):* dod allan/mas o rth. **4.** *Theol:* deillio.

proceeding *n.* **1.** *(= behaviour):* ymddygiad(-au) *m.* **2.** *(a) (= activity):* gweithgaredd(-au) *m*, digwyddiad(-au) *m*, gweithred (-oedd) *f*, gweithrediad(-au) *m*; *(b) pl. (of society):* cyfarfod(-ydd) *m*; *(published):* trafodion, trafodaethau; *(c) Jur:* **legal proceedings,** prawf *m*, achos *m*, gweithrediadau cyfreithiol; **to take proceedings against s.o.,** dwyn achos [cyfreithiol] yn erbyn rhn, dod ag achos [cyfreithiol] yn erbyn rhn, rhoi'r gyfraith ar rn, *F:* rhoi cwrt ar rn; **to initiate/institute proceedings,** cychwyn achos; **to stay proceedings,** atal achos; **summary proceedings,** achos diannod.

proceeds *n.pl.* enillion, elw *m*, derbyniadau.

proceleusmatic *a. & n.* **1.** *a. Pros:* pedwarsill. **2.** *n.* corfan(-nau) pedwarsill *m.*

procellarian *a. & n. Orn:* **1.** *a.* pedrynnol. **2.** *n.* pedryn(-nod) *m.*

procephalic *a. Anat:* proseffalig.

procercoid *n. Ann:* prosercoid(-au) *m.*

process[1] *n.* **1.** *(a)* proses(-au) *mf*, gweithrediad(-au) *m*, gwaith *m*; **processes of the mind,** gweithrediadau'r meddwl; **it's a slow ~,** mae'n broses araf; mae'n waith araf; **in ~ of time,** gyda threigl amser, ymhen amser, gydag amser; **during the ~ of demolition,** yn ystod y chwalu; **a building in ~ of construction,** adeilad ar ganol ei godi; **(we are) in ~ of moving,** ('rydym) wrthi'n symud/mudo, ar ganol symud/mudo. **2.** *Ind: Ch: &c:* proses, dull(-iau) *m*; **~ heat,** gwres cynhyrchu; **~ steam,** ager cynhyrchu. **3.** *Jur:* **~ of law,** proses y gyfraith; **first ~,** gwrandawiad cyntaf *m.* **4.** *Anat: (growth):* tyfiant (tyfiannau) *m*; *(of bone):* cambwl (cambylau) *m*, chwyrnell(-au) *f*, cnepyn(-nau) *m*, cnap(-iau) *m*; **spinal ~,** cnepyn/cnap asgwrn cefn; **structural ~,** allffurfiad(-au) *m*; **transverse ~,** cnepyn/cnap traws *m.*

process[2] *v.t.* **1.** *Ind: &c:* trin, triniaethu, prosesu; *Tex:* parat|oi; *T.V: (film):* datblygu, prosesu. **2.** *Typ:* prosesu, proses-argraffu. **~-block** *n.* bloc(-iau) (*m*) engrafu (*pronounced* ng-g). **~-control** *n.* rheolaeth (*f*) ar brosesu. **~-costing** *vn.* costio prosesu. **~-engraver** *n.* proses-engrafwr (~-engrafwyr) *m* (*pronounced* ng-g). **~-engraving** *vn.* proses-engrafu, proses-engrafiad(-au) *m* (*both pronounced* ng-g). **~-printing** *vn.* proses-argraffu. **~ record** *n.* cofnod(-ion) (*m*) prosesu. **~-recording** *vn.* cofnodi tra manwl. **~-server** *n. Jur:* cyflwynydd (cyflwynwyr) (*m*) gwritiau. **~-slip** *n.* taflen (*f*) brosesu (taflenni prosesu). **~-stamp** *n.* stamp(-iau) (*m*) prosesu. **~-work** *n. Typ: Art:* engrafu (*vn*) hanner[-tôn], proses-engrafu *vn.*

process[3] *v.i. (in procession):* ymdeithio, gorymdeithio, ymlwybro.

processed *a.* prosesedig, wedi ei brosesu; **~ cheese,** caws cymysg *m*, caws proses, caws wedi ei brosesu, caws a broseswyd; **~ peas,** pys proses, pys a broseswyd.

processer *n.* proseswr (proseswyr) *m.*

processing *vn.* = **process**[2]; *T.V:* datblygu *vn*; **food-~,** diwydiant (*m*) [trin] bwydydd; **word-~,** geirbrosesu *vn*, prosesu geiriau.

procession[1] *n.* **1.** gorymdaith (gorymdeithiau) *f*, ymdaith (ymdeithiau) *f.* **2.** *Theol:* deilliad *m*; **double ~,** deilliad dyblyg.

procession[2] *v.i.* gorymdeithio, ymdeithio.

processional *a. & n.* **1.** *a.* gorymdeithiol, ymdeithiol. **2.** *n. Ecc: (hymn):* ymdeithgan(-au) *f*, cerdd (*f*) orymdaith (cerddi gorymdaith); *(book):* ymdeithlyfr(-au) *m.*

processionary *a. & n. Ecc: &c:* **1.** *a.* gorymdeithiol, ymdeithiol. **2.** *n.* gorymdeithiwr (gorymdeithwyr) *m*, ymdeithiwr (ymdeithwyr) *m*, ymd|eithwraig *f*, gorymd|eithwraig *f.* **3.** *Bot:* **pine ~,** gorymdeithiwr y pinwydd.

processioner, processionist *n.* = **processionary 2.**

processor *n.* prosesydd(-ion) *m*; **food-~,** prosesydd bwyd; **word-~,** geirbrosesydd(-ion) *m*, prosesydd geiriau.

procès-verbal *n.* ***procès-verbal (~-verbaux)*** *m.*

prochain *a. Jur:* **~ ami,** y cyfaill agosaf *m.*

prochronism *n.* rhagamseriad(-au) *m*, rhagddyddiad(-au) *m.*

procidentia *n. Med:* disgyniad *m* [y groth].

proclaim *v.t.* **1.** cyhoeddi, dweud (rhth) ar goedd, *occ:* datgan; **to ~ s.o. king,** cyhoeddi rhn yn frenin; **his face proclaims his guilt,** mae'i wyneb yn datgan/dangos ei fod yn euog; **to ~ with pipes and trumpets,** gyrru rhth ar gyrn a phibau; **to ~ silence,** cyhoeddi gosteg; **to ~ war,** cyhoeddi rhyfel. **2.** *Irish Hist:* = **outlaw**[2].

proclaimed *a.* cyhoeddedig, cyhoeddus, ar goedd.

proclaimer *n.* cyhoeddwr (cyhoeddwyr) *m*, cyh|oeddwraig (cyhoeddwragedd) *f*, datganwr (datganwyr) *m*, datg|anwraig (datganwragedd) *f.*

proclamation *n.* **1.** cyhoeddiad(-au) *m*, datganiad(-au) *m*; *(action):* cyhoeddi *vn.* **2.** *(document):* proclamasiwn (proclamasiynau) *m.* **~ ceremony** *n.* s|eremoni (*f*) gyhoeddi (seremonïau cyhoeddi).

proclamatory *a.* cyhoeddol, cyhoeddiadol, datganol, datganiadol.

proclitic *a. & n. Gram:* **1.** *a.* gogwyddeiriol, proclitig. **2.** *n.* gogwyddair (gogwyddeiriau) *m*, proclitig(-ion) *m.*

proclivity *n.* tuedd(-iadau) *f*, gogwydd(-ion) *m*, gogwyddiad(-au) *m.*

proconsul *n. Rom. & Fr.Hist:* rhaglaw(-iaid) *m*, llywodraethwr (llywodraethwyr) *m*, proconswl (proconsyliaid) *m*, dirprwy raglaw(-iaid) *m.*

proconsular *a.* rhaglawiol, llywodraethol, proconsylaidd.

proconsulate, proconsulship *n.* rhaglawiaeth(-au) *f*, rhaglofiaeth(-au) *f*, proconsyliaeth(-au) *f.*

procrastinate *v.i.* oedi, ymdr|oi; gohirio cyn gwneud rhth.

procrastinating *a.* = **procrastinatory.**

procrastination *n.* oediad(-au) *m*, oedi *vn*, gohirio *vn*; **~ is the thief of time,** lleidr amser, gohirio; amser a goller, y gwaith ni ddaw'n ôl i ddyn eilwaith.

procrastinative *a.* = **procrastinatory.**

procrastinator *n.* gohiriwr (gohirwyr) *m*, oedwr (oedwyr) *m*, ymdröwr (ymdrowyr) *m*, goh|irwraig (gohirwragedd) *f*, |oedwraig (oedwragedd) *f.*

procrastinatory *a.* oedol, araf, hwyrfryd, ymarh|ous.

procreant *a.* cenhedlol, epiliol, hiliog.

procreate *v.t.&i.* **1.** *v.t.* cenhedlu, epilio. **2.** *v.i.* planta, epilio.

procreated *a.* cenedledig, epiliedig.

procreation *n.* cenhedliad *m*, epiliad *m*, hiliad *m*, cenhedlu *vn*, epilio *vn*, planta *vn.*

procreative *a.* epilgar, cenhedlol, epiliol.

procreatively *adv.* yn epilgar *&c.*

procreativeness *n.* epilgarwch *m.*

procreator *n.* cenhedlwr: cenhedlydd (cenhedlwyr) *m*, epiliwr (epilwyr) *m.*

Procrustean *a. Myth:* Procrwsteaidd; **~ bed,** gwely Procrwstes.

procryptic *a.* cuddliwgar, cuddliwiol.

proctitis *n.* rhefrwst *m*, proctitis *m*, llid (*m*) y coluddyn.

proctodaeum *n. Anat:* proctodaewm (proctodaea) *m.*

proctological *a. Med:* proctolegol.

proctologist *n. Med:* proctolegydd: proctolegwr (proctolegwyr) *m.*

proctology *n. Med:* proctoleg *f.*

proctor *n.* **1.** *Sch: &c:* proctor(-iaid,-ion) *m.* **2.** *Jur:* **King's/Queens's P~,** Proctor y Goron.

proctorial *a.* proctorol.

proctorize *v.t. Sch:* dirwyo, cosbi.

proctorship *n.* proctoriaeth(-au) *f.*

proctoscope *n. Med:* pr|octosgop (proctosgopau) *m.*

procumbent *a.* **1.** gorweddol, ar eich gorwedd, ar eich wyneb. **2.** *Bot:* ymgripiol, gorweddol.

procurable *a.* ar gael, caffaeladwy.

procural, procurance *n.* caffaeliad *m*, caffael *vn.*

procuration *n.* **1.** *Jur:* pŵer (*m*) atwrnai, hawl (*f*) gweithredu. **2.** *(= obtention):* caffaeliad *m*, caffael *vn.* **3.** *(of prostitutes &c):* caffael (*vn*) puteiniaid. **4.** *Ecc.Hist:* tâl (taliadau) esgobol *m.*

procurator *n. Hist:* procuradur(-iaid,-on) *m*, rhaglaw(-iaid) *m*;

Jur: ~ **fiscal,** procuradur ffisgal; ~ **general,** procuradur cyffredinol.

procuratorial *a. Jur:* procuradurol.

procuratorship *n. Jur:* procuraduriaeth(-au) *f*.

procuratory *n. Jur:* dirprwyad(-au) *m*, hawl (*f*) gweithredu.

procure *v.t.* **1.** cael, sicrh|au (rhth); cael gafael (ar rth), *Lit:* caffael (rhth); **to ~ sth for s.o.,** cael gafael ar rth i rn; **this book is very difficult to ~,** llyfr anodd iawn cael gafael arno yw hwn. **2. to ~ s.o.'s dismissal,** peri/achosi diswyddo rhn. **3.** *Jur:* **to ~ an abortion,** peri/achosi erthyliad; **to ~ girls for prostitution,** caffael merched i buteinio.

procurement *n.* caffaeliad *m*, caffael *vn*.

procurer *n.* **1.** caffaelwr (caffaelwyr) *m*. **2.** *Jur: (of prostitutes):* caffaelwr, puteinfeistr(-i) *m*.

procuress *n.f.* puteinfeistres(-i), caff|aelwraig (caffaelwragedd) *f*.

prod[1] *n.* pwn *m*, pwniad(-au) *m*, proc(-iau) *m*, prociad(-au) *m*, pwt(-iadau) *m*.

prod[2] *v.t.* **1. to ~ (at s.o.),** procio, pwnio, pwtio, *S.E:* [y]stwyro (rhn). **2.** *F:* **to ~ (s.o. into doing sth),** gwthio, symbylu, gyrru, procio (rhn i wneud rhth); **to ~ s.o. on,** gyrru/procio rhn yn ei flaen, *S.W: F:* codi cered ar rn.

prodder *n.* pwniwr (pwnwyr) *m*, prociwr (procwyr) *m*, p|wnwraig *f*, pr|ocwraig *f*.

prodding *a.* proclyd, prociog.

prodelision *n. Gram:* blaensillgolli *vn*.

prodigal *a. & n.* **1.** *a.* afrad, afradlon, ofer, afradus, gor-hael, gwastraffus, gwastrafflyd, *S:* didoreth; *B:* **the ~ son,** y mab afradlon; **to be ~ of sth,** bod yn hael/haelionus â rhth, bod yn afrad/afradlon o rth. **2.** *n.* afradwr (afradwyr) *m*, afr|adwraig (afradwragedd) *f*, rhn (rhai) afrad/afradlon *m*, afrad(-iaid) *m*, oferwr (oferwyr) *m*, of|erwraig (oferwragedd) *f*.

prodigality *n.* afradlondeb(-au) *m*, afradlonrwydd *m*, afradlonedd *m*, gorhaelioni *m*.

prodigalize *v.t.* afradu, afradloni, gwastraffu.

prodigally *adv.* yn afrad *&c.*

prodigious *a.* **1.** *(= miraculous):* rhyfeddol, gwyrthiol. **2.** *(= immense):* aruthrol, anferth, anferthol, enfawr.

prodigiously *adv.* yn aruthrol *&c.*

prodigiousness *n.* **1.** *(= miraculousness):* rhyfeddod *m*, gwyrthioldeb *m*. **2.** *(= immensity):* anferthedd *m*, aruthredd *m*.

prodigy *n.* rhyfeddod(-au) *m*, gwyrth(-iau) *f*; **infant ~,** plentyn (plant) rhyfeddol *m*.

prodromal *a. Path:* rhagarwyddol.

prodrome *n. Path:* rhagarwydd(-ion) *m*.

prodromic *a. Path:* rhagarwyddol.

produce[1] *n.* cynnyrch (cynhyrchion) *m*; **dairy ~,** cynnyrch llaeth, cynhyrchion llaeth, enllyn gwyn *m*.

produce[2] *v.t.* **1.** *(a) (passport &c):* dangos, cyflwyno; *Jur:* **to ~ a document,** dangos dogfen; *Jur:* **notice to ~ documents,** rhybudd i ddangos dogfennau; *(b) Th: Cin: Ind:* cynhyrchu; *Ind:* **to mass~,** masgynhyrchu. **2.** *(a) (= create):* cynhyrchu, creu, gwn|eud (rhth); esgor (ar rth); *(b) (= cause):* achosi, peri. **3.** *Geom:* ymestyn, estyn; **AB produced,** AB wedi ei hestyn; **to ~ sth backwards,** estyn (rhth) tuag yn ôl. **4.** *Mus: (voice):* cynhyrchu.

produced *a.* cynyrchedig, wedi ei gynhyrchu, a gynhyrchwyd; **mass~,** masgynyrchedig, masgynnyrch.

producer *n.* cynhyrchydd: cynhyrchwr (cynhyrchwyr) *m*; *Th: &c: usu.* cynhyrchydd, cynh|yrchwraig *f*. ~ **gas** *n.* nwy (*m*) aer.

producible *a.* cynyrchadwy.

-producing *suff.* -gynhyrchiol.

product *n.* **1.** cynnyrch (cynhyrchion) *m*; **end~,** cynnyrch terfynol; **by~,** is-gynnyrch (~-gynhyrchion) *m*, sgîl-gynnyrch (~-gynhyrchion) *m*; **decay ~,** cynnyrch darfod; **Gross Domestic P~,** Cynnyrch Mewnwladol Crynswth; **Gross National P~,** Cynnyrch Gwladol Crynswth; **intermediate ~,** rhyng-gynnyrch (~-gynhyrchion) *m*; **joint ~,** cydgynnyrch (cydgynhyrchion) *m*; **net ~,** gwir gynnyrch, cynnyrch clir/net. **2.** *Mth:* lluoswm (lluosymiau) *m*; **cross ~,** trawslluoswm (trawsluosymiau) *m*; **gross ~,** lluoswm crynswth; *Econ:* **inner ~,** lluoswm mewnol; **matrix ~,** lluoswm matrics; **~-moment correlation** *n.* cydberthyniad (*m*) moment-lluoswm.

production *n.* **1.** *(a) (of document):* dangosiad *m*, cyflwyniad *m*, dangos *vn*, cyflwyno *vn*; *(b) Th: Cin: W.Tel: T.V:* cynhyrchiad (cynyrchiadau) *m*. **2.** *(a) Ind: &c:* cynhyrchiad, cynhyrchu *vn*, gwneuthuriad *m*, gwneuthur *vn*; **batch ~,** sypgynhyrchu *vn*; **flow ~,** llifgynhyrchu *vn*; **mass ~,** masgynhyrchu *vn*, masgynhyrchiad *m*; *(b) (of sound, effect &c):* cread *m*, creu *vn*, peri *vn*, achosi *vn*. **3.** *Geom:* estyniad *m*, ymestyniad *m*, estyn *vn*, ymestyn *vn*. **4.** = **product.** ~ **assistant** *n.* cynorthwywr: cynorth|wy-ydd (cynorthwywyr) (*m*) cynhyrchu. ~ **control** *n.* rheolaeth (*f*) ar gynhyrchu. ~ **margin** *n.* ffin (*f*) gynhyrchu (ffiniau cynhyrchu).

productive *a.* cynhyrchiol; *(land &c):* cynhyrchiol, ffrwythlon, toreithiog.

productively *adv.* yn gynhyrchiol *&c.*

productiveness *n.* cynyrchioldeb *m*, *occ:* cynhyrchedd *m*; *(of land &c):* ffrwythlondeb *m*, toreithiogrwydd *m*; *Ling: &c:* cynyrchioldeb.

productivity *n.* cynhyrchiant *m*.

proem *n.* rhaglith(-iau,-oedd) *f*, rhagymadrodd(-ion) *m*.

proemial *a.* rhagymadroddol, rhaglithiol.

profanation *n.* halogiad(-au) *m*, halogi *vn*.

profanatory *a.* halogol.

profane[1] *a.* **1.** *(= not sacred):* anghysegredig, lleyg, bydol; **things sacred and ~,** y byd a'r betws, byd ac eglwys, byd a bedydd; **the ~ sphere,** cylch (*m*) yr anghysegredig. **2.** *(= blasphemous):* halogedig, halog, cableddus, annuwiol, rheglyd; **~ language,** iaith fras *f*, iaith reglyd, brastod *m*, cabledd *m*; **a ~ word,** rheg(-f|eydd) *f*.

profane[2] *v.t.* anghysegru, halogi, difwyno; **to ~ a holy name,** cablu enw cysegredig; **to ~ the Sabbath,** torri'r Saboth.

profaned *a.* halogedig, anghysegredig.

profanely *adv.* yn halogedig *&c*; *(= swearing):* yn rheglyd *&c.*

profaneness *n.* = **profanity.**

profaner *n.* halogwr: halogydd (halogwyr) *m*, cablwr (cablwyr) *m*.

profanity *n.* **1.** cabledd *m*; **the ~ of his language,** natur fras (*f*) ei iaith, brastod (*m*) ei iaith. **2.** *(= oath):* rheg(-f|eydd) *f*; **to utter profanities,** rhegi, tyngu.

profert *n. Jur:* cyflwyniad *m*, dangosiad *m*.

profess *v.t.* **1.** *(a) (= assert faith &c):* proffesu, datgan, arddel, addef, cyfaddef; *(b) (falsely):* **to ~ (to be sth),** honni, smalio, cogio (bod yn rhth); cymryd arnoch (fod yn rhth); ymhonni('n rhth). **2.** *(medicine, law &c):* proffesu; *Sch:* dysgu (rhth), darlithio (ar rth).

professed *a.* proffesedig, addefedig; *(falsely):* honedig; **a ~ enemy of the government,** gelyn diymwad/addefedig/agored i'r llywodraeth; **a ~ communist,** comiwnydd ar ei addefiad ef ei hun.

professedly *adv.* yn broffesedig, yn addefedig; yn ôl eich honiad; **he is ~ ignorant on the subject,** cyfeddyf na ŵyr ef ddim am y pwnc.

professing *a.* proffesedig, o ran proffes.

profession *n.* **1.** *(of faith &c):* datganiad(-au) *m*, cyffes(-ion) *f*, addefiad(-au) *m*, proffes(-au) *f*; *Ecc: (of nun, monk):* **to make one's ~,** gwneud eich proffes; **~ of faith,** cyffes ffydd. **2.** *(= calling):* galwedigaeth(-au) *f*, proffesiwn (proffesiynau) *m*, crefft(-au) *f*; **by ~,** wrth eich crefft, wrth eich galwedigaeth; **the oldest ~,** yr alwedigaeth hynaf yn y byd. **3.** *Th: F:* **the ~,** y theatr *f*.

professional *a. & n.* **1.** *a.* proffesiynol; *Adm:* **P~ and Executive Register,** Rhestr (*f*) Broffesiynol a Gweithredol. **2.** *n.* rhai (rhai) proffesiynol *m*, gweithiwr (gweithwyr) proffesiynol *m*, gw|eithwraig broffesiynol (gweithwragedd proffesiynol) *f*.

professionalism *n.* proffesiynoldeb *m*, proffesiynoliaeth *f*.

professionalization *n.* proffesiynoliad *m*, proffesiynoli *vn*.

professionalize *v.t.* proffesiynoli.

professionalized *a.* proffesiynoledig.

professionally *adv.* **1.** yn broffesiynol *&c.* **2.** o ran galwedigaeth/proffesiwn.

professor *n.* **1.** *Sch:* athro (athrawon) cadeiriol *m*, athro coleg, *F:* proffesor(-s,-iaid) *m*, *O:* proffeswr (proffeswyr) *m*; **P~ Thomas,** yr Athro Thomas; **the professors were all at the college,** 'roedd yr athrawon i gyd yn y coleg. **2.** *U.S:* = **lecturer.** **3.** *Rel: &c:* proffeswr (proffeswyr) *m*, proff|eswraig (proffeswragedd) *f*.

professorate *n. Sch:* **1.** = **professoriate, professorship. 2.** *Coll:* athrawon (*pl*) coleg, athrawon cadeiriol.

professorial *a.* athrawol, *occ:* proffeswrol; *Pej:* proffesoraidd; **~ fellow,** cymrawd-athro (cymrodyr-athrawon) *m*, athro-gymrawd (athrawon-gymrodyr) *m*.

professorially *adv.* yn athrawol, fel athro.

professoriate, professorship *n.* cadair (*f*) athro (cadeiriau athrawon), swydd (*f*) athro (swyddi athrawon), proffeswriaeth(-au) *f*, proffesoriaeth(-au) *f*.

proffer[1] *n.* cynnig (cynigion) *m*.

proffer[2] *v.t.* cynnig.

proffered *a.* ar gynnig, a gynigir/gynigid/gynigiwyd *&c*.

proficiency *n.* medr *m*, gallu *m*, hyfedredd *m*, medrusrwydd *m*, hyddysgedd *m*, hyddysgrwydd *m*; *(in language):* rhuglder *m*.

proficient *a.* medrus, hyddysg (**in sth,** yn/mewn rhth), *Lit:* hyfedr; *(in language):* rhugl.

proficiently *adv.* yn fedrus *&c*.

profile[1] *n.* **1.** *(a)* amlinell(-au) *f*, proffil(-iau) *m*, cernlun(-iau) *m*, ystlyslun(-iau) *m*; *T.V:* llun(-iau) (*m*) o'r ochr; **to draw in ~,** tynnu llun proffil, tynnu amlinell o lun; *Journ:* portread(-au) *m*, bywgrafflun(-iau) *m*, ysgrif (*f*) bortread (ysgrifau portread); *(b) Arch: Carp: &c:* proffil(-iau) *m*; **to project in ~,** estyn ar broffil; **classic ~,** proffil delfrydol; **cross ~,** trawsbroffil(-iau) *m*; **graded ~,** proffil graddedig; **longitudinal ~,** proffil hydredol; **~ of equilibrium,** proffil cydbwysedd; **projected ~,** proffil estynedig. **2.** *Fig:* safiad *m*; *F:* **to keep a low ~,** cadw/aros o'r golwg, cadw'ch pen i lawr, cadw'ch pen yn isel, swatio, cwato, llechu; **to keep a high ~,** bod yn [yr] amlwg; **low-~** *attrib.* anamlwg, anymwthiol. **~ drag** *n.* llusgiant (*m*) proffil.

profile[2] *v.t.* amlinellu, proffilio; *Journ:* portreadu.

profiling *vn.* = **profile**[1],[2].

profilist *n.* amlinellwr: amlinellydd (amlinellwyr) *m*; *Journ:* portreadwr: portreadydd (portreadwyr) *m*.

profit[1] *n.* elw *m*, *F:* proffid *m*; *(= advantage):* elw, mantais (manteision) *f*, budd *m*, lles *m*, buddiant *m*; **to turn sth to ~,** elwa/manteisio ar rth, cael budd o rth, troi rhth yn elw; **he turns everything to ~,** mae'n troi pob dŵr i'r felin; **the ~ motive,** yr ysgogiad (*m*) elw, y cymhelliad (*m*) elw; *Com:* **estimated ~,** amcan (*m*) elw; **net ~,** elw net, elw clir; **gross ~,** elw gros, elw crynswth; **operating ~,** elw gweithredol; **to bring in, to yield, to show (a ~),** dwyn, dangos (elw); talu; **excess ~,** gorelw *m*, elw dros ben; **to make a ~ (on sth),** gwneud elw (o rth, ar rth). **~ and loss account** *n.* cyfrif(-on) (*m*) elw a cholled. **~-earning** *a.* proffidiol, sy'n dwyn elw. **~ margin** *n.* maint (meintiau) (*m*) elw. **~ maximisation** *n. Com:* uchafu (*vn*) elw, elwa (*vn*) i'r eithaf. **~-sharing** *vn.* rhannu elw. **~-taking** *vn.* cymryd elw.

profit[2] **1.** *v.t. (= avail):* talu/dwyn elw (i rn); buddio, lles|au, llesio, llesu (rhn); bod o fudd/les (i rn); *B:* **for what shall it ~ a man, if he shall gain the whole world and lose his own soul?** canys pa lesâd i ddyn, os ennill yr holl fyd a cholli ei enaid ei hun? **what will it ~ you to go there?** faint elwach/gwell/callach fyddwch chi o fynd yno? **2.** *v.i.* **to ~ (by sth),** elwa, ymelwa, manteisio (ar rth); cael budd/elw/mantais (o rth); bod ar eich ennill (o rth).

profitability *n.* proffidioldeb *m*.

profitable *a.* **1.** *Fin:* proffidiol, sy'n dwyn elw. **2.** *(= advantageous):* buddiol, llesol, manteisiol, gwerthfawr; **it would be more ~ for us to sell it,** fe dalai'n well inni ei werthu.

profitableness *n.* **1.** *Fin:* proffidioldeb *m*, elw *m*. **2.** *(= advantage):* buddioldeb *m*, llesâd *m*, mantais *f*.

profitably *adv.* **1.** yn broffidiol *&c*; ag elw, er elw. **2.** yn fuddiol *&c*.

profiteer[1] *n. F:* proffidiwr (proffidwyr) *m*, proff|idwraig *f*, budrelwr (budrelwyr) *m*, gorelwr (gorelwyr) *m*.

profiteer[2] *v.i.* budrelwa, gorelwa (**from sth,** ar rth).

profiteering[1] *a.* budrelwol, gorelwol.

profiteering[2] *vn.* = **profiteer**[2].

profiterole *n. Cu:* proff|iterol (proffiteroliau) *m*.

profitless *a.* anfuddiol, ofer, seithug, dielw, di-les, di-fudd, heb fod yn werth chweil.

profitlessness *n.* anfuddioldeb *m*.

profligacy *n.* **1.** *(= debauchery):* anlladrwydd *m*, rhysedd *m*, trythyllwch *m*. **2.** *(= extravagance):* afradlonrwydd *m*, afradlondeb *m*, afradlonedd *m*, oferedd *m*.

profligate *a. & n.* **1.** *a. (a) (= debauched):* anllad, trythyll, chwantus, blysig; *(b) (= extravagant):* afrad, afradlon, ofer. **2.** *n.* afradlon(-iaid) *m*, oferddyn(-ion) *m*, oferwr (oferwyr) *m*.

profligately *adv.* **1.** yn anllad *&c*. **2.** yn afradlon *&c*.

profligateness *n.* = **profligacy**.

profluent *a.* llifeiriol, rhugl.

profound 1. *a.* dwfn (*f.* dofn, *pl.* dyfnion); (*comp. forms:* dyfned, dyfnach, dyfnaf); llwyr; **~ knowledge, ~ learning,** gwybodaeth ddofn, dysg ddofn; mawrddysg *f*; **a ~ secret,** cyfrinach (*f*) ddofn/lwyr; **a ~ (scholar),** (ysgolhaig) dyfnddysg, praff, hyddysg *m*; **a ~ sigh,** ochenaid ddofn *f*; **a ~ (silence),** (distawrwydd) dwfn, llwyr, llethol *m*; **~ sleep,** trwmgwsg: trymgwsg *m*; **a ~ study of a subject,** astudiaeth ddofn o bwnc; **to take a ~ interest in sth,** ymddiddori'n fawr/ddwfn yn rhth; **(to express) ~ (regret),** (mynegi gofid) dwys, angerddol, o waelod calon, o eigion calon. **2.** *n. Poet:* dyfnder(-oedd) *m*, eigion *m*, affwys *m*.

profoundly *adv.* yn ddwfn *&c*; **I'm ~ sorry,** mae'n ddrwg o galon gen i; mae'n ddrwg calon gen i; mae'n ddrwg gan fy nghalon i; **~ deaf,** hollol fyddar, tra byddar, trwm iawn eich clyw.

profoundness, profundity *n.* dyfnder *m*, llwyrdeb *m*, llwyredd *m*, llwyrni *m*; *(of sorrow &c):* dyfnder *m*, dwyster *m*, angerddoldeb *m*.

profuse *a.* **1. to be ~ in one's apologies,** ymddiheuro'n llaes; **to be ~ of praise,** canmol yn hael/ddibrin, bod yn ddibrin eich clod/canmoliaeth. **2. ~ bleeding,** gwaedu mawr/helaeth/llifeiriol; *(tears):* hidl, hidlaid, hidlaidd, llifeiriol; **a ~ variety,** amrywiaeth helaeth *f*; **a ~ crop,** cnwd toreithiog *m*.

profusely *adv.* yn hael *&c*; *(apologize):* yn llaes; *(weep):* yn hidl; *(thank):* yn llaes, yn fawr; *(bleed):* yn helaeth, yn ffrwd, yn llif, yn waed yr ael; *(flower, fruit, crop):* yn doreithiog.

profuseness *n.* *(of apologies, thanks):* llaester *m*; *(of praises):* haelioni *m*; *(of bleeding):* helaethrwydd *m*, llifeiriad *m*, llifeiriant *m*.

profusion *n.* toreth *fm*, digonedd *m*, helaethrwydd *m*, amlder *m*, *F:* peth (*m*) wmbredd, llond (*m*) gwlad; **flowers in ~,** toreth *&c* o flodau, blodau'n doreth, pa faint a fynnwch chi o flodau.

prog[1] *Sch: n.* proctor(-iaid) *m*.

prog[2] *v.t. Sch:* disgyblu.

prog[3] *F: n. (food):* prog *m*.

prog[4] *v.t. (= scrounge): N:* progio, sbachu, glewa, *S:* sgwlca, sgwlcan.

progenitive *a.* epiliol, epilgar.

progenitor *n.* **1.** cenhedlwr: cenhedlydd (cenhedlwyr) *m*, hynafiad (hynafiaid) *m*, hendad(-au) *m*, cyndad(-au) *m*. **2.** *Fig:* cychwynnwr: cychwynnydd (cychwynwyr) *m*.

progenitoress *n.f.* cynfam(-au).

progenitorial *a.* **1.** cyndadol, hendadol. **2.** *Fig:* cychwynnol, gwreiddiol.

progenitrix *n.f.* cynfam(-au).

progeniture *n.* **1.** *(= offspring):* epil *m*. **2.** *(= begetting):* epilio *vn*, cenhedlu *vn*, epiliad *m*, cenhedliad *m*.

progeny *n.* hil(-ion) *f*, epil(-oedd,-ion) *m*, hiliogaeth(-au) *f*, disgynyddion *pl*.

progesterone *n. Bio-Ch:* prog|esteron *m*.

progestin, progestogen *n.* progestin(-au) *m*.

proglacial *a. Geog:* cyfrewlifol.

proglottic *a. Ann:* proglotig.

proglottid, proglottis *n. Ann:* proglotis(-au) *m*, proglotid(-au) *m*.

prognathic, prognathous *a.* genfawr.

prognathism *n.* genfawredd *m*.

prognosis *n. Med:* rhagolwg (rhagolygon) *m*, argoel(-ion) *f*, rhagargoel(-ion) *f*, prognosis(-au) *m*.

prognostic *a. & n. Med:* **1.** *a.* argoelus, rhagargoelus, prognostig. **2.** *n.* rhagargoel(-ion) *f*, rhagarwydd(-ion) *m*.

prognosticable *a.* rhagweladwy, daroganadwy, rhagddywedadwy, rhagbroffwydadwy, proffwydadwy.

prognosticate *v.t.* proffwydo, darogan, rhagddarogan, rhagfynegi, rhagddw|eud, rhagw|eld; *(= betoken):* argoeli, rhagarwyddo, rhagargoeli.

prognostication *n.* proffwydoliaeth(-au) *f*, darogan(-au) *f*, brud(-iau) *m*, brudiaeth(-au) *f*, argoel(-ion) *f*, rhagargoel(-ion) *f*, *Lit: occ:* prognosticasiwn (prognosticasiynau) *m*; *S.a.* **prognosticate**.

prognosticative *a. (= prophetic):* daroganol, proffwydol, brudiol, rhagweledol; *(= betokening):* rhagarwyddol, rhagargoelus, rhagfynegol.

prognosticator *n.* daroganwr (daroganwyr) *m*, proffwyd(-i) *m*, brudiwr (brudwyr) *m*.
prognosticatory *a.* daroganol, proffwydol, brudiol.
progradation *n. Geog:* allraddiad(-au) *m*.
program[1] *n. Cmptr:* rhaglen(-ni) *f*; **demonstration ~,** rhaglen arddangos; **master ~,** prif raglen; **object ~,** nod-raglen(-ni) *f*; **source ~,** rhaglen wreiddiol (rhaglenni gwreiddiol); **utility ~,** rhaglen wasanaethu (rhaglenni gwasanaethu). **~ counter** *n.* rhifydd(-ion) *(m)* rhaglen. **~ design** *n.* cynllun(-iau) *(m)* rhaglen. **~ documentation** *n.* dogfennaeth *(f)* rhaglen. **~ generator** *n.* generadur(-on) *(m)* rhaglen. **~ maintenance** *n.* cynhaliaeth *(f)* rhaglen, cynnal *(vn)* rhaglen. **~ modification** *n.* addasu *(vn)* rhaglen, addasiad *(m)* rhaglen. **~ overlay** *n.* tros-haen *(f)* rhaglen (~-haenau rhaglenni). **~ proving** *vn.* profi rhaglen. **~ specification** *n.* manyleb(-au, manylion) *(f)* rhaglen. **~ testing** *vn.* rhoi prawf ar raglen.
program[2] *v.t. Cmptr:* rhaglennu.
programmatic *a.* rhaglennol.
programme[1] *n.* rhaglen(-ni) *f*; **souvenir ~,** cofraglen(-ni) *f*; **request ~,** rhaglen gais/geisiadau (rhaglenni cais/ceisiadau); *F:* **what's the ~ today?** beth wnawn ni heddiw? beth fydd hi heddiw? **~ associate** *n.* cydymgymerwr (cydymgymerwyr) *(m)* rhaglenni. **~ music** *n.* cerddoriaeth destunol *f*. **~ note** *n.* nodyn (nodiadau) *(m)* rhaglen (nodiadau rhaglenni).
programme[2] *v.t.* rhaglennu.
programmed *a.* rhaglenedig, rhaglennol, rhaglennog; *Lib:* **~ book,** rhaglenlyfr(-au) *m*, llyfr rhaglenedig; *Com:* **~ costs,** costau rhaglenedig; **~ learning,** dysgu rhaglenedig, dysgu trwy raglen; **~ material,** defnyddiau rhaglenedig *pl*.
programmer *n.* rhaglennwr: rhaglennydd (rhaglenwyr) *m*, rhagl|enwraig (rhaglenwragedd) *f*.
programming *vn.* rhaglennu; **integer ~,** rhaglennu cyfanrifol; **linear ~,** rhaglennu unionlin. **~ language** *n. Cmptr:* iaith *(f)* raglennu (ieithoedd rhaglennu).
progress[1] *n.* **1.** *(of work, events):* hynt *f*, cwrs *m*, symudiad *m*, rhediad *m*, datblygiad *m*, cerddediad *m*, treigl *m*; **the ~ of events,** datblygiad pethau; **in ~ of time,** gyda threigl amser, yn nhreigl amser, ym mhen yr hir a'r hwyr; **(work) in ~,** (gwaith) ar fynd, ar droed, ar y gweill, sy'n mynd rhagddo; **harvesting in full ~,** cynhaeaf ar ei anterth. **2.** *(= improvement):* cynnydd *m*, cynyddiad *m*, gwelliant *m*, datblygiad *m*, symud *(vn)* ymlaen; **to make ~ in one's work,** gwneud cynnydd yn eich gwaith; **to make slow ~,** gwella'n araf; **she's making ~,** mae hi'n dod yn ei blaen; **negotiations are making good ~,** mae'r trafodaethau yn symud yn eu blaenau'n dda; **social ~,** cynnydd cymdeithasol; **technological ~,** cynnydd technolegol; **a belief in P~,** cred mewn Cynnydd; *F:* **that's P~!** dyna beth yw Cynnydd! **3.** *A: (= journey):* cylchdaith (cylchdeithiau) *f*, ymdaith (ymdeithiau) *f*, taith (teithiau) *f*; *Lit:* **The Pilgrim's P~,** Taith *(f)* y Pererin; **rake's ~,** hynt *(f)* oferwr. **4.** *Sp:* graddiad *m*. **~ report** *n.* adroddiad(-au) *(m)* datblygiad/cynnydd.
progress[2] *v.i.&t.* **1.** *(a)* mynd, symud, cerdded [yml|aen]; **as the year progresses,** yng nghwrs y flwyddyn, gyda threigl y flwyddyn, fel yr â'r flwyddyn yn ei blaen; fel yr â'r flwyddyn rhagddi; *(b)* **to ~ (with one's work),** gwella, gwn|eud cynnydd (yn eich gwaith); cael hwyl (ar eich gwaith); **the patient is progressing favourably,** mae'r claf yn dod yn ei flaen yn dda; *(c) (of science &c):* cynyddu, gwneud cynnydd. **2.** *A: (= journey):* teithio, cylchdeithio. **3.** *Danc:* esgyn. **4.** *v.t.* **to ~ a plan,** gyrru cynllun yn ei flaen.
progression *n.* **1.** *(= motion):* symud *vn*, symudiad *m*, ymlwybrad *m*, cerddediad *m*; **mode of ~,** dull o symud/ymlwybro. **2.** *Mth:* dilyniant (dilyniannau) *m*; **arithmetical ~,** dilyniant rhifyddol; **geometric ~,** dilyniant geometrig; **harmonic ~,** dilyniant harmonig; *Mus:* **~ of chords,** dilyniant/dilyniad cordiau; **~ and sequence,** dilyniad a dilyniant. **~ speed** *n. Aut:* cyflymder *(m)* dilyniant. **~ wave** *n. Ph: &c:* ton gynyddol (tonnau cynyddol) *f*.
progressional *a.* dilyniannol.
progressionist, progressist *n.* = **progressivist**.
progressive *a. & n.* **1.** *a.* *(a) (growth &c):* cynyddol, graddol, *occ:* graddedig, esgynnol; **by ~ stages,** fesul cam, yn raddol; *Sp:* **~ exercises,** ymarferion graddedig; *Ling:* **~ assimilation,** cymathiad(-au) blaen *m*; **~ dissimilation,** dadfathiad(-au) blaen *m*; *(b) Pol: &c: (= favouring process):* blaengar *(pronounced* ng-g), cynyddgar, cynyddgarol; **a ~ age,** oes flaengar *f*, oes o gynnydd. **2.** *n.* blaengarwr (blaengarwyr) *m* *(pronounced* ng-g), pleidiwr (pleidwyr) *(m)* cynnydd, cynyddgarwr (cynyddgarwyr) *m*, cynyddolwr (cynyddolwyr) *m*.
progressively *adv.* [yn] fwyfwy, yn gynyddol, yn raddol, o dipyn i beth, fesul tipyn; **~ better,** gwellwell, *adv.* [yn] wellwell; **~ worse,** gwaethwaeth, *adv.* [yn] waethwaeth; **~ greater,** mwyfwy, *adv.* [yn] fwyfwy; **~ less,** lleilai, *adv.* yn lleilai, leilai; **~ richer,** mwyfwy cyfoethog.
progressiveness *n.* **1.** *(of disease, growth):* graddoldeb *m*, cynyddolder *m*. **2.** *Pol: &c:* blaengarwch *m*, blaengaredd *m* *(both pronounced* ng-g), cynyddgarwch *m*.
progressivism *n.* blaengaredd *m*, blaengarwch *m* *(both pronounced* ng-g), cynyddgarwch *m*.
progressivist *n. & attrib.* **1.** blaengarwr (blaengarwyr) *m* *(pronounced* ng-g), cynyddgarwr (cynyddgarwyr) *m*. **2.** *attrib.* cynyddgarol, blaengarol *(pronounced* ng-g).
prohibit *v.t.* gwahardd, *occ:* nadu, gomedd; *P.N:* **smoking is prohibited,** gwaherddir ysmygu; ni chewch ysmygu; dim ysmygu; **to ~ (s.o. from going),** gwahardd, nadu (rhn rhag mynd); gwahardd, nadu, gomedd (i rn fynd), *S.W: occ:* dïor (i rn fynd); **we were prohibited from going in,** ni chawsom fynd i mewn; gwaharddwyd ni rhag mynd i mewn; nadwyd inni fynd i mewn.
prohibited *a.* gwaharddedig.
prohibition *n.* gwaharddiad(-au) *m*, *occ:* gwaharddedigaeth(-au) *f*; *U.S: Hist:* **P~,** y Gwahardd/Gwaharddiad; *U.S:* **the P~ party,** y blaid waharddiadol *f*; **the P~ era,** cyfnod *(m)* y Gwahardd.
prohibitionism *n. U.S: Pol:* gwaharddiadaeth *f*.
prohibitionist *n.* gwaharddwr (gwaharddwyr) *m*, gwah|arddwraig (gwaharddwragedd) *f*, gwaharddiadwr (gwaharddiadwyr) *m*, gwahardd|iadwraig *f*.
prohibitive *a.* **1.** *(order):* gwaharddol. **2.** *(price &c):* afresymol; **a ~ price,** crocbris(-iau,-oedd) *m*.
prohibitively *adv.* **1.** yn waharddol. **2.** yn afresymol.
prohibitor *n.* gwaharddwr (gwaharddwyr) *m*, gwah|arddwraig (gwaharddwragedd) *f*.
prohibitory *a.* gwaharddol, gwaharddiadol.
project[1] *n.* **1.** *(= intention, plan):* rhagfwriad(-au) *m*, bwriad(-au) *m*, cynllun(-iau) *m*; *Pol:* cynllun *(m)* gwaith. **2.** *Sch: Ind: Com: &c:* cywaith (cyweithiau) *m*, project(-au) *m*, *occ:* prosiect(-au) *m*. **~ loan** *n. Lib:* benthyciad *(m)* cywaith. **~ stock** *n. Lib:* casgliad *(m)* cyweithiau.
project[2] *v.t.&i.* I. *v.t.* **1.** *(= plan):* cynllunio, rhaglunio, bwriadu, arfaethu, amcanu, rhagfwriadu; *(= estimate):* rhagw|eld, rhagamcanu; **to ~ a journey,** cynllunio taith, bwriadu teithio. **2.** *(= hurl):* taflu, lluchio. **3.** **to ~ a picture,** taflu llun. **4.** *Geom:* estyn; *Geog:* taflunio. **5.** *Psy:* allanoli, alldaflu; **he projects himself well,** mae'n ei osod ei hun yn dda; mae'n ei gyflwyno'i hun yn dda; **to ~ an image,** creu/cyflwyno delwedd; **to ~ confidence,** tywynnu hyder. II. *v.i.* taflu allan, bargodi, estyn allan, sefyll allan, *occ:* ysgwyddo (**over sth,** dros rth), *S.E:* sboco [mas].
projected *a.* **1.** *(building, journey &c):* arfaethedig, cynlluniedig, ar y gweill, bwriadedig; *(= estimated):* amcanol. **2.** *(= hurled):* tafledig, lluchiedig. **3.** *(map, picture, shadow):* tafluniedig; *Th:* **~ scenery,** golygfeydd *(pl)* taflu. **4.** *(graph):* estynedig. **5.** *Psy:* allanoledig, alldafledig.
projectile *a. & n.* **1.** *a.* taflol, ergydiol, hyrddiol, gwthiol, sy'n taflu. **2.** *n.* *(a) (stone &c):* teflyn(-nau) *m*; *(b) (= rocket):* taflegryn (taflegrau) *m*.
projecting *a.* bargodol, sy'n taflu allan, sy'n estyn allan, alldaflol; *(wall, rock):* allan o blwm, tros ei phlwm/blwm; **~ teeth,** danheddiad *m*, dannedd bargodol, *N.W: occ: F:* dannedd pegs, dannedd cribyn.
projection *n.* **1.** *(a) (of missile):* tafliad(-au) *m*, taflu *vn*; **~ of a picture,** tafluniad(-au) *m*, taflunio *vn*; *S.a.* **back-projection**; *(b) (= planning):* arfaethiad *m*, cynlluniad *m*; *(c) (estimate, e.g. of future population):* amcanestyniad(-au) *m*; *(d) Econ:* blaenamcanu *vn*; *(e)* allanoliad(-au) *m*, ymdafluniad(-au) *m*. **2.** *Geog:* tafluniad; *Geom: (of graph):* estyniad(-au) *m*; **auxiliary ~,** tafluniad cynorthwyol; **azimuthal ~,** tafluniad asimwthol; **conical ~,** tafluniad conigol; **cylindrical ~,** tafluniad silindrol; **equatorial ~,** tafluniad cyhydeddol; **equi-area ~,**

tafluniad arwynebedd hafal; **equidistant ~,** tafluniad cytbell; **first angle ~,** tafluniad ongl gyntaf; **gnomonic ~,** tafluniad gnomonig; **interrupted ~,** tafluniad bylchog/ysbeidiol/toredig; **isometric ~,** tafluniad isometrig; **map ~,** tafluniad map; **oblique ~,** tafluniad lletraws; **orthographic ~,** tafluniad orthograffig; **orthomorphic ~,** tafluniad orthomorffig; **polar ~,** tafluniad pegynol; **recentred ~,** tafluniad atganolog; **stereographic ~,** tafluniad stereograffig; **third angle ~,** tafluniad trydedd ongl; **transverse Mercator ~,** tafluniad Mercator ar draws; **zenithal ~,** tafluniad anterthol. **3.** *(= thing sticking out):* bargodiad(-au) *m*, pigyn (pigau) *m*, allaniad(-au) *m*, ysgwyddiad(-au) *m*, tafliad(-au) *m*. **4.** *Psy:* allanoliad(-au) *m*, ymestyniad(-au) *m*. **5. powder of ~,** llwch (*m*) hud. **~ line** *n.* llinell dafluniadol (llinellau tafluniadol) *f*, llinell daflunio (llinellau taflunio). **~ room** *n. Cin:* ystafell (*f*) daflunio (ystafelloedd taflunio). **~ test** *n.* prawf (profion) (*m*) ymdaflunio.

projectionist *n. Cin:* tafluniwr (taflunwyr) *m*, tafl|unwraig (taflunwragedd) *f*.

projective *a.* **1.** *Geom:* estynnol; *Ph:* tafluniol. **2.** *Psy:* alldaflol, ymdafluniol.

projectively *adv.* **1.** yn dafluniol *&c.* **2.** yn alldaflol.

projectivity *n. Ph:* taflunedd *m*.

projector *n.* **1.** *(of plan &c):* arfaethwr (arfaethwyr) *m*, cynlluniwr (cynllunwyr) *m*, dyfeisiwr (dyfeiswyr) *m*. **2.** *Ph: Cin:* taflunydd(-ion) *m*; **overhead ~,** uwchdaflunydd(-ion) *m*.

projet *n.* braslun(-iau) *m*.

prolactin *n. Bio-Ch:* prolactin *m*.

prolamine *n. Bio-Ch:* pr|olamin (prolaminau) *m*.

prolapse[1] *n. Med:* cwymp (*m*) y groth, llithriad (*m*) y groth; *Vet:* **~ of vagina,** bwrw'r llawes goch; **~ of uterus,** bwrw'r famog, bwrw'r cwd.

prolapse[2] *v.i. Med:* llithro o'i le.

prolapsed *a.* llithredig, wedi llithro.

prolapsus *n.* = **prolapse.**

prolate *a.* **1.** *Geom:* hirgrwn (*f.* hirgron, *pl.* hirgrynion). **2.** = **prolative.**

prolately *adv. Gram:* yn gyflenwol.

prolative *a. Gram:* cyflenwol.

prole *a. F: (= proletarian):* prôl (proliaid) *m&f*.

proleg *n. Ent:* ffug goes(-au) *f*, tros-goes(-au) *f*.

prolegomenary *a.* rhagymadroddol, rhagarweiniol.

prolegomenon *n.* rhagarweiniad(-au) *m*, rhagymadrodd(-ion) *m*, rhaglith(-iau,-oedd) *f*, rhagair (rhageiriau) *m*.

prolegomenous *a.* = **prolegomenary.**

prolepsis *n. Rh:* rhagflaeniad(-au) *m*.

proleptic *a.* rhagflaenol, proleptig.

proletarian *a. & n.* **1.** *a.* proletaraidd; *Pej:* bas-werinol. **2.** *n.* proletariad (proletariaid) *m&f*; *Coll:* gwerinos *pl*, *Pej:* poblach *f or pl*.

proletarianism *n.* proletariaeth *f*.

proletarianize *v.t.* proletareiddio, gwerineddio.

proletariat, proletariate *n.* proletariat(-au) *m*, gwerin(-oedd) *f*, gwerinos *pl*, *Pej:* poblach *pl*, bas-werinos *pl*.

proliferate *v.i.&t.* **1.** *v.i.* lluosogi, amlh|au, ymledu, ymdaenu, mynd ar led, toreithio, cynyddu'n fawr; *(of animals only):* epilio. **2.** *v.t.* amlh|au, lluosogi.

proliferation *n. (a) (action):* amlhad *m*, lluosogiad *m*, ymlediad *m*; *(b) (= abundance):* toreth *fm*, amlder *m*; *S.a.* **proliferate.**

proliferative *a.* amlhaol, lluosogol, ymledol.

proliferous *a. Nat.Hist: Path:* toreithog.

prolific *a.* **1.** *(animals &c):* epiliog, epilgar, hiliog. **2.** *(author &c):* cynhyrchiol, toreithiog.

prolificacy *n.* = **prolificity.**

prolifically *adv.* **1.** yn epiliog *&c.* **2.** yn gynhyrchiol *&c.*

prolificity, prolificness *n.* **1.** *(of animal &c):* epiliogrwydd *m*, epilgarwch *m*. **2.** *(of author &c):* cynyrchioldeb *m*, ffrwythlondeb *m*, toreithiogrwydd *m*.

proline *n. Ch:* prolin *m*.

prolix *a.* amleiriog, hirwyntog, cympasog, maith (meithion), hir(-ion), hirfaith (hirfeithion).

prolixity *n.* meithder *m*, hirfeithder *m*, amleiriogrwydd *m*, geiriogrwydd *m*, hirwyntogrwydd *m*.

prolixly *adv.* yn amleiriog *&c.*

prolixness *n.* = **prolixity.**

prolocutor *n.* llefarydd (llefarwyr) *m*, rhaglefarydd(-ion) *m*.

prolocutorship *n.* llefaryddiaeth(-au) *f*.

prologize *v.t.* rhagymadroddi.

prologue[1] *n. Th: &c:* prolog(-au) *m*, rhagymadrodd(-ion) *m*, cyflwyniad(-au) *m*, rhagaraith (rhagareithiau) *f*, rhaglith(-iau,-oedd) *fm*; *Mus:* prolog.

prologue[2] *v.t.* rhagymadroddi, cyflwyno.

prologuize *v.* = **prologize.**

prolong *v.t.* estyn, ymestyn, hwyh|au.

prolongation *n.* estyniad(-au) *m*, ymestyniad(-au) *m*, hwyhad *m*.

prolonge *n.* rhaff(-au) (*f*) halio.

prolonged *a.* estynedig, hir(-ion), maith (meithion), hirfaith (hirfeithion).

prolusion *n.* rhagarweiniad(-au) *m*, rhaglith(-iau,-oedd) *f*.

prolusory *a.* rhagarweiniol, rhaglithiol.

prom *n. F:* **1.** = **promenade**[1]. **2.** = **promenade concert.**

promenade[1] *n.* promenâd (promenadau) *m*, rhodfa (rhodf|eydd) *f*. **~ concert** *n.* cyngerdd (cyngherddau) (*m*) promenâd. **~ deck** *n.* bwrdd (byrddau) (*m*) promenâd.

promenade[2] *v.i.&t.* **1.** *v.i.* rhodio, rhodianna, mynd am dro, cerddetian, promenadio. **2.** *v.t.* **to ~ oneself,** mynd allan i'ch dangos eich hun; **to ~ s.o.,** mynd â rhn am dro, mynd â rhn o gwmpas.

promenader *n.* rhodiannwr (rhodianwyr) *m*, rhodiennwr (rhodienwyr) *m*, rhodi|enwraig (rhodienwragedd) *f*, promenadiwr (promenadwyr) *m*, promen|adwraig (promenadwragedd) *f*.

promeristem *n. Bot:* prom|eristem (promeristemau) *m*.

promethazine *n. Pharm:* prom|ethasin *m*.

Promethean *a.* Prometheaidd.

promethium *n. Ch:* promethiwm *m*.

prominence, prominency *n.* **1.** *(a) (of eyes &c):* amlygrwydd *m*; *(b) (= prominent thing): (of sun &c):* alldafliad(-au) *m*; *(on head):* chwydd(-au) *m*; *(c) Phon:* seinfawredd *m*. **2.** *(= fame):* amlygrwydd, bri *m*, pwysigrwydd *m*; **(to come) into ~,** (dod) i'r amlwg, i amlygrwydd, i fri, yn bwysig.

prominent *a.* **1.** *(= very visible):* amlwg, gweladwy iawn, sy'n sefyll allan; *(ears, nose):* mawr(-ion). **2.** *(= important):* amlwg, blaenllaw, pwysig, blaenaf. **~ moth** *n. Ent:* gwyfyn(-od) cudynnog *m*, cudynnog (cudynogion) *m*; **pale ~,** cudynnog gwelw.

prominently *adv.* yn amlwg, yn flaenllaw *&c*; **this featured ~,** rhoddwyd lle blaenllaw i hyn.

promiscuity *n.* **1.** *(of crowd &c):* cymysgaredd *m*, cymysgarwch *m*. **2.** *(sexual):* llacrwydd (*m*) moesau, anlladrwydd *m*, trythyllwch *m*, anfoesoldeb *m*.

promiscuous *a.* **1.** *(= mingled):* cymysg, diwahaniaeth, diwahân, cymysgryw, cymysglyd, amryfath, plith-draphlith. **2.** *(sexually):* anfoesol, anllad, trythyll, llac eich moesau; **she is completely ~,** mae hi'n gwbl anfoesol; mae hi'n rhy barod ei chymwynas; nid oes wahaniaeth ganddi gyda phwy yr aiff i'r gwely.

promiscuously *adv.* **1.** *(= indiscriminately):* yn blith draphlith, yn bendraphen, rywsut-rywsut, yn ddiwahân *&c.* **2.** *(sexually):* yn llac eich moesau, yn drythyll *&c.*

promiscuousness *n.* = **promiscuity.**

promise[1] *n. (a)* addewid(-ion) *mf*; **to keep one's ~,** cadw'ch addewid, cywiro'ch addewid, cadw'ch gair, cadw at eich gair, sefyll at eich gair; **to break one's ~,** torri'ch addewid, torri'ch gair, torri amod; **the land of ~,** gwlad yr addewid; **~ of marriage,** amod (*mf*) priodas; **breach of ~,** torri amod priodas; *(b)* **a child full of ~,** plentyn addawol; **to show great ~,** bod yn addawol iawn.

promise[2] *v.t. (a)* addo, *(often incorrectly):* gaddo; **to ~ sth to s.o., to ~ s.o. sth,** addo rhth i rn; **to ~ s.o. to do sth,** addo i rn wneud rhth, addo i rn y gwnewch rth; **I was promised a reward,** addawyd gwobr i mi; cefais addewid o wobr; *F:* **he promised her the moon/earth,** fe addawodd fôr a mynydd iddi; **he promised on his honour,** addawodd ar ei beth mawr; **(you will be sorry for it) I ~ you,** (bydd yn edifar gen ti) coelia di fi, yn siŵr i ti, fe gei di weld; **I ~ myself a good time,** 'rwy'n disgwyl cael hwyl; *(b)* argoeli; **to ~ well,** argoeli'n dda, bod yn addawol; *abs.* **(the scheme) promises well,** (mae'r cynllun) yn argoeli'n dda, yn un addawol iawn, yn un gobeithiol iawn; **it promises to rain tonight,** mae hi'n addo glaw heno, mae argoel glaw ynddi

heno; maen' nhw'n addo/darogan glaw at heno; *N.W: occ:* mae hi'n hel am law heno.
promised *a.* addawedig; **the ~ land,** gwlad yr addewid.
promiser *n.* addäwr (addawyr) *m,* add|aw-wraig (addawwragedd) *f,* addewidiwr (addewidwyr) *m.*
promising *a.* addawol, gobeithiol.
promissee *n.* derbyniwr (*m*) addewid (derbynwyr addewidion).
promissor *n.* = **promiser.**
promissory *a.* addewidiol; *Com:* **~ note,** addaweb(-au,-ion) *f,* nodyn (nodion) (*m*) addewid.
promontory *n.* pentir(-oedd) *m,* penrhyn(-au,-ion) *m,* trwyn(-au) *m* [o dir], *occ:* garth(-au) *m.* **~ fort** *n.* caer (*f*) bentir (ceyrydd pentir).
promote *v.t.* **1.** *(to a post):* dyrchafu (rhn), rhoi dyrchafiad (i rn); **to be promoted,** cael dyrchafiad; *Chess:* **to ~ a pawn,** dyrchafu gwerinwr. **2.** *(a) (= encourage &c):* hyrwyddo, hybu, meithrin, cefnogi; **to ~ (disorder),** annog, annos, cefnogi, symbylu, hau hadau (anhrefn); *(b)* **to ~ (a company),** cychwyn, lansio (cwmni); *(c) Ch: Ph: &c:* **to ~ (a reaction),** cychwyn, achosi, peri (adwaith); *(d) (= advertize):* hyrwyddo, hysbysebu; *(e) Parl:* **to ~ a bill,** cyflwyno mesur.
promoter *n.* **1.** *(of business, boxing match &c):* hyrwyddwr (hyrwyddwyr) *m,* hyr|wyddwraig *f; Box:* trefnydd(-ion) *m,* trefnwr (trefnwyr) *m.* **2.** *(of disorder &c):* anogwr (anogwyr) *m,* an|ogwraig (anogwragedd) *f,* cychwynnwr (cychwynwyr) *m,* cychw|ynwraig (cychwynwragedd) *f.*
promotion *n.* **1.** *(to a post):* dyrchafiad(-au) *m.* **2.** *(of disorder &c):* hyrwyddiad *m* (rhth), anogaeth *f* (i rth). **3.** *Com: (of a product):* hysbysebu *vn,* cymell *vn,* hyrwyddo *vn,* hyrwyddiad *m,* hysbysebiad *m.* **~ money** *n.* arian (*m*) hyrwyddo.
promotional, promotive *a.* hyrwyddol, anogol, cefnogol; *(leaflet &c):* hysbysebol.
prompt[1] *a., adv. & n.* **1.** *(a) a.* di-oed, dioed, buan (*with comp. forms:* cynted, cynt, cyntaf); cyflym, diymdr|oi, prydlon; **to be ~ in doing sth,** gwneud rhth yn syth, gwneud rhth yn ddi-oed; **a ~ reply to a letter,** ateb buan i lythyr; **~ delivery,** danfoniad buan; *Ph:* **~ neutron,** niwtron di-oed; **~ in repartee,** parod eich ateb; *(b) adv.* **(to arrive) ~ to the minute,** (cyrraedd) ar yr union funud, yn brydlon; **at six o'clock ~,** ar ben chwech o'r gloch, am chwech o'r gloch [yn] union. **2.** *Com: (a)* **~ iron,** haearn parod *m; (b) n. Fin:* dyddiad(-au) (*m*) talu. **~-note** *n. Fin:* awgrymeb(-au) *f.*
prompt[2] *n. (a)* awgrym(-iadau) *m,* proc(-iau) (*m*) i'r cof; *(b) Th:* **to give an actor a ~,** procio cof actor, cofweini ar actor. **~-book, ~ copy** *n. Th:* copi (copïau) (*m*) cofweinydd. **~-box** *n. Th:* blwch (blychau) (*m*) cofweinydd. **~ side** *n.* ochr (*f*) y cofweinydd.
prompt[3] *v.t.* **1. to ~ s.o. to sth,** awgrymu rhth i rn, annog rhth ar rn; **to ~ (s.o. to do sth),** annog, annos, symbylu, ysgogi, procio, cynhyrfu, cymell (rhn i wneud rhth); peri (i rn wneud rhth); *N.W:* cynnwys, swcro (rhn i wneud rhth); **he felt prompted (to speak),** teimlodd dan orfodaeth, teimlodd reidrwydd, cynhyrfwyd ef (i siarad); **she was prompted by a feeling of pity,** ysgogwyd/cynhyrfwyd hi gan deimlad o dosturi. **2. to ~ a witness,** arwain tyst, awgrymu rhth i dyst; **to ~ an actor,** cofweini ar actor, procio cof actor; **(to say/do sth) without any prompting,** (dweud/gwneud rhth) heb gael eich procio, yn ddigymell.
prompter *n.* **1.** *(to crime &c):* anogwr (anogwyr) *m,* an|ogwraig *f,* symbylwr (symbylwyr) *m,* ysgogwr (ysgogwyr) *m.* **2.** *Th:* cofweinydd(-ion) *m;* **opposite ~,** gyferbyn â'r cofweinydd; **~'s booth,** bwth (*m*) y cofweinydd.
prompting *n.* **1.** cymhelliad (cymelliadau, cymhellion) *m,* anogaeth(-au) *f;* **(he did it) without ~,** (fe'i gwnaeth) yn ddigymhelliad, yn ewyllysgar, o'i wirfodd, ohono'i hun, yn ddigymell. **2.** *Th:* cofweini *vn.*
promptitude *n.* = **promptness.**
promptly *adv.* yn brydlon, yn ddioed, yn ddi-oed, heb oedi, yn fuan, yn ddiymdr|oi, heb ymdr|oi, ar unwaith, yn y fan [a'r lle], *F:* chwap, chwipyn, *Lit:* yn ddiatreg, yn ebrwydd, *N.W: F:* yn syth bin; **I ~ went into the water,** mi euthum ar fy mhen i'r dŵr.
promptness *n.* **1.** *(= speediness):* sydynrwydd *m,* parodrwydd *m,* buander *m,* cyflymder *m.* **2.** *(= punctuality):* prydlondeb *m.*
promulgate *v.t.* **1.** *(= proclaim):* cyhoeddi, hysbysu. **2.** *(= spread):* taenu, lledaenu, hau.
promulgation *n.* **1.** *(= proclamation):* cyhoeddiad(-au) *m,* cyhoeddi *vn,* hysbysiad(-au) *m,* hysbysu *vn.* **2.** *(= spreading):* lledaeniad *m,* lledaenu *vn,* taenu *vn,* taeniad *m.*
promulgator *n.* **1.** *(= proclaimer):* cyhoeddwr (cyhoeddwyr) *m,* hysbyswr (hysbyswyr) *m,* cyh|oeddwraig (cyhoeddwragedd) *f,* hysb|yswraig (hysbyswragedd) *f.* **2.** *(= spreader):* lledaenwr (lledaenwyr) *m,* lled|aenwraig *f.*
promycelial *a. Fung:* promyselaidd.
promycelium *n. Fung:* promyseliwm (promyselia) *m.*
pronaos *n. Gr.Ant:* pronaos(-au, pronaoi) *m,* cyntedd(-au) *m,* cynteddfa (cynteddf|eydd, cynteddfâu) *f.*
pronate *v.t. Med:* pronadu.
pronated *a. Med:* pronaidd.
pronation *n. Med:* pronadiad(-au) *m,* pronadu *vn.*
pronator *n. Med:* pronadwr (pronadwyr) *m.*
prone *a.* **1.** *(lying):* [yn gorwedd] wyneb i waered, ar eich wyneb, ar eich tor, *F:* ar eich bol. **2.** *(= liable):* tueddol (i rth), â thueddiad (i rth, at rth); chwannog, *S.W:* aptus (i rth); **she's ~ to colds,** mae hi'n dueddol i gael annwyd; mae hi'n tueddu i gael annwyd; mae hi'n un ddrwg am gael annwyd; *N.E:* mae hi [â] natur cael annwyd; **accident-~,** damweinlon, damweingar, tueddol i gael damweiniau, drwg am gael damweiniau; *B:* **the heart of man is ~ to folly and evil,** mae calonnau dynion yn tueddu at ynfydrwydd a drygioni. **~-lying** *a.* tor-orweddol.
pronely *adv.* ar eich wyneb *&c.*
proneness *n.* tuedd *f,* tueddiad(-au) *m* (at rth, i gael rhth); **accident-~,** damweingarwch *m,* tueddiad i gael damweiniau.
pronephros *n. Anat:* proneffros(-au) *m,* cynaren(-nau) *f.*
proneur *n.* canmolwr (canmolwyr) *m.*
prong[1] *n.* dant (dannedd) *m,* pigyn(-nau) *m,* pig(-au) *mf; Carp:* fforch (ffyrch) *f.* **~-buck** *n. Z:* *cornfwch (cornfychod) *m.* **~ hoe** *n. Agr:* hof (*f*) ddanheddog (hofiau danheddog), chwynnogl (chwynoglau) danheddog *m.* **~ key** *n. Metalw:* allwedd (*f*) fforch (allweddau/allweddi ffyrch).
prong[2] *v.t.* fforchio.
pronged *a.* â phigau, â dannedd, fforchiog; **two-~,** deuddaint, dwybig, deubig; **three-~,** tridaint.
pronghorn, pronghorned antelope *n. Z:* = **prong-buck.**
pronk *v.i.* prancio, llamu.
pronominal *a. & n. Gram:* **1.** *a.* rhagenwol. **2.** *n.* rhagenwolyn (rhagenwolion) *m.*
pronominalia *n.pl. Gram:* rhagenwolion.
pronominalize *v.t.* rhagenwi, rhagenwoli.
pronominally *adv.* yn rhagenwol.
pronominals *n.pl. Gram:* = **pronominalia.**
pronoun *n. Gram:* rhagenw(-au) *m;* **affixed ~,** rhagenw ôl; **conjunctive ~,** rhagenw cysylltiol; **demonstrative ~,** rhagenw dangosol; **dependent ~,** rhagenw dibynnol; **distributive ~,** rhagenw dosbarthol; **emphatic ~,** rhagenw dyblyg; **impersonal ~, indefinite ~,** rhagenw amhendant; **independent ~,** rhagenw annibynnol; **infixed ~,** rhagenw mewnol; **interrogative ~,** rhagenw gofynnol; **personal ~,** rhagenw personol; **possessive ~,** rhagenw meddiannol; **prefixed ~,** rhagenw blaen; **reciprocal ~,** rhagenw cilyddol; **reflexive ~,** rhagenw atblygol; **relative ~,** rhagenw perthynol; **simple ~,** rhagenw syml; **suffixed ~,** rhagenw ôl, rhagenw ategol.
pronounce *v.t.* **1.** *(a) (= declare):* datgan, cyhoeddi; **to ~ a patient out of danger,** datgan bod claf ar wella; **to ~ s.o. guilty,** cyhoeddi/datgan euogrwydd rhn, cyhoeddi/datgan bod rhn yn euog; *(b) Jur:* **to ~ a verdict,** cyhoeddi dedfryd; *abs.* dedfrydu. **2.** *abs.* **to ~ (on a subject),** traethu barn, mynegi barn, datgan barn (ar bwnc); **to ~ (for s.o., in favour of s.o.),** rhoi dedfryd, barnu, deddfu (o blaid rhn). **3.** *(word, sound):* ynganu, dweud, *occ:* cynanu, seinio, llefaru; *(speech):* llefaru, traethu, traddodi.
pronounceable *a.* ynganadwy.
pronounced *a.* pendant, amlwg, eglur, sylweddol, cryf (*f.* cref, *pl.* cryfion); **to become more ~,** cryfh|au, cynyddu, tyfu, dod/mynd yn fwyfwy amlwg *&c.*
pronouncedly *adv.* yn bendant.
pronouncement *n.* datganiad(-au) *m.* **~ story** *n. Rel:* stori (*f*) ddatgan (straeon datgan).
pronouncing *vn.* = **pronounce, pronunciation; ~ dictionary,** geiriadur ynganu/ynganiadol/cynaniadol.
pronto *adv. F:* yn syth, ar unwaith, ar eich union, chwap, [yn] chwipyn, yn chwip, *N.W:* yn syth bin, yn gwit.

pronuclear *a. Ph:* cyn-gnewyllol; *S.a.* **pro-nuclear,** *under* **pro-**[3].
pronucleus *n. Ph:* cyn-gnewyllyn (~-gnewyll) *m.*
pronunciamento *n.* datganiad(-au) *m.*
pronunciation *n.* ynganiad(-au) *m,* cynaniad(-au) *m.*
pronunciational *a.* ynganiadol, cynaniadol.
pronunciationally *adv.* yn ynganiadol *&c;* o ran ynganiad.
proof[1] *n.* **1.** *Jur:* prawf (profion) *m;* **positive ~, ~ positive,** prawf pendant; **cast-iron ~,** prawf diymwad; *Prov:* **the ~ of the pudding is in the eating,** wrth ei flas mae profi pwdin; **to give ~ of sth,** dangos arwydd[-ion] *(m)* o rth; **to give/show ~ of goodwill,** dangos arwyddion ewyllys da; **to give ~ of one's gratitude to s.o.,** dangos/profi i rn eich bod yn ddiolchgar; **this is ~ that he is lying,** dyma ddangos/brofi ei fod yn dweud celwydd; **in ~ of one's good faith,** yn brawf o'ch diffuantrwydd, fel prawf o'ch diffuantrwydd, yn dystiolaeth *(f)* i'ch diffuantrwydd; **capable of ~,** profadwy; **to await ~ of sth,** aros am gadarnhad *(m)* o rth; **to produce ~ to the contrary,** dangos prawf i'r gwrthwyneb; *Jur:* **the onus/burden of ~,** baich y profi; **evidentiary burden of ~,** baich tystiolaethol y prawf; **~ of a debt,** prawf y ddyled; *Jur:* **~ of a right,** prawf o hawl; **~ of a will,** profiant *(m)* ewyllys, profi *(vn)* ewyllys; **(~) of one's identity,** (prawf) o bwy ydych, o'ch hunaniaeth, o'ch enw; *Jur:* **proof[-s] of evidence,** proflen *(f)* dystiolaeth (proflenni tystiolaeth); **up to ~,** cystal â'i broflen/phroflen; **he/she did not come up to ~,** nid oedd cystal â'i phroflen/broflen. **2.** *(a)* **to bring/put s.o. to the ~,** rhoi prawf ar rn, rhoi rhn ar brawf; **it has stood the ~,** mae wedi gwrthsefyll y prawf; *(b) (of liquor):* nerth *m,* cryfder *m,* safon *f;* **above ~, over ~,** dros y safon, uwch na'r safon. **3.** *(a) Typ:* proflen(-ni) *f;* **galley ~,** proflen hir (proflenni hirion); **page ~,** proflen dudalen (proflenni tudalen); **progress proofs,** proflenni datblygiad; *(b) Engr:* **~ before the letter/letters,** proflen cyn llythrennu; *(c) Phot:* proflun(-iau) *m.* **~ correction marks** *n.pl.* arwyddion cywiro proflenni. **~-plane** *n. El.E:* plaen(-iau) *(m)* profi. **~-pulling** *vn.* tynnu proflenni. **~-read** *v.t.* darllen/cywiro proflenni; *Cmptr:* prawf-ddarllen. **~-reader** *n. Typ:* darllenwr: darllenydd (darllenwyr) *(m)* proflenni, cywirwr (cywirwyr) *(m)* proflenni. **~-reading** *vn. Typ:* darllen/cywiro proflenni. **~-room** *n. Typ:* ystafell *(f)* broflenni (ystafelloedd proflenni). **~-sheet** *n. Typ:* proflen(-ni) *f.* **~ spirit** *n.* gwirod(-ydd) *(mf)* [o nerth] safonol.
proof[2] *a.* diogel (**against sth,** rhag rhth); **~ against temptation,** annhemtiadwy; **damp-~,** diddos, anhydraidd; **to make sth damp-~,** diddosi (rhth); selio, diogelu (rhth) rhag dŵr/gwlybaniaeth/tamprwydd/tamp; **bomb-~,** diogel rhag bomiau; **bullet-~,** diogel rhag bwledi; **bullet-~ vest,** crys(-au) gwrth-fwledi *m,* crys atal bwledi, *F:* crys haearn; **burglar-~, pilfer-~,** diogel rhag lladron; **child-~,** diogel rhag plant; **rain-~,** diogel rhag glaw, sy'n dal glaw, a ddeil law, gwrth-law; **sound-~,** seinglos *(pronounced* ng-g), gwrth-sain; **splinter-~,** annhoradwy, anchwilfriwadwy, anhyfriw; **sun-~,** diogel rhag haul, gwrth-haul; *S.a.* **foolproof, waterproof.**
proof[3] *v.t.* **1.** *Typ:* proflennu (rhth), tynnu proflen (o rth); *Phot:* proflunio (rhth), tynnu proflun (o rth). **2.** *(canvas &c):* diddosi; selio, diogelu (**against damp &c,** rhag gwlybaniaeth *&c*).
proofing *vn. (liquid &c):* gwlybwr (gwlybyrau) *(m)* selio [rhag dŵr], gwlybwr diddosi/anhydreiddio.
proofless *a.* di-brawf.
prop[1] *n.* **1.** postyn (pyst) *m,* prop(-iau) *m, Lit:* ateg(-ion) *f; Min:* **pit-~,** postyn pwll, coedyn pwll. **2.** *(of plants):* ffon (ffyn) *f;* **clothes-~,** polyn (polion) *(m)* lein. **3.** *Fig: (of society &c):* colofn(-au) *f,* piler(-i) *m.* **~ forward** *n. Fb:* prop(-iau) *m.* **~ root** *n. Bot:* gwreiddyn (gwreiddiau) ategol *m.*
prop[2] *v.t. (a)* **to ~ up a ladder against a wall,** rhoi ysgol i bwyso ar wal; **a drunk propped against the bar,** meddwyn yn pwyso ar y bar; **to ~ up a piece of furniture,** codi dodrefnyn [ar sodlau, ar goed], *F:* propio dodrefnyn; *(b) Const: Hort: (a wall &c):* cynnal, ategu, *F:* propio.
prop[3] *n. Av: Nau: F:* = **propeller. ~-jet** *n.* prop-jet(-iau) *f.* **~-shaft** *n.* propsiafft(-iau) *f.*
prop[4] *n.usu.pl. Th: Cin:* celficyn (celfi) *m,* dodrefnyn (dodrefn) *m.* **props man** *n.m.* arolygwr (arolygwyr) celfi/dodrefn.
propaedeutic[al] *a.* rhagwyddorol.
propaedeutics *n.pl.* rhagwyddoreg *f.*
propagable *a.* lluosogadwy.
propaganda *n.* **1.** propaganda *m.* **2.** *R.C.Ch:* **Congregational/College of the P~,** y Gynulleidfa/Coleg er Lledaenu'r Ffydd. **~ film** *n.* ffilm *(f)* bropaganda (ffilmiau propaganda). **~ play** *n.* drama *(f)* bropaganda (dramâu propaganda).
propagandism *n.* propagandaeth *f.*
propagandist *n. & attrib.* **1.** *n.* propagandydd(-ion, propagandwyr) *m.* **2.** *attrib.* propagandaidd.
propagandistic *a.* propagandaidd, cenhadol.
propagandistically *adv.* yn bropagandaidd.
propagandize *v.t.&i.* **1.** *v.t.* propagandeiddio. **2.** *v.i.* propagandeiddio, cenhadu, lledu propaganda (**for sth,** dros rth).
propagate *v.t., v.pr.&i.* **1.** *v.t. (a) (animals, humans, plants):* lluosogi, amlh|au; *(b) (light):* tywynnu, lledaenu, pelydru; *(c) (ideas):* taenu, lledaenu; rhoi (rhth) ar led. **2.** *v.pr. & v.i. (a) (of animals, humans, plants):* epilio, cenhedlu, lluosogi, ymluosogi, hilio, dwyn hiliogaeth, amlhau, ymledu; *(of humans):* planta; *(b) (of ideas):* ymledu, mynd ar led.
propagation *n.* **1.** *Biol:* lluosogi *vn,* epilio *vn,* epiliaeth *f,* dygiad *(m)* epil. **2.** *Ph: (of light):* tywyniad *m,* pelydriad *m,* ymlediad *m.* **3.** *(of message):* lledaeniad *m,* ymlediad *m,* taeniad *m; Hist:* **Act for the P~ of the Gospel,** Deddf *(m)* Taeniad yr Efengyl; **the Society for the P~ of Christian Knowledge,** y Gymdeithas *(f)* er Lledaenu Gwybodaeth Gristnogol; *S.a.* **propagate.**
propagative *a.* **1.** *Biol:* lluosogol. **2.** *Ph:* tywynnol. **3.** *(of ideas &c):* lledaenol.
propagator *n.* **1.** *Biol:* lluosogwr (lluosogwyr) *m.* **2.** *(of message):* lledaenwr (lledaenwyr) *m,* taenwr (taenwyr) *m.* **3.** *Hort:* ffrâm *(f)* brifiant (fframiau prifiant).
propagule *n. Bot:* eginyn (egin) *m,* blaguryn (blagur) *m.*
propane *n. Ch:* propan *m.*
propanol *n. Ch:* pr|opanol *m.*
proparalepsis *n. Rhet:* argymeriad *m.*
proparoxytone *a. & n.* **1.** *a.* rhagobennol. **2.** *n.* gair (geiriau) rhagobennol *m.*
proparoxytonic *a.* rhagobennol.
propel *v.t.* gyrru, gwthio, hwbio, *S:* hwpo (rhth) [yml|aen].
propellant *a. & n.* **1.** *a.* sy'n gyrru, gyrrol, gyriadol, gyriannol, gwthiol. **2.** *n. (= fuel):* tanwydd(-au) *m.*
propelled *a.* a yrrir/yrrid/yrwyd *&c;* gyredig; **jet-~,** jet-yredig, jet-wthiedig.
propeller *n. Av: Nau:* sgriw *(f)* yrru (sgriwiau gyrru), propelor(-au) *m.* **~ blade** *n.* pâl *(f)* sgriw (palau sgriw/sgriwiau). **~ shaft** *n.* siafft *(f)* yrru (siafftiau gyrru), propsiafft(-iau) *f.*
propelling[1] *a.* gyrrol, gwthiol, gyriadol, gyriannol.
propelling[2] *vn.* **~ pencil** *n.* pensel *(f)* droi (penseli troi).
propene *n. Ch:* = **propylene.**
propenol *n. Ch:* pr|openol *m.*
propensity *n.* tuedd(-iadau) *f,* tueddiad(-au) *m,* tueddbeniad(-au) *m,* tueddfryd *m,* gogwyddiad(-au) *m* (**to sth,** at rth; **to do sth,** i wneud rhth).
proper *a. & adv.* **1.** *A:* **with my [own] ~ eyes,** â'm llygaid i fy hun; *B:* **every man hath his ~ gift of God,** mae i bob dyn ei ddawn ei hun gan Dduw; *B:* **every creature in his ~ kind,** pob peth byw wrth ei rywogaeth. **2.** *(a)* **~ to sth,** *(= particular):* priod, priodol; *(b)* **to put sth to its ~ use,** gwn|eud y defnydd priodol/iawn/cywir o rth; **~ name,** enw(-au) priod *m;* **~ psalm,** priod salm(-au) *f;* **~ lesson,** priod lith(-oedd) *f;* *(c) Gram:* **~ compound,** cyfansoddair (cyfansoddeiriau) rhywiog *m;* **~ noun,** enw(-au) priod *m;* *(d) Her:* **lion ~,** llew naturiol *m,* llew yn ei briod liw. **3.** *(a) (= correct):* iawn, cywir, priodol; **the ~ word,** y gair cywir/iawn, yr union air, y gair priodol; **in a ~ sense,** yng ngwir ystyr y gair; **in Cardiff ~,** yng Nghaerdydd ei hun; **in the sphere of architecture ~,** ym maes pensaernïaeth go iawn; *(b) Mth:* **~ fraction,** ffracsiwn (ffracsiynau) bondrwm *m;* **~ motion,** mudiant priodol *m;* **~ time,** amser priodol *m.* **4.** *F:* **(he's) a ~ fool,** (mae'n) ffŵl go iawn, rêl ffŵl, ffŵl hollol, ffŵl o'r mwyaf, ffŵl yng ngwir ystyr y gair, ffŵl gwirioneddol, eitha' ffŵl, *S:* dwpsyn/ddwlbyn reit; **(to get) a ~ hiding,** *N:* (cael) curfa go iawn, coblyn o gweir, andros o gweir, *S:* eitha' crasfa. **5.** *(a) (= appropriate):* addas, cyfaddas, iawn, priodol; **[at] the ~ time,** [ar] yr adeg iawn/briodol/gyfaddas *f,* yr iawn bryd *m;* **to deem it ~ to do sth,** ei gweld hi'n iawn/briodol gwneud rhth, barnu'n briodol wneud rhth; **do as you think ~,** gwnewch fel y gwelwch yn dda/ddoeth; **to do the ~ thing by s.o.,** trin rhn yn

deg, gwneud cyfiawnder/iawn â rhn, gwneud yn iawn â rhn; **the ~ way to do sth,** y dull iawn/cywir/gorau o wneud rhth; **~ receipt,** derbynneb reolaidd *f*; **in ~ condition,** mewn cyflwr da; *(b) B:* **a ~ child,** bachgen tlws; *(= decent, respectable):* gweddus, parchus, bucheddol, agos at eich lle, ail i'ch lle, *F:* desant, propor; *S.a.* **prim**[1]. **6.** *adv. F:* **I'm ~ poorly,** 'rwy'n wael iawn; 'rwy'n wael, wir; 'rwy'n wirioneddol wael; **she's ~ annoyed,** mae hi wedi gwylltio o ddifrif; **we were ~ tired,** 'roeddem wedi blino'n lân.

properly *adv.* **1.** *(a) (= correctly):* yn gywir, yn iawn; **~ so called,** yng ngwir ystyr y gair. **2.** *F: (intensive):* **he was ~ drunk,** yr oedd yn hollol/gwbl feddw; **to tick s.o. off ~,** dwrdio rhn yn hallt/iawn; **if ~ exploited, this will be a great asset to us,** o elwa'n llawn arno, fe fydd hyn yn gaffaeliad mawr i ni. **3.** *(a) (= decently):* **to behave ~,** ymddwyn yn weddus/barchus; *(b)* **he very ~ refused,** gwrthododd fel y gweddai/dylasai.

properness *n.* cywirdeb *m*, priodoldeb *m*, gwedduster *m*, gweddustra *m*.

propertied *a.* ag eiddo, yn berchen [ar] eiddo, meddiannol, meddiannus, tiriog.

property *n.* **1.** eiddo *m (no pl.)*, *occ:* meddiant (meddiannau) *m*; *U.S:* **community ~,** eiddo cyhoeddus; **personal ~,** eiddo personol; *Jur:* **real ~,** eiddo gwirioneddol/real, eiddo anghyffro, eiddo tiriog; **landed ~,** tir(-oedd) *m*, eiddo tirol *m*; **that's my ~,** myfi piau hwnna; fy eiddo i yw hwnna; **lost ~,** eiddo coll/colledig; **stolen ~,** eiddo lladrad. **2.** *Th: Cin:* celficyn (celfi) *m*, dodrefnyn (dodrefn) *m*, atodyn (atodion) *m*; *attrib.* drama, llwyfan. **3.** *Ch: Ph: &c: (= quality):* priodoledd(-au) *f*, nodwedd(-ion) *f*, cynneddf (cyneddfau) *f*, priodwedd(-au) *f*; **inherent ~,** nodwedd gynhenid (nodweddion cynhenid). **~-basket** *n. Th:* basged (*f*) gelfi (basgedi celfi). **~ conveyance** *n.* trosgludo/trosglwyddo (*vn*) eiddo. **~ horse** *n.* ceffyl(-au) (*m*) drama/llwyfan. **~-man** *n.m.* arolygwr (arolygwyr) celfi. **~-mistress** *n.f.* arol|ygwraig (arolygwragedd) celfi. **~ plot** *n.* plot(-iau) (*m*) celfi. **~ qualification** *n.* cymhwyster (*m*) eiddo. **~-room** *n. Th:* ystafell (*f*) gelfi (ystafelloedd celfi), storfa (*f*) gelfi (storf|eydd celfi). **~ service agency** *n.* swyddfa (*f*) gwasanaethau eiddo. **~ sword** *n.* cleddyf(-au) (*m*) llwyfan/drama. **~ tax** *n.* treth (*f*) ar eiddo.

prophage *n. Biol:* proffag(-au) *m*.

prophase *n. Biol:* proffas *m*.

prophecy *n.* **1. the gift of ~,** dawn (*f*) darogan, dawn proffwydo. **2.** *(= a forecast):* proffwydoliaeth(-au) *f*, darogan(-au) *mf*; *W.Lit: Hist:* brud(-iau) *m*; *B: Rel:* proffwydoliaeth.

prophesied *a.* proffwydoledig, wedi ei broffwydo/phroffwydo, wedi ei argoeli/hargoeli, daroganedig, *occ:* darogan.

prophesier *n.* proffwydwr (proffwydwyr) *m*, daroganwr (daroganwyr) *m*, proffwyd(-i) *m*, proffwydes(-au) *f*; *W.Lit: Hist:* brudiwr (brudwyr) *m*.

prophesy *v.t.&i.* proffwydo, rhag ddweud, rhagw|eld darogan, *Lit: occ:* brudio.

prophet *n.* proffwyd(-i) *m*; *B:* **a ~ is not without honour, save in his own country,** nid yw proffwyd heb anrhydedd, ond yn ei wlad ei hun; **cultic ~,** proffwyd cwltig; **ecstatic ~,** proffwyd ecstatig; **false ~,** proffwyd gau, gau broffwyd; **former ~,** proffwyd blaenorol; **later ~,** proffwyd diweddarach; *B:* **the Major Prophets,** y Proffwydi Mwyaf/Mawr/Hirion; *B:* **the Minor Prophets,** y Proffwydi Lleiaf/Llai/Byrion; **weather ~,** proffwyd tywydd.

prophetess *n.f.* proffwydes(-au).

prophethood *n.* proffwydiaeth *f*.

prophetic[al] *a.* proffwydol, *occ:* daroganol; *Rel:* proffwydol.

prophetically *adv.* yn broffwydol *&c*.

prophetism *n.* proffwydiaeth *f*.

prophylactic *a. & n. Med:* **1.** *a.* proffylactig, clwyfrwystrol, clwyfataliol, heintrwystrol. **2.** *n.* clwyfatalydd(-ion) *m*, clwyfrwystrydd(-ion) *m*.

prophylaxis *n. Med:* atal (*vn*) clefydau, clwyfrwystriad *m*, clwyfataliad *m*, proffylacsis *m*.

propinquity *n.* agosrwydd *m*, cyfagosrwydd *m* **(to sth,** at rth).

propionate *n. Ch:* pr|opionad (propionadau) *m*.

propionic *a. Ch:* propionig.

propitiable *a.* cymodadwy, *Lit: occ:* dyhuddadwy.

propitiate *v.t.* cymodi, cymodloni, heddychu, tawelu, *Lit: occ:* dyhuddo.

propitiated *a.* cymodlon, *Lit: occ:* dyhuddedig.

propitiation *n.* dyhuddiant *m*; *Theol:* dyhuddiad *m*; *vn.* = **propitiate.**

propitiatious, propitiative *a.* = **propitiatory.**

propitiator *n.* cymodwr (cymodwyr) *m*, cym|odwraig (cymodwragedd) *f*, cymodlonwr (cymodlonwyr) *m*, cymodl|onwraig *f*, heddychwr (heddychwyr) *m*, hedd|ychwraig (heddychwragedd) *f*, dyhuddwr (dyhuddwyr) *m*, dyh|uddwraig (dyhuddwragedd) *f*, cymrodeddwr (cymrodeddwyr) *m*, cymrod|eddwraig *f*.

propitiatorily *adv.* **1.** *(= in propitiatory manner):* yn gymodlon. **2.** *(as propitiation):* fel iawn.

propitiatory *a. & n.* **1.** *a.* cymodol, cymodlon, cymodlonol, heddychol, dyhuddol, iawnol; **~ sacrifice,** aberth (ebyrth) dyhuddol *m*, aberth hedd. **2.** *n. Rel:* trugareddfa *f*.

propitious *a.* ffafriol, teg; **the weather was ~,** yr oedd y tywydd o'n plaid.

propitiously *adv.* yn ffafriol.

propitiousness *n.* ffafrioldeb *m*.

propjet *n. Av:* propjet(-iau) *f*.

propolis *n. Ap:* glud (*m*) gwenyn.

proponent *a. & n.* **1.** *a.* sy'n cynnig, cynigiol. **2.** *n.* cynigydd: cynigiwr (cynigwyr) *m*.

proportion[1] *n.* **1.** *(= part, fraction):* rhan(-nau) *f*, cyfran(-nau) *f*, *occ:* dogn(-au) *m*; **(to divide sth) in equal proportions,** (rhannu rhth) yn gyfartal, yn rhannau cyfartal; **the ~ (of sth in a mixture),** y cyfartaledd, y gyfran, y dogn (o rth mewn cymysgedd). **2.** *(= ratio):* cyfartaledd(-au) *m*; *Mth: Mus:* cyfrannedd (cyfraneddau) *m*; **direct ~,** cyfrannedd union; **fixed ~,** cyfrannedd annewidiol; **inverse ~,** cyfrannedd gwrthdro, gwrthgyfrannedd *m*; **variable ~,** cyfrannedd newidiol; *Ch:* **law of multiple proportions,** deddf y cyfraneddau lluosog; **law of variable proportions,** deddf y cyfraneddau newidiol; **in ~,** yn gymesur â rhth, yn ôl yr herwydd; *Mth:* mewn cyfrannedd; **in the ~,** yn y cyfrannedd. **3.** *(= correctness of relationship):* cymesuredd *m*; **in ~,** cymesur (â rhth); **out of ~,** anghymesur (â rhth); **(payment) in ~ to work done,** (tâl) yn unol/gymesur â'r gwaith a wneir, yn ôl y gwaith a wneir, yn cyfateb i'r gwaith a wneir; **his expenses are out of ~ to/with his income,** mae ei dreuliau heb fod yn gymesur â'i gyflog; **she has an eye for ~,** mae ganddi lygad da am fesur; **to lose all sense of ~,** colli pob amcan am gymesuredd, colli'ch synnwyr cymesuredd, *F:* mynd dros ben llestri; **out of all ~,** y tu hwnt i reswm, y tu hwnt i fesur, yn ormodol, i ormodedd; **the windows are in admirable ~,** mae'r ffenestri yn rhyfeddol o gymesur; **his success bore no ~ to his abilities,** nid oedd ei lwyddiant yn cyfateb i'w allu *or* yn gymesur â'i allu. **4.** *usu.pl. (= size):* maintioli *m*, mesuriadau *f*.

proportion[2] *v.t.* **1. to ~ (punishment to a crime),** cyfartalu, cymesuro, cymhwyso, addasu (cosb i'r trosedd). **2.** *(ingredient):* dogni, mesur. **3.** *Ind: (= measure):* mesur.

proportionable *a.* cymesuradwy, cymesur, cymesurol

proportionably *adv.* yn gymesuradwy.

proportional *a. & n.* **1.** *a.* cymesurol, cyfartaleddol, cyfrannol; cymesur **(to sth,** â rhth), cyfatebol (i rth); *Pol:* **~ representation,** cynrychiolaeth gyfrannol *f*; *Mth:* **X is directly ~ to Y,** mae X mewn cyfrannedd union â Y; **X is inversely ~ to Y,** mae X mewn cyfrannedd gwrthdro â Y; *Cmptr:* **~ characters,** nodau cyfrannol; **~ limit,** terfan gyfrannol (terfannau cyfrannol) *f*; **~ parts,** cyfrannau; *Cmptr: &c:* **~ printing,** argraffu cyfrannol; **~ spacing,** bylchiad cyfrannol *m*; *Geog:* **~ symbols,** symbolau cyfrannol. **2.** *n.* cyfranolyn (cyfranolion) *m*.

proportionalism *n. Pol:* cyfranoliaeth *f*.

proportionalist *n. Pol:* cyfranolydd(-ion) *m*.

proportionality *n.* cymesuredd *m*, cymesuroldeb *m*, cyfranoldeb *m*.

proportionally *adv.* yn gymesur *&c*; **there are ~ fewer accidents in good weather,** mae llai o ddamweiniau ar gyfartaledd mewn tywydd da.

proportionate *a.* cymesur **(to sth,** â rhth).

proportionately *adv.* yn gyfatebol *&c*; yn ôl cyfran; **they were ~ rewarded,** cawsant eu gwobrwyo yn ôl eu cyfran.

proportionateness *n.* cymesuredd *m*.

proportioned *a.* **badly-~,** *(body &c):* anghymesur, afluniaidd; *(judgement &c):* anghytbwys; **well-~,** *(body &c):* cymesur, lluniaidd; *(judgement &c):* cytbwys.

proportionment *n.* cymesuriad *m.*
proposal *n.* **1.** *(= offer):* cynnig (cynigion) *m*, cynigiad(-au) *m*; **~ of marriage,** cynnig priodi/priodas; **to make a ~,** rhoi/gwn|eud cynnig; **counter-~,** gwrth-gynnig (~-gynigion) *m.* **2.** *(= plan):* cynllun(-iau) *m*, bwriad(-au) *m.* **~ form** *n.* ffurflen *(f)* gynnig (ffurflenni cynnig).
propose *v.t.* **1.** *(= propound):* codi, cynnig (rhth); rhoi (rhth) ger bron. **2.** *(a)* **to ~ (a course of action),** cynnig, awgrymu (dull o weithredu); *(b)* **to ~ a candidate,** cynnig ymgeisydd; **to ~ a motion,** gwn|eud cynnig; **will you ~ me?** a wnewch chi fy nghynnig i? **to ~ the health of s.o.,** cynnig iechyd da rhn; **to ~ a toast,** cynnig llwncdestun; *(c) (= intend):* **to ~ (to do sth),** bwriadu, arfaethu, pwrpasu, *N.W: occ:* darofun, pwrpasa, *F:* 'pasa, *S:* arofun, *F:* 'rofun, permisio (gwneud rhth); **I ~ (to go on holiday),** 'rwy'n bwriadu, mae yn fy mwriad, mae'n fwriad gennyf (fynd ar wyliau). **3.** *abs.* **to ~ (marriage) to s.o.,** gofyn i rn eich priodi, cynnig priodi rhn.
proposed *a.* awgrymedig, arfaethedig, yn yr arfaeth, ar y gweill, bwriadedig, cynigiedig; **~ plan,** cynllun arfaethedig.
proposer *n.* cynigydd: cynigiwr (cynigwyr) *m.*
proposition[1] *n.* **1.** *(a) (= proposal):* cynnig (cynigion) *m*, cynigiad (-au) *m*; *(b) (= undertaking):* menter (mentrau) *f*; **a mining ~,** menter fwyngloddio; **a paying ~,** menter broffidiol, menter sy'n talu; **it's a tough ~,** mae'n gryn dasg/her; mae'n glamp o broblem; **it's not a ~,** ni ddaw dim ohoni; ni ddaw i ddim; ni thâl hi ddim; *F:* **he's a tough ~,** mae'n un anodd ei drin. **2.** *Log: Geom:* gosodiad(-au) *m.*
proposition[2] *v.t.* **to ~ a girl,** gwn|eud cynnig i ferch.
propositional *a.* gosodiadol; *Log:* **~ function,** ffurfosodiad(-au) *m.*
propositionally *adv.* yn osodiadol.
propound *v.t.* **to ~ a riddle/problem,** gosod pôs; **to ~ an idea,** rhoi/dwyn syniad ger bron, codi/cynnig syniad.
propounder *n.* cynigydd: cynigiwr (cynigwyr) *m.*
propraetor *n.* rhagynad(-on) *m*, cyn-bra[e]tor(-iaid) *m.*
propranolol *n. Pharm:* propr|anolol *m.*
proprietarily *adv.* yn berchenogol.
proprietary *a. & n.* **1.** *a. (a) (= of proprietor):* perchenogol; *Hist:* **~ colony,** gwladfa berchenogol (gwladf|eydd perchenogol) *f*; **lord ~,** llywodraethwr (llywodraethwyr) perchenogol *m*; *(b) O:* **the ~ classes,** y dosbarth perchenogol/meddiannol/tiriog *m*, y perchenogion *pl*, *occ:* y meistradoedd *pl*; **~ library,** llyfrgell berchenogol (llyfrgelloedd perchenogol) *f*; *(c) Com:* **~ article,** nwydd(-au) patent *m*; **~ medicine,** ffisig *(m)* siop, moddion *(m or pl)* siop, ffisig/moddion patent; **~ name,** enw(-au) masnachol *m.* **2.** *n. (a)* = **proprietor, property**; *(b) Med:* cyffur(-iau) *(m)* patent/siop.
proprietor *n.* perchennog (perch[e]nogion) *m*, perchen(-ogion) *m*; **landed ~,** perchen tir; **peasant ~,** tyddynnwr (tyddynwyr) *m*; **sole ~,** unig berchennog (~ berch[e]nogion) *m.*
proprietorial *a.* perchenogol.
proprietorship *n.* perchenogaeth *f.*
proprietress *n.f.* perchenoges(-au).
propriety *n.* **1.** *(= aptness):* priodoldeb *m*, priodolder *m*, addasrwydd *m*, cymhwyster *m.* **2.** *(= decency):* gwedduster(-au) *m*, gweddustra *m*, lledneisrwydd *m*; **breach of ~, lack of ~,** anwedduster *m*, afledneisrwydd *m*; **to throw ~ to the winds,** wfftio/dibrisio/anwybyddu pob gwedduster/confensiwn; **to observe the proprieties,** ymddwyn yn weddus. **3.** *Lit: Th: usu.pl.* y gweddusterau.
proprioceptive *a. Biol:* propriodderbynnol.
proprioreceptor *n. Biol:* propriodderbynnydd (propriodderbynyddion) *m.*
proptosis *n. Med: (of eye):* llithriad(-au) *m*, proptosis(-au) *m.*
propulse *v.t.* **to ~ sth,** gyrru rhth yn ei flaen, gyrru rhth yml|aen.
propulsion *n.* gyriad *m*, gyriant *m*; **jet-~,** jet-yriant *m*, jet-wthiant *m.* **~ reactor** *n.* adweithydd(-ion) *(m)* gyrru.
propulsive *a.* gyriannol, gyriadol.
propyl *n. & attrib. Ch:* propyl *m.* **~ gallate** *n. Ch:* galad *(m)* propyl.
propylaeum *n.* porth (pyrth) *m*, mynedfa (mynedf|eydd) *f*, propylaewm (propylaea) *m.*
propylene *n.* pr|opylen *m.*
propylon *n.* = **propylaeum.**
prorate *v.t.* dosbarthu/dosrannu (rhth) ***pro rata.***
prorogation *n. Pol:* gohiriad(-au) *m*, addoediad(-au) *m*, rhagderfyniad(-au) *m*, goderfyniad(-au) *m*; *vn.* = **prorogue.**
prorogue *v.t. Pol:* gohirio, addoedi, rhagderfynu, goderfynu.
prosaic *a. (style):* rhyddieithol, anfarddonol; *(mind, place &c):* anniddorol, diflas, di-fflach, dieneiniad, dilewych, dilewyrch.
prosaically *adv.* yn rhyddieithol; yn anniddorol *&c.*
prosaicism *n.* = **prosaism.**
prosaicness *n.* natur ryddieithol *f*, rhyddieitholdeb *m*; *(= boredom):* diflastod *m*, diflaster *m.*
prosaism *n.* **1.** = **prosaicness. 2.** *(= cliché):* ystrydeb(-au) *f.*
prosaist *n.* rhyddieithwr (rhyddieithwyr) *m*, rhydd|ieithwraig (rhyddieithwragedd) *f.*
proscenium *n. Th:* proseniwm (prosenia) *m.* **~ arch** *n. Th:* bwa (bwâu) *(m)* proseniwm, ffrâm (fframiau) *(f)* llwyfan.
proscribe *v.t.* **1.** *(= banish):* alltudio, diarddel, deol, esgymuno; *(= condemn to death):* condemnio, collfarnu. **2.** *(= forbid):* gwahardd, nac|au, nadu, gwarafun.
proscribed *a.* **1.** *(= outlawed):* ar herw, deol, deoledig, alltud, alltudiedig, diarddeledig, esgymun; *(= condemned):* condemniedig. **2.** *(= forbidden):* gwaharddedig, anghyfreithlon.
proscriber *n.* **1.** *(= banisher):* deholwr (deholwyr) *m*, alltudiwr (alltudwyr), deh|olwraig (deolwragedd) *f*, allt|udwraig (alltudwragedd) *f.* **2.** *(= forbidder):* gwaharddwr (gwaharddwyr) *m*, gwah|arddwraig (gwaharddwragedd) *f.*
proscript *n.* herwr (herwyr) *m*, h|erwraig (herwragedd) *f.*
proscription *n.* **1.** *(= banishment):* deholiad (deoliadau) *m*, alltudiaeth(-au) *f*; *S.a.* **proscribe. 2.** *(= ban):* gwaharddiad(-au) *m*, gwahardd *vn.*
proscriptive *a.* **1.** deoliadol, alltudiol. **2.** gwaharddol, gwaharddiadol.
proscriptively *adv.* **1.** yn ddeoliadol. **2.** yn waharddol.
proscriptiveness *n.* gwaharddoldeb *m.*
prose[1] *n.* **1.** rhyddiaith *f*, *occ:* prôs *m*; **a ~ work,** gwaith rhyddiaith (*not* gwaith rhyddieithol, = *a prosaic work*). **2.** *Sch: (for translation):* darn(-au) *(m)* cyfieithu, darn i'w drosi. **3.** *Fig:* **the ~ of existence,** diflastod *(m)* bodolaeth. **4.** *Ecc:* prôs (prosau) *m*, segwens(-iau) *m.* **~ poem** *n.* cerdd *(f)* brôs (cerddi prôs). **~ poetry** *n.* barddoniaeth *(f)* brôs. **~ writer** *n.* ysgrifennwr (ysgrifenwyr) *(m)* rhyddiaith, rhyddieithwr (rhyddieithwyr) *m*, rhydd|ieithwraig (rhyddieithwragedd) *f*, awdur(-on) *(m)* rhyddiaith, awdures(-au) *(f)* rhyddiaith.
prose[2] *v.i.&t.* **1.** *v.i.* traethu'n ddiflas, ystrydebu. **2.** *v.t.* rhyddieithu (rhth), trosi (rhth) i ryddiaith, troi (rhth) yn rhyddiaith.
prosect *v.t. Med:* difynio, difynu.
prosector *n. Med:* difyniwr (difynwyr) *m.*
prosecute *v.t.* **1.** *(a) Jur: &c:* erlyn (rhn), rhoi'r gyfraith (ar rn), *F:* rhoi cwrt (ar rn), *N.W: occ:* gyrru (ar rn); *(of lawyer in court):* erlyn; *(b)* **to ~ an action,** dwyn achos yn ei flaen; **to ~ an enquiry,** dwyn ymholiad yn ei flaen; **to ~ a claim,** dwyn hawliad yn ei flaen. **2.** *(studies, trade &c):* dilyn, canlyn (rhth); canlyn arni (gyda rhth).
prosecuted *a.* erlyn[i]edig.
prosecuting *a.* sy'n erlyn, erlyn[i]ol; **~ counsel,** cwnsler(-iaid) *(m)* erlyn, cwnsler ar ran yr erlyniad; **~ solicitor,** cyfreithiwr (cyfreithwyr) *(m)* erlyn, cyfr|eithwraig (cyfreithwragedd) *(f)* erlyn.
prosecution *n.* **1.** *Jur: (a)* erlyniad(-au) *m*; **notice of intended ~,** rhybudd o fwriad i erlyn; **the Director of Public Prosecutions,** y Cyfarwyddwr *(m)* Erlyniadau Cyhoeddus; *(b)* **the P~,** yr Erlyniaeth *f*; **counsel/solicitor for the ~,** y cwnsler/cyfreithiwr ar ran *or* dros yr erlyniaeth; **witness for the ~,** tyst(-ion) *(m)* ar ran yr erlyniaeth. **2.** *(of studies, inquiry, trade &c):* ymroddiad *m* (i rth); dilyniad *m*, dilyn *vn*, canlyn *vn.*
prosecutor *n. Jur:* **1.** erlynydd(-ion, erlynwyr) *m*; **solicitor for the ~,** cyfreithiwr ar ran yr erlynydd. **2. Public P~,** Erlynydd Cyhoeddus.
prosecutrix *n.f.* erl|ynwraig (erlynwragedd).
proselyte[1] *n.* tröedig (troedigion) *m&f*, pr|oselyt (proselytiaid) *m&f.*
proselyte[2] *v.t.&i. U.S:* = **proselytize.**
proselytism *n.* proselytiaeth *f.*
proselytization *n.* proselytiad(-au) *m*; *S.a.* **proselytize.**
proselytize *v.t.&i.* **1.** *v.t.* troi. **2.** *v.t.&i.* proselytio, proselyteiddio. **3.** *v.i.* cenhadu.

proselytizer *n.* cenhadwr (cenhadwyr) *m*, cenhades (cenadesau) *f* **(for sth,** dros rth); proselyteiddiwr (proselyteiddwyr) *m*.
prosencephalic *a. Anat:* prosenseffalig.
prosencephalon *n. Anat:* blaen (*m*) ymennydd (blaenau ymenyddiau), prosens|effalon (prosenseffalonau) *m*.
prosenchyma *n. Bot:* prosencyma (prosencymâu) *m*.
prosenchymal, prosenchymatous *a. Bot:* prosencymol.
proser *n.* traethwr (traethwyr) diflas *m*, ystrydebwr (ystrydebwyr) *m*.
prosify *v.t.&i.* rhyddieithu (rhth), trosi (rhth) i ryddiaith, troi (rhth) yn rhyddiaith.
prosily *adv.* yn rhyddieithol *&c*; *See* **prosy**.
prosimian *a. & n. Z:* **1.** *a.* prosimiaidd. **2.** *n.* prosimiad (prosimiaid) *m*.
prosiness *n.* rhyddieitholdeb *m*, diflastod *m*, ystrydebedd *m*; *(= verbosity):* hirwyntogrwydd *m*, amlder (*m*) geiriau.
prosit *int.* iechyd da! hir oes! iechyd i'r dant!
prosobranch *n. Moll:* molwsg (molysgiaid) cloriog *m*, pr|osobranc (prosobranciaid) *m*.
prosobranchiate *a. Moll:* prosobrancaidd.
prosodic[al] *a.* mydryddol.
prosodist *n.* mydryddwr (mydryddwyr) *m*, mydr|yddwraig *f*, prydydd(-ion) *m*, prydyddes(-au) *f*.
prosody *n.* mydryddiaeth *f*, mydryddeg *f*, cerdd (*f*) dafod.
prosopographer *n.* prosopograffydd(-ion) *m*.
prosopographic[al] *a.* prosopograffig.
prosopography *n.* prosopograffeg *f*.
prosopopoeia *n.* personoliad *m*, personoli *vn*, dynosodiad *m*.
prospect¹ *n.* **1.** *(= view):* golygfa (golygf|eydd) *f*, golwg (golygon) *f* **(of sth,** ar rth); **a wide ~,** golygfa eang, panorama (panoramâu) *mf*; *(in name of terrace, road):* Trem *f e.g.* **Mountain P~,** Trem y Mynydd. **2.** *(a) (= expectation):* disgwyliad(-au) *m*, rhagolwg (rhagolygon) *m*, gobaith (gobeithion) *m*; **in ~,** dan sylw, yn yr arfaeth, mewn golwg, ar y gweill; **to have sth in ~,** bod â rhth mewn golwg; **there is no ~ of their leaving,** nid oes dim golwg eu bod yn ymadael; **what ~ of success is there?** pa obaith llwyddo sydd? **no ~ of agreement,** dim gobaith/golwg cytuno. **3.** *pl.* dyfodol *m*, gobaith, gobeithion, golwg, addewid *m*, addewidion, rhagolwg, rhagolygon; **future prospects,** gobeithion, dyfodol; **the prospects of the harvest are excellent,** mae'r cynhaeaf yn addo'n dda dros ben; mae'r cynhaeaf yn addawol iawn; mae gobaith/golwg am gynhaeaf rhagorol; mae hi'n addo cynhaeaf rhagorol; **what prospects of fine weather,** oes golwg am dywydd braf? **his prospects are brilliant,** mae dyfodol disglair o'i flaen. **4.** *Min: (= promising place):* llc(-oedd) gobeithiol *m*, lle addawol; *(= sample):* sampl(-au) *f*; *(= yield):* cynnyrch (cynhyrchion) *m*. **5.** *esp. U.S: Com:* cwsmer(-iaid) tebygol *m*, gobaith.
prospect² *v.i.&t.* **1.** *v.i. Min:* chwilio, chwilota **(for sth,** am rth). **2.** *v.t.* archwilio; *(of mine):* addo.
prospection *n.* archwiliad(-au) *m*, archwilio *vn*.
prospective *a.* arfaethedig, disgwyliedig, dichonol, sydd ar ddod; darpar + *soft mut.*; **a ~ buyer,** darpar brynwr, prynwr tebygol/posibl; *Pol:* **~ candidate,** darpar ymgeisydd (~ ymgeiswyr) *m*; **a ~ visit,** ymweliad arfaethedig *m*; **~ profit,** elw dichonol *m*.
prospectively *adv.* yn y dyfodol, yn yr arfaeth, yn ddichonol *&c*.
prospectiveness *n.* dichonoldeb *m*, dyfodoldeb *m*.
prospectless *a.* heb ddyfodol, diddyfodol, heb obaith llwyddo, heb olwg llwyddo, *occ:* diolwg.
prospector *n.* chwiliwr (chwilwyr) *m*, chwilotwr (chwilotwyr) *m*, ymchwiliwr (ymchwilwyr) *m*; **metal ~,** mwnchwiliwr (mwnchwilwyr) *m*; **oil ~,** chwiliwr/chwilotwr am olew.
prospectus *n.* prosbectws (prosbectysau) *m*.
prosper *v.i.&t.* **1.** *v.i.* ffynnu, *occ:* llwyddo. **2.** *v.t. O:* ffafrio, noddi; **may God ~ you!** Duw fo o'ch plaid! Duw'n nawdd i chwi!
prosperity *n.* ffyniant (ffyniannau) *m*, llewy[r]ch *m*; **to bring ~,** *N: F:* dod ag ŷd i'r felin.
prosperous *a.* **1.** *(country &c):* ffyniannus, llewyrchus; *(pers.):* da eich byd, ffyniannus, cefnog. **2. ~ winds,** gwyntoedd ffafriol.
prosperously *adv.* yn ffyniannus *&c*.
prosperousness *n.* = **prosperity**.
prostaglandin *n. Bio-Ch:* prostaglandin(-au) *m*.
prostate *n. Anat:* **~ [gland],** prostad(-au) *f*, chwarren brostad (chwarennau prostad) *f*.
prostatectomy *n. Med:* codi(*vn*)'r brostad, prostad|ectomi (prostadectomïau) *f*.
prostatic *a. Anat:* prostadol, prostadig.
prostatitis *n. Med:* prostadwst *m*, llid (*m*) ar y brostad.
prosthesis *n.* **1.** *Gram:* rhagosodiad(-au) *m*, rhagddodiad(-au) *m*. **2.** *Med: (limb):* prosthesis(-au) *m*, aelod(-au) gosod/dodi *m*.
prosthetic *a.* **1.** *Gram:* prosthetig, rhagddodiadol. **2.** *Med:* prosthetig, gosod, dodi.
prosthetically *adv. Gram: Med:* yn brosthetig.
prosthetics *n.pl. Med:* prostheteg *f*.
prosthion *n. Anat:* prosthion(-au) *m*.
prosthodontics *n. Dent:* prosthodonteg *f*.
prosthodontist *n. Dent:* prosthodontydd(-ion) *m*.
prostitute¹ *n.* putain (puteiniaid) *f*.
prostitute² *v.t.* puteinio.
prostituted *a.* puteiniedig.
prostitution *n.* puteindra *m*, puteiniaeth *f*, puteindod *m*; **temple ~,** teml-buteindra *m*.
prostitutor *n.* puteiniwr (puteinwyr) *m*.
prostomial *a. Ann:* prostomiol.
prostomium *n. Ann:* prostomiwm (prostomia) *m*.
prostrate¹ *a.* **1.** *(a)* ar eich hyd, ar eich gorwedd, ar eich tor, ar eich wyneb, *occ:* llorwedd; *(b) Bot:* ymledol. **2. ~ with grief,** wedi'ch llethu gan alar.
prostrate² *v.t.* **1. to ~ oneself (before s.o.),** ymgreinio, ymostwng (i rn, o flaen rhn); syrthio ar eich hyd, syrthio wyneb i wared, ymlorweddu, *F:* mynd ar eich bol/bola (o flaen rhn). **2.** *Med: (with grief):* llethu.
prostration *n.* **1.** ymgreiniad(-au) *m*, ymostyngiad(-au) *m*, llorweddiad *m*; *S.a.* **prostrate²**. **2.** *Med: (with grief):* llethdod *m*, gwendid *m*.
prostyle *a. & n. Arch:* **1.** *a.* prostylaidd, fel cyntedd. **2.** *n.* prostyl(-iau) *m*, cyntedd(-au) *m*.
prosy *a.* rhyddieithol; *(= boring):* diflas, diawen, di-ffrwt, di-fflach, cyffredin, dieneiniad, dienaid; *(= long-winded):* hirwyntog, amleiriog.
prosyllogism *n. Log:* cydgyfresymiad(-au) *m*.
protactinium *n. Ch:* protactiniwm *m*.
protagon *n. Ch:* pr|otagon *m*.
protagonist *n.* **1.** *(= chief person):* prif gymeriad(-au) *m*, arwr (arwyr) *m*, arwres(-au) *f*. **2.** *(= advocate of cause):* dadleuwr (dadleuwyr) *m*, dadl|euwraig (dadleuwragedd) *f*, hyrwyddwr (hyrwyddwyr) *m*, hyr|wyddwraig (hyrwyddwragedd) *f*, cefnogwr (cefnogwyr) *m*, cefn|ogwraig (cefnogwragedd) *f*.
protamine *n. Bio-Ch:* pr|otamin (protaminau) *m*.
protandrous *a. Biol:* protandraidd.
protandrously *adv. Biol:* yn brotandraidd.
protandry *n. Biol:* protandredd *m*
protanopia *n. Med:* cochddallineb *m*.
protanopic *a. Med:* cochddall (cochddeillion).
protasis *n.* **1.** *Gram:* cymal(-au) amodol *m*, cymal amod. **2.** *Th:* rhagarweiniad(-au) *m*.
protatic *a. Gram:* amodol.
protea *n. Bot:* protea (proteâu) *m*.
proteaceous *a. Bot:* proteaidd.
protean *a.* amryffurf, amryddull, amrywiol, cyfnewidiol, proteaidd.
protease *n. Bio-Ch:* proteas(-au) *m*.
protect *v.t.* **1.** *(= defend):* amddiffyn, diogelu, gwarchod, cadw **(s.o. from sth,** rhn rhag rhth); **to ~ sth from the weather,** cysgodi/gwarchod rhth rhag y tywydd; **to ~ (= make safe) a machine,** diogelu peiriant. **2.** *(= patronize):* noddi. **~ tab** *n. Cmptr:* tab(-iau) (*m*) diogelu.
protected *a.* amddiffynedig, gwarchodedig, diogeledig; *Cmptr:* **~ software,** meddalwedd wedi'i diogelu; **~ species,** rhywogaeth warchodedig, rhywogaeth dan warchodaeth; **well-~,** diogel, hollol ddiogel **(from sth,** rhag rhth).
protecting *a.* amddiffynnol, gwarcheidiol, gwarchodol, achlesol.
protection *n.* **1.** *(a)* amddiffyniad(-au) *m*, amddiffynfa (amddiffynf|eydd) *f*, nodded *f*; *(against weather):* cysgod *m* **(from sth,** rhag rhth); *Cmptr:* diogelwch *m*; *(b)* **under s.o.'s ~,** dan nawdd (*m*) rhn. **2.** *Pol:* diffyndoll(-au) *f*, diffyndollaeth *f*. **~**

mechanism *n.* mecanwaith (*m*) amddiffyn; *Cmptr:* dull(-iau) (*m*) diogelu. ~ **racket** *n. F:* raced(-i) (*f*) amddiffyn.

protectionism *n. Pol:* diffyndollaeth *f.*

protectionist *n. & attrib. Pol:* **1.** *n.* diffyndollwr (diffyndollwyr) *m.* **2.** *attrib.* diffyndollol.

protective *a.* *(a)* amddiffynnol, gwarcheidiol; *Metalw:* ~ **coating,** haen amddiffynnol *f*; ~ **clothing,** dillad (*pl*) amddiffynnol/gwarcheidiol, dillad gwarchod, dillad arbed; ~ **colouring,** lliwiad amddiffynnol *m*, lliwiau amddiffynnol *pl*, gwarchodliw(-iau) *m*; ~ **custody,** caethiwed gwarchodol *m*; **he was taken into ~ custody,** fe'i rhoddwyd mewn caethiwed gwarchodol; ~ **foods,** bwydydd amddiffynnol; ~ **measures,** mesurau amddiffynnol; ~ **shoes,** esgidiau arbed; *Pol: F:* ~ **tariff,** diffyndoll(-au) *f*; *(b) (mother &c):* amddiffynnol, gwarchodol; *N. W: F:* **she's a very ~ mother,** mae hi fel mam y cnafon am ei chywion; mae hi fel iâr ag uncyw *or* fel iâr am ei chywion, *or* fel iâr â deugyw.

protectively *adv.* yn amddiffynnol *&c.*

protectiveness *n.* amddiffynoldeb *m.*

protector *n.* **1.** *(a) (pers.):* amddiffynnydd (amddiffynyddion) *m*, amddiffynnwr (amddiffynwyr) *m*, gwarchodwr (gwarchodwyr) *m*; *(b) (= patron):* noddwr (noddwyr) *m*; *(c) Hist:* diffynnwr (diffynwyr) *m*; **Lord P~ [of the Commonwealth],** Arglwydd Amddiffynnydd [y Werinlywodraeth]. **2.** *(device):* diogelwr (diogelwyr) *m*, amddiffynnwr.

protectoral *a. Hist:* amddiffynwrol, diffynwrol.

protectorate *n.* **1.** *Hist:* diffynwriaeth(-au) *f*, diffyniaeth(-au) *f.* **2.** *Pol:* protectoriaeth(-au) *f*, diff|ynwlad (diffynwledydd) *f.*

protectorship *n.* = **protectorate 1**.

protectory *n.* noddfa (noddf|eydd) *f*, cartref(-i) (*m*) plant amddifaid.

protectress *n.f.* *(a)* amddiffynyddes(-au), amddiff|ynwraig (amddiffynwragedd); *(b) (= patroness):* n|oddwraig (noddwragedd).

protégé *n.* ***protégé(-s)*** *m*, noddedig(-ion) *m*; **a ~ of X,** rhn dan nawdd/adain X, un o bobl X.

protégée *n.f.* ***protégée(-s)*** *f*, noddedig(-ion) *f*; **a ~ of X,** rhn dan nawdd/adain X, un o bobl X.

proteiform *a.* aml-ffurf, amryffurf, cyfnewidiol.

protein *n. Bio-Ch:* protein(-au) *m*; **dietary ~,** protein lluniaethol; **first class ~,** protein cyflawn; **second class ~,** protein anghyflawn. ~ **efficiency ratio** *n.* cymhareb (*f*) effeithlonrwydd protein.

proteinaceous *a. Bio-Ch:* proteinaidd; ~ **stain,** staen protein.

proteinase *n. Bio-Ch:* proteinas(-au) *m.*

proteinic, proteinous *a. Bio-Ch:* proteinig.

proteinuria *n. Med:* proteinwria *m.*

proteolysis *n. Bio-Ch:* prote|olysis *m.*

proteolytic *a. Bio-Ch:* proteolytig.

proteose *n. Bio-Ch:* pr|oteos (proteosau) *m.*

proterozoic *a.* & *n.* **1.** *a.* proterosöig. **2.** *n.* y [gorgyfnod] proterosöig *m.*

protest¹ *n.* **1.** gwrthdystiad(-au) *m*, protest(-iadau) *f*; **to make a ~, to set up a ~,** cychwyn/codi/gwn|eud protest, gwrthdystio, protestio, *F: occ:* codi dani; **a day of ~,** diwrnod protest, diwrnod o brotest; **under ~,** dan brotest, o'ch anfodd. **2.** *Com:* protest(-iadau) *f*, ardystiad(-au) *m.* **3.** *Nau:* **ship's ~,** ardystiad capten (ardystiadau capteiniaid). ~ **movement** *n.* mudiad(-au) (*m*) protest/gwrthdystio. ~ **song** *n.* cân (*f*) brotest (caneuon protest). ~ **vote** *n. Pol:* pleidlais (*f*) brotest (pleidleisiau protest).

protest² *v.t.&i.* **1.** *v.t.* *(a)* protestio; **to ~ one's innocence,** taeru/protestio eich bod yn ddieuog; *Lit:* **the lady doth ~ too much,** mae'r wraig yn rhy brotestiol; *(b) Com:* **to ~ a bill,** protestio/ardystio bil; *(c) U.S:* **to ~ sth,** gwrthwynebu rhth. **2.** *v.i.* protestio, gwrthdystio (**against sth,** yn erbyn rhth); *F: occ:* codi dani.

Protestant *a. & n. Rel.Hist:* **1.** *a.* Protestannaidd. **2.** *n.* Pr|otestant (Protestaniaid) *m&f.*

Protestantism *n. Rel:* Protestaniaeth *f.*

protestation *n.* **1.** = **protest¹,²**. **2.** *(of faith &c):* datganiad(-au) *m*, ardystiad(-au) *m.*

protester, protestor *n.* protestiwr (protestwyr) *m*, prot|estwraig (protestwragedd) *f*, gwrthdystiwr (gwrthdystwyr) *m*, gwrthd|ystwraig (gwrthdystwragedd) *f.*

proteus *n. Bac:* protëws (protëi) *m.*

protevangelium *n. Theol:* cynefengyl *f*, protefangeliwm *m.*

prothalamion, prothalamium *n.* cerdd (*f*) briodas (cerddi priodas), cerdd (*f*) neithior, priodasgerdd(-i) *f*, neithiorgerdd(-i) *f*, priodasgan(-au) *f.*

prothallial, prothallic *a. Bot:* prothalig.

prothallium, prothallus *n. Bot:* prothaliwm (prothalia) *m*, prothalws (prothali) *m.*

prothesis *n.* **1.** *Gram:* = **prosthesis**. **2.** *Ecc:* rhagosodiad *m*, rhagosod *vn*; *(table):* bwrdd (byrddau) (*m*) rhagosod.

prothetic *a. Gram: Ecc:* yn rhagosodiadol.

prothonotary *n.* = **protonotary**.

prothoracic *a. Ent:* prothorasig.

prothorax *n. Ent:* prothoracs(-au) *m.*

prothrombin *n. Bio-Ch:* prothrombin *m.*

protist *n. Z:* protist(-iaid) *m.*

protista *n.pl.* protistiaid.

protistan *a. & n. Z:* **1.** *a.* protistaidd. **2.** *n.* protist(-iaid) *m&f.*

protistic *a. Z:* protistaidd, protistig.

protistology *n. Z:* protistoleg *f.*

protium *n. Ch:* protiwm *m.*

protoactinium *n. Ch:* protoactiniwm *m.*

protochordate *n. Z:* protocordat(-iaid) *m&f.*

protocol¹ *n. Dipl:* *(a) (= draft):* braslun(-iau) *m*, pr|otocol (protocoliau) *m*; **final ~,** protocol terfynol; **initial ~,** protocol cychwynnol; *(b) (= statement):* datganiad(-au) *m*; *(c) (= etiquette):* protocol *m*; *(d) (= formula):* ff|ormiwla (fformiwlâu) *f*; *(e) (= memorandum):* cofnod(-ion) *m*; *(f) Cmptr:* protocol (protocoliau) *m.*

protocol² *v.t.* llunio.

proto-Germanic *a. & n.* **1.** *a.* proto-Almaenaidd. **2.** *n.* Almaeneg cynnar *m.*

protogine *n. Miner:* pr|otogin *m.*

protogynous *a. Z:* protogynaidd.

protogyny *n. Z:* protogynedd *m.*

protohippus *n. Paleont:* cynfarch (cynfeirch) *m.*

protohistoric[al] *a.* rhaghanesiol.

protohistory *n.* rhaghanes *m.*

protolithic *a. Anthr:* protolithig.

proto-Luke *n. B:* cyn-Luc *m.*

protomartyr *n. Rel.Hist:* cynferthyr(-on) *m.*

protomorph *n. Biol:* pr|otomorff (protomorffau) *m.*

protomorphic *a. Biol:* protomorffig.

proton *n. Ph:* proton(-au) *m.*

protonema *n. Bot:* protonema(-ta) *m.*

protonemal, protonematal *a. Bot:* protonemaidd.

protonic *a. Ph:* protonig.

proto-Norse *a. & n. Ling:* **1.** *a.* proto-Nordig. **2.** *n.* Norseg cynnar *m.*

protonotary *n. Hist: Ecc:* protonoter(-iaid) *m*, prifgofiadur(-on) *m.*

protopathic *a. Physiol:* protopathig.

protopathy *n. Physiol:* prot|opathi *m.*

protophloem *n.* protofflöem *m.*

protophyte *n. Z:* pr|otoffyt (protoffytau) *m.*

protoplasm *n. Biol:* pr|otoplasm *m.*

protoplasmal, protoplasmatic, protoplasmic *a.* protoplasmig.

protoplast *n.* **1.** *(= archetype):* cynddelw(-au) *f*, cynffurf(-iau) *f.* **2.** *Biol:* pr|otoplast (protoplastau) *m.*

protoplastic *a.* **1.** cynddelwig, cynffurfiol. **2.** *Biol:* protoplastig.

proto-Semitic *a. & n. Ling:* **1.** *a.* cyn-Semitig. **2.** *n.* Semiteg cynnar *m.*

protostar *n. Astr:* cynseren (cynser) *f.*

protostele *n. Bot:* pr|otostel (protostelau) *m.*

protostelic *a. Bot:* protostelig.

prototheria *n.pl. Z:* cynfilod.

prototonic *a. Ling:* prototonig.

prototrophic *a. Biol:* prototroffig.

prototypal *a.* cynffurfiol, cynddelwig, gwreiddiol, cyntaf.

prototype *n.* cynddelw(-au) *f*, cynffurf(-iau) *f*, pr|ototeip (prototeipiau) *m.*

prototypical *a.* = **prototypal**.

protoxide *n. Ch:* protocsid(-au) *m.*

protoxylem *n. Bot:* protosylem(-au) *m.*
protozoa *n.pl. Z:* protosoa.
protozoal *a. Z:* protosoaidd.
protozoan *a. & n.* **1.** *a.* protosoaidd. **2.** *n.* protosoad (protosoaid) *m&f.*
protozoic *a.* protosoaidd.
protozoological *a.* protosöolegol.
protozoologist *n.* protosöolegydd(-ion, protosöolegwyr) *m.*
protozoology *n.* protosöoleg *f.*
protozoon *n.* protosoad (protosoaid) *m.*
protract *v.t.* **1.** estyn, hwyh|au. **2.** *Surv:* graddluniadu, graddlunio.
protracted *a.* hir(-ion), maith (meithion), hirfaith (hirfeithion), estynedig.
protractedly *adv.* yn hirfaith.
protractile *a. Z:* estynadwy.
protraction *n.* **1.** estyniad(-au) *m,* hwyhad *m.* **2.** *Surv:* graddluniad *m.*
protractive *a.* estynnol.
protractor *n.* **1.** *Geom:* protractor(-au) *m,* onglydd(-ion) *m,* onglwr (onglwyr) *m.* **2.** *Anat:* estynnydd (estynyddion) *m,* estynnwr (estynwyr) *m.*
protrude *v.t.&i.* **1.** *v.t.* gwthio (rhth) allan. **2.** *v.i.* ymwthio allan, *occ:* bargodi; *(of wall):* bolio, taflu allan.
protrudent, protruding *a.* sy'n ymwthio allan, ymwthiol, *occ:* bargodol, allwthiol; *(forehead):* mawr, crwn; *(eyes):* mawr, chwyddedig, sy'n sefyll allan, *N.W:* ar wyneb y croen, *S:* ar dor y croen; **~ teeth,** danheddiad *m,* dannedd bargod, *pl, N.W: F:* dannedd pegs, dannedd cribyn.
protrusible *a.* allwthiadwy.
protrusile *a.* = **protrusive.**
protrusion *n.* allwthiad(-au) *m.*
protrusive *a.* ymwthiol, allwthiol, sy'n ymwthio allan.
protuberance *n.* chwydd(-au) *m, occ:* oddf(-au) *m,* oddfyn(-nau) *m,* twddf (tyddfau) *m.*
protuberancy *n.* chwyddedigaeth *f,* boliogrwydd *m, Lit: occ:* oddfogrwydd *m.*
protuberant *a.* chwyddedig, boliog, *Lit: occ:* oddfog, tyddfol; *(eyes, teeth): See* **protruding.**
protuberantly *adv.* yn chwyddedig *&c.*
protyle *n. A: Ch:* cynsylwedd *m.*
proud *a.* **1.** *(a)* balch (*pl.occ:* beilch, beilchion); *S.a.* **arrogant, haughty, overbearing** *&c*; **(as ~) as Lucifer, as a peacock, as Punch,** (mor falch, cyn falched) ag alarch ar lyn, â phaun, â phriodas, â Lwsiffer, *N.W: occ:* â'r singo; **a ~ boast,** ymffrost balch; **it's my ~ boast...,** yr wyf yn falch o allu brolio...; *(b)* **to be ~ of sth,** ymfalchïo yn rhth, bod yn falch o rth; **a ~ name,** enw anrhydeddus; **a ~ day,** diwrnod o falchder; **a ~ achievement,** camp glodwiw; **a ~ sight,** golygfa i fod yn falch ohoni; **house-~,** glanwaith, glanwedd [o gwmpas y cartref]; *(c)* **to be ~ to do sth,** bod yn falch o wneud rhth; *F:* **to do s.o. ~,** mynd i drafferth dros rn, mynd i drafferth er mwyn rhn, anrhydeddu rhn; *F:* **to do oneself ~,** pesgi'n fras, porthi'ch blys i'r eithaf, cael eich gwala a'ch gweddill, cael eich gwala wen. **2.** *Poet: (= imposing):* balch, gwych, aruchel, penuchel, godidog, mawreddog, syberw. **3. ~ flesh,** cig marw *m, S.W:* cig balch; *(nailhead, screw &c):* penuchel; **it stands ~ of the surface,** mae'n sefyll yn glir o'r wyneb; mae uwchl|aw'r wyneb; *(waters):* chwyddedig. **~-hearted** *a.* = **arrogant, haughty.**
proudly *adv.* yn falch *&c.*
Proustian *a. Fr.Lit:* Proustaidd.
proustite *n. Miner:* proustit *m.*
provable *a.* profadwy.
prove *v.t.&i.* I. **1.** *v.t. (a) A: & Tchn: (= test):* profi (rhth), rhoi prawf (ar rth), rhoi (rhth) ar brawf; **a proved (remedy),** (meddyginiaeth) brofedig, a brofwyd; **to be proved by adversity,** mynd trwy brofedigaeth, cael eich profi gan adfyd; *(b) Mth: (= verify):* gwirio, profi. **2.** *(a) (= demonstrate truth of sth):* profi rhth; **it remains to be proved,** mae eto i'w brofi; nis profwyd eto; **all the evidence goes to ~ that,** mae'r holl dystiolaeth yn profi/dangos hynny; *Jur: Scot:* **not proven,** nis profwyd; **to ~ beyond any reasonable doubt,** profi y tu hwnt i unrhyw amheuaeth resymol; *(b) Jur:* **to ~ a will,** profi/dilysu ewyllys; **to ~ in bankruptcy,** profi mewn methdaliad; *(c)* **to ~ oneself (worthy &c),** eich profi/dangos eich hun (yn deilwng *&c*). II. *v.i.* **1. to ~ (useful),** dod, bod (yn ddefnyddiol); **it proved useful,** cafwyd/gwelwyd ef yn ddefnyddiol; bu'n ddefnyddiol; bu o ddefnydd; **the news proved false,** cafwyd/gwelwyd mai celwydd oedd y newyddion; **their rashness proved fatal to them,** bu/profodd eu byrbwylltra'n angheuol iddynt; **he proved unequal to his task,** dangosodd/profodd nad oedd yn gymwys i wneud ei dasg; **it has proved possible to do this,** bu modd gwneud hyn. **2.** *(of dough):* codi.
provection *n. Ling:* calediad(-au) *m,* caledu *vn,* anadliad(-au) caled *m.*
proven *a.* profedig, sicr; *Jur:* **not ~,** nis profwyd.
provenance *n.* tarddiad(-au) *m,* tarddle(-oedd) *m.*
Provençal *a. & n.* **1.** *a.* Profensaidd, o Brofens; *(in language):* Profensaleg. **2.** *n. (i) Ethn:* Profensiad (Profensiaid) *m&f*; *(ii) Ling:* Profensaleg *f, m.*
Provence *Pr.n. Geog:* Profens *f.*
provender *n.* **1.** *(= fodder): N:* ebran(-nau) *m, S:* gogor(-ion) *f.* **2.** *Joc: (= food):* bwyd(-ydd) *m,* porthiant *m.*
provenience *n.* = **provenance.**
provenly *adv.* yn brofedig.
proventriculus *n. Physiol:* = **gizzard.**
prover *n.* profwr (profwyr) *m,* pr|ofwraig (profwragedd) *f.*
proverb *n.* dihareb (diarhebion) *f, occ:* hen air (hen eiriau) *m*; **a common ~,** dihareb gwlad; *B:* **the Book of Proverbs,** Llyfr y Diarhebion.
proverbial *a.* diarhebol, yn ddihareb.
proverbially *adv.* yn ddiarhebol; **they're ~ mean,** maen' nhw'n ddihareb/ddiarhebol o gynnil.
provide *v.i.&t.* **1.** *(a) v.i.* darparu, parat|oi (**against sth,** rhag rhth; **for sth,** ar gyfer rhth, at rth); *F:* **to ~ against a rainy day,** cadw'ch afraid ar gyfer eich rhaid, darparu yr haf erbyn y gaeaf, darparu rhag diwrnod/dyddiau glawog, cadw rhth at ddiwrnod glawog; **expenses provided for,** costau y darparwyd ar eu cyfer, costau a ragwelwyd; *(b) v.t. (= stipulate):* amodi, gwn|eud amod, rhagamodi. **2.** *(a) v.t.* **to ~ s.o. with sth,** cyflenwi rhn â rhth, darparu rhth ar gyfer rhn; **to ~ an exit,** darparu ffordd allan; *(b) v.i.* **to ~ for s.o.,** darparu ar gyfer rhn, gofalu am anghenion rhn, ymorol am rn; **to ~ for oneself,** gofalu/ymorol amdanoch eich hun, eich cynnal eich hun, ymgynnal; **I'm well ~ for,** mae gennyf ddigon wrth gefn; mae gennyf ddigon i'm cynnal; *abs.* **the Lord will ~,** yr Arglwydd a ofala amdanom; *(c) v.i.* **he provided for everything,** bu iddo ofalu/ymorol am bopeth. **3.** *Hist: Ecc: (= appoint):* penodi, cyflwyno.
provided *a. & conj.* **1.** *a. (= ready):* **~ for all eventualities,** parod ar gyfer pob un dim; *(= supplied with):* **we are well-~ with food,** mae genym ddigon/ddigonedd o fwyd. **2.** *conj.* **~ [that],** os, a bod; **~ he goes,** os aiff ef; â'i fod yn mynd; ar yr amod ei fod yn mynd; a bwrw ei fod yn mynd; cyhyd â'i fod yn mynd; cyn belled â'i fod yn mynd.
providence *n.* **1.** *(a) (= foresight):* rhagweladiad *m,* rhagofal *m*; *(b) (= thrift):* darbodaeth *f,* cynildeb *m.* **2.** *(divine):* rhagluniaeth *f*; **divine ~,** rhagluniaeth fawr y nef; **by a special ~,** trwy ragluniaeth neilltuol.
provident *a.* darbodus, cynnil; **~ society,** cymdeithas ddarbodus/gyfeillgar (cymdeithasau darbodus/cyfeillgar) *f.*
providential *a.* rhagluniaethol.
providentially *adv.* yn rhagluniaethol; *occ:* drwy ryw ragluniaeth, *F:* wrth lwc.
providently *adv.* yn ddarbodus *&c.*
provider *n.* darparwr (darparwyr) *m,* cyflenwr (cyflenwyr) *m,* darp|arwraig *f,* cyfl|enwraig *f.*
providing *conj.* **~ that,** = **provided that.**
province *n.* **1.** talaith (taleithiau) *f.* **2.** *(= sphere of action):* maes *m*; **that is not within my ~,** nid ydyw hynny yn fy maes i.
provincial *a. & n.* **1.** *a.* taleithiol; *Pej:* plwyfol. **2.** *n. (a) (= countryman):* taleithiwr (taleithwyr) *m,* gwladwr (gwladwyr) *m*; *(b) Ecc:* pennaeth (penaethiaid) taleithiol *m.*
provincialism *n.* **1.** *(of mind, manners &c):* taleithioldeb *m,* plwyfoldeb *m.* **2.** *(idiom):* ymadrodd(-ion) taleithiol *m.*
provincialist *n.* taleithiwr (taleithwyr) *m,* tal|eithwraig (taleithwragedd) *f.*
provinciality *n.* taleithioldeb *m*; *Pej:* plwyfoldeb *m.*
provincialization *n.*, **provincialize** *v.t.* taleithioli; *Pej:* plwyfoli.
provincially *adv.* yn daleithiol, yn y taleithiau; *Pej:* yn blwyfol.

proving *vn.* = **prove.** ~ **ground** *n.* maes (meysydd) (*m*) arbrofi.

provision[1] *n.* **1.** darpariaeth(-au) *f*, paratoad(-au) *m*, darpariad(-au) *m* (**for sth,** ar gyfer rhth, at rth; **against sth,** rhag rhth); **to make ~ for sth,** darparu ar gyfer rhth, ymorol am rth; **to make ~ (for one's family),** gwneud darpariaeth, darparu (ar gyfer eich teulu); gofalu, ymorol (am eich teulu); **to make ~ (against sth),** darparu, parat|oi (rhag rhth). **2.** *(a) Com: (= supply):* cyflenwad(-au) *m*; *Com:* ~ **of capital,** darpariaeth cyfalaf; *(b) usu.pl. (food &c):* bwyd *m*, bwydydd *pl.* **3.** *(of contract):* gofynion *pl*, amod(-au) *mf*, rhagamod(-au) *mf*; **there is no ~ (to the contrary),** nid oes amod, nid oes cymal (i'r gwrthwyneb); **according to the ~ of the law,** yn ôl gofynion y ddeddf, yn ôl darpariaethau'r ddeddf; **to come within the provisions of the law,** dod dan ddarpariaeth/ofynion y gyfraith. **4.** *Hist: Ecc:* rhagbenodiad(-au) *m*, cyflwyniad(-au) *m*; **papal provisions,** cyflwyniadau'r pab; **the Provisions of Clarendon/Oxford,** Gosodiadau Clarendon/Rhydychen, Darpariaethau Clarendon/Rhydychen. ~ **merchant** *n.* gwerthwr (gwerthwyr) (*m*) bwydydd.

provision[2] *v.t.* **to ~ s.o. with sth,** cyflenwi rhn â rhth.

provisional *a.* & *n.* **1.** *a.* dros dro, am y tro, tymhorol, *occ:* darpariaethol; **the P~ I.R.A.,** *usu., but incorrectly:* yr I.R.A. Ddarpariaethol; *preferably:* yr I.R.A. Dros Dro, yr I.R.A. Answyddogol; *Golf:* ~ **ball,** pêl (*f*) ddarpar (peli darpar). **2.** *n. (a)* darpar + *soft mut.*; *(stamp):* stamp(-iau) (*m*) dros dro; *Pol:* **I.R.A. ~,** Darpariaethwr (Darpariaethwyr) *m*, Darpari|aethwraig *f*.

provisionality *n.* tymoroldeb *m*.

provisionally *adv.* dros dro.

provisionary *a.* = **provisional 1.**

provisionless *a.* heb fwyd, heb fwydydd.

proviso *n.* amod(-au) *mf*, eithriad(-au) *f*; *Jur:* profiso *m*; **with the ~ that...,** ar yr amod fod.... ~ **clause** *n.* cymal(-au) (*m*) amod.

provisor *n. Ecc:* profisor(-iaid) *m*.

provisorily *adv.* yn amodol.

provisory *a.* **1.** *(clause):* amodol. **2.** *(care):* darparol.

provitamin *n. Bio-Ch:* prof|itamin (profitaminau) *m*.

Provo *n. Pol:* Profo(-s) *m*.

provocation *n. Jur:* cythrudd(-ion) *m*, pryfociad(-au) *m*, *F:* pryfôc *m*.

provocative *a.* **1.** *(= annoying):* herllyd, herfeiddiol, heriog, cythruddol, pryfoclyd. **2.** *(= sexy):* pryfoclyd.

provocatively *adv.* **1.** yn herllyd. **2.** yn bryfoclyd.

provocativeness *n.* **1.** herfeiddioldeb *m*, cythruddoldeb *m*, herf|eidd-dra *m*, natur gythruddol/herfeiddiol *f*, herfeiddiwch *m*. **2.** *(of dress &c):* golwg bryfoclyd (*f*) (ar rth).

provoke *v.t.* **1.** *(a)* **to ~ (s.o. to do sth),** procio, gwthio (rhn i wneud rhth); peri (i rn wneud rhth); *(b) (= tease):* herian, pryfocio; **don't ~ the dog,** gad(-wch) lonydd i'r ci; *S:* paid (peidiwch) â bigitan y ci; *N:* paid â thyrmentio'r ci; **to ~ a riot,** creu cynnwrf; **to ~ (s.o. to anger),** digio, gwylltio, pryfocio, cythruddo, llidio, cynddeiriogi (rhn); tynnu dig (rhn); tynnu (rhn) yn eich pen. **2.** *(a) (laughter, curiosity &c):* deffro, achosi, ennyn, peri, codi, *occ:* cynhyrfu; **to ~ laughter,** achosi/peri chwerthin; **to ~ a smile,** ennyn/tynnu/codi gwên; **to ~ curiosity,** deffro/ennyn chwilfrydedd; *(b)* **to ~ fermentation,** peri/cychwyn eplesu.

provoked *a.* = **irritated.**

provoker *n.* **1.** *(= teaser):* heriwr (herwyr) *m*, pryfociwr (pryfocwyr) *m*, pryf|ocwraig (pryfocwragedd) *f*. **2.** *(= causer):* achoswr (achoswyr) *m*, enynnwr (enynwyr) *m*, ach|oswraig *f*, en|ynwraig *f*.

provoking *a.* pryfoclyd; **how ~!** am ddiflas! dyna ddiflas! *N.W:* bechod! *S.a.* **provocative.**

provokingly *adv.* yn bryfoclyd *&c.*

provost *n.* **1.** *(a) (of college):* prifathro (prifathrawon) *m*, pennaeth (penaethiaid) *m*; *(b) Scot:* maer (meiri) *m*; **Lord P~,** Arglwydd Faer; *(c) Hist:* profost(-iaid) *m*, cadfaer (cadfeiri) *m*; *(d) Ecc:* profost. **2.** *Mil:* ~ **marshal** *n.* profost milwrol *m*; *Nau:* profost llong. ~ **court** *n.* llys(-oedd) (*m*) profost, llys milwrol. ~ **guard** *n. Coll:* heddlu milwrol *m*. ~ **sergeant** *n.* profost-ringyll(-iaid,-od) *m*.

provostship *n.* profostiaeth(-au) *f*; *Scot:* maeryddiaeth(-au) *f*.

prow *n.* pen blaen (*m*) llong (pennau blaen llongau), blaen (*m*) llong (blaenau llongau), *A:* fflureg(-au) *f*.

prowess *n. Lit:* **1.** = **bravery. 2.** *(= skill):* medr *m*, medrusrwydd *m*.

prowl[1] *n.* rhodiad(-au) *m*, cym|owt *m*, prowl *m*; **to go on the ~,** mynd i browla/browlan, *F:* mynd ar gymowt/browl, cymowta. ~ **car** *n. U.S: F:* car (ceir) (*m*) heddlu, car prowla.

prowl[2] *v.i. (a) (of beast):* prowla, prowlan, hela, herwa, ysglyfaetha, chwilio am ysglyfaeth; *(b)* **to ~ (about the streets),** prowlan, llyffanta, rhodianna, cerddetian, llercian, *N: F:* cymowta, sbaena, mynd/bod ar gym|owt (hyd y strydoedd).

prowler *n.* rhodiannwr (rhodianwyr) *m*, prowl[i]wr (prowlwyr) *m*, llerciwr (llercwyr) *m*, llyffantwr (llyffantwyr) *m*.

prowling *a. (animal):* ysglyfaethus, rheibus; *(animal, man):* yn prowla/prowlan, *F:* ar y cym|owt, ar gymowt.

prox *adv. Com:* = **proximo.**

proxemic *a.* cynefinol.

proxemics *n.pl.* cynefineg *f*.

proximal *a.* & *n.* **1.** *a.* agosaf, nesaf [i'r canol], pr|ocsimol; ~ **convoluted tubule,** y biben arennol agosaf *f*. **2.** *n.* pen(-nau) agosaf *m*.

proximally *adv.* tua'r canol.

proximate *a.* **1.** *(= nearest):* agosaf, nesaf (**to sth,** at/i rth); *Log: &c:* nesafol. **2.** = **approximate**[1].

proximately *adv.* = **approximately.**

proximity *n.* agosrwydd *m* (at rth) (*not* agosatrwydd); **in the ~ of a town,** yn agos i/at dref, yng nghyffiniau tref, ar gyrion tref; **in ~ to the station,** yn agos at yr orsaf; ~ **of blood,** perthynas agos *f*. ~ **fuse** *n.* ffiws (*f*) danio agos (ffiwsiau tanio agos).

proximo *adv.* (*abbr.* **prox**), y mis nesaf. **~-distal** *a.* pr|ocsimo-distal.

proxy *n.* dirprwy(-on) *m&f*, procsi (procsïaid) *m&f*; **to vote by ~,** pleidleisio trwy ddirprwy. ~ **marriage** *n.* priodas(-au) (*f*) trwy ddirprwy.

prude *n.* mursen(-nod) *f*, rhn gorlednais/orlednais (rhai gorlednais).

prudence *n.* gochelgarwch *m*, pwyll *m*, gofal *m*, gofalusrwydd *m*, callineb *m*; **(to act) with ~,** (gweithredu) gan bwyll, yn bwyllog.

prudent *a.* gochelgar, pwyllog, call, gofalus, carcus, synhwyrgall.

prudential *a.* & *n.* **1.** *a. (a)* = **prudent**; *(b) Ins:* ~ **society,** cymdeithas ddarbodus (cymdeithasau darbodus) *f*. **2.** *n.pl.* manion gweinyddol/ariannol, materion gweinyddol/ariannol.

prudentialism *n.* gochelgarwch *m*, gofalusrwydd *m*, darbodaeth *f*, cyngorusrwydd *m*.

prudentialist *n.* gochelgarwr (gochelgarwyr) *m*, gochelg|arwraig *f*.

prudentially *adv.* = **prudently.**

prudently *adv.* yn ochelgar *&c.*

prudery *n.* mursendod *m*, gorledneisrwydd *m*.

prudish *a.* mursennaidd, gorlednais, *S.W: F:* swch-syw, swch-syber.

prudishly *adv.* yn fursennaidd *&c.*

prudishness *n.* mursendod *m*, gorledneisrwydd *m*.

pruinose *n. Biol:* glasbeilliog, blodiog.

prune[1] *n. Biol:* eirinen (eirin) sych *f*, *F:* prwnsen (prŵns) *f*; *F:* **prunes and prisms,** llediaith fursennaidd *f*.

prune[2] *v.t.* tocio, brigdorri; **to ~ the syllabus,** cwtogi'r maes llafur.

prunella[1] *n. Tex:* llen sidan *m*, sidan (*m*) gynau.

prunella[2] *n. Bot:* y feddyges las *f*, craith unnos *f*.

pruner *n.* tociwr (tocwyr) *m*, t|ocwraig *f*.

pruning *vn.* = **prune. ~-bill, ~-hook** *n.* bilwg (bilygau) *m*. **~-knife** *n.* cyllell (*f*) docio (cyllyll tocio). **~-shears** *n.* siswrn (sisyrnau) (*m*) tocio.

prunus *n. Bot:* eirinwydden (eirinwydd) *f*, coeden (coed) (*f*) eirin.

prurience, pruriency *n.* anlladrwydd *m*, trythyllwch *m*.

prurient *a.* anllad, trythyll.

pruriently *adv.* yn anllad *&c.*

pruriginous *a.* craflyd, coslyd, gogleisiol.

prurigo *n. Med:* y crafu *m*, y cosi *m*, cosfa *f*.

pruritic *a.* coslyd, craflyd, sy'n cosi.

pruritis *n.* cosfa *f*, y cosi *m*, y goglais *m*, prwritis *m*.

Prussia *Pr.n.* Prwsia *f*.

Prussian *a.* & *n.* **1.** *a.* Prwsiaidd, o Brwsia; **he's ~,** Prwsiad ydyw; *(in language):* Prwseg; ~ **blue,** glas (*m*) Prwsia. **2.** *n. (a) Ethn:* Prwsiad (Prwsiaid) *m&f*; *(b) Ling:* Prwseg *f*, *m*.

Prussianism *n.* Prwsiaeth *f*.

Prussianize *v.t.* Prwseiddio.

prussiate *n. Ch:* prwsiad(-au) *m.*
prussic *a. Ch:* prwsig.
pry[1] *n. used in expression:* **a Paul P~,** busneswr (busneswyr) *m*, busnesgi (busnesgwn) *m*, busnes (*m*) pawb, Robin (*m*) y Busnes.
pry[2] *v.i.* busnesa, busnesu, rhoi'ch trwyn (yn rhth), *N: F:* stilio, ffureta, pryfeta, swlffa, jwlffa, sbaena, *S:* chwilmentan, chwilmantach, barcutana, sgewcan; **to ~ into a secret,** holi ynghylch cyfrinach.
pry[3] *v.t.* **to ~ (two things apart),** gwthio, *occ:* gwifio, trosolio (dau beth ar wahân); **to ~ a box open,** stilio i flwch.
pryer *n.* busneswr (busneswyr) *m*, busnesgi (busnesgwn) *m*, stiliwr (stilwyr) *m*, busn|eswraig *f*, st|ilwraig *f.*
prying *a.* busneslyd, stilgar, holgar, cwestiyngar (*pronounced* ng-g).
pryingly *adv.* yn fusneslyd *&c.*
psalm *n.* salm(-au) *f*; **the [Book of] Psalms,** [Llyfr] y Salmau; **metrical psalms,** salmau cân; **psalms of confidence,** salmau ymddiriedaeth; **psalms of degrees,** salmau'r graddau; **psalms of lament,** salmau galar; **psalms of petition,** salmau deisyfol; **psalms of praise,** salmau mawl; **psalms of sickness,** salmau afiechyd; **psalms of thanksgiving,** salmau diolch; **collective psalms,** salmau torfol/cynulleidfaol; **cultic psalms,** salmau cwltig; **enthronement psalms,** salmau gorseddu; **individual psalms,** salmau'r unigolyn; **intercessory psalms,** salmau litwrgaidd; **messianic psalms,** salmau meseianaidd; **national psalms,** salmau cenedlaethol; **non-cultic psalms,** salmau anghwltig; **occasional psalms,** salmau achlysurol; **penitential psalms,** salmau penydol; **pilgrim psalms,** salmau pererin; **protective psalms,** salmau gwarchodol; **royal psalms,** salmau brenhinol; **ritual psalms,** salmau defodol; **wisdom psalms,** salmau doethineb. **~-book** *n.* llyfr(-au) (*m*) salmau. **~ category** *n.* dosbarth (*m*) o salmau. **~ tune** *n.* salm-dôn (~-donau) *f.*
psalmist *n.* salmydd(-ion, salmwyr) *m*; *B:* **the sweet ~ of Israel,** peraidd ganiedydd Israel.
psalmodic *a.* salmyddol.
psalmodist *n.* salmyddwr (salmyddwyr) *m*, caniedydd(-ion) *m.*
psalmodize *v.i.* salmyddu, canu salmau.
psalmody *n.* salmyddiaeth *f*, caniadaeth (*f*) y cysegr.
psalter *n.* sallwyr(-au) *m.*
psalterium *n. Vet:* cod fach (codau bach) *f*, clwtyn (clytiau) dilladog *m.*
psaltery *n. Mus:* saltring(-au) *m*, nabl(-au) *m.*
psammite *n. Miner:* tywodfaen gloyw *m*, psamit *m.*
psammitic *a. Miner:* psamitig.
psammosere *n. Geog:* ps|amoser (psamoserau) *m.*
psephite *n. Geol:* pseffit *m.*
psephitic *a. Geol:* pseffitig.
psephological *a. Pol:* etholiadegol.
psephologist *n. Pol:* etholiadegwr, etholiadegydd (etholiadegwyr) *m.*
psephology *n. Pol:* etholiadeg *f.*
pseud *n. & attrib.* **1.** *n. F:* ymhonnwr (ymhonwyr) *m*, ymh|onwraig (ymhonwragedd) *f*, siwd(-iaid) *m&f.* **2.** *attrib. See* **pseudo- 2.**
pseudarthrosis *n. Med:* ffug-gymal(-au) *m.*
pseudepigrapha *n.pl. B:* ffugysgrifeniadau.
pseudepigraphal, pseudepigraphic[al] *a.* ffugysgrifeniadol.
pseudo- *comb.fm., a. & n.* **1.** *comb.fm.* ffug[-] + *soft mut.* **2.** *a. F:* siwdaidd, ffug, ffals, ffuantus, gau, coeg, ymhongar (*pronounced* ng-g), annilys; (ffug, gau *can precede noun + soft mut.:* **~-values,** ffug werthoedd). **3.** *n. F:* = **pseud 1.**
pseudo-antique *a.* ffug-hynafol.
pseudo-apostle *n. B:* gau-apostol(-ion) *m*, ffugapostol(-ion) *m.*
pseudo-aquatic *a. Biol:* ffugddyfrol.
pseudo-archaic *a.* ffug-hynafol.
pseudo-aristocratic *a.* ffug-uchelwrol, ffug-aristocrataidd, ffugfonheddig.
pseudo-artistic *a.* ffugartistig, coegartistig.
pseudobiographic[al] *a.* ffugfywgraffyddol.
pseudo-Bohemian *a. & n.* **1.** *a.* ffug-Fohemaidd. **2.** *n.* ffug-Fohemiad (~-Fohemiaid) *m&f.*
pseudocarp *n. Bot:* ffugffrwyth(-au) *m.*
pseudocarpous *a. Bot:* ffugffrwythol, ffugffrwythog.
pseudo-classic[al] *a.* ffug-glasurol.
pseudoclassicism *n.* ffug-glasur[i]aeth *f.*
pseudocleft *a. Ling:* ffughollt.
pseudo-code *n. Cmptr:* ffug-gôd (~-godau) *m.*
pseudocoxalgia *n. Med:* ffug-gocsalgia *m.*
pseudodemocratic *a.* ffugddemocrataidd.
pseudo-Elizabethan *a.* ffug-Elisabethaidd.
pseudo-Georgian *a.* ffug-Sioraidd.
pseudo-Gothic *a.* ffug-Othig.
pseudograph *n.* ffugysgrif(-au) *f.*
pseudo-Grecian *a.* ffug-Roegaidd.
pseudohermaphroditism *n. Biol:* ffugddeurywioldeb *m.*
pseudo-historic[al] *a.* ffug-hanesyddol.
pseudo-history *n.* ffug-hanes *m.*
pseudo-instruction *n. Cmptr:* ffug-gyfarwyddyd (~-gyfarwyddiadau) *m.*
pseudo-intransitive *a. Gram:* ffug-gyflawn.
pseudo-learned *a.* ffugddysgedig, coegddysgedig, crachddysgedig.
pseudoliterary *a.* ffuglenyddol, coeglenyddol, crachlenyddol.
pseudologer, pseudologist *n.* = **liar.**
pseudomediaeval *a.* ffug-ganoloesol.
pseudomembrane *n. Med:* ffugbilen(-nau) *f.*
pseudomodern *a.* ffugfodern, ffug-gyfoes.
pseudomorph *n. Cryst:* ffugffurf(-iau) *f.*
pseudomorphic *a. Cryst:* ffugffurfiol.
pseudomorphism *n. Cryst:* ffugffurfedd *m.*
pseudomorphous *a. Cryst:* ffugffurfiol.
pseudomutuality *n. Psy:* ffug-gilyddoldeb *m.*
pseudomythical *a.* ffugfythaidd.
pseudonym *n.* ffugenw(-au) *m.*
pseudonymity *n.* ffugenwoldeb *m.*
pseudonymous *a.* ffugenwol.
pseudonymously *adv.* yn ffugenwol, dan ffugenw.
pseudo-operation *n. Cmptr:* ffugweithrediad(-au) *m.*
pseudo-Oriental *a.* ffug-Ddwyreiniol.
pseudopatriotic *a.* ffugwlatgar.
pseudophilosophical *a.* ffugathronyddol, coegathronyddol.
pseudopod, pseudopodium *n. Biol:* ffugdroed (ffugdraed) *mf.*
pseudoprofessional *a.* ffugbroffesiynol.
pseudoproposition *n. Theol:* ffugosodiad(-au) *m.*
pseudopsychological *a.* ffugseicolegol.
pseudoscalar *a. Ph:* ffugsgalar.
pseudoscholarly *a.* ffugysgolheigaidd, coegysgolheigaidd.
pseudoscience *n.* ffugwyddor(-au) *f*, coegwyddor(-au) *f.*
pseudoscientific *a.* ffugwyddonol, coegwyddonol.
pseudoscorpion *n. Arach:* ffugsgorpion(-au) *m.*
pseudosocialistic *a.* ffugsosialaidd.
pseudo-Victorian *a.* ffug-Fictoraidd.
pseudo-Welsh *a.* ffug Gymr|eig
pshaw *int.* twt! twt lol! pw! wfft!
psi *n. Gr.Alph:* [y llythyren] psi (psïau) *f.*
psilanthropic *a. Theol:* psilanthropig.
psilanthropism *n. Theol:* psilanthropiaeth *f.*
psilanthropist *n. Theol:* psilanthropydd(-ion) *m.*
psilanthropy *n. Theol:* psilanthropiaeth *f.*
psilocybin *n. Bio-Ch:* psilosybin *m.*
psilomelane *n. Miner:* psilomelan *m.*
psilosis *n.* dinoethiad *m*, dinoethi *vn*, pliciad *m*, plicio *vn.*
psittacine *n. Orn:* parotaidd.
psittacosis *n. Med:* clefyd (*m*) y parotiaid, parotwst *m.*
psittacotic *a. Med:* psitacotig.
psoas *n. Anat:* psoas(-au) *m.*
psocid *n. Nat.Hist: Ent:* psosid(-iaid) *m.*
psora *n.* ymgrafu *vn*, y crafu *m*, y cosi *m.*
psoriasis *n. Med:* psorïasis *m*, y cengroen *m* (*pronounced* ng-g).
psoriatic *a. Med:* psoriatig, cengroenol (*pronounced* ng-g), cennog.
ps[s]t *int.* hist! *Lit:* ust!
psych *v.t.* seicdreiddio; *F:* **to ~ oneself up (to do sth),** magu plwc, ymwroli (i wneud rhth).
psychasthenia *n. Psy:* seicasthenia (seicastheniâu) *m.*
psychasthenic *n. Psy:* seicasthenig.
psyche[1] *n.* enaid (eneidiau) *m*, ysbryd(-ion) *m*, seice(-s) *m.*

psyche² *v.* **to ~ oneself up,** magu plwc, ymwroli; **they were all psyched up,** 'roeddent yn barod amdani.
psychedelia *n.pl.* seicedelia.
psychedelic *a.* seicedelig.
psychiatric[al] *a.* seiciatrig, seiciatraidd, seiciatryddol, seiciatregol.
psychiatrically *adv.* yn seiciatrig *&c.*
psychiatrist *n.* seiciatrydd(-ion) *m*, seiciatregydd(-ion, seiciatregwyr) *m.*
psychiatry *n.* seiciatreg *f.*
psychic[al] *a.* & *n.* **1.** *a.* seicig; *Cards:* **~ bid,** cynnig greddfol/seicig *m.* **2.** *n.* seicig(-ion) *m&f.*
psychically *adv.* yn seicig.
psychicism *n.* seiciaeth *f*, seicigiaeth *f.*
psychicist *n.* seicydd(-ion) *m.*
psychics *n.pl.* seiceg *f.*
psycho *n.* seico(-s) *m&f*; *S.a.* **madman, madwoman.**
psycho-acoustics *n.pl.* seico-acwsteg *f.*
psycho-active *a.* seicoweithredol, seicotropig.
psychoanalyse *v.t. Psy:* seicdreiddio.
psychoanalysis *n. Psy:* seicdreiddiad(-au) *m*, seicdreiddio *vn*, dadansoddiad(-au) seicolegol *m*, dadansoddi (*vn*) seicolegol.
psychoanalyst *n. Psy:* seicdreiddiwr: seicdreiddydd (seicdreiddwyr) *m*, seicdr|eiddwraig (seicdreiddwragedd) *f.*
psychoanalytic[al] *a. Psy:* seicdreiddiol.
psychoanalytically *adv. Psy:* yn seicdreiddiol; trwy seicdreiddiad.
psychobabble *n. F:* seicorwdl *mf*, seicoddwli *m.*
psychobiological *a. Psy:* seicobiolegol.
psychobiologist *n. Psy:* seicobiolegwr: seicobiolegydd (seicobiolegwyr) *m.*
psychobiology *n.* seicobioleg *f.*
psychochemical *a.* seicocemegol.
psychodrama *n. Psy:* seicodrama (seicodramâu) *f.*
psychodramatic *a. Psy:* seicodramatig.
psychodynamic *a. Psy:* seicodynamig.
psychodynamically *adv.* yn seicodynamig.
psychodynamics *n.pl. Psy:* seicodynameg *f.*
psychogenesis *n. Psy:* seicog|enesis *m.*
psychogenetic *a. Psy:* seicogenetig.
psychogenetically *adv.* yn seicogenetig.
psychogenic *a. Psy:* seicogenig.
psychogeriatric *a. Psy:* seicogeriatrig.
psychogeriatrician, psychogeriatrist *n. Psy:* seicogeriatrydd(-ion) *m.*
psychognosis *n. Med:* seicognosis *m.*
psychograph *n. Psychics:* s|eicograff (seicograffau) *m.*
psychographic *a. Psychics:* seicograffig.
psychographically *adv. Psychics:* yn seicograffig.
psychography *n. Psychics:* seicograffeg *f.*
psychohistory *n.* seicohanes(-ion) *m.*
psychokinesis *n. Psychics:* seicocinesis *m*, seicosymudiad *m.*
psycholinguistic *a. Ling:* seicoieithyddol.
psycholinguistics *n. Ling:* seicoieithyddiaeth *f.*
psychological *a.* seicolegol, *occ:* meddylegol, eneidegol; **the ~ moment,** yr union ennyd, yr union eiliad.
psychologism *n.* seicolegiaeth *f.*
psychologist *n.* seicolegwr: seicolegydd (seicolegwyr) *m*, seicol|egwraig (seicolegwragedd) *f.*
psychologize *v.i.* seicolegu.
psychology *n.* seicoleg *f*, *occ:* meddyleg *f*, eneideg *f.*
psychomancy *n. Psychics:* ysbrydegaeth *f.*
psychometric *a.* & *n.* **1.** *a. Psychics:* seicometrig. **2.** *n.pl.* seicometreg *f.*
psychometrist *n. Psychics:* seicometrydd(-ion) *m*, seicometryddes(-au) *f.*
psychometry *n.* seicometreg *f.*
psychomotor *a. Med:* seicomodurol, seicomotor.
psychoneurosis *n. Med:* niwrosis(-au) *m.*
psychoneurotic *a.* & *n.* **1.** *a.* niwrotig. **2.** *n.* niwrotig(-ion) *m&f.*
psychopath *n. Psy:* s|eicopath (seicopathiaid) *m&f.*
psychopathic *a. Psy:* seicopathig.
psychopathological *a. Psy:* seicopatholegol.
psychopathologist *n. Psy:* seicopatholegydd: seicopatholegwr (seicopatholegwyr) *m.*
psychopathology *n. Psy:* seicopatholeg *f.*
psychopathy *n.* s|eicopathi (seicopathïau) *m*, salwch (*m*) meddwl/meddyliol.
psychopharmacological *a. Med:* seicoffarmacolegol.
psychopharmacologist *n. Med:* seicoffarmacolegydd: seicoffarmacolegwr (seicoffarmacolegwyr) *m.*
psychopharmacology *n. Med:* seicoffarmacoleg *f.*
psychophysical *a. Med:* seicoffisegol, seicogorfforol.
psychophysically *adv. Med:* yn seicoffisegol/seicogorfforol.
psychophysicist *n. Med:* seicoffisegwr: seicoffisegydd (seicoffisegwyr) *m.*
psychophysics *n. Med:* seicoffiseg *f.*
psychophysiological *a. Med:* seicoffisiolegol.
psychophysiologist *n. Med:* seicoffisiolegydd: seicoffisiolegwr (seicoffisiolegwyr) *m.*
psychophysiology *n. Med:* seicoffisioleg *f.*
psychopomp *n. Psychics:* tywysydd (tywyswyr) (*m*) ysbrydion.
psychoprophylactic *a. Med:* seicoproffylactig.
psychoprophylaxis *n. Med:* seicoproffylacsis *m.*
psychosexual *a. Med:* seicorywiol.
psychosis *n. Med:* seicosis(-au) *m*, gorffwylltra *m*, gorffwylledd(-au) *m*; **involutional ~,** gorffwylledd edwinol; **post-natal ~,** gorffwylledd ôl-esgor.
psychosocial *a.* seicogymdeithasol.
psychosomatic *a. Med:* seicosomatig, seicogorfforol.
psychosurgery *n. Surg:* seicolawdriniaeth *f.*
psychosurgical *a. Surg:* seicolawdriniol.
psychotechnic[al] *a.* seicotechnegol.
psychotechnician *n.* seicotechnegwr: seicotechnegydd (seicotechnegwyr) *m.*
psychotechnics *n.pl.* seicotechneg *f.*
psychotechnology *n.* seicotechnoleg *f.*
psychotherapeutic *a. Psy:* seicotherapiwtig.
psychotherapeutically *adv. Psy:* yn seicotherapiwtig.
psychotherapeutics *n.pl. Psy:* seicotherapiwteg *f.*
psychotherapeutist *n. Psy:* seicotherapiwtydd(-ion) *m.*
psychotherapist *n. Psy:* seicoth|erapydd (seicotherapyddion) *m.*
psychotherapy *n. Psy:* seicoth|erapi *m.*
psychotic *a.* & *n. Med:* **1.** *a.* seicotig. **2.** *n.* seicotig(-ion) *m&f.*
psychotically *adv.* yn seicotig.
psychotomimetic *a.* seicotomimetig.
psychotropic *a.* & *n. Med:* **1.** *a.* seicotropig. **2.** *n.* seicotropig(-ion) *m&f.*
psychrometer *n. Meteor:* seicromedr(-au) *m.*
psychrometric *a. Meteor:* seicrometrig.
psychrometry *n. Meteor:* seicrometreg *f.*
psychrophilic *a. Bac:* seicroffilig.
psylla *n. Ent:* llysleuen (llyslau) *f.*
psyllid *a.* & *n. Ent:* **1.** *a.* llysleuol. **2.** *n.* llysleuen (llyslau) *f.*
ptarmigan *n. Orn:* **Scottish ~,** grugiar (grugieir) (*f*) yr Alban, coriar (corieir) (*f*) yr Alban, iâr wen (ieir gwyn) (*f*) y mynydd.
pteridological *a. Bot:* rhedynegol.
pteridologist *n. Bot:* rhedynegwr: rhedynegydd (rhedynegwyr) *m.*
pteridology *n. Bot:* rhedyneg *f.*
pteridophyte *n. Bot:* rhedynen (rhedyn) *f.*
pteridophytic, pteridophytous *a. Bot:* rhedynog, rhedynaidd.
pteridosperm *n. Bot:* hadredynen (hadredyn) *f.*
pterion *n. Anat:* pterion(-au) *m.*
pterocarpous *a. Bot:* adeinffrwythog.
pterodactyl *n. Paleont:* pterodactyl(-iaid) *m.*
pteropod, pteropodan *a.* & *n. Moll:* **1.** *a.* pteropodaidd, môr-löynnaidd. **2.** *n.* pt|eropod (pteropodau) *m*, môr-löyn(-nod) *m.*
pterosaur *n. Paleont:* pt|erosor (pterosoriaid) *m.*
pterygoid *a.* & *n. Anat:* **1.** *a.* pt|erygoid. **2.** *n.* pt|erygoid (pterygoidau) *m.*
ptisan *n.* trwyth(-i) *m.*
Ptolemaic *a.* Ptolemaidd.
Ptolemaist *n.* Ptolemydd(-ion) *m.*
Ptolemy *Pr.n.m.* Pt|olemi.
ptomaine *n. Ch:* ptomen *m.*
ptosis *n.* ptosis *m*, amrangwymp *m* (*pronounced* ng-g).
ptyalin *n. Bio-Ch:* ptyalin *m.*
ptyalism *n.* glafoerio *vn*, gollwng (*vn*) glafoerion.
pub *n. F:* tafarn(-au) *fm*, tŷ (*m*) tafarn (tai tafarnau). **~-crawl¹** *n. F:* helfa (*f*) dafarnau (helf|eydd tafarnau); **to go for a ~-crawl,** mynd i hel tafarnau. **~-crawl²** *v.i.* hel tafarnau, mynd o dafarn i

dafarn, crwydro tafarnau, slotian. **~-crawler** *n. F:* heliwr (helwyr) (*m*) tafarnau, h|elwraig (helwragedd) (*f*) tafarnau, slotiwr (slotwyr) *m*, sl|otwraig (slotwragedd) *f*.

pubertal *a.* blaenaeddfed.

puberty *n.* oed (*m*) aeddfedrwydd, blaenaeddfedrwydd *m*; *S.a.* **adolescence**.

pubes *n.* gwerddyr(-au) *f*, cedorlle(-oedd) *m*, cedorfa (cedorfâu) *f*.

pubescence *n.* **1.** *Bot:* goflew *pl*, plucan *m*. **2.** = **puberty**.

pubescent *a.* **1.** *Bot:* goflewog. **2.** *Physiol:* = **pubertal**.

pubic *a.* gwerddyrol, pwbig, cedorol, plwynol; **~ bone,** asgwrn (*m*) yr arffed, asgwrn y gedor; **~ hair,** *(i) (single):* cedoren (cedor) *f*; *(ii) Coll:* blew (*pl*) cedor, blew'r arffed.

pubis *n. Anat:* pwbis(-au) *m*, gwerddyr(-au) *f*, asgwrn (*m*) y werddyr, cylch (*m*) yr arffed.

public *a. & n.* **1.** *a.* cyhoeddus; **to make sth ~,** cyhoeddi rhth, dweud rhth ar goedd, gwneud rhth yn hysbys; **~ money,** arian (*m*) y wlad, pwrs (*m*) y wlad; **at the ~ expense,** ar draul (*f*) y wlad, ar gost (*f*) y wlad, ar bwrs y wlad; **industry in ~ ownership,** diwydiant gwladol *m*; **~ school,** *(i)* ysgol (*f*) fonedd (ysgolion bonedd), ysgol breifat (ysgolion preifat), ysgol breswyl (ysgolion preswyl); *(ii) U.S:* ysgol gyhoeddus (ysgolion cyhoeddus); **~ assistance,** cymorth cyhoeddus *m*; **P~ Analyst,** Dadansoddwr (Dadansoddwyr) Cyhoeddus *m*; **P~ Assistance Committees,** Pwyllgorau Cymorth Cyhoeddus; **P~ Environmental Health Inspector,** Arolygwr (Arolygwyr) (*m*) Iechyd Amgylchedd Cyhoeddus; **~ borrowing requirement,** gofyniad(-au) (*m*) benthyca cyhoeddus; *Lib:* **P~ Lending Right,** Hawl(-iau) (*f*) Benthyca Cyhoeddus; **~ liability,** atebolrwydd cyhoeddus *m*; **~ opinion,** barn (*f*) y wlad/cyhoedd/bobl, barn gyhoeddus; **~ opinion poll,** pôl (polau) (*m*) piniwn, arolwg (arolygon) (*m*) barn; **~ ownership,** perch[e]nogaeth gyhoeddus *f*; **~ records,** archifau gwladol; **P~ Records Office (the),** yr Archifdy Gwladol *m*; **~ relations,** cysylltiadau cyhoeddus; **P~ Relations Officer,** Swyddog(-ion) (*m*) Cysylltiadau Cyhoeddus; **~ resort,** cyrchfan cyhoeddus/gyhoeddus (cyrchfannau cyhoeddus) *mf*; **~ security,** diogelwch (*m*) y cyhoedd; **~ service vehicle,** cerbyd(-au) cyhoeddus *m*; **~ transport,** cludiant cyhoeddus *m*; **the P~ Trustee,** yr Ymddiriedolwr Gwladol *m*; **~ utilities,** gwasanaethau cyhoeddus; **P~ Works Loan Commissioners,** Comisiynwyr Benthyciad Gweithfeydd Cyhoeddus; **~ gallery,** oriel (*f*) y cyhoedd (orielau'r cyhoedd), oriel gyhoeddus (orielau cyhoeddus); **in the ~ domain,** yn eiddo cyhoeddus, yn eiddo i'r cyhoedd; **~ spirit,** dinasyddiaeth dda *f*, cyhoeddgarwch *m*, cymunedgarwch *m*; *(= generosity):* haelioni *m*, cymwynasgarwch *m*; **in the ~ eye,** yn llygad y cyhoedd; **in the ~ interest,** er lles y cyhoedd; **~ enemy,** gelyn(-ion) (*m*) i'r wlad/bobl; **~ enemy number one,** gelyn pennaf y wlad, prif elyn y cyhoedd; **a ~ figure,** rhn enwog, rhn amlwg; **a ~ servant,** gwas sifil *m*, gwas y wladwriaeth; *Jur:* **~ nuisance,** niwsans cyhoeddus *m*; *F:* **he's a ~ nuisance,** mae'n ddigon o farn/fwrn ar neb; mae'n bla ar y wlad; mae'n boen i'r cyhoedd; *Jur:* **~ mischief,** drygau cyhoeddus *pl*. **2.** *n. (a)* [y] cyhoedd *m*; **the general ~, the ~ at large,** y cyhoedd, y bobl *f*, y wlad *f*; **the reading ~,** darllenwyr [yn gyffredinol]; *(b)* **in ~,** ar goedd, ar goedd gwlad, ar goedd byd, ar goedd pawb, yn gyhoeddus, yng ngŵydd pawb, *F:* o flaen pobl. **~-address system** *n.* system(-au) (*f*) sain. **~ house** *n.* tŷ (*m*) tafarn (tai tafarnau), tafarn(-au) *m in S.*, *f in N.* **~-spirited** *a.* er lles y cyhoedd, anhunanol, cymwynasgar, cyhoeddgarol, cymunedgar; **he's ~-spirited,** mae'n gymwynasgar i'r ardal/fro/dref *&c*; mae'n garwr lles y cyhoedd; *(benefaction):* hael, haelionus; **that's very ~-spirited of you,** 'rydych yn ddinesydd da iawn; 'rydych yn hael iawn.

publican *n.* **1.** *Rom.Hist: B:* p|ublican (publicanod) *m*. **2.** *(of pub):* tafarnwr (tafarnwyr) *m*, taf|arnwraig (tafarnwragedd) *f*.

publication *n.* cyhoeddiad(-au) *m*; *(action):* cyhoeddi *vn.* **~ date** *n.* dyddiad(-au) (*m*) cyhoeddi.

publicism *n. Journ.* newyddiaduraeth *f*.

publicist *n.* **1.** *Journ:* newyddiadurwr (newyddiadurwyr) *m*, colofnydd (colofnwyr) *m*. **2.** *Jur:* cyfreithydd(-ion) rhyngwladol *m*. **3.** *(= publicity agent):* swyddog(-ion) (*m*) cyhoeddusrwydd.

publicistic *a.* newyddiadurol.

publicity *n.* cyhoeddusrwydd *m*, hysbysrwydd *m*, *Joc:* hŷs-bŷs *m*; **all ~ is good ~,** mae pob sylw yn werth ei gael. **~ agent, ~ man** *n.* swyddog(-ion) (*m*) cyhoeddusrwydd.

publicize *v.t.* cyhoeddi, hysbysebu (rhth); rhoi cyhoeddusrwydd (i rth); tynnu sylw (at rth).

publicly *adv.* yn gyhoeddus, ar goedd.

publish *v.t.* cyhoeddi; **~ and be damned!** cyhoedder ac i gythraul! **to get sth published,** cael/gweld cyhoeddi rhth, *occ:* cael rhth i glawr.

publishable *a.* cyhoeddadwy.

published *a.* cyhoeddedig; *Jur:* **a just ~ book,** llyfr newydd ddod o'r wasg.

publisher *n.* cyhoeddwr (cyhoeddwyr) *m*, cyh|oeddwraig (cyhoeddwragedd) *f*.

publishing *vn.* cyhoeddi.

publishment *n.* cyhoeddiad(-au) *m*.

puccoon *n. Bot:* gwaed-wr|aidd *m*.

puce *a. & n.* **1.** *a.* gwineugoch(-ion), glasgoch(-ion), piws. **2.** *n.* gwineugoch *m*, glasgoch *m*, piws *m*.

puck[1] *n. (= sprite):* pwca(-od) *m*.

puck[2] *n. Games:* cnap(-iau) *m*.

pucker[1] *n.* crychni *m*, crych(-au) *m*.

pucker[2] *v.t.&i.* **1.** *v.t.* crychu, *occ:* sybachu; **to ~ the lips,** crychu gwefusau/ceg; **to ~ one's brows,** crychu ael/talcen; **to ~ one's face,** crychu, ffromi, gwn|eud cuchiau. **2.** *v.i.* crychu; **to ~ up for a kiss,** crychu gwefusau i gael cusan, *F:* gwneud ceg sws.

puckered *a.* crychlyd, crych (*f.* crech, *pl.* crychion), pletiog, swbachog.

puckering *n.* crychiad(-au) *m*, swbachiad(-au) *m*, pletiad(-au) *m*.

puckish, pucklike *a.* direidus, fel coblyn, coblynnaidd.

pud *n. F:* = **pudding**.

pudding *n.* **1.** *Cu:* pwdin(-au) *m*, *S.W: occ:* poten(-ni) *f*; *S.a.* **proof**[1]; **black/blood ~,** pwdin gwaed, *occ:* gwaedogen(-nau) *f*, *S.W:* poten (*f*) waed (potenni gwaed), *S: F:* selsigen (selsig) *f*; **boiled ~,** pwdin berwi, pwdin clwt, pwdin cwd, pwdin cymysg, pwdin lwmp; *S.a.* **Christmas**; **bread and butter ~,** pwdin bara ['menyn]; **cabinet ~,** pwdin melyn; **Eve's ~,** pwdin Efa; **jam cap ~,** pwdin sbwng jam; **milk ~,** pwdin llaeth; **queen of puddings,** y pwdin gorau yn y byd, pwdin y frenhines; **rice ~,** pwdin reis, *S.W: occ:* poten reis, *occ:* poten y wrach, whipod *m*; *Joc:* **in the ~ club,** yn y clwb, yng nghlwb y pwdin, *N:* yn magu bol, â bol mawr, wedi llyncu pryf, *S:* yn cario'n drwm, wedi llyncu corryn *&c*; **steak and kidney ~,** pwdin stêc a 'lwlod (*not* ac arennau); **white ~,** pwdin gwyn; **Yorkshire ~,** pwdin [Sir] Efrog, pwdin cytew; *S.a.* **hasty**. **2.** *Nau:* clustog(-au) *f*. **~-bag** *n.* cwd (cydau) (*m*) pwdin, bag(-iau) (*m*) pwdin. **~ cloth** *n.* cadach(-au) (*m*) pwdin, clwt (clytiau) (*m*) pwdin. **~ face** *n. F:* wyneb(-au) bochdew/bochog *m*. **~-faced** *a.* bochdew(-ion), bochog. **~ fender** *n. Nau:* ffendar (*f*) glustogi (ffenderi/ffenderydd clustogi), clustog(-au) *f*. **~-head** *F: N:* pen (*m*) dafad (pennau defaid), pen meipen (pennau maip), pen swejan (pennau swêj), pen rwdan (pennau rwdins) *&c*; *See* **fool**[1]. **~-stone** *n. Miner:* clobynfaen *m*.

puddingy *a.* pwdinaidd, pwdinllyd.

puddle[1] *n.* **1.** *(a)* pwll (pyllau) *m*, *S:* pwllyn (pyllau) *m*, pwdlac(-s) *m*, pwdel(-au) *m*, *S.W:* llynwen(-ni,-nau) *f*, llynwent (llynwenni, llynwennau) *f*. **2.** *Hyd.E: (= clay):* clai *m*.

puddle[2] *v.i.&t.* **1.** *v.i.* **to ~ about,** *(in mud &c):* ysbodlian, poitsio, gwn|eud poitsh, potsian, fflatsio, ffritian, stompio. **2.** *v.t. (a) (clay):* ysbodlian, ysbodoli, pwdlo; *(canal):* pwdlo; *(b) Metall:* pwdlo. **~-ball** *n. Metall:* pelen (*f*) bwdlo (peli pwdlo). **~-steel** *n. Metall:* dur (*m*) pwdlo.

puddler *n.* **1.** ysbodliwr (ysbodlwyr) *m*, baeddwr (baeddwyr) *m*, jobiwr (jobwyr) *m*. **2.** *Metall:* pwdler(-s,-iaid) *m*.

puddling *vn.* **~ furnace** *n. Metall:* ffwrnais (*f*) bwdlo (ffwrneisiau pwdlo).

puddly *a.* pyllog, llawn pyllau.

pudency *n.* gwyl|eidd-dra *m*.

pudenda *n.pl.* rhannau dirgel.

pudendal *a.* = **genital**.

pudendum *n.* rhan ddirgel (rhannau dirgel) *f*.

pudge *n.* pwlffyn (pwlffod) *m*, stwcyn (stwcod) *m*, tordyn(-nod) *m*, torpwth(-iaid, torpythod) *m*; *(woman):* pwlffen (pwlffod) *f*, stwcen (-nod) *f*.

pudgily *adv.* = **podgily**.

pudginess *n.* = **podginess**.

pudgy *a.* = **podgy**.
pudic *a.* = **genital**.
pueblo *n.* pentref(-i) *m.*
Pueblo Molina *Pl.n.* Trefelin *f.*
puerile *a.* plentynnaidd.
puerilely *adv.* yn blentynnaidd.
puerilism, puerility *n.* plentyneiddiwch *m.*
puerperal *a. Med:* ôl-esgorol, ôl-esgor, gwelyfodol; **~ depression,** iselder ôl-esgor *m*, iselder ar ôl geni; **~ fever,** twymyn ôl-esgor *f*, bradgyfarfod *m*, *N:* atgyfarfod *m.*
puerperium *n.* gwelyfod *m*, yr ôl-esgor *m*, pwerperïwm *m*, *S. W: occ:* cyflwr (*m*) alu.
Puerto Madryn *Pl.n.* Porth (*m*) Madryn.
Puerto Rican *a. & n.* **1.** *a.* Puerto Ricaidd, o Buerto Rico. **2.** *n.* Puerto Riciad (~ Riciaid) *m&f.*
puff¹ *n.* **1.** *(a) (of wind):* chwyth(-au) *m*, chwyth[i]ad(-au) *m*, chwa(-on,-oedd) *f*, pwff (pyffiau) *m*, pwffiad(-au) *m*, *S. W:* cwthwm (cythymau) *m*, chwythwm (chwythymau) *m*, *N. W:* sgôl(-s) *f*; *(b) F: (= breath):* gwynt *m*, anadl *mf*, *occ:* chwyth; **out of ~,** â'ch gwynt yn eich dwrn, wedi colli'ch gwynt, *N:* allan o wynt, *S:* mas o anadl, *F:* mas o anal, mas o bwff; *F:* **in my ~,** yn fy myw. **2.** *Cost:* pwff (pyffiau) *m*; *U.S:* = **quilt**. **3.** *Toil:* **powder-~,** pwff powdwr/powdro. **4.** *Cu: (a)* pwff (pyffiau) *m*, pyffen (pyffiau) *f*, teisen (*f*) bwff (teisennau pwff), cacen (*f*) bwff (cacenni pwff); *(b) (cereal food):* pyffen (pyffion) *f*; **sugar puffs,** pyffion siwgwr. **5.** *F: (= publicity):* broliant *m*, cyhoeddusrwydd *m*, hysbysrwydd *m*, *F: Joc:* hỳs-bỳs *m.* **~-adder** *n. Rept:* chwyddwiber(-od) *f.* **~-ball** *n. (a) Fung:* coden (*f*) fwg (codau mwg), coden eurych, cwd (*m*) y mwg (cydau'r mwg), *N. W:* coden(-ni,-nau) (*f*) eira, codaid (*mf*) eira, coden euraidd, snisin (*m*) bwgan, baco (*m*) bwgan, llygad (*m*) bwgan (llygaid bwganod), caseg (*f*) eira, llwch (*m*) bwgan, *M. W:* burgyn (*m*) y gwair, *S. W:* pwrs (*m*) y mwg, bwyd (*m*) y barcud, pwsi-mwg *m*, *S. E:* pwff (*m*) y ddaear; **giant ~-ball,** y goden fwg fwyaf (y codau mwg mwyaf); **Mosaic ~-ball, spring ~-ball,** coden fwg bigog (codau mwg pigog); **stump ~-ball,** coden y coed (codau'r coed); *(b) Bot: (of dandelion):* cloc(-iau) (*m*) chwythu. **~-ball skirt** *n. Cost:* sgert (*f*) bwff (sgerti pwff). **~ bird** *n. Orn:* aderyn (adar) gwrychog *m.* **~ pastry** *n.* crwst pwff *m*; **rough ~ pastry,** crwst pwff bras *m.* **~-puff** *n. (child's word):* pwff-pwff(-s) *m*, pwff-ffwff(-s) *m.* **~ sleeve** *n. Cost:* llawes bwff (llewys pwff) *f.*
puff² *v.i.&t.* **1.** *v.i. (a)* chwythu, pwffian; **to ~ and blow, to ~ and pant,** peuo, dyhefod, chwythu fel morfil; **(to ~ and blow) like a grampus,** (chwythu) fel gyrnat, fel chwyrnwr, fel morfil; *(b)* **to ~ [away] at one's pipe,** pwffian ar eich cetyn/pibell, cael mygyn. **2.** *v.t. (a)* **to ~ (a cigar),** ysmygu, pwffian (sigâr); *(b) (rice &c):* chwyddo; *(c) F: (= vaunt):* brolio. **~ out 1.** *v.t. (a) (cheeks):* chwyddo, pwffian, llenwi; *(b) (smoke, steam):* pwffian, chwythu. **2.** *v.i. (of skirt):* bolio; *(of train):* mynd allan dan bwffian. **~ up** *v.t.* chwyddo; **to ~ oneself up,** ymchwyddo.
puffed *a.* **1.** *(a)* boliog; **~ sleeve,** llawes bwff (llewys pwff) *f*; *(b)* **~ rice,** reis chwyddedig *m*, pyffion (*pl*) reis; **~ wheat,** pyffion [ŷd/gwenith]. **2.** *F: (runner &c):* heb anadl, heb ynoch chwyth, â'ch gwynt yn eich dwrn, byr eich gwynt. **~-up** *a.* **1.** *(a) (face &c):* chwyddedig, pwfflyd, *S. W:* ffronc, *S. E:* pwff, *N. W:* ffoglyd; *(b) (style, language):* chwyddedig, gwyntog, rhodresgar, crand. **2. ~-up with pride,** chwyddedig gan falchder, rhodresgar, llawn ohonoch eich hun, *N. W: occ:* yn chwyddo fel bwngi (*pronounced* ng-g).
puffer *n.* **1.** *F: (in nursery speech):* pwff-pwff(-s) *m*, pwff-ffwff(-s) *m.* **2.** *Com: (in auction &c):* broliwr (brolwyr) *m.* **3.** *Ich:* chwyddbysgodyn (chwyddbysgod) *m.*
puffery *n.* broliant *m*, brolio *vn*, hwrjo *vn*, hwtro *vn.*
puffin *n. Orn:* pâl (palod) *m*, aderyn (adar) (*m*) y pâl, cornicyll (-od) (*m*) y dŵr, pwffin(-od) *m*, cyw(-ion) (*m*) esgob, pwffingen (pwffingod) *f*; **P~ Island,** Ynys (*f*) Seiriol, *A:* Ynys Lannog.
puffiness *n.* chwydd(-au) *m*, golwg chwyddedig *f* **(of sth,** ar rth).
puffing *a.* chwythlyd; **~ adder** = **puff-adder**.
puffs *n.pl. See* **puff¹**.
puffy *a. (face):* chwyddog, chwyddedig, pwfflyd, *N. W:* ffoglyd; *(wind):* chwythlyd, hyrddiog, *N. W:* sgowliog.
pug¹ *n.* **1. ~[-dog],** ci (cŵn) smwt *m*, corgi (corgwn) (*m*) tarw, pwg (pygiaid) *m.* **2. ~[-engine],** injan fach (injans bach) *f*, injan smwt. **3.** *Ven:* = **fox¹**. **~ moth** *n. Ent:* gwyfyn(-od) smwt *m*, smwtyn (smwtiaid) *m.* **~ nose** *n.* trwyn(-au) smwt *m.* **~-nosed** *a.* â thrwyn smwt, trwynsmwt.
pug² *n. Brickm: &c:* clai (*m*) brics. **~-mill** *n.* melin (*f*) glai (melinau clai).
pug³ *v.t.* **1.** *(clay):* cymysgu, mathru. **2.** *Const: (a floor):* pacio [â chlai, â blawd llif *&c*], cleio, cleilenwi, pwgio, pygio.
pug⁴ *n. (= footprint):* ôl (*m*) troed (ôl/olion traed).
pug⁵ *n. F:* = **pugilist**.
puggaree *n. Cost:* tyrban(-au) *m.*
pugilism *n.* paffio *vn*, bocsio *vn*, ymladd *vn.*
pugilist *n.* paffiwr (paffwyr) *m*, bocsiwr (bocswyr) *m*, ymladdwr (ymladdwyr) *m.*
pugilistic *a.* ymladdol.
pugnacious *a.* ymladdgar, ymosodol.
pugnaciously *adv.* yn ymladdgar *&c.*
pugnaciousness, pugnacity *n.* ymladdgarwch *m*, ymosodoldeb *m*, natur ymladdgar/ymosodol *f.*
puisne *a. & n.* **1.** *a.* ***puisne***, diweddarach; **~ mortgage,** morgais ***puisne***, morgais diadnau. **2.** *n.* **~ judge,** barnwr (barnwyr) ***puisne*** *m*, barnwr iau/is.
puissance *n. Equit:* prawf (profion) (*m*) neidio.
puissant *a. Lit:* grymus, nerthol, cadarn.
puissantly *adv.* yn rymus *&c.*
puke¹ *n.* chwŷd *m*; *(action):* chwydfa (chwydf|eydd) *f*, chwydiad (-au) *m.*
puke² *v.t.&i.* chwydu, cyfogi.
pukeko *n. Orn:* pwceco(-id) *m.*
puking *a.* chwydlyd, chwydog.
pukka *a. O: F:* **a ~ (Englishman),** (Sais) solet, go iawn, o'r iawn ryw; **~ sahib,** bonheddwr (bonheddwyr) *m.*
puku *n. Z:* pwcw(-od) *m.*
pulchritude *n.* = **beauty**.
pulchritudinous *a.* = **beautiful**.
pule *v.i.* pipian, pipianu, crewtian, nadu, cyrnewian, cyrnadu, swnian, gwn|eud nadau, *N. W:* cnadu, cnewian.
puler *n.* pipiwr (pipwyr) *m*, crewtyn *m*, nadwr (nadwyr) *m*, swnyn(-nod) *m*, swnen(-nod) *f*, *N. W: F:* cnadwr (cnadwyr) *m.*
Pulford *Eng.Pl.n.* Porffordd *f.*
puling *a.* pipianllyd, *N. W: F:* cnadlyd.
pulingly *adv.* yn bipianllyd, gan swnian.
pull¹ *n.* **1.** haliad(-au) *m*, tynfa (tynf|eydd) *f*, tyniad(-au) *m*, plwc (plyciau, plyciadau) *m*, tynnu *vn*; **to give (sth) a ~,** rhoi plwc (i/ar rth), plycio/tynnu (rhth); **the ~ of a magnet,** tynfa magned; **the ~ of the big cities,** atyniad (*m*) y dinasoedd mawrion; **it's an up-hill ~,** mae gwaith tynnu i fyny; *Row: (at an oar):* plwc [ar rwyf], paliad(-au) *m.* **2.** *(= influence):* dylanwad *m*; **I have some ~ with/over them,** mae gen i ddylanwad arnynt. **3.** *(a) F: (at a bottle):* llwnc *m*, dracht(-iau) *m*, cegaid: cegiad (cegeidiau) *f*, joch(-iau) *fm*, jochiad(-au) *m*; *(b)* **to take a ~ at one's pipe,** cael mygyn (*m*). **4. bell-~,** llinyn (*m*) cloch (llinynnau clychau). **5.** *Typ: Engr:* bras-broflen(-ni) *f.* **6.** *(= spell e.g. of rowing):* pwl (pyliau) *m*, hwrdd (hyrddiau) *m*, plwc (plyciau) *m*, *N. W:* pwcs (pycsiau) *m.*
pull² *v.t.* **1.** *(a)* tynnu (rhth, yn rhth); **to ~ a trigger,** gwasgu clicied gwn; *F:* **to ~ a gun,** tynnu gwn allan; *S.a.* **leg¹ 1, rank¹, string¹ 1, weight¹ 1, wire¹**; *Row:* **to ~ at an oar,** tynnu rhwyf, *occ:* tynnu paliad (*m*); *abs.* rhwyfo; *(c) Turf:* **to ~ a horse,** tynnu ceffyl yn ei ôl; *(d)* **to ~ a muscle,** streifio/tynnu cyhyr; *(e) v.i.* **(to ~) at a rope,** (tynnu) ar/wrth raff, mewn rhaff; **he pulled at his pipe,** tynnodd ar ei getyn. **2.** *(a) (cart &c):* tynnu, halio, llusgo; **~ your chair (near the fire),** tynnwch eich cadair, dewch â'ch cadair ([yn nes] at y tân); *F:* dewch yn nes at yr achos; *Aut: &c:* **the engine is pulling heavily,** mae'r injan yn llafurio; *(of pers., car &c):* **to ~ slowly up a hill,** dringo rhiw yn araf; *(b) Ph:* **a body pulled by a force,** corff a dynnir/atynnir gan rym. **3. to ~ a face,** tynnu/gwn|eud wyneb; **to ~ faces,** gwneud ystumiau, *S:* gwneud gweflau/symantiau/clemau, *N:* tursio, tynnu/gollwng tursiau; **to ~ a wry face,** gwneud wyneb hyll; **to ~ a long face,** gwneud wyneb llaes, gwneud gwep laes, gollwng gwefl; **to ~ a sour face,** gwneud hen wyneb sur/surbwch, *S.E:* gwneud pill. **4.** *F:* **to ~ a fast one (on s.o.),** twyllo, gwneud, trin, rogio (rhn) [dan ei drwyn]; chwarae cast (ar rn); *F:* **to ~ at s.o.'s heartstrings,** tynnu ar linynnau calon rhn; *F:* **to ~ one's punches,** lleddfu'ch dyrnod, ymatal, pwyso'n ysgafn, *N. W:* ffatian dyrnu, cosi â'ch dyrnau; **he pulled no punches with his**

opponent, nid arbedodd ddim ar ei wrthwynebydd; **to ~ one's weight,** tynnu'ch pwysau, dwyn eich rhan o'r baich; **you're not pulling your weight,** 'dwyt ti ddim yn tynnu dy bwysau; 'dwyt ti ddim yn dwyn dy ran/gyfran o'r baich; gen i mae'r pen trymaf; fi sy'n gweithio a thithau'n tuchan; *F:* **to ~ the carpet from under s.o.,** torri'r tir o dan draed rhn. **5.** *Typ: Engr:* **to ~ a proof,** tynnu proflen. **6.** *Golf: Cr:* **to ~ a ball,** tynnu pêl. **~ about** *v.t.* *(= maul):* **to ~ (sth) about,** cam-drin (rhth); halio (yn rhth); *N:* llybindio, llygindio, hambygio, lardio (rhth); *S.W:* bigitan (rhth). **~ ahead** *v.i. Sp:* ennill y blaen. **~ apart, ~ asunder** *v.t.* tynnu (rhth) yn dipiau *or* oddi wrth ei gilydd. **~ away** *v.t.* **1.** tynnu (rhth) ymaith, tynnu (rhth) yn rhydd. **2.** *abs.* **~ away!** tyn(-nwch)! ymlaen â thi (chi)! **~ back** *v.t.* tynnu (rhth) yn ei ôl, atal (rhth). **~-back** *n. Bill:* ôl-dynfa *f.* **~ down** *v.t.* **1.** *(blind &c):* tynnu (rhth) i lawr. **2.** *(a) (house &c):* chwalu, dymchwel; *(b) F: (government):* disodli, diorseddu, dymchwel. **3.** *(of disease):* gwanh|au, ysigo. **~ in 1.** *v.t.* **to ~ in a net,** tynnu rhwyd i mewn; *(a horse):* ffrwyno ceffyl; *(crowds):* tynnu, atynnu; **to ~ oneself in, to ~ one's stomach in,** tynnu'r bol/bola i mewn; *F:* **to ~ in one's belt,** tynh|au'ch gwregys/belt, codi'r rhastl/rhesel; *F:* **to ~ in one's horns,** tynnu'ch cyrn i mewn [fel malwen], ymatal, cilio, gostwng pen; *F:* **to ~ in the slack,** dal y slac yn dyn[n]; **to ~ in a suspect,** restio rhn drwgdybiedig; **he was pulled in,** *(by police):* aed ag ef i mewn; **to ~ in a good wage,** ennill cyflog da. **2.** *v.i. Rail: (of train):* cyrraedd, dod i mewn; *Aut:* **to ~ in to the kerb,** parcio wrth [ymyl] y palmant, tynnu at ymyl y palmant. **~-in** *n.* **1.** caffi(-s) (*m*) gyrwyr. **2.** *Th:* hudwr (hudwyr) *m.* **~ off** *v.t.* **1. to ~ (sth off sth),** tynnu (rhth oddi ar rth, rhth oddi wrth rth). **2.** *(hat &c):* tynnu, *Lit:* diosg; *(b) Sp: F: (prize):* ennill; *(c) F: (= succeed):* llwyddo (yn rhth); **he pulled it off,** fe lwyddodd; fe ddaeth i ben â hi; fe aeth â'r maen i'r wal. **~ on[1]** *v.t.* **to ~ on a glove,** rhoi/tynnu/dodi maneg am eich llaw. **~-on[2]** *a. (garment):* tynadwy. **~ out 1.** *v.t.* *(a)* **to ~ sth out,** tynnu (rhth) allan/mas; *F:* **to ~ out all the stops,** gwneud sioe iawn ohoni, rhoi pob gewyn ar waith; *F:* **to ~ one's finger out,** tynnu'r ewinedd o'r blew; *F:* **to ~ s.o.'s chestnuts out of the fire,** achub croen rhn, llosgi'ch bysedd dros rn, tynnu cnau poeth rhn o'r tân; *F:* **to ~ sth out of the fire,** *Fig:* achub rhth o'r tân; *(b)* **to ~ out a tooth,** tynnu dant; **to ~ out a nail,** codi/tynnu hoelen. **2.** *v.i.* *(a) (of rower):* rhwyfo allan/mas; *(b) (of train &c):* cychwyn, mynd allan/mas; *(c) Aut:* **to ~ out from behind a vehicle,** dod/tynnu allan/mas o'r tu cefn i gerbyd; *(d) U.S: F: (= withdraw):* **to ~ out (of a place),** mynd, cilio (o le); gadael (lle); ymadael (â lle). **~-out** *n* **1.** *Bookb:* tudalen(-nau) (*fm*) blyg/plyg. **2.** *Journ:* **~-out section,** atodiad(-au) rhydd *m.* **~ over 1.** *v.t.* *(a)* **to ~ one's hat over one's eyes,** tynnu'ch het tros eich llygaid; *F:* **to ~ the wool over s.o.'s eyes,** twyllo rhn, taflu llwch i lygaid rhn; *(b) (cart):* tynnu/troi (trol) drosodd, *N.W: occ:* mowntio (trol), *S.W:* diwel (cert). **2.** *v.i.* *(of car &c):* **to ~ over to one side,** troi/tynnu at un ochr. **~ round 1.** *v.t.* *F:* *(a) (= revive):* bywiogi, bywioc|au, adfywio (rhn); dod (â rhn) ato i hun; *(b) (after illness):* gwella. **2.** *v.i.* *(a) (after fainting):* dod atoch eich hun, deffro, dadebru; *(b) (after illness):* dod atoch eich hun, gwella, tynnu trwyddi, *N: F:* mendio, criwtio, fflonsio. **~ through 1.** *v.t.* **to ~ s.o. through a difficulty,** helpu rhn o drybini; **to ~ a thing through,** dwyn rhth i'w ben, dwyn y maen i'r wal. **2.** *v.i.* *(after illness):* dod trwyddi, dod trosti, tynnu trwyddi. **~-through** *n. Sm.a:* llinyn(-nau) (*m*) glanh|au. **~ to** *v.t.* *(= close):* cau. **~ together** *v.t.* **1. to ~ oneself together,** dod atoch eich hun, dod at eich coed; **come, ~ yourself together!** paid (peidiwch) â chynhyrfu! **2.** *abs.* *(= co-operate):* cyd-dynnu, cydweithio, cyd-fynd. **~ up 1.** *v.t.* *(a) (load &c):* codi, halio, llusgo, tynnu (rhth) [i fyny], *S:* tynnu (rhth) lan, cwnnu (rhth); **to ~ sth up from the root,** codi/tynnu rhth o'r gwraidd; *Aut:* **to ~ up the brake,** tynnu'r brêc yn dyn[n]; *F:* **to ~ up one's socks,** torchi llewys, tynnu'r ewinedd o'r blew, mynd ati nerth deng ewin, mynd ati o ddifrif, gafael ynddi, *N:* styrio'ch hun, gwneud siâp arni, *S:* ei siapo hi; *(b)* **to ~ up a blind,** codi bleind; **to ~ up a skirt,** codi/torchi sgert; **to ~ up stakes,** hel eich pac, ymadael, ei chychwyn hi; *(c)* **to ~ up weeds,** tynnu chwyn; *(d)* **to ~ up a horse,** ffrwyno ceffyl, dal ar geffyl; *(e) (= reprimand):* ceryddu, dwrdio (rhn); dweud y drefn, ei dweud hi (wrth rn); *F:* **to ~ s.o. up a bit,** *N.W: occ:* rhoi rali i rn; *Aut:* **I've been pulled up [by the police],** mi gefais i fy nal/nala, mi gefais i fy stopio [gan yr heddlu]. **2.** *v.i.* *(a) (= stop):* stopio; *(b) Gym:* **to ~ up (to the bar),** eich tynnu'ch hun, eich halio'ch hun (at y bar); *(c) Sp: (= catch up):* **we'll ~ up with them,** fe'u daliwn ni nhw. **~-up** *n.* **1.** *(of car &c):* arhosiad (arosiadau) *m*, safiad(-au) *m.* **2.** *(= café):* caffi(-s) (*m*) gyrwyr, caffi min ffordd. **3.** *Mount: Gym:* haliad(-au) *m.*

pulled *a.* **a ~ muscle,** cyhyr wedi ei streifio, cyhyr streifiedig.

puller *n.* **1.** *(a) Tls: &c:* tynnwr (tynwyr) *m*; *S.a.* **crowd-puller, wire-puller;** *(b) Row:* rhwyfwr (rhwyfwyr) *m.* **2.** *(a) (of horse, ox):* **he's a good ~,** mae'n rhychor/rhychwr da *m*; *(b) Equit:* tynnwr (tynwyr) *m.*

pullet *n.* cywen(-nod) *f*, *S.W:* cywennen (cywennod) *f.*

pulley[1] *n.* **1.** pwli (pwlïau) *m*, *Lit:* chwerfan(-au) *f*; *S.a.* **tackle[1] 2; axle ~,** pwli/chwerfan echel; **cone ~,** pwli côn, chwerfan gôn (chwerfanau côn); **grooved ~,** pwli rhychog, chwerfan rychog (chwerfanau rhychog), *S.E:* shif(-iau) *f*; **differential ~,** pwli differol, chwerfan ddifferol (chwerfanau differol). **2. belt ~,** pwli strapen; **fixed ~,** pwli gosod, chwerfan osod (chwerfanau gosod); **dead ~, loose ~,** pwli rhydd, chwerfan rydd (chwerfanau rhydd). **~ block** *n.* bloc(-iau) (*m*) pwli, *Lit:* chwerfan dro (chwerfanau tro). **~ wheel** *n.* olwyn (*f*) bwli (olwynion pwli).

pulley[2] *v.t.* codi/halio (rhth) [â phwli].

pulling *vn.* = **pull[1],[2]**. **~ race** *n. Row:* ras (*f*) rwyfo (rasys rhwyfo).

pullorum *n. Vet:* **~ disease,** clefyd (*m*) y cywennod, y bib wen *f.*

pullover *n. Cost:* pwlofer(-i,-s) *mf.*

pullulant *a. (seed):* eginol; *(with rats &c):* heidiog; **~ with mice,** yn berwi/heidio o lygod, yn fyw o lygod, yn llygod byw; *(opinions):* lluosog, lluosogol.

pullulate *v.t.* *(a) (of seed):* egino; *(of bud):* blaguro, tyfu; *(b) (of rats, heresy, opinions):* amlh|au, lluosogi, epilio; *(c) (of vermin):* heidio; **the place pullulated with rats,** 'roedd y lle'n berwi o lygod, 'roedd y lle'n heidio â llygod, *S.a.* **pullulant.**

pullulation *n.* *(a)* egino *m*, eginiad *m*, blaguriad *m*, twf *m*, tyfiant *m*; *(b)* lluosogiad *m*; *S.a.* **pullulate**.

pullus *n.* cyw(-ion) *m.*

pulmonary *a.* **1.** *Anat:* ysgyfeiniol, yr ysgyfaint; **a ~ complaint,** anhwylder ar yr ysgyfaint; **~ consumption,** y darfodedigaeth *m*, *F:* y diciâu *m.* **2.** *(patient):* ysgyfeiniol. **3.** *(= having lungs):* ysgyfeiniog, ag ysgyfaint.

pulmonata *n.pl. Z:* ysgyfeiniogion.

pulmonate *a.* & *n.* **1.** *a. Z:* ysgyfeiniog, ag ysgyfaint. **2.** *n.* ysgyfeiniog(-ion) *m&f.*

pulmonic *a.* = **pulmonary**.

Pulmotor *n. R.t.m: Med:* Pwlmotor(-au) *m.*

pulp[1] *n.* **1.** *(of tooth, finger):* bywyn *m*; *Med:* **~ space infection,** haint (*m*) cnawd y bys. **2.** *(mashed):* mwydion *pl*, *S.E:* masw *m*, *Cu:* mwtrin *m*, stwnsh *m*, ponsh *m*, stwmp *m*, *S.W:* potsh *m*; **fruit-~,** mwydion ffrwythau; **wood-~,** mwydion coed; **to reduce sth (to a ~),** *N:* gwasgu rhth, mathru rhth [yn seitan, yn siwtrws], *S:* gwasgu rhth [yn siwps]. **~ cavity** *n.* ceudod(-au) (*m*) bywyn. **~ fiction** *n.* ffuglen rad *f.* **~ magazine** *n.* cylchgrawn (cylchgronau) rhad *m.*

pulp[2] *v.t.* mathru, gwasgu (rhth) [yn fwydion &c]; *S.W:* bwtso (rhth).

pulper *n.* mathrwr (mathrwyr) *m*, peiriant (peiriannau) (*m*) mathru.

pulpiness *n.* meddalwch *m*, cnodiogrwydd *m.*

pulpit *n.* pulpud(-au) *m*; **to ascend/mount the ~,** esgyn i'r pulpud. **~ rail** *n. N.Arch:* rheilen (*f*) flaen (rheiliau blaen). **~ walking aid** *n.* ffrâm (*f*) bulpud (fframiau pulpud).

pulpiteer[1] *n.* prygowthwr (prygowthwyr) *m*, brygowthwr (brygowthwyr) *m.*

pulpiteer[2] *v.i.* prygowthan, brygowthan.

pulpless *a.* difywyn, heb fywyn.

pulpous = **pulpy**.

pulpwood *n.* coed meddal *m*, coed mwydion *m.*

pulpy *a.* **1.** *(finger, flesh):* cnodiog, meddal; *(nut, bean):* bywynnog, mwydionog; *Vet:* **~ kidney,** aren bwdr *f*; **~ kidney disease,** clwy(*m*)'r aren bwdr. **2.** *(= squashed):* mathredig, yn fwydion, yn seitan, yn sitrws, yn siwps.

pulque *n.* **~ brandy,** brandi pwlce *m.*

pulsar *n. Astr:* pylseren (pylser) *f*, pylsar(-au) *mf.*

pulsate *v.i.&t.* **1.** *v.i.* *(a) (of heart &c):* curo, dychlamu; *(b) (= vibrate):* dirgrynu. **2.** *v.t.* *(water, laundry &c):* pylsadu, pylsio; *(air):* gwyntyllu.

pulsatile *a.* **1.** curiadol, dirgrynol. **2.** *Mus:* = **percussive**.
pulsatilia *n. Bot:* blodyn (*m*) y Pasg (blodau'r Pasg).
pulsation *n.* curiad(-au) *m*, dirgryniad(-au) *m*; *(action): vn.* = **pulsate**.
pulsator *n.* dirgrynwr (dirgrynwyr) *m*; *Laund:* pylsadur(-on) *m*.
pulsatory *a.* curiadol, dirgrynol.
pulse[1] *n.* **1.** *Med:* curiad (*m*) y galon (curiadau'r galon), pwls *m*, pỳls *m*; **to feel/take s.o.'s ~,** teimlo curiad [calon] rhn, teimlo pỳls rhn. **2.** *Mus: &c:* curiad, *occ:* dirgryniad(-au) *m*; *Ph:* pwls (pylsiau) *m*, pylsiad(-au) *m*. **~ pattern** *n. Cmptr:* patrwm (patrymau) (*m*) curiadau. **~ radar** *n.* radar (*m*) curiadau.
pulse[2] *v.i.&t.* **1.** *v.i.* curo, *occ:* dirgrynu; *Ph:* pylsio. **2.** *v.t.* **to ~ air,** gwyntyllu awyr.
pulse[3] *n. Bot: Coll:* corbys *pl*, ffacbys *pl*, ytbys *pl*, codlysiau *pl*.
pulsed *a.* **~ air,** awyr wyntylledig *f*.
pulsimeter *n. Med:* pylsimedr(-au) *m*.
pulsing *a.* curiadol, dirgrynol, dychlamol; *Ph:* pylsol, pylsiadol.
pulso-jet *n. Av:* pylso-jet(-iau) *f*.
pulsometer *n.* **1.** *Ind:* pylsomedr(-au) *m*. **2.** = **pulsimeter**.
pulverizable *a.* maluriadwy.
pulverization *n. vn.* = **pulverize**.
pulverizator *n.* = **pulverizer**.
pulverize *v.t.&i.* **1.** *v.t.* *(a)* malurio, chwilfriwio, manfriwio (rhth); malu (rhth) yn llwch; malu (rhth) yn fân; *occ:* pylori (rhth); **to ~ an argument,** chwalu dadl yn chwilfriw; **to ~ an opponent,** colbio gwrthwynebydd yn ddidrugaredd; *(b)* = **atomize**. **2.** *v.i.* malurio, troi'n llwch, briwsioni.
pulverized *a.* maluriedig, chwilfriw, chwilfriwiedig, manfriw, manfriwiedig, yn dipiau mân, yn yfflon, yn gandryll *&c*.
pulverizer *n.* maluriwr (malurwyr) *m*.
pulverulent *a.* *(= dusty):* llychlyd; *(= crumbly):* brau.
pulvillus *n. Ent:* clustogan(-au) *f*.
pulvinar *a.* clustogaidd, clustogog.
pulvinate, pulvinated *a.* **1.** *Arch:* amgrwm (*f.* amgrom, *pl.* amgrymion), boliog, clustogog. **2.** *Bot: Ent:* clustogaidd, clustogog.
pulvinus *n. Bot:* pwlfinws (pwlfini) *m*, bonchwydd(-au) *m*.
puma *n. Z:* pwma(-od) *m*, llew(-od) (*m*) mynydd.
pumice[1] *n.* **~[-stone]** *n.* pwmis *m*, carreg (*f*) bwmis (cerrig pwmis). **~ powder** *n.* powdwr (*m*) pwmis.
pumice[2] *v.t.* pwmisio (rhth), glanh|au (rhth) â phwmis.
pumiced *a. Vet:* meddal, sbwnjlyd, pwmisiog.
pumiceous *a.* fel pwmis, pwmisaidd.
pummel *v.t.* curo, dyrnu, dyrnodio, pannu, pwyo, *N:* colbio, dobio, *S:* colbo, wado, bwrw.
pump[1] *n.* pwmp (pympiau) *m*, *S.W: occ:* plwmp *m*; **aerator ~,** pwmp awyru, pwmp awyr iach; **exhaust ~,** pwmp gwagio/gwacáu; **hand ~,** pwmp llaw; **pressure ~, force-~,** pwmp pwysau, pwmp grym; **foot ~,** pwmp troed; **lift ~,** pwmp codi; **suction-~,** pwmp sugno; **~ attendant** *n.* gofalwr (gofalwyr) (*m*) pwmp/pympiau petrol, gof|alwraig (*f*) pwmp/pympiau petrol. **~ gun** *n.* gwn (gynnau) (*m*) pwmpio, dryll(-iau) (*m*) pwmpio. **~-handle** *n.* braich (*f*) pwmp (breichiau pympiau). **~ storage** *n.* storfa (*f*) bwmp; *(action):* pwmpstorio *vn.* **~-room** *n.* **1.** *Eng:* ystafell (*f*) bympiau (ystafelloedd pympiau). **2.** *(at spa):* ystafell y pwmp.
pump[2] *v.t.&i.* **1.** *v.t.* *(a)* **to ~ (water),** pwmpio (dŵr); *(b)* **to ~ (a well) dry,** dihysbyddu, sychu (ffynnon); *F:* **to ~ s.o. for news,** holi a stilio rhn am newyddion; **to ~ air into the lungs,** pwmpio/chwythu awyr iach i'r ysgyfaint. **2.** *v.i.* *(of heart &c):* curo, pwmpio. **~ out 1.** *v.t.* *(a)* *(= drain):* pwmpio (rhth) allan/mas; sychu, gwagio, dihysbyddu, *N: F:* sbydu; *(b)* *(= expel, spurt):* pwmpio (rhth) allan. **2.** *v.i.* pwmpio allan, ffrydio, *S:* pwmpo mas, *N.W: occ:* powsio. **~ up** *v.t.* **1.** *(water):* pwmpio (rhth) i fyny, *S:* pwmpo (rhth) lan. **2. to ~ up a tyre,** pwmpio gwynt i deiar.
pump[3] *n. Cost:* *(= plimsoll):* esgid(-iau) (*f*) rwber, pympsen (pymps) *f*, *F: Joc:* esgid (*f*) ddal adar (esgidiau dal adar), *S: F:* dapsen (daps) *f*.
pumped *a.* **1.** *(water &c):* pwmpiedig, wedi ei bwmpio. **2.** *(athlete &c):* dianadl, â'ch gwynt yn eich dwrn, wedi colli'ch gwynt.
pumper *n.* pwmpiwr (pwmpwyr) *m*, p|wmpwraig (pwmpwragedd) *f*.
pumpernickel *n. Cu:* bara (*m*) rhyg.
pumping[1] *a.* *(heart &c):* dychlamol, yn curo.
pumping[2] *vn.* pwmpio.
pumpkin *n. Hort:* pwmpen(-ni) *f*, pompiwn (pompiynau) *m*. **~-seed** *n.* **1.** hedyn (hadau) (*m*) pwmpen. **2.** *Ich:* = **sunfish**.
pun[1] *n.* gair (geiriau) mwys *m*, mwysair (mwyseiriau) *m*.
pun[2] *v.i.* mwyseirio, *F:* chwarae ar air/eiriau, troi gair/geiriau.
pun[3] *v.t.* *(= pound, ram):* pwyo, pwnio, dyrnu.
puna *n.* **1.** *Geog:* pwna *m*. **2.** *Med:* salwch (*m*) mynydd.
punch[1] *n. Tls:* pwnsh(-is, pynshiau) *m*, tylliedydd(-ion) *m*, pwnsiar (pwnsieri) *m*, tyllwr (tyllwyr) *m*; **automatic centre ~,** tyllydd/pwnsh canoli awtomatig; **background ~,** pwnsh cefndir; **bell ~,** pwnsh cloch; **brad ~,** = **nail-~**; **centre ~,** pwnsh canoli; **decorating ~,** pwnsh addurno; **dot ~,** pwnsh dotio, pwnsh dot; **eyelet ~,** pwnsh llygaden; **groove ~,** pwnsh sêm; **hollow ~,** peiriant (peiriannau) (*m*) pwnsio/pincio, tyllwr (tyllwyr) *m*; **nail-~,** pwnsh hoelion; **parallel ~,** pwnsh cyflin; **pin ~,** pwnsh pin; **repousse ~,** pwnsh ***repousse***; **sinking and matting ~,** pwnsh sincio a matio; **starting-~,** pwnsh cychwyn; **tracing-~,** pwnsh olinio. **~ card** *n.* cerdyn (cardiau) tyllog *m*. **~ mark** *n.* twll (tyllau) *m*, ôl (olion) (*m*) tyllu.
punch[2] *n.* **1.** *(= blow):* pwniad(-au) *m*, dyrnod(-iau) *mf*, *N: F:* swaden *f*, celpen *f*, *occ:* tatsh(-is) *f*, tatsiad (tatshis) *f*, laban *f*, lab(-iau) *f*, lempen *f*, *M.W:* lap(-iau) *f*, *S:* cleren *f*, pwnad *f*; **rabbit ~,** *N:* gwarrog (gwarogau) *f*, *S:* gwarrod (gwarodau) *f*; **short ~,** dyrnod pwt/bwt; *Box: F:* **he didn't pull his punches (with his opponent),** nid arbedodd ddim (ar ei wrthwynebydd); nid ymataliodd ddim. **2.** *F:* *(= forcefulness):* bywiogrwydd *m*, grym *m*, nerth *m*, taro *vn*; **(a style) with ~ in it,** (arddull) gyhyrog, rymus. **~-bag** *n. Box:* bag(-iau) (*m*) dyrnu. **~-ball** *n. Box:* pêl (*f*) ddyrnu (peli dyrnu). **~-drunk** *a. esp.Box:* hurt, pensyfrdan. **~ line** *n. Th: &c:* *(of joke &c):* llinell (*f*) glo (llinellau clo), ergyd(-ion) *f*. **~ pad** *n. Box:* pad(-iau) (*m*) dyrnu. **~-up** *n.* ysgarmes(-au,-oedd) *f*, ymladd *vn*, ymladdfa (ymladdf|eydd) *f*, dyrnu *vn*, colbio *vn*, *N: F:* cwffio *vn*, cwffas[t] *f*; **there was a ~-up,** fe aeth hi'n daro; fe aeth hi'n godi dyrnau.
punch[3] *v.t.* **1.** *Tls:* tyllu, pwnsio, *occ:* trydyllu; **to ~ (a ticket),** tyllu, pwnsio (ticed); torri twll (mewn ticed). **2.** *Box: &c:* dyrnu, dyrnodio, taro, pwyo, colbio, waldio (rhn); rhoi dyrnod &c (i rn); *S:* bwrw, wado (rhn); **to ~ s.o.'s face,** dyrnu rhn yn ei wyneb; **to ~ in a nail,** taro/gyrru hoelen i mewn. **~ out** *v.t.* **1.** *(hole):* torri (twll) allan/mas. **2.** *(cotter-pin &c):* gyrru (rhth) allan.
punch[4] *n.* *(drink):* pwnsh *m*. **~-bowl** *n.* powlen (*f*) bwnsh (powlenni pwnsh), dysgl (*f*) bwnsh (dysglau pwnsh).
Punch[5] *Pr.n.m.* **~ and Judy,** Pwnsh a Jwdi, Pwnsh a Siwan, Befar a Chadi; **as pleased/proud as ~,** cyn falched â phaun *&c*; *See* **pleased**.
punch[6] *n. Husb:* **Suffolk ~,** ceffyl(-au) (*m*) gwedd Suffolk, ceffyl pwnsh.
punched *a.* *(ticket, card &c):* tyllog; *Cmptr: Lib:* **~ card,** cerdyn (cardiau) (*m*) tyllog/tyllnod, nod-gerdyn (~-gardiau) *m*; **~ holes,** tyllau wedi'u pwnsio; **~ paper tape,** tâp (*m*) papur tyllog, tâp tyllnod.
puncheon[1] *n.* casgen(-ni,-nau) *f*; *(content):* casgennaid (casgeneidiau) *f*; **a ~ of rum,** casgennaid o rỳm.
puncheon[2] *n. Min: Carp:* ysbwrlath(-au) *f*, *M.W:* sbwrlas(-au) *f*.
puncher *n.* **1.** *(pers.):* *(a)* *(of tickets &c):* tyllwr (tyllwyr) *m*, t|yllwraig (tyllwragedd) *f*. **2.** *Tls:* tyllwr (tyllwyr) *m*, tyllydd(-ion) *m*, tylliedydd(-ion) *m*, peiriant (peiriannau) (*m*) tyllu, trydyllwr (trydyllwyr) *m*. **3.** *U.S:* **[cow-]~,** cowboi(-s) *m*. **4.** *Box:* dyrnwr (dyrnwyr) *m*, colbiwr (colbwyr) *m*, pwywr (pwywyr) *m*, waldiwr (waldwyr) *m*, *S:* wadwr(-s, wadwyr) *m*.
Punchinello *Pr.n.* = **Punch**[5].
punching *vn.* **~-ball = punch**[2]**-ball**.
punchy *a.* ergydiol, grymus, nerthol, bachog, diarbed.
punctate, punctated *a. Biol:* mannog, [y]smotiog, brych (*f.* brech, *pl.* brychion), brith (*f.* braith, *pl.* brithion).
punctation *n.* brychni *m*, [y]smotiau *pl*.
punctilio *n.* **1.** *(= formalism):* defodoldeb *m*, deddfoldeb *m*, ffurfioldeb *m*. **2. to stand upon punctilios,** gorfanylu, hollti blew, *F:* cwencian ynghylch manylion.
punctilious *a.* defodol, deddfol, manwl, gorfanwl, gorofalus, *F:* cysetlyd, cysáct; **~ on a point of honour,** cysetlyd ynghylch eich anrhydedd.
punctiliously *adv.* yn ddefodol *&c*.

punctiliousness *n.* defodoldeb *m*, deddfoldeb *m*, manyldeb *m*, cysactrwydd *m*.
punctual *a.* **1.** prydlon, *occ:* i'r union amser, i'r munud, i'r funud; **always ~,** i'r amser bob tro; **to be ~ in one's payments,** talu'n brydlon. **2.** *Geom:* pwyntiol; **~ co-ordinates,** cyfesurynnau pwynt.
punctuality *n.* prydlondeb *m*.
punctually *adv.* yn brydlon *&c.*
punctuate *v.t.* **1.** *(sentence):* atalnodi. **2. a speech punctuated by applause,** araith gydag ysbeidiau o gymeradwyaeth ar ei thraws, araith gyda chymeradwyaeth ysbeidiol, araith gyda chymeradwyaeth bob hyn a hyn.
punctuation *n.* atalnodi *vn*, atalnodiad *m*. **~ mark** *n. Typ:* atalnod(-au) *m*; *Mus:* gorffwysnod(-au) *m*.
punctum *n. Biol:* [y]smotyn ([y]smotiau) *m*, nod(-au) *mf*, man(-nau) *m*.
puncturable *a.* tylladwy.
puncture[1] *n.* twll (tyllau) *m*; *F: (in tyre):* pynjar(-s) *m*; *S.a.* **lumbar.**
puncture[2] *v.t. (a)* tyllu (rhth), gwn|eud twll (yn rhth); *(b) (with passive force): (of tyre):* cael twll, *F:* cael pynjar.
pundit *n.* pyndit(-iaid) *m*, doethinebwr (doethinebwyr) *m*.
pung *n. U.S:* car (ceir) llusg *m*.
punga *n. Bot:* rhedynen (*f*) bynga (rhedyn pynga).
pungency *n.* **1.** *(of scent &c):* pigogrwydd *m*, ecrwch *m*, egrwch *m*, *F:* siarprwydd *m*. **2.** *(of wit &c):* brath *m*, miniogrwydd *m*, pigiad *m*, brathiad *m*, *F:* siarprwydd.
pungent *a.* **1.** *O: (pain):* egr, pigog, brathog, llym (*f.* llem, *pl.* llymion); *(sorrow):* egr. **2.** *(style):* egr, deifiol, pigog, brathog, miniog. **3.** *(smell &c):* egr, miniog, siarp. **4.** *Bot:* pigog, blaenllym (*f.* blaenllem, *pl.* blaenllymion), miniog.
pungently *adv.* yn egr *&c.*
Punic *a. & n.* **1.** *a.* Pwnig; **~ faith,** brad *m*, twyll *m*, dichell *f*. **2.** *n. Ling:* Pwneg *f*, *m*.
punily *adv.* yn eiddil *&c*; *See* **puny.**
puniness *n.* eiddilwch *m*.
punish *v.t.* **1.** cosbi; **to ~ s.o. (for sth),** cosbi rhn (am rth, o achos rhth). **2.** *F:* taro; *Box:* **he was severly punished,** cafodd gurfa/gweir iawn; fe'i cafodd hi'n egr; cafodd ei ddyrnu; **to ~ s.o.'s cellar,** dihysbyddu seler rhn; *Aut: &c:* **to ~ an engine,** goryrru injan.
punishable *a.* cosbadwy; **~ by a fine,** dirwyadwy; **~ by imprisonment,** carcharadwy; **~ by death,** â chosb marwolaeth.
punished *a.* cosbedig.
punisher *n.* cosbwr (cosbwyr) *m*, c|osbwraig (cosbwragedd) *f*.
punishing *a.* blinderus, blinderog, lluddedig, lladdfaol, sy'n lladdfa; **a ~ game,** gêm galed, lladdfa (*f*) o gêm; **~ work,** gwaith caled *m*, lladdfa, slafdod *m*.
punishment *n.* cosb(-au) *f*, *occ:* cosbedigaeth(-au) *f*, penyd(-iau) *m*, **corporal ~,** cosb gorfforol; **capital ~,** y gosb eithaf, cosb marwolaeth/angau, dienyddiad *m*, dienyddio *vn*; *Box: F:* **a man who stands/takes ~,** dyn sy'n cymryd ei ddyrnu'n galed; **to take one's ~ like a man,** dioddef/derbyn eich cosb yn wrol; *F:* **he's a glutton for ~,** ni waeth ganddo mo'i gosbi; *F:* **to hand out the ~,** ei rhoi hi'n llym, cosbi'n llym.
punitive, punitory *a.* cosbol, *occ:* cosbedigaethol.
Punjab *Pr.n. Geog:* Y Pwnjab *m*.
Punjabi *a. & n.* **1.** *a.* Pwnjabaidd, o'r Pwnjab; *(in language):* Pwnjabeg. **2.** *n. (i) Ethn:* Pwnjabi (Pwnjabïaid) *m&f*; *(ii) Ling:* Pwnjabeg *f*, *m*.
punk *a. & n.* **1.** *a.* diwerth, da i ddim, sothachlyd. **2.** *n. (a)* = **tinder;** *(b)* = **nonsense, rubbish;** *(c) (= creep, runt): F:* ewach(-od) *m*, sinach(-od) *m*, tinllach(-od) *m*, *N:* crafaglach *m*, cnidw *m*, *S:* pwdryn (pwdrod) *m*, *S.W:* repsyn (reps) *m*, ffrit(-iau) *m*, crabwtshyn *m*; *(d) (wearing safety-pins &c):* pync(-s,-iaid) *m*, pynces(-au,-i) *f*. **~ rock** *n. Mus:* pync-roc *m*. **~ rocker** *n. Mus:* pync-rociwr (~-rocwyr) *m*, pync-r|ocwraig (~-rocwragedd) *f*.
punkah *n.* gwyntyll(-au) *f*.
punner[1] *n. Tls:* gordd (gyrdd) *f*.
punner[2] *n.* = **punster.**
punnet *n.* **1.** *(= basket):* basged(-i) *f*, cawell (cewyll) *m*; *(= box):* blwch (blychau) *m*, bocs(-ys) *m*. **2.** *(= basketful):* basgedaid (basgedeidiau) *f*, cawellaid (cawelleidiau) *m*; *(= boxful):* blychaid (blycheidiau) *m*, bocsaid: bocsiad (bocseidiau) *m*.
punning *a.* mwys, mwyseiriol.
punster *n.* mwyseiriwr (mwyseirwyr) *m*, mwys|eirwraig *f*.
punt[1] *n. (boat):* pynt(-iau) *m*. **~-gun** *n.* gwn (gynnau) (*m*) hwyaid. **~-pole** *n.* polyn (polion) (*m*) gwthio/pyntio.
punt[2] *v.t.* gwthio (cwch) â pholyn, pyntio (cwch).
punt[3] *n. Rugby Fb:* cic(-iau) *f*, ehedgic(-iau) *f*.
punt[4] *v.t. Rugby Fb:* cicio, pyntio, ehedgicio.
punt[5] *v.i. Cards: Turf:* betio, gamblo.
punt[6] *n. Num:* punt Iwerddon (punnoedd/punnau Iwerddon) *f*.
punteado *n. Mus:* ***punteado*** *m*.
punter *n.* **1.** *Cards: Turf:* gamblwr (gamblwyr) *m*; *St.Exch:* mentrwr (mentrwyr) *m*, prynwr (prynwyr) *m*. **2.** *F:* cwsmer(-iaid) *m*. **3.** *(of* **punt**[1]*):* pyntiwr (pyntwyr) *m*, p|yntwraig (pyntwragedd) *f*.
punty *n.* roden (rodiau) *f*.
puny *a.* eiddil, tila, pitw, egwan, gwantan, nychlyd, *S.W:* didla; **a ~ man,** *F: N:* sgilffyn *m*, titw *m*, ewach *m*, chwidlyn *m*, *S.W:* crecwil(-od) *m*, crechwil(-od) *m*; **he looks ~,** *N: F:* mae golwg wedi ei nych-fagu arno.
pup[1] *n.* **1.** *(a)* ci (cŵn) bach *m*, *Lit:* cenau (cenawon) *m*, *Lit: occ:* colwyn(-od) *m*; *(of bitch):* **in ~,** yn llawn, yn magu; *F:* **to sell s.o. a ~,** twyllo/gwn|eud rhn dan ei drwyn, gwerthu cath mewn cwd i rn, rhoi peg i rn, *N:* trin/rogio rhn; *(b) (of seal &c):* llo(-i) bach *m*. **2.** *F:* **an arrogant young ~,** coegyn bach *m*, cenau bach digywilydd, corgi bach *m*. **~ tent** *n.* pabell (*f*) gysgodi (pebyll cysgodi).
pup[2] *v.t.&abs. (of bitch):* cael ci/cŵn bach, *occ:* bwrw ci/cŵn bach; *(of seal):* cael llo/lloi bach, *occ:* bwrw llo/lloi bach.
pupa *n. Ent:* chwiler(-od) *m*, cr|ysalis (crysalisau) *m*, pwpa(-od) *m*.
pupal *a. Ent:* chwilerol.
puparium *n. Ent:* pwpariwm (pwparia) *m*.
pupate *v.i. Ent:* chwileru, troi'n chwiler.
pupation *n.* chwileriad(-au) *m*, chwileru *vn*.
pupil[1] *n. Sch: Jur:* disgybl(-ion) *m*, disgybles(-au) *f*. **~-teacher** *n.* disgybl-athro (~-athrawon) *m*, disgybl-athrawes(-au) *f*. **~-teacher ratio** *n.* cymhareb (cymarebau) (*f*) disgyblion-athrawon.
pupil[2] *n. Anat: (of the eye):* cannwyll (*f*) llygad (canhwyllau llygaid).
pupilage, pupillage *n. Jur:* **1.** mabolaeth *f*, maboed *m*, minoriaeth *f*. **2.** *(of barrister):* tymor (*m*) prawf, newyddianaeth *f*.
pupillar, pupillary *a.* **1.** *Jur:* disgyblol. **2.** *Anat:* canhwyllol.
pupiparous *a. Ent:* chwilerddodwyol.
puppet *n. Th:* pyped(-au,-i) *m*; **a mere ~,** dim ond gwas bach, dim ond pric pwdin; **finger ~,** pyped bys; **glove ~,** pyped maneg; **hand ~,** pyped llaw. **~ government** *n. Pol:* llywodraeth (*f*) byped (llywodraethau pyped). **~-master** *n.* pypedfeistr(-i) *m*, pypedwr (pypedwyr) *m*. **~ play** *n. Th:* drama (*f*) bypedau (dramâu pypedau). **~ state** *n.* gwladwriaeth (*f*) byped (gwladwriaethau pyped), pyped-wladwriaeth(-au) *f*. **~-show** *n. Th:* sioe (*f*) bypedau (sioeau pypedau). **~ theatre** *n. Th:* theatr (*f*) bypedau (theatrau pypedau).
puppeteer *n. Th:* pypedwr (pypedwyr) *m*, pyp|edwraig (pypedwragedd) *f*.
puppetry *n. Th:* pypedwaith *m*.
puppy *n.* **1.** = **pup**[1]. **2.** *(= young man):* llefnyn (llafnau) *m*, glaslanc(-iau) *m*, hoglanc(-iau) *m*; **insolent ~!** y cenau digywilydd! y corgi bach! **~-dog** *n.* = **pup**[1]. **~ fat** *n.* bloneg (*m*) tyfu, bloneg glasoed. **~ love** *n.* glas-gariad *m*, glas-garu *vn*, cariad (*m*) llo bach.
puppyish *a. F: (= playful):* chwar|eus, fel ci bach.
pur[1] *v.i.* = **purr**[2].
pur[2] *Fr.a.* **~ *sang*,** o waed coch cyfan.
Purana *n. Lit:* Pwrana (Pwranâu) *mf*.
Puranic *a. Lit:* Pwranig.
purblind[1] *a.* cibddall.
purblind[2] *v.t.* cibddallu.
purblindly *adv.* yn gibddall *&c.*
purblindness *n.* cibddellni *m*, cibddallineb *m*.
purchasable *a.* prynadwy.
purchase[1] *n.* **1.** pryniad(-au) *m*, pryniant (pryniannau) *m*, prynu *vn*; **to make some purchases,** gwneud negesi, prynu pethau; **compulsory ~,** pryniant gorfodol, prynu gorfodol, prynu trwy orfod/orfodaeth; **compulsory ~ order,** gorchymyn (*m*) prynu gorfodol; **hire-~,** hur-bryniant *m*, hur-brynu *vn*, hur-bwrcas *m*.

2. *Jur:* **at ten years' ~,** am ddeng mlynedd o rent. **3.** *(= leverage, grip):* gafael(-ion) *f* **(on sth,** ar rth), trosoliad *m*; **to get/secure a ~ on sth,** cael gafael iawn/sicr ar rth; **to take ~ on sth,** eich sadio'ch hun yn erbyn rhth, pwyso yn erbyn rhth. **4.** *Nau:* = **pulley, windlass. ~ ledger** *n.* llyfr(-au) *(m)* pryniant. **~ notice** *n.* rhybudd(-ion) *(m)* pryniant. **~ price** *n.* pris(-iau,-oedd) *(m)* prynu. **~ tax** *n.* treth *(f)* bryniant, treth bwrcas.

purchase[2] *v.t.* prynu; *the unnecessary and pretentious* pwrcasu *is occ. used.*

purchaser *n.* prynwr (prynwyr) *m*, pr|ynwraig (prynwragedd) *f*.

purchasing *vn.* **club ~,** cyd-brynu *vn.* **~ parity** *n.* paredd *(m)* prynu/pryniant. **~ power** *n.* gallu *(m)* prynu.

purdah *n. Moslem Rel: (a) (= curtain):* llen(-ni) *f*; *(b) (= seclusion):* neilltuaeth *f*, enciliad *m*.

pure *a.* **1.** pur, *occ:* diledryw, dilychwin; *(= chaste):* pur, diwair; **~ gold,** aur pur *m*, *Lit:* aur dilin; *Theol:* **~ act,** act bur *f*; **the ~ and simple truth is. . .,** y gwir plaen [amdani] yw. . .; **~ air,** awyr iach *f*; **~ silk,** sidan naturiol *m*; **~ mathematics,** mathemateg bur *f*; *B:* **~ of heart,** pur o galon; **~ line,** llinach bur *f*; **~ line peas,** pys o linach bur; *F:* **(as ~) as the driven snow,** (cyn wynned) â'r eira, â'r lili, â'r ewyn ar y dŵr; **~ blood,** gwaed coch cyfan *m*. **2.** *(= mere, simple):* noeth, pur, llwyr; **it's ~ prejudice,** rhagfarn noeth yw; nid yw'n ddim ond rhagfarn; nid yw'n ddim amgen na rhagfarn; **~ ignorance,** anwybodaeth lwyr *f*; **~ nonsense,** lol hollol *f*, lol botes maip, dwli llwyr *m*. **~-blooded** *a.* o waed coch cyfan, diledryw. **~-bred** *a.* o frîd, o waed coch cyfan, diledryw, tryryw. **~-hearted** *a.* pur o galon, â chalon bur. **~-minded** *a.* diwair, pur eich meddwl, pur o galon.

puree *n.* mwtrin *m*, stwnsh *m*, ponsh *m*, piwrî *m*; **apple ~,** mwtrin afalau.

purely *adv.* **1.** yn bur. **2.** *(= wholely):* yn hollol, yn gyfan gwbl, yn llwyr; *(= merely):* yn ddim ond (rhth); **it's ~ a pretence,** nid yw'n ddim ond cogio; cogio ydyw a dim arall.

pureness *n.* purdeb *m*, purder *m*.

purfle[1] *n. Tail: Arch:* pwrffil(-iau) *m*.

purfle[2] *v.t. Tail: Arch:* pwrffilio.

purfling *n. Tail: Arch:* pwrffiliad *m*.

purgation *n.* puredigaeth *f*, glanhad *m*, carthiad *m*, gwacâd *m*; *Theol:* puriad *m*.

purgative *a. & n.* **1.** *a.* carthedigol, ysgarthol, carthol. **2.** *n.* carthiedydd(-ion) *m*, carthlyn(-nau) *m*, carthydd(-ion) *m*, *N: F:* ffisig(-au) *(m)* gweithio, *S:* moddion *(m or pl)* gweithio.

purgatorial *a.* purdanaidd, purdanol.

purgatory *n. Theol:* purdan(-au) *m*.

purge[1] *n.* **1.** *Med:* = **purgative 2. 2.** *(a) Med:* carthiad(-au) *m*, cliriad(-au) *m*, gwacâd *m*; *(b) Pol:* carthiad(-au) *m*, nithiad(-au) *m*, cliriad(-au) *m*, diarddeliad(-au) *m*, chwyniad(-au) *m*; **there was a ~ of the older members,** cafwyd gwared â'r aelodau hŷn. **~ cock** *n. Mch:* tap(-iau) *(m)* gwagio.

purge[2] *v.t.* **1.** *(a patient):* gweithio, clirio (rhn); *(of doctor):* **to ~ a patient,** rhoi ffisig/moddion gweithio i glaf. **2.** *(sewer &c):* carthu, glanh|au, clirio, llwyrlanh|au; *(= empty):* **to ~ air from a pipe, to ~ a pipe of air,** gollwng/gwagio/gwacáu/clirio awyr o beipen; **to ~ a pipe,** clirio/gwagio/gwacáu peipen; *(blood, liquid, morals):* puro; **to ~ away sins,** golchi pechodau; *Jur:* **to ~ oneself of a charge,** eich clirio'ch hun o gyhuddiad, eich difeio'ch/dieuogi'ch hun; *Jur:* **to ~ one's offence,** gweithio'ch cosb; *Jur:* **to ~ contempt,** dil|eu tremyg, cael gwared â thremyg. **3.** *Pol: &c: (a party, committee &c):* carthu, nithio, chwynnu; *(pers.):* cael gwared (â rhn), diarddel (rhn); **he was purged (from the committee),** cafwyd gwared ag ef, cafwyd ei wared, diarddelwyd ef (o'r pwyllgor).

purged *a.* puredig, hollol lân, hollol glir, carthedig, â lwyrlanhawyd, llwyrlan; *Pol: (pers.):* diarddeledig.

purger *n. Pol:* carthwr (carthwyr) *m*, nithiwr (nithwyr) *m*, chwynnwr (chwynwyr) *m*, c|arthwraig *f*, n|ithwraig *f*, chw|ynwraig *f*.

purging[1] *a.* carthol, carthedigol; *See* **flax, agaric.**

purging[2] *vn.* **1.** = **diarrhoea. 2.** cliriad(-au) *m*, glanhad *m*, carthiad *m*; *Theol:* puredigaeth *f*, puriad *m*; *S.a.* **purge[1] 2.**

purification *n.* **1.** *(of water &c):* pureiddiad *m*, puro *vn*, pureiddio *vn*; *Ch: &c:* puriad(-au) *m*; *(of gold &c):* coethiad *m*, coethi *vn*. **2.** *Theol:* puredigaeth(-au) *f*, puriad *m*; **the P~ (of the Virgin Mary),** Gŵyl *(f)* y Canhwyllau, Gŵyl Fair Dechrau'r Gwanwyn.

purificator *n. Rel:* lliain (llieiniau) pur *m*.

purificatory *a.* purol, pureiddiol, glanhäol.

purifier *n.* **1.** *(= pers.):* purwr (purwyr) *m*, p|urwraig *f*, coethwr (coethwyr) *m*, c|oethwraig *f*. **2.** *(= apparatus):* peiriant (peiriannau) *(m)* puro/coethi, pureiddiwr (pureiddwyr) *m*.

purify *v.t.* puro, pureiddio, glanh|au; *(gold &c):* coethi.

purifying[1] *a.* pureiddiol, purol, puredigol, puredigaethol.

purifying[2] *vn.* = **purify, purification. ~ tank** *n.* tanc(-iau) *(m)* puro.

Purim *n. Jew.Rel:* Pwrim *m*, Gŵyl *(f)* y Gyfeddach.

purine *n. Bio-Ch:* pwrin(-au) *m*. **~ base** *n. Bio-Ch:* bas(-au) *(m)* pwrin.

purism *n.* puryddiaeth *f*, purdebaeth *f*.

purist *n.* purydd(-ion) *m*, puryddes(-au) *f*, purdebwr (purdebwyr) *m*, purd|ebwraig *f*.

puristic|al| *a.* puryddol.

puritan *a. & n.* **1.** *a.* piwritanaidd. **2.** *n.* p|iwritan (piwritaniaid) *m&f*.

puritanical *a.* piwritanaidd.

puritanically *adv.* yn biwritanaidd.

puritanism *n.* piwritaniaeth *f*.

puritanize *v.t.* piwritaneiddio.

purity *n.* purdeb *m*, purder *m*; *(of gold, language):* coethder *m*; *Ch: Med:* puredd *m*.

purl[1] *n. Needlew: (of twisted metal):* eurwe(-oedd) *f*, eurbleth (-au) *f*, eursider(-ion) *m*, ymylwe(-oedd) *f*; **~ [stitch]** *n. Knitting:* pwyth(-au) *(m)* o chwith/chwithig, *S:* pwyth go chwith, pwythyn *(m)* maglau.

purl[2] *v.t.* **1.** *(lace):* ymylu, sideru, godrëu, godreuo. **2.** *Knitting:* gweu o'r chwith; **knit one [plain], ~ one,** pwyth o dde, pwyth o chwith.

purl[3] *n. Lit: (of brook):* sisial *m*, bwrlwm *m*.

purl[4] *v.i. Lit: (of brook):* sisial [ganu], byrlymu, crychleisio.

purler *n.* codwm (codymau) *m*, *N.W: occ:* clefran *f*; *F:* **to come a ~,** cael codwm.

purlieu *n.* **1.** *Jur: Hist: (of forest):* cwr (cyrion) *m*, godre(-on) *m*. **2.** *(= bounds):* cyffin(-iau) *m*, ffin(-iau) *f*; *(= haunt):* cynefin (-oedd) *m*. **3.** *pl.* cyffiniau, cyrion; **in the ~ of sth,** yng nghyffiniau rhth, ar gyrion rhth.

purlin *n. Const: Carp:* tulath(-au) *f*, trawslath(-au) *f*.

purloin *v.t.* lladrata, dwyn.

purloined *a.* lladrad.

purloiner *n.* lleidr (lladron) *m*, lladrones(-au) *f*.

purple *a. & n.* **1.** *a. (a)* porffor, glasgoch, *F:* piws; *F:* **to get ~ in the face (with anger),** mynd yn biws, troi'n biws (gan gynddaredd); *Lit:* **~ passage, ~ patch,** clwt (clytiau) porffor *m*, darn(-au) blodeuog *m*; *S.a.* **crocus, loosestrife, moor-grass. 2.** *n. (a)* porffor *m*, *F:* piws *m*; *Lit:* **born in/to the ~,** porfforanedig, a aned yn y porffor; *Physiol:* **visual ~,** porffor gweledol, rhodopsin *m*; *(b) pl.* **purples,** *Med: A: Vet:* mân-waedu *vn*, pwrpwra *m*; *(c) Agr:* y penddu *m*. **~ emperor** *n. Ent:* porffor(-ion) mawr *(m)* y derw, ymherodr (ymerodron) porffor *m*, boneddiges borffor (boneddigesau porffor) *f*. **~-fringed orchid** *n. Bot:* tegeirian(-au) porfforfin *m*. **~ gallinule** *n. Orn:* corsiar borffor (corsieir porffor) *f*. **~ heart** *n.* **1.** *Pharm: F: (= drug):* pilsen biws (pils piws) *f*. **2.** *Carp:* rhuddin porffor *m*. **3.** *U.S: (= decoration):* Calon Borffor (Calonnau Porffor) *f*. **~ medic** *n.* = **lucerne, alfalfa. ~ wood** *n.* = **purple heart 2. ~ worm** *n. Ann:* = **chestnut worm.**

purplish, purply *a.* porfforaidd, *F:* piwslyd.

purpoint *n.* = **pourpoint.**

purport[1] *n. (of document):* ystyr(-on) *mf*, perwyl(-ion) *m*; *(of word):* grym *m*, ystyr.

purport[2] *v.t.* **1. to ~ to be sth,** cymryd arnoch fod yn rhth, honni/smalio/cogio bod yn rhth, ymhonni'n rhth. **2.** *(= imply):* awgrymu.

purported *a. esp. U.S:* honedig.

purportedly *adv.* yn honedig, yn ôl yr honiad; **he was ~ a spy,** honnid mai ysbïwr oedd.

purpose[1] *n.* **1.** *(a)* pwrpas(-au) *m*, bwriad(-au) *m*, amcan(-ion) *m*, perwyl(-ion) *m*, diben(-ion) *m*; **fixed ~,** bwriad pendant; **for/with the ~ of doing sth,** gyda'r bwriad o wneud rhth; **(to do sth) on ~, of set ~,** (gwneud rhth) o fwriad, yn unswydd, o bwrpas, yn fwriadol; gwneud ati i wneud rhth; **to all intents and**

purposes, for all practical purposes, i bob diben, i bob pwrpas; **at cross purposes,** yn tynnu'n groes, yn groes i'ch gilydd, *S. W: V:* yn rhech groes *f*; **we're talking at cross purposes,** 'rydym yn siarad yn groes i'n gilydd; 'rydym yn siarad am y clawdd/pared; 'rydym yn siarad o boptu'r gwrych; *F:* 'rwyt ti yn y cae tatws a mi yn y cae maip; *(b) (= resolution, resolve):* penderfyniad *m*, bwriad *m*, pendantrwydd *m*; **infirmity of ~,** diffyg (*m*) penderfyniad, diffyg pendantrwydd, diffyg gwastadrwydd amcan, gwangalondid *m* (*pronounced* ng-g); **infirm of ~,** dibenderfyniad, amhenderfynol, amhendant, gwangalon (*pronounced* ng-g), heb wastadrwydd amcan; **steadfastness of ~,** cadernid (*m*) penderfyniad, gwastadrwydd (*m*) amcan. **2.** *(= function):* diben(-ion) *m*, pwrpas(-au) *m*; **to answer/serve various purposes,** ateb sawl diben; **to answer the ~,** ateb y diben, ateb y galw, gwneud y tro'n iawn, gwneud y tro i'r dim; **for this/that ~,** i'r diben hwn/hwnnw, gyda'r bwriad hwn/hwnnw; **for the ~ of sth,** ar gyfer rhth; **for all purposes,** at bob galw; **it serves no ~,** nid yw'n dda i ddim; mae'n ofer; nid oes dim diben iddo; nid yw'n ateb unrhyw ddiben; **it serves no ~ to complain,** ofer [yw] cwyno; ni waeth heb â chwyno; 'does dim diben cwyno; **no ~ would be served by it,** ni fyddai unrhyw ddiben iddo; ofer fyddai; **(to retain a portion) for puposes of analysis,** (cadw darn) at ddibenion dadansoddi, er mwyn ei ddadansoddi; *Jur:* **for the ~ of this convention. . .,** er mwyn gweithredu'r confensiwn hwn. . . . **3. (to speak) to the ~,** (siarad/traethu) ar y pwynt, yn berthnasol, yn bwrpasol, i bwrpas; **this is nothing to the ~,** nid oes a wnelo hyn ddim â'r peth dan sylw; mae hyn yn amherthnasol; **not to the ~,** amherthnasol. **4. to work to good ~,** gweithio'n effeithiol; **he worked to such good ~ that. . .,** gweithiodd gystal fel bod. . .; **to little ~,** heb fawr o lwyddiant, heb fawr o effaith, yn ofer, yn ddi-fudd; **to some ~,** yn effeithiol; **to work to no ~,** gweithio'n ofer/ddi-fudd; **to talk to no ~,** malu awyr, siarad yn ofer. **~-built** *a.* pwrpasol, un pwrpas, a wneir/wneid/wnaed/wnaethpwyd i'r pwrpas, a godir/godid/godwyd i'r pwrpas, a adeiledir/adeiledid/adeiladwyd i'r pwrpas; **a ~-built factory,** ffatri (*f*) i bwrpas. **~-made** *a.* pwrpasol; a wneir/wneid/wnaed i'r pwrpas.

purpose² *v.t. A:* = **intend**; *Prov:* **man purposes, God disposes,** meddwl dyn, Duw a'i terfyn.

purposeful *a. (a) (act):* bwriadol, pwrpasol; *(b) (pers.):* penderfynol, bwriadus, amcanus.

purposefully *adv.* yn benderfynol *&c.*

purposefulness *n.* penderfynoldeb *m*, penderfyniad *m*.

purposeless *a. (thing):* da i ddim, di-fudd, dibwrpas, diddiben; *(quest, journey, work):* ofer, seithug, diamcan, difwriad.

purposelessly *adv.* yn ofer *&c.*

purposelessness *n.* oferedd *m*, diffyg (*m*) pwrpas.

purposely *adv.* **1.** *(= deliberately):* yn fwriadol, o fwriad, o bwrpas; **to do sth ~,** *F:* gwn|eud ati. **2.** *(= expressly):* **I came ~ to see him,** deuthum yn unswydd i'w weld.

purposive *a.* bwriadol, bwriadus, pwrpasol; *(pers.):* penderfynol; **~ sampling,** samplu bwriadus.

purposively *adv.* yn fwriadus, yn benderfynol.

purposiveness *n.* penderfyniad *m*, penderfynoldeb *m*, *occ: (of action):* bwriadusrwydd *m*.

purpresture *n. Jur:* trawsfeddiant *m*, camfeddiant *m*, trawsfeddiannu *vn*, camfeddiannu *vn*.

purpura *n.* **1.** *Med:* pwrpwra *m*, mân-waedu *vn*, mân-waediad *m*. **2.** *Moll:* cragen borffor (cregyn porffor) *f*.

purpure *a. & n. Her:* porffor (*m*).

purpuric *a. Med: Ch:* pwrpwrig.

purpurin *n. Ch:* p|wrpwrin *m*.

purr¹ *n.* **1.** *(of cat):* grwndi *m*, *S:* crwth *m*. **2.** *(of engine):* grŵn *m*, grwnan *m*.

purr² *v.i.* grwnan, grwnian; *(of cat):* canu grwndi, canu grwndil, *occ:* canu grwnan, *S:* canu crwth, *N: occ:* canu crowdi, grwnjian, grwndian, pyrio, pyrian, *S: occ:* pyrran.

purring¹ *a.* yn canu grwndi *&c.*

purring² *vn.* = **purr¹**.

purse¹ *n.* **1.** *(a)* pwrs (pyrs[i]au) *m*, *Lit: occ:* cod(-au) *f*, *S.E:* bacas *f*; *S.a.* **shepherd¹**; **a heavy ~, a well-lined ~,** pwrs llawn, *Fig:* cyfoeth *m*, *F:* hosan go dda *f*; **a light ~,** pwrs gwag, cod wag, *Fig:* tlodi *m*, cyni *m*; **a light ~ makes a heavy heart,** pwrs gwag, calon drom; **to have a common ~,** rhannu'r costau; *Prov:* **he that hath a full ~ never wanted a friend,** cod wag, bedd cyfeillion; *Prov:* **little and often fills the ~,** o geiniog i geiniog yr â'r swllt yn bunt; **that car is beyond my ~,** mae'r car yna y tu hwnt i'm poced i; *Prov:* **you cannot make a silk ~ out of a sow's ear,** ni cheir gwlân rhywiog ar glun gafr; ni cheir afal pêr ar bren sur; *(b)* **the public ~,** pwrs y wlad; *S.a.* **privy**; *(c) Sp: esp. Box:* **to give a ~, to put up a ~,** cynnig pwrs. **2.** *Nat.Hist:* coden *f*, cod(-au) *f*; *Ich:* **mermaid's ~,** pwrs y fôr-forwyn. **~-bearer** *n.* ceidwad (*m*) pwrs (ceidwaid pyrs[i]au). **~-net** *n.* rhwyd (*f*) grychu (rhwydi crychu). **~-proud** *a.* rhodresgar, mawreddog. **~-seine** *n. Fish:* sân (sanau) *f*, rhwyd(-au,-i) (*f*) sân, rhwyd lusg (rhwydau/rhwydi llusg), rhwyd hir. **~-strings** *n.pl.* llinynnau pwrs/cod; *F:* **she holds the ~-strings,** ganddi hi mae llinynnau'r pwrs. **~-web spider** *n. Arach:* = **trapdoor spider**.

purse² **1.** *v.t.* **to ~ [up] one's lips,** pletio'ch gwefusau, pletio'ch ceg, crychu'r gwefusau, *occ:* mingrychu, mingrynnu (*both pronounced* ng-g); **to talk through pursed lips,** pletian siarad. **2.** *v.i.* crebachu, crychu, pletio.

pursed *a.* crych (*f.* crech, *pl.* crychion); *(lips):* pletiog.

purseful *n.* pyrsaid (pyrseidiau) *m*, llond (*m*) pwrs (~ pyrs[i]au), *Lit: occ:* codaid (codeidiau) *f*.

purseless *a.* heb bwrs, di-bwrs.

purser *n. Nau:* pyrser(-iaid) *m*, prif stiward(-iaid) *m*.

pursership *n. Nau:* pyrseriaeth(-au) *f*.

pursiness *n.* **1.** *(= breathlessness):* diffyg (*m*) anadl. **2.** *(= corpulence):* corffogrwydd *m*. **3.** *(of face):* golwg ffoglyd *f* (**of sth,** ar rth).

purslane *n. Bot:* **sea ~,** *(Halimione portulacoides):* llygwyn ariannaidd *m*, eurllys penfelyn *m*, sgyrfi gwryw *m*, h|el-lys can *m*; **water ~,** *(Lythrum portula):* troed (*mf*) y gywen, porpin *m*, pwrpin *m*; **Hampshire ~,** *(Ludwigia palustris):* helyglys (*m*) y Fforest Newydd; **horse ~,** *(Trianthema portulacastrum):* porpin y meirch, porpin bras; **Iceland ~,** *(Koenigia islandica):* porpin Ynys yr Iâ; **pink ~,** *(Montia sibirica):* porpin pinc, gwlyddyn (gwlydd) rhudd *m*.

pursuable *a.* canlynadwy, dilynadwy; *Jur:* erlynadwy.

pursuance *n. Jur: Com:* dilyniad *m*, canlyniad *m*, dilyn *vn*, canlyn *vn*; **in ~ of your instructions,** yn canlyn eich gorchmynion, yn unol â'ch gorchmynion; **in ~ of our intentions,** yn canlyn ein bwriadau, yn unol â'n bwriadau; **in ~ of this decree,** yn canlyn y dyfarniad hwn.

pursuant *a. & adv.* **1.** *a.* canlynol, dilynol. **2.** *adv.* yn unol (**to sth,** â rhth); *Jur: Com:* **~ to your instructions,** yn unol â'ch gorchmynion.

pursuantly *adv.* yn unol.

pursue *v.t.&ind.t* **to ~ s.o.,** canlyn/dilyn rhn, mynd ar ôl rhn, ymlid rhn, mynd ar drywydd rhn; **to ~ pleasures,** canlyn pleserau; **to ~ girls,** mercheta, canlyn merched, *S:* cwrso menywod, menwota, erlitach merched, *N:* hel merched, hoetio ar ôl merched; **to ~ a course,** dilyn/canlyn/cymryd cwrs; **to ~ a line of conduct,** dilyn p|olisi, ymddwyn; **to ~ an enquiry,** canlyn arni ag ymholiad, bwrw ymlaen ag ymholiad, **to ~ a profession,** dilyn/canlyn galwedigaeth; *Sch:* **to ~ practical work,** gwn|eud gwaith ymarferol; **to ~ an aim,** anelu at nod, dilyn amcan.

pursuer *n.* **1.** *(of profession, truth &c):* dilynwr: dilynydd (dilynwyr) *m*, dil|ynwraig (dilynwragedd) *f*, canlynwr (canlynwyr) *m*, canl|ynwraig (canlynwragedd) *f*; *(of fugitive):* ymlidiwr: ymlidydd (ymlidwyr) *m*. **2.** *Jur: (= prosecutor):* erlynydd(-ion) *m*.

pursuit *n.* **1.** *(of fugitive):* ymlid(-iau) *m*, ymlid *vn*; **to go in eager/hot ~ of s.o.,** mynd ar sodlau rhn, ymlid rhn; **(to set out) in ~ of s.o.,** (cychwyn) ar drywydd rhn, i chwilio am rn, ar ôl rhn. **2.** *(of wealth, knowledge, happiness):* ymchwil *f*, ymchwiliad(-au) *m*, cais *m* (**of sth,** am rth); **the ~ of happiness,** yr ymchwil am ddedwyddwch; **in ~ of happiness,** ar drywydd dedwyddwch; **in ~ of his knowledge,** yn ei ymchwil am wybodaeth. **3.** *(= activity):* gweithgaredd(-au) *m*, gweithgarwch *m*; **outdoor pursuits,** gweithgareddau awyr agored; *(= profession):* galwedigaeth(-au) *f*; *(= interest):* diddordeb(-au) *m*; *(= occupation):* gorchwyl(-ion) *m*; **to engage in scientific pursuits,** gwn|eud ymchwiliadau gwyddonol; **his literary pursuits,** ei ddiddordebau/weithgareddau llenyddol. **~ plane** *n.* awyren(-nau) (*f*) ymlid. **~ race** *n. Sp:* ras(-ys) (*f*) ymlid.

pursuivant *n. Her:* pwrswifant(-iaid) *m*.

pursy¹ *a.* **1.** byr eich anadl, byr eich gwynt, myglyd; *(= puffy):* ffoglyd. **2.** *(= corpulent):* boliog, corffog, boldew, tordyn.

pursy² *a. F: (mouth):* pletiog.
purulence, purulency *n. Med:* crawn *m*, gôr *m*.
purulent *a. Med:* crawnllyd, crawnog, gorllyd, llinorog, *S.E: occ:* llawn magwraeth.
purulently *adv. Med:* yn grawnllyd *&c.*
purvey *v.t.* darparu, arlwyo; *(= sell):* gwerthu.
purveyance *n.* **1.** = **purvey. 2.** *Hist:* arlwyaeth *f*.
purveyor *n.* arlwywr (arlwywyr) *m*; *(= seller):* gwerthwr (gwerthwyr) *m*.
purview *n.* **1.** *Jur: (of statute):* cymalau *pl*, testun *m*. **2.** *(a) (= scope of project):* maes *m*, arfod *f*, cylch *m*; *(b)* **to lie within the ~ of s.o.,** dod o fewn cyrraedd rhn, dod o fewn maes rhn.
pus *n. Med:* crawn *m*, crawniad *m*, gôr *m*, casgl *m*, madredd *m*, llinor *m*, *S.W: occ:* chwydredd *m*, *S.E: occ:* magwraeth *f*.
Puseyism *n. Rel.Hist:* Puseyaeth *f*.
push¹ *n.* **1.** gwth(-iau, gythiau) *m*, gwthiad(-au) *m*, hwb (hybiau) *mf*, *occ:* hwrdd (hyrddiau) *mf*, ysgytiad(-au) *m*, hwth(-iau) *m*, *N:* hergwd (hergydiau) *mf*, *S:* hwp *m*, hwpad *m*, pesen *f*, sgwt *f*, *M.W:* hoet(-iau) *f*; **to give s.o. a ~,** rhoi gwth/gwthiad/hergwd i rn; **at/with one ~,** ag un gwth/gwthiad; *F:* **to give s.o. the ~,** cael gwared â rhn, rhoi'r droed i rn, *N.W:* rhoi'r hwi i rn, *S:* gwaredu rhn. **2.** *(= effort):* ymdrech(-ion) *mf*; **we must make a ~ for home,** rhaid brysio am adref; rhaid rhoi tân arni i fynd adref; *Mil: &c:* gwth, gwthiad *m*, ymosodiad(-au) *m*; **she has plenty of ~,** mae digon o fynd ynddi; mae hi'n ddigon ymwthgar; **there's no ~ in him,** 'does dim mynd ynddo. **3.** *F:* **at a ~,** os aiff hi'n sgrech [arnom *&c*], os bydd rhaid [inni *&c*], ar y gwaethaf, os aiff hi'n dyn[n]/gyfyng/fain [arnom *&c*], mewn cyfyngder; **when it comes to the ~,** pan ddaw hi i'r pen, pan aiff hi'n sgrech. **~-ball** *n.* pêl *(f)* wthio (peli gwthio). **~-bicycle,** *F:* **~-bike** *n.* beic(-iau) *m*, *occ:* beic bach. **~-button** *n. El: &c:* botwm (botymau) *m*, *occ:* botwm pwyso; *F:* **~-button war,** rhyfel *(m)* pwyso botwm. **~-cart** *n. N:* berfa *(f)* drol (berfâu trol), *S:* cart (certi, ceirt) *(m)* gwthio, *M.W:* cert *(f)* wthio (ceirt/certi gwthio). **~-chair** *n.* coetsh *(f)* gadair (coetshis cadair), cadair *(f)* wthio (cadeiriau gwthio), *S.E: occ:* cadair dreiglo (cadeiriau treiglo). **~-pass** *n. Sp:* gwthbas(-au) *m*. **~-pin** *n. U.S:* pin(-nau) *(mf)* bawd. **~-rod** *n. I.C.E:* rhoden *(f)* wthio (rhodenni gwthio). **~-start¹** *n. Aut:* gwthdaniad(-au) *m*. **~-start²** *v.t. Aut:* gwthdanio. **~-stroke** *n. Bill:* gwthergyd(-ion) *fm*, gwthdrawiad(-au) *m*.
push² *v.t.&i.* I. *v.t.* gwthio, *N: occ:* hwffio, hwffian, hwthio, gwthiad, *N.E:* chwthio, *S.W: M.W: occ:* gwffio, *S:* hwpo, hwban, sgwto, lwndo, saco; **to ~ a button,** gwasgu botwm, pwyso botwm, pwyso ar fotwm, gwthio botwm; **to ~ one's finger into s.o.'s eye,** gwthio'ch/rhoi'ch/dodi'ch bys yn llygad rhn; **to ~ the boat out,** *(i)* lansio cwch/bad, gwthio cwch/bad i'r dŵr; *(ii) Fig: F:* dathlu, gwthio'r cwch/bad i'r dŵr; **to ~ a pram,** gwthio/powlio coetsh fach; **to ~ (a wheelbarrow),** gwthio, hwylio, powlio (berfa/whilber); **to ~ oneself [forward],** ymwthio, eich gwthio'ch hun yml|aen, mynnu bod yn geffyl blaen, eich stwffio'ch hun, *N:* stwffio; *F:* **to ~ one's luck,** mentro'ch lwc, ei mentro hi, gwthio'ch lwc, bod yn hyf ar eich lwc; **to ~ an attack home,** gyrru ymosodiad hyd adref; **to ~ goods,** *N:* hwrjo nwyddau, *S:* hwtro nwyddau; **to ~ s.o. for payment,** gwasgu ar rn am dâl; **I am pushed for time,** mae hi'n dyn[n]/gyfyng/fain arnaf am amser; mae f'amser yn brin; mae'r amser yn brin arnaf; **I am pushed [for money],** mae'n dlawd arnaf; mae'n fain arnaf [am arian]; 'rwy'n brin [o arian]; II. *v.i.* ymwthio; **to ~ one's way (through the crowd),** ymwthio, eich gwthio'ch hun, gwthio'ch ffordd (drwy'r dorf). **~ along** *v.t.* hwylio, gwthio, powlio, rowlio. **~ around** *v.t.* **to ~ s.o. around,** bod yn deyrn (ar rn), cam-drin (rhn), gwthio (rhn) o gwmpas *&c*, *N.W: F:* hambygio (rhn); **I am not going to be pushed around by him,** ni chymeraf i mo fy ngham-drin ganddo. **~ aside** *v.t.* **(to ~ sth) aside,** (gwthio rhth) o'r neilltu, i'r ochr, naill ochr. **~ away** *v.t.* **to ~ sth away,** gwthio rhth ymaith, gwrthod rhth. **~ back** *v.t.* **to ~ sth back,** gwthio rhth yn ei ôl. **~ down** *v.t.* gwthio (rhth) i lawr; *Cmptr:* cywasgu; *F:* **to ~ sth down s.o.'s throat,** gwthio rhth i lawr corn gwddf rhn. **~ for** *v.t.* **to ~ (for sth),** pwyso, gwasgu (am rth, i gael rhth); hawlio, ceisio, mynnu (rhth); ymgyrchu (dros rth, i gael rhth). **~ forward 1.** *v.t.* gwthio/gyrru (rhth) yn ei flaen; *S.a.* **push² 1, 2. 2.** *v.i.* ymwthio ymlaen; **to ~ forward with a task,** dygnu arni gyda thasg. **~ in 1.** *v.t.* gwthio (rhth) i mewn (i rth); *F:* **to ~ one's nose into sth,** busnesu yn rhth, gwthio'ch trwyn i rth. **2.** *v.i.* ymwthio (i rth). **~ off** *v.i. Nau:* hwylio, cychwyn; *F:* **(it's time) to ~ off,** (mae'n bryd) ei chychwyn hi, ei throi hi, inni fynd, *N:* ei bachu hi, ei g'leuo hi, *S:* ei baglu hi, ei gwân hi; *F:* **~ off!** bacha (bachwch) hi! cychwyn(-nwch) hi! g'leua (g'leuwch) hi! bagla (baglwch) hi! *S:* gwân (gwanwch) hi! **~-off** *n.* cychwyniad(-au) *m*, cychwyn *vn.* **~ on 1.** *v.t.* **to ~ on the work,** gwthio'r/gyrru'r gwaith yn ei flaen. **2.** *v.i.* mynd ymlaen; **to ~ on to a place,** mynd yn eich blaen i le; **it's time to ~ on,** mae'n bryd inni symud/fynd. **~ out 1.** *v.t. (a) N:* gwthio (rhth) allan, *S:* hwpo (rhth) mas; *(b)* **to ~ a boat out,** lansio cwch, *N:* gwthio cwch allan, *S:* hwpo bad mas; *(c) (of plant):* **to ~ out root,** lledu gwraidd, *S:* stolo; *(of snail):* **to ~ out horns,** gwthio cyrn allan, dangos cyrn, codi cyrn. **~ over** *v.t.* gwthio (rhth) drosodd; dymchwel, *S:* moelyd, diwel (rhth); **to ~ over a cart,** *N:* troi trol, *S:* diwel/moelyd/bwrw cert/cart. **~-over** *n. F:* **1.** *(= pers.):* **he's a ~-over for a loan,** mae'n hawdd cael benthyg ganddo. **2. it's a ~-over,** mae'n hawdd fel baw; 'does dim byd haws. **~ through 1.** *v.t. (a)* gwthio (rhth) trwodd; *(b) (work &c):* dwyn (gwaith) i'w ben; **to ~ through a plan,** cael y maen i'r wal. **2.** *v.i.* **to ~ through to a place,** ymwthio drwodd i le, gwthio'ch ffordd hyd at le, cyrraedd lle. **~ to** *v.t. (door):* cau, gwthio. **~ up** *v.t.* gwthio (rhth) i fyny, *S:* hwpo (rhth) lan; *Cmptr:* gwrthwasgu; *P:* **he's pushing up the daisies,** mae dan y dywarchen; mae dan ddwylath o bridd; mae wedi mynd i'r bocs; mae wedi estyn y fer. **~-up** *n. Gym:* = **press-up. ~ upon** *v.t.* **to ~ food upon s.o.,** gwthio/stwffio/hwrjo bwyd ar rn.
pusher *n.* **1.** gwthiwr (gwthwyr) *m*; *(of wheelbarrow &c):* powliwr (powlwyr) *m*. **2.** *(= pushy pers.):* ceffyl(-au) blaen *m*, rhn (rhai) ymwthgar *m*, stwffiwr(-s, stwffwyr) *m*, st|wffwraig (stwffwragedd) *f*. **3. [baby's] ~,** gwthiwr (gwthwyr) *m*. **4.** *Cost:* **pedal-pushers,** *N:* trowsus(-au) *(m)* seiclo, *S:* trwser(-i) *(m)* seiclo. **5.** *F: (= seller):* gwerthwr (gwerthwyr) *m*, *N: F:* hwrjwr(-s) *m*, *S:* hwtrwr(-s) *m*.
pushful *a.* = **pushy.**
pushfully *adv.* yn ymwthgar *&c.*
pushfulness *n.* ymwthgarwch *m*, digywil|ydd-dra *m*, ehofndra *m*.
pushily *adv.* yn ymwthgar *&c.*
pushiness *n.* = **pushfulness.**
pushing¹ *a.* **1.** = **pushful. 2.** *(= jostling):* gwthgar.
pushing² *vn.* = **push¹,².**
Pushtu *a. & n. Ling:* **1.** *a.* Pathanaidd. **2.** *n.* Pathaneg *f*, *m*, Pwshtw *f*, *m*.
pushy *a. F:* ymwthgar, gwthgar, digywilydd, eofn; **he's ~,** mae'n gryn stwffiwr; mae'n mynnu bod yn geffyl blaen; mae'n un amdani.
pusillanimity *n.* gwangalondid *m* (*pronounced* ng-g), llwfrdra *m*.
pusillanimous *a.* gwangalon (*pronounced* ng-g), llwfr.
pusillanimously *adv.* yn wangalon (*pronounced* ng-g).
puslike *a.* crawnllyd, gorllyd.
puss *n.* **1.** *(a)* cath(-od) *f*; *(b) int. F:* titw fach *f*, titw pytaten, pwsi meri mew *f*, modlan *f*; pws *f*, pwsyn *m*, *N: occ:* pwt *m*, sgiatan *f*; **P~ in Boots,** y Gath mewn Bwtsias, Pws Esgid Uchel; **to play [at] ~ in the corner,** chwarae corneli. **2.** *Ven:* = **hare¹. 3.** *F: (= face):* gwep(-iau) *f*. **~ moth** *n. Ent:* gwyfyn(-od) *(m)* titw.
pussy¹ *n.* **1. ~-cat** = **puss. 2.** *Bot:* = **catkin. 3.** *V: (= vulva): N:* codsen: codsan: cojen (codsis, cojis) *f*, pwdin *(m)* blew. **4.** *Games:* = **tipcat. ~ toes** *n.pl.* = **cat's foot; ~ willow** *n.* = **sallow¹.**
pussy² *a. Med:* crawnllyd.
pussyfoot¹ *n.* gwlanen *f*, brechdan *f* [o ddyn].
pussyfoot² *v.i.* troedio'n ofalus.
pustulant, pustular *a. Med:* llinorog, plorog, plorynnog, tosynnog, crawnog, crawnllyd.
pustulate *v.t.&i. Med:* casglu, plori, crawnu, crawnio, llinori.
pustule *n.* **1.** *Med:* llinoryn (llinorod) *m*, *N:* ploryn(-nod, plorod) *m*, *S:* tosyn (tosau) *m*. **2.** *Bot: Z:* dafaden(-nau) *f*.
pustulous *a. Med:* llinorog, crawnog, crawnllyd, plorog, plorynnog.
put¹ *n.* **1.** *St.Exch:* **~ [option],** opsiwn *(m)* gwerthu, dewis *(m)* gwerthu. **2.** *Sp:* tafliad(-au) *m*. **~-on** *n. F: (= hoax):* cast(-iau) *m*, pryfoc (pryfociau) *m*, pryfociad (-au) *m*. **~-out** *n. Baseball:* bwriad(-au) *(m)* allan.
put² *v.t.&i.* I. *v.t.* rhoi, gosod, *S:* dodi, *S: F:* taclu, *N:* rhoid, *occ:* taro, sodro. **1.** *(a)* **~ it on the mantelpiece,** rhowch/dodwch ef ar y silff ben-tân; **to ~ milk (in one's tea),** *S:* dodi llaeth, *N:* rhoi

llefrith (yn eich te); *Games:* **~ and take,** rhoi a chymryd, dodi a chymryd; **~ yourself in my place,** rho dy hun (rhowch eich hun) yn fy lle i; dod dy hunan (dodwch eich hunain) yn fy lle i; *F:* **~ it there!** *N:* ysgwyd (ysgydwch) law! *S:* sigla (siglwch) law! **to ~ s.o. in his place,** rhoi/dodi rhn yn ei le; **to ~ the cat among the pigeons,** tarfu'r colomennod; **to ~ one's signature (to sth),** torri'ch enw (ar rth); arwyddo, llofnodi (rhth); **I ~ honour above riches,** gwell gennyf anrhydedd na chyfoeth; 'rwy'n gosod anrhydedd uwchlaw cyfoeth; *F:* **I didn't know where to ~ myself,** ni wyddwn i ddim beth i'w wneud; **to ~ new life into s.o.,** adfywh|au/ailfywiogi rhn, rhoi bywyd newydd yn rhn; *F:* **to ~ all one's eggs in one basket,** rhoi'ch/dodi'ch wyau oll mewn un cawell; **to ~ one's foot in it,** rhoi'ch/dodi'ch troed ynddi; **to ~ s.o. in mind of sth,** peri i rn feddwl am rth, atgoffa rhn o rth, dwyn rhth i gof rhn; **to ~ sth in a nutshell,** dweud rhth yn gryno, dweud rhth mewn gair; **to ~ one's own house in order,** rhoi/dodi trefn ar eich tŷ eich hun; **to ~ s.o. in the picture,** rhoi'r darlun cyflawn i rn, egluro'r cefndir i rn; **to ~ oneself in s.o.'s shoes,** eich rhoi'ch/dodi'ch hun/hunan yn esgidiau rhn *or* yn lle rhn; **to ~ one's pride in one's pocket,** llyncu'ch balchder; **to ~ a sock in it,** ei chau hi, cau'ch ceg, *S:* cau'ch pen; **to ~ a spoke in s.o.'s wheel,** rhoi sbrag yn olwyn rhn, *N.W: occ:* rhoi strocan yn olwyn rhn; **~ that in your pipe and smoke it,** dyna iti bilsen i'w llyncu; **to ~ your trust in s.o.,** ymddiried yn rhn; **to ~ s.o. in the shade,** rhoi/dodi rhn yn y cysgod; **to ~ s.o. in the wrong,** bwrw'r bai ar rn; **to ~ s.o. in touch with s.o.,** cysylltu rhn â rhn, rhoi rhn mewn cysylltiad â rhn; **to ~ the fear of God in s.o.,** codi ofn ar rn; **to ~ sth on one side,** rhoi/dodi rhth o'r neilltu, rhoi/dodi rhth heibio; **to ~ sth on ice,** *Fig:* rhoi rhth i gadw, rhoi rhth o'r neilltu, gohirio rhth; **to ~ a place on the map,** enwogi/anfarwoli lle, rhoi/dodi lle ar y map; **to ~ s.o. on his guard against sth,** rhybuddio rhn rhag rhth; *F:* **not to ~ too fine a point on it,** a siarad yn blwmp ac yn blaen, a siarad heb flewyn ar dafod, a bod yn gwbl onest; **to ~ the screws on s.o.,** gwasgu'n dyn[n] ar rn; **to ~ an extra tax on sth,** codi treth ychwanegol ar rth; **to ~ the blame on s.o.,** beio rhn, rhoi'r bai ar rn; *F:* **to ~ a brave face on it,** ceisio edrych yn ddewr/falch; **to ~ the best face on it,** edrych ar yr ochr orau, rhoi'r wedd orau ar bethau; *F:* **to ~ one's cards on the table,** dangos eich cardiau; **to ~ s.o. on his feet,** rhoi/dodi/codi rhn ar ei draed/sefyll; **to ~ one's finger on it,** taro'r hoelen ar ei phen; **to ~ the finger on s.o.,** cyfeirio bys at rn; **to ~ s.o. on his mettle,** rhoi rhn ar ei fetel; **to ~ one's shirt on sth,** mentro'ch cyfan ar rth; **that puts the [tin] lid on it,** dyna goroni'r cwbl; *S:* dyna'i chapso hi; dyna roi'r copsi arni; *F:* **that's ~ the mockers on it,** dyna ddifetha'r cyfan; dyna'r cyfan yn ffliwt; **to ~ (sth) out of action,** malu, difrodi (rhth); atal (rhth) rhag gweithio; **to ~ s.o. out of business,** dwyn cwsmeriaid rhn, gyrru hwch trwy siop rhn; **to ~ one's hand to the plough,** rhoi'ch llaw ar yr aradr; **to ~ one's mind to sth,** rhoi'ch meddwl ar rth; **to ~ s.o. to death,** dienyddio/lladd rhn; **to ~ sth to good use,** gwneud defnydd da o rth; **to ~ an end/stop to sth,** rhoi pen/terfyn ar rth; **to ~ paid to sth,** rhoi pen ar rth, rhoi ergyd farwol i rth, *N: F:* rhoi'r farwol i rth; **to ~ a match to sth,** cynnau rhth, tanio rhth, rhoi matsien yn rhth; **to ~ pen to paper,** rhoi pin ar bapur; **to ~ s.o. to shame,** codi cywilydd ar rn; *(b)* **to ~ sth right,** unioni rhth, unioni cam; *(crooked picture &c):* gosod (rhth) yn syth, sythu (rhth); *S.a.* **wise[1] 2. 2. to ~ s.o. out of suspense, to ~ s.o.'s mind at rest,** tynnu rhn o'i wewyr meddwl, tawelu meddwl rhn; **to ~ s.o. against s.o.,** gyrru rhn yn benben â rhn arall, tynnu dau ym mhennau ei gilydd, *occ:* gyrru rhwng dau, *S:* hala rhwng dau; **to ~ s.o. on the right track,** rhoi/dodi rhn ar ben y ffordd; **to ~ s.o. at his ease,** gwneud i rn deimlo'n gartrefol, tawelu meddwl rhn; **to ~ a law into operation,** gweithredu cyfraith, rhoi/dodi cyfraith mewn grym; **to ~ a field under wheat,** hau cae o wenith, hau cae â gwenith, hau gwenith mewn cae; **to ~ sth at a premium,** rhoi/dodi pris uchel ar rth; *St.Exch:* **to ~ stock at a certain price,** codi hyn a hyn ar stoc, cynnig stoc am hyn a hyn, cynnig stoc am bris neilltuol; *(c)* **to ~ (a passage into Greek),** trosi, troi, cyfieithu (darn i Roeg); *(d)* **to ~ money into an undertaking,** rhoi/dodi/buddsoddi arian mewn menter; **to ~ money on a horse,** mentro/rhoi/dodi arian ar geffyl. **3. to ~ a question to s.o.,** gofyn cwestiwn i rn, holi rhn (*not* holi cwestiwn i rn); **to ~ a resolution to a meeting,** gosod/dodi/rhoi cynnig ger bron cyfarfod; *Jur:* **I ~ it to you that...,** onid yw'n wir fod...; tybed nad yw'n wir fod...; 'rwy'n awgrymu wrthych fod...; **~ it to him (nicely),** dywed(-wch) wrtho, awgryma (awgrymwch) iddo ['n ofalus/garedig]; **to ~ a case clearly,** gosod achos yn glir; **to ~ it bluntly,** siarad yn blwmp ac yn blaen, dweud y gwir plaen; **as Horace ~ it,** ys dywedodd Horas, chwedl Horas; **if one may ~ it in that way,** a'i roi felly; os cawn ei roi fel yna; **it can all be ~ (in two words),** gellir dweud y cyfan, gellir cyfl|eu'r cyfan, gellir crynh|oi'r cyfan (mewn dau air); **(I don't know) how to ~ it,** (wn i ddim) sut mae ei ddweud, sut i'w gyfleu. **4. to ~ the population at 10,000,** amcangyfrif/rhoi/bwrw bod y boblogaeth yn ddeng mil; **I ~ it at fifty,** mae 'na hanner cant yn ôl fy nghyfrif i; mi ddywedwn i fod yna hanner cant. **5. to ~ an end/stop to sth,** rhoi/dodi pen/terfyn ar rth, rhoi taw ar rth, gwneud diwedd ar rth, diweddu rhth; **he ~ an end to himself,** gwnaeth ddiwedd arno'i hun; bu iddo ei ladd ei hun; fe wnaeth amdano'i hun. **6.** *(a)* **he is ~ to every kind of work,** fe'i rhoir/dodir i wneud pob math o waith; disgwylir iddo wneud pob math o waith; **to ~ a horse to a cart,** *N:* rhoi ceffyl o flaen trol, rhoi ceffyl mewn trol, *S:* dodi ceffyl o flaen cert; **~ him to a trade,** dysgwch/rhowch grefft iddo; **to ~ s.o. to bed,** rhoi/dodi rhn yn ei wely; **to ~ a newspaper to bed,** rhoi/dodi papur yn ei wely; **to ~ a horse to/at a fence,** gyrru/anelu ceffyl at/am ffens; **to ~ a horse to a mare,** dod â stalwyn at gaseg, mynd â march at gaseg, rhoi stalwyn i gaseg; **to ~ s.o. through an ordeal,** rhoi profedigaeth i rn, gwneud/peri i rn ddioddef rhth; **to ~ s.o. to torture,** arteithio rhn; *F:* **to ~ s.o. through it,** rhoi rhn drwy'r felin, ei rhoi hi i rn; **to ~ s.o. wise,** goleuo rhn, rhoi ar ddeall i rn; **to ~ s.o. to expense,** gorfodi rhn i wario, achosi cost i rn; *(b)* **to ~ the enemy to flight,** gyrru'r gelyn ar ffo, ymlid y gelyn; **to ~ s.o. to sleep,** peri i rn gysgu, gyrru rhn i gysgu. **7.** *(a)* **to ~ one's fist through a window,** rhoi'ch/taro'ch/dodi'ch dwrn drwy ffenestr; **to ~ one's pen through a word,** dil|eu gair, croesi/taro gair allan; *(b) Sp:* **to ~ the weight, to ~ the shot,** taflu'r pwysau. **II.** *v.i. Nau:* **to ~ [out] to sea,** hwylio [allan], cychwyn, gadael tir; **to ~ into port,** hwylio/mynd i borthladd, galw/angori mewn porthladd. **~ about** *v.t.* **1. to ~ about (a rumour),** taenu, lledaenu (si); rhoi (si) ar led; **it is ~ about that...,** mae si ar led bod...; mae sôn bod.... **2.** *(= upset):* cynhyrfu (rhn), tarfu (ar rn); **she was very ~ about,** 'roedd hi'n gynhyrfus iawn; *N.W: F:* 'roedd hi wedi styrbio; 'roedd hi wedi ffrwcsio'n lân; 'roedd hi wedi cymryd ati'n arw; 'roedd hi wedi mynd iddi; **don't ~ yourself about,** paid (peidiwch) â chynhyrfu. **3. to ~ a ship about,** *abs.* **to ~ about,** newid cwrs, troi [i'r naill ochr neu'r llall]. **4.** *F:* **he puts it about a good deal,** mae'n cael ei damaid yn aml. **~ across** *v.t. F:* **to ~ a deal across,** taro bargen; **to ~ a message across,** cyfl|eu neges; **you can't ~ that across me,** ellwch chi mo 'nhwyllo i; wnewch chi mohonof i. **~ aside** *v.t.* *(a) (= keep):* rhoi/dodi (rhth) o'r neilltu, rhoi/dodi rhth i gadw, *S:* dodi (rhth) heibio; *(b) (= give up):* cael gwared (â rhth, ar rth), rhoi'r gorau (i rth); **let us ~ aside our differences,** gad (gadewch) inni roi heibio'n cwerylon; gad inni anghofio'n cwerylon; *(c) (money):* arbed, cynilo, celcio, cadw, neilltuo. **~ away** *v.t.* **1.** *(a)* cadw (rhth), rhoi/dodi (rhth) i gadw, rhoi/dodi (rhth) heibio, rhoi/dodi (rhth) o'r neilltu; *(b) (= savings):* cadw, arbed, cynilo; *(c) F: (in prison, asylum):* rhoi/dodi (rhn) yn y carchar/seilam, anfon (rhn) i'r carchar/seilam, *F:* rhoi (rhn) i gadw yn y carchar/seilam; *(d) P:* = **pawn[2]**; *(e) F: (food):* llowcio, claddu, llyncu, *N.W:* sglaffio, storgajio; *(drink):* llowcio, cofftio; *(f) A:* = **divorce[2]**. **2. to ~ away a thought,** anghofio syniad, gyrru syniad o'ch meddwl, rhoi/dodi syniad o'r neilltu. **3.** *F: (animal):* lladd, difa. **~ back 1.** *v.t.* *(a) (book &c):* rhoi/dodi (rhth) yn ei ôl, rhoi/dodi (rhth) yn ôl yn ei le; *(b) (clock):* troi (cloc) yn ei ôl; **to ~ back a meeting,** gohirio cyfarfod; **that failure has ~ us back five years,** mae'r methiant yna'n golygu ein bod bum mlynedd ar ei hôl hi; mae'r methiant yna wedi'n harafu ni o bum mlynedd; mae'r methiant yna wedi peri inni golli pum mlynedd; *(c) Mil:* **to ~ back a soldier,** dal milwr yn ei ôl. **2.** *v.i. Nau:* mynd yn ôl, dychwelyd. **~ before** *v.t.* **1. we must ~ this before all else,** rhaid rhoi blaenoriaeth i hwn yn anad popeth arall; rhaid rhoi hyn o flaen popeth arall; *F:* **to ~ the cart before the horse,** rhoi'r drol o flaen y ceffyl. **2. this was ~ before the men yesterday,** rhoddwyd/dodwyd hyn ger bron y dynion ddoe. **~ behind** *v.t.* **to ~ sth behind sth,** rhoi/dodi (rhth) y tu ôl/cefn i rth; *F:* **he's ~ it all behind him now,** mae wedi cefnu ar y cwbl bellach. **~ by** *v.t. (savings):* cadw (arian) wrth gefn; cynilo, arbed (arian); rhoi (arian) o'r neilltu; celcio (arian); **(he** is living) on the money he has ~ by,** (mae'n byw) ar ei gelc, ar ei floneg, ar ei gynilion. **~ down** *v.t.* **1.** rhoi/dodi (rhth) i lawr; **I couldn't ~ the book down,** ni allwn ollwng fy ngafael ar y llyfr; ni allwn roi'r llyfr o'm llaw; **~ it down!** gad(-ewch) lonydd iddo! *(of bus &c):* **to ~ down passengers,** gollwng teithwyr; *Mil:* **to ~ down a smoke-screen,** codi llen o fwg; *Nau:* **to ~ down a buoy,** gosod/angori bwi; *S.a.* **foot[1]** 1. **2.** *(revolt):* gostegu, gwastrodi; *(an abuse):* rhoi pen/terfyn (ar rth); **the movement must be ~ down,** rhaid rhoi pen ar y mudiad. **3.** *(umbrella):* cau. **4.** *(a) (notes):* nodi, cofnodi, ysgrifennu (rhth); rhoi/dodi (rhth) ar ddu a gwyn; rhoi (rhth) ar bapur; *S:* dodi (rhth) ar glawr; **to ~ down one's name (for sth),** tanysgrifio, ymrestru, rhoi'ch enw ar bapur (ar gyfer rhth); **to ~ down for sth,** cynnig am rth; **~ it down to my account,** rhowch ef ar fy nghyfrif i; *(b)* **to ~ down a number,** nodi rhif, ysgrifennu rhif, taro rhif i lawr; *(c)* **to ~ s.o. down as/for a Frenchman,** barnu/tybio/cymryd mai Ffrancwr yw rhn, rhoi rhn yn Ffrancwr; **I should ~ her down as forty,** mi ddywedwn i ei bod hi tua'r deugain mlwydd oed; mi roddwn i ddeugain oed iddi; mi rhoddwn i hi'n ddeugain oed; *(d)* **to ~ sth down to sth,** priodoli rhth i rth; **I would ~ it down to her youth,** mi ddywedwn mai oherwydd ei hieuenctid y mae hynny; mi ddywedwn i mai ei hieuenctid yw'r achos; *(e)* **he was unable to ~ down the money,** nid oedd ganddo mo'r arian parod. **5.** *abs. Av:* glanio, *F:* landio. **6.** *F: (an animal):* difa, lladd; *Euphemism:* **we had to have him ~ down,** bu raid inni ei roi i gysgu. **7. to ~ down roots,** bwrw gwreiddiau, ymwreiddio, gwreiddio; *(of pers. only):* plwyfo. **8.** *U.S: F: (= snub, insult):* sarh|au, bychanu (rhn); gwneud hwyl (am ben rhn). **9.** *(wine &c):* storio (gwin), cadw (gwin), rhoi/dodi (gwin) o'r neilltu. **~-down** *n. U.S:* sarhad(-au) *m*, bychaniad(-au) *m*. **~ forth** *v.t.* tyfu; **the trees were putting forth new buds,** yr oedd y coed yn blaguro drachefn; yr oedd y coed yn blaendarddu eto. **~ forward** *v.t.* **1.** rhoi/dodi rhth yml|aen, dod â rhth ymlaen; *(a) (idea):* cynnig, cyflwyno (syniad), dod â (syniad) ymlaen *or* ger bron; *Pol:* **to ~ forward a list of candidates,** cynnig/cyflwyno rhestr o ymgeiswyr; *(b)* **to ~ oneself forward (for sth),** eich cynnig eich hun, ymgynnig (am rth, ar gyfer rhth); *(c) F:* **to ~ one's best foot forward,** gwneud eich gorau glas, rhoi'r troed gorau yn flaenaf, *S:* dodi'ch troed olaf flaenaf. **2. to ~ a clock forward,** troi cloc yn ei flaen. **~ in 1.** *v.t. (a)* **to ~ one's head in at the door,** rhoi'ch/brathu'ch pen trwy'r drws; **to ~ in an appearance,** dangos [eich] wyneb, taro i mewn; *(b) (a tree):* plannu, gosod; *(c) F:* **to ~ a word in,** rhoi'ch/dodi'ch pig i mewn; **to ~ in a good word for s.o.,** rhoi gair [da] o blaid rhn, siarad o blaid rhn, achub cam rhn, dal dan rn, cadw cefn rhn; *(d) Jur: (a document &c):* cyflwyno; *(e)* **to ~ in an hour's work,** gwneud awr o waith, gweithio awr, gweithio am awr, rhoi awr o waith iddi; *S.a.* **claim[1]** 2; **to ~ in some time reading,** treulio/bwrw amser yn darllen. **2.** *v.i. (a)* **to ~ in at a port,** glanio/galw/aros mewn porthladd; *(b)* **to ~ in for a post,** cynnig/ymgynnig/ymgeisio am swydd; **to ~ in for two days' leave,** gofyn am ddeuddydd yn rhydd. **~ inside** *v.t.* **he's been ~ inside,** mae wedi ei garcharu; *N: F:* mae o wedi ei roi i'w gadw. **~ into** *v.t.* **to ~ (sth) into effect,** rhoi (rhth) mewn grym, rhoi (rhth) ar waith, gweithredu (rhth); **to ~ one's heart [and soul] into sth,** ymdaflu i rth â'ch holl galon [ac â'ch holl enaid]; **to ~ s.o. into power,** rhoi grym i rn; **to ~ sth into words,** mynegi rhth mewn geiriau; **to ~ words into s.o.'s mouth,** rhoi geiriau yng ngenau rhn. **~ off 1.** *v.t. (a)* **to ~ off a mask,** diosg/tynnu masg; *(b) (= postpone):* gohirio; **to ~ off doing sth,** gohirio gwneud rhth, oedi cyn gwneud rhth; **to ~ off one's guests,** gohirio gwahodd eich gwesteion; *(c)* **to ~ s.o. off with an excuse,** gwneud esgus i gael gwared â rhn, troi rhn ymaith ag esgus; **he is not to be ~ off with words,** ni waeth heb â rhoi esgusion iddo; ni thry geiriau mohono draw; *(d) (= disconcert):* bwrw (rhn) oddi ar ei echel; **you ~ me off,** 'rwyt ti'n tarfu arna' i; 'rwyt ti'n fy rhoi i oddi ar fy hwyl; 'rwyt ti'n peri imi deimlo'n annifyr; **to ~ s.o. off to sleep,** *N:* gyrru rhn i gysgu, *S:* hala rhn i gysgu; **to ~ s.o. off the scent/track/trail,** arwain rhn oddi ar y trywydd; **he was ~ off his stride/stroke,** fe'i bwriwyd oddi ar ei echel; **his stern look ~ me off,** cododd ei olwg ofn arnaf; *(e)* **to ~ s.o. off doing sth,** peri i rn beidio â gwneud rhth, troi rhn oddi ar wneud rhth; **the taste puts me off,** mae'r blas yn ffiaidd gennyf; mae'r blas yn codi pwys/cyfog arnaf; mae'r blas yn troi arnaf; **the doctor has ~ me off eggs,** rhaid i mi beidio bwyta wyau, meddai'r meddyg. **2.** *v.i. Nau:* hwylio, cychwyn. **~ on** *v.t.* **1.** *(a)* **to ~ the kettle on,** rhoi'r/dodi'r tecell [i ferwi], rhoi'r/dodi'r tecell ar y tân, berwi'r tecell (*not* rhoi'r tecell ar); **to ~ on (a dish),** cynnig, parparu, arlwyo (saig); rhoi (saig) ar fwydlen; **to ~ on a record, to ~ a record on,** chwarae record, rhoi/dodi record i chwarae (*not* rhoi record ar); **to ~ on a tape, to ~ a tape on,** chwarae tâp; *(b)* **to ~ on a play,** llwyfannu drama, rhoi/dodi drama ar lwyfan; *Cr:* **to ~ on a player to bowl,** galw chwaraewr i fowlio; **to ~ on a train,** darparu/trefnu trên; *(contrast:* **to ~ sth on a train,** anfon rhth ar drên); *(c) Aut: &c:* **to ~ on the brake,** bracio, brecio, gwasgu'r brâc/brêc, rhoi'r brâc/brêc. **2.** *(a) (clothes):* gwisgo (dillad); rhoi/dodi (dillad) amdanoch (*not* rhoi/dodi dillad arnoch/ar/arnodd/ymlaen; *but* rhoi dillad arnoch *is correct for* **to ~ clothes on you** *in bed*); **to ~ on one's hat,** rhoi'ch/dodi'ch het [am eich pen] (*not* ar eich pen); **to ~ on one's shoes,** rhoi'ch/dodi'ch/gwisgo'ch esgidiau [am eich traed] (*not* ar eich traed); **to ~ on one's gloves,** rhoi/dodi/gwisgo menig [am eich dwylo] (*not* ar eich dwylo); *F:* **to ~ one's thinking cap on,** crafu'ch pen, dechrau meddwl o ddifrif; *(b)* **to ~ on an innocent air,** edrych yn ddiniwed, cogio/smalio bod yn ddiniwed, *S:* disgwyl (*usu. pronounced* dishgwl) yn ddiniwed; *F:* **to ~ it on,** *(= show off):* eich dangos eich hun, gwneud hen orchest; *(= pretend):* smalio, cogio, cymryd arnoch, actio; *Th: F:* **to ~ it on with a trowel,** plastro, ei phlastro hi. **3. to ~ on weight,** ennill pwysau, tewychu, *F:* t'wchu, magu bloneg; **to ~ on speed,** cyflymu, *N: F:* codi sbîd; **to ~ on years,** heneiddio. **4. to ~ a clock on,** troi cloc yn ei flaen; **it puts on five minutes in each hour,** mae'n ennill pum munud ym mhob awr. **5. to ~ the light on,** rhoi'r golau, dodi'r golau (*not* rhoi'r/dodi'r golau arno); **to ~ the light on in a room,** goleuo ystafell; **to ~ on steam,** codi stêm; **to ~ on pressure, to ~ the screws on,** pwyso'n drymach; **to ~ on the radio,** rhoi'r/dodi'r radio [i fynd]; *(Anglicism):* rhoi'r radio ymlaen. **6. to ~ s.o. on to a job,** sôn/dweud wrth rn am swydd. **7.** *F:* **who ~ you on to it?** pwy ddywedodd wrthych amdano? pwy a'ch gyrrodd chi ar ei ôl? pwy a'ch gyrrodd chi ar ei drywydd? **8.** *Tp:* **~ me on to Jones,** rhowch fi drwodd at/i Jones; **~ out** *v.t.* **1.** *(= extend):* estyn; **to ~ out a hand,** estyn llaw; **to ~ out feelers,** teimlo'ch ffordd, gweld sut mae'r gwynt yn chwythu, gweld sut mae ei deall hi, ymholi, gwneud ymholiadau, holi'n ofalus. **2.** *(a) (= place outside):* rhoi (rhth) allan, *S:* dodi (rhth) mas; **to ~ s.o. out [of a house &c],** dangos y drws i rn, *N:* hel/taflu rhn allan [o dŷ], *S:* siaso/hala rhn [o dŷ]; *(b)* **to ~ clothes out to dry,** taenu dillad i sychu; **to ~ out a boat,** lansio cwch/bad, gwthio cwch/bad i'r dŵr; *(c)* **to ~ one's tongue out at s.o.,** tynnu'ch tafod ar rn; **to ~ (one's head out of a window),** rhoi, *occ:* taro, brathu('ch pen allan drwy ffenestr); *(traffic signal):* **to ~ out one's arm,** rhoi'ch braich allan/mas. **3.** *(= dislocate):* **to ~ one's arm out,** ysigo'ch/datgymalu'ch/streifio'ch braich. **4.** *(a) (light, fire):* diffodd; *(b)* **to ~ s.o.'s eyes out,** tynnu llygaid rhn. **5.** *(a) (= upset, disconcert):* tarfu, mennu (ar rn); **he never gets ~ out,** 'does dim yn tarfu/mennu arno; *(b)* **to be ~ out (about sth),** cynhyrfu, *N.W:* ffrwcsio, *M.W:* monni (yngh|ylch rhth *or* o achos rhth); **he was very ~ out,** yr oedd wedi cymryd ato'n arw; yr oedd wedi mynd iddi'n arw; *(c)* **to ~ oneself out for s.o.,** mynd i drafferth er mwyn rhn, gwneud rhth yn un swydd er mwyn rhn. **6. to ~ money out (to interest),** rhoi/dodi arian (ar log); **to ~ work out to tender,** gwahodd cynigion i wneud gwaith; **to ~ work out for s.o.,** gosod gwaith i rn. **7.** *(= publish):* cyhoeddi (rhth), dwyn (rhth) allan, *N:* dod (â rhth) allan, *S:* dod (â rhth) mas. **~ through** *v.t.* **1. to ~ through a plan,** cyflawni cynllun, dwyn cynllun i ben, cael y maen i'r wal; *F:* **to ~ s.o. through the mill,** rhoi rhn drwy'r felin; **to ~ s.o. through school,** rhoi ysgol i rn. **2.** *Tp:* **to ~ s.o. through to s.o.,** cysylltu rhn â rhn arall, rhoi/dodi rhn drwodd i rn arall; **to ~ through a call,** rhoi/dodi galwad drwodd, (*not* drwyddo). **~ to** *v.t.* **1. to ~ a horse to plough,** harneisio ceffyl i aradr, rhoi/dodi ceffyl o flaen aradr. **2. he was ~ to it to reply,** fe'i cafodd hi'n anodd ateb; bu yn ei waith yn ceisio ateb. **~ together** *v.t.* **1.** *(= assemble):* cydgasglu, crynh|oi; **to ~ a jigsaw together,** rhoi jig-so at ei gilydd. **2. let's ~ our heads together,** dewch inni roi ein pennau ynghyd; **to ~ two and two together,** rhoi dau a dau at ei gilydd, dod i gasgliad. **~ under** *v.t. Surg:* **to ~ s.o. under an anaesthetic,** rhoi/gyrru/hala rhn i gysgu. **~ up 1.** *v.t. (curtain):* gosod; **to ~ up a picture,** rhoi darlun ar bared; *(umbrella):* codi, agor; *(house):* codi, adeiladu; **to ~ up (a collar),** codi (coler), *N:* troi (coler) i fyny, *S:*

troi (coler) lan; **to ~ up one's hair,** codi'ch gwallt; **to ~ up one's hands,** codi'ch dwylo; *F:* **to ~ one's feet up,** cael hoe fach, cael pum munud, *N:* rhoi'ch traed i fyny, *S:* dodi'ch traed lan; **to ~ the wind up s.o.,** codi ofn ar rn; **to ~ s.o.'s back up,** codi gwrychyn rhn. **2.** *Ven:* **to ~ up a hare,** codi ysgyfarnog. **3.** *(prices):* codi. **4.** *(prayer):* dyrchafu. **5. to ~ up a candidate,** cynnig ymgeisydd; *v.i. (of candidate):* **to ~ up for a seat,** cynnig/ymgynnig/ymgeisio am sedd. **6. to ~ sth up (for sale),** rhoi/dodi rhth (ar werth, i'w werthu). **7. to ~ up money for an undertaking,** rhoi arian i gefnogi menter. **8.** *Com:* **this cream is ~ up in tubes,** dodir yr hufen hwn mewn tiwbiau. **9.** *(sword):* ailweinio. **10. to ~ up a stout resistance,** gwrthsefyll yn wrol/ benderfynol. **11.** *abs.* **to ~ s.o. up for the night,** rhoi noson o lety i rn, rhoi llety noson i rn, rhoi gwely am noson i rn; **to ~ up (at a hotel);** aros, lletya (mewn gwesty). **12.** *abs.* **to ~ up with s.o.,** dygymod â rhn, goddef rhn, dioddef rhn; **it's hard to ~ up with,** mae'n anodd dygymod ag ef. **13.** *(a)* **to ~ s.o. up to sth,** *(= inform s.o. of sth):* sôn wrth rn am rth, crybwyll rhth wrth rn; *(b)* **to ~ s.o. up to doing sth,** annog rhn i wneud rhth, peri i rn wneud rhth, dweud wrth rn am wneud rth, *N. W:* cynnwys rhn i wneud rhth; **who ~ you up to it?** syniad pwy oedd hyn? pwy a ddywedodd wrthyt ti am wneud hyn? pwy roddodd hyn yn dy ben di? **14. a ~-you-up bed** *n.* gwely(-au) *(m)* rebel, gwely clatsh, gwely glabsant, *S:* gwely rablin. **~-up** *attrib. F:* **a ~-up job,** twyll *m*, cast(-iau) *m*, peth *(m)* wedi ei drefnu (pethau wedi eu trefnu). **~ upon** *v.ind.t. F:* **to ~ upon s.o., 1.** *(= impose on):* peri trafferth i rn, eich gwthio'ch hun ar rn. **2.** *(= deceive):* twyllo rhn.

putamen *n. Bot:* pwtamen (pwtamina) *m*, cnewyllyn (cnewyll) *m*.

putative *a. Jur:* tybiedig, tybiadol.

putatively *adv.* yn dybiedig, yn ôl y dyb, yn ôl y dybiaeth.

putlock, putlog *n. Arch:* pytlog(-au) *m*, pen *(m)* dist (pennau distiau).

put-put[1] *n.* pwt-pwtian *m*.

put-put[2] *v.i.* pwt-pwtian.

putrefacient *a.* pydrol.

putrefaction *n.* pydredd *m*, madredd *m*, *occ:* braen *m*, braendod *m*, braenedd *m*, braeniad *m*; *S.a.* **putrefy**.

putrefactive *a.* pydrol.

putrefiable *a.* pydradwy.

putrefied *a.* pydredig, madredig, braenllyd, braen, pwdr.

putrefier *n.* pydrydd(-ion) *m*.

putrefy *v.t.&i.* pydru, madru, braenu.

putrefying *a.* **1.** *(corpse):* pydredig, madredig, braenllyd, sy'n pydru *&c.* **2.** *(bacteria &c):* pydrol; **~ bacteria,** bacteria madru.

putrescence *n.* = **putrefaction**.

putrescent *a.* = **putrefying**.

putrescibility *n.* pydradwyedd *m*.

putrescible *a.* pydradwy.

putrescine *n. Biol: Ch:* pwtresin *m*.

putrid *a.* **1.** pydredig, pwdr, braenllyd, madreddog, braen; *(fever &c):* braenol. **2.** *F:* = **rotten 2**; **to become slightly ~,** *(of meat, hay): S. W:* hwmo.

putridity *n.* = **putridness**.

putridly *adv.* yn bydredig *&c.*

putridness *n.* pydredd *m*, madredd *m*, braen *m*.

putrilage *n.* pydredd *m*, madredd *m*.

putrilaginous *a.* madreddog.

putsch *n.* gwrthryfel(-oedd) *m*, ***putsch(-s)*** *m*.

putt[1] *n. Golf:* pyt(-iau) *m*, pytiad(-au) *m*.

putt[2] *v.t. Golf:* pytio.

puttee *n. Mil.Cost:* coesrwym(-au) *m*.

putter[1] *n. Golf:* pytiwr (pytwyr) *m*.

putter[2] *v.i. U.S:* = **potter[2]**.

putter[3] *n.* **1.** *(of weight):* taflwr (taflwyr) *m*, t|aflwraig (taflwragedd) *f*. **2.** *Min:* pwtiwr(-s) *m*.

puttier *n.* gwydrwr (gwydrwyr) *m*, gw|ydrwraig *f*.

putting *vn.* pytio. **~-green** *n. Golf:* llain *(f)* bytio (lleiniau pytio), tonnen *(f)* bytio (tonenni pytio), grîn *(f)* bytio (griniau pytio).

putto *n. Art:* pwto (pwti) *m*.

putty[1] *n.* pwti *m*. **~-knife** *n.* cyllell *(f)* bwti (cyllyll pwti). **~ medal** *n. Joc:* llwy *(f)* bren (llwyau pren). **~-root** *n. Bot: (Aplectrum spicatum):* Adda *(m)* ac Efa *f*.

putty[2] *v.t.* **to ~ [up] a hole,** cau twll â phwti, pwtïo twll.

puy *n. Geog:* ***puy(-s),*** copa(-on) *mf*.

puzzle[1] *n.* **1.** *(= bewilderment):* penbleth *fm*; dryswch *m*. **2.** *(= enigma):* dirgelwch (dirgelion) *m*. **3.** *(a)* **Chinese ~,** pysl(-au) *(m)* Tsieinî, pysl pren; **jigsaw ~,** jig-so(-s) *m*; *(b) (= riddle, conundrum):* pos(-au) *m*; **adventure ~,** pos antur; **crossword ~,** croesair (croeseiriau) *m*, pos croesair; **word and inset ~,** pos gair ac inset.

puzzle[2] *v.t.&i.* **1.** *v.t.* drysu, syfrdanu; **I was puzzled how to answer,** 'roeddwn mewn penbleth sut y gallwn ateb; **to ~ s.o. with a question,** gofyn cwestiwn dyrys i rn, drysu rhn â chwestiwn; **it puzzles me what his plans are,** mae ei gynlluniau'n ddirgelwch i mi. **2.** *v.i.* **to ~ (over sth),** pendroni, *F:* pyslo (dros rth, uwch ben rhth); *N. W:* penffydio, constro (dros rth). **~ out** *v.t.* *(= solve):* datrys; *(= decipher):* dehongli.

puzzled *a.* dryslyd, syn; **he looks ~,** mae golwg ddryslyd arno; *N: F:* mae golwg be' wna' i arno fo.

puzzlement *n.* dryswch *m*, penbleth *f*, syfrdandod *m*.

puzzler *n.* peth(-au) dyrys *m*, cwestiwn (cwestiynau) dyrys *m*, dyrysbeth(-au) *m*.

puzzling *a.* **1.** *(= unintelligible):* dyrys, astrus, anodd, annealladwy, annirnad. **2.** *(= surprising):* syfrdanol.

puzzlingly *adv.* **1.** yn ddyrys *&c.* **2.** yn syfrdanol.

pya *n. Num:* pya(-s, pyâu) *m*.

pyaemia *n. Med:* pyemia *m*.

pyaemic *a. Med:* pyemig.

pycnidium *n. Bot:* pycnidiwm (pycnidia) *m*.

pycnogonida *n. Arach:* = **sea-spider**.

pycnometer *n.* pycnomedr(-au) *m*.

pycnostyle *a. Arch:* pycnostylig.

pye-dog *n.* mwngrel(-iaid) *m* (*pronounced* ng-g).

pyelitic *a. Med:* pyelitig.

pyelitis *n. Med:* pyelitis *m*.

pyelogram, pyelograph *n.* py|elogram (pyelogramau) *m*, py|elograff (pyelograffau) *m*.

pyelographic *a.* pyelograffig.

pyelography *n.* pyelograffeg *f*.

pyelonephritis *n. Med:* pyeloneffritis *m*.

pyemia *n. Med:* pyemia *m*.

pygidial *a. Nat.Hist:* clorennol.

pygidium *n. Nat.Hist:* pen-ôl (penolau) *m*, cloren(-nau) *f*.

pygmaean, pygmean *a.* corachaidd.

pygmy *n. & attrib.* **1.** *n.* corrach (corachod) *m*, pigmi (pigmïaid) *m*, corddyn(-ion) *m*. **2.** *attrib.* cor- + *soft mut.*; bychan (*f.* bechan, *pl.* bychain), corachaidd.

pyin *n. Bio-Ch:* pyin *m*.

pyjama *n. Cost:* **~ [suit],** pyjamas *m* (*inv., or pl.* -ys), pyjama(-s) *m*; **shortie pyjamas,** pyjamas cwta. **~ top** *n.* côt *(f)* byjamas (cotiau pyjamas). **~ trousers** *n. N:* trowsus(-au) *(m)* pyjamas, *S:* trwser(-i) *(m)* pyjamas.

pyknic *a.* byrdew(-ion) *m*.

pylon *n.* peilon(-au) *m*.

pylorectomy *n. Surg:* pylor|ectomi (pylorectomïau) *m*.

pyloric *a. Anat:* pylorig.

pylorospasm *n. Med:* pyl|orosbasm *m*.

pylorus *n. Anat:* pylorws (pylori) *m*.

pyoderma *n. Med:* cructarddiad *m*, llinoriad *m*.

pyodermic *a. Med:* cructarddol, llinorol.

pyogenesis *n. Med:* crawniad *m*, crawni *vn*.

pyogenic *a. Med:* crawnllyd, gorllyd, pyogenig.

pyoid *a. Med:* crawnol.

pyometria *n Med:* pyometria *m*.

pyorrhoea *n. Med:* pyorhea *m*.

pyorrhoeal *a. Med:* crawnllyd, gorllyd, pyorheol.

pyosis *n. Med:* crawniad *m*, crawni *vn*, pyosis *m*.

pyracantha *n. Bot:* tân-ddraenen (~-ddrain) *f*.

pyralid, pyralis *n. Ent:* p|yralis (pyralisau) *m*, p|yralid (pyralidau) *m*.

pyramid *n.* p|yramid (pyramidiau) *m*, *A:* bera(-on) *mf*; **nesting ~,** pyramid tas; **~ of numbers,** pyramid niferoedd. **~-shaped** *a.* pyramidaidd. **~ selling** *vn.* gwerthu pyramidaidd.

pyramidal *a.* pyramidaidd; **~ face,** wyneb p|yramid, wyneb pyramidaidd; *Bot:* **~ orchid,** *(Anacamptis pyramidalis):* tegeirian(-au) *(m)* bera, tegeirian pigfain, tegeirian coch yr haf; **~ peak,** pigyn(-nau) pyramidaidd *m*; *Geog:* **~ tract,** rhan byramidaidd (rhannau pyramidaidd) *f*.

pyramidally *adv.* yn byramidaidd.

pyramidic[al] *a.* = **pyramidal.**
pyramidically *adv.* = **pyramidally.**
pyramidine *n. Ch:* pyr|amidin *m.*
Pyramus *Pr.n.m.* Puraf; *Lit:* ~ **and Thisbe,** Puraf a Thisbe.
pyran *n. Ch:* pyran *m.*
pyrargyrite *n. Miner:* pyr|argyrit *m.*
pyre *n.* coelcerth(-i) *f*; **funeral ~,** coelcerth angladdol.
pyrene *n.* **1.** *Bot:* = **putamen. 2.** *Ch:* pyren *m.*
Pyrenean *a.* Pyreneaidd, o'r Pyreneau.
Pyrenees (the) *Pr.n. Geog:* y Pyreneau, *A: Lit:* y Barwynion.
pyrenoid *n. Bio-Ch:* p|yrenoid (pyrenoidau) *m.*
pyrethrin *n. Ch:* pyrethrin *m.*
pyrethrum *n.* **1.** *Bot:* pyrethrwm (pyrethrymau) *m.* **2.** *Hort:* [llwch *m*] pyrethrwm *m.*
pyretic *a. Med:* twymynol.
pyretology *n. Med:* twymyneg *f.*
pyrex *n. R.t.m:* ***pyrex***, peirecs.
pyrexia *n. Med:* twymyn *f*, gwres *m*, pyrecsia *m.*
pyrexial, pyrexic *a. Med:* twymynol, poeth, gwresog, â/mewn gwres, â thwymyn, mewn twymyn.
pyrheliometer *n. Ph:* pyrheliomedr(-au) *m.*
pyrheliometric *a. Ph:* pyrheliometrig.
pyridic *a. Ch:* pyridig.
pyridine *n. Ch:* p|yridin *m.*
pyridoxal *n. Bio-Ch:* pyridocsal *m.*
pyridoxamine *n. Bio-Ch:* pyrid|ocsamin *m.*
pyridoxine *n. Bio-Ch:* pyridocsin *m.*
pyriform *a.* perffurf.
pyrimidine *n. Bio-Ch:* pyr|imidin *m.*
pyrite *n.* = **pyrites (iron).**
pyrites *n.* pyrit *m*; **iron ~,** pyrit haearn, *F:* aur (*m*) ffyliaid; **copper ~,** pyrit copor.
pyritic *a. Miner:* pyritig.
pyrocatechol *n. Ch:* pyroc|atecol *m.*
pyroceram *n. R.t.m:* pyroseram *m.*
pyrochemical *a.* pyrocemegol.
pyrochemically *adv.* yn byrocemegol.
pyrochroite *n. Ch:* pyrocröit *m.*
pyroclast *n. Geol:* p|yroclast (pyroclastau) *m.*
pyroclastian *a. Geol:* pyroclastaidd.
pyroclastic *a. Geol:* pyroclastig.
pyroconductivity *n. Ph:* pyroddargludedd *m.*
pyrocrystalline *a. Geol:* pyrogrisialog.
pyroelectric *a. Ph:* pyrodrydanol.
pyroelectricity *n. Ph:* pyrodrydan *m.*
pyrogallate *n. Ch:* pyrogalad(-au) *m.*
pyrogallic *a. Ch:* pyrogalig.
pyrogallol *n. Ch:* pyrogalol *m.*
pyrogen *n. Ch:* p|yrogen (pyrogenau) *m.*
pyrogenic, pyrogenous *a.* pyrogenig.
pyrognostics *n.pl.* pyrognosteg *f.*
pyrographer *n.* pyrograffydd: pyrograffwr (pyrograffwyr) *m.*
pyrographic *a.* pyrograffig.
pyrography *n.* pyrograffeg *f.*
pyrolatry *n.* addoli (*vn*) tân, tân-addoliad *m.*
pyroligneous, pyrolignic *a.* pyrolignig.
pyrolusite *n. Ch: Miner:* pyrolwsit *m.*
pyrolysis *n. Ch:* pyr|olysis *m.*
pyrolitic *a. Ch:* pyrolitig.
pyromagnetic *a. Ph:* pyromagnetig.
pyromancy *n.* tân-ddewiniaeth *f.*
pyromania *n. Psy:* pyromania *m.*
pyromanic *n. Psy:* pyromaniad (pyromaniaid) *m&f.*
pyromanical *a. Psy:* pyromanig.
pyrometallurgy *n. Metalw:* pyrometeleg *f.*
pyrometer *n. Ph:* pyromedr(-au) *m*, tân-fesurydd(-ion) *m.*
pyrometric[al] *a.* pyrometrig, tân-fesurol.
pyrometry *n. Ph:* pyrometreg *f*, tân-fesureg *f.*
pyromorphite *n. Miner:* pyromorffit *m.*
pyrone *n. Ch:* pyron(-au) *m.*
pyronine *n. Dy:* p|yronin (pyroninau) *m.*
pyrope *n. Miner: Lap:* pyrop(-au) *m.*
pyrophoric *a. Ch:* pyrofforig.
pyrophosphate *n. Ch:* pyroffosffad(-au) *m.*
pyrophosphoric *a. Ch:* pyroffosfforig.
pyrophotometer *n. Ph:* pyroffotomedr(-au) *m.*
pyrophotometry *n. Ph:* pyroffotometreg *f.*
pyrophyllite *n. Miner:* pyr|offylit *m.*
pyrosil *n.* p|yrosil *m.*
pyrosis *n. Med:* dŵr poeth *m.*
pyrosome *n. Z:* p|yrosom (pyrosomau) *m.*
pyrostat *n. El.E:* p|yrostat (pyrostatau) *m.*
pyrostibnite *n. Miner:* pyrostibnit *m.*
pyrosulphate *n. Ch:* pyrosylffad(-au) *m.*
pyrosulphuric *a.* pyrosylffwrig.
pyrotechnic[al] *a.* **1.** pyrotechnegol; **~ display,** tân gwyllt *m.* **2.** *Fig:* llachar, tanbaid, gwreichionog.
pyrotechnics *n.pl.* **1.** pyrotechneg *f.* **2.** *Fig:* tân gwyllt *m.*
pyrotechnist *n.* pyrotechnydd(-ion) *m.*
pyrotechny *n.* = **pyrotechnics.**
pyrotoxin *n. Med:* pyrotocsin(-au) *m.*
pyroxene *n. Miner:* pyrocsen(-au) *m.*
pyroxenic *a. Miner:* pyrocsenig.
pyroxenite *n. Miner:* pyr|ocsenit *m.*
pyroxyline *n. Ch:* pyr|ocsylin *m.*
pyrrhic *a.* & *n.* **1.** *a.* pyrrhig. **2.** *n. Pros:* pyrrhig(-ion) *m.*
Pyrrhonian *a.* & *n. Phil:* **1.** *a.* Pyrrhonaidd. **2.** *n.* Pyrrhoniad (Pyrrhoniaid) *m&f*, Pyrrhonydd(-ion) *m.*
Pyrrhonic *a. Phil:* Pyrrhonaidd.
Pyrrhonism *n. Phil:* Pyrrhoniaeth *f.*
Pyrrhonist *n. Phil:* = **Pyrrhonian 2.**
pyrrhotine, pyrrhotite *n. Miner:* p|yrrhotin *m*, p|yrrhotit *m.*
pyrrhuloxia *n. Orn:* gylfinbraff(-au) copog *m.*
pyrrole *n. Ch:* pyrrol *m.*
pyrrolidine *n. Ch:* pyrr|olidin *m.*
pyrroline *n. Ch:* pyrrolin *m.*
pyrrophyta *n.pl. Nat.Hist:* pyroffyta *pl.*
pyruvate *n. Ch:* p|yrwfad (pyrwfadau) *m.*
pyruvic *a. Ch: Bio-Ch:* pyrwfig.
Pythagorean *a.* & *n. Phil:* **1.** *a.* Pythagoreaidd. **2.** *n.* Pythagoread (Pythagoreaid) *m&f.*
Pythagoreanism *n. Phil:* Pythagoreaeth *f.*
Pythiad *n. Gr.Ant:* Pythiad(-au) *m.*
Pythian *a.* & *n.* **1.** *a.* Pythaidd, Pythig. **2.** *n.* *(a)* Pythiad (Pythiaid) *m&f*; *(b) Rel: (priestess):* Pythades(-au) *f*, Pythones(-au) *f*, Pythiad (Pythiaid) *f.*
Pythic *a.* = **Pythian 1.**
python *n. Rept:* peithon(-iaid) *m.*
pythoness *n.f. Gr.Ant:* pythones(-au).
pythonic *a.* pythonig.
pyuria *n. Med:* py|wria *m.*
pyx *n.* **1.** *Ecc:* blwch (blychau) (*m*) cymun, afrllatgist(-iau) *f*, cistan(-au) (*f*) afrlladen. **2. the Trial of the P~,** Prawf y Gistan.
pyxidium *n. Bot:* pycsidiwm (pycsidia) *m.*
pyxie *n. Bot:* **1.** = **pyxidium. 2.** *U.S: (Pyxidanthera):* coeden (*f*) bicsi (coed picsi).
pyxis¹ *n. (= casket):* cistan(-au) *f*, blwch (blychau) *m.*
Pyxis² *Pr.n. Astr:* ~ **Nautica,** Y Cwmpawd *m.*

Q

Q, q *n.* [y llythyren] Q, q *f* (*pronounced* ciw, *pl.* ciwiau); *although f., names of letters are not mutated;* **this q,** y ciw hon; **two q's,** dwy ciw; *Tp:* **Q for Queenie,** Q am Queenie; *F:* **on the q.t.,** yn ddistaw bach, yn dawel fach; **on the strict q.t.,** yn hollol gyfrinachol; **to mind one's P's and Q's,** *See* **P. Q-boat** *n.* cwch (cychod) (*m*) Q, bad(-au) (*m*) Q. **Q.C.** *n. See* **counsel**[1]. **Q.E.D.** *abbr.* yr hyn oedd i'w brofi. **Q-factor** *n. Ph:* ffactor (*m*) Q. **Q fever** *n. Med:* twymyn (*f*) Q, twymyn Queensland. **Q.S.O.** *n.* cwaseren (cwaser) *f*, cwasar(-au) *mf*. **Q-value** *n.* gwerth (*m*) Q.

qanat *n. Geog:* canat(-au) *m.*

qindar, qintar *n. Num:* cintar(-au) *mf.*

qua *Lt.adv.* fel, fel y cyfryw; **men ~ men,** dynion fel y cyfryw, dynion fel dynion.

quack[1] *n. & int.* cwac(-iadau) *m.*

quack[2] *v.t.&i.* cwacian, cwacio, *S: occ:* watan, whatial.

quack[3] *n. & attrib.* **1.** *n.* *(a) (= charlatan):* cwac(-iaid,-s,-yddion) *m*; *P:* **I must go to see the ~,** rhaid i mi fynd i weld y cwac. **2.** *attrib.* **~ doctor,** doctor(-iaid) (*m*) cwac, *Lit:* coegfeddyg(-on) *m*, crachfeddyg(-on) *m*; **a ~ remedy,** *N:* ffisig(-on) (*m*) [doctor] cwac, *S:* moddion (*m or pl*) cwac, *Lit:* crachfeddyginiaeth(-au) *f*, coegfeddyginiaeth(-au) *f.*

quack[4] *n. (children's game):* cecri *m.*

quack[5]**-grass** *n. Bot:* **= couch-grass.**

quackery *n.* cwacyddiaeth *f*; *(in medicine only):* crachfeddygaeth *f.*

quackish *a.* cwacaidd, cwacyddol.

quackishly *adv.* yn gwacaidd *&c.*

quacksalver *n.* **= quack**[3] **1.**

quad *n. See* **quadrangle, quadrant, quadrat, quadruplet.**

quadrable *a. Mth:* cwadradwy.

quadragenarian *a. & n.* **1.** *a.* deugain oed, yn eich deugeiniau. **2.** *n.* (rhn) deugain oed, (rhn) dros ei ddeugain, (rhn) yn ei ddeugeiniau, dyn(-ion) (*m*) deugain oed, gwr|aig (*f*) ddeugain oed (gwragedd deugain oed).

Quadragesima *n. Ecc:* **~ Sunday,** Sul (*m*) Cyntaf y Grawys.

quadragesimal *a.* deugain niwrnod.

quadrangle *n.* **1.** *Geom:* petryal(-au) *m*, pedrongl(-au) *mf*, pedeirongl(-au) *f.* **2.** *(= courtyard):* cwadrangl(-au) *m* (*pronounced* ng-g), cwad(-iau) *m*, cowrt(-iau) *m.*

quadrangular *a.* pedeironglog, pedeirongl, pedronglog, petryal.

quadrant *n.* **1.** *Geom:* chwarter(-i) (*m*) cylch, cwadrant(-au) *m*, pedrant(-au, pedrannau) *m*, pedryran(-nau) *f.* **2.** *Mec.E:* cwadrant; *Nau:* **steering ~,** cwadrant y llyw.

quadrantal *a.* cwadrantol.

quadraphonic *a.* cwadraffonig.

quadraphony *n.* cwadraffonedd *m.*

quadrat *n. Typ:* cwadrat(-au) *m*; **em ~,** cwadrat em, cwadrat llydan; **en ~,** cwadrat en, cwadrat cul.

quadrate[1] *a. & n.* **1.** *a. Anat:* **~ bone,** asgwrn (esgyrn) (*m*) cwadrat. **2.** *n.* *(a) Ph: &c:* cwadrat(-au) *m*; *(b)* **= 1.**

quadrate[2] *v.t.&i.* **1.** *v.t.&i.* sgwario, sgwaru, cysoni (**with sth,** â rhth). **2.** *v.i.* cyd-fynd, cyd-daro, bod yn gyson (**with sth,** â rhth); bod yn gyfaddas (i rth).

quadratic *a. & n.* **1.** *a. Mth: Cryst:* cwadratig, dwyradd. **2.** *n.* *(a) (equation):* cwadratig(-ion) *m*, hafaliad(-au) (*m*) dwyradd; *(b) pl. (branch of algebra):* cwadrateg *f.*

quadratically *adv.* yn gwadratig.

quadrature *n.* **1.** *Mth:* sgwariad(-au) *m*, sgwario *vn*, sgwaru *vn*, pedrongliad(-au) *m*, pedrongli *vn.* **2.** *Astron:* sgwarongl(-au) *f*, chwarter(-i) *m*, pedran(-nau) *f.* **3.** *El:* pedrywedd(-au) *f.*

quadrennial *a. & n.* **1.** *a.* pedeirblynyddol. **2.** *n.* pedeirblwyddiant (pedeirblwyddiannau) *m.*

quadrennially *adv.* bob pedair blynedd.

quadrennium *n.* pedair blynedd *f or pl*, cwadreniwm (cwadrenia) *m.*

quadri- *comb.fm.* pedwar-, pedeir-, pedr-.

quadric *a. & n.* **1.** *a.* dwyradd, cwadrig. **2.** *n.* cwadrig(-ion) *m.*

quadricentennial *a. & n.* **1.** *a.* pedwarcanmlwyddol. **2.** pedwarcanmlwyddiant (pedwarcanmlwyddiannau) *m.*

quadriceps *n. Anat:* *cyhyr(-au) (*m*) pedryben.

quadrifid *a.* pedryollt, ped|eir-r[h]an.

quadrifoliate *a.* â phedair deilen, pedryddeiliog.

quadriga *n. Rom.Ant:* cwadriga (cwadrigâu) *m.*

quadrilateral *a. & n.* **1.** *a.* petryal, pedrochrog, pedrochr, pedeirochr, â phedair ochr; *Theol:* **the Lambeth Q~,** Datganiad Pedrochrog Lambeth. **2.** *n.* petryal(-au) *m*, pedrochr(-au) *mf.*

quadrilingual *a.* pedeirieithog; *(book):* mewn pedair iaith; *(pers.):* â phedair iaith, yn medru pedair iaith.

quadrille *n.* cwadrîl (cwadriliau) *mf*; *Cards:* chwarae (*vn*) pedeirllaw.

quadrillion *n.* cwadriliwn (cwadriliynau) *mf.*

quadrillionth *a. & n.* cwadriliynfed (*mf*).

quadrinomial *a. & n. Mth:* **1.** *a.* cwadrinomaidd, pedwarenwol. **2.** *n.* pedwarenwol(-ion) *m.*

quadripartite *a. Bot: Arch:* ped|eir-r[h]an.

quadriplegia *n.* parlys (*m*) pedwarplyg, parlys pedwar aelod, cwadriplegia *m.*

quadriplegic *a. & n.* **1.** *a.* cwadriplegig. **2.** *n.* cwadriplegig(-ion) *m&f.*

quadripole *n.* **= quadrupole.**

quadrireme *n.* pedrwyflong(-au) *f.*

quadrisyllabic *a.* pedeirsill, pedeirsillafog.

quadrisyllable *n.* gair (geiriau) (*m*) pedeirsill.

quadrivalent *a. Ch:* **= tetravalent.**

quadrivial *a.* cwadrifaidd.

quadrivium *n. Sch: Hist:* cwadrifiwm *m*, y pedair gwyddor *f*, *A:* y pedair celfyddyd *f.*

quadroon *a. & n. Ethn:* **1.** *a.* [o] chwarter gwaed. **2.** *n.* cwadrŵn (cwadryniaid) *m&f.*

quadruman *n. Z:* creadur(-iaid) (*m*) pedrylaw/pedeirllaw, pedrylofiad (pedrylofiaid) *m&f*, cw|adrwman (cwadrwmaniaid) *m.*

quadrumana *n.pl.* creaduriaid pedrylaw/pedeirllaw, pedrylofiaid.

quadrumanal, quadrumanous *a.* pedeirllaw, pedrylaw.

quadrumvir *n. Rom.Ant:* pedwargwriad (pedwargwriaid) *m*, un o bedwargwr/bedwargwyr.

quadrumviral *a. Rom.Ant:* o bedwar gŵr, pedwargwr.

quadrumvirate *n. Rom.Ant:* pedwargwriaeth(-au) *f*, pedwardod(-au) *m*, pedwardodaeth(-au) *f*, pedwar gŵr *pl*; *(persons):* pedwargwr *pl*, pedwargwyr *pl.*

quadruped *a. & n.* **1.** *a.* pedwartroed, pedwarcarnol. **2.** *n.* creadur(-iaid) (*m*) pedwartroed, pedwartroediad (pedwartroediaid) *m*, pedwarcarnolyn (pedwarcarnolion) *m.*

quadrupedal *a.* **= quadruped 1.**

quadruple[1] *a. & n.* pedwarplyg (*m*), pedair gwaith (*f*), pedrwbl (pedryblau) *m*; **eight is the ~ of two,** mae wyth yn bedair gwaith dau; *Mus:* **~ stopping,** gwasgiad (*m*) pedwarplyg; *Mus:* **~ time,** amseriad (*m*) pedwarplyg, amser (*m*) pedwar.

quadruple[2] *v.t.&i.* pedwaru, pedwarplygu, pedryblu (rhth); cynyddu (rhth) bedair gwaith.

quadruplet *n.* **1.** pedrybled(-au,-i) *m&f*, un o bedwar gefaill. **2.** *Mus:* pedrybled(-au,-i) *m.* **3.** *(bicycle):* beic(-iau) (*m*) i bedwar.

quadruplex *n. T.V:* pedrawd(-au) *m.*

quadruplicate[1] *a.* pedwarplyg, pedryblyg; **in ~,** fesul pedwar copi, yn bedwar copi.

quadruplicate² *v.t.* pedryblu, pedryblygu (rhth); gwn|eud pedwar copi (o rth).
quadruplication *n.* pedrybliad *m*; *See* **quadruplicate²**.
quadruplicity *n.* pedrybledd *m*, pedwarplygedd *m*.
quadruply *adv.* bedair gwaith, yn bedwarplyg, *occ:* ar ei bedwerydd.
quadrupole *n. Ph:* pedrypol *m*.
quads *n. F:* **= quadruplets.**
quaere *Lt.v.imper.* chwilier, holer, ymofynner; tybed.
quaestor *n. Rom.Ant:* cwaestor(-iaid) *m*.
quaestorial *a. Rom.Ant:* cwaestoraidd.
quaestorship *n. Rom.Ant:* cwaestoriaeth(-au) *f*.
quaff¹ *n.* dracht(-iau) *m*, llowc(-iau) *mf*, llowciad(-au) *m*.
quaff² *v.t. Lit:* drachtio, llowcio, cwafftio, *N.W: occ:* cofftio.
quaffer *n.* drachtiwr (drachtwyr) *m*, dr|achtwraig *f*.
quag *n.* **= quagmire.**
quagga *n. Z:* cwaga(-od) *m*.
quaggy *a.* corsiog, corslyd, mignog, siglennog, soeglyd.
quagmire *n.* = **bog¹**; *Fig:* **in a ~,** mewn cors.
quahaug, quahog *n. Moll:* y gragen (*f*) forwyn fwyaf.
quail¹ *n.inv. Orn:* sofliar (soflieir) *f*, rhegen(-nod) *f*, *S:* rhinc(-od,-au) *f*, *S.W:* cwâl (cwalod) *f*, cregydd(-od) *m*. **~-call, ~-pipe** *n.* rhegenbib(-au) *f*.
quail² *v.i.* arswydo, gwangalonni (*pronounced* ng-g), llwfrh|au, gwingo.
quailery *n.* rhegenfa (rhegenfâu, rhegenfl|eydd) *f*.
quailing *a.* gwangalon (*pronounced* ng-g), ofnus, llwfr.
quaint *a.* *(a) (= strange):* rhyfedd, od, hynod, anarferol; *(b) (= old-fashioned):* hen ffasiwn, hen a hynod; *(child):* hen ffasiwn, henaidd, hengall (*pronounced* ng-g), henffel; *(c) (workmanship, design &c):* cywrain.
quaintly *adv.* yn rhyfedd, yn hen ffasiwn *&c*; **~ made,** cywrain.
quaintness *n.* hynodrwydd *m*, natur hen ffasiwn (*f*) (rhth); golwg (*f*) hynod, golwg hen ffasiwn (ar rth); *(of child):* henffelni *m*, natur henffel *f*; *(of workmanship):* cywreinrwydd *m*.
quake¹ *n.* **1.** cryndod(-au) *m*, *occ:* ysgryd(-ion) *m*, crynfa (crynfl|eydd) *f*, rhyndod(-au) *m*. **2. = earthquake.**
quake² *v.i.* crynu, *occ:* ysgrytian, ysgrydio, ysgrydu, *M.W:* cwecian; *S.a.* **shake²**; **to ~ in one's shoes,** crynu yn eich esgidiau; **to ~ with fear,** crynu gan ofn; **he was quaking at the knees,** 'roedd ei ben[g]liniau'n crynu.
Quaker *n. & attrib.* **1.** *n. Rel:* Crynwr (Crynwyr) *m*, *occ:* Cwacer(-iaid) *m*; *S.a.* **Quakeress**. **2.** *attrib.* Crynwrol, Crynwraidd, *occ:* Cwaceraidd; **a ~ meeting,** cyfarfod (*m*) [o'r] Crynwyr, cwrdd (cyrddau) (*m*) Crynwyr; *Fig:* cynulliad tawel *m*; **~ meeting-house,** tŷ (tai) (*m*) cwrdd y Crynwyr; *U.S:* **~ gun,** dryll(-iau) (*m*) pren, gwn (gynnau) (*m*) pren. **~ parakeet** *n. Orn:* aderyn (adar) llygliw *m*. **~-bird** *n. Orn:* |albatros du (albatrosiaid duon) *m*. **~-ladies** *n.pl.* **= bluet. Quakers Yard** *W.Pl.n.* Mynwent (*f*) y Crynwyr.
Quakerdom *n.* Crynwyr *pl*, Crynwriaeth *f*, Cwaceriaeth *f*.
Quakeress *n.f.* Cr|ynwraig (Crynwragedd), Crynwres(-au), *occ:* Cwaceres(-au).
Quakerish *a.* Crynwraidd, Crynwrol, Cwaceraidd.
Quakerism *n.* Crynwriaeth *f*, *occ:* Crynyddiaeth *f*, Cwaceriaeth *f*.
Quakerly *a.* **= Quakerish.**
quakily *adv.* yn grynedig.
quakiness *n.* simsanrwydd *m*, crynedigrwydd *m*, cryndod *m*.
quaking¹ *a.* crynedig, *occ:* crŷn. **~-grass** *n. Bot:* crydwellt *m*, eigryn *m*, gwenith (*m*) ysgyfarnog, *N.W:* Robin (*m*) grynwr, Robin grynu, *M.W:* cwecars *pl*; **greater ~-grass,** y crydwellt mwyaf; **lesser ~-grass,** y crydwellt lleiaf/bychan.
quaking² *vn.* **1. = earthquake. 2.** *(of pers.): See* **quake¹ 1.**
quaky *a.* crynedig, simsan, ansad, sigledig.
quale *n. Phil:* hanfod(-ion) *m*.
qualifiable *a.* disgrifiadwy; *Gram:* goleddfadwy.
qualification 1. *(= reservation):* amod(-au) *mf*; *(= restriction):* cyfyngiad(-au) *m*; **a statement hedged with qualifications,** datganiad yn amodau i gyd; **without ~,** yn ddiamod, yn ddiamodol; **my support for the plan has one ~,** mae un amod ar fy nghefnogaeth i'r cynllun; **(to accept) without ~,** (derbyn) yn ddiamod, yn llwyr. **2.** *(for appointment):* cymhwyster (cymwysterau) *m*; *(for citizenship, membership of club):* amod. **3.** *(= description):* disgrifiad(-au) *m*; *Gram:* goleddfiad(-au) *m*; **the ~ of his policy as risky (is unfair),** (annheg yw) galw'i bolisi'n un peryglus, disgrifio'i bolisi fel un peryglus.
qualificative *a. & n.* **1.** *a.* disgrifiadol, goleddfol, ansoddol, ansoddeiriol. **2.** *n.* ansoddair (ansoddeiriau) *m*, goleddfair (goleddfeiriau) *m*.
qualificatory *a.* **1.** *(= descriptive):* disgrifiadol, goleddfol, ansoddol, ansoddeiriol. **2.** *(= conditional):* amodol.
qualified *a.* **1.** *(a) (to do sth):* cymwys, cymwysedig, â chymhwyster/chymwysterau; **legally ~,** â chymwysterau cyfreithiwr, cyfreithiol gymwys; **fully ~,** hollol gymwys, â chymwysterau llawn; **poorly ~,** anghymwys, heb gymwysterau [boddhaol]; *(b)* **~ to vote,** â'r hawl i bleidleisio. **2.** *(= conditioned, modified):* amodol, ar amod, ar amodau; *Jur:* **~ privilege,** braint (breintiau) amodol *f*.
qualifiedly *adv.* yn gymwys/gymwysedig; â chymhwyster/ chymwysterau.
qualifier *n.* **1.** *Gram:* goleddfair (goleddfeiriau) *m*; *(= adjective):* ansoddair (ansoddeiriau) *m*. **2.** *Sp: (match, contest):* gêm gymhwysol (gemau cymhwysol) *f*. **3.** *(pers.):* cystadleuwr (cystadleuwyr) (*m*) sy'n mynd drwodd. **4.** *Cmptr:* goleddfwr (goleddfwyr) *m*.
qualify *v.t.&i.* I. *v.t.* **1.** *(a) (= call, describe):* **to ~ sth as sth,** galw rhth yn rhth, disgrifio rhth fel rhth; *(b) Gram:* goleddfu. **2. (to ~ s.o.) for sth, to do sth,** (cymhwyso rhn) ar gyfer rhth, i wneud rhth; **to ~ oneself (for a job),** ymgymhwyso, ennill cymwysterau (ar gyfer swydd); **this qualifies you for a grant,** mae hyn yn rhoi hawl i chwi gael grant; mae hyn yn eich gwneud yn gymwys ar gyfer grant. **3.** *(a) (= modify, attenuate):* goleddfu, amodi, tymheru, lliniaru; *(b) (= lessen):* lleih|au, gwanh|au. **4.** *(= water down):* glastwreiddio, teneuo. II. *v.i.* ymgymhwyso, ennill cymwysterau **(for sth,** ar gyfer rhth); **to ~ as a doctor,** cael eich derbyn yn feddyg, *F:* pasio'n feddyg; *Av:* **to ~ as a pilot,** ennill cymhwyster peilot, *F:* pasio'n beilot; **you ~ for the post,** 'rydych yn gymwys ar gyfer y swydd; **it hardly qualifies as a novel,** prin y gellir ei chyfrif yn nofel.
qualifying *a.* **1.** *Gram:* goleddfol, ansoddol, ansoddeiriol, disgrifiol, disgrifiadol. **2.** *(examination, training &c):* cymhwysol, cymhwyso; *Sp: (heat):* rhagbrofol. **3.** *(= modifying):* amodol, lliniarol, goleddfol.
qualitative *a.* ansoddol.
qualitatively *adv.* yn ansoddol, o ran ansawdd.
quality *n.* **1.** *(a)* ansawdd (ansoddau) *mf*, safon *f*, graen *m*, rhywiogrwydd *m*, *occ:* gradd *f*, priodwedd(-au) *f*; **of good ~,** o ansawdd da/dda, a graen arno, graenus, rhywiog, rhagorol, tan gamp; **of the best ~,** o'r ansawdd [g]orau, o'r radd orau, rhywiocaf; **a house of ~,** tŷ o safon; **of poor ~,** o ansawdd [g]wael, tila, gwael, sâl, heb ddim graen, di-raen; **of middling ~,** canolig, gweddol, go lew, cymedrol, diddrwg-d[d]idda; **~, not quantity,** safon, nid nifer; nid pa faint, ond sut rai; **this has a certain ~,** mae graen ar hwn; mae safon i hwn; mae ansawdd neilltuol i hwn; **this has ~,** mae hwn/hon yn ardderchog/ gampus/b|enigamp; **a stone of good ~,** carreg rywiog (cerrig rhywiog) *f*, carreg a graen arni; **mercantile ~,** safon gwerthu; *(b) attrib.* **~ goods,** nwyddau o safon; *Journ:* **~ newspapers,** y papurau newydd gorau, papurau newydd o safon; **~ control,** rheolaeth (*f*) ar ansawdd, rheoli (*vn*) ansawdd; **~ variation,** amrywiaeth (*f*) ansawdd, amrywio (*vn*) ansawdd. **2.** *(a) (of pers.):* nodwedd(-ion) *f*, priodoledd(-au) *m*, cynneddf (cyneddfau) *f*, teithi *pl*; **a good ~,** rhinwedd(-au) *mf*, rhagoriaeth(-au) *f*; **he has the defects of his qualities,** mae iddo ffaeleddau ei rinweddau; **a bad ~,** gwendid(-au) *m*, ffaeledd(-au) *m*; **to give a taste of one's ~,** dangos pa ddefnydd sydd ynoch, dangos pa beth y gellwch ei wneud; **she has good and bad qualities,** mae iddi nodweddion da a drwg; mae iddi rinweddau a gwendidau; *occ:* mae ynddi gamp a rhemp; **he has the qualities of a leader,** mae nodweddion/teithi arweinydd ganddo; *(b)* **the heating qualities of a fuel,** gallu twymo tanwydd, gallu tanwydd i dwymo, y gwres sydd mewn tanwydd, gwresogrwydd tanwydd. **3.** *A: or Lit:* **a man of ~,** gŵr (gwŷr) bonheddig *m*, bonheddwr (boneddwyr) *m*; *(= nobleman):* uchelwr (uchelwyr) *m*, pendefig(-ion) *m*; **a lady of ~,** gwr|aig fonheddig (gwragedd bonheddig) *f*, boneddiges(-au) *f*; **people of ~, the ~,** bonedd *pl*, boneddigion *pl*, *F:* pobl fawr *f or pl*, byddigions *pl*. **4.** *(= capacity):* swydd *f*, lle *m*; **in my**

~ as your doctor, yn rhinwedd fy swydd/lle fel eich meddyg. **5.** *(of sound):* ansawdd *mf.*
qualm *n.* **1.** *(= queasiness):* gloes(-au) *f,* gloesygion *pl,* pang(-au) *m,* pangfa (pangf|eydd) *f;* *(= faintness):* ysictod *m,* madrondod *m.* **2.** *(a) (= scruple):* cydwybod *f,* poen(-au) *(fm)* cydwybod, pang cydwybod, gwewyr *(m)* cydwybod; **I felt qualms (about what I had done),** 'roedd fy nghydwybod yn fy mhoeni/mhigo, 'roeddwn yn anniddig, 'roedd gennyf amheuon (o achos yr hyn a wnaethwn); **to have no qualms about doing sth,** peidio â phoeni dim ynghylch gwneud rhth; *(b) (= misgiving, doubt):* amheuaeth (amheuon) *f,* petruster *m,* petrustod *m.*
qualmish *a.* gloesygus, gloesedig; *(= ill at ease):* anniddig, anesmwyth; *(= doubtful):* amh|eus, petrus.
qualmishness *n.* **1.** *(= nausea):* cyfog [gwag] *m, N.W: occ:* pwys *(m)* gloesi, pwys gleisio. **2.** *(= squeamishness):* dicräwch *m,* gorgydwybod *m,* tynerwch *(m)* cydwybod, cydwybod dyner *f,* petrustod *m.*
quandary *n.* dryswch *m,* penbleth(-au) *fm,* cyfyng-gyngor *m,* petruster *m,* cyfyngder(-au) *(m)* meddwl; **I was in a ~ as to what to do,** 'roeddwn mewn penbleth/petruster ynghylch pa beth i'w wneud; ni wyddwn pa beth i'w wneud.
quandong *n. Bot:* cwandong(-au) *m.*
quango *n.* cwango(-s,-au) *m (pronounced* ng-g).
quant *n. & v.t.&i* **1.** *n.* polyn (polion) *m.* **2.** *v.t.&i.* polio, gwthio [(cwch/bad) â pholyn].
quanta *n.pl. See* **quantum.**
quantal *a. Ph:* cwantol.
quantasome *n. Biol:* cw|antasom (cwantasomau) *m.*
quantic *n. Mth:* cwantig(-ion) *m.*
quantifiable *a.* cyfrifadwy, mesuradwy, rhifadwy.
quantification *n.* meint[i]oliad *m; S.a.* **quantify.**
quantificational *a.* meint[i]olaidd.
quantifier *n. Mth: Log:* meint[i]olwr (meint[i]olwyr) *m.*
quantify *v.t.* mesur, cyfrif, rhifo, meint[i]oli (rhth); dweud pa faint sydd (o rth).
quantitate *v.t.* meint[i]oli.
quantitation *n.* meint[i]oliad(-au) *m,* meint[i]oli *vn.*
quantitative *a.* mesurol, meintiol, yn ôl maint.
quantitatively *adv.* yn ôl nifer, o ran nifer, yn ôl rhif, yn ôl maint, o ran maint.
quantitativeness *n.* meint[i]oledd *m.*
quantitive *a.* = **quantitative.**
quantity *n.* **1.** *(of countable things):* nifer(-oedd) *mf,* swm (symiau) *m,* maint *m, occ:* amlder(-au) *m.* **2.** *(a) (of uncountable things):* maint (meintiau) *m,* swm, swmp *m;* **the ~ (of heat in a body),** maint, swm (y gwres mewn corff); **what ~?** pa nifer? pa faint? *F:* faint? **a ~, some ~,** rhywfaint *m,* mesur *m,* tipyn *m* (o rth); peth (rhth); **a small ~,** ychydig [bach] *m,* tipyn [bach] *m,* mymryn *m,* rhywfaint *m,* [rhyw] ychydig *m;* **to buy in small quantities,** prynu fesul ychydig/tipyn; **a fair ~,** tipyn go lew, crugyn *m, M.W: S:* pŵer *m;* **to mix ingredients in the right quantities,** cymysgu cynhwysion yn y mesurau cywir; **a large ~,** nifer mawr/fawr, llawer(-oedd) *m,* tipyn go lew, cryn dipyn, cryn lawer, *occ:* swrn *m,* cruglwyth(-i) *m,* pentwr (pentyrrau) *m,* tomen(-ni) *f,* llwyth(-i) *m,* hylltod *m,* haldiaid *m,* tocyn(-nau, tociau) *m, F:* peth wmbredd *m,* llond *(m)* gwlad; **to sell sth in large quantities,** gwerthu llawer o rth; **in ~, in great quantities,** yn lluosog, yn llu, yn niferus, mewn niferoedd mawr, mewn swmp, mewn crynswth *(m);* **the ~ of his output was amazing,** yr oedd maint/swmp ei gynnyrch yn rhyfeddol; *Cust:* **the ~ permitted,** y lwfans *m,* y maint caniataol *m;* **(to mine gold) in ~,** (mwyngloddio aur) ar raddfa helaeth, yn helaeth; *Com:* **~ demanded,** maint y galw; **~ supplied,** maint y cyflenwad; *(b)* **to survey a building for quantities,** mesur adeilad ar gyfer meintiau; **bill of quantities,** rhestr *(f)* feintiau (rhestrau meintiau); *(c) El:* **connected in ~,** cysylltiedig yn gyfochrog. **3.** *Mth:* swm (symiau) *m,* maint (meintiau) *m;* **an unknown ~,** swm/maint anhysbys; *Fig:* **she's an unknown ~,** ni wyddom pa mor bwysig yw hi; ni wyddom faint ei dylanwad hi; ni wyddys faint y mae hi'n ei gyfrif; wyddom ni mo'i hyd a'i lled hi; **a negligible ~,** nifer/maint dibwys; *Fig:* **he's a negligible ~,** gellir ei anwybyddu; dibwys ydyw; nid yw o bwys yn y byd; nid yw'n cyfrif dim. **4.** *Pros: Phon:* hyd(-au,-oedd) *m.* **~-mark** *n.* arwydd(-ion) *(m)* hyd. **~ surveying** *vn.* mesur meintiau. **~ surveyor** *n.* syrfëwr (syrfewyr) *(m)* meintiau.
quantization *n.* cwanteiddiad *m,* cwanteiddio *vn.*
quantize *v.t.* cwanteiddio.
quantized *a.* cwanteiddiedig.
quantizer *n.* cwanteiddiwr (cwanteiddwyr) *m.*
quantum *n.* **1. = amount¹, quantity; ~ *libet* *Lt.Phr.*** faint a fynnir; **~ *meruit*** *Lt.Phr.* yn ôl mesur yr haeddiant; **~ *sufficit*** *Lt.Phr.* digon *m.* **2.** *Ph:* cwantwm (cwanta) *m;* **the ~ theory,** damcaniaeth *(f)* y cwantwm; **light ~,** ffoton(-au) *m.* **~ jump** *n.* naid (neidiau) *(f)* cwantwm. **~ mechanics** *n.pl.* mecaneg *(f)* cwantwm. **~ mechanical** *a.* cwantwm-mecanyddol. **~ number** *n.* rhif *(m)* cwantwm.
quaquaversal *a.* yn wynebu i bob tu, hollgyfeiriol.
quarantinable *a.* cwarantinadwy.
quarantine¹ *n.* c|warantin: cwarantîn (cwarantinau) *m, A: or Lit:* diheinbrawf *m,* deugeinydd *(m or pl)* prawf.
quarantine² *v.t.* rhoi (rhth) mewn c|warantin *&c, A: or Lit:* diheinbrofi (rhth).
quarenden, quarender *n.* afal(-au) coch *(m)* Dyfnaint.
quark *n.* **1.** *Ph:* cwarc(-iau) *m.* **2.** *W.Tg:* holnod(-au) *m.*
quarrel¹ *n. A: Arms:* cwarel(-au) *m,* chwarel(-au,-i) *m,* saeth(-au) *f,* bollten(-ni) *f,* bollt(-au) *f.*
quarrel² *n.* ffrae(-au,-on) *f,* cweryl(-on,-au) *m,* cynnen (cynhennau) *f,* anghydfod(-au) *m,* ymrafael(-ion) *m;* **to cause a ~ between neighbours,** achosi cynnen rhwng cymdogion, *occ:* gyrru rhwng cymdogion, *S.W:* hala rhwng cymdogion; **a ~ ensued,** bu ffrae; fe aeth yn ffrae; dyna hi'n ffrae; *N: occ:* fe aeth hi'n godiad; **there was a violent ~,** fe aeth hi'n ffrae benben; **to pick a ~ with s.o.,** codi ffrae â rhn, tynnu rhn yn eich pen, *S.W:* codi cynnen gyda rhn, *N.E: M.W:* codi cwenc hefo rhn; *(b)* **I have no ~ with/against him,** nid oes gennyf unrhyw achos cweryla ag ef; 'does gen i ddim yn ei erbyn; *(c)* **to take up s.o.'s ~,** cefnogi achos rhn, achub cam rhn, cadw cefn rhn; **to fight s.o.'s quarrels for him,** ymladd o blaid rhn, ymladd dros rn.
quarrel³ *v.i.* **1.** ffraeo, cweryla, ymgecru, cecru, cecran, ymrafael, cynhenna, cynhennu, ymrafaelio **(with s.o.,** â rhn); **they've quarrelled,** *F:* 'does dim Cymraeg rhyngddyn' nhw; *S:* maen' nhw wedi cwympo mas. **2. to ~ with sth,** *(= find fault with):* gweld bai ar rth; *(= disagree with sth):* anghytuno â rhth. **to ~ with one's bread and butter,** *V:* cachu ar eich crefft.
quarreller *n.* ffraewr (ffraewyr) *m,* ffr|aewraig *f,* cwerylwr (cwerylwyr) *m,* cwer|ylwraig *f,* cecryn(-nod) *m,* cecren(-nod) *f, Lit:* cynhennwr (cynhenwyr) *m,* cynh|enwraig *f.*
quarrelling¹, quarrelsome *a.* cwerylgar, ffraegar, cecrus, cynhenllyd, cynhennus, ymrafaelgar, ymrysongar *(pronounced* ng-g).
quarrelling² *vn. See* **quarrel³.**
quarrelsomely *adv.* yn gwerylgar *&c.*
quarrelsomeness *n.* cwerylgarwch *m,* ffraegarwch *m,* ymrafaelgarwch *m,* ymrysongarwch *m (pronounced* ng-g).
quarrier *n.* = **quarryman.**
quarry¹ *n. Ven:* prae(-au) *m,* ysglyfaeth(-au,-od) *f.*
quarry² *n. Min: N:* chwarel(-i,-au,-ydd) *f, occ:* cloddfa (cloddf|eydd) *f, S.W:* cware (cwareuon, cwar|eydd) *m, S:* cwar(-rau, cwerrydd) *m;* **to work in a ~,** gweithio mewn chwarel, *occ:* chwarela, chwarelydda; *Fig:* **a ~ of facts,** cloddfa o ffeithiau.
quarry³ *v.t.&i.* cloddio, *occ:* chwarelu, chwarela.
quarry⁴ *n. (= pane):* cwarel(-i) *mf,* chwarel(-au,-i) *f,* paen(-au) *m, A:* pennill (penillion) *m.*
quarrying *vn. & a.* **1.** *vn.* gweithio yn y chwarel, gweithio mewn chwarel, cloddio, chwarelu, chwarela, chwarelydda, chwarelyddiaeth *f.* **2.** *a.* chwarelyddol; **a ~ area,** ardal chwareli, ardal chwarelyddol.
quarryman *n.m. N:* chwarelwr (chwarelwyr, *F:* -s).
quart¹ *n. N:* chwart(-iau) *m, N.W: occ:* talbo(-s) *m, S:* cwart(-[i]au) *m;* **a ~ in a pint pot,** chwart mewn pot peint.
quart² *n.* **1.** *Fenc:* y pedwerydd safle *m.* **2.** *Cards:* pedwarawd(-au) *m.*
quartan *a. Med: A:* **~ ague, ~ fever,** cryd *(m)* cwartan.
quartation *n. Metall:* chwarthoriad *m.*
quarte *n.* = **quart².**
quarter¹ *n.* **1.** *(a)* chwarter(-i) *m,* pedwaredd ran *f, Lit: occ:* pedeiran(-nau) *f,* pedwaran(-nau) *mf, S:* cwarter(-i) *m;* **(to**

divide sth) in[to] quarters, (rhannu rhth) yn bedwar, yn chwarteri, yn bedair rhan; chwarteru rhth, *occ:* chwarthorio rhth; *(traitor's body):* tynnu/torri corff yn bedwar aelod a phen; *S.a.* **quarter² 1. three-quarters,** tri (*m*) chwarter; **a bottle one ~ full,** potel chwarter llawn; **it is only a ~ as long,** nid yw ond chwarter yr hyd; *(b) (i) Cu: (of lamb &c):* chwarthor(-ion,-au) *m*; **fore-~,** chwarthor blaen; **hind-~,** chwarthor ôl; *(ii) pl.* **[hind-]quarters,** pedrain (pedreiniau) *f*, aelod(-au) ôl *m*; *See* **rump**; *(c) Her:* chwarter; *(d) Nau:* chwarter, pedrain; *(e) F: O: (of orange &c):* = **segment;** *(f)* **to cut timber on the ~,** torri coed ar y chwarter; *(g) (of shoe):* ochr(-au) *f*. **2.** *(a) Nau: (of a fathom):* chwarter gwr[h]yd (chwarteri gwrhydoedd); *(b) (= three months):* trimis *m*, chwarter(-i) *m*, tymor (tymhorau) *m*; **a ~'s rent,** rhent tri mis, rhent chwarter, rhent tymor/pentymor; *(c)* **the moon at/in the first ~,** y flaenlloer *f*, blaen (*m*) lleuad, blaen lloer newydd, y lleuad yn ei chwarter cyntaf; **the moon in its last ~,** cil (*m*) y lleuad/lloer; *(d)* **a ~ of an hour,** chwarter (*m*) awr (chwarteri awr), chwarter-awr (~-oriau) *f*; **a ~ to six,** chwarter i chwech; **a ~ past six,** chwarter wedi chwech; **I had a bad ~ of an hour,** mi gefais ychydig funudau go annifyr; **it's not the ~ yet,** nid yw hi'n chwarter yr awr eto; *(e) Num: U.S:* chwarter doler; *(f) Meas: (i) (of grain):* crynnog (crynogau) *f*, *N.W:* peg(-au) *m*, pegaid (pegeidiau) *m*, *S.W:* têl (telau) *m*, telaid (teleidiau) *m*; *(ii)* **a ~ of hundredweight,** chwarter cant. **3.** *(a) Nau: (of wind):* cyfeiriad *m*; **what ~ is the wind in?** o ba gyfeiriad y mae'r gwynt yn chwythu? pa ffordd y mae'r gwynt? **the wind is in the right ~,** mae'r gwynt yn ffafriol; *(b)* ban(-nau) *m*, man(-nau) *mf*, cwr (cyrrau) *m*, tu *m*; **the four quarters of the globe,** pedwar ban byd; **(they arrived) from all quarters,** (cyraeddasant) o bedwar ban byd, o bob cyfeiriad, o bob tu, o bob man; **I had no trouble in that ~,** ni chefais unrhyw drafferth yn y cyfeiriad/man yna; **in high quarters,** mewn uchel fannau, mewn cylchoedd uchel; **in responsible quarters,** mewn mannau/cylchoedd cyfrifol; **(news) from all quarters,** (newyddion) o bob man, o bedwar ban byd, o bob cyfeiriad, o bob tu, o bob cwr; **to hear sth from a reliable ~,** clywed rhth o le da/diogel. **4.** *(of town):* rhan(-nau) *f*, ardal(-oedd) *f*, cymdogaeth(-au) *f*; **the Latin Q~,** yr Ardal Ladinaidd; **residential ~,** ardal drigiannol. **5.** *pl.* *(a)* **living quarters,** trigfan(-nau) *f*, annedd (anheddau) *f*, *occ:* trigle(-oedd) *m*, trigfa (trigfâu, trigf|eydd) *f*; *F:* **to shift one's quarters,** newid cartref, newid aelwyd, ymfudo, *F:* mudo; *(b) Mil:* gwersyll(-oedd) *m*, gwersyllfa(-oedd) *f*, lluesty (lluestai) *m*, lluestfa (lluestf|eydd) *f*, lluest(-au) *m*; *(of troops):* **to take up one's quarters,** lluestu, mynd i'ch lluestfa; *F: (of pers.):* ymgartrefu, symud i'ch trigfan; *(= lodge):* lletya, symud i'ch llety; *F:* **where are your quarters?** ble'r ydych chi'n aros? **to return to quarters,** mynd yn ôl i'r gwersyll/lluestfa; **winter ~,** gaeafod(-au) *f*, gaeafle(-oedd) *m*, lluestai'r gaeaf; **to take up winter quarters,** gaeafu, mynd i aeafu. **6.** *pl. Navy: (= action stations):* **all hands to quarters!** pawb i'w le! **to beat/pipe to quarters,** galw'r criw i'w lleoedd; **at close quarters,** *Fig:* yn agos iawn, oddi agos; **when seen at close quarters,** o'i weld yn agos ato. **7.** *(= mercy):* trugaredd *m*; **to give ~,** trugarh|au (**to s.o.,** wrth rn); **to ask for ~, to cry ~,** erfyn nawdd (*m*); **no ~!** neb i'w arbed! **to give no ~ to s.o.,** ymosod yn ddidrugaredd ar rn. **~-back** *n. U.S: Sp:* chwarterwr (chwarterwyr) *m*. **~-bell** *n.* cloch (*f*) chwarter awr. **~-binding** *n. Bookb:* rhwymiad (*m*) chwarter lledr. **~-bound** *a. Bookb:* â rhwymiad chwarter lledr. **~ check** *n. Th: El:* chwarter siec. **~-day** *n.* dydd(-iau) (*m*) pentymor, dydd chwarter. **~-deck** *n.* bwrdd (*m*) y swyddogion (byrddau'r swyddogion), pedryfwrdd (pedryfyrddau) *m*. **~-final 1.** *a.* gogynderfynol. **2.** *n.* rownd(-iau) gogynderfynol *f*, gêm (gemau) gogynderfynol *f*, gornest(-au) gogynderfynol *f*. **~-finalist** *n.* gogynderfynwr (gogynderfynwyr) *m*, gogynderf|ynwraig *f*. **~-horse** *n. U.S:* ceffyl(-au) (*m*) chwarter milltir. **~-hour** *n.* chwarter(-i) (*m*) awr, chwarter-awr (~-oriau) *f*. **~-hourly** *a. & adv.* bob chwarter awr. **~-ill** *n.* = **blackleg³**. **~-jack** *n.* **1.** *Clockm:* jac (*m*) y chwarter. **2.** = **quartermaster**. **~-light** *n. Aut:* ffenestr fach (ffenestri bach) *f*. **~-miler** *n. Sp:* rhedwr (rhedwyr) (*m*) chwarter milltir, rh|edwraig (*f*) chwarter milltir. **~-note** *n. Mus:* = **crotchet**. **~-phase** *a. El:* deuwedd. **~-plate** *n. Phot:* plât (platiau) (*m*) chwarter. **~-rest** *n. Mus:* saib (seibiau) (*m*) chwarter. **~-round** *n.* = **ovolo**. **~-section** *n. Meas: Surv: U.S:* chwarter (*m*) milltir sgwâr. **~ sessions** *n.pl. Jur:* llys(-oedd) (*m*) chwarter, chwarter-sesiwn (~-sesiynau) *f*. **~-tone** *n. Mus:* chwarter (*m*) tôn (~ tonau). **~-wind** *n. Nau:* gwynt(-oedd) (*m*) chwarter.

quarter² *v.t.&i.* **1.** *v.t.* *(a)* rhannu (rhth) yn chwarteri; rhannu (rhth) yn bedair rhan; chwarteru, *occ:* chwarthorio (rhth); *(b) A: Jur:* torri (rhn) yn bedwar aelod a phen, chwarteru (rhn); **to hang, draw and ~,** crogi, diberfeddu a chwarteru; *(c) Her:* chwarteru. **2.** *v.t. Mil:* lluestu, lletya. **3.** *v.t.&i.* *(of dog &c):* cribinio, chwilio, cymowta.

quarterage *n.* tâl (taliadau) (*m*) trimis, tâl chwarterol, tâl pentymor, tâl pen chwarter, cyflog(-au) (*m*) pentymor *&c.*

quartered *a. Her:* chwarterog; *Carp:* **~ oak,** derwen r|eidd-dor *f*.

quartering *vn.* **1.** *Her: Carp: Jur: &c:* chwarteriad(-au) *m*, chwarteru. **2.** *Mil:* lluestu, lletya.

quarterly *a., n. & adv.* **1.** *a.* chwarterol, trimis, trimisol, pentymor; *Her:* chwarterog; **~ meeting,** *(of Congregationalists):* cyfarfod(-ydd) (*m*) chwarter, cwrdd (cyrddau) (*m*) chwarter, *occ:* cwrdd pen chwarter. **2.** *n.* chwarterolyn (chwarterolion) *m*. **3.** *adv.* yn chwarterol, bob chwarter, bob tri mis; *Her:* yn chwarterog, yn y chwarteri.

quartermaster *n. Mil: Nau:* swyddog(-ion) (*m*) cyflenwi, lluesteiwr (lluesteiwyr) *m*; **~-master general,** prif swyddog cyflenwi, pen-lluesteiwr (~-lluesteiwyr) *m*; **~-master sergeant,** dirprwy swyddog cyflenwi, dirprwy luesteiwr (~ luesteiwyr) *m*.

quartern *n. Meas:* **1.** *(of pint, stone):* chwarter(-i) *m*. **2. ~ loaf,** torth (*f*) bedwar pwys (torthau pedwar pwys), torth bedair (torthau pedair).

quarternary *a.* chwarteraidd, cwarternaidd.

quarterstaff *n. Sp:* ffon ddwybig (ffyn dwybig) *f*; **to fence with quarterstaffs,** chwarae'r ffon ddwybig.

quartet[te] *n. Mus:* pedwarawd(-au) *m*.

quartic *a. & n. Mth:* **~ equation,** hafaliad cwartig/cwartaidd *m*.

quartile *a. & n.* **1.** *a. Astron:* pedwarannol. **2.** *n. Astron: Stat:* chwartel(-au,-i) *m*, pedwarant (pedwarannau) *m*.

quarto *a. & n.* **1.** *a.* pedwarplyg, cwarto. **2.** *n.* llyfr(-au) (*m*) pedwarplyg, cwarto(-au,-s) *m*.

Quartodecimanian *n. Rel:* Cwartodecimanydd(-ion) *m*.

Quartodecimanism *n. Rel:* Cwartodecimaniaeth *f*.

quartz *n.* cwarts(-iau) *m*, *F:* carreg wen (cerrig gwynion) *f*.

quartziferous *a.* cwartsddwyn, cwartsaidd.

quartzite *n.* cwartsit *m*.

quartzitic *a.* cwartsitig.

quartzose *a.* cwartsaidd.

quasar *n.* cwaseren (cwaser) *f*, cwasar(-au) *mf*.

quash *v.t.* **1.** *(a judgement):* dil|eu; *(an election):* dirymu. **2.** *(feeling, revolt):* mygu, tawelu, gwastrodi.

quasi- *pref.* megis (rhth), fel petai (yn rhth); lled- + *soft mut.* **~-contract** *n. Jur:* lled-gontract. **~-easement** *n. Jur:* lled-hawddfraint *f*. **~-field** *n. Ph: Mth:* lled-faes (~-feysydd) *m*. **~-group** *n. Ph: Mth:* lled-grŵp (~-grwpiau) *m*. **~-judicial** *a. Jur:* lled-farnwrol. **~-legislative** a. lled-ddeddfwriaethol. **~-official** *a.* lled-swyddogol. **~-particle** *n. Ph:* lled-ronyn(-nau) *m*. **~-public** *a.* lled-gyhoeddus. **~-static** *a. Ph:* lled-statig. **~-stellar object** *n.* = **quasar.**

Quasimodo *n. Ecc:* = **Low Sunday**.

quassia *n.* **1. ~ [tree],** coeden (*f*) gwasia (coed cwasia). **2.** *Pharm:* cwasia *m*.

quatercentenary *a. & n.* **1.** *a.* pedwarcanmlwyddol. **2.** *n.* pedwarcanmlwyddiant (pedwarcanmlwyddiannau) *m*.

quaternary *a. & n.* **1.** *a.* *(a) (= in four parts):* ped|eir-r[h]an; *(= fourth):* pedwerydd (*f.* pedwaredd); *(= pertaining to four):* pedwarol; *(b) Mth: Ch: Geol:* cwaternaidd. **2.** *n.* *(a)* pedwar(-au) *m*, pedwarawd(-au) *m*; *(b)* **the Q~,** *Geol:* y Cwaternaidd *m*.

quaternion *n.* **1.** *Mth:* cwaternion(-au) *m*. **2.** *Mil: B:* pedwariad (pedwariaid) *m*.

quaternity *n.* pedwardod *m*.

quatorzain *n. Pros:* soned(-au) afreolaidd *f*.

quatorze *n. Cards:* pedwar [pwynt] ar ddeg *pl*.

quatrain *n. Pros:* pennill (penillion) (*m*) pedair llinell.

quatre *n. Dice:* pedwar(-au) *m*.

quatrefoil *n. Arch: Her:* pedeirdalen(-nau) *f*.

quattrocentist *n.* *(artist):* arlunydd (arlunwyr) (*m*) o'r bymthegfed ganrif; *(author):* awdur(-on) (*m*) o'r bymthegfed ganrif.

quattrocento *n. Art:* [arddull *fm*] y bymthegfed ganrif.

quaver¹ *n.* **1.** *Mus: (= eighth note):* cwafr(-au) *m*, cwafer(-i) *m*, crychyn(-nau) *m*, crychnod(-au) *m*. **2.** *(a) Mus: (= trill):* crychlais (crychleisiau) *m*, cwafer, cwafrio *vn*; *(b) (= trembling voice):* cryndod(-au) *m*, cwafriad(-au) *m*. **~-rest** *n. Mus:* saib (seibiau) (*m*) cwafer.

quaver[2] *v.i. (a) (of singer):* cwafrio, crychleisio; *(b) (of voice):* crynu, cwafrio.

quavering *a.* crynedig.

quaveringly *adv.* yn grynedig.

quavery *a.* cwafriog.

quay *n.* cei(-au,-oedd) *m*.

quayage *n.* **1.** *(= quays):* ceiau *pl*, ceioedd *pl*. **2.** *(fee):* tâl (taliadau) (*m*) cei.

quayside *n. & attrib.* **1.** *n.* glan (*f*) cei (glannau ceiau). **2.** *attrib.* ger y cei.

quean *n. Scot:* llafnes(-au,-i) *f*.

queasily *adv.* yn sâl, yn loesygus, yn ddicra.

queasiness *n.* **1.** *Med:* saldra *m*, gloesygiad *m*, cyfog gwag *m*, gloes *f*, gwasgfa *f*, gloesygion *pl*, *N.W:* pwys (*m*) gloesi/gleisio. **2.** *Fig: (of conscience):* dicräwch *m*, tynerwch *m*, cysêt *m*.

queasy *a.* **1.** sâl, swp sâl, gloesygus, a chyfog arnoch, a phwys arnoch; **a ~ stomach,** stumog wan; **I felt ~,** 'roedd pwys arnaf; 'roeddwn ar fin cyfogi. **2.** *(conscience):* rhy dyner, dicra, cysetlyd, gorgydwybodol.

Quebec *Pr.n. Geog:* Quebec *f*, Cwebéc *f*.

Quebecian *a. & n.* **1.** *a.* Cwebecaidd; *(in language):* Cwebeceg; **he's ~,** un o Cweb|ec ydyw; **the ~ government,** llywodraeth Cwebec. **2.** *n. (a) Ethn:* **= Quebecker**; *(b) Ling:* Cwebeceg *f, m*, Ffrangeg (*f, m*) Quebec.

Quebecker *n.* Cwebeciad (Cwebeciaid) *m&f*, Cwebecwr (Cwebecwyr) *m*, Cweb|ecwraig *f*.

quebracho *n.* **1.** *Bot:* coeden (*f*) gwebracho (coed cwebracho). **2.** *Carp:* coed (*m*) cwebracho, pren (*m*) cwebracho.

Quechua *n.* **1.** *Ethn:* Cetshwa(-id) *m&f*. **2.** *Ling:* Cetshwa *f, m*.

Quechuan *a. & n.* **1.** *a.* Cetshwaidd. **2.** *n.* **= Quechua 1**.

queen[1] *n.f.* **1.** brenhines (breninesau); **~ consort,** brenhines gydweddog (breninesau cydweddog); **~ dowager,** brenhines weddw (breninesau gweddw), brenhines waddolog (breninesau gwaddolog); **~ mother,** mam frenhines (~ freninesau) *f*; **~ regent,** brenhines raglywiol (breninesau rhaglywiol); **~ regnant,** brenhines deyrnasol (breninesau teyrnasol); **Q~ Anne,** y Frenhines Anne; *F: O:* **Q~ Anne is dead,** hen dôn yw honna; **Q~ Anne's lace, = carrot (wild); the Q~'s English,** Saesneg safonol; **she was ~ to Henry VIII,** yr oedd hi'n wr|aig/gymhares i Harri'r wythfed; yr oedd hi'n un o wragedd Harri'r wythfed; **May ~, ~ of the May,** brenhines [y] Mai, brenhines Fai (breninesau Mai); **beauty ~,** brenhines harddwch; *F:* **a ~ of hearts,** rhiain deg; *Cu:* **~ of puddings,** pwdin (*m*) y frenhines, y pwdin gorau yn y byd; *Bot:* **~ of the meadows, = meadowsweet**; *Moll:* **~ scallop,** cragen (cregyn) (*f*) y frenhines, gwin (gwiniaid) *f*. **2.** *Cards: Chess:* brenhines; *(of pawn):* **to go to ~,** mynd yn frenhines, troi'n frenhines. **3.** *Ent: (ant, bee):* brenhines; *(bee):* mamwenynen (mamwenyn) *f*; **~ of Spain fritillary,** britheg (*f*) Sbaen. **4.** *(= female cat):* cath fenyw (cathod benyw) *f*. **5.** *F:* **= homosexual**. *See* **bench, bounty, colour[1], counsel, English, evidence, guide, highway, messenger, proctor, scout[1], shilling, speech**. **~-apple** *n. Hort:* afal (*m*) y frenhines (afalau'r frenhines). **~-cake** *n.* teisen (*f*) gyrains (teisennau cyrains). **~-olive** *n.* olif(-au) (*f*) piclo. **~-post** *n. Carp:* cynhalbost (cynhalbyst) *m*. **~-substance** *n. Ap:* sylwedd brenhinol *m*. **~'s ware** *n. Cer:* tsieni(*m*)'r frenhines.

queen[2] *v.t.&i.* **1.** *v.t. Chess:* **to ~ a pawn,** troi gwerinwr yn frenhines. **2.** *v.i. (a)* **to ~ it,** bod yn wr|aig fawr, bod yn ladi fawr, bod yn beunes, ei lordio hi; *(b) Chess: (of pawn):* troi'n frenhines.

queendom, queenhood *n.* breninesiaeth *f*.

queening apple *n.* afal(-au) (*m*) trwyn yr hwch.

queenlike *a.* **= queenly**.

queenliness *n.* osgo (*m*) brenhines, gosgedd (*m*) brenhines, urddas *m*, gosgeiddrwydd *m*.

queenly *a.* breninesaidd, fel brenhines; **~ duties,** dyletswyddau brenhines.

Queensferry *W.Pl.n.* Y Fferi Isaf *f*.

queenship *n.* **= queendom**.

queenside *n. Chess:* ochr (*f*) y frenhines.

queer[1] *a.* **1.** *(a)* rhyfedd, hynod, od, anarferol; **he's a ~ customer,** un rhyfedd ydyw; creadur od ydyw; *F:* **he's in ~ street,** mae o/e mewn trybini/helbul/helynt; mae hi'n ddrwg arno fo/fe; mae'r hwch wedi mynd drwy ei siop; *N.W:* mae o yn Llanllwgu; mae o wedi mynd i frest y wal; *N.E:* mae o yn Llety'r Glem; *S.W:* mae e'n mynd i Dre-din; *(b) (= suspect):* amh|eus; *(c) F: (= homosexual):* gwrywgydiol; *Pej:* pansïaidd, cadiffanllyd, mifimihafaidd. **2.** *(= out of sorts):* rhyfedd, *N.W:* pethma, gwantan, cwla, ciami.

queer[2] *n.* **= homosexual**.

queer[3] *v.t.* **to ~ s.o.'s pitch,** drysu cynlluniau rhn, difetha cyfle rhn, ei gwn|eud hi'n anodd/amhosibl i rn.

queerish *a.* braidd yn rhyfedd, rhyfedd braidd *&c*; *See* **queer[1]**.

queerly *adv.* yn rhyfedd *&c*.

queerness *n.* odrwydd *m*, hynodrwydd *m*, anarferoldeb *m*, *occ:* rhyfeddwch *m*.

quell *v.t.* **1.** *(fear):* tawelu, gostegu, llonyddu, lleddfu, dofi. **2.** *(rebellion):* gwastrodi, gwastrodaeth, gostegu, darostwng, goresgyn (rhth); sathru, damsang, sarnu, rhoi pen (ar rth).

queller *n.* **1.** *(of fear &c):* tawelwr: tawelydd (tawelwyr) *m*, gostegwr: gostegydd (gostegwyr) *m*, llonyddwr (llonyddwyr) *m*, lleddfwr: lleddfydd (lleddfwyr) *m*, dofwr (dofwyr) *m*. **2.** *(of rebellion &c):* gwastrodwr: gwastrodydd (gwastrodwyr) *m*, gostegwr, gostegydd, darostyngwr: darostyngydd (darostyngwyr) *m*, goresgynnydd (goresgynwyr) *m*.

Quellyn Lake *Pr.n. W.Geog:* Llyn (*m*) Cwellyn.

quench *v.t.* **1.** *Lit: (a fire):* diffodd, *occ:* diffoddi. **2.** *Metall:* oeri. **3.** *(a) (a desire):* diffodd, mygu; *(b) (thirst):* diwallu, torri; **to ~ s.o.'s thirst,** torri syched rhn, disychedu rhn; *(c) El: (i) (a spark):* diffodd; *(ii) (oscillations):* llonyddu.

quenchable *a. (fire):* diffoddadwy; *(desire, thirst):* diwalladwy.

quencher *n. F:* diod(-ydd) *f*, llymaid (llymeidiau) *m*, peth (*m*) i'w yfed; **to have a ~,** torri syched, gwlychu llwnc.

quenchless *a. (fire):* anniffodd, anniffoddadwy; *(desire, thirst):* anniwall.

quenelle *n. Cu:* pelen (*f*) gig (peli cig).

quercetic *a. Ch:* cwersetig.

quercetin *n. Ch:* c|wersetin *m*.

quercine *a.* derwin.

quercitol *n. Ch:* c|wersitol *m*.

quercitron *n.* **1.** *Bot:* derwen ddu (derw duon) *f*, derwen y barcer (derw'r barcer). **2.** *Pharm: Dy:* cw|ersitron *m*.

querier, querist *n.* holwr (holwyr) *m*, h|olwraig (holwragedd) *f*, ymh|olwraig *f*, ymholwr (ymholwyr) *m*, ymofynnydd (ymofynwyr) *m*.

quern *n.* breuan(-au) *f*, melin (*f*) law (melinau llaw), llawfelin(-au) *f*; **pepper-~,** melin bupur; **rotary ~,** breuan droi (breuanau troi); **saddle ~,** breuan gyfrwy (breuanau cyfrwy). **~-stone** *n.* maen (meini) (*m*) melin.

querulous *a.* cwynfanllyd, cwynfanus, *Lit:* achwyngar (*pronounced* ng-g), ceintachlyd, ceintachus, tuchanllyd, *F:* plwis, *N.* blin.

querulously *adv.* yn gwynfanllyd *&c*; dan swnian, dan gwyno *&c*.

querulousness *n.* cwynfan *vn*, cwyno *vn*, achwyn *vn*, natur gwynfanllyd (*f*) *&c*, *Lit:* achwyngarwch *m* (*pronounced* ng-g), ceintachrwydd *m*, *F:* piwisrwydd *m*, *S:* conan *vn*.

query[1] *n.* **1.** *(a)* ymholiad(-au) *m*, ymofyniad(-au) *m*, cwestiwn (cwestiynau) *m*, *occ:* gofyniad(-au) *m*; *(= doubt):* amheuon *pl*; *(b) (in margin of document):* **~: is this accurate?** amh|eus: ai cywir hyn? *(in speech, in parentheses):* tybed? **2.** *Typ:* gofynnod (gofynodau) *m*, holnod(-au) *m*, marc(-iau) (*m*) cwestiwn.

query[2] *v.i.&t.* **1.** *v.i.* **to ~ (if/whether sth is true),** holi, gofyn (a yw rhth yn wir) (*not* os yw). **2.** *v.t. (a) Typ:* gofynnodi, holnodi; *(b)* **to ~ a statement,** amau [cywirdeb] datganiad. **3.** *v.t. U.S:* **to ~ s.o.,** *(= question):* holi rhn, gofyn rhth i rn.

quest[1] *n.* ymchwil *f*, ymchwiliad(-au) *m*, chwilfa (chwilf|eydd) *f*, chwiliad(-au) *m*, *Lit:* cyrch(-oedd) *m*, cais (ceisiadau) *m*; **(to go) in ~ of sth,** (mynd) i chwilio am rth, ar ôl rhth, ar drywydd rhth; *Lit:* **the Q~ of the Holy Grail,** yr Ymchwil am y Seint Greal.

quest[2] *v.i.* **1.** *(of dog &c):* chwilio, chwilota, prowla, *N.W: F:* chwilffatha, cymowta, *S:* chwilmentan, *S: F:* whilmentan **(for sth,** am rth). **2.** *Poet:* chwilio am rth, ceisio rhth, olrhain rhth, cyrchu rhth.

quester *n.* cyrchwr (cyrchwyr) *m*, ceisiwr (ceiswyr) *m*, ceisiad (ceisiaid) *m* (rhth); chwiliwr (chwilwyr) *m*, ymchwiliwr (ymchwilwyr) *m* (am rth).

questing *a.* chwilgar, chwilfrydig, ymchwilgar; **~ knights,** marchogion ar gyrch.

question[1] *n.* **1.** *(= query):* cwestiwn (cwestiynau) *m*; **to ask s.o. a ~, to put a ~ to s.o.,** gofyn cwestiwn i rn, holi rhn; *Sch: (on examination paper):* gofyniad(-au) *m*; *occ: Log: &c:* ymofyniad(-au) *m*; **~ and answer,** holi ac ateb, cwestiwn ac ateb, *Lit: occ:* hawl ac ateb; **~ and answer book,** holwyddoreg(-au) *f*; **to pop the ~,** gofyn y cwestiwn; *S.a.* **beg**; *Radio:* **Any Questions?** Seiat (Seiadau) *(f)* Holi, Hawl i Holi; **Twenty Questions,** Ugain Cwestiwn; *Jur:* **a leading ~,** cwestiwn arweiniol; **a loaded ~,** cwestiwn ensyniadol/awgrymog/awgrymus. **2.** *A: Jur:* **to put s.o. to the ~,** *(= torture):* arteithio rhn, rhoi rhn dan artaith *(f)*. **3.** *(= doubt):* amheuaeth *f*; **without ~,** heb amheuaeth, heb os [nac onibai], yn ddiamau, yn ddiddadl, yn ddigwestiwn; **to obey without ~,** ufuddhau'n ddigwestiwn/ddall; **beyond all ~, past ~,** y tu hwnt i bob amheuaeth, diamau; **to call/bring sth in ~,** amau rhth, bwrw/taflu amheuaeth ar rth, codi amheuaeth ynghlylch rhth; **there is no ~ about it,** mae'n ddiamau; mae'n sicr; 'does dim dwywaith; 'does dim dau. **4.** *(a)* **the matter in ~,** y peth *(m)* dan sylw; **there was some ~ of going on,** bu sôn am fynd ymlaen; **there is no ~ of his returning,** nid oes dim dichon iddo ddod yn ôl; **I make no ~ of it, but that it is so,** nid wyf yn amau nad yw'n wir; **there's no ~ but that she's right,** 'does dim dwywaith/dau nad yw hi'n gywir; **there's no ~ of your being allowed in,** chewch chi ddim mynd i mewn ar gyfrif yn y byd; *(b)* **that is not the ~,** nid dyna'r peth/pwnc/cwestiwn; mae hynny'n amherthnasol; nid yw hynny'n berthnasol; **the ~ is whether . . .,** y pwnc dan sylw yw a/ai . . .; y cwestiwn yw a/ai . . .; **it's out of the ~,** mae'n amhosibl; mae'n anymarferol; **moving it is out of the ~,** 'does dim dichon/modd ei symud; mae'n anymarferol ei symud; **it's not out of the ~,** nid yw'n amhosibl; mae'n [berffaith] bosibl/ddichonadwy; *int. (at meeting):* **~!** amherthnasol! *(at meeting):* **to move the previous ~,** cynnig y pwnc blaenorol; **to put the ~,** rhoi cynnig gerbr|on, gofyn pleidlais ar bwnc; **(I move) that the ~ be put,** ('rwy'n cynnig) bod gofyn pleidlais, ein bod yn pleidleisio; *(c) (= topic):* pwnc (pynciau) *m*, mater(-ion) *m*, cwestiwn; **a vexed/burning ~,** pwnc dadleuol, mater llosg; *Pol: Hist:* **the Land Q~,** Pwnc y Tir; **the Eastern Q~,** Pwnc y Dwyrain; **the Northern Ireland Q~,** Pwnc Gogledd Iwerddon; **to beg the ~,** haeru cyn profi; **success is merely a ~ of time,** mater *(m)* o amser yn unig yw llwyddiant. **~-begging** *vn.* haeru cyn profi. **~ mark** *n. Typ:* gofynnod (gofynodau) *m*, holnod(-au) *m*, marc(-iau) *(m)* cwestiwn. **~-master** *n.* holwr (holwyr) *m*. **~ time** *n. Parl:* yr awr *(f)* holi.

question[2] *v.t.&i.* **1.** *v.t.* **to ~ s.o.,** holi rhn, *occ:* cwestiynu rhn. **2.** *v.i.* holi a stilio, holi a hela. **3.** *v.t. (= doubt):* amau; **I ~ (whether he will come),** 'rwy'n amau, 'rwy'n amh|eus, mae'n amheus gen i, mae'n gwestiwn gen i (a ddaw) *(not* os daw); **it's not to be questioned (but that it is true),** mae'n ddiamau, mae y tu hwnt i amheuaeth (ei fod yn wir); nid oes amheuaeth (nad yw'n wir).

questionable *a.* **1.** *(= problematic):* dadleuol, amh|eus. **2.** *Pej: (taste, conduct &c):* amheus.

questionableness *n.* natur amh|eus *f*, natur ddadleuol.

questionably *adv.* yn amh|eus, yn ddadleuol.

questionary *n.* holiadur(-on) *m*.

questioner *n.* **1.** *(= interrogator):* holwr (holwyr) *m*, h|olwraig (holwragedd) *f*, ymholwr (ymholwyr) *m*, ymh|olwraig *f*, cwestiynwr (cwestiynwyr) *m*, cwest|iynwraig *f*. **2.** *(= doubter):* amheuwr (amheuwyr) *m*, amh|euwraig *f*.

questioning[1] *a.* **1.** *(= interrogative):* ymholgar, holgar, chwilfrydig, cwestiyngar *(pronounced* ng-g). **2.** *(= doubting):* amh|eus, amheugar.

questioning[2] *vn.* **= question**[2]; **he is wanted for ~,** mae'r heddlu am ei holi; mae ar yr heddlu eisiau ei holi; mae'r heddlu'n awyddus i'w holi; **under ~ he confessed,** cyfaddefodd wrth gael ei holi.

questioningly *adv.* yn ymholgar, yn amh|eus.

questionless *a.* diamau, diamheuaeth, digwestiwn.

questionnaire *n.* holiadur(-on) *m*.

quetzal *n.* **1.** *Orn:* cwetsal(-od) *m*. **2.** *Num:* cwetsal(-au) *m*.

queue[1] *n.* **1.** *(of hair):* plethen (plethi) *f*. **2.** *(of people, cars):* rhes(-i) *f*, rhesaid (rheseidiau) *f*, cynffon(-nau) *f*, *S:* cwt (cytau) *f*, *N:* ciw(-iau) *m*; **to jump the ~,** *N:* neidio'r ciw, *S:* tsheto'r gwt; **to form a ~, to stand in a ~,** ciwio, sefyll mewn ciw, *S:* aros mewn cwt.

queue[2] *v.i.* **to ~ [up],** ciwio, sefyll mewn ciw, *S:* aros mewn cwt.

queuer *n.* ciwiwr (ciw-wyr) *m*, c|iw-wraig (ciw-wragedd) *f*.

quibble[1] *n.* croesddadl(-euon) *f*, hollti *(vn)* blew, mân wrthwynebiad(-au) *m*.

quibble[2] *v.i.* **to ~ (about/over sth),** hollti blew, croesddadlau, mân-ddadlau, degymu mintys, geirddadlau, *occ:* cwiblo (yngh|ylch rhth).

quibbler *n.* holltwr (holltwyr) *(m)* blew, croesddadleuwr (croesddadleuwyr) *m*, degymwr (degymwyr) *(m)* mintys, cwiblwr (cwiblwyr) *m*.

quibbling *a. & vn.* **1.** *a. (objection):* gorfanwl; **a ~ question,** *F:* cwestiwn dimai. **2.** *vn.* **= quibble**[2].

quiche *n. Cu:* tarten(-ni) sawrus *f*, ***quiche(-s)*** *f*.

quick *a., n. & adv.* **1.** *a. (a)* cyflym, buan (buain, *comp. forms:* cynted, cynt, cyntaf, *less usually:* buaned, buanach, buanaf), *occ:* chwim, chwimwth, *Lit:* ebrwydd, esgud, clau, *S:* clou, cloi, *N: F:* sydyn, *N: occ:* cwit; **to do sth the ~ way,** gwneud rhth y ffordd gyntaf/agosaf; **the quickest way there,** y ffordd gyntaf/fyrraf [i fynd] yno; **three shots in ~ succession,** tair ergyd gyflym y naill ar ôl y llall; **price reduced for a ~ sale,** pris is er mwyn ei werthu ar unwaith; pris is er mwyn ei werthu'n gyflym/fuan; **three kings in ~ succession,** tri brenin y naill ar ôl y llall yn gyflym, tri brenin yn dilyn ei gilydd yn gyflym; **to have a ~ lunch,** ciniawa'n gyflym, cael cinio brysiog, cael tamaid sydyn o ginio; **a ~ fire,** tân poeth; **a ~ oven,** ffwrn boeth, popty poeth; **as ~ as lightning,** fel mellten [i bren], fel y gwynt, fel bollt, fel bollten, fel chwip, *N:* fel ruban, *S.E:* fel y Mêl; **~ as a flash (she was off),** *N:* (i ffwrdd â hi) chwap, chwipyn, mewn chwinciad, ar amrantiad; *S:* (bant â hi) mewn jiffad, whap; **~ coffee,** coffi sydyn/cyflym; **[be] ~ [about it]!** brysia (brysiwch)! *N:* styria (styriwch)! *S:* glou! siapa (siapwch) hi! *Mil:* **~ fire,** tanio *(vn)* cyflym/sydyn; *Mil:* **~ march,** *(i) n.* brasgam cyflym/buan *m*; brasgam buan *m*; *(ii) int. of command:* brasgamwch! *Mil:* **~ step,** cam buan *m*; **~ time,** brasgam buan; *F:* **to have a ~ one,** cael un bach/fach sydyn; **a few ~ ones,** rhai bach sydyn; *Th:* **~ change,** newid chwim *m*; **~ curtain,** llen sydyn *f*; **at a ~ trot,** ar drot cyflym, ar ffulltuth *(m)*; *Cards:* **~ trick,** tric sydyn *m*; *Fin:* **~ assets,** asedau/asedion sydyn; *(b) (child):* effro, craff, deallus, bywiog, chwim; **~ wit,** ffraethineb parod; **a ~ ear,** clust fain; **a ~ eye,** llygad craff; **~ of foot,** heini, gwisgi, sionc [ar eich traed]; ysgafndroed, *Lit:* buandroed; **she has a ~ temper,** mae ganddi dymer wyllt; mae hi fel matsien; *Th:* **a ~ study,** cofiwr cyflym/chwim *m*, c|ofwraig gyflym/chwim *f*; **he was ~ to deny it,** fe'i gwadodd ar unwaith; fe'i gwadodd yn ddiymdr|oi; fe'i gwadodd yn syth; **he was ~ to remind me,** ni fu fawr o dro yn f'atgoffa; ni fu'n fyr o f'atgoffa; **she's ~ to answer back,** mae ganddi ateb parod; **~ to anger,** cyflym i lid; *(c) Mus:* bywiog, cyflym; *(d) A: (= alive):* byw; **a ~ hedge,** perth fyw (perthi byw) *f*, gwrych(-oedd) byw *m*; **~ with child,** beichiog [fyw], beichiog [fawr]. **2.** *n. (a)* y byw *m*, cnawd byw *m*; **to bite one's nails to the ~,** cnoi'ch ewinedd hyd at y byw; **to sting/cut/bite/wound s.o. to the ~,** pigo/gwanu/brathu/anafu rhn i'r byw; *(b) Coll:* **the ~ and the dead,** y byw a'r meirw. **3.** *adv.* yn gyflym, yn fuan *&c*; **to run quicker,** rhedeg yn gynt; **to get rich ~,** gwneud arian sydyn. **~-acting, ~-action** *a.* cyflym, sydyn, chwimwth, sy'n gweithio'n gyflym, *Lit:* ebrwydd. **~-change** *a. Th:* newid sydyn. **~-drying** *a.* [sy'n] sychu'n sydyn. **~-firing** *a.* [sy'n] tanio'n sydyn. **~-freeze** *v.t.* rhewi (rhth) yn sydyn, brysrewi (rhth). **~-frozen** *a.* brysrewedig. **~-grass** *n. Bot:* **= couch-grass**. **~-growing** *a.* [sy'n] tyfu'n gyflym/sydyn, cyflymdwf. **~-reference** *a.* brysgyfeiriol. **~-release** *a.* rhyddh|au/datod sydyn. **~-setting** *a.* [sy'n] caledu'n sydyn. **~-sighted** *a.* llygatgraff, craff. **~-tempered** *a.* gwyllt eich *(&c)* tymer. **~-witted** *a.* synhwyrgraff; chwim [eich *&c* meddwl]; **he's ~-witted,** mae'n un sydyn. **~-wittedly** *adv.* yn synhwyrgraff. **~-wittedness** *n.* synhwyrgraffter *m*; cyflymdra *m*, esgudrwydd *m*, craffter *m* [synnwyr/meddwl]; *(in repartee):* ffraethineb parod *m*, parodrwydd *(m)* ateb/atebion.

quicken *v.t.&i.* **1.** *v.t. (a) Lit: (= animate):* bywiogi (rhth), rhoi bywyd (i rth, yn rhth), *F:* sioncio (rhth); *(b) (appetite):* ennyn, ysgogi, symbylu, bywiocáu, bywh|au, deffro, dihuno, cyffr|oi, miniogi, hogi (awydd); rhoi awch (ar awydd); *(c) (pace, step, tempo):* cyflymu. **2.** *v.i. (a) (of nature, hope):* adfywio; *(of* *foetus):* ystwyrian, symud; *(of pregnant woman):* dod yn feichiog fyw, teimlo symudiadau; *(b) (of pace &c):* cyflymu, ymgyflymu, mynd yn gynt.

quickened *a.* cyflymach, buanach, cynt.

quickener *n.* cyflymydd (cyflymwyr) *m*, bywiocäwr (bywiocawyr) m, bywhäwr (bywhawyr) *m*, deffröwr (deffrowyr) *m*, ysgogwr: ysgogydd (ysgogwyr) *m*, enynnwr: enynnydd (enynwyr) *m*.

quickening[1] *a.* **1.** *(with transitive force):* bywiogol, bywiocaol. **2.** *(a) (with intransitive force):* adfywiol; *(b) (pace):* cyflymach, buanach, cynt, sioncach.

quickening[2] *vn.* **1.** *(of nature &c):* adfywiad *m*, adfywh|au, bywiocâd *m*, bywiocáu; *Obst:* ystwyrian *vn*, ystwyriad(-au) *m*. **2.** *(of pace):* cyflymiad *m*, cyflymu *vn*.

quickie *n.* un bach cyflym/sydyn.

quicklime *n.* calch brwd *m*, calch poeth.

quickly *adv.* yn gyflym *&c.*

quickness *n.* **1.** *(= speed):* cyflymder(-au) *m*, cyflymdra *m*, buander *m*, buandra *m*, chwimder *m*, sioncrwydd *m*, sydynrwydd *m*, *Lit:* esgudrwydd *m*; **the ~ of the hand deceives the eye,** deheurwydd llaw a dwylla'r llygad; da y twylla'r llaw y llygad. **2.** *(of sight):* craffter *m*. **3.** *(of hearing):* meindra *m*, meinder *m*. **4.** *(of wit):* parodrwydd *m*.

quicksand *n.* traeth gwyllt *m*, traeth byw, *Lit:* sugndraeth(-au) *m*.

quickset *n.* **1.** *(plant):* planhigyn (planhigion) byw *m*, impyn (impiau) byw *m*. **2.** *attrib.* ~ **hedge,** perth fyw (perthi byw) *f*, gwrych(-oedd) byw *m*, coed byw *pl*, *S.E: occ:* bid(-iau) *f*.

quicksilver[1] *n.* arian byw *m*.

quicksilver[2] *v.t.* ariannu.

quickstep[1] *n.* **1.** *Mil:* cam cyflym *m*. **2.** *Danc:* ***quickstep(-s)*** *f*, dawns(-iau) chwimgam *f*.

quickstep[2] *v.i.* chwimgamu, cwicstepio, gwn|eud y ***quickstep***.

quickthorn *n.* = **hawthorn.**

quid[1] *n.inv.* *P:* punten *f*, punt (punnau, punnoedd) *f*; **five ~,** pumpunt; *See* **pound**[1] **2; you'll be quids in,** fe fyddwch ar eich ennill.

quid[2] *n.* *(of tobacco):* jou(-au) *mf*, bochaid (bocheidiau) *f*, *S:* chwid(-iau) *m*, shoched (shocheidiau) *f*.

quid pro quo *n.* peth(-au) cyfwerth *m*, cymwynas *(f)* am gymwynas, *N.W: occ:* ffair benben *f*; *Jur:* tâl *(m)* am dâl, ystyriaeth *f*; **to return a ~ ~ ~,** talu cymwynas yn ei hôl, ad-dalu cymwynas.

quiddity *n.* **1.** *(= essence):* hanfod(-ion) *m*, sylwedd *m*. **2.** = **quibble**[1].

quidnunc *n* = **newsmonger.**

quiescence, quiescency *n.* tawelwch *m*, llonyddwch *m*.

quiescent *a.* tawel, llonydd, digyffro.

quiescently *adv.* yn dawel *&c.*

quiet[1] *n.* tawelwch *m*, distawrwydd *m*, llonyddwch *m*; *S.a.* **peace.**

quiet[2] *a.* **1.** tawel, distaw, di-stŵr, di-sŵn, *occ:* mud, *Lit:* diystŵr; **the ~ running of a machine,** rhediad tawel/distaw peiriant; **to fall ~,** tewi, distewi; **to keep ~,** bod yn ddistaw/dawel/fud; **be ~!** taw (tewch)! bydd(-wch) ddistaw! **to keep ~ (about sth),** bod [yn] ddistaw, peidio â dweud dim, tewi (yngh|ylch rhth). **2.** *(disposition):* tawel, distaw, *F:* côm. **3.** *(a) (dress, colour):* syml, sobr, disylw, llwydaidd; **a ~ (dinner),** (cinio) tawel, di-lol, anffurfiol, di-stŵr, heb stŵr; **a ~ (wedding),** (priodas) dawel, ddi-stŵr; **to live in a ~ way,** byw bywyd di-stŵr, byw'n ddi-stŵr; *(b)* **a ~ irony,** eironi tawel; **to have a ~ dig at s.o.,** rhoi weipen fach dawel i rn; **(to do sth) on the ~,** (gwneud rhth) yn ddistaw bach, yn y dirgel, heb stŵr. **4.** *(a)* **to live a ~ life,** byw bywyd tawel/di-stŵr; **I've had a ~ sleep,** mi gysgais yn dawel; *F:* **(anything) for a ~ life!** (unrhyw beth) i gael llonydd/tawelwch, er mwyn heddwch! *Jur:* **~ enjoyment,** mwynhad didramgwydd *m*; *St.Exch:* **oil shares are ~,** mae'r cyfranddaliadau olew yn ddistaw/ddisymud; 'does fawr o fynd ar y cyfranddaliadau olew; *(b) (= unworried):* dibryder, tawel eich meddwl; **you may be ~ on that score,** ni raid i chwi boeni ynghylch hynny; gellwch fod yn dawel eich meddwl yn ei gylch. **~-spoken** *a.* tawel/isel eich llais.

quiet[3], **quieten** *v.t.&i.* **1.** *v.t.* tawelu, distewi (rhth, rhn); rhoi taw (ar rth/rn). **2.** *v.i.* **to ~ [down],** tawelu, ymdawelu, tewi, distewi, mynd yn ddistaw, mynd yn dawel.

quietening, quieting *a.* tawelog, tawelol, llonyddol.

quietism *n.* *Rel.Hist:* tawelyddiaeth *f*.

quietist *n. & attrib.* *Rel.Hist:* **1.** *n.* tawelydd(-ion) *m*, tawelyddwr (tawelyddwyr) *m*, tawelyddes(-au) *f*; *pl.* *A:* gwŷr y meddwl llonydd. **2.** *attrib.* tawelyddol.

quietistic *a.* = **quietist**[2].

quietly *adv.* yn dawel *&c*; **very ~,** yn dawel bach/fach, yn ddistaw fach.

quietness *n.* **1.** = **quiet**[1]. **2.** *(of dress, colour):* sobrwydd *m*.

quietude *n.* tawelwch *m*, llonyddwch *m*.

quietus *n.* **1.** *(= coup de grâce):* ergyd farwol *f*; *Lit:* **when he might his ~ make with a bare bodkin,** pan allai'n hawdd roi terfyn arno'i hun â dager fach. **2.** *(= receipt):* derbynneb (derbynebau) *f*.

quiff *n.* blaengudyn(-nau) *m* *(pronounced* ng-g), cudyn(-nau) *m*, *F:* ciw-pi(-s) *m*; *S.a.* **cowlick.**

quill[1] *n.* cwilsyn(-nau, cwils) *m*. **~-bark** *n.* rhisgl *(m)* cwinîn. **~-bit** *n.* ebill *(m)* cwilsyn (ebillion cwils). **~-covert** *n.* pluen *(f)* bôn cwilsyn (plu bonion cwils). **~-driver** *n.* *F:* dyn(-ion) *(m)* trin cwils, twrnai (twrneiod) *m*. **~-feather, ~-pen** *n.* cwilsyn. **~-shaft** *n.* siafft(-iau) chwibolog *f*.

quill[2] *v.t.&i.* **1.** *v.t.* = **goffer. 2.** *v.i.* *Weaving:* dirwyn edafedd.

quillback *n.* *Ich:* pysgodyn (pysgod) *(m)* cwilsyn.

quillet *n.* **1.** *Agr:* dryll(-iau) *m*, llain (lleiniau) *f*. **2.** = **quibble**[1].

quilling *n.* = **goffering, fluting.**

quillon *n.* *Fenc:* braich (breichiau) *(f)* gard.

quillwort *n.* *Bot:* *(Isoetes):* gwair *(m)* merllyn, diosglys *(m)* merllyn; **spring ~,** *(I. echinospora):* gwair merllyn bychan.

quilt[1] *n.* cwilt(-iau) *m*.

quilt[2] *v.t.* cwiltio.

quilted *a.* cwiltiog.

quilter *n.* cwiltiwr (cwiltwyr) *m*, cw|iltwraig (cwiltwragedd) *f*.

quilting *vn. & n.* **1.** *vn.* cwiltio. **~ bee** *n.* *U.S:* parti (partïon) *(m)* cwiltio. **~ frame** *n.* ffrâm *(f)* gwiltio (fframiau cwiltio). **2.** *n.* *Tex:* deunydd *(m)* cwiltio.

quim *n.* *V:* = **cunt.**

quin *n.* = **quintuplet.**

quinacrine *n.* *Pharm:* cw|inacrin *m*.

quinary *a.* pumol, pumran.

quinate *a.* *Bot:* pumdalen, pumnalen, pumdalennog.

quince *n.* **1.** afal(-au) *(m)* cwins, cwinsen (cwins) *f*, cwinsyn (cwins) *m*, *A: or Lit:* clesinen (clesin) *f*. **2.** *(tree):* coeden *(f)* gwins (coed cwins), cwinswydden (cwinswydd) *f*.

quincentenary, quincentennial *a. & n.* **1.** *a.* pumcanmlwyddol, pumcanmlynyddol. **2.** *n.* pumcanmlwyddiant (pumcanmlwyddiannau) *m*.

quincuncial *a.* ar ffurf pum pwynt, pumpwyntiol.

quincunx *n.* pumpwynt(-iau) *m*.

quindecagon *n.* pymthengochron(-au) *m*.

quindecennial *a. & n.* **1.** *a.* pymthengmlwyddol, pymthengmlynyddol. **2.** *n.* pymthengmlwyddiant (pymthengmlwyddiannau) *m*.

quingentenary *a. & n.* = **quincentenary.**

quinic *a.* *Ch:* cwinig.

quinidine *n.* *Ch:* cw|inidin *m*.

quinine *n.* *Pharm:* cwinîn *m*.

quinoa *n.* *Bot:* cwinoa *m*.

quinoid *n.* cwinoid(-au) *m*.

quinoidine *n.* *Pharm:* cwinoidin *m*.

quinol *n.* cwinol *m*.

quinolin[e] *n.* cw|inolin *m*.

quinone *n.* cwinon(-au) *m*.

quinonoid *a.* cwinonaidd.

quinoxaline *n.* *Ch:* cwin|ocsalin (cwinocsalinau) *m*.

quinquagenarian *a. & n.* **1.** *a.* hanner cant oed, dros yr hanner cant. **2.** *n.* (rhn) hanner cant oed, (rhn) dros ei hanner cant, dyn(-ion) *(m)* hanner cant oed, gwr|aig (gwragedd) *(f)* hanner cant oed.

quinquagenary *a. & n.* **1.** *a.* = **quinquagenarian. 2.** *n.* hanner canmlwyddiant (~ canmlwyddiannau) *m*.

Quinquagesima Sunday *n.* *Ecc:* Dydd Sul *(m)* Ynyd.

quinquefoliate *a.* *Bot:* pumnalen, pumnalennog, pumdalen, pumdalennog.

quinquennad *n.* pum mlynedd *pl*, pumlwydd *f or pl.*

quinquennial *a. & n.* **1.** *a.* *(= for five years):* am bum mlynedd; *(= every five years):* pob pum mlynedd, pum-mlynyddol. **2.** *n.* *(anniversary):* pum-mlwyddiant (~-mlwyddiannau) *m*; *(term in office):* pum mlynedd *pl.*

quinquennially *adv.* *(= for five years):* am bum mlynedd; *(= every five years):* bob pum mlynedd.
quinquennium *n.* pum mlynedd *pl*, pumlwydd *f or pl*, cwincweniwm (cwincwenia) *m*.
quinquepartite *a.* pum rhan, pumrhan.
quinquereme *a. Hist: Nau:* pumrhwyflong(-au) *f*.
quinquevalence, quinquevalency *n.* pumfalens *m*, pumf|alensi *m*.
quinquevalent *a.* pumfalens.
quinsied *a. Med:* ysbinaglog.
quinsy *n. Med:* ysbinagl *m*, *Lit: occ:* y fynyglog *f*.
quint¹ *n.* **1.** *Mus:* cwint(-au) *m*. **2.** *Cards:* pumawd(-au) *m*; ~ **major,** pumawd mawr.
quint² *n. U.S:* = **quintuplet.**
quintain *n. Hist:* chwintan(-au) *m*, cwinten(-ni) *mf*.
quintal *n. Meas:* **1.** *(= 100 lb):* canpwys(-i) *m or pl*. **2.** *(= cwt):* cant *m*. **3.** *(= 100 k):* can c|ilogram, cwintal(-au) *m*.
quintan *a. & n. A: Med:* ~ **fever** *(every four days, five by inclusive reckoning):* cryd pumnyddiol *m*.
quinte *n. Fenc:* y pumed safle *m*.
quintessence *n.* hanfod(-ion) *m*, anian(-au) *f*, naws(-iau) *f*, sylwedd(-au) *m*, enaid *m*, mêr *m*, rhin(-iau) *m*; *(of book, doctrine &c) occ:* madruddyn *m*.
quintessential *a.* hanfodol.
quintet[te] *n.* pumawd(-au) *m*.
quintic *a. & n. Mth:* **1.** *a.* o'r bumed radd. **2.** *n.* hafaliad(-au) pumradd *m*.
quintile *n. Astr:* cwintel(-au) *m*.
quintillion *n. Mth:* cwintiliwn (cwintiliynau) *mf*.
quintillionth *a. & n.* cwintiliynfed(-au) (*mf*).
quintuple¹ *a. & n.* **1.** *a.* pumplyg, pumhlyg; *Mus:* amser (*m*) pump, amseriad pumplyg *m*. **2.** *n.* pum gwaith *f*; **this is the ~ of that,** mae hwn bum gwaith cymaint â'r llall.
quintuple² *v.t.&i.* cynyddu (rhth) bum gwaith, pumhlygu (rhth).
quintuplet *n.* **1.** pumled(-au,-i) *m&f*, un o bum gefaill. **2.** *Mus:* pumled(-au,-i) *m*.
quintuplicate¹ *a., n. & v.t.* = **quintuple.**
quintuplication *n.* pumhlygu *vn*, cynyddu bum gwaith.
quintuply *adv.* ar ei bumed, bum gwaith cymaint.
quip¹ *n.* ffraetheb(-ion) *f*, cellwair (cellweiriau) *m*, ateb parod *m*, sylw bachog *m*.
quip² *v.i.* cellwair, cellweirio, gwn|eud sylwadau bachog; **"Yes," the Prince quipped,** "Ie," oedd ateb parod y Tywysog.
quipper, quipster *n.* cellweiriwr (cellweirwyr) *m*, ffraethebwr (ffraethebwyr) *m*.
quipu *n.* cwipw(-au) *m*.
quire *n.* cwîr (cwiriau) *m*; *Typ:* **in quires,** yn ddalennau.
Quirinal (the) *Pr.n. Rom.Ant:* y Cw|irinal *m*.
quirk¹ *n.* **1.** = **quip¹. 2.** = **quibble¹. 3.** *(= peculiarity):* cast(-iau) *m*, odrwydd *m*, hynodrwydd *m*, tro(-eon) rhyfedd/hynod *m*, mympwy(-on) *m*, chwiw(-iau) *f*, *occ:* cwirc(-iau) *m*. **4.** *(= flourish in handwriting):* cwafer(-s, cwafrau) *m*, paraff(-au) *m*, *N: F:* ffigiari(-s) *m*. **5.** *Arch:* rhych(-au) *mf*, rhigol(-au) *f*.
quirk² *v.t.&i.* = **curl², twist².**
quirkily *adv.* yn fympwyol.
quirkiness *n.* odrwydd *m*, hynodrwydd *m*, rhyfeddwch *m*, mympwy *m*, mympwyoldeb *m*, natur fympwyol *&c f*.
quirky *a.* mympwyol, od, hynod.
quirt¹ *n.* chwip(-iau) *f*.
quirt² *v.t.* chwipio.
quisling *n. & attrib.* **1.** *n.* cwisling(-iaid) *m&f*; *(in Welsh context):* Dic Siôn Dafydd(-ion) *m*. **2.** *attrib.* cwislingaidd.
quislingism *n.* cwislingiaeth *f*.
quit¹ *a.* clir, rhydd [o ddyled], diddyled; **(to be ~) for a fine,** (bod yn rhydd) a wnelo dirwy, dim ond talu dirwy; **to be ~ of sth,** bod yn rhydd o rth, cael gwared/ymadael â rhth; **I'm well ~ of her,** gwynt teg ar ei hôl hi; *occ:* gwared da ar ei hôl hi. ~ **rent** *n. Jur:* rhent(-i) (*m*) rhyddh|au, rhyddrent(-i) *m*.
quit² *v.t.* **1.** *(a) (= leave):* gadael (lle *&c*), ymadael (â lle *&c*); *S.a.* **notice¹ 1**; *(b)* **to ~ one's job,** gadael eich swydd, ymadael â'ch swydd, rhoi'r gorau i'ch swydd, *S:* rhoi'ch swydd lan; *(c) U.S:* **to ~ doing sth,** rhoi'r gorau i wneud rhth. **2.** *A: & U.S:* ~ **you like men,** byddwch yn wrol; byddwch wŷr.
quit³ *n. Orn:* **grass ~,** twinc(-od) (*m*) y glaswellt.
quitch[-grass] *n. Bot:* = **couch-grass.**
quitclaim *n. Jur:* ymwrthod (*vn*) â hawliad, ymwrthodiad (*m*) â hawliad, dadhawliad(-au) *m*.
quite *adv.* **1.** *(= wholly):* yn hollol, yn llwyr, yn gyfan gwbl, *S:* yn gymwys (*usu. pronounced* gwmws); **~ new,** newydd sbon; **I am ~ recovered;** 'rwy'n holliach eto; 'rwyf wedi gwella'n iawn; 'rwyf wedi cael llwyr iachâd; **it's ~ five days ago,** mae pum diwrnod cyfan ers hynny; **I like her ~ as much,** 'rwy'n ei hoffi hi lawn cymaint; **that's ~ enough,** dyna hen ddigon; **you're ~ right,** 'rydych yn hollol iawn; 'rydych yn llygad eich lle; **you're ~ wrong,** 'rydych yn hollol anghywir; 'rydych yn methu; **~ frankly . . .,** a bod yn hollol onest . . .; a dweud y gwir yn blaen . . .; **~ right too!** eitha' gwaith hefyd! hollol deg! hollol iawn! **~ [so]!** yn union! yn hollol! *S:* yn gymwys! **I don't ~ know,** ni wn i ddim yn iawn/hollol; **I ~ understand,** 'rwy'n deall yn iawn/hollol; **it's ~ the reverse,** mae i'r gwrthwyneb yn llwyr; mae yn hollol fel arall; **he is ~ a hero,** mae'n dipyn o arwr; mae'n gryn arwr; **it's ~ other,** mae'n hollol wahanol; **that's ~ another thing,** peth tra gwahanol yw hynny; peth hollol wahanol yw hynny; peth arall hollol yw hynny; **that's ~ something,** mae hynna'n dipyn o beth; dyna rywbeth gwerth chweil; **it's ~ the thing,** dyna yw'r ffasiwn; dyna sy'n mynd â hi; dyna piau hi; **have you finished? - not ~!** wyt ti wedi darfod? - ddim yn hollol! **there was something not ~ right about her,** 'roedd rhth heb fod yn hollol iawn yn ei chylch. **2.** *(= somewhat):* eithaf, digon *(precedes a.)*; **it's ~ interesting,** mae'n eithaf/ddigon diddorol; **~ good,** pur dda, eithaf da; **it was ~ a surprise,** 'roedd yn eithaf annisgwyl; 'roedd yn gryn syndod; **I ~ believe that . . .,** 'rwy'n barod i gredu bod . . .; synnwn i ddim na[d] . . .; **it took ~ a long time,** fe gymerodd eithaf amser; **there were ~ a few there,** yr oedd tipyn go lew yno; yr oedd eithaf tipyn o bobl yno.
quits *pred.a.* cyfartal, gwastad; **now we're ~! we'll cry ~!** dyna ni'n gyfartal! dyna ni'n wastad! dyna dalu'r echwyn adref! **we'll call it ~,** gadewch inni anghofio; gadewch inni ei chladdu hi; beth am adael iddi? **I'll be ~ with her yet,** mi dalaf y pwyth yn ôl iddi eto.
quittance *n.* **1.** *(= receipt):* taleb(-au,-ion) *f*, derbynneb (derbynebau, derbynebion) *f*. **2.** *(= release):* rhyddhad *m*.
quitter *n. U.S: F:* llwfrgi (llyfrgwn) *m*, *V:* cachwr(-s, cachwyr) *m*.
quittor *n. Vet:* ewinor *f*, *F:* winor *f*.
quiver¹ *n. (for arrows):* cawell (cewyll) *m* [saethau]; **he took an arrow from his ~,** cymerodd saeth o'i gawell. ~ **tree** *n. Bot:* coeden (*f*) gewyll (coed cewyll).
quiver² *n.* cryndod(-au) *m*; **all of a ~,** yn gryndod i gyd, yn gryndod byw, yn crynu trwoch *&c*.
quiver³ *v.t.* crynu; *occ:* dirgrynu.
quiverful *n.* cawellaid (cawelleidiau) *m*, llond (*m*) cawell.
quivering *a.* crynedig, *occ:* cryndodus.
qui-vive *n.* **on the ~-~,** effro, gwyliadwrus, â'ch llygad ar eich ysgwydd, â'ch llyga[i]d ar agor.
Quixote *Pr.n.m. Lit:* Cwicsot(-iaid).
quixotic[al] *a.* cwicsotig, cwicsotaidd.
quixotically *adv.* yn gwicsotig *&c*.
quixotism, quixotry *n.* cwicsotiaeth *f*.
quiz¹ *n.* cwis(-iau) *m*, cystadleuaeth (cystadleuaethau, *often* cystadlaethau, cystadleuthau) (*f*) holi.
quiz² *v.t.* holi.
quizmaster *n.* holwr (holwyr) *m*.
quizzical *a.* **1.** = **comical; a ~ look,** golwg fach ddigrif. **2.** *(= chaffing):* coeglyd, cellweirus.
quizzicality *n.* **1.** = **comicalness. 2.** natur goeglyd *&c*.
quizzically *adv.* yn goeglyd.
quod¹ *n. & v.t. P:* **1.** *n.* carchar(-au) *m*. **2.** *v.t.* carcharu.
quod² *Lt.pron.* ***~ erat demonstrandum/faciendum/inveniendum,*** yr hyn oedd i'w brofi/wn|eud/ddarganfod; ***~ vide,*** gweler.
quodlibet *n.* **1.** *(= complex topic):* dyrysbwnc (dyrysbynciau, dyrys bynciau) *m*, manylbeth(-au, manwl bethau) *m*. **2.** *(= debate):* dadl(-euon) *f*. **3.** *Mus:* = **medley.**
quodlibetarian *n.* holltwr (holltwyr) (*m*) blew, h|olltwraig (*f*) blew, dadleuwr (dadleuwyr) *m*, dadl|euwraig *f*.
quodlibetical *a.* dadleuol, dyrysbynciol.
quodlibetically *adv.* yn ddadleuol *&c*.
quoin¹ *n.* **1.** *Const: (= cornerstone):* conglfaen (conglfeini) *m*; *(= corner of room):* congl(-au) *f*, cornel(-i) *f*, *S: occ: m*. **2.** *Mec.E: (= wedge):* lletem(-au) *f*.

quoin² *v.t.* lletemu.
quoit¹ *n.* coeten(-nau, coetiau, coets) *f*; **to play [at] quoits,** coetio, coetian.
quoit² *v.t.* coetio.
quoiter, quoits player *n.* coetiwr (coetwyr) *m.*
quokka *n. Z:* cwoca(-od) *m.*
quondam *a.* cynt, blaenorol; **a ~ friend of mine,** cyfaill i mi gynt; un a fu unwaith yn gyfaill i mi.
quorate *a.* â chworwm, yn gwn|eud cworwm; **we are not ~,** 'does yma ddim cworwm; 'does dim digon yma.
quorum *n.* cworwm (cworymau) *m.*
quota *n.* cwota (cwotâu) *m*, *occ:* dogn(-au) *m.*
quotability *n.* natur ddyfynadwy *f*, dyfynadwyedd *m.*
quotable *a.* dyfynadwy.
quotably *adv.* yn ddyfynadwy.
quotation *n.* **1.** *Lit: &c:* dyfyniad(-au) *m*; *(action):* dyfynnu *vn*; *S.a.* **dictionary**. **2.** *(= price):* pris(-iau,-oedd) *m.* **3.** *St.Exch: Ins:* pris(-iau) cyfredol *m*, dyfynbris(-iau) *m.* **4.** *Typ:* cwadrat gwag *m.* **~ aspect** *n. Mth:* agwedd (*f*) mesuriad. **~-mark** *n.* dyfynnod (dyfynodau) *m.*
quote¹ *n. F:* **1. = quotation. 2.** *pl.* **= quotation-marks; end ~,** cau'r dyfynodau.
quote² *v.t.* **1.** *(a) (author, book):* dyfynnu; **to ~ an instance of sth,** dyfynnu/rhoi enghraifft o rth; **it says, ~, "there is hope",** meddai, ac 'rwy'n dyfynnu, "y mae gobaith". **2.** *(a) Com:* datgan, gosod, cynnig; **to ~ s.o. a price for sth,** gosod pris i rn am rth; *(b) St.Exch:* rhestru; **shares quoted at 80p,** cyfranddaliadau a restrir am 80c. **3.** *Typ:* dyfynodi.
quoth *v.t. def. A:* **~ I,** meddwn i; **~ he,** meddai ef, ebe fe, *S:* mynte fe, *N.W: occ:* ebra fo.
quotha *int.* ysywaeth, fforsŵth.
quotidian *a. & n.* **1.** *a.* beunyddiol. **2.** *n. Med:* cryd beunyddiol *m.*
quotient *n. Mth:* cyniferydd(-ion) *m*; **accomplishment ~,** cyniferydd cyflawniad; **intelligence ~ (I.Q.),** cyniferydd deallusrwydd (C.D.).
Quran *n.* **= Koran.**

R

R, r *n.* [y llythyren] R, r *f* (*pronounced* er, *pl.* -iau); *Tp:* **R for Robert,** R am Robert. **R.A.F.** *n.* yr Awyrlu Brenhinol *m*, y Llu (*m*) Awyr. **R.I.P.** *abbr.* Gorffwysed Mewn Hedd. **R.S.V.P.** *abbr.* A.O.G.Dd. (Atebwch Os Gwelwch yn Dda).

rabbet[1] *n. Carp:* rabed(-i) *m.* **~ joint** *n. Carp:* uniad(-au) (*m*) rabed. **~ plane** *n. Tls:* plaen(-iau) (*m*) rabed.

rabbet[2] *v.t. Carp:* rabedu.

rabbi *n. Jew.Rel:* rabi (rabïaid); *(as form of address):* athro *m*, rabi.

rabbin *n. Jew.Rel:* rabin(-iaid) *m.*

rabbinate *n. Jew.Rel: (a) (office):* rabiniaeth(-au) *f*; *(b) (= rabbis):* rabiniaid *pl.*

rabbinic[al] *a. Jew.Rel:* rabinaidd.

Rabbinic *a. & n. Ling:* **1.** *a.* Rabineg. **2.** *n.* Rabineg *f & m.*

rabbinism *n. Jew.Rel:* rabiniaeth *f.*

rabbinist *n. Jew.Rel:* rabinydd(-ion, rabinwyr) *m.*

rabbit *n. Z:* **1.** cwningen (cwningod) *f*; **buck ~,** bwch (*m*) cwningen (bychod cwningod); **doe ~,** cwningen fenyw (cwningod benyw) *f.* **2.** *Cu:* **Welsh ~,** caws pob *m*, caws pobi, caws ar dôst. **3.** *F: Sp:* chwaraewr (chwaraewyr) di-glem *m*, chwar|aewraig ddi-glem (chwaraewragedd di-glem) *f.* **4.** *U.S: occ:* = **hare**; *S.a.* **Jack-rabbit.** **~-fish** *n. Ich:* cwningen (*f*) fôr (cwningod môr). **~-foot** *n.* = **hare's foot.** **~-hole** *n.* twll (*m*) cwningen (tyllau cwningod). **~-hutch** *n.* cut (*m*) cwningen (cutiau cwningod), cwt (*m*) cwningen (cytiau cwningod). **~ punch** *n. Box: S:* gwarrod (gwarodau) *m*, *occ: f*, *N:* gwarrog (gwarogau) *f*, *occ: m.* **~ trapper** *n.* cwningwr (cwningwyr) *m*, dyn(-ion) (*m*) dal/dala cwningod, daliwr (dalwyr) (*m*) cwningod. **~-warren** *n.* cwningar(-oedd) *f.*

rabbit[2] *v.i.* **to go rabbiting,** hela/dal/dala cwningod.

rabbit[3] *v.i. P:* **to ~ on (about sth),** malu awyr, rwdlian, paldaruo (am rth).

rabbit[4] *v.t.* **God ~ it!** go draps las! go drapia! daro! yn boeth y bo fe! *&c.*

rabbity *a.* cwningaidd.

rabble[1] *n.* ciwed *f*, gwerinos *pl*, poblach *pl*, torf *f*, tyrfa *f.* **~-rouser** *n.* brygowthwr (brygowthwyr) *m*, cynhyrfwr (cynhyrfwyr) *m*, anogwr (anogwyr) (*m*) terfysg. **~-rousing[1]** *a.* cynhyrfiol, brygowthlyd, terfysg-anogol. **~-rousing[2]** *vn.* cynhyrfu'r dorf, annog terfysg.

rabble[2] *n. Metall:* haearn (heyrn) (*m*) pwdlo.

Rabelaisian *a. Lit:* Rabelaisaidd.

rabid *a.* **1.** cynddeiriog, ffyrnig, gwyllt(-ion), rhonc. **2.** *Vet:* cynddeiriog; **~ virus,** f[e]irws (*m*) y gynddaredd.

rabidity *n.* = **rabidness.**

rabidly *adv.* yn rhonc *&c*; **he is ~ opposed to it,** mae'n wrthwynebydd rhonc iddo; mae'n wyllt/gynddeiriog/ffyrnig yn ei erbyn.

rabidness *n.* **1.** gwylltineb *m*, ffyrnigrwydd *m*, cynddeiriogrwydd *m*, cynddaredd *f.* **2.** *Vet:* cynddaredd.

rabies *n. Med:* y gynddaredd *f*; **dumb ~,** y gynddaredd fud.

rabotage excavation *n. Archeol:* cloddiad(-au) (*m*) difrigo/dihaenu, cloddio (*vn*) difrigol/dihaenol.

raccoon *n. Z:* racŵn (racwniaid) *m*, brochlwynog(-od) *m.* **~-dog** *n. Z:* racŵn-gi (~-gŵn) *m.*

race[1] *n.* **1.** *(= current in sea):* llif(-oedd) *m*, cerrynt (cerhyntau, cerhyntoedd) *m*, ffrwd (ffrydiau, ffrydoedd) *f*, llifeiriant (llifeiriaint) *m*, ffrydlif(-oedd) *mf.* **2.** *(a) Hyd.E:* **mill-~,** ffrwd (ffrydiau) (*f*) melin, cafn(-au) (*m*) melin, pynfarch (pynfeirch) *m*; *(b) Mch:* **fly-wheel ~,** ffos(-ydd) (*f*) chwylolwyn. **3.** *Mec.E:* **[ball-]~,** pelres(-i) *f.* **4.** *Sp:* ras(-ys) *f*; **to run a ~,** rhedeg ras; **cross-country ~,** ras [ar] draws gwlad; **horse ~,** ras geffylau (rasys ceffylau); **hundred yards ~,** ras ganllath (rasys canllath); **hurdle ~,** ras glwydi (rasys clwydi), ras dros glwydi; **mile ~,** ras filltir (rasys milltir); **long-distance ~,** ras hir; **obstacle ~,** ras rwystrau (rasys rhwystrau); **point-to-point ~,** ras o fan i fan; **relay ~,** ras gyfnewid (rasys cyfnewid); **shuttle relay ~,** ras gyfnewid ôl a blaen, ras gyfnewid wenoli (rasys cyfnewid gwenoli); **arms ~,** ras arfogi, ras arfau; *B:* **let us run with patience the ~ that is set before us,** trwy amynedd rhedwn yr yrfa a osodwyd o'n blaen ni; *S.a.* **rat-race.** **~-card** *n. Turf:* rhaglen(-ni) (*f*) rasys. **~-meeting** *n.* cyfarfod(-ydd) (*m*) rasio/rasys. **~-track** *n.* trac(-iau) (*m*) rasio, rhedfa (rhedf|eydd) (*f*) rasio.

race[2] *v.i.&t.* **1.** *v.i. (a)* rhedeg ras, rasio; *(b)* **to ~ along,** mynd ar ras wyllt, rasio [mynd], rhuthro, mynd nerth eich traed/olwynion/carnau *&c*, sgrialu mynd, mynd fel edau, 'sgathru mynd, mynd fel cath o dân, mynd fel cath i gythraul; *(c) (of pulse, heart, engine):* rasio, curo'n gyflym. **2.** *v.t. (a)* **I'll ~ you home!** mi ro' i ras iti i'r tŷ! mi dy rasia' i di i'r tŷ! am y cyntaf i'r tŷ! *(b) (horse):* rasio; *(engine):* rhedeg (motor) yn gyflym, rasio (motor); *(c) F: Pol:* **to ~ a bill through the House,** rhuthro/brysio mesur drwy'r Tŷ.

race[3] *n.* **1.** hil(-ion,-iau) *f*; **the human ~,** yr hil ddynol, dynol ryw *f*, dynolryw *f*, dynoliaeth *f*, *Lit:* hil Adda *f*, plant (*pl*) dynion. **2.** *(= lineage):* hil, tras *f*, llinach *f*, gwaedoliaeth *f*, gwehelyth *mf*; **he comes of a long ~ of seafaring men,** mae'n forwr o hil gerdd. **~ discrimination** *n.* anffafrio (*vn*) hiliol, anffafriaeth hiliol *f.* **~ hatred** *n.* casineb hiliol *m*, hilgasineb *m*, hilgasedd *m*, atgasedd hiliol *m.* **~ relations** *n.pl.* cydberthynas hiliol *f*, cysylltiadau hiliol. **R~ Relations Act** *n.* Deddf (*f*) Cysylltiadau/Cydberthynas Hiliol. **~ Relations Board** *n.* Bwrdd (*m*) Cysylltiadau/Cydberthynas Hiliol. **~ riot** *n.* terfysg(-oedd) hiliol *m.* **~ suicide** *n.* hunanladdiad hiliol *m.*

race[4] *n. (of ginger):* gwreiddyn (gwr|aidd) *m.* **~ ginger** *n.* sinsir cyfan *m.*

racecourse *n. Turf:* cae(-au) (*m*) ras/rasio/rasys; *Fb:* **the R~,** *(Wrexham):* y Cae Ras.

racegoer *n.* mynychwr (mynychwyr) (*m*) rasys, myn|ychwraig (*f*) rasys.

racehorse *n.* ceffyl(-au) (*m*) rasio, ceffyl ras.

racemate *n. Ch:* r|asemad (rasemadau) *m.*

raceme *n. Bot:* swp (sypiau) *m*, sypyn (sypiau) *m*, rasem(-au) *m*, clwstwr (clystyrau) *m*, pwng (pyngau) *m.*

racemic *a. Ch:* rasemig.

racemism *n. Ch:* rasemedd *m.*

racemization *n. Ch:* rasemeiddiad *m*, rasemeiddio *vn.*

racemize *v.t.&i. Ch:* rasemeiddio.

racemose *a. Bot:* rasemog, sypynnog; *Anat:* clystyrog.

racer *n. (a)* rasiwr (raswyr) *m*, r|aswraig (raswragedd) *f*; *(b) (bicycle):* beic(-iau) (*m*) rasio; *(boat):* cwch (cychod) (*m*) rasio, bad(-au) (*m*) rasio.

raceway *n. U.S:* trac(-iau) (*m*) rasio, rhedfa (rhedf|eydd) (*f*) rasio.

rachel *a. & n. Toil:* **1.** *a.* rasiel. **2.** *n.* rasiel *m.*

rachidian *a. Nat.Hist: Anat:* racidaidd.

rachilla *n. Bot:* racila (racilâu) *f.*

rachis *n. Nat.Hist: Anat:* racis(-au) *m*, echelin (*f*) dail.

rachitic *a. Med:* llechog.

rachitis *n. Med:* y llechau *pl.*

Rachmanism *n.* Rachmaniaeth *f.*

racial *a.* hiliol; **~ conflict,** gwrthdaro (*vn*) hiliol, gwrthdrawiad(-au) hiliol *m*; **~ discrimination,** anffafrio (*vn*) hiliol, anffafriaeth hiliol *f*; **~ segregation,** arwahanu (*vn*) hiliol, gwahanu (*vn*) hiliol, didoli (*vn*) hiliol.

racialism *n.* hiliaeth *f*, hilyddiaeth *f.*

racialist *n. & attrib.* **1.** *n.* hilydd(-ion, hilwyr) *m*, hiliwr (hilwyr) *m*, h|ilwraig (hilwragedd) *f*. **2.** *attrib.* hiliol, *occ:* hilyddol.
racially *adv.* yn hiliol, o ran hil.
racily *adv.* yn flasus, yn fywiog, yn sionc, yn garlamus.
raciness *n.* blasusrwydd *m*, bywiogrwydd *m*, sioncrwydd *m*.
racing *vn.* **1.** rasys *pl*, rasio *vn*; **road ~,** rasio ffyrdd, rasys ffyrdd; **boat ~,** rasio/rasys cychod/badau; **horse ~,** rasio/rasys ceffylau. **2.** *(of engine &c):* [sŵn *m*] rasio. **~ bicycle** *n.* beic(-iau) *(m)* ras/rasio. **~ car** *n.* car (ceir) *(m)* rasio, car ras (ceir ras/rasys). **~ forecast** *n.* rhagolygon *(pl)* rasio. **~ stable** *n.* stabl(-au) *(f)* rasio. **~ track** *n.* trac(-iau) *(m)* rasio, rhedfa (rhedf|eydd) *(f)* rasio. **~ world** *n.* byd *(m)* rasio/rasys. **~ yacht** *n.* cwch (cychod) *(m)* [hwyliau] rasio, iot(-iau) *(f)* rasio.
Racinian *a.* Racinaidd (*pronounced* Rasinaidd).
racism *n.* = **racialism**.
racist *n.* = **racialist**.
rack¹ *n. & v.i.* **1.** *n. Lit:* **[cloud-]~,** cymylau *(pl)* gyrru, gwrec *(m)* cymylau. **2.** *v.i.* gyrru.
rack² *n. only in the phrase:* **to go to ~ and ruin,** mynd rhwng y cŵn a'r brain, mynd i'r gwellt, mynd i'ch crogi; **a house going to ~ and ruin,** tŷ'n mynd â'i ben iddo; **the business has gone to ~ and ruin,** mae'r hwch wedi mynd drwy'r siop.
rack³ *n.* **1.** *(a) Husb:* rhastl(-au) *f*, rhestl(-au) *f*, rhesel(-i,-ydd) *f*; *(b)* **arms-~,** rhesel arfau; **bacon-~,** clwyd *(f)* facwn (clwydi bacwn); **book-~,** rhesel lyfrau (rheseli llyfrau); **bread-~,** rhesel fara (rheseli bara), *S.W:* car (ceir) *(m)* bara; **cheese-~,** *S.W:* car caws; **hat-and-coat ~,** rhesel gotiau (rheseli cotiau); **letter-~,** rhesel lythyrau (rheseli llythyrau); **salt-~,** *S.W:* car halen; **spoon-~,** *S.W:* car llwyau; **tool-~,** rhesel arfau/offer; *Av:* **bomb-~,** rhesel fomiau (rheseli bomiau); *Rail:* **luggage-~,** rhesel baciau/fagiau (rheseli paciau/bagiau); *Aut:* **roof-~,** rhesel ben to (rheseli pen to); **newspaper ~,** rhesel bapurau (rheseli papurau); *(c) Veh: (of wagon):* carfan(-au) *f*. **2.** *Mec.E:* rhac(-iau) *m*. **~ and pinion** *n.* rhac *(m)* a phiniwn. **~-rail** *n. Rail:* cledren ddanheddog (cledrau danheddog) *f*, rhacreilen (rhacreiliau) *f*. **~-railway** *n.* rheilffordd rac a phiniwn (rheilffyrdd rhac a phiniwn), rhacreilffordd (rhacreilffyrdd) *f*. **~-wheel** *n.* olwyn *(f)* gocos (olwynion cocos), *occ:* rhod *(f)* gocos (rhodiau cocos), *Lit: occ:* deintrod(-au) *f*.
rack⁴ *n. Hist: (for torture):* arteithglwyd(-i) *f*; **to put/submit s.o. to the ~,** arteithio/dirdynnu rhn, rhoi rhn ar yr arteithglwyd; **to be on the ~,** cael eich arteithio/dirdynnu, *Fig:* bod mewn artaith/ing/gwewyr; **to keep s.o. on the ~,** arteithio rhn, peri i rn ddioddef.
rack⁵ *v.t.* **1.** *Hist: &c:* arteithio, poenydio, dirdynnu; **racked by remorse,** a'ch cydwybod yn eich poenydio; **to be racked with pain,** bod mewn poen arteithiol; **she was racked by sobs,** dirdynnwyd hi gan igian wylo; *S.a.* **brain¹** *(c)*. **2.** *(a rent):* mynnu/codi crogrent, pwyso/gwasgu am rent, cribddeilio rhent; *(a tenant):* pwyso/gwasgu ar denant, *(b) (land):* dihysbyddu. **~-rent** *n.* rhent(-i) afresymol *m*, crogrent(-i) *m*. **~-renter** *n.* crogrentiwr (crogrentwyr) *m*.
rack⁶ *v.t.* **to ~ [off] wine,** tynnu gwin o'r gwaddod, diwaddodi gwin.
rack⁷ *v.t. (= fill up rack):* llenwi rhastl; *(= tie up horse):* clymu ceffyl wrth rastl.
rack⁸ *v.t. U.S:* **to ~ up,** *(= score):* sgorio, sgoru.
rack⁹ *n. (drink):* rac *mf*.
rack¹⁰ *n. Equit:* ffulltuth(-iau) *m*.
rack¹¹ *v.i. Equit:* ffulltuthio.
rack¹² *n. (= joint of lamb):* rag(-iau) *m*.
rack¹³ *n. T.V:* **racks engineer,** peiriannydd (peirianwyr) *(m)* lluniau.
Rack¹⁴ (The) *W.Pl.n.* Cefn *(m)* y Wrach.
racked *a.* dirdynedig; **~ with pain,** mewn ing/artaith/gwewyr; *S.a.* **nerve**.
racket¹ *n.* **1.** *(a) (in tennis &c):* raced(-i) *f*, *A: or Lit:* pelgip(-iau) *f*; *(b) pl. Games:* **rackets,** racedi. **2.** *(= snow-shoe):* raced(-i) *(f)* eira. **~-ball** *n.* pêl (peli) *(f)* raced. **~-handle** *n.* coes *(m)* raced (coesau racedi). **~-pin** *n.* pin(-nau) *(m)* pen raced. **~-press** *n. Sp:* gwasg *(f)* racedi (gweisg racedi). **~-tail** *n. Orn:* aderyn (adar) *(m)* cynffon raced.
racket² *n. F:* **1.** *(= noise):* twrw *m*, stŵr *m*, dwndwr *m*, mwstwr *m*, *S.W: occ:* clindarddach *m*, randibŵ *mf*; **to kick up a ~,** gwn|eud twrw *&c*, codi twrw, cadw sŵn, cadw reiat, *N.W: occ:* cadwriad, cadw twrw, *S.W: occ:* cadw swae; **to stand the ~,** wynebu'r canlyniadau. **2. to go on the ~,** mynd ar y sbri, mynd ar y criws. **3.** *(= crooked scheme):* sgiâm(-au) *f*, sgêm(-au) *f*, raced(-i) *f*, twyll *m*, llwgr-fasnach *f*. **it's a ~,** twyll yw e! *N:* rogio ydi peth fel'na!
racket³ *v.i. F:* **1. to ~ [about],** *(= make noise):* cadw reiat, cadw sŵn, codi twrw, gwn|eud twrw. **2.** *(= lead life of gaiety):* galifantio, galifantan, mynd ar y sbri, mynd ar y criws, jolihoetio.
racketeer *n.* llwgr-fasnachwr (~-fasnachwyr) *m*, sgamiwr (sgamwyr) *m*, sgemiwr (sgemwyr) *m*, *F:* racetîr (racetiriaid) *m*, *N:* rogiwr(-s, rogwyr) *m*, ffleiar(-s) *m*.
racketeering¹ *a.* anonest.
racketeering² *vn.* twyllo, rogio, sgamio, sgemio, llwgr-fasnachu, racetirio.
racking¹ *a. (cough &c):* arteithiol, ingol, dirdynnol.
racking² *vn.* = **rack⁵,⁶,⁷,¹⁰**.
rackwork *n.* racwaith *m*.
racloir *n. Archeol:* crafwr (crafwyr) *m*.
racon *n. U.S: (= radar beacon):* racon(-au) *m*.
raconteur *n.* storïwr (storïwyr) *m*, chwedleuwr (chwedleuwyr) *m*, *Lit: occ:* cyfarwydd(-iaid) *m*; **a good ~,** un da am ddweud stori, *N.W: occ:* deudwr (deudwyr) da *m*.
raconteuse *n.f.* storïwraig (storiwragedd), chwedl|euwraig (chwedleuwragedd) *f*.
racoon *n.* = **raccoon**.
racquet *n.* = **racket¹**.
racy *a.* **1.** rhywiog, o'r iawn ryw. **2.** *(a) (story):* blasus, amh|eus, beiddgar, sosi, *N.W: occ:* yn naddu'n agos i'r drafal; **it's ~ of the soil,** mae blas y pridd arno; *(b) (pers.):* bywiog, sionc, sbriws, ffraeth. **~ style,** arddull fywiog/sionc/garlamus *f*.
rad *n. Meas:* rad(-au) *mf*.
radar *n.* radar *m*. **~ beacon** *n.* begwn (begynau) *(m)* radar, racon(-au) *m*. **~ navigation** *n.* radarlywio *vn*. **~ operator** *n.* dyn(-ion) *(m)* radar. **~ scanner** *n.* sganiwr (sganwyr) *(m)* radar. **~ screen** *n.* sgrîn (sgriniau) *(f)* radar. **~ station** *n.* gorsaf(-oedd) *(f)* radar. **~ trap** *n.* trap(-iau) *(m)* radar.
radarscope *n.* sgrîn (sgriniau) *(f)* radar.
raddle¹ *n.* ocr coch *m*, lliw coch *m*, radl *m*.
raddle² *v.t.* cochliwio, coluro, radlo.
raddled *a. (= rouged):* cochliw, coluredig; **a ~ prostitute,** putain yn bowdwr ac yn baent i gyd; **a face ~ by drink,** wyneb coch gan ddiod.
radial *a. & n.* **I.** *a.* **1.** *Mec.E:* rheiddiol; **~ arm circular saw,** llif gron *(f)* fraich reiddiol (llifau crwn braich reiddiol); *I.C.E:* **~ engine,** peiriant (peiriannau) rheiddiol *m*, motor(-au) rheiddiol *m*; *Mec:* **~ force,** grym rheiddiol *m*; *Aut:* **~ ply [tyre],** teiar(-s) rheiddiol *m*. **2.** *Anat:* gwaellol, radiol. **II.** *n. Aut:* teiar(-s) rheiddiol *m*.
radially *adv.* yn rheiddiol.
radian *n. Geom:* radian(-au) *m*.
radiance *n.* **1.** disgleirdeb *m*, llewyrch *m*, llewych *m*. **2.** *Ph:* pelydriad *m*, ymbelydriad *m*, llewyrchiad *m*, pelydru *vn*.
radiant *a. & n.* **1.** *a. (heat):* pelydrol; *(light):* pelydrol, tywynnol, disglair; *Ph:* rheiddiol; **~ (with happiness),** yn disgleirio, yn gwenu (gan lawenydd); **(a face) ~ with smiles,** (wyneb) yn wên o glust i glust, yn wên i gyd, yn gwenu'n braf. **2.** *n. Ph: Astr:* rheiddbwynt(-iau) *m*.
radiantly *adv.* yn dywynnol, yn ddisglair; **~ happy,** yn llawen braf, yn disgleirio o lawenydd, yn tywynnu/pelydru llawenydd.
radiate¹ *a. Nat.Hist:* pelydrog, rheiddiog, rheiddiol.
radiate² *v.i.&t.* **1.** *v.i.* *(a) (of light):* tywynnu, llewyrchu, llewychu, pelydru, ymbelydru, disgleirio, tanbeidio; **happiness radiates from her eyes,** mae dedwyddwch yn disgleirio/llewy[r]chu o'i llygaid; mae ei llygaid yn pelydru llawenydd; *(b) (of lines):* rheiddio, ymledu, ymestyn. **2.** *v.t. (light, heat &c):* tywynnu, llewy[r]chu, pelydru; *(heat):* tanbeidio; *(joy):* tywynnu, llewy[r]chu.
radiately *adv.* yn rheiddiog.
radiating *a. (light &c):* ymbelydrol, tywynnol; *(spokes, lines):* rheiddiol, ymestynnol, ymledol.
radiation *n.* **1.** pelydriad(-au) *m*, rheiddiad(-au) *m*; **solar ~,** pelydriad heulog/heulol. **2.** *(nuclear):* ymbelydriad(-au) *m*, ymbelydredd *m*. **~ chemistry** *n.* cemeg *(f)* ymbelydredd. **~ sickness** *n.* salwch *(m)* ymbelydredd.

radiative *a.* ymbelydrol, tywynnol.
radiator *n.* **1.** *(of heating system):* rheiddiadur(-on) *m*, gwresogydd (-ion, gwresogwyr) *m*, rhwyll *(f)* dwymo (rhwyllau twymo). **2.** *I.C.E:* rheiddiadur, rhwyll oeri, oeriedydd(-ion) *m*, oerydd (-ion) *m.* **3.** *W.Tel:* erial(-au) *(m)* trosglwyddo, trosglwyddwr (trosglwyddwyr) *m.* **4.** *Ph: (of heat, light):* pelydrydd(-ion) *m.* **~ cap** *n.* cap *(m)* rhwyll (capiau rhwyllau). **~ grille** *n.* rhwyll *(f)* flaen (rhwyllau blaen). **~ muff** *n.* gorchudd(-ion) *(m)* rhwyll.
radical *a.* & *n.* **1.** *a. (a) (= basic):* sylfaenol; *(b) Pol:* r|adical, radicalaidd; **~ chic,** *(i) a.* ffasiynol radicalaidd; *(ii) n.* radicaliaeth ffasiynol *f*; *(c) Ch: Ph: Mth:* radical; *(d) Ling:* gwreiddynol, gwreiddeiriol, cysefin; *W.Gram:* **~ consonant,** cytsain gysefin (cytseiniaid cysefin) *f.* **2.** *n. (i) Ch: Mth:* r|adical (radicalau) *m. (ii) Pol:* r|adical (radicaliaid) *m&f. (iii) Ling:* bôn (bonion) *m*, gwreiddyn (gwreiddiau) *m*, gwreiddair (gwreiddeiriau) *m.*
radicalism *n. Pol:* radicaliaeth *f.*
radicalize *v.t. Pol:* radicaleiddio.
radically *adv. (b)* yn sylfaenol, yn y bôn, yn y gwr|aidd, yn ei hanfod; **(to alter sth) ~,** (newid rhth) yn llwyr, o'i gwr; **a ~ different method,** dull hanfodol wahanol; *(b) Pol:* yn radicalaidd.
radicand *n. Mth:* r|adicand (radicandau) *m.*
radicel = radicle.
radices *n.pl. See* **radix.**
radicle *n. Bot:* **1.** *(= small root):* gwreiddigyn (gwreiddigion) *m*, gwreiddionyn (gwreiddionos) *m.* **2.** *(of plant embryo):* cynwreiddyn (cynwreiddiau) *m.* **3.** *Anat:* gwythennig (gwythenigau) *f.*
radicular *a.* **1.** gwreiddynol. **2.** *Anat:* gwythenigol.
radiculitis *n. Med:* radicwlitis *m.*
radiesthesia *n.* radiesthesia *m.*
radio[1] *n. W.Tel:* radio *mf*, *O:* y di-wifr *m*; *S.a.* **amateur, citizen. ~ aerial** *n.* erial(-au) *(mf)* radio. **~-assay** *n.* prawf (profion) *(m)* radio. **~-astronomer** *n.* radio-seryddwr (~-seryddwyr) *m.* **~-astronomical** *a.* radio-seryddol. **~-astronomy** *n.* radio-seryddiaeth *f.* **~-beacon** *n. Av:* begwn (begynau) *(m)* radio. **~ beam** *n.* pelydryn (pelydrau) *(m)* radio. **~-biology** *n.* radio-bioleg *f.* **~ cab** *n.* cab(-iau) *(m)* radio, tacsi(-s) *(m)* â radio. **~-caesium** *n.* radio-c[a]esiwm *m.* **~-carbon** *n.* radio-carbon *m.* **~-carbon dating 1.** *vn.* dyddio radio carbon. **2.** *n.* dyddiad(-au) *(m)* radio-carbon. **~-carpal** *a. Anat:* radio-carpol. **~ channel** *n.* sianel(-i,-au) *(f)* radio. **~-chemistry** *n.* radio-cemeg *f.* **~-communication** *n.* radio-gyfathrebu *vn*, cysylltu *(vn)* trwy radio, cyswllt (cysylltau) *(m)* radio. **~-compass** *n.* cwmpawd (cwmpodau) *(m)* radio. **~ control**[1] *n.* radio-reolaeth *f.* **~-control**[2] *v.t.* radio-reoli. **~-controlled** *a.* radio-reoledig. **~-detection** *n.* radio-synhwyro *vn*, radio-leoli *vn.* **~-direction** *n. Av: Nau:* radio-gyfeirio *vn.* **~-direction finder** *n. Av: Nau:* radiogoniomedr(-au) *m.* **~-element** *n. Ch:* radio-elfen(-nau) *f.* **~ fix** *n.* radio-leoliad(-au) *m.* **~-frequency** *n.* radio-amledd(-au) *m.* **~ galaxy** *n. Astr:* galaeth(-au) *(f)* radio. **~ ham** *n.* darlledwr (darlledwyr) amatur *m.* **~-isotope** *n.* radio-|isotop (~-isotopau) *m.* **~ link** *n.* cysylltiad(-au) *(m)* radio. **~-nuclide** *n.* radio-niwclid(-au) *m.* **~-opacity** *n.* radio-ddidreiddedd *m.* **~-opaque** *a.* radio-ddidraidd. **~-receiver** *n.* radio-dderbynnydd (~-dderbynyddion) *m.* **~-relay** *n.* cysylltiad(-au) *(m)* radio. **~ [set]** *n.* set(-iau) *(f)* radio, radio(-s) *f.* **~-signal** *n.* signal(-au) *(m)* radio. **~ source** *n. Astr:* radio-ffynhonnell (~-ffynonellau) *f.* **~ spectrum** *n. Ph:* sbectrwm *(m)* radio. **~ star** *n. Astr:* seren (sêr) *(f)* radio. **~-station** *n.* gorsaf(-oedd) *(f)* radio. **~-telegram** *n.* radio-t|elegram (~-telegramau) *m.* **~-telegraphy** *n.* radio-tel|egraffi *m.* **~-telephone** *n.* radio-t|eleffon (~-teleffonau) *m.* **~-telephonic** *a.* radio-teleffonig. **~-telephony** *n.* radio-tel|effoni *m.* **~ transmitter** *n.* trosglwyddydd(-ion) *(m)* radio. **~ tube, ~ valve** *n.* falf(-iau) *(f)* radio. **~ wave** *n.* ton(-nau) *(f)* radio.
radio[2] *v.t.&i.* **to ~ [a message] to s.o.,** anfon/darlledu neges at rn, cysylltu â rhn trwy'r radio, cysylltu â rhn ar y radio.
radioactivate *v.t.* pelydru, ymbelydru.
radioactive *a.* ymbelydrol.
radioactively *adv.* yn ymbelydrol.
radioactivity *n.* ymbelydredd *m.*
radioautograph *n.* = **autoradiograph.**
radiogenic *a.* radiogenig.
radiogenically *adv.* yn radiogenig.
radiogoniometer *n.* radiogoniomedr(-au) *m.*
radiogram, radiogramophone *n.* r|adiogram (radiogramau) *mf.*
radiograph[1] *n. Med:* r|adiograff (radiograffau) *m.*
radiograph[2] *v.t. Med: &c:* radiograffu.
radiographer *n.* radiograffydd(-ion) *m.*
radiographic *a.* radiograffig.
radiography *n. Med:* radiograffeg *f.*
radioimmunology *n.* radioimiwnoleg *f.*
radiolaria *n.pl. Z:* rheiddiolion.
radiolarian *n. Z:* rheiddiolyn (rheiddiolion) *m.*
radiolocation *n.* radio-leoli *vn*, radar *m.*
radiologic[al] *a.* radiolegol.
radiologist *n. Med:* radiolegwr (radiolegwyr) *m*, radiolegydd(-ion) *m.*
radiology *n. Med:* radioleg *f.*
radiolucent *a. Ph:* radiodryloyw(-on).
radioluminescence *n. Ph:* radio-oleuedd *m.*
radiolysis *n. Ch:* radi|olysis *m.*
radiometeorograph *n.* = **radiosonde.**
radiometer *n. Ph:* radiomedr(-au) *m.*
radiometric *a. Ph:* radiometrig.
radiometry *n. Ph:* radiometreg *f.*
radiomicrometer *n. Ph:* radiomicromedr(-au) *m.*
radionecrosis *n. Med:* radionychiant *m.*
radioparent *a. Ph:* radiodryloyw(-on).
radiophonic *a.* radioffonig.
radioscopic *a.* radiosgopig.
radioscopy *n.* radiosgopeg *f*, radi|osgopi (radiosgopïau) *mf.*
radiosonde *n.* r|adiosond (radiosondau) *m.*
radiotelex *n.* radiotelecs(-au) *m.*
radiotherapeutic *a.* radiotherapiwtig.
radiotherapist *n.* radiotherapydd(-ion) *m.*
radiotherapy *n.* radioth|erapi *m.*
radiothorium *n. Ch:* radiothoriwm *m.*
radiotoxic *a.* radiowenwynol.
radish *n. Bot: (Raphanus sativus):* rhuddygl *m*, rhuddyglen (rhuddygl) *f*, *F:* radis(-ys) *mf*; *S.a.* **horse-radish; sea-~,** *(R. maritimus):* bysedd *(pl)* [yr] iâr arforol, rhuddygl *(m)* môr; **wild ~,** *(R. raphanistrum):* rhuddygl Mawrth, rhuddygl gwyllt.
radium *n. Ch:* radiwm *m.* **~ emanation** *n. Ch:* radon *m.* **~ therapy** *n.* triniaeth *(f)* radiwm.
radius *n.* **1.** *(a) Geom:* radiws (radiysau) *m*; *(b) Aut:* **steering ~,** cylch(-oedd) *(m)* troi, cwmpas(-au) *(m)* troi; **~ of action,** *(of aircraft &c):* cylch gweithredu, cwmpas gweithredu; **within a ~ of three miles,** o fewn cwmpas tair milltir. **2.** *Anat:* radiws. **3.** *Bot:* rhaidd (rheiddiau) *f.*
radix *n. Mth:* gwreiddyn (gwreiddiau) *m*, rhif(-au) sylfaenol *m*; *Cmptr:* radics(-au) *m.* **~ notation** *n.* nodiant *(m)* amser.
Radnor *W.Pl.n.* **New ~,** Maesyfed *m*; **Old ~,** Pencraig *m.* **~ Forest** *n.* Clud *m*, Fforest *(f)* Clud.
Radnorshire *Pr.n. W.Geog:* Sir *(f)* Faesyfed, Maesyfed *m.*
radome *n.* radom(-au) *mf.*
radon *n. Ch:* radon *m.*
radula *n.* ysgrafell(-i) *f*, r|adwla (radwlâu) *mf.*
Radyr *W.Pl.n.* [Tref] Aradur *f.*
raffia *n. Bot: Tex:* raffia *m.* **~ weaving** *vn.* plethu raffia.
raffinate *n. Ch:* r|affinad (raffinadau) *m.*
raffinose *n. Ch:* r|affinos *m.*
raffish *a. F:* ofer, afradlon, *N.W:* rafinaidd, rafinllyd.
raffishly *adv.* yn afradlon *&c.*
raffishness *n.* afradlondeb *m*, oferedd *m.*
raffle[1] *n.* raffl(-au) *f*, lotri (lotrïau) *f.*
raffle[2] *v.t.* rafflo.
raffler *n.* rafflydd: rafflwr (rafflwyr) *m.*
raft[1] *n.* rafft(-iau) *f*, *Lit: occ:* cludair (cludeiriau) *f*, carfad(-au) *m.* **~ wood** *n.* coed nofiedig *m*, coed rafftiau.
raft[2] *v.t.&i.* **1.** *v.t.* cludo (rhth) ar rafft; cludeirio, carfadu, rafftio (rhth). **2.** *v.i.* **to ~ down a river,** mynd i lawr afon ar rafft, rafftio i lawr afon.
raft[3] *n. U.S: (= great deal):* llond *(m)* gwlad, tomen *f*, pentwr *m*, peth wmbredd/wmbreth *m*, *S:* pwêr *m*, carnedd(-au,-i) *f*; **a ~ of houses,** clwstwr (clystyrau) *(m)* o dai.
rafter[1] *n. Const:* trawst(-iau) *m*, cwpwl (cyplau) *m*, distyn

(distiau) *m*, dist(-iau) *m*, ceibren(-nau) *m*; **the cheers made the rafters ring,** 'roedd y banllefau'n diasbedain o'r to/nenfwd.
rafter[2] *v.t. Const:* trawstio.
rafter[3] *n. (= man who rafts timber):* rafftiwr (rafftwyr) *m*, *Lit: occ:* carfadwr (carfadwyr) *m*, cludeiriwr (cludeirwyr) *m*.
raftered *a.* trawstiog; **black-~,** â thrawstiau duon; **oak-~,** â thrawstiau derw.
raftsman *n.m.* rafftiwr (rafftwyr), *Lit: occ:* cludeiriwr (cludeirwyr).
rag[1] *n.* **1.** *(e.g. for cleaning):* clwt (clytiau) *m*, clwtyn (clytiau) *m*, cadach(-au) *m*, *occ:* cerpyn (carpiau) *m*, bretyn (bratiau) *m*; *F:* **to feel like a ~,** teimlo fel clwtyn llestri, *N:* teimlo fel brechdan. **2.** *usu.pl. (= ragged clothes):* r[h]ecsyn (r[h]acs) *m*, cerpyn (carpiau) *m*, *S.W: occ:* bralyn (bralau) *m*; **rags [and tatters],** r[h]acs, r[h]acs jibidêrs; **to be in rags,** *(i) (of beggar &c):* bod yn r[h]acsiog/garpiog, bod mewn r[h]acs, bod mewn carpiau; *(ii) (of coat &c):* bod yn r[h]acs/llyfrïau/garpiau/r[h]acsiog *&c*; **from rags to riches,** o garpiau i gyfoeth; *F:* **to put on one's glad rags,** rhoi'ch dillad gorau, *S:* gwisgo'ch carpau gorau; *F:* **I haven't a ~ to my back!** 'does gen i 'run cerpyn/pilyn i'w roi amdanaf; *P:* **to chew the ~,** dal pen rheswm, trin a thrafod rhth; **it's like a red ~ to a bull,** mae fel clwtyn/cadach coch i darw. **3.** *Paperm:* **~ pulp,** mwydion *(pl)* r[h]acs. **4.** *Pej: (newspaper &c):* r[h]ecsyn (r[h]acs) *m*. **~ and bone man** *n.* dyn(-ion) *(m)* [hel] r[h]acs, *Lit: occ:* carpiwr (carpwyr) *m*, *S: occ:* Jac *(m)* y rhaca. **~-bag** *n.* **1.** *Needlew:* bag(-iau) *(m)* r[h]acs, cwdyn (cydau) *(m)* r[h]acs. **2.** *(= motley collection):* cybolfa (cybolf[e]ydd) *f*, cawdel *m*, cwdyn saint. **3.** *(= untidy woman):* gwr[aig (gwragedd) aflêr, benyw(-od) anniben *f*, *S:* sach *(f)* y bwndi, sachabwndi *f*. **~-bolt** *n.* bollten fachog (bolltiau bachog) *f*, powlten fachog (powltiau bachog) *f*. **~ book** *n.* llyfr(-au) clwt *m*. **~ doll** *n.* doli glwt (doliau/dolis clwt) *f*. **~-merchant** *n.* dyn(-ion) *(m)* [gwerthu] r[h]acs, masnachwr (masnachwyr) *(m)* r[h]acs. **~ paper** *n.* papur *(m)* r[h]acs, papur lliain. **~-picker** *n.* casglwr (casglwyr) *(m)* r[h]acs. **~ trade** *n.* y fasnach *(f)* ddillad. **~-wheel** *n.* olwyn ddanheddog (olwynion danheddog) *f*, olwyn bigog (olwynion pigog).
rag[2] *n. Sch: F: (= trick):* cast(-iau) *m*; *(by students):* rag(-iau) *f*. **~-mag, ~-magazine** *n.* papur(-au) *(m)* rag, cylchgrawn (cylchgronau) *(m)* rag.
rag[3] *v.t. F: Sch: &c:* chwarae cast[-iau] (ar rn); pryfocio, herian, baliragio (rhn); tynnu (ar rn); *abs.* **to ~,** codi twrw, codi stŵr, cadw reiat, cadw sŵn, rafio a morio, baliragio.
rag[4] *n.* **1.** *Const: (= roofing slate):* llechen fras (llechi breision) *f*, carreg fras (cerrig breision) *f*, rag(-iau) *f*. **2.** *Geol:* calchfaen (calchfeini) *m*, hogfaen (hogfeini) *m*; **coral ~,** hogfaen cwrelaidd; **Kentish ~,** calchfaen Caint.
raga *n. Indian Mus:* raga (ragâu) *f*.
ragamuffin *n.* plentyn (plant) carpiog/racsiog *m*, crwtyn (crytiau/ cryts) carpiog *m*, croten garpiog (crotesi carpiog) *f*, *S: occ:* brilwm (brilymiaid) *m*, bralgi (bralgwn) *m*, *N.W: occ:* sgaffrwd *m*, larmon (larmyn) *m*, hen garp(-iau) bach *m*.
ragamuffinly *a.* carpiog, r[h]acsiog.
rage[1] *n.* **1.** cynddaredd *f*, gwylltineb *m*, ffyrnigrwydd *m*, llid *m*, llidiowgrwydd *m*, dig *m*, digofaint *m*, dicllonedd *m*; **to fly into a ~,** gwylltio, cynddeiriogi, mynd yn wyllt gaclwm, mynd yn gudyll [ulw], *S.W:* mynd mas [o] natur, gwylltu'n deg, mynd yn wynad glân, *N.W: F:* cael [y] gwyllt, myllio, colli'ch limpin, cael y mŷll. **2.** *(= violent desire):* awch *m* (am rth); blys *m*, chwant *m* (rhth); **to have a ~ for sth,** awchu (am rth), blysu (rhth); **it's all the ~,** dyna'r ffasiwn; dyna sy'n mynd â hi; **the tune was all the ~,** 'roedd mynd mawr ar y dôn; dyna'r dôn a oedd yn mynd â hi.
rage[2] *v.i.* **1. to ~ [and fume],** chwythu bygythion a chelanedd, rhefru a chwythu, rhefru a rhuo, *N:* rafio a morio; **to ~ (against/at sth),** cynddeiriogi, gwylltio (wrth rth); rhefru, taranu (yn erbyn rhth). **2.** *(of wind):* rhuo, brochi, trystio; *(of epidemic &c):* ymledu'n wyllt/ffyrnig, mynd yn rhemp, bod yn rhemp, mynd fel tân gwyllt.
ragged *a.* **1.** *(clothes, pers.):* r[h]acsiog, carpiog, *S: occ:* bralog, *N.W:* raglyd, racslyd. **2.** *(cloud):* carpiog; *(rock):* danheddog, garw (geirwon); *(applause, gunfire):* bratiog, ysbeidiol, bylchog, di-drefn, afreolaidd; *Mus:* **~ execution,** perfformiad digyswllt/bratiog. **3. she was run ~,** bu hi'n rhedeg a rasio. **~ Robin** *n. Bot: (Lychnis flos-cuculi):* blodau*(pl)*'r brain, blodyn *(m)* y frân, cochyn bratiog *m*, Robin fratiog *m*, carpiog *(m)* y gors, *S:* ffrils *(pl)* y merched. **~ school** *n.* ysgol garpiog (ysgolion carpiog) *f*, ysgol y tlodion.
raggedly *adv.* yn fratiog *&c*.
raggedness *n.* **1.** carpiogrwydd *m*, bratiogrwydd *m*; golwg garpiog/racsiog *(f)* (ar rn); **I noticed the ~ of his clothes,** sylwais mor garpiog oedd ei ddillad. **2.** *(of work &c):* bratiogrwydd *m*; *(of gunfire):* ysbeidioldeb *m*, hyrddiogrwydd *m*.
raggedy *a. U.S:* = **ragged.**
ragger *n.* balirogiwr (balirogwyr) *m*, castiwr (castwyr) *m*, heriwr (herwyr) *m*.
raggle-taggle *a.* **1.** *(= ragged):* carpiog. **2.** *(= rambling, straggling):* crwydrol.
ragi *n. Bot:* ragi *mf*.
raging[1] *a.* cynddeiriog, gwyllt, ffyrnig, *S: occ:* gwynad; **to be in a ~ temper,** bod yn wyllt gacwn/gaclwm [ulw], bod yn gynddeiriog [ulw], bod ar gefn eich coblyn/cythraul/ceffyl, bod yn benwan, bod fel arth wyllt o'r coed, bod fel baedd gwyllt o'r coed, brochi, *S:* danso yn eich tymer, tampo, bod yn wynad, bod yn ynfyd wallgo; **a ~ wind,** gwynt brochus/tymhestlog/ffyrnig *m*; rhuthrwynt(-oedd) *m*; *(sea):* brochus, moriog, tymhestlog; **a ~ fever,** twymyn wyllt *f*; *(headache &c):* difrifol, enbyd, ofnadwy, dychrynllyd, tost; **a ~ thirst,** syched anniwall *m*.
raging[2] *vn.* = **rage[1,2]**.
Raglan[1] *W.Pl.n.* Rhaglan *f*.
raglan[2] *n. & attrib. Tail:* **1.** *n.* raglan *mf*. **2.** *attrib.* **~ sleeve,** llawes (llewys) *(f)* raglan.
raglotry *n. W.Hist:* rhaglawiaeth(-au) *f*.
ragman *n.m.* dyn(-ion) r[h]acs, dyn hel r[h]acs, *S: F:* jac(-s) *(m)* y rhaca. **~ roll** *n. Hist:* ragman-rôl *f*.
ragout[1] *n. Cu:* stiw(-iau) *m*.
ragout[2] *v.t. Cu:* stiwio.
ragstone *n. Geol:* hogfaen (hogfeini) *m*; *S.a.* **rag[4] 2.**
ragtag *n.* **~ and bobtail,** gwerinos *pl*, gwehilion *pl*.
ragtime *n. Mus:* ragtime *m*.
raguly *a. Her:* garw (geirwon); **cross ~,** croes arw *f*.
ragweed *n. Bot:* **1.** = **ragwort. 2.** *(Ambrosia artemisifolia):* ambrosia *m*.
ragworm *n. Bot:* **white ~,** *(Nephthys caeca):* abwydyn (abwyd) melys *m*, abwydyn y môr, Siani garpiog (Sianis carpiog) *f*; **king ~,** *(Nereis virens):* abwydyn gwyrdd.
ragwort *n. Bot:* **common ~,** *(Senecio jacobea):* llysiau*(pl)*'r gingroen (*pronounced* ng-g), y benfelen *f*, y garnedd felen *f*, *S.W: occ:* llysiau'r biswail, griswyl *m*, creulys *(f)* Iago, llysiau Iago, cowman bach melyn *m*; **Alpine ~,** *(S. fuchsii):* creulys yr Alpau; **broad-leaved ~,** *(S. fluviatilis):* creulys lydanddail; **chamois ~,** *(S. doronicum):* creulys y geifr; **fen ~,** *(S. paludosus):* creulys y siglen; **hoary ~,** *(S. crucifolius):* penfelen ledlwyd, creulys ledlwyd; **marsh ~,** *(S. aquaticus):* penfelen y gors, creulys y gors; **Oxford ~,** *(S. squalidus):* creulys Rhydychen; **pinnate-leaved ~,** *(S. abrotanifolius):* creulys adeinddeiliog; **rock ~, silver ~,** *(S. bicolor):* creulys ariannaidd; **southern ~,** *(S. ovirense):* creulys y De; **Tournefort's ~,** *(S. tournefortii):* creulys Tournefort; **wood ~,** *(S. nemorensis):* creulys y coed.
rah *int.* hwrê!
raid[1] *n.* ymosodiad(-au) *m*, *Lit:* cyrch(-oedd) *m*; **he made a ~ on the pantry,** fe aeth i ddwyn bwyd o'r pantri; **I had to make a ~ on my cash reserves,** bu'n rhaid imi fynd i'r pentwr *or* i waelod yr hosan.
raid[2] *v.t.* **1.** *(= attack):* ymosod, *Lit:* dwyn cyrch (ar rth). **2.** *(= pillage):* ysbeilio, ysglyfio.
raider *n.* **1.** *(= thief, rustler):* ysbeiliwr (ysbeilwyr) *m*, lleidr (lladron) *m*. **2.** *(a) Mil:* ymosodwr (ymosodwyr) *m*; *(b) Av:* awyren(-nau) *(f)* ymosod, awyren gyrch (awyrennau cyrch).
raiding[1] *a.* **1.** *(= attacking):* ymosodol; *Av:* **raiding aircraft,** awyrennau ymosodol, awyrennau ar gyrch. **2.** *(= pillaging):* ysbeiliol.
raiding[2] *vn.* = **raid[2]**. **~ party** *n. Mil:* cyrchlu(-oedd) *m*.
rail[1] *n.* **1.** cledren (cledrau) *f*, rheilen (rheiliau) *f*, *S.W: occ:* ralsen *f*, alsen *f*; *(of gate):* bar(-iau,-rau) *m*; *(of chair):* asen(-nau) *f*; *(= handrail):* canllaw(-iau) *f*; *Veh: (of cart):* estyllen (estyllod) *f*. **2.** *pl.* **rails** = **railing. 3.** *Rail: (a)* cledren, rheilen; **live ~,** cledren drydan (cledrau trydan), cledren fyw (cledrau byw); *F:* **to go off the rails,** mynd oddi ar y cledrau; *(of pers.):*

mynd ar gyfeiliorn, *N:* mynd yn rafin, *S:* mynd yn rodni; *(b) (= railway):* rheilffordd (rheilffyrdd) *f*; **to go by ~,** mynd ar y trên; *Com:* **price on ~,** pris rheilffordd, pris ar y trên. **~-chair** *n. Rail:* cadair (*f*) reilen (cadeiriau rheiliau). **~-head** *n. Rail:* pen [pellaf] (*m*) rheilffordd (pennau [pellaf] rheilffyrdd), pen lein (pennau leiniau), pen draw lein.

rail² *v.t.* **1.** rheilio; **to ~ sth in/off/round,** codi rheiliau/rheilen/rheilin o amgylch rhth, amgáu rhth â rheiliau; **a garden railed off from the road,** gardd â rheiliau rhyngddi a'r ffordd. **2.** *(= send by rail):* anfon (rhth) ar y trên.

rail³ *n. Orn:* rhegen(-nod) *f*; **water-~,** *(Rallus aquaticus):* rhegen y dŵr, rhegen y gors, cwtiar (cwtieir) *f*, iâr (*f*) ddŵr (ieir dŵr), iâr y gors, corsiar (corsieir) *f*, cas (*f*) gan ffowler; **land-~,** = **corncrake**; **sora ~,** *(Porzana carolina):* rhegen sora.

rail⁴ *v.i. (= complain):* achwyn, cwyno, *N.W:* dondio, tantro; *(= scold):* dwrdio, dondio, tafodi, rhefru; **to ~ at/against sth,** lladd/achwyn ar rth, ei dweud hi am rth, grwgnach/cwyno/tantro am rth, rhefru yn erbyn rhth.

railcar *n. Rail:* rheilgar (rheilgeir) *m*.

railed *a.* rheiliog, cledrog.

railer *n.* achwynwr (achwynwyr) *m*, ach|wynwraig *f*, achwyngi (achwyngwn) *m* (*pronounced* ng-g), grwgnachwr (grwgnachwyr) *m*, grwgn|achwraig, dwrdiwr (dwrdwyr) *m*, d|wrdwraig *f*, cwynwr (cwynwyr) *m*, c|wynwraig (cwynwragedd) *f*.

railing¹ *n. (= iron grill):* rheiliau *pl*, barrau *pl*, rheilin *m*.

railing² *vn.* = **rail⁴**; achwyn(-ion) *m*, cwyn(-ion) *f*.

railing³ *a.* difrïol, difenwol, achwyngar, cwyngar (*both pronounced* ng-g), grwgnachlyd, grwgnachus.

raillery *n.* cellwair *m*, cellweirio *vn*, herian *vn*, tynnu (*vn*) coes.

railman *n.* = **railwayman**.

railroad¹ *n. U.S:* rheilffordd (rheilffyrdd) *f*.

railroad² *v.t. U.S: (a) (= send by train):* anfon (rhth) ar y trên; *(b) F: (= rush through):* **to ~ a measure,** gwthio/rhuthro mesur trwodd.

railway *n.* **1.** *(line):* rheilffordd (rheilffyrdd) *f*, *occ:* ffordd (ffyrdd) (*f*) haearn; **funicular ~,** rheilffordd halio, rhaffordd (rhaffyrdd) *f*; **light ~, narrow-gauge ~,** rheilffordd gul (rheilffyrdd culion), *F:* lein bach/fach (leiniau bach) *f*; **overhead ~,** rheilffordd uwchddaearol; **rack and pinion ~,** rheilffordd rac a phiniwn; **the Welsh Highland R~,** Rheilffordd Ucheldir Cymru. **2.** *Ind:* **overhead ~,** *(for shop use):* rheiliau (*pl*) uwch ben, uwchreiliau *pl*; *S.a.* **scenic** 2. **~ engine** *n.* injan(-s) (*f*) lein, injan trên/drên (injans trên). **~ police** *n.* heddlu (*m*) rheilffordd. **~ siding** *n.* cilffordd (cilffyrdd) *f*, seidin(-s) *mf*, lein(-iau) (*f*) aros. **~ stamp** *n.* stamp(-iau) (*m*) rheilffordd. **~ station** *n.* gorsaf (*f*) reilffordd (gorsafoedd rheilffyrdd), *F:* stesion(-s, stesiynau) *f*. **~ system** *n.* rhwydwaith (rhwydweithiau) (*m*) rheilffyrdd. **~-yard** *n.* iard(-iau, ierdydd) (*f*) wageni.

railwayman *n.m.* dyn(-ion) (*m*) rheilffordd.

raiment *n. Poet:* dillad *pl*, gwisgoedd *pl*.

rain¹ *n.* **1.** glaw(-ogydd) *m*; *(personified):* Ifan y glaw, *N: occ:* Dafydd y glaw; **it's pouring with ~,** *See* **rain²**; **pelting ~, driving ~,** curlaw *m*, *N:* glaw gyrru, glaw bras, *N.W: occ:* glaw gochel, glaw 'Stiniog, hyrddlaw *m*, horslaw *m*, rhyslaw *m*, [y]stidlaw *m*, *S:* ponlaw *m*, *S.W:* hirlaw *m*, curin (*m*) o law; **freezing ~,** glaw rhewi; **thundery ~,** *N:* glaw taranau, *S:* glaw tyrfau; **light ~,** glaw mân, *N.W:* smwc *m*, smwcen *f*, smwclaw *m*, glaw ŵyn bach, smitlaw *m*; **it looks like ~,** mae golwg glaw arni; mae hi'n cau am law; mae hi'n hel am law; mae hi am law; mae glaw ynddi; *S.W: occ:* mae'n salwino; *M.W:* mae'n casglu tywydd; **a walk in the ~,** tro yn y glaw; **(I'll come) ~ or shine,** (mi ddof) boed hindda neu ddrycin, haul neu law, glawied neu beidio; **the ~ was driving,** *S.W:* 'roedd hi'n chwiwio bwrw; **~ stopped play,** rhoes y glaw derfyn ar y gêm; **~ conducive to growth,** glaw tyfu, glaw tyfiant; **come in out of the ~!** dewch i mewn o'r glaw! **it is coming/turning to ~,** mae hi'n troi'n law; mae hi'n cau am law; mae hi'n dod yn law; mae hi'n dod i fwrw; **golden ~,** *(i) Pyr:* glaw aur, cawod (*f*) aur; *(ii) Bot:* = **laburnum**; *S.a.* **right¹ 1, 4. 2.** *pl.* **the rains,** *(in tropics):* y glawogydd. **3.** *(of fire, kisses, ashes &c):* cawod(-ydd) *f*. **~-band** *n. Ph: Meteor:* rhesen (*f*) law (rhesi glaw). **~-chart** *n.* map(-iau) (*m*) glaw. **~-check** *n.* **1.** tocyn(-nau) (*m*) glaw. **2.** *Fig:* addewid(-ion) *m*. **~-cloud** *n.* cwmwl (cymylau) (*m*) glaw. **~-doctor** *n.* = **rain-maker**. **~-forest** *n.* fforest (*f*) law (fforestydd glaw). **~-gauge** *n.* glawfesurydd(-ion) *m*, mesurydd(-ion) (*m*) glaw. **~-maker** *n.* dewin(-iaid) (*m*) glaw. **~-making** *vn.* dewino glaw. **~-pie** *n. Orn:* = **woodpecker (green)**. **~-proof** *a.* rhag glaw, sy'n dal glaw, a ddeil law, gwrth-law. **~-shadow** *n.* glawgysgodfa (glawgysgodf|eydd) *f*, cil(-iau) (*m*) glaw, cysgod(-ion) (*m*) glaw. **~-tree** *n. Bot:* coeden (*f*) law (coed glaw). **~-wash** *n.* **1.** *(loose material):* ysgubion (*pl*) glaw. **2.** *(movement):* glawred(-iadau) *m*, glawffrwd (glawffrydiau) *f*. **~-worm** *n.* = **earthworm**.

rain² *v.t.&i.* **1.** glawio, bwrw glaw; *abs.* bwrw; **it is raining,** mae hi'n bwrw; **to ~ cats and dogs, to ~ stair-rods,** *N:* bwrw fel o grwc, tywallt y glaw, pistyllio glaw, 'stido [bwrw] glaw, pistyllio [bwrw] glaw, ei thywallt hi, tresio bwrw, bwrw hen wragedd a ffyn, bwrw'n chwannog, tatsian y glaw, ei harllwys hi, arllwys y glaw, *S:* diwel y glaw, bwrw adre; **to start raining,** pigo [bwrw], *S:* pigan glaw, briwlan, *N: occ:* taflu dagrau; *Prov:* **it never rains but it pours,** ni ddaw helynt ei hunan; **to ~ and shine together,** *N:* bwrw haul, gwn|eud cawod haul. **2.** *(blood, ashes, kisses, blows &c):* bwrw; syrthio/disgyn yn gawod; **blows rained upon him,** syrthiodd ergydion yn gawod arno; **to ~ blows on s.o.,** dyrnu rhn yn ddidrugaredd; **tears rained down her cheeks,** 'roeddd dagrau'n powlio/llifo i lawr ei gruddiau; **the game was rained off,** ni fu chwarae oherwydd glaw.

rainbird *n. Orn:* = **woodpecker (green)**.

rainbow *n. & attrib.* **1.** *n.* enfys(-au) *f*, *N.E: M.W:* pont(-ydd) (*f*) y glaw, *S.W:* bwa(*m*)'r arch, *S.E:* bwa'r drindod, *M.W: occ:* y wenwisg *f*, *Lit: occ:* bwa'r hin; *F:* **to chase [after] rainbows,** chwilio am yr enfys; **partial ~,** ci (cŵn) (*m*) drycin; *F:* **he went all the colours of the ~,** fe aeth yn bob lliw dan haul. **2.** *attrib.* seithliw. **~ bird** *n. Orn:* aderyn (adar) seithliw *m*. **~ coalition** *n. Pol:* clymblaid amryliw/seithliw *f*. **~ trout** *n. Ich:* brithyll(-od,-iaid) seithliw *m*.

raincoat *n. Cost:* côt (*f*) law (cotiau glaw).

raindrop *n.* diferyn (diferion) (*m*) glaw, defnyn(-nau, dafnau) (*m*) glaw, dafn(-au) (*m*) glaw.

rainfall *n. Geog:* glaw *m*, glawiad(-au) *m*, glawogydd *pl*; **an area of heavy ~,** ardal glaw trwm.

rainily *adv.* yn lawog.

raininess *n.* glawogrwydd *m*.

rainless *a.* heb law, di-law.

rainproof¹ *a.* diddos, yn atal glaw.

rainproof² *v.t.* diddosi.

rainwater *n.* dŵr (*m*) glaw, *occ:* glawddwr *m*. **~ butt** *n.* casgen(-ni) (*f*) dal glaw, hocsied(-au) (*f*) dal glaw.

rainwear *n. Cost:* dillad (*pl*) glaw.

rainy *a.* glaw[i]og; **the ~ season,** tymor (*m*) y glawogydd; **to put sth by for a ~ day,** rhoi rhth o'r naill du ar gyfer diwrnod glawog, cadw'ch afraid erbyn eich rhaid, *N:* hel rhth i'ch cwch, celcio rhth.

raise¹ *n. U.S:* = **rise¹**.

raise² *v.t.* **1.** *(a) (most senses):* codi, *S.E:* cwnnu, *Lit:* cyfodi, *occ:* dyrchafu; *(b)* **to ~ [up] s.o. from the dead,** atgyfodi rhn o blith y meirw, codi rhn o farw'n fyw; *(c)* **to ~ game,** codi helfa; **to ~ people [against sth],** cyffr|oi/annog pobl i wrthryfela [yn erbyn rhth], cyffroi/annog pobl i godi dani. **2.** *(palace, statue &c):* codi, adeiladu. **3.** *(farm animals):* magu; *(family):* codi; *(vegetables):* tyfu. **4.** *(a)* **to ~ a bump,** codi chwydd; **to ~ steam,** codi a[n]ger, codi stêm, magu stêm; **to ~ a storm of laughter,** peri/ennyn/achosi chwerthin; **to ~ a hue and cry after s.o.,** codi'r wlad ar ôl rhn; **to ~ s.o.'s spirits,** codi calon/ysbryd rhn, sirioli rhn, calonogi rhn; *S.a.* **wind¹ 1**; **to ~ a smile,** codi gwên; **to ~ one's eyebrows,** codi'ch aeliau; **to ~ a cry,** codi llef; **no-one raised his voice,** ni chododd neb ei lais; **to ~ an objection,** gwrthwynebu, codi gwrthwynebiad. **5.** *(a) (arm, eyes, weight, hopes, spirits, voice, prices, salary, army, money, demon):* codi; **to ~ one's glass to s.o.,** yfed iechyd da i rn; **to ~ one's hand to s.o.,** codi'ch llaw i daro rhn; *S.a.* **dust¹ 1, hat**; *(b)* **to ~ s.o. to power,** dyrchafu/codi rhn i awdurdod; **to ~ oneself,** ymddyrchafu, ymgodi; *(c)* **to ~ Cain, to ~ the devil, to ~ hell &c,** *(= complain, make a scene):* chwarae'r diawl, codi twrw, creu helynt; *(= kick up a shindy):* cadw stŵr, cadw reiat, gwn|eud twrw. **6.** *Mil:* **to ~ a siege,** codi gwarchae; **to ~ camp,** symud gwersyll. **7.** *Nau:* **to ~ the land,** dod i olwg tir.

raised *a.* **1.** *(a) (arm &c):* ar godi, a godwyd, wedi ei godi/chodi,

Lit: occ: dyrchafedig, esgynedig; **~ accent mark,** acen ddyrchafedig (acenion dyrchafedig) *f*; *(b)* **~ deck,** bwrdd uchel; **a ~ voice,** llais uchel; **with ~ eyebrows,** gan godi'ch aeliau; *Cu:* **~ pie,** pastai (*f*) godi (pasteiod codi); **~ pastry,** crwst (*m*) codi; **~ toilet seat,** sedd(-au) (*f*) toiled uchel; *Geog:* **~ beach,** cyfordraeth(-au) *m*; **~ bog,** cyforgors(-ydd) *f*; **~ cliff,** cyforglogwyn(-i) *m*.

raisin *n. Bot:* r[h]esinen (r[h]esins) *f*.

raison d'état *n.* rheswm gwladwriaethol *m*, lles (*m*) y wladwriaeth, budd (*m*) y wladwriaeth.

raison d'être *n.* **the ~ ~ of sth,** diben (*m*) bodolaeth rhth, y rheswm (*m*) dros fodolaeth rhth.

raj *n.* teyrnasiad *m*, ymerodraeth(-au) *f*, ***raj*** *m.* **the British R~,** yr oruchwyliaeth Brydeinig *f*, yr ymerodraeth Brydeinig *f* [yn India].

raja[h] *n.* tywysog(-ion) *m*, pendefig(-ion) *m*, brenin (brenhinoedd) *m*.

rajaship *n.* brenhiniaeth (breniniaethau) *f*.

Rajpoot, Rajput *n.* Rajpwt(-iaid) *m*.

rake¹ *n. Tls: S:* rhaca(-nau) *mf*, rhacan(-au) *f*, *N:* cribin (-iau) *f*; *F:* **thin as a ~,** tenau fel cribin, mor denau â sgadenyn, main fel llinyn trôns, main fel cangen haf, fel 'styllen o denau, cyn deneued â barcutan/brân/mulfran/rhisglyn/'styllen/esgyrnyll, cyn feined â brwynen, cyn feined â channwyll frwyn, cyn feined â choes Robin goch, cyn feined ag edafedd gwawn, mor denau â iâr yn ei thalcen, *S: occ:* mor denau â sgimren; **muck-~,** cribin dail (cribiniau tail), *S.W:* corlac(-au) *m*, corleg(-au) *m*, gwarloc(-au) *m*, *N:* caff(-iau) (*m*) tail; **hay-~,** *S.W:* rhaca gwair, rhaca fawr, *S.E:* rac(-au) *f*, *N:* cribin wair (cribiniau gwair); **hand-~,** *S.W:* rhaca bach, *N:* cribin fach (cribiniau bach), cribin fechan (cribiniau bychain), cribin law (cribiniau llaw); **heel-~,** cribin sofl, cribin fawr (cribiniau mawr), cribin delyn (cribiniau telyn), telyn(-au) *f*; **horse-~,** *N:* cribin geffyl (cribiniau ceffyl); **oven-~,** *N:* cribin bopty, *S:* corlac, corleg, gwarloc.

rake² *v.t.* **1.** *N:* cribinio, *S:* rhacanu. **2. the police raked the district,** bu'r heddlu'n cribinio'r ardal; aeth yr heddlu drwy'r ardal â chrib mân; *abs.* **to ~ [about] among old documents,** chwilota trwy hen ddogfennau. **3. to ~ a trench with gunfire,** ysgubo/rhidyllu ffos â bwledi; **to ~ cash in,** gwn|eud arian fel y gro/mwg, hel pentwr o arian; **to ~ manure into soil,** claddu tail/tom [â'ch cribin]. **~ off** *v.t. F: (money):* cymryd siâr (o rth), *S.W.* gwncud tipyn o fròg (o rth). **~-off** *n.* siâr(-au) *f* (o rth), *S.W:* bròg *m.* **~ out** *v.t. (ashes):* tynnu lludw, crafu lludw. **~ over** *v.t.* cribinio, rhacanu. **~ up** *v.t.* **to ~ up s.o.'s past,** holi a stilio hanes rhn, chwilio gorffennol rhn, codi hen grachen/grachod, crafu hen asgwrn, *N.W: occ:* codi crowsiau.

rake³ *n. (= debauchee):* oferwr (oferwyr) *m*, oferddyn(-ion) *m*, *N:* rafin(-s,-iaid) *m*, lari(-s) *m*, larmon (larmyn) *m*, rafiwr (rafwyr) *m*; **the ~'s progress,** hynt yr oferwr; **an old ~,** hen gorgi (hen gorgwn), hen gi (hen gŵn) *m*.

rake⁴ *n.* **1.** *Nau:* bargodiad *m.* **2.** *E: Th:* gogwydd *m*, gogwyddiad *m*, goleddf *m*, goleddfiad *m*; *Th:* **top ~,** gogwydd/goleddf uchel.

raked *a.* **1.** *(path &c): N:* cribiniedig, a gribiniwyd, *S:* a racanwyd, wedi ei gribinio/racanu. **2.** *(stage &c):* ar ogwydd, gogwyddedig; *Th:* **~ piece,** lletem(-au) (*f*) llwyfan.

rakeful *n. N:* cribinaid (cribineidiau) *f*, *S:* rhacanaid (rhacaneidiau) *f*.

rakehell *n.* = **rake³**.

raker *n.* **1.** *N:* cribiniwr (cribinwyr) *m*, crib|inwraig *f*, *S:* rhacanwr (rhacanwyr) *m*, rhac|anwraig *f*; *S.a.* **muck¹**. **2.** *(of gill):* cribin(-iau) *f*.

raking¹ *a. (gunfire, glance):* ysgubol.

raking² *vn. & n.pl.* **1.** *vn.* cribinio, rhacanu, cribiniad(-au) *m*, rhacaniad(-au) *m.* **2.** *n.pl.* **rakings,** creifion, *N:* cribinion, *S.W:* cribion, crafion.

raking³ *a. (mast, stage):* ar oleddf; **~ piece,** lletem(-au) (*f*) llwyfan.

rakish¹ *a.* **1.** ofer, afradlon; *(= dissolute):* diffaith. **2.** *(appearance):* rafinaidd, rafinllyd, powld, swagar, talog, talgryf (-ion); **(to wear one's hat) at a ~ angle,** (gwisgo'ch het) yn dalog, ar ochr eich pen.

rakish² *a. Nau: Aut:* chwim, chwimwth, chwipiog.

rakishly *adv.* **1.** *(= dissolutely):* yn afradlon. **2.** *(= jauntily):* yn dalog *&c.*

rakishness *n.* **1.** *(= dissoluteness):* oferedd *m*, afradlondeb *m*, afradlonrwydd *m.* **2.** *(= jauntiness):* talogrwydd *m.*

raku *n. Cer:* racw *m.*

râle *n. Med:* rhuglo *vn*, rhygnad *m*, rhwnc *m.*

rallentando *n., a. & adv. Mus:* **rallentando(-s)** (*m*).

ralli-car[t] *n.* car (ceir) (*m*) rali.

rallier *n.* ralïwr (ralïwyr) *m.*

ralline *a. Orn:* rhegennol.

rally¹ *n.* **1.** rali (ralïau) *f*; *Aut:* **[car] ~,** rali geir (ralïau ceir). **2.** *(a) Mil: (= remustering):* adfyddiniad(-au) *m*, atgynulliad(-au) *m*; *(b) Com: (of prices):* adferiad *m*; *(c) Sp:* ail hwb (~ hybiau) *m*, ail hybiad(-au) *m.* **3.** *Ten:* rali *f.* **~-cross** *n. Aut: Sp:* rali groes *f*, ras (*f*) geir (rasys ceir).

rally² *v.t.&i.* **1.** *v.t.&i. (of troops &c):* ailymgynnull, atgynnull, adfyddino, ailfyddino, ailymgasglu, ailgrynh|oi. **2.** *v.i. (a) (of partisans, friends &c):* tyrru, ymdyrru (at rn); ymlynu (wrth rn); bod yn gefn mawr (i rn); **his partisans rallied round him,** tyrrodd ei gefnogwyr yn gefn iddo; caeodd ei gefnogwyr o'i gylch; *(b) (from illness):* cael eich cefn atoch, adennill eich nerth, gwella, ail hybu, *S:* geino, *N:* criwtio, fflonsio; *(c) (of team):* cael eich gwynt atoch, ail hybu.

rally³ *v.t. (= tease):* pryfocio, herian, tynnu coes (rhn).

rallying¹ *a.* pryfoclyd, cellweirus, heriog, heriol, herllyd.

rallying² *vn.* **1.** *Aut:* ralïo, rhedeg ralïau. **2.** *See* **rally²,³**; **a ~ call,** galwad i uno.

rallyingly *adv.* yn bryfoclyd *&c.*

Ralph *Pr.n.m.* Rawlff, Raff.

ram¹ *n.* **1.** *(a) Z: N:* maharen (meheryn) *m*, *S:* hwrdd (hyrddod) *m*; **a young ~,** *N:* hesbwrn (hesbyrniaid) *m*; **a castrated ~,** *S:* gwedder (gweddrod) *m*; *(b) Astr:* **the R~,** yr Hwrdd, y Maharen. **2.** *(a)* **[battering-]~,** hwrdd (hyrddod) *m* [rhyfel], pen (*m*) hwrdd (pennau hyrddod), hwrdd-beiriant (hwrdd-beiriannau) *m*, dyrnhwrdd (dyrnhyrddod) *m*, hyrddyr(-au) *m*; *(b) Aer:* **~ pressure,** gwasgedd (*m*) hyrddio. **3.** *N.Arch:* corn (*m*) hwrdd (cyrn hyrddod). **4.** *(of pump, press):* piston(-au) *m*; *(of pile-driver):* pwysau *pl.* **5.** = **rammer.** **~-pump** *n. Hyd.E:* pwmp (pympiau) (*m*) gwasgu.

ram² *v.t.* **1.** *(a) (soil):* curo, caledu, pwyo, hyrddio; *(stake):* dyrnu, curo, pwyo, gyrru; *(b) (= push):* gwthio, pwnio, hyrddio, *S.W:* saco, *N.W:* sodro; *Min:* **to ~ a charge home,** *S:* ramo twll, *N:* powdro twll; **to ~ one's hat on one's head,** gwthio'ch/sodro'ch het am eich pen; **to ~ an argument home,** gwthio dadl i'w phen, dyrnu ar ddadl; *S.a.* **throat.** **2.** *(ship, car):* taro, bwrw (rhth yn erbyn rhth).

Ramadan *n. Moslem Rel:* Ramadán *mf.*

ramal *a. Bot:* canghennol.

ramble¹ *n.* tro(-eon) *m*, crwydr(-au) *m*, crwydrad(-au) *m*, crwydriad(-au) *m*, **to go for a ~,** mynd am dro, mynd ar grwydr mynd ar gerdded, mynd i grwydro, mynd am dramp, *S:* trampan.

ramble² *v.i.* **1.** *(= wander):* crwydro ar antur. **2.** *(= talk, write disconnectedly):* **to ~ on (about sth),** moedro, mwydro, siarad ar hyd ac ar led, malu awyr (am rth); *(in delirium): S.W: occ:* swrddanu, sorddanu, *N.W:* moedro, mwydro, ffwndro.

rambler *n.* **1.** crwydrwr (crwydrwyr) *m*, crwydryn (crwydriaid) *m*, cr|wydrwraig (crwydrwragedd) *f.* **2.** **~[-rose],** rhosyn(-nau) crwydrol *m.*

rambling¹ *a.* **1.** *(rose &c):* crwydrol. **2.** *(talk &c):* gwasgarog, dryslyd, di-drefn, digyswllt, mwydrus, ffwndrus, ar hyd ac ar led, ar hyd ac ar draws. **3. a ~ house,** ehangle (*m*) o dŷ, *N:* honglad/honglaid/hongliad (*m*) o dŷ, *occ:* hong[o]l (*m*) o dŷ, *S.W:* sgrongol (*m*) o dŷ [mawr].

rambling² *vn.* **1.** *(= walk &c):* crwydriad(-au) *m*, taith grwydrol (teithiau crwydrol) *f.* **2.** *(= incoherence):* = **ramble².** **~ club** *n.* clwb (clybiau) (*m*) crwydro.

ramblingly *adv.* **1.** ar grwydr, ar antur. **2.** ar hyd ac ar led, ar hyd ac ar draws, yn wasgarog *&c.*

Ramboesque *a.* Ramboaidd.

rambunctious *a. U.S:* = **boisterous.**

rambunctiously *adv.* = **boisterously.**

rambunctiousness *n.* = **boisterousness.**

rambutan *n. Bot:* **1.** *(fruit):* r|ambwtan (rambwtanau) *mf*, eirinen bigog (eirin pigog) *f.* **2.** *(tree):* rambwtan *f*, coeden (coed) *(f)* rambwtan.

ramekin, ramequin *n.* **1.** *Cu:* caws pob *m*, r|amecin (ramecinau) *mf.* **2.** *Dom.Ec:* **~ case/dish,** cawslestr(-i) *m*, dysgl *(f)* gaws pob (dysglau caws pob), dysgl ramecin.

ramet *n. Bot:* cainc (ceinciau) *f.*

ramie *n. Bot: Tex:* rami *mf*, glaswellt *(m)* Tsieina.

ramification *n.* cangheniad (cangeniadau) *m*, ymgangheniad (ymgangeniadau) *m*; *(of society, affair &c):* israniad(-au) *m*; *(of river):* cainc (ceinciau) *f*; **the ramifications of society,** dosbarthiadau cymdeithas.

ramiform *a.* ar ffurf cangen, canghenffurf, canghennog, ceinciog.

ramify *v.i.* ymganghennu.

Ramism *n. Phil:* Ramiaeth *f.*

ramjet *n. Av:* ramjet(-iau) *f.*

rammer *n.* **1.** *(for earth):* gordd (gyrdd) *f.* **2.** *Mil: A: Min:* = **ramrod. 3.** *(for stakes):* gordd bolion (gyrdd polion). **4.** *(pers., of cars &c):* trawydd(-ion) *m.* **5.** = **battering-ram.**

rammish *a.* fel hwrdd/maharen, maharennaidd; *(= lustful):* trythyll, blysig; *(= smelly):* drewllyd.

rammishly *adv.* fel hwrdd *&c*; yn drythyll *&c*; yn ddrewllyd.

rammishness *n.* *(= lust):* trythyllwch *m*; *(= smelliness):* drewdod *m.*

ramonda *n. Bot:* ramonda(-s) *f.*

ramose, ramous *a. Nat.Hist:* canghennog, ceinciog, brigog.

ramp[1] *n.* *(a) (for access):* esgynfa (esgynfâu, esgynf|eydd) *f*; *(b) (on road):* poncen (ponciau) *f*, gwr|ym (gwrymiau) *m*, ramp(-iau) *m*; **unloading ~,** llwyfan d[d]adlwytho (llwyfannau dadlwytho) *mf*; *(c) Aut:* **garage repair ~,** esgynlawr (esgynloriau) *m*, ramp codi.

ramp[2] *v.i.&t.* **1.** *(a) (of lion):* ymgodi, ymsythu; *(b) Arch: (of wall):* mynd ar oleddf, goleddfu; *(c)* **to ~ and rave,** *See* **rant**[2]. **2.** *v.t. (= provide sth with ramp):* gosod ramp/esgynfa ar rth.

ramp[3] *n. F:* **1.** *(= swindle):* twyll *m*, hoced(-ion) *f.* **2.** *(= overcharging):* [codi] crocbris(-iau) *m.*

ramp[4] *v.t. (= swindle):* twyllo (rhn), codi crocbris (ar rn).

rampage[1] *n. F:* **to go on the ~,** mynd yn wyllt ulw, rhedeg yn wyllt, terfysgu, creu terfysg.

rampage[2] *v.i. F:* **to ~ [about],** mynd yn wyllt ulw, rhuthro o gwmpas, terfysgu, codi stŵr, creu helynt; *(of cattle):* rhusio, gwrychennu, *S.W:* clerdingo, carlingo, gyrru'n blufied, gwn|eud/creu mwstwr.

rampageous, rampaging *a. P:* afreolus, aflywodraethus, gwyllt, stwrllyd.

rampancy *n.* rhoncrwydd *m*, rhemprwydd *m.*

rampant *a.* **1.** *(a) Her:* **lion ~,** llew ar ei draed [ôl], llew ar ei sefyll, llew rampant, llew dywal; *(b) (pers.):* gwyllt(-ion), byrwyllt(-ion), stwrllyd. **2.** *pred.a.* rhemp; **theft is ~,** mae lladrata'n rhemp/bla. **3.** *(growth):* toreithiog, *S.W: occ:* rhonc; *(plant):* brigog, trwchus. **4.** *Arch: (arch):* dringol, esgynnol.

rampantly *adv.* **1.** yn rhemp. **2.** yn doreithiog.

rampart[1] *n. Fort:* rhagfur(-iau) *m*, gwrthglawdd (gwrthgloddiau) *m*, magwyr(-ydd) *f*; **murus gallicus ~,** rhagfur ***murus gallicus,*** mur Galaidd; **stepped-back ~,** rhagfur cefnrisiog; **timber-laced ~,** rhagfur fframwaith coed, rhagfur coed plethedig; **vertically-faced ~,** rhagfur wyneb sythlin; **wide-spaced ramparts,** rhagfuriau gofod eang. **~ walk** *n.* rhodfa *(f)* ben clawdd (rhodf|eydd pen clawdd).

rampart[2] *v.t.* rhagfurio (rhth); amddiffyn (rhth) â gwrthglawdd.

ramping fumitory *n. Bot: (Fumaria capreolata):* mwg gwyn *(m)* y ddaear, mwg y ddaear afreolus.

rampion *n. Bot: (Phyteuma):* cyrnogyn *m*; **betony-leaved ~,** *(Ph. betonicifolium):* cyrnogyn dail dannog; **black ~,** *(Ph. nigrum):* cyrnogyn du; **dark ~,** *(Ph. ovatum):* cyrnogyn tywyll; **dwarf ~,** *(Ph. humile):* cyrnogyn bychan; **globe-headed ~,** *(Ph. hemisphaericum):* cyrnogyn pellennaidd; **horned ~,** *(Ph. scheuchzeri):* cyrnogyn corniog; **maritime ~,** *(Ph. balbisii/cordatum):* cyrnogyn arfor; **Rhaetian ~,** *(Ph. hedraianthifolium):* cyrnogyn Rhetia; **round-headed ~,** *(Ph. orbiculare):* cyrnogyn pengrwn *(pronounced* ng-g); **rosette-leaved ~,** *(Ph. globulariifolium):* cyrnogyn rhosglymog; **scorzonera-leaved ~,** *(Ph. scorzonerifolium):* cyrnogyn dail s|alsiffi; **spiked ~,** *(Ph. spicatum):* cyrnogyn pigfain. **~ bellflower** *n. (Campanula rapunculus):* clychlys bwytadwy *m*, clychlys erfin.

ramrod[1] *n.* **1.** *A: (of gun &c):* ffon *(f)* wthio (ffyn gwthio), pren (-nau) *(m)* gwthio. **2.** *Exp: (i) (in quarries): N.W:* ffon bren (ffyn pren); *(ii) (in coal-mining):* ramar(-s) *m*; *S.a.* **straight** I. **1.**

ramrod[2] *v.t. U.S:* **to ~ an outfit,** bod yn giaffer ar griw.

Ramsey Island *W.Pl.n.* Ynys *(f)* Dewi, *A:* Ynys Dyfannog.

Ramsey Sound *W.Pl.n.* Swnt *(m)* Dewi.

ramshackle *a.* simsan, gweglyd, siglog, sigledig, ansad, *S.W: occ:* crinyll; **a ~ house,** tŷ yn mynd a'i ben iddo; **a ~ old car,** hen siandri *f* [o gar], hen groc *m* [o gar], hen recsyn *m* [o gar], *N: occ:* hen sgrag *m* [o gar]; **~ furniture,** hen ddodrefn/gelfi bregus.

ramsons *n.pl. Bot:* craf *(m)* y geifr, garlleg *(pl)* yr arth, garlleg y geifr.

ramtil *n. Bot:* ramtil(-iau) *mf.*

ran *v. See* **run**[2], **also-ran.**

rance *n. Miner:* marmor coch *m.*

ranch[1] *n. U.S: Canada:* fferm(-ydd) *f*, ffarm (ffermydd) *f*, ransh (-is) *f*; **dude ~,** fferm fyddigions (ffermydd byddigions).

ranch[2] *v.i. U.S:* ffermio, ffarmio, ransio, *Lit:* amaethu.

rancher *n.* ffarmwr: ffermwr (ffermwyr) *m*, ranshwr (ranshwyr) *m.*

rancid *a.* sur, hen, â blas hir hel [arno *&c*], egr; **to grow ~,** suro, egru.

rancidity, rancidness *n.* surni *m*, egrwydd *m*, egrwch *m*, ecrwch *m.*

rancorous *a.* chwerw(-on), gwenwynllyd, maleisus, milain, mileinig.

rancour *n.* chwerwder *m (pronounced* chwerder), gwenwyn *m*, malais *m*, cas *m*, mileindra *m*, dygasedd *m*, casineb *m*, drwgdeimlad *m.*

rand *n.* **1.** *Bootm:* gwaltas(-au, gwaltesi) *f.* **2.** *Geog:* esgair (esgeiriau) *f*, cefnen(-nau) *f*; **The R~,** Y Rand *f.* **3.** *Num:* rand(-iau) *f.*

randan[1] *n. Row:* randan *f.*

randan[2] *n.* **on the ~,** ar y sbri, ar y criws.

randem *adv.* & *n.* **1.** *adv.* fesul tri, yn drioedd. **2.** *n.* randem(-au) *f.*

randily *adv.* yn chwantus *&c.*

randiness *n.* chwant *m*, chwantusrwydd *m*, blysigrywdd *m*, *V:* tinboethder *m*, tinboethni *m.*

randing *vn.* plethu.

random *n.* & *a.* **1.** *n.* **at ~,** ar antur, ar hap; **(to speak) at ~,** (siarad) yn ddiamcan, ar hyd ac ar led, ar hyd ac ar draws; **to hit out at ~,** taro ar antur. **2.** *a.* ar antur, damweiniol. **~-access**[1] *n.* hapgyrch(-oedd) *m.* **~-access**[2] *v.t. Cmptr:* hapgyrchu. **~-access file** *n.* ffeil(-iau) *(f)* hapgyrchu. **~-access memory (RAM)** *n.* cof(-au) *(m)* hapgyrch; **sideways RAM,** RAM ochr. **~-access store** *n.* storfa (storf|eydd) *(f)* hapgyrch. **~ choice** *n.* hapddewis(-iadau) *m.* **~ experiment** *n.* haparbrawf (haparbrofion) *m.* **~ motion** *n.* mudiant (mudiannau) afreolus *m.* **~ number** *n.* haprif(-au) *m.* **~ number generator** *n. Cmptr:* cynhyrchydd (cynhyrchwyr) *(m)* haprifau. **~ sample** *n.* hapsampl(-au) *f.* **~ sampling** *vn.* hapsamplu. **~ scale** *n.* hapraddfa (hapraddf|eydd) *f.* **~ scale value** *n.* gwerth *(m)* hapraddfa. **~ sequence** *n.* cyfres ddigyswllt (cyfresi digyswllt) *f*, dilyniant (dilyniannau) digyswllt *m.* **~ variable** *n.* hapnewidyn(-nau) *m*; **discrete ~ variable,** hapnewidyn arwahanol. **~ walk** *n. Cmptr:* hapgerddediad(-au) *m.* **~ work** *n.* gwaith *(m)* ar hap.

randy *a.* chwantus, nwydwyllt, blysig, blysiog, trythyll, *V:* cocwyllt, tinboeth, *S.W: occ:* llosgfannus.

ranee, rani *n.f. Hist: India:* rani (raniaid), brenhines (breninesau), pendefiges(-au).

rang *v. See* **ring**[4].

rangatira *n. N.Z:* pennaeth (penaethiaid) *m.*

range[1] *n.* **1.** *(a) (of buildings):* rhes(-i) *f*, rhesaid (rheseidiau) *f*; *(b) (of mountains):* cadwyn(-i) *f.* **2.** *(= lie, direction):* cyfeiriad *m*, gorweddiad *m.* **3.** *(a) (= freedom):* rhyddid *m*; **he has free ~ of the house,** mae ganddo ryddid y tŷ; **to give free ~ (to one's fancy),** rhoi rhwydd hynt *(f)*, rhoi tragwyddol heol *(f)* (i'ch dychymyg); *Com:* **free-~ chickens,** cywion rhydd/crwydr, cywion buarth; **free-~ eggs,** wyau buarth; *(b) U.S: (= grazing-ground):* porfeldir(-oedd) *m*, maestir(-oedd) *m*; paith (peithiau) *m*; *(= hunting-ground):* heldir(-oedd) *m*; **to ride the ~,** crwydro'r paith; *(c) Nat.Hist: (of plant, animal &c):*

cynefin(-oedd) *m*. **4.** *(a) (= extent):* maint *m*, amrediad(-au) *m*, cyrhaeddiad (cyraeddiadau) *m*, *occ:* arfod(-au) *m*, rhychwant(-au) *m*, cwmpas *m*; **the ~ of one's knowledge,** maint/rhychwant gwybodaeth rhn; **~ of action,** maes *(m)* gweithgarwch; *Cmptr:* **in-~,** mewn amrediad; **out of ~,** allan o amrediad; **long-~,** *(aircraft):* pell-ehedol; **long-~ prospects,** rhagolygon [y] tymor hir; *Mth: Cmptr:* **multi-~,** aml-rediad *m*; **to come into s.o.'s ~ of vision,** dod i olwg rhn; **his ~ of vision is limited,** cyfyng yw maes ei welediad; cyfyng yw'r hyn y gall ei weld; **the ~ of a telescope,** maes arsylliad sbienddrych; **the whole ~ of politics,** holl fyd/faes/amrediad/rychwant/gwmpas gwleidyddiaeth; **within my ~,** o fewn fy nghyrraedd; **~ of speeds,** amrediad cyflymderau; *(of colours, patterns):* amrywiaeth *f*, detholiad *m*, dewis *m*; *Pol: &c:* **salary ~,** amrediad cyflogau; **the whole ~ of events,** holl ddilyniant *(m)* y digwyddiadau. **5.** *Ball: (a)* pellter(-au,-oedd) *m*, cyrraedd *m*; **at a ~ of five miles,** ar bellter o bum milltir; **at long ~,** o bellter, o hirbell; **a gun that has a ~ of a thousand yards,** dryll sy'n saethu [pellter o] fil o lathenni; **within ~,** o fewn cyrraedd; **out of ~,** pell o gyrraedd. **6. shooting ~,** maes (meysydd) *(m)* saethu; **firing ~,** maes tanio. **7.** *Dom.Ec: (old-fashioned):* grât (gratiau) hen ffasiwn *m*, grât cegin, lle tân hen ffasiwn, lle tân cegin; *(= cooker): S:* ffwrn (ffyrnau) *f*, *N:* popty (popt|ai) *m*. **~-finder** *n*. lleolwr (lleolwyr) *(m)* pellter. **~-finding** *n*. telemetreg *f*.

range² *v.t.&i.* I. *v.t.* **1.** *(a) (= arrange):* gosod/dodi/rhoi (rhth) mewn trefn; trefnu, rhencio (rhth); *(b)* **to ~ oneself with s.o.,** ymrestru gyda rhn, sefyll gyda rhn, cefnogi rhn, ymuno â rhn, ochri â rhn; *(c) Typ:* unioni, sythu. **2. to ~ the horizon,** archwilio'r gorwel, syllu/craffu ar y gorwel. **3.** *(telescope, gun):* anelu. II. *v.i.* **1.** *(= extend):* ymestyn. **2.** *(= patrol, wander):* crwydro; **the speaker ranged over many topics,** cyffyrddodd y siaradwr â sawl pwnc. **3. prices ranging from five pounds to fifty,** prisiau yn amrywio o bum punt i hanner canpunt. **4. these guns ~ over six miles,** mae'r gynnau hyn yn cyrraedd/tanio dros chwe milltir.

ranger *n*. **1.** fforestwr (fforestwyr) *m*, coedwigwr (coedwigwyr) *m*, rhodiwr (rhodwyr) *(m)* parc, ceidwad (ceidwaid) *(m)* parc. **2.** *pl. (a) Mil: (i)* **the Rangers,** y Marchfilwyr; *(ii) U.S: (= mounted police):* march-heddlu *m*; *(b) Fb:* Rhodwyr.

ranging¹ *a*. **1.** *(= wandering):* crwydrol; *(= inconstant):* anwadal. **2. wide-~,** pellgyrhaeddol, cynhwysfawr, eang, helaeth.

ranging² *vn*. **~ pole, ~ rod,** polyn (polion) *(m)* unioni, polyn anelu.

rangy *a*. tal, main (meinion).

rank¹ *n*. **1.** *Mil: (a)* rheng(-oedd) *f*, rhenc(-iau) *f*; **to close ranks,** cau'r rhengoedd; **to fall into ~,** mynd i'ch rheng; *(b) pl.* **the [other] ranks,** y milwyr cyffredin, y rhengoedd is; **to rise from the ranks,** codi o'r rhengoedd; **reduction to the ranks,** diraddiad i'r rhengoedd; *Adm:* **the higher ranks of the civil service,** rhengoedd uwch y gwasanaeth sifil; **of equal ~,** cydradd; *(c)* **the ~ and file,** *(i) Mil:* y milwyr cyffredin *pl*; *(ii) (in movement union &c):* yr aelodau cyffredin, trwch *(m)* yr aelodau; *(iii) (= the populace):* y cyffredin *m*, y bobl gyffredin *f*, y trwch, trwch y boblogaeth; *(d) (of windows &c):* rhes(-i) *f*. **2.** *(a) (= class):* safle(-oedd) cymdeithasol *m*, gradd(-au) *f*; **persons of ~,** pobl uchel-radd *f or pl*, uchelwyr *pl*, bonedd *m*; **a dancer of the first ~,** dawnsiwr o'r radd flaenaf; **~ and fashion,** cymdeithas wâr *f*; *(b) Mil: Navy:* rheng; **he had attained the ~ of captain,** cyraeddasai reng capten; **to pull ~ on s.o.,** dangos eich rheng i rn, atgoffa rhn o'ch rheng/safle, dyfynnu'ch rheng/safle wrth rn, rhoi rhn yn ei le; **don't you pull ~ on me,** paid di â rhoi ordors i mi; 'dydw i ddim yn was i ti; **an officer of high ~,** uchel-swyddog(-ion) *m*; **substantive ~,** rheng barhaol, safle parhaol; **all ranks,** y rhengoedd i gyd, milwyr a swyddogion. **3. [taxi] ~,** safle *(m)* tacsi/tacsis (safleoedd tacsis). **4.** *Mus: (on organ):* set(-iau) *f*. **~-order** *n*. *Mth:* trefn restrol *f*. **~-size rule** *n*. rheol *(f)* gradd a maint.

rank² *v.t.&i.* **1.** *v.t.* **to ~ s.o. among the great writers,** rhestru/cyfrif/ystyried/gosod/dodi rhn ymhlith y llenorion mwyaf. **2.** *v.i.* **she ranks (among the best),** mae hi, rhestrir hi, cyfrifir hi (ymhlith y goreuon); **to ~ above s.o.,** bod yn uwch [eich gradd/safle] na rhn, rhagori ar rn; *Fin:* **shares that ~ first in dividend rights,** cyfranddaliadau â blaenoriaeth ar hawliau difidend; **the shares will ~ for the July dividend,** fe fydd y cyfranddaliadau'n cyfranogi yn nifidend Gorffennaf.

rank³ *a*. **1.** *(growth):* rhy doreithiog, rhy drwchus, gordyfol, bras (breision), *S.W: occ:* rhonc, *N.W: occ:* ffrom; **~ vegetation,** gordyfiant *m*, tyfiant bras/trwchus *m*; **~ grass,** gwellt/glaswellt/gwelltglas bras *m*, marchwellt *m*, *S.W:* ceden *f*; **land too ~ for wheat,** tir rhy fras i wenith. **2.** *(a) (= foul smelling):* drewllyd, *occ:* mws, hendrwm, drycsawr; **to smell ~,** drewi, arogleuo'n ddrwg, *S:* gwynto'n ddrwg; *(b) (= loathsome):* ffiaidd; *(taste): S.W:* gwrthwyneblyd; **my offence is ~,** mor aflan yw fy mai; *(c) (= coarse, gross):* bras, aflednais. **3. ~ poison,** *(i)* gwenwyn go iawn, gwenwyn pur; *(ii)* gwenwyn cryf; **~ injustice,** anghyfiawnder rhonc/dybryd/enbyd *m*; **a ~ lie,** celwydd(-au) noeth *m*; **~ nonsense,** lol hollol *f*, dwli llwyr *m*; **a ~ outsider,** *(pers.):* rhn (rhai) difonedd hollol; *(horse):* ceffyl(-au) *(m)* heb obaith yn y byd; **~ pedantry,** pedantiaeth ronc/lwyr/hollol/ddiymwad *f*; **~ treason,** bradwriaeth ronc/lwyr/hollol *f*.

ranker *n*. *Mil:* **1.** *(= ordinary soldier):* milwr (milwyr) cyffredin *m*. **2.** *(= officer):* swyddog(-ion) *(m)* o'r rhengoedd.

ranking *a. & n*. **1.** *a*. uchel-radd. **2.** *n*. safle(-oedd) *m*.

rankle *v.i.* **the insult still rankled with him,** 'roedd y sarhad yn dân ar ei groen o hyd; 'roedd y sarhad yn dal i'w gynddeiriogi.

rankling *a. (hatred):* gwenwynllyd, llidiog, maleisus.

rankly *adv*. **1.** *(to grow):* yn rhy doreithiog, yn rhemp, yn rhonc, i ormodedd. **2.** *(to smell):* yn ddrewllyd, yn ddrycsawrus *&c*. **3.** *(= coarsely):* yn fras *&c*.

rankness *n*. **1.** *(of growth):* trwch *m*, gordyfiant *m*. **2.** *(of taste):* ffi|eidd-dra *m*, blas mws/hendrwm *m*. **3.** *(of insult &c):* rhoncrwydd *m*.

Rannoch rush *n*. *Bot:* brwynen (brwyn) *(f)* Rannoch.

ransack *v.t.* **1.** *(= rummage):* chwilio, chwilota, turio, ffureta, *S:* chwilmentan, *N.W:* sbaena, sbrotian, swlffa, solffa, jwlffa (trwy rth). **2.** *(= pillage):* anrheithio, ysbeilio.

ransom¹ *n*. pridwerth(-oedd) *m*; **to hold s.o. to ~,** dal rhn yn wystl, dal rhn am bridwerth, mynnu pridwerth am rn; *Fig:* **to hold a country to ~,** blacmelio gwlad, dal gwlad yn wystl, bygwth gwlad am arian; **to cost a king's ~,** costio crocbris/ffortiwn, costio arian mawr.

ransom² *v.t.* pridwerthu (rhn); talu pridwerth (am rn); *(loosely):* gwaredu, achub (rhn).

ransomer *n*. pridwerthwr (pridwerthwyr) *m*, gwaredwr: gwaredydd (gwaredwyr) *m*.

ransomless *a*. dibridwerth.

rant¹ *n*. rhefru *vn*, brygowthan *vn*, prygowthan *vn*, arthio *vn*, baldordd *m*, truth *m*.

rant² *v.i.* rhefru, arthio, baldorddi, brygowthan, prygowthan, tantro, bwrw drwyddi, ei dweud hi; **to ~ and rave,** rafio a morio, rhefru a rhuo.

ranter *n*. rhefrwr (rhefrwyr) *m*, rhefren(-nod) *f*, brygowthwr (brygowthwyr) *m*, bryg|owthwraig *f*; *Rel.Hist:* Brygowthwr, *F:* Rantar(-s) *m*.

ranting¹ *a*. baldorddus, prygowthlyd, ymfflamychol.

ranting² *vn. & n*. = **rant¹,²**.

rantingly *adv*. yn faldorddus, gan refru.

ranunculaceous *a*. *Bot:* fel blodyn 'menyn, egylltol.

ranunculus *n*. *Bot: See* **buttercup, crowfoot.**

rap¹ *n*. **1.** cnoc(-iau) *mf*, clec(-iadau) *f*, *S:* dabad(-au) *m*; **to give s.o. a ~ on the knuckles,** rhoi clec ar draws bysedd rhn, taro rhn ar draws ei fysedd; *Fig:* **he got a ~ on the knuckles for laziness,** cafodd gerydd *(m)* am fod yn ddiog; **a ~ at the door,** cnoc ar/wrth y drws, *occ:* cnoc yn y drws; *F:* **to take the ~,** cael y bai *(m)*, derbyn y gosb *(f)*; *S.a.* **bum¹**. **2.** *U.S: F: (i) (= talk):* sgwrs (sgyrsiau) *f*; *(ii) (= accusation):* cyhuddiad(-au) *m*.

rap² *v.t.&i.* **1.** *v.t.* cnocio, taro (rhth); rhoi clec (i rth); **to ~ s.o. over the knuckles,** *See* **rap¹**. **2.** *v.i.* **to ~ at a door,** cnocio/curo wrth ddrws; **to ~ at the door,** curo wrth/ar/yn y drws. **~ out** *v.t.* **to ~ out an oath,** gollwng rheg; **to ~ out one's words,** llefaru'n swta, dweud eich geiriau'n swta; **to ~ out an order,** cyfarth gorchymyn; **"get out," he rapped,** "dos allan," meddai'n chwap/swta.

rap³ *n*. *A: Num:* rapsen (raps) *f*; *F:* **I don't care a ~,** 'dydw i'n hidio 'run ffeuen; **it isn't worth a ~,** nid yw'n werth yr un ddimai/ffado/ffaden.

rap⁴ *n*. *Mus:* rap(-iau) *mf*.

rap⁵ *v.i.* *Mus:* rapio.

rapacious *a*. rheibus, ysglyfaethus, barus, gwancus, crafangus, crafanglyd.

rapaciously *adv.* yn rheibus *&c.*
rapaciousness, rapacity *n.* rhaib *f*, rheibusrwydd *m*, gwanc *m*, gwancusrwydd *m*, bariaeth *f.*
rape¹ *n.* **1.** *(= seizure): Poet:* cipiad(-au) *m*, herwgipiad(-au) *m*, dygiad (*m*) ymaith, lladrad(-au) *m*, llathlud(-ion) *m*, cipio *vn*, lladrata *vn*, dwyn *vn*; *Lit:* **The R~ of the Lock,** Lladrad y Cudyn. **2.** *(= violation):* trais (treisiau) *m* [rhywiol], *Lit: occ:* llathrudd(-ion) *m* (*not* rhaib = **rapacity, hunger**).
rape² *v.t.* **1.** *Poet: (= seize):* cipio, herwgipio (rhth); dwyn (rhth) ymaith. **2.** *Jur: (= violate):* treisio, *Lit: occ:* llathruddo (*not* rheibio = **bewitch**).
rape³ *n. Bot: (Brassica napus):* rêp *f*, bresych (*m*) yr ŷd, *N:* meipen (maip) (*f*) yr ŷd, *S:* erfinen (erfin) (*f*) yr ŷd, erfin gwyllt *pl*, *S. W:* deilcawl *pl*; *S.a.* **broomrape. ~-cake** *n.* cacen(-ni,-nau) (*f*) rêp. **~-oil** *n.* olew (*m*) rêp. **~-seed** *n.* had (*pl*) rêp.
rape⁴ *n. Hist: (of Sussex):* rhaniad(-au) *m.*
rape⁵ *n. (= refuse of grapes):* gweisgion *pl.*
raphide *n. Bio-Ch:* raffid(-au) *mf.*
rapid *a. & n.pl.* **1.** *a.* cyflym, buan (*comp. forms:* cynted, cynt, cyntaf), chwim, *occ:* chwimwth, ebrwydd. **2.** *n.pl.* **rapids,** rhaeadr(-au, rhëydr) *f*, dyfroedd gwyllt[-ion], geirw.
rapidity *n.* cyflymder *m*, cyflymdra *m*, buander *m*, buandra *m*, chwimder *m*, chwimdra *m.*
rapidly *adv.* yn gyflym *&c*; **it is ~ deteriorating,** mae'n cyflym ddirywio; **this place is ~ becoming a ruin,** mae'r lle 'ma'n prysur fynd â'i ben iddo.
rapier *n.* cleddyf main (cleddyfau meinion) *m*, meingledd(-yfau) *m* (*pronounced* ng-g). **~-thrust** *n.* **1.** cleddyfod(-au) *m*, gwaniad(-au) *m.* **2.** *Fig:* prociad(-au) *m.*
rapine *n.* anrhaith *f*, ysbeilio *vn*, anrheithio *vn.*
rapist *n.* treisiwr (treiswyr) *m.*
rapparee *n.* herwfilwr (herwfilwyr) *m.*
rappee *n.* snisin bras *m.*
rappel¹ *n. Mount:* rapel *f.*
rappel² *v.i. Mount:* rapelio, disgyn ar raff ddwbl.
rapper *n.* cnociwr (cnocwyr) *m*, cn|ocwraig (cnocwragedd) *f.*
rapping *vn.* cnocio, cnociadau *pl.* **~ iron** *n.* haearn (heyrn) (*m*) cnocio.
rapport *n.* perthynas(-au) *f*, cydberthynas(-au) *f*, ymdeimlad(-au) *m*, ***rapport*** *m*, cyfathrebu *vn*, cyfathrebiad *m*, cysylltiad(-au) *m* (â rhth); **to be in ~ with s.o.,** bod mewn cytgord (*m*) â rhn, cytgordio â rhn.
rapporteur *n.* adroddwr (adroddwyr) *m*, cofnodwr (cofnodwyr) *m.*
rapprochement *n.* nesâd *m*, ***rapprochement*** *m*; nes|au *vn*, closio *vn* (at rth).
rapscallion *n. A: or Joc:* rapsgaliwn(-s) *m*, dyn(-ion) diffaith *m*, cnaf(-on) *m*, *S. W:* rhepsyn (rheps) *m*, r[h]odni(-s) *m*, *N. W:* caridỳm(-s) *m.*
rapt *p.p. & a.* **1.** *p.p.* *(a) (= carried away):* mewn perlesmair, mewn perlewyg; *(b) (= absorbed):* ymgolledig, wedi ymgolli (**in sth,** yn rhth); **~ in contemplation,** mewn myfyrdod dwys, mewn dwfn fyfyrdod. **2.** *a. (attention &c):* astud, dwys, dwfn (*f.* dofn, *pl.* dyfnion); **to listen with ~ attention,** gwrando'n astud iawn.
raptor *n. Orn:* aderyn (adar) ysglyfaethus *m*, ysglyfiwr (ysglyfwyr) *m.*
raptorial *a. & n. Z: Orn:* **1.** *a.* ysglyfaethus, ysglyfol, ysglyfgar. **2.** *n. (bird):* aderyn (adar) ysglyfaethus *m*; *(animal):* anifail (anifeiliaid) ysglyfaethus *m.*
rapture *n.* perlewyg(-on) *m*, perlesmair (perlesmeiriau) *m*, gwynfyd *m*, gorawen(-au) *f*; **to go into raptures,** perlesmeirio, perlewygu, gorawenu, gorohïan (**over sth,** dros rth).
rapturous *a.* perlesmeiriol; *(applause, welcome &c):* llawen, gorfoleddus, bonllefgar, gorawenus.
rapturously *adv.* yn berlesmeiriol; yn orfoleddus *&c.*
ra-ra *a. (skirt):* sgert gota (sgerti cwta) *f*, sgert ra-ra.
rara avis *n.* peth(-au) prin *m*; *(pers.):* aderyn (adar) prin *m.*
rare¹ *a.* **1.** *(atmosphere):* tenau. **2.** *(= scarce):* prin, *S:* pring; *(event):* prin, anaml, anfynych; **~ earth,** prinfwyn(-au) *m*; **~ gas,** prin-nwy(-on) *m.* **3.** *(intensive use):* eithriadol; **to have a ~ old time,** cael hen hwyl, cael hwyl garw, cael hwyl a hanner, cael sbort; **you gave me a ~ fright,** fe roist ti andros o fraw imi.
rare² *a. Cu: (meat):* gwaedlyd.
rarebit *n. Cu:* **Welsh ~,** caws pob *m*; **buck ~,** caws pob ac ŵy.
raree-show *n.* sioe (*f*) focs (sioeau bocs).
rarefaction *n.* teneuad(-au) *m*, teneuo *vn*, prinhad *m*, prinh|au *vn.*
rarefactive *a.* teneuol, prinhaol.
rarefication *n.* = **rarefaction.**
rarefied *a. (= thin):* tenau; **to become ~,** mynd yn denau, teneuo; *(= exalted):* aruchel; *(= exclusive):* dethol.
rarefy *v.t.&i.* teneuo.
rarely *adv.* yn anaml, yn anfynych, prin, *S. W: occ:* ambell waith yn dene; **it ~ happens,** anaml y digwydd; **it is ~ that this is seen,** prin/anaml/anfynych y gwelir hyn.
rareness *n.* **1.** *(= scarcity):* prinder *m.* **2.** *(= infrequency):* anamlder *m*, anfynychder *m*, anfynychdra *m.*
rareripe *a. & n. U.S:* **1.** *a.* cynnar. **2.** *n.* ffrwyth(-au) cynnar *m.*
raring *a.* ar dân, selog, brwd, brwdfrydig (dros rth); **~ to go,** ar dân dros fynd, yn ysu am fynd.
rarity *n.* **1.** *(= scarceness):* prinder *m*; *(= infrequency):* anamlder *m*, prinder, anfynychder *m*, anfynychdra *m.* **2.** *(= rare thing):* peth(-au) prin *m*; *(= rare event):* digwyddiad (-au) prin *m.*
Rasa *W.Pl.n.* Rhasau(*pl*)'r Glo.
rasbora *n. Ich:* rasbora(-od) *m.*
rascal *n.* dyn(-ion) drwg *m*, cnaf(-on) *m.* cenau (cenawon, *usu* cnafon) *m*, dihiryn (dihirod) *m*, mawrddrwg *m* (*usu. pronounced* mwrddrwg), gwalch (gweilch) *m*, adyn(-od) *m*, *N: occ:* teclyn (taclau) *m*, *S. W: occ:* bredych(-au,-ion) *m*; **you little ~!** y gwalch bach! y mawrddrwg! yr ellyll bach! *&c*; **that ~ of a nephew of mine,** y cenau/gwalch/mawrddrwg o nai sydd gen i, *S. W:* y bredych bach o nai sydd gyda fi.
rascality *n.* drygioni *m*, cnafeiddiwch *m*, dihirwch *m.*
rascally *a.* drygionus, drwg, mawrddrwg, cnafaidd; *(lawyer &c):* anonest; **a ~ trick,** tro gwael/sâl.
raschel *n. Tex:* rasiel *f.*
rase *v.t.* = **raze.**
rash¹ *n. Med:* brech(-au) *f*, *occ:* tarddiad *m*, *N: occ:* cawod *f.*
rash² *a.* byrbwyll, difeddwl, rhyfygus, anystyriol, ehud, ehudwyllt (-ion) *S. W: occ:* carlamus.
rasher *n. Cu:* sleisen (sleisys, sleisiau) *f*, tafell(-au,-i) *f.*
rashly *adv.* yn fyrbwyll *&c*; **to speak ~,** siarad yn fyrbwyll, siarad yn/ar eich cyfer.
rashness *n.* byrbwylltra *m*, byrbwyllter *m*, rhyfyg *m*, ehudrwydd *m.*
rasores *n.pl. Orn:* crafiedyddion, adar crafu.
rasorial *a.* crafiadol.
rasp¹ *n.* **1.** *Tls:* rhathell(-au) *f*, rhasgl(-au) *f*, rhygnen(-nau) *f*, crafell(-au,-i) *f.* **2.** *(sound):* rhathiad(-au) *m*, sŵn cras/craflyd *m*; *S.a.* **rasping.**
rasp² *v.t.&i.* **1.** *v.t.* *(a)* rhathellu, rhathu, crafu, rhygnu, rhasglio; *(b) (skin):* crafu, ysgardio; **wine that rasps the throat,** gwin sy'n crafu'r/llosgi'r gwddf. **2.** *v.i.* crafu, rhygnu, crensian; *(speak):* siarad yn gras; **"move", he rasped,** "symudwch", meddai'n gras.
raspatory *n.* rhathell(-au) *f.*
raspberry *n.* **1.** *(Rubus idaeus):* mafonen (mafon) *f*, *S:* afanen (afan) *f*, *F:* afansen (afans) *f*, *N: occ: n.pl.* mafon cochion; **purple-flowering ~,** *(R. odoratus):* mafonen bêr (mafon pêr) *f*, afanen bêr (afan pêr) *f.* **2.** *P:* **to give s.o. the ~,** hisian/hwtio/wfftio rhn; **to get the ~,** cael eich wfftio. **~ bush** *n. N:* coeden (*f*) fafon (coed mafon), *S:* coeden afan (coed afan), llwyn(-i) (*m*) afan/mafon, afanwydden (afanwydd) *f.* **~ cane** *n.* cansen afan/fafon (cans afan/mafon) *f.* **~ jam** *n. Cu:* jam (*m*) mafon/afan.
rasper *n.* crafwr (crafwyr) *m.*
rasping *a. & n.pl.* **1.** *a.* cras, aflafar, craflyd, rhasgliog, cryg, cryglyd; **a ~ voice,** cryglais *m.* **2.** *n.pl. Cu:* briwsion cras.
raspy *a.* = **rasping 1.**
rasse *n. Z:* rasi (rasïod, rasïaid) *m.*
Rastafarian *a. & n.* **1.** *a.* Rastaffaraidd. **2.** *n.* Rastaffariad (Rastaffariaid) *m&f.*
raster *n. T.V:* rhastr(-au) *m.*
rat¹ *n.* **1.** *Z:* llygoden (llygod) Ffrengig *f*, llygoden fawr (llygod mawr), *S: occ:* llygoden ffyrnig *f*, *N.E:* llygoden ddiarth (llygod diarth); **water ~,** llygoden ddŵr (llygod dŵr); *F:* **I smell a ~,** mae rhyw ddrwg yn y caws; mae rhth yn drewi yma; *Fig: O:* **rats!** *(in disbelief): N:* twl lol! *S:* dwli! *(in impatience):* daria! dacia! daro! **[wet] like a drowned ~,** gwlyb fel dyfrgi, gwlyb fel sbangi (*pronounced* ng-g), gwlyb socian, gwlyb domen, gwlyb at eich croen, gwlyb shwps. **2.** *Pol: Ind: Pej:*

bradwr (bradwyr) *m*, *V:* cachwr(-s, cachwyr) *m*. **~-catcher** *n.* llygotwr (llygotwyr) *m*, dyn(-ion) (*m*) dal/dala llygod mawr. **~-catching** *vn.* llygota, dal/dala llygod mawr. **~-faced** *a.* trwynfain, [ag] wyneb llygoden. **~-kangaroo** *n. Z:* llygoden [fawr] godog (llygod [mawr] codog) *f*. **~-king** *n. Nat.Hist:* cwlwm (c[y]lymau) (*m*) llygod. **~-race** *n.* ras (*f*) lygod. **~'s bane** *n.* gwenwyn(-au) (*m*) llygod. **~-snake** *n.* neidr (*f*) lygod (nadroedd llygod). **~'s tail** *n.* **1.** *Ich:* grenadwr (grenadwyr) *m*. **2.** *(of horse):* cynffon foel (cynffonnau moel) *f*, cynffon fain (cynffonnau meinion); *S.a.* **plantain.** **~-tail** *n. Hairdr:* cynffon (*f*) llygoden (cynffonnau llygod). **~-tailed** *a.* cynffonfain, cwtfain. **~-trap** *n.* **1.** trap(-iau) (*m*) llygod mawr. **2.** *Cy:* trap llygod.

rat[2] *v.i.* **1.** *(of dog &c):* **to ~, to go ratting,** llygota, dal/dala llygod mawr. **2.** *F:* troi'ch côt, bradychu, troi'n fradwr; **to ~ on s.o.,** bradychu rhn, troi'n fradwr i rn; **to ~ on a cause,** bradychu achos; **to ~ on a promise,** torri addewid.

rata *n. Bot:* coeden (coed) (*f*) rata.

ratable *a.* = **rateable.**

ratafia *n.* rataffia *mf*.

rataplan *n.* & *v.i.* tabyrddu *vn*, drymian *vn*, drymio *vn*.

ratatouille *n. Cu:* ***ratatouille*** *m*, cawl (*m*) llysiau.

ratbag *n.* ysguthan(-od) *f*, cenawes(-au) *f*, sinach(-od) *m*, hen gingroen *m* (*pronounced* ng-g), *N.W: occ:* [g]elach(-od) *m*, eurach(-od) *m*, tinllach(-od) *m*.

ratch *n.* olwyn (*f*) gocos (olwynion cocos).

ratchet[1] *n.* *(= teeth of wheellbar):* dannedd *pl*, danheddiad (daneddiadau) *m*; *(= pawl):* clicied *f* [ddannedd] (cliciedau [dannedd]); *(of plough):* *N.W:* clust gam (clustiau cam) *f*. **~-brace** *n.* carn(-au) (*m*) tro clicied. **~-drill** *n. Tls:* dril(-iau) (*m*) clicied. **~ easel** *n.* isl(-au) (*m*) clicied. **~ screwdriver** *n.* tyrnsgriw(-iau) (*m*) clicied. **~-wheel** *n.* olwyn (*f*) glicied (olwynion clicied).

ratchet[2] *v.t.* rhoi clicied (ar rth), cliciedu (rhth).

rate[1] *n.* **1.** *(a)* cyfradd(-au) *f*, graddfa (graddf|eydd) *f*; **~ per cent,** graddfa y cant, cyfradd y cant; **basic ~,** cyfradd sylfaenol; **birth ~,** cyfradd genedigaethau; **death ~,** cyfradd marwolaethau; **flat ~,** cyfradd unffurf, cyfradd wastad; **lapse ~,** cyfradd newid; **reaction ~,** cyfradd adwaith/adweithio; **at the ~ of...,** yn ôl cyfradd o...; **time ~,** cyfradd amser; **~ of growth,** cyfradd twf/tyfiant; **~ of inflation,** graddfa chwyddiant; **net assimilation ~,** cyfradd cymathiad net; **at the present ~ of consumption,** ar raddfa bresennol y defnydd a wneir; **~ of water loss,** cyfradd colli dŵr; **transpiration ~,** cyfradd trydarthu; **ventilation ~,** cyfradd anadlu, *El:* **~ of charging,** *(of batteries):* graddfa drydanu, cyflymder (*m*) trydanu; *Com:* **~ of exchange,** cyfradd gyfnewid (cyfraddau cyfnewid), graddfa gyfnewid (graddfeydd cyfnewid); **~ of interest,** cyfradd llog; *Com:* **~ of return,** cyfradd enillion; **the Bank R~,** Cyfradd y Banciau; **Market R~,** Cyfradd y Farchnad; **piece-~,** cyfradd yn ôl y gwaith, cyfradd tâl ar dasg; *Ind:* **~ of wages,** cyfradd [y] cyflogau; *(b) (= speed):* cyflymdra *m*, cyflymder(-au) *m*; **at that ~,** fel yna, os gwir hynny, os felly y mae; **at any ~,** *(i)* pa un bynnag, sut bynnag, beth bynnag, *S: F:* 'ta beth, 'ta p'un, *Lit:* bid a fo am hynny; *(ii) (= at least):* o leiaf; *Sch:* **~ of learning,** cyflymder dysgu; **at this ~ (we'll be late),** [os awn ni ymlaen] fel hyn, *F: occ:* ar y rât yma (byddwn yn hwyr); **(he was going) at a tremendous ~, at a ~ of knots,** ('roedd yn mynd) nerth ei draed/olwynion/garnau *&c (as appropriate)*, fel yr edau, fel mwg, fel y gwynt, fel y mêl, fel rhuban, fel mellten [i bren], fel cath i gythraul, ar sgri wyllt *&c:* 'roedd yn rhuthro/taranu mynd. **2.** *(= toll, fee):* toll(-au) *f*, tâl (taliadau) *m*, treth(-i) *f*; **harbour rates,** tollau harbwr; **freight ~,** toll gludo (tollau cludo), tâl (taliadau) cludo; **hourly ~,** awrdal(-iadau) *m*, tâl yn ôl yr awr, tâl fesul awr; **advertising rates,** prisiau hysbysebu. **3.** *Adm: (= local taxes):* treth leol (trethi lleol) *f*, ardreth(-i) *f*; *(in ordinary parlance):* treth; **highway ~,** treth y ffyrdd; **poor ~,** treth y tlodion; **rates and taxes,** trethi lleol a [threthi] gwladol. **4.** *(= worth, value):* gwerth *m*, pris *m* (ar rth); **to value sth at a low ~,** rhoi pris isel ar rth; **first ~** *a.* o'r radd uchaf, o'r radd flaenaf, campus, rhagorol, gwych, gogoneddus, gyda'r gorau, p|enigamp, diguro, di-ail; **second ~,** canolig, eilradd; **third ~,** trydedd radd, o'r drydedd radd, gwael, salw *&c.* **~-collector** *n.* casglydd: casglwr (casglwyr) (*m*) trethi. **~ rebate** *n.* ad-daliad(-au) (*m*) treth. **~ support grants** *n.* grantiau cymorth trethi.

rate[2] *v.t.&i.* **1.** *v.t. (a)* prisio, ystyried (rhth); gweld gwerth (yn rhth); **to ~ sth highly,** rhoi pris uchel ar rth, ystyried rhth yn werthfawr, mawrbrisio, gwerthfawrogi rhth; *(b) (= consider):* ystyried; **I ~ your chances as good,** 'rwy'n ystyried dy siawns yn un dda; 'rwy'n ystyried bod gen ti siawns dda; *(c) (= tax):* trethu, ardrethu; *(d) (= class):* dosbarthu; *(e) U.S: (= deserve):* haeddu, teilyngu; *(= be given):* cael, derbyn; **it rates a mention,** mae'n werth sôn amdano; **it hardly rates inclusion,** prin y mae'n werth ei gynnwys. **2.** *v.i. (= rank):* **she rates as one of the best,** ystyrir hi gyda'r goreuon.

rate[3] *v.t. (= scold):* dwrdio, tafodi (rhn); dweud y drefn (wrth rn); *N:* dondio (rhn); cega, arthio (ar rn); tantro, rhefru (wrth rn); *S.W:* cymhennu (rhn).

rateability *n.* gwerth trethiannol/ardrethol *m*.

rateable *a.* trethiannol, ardrethol.

rated *a.* **highly-~,** *(pers.):* uchel eich parch/bri/clod/gwerth, blaenllaw; *(thing):* uchel ei werth, gwerthfawr; **poorly-~,** *(pers.):* isel eich parch/bri/clod/gwerth; *(thing):* isel ei werth.

ratel *n. Z:* melfroch(-od) *m*, ratel(-od) *m*.

ratepayer *n.* trethdalwr (trethdalwyr) *m*, trethd|alwraig *f*.

ratfink *n. U.S:* = **ratbag.**

ratfish *n. Ich:* = **rabbit-fish.**

ratguard *n.* giard(-iau) (*m*) llygod.

rath *n. Archeol:* rhathlan(-nau) *f*.

rathe *a. Poet:* cynnar. **~-ripe** *a.* cynnar, blaenffrwythol, cynamserol.

rather *adv.* **1.** yn hytrach; **good ~ than bad,** da yn hytrach na drwg; **or ~,** neu'n hytrach. **2.** *(= somewhat):* braidd (yn rhth), ychydig (yn rhth), eithaf *(before a.)*, go + *soft mut.*, gweddol + *soft mut.*, lled + *soft mut.*; **~ pretty,** eithaf pert/tlws/golygus; **~ plain,** braidd yn ddiolwg, diolwg braidd; **~ a lot,** cryn dipyn, eithaf tipyn, tipyn go lew, gormod braidd, braidd ormod, braidd ar y mwyaf; **do I look ill? - you do ~,** a oes golwg wael arna' i? - oes braidd; **I ~ think you know him,** 'rwy'n siŵr braidd eich bod yn ei adnabod. **3.** *(= preferably):* yn hytrach *(than,* na + *aspirate mut.):* **anything ~ than cheese,** unrhyw beth yn hytrach na chaws; **I would ~ be loved than feared,** byddai'n well gen i gael fy ngharu na chael fy ofni; **I had ~ suffer than tell a lie,** byddai'n well gen i ddioddef na dweud celwydd; **I'd ~ not,** byddai'n well gen i beidio; gwell gen i beidio; **I'd much ~ you came,** byddai'n well o lawer gen i petaech chi'n dod. **4.** *F:* **(do you know him?) - ~!** (ydych chi'n ei adnabod?) - ydw siŵr! *S:* odw gwl|ei! ydw'n Tad! *N.W: occ:* ydw i, ydw!

rathskeller *n.* seler (*f*) gwrw (selerydd cwrw).

ratification *n.* cadarnhad *m*, cadarnh|au *vn*.

ratify *v.t.* cadarnh|au.

ratifying[1] *a.* cadarnhaol.

ratifying[2] *vn.* cadarnhad *m*, cadarnh|au *vn*.

rating[1] *n.* **1.** *(a) (= estimate):* amcangyfrif(-on) *m*, amcangyfrifiad (-au) *m* (*both pronounced* ng-g), mesur *m* (o werth rhth); *Com:* cyfraddiad(-au) *m*, **credit ~,** statws (statysau) (*m*) credyd; *T.V: &c:* **[audience] ~,** mesur (*m*) poblogrwydd; **to get good ratings,** cael cynulleidfaoedd da; **engine ~,** nerth (*m*) motor; *(b) (of local rates):* trethiant *m*, ardrethiant *m*, trethu *vn*, ardrethu *vn*; *(c) (= classification):* dosbarthiad(-au) *m*. **2.** *Sp: Navy:* dosbarth(-au) *m*. **3.** *(= sailor):* llongwr (llongwyr) *m*. **~ scales** *n.* graddegau (*pl*) mesur.

rating[2] *n. (= scolding):* cerydd(-on) *m*; **to give s.o. a ~,** dweud y drefn wrth rn, rhoi cerydd (*m*) i rn, eu dweud hi wrth rn, ei rhoi hi i rn, *S:* rhoi termad (*m*) i rn, rhoi llond (*m*) pen i rn, *N: occ:* rhoi rali (*f*) i rn.

ratio *n.* cymhareb (cymarebau) *f*; **arithmetical ~,** cymhareb rifyddol (cymarebau rhifyddol); **bifurcation ~,** cymhareb fforchi; *Sch:* **class-contact ~,** cymhareb cyswllt dosbarth; **conversion ~,** cymhareb gyfnewid (cymarebau cyfnewid); **dihybrid ~,** cymhareb ddeuhybrid (cymarebau deuhybrid); **direct ~,** cymhareb union; **inverse ~,** cymhareb wrthdro (cymarebau gwrthdro); **monohybrid ~,** cymhareb fonohybrid (cymarebau monohybrid); **pupil-teacher ~,** cymhareb disgybl-athro; **in the ~ of three to two,** mewn cymhareb o dri i ddau; **in direct ~ to sth,** mewn perthynas uniongyrchol â rhth.

ratiocinate *v.i.* rhesymu, ymresymu.

ratiocination *n.* rhesymiad *m*, ymresymiad *m*; *S.a.* **ratiocinate.**

ratiocinative *a.* ymresymiol, ymresymiadol.

ration[1] *n. Mil: &c:* dogn(-au) *mf*, *occ:* dognedd *m*; **emergency ~,**

F: **iron rations,** dognau argyfwng, dognau wrth gefn; **to put s.o. on [short] rations,** dogni rhn, *F:* codi'r rhesel/rhastal ar rn; *Adm:* **food off the ~,** bwyd heb ei ddogni; *F:* **(sth given out) with the rations,** (rhth a roir/rennir) yn ffri, i bawb, yn ddiwahân. **~-book** *n.* llyfr(-au) (*m*) dogni.

ration² *v.t.* rhoi (rhn) ar ddogn, cyfyngu (rhn) i ddogn.

rational *a.* **1.** *(a) Phil: &c:* rhesymegol; *(b) (loosely):* rhesymol, call, synhwyrol; **to be quite ~,** bod yn eich iawn bwyll; *Cost: Hist:* **~ dress,** trywsus/trwser bach *m*; *Com:* **~ expectations,** disgwyliadau rhesymol. **2.** *Mth: Ph:* cymarebol.

rationale *n.* sail resymegol *f*, rhesymeg *f*, rhesymwaith *m*, fframwaith (*m*) rhesymu.

rationalism *n. Phil:* rhesymoliaeth *f.*

rationalist *n.* rhesymolydd: rhesymolwr (rhesymolwyr) *m.*

rationalistic *a.* rhesymegol; *Phil:* rhesymolaidd.

rationality *n.* rhesymoledd *m*, rhesymegedd *m.*

rationalization *n.* **1.** rhesymoliad(-au) *m*, rhesymoli *vn.* **2.** ad-drefniad *m*, ad-drefnu *vn.*

rationalize *v.t.* **1.** rhesymoli. **2.** *(= rearrange):* ad-drefnu.

rationally *adv.* yn rhesymegol, yn ôl rhesymeg.

rationing *vn.* dogni.

ratite *a. Z:* di-gêl, di-drum, gwastatfron.

ratlin, ratline, ratling *n. (usu.pl.) Nau:* rhaff groes (rhaffau croes) *f.*

ratoon¹ *n. Bot:* eginyn (egin) *m*, adeginyn (adegin) *m*, crachgoed *pl.*

ratoon² *v.i. Bot:* egino, adegino.

rattan *n. Bot:* coeden (coed) (*f*) ratan. **~ palm** *n.* palmwydden (*f*) gorsen (palmwydd cyrs). **~ walking-stick** *n.* ffon (ffyn) (*f*) ratan, cansen(-ni) *f.*

rat-tat[-tat] *n.* cnoc-gnoc *f.*

ratter *n.* **1.** llygotwr (llygotwyr) *m*, llyg|otwraig (llygotwragedd) *f.* **2.** *F: (= betrayer):* bradwr (bradwyr) *m*, *N:* chwidlwr(-s, chwidlwyr) *m.*

rattily *adv.* yn biwis *&c.*

rattiness *n.* piwisrwydd *m.*

rattle¹ *n.* **1.** *(a) (toy):* ratl(-s,-au) *f*, cleciwr (clecwyr) *m*, *Lit: occ:* tegan(-au) (*m*) rhuglo, rhuglen(-ni) *f*; *(baby's): N.W:* morthwyl(-ion) (*m*) sinc; *(e.g. football supporter's): N:* rygar-ryg *m*; *(= crow-scarer):* rhuglgroen (rhuglgrwyn) *m*; *(b) Bot: (Rhinanthus):* **Appenine ~,** *(Rh. wettsteinii):* cribell felen yr Apeninau; **aristate ~,** *(Rh. aristatus):* cribell felen goliog; **Burnat's yellow ~,** *(Rh. burnatii):* cribell felen Burnat; **greater yellow ~,** *(Rh. alectorolophus):* cribell felen fawr; **narrow-leaved ~,** *(Rh. angustifolius):* cribell felen gulddail; **red ~,** *(Pedicularis palustris):* arian (*m*) Gwion bach, melog (*f*) y waun, mêl (*f*) y gweunydd, arian cor, arian y meirch, arian y gweirwyr; **southern yellow ~,** *(Rh. ovifugus):* cribell felen y De; **yellow ~,** *(Rh. minor):* cribell felen [fach], coden grimp *f*, dail (*pl*) trwst, dail twrw, dail siarad, clych (*pl*) y march, arian (*m*) pladurwr, clingir-glangar *f*, tegan (*m*) y baban, plu (*pl*) siarad, *also shares the names:* arian Gwion, arian cor, arian y gweirwyr *with* **red rattle**; *(c) (of snake):* rhuglen(-ni) *f*, clecars *pl.* **2.** *(a) (noise):* clecian *vn*, rhuglo *vn*, cleciad(-au) *m*, rhugliad(-au) *m*, sŵn (*m*) rhuglo, clindarddach *m*, clindarddan *vn*; *(of traffic &c):* trwst *m*, dwndwr *m*, mwstwr *m*, dadwrdd *m*; *(b) Med:* **[death-]~,** rhwnc *m*, rhugn *m*, rhoch *f* [angau]; *(c)* = **prattle¹**. **~-bag, ~-bladder** *n.* rhuglgroen (rhuglgrwyn) *m.* **~-brain, ~-head, ~-pate** *n.* lolyn(-nod) *m*, loliwr (lolwyr) *m*, rwdlyn (-nod) *m*, rhn (rhai) penchwiban *m*; *S.a.* **babbler, prattler, chatterbox.**

rattle² *v.i.&t.* **1.** *v.i. (a) (of guns):* clecian; *(of swords):* trystio, gwn|eud trwst; *(of car, window &c):* clecian, ratlo, gwn|eud twrw; *(b) (of vehicle):* **to ~ along,** sgerbydian/sgerbydu mynd, clecian mynd, rhuglo mynd, sgegian mynd, jerian mynd, sgytian mynd; *(c) Med:* rhwncian, rhwncio; *(d) F:* **I've enough room to ~ about in,** mae gen i ddigon o le i droi. **2.** *v.t. (a) (chain, keys &c):* cloncian, rhuglo, ratlo; **to ~ the dice,** ysgwyd disiau; **to ~ a sword,** trystio cleddyf, bygwth rhyfel; *(b) F:* cynhyrfu, cyffr|oi, rhusio; **I was rattled by the criticism,** fe'm hysgytwyd gan y feirniadaeth; **they were rattled by the attack,** parodd yr ymosodiad ddychryn iddynt; bu'r ymosodiad yn ysgytwad iddynt; **he never gets rattled,** ni fydd byth yn cynhyrfu; *N.W:* fydd o byth yn ffrwcsio; *S:* fydd e byth yn gwylltu. **~ off** *v.t. (prayer, list &c):* dweud (rhth) ar redeg, dweud (rhth) ar un gwynt, dweud/adrodd (rhth) yn r[h]|ibidi-res, dweud (rhth) fel cyfrif llyfrithen. **~ on** *v.i.* paldaruo, clebran, baldorddan *&c*, *S.W:* browlan; *S.a.* **babble², prattle².**

rattlebox *n. Bot:* coden gleciog (codau cleciog) *f*, coden grimp (codau crimp).

rattled *a. F: (= flustered, nervous):* cynhyrfus, yn gynnwrf i gyd, nerfus, rhuslyd, wedi cael braw/dychryn/ysgytwad, *N.W:* ffrwcslyd.

rattler *n.* **1.** *U.S:* = **rattlesnake. 2.** *(= sth very good): N:* clincer *m*, *S:* cliper *m*; **it's a ~,** mae'n benigamp/wych *&c.* **3.** *(= clapper):* rhuglwr (rhuglwyr) *m.*

rattlesnake *n.* neidr (*f*) ruglo (nadr[o]edd rhuglo), neidr gynffondrwst (nadroedd cynffondrwst). **~ fern** *n. Bot: (Botrychium virginianum):* rhedynen gynffondrwst (rhedyn cynffondrwst) *f.* **~ grass** *n. Bot: Glyceria canadensis):* glaswellt cynffondrwst *m.* **~ plantain** *n. Bot: (Goodyera):* tegeirian(-au) deilfrith *m.*

rattletrap *n. Aut: F:* hen siandri(-s) *f*, hen gar (geir) swnllyd *m.*

rattling¹ *a.* **1.** cleciog, swnllyd, trystiog. **2.** *F:* **at a ~ pace,** ar garlam, ar wib, ar sgri, fel cath o dân, fel y gwynt *&c.* **3.** *F:* **a ~ good story,** stori dda gynddeiriog, andros o stori dda; **to have a ~ good time,** cael hen hwyl, cael hwyl anfarwol.

rattling² *vn.* = sŵn (*m*) rhuglo *&c*; *See* **rattle².**

rattly *a.* = **rattling¹.**

ratty *a. F:* **1.** *(= infested with rats):* llawn llygod [mawr], yn berwi o lygod [mawr]. **2.** *(= irritable):* pigog, piwis, pifis, sarrug, drwg eich tymer, milain, *N:* blin, *S:* naturus, mewn natur [ddrwg]. **3.** *U.S: P:* = **shabby.**

raucous *a.* cras, garw (geirwon), aflafar, cryg, cryglyd, croch.

raucously *adv.* yn gras *&c.*

raucousness *n.* craster *m*, crygni *m*, aflafaredd *m*, crochder *m*, crochni *m.*

raunchily *adv.* yn anllad *&c.*

raunchiness *n.* anlladrwydd *m*, chwantusrwydd *m.*

raunchy *a.* anllad, rhywiol, chwantus.

rauwolfia *n. Bot:* rauwolffia(-s) *m.*

ravage¹ *n.* difrod *m*, difrodedd *m*, difrodaeth *f*, anrhaith (anrheithiau) *f*, hafog *m.*

ravage² *v.t.* anrheithio, difrodi, dinistrio, difetha, diffeithio, distrywio, andwyo.

ravaged *a.* anrheithiedig, difrodedig, diffeithiedig; *(land):* diffaith; *(complexion):* curiedig, difrodedig, creithiog.

ravager *n.* anrheithiwr: anrheithydd (anrheithwyr) *m*, dinistriwr: dinistrydd (dinistrwyr) *m*, difrodwr (difrodwyr) *m*, difr|odwraig *f*, diffeithiwr (diffeithwyr) *m*, diff|eithwraig *f.*

ravaging¹ *a.* difrodol, dinistriol, difaol, difrodus, diffeithiol.

ravaging² *n.* difrod(-iau) *m*, anrhaith (anrheithiau) *f*, difrodiad (-au) *m*, anrheithiad(-au) *m*, diffeithiad(-au) *m.*

rave¹ *n.* **1.** *(of wind):* rhu *m*, rhyferthwy *m.* **2.** *F: U.S: (a) (= fad):* ffasiwn (ffasiynau) *fm*; *(b) Journ: &c:* **a ~ review,** adolygiad(-au) brwd/tanbaid/canmoliaethus *m*; **to give sth a ~ review,** canmol rhth i'r cymylau.

rave² *v.i. (a)* rafio, gwallgofi, ynfydu, cynddeiriogi, ymleferydd, lloerigo, *S: occ:* swrddanu, sorddanu, *S.W: occ:* rhafro, *N.W: occ:* gwynfydu; **you're raving mad!** 'rwyt ti o dy go'! 'rwyt ti'n drysu! 'rwyt ti'n eu cael nhw (*sc.* ffitiau)! 'dwyt ti ddim hanner call! *S:* mae isie clymu dy ben di! *(b)* **to ~ and storm,** bwrw trwyddi, mynd yn benwan holics, taranu, rhefru, rafio a morio, chwythu bygythion a chelanedd, rhuo a rhefru, tantro; **to ~ (at/against s.o.),** lladd (ar rn); bytheirio, arthio, rhefru, brygowthan, tantro (yn erbyn rhn); *(c) (of wind):* rhuo, brochi; *(d) F:* **to ~ about sth,** gorawenu/gwynfydu ynghylch rhth, canmol rhth i'r cymylau. **~-up** *n.* parti(-s, partïon) gwyllt *m*, sesh(-is) *mf.*

rave³ *n.* **1.** *(of farm wagon):* carfan(-au) *fm*, *N.W: occ:* cratshis *pl*, wasbws *m.* **2.** *(of quarry wagon):* crawen (crawiau) *f.* **~-frame** *n.* ofergarfanau *pl.*

ravel¹ *n.* **1.** *(= tangle):* dryswch *m*, c[y]lymau *pl*; **threads in a ~,** edafedd wedi drysu, *S:* edafedd wedi cafflo. **2.** *(= fraying):* rafliad(-au) *m.*

ravel² *v.t.&i.* **1.** *v.t.&i. (= tangle):* drysu, *S:* cafflo. **2.** *v.i. (= fray):* datod, ymddatod, *F:* raflio.

ravelin *n. Hist:* hanner-lleuad(-au) *f*, cilgant(-au) *m.*

ravelled *a. (= tangled):* dryslyd; *(= frayed):* wedi datod, rafliog.

ravelling *n. (= loose thread):* rafliad(-au) *m*, edefyn (edeifion) rhydd *m*, raflins *pl.*

raven[1] *n. & a.* **1.** *n. Orn: (Corvus corax):* cigfran (cigfrain) *f*, cigfran fawr (cigfrain mawr), *occ:* aderyn (adar) (*m*) corff, *S. W: occ:* brân (brain) (*f*) y gors, brân bygddu (brain pygddu); *Lit:* **quoth the ~, "nevermore!"** eb y gigfran, "ofer yw!" **brown-necked ~,** *(C. ruficollis):* cigfran warllwyd (cigfrain gwarllwyd). **2.** *a. (= glossy black):* gloywddu, purddu; **~ locks,** gwallt cyn ddued â'r frân. **R~ Master** *n.* Ceidwad (Ceidwaid) (*m*) y Brain.

raven[2] *v.i.&t.* **1.** *v.i.* ysbeilio, rheibio; *(of animal):* hela ysglyfaeth, ysglyfaethu; **to ~ for food,** ysu/gwancio [am fwyd]. **2.** *v.t. (= devour):* llowcio, ysglyfio, llarpio.

Ravenhill *W.Pl.n.* Penlle'r-brain *m.*

ravening *a.* rheibus, ysglyfaethus, gwancus.

ravenous *a.* **1.** *(animal):* ysglyfaethus, gwancus, rheibus. **2.** *(a)* a **~ appetite,** awch (*m*) bwyd, *Joc:* rhaib (*f*) yr angau; **I was ~,** 'roeddwn bron â marw o eisiau/chwant bwyd; 'roeddwn ar lwgu; 'roeddwn ar fy nghythlwng; *occ:* 'roedd rhaib yr angau arna' i.

ravenously *adv.* yn awchus, yn rheibus *&c*; **to eat ~,** llowcio bwyd, claddu bwyd, cythru bwyta, bwyta'n awchus, bwyta fel pe baech ar lwgu, conio arni, *Joc:* claddu dan yr hen drefn.

ravenousness *n.* **1.** rhaib *f*, rheibusrwydd *m*, gwancusrwydd *m.* **2.** *(= hunger):* newyn ofnadwy *m*, awch (*m*) bwyd, awch am fwyd, gwanc (*m*) bwyd, gwanc am fwyd, chwant (*m*) bwyd.

raver *n.* **1.** *(= lunatic):* rafiwr (rafwyr) *m*, lloerigyn (lloerigion) *m.* **2.** *(= demagogue):* rhefrwr (rhefrwyr) *m*, arthiwr (arthwyr) *m*, arthgi (arthgwn) *m.* **3.** *(= high-lifer):* rafin(-iaid) *m&f*, rafil(-iaid) *m&f*; **she's a right little ~,** mae hi'n beth fach boeth.

ravin *n. Poet: Rh:* rhaib *f*, rheibio *vn*; **beast of ~,** anifail (anifeiliaid) rheibus *m.*

ravine *n. Geog:* ceunant (ceunentydd) *m*, dyfnant (dyfnentydd) *mf*, hafn (-au,-oedd) *f.*

ravined *a. Geog:* dyfnantog, â dyfnant, hafnog.

raving[1] *a.* lloerig, gwyllt, gorffwyll, gwallgof, ynfyd; **a ~ lunatic,** dyn hollol wallgof *m*, gwallgofddyn llwyr *m*; *F:* **he's a ~ loony,** 'dyw e ddim hanner call; mae o'n wallgo bost; *N.W: occ:* mae o'n honco bost; *(wind):* brochus, yn rhuo, rhuol; **~ wind,** *Lit: occ:* rhuthrwynt(-oedd) *m*, brochell(-au) *f*; **to go ~ mad,** drysu/gwallgofi'n llwyr, colli'ch pwyll, colli arni'n llwyr/hollol.

raving[2] *vn. & n.* **1.** *vn.* = **rave**[2]. **2.** *n.* *(a) (of wind):* rhuad(-au) *m*, rhyferthwy *m*; *(b) usu.pl. (of lunatic):* ymleferydd *m*, ebychiadau, geiriau lloerig.

ravioli *n. Cu:* rafioli *m.*

ravish *v.t.* **1.** *(a) (= carry off):* cipio, dwyn ymaith; *(b) O: (= rape):* treisio, llathruddo (*not* rheibio). **2.** *(= enchant):* swyno, cyfareddu, hudo.

ravished *a.* **1.** *(= seized):* a gipiwyd, cipiedig. **2.** *(= raped):* a dreisiwyd, treisiedig. **3** *(= charmed):* wedi'ch swyno, swynedig.

ravisher *n. (a) (= rapist):* treisiwr (treiswyr) *m*; *(b) F: O:* **what a ~!** am ferch swynol! dyna ferch swynol!

ravishing *a.* **1.** *O: (wolf &c):* rheibus. **2.** *(= enchanting):* swynol, cyfareddol, hudol, hudolus; **she's a ~ beauty,** mae hi'n ferch hudolus [o] dlws.

ravishment *n.* **1.** *(= carrying off):* cipio *vn*, cipiad(-au) *m*; *(= rape):* trais *m*, treisio *vn.* **2.** *(of joy &c):* perlewyg(-on) *m*, perlesmair (perlesmeiriau) *m.*

raw *a. & n.* **I.** *a.* **1.** *(meat &c):* amrwd; *(wound, human flesh):* cignoeth. **2.** *(material):* crai, *occ:* cri; **~ materials,** defnyddiau/nwyddau crai; **~ steel,** dur crai; **~ data,** data crai; *Art:* **~ umber,** wmbr crai. **3.** *(= lacking experience):* dibrofiad, glas; **a ~ lad,** glaslanc(-iau) *m*, glashogyn (glashogiau) *m*; **a ~ hand,** newyddian(-od) *m*, nofis(-iaid) *m*, gwas (gweision) newydd *m*, dechreuwr (dechreuwyr) *m*, rhn (rhai) dibrofiad *m*; **~ troops,** milwyr dibrofiad. **4. a ~ wound,** briw cignoeth, cig byw; **my nerves are ~,** 'rwyf ar bigau drain; 'rwyf fel gafr ar d'ranau; **~ soil,** pridd moel/di-don/di-groen. **5.** *(weather):* gerwin, llym, garw, egr, eger, *N:* budr; *(wind):* main, egr, eger, llym; **a ~ deal,** cam *m*, annhegwch *m*; **to give s.o. a ~ deal,** gwn|eud cam/annhegwch â rhn, bod yn annheg â rhn; **to get a ~ deal,** cael cam. **II.** *n.* **to touch s.o. on the ~,** brifo/clwyfo rhn i'r byw; **in the ~,** *(i)* **life in the ~,** bywyd yn gignoeth, bywyd fel y mae, *Lit:* bywyd yn ei ddirni; *(ii) (= naked):* [yn] noethlymun. **~-boned** *a.* esgyrnog, tenau (teneuon), main (meinion), yn groen ac esgyrn.

rawhide[1] *a. & n.* **1.** *a.* irgroen. **2.** *n.* croen ir *m*, irgroen *m.*

rawhide[2] *v.t. (= whip):* chwipio.

rawish *a.* braidd yn amrwd *&c*, go amrwd *&c*; *See* **raw.**

rawly *adv.* yn amrwd *&c*; *(= unfairly):* yn annheg.

rawness *n.* **1.** *(of meat &c):* cyflwr amrwd *m*, *occ:* amrydedd *m*, creider *m.* **2.** *(= lack of experience):* diffyg (*m*) profiad. **3.** *(of wound, human flesh):* cignoethni *m*; *(of soil):* noethni *m*, moelni *m.* **4.** *(of weather):* gerwinder *m*, egrwch: ecrwch *m.*

Rawson *Pl.n. (in Patagonia):* Caer (*f*) Antur.

ray[1] *n.* **1.** *Ph:* pelydryn (pelydrau) *m*, *Lit: occ:* pelydr(-au) *m*; **death ~,** pelydryn angau/angheuol/marwol; **a ~ of hope,** llygedyn (*m*) o obaith. **2.** *Physiol: Biol:* rheidden(-nau) *f.* **~ box** *n.* blwch (blychau) (*m*) pelydru. **~ gun** *n.* dryll(-iau) (*m*) pelydr, gwn (gynnau) (*m*) pelydr, pelydrwr (pelydrwyr) *m.*

ray[2] *n. Ich: (Raia):* cath (*f*) fôr (cathod môr), morgath(-od) *f*, *Lit: occ:* rhaien (rhaiod) *f*, rhwchws *m*; **blonde ~,** *(R. brachyura):* morgath felen (morgathod melyn); **cuckoo ~,** *(R. naevus):* morgath lygadog (morgathod llygadog); **devil ~,** = **manta ray; eagle ~,** *(Myliobatis aquila):* morgath adeiniog; **electric ~,** *(Torpedo mobiliane):* cath fôr drydan/letrig (cathod môr trydan/letrig), rhaien drydan/letrig (rhaiod trydan/letrig), sythbysg *m*; **cownose ~,** *(R. bonasus):* morgath drwynbwl (morgathod trwynbwl); **manta ~,** *(Manta):* manta(-od) *m*, morgath neidiol; **marbled electric ~,** *(T. marmorata):* cath [fôr] drydan/letrig fraith (cathod [môr] trydan/letrig brith), morgath drydan/letrig fraith (morgathod trydan/letrig brith); **painted ~, small-eyed ~,** *(R. micro-ocellata):* morgath lygaid bach (morgathod llygaid bach); **pale ~,** *(R. lintea):* morgath lwyd (morgathod llwyd); **sandy ~,** *(R. circularis):* morgath gron (morgathod crynion); **shagreen ~,** *(R. fullonica):* morgath gribog (morgathod cribog), morgath Ffrengig; **spotted ~,** *(R. montagui):* morgath fannog (morgathod mannog); **starry ~,** *(R. radiata):* cath fôr bigog (cathod môr pigog), morgath bigog (morgathod pigog); **thornback ~,** *(R. clavata):* morgath bigog/arw (morgathod pigog/garw/geirw), *N.W: occ:* cath fôr styds; **undulate ~,** *(R. undulata):* morgath donnog (morgathod tonnog); **whip ~, sting ~,** *(Dasyatis pastinaea):* cath fôr ddu (cathod môr duon), morgath ddu (morgathod duon), morgath lefn (morgathod llyfnion), *Lit: occ:* tân-raien (~-raiod) *f.*

ray[3] *v.i. (of light &c):* pelydru, llewyrchu, tywynnu.

ray[4] *n. Mus: See* **re**[1].

rayless *a.* dibelydr, dibelydryn, dibelydrau, tywyll; *S.a.* **mayweed.**

raylet *n.* pelydryn(-nau) *m.*

rayon *n. Tex: R.t.m:* ***rayon***, reion *m*; **spun ~,** ***rayon*** nyddedig; **~ acetate,** ***rayon*** asetad; **~ viscose,** ***rayon*** fisgos.

raze *v.t.* **1. to ~ sth (to the ground),** chwalu, dymchwel rhth (yn llwyr, yn wastad â'r llawr). **2.** = **erase.**

razee[1] *n. Hist:* llong gota (llongau cwta) *f.*

razee[2] *v.t. Hist:* cwteuo, cwtanu, lleih|au.

razor[1] *n. N:* rasel(-i,-ydd) *f*, *S:* raser(-au) *f*, *Lit:* ellyn(-au,-od) *m*; **cut-throat ~,** rasel hir, rasel hogi; **safety ~,** rasel ddiogel (raseli diogel). **~-blade** *n.* llafn(-au) (*m*) rasel. **~-back** *n. Z:* **1.** *(whale):* morfil(-od) cefnfain *m.* **2.** *U.S: (wild boar):* baedd(-od) cefnfain *m.* **~-backed** *a.* cefnfain. **~-cut**[1] *n.* toriad (*m*) rasel. **~-cut**[2] *v.t.* torri (rhth) â rasel. **~-edge** *n.* **1.** *N:* min (*m*) rasel, *S:* awch (*m*) raser. **2.** *(of mountain):* crib(-au) *f*, trum(-iau) *f*, cefn(-au) *m*; **on a razor's-edge,** mewn perygl mawr, ar fin ellyn, ar fin y gyllell. **~-fish, ~-shell** *n. Moll:* cyllell (*f*) fôr (cyllyll môr), môr-gyllell (~-gyllyll) *f*, *S.W:* gellygion *pl*, *Lit:* ellynbysgodyn (ellynbysgod) *m.* **~-slasher** *n.* raselwr (raselwyr) *m*, slaeswr (slaeswyr) *m.* **~-strop** *n.* lledr(-au) (*m*) rasel. **~-strop fungus** *n. Fung:* gog-yr-ogo *m.*

razor[2] *v.t.* eillio.

razorbill *n. Orn: (Alca torda):* gwalch (gweilch) (*m*) y penwaig, llurs(-od) *m*, llursen (llursod) *f*, poethwy *m*, aron(-s,-iaid) *m*, morra *m*, aderyn (adar) brith *m*, carfil(-od) gylfinddu *m*, *N.W: occ:* dwcar(-s) *m.*

razz *v.t. F: U.S:* = **deride.**

razzia *n.* ymosodiad(-au) *m*, cyrch(-oedd) (*m*) ysbeilio.

razzle[-dazzle][1] *n.* **1.** *(= bustle, excitement):* miri *m*, cyffro *m*, rhialtwch *m*, sbloet *m*, swae *f*. **2.** *P: O:* **to go on the ~[-~]**, mynd ar y sbri, mynd ar y criws, mynd ar y term.

razzle[-dazzle]² *v.t.* **to ~[-~] s.o.,** synnu rhn, syfrdanu rhn, taflu llwch yn llygaid rhn, taslo rhn.

razzmatazz *n.* randibŵ *m*, sbloet *mf*, sioe *f*, swae *f*.

re¹ *n. Mus:* re *f*.

re² *Lt.n. as prep.phr.* **1.** *Jur:* **[in] ~ Davies v. Jones,** yn achos Davies yn erbyn Jones. **2.** *Com:* **~ your letter,** ynglŷn â'ch llythyr, gyda golwg ar eich llythyr, *Lit:* parthed eich llythyr.

re-³ *pref.* ail- + *soft mut.*, ad- + *soft mut.*

reabsorb *v.t.* adamsugno.

reabsorption *n.* adamsugnad(-au) *m*, adamsugno *vn*.

reaccustom *v.t.&i.* **1.** *v.t.* **to ~ s.o. to sth,** ailgynefino rhn â rhth. **2.** *v.i.* **to become reaccustomed to sth,** ailgynefino/ailymgynefino â rhth.

reach¹ *n.* **1.** *(of hand, boxer, fencer &c):* cyrhaeddiad (cyraeddiadau) *m*, estyniad(-au) *m*; **he has the longer ~,** ef sy'n gallu cyrraedd bellaf. **2.** *(a)* cyrraedd *m*; **within ~ of s.o./sth,** o fewn cyrraedd i rn/rth; **out of ~,** allan o gyrraedd, y tu hwnt i'ch cyrraedd; **beyond the ~ of all suspicion,** y tu hwnt i bob amheuaeth; **within easy ~ of sth,** o fewn cyrraedd hawdd i rth; *(b) (of mind):* amgyffrediad *m*, crebwyll *m*. **3.** *(of river):* hyd(-au) *m*, *S.W:* bwrw (bwriau) *m*; **the upper reaches,** y rhannau uchaf, y dyfroedd uchaf, y blaenau; **the lower reaches,** y rhannau isaf, y dyfroedd isaf. **4.** *Nau: (in tacking):* taciad(-au) *m*.

reach² *v.t.&i.* I. *v.t.* **1. to ~ sth out,** estyn rhth, *S:* [h]ercyd rhth. **2. the law does not ~ these cases,** nid yw'r gyfraith yn cyffwrdd â'r achosion hyn. **3.** *(a) (= arrive at):* cyrraedd, *S.W: occ:* cyrhaeddyd; **to ~ the summit of a mountain,** cyrraedd copa mynydd, dod i ben mynydd; **to ~ the age of sixty,** cyrraedd eich trigain oed; **to ~ a high price,** mynd am bris uchel; **your letter reached me today,** cefais/derbyniais eich llythyr heddiw; daeth eich llythyr i law heddiw; **this rumour reached him,** daeth y si hwn i'w glustiau; *(b)* **to ~ a conclusion,** dod i gasgliad; **to ~ an agreement,** dod i gytundeb. **~-me-down** *n.* dilledyn (dillad) *(m)* brawd/chwaer hŷn, dilledyn ar ôl rhn arall.

reachable *a.* cyraeddadwy, o fewn cyrraedd, *Lit: occ:* hygyrch; **not ~,** amhosibl ei gyrraedd, anghyraeddadwy, *Lit: occ:* anhygyrch.

react¹ *v.i.* ymateb, adweithio; *Ph: Ch:* adweithio.

re-act² *v.i. Th: &c:* ailactio, ailchwarae.

reactance *n. El:* adweithedd(-au) *m*.

reactant *n. Ch:* ymweithredydd(-ion) *m*.

reaction *n.* **1.** *(emotional):* ymateb(-ion) *m*, ymatebiad(-au) *m*, adwaith (adweithiau) *m* **(to sth,** i rth); **a gut ~,** adwaith greddfol; *Pol:* adwaith; **the forces of ~,** y grymoedd adweithiol, grymoedd [yr] adwaith; **revolt and ~,** gwrthryfel ac adwaith. **2.** *Ph: Ch: &c:* adwaith (adweithiau) *m*. **addition ~,** adwaith adio; **backward ~,** ôl-adwaith (~-adweithiau) *m*; **chain ~,** adwaith cadwynol; **displacement ~,** adwaith dadleoli; **elimination ~,** adwaith dil|eu; **exchange ~,** adwaith cyfnewid; **first order ~,** adwaith gradd un; **forward ~,** blaenadwaith (blaenadweithiau) *m*; *Ph:* **light ~,** adwaith golau/goleuni; **rearrangement ~,** adwaith ad-drefnu; **substitution ~,** adwaith amnewid. **3.** *Mil:* gwrth-ymosodiad(-au) *m*, gwrthgyrch(-au,-oedd) *m*. **~ engine, ~ motor** *n.* motor(-au) adweithiol *m*.

reactionariness *n.* adweithioldeb *m*, natur adweithiol *f*.

reactionary *a. & n. Pol:* **1.** *a.* adweithiol; **the ~ party,** plaid *(f)* yr adwaith. **2.** *n.* adweithiwr (adweithwyr) *m*, adw|eithwraig (adweithwragedd) *f*; *pl.* **reactionaries,** *occ:* gwŷr *(pl)* yr adwaith, pobl *(f or pl)* yr adwaith.

reactivate *v.t.* ailfywiogi, adfywiogi, adfywiocáu, ailfywiocáu, ailysgogi, ailgychwyn.

reactivation *n.* ailysgogiad(-au) *m*, ailgychwyniad(-au) *m*, ailfywiocâd *m*, adfywiocâd *m*; *S.a.* **reactivate**.

reactive *a.* adweitheddol.

reactivity *n. El: Ph: Ch:* adweithiant *m*, adweithedd *m*.

reactor *n. El: Ph:* adweithydd(-ion) *m*, ymweithydd(-ion) *m*.

read¹ *n.* **he was having a quiet ~,** 'roedd wrthi'n darllen yn dawel; **this book is a good ~,** mae'r llyfr hwn yn werth ei ddarllen.

read² *v.t.* **1.** *(a)* darllen; **to lip-~,** darllen gwefusau; **to teach s.o. to ~,** dysgu darllen i rn, dysgu rhn i ddarllen, dysgu i rn ddarllen; **to ~ to oneself,** darllen yn dawel; *Adm:* **read and approved,** darllenwyd a chymeradwywyd; *(b) Typ:* **to ~ proofs,** cywiro/darllen proflenni; *(c)* **to ~ up a subject,** astudio/parat|oi pwnc, darllen am bwnc; **he is reading for his examination,** mae'n parat|oi/gweithio/astudio ar gyfer ei arholiadau; *(at University):* **to ~ Welsh,** astudio/gwn|eud Cymraeg; *abs.* **to ~ for the bar,** mynd yn fargyfreithiwr, darllen/astudio ar gyfer y bar. **2. to ~ sth aloud,** darllen rhth yn uchel; **to ~ sth to s.o.,** darllen rhth i rn; *S.a.* **lesson 1, riot¹**. **3. to ~ s.o. to sleep,** darllen i rn nes iddo gysgu. **4.** *(a)* **to ~ the future,** darllen/darogan/rhagw|eld y dyfodol; **to ~ s.o.'s hand,** darllen llaw rhn; **to ~ s.o.'s thoughts,** darllen meddyliau rhn; **I can ~ her like a book,** mi wn i beth sydd yn ei meddwl hi; 'rwy'n gallu ei darllen hi'n hawdd; **to ~ into a sentence what is not there,** gweld ystyr nad yw yno mewn brawddeg; **to ~ between the lines,** darllen rhwng y llinellau; *S.a.* **run²** I. *a.* **5.** *(clock, meter &c):* darllen. **6.** *(a)* **the book reads like a translation,** mae blas cyfieithiad ar y llyfr; mae'r llyfr yn darllen fel cyfieithiad; *(b)* **the clause reads both ways,** gellir deall/darllen y cymal mewn dwy ffordd. **7.** *W.Tel:* **do you ~ me?** wyt ti'n fy nghlywed i? **~ head** *n. Cmptr:* pen(-nau) *(m)* darllen. **~-only memory (ROM)** *n. Cmptr:* cof(-au) *(m)* darllen yn unig; **sideways ROM,** ROM ochr. **~ out** *v.t.* **1.** darllen (rhth) yn uchel; **to ~ out the agenda,** cyhoeddi rhaglen y dydd, darllen yr agenda. **2.** *U.S:* = **expel. ~ over** *v.t.* ailddarllen. **~ speed** *n. Cmptr:* cyflymder(-au) *(m)* darllen. **~ time** *n.* amser(-au) *(m)* darllen. **~/write channel** *n. Cmptr:* sianel *(f)* ddarllen ac ysgrifennu (sianeli darllen ac ysgrifennu). **~/write head** *n. Cmptr:* pen(-nau) *(m)* darllen ac ysgrifennu.

read³ *p.p.* **1.** *(speech &c):* darllenedig, a ddarllenwyd, a ddarllenir; **to take minutes as ~,** cymryd bod cofnodion wedi eu darllen, derbyn cofnodion heb eu darllen yn uchel. **2.** *(pers.):* **well-~,** wedi darllen llawer, eang eich darllen, hyddysg, wedi'ch trwytho **(in sth,** yn rhth); **well-~ in one's Bible,** golau yn eich Beibl; **a well-~ chap,** *N: F:* tipyn o 'sglaig (= ysgolhaig).

readability *n.* natur ddarllenadwy *f*, ansawdd darllenadwy *m*, darllenadwyedd *m*.

readable *a.* darllenadwy.

readableness *n.* = **readability**.

readably *adv.* yn ddarllenadwy.

readdress *v.t.* ailgyfeirio.

reader *n.* **1.** *(a)* darllenydd: darllenwr (darllenwyr) *m*, darll|enwraig (darllenwragedd) *f*; *(b) (at University):* darllenydd(-ion, darllenwyr) *m*. **2.** *Sch: (book):* llyfr(-au) *(m)* darllen.

readership *n.* **1.** *Sch:* darllenyddiaeth(-au) *f*. **2. a ~ of two millions,** dwy filiwn o ddarllenwyr; **an educated ~,** darllenwyr deallus *pl*.

readily *adv.* **1.** *(= willingly):* yn barod, â pharodrwydd, yn llawen, â chroeso, yn ewyllysgar, heb orfodaeth. **2.** *(= easily):* yn rhwydd, yn hawdd; **she couldn't ~ follow what he said,** ni allai'n hawdd ddilyn yr hyn a ddywedai.

readiness *n.* **1.** *(= willingness, preparedness):* parodrwydd *m* **(to do sth,** i wn|eud rhth); **in ~ for sth,** yn barod am/at rth. **2.** *(of mind):* cyflymder *m*, bywiogrwydd *m*, esgudrwydd *m*; **~ of speech,** llithrigrwydd *(m)* ymadrodd, dawn *(f)* siarad, dawn dweud, dawn ymadrodd, rhwyddineb *(m)* ymadrodd, *S:* dawn.

reading¹ *a.* **the ~ public,** y cyhoedd darllengar *m*, darllenwyr *pl*; **a ~ man,** darllenwr (darllenwyr) mawr *m*.

reading² *vn.* **1.** darllen *m*, darlleniad(-au) *m*; *Parl:* darlleniad. **2. light ~,** llenyddiaeth ysgafn *f*, deunydd/defnydd *(m)* darllen ysgafn; **it makes for grim ~,** mae'n hanes enbyd i'w ddarllen. **~ age** *n.* oedran *(m)* darllen, oed *(m)* darllen. **~-book** *n.* llyfr(-au) *(m)* darllen. **~-desk** *n.* desg *(f)* ddarllen (desgiau darllen), darllenfa (darllenf|eydd) *f*, darllenfwrdd (darllenfyrddau) *m*. **~-glass** *n.* chwyddwydr(-au) *(m)* darllen. **~-lamp** *n.* lamp *(f)* ddarllen (lampau darllen). **~-light** *n.* golau (goleuadau) *(m)* darllen. **~ matter** *n.* deunydd *(m)* darllen, defnydd *(m)* darllen. **~-room** *n.* ystafell *(f)* ddarllen (ystafelloedd darllen), darllenfa (darllenf|eydd) *f*. **~ test** *n.* prawf (profion) *(m)* darllen.

readjust *v.t.* ailunioni, ailgywiro, ailgymhwyso, ailaddasu; *T.V:* **do not ~ your set,** peidiwch â newid y llun; **to ~ oneself,** ailymaddasu **(to sth,** i rth).

readjustment *n.* ailgywiriad(-au) *m*, ailosodiad(-au) *m*, ailgymhwysiad(-au) *m*, ailaddasiad(-au) *m*; *vn.* = **readjust**.

readmission *n.* ailfynediad(-au) *m*; *(to college &c):* ailddérbyniad(-au) *m*; **he obtained ~,** cafodd ei ailddérbyn.

readmit *v.t.* ailddérbyn; **to ~ s.o.,** gadael i rn ddod i mewn yn ei ôl,

gollwng/gwahodd/derbyn rhn i mewn [am] yr eildro (*not* gadael rhn i mewn ... = *leave s.o. inside* ...).
readmittance *n.* = **readmission.**
readopt *v.t.* ailfabwysiadu.
readopted *a.* ailfabwysiedig.
readoption *n.* ailfabwysiad(-au) *m*, ailfabwysiadu *vn.*
readorn *v.t.* ailaddurno.
readorned *a.* ailaddurnedig.
readout *n. Cmptr:* ailddarlleniad(-au) *m.*
readvance *v.t.&i.* ailsymud ymlaen.
readvertisement *n.* ail hysbyseb(-ion) *f*, ail hysbysebiad(-au) *m.*
readvertize *v.t.* ailhysbysebu.
ready[1] *a., adv. & n.* I. *a.* **1.** *(a) (= prepared):* parod **(for sth,** am rth, at rth, ar gyfer rhth; **to do sth,** i wneud rhth); **~ for (= by) Christmas,** parod at y Nadolig *or* ar gyfer y Nadolig. *(to runners):* **~! go!** parod! ewch! **to make/get sth ~,** parat|oi rhth, hwylio rhth, gwneud rhth yn barod; **to get [oneself] ~,** ymbarat|oi, hwylio **(for sth,** ar gyfer rhth); **to get a meal ~,** hwylio bwyd; *(of book):* **now ~,** allan yn fuan; **to get ~ for chapel/work,** hwylio i fynd i'r capel/gwaith; **(to get ~) to marry, to go away,** (hwylio) i briodi, i fynd oddi cartref; *Tg:* **~ signal,** arwydd (*m*) parodrwydd; *(b)* **~ to hand,** [parod] wrth law, cyfl|eus, hwylus; **~ money/cash,** arian parod *m*, arian sychion *pl*, *S: occ:* arian pen. **2.** *(a) (= willing):* parod, bodlon, esgud **(to do sth,** i wneud rhth); **~, willing and able,** parod, bodlon ac abl; *int. Nau:* **~ about!** barod i wyro! **he's a ~ believer in miracles,** mae'n barod i gredu mewn gwyrthiau; mae'n esgud iawn i gredu mewn gwyrthiau; *(b)* **~ to die (with hunger),** ar fin marw, ar farw (o newyn). **3.** *(a)* **a ~ wit,** ffraethineb parod; **he has a ~ tongue,** mae'n siaradwr rhugl/llithrig; mae ganddo ddawn dweud/ymadrodd; *N.W:* mae'n ddeudwr da; **he had a ~ pen,** 'roedd yn ysgrifennwr parod; 'roedd min ar ei bensel; **she's ~ with an answer,** mae ganddi ateb parod; *(b)* **goods that meet with a ~ sale,** nwyddau sy'n gwerthu'n rhwydd/hawdd, nwyddau a mynd da arnynt. II. *adv.* yn barod, o flaen llaw. III. *n.* **1.** *Mil:* **to come to the ~,** parat|oi arfau, dal arfau'n barod; *Artil:* **guns at the ~,** gynnau'n barod [i'w tanio]. **2.** *P: usu.pl. (= money):* arian [parod] *m*, pres [parod] *m.* **~-cooked** *a.* parod, wedi ei goginio'n barod. **~-made** *a.* parod. **~-mix** *a.*, **~-mixed concrete** *n.* concrid wedi ei gymysgu'n barod, concrid parod. **~ reckoner** *n. Com:* cyfrifydd(-ion) parod *m.* **~-to-wear** *attrib.* parod [i'w [g]wisgo, i'w r[h]oi amdanoch]. **~-witted** *a.* effro, bywiog, parod eich ymateb.
ready[2] *v.t.* parat|oi, darparu, gwn|eud (rhth), *occ:* hwylio (rhth) yn barod.
reaffirm *v.t.* ailddatgan.
reaffirmation *n.* ailddatganiad(-au) *m*, ailddatgan *vn.*
reafforest *v.t.*, **reafforestation** *n.* ailgoedwigo, ailfforestu, atgoedwigo.
reagency *n. Ch:* adweithiant *m.*
reagent *n. Ch:* ymweithredydd(-ion) *m.*
real *a. & adv.* **1.** *a. (= not imitation):* gwirioneddol, go iawn, dilys; gwir *(precedes n. + soft mut.)*; real *is in limited learned use*; rêl, rial *are in F uses and as intensive only*; **~ silk,** sidan go iawn, sidan gwirioneddol; **~ old nobility,** hen fonedd o'r iawn ryw; **~ money,** arian sychion/gleision *pl*, arian parod *m*; **the ~ world,** y byd go iawn; **the ~ value of things,** gwir werth pethau; **to make a ~ effort,** gwneud gwir ymdrech, ymdrechu o ddifrif, gwneud ymdrech o ddifrif; **there's ~ need of a good dictionary,** mae gwir angen geiriadur da; **the ~ reason,** y gwir reswm; **is it ~?** a yw'n un gwirioneddol? *N:* ydi o'n un go iawn? *Rel:* **the ~ presence,** y gwir bresenoldeb *m*; **a ~ friend,** cyfaill cywir, gwir gyfaill, cyfaill go iawn, *F:* cyfaill triw, rêl ffrind; *Cmptr:* **~ image,** delwedd(-au) real *f*; **he's a ~ rogue,** mae'n rêl cnaf/rogiwr; **it's the ~ thing;** *F:* **it's the ~ McCoy,** dyma'r gwir beth; dyma'r peth go iawn; mae hwn/hon yn un go iawn; *Games:* **~ tennis,** tennis (*m*) cwrt, tennis rheiol; **for ~,** o ddifrif, mewn difrif; **the ~ and the ideal,** y gwirioneddol a'r delfrydol; *Cmptr:* **~ time,** amser(-au) real *m*; **~ time clock,** cloc(-iau) (*m*) amser real; **~ time processing,** prosesu amser real; *Fin:* **~ value,** gwir werth *m*, gwerth effeithiol *m*; *Cmptr:* **~ variable,** newidyn(-nau) real *m.* **2.** *Jur: esp. U.S:* **~ estate, ~ property,** eiddo tiriog *m*, eiddo reol, eiddo anghyffro *m.* **3.** *adv. U.S: F:* **it's ~ good,** mae'n wirioneddol dda.
realgar *n. Ch:* realgar *m.*
realign *v.t.* **1.** aildrefnu, ailosod, ailrencio, ailresu, adlinellu, adlinio. **2.** *Fig: Pol: (= regroup):* ailffurfio, ailgarfanu, ailfyddino, adfyddino.
realignment *n.* **1.** ailrenciad(-au) *m*, ailresiad(-au) *m*, aildrefniad(-au) *m*, ailosodiad(-au) *m*, adlinelliad(-au) *m*, adliniad(-au) *m*; *vn.* = **realign** 1. **2.** *Fig: Pol: (= regroupment):* ailffurfiad(-au) *m*, ailgarfaniad(-au) *m*; *vn.* = **realign 2.**
realisation *n.* = **realization.**
realise *v.* = **realize.**
realism *n.* realaeth *f*, *occ:* dirweddaeth *f.*
realist *n.* realydd(-ion, realwyr) *m.*
realistic *a.* realistig, realaidd.
realistically *adv.* **1.** yn realistig. **2.** *(= seriously):* o ddifrif, mewn difrif.
reality *n.* **1.** gwirionedd(-au) *m*, sylwedd(-au) *m*, re|aliti *f*, dirwedd(-au) *m*, realedd *m*; **in ~,** mewn gwirionedd; **the realities of the situation,** y gwir (*m*) am y sefyllfa, gwirioneddau'r sefyllfa, gwir natur (*f*) y sefyllfa, ffeithiau oer y sefyllfa. **~ feeling** *n. Theol:* ymdeimlad (*m*) â'r dirwedd. **~ orientation** *n.* cyfeirio(*vn*)'n ôl at realiti/ddirwedd, atgoffa *(vn)* o realiti. **~ testing** *vn.* profi realiti/dirwedd.
realizable *a.* **1.** *(a) (= possible):* dichonadwy, posibl, gwireddadwy, sylweddoladwy, dirweddadwy; *(b)* **~ assets,** asedau sylweddoladwy. **2.** *(= imaginable):* dychmygadwy.
realization *n.* **1.** *(a) (of plan):* cyflawniad(-au) *m*, gwireddiad(-au) *m*, sylweddiad(-au) *m*, dirweddiad(-au) *m*, cyflawni *vn*, gwireddu *vn*, sylweddu *vn*, dirweddu *vn*; *(b) Com: (of assets):* realeiddiad *m*, realeiddio *vn*, sylweddu *vn.* **2.** sylweddiad *m*, sylweddoli *vn*; **to come to the ~ that ...,** sylweddoli bod .... **3.** *Ling:* **graphic ~,** sylweddiad graffig; **phonic ~,** sylweddiad ffonig. **~ condition** *n. Ph:* amod(-au) (*f*) sylweddiad.
realize *v.t.* **1.** *(a) (plan):* cyflawni, gwireddu, sylweddu, sylweddoli, *occ:* dirweddoli; *(b) Com:* troi (rhth) yn arian; sylweddu, realeiddio (rhth); *(c)* **to ~ a high price,** cyrraedd pris uchel. **2.** *(= understand):* sylweddoli, deall, *S. W: occ:* ystyried.
realized *a. (dream &c):* wedi ei wireddu/gyflawni/sylweddoli, cyflawnedig, sylweddedig, a gyflawnir/gyflawnwyd, a sylweddolir/sylweddolwyd, a wireddir/wireddwyd, a sylweddir/sylweddwyd.
reallocate *v.t.* ailbennu, ailddyrannu.
reallocation *n.* ailddyraniad(-au) *m*, ailbeniad(-au); *vn.* = **reallocate.**
reallotment *n.* ailddosbarthiad *m*, ailddosbarthu *vn.*
really *adv. (a)* mewn gwirionedd, yn wir, yn ddiau; **it was ~ my fault,** fy mai i oedd mewn gwirionedd; **~ good,** gwir/gwirioneddol dda, *occ:* da wirioneddol; **you ~ must go there,** [yn] wir, mae'n rhaid ichi fynd yno; rhaid ichi fynd yno, wir; **has she ~ gone?** ydy hi wedi mynd o ddifrif? *N:* ydi hi wedi mynd go iawn? **is it ~ true?** ydy'r peth yn wir mewn gwirionedd? **[oh] ~?** felly'n wir? o ddifrif? wir? tybed? **well ~!** wir! wir-ionedd! wel yn y wir! oeton pawb! 'tawn i'n marw! a'n helpo! 'dawn i byth o'r fan! *S:* gwedwch y gwir! **not ~,** go brin, *F:* ddim felly, *N:* digon o waith; **~ and truly,** heb air o gelwydd; *(indignantly):* wir! **do you believe her? - not ~,** wyt ti'n ei chredu hi? - nac ydw, mewn gwirionedd; nac ydw, a dweud y gwir; nac ydw', wir; *(past tense):* **did they succeed? - not ~,** a fu iddynt lwyddo? -naddo, mewn gwirionedd; naddo a dweud y gwir; naddo, wir; *(b) (qualifying a.):* **~ good,** gwir/gwirioneddol dda, da wirioneddol; **a ~ nice chap,** hen fachgen/fachan/foi iawn; **~ good fun,** hen hwyl, hwyl anfarwol.
realm *n.* **1.** teyrnas(-oedd) *f*; **coin of the ~,** arian y deyrnas; *Theol:* **~ of ends,** teyrnas dibenion. **2.** *(of fancy, fairy-tale &c):* bro(-ydd) *f*, byd(-oedd) *m.*
realpolitik *n.* realp|olitic *m.*
realtor *n. U.S:* gwerthwr (gwerthwyr) (*m*) eiddo, stad-fasnachwr (~-fasnachwyr) *m.*
realty *n. Jur:* eiddo reol *m*, reolti *m*, eiddo sefydlog.
ream[1] *n.* **1.** *Paperm:* rîm (rimiau) *f.* **2.** *F:* **(he writes) reams (of poetry),** (mae'n ysgrifennu) llond (*m*) gwlad, pentwr *m*, cruglwyth *m*, tomenni *pl*, llwythi *pl* (o farddoniaeth).
ream[2] *v.t.* **1.** lledu, ehangu; **to ~ [out],** ehangu twll. **2.** *(cartridge):* peflo. **3.** *U.S: (= squeeze):* gwasgu, dihysbyddu.
reamer[-bit] *n. Tls:* lledwr (lledwyr) *m*, ehangwr (ehangwyr) *m*, agorell(-au) *f*, taradr(-au, terydr) (*m*) lledu; **taper ~,** agorell

dapr (agorellau tapr); **parallel ~**, agorell baralel (agorellau paralel).
reanalyse *v.t.* ailddadansoddi.
reanalysis *n.* ailddadansoddiad(-au) *m*, ailddadansoddi *vn.*
reanimate *v.t.* ailfywiogi, adfywh|au, adfywiocáu, adfywio, dadebru.
reanimation *n.* ailfywiocâd *m*, dadebriad(-au) *m*, adfywiad(-au) *m*; *vn.* = **reanimate**.
reap[1] *v.t.* **1.** *(a)* medi; *S.a.* **harvest**[2]; **to sow a wind and ~ a whirlwind,** hau gwynt a medi corwynt; *Prov:* **we ~ as we sow,** a heuir a fedir; a heuir a geir; a heuo chwyn a'u med; a heuo dyn, hynny a fed; a heuo'n brin a fed yn brin; a heuo ysgall ni fed wenith; **to ~ by hand,** medi (rhth) â llaw; dwrnfedi, dyrnfedi, bawdfedi (rhth); *(b)* **to ~ laurels,** derbyn clodydd; **to ~ profit (from sth),** elwa, cael elw (ar rth).
reap[2] *n.* *(= harvest crop):* cynhaeaf (cynaeafau) *m*, cnwd (cnydau) *m*, medel(-au) *f.*
reaper *n.* **1.** *(pers.):* medelwr (medelwyr) *m*, med|elwraig (medelwragedd) *f*, cynaeafwr (cynaeafwyr) *m*, cynae|afwraig (cynaeafwragedd) *f*; **the [grim] R~,** Angau *m*, y Medelwr mawr/llym/didostur. **2.** *(machine):* cynaeafwr (cynaeafwyr) *m*, peiriant (peiriannau) *(m)* medi/cynaeafu. **~-binder** *n.* peiriant (peiriannau) *(m)* medi a rhwymo.
reaping *vn.* medi, medel(-au) *f.* **~-hook** *n.* cryman(-au) *(m)* medi, *occ:* cryman llyfn, cryman taro. **~-machine** *n.* peiriant (peiriannau) *(m)* medi. **~-party** *n.* medel(-au) *f.*
reappear *v.i.* ailymddangos; **the lost book reappeared,** daeth y llyfr colledig i'r golwg unwaith eto; daeth y llyfr colledig i'r fei.
reappearance *n.* ailymddangosiad(-au) *m*, ailymddangos *vn.*
reapply *v.t.&i.* **1.** *v.t.* *(paint &c):* ailosod, ail-roi, ailddodi. **2.** *v.i.* *(for job &c):* ailgynnig, ailgeisio, ailymgeisio, ailymgynnig, cynnig/ymgynnig/ymgeisio eilwaith (**for sth,** am rth).
reappoint *v.t.* ailbenodi.
reappointment *n.* ailbenodiad(-au) *m*, ailbenodi *vn.*
reappraisal *n.* ailystyriaeth(-au) *f*; *vn.* = **reappraise**.
reappraise *v.t.* ailystyried, ailfarnu, ailgloriannu, ailfantoli (rhth); edrych o'r newydd (ar rth).
rear[1] *n.* & *a.* I. *n.* **1.** *Mil:* *(a)* ôl-fyddin(-oedd) *f*, rhengoedd ôl *pl*, olwyr *pl*; **to hang on the ~,** dilyn o'r tu ôl; **to take on the ~,** ymosod o'r tu ôl; *(b)* *P:* **the ~[s],** *(= latrine):* tŷ (tai) bach *m*. **2.** *(a)* *(of house &c):* cefn(-au) *m*, tu ôl *m*; **at the ~ of sth,** y tu ôl i rth, y tu cefn i rth; *(b)* *(of procession):* tu ôl, cynffon(-nau) *f*, cwt(-au, cytau) *f*; **to bring up the ~,** dod yn olaf; *(c)* *P:* *(= backside):* pen ôl (penolau) *m*, *V:* tin(-au) *f*; **a kick in the ~,** cic yn y pen ôl, cic dan din, cic yn [y] din. II. *a.* ôl. **~ access** *n.* ôl-fynedfa (~-fynedf|eydd) *f.* **~-admiral** *n.* ôl-lyngesydd (~-lyngeswyr) *m.* **~-arch** *n.* *Arch:* bwa (bwâu) mewnol *m.* **~-commodore** *n.* ôl-g|omodor (~-gomodoriaid) *m.* **~-door window** *n.* ffenestr *(f)* drws ôl (ffenestri drysau ôl). **~-drive** *Aut:* *&c:* **1.** *n.* gyriant ôl *m*, ôl-yriant *m*. **2.** *attrib.* ôl-yriannol. **~-engined** *a.* *Aut:* [â] motor ôl. **~-gunner** *n.* *Av:* saethwr (saethwyr) ôl *m*, gynnwr (gynwyr) ôl. **~-lamp, ~-light** *n.* lamp(-au) ôl *f*, golau (goleuadau) ôl *m*. **~ project** *v.t.* *T.V:* taflunio (rhth) yn ei ôl. **~ projection** *n.* *T.V:* taflun(-iau) ôl *m*; *(action):* taflunio'n ôl. **~ rank** *n.* *Mil:* rheng(-au,-oedd) ôl *f.* **~ seat** *n.* sedd(-au) ôl *f*, *less correctly* sedd gefn (seddau cefn). **~ sight** *n.* *Sm.a:* annel (anelau) ôl *m*, golygdwll (golygdyllau) ôl *m*. **~-vault** *n.* *Arch:* ôl-fowt(-iau) *f.* **~-view mirror** *n.* drych(-au) ôl *m*. **~ wheel** *n.* olwyn(-ion) ôl *f.* **~ window** *n.* ffenestr(-i) ôl *f*, *less correctly* ffenestr gefn (ffenestri cefn).
rear[2] *v.t.&i.* I. *v.t.* **1.** *(= raise):* codi, *S:* cwnnu, *Lit:* dyrchafu. **2.** *(family, animals):* codi, magu, meithrin; *(plants):* meithrin, tyfu. II. *v.i.* *(of cliff, horse &c):* codi, ymgodi, ymsythu, *Lit:* ymddyrchafu.
reared *a.* **~ by hand,** a fegir/godwyd â llaw, llawfaeth, *N:* llywaeth, *S:* swci.
rearer *n.* magwr (magwyr) *m*, m|agwraig *f*, meithrinwr (meithrinwyr) *m*, meithr|inwraig *f.*
rearguard *n.* & *attrib.* **1.** *Mil:* ôl-fyddin(-oedd) *f*, rhengoedd ôl *pl*, olwyr *pl*. **2.** *attrib.* o'r tu ôl, arafol, rhwystrol; **~ action,** ymladd *(vn)* i gadw'r ôl/cefn, gweithredu *(vn)* enciliol/ôl-fyddinol/arafol/rhwystrol.
rearing *vn.* *(of animals &c):* magwraeth *f*, magu.
rearm *v.t.* ailarfogi.
rearmament *n.* ailarfogiad *m*, ailarfogi *vn.*
rearmost *a.* olaf, olaf un, olaf oll, *S.W:* *occ:* *F:* ola-gwt.
rearrange *v.t.* aildrefnu, ad-drefnu, ailosod, ailddodi.
rearrangement *n.* ad-drefniad(-au) *m*, ad-drefnu *vn*, ailosodiad(-au) *m*; *vn.* = **rearrange**.
rearward *n.* & *a.* **1.** *n.* *(of army):* ôl-fyddin(-oedd) *f*; **to the ~ of sth, in the ~,** y tu ôl [i rth]. **2.** *a.* ôl.
rearwards *adv.* yn ôl, tuag yn ôl.
reascend *v.t.&i.* ailesgyn.
reascension *n.* ailesgyniad(-au) *m*, ailesgynfa (ailesgynf|eydd) *f*, ailesgyn *vn.*
reason[1] *n.* **1.** *(= cause):* rheswm (rhesymau) *m* (**for sth,** dros rth), achos(-ion) *m* (rhth); *Pol:* **for R~ of State,** er Lles/Budd y Wladwriaeth, o Achos y Wladwriaeth; **the ~ for my absence,** y rheswm dros f'absenoldeb, achos f'absenoldeb; **for no ~ at all,** heb reswm yn y byd, heb reswm o gwbl; **for that ~,** o achos hynny, oherwydd hynny, am hynny, gan hynny, am y rheswm hwnnw, oblegid hynny; **for the [very] ~ that,** am yr union reswm bod, o achos bod, oherwydd bod, oblegid bod; **the ~ why,** y rheswm paham, y rheswm dros rth; **what's the ~ for it?** beth yw'r rheswm drosto? **you have ~ to be glad,** mae gennych reswm/le i fod yn falch; **I have ~ to believe,** mae gennyf le i gredu; **(he complains) with [good] ~,** (mae'n cwyno) ac â phob rheswm, ac nid heb reswm; **all the more ~ for going,** rheswm ychwanegol dros fynd; mwyaf yn y byd o reswm dros fynd; **by ~ of sth,** oherwydd rhth, o achos rhth, oblegid rhth, trwy rth, ar gyfrif rhth. **2.** *(= intellect):* rheswm *m*, pwyll *m*; **he lost his ~,** collodd ei bwyll/reswm; aeth yn wallgof; aeth o'i gof *&c.* **3.** *(= sense):* synnwyr *m*, rheswm *m*, callineb *m*; **to hear ~, to listen to ~,** gwrando ar reswm/synnwyr; **it stands to ~,** mae'n amlwg; mae'n synnwyr; **within ~,** o fewn rheswm; **everything in ~,** popeth o fewn rheswm; **the Age of R~,** *(i)* *Lit:* *Hist:* Oes *(f)* Rheswm; *(ii)* *(of pers.):* oed *(m)* rheswm; **to bring s.o. to ~,** dod â rhn at ei goed, *S.W:* *occ:* dod â rhn i ddews, dod â rhn at ei ddews; **sweet ~ prevailed,** bu rheswm yn drech; ymbwyllodd/calliodd pawb; **to see ~,** gweld synnwyr, gweld rheswm, dod at eich coed, callio, ymbwyllo.
reason[2] *v.i.&t.* **1.** *v.i.* ymresymu, rhesymu; **to ~ from premises,** rhesymu ar sail rhagosodiadau; **to ~ (with s.o.),** dal pen rheswm, rhesymu, dadlau, trafod rhth (â rhn). **2.** *v.t.* *(a)* **to ~ that ...,** dadlau bod ...; *(b)* **to ~ s.o. (out of doing sth),** perswadio rhn, dwyn perswâd ar rn (i beidio â gwneud rhth).
reasonable *a.* **1.** rhesymol; **a ~ offer,** cynnig (cynigion) rhesymol/derbyniol; **~ doubt,** amheuaeth resymol; **~ suspicion,** amheuaeth deg *f*; **a ~ price,** pris rhesymol/cymedrol/teg *m*. **2.** *(pers.):* rhesymol, call, synhwyrol.
reasonableness *n.* rhesymoldeb *m*, rhesymolder *m*, rhesymolrwydd *m*.
reasonably *adv.* **1.** *(speak, argue):* yn rhesymol, yn gall. **2.** *(qualifying a.):* gweddol, eithaf, *occ:* rhesymol; **~ cheap,** gweddol rad, eithaf rhad, go lew o rad, rhesymol rad.
reasoned *a.* rhesymegol, rhesymedig.
reasoner *n.* rhesymwr (rhesymwyr) *m*, rhes|ymwraig (rhesymwragedd) *f.*
reasoning[1] *a.* deallus, rhesymgar, ymresymiadol.
reasoning[2] *n.* ymresymiad(-au) *m*; *S.a.* **reason**[2].
reasonless *a.* direswm, afresymol.
reassemble *v.t.&i.* **1.** *v.t.* *(a)* *(people):* ailgynnull, ailgasglu, aduno, ailgrynh|oi; *(b)* **to ~ a machine,** ailgyfosod peiriant, ailosod peiriant at ei gilydd. **2.** *v.i.* *(of people):* ailymgynnull, ail-gwrdd, ailgyfarfod, ailgrynhoi; *(of school):* ailgychwyn.
reassembly *n.* *(of machine &c):* ailgyfosodiad *m*; *vn.* = **reassemble 1.** *(b)*.
reassert *v.t.* *(a claim &c):* ailddatgan, ailhaeru, ailgyhoeddi; **to ~ oneself,** ailfynnu'ch lle, mynnu adfer eich lle.
reassertion *n.* ailddatganiad(-au) *m*, ailgyhoeddiad(-au) *m*, ailhaeriad(-au) *m*; *vn.* = **reassert**.
reassess *v.t.* ailgloriannu, ailfantoli; *(rates):* ailasesu.
reassessment *n.* ailasesiad(-au) *m*; *vn.* = **reassess**.
reassign *v.t.* ailgyfeirio, adleoli; **to ~ s.o. to a new job,** symud rhn i waith newydd, rhoi rhn ar waith newydd.
reassignment *n.* ailgyfeiriad(-au) *m*, adleoliad(-au) *m*, *vn.* = **reassign**.
reassume *v.t.* **1.** *(task):* ailysgwyddo (rhth), ailymgymryd (â rhth), ailafael (yn rhth); **he reassumed his reading,** aeth ymlaen â'i ddarllen. **2.** **to ~ one's position,** mynd yn ôl i'ch lle; **she**

reassumed her look of indifference, edrychodd yn ddidaro unwaith eto.
reassumption *n.* ailymgymeriad *m*, atgymeriad *m*; *vn.* = **reassume.**
reassurance *n.* **1.** *(a) (= confirmation):* cadarnhad *m*, sicrwydd *m*; *(b) (= comfort):* cysur *m*; **for your ~,** i dawelu'ch meddwl, er sicrwydd ichwi. **2.** *Ins:* ailyswiriant *m*, ailyswirio *vn.*
reassure *v.t.* **1.** tawelu meddwl (rhn), codi calon (rhn), cysuro (rhn), calonogi (rhn), rhoi hyder/sicrwydd (i rn); *(= confirm in opinion):* sicrh|au (rhn); **I feel reassured,** 'rwy'n teimlo'n dawelach fy meddwl. **2.** *Ins:* ailyswirio.
reassured *a.* tawelach eich meddwl, mwy hyderus, mwy calonnog.
reassuring *a.* calonogol, cysurol, cysurlon, yn tawelu'r meddwl.
reassuringly *adv.* yn galonogol *&c.*
reattach *v.t.* ailgydio (rhth yn rhth), ailosod/ailddodi (rhth yn sownd yn rhth), ail-lynu (rhth i rth).
reattachment *n.* ailgydiad *m*, ailgydio *vn.*
reattain *v.t.* ailgyrraedd.
reattainment *n.* ailgyrhaeddiad *m*, ailgyrraedd *vn.*
reattempt *v.t.* ailgeisio, ailgynnig (**to do sth,** gwn|eud rhth).
reave *n. Archeol:* clawdd (cloddiau) (*m*) terfyn, ***reave(-s)*** *mf.*
reawaken *v.t.&i.* ailddeffro, ailddihuno; **to ~ s.o.'s love,** ailgynnau/ailddadebru cariad rhn.
reawakened *a.* dihunedig, ailddihunedig, deffroëdig, ailddeffroëdig, newydd.
reawakening *n.* ailddeffroad(-au) *m*, ailddihuniad(-au) *m*, ailddadebriad(-au) *m*; *vn.* = **reawaken.**
re-back *v.t. Bookb:* ailgefnu.
rebaptism *n. Rel:* ailfedydd(-iau) *m*, ailfedyddio *vn.*
rebaptize *v.t.* ailfedyddio.
rebarbative *a. Lit:* annymunol, atgas, ffiaidd, gwrthnaws.
rebate¹ *n. Com: &c:* ad-daliad(-au) *m*; *(= reduction):* gostyngiad(-au) *m.*
rebate² *n.* = **rabbet.**
rebec[k] *n. Mus:* crwth (crythau) trithant *m*, rebec(-au) *m.*
rebel¹ *a. & n.* **1.** *a.* gwrthryfelgar; **the ~ forces,** lluoedd y gwrthryfelwyr. **2.** *n.* gwrthryfelwr (gwrthryfelwyr) *m*, gwrthryf|elwraig (gwrthryfelwragedd) *f*, rebel(-iaid) *m*, rebeles(-au) *f.*
rebel² *v.t.* gwrthryfela, *F: occ:* codi dani.
rebellion *n.* gwrthryfel(-oedd) *m.*
rebellious *a.* gwrthryfelgar; *(disease):* anhydrin.
rebelliously *adv.* yn wrthryfelgar; mewn gwrthryfel.
rebelliousness *n.* gwrthryfelgarwch *m.*
rebellow *v.t.&i. Poet:* **1.** *v.t.* atseinio, adleisio. **2.** *v.i.* diasbedain.
rebid¹ *n. Cards:* ailgynnig (ailgynigion) *m.*
rebid² *v.t. Cards:* ailgynnig.
rebind *v.t.* ailrwymo, ailglymu; *F; (book):* ailrwymo, ailglorio, ailgasio.
rebirth *n.* ailenedigaeth(-au) *f*, aileni *vn*, dadeni *vn*; **the R~ of Learning,** y Dadeni Dysg.
reboant *a. Poet:* adleisiol, atseiniol, datseiniol.
rebore¹ *n. F: Mec.E:* ailduriad(-au) *m.*
rebore² *v.t. F: Mec.E:* aildurio.
reborn *a.* ailanedig, ailenedig.
rebound¹ *n.* adlam(-au) *m*, gwrthnaid (gwrthneidiau) *f*, gwrthlam(-au) *m*, *F:* bowndiad(-au) *m*; **on the ~,** ar adlam, ar fowndiad; **(she married) on the ~,** (priododd) ar ôl cael cawell, ar ôl cael ei gwrthod.
rebound² *v.i.* adlamu, gwrthlamu, gwrthneidio, rhybedio, *F:* bowndio, *N.W: occ:* drybowndian, mowntio, *occ:* tampio.
rebound³ *a. (book &c):* ailrwymedig, wedi ei ailrwymo.
rebroadcast¹ *n. W.Tel:* ailddarllediad(-au) *m.*
rebroadcast² *v.t. W.Tel:* ailddarlledu.
rebuff¹ *n.* gwrthodiad(-au) *m*, nacâd *m*; **to meet with ~,** cael eich gwrthod/nacáu.
rebuff² *v.t.* gwrthod, nacáu.
rebuild *v.t.* ailadeiladu, ailgodi, *Lit:* ailgyfodi.
rebuilt *a.* ailadeiledig, ailgyfodedig, wedi ei ailadeiladu/ailgodi, a ailadeiledir/ailadeiladwyd, a ailgodir/ailgodwyd.
rebuke¹ *n.* cerydd(-on) *m.*
rebuke² *v.t.* ceryddu, dwrdio, cystwyo, tafodi (rhn); dweud y drefn (wrth rn); rhoi pryd o dafod (i rn), *S:* cymhennu rhn, *N: occ:* dondio rhn.
rebuker *n.* ceryddwr (ceryddwyr) *m*, cer|yddwraig (ceryddwragedd) *f*, dwrdiwr (dwrdwyr) *m*, d|wrdwraig (dwrdwragedd) *f*, dondiwr (dondwyr) *m*, d|ondwraig (dondwragedd) *f*, tafodwr (tafodwyr) *m*, taf|odwraig (tafodwragedd) *f.*
rebukingly *adv.* yn geryddol, yn geryddgar, yn sengar (*pronounced* ng-g).
reburial *n.* ailgladdedigaeth(-au) *f*, ailgladdu *vn.*
rebury *v.t.* ailgladdu.
rebus *n.* pos(-au) *m*, *A:* dychymyg (dychmygion) *m.*
rebut *v.t.* **1.** *(evidence):* gwrthbrofi. **2.** *(pers.):* gwrthod, atal.
rebutment *n.* = **rebuttal.**
rebuttable *a.* gwrthbrofadwy.
rebuttal *n.* **1.** *Jur:* gwrthbrofiad(-au) *m*, gwrthbrawf (gwrthbrofion) *m.* **2.** *(of pers.):* gwrthodiad(-au) *m.*
rebutter *n. Jur:* gwrthbrawf (gwrthbrofion) *m*, gwrthateb(-ion) *m.*
rebutting *a. Jur:* gwrthbrofol.
recalcitrance *n.* cyndynrwydd *m*, ystyfnigrwydd *m*, anuf|udd-dod *m*, pengaledwch *m* (*pronounced* ng-g), gwrthnysigrwydd *m*, *N: occ: F:* stiwprwydd *m.*
recalcitrant *a. & n.* **1.** *a.* cyndyn, ystyfnig, anhydrin, gwrthnysig, anufudd, pengaled (*pronounced* ng-g), *occ:* di-ddweud, pinionllyd, *N.W: occ:* stiwpid. **2.** *n.* cyndynnwr (cyndynwyr) *m*, rhn (rhai) cyndyn *&c.*
recalcitrate *v.i.* cyndynnu, ystyfnigo, cildynnu, *S:* stwbwrno, stwbwrnu, *N:* stiwpio, llyncu mul.
recalculate *v.t.* ailweithio, ailgyfrif, ailglandro.
recalesce *v.i.* ailboethi, aildwymo.
recalescence *n.* ailboethiad *m*, aildwymiad *m*; *vn.* = **recalesce.**
recalibrate *v.t.* ailgalibro.
recalibration *n.* ailgalibrad(-au) *m*, ailgalibro *vn.*
recall¹ *n.* **1.** galwad(-au) (*f*) yn ôl, adalwad(-au) *f*; *Dipl:* **letters of ~,** llythyrau adalw; **lost beyond ~,** ar goll yn llwyr, *Lit:* cyfrgolledig, [wedi mynd] ar gyfrgoll, ar ddifancoll; **the days beyond ~,** y dyddiau na ddônt yn ôl, y dyddiau di-alw'n-ôl. **2.** *(= annulment):* diddymiad(-au) *m*, dilead(-au) *m*; **a decision past ~,** penderfyniad na ellir mo'i ddiddymu. **3.** *(= memory):* y cof *m*, atgof *m*, atgofiant *m*; **total ~,** atgof perffaith/llwyr.
recall² *v.t.* **1.** *(ambassador &c):* galw (rhn) yn ei ôl, *occ:* adalw (rhn). **2.** *(a)* **(legends) that ~ the past,** (chwedlau) sy'n dwyn atgof o'r gorffennol, sy'n dwyn y gorffennol i'r cof, sy'n galw'r gorffennol i'r cof, sy'n eich atgoffa o'r gorffennol, sy'n atgofio'r gorffennol; *(b)* **I don't ~ his name,** nid wyf yn cofio'i enw; **how vividly I ~ the scene!** mor fyw yw'r cof sydd gennyf am yr olygfa! **3.** *(judgement):* dil|eu, diddymu.
recallable *a.* **1.** adalwadwy. **2.** *(= memorable):* cofiadwy.
recalling *vn.* **1.** *(of ambassador &c):* adalwad(-au) *f*, adalw *vn.* **2.** *(of judgement &c):* diddymiad(-au) *m*, dilead(-au) *m*; *vn.* = **recall² 3.**
recant *v.t.&i.* **1.** *v.t.* tynnu (geiriau *&c*) yn ôl; *(faith):* dad-ddweud, gwadu, datgyffesu, datbroffesu, diarddel. **2.** *v.i.* troi yn eich carn/cogwrn, tynnu'ch geiriau'n ôl, gwadu'ch ffydd.
recantation *n.* dad-ddywediad(-au) *m*, datgyffesiad(-au) *m*, datbroffes(-au) *f*, gwadiad(-au) *m*; *vn.* = **recant.**
recanter *n.* gwadwr (gwadwyr) *m*, datgyffeswr (datgyffeswyr) *m*, datbroffeswr (datbroffeswyr) *m*, datgyff|eswraig *f*, gw|adwraig *f*, datbroff|eswraig *f.*
recap¹,² *n. F:* = **recapitulation, recapitulate.**
recap³ *v.t. (tyre &c):* ailgapio.
recapitalization *n.* ailgyfalafiad *m*, ailgyfalafu *vn.*
recapitalize *v.t.* ailgyfalafu.
recapitulate *v.t.* atgrynh|oi, adsymio; *Mus: &c:* ailadrodd.
recapitulation *n.* atgrynhoad (atgrynoadau) *m*, adsymiad(-au) *m*; *Mus: &c:* ailadroddiad(-au) *m*, ailddatganiad(-au) *m*; *vn.* = **recapitulate.**
recapitulative, recapitulatory *a.* adsymiol, atgrynhöol, ailadroddol.
reception *n. Jur:* atgipiad(-au) *m.*
recapture¹ *n. (of fortress &c):* adfeddiant (adfeddiannau) *m*, adfeddianiad(-au) *m*, ailgymeriad(-au) *m*; *(of fugitive, animal &c):* ailddaliad(-au) *m*; *vn.* = **recapture².**
recapture² *v.t. (fortress &c):* ailfeddiannu, ailgymryd, ailgipio; *(fugitive):* *N:* dal, ail-ddal, *S:* dala, ailddala.
recarpet *v.t.* ailgarpedu.

recast[1] *n.* **1.** *Metall:* aildoddiad(-au) *m*, ailfwriad(-au) *m*, ailgastiad(-au) *m*. **2.** *Th:* ailgastiad.
recast[2] *v.t.* **1.** *Metall:* aildoddi, ailfwrw, ailgastio. **2.** *Th:* ailgastio *m*.
recce[1] *n. Mil: T.V: F:* rhagchwiliad(-au) *m*, stiliad(-au) *m*.
recce[2] *v.t.&i.* rhagchwilio, stilio; *T.V:* rhagchwilio.
recede *v.i.* **1.** cilio, ymbellh|au, encilio, gwrthgilio. **2.** *(of tide):* distyll, treio, mynd ar drai. **3.** *(of chin, forehead):* mynd yn slip. **4.** *(of hair):* teneuo ar yr ael. **5.** *Art: (of colour):* encilio.
re-cede *v.t.* ail-ildio.
receding *a.* **1.** enciliol, gwrthgiliol; **~ colour,** lliw enciliol *m*. **2.** *(tide):* ar ddistyll, ar drai. **3.** *(chin, forehead):* slip. **4.** *(hair):* yn teneuo; **a man with ~ hair,** dyn yn moeli ar yr ael, dyn yn colli ei wallt yn y tu blaen.
receipt[1] *n.* **1.** *Cu:* = **recipe. 2.** *(a) Com: usu.pl. (= money received):* derbyniadau *pl. (b) (= reception):* derbyniad *m*, derbyn *vn*; **on ~ of this letter,** pan dderbynnir y llythyr hwn, wrth dderbyn y llythyr hwn; **to pay on ~,** talu wrth dderbyn; **to acknowledge ~ of sth,** cydnabod derbyn rhth. **3.** *(= written receipt):* derbynneb (derbynebau, derbynebion) *f*, taleb(-au,-ion) *f*; **receipts and vouchers,** derbynebion *pl*; *Jur:* **formal ~,** taleb ffurfiol; **statutory ~,** taleb [y]statudol; **vacating ~,** taleb glirio (talebau/talebion clirio).
receipt[2] *v.t. Com:* derbynebu.
receivable *a.* **1.** derbyniadwy. **2.** *Com:* **bills ~,** biliau i'w derbyn.
receive *v.t.* **1.** *(= to be given):* derbyn, cael (**from s.o.,** gan rn, *not* oddi wrth rn). **2.** *(guests &c):* derbyn, croesawu, cyfarch; **the idea was well received,** cafodd y syniad groeso; **to ~ s.o. into the Church,** derbyn rhn i'r Eglwys; **3. to ~ sympathy, a refusal, injuries,** cael cydymdeimlad, nacâd, anafiadau.
received *a. (opinion):* cyffredin, derbyniedig; *(pronunciation):* safonol, derbyniedig.
receiver *n.* derbynnydd (derbynyddion) *m*, derbyniwr (derbynwyr) *m*, derb|ynwraig (derbynwragedd) *f*; *(telephone):* derbynnydd; **radio ~,** radio-dderbynnydd.
receivership *n.* **1.** *(office):* derbynyddiaeth(-au) *f*, swyddi(-i) *(f)* derbynnydd. **2. to go into ~,** mynd i law'r derbynnydd.
receiving[1] *a.* sy'n derbyn.
receiving[2] *vn.* derbyniad *m*, derbyn; *F:* **to be on the ~ end of a blow,** cael eich taro; **I was on the ~ end of a tirade,** cefais bryd o dafod; cefais fy nhafodi/nwrdio/ngherddu'n hallt; fe'i cefais hi'n hallt. **~ order** *n. Jur:* archeb *(f)* dderbyn (archebion derbyn), gorchymyn(-ion) *(m)* derbyn. **~ station** *n. W.Tel:* gorsaf *(f)* dderbyn (gorsafoedd derbyn).
recelebrate *v.t.* ailddathlu.
recelebration *n.* ailddathliad(-au) *m*, ailddathlu *vn*.
recency *n.* = **recentness.**
recension *n.* ailolygiad(-au) *m*, adffurf(-iau) *f*, testun(-au) diwygiedig *m*.
recent *a.* diweddar.
recenter *v.t.* ailganoli.
recentered *a.* ailganoledig; *S.a.* **projection.**
recently *adv.* **1.** yn ddiweddar; **as ~ as yesterday,** ddoe ddiwethaf yn y byd, hyd yn oed ddoe; **until quite ~,** hyd yn [lled] ddiweddar. **2.** *(with p.p.):* newydd; **~ married,** newydd briodi.
recentness *n.* diweddarwch *m*, diweddaredd *m*.
recept *n. Psy:* *atsyniad(-au) *m*.
receptacle *n.* **1.** dysgl(-au) *f*, llestr(-i) *m*, padell (pedyll) *f*, derbynfa (derbynfâu, derbynf|eydd) *f*, cynhwysydd (cynwysyddion) *m*. **2.** *Bot:* cynheilydd (cyneilyddion) *m*.
reception *n.* **1.** *(in most senses):* derbyniad(-au) *m*. **2.** *(of speech, idea &c):* derbyniad *m*, croesawiad(-au) *m*; **a warm ~,** *(i)* croeso *m*, derbyniad brwd/gwresog *m*; *(ii) Iron:* derbyniad poeth/twym. **3.** *(a) (formal):* derbyniad(-au) *m*, croeso *m*, croesawiad(-au) *m*; *(b) F:* = **reception desk, reception office. 4.** *W.Tel:* derbyniad *m*. **5.** *(action):* derbyn, croesawu. **~ centre** *n.* canolfan *(mf)* d[d]erbyn (canolfannau derbyn). **~ clerk** *n.* derbynnydd (derbynyddion) *m*, derbynyddes(-au) *f*, croesäwr (croesawyr) *m*, croesawferch(-ed) *f*, croesawydd(-ion) *m*. **~ committee** *n.* pwyllgor(-au) *(m)* croeso. **~ desk** *n.* desg *(f)* dderbyn/groesawu (desgiau derbyn/croesawu). **~ office** *n.* man(-nau) *(m)* croeso, swyddfa *(f)* dderbyn (swyddf|eydd derbyn), lle(-oedd) *(m)* derbyn, derbynfa (derbynf|eydd) *f*, derbynle(-oedd) *m*. **~ order** *n.* gorchymyn (gorchmynion) *(m)* derbyn. **~ room** *n.* ystafell *(f)* dderbyn (ystafelloedd derbyn).
receptionism *n.* derbyniaeth *f*.
receptionist *n.* derbynnydd (derbynyddion) *m*, derbynyddes(-au) *f*, croesäwr (croesawyr) *m*, croesawydd(-ion) *m*, croesawferch(-ed) *f*.
receptive *a.* derbyngar (*pronounced* ng-g), parod i dderbyn.
receptively *adv.* yn dderbyngar (*pronounced* ng-g).
receptiveness, receptivity *n.* derbyngarwch (*pronounced* ng-g) *m*, derbynnedd *m*.
receptor *n.* derbynnydd (derbynyddion) *m*, derbyniawdr (derbyniodron) *m*. **~ site** *n. Med:* derbynle(-oedd) *m*, derbynfa(-oedd, derbynfâu, derbynf|eydd) *f*.
recertify *v.t.* ailardystio.
recess[1] *n.* **1.** *(a) (= vacation):* gwyliau *pl*; **in ~,** ar wyliau; *(b) Sch: esp. U.S:* amser *(m)* chwarae, egwyl(-ion) *f*; *Jur: Parl:* **to go into ~,** cymryd saib/egwyl; **Parliament is in ~,** mae'r Senedd ar gau. **2.** *(= niche):* cilfach(-au) *f*, cil(-iau,-ion) *m*, encil(-ion) *m*, *occ:* cilan(-nau) *f*, *N.E:* cloer(-au,-iau) *mf*.
recess[2] *v.t.&i.* **1.** *v.t. (a)* cilfachu, cilannu; *(b) (a screw):* gwrthsoddi; *(c) U.S: Jur:* **to ~ a court,** seibio llys, rhoi saib i lys. **2.** *v.i. U.S: Jur:* cymryd egwyl, cymryd saib, seibio.
recessed *a.* **1.** *(well &c):* cilfachog, cilannol. **2.** *(screw):* gwrthsoddedig. **3.** *U.S: (court):* seibiedig, wedi seibio, yn cael saib/egwyl.
recession[1] *n.* **1.** *Geog: &c:* enciliad(-au) *m*, ôl-rediad(-au) *m*; **cliff ~,** enciliad clogwyn. **2.** *Pol.Ec:* dirwasgiad(-au) *m*. **3.** *Ecc:* enciliad *m*, ôl-ymdaith (~-ymdeithiau) *f*.
re-cession[2] *v.t. (of property &c):* ail-ildiad(-au) *m*, ail-ildio *vn*.
recessional *a. & n. Ecc:* **~ hymn,** emyn(-au) ôl-ymdeithiol *m*, ôl-ymdeithgan(-au) *f*.
recessive[1] *a.* enciliol; *Med:* ymgiliol; **~ factor,** ffactor(-au) *(m)* enciliol.
recessive[2] *n.* enciliad(-au) *m*.
recessively *adv.* yn enciliol.
recessiveness *n.* encilioldeb *m*.
Rechabite *n. & attrib.* **1.** *n.* Rechabiad (Rechabiaid) *m&f*. **2.** *attrib.* Rechabaidd.
recharge[1] *n.* **1.** adlwyth(-i) *m*, adlenwad(-au) *m*. **2.** *(of battery):* aildrydaniad(-au) *m*, ailwefriad(-au) *m*.
recharge[2] *v.t.* **1.** adlwytho, adlenwi, ail-lenwi. **2.** *El: (battery):* aildrydanu, ailwefrio; *Fig:* **to ~ one's batteries,** magu nerth newydd, cael eich cefn atoch, *N: F:* criwtio.
rechargeable *a. El:* aildrydanadwy.
recharger *n. El:* aildrydanwr (aildrydanwyr) *m*.
réchauffé *n. Cu:* bwyd(-ydd) eildwym *m*, ***réchauffé(-s)***.
recheck *v.t.* ailedrych, ailwirio.
recherché *a.* cywrain, dillyn, coeth.
rechristen *v.t.* ailfedyddio, ailenwi.
recidivism *n.* atgwympo *vn*, atgwymp[i]ad *m*, atgwympedd *m*.
recidivist *n.* atgwympwr: atgwympydd (atgwympwyr) *m*.
recipe *n.* **1.** *Cu:* rysáit (ryseitiau) *f*, r|esipi(-s) *mf*, *Lit: occ:* rhiseb(-au) *mf*. **2.** *Fig: (= means):* dull(-iau) *m*, ffordd (ffyrdd) *f* (o wneud rhth); **it's a ~ for disaster,** mae'n ffordd sicr o wneud llanast ohoni.
recipience, recipiency *n.* derbyngarwch *m* (*pronounced* ng-g), derbynnedd *m*.
recipient *a. & n.* **1.** *a.* derbyngar (*pronounced* ng-g). **2.** *n.* derbynnydd (derbynyddion) *m*, derbyniwr (derbynwyr) *m*.
reciprocal *a. & n.* **1.** *a.* dwyochrog, o'r ddwy ochr, cytbwys, o'r ddau du, o'r naill ochr a'r llall, o'r ddeutu, y naill . . . y llall; *(a)* **I helped her, and had ~ help from her,** helpais i hi, a chael help ganddi hithau yn ei thro; **~ agreement,** cydgytundeb(-au) *m*; **we afforded each other ~ protection,** buom yn gwrchod ein gilydd; buom yn gwarchod y naill a'r llall; **there is ~ respect between them,** mae parch o bob tu; mae parch o'r ddeutu; mae gan y naill barch at y llall; **I took the bear for a man, and it made the ~ mistake,** camgymerais yr arth am ddyn, a gwnaeth hithau yr un camgymeriad o chwith; **~ arrangement,** trefniadau cytbwys o'r ddwy ochr, telerau cytbwys; *(b) (in technical senses): Gram: Log: Mec.E:* cilyddol, ymweithiol, ymeffeithiol, i'r cyfeiriad arall. **2.** *n. Log:* gwrthdro(-eon) *m*. **3.** *Mth: Geom: (a) a.* cilyddol, gwrthdro; *(b) n.* cilydd(-ion) *m*.
reciprocality *n.* cilyddoldeb *m*.
reciprocally *adv.* **1.** yn gyfnewid, eich gilydd, y naill . . . y llall; **they respect each other,** mae'r naill yn parchu'r llall; maent yn

parchu ei gilydd. **2.** *Mth: &c:* yn gilyddol, yn ymweithiol, yn wrthdro.
reciprocalness *n.* = **reciprocality.**
reciprocate *v.t.&i.* **1.** *v.t. (love, help, respect, gifts &c):* rhoi a derbyn, ad-dalu; *(gifts &c):* cyfnewid, cydgyfnewid; **to ~ s.o.'s good wishes,** dymuno'n dda i rn yn ei dro. **2.** *v.i. (a) (= return compliment &c):* dychwelyd, ad-dalu, cyfnewid (compliment); ymateb/ateb yn yr un dull *or* i'r un perwyl *or* yn debyg; *(b) Mec.E: (of piston &c):* mynd yn ôl a blaen, eiledu, aryneilio, gwenoli; *(c) Ph: Mth:* cilyddu.
reciprocating *a. Mec.E:* ôl a blaen, dychweliadol, eiledol, cilyddol.
reciprocation *n.* **1.** *(of compliment &c):* ad-daliad *m,* ad-dalu *vn,* dychweliad *m,* dychwelyd *vn,* cydgyfnewidiad *m,* cydgyfnewid *vn.* **2.** *Mec.E:* mynd (*vn*) a dod *vn,* eiledEDD *m,* cilyddiant *m,* cilyddiad *m.*
reciprocative *a.* cilyddol.
reciprocator *n.* ad-dalwr (~-dalwyr) *m.*
reciprocatory *a.* cilyddol.
reciprocity *n.* dwyochredd *m,* cytbwysedd *m,* cydgyfnewidiaeth *f,* cydgyfnewidioldeb *m,* cilyddiaeth *f; Log:* ymeffaith *f.*
recirculate *v.t.&i.* ailgylchredeg, ailgylchu.
recital *n.* **1.** *(of incident):* hanes(-ion) *m,* adroddiad(-au) *m* **(of sth,** rhth *or* am rth). **2.** *(of poetry):* adroddiad, datganiad(-au) *m.* **3.** *Jur:* croniclad(-au) *m.* **4.** *Mus:* datganiad.
recitalist *n.* datgeiniad (datgeiniaid) *m&f.*
recitation *n.* **1.** *(action):* adrodd *vn.* **2.** *(single piece):* adroddiad(-au) *m, occ:* datganiad(-au) *m.*
recitative *n. Mus:* adroddgan(-au) *f.*
recite *v.t.* **1.** *(poem &c):* adrodd, datgan; *abs.* adrodd. **2.** *(details):* rhestru, crybwyll; *Archives:* **to ~ a deed,** adrodd cynnwys gweithred.
reciter *n.* adroddwr (adroddwyr) *m,* adr|oddwraig (adroddwragedd) *f, occ:* datgeiniad (datgeiniaid) *m&f.*
reck *v. Poet:* malio, hidio, pryderu, ymboeni (am rth, ynghylch rhth); **she recked little (what became of him),** ni faliai hi fawr, nid oedd waeth ganddi (pa beth a ddigwyddai iddo).
reckless *a.* diofal, difeddwl, anystyriol, dibris, *F:* di-hid, *S: F:* dihidans (o rth); *abs.* byrbwyll, ehud, rhyfygus.
recklessly *adv.* yn fyrbwyll *&c.*
recklessness *n.* byrbwylltra *m,* anystyrioldeb *m,* dibristod *m,* diystyrwch *m,* diofalwch *m,* rhyfyg *m,* dihidrwydd *m.*
reckon *v.t.&i.* **1.** *v.t. (a) (= count):* cyfrif; **to ~ (sth among/with the best),** cyfrif, rhestru, ystyried, gosod, dodi (rhth ym mysg y goreuon, gyda'r goreuon); *(b) (= estimate):* amcangyfrif (*pronounced* ng-g), tybio, barnu, *N: occ:* clandro: **I ~ he is forty,** mi roddwn i ddeugain mlynedd iddo; mi dybiwn i ei fod yn ddeugain oed; **as far as I can ~,** hyd y gallaf i farnu, *N: F:* ar bob cownt sy' gen i; *(c)* **to ~ s.o. [as] wise,** ystyried/barnu rhn yn ddoeth; *(d) U.S: (= think):* meddwl, tybio, barnu; **(it's true), I ~,** (mae'n wir) [mi] goelia' i, mi feddyliwn i, 'rwy'n barnu, mae'n debyg [gen i], *N: F:* decin-i, *S:* glei. **2.** *v.i.* **to ~ upon sth,** dibynnu ar rth, disgwyl/rhagw|eld rhth. **~ up** *v.t.* cymryd (rhth) i ystyriaeth; cyfrif, symio, *N: F:* clandro (rhth). **~ with** *v.t.* **(she's a girl) to be reckoned with,** (mae hi'n ferch) i'w thrin yn ofalus, nad gwiw ei diystyru; **to have to ~ with s.o,** gorfod dod i delerau â rhn, gorfod setlo cyfrifon â rhn, gorfod mynd i'r afael â rhn. **~ without** *v.t.* anghofio (rhth, am rth), diystyru (rhth).
reckonable *a.* cyfrifadwy, amcangyfrifadwy (*pronounced* ng-g).
reckoner *n.* cyfrifydd(-ion) *m,* cyfrifwr (cyfrifwyr) *m, N.W: occ:* clandrwr (clandrwyr) *m;* **ready ~,** cyfrifydd parod.
reckoning *n.* cyfrif(-on) *m;* **day of ~,** dydd barn, dydd o brysur bwyso; **to the best of my ~,** hyd y gallaf i farnu; *Nau:* **dead ~,** amcangyfrif *m* (*pronounced* ng-g), gogyfrif *m;* **by dead ~,** trwy amcangyfrif (*m*), trwy fwrw amcan, trwy ogyfrif (*m*); **(you're out in your ~),** ('rwyt ti) allan ohoni, ymhell ohoni, yn anghywir, wedi camgymryd, wedi cyfeiliorni.
reclaim¹ *n.* adferiad *m,* adfer *vn;* **past ~,** ar gyfrgoll, anadferadwy, y tu hwnt i'w adfer/hadfer; *(criminal):* anniwygiadwy.
reclaim² *v.t. (a)* **to ~ s.o. from vice,** adennill/achub rhn o ddrygioni; **to ~ young delinquents,** diwygio troseddwyr ifainc; *(b) (land, by-product):* adennill, adfer.
reclaimable *a.* adferadwy, adenilladwy.
reclaimed *a.* adferedig, adenillèdig, wedi ei adfer/adennill.
reclamation *n.* **1.** *(of criminal &c):* diwygio *vn.* **2.** *(of land &c):* adenilliad *m,* adferiad *m,* adennill *vn,* adfer *vn,* edfryd *vn.*
réclame *n.* bri *m.*
reclass *v.t.* = **reclassify.**
reclassifiable *a.* ailddosbarthadwy.
reclassification *n.* ailddosbarthiad(-au) *m,* ailddosbarthu *vn.*
reclassify *v.t.* ailddosbarthu.
reclinable *a.* gogwyddadwy.
reclinate *a.* gogwyddol, gogwydd, ar ogwydd.
reclination *n.* gogwyddiad *m,* gorweddiad *m.*
recline *v.t.&i.* **1.** *(of pers.):* gorwedd, gorffwys, lledorwedd, gorweddian, clertian, *S.E:* lorchan. **2.** *(of chair &c):* gogwyddo, mynd yn ôl.
reclining *a.* gorweddol, yn gorwedd *&c,* lledorweddol, ar eich gorwedd; *(chair &c):* gogwyddol, ar ogwydd. **~ seat,** sêt (*f*) fynd yn ôl (seti mynd yn ôl), sêt ogwydd/ogwyddol (seti gogwydd/gogwyddol).
reclosable *a.* ailgaeadwy.
re-close *v.t.* ail-gau.
reclothe *v.t.* ailddilladu, ailwisgo.
recluse *n.* meudwy(-aid,-od) *m,* meudwyes(-au) *f.*
reclusion *n.* meudwyaeth *f.*
reclusive *a.* meudwyaidd, enciliol, enciliedig.
reclusively *adv.* yn feudwyaidd, fel meudwy.
recode *v.t.* ailgodio, ad-ddynodi.
recodification *n.* ailgyfundrefniad(-au) *m,* ailgyfundrefnu *vn,* ailgodeiddiad(-au) *m,* ailgodeiddio *vn.*
recodify *v.t.* ailgyfundrefnu.
recognition *n.* **1.** *(= acknowledgement):* cydnabyddiaeth *f; (action):* cydnabod *vn;* **a fact which has obtained general ~,** ffaith a gafodd gydnabyddiaeth gyffredinol, ffaith a gydnabuwyd yn gyffredinol; **in ~ of s.o.'s service,** mewn cydnabyddiaeth o wasanaeth rhn, i gydnabod gwasanaeth rhn. **2.** *(= identification, perception): (a)* adnabyddiaeth *f;* **to alter sth beyond/past ~,** newid rhth y tu hwnt i adnabyddiaeth; **a smile of ~,** gwên o adnabyddiaeth; *(action):* adnabod *vn; (b) (technical senses):* **memory ~,** adwybod (*vn*) cof; **~ and recall,** adnabod ac atgofio. **~ light** *n. Av:* golau (goleuadau) (*m*) adnabod. **~ scene** *n. Th:* golygfa (golygf|eydd) (*f*) adnabod.
recognitive, recognitory *a.* adnabyddol.
recognizability *n.* cynefindra *m,* natur adnabyddadwy *f;* **its ~ was an advantage,** yr oedd y ffaith y gellid ei adnabod yn fantais.
recognizable *a.* adnabyddadwy; **sth ~,** rhth hawdd i'w adnabod.
recognizably *adv.* yn adnabyddadwy.
recognizance *n.* ymrwymiad(-au) *m;* **to enter into a ~,** ymrwymo.
recognizant *a. (of favour):* cydnabyddol; *(= conscious):* ymwybodol.
recognize *v.t.* **1.** *(a state, government):* cydnabod; **the chair recognizes X,** mae'r gadair yn cydnabod X. **2.** *(= admit):* addef, cyfaddef, cydnabod. **3. to ~ s.o. by his walk,** adnabod rhn ar ei gerddediad; **I'd ~ him anywhere,** *F:* mi fyddwn yn ei adnabod ym mhig y frân.
recognized *a.* **1.** *(name, government &c):* cydnabyddedig; *Com:* **~ agent,** cynrychiolydd cydnabyddedig *m.* **2. an easily ~ house,** tŷ hawdd ei adnabod.
recognizee *n. Jur:* derbynnydd (*m*) ymrwymiad (derbynyddion ymrwymiadau).
recognizer *n.* **1.** *(of a government, blame):* cydnabyddwr (cydnabyddwyr) *m.* **2.** *(of persons, places):* adnabyddwr (adnabyddwyr) *m.*
recognizor *n. Jur:* ymrwymwr (ymrwymwyr) *m,* ymr|wymwraig (ymrwymwragedd) *f.*
recoil¹ *n.* **1.** *(of spring, gun):* adlam(-au) *m,* gwrthnaid (gwrthneidiau) *f.* **2.** *(in disgust &c):* ymgiliad(-au) *m,* gwingiad(-au) *m.* **~-less** *a.* anadlamol.
recoil² *v.i.* **1.** *(a) (of spring):* adlamu; *(b) (of gun):* adlamu, gwrthneidio, *S.W:* cwffo. **2.** *(of pers.):* gwingo, cilio, ymgilio (rhag rhth); **to ~ from doing sth,** ffieiddio gwneud rhth; arswydo, gwaredu, *M.W:* chwitho (rhag gwneud rhth). **3.** *(of evil):* dychwelyd (ar ben rhn).
recoin *v.t.* ailfathu.
recoinage *n.* ailfathiad(-au) *m.*
recollect¹ *v.t. (= remember):* cofio, *occ:* atgofio (rhth); galw (rhth) i gof.
recollect² *v.t. (= collect again):* ailgasglu, ailgrynh|oi.

recollection *n.* cof(-ion) *m*, atgof(-ion) (**of sth,** am rth); **a dim/faint ~,** brith gof, brithgof(-ion) *m* (**of sth,** o rth, am rth); **to the best of my ~,** hyd y cofiaf, hyd y gallaf gofio; **within my ~,** o fewn cof i mi; *(in prayer):* atgofiad(-au) *m*.
recollects *n.pl. Ecc:* atgofyddion.
recolonization *n.* ailwladychu *vn*, ailwladychiad(-au) *m*.
recolonize *v.t.* ailwladychu.
recolour *v.t.* ail-liwio.
recombination *n.* ailgyfuniad(-au) *m*, ailgyfuno *vn*.
recombine *v.t.* ailgyfuno.
recommence *v.t.&i.* ailgychwyn, ailddechrau (rhth, ar rth).
recommencement *n.* ailgychwyniad(-au) *m*, ailddechreuad(-au) *m*, ailgychwyn *vn*, ailddechrau *vn*.
recommend *v.t.* **1. to ~ [to] s.o. to do sth,** cynghori/annog rhn i wneud rhth, argymell bod rhn yn gwneud rhth; **I have been recommended [to come] to you,** cyfeiriwyd fi atoch. **2. to ~ s.o. for a post,** cymeradwyo/cefnogi/argymell rhn ar gyfer swydd; **she has little to ~ her,** nid oes ganddi fawr ddim o'i phlaid; **the hotel is to be recommended (for its cooking),** rhaid canmol y gwesty, rhaid cymeradwyo'r gwesty (am ei goginio); *(policy &c):* argymell; **not [to be] recommended,** annerbyniol, anghymeradwy; *Mil:* **to ~ s.o. for bravery,** cymeradwyo/enwebu rhn am ei ddewrder.
recommendable *a.* cymeradwy.
recommendation *n.* **1.** *(for post &c):* cymeradwyaeth(-au) *f*, geirda *m*; *(for bravery &c):* canmoliaeth(-au) *f*, cymeradwyad(-au) *m*, enwebiad(-au) *m*; *(= qualification):* cymhwyster (cymwysterau) *m*; **in accordance with my ~,** yn ôl fy nghyngor (*m*), yn unol â'm cyngor. **2.** *(of commission &c):* argymhelliad (argymelliadau, argymhellion) *m*.
recommendatory *a.* **1.** *(letter &c):* cymeradwyol, canmoliaethus. **2.** *(= advising):* argymhellol.
recommended *a.* **1.** *(dose &c):* argymelledig, cymeradwyedig, cymeradwy. **2.** *(for bravery &c):* cymeradwyedig, enwebedig; **a highly ~ hotel,** gwesty tra chymeradwy, gwesty a gymeradwyir yn fawr, gwesty a gair da iawn iddo.
recommender *n.* **1.** *(for post &c):* cymeradwywr (cymeradwywyr) *m*. **2.** *(of advice &c):* argymhellwr (argymhellwyr) *m*.
recommission *v.t.* **1.** *(ship):* ailarfogi. **2.** *(officer):* ailgomisiynu.
recommit *v.t.* **1.** *(bill, patient):* aildraddodi. **2.** *(crime):* ailgyflawni.
recommitment, recommittal *n.* aildraddodiad *m*, aildraddodi *vn*.
recompense[1] *n.* iawn *m*, ad-daliad *m*, tâl (taliadau) *m*, iawndal(-iadau) *m*, cydnabyddiaeth *f* (**for sth,** am rth); **without ~,** yn ddi-dâl.
recompense[2] *v.t.* **1.** *(= repay):* ad-dalu (rhn, i rn), talu iawn (i rn). **2.** *(a wrong):* gwn|eud iawn (am rth).
recompose *v.t.* **1.** *(jigsaw &c):* ad-drefnu, aildrefnu, ailosod, ailffurfio, ailgyfansoddi; ail-roi/ailddodi (rhth) at ei gilydd. **2.** *(oneself):* eich adfeddiannu'ch hunan, ymadfeddiannu, ailddifrifoli; *(one's mind):* adlonyddu, aildawelu, tawelu; *(one's expression):* ailddifrifoli, adlonyddu.
reconceal *v.t.* ailguddio, ailgelu.
reconcilability *n.* **1.** *(of people):* cymodlondeb *m*. **2.** *(facts):* cysondeb *m*; **I cannot see the ~ of the two facts,** ni welaf fod modd cysoni'r ddwy ffaith.
reconcilable *a.* **1.** *(people):* cymodadwy, cymodlon. **2.** *(facts):* cysonadwy.
reconcile *v.t.* **1.** *(people):* cymodi, ailgymod, cymodloni (pobl); cymrodeddu (rhwng pobl), *N: occ:* gwastateuo pobl, *F:* 'steuo pobol. **2. to ~ s.o. to sth,** cymodloni rhn â rhth; *(of heretic):* **to be reconciled to a Church,** ailgymodi ag Eglwys; **to be reconciled to sth, to ~ oneself to sth,** ymfodloni ar rth, ymgymodi â rhth, dygymod â rhth, derbyn rhth, ymostwng/ildio i rth, dod i delerau â rhth, cynefino â rhth; **to be reconciled to one's fate,** derbyn eich tynged, plygu i'r drefn. **3.** *(facts):* cysoni, cytgordio. **4.** *Ecc: (= resanctify):* ailgysegru.
reconcilement *n.* **1.** cymod *m*, cymodiad *m*, cymodi *vn*. **2.** *(of facts):* cysoniad *m*, cysoni *vn*.
reconciler *n.* **1.** *(of people):* cymodwr (cymodwyr) *m*, cym|odwraig. **2.** *(of facts):* cysonwr (cysonwyr) *m*, cys|onwraig *f*.
reconciliation *n.* **1.** cymod *m*, cymodiad *m*, cymodi *vn*; **the Fellowship of R~,** Cymdeithas (*f*) y Cymod. **2.** *Com:* cysoniad *m*, cysoni *vn*. **~ service** *n.* gwasanaeth(-au) (*m*) cymodi.
reconciliatory *a.* cymodlon, cymodol.
recondite *a.* astrus, dyrys, diarffordd.
reconditely *adv.* yn astrus *&c.*
reconditeness *n.* astrusi *m*.
recondition *v.t.* adnewyddu, atgyweirio, atgyflyru.
reconditioned *a.* atgyflyredig, adnewyddedig, a adnewyddwyd, fel newydd, wedi ei adnewyddu/atgyflyru.
reconfirm *v.t.* ailgadarnh|au.
reconfirmation *n.* ailgadarnhad *m*, ailgadarnh|au *vn*.
reconnaissance *n. Mil: &c:* rhagchwiliad(-au) *m*, rhagchwilio *vn*, archwiliad(-au) *m*, archwilio *vn*; **to carry out ~,** edrych y wlad. **~ aircraft** *n.* awyren (*f*) ragchwilio (awyrennau rhagchwilio). **~ party** *n.* carfan (*f*) ragchwilio (carfannau rhagchwilio).
reconnect *v.t.* ailgysylltu.
reconnection *n.* ailgysylltiad(-au) *m*, ailgysylltu *vn*.
reconnoitre *v.t. Mil: &c:* rhagchwilio (gwlad *&c*), archwilio (gwlad &c) yn strategol, *Lit:* edrych y wlad.
reconquer *v.t.* **1.** *(army, people):* ailorchfygu, aildrechu, ailoresgyn, ailgoncro. **2.** *(land):* ailoresgyn, adennill. **3.** *(affections):* adennill, adfer.
reconquerable *a.* ailorchfygadwy, ailoresgynadwy.
reconquest *n.* ailoresgyniad(-au) *m*; *vn.* = **reconquer**.
reconsecrate *v.t.* ailgysegru.
reconsecration *n.* ailgysegriad(-au) *m*, ailgysegru *vn*.
reconsider *v.t.* ailystyried (rhth), ailfeddwl (am rth).
reconsideration *n.* ailystyriaeth(-au) *f*, ailystyried *vn*, ailfeddwl *vn*.
reconsign *v.t.* aildraddodi.
reconsignment *n.* aildraddodiad(-au) *m*, aildraddodi *vn*.
reconsolidate *v.t.* atgyfnerthu, cadarnh|au.
reconsolidation *n.* atgyfnerthiad *m*, atgyfnerthu *vn*.
reconstitute *v.t.* ailgyfansoddi, ailgyfuno, ailgorffori, ail-lunio; *(party &c):* ad-drefnu, aildrefnu, ailadeiladu, ailffurfio, adffurfio, adlunio; *(food):* ailansoddi.
reconstituted *a.* ailgyfansoddedig, ailgyfunedig, ailgorfforedig, adluniedig, adffurfiedig; **the ~ party,** y blaid ar ei newydd wedd; *(food):* ailansoddedig.
reconstitution *n.* ailgyfansoddiad *m*, ailgyfuniad *m*, ad-drefniad *m*, ad-drefniant *m*, adluniad *m*, ailffurfiad *m*; *(of food):* ailansoddiad *m*; *vn.* = **reconstitute**.
reconstruct *v.t.* **1.** *(building &c):* ailadeiladu, ailgodi, ail-wn|eud. **2.** *(crime, past &c):* ail-lunio, ailddychmygu, ail-greu, adlunio.
reconstruction **1.** *n.* adluniad(-au) *m*, ailwneuthuriad(-au) *m*; *vn.* = **reconstruct**. **2.** *U.S: Hist:* ailymgorfforiad *m*.
reconstructionism *n. Rel: Pol:* adferiadaeth *f*.
reconstructionist *n. Pol: Rel:* adferwr (adferwyr) *m*, adf|erwraig (adferwragedd) *f*.
recontact *v.t.* ailgysylltu (â rhn).
recontend *v.i.* ailymryson, ailgystadlu (**with s.o.,** â rhn).
recontest *v.t.* ailymladd.
recontract *v.i.* ailgrebachu.
reconvene *v.t.&i.* **1.** *v.t.* ailgynnull, ailalw, ailwysio, adalw. **2.** *v.i.* ailymgynnull, dod ynghyd o'r newydd.
reconverge *v.i.* ailgydgyfeirio, ailgyfarfod.
reconvergence *n.* ailgydgyfeiriad *m*, ailgyfarfyddiad *m*; *vn.* = **reconverge**.
reconversion *n.* adnewidiad(-au) *m*, aildrosiad(-au) *m*.
reconvert *v.t.* **1.** *(= change back):* adnewid (rhth), newid (rhth) yn ei ôl, aildrosi/adfer (rhth) [i'w hen ffurf]. **2.** *Rel:* ail-droi, adennill, adfer rhn [i ffydd]. **3.** *Log:* ailamdr|oi. **4.** *Jur:* aildrosi.
reconvey *v.t. Jur:* ad-drawsgludo.
reconveyance *n. Jur:* ad-drawsgludiad(-au) *m*.
recopy *v.t.* ailgopïo.
record[1] *n.* **1.** *Jur: &c:* cofnod(-ion) *m*; **the judgement is on ~,** mae cofnod o'r dyfarniad; mae'r dyfarniad wedi ei gofnodi; mae'r dyfarniad ar gofnod *or* ar glawr *or* ar ddu a gwyn; **it is on ~ that ...,** fe gofnodwyd bod ...; mae tystiolaeth (*f*) fod ...; mae cofnod i'r perwyl fod ...; *F:* **off the ~,** yn gyfrinachol, yn answyddogol, rhyngom ni a'n gilydd, rhyngoch chi a minnau, heb gofnod; **just for the ~,** er mwyn i bawb gael gwybod, yn swyddogol; **to go on ~ (as believing sth),** dweud ar goedd, dweud ar glawr, dweud ar ddu a gwyn (eich bod yn coelio rhth); **to put/set the ~ straight,** cywiro gwall; **it's a matter of ~,** mae'n beth sydd ar ddu a gwyn; **Court of R~,** Llys Cofnodi; ~

of court, cofnod llys; **~ of evidence,** cofnod tystiolaeth; **to travel out of the ~,** crwydro oddi wrth y cofnod; **to keep to the ~,** glynu at y cofnod. **2. to make/keep a ~ of an observation,** gwneud cofnod o arsylliad, cofnodi arsylliad. **3.** *pl. Hist: &c:* archifau *pl*, blwyddnodau *pl*, croniclau *pl*, cofysgrif(-au) *f*; **the Public Records,** yr Archifau Gwladol; **official record[s] of a society,** trafodion cymdeithas. **4.** *(= memorial, souvenir):* ôl (olion) *m* (rhth); coffadwriaeth(-au) *f*, cof(-ion) *m* (am rth). **5.** *(past):* *(a)* gyrfa(-oedd) *f*; **service ~,** gyrfa filwrol; *(b) Pej:* **she has a ~,** mae hanes iddi; **his past ~,** ei hanes *(m)*/ymddygiad *(m)* yn y gorffennol; **he has a long ~ of crimes,** mae iddo hanes maith o droseddau; **police ~,** cofnod troseddau; **I've a clean driving ~,** mae gennyf orffennol glân fel gyrrwr; **her ~ is against her,** mae ei hanes/gorffennol *(m)* yn ei herbyn. **6.** *Sp: &c: (a)* record *f*; **to break/beat a ~,** torri/curo record; **to hold a ~,** dal record; **world ~,** record y byd; *(b) attrib.* mwyaf erioed, uchaf erioed, pellaf erioed *&c*, gorchestol, di-ail, dihafol, digymar; *Ind:* **~ output,** y cynnyrch mwyaf erioed; **~ figure,** y nifer uchaf erioed; **at ~ speed,** ar y cyflymder uchaf erioed, yn gynt na neb o'r blaen; **in ~ time,** mewn dim o dro, mewn chwinciad, yn gynt na neb o'r blaen, yn yr amser lleiaf erioed; **this was a ~ year for sales,** bu hon yn flwyddyn neilltuol/nodedig/eithriadol o ran gwerthiant; dyma'r flwyddyn orau eto o ran gwerthiant. **7.** *(of music):* record(-iau) *f*, *occ:* disg(-iau) *mf*; **long-playing ~,** record hir. **~-breaker** *n.* torrwr *(m)* record (torwyr recordiau). **~-breaking** *a.* sy'n torri pob record, mwyaf erioed, lleiaf erioed, cyflymaf erioed *&c*, gorchestol. **~-card** *n.* cerdyn (cardiau) *(m)* cofnod/cofnodi, *S:* carden gofnod/gofnodi (cardiau cofnod/cofnodi). **~-changer** *n.* newidiwr (newidwyr) *(m)* recordiau, peiriant (peiriannau) *(m)* newid recordiau. **~ count** *n. Cmptr:* cyfrif(-on) *(m)* cofnod. **~-cutter** *n.* nodwydd *(f)* dorri recordiau (nodwyddau torri recordiau). **~-format** *n. Cmptr:* diwyg(-iau) *(m)* cofnod, fformat(-iau) *(m)* cofnod. **~-holder** *n.* daliwr *(m)* record (dalwyr recordiau), deiliad *(m&f)* record (deiliaid recordiau). **~ length** *n. Cmptr: &c:* hyd(-oedd) *(m)* cofnod. **~ library** *n.* llyfrgell(-oedd) *(f)* recordiau. **~ office** *n.* archifdy (archifdai) *m*; **a public ~ office,** archifdy cyhoeddus; **the Public R~ Office,** yr Archifdy Gwladol; **area ~ office,** archifdy rhanbarthol; **branch ~ office,** archifdy cangen; **city ~ office,** archifdy dinesig; **City R~ Office,** Archifdy Dinas; **county ~ office,** archifdy sirol; **County R~ Office,** Archifdy Sir. **~-player** *n.* chwaraewr (chwaraewyr) *(m)* recordiau, peiriant (peiriannau) *(m)* chwarae recordiau.

record² *v.t.* **1.** *(facts):* cofnodi, croniclo (rhth); rhoi (rhth) ar ddu a gwyn, gwn|eud cofnod (o rth); **to ~ one's vote,** pleidleisio, bwrw pleidlais. **2.** *Gramophone: &c:* recordio, *F:* codi llais rhn.

recordable *a.* **1.** *(event):* cofnodadwy. **2.** *(music):* recordiadwy.

recorded *a.* cofnodedig, ar gofnod, a gofnodwyd; *(on disc, tape &c):* recordiedig, wedi ei recordio.

recorder *n.* **1.** *Jur:* cofiadur(-on,-iaid) *m.* **2.** *(= historian &c):* cofnodydd, cofnodwr (cofnodwyr) *m*, croniclydd, croniclwr (croniclwyr) *m.* **3.** *(gramophone: &c):* recordydd(-ion) *m*, recordiwr (recordwyr) *m*; **tape-~,** tâp-recordydd(-ion) *m*, recordydd(-ion) *(m)* tâp; *Aut:* **trip ~,** cloc(-iau) *(m)* pellter; *S.a.* **flight;** *Cin:* **sound ~,** sain-recordydd(-ion) *m.* **4.** *Mus:* pibgorn (pibgyrn) *m*, recordydd(-ion) *m*, recorder(-s) *m.*

recordership *n.* cofiaduraeth(-au) *f.*

recording¹ *a.* cofnodol; **the R~ Angel,** yr Angel Cofnodol.

recording² *vn. & n.* **1.** *vn.* = **record².** **2.** *n. Gramophone: &c:* recordiad(-au) *m.* **~ head** *n.* pen(-nau) *(m)* recordio. **~ surface** *n.* arwyneb(-au) *(m)* recordio.

recork *v.t.* ailgorcio.

recorrect *v.t.* ailgywiro.

recount¹ *v.t.* *(= narrate):* adrodd, traethu.

re-count² *n.* *(of votes &c):* ailgyfrif(-on) *m*, ailgyfrifiad(-au) *m.*

re-count³ *v.t.* *(votes &c):* ailgyfrif.

recoup *v.t.* digolledu; **to ~ one's losses,** cael iawn am eich colledion.

recourse *n.* **1. to have ~ to s.o.,** *(for help &c):* troi/mynd at rn [am gymorth], gofyn/cyrchu cymorth gan rn, mynd ar ofyn rhn [am gymorth], *Lit:* atgyrchu rhn; **to have ~ to lies,** troi at ddweud celwyddau. **2.** *Jur: Scot:* hawl *(f)* ddigolledu; *Com:* **without ~,** heb fod yn atebol, heb atebolrwydd.

recover¹ *v.t.&i.* **1.** *v.t.* *(= find again):* ailddarganfod (rhth), cael (rhth) yn ei ôl; **to ~ one's appetite,** ailfagu archwaeth/blas at fwyd; *Ind:* **to ~ a by-product from sth,** adfer/adennill isgynnyrch o rth; **to ~ one's feet,** ailgodi ar eich traed, cael eich traed danoch; **to ~ one's breath,** cael eich gwynt atoch; **to ~ consciousness,** dadebru, ailddeffro, ailddihuno, dod atoch eich hun. **2.** *(property &c):* adennill, adfeddiannu, adfeddu, adfer, *Lit:* adferyd, edfryd; **to ~ one's fortunes,** ailffynnu, ffynnu o'r newydd; **to ~ land from sea,** adennill tir o'r môr; **to ~ lost time,** adennill amser colledig; **to ~ one's strength,** adennill nerth, cael eich nerth yn ôl, ailgryfh|au; **to ~ sth from s.o.,** adennill rhth oddi ar rn, cael rhth yn ôl gan rn; **to ~ a ball from a garden,** cael pêl yn ei hôl o ardd; *Jur:* **to ~ damages,** ennill/adfer iawndal; *Com:* **to ~ a payment,** casglu tâl. **3. to ~ one's health,** *v.i.* **to ~,** gwella, cael eich cefn atoch, cael adferiad iechyd, *N: F:* mendio, fflonsio, criwtio; **I'm quite recovered,** 'rwyf wedi gwella'n llwyr; **to ~ from one's astonishment,** dod dros eich syndod; **prices have recovered,** mae prisiau wedi ailgodi. **4. to ~ oneself,** *abs.* **to ~,** eich adfeddiannu'ch/ailfeddiannu'ch hun, ymbwyllo, *N: F:* eich sadio'ch hun; **to ~ one's balance,** eich ailsadio'ch hun. **5.** *Fenc:* ymadfer.

re-cover² *v.t.* *(cushion &c):* ailorchuddio.

recoverable *a.* adferadwy, adenilladwy.

recovery *n.* **1.** *(of lost property &c):* adfeddiant *m*, adfeddu *vn*, adfeddiannu *vn*, adfer *vn*, adferiad *m*, ailddarganfyddiad *m*, ailddarganfod *vn*; *Cmptr:* adferiad(-au) *m*; *Ind:* *(of by-products &c):* adferiad *m*, adenilliad *m*, adfer *vn*, edfryd *vn*, adennill *vn*. **2.** *(of health, business):* adferiad *m*, gwellhad *m*, iachâd *m*; **to make a good ~,** gwella'n foddhaol, gwella'n dda; **he's past ~,** nid oes gwella iddo; mae tu hwnt i adfer; *Sp:* **to make a brilliant ~,** ailfwrw iddi'n ddeh|euig. **3.** *Fenc:* ymadferiad *m.*

recreancy *n.* **1.** *(= cowardice):* llwfrdra *m.* **2.** *Rel:* gwrthgiliad *m.*

recreant *a. & n.* **1.** *a.* *(a)* *(= cowardly):* llwfr *(f.* llofr); *(b) Rel:* gwrthgiliol, gwrthgiliedig. **2.** *n.* *(a)* *(= coward):* llwfryn (llyfriaid, llyfrion) *m*; *(b) Rel:* gwrthgiliwr (gwrthgilwyr) *m.*

recreantly *adv.* yn llwfr.

recreate¹ *v.t.&i.* **1.** *v.t.* *(= entertain):* diddanu, difyrru, adlonni. **2.** *v.i.* ymddifyrru (yn rhth), cael hwyl (ar rth).

recreate² *v.t.* *(= create anew):* ail-greu.

recreation¹ *n.* adloniant *m*, difyrrwch (difyrion) *m.* **~ ground** *n.* **1.** *Sch:* iard(-iau, ierdydd) *(f)* chwarae. **2.** *Sp:* maes (meysydd) *(m)* chwaracon.

re-creation² *n.* *(= new creation):* ailgread *m*; *(action):* ail-greu *vn.*

recreational, recreative *a.* adloniadol, *occ:* adlonnol, difyrrus.

recrement *n.* sorod *pl*, ysgarthion *pl.*

recremental *a.* *atgarthol.

recriminate *v.t.* edliw, ymliw, ymliwio, dannod, gwrthgyhuddo, gwrthachwyn.

recrimination *n.* ymliw(-iau) *m*, edliwiad(-au) *m*, edliwiant *m*, danodiaeth(-au) *f*, gwrthgyhuddiad(-au) *m*, danodiad(-au) *m*; *vn.* = **recriminate; it's no use our indulging in recriminations,** ofer dannod pethau i'n gilydd; ofer edliw bai.

recriminative *a.* = **recriminatory**.

recriminator *n.* danodwr (danodwyr) *m*, edliwiwr (edl|iw-wyr) *m*, gwrthgyhuddwr (gwrthgyhuddwyr) *m.*

recriminatory *a.* gwrthgyhuddol, edliwgar, danodol, danodus.

recross *v.t.* ailgroesi.

recrown *v.t.* ailgoroni.

recrudesce *v.i.* aildarddu, ailgychwyn, ailddechrau, ailgodi.

recrudescence *n.* aildarddiant (aildarddiannau) *m*, ailgychwyniad(-au) *m*, ailddechreuad(-au) *m*, ailgodiad(-au) *m*; *vn.* = **recrudesce**.

recrudescent *a.* aildarddol, ailgychwynnol.

recruit¹ *n.* recr|iwt (recriwtiaid) *m&f*, *Lit:* adfilwr (adfilwyr) *m*; **a raw ~,** milwr (milwyr) dibrofiad *m.*

recruit² *v.t.* **1.** *Mil: &c:* *(a)* recriwtio, listio; *(b) O:* **to ~ one's health,** gwella, *N: F:* criwtio, fflonsio; **to ~ one's strength,** adennill eich nerth.

recruiting *vn.* recriwtio, listio. **~ officer** *n.* swyddog(-ion) *(m)* recriwtio/listio.

recruitment *n.* recriwtiad *m*, listiad *m*, recriwtio *vn*, listio *vn.*

recrystallization *n.* ailrisialiad *m*, ailrisialu *vn.*

recrystallize *v.t.&i.* ailrisialu.

rectal *a. Anat:* rhefrol.

rectangle *n.* hirsgwar(-au) *m*, petryal(-au) *m*, pedrongl(-au) *f*, iawnongl(-au) *f*; **to form a ~,** pedrongli.
rectangular *a.* hirsgwar, petryalog, petryal, pedronglog, iawnonglog, *S: F:* main hir.
rectangularity *n.* petryaledd *m*, pedrongledd *m*.
rectangularly *adv.* yn betryalog, yn bedronglog *&c*.
rectifiable *a.* cywiradwy, unionadwy.
rectification *n.* **1.** *(of error):* cywiriad(-au) *m*, cywiro *vn*, unioni *vn*; *Jur:* **deed of ~,** gweithred *(f)* gywiro (gweithredoedd cywiro); *Jur:* **~ of title,** cywiriad teitl. **2.** *(of alcohol):* coethiad *m*, coethi *vn*. **3.** *El.E:* trosi *vn*, unioni *vn*, unioniad *m*. **4.** *Geom:* unioni, unioniad.
rectified *a.* **1.** *(calculation):* cywir, cywiredig. **2.** *(alcohol):* coeth. **3.** *(current):* union.
rectifier *n.* **1.** *(of wrongs &c):* unionwr: unionydd (unionwyr) *m*, cywirwr: cywirydd (cywirwyr) *m*. **2.** *Dist:* coethwr: coethydd (coethwyr) *m*. **3.** *El:* unionwr, unionydd. **~ station** *n.* gorsaf(-oedd) *(f)* unioni.
rectify *v.t.* **1.** *(error):* unioni (cam *&c*), cywiro (gwall); **to ~ an omission,** gwn|eud iawn am esgeulustod, llenwi bwlch, cywiro diffyg. **2.** *Dist:* coethi, distyllio, puro. **3.** *El.E:* unioni, trosi. **4.** *Geom:* unioni.
rectifying *a.* **1.** *Dist:* coethol, distyll[i]ol. **2.** *W.Tel:* **~ device,** dyfais (dyfeisiau) *(f)* unioni, unionwr (unionwyr) *m*.
rectilineal, rectilinear *a.* unionlin, syth(-ion).
rectilinearity *n.* unionlinedd *m*.
rectilinearly *adv.* yn unionlin, yn syth.
rectitude *n.* uniondeb *m*, unionder *m*, cywirdeb *m*, cyfiawnder *m*, gonestrwydd *m*.
recto *n.* **1.** *(= right hand page):* tudalen(-nau) de *m*, tudalen dde (tudalennau de) *f*. **2.** *(= front of page):* blaen *(m)* tudalen (blaenau tudalennau).
rectocele *n. Med:* rhefrgoden (rhefrgodau) *f*.
rector *n.* **1.** *Ecc:* rheithor(-ion,-iaid) *m*, periglor(-ion,-iaid) *m*. **2.** *Sch: Scot:* prifathro (prifathrawon) *m*.
rectorate *n.* = **rectorship**.
rectorial *a.* rheithorol.
rectorship *n.* **1.** *Ecc:* rheithoriaeth(-au) *f*, *occ:* perigloriaeth(-au) *f*. **2.** *Sch:* rheithoriaeth.
rectory *n.* rheithordy (rheithordai) *m*.
rectovaginal *a. Anat:* rhefrweiniol.
rectovesical *a.* rhefrchwysigol.
rectrix *n. Orn:* pluen *(f)* lywio (plu llywio).
rectum *n. Anat:* rhefr(-au) *m*, rectwm (rectymau, recta) *m*.
rectus *n. Anat:* cyhyr syth (cyhyrau sythion) *m*.
recultivate *v.t.* *(land):* ailamaethu, ailffermio; *(crop):* aildyfu.
recultivation *n.* *(of crop):* aildyfu *vn*.
recumbency *n.* gorweddiad *m*.
recumbent *a.* gorweddol, ar eich gorwedd.
recumbently *adv.* yn orweddol, ar eich gorwedd.
recuperate *v.t.&i.* **1.** *v.t.* *(a)* *(= restore to health):* gwella; *(b)* *Ind:* adfer, adennill. **2.** *v.i.* ymadfer, gwella, adennill nerth, cael eich cefn atoch, cael eich nerth yn ôl, dod dros waeledd/salwch.
recuperation *n.* **1.** *(of health):* gwellhad *m*, adferiad *m*, ymadferiad *m*; *vn.* = **recuperate**. **2.** *Ind:* adferiad *m*, adfer *vn*.
recuperative *a.* adferol, ymadferol; **~ power,** y gallu i ymadfer.
recuperator *n. Ind: Artil:* adferwr (adferwyr) *m*.
recur *v.i.* **1.** *(to a topic):* mynd yn ôl, troi'n ôl, dychwelyd (at rth). **2.** *(a)* **to ~ to the memory,** dod [yn ôl] i gof; *(b)* *(of illness, event):* ailddigwydd, dychwelyd, ei ailadrodd ei hun; *(c)* *(of conflict):* atgyfodi.
recurrence *n.* dychweliad *m*, mynychder *m*, dychweliad mynych, mynych ddychweliad.
recurrent *a.* **1.** *Anat: Bot:* gwrthdroadol. **2.** *(dream &c):* sy'n dod dro ar ôl tro, sy'n dod drachefn a thrachefn, sy'n dod drosodd a throsodd, dychweliadol, mynych, rheolaidd; **~ expenditure,** gwario rheolaidd; **non-~ expenditure,** gwario achlysurol. **3.** *Mth:* **~ series,** cyfres gylchol (cyfresi cylchol) *f*.
recurrently *adv.* dro ar ôl tro, drachefn a thrachefn, drosodd a throsodd, o hyd ac o hyd, yn fynych, yn aml.
recurring *a.* **1.** = **recurrent**. **2. ever-~,** dibaid; *Mth:* **~ decimal,** degolyn (degolion) cylchol *m*.
recursion *n.* dychweliad(-au) *m*, gwrthdro(-eon) *m*.
recursive *a.* **1.** *Anat: Bot:* gwrthdroadol. **2.** *(style &c):* ailadroddus, dychweliadol.
recurvate *a.* atro, atgam (atgeimion), adwyredig, atblygedig, atroëdig.
recurvature *n.* atroad(-au) *m*, atblygedd(-au) *m*, atblygiad(-au) *m*, adwyriad(-au) *m*.
recurve *v.i.* atr|oi, adwyro, atgamu.
recurved *a.* = **recurvate**.
recusance, recusancy *n. Rel: Hist:* reciwsantiaeth *f*. **~ list** *n.* rhestr(-au) *(f)* reciwsantiaid. **~ roll** *n.* rhôl (rholiau) *(f)* reciwsantiaid.
recusant *n. & attrib. Rel: Hist:* **1.** *n.* r|eciwsant (reciwsantiaid) *m&f*. **2.** *attrib.* reciwsantaidd.
recut *v.t.* **1.** aildorri. **2.** *(file, saw &c):* ailhogi.
recyclable *a.* ailgylchadwy, atgylchadwy, aildroadwy.
recycle *v.t.* ailgylchu, atgylchu, ail-droi.
recycled *a.* ailgylchedig, atgylchedig, eildro.
red *a. & n.* I **1.** *a.* coch(-ion), *Lit:* rhudd(-ion), rhuddgoch(-ion), cochliw; **blood ~,** coch fel gwaed, gwaetgoch(-ion), gwaedrudd(-ion); **bright ~, fiery ~,** fflamgoch(-ion), purgoch(-ion); **cherry ~,** coch *(m)* ceirios; **dark ~,** dugoch(-ion), coch tywyll; **to go/turn ~,** cochi, *Lit:* rhuddo; *(= blush):* gwrido, cochi; *Hist:* **the R~ Army,** y Fyddin Goch *f*; **the R~ Dragon,** y Ddraig Goch *f*; **it's like a ~ rag to a bull,** mae fel cadach coch i darw; **to see ~,** gwylltio['n gacwn/gaclwm/gandryll], mynd yn lloerig, *N.W: F:* cael y gwyllt, myllio (= ymhyllio), cael mỳll; *U.S:* **it's not worth a ~ cent,** nid yw'n werth yr un ddimai goch; **(as ~) as a beetroot,** (cyn goched) â chrib ceiliog, â gwaed, â thân, â charw, â llygaid pennog; *Cu:* **~ meat,** cig coch *m*; *F:* **~ biddy,** potes coch *m*; *F:* **the ~ lane,** y lôn goch *f*; **I was given the ~ carpet treatment,** cefais groeso tywysogaidd; cefais fy nhrin fel brenin/brenhines; *S.a.* **ensign 1, herring, Indian 2, light¹ 2. 2.** *a. & n.* *(a)* coch *m*; *(b)* *Pol:* coch(-ion) *m*, comiwnydd(-ion) *m*; *(c)* *Bill:* **the ~ [ball],** y [belen] goch *f*; *(d)* *F:* **in the ~,** yn y coch. **~ admiral** *n.* mantell goch (mentyll cochion) *f*, coch(-iaid,-ion) *(m)* yr eirin. **~-backed** *a.* cefngoch (*pronounced* ng-g). **R~ Bank** *W.Pl.n.* Y Draethell Goch *f*. **~-bellied** *a.* torgoch. **~-blind** *a.* cochddall (cochddeillion). **~-blindness** *n.* cochddallineb *m*. **~-blooded** *a.* o waed coch cyfan; *(= vigorous):* heini, nwyfus. **~-bloodedness** *n.* gwaed coch cyfan *m*, nwyfusrwydd *m*. **~-breasted** *a.* brongoch (*pronounced* ng-g). **~ cell ghost** *n. Biol:* gweddillyn *(m)* corffilyn coch (gweddillion corffilod cochion). **~-cheeked** *a.* gwridog, bochgoch, *Lit:* gruddgoch. **R~ Crescent (the)** *Pr.n.* y Gilgant Goch *f*. **R~ Cross (the)** *Pr.n.* y Groes Goch *f*. **~ duster (the)** *n. F:* y cadach coch *m*. **~ dwarf** *n. Astr:* corrach coch (corachod cochion) *m*. **~-eared** *a.* clustgoch, â chlustiau cochion. **~-eye** *n.* **1.** *Ich:* = **rudd**. **2.** *U.S:* wisgi(-s) rhad *m*. **~-eyed** *a.* llygatgoch, â llygaid cochion. **~-faced** *a.* wynepgoch, ag wyneb coch, gwridog; *(with shame):* coch gan gywilydd, *S.W: F:* wyneb coch tapar. **~ giant** *n. Astr:* cawr coch (cewri cochion) *m*. **~-gum** *n. Med:* gân goch *f*, yr ân goch *f*. **~-haired** *a.* pengoch (*pronounced* ng-g), gwalltgoch, â gwallt coch. **~-handed** *a.* **(to catch s.o.) ~-handed,** (dal rhn) wrthi, yn y weithred, ar y weithred. **~-headed** *a.* pengoch (*pronounced* ng-g). **~-hot** *a.* **1.** gwynias, chwilboeth, eirias, eiriasboeth; *S.a.* **poker. 2.** *F:* **a ~-hot communist,** comiwnydd brwd/selog/rhonc. **R~ Indian 1.** *a.* Amerindiaidd; **R~-Indian customs,** arferion yr Indiaid Cochion. **2.** *n.* Indiad Coch (Indiaid Cochion) *m*, Amerindiad (Amerindiaid) *m&f*. **~-legged** *a.* coesgoch, â choesau cochion. **~-legs** *n. Orn:* = **redshank**. **~-letter 1.** *n.* rhuddell(-au) *f*, llythyren goch (llythrennau cochion) *f*. **2.** *attrib.* **~-letter day,** diwrnod(-[i]au) bythgofiadwy *m*, diwrnod i'w gofio, diwrnod mawr, diwrnod o bwys, uchel ŵyl (wyliau) *f*; un o ddyddiau coch y calendr. **~-light** *attrib.* **~-light district,** ardal *(f)* y puteiniaid/puteindai. **~-necked** *a.* *(bird):* gyddfgoch; *(man):* gwargoch. **~-nosed** *a.* trwyngoch (*pronounced* ng-g), â thrwyn coch. **~-pencil** *v.t.* cywiro. **R~ Roses** *W.Pl.n.* Rhos-goch *f*. **~-rumped** *a.* tingoch (*pronounced* ng-g). **~ shift** *n. Astr:* rhuddiad(-au) *m*. **~-short** *a. Metalw:* poeth-frau, breugoch(-ion). **~-streak** *n. Hort:* *(apple):* chwiblyn (chwiblod) coch/brith *m*. **~-tailed** *a.* cynffongoch (*pronounced* ng-g), â chynffon goch, â chwt goch. **~ tape** *n.* **1.** tâp coch *m*, incil coch *m*. **2.** *Fig:* biwrocratiaeth *f*, mân reolau *pl*. **~-thread** *n. Ann:* edefyn (edeifion) coch *m*, cochedefyn (cochedeifion) *m*. **~ underwing** *n. Ent:* coch(-iaid) *(m)* dan aden. **~[-]water** *n. Vet:* dŵr coch *m*, *V:* piso *(vn)* gwaed. **R~ Wharf**

W.Pl.n. Porth (*m*) Llongdy. **R~ Wharf Bay** *W.Pl.n.* Y Traeth Coch *m*.
redact *v.t.* *(= edit):* golygu; *(= re-edit):* ailolygu, adolygu.
redaction *n.* golygiad(-au) *m*, ailolygiad(-au) *m*.
redactor *n.* golygydd(-ion) *m*.
redan *n.* *Fort:* atgilfur(-iau) *m*.
re-darn *v.t.* *Needlew:* ailwnïo, aildrwsio, atgyweirio.
redate *v.t.* ailddyddio.
redbill *n.* *Orn:* cochbig(-au) *m*.
redbreast *n.* *Orn:* robin goch (robiniaid/robinod cochion) *m*, *occ:* brongoch; brongochyn (brongochiaid) *m*, bronrhuddyn *m*, hobi goch *m*, robin frongoch (robiniaid brongoch) (*pronounced* ng-g) *m*, *S:* coch-gam *m*.
redbrick *attrib.* *Sch:* *F:* brics coch, taleithiol.
redbud *n.* *Bot:* *U.S:* rhuddflaguryn (rhuddflagur) *m*.
redbug *n.* = **chigger**.
redcap *n.* **1.** cap coch (capiau cochion) *m*. **2.** *U.S:* *Rail:* porthor(-ion) *m*. **3.** = **goldfinch**.
Redcastle *W.Pl.n.* Y Castell Coch *m*.
redcoat *n.* *Hist:* milwr (milwyr) Seisnig *m*, côt goch (cotiau cochion) *f*; **the redcoats are coming!** mae'r Saeson yn dod!
redcurrant *n.* *Bot:* *(Ribes ribrum):* cyransen goch (cyrans/cyrains cochion) *f*, *Lit:* rhyfonen goch (rhyfon cochion) *f*; **rock ~,** *(R. petraeum):* cyransen goch y graig; rhyfonen goch y graig; **~ bush** *n.* coeden (*f*) gyrains cochion (coed cyrains cochion). **~ jam** *n.* jam (*m*) cyrains cochion.
redd *n.* *Fish:* cladd(-au) *m*.
redden *v.t.&i.* **1.** *v.t.* cochi, *Lit:* rhuddo. **2.** *v.i.* cochi, mynd yn goch; *(of sunset, dawn, with shame &c):* gwrido.
reddendum *n.* *Jur:* redendwm (redenda) *m*.
reddish *a.* cochlyd, coch braidd, lletgoch, gweddol goch, cochwawr, â gwawr goch.
reddishness *n.* lliw cochlyd *m*.
reddle *n.* cochliw *m*, ocr coch *m*.
redecorate *v.t.*, **redecoration** *n.* ailaddurno.
rededicate *v.t.* ailgysegru.
rededication *n.* ailgysegriad(-au) *m*, ailgysegru *vn*.
redeem *v.t.* **1.** prynu (rhth) yn ei ôl, *occ:* adbrynu (rhth); *(mortgage, debt):* clirio, ad-dalu (rhth) [yn llwyr]; *Com:* **to ~ coupons for cash,** cyfnewid cwponau am arian; **to ~ one's watch [from pawn],** prynu'ch watsh yn ôl, *Lit:* adbrynu'ch/diwystlo'ch watsh. **2.** *(promise):* cadw, cywiro. **3.** *(a) (slave):* rhyddh|au, gwaredu; *Rel:* gwaredu, prynu, achub; *(b)* **his good points ~ his faults,** mae ei rinweddau yn gwneud iawn am ei feiau; mae ei rinweddau'n achub ei gam.
redeemable *a.* **1.** *Fin:* *(stock):* adbrynadwy. **2.** *Rel:* achubadwy, prynadwy, gwaredadwy.
redeemed *a.* & *n.pl.* **1.** *a.* *Com:* *(pledge &c):* adbryn, adbrynedig. **2.** *n.pl.* *Rel:* **the R~,** y Gwaredigion, y Prynedigion, y Cadwedigion *occ:* Teulu(*m*)'r Cadw.
redeemer *n.* **1.** *Theol:* **the R~,** y Gwaredwr *m*, y Prynwr *m*, yr Iachawdwr *m*. **2.** *Fin:* *Com:* *&c:* adbrynwr (adbrynwyr) *m*. **3.** *(of promise):* cywirwr (cywirwyr) *m*. **4.** *(of pledge, pawned object):* diwystlwr (diwystlwyr) *m*.
redeeming *a.* gwaredol, gwaredigol, achubol; **~ feature,** nodwedd(-ion) achubol *f*.
redefine *v.t.* ailddiffinio.
redefinition *n.* ailddiffiniad(-au) *m*, ailddiffinio *vn*.
redeliver *v.t.* ailddanfon, ailddosbarthu.
redemand *v.t.* ailfynnu.
redemonstrate *v.t.* ailddangos, ailarddangos.
redemonstration *n.* ailddangosiad(-au) *m*, ailarddangosiad(-au) *m*; *vn.* = **redemonstrate**.
redemption *n.* **1.** *Fin:* adbryniad(-au) *m*, adbryniant (adbryniannau) *m*, adbrynedigaeth *f*; *(of pledge):* diwystlad(-au) *m*; *(of loan, mortgage, obligation):* ad-daliad *m*; *vn.* = **redeem**; *Jur:* **equity of ~,** |ecwiti (*m*) adbryniad. **2.** *(of slave):* rhyddhad *m*, gwaredigaeth *f*; *Theol:* prynedigaeth *f*, gwaredigaeth *f*, gwarediad *m*, iachawdwriaeth *f*, iechydwriaeth *f*, achubiaeth *f*, adbrynedigaeth *f*; **the blow was his ~,** bu'r ergyd yn waredigaeth iddo; **in the year of our ~ 1981,** ym mlwyddyn ein prynedigaeth 1981, pan oedd oed Crist 1981. **3. a crime past ~,** trosedd anfaddeuol *m*; **(spoilt) beyond [all hope of]~,** (wedi ei ddifetha)'n llwyr, y tu hwnt i bob gobaith. **~ fund** *n.* cronfa (cronf|eydd) (*f*) ad-dalu. **~ yield** *n.* arennill (*m*) adbryniant.
redemptive *a.* **1.** *Theol:* gwaredol, gwaredigol, prynedigol, achubol. **2.** *Fin:* *Com:* adbrynol, ad-daliadol, diwystlol.
Redemptorist *n.* *R.C.Ch:* Gwarediannwr (Gwaredianwyr) *m*.
redemptory *a.* = **redemptive**.
redeploy *v.t.* adleoli.
redeployment *n.* adleoliad(-au) *m*, adleoli *vn*.
redeposit *v.t.* *(= replace):* ailosod, ailddodi; *(money):* ailadneuo.
redescend *v.t.* ailddisgyn.
redescent *n.* ailddisgyniad(-au) *m*, ailddisgynfa (ailddisgynf|eydd) *f*.
redesign *v.t.* ailgynllunio.
redesignate *v.t.* ailddynodi.
redesignated *a.* ailddynodedig.
redesignation *n.* ailddynodiad(-au) *m*, ailddynodi *vn*.
redesigned *a.* ailgynlluniedig.
redetermine *v.t.* ailbenderfynu.
redevelop *v.t.* ailddatblygu.
redeveloped *a.* ailddatblygedig.
redevelopment *n.* ailddatblygiad(-au) *m*, ailddatblygu *vn*.
redfin *n.* *Ich:* pilcodyn (pilcod) coch *m*.
redfish *n.* *Ich:* **1.** *(Sebastes marinus):* pysgodyn coch (pysgod cochion) *m*. **2.** *(= male salmon):* eog coch (eogiaid cochion) *m*, camog(-au, cemig) *m*, cemyw(-od,-ion) *m*.
redhead *n.* cochyn (cochion, cochiaid) *m*, cochen(-nod) *f*, rhn (rhai) pengoch (*pronounced* ng-g).
redia *n.* *Biol:* redia (rediâu) *f*.
redial *v.t.* ailddeialu.
rediffuse *v.t.* **1.** *(light, message):* ail-ledaenu, ailwasgaru. **2.** *(= broadcast):* ailddarlledu.
rediffusion *n.* **1.** ail-ledaeniad *m*, ailwasgariad *m*. **2.** ailddarllediad *m*, ailddarlledu *vn*.
redigest *v.t.* aildreulio.
redigested *a.* aildreuliedig.
redingote *n.* *Cost:* ***redingote(-s)*** *f*.
redintegrate *v.t.* ailgyfannu, atgyfannu.
redintegration *n.* ailgyfaniad *m*, ailgyfannu *vn*, atgyfaniad *m*, atgyfannu *vn*.
redirect *v.t.* ailgyfeirio, *occ:* dargyfeirio.
redirected *a.* ailgyfeiriedig, *occ:* dargyfeiriedig.
redirection *n.* ailgyfeiriad(-au) *m*, dargyfeiriad(-au) *m*; *vn.* = **redirect**.
rediscipline *v.t.* ailddisgyblu.
rediscover *v.t.* ailddarganfod.
rediscovery *n.* ailddarganfyddiad(-au) *m*, ailddarganfod *vn*.
rediscuss *v.t.* aildrafod.
rediscussion *n.* aildrafodaeth(-au) *f*, aildrafod *vn*.
redisperse *v.t.* ailwasgaru.
redispersed *a.* ailwasgaredig.
redisplay *v.t.* ailddangos, ailarddangos.
redispose *v.t.* ad-drefnu, adleoli, ailddefnu.
redissolution *n.* **1.** *Ch:* aildoddiad(-au) *m*, aildoddi *vn*. **2.** *Pol:* ailddiddymiad(-au) *m*, ailddiddymu *vn*.
redissolve *v.t.&i.* **1.** *Ch:* aildoddi. **2.** *Pol:* ailddiddymu.
redistribute *v.t.* ailddosbarthu, ailddosrannu.
redistributed *a.* ailddosbarthedig, ailddosranedig.
redistribution *n.* ailddosbarthiad(-au) *m*, ailddosraniad(-au) *m*; *vn.* = **redistribute**.
redistributive *a.* ailddosbarthol, ailddosrannol.
redivide *v.t.* ailrannu.
redivided *a.* ailranedig.
redivision *n.* ailraniad(-au) *m*, ailrannu *vn*.
redly *adv.* yn goch *&c*.
redneck *n.* *U.S:* gwargochyn (gwargochion, gwargochiaid) *m*.
redness *n.* cochni *m*, gwrid *m*.
redo *v.t.* gwn|eud (rhth) eto/eilwaith; ail-wn|eud, ailwneuthur (rhth); *(= redecorate):* ailaddurno.
redolence *n.* persawr *m*, per|eidd-dra *m*.
redolent *a.* **1.** pêr, peraidd, persawrus, peraroglus. **2. (stories) ~ of mystery,** (straeon) cyforiog o ddirgelwch, yn sawru o ddirgelwch, a sawr dirgelwch arnynt.
redone *a.* ailwneuthuredig, a ailwnaethpwyd, wedi ei ail-wn|eud.
redouble¹ *n.* *Cards:* ailddybliad(-au) *m*.
redouble² *v.t.* *(= fold):* ailblygu; *Cards:* ailddyblu.

redouble³ *v.t.&i.* *(= intensify):* cynyddu, dwysáu, ailddyblu, amlh|au; **to ~ one's cries,** gweiddi'n uwch; **to ~ one's efforts,** dyblu'ch ymdrechion, ymdrechu'n galetach.

redoubling *n.* cynnydd *m*, dwysâd *m*, amlhad *m*, dyblu *vn.*

redoubt *n. Fort:* rhag-gaer(-au, ~-geyrydd) *f*, amddiffynfa (amddiffynf|eydd) allanol *f*.

redoubtable *a.* anorthrech, ofnadwy, grymus.

redoubted *a. A:* arswydus, brawychus.

redound *v.i.* **1.** cyfrannu, ychwanegu (at rth); **they will ~ to your credit,** fe ddaw hyn â chlod ichwi. **2. the advantages that ~ to us,** y manteision a ddaw [yn ôl] i'n rhan.

redox *n. Ch:* rhydocs *m*.

redpoll *n.* **1.** *Orn:* **lesser ~,** *(Acanthis flammea):* llinos bengoch (*pronounced* ng-g) (llinosod pengoch) *f*, pengoch(-ion) *f*, llinos frongoch (*pronounced* ng-g) (llinosod brongoch), y llinos bengoch leiaf (y llinosod pengoch lleiaf), llinos lwydwen (llinosod llwydwyn); **Arctic/hoary ~,** *(A. hornemanni):* llinos bengoch yr Arctig (llinosod pengoch yr Arctig); **mealy/stone ~,** *(A. linaria pallescens):* llinos flodiog (llinosod blodiog), llinos lwydwen (llinosod llwydwynion); **Greenland/greater ~,** *(A. rostrata):* y llinos bengoch fwyaf (y llinosod pengoch mwyaf). **yellow ~,** *(Dendroeca palmarum):* telor(-ion,-iaid) *(m)* y palmwydd. **2.** *Husb:* **redpolls,** gwartheg moelion coch.

redraft¹ *n. Com:* ail ddrafft(-iau) *m*.

redraft² *v.t.* adolygu, ailysgrifennu, ail-lunio, ailwampio, ailddrafftio.

redrain *v.t.* *(land &c):* ailddraenio, ailsychu; *(resources):* ailddihysbyddu.

redraw *v.t.* **1.** *Com:* ailardynnu. **2.** *(drawing):* aildynnu, ail-lunio.

redrawn *a.* ail-luniedig, aildynedig, wedi ei ail-lunio/aildynnu, a aildynwyd/ail-luniwyd.

redress¹ *n.* *(for a wrong):* iawn *m*, iawndal(-iadau) *m* (**for sth,** am rth); *Jur:* **legal ~,** iawndal cyfreithiol; *(of an abuse):* cywiriad *m*, diwygiad *m*; **an injury beyond/past ~,** niwed anadferadwy *m*.

redress² *v.t.* **1. to ~ the balance,** unioni'r fantol, sadio'r fantol, gwastatáu'r fantol. **2. to ~ a wrong,** unioni cam; **to ~ an abuse,** cywiro camarfer/camwedd.

re-dress³ *v.t. Th: &c:* ailwisgo.

redressal, redressment *n. vn.* = **redress¹,².**

re-drill *v.t.&i.* ailddurio, aildyllu, ailddrilio.

redroot *n. Bot: U.S:* c|ochwraidd *m*.

re-dry *v.t.* ailsychu.

redshank *n.* **1.** *Orn:* *(Tringa totanus):* pibydd(-ion) coesgoch *m*, coesgoch(-iaid,-ion) *mf*, troetgoch(-iaid) *mf*, coch(-iaid) *(m)* y goes; **spotted ~,** *(T. erythropus):* pibydd(-ion) mannog *m*, coesgoch mannog. **2.** *Bot:* = **persicaria.**

redskin *n.* **1.** *Ethn:* Indiad Coch (Indiaid Cochion) *m*, Amerindiad (Amerindiaid) *m*, croengoch(-iaid) *m* (*pronounced* ng-g). **2.** *Bot:* = **peachwort.**

redstart *n. Orn:* *(Phoenicurus phoenicurus):* tingoch(-iaid) *m* (*pronounced* ng-g), tinboeth(-iaid) *m*, llostruddyn(-od) *m*, rhawngoch(-iaid) *m*, aderyn (adar) coch *(m)* y fflam, rhonell goch (rhonellod cochion) *f*; **American ~,** *(Setophaga ruticilla):* tingoch America; **black ~,** *(Ph. ochruros):* tingoch du, tinboeth du, llostruddyn du.

reduce *v.t.&i.* I. *v.t.* **1.** *(a)* lleih|au (rhth), gwn|eud (rhth) yn llai; *(in length):* byrh|au, cwtanu, cwteuo; *Cu:* **to ~ a sauce,** lleihau/tewychu saws; **to ~ a paint,** teneuo paent; *(b)* *(price, temperature):* gostwng, lleihau; *(lighting):* lleihau, gostwng, pylu; **reduced from ten pounds,** wedi ei ostwng o ddecpunt; **reduced by five pounds,** pum punt yn rhatach, yn rhatach o bumpunt, wedi ei ostwng bumpunt; **to ~ s.o.'s rations/feed,** codi'r rhastl/rhesel ar rn; **to ~ expenses,** arbed costau; **to ~ speed,** arafu; *El:* **to ~ voltage,** gostwng/lleihau foltedd; *(c)* *(= tone down contrast &c):* lleddfu, lleihau. *Phot:* *(a negative):* gwanh|au, lleddfu; *(d)* *(= weaken):* gwanhau, lleddfu; **2.** *(a)* **to ~ sth to ashes/dust,** troi rhth yn lludw/llwch, llosgi rhth yn ulw; **clothes reduced to rags,** dillad wedi mynd yn racs/racsiog/garpiog/garpiau; *(b)* **to ~ a fraction to its lowest terms,** newid/gostwng/lleihau ffracsiwn i'w ffurf symlaf; **to ~ everything to a simple principle,** darostwng popeth i un egwyddor; **the facts may be reduced to 3 heads,** gellir crynh|oi'r ffeithiau dan dri phen; *(c)* **to ~ bribery to a system,** gwneud cyfundrefn o lygredd/lwgrwobrwyo, cyfundrefnu llygredd; **to ~ chaos to order,** dwyn anhrefn i drefn, dwyn trefn ar anhrefn. **3.** *(a)* **to ~ s.o. to silence,** peri i rn dewi, cau ceg rhn, cau pen rhn, rhoi taw ar rn; **to ~ a person to discipline,** dwyn disgyblaeth ar rn, dod â rhn at ei goed, disgyblu/gwastrodaeth/gwastrodi rhn, *S.W: O:* dod â rhn i ddews. **4. he was reduced to begging,** bu'n rhaid iddo [fynd i] gardota; gorfu iddo gardota; fe'i gyrrwyd i gardota; aeth mor dlawd nes gorfod cardota; **to ~ s.o. to asserting an absurdity,** gorfodi rhn i honni peth hurt; **to ~ s.o. to despair,** peri i rn anobeithio, gyrru rhn i anobaith/anobeithio. **5.** *(a)* **to ~ s.o. to the level of beasts,** diraddio/darostwng rhn i wastad anifeiliaid; *(b)* *Mil:* **to ~ s.o. to the ranks,** diraddio rhn i'r rhengoedd. **6.** *Ch:* rhydwytho. **7.** *Surg:* adleoli, adfer (cymal); rhoi/dodi (cymal) yn ôl yn ei le. II. *v.i.* **1.** lleihau, gostwng *&c*, mynd yn llai/is/wannach *&c*. **2.** *(= lose weight):* colli pwysau, teneuo. **3.** *Ch:* rhydwytho.

reduced *a.* **1.** llai; *(price):* gostyngol, is, llai, rhatach; **at greatly ~ prices,** am brisiau is o lawer; *(temperature):* is; *(lighting):* is, gwannach, pŵl; *Ph:* **~ level,** lefel seiliedig *f*; **~ mass,** mas gostyngol *m*. **2. in greatly ~ circumstances,** mewn tlodi, mewn cyni.

reducer *n.* **1.** lleihäwr (lleihawyr) *m*, gostyngwr (gostyngwyr) *m*. **2.** *(a)* *Ch: &c:* rhydwythydd (rhydwythwyr) *m*; *(b)* *Phot:* diddwysydd (diddwyswyr) *m*; *(= developing agent):* datblygwr (datblygwyr) *m*. **3. weight-~,** *(pers.):* collwr (collwyr) *(m)* pwysau, teneuwr (teneuwyr) *m*, ten|euwraig (teneuwragedd) *f*; *(thing):* peth(-au) *(m)* colli pwysau, teneuwr. **4.** *Const:* **[pipe-]~,** lleihäwr (lleihawyr) *m*.

reducible *a.* **1.** lleihadwy, gostyngadwy; *Cmptr:* gostyngadwy. **2.** *Ch:* rhydwythadwy. **3.** *(= simplifiable):* symleiddiadwy; **the plot is ~ to a formula,** gellir symleiddio'r plot yn fformiwla; gellir crynh|oi'r plot mewn fformiwla. *S.a.* **hernia.**

reducing *a.* lleihaol, gostyngol, disgynnol; *Ch:* **~ agent,** rhydwythydd(-ion) *m*, rhydwythwr (rhydwythwyr) *m*; **~ medium,** cyfrwng (cyfryngau) *(m)* teneuo.

reductase *n. Bio-Ch:* redyctas(-au) *m*, rhydwythas(-au) *m*.

reduction *n.* **1.** lleihad(-au) *m*, gostyngiad(-au) *m*, teneuad(-au) *m*; *vn.* = **reduce; data ~,** dadansoddiad *(m)* gwybodaeth; *Ph: Mth:* **row ~,** newidiadau *(pl)* rhes. **2.** *(of prices, temperature &c):* lleihad, gostyngiad; *Jur:* *(of penalty):* lleihad; *Ind:* **~ of staff,** lleihad yn nifer y staff; *Phot:* lleihad; *Mec.E:* **~ of gear ratio,** cymhareb *(f)* leihau. **3.** *Mil:* *(of town &c):* darostyngiad(-au) *m*, goresgyniad(-au) *m*, goresgyn *vn*, darostwng *vn*. **4.** *Mil:* *(in rank):* diraddiad(-au) *m*, diraddio *vn*. **5.** *Ch:* *(of oxide):* rhydwythiad(-au) *m*, rhydwytho *vn*. **6.** *Med:* *(of fracture):* adleoliad(-au) *m*, adferiad(-au) *m*, ailosodiad(-au) *m*, adleoli *vn*, ailosod *vn*; **open ~,** adferiad gwaedlyd. **7. a ~ to absurdity,** rhydwythiad i'r afresymol. **~ compasses** *n.* cwmpawd (cwmpodau) *(m)* lleihau. **~ division** *n. Biol:* ymraniad(-au) lleihaol *m*, ymrannu *(vn)* lleihaol; **~ formula** *n. Mth:* ff|ormiwla *(f)* ostwng (fformilâu gostwng); **~ glass** *n.* drych(-au) *(m)* lleihau. **~ gearing** *n.* gêr *(m)* lleihaol, geriad lleihaol *m*.

reductional *a.* = **reductive.**

reductionism *n.* rhydwythiaeth *f*.

reductionist *n.* rhydwythwr: rhydwythydd (rhydwythwyr) *m*.

reductionistic *a.* rhydwythiadol.

reductive *a.* lleihaol, gostyngol; *Ch:* rhydwythol.

reductor *n. Metall:* rhydwythwyr (rhydwythwyr) *m*.

redundance, redundancy *n.* **1.** *(of style):* goreiriogrwydd *m*, adeiriad(-au) *m*, adeiriadaeth *f*, gorymadrodd *m*, gorymadroddi *vn*, gormod *(m)* geiriau. **2.** *(= overabundance):* gormodedd *m*, gormod *m* (o rth). **3.** *(of workers):* gormodedd *m*, gornifer(-oedd) *m*, gorniferusrwydd *m*, diswyddaeth *f*; *(euphemism for sacking):* diswyddiad(-au) *m*. **4.** *Ling: Cmptr: W.Tel: &c:* tra-dyblygiad(-au) *m*, afreidrwydd *m*. **~ check** *n. Cmptr:* gwiriad(-au) *(m)* afreidrwydd. **~ payment** *n.* tâl (taliadau) *(m)* diswyddo.

redundant *a.* **1.** *(word &c):* diangen, afraid, dianghenraid, afreidiol, ailadroddus, adeiriol; *Cmptr:* afraid; *Mus:* **~ entry,** cydiad(-au) afraid *m*. **2.** *(workers):* diangen, gormodol, gorniferus; **to be made ~,** cael eich diswyddo; *N.W: F:* cael yr hwi, mynd ar y clwt; **to make s.o. ~,** troi rhn o'i swydd, diswyddo rhn, gwneud rhn yn segur. **3.** *(= copious, luxuriant):* toreithiog.

redundantly *adv.* yn ddiangen *&c*.

reduplicate *v.t.* ailadrodd, ailgopïo, ailddyblu; *Gram:* dyblu, dyddyblu.
reduplicated *a.* dwbl, ailddybledig, ailadroddedig; *Gram:* dwbl.
reduplication *n.* ailadroddiad(-au) *m*; *Gram:* dyddybliad(-au) *m*; *vn.* = **reduplicate**.
reduplicative *a.* ailadroddol; *Gram:* dyddyblol.
reduvid *n. Ent:* redwfid(-au,-iaid) *m.*
Redwalls *W.Pl.n.* Y Fagwyr Goch *f.*
redwing *n. Orn:* asgell goch (esgyll cochion) *f*, tresglen goch (tresglod cochion) *f*, coch (*m*) yr adain, coch asgell *f*, coch dan adain, aderyn (adar) adeingoch *m* (*pronounced* ng-g).
redwood *n. Bot:* **1. coast ~**, *(Sequoia sempervirens)*: coeden goch (coed cochion) *f*, cochwydden (cochwydd) *f*, cochwydden arfor; **sierra ~**, *(Sequoiadendron giganteum)*: cochwydden Sierra. **2.** *Dy: &c:* logwd *m*, bras|il *m*.
re-dye *v.t.* ail-liwio.
reebok *n. Z:* iwrch (iyrchod) (*m*) y Penrhyn.
re-echo *v.t.&i.* **1.** *v.t.* atseinio, adleisio, ailadrodd. **2.** *v.i.* diasbedain, atseinio, atsain.
reed¹ *n.* **1.** *Bot:* corsen (cyrs) *f*, cawnen (cawn) *f*, cecsen (cecs) *f*, cecsyn (cecs) *m*; **a broken/bruised ~**, corsen ysig; **to gather reeds**, cawna; **giant ~**, *(Arundo donax)*: corsen fawr (cyrs mawrion); **small ~**, *(Calamagrostis)*: mawnwellt *m*. **2.** *Poet: (= pipe)*: pib(-au) *f*; *(= arrow)*: saeth(-au) *f*. **3.** *Mus: (of instrument)*: corsen(-nau, cyrs) *f*; **the reeds, the ~ section**, adran (*f*) y pibau. **4.** *(of loom)*: brwyd(-au) *m*, peithyn(-au) *m*. **~-bed, ~-bog** *n.* corsle(-oedd) *m*, corslwyn(-i) *m*. **~ bunting** *n. See* **bunting (reed)**. **~-grass** *n. Bot:* cawnwellt *m*, corswellt *m*, gwyran *m*. **~ hook** *n.* bach (*m*) corsen (bachau cyrs). **~ leopard [moth]** *n. Ent:* gwyfyn(-od) mannog (*m*) y cyrs. **~-mace** *n. Bot:* *(Typha latifolia)*: cynffon (*f*) y gath; **lesser ~-mace**, *(T. angustifolia)*: yr hesgen felfedog leiaf *f*, cynffon y gath leiaf, cynffon y gath gulddail. **~-organ** *n.* organ (*f*) gyrs (organau cyrs). **~ pen** *n.* ysgrifbin (*m*) corsen (ysgrifbinnau cyrs). **~-pheasant** *n. Orn:* = **titmouse (bearded)**. **~-pipe** *n.* **1.** *(instrument)*: pibau (*pl*) cyrs. **2.** *(of organ)*: pibell (*f*) gorsen (pibellau cyrs). **~-stop** *n. Mus:* stop(-iau) (*m*) cyrs. **~ sweetgrass** *n. Bot:* *(Glyceria maxima)*: perwellt *m*. **~-babbler, ~-bird, ~-warbler, ~-wren** *n. Orn:* *(Acrocephalus setaceus)*: telor(-ion) (*m*) y gors, telor y cawn, aderyn (adar) (*m*) y cyrs, telor y cyrs, cwinc(-od) (*m*) y cyrs; **Blyth's ~-warbler,** *(A. dumetorum)*: telor y llwyni; **clamorous ~-warbler,** *(A. plentoreus)*: telor croch y cyrs; **great ~-warbler,** *(A. arundinaceus)*: telor mawr y cyrs.
reed² *v.t.* toi [â chyrs].
reed³ *n. (of cow)*: stumog(-au) *f*, cylla(-on, cyllâu, cylleuau) *m*.
reedbuck *n. Z:* bwch (bychod) (*m*) y cyrs.
reeded *a.* **1.** = **reedy**. **2.** *(glass &c)*: gwrymiog, r[h]ib.
reedily *adv.* yn feinllais, yn fain.
reediness *n.* **1.** *(of marsh &c)*: natur gawnog/gorsennog *f*. **2.** *(of voice)*: meinder *m*.
reeding *n. Arch:* corsenwaith *m*, cyrswaith *m*.
re-edit *v.t.* ailolygu.
re-edition *n.* ailolygiad(-au) *m*.
reedling *n. Orn:* = **tit (bearded)**.
re-educate *v.t.* ailaddysgu; *Med:* ailystwytho.
re-education *n.* ailaddysgiad *m*; *Med:* ailystwythiad *m*; *vn.* = **re-educate**.
reedy *a.* **1.** *(= full of reeds)*: cawnog, corsennog, llawn o gyrs. **2. a ~ voice,** llais main *m*, meinllais *m*.
reef¹ *n. Nau: (of sail)*: rîff (riffiau) *f*, *Lit:* crych (*m*) hwyl (crychau hwyliau); **to take in a ~**, riffio/crychu hwyl; **to shake out a ~**, gollwng rîff, gollwng crych. **~ band** *n.* riffband(-iau) *m*. **~ knot** *n.* cwlwm (c[y]lymau) llinglwm *m* (*pronounced* ng-g), cwlwm riffio, *N.W: occ:* cwlwm dyrys. **~-point** *n.* riffbwynt(-iau) *m*.
reef² *v.t.* riffio, crychu.
reef³ *n.* **1.** *(= rock)*: craig (creigiau) *f*, creigres(-i) *f*, rîff (riffiau) *mf*, basgraig (basgreigiau) *f*. **barrier ~**, barriff(-iau) *mf*; **coral ~**, creigres gwrel (creigresi cwrel), rîff gwrel (riffiau cwrel); **fringing ~**, ymylriff (-iau) *f*. **2.** *Min:* gwythïen (gwythiennau) *f*.
reefer *n.* **1.** *Nau:* riffiwr (riffwyr) *m*. **2.** *Cost:* = **reefing-jacket**. **3.** *U.S: (= marijuana cigarette)*: riffer(-s) *f*.
reefing *a. Cost:* **~-jacket,** siaced fras (siacedi bras/breision) *f*.
reefy *a.* creigiog, basgreigiog, riffiog.
reek¹ *n.* **1.** *Lit: & Scot: (= smoke)*: mygu. **2.** *(= smell)*: drewi (**of sth,** o rth).
Reekie *Pr.n. Scot: Geog:* **Auld ~**, Caeredin *f*.
reeking *a.* **1.** *(= smoky)*: myglyd. **2.** *(= stinking)*: drewllyd, drycsawrus; yn drewi (o rth).
reel¹ *n.* **1.** *Tex: &c:* rîl (riliau) *f*, rilen(-ni) *f*, *A: or Lit:* cenglwr (cenglwyr) *m*, cengliadur(-on) *m*, cliniadur(-on) *m*. **2.** *Fish:* rîl; *F:* **[straight] off the ~**, yn union syth, ar unwaith, un ar ôl y llall, yn ddiymdr|oi, yn r[h]|ibidi-res, *S.W:* whap. **3.** *Cin:* **film ~**, rholyn (rholiau) (*m*) ffilm.
reel² *v.t.* **1.** *Tex: &c:* cenglu, dirwyn; **to ~ off verses,** adrodd rhesi o benillion, adrodd penillion yn r[h]|ibidi-res *or N.W:* yn strydwm/strybed. **2.** *Fish: Nau: &c:* rilio, dirwyn.
reel³ *v.i.* **1.** *(= turn)*: troi. **2.** *(= stagger)*: siglo, simsanu, honcian, hwntian, haldian; **he reeled out,** aeth allan dan honcian; **the ship reeled under the force of the wave,** siglodd y llong dan rym y don.
reel⁴ *n. Danc:* rîl (riliau) *f*.
reel⁵ *v.i. Danc:* rilio, dawnsio rîl.
re-elect *v.t.* ailethol.
re-elected *a.* ailetholedig.
re-election *n.* ailetholiad(-au) *m*, ailethol *vn*.
re-elevate *v.t.* ailddyrchafu.
re-elevation *n.* ailddyrchafiad(-au) *m*, ailddyrchafu *vn*.
re-eligible *a.* ailetholadwy.
reeling *a.* siglog, simsan, sigledig.
re-embark *v.t.&i.* **1.** *v.t.* ail-roi, ail-lwytho. **2.** *v.i.* ailfyrddio [llong], ailgychwyn [ar long].
re-embarkation *n.* ailfyrddiad(-au) *m*, ailgychwyniad *m*, ailfyrddio *vn*, ailgychwyn *vn*.
re-emerge *v.i.* dod allan/mas [o'r newydd, eto, drachefn], ailymddangos, dod i'r golwg eto *&c.*
re-emergence *n.* ailymddangosiad(-au) *m*, ailymddangos *vn*.
re-emergent *a.* ailymddangosol.
re-employ *v.t.* ailgyflogi.
re-employment *n.* ailgyflogiad(-au) *m*, ailgyflogi *vn*.
re-enact *v.t.* **1.** *(law)*: ailbasio, ailfabwysiadu; *abs.* **to ~ that . . .,** ailddeddfu/ailordeinio bod . . . . **2.** *(scene)*: ail-greu, ailchwarae, ailberfformio, ailgyflawni.
re-enactment *n. & vn.* = **re-enact**; *(of scene)*: ailberfformiad(-au) *m*, ailgread(-au) *m*.
re-enforce *v.t. U.S:* = **reinforce**.
re-engage *v.t.* *(a) (troops)*: ail-listio; *(workers)*: ailgyflogi; *(b) Mec.E: (gear wheel)*: ailgysylltu (â rhth).
re-engagement *n.* *(of troops)*: ail-listiad(-au) *m*; *Mec.E:* ailgysylltiad(-au) *m*; *vn.* = **re-engage**.
re-enlist *v.i.* ail-listio.
re-enlistment *n.* ail-listiad(-au) *m*.
re-enter *v.i.&t.* **1.** *v.i.* *(a)* mynd/dod i mewn eto, dychwelyd, mynd/dod yn ôl (i le); *Cmptr: Mth:* adfewnio; *(of space vehicle)*: dychwelyd; *(b)* **to ~ for an examination,** ailsefyll arholiad, sefyll arholiad eto/ellwaith. **2.** *v.t.* **1.** *(name in list &c)*: ailgofnodi, ailrestru, ailysgrifenu, ail-roi. **2. the shuttle re-entered the atmosphere,** dychwelodd y wennol i'r atmosffer.
re-entrant *a. & n.* **1.** *a.* *(a)* dychweliadol; *Cmptr:* adfewniadol; *(b) Geog:* adfewnol; **2.** *n.* **~ [contour line],** cyfuchlin(-au) adfewnol *f*.
re-entry *n.* **1.** dychweliad(-au) *m*, adfynediad(-au) *m*; *Cmptr: Mth:* adfewniad(-au) *m*; *Cards:* **card of ~**, cerdyn (cardiau) (*m*) adennill [y blaen]. **2.** *Jur:* adfeddiant (adfeddiannau) *m*.
re-equip *v.t.*, **re-equipment** *n.* ailgyfarparu *vn*.
re-erect *v.t.* ailgodi, ailadeiladu.
re-erection *n.* ailgodiad *m*, ailadeiladiad *m*; *vn.* = **re-erect**.
re-erupt *v.t.&i.* **1.** *(of violence, volcano)*: ailffrwydro. **2.** *Med: (of rash)*: aildarddu.
re-eruption *n.* **1.** ailffrwydriad(-au) *m*. **2.** *Med:* aildarddiad(-au) *m*.
re-establish *v.t.* **1.** ailsefydlu, adsefydlu; **to ~ s.o. in his possessions,** adfer eiddo rhn iddo. **2. to ~ one's health,** adfer/adennill eich iechyd.
re-establishment *n.* ailsefydliad *m*, ailsefydlu *vn*, adferiad *m*, adfer *vn*.
re-evaluate *v.t.* ailasesu, ailbrisio, ailfantoli, ailgloriannu.
re-evaluation *n.* ailasesiad(-au) *m*, ailbrisiad(-au) *m*, ailfantoliad(-au) *m*; *vn.* = **re-evaluate**.

reeve[1] *n.* **1.** *Hist:* *(= magistrate):* prif ynad(-on) *m*; *(= manorial supervisor):* beili (beilïaid) *m*, maer (meiri) *m*, rif(-iaid) *m*. **2.** *(in Canada):* cadeirydd(-ion) (*m*) cyngor.
reeve[2] *n. Orn:* pibyddes(-au) *f*.
reeve[3] *v.t. Nau:* **to ~ a rope,** pasio/rifio rhaff; **to ~ sth to sth,** clymu rhth yn rhth *or* i rth.
re-examination *n.* **1.** *Sch:* *&c:* ailarholiad(-au) *m*, ailarholi *vn.* **2.** *Jur:* ailholiad(-au) *m*, ailholi *vn.* **3.** *(= rescrutiny):* ailarchwiliad *m*, ailarchwilio *vn.*
re-examine *v.t.* **1.** *Sch:* arholi (rhn) eto/eilwaith, ailarholi (rhn). **2.** *Jur:* ailholi (rhn), holi (rhn) eto/eilwaith, holi (rhn) o'r newydd. **3.** *(= rescrutinize):* ailarchwilio.
re-excavate *v.t.* ailgloddio.
re-excavation *n.* ailgloddio *vn*, ailgloddiad(-au) *m*.
re-execute *v.t.* ail-wn|eud, ailberfformio, ailgyflawni.
re-execution *n.* ailwneuthuriad(-au) *m*, ailberfformiad(-au) *m*, ailgyflawniad(-au) *m*.
re-exhibit *v.t.* ailddangos, ailarddangos.
re-exhibition *n.* ailddangosiad(-au) *m*, ailarddangosiad(-au) *m*, ailarddangosfa (ailarddangosf|eydd) *f*, ailddangos *vn*, ailarddangos *vn*.
re-expand *v.t.* ailehangu.
re-expansion *n.* ailehangiad *m*, ailehangu *vn*.
re-expel *v.t.* *(pers., thing):* ailfwrw (rhth) allan/mas, aildaflu (rhth) allan/mas; *(pers.):* ailddiarddel.
re-explain *v.t.* ailegluro.
re-explanation *n.* aileglurhad(-au) *m*, ailegluro *vn*.
re-exploration *n.* ailarchwiliad(-au) *m*, ailarchwilio *vn*.
re-explore *v.t.* ailarchwilio.
re-export[1] *n.* ailallforiad(-au) *m*, ailallforio.
re-export[2] *v.t.* ailallforio.
re-exportation *n.* ailallforio *vn*.
re-expose *v.t.* ailddinoethi, ailarddangos.
re-exposure *n.* ailddinoethiad(-au) *m*; *vn.* = **re-expose.**
re-express *v.t.* ailfynegi.
re-expulsion *n. vn.* = **re-expel**; ailddiarddeliad(-au) *m*.
ref[1] *n.* *(= referee):* reff(-s,-iaid) *m*.
ref[2] *v.t.&i.* reffio; *abs.* reffio, reffarïo, bod yn reff/refarî/ddyfarnwr/ganolwr.
reface *v.t.* rhoi wyneb newydd (ar rth), ailwynebu (rhth).
refaced *a.* ag wyneb newydd.
refashion *v.t.* ail-lunio, ailffurfio, ailwampio.
refasten *v.t.* ailglymu, ail-gau.
refection *n.* = **refreshment.**
refectory *n.* ffreutur(-iau) *m*. **~ table** *n. N:* bwrdd hir (byrddau hirion) *m*, *S:* bord hir (bordydd hirion) *f*.
refer *v.t.&i.* **1.** *v.t.* *(a)* *(= ascribe):* priodoli (rhth, i rth); *(date):* dyddio; *(= locate):* lleoli; *(b)* **to ~ a matter to s.o.,** cyfeirio mater at rn, dwyn mater i sylw rhn; **to ~ sth to s.o.'s decision,** gofyn penderfyniad rhn ynghylch rhth; **to ~ a matter to a tribunal,** dwyn mater ger bron tribiwnlys, cyfeirio pwnc at dribiwnlys; *(c)* **to ~ s.o. to s.o.,** anfon/cyfeirio rhn at rn; **"the reader is referred to . . .",** "gweler . . ."; *(of bank):* **to ~ a cheque to drawer,** gwrthod siec, cyfeirio siec at y tynnwr; *(d)* *Sch:* *(= fail):* methu. **2.** *v.i.* *(a)* cyfeirio (at rth); **referring to your letter . . .,** gyda golwg ar eich llythyr . . ., *Lit:* parthed eich llythyr . . .; *(b)* *(of pers.):* cyfeirio (at rth), sôn (am rth), crybwyll (rhth); **I am not referring to you,** nid amdanoch chi yr wyf yn sôn; nid atoch chi yr wy'n cyfeirio.
referable *a.* cyfeiriadwy; **this is ~ to his ignorance,** mae hyn i'w briodoli i'w anwybodaeth.
referee[1] *n.* *(a)* *Sp:* dyfarnwr (dyfarnwyr) *m*, dyf|arnwraig (dyfarnwragedd) *f*, *F:* reffarî(-s) *m*; *(b)* *Jur:* canolwr (canolwyr) *m*, cyflafareddwr (cyflafareddwyr) *m*; **the Official R~,** y Canolwr Swyddogol; *(c)* *(of applicant for post):* canolwr.
referee[2] *v.i.&t.* *Sp:* **to ~ a match,** dyfarnu mewn gêm, bod yn reffarî/ddyfarnwr mewn gêm, *F:* reffarïo mewn gêm.
reference[1] *n.* **1.** *(a)* = **referral**; *(b)* **terms of ~,** *(of a commission &c):* amodau gorchwyl; *S.a.* **frame**[1]; **outside the ~ of the commission,** y tu allan i faes y comisiwn. **2. with ~ to my letter,** gyda golwg ar fy llythyr, yn dilyn fy llythyr. **3. to have ~ to sth,** ymwn|eud â rhth; **it has ~ to your application,** mae a wnelo â'ch cais. **4. to make ~ to sth,** cyfeirio at rth, sôn am rth, crybwyll rhth; **without ~ to sth,** heb ystyried rhth, heb gyfeirio at rth; **~ to a dictionary is allowed,** caniateir cyfeirio at eiriadur; caniateir edrych [mewn] geiriadur. **5.** *(in book):* cyfeiriad(-au) *m*; *Com: Corr:* cyfeireb(-au) *f*, cyfeirnod(-au) *m*; **~ AB,** cyf. AB; **footnote ~,** troednodyn (troednodiadau) *m*; **cross-~,** croesgyfeiriad(-au) *m*. **6.** *(a)* *(concerning an applicant):* tystlythyr(-au) (*m*), geirda (*m*), *F:* c|aritor (*m*) (ynghylch ymgeisydd); **to take up s.o.'s references,** anfon at ganolwr rhn, anfon am eirda i rn; *(b)* *(pers.):* **to give s.o. as a ~,** rhoi enw rhn fel cefnogwr (*m*)/canolwr (*m*). **~ book** *n.* cyfeirlyfr(-au) *m*, cyfeiriadur(-on) *m*. **~ card** *n.* cerdyn (cardiau) (*m*) cyfeirio, carden (*f*) gyfeirio (cardiau cyfeirio). **~ library** *n.* llyfrgell gyfeiriadurol/gyfeirio (llyfrgelloedd cyfeiriadurol/cyfeirio) *f*. **~ mark** *n.* cyfeirnod(-au) *m*. **~ material** *n.* deunydd cyfeiriol/cyfeirio *m*. **~ number** *n.* cyfeirnod(-au) *m*. **~ point** *n.* cyfeirbwynt(-iau) *m*.
reference[2] *v.t.* *(= provide book &c with references):* cyfeirnodi.
referendum *n. Pol:* refferendwm (refferenda) *f*.
referent *n. Gram:* cyfeirair (cyfeireiriau) *m*.
referential *a.* cyfeiriadol.
referral *n.* ailgyfeiriad(-au) *m*, atgyfeiriad(-au) *m*; *Med:* ymgynghoriad (yngyngoriadau) *m*; **disciplinary referrals,** materion (*pl*) disgyblaeth; *(pers.):* **he is a ~,** rhn yw sydd wedi ei atgyfeirio; **there were many referrals,** atgyfeiriwyd llawer o bobl. **~ form** *n.* cyfeireb(-au) *f*.
referred *a.* cyfeiriedig, dargyfeiriedig; **the thing ~ to,** y peth y cyfeiriwyd ato; *Med:* **~ pain,** poen d[d]argyfeiriedig (poenau dargyfeiriedig) *mf*.
referrer *n.* cyfeiriwr: cyfeirydd (cyfeirwyr) *m*, atgyfeiriwr: atgyfeirydd (atgyfeirwyr) *m*.
refertilize *v.t.* ailffrwythloni.
refill[1] *n.* ail-lenwad(-au) *m*.
refill[2] *v.t.* adlenwi, ail-lenwi, ail-lanw (rhth); llenwi (rhth) eilwaith.
refillable *a.* ail-lanwadwy, ail-lenwadwy, adlanwadwy, adlenwadwy.
re-film *v.t.* ailffilmio.
refine *v.t.* coethi, puro.
refined *a.* **1.** *(gold &c):* coeth, pur, *Lit:* dilin; *(sugar):* pur; **~ Welsh,** Cymraeg coeth/croyw. **2.** *(taste):* coeth, cywrain, syber, dilin, dillyn, dillynaidd; *(pers.):* llednais, diwylliedig, chwaethus, o chwaeth, syber.
refinement *n.* **1.** *(action):* *vn.* = **refine. 2.** *(of taste &c):* coethni *m*, coethder(-au) *m*, *Lit:* *occ:* dillynder *m*, cywreinrwydd *m*, lledneisrwydd *m*; **a person of ~,** rhn llednais, *S.W:* *occ:* rhn talïedd. **3.** *(of thought):* coethni [meddwl]; **~ of cruelty,** cywreinwaith (cywreinweithiau) (*m*) o greulondeb, creulonder(-au) cywrain *m*.
refiner *n.* coethwr: coethydd (coethwyr) *m*; *(of sugar):* purwr (purwyr) *m*.
refinery *n.* purfa (purf|eydd) *f*.
refit[1] *n.* ailosodiad(-au) *m*, ailffitiad(-au) *m*.
refit[2] *v.t.* **1.** *Nau:* *(= repair):* atgyweirio, aildaclu; *(= rearm):* ailarfogi. **2.** *(machine &c):* *(= readjust):* addasu, ailgymhwyso; *(= replace):* ailosod/ailddodi (rhth) yn ei le; *(clothes &c):* ailffitio. **3.** *(factory &c):* ailgyfarparu.
reflate *v.t.* ailchwyddo, atchwyddo; **to ~ a tyre,** rhoi/dodi gwynt mewn teiar.
reflation *n.* ailchwyddiant *m*, atchwyddiant *m*, ailchwyddo *vn*.
reflect *v.t.&i.* **1.** *v.t.* *(a)* *(of surface):* adlewyrchu; *(b)* **an action that reflects credit on s.o.,** gweithred sy'n glod i rn; **your fame will be reflected upon your children,** daw eich bri â chlod i'ch plant; **this reflects two factors,** gellir priodoli hyn i ddau ffactor. **2.** *v.i.* *(a)* *(= meditate):* myfyrio, synfyfyrio (ynghylch rhth); **to ~ that. . .,** meddwl bod. . ., dweud wrthych eich hunan bod. . .; **to ~ [on] how sth happened,** meddwl tybed sut y digwyddodd rhth, ystyried sut y digwyddodd rhth; *(b)* **to ~ on s.o.,** *(= criticize):* lladd/rhedeg ar rn, difrïo rhn, bwrw sen ar rn; *(c)* **to ~ on s.o.'s honour,** adlewyrchu'n wael ar enw da rhn, gwn|eud niwed i enw da rhn, niweidio enw da rhn.
reflected *a.* adlewyrchedig; **to bask in ~ glory,** torheulo yn adlewyrch rhn arall.
reflecting *a.* adlewyrchol.
reflection *n.* **1.** *Ph: Opt:* adlewyrchiad(-au) *m*, adlewy[r]ch *m*; *Opt:* **angle of ~,** ongl (*f*) adlewyrchu. **2.** *(in mirror &c):* adlewyrchiad, adlewy[r]ch *m*, *F:* cysgod(-ion) *m*, llun (-iau) *m*. **3.** *(= discredit):* sen(-nau) *f* (ar rth); **to cast reflections on s.o.,**

lladd ar rn, gweld bai ar rn, beirniadu rhn, bwrw sen ar rn; **this is a ~ on your honour,** mae hyn yn sen ar eich anrhydedd. **4.** *(= thought):* meddwl (meddyliau) *m*, myfyrdod(-au) *m*, synfyfyrdod(-au) *m*, ystyriaeth(-au) *f*, adfyfyrdod(-au) *m*; **on ~,** erbyn meddwl; **(to do sth) without due ~,** (gwneud rhth) heb gymryd pwyll, heb ystyried, heb ystyriaeth, yn ddifeddwl.

reflectional *a.* adlewyrchol, adlewyrchiadol.

reflectionless *a.* diadlewyrchiad.

reflective *a.* **1.** *(of surface):* adlewyrchol, adlewyrchiadol; **~ clothing,** dillad llachar *pl*; **~ symmetry,** cymesuredd (*m*) adlewyrchiad. **2.** *(= thoughtful):* myfyriol, myfyrgar.

reflectively *adv.* yn fyfyriol *&c.*

reflectiveness *n.* **1.** *(of mirror):* adlewyrchedd *m*. **2.** *(= thoughtfulness):* myfyrgarwch *m*.

reflector *n.* adlewyrchwr (adlewyrchwyr) *m*, adlewyrchydd(-ion) *m*; *Aut: Cy:* gwydr coch (gwydrau cochion) *m*.

reflet *n. Cer:* symudliw *m*, adlewy[r]ch *m*, ***reflet*** *m*.

reflex[1] *n.* **1.** *(= reflected light):* adlewy[r]ch *m*; *(= reflection):* adlewyrchiad(-au) *m*. **2.** *(= reaction):* adwaith (adweithiau) *m*, ymateb(-ion) *m*; *Physiol: &c:* atblygiad(-au) *m*, atgyrch(-oedd) *m*. **3.** *Ling:* atblygiad *m*.

reflex[2] *a.* **1.** *Physiol: (movement):* atblygol, atblyg, atgyrchol; *Anat:* **~ arc,** llwybr (*m*) atgyrch, cylch atgyrchol; *Ph: Opt:* atgyrchol, adlewyrchol. **2.** *(influence):* anuniongyrchol (*pronounced* ng-g); **~ action,** gweithred(-oedd) (*f*) atgyrch; *(in usual parlance):* ymateb greddfol *m*; **conditioned ~,** atgyrch cyflyredig *m*. **3.** *(thought):* mewnblyg. **4.** *Phot:* **~ camera,** c|amera (camerâu) adlewyrchol *m*.

reflexed *a. Bot:* atblygedig.

reflexibility *n.* natur adlewyrchadwy/atblygadwy *f*.

reflexible *a.* adlewyrchadwy, atblygadwy.

reflexion *n.* = **reflection**.

reflexive *a. & n.* **1.** *a. (i) Gram:* atblygol; *(ii)* **~ relation,** perthynas ymatblyg *f*. **2.** *n. Gram:* **~ [verb],** berf(-au) atblygol *f*.

reflexively *adv.* yn atblygol, yn ymatblyg.

reflexological *a.* adweithegol.

reflexology *n.* adweitheg *f*.

reflexologist *n.* adweithegydd (adweithegwyr) *m*.

refloat *v.t. (boat):* ailnofio (cwch/bad), codi (cwch/bad) i'r wyneb; *(company &c):* ail-lansio, ailgychwyn.

refluence *n.* adlifiad(-au) *m*, adlif(-oedd) *m*.

refluent *a.* **~ tide,** adlif(-oedd) *m*.

reflux[1] *n. & attrib.* **1.** *n.* adlifiad(-au) *m*, adlif(-oedd) *m*. **2.** *attrib.* adlifol.

reflux[2] *v.i.* adlifo.

refoot *v.t.* aildroedio, troedio.

reforest, reforestate *v.t.*, **reforestation** *n.* = **reafforest**.

reforge *v.t.* ail-greu, ail-wn|eud.

reform[1] *n.* diwygiad(-au) *m*, gwelliant (gwelliannau) *m*, diwygio *vn*, gwella *vn*; **electoral ~,** diwygio'r drefn bleidleisio; *Hist:* **the R~ Act,** y Ddeddf (*f*) Ddiwygio; **the Great R~,** y Diwygio Mawr. **~ Judaism** *n. Rel:* Iddewiaeth ddiwygiedig *f*. **~ school** *n.* = **reformatory**.

reform[2] *v.t.&i.* **1.** *v.t.* diwygio. **2.** *v.i. (of pers.):* cael diwygiad, diwygio, *Lit:* ymddiwygio.

re-form[3] *v.t.* ailffurfio, adffurfio.

reformable *a.* diwygiadwy.

reformal *a.* diwygiadol, diwygiol.

reformation[1] *n.* diwygiad(-au) *m*; *Hist:* **the R~,** y Diwygiad Protestannaidd; **the Counter-R~,** y Gwrthddiwygiad *m*.

re-formation[2] *n.* ailffurfiad(-au) *m*, adffurfiad(-au) *m*; *vn.* = **re-form**[2].

reformative *a.* diwygiadol, diwygiol.

reformatory *a. & n.* **1.** *a.* diwygiadol, diwygiol. **2.** *n.* penydfa (penydf|eydd) *f*, ysgol (*f*) benyd (ysgolion penyd), *F:* ysgol plant drwg.

reformed *a.* diwygiedig; **he's a ~ character,** mae wedi cael diwygiad; mae wedi cael tro.

reformer *n.* diwygiwr (diwygwyr) *m*, diw|ygwraig (diwygwragedd) *f*.

reformism *n.* diwygiadaeth *f*.

reformist *n. & attrib. Pol: &c:* **1.** *n.* = **reformer**. **2.** *attrib.* diwygiadol, diwygiol.

refract *v.t.* **1.** *Ph:* plygu, gwrthdorri, dargyfeirio, gwyro. **2.** *Opt: (= in eye testing):* profi'r golwg.

refracted *a. Ph:* **~ light,** golau plŷg/plygedig/gwrthdroëdig *m*; *Mth:* **~ angle,** ongl (*f*) blygiad.

refracting *a. Ph:* plygiannol; **double ~,** deublygiannol; **~ angle,** ongl (*f*) blygiant (onglau plygiant).

refraction *n.* **1.** *Ph:* plygiant *m*, gwrthdoriad *m*; **double ~,** deublygiant *m*; **wave ~,** plygiant tonnau. **2.** *Opt: (= eye test):* prawf (profion) (*m*) golwg.

refractive *a. Ph:* plygiannol, gwrthdorrol; **~ index,** mynegrif (*m*) plygiant, indecs (*m*) plygiant; **doubly ~,** deublygiannol.

refractivity *n. Ph:* plygiannedd *m*.

refractometer *n. Ph:* reffractomedr(-au) *m*, mesurydd(-ion) (*m*) plygiant/gwrthdoriad.

refractor *n.* atblygwr (atblygwyr) *m*.

refractorily *adv.* yn anhydrin *&c.*

refractoriness *n.* **1.** *(of pers.):* ystyfnigrwydd *m*, cyndynrwydd *m*. **2.** *Ch: Med:* anhydrinedd *m*.

refractory *a.* **1.** *(pers.):* anhydrin, ystyfnig, anystywallt, cyndyn, anhywaith, anodd eich trin, gwrthryfelgar, gwrthnysig, gwrthsafol. **2.** *Ch: Med:* anhydrin; **~ period,** *(of nerve):* cyfnod diddigwydd *m*.

refrain[1] *n. Pros: Mus:* byrdwn (byrdynau) *m*, cytgan(-au) *f*.

refrain[2] *v.i.* ymatal (**from sth,** rhag rhth), peidio (â gwn|eud rhth); **he could not ~ from smiling,** ni allai beidio â gwenu; ni allai ymatal rhag gwenu; ni allai lai na gwenu.

refrangibility *n.* plygadwyedd *m*.

refrangible *a. Ph:* plygadwy, gwrthdoradwy.

refresh *v.t.&i.* **1.** *v.t. (a)* adfywio, adfywh|au, adnewyddu; *(of rest):* dadflino, dadluddedu; **to ~ the eye,** adlonni'r llygad; **(to awake) refreshed,** (deffro/dihuno) wedi dadflino, wedi bwrw'ch blinder; *(b)* **to ~ one's memory,** eich atgoffa'ch hun, rhoi proc i'ch cof, adnewyddu'ch cof, porthi'r cof; *(c) (of rain &c):* **to ~ the air,** puro'r/glanh|au'r/ffresio'r awyr. **2.** *v.i. (a) (= rest):* gorffwyso; *(b) (= take liquid refreshment):* torri'ch syched.

refresher *n.* **1. let's have a ~,** beth am rth i dorri'r syched? *S.W:* beth am rth i wlychu'r whît? *N:* beth am wlychu'r pig/llwnc? **2.** *Sch:* **~ course,** cwrs (cyrsiau) (*m*) gloywi. **3.** *Jur:* **~ [fee],** ffi(-oedd) (*f*) adebru, tâl (taliadau) (*m*) adebru, adebriad(-au) *m*.

refreshing *a.* iachusol, braf, adnewyddol, adfywiol, adfywhaol, amheuthun; **~ sleep,** cwsg gorffwysol/braf; **it was quite ~ to hear him,** 'roedd yn braf/amheuthun/galondid/iechyd/iachusol ei glywed.

refreshingly *adv.* yn iachusol.

refreshment *n.* **1.** *(action):* adnewyddiad *m*, adfywiad *m*, adfywhad *m*; *vn.* = **refresh**; *(b) (= food and drink):* lluniaeth *m*, ymborth *m*; **to take some ~,** bwyta rhth, yfed rhth, cymryd lluniaeth, *Lit:* ymborthi. **2.** *pl.* **refreshments,** bwydydd, lluniaeth *m*. **~ room** *n.* ystafell (*f*) luniaeth (ystafelloedd lluniaeth), ystafell fwyd (ystafelloedd bwyd). **R~ Sunday** *n. Ecc:* Sul (*m*) Adfywiad, Sul Ymborth.

refrigerant *a. & n.* **1.** *a. Ind: Med:* oerol, oeryddol. **2.** *n.* oerydd(-ion) *m*, rhewydd(-ion) *m*.

refrigerate *v.t.* rhewi, oeri; *(esp. food):* rheweiddio.

refrigerated *a.* rheweiddiedig.

refrigerating[1] *a.* rheweiddiol, rhewiadol.

refrigerating[2] *vn. See* **refrigerate**. **~ plant** *n.* rhewfa (rhewf|eydd) *f*.

refrigeration *n.* rheweiddiad *m*, rheweiddio *vn*, rhewiad *m*, oeriad *m*. **~ ship** *n.* llong (*f*) rewi (llongau rhewi).

refrigerator *n.* cwpwrdd (cypyrddau) (*m*) rhew/rhewi, cwpwrdd oer, rhewgell(-oedd) *f*, oergist(-iau) *f*, oergell(-oedd) *f*; *Ph:* rhewadur(-on) *m*. **~ car/van** *n. Veh:* cerbyd(-au) (*m*) rhewi, fan (*f*) rewi (faniau rhewi).

refrigeratory *a. & n.* **1.** *a.* oeryddol, rhewiadol. **2.** *n. Ch:* llestr(-i) (*m*) oeri, oerlestr(-i) *m*.

refringence, refringency *n.* = **refractivity**.

refringent *a. Ph:* = **refractive**.

reft *p.p. See* **reave**.

refuel *v.t.&i. Nau: Aut: Av:* ail-lenwi [â thanwydd].

refuelling *vn. Av:* ail-lenwi, codi tanwydd/petrol *&c.* **~ point** *n.* safle(-oedd) (*m*) tanwydd, man(-nau) (*m*) codi tanwydd.

refuge *n.* **1.** noddfa (nodd|eydd) *f*, lloches(-au) *f* (**from sth,** rhag rhth); **to give ~ to s.o.,** llochesu rhn; **place of ~,** noddfa, lloches; **haven of ~,** porthladd(-oedd) (*m*) noddfa; *Fig:* noddfa, lloches; **city of ~,** dinas(-oedd) (*f*) noddfa; **to seek ~,** chwilio am loches, ymochel, ymogel (rhag rhth); **to take ~ behind a pretext,**

ymochel/ymogel y tu ôl i esgus; **God is my ~,** yr Arglwydd yw fy noddfa. **2.** *Mount: &c:* lloches. **3.** *Aut:* ynys(-oedd) *f*; **central ~, street ~,** ynys groesi (ynysoedd croesi).

refugee *n.* ffoadur(-iaid) *m*, ffoadures(-au) *f*. **~ village** *n.* pentref(-i) (*m*) noddfa.

refulgence *n.* disgleirdeb *m*, gloywder *m*, llewyrch *m*, llewych *m*, tywyniad *m*.

refulgent *a.* tywynnol, disglair, llachar.

refulgently *adv.* yn dywynnol *&c.*

refund[1] *n.* ad-daliad(-au) *m*.

refund[2] *v.t.* **1.** ad-dalu (arian) i rn; **to have one's money refunded,** cael eich arian yn [ei] ôl, cael ad-daliad.

re-fund *v.t.* *(debt &c):* ailariannu.

refurbish *v.t.* adnewyddu, ailwampio.

refurnish *v.t.* ailddodrefnu.

refusable *a.* gwrthodadwy.

refusal *n.* **1.** gwrthodiad(-au) *m*, nacâd *m*, *Lit:* gomeddiad(-au) *m*; **to give a flat ~,** gwrthod yn lân/deg, gwrthod ar ei ben; **I will take no ~,** ni chymeraf mo 'ngwrthod; *Jur:* **~ of justice,** nacâd cyfiawnder. **2. to have the first ~ of sth,** cael y cynnig cyntaf ar rth.

refuse[1] *n.* *(= leftovers, rubbish):* [y]sbwriel *m*, *N.W: F:* sgrwtsh *m*, 'nialwch *m*; *S.a.* **remnant, dregs; household ~,** [y]sbwriel tŷ; **garden ~,** cribinion *(pl)* gardd, [y]sbwriel gardd. **~ bin** *n.* bin(-iau) (*m*) [y]sbwriel. **~ collection** *n.* casgliad(-au) (*m*) [y]sbwriel, casglu (*vn*) [y]sbwriel. **~ collector** *n.* casglwr (casglwyr) (*m*) [y]sbwriel, *N:* dyn(-ion) (*m*) lludw. **~ dump** *n.* tomen(-ni,-nydd) (*f*) [y]sbwriel. **~ water** *n.* *Ind:* golchion *pl.*

refuse[2] *v.t.&i.* **1.** gwrthod, gwarafun, nadu, *Lit:* nacáu, gomedd; *(a)* **to ~ s.o. sth,** gwrthod, *occ:* nadu/nacáu rhth i rn; **he was refused a hearing,** ni chafodd wrandawiad; gwrthodwyd/gwarafunwyd/gomeddwyd/nacawyd gwrandawiad iddo; ni roed clust iddo; **I have never been refused,** ni chefais fy ngwrthod erioed; ni'm gwrthodwyd erioed; *(b)* **to ~ to do sth,** gwrthod gwneud rhth, *S:* pallu gwneud rhth; *Lit:* nac|au gwneud rhth, *N: F:* cau gwneud rhth. **2. (a horse) that refuses [a fence],** *N:* (ceffyl) sy'n nogio, *S:* sy'n nagu/nadu/jibo [o flaen ffens].

re-fuse[3] *v.t.* *(= fuse again):* aildoddi, ailasio, ailgyfuno.

refuser *n.* gwrthodwr (gwrthodwyr) *m*, gwrth|odwraig *f*.

refutable *a.* gwrthbrofadwy.

refutal, refutation *n.* gwrthbrawf (gwrthbrofion) *m*, gwrthbrofiad (-au) *m*, datbrofiad(-au) *m*; *vn.* = **refute**.

refute *v.t.* gwrthbrofi, datbrofi.

refuter *n.* gwrthbrofwr: gwrthbrofydd (gwrthbrofwyr) *m*, datbrofwr (datbrofwyr) *m*.

regain *v.t.* adennill, ailennill, adfeddiannu, adfer; **to ~ consciousness,** dod atoch eich hun, dadebru; **to ~ one's footing,** adennill eich troedle; **to ~ strength,** ymadfer, adennill nerth, cael eich nerth yn ôl, gwella, *S: occ:* geino, geingo, *N:* criwtio.

regainer *n.* adenillwr: adenillydd (adenillwyr) *m*, adferwr (adferwyr) *m*, adf|erwraig (adferwragedd) *f*, aden|illwraig (adenillwragedd) *f*.

regal[1] *a.* brenhinol; **~ government,** llywodraeth frenhinol *f*, brenin-lywodraeth *f*.

regal[2] *n.* *Mus:* regal(-au) *f*, organ (*f*) fys (organau bysedd).

regale[1] *v.t.&i.* **1.** *v.t.* *(= entertain):* difyrru, diddanu, adlonni. **2.** *v.i.* *(= feast):* gwledda, gloddesta **(on sth,** ar rth).

regalia *n.pl.* **1.** *(royal):* teyrndlysau. **2.** *(civil &c):* addurndlysau, regalia.

regalian *a.* teyrnaidd.

regalism *n.* *Ecc:* breninoliaeth *f*.

regality *n.* brenhindod *m*, breninoldeb *m*; *(= privilege):* brenhinfraint *f*.

regally *adv.* yn frenhinol, fel brenin.

regard[1] *n.* **1. in this ~,** yn hyn o beth; **in ~ to/of sth, with ~ to sth,** o ran rhth, gyda golwg ar rth, yngh|ylch rhth, ynglŷn â rhth, *Lit:* parthed rhth; **a dispute with ~ to a sale,** anghytundeb ynghylch gwerthiant. **2.** *(= attention):* sylw *m* (o/i rth), parch *m* (at rth), ystyriaeth(-au) *f* (o rth); **he pays no ~ to advice,** nid yw'n gwrando dim ar gyngor; **to have ~ to sth,** dal sylw ar rth; **he has no ~ for human life,** nid oes ganddo barch at fywyd dynol; mae'n gwbl ddibris o fywyd dynol; nid yw bywyd dynol yn golygu dim iddo; **~ must be had/paid to sth,** rhaid ystyried rhth; rhaid edrych ar rth; rhaid bod yn ystyriol o rth; rhaid rhoi ystyriaeth i rth; **having ~ to sth,** o ystyried rhth, gyda golwg ar rth, mewn perthynas â rhth. **3.** *(a)* *(= esteem):* parch *m* (at rn), meddwl (*m*) (o rn); **to have a ~ for sth,** parchu rhth; **I have [a] great ~ for her; I hold her in high ~,** mae gennyf barch mawr tuag ati; mae gennyf feddwl mawr ohoni; **out of ~ for s.o.,** o barch at rn, o ran parch at rn; *(b)* *(pl)* **regards,** cofion; **to send s.o. one's kind regards,** anfon eich cofion cynnes at rn; **give my kind regards to your brother,** cofiwch fi['n gynnes] at eich brawd; **with kind regards from...,** cofion gorau/cynnes oddi wrth....

regard[2] *v.t.* **1.** *A: & Lit:* *(= gaze at):* edrych, craffu, syllu (ar rn). **2.** *(= take notice):* cymryd sylw (o rth), rhoi sylw (i rth); **to ~ s.o.'s advice,** cymryd sylw o gyngor rhn. **3.** *(a)* *(= consider):* **to ~ sth as a crime,** ystyried/cyfrif rhth yn drosedd, edrych ar rth fel trosedd, credu bod rhth yn drosedd; *(b)* **to ~ sth with horror,** arswydo rhag rhth; **to ~ sth lightly,** cymryd rhth yn ysgafn, gwn|eud yn fach o rth; **to ~ sth with suspicion,** amau rhth, bod yn amh|eus o rth; **I still ~ him kindly,** mae gennyf feddwl mawr ohono o hyd. **4.** *(= concern):* **that does not ~ me,** nid oes a wnelo hynny â mi; nid yw hynny o bwys i mi; **as regards sth,** o ran rhth, parthed rhth; **as far as it regards you,** cyhyd ag y mae a wnelo â chi, o'ch rhan chi yn y peth.

regardant *a.* *Her:* gwrthedrychol.

regardful *a.* llawn gofal, ystyriol, parchus (o rth); mawr eich gofal (am/o rth, yngh|ylch rhth).

regarding *prep.* yngh|ylch (rhth), ynglŷn (â rhth), gyda golwg (ar rth), *Lit:* parthed (rhth); **~ your enquiry,** gyda golwg ar eich ymholiad; **to entertain suspicions ~ s.o.,** amau rhn, bod yn ddrwgdybus ynghylch rhn *or* ynglŷn â rhn.

regardless *a.* **~ of the consequences,** heb ystyried y canlyniadau, ni waeth be fo'r canlyniadau; **~ of expense,** costied a gostio; **(I shall speak my mind) ~,** (byddaf yn siarad heb flewyn ar fy nhafod) doed a ddelo, ni waeth beth; **(to press on) ~,** (dyfalbarh|au) er gwaethaf popeth, er hynny.

regardlessly *adv.* yn ddi-hid, heb falio dim, heb hidio dim, *S: occ:* yn ddihidans.

regardlessness *n.* diofalwch *m*, difaterwch *m*.

regatta *n.* regata(-s) *f*.

regelate *v.i.* ailrewi, adrewi.

regelation *n.* ailrewiad(-au) *m*, adrewiad(-au) *m*, adrewi *vn*, ailrewi *vn*.

regency *n. & attrib.* **1.** *n.* rhaglywiaeth(-au) *f*. **2.** *attrib.* rhaglywiaethol; *Geog:* regentaidd. **~ council** *n.* cyngor (*m*) rhaglywiaeth. **~ dress** *n.* gwisg(-oedd) (*f*) [cyfnod] y Rhaglywiaeth. **~ stripes** *n.* streipiau breision.

regenerate *v.t.&i.* **1.** *v.t.* *(= recreate):* atgynhyrchu, ail-greu, adnewyddu; *(= revive):* ailfywiogi, ailfywiocáu, adfywio, adfywh|au; *(= regrow):* aildyfu; *Biol:* adffurfio; *Med:* adfywhau, atgynhyrchu. **2.** *v.i.* *(= regrow):* aildyfu; *(= reform):* diwygio.

regenerated *a.* atgyfodedig, atgynyrchedig; *(muscle &c):* wedi aildyfu; *(= revived):* wedi adfywio, adfywiedig.

regenerating *a.* atgynhyrch[i]ol.

regeneration *n.* adfywiad *m*, adfywhad *m*, adfywio *vn*; *Biol:* adffurfiant *m*, aildyfiant *m*, aildyfu *vn*; **the ~ of the valleys,** adfywio'r cymoedd.

regenerative *a.* atgynhyrchiol; *Biol:* adfywiol, adfywhaol.

regenerator *n.* atgynhyrchwr (atgynhyrchwyr) *m*; *Biol:* adfywydd(-ion) *m*.

regenesis *n.* ailenedigaeth *f*.

regent *n.* **1.** rhaglyw(-iaid) *m*; **Prince R~,** Rhaglyw Dywysog(-ion) *m*; **Queen R~,** Rhaglyw Frenhines (~ Freninesau) *f*. **2.** *U.S: Sch:* llywodraethwr (llywodraethwyr) *m*. **~ bird** *n.* *Orn:* = **bower-bird**.

regerminate *v.i.* ailegino, adegino, aildarddu.

regermination *n.* aileginiad *m*, adeginiad *m*, aildarddiad *m*; *vn.* = **regerminate**.

reggae *n.* *Mus:* *reggae* *mf*, rege *mf*.

regicidal *a.* teyrnladdol.

regicide *n.* *Jur:* **1.** *(criminal):* teyrnleiddiad (teyrnleiddiaid) *m&f*, breninleiddiad (breninleiddiaid) *m&f*. **2.** *(crime):* teyrnladdiad(-au) *m*, breninladdiad *m*, lladd (*vn*) teyrn/brenin.

regild *v.t.* aileuro, adeuro.

regime, régime *n.* **1.** trefn *f*, cyfundrefn(-au) *f*, goruchwyliaeth(-au) *f*; *Pol:* llywodraeth(-au) *f*, rheolaeth(-au) *f*, llywodraethiad *m*; **the new industrial ~,** y drefn ddiwydiannol newydd; *Hist:* **the Ancien R~,** yr Hen Drefn, yr Hen Oruchwyliaeth. **2.** *Geog: Ph:* patrymedd(-au) *m*.

regimen *n.* **1.** *Med:* = **diet. 2.** *Gram:* rheolaeth *f*.

regiment[1] *n.* **1.** *Mil:* catrawd (catrodau) *f*; **to form into regiments,** catrodi, ffurfio'n gatrawd/gatrodau. **2.** *Fig:* llu(-oedd) *m*, lleng(-oedd) *f*.

regiment[2] *v.t.* **1. to ~ soldiers,** catrodi milwyr, ffurfio milwyr yn gatrodau. **2.** *(= organize oppressively):* gwastrodi, gwastrodaeth, disgyblu, *N: occ:* stiwardio.

regimental *a.* & *n.pl.* **1.** *a.* catrodol. **2.** *n.pl.* **regimentals,** catrodwisg(-oedd) *f*.

regimentally *adv.* yn gatrodol, fel catrawd, fesul catrawd.

regimentation *n.* **1.** catrodiad *m*, catrodi *vn.* **2.** *Fig: Pej:* gwastrodi *vn*, gwastrodaeth *vn.*, disgyblu *vn.*

regimented *a.* catrodedig, catrodaidd; **well-~,** disgybledig.

Regina *Pr.n.f. Jur:* **~ v. Jones,** y Goron yn erbyn Jones, y Frenhines yn erbyn Jones.

region *n.* rhanbarth(-au) *m*, ardal(-oedd) *f*, tueddau *pl*, cyffiniau *pl*, ochrau *pl*, cwmpas(-oedd) *m*, *occ:* rhandir(-oedd) *m*, cylch (-oedd) *m*, *Poet:* bro(-ydd) *f*, parth(-au) *m*; **the Arctic regions,** y rhanbarthau Arctig; **the nether regions,** uffern *f*, yr isfyd *m*; **the ~ between Bangor and Caernarfon,** yr ardal rhwng Bangor a Chaernarfon, cyffiniau Bangor a Chaernarfon; *F:* **(this costs) in the ~ of 100 pounds,** (mae hyn yn costio) tua chanpunt, yn agos i ganpunt, o gwmpas canpunt; **in the Cardiff ~,** yn ardal Caerdydd, yng nghylch Caerdydd, yng Nghaerdydd a'r cylch/ cyffiniau; **in these regions,** yn yr ardaloedd/parthau/tueddau/ cyffiniau/ochrau hyn; **one's home ~,** eich cynefin(-oedd) *m*, eich milltir sgwâr (*f*), eich bro eich hun, eich henfro *f*; **you are getting into the ~ of metaphysics,** 'rydych chi'm mynd i fyd metaffiseg yn awr; *Med:* **in the ~ of the eye,** o gwmpas y llygaid.

regional *a.* rhanbarthol; **R~ Health Authority,** Awdurdod Iechyd Rhanbarthol; **~ teachers,** athrawon bro; **~ psychiatric intensive care unit,** uned gofal dwys seiciatryddol ranbarthol (unedau gofal dwys seiciatryddol rhanbarthol).

regionalism *n.* rhanbartholdeb *m*, rhanbarthiaeth *f*; *(= love of region):* brogarwch *m*.

regionalist *n.* & *attrib.* **1.** *n.* rhanbarthwr (rhanbarthwyr) *m*; *(= local patriot):* brogarwr (brogarwyr) *m*. **2.** *attrib.* rhanbarthol; brogarol.

regionalize *v.t.* rhanbarthu, rhanbartholi.

regionally *adv.* yn y rhanbarthau, fesul rhanbarth.

regisseur *n.* **1.** *(= director):* cyfarwyddwr (cyfarwyddwyr) *m*. **2.** *(= producer):* cynhyrchydd (cynhyrchwyr) *m*.

register[1] *n.* **1.** cofrestr(-au,-i) *f*; **storage ~,** cofgell(-oedd) *f*. **2.** *Mus: (of organ):* stop(-iau) *m*; *(of voice):* nodau *pl*, rhan (*f*) o'r cwmpas, cwmpasran(-nau) *f*; **chest ~,** llais (*m*) y frest; **head ~,** llais y pen; **high ~, upper ~,** nodau uchel, uwchgwmpasran *f*; **low ~,** isgwmpasran *f*; **middle ~,** nodau canol, cwmpasran ganol. **3.** *(of grate, chimney):* damper(-i) *m*, caead(-au) (*m*) simnai, *N.W: F:* jac(-s) (*m*) mwg. **4.** *See* **meter**[1]; *S.a.* **cash-register. 5.** *Typ:* cyfatebiaeth *f*, iawnlin *f*, iawnliniad *m*; **in ~,** mewn iawnlin, yn cyfateb. **6.** *Ling:* cywair (cyweiriau) *m*. **~ office** *n.* = **registry**.

register[2] *v.t.&i.* **1.** *v.t.* *(a) (birth &c):* cofrestru, cofnodi; *(b) (of thermometer):* dangos, nodi; *(c) Typ: Engr:* iawnlinio, cyfateboli; *(d) Cin: (= express):* dangos, mynegi; *F:* **it didn't ~ with her,** ni wnaeth unrhyw argraff arni; ni sylwodd hi ddim arno; *(e) T.V:* cyflunio; *(f) Mus: (organ stops):* gosod. **2.** *v.i.* *(a) (of holes and pins, type &c):* cyfateb, bod yn yr un llinell; *(b) (at hotel &c):* cofrestru, ymgofrestru; *(c) (on scale):* dangos.

register[3] *n.* = **registrar; Lord Chief R~,** Archifydd (*m*) y Wladwriaeth.

registered *a.* cofrestredig, cofnodedig; **State R~ Nurse,** Nyrs Gofrestredig (Nyrsys Cofrestredig) *f*.

registering *a. Tchn: (meter):* cofnodol, dangosol.

registrable *a.* cofrestradwy; *(reading of meter):* nodadwy, cofnodadwy, dangosadwy; **there was no ~ response,** ni fu ymateb canfyddadwy.

registrar *n. Jur: Sch:* cofrestrydd(-ion, cofrestrwyr) *m*; **the R~ General,** y Prif Gofrestrydd, y Cofrestrydd Cyffredinol.

registrary *n. Sch:* = **registrar**.

registration *n.* **1.** cofrestriad(-au) *m*, cofnodiad(-au) *m*, cofrestru *vn*, cofnodi *vn.* **2.** *Engr: Typ:* iawnliniad *m*, iawnlinio *vn*, cyfateboli *vn.* **3.** *Mus: (of organ):* dewis (*vn*) stopiau. **4.** *T.V:* cyfluniad(-au) *m*, cyflunio *vn.* **~ form** *n.* ffurflen (*f*) gofrestru (ffurflenni cofrestru). **~ number** *n.* rhif(-au) (*m*) cofrestru.

registry *n.* **1.** = **registration**; *Nau:* **certificate of ~,** tystysgrif (*f*) gofrestru (tystysgrifau cofrestru); **port of ~,** porthladd(-oedd) (*m*) cofrestru. **2.** *(a)* **~ [office],** cofrestrfa (cofrestrf|eydd) *f*, swyddfa (*f*) gofrestru (swyddf|eydd cofrestru); **land ~,** cofrestrfa tir; **Probate R~,** Swyddfa Brofiant (Swyddfeydd Profiant); *S.a.* **diocesan.**

Regius *a. Sch:* Brenhinol.

reglet *n. Arch: Typ:* cyfrynglain (cyfryngleiniau) *f*.

regnal *a.* teyrnasol.

regnant *a.* **1.** *(queen &c):* yn teyrnasu, teyrnasol. **2.** = **predominant.**

regolith *n. Geol:* creicaen(-au) *f*.

regorge *v.t.&i.* **1.** *v.t.* chwydu, cyfogi. **2.** *v.i.* adlifo.

regrade *v.t.* ailraddio, adraddio, adraddoli.

regraft *v.t.* ailimpio.

regrant *v.t.* ailroddi, ail-roi.

regrate *v.t. Hist:* rhagbrynu, edwica.

regrater *n. Hist:* rhagbrynwr (rhagbrynwyr) *m*, edwicwr (edwicwyr) *m*.

regress[1] *n. (a)* atchweliad(-au) *m*, dychweliad(-au) *m*, ymgiliad(-au) *m*, adlithriad(-au) *m*, atgwymp(-au) *m*, ymchweliad(-au) *m*; *(b) Astr:* atchweliad(-au) *m*.

regress[2] *v.i.* atchwelyd, atgwympo, llithro'n ôl, adlithro, ymchwelyd.

regression *n.* atchweliad(-au) *m*, atgwymp(-au) *m*, adlithriad(-au) *m*; **lines of ~,** llinellau atchwel. **~ analysis** *n. Econ:* dadansoddiad (*m*) atchweliad. **~ equation** *n. Mth:* hafaliad(-au) (*m*) atchwel.

regressive *a.* atchweliadol; *Ling:* **~ assimilation,** cymathiad(-au) ôl *m*, ôl-gymathu *vn*; **~ dissimilation,** dadfathiad(-au) ôl *m*, ôl-ddadfathu *vn.*

regret[1] *n.* edifeirwch *m*, gofid(-iau) *m*; **I have no regrets,** nid wyf yn edifar am ddim; nid wyf yn edifarh|au am ddim; nid yw'n edifar gennyf am ddim; **I state the fact with ~,** gyda gofid y dywedaf y peth; **much to my ~. . .,** er mawr ofid imi. . . .

regret[2] *v.t.* **1.** edifarh|au, bod yn edifar (am rth); gresynu (at rth); *F:* difaru/dyfaru (am rth); *N.E:* crugo; **I ~ having deceived him,** mae'n edifar gen i imi ei dwyllo; *N.E:* 'rwy'n crugo imi ei dwyllo; **I ~ to have to leave you,** mae'n ddrwg/ofid/flin gen i orfod eich gadael; **I ~ to have to inform you that. . .,** mae'n ofid imi eich hysbysu fod. . .; **it is to be regretted that. . .,** mae'n drueni/bechod fod. . .; **I sorely ~ going there,** *F:* 'rwy'n difaru f'enaid imi fynd yno. **2.** *(= long for):* hiraethu am rth, gweld eisiau rhth.

regretful *a.* edifeiriol, edifar, gofidus.

regretfully *adv.* **1.** *(= with regret):* yn edifar, yn edifeiriol, gyda gofid. **2. ~, I cannot go,** gwaetha'r modd, alla' i ddim mynd, *Lit:* ni allaf fynd, ysywaeth.

regretfulness *n.* edifeirwch *m*.

regrettable *a.* anffodus, alaethus, truenus, gofidus, gresynus; **it is ~,** mae'n destun gofid.

regrettably *adv.* ysywaeth, gwaetha'r modd, yn anffodus; **there was a ~ small attendance,** cafwyd cynulleidfa druenus o fychan.

regrind *v.t.* **1.** *(grain, coffee &c):* ailfalu, ailfelino. **2.** *(a) (tool):* ailhogi; *(b) (valve):* ail-lifanu, ail-lyfnu.

regroup *v.t.&i.* **1.** *v.t.* *(a) (= reclass):* ailddosbarthu, ailddosrannu, ailgrwpio; *(b) (= reassemble):* ailgynnull, ailgrynh|oi, ailgasglu. **2.** *v.i.* ailymgynnull, ailymgrynh|oi, ailgrynh|oi, ailgasglu [at eich gilydd].

regrow *v.t.&i.* aildyfu; *(of grass &c):* adloddi.

regrowth *n.* tyfiant newydd *m*, aildyfiant *m*; *(of grass):* adladd *m*, *N:* adlodd *m*.

regulable *a.* rheoladwy.

regular *a.* & *n.* **I.** *a.* **1.** rheolaidd, cyson; **~ footsteps,** sŵn cerdded rheolaidd; **as ~ as clockwork,** mor rheolaidd â chloc/deial, fel y cloc; **my ~ time for going to bed,** yr adeg/awr y byddaf yn [arfer] mynd i'r gwely; **to do sth as a ~ thing,** gwneud rhth yn rheolaidd; *Rail:* **the ~ travellers,** y teithwyr arferol/rheolaidd; **a ~ reader,** darllenydd cyson; **our ~ waiter,** ein gweinydd arferol; *Ecc:* **~ clergy,** clerigwyr rheolaidd *pl*, clerigaeth reolaidd *f*; **~ staff,** gweithwyr parhaol. **2. a man of ~ habits,** dyn o arferion rheolaidd, dyn rheolaidd ei arferion, dyn defodol iawn; **to keep ~ hours,** cadw oriau rheolaidd; **a ~ life,** bywyd trefnus/bucheddol, *S:* bywyd teidi; *F:* **are your bowels ~?** ydych chi'n cael eich gweithio'n rheolaidd? **3.** *(a)* **the ~ expression,** yr ymadrodd arferol/cywir *m*; *(b) (= normal, ordinary): Ind:* **~ model,** model cyffredin *m*; **~ size,** maintioli cyffredin/arferol; *(c) Gram:* rheolaidd; *Ph:* **the five ~ solids,** y pum solid rheolaidd; *(d) Mil:* **~ troops,** milwyr rheolaidd/parhaol; **~ army,** byddin barhaol (byddinoedd parhaol) *f*; **~ officer,** swyddog(-ion) parhaol *m*. **4.** *F: (intensive):* go iawn, llwyr *(follow noun)*; rêl, eithaf, hen *(before noun)*; **a ~ rascal,** dihiryn go iawn, dihiryn o'r iawn ryw, eitha' dihiryn, rêl rôg, rêl rogiwr; **there was a ~ set-to,** fe aeth hi'n daro o ddifrif; fe aeth hi'n rêl sgarmes; *N:* fe aeth hi'n gwffas go iawn; fe fu 'na hen gwffio. **5.** *U.S:* **~ name,** enw cyffredin/iawn; **~ coffee,** coffi cyffredin. II. *n.* **1.** *Ecc:* clerigwr (clerigwyr) rheolaidd *m*. **2.** *Mil:* milwr (milwyr) parhaol *m*; **regulars,** milwyr parhaol. **3.** *(of pub):* **regulars,** cwsmeriaid rheolaidd *pl*, ffyddloniaid *pl*.

regularity *n.* rheol|eidd-dra *m*, cysondeb *m*; **~ of attendance,** presenoldeb rheolaidd *m*.

regularization *n.*, **regularize** *v.t.* rheoleiddio, gwn|eud (rhth) yn rheolaidd; **to ~ a situation,** unioni sefyllfa.

regularly *adv.* **1.** yn rheolaidd, yn gyson, yn wastad. **2.** *F:* o ddifrif, go iawn, *occ:* yn o iawn.

regulate *v.t.* **1.** *(machine &c):* rheoleiddio, cymhwyso; *(clock):* cywiro (cloc), rhoi (cloc) ar amser. **2.** *(= control):* rheoli; *(= fix rules of sth):* gosod rheolau; **to ~ one's life by s.o.,** byw gan ddilyn arfer rhn, trefnu'ch bywyd yn ôl arfer rhn; **to ~ one's life by the clock,** byw yn ôl y cloc.

regulated *a.* rheoledig, rheoleiddiedig, o dan reolaeth.

regulation *n.* **1.** *(a) (action):* rheoli *vn*, rheoliad *m*, rheoleiddiad *m*, cymhwysiad *m*; *(b) (= control):* rheolaeth *f* (ar rth), rheoliad(-au) *m*, rheoli *vn*; **to bring sth under ~,** dod â rhth dan reolaeth, rheoli rhth. **2.** *(a) (= rule):* rheol(-au) *f*, *occ:* rheoliad(-au) *m*; *(b) attrib.* rheolaidd, arferol; *S.a.* **traffic**[1] 2.

regulative *a.* rheoliadol, rheolaethol, rheoleiddiol.

regulator *n.* rheolydd(-ion) *m*.

reguline *a. Ch:* regwlaidd.

regulo *n.* r|egwlo *m*.

regulus *n.* **1.** *Ch: (a) (= purest part):* rhan buraf (rhannau puraf) *f*, r|egwlws (r|egwli) *m*; *(b)* **= dross, scum. 2.** *Orn:* **= goldcrest. 3.** *(= petty king):* brenhinyn *m*, isfrenin (isfrenhinoedd) *m*; *pl.* mân frenhinoedd.

regur *n. Geog:* regar *m*, pridd du(*m*)'r trofannau.

regurgitate *v.t.&i.* **1.** *v.t.* chwydu, cyfogi; *(lecture notes &c):* ailchwydu, ailgyfogi; *(of cow &c):* codi cil. **2.** *v.i. (of liquid &c):* adlifo, llifo'n ôl.

regurgitation *n.* ailchwydiad(-au) *m*, ailgyfogiad(-au) *m*; *vn.* = **regurgitate**; *S.a.* **mitral**.

rehabilitate *v.t.* adfer; *(refugees):* ailgartrefu, llochesu; *(prisoner):* adsefydlu, ailsefydlu, ailhyfforddi, ailgymhwyso.

rehabilitated *a.* adferedig; *(prisoner):* ailhyfforddedig.

rehabilitating *a.* adferol; *(course):* ailhyfforddol.

rehabilitation *n.* **1.** adferiad(-au) *m*, adfer *vn*; **~ of waste land,** adfer tir anial. **2.** *(of prisoner, disabled):* ailhyfforddiant *m*, ailhyfforddi *vn*; ailsefydlu *vn*, ailsefydliad *m*; **R~ of Offenders Act,** Deddf (*f*) Ailsefydlu Troseddwyr; *(of ex-servicemen, refugees):* ailgynefino, adsefydlu, ailgymhwyso. **~ centre** *n.* canolfan(-nau) (*mf*) hyfforddi.

rehandle *v.t.* ail-drin, aildrafod.

rehang *v.t.* ailhongian, ailgrogi.

reharden *v.t. Metall:* ailgaledu.

rehash[1] *n.* ailwampiad(-au) *m*, ailbobiad(-au) *m*.

rehash[2] *v.t.* ailwampio, ailbobi.

rehear *v.t.* ailglywed (rhth), ailwrando (ar rth).

rehearing *n.* ailwrandawiad(-au) *m*.

rehearsal *n. Th:* ymarfer(-ion) *mf*, ymarferiad(-au) *m*, *F:* practis (-iau) *m*, rihyrsal(-s) *mf*; **dress ~,** ymarfer [g]wisgoedd (ymarferion gwisgoedd).

rehearse *v.t.&i.* **1.** *Th:* ymarfer. **2.** *(= recite, say over):* adrodd, ailadrodd.

reheat[1] *n.* aildwymiad(-au) *m*, ailgynhesiad (ailgynesiadau) *m*.

reheat[2] *v.t.* aildwymo, ailboethi, ailgynhesu.

reheated *a.* eildwym.

rehoboam *n. Dom.Ec:* rehoboam(-au) *f*.

rehouse *v.t.* ailgartrefu.

rehumanize *v.t.* ailddynoli, ailddyneiddio.

rehydratable *a.* ailhydradadwy.

rehydrate *v.t.* ailhydradu.

rehydration *n.* ailhydradiad(-au) *m*, ailhydradu *vn*.

Reich *n.* Reich *f*; **the Third R~,** y Drydedd Reich.

Reichstag *n. Hist:* Senedd (*f*) yr Almaen, Reichstag *f*.

reification *n.* diriaethiad *m*, diriaethu *vn*.

reificatory *a.* diriaethol.

reify *v.t.* diriaethu.

reign[1] *n.* teyrnasiad(-au) *m*; **in the ~ of...,** yn ystod teyrnasiad...; *Hist:* **the R~ of Terror,** Teyrnasiad Braw.

reign[2] *v.i.* teyrnasu; **long may he ~,** yn hir y teyrnaso; **silence reigns,** mae popeth yn ddistaw.

reigning *a. (champion &c):* presennol, ar hyn o bryd; *(king &c):* sy'n teyrnasu, sydd ar yr orsedd.

re-ignite *v.t.&i.* ailgynnau, aildanio.

reimbursable *a.* ad-daladwy; **the sum is not ~,** ni thelir yr arian yn [ei] ôl.

reimburse *v.t.* ad-dalu (rhth i rn).

reimbursement *n.* ad-daliad(-au) *m*, ad-dalu *vn*.

reimport[1] *n.* ailfewnforiad(-au) *m*.

reimport[2] *v.t.* ailfewnforio.

reimportation *n.* ailfewnforiad(-au) *m*, ailfewnforio *vn*.

reimpose *v.t. Typ:* ailosod, ailarddodi, ailarosod.

reimposition *n.* ailosodiad *m*; *vn.* = **reimpose**.

reimpression *n. Typ: Publ:* ailargraffiad(-au) *m*.

rein[1] *n.* carrai (careiau) (*f*) ffrwyn, llinyn(-nau) (*m*) ffrwyn, *F:* rensen (rêns) *f*, *Lit: or Fig:* awen(-au) *f*, afwyn(-au) *f*; **to hold the reins,** dal yr awenau; *Fig:* **to take the reins,** cymryd yr awenau; **with a loose/slack ~,** â ffrwyn laes/lac; **to give a horse the reins,** rhoi'r ffrwyn ar war ceffyl, rhoi'r ffrwyn i geffyl, gollwng y ffrwyn i geffyl; **to give [free] ~ to one's anger,** gollwng y ffrwyn i'ch dicter, rhoi'r ffrwyn i'ch dicter; **to give free ~ to one's imagination,** rhoi tragwyddol heol i'ch dychymyg; **to draw ~,** ffrwyno, tynnu ffrwyn, ymatal, aros, rhoi'r gorau iddi; **to keep a tight ~ on/over s.o.,** ffrwyno rhn yn dyn[n], gwastrodi/gwastrodaeth rhn, rheoli rhn yn gaeth, cadw rhn ar ffrwyn dyn[n]; **to drop the reins,** gollwng yr awenau; **the reins of government,** awenau llywodraeth.

rein[2] *v.t.* **to ~ in a horse,** arafu/ffrwyno ceffyl; **to ~ s.o. in,** disgyblu/ffrwyno rhn; **to ~ up a horse,** atal/ffrwyno/stopio ceffyl; **to ~ back a horse,** ffrwyno ceffyl yn ei ôl.

reincarnate[1] *v.t.&i.* ailymgnawdoli.

reincarnate[2] *a.* ailymgnawdoledig, eilwaith yn y cnawd.

reincarnation *n.* ailymgnawdoliad(-au) *m*, ailymgnawdoli *vn*.

reincorporate *v.t.* ailymgorffori, ailgorffori, ailgynnwys.

reincorporation *n.* ailymgorfforiad(-au) *m*, ailymgorffori *vn*.

reindeer *n. Z:* carw (ceirw) (*m*) Llychlyn; *(loosely):* **Santa's reindeers,** ceirw Siôn Corn. **~ moss** *n. Bot: (Cladonia):* cen (*m*) y ceirw.

reinflate *v.t. (balloon &c):* ail-lenwi (rhth) [â gwynt], ailchwythu; *(economy):* ailchwyddo.

reinflated *a.* ail-lanwedig, ailchwyddedig.

reinflation *n.* ail-lenwad *m*, ailchwyddiant *m*; *vn.* = **reinflate**.

reinforce *v.t.* atgyfnerthu, cryfh|au, cadarnh|au (rhth), gwn|eud rhth yn gryfach/gadarnach; *(argument &c):* ategu.

reinforceable *a.* atgyfnerthadwy.

reinforced *a.* cyfnerthedig, atgyfnerthedig; **~ concrete,** concrid cyfnerthedig, concrid dur.

reinforcement *n.* **1.** *(action):* atgyfnerthiad(-au) *m*, atgyfnerthu *vn*. **2.** *Mil: (usu.pl.):* milwyr ychwanegol/atgyfnerthol, atgyfnerthiadau, milwyr wrth gefn; **to await ~,** aros am ychwaneg o filwyr, aros am filwyr ychwanegol.

reinforcer *n.* atgyfnerthwr: atgyfnerthydd (atgyfnerthwyr) *m*.

reinforcing *a.* atgyfnerthol, cyfnerthol, cryfhaol; *Needlew:* **~ square,** sgwâr (*m*) cryfh|au.

reingratiate *v.t.* **to ~ oneself with s.o.,** adennill ffafr rhn.

reinsert *v.t.* ailosod/ailddodi rhth [i mewn] **(in sth,** yn rhth).

reinsman *n.m.* marchog(-ion).

reinstall *v.t.* ailsefydlu, ailosod.

reinstate *v.t.* adfer (rhn) i'w safle/swydd *&c*, ailbenodi (rhn) i swydd.

reinstatement *n.* adferiad(-au) *m*, adfer *vn*, ailsefydliad *m*,

ailsefydlu *vn*, ailosodiad *m*, ailosod *vn*; **following his ~,** ar ôl [iddo gael] ei adfer i'w hen swydd.
reinsurance *n. Ins:* adyswiriant *m*, ailyswiriant *m*.
reinsure *v.t.* ailyswirio (rhth), codi yswiriant newydd (ar rth).
reintegrate *v.t.* **1.** *(= make whole again):* cyfannu, atgyfannu, ailgyfannu. **2. to ~ s.o. in his possessions,** adfer ei eiddo i rn.
reintegration *n.* **1.** atgyfaniad(-au) *m*, atgyfannu *vn.* **2.** adferiad(-au) *m*, adfer *vn.*
reinter *v.t.* ailgladdu, ailddaearu.
reinterpret *v.t.* ailddehongli.
reinterpretation *n.* ailddehongliad (ailddeongliadau) *m*, ailddehongli *vn.*
reinterrogate *v.t.* ailholi.
reinterrogation *n.* ailholiad(-au) *m*, ailholi *vn.*
reintroduce *v.t.* ailgyflwyno; **to ~ hanging,** dod â'r crocbren yn ei ôl, dod â chrogi yn ei ôl.
reinvent *v.t.* ailddyfeisio.
reinvest *v.t.* **1.** *Fin:* ailfuddsoddi. **2.** *(person with office &c):* ailarwisgo.
reinvestment *n.* **1.** *Fin:* ailfuddsoddiad(-au) *m*, ailfuddsoddi *vn.* **2.** ailarwisgiad(-au) *m*, ailarwisgo *vn.*
reinvigorate *v.t.* adfywio, ailfywioc|au, ailfywiogi, adfywh|au, ailrymuso (rhth); rhoi bywyd newydd (yn rhth).
reinvigoration *n.* ailfywiocâd *m*, adfywiad *m*, adfywhad *m*.
reinvite *v.t.* ailwahodd.
reissue[1] *n.* **1.** *(of banknotes &c):* ailbrintiad(-au) *m*, ailgyhoeddiad (-au) *m*, ailryddhad *m*, ailbrintio *vn*, ailgyhoeddi *vn*, ailryddh|au *vn.* **2.** *Publ:* adargraffiad(-au) *m*.
reissue[2] *v.t.* **1.** *Fin:* ailryddh|au, ailgyhoeddi. **2.** *(book):* ailargraffu, adargraffu, ailgyhoeddi.
reiterate *v.t.* ail-ddweud, ailadrodd (rhth); dweud (rhth) drosodd a throsoddd; **I must ~ the cliff is dangerous,** rhaid imi ddweud unwaith eto fod y clogwyn yn beryglus; **"don't!" he reiterated,** "peidiwch!" meddai drachefn.
reiterated *a.* ailadroddedig, mynych; *S.a.* **note**[1].
reiteration *n.* ailadroddiad(-au) *m*, ailadrodd *vn*, pwysleisiad *m*, pwysleisio *vn.*
reiterative *a.* ailadroddus, ailadroddol.
reive *v.i.* ysbeilio.
reiver *n.* ysbeiliwr (ysbeilwyr) *m*.
reject[1] *n.* peth(-au) gwrthodedig *m*, peth a wrthodwyd; *pl.* **rejects,** gwrthodedigion; **export ~,** nwydd *(m)* anaddas i'w allforio (nwyddau anaddas i'w hallforio), nwydd anallforadwy.
reject[2] *v.t.* gwrthod, *occ:* nacáu.
rejectable *a.* gwrthodadwy.
rejectamenta *n.pl.* pethau gwrthodedig, gwrthodedigion, sothach *m*, sborion *pl*; *(= jetsam):* broc môr *m*.
rejecter *n.* gwrthodwr: gwrthodydd (gwrthodwyr) *m*, gwrth|odwraig (gwrthodwragedd) *f*.
rejection *n.* **1.** gwrthodiad(-au) *m*, gwrthod *vn*; *Med:* ymwrthiant *m.* **2.** *pl. Ind:* pethau gwrthodedig, gwrthodedigion. **~ slip** *n.* nodyn (nodion) *(m)* gwrthod.
rejector *n.* = **rejecter**.
rejig *v.t.* ailwampio, ailbobi, aildaclu; *(machinery, factory):* ailddarparu, ailgyfarparu.
rejoice *v.t.&i.* **1.** *v.t.* llawenh|au, llonni, llawenychu; **I am rejoiced to hear it,** 'rwyf yn falch/llawen o'i glywed. **2.** *v.i.* *(a)* llawenh|au, ymlawenh|au, gorfoleddu, llawenychu **(at/over sth,** o achos rhth); *(b)* **to ~ in sth,** ymhyfrydu yn rhth, arddel rhth; *Iron:* **he rejoiced in the name of X,** ymhyfrydai yn yr enw X; arddelai'r enw X.
rejoicing[1] *a.* llawen, gorfoleddus.
rejoicing[2] *n.* gorfoledd *m*, llawenydd *m*; *vn.* = **rejoice**.
rejoin[1] *v.i.&t. Jur:* *(= answer):* ateb.
rejoin[2] *v.t.&i.* **1.** *v.t.* *(a) (sth broken):* aduno, ailgysylltu, ailasio, ailgyfannu; *(b) (regiment, society &c):* ailymuno (â rhth); *(with friend &c):* ailgwrdd, ailgyfarfod (â rhn); **I'll ~ you later on,** mi'ch gwelaf chi yn nes ymlaen; mi ddof yn ôl atoch yn nes ymlaen; **to ~ one's ship,** mynd yn ôl at eich llong. **2.** *v.i.* *(of lines &c):* ailgysylltu, ailymuno, ailgyfarfod.
rejoinder *n.* *(= reply):* ateb(-ion) *m*, atebiad(-au) *m*, *occ:* gwrthateb (-ion) *m*; **a sharp ~,** ateb pigog; *Jur:* adwrtheb(-au,-ion) *f*.
rejuvenate *v.t.* gwn|eud (rhn) yn ifanc eto, adfer ieuenctid (rhn); *occ:* ieuangu, ieuangeiddio, ieuengeiddio, adieuangu, adnewyddu (rhn).
rejuvenated *a.* ieuanc/ifanc o'r newydd, adnewyddedig, ieuangedig, adieuangedig, adieuengedig, wedi ieuengeiddio, wedi cael eich ieuenctid yn ôl, wedi'ch adnewyddu, wedi cael adnewyddiad, wedi mynd yn ieuanc/ifanc yn ôl.
rejuvenation *n.* ieuangu *vn*, adieuangu *vn*; *Geog:* adnewyddiad *m*, adnewyddiant *m*.
rejuvenator *n.* adieuangwr (adieuangwyr) *m*.
rejuvenesce *v.i.* mynd yn iau, ieuangeiddio; *Biol:* adfywio.
rejuvenescence *n.* adieuangu *vn*; *Biol:* adfywiad *m*.
rejuvenescent *a.* adieuangol; *Biol:* adfywiol.
rekindle *v.t.* *(fire):* ailgynnau, *S:* ailgynnu; **it is easy to ~ old passions,** *Prov:* hawdd cynnau tân ar hen aelwyd; **to ~ s.o.'s interest,** aildanio/ailennyn diddordeb rhn.
relabel *v.t.* ail-labelu.
relapse[1] *n.* **1.** *(into sin, crime &c):* atgwymp(-au) *m*, atgwympiad (-au) *m*, cwymp *(m)* yn ôl (cwympiadau'n ôl), llithriad *(m)* yn ôl (llithriadau'n ôl). **2.** *Med:* ailwaeledd *m*, atglafychiad *m*; ail bwl (~ byliau) *m* (o rth); **she's had a ~,** mae hi wedi gwaelu eto; mae hi wedi ailwaelu; *(after giving birth):* *S.W:* mae hi wedi ail-moelyd.
relapse[2] *v.i.* **1.** *(into crime, sin &c):* atgwympo, llithro'n ôl, cwympo'n ôl; **he's relapsed into his old ways,** mae wedi mynd yn ôl i'w hen arferion drwg. **2.** *Med:* ailwaelu, atglafychu, cael ail bwl o rth; *(after giving birth):* *S.W:* ail-moelyd. **3.** *(= fall silent):* aildewi, tewi drachefn.
relapsed *a.* atgwympedig.
relapsing *a.* atgwympol; *Med:* atglafychol.
relate *v.t.&i.* **1.** *v.t.* *(story):* adrodd, dweud, traethu; **to ~ one's adventures,** sôn am eich anturiaethau, dweud eich hynt a'ch helynt, *S:* adrodd eich hap a'ch an[h]ap; **strange to ~!** yn rhyfedd iawn! fel y mae hi ryfeddaf! rhyfedd sôn! **2.** *(a)* *v.t.* *(= establish relation between two things):* cysylltu (rhth) â rhth arall; *(b)* *v.i.* *(= concern):* perthyn (i rth), dwyn perthynas (â rhth), ymwn|eud (â rhth), bod â chydberthynas (â rhth); **(an agreement) relating to sth,** (cytundeb) yn ymwneud â rhth, y mae a wnelo â rhth; *(c)* *v.i.* *U.S:* **to ~ to s.o.,** ymdeimlo/cydymdeimlo â rhn, ymagweddu at rn, dod i berthynas â rhn; **how do you ~ to her?** sut berthynas sydd rhyngoch a hi? sut y byddwch yn cyd-dynnu â hi? *abs.* cyd-ddeall.
related *a.* **1.** *(ideas &c):* cysylltiedig, cydgysylltiedig, perthynol, cydberthynol, sy'n perthyn, perthnasol **(to sth,** i rth); **~ ideas,** syniadau cydberthynol/cysylltiedig/cydgysylltiedig, yn dwyn perthynas â'i gilydd; *Ling:* **~ languages,** ieithoedd cytras; *Ch:* **~ elements,** elfennau cysylltiedig [â'i gilydd]; *Mus:* **~ key,** cywair perthynol *m*; **earnings-~ pension,** pensiwn yn ôl enillion. **2.** *(pers.):* yn perthyn, *Lit: occ:* cystlynol; **he is ~ to us,** mae ef yn perthyn inni; **we're ~,** 'rydym ni'n perthyn [i'n gilydd]; **they are closely ~,** mae perthynas agos/glòs rhyngddynt; maent yn perthyn yn agos i'w gilydd; **they are very distantly ~,** maent yn perthyn o bell; maent yn brith-berthyn; maent yn rhyw lun o berthyn; *F: Joc:* maen' nhw'n perthyn M|ericia; **they are somehow ~,** *N.W:* maen' nhw'n rhyw how berthyn.
relatedness *n.* perthynas *f*, gradd *(f)* perthynas.
relater *n.* adroddwr (adroddwyr) *m*, adr|oddwraig (adroddwragedd) *f*, traethwr (traethwyr) *m*, traethydd(-ion) *m*, tr|aethwraig *f*.
relating *a.* **~ to sth,** mewn perthynas, cysylltiedig, mewn cysylltiad, yn ymwn|eud, yn dwyn cysylltiad, y mae a wnelo (â rhth); perthynol (i rth); **information ~ to a matter,** gwybodaeth yn ymwn|eud â mater, yngh|ylch mater, ynglŷn â mater.
relation *n.* **1.** *(a)* *(= narration):* adroddiad(-au) *m* **(of sth,** o/am rth), hanes(-ion) *m* (rhth, am rth), *occ:* traethiad(-au) *m* (am rth); *(b)* *Jur:* hysbysiad(-au) *m.* **2.** *(a)* *(= relationship):* perthynas *f*, cysylltiad(-au) *m*; **in ~ to sth,** mewn perthynas/cysylltiad â rhth, o ran rhth; **to bear a ~ to sth,** ymwn|eud â rhth, dwyn perthynas â rhth; **that has no ~ to the present situation,** nid oes a wnelo hynny â'r sefyllfa bresennol; *(b)* *pl.* **we have [business] relations with them,** mae gennym gysylltiadau masnachol â hwy; **to enter into relations with s.o.,** cychwyn perthynas â rhn, ymgysylltu â rhn; **to break off all relations with s.o.,** torri pob cysylltiad â rhn; *Adm: Com: &c:* **public relations,** cysylltiadau cyhoeddus; **public relations officer,** swyddog(-ion) *(m)* cysylltiadau cyhoeddus, swyddog

cyhoeddusrwydd. **3.** *(= relative):* perthynas (perthnasau) *m&f, Coll:* ceraint *pl*; ~ **by marriage,** perthynas trwy briodas; **blood ~,** perthynas trwy/o waed, perthynas [g]waed; **what ~ is he to you?** sut mae ef yn perthyn ichwi? pa berthynas yw ef ichwi? **is he any ~ to you?** a ydyw ef yn perthyn/berthynas ichwi?

relational *a.* perthynol; *Cmptr:* ~ **database,** d|atabas (databasau) perthynol *m.*

relationally *adv.* yn berthynol, o ran perthynas.

relationship *n.* **1.** *(in general):* perthynas *f*, cysylltiad(-au) *m, occ:* cydberthynas(-au) *f.* **2.** *(of kin):* perthynas *mf, Lit: occ:* cystlynedd *m*, carennydd *m*; **blood ~,** perthynas [g]waed, perthynas trwy waed.

relatival *a. Gram:* perthynol.

relative *a. & n.* **1.** *a.* *(a)* *(= related):* perthynol (i rth); y mae a wnelo, sydd a wnelo (â rhth); *(b)* *(= comparative):* cymharol; *Phil:* cystlynol; ~ **positions of two things,** lleoliad cymharol dau beth, lleoliad y naill beth o'i gymharu â'r llall, lleoliad un peth mewn perthynas â'r llall; **they live in ~ luxury,** maent yn byw mewn moethusrwydd cymharol; **supply is ~ to demand,** mae cyflenwad yn berthynol i'r alwad; mae cyflenwad yn dibynnu ar yr alwad; *Cmptr:* ~ **addressing,** cyfeirio (*vn*) cymharol; *(c)* *Gram:* ~ **pronoun,** rhagenw(-au) perthynol *m*; ~ **clause,** cymal(-au) perthynol *m.* **2.** *n.* *(a)* = **relation 3**; *(b)* *Gram:* rhagenw(-au) perthynol *m.*

relatively *adv.* *(a)* yn berthynol; *(b)* **she is ~ lucky,** mae hi'n gymharol/weddol ffodus.

relativeness *n.* cymaroldeb *m.*

relativism *n.* perthynolaeth *f.*

relativist *n.* perthynolwr (perthynolwyr) *m*; *attrib.* perthynolaidd.

relativistic *a.* perthynolaidd.

relativity *n.* perthynoledd *m.*

relativization *n.*, **relativize** *v.t.* cymaroli.

relator *n.* **1.** = **relater. 2.** *Jur:* hysbyswr (hysbyswyr) *m.*

relax *v.t.&i.* **1.** *v.t.* *(a)* *(discipline, rule):* llacio, ystwytho; *(muscles):* llaesu, llacio; *(mind, body):* dadflino, gorffwys; *(attention):* llaesu; **the serpent relaxed its hold,** gollyngodd/llaciodd y sarff ei gafael; **to ~ one's efforts,** llaesu dwylo; *(b)* **to ~ the bowels,** rhyddh|au'r/llacio'r ymysgaroedd; *(c)* *(law, penalty &c):* lleddfu, lliniaru. **2.** *v.i.* *(a)* *(of muscles &c):* ymlacio, llacio, llaesu; **his face relaxed into a smile,** ymlaciodd ei wyneb yn wên; *(b)* *(of pers.):* *(= become less stiff, drop one's guard):* ymlacio; *(= take one's ease):* ymlacio, dadflino, bwrw'ch blinder, hamddena.

relaxant *n. Med:* ymlaciwr (ymlacwyr) *m.*

relaxation *n.* **1.** *(a)* *(of rule, discipline):* llaciad *m*, llacio *vn* (ar rth); *(of mind, body):* ymlaciad *m*, ymlacio *vn*; *(of muscles):* ymlacio, llaesu *vn*; *(b)* *(of law, penalty):* lleddfiad *m*, lliniariad *m*, lleddfu *vn*, lliniaru *vn.* **2.** *(= rest):* ymlaciad, ymlacio, gorffwys *m*, seibiant *m*; **to take some ~,** ymlacio, gorffwys, cymryd hoe, cymryd egwyl, hamddena; **these little jobs come as a ~,** mae'r gorchwylion bach hyn yn fodd imi ymlacio; **to seek ~ in books,** ymlacio drwy ddarllen llyfrau. **3.** *Ph:* sadiad *m*, ymsadiad *m*, sadio *vn.* ~ **therapy** *n.* th|erapi (*m*) ymlacio, triniaeth (*f*) ymlacio.

relaxed *a.* *(a)* *(pers., body):* wedi ymlacio, wedi dadflino, ymlaciedig; *(muscle):* wedi llacio/llaesu, llaes; *Med:* ~ **throat,** *N:* dolur (*m*) gwddf, *S:* llwnc tost *m*; *(b)* *(manner):* rhwydd, rhydd, digyffro, hamddenol, esmwyth, didaro; **a ~ attitude (towards rules &c),** agwedd ddigyffro (tuag at reolau &c); *(c)* *(relationship):* rhydd, hamddenol.

relaxedly *adv.* yn rhydd, yn hamddenol *&c.*

relaxedness *n.* hamddenoldeb *m*, rhwyddineb *m*, dull hamddenol *&c m*, agwedd hamddenol *&c f.*

relaxin *n. Bio-Ch:* relacsin *m.*

relaxing *a.* **1.** gorffwysol, esmwyth, esmwythol, esmwythaol, braf, ymlaciol. **2.** *Med:* = **laxative.**

relay[1] *n.* **1.** *(of horses):* gwedd (*f*) gyfnewid (gweddoedd cyfnewid); *(of workers):* criw(-iau) (*m*) cyfnewid; **to work in relays,** gweithio fesul shifft/stem/daliad; **visitors called in relays,** galwai ymwelwyr y naill fintai/griw ar ôl y llall. **2.** *El.E:* *(a)* relái (relaiau) *m*; *(b)* = **servomotor.** ~ **horse** *n.* ceffyl(-au) (*m*) cyfnewid. ~ **race** *n.* ras (*f*) gyfnewid (rasys cyfnewid).

relay[2] *v.t. Tg: W.Tel:* trosglwyddo. ~ **station** *n.* gorsaf (*f*) drosglwyddo (gorsafoedd trosglwyddo).

re-lay *v.t.* ailosod, ailddodi.

relearn *v.t.* ailddysgu.

releasable *a.* gollyngadwy.

release[1] *n.* **1.** *(a)* rhyddhad *m*, rhyddh|au *vn*; **order of ~,** gorchymyn (*m*) rhyddhau; *Cin:* **on general ~,** ar ddangos ym mhobman; **to put on ~,** rhyddhau; *(b)* **new releases,** recordiau newydd; *Journ:* **press ~,** datganiad(-au) (*m*) i'r wasg. **2.** *(of gas, bomb, parachute &c):* gollyngiad(-au) *m*, rhyddhad, gollwng *vn*, rhyddhau; ~ **and rescue,** rhyddhau ac achub; *Mec.E:* *(of apparatus):* cychwyniad *m*, cychwyn *vn*; *(of spring, brake):* gollyngiad, rhyddhad; **shutter-~,** rhyddhäwr (*m*) caead (rhyddhawyr caeadau), clicied (*mf*) caead (cliciedi caeadau); **trigger-~,** rhyddhäwr clicied (rhyddhawyr cliciedau). **3.** *El.E:* *(switch):* diffoddwr (diffoddwyr) *m.* **4.** *Com:* rhyddhad. **5.** *Jur:* *(of land):* trosglwyddeb(-au) *f*, dogfen (*f*) drosglwyddo (dogfennau trosglwyddo). ~ **agent** *n.* cyfrwng (cyfryngau) (*m*) rhyddhau. ~ **gear** *n.* rhyddhäwr. ~ **[key]** *n. Cmptr: Typ:* rhyddhäwr. ~**-valve** *n.* falf (*f*) ryddhau (falfiau rhyddhau).

release[2] *v.t.* **1.** rhyddh|au; **to ~ s.o. from his promise,** rhyddhau rhn o'i addewid; **to be released,** cael eich rhyddhau, cael eich gollwng yn rhydd, *F:* cael eich traed yn rhydd; *(pigeons):* rhyddhau, gollwng [yn rhydd]; *(new model of car &c):* rhoi (rhth) ar werth; *(film, record, book):* rhyddhau, dosbarthu. **2.** *Ch:* *(gas):* *Av:* gollwng, rhyddhau; *(spring, catch):* gollwng, rhyddhau; **to ~ one's hold,** gollwng eich gafael; **to ~ a brake,** gollwng brâc; **to ~ the trigger of a gun,** gollwng clicied dryll; *Phot:* **to ~ a shutter,** gollwng caead. **3.** *Jur:* *(a)* **to ~ a debt,** maddau dyled (i rn); *(b)* *(a right):* ildio; *(c)* *(land):* gollwng/ildio/trosglwyddo (tir) (i rn).

releasee *n. Jur:* derbyniwr (derbynwyr) (*m*) trosglwyddiad.

releaser *n.* **1.** *(device):* rhyddhäwr (rhyddhawyr) *m*, gollyngwr (gollyngwyr) *m.* **2.** *(of film, book, record):* rhyddhäwr (rhyddhawyr) *m*, dosbarthwr (dosbarthwyr) *m.*

releasor *n. Jur:* trosglwyddwr (trosglwyddwyr) *m.*

relegatable *a.* deoladwy.

relegate *v.t.* **1.** *(= banish):* alltudio, diarddel, deol; **to ~ one's wife (to the position of a servant),** diraddio'ch gwraig, darostwng eich gwraig (i safle morwyn); *Sp:* **to ~ a team to the third division,** anfon tîm i lawr i'r drydedd adran, gostwng tîm i'r drydedd adran. **2. to ~ a matter to s.o.,** trosglwyddo mater i rn.

relegation *n.* **1.** alltudiaeth *f*, diarddeliad(-au) *m*, *Lit: occ:* deholiad (deoliadau) *m*, deol *vn*; *Sp:* ~ **to the fourth division,** diraddiad (*m*) i'r bedwaredd adran. **2.** *(of matter):* trosglwyddiad(-au) *m.*

relent *v.i.* tyneru, tosturio (**towards s.o.,** wrth rn); hanner-maddau (i rn); **he would not ~ towards me,** 'roedd yn ddidostur tuag ataf; nid oedd am faddau imi.

relentless *a.* **1.** *(= merciless):* didrugaredd, diarbed, didosturi, didostur, anfaddeugar, diarbed. **2.** *(= determined, unceasing):* dygn, diwrthdro, di-droi'n ôl, di-ildio, diwyro, penderfynol; ~ **noise,** twrw di-baid/diarbed.

relentlessly *adv.* **1.** yn ddidostur *&c.* **2.** yn ddygn *&c.*

relentlessness *n.* **1.** *(of persecutor):* natur ddidostur *&c f*, anfaddeugarwch *m*, diarbedrwydd *m.* **2.** *(of pursuit &c):* dycnwch *m*, penderfynoldeb *m*; *(of noise &c):* natur ddibaid *f.*

relevance, relevancy *n.* perthnasedd *m.*

relevant *a.* perthnasol.

relevantly *adv.* yn berthnasol.

reliability *n.* sicrwydd *m*, diogelwch *m*, dibynadwyaeth *f*, dibynadwyedd *m*, natur ddibynadwy *f*, dibynnedd *m.*

reliable *a.* dibynadwy, diogel, sicr, *N: F: occ:* *(pers.):* stans; **(to have sth) from a ~ source,** (cael rhth) o le da, o lygad y ffynnon.

reliably *adv.* yn ddibynadwy, yn gredadwy; **he is ~ reported to be alive,** adroddir, ac mae lle i'w gredu, ei fod yn fyw.

reliance *n.* hyder *m*, ffydd *f*, ymddiried *m* (**on sth,** yn rhth); dibyniad *m*, dibyniaeth *f* (ar rth); **I put little ~ in him,** ychydig o ffydd sydd gennyf ynddo; **the well is our chief ~,** ar y ffynnon y dibynnwn yn bennaf.

reliant *a.* dibynnol (**on sth,** ar rth).

relic *n.* **1.** *Ecc:* crair (creiriau) *m*; **Relics of Christendom,** Creiriau Cred. **2.** *pl.* gweddillion, olion. ~ **area** *n. Geog:* noddfa (noddf|eydd) *f*, ardal(-oedd) (*f*) nodded. ~ **form** *n. Ling:* ffurf greiriol (ffurfiau creiriol) *f.*

relict *n. & attrib.* **1.** *n. Jur:* gweddw(-on) *f*, gwr|aig weddw (gwragedd gweddwon) *f.* **2.** *n. Geol: Anthr: &c:* goroesiad(-au) *m*, gweddill(-ion) *m.* **3.** *attrib.* creiriol, goroesol. **~ landscape** *n.* tirlun(-iau) creiriol *m.* **~ structure** *n.* adeiledd(-au) creiriol *m.*

relief[1] *n.* **1.** *(a) (from pain, worry):* gollyngdod *m*, rhyddhad *m*, esmwythad *m* (o boen); *(b)* **a black costume without ~,** gwisg ddu ddiaddurn; **comic ~,** ysgafnder *m*, ysgafnhad comig *m*; **(a comic scene follows) by way of ~,** (mae golygfa ddigrif yn dilyn) fel difyrrwch ysgafn, i ysgafnu pethau; *(c) (= release):* gollyngiad *m*, gollwng *vn.* **2.** *(= aid):* cymorth (cymhorthau, cymhorthion) *m*; **to go to s.o.'s ~,** mynd i helpu rhn, mynd i roi cymorth i rn; **to seek ~,** ceisio cymorth, cymhortha; **famine ~,** cymorth i'r newynog, lleddfu (*vn*) newyn; **parish ~,** cymorth plwy[f]; **poor ~,** cymorth i'r tlodion; **refugee ~,** cymorth i ffoaduriaid. **rent ~,** cymorth talu rhent. **3.** *(a) Mil: (of besieged town &c):* gwaredigaeth *f*, rhyddhad *m*, gwaredu *vn*, rhyddh|au *vn*; *Hist:* **the R~ of Mafeking,** Rhyddhad Mafeking; **draft of reliefs,** milwyr cyfnewid/atgyfnerthol; *(b) (esp. police): (= shift):* daliad(-au) *m*, *N:* stem(-iau) *f.* **4.** *Jur: (= redress):* iawn *m* [am gam]; *Scot: Jur: Hist:* dirwy (*f*) etifedd (dirwyon etifeddion). **R~ Acts** *n.pl. Hist:* Deddfau Rhyddhad. **~ cock** *n. Mech:* tap(-iau) (*m*) gollwng. **~ engine** *n. Rail:* injan(-s) (*f*) halio. **~ fund** *n.* cronfa (*f*) gymorth (cronf|eydd cymorth). **~ party** *n. Mil:* carfan(-au) (*f*) atgyfnerthu. **~ road** *n.* ffordd (*f*) liniaru (ffyrdd lliniaru). **~ troops** *n. Mil:* milwyr atgyfnerthol/achubol/gwaredol *pl.* **~ valve** *n. Mec.E:* falf (*f*) ollwng (falfiau gollwng).

relief[2] *n.* **1.** *Art:* cerfwedd *f*; **bas ~, low-~,** basgerfwedd(-au) *f*, cerfwedd isel; **false ~,** ffug-gerfwedd(-au) *f*; **high ~,** cerfwedd uchel; **in ~,** yn amlwg, yn uchel, ar godiad; *Art:* mewn cerfwedd; **to stand out in ~,** sefyll allan [yn amlwg]; **to bring/throw sth into ~,** amlygu rhth. **2.** *Geog:* tirwedd(-au) *f*; **faint ~,** tirwedd anamlwg; **subdued ~,** tirwedd iselaidd; **inverted ~,** tirwedd wrthdro; **uninverted ~,** tirwedd ddiwrthdro. **~ carving 1.** *vn.* cerfio cerfwedd. **2.** *n.* cerfiad(-au) (*m*) cerfwedd. **~ engraving 1.** *vn.* engrafio cerfwedd (*pronounced* ng-g). **2.** *n.* engrafiad(-au) (*m*) cerfwedd (*pronounced* ng-g). **~ etching 1.** *vn.* ysgythru cerfwedd. **2.** *n.* ysgythriad(-au) (*m*) cerfwedd. **~ map** *n.* map(-iau) (*m*) tirwedd. **~ printing** *vn.* = **letterpress. ~ sculpture** *n.* **1.** *(action):* cerflunio (*vn*) cerfwedd, cerfluniaeth (*f*) gerfwedd, cerfluniaeth gerfweddol. **2.** *(single item):* cerflun(-iau) cerfweddol *m.* **~ technique** *n.* techneg gerfweddol *f.*

reller *n.* dibynnwr: dibynnydd (dibynwyr) *m*, dib|ynwraig *f* (ar rth).

relievable *a. (pain):* esmwythadwy, lleddfadwy, lliniaradwy.

relieve *v.t.* **1.** *(a) (suffering):* lliniaru, lleddfu, esmwytho, esmwyth|au, ysgafnh|au, ysgafnu; **to ~ s.o.'s mind,** tawelu meddwl rhn; **to ~ one's feelings,** rhoi rhyddhad/gollyngdod i'ch teimladau, ymollwng, mynegi'ch teimladau; **to ~ oneself,** gwn|eud eich busnes, *Lit:* ymwacáu; *(b)* **a black blouse relieved with white lace,** blows du addurnedig â lês wen; **to ~ the tedium of a journey,** ysgafnu diflastod taith, difyrru taith; *(c) (pressure, a valve):* gollwng, rhyddh|au; **to ~ congestion,** *(i) (of traffic):* llacio/lleih|au tagfa; *(ii) Med: (of lungs):* llacio['r ysgyfaint]. **2.** *(= assist):* cynorthwyo (rhn); rhoi cymorth, dod i roi cymorth (i rn). **3. to ~ s.o. of sth,** mynd â rhth oddi ar rn, amddifadu rhn o rth; **to ~ s.o. of his coat,** diosg côt rhn; **to ~ s.o. of his purse,** lladrata/dwyn/dwgyd pwrs rhn, lladrata *&c* ei bwrs oddi ar rn. **4.** *(a) Mil: (siege of town):* codi gwarchae (ar dref); gwaredu, rhyddhau (tref); *(b) (sentry &c):* cymryd lle (rhn); newid lle, cyfnewid, ymgyfnewid (â rhn); **to ~ s.o. of his duties,** rhyddhau rhn o'i ddyletswyddau. **5.** *Mec.E: (a drill &c):* rhyddhau. **6.** *Art: (a pattern):* addurno; *(a colour):* amlygu.

relieved *a.* **1.** wedi cael rhyddhad/gollyngdod, siriolach, llawenach, ysgafnach eich calon/bryd; **a ~-looking man,** dyn â golwg o ryddhad; **he looked ~,** edrychai'n siriolach *&c*; 'roedd golwg dyn wedi cael rhyddhad arno; **~ of anxiety,** rhydd o bryder, dibryder; **you'll be ~ to hear,** bydd yn dda gen ti glywed; byddi'n falch o glywed; bydd yn ollyngdod/ryddhad iti glywed. **2.** *Art:* **~ against a dark background,** yn amlwg ar gefndir du.

relievedly *adv.* gyda rhyddhad/gollyngdod, mewn rhyddhad/gollyngdra.

relievedness *n.* rhyddhad *m*, gollyngdod *m.*

reliever *n. (= helper):* cymhorthwr (cymhorthwyr) *m*; *(= drug):* esmwythwr (esmwythwyr) *m*, esmwythäwr (esmwythawyr) *m*, lleddfwr (lleddfwyr) *m*, lliniarydd(-ion) *m.*

relieving *a.* **1.** *(a) Mil: (army):* gwaredol, cynorthwyol; *(b) (crew, sentry):* cyfnewid. **2.** *Arch:* **~ arch,** bwa (bwâu) (*m*) cynnal; **~ officer,** swyddog(-ion) (*m*) cymorth. **3.** *(properties of drug &c):* esmwythaol, lliniarol.

relievo *n. Art:* = **relief**[2].

relight *v.t.&i. (fire):* ailgynnau, ailgynnu; *(cigarette, pipe):* aildanio; *(lamp &c):* ailoleuo.

religion *n.* crefydd(-au) *f*; **to practise a ~,** crefydda; **established ~,** crefydd y wladwriaeth, crefydd sefydledig; **all-round ~,** crefydd gron; **to enter ~,** dechrau crefydda, mynd/dod/troi at grefydd; **freedom of ~,** rhyddid crefyddol *m*, rhyddid i addoli; *F:* **to get ~,** cael crefydd, dod at grefydd, mynd at grefydd, cael diwygiad, gweld y golau, cael tröedigaeth, *F:* cael tro; **to make a ~ (of doing sth),** gwneud defod/crefydd (o rth, o wneud rhth); ei gwneud hi'n ddefod (wneud rhth); **her name in ~ is Sister Mary,** ei henw crefyddol yw'r Chwaer Mair.

religioner *n.* **1.** crefyddwr (crefyddwyr) *m*, cref|yddwraig (crefyddwragedd) *f*, capelwr (capelwyr) *m*, cap|elwraig (capelwragedd) *f*, eglwyswr (eglwyswyr) *m*, egl|wyswraig (eglwyswragedd) *f.* **2.** *(monk):* mynach(-od, mynaich) *m.*

religionism *n.* crefyddiaeth *f.*

religionist *n.* crefyddolwr (crefyddolwyr) *m*, crefyddwr (crefyddwyr) *m*, cref|yddwraig (crefyddwragedd) *f*, gŵr (gwŷr) (*m*) crefydd.

religionize *v.t.* crefyddoli (rhn), diwygio (rhn), troi (rhn) at grefydd, rhoi crefydd (i rn).

religionless *a.* digrefydd, di-gred.

religiose *a.* gorgrefyddol, crefyddllyd, crefyddus.

religiosity *n.* crefyddusrwydd *m*, gorgrefyddolder *m*, gorgrefyddoldeb *m.*

religious *a. & n.* **1.** *a. (a)* crefyddol; **~ house,** tŷ (tai) (*m*) crefydd; **a ~ person,** crefyddwr (crefyddwyr) *m*, cref|yddwraig (crefyddwragedd) *f*; *F:* **~ mania,** gorffwylledd crefyddol *m*, gorffwylltra crefyddol *m*; *F:* **~ maniac,** crefyddwr (crefyddwyr) gorffwyll *m*, cref|yddwraig orffwyll (crefyddwragedd gorffwyll) *f*; *(in weakened sense):* **he's a ~ maniac,** mae wedi moedro'i ben â chrefydd; mae'n grefyddwr lloerig; **~ order,** urdd grefyddol (urddau crefyddol) *f*; *(b) (= conscientious, zealous):* cydwybodol, deddfol, selog; **with ~ care,** gyda'r gofal mwyaf, yn dra gofalus. **2.** *n. (inv. in pl.): Ecc:* mynachod *pl*, mynaich *pl*, *occ:* crefyddwyr *pl.*

religiously *adv.* *(a)* yn grefyddol; *(b) (= carefully):* yn gydwybodol, yn ddeddfol, yn selog.

religiousness *n.* **1.** crefyddoldeb *m*, crefyddolder *m*, crefyddgarwch *m.* **2.** *(of habits &c):* deddfoldeb *m*, selogrwydd *m.*

reline *v.t.* ail-leinio.

relinquish *v.t.* **1.** rhoi'r gorau (i rth); gadael, gollwng (rhth). **2.** *Jur:* **to ~ a right,** ildio hawl, rhoi'r gorau i hawl.

relinquishment *n.* gollyngiad *m*, gadael *vn*, ildio *vn*, gollwng *vn.*

reliquary *n.* creirfa (creirf|eydd) *f.*

reliquiae *n.pl.* gweddillion.

relish[1] *n.* **1.** *(a) (= taste):* blas *m*, blasusrwydd *m*, archwaeth *m*; **his food has no more ~ for him,** nid yw'n cael blas ar ei fwyd mwyach; *(b) (= sauce, seasoning):* enllyn *m*, saws(-iau) *m*, relish *m*; *(= least taste, soupçon of sth):* blasyn: blesyn *m.* **2. (to eat sth) with ~,** (bwyta rhth) yn awchus, â blas, ag archwaeth.

relish[2] *v.t.* *(a) (= make tasty):* rhoi blas ar rth; *(b) (= enjoy):* blasu, mwynh|au (rhth); cael blas (ar rth); **to ~ doing sth,** cael blas ar wneud rhth, ymhyfrydu mewn gwneud rhth; **we did not ~ the idea,** nid oedd dda gennym mo'r syniad; nid oeddem yn hoffi'r syniad.

relive *v.t.&i.* ail-fyw, adfyw.

reload *v.t. (cart &c):* ail-lwytho; *(gun, camera):* ail-lenwi.

reloan *v.t.* **to ~ sth to s.o.,** rhoi ailfenthyg rhth i rn.

relocatable *a.* adleoladwy.

relocate *v.t.* symud, ail-leoli, adleoli; *(in new home):* ailgartrefu.

relocation *n.* ail-leoliad(-au) *m*, adleoliad(-au) *m*, ailgartrefiad(-au) *m*; *vn.* = **relocate. ~ programme** *n.* rhaglen(-ni) (*f*) ailgartrefu.

relocator *n. Cmptr: &c:* adleolydd(-ion) *m.*

relucent *a.* = **bright.**
reluctance *n.* **1.** amharodrwydd *m*, anfodlonrwydd *m*, cyndynrwydd *m*, hwyrfrydigrwydd *m* (**to do sth,** i wn|eud rhth). **2.** *El:* gwrthiant (gwrthiannau) [magnetig] *m*.
reluctant *a.* amharod, anfodlon, anfoddog, anewyllysgar, cyndyn, hwyrfrydig; **~ to do sth,** anfodlon gwneud rhth, amharod i wneud rhth, cyndyn o wneud rhth.
reluctantly *adv.* yn anfodlon *&c*; o'ch anfodd, yn groes i'r graen, *S.W: V:* llwr' eich tin, *N: V:* ar hyd eich tin; **I say it ~,** mae'n chwith gennyf ei ddweud; o'm hanfodd y'i dywedaf; **semi-~,** rhwng bodd ac anfodd.
reluctivity *n. El:* gwrthiant sbesiffig *m*.
relume *v.t. Lit:* ailgynnau, ailoleuo.
rely *v.i.* **to ~ [up]on s.o.,** dibynnu ar rn; **you can't ~ on her,** 'does dim dal arni; 'does dim saf arni.
rem *n. Meas: Ph:* rem(-iau) *f*.
remade *a. & p.p.* ailwneuthuredig, ailwampiedig; **~ road,** ffordd atgyweiriedig; **a ~ bed,** gwely wedi ei ail-wn|eud, gwely wedi ei ailgyweirio.
remain *v.i.* **1.** aros [ar ôl]; **the fact remains,** erys y ffaith; **it remains to be seen whether...,** rhaid aros i weld a...; amser a ddengys a...; **(the few pleasures) that ~ (to an old man),** (yr ychydig bleserau) a erys, sydd ar ôl (i hen ŵr). **2.** *(a)* **to ~ at home,** aros gartref, *S: occ:* sefyll gartref; **to ~ sitting,** aros ar eich eistedd; **to ~ behind,** aros ar ôl; **to ~ standing,** aros ar eich traed; *(b)* **let it ~ as it is,** gedwch/gadwch/gadewch iddo fod fel y mae. **3.** *(a)* dal, aros; **the weather remains fine,** deil y tywydd yn braf; mae hi'n dal yn braf; *(b) Corr:* **I ~, yours truly...,** yr eiddoch yn gywir....
remainder[1] *n.* **1.** *(a)* gweddill(-ion) *m*, *occ:* rhelyw *m*, *S: occ:* gwarced(-ion) *f*; **the ~ of his life,** gweddill ei oes; *(b) Mth:* **division with no ~,** rhaniad heb weddill; **2.** *(a) Coll:* **the ~,** y gweddill *m*, y lleill *pl*, y rhelyw *m*; *(b) Com:* **to sell off the remainders,** gwerthu'r gweddill, gwerthu'r hyn sydd ar ôl, gwerthu'r nwyddau nas gwerthwyd; *Publ:* **remainders,** llyfrau heb eu gwerthu, llyfrau dros ben. **3. the estate is left to A with ~ to B,** gadewir yr ystad i A a'r gweddilliad *(m)* i B; *Jur:* **contingent ~,** gweddilliad digwyddiadol/amodol *m*; **to accelerate [the] ~,** cyflymu gweddilliad. **~ theorem** *n.* theorem *(f)* y gweddill.
remainder[2] *v.t. (books):* gwerthu (llyfrau)'n rhad/rhatach, gwerthu (llyfrau) ar ostyngiad, gweddillio (llyfrau).
remaindered *a.* **~ books,** llyfrau ar ôl, llyfrau gweddill/gweddilledig, llyfrau dros ben; **~ stock,** stoc *(f)* weddill (stociau gweddill).
remainderman *n.m.* gweddilliwr (gweddillwyr).
remaining *a.* ar ôl, dros ben; **I have four ~,** mae gennyf bedwar ar ôl; *occ:* mae pedwar yn weddill gennyf; **the ~ travellers,** y teithwyr sydd ar ôl, y teithwyr sy'n weddill; gweddill *(m)* y teithwyr; **the ~ water,** y dŵr sydd yn weddill, gweddill y dŵr.
remains *n.pl.* gweddillion; *(= traces):* olion.
remake[1] *n. Cin: &c:* ailwampiad(-au) *m*, fersiwn (fersiynau) newydd *f*, ailwneuthuriad(-au) *m*.
remake[2] *v.t.* ail-wn|eud, ailwneuthur (rhth); gwn|eud fersiwn newydd (o rth); ailwampio, ailbobi (rhth).
remaking *vn.* ailwneuthuriad *m*, ail-wn|eud.
reman *v.t.* **1.** *(ship &c):* ailgriwio. **2.** *(= make courageous):* ailwroli.
remand[1] *n. Jur:* aildraddodiad *m*, aildraddodi *vn*; **to keep s.o. on ~,** cadw rhn yn y ddalfa; **he's on ~,** mae'n aros ei brawf yn y ddalfa. **~ centre, ~ home** *n.* canolfan(-nau) *(mf)* cadw/gadw (canolfannau cadw).
remand[2] *v.t. Jur:* **1. to ~ a prisoner,** remandio/aildraddodi carcharor, anfon carcharor yn ei ôl; **he was remanded (for a week),** anfonwyd ef yn ei ôl i'r ddalfa, cadwyd ef yn y ddalfa (am wythnos); **to ~ s.o. on bail,** caniatáu mechnïaeth i rn. **2. to ~ a case,** gohirio achos.
remandment *n. Jur:* aildraddodiad(-au) *m*, aildraddodi *vn*.
remanence *n. Magn:* dargadwedd *m*.
remanent *a.* yn aros, arhosol, dros ben, ar ôl, sy'n weddill, gweddilliol; *Ph:* dargadwol.
remanet *n. Jur:* achos(-ion) *(m)* dros ben.
remark[1] *n.* **1.** *(= attention):* sylw *m*; **things worthy of ~,** pethau gwerth sylw. **2.** *(= comment):* sylw(-adau) *m*; **to venture a ~,** cynnig sylw; *F:* **to pass remarks upon s.o.,** gwn|eud sylwadau cas am rn.
remark[2] *v.t.&i.* **1.** *v.t. (= notice):* sylwi (ar rth). **2.** *v.i.* **to ~ upon sth to s.o.,** sôn am rth wrth rn, crybwyll rhth wrth rn, dwyn rhth i sylw rhn.
re-mark[3] *v.t.* ailgywiro, ailfarcio.
remarkable *a.* **1.** nodedig, hynod, rhyfedd, rhyfeddol, gwerth sylw, go arbennig; **a boy ~ for his stupidity,** bachgen nodedig am ei dwpdra, bachgen nodedig o dwp. **2.** *int.* **~!** rhyfedd iawn! 'dawn i byth o'r fan! am ryfedd! dyna ryfedd! tewch sôn!
remarkableness *n.* hynodrwydd *m*, rhyfeddod *m*.
remarkably *adv.* yn rhyfeddol, yn hynod *&c*; **~ good,** hynod [o] dda, rhyfeddol [o] dda.
remarriage *n.* ailbriodas(-au) *f*, ailbriodi *vn*; **following his ~,** ar ôl iddo ailbriodi.
remarry *v.t.&i.* ailbriodi (â rhn).
remarshal *v.t.* ailgynnull, ailfyddino, ailgrynh|oi; *(thoughts, energies):* ailgasglu, ailgrynhoi.
remaster *v.t.* ailfeistroli.
rematch[1] *n.* ail gêm *f*.
rematch[2] *v.t.* ailbario.
rematerialize *v.t.* ailymddangos, ailymrithio.
rematriculate *v.t. Sch:* aildderbyn, ailgofrestru, ailaelodi.
remblai *n.* pridd *(m)* cloddiau.
Rembrandtesque *a.* Rembrandtaidd.
remeasure *v.t.* ailfesur.
remediable *a.* gwelladwy, adferadwy.
remedial *a.* meddyginiaethol, gwellhaol, adferol; *Sch:* **~ class,** dosbarth(-iadau) *(m)* adfer.
remedially *adv.* yn feddyginiaethol *&c*.
remediless *a.* difeddyginiaeth, diwella, diwellhad, *Lit: occ:* dirwymedi.
remedy[1] *n.* meddyginiaeth(-au) *f*; **(a ~) for an ailment,** (meddyginiaeth) ar gyfer gwaeledd/salwch, at salwch/gwaeledd; **an old wives' ~,** hen feddyginiaeth, meddyginiaeth gŵr/gwraig hysbys; **the evil is past ~,** mae'r drwg y tu hwnt i wella/feddyginiaeth; **there is no ~ at law,** nid oes dim meddyginiaeth yn ôl y gyfraith.
remedy[2] *v.t.* **1.** *(an ailment):* gwella, meddyginiaethu; **that cannot be remedied,** nid oes meddyginiaeth iddo; nid oes gwella arno. **2.** *(an injustice):* unioni, cywiro.
remelt *v.t.* aildoddi.
remelting *vn.* aildoddiad(-au) *m*, aildoddi.
remember *v.t.&i.* **1.** cofio (rhth, am rth); **I don't ~,** nid wyf yn cofio; 'does gen i ddim cof; **I ~ seeing it,** 'rwy'n cofio'i weld; **I ~ her going,** 'rwy'n ei chofio hi'n mynd; **if I ~ rightly,** os iawn/da y cofiaf; **as far as I ~,** hyd y cofiaf; **it will be sth to ~ you by,** bydd yn rhth i gofio amdanoch chi; **that is worth remembering,** mae hynny'n werth ei gofio; **do ~ to go,** cofia (cofiwch) fynd; *(b)* **he remembered me in his will,** cofiodd amdanaf yn ei ewyllys; *(c)* **to ~ oneself,** ymbwyllo. **2. ~ me [kindly] to them,** cofiwch fi atyn' nhw.
remembrance *n.* **1.** cof(-ion) *m*, atgof(-ion) *m*, coffa *m*, coffadwriaeth(-au) *f*, coffâd *m*, cofio *vn* (am rth); **to have sth in ~,** cofio rhth, cofio am rth; **he has escaped my ~,** mae wedi llithro o'm cof; **within my ~,** o fewn fy nghof i; **to the best of my ~,** hyd y cofiaf; **in ~ of s.o.,** er cof am rn, i gofio/goffáu rhn; **garden of ~,** gardd *(f)* goffa (gerddi coffa); **a pillar in ~ of sth,** colofn er coffa/cof am rth. **2.** *pl.* **give my kind remembrances to him,** cofiwch fi'n garedig ato; rhowch fy nghofion gorau iddo. **R~ Day** *n.* Dydd *(m)* y Coffa/Cofio. **R~ Sunday** *n.* Sul *(m)* y Coffa/Cofio.
remembrancer *n.* **1.** cofiadwr (cofiadwyr) *m*, cofiadur(-on) *m*, swyddog (-ion) *(m)* dyledion y Goron. **2.** = **reminder** 2.
rememorize *v.t.* ailddysgu (rhth) ar eich cof.
remend *v.t.* ailatgyweirio, aildrwsio.
remex *n. Orn:* cwilsyn (cwils) *m*.
remilitarization *n.*, **remilitarize** *v.t. (country &c):* ailfilwreiddio, ailfilwroli; *(pers.):* ailfilitareiddio.
remind *v.t.* atgoffa (rhn), *occ:* atgofio (rhn), *F:* cofio (i rn); **to ~ s.o. of sth,** atgoffa rhn o rth, dwyn rhth i gof rhn; **~ me to get a loaf,** cofia imi gael torth; **that reminds me of my childhood,** mae

hynny'n dwyn fy mhlentyndod i'm cof; **that reminds me!** tra bydda' i'n cofio! **~ me to write to him,** atgoffa fi i ysgrifennu ato; *F:* cofia imi 'sgrifennu ato.

reminder *n.* **1.** *(thing):* peth(-au) (*m*) i'ch atgoffa, *occ:* atgofiad (-au) *m*, atgoffa *m*, atgoffâd *m*; *Com: (letter):* nodyn (nodion) (*m*) atgoffa; **as a ~ to me...,** er mwyn f'atgoffa.... **2.** *(pers.):* atgoffäwr (atgoffawyr) *m*.

remindful *a.* atgofus.

reminisce *v.i.* hel atgofion (**about sth,** am rth).

reminiscence *n.* atgof(-ion) *m*.

reminiscent *a.* atgoffaol.

reminiscential *a.* atgofus.

reminiscently *adv.* yn atgoffaol.

remise[1] *n.* & *v.i. Fenc:* **1.** *n.* ***remise(-s)*** *m*, ailwaniad(-au) *m*. **2.** *v.i.* gwn|eud ***remise,*** ailwanu.

remise[2] *v.t. Jur:* ildio, trosglwyddo.

remiss *a.* esgeulus, diofal; **it was ~ of you,** 'roedd yn ddiofal ar eich rhan; fe fuoch yn ddiofal; **it was ~ of me to forget,** 'roeddwn ar fai yn anghofio.

remissible *a. (penalty, sins):* maddeuadwy.

remission *n.* **1.** *(of sins):* maddeuant (*m*) pechodau, rhyddhad (*m*) o bechodau; **to grant s.o. ~ of his sins,** maddau pechodau rhn, maddau ei bechodau i rn. **2.** *Jur: (of fine, sentence, penalty):* maddeuant, dilead *m*; *(of penalty):* cwtogiad *m*, lleihad *m*; *Jur:* **with ~ of sentence,** gyda dilead o beth o'r ddedfryd; **five years imprisonment with ~ for good behaviour,** pum mlynedd o garchar gyda dilead/chwtogiad am iawn ymddwyn. **3.** *(a) (from cold weather):* ysbaid [cynhesach/gynhesach *&c*] (ysbeidiau [cynhesach *&c*]) *mf*; *(b) Med: (of illness):* ysgafnhad *m*, saib (seibiau) *m*, ysbaid *mf*; gollyngdod *m*.

remissive *a.* lliniarol, maddeuol, dileol.

remissly *adv.* yn esgeulus *&c*.

remissness *n.* esgeulustod *m*, esgeulustra *m*, diofalwch *m*.

remit[1] *n.* gorchwyl(-ion) *m*, tasg(-au) *f*, cyfrifoldeb(-au) *m*, cenadwri (cenadwrïau) *f*.

remit[2] *v.t.&i.* **1.** *v.t. (a) (sins, debt):* maddau, dil|eu; *(b) (= abate):* lleih|au, gwanh|au; *(c) Jur:* **to ~ a case,** ailgyfeirio achos, anfon achos yn ei ôl; *(d) Com:* **to ~ a sum to s.o.,** anfon swm o arian at rn; *abs.* **kindly ~,** anfoner os gwelwch yn dda. **2.** *v.i. (of zeal):* lleihau, gwanhau; *(of pain):* lleddfu, gwanhau; *(of storm):* gostegu, tawelu, hwylio i lawr.

remittal *n.* **1.** *(of debt):* maddeuant *m*, maddau *vn.* **2.** *Jur:* anfoniad(-au) *m*, anfon *vn.*

remittance *n. Com:* taliad(-au) *m*. **~-man** *n.m.* alltud(-ion) ar dâl.

remittent *a.* & *n.* **1.** *a.* ysbeidiol. **2.** *n.* twymyn(-au) ysbeidiol *f*.

remitter *n.* **1.** *Com:* anfonwr: anfonydd (anfonwyr) *m*, talwr (talwyr) *m*, t|alwraig *f*. **2.** *Jur: (a) (of case):* anfoniad(-au) *m*; *(b) (of title):* trosglwyddiad(-au) *m*.

remitting *a.* = **remittent 1**.

remix *v.t.* ailgymysgu.

remnant *n.* **1.** gweddill(-ion) *m*, peth(-au) (*m*) dros ben, *S:* gwarged(-ion) *mf*; *B:* **a ~ shall be saved,** gweddill a achubir; *(of bread, cheese):* cilcyn(-nod,-ion) *m*; *(of loaf):* sawdl (sodlau) *mf*. **2.** *(= vestige):* ôl (olion) *m*. **3.** *(of material):* darn(-au) *m*, dernyn(-nau, darnau) *m*, cerpyn (carpiau) *m*, cinyn(-ion) *m*.

remobilization *n.*, **remobilize** *v.t.* ailfyddino.

remodel *v.t.* ailfodelu, ail-lunio, ailwampio.

remodification *n.* ailaddasiad(-au) *m*, ailaddasu *vn.*

remodify *v.t.* ailaddasu.

remodulate *v.t.* ailfodylu.

remonetization *n.*, **remonetize** *v.t.* ailgyfreithloni, ailawdurdodi, ailddilysu.

remonstrance *n.* gwrthdystiad(-au) *m*, protest(-iadau) *f*, ymliw (-iau) *m*; *Hist:* **the Grand R~,** y Gwrthdystiad Mawr.

remonstrant *a.* & *n.* **1.** *a.* = **remonstrative. 2.** *n.* = **remonstrator**; *Hist:* Haerwr (Haerwyr); **Counter-R~,** Gwrth-Haerwr (~-Haerwyr) *m*.

remonstrantly *adv.* = **remonstratingly.**

remonstrate *v.i.&t.* **1.** *v.i.* **to ~ with s.o.,** protestio wrth rn, *Lit:* ymliw/ymliwio/cyfymliw â rhn; **to ~ against sth,** protestio/gwrthdystio yn erbyn rhth. **2.** *v.t.* **to ~ that...,** protestio/ymliw bod *&c*....

remonstratingly *adv.* yn wrthdystiol; mewn protest.

remonstrative *a.* gwrthdystiol.

remonstratively *adv.* = **remonstratingly**.

remonstrator *n.* gwrthdystiwr (gwrthdystwyr) *m*, protestiwr (protestwyr) *m*, gwrthd|ystwraig (gwrthdystwragedd) *f*, prot|estwraig (protestwragedd) *f*.

remontant *a.* & *n.* **~ rose,** rhosyn(-nau) ailflagurol *m*.

remora *n. Ich:* atalbysgodyn (atalbysgod) *m*.

remorse *n.* **1.** edifeirwch *m*, *Lit: occ:* atgno *m* [cydwybod]. **2. without ~,** didrugaredd, didostur, didosturi.

remorseful *a.* edifar, edifeiriol.

remorsefully *adv.* yn edifar *&c*; mewn edifeirwch.

remorseless *a.* **1.** diedifar. **2.** *(= pitiless):* didrugaredd, didostur, didosturi, anhrugarog, diarbed. **3.** *(= indefatigable):* di-ildio, diwyro, diwyrni, diflino, penderfynol.

remorselessly *adv.* **1.** yn ddiedifar. **2.** *(= without pity):* yn ddidrugaredd *&c*. **3.** *(= indefatigably):* yn ddiflino *&c*.

remorselessness *n.* penderfynoldeb *m*, diffyg (*m*) tosturi, anhrugarowgrwydd *m*, anedifeirwch *m*.

remortgage *v.t.* codi morgais newydd (ar rth), ailforgeisio (rhth).

remote *a.* **1.** pell, gwahanol; **(sciences) ~ from each other,** (gwyddorau) gwahanol i'w gilydd, pell oddi wrth ei gilydd. **2.** *(= secluded):* anghysbell, diarffordd, anhygyrch, pellennig, pell, *N.W:* dinad-man; **the house lies ~ from the road,** saif y tŷ ymhell o'r ffordd; **the remotest parts of the earth,** pellafoedd y ddaear, cyrrau pella'r ddaear, eithafoedd byd; **in the remotest part of Asia,** ym mhen draw Asia, ym mhellafoedd Asia, ym mhen pellaf Asia; **in the ~ past,** yn y gorffennol pell; *Cmptr:* **~ access,** cyrchiad(-au) pell *m*; **~ ages,** y cynoesoedd; **~ ancestors,** hynafiaid pell, cyndeidiau, cyndadau; **~ causes,** achosion pell; *T.V:* **~ camera,** c|amera (camerâu) annibynnol *m*; *Cmptr:* **~ console,** consol(-au) pell *m*; **~ control,** rheolaeth (*f*) o bell/bellter/hirbell, pell-reolaeth *f*; **(to operate) by ~ control,** (gweithio/gweithredu) trwy reolaeth o bell, trwy bell-reolaeth; *attrib.* pell-reoledig; **~-controlled,** a reolir o bell *&c*, yn cael ei reoli o bell *&c*, pell-reoledig; *Cmptr:* **~ data station,** gorsaf (*f*) ddata pell (gorsafoedd data pell); **~ data terminal,** terfynell (*f*) ddata pell (terfynellau data pell); **~ debugging,** dadfygio pell; **~ enquiry,** ymholiad(-au) pell *m*; **~ job entry,** mewnbynnu (*vn*) gorchwyl pell; **~ processing,** prosesu pell; **~ testing,** profi pell. **3. a ~ resemblance,** tebygrwydd pell *m*, lled-debygrwydd *m*; **I haven't the remotest idea,** 'does gen i mo'r syniad lleiaf; 'does gen i ddim clem; *S.W:* 'does dim llefeleth 'da fi, *N.W: occ:* 'does gen i ddim arith/narith; 'does gen i ddim obadeia; **without the remotest chance (of succeeding),** heb y gobaith lleiaf, heb unrhyw obaith [yn y byd] (o lwyddo); **a ~ prospect,** gobaith bychan, gobaith gwan iawn. **4.** *(= aloof):* pell.

remotely *adv.* **1. we are ~ related,** 'rydym ni'n perthyn o bell/hirbell, 'rydym ni'n rhyw frith berthyn. **2.** *(usu. after neg.):* **he was not ~ interested in the problem,** nid oedd ganddo'r diddordeb lleiaf yn y broblem; **it is [only] ~ possible,** o'r braidd y mae'n bosibl; mae posiblrwydd egwan y gallai hynny fod. **3.** *(= aloofly, absently):* yn bell.

remoteness *n.* **1.** pellter(-au,-oedd) *m*, pellenigrwydd *m*. **2.** *Jur:* **~ of consequence,** pellter canlyniad.

remoulade *n. Cu:* remwlâd (remwladau) *mf*.

remould[1] *n.* teiar(-s) ail-fo[w]ld *m*, ail-fo[w]ld(-iau) *m*.

remould[2] *v.t.* ailfo[w]ldio.

remoulding *vn.* ailfo[w]ldiad(-au) *m*, ailfo[w]ldio.

remount[1] *n.* ceffyl(-au) newydd *m*, ceffyl cyfnewid.

remount[2] *v.t.* **1.** *(horse, bicycle):* mynd ar gefn (ceffyl/beic) eto, neidio'n ôl i'r cyfrwy. **2.** *(ladder, hill):* ailddringo, ailesgyn. **3.** *(picture):* ailfowntio.

removability *n.* symudolrwydd *m*, symudadwyedd *m*; *(of stain &c):* natur ddileadwy/godadwy *f*; *(of clothes, teeth):* natur dynadwy *f*; **its ~ is an advantage,** mae'r ffaith y gellir ei symud yn fantais.

removable *a.* symudol, symudadwy; *(fixture):* datodadwy, y gellir ei dynnu; *(furniture &c):* cludadwy.

removal *n.* **1.** symudiad(-au) *m*, symud *vn*; *(of stain, abuse):* dilead *m*, dil|eu *vn*; *(of employee &c):* diswyddiad(-au) *m*, diswyddo *vn*; *F: (= murder):* difodiad(-au) *m*, difodi *vn.* **2.** *(of rubbish, wreck &c):* gwarediad(-au) *m*, gwaredu *vn* (rhth); cael (*vn*) gwared (â rhth). **3.** *(of hat &c):* tynnu *vn*, diosg *vn*; *(of tooth &c):* tynnu *vn*, tyniad(-au) *m*; *(of tiles &c):* codi *vn*, tynnu [ymaith]. **4.** *(from house):* ymfudiad(-au) *m*, ymfudo *vn*, mudo *vn* (*not* symud tŷ); **do you do removals?** fyddwch chi'n symud dodrefn/celfi? **~ agent** *n.* codydd/codwr (codwyr) (*m*) staeniau, peth(-au) (*m*) codi/tynnu staeniau. **~ man** *n.m.* mudwr (mudwyr), symudwr (symudwyr) dodrefn, dyn(-ion) symud dodrefn. **~ van** *n. N:* fan (*f*) ddodrefn (faniau dodrefn), fan fudo (faniau mudo), *S:* fan gelfi (faniau celfi).

remove[1] *n.* **1.** *Sch: (a)* symudiad *m*, dyrchafiad(-au) *m*; **he did not get his ~,** ni chafodd ei symud i ddosbarth uwch; *(b) (= intermediate class):* dosbarth(-iadau) canolraddol *m*; *(c) Mus:* gwyriad(-au) *m*. **2. it is but one ~ from madness,** nid oes ond y dim lleiaf rhyngddo a gwallgofrwydd; nid yw ymh|ell o fod yn wallgofrwydd; mae y drws nesaf i wallgofrwydd; **at several removes,** o hirbell; **at a certain ~, it looks different,** o ryw bellter, mae golwg wahanol arno; **it is several removes from...,** mae'n gryn bellter oddi wrth...; **it is a few removes from...,** mae'n beth pellter oddi wrth.... **3. he's my cousin at two removes,** mae'n gefnder imi o fewn dwy ach, mae'n fab cyfyrder imi; **she's my cousin at two removes,** mae'n gyfnither imi o fewn dwy ach; mae'n ŵyres i'm cefnder/cyfnither.

remove[2] *v.t.* **1.** *(a) (obstacle, wreck, rubbish):* symud (rhth) [ymaith]; *(stain, fear, abuse, obstacle):* cael gwared (â rhth), dil|eu (rhth); *(obstacle, stain):* codi, dileu; *(abuse):* dileu, diddymu; *Mth:* **to ~ brackets,** diddymu cromfachau; **to ~ s.o.'s name from a list,** dileu/tynnu enw rhn oddi ar restr; *Toil:* **to ~ make-up,** tynnu colur; *(b) (= dismiss):* diswyddo (rhn), cael gwared (â rhn); *(c) F: (= murder):* lladd, dileu, difa (rhn); cael gwared (â rhn). **2.** *(a) (furniture &c):* symud; *abs.* **to ~,** *(from one house to another):* symud, mudo, ymfudo; *(b) (a person):* symud (rhn), mynd (â rhn) ymaith; *(employee):* symud; **have them removed!,** allan/mas â nhw! ymaith â nhw! **I'll have you removed!** allan/mas byddwch chi! *(c) (hat, clothes &c):* tynnu, diosg, *S:* matryd; **to ~ dishes,** clirio llestri, mynd â llestri ymaith; *Med:* **to ~ a bandage,** tynnu rhwymyn.

removed *a.* **1. first cousin once ~,** *(i) (= child of one's cousin):* plentyn (plant) eich cefnder/cyfnither; *(ii) (= cousin of parent):* cefnder (cefndryd) (*m*) eich tad/mam, cyfnither(-od) (*f*) eich tad/mam; **first cousin twice ~,** *(i) (= grandchildren of one's cousin)*; ŵyr (wyrion) (*m*) eich cefnder/cyfnither, ŵyres (wyresau) (*f*) eich cefnder/cyfnither; *(ii) (= cousin of grandparent) N:* cefnder (*m*)/cyfnither (*f*) eich taid/nain, *S:* cefnder/cyfnither eich tad cu/mam gu.

remover *n.* **1. furniture ~,** mudwr (symudwyr) (*m*) dodrefn/celfi, cludwr (cludwyr) (*m*) dodrefn *&c*, cariwr (cariwyr) (*m*) dodrefn *&c*. **2.** *(of stains, varnish, paint, make-up &c):* tynnwr (tynwyr) *m*, codwr (codwyr) *m*; **superfluous hair ~,** hufen (*m*) tynnu blew; **nail-varnish ~,** toddwr (toddwyr) (*m*) farnis ewinedd.

remunerate *v.t.* talu, rhoi cydnabyddiaeth (i rn); gwobrwyo (rhn).

remuneration *n.* cydnabyddiaeth(-au) *f*, tâl (taliadau) *m*.

remunerative *a.* sy'n talu, sy'n dwyn elw, gwerth chweil, enillfawr, *occ:* buddiog.

remuneratory *a.* cydnabyddol.

renaissance *n. & attrib.* **1.** *n. Art: Lit:* dadeni *m*, adfywiad(-au) *m*; *Hist:* **the R~,** y Dadeni [Dysg]. **2.** *attrib.* **R~ style,** arddull y Dadeni; **a R~ man,** un o wŷr y Dadeni.

renal *a. Anat:* arennol; *Med:* **~ calculus,** carreg (cerrig) (*f*) aren/arennau, maen (meini) (*m*) tostedd.

rename *v.t.* ailenwi.

renascence *n.* aileni *m*, dadeni *m*, adfywiad(-au) *m*.

renascent *a.* ailanedig.

renationalization *n.*, **renationalize** *v.t.* ailwladoli, ailgenedlaetholi.

rend *v.t. Lit:* rhwygo; **to ~ one's garments,** rhwygo'ch dillad; *Fig:* **to turn and ~ s.o.,** troi ar rn a'i larpio; **to ~ s.o. in pieces,** llarpio rhn, tynnu rhn yn gareiau; **to ~ s.o.'s heart,** torri calon rhn.

render *v.t.* **1.** dychwelyd, adfer, edfryd (rhth), rhoi (rhth) yn ei ôl; **to ~ good for evil,** rhoi da am ddrwg; **to ~ like for like,** talu'r pwyth yn [ei] ôl; *B:* **~ therefore unto Caesar the things which are Caesar's,** telwch chwithau yr eiddo Cesar i Gesar; **I will ~ vengeance,** dychwelaf ddial; caf ddial; caf fy nial; **to ~ thanks to s.o.,** diolch i rn, rhoi/talu diolch i rn. **2.** *Lit: (= give up):* [g]ildio. **3. to ~ a service to s.o.,** gwn|eud cymwynas â rhn; **to ~ oneself liable to [judicial] proceedings,** eich rhoi'ch hunan mewn perygl o gael eich erlyn. **4.** *(a)* **to ~ an account of sth,** rhoi cyfrif o/am rth; **"as per account rendered", "to account rendered",** "yn ôl cyfrif a roddwyd", "yn ôl ein cyfrif". **5.** *(music &c):* perfformio, datganu; *(= translate):* cyfieithu, trosi; *(= convey):* cyfl|eu. **6.** *(= make, cause to be):* gwn|eud, peri; **to ~ it impossible,** ei gwneud hi'n amhosibl, peri ei bod hi'n amhosibl. **7.** *Cu: (= melt):* toddi; *(= clarify):* gloywi. **8.** *Constr:* rendro, randro. **~-set**[1] *n.* rendrad(-au) dwbl *m*. **~-set**[2] *v.t.* dwbl-rendro. **~-set**[3] *a.* dwy gôt/haen.

rendered *a.* **1.** *Cu:* **~ fat,** toddion *pl.* **2. account ~,** *See* **render 4. 3.** *Constr:* wedi ei rendro/randro.

renderer *n.* **1.** *(= interpreter):* cyfieithydd (cyfieithwyr) *m*, troswr (troswyr) *m*. **2.** *(= giver):* rhoddwr (rhoddwyr) *m*, talwr (talwyr) *m*. **3.** *Constr:* randrwr (randrwyr) *m*, plastrwr (plastrwyr) *m*. **4.** *(of fat):* toddwr (toddwyr) *f*, dysgl (*f*) doddi (dysglau toddi). **5.** *(= performer):* perfformiwr (perfformwyr) *m*, datgeiniad (datgeiniaid) *m&f*.

rendering *n.* **1.** *(a)* **~ of thanks,** diolch *m*, diolchiadau *pl*; *(b) (of account):* rhoddiad *m*, rhoi *vn*, cyflwyno *vn*, cyflwyniad *m*; *(of fortress):* [g]ildiad *m*, [g]ildio *vn*. **2.** *(of music &c):* datganiad(-au) *m*, perfformiad(-au) *m*; *(= translation):* cyfieithiad(-au) *m*, trosiad(-au) *m*. **3.** *Cu:* toddiad *m*, toddi *vn*, gloywad *m*, gloywi *vn*. **4.** *Constr:* rendrad *m*, randrad *m*, rendro *vn*, randro *vn*.

rendezvous[1] *n.* *(i) (place):* man(-nau) (*m*) cwrdd/cyfarfod; *(ii) (meeting):* cyfarfod(-ydd) *m*, oed(-au) *m*, *N.W: F:* points *m*.

rendezvous[2] *v.i.* cyfarfod, cwrdd.

rending *a.* rhwygol; **heart-~,** calonrwygol.

rendition *n.* **1.** *Hist: (= surrender):* [g]ildiad(-au) *m*, [g]ildio *vn*. **2.** *esp. U.S: (a) (= translation):* cyfieithiad(-au) *m*, trosiad(-au) *m*; *(b) (of music):* datganiad(-au) *m*; *(of rôle):* dehongliad(-au) *m*, dehongli *vn*, cyflead(-au) *m*, cyfl|eu *vn*.

renegade[1] *n. & attrib.* **1.** *n.* gwrthgiliwr (gwrthgilwyr) *m*, gwrthg|ilwraig *f*. **2.** *attrib.* gwrthgiliedig.

renegade[2] *v.i.* gwrthgilio.

renege *v.i.&t.* **1.** *v.i. Cards:* **= revoke; to ~ on a promise,** torri'ch gair, torri addewid; **to ~ on s.o.,** *(= disappoint):* siomi rhn. **2.** *v.t. (= deny):* gwadu.

reneger *n.* torrwr (*m*) addewid (torwyr addewidion).

renegotiate *v.t.* aildrafod.

renegotiation *n.* aildrafodaeth(-au) *f*, aildrafod *vn*.

renew *v.t.* adnewyddu; **to ~ a combat,** ailgychwyn brwydr; **to ~ one's efforts,** ymdrechu o'r newydd, dyblu'ch ymdrechion.

renewable *a.* adnewyddadwy; *Lib:* **not ~,** ni ellir ei ailfenthyca.

renewal *n.* adnewyddiad(-au) *m*, adnewyddu *vn*.

reniform *a.* arenffurf.

renin *n. Biol:* renin *m*.

renitence *n.* **= resistance.**

renitent *a.* **= resistant.**

rennet[1] *n.* ceuled *m*, cywirdeb *m*, cywair (*m*) llaeth, *S.W:* cwyrdeb: cwrdeb *m*, *S.E:* caul (*m*) llo, *N.W: occ:* bolgywair *m*, *M.W:* cwrdeb, caul. **~-bag** *n. N:* bol (*m*) ceulo, *S.W:* bwgish/bwced (*m*) llo. **~ stomach** *n. Vet: Anat:* cylla *m*.

rennet[2] *n. Hort: (apple):* afal (*m*) y frenhines (afalau'r frenhines).

rennetwort *n.* **= cleavers.**

rennin *n. Biol:* rennin *m*.

renominate *v.t.* ailenwebu.

renomination *n.* ailenwebiad(-au) *m*, ailenwebu *vn*.

renotification *n.* ailhysbysiad(-au) *m*, ailhysbysu *vn*.

renotify *v.t.* ailhysbysu.

renounce[1] *n. Cards:* nacâd *m*, nogiad(-au) *m*.

renounce[2] *v.t.* **1.** *(plan, hopes &c):* rhoi'r gorau (i rth); **to ~ a right,** ildio hawl. **2.** *(child, religion, treaty &c):* diarddel, gwadu (rhth); troi cefn (ar rth); **to ~ the world,** ymwadu/ymwrthod â'r byd. **3.** *abs. Cards:* nacáu dilyn, newid siwt.

renouncement *n.* **= renunciation.**

renouncer *n.* gwadwr (gwadwyr) *m*, g|wadwraig *f*, ymwadwr (ymwadwyr) *m*, ym|wadwraig *f*.

renovate *v.t.* adnewyddu.

renovation *n.* adnewyddiad(-au) *m*, adnewyddu *vn*.

renovator *n.* adnewyddwr (adnewyddwyr) *m*, adnew|yddwraig *f*.

renown *n.* enwogrwydd *m*, enw [da] *m*, bri *m*, *occ:* clod *m*; **of great ~,** enwog iawn, o fri, clodfawr, mawr eich bri/clod.

renowned *a.* enwog (**for sth,** am rth); o fri, clodfawr, adnabyddus.

rent[1] *p.p.* rhwygedig, a rwygwyd; *See* **rend.**

rent[2] *n.* (*= tear*)*:* **1.** (*in dress*)*:* rhwyg(-au) *f*, rhwygiad(-au) *m.* **2.** = **fissure.**

rent[3] *n.* rhent(-i) *m*; *U.S:* **for ~,** ar osod; *Hist:* **chief-~,** cymynediw (-iau) *m*; **decontrol of rents,** dadreolaeth (*f*) rhenti, dadreoli (*vn*) rhenti; **differential rents,** rhenti gwahaniaethol; **ground ~,** grwndrent(-i) *m*, rhent tir; **peppercorn ~,** rhent hedyn pupur; **rack ~,** crogrent(-i) *m*, rhent afresymol; **~ in arrears,** rhent ôl-ddyledus; **~ arrears,** *n.pl.* ôl-ddyledion rhent, rhent/rhenti dyledus; **~ of assize,** rhent aséis. **~-a-crowd, ~-a-mob** *attrib. Pej:* **the usual ~-a-crowd protesters,** y protestwyr proffesiynol arferol. **~-boy** *n.* rhentlanc(-iau) *m*, putain wryw (puteiniaid gwryw) *f.* **~ charge** *n.* rhent-dâl (~-daliadau) *m.* **~ collector** *n.* casglwr (casglwyr) (*m*) rhenti, *F:* dyn(-ion) (*m*) casglu/hel rhenti. **~ control** *n.* rheolaeth (*f*) ar renti. **~ day** *n.* diwrnod([i]au) (*m*) talu'r rhent. **~-free** *a.* di-rent; **to live ~-free,** byw heb dalu rhent. **~ money** *n.* arian (*m*) [y] rhent. **~ officer** *n.* swyddog(-ion) (*m*) rhenti. **~ restriction** *n.* cyfyngu (*vn*) ar renti, cyfyngiad(-au) (*m*) ar renti. **~-roll** *n.* rhôl (*f*) rent (rholiau rhenti). **~ service** *n.* gwasanaeth (*m*) rhent, rhentwasanaeth *m.* **~ strike** *n.* streic (*f*) renti (streiciau rhenti). **~ tribunal** *n.* tribiwnlys(-oedd) (*m*) rhenti.

rent[4] *v.t.&i.* (*a*) (*= let*)*:* gosod [ar rent] (*not* rhentu); **the land rents at one hundred pounds a month,** gosodir y tir am ganpunt y mis; (*= hire out*)*:* hurio; (*b*) (*= pay rent for*)*:* talu rhent (am rth), rhentu (rhth).

rentable *a.* gosodadwy, ar osod, rhentadwy.

rental *n.* rhent(-i) *m*, *occ:* rhentol(-ion) *m.* **~ library** *n. U.S:* llyfrgell (*f*) dalu (llyfrgelloedd talu). **~ service** *n.* gwasanaeth (*m*) rhentu.

renter *n.* **1.** rhentiwr (rhentwyr) *m.* **2.** *Cin:* dosbarthwr (dosbarthwyr) (*m*) ffilmiau.

rentier *n.* rhentwr (rhentwyr) *m*, ***rentier(-s)*** *m.* **~ class** *n.* dosbarth cyfalafol *m.*

renumber *v.t.* ailrifo.

renumbered *a.* ailrifedig.

renunciant *a.* & *n.* **1.** *a.* ymwadol, ymwrthodol (**of sth,** â rhth). **2.** *n.* ymwadwr (ymwadwyr) *m*, ymw|adwraig *f*, ymwrthodwr: ymwrthodydd (ymwrthodwyr) *m*, ymwrth|odwraig *f* (â rhth).

renunciation *n.* ymwrthod *vn*, ymwadu *vn*, ymwrthodiad(-au) *m*, ymwadiad(-au) *m* (**of sth,** â rhth).

renunciative, renunciatory = **renunciant 1**.

reobtain *v.t.* cael rhth eilwaith/drach|efn, ailsicrh|au, ailddarganfod (rhth).

reoccupation *n.* ailoresgyniad(-au) *m*, ailoresgyn *vn*, ailfeddiannu *vn*, adfeddiannu *vn*; ailfeddiant *m* (ar rth); (*of house*)*:* ailanheddiad(-au) *m.*

reoccupy *v.t.* ailfeddiannu, adfeddiannu; (*territory*)*:* ailoresgyn; (*house*)*:* ailanheddu (tŷ), mynd yn ôl i fyw (mewn tŷ); **the house was reoccupied,** (*i*) (*by former occupants*)*:* daeth y trigolion yn ôl i'r tŷ; (*b*) (*by new occupants*)*:* daeth trigolion newydd i'r tŷ.

reoccupying *a.* ailoresgynnol, ailfeddiannol, adfeddiannol, ailanheddol.

reopen *v.t.&i.* ailagor; (*a*) **to ~ an old sore,** codi hen grach, ailagor hen friw; (*b*) (*hostilities*)*:* ailddechrau, ailgychwyn.

reopening *vn.* **1.** (*of school &c*)*:* ailagor, ailagoriad(-au) *m*; (*of hostilities &c*)*:* ailgychwyn, ailgychwyniad(-au) *m.* **2.** (*= beginning*)*:* ailddechrau, ailddechreuad *m.*

reoperate *v.t.* ailweithio, ailweithredu, ailgychwyn.

reorchestrate *v.t.* aildrefnu.

reorchestration *n.* aildrefniad(-au) *m*, aildrefnu *vn.*

reorder[1] *n.* ailarcheb(-ion) *f.*

reorder[2] *v.t.* **1.** *Com:* (*goods*)*:* ailarchebu. **2.** = **reorganize.**

reorganization *n.* ad-drefniant *m*, ad-drefniad(-au) *m*, ad-drefnu *vn*, aildrefnu *vn.*

reorganize *v.t.* aildrefnu, ad-drefnu.

reorganizer *n.* aildrefnwr (aildrefnwyr) *m*, ad-drefnwr (~-drefnwyr) *m*, ad-drefnydd(-ion) *m.*

reorient, reorientate *v.t.* ailgyfeirio.

reorientation *n.* ailgyfeiriad(-au) *m*; (*action*)*:* ailgyfeirio *vn.*

reoutline *v.t.* ailamlinellu.

rep[1] *n. Tex:* rep *mf.*

rep[2] *n. Th:* = **repertory.**

rep[3] *n. Com:* = **representative.**

rep[4] *n. F:* (*= reprobate*)*:* r[h]epsyn (r[h]eps) *m.*

repacify *v.t.* aildawelu, ailheddychu, ailddyhuddo.

repack *v.t.* ailbacio.

repackage *v.t.* ailbacedu.

repackaged *a.* ailbacededig, wedi ei ailbacedu.

repacked *a.* ailbaciedig, wedi ei ailbacio.

repad *v.t.* ailglustogi.

repaginate *v.t.* **to ~ a book,** ailddudalennu llyfr, ailrifo tudalennau llyfr.

repaid *a.* ad-daledig, a ad-dalwyd, wedi ei ad-dalu; *See* **repay.**

repaint[1] *n.* **1.** ailbaentiad(-au): ailbeintiad(-au) *m*, ailbaentio: ailbeintio *vn.* **2.** *Golf:* pêl (peli) (*f*) â phaent newydd.

repaint[2] *v.t.* ailbaentio, ailbeintio.

repair[1] *v.i. O:* **to ~ to a place,** mynd i le; (*= frequent*)*:* mynychu lle.

repair[2] *n. Lit:* **a place of great ~,** cyrchfan(-nau) poblogaidd *m.*

repair[3] *n.* **1.** (*= mending*)*:* atgyweiriad(-au) *m*, *N:* trwsiad(-au) *m*; **road repairs,** atgyweiriadau ffordd/ffyrdd; **under ~,** yn cael ei [h]atgyweirio; **"road under ~",** "trwsio/atgyweirio ffordd", "ffordd yn cael ei thrwsio"; **it's beyond ~,** ni ellir mo'i [h]atgyweirio; *Fig:* **beyond ~,** anadferadwy, y tu hwnt i adfer; **in need of ~,** mewn angen ei [h]atgyweirio, ag eisiau ei [h]atgyweirio, *S.W:* anriparus. **2.** cyflwr *m*; **in [good] ~,** mewn cyflwr da, *F:* mewn cas cadw da; **in bad ~,** mewn cyflwr gwael; (*house &c*)*:* wedi mynd â'i ben iddo, adfeiliedig. **~ kit, ~ outfit** *n.* cit(-iau) (*m*) atgyweirio/trwsio. **~ shop, ~ works** *n.* gweithdy (gweithdai) (*m*) atgyweirio.

repair[4] *v.t.* **1.** atgyweirio, *N:* trwsio, *S:* cweiro, *S: F:* riparo; **to ~ a breach,** cau bwlch; **to ~ a gap,** (*in stone wall*)*:* codi bwlch. **2.** (*an injustice*)*:* unioni.

repairable *a.* = **reparable**.

repairer *n.* atgyweiriwr (atgyweirwyr) *m*, *N:* trwsiwr (trwswyr) *m*; **shoe ~,** crydd(-ion) *m.*

repairman *n.m.* atgyweiriwr (atgyweirwyr); *S.a.* **repairer.**

repand *a. Bot: Z:* tonnog.

repanel *v.t.* ailbanelu.

repaper *v.t.* ailbapuro.

reparable *a.* **1.** (*machine &c*)*:* atgyweiriadwy, trwsiadwy. **2.** (*loss*)*:* adferadwy.

reparation *n.* **1.** (*= repair*)*:* atgyweiriad(-au) *m*, trwsiad(-au) *m.* **2.** (*= amends*)*:* iawndal(-iadau) *m*, iawn *m*; **to make ~ for sth,** gwneud iawn am rth.

reparative *a.* atgyweiriol.

repark *v.t.* ailbarcio.

repartee *n.* (*a*) (*= witty reply*)*:* ffraetheb(-ion) *f*, ateb(-ion) parod *m*; (*b*) (*= witty talk*)*:* ffraethineb *m*, arabedd *m.*

repartition *n.* ailddosbarthiad(-au) *m*, ailddosraniad(-au) *m*, ailddosbarthu *vn*, ailddosrannu *vn.*

repass *v.t.&i.* **1.** *v.t.* mynd heibio (i rth) eilwaith, ailbasio (rhth). **2.** *v.i.* dod yn ôl, dychwelyd.

repast *n. Lit:* pryd(-au) *m*, bwyd *m*, ymborth *m*, lluniaeth *f*; (*= feast*)*:* gwledd(-oedd) *f*, gloddest(-au) *m.*

repatch *v.t.* clytio, ailglytio, aildrwsio.

repatriate[1] *v.t.* anfon (rhn) yn ôl i'w wlad ei hun, dychwelyd (rhn) i'w wlad ei hun, *F:* anfon (rhn) adref.

repatriate[2] *n.* dychweledig(-ion) *m&f.*

repatriation *n.* dychwelyd *vn* (rhn i'w f|amwlad); dychweliad *m* [i'ch m|amwlad]; **there have been many repatriations,** dychwelwyd llawer i'w mamwlad/mamwledydd; anfonwyd llawer adref.

repave *v.t.* ailbalmantu.

repay *v.t.* **1. to ~ s.o.,** ad-dalu arian i rn, talu arian yn ei ôl i rn; **to ~ an obligation,** ad-dalu dyled; **to ~ an injury,** talu pwyth yn ôl, dial; **to ~ s.o.'s kindness,** ad-dalu cymwynas. **2. a book that repays reading,** llyfr sy'n werth ei ddarllen, llyfr y tâl ei ddarllen.

repayable *a.* ad-daladwy.

repayment *n.* ad-daliad(-au) *m*, ad-dalu *vn.*

repeal[1] *n.* diddymiad(-au) *m*, dilead(-au) *m*, diddymu *vn*, dil|eu *vn*, dirymiad(-au) *m*, dirymu *vn.*

repeal[2] *v.t.* diddymu, dil|eu, dirymu.

repealability *n.* diddymadwyedd *m*, dileadwyedd *m*, dirymadwyedd *m.*

repealable *a.* diddymadwy, dileadwy, dirymadwy.

repeat[1] *n.* **1.** *Mus:* **~[-mark],** marc(-iau) (*m*) ailadrodd, mynychnod(-au) *m*; **~ performance,** ail berfformiad(-au) *m.* **2.**

Tg: ~ **signal,** arwydd(-ion) (*m*) ailadrodd. **3.** *Com:* ~**[-order],** ailarcheb(-ion) *f*. **4.** *(programme &c):* ailddarllediad(-au) *m*; *T.V:* aildelediad(-au) *m*; *F:* **I don't want a ~ of that experience,** 'does arna' i ddim awydd cael y profiad yna eto.

repeat² *v.t.&i.* **1.** *v.t. (a) (word, poem &c):* ail-ddweud, dweud (rhth) drach|efn/eilwaith, *occ:* ailadrodd, aildraethu; *(after a line of a song):* "eilwaith"; **"right," she repeated,** "iawn," meddai hi drachefn; **that is not, ~ not, correct,** nid yw hynny'n gywir o gwbl [meddaf]. **2.** *Sch: Pej:* **he repeats everything [to the teacher],** *N:* mae o'n prepian/chwidlo [wrth yr athro] o hyd ac o hyd; *S:* mae e'n clap[i]an [wrth yr athro], *N:* mae o'n hen brep/chwidlwr *m*; *S:* mae e'n hen glapgi [bach]; **to ~ an effort,** ailymdrechu, ymdrechu drachefn/eilwaith, gwn|eud ymdrech newydd; **to ~ an action,** ailgyflawni rhth, gwneud rhth drachefn/eilwaith, gwneud rhth o'r newydd; **to ~ an attempt,** rhoi ail gynnig (ar rth), gwneud ymgais drachefn; *Com:* **to ~ an order,** ailarchebu (rhth), archebu (rhth) drachefn; *T.V: &c:* **to ~ a programme,** *(radio):* ailddarlledu rhaglen; *T.V:* ailddangos/aildeledu rhaglen; *Sch:* **to ~ a year,** ail-wneud blwyddyn. **2.** *v.i. (a) (of rifle):* aildanio; *(of clock)* aildaro; *(b) Av: (of figures):* ymddangos drosodd a throsodd, ailymddangos; *(c) (of food):* codi gwynt; *(d) U.S: (= vote illegally):* ailbleidleisio, pleidleisio droeon. **3.** *v.refl.* **it repeats itself every so often,** mae'n ailgychwyn/ailddigwydd bob hyn a hyn.

repeatable *a.* y gellir ei ailadrodd/ail-wn|eud/ail-ddweud &c, ailddywedadwy, ailadroddadwy, ailwneuthuradwy; **what he said is not ~,** ni wiw ailadrodd yr hyn a ddywedodd.

repeated *a.* mynych, niferus, *Lit: occ:* eilfydd; **after ~ requests,** ar ôl sawl cais, ar ôl ceisiadau niferus; **an oft ~ remark,** hen sylw.

repeatedly *adv.* dro ar ôl tro, yn fynych, drosodd a throsodd, droeon, fwy nag unwaith, sawl gwaith [drosodd].

repeater *n.* **1.** *(a) (watch):* watsh (watshis) (*f*) aildaro; *(clock):* cloc(-iau) (*m*) aildaro; *(b) (gun):* aildaniwr (aildanwyr) *m*, gwn (gynnau) (*m*) aildanio. **2.** *El: Tg:* troswr (troswyr) *m*. **3.** *(pers.): (of story, words &c):* ailadroddwr (ailadroddwyr) *m*, ailadr|oddwraig *f*, aildraethwr (aildraethwyr) *m*. ~ **lamp** *n.* lamp(-au) (*f*) ailoleuo, lamp drosi (lampau trosi).

repeating *a.* **1.** *(clock, watch):* aildaro. **2.** *(gun):* aildanio. **3.** *Mth: Ph:* cylchol, eilaidd.

repêchage *n. Sp:* ailgyfle(-oedd) *m*.

repeddle *v.t.* ailbedlera.

repel *v.t.* **1.** **to ~ an attack,** gwthio/gyrru/bwrw ymosodiad yn ei ôl; *(suggestion, plea, offer):* gwrthod; *(temptation):* gwrthsefyll; *Ph: (of magnet &c):* gwrthyrru; **to ~ insects,** hel pryfed ymaith, cael gwared â phryfed, ymlid pryfed, *S:* gwaredu clêr; **to ~ water,** cadw dŵr allan, gwaredu dŵr. **2.** *(disgust):* **to be repelled (by sth),** ffieiddio (rhth, at rth), gweld/cael (rhth) yn atgas/ffiaidd, *N:* gwaredu (at rth, rhag rhth).

repellence, repellency *n.* atgasedd *m*, ffi|eidd-dod *m*.

repellent *a. & n.* **1.** *a. Ph:* gwrthyrrol; ~ **force,** grym gwrthyrrol *m*; *(fly-killer &c):* ymlidiol. **2.** *(= repugnant):* atgas, ffiaidd, cyfoglyd, *N:* ysglyfaethus, anghynnes **(to s.o.,** gan rn); **she has a ~ manner,** mae rhth atgas/anghynnes ynddi. **3.** **water-~,** diddos, anhydraidd. **4.** *n.* ymlidydd(-ion, ymlidwyr) *m*, gwrthyrrwr (gwrthyrwyr) *m*; **insect ~,** peth(-au) (*m*) ymlid pryfed.

repeller *n.* = **repellent 4.**

repenalize *v.t.* ailgosbi.

repent¹ *v.i.&t.* **1.** *v.i.* edifarh|au, bod yn edifar, syrthio ar eich bai, *occ:* edifaru, *F:* difaru **(of sth,** am rth); **I ~,** y mae'n edifar gennyf; *occ:* mae'n edifar imi. **2.** *v.t.* **(I ~) [of] having gone there,** (mae'n edifar gennyf) imi fynd yno, fy mod wedi mynd yno; **he has bitterly repented it,** mae wedi difaru ei enaid amdano; **you will ~ of this,** bydd yn edifar gen ti am hyn.

repent² *a. Biol:* ymlusgol.

repentance *n.* edifeirwch *m*.

repentant *a.* edifeiriol, edifar.

repenter *n.* edifeiriwr (edifeirwyr) *m*.

repenting *a.* = **repentant.**

repeople *v.t.* ailboblogi.

repercussion *n. (a) (= echo):* adlais (adleisiau) *m*, atsain (atseiniau) *f*, datseiniad(-au) *m*; *(b) (= recoil):* adlam(-au) *m*, gwrthlam(-au) *m*; *(c) (of event):* ôl-effaith (~-effeithiau) *f*, sgil-effaith (~-effeithiau) *f*.

repercussive *a.* adleisiol, datseiniol, adlamol, gwrthlamol, gwrthguriadol.

repertoire *n. Th: Mus:* ***repertoire*** *mf*, stoc *m*; **a performer going through his ~,** perfformiwr yn mynd trwy ei bethau; **he has a ~ of funny stories,** mae ganddo stoc/stôr (*f*) o straeon digrif.

repertory *n. (of information &c):* cronfa (cronf|eydd) *f*, trysorfa (trysorf|eydd) *f*, storfa (storf|eydd) *f*. ~ **company** *n.* cwmni (cwmnïau) sefydlog *m*. ~ **players** *n.pl.* actorion stoc. ~ **theatre** *n.* theatr(-au) (*f*) cwmni.

repetend *n.* **1.** *Mth:* ffigur cylchol *m*. **2.** = **refrain.**

répétiteur *n. Mus:* hyfforddwr (hyfforddwyr) *m*.

repetition *n.* **1.** *(of word):* ailadroddiad(-au) *m*, ailadrodd *vn*; *(of story):* aildraethiad(-au) *m*, aildraethu *vn*, ailadrodd, ailadroddiad; *Mus: (in playing):* ailadroddiad, ailganu *vn*, ailganiad(-au) *m*; *(in hymn-singing &c):* dyblu'r gân. **2.** *(of action):* ail-wn|eud *vn*, ailwneuthuriad *m*. **3.** *(of event):* dychweliad(-au) *m*, ailddigwyddiad(-au) *m*.

repetitional, repetitionary, repetitious, repetitive *a.* ailadroddol, ailadroddus; *Pej:* ailadroddllyd.

repetitively *adv.* yn ailadroddus, drosodd a throsodd.

rephrase *v.t.* aileirio, aralleirio.

repine *v.i.* **1.** *(= fret):* dihoeni, nychu. **2.** **to ~ (at/against sth),** achwyn, cwyno (am rth/yngh|ylch rhth).

repining¹ *a.* anniddig, cwynfanllyd, cwynfanus.

repining² *vn.* achwyn, cwyno, cwynion *pl*, anniddigrwydd *m*.

repique¹ *n. Cards:* repîc *mf*.

repique² *v.i.&t. Cards:* repicio.

replace *v.t.* **1.** *(= put back):* ailosod (rhth), rhoi/dodi (rhth) yn ei [ei] ôl; *Tp:* **to ~ the receiver,** rhoi'r ffôn i lawr, dodi'r/rhoi'r ffôn yn [ei] ôl. **2.** *(= put instead of):* dodi/rhoi rhth yn lle rhth; *(= take place of):* cymryd lle rhth, disodli rhth; *(pers.):* llenwi lle rhn; *(new part):* ailosod, amnewid.

replaceability *n.* ailosodadwyedd *m*, amnewidiadwyedd *m*; **his ~ is not certain,** nid yw'n sicr y gellir llenwi ei le.

replaceable *a.* amnewidiadwy; **it is easily ~,** *(i)* mae'n hawdd ei roi/ddodi yn ei le; *(ii)* mae'n hawdd cael un newydd; **she's not easily ~,** anodd cael neb yn ei lle; **he thinks he's not ~,** mae'n meddwl na all neb lenwi ei le.

replaceableness *n.* = **replaceability.**

replacement *n.* **1.** *(= putting back):* ailosodiad(-au) *m*, ailosod *vn*, ailddodiad(-au) *m*, ailddodi *vn*. **2.** *(a) (= substitution):* amnewidiad(-au) *m*, amnewid *vn*; *(b) Husb:* anifail (anifeiliaid) (*m*) cyfnewid; ~ **ewe,** mamog (*f*) gyfnewid (mamogiaid cyfnewid); ~ **heiffer,** heffer (*f*) gyfnewid (heffrod cyfnewid); *(c) Geog:* annewidyn(-nau) *m*. **3.** *(= new worker &c):* gweithiwr (gweithwyr) newydd *m*; **he is my ~,** mae wedi dod i gymryd fy lle i; mae wedi dod yn fy lle i. **4.** *(new part):* darn(-au) newydd *m*.

replacer *n. Hudb:* **milk ~,** llaeth (*m*) gosod, llefrith (*m*) gosod.

replan *v.t.* ailgynllunio.

replanned *a.* ailgynlluniedig.

replant *v.t.* ailblannu.

replanted *a.* ailblanedig.

replaster *v.t.* ailblastro.

replastered *a.* ailblastredig.

replate *v.t.* ailblatio.

replated *a.* ailblatiedig.

replay¹ *n. Games: Sp: Cmptr:* ailchwarae(-on) *m*; *T.V:* **action ~,** ailddangosiad(-au) *m*.

replay² *v.t.* ailchwarae.

repleader *n. Jur:* ailblediad(-au) *m*, ailbledio *vn*.

repleat *v.t.* ailblygu, ailbletio.

repledge *v.t.* aildyngu.

replenish *v.t.* ail-lenwi, ailgyflenwi, atgyflenwi; **to ~ one's wardrobe,** prynu stoc newydd o ddillad; **to ~ one's supplies,** adnewyddu'ch stoc/stôr o nwyddau.

replenishable *a.* ailgyflenwadwy, atgyflenwadwy.

replenisher *n.* ailgyflenwr (ailgyflenwyr) *m*, atgyflenwr (atgyflenwyr) *m*.

replenishment *n.* ailgyflenwad(-au) *m*, ail-lenwad(-au) *m*, cyflenwad(-au) newydd *m*; *Joc:* **he stopped for ~,** arhosodd am luniaeth. *vn.* = **replenish.**

replete *a.* llawn, cyforiog **(with sth,** o rth); *(= gorged):* gorlawn, wedi'ch digoni/diwallu (â rhth).

repleteness *n.* llawnder *m*, gorlawnder *m*.

repletion *n.* **to eat to ~,** bwyta'ch gwala, *S:* bwyta nes eich bod yn llawn, *N: F:* bwyta llond bol.
replevin *n. Jur:* replefin *m,* atafael (*m*) adfer.
replevy *v.t. Jur:* dadafael, datafael, mechnïo.
replica *n.* copi (copïau) *m,* dyblygiad(-au) *m,* atgynhyrchiad (atgynyrchiadau) *m; F:* **she's the ~ of her mother,** mae hi'r un ffunud â'i mam.
replicate[1] *n. Mus:* tôn (tonau) atblyg *f.*
replicate[2] *a. Bot:* atblyg, atblygedig.
replicate[3] *v.t.* **1.** *(= repeat):* ailadrodd, ail-wn|eud. **2.** *(= copy):* copïo, atgynhyrchu, dyblygu. **3.** *(= fold back):* plygu (rhth) yn ei ôl, atblygu (rhth).
replication *n.* **1.** *Jur:* adateb(-ion) *m,* gwrthdystiolaeth *f.* **2.** *(= copying):* copïo *vn,* dyblygu *vn,* dyblygiad(-au) *m,* atgynhyrchiad (atgynyrchiadau) *m.* *(= repetition):* ailadroddiad(-au) *m,* ailadrodd *vn.*
replot *v.t. (graph &c):* ailblotio.
replunge *v.t.* ailblymio, aildrochi.
reply[1] *n.* ateb(-ion) *m,* atebiad(-au) *m; Sp:* **Cardiff scored a goal in ~,** atebodd Caerdydd gyda gôl; **in ~,** i ateb, mewn ateb, fel ateb; **what have you to say in ~?** beth yw'ch ateb chi? beth sydd gennych i'w ddweud? beth sydd gennych yn ateb? pa ateb sydd gennych? *Tg:* **~ paid,** ag ateb taledig.
reply[2] *v.i.&t.* ateb; **to ~ to s.o.,** ateb rhn, rhoi ateb i rn; **to ~ for s.o.,** ateb dros rn, ateb ar ran rhn.
repoint *v.t. Constr:* ailbwyntio.
repolarize *v.t.* ailbolareiddio, ailbegynu.
repolish *n. (style):* ailgaboli; *(shoes &c):* ailgwyro, *F:* ailbolisio.
repone *v.t.* adfer.
repopulate *v.t.* ailboblogi.
report[1] *n.* **1.** *(a) (= account):* adroddiad(-au) *m; Jur:* **Law Reports,** Adroddiadau Cyfraith; *Mil:* **sick ~,** rhestr (*f*) y cleifion; *S.a.* **expert. 2.** *(= rumour):* sôn *m,* si (sïon) *m;* **a false ~,** chwedl gelwyddog *f,* newydd celwyddog *m,* hanesyn (hanesion) celwyddog *m;* **by ~, by all reports,** yn ôl pob sôn, yn ôl y sôn, yn ôl pob hanes, os gwir y sôn, os gwir y gair, os gwir yr hanes; **the ~ goes that. . .,** mae sôn bod. . .; **common ~,** chwedl y wlad; **I know of it by ~,** clywais sôn amdano; **the ~ is true,** gwir yw'r gair. **3.** *O: (= reputation):* enw *m,* bri *m;* **a man of good ~,** dyn ac enw da iddo; **faithful through good and evil ~,** ffyddlon drwy'r gwych a'r gwachul. **4.** *(of gun &c):* ergyd(-ion) *mf,* taniad(-au) *m,* clec(-iau) *f,* cleciad(-au) *m.* **5.** *Mth: Ph: &c:* cofnod(-ion) *m.* **~ generator** *n.* cynhyrchydd (cynhyrchwyr) (*m*) adroddiadau. **~ stage** *n. Parl:* stad (*f*) yr adroddiad.
report[2] *v.t.&ind.t.* I. *v.t.* **1.** *(a) (a fact &c):* crybwyll, mynegi, adrodd (rhth); dweud/sôn (am rth) **(to s.o.,** wrth rn); **to ~ a meeting,** rhoi hanes cyfarfod, croniclo cyfarfod; **to ~ progress,** mynegi cynnydd, adrodd am gynnydd, rhoi adroddiad o'r sefyllfa; dweud sut y saif pethau; *Parl:* **to move to ~ progress,** cynnig terfynu'r trafodion; **to ~ to a superior,** rhoi adroddiad i swyddog uwch, adrodd wrth swyddog uwch; *Parl:* **to ~ a bill [to the House],** hysbysu'r Tŷ ynghylch mesur; **my actual words and those reported to you were different,** 'roedd gwahaniaeth rhwng y geiriau a leferais â'r geiriau a fynegwyd ichwi; *S.a.* **speech 5;** *(b) Journ:* gwn|eud adroddiad (am rth); ysgrifennu/rhoi hanes (rhth); *(c)* **it is reported that. . .,** dywedir bod. . .; mae sôn bod *&c*. . .; adroddir bod. . .; *Journ:* **it is reported from Paris that. . .,** daeth adroddiad/sôn o Baris bod. . .. **2.** *(a)* **to ~ (an accident) to the police,** hysbysu'r heddlu, rhoi gwybod i'r heddlu, dweud wrth yr heddlu (am ddamwain); **to ~ s.o. to the police,** dweud am rn wrth yr heddlu, achwyn ar rn wrth yr heddlu, hysbysu'r heddlu ynghylch rhn, rhoi gwybod i'r heddlu am rn, sôn wrth yr heddlu am rn, cyhuddo rhn wrth yr heddlu, *F:* riportio rhn i'r heddlu; *Adm: Mil:* **to ~ s.o. sick,** hysbysu bod rhn yn glaf; *v.i.* **to ~ sick,** rhoi gwybod (i rn) eich bod yn glaf, hysbysu (rhn) eich bod yn glaf; **"nothing to ~",** "dim i'w adrodd", "dim newydd"; **she was reported missing,** hysbyswyd ei bod ar goll; *Cust:* **to ~ a vessel,** hysbysu'r tollbyrth am long, datgan dyfodiad llong; *(b)* **to ~ [oneself] to s.o.,** mynd/ymddangos gerbron rhn, mynd o flaen rhn, mynd i weld rhn; **to ~ for duty,** ymbresenoli ar gyfer dyletswydd. II. *v.ind.t.* **to ~ on sth,** sôn am rth, rhoi adroddiad am rth, rhoi hanes rhth.
reportable *a.* adroddadwy, hysbys, hysbysadwy, mynegadwy.
reportage *n. Journ:* croniclad(-au) *m,* croniclo *vn.*
reported *a.* dywededig, crybwylledig; **~ speech,** araith anuniongyrchol *f (pronounced* ng-g).
reportedly *adv. Journ:* yn ôl y sôn, yn ôl yr adroddiad, yn ôl a ddeëllir/ddeallwyd.
reporter *n. (a) Journ:* gohebydd(-ion, gohebwyr) *m; (b) Parl:* cofnodwr (cofnodwyr) *m;* **the Reporters' Gallery,** Oriel (*f*) y Gohebwyr, Oriel y Wasg.
reporting *a. Journ:* **~ staff,** gohebwyr *pl; Sch:* **R~ Inspector,** Arolygydd (Arolygwyr) (*m*) Cofnodi.
reportion *v.t.* ailddosrannu.
reportorial *a. U.S:* gohebyddol.
reposal *n.* **~ of trust,** ymddiried *vn,* ymddiriedaeth (*f*) **(in s.o.,** yn rhn).
repose[1] *v.t.* **to ~ one's trust in s.o.,** rhoi'ch ffydd yn rhn, ymddiried yn rhn.
repose[2] *n.* **1.** *(= rest):* gorffwys *m; (= sleep):* cwsg *m; (= calm):* llonyddwch *m,* llonydd *m;* **features in ~,** wyneb mewn llonyddwch, wyneb yn llonydd; **she lacks ~,** mae hi'n anesmwyth/anniddig. **2.** *Civ.E:* **angle of ~,** ongl (*f*) orffwys (onglau gorffwys).
repose[3] *v.i. (a) (= rest):* gorffwys, gorffwyso, bwrw'ch blinder; *(= sleep):* cysgu; *(b) (= lie):* gorwedd.
reposeful *a.* gorffwyslon, esmwyth, llonydd.
repository *n.* **1.** *(= store):* [y]stordy ([y]stordai) *m,* [y]storfa ([y]storf|eydd) *f,* cadwrfa (cadwrf|eydd) *f.* **2.** *(of information &c):* cronfa (cronf|eydd) *f, occ:* cloddfa (cloddf|eydd) *f,* trysorfa (trysorf|eydd) *f;* **he is a ~ of information,** mae'n gloddfa o wybodaeth. **3.** *(= guardian):* ceidwad (ceidwaid) *m.*
repossess *v.t.* ailfeddiannu, adfeddiannu; *Jur:* atafael.
repossession *n.* ailfeddiant *m,* adfeddiant *m,* atafaeliad *m; vn.* = **repossess. ~ order** *n.* gorchymyn (gorch[y]mynion) (*m*) ailfeddiannu.
repostpone *v.t.* ailohirio.
repot *v.t.* ailbotio.
repoussé *a. & n. repoussé (m).*
repp *n.* = **rep**[1].
repped *a.* rib.
reprehend *v.t. (= reprimand):* ceryddu, beio, dwrdio.
reprehensible *a.* gresynus, ceryddadwy, ceryddus, teilwng o gerydd, beius.
reprehensibly *adv.* yn resynus *&c.*
reprehension *n.* cerydd(-on) *m.*
reprehensive *a.* ceryddgar.
represent *v.t.* **1.** *(a) (= depict):* darlunio, portreadu; *(b) Th: (play):* llwyfannu; *(part):* chwarae; *(character):* portreadu; **the king is represented in hunting clothes,** gwelir/dangosir y brenin mewn gwisg hela; *(c) (= stand for):* cynrychioli. **2.** *(= point out):* dangos, mynegi (rhth i rn); **may I ~ that. . .?** a gaf i dynnu sylw at y ffaith fod. . .? **3.** *(= claim):* honni, haeru; **he represents that he was in the army,** mae'n honni iddo fod yn y fyddin; **he is not what you ~ him to be,** nid yw gyfryw ag yr honnwch ei fod; **he represents himself as a hero,** mae'n ei osod ei hun yn arwr; mae'n ymhonni'n arwr; **exactly as represented,** yn unol â'r disgrifiad. **4.** *(electorate &c):* cynrychioli.
representable *a.* cynrychioladwy, y gellir ei gynrychioli; darluniadwy, portreadwy; haeradwy, honadwy.
representation *n.* **1.** *(a) (= picturing):* darluniad(-au) *m,* darlunio *vn,* portread(-au) *m,* portreadu *vn,* cynrychioliad(-au) *m,* cynrychioli *vn; (b) Th: (of play):* perfformiad(-au) *m; (of part):* dehongliad(-au) *m.* **2.** *(a) Pol:* cynrychiolaeth(-au) *f;* **proportional ~,** cynrychiolaeth gyfrannol *f; Jur:* **chain of ~,** cadwyn (*f*) gynrychiolaeth; **grant of ~,** grant (*m*) o gynrychiolaeth; *Mth:* **~ fraction,** ffracsiwn cynrychioliadol *m; (b) Coll:* cynrychiolwyr *pl.* **3. to make false representations to s.o.,** twyllo rhn, dweud anwiredd wrth rn. **4. to make representations (to s.o.),** cyflwyno achos, gosod cyflwyniad, gosod cwynion (ger bron rhn).
representational *a.* cynrychioliadol, cynrychiadol, cynrychiolaidd.
representationism *n. Phil:* cynrychiadaeth *f.*
representationist *n. Phil:* cynrychiadydd(-ion) *m.*
representative 1. *a. (a)* cynrychiolaidd, cynrychiadol, cynrychioliadol; **~ government,** llywodraeth gynrychiolaidd *f; (b) Com:* **~ sample,** sampl nodweddiadol/gynrychiolaidd; *(c)* **a meeting of men ~ of all classes,** cyfarfod o ddynion yn

cynrychioli pob dosbarth. **2.** *n.* *(a) Pol: &c:* cynrychiolydd (cynrychiolwyr) *m*; *U.S:* **House of Representatives,** Tŷ(*m*)'r Cynrychiolwyr; *(b) Com: (of company):* cynrychiolydd, trafaeliwr (trafaelwyr) *m*.
representatively *adv.* yn gynrychiolaidd *&c.*
representativeness *n.* cynrychioldeb *m*.
repress *v.t.* **1.** *(riot):* darostwng, atal, trechu, gwastrodi. **2.** *(desires &c):* ffrwyno, atal, mygu; **to ~ a sneeze,** atal tisiad. **3.** *(minority):* gormesu, gorthrymu.
repressed *a.* ataliedig, ffrwynedig; *(minority &c):* gorthrymedig, dan ormes/orthrwm; **~ emotion,** atalnwyd(-au) *m*; **a ~ young man,** llanc rhwystredig/atalnwydus.
repression *n.* **1.** *Pol: &c:* gormes *mf*, gorthrwm *m*; *vn.* = **repress. 2.** *Psy:* ataliad *m*, ataliaeth *f*, atalnwyd(-au) *m*, atalfa (atalfeydd) (*f*) (ar rth); mygu (*vn*) teimladau; **conscious ~,** atalnwyd ymwybodol. **3.** *Biol: (of enzymes):* lluddiant *m*.
repressive *a.* **1.** *Pol:* gormesol, gorthrymus. **2.** *Psy:* ataliol, atalnwydus, rhwystredigaethol, adwasgol.
repressively *adv.* yn ormesol.
repressiveness *n.* gormes *mf*, gorthrwm *m*.
reprice *v.t.* ailbrisio.
reprieve¹ *n.* **1.** *Jur: (= postponement):* dihenoed *m*, oedi/gohirio (*vn*) dienyddiad, gohiriad(-au) *m*; *(= commutation):* arbediad(-au) (*m*) einioes; *Fig:* **the mine was given a ~,** arbedwyd y pwll; cadwyd y pwll ar agor. **2.** *(= respite):* oediad(-au) *m*, saib (seibiau) *m*, seibiant (seibiannau) *m*.
reprieve² *v.t.* **1.** *Jur: (= postpone):* oedi dienyddiad, gohirio cosb (rhn); *(= spare life):* atal dienyddio, arbed einioes (rhn). **2.** *F: (condemned building &c):* arbed.
reprieved *a.* arbededig, dihenoededig, wedi cael dihenoed, wedi cael arbediad [einioes].
repriever *n.* **1.** *Jur:* dienoedwr (dienoedwyr) *m*. **2.** *(= rescuer):* arbedwr: arbedydd (arbedwyr) *m*.
reprimand¹ *n.* cerydd(-on) *m*.
reprimand² *v.t.* ceryddu, *F:* dwrdio, dondio (rhn); dweud y drefn (wrth rn).
reprime *v.t.* ailbreimio.
reprint¹ *n.* adargraffiad(-au) *m*, ailargraffiad(-au) *m*.
reprint² *v.t.&i.* adargraffu, ailargraffu.
reprinter *n.* adargraffwr (adargraffwyr) *m*, ailargraffwr (ailargraffwyr) *m*.
reprisal *n. usu.pl.* dial(-au,-on) *m*, dialedd(-au) *m* **(on/against s.o.,** ar rn); **to make/take reprisals,** dial ar rn, talu'r pwyth yn ôl i rn.
reprise *n.* **1.** *Mus:* ailadroddiad(-au) *m*. **2.** *Hist:* atbreis *m*.
repro *n.* = **reproduction.**
reproach¹ *n.* **1.** *(= source of shame):* cywilydd *m*, anghlod *m* (i rn); sen(-nau) *f*, gwarth *m*, gwaradwydd *m* (ar rn); **to bring ~ upon oneself,** dwyn gwarth arnoch eich hun; **(slums) that are a ~ to the council,** (hofelau) sy'n warth ar y cyngor, sy'n gywilydd i'r cyngor. **2.** *(= rebuke):* cerydd(-on) *m* (ar rn); *occ:* dwrdiad *m*, danodiad(-au) *m*, edliwiad(-au) *m*, dannod (danodau) *m*, danodiaeth *f*; *vn.* = **reproach²**; **beyond ~,** di-fai, diedliw, dianair, di-fefl, diargyhoedd; **term of ~,** drygair (drygeiriau) *m*; **to heap reproaches on s.o.,** ceryddu rhn yn llym. **3.** *R.C.Ch: usu.pl.* ceryddon, edliwiadau.
reproach² *v.t.* ceryddu, dwrdio, dondio, cystwyo; **to ~ s.o. with sth,** edliw/dannod/lliwied rhth i rn.
reproachable *a.* cywilyddus, gwaradwyddus.
reproacher *n.* ceryddwr (ceryddwyr) *m*, edliwiwr (edl|iw-wyr) *m*, cer|yddwraig (ceryddwragedd) *f*, edl|iw-wraig (edliw-wragedd) *f*, danodwr (danodwyr) *m*, dan|odwraig (danodwragedd) *f*.
reproachful *a.* ceryddgar, ceryddol, edliwgar.
reproachfully *adv.* yn geryddol *&c.*
reproachfulness *n.* cerydd *m*, ceryddgarwch *m*, soriant *m*.
reprobate¹ *a.* gwrthodedig, ysgymun, pechadurus, drygionus, anfad, di-ras.
reprobate² *n.* **1.** *F:* adyn(-od) *m*, dihiryn (dihirod) *m*; **an old ~,** hen gi (hen gŵn) *m*, hen rebel(-iaid) *m*, hen gorgi (~ gorgwn) *m*. **2.** *Ecc:* gwrthodedig(-ion) *m*, pechadur(-iaid) *m*.
reprobation *n.* gwrthodedigaeth *f*.
reprocess *v.t.* ailbrosesu.
reproclaim *v.t.* ailgyhoeddi, ailddatgan.
reproduce *v.t.&i.* **1.** *v.t.* *(= copy):* atgynhyrchu, copïo, lluosogi; **print that produces well,** print sy'n atgynhyrchu'n dda. **2.** *v.t.* *(a) (= beget offspring):* atgynhyrchu, cenhedlu, atgenhedlu, epilio; *(b) v.i.* atgynhyrchu, atgenhedlu, epilio, lluosogi, ymluosogi.
reproducer *n.* atgynhyrchwr: atgynhyrchydd (atgynhyrchwyr) *m*; *Cmptr:* dyblygydd (dyblygwyr) *m*.
reproducibility *n.* atgynyrchioldeb *m*.
reproducible *a.* atgynyrchadwy.
reproducibly *adv.* yn atgynyrchadwy.
reproduction *n.* **1.** *(of painting &c):* atgynhyrchiad (atgynyrchiadau) *m*, copi (copïau) *m*; *vn.* = **reproduce 1**; *Cin:* **sound ~,** atgynhyrchiad sain. **2.** *(of animals, plants &c):* atgynhyrchiad *m*, epiliad *m*, epiliaeth *f*, atgenhedliad *m*; *vn.* = **reproduce 2**; **asexual ~,** atgenhedliad anrhywiol; **vegetative ~,** atgenhedliad llystyfol. **~ rate** *n.* graddfa (*f*) eni.
reproductive *a.* atgynhyrchiol, atgenhedlol; **~ organs,** organau atgynhyrchu/atgenhedlu.
reprogram *v.t.* ailraglennu.
reprographic *a.* reprograffig.
reprography *n.* reprograffeg *f*, atgynhyrcheg *f*.
reproject *v.t.* aildaflunio.
reproof¹ *n.* cerydd(-on) *m*.
reproof² *v.t.* **1.** *(= make new proof):* gwn|eud proflenni newydd, ailbroflennu. **2.** *(= make waterproof again):* ailddiddosi.
repropose *v.t.* ailgynnig.
reprove *v.t.* = **rebuke², reproach².**
reproving *a.* ceryddgar.
reprovingly *adv.* yn geryddgar.
reprovision *v.t.* ailgyflenwi.
reptant *a.* *Biol:* ymlusgol.
reptile *n. & a.* **1.** *n.* ymlusgiad (ymlusgiaid) *m*. **2.** *a.* *(a)* ymlusgol; *(b) F: (= grovelling):* gwenieithus, cynffongar (*pronounced* ng-g), cynffonllyd, sebonllyd.
reptilian *a. & n.* **1.** *a.* ymlusgiadol, ymlusgol. **2.** *n.* ymlusgiad (ymlusgiaid) *m*.
republic *n.* gweriniaeth(-au) *f*, *occ:* gwerinlywodraeth(-au) *f*; *Pol:* **People's R~,** Gweriniaeth y Bobl; *Fig:* **the ~ of letters,** byd (*m*) y llenorion, byd llên.
republican *a. & n.* **1.** *a.* gweriniaethol, gwerinlywodraethol; *U.S: Pol:* **the R~ Party,** y Blaid Weriniaethol. **2.** *n.* gweriniaethwr (gweriniaethwyr) *m*, gwerini|aethwraig (gweriniaethwragedd) *f*.
republicanism *n.* gweriniaetholdeb *m*.
republicanize *v.t.* gweriniaetholi.
republication *n.* ailgyhoeddi *vn*, ailgyhoeddiad(-au) *m*.
republish *v.t.* ailgyhoeddi.
repudiate *v.t.* **1.** *(wife):* ysgaru (â gwraig), diarddel (gwraig). **2.** *(= disown):* diarddel (rhth), ymwrthod (â rhth), gwrthod arddel (rhth); *(of government):* **to ~ debts,** gwrthod talu dyledion; *Com: Jur:* **to ~ a contract,** gwrthod anrhydeddu cytundeb.
repudiation *n.* **1.** *(of wife):* ysgariad(-au) *m*, diarddeliad(-au) *m*, diarddelwad(-au) *m*, diarddel *vn*. **2.** *(= refusal):* ymwrthodiad(-au) *m*; ymwrthod *vn* (â rhth), gwrthod *vn* (rhth).
repudiator *n.* diarddelwr (diarddelwyr) *m*, diardd|elwraig *f*; ymwrthodwr (ymwrthodwyr) *m*, ymwrth|odwraig *f* (â rhth).
repugnance *n.* **1.** *(= aversion):* gwrthwynebiad *m* (i rth), atgasedd *m* (tuag at rth); **to feel ~ for doing sth,** gwaredu/ffieiddio rhag gwneud rhth, ffieiddio gwneud rhth, casáu gwneud rhth. **2.** *(= inconsistency):* anghydnawsedd *m*, anghysondeb *m*.
repugnant *a.* **1.** *(= incompatible):* anghydnaws, anghyson, anghymharus. **2.** *(= distasteful):* ffiaidd, atgas, gwrthun, cas **(to s.o.,** gan rn).
repulse¹ *n.* **1.** ôl-hyrddiad(-au) *m*, ôl-hyrddio *vn*. **2.** *(= refusal):* gwrthodiad(-au) *m*, nacâd (nacadau) *m*.
repulse² *v.t.* **1. to ~ an enemy,** hyrddio/bwrw/taflu/gyrru gelyn yn ei ôl. **2.** *(offer &c):* gwrthod.
repulsion *n.* **1.** *Ph:* gwrthyriad(-au) *m*. **2.** *(= disgust):* ffi|eidd-dod *m* (at rth); **it arouses ~,** mae'n codi pwys/cyfog arnoch.
repulsive *a.* **1.** *Ph:* gwrthyrrol. **2.** *(= disgusting):* ffiaidd, cyfoglyd, atgas, gwrthnaws, gwrthun, *N: occ:* anghynnes, ysglyfaethus.
repulsively *adv.* yn ffiaidd *&c*; **~ ugly,** cyn hylled â phechod, hyll fel pechod.
repulsiveness *n.* **1.** *Ph:* grym gwrthyrrol *m*. **2.** *(= disgusting nature):* ffi|eidd-dod *m*, ffi|eidd-dra *m*, atgasedd *m*.

repunctuate *v.t.* ailatalnodi.
repunish *v.t.* ailgosbi.
repurchase[1] *n.* adbryniad(-au) *m*; *vn.* = **repurchase**[2].
repurchase[2] *v.t.* ailbrynu, adbrynu.
repurification *n.* adburedigaeth *f*; *vn.* = **repurify**.
repurify *v.t.* ailburo, adburo.
repursue *v.t.* ailddilyn, ailganlyn.
reputable *a.* o fri, ag enw da, parchus, dibynadwy, cyfrifol, gonest.
reputably *adv.* yn barchus.
reputation *n.* enw *m*, *occ:* bri *m*; **he has a ~ for courage,** mae iddo'r enw o fod yn ddewr; mae'n cael yr enw *or* y gair o fod yn ddewr; **(a man) of bad ~,** (dyn) ac enw drwg iddo, â gair drwg iddo, *M.W:* o gymeriad coch, *N.W:* *occ:* a gair gwan iddo. **(a woman) of good ~,** (gwraig) ac enw da iddi, a gair da iddi, gwraig barchus, gwraig agos i'w lle; **to lose one's good ~,** colli'ch enw da, *N.W:* colli'ch cymeriad.
repute[1] *n.* bri *m*, enw *m*, enwogrwydd *m*; **I know them by ~,** clywais sôn amdanynt; **to be held in high ~,** bod yn uchel eich parch; **a doctor of ~,** meddyg o fri; **the family is of good ~,** mae enw da i'r teulu; **a place of ill ~,** lle drwg ei enw, lle ac enw drwg iddo; **house of ill ~,** puteindy (puteindai) *m*, tŷ (tai) (*m*) merched drwg, tŷ drwg; **of no ~,** di-barch.
repute[2] *v.t.* tybio, ystyried; **she is reputed to be wealthy,** mae'n cael y gair o fod yn gefnog; ystyrir hi'n gefnog; honnir/tybir/credir ei bod hi'n gefnog.
reputed *a.* tybiedig, honedig; **a ~ Hogarth,** llun a briodolir i Hogarth; *Jur:* **~ father,** tad honedig; **~ offspring,** *O:* etifedd/ etifeddion cyswyn.
reputedly *adv.* yn ôl pob sôn, yn ôl y dyb.
requalify *v.i.* ailymgymhwyso.
request[1] *n.* **1.** cais (ceisiadau, ceisiau) *m*, *Lit:* *occ:* deisyfiad(-au) *m*; **an urgent ~,** cais taer; **by ~, at the ~ of s.o.,** ar gais rhn; **to grant a ~,** caniatáu cais; *P.N:* **"~ stop",** "arhosfan ar gais"; **to have a ~ played on the radio,** cael chwarae cais ar y radio, *F:* cael canu cân ichwi ar y radio. **2. it's in great ~,** mae mynd mawr arno; mae galw mawr amdano; **~ programme** *n.* rhaglen (*f*) geisiadau (rhaglenni ceisiadau).
request[2] *v.t.* **1. to ~ sth of s.o.,** gofyn rhth gan rn, gofyn am rth gan rn, *occ:* ceisio/erfyn rhth gan rn; *S.a.* **pleasure**[1]. **2. to ~ s.o. to do sth,** gofyn i rn wneud rhth (*not* i wneud rhth; *not* am wneud rhth); **the public is requested to keep off the grass,** gofynnir i'r cyhoedd beidio â sathru ar y glaswellt; *Com:* **as requested,** yn unol â'ch cais. **3. to ~ permission to do sth,** gofyn caniatâd i wneud rhth, gofyn am gael gwneud rhth.
requicken *v.t.* ailgyflymu; *(= stimulate):* ailfywiogi, ailfywiocáu, adfywio.
requiem *n.* **1. ~ mass,** offeren(-nau) (*f*) dros y meirw, offeren ***requiem***. **2.** *Mus:* galargerdd(-i) *f*.
require *v.t.* **1.** *(= demand):* **to ~ sth of s.o.,** gofyn/mynnu rhth gan rn; **what do you ~ of me?** beth fynnwch chi gen i? **to ~ s.o. to do sth,** mynnu gan/i rn wneud rhth, mynnu bod rhn yn gwneud rhth; **I ~ you to obey me,** 'rwyf yn mynnu eich bod yn ufuddhau imi. **2.** *(= need):* gofyn (rhth, am rth), galw (am rhth), golygu (rhth); **work that requires precision,** gwaith sy'n gofyn manylder; **the vine requires a stony soil,** mae gofyn tir caregog ar y winwydden; **do you ~ anything?** a oes angen/eisiau rhth arnoch? **have you all you ~?** a yw'r cyfan sydd ei angen/eisiau gennych? **you will not ~ a coat,** ni fydd angen/eisiau/gofyn côt arnoch; ni fydd raid ichi wrth gôt; **I shall do whatever is required,** mi wnaf i beth bynnag y bydd angen ei wneud; **if required,** os bydd angen; **as required,** yn ôl yr angen, yn ôl y galw, fel y bydd angen, yn ôl rhaid.
required *a.* a fynnir, gofynnol, angenrheidiol; **(to cut sth) to the ~ length,** (torri rhth) i'r hyd priodol, i'r hyd y gofynnir amdano; **in the ~ time,** yn yr amser penodol; **do you have the money ~,** a yw'r arian angenrheidiol/gofynnol gennych? **this book should be ~ reading,** dylai darllen y llyfr hwn fod yn orfodol; dylai'r llyfr hwn fod yn faes darllen gorfodol.
requirement *n.* **1.** angen (anghenion) *m*, gofyn(-ion) *m*; **to meet s.o.'s requirements,** cwrdd ag anghenion rhn, bodloni anghenion rhn. **sth which meets the requirements,** rhth sy'n ateb y gofyn/angen. **2.** *(condition):* amod(-au) *mf*.
requisite *a. & n.* **1.** *a.* gofynnol, angenrheidiol, anhepgor. **2.** *n.* *(condition):* amod(-au) *m*; *(b) (= necessary thing):* anghenraid (angenrheidiau) *m*, anhepgor(-ion) *m*.
requisiteness *n.* angenrheidrwydd *m*, angenrheidioldeb *m*.
requisition[1] *n.* 1 *(= request):* cais (ceisiadau) *m*, gofyn(-ion) *m*, gofyniad(-au) *m*; **upon a ~ by ten members,** ar gais deng aelod; *Jur:* **Requisitions on Title,** Gofynion ar Deitl; *(= order):* archeb (-ion) *m*; *Com:* **~ for materials/supplies,** archeb am ddefnyddiau/nwyddau; **his services were in constant ~,** bu galw cyson am ei wasanaeth. **2.** *Mil:* atafael(-iadau) *m*, atafaeliad(-au) *m*, meddiant gorfodol *m*. **~ number** *n.* rhif (*m*) archeb (rhifau archebion).
requisition[2] *v.t.* **1.** *(supplies &c):* archebu, hawlio; **to ~ s.o.'s services,** hawlio gwasanaeth rhn. **2.** *Mil:* atafael.
requital *n.* **1.** iawn *m*, iawndal *m*, ad-daliad(-au) *m*; **in ~ for sth,** fel iawn am rth. **2.** *(= revenge):* dial *m*, dialedd *m*.
requite *v.t.* **1.** *(= repay):* talu (rhth) yn ei ôl, ad-dalu (rhth, am rth); **to ~ s.o.'s love,** dychwelyd cariad rhn; *(= avenge):* dial (ar rn am rth), talu'r pwyth [yn ôl] (i rn). **2. to ~ s.o. for a service,** gwobrwyo rhn, talu i rn am wasanaeth.
requote *v.t.* ailddyfynnu.
reradiate *v.t.* aildywynnu, ailbelydru, ail-lewy[r]chu.
rerate *v.t.* ailasesu, ailbrisio, aildrethu.
re-read *v.t.* ailddarllen.
re-readable *a.* ailddarllenadwy.
rere-arch *n.* = **rear-arch.**
re-record *v.t.* **1.** *Gramophones:* ailrecordio. **2.** *(name, fact):* ailgofnodi, ailgofrestru.
reredorter *n.* geudy (geudai) *m*.
reredos *n.* *Ecc:* gwrthgefn (*m*) allor (gwrthgefnau allorau), r|eredos (reredosau) *m*.
rereel *v.t.* ailgenglu, ailddirwyn.
re-refer *v.t.* ailgyfeirio.
re-referral *n.* ailgyfeiriad(-au) *m*, ailgyfeirio *vn.*
reregister *v.t.* ailgofrestru.
reregistration *n.* ailgofrestriad(-au) *m*, ailgofrestru *vn.*
reregulate *v.t.* ailreoleiddio.
re-release[1] *n.* ailgyhoeddiad(-au) *m*, ailryddhad *m*.
re-release[2] *v.t.* ailryddh|au, ailgyhoeddi.
reroot *v.t.&i.* ailwreiddio.
re-route *v.t.* ailgyfeirio, dargyfeirio.
rerun[1] *n.* ailrediad(-au) *m*.
rerun[2] *v.t.* ailredeg.
resaddle *v.t.* ailgyfrwyo.
resale *n.* ailwerthiad(-au) *m*, ailwerthu *vn.*
resalt *v.t.* ailhalltu.
reschedule *v.t.* ailamseru, aildrefnu; *(= postpone):* gohirio.
rescind *v.t.* diddymu, dirymu, dil|eu.
rescission *n.* diddymiad(-au) *m*, dirymiad(-au) *m*, dilead(-au) *m*; *vn.* = **rescind.**
rescissory *a.* diddymol; *Hist:* **R~ Act,** Deddf (*f*) Diddymiad.
rescribe *v.t.* gwrthysgrifennu.
rescript *n.* *(i) (= reply):* adysgrifeniad(-au) *m*, gwrthysgrif(-au) *f*; *(ii) (= edict):* gorchymyn (gorchmynion) *m*. *(iii) (= thing rewritten):* adysgrif(-au) *f*.
rescrutinize *v.t.* ailarchwilio (rhth); ailedrych, ailgraffu (ar rth).
rescue[1] *n.* achub *vn*, *occ:* achubiaeth *f*, achubiad(-au) *m*, gwarediad(-au) *m*; **there have been many rescues,** achubwyd llawer; **they came to my ~,** daethant i'm hachub i; daethant i'r adwy; **to the ~!** help! **air-sea ~,** achub/achubiaeth o'r môr ac o'r awyr, achub/achubiaeth awyr a môr; **mountain ~,** achub/ achubiaeth ar fynydd; **mountain ~ team,** tîm (timau) (*m*) achub [ar y] mynydd. **~ bid** *n.* cynnig (cynigion) (*m*) [ar] achub, ymgais (ymgeisiau) (*mf*) i achub. **~ dig** *n.* *Archeol:* cloddfa (*f*) achub/ arbed. **~ party** *n.* tîm (timau) (*m*) achub. **~ squad** *n.* carfan(-au) (*f*) achub, criw(-iau) (*m*) achub. *S.a.* **brome.**
rescue[2] *v.t.* **1.** achub, *occ:* gwaredu **(from sth,** rhag rhth, o rth); **to ~ s.o. from death,** achub rhn rhag marw/marwolaeth, achub rhn o safn angau, achub bywyd rhn; **to ~ s.o. from drowning,** achub rhn rhag boddi. **2.** *Jur:* *(= unlawfully liberate or recover):* treisgipio.
rescuer *n.* achubwr: achubydd (achubwyr) *m*, ach|ubwraig *f*, *occ:* gwaredwr: gwaredydd (gwaredwyr) *m*, gwar|edwraig *f* **(from sth,** rhag rhth).
reseal *v.t.* ailselio.
resealable *a.* ailseliadwy.

research¹ *n.* ymchwil *fm.* **~ centre** *n.* canolfan(-nau) *(mf)* ymchwil. **~ degree** *n.* gradd(-au) *(f)* ymchwil. **~ officer** *n.* swyddog(-ion) *(m)* ymchwil. **~ thesis** *n.* traethawd (traethodau) *(m)* ymchwil. **~ work** *n.* gwaith *(m)* ymchwil. **~ worker** *n.* ymchwiliwr: ymchwilydd (ymchwilwyr) *m,* ymchw|ilwraig (ymchwilwragedd) *f.*

research² *v.t.&i.* ymchwilio, gwn|eud ymchwil (i/ar rth); chwilota (i rth).

researcher *n.* ymchwilydd: ymchwiliwr (ymchwilwyr) *m,* ymchw|ilwraig (ymchwilwragedd) *f.*

reseat *v.t.* **1.** *(valve &c):* ailosod, ailseddu. **2.** *(a) (= provide new seats):* dodi/rhoi seddau newydd (mewn lle), ailseddu (lle); *(b) (chair):* dodi/rhoi sedd newydd (ar gadair), ailseddu (cadair).

resect *v.t. Surg:* **1.** *(= cut out):* torri (rhth) allan; tocio, echdorri. **2.** *(= cut back, pare down):* naddu, pario.

resection *n. Surg:* **1.** echdoriad(-au) *m,* echdorri *vn.* **2.** naddiad(-au) *m,* naddu *vn.*

resecure *v.t.* **1.** *(rope &c):* ailglymu. **2.** *(= ensure):* ailsicrh|au.

reseda *n. & a.* **1.** *n. Bot:* perllys *m,* melengu bêr/beraroglus *f* *(pronounced* ng-g). **2.** *n. & a. (colour):* gwyrdd golau *m,* reseda *m.*

reseed *v.t.* ailhadu.

resegregate *v.t.* ailwahanu, ailddidoli.

reseize *v.t.* ailgipio (rhth); ailafael, ailymaflyd (yn rhth).

reselect *v.t.* ailddewis, ailddethol.

reselection *n.* ailddewis *m,* ailddetholiad(-au) *m,* ailddethol *vn.*

resell *v.t.* ailwerthu.

resemblance *n.* tebygrwydd *m;* **to bear a ~ to sth,** bod yn debyg i rth.

resemblant *a.* tebyg **(to sth,** i rth).

resemble *v.t.* bod yn debyg (i rth); **to grow to ~ sth,** ymdebygu i rth.

resent *v.t.* **1.** digio, bod yn ddig (wrth rth); dal dig (oherwydd rhth); **I ~ what she did,** mae'r hyn a wnaeth yn dân ar fy nghroen; mae'r hyn a wnaeth yn fy nigio i; **I should ~ a refusal,** byddai'n gas gennyf gael fy ngwrthod; **he resents me,** mae ganddo ddant i mi; mae ganddo rth yn f'erbyn i.

resentful *a.* dig, dicllon, digofus **(of sth,** wrth rth, o achos rhth), *N: F:* milain (wrth rth), *S:* crac (gyda rhth).

resentfully *adv.* yn ddig *&c.*

resentment *n.* dig *m,* dicllonedd *m,* dicllonder *m,* dicter *m,* chw|erwder *m,* casineb *m,* drwgdeimlad *m;* **to arouse s.o.'s ~,** digio rhn; **to cherish a ~ against s.o.,** dal dig yn erbyn rhn.

reseparate *v.t.* ailwahanu.

reseparation *n.* ailwahaniad(-au) *m,* ailwahanu *vn.*

resequent *a. & n.* **1.** *a.* adlifol. **2.** *n.* **~ stream,** adlif(-au) *m.*

reserpine *n. Pharm:* r|eserpin *m.*

reservable *a.* y gellir ei gadw/logi; llogadwy, archebadwy, cadwadwy.

reservation *n.* **1.** *(= reserving):* cadw *vn, occ:* cadwedigaeth *f;* *(seat):* sedd *(f)* gadw (seddau cadw); *(room):* ystafell *(f)* gadw (ystafelloedd cadw); **to book a ~,** archebu/llogi sedd/ystafell gadw; **did you make a ~?** a ydych chi wedi llogi ystafell/sedd? **2.** *(mental &c):* ymatal *vn,* ymataliad(-au) *m,* amheuaeth *f,* amheuon *pl, occ:* atgadwad *m;* **(to accept sth) without ~,** (derbyn rth) yn ddiamod, yn llwyr, yn ddibetrus, yn ddiymatal, heb os nac onibai; **mental ~,** atgadwad meddyliol; **with reservations,** yn betrus, gyda pheth amheuaeth, yn amodol, gydag eithriadau, gan eithrio rhai pethau; **with this ~,** ac eithrio hyn; *Rel:* **R~ of the Sacrament,** Atgadwad y Sagrafen. **3.** *Jur:* cymal(-au) *(m)* cadw. **4.** *U.S: (Indian &c):* rhandir(-oedd) *m,* rhanbarth(-au) *m,* tiriogaeth [frodorol] (tiriogaethau [brodorol]) *f.* **5.** **central ~,** *(between carriageways):* llain ganol (lleiniau canol) *f.*

reserve¹ *n.* **1.** *(a) (of money, energy):* cronfa (cronf|eydd) *f* [wrth gefn], adnoddau *(pl)* wrth gefn, cyfrif neilltuedig *m;* **gold ~,** aur *(m)* wrth gefn, aur cadw, cronfa aur; **cash reserves,** arian *(m)* wrth gefn, cronfa arian; **distributable reserves,** cronfeydd dosranadwy; **free reserves,** cronfeydd rhydd/rhyddion; **non-distributable reserves,** cronfeydd annosranadwy; **tax ~ certificate,** tystysgrif(-au) *(f)* cronfa'r dreth; *(b)* **we have sth in ~,** mae gennym rth wrth gefn. **2.** *pl. Mil:* milwyr wrth gefn, adfyddin *f,* adfyddinoedd; *Sp:* chwaraewr (chwaraewyr) *(m)* wrth gefn, eilydd(-ion) *m.* **3.** *(land):* gwarchodfa (gwarchodf|eydd) *f,* gwarchodle(-oedd) *m; Aut:* **central ~,** llain *(f)* ganol (lleiniau canol); **nature ~,** gwarchodfa natur; **game ~,** tir(-oedd) hela *m,* heldir(-oedd) *m.* **4.** **without ~,** yn llwyr, yn ddibetrus, yn ddiymatal, yn ddiamod, heb unrhyw amheuon/betrustod; **with all [proper] reserves,** heb warantu dim. **5.** *(= reticence):* tawedogrwydd *m,* swildod *m; (= unassumingness):* gwyl|eidd-dra *m;* **when he breaks through his ~,** pan ddaw [allan] o'i gragen; **to break down s.o.'s ~,** tynnu rhn o'i gragen. **~ bank** *n.* banc(-iau) *(m)* cronfa/cadw. **~ currency** *n.* arian cadw. **~ fund** *n.* cronfa *(f)* gadw (cronfeydd cadw), cronfa wrth gefn. **~ list** *n.* rhestr(-au) *(f)* wrth gefn. **~ price** *n.* pris(-iau,-oedd) *(m)* cadw.

reserve² *v.t.* cadw, neilltuo (rhth); rhoi (rhth) wrth gefn, rhoi (rhth) i gadw **(for s.o.,** ar gyfer rhn); **to ~ a seat for s.o.,** cadw/sicrh|au sedd i rn *or* ar gyfer rhn; **to ~ oneself (for sth),** eich cadw'ch hun, cadw'ch egni/nerth, ymgadw (ar gyfer rhth); **the management reserves the right to refuse admission,** ceidw'r rheolwyr yr hawl i wrthod mynediad; *Jur:* **to ~ a point of law,** neilltuo pwynt o gyfraith; **to ~ judgement,** gohirio [rhoi] dedfryd.

reserved *a.* **1.** *(compartment &c):* cadw, ar gadw, ynghadw, neilltuedig, llogedig, wrth gefn; *Jur:* neilltuedig; *S.a.* **judgement;** **~ seats,** seddau cadw; *Pol:* **~ powers** galluoedd neilltuedig, galluoedd wrth gefn; *Publ:* **all rights ~,** cedwir pob hawl/hawlfraint; *Cmptr:* **~ word,** gair *(m)* cadw. **2.** *Navy:* **~ list,** y rhestr *(f)* wrth gefn; **a ~ occupation,** gwaith neilltuedig. **3.** *(a) (= reticent):* tawedog, distaw, swil, di-ddweud, dywedwst, difynegiant; *(b) (= unassuming, undemonstrative):* tawel, gwylaidd, diymffrost, diymhongar *(pronounced* ng-g).

reservedly *adv.* yn dawedog *&c.*

reservedness *n.* = **reserve¹ 5.**

reservist *n. Mil:* milwr (milwyr) *(m)* wrth gefn.

reservoir *n.* cronfa (cronf|eydd) *f; (particularly of water):* cronfa ddŵr (cronfeydd dŵr).

reset *v.t.* **1.** ailosod, ailddodi (rhth); dodi/rhoi (rhth) yn ôl yn ei le; *Surg:* **to ~ a limb,** ailosod aelod; **to ~ a bone,** ailasio asgwrn. **2.** *(tool):* ailhogi. **3.** *Typ:* ailgysodi.

resetting *n.* **1.** ailosodiad(-au) *m,* ailddodi, ailosod *vn.* **2.** *(of tool):* ailhogiad(-au) *m,* ailhogi *vn.* **3.** *Typ:* ailgysodiad(-au) *m,* ailgysodi *vn.*

resettle *v.t.&i.* **1.** *v.t. (colony &c):* ailsefydlu; *(people):* ail-leoli, ailgartrefu; *(land):* ailgyfanheddu, ailwladychu; **to ~ oneself,** *(in chair &c):* aileistedd. **2.** *v.i. (a)* **to ~ (to an occupation),** ailgychwyn ar waith; *(b) (of wine &c):* ailwaddodi, ail-lonyddu.

resettlement *n.* *(a) (of colony):* ailwladychiad *m,* ailgyfanheddiad *m; vn.* = **resettle;** *(b) (= transfer of population):* ailgartrefiad *m,* ailgartrefu *vn.* **~ team** *n.* tîm (timau) *(m)* ailsefydlu.

resew *v.t.* ailwnïo.

reshape *v.t.* ailffurfio, ail-lunio.

resharpen *v.t.* ailhogi, ailfiniogi.

reshine *v.t.* ailgaboli, ail-loywi.

reship *v.t.* **1.** *(cargo):* ail-lwytho (rhth) [ar long]. **2.** *(propeller &c):* ailosod. **3.** *(= re-embark):* ailfyrddio.

reshipment *n.* **1.** ail-lwythiad(-au) *m,* ail-lwytho *vn.* **2.** ailosodiad(-au) *m,* ailosod *vn.* **3.** ailfyrddiad(-au) *m,* ailfyrddio *vn.*

reshoe *v.t. (horse):* ailbedoli.

reshorten *v.t.* ailgwteuo, ailgwtanu, ailfyrh|au.

reshoulder *v.t.* ailysgwyddo.

reshuffle¹ *n. (a) (of cards):* ailgymysgiad(-au) *m,* ailgymysgu *vn;* *(b) F:* **Cabinet ~,** ad-drefniant *(m)* cabinet, ad-drefnu *(vn)* cabinet.

reshuffle² *v.t.* *(a) (cards):* ailgymysgu, ailshifflo; *(b) F: (cabinet):* ad-drefnu, aildrefnu.

reside *v.i.* **1.** byw, cartrefu, *Lit:* trigo, preswylio, trigiannu (yn rhywle). **2.** *(of quality &c):* aros, gorwedd, bodoli; **the supreme authority resides in the President,** mae'r awdurdod pennaf yn nwylo'r Arlywydd; erys yr awdurdod pennaf gyda'r Arlywydd.

residence *n.* **1.** *(= stay):* preswyliad(-au) *m,* arhosiad (arosiadau) *m;* **during my ~ abroad,** tra oeddwn i'n byw dros y môr; **to take up one's ~ somewhere,** ymsefydlu/ymgartrefu mewn lle, mynd i fyw/breswylio/drigo mewn lle; *Ecc:* **canon in ~,** canon preswyl;

the students are not yet in ~, nid yw'r myfyrwyr wedi dychwelyd eto; *Sch:* **[students'] hall of ~,** neuadd *(f)* breswyl (neuaddau preswyl); *S.a.* **board**[1] **2. 2.** *(house &c):* tŷ (tai) *m*, cartref(-i) *m*, *Lit:* trigle(-oedd) *m*, trigfan(-nau) *f*, trigfa(-on, trigfâu, trigf|eydd) *f*, annedd (anheddau) *f*, preswylfa (preswylf|eydd) *f*, preswylfod(-au) *m*, preswyl *m*.

residency *n.* **1.** *Adm:* preswylfa (preswylf|eydd) *f.* **2.** *U.S: Med:* cyfnod(-au) *(m)* hyfforddi, preswyliad(-au) *m*.

resident *a. & n.* **1.** *a.* *(a)* preswyl, trigiannol; **to be ~ in a place,** preswylio/trigo/byw mewn lle; **the ~ population,** y boblogaeth sefydlog/barhaol *f*, y preswylwyr sefydlog; *(b) (in hospital):* ~ **physician,** meddyg(-on) preswyl *m*; *Sch:* ~ **master,** athro (athrawon) preswyl *m*; *(c) Cmptr:* arhosol. **2.** *n.* preswylydd: preswyliwr (preswylwyr) *m*, trigolyn (trigolion) *m*, trigiannydd (triganyddion) *m*.

residential *a.* preswyl, trigiannol; **non-~,** amhreswyliol, dibreswyl; ~ **care,** gofal preswyl *m*; ~ **district,** ardal breswyl (ardaloedd preswyl) *f*; ~ **hotel,** gwesty (gwestai) preswyl *m*; ~ **social work,** gwaith cymdeithasol preswyl *m*; *Geog:* ~ **zone,** cylchfa breswyl (cylchfaoedd/cylchfâu preswyl) *f*.

residentiary *a. & n.* = **resident.** *Ecc:* ~ **canon,** canon(-iaid) preswyl *m*.

residual *a. & n.* **1.** *a. Ph: &c:* gweddill[i]ol, dros ben, yn weddill; ~ **magnetism,** magnetedd gweddill[i]ol *m*; *Geog:* ~ **deposits,** dyddodion gweddill; *Med:* ~ **hearing,** gweddill clyw; ~ **vision,** gweddill golwg; **he has ~ hearing/vision,** mae'n clywed/gweld ychydig. **2.** *n.* *(a) Ch:* = **residue 1;** *(b) Ar:* gweddill *m*; *(c) Mth:* gweddilleb(-au) *mf*.

residuary *a.* **1.** dros ben, [sydd] ar ôl, [sydd] yn weddill. **2.** *Ch:* gweddill[i]ol. **3.** *Jur:* ~ **legatee,** etifedd(-ion) *(m)* [y] gweddill; ~ **estate,** gweddill *(m)* ystâd, ystâd weddill[i]ol *f*.

residue *n.* **1.** *Ch: &c:* gwaddod(-ion) *m*, gwaelod(-ion) *m*, gweddill(-ion) *m*, gwarged(-ion) *mf.* **2.** *(of army &c):* gweddill, rhelyw *m*. **3.** *Jur: Mth:* gweddill. **4.** *Log:* gweddillolion *pl*.

residuum *n.* *Ch: &c:* gweddill(-ion) *m*, gwarged(-ion) *mf*, gwaddod(-ion) *m*.

resift *v.t.* ailnithio, ailogrwn.

resign[1] *v.t.* **1.** *(a) (post):* ymddiswyddo (o swydd), rhoi'r gorau (i swydd); *(b) (hope &c):* rhoi'r gorau (i obaith); *(c)* **to ~ sth to s.o.,** ildio/ymddiried/trosglwyddo rhth i rn. **2.** *(a)* **to ~ oneself to sleep,** ymollwng i gysgu; **to ~ oneself to s.o.'s guidance,** derbyn cyfarwyddyd rhn; *(b)* **to ~ oneself to doing sth,** derbyn [gorfod] gwneud rhth, bodloni/ymfodloni ar wneud rhth, derbyn bod rhaid gwneud rhth; **to ~ oneself to one's fate,** plygu i'r drefn, ymostwng i'ch ffawd.

re-sign[2] *v.t.&i.* ailarwyddo, ail-lofnodi.

resignation *n.* **1.** *(a) (from post):* ymddiswyddiad(-au) *m*, ymddiswyddo *vn*; **to tender one's ~,** cynnig eich ymddiswyddiad, cynnig ymddiswyddo; *(b) (of right &c):* ildiad *m*, ildio *vn*. **2.** *(to fate &c):* ymostyngiad *m*, ymostwng *vn*; **to accept failure with ~,** derbyn methiant yn ymostyngar *(pronounced* ng-g).

resigned *a.* gostyngedig, ymostyngol, ymostyngar *(pronounced* ng-g), dirwgnach, diachwyn, di-gwyn; **to become ~ to sth,** ymostwng i rth, derbyn rhth; **to be ~ to one's fate,** derbyn eich tynged/ffawd fel peth anorfod.

resignedly *adv.* yn ostyngedig *&c*.

resile *v.i.* *(i) (of elastic &c):* adlamu, hydwytho; *(ii) (= withdraw):* ymgilio, cilio **(from sth,** rhag rhth).

resilience, resiliency *n.* **1.** *Mec:* hydwythedd *m*, ystwythder *m*. **2.** *(of temperament):* gwydnwch: gwytnwch *m*.

resilient *a.* **1.** *(elastic):* hydwyth, adlamol. **2.** *(temperament):* gwydn *(comp. forms* gwytned, gwytnach, gwytnaf).

re-silver *v.t.* ailariannu.

resin[1] *n.* resin *m*, *Lit: occ:* ystor *m*.

resin[2] *v.t.* resino.

resinate[1] *n. Bio-Ch:* r|esinad (resinadau) *m*.

resinate[2] *v.t.* resino.

resiniferous *a.* resinifferaidd.

resinification *n.* resineiddiad *m*, resineiddio *vn*.

resiniform *a.* resinffurf.

resinify *v.t.* resineiddio.

resinoid 1. *a.* resinaidd. **2.** *n.* r|esinoid (resinoidau) *mf*.

resinol *n. Ch:* r|esinol *m*.

resinous, resiny *a.* resinaidd, rèsinol, *Lit: occ:* ystoraidd.

resist[1] *n. Engr: Dy:* gwrthydd(-ion) *m*.

resist[2] *v.t.&i.* **1.** *(a) (= attack):* gwrthsefyll; *(b)* **I couldn't ~ telling him,** ni allwn beidio â dweud wrtho; yr oedd yn rhaid imi gael dweud wrtho; **I can't ~ nuts,** *N:* fedra' i ddim maddau i gnau. **2.** *(a) (plan):* gwrthwynebu, gwrthsefyll; **to ~ the evidence,** gwrthod derbyn tystiolaeth. **3.** *(of girder):* gwrthsefyll, dal, dala (pwysau *&c*).

resistance *n.* **1.** gwrthwynebiad *m*, gwrthsafiad *m*; **to offer ~,** gwrthsefyll, gwrthwynebu; **she made no ~,** ni wrthsafodd ddim; ni wrthwynebodd ddim; ni cheisiodd wrthsefyll; **passive ~,** gwrthsafiad goddefol/di-drais; *Lit:* **weary of ~,** wedi blino ar wrthwynebu; *Pol: (1939-45 war):* **the R~ [Movement],** y Gwrthsafiad. **2.** *(a) Mec: Ph:* **line of least ~,** llinell y gwrthsafiad lleiaf; **to take the line of least ~,** dilyn y llwybr rhwyddaf, gwn|eud y peth lleiaf trafferthus; *Mec:* **impact ~,** gwrthsafiad trawiad; **high-~ steel,** dur tra gwrthsafol *m*; *(b) El:* gwrthiant (gwrthiannau) *m*; **variable ~,** rheostat(-au) *m*; *(c) Med:* gwrthiant, ymwrthedd; *(d) Geog:* gwydnwch: gwytnwch *m*. **~ coil** *n. El:* torch(-au) *(f)* ymwrthedd. **~ fighter** *n.* gwrthsafwr (gwrthsafwyr) *m*, gwrths|afwraig *f*.

resistant, resistent *a.* gwrthsafol, gwrthwynebol; *El:* gwrthiannol, ymwrthiannol; *Med:* gwrthiannol; *Geog:* gwydn.

resister *n.* gwrthsafwr (gwrthsafwyr) *m*, gwrthwynebwr: gwrthwynebydd (gwrthwynebwyr) *m*, gwrthwyn|ebwraig *f*, gwrths|afwraig *f*.

resistibility *n.* gwrthsafadwyedd *m*.

resistive *a.* gwrthsafol, *El:* gwrtheddol.

resistivity *n. El:* gwrthedd(-au) *m*.

resistless *a.* **1.** = **irresistible. 2.** = **unresisting.**

resistlessly *adv.* **1.** = **irresistibly. 2.** = **unresistingly.**

resistor *n. El:* gwrthydd(-ion) *m*.

resit[1] *n. Sch: (exam):* ailarholiad(-au) *m*, ailgynnig (ailgynigion) *m*.

resit[2] *v.t.* ailsefyll.

resite *v.t.* ail-leoli.

reslant, reslope *v.t.* ailogwyddo.

resnatron *n. El.E:* r|esnatron (resnatronau) *m*.

resoak *v.t.* ailsocian.

resoften *v.t.* ailfeddalu.

resojet *attrib.* ~ **engine,** motor(-au) r|esojet *m*.

resolder *v.t.* ailsodro.

resole *v.t.* ailwadnu.

resolicit *v.t.* **1.** *(favour &c):* ailerfyn (am rth), aildeisyfu, ailymofyn (rhth). **2.** *(pers.):* ailerfyn (ar rn).

resolidify *v.t.&i.* ailgaledu, troi'n solet [eto], *occ:* ailsoledu.

resolubility *n. Ph: (of image):* cydranolder *m*.

resoluble[1] *a.* *(problem):* datrysadwy, de[h]ongladwy; *(image):* cydranadwy.

resoluble[2] *a.* *(= that can be dissolved again):* aildoddadwy.

resolute *a. & n.* **1.** *a.* penderfynol, cadarn, di-droi'n-ôl, diwyro, diysgog. **2.** *n. Ph:* cydran(-nau) *f*.

resolutely *adv.* yn benderfynol *&c*.

resoluteness *n.* penderfyniad *m*, penderfynoldeb *m*, cadernid *m*, diysgogrwydd *m*.

resolution *n.* **1.** *Ch: Mth: &c:* cydraniad *m*, cydrannu *vn*; *(= analysis):* dadansoddiad(-au) *m*, dadansoddi *vn*; *Mus: (of discord):* adferiad(-au) *m*, adfer *vn*; *Mec:* ~ **of forces,** cydraniad grymoedd; *T.V:* **picture ~,** eglurdeb *(m)* llun, eglurder *(m)* llun. **2.** *(= decision):* penderfyniad(-au) *m*; **to put a ~ to a meeting,** dodi/gosod/rhoi cynnig ger bron cyfarfod. **3. good resolutions,** bwriadau da; **New Year ~,** adduned(-au) *(f)* Blwyddyn Newydd. **4.** *(= determination):* penderfyniad *m*, penderfynoldeb *m*; **lack of ~,** diffyg *(m)* penderfyniad, gwangalondid *m* *(pronounced* ng-g). **5.** *(of question):* datrysiad *m*, datrys *vn*; *(of doubt):* chwalu *vn*; *(of dispute):* torri *vn*.

resolutioner, resolutionist *n. Hist:* cefnogwr (cefnogwyr) *(m)* cynnig.

resolutive *a.* **1.** *Ph: Med:* cydrannol. **2.** *Jur:* ~ **condition,** cymal(-au) diddymol *m*.

resolvability *n.* **1.** *Ph: Opt:* cydranoldeb *m*. **2.** *(of problem):* natur ddatrysadwy *f*; **I became convinced of the ~ of the problem,** deuthum i gredu y gellid datrys y broblem.

resolvable *a.* **1.** *(image):* cydranadwy. **2.** *(doubt):* chwaladwy. **3.** *(question):* datrysadwy. **4.** *(dispute):* toradwy.
resolvableness *n.* = **resolvability.**
resolve[1] *n.* penderfyniad *m*, penderfynoldeb *m.*
resolve[2] *v.t.&i.* I. *v.t.* **1.** *(a) (= analyse):* dadansoddi, dadelfennu; *(image):* cydrannu; **the water resolves itself into vapour,** mae'r dŵr yn anweddu'n ager; **steam resolved into water,** ager wedi ei gydrannu'n ddŵr; **the matter resolved itself into a series of questions,** ymrannodd/ymddatododd y mater yn gyfres o gwestiynau; *Mec:* **to ~ a velocity into its components,** cydrannu/dadelfennu cyflymder i'w gydrannau; *Mus:* **to ~ a discord,** adfer anghytgord; *(b)* **the House resolved itself into a committee,** troes/ymffurfiodd y Tŷ'n bwyllgor. **2.** *(problem):* datrys; *(doubt):* chwalu; *(dispute):* torri. **3.** *(= decide):* penderfynu (gwneud rhth). II. *v.i.* **1.** *(of compound):* dadelfennu, ymchwalu; *(of a topic):* ymrannu, ymddatod. **2.** **to ~ on sth,** penderfynu ynghylch rhth, penderfynu ar rth.
resolved *a.* penderfynol (**to do sth,** o wneud rhth); *Biol: &c:* cydrannol, dosrannol. *S.a.* **flaking.**
resolvedly *adv.* yn benderfynol.
Resolven *W.Pl.n.* Resolfen *f, formerly* Rhos-soflen *f.*
resolvent *a. & n.* **1.** *a.* cydrannol, datrysol. **2.** *n.* cydrannwr (cydranwyr) *m*, cydrannydd (cydranyddion) *m.*
resolving *a.* **~ power,** cryfder cydrannol *m.*
resonance *n.* **1.** soniaredd *m*, soniarusrwydd *m*, atsain (atseiniau) *f.* **2.** *Mus: Ph:* cyseiniant (cyseiniannau) *m.*
resonant *a. & n.* **1.** *a.* *(a)* soniarus, atseiniol, dirgrynol; **a ~ voice,** llais soniarus *m*; *Phon:* **~ chamber,** siambr(-au) *(f)* atsain; *(b)* *Mus: Ph:* cysain, cyseiniol. **2.** *n. Phon:* atsain (atseiniau) *f.*
resonantly *adv.* yn soniarus *&c.*
resonate *v.i.* atseinio; *Mus: Ph:* cyseinio.
resonation *n.* **1.** atsain (atseiniau) *f*, atseinio *vn.* **2.** *Mus: Ph:* cyseiniad(-au) *m*, cyseinio *vn.*
resonator *n. Ph: El:* cyseinydd(-ion) *m.*
resorb *v.t.* atsugno.
resorbence *n.* atsugnedd *m.*
resorbent *n.* atsugnwr (atsugnwyr) *m.*
resorcinol *n. Ch:* res|orsinol *m.*
resorption *n.* atsugniad *m*, atsugniant *m*, atsugno *vn.*
resorptive *a.* atsugnol.
resort[1] *n.* **1.** *(a) (= aid):* cymorth *m*; **it is the only ~,** dyna'r unig beth amdani; 'does dim arall amdani; dyna'r unig fodd; dyna'r unig gymorth; *(b)* **without ~ to compulsion,** heb gymorth gorfodaeth, heb orfodi, heb ddefnyddio gorfodaeth, heb orfod troi at orfodaeth; **in the last ~,** pan fetho popeth arall, yn niffyg dim arall, os daw hi i'r pen, *F:* os aiff hi'n sgrech [arnoch *&c*]; **it's the last ~,** dyna'r gobaith olaf *m.* **2.** **a place of great ~,** arhosfan poblogaidd/boblogaidd (arosfannau poblogaidd) *mf*, cyrchfan poblogaidd/boblogaidd (cyrchfannau poblogaidd) *mf*, lle a llawer o gyrchu iddo; **a ~ of thieves,** ogof *(f)* lladron; **health ~,** cyrchfan iechyd; **holiday ~,** lle(-oedd) *(m)* gwyliau, cyrchfan gwyliau; **seaside ~,** tref *(f)* lan môr (trefi glan môr); **summer ~,** cyrchfan haf.
resort[2] *v.i.* **1.** troi (at rth), defnyddio (rhth); **to ~ to force/violence,** defnyddio grym/trais, troi at rym/drais; **to ~ to blows,** mynd yn daro/ymladd, dechrau ymladd; **they resorted to blows,** fe aeth hi'n godi dyrnau; fe aeth hi'n daro rhyngddynt; *S.W:* fe aeth yn bwno/gledro rhyngddyn' nhw; *N.W:* mi aeth yn gwffas rhyngddyn' nhw. **2.** **to ~ to a place,** *(i) (of crowds):* heidio/tyrru i le, ymgasglu/ymgynnull mewn lle, mynychu lle, *S:* crynh|oi mewn lle; *(ii) (of one person):* mynychu lle.
re-sort *v.t.* aildrefnu, ailddosbarthu.
resorter *n.* mynychwr (mynychwyr) *m*, myn|ychwraig *f.*
resound *v.i.* atseinio, diasbedain, datseinio, datsain, adleisio.
re-sound *v.t.* ailseinio.
resounding *a.* **1.** *(voice, noise):* atseiniol, datseiniol, uchel, soniarus, croch, *Lit:* hyglyw, *S.W:* clochaidd, clochog. **2.** **a ~ success,** llwyddiant ysgubol *m*; **a ~ victory,** buddugoliaeth ysgubol *f.*
resoundingly *adv.* **1.** yn atseiniol *&c.* **2.** **he was ~ beaten,** trechwyd ef yn lân/llwyr.
resource *n.* **1.** *(= resourcefulness):* dyfeisgarwch *m*, medrusrwydd *m*, amcanusrwydd *m*; **a man of ~,** gŵr dyfeisgar; **(a man) of no ~,** (gŵr) di-glem, lletchwith, didoreth; *S.a.* **last**[2]. **2.** *usu.pl. (= raw materials &c):* adnoddau *(sing.occ:* adnodd *m)*; **I was at the end of my resources,** ni wyddwn i ddim i ble i droi; 'roeddwn wedi cyrraedd pen fy nhennyn; **to pool resources,** cyfuno adnoddau; **non-renewable resources,** adnoddau anadnewyddol; **renewable resources,** adnoddau adnewyddol; **depletion of resources,** lleihad *(m)* adnoddau. **3.** *(= recreation):* difyrrwch *m*, diddanwch *m.* **~ centre** *n.* canolfan(-nau) *(mf)* adnoddau.
resourced *a.* ag adnoddau.
resourceful *a.* dyfeisgar, amcanus, *N.W: occ:* shifftgar, ymshifftgar.
resourcefully *adv.* yn ddyfeisgar.
resourcefulness *n.* dyfeisgarwch *m*, amcanusrwydd *m.*
respect[1] *n.* **1.** *(= bearing):* perthynas *f*, cyswllt *m* (**to sth,** â rhth); **to have ~ to sth,** dal perthynas â rhth; **with ~ to,** o ran rhth, ynglŷn â rhth, gyda golwg ar rth, mewn perthynas â rhth, oblegid rhth, oherwydd rhth, mewn cysylltiad â rhth, o'i gymharu â rhth; **in many respects,** ar lawer cyfrif, mewn sawl modd, ar sawl cyfrif; **in some respects,** mewn rhai pethau, o ran rhai pethau, i ryw raddau; **in every ~,** ym mhob modd, ym mhob ffordd; **he is satisfactory in every ~,** mae ef yn hollol/gwbl foddhaol; **in this ~,** yn hyn o beth, yn y cyswllt hwn, o ystyried hyn, o ran hyn; **in that ~,** o ran hynny, yn hynny o beth. **2.** *(= heed):* ystyriaeth *f*; **to have ~ to sth,** ystyried rhth, cymryd rhth i ystyriaeth; **without ~ of persons,** heb ffafrio neb, yn ddiduedd, heb dderbyn wyneb. **3.** *(= deference):* parch *m* (at rn); **a token of ~,** arwydd(-ion) *(m)* parch; **to have ~ for s.o.,** parchu rhn, bod â pharch at rn; **he can command ~,** mae'n gallu ennyn parch; **worthy of ~,** parchus, teilwng o barch, yn teilyngu parch; **out of ~ for s.o.,** o barch at rn, o ran parch at rn; **with all due ~ [to you],** gyda phob dyledus barch [atoch, ichwi]; **~ for the law,** parch at y gyfraith. **4.** *pl.* **respects,** cyfarchion, cofion; **to pay your respects to s.o.,** anfon eich cyfarchion at rn, cyfarch gwell i rn; **to pay one's respects to the dead,** dangos parch i'r meirwon; **to pay one's last respects,** talu'r gymwynas olaf, talu'r deyrnged *(pronounced* ng-g) olaf.
respect[2] *v.t.* **1.** parchu; **she is respected by all,** mae hi'n fawr ei pharch; perchir hi gan bawb; mae pawb yn ei pharchu hi; **he was able to make himself respected,** gallai ennyn parch eraill; **to ~ persons,** *(= discriminate):* ffafrio [rhai] pobl, derbyn wyneb. **2.** *(= concern):* **as respects sth,** o ran rhth, mewn cysylltiad â rhth, ynglŷn â rhth, yng nghyswllt rhth; *S.a.* **respecting.**
respectability *n.* parchusrwydd *m.*
respectable *a.* **1.** parchus, *occ:* cymeradwy, hybarch, *S.W: occ:* talïedd; **a ~ family,** teulu parchus/bucheddol; **~ people,** pobl barchus, *occ: Iron: or Pej:* parchusion; **I'm going to put on some ~ clothes,** 'rwy'n mynd i roi dillad parchus/parch; 'rwy'n mynd i roi rhth parchus amdanaf; **it isn't ~,** nid yw'n weddus. **2.** *F:* **she is of a ~ age,** mae hi wedi cyrraedd oedran teg; mae hi mewn gwth o oedran; mae hi mewn oed mawr; mae hi mewn cryn oed; **a ~ sum (of money),** swm sylweddol, cryn swm, *S:* swm teidi, *N: occ:* swm del (o arian); **a ~ number of people,** nifer sylweddol/dda o bobl; **he's quite a ~ singer,** mae'n eithaf canwr; mae'n gryn ganwr; mae'n ganwr go lew; mae'n ddi-fai canwr; *S:* mae e'n ganwr eitha' teidi; *N: occ:* mae o'n ganwr bach reit ddel.
respectableness *n.* parchusrwydd *m.*
respectably *adv.* **1.** *(dressed &c):* yn barchus. **2.** yn eithaf; **he sings quite ~,** mae'n eithaf canwr; mae'n canu'n eithaf da; mae'n canu'n o lew.
respected *a.* parchus, mawr/uchel eich parch, a berchir/berchid/barchwyd.
respecter *n.* parchwr (parchwyr) *m*; **~ of persons,** derbynnwr: derbyniwr (derbynwyr) *(m)* wyneb; **to be no ~ of persons,** gwrthod derbyn wyneb, bod yn ddi-dderbyn-wyneb; **death is no ~ of persons,** daw angau i bawb; nid yw angau'n parchu neb.
respectful *a.* llawn parch, parchus (tuag at rn); **(to keep s.o.) at a ~ distance,** (cadw rhn) draw, o hyd braich.
respectfully *adv.* gyda pharch; *Corr:* **yours ~,** gyda dyledus barch.
respectfulness *n.* parch *m* (**for/towards s.o.,** at rn).
respecting *prep.* ynglŷn â rhth, yn ymwn|eud â rhth, mewn cysylltiad â rhth, gyda golwg ar rth, *Lit:* parthed rhth; **(a question) ~ a matter,** (cwestiwn) ynglŷn â rhth, sy'n ymwneud â rhth, y mae a wnelo â rhth, â chyswllt â rhth.
respective *a.* priodol, priod; **(put them) in their ~ places,** (rhowch

hwynt) bob un yn ei le ei hun, yn eu lleoedd priodol, yn eu priod leoedd.
respectively *adv.* yn ôl eu trefn, yn y drefn honno, y naill ar ôl y llall, yn eu tro.
respell *v.t.* ailsillafu.
respirable *a.* anadladwy.
respirate *v.t.* anadlu; *Biol: (of plant &c):* resbiradu.
respiration *n. Physiol:* anadliad(-au) *m*, anadlu *vn*; *Biol: (of plant &c):* resbiradaeth *f*, resbiradu *vn*; **artificial ~,** anadlu adferol/artiffisial, cymorth-anadlu; **to give s.o. artificial ~,** adfer anadlu rhn.
respirational *a.* = **respiratory.**
respirator *n.* **1.** *Med:* anadlydd(-ion) *m*, peiriant (peiriannau) (*m*) anadlu. **2.** *Mil: (gas mask):* masg(-iau) (*m*) nwy, mwgwd (mygydau) (*m*) nwy.
respiratory *a.* anadlol, anadliadol; *Biol: (plant &c):* resbiradol; *Med:* **~ distress,** trafferth(-ion) (*f*) anadlu, caethdra *m*; *Biol:* **~ quotient,** cyniferydd(-ion) resbiradol *m*; **~ system,** system(-au) (*f*) anadlu.
respire *v.t.&i.* anadlu; *Biol: (of plant &c):* resbiradu.
respirometer *n.* anadlfesurydd(-ion) *m*.
respirometric *a.* anadlfesurol.
respirometry *n.* anadlfesureg *f*.
respite[1] *n.* **1.** *Jur:* gohiriad(-au) *m*, oediad(-au) *m*. **2.** *(= rest, repose):* seibiant (seibiannau) *m*, saib (seibiau) *m*, hoe *f*, egwyl(-ion) *f*, hamdden *f*; **a ~ from one's work,** hoe fach, *F:* pum munud *m*, sbel *f*; **to work without ~,** gweithio'n ddi-dor/ddi-baid/ddi-dor-derfyn, gweithio heb saib *&c.* **~ care** *n.* gofal (*m*) seibiant.
respite[2] *v.t.* **1.** *(a) Jur: (a prisoner):* rhoi oediad/gohiriad (i rn); *(b) (judgement):* gohirio. **2.** *(= relieve):* rhoi seibiant/saib i rn; *(from pain):* rhoi rhyddhad i rn.
resplendence *n.* disgleirdeb *m*, llewyrch: llewych *m*, [y]sblander *m*, gloywder *m*, gogoniant *m*, godidowgrwydd *m*, gwychder *m*, ardderchowgrwydd *m*.
resplendent *a.* disglair, gogoneddus, ysblennydd, disgleiriol, llewy[r]chol, llathraid[d].
resplendently *adv.* yn ysblennydd *&c.*
respond *v.i.* **1.** *(= answer):* ateb (**to s.o.,** rhn); ymateb, rhoi ateb (i rn); *Ecc:* adrodd yr atebiadau, porthi'r gwasanaeth, porthi. **2.** *(to treatment, proposition &c):* ymateb (i rth).
respondent *a. & n.* **1.** *a.* atebol, cyfatebol. **2.** *n. Jur: (in divorce):* atebydd: atebwr (atebwyr) *m*; *(in appeal):* gwrthapelydd: gwrthapeliwr (gwrthapelwyr) *m*.
response *n.* **1.** *(= answer):* ateb(-ion) *m*, atebiad(-au) *m*; *Ecc:* ateb. **2.** *(to appeals, treatment &c):* ymateb(-ion,-iadau) *m* (i rth); **constructed ~,** ymateb lluniedig; **the treaty met with a warm ~,** cafodd y cytundeb groeso cynnes. **in ~ to sth,** fel/mewn ymateb i rth. **~ time** *n.* amser (*m*) ymateb.
responsibility *n.* cyfrifoldeb(-au) *m*; **to assume ~,** cymryd/ysgwyddo cyfrifoldeb, ymgymryd â chyfrifoldeb, arddel cyfrifoldeb, bod/mynd yn gyfrifol; **to accept ~ for sth,** derbyn cyfrifoldeb am rth, mynd yn gyfrifol am rth; **to accept ~ for s.o.,** derbyn cyfrifoldeb am/dros rn; **to do sth on one's own ~,** cymryd y cyfrifoldeb o wneud rhth, mynd ati ar eich liwt eich hun i wneud rhth, ysgwyddo'r cyfrifoldeb o wneud rhth. **~ accounting** *n.* cyfrifyddu (*vn*) cyfrifoldeb. **~ centre** *n.* canolfan(-nau) (*mf*) cyfrifoldeb.
responsible *a.* cyfrifol (**for sth,** am rth; **to s.o.,** i rn) (**for s.o.** am rn, dros rn); **to hold s.o. ~ (for sth),** dal rhn yn gyfrifol (am rth).
responsibleness *n.* cyfrifolrwydd *m*, cyfrifoldeb *m*.
responsibly *adv.* yn gyfrifol *&c.*
responsions *n.pl. Sch:* arholiadau mynediad.
responsive *a.* atebol, ymatebol; **they are ~ to affection,** maent yn ymateb i garedigrwydd.
responsively *adv.* yn atebol.
responsiveness *n.* ymatebolrwydd *m*, ymateboldeb *m*.
responsory *n. Ecc:* atebiad(-au) *m*.
responsum *n.* dyfarniad(-au) *m*.
respray[1] *n.* ailchwistrelliad(-au) *m*.
respray[2] *v.t.* ailchwistrellu.
respring *v.t.* ailsbringio.
rest[1] *n.* **1.** *(a) (= repose):* gorffwys *m*, seibiant (seibiannau) *m*, saib (seibiau) *m*, hoe *f*, *F:* sbel *f*; **to go/retire to ~,** mynd i orffwys; **to get some ~,** bwrw'ch blinder, dadflino, dadluddedu, diluddedu, bwrw'ch lludded; **to have a good night's ~,** cael noson dda o orffwys/gwsg; **at ~,** yn gorffwys, yn llonydd, yn ddisymud, yn ddigyffro; **to lay s.o. to ~,** claddu rhn, daearu rhn, rhoi rhn i orffwys, hebrwng rhn i dŷ ei hir gartref; **to set a question at ~,** setlo cwestiwn; **to set s.o.'s mind at ~,** tawelu meddwl rhn; *S.a.* **lay[4] 3. to take a ~,** cael/cymryd seibiant, cael hoe, gorffwys, gorffwyso; **to travel with occasional rests,** teithio gydag ambell saib; **Sunday is a day of ~,** dydd o orffwys yw'r Sul; *(b) (= immobility):* llonyddwch *m*, gorffwys, disymudedd *m*; **to come to ~,** dod i orffwys, sefyll, aros, llonyddu, ymlonyddu. **2.** *Mus:* curiad(-au) gwag *m*; *(written):* tawnod(-au) *m*; **dotted ~,** tawnod unpwynt, tawnod [â] dot; **semibreve ~,** tawnod hanner brif; **crotchet ~,** tawnod crosiet, tawnod chwarter; **to group rests,** cyfosod tawnodau; **quaver ~,** tawnod cwafer, tawnod nodyn wythfed; *Poetry: (= caesura):* gorffwysfa (gorffwysf|eydd) *f*, gorffwysiad(-au) *m*. **3.** *(for taxis):* safle(-oedd) *m*, arhosfa (arosf|eydd) *f*, arhosfan (arosfannau) *mf*; *(for sailors &c):* gorffwysfa(-oedd) *f*, gwesty (gwestai) *m*, llety(-au) *m*. **4.** *(= support):* cynhalydd (cynalyddion) *m*, rest(-iau) *mf*, ateg(-ion) *f*; **arm-~,** *(of chair):* braich (breichiau) (*f*) cadair; *S.a.* **back-rest, elbow-rest, foot-rest, leg-rest; [billiard-cue] ~,** gorffwysbren(-nau) *m*, ffon (*f*) orffwys (ffyn gorffwys); **long ~,** ffon hir; **short ~,** ffon fer; **three-quarter ~,** ffon ganolig; **slide ~,** rest l[l]ithro (restiau llithro); *(of telescope &c):* cynhalydd, ateg; **top ~,** briglithryn *m*; *Tp:* **receiver ~,** crud(-au) *m*. **~-balk** *n. Agr:* malc(-iau) *m*, balc(-iau) *m*. **~-board** *n. (of window):* linter(-i,-ydd) *f*. **~-camp** *n.* gwersyll(-oedd) (*m*) gorffwys. **~-centre** *n.* canolfan(-nau) (*m*) gorffwys, canolfan (*f*) orffwys (canolfannau gorffwys). **~-cure** *n.* iachâd (*m*) trwy orffwys, gwellhad (*m*) trwy orffwys. **~ day** *n.* diwrnod(-[i]au) (*m*) gorffwys. **~-home** *n.* cartref(-i) (*m*) henoed. **~-house** *n.* gorffwysfan(-nau) *mf*, gorffwysfa (gorffwysf|eydd) *f*. **~ mass** *n. Ph:* màs disymud *m*. **~room** *n.* *U.S:* = **convenience (public). ~ stop** *n. U.S:* = **lay-by.**
rest[2] *v.i.&t.* I. *v.i.* **1.** *(a)* gorffwys, dadflino, bwrw['ch] blinder, *Lit:* dadluddedu; *(from work &c):* cael seibiant, *F:* cael hoe, cael sbel; **he will not ~ (till he has succeeded),** ni fydd yn llonydd, ni orffwysa (hyd nes iddo lwyddo); **to ~ (= trust) in the Lord,** ymddiried yn Nuw; **let him ~ in peace,** gorffwysed mewn hedd; heddwch i'w lwch; **the waves never ~,** nid yw'r tonnau byth yn llonydd; **to ~ on one's laurels,** gorffwys/bodloni ar eich clodydd; *(b) Th: F:* **to be resting,** bod heb waith, bod yn ddi-waith, bod yn segur; *S.a.* **oar[1]**; *(c)* **there the matter rests,** dyna'r lle y saif pethau; **I shall not let it ~ at that,** adawa' i mohoni yn y fan yna; nid dyna'i diwedd hi. **2.** *(a) (= lie):* pwyso, gorffwys, gorwedd (**on sth,** ar rth); **his hand resting on the chair,** ei law yn pwyso ar y gadair; **to let one's glance ~ on sth,** syllu ar rth; *(b)* **trade rests upon credit,** mae masnach yn dibynnu ar gredyd; *S.a.* **rest[4].** II. *v.t. (a)* **to ~ one's men,** rhoi gorffwys/seibiant i'ch dynion; *Jur:* **I ~ my case,** dyna gloi fy nadl; *(b) (elbows &c):* pwyso, gorffwys; *(load):* gorffwys; **to ~ sth against sth,** pwyso rhth yn erbyn rhth, rhoi rhth i bwyso yn erbyn rhth.
rest[3] *n. (= remnant):* gweddill(-ion) *m*, *occ:* rhelyw *m*, *S: occ:* gwarged(-ion) *mf*; **for the ~,** am y gweddill, am y rhelyw, hefyd, yn ogystal; **and all the ~ [of it],** ac yn y blaen, ac ati [hi], ac felly ymlaen; **the rest,** y lleill *pl*, y gweddill; **the rest of us,** y lleill/gweddill ohonom; *Lit:* **the ~ is silence,** yn awr, distawrwydd.
rest[4] *v.i. (= remain):* **1.** aros, *occ:* parh|au; **rest assured that...,** gellwch fod yn hollol sicr y..., sicrhaf chwi y.... **2. it rests with you (to do sth),** dibynnir arnoch chi (i wneud rhth); chi sydd â'r gofal (am wneud rhth); eich lle chi yw, chi piau (gwneud rhth); **it rests with Wales to decide,** Cymru piau penderfynu; *S.a.* **rest[2]. rest-harrow** *n. Bot: (Ononis repens):* tag (*m*) yr aradr, tagaradr *m*, camog *m*, hwp (*m*) yr ychen, cas (*m*) gan arddwr, tegwch (*m*) Meinwen, duglwyd *f*, eithin (*pl*) yr ieir, gelyn (*m*) yr og; **small ~-harrow,** *(O. recinata):* tagaradr bach; **spring ~-harrow ~,** *(O. spinosa):* cas gan arddwr pigog; **round-leaved ~-harrow,** *(O. rotundifolia):* tagaradr deilgrwn; **shrubby ~-harrow,** *(O. feuticosa):* tagaradr prysglog; **Mt. Cenis ~-harrow,** *(O. cristata/cenisia):* tagaradr cribog; **yellow ~,** *(O. striata):* tagaradr melyn.
restart[1] *n.* ailddechreuad(-au) *m*, ailgychwyniad(-au) *m*, ailddechrau *vn*, ailgychwyn *vn*; *(of engine):* aildaniad(-au) *m*, aildanio *vn*.

restart² *v.t.* *(work):* ailddechrau, ailgychwyn (gwaith, ar waith); ailafael, ailgydio (mewn gwaith); *(engine):* aildanio.
restaurant *n.* bwyty (bwytai) *m*, tŷ (tai) (*m*) bwyta. ~ **car** *n. Rail:* cerbyd(-au) (*m*) bwyta.
restaurateur *n.* perchennog (*m*) bwyty (perchnogion bwytai), rheolwr (*m*) bwyty (rheolwyr bwytai).
rested *a.* wedi dadflino, wedi bwrw'ch blinder.
resterilize *v.t.* ailddiheintio, ailsterileiddio.
restful *a.* *(sleep &c):* gorffwysol, gorffwyslon, esmwyth; *(place):* tawel, llonydd, heddychlon; *(armchair, sleep, &c):* esmwyth, cysurus, braf.
restfully *adv.* yn orffwysol *&c.*
restfulness *n.* gorffwyslondeb *m*, gorffwysoldeb *m*, tawelwch *m*, llonyddwch *m*, tangnefedd *m*, hedd *m*; *(of armchair &c):* cysur *m*, esmwythder *m*, esmwythdra *m*.
restiform *a.* cortynnaidd.
restimulate *v.t.* ailennyn, ailsymbylu, ailadfywio.
resting *a.* yn gorffwys; *(machine):* segur, llonydd; *(actor):* segur. ~**-pin** *n. Mus: (harp):* gorffwysbin(-nau) *m*. ~**-place** *n.* gorffwysfan(-nau) *mf*, gorffwysle(-oedd) *m*, gorffwysfa(-oedd, gorffwysf|eydd) *f*, gorweddfan(-nau) *mf*.
re-stir *v.t.* ail-droi.
re-stitch *v.t.* ailwnïo.
restitute *v.t.* adfer, edfryd, dychwelyd.
restitution *n.* **1.** adferiad(-au) *m*, adfer *vn*, dychweliad(-au) *m*, dychwelyd *vn*; *Jur:* ~ **of conjugal rights,** adferiad hawliau priodasol; *Hist:* **Edict of R~,** Cyhoeddeb (*f*) Adferiad; **to make ~ (of sth),** adfer, edfryd, dychwelyd (rhth); **to make ~ (for sth),** gwneud/talu iawn/iawndal (am rth); *Mth:* **coefficient of ~,** cyfernod (*m*) adfer. ~ **order** *n.* gorchymyn (gorch[y]mynion) (*m*) dychwelyd, gorchymyn gwneud iawn.
restive *a.* **1.** *(a) (= jibbing, refractory):* gwinglyd, gwingog, ystyfnig, mulaidd, *Lit:* anhywedd, anhydrin, *N:* noglyd, *S:* jibog; **to be ~,** gwingo, *N:* nogio, *S:* jibo; *(b) F: (pers.):* anhydrin, anodd eich trin, di-ddweud, di-wah|ardd, ystyfnig, anhydyn, mulaidd, *S:* di-wardd. **2.** *(= fidgety):* aflonydd, gwinglyd, rhuslyd, rhusgar, anniddig, anesmwyth.
restively *adv.* yn aflonydd *&c.*
restiveness *n.* **1.** *(= stubbornness):* ystyfnigrwydd *m*, anhydynrwydd *m*. **2.** *(= fidgetiness):* aflonyddwch *m*, anniddigrwydd *m*, anesmwythyd *m*.
restless *a.* **1.** *(night's sleep &c):* aflonydd, diorffwys, anesmwyth, anniddig; *(crowd, thoughts):* aflonydd; **to get ~,** aflonyddu, colli amynedd; *(of child): N:* c'noni (= cynrhoni); **to have a ~ night,** troi a throsi trwy'r nos, treulio/cael noson anesmwyth, bod ar waith trwy'r nos. **2.** *(child):* gwinglyd, aflonydd, rhwyfus, *S:* dyrys; **a ~ child,** *N:* cynrhonyn *m*, plentyn yn c'noni (= cynrhoni). ~ **flycatcher** *n. Orn:* gwybedwr (gwybedwyr) aflonydd *m*.
restlessly *adv.* yn aflonydd *&c.*
restlessness *n.* aflonyddwch *m*, anesmwythder *m*.
re-stock *v.t.* ail-lenwi, ail-lanw, ailgyflenwi, ailstocio.
restorable *a.* adferadwy.
restoration *n.* **1.** *(of sth lost):* dychwelyd *vn*, dychweliad(-au) *m*, adferiad(-au) *m*, adfer *vn*, edfryd *vn*. **2.** *(of monument &c):* atgyweirio *vn*, atgyweiriad(-au) *m*, adnewyddu *vn*, adnewyddiad(-au) *m*; *(of a text):* adfer, edfryd, adferiad. **3.** *(of health, fortune, position):* adfer, edfryd, adferiad. **4.** *Pol: (of king &c):* adferiad, adfer, edfryd, ailorseddu *vn*; *Hist:* **the R~,** yr Adferiad; *attrib.* **R~ comedy,** comedi'r Adferiad.
restorationism *n. Rel:* adferiadaeth *f*.
restorationist *n. Rel:* adferiadwr: adferiadydd (adferiadwyr) *m*.
restorative *a. & n. Med:* **1.** *a.* adferol, cryfhaol, atgryfhaol, gwellhaol, adferiadol, atgyfnerthol, adfywhaol. **2.** *n.* adferiedydd(-ion) *m*, cyffur(-iau) adferol *m*, cordial(-au) *m*.
restoratively *adv.* yn adferol.
restore *v.t.* **1.** *(= give back):* dychwelyd (rhth i rn); rhoi (rhth yn ei ôl i rn); *Lit:* adfer, edfryd (rhth i rn). **2.** *(a) (monument, picture &c):* adnewyddu, adfer, atgyweirio; *(b) (text):* adfer, edfryd; *(c) Cmptr:* adennill. **3.** *(a)* **to ~ sth to its place,** dychwelyd rhth i'w le, rhoi/gosod/dodi rhth yn ôl yn ei le; *(b)* **to ~ s.o. to a job,** adfer/ailbenodi rhn i swydd; **to ~ a king to the throne,** adfer brenin i'r orsedd, ailorseddu brenin; *(c)* **to ~ s.o. to health,** gwella/iach|au rhn, adfer iechyd rhn, adfer rhn i'w iechyd; **are you quite restored to health?** a ydych chi wedi gwella'n llwyr? a ydych chi'n holliach? **to ~ (s.o.) to life,** atgyfodi, adfywh|au, bywh|au, adfywio, dadebru (rhn); codi (rhn) o farw'n fyw; adfer (rhn) i fywyd; adfer bywyd (rhn). **4.** *(a) (freedom, discipline, trust, order):* adfer, ailsefydlu, ailgr|eu; *(b)* **to ~ s.o.'s strength,** atgyfnerthu rhn, nerthu rhn, adfer rhn i'w nerth, adfer nerth rhn; **to ~ the circulation,** adfer cylchrediad.
re-store *v.t.* ailstorio, ailgadw.
restored *a.* adferedig; *(painting &c):* adnewyddedig; **~ to health,** mewn gwell iechyd, wedi gwella/mendio, wedi cael iachâd, holliach.
restorer *n.* **1.** *(of painting &c):* adnewyddwr (adnewyddwyr) *m*, adferwr (adferwyr) *m*. **2. health ~,** tonig(-au) *m*; **hair ~,** tonig gwallt, tyfwr (tyfwyr) (*m*) gwallt, peth(-au) (*m*) tyfu gwallt.
restow *v.t.* ailstowio.
restrainable *a.* ffrwynadwy, ataliadwy.
restrain *v.t.* **1.** atal, rhwystro, ffrwyno, llesteirio, *S:* deor, *Lit:* lluddio, lluddias (rhn rhag rhth). **2.** *Jur:* cadw [yn y ddalfa]. **3.** *(passion, curiosity):* rheoli, ffrwyno, gwastrodi (rhth); cadw rheolaeth (ar rth); **to ~ oneself,** ymatal, ymreoli; **to ~ one's mirth,** ymatal/ymgadw rhag chwerthin; **to ~ production,** ffrwyno/arafu cynhyrchiant.
restrained *a.* **1.** *(anger &c):* dan reolaeth, ataliedig, gochelgar, cynnil, ymataliol; **in ~ terms,** mewn geiriau pwyllog. **2.** *(style):* cynnil, diwastraff.
restrainedly *adv.* yn ochelgar *&c.*
restrainer *n.* **1.** ffrwynwr (ffrwynwyr) *m*, ataliwr (atalwyr) *m*, atalydd(-ion) *m*, rhwystrwr (rhwystrwyr) *m*. **2.** *Phot:* arafwr (arafwyr) *m*.
restraining *a.* ataliol, *occ:* ataledigol, llesteiriol, lluddiol, caethiwol, cyfyngol; *Phot:* **~ bath,** baddon(-au) arafol *m*, baddon arafu; *Jur:* **~ order,** gorchymyn (*m*) atal.
restraint *n.* **1.** ataliaeth(-au) *f*, ataliad(-au) *m*, atal *m*, atalfa (atalf|eydd, atalfâu, atalfeuon) *f*, cyfyngiad(-au) *m*, ffrwyn (-au) *f*, hual(-au) *m*, llyffethair (llyffetheiriau) *f*, cloffrwym(-au) *m*, *Lit:* llestair (llesteiriau) *m*, lludd(-ion) *m*; **to put a ~ (on s.o.),** atal, rhwystro, ffrwyno, cloffrwymo, llyffetheirio, hualu (rhn); rhoi ffrwyn (ym mhen rhn, ar rn); cyfyngu (ar rn); **to fret/chafe under ~,** gwingo dan atalfa; **to break through every ~,** torri'r hualau, cymryd rhwydd hynt; **to be under no ~,** bod yn ddilyffethair/benrhydd; **in ~ of sth,** er mwyn atal/llyffetheirio rhth; *(b) (of feelings &c):* rheolaeth *f* (ar rth), ymatal *m*, ymarbed *m*; **to put a ~ upon oneself,** ymatal, eich ffrwyno'ch hun (rhag rhth); **lack of ~,** diffyg (*m*) rheolaeth/ymatal, byrbwylltra *m*, penrhyddid *m*; **(to speak) without ~,** (siarad) yn ddiatal, yn fyrbwyll, yn rhwydd, yn ddigymell, heb flewyn ar dafod, heb reolaeth; **to fling aside all ~,** mynd dros ben llestri, taflu pob rheolaeth; *(c) (of literary style):* cynildeb *m*, ymatalgarwch *m*, ymatal *vn*, sobrwydd *m*; *(d) Jur:* **~ of trade,** llyffethair ar fasnach; **in ~ of trade,** yn llyffetheirio masnach. **2.** *Jur: (= confinement):* cyfyngiad *m*; **(to keep s.o.) under ~,** (cadw rhn) dan gyfyngiad, yn gaeth, *F:* dan yr hatsus; **to put a lunatic under ~,** cyfyngu ar wallgofddyn, rhoi gwallgofddyn dan gyfyngiad, rhoi gwallgofddyn i'w gadw. **3.** *S.a.* **head¹.**
restrict *v.t.* cyfyngu (rhth, ar rth), cadw (rhth) o fewn terfynau; **I am restricted to advising,** ni chaf ond rhoi cyngor; fe'm cyfyngir i gynghori; **to ~ the consumption of alcohol,** cyfyngu ar yfed alcohol.
restricted *a.* *(= limited):* cyfyngedig; **~ area,** ardal gyfyngedig (ardaloedd cyfyngedig) *f*; **~ room,** lle cyfyng *m*; **we have ~ room,** 'rydym yn brin o le; ychydig o le sydd gennym; *Med:* **~ movement,** medru (*vn*) symud ychydig; *(= narrow):* cyfyng, cul(-ion); **a ~ attitude,** agwedd gyfyng/gul *f*.
restriction *n.* cyfyngiad(-au) *m*, cyfyngu *vn* (ar rth).
restrictive *a.* cyfyngol, cyfyngiadol, caeth, caethiwus, caethiwol, cyfyngus, rhwystrol; *Gram:* **~ clause,** cymal cyfyngol; *Ind:* **~ practices,** arferion rhwystrol.
restrictively *adv.* yn gyfyngol *&c.*
restring *v.t.* **1.** *(beads):* ail-linynnu. **2.** *(racket, violin &c):* newid tannau, aildantio, aildenynnu.
restuff *v.t.* ailstwffio.
restyle *v.t.* ailsteilio, ailwampio, newid arddull/steil (rhth).
result¹ *n.* canlyniad(-au) *m*, effaith (effeithiau) *f*; **in the ~,** yn derfynol, yn y diwedd, o'r diwedd; **what will be the ~ of it all?** beth fydd canlyniad hyn i gyd? beth fydd pen draw hyn i gyd? beth a ddaw o hyn i gyd? beth fydd ei diwedd hi? **as a ~ of sth,**

oherwydd rhth, fel canlyniad i rth, o ganlyniad i rth; **(the country suffered) as a ~,** (dioddefodd y wlad) o ganlyniad, o'r herwydd; **to give out the results,** *(of a competition):* cyhoeddi'r canlyniadau; **football results,** canlyniadau pêl-droed. **~ clause** *n. Gram:* cymal(-au) (*m*) canlyniad.
result² *v.i.* **1.** *(= arise):* deillio, tarddu, codi, dilyn (**from sth,** o rth); **little will ~ from this,** ni ddaw rhyw lawer o hyn; ni ddaw fawr ddim o hyn; **it results from this that...,** mae'n dilyn o hyn mai/fod...; **(damage) resulting from an accident,** (difrod) o ganlyniad i ddamwain, yn codi/dilyn o ddamwain. **2.** *(= lead to sth):* arwain (**in sth,** i rth); **nothing resulted from it,** ni ddaeth dim ohono; nid arweiniodd i/at ddim; **it resulted in a large profit,** bu'n achos elw mawr; **the argument resulted in a fight,** arweiniodd y ffrae i ymladdfa; fe aeth y ffrae yn daro.
resultant *a. & n.* **1.** *a.* canlyniadol, canlynol; **~ picture,** darlun canlyniadol; *Mec:* **~ force,** grym cydeffeithiol *m*; *Mus:* **~ tone,** cyfundon(-au) *f*. **2.** *n.* cydeffaith (cydeffeithiau) *f*; **to find the ~ of three forces,** canfod cydeffaith tri grym.
resulting¹ *a.* canlyniadol, dilynol, yn dilyn/canlyn; **three were killed in the ~ confusion,** lladdwyd tri yn y sgarmes a ddilynodd.
resulting² *vn.* **~ from sth,** o ganlyniad i rth, yn deillio o rth.
resumable *a.* **1.** *(land &c):* atgymeradwy, adferadwy. **2.** *(= summarizable):* crynoadwy.
resume *v.t.* **1.** *(= get, take again):* ailafael, ailgydio (yn rhth); **to ~ one's seat,** aileistedd, mynd yn ôl i'ch sedd, ailgymryd eich sedd; **to ~ one's sway over a country,** aildcyrnasu ar wlad. **2. to ~ [possession of] a territory,** adfeddiannu/ailfeddiannu/atgymryd tiriogaeth. **3.** *(a) (conversation):* ailgychwyn; *(relations):* ailgychwyn, adnewyddu; **to ~ work,** ailddechrau gwaith, ailddechrau/ailgychwyn gweithio, mynd yn ôl at eich gwaith, ailgydio/ailafael yn eich gwaith, ailafael ynddi; **if hostilities should be resumed,** petai ymladd yn ailgychwyn; **she resumed her maiden name,** ailfabwysiadodd/ailarddelodd ei henw morwynol; aeth yn ôl at ei henw morwynol; *(b)* **"this was a great mistake" he resumed,** "camgymeriad dybryd a fu hyn" meddai drachefn. **4.** *(= recapitulate):* crynh|oi.
résumé *n.* crynodeb(-au) *m*.
resumption *n.* ailgychwyniad *m*, ailddechreuad *m*, ailgychwyn *vn*, ailddechrau *vn*; *Jur:* **~ of residence,** ailbreswyliad *m*.
resumptive *a.* atgymerol, ailgychwynnol, ailddechreuol.
resupinate *a.* **1.** *(= bent back):* atblygedig. **2.** *(= upside-down):* a'i ben/phen i lawr, a'i [h]wyneb i waered.
resupination *n. Bot:* atblygiad *m*, atblygu *vn*.
resupine *a.* = **supine.**
resurface *v.t.&i.* **1.** *v.t. (road &c):* wynebu, arwynebu (ffordd); rhoi wyneb newydd (ar/i ffordd). **2.** *v.i. (of submarine &c):* dod/codi i'r wyneb eilwaith, dod yn ôl i'r wyneb, ailymddangos.
resurge *v.t.* ailgyfodi, ailgodi, atgyfodi.
resurgence *n.* atgyfodiad(-au) *m*; **a ~ of support,** ton newydd (*f*) o gefnogaeth, cefnogaeth newydd *f*, ymchwydd (*m*) o gefnogaeth.
resurgent *a.* atgyfodol, ailgyfodol.
resurrect *v.t.* atgyfodi (rhn, rhth), codi (rhn, rhth) o farw'n fyw; *(a custom, fashion &c):* atgyfodi, adfer.
resurrected *a.* atgyfodedig.
resurrection *n.* **1.** *(of dead):* atgyfodiad(-au) *m*, atgyfodi *vn*. **2.** *(of custom &c):* atgyfodiad, adferiad *m*, atgyfodi, adfer *vn*. **~ man** *n.m.* corffleidr (corffladron), lleidr (lladron) cyrff, atgyfodwr (atgyfodwyr). **~ pie** *n. Cu: F:* pastai (pasteiod) eildwym *f*. **~ plant** *n. (Selaginella):* cnwpfwsogl eilfyw *m*.
resurrectional, resurrectionary *a.* atgyfodol.
resurrectionism *n.* atgyfodiadaeth *f*.
resurrectionist *n.* **1.** = **resurrection man. 2.** *R.C.Ch:* atgyfodiadwr (atgyfodiadwyr) *m*.
resuscitable *a.* dadebradwy.
resuscitate *v.t.&i.* **1.** *v.t.* dadebru, adfywio, bywh|au, adfywh|au, bywiocáu, adfywiocáu. **2.** *v.i.* dadebru.
resuscitation *n.* dadebru *vn*, dadebriad(-au) *m*, adfywio *vn*, adfywiad (-au) *m*, adfywiocâd *m*, bywiocâd *m*, adferiad(-au) *m*.
resuscitative *a.* dadebrol, adfywiol, adfywhaol, adferol.
resuscitator *n.* dadebrwr (dadebrwyr) *m*, dadebrydd(-ion) *m*.
ret *v.t.&i.* **1.** *v.t.* **to ~ hemp,** mwydo/braenu llin, rhoi llin i fwydo, rhoi llin yng ngwylych. **2.** *v.i. (of hay &c):* llwydo, pydru.
retable *n. Ecc:* gorfwrdd (gorfyrddau) *m*.
retail¹ *n., a. & adv. Com:* **1.** *n.* adwerth *m*, manwerth *m*, adwerthu *vn*, manwerthu *vn*. **2.** *a.* adwerthol, adwerth; **wholesale and ~,** cyfanwerthol ac adwerthol; **~ bookseller,** llyfrwerthwr adwerthol; **~ dealer,** adwerthwr (adwerthwyr) *m*, mân-werthwr (~-werthwyr) *m*; **~ price,** pris(-iau,-oedd) (*m*) adwerth/adwerthol; **~ price index,** mynegrif (*m*) prisiau adwerthol; **~ services,** gwasanaethau adwerthol/adwerth. **3.** *adv.* **to sell goods ~,** gwerthu nwyddau'n adwerthol, adwerthu nwyddau.
retail² *v.t.&i.* **1.** *(goods):* adwerthu, manwerthu, gwerthu; **goods that ~ at so much,** nwyddau a adwerthir/werthir [mewn siop] am hyn a hyn. **2.** *F:* **to ~ gossip,** ailadrodd/ail-ddweud straeon, *F:* hel clecs.
retailer *n.* **1.** adwerthwr (adwerthwyr) *m*. **2.** *F:* **a ~ of gossip,** heliwr (helwyr) (*m*) clecs, ailadroddwr (ailadroddwyr) (*m*) clecs.
retain *v.t.* **1.** *(= keep in place):* cadw, dal, dala (rhth yn ei le). **2.** *(= engage):* cyflogi, hurio. **3.** *(= keep on):* cadw (rhth), dal gafael (ar rth); *Biol: &c:* dargadw (rhth); **to ~ its shape,** cadw'i ffurf; **to ~ all one's faculties,** cadw'ch holl gyneddfau; **to ~ hold of sth,** dal gafael ar rth; **to ~ control of a car,** cadw rheolaeth ar gar. **4.** *(= remember):* dal/cadw (rhth) mewn cof, cofio (rhth, am rth).
retainable *a.* cadwadwy, y gellir ei gadw; *(= memorable):* cofiadwy, y gellir ei gofio.
retained *a. Gram:* **~ object,** gwrthrych cadwedig *m*; *Com:* **~ earnings,** enillion argadwedig.
retainer *n. (a) (pers.):* **1.** daliedydd(-ion) *m*, daliwr (dalwyr) *m*; **~ of land,** daliedydd tir; *(b)* **a brick is a ~ of heat,** mae bricsen yn cadw gwres; mae bricsen yn ddaliedydd gwres. **2.** *Hist:* gwas (gweision) *m*, dilynwr (dilynwyr) *m*, ymlynwr (ymlynwyr) *m*, canlynwr (canlynwyr) *m*, teulüwr (teuluwyr) *m*; **a lord's retainers,** gosgordd (*f*) arglwydd, gweision arglwydd, teulu (*m*) arglwydd; **an old ~,** hen was da a ffyddlon. **3.** *(a) (= deposit):* ernes(-au) *f*, blaendal(-iadau) *m*, rhent(-i) (*m*) cadw; *(b) Jur: (for barrister &c):* tâl (taliadau) (*m*) cadw.
retaining *a.* **1. ~ wall,** mur(-iau) cynhaliol *m*; **~ dam,** argae(-au) ataliol *m*; *Surg:* **~ bandage,** rhwymyn(-nau) ataliol *m*. **2. ~ fee,** = **retainer** 3. *(b).*
retake¹ *n.* **1.** *Cin:* ailffilmiad(-au) *m* (**of sth,** o rth), ail gip(-ion) *m* (ar rth). **2.** *Sch:* ailarholiad(-au) *m*.
retake² *v.t.* **1.** *(fortress &c):* ailgipio, adennill, ailgymryd, adfeddiannu; *(prisoner):* ail-ddal, ailddala. **2.** *Cin:* aildynnu, ailffilmio.
retaker *n.* ailgymerwr (ailgymerwyr) *m*.
retaliate *v.i.&t.* **to ~ on s.o.,** talu'n ôl i rn, talu'r pwyth i rn, dial ar rn, talu drwg am ddrwg i rn, *F:* rhoi dau chwech am swllt i rn, talu'n ôl i rn yn ei goin/gwein ei hun; **to ~ an injury,** dial cam, talu'r pwyth yn [ei] ôl.
retaliation *n.* ad-daledigaeth *f*, dial(-au,-on) *m*, dialedd(-au,-ion) *m*, ad-daliad(-au) *m* (am rth); **in ~,** fel dial, yn ddial, i ddial, i dalu'r pwyth yn [ei] ôl (am rth); **the law of ~,** deddf llygad am lygad, deddf dant am ddant.
retaliative, retaliatory *a.* ad-daledigol, ad-daliadol, dialgar, *occ:* dialeddol, dialeddus, yn talu'r pwyth yn ei ôl.
retard *v.t.* arafu; *I.C.E:* **to ~ the spark,** arafu'r taniad.
retardant *a. & n.* **1.** *a.* arafol. **2.** *n.* arafwr (arafwyr) *m*, arafydd(-ion) *m*.
retardate *a.* = **retarded.**
retardation *n.* **1.** *Mec: Ph: (of tides &c):* arafiad(-au) *m*, arafu *vn*. **2.** *Mus:* gohiriant (gohiriannau) (*m*) sy'n codi. **3.** *Sch:* arafwch (*m*) meddwl, ôl-gynnydd *m*.
retardative, retardatory *a.* arafol.
retarded *a.* **1.** *(child &c):* araf [eich meddwl]; **mentally ~,** â nam ar eich meddwl. **2.** *Mec:* araf, arafedig.
retarder *n.* arafwr (arafwyr) *m*, arafydd(-ion) *m*.
retardment *n.* = **retardation.**
retaste *v.t.* ailbrofi, ailflasu.
retch¹ *n.* cyfog gwag *m*.
retch² *v.i.* gwag-gyfogi, cael cyfog gwag, *S.W:* bwldagu.
retching *vn.*, gwag-gyfogi, cyfogi gwag, cyfog (*m*) gwag.
rete *n. Anat:* rhwydwaith (rhwydweithiau) *m*.
reteach *v.t.* ailddysgu.
retell *v.t.* ailadrodd, ail-ddweud, aildraethu.
retemper *v.t. Metalw:* aildempro.

retene *n. Ch:* reten *m.*
retention *n.* **1.** *Med:* dargadwad *m*, dargadwedd *m*, dargadw *vn*; **~ of urine,** carchar (*m*) dŵr, ataliad (*m*) dŵr; **~ of iron by the tissues,** dargadw/dargadwad haearn gan y meinweoedd. **2.** *Surg:* **~ of a fracture in position,** cynnal/cadw toriad yn ei le. **3.** *(of custom &c):* cadwraeth *f*, cynhaliaeth *f*, cadw *vn*, cynnal *vn.* **4.** *Psy: (= retentiveness):* cofusrwydd *m*, cof da *m*. **5.** *(of ticket &c):* dal (*vn*) gafael (ar rth). **~ fee** *n.* = **retainer.**
retentionist *n.* & *attrib.* **1.** cadwr (cadwyr) *m.* **2.** *attrib.* **the ~ argument for sth,** y ddadl dros gadw rhth.
retentive *a.* **1.** *(memory):* da, cryf; *(pers.):* cofus; **~ soil,** tir sy'n dal dŵr, tir dargadwol. **2.** *Surg: (bandage):* dargadwol, cynhaliol.
retentively *adv.* yn gofus *&c.*
retentiveness *n.* *(of memory &c):* cryfder *m*, cofusrwydd *m*, dargadwaeth *f.*
retentivity *n.* **1.** = **retentiveness. 2.** = **remanence.**
retepore *n. Z:* reteporiad (reteporiaid) *m&f.*
retest *v.t.* ailbrofi (rhth), rhoi ail brawf (ar rth).
retestify *v.i.* aildystio, aildystiolaethu.
retexture *v.t. Tex:* aildewychu, ailgedennu.
rethatch *v.t.* ail-doi.
rethink[1] *n. F:* ail feddwl (~ feddyliau) *m.*
rethink[2] *v.t.* ailfeddwl.
rethread *v.t.* ailedefu.
retiarius *n. Rom.Hist:* rhwydwr (rhwydwyr) *m.*
retiary *n. Arach:* rhwydgopyn(-nod) *m*, rhwydgorryn (rhwydgorynnod) *m.*
reticence *n.* tawedogrwydd *m*, swildod *m.*
reticent *a.* tawedog, di-ddweud, dywedwst.
reticently *adv.* yn dawedog *&c.*
reticle *n. Opt:* rhwyden(-ni) *f*, rhwydwaith (rhwydweithiau) *m.*
reticular *a.* rhwydol, rhwydennol, rhwydweithiol.
reticulate[1] *a.* rhwydog, sgwarrog.
reticulate[2] *v.t.&i.* **1.** *v.t.* rhwydennu. **2.** *v.i.* ffurfio rhwydwaith, rhwydennu.
reticulated *a.* rhwydog, sgwarrog; **~ work,** rhwydwaith (rhwydweithiau) *m.*
reticulation *n.* rhwydwaith (rhwydweithiau) *m.*
reticule *n.* **1.** *A:* = **handbag. 2.** = **reticle.**
reticulocyte *n. Biol:* rhwydgell(-oedd) *f.*
reticulo-endothelial *a. Anat:* ret|icwlo-endothelaidd.
reticulosarcoma *n. Path:* rhwyllsarcoma(-ta) *m.*
reticulose *a.* = **reticular.**
reticulosis *n. Med:* rhwylledd *m.*
reticulum *n.* **1.** *Anat:* rhwyll(-au) *f*, rhwydwaith (rhwydweithiau) *m*, ret|icwlwm (ret|icwla) *m.* **2.** *Vet:* ail stumog(-au) *f*, poten rwydog (potenni rhwydog) *f*, rhwyden(-nau,-ni) *f.*
retiform *a.* rhwydog, ar ffurf rhwyd, rhwydaidd, rhwyd-dyllog, rhwydffurf.
re-tin *v.t.* ail-dunio.
retina *n. Anat:* r|etina (retinâu) *mf*, rhwyden(-ni,-nau) *f.*
retinal *a. Anat:* rhwydennol, retinol.
retinene *n. Bio-Ch:* r|etinen *m.*
retinite *n. Bio-Ch:* r|etinit *m.*
retinitis *n. Med:* llid (*m*) ar y rhwyden/r|etina.
retinoblastoma *n. Med:* retinoblastoma(-ta) *m.*
retinol *n.* r|etinol *m.*
retinopathy *n.* retin|opathi *m*, clwyf(-au) (*m*) ar y rhwyden.
retinoscope *n. Med:* r|etinosgop (retinosgopau) *m.*
retinoscopic *a. Med:* retinosgopig.
retinoscopy *n. Med:* retin|osgopi *m.*
retinue *n.* gosgordd(-ion) *f*, dilynwyr *pl*, gosgorddlu(-oedd) *m.*
retiracy, retiral *n.* = **retirement.**
retire *v.t.&i.* I. *v.i.* **1.** *(a) (to a place):* mynd, ymneilltuo, cilio, ymgilio (i le); **to ~ from the world,** cilio o'r byd, cefnu ar y byd, troi['ch] cefn ar y byd; **to ~ into oneself,** mynd i'ch cragen, tewi, mynd yn dawedog; *(b)* **to ~ from a room,** gadael ystafell; **to ~ for the night,** mynd i'ch gwely, mynd i noswylio. **2.** *(from work &c):* ymddeol (o swydd). **3.** *(a) Mil:* cilio, ymgilio; *(b) Sp:* **to ~ from a race,** gadael ras, rhoi'r gorau i ras. **4.** *Art: (of background):* pellh|au, ymbellh|au, cilio, ymgilio. II. *v.t.* **1.** *Adm:* **to ~ s.o.,** diswyddo rhn ar bensiwn, peri i rn ymddeol. **2.** *Com: (= withdraw bill &c):* tynnu (bil) yn [ei] ôl.
retired *a.* **1.** *(a) (life):* encilgar, ar wahân, o'r neilltu; *(b) (place):* diarffordd, anghysbell, *N.W:* dinad-man. **2.** *(a) (worker &c):* wedi ymddeol, ymddeoledig; *(b)* **~ pay,** pensiwn *m* [ymddeol]; *Mil:* **~ list,** rhestr yr ymddeoledigion; **on the ~ list,** wedi ymddeol.
retiree *n.* ymddeoledig(-ion) *m&f.*
retirement *n.* **1.** *(a) Adm: Mil:* ymddeoliad *m*, ymddeol *vn*; *(b) (= seclusion):* **to live in ~,** byw o'r neilltu, byw ar wahân. **2.** *(a) (of troops):* ymgiliad *m*; *(b) Sp: (from race &c):* ymadawiad (*m*) (â ras); ymgiliad *m*, ymneilltuad *m* (o ras). **3.** *Com: (of bill, note):* ôl-dyniad *m*, ôl-dynnu *vn.* **~ age** *n.* oed (*m*) ymddeol. **~ pension** *n.* pensiwn (pensiynau) (*m*) ymddeol.
retirer *n.* ymddeolwr (ymddeolwyr) *m*, ymdde|olwraig *f.*
retiring[1] *a.* **1.** *(= shy):* swil, tawedog, gwylaidd, anymwthiol, anymwthgar, yn caru'r encilion, encilgar, ymgilgar, enciliol. **2.** *(president):* sy'n ymddeol. **~ collection** *n.* tysteb(-au) *f.* **~ pension** *n.* pensiwn (pensiynau) (*m*) ymddeol.
retiring[2] *vn.* **~ room** *n.* ystafell(-oedd) (*f*) ymwisgo.
retiringly *adv.* ym swil *&c.*
retold *v.t. See* **retell; a story oft ~,** hen hen hanes, hanes a adroddir/adroddwyd yn aml.
retool *v.t.* ailgyfarparu, ailofferu.
retorsion *n. Jur:* = **reprisal.**
retort[1] *n. (= reply):* ateb(-ion) parod *m.*
retort[2] *v.t.* ateb (rhn) [yn hyf].
retort[3] *n. Ch: Ind:* retórt (retortau) *m.*
retort[4] *v.t.* puro, coethi [mewn retórt].
retorted *a. Nat.Hist:* atblygedig.
retortion *n.* **1.** *(= bending back):* atblygiad(-au) *m*, atblygu *vn.* **2.** *Jur:* = **retorsion.**
retouch[1] *n. (of pictures):* atgyffyrddiad(-au) *m*, atgyffwrdd *vn* (â rhth).
retouch[2] *v.t.* ailgyffwrdd, atgyffwrdd (rhth, â rhth).
retrace *v.t.* **1.** *(= trace back):* olrhain. **2.** *(= recall):* ail-greu, *occ:* adolrhain. **3. to ~ one's steps,** dychwelyd, mynd yn ôl (at rth, at rn, i le); aildroedio'r un llwybr.
retract *v.t.&i.* **1.** *v.t. (claws &c):* tynnu (rhth) i mewn, tynnu (rhth) yn ei ôl; *occ:* gwrthdynnu, datynnu (rhth); *Av:* **to ~ the undercarriage,** codi'r isgerbyd. **2.** *(words):* tynnu (rhth) yn ei ôl, dad-ddweud (rhth), llyncu (geiriau). **3.** *(decree, law):* diddymu, dil|eu. **4.** *v.i.* tynnu'ch geiriau/addewid *&c* yn ôl, troi yn eich carn, troi yn eich cogwrn, datgyffesu, datbroffesu.
retractable *a. Av:* ôl-dynadwy, codadwy.
retractation *n.* datgyffesiad(-au) *m*; *vn.* = **retract.**
retractile *a. Nat.Hist:* y gellir ei dynnu'n ôl, gwrthdynnol, gwrthdynadwy, datynadwy.
retractility *n.* gwrthdynoldeb *m.*
retraction *n.* **1.** gwrthdyniad *m*, gwrthdynnu *vn.* **2.** = **retractation.**
retractive *a.* gwrthdynnol.
retractor *n. Anat:* gwrthdynnwr (gwrthdynwyr) *m.*
retrain *v.t.* ailhyfforddi.
retrainable *a.* ailhyfforddadwy.
retrainee *n.* ailhyfforddedig(-ion) *m&f.*
retral *a. Nat.Hist: &c:* ôl, [y] tu ôl.
retrally *adv.* o'r tu ôl.
retranslate *v.t.* ailgyfieithu, aildrosi.
retranslation *n.* ailgyfieithiad(-au) *m*, aildrosiad(-au) *m*; *vn.* = **retranslate.**
retransmission *n.* **1.** *(of telegram &c):* aildrosglwyddiad(-au) *m*, ailanfoniad(-au) *m*, ailanfon *vn*, aildrosglwyddo *vn.* **2.** *W.Tel: (of signal):* aildrosglwyddiad, aildrosglwyddo; *(of programme):* ailddarllediad(-au) *m*, ailddarlledu *vn.*
retransmit *v.t.* **1.** *(telegram):* aildrosglwyddo. **2.** *W.Tel: T.V:* ailddarlledu, aildrawsyrru, aildrosglwyddo.
retransplant *v.t.* aildrawsblannu.
retread[1] *v.t. (place):* aildroedio.
retread[2] *v.t.* & *n. Aut:* **1.** *v.t. (tyre):* ailwadnu. **2.** *n.* (*)ail wadn(-au) *f.*
retreat[1] *n.* **1.** *Mil: (a)* ciliad(-au) *m*, enciliad(-au) *m*, ffôedigaeth(-au) *f*; **to be in ~,** bod ar ffo, bod ar gil, ffoi, cilio, encilio; **to make good one's ~,** ffoi, cymryd y goes, ei gwadnu hi; **to beat a [hasty] ~,** ei g'leuo hi, ei gwadnu hi, dianc, ffoi; *Mil:* **to beat the ~,** tabyrddu'r enciliad, seinio'r drwm i encilio; *(b) (= evening call):* caniad(-au) (*m*) encil, caniad y machlud. **2.** *(of flood):* trai *m*, ciliad, enciliad, gostyngiad; *(of glacier):* ciliad *m*, enciliad *m*; **advance and ~,** estyniad (*m*) ac enciliad. **3.** *(a) (=*

refuge): encilfan(-nau) *mf,* encilfa(-oedd, encilf|eydd) *f,* encil(-ion) *m,* lloches(-au) *f; Rel:* **[period of] ~,** enciliad, encil *m; (b) (of robbers):* cuddfan(-nau) *fm, occ:* ogof(-âu,-|eydd) *f.*
retreat² *v.i.&t.* **1.** *v.i. (a) (to a place):* encilio, mynd ar encil, ymneilltuo (i le); *Box: Fenc:* cilio; *(b) Mil:* cilio, encilio. **2.** *v.t. Chess:* symud (darn) yn ei ôl.
retreatant *n. Rel:* enciliwr (encilwyr) *m.*
retreater *n.* ciliwr (cilwyr) *m,* enciliwr (encilwyr) *m.*
retreating *a.* **1.** *(a) (sea &c):* ar drai, yn treio, yn distyll, yn mynd allan, yn cilio; *(b) (pers.):* sy'n cilio; *(enemy):* yn ffoi, ar ffo, ar encil, sy'n cilio, *Lit:* ar gil. **2.** enciliol; **~ chin,** gên slip *f.* **~ forehead,** talcen slip *m.*
retreatism *n.* enciliadaeth *f.*
retrench *v.t. (expenditure):* tocio, lleih|au (rhth); cwtogi (rhth, ar rth); *abs.* **to ~,** lleihau'ch gwariant, tolio, cynilo, arbed arian.
retrenchment *n.* **1.** cwtogiad *m,* lleihad *m,* cwtogi *vn;* **a policy of ~,** polisi cwtogi/cynilo; **economic ~,** cyni economaidd *m.* **2.** *(of literary passage):* toriad(-au) *m,* cwtogiad(-au) *m.* **3.** *Fort:* encilfan(-nau) *mf.*
retrial *n. Jur:* aildreial(-on) *m.*
retribution *n.* ad-daledigaeth *f,* dial *m,* dialedd *m* (ar rn); **just ~ for a crime,** cosb *(f)* haeddiannol am drosedd.
retributive *a.* ad-daliadol, dialeddgar, dialgar, dialaidd, dialeddus, dialeddol.
retributively *adv.* yn ad-daliadol; yn ddialgar, o ran dial *&c.*
retributory *a.* = **retributive.**
retrievability *n.* adferadwyedd *m.*
retrievable *a.* **1.** *(sum, loss):* adferadwy, adenilladwy. **2.** *(error):* cywiradwy.
retrieval *n.* **1.** *(of dropped or lost object):* ailafael *(f)* (ar rth); **~ of the ball proved difficult,** bu'n anodd cael ailafael ar y bêl; bu'n anodd cael y bêl yn ei hôl. **2.** *(of one's fortune &c):* adferiad *m,* adfer *vn;* **beyond ~,** anadferadwy; **lost beyond ~,** llwyr golledig, ar ddifancoll. **3.** *(of error):* cywiriad(-au) *m,* cywiro *vn.* **4.** *Cmptr:* adferiad(-au) *m; Lib:* adennill *m,* atgeisio *vn.* **~ device** *n.* dyfais (dyfeisiau) *(f)* adennill.
retrieve *v.t.* **1.** *(a) (of dog):* dwyn/cario (rhth) yn [ei] ôl; *(b) (dropped or lost object):* codi rth, ailafael yn rhth, cael ailafael ar rth, cael rhth yn ei ôl; **(a boy came into the garden) to ~ a ball,** (daeth bachgen i'r ardd) i chwilio am ei bêl, i gael ei bêl yn ei hôl, i nôl/mofyn ei bêl. **2.** *(a) (fortune):* adfer, adennill, *occ:* edfryd; **to ~ one's honour, to ~ oneself,** adennill eich parch/anrhydedd, adennill eich enw da; *(b)* **to ~ s.o. from ruin,** achub rhn rhag methiant llwyr. **3.** *(error):* cywiro; **to ~ a loss,** gwn|eud iawn am golled, adennill yr hyn a gollwyd. **4.** *Cmptr:* adfer.
retriever *n. Ven:* ci (cŵn) *(m)* adar, adargi (adargwn) *m;* **golden ~,** adargi melyn.
retrieving *vn. Cmptr:* adfer.
retrim *v.t. (hat &c):* ailaddurno; *(wick, hedge, beard):* aildocio; *(sails):* aildrefnu, aildrimio.
retro- *pref.* yn ôl; gwrth- + *soft mut.,* ôl- + *soft mut.*
retroact *v.i. (= react):* adweithio; *(= act retrospectively):* gwrthweithio, gwrthweithredu, ôl-weithredu.
retroaction *n.* **1.** adwaith (adweithiau) *m,* ymateb(-ion) *m.* **2.** *Jur:* ôl-weithrediad(-au) *m,* ôl-weithredu *vn.*
retroactive *a.* ôl-weithredol, gwrthweithiol, gwrthweithredol; **~ inhibition,** lluddiant ôl-weithredol *m;* **~ notation,** nodiant ôl-weithredol *m.*
retroactively *adv.* yn ôl-weithredol, yn eich gwrthol.
retroactiveness, retroactivity *n.* ôl-weithrediad *m,* ôl-weithredu *vn.*
retrobulbar *a.* y tu ôl i'r llygad, cefn-llygad, ôl-lygadol.
retrocede¹ *v.i.* mynd yn eich gwrthol, symud yn ôl, encilio, cilio; *(of gout &c):* cilio.
retrocede² *v.t. (territory):* ailildio, dychwelyd.
retrocedence *n.* = **retrocession.**
retrocedent *a.* enciliol.
retrocession¹ *n. (= backward movement):* enciliad(-au) *m,* gwrthrediad *m,* ciliad(-au) *m.*
retrocession² *n. Jur:* ôl-weithrediad *m,* ôl-weithredu *vn.*
retrocession³ *n. (of territory):* dychweliad(-au) *m,* dychwelyd *vn.*
retrochoir *n. Ecc: Arch:* y tu ôl *(m)* i'r brif allor, ôl-allor(-au) *f.*
retrofire¹ *n.* ôl-daniad(-au) *m.*
retrofire² *v.i.* ôl-danio.
retrofit *v.t.* ôl-ffitio.
retroflected *a.* atblygedig, atblyg, atblygol, gwrthblygol, gwrthblygedig, olblyg, ôl-blygedig.
retroflection *n.* ôl-adlewyrchiad(-au) *m.*
retroflective *a.* ôl-adlewyrchol.
retroflector *n.* ôl-adlewyrchwr (~-adlewyrchwyr) *m.*
retroflex, retroflexed *a.* = **retroflected; ~ consonant,** cytsain (cytseiniau) *(f)* olblyg.
retroflexion *n.* atblygiad(-au) *m,* atblygu *vn,* gwrthblygiad(-au) *m,* gwrthblygu *vn.*
retrogradation *n.* **1.** *Astr:* gwrthrediad(-au) *m,* gwrthfynediad(-au) *m.* **2.** *Geog:* ôl-raddiad(-au) *m.* **3.** = **retrogression, regression.**
retrograde¹ *a.* **1.** *(a)* gwrthredol, gwrthsymudol, gwrthfynedol; gwrthdroadol, gwrthdröol; *(b)* **in ~ order,** o chwith; **~ rocket,** roced(-i) ôl *f; (c) Mus:* gwrthfynedol; **~ [movement],** ôl-rediad(-au) *m;* **~ inversion,** ôl-rediad wyneb i waered, ôl-rediad gwrthdro. **2.** *(= deteriorating):* er gwaeth; **this is a ~ step,** cam yn ôl yw hwn.
retrograde² *v.i.* = **retrogress.**
retrogradely *adv.* o chwith, yn wrthredol *&c,* yn eich gwrthol.
retrogress *v.i.* **1.** *(= move backwards):* mynd yn eich gwrthol, mynd o chwith, gwrthredeg, gwrthfyned. **2.** *Mth: (of curve):* troi'n ôl, gwrthdr|oi. **3.** *(= deteriorate):* dirywio, gwaethygu.
retrogression *n.* **1.** = **retrogradation. 2.** *Mth: (of curve):* gwrthdroad(-au) *m,* gwrthdroi *vn.* **3.** *(= deterioration)* dirywiad(-au) *m,* gwaethygiad(-au) *m.*
retrogressive *a.* **1.** = **retrograde¹ 2.** *Biol:* atchwel.
retrogressively *adv.* = **retrogradely.**
retroject *v.t.* ôl-daflu.
retrojection *vn.* ôl-dafliad(-au) *m,* ôl-daflu *vn.*
retrolental *a.* ôl-lentol.
retrolingual *a.* ôl-dafodol.
retropack *a.* ôl-bac(-iau) *m.*
retroperitoneal *a. Anat:* ôl-berfeddlennol.
retropulsion *n.* ôl-yriant *m.*
retro-rocket *n. Aer:* ôl-roced(-i) *f,* roced arafu.
retrorse *a. Nat.Hist:* atblyg, atblygedig.
retrorsely *adv.* yn atblyg *&c.*
retroserate *a.* ôl-ddanheddog.
retrospect *n.* adolwg (adolygon) *f,* gwrtholwg (gwrtholygon) *m,* gwrtholygiad(-au) *m,* golwg *(f)* yn ôl, trem(-[i]au) *(f)* yn ôl (ar rth), cip *(m)* dros ysgwydd; **in ~,** wrth edrych yn ôl, o edrych yn ôl, *F:* erbyn meddwl [wedyn].
retrospection *n.* adolwg (adolygon) *f,* golwg *(f)* yn ôl, trem(-[i]au) *(f)* yn ôl (ar rth); *(action):* edrych yn ôl, bwrw *(vn)* golwg yn ôl, tremio'n/syllu'n ôl, ôl-syllu *vn,* ôl-dremio *vn,* edrych/tremio/syllu dros [eich] ysgwydd.
retrospective *a.* **1.** ôl-dremiol, ôl-syllol, gwrtholygol, adolygol; **~ bibliography,** llyfryddiaeth ôl-syllol *f;* **a ~ look,** trem/golwg yn ôl, trem/golwg dros ysgwydd. **2.** *Jur:* ôl-weithredol; **~ legislation,** deddfwriaeth ôl-weithredol *f,* ôl-ddeddfwriaeth *f,* deddfu *(vn)* dros ysgwydd. **3.** *(view):* tuag [at] yn ôl.
retrospectively *adv.* o/wrth edrych yn ôl, yn adolygol, mewn adolwg.
retrosternal *a.* y tu ôl i'r ddwyfron, ôl-ddwyfronnol.
retroussé *a. (nose):* smwt, pwt.
retroversion *n.* gwrthdroad(-au) *m,* troad(-au) *(m)* yn ôl.
retrovert *v.t.* gwrth-droi.
retroverted *a.* gwrthdroëdig.
retry *v.t.* **1.** ailgynnig, aildreio. **2.** *Jur:* ail-roi (rhn) ar brawf/dreial, aildreio rhn.
retsina *n.* retsina *m.*
retted *a.* trwythedig, wedi ei drwytho.
rettery *n.* pwll (pyllau) *(m)* mwydo/braenu.
retting *vn. See* **ret.**
retune *v.t.* aildiwnio.
returf *v.t.* aildywarchu.
return¹ *n.* **1.** *(a)* dychweliad(-au) *m, occ:* dychwel(-ion) *f,* dychwelyd *vn;* **on my ~,** ar ôl i mi ddychwelyd, ar ôl i mi ddod yn ôl, pan ddychwelais, pan ddychwelaf *&c;* **by ~ [of post],** gyda throad y post, gyda'r troad; **many happy returns [of the day],** pen-blwydd hapus iawn [a llawer ohonynt]! **the point of no ~,** y pwynt di-droi'n-ôl, *Lit:* y wal ddiadlam *f; (b) Arch: (of wall):* cilfach(-au) *f,* gwrthdro(-eon) *m.* **2.** *Com: often pl.*

derbyniadau *pl*, enillion *pl*, adenillion *m*, elw *m*; **quick returns,** elw buan; **to bring in a fair ~**, gwn|eud elw teg; **Law of Diminishing Returns,** Deddf Adenillion Lleihaol; **returns to scale,** enillion maint; *Com:* **returns on investment,** enillion ar fuddsoddiad, elw o fuddsoddi. **3.** *(a) (of faulty or unsold merchandise):* dychweliad, dychwelyd; **[on] sale or ~,** i'w werthu neu i'w ddychwelyd, gwerthu neu ddychwel; *(b) (of stolen object &c):* dychweliad; *(of money):* ad-daliad(-au) *m*, ad-dalu *vn*; *(c)* **a pen given in ~ for a pencil,** ysgrifbin a roddwyd [yn gyfnewid] am bensel; **in ~ for which...,** yn gyfnewid am ba un...; **if you will do sth in ~,** os gwnewch chi gymwynas yn eich tro, os talwch chi'r gymwynas yn ei hôl; *(d) pl.* **returns,** *Com: (= goods unsold):* dychweliadau, dychwelion, pethau heb eu gwerthu, pethau nas gwerthwyd. **4.** *(a) (of sound):* atsain *f*, adlais *m*, adlef *f*; *(b) Ten: &c: (of ball):* dychweliad; *Sp:* **angled ~,** dychweliad lletraws. **5.** *(= recompense):* tâl *m*, cydnabyddiaeth *f*, iawn *m*, gwobr(-au) *f*; **in ~ for this service...,** yn dâl/iawn/gydnabyddiaeth am y gwasanaeth hwn.... **6.** *(of earnings, tax &c):* adroddiad(-au) *m*, mantolen(-ni) *f*; **bank ~,** mantolen banc; **~ of income,** datganiad (*m*) incwm; **census returns,** cofnodion cyfrifiad; **tax ~,** ffurflen (*f*) dreth (ffurflenni treth); **visitation ~,** adroddiad gofwy. **7.** *Pol: (of M.P.):* dychweliad(-au) *m*, dychwelyd *vn*, etholiad *m*, ethol *vn*; **to announce election returns,** cyhoeddi canlyniad[-au] (*m*) etholiad. **~ address** *n.* cyfeiriad(-au) (*m*) dychwelyd. **~ angle** *n.* ongl(-au) enciliol *f*. **~ crease** *n.* llinell (*f*) ddychwel (llinellau dychwel). **~ current** *n.* gwrthlif(-au) *m*; *El:* gwrthgerrynt (gwrthgerhyntau) *m*. **~ fare** *n.* pris (*m*) tocyn dwyffordd/dychwelyd (prisiau tocynnau ~/~). **~ flue** *n.* ffliw(-iau) (*m*) ôl-dynnu. **~ journey** *n.* taith (teithiau) (*f*) yn ôl, dychweliad(-au) *m*. **~ key** *n. Typewr: Cmptr:* bysell (*f*) ddychwelyd (bysellau dychwelyd). **~ match** *n.* gêm (gemau) (*f*) yn ôl. **~ pipe** *n.* pibell (*f*) ddychwel (pibelli/pibellau dychwel) **~ stroke** *n.* ôl-strôc (~-strociau) *f*. **~ ticket** *n.* tocyn(-nau) dwyffordd *m*, tocyn dychwelyd, tocyn mynd a dod, tocyn ôl a blaen; *S.a.* **day**.

return² *v.i.&t.* I. **1.** *v.i.* **1.** *(= come back):* dychwelyd, dod yn ôl, *Lit:* dychwel; *(= go back):* dychwelyd, mynd yn ôl, *Lit:* dychwel; **to ~ to the charge,** ailgychwyn dadl; **to ~ home,** dychwelyd, mynd/dod adref, *S:* mynd/dod tua thre; **to ~ from the dead,** atgyfodi o farw, codi o farw'n fyw. **2. to ~ to a task,** ailgydio/ailafael mewn gorchwyl. II. *v.t.* **1.** *(a) (book &c):* dychwelyd (rhth), rhoi (rhth) yn ei ôl; **please ~ it to me,** tyrd ag e'n ôl imi os gweli di'n dda; *(loan):* ad-dalu; *(gift):* dychwelyd (rhth), anfon (rhth) yn ei ôl; *(b)* **to ~ a book to its place,** dychwelyd llyfr i'w le, dodi/rhoi llyfr yn [ei] ôl yn ei le; **to ~ a sword to the scabbard,** ailweinio cleddyf, rhoi cleddyf yn [ei] ôl yn y wain. **2. to ~ light,** adlewyrchu goleuni, taflu goleuni yn [ei] ôl; **to ~ a ball,** dychwelyd pêl, taflu pêl yn ei hôl; **a spring to ~ a valve to its seat,** sbring i ddod â falf yn ei hôl. **3.** *(a)* **to ~ a visit,** ymweld â rhn yn eich tro, ad-dalu ymweliad; *(compliment):* canmol rhn yn eich tro, rhoi canmoliaeth yn ôl i rn, dychwelyd canmoliaeth, talu compliment yn ôl; **to ~ a blow,** taro rhn yn ei ôl, rhoi ergyd yn ôl [i rn]; **to ~ an accusation,** ateb cyhuddiad; **to ~ a favour,** talu cymwynas yn ei hôl; **to ~ like for like,** talu'r pwyth yn [ei] ôl, rhoi dau [bisyn] chwech am swllt, talu'r echwyn adref; **to ~ s.o.'s love,** caru rhn yn ei [h]ôl, ymateb i gariad rhn; *Cards:* **to ~ clubs,** ail-ledio clybiau, dilyn â chlybiau; *(b)* **to ~ a reply,** rhoi ateb, ateb yn ôl, *occ:* gwrthateb; **to ~ a denial,** ateb trwy wadu; *(c)* **to ~ thanks to s.o.,** diolch i rn, talu diolch [yn ôl] i rn. **4. to ~ a profit,** rhoi/dwyn/cynhyrchu elw, dod ag elw. **5.** *(a) (= report, announce):* datgan; **to ~ one's income at four hundred pounds,** datgan bod eich incwm yn bedwar canpunt; *(b) Jur:* **the prisoner was returned guilty,** cafwyd y carcharor yn euog; **to ~ a verdict,** dwyn rheithfarn. **6.** *Pol: (a candidate):* ethol, dychwelyd.

returnable *a.* dychweladwy.

returned *a.* **1.** *(pers.):* dychweledig, a ddychwelodd, a ddaeth yn [ei] [h]ôl. **2. ~ article,** nwydd a ddychwelwyd; **~ letter,** llythyr a ddychwelwyd. **3.** *Sp:* **~ time,** amser swyddogol *m*.

returnee *n.* dychweledig(-ion) *m&f*.

returning¹ *a.* sy'n dychwelyd, sy'n dod yn ôl.

returning² *vn.* **~ officer** *n.* swyddog(-ion) (*m*) etholiad.

retuse *a. Bot:* aflym (*f.* aflem, *pl.* aflymion).

retution *n. Psy:* argadw *vn*.

retype *v.t.* aildeipio.

retyped *a.* aildeipiedig.

reunification *n.* ailuniad(-au) *m*, ailuno *vn*.

reunify *v.t.* ailuno.

reunion *n.* **1.** aduniad(-au) *m*, aduno *vn*. **2.** *Rel: (of churches):* aduniad, adundeb *m*.

reunionism *n. Rel:* aduniadaeth *f*, adundebaeth *f*.

reunionist *n.* aduniadwr (aduniadwyr) *m*, adundebwr (adundebwyr) *m*.

reunionistic *a.* aduniadol, adundebol.

reunite *v.t.&i.* **1.** *v.t.* *(a) (sth broken):* aduno, ailuno, ailasio, ailgydio, ailgysylltu; *(b) (people):* aduno, ailuno, ailgynnull (pobl); ailgasglu (pobl) at ei gilydd; dod â (phobl) at ei gilydd; *(c) (= reconcile):* ailgymodi, atgymodi, cymodi. **2.** *v.i.* *(a) (of family &c):* aduno, dod at eich gilydd, ailymgasglu, ailymuno, ailymgynnull; *(b) (of sects):* ailymuno, ailuno, aduno. *(c) (of edges of wound):* cau.

reurge *v.t.* ailannog.

reusable *a.* ailddefnyddiadwy; **~ nappies,** clytiau/cawiau golchadwy.

reuse¹ *n.* ailddefnydd *m*.

reuse² *v.t.* ailddefnyddio.

reused *a.* ailddefnyddiedig, ailddefnydd.

reutilization *n.* = **reuse¹,²**.

reutilize *v.t.* = **reuse²**.

reutilized *a.* = **reused**.

rev¹ *n. Aut: F:* = **revolution 2.**

rev² *v.t.&i.* *(a) v.t. Aut: F:* **to ~ up an engine,** cyflymu injan, sbarduno injan, *F:* rhoi ref i injan, refio injan; *(b) v.i.* troi, cyflymu, *F:* refio.

Rev³ *a. & n. abbr.* = **reverend.**

revaccinate *v.t.* ailbigo, ailfrechu (**against sth,** rhag rhth).

revaccination *n.* ailbigiad(-au) *m*, ailfrechiad(-au) *m*, ailbigo *vn*, ailfrechu *vn* (**against sth,** rhag rhth).

revalenta *n. Cu:* refalenta *mf*.

revalorization *n. Fin:* adbrisiad(-au) *m*, ailbrisiad(-au) *m*, adbrisio *vn*, ailbrisio *vn*.

revalorize *v.t. Fin:* adbrisio, ailbrisio.

revaluation *n.* adbrisiad(-au) *m*, ailbrisiad(-au) *m*, ailbrisio *vn*, adbrisio *vn*. **~ reserve** *n.* cyfrif (*m*) ailbrisiad neilltuedig. **~ surplus** *n.* gwarged (*mf*) ailbrisiad.

revalue *v.t.* ailbrisio, adbrisio.

revamp *v.t.* ailwampio, ail-wn|eud.

revanche *n. Pol:* dialedd *m*.

revanchism *n. Pol:* dialeddaeth *f*.

revanchist *n. & attrib.* **1.** *n.* dialeddwr (dialeddwyr) *m*. **2.** *attrib.* dialeddol.

revarnish *v.t.* ailfarn[e]isio.

reveal¹ *v.t.* **1.** *(= uncover):* dadlennu, datgelu, datguddio, dangos amlygu; **the truth will ~ itself,** daw'r gwirionedd i'r golwg/golau, *F:* daw'r gwir i'r fei; *S:* daw'r gwir ar glawr; **to ~ a secret,** datgelu cyfrinach; **to ~ one's identity,** datgelu/dangos pwy ydych; **he revealed himself to be a spy,** dadlennodd/datgelodd ei fod yn ysbïwr. **2.** *(= display):* dangos, arddangos; **she revealed herself in a bikini,** daeth i'r golwg mewn bicini.

reveal² *n.* **1.** *Arch: Carp:* cil(-iau) *m*. **2.** *Th:* darn(-nau) (*m*) trwch *m*.

revealable *a.* datgeladwy, datguddiadwy, dadlenadwy.

revealed *a.* datguddiedig, dadlenedig.

revealer *n.* dadlennwr: dadlennydd (dadlenwyr) *m*, datgelwr: datgelydd (datgelwyr) *m*, datguddiwr (datguddwyr) *m*, dadl|enwraig *f*, datg|elwraig *f*, datg|uddwraig *f*.

revealing *a.* *(dress):* sy'n dangos popeth; *(statement &c):* dadlennol.

revealment *n.* dadleniad(-au) *m*, datguddiad(-au) *m*; *vn.* = **reveal¹**.

revegetate *v.t.* aildyfu.

revegetation *n.* aildyfiant *m*, aildyfu *vn*.

revehent *a.* atgludol.

reveille *n. Mil:* caniad (*m*) y bore, caniad codi, *F:* rifali *m*.

revel¹ *n.usu.pl.* gorfoledd *m*, miri *m*, rhialtwch *m*, ysbleddach *m*, hwyl *f*, sbri *f*, gloddest(-au) *m*, cyfeddach *f*; **master of the revels,** meistr (*m*) y gyfeddach, *Lit: occ:* taplaswr (taplaswyr) *m*.

revel² *v.i.&t.* **1.** *v.i.* cael hwyl, gorfoleddu, llawenychu, *F:* carowsio, rafio, *Lit:* dathlu, cyfeddach; **to ~ in sth, to ~ in doing**

sth, ymhoffi/ymddigrifo/ymhyfrydu mewn gwneud rhth, mwynh|au gwneud rhth, bod wrth eich bodd yn gwneud rhth, bod uwchben eich digon yn gwneud rhth, *S:* dwli ar wneud rhth, *S. W:* elfentu mewn gwneud rhth, *N:* gwirioni ar wneud rth, mopio'ch pen ar wneud rhth. **2.** *v.t.* **to ~ away the time,** gwastraffu amser yn cael hwyl, treulio'r amser yn cyfeddach.

revelation *n.* **1.** datguddiad(-au) *m*, amlygiad(-au) *(m)*, dadleniad (-au) *m*, datgeliad(-au) *m*. **2.** *B:* **the Book of Revelation,** Llyfr y Datguddiad. **3. it was a ~ to me,** 'roedd yn agoriad llygad *(m)* i mi; 'roedd yn beth newydd sbon *(m)* i mi; **what a ~!** y fath ddatguddiad! dyna annisgwyl! dyna syfrdanol! ni welais i erioed y fath beth!

revelationist *n.* **1.** *B:* **the R~**, y Datguddiwr *m*, y Datguddiedydd *m*. **2.** *(= believer in revelation):* datguddiadwr (datguddiadwyr) *m*.

revelator *n.* datguddiwr (datguddwyr) *m*, dadlennwr (dadlenwyr) *m*, datgelwr (datgelwyr) *m*.

revelatory *a.* datguddiol, dadlennol.

reveller *n.* *Lit:* dathlwr (dathlwyr) *m*, gorfoleddwr (gorfoleddwyr) *m*, gorfol|eddwraig *f*, cyfeddachwr (cyfeddachwyr) *m*, cyfedd|achwraig *f*, glodd|estwraig *f*, gloddestwr (gloddestwyr) *m*, *F:* rafiwr (rafwyr) *m*, carowsiwr (carowswyr) *m*.

revelry *n.* rhialtwch *m*, miri *m*, difyrrwch *m*, digrifwch *m*, hwyl *f*, sbri *f*, *Lit:* gloddest *m*, cyfeddach *f*.

revenant *n.* **1.** *(from the dead):* atgyfodedig(-ion) *m&f*, ysbryd(-ion) *m*. **2.** *(from exile):* dychweledig(-ion) *m&f*.

revend *v.t.* adwerthu, ailwerthu.

revendication *n.* *Dipl:* hawliad(-au) *m*, hawlio *vn.*

revenge[1] *n.* **1.** dial(-au,-on) *m*, dialedd(-au,-ion) *m*; **to take ~ for sth on s.o.,** dial ar rn am rth, talu'r pwyth yn ôl i rn am rth, talu'n ôl i rn am rth; **to have one's ~,** dial, ymddial, cael eich dial; **in ~ for sth,** yn ddial am rth; **out of ~,** o ran dial, o ran talu'r pwyth. **2.** *Sp:* gêm *(f)* yn ôl.

revenge[2] *v.t.* **1. to ~ oneself, to be revenged (on s.o.),** dial, ymddial, dwyn dial (ar rn); *F:* talu'r pwyth yn ôl (i rn); **I will be revenged!** mi gaf fy nial! **2.** = **avenge.**

revengeful *a.* dialgar, llawn dial/dialedd, *occ:* dialeddgar, dialeddus.

revengefully *adv.* yn ddialgar *&c*; mewn dial.

revengefulness *n.* dialgarwch *m*, *occ:* dialeddgarwch *m*.

revenger *n.* dialwr (dialwyr) *m*, dialydd(-ion) *m*, dialeddwr (dialeddwyr) *m*.

revenue *n.* **1.** *(= income):* cyllid(-au) *m*, incwm (incymau) *m*, r|efeniw *m*, derbyniadau *pl*; **average ~,** derbyniad ar gyfartaledd; **gross ~,** derbyniad crynswth; **marginal ~,** derbyniad ffiniol; **net ~,** derbyniad net/clir; **sales ~,** derbyniadau gwerthiant; **total ~,** cyfanswm *(m)* y derbyniadau; **Revenues of the Crown,** Cyllid y Goron. **2. the Public R~,** y Cyllid Cyhoeddus *m*, *F:* pwrs *(m)* y wlad; **Inland R~,** y Cyllid Gwladol, Cyllid y Wlad; **Inland R~ Commissioners,** Comisiynwyr y Cyllid Gwladol. **~ bond** *n.* bond(-iau) *(m)* cyllid. **~ cutter** *n.* llong(-au) *(f)* ecséis. **~ law** *n.* cyfraith gyllidol *f*. **R~ Office** *n.* Swyddfa *(f)* Gyllid (Swyddf|eydd Cyllid). **R~ Officer** *n.* Swyddog(-ion) *(m)* Cyllid. **~ stamp** *n.* stamp(-iau) *(m)* toll. **~ tariff** *n.* diffyndoll(-au) *f*. **~ tax** *n.* treth gyllidol (trethi cyllidol) *f*.

revenuer *n.* *U.S:* ecseismon (ecseismyn) *m*.

reverb *n.* *Mus:* = **reverberation, reverberator**.

reverberant *a.* atseiniol, datseiniol, adleisiol, soniarus.

reverberantly *adv.* yn atseiniol *&c*.

reverberate *v.t.&i.* **1.** *v.t.* *(a) (sound):* atseinio, adleisio, datseinio, diasbedain; *(b) (heat, light):* adlewyrchu, ad-daflu. **2.** *(metal in furnace):* toddi; *(heat):* adlewyrchu. **2.** *v.i.* *(of sound):* diasbedain, atseinio, adleisio, datseinio, dirgrynu; *(of light, heat):* adlewyrchu.

reverberation *n.* **1.** *(of sound):* atsain (atseiniau) *f*, adlais (adleisiau) *m*, datsain *f*, datseinedd *m*, datseiniad(-au) *m*, dirgryniad(-au) *m*; *vn.* = **reverberate 1. 2.** *(of light, heat):* adlewyrchiad(-au) *m*, adlewyrchu *vn.*

reverberative *a.* = **reverberatory.**

reverberator *n.* *(of sound):* atseiniwr (atseinwyr) *m*, atseinydd(-ion) *m*, adleisiwr (adleiswyr) *m*, adleisydd(-ion) *m*. **~ furnace** *n.* ffwrnais (ffwrneisi, ffwrneisiau) adlewyrchol *f*.

reverberatory *a.* atseiniol, datseiniol.

revere *v.t.* parchu, anrhydeddu, mawrygu.

revered *a.* mawr eich parch, parchus, parchedig, hybarch.

reverence *n.* **1.** parch *m*, parchedig ofn m, *occ:* parchedigrwydd *m*, parchedigaeth *f*; **to hold s.o. in ~,** parchu rhn, edmygu rhn, bod â pharch at rn; **to pay ~ to s.o.,** talu gwrogaeth i rn. **2.** *A: & P:* **saving your ~,** nid er amarch i chwi, nid o ddiffyg parch i chwi, os maddeuwch y gair, os maddeuwch imi ddweud. **3.** *A: or Joc:* **Your R~,** Eich Parchedigaeth.

reverend *a. & n.* **1.** *a.* parchedig, *occ:* hybarch. **2.** *a.* *Ecc:* *(a)* **the ~ gentleman,** y parchedig *m*, yr offeiriad *m*, y gweinidog *m*; *(b) (as title):* **the Rev. Ch. Black,** y Parch. Ch. Black; **the R~ Mother,** yr Hybarch Fam; **R~ Sir,** Barchedig Syr; *(dean):* **the Very R~,** y Tra Pharchedig, yr Hybarch; *(bishop):* **the Right R~,** y Gwir Barchedig; *(archbishop):* **the Most R~,** y Parchedicaf; *Sch:* **the R~ the Vice-Chancellor,** yr Hybarch Is-Ganghellor *m*. **3.** *n.* *F:* *(Anglican):* person(-iaid) *m*, offeiriad (offeiriaid) *m*; *(nonconformist):* gweinidog(-ion) *m*, pregethwr (pregethwyr) *m*; *F: Joc:* **the R~,** y Parchedig.

reverent, reverential *a.* parchus (**towards s.o.,** o rn, tuag at rn); llawn parch, gyda pharch (at/i rn); **reverential awe,** parchedig ofn, parchus ofn.

reverently *adv.* gyda pharch.

reverie *n.* synfyfyrdod(-au) *m*, pensyndod *m*; **to be lost in ~,** pensynnu, breuddwydio, synfyfyrio, *S. W:* delwi.

revers *n.* *Cost:* llabed(-i) *m*.

reversal *n.* **1.** *Jur:* dirymiad(-au) *m*, dirymu *vn.* **2.** *Opt: (of image): Log: (of proposition):* troad *(m)* o'r chwith *m*, gwrthdroad(-au) *m*; gwrthdr|oi *vn*, troi *(vn)* o'r chwith; **~ of opinion,** newid *(m)* barn, gwrthdroi barn; *Geog:* cildroad(-au) *m*; *Ph:* **~ of polarity,** cildroad polaredd; *Mec.E:* **~ of motion,** gwrthdroad, gwrthdro(-eon) *(m)* symudiad; *Phot:* gwrthdroad, gwrthdroi. **~ angle** *n.* ongl *(f)* gildro (onglau cildro). **~ film** *n.* ffilm gadarnhaol (ffilmiau cadarnhaol) *f*. **~ finder** *n.* sythwr (sythwyr) *m*.

reverse[1] *a.* o chwith, *occ:* [i'r] gwrthwyneb, [yn eich] gwrthol, croes; **in the ~ order,** o chwith, yn y drefn wrthol, yn wrthol, y ffordd arall, yn groes, y tu ôl ymlaen; *Cmptr:* **~ order,** trefn gildroadwy *f*; **in the ~ direction to the previous time,** i'r cyfeiriad croes i'r cyfeiriad o'r blaen, y ffordd arall, yn groes i'r tro o'r blaen; *Sp:* **~ pass,** pas gwrthol *m*; *(of coin &c):* **~ side,** tu chwith, [tu] gwrthwyneb *m*; *(of a picture &c):* tu cefn, tu ôl, tu chwith, tu gwrthwyneb; **~ slope of a hill,** llethr ôl, llethr wrthwyneb, ochr arall i lethr bryn; **~ gear,** gêr ôl *fm*; **~ stroke,** *(of a piston):* gwrthergyd(-ion) *fm*; *Mec:* **~ motion, ~ action,** gwrthsymudiad(-au) *m*, gwrthredіad(-au) *m*; **an impression ~ to what was intended,** argraff groes i'r hyn a fwriadwyd; *Mil:* **~ battery, ~ fire,** tanio *(vn)* o'r tu ôl, gwrthdanio; *Mth:* **~ arc,** cilarc(-au) *m*; *Lib:* **~ Browne,** Browne o chwith; **~ charge,** talu *(vn)* o'r pen arall; *Tp:* **~ charge call,** galwad wrthdal (galwadau gwrthdal) *f*.

reverse[2] *n.* **1.** *(a)* gwrthwyneb *m* (**of sth,** i rth); **a word written in ~,** gair wedi ei ysgrifennu o chwith; **to be quite the ~ of sth,** bod yn hollol groes i rth; **it was the ~ of complimentary,** 'roedd yn bopeth ond canmoliaethus; *(b) Mil:* **(to take a position) in ~,** (cymryd safle/safiad) o'r tu ôl, yn y cefn; *(c)* **(to move) in ~,** (symud) wysg eich cefn, tuag at yn ôl, *S. W:* llwrw eich cefn, drach eich cefn; *Aut:* **to go into ~,** mynd i'r gêr ôl; *(d) Typewr:* **automatic ribbon ~,** dychweliad otomatig *(m)* y ruban. **2.** *(of medal, leaf):* tu ôl *m*, tu chwith *m*. **3. ~ of fortune,** anffawd (anffodion) *f*, anlwc *mf*, aflwydd(-au,-ion) *m*, an[h]ap(-[i]on) *mf*; **to suffer a ~,** cael anffawd *&c*.

reverse[3] *v.t.&i.* **1.** *v.t.* troi (rhth) o chwith, gwrthdr|oi (rhth), troi (rhth) i'r gwrthwyneb; *Mil:* **to ~ arms,** troi arfau â'u pennau i lawr, gwrthdroi arfau; *(command):* **~ arms!** arfau o chwith! **2.** *(a) (clothing):* troi (rhth) y tu chwithig/gwrthwyneb allan, troi (rhth) o chwith, troi (rhth) y tu chwith [allan], *N: F:* troi (rhth) tu chwyneb [allan]; *(b) (movement &c):* gwrthdroi (rhth), troi (rhth) y tu chwith, troi (rhth) o chwith; **to ~ a motor,** gweithio/troi motor o chwith; **to ~ a process,** gwrthdroi/cildr|oi proses; **to ~ a pattern,** cildroi patrwm; *Tp:* **to ~ a charge,** talu'r pen arall, gwrthdroi taliad; *Phot:* **to ~ a negative,** gwrthdroi negydd; *(c) Aut:* **to ~ a car,** *abs.* **to ~,** bacio car, bacio'n ôl; *Sp: (hockey):* **to ~ a stick,** troi ffon o chwith; **3.** *Jur:* dirymu, dil|eu. **4.** *v.i.* *Danc:* troi o'r chwith i'r dde, dawnsio o chwith; *Aut: &c:*

bacio, mynd yn eich gwrthol, mynd wysg eich cefn. **5.** *Cmptr:* cildroi.
reversed *a.* o chwith, *occ:* gwrthdroëdig, cildro; *Mil:* **with ~ arms,** ag arfau o chwith; *Geog:* **~ stream,** nant gildro (nentydd cildro) *f*; *El:* **~ current,** cerrynt (cerhyntau) cildro *m*; **~ image,** delwedd wrthdro (delweddau gwrthdro) *f.*
reversely *adv.* o chwith, yn eich gwrthol.
reverser *n.* gwrthdröwr (gwrthdrowyr) *m.*
reversi *n. Games:* refersi *mf.*
reversibility *n.* gwrthdroadwyedd *m*, cildroadwyedd *m*; **its ~ is an advantage,** mae gallu ei droi'r tu chwith yn fantais.
reversible *a.* **1.** *(flask):* naill ben, neillben. **2.** *(material):* naill ochr, naill du, cildroadwy, dwyffordd. **3.** *(process):* gwrthdroadwy, cildro, cildroadwy; **~ motion,** symudiad atchwelog *m*; **~ reaction,** adwaith cildroadwy *m*; **4.** *Phot: (film):* atchwelog.
reversibly *adv.* yn wrthdroadwy *&c.*
reversing[1] *a.* sy'n mynd yn ei ôl, sy'n mynd o chwith, sy'n mynd yn ei wrthol; **~ motion,** symudiad *(m)* tu chwith, gwrthsymudiad *m*, gwrthrediad *m.*
reversing[2] *vn.* = **reverse**[3]; *occ:* gwrthdroad *m*, cildroad *m.* **~ lever** *n.* lifer(-i) *(m)* bacio. **~ light** *n.* golau (goleuadau) *(m)* bacio. **~ switch** *n.* switsh(-is) *(m)* cyfnewid/gwrthdr|oi.
reversion *n.* **1.** *Jur:* refersiwn *m*, atchweliad *m*, ôl-feddiant *m*; **in ~,** mewn refersiwn. **2.** *(to former condition): Biol:* **~ to type,** atchweliad(-au) *m*, dychweliad(-au) *m*, cildroad *m.* **3.** *Phot: Mth:* gwrthdroad(-au) *m.*
reversionary *a.* **1.** *Jur:* refersiynol, atchwelog, atchweliadol. **2.** *Biol: (= atavistic):* atchweliadol.
reversioner *n.* ôl-feddiannwr (~-feddianwyr) *m*, atchwelydd(-ion) *m*, refersiynydd(-ion) *m.*
revert *v.i. (a) (of property):* dychwelyd; *(b) Biol:* **to ~ to type,** dychwelyd/cildr|oi i deip; *(c)* **to ~ (to our subject),** a dychwelyd, a throi'n ôl (at ein pwnc).
reverter *n. Jur:* = **reversion.**
revertible *a.* ymchweladwy.
revest *v.t.&i.* **1.** *v.t. (a) (s.o. with sth):* ailfreinio, ailarwisgo, ailurddo (rhn â rhth); *(b) (powers &c):* ailgyflwyno. **2.** *v.i.* dychwelyd (i/at rn).
revet *v.t.* **1.** *Constr:* **to ~ a wall,** rhoi wyneb (ar wal). **2.** *Fort:* rhagfurio.
revetment *n.* **1.** *Constr: (=facing):* wyneb(-au) *m.* **2.** *Fort: &c: (= retaining wall):* wal *(f)* gynnal (waliau cynnal), rhagfur(-iau) *m*, cynhalfur (cynalfuriau) *m.*
revictual *v.t.&i.* ailgyflenwi, ailddiwallu, ail-lenwi.
review[1] *n.* **1.** *(of the past):* adolygiad(-au) **(of sth,** o rth); arolygiad(-au) *m*, arolwg (arolygon) *m*, trem *(f)* yn ôl (ar rth); **to pass sth in ~,** bwrw golwg dros rth; **to keep sth under ~,** cadw rhth dan sylw/arolwg. **2.** *Mil:* arolygiad, arolwg (ar rth); *S.a.* **order 3.** **3.** *Jur:* adolygiad; **Local R~ Committee,** Pwyllgor *(m)* Adolygu Lleol. **4.** *(of book):* adolygiad (o/ar rth). **5.** *Publ:* cylchgrawn (cylchgronau) *m*; **Welsh History R~,** Cylchgrawn Hanes Cymru. **~ copy** *n.* copi (copïau) *(m)* adolygu.
review[2] *v.t.* **1.** *(case, book &c):* adolygu. **2.** *Mil:* adolygu, arolygu.
reviewable *a.* adolygadwy.
reviewal *n.* adolygiad(-au) *m*, arolwg (arolygon) *m* **(of sth,** o/ar rth).
reviewer *n.* adolygydd: adolygwr (adolygwyr) *m.*
revile *v.t.&i.* difrïo, difenwi, sennu, dilorni, cablu, sarh|au (rhn); lladd (ar rn).
revilement *n.* difrïaeth *f*, difenwad *m*, sarhad *m*, cabl *m.*
reviler *n.* difrïwr (difriwyr) *m*, difenwr (difenwyr) *m*, dif|enwraig *f*, cablwr (cablwyr), sennwr (senwyr) *m*, s|enwraig *f*, sarhäwr (sarhawyr) *m.*
revisable *a.* adolygadwy.
revisal *n.* adolygiad(-au) *m.*
revise[1] *n.* **1.** *Typ:* ail broflen(-ni) *f*, proflen(-ni) *(f)* adolygu. **2.** = **revision.**
revise[2] *v.t.* **1.** *(edition, text):* diwygio, adolygu; *(proofs):* cywiro; *Sch: (for examinations):* adolygu, *N.W: F:* ffagio. **2.** *(a) (law):* diwygio; *(b) (decision, opinion):* ailystyried (rhth), ailfeddwl (am rth). **~ mode** *n. Cmptr:* modd *(m)* addasu.
revised *a.* diwygiedig.
reviser *n.* diwygiwr (diwygwyr) *m*, cywirwr (cywirwyr) *m*, adolygwr: adolygydd (adolygwyr) *m.*
revision *n.* **1.** adolygiad(-au) *m*, arolygiad(-au) *m*, adolygu *vn*, diwygio *vn*; *Sch:* adolygu. **2.** *Typ:* proflen ddiwygiedig (proflenni diwygiedig) *f.*
revisional, revisionary *a.* diwygiol, adolygol, ailolygol.
revisionism *n.* adolygiadaeth *f.*
revisionist *n. & attrib.* **1.** *n.* adolygiadwr (adolygiadwyr) *m.* **2.** *attrib.* adolygiadol.
revisit *v.t.* ailymw|eld (â rhth).
revisory *a.* adolygol, diwygiol.
revitalize *v.t.* adfywio, adfywiogi, adfywh|au.
revivable *a.* adfywiadwy.
revival *n.* **1.** *(of arts &c):* adfywiad(-au) *m*; *Hist:* **the R~ of Learning,** y Dadeni *(m)* Dysg. **2.** *(of life, consciousness):* adfywiad(-au) *m*, adfywhad(-au) *m*, dadebriad(-au) *m*, adfywio *vn*, dadebru *vn.* **3.** *Rel:* diwygiad(-au) *m*, adfywiad, deffroad(-au) *m*; **the Methodist R~,** y Diwygiad Methodistaidd.
revivalism *n.* diwygiadaeth *f*, crefydd *(f)* diwygiad.
revivalist *n. & attrib.* **1.** *n.* diwygiwr (diwygwyr) *m*, diw|ygwraig *f.* **2.** *attrib.* diwygiadol; **a ~ spirit,** ysbryd diwygiad; **a ~ meeting,** cwrdd efengylaidd.
revivalistic *a.* diwygiadol.
revive *v.i.&t.* **1.** *v.i. (a) (from unconsciousness):* adfywio, dadebru, dod atoch eich hun; *(b) (of feelings, industry &c):* adfywio, atgyfodi, adfywh|au; **his spirits revived,** cododd ei galon drachefn; *(c) (of custom):* ailgychwyn, adfywio. **2.** *v.t. (a) (to consciousness):* adfywio, adfywiogi, dadebru; **this will ~ you,** fe rydd hwn fywyd newydd ynoch; *(b) (hopes, memory &c):* adfywio; *(memory):* ailddeffro, adfywio, ailddihuno; *(political party):* adfywio, atgyfodi; *(custom):* ailgychwyn, adfywio, adfer; *(zeal):* ailennyn; **to ~ an old charge,** ailgodi hen gyhuddiad; **to ~ s.o.'s courage,** codi calon rhn, adfer ysbryd rhn, ailennyn/ailsbarduno gwroldeb rhn; *(c) (play, periodical):* atgyfodi; *(d)* **to ~ leather,** ailystwytho lledr; *(e) Jur: (a will, an order):* adfywio.
revived *a.* adfywiedig, atgyfodedig.
reviver *n.* adfywiwr (adf|yw-wyr) *m*, adfywydd(-ion) *m*; *(drink):* tonig(-au) *m.*
revivification *n.* ailfywiocâd *m*, adfywhad *m*, ailfywiocáu *vn*, adfywh|au *vn*, adfywio *vn.*
revivify *v.t.* ailfywiogi, ailfywiocáu, adfywh|au.
reviving *a.* adfywiol, adfywhaol.
reviviscence *n.* adfywiad *m*, adfywiocâd *m.*
reviviscent *a.* adfywiol, adnewyddol, bywiocaol, bywhaol, adfywhaol.
revivor *n. Jur:* adfywiad *(m)* cyngaws, adfywiad hawl.
revocability *n.* natur ddiddymadwy *&c f*; **the ~ of the decree became clear,** daeth yn eglur y gellid diddymu'r gorchymyn.
revocable *a.* diddymadwy, dirymadwy, adalwadwy.
revocably *adv.* yn ddiddymadwy *&c.*
revocation *n.* diddymiad(-au) *m*; *(of decree, will &c):* dirymiad(-au) *m*, dilead(-au) *m*; *(of permission):* gwrthodiad(-au) *m*, gwrthod *vn*; *vn.* = **revoke**; **~ of driving licence,** dirymiad trwydded yrru; **~ of probate,** dirymiad profiant, adalwad profiant.
revocatory *a.* diddymol, dileol, adalwadol.
revoke[1] *n. Cards:* palliant *m*, pall *m.*
revoke[2] *v.t.&i.* **1.** *v.t. (a) (an order):* diddymu; *(a decree):* dirymu, adalw, galw'n ôl; *(promise, consent):* tynnu (addewid, caniatâd) yn ei ôl; *(b)* **to ~ a driving licence,** dirymu trwydded yrru; *Jur:* **to ~ a will,** dirymu ewyllys. **2.** *v.i. Cards:* methu dilyn, pallu dilyn.
revolt[1] *n.* gwrthryfel(-oedd) *m*; **in ~,** mewn gwrthryfel; **they are in ~,** maent yn gwrthryfela; *F:* maen' nhw'n codi dani; **to rise in ~ against sth,** gwrthryfela/codi yn erbyn rhth, *F:* codi dan rth; **~ and reaction,** gwrthryfel ac adwaith.
revolt[2] *v.i.&t.* **1.** *v.i.* **to ~ against sth,** *(a) Pol:* gwrthryfela/codi yn erbyn rhth, *F:* codi dan rth; *(b) (in disgust):* ffieiddio (at rth), gwaredu (at rth, rhag rhth). **2.** *v.t. (= disgust):* **it revolts me,** mae'n codi cyfog/pwys arnaf i; mae'n troi arnaf i.
revolted *a.* **1.** *(subjects of king &c):* gwrthryfelgar, mewn gwrthryfel. **2.** *(= disgusted):* yn ffieiddio, yn gwaredu (at rth); mewn ffi|eidd-dod (o achos rhth).
revolting *a.* **1.** *Pol: (subjects &c):* gwrthryfelgar, mewn

gwrthryfel. **2.** *(= disgusting):* ffiaidd, cyfoglyd, *F:* ych a fi, *N.W:* *F:* ysglyfaethus, anghynnes.
revoltingly *adv.* yn ffiaidd.
revolute[1] *a. Bot:* amdroëdig.
revolute[2] *v.i.* chwyldr|oi, terfysgu.
revolution 1. *(of planet, wheel):* cylchdro(-eon,-adau) *m*; **maximum revolutions,** y cylchdroadau mwyaf posibl. **2.** *Pol:* *&c:* chwyldro(-adau) *m*, chwyldroad(-au) *m*; **the Industrial R~,** y Chwyldro Diwydiannol; **the Agrarian R~,** y Chwyldro Amaethyddol; **the French R~,** y Chwyldro Ffrengig; **the Russian ~,** Chwyldro Rwsia, y Chwyldro yn Rwsia; **the Glorious R~,** y Chwyldro Gogoneddus. **~ counter** *n.* mesurydd(-ion) *(m)* cylchdroeon, cylchdroadur(-on) *m*.
revolutionary *a.* & *n.* **1.** *a.* chwyldroadol; **~ calendar,** calendr y chwyldro; **~ settlement,** ardrefniant chwyldroadol *m*; **~ wars,** rhyfeloedd chwyldro. **2.** *n.* chwyldröwr (chwyldrowyr) *m*, chwyldroadwr (chwyldroadwyr) *m*, chwyldröwraig *f*, chwyldro|adwraig *f*.
revolutionist *n.* = **revolutionary 2.**
revolutionize *v.t.* chwyldr|oi.
revolutionizer *n.* chwyldröwr (chwyldrowyr) *m*, chwyldroadwr (chwyldroadwyr) *m*, chwyldröwraig *f*, chwyldro|adwraig *f*.
revolvable *a.* troadwy, cylchdroadwy.
revolve *v.t.&i.* **1.** *v.t.* *(a) (idea):* meddwl dros (syniad), pwyso a mesur (syniad), troi (syniad) yn eich pen; *(b) (wheels &c):* troi, cylchdr|oi, *occ:* cylchdroelli, chwyldr|oi, amdr|oi. **2.** *v.i.* troi, cylchdroi, cylchdroelli, chwyldroi, amdr|oi.
revolver *n. Sm.a:* rifolfer(-i) *m*, llawddryll(-iau) *m*, pistol(-au,-ion) *m*.
revolving *a.* sy'n troi, sy'n cylchdr|oi, cylchdröol, amdröol, cylchdroeog, tro, troi, *F:* troi rownd; **~ bookcase,** cwpwrdd (cypyrddau) *(m)* llyfrau tro/troi [rownd]; **~ centre,** canol(-au) *(m)* chwyldr|oi; **~ chair,** cadair *(f)* dro (cadeiriau tro), cadair droi [rownd] (cadeiriau troi [rownd]); **~ credit,** credyd cylchdröol *m*; **~ door,** drws (drysau) *(m)* tro/troi; **~ hearth,** aelwyd *(f)* dro (aelwydydd tro); *Th:* **~ stage,** llwyfan *(mf)* tro/troi/dro/droi (llwyfannau tro/troi).
revue *n. Th:* rif|iw (rifiwiau) *f*.
revulsed *a. Med:* gwrthlidiog.
revulsion *n.* **1.** *(= violent reaction):* gwrthadwaith (gwrthadweithiau) *m*. **2.** *Med:* gwrthlidiad *m*. **3.** *F:* *(= disgust):* ffi|eidd-dod *m*, ffieiddiad *m* (tuag at rth); cyfog *m* (wrth weld rhth).
revulsionary *a. Med:* gwrthlidiol.
revulsive *a.* & *n. Med:* **1.** *a.* gwrthlidiol. **2.** *n.* gwrthlidydd(-ion) *m*.
rewake *v.t.* ailddeffro, ailddihuno.
reward[1] *n.* gwobr(-au) *f*, gwobrwy(-on) *f*; **a hundred pounds ~,** gwobr o ganpunt, canpunt o wobr; **as a ~ for sth,** yn wobr am rth; **he's gone to his ~,** mae wedi mynd at ei wobr; *F:* **virtue is its own ~,** rhinwedd yw mam pob dedwydd.
reward[2] *v.t.* gwobrwyo; **that's how he rewards me for the work,** dyna sut y mae'n talu i mi am y gwaith; dyna'i ddiolch imi am y gwaith.
rewardable *a.* gwobrwyadwy.
rewarder *n.* gwobrwywr (gwobrwywyr) *m*, gwobr|wywraig *f*.
rewarding *a.* gwerthfawr, sy'n talu, sy'n werth ei wneud, gwerth chweil, sy'n rhoi boddhad, boddh|aus.
rewarewa *n. Bot:* coeden (coed) *(f)* rewarewa.
reweigh *v.t.* ailbwyso.
reweld *v.t.* ailasio, ailweldio.
rewin *v.t.* adennill, ailennill.
rewind *v.t.* **1.** *(silk, film &c):* ailddirwyn. **2.** *(clock &c):* ailweindio.
rewire *v.t.* ailweirio, *Lit:* ailwifro.
reword *v.t.* aileirio.
rework *v.t.* ailweithio, ail-wn|eud, ailwampio.
rewrap *v.t.* ail-lapio.
rewrite[1] *n.* *(of article &c):* ailwampiad(-au) *m*, *F:* ailbobiad(-au) *m*; *Ling:* ailysgrifeniad(-au) *m*. **~ man** *n.m. U.S:* ailwampiwr (ailwampwyr).
rewrite[2] *v.t.* ailysgrifennu, ailwampio, *F:* ailbobi. **~ rule** *n. Ling:* rheol *(f)* ailysgrifennu.
Rex[1] *Pr.n. Jur:* **Rex v. Jones,** y Brenin yn erbyn Jones.
rex[2] *n. Z:* **~ cat,** cath(-od) *(f)* recs.
rexine *R.t.m:* *rexine m*.
Reynard *Pr.n.m.* **1.** *Lit:* Madyn, Madog. **2.** *(in modern context):* Siôn Blewyn Coch.
Reynold *Pr.n.m.* Rheinallt.
reyoke *v.t.* ailieuo.
rezone *v.t.* ailddiffinio, ailrannu, ailranbarthu.
Rh factor *n. Biol:* ffactor *(m)* Rh.
Rh positive *a.* rhesws-gadarnhaol, rhesws b|ositif.
rhabdocoele *n. Nat.Hist:* rh|abdosel (rhabdoselau) *m*.
rhabdom *n. Z:* *Anat:* rhabdom(-au) *m*.
rhabdomancer *n.* gwialddewin(-iaid) *m*.
rhabdomancy *n.* gwialddewiniaeth *f*.
rhabdomantist *n.* = **rhabdomancer.**
rhabdome *n.* = **rhabdom.**
rhabdomere *n. Z:* *Anat:* rh|abdomer (rhabdomerau) *m*.
rhabdomyoma *n. Path:* rhabdomyoma(-ta) *m*.
rhachis *n. Nat.Hist:* rhachis(-au) *m*.
rhadamanthine *a.* rhadamanthaidd, deddfol, llym.
Rhaetian *a.* Rhetaidd; *Geog:* **~ Alps,** Alpau Rhetia.
Rhaetic *a. Geol:* Rhetig.
Rhaeto-Romance, Rhaeto-Romanic *a.* & *n.* **1.** *a.* Rheto-Romanig. **2.** *n. Ling:* Rheto-Romaneg *f*, *m*.
rhamnaceous *a. Bot:* rhafnwyddol.
rhaphe *n. Bot:* gwr|ym (gwrymiau) *m*.
rhapsode *n. Gr.Ant:* adroddwr (adroddwyr) *m*.
rhapsodic[al] *a.* rhapsodïaidd, rhapsodaidd.
rhapsodically *adv.* yn rhapsodïaidd *&c*.
rhapsodist *n.* = **rhapsode.**
rhapsodize *v.i.* *F:* **to ~ (over sth),** telynegu, perlewygu, perlesmeirio, gorawenu, gorohïan (dros rth); canmol (rhth) i'r cymylau/entrychion.
rhapsody *n.* rh|apsodi (rhapsodïau) *f*.
rhatany *n. Bot:* rh|atani *m*.
Rhayader *W.Pl.n.* Rhaeadr *(f)* Gwy.
rhe *n. Ph:* *Meas:* rhe(-au) *m*.
rhea *n. Orn:* rhea(-od) *m*.
rhebok *n. Z:* = **reebok.**
Rhemish *a.* o Reims.
rhenic *a. Ch:* rhenig.
Rhenish *a.* o'r Rhein, Rheinaidd.
rhenium *n. Ch:* rheniwm *m*.
rheobase *n.* rh|eobas (rheobasau) *m*.
rheological *a.* rheolegol.
rheologist *n. Ph:* rheolegwr: rheolegydd (rheolegwyr) *m*.
rheology *n. Ph:* rheoleg *f*.
rheometer *n. Ph:* rheomedr(-au) *m*.
rheophile, rheophilic *a.* rheoffilig.
rheoscope *n. Ph:* rh|eosgop (rheosgopau) *m*.
rheoscopic *a. Ph:* rheosgopig.
rheostat *n. El.E:* rh|eostat (rheostatau) *m*.
rheostatic *a. El.E:* rheostatig.
rheotaxis *n. Biol:* rheotacsis *m*.
rheotropism *n. Biol:* rheotropedd *m*.
rhesus *a. Z:* **~ monkey,** mwnci (mwncïod) rhesws *m*; **~ factor,** nodwedd *(f)* resws (nodweddion rhesws), ffactor(-au) *(m)* rhesws. **~-negative** *a.* rhesws-negyddol. **~-positive** *a.* rhesws-b|ositif.
Rhetic *a. Geol:* Rhetig.
rhetor *n.* athro (athrawon) *(m)* rhethreg, rhethregwr (rhethregwyr) *m*.
rhetoric *n.* *(a) Lit:* rhethreg *f*; *(b) (= oratory):* rhethreg, areitheg *f*, areithyddiaeth *f*.
rhetorical *a.* rhethregol.
rhetorically *adv.* yn rhethregol.
rhetorician *n.* rhethregwr: rhethregydd (rhethregwyr) *m*; *S.a.* **orator.**
rheum *n. A:* diferwst *m*, gormwyth *m*, lliflyn *m*; *(in eyes):* môl *m*.
rheumatic *a.* **1.** *(a) (pain):* *S:* gwynegol, *N:* crydcymalog; **~ pain,** poen y gwynegon/crydcymalau; *(b) (pers.):* *S:* a'r gwynegon arnoch, *N:* a'r crydcymalau arnoch; **I'm ~,** mae gen i grydcymalau; mae'r gwynegon arna' i; 'rwy'n grydcymalau/wynegon i gyd; **~ fever,** *N:* clefyd *(m)* crydcymalau, *S:* y dwymyn *(f)* wynegon. **2.** *n.* dioddefwr (dioddefwyr) *(m)* gwynegon/crydcymalau, diodd|efwraig *(f)* gwynegon/crydcymalau.
rheumaticky *a.* = **rheumatic;** *F:* yn gwynegu, yn gwynio.

rheumatics *n.pl. F:* = **rheumatism.**
rheumatism *n. S:* gwynegon *pl, N:* cryd (*m*) cymalau, *F:* cricymalau *m*, cricmala *m*, *S.W:* gwyniau *pl*, *S.E:* gewynwst *mf*; **articular ~,** crydcymalau, cymalwst *m*. **muscular ~,** gwynegon y cyhyrau.
rheumatoid *a.* gwynegol; **~ arthritis,** crydcymalau gwynegol.
rheumatology *n.* rhewmatoleg *f.*
rheumy *a.* **~ eyes,** llygaid molglaf/molglafaidd//molog.
rhigolene *n. Ch:* rh|igolen *m.*
rhinal *a. Anat:* ffroenol, trwynol.
rhine[1] *n. Geog:* ffos(-ydd) *f*, rhewyn(-au) *m.*
Rhine[2] *Pr.n. Geog:* y Rhein *f.*
rhinegrave *n.* rheiniarll (rheinieirll) *m.*
Rhineland *Pr.n. Geog:* Y Rheindir *m*, Glannau (*pl*) Rhein; *attrib.* Rheindirol.
Rhinelander *n.* Rheindiriad (Rheindiriaid) *m&f.*
rhinencephalic *a. Anat:* rhinenseffalig.
rhinencephalon *n. Anat:* rhinens|effalon (rhinenseffalonau) *m.*
rhinestone *n. Lap:* rheinston(-au) *m*, deimwnt (deimyntau) ffug *m.*
rhinitis *n. Path:* llid (*m*) y ffroenau, ffroenwst *m*, rhinitis *m.*
rhino[1] *n. P: (money):* arian *m*, *N:* pres *m.*
rhino[2] *n.* = **rhinoceros.**
rhinoceros *n. Z:* rhin|oseros (rhinoserosod, rhinoserosiaid) *m*, *Lit: occ:* rhyncorn (rhyncyrn) *m*, trwyngornfil(-od) *m*, trwyngorn (trwyngyrn) *m* (*both pronounced* ng-g). **~ beetle** *n. Ent:* chwilen ryncorniog (chwilod rhyncorniog) *f.* **~ bird** *n. Orn:* aderyn (adar) cornbig *m.*
rhinocerotic *a. Z:* rhyncorniog.
rhinology *n. Med:* rhinoleg *f.*
rhinopharyngeal *a. Anat:* rhinoffaryngol.
rhinophyma *n. Med:* rhinoffyma *m.*
rhinoplastic *a. Surg:* rhinoplastig.
rhinoplasty *n. Surg:* rhinoplasti (rhinoplastïau) *m.*
rhinorrhea, rhinorrhoea *n. Med:* ffroenlif *m*, ffroenffrydiad *m.*
rhinoscope *n. Med:* rh|inosgop (rhinosgopau) *m.*
rhinoscopy *n. Med:* trwynchwiliad(-au) *m*, ffroenchwiliad(-au) *m.*
rhinosporidium *n. Fung:* rhinosboridiwm (rhinosboridia) *m.*
rhinovirus *n. Med:* rhinofirws (rhinofirysau) *m.*
rhizanthous *n. Bot:* gwreiddflodeuog.
rhizobium *n. Bot:* rhisobiwm (rhisobia) *m.*
rhizocarp *n. Bot:* gwreiddblanhigyn (gwreiddblanhigion) *m*, rh|isocarp (rhisocarpau) *m.*
rhizocarpous *a. Bot:* gwreiddblanhigol, rhisocarpaidd.
rhizocephalous *a. Z:* rhisoseffalaidd.
rhizogenesis *n. Bot:* gwreidd-dyfiant *m.*
rhizogenic, rhizogenous *a. Bot:* gwr|eidd-dyfol, gwreiddiog.
rhizoid *a. & n. Bot:* **1.** *a.* fel gwr|aidd, gwreiddflewog. **2.** *n.* gwreiddflewyn (gwreiddflew) *m.*
rhizoidal *a. Bot:* gwreiddflewog.
rhizomatous *a. Bot:* rhisomaidd.
rhizome *n. Bot:* rhisom(-au) *m*, gwreiddgyff(-ion) *m.*
rhizomic *a. Bot:* rhisomaidd.
rhizomorph *n. Bot:* rh|isomorff (rhisomorffau) *m.*
rhizomorphous *a. Bot:* rhisomorffaidd.
rhizophagous *a. Z:* gwreiddysol.
rhizophore *n. Bot:* rh|isoffor (rhisofforau) *m.*
rhizoplane *n.* *gwreiddwyneb(-au) *m*, rh|isoplan (rhisoplanau) *m.*
rhizopod *n. Z:* rh|isopod (rhisopodau) *m.*
rhizopodal, rhizopodous *a. Z:* rhisopodol.
rhizopus *n. Bot:* rh|isopws (rhisopysau) *m.*
rhizosphere *n. Biol:* rh|isosffer (rhisosfferau) *m.*
rhizotomy *n. Surg:* rhis|otomi (rhisotomïau) *m.*
rho *n. Gr.Alph:* rho(-au) *f.*
rhodamine *n. Ch:* rh|odamin (rhodaminau) *m.*
Rhode Island *Pr.n. Geog:* Ynys (*f*) Rhodos. **~ ~ red** *n. Orn:* iâr goch gynffonddu (ieir cochion cynffonddu) *f.* **~ ~ white** *n. Orn:* iâr wen (ieir gwynion) *f.* **~ ~ bent[grass]** *n. Bot:* maeswellt (*m*) y cŵn.
Rhodes[1] *Pl.n.* [Ynys] Rhodos *f.*
Rhodes[2] *Pr.n.* **~ grass** *n. Bot:* glaswellt (*m*) Rhodes.
Rhodesia *Pr.n. Geog:* Rhodesia *f.*
Rhodesian *a. & n.* **1.** *a.* o Rodesia, Rhodesaidd; **the ~ government,** llywodraeth Rhodesia; **he's ~,** Rhodesiad ydyw; **~ ridgeback,** helgi (helgwn) Rhodesaidd *m.* **2.** *n.* Rhodesiad (Rhodesiaid) *m&f.*
Rhodesoid *a. Anthr:* Rhodesaidd, Rhodesoid.
Rhodian *a. & n.* **1.** *a.* o Rodos, Rhodaidd. **2.** *n.* Rhodiad (Rhodiaid) *m&f.*
rhodic *a. Ch:* rhodig.
rhodium *n.* **1.** *Ch:* rhodiwm *m.* **2.** *Bot:* **~ wood,** coed (*m*) rhodiwm, pren (*m*) rhodiwm.
rhodochrosite *n. Miner:* rhodochrosit *m.*
rhododendron *n. Bot:* rhododendron(-au,-s) *f*; *Lit:* rhoswydden (rhoswydd) *f*, rhosbren(-nau) *m*, rhosgoed *pl*; **Arctic/Lapland ~,** *(Rhododendron lapponicum):* rhododendron yr Arctig; **yellow ~,** *(Rh. luteum):* rhododendron felen.
rhodolite *n. Lap:* rh|odolit (rhodolitau) *m.*
rhodology *n. Nat.Hist:* rhosynneg *f.*
rhodonite *n. Miner:* rh|odonit *m.*
rhodoplast *n. Bot:* rh|odoplast (rhodoplastau) *m.*
rhodopsin *n. Physiol:* rhodopsin *m.*
rhodora *n. Bot:* rhodora (rhodorâu) *f*, rhododendron(-au,-s) (*f*) C|anada.
rhomb *n.* **1.** *Geom:* = **rhombus. 2.** *Cryst:* rhombohedron(-au) *m.*
rhombencephalon *n. Anat:* rhombens|effalon (rhombenseffalonau) *m.*
rhombic *a. Geom:* rhombig.
rhombohedral *a. Geom:* rhombohedrol, *Lit: occ:* lleddfbetryal.
rhombohedron *n. Geom:* rhombohedron(-au) *m*, *Lit: occ:* lleddfbetryal(-au) *m.*
rhomboid *a. & n. Geom:* **1.** *a.* rhombaidd, rhomboid. **2.** *n.* rhomboid(-au) *m.*
rhomboidal *a. Geom:* rhombaidd, rhomboid.
rhomboideus *n. Anat:* rhomboidëws (rhomboidëi) *m.*
rhombus *n. Geom:* rhombws (rhombysau, rhombi) *m.*
rhonchal, rhonchial *a. Med:* rhyncol.
rhoncus *n. Med:* rhwnc *m.*
Rhondda *W.Pl.n.* **The ~,** Y Rhondda *f*; **the ~ Valley,** Cwm (*m*) Rhondda, *occ:* Glyn (*m*) Rhondda; **East ~,** Y Rhondda Fawr; **West ~,** Y Rhondda Fach; **~ people,** *Joc:* gwŷr y gloran/gloren.
Rhône *Pr.n. Geog:* Y Rhôn *f.*
Rhoose *W.Pl.n.* Y Rhws *mf.*
Rhoscolyn Bay *W.Pl.n.* Y Borthwen *f.*
Rhoscolyn Head *W.Pl.n.* Mynydd (*m*) Rhoscolyn.
Rhoscrowther *W.Pl.n.* Rhosgylyddwr *f.*
Rhosneigr Reef *W.Pl.n.* Ynys Groes *f.*
rhotacism *n. Phon:* rowlio(*vn*)'r "r", rho-eiddio *vn.*
rhotic *a. Phon:* rhotig.
rhubarb *n. Bot:* *(Rheum rhaponticum):* riwbob, *occ:* rhiwbob *m*, *Lit: occ:* rheonllys *m*; **wild ~,** riwbob gwyllt, *S.E:* dail (*pl*) crwst; **giant ~,** *(Gunnera tinctoria):* rheonllys mawr; **monk's ~,** *(Rumex alpinus):* tafolen (tafol) (*f*) y mynydd; **prickly ~,** *(G. manicata):* rheonllys pigog; **a stick of ~,** coes/coesyn (coesau) (*mf*) riwbob, *occ:* riwbobyn (riwbob) *m*, riwboben (riwbob) *f.*
Rhulen *W.Pl.n.* Rhiwlen *f.*
rhumb *n. Nau:* pwynt(-iau) (*m*) cwmpawd, ongl(-au) (*f*) cwmpawd. **~-line** *n.* rhymlin(-au) *f.*
rhumbatron *n* = **resonator.**
rhumbic *a.* **~ line,** = **rhumb-line.**
rhyacolite *n. Miner:* rhy|acolit *m.*
rhyme[1] *n.* **1.** *Pros:* *(= rhyming word):* odl(-au) *f*; **half ~, imperfect ~,** *(a) (on vowels only):* lled-odl(-au) *f*, odl Wyddelig (odlau Gwyddelig); *(b) (on consonants only):* proest *mf*; **false ~,** twyllodl(-au) *f*; **eye ~,** odl lygad (odlau llygad); **dictionary of rhymes,** odliadur(-on) *m*; *F:* **without ~ or reason,** yn hollol ddireswm, heb sail na sylwedd, heb na rheol na rheswm. **2.** *Lit:* *(= poem):* odl(-au) *f*, pennill (penillion) *m*, rhigwm (rhigymau) *m*; **nursery ~,** rhigwm plant, hwiangerdd(-i) *f* (*pronounced* ng-g). **~ royal** *n. Pros:* pennill (penillion) rheiol *m.* **~ scheme** *n.* patrwm (patrymau) (*m*) odlau/odli.
rhyme[2] *v.i.&t.* **1.** *v.i.* *(a) (= versify):* barddoni, rhigymu, prydyddu; *(b) (of words):* odli (**with sth,** â rhth); **to half ~,** lled-odli. **2.** *v.t. (words):* odli.
rhymed *a.* odledig, odlog, mewn odl, yn odli.
rhymeless *a.* diodl.
rhymer *n.* rhigymwr (rhigymwyr) *m*, rhig|ymwraig *f*, prydydd(-ion) *m*, prydyddes(-au) *f*; **local ~,** prydydd bro, bardd (beirdd) (*m*) gwlad.

rhymester *n.* rhigymwr (rhigymwyr) *m*, rhig|ymwraig *f*, bardd (beirdd) (*m*) talcen slip, bardd cocos, bardd bol clawdd, bardd pen pastwn, pastynfardd (pastynfeirdd) *m*, cocosfardd (cocosfeirdd) *m*; **local ~,** rhigymwr gwlad.

rhyming *a.* odledig, sy'n odli, odlog, mewn odl; **~ dictionary,** geiriadur(-on) (*m*) odlau, odliadur(-on) *m*. **~ slang,** slang (*m*) odli.

Rhymney *W.Pl.n.* Rhymni *f* (*not to be confused with* **Rumney**).

rhynchocephalian *a.* & *n.* *Rept:* **1.** *a.* rhyncoseffalaidd. **2.** *n.* rhyncoseffaliad (rhyncoseffaliaid) *m&f*.

rhynchophoran, rhynchophore *n.* *Ent:* rh|yncoffor (rhyncofforiaid) *m*, chwilen (chwilod) (*f*) swch.

Rhyndaston *W.Pl.n.* Tre-indeg *f*.

rhyolite *n.* *Geol:* rh|yolit (rhyolitau) *m*.

rhyolitic *a.* *Geol:* rhyolitig.

rhythm *n.* **1.** rhythm(-au) *m*; **~ and blues,** rhythm a'r felan. **2.** *Pros:* aceniad(-au) *m*, curiad(-au) *m*, rhythm *m*. **~ band** *n.* band(-iau) (*m*) rhythm. **~ method** *n.* y dull (*m*) rhythmig. **~ section** *n.* adran (*f*) rythmig (adrannau rhythmig). **~ stick** *n.* ffon (*f*) rythm (ffyn rhythm).

rhythmic[al] *a.* rhythmig.

rhythmically *adv.* yn rhythmig.

rhythmics *n.* rhythmeg *f*.

rhythmist *n.* rhythmwr: rhythmydd (rhythmwyr) *m*.

rhyton *n.* *Gr.Ant:* bual(-au) *m*.

ria *n.* *Ph: Geog:* moryd(-iau) *f*, ria (riâu) *mf*.

rial *n.* *Num:* rial(-au) *f*.

rialto *n.* rialto(-s) *m*, marchnad(-oedd) *f*, marchnadfa(-oedd, marchnadf|eydd) *f*, cyfnewidfa(-oedd, cyfnewidf|eydd) *f*; *Lit:* **what news on the Rialto?** pa newydd o'r Rialto?

riant *a.* siriol, llawen, llon, chwerthinus, chwerthinog, chwerthingar (*pronounced* ng-g).

riata *n.* *U.S:* = **lariat.**

rib[1] *n.* **1.** *(a) Anat:* asen(-nau, *occ:* ais) *f*; **true ~, long ~, sternal ~,** hirasen (hirais) *f*; **false ~, floating ~, short ~,** byrasen (byrrais) *f*, asen fer (asennau byrion); **a dig/poke (in the ribs),** pwn *m*, pwniad(-au) *m*, prociad(-au) *m* (yn eich asennau); *Joc: (of food):* **this will stick to your ribs,** fe saif/ddeil hwn at d'asennau di! *(b) (cut of meat):* asen(-nau) *f*; **chuck ~,** asen war (asennau gwar); **fore ~,** asen flaen (asennau blaen); **spare ~,** asen frân (asennau brain), asen fras (asennau breision), sbarib *m*, *S.W:* asen mochyn. **2.** *(a) (of leaf):* gwythïen (gwythiennau) *f*; *(b) (of shell, spine, book):* gwr|ym (gwrymiau) *m*; *(c) (of roof, umbrella, wing &c):* asen; *(d) N.Arch:* asen; *pl.* **ribs,** eisgoed; *(e) Knitting:* rib(-iau) *f*; *(f) (of rock):* esgair (esgeiriau) *f*, cefnen(-nau,-ni) *f*, cefn(-au) *m*; *(g) (on side of cart or frame of plough):* secffon (secffyn) *f*. **~-cage** *n.* cawell(-au,-i, cewyll) (*m*) asennau. **~-grass** *n.* = **ribwort. ~-tickler** *n.* stori ogleisiol (straeon gogleisiol), stori anfarwol *f*. **~-tickling** *a.* gogleisiol, digrif.

rib[2] *v.t.* **1.** *(= provide with ribs):* asennu. **2.** *F: U.S: (= tease):* herian, pryfocio, tynnu coes.

ribald *a.* & *n.* **1.** *a.* bras (breision), anweddus, masweddol, aflednais, amrwd, *F:* coch. **2.** *n.* croesan(-iaid) *m*.

ribaldry *n.* maswedd *m*, anlladrwydd *m*, serthedd *m*, croesanaeth(-au) *f*, *N.W: occ:* brastod *m*, *S.W: occ:* gribaldi *m*, *S.E: occ:* maswal *m*.

riband *n.* = **ribbon.**

ribband *n.* **1.** *Av: N.Arch:* eisrwym(-au) *m*. **2.** = **ribbon.**

ribbed *a.* **1.** *(most senses):* asennog; *(shell):* gwrymiog, rhigolog; *(beach):* rhesog; *(book-spine):* gwrymiog. **2.** *(stockings, corduroy):* r[h]ib, caerog, rhesog; **~ material,** defnydd rib *m*, *N.W:* defnydd caerog; **~ stitch,** pwyth(-au) (*m*) rib. **3.** *Bot:* gwythiennog.

ribber *n.* *Knitting:* ribiwr (ribwyr) *m*.

ribbing *n.* **1.** *(= ribs):* asennau *pl.* **2.** *F: U.S: (= teasing):* her *f*, pryfóc: pryfôc *m*, pryfocio *vn*, herian *vn*. **3.** *Knitting:* rib(-iau) *f*, gwau (*vn*) lifftiog.

ribbon *n.* **1.** r[h]uban(-au) *m*; **a bunch of ~s** [y]snoden(-ni) *f*; *(as decoration of horses): S:* cadis (cadishe) *m*; *(as trimmings):* ffril-di-ffrals *pl*; **steel ~,** r[h]uban(-au) (*m*) dur, stribed(-i,-au) (*m*) dur; *Typewr:* **inking ~,** r[h]uban incio. **2.** *(of buildings &c):* stribyn(-nau, stribiau) *m*, stribed, strimyn(-nau) *m*. **3.** *pl.* **to tear sth to ribbons,** tynnu/rhwygo rhth yn garpiau/gyrbibion/racs/gareiau/llyfreiau, *S.W:* rhacsan rhth. **~ building** *vn.* adeiladu strimyn. **~ development** *n.* datblygiad(-au) (*m*) strimyn, datblygiad strimynnog. **~-fern** *n.* *(Pteris cretica):* rhedynen (rhedyn) ysnodennog *f*. **~-grass** *n.* *Bot: (Phalaris arundinacea):* r[h]ubanau'r bechgyn, gwregys (*m*) Mair, pefrwellt *m*. **~ lake** *n.* llyn(-noedd) hirgul *m*. **~-microphone** *n.* m|[e]icroffon (m[e]icroffonau) (*m*) stribed. **~-saw** *n.* llif (*f*) gylch (llifiau cylch), cylchlif(-iau) *f*. **~-seal** *n.* *Z:* morlo(-i) rhesog *m*. **~ settlement** *n.* anheddiad (aneddiadau) hirfain *m*. **~-snake** *n.* *Rept:* neidr resog (nadroedd rhesog) *f*. **~-worm** *n.* *Ann:* llyng[h]yren (*f*) ruban (llyngyr rhuban).

ribboned *a.* r[h]ubanog, ysnodennog.

ribbonfish *n.* *Ich:* pysgodyn (pysgod) (*m*) r[h]uban.

Ribbonism *n.* *Pol:* Rhubaniaeth *f*.

Ribbonman *n.m.* *Pol:* Rhubanwr (Rhubanwyr).

ribbonweed *n.* = **oarweed.**

ribbonwood *n.* *Bot:* r[h]ubanwydden (r[h]ubanwydd) *f*.

ribby *a.* asennog, rhesog.

ribes *n.* *Bot:* rhyfwydden (rhyfwydd) *f*, rhesinwydden (rhesinwydd) *f*; **scarlet ~,** brenhines (*f*) y gwanwyn; *S.a.* **currant.**

riboflavine *n.* *Bio-Chem:* ribofflafin *m*.

ribonuclease *n.* *Bio-Chem:* ribon|iwcleas *m*.

ribonucleic acid (RNA) *n.* *Bio-Ch:* asid riboniwcleïg *m*; **messenger RNA,** RNA negeseuol; **transfer RNA,** RNA trosglwyddol.

ribonucleoprotein *n.* *Bio-Ch:* riboniwcleoprotein(-au) *m*.

ribose *n.* *Ch:* ribos *m*.

ribosomal *a.* ribosomol.

ribosome *n.* *Biol:* r|ibosom (ribosomau) *m*.

ribwort *n.* *Bot: (Plantago lanceolata):* llwynhidydd(-ion) *m*, dalen (*f*) gryman (dail cryman), llyriad (*m*) llwynhidydd, llysiau(*pl*)'r ais, ysgallenllys *m*, pennau(*pl*)'r gwŷr, sawdl (*m*) Crist, eiswelltyn (ciswellt) *m*, traeturiaid (*pl*) y bugeilydd, *S.W:* ceiliogod *pl*, *N: occ:* ceiliog (*m*) a iâr *f*.

Ricardian *a.* & *n.* **1.** *a.* Ricardaidd. **2.** *n.* Ricardiad (Ricardiaid) *m&f*.

ricasso *n.* *Archeol:* ricaso *m*.

rice[1] *n.* *Bot:* reis *m*; **ground ~,** blawd (*m*) reis; **long grain ~,** reis grawn hir; **~-bird** *n.* *Orn:* = **bobolink. ~-bowl** *n.* *Geog:* ardal(-oedd) (*f*) reis. **~ crispies** *n.pl.* creision reis. **~ Christian** *n.pl.* un o ddisgyblion y torthau. **~ grass** *n.* *Bot:* cordwellt *m*. **~ meal** *n.* blawd (*m*) reis. **~-paper** *n.* papur (*m*) reis. **~ pudding** *n.* *Cu:* pwdin(-au) (*m*) reis, *S.W:* poten (*f*) reis, poten y wrach, whipod *m*. **~ shape** *n.* *Cu:* teisen(-nau) (*f*) reis, cacen(-ni,-nau) (*f*) reis.

rice[2] *v.t.* *U.S: Cu:* reisio.

Ricemarch *Pr.n.m.* Rhygyfarch.

ricer *n.* *U.S: Cu:* reisiwr (reiswyr) *m*.

ricercar[e] *n.* *Mus:* ***ricercar[e]*** *m*.

rich *a.* **1.** cyfoethog, cefnog, ariannog, *F:* da eich byd, *N.E: S.W:* abal, *Lit:* goludog; **~ people,** cyfoethogion *pl*, pobl gyfoethog *f or pl*; **the idle ~,** y cyfoethogion segur; **the newly ~,** y cyfoethogion newydd; *Prov:* **the ~ get richer,** i'r pant y rhed y dŵr; **to make ~,** cyfoethogi; **to grow ~,** ymgyfoethogi, mynd/dod yn gyfoethog; **to get ~ quick,** gwn|eud arian sydyn; *F:* **to strike [it] ~,** taro ar gyfoeth; **as ~ as Croesus/Midas, ~ beyond the dreams of avarice,** yn graig o arian, *N.W: occ:* fel Clwch, yn Glwch; **filthy ~,** yn drewi o arian, yn annuwiol o gyfoethog. **2.** *(soil):* ffrwythlon, bras (breision), da, toreithiog; **~ land,** daear fras *f*, tir bras *m*; **~ crops,** cnydau toreithiog/bras/breision, *N.E:* cnydau brigog; **~ pastures,** porf|eydd ffrwythlon/bras/gwelltog, brastiroedd; **a museum ~ in paintings,** amgueddfa a chyfoeth o luniau ynddi; **~ in hope,** llawn gobaith, gobeithiol iawn. **3.** *(a)* **~ food,** bwyd bras/brasterog *m*; **~ wine,** gwin coeth/rhywiog *m*; *(b) I.C.E:* **~ mixture,** cymysgedd cryf *m*; *(c) (feast):* amheuthun, danteithiol, danteithlawn, godidog, moethus, danteithus; *(furnishings):* moethus, gwych(-ion), drudfawr, costus, ysblennydd; *(voice):* soniarus, cryf(-ion); *(wine):* cryf, coeth. **4.** **~ colour,** lliw cryf. **5.** *F: Iron:* doniol, digrif, anfarwol, *N:* smala; **that's ~!** dyna un dda!

Richard *Pr.n.m.* Rhisiart; *Hist:* **~ [the] Lionheart,** Rhisiart Lewgalon; *S.a.* **Dick.**

richen *v.t.&i.* **1.** *v.t.* cyfoethogi. **2.** *v.i.* ymgyfoethogi.

riches *n.pl.* cyfoeth *m*, golud *m*; *F:* **he went from rags to ~,** aeth o garpiau i gyfoeth.

richly *adv.* **1.** *(clothed, decorated &c):* yn foethus. **2.** *(a)* *(endowed &c):* yn helaeth; *(b) F:* **he ~ deserves it,** mae yn ei llawn haeddu hi; **a fate ~ deserved,** tynged a lwyr/lawn haeddwyd, tynged gwbl haeddiannol.

richness *n.* **1.** *(= abundance):* helaethrwydd *m*, cyfoeth *m*. **2.** *(of soil, crops):* ffrwythlonder *m*, ffrwythlondeb *m*. **3.** *(= luxury):* moethusrwydd *m*, godidowgrwydd *m*, gwychder *m*. **4.** *(a) (of food):* braster *m*; *(b) I.C.E:* **~ [of mixture],** cryfder *m*, nerth *m*. **5.** *(of colour):* cryfder; *(of voice):* cyfoeth, coethder *m*, llawnder *m*, cryfder, soniarusrwydd *m*; *(of style):* godidowgrwydd, moethusrwydd, helaethrwydd.

ricin *n. Ch:* risin *m*.

ricinoleic *a. Ch:* risinolëig.

ricinolein *n. Ch:* risinolëin *m*.

rick[1] *n. Agr:* tas(-au, teisi) *f*, *S:* rhic(-iau) *mf*, das(-au, deisi, deisydd) *f*, helm(-i,-au,-ydd) *f*, *occ:* bera(-on, berâu) *fm*, *N:* cyrnen(-nau) *f*. **~-stand** *n.* ystôl (ystolion) *(f)* bera, troed *(mf)* tas (traed teisi). **~-yard** *n.* ydlan(-nau,-noedd) *f*, *N:* cadlas(-au,-oedd, cadleisi, cadlesydd, cadleisiau) *f*, gardd (gerddi) *(f)* ŷd.

rick[2] *v.t. Agr:* cocio, mydylu.

rick[3],[4] *n. & v.t.* = **sprain**[1],[2].

Rickeston *W.Pl.n.* Trericert *f*.

ricketiness *n.* simsanrwydd *m*, ansadrwydd *m*.

rickets *n.pl. Path:* y llechau, *S:* y llech *mf*, *S.E:* gwaith *(m)* y llech.

rickettsal *a. Bact:* rickettsaidd.

rickettsia *n. Bact:* rickettsia(-s) *m*.

rickety *a.* **1.** *Med:* yn dioddef o'r llech, llechog, llechglwyfus. **2.** *F: (chair &c):* simsan, siglog, sigledig, an-sad, ansad, gweglyd, *S.E:* sigil.

rickle *n. Dial:* = **rick**[1].

rickrack *n. Needlew:* ricrac *mf*.

rickshaw *n. Veh:* ricsio(-s) *mf*.

ricochet[1] *n.* bwled(-i) *(mf)* adlam, rhybediad(-au) *m*, adlam(-au) *m*, ergyd(-ion) *(fm)* adlam.

ricochet[2] *v.i.* rhybedio, adlamu, *N: F:* drybowndio, drybedian.

ricotta *Cu:* [caws *m*] ricota *m*.

rictal *a.* rhythol.

rictus *n.* rhythiad(-au) *m*.

rid[1] *v.t.* **to ~ s.o. of sth,** gwared rhn rhag rhth, cael gwared/ymadael â rhth i rn; **to ~ a place of sth,** gwared/gwaredu lle rhag rhth, clirio lle, *occ:* rhyddh|au lle o rth; **to ~ one's estate of debt,** clirio dyledion eich stad; **to get ~ of him,** cael gwared ag ef, cael gwared arno/ohono, cael ei wared ef; **to get ~ of s.o.,** *occ:* cael cefn rhn; **to get ~ of sth, to ~ oneself of sth,** cael gwared â rhth, *N:* cael ymadael â rhth, *S:* gwaredu rhth; *Com:* **an article hard to get ~ of,** nwydd anodd i'w werthu, nwydd anodd cael gwared ag ef.

rid[2] *p.p.* **to be ~ of sth,** bod yn rhydd o rth, bod yn rhydd rhag rhth; **I was well ~ of her,** 'roedd yn dda imi gael ei gwared hi; gwynt teg ar ei hôl hi; 'roedd yn well gen i ei lle hi.

ridable *a.* = **rideable.**

riddance *n.* gwaredigaeth *f*, ymwared *m*, gwarediad *m*, rhyddhad *m*, gollyngdod *m* (rhag rhth); *F:* **good ~ to him! good ~ to bad rubbish!** gwynt teg ar ei ôl!

ridden *p.p. & a.* **1.** *p.p. See* **ride**[2]. **2.** *a.* **cliché-~,** ystrydebol, llawn ystrydebau; **disease-~,** llawn heintiau, heintus, afiach; **flea-~,** chweiniog, chweinllyd, yn fyw/berwi o chwain; **hag-~,** cythryblus, anniddig, anesmwyth; **priest-~,** dan ormes/fawd offeiriaid.

riddle[1] *n.* **1.** *(= conundrum):* pos(-au) *m*, *occ:* dychymyg (dychmygion) *m*, *S.W:* tasg(-au) *f*; **to ask s.o. a ~,** gosod/rhoi pos i rn; *F:* **to speak in riddles,** siarad mewn damhegion, siarad ar ddamhegion. **2.** *(= mystery):* dirgelwch (dirgelion) *m*.

riddle[2] *n.* *(= sieve):* rhidyll(-iau,-od) *m*, gogr(-au) *m*, gogor (gograu) *m*, gwagr(-au) *m*, hidl(-au) *f*, hidlydd(-ion) *m*, *S.W:* sife(-au) *f*, gwagar (gwagrau) *m*; *S.a.* **sieve**[1].

riddle[3] *v.t.* **1.** *(grain, ashes &c):* rhidyllu, rhidyllio, gogro, gogrwn, gogri, gogrynu, hidlo, *S.W:* sifio, sgrino. **2.** *F:* **to ~ s.o. with bullets,** rhidyllu/rhidyllio rhn â bwledi, saethu rhn yn dyllau mân.

riddled *a.* **1.** *(grain &c):* gogredig, rhidylledig, a ridyllwyd, wedi ei ogrwn/ridyllu. **2.** *(with holes &c):* rhidyllog, yn rhidyll; **the council is ~ with corruption,** mae'r cyngor yn llawn/berwi o lygredd; mae llygredd yn rhemp/bla yn y cyngor.

riddleful *n.* rhidyllaid (rhidylleidiau) *m*, gograid (gogreidiau) *m*, llond *(m)* rhidyll/gogr.

riddling[1] *a.* dyrys, astrus.

riddling[2] *vn. & n.pl.* **1.** *vn.* = **riddle**[2]. **2.** *n.pl.* *(of grain):* manyd *m*; *(of ashes):* *N:* slacs *pl*, *S:* henlo *m*.

riddlingly *adv.* yn ddyrys *&c*.

ride[1] *n.* **1.** *(on horseback, bicycle):* reid(-iau) *f*, reiden (reidiau) *f*, tro(-eon) *m*, pas(-au,-ys) *m* [ar gefn ceffyl, ar gefn beic]; *(on roundabout &c):* pas, reid; **to go for a ~ on horseback,** mynd am dro/reid ar gefn ceffyl, mynd i farchogaeth, *S: occ:* mynd i frochgáu, *F:* mynd i reidio ceffyl; **to go for a ~ on a bicycle,** mynd am dro ar gefn beic, mynd i reidio beic, beicio; **can you give me a ~ to the village?** fedrwch chi roi *N:* pàs/*S:* lifft imi i'r pentref? **Dick Turpin's ~ to York,** taith *(f)* Dic Turpin i Efrog; **it's a ten pence ~ on the bus,** taith *(f)*/siwrnai*(f)* ddeg ceiniog yw hi ar y bws; **the car gave us a bumpy ~,** cawsom bas/reid ysgytwol iawn yn y car; *U.S: F:* **to take s.o. for a ~,** *(i) (= abduct):* mynd â rhn am dro bach, rhoi pas i rn, cipio rhn, herwgipio rhn; *(ii) (= deceive):* twyllo rhn, camarwain rhn, gwn|eud rhn, *N.W:* trin rhn; *F:* **he's just along for the ~,** dod am yr hwyl y mae e; **a rough ~,** *N:* pas gwyllt; *F:* **to have a rough ~,** ei chael hi'n galed, cael llaw galed. **2.** *(= road in forest):* rhodfa (rhodf|eydd) *f*, llwybr *(m)* march (llwybrau meirch), llwybr marchogion, ffordd *(f)* farchogaeth (ffyrdd marchogaeth). **3.** *(in funfair):* ceffylau bach *pl*, trên (trenau) bach *mf*.

ride[2] *v.i.&t.* I. *v.i.* **1.** *(a)* marchogaeth, *occ:* marchocáu, *F:* reidio, mynd ar gefn ceffyl/beic *&c*, *S:* brochgáu, brychgáu, *N.E:* marchogi, *M.W:* ffogieth; **to ~ astride,** marchogaeth ag un goes bob ochr, *N.W:* reidio ar gamfa/gamdda led [ar gefn ceffyl], *S.W:* brochgáu bagalabówt; **he rides well,** mae'n farchog da; **she's riding high,** *Fig:* mae hi ar y brig; mae hi'n llwyddiannus iawn; *F:* **let it ~,** gad(-wch) iddo fod; nid yw ddim o bwys; gad lonydd iddo; *N: F:* hidia (hidiwch) befo fo; **~ 'em cowboy!,** ar 'i gefn o/e was! **Arthur rides again,** Arthur unwaith eto; Arthur yn ei ôl; *(of child):* **to ~ on s.o.'s knee,** cael jî-bach gan rn; **did he walk or ~?** ai cerdded a wnaeth, ynteu dod ar gefn ceffyl? **I rode all the way,** euthum yr holl ffordd ar gefn ceffyl/beic; **he rode straight at us,** carlamodd yn syth atom/amdanom; sbardunodd ei geffyl atom; *S.a.* **fall**[1] **1, freight, hound**[1]**, pillion, roughshod. 2. he rides twelve stone,** mae'n pwyso deuddeg stôn yn y cyfrwy. **3.** *(in car &c):* mynd, teithio (mewn car/trên/bws; ar drên/fws); *(with passive force):* **the car rides smoothly,** mae'r car yn mynd yn llyfn. **4.** *(a)* **the moon was riding high in the heavens,** yr oedd y lleuad fry yn yr awyr; yr oedd y lleuad yn hwylio'n uchel yn yr awyr; *(b) (of ship):* **to ~ at anchor,** nofio/bod/reidio wrth angor; **we were riding by the starboard anchor,** 'roeddem wrth angor yr ochr dde. II. *v.t.* **1. to ~ a race,** rhedeg ras. **2.** *(a)* **to ~ a horse,** marchogaeth ceffyl, *F:* reidio ceffyl, mynd ar gefn ceffyl, *S:* brochgáu ceffyl, *M.W:* ffogieth ceffyl; *Turf:* **(Comet) ridden by Jones,** (Comet) a Jones ar ei gefn, a Jones yn ei farchogaeth, a Jones yn farchog/joci arno; **to ~ a bicycle,** mynd ar gefn beic, reidio beic; *(b)* **to ~ one's horse at a hedge,** anelu/cyfeirio/reidio/marchogaeth ceffyl at glawdd; **to ~ a horse to death,** goryrru ceffyl, marchogaeth/reidio ceffyl i'w farwolaeth, marchogaeth/reidio ceffyl nes ei ladd; *F:* **to ~ an idea to death,** rhygnu ar yr un hen beth/rigwm/dant; *Prov:* **to ~ a free horse to death,** gyrru'r march a gerddo, gyrru'r cŷn a gerddo, gyrru'r hoel a gerddo; *(c) (of nightmare):* llethu; **ridden by fear,** ag ofn ar eich hyd, ag ofn yn eich llethu/cerdded. **3. the ship rode the waves,** 'roedd y llong yn hwylio'r tonnau. **4.** *U.S: (= annoy):* pryfocio, herian. **~ behind** *v.i. (pillion):* marchogaeth is gîl rhn. **~ down** *v.t. (= trample):* sathru, mathru (rhn) [dan garnau ceffyl, dan draed]; marchogaeth ar draws (rhn). **~ off 1.** *v.i.* **to ~ off on a side-issue,** mynd i hela ysgyfarnog. **2.** *v.t. Polo:* **to ~ off another player,** gwthio chwaraewr arall. **~ out** *v.t.* **to ~ out a storm,** dod drwy storm, dod drwyddi. **~ up** *v.i. (of skirt &c):* codi, mynd yn uwch.

rideable *a.* marchogadwy.

rident *a.* = **cheerful, smiling.**

rider *n.* **1.** marchog(-ion) *m*, marchoges(-au,-i) *f*, *occ:* marchogwr (marchogwyr) *m*; *Rac:* joci(-s) *m*; **~ of bicycle,** beiciwr (beicwyr) *m*; *S.a.* **despatch, freedom, joy. 2.** *pl. N.Arch:* **riders,** atodbrennau, atodblatiau. **3.** *(a) (to a document, verdict):*

atodiad(-au) *m*; *(b) Mth: (of theorem):* atodeg. **4.** *(of balance):* atodbwys(-au) *m*.
riderless *a.* difarchog, heb farchog, heb neb ar ei gefn.
ridge[1] *n.* **1.** *(a) (= crest of mountain chain):* trum(-[i]au) *usu.f*, crib(-au) *usu.f*, cefn(-au,-oedd,-ydd) *m*, esgair (esgeiriau) *f*; **a low ~,** cribyn(-nau) *m*, cefnen(-nau) *f*, *N:* crimpyn, crimp(-iau) *m*, *N.W:* ponc(-iau), poncen (ponciau) *f*, poncyn *m*; **~ and furrow relief,** tirwedd(-au) *(f)* cefnen a rhych; *Meteor:* **~ of high pressure,** cefnen o wasgedd uchel; **ridges and swales,** cefnau a phantiau; *(b) (of roof):* crib(-au) *mf*, *S.W:* crwstyn (crwstis) *m*, crysten (crystis) *f*; *(c) Nau: (of rocks):* cefn(-au) *m*. **2.** *(= range of hills):* rhes(-i) *f*, rhesaid (rheseidiau) *f*, trum(-iau) *f*. **3.** *Agr:* grwn (grynnau, gryniau) *m*, balc(-iau) *m*, malc(-iau) *m*, *N:* cefn(-au) *m*, *N.W:* gwr|ym (gwrymiau) *m*, *M.W:* cop *m*; *N:* **to open a ~,** agor cefn, agor grwn; **to open the first ~,** codi cefn; **to build up a ~,** casglu cefn; **half ~,** *(in ploughing): S.W:* asgell gefn *f*. **4.** *(on a surface):* gwrym. **5.** *Hort: (= hotbed):* cefn, gwely(-au) brwd *m*, gwely tail, *S:* pâm (pamau) brwd *m*. **~-bar, ~-beam, ~-board, ~-piece** *n.* nenbren(-ni,-nau) *m*. **~-pole** *n. (a) (of tent):* polyn (polion) *(m)* crib; *(b)* = **ridge-bar.** **~ roof** *n.* to(-eau) cribog *m*. **~-rope** *n.* rhaff *(f)* grib (rhaffau crib). **~-tile** *n.* teilsen *(f)* grib (teils crib), *Lit:* cefnbeithynen (cefnbeithyn) *f*, trumbeithynen (trumbeithyn) *f*. **~ top** *n.* pen *(m)* cefnen, pen cefn, crimp(-iau) *m*. **~ tree** *n.* = **ridge-bar.**
ridge[2] *v.t.&i.* **1.** *v.t. (a) Const:* **to ~ a roof,** rhoi crib ar do, *occ:* trumio to, *S.W:* drumo to; *(b) Agr:* **to ~ soil,** rhychu/cefnu/ grynio/gwrychu pridd, torri grwn/gryniau, agor grwn/gryniau [mewn pridd]; *(c) (a surface):* gwrymio (rhth), codi gwrymiau (ar rth). **2.** *v.i.* gwrymio, rhychu.
ridged *a.* gwrymiog, *occ:* crimpiog; *(hills):* trumog, cribog; *(soil):* gryniog, grynnog.
ridgel, ridgeling *n.* anifail (anifeiliaid) uncaill *m*, unceilliog(-ion) *m*, *F:* mihifi[r]-mihafar(-s) *m*, wil-jil(-s) *m*; *(horse): S.E:* rhagfarch (rhagfeirch) *m*.
ridger *n. Agr:* gryniwr (grynwyr) *m*.
ridgeway *n.* cefnffordd (cefnffyrdd) *f*, ffordd las (ffyrdd gleision) *f*.
ridgy *a.* = **ridged.**
ridicule[1] *n.* gwawd(-iau) *m*, gwatwar *m*, *Lit:* gogan(-au) *f*; **full of ~ [of others],** gwawdlyd, gwawdus, gwatwarus, gwatwarllyd, *Lit:* goganus; **to hold s.o. up to ~,** chwerthin am ben rhn, gwn|eud hwyl/sbort am ben rhn, gwawdio rhn, gwneud rhn yn gyff gwawd, gwneud rhn yn destun sbort, *N.W:* gwneud rhn yn bricsiwn, *Lit:* gwneud rhn yn gyff clêr; **open to ~,** chwerthinllyd; **to lay oneself open to ~,** eich gwneud eich hun yn gyff gwawd, eich gwneud eich hun yn destun sbort, *N.W:* eich gwneud eich hun yn bricsiwn.
ridicule[2] *v.t.* gwawdio, gwatwar (rhn); chwerthin (am ben rhn); gwn|eud cyff gwawd, gwneud testun sbort (o rn); gwneud hwyl (am ben rhn); *S.W:* sbengan (rhn); *Lit:* goganu (rhn); **inclined to ~ others,** gwawdlyd *&c*, *S.W:* sbengllyd; *S.a.* **ridicule[1]**.
ridiculous *a.* ffôl, chwerthinllyd, hurt [bost], gwirion [bost], *Lit:* ynfyd; **to make oneself ~,** eich gwneud eich hun yn gyff gwawd *&c*; *See* **ridicule[1]**; **the ~ side of the situation,** hurtrwydd *(m)* y sefyllfa; **from the sublime to the ~,** o'r arddunol i'r chwerthinllyd, o'r gwych i'r gwachul.
ridiculously *adv.* yn chwerthinllyd *&c*.
ridiculousness *n.* hurtrwydd *m*, hurtwch *m*, ynfydrwydd *m*, ffolineb *m*, gwiriondeb *m*; *(= ridiculous look):* golwg chwerthinllyd *(f)* (ar rth).
riding[1] *vn.* **1.** = **ride[2]**. **~-boot** *n.* botasen *(f)* farchogaeth (botasau marchogaeth), bwtsiasen *(f)* farchogaeth (bwtsias marchogaeth), botasen/bwtsiasen marchog (botasau/bwtsias marchogion). **~-breeches** *n.* clos(-au) *(m)* pen-glin, clos marchogaeth, britsys *(pl)* marchogaeth. **~-cap** *n.* cap(-iau) *(m)* marchogaeth, cap marchog (capiau marchogion). **~-coat** *n.* côt *(f)* farchogaeth (cotiau marchogaeth), côt marchog (cotiau marchogion). **~-costume** *n.* gwisg *(f)* farchogaeth (gwisgoedd marchogaeth), gwisg marchog (gwisgoedd marchogion). **~ crop** *n.* chwip(-iau) *f*. **~-gauntlet, ~-glove** *n.* maneg *(f)* farchogaeth (menyg marchogaeth), maneg marchog (menyg marchogion). **~-habit** *n.* = **riding-costume.** **~-hood** *n. A:* cwfl (cyflau) *(m)* marchogaeth, cwfl marchog (cyflau marchogion); **Little Red R~ Hood,** Hugan Fach Goch *f*, Cadi *(f)* Cwcwll Coch. **~-lamp, ~-light** *n. Nau:* golau (goleuadau) *(m)* angori, lamp(-au) *(f)* angori. **~-master** *n.* hyfforddwr (hyfforddwyr) *(m)* marchogaeth, meistr(-i) *(m)* marchogaeth. **~-school** *n.* ysgol *(f)* farchogaeth (ysgolion marchogaeth). **~-whip** *n.* chwip(-[i]au) *f*, *N.W: occ:* hoit(-iau) *f*.
riding[2] *n. A: Adm:* traean(-au) *m*.
ridley *n. Rept:* ridli (ridlïaid, ridlïod) *m*.
ridotto *n.* ridoto(-s) *mf*.
rifacimento *n.* addasiad(-au) *m*.
rifampicin *n. Pharm:* riff|ampisin *m*.
rife *pred.a.* **to be ~,** *(of disease &c):* bod yn rhemp, bod yn gyffredin; **rumour is ~,** mae si/sôn ar led; mae'r stori'n dew; **to wax ~,** ymledu, mynd ar led, mynd yn gyffredin.
rifeness *n.* rhemprwydd *m*, amlder *m*, cyffredinrwydd *m*.
riff[1] *n. Mus:* = **refrain[1]**.
Riff[1] *n. Ethn:* Riff(-iaid) *m&f*.
Riffian *a. & n.* **1.** *a.* Riffaidd; *(in language):* Riffeg; **he's ~,** Riff yw ef. **2.** *n. (i)* = **Riff**; *(ii) Ling:* Riffeg *f*, *m*.
riffle *n. (= groove):* rhigol(-au) *f*, rhych(-au) *mf*; *(= ripple):* crych(-ion) *m*, crychdon(-nau) *f*, crychiad(-au) *m*; *(= shallow):* beisle(-oedd) *m*.
riffle[2] *v.t. (water):* crychu; *(cards):* shifflo, rifflo, cymysgu, siffrwd; *(pages):* troi.
riffler *n. (of cards):* shifflwr (shifflwyr) *m*.
riff-raff *n. Coll:* gwehilion *pl* [y bobl], poblach *pl*, ciwed *f*, garsiwn *m*, taclau *pl*, *N:* cari-dyms *pl*, hepil *f*, *S:* reps *pl*, rodnis *pl*.
rifle[1] *v.t. (= pillage):* anrheithio, ysbeilio; *(pockets, drawers &c):* ysbeilio (rhth); **to ~ a safe,** gwagio coffr, dwyn o goffr.
rifle[2] *n.* **1.** *(= groove of gun):* rhigol(-au) *f*. **2.** *(firearm):* reiffl(-au,-s) *f*; **gallery ~,** reiffl stondin ffair; **magazine ~,** reiffl aildanio. **3.** *pl. Mil:* **Rifles,** Reifflwyr. **~-bird** *n.* = **riflebird.** **~ butt** *n.* carn *(m)* reiffl (carnau reifflau). **~ butts** *n.pl.* = **rifle-range.** **~ club** *n.* clwb (clybiau) *(m)* saethu. **~-green** *a. & n.* gwyrdd tywyll *(m)*. **~ grenade** *n. Sm.a:* grenâd (grenadau) *(f)* reiffl. **~-pit** *n.* ffos(-ydd) *(f)* saethwyr. **~-range** *n.* **1.** = **rifle-shot.** **2.** *(a) (= ground):* maes (meysydd) *(m)* saethu; *(b) (in fair):* stondin(-au) *(mf)* saethu. **~ shooting** *vn.* saethu [â reiffl]. **~-shot** *n.* **1. within ~-shot,** o fewn taniad/ergyd reiffl. **2.** *(detonation):* ergyd(-ion) *(fm)* reiffl, taniad(-au) *(m)* reiffl. **~-sling** *n.* strapen *(f)* reiffl, strap *(mf)* reiffl (strapiau reifflau).
rifle[3] *v.t. (gun barrel):* rhigoli.
riflebird *n. Orn:* reifflwr (reifflwyr) *m*, ceiliog(-od) *(m)* y gwynt gwyrdd.
rifleman *n.m. Mil:* reifflwr (reifflwyr).
riflescope *n.* reifflsgop(-au) *m*
rifling[1] *vn.* = **rifle[1]**.
rifling[2] *n. (of gun barrel):* rhigoliad(-au) *m*, rhigoli *vn*, rhigolau *pl*.
rift[1] *n. (a) (in a rock):* hollt(-au) *f*, agendor(-au) *mf*, gagendor(-au) *mf*, agen(-nau) *f*, toriad(-au) *m*; **full of rifts,** agennog; **a ~ (in the clouds),** hollt, bwlch (bylchau) *(m)* (yn y cymylau); *(b) (between friends):* rhwyg(-iadau) *f*, hollt, ymraniad(-au) *m*; *F:* **a ~ in the lute,** tant toredig/llac yn y delyn. **~ valley** *n.* dyffryn(-noedd) hollt *m*.
rift[2] *v.t.* hollti, *occ:* agennu.
rifted *a.* agennog, hollt.
riftless *a.* cyfan (cyfain), di-hollt, di-freg.
rifty *a.* = **rifted.**
rig[1] *n.* **1.** *(of a ship):* rig(-iau) *mf*, tacl(-au) *m*, gêr *pl*. **2.** *F:* **~[-out],** dillad *pl*, gwisg(-oedd) *f*, trwsiad *m*; **in full ~,** yn eich dillad gorau, yn eich dillad parch, *S: occ:* yn eich carpau gorau. **3.** *Mec.E:* **oil-~,** llwyfan(-nau) *(mf)* olew.
rig[2] *v.t.* **1.** *(a ship):* rigio, taclu, parat|oi, *Lit:* cyfarparu. **2.** *(a hoist &c):* gosod, dodi, rigio, taclu. **~ down** *v.t. Nau:* datod a stowio, dadrigio. **~ out** *v.t.* **1.** *(= equip):* rigio, cyfarparu. **2.** *(= dress):* dilladu, gwisgo. **~-out** *n.* **1.** = **rig[1] 2.** **2.** *(= equipment):* offer *pl*, cyfarpar *m*, gêr *pl*, taclau *pl*. **~ up** *v.t.* gosod, rigio, taclu.
rig[3] *n. (= trick, dodge, swindle):* cast(-iau) *m*, twyll(-au) *m*, tric (-iau) *m*, sgâm (sgamiau) *f*, sgîm(-s) *f*, *N.W:* rics drwg *pl*.
rig[4] *v.t.* **1. to ~ a market/election,** rigio marchnad/etholiad; *Cards:* cafflo, twyllo [â chardiau].
rigadoon *n. Danc: A:* rigadŵn (rigadwnau) *f*.
rigatoni *n. Cu:* rigatoni *m*.

rigg *n. Ich:* = **dogfish.**
rigged *a.* **1.** *Nau:* **ketch-~,** â rigin cetsh; **sloop-~,** â rigin slŵp. **2.** *Pol:* **a ~ election,** etholiad anonest, etholiad wedi'i rigio.
rigger[1] *n.* **1.** *(a) Nau:* rigiwr (rigwyr) *m*, *(b) (of derrick, aerial &c):* gosodwr (gosodwyr) *m*. **2.** *Nau: (a)* **square ~,** llong(-au) *(f)* rigin sgwâr; *(b)* = **outrigger;** *(c)* = **thimblerigger.**
rigger[2] *n. St.Exch: Pol:* rigiwr (rigwyr) *m*.
rigging *n. Nau:* rigin *m*, rhaffau *pl*; **standing ~,** rigin sefydlog. **~ batten** *n. Nau:* estyllen/astell (estyll, estyllod) *(f)* rigin. **~ plan** *n.* cynllun(-iau) *(m)* rigio/rigin. **~-loft** *n.* **1.** *Nau:* llofft(-ydd) *(f)* rigio. **2.** *Th:* llofft daclu (llofftydd taclu).
Riggs' disease *n. Med:* = **pyorrhoea.**
right[1] *a., n. & adv.* I. *a.* **1.** *Geom: (a)* **~ line,** llinell(-au) union/unionsyth *f*; *Nau:* **~ sailing,** hwylio union/unionsyth; *(b)* **~ angle,** ongl gywir (onglau cywir) *f*, ongl(-au) sgwâr; **to meet at ~ angles,** cwrdd ar ongl sgwâr; *Mth: Ph:* **~ circular cone,** côn (conau) crwn union *m*; *Ph:* **~ prism,** prism(-au) union *m*. **2.** *(= fair, just):* iawn, teg *(comp. forms:* teced, tecach, tecaf*)*, *occ:* cyfiawn, cymwys; **more than is ~,** mwy nag sy'n deg/iawn; **it is only ~ [and proper] to tell you. . .,** nid yw ond yn deg/iawn dweud wrthych. . .; nid yw ond teg/iawn dweud wrthych; **would it be ~ for me to. . .?** a fyddai'n iawn imi. . .? **I thought it ~ for me to. . .,** tybiais ei bod yn iawn imi. . .; meddyliais y dylwn. . .; bernais yn deg. . .; **to take a ~ view of things,** bod yn llygad eich lle, gweld pethau'n gywir; **to do the ~ thing,** gwneud y peth iawn/cywir; **to do the ~ thing by s.o.,** trin rhn yn anrhydeddus/deg, gwneud yn iawn â rhn. **3.** *(a) (= correct):* iawn, cywir, union, addas, priodol; *Z:* **~ whale,** morfil(-od) cywir *m*; *Astr:* **R~ Ascension,** Esgyniad Cywir *m*; **the ~ use of words,** defnydd cywir geiriau, iawn ddefnydd geiriau, y defnydd cywir/iawn o/ar eiriau; **to give the ~ answer,** rhoi'r ateb cywir/iawn; **the sum is ~,** mae'r swm yn gywir/iawn; **to put an account ~,** cywiro cyfrif; **to put an error ~,** cywiro camgymeriad/gwall, *occ:* iawnh|au gwall; *Lib:* **~-reading image,** delwedd gywir (delweddau cywir) *f*; **the ~ time,** yr union amser, yr amser iawn/cywir; **do you have the ~ time?** faint yw hi o'r gloch gen ti? **(my watch is) ~,** (mae fy watsh) ar amser, yn brydlon, yn iawn; *(b)* **to be ~,** bod yn iawn/gywir, bod yn llygad eich lle, *N.W:* bod yn eich lle; **he was ~ in his opinion,** yr oedd ei farn yn gywir; yr oedd yn llygad ei le; **(my country) ~ or wrong,** (fy ngwlad) yn gam neu gymwys, er gwell neu er gwaeth, boed gyfiawn neu beidio; **are you ~ in refusing?** a ddylech chi wrthod? a yw'n iawn ichwi wrthod? *(c)* **the ~ word,** yr union air; **the ~ side of a fabric,** ochr *(f)* dde defnydd, tu *(m)* allan/uchaf/iawn defnydd, *S.E:* ochor go dde defnydd; **~ side up,** yr ochr iawn uchaf, y ffordd iawn; **the plank is not the ~ width,** nid yw'r pren o'r lled iawn; **have you the ~ amount?** a oes gennych chi'r swm ar ei ben? a yw'r union arian gennych chi? **the ~ amount,** *S.W:* arian pen *m*, *N:* union bres *m*; **is that the ~ house?** ai dyna'r tŷ iawn? **the ~ train,** y trên iawn; *F:* **am I ~ for Paris?** ai hon yw'r ffordd i Baris? **to put s.o. ~,** *(i) (= direct s.o.):* rhoi rhn ar ben y ffordd; *(ii) (= disabuse):* goleuo rhn, agor llygaid rhn; *(iii) (= correct):* cywiro rhn; *(d)* **in the ~ place,** *(i) (= well-placed):* mewn lle da; *(ii) (= in place):* yn yr union le, yn y priod le, yn y lle iawn; **the ~ man in the ~ place,** y dyn iawn yn y lle iawn; **you came at the ~ moment,** fe ddaethoch ar yr union adeg; **she went the ~ way to offend me,** fe wnaeth ei gorau glas i'm digio i; fe wnaeth yr union beth i'm digio i; **to do sth in the ~ way,** gwneud rhth yn iawn/ddethau/ddechau, *S.W:* gwneud rhth y ffordd go dde, *N.W: occ:* gwneud rhth o dde; **the ~ thing to do,** y peth iawn/gorau/cywir i'w wneud; **he's a ~ villain,** mae'n adyn/ddihiryn o'r iawn ryw; mae'n ddyn gwirioneddol ddrwg; *S:* mae'n ddyn drwg reit i wala. *P:* **she sticks out in all the ~ places,** mae siâp da arni; **he's a ~ idiot,** mae'n rêl hurtyn; mae'n ben dafad; *S:* mae'n eitha twpsyn; *F:* **we've a ~ one here!** *N:* un garw ydi hwn! un ar y naw ydi hwn! *S:* 'na fachan yw hwn! *F:* **he made a ~ mess of it,** fe wnaeth eithaf llanast ohoni; fe wnaeth lanast go iawn ohoni; *F:* **he's one of the ~ sort,** hen fachgen/foi/siort iawn yw e; *S.W:* bachan net yw e; mae'n fachan trwy'r tanad; **that's ~!** yn hollol! yn union! dyna hi! *S:* dyna fe! **quite ~!** siŵr iawn! eithaf iawn! wrth gwrs! yn hollol! debyg iawn! *S:* yn gwmws! *F:* **~ you are! ~ ho!** o'r gorau! dyna ni! i'r dim! cytuno! dyna chi 'te! *Lit:* purion! **serve[s] him ~!** dyna beth sydd i'w gael! *N.W:* eitha' gwaith ag o! eitha' gwaith iddo fo! *S.W:* eitha' reit ag e! *(e)* **he is on the ~ side of forty,** nid yw eto'n ddeugain mlwydd oed; nid yw eto wedi cyrraedd deugain oed; *occ:* mae y tu clytaf i'r deugain; **to be on the ~ side of s.o.,** plesio rhn, mynd i lawes rhn, ennill ffafr rhn, cribo i lawes rhn. **4.** *(a) F:* **as ~ as a trivet, as ~ as rain,** cyn iached â'r gneuen, fel y gog, *N:* mor sownd â chloch y Bala, *N.W:* yn rêl boi, *S.W:* mor iach â chricsyn, yn iach fel y geirchen; **to be in one's ~ mind,** bod yn eich iawn bwyll, bod yn gall, bod yn eich synhwyrau; **he is not ~ in his head,** mae rhyw goll/golled arno; mae chwinc ynddo; nid yw'n llawn llathen; mae'n colli arni; *N:* dydi o ddim yn gall; *S.a.* **crazy, mad; that'll set you ~!** fe wna hynny les i chi! **to set things ~,** unioni pethau, rhoi pethau yn eu lle, rhoi trefn ar bethau; **things will come ~,** fe ddaw popeth i'w le; fe ddaw popeth yn iawn; bydd pethau'n gwella; fe ddaw eto haul ar fryn; *(b)* **everything is all ~,** mae popeth yn iawn; **all right!** o'r gorau! *occ:* popeth yn iawn! *Lit:* purion! **I am all ~ again now,** 'rwy'n well/iawn unwaith eto; **I have made it all ~ for my family,** yr wyf wedi gofalu am fy nheulu; *F:* **it's all ~ for you to laugh!** hawdd y gellwch chi chwerthin! digon hawdd i chi chwerthin! **he's all ~!** *N:* hen hogyn/foi iawn ydi o! mae'n un o'r siort iawn/orau! *S:* bachan iawn yw e! siort da yw e! *P:* **she's a bit of all ~,** mae hi'n eitha' pis[h]yn; mae hi'n bis[h]yn bach handi iawn. **5.** *(side &c):* de, *Lit:* dehau, *N.E: occ:* deche; **on the ~ side of s.o.,** ar y llaw dde, ar y dde, ar yr ochr dde (i rn); **on one's ~ hand,** ar eich llaw dde, ar y llaw dde ichwi, *Lit:* ar eich deheulaw, ar eich llaw ddehau; **he is my ~ arm; he is my ~ hand man,** ef yw fy llaw dde; **~ bank tributary,** *Geog:* llednant *(f)* glan dde (llednentydd glannau de); *Baseball:* **~ field,** yr ochr dde *(f)* i'r cae; **~ turn,** tro(-eon) *(m)* i'r dde; **~ wing,** asgell dde (esgyll de) *f*. II. *n.* **1.** *(= justice):* cyfiawnder *m*, *occ:* yr iawn *m*; **might and ~,** grym a chyfiawnder; *Prov:* **might is ~,** trechaf treisied, gwannaf gwaedded/gwichied; **~ and wrong,** y da a'r drwg, y gwir a'r gau, y cam a'r cymwys, iawn ac an-iawn; **two wrongs do not make a ~,** deuddrwg ni wna ddaioni; *S.a.* **wrong** II; **God defend the ~!** Duw gadwo'r gwirionedd! **to do ~ by s.o.,** trin rhn yn deg, gwneud chwarae teg â rhn, gwneud cyfiawnder â rhn, gwneud yn iawn â rhn; **~ is on my side,** mae cyfiawnder o'm plaid; **she doesn't know the difference between ~ and wrong,** ni ŵyr hi'r gwahaniaeth rhwng da a drwg; *occ:* ni ŵyr hi ragor rhwng da a drwg; **to be in the ~,** bod yn eich lle, bod yn iawn, *occ:* bod ar yr iawn. **2.** *(= entitlement):* hawl(-iau) *f* **(to sth,** ar rth); **to have a ~ to sth,** bod â hawl ar/i rth; **~ of action,** hawl i ddwyn achos, hawl cyfreithio; **~ of navigation,** hawl mordwyo; **~ of audience,** hawl i ymddangos [gerbron rhn]; **~ of way,** *(i) Jur:* hawl tramwy, hawl ffordd, *S.E:* ffordd ganad, *N.W:* treigl *(m)* pobl, libart *m*; *(ii) Aut:* blaenoriaeth(-au) [ar rn]; **I had the ~ of way over him,** myfi oedd â'r flaenoriaeth arno; myfi oedd yn gyntaf; **with ~ of transfer,** â hawl trosglwyddo; **with ~ to benefit,** â hawl manteisio; **by what ~. . .?** a pha hawl. . .? trwy ba hawl. . .? ar ba sail. . .? **(to possess sth) in one's own ~,** (meddu ar rth) yn eich rhinwedd/braint eich hun, drwy eich hawl eich hun; **~ of entry/access,** *(to place):* hawl mynediad (i le); **~ of access to children,** hawl mynd at blant, hawl ymweld â phlant; **~ of reply,** hawl [i] ateb; **~ to begin,** hawl cychwyn, hawl i gychwyn, hawl [i] siarad yn gyntaf; **~ to convey,** hawl trawsgludo; *(b) pl.* **rights,** iawnderau, hawliau, breintiau, breiniau; **citizen's rights,** hawliau dinesydd; **civil rights,** iawnderau sifil/dinesig, hawliau sifil/dinesig; **equal rights,** breintiau cyfartal; **human rights,** hawliau dynol, iawnderau dynol, hawliau/iawnderau dyn; **Human Rights Commission,** y Comisiwn Iawnderau Dynol; **legal rights,** hawliau cyfreithiol; **welfare rights,** hawliau lles; **women's rights,** iawnderau merched; **by rights,** gydag iawn, trwy hawl, trwy deg, trwy iawn; *Hist:* **Bill of Rights,** y Bil Breiniau *m*, y Mesur *(m)* Iawnderau; **to be within one's rights,** bod o fewn eich hawl; *St.Exch:* **rights issue,** cyfranddaliadau *(pl)* cyfalafiad. **3.** *(a)* **to set things to rights,** dod â phethau i drefn, unioni pethau, dwyn pethau i drefn, *occ:* iawnh|au pethau, *S:* cymoni pethau; **to set the world to ~,** rhoi'r byd yn ei le; *(b)* **I don't know the rights and wrongs of the case,** ni wn i mo'r gwir yn/ynghylch yr achos; ni wn i ddim pwy sy'n iawn yn yr achos; **I want to know the rights of it,** yr wyf am gael gwybod gwirionedd y peth. **4.** *(a) (= right hand side):* [y] llaw dde *f*, y dde *f*, *Lit: or A:* deheulaw *f*, dehau *mf*; **on the ~ side (of sth),** ar y [llaw] dde, i'r dde, *N.E: occ:* ar y ddeche (i rth); **to keep to the ~,** dal ar/at y dde; *Mth: &c:* **from ~ to left,** o'r dde i'r chwith; *Mil:* **by the ~!** i'r dde! *(b) Pol:* **the R~,** y Dde *f*; *(c) Box:* dwrn

(dyrnau) de *m*, dyrnod(-iau) (*mf*) llaw dde; *Fb:* **inside ~,** mewnwr (mewnwyr) (*m*) de; **outside ~,** asgellwr (asgellwyr) (*m*) de; **~-half,** hanerwr (hanerwyr) (*m*) de; *Baseball:* **~ outfielder,** ffildiwr (*m*) de. III. *adv.* **1.** *(a)* yn union, yn syth, *F:* reit; **to go ~ on,** mynd yn syth/union yn eich blaen; *int.* **~ on, man!** iawn, ddyn! *(b) F:* **(to do sth) ~ away, ~ off,** (gwneud rhth) ar eich union, yn syth, ar ei ben, ar unwaith, yn y fan a'r lle, *N.W:* yn syth bin, *S:* chwap, chwipyn; *Rail: Av:* **~ away!** ffwrdd â hi! ymaith! *S:* bant! **it's ~ here!** dyma fe fan hyn! **(I'll do it) ~ now,** (fe'i gwnaf) ar f'union, ar unwaith *&c*, *Lit:* yn ddiymdr|oi. **2.** *(a)* **(to sink) ~ to the bottom,** (suddo) i'r gwaelod isaf, ar eich pen i'r gwaelod, *F:* reit i'r gwaelod, *S:* i'r gwaelod yn deg; **there was a wall ~ round the house,** yr oedd wal o amgylch y tŷ i gyd; *(b)* **~ at the top,** ar y pen uchaf, ar y brig, *F:* yn y top uchaf, yn y top un; **~ in the middle,** yn union yn y canol, yn y canol union; **(he threw it) ~ in my face,** (fe'i taflodd) yn syth i'm hwyneb, yng nghanol fy wyneb; **the wind was ~ behind us,** yr oedd y gwynt yn union y tu ôl inni. **3. to know ~ well,** gwybod i'r dim, gwybod yn iawn, *S:* gwybod yn net, *Lit:* gwybod yn dda ddigon; **(we had) a ~ royal time,** (fe gawsom) hen hwyl, hwyl o'r gorau, hwyl ardderchog, hwyl a hanner; **the R~ Reverend,** y Gwir Barchedig; **the R~ Honourable,** y Gwir Anrhydeddus; *F:* **I was ~ glad (to hear of it),** 'roeddwn yn falch iawn, 'roeddwn yn dra balch, 'roeddwn yn falch dros ben (o glywed amdano). **4.** *(a)* **to do ~,** gwneud yn iawn, gwneud y peth iawn, gweithredu'n gywir/deg: *S.a.* **serve** I. 7; *(b) (= correctly):* **to answer ~,** ateb yn gywir/iawn; **if I remember ~,** os da y cofiaf, os cofiaf yn iawn; **nothing goes ~ with me,** nid oes dim yn mynd/gweithio o'm plaid i; 'does dim yn llwyddo gen i; **get it ~ this time,** gwnewch o'n iawn y tro yma; **I got your letter all ~,** mi gefais eich llythyr yn siŵr i chi; *F:* **(he is coming) ~ enough,** (mae ef am ddod) yn siŵr i chi, yn ddigon gwir, yn wir i chi, *M.W:* yn ddigon reit, yn siŵr ddigon, *S:* (bydd e'n dod) reit i wala. **5.** *(direction):* i'r dde; **he looks neither ~ nor left,** nid yw'n edrych nac i'r dde nac i'r chwith; **he owes money ~ and left,** mae dros ei ben a'i glustiau mewn dyled; mae arno ddyledion i bawb; **(he was abused) ~, left and centre,** (cafodd ei enllibio) o bob tu, ar bob llaw; *Mil:* **eyes ~!** edrychwch i'r dde! **~ face!** i'r dde, trowch! **~ turn!** trowch i'r dde! **~ dress!** rhes i'r dde! **~-about 1.** *n. Mil:* hanner-tro (*m*) i'r dde. **2.** *adv. Nau:* **to go ~-about,** troi yn llwyr, troi'r tu chwith. **3.** *a.* **the minister had to do a ~-about turn/face,** bu'n rhaid i'r gweinidog droi yn ei garn/gogwrn. **~-angled** *a.* sgwâr-onglog, iawn-onglog, ar ongl sgwâr/gywir. **~-centre-back** *n.* de-canol-cefn *m*. **~ cross** *n. Box:* dyrnod(-iau) de traws *m*, dyrnod dde draws (dyrnodiau de traws) *f*. **~-down** *F:* **1.** *a.* **a ~-down thief,** lleidr go iawn, eithaf lleidr, lleidr o'r iawn ryw, *F:* rêl lleidr; **he's a ~-down thief!** mae'n lleidr o'r mwyaf! dyna leidr i chi! 'dyw e'n ddim byd ond lleidr! **2.** *adv.* **he was ~-down angry about it,** 'roedd wedi gwyllltio'n gandryll o'i achos. **~-footer** *n.* Pr|otestant (Protestaniaid) *m*. **~-half** *n. Footb:* hanerwr (hanerwyr) de *m*. **~-hand** *attrib. (thumb, screw, glove):* [y] llaw dde, *(drawer, door &c):* ar y llaw dde; **on the ~-hand side of sth,** ar yr ochr/llaw dde i rth, *N.E:* ar y ddethe i rth; *F:* **~-hand man,** llaw dde *f*, prif gynorthwywr *m*. **~-handed** *a.* **1.** *(pers.):* llawddehau, llawdde. **2.** *Box:* **~-handed blow/punch,** dyrnod(-[i]au) (*mf*) llaw dde, trawiad(-au) (*m*) llaw dde, ergyd(-ion) (*mf*) llaw dde, *S.W:* pwnad (*f*) law dde. **3.** *adv.* **to play tennis ~-handed,** chwarae tennis â'r llaw dde. **~-handedness** *n.* llawddeheurwydd *m*. **~-hander 1.** *n. Box:* dyrnod(-iau) (*m*) llaw dde, dyrnod (*f*) law de (dyrnodiau llaw dde). **2.** *(pers.):* rhn (rhai) llawdde *m*. **~-minded** *a. (= sane):* call, synhwyrol, synhwyrgall, yn eich iawn bwyll; *(= principled):* egwyddorol, iawnfrydig. **~-mindedness** *n.* callineb *m*, egwyddoroldeb *m*, iawnfrydigrwydd *m*. **~-on** *attrib.* ffasiynol, eitha' reit; **~-on politics,** gwleidyddiaeth ffasiynol. **~-shift** *n. Cmptr:* syfliad(-au) (*m*) i'r dde. **~-thinking** *a.* = **right-minded. ~-wing** *attrib. Pol:* asgell dde, adain dde, ceidwadol. **~-winger** *n. (a) Fb:* asgellwr (asgellwyr) de *m*; *(b) Pol:* un o wŷr/bobl yr asgell/adain dde, ceidwadwr (ceidwadwyr) *m*, ceidw|adwraig *f*.

right² *v.t.* **1.** *(boat, car):* unioni; **to ~ a chair,** rhoi/gosod/dodi cadair ar ei thraed; *(of boat):* **to ~ itself,** *v.i.* **to ~,** ymunioni, ymsythu. **2. to ~ a wrong,** unioni cam/camwedd, *occ:* iawnh|au cam *&c*; **to ~ oneself (in the eyes of s.o.),** eich cyfiawnh|au'ch hun, achub eich cam (yng ngolwg rhn). **3.** *(an error):* cywiro, cymhwyso.

rightable *a.* unionadwy, cywiradwy.

righteous *a. & n.* **1.** *a.* cyfiawn; **~ indignation,** dig/dicter cyfiawn *m*. **2.** *n. Coll:* y cyfiawn.

righteously *adv.* yn gyfiawn.

righteousness *n.* cyfiawnder *m*.

rightful *a.* **1.** cyfreithlon, gwir, iawn; **~ heir,** gwir etifedd(-ion) *m*, etifedd cyfreithlon/iawn/cywir. **2.** *(a) (claim):* cyfiawn, teg, dilys; *(b) (conduct):* teg, cyfiawn.

rightfully *adv.* yn gyfreithlon, yn gyfiawn, yn ddilys, yn deg, yn iawn.

rightish *a. Pol:* yn tueddu i'r dde, lled-geidwadol, â'ch gogwydd/tuedd i'r dde.

rightism *n. Pol:* ceidwadaeth *f*, gwleidyddiaeth (*f*) asgell/adain dde.

rightist *n. Pol:* ceidwadwr (ceidwadwyr) *m*, ceidw|adwraig (ceidwadwragedd) *f*; *S.a.* **right-winger**.

rightless *a.* difrein[t]iedig, di-hawl, dihawliau.

rightly *adv.* **1. to act ~,** ymddwyn yn deg/gyfiawn/ddoeth/bwyllog, *F:* gwneud yn iawn. **2. to explain sth ~,** egluro rhth yn gywir/iawn; **to see ~,** gweld yn eglur; **~ speaking,** a dweud y gwir; **~ so called,** a'i enwi'n gywir, a rhoi iddo'i enw iawn, a'i alw wrth ei briod enw, fel y dylid ei alw; **(I cannot) ~ (say),** (ni allaf ddweud) ar fy ngwir, yn iawn, i'r dim; **~ or wrongly, I think he is guilty,** yn gam neu'n gymwys, tybiaf ei fod yn euog.

rightmost *a.* pellaf i'r dde.

rightness *n.* **1.** *(= justice):* cywirdeb *m*, iawnder *m*, uniondeb *m*, tegwch *m*, cyfiawnder *m*. **2.** *(= suitability):* priodoldeb *m*, addasrwydd *m*, gweddustei *m*. **3.** *(of answer, sum &c):* cywirdeb.

righto! *int. F:* o'r gorau! dyna ni! i'r dim! iawn! *S.* dyna fe!

rightward *a. & adv.*, **rightwards** *adv.* tua'r [llaw] dde.

rigid *a.* **1.** *(frame, bar &c):* anhyblyg, anystwyth, caled (celyd), caletsyth; **~ member,** *(of machine):* darn sefydlog/caletsyth *m*. **2.** *(discipline):* caeth, llym (*f.* llem, *pl.* llymion), haearnaidd; *(principles):* diwyro, diysgog; *(conduct):* disgybledig. *(believer):* rhonc, diysgog, diwyro; **~ parsimony,** gorgynildeb *m*, cynildeb llym *m*; **~ adherence,** ymlyniad tyn[n]/caeth *m*; **~ obligation,** gorfodaeth lem *f*, rheidrwydd *m*; **a ~ disciplinarian,** disgyblwr llym *m*.

rigidification *n.* calediad *m*, caledu *vn*.

rigidify *v.t.&i.* **1.** *v.t.* caledu, caletsythu. **2.** *v.i.* ymgaledu.

rigidity *n.* **1.** *(of bar, frame, airship):* sythder *m*, caletsythder *m*, anhyblygrwydd *m*, anystwythder *m*, anhyblygedd *m*, *Med:* anystwythder, anhyblygrwydd. **2.** *(of justice, principles &c):* llymder *m*, llymdra *m*, anystwythder, anhyblygwyr, caethder *m*, caethdra *m*.

rigidly *adv.* **1.** *(= stiffly):* yn galetsyth *&c*. **2.** *(= strictly):* yn gaeth, yn dyn[n] *&c*.

rigmarole *n.* lol *f*, truth *m*, rigmarôl *mf*, rwdl-mi-ri *mf*, rwdl mi rwdl *mf*, *Lit:* ffregod *f*, ffladredd *m*, ffiloreg *f*, cleber *fm*, gwag-siaradach *m*, gwag-siarad *vn*, *S.E:* cwndid: condid *m*, *S.W:* cleber-wast *m*, ffragot *f*, ffrabls *m*, wdwl: awdwl *f*, *N.W:* ffigimirôl *mf*, cawdel *m*, rwtsh-ratsh *mf*, rwdl-mi-radl *mf*, strydwm *m*, tatws (*pl*) llaeth.

rigor *n. Med:* **1.** *(= chill):* cryndod *m*, fferdod *m*, crynu *vn*, ysgryd *m*. **2. ~ mortis,** sythder (*m*) angau.

rigorism *n.* **1.** llymder *m*, llymdra *m*, caethder *m*. **2.** *Theol:* rigoriaeth *f*.

rigorist *n. Theol:* rigorydd(-ion) *m*.

rigoristic *a.* rigoryddol.

rigorous *a.* **1.** *(discipline):* llym (*f.* llem, *pl.* llymion), tostlym (*f.* tostlem, *pl.* tostlymion), llymdost, caeth, haearnaidd, caled (celyd). **2.** *(examination):* manwl, manwl gywir, trwyadl, llwyr, didostur.

rigorously *adv.* yn llym *&c*; yn fanwl *&c*.

rigour *n.* **1.** *(= severity):* llymder *m*, gerwindeb *m*, toster *m*, *Mth: Ph:* manwl gywirdeb *m*; **the full ~ of the law,** eithaf llymder y gyfraith. **2.** *(of weather):* gerwindeb, llymder; *(= poverty):* caledi *m*, caledwch *m*, cyni *m*. **3.** *(of a test):* manylrwydd *m*, manyldeb *m*, cywirdeb *m*, manwl gywirdeb. **4.** *(of a doctrine):* llymder.

rile *v.t.* **1.** *F: (= annoy):* herian, pryfocio, profocio, ffyrnigo (rhn); bod yn dân ar groen (rhn). **2.** *U.S: (water &c):* cynhyrfu.

riled *a.* dig, gwyllt, wedi gwylltio, milain, cas, pigog, *S:* crac.

riley[1] *a. U.S:* **1.** *(= turgid, muddy):* llwyd(-ion), lleidiog, mwdlyd, bawlyd. **2.** = **riled.**

Riley[2] *Pr.n.* **to live the life of ~,** byw'n ddiofal, byw bywyd braf, ei chael hi'n braf, byw fel gŵr bonheddig.

rilievo *n.* cerfwedd(-au) *f,* baslun(-iau) *m;* ***basso-~,*** cerfwedd isel; ***alto-~,*** cerfwedd uchel.

rill[1] *n.* **1.** *(= brook):* nant (nentydd) *f,* ffrwd (ffrydiau) *f,* gofer(-ydd,-oedd,-au,-i) *mf,* afonig(-au) *f,* rhewyn(-au) *m,* cornant (cornentydd) *f.* **2.** *Astr:* rhigol(-au) *f.*

rill[2] *v.i.* ffrydio, goferu, tarddu, deillio.

rille *n. Astr:* = **rill[1].**

rillet *n.* cornant (cornentydd) *f.*

rillettes *n.pl. Cu:* ***rillettes.***

rim[1] *n.* **1.** *(most senses):* ymyl(-on,-au) *mf; (of wheel):* ymyl, *occ:* cant(-au) *m,* cameg(-au, cemyg) *f,* cylch(-au) *m; Aut:* **well-base ~,** ymyl [â] gwaelod gwag. *(of hat):* cantel(-au) *m, S.E:* cant, *S:* ymyl, *S.W:* meld: melt(-au) *m.* **2.** *(of vase):* ymyl, *S: occ:* byl(-au) *fm;* **full to the ~,** llawn hyd yr ymylon, *S:* llawn hyd y fyl. **3.** *(a) (= raised edge of sieve &c):* rhimyn(-nau) *m;* cylchyn(-au) *m; (= brink):* min(-ion) *m;* **spectacle rims,** ffrâm *(f)* sbectol; *(b) Astr:* **~ of the sun,** ymyl yr haul; *(c) Nau: (= surface of water):* wyneb *m.* **~-brake** *n.* brâc (braciau) *(m)* ymylon. **~-rock** *n.* clogwyn(-i) *m.*

rim[2] *v.t. (wheel, cask):* cylchu (rhth), gosod rhimyn/cylch/cantel (ar rth).

rime[1] *n. S:* llwydrew *m, N:* barrug *m, Lit:* arien *m,* glasrew *m.*

rime[2] *v.t. Poet: (= deposit frost on):* barugo, llwydrewi, glasrewi.

rime[3] *n.* = **rhyme[1],[2].**

rime[4] *v.* = **rhyme[2].**

rimer *n.* = **reamer.**

rimester *n.* = **rhymester.**

rimland *n.* ymyldir(-oedd) *m.*

rimless *a. (spectacles):* heb ffrâm; *(container):* heb ymyl; *(hat):* heb gantel.

rimmed *a. (wheel):* cylchog; *(hat):* cantelog, â chantel; *(vase):* ymylog, ag ymyl; **eyes red-~ with fatigue,** llygaid coch gan flinder.

rimose, rimous *a.* agennog.

rimu *n. Bot:* pinwydden goch (pinwydd coch) *f.*

rimy *a. Poet:* barugog, llwydrewog.

Rinaston *W.Pl.n.* Tre-einar *f.*

rind[1] *n.* **1.** *(= bark):* rhisgl *m,* plisgyn *m.* **2.** *(of fruit):* croen (crwyn) *m, S:* pil(-ion) *m.* **3.** *(of bacon, cheese): S:* crofen(-ni) *f, N:* crawen(-nau,-ni) *f,* crafen(-nau,-ni) *f; N.W: (of cheese):* crystyn *m; (of fat):* tonnen *f,* crofen.

rind[2] *v.t. (fruit, vegetables):* plicio, pilio, *occ:* digroeni; *(tree):* rhisglo.

rinderpest *n. Vet:* pla *(m)* gwartheg.

ring[1] *n.* **1.** *(a)* **[finger] ~,** modrwy(-au) *f; Archeol:* **D sectioned ~,** modrwy drawslun D; **lock ~,** modrwy gudyn (modrwyau cudyn); **spiral ~,** modrwy droellog (modrwyau troellog); **wedding ~,** modrwy briodas (modrwyau priodas); *(for pig's nose):* modrwy, *S.W:* cwirsen *f, S.E:* swifil *m,* gwirsen (gwirs) *(f); (b)* **arm-~,** breichled(-au,-i) *f,* breichrwy(-au) *m,* breichdlws (breichdlysau) *m.* **2.** *(a) (technical senses):* cylch(-au) *m, occ:* cylchen(-ni,-nau) *f,* cylchyn(-au) *m; (in chain):* dolen(-nau) *f, N.W:* ling(-iau) *f;* **anchor-~,** dolen angor (dolennau angorau); *S.a.* **air-ring; napkin-~,** cylch napcyn, modrwy napcyn; **split ~,** *(for keys):* cylch hollt, modrwy hollt; *(= ferrule):* amgarn(-au) *m;* **~ and staple,** cylch ac ystwffwl, dolen ac ystwffwl; *(b)* **binding-~,** cylch rhwymo; *(c) Mch: I.C.E:* cylch piston; *(d) Games:* cylchyn(-au) *m,* cylchen(-ni) *f.* **3.** *(a) (around planet, around eyes, of smoke):* cylch(-au) *m;* **in a ~,** mewn cylch, yn gylch; **he has rings round his eyes,** mae ganddo bantiau o dan ei lygaid; *F:* **to make rings round s.o.,** rhoi tri thro am un i rn, *S.W:* bod ymlaen ar rn o hewl; *(b) Bot: (of tree):* **[annual] ~,** cylch blynyddol, **growth ~,** cylch tyfiant; **porous ~,** cylch hydraidd; **fairy ~,** cylch tylwyth teg, *M.W: occ:* buarth(-au) *(m)* tylwyth teg, *S.W: occ:* ring(-s) *(f)* y gŵr drwg; *(c) Orn: (of a pigeon &c):* modrwy. **4.** *(of people):* cylch; **they stood in a ~ around me,** safent yn gylch o'm cwmpas. **5.** *(a) (= group):* cylch(-oedd) *m,* grŵp (grwpiau) *m; (b) Pej: (= criminal gang):* criw(-iau) *m,* ciwed (ciweidiau) *f; (c) St.Exch:* **the R~,** y Cylch, y Farchnad Swyddogol *f.* **6.** *(of circus):* cylch. **7.** *Box: Wr:* ring(-s) *f; F:* **to keep/hold the ~,** *Fig:* dal y ddysgl yn wastad. **8.** *Turf:* **the R~,** y Cylch. **9.** *(of cooker):* cylch(-au) *m,* ring(-s) *f.* **~-armour** *n.* llurig(-au) *f.* **~-binder** *n.* rhwymydd(-ion) *(m)* modrwyau/modrwyog. **~-bone** *n. Vet:* ewinor *(f)* march. **~-cartilage** *n. Anat:* cricoid(-au) *m.* **~ circuit** *n. El:* cylched(-au) *(m)* cylch. **~-craft** *n. Box:* medr *(m)* paffio. **~-cut** *v.t. For:* = **ring-bark. ~-dove** *n. Orn:* ysguthan gadwynog (ysguthanod cadwynog) *f,* colomen gadwynog (colomennod cadwynog) *f,* colomen goed (colomennod coed). **~-fence** *n.* ffens *(f)* derfyn (ffensys terfyn). **~ finger** *n.* bys(-edd) *(m)* modrwy, *occ:* cwtfys(-edd) *m.* **~ gauge** *n.* medrydd(-ion) *(m)* torch. **~-headed pin** *n.* pin(-nau) *(m)* pen cylch. **~-lock** *n.* clo(-eon) *(m)* cylchau. **~-main** *n. El:* cebl(-au) *(m)* cylch, cylched(-au) *(m)* cylch. **~-master** *n. (of a circus):* meistr(-i) *(m)* syrcas, cylchfeistr(-i) *m, N.E:* ciper(-iaid) *(m)* syrcas. **~-neck** *n. Orn: (pheasant):* ffesant(-od, ffesynt) gyddfdorchog *m.* **~-necked** *a.* gyddfdorchog, torchog. **~ ouzel** *n. Orn:* mwyalchen (mwyalchod, mwyeilch) *(f)* y mynydd, mwyalchen y graig, mwyalchen fronwen (mwyalchod/mwyeilch bronwyn), adaryn (adar) *(m)* du'r mynydd. *Lit: occ:* merwys(-od) *m; S.a.* **ouzel. ~ plover** *n.* = **plover (ringed). ~-pull** *n.* dolen *(f)* dynnu (dolennau tynnu). **~ road** *n.* cylchffordd (cylchffyrdd) *f.* **~-shake** *n. Carp:* hollt *(f)* gylch (holltau cylch), hollt gron (holltau crynion) *f.* **~-snake** *n. Rept:* neidr ddolennog (nadr[o]edd dolennog) *f.* **~-spanner** *n. Tls:* sbaner(-i) *(mf)* dolen/cylch. **~ spot** *n. Hort:* smotyn (smotiau) cylchog *m.* **~-tailed** *a.* cynffondorch, cynffondro. **~-taw** *n. Games:* ring-to *mf.* **~-wall** *n.* mur(-iau) *(m)* cylch.

ring[2] *v.t.* **1.** *(pigeon, bull):* modrwyo (rhth), rhoi/dodi modrwy (ar rth); *(a pig):* modrwyo, trwyllo, *S.E:* swiflo, cwirso, *S.W:* cwilso, cwirso, gwirso. **2. to ~ round** *(= enclose, surround):* amgylchu, amgylchynu, cylchynu, amgáu. **3.** *(apples, onions):* torri (rhth) yn gylchau.

ring[3] *n.* **1.** *(of bell &c):* sain (seiniau) *f,* atsain (atseiniau) *f,* caniad(-au) *m; (of little bells, coins):* tinc(-iau) *m,* tincial *vn,* tincian *vn; (of voice):* tinc, goslef(-au) *f,* tôn (tonau) *f;* **the ~ of truth,** tinc gwirionedd. **2.** *(a) (of bell, gong):* tinc, caniad; **there was a ~ at the door,** canodd cloch y drws; *(b)* **a ~ (on the telephone)** tonc *(f)*/tinc/caniad ar y ffôn; **I'll give you a ~ [up],** mi rof dinc ichi.

ring[4] *v.i.&t.* **1.** *v.i. (a) (of bell):* canu, seinio, atseinio, *(of little bells):* tincial, tincian; **to set bells ringing,** canu clychau; **the bell rang,** canodd/tinciodd y gloch; **to ~ the changes,** *(i) (on bells):* canu'r amrywiadau; *(ii) Fig:* **to ~ the changes on a theme,** chwarae amrywiadau ar thema; *(b)* **to ~ true,** seinio'n glir; *(of story &c):* swnio'n wir; *F:* **his answer did not ~ true,** 'roedd tinc/sŵn amheus yn ei ateb; nid oedd ei ateb yn taro deuddeg; nid oedd ei ateb yn argyhoeddi; *(c) (with joy &c):* atseinio, diasbedain (â rhth); **the air rang with their cries,** atseiniai'r awyr â'u bloeddiadau; **he spoke until the whole place rang,** *N.W:* siaradodd nes oedd y lle yn clecian drwyddo; **words ringing with emotion,** geiriau yn atseinio â theimlad; **my ears are ringing,** mae sŵn canu yn fy nghlustiau; mae cloch fach yn fy nghlustiau; mae clychau bach yn fy nghlustiau; mae gen i gloch yn fy nghlust. **2.** *v.t. (a) (a bell):* canu, *occ:* seinio; **to ~ at a door,** canu cloch tŷ/drws; **to ~ for the maid,** galw am y forwyn, galw'r forwyn; **did you ~, madam?** a ganasoch chi'r gloch, madam? a oeddech chi'n galw, madam? **to ~ an alarm,** canu larwm, seinio rhybudd; *F:* **does that ~ a bell?** a yw hynna'n taro unrhyw dant? a yw hynna'n canu cloch? *S.a.* **change[1]**; *(b) (coins):* tincial, tincian; *(c)* **to ~ the bell,** *(i) (at fair &c):* canu'r gloch, taro'r nod; *(ii) Fig:* taro deuddeg, ennill, llwyddo. **~ again** *v.i.* **1.** *(= resound):* atseinio. **2.** *Tp:* ailffonio (rhn), rhoi ail ganiad/dinc/donc (i rn). **~ back** *v.t. (= telephone):* ffonio eilwaith, ailffonio (rhn); ffonio'n ôl (i rn); ffonio (rhn) yn ei ôl. **~ down** *v.t. Th:* **to ~ down the curtain,** *(i) Th:* canu [cloch] i ostwng y llen; *(ii) Fig:* **to ring down the curtain on sth,** gostwng y llen ar rth. **~ in** *v.t. (New Year):* croesawu blwyddyn newydd, seinio'r Calan, canu clychau'r Calan. **~ off** *v.t.* **1.** *Tp: abs.* rhoi'r ffôn i lawr, diweddu galwad ffôn. **2.** *Nau:* **"ring off the engines",** "dyna ddigon gan yr injan". **~ out 1.** *v.i.* seinio, atseinio; **a shot rang out,** dyna glec gwn; dyna sŵn ergyd. **2.** *v.t. (the old year):* seinio ffarwél i'r hen flwyddyn, canu'n iach i'r hen flwyddyn. ~ **up** *v.t.* **1.** *Th:* **to ~ up the curtain,** canu [cloch] i godi'r llenni; **to ~ up the curtain on a play,** codi'r llen ar ddrama. **2. to ~ s.o. up [on the telephone],** ffonio rhn, rhoi tinc/tonc/caniad i rn, rhoi ffôn i rn, *N.E:* rhoi cloch i rn.

ringbark *v.t.* dirisglo cylch, torri cylch rhisgl (ar goeden).

ringboard *n.* bwrdd (byrddau) (*m*) taflu cylchau, *F: occ:* bord(-ydd) (*f*) lings.

ringbolt *n.* bollten (*f*) ddolen (bolltiau dolen), powlten (*f*) ddolen (powltiau dolen).

ringed *a.* **1.** *(finger &c):* modrwyog. **2.** *(= having circles):* torchog, cylchog.

ringent *a. Bot:* cegrwth.

ringer *n.* **1.** *(of bells):* clochydd(-ion) *m*, canwr (canwyr) (*m*) clychau. **2.** *U.S: F:* **to be a dead ~ for s.o.,** bod yr un ffunud â rhn. **3.** *(= quoit):* coeten(-ni) (*f*) sy'n sgorio.

ringhals *n. Rept:* neidr yddfdorch (nadroedd gyddfdorch) *f.*

ringildry *n. W.Hist:* rhingylliaeth(-au) *f.*

ringing[1] *a.* **1.** *(bell):* atseiniol, diasbedol, yn canu, yn atsain, yn diasbedain, yn datseinio. **2.** *(voice):* soniarus; **a ~ denunciation,** condemniad atseiniol; **in ~ tones,** mewn llais soniarus.

ringing[2] *n.* **1.** *(of bells):* cân *f*, canu *vn*, sain *f*, caniad *m*. **2.** *(a) (in ears):* cloch fach *f*, clychau bach *pl*, sŵn (*m*) cloch, canu *vn*; *(b) (= echo):* atsain *f*, adlais *m*, datsain *f*, diasbedain *vn.* ~ **engine** *n. Mec:* gordd (*f*) raffau (gyrdd rhaffau).

ringingly *adv.* yn soniarus *&c.*

ringleader *n. (of mob):* arweinydd (arweinwyr) *m*, prif derfysgwr (~ derfysgwyr) *m*, *Lit: occ:* cornor(-ion,-iaid) *m*, corn (cyrn) (*m*) y gynnen.

ringless *a.* difodrwy.

ringlet *n.* **1.** *(= small circle):* cylchyn(-nau) *m*, cylchig(-au) *mf.* **2.** *(of hair):* cudyn(-nau) modrwyog *m*, modrwy(-au) *f*, cudyn crych, crychgudyn(-nau) *m*, *Lit: occ:* llyweth(-au) *f*, *F:* cyrlen (cyrls) *f*, *S:* cwrlen (cwrls) *f*; **(to wear one's hair) in ringlets,** (bod â'ch gwallt) yn gudynnau modrwyog, yn fodrwyau. **3.** *Ent: (Aphantopus hyprentis):* iâr fach (ieir bach) (*f*) y glaw; iâr fach fodrwyog (ieir bach modrwyog), modrwyog(-ion) *m*; **mountain ~,** *(Erebia epiphron):* modrwyog y mynydd.

ringleted, ringlety *a.* modrwyog, cudynnog, cyrliog.

ringside *n.* rhes flaen *f.* ~ **seat** *n.* sêt flaen (seti blaen) *f*, sêt yn y rhes flaen.

ringster *n. U.S:* = **gangster.**

ringtail *n.* **1.** *Orn:* = **hen-harrier, eagle (golden).** **2.** *Z: (lemur):* lemwr(-iaid) cynffondorch *m.*

ringwork *n. Fort:* amddiffynfa (*f*) gylch (amddiffynf[e]ydd cylch).

ringworm *n. Med.* tarwden(-ni) *f*, *usu.* y darwden *f*, *Lit: occ:* tarddwreinyn (tarddwraint) *m*, *N:* gwreinyn (g|wraint) *m*, gwreinen *f*, derwreinyn (derwraint) *m*, crwn *m*, y gron *f*, drywinen (drywinod) *f*, *M.W:* derwinen (derwinod) *f*, *S:* r[h]wden *f*, rwten *f*, darw[y]den *f*, tarwden *f*, darwtan *f.*

rink *n.* **1. ice-~, skating-~,** llawr (lloriau) (*m*) rhew/iâ, llawr sglefrio. **2. = team'.**

rinse[1] *n.* **1.** [y]streuliad(-au) *m*, streliad(-au) *m*; **to give sth a ~,** rhoi golch[i]ad i rth, rhoi dŵr dros rth, tynnu rhth trwy ddŵr, *S:* swilo rhth, *M.W:* rensio rhth, *N.W:* streulio/strelio rhth. **2.** *Hairdr:* lliwiad(-au) *m*, lliw ysgafn (lliwiau ysgeifn) *m*; *F:* **the blue ~ brigade,** brigâd (*f*) y gwalltiau gleision.

rinse[2] *v.t.* **1.** *(bottle, linen):* [y]streulio, strelio (rhth); tynnu (rhth) trwy ddŵr, *F:* rinsio/rensio (rhth), *S.W:* swilo (rhth). **2.** *Hairdr:* lliwio (gwallt) [yn ysgafn].

rinsed *a.* **1.** *(clothes):* [y]streuliedig, wedi ei strelio, wedi bod trwy ddŵr. **2.** *(hair):* lliwiedig.

rinser *n.* [y]streuliwr ([y]streulwyr) *m*, [y]str|eulwraig *f.*

rinsing *n.* **1.** [y]streuliad(-au) *m*, [y]streulio *vn*; *See* **rinse[1],[2]**. **2.** *pl.* **rinsings,** golchion.

Rio Chaco *Pr.n. Geog:* yr Afon Fach *f.*

riot[1] *n.* **1.** terfysg(-oedd) *m*, cythrwfl (cythryflon, cythryflau) *m*, cyffro(-adau) *m*, cynnwrf (cynhyrfau, cynhyrfoedd) *m*, *F:* reiat (reiadau) *f.* **2.** *(of colours &c):* toreth *fm*, tryblith *m*, boddfa *f*, reiat; *(of emotions):* tryblith. **3. to run ~,** mynd dros ben llestri, mynd yn rhemp, rhedeg/mynd yn benrh|ydd/wyllt, mynd â'r ffrwyn ar eich gwar; *(of plants):* rhedeg yn wyllt, tyfu'n wyllt/afreolus. **4.** *F:* **he's a ~,** mae'n anfarwol. **R~ Act (the)** *n.* y Ddeddf Derfysg; **to read the R ~ Act,** darllen y Ddeddf Derfysg; *Fig:* dweud sut mae'i deall hi. ~ **gun** *n.* gwn (gynnau) (*m*) rhag terfysg, dryll(-iau) (*m*) rhag terfysg, gwn/dryll gwrth-derfysg. ~ **police** *n.* heddlu(-oedd) (*m*) gwrth-derfysg. ~ **shield** *n.* tarian(-au) (*f*) rhag terfysg.

riot[2] *v.i.* **1.** *(a)* terfysgu, codi/gwn|eud terfysg/cythrwfl/twrw/helynt; *(b) (= make din):* cadw twrw/stŵr/mwstwr, *N:* cadw reiat, *N.W: occ:* cadwriad. **2.** *Ven: (of a hound):* mynd ar wasgar. **3.** *Lit: (= live in a wanton manner):* ofera.

rioter *n.* **1.** terfysgwr (terfysgwyr) *m*, terf|ysgwraig *f*, cynhyrfwr (cynhyrfwyr) *m*, cynh|yrfwraig *f*, tarfwr (tarfwyr) *m*, t|arfwraig *f.* **2.** *A: or Lit:* = **reveller.**

rioting[1] *a.* = **riotous.**

rioting[2] *vn.* = **riot[1],[2]**.

riotous *a.* **1.** *(crowd):* terfysglyd, cythryblus, reiatlyd; *Jur:* ~ **assembly,** cynulliad terfysglyd. **2.** *(= noisy):* swnllyd, sy'n mynd dros ben llestri, sy'n codi twrw *&c.* **3.** *A: or Lit: (life):* ofer, afradlon.

riotously *adv.* **1.** *Pol:* yn derfysglyd, yn gythryblus. **2.** yn swnllyd *&c.* **3.** *(to live):* yn ofer, yn afradlon.

riotousness *n.* **1.** *(of a crowd):* terfysg *m*, cynnwrf *m*, anhrefn *f.* **2.** *(of imagination &c):* tryblith *m*, penrhyddid *m*; *(of colours):* tryblith.

rip[1] *n.* rhwyg(-au) *f*, rhwygiad(-au) *m*, *N: occ:* rhigiad(-au) *m*, *S.W:* rhap *m*, *occ:* rhic *m*. ~**-cord** *n.* cortyn(-nau, cyrt) (*m*) tynnu, llinyn(-nau) (*m*) tynnu. ~**-off** *n.* twyll(-au) *m*, *Lit:* hoced(-ion) *f.* ~**-roaring** *a.* **1.** *(= boisterous):* afieithus. **2.** = **excellent; a ~-roaring success,** llwyddiant ysgubol *m.* ~**-saw** *n.* *Tls:* llif fras (llifiau breision) *f.* ~**-snorter** *n. F:* **it was a ~-snorter of a gale,** 'roedd yn goblyn/andros *&c* o wynt cryf; **he's a real ~-snorter,** mae'n gythraul o ddyn gwyllt/garw *&c.*

rip[2] *v.t.&i.* *(a)* rhwygo, *S:* rhipo, rapo, *S.W:* rhico, plisio, *S.E:* sgardo, *N: occ:* rhigo, *N.W: (of sail):* rhiffio; *Min: (way into coal seam):* ripio; **to ~ sth open,** rhwygo rhth i'w agor, rhwygo rhth yn agored; *(b) F:* **to ~ [along],** chwipio mynd, cythru mynd, saethu mynd, taranu mynd, sgrialu mynd *&c*; **to let ~,** *(of pers.):* ei dweud hi'n arw, bwrw drwyddi, dweud y drefn; **let her ~!** gad iddi fynd! tân iddi! tân arni! ~ **into** *v.t.* **to ~ into s.o.,** cythru i rn, ymosod ar rn, lladd ar rn. ~ **off** *v.t.* **1.** rhwygo (rhth) ymaith. **2.** *F:* twyllo, gwn|eud, *N.W:* rogio, trin. ~ **up** *v.t.* rhwygo, darnio (rhth); tynnu (rhth) yn gareiau/gyrbibion/llyfrïau/racs/dipiau [mân].

rip[3] *n. F: (= rascal):* cnaf(-on) *m*, cenau (cnafon) *m*, gwalch (gweilch) *m*, cono(-s) *m*, *S:* corgi (corgwn) *m*, repsyn (reps) *m*, rodni(-s) *m*; **an old ~,** hen walch, hen genau, *S:* hen gorgi, *N:* hen bryf/bryfyn *m*; **he's a bit of a ~,** mae'n dipyn o dderyn/bryf.

rip[4] *n. Nau: (= broken waters):* crych *m*, crychdon(-nau) *f*; ~ **current, ~ tide** *n.* **1.** *Nau:* deufor-gyfarfod *m*, *N.W:* ras gref (*f*) o'r lan, llif (*m*) o'r lan. **2.** *Fig:* deufor-gyfarfod.

riparian *a. & n.* **1.** *a.* ~ **owner,** perchennog/perchen (*m*) glannau afon; ~ **authority,** awdurdod [y] glannau. **2.** *n.* perchen/perchennog (perchenogion) (*m*) glannau afon.

ripe *a.* **1** *(a)* aeddfed; **a ~ apple,** afal aeddfed, afal yn ei lawn dwf; ~ **cheese,** caws aeddfed; **a ~ nut,** cneuen wisgi (cnau gwisgi); **to grow ~,** aeddfedu; **a ~ old age,** gwth (*m*) o oedran, oedran teg *m*, oed mawr *m*, oed da; *(b)* **a ~ scholar,** ysgolhaig praff; ~ **scholarship,** ysgolheictod praff. **a man of ~ years,** *(a) (mature):* gŵr yn ei oed a'i amser, gŵr yn ei fan; *(b) (aged):* gŵr o gryn oed/oedran. **2. a plan ~ for execution,** cynllun parod i'w weithredu; **a site ~ for development,** safle parod i'w ddatblygu; **he is ~ for mischief,** mae ef yn barod am unrhyw ddrygioni; *S.W:* mae e'n llosgi yn ei groen; *N:* mae o'n barod amdani; mae o'n cynrhoni.

ripen *v.t.&i.* aeddfedu.

ripener *n.* aeddfedwr (aeddfedwyr) *m.*

ripeness *n.* **1.** *(of fruit &c):* aeddfedrwydd *m.* **2.** *(of scholarship &c):* praffter *m.* **3.** *(for development &c):* parodrwydd *m.*

ripening[1] *a.* aeddfedol, yn aeddfedu.

ripening[2] *vn.* aeddfediad *m*, aeddfedu.

ripieno *n. Mus:* ripieno (ripieni) *m.*

riposte[1] *n.* **1.** *Fenc:* ripóst (ripostau) *m*; **compound ~,** ripóst cyfun/cyfansawdd; **counter ~,** ripóst gwrthol; **delayed ~,** ripóst oediog; **direct ~,** ripóst union. **2.** *(= retort):* ateb(-ion) parod *m*, *occ:* gwrthateb(-ion) *m.*

riposte[2] *v.i.* **1.** *Fenc:* taro'n ôl. **2.** *(= retort):* ateb yn ôl, *occ:* gwrthateb.

ripper *n.* **1.** rhwygwr (rhwygwyr); *(of bodies):* llarpiwr (llarpwyr) *m*, diberfeddwr (diberfeddwyr) *m*; *Hist:* **Jack the R~,** Jac y Llarpiwr, *N.W: F:* Jac Rhipar. **2.** *F:* **she's a ~,** mae hi'n bis[h]yn handi. **3.** *Tls:* rhwygwr (rhwygwyr) *m*. **~ act, ~ bill** *n. U.S:* deddf (*f*) ddifreinio (deddfau difreinio).

ripping *a.* **1.** rhwygol, sy'n rhwygo. **2.** *P:* campus, ysgubol, aruthrol, ardderchog, gwych, grêt; **~ yarn,** *F:* chwip (*f*) o stori, andros (*m*) o stori dda, stori afaelgar/gyffr|ous (straeon gafaelgar/cyffr|ous) *f*.

rippingly *adv. F:* yn gampus *&c.*

ripple¹ *n.* **1.** *(a) (on water):* crych(-[i]au,-ion) *m*, crychiad(-au) *m*, ton fechan (tonnau bach/mân, mân donnau) *f*, crychdon(-nau) *f*, *S.W:* riblen(-ni) *f*; *(b) (= sound of stream):* crychlais (crychleisiau) *m*, bwrlwm *m*. **2.** *(in hair):* ton, crych. **3.** *(of laughter):* ton. **4. = hackle¹ 1. 5.** *Cu:* hufen iâ rhesog; **raspberry ~,** hufen iâ (*m*) mafon. **~ mark** *n.* ôl (olion) (*m*) tonnau, rhesen (rhesi) *f*, crychnod(-au) *m*. **~ tank** *n. Ph:* tanc(-iau) (*m*) crychdonni.

ripple² *v.i.&t.* **1.** *v.i.* *(a) (of water):* crychu, tonni, crychdonni; *(b) (of corn):* tonni, ymdonni; *(of hair):* crychu, tonni; *(c) (of brook):* crychleisio, murmur, sisial, byrlymu, *Lit: occ:* ffreulo; *(tide):* llepian. *(of laughter):* byrlymu, tonni. **2.** *v.t.* *(a)* crychu; *(b) Tex:* = **hackle²**; *(c)* **to ~ one's muscles,** crychdonni'ch cyhyrau.

rippler *n. Tex:* heislanwr (heislanwyr) *m*.

ripplet *n.* crych(-au) bychan *m*.

rippling *a.* crychdonnol, crychdonnog, crychu, yn crychdonni, yn llifo'n grych; **~ laughter,** bwrlwm (*m*) o chwerthin, chwerthin byrlymus *m*; **~ muscles,** cyhyrau crychdonnol.

riprap¹ *n. Cost:* cerrig mân *pl*, cerigos *pl*, riprap *m*.

riprap² *v.t. Const:* riprapio.

Ripuarian *a. Hist:* **~ Franks,** Ffrancod Glannau Rhein.

Risca *W.Pl.n.* Rhisga *f*.

rise¹ *n.* **1.** *(a)* codiad(-au) *m*, esgyniad(-au) *m*; *Th:* **the ~ of the curtain,** codiad y llen[ni]; *(b)* **(to shoot a bird) on the ~,** (saethu aderyn) ar godi, ar ei godiad; *(of fish):* **to be on the ~,** codi at yr abwyd; *F:* **to get a ~ out of s.o.,** chwarae cast ar rn, herian/pryfocio rhn. **2.** *(of road):* codiad, rhiw(-iau) *f*, *S.W:* rhipyn *m*, *S:* cwnnad *m*, tyle(-au) *m*, *N.W:* clipyn (clipiau) *m*, clip(-iau) *m*, gallt (gelltydd) *f*; **~,** *(in back of scythe-blade): S.E:* mantais *f*; *(in ground):* codiad, cefnen *f*, cefn(-au) *m*, poncyn (ponciau) *m*, ponc(-iau) *f*, poncen (ponciau) *f*, *S:* mantais. **3.** *Arch: Civ.E:* *(of arch):* uchder *m*. **4.** *(a) (of flood water, tide):* codiad, llif *m*, ymchwydd(-iadau) *m*; *(of barometer, temperature, pressure):* codiad; *(b) (of price, value):* codiad, cynnydd *m*, *S:* cwnnad *m*; *St.Exch:* **to speculate on a ~,** mentro ar gynnydd/godiad; **to ask [one's employer] for a ~,** gofyn am godiad cyflog, *S:* gofyn am gwnnad cyflog; *(c) Mus:* **~ of half a tone,** codiad o hanner tôn, codi (*vn*) hanner tôn; *(d) (in rank):* dyrchafiad(-au) *m*; **the ~ of Napoleon,** esgyniad/ymddyrchafiad Napoleon; **to give ~ to sth,** cychwyn, achosi, peri, ennyn (rhth); rhoi cychwyn (i rth); *(of river):* tarddiad *m*, ffynhonnell *f*, llygad *m*; **the Dee takes its ~ in Bala Lake,** mae Dyfrdwy'n codi/tarddu yn Llyn Tegid.

rise² *v.i.* **1.** *(a)* **to ~ [to one's feet],** codi ar eich traed, sefyll, *S:* cwnnu; **to ~ from a table,** codi oddi wrth fwrdd/ford; *Equit:* **to ~ in the stirrups,** sefyll yn y gwartholau, *N.W:* hwbian, hwbio; *F:* **~ and shine!** ar eich traed! codwch! dihunwch! deffrowch! *S:* cwnnwch! *(b)* **Parliament will ~ next week,** fe gyfyd y Senedd yr wythnos nesaf; daw tymor y Senedd i ben yr wythnos nesaf; *Jur:* **the Court is about to ~,** y mae'r Llys ar fin codi; *Jur:* **the Court has risen,** y mae'r Llys wedi codi; *(c)* **to ~ early,** codi'n gynnar, codi'n fore, *S:* cwnnu'n gynnar, *Lit:* boregodi, *N.W:* codi cyn cŵn Caer, codi gyda'r wawr; *(d)* **to ~ [again] from the dead,** atgyfodi o farw, codi o farw'n fyw; **to ~ like a phoenix from its ashes,** atgyfodi fel ffenics o'i lwch; *(e)* **to ~ [in revolt, in arms],** codi dani; gwrthryfela **(against sth/s.o.,** yn erbyn rhth/rhn); **to ~ as one man,** codi fel un gŵr; *(of sun, star):* codi, *occ:* esgyn, *S:* cwnnu; *(of smoke):* codi, esgyn, *S:* cwnnu; **to ~ off the ground,** codi oddi ar y ddaear; **to ~ to the surface,** dod/codi i'r wyneb; *(of fish):* **to ~ to the bait,** codi at yr abwyd, llyncu'r abwyd; *F: (of pers.):* **to ~ to it,** *(= provocation):* llyncu'r abwyd; **he did not ~ to it,** *(occasion):* nid achubodd [ar] ei gyfle; ni fanteisiodd ar y cyfle; ni welodd mo'i gyfle; ni bu'n gyfartal â'r achlysur; *(of ground):* codi, esgyn, *S:* cwnnu; *(of dough):* codi, *N.W: occ:* plympio; *(of sea):* codi, ymchwyddo, dygyfor; **the barometer is rising,** mae'r baromedr yn codi; *F:* mae'r gwydr yn codi; *(b) (of castle &c):* ymgodi, ymgyfodi, ymddyrchafu; *(c)* **a picture rises in my mind,** daw darlun i'm meddwl; cyfyd darlun yn fy meddwl; *(d)* **the wind is rising,** mae'r gwynt yn codi/cryfh|au; **her colour rose,** gwridodd/cochodd ei bochau; aeth yn fflamgoch/writgoch; *(e)* **prices are rising,** mae prisiau'n codi; **everything has risen in price,** mae popeth wedi codi; mae popeth wedi mynd yn ddrutach; *S:* mae popeth wedi mynd yn fwy prid; *(a)* **to ~ above vanity,** codi/esgyn uwchlaw balchder; *(b)* **the horse rose at the fence,** ymsythodd y ceffyl i neidio'r ffens; *F:* **to ~ to the occasion,** manteisio ar gyfle, dal ar gyfle, codi i'r amgylchiad, bod yn gyfartal â'r achlysur; **to ~ in the world,** codi yn y byd, dod ymlaen yn y byd, *Lit:* ymddyrchafu; **to ~ in s.o.'s esteem,** codi yng ngolwg rhn; **he rose from nothing,** cododd/dechreuodd o ddim; *S.a.* **rank¹ 1**; *(of river &c):* codi, tarddu.

riser *n.* **1. early ~,** codwr (codwyr) (*m*) bore, codwr cynnar, c|odwraig fore/gynnar (codwragedd bore/cynnar) *f*, boregodwr (boregodwyr) *m*, boreg|odwraig *f*; **to be a late ~,** cysgu'n hwyr, codi'n hwyr, bod yn godwr/gysgwr hwyr. **2.** *(of step):* tu(-oedd) blaen *m*, wyneb(-au) *m*. **3.** *(pipe):* pibell(-i) esgynnol *f*, pibell godi (pibelli codi). **~ pin** *n.* pin(-nau) (*m*) codi.

rishi *n. Hindu Rel:* rishi (rishïaid) *m*, gweledydd(-ion) *m*.

risibility *n.* **1.** *(= ludicrousness):* hurtrwydd *m*, digrifwch *m*, natur chwerthinllyd *f*. **2.** *(= inclination to laugh):* chwerthingarwch *m* (*pronounced* ng-g).

risible *a.* **1.** *(= laughable):* chwerthinllyd, digrif, hurt. **2.** *(= inclined to laugh):* chwerthinog, chwerthinus, chwerthingar (*pronounced* ng-g). **3. ~ faculties,** cyneddfau chwerthin.

risibly *adv.* yn chwerthinllyd *&c.*

rising¹ *a.* **1.** *(sun, star):* sy'n codi, *occ:* esgynnol; **the ~ sun,** haul (*m*) y bore, codiad (*m*) haul; **the Land of the R~ Sun,** Gwlad y Codiad Haul. **2.** *(a) (ground &c):* sy'n codi, sy'n ymgodi; **~ ground,** codiad (*m*) tir, tir uwch *m*, cefn *m*, cefnen (*f*) o dir, bryncyn *m*, twyn *m*, ponc *f*, poncen *f*, bryn *m*, tir (*m*) ar godiad, *S.E:* tir ar gwnnad; **~ tide,** llanw sy'n codi, llanw ymchwyddol, ymchwydd (*m*) llanw; *Phon:* **~ accent,** acen(-ion) esgynedig *f*; **~ diphthong,** deusain (deuseiniaid) afrywiog/esgynedig, deusain dalgron (deuseiniaid talgrwn). **3.** *(a) (wind):* sy'n codi, sy'n cryfh|au; *(anger):* sy'n codi, cynyddol, mwyfwy, ar gynnydd; **his ~ anger,** ymchwydd ei lid; *(b)* **a ~ market,** marchnad gynyddol, marchnad ar gynnydd; **~ prices,** prisiau cynyddol, prisiau sy'n codi, prisiau sydd ar gynnydd; **~ damp,** tamprwydd (*m*) codi, tamp (*m*) codi, lleithder (*m*) codi. **4.** *(man &c):* addawol; **she's a ~ star,** mae hi'n seren ar ei chynnydd. **5. the ~ generation,** y to sy'n codi, y to ifanc, y to newydd. **6.** *(of horse):* **to be ~ five,** codi'n bum mlwydd oed, mynd ar ei bum mlwydd oed. **~ agent** *n. Cu:* codydd(-ion) *m*. **~ butt hinge** *n. Join:* colfach(-au) (*m*) codi.

rising² *vn.* **1.** *(a) (of curtain):* codi, codiad *m*, *S:* cwnnu, cwnnad *m*; *(b)* **upon the ~ of the House,** pan gododd y Tŷ; *(c)* **early ~,** codi'n fore, boregodi; **at the ~ of the sun,** ar doriad y dydd, ar godiad yr haul, pan godo/gyfyd yr haul; *(d)* **~ from the dead,** atgyfodiad (*m*) o farw, codi o farw'n fyw, codi o blith y meirw. **2.** *(= uprising):* gwrthryfel(-oedd) *m*, terfysg(-oedd) *m*. **3.** *(a) (of a star):* ymddangosiad(-au) *m*, esgyniad(-au) *m*, codiad(-au) *m*; *(b) Ven: (of game):* codiad, ymgodiad *m*. **4.** *(of barometer, sap, flood &c):* codiad; *(of tide):* codiad, ymchwydd(-iadau) *m*; **~ and falling,** codi a gostwng, codiad a chwymp.

risk¹ *n.* **1.** *(a)* perygl(-on) *m*, menter *f*, *F:* risg(-iau) *f*, *occ:* enbydrwydd *m*; **to take risks,** ei mentro hi; **to take/run/incur a ~,** mentro perygl, mentro i berygl, mynd i berygl; **to ~ life and limb,** mentro pob dim, mentro popeth, mentro'ch hoedl/bywyd; **it would be at the ~ of your life,** fe fyddai'n ddigon am eich hoedl chi; fe fyddai'n ddigon amdanoch; fe fyddai'n berygl bywyd i chwi; fe fyddech yn mentro'ch bywyd; **to take/run risks,** mentro, beiddio, meiddio, rhyfygu, mynd i beryglon, wynebu peryglon; **there's a ~ you might fail,** mae perygl ichwi fethu; **at the ~ of sounding naive...,** os caf fentro swnio'n ddiniwed..., ar berygl swnio'n ddiniwed...; **it isn't worth the ~,** nid yw'n werth y fenter; **to put s.o. at ~,** peryglu rhn, rhoi/dodi rhn mewn perygl; **at one's own ~,** ar eich menter eich hun, ar eich cyfrifoldeb eich hun; *(b) Ins:* risg(-iau) *f*; *Com:* **~ averse,**

gwrth-risg *f*; **~ neutral,** risg ddi-duedd; **the house is a fire ~,** mae perygl i'r tŷ fynd ar dân; mae'r tŷ 'n berygl tân.
risk[2] *v.t. (a) (= put at risk):* mentro, peryglu; *F:* **to ~ one's own skin,** mentro'ch bywyd/croen, peryglu'ch bywyd/croen, rhoi'ch pen eich hun i dorri, rhoi'ch bywyd ar antur; *(b) (= run the risk of):* mentro; **I'll ~ it,** mi mentra' i hi; **to ~ defeat,** mentro colli, mynd i berygl colli.
riskily *adv.* yn beryglus.
riskiness *n.* perygl *m*, peryglon *pl*, enbydrwydd *m.*
risky *a.* **1.** peryglus, mentrus, *occ:* enbyd, enbydus. **2.** = ***risqué.***
Risorgimento *n. Hist:* y Risorgimento *m.*
risotto *n. Cu:* risoto(-s) *m.*
risqué *a.* amh|eus, anweddus, coch, beiddgar, *N.W:* sy'n naddu'n agos i'r drafel.
rissole *n. Cu:* risol(-s,-au) *mf*, pelen (*f*) friwgig (pelenni/peli briwgig).
Riston *W.Pl.n.* Gwerllo: Gwyrllo *m.*
ritardando *a., adv. & n. Mus:* **1.** *a. & adv.* ***ritardando***, gan arafu. **2.** *n.* ***ritardando (ritardandi)*** *m.*
rite *n.* defod(-au) *f*; **the rites of the Church,** defodau'r Eglwys; **the last rites,** yr eneiniad olaf/diwethaf *m*, eneiniad y claf; **to administer the last rites,** *occ:* rhoi olew ac angen; **~ of passage,** defod newid byd.
ritornello *n. Mus:* ***ritornello (ritornelli)*** *m.*
ritual *a. & n.* **1.** *a.* defodol, seremonïol. **2.** *n. (a) (= ceremony):* defod(-au) *f*, defodaeth *f*, s|eremoni (seremonïau) *f*; *(b) (book):* defodlyfr(-au) *m*, llyfr(-au) (*m*) defodau.
ritualism *n. Ecc:* defodolaeth *f*, defodoldeb *m.*
ritualist *n.* defodwr (defodwyr) *m*, defodydd(-ion) *m*, def|odwraig (defodwragedd) *f.*
ritualistic *a.* defodol, defodaidd.
ritualistically *adv.* yn ddefodol.
ritualization *n.* defodoli *vn.*
ritualize *v.t.&i.* defodoli.
ritualized *a.* defodol, defodaidd, defodoledig.
ritually *adv.* yn ddefodol, yn ôl defod.
ritzily *adv. F:* yn grand.
ritziness *n. F:* crandrwydd *m.*
ritzy *a. F:* crand, swanc, swagar.
rivage *n. Lit:* glan(-nau) *f.*
rival[1] *a. & n.* **1.** *a. (a) (= competitive):* cystadleuol, cystadleugar, croes, sydd mewn cystadleuaeth; **~ suitors,** cariadon cystadleuol, cydymgeiswyr, ymrysonwyr; **~ factions,** carfannau croes; **~ claims,** hawliadau croes; **~ business houses,** tai busnes cystadleuol; *(b) (= equally good):* cystal, cyfartal, cydradd. **2.** *n. (a)* cystadleuwr: cystadleuydd (cystadleuwyr) *m*, cystadl|euwraig (cystadleuwragedd) *f*, cystadlwr (cystadlwyr) *m*, cydymgeisiwr: cydymgeisydd (cydymgeiswyr) *m*, cydymg|eiswraig *f*; *(b)* **a theatre without a ~,** theatr heb ei hail, theatr ddi-ail/ddigymar; **he has no ~,** nid oes ail/gymar/gystadleuydd iddo; *occ:* nid oes yr un ato.
rival[2] *v.t. (a) (= compete with):* cystadlu â rhn, cydymgeisio â rhn, *occ:* ymgiprys â rhn, ymryson â rhn, *F:* bod am y gorau â rhn; *(b)* **he soon rivalled the others in skill,** o fewn dim yr oedd mor fedrus â'r lleill.
rivalry *n.* cystadleuaeth (cystadlaethau) *f*, *occ:* ymryson(-au) *m*, cydymgais (cydymgeisiau) *m*, cydymgeisiaeth *f*, ymgiprys *vn*; **to enter into ~ with s.o.,** cystadlu â rhn, ymgystadlu â rhn, cystadlu yn erbyn rhn, *F:* bod am y gorau â rhn.
Rivals *Pr.n. W.Geog:* **The ~,** Yr Eifl *f.*
rive *v.t.* = **rend, split[2].**
riven *a.* hollt, wedi hollti.
river[1] *n.* **1.** afon(-ydd) *f*, *not traditionally part of river names, thus:* **the ~ Severn,** Hafren *f*; *U.S: F:* **to be sent up the ~,** mynd i'r carchar; **consequent ~,** afon gydlif (afonydd cydlif); **obsequent ~,** afon wrthlif (afonydd gwrthlif); **subsequent ~,** afon drawslif (afonydd trawslif); **snow-fed ~,** afon eira tawdd; **braided ~,** afon wythiennog (afonydd gwythiennog); **downstream ~,** gwaered (*m*) afon; **upstream ~,** gwrthwaered (*m*) afon; *F:* **(go) and jump in the ~!** (dos) i'r diawl, i dy grogi, i fanno, i chwarae, i weld dy nain, i Wem, i Halifax *&c*; **to sell sth down the ~,** bradychu rhth. **2.** *(of lava):* llif(-oedd,-au) *m*; *(of blood):* llif, ffrwd (ffrydiau) *f.* **3. a diamond of the finest ~,** diemwnt gyda'r harddaf. **4.** *Typ:* llinell wen (llinellau gwynion) *f.* **5.** *attrib.* afonol; *(with the names of flowers, birds &c):* y dorlan, yr afon. **~ bank** *n.* glan(-nau) (*f*) afon, cerlan(-nau) *f*, torlan(-nau, torlennydd) *f*, min(-ion) (*m*) afon. **~ basin** *n.* basn (*m*) afon (basnau afonydd). **~ beauty** *n. Bot: (Epilobium latifolium):* helyglys llydanddail *m*, helyglys Ynys yr Ia. **~ bed** *n.* gwely (*m*) afon (gwelyau afonydd). **~ bottom** *n. U.S:* llawr (*m*) dyffryn (lloriau dyffrynnoedd), doldir(-oedd) *m*, ystrad(-au) *m.* **~ capture** *n. Geog:* afonladrad(-au) *m.* **~ crowfoot** *n. Bot:* = **crowfoot (river). ~-god** *n.* afondduw(-iau) *m.* **~-head** *n.* ffynhonnell (*f*) afon (ffynonellau afonydd), tarddle (*m*) afon (tarddleoedd afonydd), llygad (*m*) afon (llygaid afonydd), blaen (*m*) afon (blaenau afonydd). **~-horse** *n.* = **hippopotamus. ~ port** *n.* porthladd(-oedd) (*m*) ar afon. **~ regime** *n. Geog:* patrymedd (*m*) afon. **~ snail** *n.* = **winkle (freshwater). ~ terrace** *n. Geog:* ceulan(-nau) *f.* **~ water** *n.* dŵr (*m*) afon. **~ worm** *n.* = **blood-worm.**
river[2] *n. (= a person who rives):* holltwr (holltwyr) *m.*
riverain *a. & n.* **1.** *a.* afonol, ar lan afon; **~ lands,** tiroedd afonol, afondiroedd. **2.** *n.* preswylydd (preswylwyr) (*m*) glan afon; *pl.* trigolion glan afon.
rivered *a.* afonog.
riverine *a.* = **riverain 1.**
riverless *a.* heb afon, heb afonydd.
riverside *n. & attrib.* **1.** *n.* glan(-nau) (*f*) afon, ceulan(-nau) *f*, min(-ion) (*m*) afon, torlan(-nau, torlennydd) *f.* **2.** *attrib. (a)* glan afon, *occ:* min afon; **~ pub,** tafarn ar lan afon; *(b)* **~ police,** heddlu glannau afon; *(c) (animal, bird, plant):* y dorlan.
rivet[1] *n.* rhybed(-i,-ion) *m*, *occ:* hemyn (hemau) *m*, hem(-au) *f*, gwrth-hoel(-ion) *f*, hoel ddeuben (hoelion deuben) *f*; **to drive a ~,** gosod/gyrru rhybed, *S:* pwno/ffusto rhybed; **conical head ~,** rhybed pen conig; **countersunk head ~,** rhybed gwrthsoddedig; **flat head ~,** rhybed penfflat; **pan head ~,** rhybed panben; **pop ~,** rhybed pop; **round head ~,** rhybed pengrwn (*pronounced* ng-g); **~-joint** *n. Metalw:* uniad(-au) (*m*) rhybedion. **~-punch, ~-sett, ~-snap** *n. Tls:* snap(-iau) (*m*) rhybed.
rivet[2] *v.t.* **1.** rhybedio, rhybedu, hemio. **2.** *F:* **to ~ the attention,** hoelio sylw; **I was riveted to the spot with fear,** ni allwn syflyd o'r fan gan ofn; 'roeddwn wedi fy hoelio i'r fan gan ofn; **to ~ a thing in one's mind,** argraffu/serio rhth ar eich cof.
riveted *a.* **1.** *(plate &c):* rhybedog, hemynnog. **2.** *F:* **she was ~ by the spectacle,** ni allai dynnu ei llygaid oddi ar yr olygfa; 'roedd ei sylw wedi ei hoelio ar yr olygfa; *S.a.* **rivet[2] 2.**
riveter *n.* rhybedwr (rhybedwyr) *m.*
riveting[1] *a.* gafaelgar, llygad-dynnol, diddorol, cyfareddol, diollwng, sy'n hoelio'r sylw.
riveting[2] *vn.* = **rivet[2]; dolly ~,** rhybedu doli; **snap ~,** rhybedu snap. **~ hammer** *n.* morthwyl(-ion) (*m*) rhybedu. **~ machine** *n.* peiriant (peiriannau) (*m*) rhybedu.
rivetingly *adv.* yn afaelgar *&c.*
rivetting *a.* = **riveting[1].**
Riviera *Pr.n. Geog:* Y Rifiera *mf*; *S.a.* **Cornish, crocus.**
rivière *n.* cadwyn(-i,-au) *f*, *F:* cadwen (cadwynau) *f*
riving *vn.* **~ knife** *n.* cyllell (*f*) rannu (cyllyll rhannu).
rivulet *n.* **1.** *(= brook):* nant (nentydd) *f*, cornant (cornentydd) *f*, afonig(-au) *f*, ffrwd (ffrydiau) *f*, *occ:* gofer(-ydd) *m*, rhewyn(-au) *m.* **2.** *Ent: (Perizoma affinitata):* gwyfyn(-od) dolennog *m.*
rix-dollar *n. Num:* ricsdoler(-i) *f.*
riyal *n. Num:* riyal(-au) *f.*
roach[1] *n. Ich:* cochiad (cochiaid) *m*, gwrachen (gwrachod) (*f*) y baw, rhufell(-od) *f*, *S.E:* crachen (crach, crachod) *f*; **(as sound) as a ~,** (cyn iached) â'r gneuen, â'r glain, â'r brithyll. **~-backed** *a.* cefngrwm (*f.* cefngrom, *pl.* cefngrymion) (*pronounced* ng-g). **~-bellied** *a.* torgrwm (*f.* torgrom, *pl.* torgrymion). **~ pole** *n. Fish:* polyn (polion) (*m*) pysgota.
roach[2] *n. Nau:* godre(-on) *m.*
roach[3] *n.* = **cockroach.**
roach[4] *n. U.S: P: (= cigarette):* stwmp (stympiau) *m.* **~ clip** *n. U.S:* pin(-nau) (*m*) dal stwmp.
road[1] *n.* **1.** ffordd (ffyrdd) *f*, heol(-ydd) *f* (*often in form:* hewl(-ydd)), *N.W:* lôn (lonydd) *f*; **across the ~,** dros y ffordd, yr ochr draw i'r ffordd, gyferbyn; **high ~, main ~,** priffordd (priffyrdd) *f*, ffordd fawr (ffyrdd mawr[-ion]) *f*, heol fawr (heolydd mawr) *f*, *S.W:* hewl fawr (hewlydd mawrion), ffordd dyrpeg/drympeg (ffyrdd tyrpeg/trympeg), hewl drympeg (hewlydd trympeg) *f*, *N.W:* lôn bost (lonydd post), ffordd bost (ffyrdd post); *Aut:* **the Great West R~,** Ffordd Fawr y Gorllewin; **local**

~, ffordd fach (ffyrdd bach), heol fach (heolydd bach), lôn; **access ~, accommodation ~,** *(to farm):* ffordd gennad (ffyrdd cennad), ffordd fynediad (ffyrdd mynediad); **approach ~,** ffordd ddynesu (ffyrdd dynesu); **arterial ~,** ffordd brifwythiennol (ffyrdd prifwythiennol); **farm ~,** *N:* lôn, *M.W:* wtra (wtregydd) *f, S.W:* beidr: meidr *f, usu.* [y] feidir *f*; **country ~,** ffordd wlad (ffyrdd gwlad), ffordd wledig (ffyrdd gwledig); **fenced ~,** ffordd gyda ffens; **minor ~,** isffordd (isffyrdd) *f*; **ring ~,** cylchffordd (cylchffyrdd) *f*; **relief ~,** ffordd liniaru (ffyrdd lliniaru); **service ~,** ffordd wasanaeth (ffyrdd gwasanaeth); **slip ~,** slipffordd (slipffyrdd) *f*; **trunk ~,** cefnffordd (cefnffyrdd) *f*, ffordd gysylltu (ffyrdd cysylltu); **unfenced ~,** ffordd heb ffens; **to take the ~,** *F:* **to hit the ~,** ymadael, cychwyn ar daith/siwrnai, ei chychwyn hi, ei throi hi; *(of tramp):* mynd ar dramp; **on the ~ to recovery,** ar y ffordd i wella; **to be on the ~,** bod ar daith, teithio; **to go by ~,** mynd ar hyd [y] ffordd, dilyn y ffordd; **to carry goods by ~,** cludo nwyddau ar hyd y ffordd/ffyrdd; **a gentleman/knight of the ~,** trempyn (trampiaid) *m*, tramp(-iaid) *m*; *Prov:* **the beaten ~ is the safest,** sicraf llwybr, llwybr sathredig; **the [wide] ~ to perdition/ruin,** ffordd lydan distryw, y ffordd lydan i ddistryw; *Prov:* **the ~ to hell is paved with good intentions,** llawn yw uffern o fwriadau da; *Prov:* **it is a long ~ which has no turning,** *See* **lane**; **the ~ to success,** llwybr *(m)* llwyddiant; **you're in the/my ~,** 'rwyt ti ar fy ffordd i; **get out of the ~!** dos (ewch) o'r ffordd! dos oddi ar y ffordd! **there is no royal ~ to learning,** nid oes llwybr rhwydd at ddysg; nid oes ffordd hawdd at ddysg; nid hawdd llwybr dysg; **one for the ~,** *P:* glasiad *(m)*/tropyn *m*/joch *(m)* cyn ei throi hi; **all roads lead to Rome,** i Rufain yr arwain pob ffordd; **the rule of the ~,** rheol y ffordd fawr; **a car that holds the ~ well,** car sy'n dal y ffordd yn dda, car sad iawn; **middle of the ~,** *attrib.* canol y ffordd, cymedrol. **2.** *Nau:* angorle(-oedd) *m*, angorfa (angorf|eydd, angorfâu) *f*. **~ agent** *n. U.S:* lleidr (lladron) *(m)* pen ffordd. **~-book** *n.* llyfr(-au) *(m)* taith. **~ fund** *n. Hist:* cronfa *(f)* ffyrdd. **~ fund licence** *n.* trwydded *(f)* cerbyd/modur/car (trwyddedau cerbydau/moduron/ceir) *f*, disg(-iau) *(m)* treth [car]. **~-hog** *n.* mochyn *(m)* o yrrwr (moch o yrwyr), mochyn pen ffordd; *int.* **you ~-hog!** y cythraul iti! **~-holding** *n. Aut:* sadrwydd *(m)* ar y ffordd. **~-house** *n.* gwesty (gwestai) *(m)* min ffordd. **~-map** *n.* map(-iau) *(m)* ffordd/ffyrdd. **~-mender** *n.* fforddoliwr (fforddolwyr) *m*, gweithiwr (gweithwyr) *(m)* ffordd, *S:* gweithiwr hewl, *N:* dyn(-ion) *(m)* trwsio lôn. **~-metal** *n.* metlin *m*, cerrig *(pl)* ffordd/heol. **~ race** *n.* ras *(f)* ffordd (rasys ffyrdd). **~ racer** *n.* beic(-iau) *(m)* rasio. **~ sense** *n.* synnwyr *(m)* pen ffordd. **~ show** *n.* sioe(-au) *(f)* ar daith, sioe ben ffordd (sioeau pen ffordd). **~ sign** *n.* arwydd *(m)* ffordd (arwyddion ffyrdd). **~-surveyor** *n.* tirfesurydd(-ion, tirfesurwyr) *(m)* ffordd, syrfëwr (syrfewyr) *(m)* ffordd. **~ test¹** *n.* prawf (profion) *(m)* [pen] ffordd. **~ test²** *v.t.* rhoi prawf [pen] ffordd (ar gar), profi (car) ar y ffordd. **~ transport** *n.* cludiant *(m)* ffyrdd/heolydd. **~ tunnel** *n.* twnel *(m)* ffordd (twnelau/twneli ffyrdd). **~-user** *n.* fforddolyn (fforddolion) *m*.

road² *v.t. Ven:* **to ~ a bird,** dilyn trywydd aderyn.

roadbed *n. Civ.E: Rail:* gwely(-au) *m*, sail (seiliau) *f*.

roadblock *n.* rhwystr *(m)* ffordd (rhwystrau ffyrdd).

roadie *n.* cynorthwywr (cynorthwywyr) *m*.

roadless *a.* dilwybr, di-ffordd, di-ffyrdd, heb ffordd/ffyrdd.

roadman *n.m. N:* fforddoliwr (fforddolwyr), *S:* hewlwr (hewlwyr); *S.a.* **road-mender.**

roadroller *n.* injan *(f)* ffordd (injans ffyrdd), rholiwr (rholwyr) *(m)* ffyrdd.

roadrunner *n. Orn:* rhedwr (rhedwyr) *m*, ceiliog(-od) *(m)* y deri.

roadside *n. & attrib.* **1.** *n.* ochr *(f)* ffordd (ochrau ffordd/ffyrdd), min *(m)* ffordd (minion ffordd/ffyrdd), ymyl *(mf)* ffordd (ymylon ffordd/ffyrdd), *N.W:* ochr lôn (ochrau lôn/lonydd), *S:* ochr heol (ochrau heol/heolydd). **~ ditch** *n.* ffos(-ydd) min ffordd, *S:* clais *(m)* clawdd *m*. **2.** *attrib.* min ffordd, pen ffordd; **a ~ inn,** tafarn min ffordd, tafarn ar ochr ffordd; *Aut:* **~ repairs,** atgyweiriadau min ffordd.

roadstead *n. Nau:* = **road¹ 2.**

roadster *n. (horse):* ceffyl(-au) *(m)* cyfrwy; *(bicycle):* beic(-iau) *(m)* pen ffordd; *(car):* car (ceir) *(m)* pen ffordd.

roadway *n.* = **road¹ 1.**

roadwork *n.* **1.** *Sp:* rhedeg *vn*, haldian *vn*, loncian *vn*. **2.** *pl.* gwaith *(m)* ffordd/heol, gwaith ar ffordd/heol, trin *(m)* ffordd/heol, atgyweiriadau *(pl)* ffyrdd/heolydd.

roadworthiness *n.* addasrwydd *(m)* i'r ffordd fawr.

roadworthy *a.* addas i'r ffordd fawr.

roam¹ *n.* crwydr *m*, crwydr[i]ad(-au) *m*; **to go for a ~,** mynd i grwydro, mynd ar grwydr.

roam² *v.i.* crwydro; **to ~ about the world,** crwydro'r byd, tramwyo'r byd, rhodio'r byd.

roamer *n.* crwydrwr (crwydrwyr) *m*, crwydryn: crwydriad (crwydriaid) *m*, crwydren (crwydriaid) *f*, rhodiwr (rhodwyr) *m*.

roaming¹ *a.* teithiol, crwydrol, ar daith.

roaming² *vn.* crwydr[i]ad(-au) *m*, crwydro.

roan¹ *a. & n.* **1.** *a.* broc, brych (*f.* brech, *pl.* brychion), brith (*f.* braith, *pl.* brithion), *S:* broglau, brogle; **blue ~,** brithlwyd(-ion), dulwyd(-ion), llwydwyn (*f.* llwydwen, *pl.* llwydwynion), llwydlas (llwydleision), brithlas (brithleision); **red ~,** gwineulwyd(-ion), llwytgoch(-ion); **strawberry ~,** brithgoch(-ion). **2.** *n.* ceffyl(-au) *(m)* broc/broglau *&c*, *S.W:* ceffyl brogle, ceffyl lliw rhech a rhwd.

roan² *n. Bookb:* lledr *(m)* croen dafad.

roar *n.* **1.** *(a) (of pers.):* rhu *m*, rhuad(-au) *m*, bloedd(-iau,-iadau) *f*, *S.W:* boich(-au) *m*; **roars of laughter,** rhuadau/bloeddiadau/hyrddiau o chwerthin; **to set the table in a ~,** peri i bawb [wrth y bwrdd] chwerthin, gyrru pawb i chwerthin, codi chwerthin ar bawb; *(b) (of lion, bull, sea, furnace &c):* rhu, rhuad, rhuo *vn*; *(of bull):* bugunad(-au) *m*, peuad(-au) *m*. **2.** *(of cannon):* rhu, rhuad, trwst (trystau) *m*, dadwrdd *m*, twrw *m*.

roar² *v.i.&t.* **1.** *v.i.* *(a) (of pers.):* rhuo; **to ~ with laughter,** rhuo chwerthin; **to ~ with pain,** rhuo gan boen; *(b) (of lion, horse, thunder, sea, fire):* rhuo; *(c) (of bull):* rhuo, bugunad, peuo; **a motor car roared by,** rhuodd/chwyrnodd/taranodd car heibio. **2.** *v.t.* **to ~ [out] an order,** rhuo gorchymyn.

roarer *n.* rhüwr (rhuwyr) *m*.

roaring¹ *a. & adv.* **1.** *(a) (lion):* rhuog, sy'n rhuo, *Lit: occ:* rhuadwy; *(b) (thunder, cannon):* trystiog; *(c) (wind):* sy'n rhuo, croch; **we were sitting in front of a ~ fire,** eisteddem o flaen tanllwyth mawr o dân; **a ~ fire,** *S.W:* tân yn cynnu'n ffluwch i gyd; **the R~ Twenties,** y Dauddegau Gwyllt; *Nau:* **the R~ Forties,** y Deugeiniau Gwyllt/Stormus; *Hist:* **~ boy,** rafin(-iaid) *m*, llanc(-iau) swnllyd *m*. **2. to do a ~ trade,** gwerthu (rhth) fel tân gwyllt, gwerthu (rhth) fel slecs. **3.** *adv.* **~ drunk,** meddw gorn, meddw gaib, meddw mawr/fawr *&c*; *S.a.* **drunk.**

roaring² *vn.* = **roar¹,².**

roast¹ *n. Cu:* cig(-oedd) rhost *m*, rhost(-iau) *m*; **a ~ of veal,** cig llo rhost; *S.a.* **rule².**

roast² *v.t.&i.* **1.** *v.t.* *(a) (meat):* rhostio, *S:* digoni, pobi; *(chestnuts):* rhostio, crasu; **a fire fit to ~ an ox,** digon o danllwyth i rostio ych; *(b) Ind: (ore):* crasu; *(c) (coffee):* rhostio, crasu; *(d) F: (= criticize):* rhoi (rhn) drwy'r felin, lladd ar (rn), dwrdio (rhn) yn hallt. **2.** *v.i.* *(a) (of meat):* rhostio; *(b)* **I was roasting in the sun,** yr oeddwn i'n crasu/rhostio yn llygad yr haul.

roast³ *a.* rhost, rhostiedig, wedi rhostio; **~ meat,** cig rhost, cig wedi ei rostio; *S.a.* **potato. ~ beef plant** *n. Bot:* = **gladdon.**

roasted *a.* = **roast³.**

roaster *n. Cu:* **1.** *(a) (for coffee):* craswr (craswyr) *m*, rhostiwr (rhostwyr) *m*, rhostydd(-ion) *m*; *(b) (dish):* dysgl *(f)* rostio (dysglau rhostio). **2.** *(chicken &c):* ffowlyn (ffowls) *(m)* rhostio.

roasting¹ *a. (fire):* chwilboeth, eiriasboeth; *(meat):* sy'n rhostio, rhost.

roasting² *vn.* = **roast².** **~-jack** *n.* bêr-droell(-au) *f*.

Roath *W.Pl.n.* Y Rhath *m*. **~ Dogfield** *W.Pl.n.* Bedd *(m)* y Ci Du.

rob *v.t.* **to ~ (s.o. of sth),** ysbeilio (rhn o rth); dwyn, lladrata, *F:* dwgyd (rhth oddi ar rn); *Fig:* **to ~ s.o. of an opportunity,** amddifadu rhn o gyfle; **to assault s.o. with intent to ~,** ymosod ar rn gan fwriadu lladrata, ymosod gan fwriadu lladrata oddi ar rn; **to ~ the till,** dwyn o'r til; **to ~ Peter to pay Paul,** talu'r hen a dwyn y newydd, dwyn yr hen i dalu'r newydd, gwerthu'r fuwch i brynu tarw, dwyn o'r naill law i dalu'r llall, *S:* cafflo bola i daclu pen.

robalo *n. Ich:* r|obalo(-s, robal|oid) *m*.

roband *n. Nau:* hwylraff(-au) *f*.

robber *n. & attrib.* **1.** *n.* lleidr (lladron) *m*, lladrones(-au) *f*, ysbeiliwr (ysbeilwyr) *m*, ysb|eilwraig *f*. **2.** *attrib.* lladronllyd. ~ **baron** *n.* lleidr-farwn(-iaid) *m*, barwn(-iaid) lladronllyd *m*. **R~ Council** *n. Rel.Hist:* y Cyngor (*m*) Lladron. ~ **crab** *n.* lleidr-granc(-od) *m*. ~ **fly** *n. Ent:* pryf(-ed) (*m*) lladd, pryf lleidr (pryfed lladron). ~ **industry** *n.* diwydiant (diwydiannau) disbyddol *m*.

robbery *n.* lladrad(-au) *m*, ysbeiliad(-au) *m*, lladrata *vn*, ysbeilio *vn*, *F:* dwyn *vn*, *F: occ:* dwgyd *vn*; ~ **with violence,** ymosod a dwyn; *F:* **exchange is no ~,** nid lladrad mo cyfnewid; **highway ~,** lladrad pen ffordd; **daylight ~,** lladrad noeth, codi (*vn*) crocbris.

robbin *n. Nau:* = **roband.**

robe[1] *n.* **1.** *(ceremonial, official):* gwisg(-oedd) *f*, gŵn (gynau) *m*, mantell (mentyll) *f*, *occ:* urddwisg(-oedd) *f*; **mistress of the robes,** meistres (*f*) y gwisgoedd (meistresi'r gwisgoedd). **2. bath ~,** = **dressing-gown; towelling ~,** = **bath-wrap; [baby's] long ~,** gwisg laes (gwisgoedd llaes), ffrog hir (ffrogiau hirion) *f*. **3.** *U.S: (= wrap, blanket):* carthen(-ni) *f*. **~-de-chambre** *n.* = **dressing-gown.**

robe[2] *v.t.&i.* **1.** *v.t. (a) (mayor &c):* arwisgo; *(b) Lit:* **hills robed in verdure,** bryniau dan orchudd o wyrddlesni. **2.** *v.i.* gwisgo [amdanoch], ymwisgo.

robed *a.* gwisgedig, mewn gwisg, mewn gŵn.

Robert *Pr.n.m.* Robert, *occ:* Rhobet, Robat; *Hist:* ~ **the Devil,** Robert y Cythraul; *S.a.* **herb.**

Robertstown *W.Pl.n.* Tresalem *f*.

Robeston Wathen *W.Pl.n.* Llangwathen *f*.

Robin *Pr.n. & n.* **1.** *Pr.n.m.* Robin, *occ:* Robyn; ~ **Goodfellow,** Pwca'r Trwyn; ~ **Hood,** Robin Hwd. **2.** *n. (a) Orn: See* **redbreast;** *(b) Bot:* **ragged ~,** *(Lychnis flos-cuculi):* carpiog (*m*) y gors, blodau(*pl*)'r brain, *S:* ffrils (*pl*) y merched, blodyn (*m*) y frân (blodau'r frân), Robin fratiog *m*, cochyn bratiog *m*; *(c) See* **round robin.** **~'s pincushion** *n. Nat.Hist:* pincas(-au) (*m*) robin.

robinia *n. Bot:* coeden (coed) (*f*) robinia.

Robinson *Pr.n.m.* **before I could say "Jack ~" (I was flat on my back),** cyn i mi allu yngan gair, cyn i mi gael fy ngwynt ataf, cyn pen chwinciad chwannen, cyn i mi droi rownd ('roeddwn ar wastad fy nghefn ar lawr); *S.W: F: occ:* wyddwn i ar y wheddel (nad own i ar 'yn hyd ar lawr).

roble *n. Bot:* derwen wen (derw gwynion) (*f*) Califfornia.

roborant *a. & n.* **1.** *a.* atgyfnerthol, cryfhaol, tonig. **2.** *n. Med:* atgyfnerthydd(-ion) *m*, tonig(-au) *m*.

robot *n. & attrib.* **1.** *n. (humanoid):* robot(-iaid) *m*; *(machine):* robot(-au) *m*. **2.** *attrib.* robotaidd, robot.

robotics *n.pl.* roboteg *f*.

robotism *n.* robotedd *m*, robotiaeth *f*.

robotist *n.* robotydd(-ion) *m*.

robotization *n.*, **robotize** *v.* roboteiddio.

robotry *n.* roboteg *f*.

roburite *n. Ch:* r|obwrit *m*.

robust *a. (pers.).* cryf (*f.* cref, *pl.* cryfion), cadarn (cedyrn), grymus, cydnerth, *occ:* pybyr, *N: F:* 'tebol, solet; **a ~ appetite,** archwaeth dda *f*; **he has a ~ appetite,** mae'n bwyta'n awchus; mae'n fwyt[a]wr mawr.

robustious *a.* = **boisterous.**

robustly *adv.* yn gryf, yn gadarn, yn rymus, yn gydnerth.

robustness *n.* cryfder *m*, cadernid *m*, grymuster *m*, pybyrwch *m*, soletrwydd *m*, cyhyredd *m*.

roc *n. Orn: Myth:* roc(-iaid) *m*.

rocaille *n. Art:* ***rocaille*** *m*.

rocambole *n. Bot: (Allium scorodoprasum):* craf (*m*) y nadroedd.

Roch *W.Pl.n.* Y Garn *f*; ~ **Castle,** Castell (*m*) y Garn.

roche moutonnée *n. Geog:* craig (*f*) follt (creigiau myllt).

rochet *n. Ecc.Cost:* gwenwisg(-oedd) *f*.

rock[1] *n.* **1.** *(a) (= hill, cliff):* craig (creigiau) *f*, clogwyn(-i) *m*; *(in proper names):* carreg (cerrig) *f*, *S:* tarren (tarenni, tarennydd) *f*; *B:* **~ of ages,** craig yr oesoedd; **the R~ [of Gibraltar],** Y Graig; *Nau:* **to run upon rocks,** mynd ar greigiau; *F:* **to see rocks ahead,** gweld peryglon/anawsterau o'ch blaen; *F:* **as firm/steady as a ~,** mor gadarn â chraig, cadarn fel y graig; **that is the ~ you'll split on,** ar honna y torrwch chi; dyna'r graig y torrwch arni; **the ~ I was hewn from,** y graig y'm naddwyd ohoni; **to be on the rocks,** bod heb ddimai goch *&c*; *S.a.* **broke;** *(b) Geol:* craig; **arenaceous ~,** craig dywodlyd (creigiau tywodlyd); **country ~,** craig gysefin (creigiau cysefin); **extrusive ~,** craig allwthiol/echwthiol; **intrusive ~,** craig fewnwthiol/ymwthiol (creigiau mewnwthiol/ymwthiol); **mantle ~,** creicaen(-au) *f*; **parent ~,** mamgraig (mamgreigiau) *f*; **pedestal ~,** craig gynnal (creigiau cynnal); **primary ~,** craig gynradd (creigiau cynradd); **quaternary ~,** craig gwaternaidd (creigiau cwaternaidd); **secondary ~,** craig eilaidd; **sedimentary ~,** craig waddod/waddodol (creigiau gwaddod/gwaddodol); **tertiary ~,** craig drydyddol (creigiau trydyddol); *S.a.* **bedrock. 2.** *(= boulder):* carreg, maen (meini) *m*. **3.** *Cu: (sweet):* roc *m*, india-roc *m*. **4.** *U.S: (= stone):* carreg. **5.** *U.S: P: (a) (= gem):* gem(-au) *f*, *(b) (= ice):* rhew *m*, iâ *m*, **whisky on the rocks,** wisgi a rhew/iâ ynddo. **6.** *pl. U.S: (= testicles):* cerrig, ceilliau; *F:* **to get one's rocks off,** cael eich tamaid. **~-alum** *n.* carreg (*f*) alm/alwm. **~-badger** *n. Z:* broch(-od) (*m*) y graig. **~-basin** *n. Geog:* basn(-au) (*m*) craig, creicafn(-au) *m*. **~-basin lake** *n. Geog:* llyn(-noedd) (*m*) creicafn. **~-bass** *n. Ich:* draenog(-od,-iaid) (*m*) y graig. **~-bed** *n. Geol:* creigwely(-au) *m*. **~-bird** *n. Orn:* = **puffin. ~-bottom 1.** *n.* y gwaelod isaf *m*. **2.** *attrib.* isaf posibl. **~-bound** *a.* creigiog. **~-brake** *n. Bot:* rhedynen (rhedyn) (*f*) y graig. **~-cake** *n. Cu:* teisen arw (teisennau geirwon) *f*. **~ candy** *n.* roc *m*, india-roc *m*; *Song:* **Big R~ Candy Mountain,** Ar Fryniau Bro Afallon. **~-climber** *n.* dringwr (dringwyr) (*m*) creigiau, dr|ingwraig (dringwragedd) (*f*) creigiau. **~-climbing** *vn.* dringo [creigiau]. **~-cook** *n. Ich:* bol melyn *m*, gwrachen (gwrachod) (*f*) y graig, gwrach(-od) (*f*) y graig. **~-cork** *n.* corc (*m*) y graig. **~-cress** *n. Bot: (Arabis):* berwr (*m*) y cerrig, berwr y graig, blodau (*pl*) Adda, twrged (*m*) y graig; **Alpine ~-cress,** *(A. alpina):* berwr yr Alpau; **annual ~-cress,** *(A. recta):* berwr y cerrig unionsyth; **Bristol ~-cress,** *(A. stricta/scabra):* berwr Bryste; **Cevenne ~-cress,** *(A. cebennensis):* berwr y cerrig Ffrengig; **compact ~-cress,** *(A. vochinensis):* berwr cryno'r cerrig; **corymbose ~-cress,** *(A. corymbiflora):* berwr y cerrig sypflodeuog; **dwarf ~-cress,** *(A. pumila):* berwr bychan y cerrig; **garden ~-cress,** *(A. caucasica):* berwr cerrig y gerddi; **hairy ~-cress,** *(A. hirsuta):* berwr blewog y cerrig; **northern ~-cress,** *(Cardaminopsis petraea):* berwr y cerrig; **Scopoli's ~-cress,** *(A. scopeliana)*; berwr Scopoli; **Soyer's ~-cress,** *(A. soeyri):* berwr Soyer; **tall ~-cress,** *(C. arenosa):* berwr tal y cerrig. **~-crystal** *n. Miner:* creigrisial *m*, creigrisiant *m*. **~-dove** *n. Orn:* = **rock-pigeon. ~-drill** *n. Tls:* dril(-iau) (*m*) tyllu, *N.W: Min:* injan (*f*) dyllu (injans tyllu). **~-face** *n.* clogwyn(-i) *m*, *occ:* craig. **~-fever** *n. Med:* twymyn donnog *f*. **~-fish** *n. Ich:* pysgodyn (*m*) carreg (pysgod cerrig). **~-flour** *n.* blawd (*m*) craig, creigflawd *m*. **~-garden** *n. Hort:* creigardd (creigerddi) *f*, gardd (*f*) gerrig (gerddi cerrig). **~-goat** *n. Z:* gafr wyllt (geifr gwyllt[ion]) *f*, creigafr (creigeifr) *f*. **~-hewn** *a.* a naddwyd o'r graig. **~-hollow** *n. Geog:* creicafn(-au) *m*. **~-hollow lakeland** *n.* llyndir(-oedd) (*m*) creicafn. **~-hopper** *n. Orn:* pengwyn(-iaid) cribfelyn *m* (*pronounced* ng-g). **~-jasmine** *n. Bot: (Androsace):* jasmin (*m*) y graig. **Alpine ~-jasmine,** *(A. alpina):* jasmin yr Alpau; **annual ~-jasmine,** *(A. maxima):* jasmin blynyddol y graig; **blunt-leaved ~-jasmine,** *(A. obtusifolia):* jasmin aflym y graig; **ciliate ~-jasmine,** *(A. chamaejasme):* jasmin blewddeiliog y graig; **cylindric ~-jasmine,** *(A. cylindrica):* jasmin hirgrwn y graig; **elongated ~-jasmine,** *(A. elongata):* jasmin hir y graig; **hairy ~-jasmine,** *(A. pubescens):* jasmin blewog y graig; **Mathilda's ~-jasmine,** *(A. mathildae):* jasmin Mathilda; **milkwhite ~-jasmine,** *(A. lactea):* jasmin llaethwyn y graig; **northern ~-jasmine,** *(A. septentrionalis):* jasmin gogleddol y graig; **pink ~-jasmine,** *(A. carnea):* jasmin pinc y graig; **Pyrenean ~-jasmine,** *(A. pyrenaica):* jasmin y Pyreneau; **Swiss ~-jasmine** *(A. helvetica):* jasmin y Swistir. **~-kangaroo** *n. Z:* cangarŵ(-od) (*m*) y cerrig (*pronounced* ng-g). **~ lobster** *n.* = **crawfish. ~-melon** *n. Bot:* = **cantaloupe. ~-oil** *n. Miner:* creigolew *m*. **~-pigeon** *n. Orn:* colomen(-nod) (*f*) y graig, ysguthan(-od) (*f*) y graig. **~-pipit** *n. Orn:* corhedydd(-ion) (*m*) y graig, pibydd(-ion) (*m*) y graig. **~-plant** *n. Bot:* planhigyn (planhigion) (*m*) y cerrig. **~-pool** *n. (at seaside):* pwll (pyllau) (*m*) glan môr, pwll trai; *(in river bed):* pwll afon; *S.a.* **prawn. ~-rabbit** *n. Z:* cwningen (cwningod) (*f*) y cerrig. **~ python** *n. Rept:* peithon(-iaid) (*m*) y cerrig. **~-ribbed** *a.* digymrodedd. **~ rose** *n. Bot: (Helianthemum nummularium):* rhosyn (*m*) y graig (rhosynnau'r graig, rhosod y graig), creigrosyn(-nau, creigrosod) *m*, cor-rosyn(-au, corros) *m*; **Alpine ~ rose,** *(H. alpestris):* cor-rosyn yr Alpau; **Apennine/white ~ rose,** *(H. apenninum):* cor-rosyn gwyn y mynydd; **hoary ~ rose,** *(H. canum):* cor-rosyn lledlwyd; **shrubby ~ rose,** *(H. lunulatum):* cor-rosyn coesgam; **spotted ~ rose,** *(Tuberaria guttata):* cor-rosyn rhuddfannog. **~ salmon** *n. Ich:* = **dogfish.** **~-salt** *n.* halen *(m)* y graig, creighalen *m.* **~-samphire** *n. (Crithmum maritimum): Bot:* ffenigl *(m)* y môr, corn *(m)* carw'r môr, sampier *m.* **~-snake** *n. Rept:* neidr (nadroedd) *f* y graig. **~-speedwell** *n. Bot: (Veronica officinalis):* rhwyddlwyn *(m)* y graig. **~-sucker** *n. Ich:* = **lamprey (sea).** **~-tar** *n.* = **petroleum.** **~-thrush** *n. Orn:* bronfraith (bronfreithod) *(f)* y graig. **~-tripe** *n. Fung: (Umbilicaria pustulata):* pennyg *(m)* y graig. **~-whistler** *n. Z:* twrlla*(m)*'r graig (twrllaod y graig). **~-wool** *n.* gwlân *(m)* ynysu. **~-work** *n.* = **rockery.** **~-wren** *n. Orn:* dryw*(mf)*'r graig (drywod y graig).

rock[2] *n.* **1.** *(= rocking motion):* sigl(-ion) *m*, siglad(-au) *m.* **2.** *Mus:* roc *m*; **~ and roll,** sigl a swae *(m)*, roc a rôl; **hard ~,** roc caled; **sweet ~,** roc mwyn/melodaidd; **punk ~,** pync-roc *m*; *T.V:* **~ and roll dubbing,** cymathu *(vn)* ôl a blaen. **3.** *attrib.* **~ music,** cerddoriaeth *(f)* roc; **~ musician,** cerddor(-ion) *(m)* roc; **the ~ scene,** byd *(m)* roc.

rock[3] *v.t.&i.* **1.** siglo; *Fig:* **she was rocked in security,** magwyd hi mewn sicrwydd; *F:* **to ~ the boat,** siglo'r cwch/bad; **to ~ with laughter,** siglo chwerthin. **2.** *Engr:* gerwino. **~-shaft** *n.* gwerthyd(-au) *(f)* siglo *f.* **~-staff** *n.* siglwr (siglwyr) *m*, ffon (ffyn) *(f)* siglo.

rock[4] *n.* = **distaff.**

rockabilly *n. & attrib. Mus:* rocabili *(m).*

rockabout *n. Nau: N:* cwch (cychod) *(m)* siglo, *S:* bad(-au) *(m)* siglo.

rockaway *n. U.S: Veh:* trap(-iau) *m.*

rockbolt[1] *n. Civ.E:* creigfollten (creigfolltiau) *f.*

rockbolt[2] *v.t. Civ.E:* creigfolltio.

rocker *n.* **1.** *(a) (pers.):* siglwr (siglwyr) *m*, rociwr (rocwyr) *m*; *(b) (= curved bar of cradle &c):* sawdl (sodlau) *mf*; *F:* **she's off her ~,** mae hi wedi drysu *&c*; *S.a.* **crazy, mad. 2.** *Gold Min:* crud(-au) *m.* **3.** *I.C.E:* siglwr (siglwyr) *m*, siglydd(-ion) *m.* **4.** = **rocking-chair. 5.** *(switch):* switsh(-is) *(m)* siglo, siglwr (siglwyr) *m.* **6.** *Engr:* siglwr. **7.** *(skate):* siglwr. **8.** *F: (motor-cyclist):* hogyn (hogiau) *(m)* motor-beic, rocer(-s) *m.* **~-arm** *n. Mec.E:* braich (breichiau) *(f)* siglo. **~-shaft** *n.* = **rock**[3]**-shaft.**

rockery *n. Hort:* gardd *(f)* gerrig (gerddi cerrig), *occ:* creigardd (creigerddi) *f.*

rocket[1] *n. Bot:* berwr *m*, arfog *m*; **annual wall ~,** = **sand rocket**; **Austrian ~,** *(Sisymbrium austriacum/pyrenaicum):* arfog Awstria; **base ~,** = **dyer's rocket**; **blue ~,** = **aconite**; **dame's ~,** = **sweet rocket**; **double ~,** *(Barbarea vulgaris):* berwr y gaeaf; **dwarf sea ~,** *(Rhynchosinapis monensis):* berwr Môn a Manaw, bresych *(m)* Môn a Manaw; **dyer's ~,** *(Reseda luteola):* melengu *f (pronounced* ng-g), cynffon *(f)* titw, llysiau *(pl)* lliw, lliwlys *m*; **Eastern ~,** *(S. orientale):* berwr y Dwyrain; **false London ~,** *(S. loeselii):* eilunferwr *(m)* Caersalem; **field ~,** = **London rocket**; **garden ~,** *(i) (Eruca sativa):* arfog y gerddi, berwr y gerddi; *(ii)* = **sweet rocket**; **hairy ~,** *(Erucastrium gallicum):* berwr Ffrengig; **lesser yellow ~,** *(B. stricta):* berwr y gaeaf bychan; **London ~,** *(S. irio):* berwr Caersalem; **salad ~,** = **garden rocket**; **sand ~,** *(Diplotaxis muralis):* mwstard y tywod; **sea ~,** *(Cakile maritima):* hegydd arfor *m*, hegydd y forlan; **sweet ~,** *(Hesperis matronalis):* fioled *(f)* ddamasg bêr (fioledau damasg pêr); **tall ~,** *(S. altissimum):* berwr tal; **tansy-leaved ~,** *(S. tanacetifolium):* berwr dail tansi; **perennial wall ~,** *(D. tenuifolia):* mwstard *(m)* y twyni; **water ~,** *(S. amphibium):* berwr y torlennydd; **white ~,** *(D. erucoides):* berwr gwyn; **wild ~** = **hedge-mustard**; **yellow ~,** [y]sbardun(-au) *(m)* marchog glas. **~ larkspur** *n.* = **delphinium.**

rocket[2] *n.* **1.** *Pyr: Mil:* roced(-i,-au) *f*; **signal ~,** roced neges. **2.** *F:* **to give s.o. a ~,** ei dweud hi wrth rn, dweud y drefn wrth rn, rhoi pryd o dafod i rn. **~-base** *n.* canolfan(-nau) *(mf)* rocedi. **~-bomb** *n.* bom(-iau) *(mf)* roced. **~-engine** *n.* motor *(m)* roced (motorau rocedi). **~-gun** *n.* dryll(-iau) *(m)* rocedi. **~-launcher** *n.* lansiwr (lanswyr) *(m)* rocedi. **~ motor** *n.* = **rocket-engine. ~-netting** *vn.* rhwydo (rhth) â rocedi, roced-rwydo. **~-plane** *n.* awyren(-nau) *(f)* roced. **~-propelled** *a.* roced-yredig. **~-propulsion** *n.* roced-yriant *m.* **~-range** *n.* maes (meysydd) *(m)* rocedi. **~-ship** *n.* llong(-au) *(f)* rocedi. **~-stick** *n.* coes *(f)* roced (coesau rocedi).

rocket[3] *v.i. (a) (of horse):* saethu, gwibio, rhuthro, ymsaethu; *(of rider &c):* **to ~ into s.o.,** bwrw/taro yn erbyn rhn, saethu i mewn i rn; *(b) (of partridge, airplane):* saethu i'r awyr, ymsaethu; *(of prices, rents &c):* codi, saethu'n uwch, saethu i fyny, codi/mynd i'r entrychion.

rocketeer *n.* rocedwr (rocedwyr) *m*, roc|edwraig *f.*

rocketing *a. (bird):* yn ymsaethu, yn codi; *(prices):* cynyddol, yn saethu i fyny, yn codi i'r entrychion.

rocketry *n.* **1.** *(science):* rocedeg *f.* **2.** *(= rockets):* rocedi *pl.*

rockfall *n.* cwymp(-iadau) *(m)* creigiau, daeardor(-ydd,-rau) *mf* *N.W: Min:* rwb (rybiau) *m.*

Rockfield *W.Pl.n.* Llanoronwy *(f)* Carn Cenhedlon.

Rockies (The) *Pr.n.pl. Geog:* y Mynyddoedd Creigiog.

rockily *adv.* yn siglog *&c.*

rockiness[1] *n. (of mountain):* creigiogrwydd *m*, natur greigiog *f*; *(of path):* caregogrwydd *m*, natur garegog *f.*

rockiness[2] *n. (= unsteadiness):* siglogrwydd *m*, simsanrwydd *m.*

rocking[1] *a.* [sy'n] siglo, siglog. **~-chair** *n.* cadair (cadeiriau) *(f)* siglo. **~-horse** *n.* ceffyl(-au) *(m)* pren, ceffyl siglo. **~-lever** *n.* = **rocker-arm. ~-stone** *n. Geol:* carreg (cerrig) *(f)* siglo, maen (meini) *(m)* chwŷf, maen sigl. **~-turn** *n.* tro(-adau) *(m)* siglo.

rocking[2] *vn.* sigl[i]ad(-au) *m*, siglo.

rockjumper *n. Orn:* neidiwr (neidwyr) *(m)* cerrig.

rockless *a.* heb greigiau, digreigiau.

rocklet *n.* creigen (creigiau) *f.*

rocklike *a. (pers.):* cadarn [fel y graig]; *(substance):* creigaidd, caled fel craig.

rockling *n. Ich:* **five-bearded ~,** brithyll(-od,-iaid) *(m)* Mair pumbarf; **four-bearded ~,** brithyll Mail pedair barf; **three-bearded ~,** brithyll Mair tair barf.

rockman *n.m. Min:* creigiwr (creigwyr), *occ:* rhaffwr (rhaffwyr); **labouring ~,** labargreigiwr (labargreigwyr).

rockoon *n. Rockets:* rocŵn (rocynau) *mf.*

rockrat *n. Z:* creiglygoden (creiglygod) *f*, llygoden (llygod) *(f)* y graig.

rockshaft *n.* gwerthyd(-oedd) *(f)* siglo, braich (breichiau) *(f)* siglo.

rockweed *n. Bot:* gwymon *(m)* y graig.

rocky[1] *a.* **1.** *(mountain):* creigiog; **the R~ Mountains,** *F:* **the Rockies,** y Mynyddoedd Creigiog. **2.** *(path):* caregog.

rocky[2] *a. F: (= unsteady):* sigledig, siglog, simsan, ansefydlog, an-sad.

rococo *a. & n.* **1.** *a.* rococo; *(= antiquated):* hen ffasiwn, hynafol. **2.** *n.* rococo *m.*

rod *n.* **1.** *(a) (to beat s.o.):* gwialen(-ni,-nod, gwiail) *f*, ffon (ffyn) *f*, *occ:* gwaroden(-nau) *f*; **to beat (s.o.) with a ~,** curo rhn â ffon *&c*; ffonodio, gwialennu, gwialenodio, gwarodennu (rhn); **a stroke/stripe with a ~,** gwialennod (gwialenod[i]au, gwialenodion) *f*; *F:* **to make a ~ for one's own back,** torri ffon i'th guro dy hunan; *F:* **to have a ~ in pickle for s.o.,** rhoi gwialen fedw yn y golch i rn; *B:* **thy ~ and thy staff they comfort me,** dy wialen a'th ffon a'm cysurant; *Prov:* **spare the ~ and spoil the child,** arbed y wialen fedw a difetha'r plentyn; gair yn ei bryd a arbeda gerydd; yr hwn a arbedo'r wialen sydd yn casáu ei fab; **to kiss the ~,** plygu glin; **to rule s.o. with a ~ of iron,** rheoli rhn yn llym, rheoli rhn â llaw haearn, bod yn llawdrwm ar rn, bod â llaw haearn ar rn; *(b)* **divining-~, dowsing-~,** gwialen ddewino (gwiail dewino), ffon ddewino (ffyn dewino). **2. fishing-~,** gwialen bysgota (gwialenni pysgota), genwair (genweiriau) *f*, *occ:* gwialen enwair (gwialenni genwair), gwialen enweirio (gwialenni genweirio), *S.E: occ:* ielan (ielenod) *f. S.W: occ:* ffynen: ffunen *f.* **3.** *Meas:* = **perch**[1] **2. 4.** *(in various technical senses):* rhoden(-ni) *f*, rhod(-iau) *f*, *F:* ffon; **curtain-~,** ffon lenni (ffyn llenni), ffon gyrtans (ffyn cyrtans), rhod/rhoden gyrtans (rhodiau cyrtans); **stair-~,** ffon [g]risiau (ffyn grisiau), rhoden/rhod [g]risiau (rhodiau grisiau); **connecting-~,** rhoden gyswllt (rhodenni cyswllt); **control-~,** rhoden reoli (rhodenni rheoli); **dowel-~,** rhoden hoelbren; *Aut:* **track-~,** tracrod(-iau) *mf*; **pump-~,** rhoden pwmp, coes *(f)* pwmp (coesau pympiau); *Aut:* **brake-~,** rhoden brâc (rhodiau braciau); *Ph:* **~ of a pendulum,** braich *(f)* pendil (breichiau pendiliau). **5.** *Surv:* ffon fesur (ffyn mesur), llathen fesur (llathenni mesur). **6.** *Anat: (of eye): Bac:* rhoden; **rods and cones,** rhodenni/rhodiau a chonau. 7. *Bot:* **Aaron's ~,** *(Verbascum thapsus):* gwialen Aaron; **golden ~,** *(Solidago virgaurea):* gwialen aur, eurwialen (eurwiail) *f,* melyn euraidd *m,* gwialen euraid; **shepherd's ~,** *(Dipsacus pilosus):* ffon y bugail, gwialen y bugail. 8. *Pol:* **Black R~,** y Wialen Ddu *f.* **~-bacterium** *n. Bac:* rhodfacteriwm (rhodfacteria) *m.* **~-fisher** *n.* genweiriwr (genweirwyr) *m.* **~-fishing** *vn.* pysgota â gwialen/genwair, genweirio.

rode[1] *v. See* **ride[2]**.

rode[2] *v.i. (of wildfowl):* hedfan gyda'r nos.

Roden *Eng.Pl.n.* Rhydonwy *f.*

rodent *a. & n.* 1. *a.* sy'n cnoi, cnöol, cnofaol, cnof|aus. 2. *n. Z:* cnofil(-od) *m; (in ordinary parlance):* llygoden (llygod) *f.* **~ control** *n.* rheoli (*vn*) cnofilod, rheolaeth (*f*) ar gnofilod. **~ infestation** *n.* pla (plâu) (*m*) cnofilod, *F:* pla llygod. **~ officer** *n.* lladdwr (lladdwyr) (*m*) llygod, dyn(-ion) (*m*) lladd llygod. **~ ulcer** *n. Med:* briw(-iau) difaol *m,* dafad wyllt (defaid gwyllt) *f.*

rodenticide *n.* gwenwyn(-au) (*m*) llygod, peth(-au) (*m*) lladd llygod, lladdwr (lladdwyr) (*m*) llygod, llygodladdwr (llygodladdwyr) *m.*

rodentlike *a.* cnofilaidd.

rodeo *n. U.S:* rodeo(-s) *f.*

Roderick *Pr.n.m.* Rhydderch, Rhodri.

roding *vn. Orn:* = **rode[2]**.

rodomontade[1] *n.* ymffrost *m,* bocsach *m.*

rodomontade[2] *v.i.* ymffrostio, brolio, bocsachu, prygowthan, rhefru, *S.W:* bragaldian.

roe[1] *n. Z:* **~[-deer],** iwrch (iyrchod) *m,* iyrches(-au,-od) *f,* ewig(-od) *f,* iyrchell(-au,-od) *f.*

roe[2] *n. Ich: (a)* **[hard] ~,** gronell [galed] *f, N.W:* bol(-iau) caled *m,* bol grawn, *S.W:* bola (*m*) gronell; *(b)* **soft ~,** lleithon [meddal] *m,* lleithban *m, N.W:* bol llaith, bol lleithan, bol meddal, *S.W:* poten (*f*) sgadenyn, lleithben *m,* bola llibin, bola lleipen, bola llaith. **~ stone** *n. Miner:* grawnfaen (grawnfeini) *m,* gronellfaen (gronellfeini) *m.*

roebuck *n. Z:* iwrch (iyrchod) *m, A: or Lit:* bwch (bychod) (*m*) danas, bwchadanas *m.*

roedeer *n. S:* = **roe[1]**.

roentgen *n. Meas: Ph:* roentgen(-au) *mf.* **~-opaque** *a.* roentgen-ddidraidd. **~-ray** *n.* pelydr(-au) (*m*) X.

roentgenize *v.t.* roentgeneiddio.

roentgenogram, roentgenograph *n.* = **radiograph**.

roentgenography *n.* = **radiography**.

roentgenology *n.* = **radiology**.

roentgenotherapy *n.* = **radiotherapy**.

rogation *n.* 1. **R~,** *Ecc: usu.pl.* y Gweddïau. 2. *Rom.Jur:* mesur(-au) cyfreithiol *m.* **R~ days** *n.pl. Ecc:* dyddiau'r Gweddïau. **R~ flower** *n. Bot:* = **milkwort**. **R~ Sunday** *n. Ecc:* Sul (*m*) y Gweddïau. **R~ time** *n.* tymor (*m*) y Gweddïau. **R~ week** *n.* wythnos (*f*) y Gweddïau.

rogational *a.* gweddïol.

rogatory *a.* deisyfol, gofynnol.

Roger[1] *Pr.n.m.* 1. Rhosier(-iaid); **the Jolly R~,** y Faner Ddu *f.* 2. *int. W.Tel: Av: &c:* **"~ and out,"** "Rhosier a throsodd". 3. *int. F:* o'r gorau! cytuno! dyna ni!

roger[2] *v.t. V: (= copulate with): N:* dobio, dyrnu, chwarae, *Lit: & S:* cnuch[i]o, cnychio.

Rogerstone *W.Pl.n.* Y Tŷ Du *m,* Trefgwilym *f.*

rogue[1] *n.* 1. *(= villain):* cnaf(-on) *m,* dyn(-ion) drwg *m,* cenau (cnafon) *m,* dihiryn (dihirod) *m,* gwalch (gweilch) *m,* adyn(-od) *m,* chwiwgi (chwiwgwn) *m,* twyllwr (twyllwyr) *m,* hocedwr (hodedwyr) *m,* triniwr (trinwyr) *m, N.W:* ffliar(-s) *m,* burgyn(-nod) *m,* rôg(-s) *m,* rogyn (rogiaid) *m,* sgelffyn: sgilffyn(-nod) *m, S.E: occ:* nyfath *m.* 2. *(= scamp):* cenau bach *m,* gwalch bach *m,* ellyll(-on) bach *m, N.W:* coblyn *m,* mawrddrwg *m* (*usu. pronounced* ng-g), *S.W: occ:* wiwgi *m, Lit: occ:* chwiwgi (chwiwgwn) *m;* **she's a little ~,** cnawes fach yw hi; mae hi'n beth fach ddireidus/ddrygionus; **rogues' gallery,** oriel (*f*) y dihirod; *(book):* llyfr (*m*) lladron/cnafon; *Mil: Mus:* **~'s march,** ymdaith (*f*) cidwm. 3. *Jur: A:* crwydryn (crwydriaid) *m.* 4. **~ elephant,** eliffant(-od) drygionus *m; attrib. (trader, poll &c):* drygionus. 5. *Biol: (inferior plant &c):* edlych(-od) *m.* 6. **~ horse,** ceffyl(-au) castiog/drygionus *m,* ceffyl â chast. **~ value** *n. Cmptr:* gwalchwerth(-oedd) *m.*

rogue[2] *v.t.* 1. *(= cheat):* twyllo, gwn|eud, *N.W: F:* trin, rogio, *S:* cafflo. 2. *(= cull):* cwlio, codi, diwreiddio, dadwreiddio, tynnu (rhth) o'r gwr|aidd, difa, dinistrio; **to ~ a field,** clirio/chwynnu cae.

roguery *n.* 1. *(= rascality):* drygioni *m,* anfadrwydd *m,* twyll *m,* dichell(-ion) *f,* ystryw(-iau) *mf,* hoced(-ion) *f,* dichellwaith *m.* 2. = **roguishness.**

roguish *a.* chwar|eus, direidus, cellweirus.

roguishly *adv.* yn ddireidus *&c.*

roguishness *n.* direidi *m.*

roil *v.t.* 1. *(water):* cynhyrfu. 2. *(= disturb, annoy):* cynhyrfu, cythryblu, cythruddo (rhn); tarfu (ar rn).

roily *a. (water):* llwyd(-ion), lleidiog.

roister *v.i.* cadw reiat, gwn|eud miri, morio a rafio, raligampio, *N: F:* rafinio; *S.a.* **revel[2]**.

roisterer *n.* = **reveller.**

roistering[1] *a.* yn cadw reiat, reiatlyd, swnllyd, yn gwn|eud/creu/cadw mwstwr, sy'n cadw mwstwr.

roistering[2] *vn.* twrw *m,* miri *m,* rhialtwch *m,* mwstwr *m,* reiat *f,* stŵr *m,* cograch *m, S.W:* randibŵ *m; vn.* = **roister.**

rolamite *n. Mec.E:* r|olamit (rolamitau) *m.*

Roland *Pr.n.m.* Rolant, *F:* Rol, Roli, *occ:* Loli; *F:* **to give s.o. a ~ for an Oliver,** rhoi dau chwech am swllt i rn; *Lit:* **The Song of ~,** Cân Rolant.

role *n. Th: & F:* rhan(-nau) *f,* part(-iau) *m,* rôl (rolau) *f;* **achieved ~,** rôl a gyflawnwyd; **ascribed ~,** rôl a bennwyd, rôl benodol (rolau penodol); **internalized ~,** rôl a fewnolir; **perceived ~,** rôl a ganfyddir; **prescribed ~,** rôl a ragnodir, rôl ragnodedig (rolau rhagnodedig). **~ allocation** *n.* gosod/pennu (*vn*) rôl. **~ behaviour** *n.* ymddygiad(-au) (*m*) mewn rôl. **~ conflict** *n.* gwrthdaro (*m*) rolau, gwrthdrawiad (*m*) rolau. **~ deficiency** *n.* diffyg (*m*) cyflawni rôl. **~ dimension** *n.* dimensiwn (*m*) rôl. **~ distance** *n.* pellter (*m*) rôl. **~ expectations** *n.pl.* disgwyliadau rôl. **~ flexibility** *n.* hyblygrwydd (*m*) rôl. **~ model** *n.* model (*m*) rôl (modelau rolau), patrwm (patrymau) (*m*) ymddwyn. **~ performance** *n.* cyflawniad (*m*) rôl, cyflawni (*vn*) rôl. **~-play, ~-playing** *n.* chwarae rhan/rôl. **~ primacy** *n.* blaenoriaeth(-au) (*f*) rôl. **~ set** *n.* set(-iau) (*f*) o rolau. **~ taking** *v.n.* chwarae rhan/rôl.

roll[1] *n.* 1. *(of paper, material, film):* rholyn (rholiau) *m,* rhôl (rholiau) *f;* **~ of flannel,** *S.W:* corn(-au) (*m*) o wlanen; **kitchen ~,** papur (*m*) cegin; **tear-off ~,** rhôl rwygo (rholiau rhwygo); **~ of wallpaper,** rholyn o bapur papuro, *S.W:* cnotyn (cnotau) (*m*) o bapur wal; *(b) Arch: (in Ionic capital):* rhôl, foliwt(-iau) *mf; (c) Cu:* **jam ~,** rhôl jam; **fig ~,** rhôl ffigys; **meat ~,** rhôl gig (rholiau cig); **sausage ~,** rhôl sosej; **Swiss ~,** Swis-rôl(-s) *f;* **bread ~,** rhôl fara (rholiau bara), *S.W:* cwgen(-ni,-nod) *f, N.W: occ:* wicsen (wics) *f;* **French ~,** torth hir (torthau hirion) *f;* **bridge ~,** rhôl feddal (rholiau meddal) *f.* 2. *Adm: &c:* rhôl, rhestr(-au) *f,* cofrestr(-au,-i) *f, occ:* llechres(-i) *f;* **on ~,** ar y gofrestr; **to call the ~,** galw'r enwau; **Account R~,** Rhôl Gyfrifon (Rholiau Cyfrifon); **Association Oath R~,** Rhôl Llwon Cymdeithasiad; **Fine R~,** Rhôl Tâl am Fraint, **Liberate R~,** Rhôl Pensiwn a Lwfans; **Oblate R~,** Rhôl Offrwm; **Plea R~,** Rhôl Bledion (Rholiau Pledion); **Charter R~,** Rhôl Siarter; **Curia Regis R~,** Rhôl Llys y Brenin; **Patent R~,** Rhôl Batent; **Muster R~,** Rhôl Fwstwr/Fwstro (Rholiau Mwstwr/Mwstro); **Pipe R~,** Rhôl Siecr; **Rent R~,** Rhôl Renti (Rholiau Rhenti), Rhentrol(-iau) *f;* **Subsidy R~,** Rhôl Gymorth; **the ~ of honour,** *(i) (of dead heroes):* rhestr y gwroniaid; *(ii) Sch:* rhestr yr anrhydeddau, y rhestr anrhydedd; *Jur:* **to strike s.o. off the rolls,** dil|eu enw rhn oddi ar y rhôl; **Keeper of the Rolls,** Ceidwad (*m*) y Rholiau; **Master of the Rolls,** Meistr (*m*) y Rholiau. 3. *(a) (of tobacco):* rholyn (rholion, rholiau) *m; (b) (of fat):* torch(-au) *f,* rholyn; *(around neck):* tagell (tegyll) *f.* 4. *Tail: (of collar of coat):* rhôl *f.* 5. *(= roller): (a) (of rolling-mill &c):* rowl(-iau) *mf,* rholyn (rholiau) *m,* silindr(-au) *m.* **~ bar** *n. Aut:* bar(-rau) (*m*) gwrthrolio. **~-call** *n. Mil: Sch:* galwad (*f*) enwau, galw(*vn*)'r enwau, galw'r rhôl/rhestr; **~-call will be at eight,** gelwir yr enwau am wyth. **~-collar** *n. Cost:* coler(-i) (*m*) rhôl, coler (*f*) rôl (coleri rhôl). **~ decoration** *n. Bookb:* addurn(-iadau) (*m*) rhôl. **~-neck** *n.* = **roll-collar**. **~-out** *n. Th:* cynfas(-au) (*f*) rowlio. **~-rim** *n. Fung:* **brown ~-rim,** madarch cantelog *m.* **~-shutter** *n.* caead(-au) (*m*) rhôl, llen (*f*) ddirwyn (llenni dirwyn). **~-top** *attrib.* **~-top desk,** desg(-iau) (*f*) â chaead/chlawr rhôl.

roll[2] *n.* 1. *(a) Nau:* siglad(-au) *m,* rholiad(-au) *m; F:* **to walk with a**

~ [in one's gait], cerdded dan siglo; **to have a ~ on the grass,** rholio/rowlio ar y glaswellt, *S.W:* trolo yn y glaswellt; *(b)* **the ~ of the sea,** ymchwydd *(m)* y môr, dygyfor *(m)* y môr; *(c)* **the ~ of the hills,** ymdoniad *(m)* y bryniau. **2.** *(a) (of a ball &c):* powliad(-au) *m, occ:* treigl *m,* rholiad(-au) *m; (b) (of dice):* tafliad(-au) *m; (c) Sp:* rholiad; **backward ~,** rholiad yn ôl; **dive forward ~,** deifroliad(-au) yml|aen; **forward ~,** rholiad ymlaen; **Western ~,** rholiad y Gorllewin; *(d) Av:* rholiad. **3.** *(of a drum):* dadwrdd (dadyrddau) *m;* **drum ~,** tabyrddiad(-au) *m; (of thunder):* trwst (trystau) *m.*

roll[3] *v.t.&i.* I. *v.t.* **1.** *(a barrel, marbles):* treiglo, rholio, rholian, *N.W:* powlio, rowlio, *S:* trolo, trolian; **to ~ one's eyes,** troi'ch/rholio'ch llygaid, *S.E:* ymol llygaid; **to ~ one's r's,** rholio'r "r", *N.W: F:* trymolio'r "r"; *(a) (grass, road):* rholio; *(b) (metal, dice, paper, cigarette &c):* rholio; *(wool):* dirwyn; *(c) Cu:* **to ~ [out] dough,** rholio toes, *N:* gyrru toes, *S:* hala toes; **to ~ and fold pastry,** rholio a phlygu toes; **to ~ oatcakes,** *N.W:* gyrru bara ceirch, *S:* hala bara ceirch; *(d) T.V: Cin:* **~!** troi! II. **1.** *v.i.* rholio, rholian, *S:* trol[i]o, trolian, *N:* rowlio, powlio; **the tears rolled down his cheeks,** yr oedd y dagrau'n powlio/llifo i lawr ei ruddiau; *(b)* **his eyes were rolling,** yr oedd ei lygaid yn troi yn ei ben; *S.a.* **set[2]** I. 17. *(b).* **2.** *v.i.&pr.* **to ~ [oneself] from side to side,** siglo o'r naill ochr i'r llall; *F:* **to be rolling in wealth,** bod yn graig o arian, rowlio mewn arian, *N.W: occ:* bod yn glwch, bod fel clwch. **3.** *(of thunder):* rowlio, trystio; **to hear the drums rolling,** clywed dadwrdd y drymiau. **4.** *(of ship, aeroplane):* siglo, rholio; **to ~ in one's walk,** siglo cerdded, honcian cerdded. **5.** *(of horse):* **to ~ on its back and kick its legs,** bwrw pedolau, ymdreiglo ar y llawr, *S.E:* ymrolian, ymgrinad, towlu pâr o bedolau, *S.W:* ennill pâr o bedole, newid 'i grys, *N.W:* drenglo. **~ back 1.** *v.t.* **to ~ back invaders,** gyrru ymosodwyr yn ôl, gyrru ymosodwyr yn eu holau, gyrru ymosodwyr ar ffo. **2.** *v.i.* mynd yn ôl, treiglo'n/ymdreiglo'n ôl. **~ by** *v.i.* mynd heibio; treiglo, ymdreiglo [heibio]. **~ in 1.** *v.t. Hockey:* **to ~ in the ball,** rholio'r bêl i mewn. **2.** *v.i. (of carriage &c):* dod i mewn; *(of wave):* ymdreiglo/treiglo i mewn; **people will be rolling in (to see the show),** fe ddaw pobl yn llu/lluoedd, fe ddaw pobl yn un fflyd, bydd pobl yn heidio (i weld y sioe); **the money was simply rolling in,** 'roedd yr arian yn llifo/dylifo/tywallt/arllwys i mewn. **~-in** *vn. Hockey:* rholio i mewn. **~ off 1.** *v.t. (a) (=print):* argraffu, printio, rhedeg; *(b)* **to ~ off a list of names,** adrodd/darllen rhestr yn r|ibidi-res. **2.** *v.i.* **the ball rolled off the table,** rholiodd y bêl oddi ar y ford/bwrdd; **the carriage rolled off,** aeth/treiglodd y cerbyd ymaith; cychwynnodd y cerbyd. **~ on 1.** *v.i.* mynd yn eich blaen, bwrw ymlaen; **~ on Christmas!** brysied y Nadolig! mae'n hwyr glas i'r Nadolig ddod! **2.** *v.t.* **to ~ on a corset,** rholio/rhowlio staes amdanoch. **~-on 1.** *attrib.* rholio; **~-on belt,** gwregys(-au) *(m)* rholio; **~-on deodorant,** diaroglydd(-ion) *(m)* rholio, *F:* sent *(m)* rholio. **2.** *n. (= corset):* staes(-ys) *(m)* lastig. **~ out 1.** *v.t. (a map):* dadrowlio, dadrolio; *(dough):* gyrru, rholio, *S:* hala. **~ over 1.** *v.t.* troi/rholio/rhowlio (rhth) drosodd, treiglo (rhth), *S.W:* moelyd (rhth). **2.** *v.i.* rholio drosodd, ymdreiglo, treiglo drosodd; **to ~ over and over,** troi a throsi, troi drosodd a throsodd, troi a threiglo. **3.** *attrib. Com:* **~-over relief,** cymorth *(m)* treiglol. **~ up 1.** *v.t. (a) (map):* rholio; *(sleeve, trouser leg):* torchi; **to ~ sth up in sth,** lapio rhth yn/mewn rhth; **to ~ oneself up (in a blanket),** eich lapio'ch hun, ymlapio (mewn blanced); *(b) Mil:* **to ~ up an enemy line,** erlid/gyrru llinell gelyn yn gylch; amgylchynu gelyn. **2.** *v.i. (a) (of blind &c):* codi, rholio i fyny; *(of kitten, hedgehog, snake):* **to ~ up into a ball,** mynd yn belen/dorch/rholyn, ymbelennu, ymdorchi; *(b) (of guests &c):* cyrraedd, llifo, dylifo, dod yn llu/lluoedd/llif, dod yn un fflyd, heidio (i le); **~ up!** dewch yn llu! **~-up, ~-your-own** *n. (cigarette):* sigarét(-s) *(f)* rolio.

rollable *a. (ball):* treigladwy, rholiadwy, rowliadwy; *(blanket &c):* lapiadwy.

rollaway *a. U.S:* olwynog, ar olwynion; **~ bed,** gwely olwynog, gwely rholio.

rollback *n. U.S:* **1.** *(of prices):* gostyngiad(-au) *m,* gostwng *vn.* **2.** *Mil: (of enemy):* erlidiad(-au) *m,* amgylchyniad(-au) *m,* amgylchynu *vn.*

rolled *a.* **1.** *(paper):* yn rholyn, rholiog, rholiedig, wedi ei r[h]olio/r[h]owlio; **he was father and friend ~ into one,** 'roedd yn dad ac yn gyfaill ar yr un pryd; 'roedd yn gyfuniad o dad a chyfaill; *Phon:* **~ consonant,** cytsain drawol (cytseiniau trawol) *f;* **~ sound,** trawolion; **~ gold,** haen *(f)* aur, aur *(m)* gyrru, eurwaith *m;* **~ hem,** hem *(f)* rôl (hemiau rhôl); **~ iron,** haearn *(m)* gyrru.

roller *n.* **1.** *(a) (of confectioner):* rholbren(-ni,-nau) *m; (b) (of blind):* rhôl (rholiau) *f,* rowl(-iau) *mf; (c)* **steam ~,** injan(-s) *(f)* ffordd, injan rowlio, *Lit: Joc:* agerdreiglydd(-ion) *m;* **garden ~,** rowl, rowlar(-s) *mf.* **2.** *in most technical senses:* rholer(-i) *mf,* rholiwr (rholwyr) *m,* rowl; **pressing ~,** rholer gwasgu; **feed rollers,** rholeri bwydo; *(of armchair):* castor(-au) *m,* olwyn fach (olwynion bach) *f.* **3.** *Nau: (wave):* moryn(-nau) *m, Lit:* gwaneg(-au, gwenyg) *f.* **4.** *Orn:* rholydd(-ion) *m.* **5.** *F:* Rolls-Royce *m.* **~ bandage** *n. Surg:* rholrwymyn(-nau) *m.* **~ bearing** *n. Mec.E:* rholferyn(-nau) *m.* **~ blind** *n.* llen dywyll *(f)* roler (llenni tywyll rholer), *F:* bleind(-s) *(m)* rholer/rholio. **~ caption** *n. T.V:* rhestr *(f)* eiriau (rhestrau geiriau). **~-chain** *n.* rholgadwyn(-i) *f.* **~-coast** *v.i.* rholio i fyny ac i lawr. **~-coaster** *n.* ffigar-êt *m.* **~ curtain** *n. Th:* llen *(f)* ddirwyn (llenni dirwyn). **~ derby** *n. Sp:* ras(-ys) *(f)* sglefrio. **~ disco** *n.* disgo(-s) *(m)* sglefrio. **~-loom** *n. Tex:* gwŷdd (gwyddion) *(m)* rholer. **~-map** *n.* map(-iau) *(m)* rholio. **~-mill** *n.* melin *(f)* rolio (melinau rholio). **~-shelf** *n.* silff(-oedd) olwynog *f.* **~-skate[1]** *n.* esgid *(f)* rolio (esgidiau rholio). **~-skate[2]** *v.i.* troed-rolio. **~-skater** *n.* troed-roliwr (~-rolwyr) *m,* troed-r|olwraig *f.* **~-skating** *vn.* rhôl-sglefrio. **~-towel** *n.* lliain (llieiniau) *(m)* rhôl.

rolley *n.* = **rulley.**

rollick[1] *n.* hwyl *f,* miri *m,* sbri *fm,* afiaith *m,* rhialtwch *m,* difyrrwch *m,* ysbleddach *m,* raligamps *pl.*

rollick[2] *v.i.* cael hwyl, cadw reiat, raligampio.

rollicking *a.* hwyliog, afieithus, reiatlyd; **~ fun,** hwyl anfarwol *f;* **to lead a ~ life,** byw bywyd rafin/rafinllyd.

rolling[1] *a.* **1.** sy'n treiglo, sy'n rholian, treigl, treiglol, *S.W:* sy'n trolio; *Mil:* **~ barrage,** tanio symudol/treiglol; *Com:* **~ budget,** cyllidebau treiglol *pl;* **~ programme,** *(of building &c):* rhaglen dreigl/dreiglol; **~ conference,** cynhadledd deithiol; **~ strike,** streic dreiglol (streiciau treiglol) *f; Prov:* **a ~ stone gathers no moss,** carreg a dreigla ni fwsogla; y maen a dreigla ni fwsogla; ni bydd mysyglog faen o'i fynych drafod; *F:* **he is a ~ stone,** mae'n dipyn o grwydryn. **2.** *(gait):* siglog; *(eyes):* gwibiog, sy'n troi/rholio [yn eich pen]. **3.** *(a) (sea):* tonnog; **a ~ wave,** moryn(-nau) *m; (b) (countryside):* bryniog, o bant a bryn, o fryniau a phantiau, tonnog; *(c)* **~ downland,** twyndir(-oedd) tonnog *m;* **~ plain,** gwastadedd(-au) eang; **~ road,** ffordd droellog (ffyrdd troellog) *f.* **4. ~ drunk,** meddw gaib, meddw gorn, meddw fawr, chwil gaib, chwil ulw, *N.W: occ:* rhonciog/rhonclyd gan ddiod, yn rhoncio/rhoncian/hongian ar eich traed gan ddiod. **~ bookcase** *n.* cwpwrdd (cypyrddau) *(m)* [llyfrau] olwynog, silffoedd *(pl)* [llyfrau] olwynog. **~ hitch** *n.* cwlwm (c[y]lymau) *(m)* dirwyn. **~-mill** *n.* melin *(f)* rolio (melinau rholio), melin farrau (melinau barrau). **~-pin** *n. Cu:* rholbren(-ni,-nau) *f.* **~-press** *n. Print:* rholwasg (rholweisg) *f,* gwasg *(f)* rolio (gweisg rholio). **~ spider** *n. T.V:* trybedd(-au) olwynog *f.* **~ stock** *n. Rail:* cerbydau *pl,* wageni *pl.*

rolling[2] *vn.* = **roll[2],[3].**

rollmop *n. Cu:* rholyn *(m)* pennog (rholion penwaig).

rollway *n. U.S:* rholffordd (rholffyrdd) *f.*

roly-poly[1] *a.* pwt, byrdew, *N.W:* stwclyd.

roly-poly[2] *n.* **1.** *(pers.):* pwtyn *m,* pwt (pytiau) *m,* stwcyn *m,* stwcen *f,* torpwth *m,* trwlyn *m,* tordyn *m,* trwlen *f.* **2.** *Cu:* roli-poli(-s) *mf,* rholyn-polyn *m.* **3.** *Bot:* = **saltwort. 4.** *Games:* rhôl-bêl *f.*

Rom *n.* = **gipsy.**

Romaic *a. & n. Ling:* Groeg diweddar *(m),* Rom|aeg *(f, m).*

romaine *n.* **1.** *Bot:* letysen gos (letys cos) *f.* **2.** *Tex:* ***romaine*** *mf.*

romaji *n. Alph:* [yr wyddor] romaji *f.*

Roman *a. & n.* I. *(a)* Rhufeinig, Rhufeinaidd; **the ~ Senate,** Senedd Rhufain; **~ nose,** trwyn(-au) Rhufeinig *m,* trwyn eryraidd, trwyn crwbi; *Pyr:* **~ candle,** cannwyll *(f)* dân (canhwyllau tân), cannwyll Rufeinig (canhwyllau Rhufeinig); **~ Catholic** *(a) a.* Catholig, Pabyddol; *(b) n.* Catholig(-ion) *m&f,* Pabydd(-ion) *m,* Pabyddes(-au) *f;* **~ Catholicism,** Catholigiaeth Rufeinig *f,* Pabyddiaeth *f;* **the ~ Curia,** Llys *(m)* y Pab; **~ Dutch,** Rhufeinig-Iseldirol; **the ~ Empire,** yr Ymerodraeth Rufeinig *f,* Ymerodraeth Rufain; *Hist:* **the Holy ~ Empire,** yr Ymerodraeth Lân Rufeinig; **~ holiday,** hwyl greulon *f,* difyrrwch creulon *m,* adloniant creulon *m;* **R~ law,**

cyfraith (*f*) Rufain, y gyfraith Rufeinig; *Bot:* ~ **nettle,** *(Urtica pilulifera):* danhadlen belaidd (danadl pelaidd) *f*; ~ **numeral,** rhifolyn (rhifolion) Rhufeinig *m*; *Ecc:* ~ **rite,** defod (*f*) Rhufain, y ddefod Rufeinig; *Moll:* ~ **snail,** malwen/malwoden fawr (malwod mawr) *f*, malwen/malwoden Rufeinig (malwod Rhufeinig). II. *n.* **1.** *Hist:* Rhufeiniwr (Rhufeinwyr) *m*, Rhufeiniad (Rhufeiniaid) *m&f*, Rhufeines(-au) *f*, Rhuf|einwraig (Rhufeinwragedd) *f*. **2.** *Typ:* teip (*m*) Rhufeinig. **3.** = **Catholic** 2. **4.** *pl. B:* Rhufeiniaid.

Romance[1] *n. & attrib. Ling:* Romáwns *f*, *m*; **the ~ languages,** yr ieithoedd Romáwns.

romance[2] **1.** *(a) Mediev.Lit:* rhamant(-au) *f*; **the age of ~,** *(i) Lit:* oes (*f*) y rhamantau, cyfnod (*m*) s|ifalri; *(ii)* **the age of ~ is not yet past,** nid yw oes rhamant wedi darfod; *(b) (= romantic novel &c):* rhamant, nofel ramant/ramantus (nofelau rhamant/rhamantus) *f*, stori (*f*) ramant (storïau rhamant), stori (*f*) garu (straeon caru); *(= love affair):* carwriaeth(-au) *f*; *(c)* **the ~ (of the sea),** cyfaredd *f*, swyn *m*, hud *m*, hudoliaeth *f*, rhamant *m* (y môr). **2.** *Mus:* rhamant(-au) *f*.

romance[2] *v.i.* **1.** *(= exaggerate):* rhamantu, gorliwio, gorddweud, *occ:* blys-goelio. **2.** *(= court):* canlyn.

romancer *n.* rhamantydd: rhamantwr (rhamantwyr) *m*, rham|antwraig (rhamantwragedd) *f*.

Romanesque *a. & n. Arch:* **1.** *a.* Romanésg. **2.** *n.* y [dull] Romanésg *m*.

Romania *Pr.n. Geog:* Rwmania *f*.

Romanian *a. & n.* **1.** *a.* Rwmanaidd; **the ~ government,** llywodraeth Rwmania; **he's ~,** Rwmaniad yw ef; *(in language):* Rwmaneg. **2.** *n. (i) Ethn:* Rwmaniad (Rwmaniaid) *m&f*; *(ii) Ling:* Rwmaneg *f*, *m*.

Romanic *a. & n. Ling:* **1.** *a.* Romaneg, Romáwns. **2.** *n.* Romaneg *f*, *m*, Romáwns *f*, *m*.

Romanism *n.* Pabyddiaeth *f*.

Romanist *n.* **1.** Rhufeinydd(-ion) *m*. **2.** *Pej: (= Catholic):* Pabydd(-ion) *m*, Pabyddes(-au) *f*.

Romanity *n.* Rhufeinigrwydd *m*, Rhufeindod *m*, Rhufeindra *m*.

romanium *n. Metall:* romaniwm *m*.

Romanize *v.t.*, **Romanization** *n.* Rhufeineiddio, Rhufeinio.

Romano-British *a.* Brythonaidd-Rufeinig.

Romano-Briton *n.* Brython(-iaid) Rhufeinig *m*.

Romansch *n. & attrib. Ling:* Rheto-Romaneg *f*, *m*, [yr iaith] Románsh *f*, *m*, Ladineg *f*, *m*.

romantic *a. & n.* **1.** *a. (story, pers.):* rhamantus, rhamantaidd; **the R~ Movement,** y Mudiad Rhamantaidd; *Th:* ~ **comedy,** comedi ramant (comedïau rhamant) *f*; *Th:* ~ **lead,** prif garwr (~ garwyr) *m*, *(– pertaining to love & courtship):* carwriaethol. **2.** *n.* rhamantydd (rhamantwyr) *m*.

romantically *adv.* **1.** yn rhamantus. **2.** yn garwriaethol.

romanticism *n.* rhamantiaeth *f*.

romanticist *n.* rhamantydd(-ion, rhamantwyr) *m*.

romanticize *v.t.* rhamantu, rhamanteiddio.

Romany[1] *a. & n.* **1.** *a.* R|omani; ~ **customs,** arferion sipsiwn. **2.** *n. (i) Ethn:* sipsi (sipsiwn) *m&f*, sipsen (sipsis, sipsiwn) *f*; *(ii) Ling:* R|omani *f*, *m*.

romaunt *n. Mediev.Lit:* rhamant(-au) *f*; **the R~ of the Rose,** Rhamant y Rhosyn/Rhos.

Rome *Pr.n.* Rhufain *f*; **to fiddle while ~ burns,** canu/chwarae crwth tra llosgo Rhufain; *Prov:* **when in ~ do as the Romans do,** pan foch yn Rhufain, gwnewch fel y Rhufeiniaid; (*)yn Ffrainc rhaid yfed yn ffraeth; **all roads lead to ~,** i Rufain yr arwain pob ffordd; **~ was not built in a day,** nid mewn undydd y codwyd Rhufain; *Ecc:* **the Church of ~,** Eglwys (*f*) Rufain.

Romewards *adv.* tuag at Rufain, i Rufain.

Romish *a. Pej:* Pabyddol, Pabaidd.

romp[1] *n.* pranc(-iau) *m*, campau *pl*, *N:* giamocs *pl*.

romp[2] *v.i.* **1.** chwarae, prancio, gwn|eud campau, campio, campro, *S:* gwilhersu, gwilhersa, gwilersi, *N:* gwneud giamocs. **2.** *Rac: & F:* **to ~ in/home,** ennill dan ganu, ennill yn rhwydd, *S.W:* ennill o hewl; **to ~ through an examination,** mynd trwy arholiad dan ganu, mynd trwy arholiad yn rhwydd; **a romping girl,** *N.W:* hampar o hogan, *S.W:* rhompen *f* [o fenyw], rhonten *f*, ffrwlen *f*; *See* **tomboy.**

romper *n.* **1.** *(pers.):* pranciwr (prancwyr) *m*. **2.** *usu.pl. Cost:* rompyr(-s) *m*, siwt(-iau) (*f*) chwarae.

rompishness *n.* natur chwar|eus *f*, nwyfusrwydd *m*, hoenusrwydd *m*.

Roncesvalles, Roncevaux *Pl.n.* Ronsyfál *m*, Glyn (*m*) y Mieri.

rond *n. Nat.Hist:* cors(-ydd) *f*.

rondavel *n.* cwt crwn (cytiau crynion) *m*.

ronde *n. Typ:* rond *f*.

rondeau *n. Pros:* ***rondeau(-x)*** *m*.

rondel *n. Pros:* rondel(-i) *f*.

rondo *n. Mus:* rondo(-s,-au) *m*.

rondure *n. Lit:* cylch(-oedd) *m*, crynder *m*.

rone *n. Constr:* cwter(-i,-ydd) *f*, *N.W:* landar(-s, landeri, landerydd) *f*.

roneo[1] *n. R.t.m:* roneo *m*.

roneo[2] *v.t.* dyblygu (rhth) [ar roneo].

Röntgen ray *n. See* **roentgen.**

röntgenize *v.t.* = **roentgenize.**

röntgenogram, röntgenograph *n.* = **radiograph.**

röntgenography *n.* = **radiography, radiology.**

röntgenology *n.* = **radiology.**

röntgenotherapy *n.* = **radiotherapy** *m*.

roo *n. F:* cangarŵ(-od) *m* (*pronounced* ng-g).

rood *n.* **1.** croes(-au) *f*, *Lit: occ:* crog(-au) *f*; **the Holy R~,** y Grog Fendigedig/Fendigaid; **Holy R~ Day,** Gŵyl (*f*) y Grog; *int.* **by the R~!** myn y Grog! **2.** *Meas:* rhwd (rhydau) *f*. **~-arch** *n.* bwa (bwâu)(*m*)'r grog. **~-beam** *n.* trawst (*m*) y grog (trawstiau'r grog). **~-cloth** *n.* crogliain (croglieiniau) *m*. **~-loft** *n.* llofft(-ydd) (*f*) y grog, croglofft(-ydd) *f*. **~-screen** *n.* croglen(-ni,-nau) *f*, sgrîn (*f*) y grog (sgriniau'r grog).

roof[1] *n.* **1.** to(-eau,-eon) *m*, *A: or Lit:* cronglwyd(-ydd) *f*, nen(-nau) *f*, *S.W: occ:* pen (*m*) tŷ, crongol *f*; **flat ~,** to gwastad; **helm ~,** to helm; **hip ~,** talcendo(-eau) *m*; **ridge ~,** to cribog; **thatch ~,** to gwellt, *occ:* to cawn; **a ~ of rushes,** to brwyn; *(on top of rick):* *S.E:* torchen (*f*) o frwyn; **French ~,** to Ffrengig; **mansard ~,** to mansard; **slate ~,** to llechi; **valley ~,** to cafnog. **a house with the ~ fallen in,** tŷ wedi mynd â'i ben iddo; *F:* **to lift the ~,** codi'r to; **a ~ over one's head,** to uwch eich pen, cysgod *m*, cysgodfan(-nau) *m*; **the song brought the ~ down,** tynnodd y gân y lle i lawr; cododd y gân y to; cafodd y gân gymeradwyaeth fyddarol; *F:* **to go through the ~, to hit/raise the ~,** colli'ch limpyn, colli'ch tymer, mynd o'ch cof, colli arnoch eich hun, *N.W:* gwylltio'n gacwn ulw, mynd i dop y caetsh/cratsh, *S.W:* mynd i natur; **under s.o.'s ~,** tan gronglwyd/nenbren rhn; **under one ~, under the same ~,** dan yr unto. **2.** ~ **of the mouth,** taflod(-ydd) (*f*) y genau. **3.** *Aut:* **sliding ~,** to symudol, to llithro; **sun-~,** to agor, to haul. **4.** *Min: (of mine):* to, top(-iau) *m*, rwff *m*; **to drive a ~ tunnel,** gyrru rwff, ryffio. **~-beam** *n.* = **roof-tree.** **~-board** *n.* estyllen (*f*) ben to (estyllod pen to). **~-garden** *n.* gardd (*f*) ben to (gerddi pen to). **~-guard** *n.* giard(-iau) (*m*) pen to. **~-gutter** *n.* *N:* landar(-s, landeri, landerydd) *f*, *M.W:* cafn(-au) (*m*) [bargod], *S:* cafn [pen] tŷ, *M.W: S.E: occ:* tryffin; troffin *m* ~ **ladder** *n.* ysgol (*f*) do (ysgolion to), ysgol ben to (ysgolion pen to). **~-lamp, ~-light** *n. Aut:* nenlamp(-au) *f*. **~-line** *n.* llinell (*f*) doeau (llinellau toeau). ~ **pitch** *n.* goleddf(-au) (*m*) to, goleddfiad(-au) (*m*) to, gogwydd(-ion) (*m*) to, rhediad(-au) (*m*) to. **~-plate** *n.* gwalbla[i]d (gwalbleidiau) *f*, gwalbant (gwalbentydd) *f*. **~-rack** *n.* rhesel (*f*) ben to (rheseli pen to). **~-tree** *n.* nenbren(-nau,-ni) *m*, cronglwyd(-ydd) *f*. **~-truss** *n.* cwpl (cyplau) *m*.

roof *v.t.* toi (tŷ), dodi/rhoi to (ar dŷ).

roofed *a.* â tho, dan do.

roofer *n.* **1.** *Constr:* töwr (towyr) *m*, *S.W:* teiler(-s) *m*. **2.** *(= letter of thanks):* llythyr(-au,-on) (*m*) diolch.

roofing *vn. & n.* **1.** *vn.* toi. **2.** *n.coll.* toeau *pl*; **glass ~,** to (*m*) gwydr, toeau gwydr, gwydr (*m*) toi. **~-felt** *n.* ffelt (*m*) toi. **~-tile** *n.* teilsen (*f*) doi (teils toi).

roofless *a.* **1.** *(house):* heb do, di-do. **2.** *(pers.):* digartref, heb gartref, heb do uwch eich pen.

roofscape *n.* toeau *pl*.

rooftop *n.* pen (*m*) tŷ (pennau tai).

rooibos *n. Bot:* llwyn coch (llwyni cochion) *m*.

rook[1] *n.* **1.** *Orn:* ydfran (ydfrain) *f*, brân bigwen (brain pigwyn) *f*; *in ordinary parlance:* brân (brain) *f*. **2.** *F: (= swindler):* twyllwr (twyllwyr) *m*, *S:* cafflwr (caffiwyr) *m*. ~ **rifle** *n.* dryll(-iau) (*m*) [saethu] brain, gwn (gynnau) (*m*) [saethu] brain.

rook² *v.t. F:* twyllo; **to ~ s.o. of his money,** twyllo rhn o'i arian, *N:* gwn|eud rhn o'i bres.
rook³ *n. Chess:* castell (cestyll) *m.*
rookery *n.* **1.** nythfa (*f*) frain (nythfaoedd brain), llwyn(-i) (*m*) brain, nythle(-oedd) (*m*) brain. **2. seal ~,** haid (heidiau) (*f*) o forloi, nythle morloi; **penguin ~,** nythle pengwyniaid. **3.** *(= crowded tenement):* nythle brain.
rookie *n.* ricr|iwt (ricriwtiaid) newydd *m*; *Mil:* glasfilwr (glasfilwyr) *m.*
rooklet, rookling *n.* cyw (*m*) brân (cywion brain).
rookworm *n.* pryf(-ed) (*m*) y brain.
rooky *a.* llawn brain, llawn o frain.
room¹ *n.* **1.** *(= space):* lle *m*; **it takes up a great deal of ~,** mae'n llenwi/cymryd llawer o le; *M.W:* mae'n dipyn o fwmbi; **elbow ~,** lle i droi/symud; **we're cramped for ~,** mae'n gyfyng arnom am le; **to make ~ for s.o.,** gwneud lle i rn; **make ~!** gwna (gwnewch) le! *N.W: occ:* cynnwys! saf (sefwch) draw! *(b)* **in s.o.'s ~, in the ~ of s.o.,** yn lle rhn. **2. there is ~ for uneasiness,** mae lle i bryderu; **there's no ~ for dispute,** 'does dim lle i ddadlau; **that leaves no ~ for doubt,** ni edy hynny le i amau; **there is much ~ for improvement,** mae cryn le i wella; nid da lle gellir gwell; *F:* **there's ~ and to spare in it,** mae hen ddigon o le ynddo; **there's just enough ~ in it,** fe ddeil ei lond; **your ~ is better than your company,** gwell gennym eich lle na'ch cwmni; **(there is no ~) to swing a cat,** ('does dim lle) i droi, i chwipio chwannen. **3.** *(a) (in house):* ystafell(-oedd) *f*; **reception ~,** ystafell dderbyn (ystafelloedd derbyn); **living ~,** ystafell fyw (ystafelloedd byw) *occ:* lle(-oedd) (*m*) byw, cegin (*f*) fyw (ceginau byw); **sitting-~,** ystafell eistedd, lolfa (lolf|eydd) *f*; **dining-~,** ystafell fwyta (ystafelloedd bwyta), *F: occ:* lle bwyta; *S.a.* **auction, back¹, boiler, combination, common, day, green, morning, reading, store**; **private ~,** *(in restaurant):* ystafell o'r neilltu; **powder ~,** ystafell bowdro (ystafelloedd powdro); **show ~,** ystafell ddangos (ystafelloedd dangos), ystafell arddangos; **strong ~,** ystafell ddiogel (ystafelloedd diogel); **engine-~,** ystafell [yr] injan; **~ to ~ telephone,** teleffon mewnol *m*; **~ and board,** llety a lluniaeth; *(b) pl.* **[set of] rooms,** ystafelloedd *pl*, fflat(-iau) *f*; *S.a.* **bathroom, bedroom** *&c.* **~ divider** *n.* rhannwr (*m*) ystafell (rhanwyr ystafelloedd). **~-mate** *n.* cydletywr (cydletywyr) *m*, cydlet|ywraig (cydletywragedd) *f*, cydystaf|ellwraig (cydystafellwragedd) *f*, cydystafellwr (cydystafellwyr) *m.* **~ service** *n.* gwasanaeth (*m*) ystafell. **~ temperature** *n.* tymheredd (*m*) ystafell, gwres (*m*) ystafell.
room² *v.i. U.S:* *(a)* lletya, byw mewn ystafell; *(b)* **to ~ (with s.o.),** *(= share an apartment):* rhannu lle, cydletya (â rhn).
-roomed *a.* -ystafellog; **a four-~ flat,** fflat â phedair ystafell.
roomer *a. U.S:* lletÿwr (lletywyr) *m*, tenant(-iaid) *m.*
roomette *n. U.S:* ystafellan(-au) *f*, ystafell fechan (ystafelloedd bychain) *f.*
roomful *n.* llond (*f*) ystafell, ystafellaid (ystafelleidiau) *f.*
roomily *adv.* â digon o le, yn helaeth, yn eang.
roominess *n.* helaethrwydd *m*, ehangder *m.*
rooming house *n. U.S:* llety(-au) *m.*
roomy *a.* helaeth, eang, â digon/digonedd o le; *(clothing):* cyfforddus a digon o le (ynddo/ynddi/ynddynt); **this makes the cabin more ~,** mae hyn yn rhoi mwy o le yn y caban.
roop *n. Vet:* = **roup.**
roorback *n. U.S:* enllib(-ion,-iau) *m* (ar rn).
roost¹ *n.* clwyd(-i,-au,-ydd) *f*, *Lit: occ:* esgynbren(-nau,-ni) *m*, *S.W:* pren(-nau) (*m*) ieir, taflod(-au) *f*, *S:* sgimbren(-ni) *m*, *M.W:* rhwst *f*, ffrâm (*f*) ieir; **to go to ~,** *(i) (of hens):* clwydo, mynd i glwydo; *F: (ii) (of pers.):* clwydo, mynd i glwydo, noswylio; *(of misdeed &c):* **to come home to ~,** taro'n ôl, dod yn ôl ar eich pen; **to rule the ~,** bod yn ben (ar rth); *(of husband, wife):* gwisgo'r clos.
roost² *v.i. (of hens):* clwydo, mynd i glwydo.
rooster *n. U.S:* ceiliog(-od) *m.*
roosting *a.* sy'n clwydo.
root¹ *n.* **1.** gwr|aidd (gwreiddiau) *m*, gwreiddyn (gwraidd, gwreiddiau) *m*; **adventitious ~,** adwreiddyn (|adwraidd) *m*, gwreiddyn dŵad; **contractile ~,** gwreiddyn cyfangol; **fibrous ~,** gwreiddyn ff[e]ibrog; **lateral ~,** gwreiddyn ochrol; **tap-~,** prif wreiddyn (~ wraidd); **secondary ~,** gwreiddyn eilaidd; **to pull sth up by the ~,** diwreiddio rhth, codi/tynnu rhth o'r gwraidd; **to take/strike ~,** gwreiddio, bwrw gwraidd, magu gwraidd, *S.W:* stolo; **the root of a hair,** *(under skin):* gwreiddyn blewyn o wallt, gwreiddyn blewyn o'r pen; *(visible):* bôn/bonyn (bonion) (*m*) gwallt; **he blushed to the roots of his hair,** cochodd hyd at fôn ei wallt; **the ~ of the tail,** *N:* bôn cynffon, *S:* bôn cwt, cloren(-nau) *f*; **the grass roots,** y gwreiddiau; *(= rank and file of union &c):* yr aelodau cyffredin, trwch (*m*) yr aelodaeth; *(= ordinary citizens):* pobl (*f or pl*) y wlad, gwerin (*f*) gwlad, y werin; **grass roots opinion,** barn (*f*) y wlad, y farn gyffredin, barn y werin. **2.** *(= source):* gwraidd, gwreiddyn, bôn, tarddiad *m*, ffynhonnell *m*; *F:* **to strike at the ~ of an evil,** gosod y fwyall ar wraidd rhyw ddrwg; **to lie at the ~ of sth,** bod wrth fôn/wraidd rhth; *B:* **the love of money is the ~ of all evil,** gwreiddyn pob drwg yw ariangarwch; *B:* **the ~ of the matter,** gwreiddyn y mater; **to search for one's roots,** chwilio am eich gwreiddiau; *F:* **~ and branch,** gwraidd a brig; brig, gwraidd a bôn; *Hist:* **R~ and Branch Petition,** Deiseb (*f*) Gwreiddyn a Changen; **the ~ of the trouble,** gwreiddyn y drwg, y drwg (*m*) yn y caws, *S.E:* cnewyllyn (*m*) y drwg; **at ~,** yn y gwraidd, yn y bôn. **3.** *Mth:* isradd(-au) *f*; **square ~,** ail isradd(-au) *f*, gwreiddyn sgwâr; **cube ~,** trydedd isradd(-au) *f*, gwreiddyn ciwb; **the ~ of the equation,** gwreiddyn (*m*) yr hafaliad. **4.** *Ling: (of a word):* gwreiddyn *m*; *Gram: (morpheme):* bôn: bonyn (bonion) *m.* **5.** *Mus: (of a chord):* gwreiddyn (gwreiddiau) *m*, gwreiddnod(-au) *m.* **~ beer** *n.* diod (*f*) ddail, diod fain. **~-cap** *n. Bot:* gwreiddgapan(-au) *m*, gwreiddgap(-iau) *m.* **~ cause** *n.* gwir achos(-ion) *m*, achos gwreiddiol/sylfaenol; **the ~ cause,** yr achos yn y bôn. **~-crop** *n.* cnwd (cnydau) (*m*) gwreiddlysiau. **~ fomes** *n. Fung: (Heterobasidïon annosum):* golosged (*m*) y gwraidd. **~-hair** *n. Bot:* gwreiddflewyn (gwreiddflew) *m.* **~ idea** *n.* syniad(-au) sylfaenol *m.* **~-knot** *n. Hort:* clwy(*m*)'r gwreiddiau. **~ leaf** *n. Bot:* gwreidd-ddeilen (~-ddail) *f.* **~ node** *n. Cmptr:* cwgn (*m*) gwreiddyn (cygnau gwraidd). **~-nodule** *n. Bot:* gwreiddgnepyn (gwreiddgnapiau) *m.* **~ position** *n. Mus:* safle(-oedd) gwreiddiol *m.* **~-pressure** *n. Bot:* gwreiddwasgedd *m.* **~-rot** *n. Hort:* pydredd (*m*) gwraidd. **~ sign** *n. Mth:* gwreiddarwydd(-ion) *m.* **~-stock** *n. Bot:* rhisom(-au) *m*, gwreiddgyff(-ion) *m.* **~-tip** *n. Bot:* blaenwreiddyn (blaenwreiddiau) *m.* **~-vegetable** *n. Agr:* gwreiddlysieuyn (gwreiddlysiau) *m.* **~-word** *n. Ling:* gwreiddair (gwreiddeiriau) *m.*
root² *v.t.&i.* **1.** *v.t.* gwreiddio; *F:* **to remain rooted to the spot,** sefyll yn stond, sefyll wedi'ch hoelio i'r fan, methu symud o'r fan. **2.** *v.i.* gwreiddio, ymwreiddio, bwrw gwreiddiau/gwreiddyn/gwr|aidd, *occ:* cael dyfnder daear. **~ out, ~ up** *v.t. (a plant):* diwreiddio, dadwreiddio (rhth); tynnu (rhth) o'r gwraidd.
root³ *v.t.&i.* *(a) (of swine):* tyrchu, turio, twrio, twrian, *N.W:* tyrchio; *(b) F: (of pers.):* **to ~ about (among/in sth),** chwilio a chwalu, chwilota, ffureta, chwilenna, *S:* chwilmentan, whilmentan, twrian, *N:* chwalu, tyrchio, sbaena, swlffa, jwlffa, siolffa, jolffa (yn rhth, trwy rth); *F:* **to ~ sth out/up,** *(= discover):* darganfod rhth, cael hyd i rth, dod o hyd i rth, olrhain rhth, tyrchu/tyrchio rhth i'r wyneb; *(c) U.S: F:* **to ~ for s.o.,** cefnogi/pleidio/cymeradwyo rhn, casglu cefnogaeth i rn; **we're rooting for you,** yr ydym y tu ôl ichwi gant y cant; *(d) V:* **to ~ a woman,** cnuchio merch.
rootage *n.* gwreiddiad *m*, gwreiddio *vn*, gwreiddiau *pl.*
rooted *a.* **1.** â gwreiddiau, gwreiddiog; *(tradition &c):* gwreiddiedig; **deep-~,** â gwreiddiau dyfnion, d|yfnwraidd, dwfn-wreiddiedig; **a shallow-~ tree,** coeden heb wreiddio'n ddwfn, coeden â'i gwreiddiau'n agos i'r wyneb. **2.** *F: (prejudice &c):* dwfn (*f.* dofn, *pl.* dyfnion), angerddol, wedi gwreiddio'n ddwfn, greddfol, diysgog, pendant.
rootedness *n.* **1.** *(of an opinion):* pendantrwydd *m*, dyfnder *m.* **2.** *(= having roots):* gwreiddiedigrwydd *m*, bod (*vn*) â gwreiddiau.
rooter *n.* **1.** tyrchwr (tyrchwyr) *m*, turiwr (turwyr) *m*, t|yrchwraig *f.* **2.** *U.S: (= backer):* cefnogwr (cefnogwyr) *m*, pleidiwr (pleidwyr) *m.* **~-out** *n.* diwreiddiwr (diwreiddwyr) *m.*
rootery *n.* gwely(-au) (*m*) gwreiddiau, gwreiddfa (gwreiddf|eydd) *f.*
rooting *vn.* gwreiddiad *m*, gwreiddio. **~-shank** *n. Fung: (Oudemansiella radicata):* coesyn(-nau) gwreiddiog *m.*
rootle *v.i.&t.* = **root³.**
rootless *a.* heb wr|aidd/wreiddyn/wreiddiau, di-wr|aidd,

diwreiddyn, diwreiddiau, diwreiddiedig, dadwreiddiedig. *Mus:* ~ **harmony** *n.* harmoni (harmonïau) di-wraidd *m.*

rootlessness *n.* diffyg (*m*) gwreiddiau, diwreiddiedigrwydd *m.*

rootlet *n. Bot:* gwreiddigyn (gwreiddigion) *m*, gwreiddiosyn (gwreiddios) *m.*

rootstock *n.* **1.** *Bot:* gwreiddgyff(-ion) *m.* **2.** *F:* llinach *f*, cyff *m*, tras(-au) *f*, gwehelyth(-au,-oedd) *mf.*

rootworm *n. Ent:* pryf(-ed) (*m*) gwr|aidd.

rooty *a.* & *n.* **1.** *a.* gwreiddiog. **2.** *n. Mil: F:* bara *m.*

roove[1] *n. Nau:* wasier (*f*) gopor (wasieri copor), rwf(-iau) *f.*

roove[2] *v.t.* **to ~ a nail,** clensio hoelen â wasier gopor, rwfio hoelen.

rope[1] *n.* **1.** rhaff(-au) *f*, rheffyn(-nau) *m*, rhaffen (rhaffau) *f*; **wire ~,** rhaff (*f*) wifrau (rhaffau gwifrau), *F:* rhaff(-au) weiars; *Nau:* **running ropes,** rhaffau symudol; *F:* **to show s.o. the ropes,** rhoi/dodi rhn ar ben y ffordd, dysgu/hyfforddi rhn; *F:* **a ~ of sand,** rhaff [o] dywod; **to give s.o. plenty of ~,** rhoi digon o raff i rn; *F:* **money for old ~,** mae'n arian hawdd/rhwydd, arian am y nesaf peth i ddim; *F:* **a crime worthy of the ~,** trosedd(-au) (*f*) sy'n haeddu crogi; **to make a ~ to hang oneself with,** gwneud rhaff i'ch crogi'ch hun; *(b) Box: Rac:* **the ropes,** y rhaffau. **2.** *(of onions):* rhaffen *f*, rheffyn *m*, cadwyn(-i) *f*; *(of pearls):* llinyn(-nau) *m*, cadwyn. **~-dancer** *n.* rhaff-ddawnsiwr (~-ddawnswyr) *m*, rhaff-dd|awnswraig *f*, dawnsiwr (*m*) rhaff (dawnswyr rhaff), rhaff-gerddwr (~-gerddwyr) *m*, rhaff-g|erddwraig *f*, cerddwr (cerddwyr) (*m*) rhaff. **~-house** *n.* rhaffle(-oedd) *m*, rhafflan(-nau) *f.* **~-ladder** *n.* ysgol (*f*) raff/raffau (ysgolion rhaff/rhaffau). **~-maker** *n.* rhaffwr (rhaffwyr) *m*, gwneuthurwr (gwneuthurwyr) (*m*) rhaffau. **~-making** *vn.* rhaffwriaeth *f*, gwneud rhaffau. **~-moulding** *n. Arch:* rhaffaddurn(-au) *m.* **~-quoit** *n.* coeten (*f*) raff (coetiau rhaff). **~ railway** *n.* rhaffordd (rhaffyrdd) *f.* **~'s end** *n.* pen (*m*) rhaff. **~-soled** *a.* â gwadnau rhaff. **~-trick** *n.* tric (*m*) rhaff. **~-walk** *n.* rhafflan(-nau) *f.* **~-walker** *n.* = **rope-dancer. ~-yard** *n.* rhaffle, rhafflan. **~-yarn** *n.* ocwm *m*, carth *m.*

rope[2] *v.t.&i.* I. *v.t.* **1.** *(a packet):* rhaffu, rhaffio, rhwymo (rhth); clymu (rhth) â rhaff; dodi/rhoi rhaff (am rth). **2. to ~ s.o. to a tree,** clymu rhn wrth goeden; **(climbers) roped together,** (dringwyr) wedi eu clymu wrth/yn ei gilydd, yn sownd yn ei gilydd, wedi eu clymu ynghyd; **to ~ down,** disgyn ar raff. **3.** *Nau:* **to ~ a sail,** gwnïo/gosod/dodi rhaffau ar hwyl. **4.** *Rac: (horse):* ffrwyno, penffrwyno, cebystru, cebystro, *N.W:* penffustio. **5.** *U.S: (= catch with a lassoo):* dal (ceffyl *&c*) â lasŵ. II. *v.i. (of beer &c):* mynd yn ludiog, edafeddu, llinynnu. **~ in, ~ round** *v.t.* **1.** *(land):* dodi/rhoddi rhaff (o amgylch rhth), amgylchynu/cau (rhth) â rhaffau. **2.** *F:* **to ~ s.o. in,** *(i)* tynnu rhn (i rth), rhwydo rhn (i wneud rhth), *N.W:* cynnwys rhn (i rth); *(ii) (criminal):* rhwydo rhn. **~ off** *v.t.* **to ~ off a room,** rhannu ystafell â rhaff, neilltuo rhan o ystafell â rhaff, dodi/rhoi rhaff ar draws ystafell.

ropeable *a.* **1.** y gellir ei rwymo, rhwymadwy. **2.** *(a) (= wild)* gwyllt; *(b) (= nasty):* cas, milain, mileinig.

ropemanship *n.* medrusrwydd (*m*) ar raffau, rhaffwriaeth *f.*

ropery *n.* rhaffle(-oedd) *m*, rhafflan(-nau) *f.*

ropeway *n.* rhaffordd (rhaffyrdd) *f.*

ropey *a.* = **ropy.**

ropiness *n.* **1.** *(of beer &c):* gludiogrwydd *m*, golwg edafeddog *f* (ar rth). **2.** *F: (= poor quality):* salwineb *m*, gwaeledd *m*, salwedd *m.*

ropy *a.* **1.** *(beer &c):* gludiog, trioglyd, edafog, edafeddog, llinynnog; *(wine):* **to become ~,** mynd yn ludiog, llinynnu, edafeddu. **2.** *P: (= of poor quality):* gwael, sâl, tila, salw, diwerth, da i ddim, *N.W: F: occ:* ciami.

roque *n. Games:* roce *mf.*

roquelaure *n. Cost:* clogyn(-nau) *m*, mantell (mentyll) *f.*

roquet *n. Croquet:* aildaro, ad-daro.

ro-ro *a.* ro-ro.

rorqual *n. Z:* rorcwal(-od) *m*, morfil(-od) (*m*) walbon, morfil asgellog.

rortily *adv.* yn hwyliog.

rortiness *n.* hwyl *f*, hwyliogrwydd *m.*

rorty *a.* hwyliog.

rosace *n. (window):* rhosffenestr(-i) *f*, ffenestr (*f*) ros (ffenestri rhos); *(ornament):* rhosaddurn(-au) *m.*

rosacea *n. Med:* acne rhosynnaidd *m.*

rosaceae *n.pl. Bot:* rhosynnau, rhoswydd.

rosaceous *a.* rhosynnaidd, rhosynnol.

rosaline *n. Needlew:* r|osalin *m.*

rosaniline *n. Ch:* ros|anilin *m.*

rosarian *n.* **1.** *Hort:* rhosynnwr (rhosynwyr) *m*, rhos|ynwraig *f.* **2.** *R.C.Ch:* llaswyrydd(-ion) *m*, llaswyrwr (llaswyrwyr) *m.*

rosarium *n. Bot:* gardd (*f*) rosynnau/rosod (gerddi rhosynnau/rhosod), *Lit: occ:* gardd ros (gerddi rhos).

rosary *n.* **1.** *(a)* llaswyr(-au) *m*, paderau *pl*, llinyn(-nau) (*m*) paderau, gleinres(-i,-au) *f*, r|osari (rosarïau) *f*; **to go through the ~,** adrodd y gweddïau; *(b) (book):* llyfr(-au) (*m*) paderau. **2.** = **rosarium. ~ pea** *n. Bot:* pysen (*f*) bader (pys pader).

Roscian *a.* Rosciaidd.

roscoelite *n. Geol:* r|oscolit *m.*

rose *n.* **1.** rhosyn(-nau, rhosod, *F:* rhosys, *Lit:* rhos) *m*, *Lit: occ:* ffion(-au) *m*; **Alpine ~,** *(R. alpina):* rhosyn yr Alpau; **apple ~,** = **soft-leaved rose**; **blue-leaved ~,** *(R. glauca):* rhosyn glasddeiliog; **briar-~, dog-~, wild ~,** *(i) (flower):* rhosyn gwyllt, *occ:* rhosyn coch gwyllt, rhosyn y cŵn, cirosyn (ciros) *m*; *(ii) (plant):* ogfaenllwyn *m*, marchfiaren *f*, merddraenen *f*, egroeswydden (egroeswydd) *f*, *S.W:* draenen (*f*) fwci (drain bwci), draenen farch (drain march), *N.W:* briallu(*pl*)'r cŵn; **burnet ~,** *(Rosa pimpinellifolia):* mwcog *m*, rhosyn bwrned, cor-rosyn (corros) pigog *m*, rhosyn Dewi, rhosyn y twyni; **Christmas ~,** *(Helleborus niger):* rhosyn Nadolig, blodyn (blodau) (*m*) Nadolig, pelydr du *m*, *S.W:* ffion y gaeaf; **cinnamon ~,** *(R. majalis):* rhosyn Mair; **[close/long] styled ~,** *(R. stylosa):* rhosyn ungolofn (*pronounced* ng-g); **downy ~,** *(R. tomentosa):* rhosyn lled-wlanog, rhosyn gwlanog; **blunt/felt-leaved ~,** *(R. obtusifolia):* rhosyn dail llawban; **field ~,** *(R. arvensis):* drysïen ber (drysi pêr) *f*, ciros gwyn *m*, rhosyn gwyn gwyllt *m*; **guelder ~,** *(Viburnum opulus):* corswigen *f*, gwifwrnwydden (gwifwrnwydd) *f*, ysgawen (*f*) y gors (ysgaw'r gors); **Japanese ~,** *(R. rugosa):* rhosyn crychlyd; **leather-leaved ~,** *(R. coriifolia):* rhosyn gwydnddail; **mountain ~,** *(R. montana):* rhosyn y mynydd; **northern ~,** = **Sherardian rose**; **Provence ~,** *(R. gallica):* rhosyn Ffrengig; **rock ~,** *See* **rock**[1]; **Scotch ~,** = **burnet ~, Sherardian ~,** *(R. sherardii):* rhosyn Sherard; **soft-leaved ~,** *(R. villosa):* rhosyn dail meddal; **thicket ~,** *(R. dumetorum):* rhosyn y dryslwyni; **trailing ~,** = **field rose**; **~ of Heaven,** *(Lychnis coeli-rosa):* rhosyn y Nefoedd; **~ of Jericho,** *(Anastatica hierochuntica):* rhosyn Jericho; **~ of Sharon,** *(Hyperium calycinum):* rhosyn Saron, dail (*pl*) brenig, eirinllys blodeufawr *m*; *Lit:* **that which we call a ~ by any other name would smell as sweet,** pêr fyddai rhosyn er newid ei enw; *Prov:* **no ~ without a thorn,** ni cheir y melys heb y chwerw; **a ~ between two thorns,** rhosyn rhwng dwy ddraenen; **bed of roses,** hawddfyd *m*, byd braf *m*; *F:* **life is not a bed of roses,** nid yw bywyd yn fêl i gyd; *Hist:* **the Wars of the Roses,** Rhyfeloedd y Rhos/Rhosynnau; *F:* **under the ~,** yn gyfrinachol, yn ddirgel; *F:* **it was roses all the way for him,** fe'i cafodd hi'n hawdd bob cam o'r ffordd. **2.** *(= rosette):* rhosglwm (rhosglymau) *m.* **3.** *(on stag's horn):* cainc (ceinciau) *f*, osgl(-au) *m*, osglen (osglau) *f.* **4.** *(of watering-can, pump):* trwyn(-au) *m*, blaen(-au) *m*, ffroenell(-au) *f.* **5. ceiling ~,** rhosyn(-nau) (*m*) nenfwd. **6.** *Tls:* **~ [countersink] bit,** rhosebill(-ion) *m.* **7.** *Med: F:* **the ~,** *(= erysipelas):* tân (*m*) eiddew, tân iddwf. **8.** *(colour):* = **~-colour. 9.** *Arch:* = **rose-window. 10.** *Lap:* = **rose-diamond. 11. roses,** *Fig: (in the cheeks):* gwrid *m*, rhosys cochion *pl.* **12.** *Arch:* **carved ~,** rhosaddurn(-au) *m.* **~ acacia** *n. Bot:* rhos-acasia(-s) *f.* **~-apple** *n. Bot:* rhosafal(-au) *m.* **~-bay,** = **rosebay. ~-beetle** *n. Ent:* chwilen (*f*) rosod/rosynnau (chwilod rhosod/rhosynnau). **~-bed** *n. Hort:* gwely(-au) (*m*) rhosod/rhosynnau. **~-bit** *n. Tls:* rhosebill(-ion) *m.* **~-bud,** = **rosebud. ~-bush** *n. Bot:* llwyn(-i) (*m*) rhosod/rhosynnau, rhoslwyn(-i) *m*, rhoswydden (rhoswydd) *f*, coeden (*f*) rosod (coed rhosod), pren(-nau) (*m*) rhosyn/rhosod. **~ campion** *n. Bot: (Lychnis coronaria):* gwynddail *pl*, tewbanog wen wryw *f*, rhosgampau *m.* **~-chafer** *n. Ent:* = **rose-beetle. ~-cold** *n. Med:* clefyd (*m*) y rhosod. **~-colour** *n.* lliw (*m*) rhosyn, rhosliw *m*, gwrid *m*, pinc *m.* **~-coloured** *a.* lliw rhosyn, rhosliw, gwridog, pinc, *Lit:* ffionlliw; *F:* **to see things through ~-coloured spectacles,** edrych yn obeithiol/ffyddiog ar bopeth, edrych ar y byd drwy wydrau rhosliw. **~ comb** *n.* crib rosynnog (cribau rhosynnog) *f.* **~-**

copper *n. Metall:* copor *m.* **~-cut** *a.* rhosdoredig. **~ diamond** *n. Lap:* rhosddeimwnt (rhosddeimyntau) *m.* **~-engine** *n. Mch:* rhosdorrwr (rhosdorwyr) *m.* **~-gall** *n. Nat.Hist:* chwydd(-au) (*m*) rhosod. **~-garden** *n. Hort:* gardd rosod/rosynnau/ros (gerddi rhosod/rhosynnau/rhos) *f,* rhosardd (rhoserddi) *f.* **~ geranium** *n. Bot: (Pelargonium capitatum):* mynawyd coch (*m*) y bugail. **~-hip** *n. Bot:* egroesen (egroes) *f,* egroesyn (egroes) *m, S.W:* afal(-au) (*m*) bwci, bochgoch *f,* criafol/crawel (*m*) y bwci, bochau cochion *pl, N.W:* mwcog *pl,* hadau (*pl*) march mieri, eirin (*pl*) meirch, *Lit:* grawn (*pl*) mieri Mair. **~-hip syrup** *n.* surop (*m*) egroes, suddog (*m*) egroes. **~-laurel** *n. Bot:* rhoslawryf(-oedd) *m.* **~-leaf** *n. Bot:* deilen (*f*) rhosyn (dail rhosod). **~-like** *a.* fel rhosyn, rhosynnaidd. **~-lipped** *a. Poet:* rhosfin. **~ madder** *n. Art:* rhosfader *m.* **~-mallow** *n. Bot: (Althaea rosa):* hocys bendigaid *pl,* hocys y gerddi, malw bendigaid *m.* **R~'s metal** *n. Metall:* metel (*m*) Rose. **~-moss** *n. Bot:* rhosfwsogl *m.* **~ nail** *n.* rhos-hoelen (~-hoelion) *f.* **~ noble** *n. Num:* rhos-nobl(-au) *m.* **~-petal** *n.* petal (*f*) rhosyn (petalau rhosod); *pl.* **~ petals,** *occ:* diliau rhos. **~-pink** *a.* rhosynnaidd, rhosliw, pinc, gwridog. **~ rash** *n. Med:* = **roseola. ~-red** *a. & n.* coch (*m*) fel rhosyn, coch llachar, fermilion: fermiliwn (*m*), rhosliw (*m*), lliw(*m*)'r rhos/rhosyn. **~-root** *n. Bot:* pren (*m*) y ddannodd (prennau'r ddannodd), rhoslys *m.* **~-tinted** *a.* = **rose-coloured. ~-tree** *n. Bot:* coeden (*f*) rosynnau/rosod (coed rhosynnau/rhosod), llwyn(-i) (*m*) rhosod/rhosynnau, rhoslwyn(-i) *m,* pren(-nau) (*m*) rhosyn. **~-water** *n.* dŵr (*m*) rhosod/rhosynnau. **~-window** *n. Arch:* ffenestr gron (ffenestri crynion) *f,* ffenestr ros (ffenestri rhos), rhosffenestr(-i) *f.*

rose² *v. See* **rise²**.

rosé *a. & n.* **1.** *a.* pinc, rhosliw, gwridog. **2.** *n.* gwin rhosliw/gwridog *m.*

roseate *a.* rhosliw, gwridog. **~ tern** *n. Orn:* morwennol wridog (morwenoliaid gwridog) *f.*

roseately *adv.* yn rhosliw *&c.*

rosebay *n. Bot: (= willow-herb): (Epilobium angustifolium):* helyglys hardd *m,* llysiau (*pl*)'r Santes Fair.

rosebowl *n.* dysgl (*f*) rosynnau/rosod (dysglau rhosynnau/rhosod), llestr(-i) (*m*) rhosynnau/rhosod, powlen (*f*) rosynnau/rosod (powlenni rhosynnau/rhosod).

rosebud *n. Bot:* blaguryn (*m*) rhosyn (blagur rhosod), *S.W:* topyn (*m*) rhosyn (topau rhosys); **~ lips,** gwefusau gwridog/rhosynnaidd.

rosefinch *n. Orn:* gylfinbraff(-au) ysgarlad *m.*

rosefish *n. Ich:* rhosbysgodyn (rhosbysgod) *m.*

roselike *a.* rhosynnaidd.

rosella *n. Orn:* rosela(-od) *m.*

rosemaling *vn. Art:* paentio rhosod.

Rosemarket *W.Pl.n.* Rhosfarced *f.*

rosemary *n.* rhos (*m*) Mair, rhosmari *m.*

roseola *n. Med:* brech rosynnaidd *f.*

roseolar, roseolous *a. Med:* rhosfrechol.

rosery *n.* gardd rosynnau/rosod (gerddi rhosynnau/rhosod) *f,* rhosardd (rhoserddi) *f, Lit:* gardd ros (gerddi rhos).

rosette *n.* **1.** *Cost: &c:* rhosglwm (rhosglymau) *m,* ysnoden(-ni) *f,* rhoséd (rhosedi, rhosedau) *mf.* **2.** *Arch:* rhosaddurn(-au) *m.* **3.** *Mus:* rhosen(-ni) *f.* **~ chain** *n.* cadwyn (*f*) roséd (cadwyni rhoséd).

rosetted *a.* rhosglymog, rhosedog, ysnodennog.

rosewood *n.* rhosbren(-nau) *m,* rhoswydd *pl,* rhosgoed *pl.*

Rosicrucian *a. & n.* **1.** *a.* Rhosgroesog. **2.** *n.* Rhosgroesog(-ion) *m&f.*

Rosicrucianism *n.* Rhosgroesiaeth *f.*

rosily *adv.* yn wridog.

rosin¹ *n.* resin: rosin *mf.*

rosin² *v.t.* rosino (rhth); iro (rhth) â rosin.

rosiness *n.* **1.** gwrid *m.* **2.** *(of prospects):* tegwch *m.*

rosinous *a.* rosinaidd.

rosinweed *n. Bot:* ystorlys *m.*

rosolio *n.* rosolio(-s) *m.*

Ross on Wye *Eng.Pl.n.* Y Rhosan (*f*) ar Wy.

Rosset *W.Pl.n.* Yr Orsedd [Goch] *f.*

rostellate *a. Bot:* pigynnog.

rostellum *n. Bot:* pigyn(-nau) *m.*

roster¹ *n.* rhestr(-au) *f,* cylchrestr(-au) *f;* **[duty] ~,** rhestr ddyletswyddau, rhestr waith; **by ~,** yn eich tro, yn ôl y drefn; *Adm:* **promotion ~,** rhestr y dyrchafiadau.

roster² *v.t.* rhestru, cylchrestru.

rostral, rostrat[ed], rostriferous *a.* gylfinog.

rostriform *a.* gylfinffurf, gylfinaidd.

rostro-carinate *n. Archeol:* **~-~ fflint,** fflint(-iau) gwarrog *m.*

rostrum *n.* **1.** *(= platform):* llwyfan(-nau) *mf,* esgynlawr (esgynloriau) *m;* **to take the ~,** esgyn i'r llwyfan. **2.** *(= beak of war-galley):* duryn(-nau,-nod) *m.* **3.** *Biol: Z:* gylfin(-au,-od) *m,* pig(-au) *fm,* duryn. **~ camera** *n.* c|amera (camerâu) (*m*) rostrwm, camera crog. **~ front** *n.* ffrynt(-iau) (*mf*) rostrwm, ffrynt esgynlawr.

rosulate *a. Bot:* rhosynnog.

rosy *a.* gwridog, gwritgoch, rhosynnaidd, *Lit:* rhudd, rhosliw; **~ cheeks,** bochau cochion, bochau gwritgoch; *Orn:* **~ finch,** llinos goch (llinosod cochion) *f; F:* **to paint everything in ~ colours,** rhoi darlun rhy wych o bethau/bopeth, gweld popeth yn hyfryd; **a ~ prospect,** dyfodol teg/gobeithiol; *Lit:* **~-fingered dawn,** y wawr â'i bysedd rhosliw. **~-cheeked** *a.* bochgoch.

rot¹ *n.* **1.** pydredd *m, occ:* madredd *m,* malltod *m,* braenedd *m,* braen *m; Vet:* **brown ~,** llwydni *m,* cafod lwyd *f,* malltod *m;* **dry ~,** pydredd sych, braen sych; **wet ~,** llwydni *m,* pydredd gwlyb. **2.** *Vet:* **foot-~,** y pwd *m,* llaid *m, N.W:* y clwy *m, N.E:* llaith *m; S.a.* **foot¹**. **3.** *(= nonsense): N:* lol *f, S:* dwli *m;* **what ~!** lol botes maip! dyna ddwli! **4.** *(= demoralization):* dirywiad *m,* gwaethygiad *m;* **a ~ set in,** daeth rhyw ddrwg i'r caws; aeth pethau o ddrwg i waeth; dechreuodd pethau ddirywio/waethygu; **to stop the ~,** atal y dirywiad. **~-proof** *a.* amhydradwy, nad yw'n pydru/braenu.

rot² *v.i.&t.* **1.** *v.i.* pydru, braenu, madru, mynd yn bwdr, *S.E:* mallu, pwdru; *(of teeth):* mynd yn ddrwg, pydru; **to ~ off/away,** syrthio'n bwdr, pydru'n ddim. **2.** *v.t. (a)* pydru, madru, braenu; *(= spoil):* difetha; *(b)* = **provoke, tease. ~ gut** *n. F:* llaeth (*m*) mwnci.

rota *n.* **1.** *(= list):* rota (rotâu) *f,* cylchres(-i) *f.* cylchrestr(-au) *f,* rhestr (*f*) ddyletswyddau (rhestrau dyletswyddau), cylch(-oedd) (*m*) dyletswyddau. **2.** *Mus:* tôn gron (tonau crynion) *f,* rota (rotâu) *f.* **3.** *R.C.Ch:* **R~,** y Goruchaf Lys *m.*

Rotameter *n. R.t.m:* Rotamedr (Rotamedrau) *m,* llif-fesurydd(-ion) *m.*

Rotarian *a. & n.* **1.** *a.* Rotaraidd. **2.** *n.* Rotariad (Rotariaid) *m.*

rotary *a. & n.* **1.** *a.* sy'n troi, tro, cylchol, amdro, amdröol, cylchdro, cylchdröol; **~ card file,** cylchffeil (*f*) gardiau (cylchffeiliau cardiau); **R~ Club,** Clwb (Clybiau) (*m*) R|otari; **~ convector,** darfudydd(-ion) tro *m,* dargludydd(-ion) tro *m;* **~ crane,** craen(-iau) tro *m;* **~ cultivation,** troi/trin (rhth) â pheiriant; **~ cultivator,** palwr (palwyr) tro *m,* peiriant (peiriannau) (*m*) palu; **~ dryer,** sychwr (sychwyr) (*m*) tro/troi; **~ engine,** motor(-au) tro *m;* **~ hoe,** hof dro (hofiau tro) *f,* chwynnogl dro (chwynoglau tro) *f;* **~ motion,** cylchdro(-adau) *m,* symudiad(-au) cylchol *m;* **~ printing,** argraffu (*vn*) cylchdro; **~ press,** gwasg gylchdro (gweisg cylchdro) *f;* **~ plough,** aradr dro (erydr tro) *f;* **~ screen,** *(= sieve):* gogr(-au) tro *m;* **~ traffic,** trafnidiaeth gylchol/dro *f; Mus:* **~ valve,** falf drogylch (falfiau trogylch) *f.* **2.** *n. U.S:* trogylch(-au) *m.*

rotatable *a.* troadwy, cylchdroadwy.

rotate¹ *a. Bot:* olwynaidd, olwynffurf.

rotate² *v.t.&i.* troi [yn gylch], cylchdr|oi, *F:* troi rownd; *Agr:* **to ~ crops,** cylchdroi cnydau.

rotated *a.* cylchdro, cylchdroëdig; **~ entry,** cofnod(-ion) cylchdro *m;* **~ index,** mynegai (mynegeion) cylchdro *m.*

rotating *a.* cylchdröol, cylchdroadol, sy'n cylchdr|oi, sy'n troi; *(office):* cylchredol, cylchdröol; **~ body,** darn(-au) tro *m,* darn sy'n troi; **~ chairmanship,** cadeiryddiaeth gylchredol *f.*

rotation *n.* **1.** *(a) (movement):* cylchdro(-eon,-adau) *m,* cylchdroad(-au) *m,* tro(-adau) *m;* **centre of ~,** canol (*m*) cylchdro; *(action):* cylchdr|oi; **rotations per minute,** cylchdroadau mewn munud, cylchdroadau'r funud. **2.** *(of office, crops &c):* cylchdro, dilyniant *m;* **by ~, in ~,** yn eich tro, yn ôl y drefn; **an office held in ~,** swydd gylchredol *f; Agr:* **~ of crops,** cylchdro/cylchdroi cnydau; **three course ~,** cylchdro cnydau tair blynedd.

rotational, rotative *a.* cylchdro, cylchdröol, cylchdroadol, sy'n cylchdr|oi, cylchynol, ar ddull cylchdro; **~ energy,** egni (*m*) cylchdroi; **~ grazing,** pori (*vn*) cylchdro; **~ indexing,** mynegeio cylchdro; ~ **slip,** cylchlithriad *m*; *Mth:* ~ **symmetry,** cymesuredd (*m*) cylchdro.

rotator *n.* **1.** cylchdröwr (cylchdrowyr) *m.* **2.** *Anat:* troëdydd (troedyddion) *m*, trogyhyr(-au) *m.* ~ **cuff** *n. Med:* llawes (llewys) (*f*) troëdydd.

rotatory *a.* **1.** sy'n cylchdr|oi, sy'n troi, cylchdröol, cylchdroadol; ~ **motion,** cylchdro(-eon) *m.*

rotch[e] *n. Orn:* carfil(-od) bach *m.*

rote[1] *n.* **(to say/learn sth) by ~,** (dweud/dysgu) rhth ar dafod leferydd, fel dysgu pader, ar eich cof. ~ **learning** *vn.* dysgu ar y cof. ~ **memory** *n.* cofio (*vn*) peiriannol.

rote[2] *n. A: Mus:* crwth (crythau) *m.*

rotenone *n. Ch:* r|otenon *m.*

rotifer *n. Z:* rhodfilyn (rhodfilod) *m.*

rotifera *n.pl.* rhodfilod.

rotisserie *n.* **1.** *(restaurant):* ***rotisserie(-s)*** *f*, rhosty (rhostai) *m.* **2.** *Cu:* bêr-droell(-au) *f.*

rotograph *n.* r|otograff (rotograffau) *m.*

rotogravure *n.* roto-engrafiad(-au) *m*, roto-engrafu *vn* (*both pronounced* ng-g).

rotor *n.* rotor(-au) *m*, troell(-au) *f.* ~ **craft,** ~ **ship** *n.* rotorlong(-au) *f.*

roto-till *v.t.* troi pridd [â pheiriant].

Rotovate *v.t.* palu (rhth) â pheiriant.

Rotovator *n. R.t.m:* palwr (palwyr) (*m*) tro, peiriant (peiriannau) (*m*) palu.

rotted *a.* pydredig, pwdr, wedi pydru, wedi madru, wedi braenu.

rotten *a.* **1.** *(wood &c):* pwdr, pydredig, *occ:* madredig, madreddog, braenllyd; **a ~ egg,** wŷ clwc/clonc/drwg/ madreddog; **a ~ tooth,** dant drwg; *(of meat):* **to go ~ with maggots,** cynrhoni; *(of flour):* **to go ~ with weevils,** gwiddoni, euddoni; *Pol: Hist:* ~ **borough,** bwrdeistref bwdr (bwrdeistrefi pwdr) *f.* **2.** *(= of poor quality):* gwael, drwg, da i ddim, truenus, salw, sâl, diwerth, *S.W:* ffrit, piff, *N.E:* bawaidd, *N.W: occ:* ciami; ~ **weather,** tywydd gwael, *S:* tywydd ffrit, *N.W: occ:* andywydd *m*, tywydd sobor; **I am feeling ~,** 'rwy'n teimlo'n wael *&c*; *N.W: F:* 'rydw i'n teimlo'n gwla/giami; ~ **luck!** hen dro! trueni! bechod! **a ~ trick,** tro(-con) gwael/sâl *m*, *S.W:* tro brwnt, *N.W: F:* tro ffadin, tro Wesla. **3.** *(morally):* llygredig, pwdr; **(she was ~) to the core,** ('roedd hi'n bwdr) hyd at fêr ei hesgyrn, i'r gwr|aidd; *Lit:* **there's sth ~ in the state of Denmark,** rhaid bod rhyw bydredd yng ngwladwriaeth Denmarc; *F:* mae rhyw ddrwg yn y caws. **~-stone** *n.* cerrig pydron *pl*, cerrig pwdr, pwdrfaen (pwdrfeini) *m*, *S:* cleien *f.*

rottenly *adv.* yn wael *&c.*

rottenness *n.* **1.** *(of wood &c):* pydredd *m*, madredd *m*, *occ:* braen *m.* **2.** *(moral):* llygredigaeth *f*, llygredd *m*, pydredd *m.* **3.** *(= poor quality):* gwaeledd *m*, salwineb *m.*

rotter *n.* cachgi (cachgwn) *m*, pwdryn (pwdrod) *m*, *V:* cachwr (cachwyr) *m*, *Lit:* cachadur(-iaid) *m.*

rotting *a.* sy'n pydru *&c*, pydredig, braenllyd.

Rottweiler *n.* ci (cŵn) (*m*) Rottweiler.

rotund *a.* **1.** = **round[1]** I. **1.**, **plump[1]**. **2.** *(speech):* chwyddedig, rhwysgfawr.

rotunda *n. Arch:* rotwnda (rotwndâu) *f*, neuadd gron (neuaddau crynion) *f.*

rotundity *n.* **1.** crynder *m*, cryndra *m*; *(= plumpness):* tewdra *m*, tewdwr *m.* **2.** *(of speech &c):* chwyddiaith *f*, chwyddedigrwydd *m.*

rotundly *adv.* **1.** yn grwn. **2.** yn chwyddedig.

rotundness *n.* = **rotundity.**

roturier *n.* gwerinwr (gwerinwyr) *m.*

rouble *n. Num:* rwbl(-au) *f.*

roucou *n.* lliw (*m*) oren.

roué *n.* merchetwr (merchetwyr) *m*, *S:* menwotwr (menwotwyr) *m*, hen gi (~ gŵn) *m*, ***roué(-s)*** *m.*

rouge[1] *n.* **1.** *(a) Toil:* powdwr coch *m*, ***rouge*** *m*, *Lit:* rhuddliw(-iau) *m*, gruddliw(-iau) *m*, gwrid (*m*) gosod; *(b)* **jeweller's ~,** coch (*m*) gemydd. **2.** *Cards:* **~-et-noir,** coch a du *m.* **R~ Croix** *n.* y Groes Goch *f.* **R~ Dragon** *n.* y Ddraig Goch *f.*

rouge[2] *v.t.* **to ~ one's cheeks,** rhoi/dodi lliw coch ar eich bochau, rhoi gwrid ar eich bochau.

rough[1] *a., adv. & n.* I. *a.* **1.** *(a) (surface, skin):* garw (geirwon); ~ **coat,** *(of plaster):* côt arw *f*, haen arw *f*; *(cloth):* garw, bras (breision); ~ **to the touch,** garw i'w gyffwrdd; ~ **edges,** ymylon geirwon; ~ **fish,** pysgodyn bras (pysgod breision) *m*; ~ **grazing,** ~ **pasture,** porfa arw (porf|eydd geirwon) *f*; ~ **shooting,** saethu dros y garw; *(b) (road):* garw, tyllog, anwastad, cnyciog, *S.W:* tolcog; *(ground):* garw, anwastad, twmpathog, *N.W:* ponciog, ysgythrog; *(hair):* anniben, aflêr, blêr, *S.W:* brwsog, ffluwch; *S.W:* **her hair was ~,** 'roedd ei gwallt hi'n ffluwch; *(c)* **in the ~ state,** yn y cyflwr amrwd/crai; *Sch:* ~ **book,** *(for ~ work):* llyfr bras *m*; **~ casting,** *(of iron &c):* haearn bwrw garw *m*, castin garw *m.* **2.** *(= brutal):* garw, cas, creulon, *N:* brwnt **(to s.o.,** wrth rn); *(wind):* garw, cryf; *(sea):* garw, stormus, tymhestlog, tonnog, mawr, *N.W:* bras, moriog, eg[e]r, gerwin, gerwinol, *S.W:* sgadli; ~ **weather,** tywydd mawr/garw; **to have a ~ crossing,** cael mordaith arw/dymhestlog; **to have a ~ passage,** *(i) See above*; *(ii) Fig:* cael helyntion, ei chael hi'n arw; ~ **play,** chwarae'n troi'n chwerw; **it was ~ on her,** 'roedd hi'n anffodus iddi; 'roedd hi'n galed arni; **he found it ~ going,** fe'i cafodd hi'n anodd; *F:* ~ **stuff,** *(= violence):* dyrnu *vn*, cwffio *vn*, ymladd *vn*, ffusto *vn*, colbio *vn*, *N:* cwffas[t] *f*; *F:* ~ **music,** twrw *m*, mwstwr *m*; **to be given a ~ time by s.o.,** ei chael hi'n galed/arw gan rn *or* gyda rhn, cael llaw galed gan rn, *S.W:* gweld tywydd gyda rhn; ~ **handling,** camdriniaeth *f*; **a ~ ride,** reid galed *f*, *N.W:* pas gwyllt *m*; **to give s.o. a ~ time/handling,** cam-drin rhn, rhoi camdriniaeth i rn, trin rhn yn arw/galed, *N.W:* hambygio/lardio/llardio rhn; **a ~ deal,** triniaeth arw/ annheg *f*; **to get a ~ deal,** cael cam, cael eich trin yn annheg; **to be ~ with s.o.,** bod yn gas wrth rn; *S.a.* **time[1] 8**; ~ **trade,** ~ **work,** *(i) (hard):* gwaith caled/garw, gwaith caib a rhaw, caledwaith *m*, llafurwaith *m*; *(ii) (violent):* gwaith bôn braich; *(iii) (preparatory):* gwaith bras, gwaith caib a rhaw. **3.** *(manners):* garw, swta, cwta, sarrug, anwar, anwaraidd, anfoesgar, anghwrtais, cwrs; **a ~ temper,** tymer gas/ddrwg *f*; **a ~ customer,** un garw (rhai geirwon), *N:* hen jero(-s) *m*, hen fôch o ddyn, *S:* hen gorgi (~ gorgwn) *m*; ~ **words,** geiriau geirwon/sarh|aus/cas *&c*; *(style):* garw, anghaboledig, digabol; ~ **luck,** anlwc *m*; **it was ~ luck for/on him,** 'roedd yn anffodus iawn iddo; ~ **nursing,** gofal ffwrdd-â-hi, nyrsio diofal; **a ~ tongue,** tafod cras/garw *m*; **the ~ part of town,** ardal anwaraidd (*f*) y dref; **to give s.o. the ~ edge/side of one's tongue,** rhoi blas tafod i rn, rhoi pryd o dafod i rn, ei dweud hi'n arw wrth rn, dweud y drefn wrth rn, dondio/ dwrdio/cymhennu rhn. **4.** *(= approximate):* bras (breision); ~ **dimensions,** mesuriadau bras/breision, bras fesuriadau; ~ **draft,** ~ **sketch,** braslun(-iau) *m*; ~ **calculation,** ~ **estimate,** brasamcan(-ion) *m*; ~ **copy,** bras gopi (~ gopïau) *m*, copi (copïau) bras *m*, braslun(-iau) *m*; ~ **justice,** bras gyfiawnder *f*, lledgyfiawnder *m*; ~ **translation,** cyfieithiad(-au) bras *m*, brasgyfieithiad(-au) *m*; **at a ~ guess,** ar fras amcan. **5.** *(a) (voice):* cras, aflafar, cryglyd, croch, garw, *S.W:* cwrs; *(b) Gram:* ~ **breathing,** anadliad caled/crych *m*; *(c) (wine):* egr; *(d)* ~ **diamond,** *(i)* diemwnt bras/garw (diemyntau breision/ geirwon); *(ii) (pers.):* cymeriad(-au) garw ond caredig *m*; *(e)* ~ **puff pastry,** crwst pwff bras *m*. II. *adv.* **1** *(= violently):* yn arw, yn greulon, yn gas, *N:* yn frwnt, *S.W:* yn ddiened; **to play ~,** chwarae'n gas; **to cut up ~,** gwylltio, chwarae'r diawl; **to sleep ~,** cysgu dan y sêr, cysgu allan. III. *n.* **1.** *(land):* tir garw (tiroedd geirwon) *m*; **over ~ and smooth,** dros y llyfn a'r garw; *Golf:* **in the ~,** yn y garw, yn y glaswellt. **2.** *(of horseshoe):* cawc(-iau) *m*, cawcen (cawciau) *f.* **3.** **one must take the ~ with the smooth,** ni cheir y melys heb y chwerw; rhaid ei chymryd hi fel y daw hi. **4.** *(pers.):* llabwst (llabystiaid) *m*, anwariad (anwariaid) *m*, dyn(-ion) caled/garw *m*, *N:* hen jero(-s) *m.* **5.** *(a)* **(wood) in the ~,** (coed) garw, heb ei drin, heb ei naddu; **a statue in the ~,** cerflun heb ei gaboli/orffen; **(it is true) in the ~,** (mae'n wir) at ei gilydd, yn gyffredinol, yn fras. **~-and-ready** *a.* **1.** ffwrdd-â-hi, *occ:* esgud, *N: occ:* hwff-haff, *M.W:* ffordd 'gosaf; **in a ~ and ready fashion,** rywsut-rywsut, bob sut, rywsut-rywfodd, *S.W:* yn hwp-di-hap, *N: occ:* yn hwff-haff. **2.** *(pers.):* ffwrdd-â-hi, di-lol, garw; *S.W: (woman):* ffluwchen *f.* **~-and-tumble 1.** *a. (fight, game):* gwyllt, di-drefn, anhrefnus; *(life):* cythryblus, o luch i dafl; **he has had a ~-and-tumble life,** fe fu'n byw o luch i dafl; fe gafodd ei hel o bant i bentan/dalar. **2.** *n.* sgarmes(-au,-oedd) *f*, *N:* cwffas[t] *f*, *S.W:* cwdwmo *vn*; **the ~-and-tumble of political life,** sgarmesoedd y bywyd gwleidyddol. **~-coated** *a. (horse):* rhawnog, â blew gwrychog, â blew garw, garw ei flewyn. **~-cut[1]** *a.* **~-cut file,** ffeil frasddant (ffeiliau brasddant) *f.* **~-cut[2]** *n. T.V:* brasdoriad(-au) *m.* **~-cut[3]**

v.t. T.V: brasdorri. **~-dry¹** *a.* bras-sych(-ion). **~-dry²** *v.t.* bras-sychu. **~-footed** *a. Orn:* bacsiog, g|arwdroed. **~-forged** *a.* bras-ofanedig, bras (breision). **~-grained** *a.* garw, â graen bras, bras ei [g]raen. **~-grind** *v.t.* bras-hogi. **~-handle** *v.t.* cam-drin, *N.W:* hambygio, llibindio. **~-hew** *v.t.* brasnaddu, braslunio. **~-hewer** *n.* brasnaddwr (brasnaddwyr) *m.* **~-hewn** *a.* **1.** brasnadd, brasnaddedig. **2.** *Fig:* garw, anwaraidd, anghaboledig, digabol. **~-house¹** *n.* ymladdfa (ymladdf|eydd) *f,* ymladd *vn,* sgarmes(-au,-oedd) *f, N:* cwffas[t] *f.* **~-house²** *v.t.* cam-drin, dyrnu, curo, colbio, ffusto, waldio *&c; S.a.* **rough-handle.** **~-legged** *a. (bird, horse):* bacsiog. **~-mannered** *a.* garw eich moes/moesau. **~-ride** *v.t.* marchogaeth (rhth) yn wyllt. **~-rider** *n.* **1.** *(= breaker):* torrwr *(m)* ceffyl (torwyr ceffylau), *F:* joci(-s) *m.* **2.** *Mil: U.S: Hist:* marchog(-ion) gwyllt *m.* **~-split** *v.t.* bras-hollti. **~-splitter** *n.* bras-holltwr (~-holltwyr) *m.* **~-splitting** *a.* bras-hollti, brasollt; **~-splitting chisel,** cŷn (cynion) *(m)* brasollt. **~-spoken** *a.* sarrug, swta, cwta, garw eich iaith/gair/ymadrodd, â'r gair garwa' 'mlaen, sy'n siarad yn arw/fras. **~-trotting** *a.* g|arwduth. **~-wrought** *a.* bras-wneuthuredig, anghaboledig.

rough² *v.t.* **1. to ~ [up] hair,** anhrefnu gwallt, ffluwchio gwallt, *N: occ:* blerio gwallt; *(fur):* codi gwrychyn; **to ~ s.o. up the wrong way,** codi gwrychyn rhn; *(the skin):* sgardio, *S:* sgyrdio. **2.** *(a) (= shoe a horse):* cawcio pedolau ceffyl, pedoli ceffyl â chawciau; *(= break in horse):* torri ceffyl. *(b) (glass):* garwh|au. *(c) Constr: (wall):* garwhau, pigo. **3.** *F:* **to ~ it,** byw'n galed. **4.** *(a lens &c):* caboli. **~ down** *v.t.* caboli. **~ out** *v.t.* amlinellu, braslunio. **~ up¹** *v.t.* cam-drin, curo, dyrnu, *N.W:* hambygio, llibindio, lardio. **~ up²** *n. F: esp. U.S:* sgarmes(-au,-oedd) *f.*

roughage *n.* brasfwyd *m,* ebran bras *m,* bwyd garw *m.*

roughcast¹ *n.* **1.** *Constr:* plastr garw *m,* chwipiad garw/gwlyb *m.* **2.** *(plan):* cynllun(-iau) bras *m,* brasgynllun(-iau) *m,* amlinelliad(-au) *m.*

roughcast² *v.t.* **1.** *(a wall):* chwipio (wal) [yn wlyb], rhoi plastr garw (ar wal). **2.** *(a plan):* amlinellu, brasgynllunio (rhth); cynllunio (rhth) yn fras.

roughcast³ *a.* **1.** *Constr:* **~ wall,** wall wedi ei chwipio [yn wlyb], wal â phlastr garw. **2.** *Metall:* **~ iron,** haearn bwrw bras. **3.** *(plan):* bras, mewn amlinelliad.

roughen *v.t.&i.* **1.** *v.t.* garwh|au, *occ:* gerwino; **to ~ a millstone,** rhesio maen, *S.W:* cyfegi/cogyddio/pigo (maen). **2.** *v.i. (a)* garwhau, gerwino, mynd yn arw. *(b) (of sea):* ymchwyddo, dygyfor, codi'n arw, mynd yn foriog.

roughening *vn.* **~ tool** *n. Tls:* brasnaddwr (brasnaddwyr) *m,* brasnaddell(-au) *f.*

rougher *n.* brasnaddwr (brasnaddwyr) *m,* brasluniwr (braslunwyr) *m.*

roughish *a.* braidd yn arw, go arw, garwaidd; *See* **rough¹**.

roughly *adv.* **1.** yn arw, yn erwin; **to treat s.o. ~,** cam-drin rhn, *N.W:* lardio rhn, hambygio rhn. **2. ~ painted,** wedi ei beintio'n fras, wedi ei frasbeintio; **~ (made),** *F:* (wedi ei wneud) rywsut-rywsut, rywsut-rywfodd; **to sketch sth ~,** braslunio rhth, gwn|eud braslun o rth. **3.** *(= approximately):* yn fras; **~ speaking,** yn fras, fwy neu lai, at ei gilydd.

Roughmill *W.pl.n.* y Felinarw *f.*

roughneck *n.* llabwst (llabystiaid) *m.*

roughness *n.* **1.** *(a) (most general senses):* garwedd *m,* gerwindeb *m,* gerwinder *m,* g|arwder *m,* g|arwdra *m;* *(b) (of ground):* anwastadedd(-au) *m,* anwastadrwydd *m,* cnyciau *pl,* cnyciogrwydd *m.* *(c) (of skin):* garwedd *m.* **2.** *(a) (of manner):* sarugrwydd *m,* garwedd, llymder *m;* *(b) (of the sea):* aflonyddwch *m,* gerwindeb, gerwinder; *(of weather):* gerwindeb, gerwinder; *(of taste):* egrwch *m;* *(of style):* gerwindeb.

roughout *n. Archeol:* brasffurf(-iau) *f,* braslun(-iau) *m.*

roughshod *a.* *(a) (horse):* â phedolau geirwon; *(b) F:* **to ride ~ over sth,** sathru/mathru rhth dan draed, *S:* damshal ar rth.

roughy *n. Ich:* draenog [môr] garw (draenogod [môr] geirwon) *m.*

roulade *n.* **1.** *Cu:* rhôl *(f)* gig (rholiau cig). **2.** *Mus:* ***roulade(-s)*** *f.*

rouleau *n.* **1.** *(of coins):* rholyn (rholiau) *m.* **2.** *(= coil):* torch(-au) *f.* **~ loop** *n. Needlew:* dolen(-nau) *(f)* ***rouleau.***

roulette¹ *n.* **1.** *Gaming:* rwlét *mf.* **2.** *Mth:* seicloid(-au) *m.* **3.** *Tls:* rhiciwr (rhicwyr) *m,* olwyn *(f)* ricio (olwynion rhicio). **4.** *Philately:* rhiciau *pl,* rhiciad(-au) *m.*

roulette² *v.t.* rhicio.

Roumania *Pr.n. Geog:* = **Romania.**

Roumanian *a. & n.* = **Romanian.**

Roumelia *Pr.n. Geog:* Rwmelia *f.*

Roumelian *a. & n.* **1.** *a.* Rwmelaidd. **2.** *n.* Rwmeliad (Rwmeliaid) *m&f.*

rouncival *a. Hort:* **~ pea,** pysen (pys) *(f)* Ronsyfál.

round¹ *a. & n.* I. *a.* crwn (*f.* cron, *pl.* crynion); **a ~ table,** bwrdd crwn *m,* bord gron *f;* **the R~ Table,** y Ford Gron; **to make sth ~,** crynh|au rhth, gwneud rhth yn grwn; *Typ:* **~ bracket,** cromfach(-au) *f;* **~ file,** ffeil gron (ffeiliau crynion) *f;* **~ game,** gêm gron (gemau crynion) *f;* **~ hand,** ysgrifen gron *f,* llaw gron *f;* **~ nut,** nyten gron (nytiau crynion) *f; S.a.* **arch¹ 1;** *Hist:* **~ shot,** pelen gron (peli crynion) *f;* **~ shoulders,** gwar crwm *m (not* crwn), gwargrymedd *m;* **~ towel,** lliain crwn (llieiniau crynion) *m; Nau:* **~ turn,** tro crwn *m,* ceirsiad(-au) *m;* **to end a story with a ~ turn,** diweddu stori â thro crwn. **2. ~ dance,** dawns *(f)* gylch (dawnsiau cylch); *U.S:* **~ trip,** taith (teithiau) *(f)* yn ôl a blaen, taith mynd a dod, taith gron (teithiau crynion). **3.** *(a)* **~ dozen,** dwsin cyfan *m,* dwsin go dda, union ddwsin, dwsin crwn; **in ~ figures,** mewn ffigurau crynion, fel amcangyfrif *(pronounced* ng-g), yn fras; **a ~ sum,** swm crwn (symiau crynion) *m;* *(b)* **a good ~ sum,** swm sylweddol; **to go at a good ~ pace,** mynd yn chwim, mynd ar hald, pydru mynd, powlio mynd, brysio, *S:* hastu; *(c)* **a ~ style,** arddull lithrig *f;* **a ~ voice,** llais clir/soniarus *m;* **~ oath,** llw(-on) mawr *m,* rheg(-f|eydd) *f;* **~ unvarnished tale,** gwirionedd plaen *m.* **4.** *Lit:* **to be ~ (with s.o.),** siarad yn blaen, siarad heb flewyn ar dafod (â rhn). II. *n.* **1.** *(a) (= roundness):* crynder *m,* cryndra *m;* **this earthly ~,** y byd hwn *m,* y ddaear gron *f,* y belen ddaearol *f,* y ddaearen *f;* **cylinder out of ~,** silindr hirgrwn, silindr heb fod yn grwn; *(b)* **a statue in the ~,** cerflun yn ei grynder/gryndra; **theatre in the ~,** theatr o fewn cylch, theatr gylch; **to draw from the ~,** tynnu llun rhth yn ei grynder/gryndra; **to get to know s.o. in the ~,** dod i adnabod rhn yn ei holl agweddau. **2.** *(a) (of a ladder):* ffon (ffyn) *f;* *(b) Arch:* mo[w]ldin(-au) crwn *m;* *(c) Cu: (of beef &c):* darn crwn (darnau crynion) o gig eidion, *F:* rownd(-iau) *f, S.W:* rownden (rowndiau) *f,* rowndyn (rowndiau) *m;* *(of toast):* tafell(-au,-i) *f,* tafellen *f, F:* sleisen (sleisiau) *f.* **3. the yearly ~ of the earth,** cylchdro(-eon) blynyddol *(m)* y ddaear; *F:* **the daily ~,** y drefn feunyddiol *f;* **one continual ~ of pleasure,** un cylch di-dor o bleserau. **4.** *(= circuit):* cylchdaith (cylchdeithiau) *f,* cylchlwybr(-au) *m. Lit:* rhawd *m, F:* rownd(-iau) *f; N.W: (for selling &c):* trafal(-s, trafeiliau) *f;* **the postman's ~,** rownd y postman; *(of doctor):* **to make one's rounds, to go [on] one's rounds,** galw heibio'r cleifion, mynd ar eich rownd, ymweld â'ch cleifion; **milk ~,** *S.W:* wâc *(f)* laeth (waciau llaeth) *f, N: F:* rownd *(f)* lefrith (rowndiau llefrith); *Mil: (of inspection):* cylchdaith, cylch; *(of officer):* **to go the rounds,** mynd o gwmpas i archwilio; **the story went the ~,** aeth yr hanes ar led; aeth yr hanes o gwmpas. **5.** *Sp: Box: Ten: Cards: &c:* rownd(-iau) *f;* **to have/play a ~ of golf,** chwarae rownd o golff. **6.** *(a)* **to stand a ~ of drinks,** talu am ddiod i bawb, *F:* cael/codi rownd o ddiodydd, *S.W:* ffwtan y rownd; **a ~ of drinks,** *S.E:* ffwtyn *m;* **whose ~ is it?** tro pwy yw hi? **it's your ~,** dy dro di yw hi; *Mil:* **a ~ of ten shots,** rownd o ddeg taniad; *F:* **a ~ (of applause),** ton *f,* rownd (o gymeradwyaeth); *Mil:* **a ~ of ammunition,** rownd o getris; *(of company):* **to fire a ~,** saethu/tanio rownd. **7.** *Mus:* tôn gron (tonau crynion) *f;* *(in penillion singing):* cylch(-oedd) *m.* **~-arm** *attrib. & adv. Cr:* **1.** *attrib.* elinog, elingrwn *(pronounced* ng-g). **2.** *adv.* **a ~** yn elinog/elingrwn. **~-backed** *a.* = **~-shouldered.** **~-bottomed** *a.* bongrwn (*f.* bongron, *pl.* bongrynion) *(pronounced* ng-g). **~-eyed** *a.* llygatgrwn, llygadrwth; **to stare ~-eyed,** llygadrythu, syllu'n llygadrwth **(at sth,** ar rth). **~-faced** *a.* wynebgrwn (*f.* wynebgron, *pl.* wynebgrynion), [ag] wyneb crwn; *Carp:* **~-faced spokeshave,** rhasgl(-au) *(f)* wyneb crwn. **~-fronted** *a.* talgrwn (*f.* talgron, *pl.* talgrynion). **~-hand** *a.* = **round-arm.** **~-head, ~-headed** *a. Carp:* pengrwn (*f.* pengron, *pl.* pengrynion); **~-head screw,** sgriw bengron (sgriwiau pengrwn) *f.* **~-house** *n.* **1.** *Nau:* caban crwn (cabanau crynion) *m.* **2.** *Hist:* *(= lock-up):* tŷ crwn (tai crynion) *m, N:* rheinws *m.* **~ robin** *n.* **1.** *(petition):* deiseb gron (deisebau crynion) *f.* **2.** *Games: U.S:* gornest gron (gornestau crynion) *f.* **~-shouldered** *a.* cefngrwm (*f.* cefngrom, *pl.* cefngrymion) *(pronounced* ng-g), gwargrwm (*f.* gwargrom, *pl.*

gwargrymion), gwarrog; **to get ~-shouldered,** cefngrymu (*pronounced* ng-g), gwargrymu, magu gwar, *S:* gwarro, *N:* magu crwbi. **~-table** *attrib.* o amgylch bwrdd/bord, bord gron; **~-table conference,** cynhadledd (*f*) ford gron (cynadleddau bord gron).

round[2] *adv. & prep.* I. *adv.* **1.** *(a) F:* o gwmpas, oddi amgylch, mewn cylch, *S: F:* aboitu, omboitu; *See* **around 1, about; to go ~,** *(= go about):* mynd o gwmpas, mynd oddi amgylch; *(= revolve):* troi [mewn cylch]; *(= rotate):* cylchdr|oi, chwyldr|oi, troelli, *F:* troi rownd; **to turn ~ and ~,** troi a throelli, troi rownd a rownd; **to turn ~ [about],** troi ar eich sawdl, troi yn eich carn; **to go ~ like a top,** troi fel chwrligwgan/chwyrnes, *N. W:* troi fel pipi-down; *(b)* **all the year ~,** trwy gydol y flwyddyn, ar hyd y flwyddyn, drwy'r flwyddyn gron gyfan; **winter came ~,** daeth y gaeaf yn ei dro; **(to work) the clock ~, ~ the clock,** (gweithio) ddydd a nos, rownd y rîl, rownd y cloc; *S.a.* **bring round, come round** *&c.* **2.** *(a)* **a garden with a wall right/all ~,** gardd a mur o'i hamgylch/chwmpas, gardd wedi ei hamgylchynu gan fur; **to be six feet ~,** bod yn chwe throedfedd oddi amgylch, bod â chwmpas o chwe throedfedd; **to show s.o. ~,** mynd â rhn o gwmpas, tywys rhn o gwmpas, dangos y lle i rn (*not* dangos rhn o gwmpas); *F:* **taken all ~,** at ei gilydd, o ystyried y cyfan, o gymryd y cyfan i ystyriaeth, a phwyso a mesur popeth; *S.a.* **all-round.** *(b)* **all the country ~ [about],** y cyffiniau *pl*, y parthau *pl*, y wlad oddi amgylch, yr holl wlad o gwmpas, yr ardal *f*; **for a mile ~,** o fewn milltir, o fewn cylch o filltir, am filltir oddi amgylch; **the wind is going ~ to the north,** mae'r gwynt yn gwyro/mynd/troi i'r gogledd; **the wind is going ~ to the east/south/west,** *N. W:* mae'r gwynt yn mynd i fyny i'r dwyrain/de/gorllewin. **3. to hand ~ the cakes,** estyn teisenni [i bawb]; **to pass a hat ~,** mynd â het o gwmpas; **glasses all ~!** diod i bawb! yfwch i lawr, bawb! **there is not enough to go ~,** nid oes digon i bawb. **4.** *(a)* **it's a long way ~,** dyna'r ffordd bellaf/fceithaf yno; **to take the longest way ~,** dilyn/mynd/cymryd y ffordd bellaf; *(b)* **to order the carriage ~,** gorchymyn i'r cerbyd alw heibio; *F:* **to ask s.o. ~ for the evening,** gwahodd rhn draw am noson, gofyn i rn ddod draw am noson; **(if you are) ~ this way,** (os byddwch) yn y cyffiniau hyn, yn y cyfeiriad hwn, yn yr ochrau hyn, yn yr ardal, yn mynd heibio; *S.a.* **get round, go round.** II. *prep.* **1.** *(a)* o amgylch, o gwmpas, oddeutu (rhth); o bob tu (i rth); *F:* [o] rownd (rhth); *S: F:* oboitu (rhth); o amgylch/gwmpas *are conjugated thus: sing:* **1.** o'm hamgylch/cwmpas i; **2.** o'th amgylch/gwmpas di; **3.** *m.* o'i amgylch/gwmpas ef, *f.* o'i hamgylch/chwmpas hi; *pl.* **1.** o'n hamgylch/cwmpas ni; **2.** o'ch amgylch/cwmpas chwi; **3.** o'u hamgylch/cwmpas hwy; *in spoken Welsh,* round *has following conjugated forms sing.* **1.** rowndaf fi; **2.** rownda ti; **3.** *m.* rowndo fo, *f.* rowndi hi; *pl.* **1.** rowndan ni; **2.** rowndach chi; **3.** rowndyn nhw; **they live ~ the corner to us,** maen' nhw'n byw rownd y gornel inni. **(seated) ~ the table,** (yn eistedd) o amgylch/gwmpas y bwrdd, *Lit:* oddeutu'r bwrdd, *F:* rownd y bwrdd, o bobtu i'r bwrdd; *(b) Measurement:* am (rth), o gwmpas (rhth); am *is conjugated thus: sing* **1.** amdanaf i, **2.** amdanat ti; **3.** *m.* amdano fo/fe, *f.* amdani hi; *pl.* **1.** amdanom ni; **2.** amdanoch chi; **3.** amdanynt hwy; **(he is thirty inches) ~ the waist,** (mae'n ddeng modfedd ar hugain) am ei ganol, o gwmpas ei ganol, rownd ei ganol; **this coat won't go ~ him,** nid aiff y gôt hon ddim amdano; *(c) (= roughly):* tua (tuag *before vowel*), o gwmpas, oddeutu, *N: occ:* ar draws (rhth); **it will be ~ a hundred pounds,** bydd tua chanpunt; bydd o gwmpas canpunt; **~ [about] midday,** tua chanol dydd, tua'r hanner dydd, *N:* ar draws canol dydd; *(d) (motion):* **to row/swim ~ the island,** rhwyfo/nofio o amgylch/gwmpas yr ynys; **to go ~ the pubs,** mynd o gwmpas/amgylch y tafarnau, cerdded tafarnau, *N:* hel tafarnau; **to go ~ [and ~] sth,** troi o gwmpas rhth, troi oddi amgylch rhth; **to go ~ the field,** mynd rownd y cae; *(e) (= concerning):* yngh|ylch, ynglŷn â (rhth); ar, am (rth); **(to write a book) ~ sth,** (ysgrifennu llyfr) ar/am rth, ynghylch rhth. **2. to go ~ an obstacle,** mynd heibio i rwystr; *F:* **to go ~ the bend,** drysu, colli'ch pwyll, mynd yn wallgof *&c*; **(you will find the church) ~ the corner,** (fe welwch yr eglwys) ar ôl i chi droi'r gornel, wedi ichi fynd rownd y gornel; *S.a.* **get round 1.** *(c).*

round[3] *v.t.&i.* **1.** *v.t.* *(a)* gwn|eud (rhth) yn grwn, *occ:* crynnu (rhth), crynh|au (rhth); *(angle, edge):* llyfnu, talgrynnu; *(dog's ears):* tocio; *(b) (an obstacle):* mynd heibio (i rth); *Nau:* **to ~ a cape,** hwylio heibio i benrhyn, troi penrhyn, *F:* rowndio penrhyn; **to ~ the Horn,** mynd/hwylio rownd yr Horn, rowndio'r Horn. **2.** *v.i.* mynd yn grwn/grynnach; **to ~ on one's heels,** troi ar eich sawdl; *F:* **to ~ on s.o.,** ymosod ar rn, troi ar rn. **~ down** *v.t. (a figure):* crynhau, *F:* rowndio; *Cmptr: Mth:* talgrynnu (ffigur) i lawr. **~ off** *v.t. (edge, angle):* llyfnu, talgrynnu; *(= perfect):* **to ~ off a speech,** caboli araith; to ~ off *(= end):* **negotiations,** terfynu/cwblh|au trafodaethau. **~ out** *v.t.* cwblhau, cyfannu (rhth); llenwi bylchau (yn rhth). **~ up** *v.t.* **1.** *(cattle &c):* crynh|oi, cynnull, corlannu (gwartheg); casglu (gwartheg) ynghyd; gyrru (gwartheg) at ei gilydd; *S.E:* rhagod (da); *N:* hel (gwartheg) at ei gilydd; *(crooks):* rhwydo, dal, dala; *(helpers):* casglu, crynhoi. **2.** *Cmptr: Mth:* talgrynnu. **~-up** *n.* **1.** *(of cattle):* corlaniad(-au) *m*; *(of crooks):* rhwydiad(-au) *m*, rhwydo *vn*, dal *vn*; *Fig:* **they were heading for the last ~-up,** 'roeddent yn mynd am y cyfrif olaf; **he's heading for the last ~-up,** mae'n tynnu at ben talar; mae'n nesu at ben yr yrfa; *N. W:* mae'n bryd iddo roi'i gerrig i fyny; *S:* mae'n bryd iddo roi'r tŵls ar y bar. **2.** *(of facts, news):* crynhoad (crynoadau) *m*, crynodeb(-au) *m*.

roundabout *n. & a.* I. *n.* **1.** *(in fair):* ceffylau bach *pl*; *Prov:* **what you lose on the swings you gain on the ~,** colli â'r naill law ac ennill â'r llall, ennill "mi hw" a cholli "mi ha". **2.** *Aut:* cylchfan(-nau) *mf*, trogylch(-oedd) *m*. II. *a.* cwmpasog, anuniongyrchol (*pronounced* ng-g); **to take a ~ way,** dilyn y ffordd bellaf, troi/mynd o'ch ffordd; **a ~ way,** ffordd hir *f*, *S.E:* rowndyn *m*.

rounded *a.* crwn (*f.* cron, *pl.* crynion); *Phon:* **semi-~,** lled-grwn, lletgrwn (*f.* lletgron, *pl.* lletgrynion); *(part of body):* llyfn (*f.* llefn, *pl.* llyfnion), llyfndew(-ion); **a ~ bank,** clawdd boliog *m*; **~ hills,** bryniau llyfngrwn (*pronounced* ng-g).

roundedness *n.* crynder *m*, llyfnder *m*.

roundel *n.* **1.** *Her: Av:* cylchig(-au) *mf*, tarian gron (tarian[n]au crynion) *f*. **2.** *A:* = **rondeau, rondel.**

roundelay *n. Mus:* cylchgan(-au) *f*, rondo(-au) *mf*, tôn gron (tonau crynion) *f*.

rounder *n.* **1.** *Games:* *(a)* cylch(-au) *m*; *(b) pl.* rownders, *occ:* rownderi, *N. W: occ:* pasbol *m*. **2.** *U.S:* = **drunkard. 3.** *Rel:* gweinidog(-ion) (*m*) cylch.

Roundhead *n.* **1.** *Hist:* Pengryniad (Pengryniaid) *m&f*, Pengrwn (Pengryniaid) *m*, Pengrynes(-au) *f*, (*all pronounced* ng-g), *A:* Rwndiad (Rwndiaid) *m&f*. **2.** *pl.* **Roundheads,** *W. Hist: Rel: (= Calvinistic Methodists): N. W:* Pennau Crynion, *S. W:* Pennau Mawr. **3.** *Fung:* **dung ~,** pengrwn y tail, pengrwn y dom.

roundish *a.* crynnaidd, lled grwn, go grwn, gweddol grwn.

roundlet *n.* cylchig(-au) *mf*.

roundly *adv.* **1. to go ~ to work,** mynd ati, bwrw iddi [yn egnïol, o ddifrif, ag aidd]. **2.** *(= bluntly):* yn swta, yn blaen, yn ddi-dderbyn-wyneb, heb flewyn ar eich tafod, *S. W:* yn swrth. **3. to swell ~,** chwyddo'n grwn.

roundness *n.* **1.** crynder *m*. **2.** *(of speech):* plaendra *m*. **~ index** *n.* mynegrif(-au) (*m*) crynder.

roundsman *n.m.* dosbarthwr (dosbarthwyr), danfonwr (danfonwyr); **milk ~,** dyn(-ion) (*m*) llaeth/llefrith.

roundworm *n.* llyng[h]yren (llyngyr) *f*.

roup[1] *n.* **1.** *Vet:* gân *f*, yr ân *f*, llindag *m*, y geg *f*, rŵp *mf*. **2.** *(= huskiness):* crygni *m*, crygi *m*.

roup[2] *n.* = **auction[1]**.

roup[3] *v.t.* = **auction[2]**.

roupily *adv.* yn gryg, yn gryglyd.

roupy *a.* **1.** *Vet:* **a ~ hen,** iâr a'r ân/geg arni, iâr anwydog. **2.** *(= hoarse):* cryg, cryglyd.

rouse *v.t.&i.* I. *v.t.* **1.** *(a) Ven: (game):* codi; *(b)* **to ~ s.o. [from sleep],** deffro/dihuno rhn; *Prov:* **to ~ the sleeping lion,** deffro'r ci sy'n cysgu; **to ~ s.o. from indolence, to ~ s.o. up,** ysgwyd rhn o'i ddiogi; **to ~ oneself,** ymysgwyd, deffro, dihuno [o'ch trwmgwsg]. **to ~ the masses,** cyffr|oi'r/cynhyrfu'r werin; **to ~ s.o. to action,** symbylu rhn i wneud rhth; *(c) (= enrage):* cythruddo, cynhyrfu, codi gwrychyn (rhn); **(he is terrible) when roused,** (mae ef yn ofnadwy) pan fydd ar gefn ei goblyn/gythraul, pan fydd yn y cythraul. **2.** *(indignation, admiration, opposition):* ennyn, peri, symbylu, ysgogi. **3.** *Nau:* **to ~ in a cable,** halio rhaff i long. **4.** *Brew:* troi. II. *v.i.* **to ~ up,** *(i)* deffro, dihuno; *(ii) (from torpor):* ymysgwyd.

rouseabout *n. Austr: (= handyman):* dyn(-ion) caled *m*.

roused *a.* yn effro, ar ddihun.
rousement *n.* deffroad(-au) *m*, deffro *vn*, dihuno *vn*.
rouser *n.* **1.** deffröwr: deffröydd (deffrowyr) *m*, dihunwr (dihunwyr) *m*, cynhyrfwr (cynhyrfwyr) *m*; *S.a.* **rabble. 2.** *(for rousing beer):* ymotbren(-nau) *m*. **3.** *(lie):* celwydd(-au) noeth *m*.
rousing *a.* **1.** *(cheers):* byddarol, brwd; *(speech):* cynhyrfus, tanbaid, cyffr|ous; **a ~ chorus,** cytgan fyddarol; *S.a.* **rabble. 2.** *(a) F:* **a ~ lie,** celwydd noeth *m*, clamp *(m)* o gelwydd; *(b)* **a ~ fire,** tanllwyth *(m)* o dân.
roustabout *n.* **1.** *U.S: Nau:* *decmon (decmyn) *m*. **2.** *(in circus):* labrwr (labrwyr) *m*; *(on farm):* dyn(-ion) caled *m*.
rouster *n.* = **roustabout 1.**
rout[1] *n.* **1.** *(of revellers):* haid (heidiau) [afreolus] *f*, haflug *mf*, *Pej:* ciwed (ciweidiau) *f*, rhawt(-iau) *m*. **2.** *A: (party):* parti (partïon) *m*. **3.** *(= clamour, riot):* reiat (reiadau) *f*, mwstwr *m*, twrw *m*, terfysg *m*, cythrwfl *m*. **4.** *Jur:* ciwed.
rout[2] *n.* *Mil:* *(= disorderly retreat):* fföedigaeth *f*; *(= defeat):* gorchfygiad(-au) *m*, curfa (curfâu) *f*; **the retreat became a ~,** aeth yr enciliad yn rhuthr gwyllt; **to put an army to ~,** trechu byddin yn llwyr, gyrru byddin ar ffo, ymlid byddin.
rout[3] *v.t.* *Mil:* **to ~ an army,** gyrru byddin ar ffo, ymlid/trechu byddin.
rout[4] *v.t.&i.* = **root**[3]. **~ out** *v.t.* **1.** hel, hela, erlid, ymlid, *N: F:* helcyd (rhn) o'i guddfan); *(from bed):* tynnu/llusgo (rhn) o'i wely. **2.** *Carp: Engr: Typ:* cafnu, cafnio, rhigoli.
route[1] *n.* *(a)* llwybr(-au) *m*, ffordd (ffyrdd) *f*, taith (teithiau) *f*; ***en ~,*** ar y ffordd, ar y daith, ar eich hynt *(f)*, ar eich hald *(m)*; **commercial routes,** ffyrdd masnach/masnachol; *Mount:* **to find the ~,** dilyn y trywydd *(m)*; **bus ~,** llwybr bws/bysiau; **long distance ~,** llwybr maith, taith bell; **sea ~, shipping ~,** llwybr môr, môr-lwybr(-au) *m*; *S.a.* **air-route**; *Nau:* **to alter one's ~,** newid eich cyfeiriad *(m)*, newid eich hynt; *Med:* **digestive ~,** y bibell *(f)* faeth; *(b) Mil: (pronounced raut):* **column of ~,** colofn *(f)* ymdaith. **~ man** *n.* *U.S:* = **roundsman. ~ map** *n.* map(-iau) *(m)* ffyrdd, map llwybrau. **~ march**[1] *n.* *Mil:* ymdaith (ymdeithiau) *(f)* hyfforddi. **~-march**[2] **1.** *v.i.* ymdeithio. **2.** *v.t.* hyfforddi (rhn) ar daith. **~ planning** *vn.* cynllunio cylchdaith.
route[2] *v.t.* **to ~ s.o.,** anfon/cyfeirio rhn [ar hyd llwybr], pennu llwybr/taith rhn.
router *n.* *Carp:* plaen(-iau) *(m)* cafnu, *occ:* dant *(m)* y wrach.
routeway *n.* llwybr(-au) *m*.
routine *n.* **1.** trefn [arferol] *f*, gorchwylion arferol *pl*, arfer(-ion) *mf*, gwaith arferol *m*, trefn arferol *f*, rheolwaith (rheolweithiau) *m*; *F:* **the daily ~,** y drefn feunyddiol, y gorchwylion beunyddiol; **office ~,** gorchwylion arferol swyddfa, gwaith rheolaidd/arferol swyddfa; **to do sth as a matter of ~,** gwneud rhth yn ôl arfer, gwneud rhth o ran arfer, *F:* cerdded y rhych. **2.** *Mil: Navy:* gorchwylion. **3.** *Th: Danc:* **an artist's ~,** act arferol *(f)* artist; **she went into her ~,** fe wnaeth ei hact arferol; *F:* fe aeth drwy'i phethau; *(of salesman):* cleber: clebar *mf*. **4.** *Cmptr:* rheolwaith (rheolweithiau) *m*. **5.** *attrib.* arferol, cyffredin, rheolaidd; **~ enquiries,** ymholiadau cyffredin/arferol; **~ work,** gwaith arferol/cyffredin/ beunyddiol. **~ board** *n.* bwrdd/hysbysfwrdd *(m)* gorchwylion, amserlen(-ni) *f*. **~ patrol** *n.* rhawd(-au) *f*, cylchlwybr(-au) *m*, cylchrod(-au) *mf*.
routinely *adv.* fel arfer, fel rheol, yn ôl yr arfer, fel mater o drefn.
routing[1] *vn.* *Carp:* **~ plane** *n.* plaen(-iau) *(m)* cafnu.
routing[2] *vn.* *Lib:* cylchynu. **~ slip** *n.* taflen *(f)* gylchynu (taflenni cylchynu).
routinism *n.* rheol|eidd-dra *m*, rhigoliaeth *f*.
routinist *n.* rhigolydd(-ion) *m*, rheoleidiwr (rheoleiddwyr) *m*.
routinization *n.*, **routinize** *v.t.* rheoleiddio, arferoli.
roux *n.* *Cu:* gwlych *m*, ***roux*** *m*.
rove[1] *n.* **on the ~,** ar grwydr *(m)*.
rove[2] *v.i.&t.* **1.** *v.i.* *(a)* crwydro, teithio yma a thraw, *occ:* tramwyo, *N.W:* hel traed, *occ:* gwyllmera; *(of pirate):* crwydro, herwa, *occ:* gwyllmera; *(b)* **his eyes roved over the picture,** crwydrodd ei lygaid dros y llun. **2.** *v.t.* crwydro, teithio, *occ:* tramwyo; *(of pirate):* herwa. **~-beetle** *n.* *Ent:* chwilen grwydr (chwilod crwydr) *f*. **~-over** *a.* *Pros:* **~-over line,** llinell *(f)* oferu (llinellau goferu).
rove[3] *v.* *See* **reeve**[2].
rove[4] *n.* & *v.t.* *Tex:* **1.** *n.* edau gyfrodedd (edeuon/edeifion cyfrodedd) *f*. **2.** *v.t.* cyfrodeddu.
rove[5] *n.* *Metall:* rhwy(-au) *f*.
rover[1] *n.* **1.** *(a) (= wanderer):* crwydrwr (crwydrwyr) *m*, crwydryn (crwydriaid) *m*; *pl.* *Fb:* Crwydriaid; *(b) Scouting:* uwch-sgowt(-iaid) *m*. **2.** *Archery:* nod (nodau) [pell] *mf*.
rover[2] *n.* = **pirate**[1].
rover[3] *n.* *(pers./machine that makes a* **rove**[4]*):* cyfrodeddwr (cyfrodeddwyr) *m*.
roving[1] *a.* crwydrol, crwydr, sy'n crwydro; **he had a ~ eye,** 'roedd ganddo lygad am y merched; **a ~ commission,** cennad *(f)* i grwydro; **the ~ instinct,** greddf *(f)* grwydro.
roving[2,3] *vn.* *See* **rove**[2,4].
roving[4] *vn.* *Tex:* cyfrodedd *m*, cyfrodeddiad(-au) *m*. **~ bridge** *n.* *(on canal):* pont (pontydd) *(f)* newid ochr.
row[1] *n.* **1.** *(a)* rhes(-i,-au) *f*, rhesaid (rheseidiau) *f*, *occ:* rheng(-oedd) *f*, *S:* rhestr(-i) *f*, *N:* rhesiad (rheseidiau) *f*, rhenc(-iau) *f*; **in a ~,** yn [un] rhes, mewn rhes; **in rows,** yn rhesi, mewn rhesi; **two Sundays in a ~,** dau Sul [yn] olynol, un Sul ar ôl y llall, dau Sul ar ôl ei gilydd; **a ~ of bricks,** haen *(f)* o frics, cwrs *(m)* o frics; **a ~ of houses,** rhesaid/rhesiad o dai, *S:* rhestr o dai; **a ~ of knitting,** rhes o wau/weu, *S.W:* gwaellod(-ion) *f*; **a ~ of pearls,** llinyn *(m)* o berlau; **to place in rows,** rhoi/dodi/gosod (rhth) mewn/yn rhesi; *N.W:* rhesu, rhesio, *occ:* rhencio (rhth); *(b) Hort: (of lettuces):* rhes, rhych(-au) *mf*; **a ~ of potatoes,** rhes o datws/dato, *S.W:* rhych o dato, *M.W:* rhip(-iau) *(f)* o datw; **a ~ of corn,** *M.W:* rhibin(-iau) *(m)* o lafur; **a ~ of hay,** *S.W:* rhibyn(-nau) *(m)* o wair, *N.W:* rhenc(-iau) o wair; **a hard ~ to hoe,** cwys caled *m*, talcen caled *m*. **~ reduction** *n.* *Mth: Ph:* newidiadau *(pl)* rhes.
row[2] *n.* **1.** *(in a boat):* **to go for a ~,** mynd i rwyfo. **2. it was a long ~,** bu'n rhaid rhwyfo'n hir.
row[3] *v.t.&i.* *(a boat):* rhwyfo; **to ~ ashore,** rhwyfo i'r lan, tynnu am y lan; **to ~ s.o. down,** rhwyfo heibio i rn; **the crew were rowed out (at the end of the race)** (ar derfyn y ras) 'roedd y rhwyfwyr wedi ymlâdd, wedi blino'n llwyr; **to ~ a race,** rhwyfo mewn ras.
row[4] *n.* **1.** *(= shindy):* twrw *m*, sŵn *m*, stŵr *m*, *occ:* mwstwr *m*, *S.E:* cynhalaeth *f*; **to make a ~, to kick up a ~,** codi twrw, gwneud twrw, codi helynt, *S:* creu mwstwr, *N.W:* mwstro, cadw reiat, *occ:* codi clows, codi'r cythraul mawr; **hold your ~!** llai o'r twrw 'na! **2.** *(= quarrel):* ffrae(-on) *f*, cweryl(-on,-au) *m*, ffrwgwd (ffrygydau) *m*; **to have a ~ with s.o.,** ffraeo/cweryla â rhn. **3.** *(= reprimand):* cerydd(-au,-on) *m*, cystwyad(-au) *m*, dwrdiad(-au) *m*, *S.W:* pryd *(m)* o dafod, llond *(m)* pen; **to give (s.o.) a ~,** dweud y drefn, ei dweud hi (wrth rn); dwrdio, dondio, ceryddu (rhn); rhoi pryd o dafod, rhoi llond pen (i rn); **to get into a ~,** ei chael hi, cael y drefn, cael pryd o dafod, mynd i helynt/drybini, *N.W:* cael drwg.
row[5] *v.t.&i.* **1.** *v.t.* *F:* *(= reprimand):* dwrdio, ceryddu, tafodi (rhn); dweud y drefn (wrth rn); *N:* dondio (rhn), cega (ar rn). **2.** *v.i.* ffraeo, cweryla (â rhn); cega (ar rn); **to ~ violently,** *N.W:* ffraeo fel dau gudyll/gythraul/eurach/dincer, *S.W:* cwmpo mas yn dân golau.
rowan *n.* *Bot:* **1. ~ [tree],** *S:* cerddinen (cerddin) *f*, cerdinen (cerdin) *f*, cerïen (ceri) *f*, criafolen (criafol) *f*, coeden *(f)* griafol (coed criafol), pren(-nau) *(m)* criafol, pren ceri, criafolbren(-nau) *m*, *Lit: occ:* sarffwydden (sarffwydd) *f*. **2. ~[-berry],** criafolen (criafol) *f*.
rowboat *n.* *N:* cwch (cychod) *(m)* rhwyfo, *S:* bad(-au) *(m)* rhwyfo.
rowdily *adv.* yn swnllyd.
rowdiness *n.* stŵr *m*, twrw *m*, *occ:* trwst *m*, terfysg *m*, dadwrdd *m*.
Rowditch *W.Pl.n.* Trewen *f*.
rowdy *a.* & *n.* **1.** *a.* swnllyd, stwrllyd, terfysglyd, tyrfus. **2.** *n.* *(a)* rhn (rhai) stwrllyd/swnllyd *mf*, llabwst (llabystiaid) *m*, codwr (codwyr) *(m)* twrw, tyrfwr (tyrfwyr) *m*, *N:* hulbo(-s) *m*.
rowdyism *n.* codi *(m)* twrw, creu *(vn)* helynt.
rowel[1] *n.* **1.** *(of spur):* troell(-au) *(f)* ysbardun, rhywel(-ion) *m*. **2.** *Vet:* **[draining] ~,** goreth(-au,-i) *m*.
rowel[2] *v.t.* **1.** *(a horse):* ysbarduno, symbylu. **2.** *Vet:* gorethu.
rowen *n.* *F: U.S:* adladd *m*.
Rowena *Pr.n.f.* Rhonwen.
rower *n.* rhwyfwr (rhwyfwyr) *m*, rh|wyfwraig (rhwyfwragedd) *f*.
rowing[1] *a.* *(= quarrelsome):* ffraellyd, cwerylgar, ffraegar.
rowing[2] *vn.* = **row**[5].
rowing[3] *vn.* *(=* **row**[3]*):* rhwyfo. **~-boat** *n.* cwch (cychod) *(m)*

rhwyfo, bad(-au) *(m)* rhwyfo. ~ **club** *n.* clwb (clybiau) *(m)* rhwyfo. ~**-machine** *n.* peiriant (peiriannau) *(m)* rhwyfo. ~ **man** *n.m.* rhwyfwr (rhwyfwyr). ~ **match** *n.* cystadleuaeth *(f)* rwyfo (cystadlaethau rhwyfo), gornest *(f)* rwyfo (gornestau rhwyfo), ras *(f)* rwyfo (rasys rhwyfo).

rowlock *n.* rhwyfbinnau *pl*, bwlch (bylchau) *(m)* rhodli, *F:* rolocs *pl*, *N.W:* tolyn (tolyrs) *m*; **swivel ~,** tolyn troi.

royal *a.* & *n.* **1.** *a.* *(a)* brenhinol; ~ **assent,** cydsyniad(-au) brenhinol *m*; ~ **blue,** glas brenhinol *m*; ~ **court,** brenhinllys(-oedd) *m*, llys(-oedd) brenhinol *m*, llys brenin/brenhines; *Bot:* ~ **fern,** cyfrdwy *f*, rhedynen *(f)* gyfrdwy (rhedyn cyfrdwy), lloeredynen (lloeredyn) *f*, rhedyn blodeuog *pl*, rhedynen Crist; *Cards:* ~ **flush,** rhesaid reiol (rheseidiau rheiol) *f*; *Cu:* ~ **icing,** eisin caled *m*; *Ap:* ~ **jelly,** jeli(*m*)'r frenhines; **a ~ line,** brenhinwaed *m*, brenhinllin (breninlliniau) *f*, llinach frenhinol (llinachau brenhinol) *f*, teyrnllin(-iau) *f*; **the R~ Mail,** Y Post Brenhinol *m*; **a ~ palace,** brenhinlle(-oedd) *m*, brenhinllys, palas(-au) brenhinol *m*, palas brenin/brenhines; *Bot:* ~ **palm,** palmwydden frenhinol (palmwydd brenhinol) *f*; ~ **prerogative,** rhagorfraint frenhinol (rhagorfreintiau brenhinol) *f*, brenhinfraint (breninfreintiau, breninfreiniau) *f*; ~ **purple,** porffor brenhinol *m*, glasgoch brenhinol *m*; ~ **road,** *(to success):* ffordd hawdd *f*, priffordd (priffyrdd) *f*; ~ **robe,** brenhinwisg (breninwisgoedd) *f*; *Games:* ~ **tennis,** tennis *(m)* cwrt, tennis rheiol; ~ **tribe,** brenhinllwyth(-au) *m*; *(b)* *(= magnificent)* tywysogaidd, brenhinaidd, rheiol, gwych(-ion), ardderchog, ysblennydd; *(= tremendous):* aruthrol; ~ **munificence,** haelioni tywysogaidd *m*; **a ~ feast,** gwledd reiol/ysblennydd *f*; **to have a [right] ~ time,** cael hwyl *(f)* aruthrol/anfarwol, cael hen hwyl, cael hwyl a hanner, cael gwledd, cael diwrnod i'r brenin; **a battle ~,** brwydr aruthrol *f*, *occ:* cadgamlan *f*; *(c)* *Nau:* ~ **mast,** hwylbren(-nau) rheiol *m*; ~ **sail,** hwyl reiol (hwyliau rheiol) *f*. **2.** *n.* *(pers.):* rhn (rhai) brenhinol, un o'r teulu brenhinol; *pl.* **royals,** y teulu *(m)* brenhinol; *(stag):* carw (ceirw) brenhinol *m*; *(paper):* papur rheiol *m*.

royalism *n.* breninyddiaeth *f*, breningarwch *m* (*pronounced* ng-g).

royalist *a.* & *n.* **1.** *a.* brenhingar (*pronounced* ng-g), brenhinol; **the ~ forces,** lluoedd y brenin. **2.** *n.* brenhinwr (brenhinwyr) *m*, brenh|inwraig (breninwragedd) *f*, pleidiwr (pleidwyr) *(m)* y brenin/frenhines, pleidiwr brenhiniaeth, pleidiwr y goron, pl|eidwraig (pleidwragedd) *(f)* y brenin *&c*, breningarwr (breningarwyr) *m*, brening|arwraig *f* (*both pronounced* ng-g); *Hist:* *pl.* gwŷr y brenin; *S.a.* **monarchist.**

royalistic *a.* brenhingar (*pronounced* ng-g).

royally *adv.* **1.** yn frenhinol. **2.** yn dywysogaidd *&c*.

royalty *n.* **1.** *(a)* *(= monarchy):* brenhindod *m*, brenhiniaeth (breniniaethau) *f*; *(b)* *Coll:* *(= member[-s] of Royal Family):* un/rhai o'r teulu brenhinol; *Coll:* **a hotel patronized by ~,** gwesty a fynychir/fynychid/fynychwyd gan y teulu brenhinol. **2.** *pl.* *Publ:* *&c:* **royalties,** breindal *m*, breindaliadau *pl*.

Royston *Pr.n.* *See* **crow[1] (Royston).**

Royton *W.Pl.n.* Tref*(f)* y Rhyg.

rozzer *n.* *P:* = **policeman.**

Ruabon *W.Pl.n.* Rhiwabon *f*. ~ **Mountain** *Pr.n.* *W.Geog:* Cefn *(m)* y Fedw.

rub[1] *n.* **1.** rhwbiad(-au) *m*, rhwb(-iau,-iadau) *m*, *S:* rhwtad(-au) *f*; **to give sth a ~ [up],** *(e.g. brass):* glanh|au rhth, rhoi rhwbiad i rth, rhwbio rhth, *S.W:* rhwto rhth, rhoi rhwtad i rth. **2.** *Bowls:* *(of ground):* cnwc: cnycyn (cnyciau) *m*; *F:* **there's the ~,** dyna'r drwg *(m)*, dyna'r drafferth *(f)*, dyna'r anhawster *(m)*, dyna'r aflwydd *(m)*, dyna ddagrau pethau; *Lit:* **ay, there's the ~,** ie, dyna'r aflwydd; **to come to the ~,** dod at y pwynt; *Golf:* *(of/on the green):* rwb(-iau) *m*.

rub[2] *v.t.&i.* **1.** *v.t.* *(a)* rhwbio, *occ:* rhwbian, *Lit:* *& S:* *occ:* rhuglo, *S:* rhwto, rhwbwno; *F:* **to ~ shoulders (with other people),** cwrdd, cymdeithasu, cymysgu (â phobl eraill); ymrwbio (mewn pobl eraill); hobnobio (â phobl eraill); *F:* **to ~ s.o. up the wrong way,** codi gwrychyn rhn, digio/cythruddo rhn, mynd dan groen rhn; *F:* **to ~ s.o. up the right way,** mynd i lawes rhn, plesio rhn, cribo i lawes rhn; **(they don't have) two halfpennies to ~ together,** (nid oes ganddynt) yr un ddimai goch y delyn, yr un edau i ymgrogi, yr un gragen i ymgrafu; *(b)* **to ~ sth dry,** rhwbio rhth yn sych; **to ~ a surface bare,** rhwbio/rhwto/sgwrio arwyneb yn lân; **to ~ the skin raw,** rhwbio'r croen yn noeth, rhwbio'r croen yn gig noeth, *S.W:* sgardio'r croen, *S.E:* sgyrdio'r croen, *N.W:* sgryffinio'r croen; *(c)* **to ~ sth through a sieve,** rhwbio rhth drwy ogr; **to ~ oil into s.o.'s skin,** iro croen rhn ag olew, rhwbio oel i groen rhn; *(d)* **to ~ an inscription,** rhwbio arysgrif. **2.** *v.i.* *(a)* **to ~ against sth,** *(= scrape):* rhwbio, rhygnu (yn rhth); *S.W:* rhuglo, *N.E:* cluro (yn rhth); *(b)* *(of clothes)* *(= wear out):* treulio, *N:* gwisgo at yr edau; *(c)* *Nau:* *(of hawser):* rhygnu, rhuglo; *(d)* *Bowls:* *(of bowl):* rhwbio, rhygnu, rhyglu. ~ **along** *v.i.* *F:* rhygnu byw, llwyddo i fyw, ymdopi, dod i ben. ~ **away** *v.t.* **1.** *(= wear out):* treulio (rhth) [trwy rwbio], rhwbio (rhth) yn ddim. **2.** *(pain, stain):* dil|eu/gwaredu (rhth) trwy rwbio, rhwbio (rhth) ymaith. ~ **down[1]** *v.t.* **to ~ sth down,** rhoi rhwbiad/rhwtad i rth. ~**-down[2]** *n.* rhwbiad(-au) *m*, *S:* rhwtad(-au) *f*. ~ **in** *v.t.* *(liniment):* rhwbio/rhwto eli (ar/i rth); *F:* **don't ~ it in!** paid â rhygnu ar y peth! paid â rhoi halen ar y briw! *F:* **to ~ s.o.'s nose in it,** rhwbio trwyn rhn yn ei lanast/faw. ~ **off 1.** *v.t.* rhwbio/rhwto (rhth) ymaith, cael gwared (â rhth) trwy rwbio; **to ~ one's skin off,** crafu/rhathu croen, *S:* sgardio/sgyrdio croen; *N.W:* sgryffinio croen. **2.** *v.i.* **the paint has rubbed off on your hand,** mae'r paent wedi rhwbio ar/yn eich llaw; *N.E:* mae'r paent wedi cluro yn eich llaw; **his behaviour will ~ off on the others,** bydd ei ymddygiad yn dylanwadu ar y lleill. ~ **out** *v.t.* **1.** *(error &c):* dil|eu (rhth), *N:* rhwbio (rhth) allan, *S:* rhwto (rhth) mas. **2.** *F:* *(= kill):* difa, lladd. ~ **up 1.** *v.t.* *(brass &c):* caboli, gloywi; **to ~ up one's Welsh,** gloywi'ch Cymraeg; *F:* **to ~ up one's memory,** adnewyddu'ch atgofion. **2.** *v.i.* **to ~ up (against other people),** cymysgu, cymdeithasu, cwrdd, dod i gysylltiad (â phobl eraill); **the cat rubbed up against me,** daeth y gath i ymrwbio yn f'erbyn i; daeth y gath i'w rhwbio'i hun yn f'erbyn i. ~**-stone** *n.* carreg (cerrig) *(f)* hogi, calen(-ni) *f* [hogi].

rub-a-dub *n.* hwb-dwb *m*, dadwrdd *m*, sŵn *m*, trwst *m*.

Rubaiyat *Pr.n.* *Lit:* **The ~ of Omar Khayyám,** Penillion Omar Khayyâm, Y Rwbaiat *m*.

rubasse *n.* *Miner:* cwarts coch *m*.

rubato *a.* & *n.* *Mus:* **1.** *a.* rwbato. **2.** *n.* rwbato(-s, rwbati) *m*.

rubbed *a.* **1.** rhwbiedig, wedi ei rwbio; *(cloth):* treuliedig, hendraul, tenau, wedi treulio, *N:* wedi gwisgo; *(furniture):* wedi colli ei sglein/lewyrch. **2.** *Carp:* ~ **joint,** uniad(-au) rhwbiedig *m*.

rubber[1] *n.* & *attrib.* **1.** *(cloth):* cadach(-au) *(m)* sychu, clwt: clwtyn (clytiau) *(m)* sychu, sychwr (sychwyr) *m*. **2.** = **masseur, masseuse.** **3.** *n.* & *attrib.* **[India] ~,** *(material):* rwber *m*, ryber *m*; **[India] ~,** *(= eraser):* rwber(-i) *m*, rhwbiwr (rhwbwyr) *m*; **foam ~,** rwber mandyllog; **crêpe ~,** rwber crych; **[India] ~ band,** band(-iau) *(m)* lastig, dolen(-nau,-ni) *(f)* lastig; ~ **bone,** asgwrn (esgyrn) *(m)* rwber; ~ **bung,** topyn(-nau) *(m)* rwber; ~ **cement,** sment *(m)* rwber; ~ **cheque,** siec ddiwerth (sieciau diwerth) *f*; ~ **digger,** pâl (palau) *(f)* rwber; ~ **fabric,** deunydd(-iau) *(m)* rwber; ~ **goods,** nwyddau rwber; ~ **rake,** cribin(-iau) *(mf)* rwber, rhaca(-nau) *(mf)* rwber; ~ **ring,** cylch(-oedd) *(m)* rwber; ~ **sand mould,** mo[w]ld(-iau) *(m)* tywod rwber; ~ **sheet,** *(for bed):* cynfas(-au) *(mf)* rwber; *(otherwise):* dalen(-nau) *(f)* rwber. **4.** *pl.* **rubbers,** *(= overshoes):* esgidiau rwber, esgidiau glaw. **5.** *Archeol:* rhuglwr (rhuglwyr) *m*. ~**-covered** *a.* dan orchudd rwber, mewn rwber, dan haen o rwber. ~ **number[1]** *n.* *T.V:* rhif(-au) *(m)* cofnod. ~**-number[2]** *v.t.* *T.V:* cofrifo. ~ **plant** *n.* *Bot:* **1.** planhigyn (planhigion) *(m)* rwber. **2.** = **rubber tree.** ~ **stamp[1]** *n.* **1.** stamp(-iau) *(m)* rwber. **2.** *(pers. at assembly):* ameniwr (amenwyr) *m*. ~**-stamp[2]** *v.t.* rhoi/dodi sêl bendith ar rth, amenio rhth. ~ **tree** *n.* *Bot:* coeden (coed) *(f)* rwber. ~**-tyred** *a.* â theiars rwber.

rubber[2] *n.* *Cards:* gornest(-au) *f*; **the ~ game,** y gêm derfynol (y gemau terfynol) *f*.

rubberize *v.t.* rybereiddio.

rubberlike, rubbery *a.* fel rwber, ryberaidd.

rubbing *vn.* & *n.* **1.** *vn.* rhwbiad(-au) *m*, *S:* rhwtad(-au) *m*; *S.a.* **rub[1,2]**; *Cu:* ~ **in method,** dull *(m)* rhwbio i mewn. **2.** *n.* **brass ~,** rhwbiad pres. ~ **board** *n.* bwrdd (byrddau) *(m)* rhwbio. ~ **compound** *n.* llathredd(-au) *m*. ~ **strake** *n.* *N.Arch:* cantel(-au) *(m)* rhwbio.

rubbish[1] *n.* **1.** *(a)* *(= household refuse):* [y]sbwriel *m*, *S.W:* fflwcs *pl*, *N.W:* 'nialwch *m*; *(b)* *(= junk):* hen drugareddau *pl*, geriach *pl*, sothach *pl*, *N.W:* 'nialwch *m*, hen gelwi/gelfi *pl*, ffaldigêr *m*, taclau *pl*, *N.E:* trec *m*, *S:* fflwcs: ffrwcs *pl*, ffrwcsach *pl*, consarnach *pl*, ffwlach *pl*, twmbwriach *pl*, clambwri *m*, trenglwns: tranglwns: trangwls *pl* (*pronounced* ng-g), shibledd *m*, *M.W:* hen siabach *pl*, *occ:* clampers *pl*; **this material is ~,** mae'r deunydd yma'n ddiwerth; 'dyw'r deunydd yma'n dda i ddim; *(c) (= garden refuse):* cribinion *pl*, tocion *pl*, *N.W:* sgrwff *m*, sgrwffiach *pl*, sgrwtsh *m*, *S.W:* fflwcs, ffrwcs, ffrwcsach, *M.W:* sgwtsh *m*, shatach *pl*; *(d) (food):* sothach *m*, *N.W:* rwtsh *m*, sgrwtsh *m*, codliach *m*, *S.W:* fflwcs, ffrwcs, *M.W:* hen siabach. **2.** *Fig:* sothach, *N:* lol *f*, rwtsh *m*, *S:* dwli *m*, *N.E:* ponsh *m*; **this novel is ~,** sothach yw'r nofel yma; **to talk ~,** *See* **nonsense.** **~ bin** *n.* bin(-iau) (*mf*) [y]sbwriel, tun(-iau) (*m*) [y]sbwriel, *S:* tun fflwcs, *N:* bin l[l]udw (biniau lludw), tun lludw; *S.a.* **dustbin.** **~ cart** *n.* cart (certi) (*m*) [y]sbwriel, lori (loriau) (*f*) [y]sbwriel, *S.W:* lori fflwcs, *N:* trol (*f*) ludw (troliau lludw), lori ludw (loriau lludw). **~ dump, ~ heap** *n.* tomen(-nydd) (*f*) [y]sbwriel, *N:* tomen (*f*) ludw (tomenni lludw), *N.W:* tomen (*f*) byd, *S.W:* tomen fflwcs. **~-shoot** *n.* *(a)* = **rubbish dump**; *(b) (in flat):* twll (tyllau) (*m*) [y]sbwriel.

rubbish² *v.t.* lladd (ar rth); dilorni, difrïo (rhth).

rubbishy *a.* diwerth, gwael, da i ddim, sothachlyd, rwtshlyd, ponshlyd.

rubble *n.* **1.** *Constr:* **~[-stones],** r[h]wbel *m*, cerrig (*pl*) llanw, *S.W:* sger *mf*; **to clear ~,** *N.W:* rhuglo. **2. ~ [work], ~ masonry,** gwaith (*m*) r[h]wbel.

rubbler *n.* *Min:* *N.W:* rybelwr (rybelwyr) *m*.

rube *n.* *U.S:* *P:* = **bumpkin, hick.**

rubefacient *a.* & *n.* *Med:* **1.** *a.* llidiol, gwridiol. **2.** *n.* plastr(-au) poeth *m*.

rubefaction *n.*, **rubefy** *v.t.* cochi, gwritgochi, gwridogi.

rubella *n.* *Med:* brech [goch] (*f*) yr Almaen, y frech Almaenig, rwbela *m*.

rubellite *n.* *Miner:* rhuddelfaen (rhuddelfeini) *m*.

rubeola *n.* *Med:* y frech goch *f*.

rubescence *n.* gwrid *m*, cochni *m*, gwrido *vn.*

rubescent *a.* sy'n cochi, sy'n gwrido, gwridog.

rubiaceous *a.* *Bot:* cochwreiddiol.

rubicelle *n.* rhuddem(-au) (*f*) Brasil, *rhuddellem(-au) *f*.

Rubicon *Pr.n.* *F:* **to cross the ~,** croesi'r ffrwd ddiadlam, cymryd cam tyngedfennol/di-droi'n-ôl.

rubicund *a.* gwridog, gwritgoch.

rubicundity *n.* gwrid *m*.

rubidium *n.* *Ch:* rwbidiwm *m*.

rubify *v.t.* = **rubefy.**

rubiginous *a.* rhydlyd, lliw rhwd.

rubious *a.* *Poet:* rhudd, rhuddliw, rhuddgoch, gwritgoch.

ruble *n.* *Num:* rwbl(-au) *f*.

rubric *n.* **1.** *Typ:* *Ecc:* rhuddell(-au) *f*. **2.** *(= heading):* pennawd (penawdau) *m*. **3.** *Sch:* *(of examination paper):* cyfarwyddyd (cyfarwyddiadau) *m*.

rubrical *a.* rhuddellol.

rubricate *v.t.* rhuddellu.

rubricated *a.* rhuddelledig.

rubrication *n.* rhuddelliad(-au) *m*, rhuddellu *vn.*

rubricator, rubrician *n.* rhuddellwr (rhuddellwyr) *m*.

rubricism *n.* rhuddelliaeth *f*.

rubricist *n.* rhuddellwr (rhuddellwyr) *m*.

rubstone *n.* carreg (cerrig) (*f*) hogi.

rubus *n.* *Hort:* miaren (mieri) (*f*) Califfornia.

ruby *n.* & *a.* **1.** *n.* *(a) Miner:* *Lap:* rhuddem(-au) *fm*, *F:* r[h]wbi(-s, r[h]wbïod) *m*; **balas ~,** rhuddem(-au) falas/balas (rhuddemau balas); *(b)* **~ glass,** gwydr(-au) coch *m*. **2.** *a.* & *n.* rhuddgoch(-ion) (*m*), gwritgoch(-ion) (*m*), rhuddliw (*m*). **~-lipped** *a.* gwefusgoch(-ion), mingoch(-ion) (*pronounced* ng-g). **~ lips** *n.* gwefusau cochion *pl.* *F:* **~ nose** *n.* trwyn coch (trwynau cochion) *m*. **~ silver** *n.* arian coch *m*. **~ spinel** *n.* pigruddem(-au) *f*. **~-tail wasp** *n.* *Ent:* cacynen dingoch (cacwn tingoch) *f* (*pronounced* ng-g). **~-throat, ~-throated humming-bird** *n.* *Orn:* aderyn (adar) (*m*) y si gyddfgoch. **~ wedding** *n.* priodas (*f*) ruddem (priodasau rhuddem).

ruche¹ *n.* *Dressm:* crychyn(-nau, crychion) *m*, crych(-ion) *m*, ffril(-iau,-s) *m*, ffrilen (ffriliau, ffrils) *f*, ffrilyn (ffriliau, ffrils) *m*.

ruche² *v.t.* *Dressm:* ffrilio, crychu.

ruched *a.* crych, crychlyd, ffriliog, ffrilog.

ruching *n.* ffriliau *pl*, ffrils *pl.*

ruck¹ *n.* **1.** *Rac:* torf *f*, gweddill *m*, rhelyw *m*. **2. the [common] ~,** y cyffredin *m*, y dorf, y trwch *m*, *F:* y werin gaws; **to get out of the ~,** codi o blith y cyffredin.

ruck²,³ *n.* & *v.*, **rucking** *vn.* = **ruckle¹,².**

ruckle¹ *n.* crych(-au) *m*, plygiad(-au) *m*, crychni *m*.

ruckle² *v.t.&i.* **to ~ [up],** crychu, rhychu, sybachu, crimpio.

rucksack *n.* sach (*mf*) teithio/deithio (sachau teithio), ysgrepan(-au) *f*, cwdyn (cydau) (*m*) teithio, gwarfag(-iau) *m*.

ruckus *n.* *U.S:* = **ructions.**

ructions *n.pl.* *F:* helynt(-ion) *f*, ffrwgwd (ffrygydau) *m*, stŵr *m*, cynnwrf *m*, twrw *m*, *S:* randibŵ *fm*, *N.W:* *occ:* ffatri *f*, rycsiwns *pl*; **(if you come home late) there'll be ructions,** (os doi di'n ôl yn hwyr) fe fydd yma le/helynt.

rudbeckia *n.* *Bot:* dyddgu *f*, blodyn (blodau) (*m*) pigw[r]n, Siwsi lygatddu *f*.

rudd *n.* *Ich:* rhuddbysgodyn (rhuddbysgod) *m*, rhuddgoch(-iaid) *m*, asgellgen(-iaid) *m*.

rudder *n.* **1.** *Nau:* llyw(-iau) *m*. **2.** *(of windmill):* cynffon(-nau) *f*, cwt(-iau, cytiau) *m*, llyw. **~-bands, ~-braces** *n.pl.* rhwymau llyw. **~-bar** *n.* bar (*m*) llyw (barrau llywiau). **~-head** *n.* pen (*m*) llyw (pennau llywiau). **~-line** *n.* llywraff(-au) *f*. **~-post, ~-stock** *n.* llywbost (llywbyst) *m*, cyff (*m*) llyw (cyffion llywiau).

rudderfish *n.* *Ich:* pysgodyn (pysgod) (*m*) llyw, llywbysgodyn (llywbysgod) *m*.

rudderless *a.* heb lyw.

ruddily *adv.* yn wridog, yn goch *&c.*

ruddiness *n.* gwrid *m*, gwridogrwydd *m*, cochni *m*, gwritgochni *m*.

ruddle¹,² *n.* & *v.t.* = **reddle.**

ruddock *n.* = **redbreast.**

ruddy *a.* **1.** *(a) (complexion):* gwritgoch, gwridog; *(b) (glow of fire):* coch. **2.** *P:* = **bloody 2.**

ruddy² *v.t.* cochi, gwritgochi (rhth), gwn|eud/troi (rhth) yn goch.

rude *a.* **1.** *(a) (= crude):* cyntefig, anghelfydd, amrwd; *(style):* amrwd, anghaboledig, digabol, garw, anghoeth; *(voice):* anwar, anwaraidd; *(b) (tools &c):* syml, anghelfydd, amrwd, elfennol; **~ beginnings,** dechreuadau syml; **~ verses,** *(i)* penillion anghelfydd; *(ii) See* **rude 5.** **a ~ drawing,** *(i)* llun anghelfydd/di-glem; *(ii) See* **rude 5.** **2.** *(= sudden):* **a ~ shock,** ysgytiad annisgwyl/garw/syfrdanol; *S.a.* **awakening².** **3. ~ health,** iechyd cadarn/perffaith *m*. **4.** *(= impolite):* digywilydd, anghwrtais, anfoesgar, afoneddigaidd, difoes, hy[f], haerllug, wynebgaled, eofn, *N:* *F:* powld, talgryf, difanars, *S:* ewn; **to be ~ to s.o.,** bod yn anghwrtais wrth rn, bod yn hyf ar rn; **would it be ~ to inquire...?** a fyddai'n hy[f] gofyn...? **that's very ~ of you!** dyna hy[f] ydych chi! rhag eich cywilydd [chi]! rhag cywilydd i chi! **5.** *(= obscene):* anweddus, *Lit:* anllad, *N:* *F:* budr(-on), *S:* *F:* brwnt (*f.* bront, *pl.* bryntion).

rudely *adv.* **1.** *(= fashioned):* yn anghelfydd, yn amrwd *&c.* **2.** *(= suddenly):* yn annisgwyl *&c.* **3.** *(= impolitely):* yn anghwrtais *&c.*

rudeness *n.* **1.** *(= primitiveness):* cyntefigrwydd *m*, anwarineb *m*, cyntefig[i]aeth *f*, symlrwydd *m*. **2.** *(= impoliteness):* anghwrteisi *m*, anfoesgarwch *m*, haerllugrwydd *m*, hyfdra *m*, wynebgaledwch *m*, digywil|ydd-dra *m*, rhyfyg *m*, beiddgarwch *m*. **3.** *(of shock &c):* sydynrwydd *m*. **4.** *(= indecency):* anwedduster *m*, anweddustra *m*, anlladrwydd *m*.

ruderal *a.* *Bot:* cynefinol.

rudery *n.* = **rudeness 2, 4.**

rudiment *n.* **1.** *Biol:* eginyn (egin) *m*, dechreuad(-au) *m*. **2.** *pl.* **rudiments,** *(of grammar, common sense &c):* elfennau, hanfodion.

rudimental *a.* = **rudimentary.**

rudimentarily *adv.* yn elfennol *&c.*

rudimentariness *n.* anghyflawder *m*, cyntefigrwydd *m*, natur elfennol/amrwd *&c f*, symlrwydd *m*.

rudimentary *a.* **1.** *Biol:* elfennol, eginol, dechreuol, anghyflawn, cyntefig. **2.** *(knowledge &c):* elfennol, dechreuol.

rudish *a.* braidd yn amrwd, go amrwd *&c*; braidd yn anghwrtais *&c*; *S.a.* **rude.**

Rudry *W.Pl.n.* Rhydri *mf*.

rue¹ *v.t.* *(an action)* edifarh|au, *F:* edifaru (am rth); **you shall ~ it,** bydd yn edifar gennych am hyn; **you will ~ the day when...,** fe fydd yn edifar gennych am y dydd y....

rue² *n. Lit: (= repentance):* edifeirwch *m*; *(= sadness):* gofid *m*, pr|udd-der *m*, tristwch *m*, tristyd *m*, alaeth *f*.
rue³ *n. Bot: (Ruta graveolens):* ruw *m*, gorddon *f*; **goat's ~,** *(Galega officinalis):* ruw'r geifr; **common meadow ~,** *(Thalictrum):* arianllys *m*, troed *(f)* y barcud; **Alpine meadow ~,** *(Th. alpinum):* arianllys y mynydd; **greater meadow ~,** *(Th. aquilegifolium):* arianllys mawr, yr arianllys mwyaf; **large-fruited meadow ~,** *(Th. macrocarpum):* arianllys gylfinog; **lesser meadow ~,** *(Th. minus):* yr arianllys lleiaf; **small meadow ~,** *(Th. simplex):* arianllys bychan; **stinking meadow ~,** *(Th. foetidum):* arianllys drewllyd; **wall ~,** *(Asplenium ruta-muraria):* r[h]uw'r muriau, duegredynen (duegredyn) *(f)* y muriau, rhedynen (rhedyn) *(f)* y mur, diddueg *m*, *N.W: F:* iau bach *m*. **~ anemone** *n. Bot: U.S: (Anemonella thalictoides):* an|emone arianllysol *m*, ruw-anemone *m*.
rue-raddy *n. Nau:* rhaff *(f)* dynnu (rhaffau tynnu).
rueful *a.* edifar, edifeiriol, trist, gofidus, galarus, digalon, prudd, truenus, alaethus, gresynus.
ruefully *adv.* yn edifar *&c*.
ruefulness *n.* edifeirwch *m*, tristwch *m*, gofid *m*, digalondid *m*, truenusrwydd *m*, pr|udd-der *m*, alaeth *m*.
rufescence *n.* lliw cochlyd *m*.
rufescent *a. Z:* cochlyd, cochaidd.
ruff¹ *n.* **1.** *Cost:* crychdorch(-au) *f*, rwff (ryffiau) *mf*. **2.** *Z: Orn:* coler(-i,-au) *mf*, torch(-au) *m*; *(of dog, cock): S.E:* gwrych *m*.
ruff² *n.* **1.** *Orn:* colomen grech (colomennod crych) *f*, pibydd(-ion) torchog *m*, yr ymladdgar *m*, yr aderyn ymladdgar *m*, paffiwr (paffwyr) *m*. **2.** *Ich:* = **ruffe.**
ruff³ *n. & v.* = **trump¹,².**
ruffe *n. Ich:* crychyn (crychion) *m*, *F:* bo-pig *m*, *Lit:* crychbysgodyn (crychbysgod) *m*.
ruffed *a.* colerog, torchog.
ruffian *n.* llabwst (llabystiaid) *m*; *F:* **little ruffians,** dihirod bach, cnafon bach drwg, cenawon bach, taclau bach.
ruffianism *n.* ci|eidd-dra *m*, creulondeb *m*, anfadrwydd *m*, *N:* bryntni *m*, llabystiaeth *f*, llabysteiddiwch *m*.
ruffianly *a.* llabystaidd, mileinig, milain, cïaidd, *N:* brwnt (*f.* bront, *pl.* bryntion).
ruffle¹ *n.* **1.** *(a) A:* aflonyddwch *m*, anesmwythyd *m*, cynnwrf *m*; **life without ~,** bywyd digynnwrf; *(b)* = **ripple¹. 2.** *(a) Cost:* ryffl(-au) *m*; *(b) Z:* = **ruff¹ 2.**
ruffle² *v.t. (a) (hair):* **~ up,** chwalu, ffluwchio, gwrychio, gwrychu, *N:* blerio; *(water):* crychu; **the bird ruffles up its feathers,** mae'r aderyn yn garwh|au ei blu; **to ~ [up] s.o.'s feelings,** codi gwrychyn rhn; **to ~ s.o.'s temper,** cynhyrfu rhn, cythruddo rhn; **nothing ruffles him [up],** 'does dim yn ei gynhyrfu; 'does dim yn tarfu/mennu/aflonyddu arno; *(b) (cuffs):* crychu, cwicio, ryfflo.
ruffle³ *v.i. A: or Lit:* torsythu, swagro, *F:* jarffio.
ruffled *a.* **1.** piwis, dig, croes. **2. ~ feathers,** plu crych.
ruffler *n.* swagrwr (swagrwyr) *m*, swegryn *m*, torsythwr (torsythwyr) *m*. *F:* jarff(-od) *m*.
ruffling *a.* torsyth, talgryf (*f.* talgref, *pl.* talgryfion), swagrog.
rufous *a.* melyngoch(-ion) *(pronounced* ng-g).
rug *n.* **1. [travelling] ~,** carthen(-ni,-nau) *f*, rỳg (rygiau) *f*; *F:* **as snug as a bug in a ~,** clyd fel pathew, cyn glyted â nyth y pathew, yn glyd braf, *N.W:* yn gynnes fel tost/tostyn. **2.** *(floor):* mat(-iau) *m*, carped(-i,-au) *m*; **to pull a ~ out from under s.o.,** gadael rhn ar y clwt, tanseilio rhn, tynnu'r tir o dan draed rhn; *U.S: F:* **to cut a ~,** dawnsio'n egnïol, ei throedio hi.
ruga *n.* crych(-au,-ion) *m*, plyg(-ion) *m*, plygiad(-au) *m*, gwr|ym (gwrymiau) *m*, rhych(-au) *mf*.
rugal, rugate *a.* crych, gwrymiog, crychog, rhych[i]og, crimpiog.
Rugby *Pr.n.* **~ [football],** rygbi *m*; **~ League** *n.* Cynghrair *(mf)* Rygbi. **~ Union** *n.* Undeb *(m)* Rygbi.
rugged *a.* **1.** *(terrain):* garw (geirwon), gerwin, anwastad, clogyrnog, cnyciog; *(rock):* garw, gerwin, ysgithrog, ysgythrog, ysgethrin; *(bark):* garw. **2.** *(features):* garw, gerwin, cadarn (cedyrn), cryf(-ion) *m*. **3.** *(character):* durol, garw, gerwin, cadarn, solet, di-dderbyn-wyneb, di-lol; **~ individualism,** unigolyddiacth rymus *f*; *(style):* garw, anghaboledig; **~ independence,** annibyniaeth solet/ddi-derbyn-wyneb *f*; **~ kindness,** caredigrwydd sarrug/crabed *f*; *(voice):* aflafar, cras, anhersain; *(weather):* mawr, garw, gerwin; **a ~ life,** bywyd caled/garw/gerwin, caledfyd *m*, caledi *m*. **4.** *U.S: (= robust):* durol, cadarn, cryf (*f.* cref, *pl.* cryfion).
ruggedization *n.*, **ruggedize** *v.t. U.S:* cryfh|au, duroli, cryfhad *m*.
ruggedly *adv.* yn arw, yn ddurol *&c*.
ruggedness *n.* **1.** *(of terrain):* garwedd *m*, gerwindeb *m*, gerwinder *m*, anwastadrwydd *m*. **2.** *(of bark, rock, character):* garwedd *m*, gerwindeb *m*, gerwinder *m*. **3.** *U.S: (= robustness):* cadernid *m*, cryfder *m*.
rugger *n. Fb: F:* rygbi *m*.
rugmaking *vn.* rygwaith *m*, gwn|eud rygiau.
rugosa rose *Bot:* rhosyn(-nau, rhosod) crych *m*.
rugose *a.* crychlyd, crych[i]og, crebachlyd, gwrymiog, crimpiog, crych (*f.* crech, *pl.* crychion).
rugosely *adv.* yn grychlyd *&c*.
rugosity *n.* crychni *m*, crychi *m*.
rugulose *a.* mân-grych, mân-grychog.
ruin¹ *n.* **1.** *(= downfall):* dymchweliad *m*, cwymp *m*, distryw *m*, dinistr *m*; **to go to ~,** adfeilio, dadfeilio, mynd i ddistryw; **to go to rack and ~,** *(of company &c):* mynd â'i ben iddo/iddi *&c*, mynd rhwng y cŵn a'r brain, mynd i'w grogi, mynd i'r gwellt; **the ~ of my hopes,** diwedd *(m)* [ar] fy ngobeithion, terfyn *(m)* [ar] fy ngobaith, dinistr *(m)* fy ngobeithion, chwalfa *(f)* fy ngobeithion, chwalu *(vn)* fy ngobeithion; **to bring s.o. to ~,** difetha rhn, dinistrio rhn, distrywio rhn, *S.W:* sarnu rhn; **he was faced with ~,** 'roedd distryw o'i flaen. **2.** *(often pl.): (of building):* adfail (adfeilion, adfeiliau) *m*, murddun(-od) *m*; **(ramparts) fallen in ruins,** (rhagfuriau) sy'n adfeilion, wedi mynd â'u pen iddynt, wedi mynd yn sarn; **(the building is) a ~,** (mae'r adeilad) yn furddun/adfail/adfeilion/garnedd, wedi mynd â'i ben iddo, wedi mynd rhwng y cŵn a'r brain, *S.W:* yn fagwyri; **to lay a town in ruins,** gadael tref yn garnedd. **3. it'll be/prove the ~ of you,** bydd yn ddigon amdanat; bydd yn ddigon i'th ddifetha; bydd yn ddiwedd arnat; dyma fydd dy ddiwedd di. **4.** *P:* **mother's ~,** llaeth *(m)* mwnci, llaeth lladron.
ruin² *v.t.* **1.** difetha (rhth) [yn llwyr], llwyr ddifetha (rhth), dinistrio, distrywio, *S.W:* swardio; *(hat &c):* difetha, andwyo, *S.W:* 'strywo, sarnu, 'strywa; **to ~ one's prospects,** andwyo'ch/niweidio'ch/difetha'ch rhagolygon, *N: F: occ:* eich drysu'ch hun; **to ~ one's health,** *F:* difetha'ch iechyd, *S:* sarnu'ch iechyd, *N: occ:* drysu'ch iechyd; **to ~ s.o.'s reputation,** difetha enw da rhn. **2.** *(a) (financially):* torri; **her extravagance ruined him,** bu ei gorwario hi yn achos iddo dorri, fe'i difethwyd ef gan ei gorwario hi; **he is utterly ruined,** mae ef wedi torri'n llwyr; mae hi ar ben arno; **he's ruined his character,** *N.W:* mae rhth wedi rhwygo'i g|arictor; *S.W:* mae rhth wedi sarnu ei enw da; *(b) (= seduce):* llygru, llithio, denu, llathruddo (rhn); arwain (rhn) ar gyfeiliorn.
ruinate¹ *v.t.* difetha.
ruinate² *a.* wedi ei ddifetha, difethedig, distrywiedig, dinistriedig.
ruination *n.* dinistr(-au) *m*, andwyad(-au) *m*; *S.a.* **ruin¹ 3.**
ruined *a.* **1.** *(building):* yn adfail, yn adfeilion, adfeiliedig, wedi ei falurio, wedi mynd â'i ben iddo yn garnedd, yn sarn. **2.** *(financially):* wedi torri, wedi colli'r cyfan; **I'm ~,** mae hi ar ben arnaf; 'rwyf wedi fy nifetha'n llwyr. **3.** *(hat, weather, hopes &c):* a ddifethwyd, sydd wedi ei ddifetha, *S:* yn ffradach, yn ffladrach.
ruiner *n.* difethwr (difethwyr) *m*, distrywiwr (distr|yw-wyr), dinistriwr (dinistrwyr) *m*, dif|ethwraig *f*.
ruinous *a.* **1.** = **ruined 1. 2.** dinistriol, andwyol, niweidiol; **~ expense,** cost ddinistriol/andwyol; *(of undertaking):* **to prove ~ to s.o.,** bod yn andwyol i rn.
ruinously *adv.* **~ expensive,** drud fel pupur, dychrynllyd o ddrud, drud ddychrynllyd.
ruinousness *n.* **1.** *(of building):* cyflwr adfeiliedig *m*. **2.** *(of expense):* dinistrioldeb *m*, gormodedd *m*.
rule¹ *n.* **1.** *(= regulation, standard):* rheol(-au) *f*; **to set sth down as a ~,** gosod rhth yn rheol; **as a [general] ~,** fel rheol, fel arfer; **the golden ~,** y rheol euraid; **it is the ~ to. . .,** y rheol yw. . .; yr arfer yw. . .; **(to do everything) by ~,** (gwneud popeth) yn ôl rheol, yn ôl y rheolau; *Ind:* **to work to ~,** gweithio yn ôl rheol *(not* i reol); **rules of precedence,** rheolau blaenoriaeth; **~ of thumb,** synnwyr *(m)* y fawd; *Mth:* **~ of three,** rheol y tri rhif; **the exception proves the ~,** mae'r eithriad yn brawf ar y rheol; **I make it a ~ to tidy up,** mae'n arfer gynnyf dacluso; byddaf yn arfer tacluso; **rules and regulations,** rheolau a rheoliadau; **the rules of the game,**

rheolau'r gêm/chwarae; *F:* **the ground rules,** y rheolau sylfaenol, rheolau trefn; **that is against the rules,** mae hynny'n groes i'r rheolau; **the ~ of the road,** *Aut:* rheolau'r ffordd fawr; *Nau:* rheolau'r môr; *Parl:* **closure ~,** rheol gaefa (rheolau caefa); **three second ~,** y rheol dair eiliad; *Ling:* **cyclic ~,** rheol gylchol; **post-cyclic ~,** rheol ôl-gylchol. **2.** *(= government, dominion):* rheolaeth *(f)* (ar rth), awdurdod *(m)* (dros rth), llywodraeth *(f)* (ar rth); **tyrannous ~,** gorthrwm *mf*, gormes *f*; **to bear ~,** rheoli, llywodraethu; **under British ~,** dan reolaeth Prydain; **the ~ of the Law,** rheolaeth/trefn *(f)* y Gyfraith. **3.** *Jur: (a)* **~ of court,** dyfarniad(-au) *(m)* llys; **~ nisi,** dyfarniad amodol; **~ absolute,** dyfarniad diamod; **rules of court,** rheolau'r llys/llysoedd; **rules of debate,** rheolau dadlau; **the Rules of Evidence,** Rheolau Tystiolaethu; **rules of procedure,** rheolau trefn; **Rules of the Supreme Court,** Rheolau'r Goruchaf Lys. **4.** *(a) Carp: &c:* pren(-nau) *(m)* mesur, llathen *(f)* fesur (llathenni mesur), riwl(-iau) *f*, ffon *(f)* fesur (ffyn mesur), ffon wastad; **to run the ~ over sth,** rhoi llinyn mesur ar rth; **foot ~,** pren mesur, riwl droedfedd (riwliau troedfedd); **folding ~, two foot ~,** dwy droedfedd(-i) *f*; **non-slip ~,** riwl wrthslip (riwliau gwrthslip); **slide ~,** llithriwl(-iau) *f*, riwl rifo (riwliau rhifo), riwl gyfrif (riwliau cyfrif); **yard ~,** riwl lathen (riwliau llathen); *(b) Surv:* **sighting ~,** riwl fesur tir (riwliau mesur tir). **5.** *Typ:* **[brass] ~,** ffiled(-au,-i) *f*, riwl(-iau) *f*. **~-based** *a. Cmptr:* rheol-seiliedig, seiliedig ar reol. **~ joint** *n. Carp:* uniad(-au) *(m)* riwl.

rule² *v.t.&i.* I. *v.t.* **1.** *(a state):* rheoli, llywodraethu; **to ~ one's passions,** rheoli'ch/ffrwyno'ch teimladau; **to be ruled by s.o.,** bod dan reolaeth rhn, cael eich rheoli gan rn. **2.** *Jur: &c:* dyfarnu; **to ~ sth out of order,** dyfarnu bod rhth yn groes i'r drefn; **to ~ with a rod of iron,** rheoli â llaw haearn. **3.** *(paper):* tynnu/gwn|eud llinellau (ar bapur); **to ~ a line,** tynnu/gwneud llinell [â riwl]. II. *v.i.* bodoli, bod mewn grym, bod ar gael; **the prices ruling in Cardiff,** y prisiau mewn grym yng Nghaerdydd, y prisiau a geir yng Nghaerdydd; **prices are ruling high,** mae'r prisiau'n dal yn uchel. **~ off** *v.t.* **1.** *(= underline):* tanlinellu. **2.** *Com: (an account):* terfynu, cau. **~ out** *v.t.* **1.** diystyru, anwybyddu; **a possibility that cannot be ruled out,** posibilrwydd na ellir ei ddiystyru. **2.** *(a word):* dil|eu, croesi allan.

ruled *a. (paper):* llinellog.

ruleless *a.* direol, aflywodraethus.

ruler *n.* **1.** *(= sovereign):* rheolwr (rheolwyr) *m*, llywodraethwr (llywodraethwyr) *m*. **2.** *(for measuring &c):* llathen *(f)* fesur (llathenni mesur), pren(-nau) *(m)* mesur, riwler(-i) *fm*, riwl(-iau) *f*, ffon *(f)* fesur (ffyn mesur), rheswr (rheswyr) *m*.

rulership *n.* rheolaeth *f*, llywodraeth *f*.

ruling¹ *a.* **1.** llywodraethol, sy'n llywodraethu, sy'n rheoli, pennaf, trechaf, trech; prif *before noun + soft mut.*; **the ~ classes,** y dosbarthiadau llywodraethol; **the ~ party,** y blaid mewn grym, plaid y llywodraeth; **~ passion,** prif ysgogiad *m*, prif gynneddf *f*, prif angerdd *m*. **2.** **~ price,** pris(-iau) cyfredol, pris cyffredin, pris ar hyn o bryd.

ruling² *n.* **1.** *(of judge):* dyfarniad(-au) *m*; **to give a ~ in favour of s.o.,** dyfarnu o blaid rhn. **2.** *(of a sheet of paper):* llinellu *vn*, llinelliad(-au) *m*, llinellau *pl*; **hard point ~,** llinellau blaen caled; **plummet ~,** llinellau plwm.

rulley *n. Veh:* lori (lorïau) *f*.

rum¹ *n. Dist:* rỳm *m*. **~-runner** *n. F:* smyglwr (smyglwyr) *(m)* diodydd. **~-shop** *n.* siop *(f)* ddiod (siopau diod).

rum² *a. F:* rhyfedd, od; **a ~ go/start,** peth rhyfedd; **a ~ customer,** rhn rhyfedd, un rhyfedd, creadur(-iaid) od *m*, creadures (-au) od *f*.

Rumania *Pr.n.* Rwmania *f*.

Rumanian **1.** *a.* Rwmanaidd; *(in language):* Rwmaneg; **she's ~,** Rwmaniad yw hi; **the ~ oilfields,** meysydd olew Rwmania. **2.** *n. (a) Ethn:* Rwmaniad (Rwmaniaid) *m&f*, *(b) Ling:* Rwmaneg *f*, *m*.

Rumansh *n.* = **Romansch.**

rumba¹ *n.* rymba(-s, rymbâu) *f*.

rumba² *v.i.* dawnsio'r rymba, gwn|eud y rymba.

rumble¹ *n.* **1.** *(of thunder, cart &c):* dwndwr *m*, trwst *m*, twrw *m*, *Lit:* dadwrdd *m*; *(of bowels):* sŵn *m*, rymblan *vn*. **2.** *Veh:* **~ seat,** sedd(-au) ôl *f*. **3.** *U.S: F: (= fight):* [y]sgarmes(-au,-oedd) *f*, *N:* cwffas[t] *f*.

rumble² *v.i.&t.* **1.** *v.i. (a) (of thunder &c): Lit:* trystio, grymial, *F:* rymblan; *(of bowels):* grymial, *F:* rymblan, *S.W:* blwrian, brolian, *S.E:* rybwlian; **the cart rumbled off,** trystiodd y drol/gert ymaith; aeth y drol/gert ymaith yn swnllyd/drystiog; *N:* aeth y drol i ffwrdd dan jerian; *(b) U.S: F: (to fight):* ymladd, *N:* cwffio, paffio. **2.** *v.t.* grymial; **("hardly") he rumbled,** ("go brin") meddai dan rymial, meddai'n rymialus.

rumble³ *v.t. F: (= detect):* gweld trwy rhn.

rumble-tumble *n.* jerian *vn*.

rumbling *a. & vn.* **1.** *a.* dwndrus, swnllyd, trystiog. **2.** *vn.* = **rumble¹ 1.**

rumbly *a.* = **rumbling 1.**

rumbustious *a.* = **boisterous.**

rumbustiously *adv.* = **boisterously.**

rumbustiousness *n.* = **boisterousness.**

rumen *n. Z:* **1.** blaenstumog(-au) *f*, rwmen(-au) *f*, *F:* y god fawr *f*. **2.** *(= cud):* cil *m*.

ruminal *a. Z: Anat:* rwmenol.

ruminant *a. & n.* **1.** *a. Z:* yn cnoi cil, cilgnöol; *(b) (= meditative):* myfyrgar, myfyriol, synfyfyriol, pensiynol. **2.** *n.* cilgnöwr (cilgnowyr) *m*, anifail (anifeiliaid) *(m)* cnoi cil.

ruminantly *adv.* yn fyfyrgar *&c*.

ruminate *v.i.&t.* **1.** *v.i. (of cow):* cnoi cil, cil-gnoi. **2.** *v.i. F:* pendroni, myfyrio, synfyfyrio, pensynnu (ynghylch rhth, dros rth). **3.** *v.t.* myfyrio (ar rth); ystyried, pwyso a mesur (rhth).

rumination *n.* **1.** *Physiol:* cnoi *(vn)* cil, cilgnoad(-au) *m*, cil-gnoi *vn*. **2.** *F:* myfyrdod(-au) *m*, synfyfyrdod(-au) *m*, synfyfyr(-ion) *m*.

ruminative *a.* synfyfyriol; *S.a.* **ruminant 2.**

ruminatively *adv.* yn syfyfyriol.

ruminator *n.* synfyfyriwr (synfyfyrwyr) *m*.

rumly *adv.* = **oddly.**

rummage¹ *n.* **1.** *(= search):* chwiliad(-au) *m*, chwilfa (chwilf|eydd) *f*. **2.** *(= junk):* hen bethau *pl*, trugareddau *pl*, 'nialwch *m*, llanast *m*. **~ sale** *n.* ffair (ffeiriau) *(f)* sborion.

rummage² *v.t.&i.* **1.** *v.t. (a drawer &c):* chwilio, chwilota, chwilenna, *S.W:* dwmran, twmran, twmbwrio, *S.E:* clambro, *N.W:* troi a throsi, *S.W:* clandro. **2.** *v.i.* **to ~ in one's pockets,** chwilio trwy'ch pocedi; **to ~ (in a drawer),** tyrchu, chwilota, chwilmentan, chwilmanta, chwilenna, chwilfatha, *S:* twrian, *N.W:* sbaena, swlffa, jwlffa, chwilffatha, *S.W:* whispro, whispran (mewn drôr).

rummager *n.* chwilotwr (chwilotwyr) *m*, chwil|otwraig *f*.

rummer *n.* godard: godart(-[i]au) *f*.

rummily *adv.* = **oddly.**

rumminess *n.* = **oddness.**

rummy¹ *a. F:* = **odd 3.** *(b)*.

rummy² *n.* **1.** *Cards:* rymi *f*.

rummy³ *n. U.S: F:* = **drunkard.**

rumness *n.* = **oddness.**

Rumney *W.Pl.n.* Tredelerch *f* *(not to be confused with* **Rhymney***)*.

rumour¹ *n.* sôn *m*, sibrwd (sibrydion) *m*, si (sïon) *m*, stori (storïau, straeon) *f*, siarad *vn*, achlust *m*, *S.W:* swae *f*, shis *pl*, whit fach *f*, *N.W: F:* hỳm (hymiau) *mf*, strae(-s) *f*; **~ has it that...,** mae si/sôn ar led bod...; *F:* mae'r stori'n dew bod...; *Lit:* ceir achlust fod.... **~ monger** *n.* taenwr (taenwyr) *(m)* sïon.

rumour² *v.t.* taenu si bod..., rhoi si ar led bod....

rumoured *p.p.* awgrymedig, ensyniedig, y bu sôn amdano/amdani/amdanynt; **the ~ resignation of the prime minister,** yr achlust/si/sôn bod y prif weinidog yn ymddiswyddo, y si ynghylch ymddiswyddiad y prif weinidog.

rump *n.* **1.** *(of animal):* crwper(-au) *m*, crwmp (crympiau) *m*, *Lit:* pedrain (pedreiniau) *f*, ffolen(-nau) *f*, cloren(-nau) *f*, *F:* pen ôl (penolau) *m*, *V:* tin(-au) *f*; *(of pers.):* pen ôl, *S:* part ôl (partolau) *m*, *V:* tin; *(of bird):* tin, *S:* cwt(-au, cytau) *fm*, *N:* cynffon(-nau) *f*; *Cu: (of beef):* crwper *m*, cloren *f*. **2.** *F: (of a political party &c):* gweddill *m*; *Hist:* **the Rump [Parliament],** Senedd y Gweddill. **~-evil** *n. Vet: S:* clefyd *(m)* y gwt, *N:* clefyd y gynffon. **~ steak** *n. Cu:* stecen (stêcs) *(f)* ffolen, stecen grwper (stêcs crwper).

Rumpelstiltskin *Pr.n.* Sili-go-dwt *f*, Twti Glyn Hec *f*.

rumple¹ *n.* crych(-[i]au,-ion) *m*, crychiad(-au) *m*, plyg(-ion) *m*, plygiad(-au) *m*, *N.W: F:* ringlis *pl*.

rumple² *v.t.* **1.** *(a) (a dress):* crychu, *N: occ:* sbybio, *Lit: occ:*

sybwbio, swbachu, sybachu, *N.W:* ringlo, rhinclio; *(hair):* crychu, annibennu, anhrefnu, *N:* blerio. **2.** *F: (= annoy):* cythruddo, pryfocio, digio, codi gwrychyn (rhn).

rumpled *a.* crychlyd, swbachog, swbachlyd, yn swbach, *N.W:* sbybiog, sbyblyd.

rumpless *a. Orn:* cwta (*f.* cota).

rumpus *n. F:* helynt(-ion) *f*, ffrwgwd (ffrygydau) *m*, twrw *m*, stŵr *mf*, *N.W: occ:* ffatri *f*; **to kick up a ~, to make a ~,** codi/creu helynt, codi/gwn|eud twrw, creu stŵr. **~ room** *n. U.S:* ystafell(-oedd) (*f*) chwarae.

rumpy *n. Z:* cath gota (cathod cwta) *f*.

run[1] *n.* **1.** *(a)* rhediad(-au) *m*, rhedfa (rhedf|eydd) *f*, rhedeg *vn*; **at a ~,** ar redeg; **to break into a ~,** dechrau rhedeg, cychwyn rhedeg; **prices have come down with a ~,** mae prisiau wedi cwympo'n enbyd; **on the ~,** *(= busy):* ar fynd, ar drot, wrthi, prysur; **she is always on the ~,** *(busy):* mae hi wrthi o fore gwyn tan nos; mae hi'n rhedeg a rasio drwy'r dydd; mae hi ar fynd o hyd; mae hi ar drot byth a hefyd; *(= fleeing):* ar ffo; **a criminal on the ~,** troseddwr ar ffo; *Mil:* **to keep the enemy on the ~,** helcyd/erlid/ymlid y gelyn, gyrru'r gelyn ar ffo, *Lit:* gyrru'r gelyn ar gil; *Nau:* **(to lower the yards) by the ~,** (gostwng yr hwyl-lathau) yn gyflym, chwipyn, chwap; *(b)* rhedfa (rhedf|eydd) *f*, rhediad(-au) *m*; *(before jumping): S.W:* hyrfa (hyrf|eydd) *f*; **the horse had had a long ~,** cawsai'r ceffyl redfa hir; *F:* **to have a good ~,** rhedeg gyrfa dda; *Sp:* **approach ~,** atrediad(-au) *m*, *S.W:* hyrfa; **to make an approach ~,** atredeg, *S.W:* cymryd hyrfa; *Av:* **take-off ~,** rhediad codi/esgyn; **to take a ~ before jumping,** magu/codi gwib, *S.W:* cymryd hyrfa; *F:* **to make a ~ for it,** rhedeg ymaith, rhedeg i ffwrdd, ceisio dianc, cymryd y goes, ei gwadnu hi, ei g'leuo hi, *N.W: occ:* gwn|eud y goes, *S:* ei gwân hi, rhedeg bant; **to have a ~ for one's money,** cael gwerth eich arian; **we must give him a ~ for his money,** mae'n rhaid rhoi cyfle gwerth chweil iddo; *(c) (= rush):* rhuthr(-au) *m*; **to make a ~ at s.o.,** rhuthro am/at rn; *(d) Cr:* **to make ten runs,** gwneud deg rhediad; **extra runs,** chwanegion *pl*; *Baseball:* **home ~,** rhediad adref; *(e) Fish: (of salmon &c):* haig (heigiau) (*f*) o bysgod; *(f) pl. F:* = **diarrhoea. 2.** *(a)* tro(-eon) *m*; **to have a ~, to go for a ~,** mynd am dro bach; **trial ~,** taith (*f*) brawf (teithiau prawf), taith dreial (teithiau treial); **dummy ~, dry ~,** practis(-iau) *m*, ymarfer(-ion) *mf*; *(b) Rail:* siwrnai (siwrneiau) *f*, taith; *(c) Nau:* taith, hynt(-iau) *f*; *F:* **the ship has made a good ~,** cafodd y llong fordaith dda; **a day's ~,** taith diwrnod, pellter (*m*) diwrnod; *(d) (of machine, computer &c):* rhediad; *Typ:* **a ~ of three thousand copies,** argraffiad (*m*) o dair mil o gopïau; *Cmptr:* **~ time,** amser (*m*) rhedeg. **3.** *(a) N.Arch:* pen ôl *m*; *(b)* **~ of sea/tide,** cerrynt (cerhyntau, cerhyntoedd) *m*; *(c) (of events):* cyfres(-i,-au) *f*, dilyniant (dilyniannau) *m*; *(d) (of verse):* rhythm(-au) *m*, rhediad(-au) *m*; *F:* **to get the ~ of it,** cael eich traed danoch. **4. a ~ of luck,** cyfnod(-au) lwcus *m*, cyfnod o lwc, *N:* pwl lwcus *m*, *S:* sbel (*f*) o lwyddiant; **a ~ of misfortune,** pwl anlwcus, cyfnod anlwcus, cyfnod o anlwc; *Cards:* **a ~ of five,** cyfres o bump; **to have a long ~,** *(of empire, rule, fashion &c):* cael gyrfa faith, chwarae am gyfnod maith, cael rhediad hir; **in the long ~,** yn y pen draw; **in the short ~,** yn y tymor byr. **5.** *Gaming:* **a ~ on the red,** dilyniant (*m*) ar y coch, cyfres (*f*) o gochion. **6.** *(on a bank):* galw *m*, galwad *f*; **there was a ~ on the bank,** bu galw cryf ar y banc; **there is a great ~ on that novel,** mae mynd mawr ar y nofel yna; mae galw mawr am y nofel yna; **there was a ~ on the pound,** bu gwerthu ar y bunt. **7. the common ~ of men,** dynion cyffredin *pl*, dynion yn gyffredin, y rhan fwyaf *f*, y rhelyw *m*, y trwch *m*; **above the common ~,** uwchlaw'r cyffredin; *attrib.* **~ of the mill,** cyffredin. **8.** *(= freedom):* rhwydd hynt *f*, rhyddid *m*; **to allow s.o. the ~ of one's library,** rhoi rhwydd hynt i rn ddefnyddio'ch llyfrgell; **to have the [free] ~ of the house,** cael mynd i bob man mewn tŷ, cael rhyddid i ddefnyddio'r tŷ, cael rhwydd hynt i ddefnyddio'r tŷ, *N.W: F:* cael libart y tŷ. **9.** *(a)* **sheep-~,** cynefin(-oedd) (*m*) defaid, [a]rhosfa (*f*) ddefaid (arosf|eydd defaid), libart (*mf*) defaid, defeidle(-oedd) *m*, ffridd(-oedd) *f*; *(of mole):* twll (tyllau) *m*, twnel(-au,-i) *m*; **hen-~,** libart ieir; *(b)* **toboggan-~,** llwybr(-au) (*m*) ceir llusg; **ski-~,** llwybr sgïo. **10.** *Mus:* rhediad(-au) *m*. **11.** *(a) (= trough):* cafn(-au) *m*; *(b) U.S:* = **brook. 12.** *(of trucks): Min:* rŷn *mf*. **13.** = **ladder**[1] **3.**

run[2] *v.i.&t.* I. *v.i.* **1.** rhedeg; *F:* **(to ~) like a hare, like the devil,** rhedeg fel cath i gythraul, fel y gwynt, fel gwenci, fel ewig, fel cath o dân, fel cath ar dân, nerth eich traed, nerth eich carnau, fel milgi; *F:* **to ~ to meet one's troubles,** mynd i gwrdd â gofid; *B:* **make it plain . . . that he may ~ that readeth it,** gwna hi yn eglur fel y rhedo yr hwn a'i darlleno; *Prov:* **to ~ with the hare and hunt with the hounds,** hŷs gyda'r ci a hwi gyda'r geinach, *S.W:* hŷs 'da'r ci a how 'da'r cadno, *N.W:* hwi hefo'r ci a hwi hefo'r gath. **2.** *(= flee):* **to cut and ~,** rhedeg ymaith, ffoi, dianc, cymryd y goes, *N.W:* dengid; **now we must ~ for it!** *S:* bant â ni ar unwaith! *N:* i ffwrdd â ni ar unwaith! **I gave him him cause to ~ for his life,** *S.W:* fe gas e wres 'i draed gen i. **3. to ~,** *(of stitch):* rhedeg; *F:* **to ~ for office,** sefyll/ymgeisio/cynnig am swydd; **to ~ for President,** ceisio/ymgeisio/cynnig am yr Arlwyddiaeth. **4.** *(of salmon):* esgyn afon, *S:* mynd lan afon, *N:* dod/mynd i fyny afon. **5.** *Nau:* **to ~ before the wind,** rhedeg/hwylio o flaen y gwynt; **to ~ free,** rhedeg yn rhydd; **to ~ on the rocks,** mynd ar greigiau; *S.a.* **aground; to ~ foul of a ship,** mynd yn erbyn llong; **to ~ foul of the law,** gwrthdaro â'r gyfraith. **6.** *(a) (= go, travel):* mynd, teithio; **a vehicle that runs easily,** cerbyd sy'n mynd/rhedeg yn dda/rhwydd; **a train running at fifty miles an hour,** trên sy'n mynd/gwn|eud hanner can milltir yr awr; **trains running to Paris,** trenau sy'n mynd i Baris. **7.** *(a)* **a whisper ran through the crowd,** aeth si drwy'r dyrfa; **this error runs through all his work,** ceir y gwall hwn yn ei waith i gyd; **the thought keeps running through my head,** mae'r syniad yn mynd trwy fy mhen byth a beunydd; **it runs in the family/blood,** mae'n rhedeg yn y teulu; mae'n dilyn yn y teulu; mae yn y gwaed; *(b)* **the talk ran on this subject,** dyma oedd testun y sgwrs; yr oedd y sgwrs yn ymdrin â'r testun hwn; **his life runs smoothly,** mae'n cael bywyd braf/esmwyth; **the lease has only a year to ~,** dim ond blwyddyn o'r brydles sydd ar ôl *or* sydd i fynd; **the play has been running for a year,** mae'r ddrama ar fynd ers blwyddyn; *(c) (of amount):* **to ~ to. . .,** dod i. . ., cyrraedd. . .; **the interval sometimes runs to as much as half an hour,** mae'r egwyl yn parhau weithiau am gymaint â hanner awr; **the manuscript ran to a great length,** yr oedd y llawysgrif yn hir iawn; *(d)* **the money won't ~ to a car,** ni fydd yr arian yn ddigon i brynu car; *F:* **I can't ~ to that,** alla' i ddim fforddio hynny. **8.** *(of engine):* troi, rhedeg, gweithio, mynd; *(of wheel):* troi; **the engine is running,** mae'r injan/motor yn troi/mynd; **a motor that runs off the [electric] mains,** motor sy'n gweithio/rhedeg ar drydan; **the drawer does not ~ easily,** 'dyw'r drôr ddim yn agor yn rhwydd. **9.** *(of colour, ink):* rhedeg, *N.W:* colli. **10.** *(a) (of liquid &c):* llifo, rhedeg, *occ:* dylifo; **a river that runs for 200 miles,** afon sy'n rhedeg/llifo am ddau gan milltir; **the tide runs strong,** mae'r llanw'n gryf; **the tide is beginning to ~ against the wind,** *N.W:* mae'r llanw'n dechrau pwyso yn erbyn y gwynt; **a heavy sea was running,** yr oedd hi'n foriog iawn; **the wine ran over the table,** llifodd/ymdaenodd/ymledodd y gwin dros y bwrdd/ford; **the rivers ran [with] blood,** llifai gwaed yn yr afonydd; llifai'r afonydd â gwaed; llifai'r afonydd gan waed; **the coal is running low,** mae'r glo'n mynd yn isel/brin; *S.a.* **blood**[1] **1, dry**[1] **1, high II. 3, short**[1] I. 3, *(b)* **the floor was running with water,** 'roedd y llawr yn llifo gan ddŵr; 'roedd y llawr yn llyn o ddŵr; **(he was) running with sweat,** (yr oedd) yn chwys drosto, yn chwys diferol, *S:* yn chwys drabŵd, *N:* yn chwys domen dail, yn chwys laddar; **his nose was running; he was running at the nose,** yr oedd ei drwyn yn rhedeg/diferu; **her eyes were running,** yr oedd ei llygaid yn dyfrio; yr oedd dŵr yn ei llygaid; **an ulcer that runs,** clwyf sy'n rhedeg, *N:* clwyf sy'n gori; **(a pen) that runs,** (ysgrifbin) sy'n gollwng, sy'n colli inc; *F:* **money runs through his fingers,** mae'n gwario arian fel dŵr; *S.W:* mae e'n halfor iawn, *N.W:* mae'n sbydu pres. **11.** *(a)* **a gallery runs round the room,** mae oriel [yn mynd/rhedeg] o amgylch yr ystafell; **to ~ north and south,** mynd/rhedeg o'r gogledd i'r de; **the road runs quite close to the village,** mae'r ffordd yn mynd yn eithaf agos i'r pentref; *N.W: occ:* mae'r lôn yn mynd gan ochr y pentref; *(b)* **so the story runs,** felly y dywed y stori; felly yn ôl y stori; dyna a ddywed y stori; **thus the letter runs,** dyna gynnwys/sylwedd/fyrdwn y llythyr; **he runs to sentimentality,** mae'n tueddu i fod yn sentimental; **to ~ to seed,** *(of plant):* hedeg, hadu, mynd i had; *(of corn):* dironi; *(of pers.):* dirywio, mynd yn llipa, mynd i'ch crogi, *F:* mynd yn rhemp, *S.W:* mynd yn ddidoreth; *(of pers.):* **to ~ to fat,** tewh|au, tewychu, mynd yn dew, magu bloneg, *N: F:* twchu, magu bol; *(c)* **apples ~ rather big this year,** mae'r afalau braidd yn fawr eleni. II. *v.t.* **1.** *(a) (fox &c):* hela, *S:* cwrso, *N: occ:* hel; **to ~ a race,** rhedeg ras; **to a mile,** rhedeg milltir; **to ~ an errand,** gwneud neges, mynd ar neges, *occ:* negeseua; *S.a.* **earth[1] 4**; *(b)* **to ~ s.o. hard/close,** gwasgu ar wynt rhn, sodli rhn, rhedeg wrth sawdl/sodlau rhn, rhoi ras dda/iawn i rn; **she was ~ off her feet with work,** 'roedd ei gwaith yn ormod iddi; 'roedd ei gwaith yn drech na hi, 'roedd yn ei gwaith yn rhedeg a rasio; **to ~ oneself out of breath,** rhedeg nes colli'ch anadl/gwynt; *S.a.* **fine[3]**. **2.** *(a) (horse):* rhedeg, gyrru; *(b) (cattle): (= turn out to graze):* gollwng/troi gwartheg allan/mas i'r borfa/caeau. **3.** *(a)* **to ~ a car into a garage,** rhoi car mewn garej; **to ~ s.o. up (to town),** *(in a car):* danfon rhn, mynd â rhn, *N.W:* picio â rhn (i'r dref) [mewn car]; **to ~ a boat ashore,** gyrru cwch ar y lan, gyrru cwch i'r lan; **to ~ one's head against a door,** taro'ch pen yn erbyn drws, *S:* bwrw'ch pen yn erbyn drws; *Th:* **to ~ a flat,** rhedeg fflat; *(b)* **they are running an extra train,** mae tren ychwanegol; maen' nhw'n rhoi trên arall; *(c) (alcohol):* rhedeg, smyglo; **to ~ a blockade,** torri gwarchae. **4.** *(a)* **I can't afford to ~ a car,** ni allaf fforddio [rhedeg/cynnal] car; **my car is cheap to ~,** mae fy nghar yn rhad i'w redeg; **to ~ a car at a small cost,** rhedeg car yn rhesymol/rhad; *(b)* **we are running a cheap line,** mae gennym fargen/fargeinion. **5.** *(a) (a shop, house, hotel):* cadw; **who runs the shop these days?** pwy sy'n cadw'r siop erbyn hyn? *(a factory, farm):* rhedeg, rheoli; *(a theatre, newspaper, business):* rhedeg, rheoli, cyfarwyddo; **to ~ the show,** rhedeg y sioe, bod yn geffyl blaen; **to ~ s.o.'s house,** cadw tŷ rhn; *(b) F:* **she's running a [high] temperature,** mae gwres [uchel] arni; **the illness must ~ its course,** rhaid i'r gwaeledd redeg/gael ei gwrs. **6.** *Turf:* **to ~ a horse,** rhedeg ceffyl; *F:* **to ~ a candidate,** cyflwyno ymgeisydd, codi ymgeisydd. **7. to ~ a sword through s.o., to ~ s.o. through with a sword,** trywanu/gwanu rhn â chleddyf, rhoi cleddyf drwy rn; **to ~ pipes through a wall,** gosod/rhoi pibelli drwy wal, mynd â pheipiau drwy wal; **to ~ a hem,** rhedeg/taro/gwnïo hem; **to ~ a thorn into one's fingers,** cael draenen yn eich bys; **to ~ one's fingers over a surface,** rhedeg eich bysedd dros wyneb rhth; **to ~ one's eye over sth,** taflu/bwrw golwg dros rth; **to ~ one's pen through a word,** rhoi'ch pin drwy air, dil|eu gair, croesi gair allan. **8. to ~ lead into a joint,** tywallt/arllwys plwm i uniad. **9. to ~ a line round sth,** tynnu llinell o amgylch rhth. **~ about** *v.i.* rhedeg [o gwmpas, oddi amgylch], *N.W: F: occ:* calpian, calpio; **to ~ about noisily,** *S.E:* taranto. **~ across 1.** *v.t.* **to ~ across a road,** rhedeg ar draws ffordd, rhedeg dros ffordd, *S:* rhedeg yn groes i ffordd/heol. **2.** *(= meet):* taro ar rn, [digwydd] cwrdd (â rhn); *(= find):* [digwydd] dod o hyd (i rth), [digwydd] taro (ar rth). **3.** *v.i.* rhedeg drosodd. **~ after** *v.i.* rhedeg (ar ôl rhn), *S:* cwrso (rhn); **she is much ~ after,** mae mynd mawr arni; maae llawer yn rhedeg ar ei hôl hi. **~ against** *v.i. (a)* taro/bwrw yn erbyn (rhn), *N:* mynd yn bwcs (i rn); *(b)* **this runs against my interests,** mae hyn yn groes i'm buddiannau i. **~ along** *v.i.* **1.** mynd ar hyd rhth, mynd gyda rhth; **(a ditch runs) along the garden,** (mae ffos yn rhedeg) ar hyd ochr yr ardd, wrth ymyl yr ardd. **2. ~ along!** *N:* ffwrdd â thi (chi)! *S:* bant â thi (chi)! **~ around** *v.i.* **1.** rhedeg o gwmpas (rhth), rhedeg oddi amgylch (rhth). **2.** *(= consort with):* mynd o gwmpas (gyda rhn), cyfeillachu (â rhn), cadw cwmni (â rhn). **3.** *(= have love affairs):* cyboli (â dynion/merched). **~ at** *v.i.* rhedeg, rhuthro (am/at rn). **~ away** *v.i.* ffoi, rhedeg ymaith, rhedeg i ffwrdd, dianc, rhoi traed yn y tir, cymryd y goes, ei heglu hi, ei bachu hi, ei gwadnu hi, *S:* rhedeg bant, baglu, sgwto, gwadnu [bant], codi cwt, bwrw bant, cilo [bant], ei gwân hi; *F:* **to ~ away from the facts,** gwrthod wynebu'r ffeithiau, dianc rhag y ffeithiau; **to ~ away from home,** rhedeg oddi cartref, rhedeg i ffwrdd [o'ch cartref]; *F:* **don't ~ away with the idea that...,** peidiwch â chredu am funud fod...; peidiwch â chymryd eich twyllo bod...; **that runs away with a lot of money,** mae hynny'n mynd â llawer o arian; mae hynny'n golygu gwario llawer o arian; *(c)* **he ran away with the election,** enillodd yr etholiad dan ganu *or* yn ddidrafferth *or* yn rhwydd *or S.W:* o hewl. **~ back** *v.i.* rhedeg yn ôl; **to ~ back over the past,** adolygu'r gorffennol, mynd dros y gorffennol. **~ close** *v.t.* **to ~ s.o. close (for sth),** cystadlu'n agos â rhn, rhoi ras iawn i rn (am rth); **~ down** I. *v.i.* **1.** *(a) (of runner)* rhedeg i lawr (rhth); *(b) (of rain &c):* llifo/rhedeg i lawr (rhth); **the rain ran down the window,** llifai'r glaw ar hyd y ffenestr; **the sweat ran down his forehead,** llifai'r chwys ar hyd ei dalcen. **2.** *(of spring):* dadweindio, dad-ddirwyn, gwareingio; *(of clock):* arafu, colli amser; *(of accumulator):* gwanh|au, mynd yn wannach. II. *v.t.* **1. to ~ down a ship,** taro [yn erbyn] llong; **to ~ s.o. down,** *(in a car):* mynd ar draws rhn, taro rhn. **2.** *(a) Ven: (stag):* cornelu; *(b)* **the police ran him down,** fe'i daliwyd gan yr heddlu; fe ddaeth yr heddlu o hyd iddo; fe gafodd yr heddlu afael arno. **3.** *F: (= decry):* lladd ar rn, *occ:* rhoi ar rn, torri ar rn; difrïo, dilorni, difenwi, bychanu, *S.W:* trin a thrafod, trin a thermo, trin a lladd, diraddio, dishmoli, *S.E:* diarepu, shilshil, shilshilach, *N.W:* siarad yn isel am rn, bod â'ch hai ar rn; **to ~ down a list of possibilities,** mynd trwy restr o bosibiliadau; *(= reduce stock &c):* gostwng, lleih|au; *(industry):* gwanhau, terfynu (rhth); dwyn (rhth) i ben. **~ down** I. *a.* **1.** *(accumulator):* fflat, di-wefr. **2.** *F:* **~-down,** *(pers.):* mewn gwendid, wedi gwanhau, **to get ~-down,** gwanhau, mynd i wendid, *S.W:* mynd yn isel; **I'm very ~-down,** 'rwyf mewn gwendid mawr. **3.** *(stock):* isel. **4.** *(industry):* darfodedig, dirywiedig, wedi dirywio, wedi mynd rhwng cŵn a brain. II. *n.* **1.** *(= reduction of stock):* lleihad *m*, gostyngiad *m*; *(of industry):* lleihad, gwanhad *m*, dirywiad *m*. **2.** *(= analysis):* dadansoddiad(-au) *m*. **3.** *Geog:* dihoeniad *m*. **~ in** *v.t.* **1.** *F: (= arrest):* arestio, restio. **2.** *I.C.E: (of engine):* rhedeg (motor) i mewn; *Aut:* **"running in"**, "yn rhedeg i mewn". **3.** *Typ:* ychwanegu. **4.** *Av:* hedfan i mewn. **~-in 1.** *n. (a) F:* = **argument, diasgreement, quarrel**; *(b) Typ:* ychwanegiad(-au) *m*; *(c) Av:* atrediad(-au) *m*, nesâd *m*, dynesiad(-au) *m*; *(d) (of race):* terfyn *m*, terfyniad(-au) *m*. **2.** *attrib.* **~-in groove,** rhigol ragarweiniol (rhigolau rhagarweiniol) *f*. **~ into 1.** *v.i. (a)* **to ~ into debt,** mynd i ddyled; **to ~ into difficulty,** mynd i anhawster, cael trafferth, cael anhawster, taro ar anawsterau; *(b) (of colours):* **to ~ into one another,** toddi/ymdoddi/rhedeg i'w gilydd, *N.W:* colli i'w gilydd; *(c)* **to ~ into sth,** bwrw/taro yn erbyn rhth, *F:* mynd [i mewn] i rth, *M.W: N:* mynd yn bwcs i rth; *(of pers.):* **to ~ into s.o.,** taro ar rn, *S.W:* bwrw i mewn i rn; *(of river):* aberu (yn rhywle); *(d)* **his income runs into thousands,** mae ei incwm yn filoedd; **(a book) that has ~ into five editions,** (llyfr) a aeth i bum argraffiad, y cyhoeddwyd pum argraffiad ohono. **2.** *v.t. (a)* **to ~ one's car into a wall,** gyrru'ch car yn erbyn wal; *(b)* **to ~ s.o. into debt,** rhoi rhn mewn dyled, mynd â rhn i ddyled. **~ off 1.** *v.i.* ffoi, dianc, diflannu. **2.** *v.t. (= recite):* adrodd; *(a letter):* **to ~ off a letter on the typewriter,** teipio llythyr ar frys *or* yn gyflym/sydyn *or* mewn chwinciad; *(b) (liquid):* rhedeg, tynnu; **to ~ off the water from the boiler,** rhedeg y dŵr o'r boeler; *(c) Sp:* **to ~ off a heat,** rhedeg rhagras; *(d) (on a duplicator):* cynhyrchu, dyblygu, lluosogi; *(e) (= chase off):* gyrru (rhn) ymaith; **to ~ s.o. (off the premises),** gyrru rhn, *N:* hel rhn (o'r lle). **~-off** *n.* **1.** *Hyd.E:* goferiad *m*; *Geog:* dŵr (dyfroedd) ffo *m*. **2.** *Sp:* rhediad olaf *m*. **~ on** *v.i. (a) (of runner):* rhedeg/mynd yn eich blaen, dal i redeg; *(b) (of time):* mynd rhagddo; *(of contract, disease &c):* dilyn ei gwrs, cymryd ei gwrs, parh|au; *(c) (of verse):* goferu; *(d) Typ: (of words):* cysylltu, cydio, ymgysylltu; *(of text):* dilyn [yn ddi-dor]; **"~ on,"** "di-dor"; *(e) (of speaker):* dal ymlaen, dal i siarad, parhau i siarad, dal wrthi, *F:* parablu, preblian, siarad fel pwll y môr, *N: F:* paldaruo. **2.** *v.t. Typ:* **to ~ on a text,** cysodi testun yn ddi-dor. **~ out 1.** *v.i. (a) (of runner):* rhedeg allan/mas; *(b)* **the tide is running out,** mae'r môr ar drai; mae'r môr yn treio; *N.W:* mae'r môr yn distyll; *(c) (of liquid):* llifo allan/mas, gollwng, ymdywallt, ymarllwys; *(d) (of period of time, supplies &c):* dod i ben, gorffen, darfod, terfynu, *S:* cwpla; **our lease has ~ out,** mae ein prydles wedi dod i ben; *(e) Cards: (of player):* ennill. *(f) (of supplies):* gorffen, dod i ben, darfod, mynd yn brin/brinnach; *F:* **his sands are running out,** mae'n tynnu at ben ei rawd; mae hi bron ar ben arno; mae hi'n mynd i'r pen arno; **the sands are running out,** mae'r diwedd yn agosáu; mae hi bron ar ben; *N: F:* mae hi'n ben set; *(of pers.):* **to have ~ out of coal,** mynd yn brin o lo; **we've ~ out of sugar,** *N.W: F: occ:* mae hi'n smit siwgwr arnon ni; **we ran out of food,** nid oedd gennym fwyd; daethom i ben y bwyd; daeth ein bwyd i ben; **I've ~ out of patience,** 'rwyf wedi colli pob amynedd; **she had ~ out of excuses,** daethai i ben ei hesgusion; nid oedd ganddi ragor o esgusion; *(g) (of rope):* dad-ddirwyn; *(h)* **a strip of land runs out to sea,** mae darn o dir yn ymwthio i'r môr. **2.** *v.t. (a)* **to ~ oneself out,** rhedeg nes blino'n lân, rhedeg nes ymlâdd; **to ~ s.o. out of town,** *N:* gyrru/hel rhn o'r dref, *S:* siaso/

cwrso rhn o'r dref; *(b) (a rope):* dad-ddirwyn; *(c) Nau: (a gangway):* gwthio (rhth) allan/mas; *(d) Typ:* **to ~ out a line,** *(into a margin):* gwthio llinell allan/mas (i'r ymyl); *(e) Cr:* **to ~ out a batsman,** rhedeg batiwr allan/mas. **~ over** *v.i.* **1.** *(a) (an event, a document):* bwrw golwg (dros rth); *(b)* **to ~ over the seams of a boat,** archwilio semiau cwch/bad; **to ~ over s.o.'s pockets,** chwilota/chwilio ym mhocedi rhn *or* trwy bocedi rhn; *(c) (of vehicle):* mynd dros rn; **he has been run over,** aeth car *&c* drosto; cafodd ei fwrw/daro i lawr gan gar *&c.* **2.** *(of vessel, contents):* gorlifo, goferu; *B:* **my cup runneth over,** fy ffiol sydd lawn. **~ through 1.** *v.i. (a) (a room):* rhedeg trwy ystafell; *(b) (a document, book):* bwrw golwg (dros rth), mynd (trwy rth); *(c)* **to ~ through a fortune,** mynd trwy ffortiwn, dihysbyddu/afradu ffortiwn. **2.** *v.t. See* **run[2]** II. 3, 7; **to ~ s.o. through [and through],** trywanu rhn. **~-through** *n. T.V: &c:* rhediad(-au) *m.* **~ up 1.** *v.i. (a) (a hill): N:* rhedeg i fyny gallt, *S:* rhedeg lan rhiw; *(b) (= approach):* rhedeg (at rn); **to come running up,** dod/cyrraedd dan/gan/ar redeg; **to ~ up against s.o.,** *(= meet):* taro ar rn, cwrdd â rhn, *N.W: occ:* mynd i abwyd rhn; **to ~ up against a difficulty,** cwrdd ag anhawster; **to ~ up against opposition,** cwrdd â gwrthwynebiad; *(c) (= amount to):* **to ~ up to a thousand pounds,** codi/mynd/dod yn fil o bunnoedd; *(d) (= be runner-up):* dod yn ail. **2.** *v.t. (a)* **to ~ up a bill,** creu dyled, mynd i ddyled; *(debts):* pentyrru, cynyddu; *(b)* **to ~ up a flag,** codi/dyrchafu baner; **to ~ up a house,** codi/adeiladu tŷ ar frys, bwrw tŷ at ei gilydd. **run-up** *n.* **1.** *Golf: Fb:* atrediad(-au) *m.* **2.** *Fish:* esgyniad(-au) *m.* **3.** *Av:* dynesiad(-au) *m.* **4. in the ~-up to the election,** wrth ddynesu at yr etholiad. **5.** *T.V:* rhaglun(-iau) *m.*

run[3] *a.* **1.** *Tchn:* **price per foot ~,** pris y droedfedd o hyd. **2.** *(= smuggled):* a smyglwyd, anghyfreithlon. **3. ~ butter,** ymenyn *(m)* cadw, ymenyn tawdd; **~ coal,** glo meddal *m;* **~ iron,** haearn *(m)* bwrw, hacarn tawdd.

runabout *n.* **1.** *(= wanderer):* crwydryn (crwydriaid) *m.* **2.** *(car):* car (ceir) *(m)* gwibio; *(boat):* cwch (cychod) *(m)* gwibio, bad(-au) *(m)* gwibio; *(aeroplane):* awyren *(f)* wibio (awyrennau gwibio).

runagate *n. A:* = **fugitive, vagabond.**

runaway *a.* & *n.* **1.** *a. (slave &c):* ar ffo, ffoëdig, wedi dianc, wedi ffoi, wedi rhedeg i ffwrdd, *S:* wedi rhedeg bant; **a ~ horse,** ceffyl wedi dianc/rhedeg; **a ~ truck,** wagen wedi rhedeg [yn rhydd]; **a ~ marriage,** priodas ar ffo; **a ~ victory,** buddugoliaeth ysgubol *f.* **2.** *n.* ffoadur(-iaid) *m,* ffoadures(-au) *f.*

runback *n. Sp:* ôl-rediad(-au) *m.*

runch *n.* = **charlock (jointed/white).**

runcible spoon *n.* llwy finiog (llwyau miniog) *f.*

runcinate *a. Bot:* llifddanheddog.

rundale *n.* cyd-ddeiliadaeth(-au) *f,* llain gytal (lleiniau cytal) *f.*

rundle *n.* **1.** *(of ladder):* ffon (ffyn) *f.* **2.** *(wheel &c):* olwyn(-ion) *f.* **3.** *(of mill):* cengl(-au) *f,* cawell (cewyll) *m.*

rune *n. Pal:* rŵn (rwnau) *mf,* llythyren (llythrennau) rwnig *f.* **~-staff** *n.* ffon (ffyn) rwnig *f.*

runer *n.* bardd (beirdd) *m,* awenydd(-ion) *m.*

rung[1] *v. See* **ring[4].**

rung[2] *n.* **1.** *(of ladder, chair):* ffon (ffyn) *f.* **2.** *Fig:* gris(-iau) *m;* **the next ~ on the ladder of promotion,** y gris nesaf ar ysgol dyrchafiad. **3.** = **spoke[1].**

runged *a.* â ffyn.

rungless *a.* heb ffyn.

runic *n.* & *a.* **1.** *a. (a) (letter, inscription, poetry):* rwnig; *(b) (ornament):* cyfrodedd; **~ cross,** croes Geltaidd *f.* **2.** *n. (a) Typ:* [teip] rwnig *m; (b) Ent:* rwnig(-ion) *mf.*

runless *a. Sp:* heb rediadau, dirediad, direдiadau.

runlet[1] *n.* **1.** nant (nentydd) *f,* afonig(-au) *f,* ffrwd (ffrydiau) *f,* cornant (cornentydd) *f,* corffrwd (corffrydiau) *f, S.W: occ:* gofer(-ydd) *m, S.E: occ:* rhewyn(-au) *m.*

runlet[2] *n. A:* = **cask.**

runnel *n.* = **runlet[1].**

runner *n.* **1.** *(a)* rhedwr (rhedwyr) *m,* rh|edwraig (rhedwragedd) *f; (b) Mil: &c: (= messenger):* negesydd: negeswr (negeswyr) *m,* neg|eswraig *f; (c) Hist:* **Bow Street ~,** ceisbwl (ceisbyliaid) *(m)* Bow Street; *(d)* **blockade-~,** torrwr (torwyr) *(m)* gwarchae; **rum-~,** smyglwr (smyglwyr) *(m)* diod. **2.** *Orn:* rhedwr. **3.** *Hort: (a)* ymledydd(-ion) *m; (b)* **scarlet ~,** = **runner bean. 4.** *(of mill):* maen (meini) uchaf *m,* maen tro, breuan(-au) *f.* **5.** *(of sledge):* gosail (goseiliau) *f, M.W:* cosol(-ion) *f, N.W: occ:* osel(-i) *f; (of seat, drawer):* cledren (cledrau) *f,* gosail; *(of skate):* llafn(-au) *m.* **6.** *(a) Nau: (rope):* rhaff *(f)* lwytho (rhaffau llwytho), rhaff fachog (rhaffau bachog); *(b) (ring):* cylch(-au) rhedol *m,* rhedwr. **7.** *Mec.E: (slide):* rhedwr; *(groove):* rhigol(-au) *f; (wheel):* olwyn(-ion) symudol *f,* olwyn rydd (olwynion rhydd); *(of turbine):* llafnau *pl; (= fixed pulley):* pwli llonydd *m.* **8.** *Metall:* rhigol. **9. carpet ~,** carped hir (carpedi hirion) *m;* **table ~,** lliain (llieiniau) cul *m.* **10.** *Ich:* **blue ~,** rhedwr glas (rhedwyr gleision) *m.* **11.** *(= operator of machine &c):* gweithiwr (gweithwyr) *m,* rhedwr. **~ bean** *n. Bot:* ffeuen/ffäen goch (ffa cochion) *f,* ffeuen/ffäen ddringo (ffa dringo), *S: occ:* cidna-bên(-s) *f,* cidnabensen (cidnabêns) *f.* **~ peg** *n.* peg(-iau) *(m)* rhedwr. **~-up** *n.* yr ail *m&f,* yr ail orau (yr eilion gorau, yr ail oreuon) *m&f,* yr un nesaf (y rhai nesaf) at y gorau.

running[1] *a.* **1.** *Fb:* **~ kick,** cic *(f)* wrth/dan redeg; **~ start,** cychwyniad *(m)* ar redeg, cychwyn *(m)* ar redeg; *Sp:* **~ jump,** ehedlam(-au) *m,* ehednaid (ehedneidiau) *f,* naid *(f)* wib (neidiau wib); *F:* **go and take a ~ jump at yourself!** rho dy drwyn yn dy din a bacha hi! *F:* **he's ~ scared,** mae wedi dychryn am ei fywyd/hoedl; *V:* mae arno ofn trwy'i din; *S:* mae e wedi cael llond tin o ofon; **to keep up a ~ battle/fight,** ymladd ar redeg, brwydro'n barhaol; **a ~ battle,** brwydr barhaol/ddi-baid (brwydrau parhaol/di-baid) *f; Pol:* **~ mate,** cydredwr (cydredwyr) *m,* cydymgeisydd (cydymgeiswyr) *m; Bot:* **~ postman,** *(Kennedya):* postman prysur *m.* **2. ~ water,** dŵr rhedegog *m,* dŵr tap; **~ sore,** briw(-iau) gorllyd/crawnllyd/cornwydlyd *m;* **~ cold,** annwyd diferllyd *m,* annwyd pen; **I've a ~ cold,** *N.W: oc:* 'rydw i'n yfed yr annwyd. **3.** *(a) (style):* llithrig, llyfn (*f.* llefn, *pl.* llyfnion), rhugl; *(b)* **~ hand,** ysgrifen ddi-dor/gron/redeg *f,* llaw gron *f,* llawysgrifen gron *f,* ysgrifen ddogfennol *f.* **4.** *(a) (= continuous):* parhaol, di-dor, di-baid; *Lib:* **~ number,** rhif rhedegol *m;* **~ accompaniment,** cyfeiliant di-dor *m; Typ:* **~ headline,** llinell *(f)* bennawd barhaol (llinellau pennawd parhaol); *Mil:* **~ fire,** saethu/tanio *(vn)* parhaol/cyson; *Typ:* **~ title,** pennawd (penawdau) parhaol *m; (b)* **~ foot,** troedfedd redol (troedfeddi rhedol) *f; (c)* **~ expenses,** treuliau/costau cynnal; **~ account,** cyfrif cyfredol *m;* **~ repairs,** atgyweiriadau wrth fynd; *(d) (following noun):* yn olynol; **three days ~,** tridiau ar ôl ei gilydd, tridiau yn olynol, *S:* tridiau o'r bron. **5.** *(a)* **~ block,** chwerfan(-nau) symudol *f;* **~ knot,** cwlwm (c[y]lymau) *(m)* rhedeg/rhedegog, cwlwm tagu, byddagl(-au) *f; (b) Nau:* **~ rigging,** rigin rhydd *m;* **~ bowsprit,** bolsbryd symudol/rhydd *m.* **6.** *Needlew:* **~ stitch,** pwyth(-au) *(m)* crychu, pwyth rhedeg. **7.** *W.Tel:* **~ commentary,** sylwebaeth(-au) *f* [ar y pryd], sylwebaeth ddi-dor. **8.** *Jur:* **~ with the land,** yn rhedeg gyda'r tir; **~ with the reversion,** yn rhedeg gyda'r refersiwn; **~-down case,** achos(-ion) *(m)* rhedeg-i-lawr.

running[2] *vn.* **1.** ras(-ys) *f; F:* **to make the ~, to take up the ~,** arwain y ras, mynd ar y blaen, ennill y blaen; **to be in the ~,** bod ynddi, bod yn y ras, **he's still in the ~,** mae'n dal ynddi; mae gobaith iddo ennill; **to be out of the ~,** bod allan ohoni, bod allan o'r ras, bod heb obaith ennill y ras. **2.** *(a) (of a machine):* rhediad *m,* gwaith *m,* gweithrediad *m,* effeithiolrwydd *m,* perfformiad *m; (of a car):* perfformiad, rhediad; **in ~ order,** parod i redeg, mewn cyflwr gweithredol; *(b)* **to alter the ~ of the trains,** newid amserlen y trenau; *T.V: &c:* **~ order,** trefn *(f)* rhaglen; *Rail:* **~ powers,** hawliau tramwyo; *(c) (of hotel &c):* gweinyddiad *m,* rheolaeth *f* (ar rth); gweinyddu *vn,* rheoli *vn,* rhedeg *vn* (rhth); *(d) (= smuggling):* smyglo; *S.a.* **gun-running. 3.** *(of water):* llif *m,* llifeiriant *m; Med: (of pus):* crawni *vn,* crawnio *vn,* casglu *vn,* gori *vn,* madreddu *vn.* **4.** *Th: (of play):* rhediad *m.* **~-board** *n. Aut: Rail:* stepen (stepiau) *f,* troedlas(-au) *f,* troedlath(-au) *f.* **~-dog** *n. Pol:* ci (cŵn) *(m)* tom, ci rhedeg, gwas (gweision) bach *m.* **~-gear** *n.* dillad *(pl)* rhedeg. **~-light** *n.* golau (goleuadau) *(m)* nos. **~-shed** *n. Rail:* sied (siediau) *(f)* atgyweirio.

runny *a. (a) (nose &c):* diferllyd, diferol, rhedegog, sy'n diferu, sy'n gollwng, sy'n rhedeg; **I have a ~ nose,** mae 'nhrwyn i'n rhedeg; *(b)* **~ egg,** ŵy'n rhedeg, ŵy meddal/slwtsh/slwtshlyd.

runrig *n.* = **rundale.**

runround *n. Typ:* *amgysodiad(-au) *m.*

runt *n.* **1.** *(a) (= small cow):* buwch fechan (buchod bychain) *f, S.W:* edlych(-od,-iaid) *m; (b) (= small ox):* ych bychan (ychen bychain) *m*; *(c) (horse):* cobyn (cobiau) *m*, cob(-iau) *m*; *(d) (= piglet): S:* cardydwyn: cardodwyn *m*, cardydwen: cardodwen *f*, ceglyn *m*, cryffilyn *m*, *occ:* edlychyn (edlychod) *m*, edlych, *N:* bach (*m*) y nyth, tin (*m*) y nyth, cwlin(-od) *m*, crab *m*, sterach(-od) *m*, *S.E:* crincyn: crencyn: crancyn *m*, *M.W:* ratlin *m*, *S.W: occ:* Jac (*m*) rhech. **2.** *F: (= puny man): S.W:* edlych, edlychyn, crecwil(-od) *m*, crechwil(-od) *m*, ceglyn(-nod) *m*, cornepyn *m*, *N:* ewach(-od) *m*, tinllach(-od) *m*. **3.** *(pigeon):* colomen fawr (colomennod mawr) *f*; **Spanish ~,** colomen goch (colomennod cochion) *f*.

runtiness *n.* bychanrwydd *m*, bychander *m*, edlychdod *m*, tinllachdod *m*.

runty *a.* corachlyd, corachaidd, ewachaidd, edlychaidd, tinllachaidd.

runway *n.* **1.** *Mec.E:* rhedfa (rhedfleydd) *f*. *(= logslide):* inclên (incleniau) *f*, incléin (incleiniau) *f*; **crane ~,** craen(-iau) symudol *m*. **2.** *Aer:* rhedfa (rhedfleydd) *f*, llwybr(-au) (*m*) glanio. **3.** *(= track of animal):* llwybr; *See* **run[1] 9**; *(= ramp):* esgynfa (esgynfleydd) *f*. **4.** *U.S: (= bed of stream):* gwely(-au) *m*. **5.** *Bowls:* llwybr.

rupee *n. Num:* rwpî(-s, rwpïau) *f*.

Ruperra *W.Pl.n.* Rhiw (*f*)'r Perrai.

rupiah *n. Num:* rwpïa(-s, rwpïau) *f*.

rupicoline, rupicolous *a.* y graig, creigdrig, creigdrigiannol.

rupturable *a.* toradwy, rhwygadwy.

rupture[1] *n.* **1.** *(a) (of negotiations):* toriad(-au) *m*, rhwyg(-au,-iadau) *f* (yn rhth); *(b) (between friends):* rhwyg; *(c) El:* **~ of the arc,** toriad yn yr arc. **2.** *Med: (a) (of a vein &c):* toriad, rhwyg; *(b) (= hernia):* torlengig: torllengig *m* (*pronounced* ng-g), torgest (-i) *f*; **he has a ~,** mae wedi torri ei lengig; mae torl[l]engig arno; *N:* mae wedi torri ei lengid (*pronounced* ng-g); *(c) Biol: (of cell):* ymdorri *vn*, ymdoriad(-au) *m*.

rupture[2] *v.t.&i.* **1.** *v.t. (a) (relations):* torri; *(b)* **to ~ a ligament,** torri ligament; *(c)* **to ~ oneself,** *Med:* torri['ch] llengig, *Lit: occ:* torgestu, *S.W:* torri llyngil, cael bola lawr, *S.E:* torri bola, *N.W:* torri lengid, *N.E:* ysigo, cael [y]sictod *m*. **2.** *v.i. (of vein &c):* ymdorri, torri, rhwygo.

ruptured *a.* toredig, rhwygedig, wedi torri/rhwygo; *(pers.):* torgestog; **he's ~,** mae wedi torri ei lengig; **a pig with a ~,** mochyn pwrsog.

rupturewort *n. Bot: (Herniaria):* llysiau(*pl*)'r fors, torgestlys *m*, bolystyn *m*; **fringed ~,** *(H. ciliolata):* llysiau'r fors eddïog; **hairy ~,** *(H. hirsuta):* llysiau'r fors blewog; **smooth ~,** *(H. glabra):* llysiau'r fors [llyfn].

rural *a.* gwledig, [cefn] gwlad; **~ constable,** plismon (plismyn) (*m*) gwlad, heddwas (heddweision) (*m*) gwlad; **~ dean,** deon(-iaid) (*m*) gwlad, deon gwledig; **~ deanery,** deoniaeth (*f*) wlad (deoniaethau gwlad), deoniaeth wledig (deoniaethau gwledig); **~ district,** dosbarth(-au) gwledig *m*; **~ district council,** cyngor (cynghorau) gwledig *m*; **~-urban continuum,** didoredd gwledig-drefol *m*.

ruralist *n.* gwladwr (gwladwyr) *m*.

rurality *n.* gwledigrwydd *m*.

ruralization *n.* gwladeiddiad *m*, gwladeiddio *vn*, gwledigo *vn*.

ruralize *v.t.&i.* **1.** *v.t.* gwladeiddio, gwledigo. **2.** *v.i.* ymwladeiddio, ymwledigo.

ruralized *a.* gwledig, gwladaidd.

rurally *adv.* **1.** yn wledig, yn wladaidd. **2.** *(= in the country):* yn y wlad.

rurban *a.* **~ fringe,** cyrion gwledig-drefol *pl*.

ruridecanal *a.* **~ duties,** dyletswyddau deon gwlad/gwledig.

Ruritania *Pr.n.* Rwritania *f*.

Ruritanian *a.* & *n.* **1.** *a.* Rwritanaidd. **2.** *n.* Rwritaniad (Rwritaniaid) *m&f*.

rusa *n. Z:* rwsa(-od) *m*.

ruse[1] *n.* ystryw(-iau) *mf*, dichell(-ion) *f*, cast(-iau) *m*, dichelldro(-eon) *m*.

ruse[2] *a.* cyfrwys, dichellgar, ystrywgar, castiog, ffèl.

rush[1] *n. Bot:* **1.** brwynen (brwyn) *f*, hesgen (hesg) *f*, pabwyryn (pabwyr) *m*, pabwyren (pabwyr) *f*; **to gather rushes,** pabwyra, brwyna; **blunt-flowered ~,** *(Juncus subnodulosus):* brwynen glymog (brwyn clymog), brwynen â blodau blaendwn; **bog-~,** *(Schoenus nigricans):* corsfrwynen ddu (corsfrwyn duon) *f*; **bulbous ~,** *(J. bulbosus):* brwynen oddfog; **club-~,** *(Scirpus):* clwbfrwynen (clwbfrwyn) *f*, llafrwynen (llafrwyn) *f*; **bristle club-~,** *(S. setaceus):* clwbfrwynen fach (clwbfrwyn bach), clwbfrwynen wrychog (clwbfrwyn gwrychog); **floating club-~,** *(S. fluitans):* clwbfrwynen nofiol; **sea club-~,** *(S. maritimus):* clwbfrwynen arfor, clwbfrwynen y morfa; **slender club-~,** *(S. cernuus):* clwbfrwynen fain (clwbfrwyn main); **round-headed club-~,** *(S. holoschoenus):* clwbfrwynen bengron (clwbfrwyn pengrwn) (*pronounced* ng-g); **wood club-~,** *(S. sylvaticus):* clwbfrwynen y coed; **compact ~,** *(J. conglomeratus):* brwynen bellennaidd (brwyn pellennaidd); **Dutch ~,** *(Equisetum hyemale):* brwynen nadd, marchrawn (*m*) y gaeaf; **dwarf ~, small ~,** *(J. capitatus):* pibfrwynen (pibfrwyn) *f*, corfrwynen (corfrwyn) *f*; **field-~,** = **woodrush; flowering ~,** *(Butomus umbellatus):* brwynen flodeuog (brwyn blodeuog), enghraff(-au) *f*; **hard ~,** *(J. inflexus):* brwynen galed (brwyn caled); **hairy field ~,** *(Luzula pilosa):* brwynen flewog y maes (brwyn blewog y maes); **heath ~,** *(J. squarrosus):* brwynen droellgorun (brwyn troellgorun) *f*; **jointed ~,** *(J. articulatus):* llafrwynen (llafrwyn) *f*, brwynen gymalog (brwyn cymalog), brwynen glymog glaergib (brwyn clymog claergib); **mud ~,** = **rush (salt-marsh); moss ~,** = **rush (heath); round-fruited ~,** *(J. compressus):* brwynen dalgron (brwyn talgrwn); **salt-marsh ~,** *(J. gerardi):* brwynen Gerard, brwynen y morfa; **sea ~,** *(J. maritimus):* môr-frwynen (morfrwyn) *f*, brwynen arfor; **sharp ~,** *(J. acutus):* llymfrwynen (llymfrwyn) *f*; **sharp-flowered ~,** *(J. acutiflorus):* brwynen glymog â blodau blaenfain, brwynen flodeufain (brwyn blodeufain), brwynen y goedwig; **slender ~,** *(J. tenuis):* brwynen fain (brwyn main); **soft ~,** *(J. effusus):* pabwyren (pabwyr) *f*, canwyllfrwynen (canhwyllfrwyn) *f*, brwynen babwyr (brwyn pabwyr); *S.a.* **spike-rush; thread ~,** *(J. filiformis):* brwynen edefyn; **three-flowered ~,** *(J. triglumis):* brwynen dri-blodeuog (brwyn tri-blodeuog); **toad ~,** *(J. bufonius):* brwynen y llyffant; *S.a.* **woodrush. 2.** *F: (for seats of chairs):* gwellt *pl*, gwiail *pl*. **~-bearing** *vn.* cludo brwyn. **~ bed** *n.* twmpath(-au) (*m*) brwyn, twyn(-i) (*m*) brwyn. **~-bottomed** *a.* **~-bottomed chair,** cadair (*f*) wellt (cadeiriau gwellt), cadair wiail (cadeiriau gwiail). **~ candle, ~ dip** *n.* = **rushlight. ~-grass** *n. Bot: (Sporobolus):* brwynwellt *m*. **~ mat** *n.* mat(-iau) (*m*) brwyn. **~-toad** *n. Z:* = **natterjack. ~ veneer-moth** *n. Ent:* gwyfyn(-od) [brith] (*m*) y meillion. **~-wheat** *n. Bot: (Triticum junceum):* gwenith arfor (*m*), gwenith brwynaidd.

rush[2] *n.* **1.** rhuthr(-adau) *m*, rhuthrad(-au) *m*; **gold ~,** rhuthr am aur; **to make a ~ at s.o.,** rhuthro am rn; **in a ~ (to do sth),** ar frys, ar garlam gwyllt, ar lawn garlam (i wneud rhth); **there was a ~ (for safety),** rhuthrwyd, bu rhuthr, dyna ruthro (am gysgod); **there was a ~ to the doors,** dyna ruthro am y drysau; *Rugby:* **forward ~,** rhuthr blaenwr; **foot ~,** cwrs (*m*) traed. **2.** *(= haste):* brys *m*, prysurdeb *m*, ffwdan *m*; **the ~ hours,** yr adeg brysur/brysuraf *f*, yr oriau brys *pl*; **we had a ~ (to get the job done),** bu'n dipyn o frys, bu'n rhaid rhuthro (i gwblhau'r gwaith); **the ~ of modern life,** prysurdeb y bywyd modern, hwrli-bwrli'r bywyd modern; **Christmas ~,** prysurdeb y Nadolig; **~ order,** archeb (*f*) frys (archebion brys); **~ job,** gwaith brysiog *m*, gwaith ffwrdd-â-hi; *N:* gwaith ffordd agosaf; **~ work,** gwaith brys *m*. **3. a ~ (of air),** ffrwd (ffrydiau) *f*, chwa(-on) *f* chwythwm (chwythymau) *m* (o wynt); **a ~ (of blood to the head),** *(i)* llif *m*, llifeiriant *m* (o waed i'r pen). *(ii) (= ill-temper):* ffit wyllt *f*; **(her words came out) in a ~,** (daeth ei geiriau) yn un ffrwd, ar un gwynt, yn r|ibidi-res; *El.E: (= surge):* hwrdd (hyrddiau) (*m*) o gerrynt; **a sudden ~ (of business),** pwl *m*, hwrdd sydyn *m* (o brysurdeb); **there's been a great ~ on/for this book,** bu mynd mawr ar y llyfr hwn; bu galw mawr am y llyfr hwn. **4.** *Cin: pl.* **rushes,** blaenbrintiau, brysluniau; *(showing):* blaenddangosiad *m*. **~ line** *n. Fb: U.S:* rhes flaen *f*.

rush[3] *v.i.&t.* I. *v.i.* rhuthro, prysuro, brysio, *S:* hastu; **to ~ about,** rhuthro o gwmpas, rhuthro oddi amgylch, ymbrysuro, *N:* rhedeg a rasio, *S.W:* rhedeg a rhwygo, tasgu; **to ~ into print,** rhuthro i'r wasg, rhuthro i brint; **to ~ past,** rhuthro/ysgubo heibio; *F:* **fools ~ in where angels fear to tread,** *See* **angel**; **to ~ into sth,** ymdaflu/rhuthro/cythru i rth; **to ~ through,** rhuthro drwodd, *S.E: occ:* gwibwrnellu; *F:* **to ~ to conclusions,** penderfynu'n rhy gyflym; **to ~ down,** rhuthro i lawr, disgyn ar frys; **to ~ (through France),** gwibio, rhuthro, *S:* hastu (trwy Ffrainc); *F:* **to ~ through one's prayers,** cythru mynd trwy'ch pader, carlamu trwy'ch pader, cythru dweud eich pader, dweud eich pader ar garlam gwyllt, dweud eich pader ar redeg, *N. W:* adrodd eich pader fel cyfrif llyfrithen, rhusio'ch pader; **to ~ at/on s.o.,** rhuthro am/ar rn, ymosod ar rn, cythru i rn; **the blood rushed to his face,** cododd/llifodd/rhuthrodd y gwaed i'w wyneb. II. *v.t.* **1.** *(a)* rhuthro (rhn, â rhn); *(= chase):* gwthio, troi, erlid, *N:* hel, *S:* siaso (rhn); **to ~ s.o. out of a room,** rhuthro â rhn o ystafell; **they were rushed to hospital,** fe'u rhuthrwyd i'r ysbyty; aethpwyd â hwy ar frys i'r ysbyty; rhuthrwyd â hwy i'r ysbyty; cipiwyd hwy i'r ysbyty; **to ~ s.o. into danger,** helcyd/gwthio rhn i berygl; **he rushed me through lunch,** parodd imi ruthro trwy fy nghinio; **I don't want to ~ you,** nid oes dim brys; **don't ~ me!** rho (rhowch) amser imi! paid (peidiwch) â 'ngyrru/'ngwthio i! **I'm rushed off my feet,** 'rwy'n rhy brysur o'r hanner; 'does gen i ddim munud i ddim; **to ~ a bill through the House,** gwthio/brysio/prysuro mesur trwy'r Tŷ; *(b) F:* **to ~ s.o. for sth,** *(= charge a high price):* codi crocbris ar rn am rth. **2.** *(a job):* brysio, rhuthro, *S:* hastu. **3. the audience rushed the platform,** rhuthrodd y gynulleidfa i'r llwyfan; *Mil:* **to ~ a position,** ymosod ar safle; **to ~ one's fences,** rhuthro'n fyrbwyll. **~ up** *v.t.* **1. to ~ up a house,** codi tŷ ar frys, taflu tŷ ar ei draed; **to ~ up a price,** codi pris yn frysiog; **to ~ up reinforcements,** dod â chymorth milwrol ar frys, rhuthro â chymorth i'r fan.

rushed *a.* **1.** *(pers.):* prysur iawn. **2.** *(work):* brysiog.

rusher *n.* rhuthrwr (rhuthrwyr) *m*, cythrwr (cythrwyr) *m*.

rushiness *n.* natur frwynog *f* (rhth), golwg frwynog *f* (ar rth).

rushing¹ *a.* sy'n rhuthro, gwyllt, rhuthr-wyllt, rhuthrol.

rushing² *vn.* rhuthr *m*, rhuthrad *m*, rhuthro.

rushlight *n.* cannwyll *(f)* frwyn (canhwyllau brwyn).

rushlike *a.* brwynaidd.

rushy *a.* brwynog, *occ:* pabwyrog.

rusk *n.* *Cu:* bisgeden galed (bisgedi caled) *f*, *S:* bisgïen galed (bisgis/ bisgedi caled) *f*, *A: or Lit:* bara deugras *m*.

Russell cord *n.* *Tex:* melfaréd *m*, cotwm rib *m*.

russet *n. & a.* **1.** *n.* *(a)* *A: Tex:* brethyn browngoch *m* (*pronounced* ng-g); *(b) Hort:* *(i) (apple):* afal(-au) coch y rhwd, afal rhytgoch, *N.W:* afal croen yr hwch, afal coch y bachgen, *M.W:* afal llwyd y cŵn; *S.E:* afal rhydu *in form* afal rwti; *(ii) (pear):* galleg/gellygen rytgoch (gellyg rhytgoch) *f*. **2.** *a. & n.* rhytgoch *(m)*, browngoch *(m)*, llwytgoch *(m)*, cochlwyd *(m)*, gwineugoch *(m)*; *Lit:* **the morn in ~ mantle clad,** y wawr mewn mantell ruddaur dlos.

russet|t|ing *n.* *(on fruit):* rhwd *m*, croen garw *m*.

Russia *Pr.n.* *Geog:* Rwsia *f*; **White ~,** Rwsia Wen. **~ leather** *n.* lledr *(m)* [o] Rwsia.

Russian *n. & a.* **1.** *n.* *(a) Ethn:* Rwsiad (Rwsiaid) *m&f*; **Great ~,** Rwsiad Mawr/Fawr (Rwsiaid Mawr); **Little ~,** = **Ukrainian, Ruthenian**; **White ~,** Rwsiad Gwyn (Rwsiaid Gwynion), Rwsiad Wen (Rwsiaid Gwynion); *(b) Ling:* Rwseg *f*, *m*. **2.** *a.* Rwsiaidd, [o] Rwsia; **the ~ government,** llywodraeth Rwsia; **he's ~,** Rwsiad yw ef; *(in language):* Rwseg; **~ blue,** *(cat):* cath las *(f)* Rwsia (cathod gleision Rwsia); *Cost:* **~ boot,** botasen fer (botias/botasau byrion) *(f)* Rwsia; *Cu:* **~ dressing,** blasusiad Rwsiaidd *m*, dresin Rwsiaidd *m*; *Pol:* **the ~ Federation,** y Ffederasiwn Rwsiaidd; *Hist:* **the ~ Revolution,** Chwyldro Rwsia, y Chwyldro yn Rwsia; **~ roulette,** rwlét *(mf)* y Rwsiaid; *Fig:* gêm beryglus *f*, chwarae *(vn)* â gwn; *Cu:* **~ salad,** salad Rwsiaidd *m*; *Hist:* **R~ Socialist Federated Soviet Republic,** Gweriniaeth *(f)* Sofietau Ffederal Sosialaidd Rwsia; *Bot:* **~ thistle, ~ tumbleweed,** llyrlys *(m)* Rwsia; **~ wolfhound,** borsoi(-s) *m*, ci (cŵn) *(m)* borsoi.

Russianization *n*, **Russianize** *v.t.*, **Russification** *n.* Rwsieiddio.

Russified *a.* Rwsieiddiedig.

Russify *v.t.* Rwsieiddio.

Russki *n.* *Pej:* Rwsiad (Rwsiaid) *m&f*.

Russniak *a. & n.* = **Ukrainian, Ruthenian.**

Russophil|e| *a. & n.* **1.** *a.* Rwsgar, Rwsgarol. **2.** *n.* Rwsgarwr (Rwsgarwyr) *m*, Rwsg|arwraig *f*.

Russophobe *n.* Rwsgasäwr (Rwsgasawyr) *m*, Rwsgasawraig *f*.

Russophobia *n.* casineb *(m)* tuag at Rwsia, Rwsgasineb *m*.

Russophobic *a.* Rwsgasaol.

russula *n.* *Fung:* cap brau *m*, r|wswla *m*; **bare-toothed ~,** cap brau danheddog, rwswla danheddog; **blackening ~,** cap brau duol, rwswla duol; **blackish purple ~,** cap brau llygatddu; **common yellow ~,** cap brau melyn, rwswla melyn; **fetid ~,** cap brau drewllyd, rwswla drewllyd; **fragile ~,** cap brau bregus, rwswla bregus; **geranium-scented ~,** cap brau chwerw, rwswla chwerw; **golden ~,** cosyn eurgoch; **milk-white ~** cap brau llwydwyn, rwswla llwydwyn; **yellow swamp ~,** cap brau [melyn] y bedw.

rust¹ *n.* rhwd *m*; *Agr: Bot:* y gawod goch *f*; **black ~,** y gawod ddu *f*. **~ bucket** *n.* *F: (car):* tomen *(f)* o rwd, tomen rydlyd *f*. **~ cement** *n.* sment *(m)* rhwd. **~-coloured** *a.* lliw rhwd, rhydlyd, rhytgoch. **~ fungus** *n.* llwydni *m*, ffwng (ffyngoedd) *(m)* y gawod. **~ preventer, ~ preventive** *n.* peth(-au) *(m)* atal rhwd, gwrth-rwd *m*.

rust² *v.t.&i.* **1.** *v.i.* rhydu, hel/casglu/magu rhwd, mynd yn rhwd; **to ~ away,** *N.W:* cancro; **to ~ in,** *(of screw &c):* rhydu'n sownd, rhydu'n glap. **2.** *v.t.* rhydu.

rustable *a.* sy'n rhydu, rhydadwy.

rusted *a.* rhydlyd, wedi rhydu, yn rhwd, wedi mynd yn rhwd, wedi magu rhwd.

rustic *a. & n.* **1.** *a.* gwladaidd, gwledig, *S.E:* gwladog; **~ bridge,** pompren(-ni,-nau) *f*; **~ cart,** *S.W:* fforchwain (fforchweiniau) *f*; **~ drama,** drama wledig (dramâu gwledig) *f*, **drama** pwmp y llan; **~ furniture,** dodrefn/celfi *(pl)* gwladaidd/rystig, dodrefn *&c* pren garw; **~ capital,** priflythyren (priflythrennau) rystig *f*; **~ seat,** mainc *(f)* bren garw (meinciau pren garw), mainc wladaidd (meinciau gwladaidd), mainc rystig. **2.** *n.* gwladwr (gwladwyr) *m*, dyn(-ion) *(m)* o'r wlad, gwerinwr (gwerinwyr) *m*.

rustical *a.* = **rustic 1.**

rustically *adv.* yn wladaidd *&c*.

rusticate *v.i.&t.* **1.** *v.i.* *(= go to the country):* mynd i'r wlad; *(= stay in the country):* byw yn y wlad. **2.** *v.t.* *(i) Sch: (a student):* anfon/alltudio (rhn) o'r coleg, diarddel/gwahardd (rhn) dros dro, anfon (rhn) adref; *(ii) (= countrify):* gwladeiddio. **3.** *Constr: (= roughen):* gerwino, garwh|au, gwladeiddio.

rustication *n.* **1.** bywyd *(m)* yn y wlad, byw *(vn)* yn y wlad, gwladeiddiad *m*. **2.** *Sch:* gwaharddiad(-au) *(m)* dros dro, diarddeliad(-au) *(m)* dros dro.

rusticity *n.* gwladeiddiwch *m*, gwladeiddrwydd *m*.

rustification *n.* *Constr:* creigwaith *m*.

rustily *adv.* **1.** yn rhydlyd. **2. to be ~ clad,** gwisgo dillad du sydd wedi cochi.

rustiness *n.* **1.** rhwd *m*, cyflwr rhydlyd *m*; golwg rydlyd *(f)* (ar rth). **2.** *(of black clothes):* cochni *m*.

rusting *a.* rhydlyd, sy'n rhydu.

rustle¹ *n.* **1.** siffrwd *m*, *occ:* chwithrwd *m*. **2.** *U.S:* = **hustle¹ 2.**

rustle² *v.i.&t.* **1.** *v.i.* *(a) (of leaves, paper):* siffrwd, chwithrwd, *S.E:* rhwsio, *N.W:* sïo, shio; **I heard a deer rustling through the bracken,** clywais siffrwd hydd yn dod drwy'r rhedyn; *(b) U.S:* = **hustle² 2. 2.** *v.t.* *(leaves, paper):* siffrwd. **3.** *v.t.* *U.S: (cattle, horses):* ysbeilio, dwyn, lladrata; **to ~ up a meal,** gwn|eud tamaid i'w fwyta, hwylio tamaid o fwyd, *M.W:* gwneud bwyd ffordd agosaf, *S.W:* gwneud bwyd shifft.

rustler *n.* **1.** *U.S:* *(= cattle-thief):* ysbeiliwr (ysbeilwyr) *(m)* gwartheg/da, lleidr (lladron) *(m)* gwartheg/da. **2.** *U.S:* *F:* = **hustler.**

rustless *a.* gloyw(-on), di-rwd, heb rwd, gwrth-rwd.

Rustlin *W.Pl.n.* Rhosllyn *m*.

rustling¹ *a.* sy'n siffrwd, sy'n sïo.

rustling² *vn.* = **rustle¹,².**

rustproof¹ *a.* gwrth-rwd, diogel rhag rhwd.

rustproof² *v.t.* diogelu/trin (rhth) rhag rhwd.

rusty *a.* **1.** rhydlyd, yn rhydu, wedi rhydu, yn rhwd; **to get ~,** rhydu, casglu/magu/hel rhwd, mynd yn rhwd; *F:* **my French is ~,** mae fy Ffrangeg i wedi rhydu/cloffi; rhydlyd yw fy Ffrangeg i. **2.** *(colour):* lliw rhwd, rhydliw, rhytgoch; **a ~ black coat,** côt ddu wedi cochi. **3.** *Agr: (cereal):* deifiedig, wedi deifio, wedi rhuddo, a'r penddu arno. **4.** *(bacon):* drwg, wedi drewi. **~-back fern** *n.* *Bot:* rhedynen gefngoch (rhedyn cefngoch) *f* (*pronounced* ng-g), rhedynen y gogofau.

rusty² *a.* **1.** *(= restive):* anhywaith, anhywedd, sy'n nogio, noglyd; *S.a.* **restive. 2.** *F: (of pers.):* **to turn ~, to cut up ~,** troi'n gas.

rut¹ *n.* rhigol(-au) *f*, rhych(-au) *fm*, *S.W:* *(of wheel):* hogol (hogle) *m*, ogle *pl*, *N.E:* rhowtiau *pl*, rhowciau *pl*, *N.W:* rhawten (rhawtiau) *f*; *F:* **to settle/sink into a ~,** mynd i rigol, mynd i gerdded rhych; *(of the mind):* pylu; **to get out of the ~,** codi/mynd/dod [allan] o'r rhigol, torri cwys newydd.

rut² *v.t. (a road):* rhigoli.
rut³ *n. (of stags &c):* rhidiad *m.*
rut⁴ *v.i.* rhidio, rhydio; **rutting season,** cyfnod(-au) *(m)* rhidio, *A:* yr Hyddfref *m.*
rutabaga *n. U.S:* = **swede 2.**
rutaceous *a.* ruwaidd.
ruth *n. A:* tosturi *m,* trugaredd *m.*
Ruthenia *Pr.n. Geog:* Rwthenia *f.*
Ruthenian *a. & n.* **1.** *a.* Rwthenaidd; **he's ~,** Rwtheniad yw ef; **the ~ mountains,** mynyddoedd Rwthenia; *(in language):* Rwtheneg. **2.** *n. (i) Ethn:* Rwtheniad (Rwtheniaid) *m&f*; *(ii) Ling:* Rwtheneg *f, m.*
ruthenic *a. Ch:* rwthenig.
ruthenious *a. Ch:* rwthenaidd.
ruthenium *n. Ch:* rwtheniwm *m.*
rutherford *n. Meas: Ph:* rutherford(-s) *m.*
rutherfordium *n. Ch:* rutherfordiwm *m.*
Ruthin *W.Pl.n.* Rhuthun *mf.*
ruthless *a.* didostur, didrugaredd, creulon, anhrugarog, diarbed, didosturi, annhosturiol.
ruthlessly *adv.* yn ddidostur *&c.*
ruthlessness *n.* annhosturi *m,* creulondeb *m,* anhrugaro[w]grwydd *m.*
rutilant *a.* disglair, gloyw, llachar.
rutile *n. Miner:* rwtil *m.*
rutted *a. (road):* rhychog, rhigolog, tyllog, llawn tyllau.
rutting *a. (animal):* rhyderig; *(man):* chwantus, trythyll, blysig.
rutty *a.* = **rutted.**
Ruyton *W.Pl.n.* Tref(*f*)-y-rhyg.
Ruyton-XI-Towns *Eng.Pl.n.* Croesfaen *f*; Yr Un Dref ar Ddeg *f.*
Rwanda *Pr.n. Geog:* Rwanda *f.* **~-Urundi** *n.* Rwanda-Wrwndi *f.*
Rwandan *a. & n.* **1.** *a.* Rwandaidd; **the ~ army,** byddin Rwanda; **he's ~,** un o Rwanda ydyw; Rwandiad ydyw. **2.** *n.* Rwandiad (Rwandiaid) *m&f.*
ryal *n. Num:* rial(-au) *f.*
rye¹ *n.* **1.** *Agr:* rhyg *m*; **a grain of ~,** rhygen *f.* **2.** *U.S:* **~ [whisky],** wisgi *(m)* rhyg. **~ bread** *n.* bara *(m)* rhyg. **~ brome** *n. Bot: (Bromus secalinus):* bromwellt *(m)* ller, pawrwellt *(m)* ller; *S.a.* **rye³-grass.**
rye² *n.* **a Romany ~,** bonheddwr *(m)* o sipsi.
rye³-grass, *(more correctly):* **ray-grass** *n. Bot:* efryn (efrau) *m,* rhygwellt *m, M.W:* regras *m*; **Italian ~-grass,** *(Latium multiflorum):* rhygwellt Eidalaidd; **perennial ~-grass,** *(L. perenne):* rhygwellt parhaol.
ryokan *n.* gwesty (gwestai) *m.*
ryot *n.* tyddynnwr (tyddynwyr) *m.*

S

S, s[1] *n.* [y llythyren] S, s *f* (*pronounced* es, *pl.* -au, -ys). **S bend, S curve** *n.* tro(-adau) (*m*) S; *(of pipe)*: gwddf (*m*) gŵydd. **S.O.S.** *n.* [galwad(-au) *f*] S.O.S. *mf.*
's[2] *(sign of the possessive singular, pl. s'): there is no corresponding sign or flexion in Welsh*; **a boy's father,** tad bachgen; **the boy's father,** tad y bachgen; **the boys' father,** tad y bechgyn; **boys' fathers,** tadau bechgyn.
's[3] 1. *abbr. of* **is**: *See* **be. 2.** *abbr. of* **has**: *See* **have. 3.** *abbr. of* **us**: *See* **we.**
Saanen *n. Z:* gafr (geifr) (*f*) Saanen.
Saar *Pr.n. Geog:* Y Saar *f.*
Saarlander *n.* brodor(-ion) *(m)* o'r Saar, brodores(-au) *(f)* o'r Saar, Saariad (Saariaid) *m & f.*
sabadilla *n. Bot:* sabadila *m.*
Sabaean *a. & n. Ethn:* **1.** *a.* Sabeaidd. **2.** *n.* Sabead (Sabeaid) *m & f.*
Sabaism *n. Rel:* Sabaeth *f*, sêr-addoliaeth *f.*
Sabaoth *n. pl. B:* y Lluoedd; **Lord God of the ~,** Arglwydd Dduw'r Lluoedd.
sabayon *n. Cu:* sabaion *m.*
sabbat *n.* sabat(-au) *m.*
Sabbatarian *a. & n.* **1.** *a.* Sabathyddol. **2.** *n.* Sabathydd(-ion) *m*, Sabotholwr (Sabotholwyr) *m.*
Sabbatarianism *n.* Sabathyddiaeth *f*, Sabotholdeb *m.*
Sabbatarianist *n.* Sabathydd(-ion) *m*, Sabotholwr (Sabotholwyr) *m.*
Sabbath *n.* **1.** *(a) Jew.Rel: B: Hist:* Sabath(-au) *m*; *(b) Ecc:* Saboth(-au) *m*, Sul(-iau) *m*; **to keep the ~,** cadw'r Saboth/Sul; **to break the ~,** torri'r Saboth/Sul; *F:* **it's a ~ day's journey from here to the station,** taith fer yw hi oddi yma i'r orsaf. **2.** *A:* **a witches' s~,** sabat(-au) *m.*
sabbathless *a.* disabath, diorffwys.
sabbatic[al] *a. Jew.Rel:* Sabothol, Sabothaidd; **~ year** *(i) Jew.Rel:* blwyddyn (blynyddoedd) sabothol *f*; *(ii) Sch:* blwyddyn rydd (blynyddoedd rhydd), blwyddyn sabothol.
sabbatically *adv.* yn sabothol.
sabbatize *v.i.* cadw'r Saboth.
Sabean *a. & n.* = **Sabaean.**
Sabellian[1] *a. & n. Theol:* **1.** *a.* Sabelaidd. **2.** *n.* Sabeliad (Sabeliaid) *m&f.*
Sabellianism *n. Theol:* Sabeliaeth *f.*
Sabian *a. & n. Rel.Hist:* **1.** *a.* Sabiaidd. **2.** *n.* Sabiad (Sabiaid) *m&f.*
sabicu *n.* **1.** *Bot: (tree):* coeden (coed) (*f*) s|abicw. **2.** *Carp: (wood):* sabicw *m.*
sabin *n. Ph: Meas:* sabin(-au) *m.*
Sabine *a. & n.* **1.** *a.* Sabinaidd; **the rape of the ~ women,** cipiad y Sabinesau, cipio'r Sabinesau. **2.** *n.* Sabiniad (Sabiniaid) *m&f*, Sabines(-au) *f.*
Sabir *n. Ling:* Sabir *f, m.*
sable[1] *n.* **1.** *Z:* bele(-od) *m*, sabl(-iaid) *m.* **2. ~ [fur],** blew (*m*) bele/sabl. **3.** *Art:* **~ [brush],** brwsh(-is) (*m*) sabl.
sable[2] *a. & n.* **1.** *Her:* du(-on) *m.* **2.** *a. Poet:* du, tywyll, dudew; **~ antelope,** antelop du *m*; **His S~ Majesty,** Tywysog (*m*) y Tywyllwch, Satan *m.* **~ fish** *n. Ich:* pysgodyn (pysgod) sabl *m.*
sably *adv.* yn ddu, yn dywyll.
sabot *n. Cost:* clocsen (clocsiau) *f*, esgid bren (esgidiau pren) *f.*
sabotage[1] *n.* **1.** difrod *m*, difrodi *vn.* **2.** *Fig: (of plans &c):* tanseilio *vn.*
sabotage[2] *v.t.* **1.** difrodi. **2.** *Fig: (plans &c):* tanseilio.
saboteur *n.* difrodwr (difrodwyr) *m*, sabotwr (sabotwyr) *m*; *Fig:* tanseiliwr (tanseilwyr) *m.*
Sabra *n. Ethn:* Sabra(-od) *m&f.*
sabre[1] *n. Mil:* crymgledd(-yfau) *m*, sabr(-au) *m.* **~-bill** *n. Orn:* cleddbig(-au) *m.* **~-cut** *n.* cleddyfod(-au) *mf.* **~-rattler** *n.* cleddyfwr (cleddyfwyr) *m*, cleciwr (*m*) cleddyf (clecwyr cleddyfau), rhefrwr (rhefrwyr) *m.* **~-rattling** *vn.* trwst (*m*) cleddyfau, clecian cleddyfau, chwythu bygythion a chelanedd. **~-toothed** *a.* ysgithrog. **~-wing** *n. Orn:* aderyn (adar) cleddasgell *m.*
sabre[2] *v.t.* cleddyfu, trywanu/gwanu (rhn) â sabr/chleddyf.
sabretache *n.* ysgrepan(-au) *f.*
sabreur *n.* cleddyfwr (cleddyfwyr) *m.*
sabulosity *n.* = **sandiness, grittiness.**
sabulous *a.* = **sandy, gritty.**
sac *n. Nat.Hist:* coden(-nau,-ni) *f*; **wind ~,** coden awyr.
sacahuiste *n. Bot:* arthwellt (*m*) Texas.
sacaton *n. Bot:* s|acaton *m.*
saccade *n. Opt:* ysmiciad(-au) *m.*
saccadic *a.* ysmiciog.
saccate *a. Bot:* codog, codennog.
saccharase *n. Bio-Ch:* s|acaras *m.*
saccharate *n. Bio-Ch:* s|acarad (sacaradau) *m.*
saccharic *a. Bio-Ch:* sacarig.
saccharide *n. Bio-Ch:* s|acarid (sacaridau) *m.*
sacchariferous *a.* siwgrog.
saccharification *n.*, **saccharify** *v.t.* sacareiddio.
saccharimeter *n. Ch:* sacarimedr(-au) *m.*
saccharimetry *n. Ch:* sacarimetreg *f.*
saccharin *n. Ch:* s|acarin *m.*
saccharine *a.* siwgraidd, siwgwraidd, gorfelys, sacarinaidd.
saccharinity *n.* siwg[w]reiddiwch *m*, gorfelyster *m.*
saccharization *n.*, **saccharize** *v.t.* troi (rhth) yn siwgwr, siwg[w]reiddio, sacareiddio.
saccharoidal *a. Geol:* sacaroidaidd.
saccharolytic *a. Ch:* sacarolytig.
saccharometer *n. Ch:* sacaromedr(-au) *m.*
saccharometry *n. Ch:* sacarometreg *f.*
saccharose *n. Ch:* swcros *m.*
sacciform *a.* codenffurf, codennaidd.
saccular *a.* codennol.
sacculate[d] *a.* codennog.
sacculation *n.* codeniad *m*, codennu *vn.*
saccule, sacculus *n.* codennyn (codenynnau) *m.*
sacerdotage *n. Rel:* offeiriadaeth *f.*
sacerdotal *a. Rel:* offeiriadol.
sacerdotalism *n. Rel:* offeiriadolaeth *f.*
sacerdotalist *n. Rel:* offeiriadolwr (offeiriadolwyr) *m.*
sacerdotalize *v.t. Rel:* offeiriadoli.
sacerdotally *adv. Rel:* yn offeiriadol.
sachem *n.* pennacth (penaethiaid) *m.*
sachemic *a.* penaethol.
sachet *n.* bag bychan (bagiau bychain) *m*, coden(-ni,-nau) *f*, cwdyn (cydau) *m.*
sacheted *a.* mewn coden/pecyn.
sack[1] *n.* **1.** *(a)* sach(-au) *mf*, *occ:* sachgwd (sachgydau) *m*, *S: M.W: occ:* ffetan(-au) *f*; **small ~,** *occ:* cwtsach(-au) *mf*; *F:* **to hit the ~,** mynd am y ciando, mynd i'r lle/cae sgwâr; *(b) (= sackful):* sachaid (sacheidiau) *mf.* **2.** *F:* **to give (s.o.) the ~,** rhoi'r hwi, rhoi'r droed, rhoi ei gardiau, *S.W:* rhoi'r pôc, *N.W: occ:* dangos y bonc, dangos y lôn (i rn); **to get the ~,** cael yr hwi, cael y sac, cael y droed, cael eich cardiau, *S.W:* cael y pôc, *occ:* cael eich danfon, *N.W: occ:* cael y wib. **3.** *Cost: (a) (coat):* côt (cotiau) (*f*) sach; *Rel.Hist:* **Friars of the S~,** Brodyr y Sachliain; *(b) (dress):* sachwisg(-oedd) *f.* **~ race** *n. Sp:* ras(-ys) (*f*) [mewn] sachau.

sack² *v.t.* **1.** *(potatoes, coal &c):* rhoi/dodi (rhth) mewn sach, llenwi sach (â rhth), *occ:* sachu (rhth). **2.** *F:* **to ~ s.o.,** diswyddo rhn, rhoi ei gardiau i rn, sacio rhn, troi rhn o'i waith, *N.W:* dangos y lôn i rn, rhoi'r hwi i rn, rhoi'r droed i rn.

sack³ *n. (= plundering):* anrheithiad(-au) *m*, ysbeiliad(-au) *m*, anrheithio *vn*, ysbeilio *vn*.

sack⁴ *v.t. (= plunder):* anrheithio, ysbeilio.

sack⁵ *n. A:* **[Canary] ~,** sac *m*, gwin seg *m*, gwin Canaria, Canarwin *m*; **sherry ~,** sieri *m*.

sackbut *n. A: Mus:* modgorn (modgyrn) *m*, eddgorn (eddgyrn) *m*, sacbwt (sacbytiau) *m*.

sackcloth *n. Tex:* sachliain (sachlieiniau) *m*, *occ:* sachlen(-ni) *f*; **~ and ashes,** sachliain a lludw.

sacker *n. (= plunderer):* anrheithiwr (anrheithwyr) *m*, ysbeiliwr (ysbeilwyr) *m*.

sackful *n.* sachaid (sacheidiau) *mf*, llond (*m*) sach(-au).

sacking¹ *vn. & n.* **1.** *vn.* = **sack²,⁴**; diswyddiad(-au) *m*; **there have been many sackings,** diswyddwyd llawer; bu llawer o ddiswyddo; collodd llawer eu gwaith. **2.** *n.* = **sackcloth.**

saclike *a.* tebyg i goden, codennaidd.

sacque *n. Cost:* sachwisg(-oedd) *f*.

sacral *a.* **1.** *Anat:* cwmanol, y cwman, sacrol. **2.** *Anthr:* cysegrol.

sacrament *m. Ecc:* sagrafen(-nau) *f*, s|acrament (sacramentau) *m*; **the Holy/Blessed S~,** y Cymun Bendigaid *m*, y Sagrafen Fendigaid; **to receive the ~, to partake of the ~,** cymuno, derbyn y cymun.

sacramental *a. & n.* **1.** *a.* *(a)* sacramentaidd, sagrafennaidd, sagrafennol; **~ wafer,** afrlladen(-nau) *f*; **~ wine,** gwin (*m*) cymun/cymundeb; *(b)* **~ obligation,** ymrwymiad (*m*) ar lw. **2.** *n.* sagrafennol (sagrafenolion) *m*.

sacramentalism *n.* sagrafenoliaeth *f*, sagrafennaeth *f*, sacramentaliaeth *f*.

sacramentalist *n.* sagrafennwr (sagrafenwyr) *m*, sagrafenolydd (sagrafenolwyr) *m*, sacramentalydd (sacramentalwyr) *m*.

sacramentality *n.* sagrafenoldeb *m*.

sacramentally *adv.* yn sacramentaidd, yn sagrafennol.

sacramentarian *a. & n.* **1.** *a.* sagrafenyddol, sacramentyddol. **2.** *n.* sagrafennydd (sagrafenyddion) *m*, sacramentydd(-ion) *m*.

Sacramentarianism *n.* Sagrafenyddiaeth *f*, Sacramentyddiaeth *f*.

sacramentary *n.* llyfr(-au) (*m*) sagrafen, sagrafenlyfr(-au) *m*.

sacrarium *n.* **1.** *Rom.Ant: Ecc: (= shrine):* cysegrfa (cysegrf|eydd) *f*, cysegr(-oedd,-au) *m*, cysegrle(-oedd) *m*, seintwar(-au) *f*. **2.** *R.C.Ch:* = **piscina.**

sacred *a.* cysegredig; **~ to the memory of s.o.,** er cof am rn, cysegrwyd/cysegredig i goffadwriaeth rhn; **~ baboon,** = **hamadryad**; **~ cow,** *(i) Rel:* buwch gysegredig (buchod cysegredig) *f*; *(ii) F:* peth(-au) cysegredig *m*, s|iboleth (sibolethau) *m*, eilun(-od) *m*, eilundduw(-iau) *m*; **~ history,** hanes crefyddol *m*, hanes crefydd; **The S~ Isle,** Yr Ynys Sanctaidd *f*, Iwerddon *f*; **~ writ,** ysgrythurau cysegr-lân *pl*, y Beibl cysegr-lân *m*; **His S~ Majesty,** Ei Fawrhydi Cysegredig; **nothing was ~ to him,** 'doedd dim byd yn gysegredig ganddo; nid oedd ganddo barch at ddim; **to swear by all that is ~,** tyngu yn enw popeth cysegredig, *F:* tyngu/mynd ar eich peth mawr.

sacredly *adv.* yn gysegredig.

sacredness *n.* cysegredigrwydd *m*.

sacrifice¹ *n.* aberth(-au, ebyrth) *mf*, *occ:* offrwm (offrymau) *m*; **to offer [up] sth as a ~,** cynnig rhth yn aberth; **to make the supreme ~,** gwneud yr aberth eithaf, cyflawni'r aberth eithaf; **to win a battle at a great ~ of life,** ennill brwydr ar gost bywydau lawer; **the S~ of the Mass,** Aberth yr Offeren; **atonement ~,** aberth cymod; **blood[y] ~,** aberth gwaed; **human ~,** aberth dynol; **propitiation ~,** aberth dyhuddol; **to make sacrifices (to gain one's end),** gwneud aberth, aberthu (er mwyn cyrraedd eich nod); **he succeeded at the ~ of his health,** llwyddodd ar draul ei iechyd; **self-~,** hunanaberth *m*; *Com:* **to sell sth at a ~,** gwerthu rhth ar golled.

sacrifice² *v.t.* **1.** aberthu, offrymu; **to ~ oneself,** eich aberthu'ch hun. **2.** *Com:* gwerthu (rhth) ar golled, aberthu.

sacrificeable *a.* aberthadwy.

sacrificer *n.* aberthwr (aberthwyr) *m*, offrymwr (offrymwyr) *m*, ab|erthwraig (aberthwragedd) *f*, offrymwraig (offrymwragedd) *f*.

sacrificial *a.* **1.** aberthol. **2.** *Com: (sale):* ar golled.

sacrificially *adv.* yn aberthol.

sacrilege *n.* halogiad(-au) *m*; *(robbery):* cysegr-ladrad(-au) *m*, cysegr-ysbeiliad(-au) *m*.

sacrilegious *a.* halogol; *S.a.* **blasphemous.**

sacrilegiously *adv.* yn halogol; *S.a.* **blasphemously.**

sacrilegiousness *n.* halogedigaeth *f*, halogedigrwydd *m*; *S.a.* **blasphemousness.**

sacring *vn. A:* cysegru, cysegriad(-au) *m*. **~-bell** *n.* cloch (clychau) (*f*) offeren, cloch aberth.

sacristan *n.* **1.** s|acristan (sacristaniaid) *m*. **2.** = **sexton.**

sacristy *n. Ecc:* cysegrfa(-oedd, cysegrf|eydd) *f*.

sacro-iliac *a. & n. Anat:* **1.** *a.* sacro-iliag. **2.** *n.* sacro-iliag(-au) *m*.

sacrosanct *a.* cysegr-lân, cysegredig, anhalogadwy, s|acrosanct.

sacrosanctity *n.* cysegredigrwydd *m*.

sacrosciatic *a. Anat:* sacrosiatig.

sacrum *n. Anat:* sacrwm (sacra) *m*, asgwrn (esgyrn) (*m*) y cwman.

sad *a.* **1.** trist(-ion), digalon, prudd(-ion), *Lit: occ:* athrist, *N.W: occ:* sobor, trymaidd; **to become/make ~,** tristáu, digalonni; **I was ~ to hear it,** 'roedd yn chwith gennyf ei glywed; *S:* 'roedd yn flin gyda fi glywed; **to be ~ at heart,** bod â chalon drom/isel, bod yn drwm/isel eich calon; *Lit:* **in ~ earnest,** yn ddifrifol iawn, mewn difrif calon; **a sadder and a wiser man,** tristach a doethach dyn; **~ news,** newydd trist/digalon/truenus *m*; **a ~ loss,** colled drist *f*; **he came to a ~ end,** cafodd ddiwedd truenus/trist. **2.** *(= deplorable):* **a ~ mistake,** camgymeriad dybryd *m*; **in a ~ state,** mewn cyflwr difrifol/sobor; **he's a ~ dog,** mae'n ddyn ofer/diffaith; **he writes ~ stuff,** mae'n ysgrifennu pethau tila/di-raen/salw iawn; *Lit:* **to make ~ work of sth,** gwneud llanast/stomp o rth, bwnglera rhth (*pronounced* ng-g); *U.S:* **~ sack,** dyn(-ion) di-glem *m*, bwnglerwr (bwnglerwyr) *m* (*pronounced* ng-g). **3.** *(pastry):* toeslyd, trwm, heb godi, *F:* clatsh, clatshlyd. **~-eyed** *a.* â llygaid trist, llygatrist. **~-faced** *a. See* **faced. ~-iron** *n.* = **flat-iron. ~-looking** *a.* trist yr olwg, â golwg drist, trist eich gwedd.

sadden *v.t.&i.* tristáu, digalonni, pruddh|au.

saddish *a.* braidd yn drist *&c*, eithaf trist, go drist, tristaidd, tristlyd.

saddle¹ *n.* **1.** *(a)* cyfrwy(-au) *m*; **cart-~, pack-~,** ystarn(-au) *f*, ystrodur(-iau) *f*; **ladies' ~, side-~,** cyfrwy untu/untuog, *N:* pilyn *m*; *Pol:* **to be in the ~,** bod mewn grym, dal yr awenau; **you are putting the ~ on the wrong horse,** 'rydych yn cyhuddo ar gam; *Prov:* **put the ~ on the right horse,** rhowch y baich ar ei berchen; *(b) (of bicycle):* sêt (seti) *f*, cyfrwy. **2.** *(of mountain):* cyfrwy(-au) *m*, trum(-iau) *f*. **3.** *Cu: (of lamb &c):* cefnddryll(-iau) *m*. **~-bag** *n.* bag(-iau) (*m*) cyfrwy. **~-blanket** *n.* carthen (*f*) gyfrwy (carthenni cyfrwy). **~-block** *n. Surg:* bloc(-iau) (*m*) cyfrwy. **~-bow** *n. Harn:* bwa (bwâu) (*m*) cyfrwy, corn (cyrn) (*m*) cyfrwy, cambren (-nau) blaen *m*. **~-cloth** *n.* lliain (llieiniau) (*m*) cyfrwy, lliain ceffyl. **~-crupper** *n.* pystylwyn(-au) *m*. **~-graft** *n. Bot:* impiad(-au) (*m*) cyfrwy. **~-horn** *n.* corn (cyrn) (*m*) cyfrwy. **~-horse** *n.* ceffyl(-au) (*m*) cyfrwy. **~-pad** *n.* pilyn(-nau) (*m*) pwn, panel(-i) *m*. **~ prominent** *n. Ent:* siobyn(-nau) cyfrwyog *m*. **~-roof** *n.* to(-eau) trumiog *m*. **~-room** *n.* ystafell (*f*) gyfrwyau (ystafelloedd cyfrwyau). **~-seat** *n. Furn:* sêt bantiog (seti pantiog) *f*. **~-shoe** *n. U.S: Cost:* esgid gyfrwyog (esgidiau cyfrwyog) *f*. **~-soap** *n.* sebon (*m*) lledr. **~-sore¹** *a.* **1.** *(horse):* cefnrhwd. **2.** *(pers.):* tindost. **~-sore²** *n.* cefnrhydi *m*. **~ stitch** *n. Bookb:* pwyth(-au) (*m*) cyfrwy. **~-tree** *n.* **1.** pren (prennau) (*m*) cyfrwy. **2.** *Bot:* coeden (*f*) gyfrwy (coed cyfrwy).

saddle² *v.t.* **1.** cyfrwyo. **2.** *Fig:* **to ~ s.o. with sth, to ~ sth on s.o.,** rhoi rhth yn faich/bwn ar rn.

saddleback *n.* **1.** *Arch:* to(-eau) trumiog *m*. **2.** *Geog: (hill):* trum(-iau) *f*. **3.** *Orn:* *(a) (gull):* gwylan gefnddu (gwylanod cefnddu) *f*; *(b) (crow):* brân lwyd (brain llwydion) *f*; *(c) (of New Zealand):* aderyn (adar) cyfrwyog *m*. **4.** *(pig):* mochyn (moch) cyfrwyog *m*.

saddlebacked *a.* cefnbant.

saddlebill *n. Orn:* cyfrwybig(-au) *f*.

saddled *a. (horse):* dan gyfrwy, cyfrwyog; **she is ~ with five children,** mae gofal pump o blant arni; mae ganddi faich o bump o blant; mae ganddi lond ei dwylo gyda phump o blant; **~ with taxes,** â baich trethi arnoch, dan faich/bwn trethi.

saddlepoint *n.* col(-iau) *m*.

saddler *n.* cyfrwywr (cyfrwywyr) *m*, *F:* sadler(-iaid) *m*, *S.E:* starnwr (starnwyr) *m*.

saddlery *n.* **1.** *(trade):* cyfrwyaeth *f*, sadleriaeth *f*. **2.** = **saddle-room.**
Sadducean *a. Rel.Hist:* Sadwceaidd.
Sadduceanism *n. Rel.Hist:* Sadwceaeth *f*.
Sadducee *a. & n. Rel.Hist:* **1.** *a.* Sadwceaidd. **2.** *n.* Sadwcead (Sadwceaid) *m&f*.
Sadduceeism *n. Rel.Hist:* Sadwceaeth *f*.
sadhu *n.* sadw(-iaid) *m*, asgetig(-iaid) *m*.
sadism *n.* sadistiaeth *f*, sadyddiaeth *f*.
sadist *n.* sadist(-iaid) *m&f*, sadydd(-ion) *m*.
sadistic *a.* sadistaidd, sadistig.
sadistically *adv.* yn sadistaidd *&c*.
sadly *adv.* **1.** yn drist, yn brudd *&c*. **2.** *Lit: (= unfortunately):* yn anffodus; **~ to relate,** gwaetha'r modd, trist [gorfod] dweud/adrodd, trista'r sôn. **3.** *O: (= much):* yn ddybryd, yn fawr; **I was ~ puzzled,** 'roeddwn mewn cryn benbleth; **I need it ~,** mae arnaf ei wir angen; **you are ~ mistaken,** 'rydych yn camgymryd yn ddybryd; 'rydych yn camgymryd yn fawr iawn; **he is ~ missed,** mae colled fawr ar ei ôl; mae'n chwith iawn ar ei ôl; **to be ~ at fault,** bod ar fai mawr.
sadness *n.* tristwch *m*, digalondid *m*, pr|udd-der *m*, *occ:* trymder *m*, tristyd *m*, chwithdod *m*.
sadomasochism *n.* sadomasoc[h]iaeth *f*.
sadomasochist *n.* sadomasoc[h]ydd(-ion) *m*.
sadomasochistic *a.* sadomasoc[h]istaidd, sadomasoc[h]istig.
sadomasochistically *adv.* yn sadomasoc[h]istaidd *&c*.
saeter *n. Geog:* porfa (porf|eydd) (*f*) haf.
safari[1] *n.* saffari (saffarïau) *mf*. **~ jacket** *n.* siaced(-i) (*f*) saffari.
safari[2] *v.i.* mynd ar saffari.
safe[1] *n.* **1.** coffor (coffrau) *m*, coffr(-au) *m*, *F:* sêff(-s) *f*. **2. meat ~,** cwpwrdd (cypyrddau) (*m*) cig. **3. rifle [set] at ~,** reiffl ar ddiogel. **~ blower, ~ breaker, ~ cracker** *n.* torrwr (torwyr) (*m*) coffrau.
safe[2] *a.* diogel, *F:* saff; **~ from sth,** diogel rhag rhth; **to make ~,** diogelu; **to be ~ from recognition,** bod yn ddiogel rhag cael eich adnabod; **~ and sound,** cyfan, iach ddianaf, byw ac iach, difai dianaf; *F:* **as ~ as houses,** cwbl ddiogel, fel y graig, cyn saffed â dim, cyn sowndied â chloch y Bala; **we got (~) into port,** cyraeddasom y porthladd (yn ddiogel, *N.W: occ:* yn ddiofal); **to come ~ home,** dod adref yn ddiogel/ddianaf, dod adref heb fod dim gwaeth; **with a ~ conscience,** â chydwybod glir/dda; *Prov:* **~ bind, ~ find,** a gadwer a geir wrth raid; **the dog isn't ~ to touch,** mae'r ci yn beryglus/berygl i'w gyffwrdd; **in order to be on the ~ side,** er mwyn bod yn ddiogel; *F:* **it's a ~ bet,** dyna'r peth sicraf sy'n bod; 'does dim byd sicrach; mac cyn sicred â phader *or* â'r Efengyl; **it is ~ to say,** mae'n ddiogel dweud; **it's a ~ winner; it's ~ to win,** mae'n sicr/siŵr/ddiogel/saff o ennill; **it is ~ to say that. . .,** gellir dweud yn ddiogel *or* â sicrwydd fod. . .; **to play a ~ game, to play ~,** chwarae'n saff; *F:* **better ~ than sorry,** gwell diogel nac edifar; **we have the prisoner ~,** mae'r carcharor dan glo gennym; **in ~ custody,** yn ddiogel, dan ofal diogel, dan warchodaeth ddiogel. **~ conduct** *n.* saffcwndid(-au) *m*, teithdrwydded(-au) *f*. **~ keeping** *n.* gofal sicr/diogel *m*; **to be in ~ keeping,** bod dan ofal sicr.
safeguard[1] *n.* amddiffyniad(-au) *m*, amddiffynfa (amddiffynf|eydd) *f*, diogelwch *m* (rhag rhth).
safeguard[2] *v.t.* diogelu, amddiffyn (**sth from sth,** rhth rhag rhth).
safelight *n. Phot:* golau (goleuadau) diogel *m*.
safely *adv.* **1.** yn ddiogel; **to arrive ~,** cyrraedd yn ddiogel/ddianaf; **to put sth ~ away,** rhoi/dodi rhth mewn lle diogel. **2.** *(= with certainty):* yn sicr, yn bendant, *N.W: occ:* yn dawel (iawn); **I can ~ say,** gallaf ddweud yn bendant *or* i sicrwydd *or* ar ei ben.
safeness *n.* diogelwch *m*, sicrwydd *m* (rhag rhth); **I have a feeling of ~,** teimlaf yn ddiogel.
safety *n.* diogelwch *m* (**from sth,** rhag rhth); **there's ~ in numbers,** mwyaf y nifer, mwyaf diogel; **to seek ~ in flight,** ffoi am eich hoedl/einioes; **for ~'s sake,** er mwyn diogelwch, *F:* i fod yn saff; **in a place of ~,** mewn lle diogel; **road ~,** diogelwch [ar] y ffordd fawr; **~ first!** cymerwch ofal! pwyll! gan bwyll! **to play for ~,** chwarae'n saff; *Sm.a:* **to put one's rifle at ~,** rhoi/gosod/dodi eich reiffl ar ddiogel. **~-belt** *n.* gwregys(-au) (*m*) diogelwch. **~ catch** *n.* derbyniad(-au) diogel *m*, bach(-au) diogel *m*. **~ curtain** *n. Th:* llen (*f*) dân (llenni tân). **~ factor** *n.* ffactor(-au) (*m*) diogelwch. **~ film** *n.* ffilm ddiogel (ffilmiau diogel) *f*. **~ fuse** *n.* ffiws ddiogel (ffiwsiau/ffiwsys diogel) *f*, *N: Min:* ffliwen (ffliwiau) *f*. **~-glass** *n.* gwydr diogel *m*. **~ guard** *n.* diogelydd(-ion) *m*, giard(-iau) *mf*. **~ island** *n.* lloches (*f*) groesi (llochesau croesi). **~ ladle** *n.* lletwad (*f*) ddiogelwch (lletwadau diogelwch). **~ lamp** *n.* lamp ddiogel (lampau diogel) *f*. **~ match** *n.* matsien ddiogel (matsis diogel) *f*. **~ measures** *n.pl.* mesurau/rhagofalon diogelwch. **~ net** *n.* rhwyd(-i) (*f*) arbed/achub. **~-pin** *n.* pin(-nau) (*m*) cau, pin (*f*) gau (pinnau cau), pin dwbwl, pin caead. **~ play** *n. Cards:* chwarae (*vn*) saff. **~ precautions** *n.pl.* rhagofalon diogelwch. **~ razor** *n.* rasel ddiogel (raseli diogel) *f*. **~ regulations** *n.pl.* rheolau diogelwch. **~ screen** *n.* sgrîn (*f*) ddiogelwch (sgriniau diogelwch). **~ switch** *n.* switsh(-is) (*m*) diogelu. **~ test** *n.* prawf (profion) (*m*) diogelwch. **~-valve** *n. Mch:* falf (*f*) ddiogelu (falfiau diogelu), falf ollwng (falfiau gollwng). **~ zone** *n.* ardal ddiogel (ardaloedd diogel) *f*.
safflorite *n. Miner:* s|afflorit *m*.
safflower *n. Bot:* safflwr *m*, ffug-saffrwm *m*.
saffron *n.* **1.** *Cu: Pharm:* saffrwm *m*, saffrwn *m*. **2.** *Bot:* = **crocus (saffron); false ~,** = **safflower; meadow ~,** saffrwm/saffrwn y gweunydd. **~-yellow 1.** *a.* melyngoch(-ion) (*pronounced* ng-g), o liw saffrwm/saffrwn. **2.** *n.* melyngoch *m*, lliw (*m*) saffrwm/saffrwn.
safranin[e] *n. Ch:* s|affranin *m*.
safrol[e] *n. Ch:* saffrol *m*.
sag[1] *n.* **1.** *(of roof &c):* ysigiad(-au) *m*, pant(-iau) *m*. **2.** *Com:* gostyngiad(-au) *m*, cwymp(-iadau) *m*; *(in morale):* gostyngiad. **3.** *Nau:* gogwydd (*m*) rhag y gwynt.
sag[2] *v.i.* **1.** *(a) (of roof &c):* pantio, ysigo, rhoi, plygu; *F: (of ceiling, wall):* bolio; *(b) (of gate &c):* hongian yn gam; *(of cheeks):* llaesu, mynd yn llipa/llaes; *(of breasts):* hongian, mynd yn llipa/llaes; *(of rope &c):* hongian, gostwng. **2. prices are sagging,** mae prisiau'n gostwng. **3.** *(of morale, spirits, hope):* pallu, gwanh|au, gostwng, trymh|au, gwywo, edwino. **4.** *Nau:* gogwyddo [rhag y gwynt].
saga *n. Lit:* saga (sagâu) *f*. **~ novel** *n.* nofel(-au) (*f*) saga.
sagacious *a.* craff, call, ffel, henffel, hir eich pen, hengraff hengall (*both pronounced* ng-g); **she is ~,** mae hi'n hen ben; mae hi'n hir ei phen.
sagaciously *adv.* yn graff *&c*.
sagaciousness, sagacity *n.* craffter *m*, callineb *m*, hengallineb *m* (*pronounced* ng-g), ffelni *m*, henffelni *m*, ffelder *m*, henffelder *m*.
sagamore *n.* pennaeth (penaethiaid) *m*.
sage[1] *a. & n.* **1.** *a.* doeth, call, hir eich pen, hirben; *S.a.* **sagacious. 2.** *n.* doeth(-ion) *m*, doethwr (doethwyr) *m*, gŵr (gwŷr) doeth *m*; **the Seven Sages,** y Saith [Gŵr] Doeth, y Saith Doethion, Doethion Groeg; **the Seven Sages of Rome,** Saith Doethion Rhufain.
sage[2] *n. Bot: (Salvia officinalis):* saets *m*, *Lit: occ:* y geidwad *f*; **sticky ~,** *(S. glutinosa):* saets gludiog; **wood ~,** *(Teucrium scorodonia):* chw|erwlys *m*, chwerwlys yr eithin, saets yr eithin, saets gwyllt, derlys (*m*) y goedwig, llwyd (*m*) yr eithin, chwerwlys y twyn, triagl (*m*) y Cymro, chwerwyn (*m*) y twyn, milrym *m*, ceidwad wyllt *f*. **~ cheese, ~ Derby** *n.* caws (*m*) saets. **~-green** *a. & n.* gwyrddlwyd(-ion) *m*, llwydwyrdd (*f.* llwydwerdd, *pl.* llwydwyrddion) *m*. **~-grouse** *n.* grugiar (grugieir) (*f*) y saets. **~ tea** *n.* te (*m*) saets.
sagebrush *n. Bot: (Artemisia tridentata):* llwyn(-i) (*m*) chw|erwlys.
sagely *adv.* yn ddoeth *&c*.
sageness *n.* = **sagacity.**
saggar, sagger *n. Cer:* sagar (sagrau) *m*.
sagging *a.* **1.** *(a) (roof, bridge, beam):* yn ysigo, ysigog, yn rhoi, yn pantio, pantiog; *(b) (gate):* cam (ceimion); *(wall, ceiling):* boliog; *(c) (breasts, cheeks):* llaes, llipa; *(d) (hem, dress):* cyrllaes; *(e) (line):* crwm (*f.* crom, *pl.* crymion), bolgrwm (*f.* bolgrom, *pl.* bolgrymion). **2.** *(prices):* yn gostwng, yn cwympo; *(morale, spirits):* isel.
sagitta *n. Geom:* saethlin(-au) *f*.
sagittal *a. Anat:* saethol.
Sagittarian *a. & n.* **1.** *a.* Saethyddol. **2.** *n.* Saethyddiad (Saethyddiaid) *m&f*.
Sagittarius *n. Astr:* y Saethydd *m*.
sagittate, sagittiform *a. Bot: Z:* ar lun saeth, saethog, saethffurf.
sago *n. Cu:* sego *m*. **~-grass** *n. Bot:* glaswellt (*m*) sego. **~ palm** *n.* palmwydden (palmwydd) (*f*) sego, coeden (coed) (*f*) sego. ~

pudding *n.* pwdin(-au) (*m*) sego, *N: occ:* pwdin cenllysg, *N: Joc:* jeli (*m*) llyffant.
saguaro *n. Bot:* sagwaro(-s,-au) *m.*
Sahara (the) *Pr.n. Geog:* Y Sahara *m.*
Saharan, Saharian, Saharic 1. *a.* Saharaidd, o'r Sahara. **2.** *n. Ling:* Sahareg *f, m.*
Sahel *Pr.n. Geog:* Y Sahel *m.*
Sahelan *n. Geog:* Sahelaidd.
sahib *n.* sahib(-iaid) *m*, gŵr (gwŷr) bonheddig *m*, bonheddwr (bonheddwyr) *m*; **he's a pukka ~,** mae'n ŵr bonheddig.
said *a.* dywededig; *See* **say**[2]; **well ~!** da iawn! clywch, clywch!
saiga *n. Z:* saiga(-od) *m.*
sail[1] *n.* **1.** *Nau: (a)* hwyl(-iau) *f*; **to hoist a ~,** codi hwyl; **to lower a ~,** gollwng/gostwng hwyl; **to take in a ~,** lleih|au/rholio hwyl; **(a ship) carrying all sails, having all sails set,** (llong) dan ei holl hwyliau, ar lawn hwyl; *F:* **to trim one's sails,** troi'ch hwyliau i'r gwynt; **to take the wind out of s.o.'s sails,** mynd â'r gwynt o hwyliau rhn; *(b) Coll:* hwyliau *pl*, cynfas *m*; **to make more ~,** codi rhagor o hwyliau; **(a ship) under full ~,** (llong) ar lawn hwyl, dan ei holl hwyliau, dan ei llawn hwyliau; **(a vessel) under ~,** (llong) dan hwyliau, ar ei hynt; **to get under ~, to set ~,** hwylio, cychwyn, codi hwyl/hwyliau; **to strike ~,** gostwng hwyl/hwyliau; *(c)* **~ho!** dacw hwyl! *Coll: Hist:* **a fleet of twenty ~,** llynges (*f*) ugain llong. **2.** *(of mill):* asgell (esgyll) *f*, hwyl(-iau) *f*. **~-arm** *n.* ffon (*f*) hwyl (ffyn hwyliau), *N.W: occ:* chwip (*f*) hwyl (chwipiau hwyliau). **~ axle** *n.* echel (*f*) hwyl (echelau/echelydd hwyliau). **~ fluke** *n. Ich:* = **megrim, whiff. ~-loft** *n.* llofft(-ydd) (*f*) hwyliau. **~-maker** *n.* gwneuthurwr (gwneuthurwyr) (*m*) hwyliau.
sail[2] *n.* **1.** hwyliad(-au) *m*; **to go for a ~,** mynd i hwylio. **2. it is a week's ~ from Nefyn,** mae'n wythnos o waith hwylio o Nefyn; mae'n fordaith wythnos o Nefyn.
sail[3] *v.i. (a)* hwylio, *occ:* mordwyo; **to ~ the seven seas,** hwylio'r moroedd, hwylio moroedd y byd, hwylio'r nawmor; **to ~ [at] ten knots,** gwn|eud deng milltir yr awr; **to ~ near the wind,** hwylio'n agos i'r gwynt, *Fig:* naddu'n agos i'r drafel; *F:* **to ~ under false colours,** hwylio dan liwiau ffug; *F:* **to ~ against the wind,** hwylio yn nannedd y gwynt; **the ship sails at ten o'clock,** mae'r llong yn hwylio/cychwyn am ddeg o'r gloch; **she sailed into the room,** daeth i'r ystafell fel llong ar lawn hwyliau; **to ~ into s.o.,** *(= attack):* ymosod ar rn; **to ~ through a test,** mynd trwy brawf yn hawdd *or* dan ganu.
sailable *a.* hwyliadwy.
sailboard *n.* hwylfwrdd (hwylfyrddau) *m*, hwylford(-ydd) *f.*
sailboarder *n.* bordhwyliwr (bordhwylwyr) *m*, bordh|wylwraig *f.*
sailboarding *vn.* bordhwylio.
sailboat *n.* cwch (cychod) (*m*) hwyliau, bad(-au) (*m*) hwyliau.
sailboater *n.* hwyliwr (hwylwyr) *m*, h|wylwraig (hwylwragedd) *f.*
sailboating *vn.* hwylio.
sailcloth *n.* lliain (*m*) hwyliau.
sailer *n. Nau: (= sailing ship):* h|wylwraig (hwylwragedd) *f*; **she's a good ~,** mae hi'n hwylio'n dda; **a fast ~,** llong gyflym.
sailfish *n. Ich:* **1.** = **basking shark. 2.** *(Istiophorus):* hwylbysgodyn (hwylbysgod) *m.*
sailing[1] *a.* yn hwylio; [â] hwyliau; **~-boat, ~-craft,** cwch (cychod) (*m*) hwyliau, bad(-au) (*m*) hwyliau; **~-barge,** ysgraff(-au) (*f*) hwyliau; **~-master,** meistr (*m*) llong (meistri llongau); **~ orders,** ordors hwylio; **~-ship, ~-vessel,** llong(-au) (*f*) hwyliau, hwyllong(-au) *f.*
sailing[2] *vn.* **1.** hwylio, *occ:* mordwyo; **plane ~,** hwylio plân; **it's [all] plain ~,** mae'n hawdd fel dŵr; mae'n hollol ddidrafferth; *Navy:* **order of ~,** trefn (*f*) hwylio. **2.** *(= departure):* hwyliad(-au) *m*, hwylio, ymadawiad(-au) *m*, ymadael.
sailor *n.* llongwr (llongwyr) *m*, morwr (morwyr) *m*; *S.a.* **creeping. ~ boy** *n.* morwr (morwyr) bach *m*, llanc (*m*) o forwr (llanciau o forwyr). **~'s choice** *n. Ich:* ffefryn(-nod) (*m*) llongwr.
sailplane[1] *n.* hwylblan(-au) *m.*
sailplane[2] *v.i.* hwylblanio.
sailplaner *n.* hwylblanwr (hwylblanwyr) *m.*
sailyard *n.* ffon (*f*) hwyl (ffyn hwyliau), hwyl-lath(-au) *f.*
sainfoin *n. Bot: (Onobrychis viciaefolia):* codog *f*, ffawlys *m*, gogorfeillion *pl*, gwŷg bendigaid *m*, gwyran bendigaid/fendigaid *mf*; **Alpine ~,** *(Hedysarum hedysaroides):* codog yr Alpau; **mountain ~,** *(O. montana):* codog y mynydd; **rock ~,** *(O. saxatilis):* codog y cerrig; **silvery ~,** *(O. argentea):* y godog ariannaidd; **white ~,** *(H. boutignyanum):* y godog wen.
saint *n.* sant (seintiau, saint) *m*, santes(-au) *f*; *(the pl.* saint *is now used only of (living) devout people)*; **~'s day/feast,** dygwyl(-iau) *m*; **~'s day fiesta,** gwylfabsant(-au) *f*, gwylmabsant(-au) *f*, gŵyl (gwyliau) (*f*) mabsant, *F:* glapsant(-au) *f*; **patron ~,** nawddsant (nawddseintiau) *m*; *(of parish)* mabsant (mabseintiau) *m*; **All Saints' Day,** Gŵyl (*f*) yr Holl Saint; **the communion of saints,** cymundeb (*m*) y saint; **Latter Day Saints,** Saint y Dyddiau Diwethaf, Mormoniaid; **it's enough to try the patience of a ~,** mae'n ddigon i drethu amynedd sant/Job; **enough to make a ~ swear,** digon i beri i flaenor regi; *S.a.* **plaster**[1]; *int.* **saints alive!** 'neno'r Tad! 'neno'r annwyl! 'neno'r saint! *attrib. (abbr. St. or S.):* Sant *usu. precedes the names of saints of the Roman and Greek calendars, and follows the names of Celtic saints; for each saint See the Christian name in each case.* **S~ David,** Dewi Sant; **S~ Luke,** Sant Luc; *titles of female saints are preceded by the article* y; **S~ Mary,** y Santes Fair; **S~ Bride,** y Santes Ffraid. **St. Anthony's fire** *n.* = **erysipelas, ergotism. St. Augustine grass** *n. Bot:* glaswellt (*m*) Awstin. **St. Bernard [dog]** *n.* ci (cŵn) (*m*) Sant Bernard. **St. Dabeoc's heath** *n. Bot:* grug (*m*) Dabeoc. **St. David's day** *n.* Gŵyl (*f*) Dewi/Ddewi, dydd Gŵyl Dewi, *occ:* dygwyl Dewi. **St. Elmo's fire** *n.* cannwyll (*f*) yr Ysbryd Glân, tân (*m*) rigin, *Lit: occ:* llewyrn (*m*) llong. **St. John's wort** *n. Bot: (Hypericum):* eurinllys *m*, nele *m*; **Alpine St. John's wort,** *(H. richeri):* eurinllys yr Alpau; **beautiful/slender St. John's wort,** *(H. pulchrum):* eurinllys main syth; **bog/marsh St. John's wort~,** *(H. elodes):* eurinllys y gors; **creeping/trailing St. John's wort~,** *(H. humifusum):* eurinllys ymdaenol; **flax-leaved St. John's wort,** *(H. linarifolium):* eurinllys culddail; **hairy St. John's wort,** *(H. hirsutum):* eurinllys blewog; **imperforate St. John's wort,** *(H. imaculatum):* eurinllys mawr; **Irish St. John's wort,** *(H. canadense):* eurinllys Iwerddon; **marsh St. John's wort, = St. John's wort (bog); mountain/pale St. John's wort,** *(H. montanum):* eurinllys y mynydd; **narrow-leaved St. John's wort, = St. John's wort (flax-leaved); common/perforate St. John's wort,** *(H. perforatum):* eurinllys trydwll, llysiau (*pl*) Ifan, tarfwgan *m*, y gandoll *f*; **slender St. John's wort, = St. John's wort (beautiful); square-stemmed St. John's wort ~,** *(H. tetrapterum):* eurinllys pedronglog, dail (*pl*) y feddyges; **toadflax-leaved St. John's wort, = St. John's wort (flax-leaved); trailing St. John's wort, = St. John's wort (creeping); wavy St. John's wort,** *(H. undulatum):* eurinllys tonnog; **western St. John's wort,** *(H. nummularium):* eurinllys y gorllewin. **St. Mark's fly** *n. Ent:* gwybedyn (gwybed) (*m*) Marc, bongoch(-iaid) *m* (*pronounced* ng-g). **St. Martin's summer** *n.* haf bach (*m*) Mihangel. **St. Olaf's candlestick** *n.* = **wintergreen. St. Patrick's cabbage** *n. Bot:* tormaen (*m*) Padrig. **St. Swithin's day** *n.* dygwyl (*m*) Switan; *the Welsh equivalent, on the same date, is* dygwyl Gewydd, *the feast of* Cewydd y glaw. **St. Andrews Major** *W.Pl.n.* Saint Andras *f.* **St. Ann's [Chapel]** *W.Pl.n.* Mynydd (*m*) Llandygái. **St. Asaph** *W.Pl.n.* Llanelwy *f.* **St. Athan** *W.Pl.n.* Sain Tathan *f.* **St. Brides** *W.Pl.n.* Sain Ffred/Ffraid *f.* **St. Brides Major** *W.Pl.n.* Saint-y-brid *f.* **St. Brides Minor** *W.Pl.n.* Llansanffraid-ar-Ogwr *f.* **St. Brides Netherwent** *W.Pl.n.* Saint-y-brid *f.* **St. Brides-super-Ely** *W.Pl.n.* Llansanffraid-ar-Elái *f.* **St. Brides Wentloog** *W.Pl.n.* Llansanffraid Gwynllŵg *f.* **St. Clears** *W.Pl.n.* Sanclêr *f.* **St. David's** *W.Pl.n.* Tyddewi *m.* **St. David's Head** *W.Pl.n.* Penmaendewi *m.* **St. David's Within** *W.Pl.n.* Llan-faes *f.* **St. Dogmaels** *W.Pl.n.* Llandudoch *f.* **St. Dogwells** *W.Pl.n.* Llantydewi *f.* **St. Donat's** *W.Pl.n.* Sain Dunwyd *f*; **Welsh St. Donat's,** Llanddunwyd *f.* **St. Elvis** *W.Pl.n.* Llaneilfyw *f.* **St. Fagan's** *W.Pl.n.* Sain Ffagan *f.* **St. George** *W.Pl.n.* Llan San Siôr *f.* **St. George's Channel** *Pr. n. Geog:* Môr (*m*) Iwerddon. **St. George-super-Ely** *or* **St. George's** *W.Pl.n.* Sain Siorys *f.* **St. Harmon** *W.Pl.n.* Saint Harmon *f.* **St. Hilary** *W.Pl.n.* Saint H|ilari *f.* **St. Ishmael** *W.Pl.n.* Llanismel *f.* **St. Ishmaels** *W.Pl.n.* Llanisan-yn-Rhos *f.* **St. Issells** *W.Pl.n.* Saint Ishel *f*, *A:* Cilfelgi *m*, Llanusyllt *f.* **St. John's** *W.Pl.n.* *(in Swansea)*: Eglwys (*f*) Ieuan. **St. Julians'** *W.Pl.n.* Sain Silian *f.* **St. Kinmark's** *W.Pl.n.* Llangynfarch *f* (*pronounced* ng-g). **St. Lythan's** *W.Pl.n.* Llwyneliddon *m.* **St. Martins** *Eng. Pl.n.* Llanfarthin *f.* **St. Mary Church** *W.Pl.n.* Llan-fair *f.* **St. Mary Hill** *W.Pl.n.* Eglwys Fair

(*f*) y Mynydd. **St. Mary in/out Liberty** *W.Pl.n.* Llanfair (*f*) Dinbych-y-Pysgod. **St. Maughan's** *W.Pl.n.* Llanfocha *f.* **St. Mellons** *W.Pl.n.* Llaneirwg *f.* **St. Nicholas** *W.Pl.n.* **1.** *(in Glamorgan):* Sain Nicolas *f.* **2.** *(in Pembrokeshire):* Tremarchog *f.* **St. Patrick's Pool** *W.Pl.n.* Y Borthwen *f.* **St. Peters** *W.Pl.n.* Llanbedr *f.* **St. Petrox** *W.Pl.n.* Sain Pedrog *f.* **St. Pierre** *W.Pl.n.* Sain Pŷr *f.* **St. Stephen's** *Eng.Pl.n.* San Steffan *f.* **St. Thomas's Chapel** *W.Pl.n.* Mynwent (*f*) Tomas. **St. Tudwal's Island** *W.Pl.n.* Ynys (*f*) Tudwal. **St. Twinnels** *W.Pl.n.* Eglwys (*f*) Wynnio. **St. Vitus's dance** *n. Path:* dawns (*f*) Sant Fitws, corea *m.* **St. Weonards** *Eng.Pl.n.* Llansainwenarth *f.* **St. Woolos** *W.Pl.n.* Eglwys (*f*) Gwynlliw.

sainted *a.* san[c]taidd, seintiol; *F:* **my ~ aunt!** neno'r Tad! 'dawn i byth o'r fan! Nefoedd wen! brensiach! brenin y bratiau!

sainthood *n.* seintiolaeth *f*; **to achieve ~,** mynd yn sant, cael eich gwn|eud/derbyn yn sant.

saintlike *a.* = **saintly.**

saintliness *n.* seintioldeb *m*, san[c]teiddrwydd *m*, duwioldeb *m*, santolaeth *f.*

saintly *a.* fel sant, san[c]taidd, duwiol, duwiolfrydig.

saintpaulia *n. Bot:* fioled(-au) (*f*) |Affrica.

saintship *n.* seintiolaeth *f*, seintyddiaeth *f.*

Saint-Simonian *a.* & *n.* **1.** *a. Pol:* Saint-Simonaidd. **2.** *n. Pol:* Saint-Simoniad (~-Simoniaid) *m&f.*

Saint-Simonism *n. Pol:* Saint-Simoniaeth *f.*

saith *v. See* **say**[2].

saithe *n. Ich:* = **coalfish.**

Saiva *n. Rel:* Saifiad (Saifiaid) *m&f.*

Saivism *n. Rel:* Saifiaeth *f.*

Saivite *n. Rel:* = **Saiva.**

sakabula *n. Orn:* sacabwla(-od) *m.*

sake[1] *n. used only in the phr.* **for the ~ of s.o./sth,** er mwyn rhn/rhth; **for her ~,** er ei mwyn hi; **for the ~ of your family,** er mwyn/lles eich teulu; **for my ~,** er fy mwyn i; *F:* **for God's ~, for Christ's ~, for goodness' ~, for heaven's ~,** neno'r Tad, neno'r dyn, er mwyn Duw, er mwyn dyn, er mwyn popeth, neno'r nefoedd, er mwyn y nefoedd *&c*; **for pity's ~,** yn eno'r drugaredd; **for old time's ~,** er mwyn yr hen ddyddiau, er mwyn y dyddiau fu, er cof am yr hen ddyddiau, i gofio'r hen ddyddiau, er mwyn yr amser gynt; **for His name's ~,** er mwyn Ei enw; **to talk for talking's ~,** siarad er mwyn siarad; **art for art's ~,** celfyddyd er mwyn celfyddyd; **for the ~ of,** *(= for only):* a whelo, *F:* 'nelo; **it is worth having for the ~ of a pound,** mae'n werth ei gael 'nelo punt.

saké[2] *n. (drink):* sace *m.*

saker *n.* **1.** *Orn:* hebog(-iaid) gwlanog mawr *m.* **2.** *A: Artil:* sacr(-au) *m.*

sakeret *n. Orn:* ceiliog (*m*) môr-hebog (ceiliogod môr-hebogiaid).

saki[1] *n. Z:* saci (sacïod, sacïaid) *m.*

saki[2] *n.* **1.** = **saké.**

sal[1] *n. A: Ch:* **~ ammoniac,** sal amoniac *m*; **~ volatile,** *sal volatile m.*

sal[2] *n.* 1. *Bot:* coeden (coed) (*f*) sàl. **2.** *Carp:* coed (*m*) sàl.

salaam[1] *n.* moesymgrymiad(-au) *m*; **~!** *(as greeting)*: tangnefedd!

salaam[2] *v.t.* moesymgrymu.

salable = **saleable.**

salacious *a.* anllad, trythyll.

salaciously *adv.* yn anllad *&c.*

salaciousness, salacity *n.* anlladrwydd *m*, trythyllwch *m.*

salad *n.* salad(-au) *m*, *F: Pej:* bwyd (*m*) cwningen/joci; *S.a.* **corn-salad; fruit ~,** salad ffrwythau; *Joc:* medalau *pl*, trimins *pl.* **~ bowl** *n.* dysgl(-au) (*f*) salad. **~ burnet** *n. Bot: (Sanguisorba minor):* gwyddlwyn [cyffredin] *m.* **~ cream** *n.* hufen (*m*) salad. **~ days** *n.pl.* dyddiau glaslencyndod, dyddiau glas, glasoed *m.* **~-dressing** *n.* dresin (*m*) salad. **~-oil** *n.* olew/oel (*m*) salad. **~ shaker** *n.* cawell (cewyll) (*m*) salad.

salade = **sallet.**

salamander *n. Rept: Cu: Metall:* s|alamandr (salamandrau) *m.*

salamandrian, salamandrine *a. Rept:* salamandraidd.

salamandroid *a.* & *n. Rept:* **1.** *a.* salamandraidd. **2.** *n.* salamandroid(-au) *m.*

salami *n. Cu:* salami *m.*

salariat *n.* cyflogedigion *pl*, gweision (*pl*) cyflog.

salaried *a.* cyflog, cyflogedig, dan/ar gyflog.

salary[1] *n.* cyflog(-au) *m.*

salary[2] *v.t.* cyflogi (rhn), talu cyflog (i rn).

sale *n.* **1.** *(a)* gwerthu *vn*, gwerthiant (gwerthiannau) *m*; **I've made a ~,** 'rwyf wedi gwerthu rhth; **cash ~,** gwerthu/gwerthiant am arian [parod]; **credit ~, hire purchase ~,** gwerthiant/gwerthu ar gredyd/goel, hur-werthiant (~-werthiannau) *m*; *Jur:* **S~ of Goods Act,** Deddf (*f*) Gwerthiant Nwyddau; *Jur:* **compulsory ~,** gwerthiant/gwerthu dan orfodaeth, gwerthu/gwerthiant drwy orfod; **~ by description,** gwerthiant/gwerthu trwy ddisgrifiad; **~ by sample,** gwerthiant/gwerthu trwy sampl; **trust for ~,** ymddiriedaeth (*f*) i werthu; **goods that command a sure ~,** nwyddau sy'n sicr o werthu; **a house for ~,** tŷ ar werth; **by private ~,** trwy werthu'n breifat; **to exhibit sth for ~,** rhoi/cynnig rhth ar werth; **goods for ~ and/or return,** nwyddau i'w gwerthu neu i'w dychwelyd; **for/on ~,** ar werth, *S.E: occ:* ar honsel; *(b) Com: Ind: usu.pl.* **sales analysis,** dadansoddiad (*m*) gwerthiannau, dadansoddi (*vn*) gwerthiant; **sales check, sales slip,** derbynneb (derbynebau) *f*; **sales department,** adran (*f*) werthu (adrannau gwerthu); **sales pitch** = **sales talk; sales promotion, sales push,** ymgyrch (*mf*) [g]werthu, hyrwyddo (*vn*) gwerthiant; **sales representative,** gwerthwr (gwerthwyr) *m*; *(travelling):* trafaeliwr (trafaelwyr) *m*; **sales resistance,** amharodrwydd (*m*) i brynu; **sales talk,** perswâd (*m*) i brynu, cymell (*vn*) prynwyr, *N: F:* hwrjo, *S: F:* hwtro; **sales tax,** treth (*f*) ar werthiant, treth adwerthu; **sales turnover,** trosiant (*m*) gwerthu; *(c)* **~ by auction,** arwerthiant (arwerthiannau) *m*, *F:* ocsiwn (ocsiynau) *f*; *(d)* **~ of work,** ffair (*f*) gynnyrch (ffeiriau cynnyrch); **jumble/rummage ~,** ffair (*f*) sborion. **2.** *Com: (at reduced prices):* arwerthiant, *F:* sêl(-s) *f*; **clearance ~,** arwerthiant clirio; **closing-down ~,** arwerthiant cau. **~-goer** *n.* **she's a keen ~-goer,** mae hi'n hoff o fynd i'r sêls; mae hi'n hoff o fargen; *N:* mae hi'n un arw/'sgut am sêl/fargen. **~ price** *n.* **1.** *(retail):* pris(-iau,-oedd) (*m*) gwerthu. 2. *(reduced):* pris arwerthiant, pris gostyngol. **~-room** *n.* ystafell(-oedd) (*f*) arwerthu.

saleability *n.* ansawdd gwerthadwy *m*, gwerth [masnachol/marchnadol] *m*, gwerthadwyedd *m.*

saleable *a.* gwerthadwy.

salep *n. Cu: Bot:* salep *m.*

saleratus *n.* bic|arbonad (*m*) soda, *F:* c|abinet (*m*) soda; *Cu:* powdwr (*m*) codi.

salesclerk *n. U.S:* = **salesman.**

salesgirl *n.f.* gw|erthwraig (gwerthwragedd).

Salesian *a.* & *n. R.C.Ch:* **1.** *a.* Salesaidd. **2.** *n.* Salesiad (Salesiaid) *m&f.*

saleslady *n.f.* = **saleswoman.**

salesman *n.m.* gwerthwr (gwerthwyr); **travelling ~,** trafaeliwr (trafaelwyr) *m*, trafeiliwr (trafeilwyr) *m.*

salesmanship *n.* gallu (*m*) gwerthu, dawn (*f*) gwerthu, perswâd *m*, gwerthwriaeth *f.*

salesperson *n.* gwerthwr (gwerthwyr) *m*, gw|erthwraig (gwerthwragedd) *f.*

saleswoman *n.f.* gw|erthwraig (gwerthwragedd).

Salian *a.* & *n. Rom.Ant:* **1.** *a.* Saliaidd. **2.** *n.* Saliad (Saliaid) *m&f.*

Salic *a. Hist:* Salig.

salicaceous *a. Bot:* helygaidd.

salicet *n. Mus:* s|alised (salisedau) *m.*

salicin *n. Ch:* s|alisin *m.*

salicional *n. Mus:* chwibol(-au) (*f*) helyg, helygbib(-au) *f.*

salicylate *n. Ch:* salisylad(-au) *m.*

salicylic *a. Ch:* salisylig.

salience, saliency *n.* amlygrwydd *m.*

salient *a.* & *n.* **1.** *a. (a) (angle &c):* allwthiol, elinog; *(b) (feature &c):* mwyaf amlwg, amlycaf, mwyaf trawiadol. **2.** *n. Mil:* ymwthiad(-au) *m*, elin(-oedd) *f.*

salientian *a.* & *n. Z:* **1.** *a.* neidiol. **2.** *n.* neidiwr (neidwyr) *m*, n|eidwraig (neidwragedd) *f.*

saliently *adv.* yn allwthiol; yn amlwg *&c.*

saliferous *a.* halenog.

salimeter *n.* = **salinometer.**

salina *n.* salina (salinâu) *m.*

saline *a.* & *n.* **1.** *a. (a)* hallt (heilltion), halenaidd, halenog; *(b) Med:* halwynog, halwynol; **~ solution,** toddiant halwynog *m*, toddiant heli. **2.** *n. (a) Med:* halwynau (*pl*) carthu; *(b) (= salt lake &c):* heledd(-au) *f*, llyn(-noedd) (*m*) heli.

salinity *n.* halltedd *m*, helltni *m*, heliëdd *m*, halltrwydd *m*.
salinization *n.*, **salinize** *v.t.* haleneiddio, halwyno.
salinometer *n.* halenfesurydd(-ion) *m*.
salique *a.* = **salic.**
Salisbury *Eng.Pl.n.* Caersallog: Caersallwg *f*.
Salish *n. Ethn:* Salisiad (Salisiaid) *m&f*.
Salishan *a. & n.* **1.** *a.* Salisiaidd. **2.** *n. Ling:* Salisieg *f, m*.
saliva *n.* poer *m*. **~ gland** *n.* chwarren (*f*) boer (chwarennau poer). **~ test** *n.* prawf (profion) (*m*) [ar y] poer.
salivary *a.* poerol, [y] poer, glafoerol.
salivate *v.i.* glafoerio.
salivation *n.* glafoerio *vn*.
sallee *n. Bot:* **1.** = **acacia. 2.** *(= snow gum):* gymwydden (gymwydd) (*f*) yr eira, coeden (coed) (*f*) sali.
sallenders *n.pl. Vet:* crachen (*f*) egwyd (crach egwydydd).
sallet *n. Arm:* saled(-au) *f*.
sallow[1] *n. Bot: (Salix):* helygen (helyg) *f*, merhelygen (merhelyg) *f*; **ambiguous ~**, *(S. x ambigua)*: helygen amwys; **common ~**, *(S. atrocinerea):* helygen olew|ydd-ddail, helygen grynddail (helyg crynddail); **fen ~**, *(S. cinerea)*: helygen lwyd (helyg llwydion); **great [goat] ~, great round-leaved ~**, *(S. caprea):* yr helygen grynddail fwyaf (yr helyg crynddail mwyaf); **long-leaved ~**, *(S. calodendron)*: helygen hirddail. **~ catkins** *n.pl.* gwyddau bach, cywion gwyddau. **~-thorn** *n. Bot: (Hippophal rhamnoides):* myrrafnwydden (myrrafnwydd) *f*.
sallow[2] *a. (skin):* llwyd(-ion), llwydfelyn (*f.* llwydfelen, *pl.* llwydfelynion), melyn (*f.* melen, *pl.* melynion), melynllwyd (*f.* melenllwyd, *pl.* melynllwydion), afiach; *(pers.):* wyneblwyd, piglwyd.
sallowish *a.* llwydaidd, melynaidd.
sallowness *n.* llwydni *m*, melyni *m*, melynder *m*, melyndra *m*, llwydfelyndra *m*.
sallowy *a.* helygog.
sally[1] *n.* **1.** *Mil: (= attack):* cyrch(-oedd) *m* **(on s.o.,** ar rn). **2.** *O: (= excursion):* sgyrsion(-s) *mf*, tro(-eon) *m*. **3.** *(a) (of activity):* hwrdd (hyrddiau) *m*; *(b) (of wit):* fflach(-iau) *f*, fflachiad(-au) *m*, ergyd(-ion) *mf*, sylw(-adau) ffraeth *m*, ffraetheb(-ion) *f*, ffraethair (ffraetheiriau) *m*. **~ port** *n.* cyrchborth (cyrchbyrth) *m*.
sally[2] *v.i.* **1.** *Mil:* **to ~ [out]**, mentro allan, rhuthro allan, cyrchu, mynd ar gyrch. **2.** *O:* **to ~ forth**, mynd/mentro/cychwyn allan/mas. **3.** *Nau:* **to ~ a ship**, siglo llong [i'w rhyddh|au].
Sally[3] *Pr.n.f. (dim. of Sarah)*: Sali *f*. **aunt ~**, *(a) (game):* cocyn (*m*) hitio, cocyn anêl/anelu, *N.W:* Jac (*m*) anêl; *(b) Fig: (= object of derision):* cocyn hitio *&c*, cyff (*m*) gwawd, *Lit: occ:* cyff clêr. **~ Army** *n. F:* Byddin (*f*) y Sali. **~ Lunn** *n. Cu:* bynsen (byns) (*f*) Sally Lunn.
sally[4] *n. Bellringing:* **1.** *(movement):* siglad(-au) *m*, ymsiglad(-au) *m*. **2.** *(rope-grip):* pen (*m*) rhaff (pennau rhaffau). **~-hole** *n.* twll (*m*) rhaff (tyllau rhaffau).
salmagundi *n.* **1.** *Cu:* salmagwndi(-s) *m*. **2.** *Fig:* cybolfa (cybolfâu, cybolf|eydd) *f*, cawdel(-au, -oedd) *m*, cymysgfa (cymysgfâu, cymysgf|eydd) *f*, cymysgwch *m*.
salmi *n. Cu:* salmi(-s) *m*.
salmon *n. Ich:* eog(-iaid) *m*, eogyn (eogiaid) *m*, *F:* samwn(-s,-iaid) *m*, samon(-s) *m*; *S.a.* **samlet, mort; to catch ~, to fish for ~**, pysgota am eog/samwn, *occ:* eoca, *F:* dal/dala samons; **young ~**, gleisiad (gleisiaid) *m*, gwyniad (gwyniaid) (*m*) haf, glasfaran (-od) *m*; **young ~**, *(third stage)*: brithyll(-od, -iaid) brych/du *m*; **young ~**, *(fourth stage)*: brithyll y gog, gaflaw(-on) *m*; **female ~, hen ~**, hwyfell(-aid,-od) *f*, pithell(-od) *f*, *S.E:* chwiwell(-au) *f*, *S.W:* gwiwell(-iaid) *f*, *M.W:* rhwyddell(-iaid) *f*; **young female ~**, *N.W:* ffithell(-od) *f*; **male ~**, cemyw(-od,-ion) *m*, *S.E:* camog(-au) *m*; **spawning ~**, maran(-au) *m*; **rock-~**, = **dogfish**; **canned/tinned ~**, samon tun, tun (*m*) samon. **~ fry** *n. N.W:* sil (*m*) y gog, silod brithion *pl*, sil y gro. **~ ladder, ~ leap, ~ pass, ~ stair** *n.* grisiau (*pl*) eogiaid. **~-pink** *a. & n.* melynbinc *m*, lliw (*m*) samwn/samon. **~-spear** *n.* tryfer(-i) *f*. **~-trout** *n. Ich:* gwyniedyn: gwyniad (gwyniaid) (*m*) y gog, brychiad: brychiedyn (brychiaid) *m*, eogfrithyll(-od) *m*, gaflaw, brithyll môr.
salmonberry *n. Bot:* **1.** *(fruit):* mafonen felen (mafon melyn) *f*, afanen felen (afan melyn) *f*. **2.** *(tree):* coeden (*f*) fafon melyn (coed mafon melyn), coeden afan melyn.
salmonella *n.* **1**. *Bact:* salmonela (salmonelâu) *m*. **2.** *Med:* salmonela *m*.
salmonellosis *n. Med:* salmonelosis *m*.
salmonet *n.* = **samlet.**
salmonoid *a. & n.* **1.** *a.* eogffurf, eogaidd. **2.** *n.* pysgodyn (pysgod) eogaidd/eogffurf *m*.
salmony *a.* eogaidd.
salol *n. Ch:* salol *m*.
salometer *n.* = **salimeter.**
Salomonian, Salomonic *a.* Solomonaidd.
salon *n.* **1.** salon(-au) *mf*; **beauty ~**, salon harddu/harddwch. **2.** *Art:* **the S~**, yr Arddangosfa *f*, y Salon.
saloon *n.* **1.** *(a)* salŵn (salwnau) *mf*; **billiard ~**, neuadd (*f*) filiard[s] (neuaddau biliard[s]); **hairdressing ~**, lle(-oedd) (*m*) trin/torri gwallt; *(b) U.S:* bar(-rau, -iau) *m*. **2.** *Nau:* salŵn, ystafell gyhoeddus (ystafelloedd cyhoeddus) *f*. **3.** *(a) Rail:* **~[-coach, -carriage]**, cerbyd(-au) (*m*) salŵn; *(b) Aut:* **~ [car]**, car (ceir) (*m*) salŵn. **~ bar** *n.* bar(-rau,-iau) (*m*) salŵn. **~ deck** *n.* dec(-iau) (*m*) salŵn. **~-keeper** *n.* barmon (barmyn) *m*. **~ pistol** *n.* pistol(-au) (*m*) salŵn. **~ rifle** *n.* reiffl(-au) (*m*) salŵn.
saloop *n.* = **salep.**
Salop *Pr.n. Geog:* Sir (*f*) Amwythig.
Salopian *a. & n.* **1.** *a.* [o] Sir Amwythig; *Sch:* [o] Ysgol Amwythig. **2.** *n.* un (rhai) (*mf*) o Sir Amwythig; *Sch:* un o Ysgol Amwythig, Salopiad (Salopiaid) *m*.
salpa *n. Z:* salpa(-od) *m*.
salpicon *n. Cu:* s|alpicon *m*.
salpiform *a. Z:* salpaidd.
salpiglossis *n. Bot:* salpiglosis(-au) *m*.
salpingectomy *n. Med:* salping|ectomi (salpingectomïau) *m*.
salpingian *a.* salpingaidd.
salpingitis *n. Med:* llid (*m*) y salpingau, salpingitis *m*.
salpingo-oophoritis *n. Med:* salpingo-öofforitis *m*.
salpinx *n. (pl.* **salpinges)** *Anat:* salpincs (salpingau) *m*.
salse *n. Geog:* salsa (salsâu) *m*.
salsify *n.* **1.** *Bot:* barf (*f*) yr afr genhinddail/gochlas, s|alsiffi *m*. **2.** *Cu:* salsiffi *m*.
salsilla *n. Bot:* salsila (salsilâu) *m*.
salt[1] *n. & a.* **1.** *n. (a)* halen *m*; **~ and pepper**, pupur a halen; **rock ~**, halen craig, creighalen *m*; **bar of ~**, calen(-nau,-ni) (*f*) halen; **kitchen ~**, halen bras; **table ~**, halen cyffredin, halen gwyn; *S.a.* **Attic; to eat s.o.'s ~**, eistedd wrth fwrdd/ford rhn, bwyta halen rhn; **to take a story with a grain/pinch of ~**, cymryd stori â phinsiad o halen; **he is not worth his ~**, nid yw'n werth ei halen; **to put/throw ~ on s.o.'s tail**, rhoi halen ar gynffon rhn, dodi halen ar gwt rhn; **to rub ~ into a wound**, rhoi/dodi halen ar friw; *B:* **the ~ of the earth**, halen y ddaear; *B:* **but if the ~ have lost his savour, wherewith shall it be salted?** eithr o diflasodd yr halen, â pha beth yr helltir ef? **to sit at table above the ~**, eistedd ym mhen uchaf y bwrdd/ford; **to sit at table below the ~**, eistedd ym mhen isaf y bwrdd/ford; *F:* **old ~**, hen forwr (~ forwyr) *m*, hen longwr (~ longwyr) *m*, hen gi (gŵn) (*m*) môr; *(b) Ch:* halen(-au) *m*, halwyn(-au) *m*; **mineral salts**, halwynau mw[y]nol, mwynau tawdd; **spirit[s] of ~**, sbirit (*m*) halen, asid hydroclorig *m*; **bay ~**, halen bae, halen gwinau/llwyd/bras; **~[s] of lemon**, halen suran; **it worked like a dose of salts**, fe weithiodd mewn chwinciad. **2.** *a.* *(a)* hallt (heilltion), *occ:* halenaidd; **~ provisions**, bwydydd hallt; *Lit:* **to weep ~ tears**, wylo dagrau hallt, wylo dŵr yn heli; **~ fish**, pysgodyn (pysgod) hallt *m*, codyn (cod) hallt *m*; *(b) Bot:* **~ plant**, planhigyn arfor *m*; *(c)* **~ speech**, geiriau hallt/heilltion *pl*. **3.** *a. (rocks, ground):* halddwyn, halenaidd. **~-and-pepper** *a.* brith (*f.* braith, *pl.* brithion), pupur a halen. **~-box** *n.* cetog(-au) (*f*) halen, crwth (crythau) (*m*) halen. **~-cat** *n. Orn:* llith (*m*) colomennod. **~-cellar** *n.* **1.** llestr(-i) (*m*) halen, pot(-iau) (*m*) halen, salter(-i) (*f*) halen, *N.W:* *occ:* saltan (*f*) halen. **2.** *F: (above collar-bone):* pant(-iau) *m*. **~ dome** *n. Geol:* cromen(-nau) (*f*) halen. **~ flat** *n.* gwastad(-oedd) (*m*) halen. **~-free** *a.* heb halen, dihalen. **~ gland** *n.* chwarren (chwarennau) (*f*) heli. **~-glaze** *n.* gwydredd (*m*) halen. **~-grass** *n. Bot:* glaswellt (*m*) morfa. **~ horse** *n. Nau: Cu:* cig (*m*) eidion hallt, bîff hallt *m*. **S~ Island** *W.Pl.n.* Ynys (*f*) Halen. **~ lake** *n.* llyn(-noedd) (*m*) heli. **S~ Lake City** *Pl.n.* Dinas (*f*) y Llyn Heli. **~-lick** *n.* **1.** *(place):* llyfle(-oedd) (*m*) halen. **2.** *(= bar of salt for cattle):* torth(-au) (*f*) halen. **~-marsh** *n.* morfa (morf|eydd) *m* [heli]. **~ meadow** *n.* morfa, dôl (dolydd)

arfor *f.* **~-mine** *n.* cloddfa (cloddf|eydd) (*f*) halen, pwll (pyllau) (*m*) halen. **~-pan** *n.* pant(-iau) (*m*) heli. **~ pit** *n.* pwll (pyllau) (*m*) halen/heli, *A:* heledd(-au) *f.* **~-shaker** *n.* salter(-i) (*f*) halen, ysgeintiwr (ysgeintwyr) (*m*) halen, pot(-iau) (*m*) halen. **~-spoon** *n.* llwy(-au) (*f*) halen. **~ tax** *n. Hist:* treth(-i) (*f*) halen. **~ water** *n.* dŵr hallt *m*, heli *m*, dŵr heli, dŵr a halen. **~-water** *attrib.* y môr, dŵr hallt; **~-water fish,** pysgodyn (pysgod) (*m*) dŵr hallt, pysgodyn [y] môr. **~-well** *n.* ffynnon (ffynhonnau) (*f*) heli. **~-works** *n.* gwaith (gweithf|eydd) (*m*) halen.

salt² *v.t.* **1.** *(a)* **to ~ [down] meat/butter,** halltu cig/ymenyn; *(b) (= sprinkle with salt):* dodi/rhoi halen (ar rth), ysgeintio (rhth) â halen; *(c) (= add salt to soup &c):* dodi/rhoi halen (yn rhth), *occ:* halltu/halennu (rhth). **2.** *Vet: (= harden horse):* caledu (ceffyl) **(against sth,** rhag rhth). **3.** *(a) Com: F:* **to ~ the books,** ffugio'r cyfrifon; *(b) F:* **to ~ an account, to ~ a bill,** dodi/rhoi rhth ar ben cyfrif/bil, ychwanegu at gyfrif/fil; *(c) Min:* **to ~ a mine,** *(with gold &c):* hau cloddfa (ag aur &c). **~ away** *v.t. (money):* dodi/rhoi arian o'r neilltu, *N: F:* celcio pres. **~ out** *v.t. Ch:* dihalenu.

saltant *a.* neidiol, llamol.

saltarello *n. Danc:* saltarelo(-i) *f.*

saltation *n.* **1.** neidio *vn*, llamu *vn*, naid (neidiau) *f*, llam(-au) *m.* **2.** *Bio-Ch:* neidiant (neidiannau) *m.*

saltatorial, saltatory *a.* neidiol, llamol, llamidyddol, llamsachus.

saltcake *n. Ch:* cacen (*f*) halen.

salted *a.* **1.** hallt (heilltion), wedi ei (&c) halltu; **ready ~,** wedi ei halltu'n barod. **2.** *Vet:* wedi caledu.

salter *n.* **1.** *(= maker of salt):* halenwr (halenwyr) *m.* **2.** = **dry-salter. 3.** *(of fish):* halltwr (halltwyr) *m*, helltydd(-ion) *m.*

saltern *n.* **1.** = **salt-works. 2.** *(= salt pools):* pyllau (*pl*) halen.

saltigrade *a.* & *n. Z:* **1.** *a.* neidiol. **2.** *n. Arach:* neidiwr (neidwyr) *m*, n|eidwraig (neidwragedd) *f*, corryn (corynnod) neidiol *m*, copyn(-nod) neidiol *m.*

saltily *adv.* **1.** yn hallt. **2.** *Fig: (= spicily):* yn ffraeth.

saltine *n. Cu: N:* bisgeden (bisgedi) hallt *f*, *S:* bisgïen (bisgis) hallt *f.*

saltiness *n.* blas hallt *m*, halltineb *m*, halltrwydd *m*, helltni *m.*

salting *vn.* & *n.pl.* **1.** *vn.* = **salt². 2.** *n.pl.* **saltings,** halwyndir(-oedd) *m*, morfa (morf|eydd) *m*, tir(-oedd) hâl *m.* **~-board** *n.* bwrdd (byrddau) (*m*) halltu, *S:* bord (*f*) garreg (bordydd carreg). **~ tub** *n.* crwc (cryciau) (*m*) halltu.

saltire *n. Her:* sawtyr(-au) *mf*, sawter(-au) *mf*, croes(-au) (*f*) Andreas; *S.a.* **arm.**

saltish *a.* braidd yn hallt, halltaidd, halenaidd.

saltless *a.* dihalen.

saltness *n.* blas hallt *m*, halltrwydd *m*, halltineb *m*, helltni *m.*

saltpeter, saltpetre *n.* solpitar *m.*

saltus *n.* naid (neidiau) *f.*

saltwort *n. Bot:* **prickly ~,** *(Salsola kali):* h|el-lys ysbigog *m*, h|el-las *m*; **black ~,** *(Glaux maritima):* hel-las, glas (*m*) yr heli.

salty *a.* **1.** *(taste):* hallt (heilltion), *occ:* halenaidd; **as ~ as brine,** cyn hallted â heli [deufor/trimor/nawmor]. **2.** *(wit):* hallt, deifiol, cras. **3.** *(joke, story):* amh|eus, coch, bras, cwrs; **a ~ story,** hanesyn a blas y pridd arno, stori sy'n naddu'n agos i'r drafel.

salubrious *a.* iach, iachusol.

salubriously *adv.* yn iach, yn iachusol.

salubriousness, salubrity *n.* iachusrwydd *m.*

saluki *n. Z:* salwci (salwcïod) *m.*

salutarily *adv.* yn llesol.

salutariness *n.* lles *m*, llesoldeb *m.*

salutary *a.* llesol; *Theol:* **~ act,** gweithred iachawdwrol *f.*

salutation *n.* cyfarchiad(-au, cyfarchion) *m*; **the Angelic S~,** Cyfarchiad yr Angel.

salutational *a.* cyfarchol.

salutatorian *n. U.S: Sch:* anerchwr (anerchwyr) *m*, cyfarchwr (cyfarchwyr) *m.*

salutatory *a.* cyfarchol.

salute¹ *n.* *(a)* cyfarchiad(-au) *m*, cyfarch(-ion) *m*; *Fenc:* **~ with foils,** cyfarch â ffwyliau; *(b) Mil: Navy:* salíwt (saliwtiau) *f*; **to give a ~,** saliwtio, rhoi salíwt; **to return/acknowledge a ~,** dychwelyd/cydnabod salíwt; **(to stand) at [the] ~,** (sefyll) dan saliwtio, dan salíwt; **to beat a ~,** curo salíwt; **to take the ~,** *(at a march-past):* derbyn y salíwt, sefyll i'r salíwt; *(c) Mil: Navy:* **to fire a ~,** tanio salíwt, tanio cyfarchiad.

salute² *v.t.* **1.** cyfarch; **(to ~ s.o.) king,** (cyfarch rhn) fel brenin, yn frenin; *(b)* **to ~ s.o. with a smile/kiss,** cyfarch/croesawu rhn â gwên/chusan. **2.** *Mil:* saliwtio (rhn), rhoi salíwt (i rn).

saluter *n.* cyfarchwr (cyfarchwyr) *m*, saliwtiwr (saliwtwyr) *m.*

salvability *n.* cyflwr achubadwy *m.*

salvable *a.* achubadwy.

Salvador[i]an *a.* & *n.* **1.** *a.* [o] S|alfador, Salfadoraidd. **2.** *n.* Salfadoriad (Salfadoriaid) *m&f.*

salvage¹ *n.* **1.** *(= payment):* tâl (*m*) am achub. **2.** *(= saving of ship, property &c):* achub *vn*, achubiad *m*, adfer *vn*, adferiad *m*, arbed *vn*, arbediad *m.* **3.** *(= objects saved):* peth(-au) achubedig/adferedig *m.* **4.** *Ind: (= recovery of wastes &c):* adfer (*vn*) [y]sbwriel, adennill (*vn*) [y]sbwriel. **~ company** *n.* cwmni (cwmnïau) (*m*) achub. **~ operation** *n.* gweithgaredd(-au) (*m*) achub. **~ plant** *n.* offer (*m*) achub. **~ vessel** *n.* llong(-au) (*f*) achub.

salvage² *v.t. Nau: &c:* achub, arbed; **to ~ one's reputation,** arbed/achub/adennill/adfer eich enw da.

salvageable *a.* achubadwy, arbedadwy, adenilladwy, adferadwy.

salvaged *a.* a achubir/achubid/achubwyd, achubedig, arbededig, wedi ei achub/adfer.

salvager *n.* achubwr (achubwyr) *m*, arbedwr (arbedwyr) *m*, adferwr (adferwyr) *m.*

salvation *n.* achubiaeth *f*, ymwared *m*; *Theol:* iachawdwriaeth *f*, iechydwriaeth *f*, gwaredigaeth *f*; **to work out one's own ~,** eich achub eich hun, eich gwaredu'ch hun; *B:* **work out your own ~,** gweithiwch allan eich iachawdwriaeth eich hunain; **to find ~,** cael eich achub, cael gwaredigaeth; **to seek ~ in sth,** ceisio gwaredigaeth yn rhth. **S~ Army (the)** *n.* Byddin (*f*) yr Iachawdwriaeth.

salvational *a.* achubyddol.

salvationism *n.* crefydd (*f*) yr achub/iachawdwriaeth.

salvationist *n.* iachawdwriaethwr (iachawdwriaethwyr) *m*, iachawdwri|aethwraig *f.*

salve¹ *n. Pharm:* eli (eliau, elïon) *m*, *Lit: occ:* ennaint (eneiniau) *m*; **eye ~,** eli llygaid.

salve² *v.t.* **1.** *(wound):* elïo, eneinio. **2.** *(feelings, conscience):* lleddfu.

salve³ *v.t.* = **salvage².**

salver *n.* hambwrdd (hambyrddau) *m.*

salverform *a.* ar lun hambwrdd, fel hambwrdd.

salvia *n. Bot:* gwerddonell *f*; *S.a.* **clary, sage²**; **wind ~,** *(Salvia nemorosa):* gwerddonell y gwynt.

salvo¹ *n. Jur:* cymal(-au) (*m*) ymwared.

salvo² *n. Mil:* taniad(-au) *m*, hwrdd (hyrddiau) (*m*) o danio, rownd(-iau) (*f*) o danio; **to fire a ~,** tanio rownd; **a ~ of applause,** ton(-nau) (*f*) o gymeradwyaeth.

salvor *n.* adenillwr (adenillwyr) *m*, achubwr (achubwyr) *m*, adferwr (adferwyr) *m.*

Sam *Pr.n.m.* Sam; *F:* **Uncle ~,** D'ewythr Sam; *F:* **upon my ~!** 'dawn i byth o'r fan! ar f'enaid i! ar f'engoch i (*pronounced* ng-g)! *F:* **to stand ~,** talu'ch rownd.

Sama Veda *n. Hindu Rel:* Veda(*f*)'r Corganau.

samara *n. Bot:* allwedd(-au) (*f*) Mair, samara (samarâu) *m*, *N:* agoriad(-au) *m.*

Samaria *Pr.n.* Samaria *f.*

Samaritan *a.* & *n.* **1.** *a.* Samariaidd, [o] Samaria. **2.** *n.* Samariad (Samariaid) *m&f*; *B:* **the Good ~,** y Samariad Trugarog.

Samaritanism *n. Rel:* Samariadaeth *f.*

samarium *n. Ch:* samariwm *m.*

samarskite *n. Miner:* samarsgit *m.*

samba¹ *n. Danc:* samba(-s, sambâu) *f.*

samba² *v.i. Danc:* dawnsio samba.

sambar *n. Z:* sambar(-od,-iaid) *m.*

sambo *n. F: Pej:* blac(-s) *m.*

sambuca *n. Mus:* sambwca (sambwcâu) *m.*

sambur *n.* = **sambar.**

same *a., pron.* & *adv.* **1.** *a.* & *pron.* yr un, *(+ soft mut. before f.sing.n.)*, yr union *+ soft mut. before m. or f. or pl.n. F:* yr un un *(+ soft mut. before f.sing.n.)*; **the ~ boy,** yr un bachgen; **the ~ girl,** yr un ferch; **the ~ one,** yr un un; **the ~ ones,** yr un rhai; **to repeat the ~ words twice,** dweud yr union eiriau *or* yr un geiriau ddwywaith; **the ~ old story,** yr un hen hanes; **at the ~ time that**

this was happening, ar yr un pryd ag yr oedd hyn yn digwydd; **he is of the ~ age as myself,** mae ef yr un oed â minnau; **they are sold the ~ day they come in,** gwerthir hwy yr un diwrnod y cyrhaeddant; **(it comes) to the ~ thing,** (mae'n dod) i'r unfan, i'r un peth; **it is one and the ~ thing,** yr un peth ydyw yn y pen draw; *F:* chwaer i Mam yw modryb; yr un yw'r ci a'i gynffon; brawd tagu yw mygu; *S:* man a man [yw hi]; **in the ~ way,** yr un modd, yr un fath; **(happy new year to you!) - the ~ to you!** (blwyddyn newydd dda ichi!) - yr un fath i chwithau! ac i chwithau! **he got up and I did the ~,** cododd ef a gwneuthum innau yr un fath; *(emphatic):* **the very ~ thing, one and the ~ thing,** yr un un peth, yn union yr un peth, yr un peth yn union, yr un peth i'r dim, *S:* yr un peth yn gwmws; **at the ~ time,** ar yr un pryd yn union; **bring that at the ~ time,** dewch â hwnna dan un; **you arrived at the ~ time as me,** fe ddaethoch ar unwaith â mi; **it is the ~ [thing] everywhere,** mae hi yr un fath ym mhobman; **it's all the ~; it's just the ~,** yr un peth yw; 'does dim gwahaniaeth; *S:* man a man [yw hi]; **it is all the ~ to me,** 'does dim gwahaniaeth gen i, nid yw wahaniaeth gen fi; *S:* man a man 'da fi; **if it is all the ~ to you,** os nad oes wahaniaeth gen ti, *F:* os nad oes ots gen ti *or S:* gyda/'da ti; **it is the ~ with me,** mae hi yr un fath i minnau; **you still look the ~,** 'rydych yn dal yr un fath ag oeddech chi; nid ydych wedi newid dim; **it is much the ~,** digon tebyg yw ef/hi; yr un peth yw, fwy neu lai; **he is much about the ~,** ni fu fawr o newid arno; mae fwy neu lai fel y bu; **to be of the ~ mind as s.o.,** bod o'r un farn/feddwl â rhn; **to be in the ~ boat as s.o.,** bod yn yr un cwch â rhn; *F:* **[the] ~ here!** a minnau/finnau hefyd! *translated simply as* **"it", "him", "her", "them",** *in sentences such as: Com:* **if you order the materials, we will despatch ~ at once,** os archebwch y defnyddiau, fe'u hanfonwn hwy ar unwaith. **2.** *adv.* **(to think/feel) the ~,** meddwl/teimlo yr un fath, yn debyg, yn yr un modd; **all/just the ~,** serch hynny, er hynny, beth bynnag, *S.E:* shwt; **she's not here, all the ~,** nid yw hi ddim yma, er hynny; *S.E:* 'does 'mo hi 'ma, shwt; **all the ~ (it has cost us dear),** er hynny, serch hynny (mae wedi costio'n ddrud inni); **(we'll have fun) [the] ~ as you do,** (fe gawn ni hwyl) fel chwithau, fel y cewch chi, *F:* yr un fath â chi, fel y byddwch chi; **I feel anxious all the ~,** yr wyf yn boenus ar waethaf pob dim; **(when I am away things go on) just the ~,** (pan fyddaf oddi yma bydd pethau'n dal i fynd) yr un fath, fel o'r blaen, fel arfer.

samekh *n. Hebrew Alph:* samech(-au) *f.*

samel *a. Cer:* meddal, hanner pob.

sameness *n.* **1.** *(a) (= identity):* unrhywiaeth *f,* unfathrwydd *m;* *(b) (= resemblance):* tebygrwydd *m.* **2.** *(= monotony):* undonedd *m.* **3.** *(= uniformity):* unffurfiaeth *f.*

samfu *n. Cost:* samffw(-au) *mf.*

Samian *a. & n.* **1.** *a.* Samiaidd. **2.** *n.* Samiad (Samiaid) *m&f.*

samisen *n. Mus:* s|amisen (samisenau) *m.*

samite *n. Tex:* samit *m.*

samizdat *n.* cyhoeddi *(vn)* cyfrin.

samlet *n. Ich:* gleisiad: gleisiedyn (gleisiaid) *m,* gwyniad (gwyniaid) *(m)* haf, gwyniad y gog, eogyn *m,* brith(-od) *(m)* y gro.

Samnite *a. & n. Hist: Ethn:* **1.** *a.* Samniaidd; *(in language):* Samneg. **2.** *n.* *(i) (pers.):* Samniad (Samniaid) *m&f;* *(ii) Ling:* Samneg *f, m.*

Samoan *a. & n.* **1.** *a.* Samoaidd; **he's ~,** Samoad ydyw; un o Samoa ydyw; *(in language):* Samöeg. **2.** *n.* *(i) Ethn:* Samoad (Samoaid) *m&f;* *(ii) Ling:* Samöeg *f, m.*

samovar *n.* s|amofar (samofarau) *m.*

Samoyed[e] *a. & n.* **1.** *a.* Samoiedaidd; *(in language):* Samoiedeg. **2.** *n.* *(i) Ethn:* Samoied(-iaid) *m&f;* *(ii) Ling:* Samoiedeg *f, m;* *(iii) (dog):* ci (cŵn) *(m)* Samoied.

Samoyedic *a. & n.* **1.** *a. Ethn:* Samoiedaidd; *(in language):* Samoiedeg. **2.** *n. Ling:* Samoiedeg *f, m.*

samp *n. U.S:* uwd *(m)* india-corn, samp *m.*

samphire *n. Bot:* **marsh ~,** *(Salicornia stricta):* llyrlys *m,* chwyn hallt *pl;* **golden ~,** *(Inula crithmoides):* sampier *(m)* y geifr, cedowydd sugnol *m;* **sea prickly ~,** *(Echinophora):* moronen bigog (moron pigog) *f;* **true/rock ~,** *(Crithmum maritimum):* ffenigl *(m)* y môr, corn *(m)* carw'r môr, sampier *m.*

sample[1] *n. Com: Mth:* **1.** sampl(-au) *f;* **random ~,** sampl ar antur/siawns/hap, hapsampl(-au) *f;* **stratified ~,** sampl haenedig; **up to ~,** cystal â'r sampl; **to buy sth from ~,** prynu rhth yn ôl sampl. **2.** *(= example):* sampl *f,* enghraifft (enghreifftiau) *f;* **to give a ~ (of one's knowledge),** rhoi sampl/enghraifft, *N:* rhoi siampl (o'ch gwybodaeth). **3.** *attrib.* enghreifftiol; **~ questions,** cwestiynau enghreifftiol, cwestiynau fel enghraifft. **~ area** *n.* ardal(-oedd) *(f)* samplu. **~ card** *n.* cerdyn (cardiau) *(m)* samplau. **~ room** *n.* ystafell(-oedd) *(f)* samplau. **~ space** *n. Mth:* gofod *(m)* sampl. **~ survey** *n.* arolwg (arolygon) *(m)* sampl.

sample[2] *v.t.* **1.** samplu, samplo; *Cmptr:* **~ at random,** hapsamplu. **2.** *(wine, food):* blasu, profi, samplo; *(new restaurant, pastime &c):* rhoi prawf/tro/cynnig ar rth, trio/profi rhth.

sampler *n.* **1.** *(pers.):* blaswr (blaswyr) *m,* profwr (profwyr) *m,* samplwr (samplwyr) *m.* **2.** *Needlew:* sampler(-i) *f;* **to do ~ work,** *S.W: occ:* casteithio, castitho *vn.*

sampling *vn.* samplo, samplu; **random ~,** hapsamplu; **stratified ~,** saplu haenedig. **~ design** *n.* cynllun(-iau) *(m)* samplu. **~ distribution** *n.* dosbarthiad(-au) *(m)* samplu. **~ fraction** *n.* rhaniad(-au) *(m)* sampl.

samsara *n. Hindu Rel:* trawsfudiad *m.*

samshu *n. Cu:* samsiw *m,* gwin *(m)* reis.

Samson *Pr.n.m. B:* Samson. **~'s post** *n. Nau:* postyn (pyst) *(m)* Samson.

Samsonian *a.* fel Samson, Samsonaidd.

Samuel *Pr.n.m. B:* Samuel.

samurai *n.inv. Japanese Hist:* s|amwrai (samwraiod) *m.*

sanative *a.* = **sanatory.**

sanativeness *n.* iachusrwydd *m.*

sanatorium *n.* iechydfa (iechydf|eydd) *f,* sanatoriwm (sanatoria) *m.*

sanatory *a.* iachaol, iachusol, iachus.

sanbenito *n. Rel:* penydwisg(-oedd) *f.*

sanctification *n.* san[c]teiddiad(-au) *m,* san[c]teiddio *vn.*

sanctified *a.* **1.** san[c]teiddiedig, san[c]taidd, cysegredig; **a custom ~ by time,** arferiad a gysegrwyd gan amser. **2.** *(pers.):* san[c]taidd, duwiol, duwiolfrydig.

sanctifier *n.* san[c]teiddiwr (san[c]teiddwyr) *m,* cysegrwr (cysegrwyr) *m.*

sanctify *v.t.* san[c]teiddio; *(= consecrate):* cysegru; *(= justify):* cyfiawnh|au.

sanctimonious *a.* rhagrithiol, ffugsan[c]taidd, ffugdduwiol.

sanctimoniously *adv.* yn rhagrithiol *&c.*

sanctimoniousness, sanctimony *n.* rhagrith *m,* ffugsan[c]teiddrwydd *m.*

sanction[1] *n.* **1.** *Jur:* **vindicatory/punitive ~,** cosb(-au) *f,* cosbedigaeth(-au) *f,* sancsiwn (sancsiynau) cosbedigol *m;* *Pol:* gwaharddiad(-au) *m,* ataliad(-au) *m;* *Pol:* **to impose sanctions on a country,** gosod sancsiynau/ataliadau ar wlad. **2.** *(= consent):* caniatâd *m,* cennad *mf,* cefnogaeth *f,* cadarnhad *m* (i rth); sêl *(m)* bendith (ar rth); cydsyniad(-au) *m* (â rhth); **with the ~ of...,** â sêl bendith..., â chydsyniad..., â chennad...; **~ of custom,** awdurdod *(m)* arferiad. **3.** *Hist:* *(= decree):* gorchymyn (gorchmynion) *m;* **the Pragmatic S~,** y Datganiad Pragmatig *m.* **4.** *Theol:* goddefiad(-au) *m,* sancsiwn (sancsiynau) *f.* **sanctions breaker** *n.* torrwr (torwyr) *(m)* gwaharddiadau. **sanctions breaking** *vn.* torri gwaharddiadau.

sanction[2] *v.t.* **1.** *Jur:* *(= attach penalties to law):* atodi cosbau (i gyfraith), sancsiynu (cyfraith). **2.** *(a) Jur:* *(= ratify):* cadarnh|au; *(b) (= approve, authorize):* cymeradwyo, cefnogi, caniatáu, awdurdodi.

sanctioned *a.* *(= permitted):* caniataol, caniataëdig; **a custom ~ by usage,** arfer a gysegrwyd trwy fynych ddefnydd.

sanctity *n.* **1.** *Rel:* san[c]teiddrwydd *m;* *S.a.* **odour. 2.** *(of land, home, oath):* cysegredigrwydd *m;* **the ~ of the home,** preifatrwydd *(m)* y cartref; *Jur:* **~ of contract,** cysegredigrwydd contract.

sanctuary *n.* **1.** *Ecc:* *(= temple &c):* seintwar(-au) *f;* *(= sacrarium):* cysegr(-au,-oedd) *m,* cysegrfan(-nau) *mf,* cysegrfa(-oedd, cysegrf|eydd) *f.* **2.** *Ecc: Jur:* *(from judicial pursuit):* seintwar *m,* nawdd *m,* lloches(-au) *f;* **right of ~,** noddfa; **to grant s.o. ~,** rhoddi nawdd/lloches (i rn), llochesu (rhn); **to seek ~,** ceisio/cyrchu nawdd; **to take ~,** cymryd lloches, cysgodi, llochesu, ymochel (**from sth,** rhag rhth). **3.** *(of animals &c):* noddfa (noddfâu, noddf|eydd) *f,* gwarchodfa (gwarchodf|eydd) *f;* **wild life ~,** gwarchodfa natur; **my cottage is a ~ from the troubles of city life,** mae fy mwthyn yn lloches rhag helyntion y ddinas.

sanctum *n.* **1.** ~ **sanctorum,** y cysegr san[c]teiddiolaf *m*, y san[c]taidd san[c]teiddiolaf *m*. **2.** *(= study)*: myfyrgell(-oedd) *f*, astudfa(-oedd, astudf|eydd) *f*.

sanctus *n. Ecc: Mus:* San[c]taidd, san[c]taidd, san[c]taidd. ~ **bell** *n.* cloch (*f*) y ***Sanctus***, cloch fach (clychau bach) *f*.

sand[1] *n.* **1.** *(a)* tywod(-ydd) *m*, *F:* swnd *m*; **a grain of ~,** tywodyn *m*, gronyn(-nau) (*m*) tywod; **blown ~,** tywod chwythedig; **green ~,** tywod llaith; **facing ~,** tywod wynebu/arwynebu; **moulding ~,** tywod mo[w]ldio; **sifted ~,** tywod wedi'i ridyllio/ogrwn; **unsifted ~,** tywod heb ei ridyllio/ogrwn; **scouring/welding/fine ~,** tywod mân; **whistling ~,** tywod sïo; **to form ~, to cover with ~,** tywodi; **to gather ~,** tywota, casglu tywod; **to scour sth with ~,** swndio rhth, sgwrio rhth â swnd/thywod; **the sands are running out,** mae'n hwyr [arnaf, arnom *&c*]; mae'r amser yn mynd yn brin; mae'r amser bron ar ben; mae'n hwyrh|au; mae'n mynd yn hwyr yn y dydd; *N: F:* mae hi'n mynd yn ben-set [arnaf *&c*]; **it's no use hiding your head in the ~,** ofer cuddio'ch pen yn y tywod; **to build sth on ~,** codi/adeiladu rhth ar dywod; **as numerous as the ~[s] on the sea-shore,** cyn amled â thywod y môr, cyn amled â'r gwlith; *(b) sg. or pl. (= shoal, bank)*: traethell(-au) *f*. **2.** *pl.* **sands,** *(= beach)*: traeth(-au) *m*, glan(-nau) (*f*) môr; *S.a.* **quicksand. 3.** *(colour)*: lliw (*m*) tywod, tywodliw *m*, melynfrown *m*. **4.** *U.S: F:* **a man with plenty of ~,** dyn penderfynol, dyn di-droi'n-ôl. ~ **badger** *n. Z:* broch(-od, -ion) (*m*) tywod. ~ **bar** *n.* traethell(-au) *f*, bar(-rau) (*m*) tywod, banc(-iau) (*m*) tywod. **~-bath** *n.* baddon(-au) (*m*) tywod. **~-bed** *n.* haen (*f*) dywod (haenau tywod). ~ **belt** *n.* cefnen (*f*) dywod (cefnennau tywod). **~-bin** *n.* bin(-iau) (*m*) tywod. **~-binder** *n. Nat.Hist:* rhwymwr (rhwymwyr) (*m*) twyni. **~-blind** *a.* cibddall. ~ **bluestem** *n. Bot:* *(Andropogon hallii)*: glasgoesyn (*m*) y twyni. ~ **bur** *n. Bot:* *(Solanum rostratum)*: codwarth pigog *m*, cacamwci(*m*)'r tywod. ~ **casting** *vn. Metall:* swndgastio. ~ **cloth** *Th:* caenen (*f*) dywod (caenenni/caenennau tywod). ~ **comb** *n.* crib (*mf*) dywod/tywod (cribau tywod). **~-crack** *n. Vet:* hollt(-au) (*f*) yn y carn. ~ **dab** *n. Ich:* lleden (*f*) dywod (lledod tywod). ~ **dollar** *n. Z:* (*)swllt (sylltau) (*m*) môr. **~-dune** *n.* twyn(-i) *m* [tywod]. **~-eel** *n. Ich:* llymrïen (llymrïaid) *f*. **~-flea** *n.* = **sand-hopper. ~-glass** *n.* awrwydr(-au) *m*, gwydr(-au) tywod *m*. **~-grass** *n. Bot:* *(Triplasis; Catapodium)*: eiddilwellt *m*. **~-groper** *n.* cribiniwr (cribinwyr) (*m*) tywod, cloddiwr (cloddwyr) (*m*) am aur. **~-grouse** *n. Orn:* grugiar (*f*) dribys (grugieir tribys), iâr (ieir) (*f*) y diffeithwch. **~-hill** *n.* twyn(-i) (*m*) tywod, tywodfryn(-iau) *m*. **~-hill crane** *n. Orn:* garan(-od) (*f*) y twyni. **~-hopper** *n. Crust:* chwannen (*f*) draeth (chwain traeth), sbonc (*m*) y glennydd. ~ **inclusions** *n.pl.* cynhwysion tywod. **~-jack** *n. Civ.E:* jac(-iau) (*m*) tywod. ~ **leek** *n. Bot:* craf (*m*) y nadroedd. ~ **lance,** ~ **launce** *n. Ich:* = **sand-eel.** ~ **lily** *n. Bot:* *(Leucocrinum montanum)*: lili(*f*)'r twyni (lilïau'r twyni). ~ **lizard** *n. Rept:* madfall(-od) (*f*) y twyni. **~-martin** *n. Orn:* gwennol (gwenoliaid) (*f*) y glennydd, gwennol y tywod, gwennol y llynnoedd/llynnau, gwennol y traeth, gwennol y dŵr, gloig (*f*) y dŵr, *N.W:* penbwl (pennau-byliaid) *m*. ~ **myrtle** *n. Bot:* *(Dendrium buxifolium)*: myrtwydden (myrtwydd) (*f*) y twyni. **~-painting** *n.* paentiad(-au) (*m*) tywod. **~-pile** *n.* pentwr (pentyrrau) (*m*) tywod. **~-pit** *n.* pwll (pyllau) (*m*) tywod. **~-pointer** *n.* pwyntil(-au) (*m*) tywod, pensel (*f*) dywod (penseli tywod). **~-pump** *n.* pwmp (pympiau) (*m*) tywod. **~-rat** *n. Z:* llygoden (llygod) (*f*) yr anialwch, llygoden y twyni. **~-runner** *n. Orn:* = **dunlin. ~-shoe** *n.* pympsen (pŷmps) *f*, *S:* dapsen (daps) *f*. **~-shrimp** *n. Crust:* berdysyn (berdys) (*m*) y tywod. **~-sieve** *n.* gogr(-au) (*m*) tywod, rhidyll(-iau) (*m*) tywod. **~-skipper** *n.* = **sand-hopper. ~-spout** *n.* colofn (*f*) dywod (colofnau tywod). **~-spurrey** *n. Bot:* *(Spergularia rubra)*: tyw|odwlydd glasrudd *m*, troellig coch *m*; **greater ~-spurrey,** *(S. marginata)*: troellig mawr *m*. **~-star** *n. Z:* seren (sêr) (*f*) y tywod. **~-table** *n.* bwrdd (byrddau) (*m*) tywod. **~-tools** *n.pl.* offer tywod. **~-trap** *n. Golf:* = **bunker. ~-tray** *n.* bwrdd tywod. ~ **twitch** *n. Bot:* = **couch-grass (sand).** ~ **verbena** *n. Bot:* *(Abronia)*: ferfaen/ferfain (*f*) y twyni. ~ **violet** *n. Bot:* *(Viola arenaria)*: crinllys (*m*) y twyni, fioled (*f*) y twyni. ~ **viper** *n. Z:* gwiber(-od) (*f*) y twyni. ~ **wasp** *n.* cacynen (cacwn) (*f*) y tywod. ~ **wheel** *n. Min:* olwyn (*f*) dywod (olwynion tywod). **~-yacht** *n.* cwch (cychod) (*m*) tywod, bad(-au) (*m*) tywod.

sand[2] *v.t.* **1. to ~ a floor,** taenu tywod ar lawr. **2.** *(a) (of alluvium)*: **to ~ up an estuary,** cau/llenwi aber â thywod; *(b) v.i.* **to ~ [up],** llenwi â thywod. **3.** *(= polish with sand/sandpaper)*: sandio, swndio (rhth); sgwrio/glanh|au (rhth) â swnd/thywod.

sandal *n.* sandal(-au) *f*.

sandalwood *n.* **1.** *(wood)*: coed/pren (*m*) sandal, sandalwydd *m*. **2.** *(tree)*: sandalwydden (sandalwydd) *f*.

sandarag *n.* **1.** = **realgar. 2.** *(resin)*: sandrag *m*. **3.** *Bot:* coeden (coed) (*f*) sandrag.

sandbag[1] *n.* bag(-iau) (*m*) tywod.

sandbag[2] *v.t.* **1.** *(building)*: amddiffyn/clustogi (adeilad) â bagiau tywod. **2.** *F:* *(= stun)*: taro/bwrw/colbio/llorio (rhn) (â bag tywod).

sandbagger *n.* colbiwr (colbwyr) *m*.

sandbank *n.* traethell(-au) *f*, banc(-iau) (*m*) tywod, cefnen (*f*) dywod (cefnenni tywod).

sandblast[1] *n.* ffrwd (*f*) dywod, sgwrfa (*f*) â thywod.

sandblast[2] *v.t.* sgwrio (rhth) â thywod, swndio (rhth).

sandblaster *n.* chwythwr (chwythwyr) (*m*) tywod.

sandbox *n.* blwch (blychau) (*m*) tywod. ~ **tree** *n. Bot:* *(Hura crepitans)*: (*)coeden (*f*) gleciog (coed cleciog).

sandboy *n.* **as happy as a ~,** mor llawen â'r gog.

sandcastle *n.* castell (cestyll) (*m*) tywod.

Sandeman *a.* & *n. Rel.Hist:* **1.** *a.* Sandemanaidd. **2.** *n.* Sandemaniad (Sandemaniaid) *m&f*.

Sandemanianism *n. Rel.Hist:* Sandemaniaeth *f*.

sander *n. Mch:* peiriant (peiriannau) (*m*) sandio/swndio/sgwrio, sandiwr (sandwyr) *m*; **belt ~,** sandiwr belt; **disc ~,** sandiwr disg; **orbital ~,** sandiwr orbitol; **power ~,** sandiwr trydan.

sanderling *n. Orn:* hutan(-od) (*m*) y tywod, hutan llwyd, llwyd(-iaid) (*m*) y tywod.

sanders *n.* = **sandalwood.**

sandfly *n. Ent:* pryf(-ed) (*m*) tywod.

sandhi *n. Ling:* sandhi *m*.

sandhog *n. U.S:* cloddiwr (cloddwyr) *m*.

sandiness *n.* tywodogrwydd *m*.

sandiver *n. Glassm:* gorferw gwydr *m*.

sandlike *a.* tywodaidd.

sandling *n. Ich:* lleden fach (lledod bach) *f*.

sandlot *n. U.S:* llain (*f*) dywod (lleiniau tywod).

sandman *n.* **the ~ is coming,** mae Huwcyn [cwsg] yn dod; mae Siôn cwsg yn dod; *N.W: occ:* mae Huwcyn lonydd *or* Huwcyn nionyn yn dŵad.

sandpaper[1] *n.* papur (*m*) swnd, papur llyfnu.

sandpaper[2] *v.t.* llyfnu, swndio.

sandpapery *a.* garw (geirwon).

sandpiper *n. Orn:* **common ~,** *(Tringa hypoleucos)*: pibydd(-ion) (*m*) y traeth, pibydd y dorlan, gïach (giachod) (*f*) yr haf, sneipen (*f*) yr haf; **Baird's ~,** *(Calidris bairdii)*: pibydd Baird; **broad-billed ~,** *(Limicola flacinellus)*: pibydd llydanbig; **buff-breasted ~,** *(Tryngites subrificollis)*: pibydd bronllwyd; **curlew ~,** *(C. ferruginea)*: gylfinir(-od,-iaid) bach *m*, corbibydd(-ion) *m*, pibydd cambig, pibydd gylfinog; **green ~,** *(T. ochropus)*: pibydd gwyrdd; **least ~,** *(C. minutilla)*: y pibydd lleiaf; **marsh ~,** *(T. stagnatilis)*: pibydd y gors; **pectoral ~,** *(C. melanotos)*: pibydd cain; **purple ~,** *(C. maritima)*: pibydd du, pibydd porffor; **semi-palmated ~,** *(C. pusillus)*: pibydd llwyd; **sharp-tailed ~,** *(C. acuminata)*: pibydd cynffonfain; **solitary ~,** *(T. solitaria)*: pibydd unig; **spotted ~,** *(T. macularia)*: pibydd mannog/brych; **stilt ~,** *(Micropalama himantopus)*: pibydd hirgoes; **Terek ~,** *(T. cinereus)*: pibydd lludlwyd; **upland ~,** *(Bartramia longicauda)*: pibydd cynffonhir; **Western ~,** *(C. mauri)*: pibydd y Gorllewin; **white-rumped ~,** *(C. fuscicollis)*: pibydd tinwen; **wood ~,** *(T. glareola)*: pibydd y graean.

sandsoap *n.* sebon bras *m*.

sandspit *n.* tafod(-au) (*m*) tywod.

sandstock *n. Const:* bricsen dywodlyd (brics tywodlyd) *f*.

sandstone *n. Geol:* tywodfaen (tywodfeini) *m*, carreg (*f*) dywod (cerrig tywod), *N.W:* carreg (*f*) rûd (cerrig grûd), *S: occ:* swnden *f*.

sandstorm *n.* storm (*f*) dywod (stormydd tywod).

sandwich[1] *n.* **1.** *N:* brechdan(-au) *f*; **cheese ~,** brechdan gaws (brechdanau caws); *P:* **to give s.o. a knuckle ~,** rhoi dwrn yng ngheg rhn, rhoi dyrnod i rn yn ei geg, *S.W:* rhoi cwlwm pump i rn. **2.** *Cu:* *(cake)*: teisen (*f*) ddwbl (teisennau dwbl), cacen ddwbl (cacenni/cacennau dwbl) *f*; **Victoria ~,** teisen felen Victoria. **3.** *attrib.* ~ **boat,** cwch yn y canol, cwch rhwng dwy

adran; ~ **course,** rhyng-gwrs (~-gyrsiau) *m*, cwrs (cyrsiau) (*m*) bob yn ail, cwrs rhyngosod, cwrs brechdan. **~-board** *n.* bwrdd (byrddau) dwbl *m.* **~-cake** *n.* teisen ddwbl (teisennau dwbl) *f*, cacen ddwbl (cacennau/cacenni dwbl) *f.* **~ coin** *n.* darn(-au) (*m*) arian haenog. **~-counter** *n.* bar(-rau) (*m*) brechdanau. **~-loaf** *n.* torth (*f*) dun (torthau tun), torth frechdanau (torthau brechdanau). **~-man** *n.m.* dyn(-ion) deufwrdd. **~-tern** *n. Orn:* môr-wennol bigddu (~-wenoliaid pigddu) *f.*
sandwich² *v.t.* gwasgu, gwthio, gosod, dodi, rhoi (rhth rhwng rhth); rhyngosod (rhth).
sandworm *n. Z:* = **lugworm.**
sandwort *n. Bot:* tyw|odwlydd *m*, tywodlys *m*; **Alpine ~,** = **sandwort (mountain); Appenean ~,** *(Minuartia graminifolia):* tywodwlydd yr Apeninau; **arctic ~,** = **sandwort (Norwegian); Austrian ~,** *(M. austriaca):* tywodwlydd Awstria; **Balearic ~,** *(Arenaria balearica):* tywodwlydd Sbaen; **bergamasque ~,** *(M. grignensis):* tywodwlydd b|ergamasg; **cadi ~,** *(A. huteri):* tywodwlydd cadi; **Carnic ~,** *(A. pigericina):* tywodwlydd Carnig; **ciliate-leaved ~,** = **sandwort (fringed); creeping ~,** *(Moehringia ciliata):* tywodwlydd ymlusgol; **curved ~,** *(M. recurva):* tywodwlydd deilgam; **fine-leaved ~,** *(M. hybrida):* tywodwlydd meindwf; **fringed ~,** *(A. ciliata):* tywodwlydd eddïog; **imbricate ~,** *(A. tetraquetra):* tywodwlydd pedronglog; **Irish ~,** = **sandwort (fringed); large-flowered ~,** *(A. grandiflora):* tywodwlydd blodeufawr; **mossy ~,** *(Moehringia muscosa):* tywodwlydd mwsoglyd; **mountain ~,** *(M. rubella):* tywodwlydd bychan coch; **narrow-leaved ~,** *(Moehringia bavarica):* tywodwlydd culddail; **northern ~,** *(M. biflora):* tywodwlydd y gogledd; **Norwegian ~,** *(A. norvegica):* tywodwlydd Norwy; **pink ~,** *(A. purpurescens):* tywodwlydd rhosliw; **purple ~,** *(A. rubra):* tywodwlydd glasrudd; **rock ~,** *(M. rupestris):* tywodwlydd y graig; **sea ~,** *(a)* = **purslane (sea);** *(b) (Honkenya peploides):* tywodwlydd arfor; **sickle-leaved ~,** = **sandwort (curved); slender ~,** *(A. leptoclados):* tywodwlydd main; **south-eastern ~,** *(Moehringia diversifolia):* tywodwlydd amryddail; **spring ~,** *(M. verna):* tywodwlydd y gwanwyn; **Teesdale ~,** *(M. stricta):* tywodwlydd unionsyth; **three-veined ~,** = **sandwort (wood); thyme-leaved ~,** *(A. serpyllifolia):* tywodwlydd gruwddail/teimddail; **vernal ~,** = **sandwort (spring); wood ~,** *(Moehringia trinerva):* tywodwlydd llyri|ad-ddail teirnerf.
sandy *a.* **1.** tywodlyd, tywodog; **~ land,** tywotir(-oedd) *m*; *Med:* **~ blight,** llid gronynnog *m* [ar y llygad]. **2.** *(hair):* tywodliw, lliw tywod.
sane *a.* call, yn eich iawn bwyll, synhwyrol, rhesymol.
sanely *adv.* yn gall *&c.*
saneness *n.* callineb *m*, pwyll *m*, synwyroldeb *m.*
sanforize *v.t. Tex:* sanfforeiddio.
sang *v. See* **sing.**
sangar *n.* bronglawdd (brongloddiau) *m* (*pronounced* ng-g).
sangaree *n.* sangrïa *m* (*pronounced* ng-g).
sang-de-boeuf *n. & attrib.* coch tywyll (*m*), gwaetgoch (*m*), gwaedrudd (*m*), lliw (*m*) gwaed yr ych.
sangfroid *n.* pwyll *m*, hunanfeddiant *m.*
sangreal *n.* = **Grail.**
sangria *n.* sangrïa *m* (*pronounced* ng-g).
sanguification *n.* ffurfio (*vn*) gwaed, gwaedffurfiant *m.*
sanguinaria *n. Bot:* = **bloodroot.**
sanguinarily *adv.* yn waedlyd *&c.*
sanguinariness *n.* creulondeb *m.*
sanguinary *a. (a) (battle):* gwaedlyd; *(b) (law, pers.):* creulon, gwaedlyd, gwaetgar, anwar, anwaraidd.
sanguine *a. & n.* **1.** *a. (a) (complexion):* gwridog, gwritgoch(-ion), *occ:* gwaedog; *(b) (temperament): A.Med:* gwaedlon; *(= hearty):* calonnog, gwresog, brwd; *(= optimistic):* hyderus, gobeithiol, ffyddiog, gobeithgar. **2.** *n. Art: (crayon):* sialc coch *m*, pensel goch (penseli coch) *f*; *(drawing):* dyluniad(-au) (*m*) sialc coch.
sanguinely *adv.* yn obeithiol *&c.*
sanguineness *n.* hyder *m*, gobeithlonrwydd *m*, ffyddiogrwydd *m*, calonogrwydd *m.*
sanguineous *a.* gwaedol, gwaedog, gwaetgoch(-ion).
sanguinity *n.* = **sanguineness.**
sanguinolent *a.* gwaedlyd.
sanguinopurulent *a.* llawn crawn a gwaed.
Sanhedrin *n. Jew.Ant:* Sanhedrin *m.*
sanicle *n. Bot:* **[wood] ~,** *(Sanicula europaea):* clust (*f*) yr arth, g|orchwraidd *f*, g|olchwraidd *f*, golchyddes *f*, golcheuraid *f*, gwengraith *f* (*pronounced* ng-g), iachlys fechan *f*; **mountain ~,** *(Astrantia major):* clust yr arth fynyddig.
sanies *n. Med:* gôr gwyrdd *m*, crawn gwyrdd *m.*
sanify *v.t.* gwella, iachuso.
sanious *a. Med:* crawnog, gorllyd.
sanitarian *a. & n.* **1.** *a.* iechydol. **2.** *n.* iechydwr (iechydwyr) *m.*
sanitarily *adv.* yn lanwaith *&c.*
sanitariness *n.* glanweithdra *m.*
sanitarium *n. U.S:* = **sanatorium.**
sanitary *a.* **1.** *(= hygienic):* glanwaith. **2.** *(= pertaining to sanitation):* glanweithiol, iechydol; **~ convenience,** cyfleuster(-au) iechydol *m*; **~ engineer,** peiriannydd (peirianwyr) (*m*) carthffosiaeth; **~ engineering,** peirianneg lanweithiol *f*; **~ inspector,** arolygwr (arolygwyr) (*m*) glanweithdra; **~ towel,** cadach(-au) (*m*) misglwyf/mislif, tywel(-i) (*m*) misglwyf/mislif; **~ ware,** offer (*pl*) ymolchfa.
sanitate *v.t.* = **sanitize.**
sanitation *n.* **1.** *(= sanitary conditions):* glanweithdra *m*; *(= sewerage &c):* carthffosiaeth *f.*
sanitization *n.*, **sanitize** *v.t.* glanweithio.
sanitized *a.* glanwaith, glanweithiedig.
sanity *n.* pwyll *m*, rheswm *m*, callineb *m.*
sanjak *n. Pol:* talaith (taleithiau) *f.*
sank *v. See* **sink².**
San Marinese *a. & n.* **1.** *a.* [o] San Marino, San Marinaidd. **2.** *n.* San Mariniad (~ Mariniaid) *m&f.*
sans *prep. Lit: & A:* heb + *soft mut.* **~-*culotte*** *n. Pol:* ***sans-culotte(-s)*** *m.* **~ *gêne*** *n.* hunanfeddiant *m.* **~ *pareil*** *a.* dihafal, di-ail. **~-serif** *n. Typ:* sans-seriff *m.*
sansculottic, sansculottish *a. Pol:* terfysglyd.
sansculottism *n. Pol:* terfysgaeth *f.*
sansei *n.* plentyn (plant) (*m*) o'r drydedd genhedlaeth.
sanserif *n. See* **sans.**
sansevieria *n. Bot:* tafod (*m*) mam yng nghyfraith.
Sanskrit *n. Ling:* Sansgrit *f, m.*
Sanskritic *a.* Sansgritaidd.
Sanskritist *n.* Sansgritiwr: Sansgritydd (Sansgritwyr) *m.*
Santa Claus *Pr.n.m.* Siôn Corn, Santa Clôs, *N.W: occ:* dyn bach (*m*) yr eira.
santal *n.* santal *m.*
santalaceous *a.* sandalwyddol.
santir *n. Mus:* santir(-au) *m*, dwsmel(-au) *m.*
santolina *n. Bot:* edafeddog (*f*) y môr, y llwyn cotymog *m.*
santonica *n. Bot:* y wermod fechan *f.*
santonin *n. Ch:* s|antonin *m.*
santour *n.* = **santir.**
sap¹ *n.* **1.** *Bot:* sudd(-ion) *m*, nodd(-ion) *m*, sug(-ion) *m.* **2.** *(= vigour):* ynni *m*, egni *m.* **3.** *U.S:* = **bludgeon¹.** **~-green** **1.** *a.* sugwyrdd (*f.* sugwerdd, *pl.* sugwyrddion). **2.** *n.* sugwyrdd *m.*
sap² *n. Mil:* ffos(-ydd) *f*, twnel(-i) *m*; **to drive a ~,** gyrru ffos, turio, tynelu (**to sth,** hyd at rth).
sap³ *v.t.&i.* **1.** *v.t. v.i. Mil:* turio, gyrru ffos, cloddio, tynelu (hyd at rth). **2.** *v.t. (= undermine):* tanseilio, tangloddio (*pronounced* ng-g). **3.** *v.t. (strength):* gwanh|au.
sap⁴ *n. F:* pen (*m*) dafad (pennau defaid), twpsyn (twps, twpsod) *m*, gwirionyn (gwirioniaid) *m*, hurtyn (hurtiaid) *m.*
sapajou *n. Z:* = **Capuchin, spider-monkey.**
sapan *n. Bot:* coeden (coed) (*f*) sapan.
sapanwood *n. Carp:* [pren] sapan *m.*
sapele *n.* **1.** *Bot:* coeden (coed) (*f*) sapele. **2.** *Carp:* [pren] sapele *m.*
sapful *a.* iraidd, noddlyd.
saphead *n.* = **sap⁴.**
sapheaded *a. F:* pendafadaidd, gwirion, hurt, ffôl, twp.
saphena *n. Anat:* saffena (saffenâu) *f.*
saphenous *a. Anat:* saffenaidd.
sapid *a.* blasus, dymunol.
sapidity *n.* blasusrwydd *m.*
sapience *n.* doethineb *m*, deallusrwydd *m.*
sapient *a.* doeth, deallus.
sapiential *a.* doethinebol; **~ books,** llyfrau doethineb.
sapiently *adv.* yn ddoeth *&c.*
sapindaceous *a. Bot:* sebonwyddol.

sapless *a.* *(tree):* di-nodd, di-sudd, sych (*f.* sech, *pl.* sychion), hysb (*f.* hesb, *pl.* hysbion); *(pers.):* difywyd, di-fynd, diegni, gwantan, diffrwyth, di-ffrwt.
saplessness *n.* hysbrwydd *m,* sychder *m,* diffrwythder *m,* marw|eidd-dra *m,* diffyg (*m*) egni/ynni.
sapling *n.* **1.** coeden (coed) ifanc *f,* glasbren(-nau) *m,* glaswydden (glaswydd) *f,* marchwialen (marchwiail) *f.* **2.** = **youth 2**; (= *young greyhound):* milgi ifanc (milgwn ifainc) *m.*
sapodilla *n.* **1.** *Bot:* coeden (coed) (*f*) sapodila. **2.** *Carp: Cu:* sapodila *m.*
sapogenin *n.* sapogenin *m.*
saponaceous *a.* sebonol, sebonaidd, sebonog.
saponaceousness *n.* sebonolrwydd *m.*
saponaria *n. Bot:* sebonllys *m.*
saponifiable *a. Ind: Ch:* seboneiddiadwy.
saponification *n. Ind: Ch:* seboneiddio *vn.*
saponifier *n. Ind: Ch:* seboneiddiwr (seboneiddwyr) *m.*
saponify *v.t.&i. Ind:* seboneiddio; troi (rhth) yn sebon.
saponin *n. Ch:* saponin(-au) *m.*
saponite *n. Geol:* s|ebonit *m.*
sapor *n.* blas(-au) *m,* naws(-au) *f.*
saporous *a.* nawsol.
sapota *n.* = **sapodilla.**
sapotaceous *a.* sapodilaidd.
sappan *n.* = **sapan.**
sapper *n. Mil:* cloddiwr (cloddwyr) *m;* **engineer ~,** peiriannydd (peirianwyr) (*m*) yn y fyddin; *F:* **the Sappers,** y Cloddwyr.
sapphic *a.* & *n.pl. Pros:* **1.** *a.* Saffig. **2.** *n.pl.* **sapphics,** saffigion, llinellau saffig.
sapphire *n.* & *attrib.* **1.** *n. Miner:* saffir(-au) *m.* **2.** *attrib.* glas saffir, saffirlas. **~ wedding** *n.* priodas (*f*) saffir.
sapphirine *a.* saffiraidd; *Ich:* **~ gurnard,** ysgyfarnog(-od) (*f*) y môr.
sapphism *n.* = **lesbianism.**
sappiness *n.* **1.** ir|eidd-dra *m,* irder *m,* suddlonder *m,* noddlonder *m.* **2.** *F:* = **foolishness.**
sapping *vn.* = **sap**[3]; **basal ~,** gwaelod-danseilio.
sappy *a.* noddlyd, noddlon, ir, irlas (irleision), gwyrdd (*f.* gwerdd, *pl.* gwyrddion).
sapraemia *n. Med:* sapremia *m,* gwenwyn (*m*) gwaed.
sapraemic *a. Med:* sapremig.
saprobe *n.* saprob(-au) *m.*
saprobic *a.* saprobig.
saprobically *adv.* yn saprobig.
saprogenic *a.* saprogenig.
saprogenicity *n.* saprogenedd *m.*
saprogenous *a.* saprogenig.
saprolegnia *n.pl. Fung:* llwydni(*m*)'r pysgod, saprolegnia *pl.*
saprolite *n. Miner:* carreg bwdr (cerrig pwdr/pydron) *f.*
sapropel *n.* s|apropel *m,* llaid *m.*
sapropelic *a.* sapropelig.
saprophage *n. Nat.Hist:* s|aproffag (saproffagau) *m.*
saprophagous *a.* saproffagaidd.
saprophile *a.* & *n. Nat.Hist:* **1.** *a.* saproffilig. **2.** *n.* saproffiliad (saproffiliaid) *m&f.*
saprophyte *n. Nat.Hist:* s|aproffyt (saproffytau) *m.*
saprophytic *a. Nat.Hist:* saproffytig.
saprophytically *adv.* yn saproffytig.
saprozoic *a.* = **saprophytic.**
sapsago *n. Cu:* [caws *m*] sapsago *m.*
sapsucker *n. Orn:* cnocell(-au) (*f*) y gwynning.
sapwood *n.* gwynnin[g] *m.*
saraband *n. Danc:* s|araband (sarabandau) *f.*
Saracen *a.* & *n. Hist:* **1.** *a.* Sarasenaidd. **2.** *n.* S|arasen (Saraseniaid) *m&f.*
Saracenic *a. Hist:* Sarasenaidd.
Sarah *Pr.n.f.* Sara[h], *occ:* Sera.
saran *n. Ind:* saran *m.*
sarangi *n. Mus:* sarangi (sarangïau) *m* (*pronounced* ng-g).
sarcasm *n.* coegni *m,* gwatwareg *f;* **to use ~,** coegi.
sarcastic *a.* coeglyd, sarcastig, gwatwarllyd, deifiol; **~ remark,** *N.W:* weipan (weips) *f;* **a ~ man,** *N.W: occ:* slimiwr (slimwyr) *m;* **to be ~,** *N.W:* taflu weips, crafu, slimio, *S.W:* bipsan, sbengan.
sarcastically *adv.* yn goeglyd.
sarcelle *n.* = **teal.**
sarcenet *n.* = **sarsenet.**
sarcocarp *n. Bot:* cnodffrwyth(-au) *m.*
sarcoid *n. Med:* sarcoid(-au) *m.*
sarcoidosis *n. Med:* sarcoidosis *m.*
sarcolemma *n. Anat:* sarcolema(-ta) *m.*
sarcolemmal *a. Anat:* sarcolemol.
sarcology *n. Anat:* sarcoleg *f.*
sarcoma *n. Med:* sarcoma(-ta) *m.*
sarcomatosis *n. Med:* sarcomatosis *m.*
sarcomatous *a. Med:* sarcomataidd.
sarcomere *n. Anat:* s|arcomer (sarcomerau) *m.*
sarcomeric *a. Anat:* sarcomerig.
sarcophagic, sarcophagous *a.* = **carnivorous.**
sarcophagus *n.* arch garreg (eirch cerrig) *f.*
sarcoplasm *n. Anat:* s|arcoplasm *m.*
sarcoplasmatic *a. Anat:* sarcoplasmatig.
sarcoplasmic *a. Anat:* sarcoplasmig.
sarcoptic *a.* sarcoptig; **~ mange,** y clafr craflyd *m.*
sarcosomal *a. Anat:* sarcosomol.
sarcosome *n. Anat:* s|arcosom (sarcosomau) *m.*
sarcous *a.* cnodiog, cyhyrog.
sard *n. Miner:* sard(-au) *m.*
sardelle *n. Ich:* = **sardine.**
sardine[1] **1.** *n. Ich:* sardin(-s, sardiniaid) *m, occ:* pennog (penwaig) (*m*) Mair; **packed like ~s,** fel penwaig yn yr halen.
sardine[2] *n. B: Lap:* sardin(-au) *m.*
Sardinia *Pr.n. Geog:* Sardinia *f.*
Sardinian *a.* & *n.* **1.** *a.* Sardinaidd; *(in language)*: Sardeg. **2.** *n.* *(a) Ethn:* Sardiniad (Sardiniaid) *m&f*; *(b) Ling:* Sardeg *f.*
sardius *n. B:* = **sard.**
sardonic *a.* coeglyd, eironig, sardonig, *N.W: occ:* glas, glasig; **~ smile,** glas wên *f,* glaswen(-au) *f,* crechwen(-au) *f;* **~ laughter,** glaschwerthin *vn.*
sardonically *adv.* yn goeglyd *&c.*
sardonicism *n.* coegni *m.*
sardonyx *n. Miner:* sardonycs(-au) *m.*
sargasso *n. Algae:* gwymon (*m*) sargaso; *Geog:* **the S~ Sea,** y Môr (*m*) Sargaso.
sargassum *n. Algae:* sargaswm *m,* gwymon (*m*) sargaso. **~ fish** *n. Ich:* pysgodyn (pysgod) (*m*) sargaso.
sarge *n. F:* = **sergeant.**
sari *n. Cost:* sari(-s, sarïau) *mf.*
sarin *n. Ch:* sarin *m.*
Sark *n.* Sarc *f.*
Sarkese *a.* & *n.* **1.** *a.* Sarcaidd, [o] Sarc; *(in language)*: Sarceg. **2.** *n. (i) Ethn:* Sarciad (Sarciaid) *m&f*; *(ii) Ling:* Sarceg *f, m.*
sarking *n. Const:* byrddau (*pl*) nenfwd, byrddau dan do.
sarky *a. P:* coeglyd.
Sarmatian *a.* & *n.* **1.** *a.* Sarmataidd. **2.** *n.* Sarmatiad (Sarmatiaid) *m&f.*
sarmentose, sarmentous *a. Bot:* rhedegog.
sarnie *n. F:* = **sandwich**[1].
sarod[e] *n. Mus:* sarod(-au) *f.*
sarodist *n. Mus:* sarodydd(-ion) *m.*
sarong *n. Cost:* sarong(-au) *mf.*
saros *n. Astr:* saros(-au) *m.*
sarracenia *n. Bot:* piserlys(-iau) *m.*
sarraceniaceous *a. Bot:* piserlysol.
sarsaparilla *n. Bot:* sarsaparila *m.*
sarsen *n. Archeol:* clogfaen (clogfeini) *m.*
sarsenet *n. A: Tex:* sarsned *m.*
sartorial *a.* teilwrol, teilwraidd, dilladol.
sartorially *adv.* o ran dillad.
sartorius *n. Anat:* sartoriws (sartorii, sartoriysau) *m.*
Sartrean, Sartrian *a.* Sartraidd.
Sarum *Eng.Pl.n. Ecc:* Caersallog, Caersallwg *f.* **~ use** *n.* defod (*f*) Caersallog.
sarus crane *n. Orn:* garan(-od) (*f*) saras.
sash[1] *n. Cost:* gwregys(-au) *m,* sash(-is,-iau) *m.*
sash[2] *n. Constr:* *(of window):* ffrâm (fframiau) *f.* **~-bar** *n.* bar(-rau) (*m*) ffenestr. **~-catch** *n.* clicied(-i, -au) (*f*) ffenestr. **~-cord** *n.* cortyn (cyrt) (*m*) ffenestr. **~-cramp** *n.* cramp(-iau) hir *m.* **~-fastener** *n.* caewr (caewyr) (*m*) ffrâm. **~-frame** *n.* ffrâm (fframiau) (*f*) ffenestr. **~-line** *n.* = **sash-cord.** **~-pivot** *n.* colyn(-

nau) (*m*) ffrâm. **~-tool** *n.* brwsh(-is) (*m*) ffenestr. **~-weight** *n.* pwysau (*m or pl*) ffenestr, *N.W: occ:* llygoden (llygod) *f.* **~-window** *n.* ffenestr (*f*) godi (ffenestri codi).
sashay *v.i.* torsythu, swagro, jarffio.
sashed *a.* **1.** *(***sash**[1]*):* gwregysog. **2.** *(window):* â ffrâm, mewn ffrâm.
sashimi *n. Cu:* s|ashimi *m.*
sasin *n. Z:* sasin(-od,-iaid) *m.*
sasine *n. Jur:* = **seisin.**
saskatoon *n. Bot:* criafolen (criafol) (*f*) sasgatŵn.
sasquatch *n. U.S: Myth:* gŵr (gwŷr) (*m*) blew, sasgwats(-iaid) *m.*
sass *n. & v.t.* = **sauce**[1] **2, sauce**[2]**, cheek.**
sassaby *n. Z:* sasabi (sasabïod, sasabïaid) *m.*
sassafras *n.* **1.** *Bot:* coeden (coed) (*f*) s|asaffras, tormaenwydden (tormaenwydd) *f.* **2.** *Pharm:* s|asaffras *m.*
Sassanian, Sassanid *a. & n.* **1.** *a.* Sasanaidd. **2.** *n.* Sasaniad (Sasaniaid) *m&f.*
Sassenach *n.* Sais (Saeson) *m*, Saesnes(-au) *f.*
sassy *a.* = **saucy.**
sassywood *n.* **1.** *Bot:* coeden (coed) (*f*) sasi. **2.** *or* **sassy bark,** rhisgl (*m*) sasi.
sastrugi *n.pl. Geog:* gwrymiau rhew, sastrwgi.
sat *v. See* **sit.**
Satan *Pr.n.m.* Satan(-iaid); *Prov:* **~ rebuking sin,** y diafol yn gweld bai ar bechod, tinddu medd y frân wrth yr wylan, y tegell yn galw'r sosban yn ddu.
satang *n. Num:* satang(-au) *mf.*
satanic *a.* dieflig, cythreulig, satanaidd.
satanically *adv.* yn ddieflig.
satanism *n.* sataniaeth *f.*
satanist *n.* satanydd(-ion) *m.*
satanology *n.* sataneg *f.*
satchel *n.* **[school] ~,** bag(-iau) (*m*) ysgol, bag llyfrau, *Lit: occ:* ysgrepan(-au) *f*; *Cy:* **saddle ~,** bag beic; *(= workbag): N: & M.W:* gwerpog *f*, gwerpaig *f*, wyrpaig *f.*
satchelful *n.* bag[i]aid (bageidiau) *m*, llond (*m*) bag(-iau), *Lit: occ:* ysgrepanaid (ysgrepaneidiau) *f.*
sate[1] *v.t.* **1.** digoni, llenwi, diwallu, bodloni. **2.** = **satiate.**
sate[2] *v. See* **sit.**
sated *a.* llawn, wedi'ch diwallu/digoni; **to become ~ with sth,** cael digon ar/o rth, cael llond bol/bola ar/o rth, diflasu ar rth, syrffedu ar rth.
sateen *n. Tex:* satin gwn|eud *m*, ffug-satin *m*, satîn *m.*
sateless *n.* anniwall.
satellite *n.* **1.** *Astr: Ph: &c: (natural):* lleuad osgordd (lleuadau gosgordd) *f*; *(artificial):* lloeren(-nau) *f.* **2.** *Pol:* gosgordd(-ion) *f.* **~ communication** *n.* cyfathrel|u (*vn*) trwy loeren. **~ computer** *n.* cyfrifiadur(-on) dibynno| *m.* **~ dish** *n.* dysgl (*f*) loeren (dysglau lloeren). **~ fort** *n.* isgaer (isgeyrydd) *f.* **~ moth** *n. Ent:* y cydymaith (cymdeithion) *m.* **~ state** *n.* gwlad ddibynnol (gwledydd dibynnol) *f.* **~ television** *n.* teledu (*m*) lloeren. **~ town** *n.* tref ddibynnol (trefi dibynnol) *f*, cylchdref(-i) *f.*
satellitic *a.* lloerennaidd, gosgordd; *Pol:* dibynnol.
satellitically *adv.* yn lloerennaidd.
satellitism *n.* dibynoliaeth *f.*
satem *a. Ling:* satem.
satiate *v.t.* diwallu, digoni; *(= surfeit):* syrffedu.
satiated *a.* wedi'ch diwallu/digoni (**with sth,** â rhth), wedi cael eich gwala a'ch gweddill (o rth), wedi syrffedu (ar rth).
satiation, satiety *n.* syrffed *m*; **to ~,** hyd at syrffed.
satin[1] *n.* **1.** *Tex:* satin *m*, sidan caerog/gloyw *m.* **~ bird** *n. Orn:* aderyn (adar) (*m*) sidan. **~ finish** *n.* llathredd *m*, sglein *mf.* **~ paper** *n.* papur (*m*) sglein. **~-spar** *n. Miner:* crisfaen/grisfaen (*m*) sidan. **~-stitch** *n. Needlew:* pwyth(-au) (*m*) satin. **~ weave** *n.* gwehyddiad (*m*) satin, gwehyddiad caerog. **~ white** *n.* gwyn (*m*) satin/sidan.
satin[2] *v.t.* sidanu.
satinet[te] *n. Tex:* satinét *m.*
satinflower *n. Bot:* **1.** *(Clarkia):* blodyn (blodau) (*m*) sidan. **2.** = **honesty**[2]**.**
satinize *v.t.* satineiddio.
satinwood *n.* **1.** *Bot:* sidanwydden (sidanwydd) *f.* **2.** *Carp:* sidangoed *m* (*pronounced* ng-g), pren (*m*) sidan, coed (*m*) sidan.
satiny *a.* sidanaidd.
satire *n. Lit:* dychan *m* (**of sth,** ar rth), gogan *m.*
satiric[al] *a.* dychanol; **~ poem,** dychangerdd(-i) *f* (*pronounced* ng-g), gwatwargerdd(-i) *f.*
satirically *adv.* yn ddychanol.
satirist *n.* dychanwr (dychanwyr) *m*, gwawdiwr (gwawdwyr) *m*, gwatwarwr (gwatwarwyr) *m*, dych|anwraig *f*, gw|awdwraig *f*, gwatw|arwraig *f.*
satirize *v.t.* dychanu, dychan, gwawdio (rhth); gwn|eud (rhth) yn gyff gwawd.
satirizer *n.* = **satirist.**
satisfaction *n.* **1.** *(a) (of debt):* ad-daliad *m*, taliad *m*, ad-dalu *vn*, talu *vn*; *(of promise):* cyflawniad *m*, cywiriad *m*, cyflawni *vn*, cywiro *vn*; *(b)* **~ for an offence,** iawn (*m*) am drosedd; **to demand ~ for an insult,** mynnu iawn am sarhad; **to give s.o. ~,** *(by a duel):* rhoi iawn i rhn, bodloni rhn; *(c) (of hunger, passion):* diwalliad *m*, diwallu *vn*, boddhad *m*, boddh|au *vn.* **2.** *(= satisfied feeling):* boddhad *m* (â rhth); bodlonrwydd *m*, bodlondeb *m* (ar rth); **to give (s.o.) ~,** rhoi boddhad (i rn); bodloni, boddh|au (rhn); **I note with ~. . .,** mae'n dda gennyf nodi. . .; **(the work will be done) to your ~,** (fe wneir y gwaith) wrth eich bodd, i'ch boddhad. **3. that is a great ~,** cysur mawr (*m*) yw hynny; mae hynny'n destun boddhad; mae hynny'n foddhad mawr.
satisfactorily *adv.* yn foddhaol.
satisfactoriness *n.* cyflwr boddhaol *m*, natur foddhaol *f.*
satisfactory *a.* boddhaol.
satisfiable *a.* bodlonadwy.
satisfied *a.* **1.** bodlon (**with sth,** ar rth), wrth eich bodd (â rhth), *S.W:* cysurus; **to rest ~ with sth,** bodloni ar rth. **2.** *(= convinced):* argyhoeddedig, sicr.
satisfy *v.t.* **1.** *(debt):* talu, ad-dalu, clirio; *(promise):* cyflawni, cywiro; *(condition):* cyflawni, bodloni; *(a claim):* bodloni. **2.** *(a)* **to ~ (s.o.),** bodloni, *occ:* boddloni (rhn); bod wrth fodd (rhn); rhyngu bodd (rhn); *F:* plesio (rhn); *(b) (a desire, appetite):* diwallu, digoni, bodloni, boddloni; **to ~ one's lust upon s.o.,** porthi'ch chwant ar rn; **to ~ every need,** diwallu pob angen, cwrdd â phob angen; *abs.* **food that satisfies,** bwyd sy'n digoni/plesio. **3.** *(= convince):* argyhoeddi, darbwyllo, sicrh|au; **to ~ s.o. of a fact,** argyhoeddi/darbwyllo rhn fod rhth yn ffaith; **I have satisfied myself (that. . .),** yr wyf wedi f'argyhoeddi fy hun, yr wedi fy sicrhau fy hun (fod. . .).
satisfying *a.* **1.** digonol, sy'n ddigon, boddhaol, sy'n bod[d]loni. **2.** *(= convincing):* argyhoeddiadol.
satisfyingly *adv.* yn ddigonol *&c.*
satrangi *n.* carped(-i) (*m*) cotwm.
satrap *n. Hist:* rhaglaw(-iaid) *m*, llywodraethwr (llywodraethwyr) *m.*
satrapy *n. Hist:* rhaglawiaeth(-au) *f.*
satsuma *n. Bot:* satswma(-s) *m.*
saturable *a.* trwythadwy, dirlenwadwy.
saturant *a. & n.* **1.** *a.* trwythol. **2.** *n.* trwythydd(-ion) *m*, trwythwr (trwythwyr) *m*, dirlenwydd(-ion) *m.*
saturate[1] *v.t.* **1.** *(= soak):* trwytho, mwydo, trochi, *F:* socian; **to become saturated with sth,** ymdrwytho yn rhth. **2.** *Ch: Ph:* trwytho, hydrwytho, dirlenwi. **3.** *Com: &c: (= overfill):* gorlenwi, llenwi (rhth) yn dop, gorlwytho; **the market is saturated (with pop records),** mae'r farchnad yn orlawn/ orlwythog, mae'r farchnad yn llawn dop (o recordiau pop); *Mil:* **to ~ an area with bombs,** pledu/plastro ardal â bomiau; **to ~ s.o. with bullets,** rhidyllu/rhidyllio rhn â bwledi.
saturate[2] *a. Ch:* dirlawn, trwythedig.
saturated *a.* **1.** *(ground, bandage &c):* soeglyd, gorlawn, llawn dop (o ddŵr, gwaed *&c*). **2.** *Ph: Ch: El:* dirlawn, trwythedig; **supersaturated,** gordrwythedig, gorddirlawn; **~ vapour pressure,** gwasgedd (*m*) anwedd dirlawn; **~ fatty acid,** asid brasterog dirlawn *m*; *(colour):* dwys, llawn. **3.** *Com: &c: (market):* gorlawn, llawn dop, gorlwythog, llawn hyd y fyl (o rth).
saturation *n.* **1.** *(action):* trwythiad *m*, trwytho *vn*, *F:* sociad *m*, socian *vn.* **2.** *Ch: &c: (action):* dirlenwad *m*, dirlenwi *vn*, trwytho *vn*, hydrwytho *vn.* **3.** *(= fullness):* dirlawnder *m*; **to dissolve a salt to ~,** toddi halwyn hyd at ddirlawnder; *Journ:* **to give (sth) ~ coverage,** rhoi sylw trylwyr, rhoi sylw hyd at syrffed (i rth); *El.E:* cryfder *m.* **~ point** *n.* dirlawnbwynt *m*; **the market**

has reached ~ point, mae'r farchnad wedi cyrraedd ei llawn/llond; mae'r farchnad wedi cymryd hynny a wnaiff hi; mae'r farchnad yn orlawn *or* yn rhy lawn *or* yn llawn dop *or* yn orlwythog. **~ voltage** *n.* foltedd dirlawn *m.* **~ zone** *n.* cylchfa (*f*) ddirlawnder (cylchfaoedd/cylchfâu dirlawnder).

Saturday *n.* Sadwrn (Sadyrnau) *m*, dydd Sadwrn (dyddiau Sadwrn, dydd Sadyrnau) *m*; *adv.* **Saturdays,** bob dydd Sadwrn, ar [y] Sadyrnau, ar ddydd Sadyrnau.

Saturn *Pr.n. Astr: Myth:* Sadwrn *m.*

Saturnalia *n.pl. Rom.Ant:* y Satwrnalia, y Sadyrnolion *pl*; *(loosely)*: gloddest(-au) *mf.*

saturnalian *a.* satwrnalaidd, gloddestol.

Saturnian *a. & n.* **1.** *a.* Sadyrnaidd, Sadyrnol; **the ~ age,** yr oes (*f*) aur; **~ metre,** mydr Sadyrnaidd. **2.** *n.* *(a)* Sadyrniad (Sadyrniaid) *m&f*; *(b) pl. Pros:* Sadyrnolion.

saturnic *a. Path:* sadyrnig.

saturniid *n. Ent:* gwyfyn(-od) (*m*) sidan.

saturnine *a.* swrth, trymlyd, oerddu(-on).

saturnism *n. Path:* gwenwyn (*m*) plwm.

satyr *n.* **1.** *Myth:* gafrddyn(-ion) *m*, ellyll(-on) (*m*) y coed, satyr(-iaid) *m.* **2.** *(= lustful man):* trythyllwr (trythyllwyr) *m*, dyn(-ion) trythyll/ tinboeth *m.* **3.** *Ent:* **= satyrid.**

satyriasis *n.* satyriasis *m.*

satyric *a. Gr.Lit:* satyraidd, satyrig.

satyrid *a. & n.* **1.** *a. Ent:* satyraidd. **2.** *n. Ent:* satyrid(-au) *m.*

satyrion *n. Bot:* **frog ~,** llysiau(*pl*)'r ysgyfarnog, paladr blodeuwyrdd *m.*

sauce[1] *n.* **1.** saws(-iau) *m*, *F:* sôs (sosys) *m*; **caper ~,** saws caprau; **tomato ~,** saws tomato; **white ~,** *(for fish):* menyn (*m*) toddi; **[sweet] white ~,** menyn melys *m*, *N.W: occ:* melyn melys *m*; *Prov:* **hunger is the best ~,** enllyn bara da yw eisiau bwyd; *Prov:* **what is ~ for the goose is ~ for the gander,** yr hyn sydd yn amheuthun i'r ŵydd sydd amheuthun i'r ceiliagwydd; iawn i'r ŵydd, iawn i'r ceiliagwydd; **to serve (s.o.) with the same ~,** talu'r pwyth yn ôl, rhoi ei ffisig ei hun (i rn). **2.** *P: See* **cheek[1]**; **what ~!** am wyneb! dyna ddigywilydd! dyna ewn! **none of your ~,** llai o dy dafod di. **3.** *Fig:* **it's tame without the ~ of danger,** mae'n ddof/ddiflas heb smacht o berygl ynddi. **~ alone** *n.* **= garlic (hedge). ~-boat** *n.* jwg (jygiau) (*mf*) saws, dysgl(-au) (*f*) saws, llestr(-i) (*m*) saws.

sauce[2] *v.t.* **1. = season[2]. 2.** *P:* **= cheek[2].**

saucebox *n.* rhn (rhai) digywilydd *m*; *See* **saucy.**

saucepan *n.* sosban (sosbenni) *f*, *S.W: occ:* shesban (shesbenni) *f.*

saucer *n.* **1.** soser(-i) *f*; **flying ~,** soser hedegog. **2. = saucerful. ~ bug** *n. Ent:* pryf(-ed) (*m*) soser. **~ eyes** *n.pl.* llygaid fel soseri, llygaid soserog. **~-eyed** *a.* llygatrwth. **~ leaf** *n. Bot:* dail (*pl*) soseri. **~ oath** *n.* llw(*m*)'r soser.

saucerful *n.* soseraid (sosereidiau) *f*, llond (*m*) soser(-i).

saucerlike *a.* fel soser, soseraidd, soserog.

saucily *adv.* **= cheekily.**

sauciness *n. F:* **= cheek[1], cheekiness.**

saucy *a.* **= cheeky;** sosi, *N.W: occ:* crasog.

Saudi *n. & attrib.* **1.** *n.* Sawdïad (Sawdïaid) *m&f.* **2.** *attrib.* Sawdïaidd.

Saudi Arabia *Pr.n. Geog:* Sawdi-Arabia *f.*

sauerbraten *n. Cu:* sawerbraten *m.*

sauerkraut *n. Cu:* bresych picl *m.*

sauger *n. Ich:* **1. = zander. 2. = wall-eye.**

Saul *Pr.n.m.* Saul.

sault *n.* rhaeadr(-au, rhëydr) *f.*

sauna *n.* sawna (sawnau) *m.*

saunter[1] *n.* tro(-eon) hamddenol *m.*

saunter[2] *v.i.* **to ~ [along],** swmera, mynd linc-di-lonc, mynd ling-di-long, linc-di-loncian, cerddetian, mynd [o] dow [i] dow; **to ~ across the road,** croesi'r ffordd wrth eich pwysau.

saunterer *n.* swmerwr (swmerwyr) *m*, swm|erwraig *f.*

saurel *n. Ich:* **= mackerel (horse).**

saurian *a. & n. Rept:* **1.** *a.* madfallaidd. **2.** *n.* madfall(-od) *f.*

sauropod *a. & n.* **1.** *a.* sawropodaidd. **2.** *n.* s|awropod (sawropodau) *m.*

sauropodous *a.* sawropodaidd.

saury *n. Ich:* sgiper(-iaid) *m.*

sausage *n.* **1.** *Cu:* sosej(-is) *f*, *Lit:* selsigen (selsig) *f*, *N.W: occ:* sosen (sosij) *f*, s|osinjar(-s) *f*; *P:* **not a ~,** dim ffeuen, dim un dim, affliw o ddim, dim yw dim. **2.** *Min: Mil: &c:* sosej(-is) *f.* **~ dog** *n. F:* ci (cŵn) (*m*) llathaid. **~-meat** *n.* cig (*m*) selsig/sosej, briwgig *m*, cig mân. **~-roll** *n. Cu:* rhôl (rholiau) (*f*) sosej/selsig.

saussurea *n. Bot:* **alpine ~,** *(Saussurea alpina):* dant (*m*) pysgodyn mynyddig, lliflys mynyddig *m*; **dwarf ~,** *(S. pygmaea):* lliflys bychan; **heart-shaped ~,** *(S. discolor):* lliflys calonddail.

Saussurian *a. & n.* **1.** *a.* Saussuraidd. **2.** Saussuriad (Saussuriaid) *m&f.*

sauté[1] *a.* ffriedig, wedi ei ffrio'n ysgafn.

sauté[2] *v.t. Cu:* ffrio (rhth) yn ysgafn.

savable *a.* **1.** *(life &c):* achubadwy. **2.** *(money):* arbedadwy, cyniladwy. **3.** *(expense, trouble):* arbedadwy.

savage[1] *a. & n.* **1.** *a.* *(a)* *(= uncivilized):* gwyllt(-ion), anwar, anwaraidd, anniwylliedig; *(b)* *(animal):* ffyrnig, gwyllt, milain, mileinig; *(blow, kick):* creulon, ciaidd, milain, mileinig, *N:* brwnt (*f.* bront); *(c) F:* *(face, scowl, manner):* ffyrnig, milain, mileinig; *(= angry):* gwyllt, milain; **to grow ~,** troi'n filain, gwylltio'n gudyll. **2.** *n.* anwar(-iaid) *m*, anwariad (anwariaid) *m&f.*

savage[2] *v.t.* **1.** *(of animal):* llarpio (rhn), ymosod (ar rn); *(of critic):* tynnu (rhth) yn gareiau, rhoi'r/dodi'r lach (ar rth).

savagely *adv.* yn ffyrnig *&c.*

savageness, savagery *n.* **1.** *(of primitive race &c):* gwylltineb *m*, anwarineb *m*, anwaredd *m*, anwar|eidd-dra *m.* **2.** *(of a blow &c):* ffyrnigrwydd *m*, mileindra *m.*

savanna[h] *n. Geog:* safana (safanâu) *m.*

savant *n.* doethur(-iaid) *m*, doethor(-ion) *m.*

savate *n. Box:* safat *m.*

save[1] *n. Fb:* arbediad(-au) *m*, arbed *vn*, *F:* sêf(-s) *f*; **to effect a ~,** gwn|eud arbediad.

save[2] *v.t.* **1.** *(= rescue):* achub, arbed; **to ~ s.o.'s life,** achub/arbed bywyd rhn; **to ~ one's bacon, to ~ one's own skin,** achub eich pen/croen eich hun; **to ~ s.o. from death,** achub/arbed/gwaredu rhn rhag angau; **to ~ s.o. from falling,** arbed/atal/achub rhn rhag cael codwm; *Fb:* **to ~ the goal,** atal/arbed y bêl; **to ~ one's soul,** achub eich enaid, cael eich achub; **to ~ the situation,** dod/camu i'r adwy/bwlch; **to ~ appearances, to ~ face,** arbed/cadw wyneb; **to ~ s.o.'s good name,** arbed/achub enw da rhn; **[God] ~ me from my friends!** [Duw] a'm catwo rhag fy nghyfeillion! **~ your breath [to cool you porridge]!** dal dy wynt! dal d'anadl! taw (tewch)! paid â gwastraffu dy wynt/anadl! **you may ~ your pains/trouble,** peidiwch â mynd i drafferth; *Cr:* **to ~ the follow-on,** arbed/atal y canlyn-ymlaen; *Nau:* **to ~ the tide,** dal y llanw; **he won't go there to ~ his life,** aiff e ddim yno tros ei grogi; **God ~ the King!** Duw gadwo'r Brenin! **[God] ~ the mark,** maddeuwch imi am ddweud; **~ us!** rhad arnom! dir caton! caton pawb! neno'r Tad! a'n gwarcdo! *S.a.* **bacon, face[1]2. 2.** *(a)* *(= put aside):* neilltuo, rhoi/dodi (rhth) o'r neilltu, cadw, rhoi/dodi (rhth) heibio; **~ a dance for me,** cadwch ddawns i mi; *(b)* *(money):* arbed, cynilo, cadw, rhoi/dodi (rhth) o'r neilltu, *S.* dodi (rhth) heibio, **(I have money) saved,** (mae gennyf arian) wrth gefn, *N:* wedi ei hel/gelcio; **~ as you earn,** cynilo wrth ennill; **to ~ little by little,** cynilo fesul ceiniog; **to ~ on sth,** arbed arian ar rth; *abs.* **to ~ [up],** cynilo, *N.W:* celcio, troi arian heibio, sbario, *S.E:* sefyll arian, tolio, dolio; **to ~ up for one's old age,** cynilo ar gyfer eich henaint; **a penny saved is a penny earned/gained,** yr un peth yw cadw ac ennill; ceiniog a enillir yw'r geiniog a gedwir; cystal y geiniog a gynilaf â'r geiniog a enillaf; *(c) Ind:* *(by-products):* arbed, adennill. **3. to ~ one's clothes (from wear),** arbed eich dillad, cadw'ch dillad (rhag treulio); **to ~ time,** arbed amser; **in this way you ~ twenty per cent,** fel hyn byddwch yn arbed ugain y cant; **I am saving my strength,** 'rwy'n arbed fy nerth; rwy'n f'arbed fy hun; **to ~ on food,** arbed ar fwyd; **to ~ oneself for sth,** eich cadw'ch hun ar gyfer rhth; *S.a.* **stitch[1] 1. 4.** *(= spare):* **to ~ s.o. sth,** arbed rhth i rn; **this has saved him much expense,** fe arbedodd hyn lawer o gost iddo; **they would be saved all this labour,** caent arbed yr holl lafur hwn; fe arbedid yr holl lafur hwn iddynt; **to ~ s.o. the trouble of doing sth,** arbed i rn wneud rhth, arbed i rn y drafferth o wneud rhth. **~-all** *n.* **1.** *(device):* dyfais (*f*) gynilo (dyfeisiau cynilo). **2. = miser.**

save[3] *prep. A: Lit:* oddi eithr, ond, oddig|erth, ac eithrio (rhth); ar wahân (i rth); **all is lost ~ honour,** collwyd popeth ond anrhydedd.

savelin *n. Ich:* brithyll(-od,-iaid) cefnddu *m.*

saveloy *n. Cu:* selsigen (selsig) sych *f.*
saver *n.* **1.** = **saviour, rescuer**; *S.a.* **face**[1]. **2.** *(of money):* cynilwr (cynilwyr) *m*, cyn|ilwraig *f.*
savin[e] *n. Bot:* eithinfyw *mf*, eithin *(pl)* yr ieir.
saving[1] *a., prep. & conj.* I. *a.* **1.** *(a) (= protective):* amddiffynnol, gwaredol; *S.a.* **face**[1]; *(b) (grace &c):* achubol, gwaredol, arbedol, cadwedigol; **it has this ~ grace,** mae hyn o leiaf o'i blaid; mae ynddo'r rhinwedd hon o leiaf; **~ faith,** ffydd achubol/gadwedigol. **2.** *(= thrifty, economical):* darbodus, cynnil (o rth). **3.** *Jur:* **~ clause,** cymal amodol/rhwystrol. II. **1.** *prep. & conj.* = **save**[3]. **2.** *prep. A:* **~ your presence,** gyda phob parch i chwi.
saving[2] *n.* **1.** *(a) (= salvation):* achubiaeth *f*, iachawdwriaeth *f*, iechydwriaeth *f*; *(b) (= rescue):* arbediad(-au) *m*, achubiaeth, achub *vn*; *(c) (= protection):* amddiffyniaeth *f*, amddiffyniad *m.* **2.** *(of expense):* arbediad [arian/cost]; **~ ratio,** cymhareb *(f)* gynilo; *(b) pl.* **savings,** cynilion, *N: F:* celc *m*; **actual savings,** cynilion gwirioneddol, gwir gynilion; **corporate savings,** cynilion corfforaethol; **forced savings,** cynilion gorfodol; **planned savings,** cynilion arfaethedig; **National Savings,** Cynilion Cenedlaethol; **to live on one's savings,** byw ar eich celc/pentwr, *S. W:* byw ar eich cetyn; **to dip into one's savings,** *N.W:* mynd i'r pentwr. **savings account** *n.* cyfrif(-on) *(m)* cynilion. **savings bank** *n.* banc(-iau) *(m)* cynilo/cynilion. **savings bond** *n.* bond(-iau) *(m)* cynilo/cynilion. **savings box** *n.* blwch (blychau) *(m)* cynilo/cynilion, *F:* cadw-mi-gei *m (inv.)*, *M.W: occ:* cynilyn bocs(-ys) *m*, cynilen(-nau) *f.* **savings certificate** *n.* tystysgrif(-au) *(f)* cynilion.
saviour *n.* gwaredwr (gwaredwyr) *m*, iachawdwr (iachawdwyr) *m*; **Our Lord and S~,** Ein Harglwydd a'n Gwaredwr/ Hiachawdwr.
savoir-faire *n.* deheurwydd *m*, tact *m.*
savoir-vivre *n.* moesgarwch *m.*
savory *n. Bot: Cu:* sewyrllys *m*, safri *f*; **summer ~,** *(Satureja hortensis):* safri'r haf/gerddi; **winter ~,** *(S. montana):* safri'r gaeaf.
savour[1] *n.* **1.** *(= taste):* blas *m*, sawr *m.* **2.** *(= suggestion, trace):* sawr, awgrym *m*, smacht *m.*
savour[2] *v.t.&i.* **1.** *v.t.* blasu, sawru. **2.** *v.i. (of sth):* sawru (o rth); **a doctrine that savours of heresy,** athrawiaeth ac arni sawr heresi.
savouriness *n.* blas *m*, blasusrwydd *m.*
savourless *a.* di-flas, diflas, merfaidd.
savoury *a. & n.* **1.** *a. (a) (= tasty):* blasus; *(b) (= not sweet):* sawrus; **~ herbs,** perlysiau *pl*; **~ omelette,** omled sawrus. **2.** *n.* bwyd(-ydd) sawrus *m*, blasusfwyd(-ydd) *m*, *S.W: occ:* hallteithion *pl.*
Savoy *Pr.n. Geog:* Safwy *f.* **~ cabbage** *n. Hort:* cabetsen grech (cabets crych) *f*, bresychen grech (bresych crych) *f*, crychfresychen (crychfresych) *f*, bresychen (bresych) *(f)* Safwy, *S.W:* cabetsen gwrlog (cabets cwrlog).
Savoyard *a. & n.* **1.** *a.* o Safwy, Safwyaidd. **2.** *n.* Safwyad (Safwyaid) *m&f.*
savvy[1] *n. F:* synnwyr cyffredin *m*, crebwyll *m.*
savvy[2] *v.t. P:* gwybod, deall; **no ~,** wn i ddim; *N: F:* 'dwn im; *S: F:* 'smo i'n gwbod; 'sa i'n gwbod; **~?** wyt ti'n deall? wyt ti'n ei gweld hi? deall? *N: F:* dallt?
saw[1] *n. Tls:* llif(-iau) *f*; **to set a ~,** gosod trwch ar lif, gosod llif; **back ~,** llif gefn (llifiau cefn); **band-~,** cylchlif(-iau) *f*; **bow-~,** llif fwa (llifiau bwa); **buzz ~, circular ~,** llif gron (llifiau crynion); **compass ~,** = **saw (keyhole)**; **coping ~,** lli fwa fach (llifiau bwa bach); **cross-cut ~, two-handle ~,** llif draws (llifiau traws), llif groes (llifiau croes), trawslif(-iau) *f*; **dovetail ~,** llif ddyfftel (llifiau dyfftel), llif dyno fach (llifiau tyno bach); **drunken [grooving] ~,** llif chwil, llif gam (llifiau cam); **flooring ~,** llif lorio (llifiau llorio); **frame-~,** llif ffrâm; **lever frame fret ~,** llif ffret lifer; *S.a.* **fretsaw**; **hack-~,** llif fetel (llifiau metel), haclif(-iau) *f*; **hand ~,** llawlif(-iau) *f*, llif fach (llifiau bychain); **jig ~,** herclif(-iau) *f*; **keyhole ~, pad ~, compass ~,** llif dwll clo (llifiau twll clo), llif gwmpas (llifiau cwmpas); **musical ~,** llif gerddorol (llifiau cerddorol), llif ganu (llifiau canu); **panel ~,** llif banel (llifiau panel); **piercing ~,** llif rwyllo (llifiau rhwyllo); **pit-~,** llif pwll, *M.W:* llif bit (llifiau pit); **power ~,** llif beiriannol (llifiau peiriannol); **rip-~,** llif fras (llifiau bras); **sheet-~,** llif lem (llifiau llymion); **slitting ~,** llif agennu; **stone-~,** llif gerrig (llifiau cerrig); **tenon ~,** llif dyno (llifiau tyno). **~-bench** *n.* mainc *(f)* lifio (meinciau llifio). **~-cut** *n.* llifiad(-au) *m*, llifdoriad(-au) *m*; **radial ~-cut,** llifiad rheiddiol; **tangential ~-cut,** tanglifiad(-au) *m*; **through ~-cut,** llifiad trwodd. **~-doctor** *n.* danheddwr (danheddwyr) *(m)* llifiau. **~-edge** *n.* ymyl d[d]anheddog (ymylon danheddog) *mf.* **~-edged** *a.* danheddog, llifddanheddog. **~-fence** *n.* ffens *(f)* lif (ffensys llifiau). **~-file** *n.* ffeil(-iau) *(f)* hogi llif. **~-frame, ~-gate** *n.* ffrâm *(f)* lif (fframiau llifiau). **~-gin** *n.* heislan ddanheddog (heislanod danheddog) *f.* **~-horse, ~-jack** *n.* march (meirch) *(m)* llifio, caseg *(f)* lifio (cesyg llifio), *S.W:* car (ceir) *(m)* llifo. **~-pit** *n.* pwll (pyllau) *(m)* llifio/llif. **~-set** *n.* gwyrai (gwyreion) *f*, peth(-au) *(m)* gosod llif. **~-setting** *vn.* gosod llif, gosodiad *(m)* llif. **~-setting anvil** *n.* eingion(-au) *(f)* gosod llif. **~-setting hammer** *n.* morthwyl(-ion) *(m)* gosod llif. **~-sharpener** *n. Orn:* = **titmouse (great).** **~-table** *n.* bwrdd (byrddau) *(m)* llifio, bord *(f)* lifio (bordydd llifio). **~-timber** *n.* coed *(m)* llifio. **~-whet** *n. Orn:* = **owl (little).** **~-wort** *Bot: (Serratula tinctoria):* dant *(m)* y pysgodyn, lliflys *m*, *S. W:* gwidw(-od) *f*; **alpine ~-wort,** *(Saussurea alpina):* dant y pysgodyn mynyddig, lliflys mynyddig.
saw[2] *v.t.* llifio; **to ~ off a piece of wood,** llifio darn o bren; **to ~ the air,** chwifio'ch dwylo/breichiau *&c*; **to ~ on the fiddle,** rhygnu ar y ffidil; *Equit:* **to ~ a horse's mouth,** hacio ceg ceffyl.
saw[3] *n. (= maxim):* dywediad(-au) *m*, dihareb (diarhebion) *f*, gwireb(-au) *f*, hen air (~ eiriau) *m.*
saw[4] *v. See* **see**[1].
sawbill *n.* = **merganser.**
sawbones *n.* llifiwr (lifwyr) *(m)* esgyrn.
sawbuck *n.* **1.** = **saw-horse. 2.** *U.S:* papur(-au) *(m)* deg doler.
sawder[1] *n.* **soft ~,** sebon meddal *m*, gweniaith *f.*
sawder[2] *v.t.* seboni (rhn); gwenieithu, gwenieithio, gwerthu lledod (i rn).
sawdust *n.* blawd *(m)* llif, llwch *(m)* llif, *N.W: occ:* had *(m)* llif, llifion *pl*, blawdiach *m*, *N.E:* dwst *(m)* llif, twsli *m*, drwst *(m)* llif, trwst *(m)* llif.
sawer *n.* = **sawyer.**
sawfish *n. Ich:* llifbysgodyn (llifbysgod) *m*, pysgodyn (pysgod) *(m)* llif.
sawfly *n. Ent:* llifbryf(-ed) *m.*
sawgrass *n. Bot:* llemfrwynen (llymfrwyn) *f.*
sawing *vn.* llifio; *Bookb:* **~-in,** mewnlifio. **~-board** *n.* bwrdd (byrddau) *(m)* llifio, bord *(f)* lifio (bordydd llifio).
sawlog *n.* boncyff(-ion) *m.*
sawmill *n.* melin *(f)* lifio (melinau llifio).
sawn *a.* llifiedig, a lifiwyd, wedi ei lifio; **slash-~,** slaes-lifiedig. **~-off** *a.* **1.** *(shotgun):* cwta, llifiedig. **2.** *F: (pers.):* bychan *(f.* bechan, *pl.* bychain).
sawtooth[1] *n.* dant (dannedd) *(m)* llif.
sawtooth[2], **sawtoothed** *a.* [â] dannedd llif, llifddanheddog.
sawyer *n.* llifiwr (llifwyr) *m.* **~'s jack** *n.* car (ceir) *(m)* llifio, hors *(f)* lifio (horsys llifio), mul(-od) *m.*
sax[1] *n. Tls:* bwyell (bwyeill) *f*, twca(-od) *m.*
sax[2] *n. Mus: F:* sacs *m.*
saxatile *a. Nat.Hist:* y creigiau/graig, creigdrig.
saxboard *n. N.Arch:* cantel(-i) uchaf *m.*
saxe blue *a. & n.* **1.** *a.* llwydlas (llwydleision), glaslwyd(-ion). **2.** *n.* llwydlas *m*, glaslwyd *m.*
saxhorn *n. Mus:* sacsgorn (sacsgyrn) *m.*
saxicolous, saxicoline *a. Nat.Hist:* = **saxatile.**
saxifragaceous *a. Bot:* tormaenaidd.
saxifrage *n. Bot: (Saxifraga):* tormaen (tormeini) *m*, pupur *(m)* y fagwyr, briwion *(pl)* cerrig, clôr *(pl)* y brain, llyfenwy *m*; **alpine ~,** = **saxifrage (arctic)**; **alpine rivulet ~,** = **saxifrage (brook)**; **alternate-leaved golden ~,** *(Chrysosplenium alternifolium):* eglyn cylchddail *m*; **arctic ~,** *(S. nivalis):* tormaen mynyddig sypiog; **awl-leaved ~,** *(S. tenella):* tormaen meinddail; **bergamasque ~,** *(S. presolanensis):* tormaen b|ergamasg; **biennial ~,** *(S. adscendens):* tormaen dwyflynyddol; **blue ~,** *(S. caesia):* tormaen glas; **brook ~,** *(S. rivularis):* tormaen nant y mynydd; **bulbous ~,** *(S. bulbifera):* tormaen oddfog; **burnet ~,** *(Pimpinella saxifraga):* gwreiddiriog *m*, gwyddlwyn(-i) *m*; **celandine ~,** *(S. cymbalaria):* tormaen dilwyddaidd; **clustered alpine ~,** = **saxifrage (arctic)**; **cobweb ~,** *(S. arachnoidea):* tormaen gweol;

columnar ~, *(S. diapensioides):* tormaen colofnaidd; **drooping ~,** *(S. cernua):* tormaen crwn gogwyddol; **eastern ~,** *(S. sedoides):* tormaen y dwyrain; **encrusted ~,** *(S. crustata):* tormaen crawennog; **fragile ~,** *(S. paradoxa):* tormaen bregus; **French ~,** *(S. clusii):* tormaen Ffrengig; **geranium-like ~,** *(S. geranioides):* tormaen garanbigaidd; **greater burnet ~,** *(P. major):* gwreiddiriog mawr; **hairless mossy ~,** *(S. pentadactylis):* tormaen mwsoglaidd noeth; **hairy ~,** *(S. pubescens):* tormaen mân-flewog; **hairy alpine ~, = saxifrage (Irish); hawkweed ~,** *(S. hieracifolia):* tormaen heboglysaidd; **highland ~, = saxifrage (brook); Host's ~,** *(S. hostii):* tormaen Host; **Irish ~,** *(S. rosacea):* tormaen Gwyddelig, tormaen mynyddig blewog, tormaen crymddail; **kidney ~,** *(S. hirsuta):* tormaen blewog, tormaen arenddail/elwlenddail; **lesser bulbous ~, = saxifrage (drooping); livelong ~,** *(S. paniculata):* tormaen paniglog; **marsh ~,** *(S. hirculus):* tormaen y gors; **meadow ~,** *(S. granulata):* tormaen gwyn, clôr *(pl)* y brain; **mossy ~,** *(S. hypnoides/bryoides):* tormaen mwsoglaidd; **musky ~,** *(S. moschata):* tormaen mysgaidd; **neglected ~,** *(S. praetermissa):* tormaen esgeulusedig; **one-flowered cushion ~,** *(S. burserana):* tormaen unflodeuog; **opposite-leaved golden ~,** *(Chrysosplenium oppositifolium):* eglyn cyferbynddail; **orange ~,** *(S. mutata):* tormaen melyngoch *(pronounced* ng-g); **paniculate ~, = saxifrage (livelong); pepper ~,** *(Silaum silaus):* ffenigl *(m)* yr hwch; **Piedmont ~,** *(S. pedemontana):* tormaen Piedmont; **purple mountain ~,** *(S. oppositifolia):* tormaen glasgoch/cyferbynddail, blodyn *(m)* yr |Esgimo; **pyramidal ~,** *(S. cotyledon):* tormaen pigfain; **Pyrenean ~,** *(S. longifolia):* tormaen y Pyreneau; **reddish ~,** *(S. media):* tormaen cochlyd; **retuse-leaved ~,** *(S. retusa):* tormaen aflymddail; **rough ~,** *(S. aspera):* tormaen garw; **round-leaved ~,** *(S. rotundifolia):* tormaen deilgrwn; **rue-leaved ~,** *(S. tridactylites):* tormaen tribys, tormaen torwenwynddail. **scented-leaved ~,** *(S. nervosa):* tormaen perddail; **scree ~, = saxifrage (Irish); slender ~,** *(S. tenuis):* tomaen main; **spoon-leaved ~,** *(S. cuneifolia):* tormaen llwyddeiliog; **starry ~,** *(S. stellaris):* tormaen serennog, llyfenwy'r goferau; **thick-leaved ~,** *(S. callosa/lingulata):* tormaen tewddail; **tufted ~,** *(S. caespitosa):* tormaen siobynnog; **two-flowered ~,** *(S. biflora):* tormaen deuflodeuog; **water ~,** *(S. aquatica):* tormaen y dŵr; **white musky ~,** *(S. exarata):* tormaen mysgaidd gwyn; **wood ~,** *(S. umbrosa):* tormaen y coed; **yellow mountain ~,** *(S. aizoides):* tormaen melyn mynyddig; **yellow bog/marsh ~,** *(S. hirculus):* tormaen melyn y gors.

saxitoxin *n. Ch:* sacsitocsin *m.*

Saxon *a. & n.* **1.** *a.* Sacsonaidd, [o] S|acsoni; **~ blue,** glas *(m)* Sacsoni; *Hist:* **the Count of the ~ Shore,** Gwarchodwr *(m)* y Glannau Sacsonaidd. **2.** *n. (i) Ethn:* Sacson(-iaid) *m*, Sacsoniad (Sacsoniaid) *m*, Sacsones(-au) *f*; *(ii) Ling:* Sacsoneg *f, m.*

Saxony *Pr.n. Geog:* S|acsoni *f.*

saxophone *n. Mus:* s|acsoffon (sacsoffonau) *m.*

saxophonic *a. Mus:* sacsoffonig.

saxophonist *n. Mus:* sacsoffonydd(-ion) *m.*

saxtuba *n. Mus:* sacstiwba (sacstiwbâu) *m.*

say[1] *n.* dweud *vn*, gair (geiriau) *m*, barn(-au) *f*, *F:* pwt (pytiau) *m*; **to have one's ~,** cael dweud eich barn/pwt, *occ:* dweud eich dweud; **let me have my ~,** gadewch imi ddweud fy mhwt; **I have no ~ in the matter,** 'does gen i ddim llais *(m)* yn y peth.

say[2] *v.t.* dweud, *N: F:* deud, *S: F:* gweud, *Lit:* dywedyd **(to s.o.,** wrth rn, *A: &c: in a few set phrases,* i rn). *The isolated verb forms:* ebr, ebe, eb, *N: F:* ebra **(= said, quoth),** *now mainly literary, may precede any person and introduce quoted words:* **"all right", said I/he/she &c,** "o'r gorau", ebe fi/ef/hi. *The verb* meddaf *has only the present tense* (meddaf, meddi, medd, meddwn, meddwch, meddant, *impers.* meddir) *and imperfect tense* (meddwn, meddet, meddai, meddem, meddech, meddent, *impers.* meddid); *and has no vn. It introduces direct or indirect speech:* **she was, he said, a credit to the school,** yr oedd hi, meddai ef, yn glod i'r ysgol; **said Gwyn, "what next?"** meddai/ebe Gwyn, "beth nesaf?" **that, ~ I, is the answer,** dyna, meddaf i, yw'r ateb. *Similarly in the S: the forms* myntwn i, mynte fe/hi, mynten nhw *introduce direct or indirect speech.* **1.** *(a)* **to ~ (= pronounce) a word,** dweud/yngan gair; **he could not go, he said,** ni allai fynd, meddai; **(it's the wettest place in the country) so they say,** (dyma'r lle gwlypaf yn y wlad) meddir, medden nhw; **to ~ nothing,** peidio â dweud dim, gwasgu ar eich gwynt, gwasgu'ch brest; **to ~ no more about sth,** tewi [sôn] am rth; **to ~ sth out,** llefaru/traethu rhth yn groyw *or* heb flewyn ar dafod; **I'm not saying,** ddyweda' i ddim; **it doesn't ~ anything to me,** nid yw'n golygu dim i mi; *(when pouring drink):* **~ when!** dywed(-wch) faint! **(his language was irreverent) not to ~ blasphemous,** (yr oedd ei iaith yn amharchus) neu hyd yn oed yn gableddus, onid *or* os nad yn gableddus; **(yes) I dare ~,** (ie) am a wn i, mae'n siŵr [gen i], mae'n debyg, digon tebyg/posib, dichon; **I dare ~ she's gone,** am a wn i ei bod wedi mynd; tebyg ei bod hi wedi mynd; mae'n siŵr gen i ei bod hi wedi mynd; *N: F:* mae hi wedi mynd, decin i (= mae'n debyg gen i); *S:* fe aeth hi, gwl|ei (= mi goelia' i); **to ask s.o. to ~ a few words,** gofyn i rn ddweud ychydig eiriau; **to ~ good morning to s.o.,** dweud bore da wrth rn; *F:* **who shall I ~?** pwy [a] ddywedaf i sydd yna? **to ~ (sth) again,** ail-ddweud, ailddywedyd, ailadrodd (rhth); dweud (rhth) eilwaith/eto/drachefn; dweud (rhth) yr eildro; **to ~ what one has to ~,** dweud eich pwt/dweud; **what does she ~?** beth mae hi'n ei ddweud? **what will she ~?** *N:* beth ddywed/ddyfyd hi? **who shall ~ her nay?** pwy a warafun iddi? pwy a'i gwrthyd? pwy a'i nacâ? *Jur:* **how ~ you?** beth yw eich dedfryd? **and so ~ all of us!** a dyna a ddywedwn oll! a dyna'n barn ni oll! **~ away! ~ on!** dos (ewch) ymlaen! *F:* cer(-wch) ymlaen! **to ~ yes to an invitation,** derbyn gwahoddiad; **what do you ~ to a drink?** beth am ddiferyn? beth am rywbeth i'w yfed? **he goes to the club - so he says!** mynd am y clwb y bydd o - meddai o! *B:* **thus saith the Lord,** felly y dywed yr Arglwydd; **"I accept" he said,** "o'r gorau" meddai/ebe fe; **they have a luxury home in London to ~ nothing of a holiday home in France,** mae ganddynt gartref moethus yn Llundain heb sôn am dŷ haf yn Ffrainc; **the Bible says...,** fe ddywed y Beibl...; yn ôl y Beibl...; chwedl y Beibl...; **the clock says ten,** mae hi'n ddeg o'r gloch ar y cloc; mae hi'n ddeg o'r gloch yn ôl y cloc; **though I ~ it who should not,** er nad fy lle i yw dweud hynny; *F: Hum:* **though I says it as shouldn't,** er na ddylwn i ddweud hynny; **as people ~, as they ~,** chwedl hwythau, fel maen' nhw'n dweud, *N: F:* chadal nhwytha', *Lit:* ys dywedir, ys dywedant, fel y dywedant; *S. W:* ys gwedo dyn, ys gwedon nhw; **so to ~,** fel pet|ai/pet|ae, fel 'tae, megis; **as one might ~,** fel pe dywedech, fel 'taech chi'n dweud, ys dywedid, fel y gellid dweud; **one might as well ~,** cystal ichwi ddweud; **I must ~...,** rhaid imi ddweud...; **(this news surprises me) I must ~,** (mae hyn yn newydd i mi) mae'n rhaid imi ddweud, rhaid cyfaddef; **that is to ~...,** hynny yw..., sef...; **to ~ sth about sth,** sôn am rth; **have you said anything about it to her?** a soniaist ti wrthi amdano? **I remember sth was said about it,** 'rwy'n cofio y bu sôn amdano; **the less said the better,** gorau po leiaf o sôn amdano; tawed y callaf; y callaf [a] dawo; gorau po leiaf a ddywedir; **~ no more!** 'does dim eisiau dweud rhagor! hanner gair i gall! **whatever you ~,** fel y mynnoch chi; **she has little to ~ for herself,** 'does ganddi fawr o sgwrs; 'does ganddi fawr i'w ddweud drosti ei hun; **he has plenty to ~ for himself,** mae ganddo ddigon i'w ddweud amdano'i hun; mae ganddo gloch dan bob dant; mae'n uchel ei gloch; **she didn't ~ a single word,** ni ddywedodd hi'r un gair o'i phen; ni ddywedodd hi na bw na be; ni ddywedodd hi'r un ebwch; *N. W: occ:* ddywedodd hi ddim boban; **at first they would have nothing to ~ to her,** ar y cychwyn gwrthodent dorri gair â hi; **the child wouldn't ~ a thing,** ni fynnai'r plentyn ddweud/yngan gair; **easier said than done,** haws dweud na gwneud; haws dweud mynydd na mynd drosto; hawdd yw dywedyd "dacw'r Wyddfa", nid eir drosti ond yn ara'; **~ what you will,** dywedwch a fynnoch; **there is sth to be said on both sides,** mae dadl ar y ddwy ochr; mae rhth i'w ddweud o blaid y ddwy ochr; **when all is said and done,** wedi'r cwbl; yn y pen draw; **no sooner said than done,** ar y gair, fe'i gwneir! **just ~ the word!** dywed pan fyddi di'n barod (dywedwch pan fyddwch chi'n barod)! dim ond iti (ichwi) ddweud! **this much can be said,** gellir dweud cymaint â hyn; **there is much to be said for beginning at once,** mae llawer o blaid dechrau arni ar unwaith; mae llawer i'w ddweud dros ddechrau ar unwaith; **that doesn't ~ much for his taste,** 'dyw hynny ddim yn dangos llawer o chwaeth ar ei ran; **you can ~ that again!** cytuno'n llwyr! hollol iawn! siŵr i chi! gwir bob gair! da y gwn i! amen i hynna! **I'll ~!** mi goelia' i! mi greda' i! synnwn i ddim! *P:* **you'[ve] said it!** yn hollol! i'r dim! dyna daro'r hoelen ar ei phen! dyna' i tharo hi yn ei thalcen! dyna hi i'r dim! 'rwyt ti'n iawn! 'rydych chi'n iawn! *P:* **you don't ~ so!** taw (tewch) [â] sôn! cer(-wch) o 'ma! *S.E:* paid â wilia! *S:* gwedwch y gwir! **~ it with flowers!** blodau amdani! blodau piau hi! **says you!** meddet ti! meddech chi! **who says so?** pwy sy'n dweud? *(b) (= report):* **they ~ that...; it is said that...,** mae sôn bod...; maen' nhw'n dweud bod...; dywedir/adroddir/sonnir bod...; **that is what people are saying,** dyna'r sôn [sydd ar led]; **he is said to be rich,** mae sôn ei fod yn gyfoethog; sonnir/dywedir ei fod yn gyfoethog; *(= opine):* **anyone would say (he was asleep),** fe dybiech, fe dybiai dyn, fe ddywedech, fe feddyliech (ei fod yn cysgu); **I should ~ (she has intelligence),** (mae ganddi ddigon o ben) i'm meddwl i, i'm tyb i, mi dybiaf/dybiwn i, fe ddywedwn i; **I should ~ (not),** (na) nid yn fy marn i, nid i'm tyb i, ni ddywedwn i mo hynny; **what ~ you? what would/do you ~?** beth yw'ch barn chi? **~ you so?** felly'n wir? felly 'rwyt ti'n dweud? **didn't I ~ so?** beth a ddywedais i? mi ddywedais i, on'd do? **it was you who said I was to go,** chi a ddywedodd y dylwn i fynd; **(drop by one of these days), ~ Sunday,** (dewch draw ryw ddiwrnod), dydd Sul efallai, dydd Sul dywedwch, dydd Sul er enghraifft; *(= suppose):* **~ I got the job,** a bwrw 'mod i'n cael y gwaith; a 'mod i'n cael y gwaith; petawn i'n cael y gwaith; dywed(-wch) fy mod i'n cael y gwaith; **if I had an income of ~ a hundred thousand a year,** petawn i'n ennill rhyw gan mil y flwyddyn; **three times round the track, ~ two miles,** teirgwaith o gwmpas y trac, dyweder dwy filltir; **well, ~ it were true, what then?** wel, petai'n wir, beth wedyn? **shall we ~ fifty pounds deposit?** a gawn ni ddweud hanner canpunt o ernes? beth am hanner canpunt o ernes? *(Exclamatory):* **I ~!** taw (tewch)! 'dawn i byth o'r fan! ar f'enaid i! ar fy ngair! **I ~ (that's not fair),** ara' deg, 'rhoswch chi ('dyw hynny ddim yn deg); *U.S:* **~ mister (can you tell me...)?** sgiwsiwch fi mistar, dywedwch i mi gyfaill (fedrwch chi ddweud wrtha' i...)? **I ~, what a smasher!** wel, am bishyn! wel, dyna bishyn! ar fy ngair dyna bishyn! ar f'enaid i dyna bishyn! **2. to ~ grace,** gofyn bendith; **to ~ mass,** dweud/adrodd/canu offeren. **~-so** *n.* **1.** *(= command):* gorchymyn (gorchmynion) *m*; **it's her ~-so,** hi sy'n cael dweud; hi biau dweud; ei gair hi sy'n cyfrif; **on my ~-so,** pan roddaf orchymyn, ar fy ngorchymyn, pan roddaf y gair, pan fydda' i'n dweud. **2.** *(= allegation):* honiad *m*; **it's her ~-so,** hi sy'n dweud; ei honiad hi yw ef.

say³ *n. A: Tex:* sae *m.*

sayer *n.* dywedwr (dywedwyr) *m*, dyw|edwraig *f.*

saying *vn. & n.* **1.** *(a)* **~ and doing,** dweud a gwneud; **it goes without ~ that...,** 'does dim rhaid/angen dweud bod...; *Lit:* afraid dweud bod...; **that goes without ~,** mae hynny'n ganiataol; *(b)* **there is no ~,** 'does dim dichon gwybod; 'does wybod; 'does dim modd dweud. **2.** *(a) (= thing said, quotation):* dywediad(-au) *m*, gair (geiriau) *m*, ymadrodd(-ion) *m*; *(b) (popular):* dihareb (diarhebion) *f*, hen air (~ eiriau) *m*, dywediad(-au) *m*; **as the ~ goes,** ys dywed yr hen air, fel y dywed yr hen air; *Theol:* **sayings collection,** casgliad(-au) *(m)* dywediadau.

scab¹ *n.* **1.** *(disease): (a) Vet:* y clafr *m*, y clefri *m*, *S.W:* mansh *m*; *(b) (of plants):* crach *pl.* **2.** *(= crust on wound &c):* crachen (crach, crachod) *f*, cramen(-nau) *f*, *S.W:* sgemen(-ni) *f.* **3.** *P: (pers.): Ind:* bradwr (bradwyr) *m.*

scab² *v.i.* **1.** *(of wound):* **to ~ [over],** magu crachen/crawen/cramen, crachennu, crawennu, cramennu, *S.W:* tortho. **2.** *P: Ind:* bradychu, gwerthu, bod yn fradwr. **3.** *Civ.E: (of road):* mynd yn dyllau.

scabbard *n.* gwain (gweiniau) *f*; **to throw away the ~,** dadweinio'r cleddyf. **~-fish** *n.* *gweinbysgodyn (gweinbysgod) *m.*

scabbiness *n.* **1.** golwg grachlyd *f* (ar rth). **2.** *P: (= meanness):* cyb|ydd-dod *m*, crintachrwydd *m.*

scabble *v.t.* brasnaddu.

scabby *a.* **1.** *Vet: (animal):* clafrog, clafrllyd. **2.** *(sore &c):* crachlyd, crachennog, crachog, cramennog, crawniog, cramenllyd; **to become ~,** crawennu, cramennu, magu crachen/cramen/crawn. **3.** *P: (a) (= contemptible):* gwael; *(b) (= stingy):* crintach, crintachlyd, cybyddlyd.

scabies *n. Med:* y crafu *m*, cosi gwyllt *m*, sgabies *m.*

scabietic *a. Med:* sgabietig.

scabiosa *n. Bot:* = **scabious ².**

scabious *a. & n.* **1.** *a.* = **scabby. 2.** *n. Bot:* clafrllys *m*; **Alpine ~,** *(Cephalaria alpina):* clafrllys yr Alpau; **devil's-bit ~,** *(Scabiosa pratensis):* clafrllys gwr|eidd-dan, tamaid *(m)* y cythraul, bara*(m)*'r cythraul, *S.W:* botwm *(m)* yr ysbryd drwg; **field ~,** *(Knautia arvensis):* clafrllys, penlas *f*, clais *m*, y benlas wen *f*; **Pyrenean ~,** *(S. pyrenaica/cinerea):* clafrllys y Pyreneau; **sheep's bit ~,** *(Jasione montana):* clefryn *m*, clafrllys y mynydd; **shining ~,** *(S. lucida):* clafrllys disglair; **small ~,** *(S. columbaria):* clarfllys bychan, y clafrllys lleiaf, *N: F:* blodyn *(m)* cawr; **sweet ~,** *(S. atropurpurea):* clafrllys pêr; **Tyrolean ~,** *(S. vestina):* clafrllys y Tyrol; **wood ~,** *(S. sylvatica):* clafrllys y coed; **yellow ~,** *(S. ochroleuca):* clafrllys melyn.

scabland *n. Geog:* g|arwdir (garwdiroedd) *(m)* basalt, crachdir(-oedd) *m.*

scablike *a.* cramennaidd, cramenllyd, crachennaidd, crachlyd.

scabrid *a. Nat.Hist:* garw (geirwon).

scabrous *a.* **1.** *Z: Bot: (= rough):* garw (geirwon), gerwin, cennog. **2.** *(= indecent):* anllad, anweddus.

scad *n. Ich:* = **mackerel (horse).**

scads *n.pl. U.S: P:* digonedd *m*, llond *(m)* gwlad, llwythi *pl*, pentwr *m*, peth wmbredd *m.*

scaffold¹ *n.* **1.** *(= gallows):* crocbren(-nau) *mf*; **to go to the ~, to mount the ~,** mynd ar y crocbren. **2.** *Const:* sgaffald(-iau) *f.* **3.** *(= platform):* llwyfan(-au) *mf.*

scaffold² *v.t. Const:* codi sgaffaldiau, sgaffaldio.

scaffolded *a.* sgaffaldiog.

scaffolder *n.* sgaffaldiwr (sgaffaldwyr) *m.*

scaffolding *n. Const:* sgaffaldiau *pl*, sgaffaldwaith *m.*

scaglia *n. Const:* calchfaen coch *m*, sgalia *m.*

scagliola *n. Const:* sgaliola *m.*

scalability *n.* natur ddringadwy *f*, cyflwr dringadwy *m*; **its ~ was evident,** yr oedd yn amlwg y gellid ei ddringo.

scalable¹ *a. (cliff &c):* dringadwy.

scalable² *a. (boiler, pipe):* digenadwy.

scalage *n. U.S:* **1.** *Com:* gostyngiad(-au) *m.* **2.** *For:* coed defnydd *m.*

scalar *a. & n.* **1.** *a.* sgalar. **2.** *n.* sgalar(-au) *m.*

scalare *n. Ich:* = **angel-fish.**

scalariform *a.* sgalaraidd.

scalation *n.* = **lepidosis.**

scalawag *n.* = **scallywag.**

scald¹ *n.* sgaldiad(-au) *m*, *S.E:* porcaid (porceidiau) *f.* **~-head** *n. Path:* crach drwg *pl.*

scald² *v.t. N:* sgaldian, sgaldio, *S:* sgaldanu, *S.E:* porci.

scalded *a.* sgaldiwyd/sgaldanwyd, wedi ei sgaldio/sgaldian, sgaldiedig, sgaldanedig; **like a ~ cat,** fel cath i gythraul.

scaldfish *n. Ich:* lleden chwith fach (lledod chwith bach) *f.*

scalding¹ *a.* **~ [hot],** sy'n sgaldian, berwedig [o boeth/dwym], chwilboeth, eiriasboeth; **~ tears,** dagrau poeth/hallt. **~ room** *n.* ystafell(-oedd) *(f)* sgaldanu.

scalding² *vn.* = **scald¹,².**

scale¹ *n.* **1.** *(on fish, bud &c):* cennyn (cennau) *m*, cen(-nau) *m*, *S.W:* llygad (llygaid) *f*; *(= bulb-layer):* gwisg(-oedd) *f*, haen(-au) *f*; *Med: (on skin):* cen *m*; *(of teeth):* cen, deintgen *m*, tartar *m*, plac *m*; *Lit:* **the scales fell from his eyes,** syrthiodd y cen oddi ar ei lygaid. **2.** *(in pipe, boiler, kettle):* calch *m*, cen. **~-armour** *n.* arfwisg gennog *f.* **~-board** *n.* haenfwrdd *m.* **~-bug** *n. Ent:* = **scale-insect. ~-fern** *n. Bot:* = **ceterach. ~-insect** *n. Ent:* pryf(-ed) cennog *m*, cenbryf(-ed) *m*; **apple ~-insect,** cenbryf yr afalau; **felted beech ~-insect,** cenbryf y ffawydd; **mussel ~-insect,** cenbryf y llwyfen; **oystershell ~-insect,** cenbryf wystrysaidd. **~-leaf** *n. Bot:* deilen gennog (dail cennog) *f.* **~-moss** *n. Bot:* cenfwsogl *m*, cenfwswm *m.* **~-preventer** *n.* atalydd(-ion) *(m)* cen, cenatalydd(-ion) *m.* **~-remover** *n.* digennwr (digenwyr) *m*, peth(-au) *(m)* tynnu cen. **~-winged** *a.* cenadeiniog. **~-work** *n.* cenwaith *m.* **~-worm** *n. Z:* llyng[h]yren gennog (llyngyr cennog) *f.*

scale² *v.t. & i.* I. *v.t.* **1.** *(= remove scale):* tynnu cen (oddi ar rth), digennu (rhth). **2.** *(= cover boiler &c with scale):* gorchuddio (â chen), cennu. II. *v.i.* **1. to ~ [off],** colli/bwrw cen. **2.** *(= gather scale):* magu cen, cennu, casglu cen, llenwi â chen.

scale³ *n.* **1.** *(for weighing):* padell(-au,-i, pedyll) *f*; **a pair of scales,** clorian(-nau) *f*, *Lit:* mantol(-ion) *f*; *Fig:* **to throw sth into the scales,** taflu rhth i'r fantol, rhoi rhth yn y fantol; **to turn/tip the scales,** troi'r fantol; **to turn the scales at ten stone,** pwyso deg stôn. **2.** *pl.* **[pair of] scales,** clorian *f*, *S:* tafol(-au) *f*; *S.a.* **steelyard; bathroom scales,** clorian lle ymolchi; **letter scales,** clorian lythyrau (cloriannau llythyrau); **to hold the scales even,** dal y fantol [yn wastad], cadw'r ddysgl yn wastad; **the scales of justice,** mantol cyfiawnder. **3.** *pl. Astr:* **the Scales,** arwydd (*m*) y Fantol.

scale[4] *v.i.* **to ~ six pounds,** pwyso chwephwys. **~ in** *v.i. Turf:* mynd/dod dros y glorian.

scale[5] *n.* **1.** *(a) (= system of degrees, grades):* graddfa (graddf|eydd, graddfâu) *f*; **attitude ~,** graddfa agweddiad; **molecular ~,** graddfa folecylaidd (graddfeydd molecylaidd); *Com:* **~ of prices,** graddfa brisiau (graddfeydd prisiau); **~ of charges,** graddfa daliadau (graddfeydd taliadau), graddfa amdaliadau; **~ of costs,** graddfa gostau (graddfeydd costau); **extra-statutory ~,** graddfa all-statudol; **the social ~,** yr ysgol gymdeithasol *f*; *Phil: &c:* **~ of being,** graddfa bod; *Phil: &c:* **~ of values,** graddfa werthoedd (graddfeydd gwerthoedd); *S.a.* **sliding[1]**; *Mth:* **~ of notation,** graddfa nodiant; **ordinary/denary/decimal ~,** graddfa ddegol (graddfeydd degol); **binary ~,** graddfa ddeuaidd (graddfeydd deuaidd); **comparative ~,** graddfa gymharol (graddfeydd cymharol); **isometric ~,** graddfa isometrig; **number ~,** graddfa rif; **plain ~,** graddfa seml (graddfeydd syml); **point ~,** graddfa bwyntiau (graddfeydd pwyntiau); **ternary ~,** graddfa driphlyg (graddfeydd triphlyg); *(b) (= graduated dial, meter &c):* deial(-au) *m*; *W.Tel:* **wavelength ~,** deial tonfeddi; *(c)* **diagonal ~,** graddfa groeslin (graddfeydd croeslin); **division of a ~,** gradden(-nau) *f*; **~ of two,** graddfa dau; **~ of three,** graddfa tri; *(d) (of map &c):* graddfa *f*; **(to draw sth) to ~,** (tynnu llun rhth), lluniadu rhth (wrth raddfa, yn ôl graddfa); **in ~,** cymesur, ar raddfa gywir; **out of ~,** ar raddfa anghywir, heb fod ar raddfa; **out of ~ [with sth],** anghymesur [â rhth], anghytbwys; **map of the ~ of...,** map ar raddfa o...; *attrib.* **~ drawing,** lluniad(-au) (*m*) wrth raddfa; **~ model,** model(-au) (*m*) wrth raddfa; **on a large ~,** ar raddfa fawr/eang; *S.a.* **large** I. **1**; **reproduction on a small ~,** atgynhyrchiad ar raddfa fechan; **economies of ~,** arbedion maint; **constant returns to ~,** adenillion digyfnewid i faint; **decreasing returns to ~,** adenillion gostyngol i faint; **increasing returns to ~,** adenillion cynyddol i faint; *(e)* **(to keep house) on a small ~,** (cadw tŷ) yn syml iawn, ar raddfa fechan. **2.** *Mus:* graddfa (graddf|eydd) *f*; **to sing up the ~,** canu'r raddfa; **to practise the scales,** ymarfer graddfeydd; *Mus:* **ascending ~,** graddfa esgynnol, graddfa'n esgyn; **chromatic ~,** graddfa gromatig (graddfeydd cromatig); **descending ~,** graddfa ddisgynnol (graddfeydd disgynnol), graddfa'n disgyn; **harmonic chromatic form ~,** graddfa gromatig harmonig (graddfeydd cromatig ~); **harmonic minor ~,** graddfa leiaf harmonig (graddfeydd lleiaf harmonig); **major ~,** graddfa fwyaf; **melodic chromatic form ~,** graddfa gromatig felodig (graddfeydd cromatig melodig); **melodic minor ~,** graddfa leiaf felodig (graddfeydd lleiaf melodig), **microtonic ~,** graddfa ficrotonig (graddfeydd microtonig); **pentatonic ~,** graddfa bentatonig (graddfeydd pentatonig); **relative major ~,** graddfa berthynol fwyaf (graddfeydd perthynol mwyaf); **relative minor ~,** graddfa berthynol leiaf (graddfeydd perthynol lleiaf); **tonic major ~,** graddfa fwyaf y tonydd; **tonic minor ~,** graddfa leiaf y tonydd; **whole tone ~,** graddfa tonau cyfan, graddfa'r tonau cyfartal. **~ drawing 1.** *n.* llun(-iau) (*m*) wrth raddfa, lluniad(-au) (*m*) wrth raddfa, graddluniad(-au) *m*. **2.** *vn.* lluniadu wrth raddfa, tynnu llun wrth raddfa. **~ factor** *n.* ffactor graddfa; **average ~ factor,** ffactor graddfa cyfartalog. **~ model** *n.* model(-au) (*m*) wrth raddfa, model ar raddfa lai, model bychan.

scale[6] *v.t.* **1.** *(mountain):* dringo (mynydd), cyrraedd copa (mynydd). **2. to ~ a map,** tynnu map wrth raddfa, tynnu map yn ôl graddfa; **to ~ a building,** lluniadu adeilad wrth raddfa, lluniadu adeilad yn ôl graddfa. **3. to ~ wages up,** codi cyflogau yn gymesur/gytbwys; **to ~ wages down,** gostwng costau'n gymesur/gytbwys; **to ~ up a drawing,** chwyddo/mwyh|au llun yn gymesur/gytbwys; **to ~ down a drawing,** lleih|au llun yn gymesur/gytbwys.

scaled[1] *a. (armour, fish &c):* cennog.

scaled[2] *a. (gauge, drawing &c):* graddedig.

scaleless *a.* di-gen.

scalelike *a.* fel cen.

scalene *a. & n.* **1.** *a.* anhafalochrog. **2.** *n. (a) Geom:* triongl(-au) anhafalochrog *m*; *(b) Anat:* = **scalenus.**

scalenus *n. Anat:* cyhyr(-au) anhafalochrog *m*, sgalenws (sgaleni) *m*.

scalepan *n.* padell (*f*) clorian (pedyll clorian/cloriannau).

scaler *n.* **1.** *(of fish, boiler, teeth &c):* digennwr (digenwyr) *m*, pliciwr (plicwyr) (*m*) cen. **2.** *El.E:* cylched(-au) (*m*) cyfrif. **3.** *(of mountains):* dringwr (dringwyr) *m*.

scaliform *a. Biol:* cenffurf, sgalaraidd; **~ thickening,** tewychiad(-au) sgalaraidd.

scaliness *n.* cenogrwydd *m*.

scaling *vn.* = **scale[6]**. **~ ladder** *n.* ysgol (*f*) ddringo (ysgolion dringo).

scall *n. Med:* clafr *m*, crach *m*, crach drwg, pengrach *m* (*pronounced* ng-g).

scallawag *n.* = **scallywag.**

scallion *n. Bot: N:* sibolsyn (sibols) *m*, sibolsen (sibols) *f*, *S:* sgaliwn(-s) *m*, sibwn(-s) *m*.

scallop[1] *n.* **1.** *(a) Moll:* cragen fylchog (cregyn bylchog) *f*, gylfgragen (gylfgregyn) *f*; **great/edible ~,** cragen Aberffro; **hunchback ~,** cragen grom (cregyn crymion), cragen warrog (cregyn gwarrog); **queen ~,** cwin(-iaid) *f*, cragen y frenhines; **tiger ~,** gylfgragen resog (gylfgregyn rhesog); **variegated ~,** gylfgragen amryliw; *(b) Cu:* cragen (cregyn) *f*. **2.** *Needlew:* sgolop (sgolpiau) *m*.

scallop[2] *v.t. Cu: Needlew:* sgolopio, sgolpio. **~-edge** *n.* ymyl(-on) sgolpiog *mf*.

scalloped *a.* sgolop, sgolpiog, danheddog, minfylchog, bylchog.

scalloping *n.* sgolpiau *pl.*

scallopini *n. Cu:* sgalopini *m*.

scallywag *n. F:* **1.** *(= rascal):* rapsgaliwn(-s) *m*, dyn(-ion) diffaith *m*, rôg (rogiaid) *m*, mawrddrwg *m*, cenau (cenawon, *usu.* cnafon) *m*, cnaf(-on) *m*, dihiryn (dihirod) *m*. **2.** *U.S: (= stunted animal):* crebyn, crab(-iau) *m*.

scalogram *n.* sg|alogram (sgalogramau) *m*.

scalp[1] *n.* croen (*m*) pen (crwyn pennau); **he's out for scalps,** mae am waed rhn. **~ hunter** *n.* blingwr (blingwyr) (*m*) pennau. **~ lock** *n.* cudyn (*m*) pen (cudynnau pennau).

scalp[2] *v.t.* **1.** *(a) (of Amer. Indians):* blingo pen (rhn), tynnu croen pen (rhn); sgalpio, *occ:* diwalltu, penflingo (rhn); **I was almost scalped by the machine,** bu bron i'r peiriant dynnu croen fy mhen i; *(b) Fig: (of critic):* tynnu (rhn) yn garciau, rhoi croen (rhn) ar y pared. **2.** *U.S: (= resell tickets):* adwerthu, ailwerthu (tocynnau).

scalpel *n. Surg:* fflaim (ffleimiau) *f*.

scalper[1] *n.* **1.** blingwr (blingwyr) (*m*) pennau. **2.** *U.S:* adwerthwr (adwerthwyr) *m*.

scalper[2] *n. Tls:* haearn (heyrn) (*m*) crafu.

scalpriform *a.* fel cŷn, cynffurf.

scaly *a.* **1.** *(fish):* cennog. **2.** *(boiler, kettle, pipe):* cennog, llawn cen, llawn calch. **~ anteater** *n. Z:* = **pangolin.**

scammony *n.* **1.** *Bot:* cynghafog (*m*) y Dwyrain. **2.** *Pharm:* sg|amoni *m*.

scamp[1] *n. F:* gwalch (gweilch) *m*, cenau (cenawon, *usu.* cnafon) *m*, cnaf(-on) *m*, *S.W:* llymangi (llymangwn) *m* (*pronounced* ng-g), llymanges(-i) *f* (*pronounced* ng-g), *N:* llymgi (llymgwn) *m*; **my ~ of a nephew,** y cenau bach o nai yna sy' gen i; *(of child):* **the little/young ~,** yr ellyll bach *m*, y bwbach bach *m*, y mawrddrwg *m* (*usu. pronounced* mwrddrwg), y cenau bach *m*, *S.W:* y baw bach *m*.

scamp[2] *v.t. F:* **to ~ work,** esgeuluso gwaith, hanner gwn|eud gwaith, bwnglera (*pronounced* ng-g) gwaith, gwneud gwaith yn esgeulus *or* ar frys *or* rywsut-rywsut, *N.W:* bwmbatsio gwaith, gwneud gwaith yn bwmbatsh/bwtsh-batsh, rhipio gwneud gwaith, *S.W:* gwneud gwaith yn hwp-di-hap.

scamper[1] *n.* gwib(-iau) *f*, rhediad(-au) *m*, crychnaid (crychneidiau) *f*.

scamper[2] *v.i. (a)* rhedeg a neidio, prancio, gwibio o gwmpas, mynd ar wib, crychneidio, *S:* campro; *(b)* **to ~ away/off,** sgrialu mynd, mynd nerth eich traed, sgrafangu mynd; *S.a.* **beat[2] 1.** *(a)*.

scamper[3] *n. F: (of work):* bwnglerwr (bwnglerwyr) *m* (*pronounced* ng-g), *N.W: occ:* bwmbatsiwr(-s, bwmbatswyr) *m*.

scampi *n.pl. Cu:* sgampi, corgimychiaid.

scampish *a.* drygionus, direidus.

scan¹ *n.* **1.** craffiad(-au) *m*, trem fanwl (tremiau manwl) *f* **(of sth,** ar rth); archwiliad(-au) *m*, sganiad(-au) *m* (o rth). **2.** *Radar: T.V:* sganiad. **~ axis** *n.* echelin(-au) radiodrydanol *f.* **~ frequency** *n.* amledd(-au) (*m*) sganio.

scan² *v.t.* **1.** *(of verse):* corfannu; **this line won't ~,** mae'r llinell hon yn wallus. **2.** *(a) (= scrutinize):* craffu, syllu (ar rth); llygadu, archwilio (rhth); **to ~ the horizon,** craffu/syllu ar y gorwel; **to ~ a crowd,** edrych trwy dyrfa, craffu ar dyrfa, chwilio tyrfa; *(b)* **to ~ a newspaper,** *(= read rapidly):* bwrw golwg trwy bapur newydd; *(c) El.E: Radar: T.V: Lib:* sganio, archwilio, darllen.

scandal *n.* **1.** *(a)* sgandal(-au) *f*, peth(-au) gwarthus *m*; **to create a ~,** gwneud/creu sôn amdanoch, eich gwneud eich hun yn destun siarad; *(b) (= disgrace):* gwarth *m*, sgandal; **it's a ~ that she got the job,** mae'n warth/warthus ei bod hi wedi cael y swydd. **2.** *(= malicious gossip):* clecs *pl*, straeon *pl*, sgandal; **to talk ~,** *F:* hel clecs, hel straeon; *See* **gossip²**. **3.** *Jur: (= slander):* athrod(-ion) *m*; *(= contempt of court):* dirmyg (*m*) tuag at y llys. **4.** *Theol:* **~ of particularity,** tramgwydd (*m*) y neilltuol. **~-sheet** *n.* recsyn (racs) (*m*) clecs, papur(-au) (*m*) hel/hela clecs.

scandalization *n.* sgandaleiddio *vn*; *See foll.*

scandalize¹ *v.t.&i.* **1.** *v.t.* tramgwyddo (rhn), pechu (yn erbyn rhn), codi cywilydd (ar rn); **to be scandalized at sth,** teimlo cywilydd o rth, ffieiddio/gwaredu at rth, wfftio rhth. **2.** *v.i. (= backbite):* lladd (ar rn); hel clecs (am rn); *Lit:* absennu, athrodi (rhn).

scandalize² *v.t. Nau:* cwteuo, cwtanu, lleih|au.

scandalized *a.* dig, tramgwyddedig, wedi ffieiddio.

scandalmonger *n.* heliwr (helwyr) (*m*) clecs, h|elwraig (*f*) clecs, taenwr (taenwyr) (*m*) straeon, t|aenwraig (*f*) straeon.

scandalous *a.* **1.** cywilyddus, gwarthus, gwaradwyddus, tramgwyddus, *Lit:* gwarthruddus. **2.** *Jur:* athrodus.

scandalously *adv.* yn gywilyddus *&c.*

scandalousness *n.* cywilydd *m*, gwarth *m*, gwarthusrwydd *m*, cywilyddusrwydd *m*.

scandalum magnatum *n. Hist:* athrod (*m*) ar wŷr mawr.

scandent *a.* dringol.

Scandian *a. & n.* = **Scandinavian.**

scandic *a. Ch:* sgandig.

Scandinavia *Pr.n. Geog:* Sgandinafia *f*, Llychlyn *mf.*

Scandinavian *a. & n.* **1.** *a.* Sgandinafaidd, Llychlynaidd, Llychlynig; **S~ Union,** Undeb (*m*) Llychlyn. **2.** *n.* Sgandinafiad (Sgandinafiaid) *m&f*, Llychlynwr (Llychlynwyr) *m*, Llychl|ynwraig (Llychlynwragedd) *f.*

scandium *n. Ch:* sgandiwm *m.*

scannable *a.* archwiliadwy, sganiadwy.

scanner *n.* **1.** *(pers.):* craffwr (craffwyr) *m*, syllwr (syllwyr) *m* (ar rth); archwiliwr (archwilwyr) *m*. **2.** *Tchn:* sganiwr (sganwyr) *m*; **radar ~,** sganiwr radar.

scanning¹ *a.* *(pers.):* craff, craffol, llygatgraff, sy'n craffu; *(apparatus):* archwiliol, [sy'n] sganio/archwilio.

scanning² *vn.* = **scan²**.

scansion *n. Pros:* corfannu *vn*, corfaniad(-au) *m.*

scansorial *a.* dringol, esgynnol.

scant *a.* *(in certain phrases):* prin, prin yn ddigonol; **a ~ hour ago,** cwta awr yn ôl; *(attire):* cwta, annigonol; **to be of ~ speech,** bod yn brin eich sgwrs, bod heb fawr o sgwrs; **with ~ courtesy,** heb fawr o gwrteisi, â phrin gwrteisi; **~ of breath,** byr eich gwynt, caeth [eich anadl].

scanties *n.pl. P:* dillad isaf.

scantily *adv.* yn brin; **~ clad,** hanner noeth, mewn gwisg denau/gwta/annigonol.

scantiness *n.* **1.** *(= scarcity):* prinder *m*. **2.** *(of dress):* annigonoldeb *m*, annigonolrwydd *m*, teneuder *m*, teneuwch *m*, annigonedd *m*, cwteurwydd *m*.

scantling *n.* **1.** *(= size, calibre):* maintioli *m*. **2.** *(= small beam):* distyn (distiau) *m*.

scantly *adv.* yn brin, yn annigonol.

scanty *a.* prin, annigonol; *(with countable pl. nouns):* anaml, anfynych; **~ traces,** olion prin/anaml; *(garment):* annigonol, cwta, tenau; **~ hair,** gwallt prin/tenau *m*; **a ~ income,** incwm bychan *m*; **a ~ meal,** pryd tila/annigonol; **in ~ attire,** yn hanner noeth, yn gwisgo fawr ddim.

scape¹ *n.* **1.** *Arch:* paladr(-au) *m*. **2.** *(a) Bot:* coesyn(-nau) *m*, coes(-au) *mf*; *(b) Orn:* chwibol(-au) *f*, coes, coesyn; *(c) Ent:* bôn (bonion) *m*.

-scape² *suff.* **1.** *Art:* -lun(-iau) *m*. **2.** *Geog:* -wedd(-au) *f.*

scape³ *n. A:* = **escape¹**.

scapegoat *n. B:* bwch (bychod) dihangol *m*.

scapegoating *vn*, **scapegoatism** *n.* gwn|eud bwch dihangol (o rn); chwilio am fwch/fychod dihangol.

scapegrace *n.* = **scamp, rascal.**

scapewheel *n.* = **escape wheel.**

scaphoid *a. & n.* **1.** *a.* badffurf; *Anat:* sgaffoid. **2.** *n. Anat:* sgaffoid(-au) *m*.

scaphopod *n.* deintgragen (deintgregyn) *f.*

scaphopoda *n.pl.* deintgregyn.

scapolite *n. Miner:* sg|apolit (sgapolitau) *m*.

scapose *a. Bot:* coesynnol, coesynnog.

scapula *n.* palfais (palfeisiau) *f*, asgwrn (esgyrn) (*m*) y balfais, padell (*f*) yr ysgwydd (padelli ysgwyddau).

scapular *a. & n.* **1.** *a.* ysgwyddol, palfeisiol; *Anat:* **~ arch,** cylch (*m*) yr ysgwyddau, pontydd (*pl*) yr ysgwyddau; *Orn:* **~ feather,** pluen (*f*) y balfais (plu palfais), pluen ysgwydd (plu'r ysgwyddau); *Surg:* **~ bandage,** rhwymyn (*m*) ysgwydd (rhwymynnau ygwyddau). **2.** *n. Ecc:* ysgablar (ysgableri) *m*.

scapulary *n. Ecc:* ysgablar (ysgableri) *m*.

scar¹ *n.* craith (creithiau) *f*; *Geog:* **active meander ~,** craith ystum fyw; **girdle ~,** craith gylchog (creithiau cylchog); *Bot:* **leaf ~,** craith deilen (creithiau dail), deilgraith (deilgreithiau) *f*. **~-faced** *a.* wynepgraith, ag wyneb creithiog. **~ tissue** *n.* meinwe greithiol *f*, meinwe craith.

scar² *v.t.&i.* creithio.

scar³ *(in mountain range):* clogwyn(-i) *m*.

scarab *n.* **1.** *Ent:* chwilen (*f*) dom (chwilod tom), chwilen yr Aifft, sgarab(-au,-iaid) *mf*. **2.** *Lap:* sgarab(-au) *m*.

scarabaeid, scarabaeoid *a. & n. Ent:* **1.** *a.* sgarabaidd. **2.** *n.* sgarabiad (sgarabiaid) *m&f.*

scarabaeus *n.* = **scarab.**

scarce *a. & adv.* **1.** *a.* prin, anaml, anfynych; **to become ~,** prinh|au; *F:* **to make oneself ~,** ei heglu hi, ffoi, diflannu, cymryd y goes *&c.* **2.** *adv.* = **scarcely.**

scarcely *adv.* **1.** prin, braidd, bron, odid, nemor; **I have ~ any left,** 'does gennyf fawr/nemor/odid/braidd ddim ar ôl; 'does gennyf ddim braidd ar ôl; **I (~) know him,** (prin, o'r braidd) fy mod yn ei adnabod; (prin, o'r braidd) yr wy'n ei adnabod; **she could (~) speak,** (prin, o'r braidd) y gallai siarad; ni fedrai siarad (bron); **he (~) thinks of anything else,** (prin, o'r braidd) ei fod yn meddwl am un dim arall; ni fydd yn meddwl am ddim arall (bron); ni fydd yn meddwl am (braidd) ddim arall; **you'll (~) believe this,** *N:* (digon o waith, go brin) y coeliwch chi hyn; **I ~ know what to say,** bron na wn i ddim beth i'w ddweud; **~ ever,** byth bron, braidd byth. **2.** *(expressing incredulity):* **~!** go brin! *N: occ:* digon o waith! *S.W:* o'r braidd!

scarcement *n.* ysgafell(-au) *f.*

scarceness, scarcity *n.* prinder(-au) *m*, diffyg *m*, anamlder *m*, *N.W: occ:* smit *m*.

scare¹ *n.* dychryn(-iadau) *m*, braw *m*, ofn(-au) *m*, arswyd(-au,-ion) *m*, *occ:* dychrynfa (dychrynfâu, dychrynf|eydd) *f*; **to create/raise a ~,** codi ofn, creu dychryn, codi bwganod; **you did give me a ~,** fe roesoch fraw/ddychryn imi; *(= baseless fear):* braw di-sail, arswyd di-sail, bygythiad(-au) *m*; **bomb ~,** bygythiad (*m*) bom; **war ~,** bygythiad rhyfel. **~ headline, ~ heading** *n.* pennawd (penawdau) brawychus *m*.

scare² *v.t. & i.* **1.** *v.t.* dychryn, dychrynu, brawychu (rhn); codi ofn/dychryn (ar rn); *S.E:* tynnu braw (ar rn); **to ~ s.o. to death,** dychryn rhn i farwolaeth; **to ~ s.o. out of his wits,** dychryn rhn i ffitiau, *V:* dychryn rhn drwy ei din [ac allan]; **to ~ s.o. away,** dychryn rhn o rywle, *S: occ:* sgathru/tarfu rhn o rywle; **I scared him away from here,** dychrynais ef o'r fan hyn; *Ven:* **to ~ out/up,** *(game):* codi, dychryn; *F:* **could you ~ up a cup of tea for me?** a allech chi gael gafael ar gwpanaid/ddysglaid o de i mi? **to ~ crows,** dychryn brain. **2.** *v.i.* dychryn, cael braw, cael ofn, cael dychryn; **I don't ~ easily,** nid wyf i'n hawdd fy nychryn; ni fyddaf i'n dychryn yn hawdd.

scarecrow *n.* bwgan(-od) (*m*) brain, *occ:* bwbach(-od) (*m*) brain, *S.E:* bwbach tarfu.

scared *a.* ofnus, dychrynedig, wedi dychryn; **a ~ look,** golwg dychryn, golwg wedi dychryn, golwg ddychrynedig; **I was ~**

stiff *or* **out of my wits,** *or* **~ to death,** 'roeddwn wedi dychryn ar fy hyd; *V:* 'roedd arna'i ofn drwy fy nhin; *S:* 'roedd gyda fi lond bola *or* lawn croen o ofn.
scaredy-cat *n.* rhn (rhai) ofnus/llwfr *m*, *V:* cachwr (cachwyr) *m.*
scaremonger *n.* codwr (codwyr) (*m*) bwganod.
scaremongering *vn.* codi bwganod.
scarer *n.* dychrynwr (dychrynwyr) *m*, dychr|ynwraig *f.*
scarf[1] *n.* sgarff(-iau) *f.*
scarf[2] *n. Carp: Metalw:* **~-joint** *n.* uniad(-au) (*m*) sgarff. **~ pin** *n.* pin(-nau) (*m*) sgarff. **~ ring** *n.* modrwy(-au) (*f*) sgarff. **~-skin** *n.* = **epidermis. ~-welding** *vn.* sgarff-asiad(-au) *m*, sgarff-asio. **~-wise** *adv.* ar letraws, ar letgroes.
scarf[3] *v.t.* **1.** *Carp: N.Arch:* sgarffio. **2.** *(a whale):* blingo.
scarification *n. vn.* = **scarify.**
scarificator, scarifier *n. Surg:* ysgraffiniwr (ysgraffinwyr) *m.*
scarify *v.t.* **1.** *Surg:* cignoethi, digroeni, ysgriffio, ysgraffinio, crafu. **2.** *Fig:* tynnu (rhn) yn gareiau, tynnu careiau o groen (rhn). **3.** *(soil):* digroeni, didonni.
scarifying *a.* cignoeth, deifiol, crafog.
scarifyingly *adv.* yn gignoeth *&c.*
scarious *a. Bot:* crinsych(-ion).
scarlatina *n. Med:* y dwymyn goch *f.*
scarlatinal, scarlatinoid *a. Med:* sgarlatinaidd, fel y dwymyn goch.
scarlet *a. & n.* [y]sgarlad (*m*), coch(-ion) (*m*), fflamgoch(-ion) (*m*); *Mil: A:* **to wear the King's ~,** gwisgo coch y Brenin; *F:* **to go ~,** cochi, gwrido, mynd yn fflam goch; *(with anger):* mynd yn biws, troi'n biws; *S.a.* **pimpernel, runner**[3]; *Bot:* **~ eggplant,** wylys coch *m*; *Med:* **~ fever,** y dwymyn goch *f*, y clefyd coch *m*, y frech [y]sgarlad *f*; **~ letter,** llythyren goch *f*; *Bot:* **~ oak,** prinwydden (prinwydd) *f*, derwen goch (derw cochion) *f*; *Med:* **~ rash,** = **roseola;** *Bot:* **~ sage,** saets coch *m*; *Orn:* **~ tanager,** coch (*m*) y cae, tanagr(-od) coch *m*; **~ woman,** *(a) (= prostitute):* putain (puteiniaid) *f*; *(b) B:* y wraig ysgarlad *f.*
scaroid *a. & n. Ich:* **1.** *a.* sgaroid. **2.** *n.* sgaroid(-au) *m.*
scarp[1] *n.* **1.** *Fort:* llethr(-au) *f.* **2.** *Geog:* llethr, llechwedd(-au,-i) *f*, sgarp(-iau) *m.* **~ land** *n.* sgarpdir(-oedd) *m.* **~ slope** *n.* llethr sgarp (llethrau sgarpiau), sgarplethr(-au) *f.*
scarp[2] *v.t.* llethru, llechweddu, serthu.
scarped *a.* serth, llethrog, llechweddog.
scarper *v.i. F:* dianc, ffoi, ei bachu hi, ei g'leuo hi, *S.E:* cwnnu cwt; *S.a.* **beat**[2] **1.** *(a).*
scarred *a.* creithiog; **face ~ by smallpox,** wyneb ac ôl y frech wen arno, wyneb creithiog gan y frech wen, wyneb â chreithiau'r frech wen.
scarring *n.* creithiau *pl*, ôl (olion) (*m*) creithio.
scarry *a.* creithiog.
scarves *n.pl. See* **scarf.**
scary *a. U.S: F:* dychrynllyd, digon i godi gwallt eich pen.
scat[1] *int. F:* dos(-wch)! cer(-wch)! bacha (bachwch) hi! *S.a.* **beat**[2] **1.** *(a)*; *(to a cat):* sgiat! sget! sgit!
scat[2] *n. Mus:* sgat(-iau) *f.*
scat[3] *n. Ich:* *(= argus fish):* sgat(-iaid) *m.*
scat[4] *v.i. Mus:* sgatio.
scatback *n. Fb:* sgatgefnwr (sgatgefnwyr) *m.*
scathe *v.t. Poet:* niweidio, anafu, brifo, archolli.
scatheless *a. Poet:* dianaf, heb niwed, diarcholl.
scathing *a.* deifiol, brathog.
scathingly *adv.* yn ddeifiol *&c.*
scatological *a.* sgatolegol.
scatology *n.* sgatoleg *f.*
scatophagous *a.* tomysol.
scatter[1] *n. (of shot &c):* gwasgariad(-au) *m.*
scatter[2] *v.t. & i.* **1.** *v.t. (a) (people):* gwasgaru; *(enemies):* gyrru (gelynion) ar ffo/wasgar; *(b) (seed):* gwasgaru, hau (had) ar led; *(of surface):* **to ~ a light,** gwasgaru goleuni; **to ~ a floor with sand,** taenu/gwasgaru tywod ar hyd llawr; **(a path) scattered with roses,** (llwybr) â rhosod wedi eu taenu drosto, â rhosod ar daen ar ei hyd; *(of gun):* **to ~ shot,** *abs.* **to ~,** gwasgaru haels. **2.** *v.i. (of crowd):* ymwasgaru, gwasgaru, ymwahanu, mynd ar wasgar, *S.W:* sgathru; *(of party):* chwalu; *(of clouds):* chwalu, gwasgaru; *(of shot):* ymwasgaru, gwasgaru; **(to ~ sth) to the four winds,** (chwalu rhth) i bedwar ban y byd, i'r pedwar gwynt. **~ cushion** *n.* clustog(-au) (*f*) yma ac acw, clustog wasgar[u] (clustogau gwasgar[u]). **~ diagram, ~ gram, ~ graph** *n.* graff(-iau) (*m*) gwasgariad, gwasgarlun(-iau) *m*, diagram(-au) (*m*) gwasgariad. **~ gun** *n.* = **shotgun. ~ pin** *n.* pin(-nau) (*m*) gwasgaru. **~ rug** *n.* rỳg (*f*) wasgaru (rygiau gwasgaru). **~-shot 1.** *n.* tanio (*vn*) ar wasgar. **2.** *attrib.* hollgynhwysol, hollgynhwysfawr.
scatterbrain *n. F:* penchwiban(-iaid) *m&f*, hurtyn(-nod, hurtion) *m*, hurten (hurtion) *f.*
scatterbrained *a.* gwirion, penchwiban, penwan, hurt, â meddwl gwasgarog, â meddwl ar chwâl, gwasgarog eich meddwl.
scattered *a.* gwasgaredig, ar chwâl, ar wasgar, gwasgarog; **a thinly ~ population,** poblogaeth denau/wasgaredig; *Ph:* **~ light,** goleuni gwasgaredig *m.*
scattergood *n.* dyn(-ion) afrad *m*, afradwr (afradwyr) *m.*
scattering *vn. & n.* **1.** *vn.* gwasgariad(-au) *m*, lledaeniad(-au) *m*; *See* **scatter**[2]. **2.** *n. (= small number):* dyrnaid (dyrneidiau) *m*, ychydig *m*, nifer fechan *f*, *F:* llond (*m*) het; **he has a mere ~ of followers,** nid oes ganddo ond dyrnaid yn ei ganlyn.
scattily *adv.* yn wirion *&c.*
scattiness *n. F:* gwiriondeb *m*, hurtrwydd *m*, hurtwch *m*, penwendid *m*, penchwibandod *m.*
scatty *a. F:* = **scatterbrained.**
scaup *n. Orn:* hwyaden benddu (hwyaid penddu) *f*, hwyaden lygad arian (hwyaid llygad arian), llygad (llygaid) (*mf*) arian.
scavenge *v.t.* **1.** *(a) (streets):* glanh|au; *(b) abs.* sborioni, bwyta sborion, chwilio am sborion; **to ~ (amidst rubbish),** chwilota, tyrchu, turio (yng nghanol sbwriel). **2.** *Artil:* **to ~ a cannon,** glanhau canon. **3.** *I.C.E:* **to ~ burnt gases,** cael gwared â nwyon llosg, gwaredu nwyon llosg.
scavenger *n.* **1.** = **dustman, cleaner. 2.** *(animal, insect):* sborionwr (sborionwyr) *m.* **~-beetle** *n. Ent:* chwilen (chwilod) (*f*) y sborion. **~ hunt** *n.* helfa (helf|eydd) (*f*) sborion.
scavenging[1] *a.* sborionol.
scavenging[2] *vn.* = **scavenge.**
scazon *n. Pros:* mesur cloff *m.*
scena *n. Mus:* **1.** *(= scene):* golygfa (golygf|eydd) *f.* **2.** *(= solo):* unawd(-au) *f.*
scenario *n.* **1.** *Th:* senario(-s) *mf*, amlinelliad(-au) *m*, braslun(-iau) *m* (o ddrama). **2.** *Pol: &c:* senario(-s) *mf.*
scenarist *n.* senarydd(-ion) *m.*
scend[1] *n. Nau:* tindafliad(-au) *m.*
scend[2] *v.i. Nau:* tindaflu.
scene *n.* **1.** *Th: A: (= stage):* llwyfan *mf*; **to appear on the ~,** ymddangos, dod i'r golwg, cyrraedd, dod i'r llwyfan; **to quit the ~,** gadael y llwyfan. **2.** *(a) Th: (= location, place of action):* lle *m*, lleoliad(-au) *m*, man(-nau) *mf*, mangre *f* (*pronounced* ng-g); **the ~ is laid in London,** Llundain yw'r lleoliad; digwydd y cyfan yn Llundain; *(b) (of event):* **the ~ of operations,** mangre'r gweithrediadau; **the ~ changes,** mae'r fan/lleoliad yn newid; mae'r olygfa'n newid; **the ~ of his early exploits,** y lle y bu ei gampau cynnar; **on the ~ of the disaster,** yn y lle y bu'r trychineb. **3.** *(a) (subdivision of a play):* **golygfa** (golygf|eydd) *f*; *Fig:* **a change of ~ would do him good,** gwnâi newid golygfa/cynefin fyd o les iddo; *(b) (= thing seen):* golygfa, digwyddiad(-au) *m*; **a distressing ~,** golygfa ingol/alaethus. **4.** *(a) Th:* **[set] ~,** *(= scenery):* golygfeydd *pl*, set(-iau) *mf*; **to set the ~,** gosod yr olygfa, disgrifio'r olygfa; *Fig:* **to set the ~ for him,** parat|oi'r llwyfan iddo; *Fig:* **behind the scenes,** o'r golwg, y tu ôl i'r llenni, yn y cefndir; *(b)* **a rural ~,** golygfa wledig; **the ~ from the window,** yr olygfa o'r ffenestr, yr hyn a welir drwy'r ffenestr. **5.** *F:* **to make a ~,** codi twrw (*m*), creu helynt *f.* **6.** *F:* **this isn't my ~,** nid dyma fy myd i; nid dyma fy mhethau i; *F:* **what's the ~ (in Paris)?** beth sy'n digwydd, beth sy'n mynd â hi (ym Mharis)? **the pop ~,** byd y canu pop. **~ designer** *n. Th:* cynllunydd (cynllunwyr) (*m*) golygfeydd. **~ dock** *n. Th:* bae(-au) (*m*) golygfeydd. **~ painter** *n. Th:* paentiwr (paentwyr) (*m*) golygfeydd. **~ painting** *vn. Th:* paentio golygfeydd. **~-shifter** *n. Th:* cliriwr (clirwyr) *m.* **~-shifting** *vn. Th:* clirio'r set. **~-stealer** *n. Th:* lleidr (lladron) (*m*) golygfa.
scenery *n.* **1.** *(a) Th:* golygf|eydd *pl*, set(-iau) *f*; *Th:* **detail ~,** set fanwl (setiau manwl); *(b)* **you want a change of ~,** mae arnoch eisiau newid awyr/golygfa/cynefin. **2.** golygfa (golygfeydd) *f*; **the ~ is imposing,** mae'r olygfa yn drawiadol. *Th:* **~ bay** *n.* bae(-au) (*m*) golygfeydd.
scenic *a.* **1.** *(a)* golygfaol; **~ artist,** paentiwr (paentwyr) (*m*) golygf|eydd; **~ effect,** effaith olygfaol (effeithiau golygfaol) *f*;

U.S: ~ **road,** ffordd (*f*) dwristiaid (ffyrdd twristiaid); *(b) (emotion, effect):* theatraidd. **2. ~ railway,** *(a) (= miniature railway):* lein fach *f*; *(b) (= roller-coaster):* ffigar-êt *mf*.
scenically *adv.* o ran golygfa.
scenographic *a.* senograffig.
scenographically *adv.* yn senograffig.
scent[1] *n.* **1.** *(a) (= odour):* aroglau (arogleuon) da *m*, oglau (ogleuon) da *m*, *S:* gwynt da *m*, *Lit:* persawr(-au) *m*, sawr(-au) *m*; *(b)* **bottle of ~,** potel(-i) (*f*) sent, potel bersawr (poteli persawr); **to use ~,** rhoi sent [arnoch], eich persawru'ch hun, *F:* eich sentio'ch hun. **2.** *Ven: (a)* sawr, oglau, *S:* gwynt; *(b) (= track):* trywydd *m*, ôl (olion) *m*; *(of hounds):* **to get on the ~, to pick up the ~,** codi'r trywydd; **the hounds are on the ~,** mae'r cŵn ar y trywydd; **to be on the right ~,** bod ar y trywydd iawn; **to throw/put the hounds off the ~,** taflu/arwain y cŵn oddi ar y trywydd; **to put s.o. on a false ~,** gyrru rhn ar gyfeiliorn. **3.** *(= sense of smell):* ffroen *f*; **dog with a fine ~,** ci a ffroen dda ganddo. **~ bag** *n.* **1.** *(of animal):* coden(-nau) (*f*) sawr. **2.** *(= substitute for fox):* cwdyn (cydau) (*m*) sawr. **~ gland** *n.* chwarren (chwarennau) (*f*) sawr. **~ organ** *n.* organ(-au) (*f*) sawr. **~ spray** *n.* chwistrell (*f*) bersawr (chwistrellau persawr).
scent[2] *v.t.* **1.** *(of hounds &c):* **to ~ [out] (game),** synhwyro (*F:* snwyro), ogleuo, *S:* gwynto (helfa); **to ~ trouble,** synhwyro trybini, cael gwynt trybini. **2.** *(a) (of flower &c):* perarogleuo, perarogli, ogleuo, *S:* gwynto; *(b)* **to ~ (a handkerchief),** persawru, *F:* sentio (cadach poced).
scented *a.* **1.** *(handkerchief &c):* persawrus; **~ soap,** sebon (*m*) sent. **2.** *(flower):* pêr, persawrus, peraroglus. **3. a keen-~ dog,** ci â ffroen dda, ci ffroengraff (*pronounced* ng-g), ci ffroenllym. **~-leaved** *a.* perddail.
scentless *a.* diaroglau, di-sawr, disawr.
scepsis *n. Phil:* sgepsis *m*.
sceptic *n.* amheuwr (amheuwyr) *m*, sgeptig(-iaid) *m*.
sceptical *a.* sgeptig, sgeptigol, amheugar, amheuol, amh|eus, llawn amheuon.
sceptically *adv.* yn amheugar *&c*.
scepticism *n.* amheuaeth *f*, sgeptig[i]aeth *f*.
sceptre[1] *n.* teyrnwialen(-ni,-nau) *f*.
sceptre[2] *v.t.* teyrnwialennu.
sceptred *a.* brenhinol, teyrnaidd.
schappe *n. Tex:* sborion (*pl*) sidan.
schedular *a.* atodiadol, atodlennol.
schedule *n.* **1.** *(= appendix to law &c):* atodiad(-au) *m*, atodlen(-ni) *f*. **2.** *(= inventory):* rhestr(-i,-au) *f*. **3.** *(= timetable):* amserlen(-ni) *f*, amseriadau *pl*; *(= programme):* rhaglen(-ni) *f*; **supply and demand ~,** rhestr alw a chyflenwad; **~ of accommodation,** gofodlen(-ni) *f*; **(everything went off) according to ~,** (aeth popeth) yn ôl y trefniant, fel a drefnwyd, yn ôl y rhaglen; **up to ~,** prydlon, mewn pryd; **to be behind ~,** bod ar ei hôl hi, bod yn hwyr/ddiweddar; **to be ahead of ~,** bod yn gynt na'r disgwyl, bod ar y blaen.
schedule[2] *v.t.* **1.** *(= add to law):* atodi. **2.** *(= list):* rhestru. **3.** *(= arrange):* trefnu; **the mayor is scheduled to make a speech,** mae'r maer [i fod] i areithio; trefnwyd i'r maer wneud araith; **the train is scheduled to arrive at noon,** mae'r trên [i fod] i gyrraedd am hanner dydd; dylai'r trên gyrraedd am hanner dydd.
scheduled *a. (a)* rhestredig; **~ prices,** prisiau yn ôl [y] rhestr, prisiau rhestredig; **~ building,** adeilad rhestredig; **~ disease,** clefyd(-au) rhestredig *m*; *Hist:* **~ territories,** ardal (*f*) sterling; **~ weeds,** chwyn rhestredig, chwyn y rhestr ddu; *(b)* **~ taxes,** trethi atodlennol; *(c) Rail: &c:* **~ services,** gwasanaethau rheolaidd/rhestredig/rhaglenedig/trefnedig.
scheelite *n. Miner:* scheelit *m*.
schelly *n. Ich:* gwyniad (gwyniaid) *m*.
schema *n.* **1.** *(= diagram):* diagram(-au) *m*; *(= outline):* amlinelliad(-au) *m*; *(= synopsis):* crynodeb(-au) *m*; *(= arrangement):* trefn(-au) *f*, trefniant (trefniannau) *m*. **2.** *Log: Phil:* sgema(-ta, sgemâu) *m*.
schematic *a. & n.* **1.** *a.* sgematig, diagramaidd, amlinellol. **2.** *n.* diagram(-au) *m*, amlinelliad(-au) *m*.
schematically *adv.* yn ddiagramaidd, ar ffurf diagram.
schematism *n.* trefniadaeth *f*.
schematization *n.* **1.** = **schematize. 2.** = **schema.**
schematize *v.t.* diagramu, amlinellu.
scheme[1] *n.* **1.** *(a) (= arrangement):* trefn(-au) *f*, cynllun(-iau) *m*; **the ~ of things,** trefn pethau, trefn natur; **colour ~,** cynllun lliwiau; **rhyme ~,** patrwm (patrymau) (*m*) odlau, patrwm odli; **~ of work,** cynllun gwaith; *(b) Jur:* **~ of composition,** *(between debtor and creditors):* cytundeb(-au) cyfaddawdol *m*. **2.** *(= outline):* cynllun(-iau) *m*, amlinelliad(-au) *m*; *(= résumé):* crynodeb(-au) *m*. **3.** *(a) (= plan, project):* cynllun(-iau) *m*; *(b) Pej: (= plot):* cynllwyn(-iau) *m*, *F:* sgêm: sgiâm(-s) *f*; **to lay a ~,** cynllwynio, gwn|eud cynllwyn; *Lit:* **the best laid schemes o' mice an' men gang aft agley,** dyn yn bwriadu, ond Duw yn gweithredu; dyn a feddwl, Duw a ran; mae aml i drol yn troi cyn cyrraedd yr ardd.
scheme[2] **1.** *v.t.&i.* cynllwynio, *F:* sgamio, sgemio, *S.E: F:* sgiwlan. **2.** = **intend.**
schemer *n.* **1.** *(= planner):* cynlluniwr (cynllunwyr) *m*. **2.** *Pej:* cynllwyniwr (cynllwynwyr) *m*, cynll|wynwraig (cynllwynwragedd) *f*, *F:* sgamiwr(-s, sgamwyr) *m*, sgemiwr(-s, sgemwyr) *m*, sg|emwraig (sgemwragedd) *f*.
scheming[1] *a.* cynllwyngar (*pronounced* ng-g), ystrywgar, dichellgar, cyfrwys, cyfrwysgall.
scheming[2] *vn.* cynllwynion *pl*, cynllwynio.
scherzando *adv. & n. Mus:* **1.** *adv.* ***scherzando***, yn chwar|eus. **2.** *n.* darn(-au) chwar|eus *m*, ***scherzando (scherzandi)*** *m*.
scherzo *n. Mus:* ***scherzo (scherzi)*** *m*.
schiller *n. Miner:* gloywder symudliw *m*.
schilling *n. Num:* ***schilling(-s)*** *f*.
schism *n.* rhwyg(-au) *f*, sgism(-au) *mf*; *Hist:* **the Great S~,** y Sgism Fawr.
schismatic *a. & n.* **1.** *a.* sgismatig. **2.** *n.* sgismatig(-ion,-iaid) *m&f*.
schismatical *a.* = **schismatic 1.**
schismatically *adv.* yn sgismatig.
schismaticism *n.* sgismatigiaeth *f*.
schismatist *n.* = **schismatic 2.**
schismatize *v.i.* sgismateiddio.
schist *n. Geol:* sgist(-au) *m*.
schistose, schistous *a. Geol:* sgistaidd.
schistosity *n. Geol:* sgistedd *m*.
schistosomal *a.* sgistosomaidd.
schistosome *n.* sg|istosom (sgistosomau) *m*.
schistosomiasis *n. Path:* sgistosomiasis *m*.
schizo *n.* sgitso(-s) *m*. **~ affective** *a.* sgitso-isel.
schizocarp *n. Bot:* s|gitsocarp (sgitsocarpau) *m*.
schizocarpic, schizocarpous *a. Bot:* sgitsocarpig.
schizogenesis *n. Biol:* sgitsog|enesis *m*.
schizogonic, schizogonous *a.* sgitsogonig.
schizogomy *n.* sgitsog|enesis *m*.
schizoid *a. & n.* **1.** *a.* sgitsoid. **2.** *n.* sgitsoid(-iaid) *m&f*.
schizomycete *n.* = **bacterium.**
schizomycetous *a.* = **bacterial.**
schizomycosis *n.* sgitsomycosis *m*.
schizont *n. Z:* sgitsont(-au,-iaid) *m*.
schizophrene *n.* = **schizophrenic 2.**
schizophrenia *n. Med:* sgitsoffrenia *m*.
schizophrenic *a. & n.* **1.** *a.* sgitsoffrenig. **2.** *n.* sgitsoffrenig(-ion) *m&f*, sgitsoffreniad (sgitsoffreniaid) *m&f*.
schizophrenically *adv.* yn sgitsoffrenig.
schizophyte *n. Biol:* sg|itsoffyt (sgitsoffytau) *m*.
schizophytic *a. Biol:* sgitsoffytig.
schizopod *n.* sg|itsopod (sgitsopodau) *m*.
schizothymia *n. Med:* sgitsothymia *m*.
schizothymic *a. Med:* sgitsothymig.
schlemiel *n. U.S:* = **fool**[1].
schlep *v.* = **drag**[2], **haul**[2].
schlieren *n. Geol:* rhesen (rhesi) *f*, ***schlieren*** *f*.
schlieric *a. Geol:* schlierig.
schlock *a. & n.* **1.** *a.* sothachlyd. **2.** *n.* sothach *m*.
Schmalkaldic *a. Theol:* **~ Articles,** Erthyglau Schmalkalden; **~ League,** Cynghrair (*f*) Schmalkalden.
schmaltz *n. U.S:* ***schmaltz*** *m*, sentimentaleiddiwch *m*.
schmal[t]zy *a.* sentimental, siwgraidd, siwgwraidd.
schmo, schmoe *n.* = **fool**[1].
schmuck *n.* = **fool**[1].
schnap[p]s *n.* shnaps *m*.
schnauzer *n.* ci (cŵn) (*m*) ***schnauzer***.
schnitzel *n. Cu:* golwyth(-ion) (*m*) cig llo.

schnook *n.* = **fool**[1].
schnorkel *n.* pibell(-au) (*f*) anadlu.
schnorrer *n.* = **beggar**.
schnozzle *n.* = **nose**[1].
scholar *n.* **1.** *(a) (= pupil):* disgybl(-ion) *m*; *(b)* **at eighty he was still a ~,** yn bedwar ugain oed daliai i ddysgu. **2.** *(= learned pers.):* ysgolh|aig (ysgolheigion) *m*, *F:* ysgolor(-ion) *m*. **3.** *Sch: (= holder of scholarship):* ysgolor.
scholarly *a.* ysgolheigaidd.
scholarship *n.* **1.** *(= erudition):* ysgolheictod *m*. **2.** *Sch: (= award):* ysgoloriaeth(-au) *f*.
scholastic *a.* & *n.* **1.** *a. (a) (philosophy):* sgolastig, ysgolaidd; *(b) (year):* addysgol; **the ~ profession,** y byd addysgol; **~ agency,** asiantaeth(-au) addysgol *f*; **~ agent,** asiant(-iaid) addysgol *m*; *(c) (manner):* pedantaidd, ysgolheigaidd. **2.** *n. Mediev.Phil:* sgolastig(-iaid) *m*, ysgolwr (ysgolwyr) *m*; **the scholastics**, *occ*: gwŷr yr ysgolion.
scholastically *adv.* yn sgolastigaidd.
scholasticate *n.* *R.C.Ch:* ysgolwriaeth(-au) *f*.
scholasticism *n.* *Mediev.Phil:* sgolastigiaeth *f*, ysgol[i]aeth *f*.
scholiast *n.* esboniwr (esbonwyr) *m*.
scholiastic *a.* esboniadol, eglurhaol.
scholium *n.* nodiad(-au) *m*, ymylnod(-au) *m*, eglurhad(-au) *m*, glôs (glosau) *m*.
school[1] *n.* **1.** ysgol(-ion) *f*; **to go to ~,** mynd i'r ysgol; **at ~,** yn yr ysgol; **at a ~,** mewn ysgol; **from ~,** o'r ysgol; *U.S:* **to teach ~,** dysgu mewn ysgol, bod yn athro/athrawes; **the old ~ tie,** tei'r hen ysgol; **nursery ~,** ysgol feithrin (ysgolion meithrin); **infant ~,** ysgol fabanod (ysgolion babanod); **primary ~, elementary ~,** ysgol gynradd (ysgolion cynradd), ysgol elfennol, *F:* ysgol fach (ysgolion bach); **secondary ~,** ysgol uwchradd; **secondary modern ~,** ysgol uwchradd fodern (ysgolion uwchradd modern); **grammar ~, high ~,** ysgol ramadeg (ysgolion gramadeg); **comprehensive ~,** ysgol gyfun (ysgolion cyfun); **technical ~,** coleg(-au) technegol *m*; **independent ~, private ~,** ysgol breifat (ysgolion preifat), ysgol annibynnol; **public ~,** *(i)* ysgol breifat, ysgol fonedd (ysgolion bonedd); *(ii) U.S:* = **state school**; **state ~,** ysgol wladol (ysgolion gwladol); **denominational ~,** ysgol enwadol; **approved ~,** ysgol warchod (ysgolion gwarchod), *F:* ysgol plant drwg; **Sunday ~,** ysgol Sul; **aided ~,** ysgol gynorthwyedig (ysgolion cynorthwyedig), ysgol dan gymorth; **all-range ~,** ysgol pob oed; **area ~,** ysgol ardal; **bilateral ~,** ysgol ddwyochrog (ysgolion dwyochrog); **bilingual ~,** ysgol ddwyieithog (ysgolion dwyieithog); **board ~,** ysgol fwrdd (ysgolion bwrdd); **boarding ~,** ysgol breswyl (ysgolion preswyl); **British ~,** ysgol Frutanaidd (ysgolion Brutanaidd); **central ~,** ysgol ganol (ysgolion canol); **charity ~,** ysgol elusennol; **circulating ~,** ysgol gylchynol (ysgolion cylchynol); **co-educational ~,** ysgol gydaddysgol (ysgolion cydaddysgol); **continuation ~,** ysgol barhad (ysgolion parhad), ysgol ail gyfle, ysgol estyn; **controlled ~,** ysgol reoledig (ysgolion rheoledig); **council ~,** ysgol gyngor (ysgolion cyngor); **county ~,** ysgol sir; **dame ~,** ysgol un athrawes, ysgol hen ferch (ysgolion hen ferched); **direct grant ~,** ysgol grant union; **endowed ~,** ysgol waddoledig (ysgolion gwaddoledig); **free ~,** ysgol rad (ysgolion rhad); **higher grade ~,** ysgol radd uwch (ysgolion gradd uwch); **hospital ~,** ysgol ysbyty; **intermediate ~,** ysgol ganolradd[ol] (ysgolion canolradd[ol]); **junior agricultural ~,** ysgol amaethyddol iau; **junior high ~,** uwchysgol(-ion) iau *f*; **junior ~,** ysgol plant iau, *F:* ysgol fach; **junior technical ~,** ysgol dechnegol iau (ysgolion technegol iau); **middle ~,** ysgol ganol (ysgolion canol); **mixed ~,** ysgol gymysg (ysgolion cymysg); **monitorial ~,** ysgol fonitoraidd (ysgolion monitoraidd); **multilateral ~,** ysgol amlochrog; **national ~,** ysgol genedlaethol (ysgolion cenedlaethol); **non-provided ~,** ysgol ddiddarpariaeth (ysgolion diddarpariaeth); **reformatory ~,** ysgol ddiwygio (ysgolion diwygio), *F:* ysgol plant drwg; **senior high ~,** uwchysgol hŷn; **senior ~,** ysgol plant hŷn, *F:* ysgol fawr; **single sex ~,** ysgol un rhyw; **special agreement ~,** ysgol wirfoddol (ysgolion gwirfoddol) dan gytundeb arbennig; **special ~,** ysgol arbennig; **tertiary ~,** ysgol drydyddol (ysgolion trydyddol); **two sex ~,** ysgol ddeuryw (ysgolion deuryw); **works' schools,** ysgolion gweithf|eydd; **the upper ~,** yr ysgol uchaf, y dosbarthiadau uchaf, pen (*m*) ucha'r ysgol; **the lower ~,** yr ysgol isaf, y dosbarthiadau isaf, pen isa'r ysgol. **2.** *(of art, music &c):* ysgol(-ion) *f*, coleg(-au) *m*, athrofa (athrof|eydd) *f*; **~ of art,** coleg celf/celfyddyd; **~of dancing,** coleg dawns/dawnsio; **~ of industry,** ysgolddiwydiant (ysgolion diwydiant); **~ of music,** coleg cerdd/cerddoriaeth; **catering ~,** coleg arlwyo; **fencing ~,** ysgol gleddyfa (ysgolion cleddyfa); **~ of motoring,** ysgol foduro (ysgolion moduro); **evening ~,** ysgol nos; **summer ~,** ysgol haf. **3.** *pl. (a) Hist. of Phil:* **the Schools,** yr Ysgolion; *(b) Sch: (= final exams):* arholiadau terfynol, arholiadau gradd. **4.** *(in universities):* cyfadran(-nau) *f*, ysgol(-ion) *f*. **5.** *Art:* **the Italian S~,** yr Ysgol Eidalaidd; *Phil:* **the Platonic S~,** Ysgol Platon; **~ of thought,** carfan(-au) (*f*) o feddylwyr, ysgol o feddwl; **he founded no ~,** ni sefydlodd unrhyw ysgol; ni adawodd unrhyw ddisgyblion; **(a gentleman) of the old ~,** (gŵr bonheddig) yn hen ystyr y gair, o'r hen deip/frîd, o'r oes o'r blaen. **6.** *Mus: (= manual):* llawlyfr(-au) *m*. **~ age** *n.* oed (*m*) ysgol, oedran (*m*) ysgol, oed/oedran mynd i'r ysgol. **~ attendance** *n.* presenoldeb (*m*) yn yr ysgol; *S.a.* **attendance**. **~-bag** *n.* bag(-iau) (*m*) ysgol, *occ*: ysgrepan(-au) (*f*) ysgol. **~-board** *n.* *U.S: or Hist:* bwrdd (byrddau) (*m*) ysgol. **~ bus** *n.* bws (bysiau) (*m*) ysgol. **~-dame** *n.* bones (*f*) ysgol (bonesau ysgolion). **~-hall** *n.* neuadd (*f*) ysgol (neuaddau ysgolion). **~-house** *n.* tŷ (*m*) prifathro (tai prifathrawon), tŷ'r ysgol. **~-inspector** *n.* arolygwr:arolygydd (arolygwyr) (*m*) ysgolion. **~-kid** *n.* = **schoolchild.** **~-leaver** *n.* ymadäwr (ymadawyr) (*m*) â'r ysgol, rhywun yn ymadael â'r ysgol. **~-leaving age** *n.* oed/oedran (*m*) ymadael â'r ysgol. **~-ma'm, ~-marm** *n.* *U.S:* = **schoolmistress.** **~-marmish** *a.* ysgolfeistresaidd. **~ refusal** *n.* gwrthod (*vn*) mynd i'r ysgol. **~ report** *n.* adroddiad(-au) (*m*) ysgol. **~-ship** *n.* llong(-au) (*f*) hyfforddi. **~-time** *n.* **1.** oriau (*pl*) ysgol. **2.** = **schooldays.** **~ year** *n.* blwyddyn (blynyddoedd) (*f*) ysgol.
school[2] *v.t.* **1.** *(= educate):* rhoi ysgol (i rn); addysgu, dysgu, hyfforddi (rhn). **2.** *(= discipline):* disgyblu, gwastrodaeth, gwastrodi; **to ~ one's temper,** gwastrodi'ch/rheoli'ch tymer; **to ~ oneself to patience,** eich disgyblu'ch/dysgu'ch hun i fod yn amyneddgar, dysgu/meithrin amynedd.
school[3] *n.* *(of whales &c):* haig (heigiau) *f*. **~-fish** *n.* pysgodyn (pysgod) heigiog *m*.
school[4] *v.i.* *(of whales &c):* heigio.
schoolable *a.* [yn] oed ysgol.
schoolbook *n.* llyfr(-au) (*m*) ysgol.
schoolboy *n.* bachgen (bechgyn) (*m*) ysgol, *N:* hogyn (hogiau) (*m*) ysgol. **~ slang** *n.* iaith (*f*) plant ysgol.
schoolchild *n.* plentyn (plant) (*m*) ysgol.
schoolday *n.* **1.** diwrnod(-iau) (*m*) [yn yr] ysgol. **2. in my schooldays,** yn fy nyddiau ysgol, pan oeddwn yn yr ysgol.
schooled *a.* 1. addysgedig, hyfforddedig; **well-~,** wedi dysgu'ch gwers yn dda. 2. **~ in adversity,** cyfarwydd/cynefin ag adfyd.
schoolfellow *n.* cyfaill (cyfeillion) (*m*) ysgol.
schoolgirl *n.* merch(-ed) (*f*) ysgol, geneth(-od) (*f*) ysgol. **~ complexion** *n.* wynepryd (*m*) merch ifanc.
schoolhouse *n.* ysgoldy (ysgoldai) *m*.
schooling *n.* ysgol *f*, addysg *f*.
Schoolman *n.m.* *Phil*: Ysgolwr (Ysgolwyr); **the Schoolmen**, *occ*: Gwŷr yr Ysgolion.
schoolmaster *n.* ysgolfeistr(-i) *m*, *F:* sgwlyn *m*, sgŵl *m*.
schoolmastering *vn.* cadw ysgol, dysgu [fel athro], ysgolfeistriaeth *f*, *F:* bod yn sgwlyn.
schoolmate *n.* = **schoolfellow.**
schoolmistress *n.* ysgolfeistres(-i) *f*.
schoolmistressy *a.* fel ysgolfeistres, ysgolfeistresaidd; *(= fussy)*: ffwdanus, defodol.
schoolroom *n.* ysgoldy (ysgoldai) *m*.
schoolteacher *n.* athro (athrawon) (*m*) ysgol, athrawes(-au) (*f*) ysgol.
schoolyard *n.* iard (*f*) ysgol (iardiau/ierdydd ysgolion), *occ:* buarth (*m*) ysgol (buarthau ysgolion), *N: occ:* cowrt (*m*) ysgol (cowrtiau ysgolion).
schooner[1] *n.* *Nau:* sgwner(-i) *f*; *U.S:* **prairie ~,** wagen (*f*) y paith (wageni'r paith). **~ rig** *n.* rig (*f*) sgwner.
schooner[2] *n.* **1.** *(= glass):* gwydryn(-nau) hir *m*. **2.** *Meas:* peint(-iau) *m*.
Schopenhauerian *a.* Schopenhaueraidd.
Schopenhauerism *n.* Schopenhaueriaeth *f*.
schorl *n.* *Miner:* t|wrmalin (twrmalinau) du *m*, sorl(-au) *mf*.

schorlaceous *a. Miner:* sorlaidd.
schottische *n. Mus:* ***schottische(-s)*** *f.*
schuss[1] *n. Ski:* siŵs (siwsau) *f.*
schuss[2] *v.i. Ski:* siwsio.
schussboomer *n. Ski:* siwsiwr (siwswyr) *m.*
schwa *n. Phon:* llafariad dywyll *f,* shwa *m.*
schwarmerei *n.* gorsentimentaleiddiwch *m.*
sciaenid, sciaenoid *a. & n.* **1.** *a. Ich:* sgiaenaidd. **2.** *n. Ich:* sgiaeniad (sgiaeniaid) *m.*
sciagram, sciagraph *n.* cysgodlun(-iau) *m,* sgïagram (sgiagramau) *m.*
sciagraphic *a.* cysgodluniol, sgiagraffig.
sciagraphy *n.* cysgod-arluniaeth *f,* sgiagraffeg *f.*
sciamachy *n.* ymladd (*vn*) cysgodion.
sciatic *a. & n.* **1.** *a.* siatig, clunol, morddwydol. **2.** *n.* **the ~ [nerve], the ~,** y nerf siatig *mf,* y nerf clunol/glunol/morddwydol/forddwydol, nerf y glun/forddwyd.
sciatica *n. Med:* clunwst *m.*
sciatically *adv.* yn glunol, yn forddwydol.
science *n.* **1.** *(in a specific field):* gwyddor(-au) *f.* **2.** *(generally, esp. including physics, chemistry, biology &c):* gwyddoniaeth *f;* **physical sciences,** gwyddorau ffisegol, ffiseg *f;* **political ~,** gwyddor gwleidyddiaeth; **moral ~,** gwyddor foesol; **natural sciences,** gwyddoniaeth, gwyddorau naturiol; *Theol:* **Christian S~,** Seientiaeth Gristnogol *f;* **domestic ~,** gwyddor cartref/tŷ; **social ~,** gwyddor gymdeithasol, gwyddor cymdeithas; **rural ~,** gwyddor gwlad; **applied ~,** gwyddoniaeth gymhwysol; **pure ~,** gwyddoniaeth bur; **man of ~, = scientist; the Dismal S~,** *(= Economics),* yr Wyddor Drist/Ddigalon, Economeg *f.* **3.** *(= skill):* medr(-au) *m,* gallu(-oedd) *m,* medrusrwydd *m,* crefft *f;* **the noble ~,** *(= boxing):* paffio; *(= fencing):* cleddyfa; **to reduce betting to a ~,** gwneud gamblo'n wyddor gysáct, gwneud gamblo'n grefft. **~ fiction** *n.* ffuglen wyddonol *f.*
scienter *adv. Jur:* yn ymwybodol, yn fwriadol.
sciential *a.* gwybodol, gwyddonol.
scientific *a.* gwyddonol; **pseudo-~,** ffugwyddonol. **~ man, = scientist.**
scientifically *adv.* yn wyddonol.
scientism *n.* gwyddonyddiaeth *f.*
scientist *n.* **1.** gwyddonydd (gwyddonwyr) *m.* **2.** *Rel:* **Christian S~,** Seientiad (Seientiaid) Cristnogol *m,* Seientiad Gristnogol (Seientiaid Cristnogol) *f.*
scientistic *a.* gwyddonyddol.
scientologist *n.* seientolegydd (seientolegwyr) *m.*
scientology *n.* seientoleg *f.*
sci-fi *attrib. & n.* **1.** *attrib.* ffugwyddonol. **2.** *n.* **= science fiction.**
scilicet *adv.* sef, hynny yw.
scilla *n. Bot:* serennyn *m,* seren (sêr) *f.*
Scillonian *a. & n.* **1.** *a.* Silonaidd, o ynysoedd Sili. **2.** *n.* Siloniad (Siloniaid) *m&f,* brodor(-ion) *(m)* o Ynysoedd Sili, brodores(-au) *(f)* o Ynysoedd Sili.
Scilly *Pr.n. Geog:* **the ~ Isles,** Ynysoedd Sili. **~ Isles meadow-grass** *n. Bot: (Poa infirma):* gweunwellt *(m)* Cernyw.
scimitar *n.* cleddyf(-au) cam/pengam *m* (*pronounced* ng-g).
scincoid *a. & n. Rept:* **1.** *a.* sgincaidd. **2.** *n.* sginc(-iaid) *m.*
scintigraphic *a.* sintigraffig.
scintigraphy *n.* sintigraffeg *f.*
scintilla *n.* **1.** gwreichionyn (gwreichion) *m.* **2.** *Fig:* **not a ~ (of evidence),** dim iot/iod *f,* dim rhithyn *m,* dim mymryn *m* (o dystiolaeth).
scintillant *a.* pefriol, gwreichionog, gwreichionllyd.
scintillate *v.i.* **1.** pefrio, gwreichioni, serennu. **2.** *Ph:* fflachio.
scintillating *a.* pefriol, disgleirwych.
scintillatingly *adv.* yn befriol *&c.*
scintillation *n.* **1.** pefriad *m,* pefrio *vn.* **2.** *Ph:* fflach(-iau) *f,* fflachiad(-au) *m.* **~ counter** *n.* **= scintillometer.**
scintillator *n.* fflachiwr (fflachwyr) *m.*
scintillometer *n.* cyfrifwr (cyfrifwyr) *(m)* fflachiadau, fflachgyfrifwr (fflachgyfrifwyr) *m.*
scintiscan *n.* s|intisgan (sintisganau) *m.*
sciolism *n.* coegwybodaeth *f.*
sciolist *n.* coegwybodusyn (coegwybodusion) *m,* rhn (rhai) coegwybodus *m.*
sciolistic *a.* coegwybodus.
sciomancer *n.* cysgod-ddewin(-iaid) *m.*
sciomancy *n.* cysgod-ddewiniaeth *f.*
sciomantic *a.* cysgod-ddewinol.
scion *n.* **1.** *Hort:* impyn(-nau) *m.* **2. ~ (of a noble house),** disgynnydd (disgynyddion) *m,* aelod(-au) *m* (o deulu pendefigaidd), cangen (canghennau) *(f)* o hen gyff.
sciosophy *n.* coegwyddor(-au) *f,* ffiloreg *f.*
scire facias *n. Jur:* ***scire facias*** *m.*
scirocco *n.* **= sirocco.**
scirpus *n. Bot:* **bristle ~,** *(Scirpus setaceus):* clwbfrwynen fach (clwbfrwyn bach) *f;* **floating ~,** *(Eleogiton fluitans):* s|intisgan (sintisganau) *m,* clwbfrwynen nofiol *f.*
scirrhoid *a.* sgirysaidd.
scirrhosity *n.* **1. = scirrhus. 2.** sgirysedd *m.*
scirrhus *n. Med:* caletchwydd(-au) *m,* dafad wyllt (defaid gwyllt), dafaden wyllt (defaid gwyllt) *f,* canser(-au) caled *m,* sgirws (sgirysau) *m.*
scirrhous *a.* **= scirrhoid.**
scissel *n.* torion (*pl*) metel.
scissile *a.* holltadwy, rhanadwy, toradwy.
scission *n.* torri *vn,* hollti *vn,* hollt(-au) *f,* toriant (toriannau) *m.*
scissiparous *a. Biol:* **= fissiparous.**
scissor[1] *n.* **[pair of] scissors,** siswrn (sisyrnau) *m; Hort:* **lawn scissors,** siswrn [torri] glaswellt/gwelltglas/gwair; **button-hole scissors,** siswrn twll botwm; **cutting out scissors,** siswrn torri allan; **embroidery scissors,** siswrn brodwaith; **pinking scissors,** siswrn pincio, siswrn igam-ogam. **~-bill** *n. Orn:* **= skimmer 3. ~-bird** *n. Orn:* gwybedwr (gwybedwyr) *(m)* fforchog. **~ cross** *n. Th:* croes *(f)* siswrn. **~ hold** *n. Wr:* gafael *(f)* siswrn. **~ jump** *n. Sp:* naid (neidiau) *(f)* siswrn. **~ kick** *n. Swim:* cic(-iau) *(f)* siswrn. **scissors crossing** *n. Rail:* croesfan(-nau) *(f)* siswrn. **~ stage** *n. Th:* llwyfan(-nau) *(mf)* siswrn. **scissors stop** *n. Ski:* stop(-iau) *(m)* siswrn. **~ tail** *n.* **= scissor-bird. ~ tooth** *n. Z:* dant (dannedd) *(m)* siswrn.
scissor[2] *v.t.* torri (rhth) â siswrn, sisyrnu.
scissure *n.* hollt(-au) *f.*
sciurine *a. Z:* gwiwerol, fel gwiwer.
sciuroid *a. Z: Bot:* gwiweraidd.
sclaff[1] *n. Golf:* sgrafliad(-au) *m,* sgraflu *vn.*
sclaff[2] *v.i. Golf:* sgraflu.
sclaffer *n. Golf:* sgraflwr (sgraflwyr) *m.*
sclera *n. Anat:* gwyn *(m)* y llygad, sglera (sglerâu) *m.*
sclereid *n. Biol:* sglereid(-au) *m.*
sclerenchyma *n. Bot:* sglerencyma(-ta) *m,* caledwe(-oedd) *f.*
sclerenchymatous *a. Bot:* sglerencymaidd, caledweol.
sclerite *n. Z:* sglerit(-au) *m.*
scleritic *a.* sgleritig.
scleritis *n. Med:* sglerwst *m,* sgleritis *m.*
scleroderma, sclerodermia *n. Med:* croen-galediad(-au) *m,* sgleroderma *m.*
scleroid *a. Bot: Z:* caled (celyd), caledweol.
scleroma *n.* sgleroma(-ta) *m.*
sclerometer *n.* sgleromedr(-au) *m.*
sclerometric *a.* sglerometrig.
scleroparei *n. Coll: Ich:* sgleroparei *pl.*
sclerophyll *n. & attrib. Bot:* **1.** *n.* sgl|eroffyl (sgleroffylau) *m.* **2.** *attrib.* sgleroffylaidd.
sclerophyllous *a.* sgleroffylaidd.
sclerophylly *n.* sgleroffyledd *m.*
sclerophyte *n.* **= sclerophyll.**
scleroprotein *n. Bio-Ch:* sgleroprotein(-au) *m.*
sclerosal *a.* sglerosol.
scleroscope *n.* sgl|erosgop (sglerosgopau) *m.*
sclerose *v.t. & i.* caledu.
sclerosed *a.* caled (celyd), sglerotig.
sclerosis *n. Med:* sglerosis(-au) *m,* calediad(-au) *m;* **disseminated ~, multiple ~,** sglerosis ymledol, parlys ymledol *m.*
sclerotial *a. Bot:* sglerotiol.
sclerotic *a. & n. Anat:* **1.** *a.* sglerotig, caled (celyd). **2.** *n.* **= sclera.**
sclerotin *n.* sgl|erotin *m.*
sclerotioid *a. Bot:* sglerotiol.
sclerotitis *n. Med:* **= scleritis.**
sclerotium *n. Bot:* sglerotiwm (sglerotia) *m.*
sclerotization *n.* calediad *m,* caledu *vn.*
sclerotized *a.* sglerotig.
sclerotomy *n.* sgler|otomi (sglerotomïau) *m.*

sclerous *a.* (*= bony*); esgyrnaidd; (*= firm*): ffyrf.
scobs *n.pl. Ind:* naddion, creifion; (*= sawdust*): blawd (*m*) llif.
scoff[1] *n.* **1.** (*=* **jeer**[1]): gwawd(-iau) *m*, **2.** (*= object of scorn*): testun(-au) (*m*) gwawd, cyff(-ion) (*m*) gwawd.
scoff[2] *v.i.* **to ~ (at sth),** gwawdio, gwatwar, dilorni, difrïo (rhth); cael hwyl am ben (rhth), chwerthin am ben (rhth); **to ~ at dangers,** dirmygu peryglon; **to be scoffed at,** cael eich dirmygu/gwatwar, bod yn destun sbort/gwawd/dirmyg, bod yn gyff gwawd.
scoff[3] *n. P:* (*= food*): bwyd(-ydd) *m*, *N: F:* sgram(-s) *m*.
scoff[4] *v.t. P:* (*= guzzle*): llowcio, claddu, *S.W:* cwlffan, gwlffan, *S.E:* llympro, *N:* claddu, sglaffio, haffio, sleifio; hel (bwyd) yn eich ceubal/bol.
scoffer *n.* dirmygwr (dirmygwyr) *m*, gwawdiwr (gwawdwyr) *m*, gwatwarwr (gwatwarwyr) *m*, dilornwr (dilornwyr) *m*, goganwr (goganwyr) *m*, difrïwr (difriwyr) *m*.
scoffing[1] *a.* gwawdlyd, gwatwarus, dirmygus, gwatwarllyd, goganus, dilornus, difrïol.
scoffing[2] *vn.* gwawdio, gwawd(-iau) *m*, gwawdiaeth *f*, gwawdiaith *f*, gwatwar(-au) *m*, gogan(-au) *f*.
scoffingly *adv.* yn wawdlyd *&c*.
scofflaw *n. U.S: F:* gwawdiwr (gwawdwyr) (*m*) y gyfraith.
scold[1] *n.* taf|odwraig (tafodwragedd) *f*, cecren(-nod) *f*, hen geg(-au) *f*, s|wnwraig (swnwragedd) *f*, rhinces *f*, *N:* swnen *f*, gwr|aig dafotrwg (gwragedd tafotrwg) *f*, gwraig anynad, *N.W: occ:* sgowlan *f*; (*man*): cecryn(-nod) *m*, dyn(-ion) tafotrwg *m*, *N.W:* rhincyn(-nod) *m*. **~'s bit/bridle** *n.* genfa (genfâu) (*f*) cecren, ffrwyn(-au) (*f*) cecren.
scold[2] *v.i.&t.* **1.** *v.i.* dweud y drefn, grwgnach, cecru, ei dweud hi, rhefru, tafodi, bwrw drwyddi, *N.W:* cega, arthio, dwrdio, tantro, dondio, hel a thrin, bacstrelio, bacstandio, rhincian, piwsio, lluchio, taflu'ch cylchau, *M.W:* llefaru, *S.W:* termo, cymhennu, towntro, magneitha, *S.E:* estyn eich cwils. **2.** *v.t.* cystwyo, tafodi (rhn); dweud y drefn, ei dweud hi (wrth rn); *N.W:* cega, arthio (ar rn); dondio, dwrdio (rhn); rhoi llond pen, rhoi rali (i rn); *S.W:* rhoi pryd o dafod (i rn), cymhennu (rhn); **to be scolded by s.o.,** cael y drefn, ei chael hi, cael drwg, cael pryd o dafod, cael eich tafodi (gan rn); cael blas tafod (rhn); *N.W: occ:* cael eich pader.
scolder *n.* tafodwr (tafodwyr) *m*, taf|odwraig (tafodwragedd) *f*, dondiwr (dondwyr) *m*, dwrdiwr (dwrdwyr) *m*.
scolding[1] *a.* cegog, cecrus, grwgnachlyd, anynad, *N.W:* rhinclyd.
scolding[2] *vn.* dwrdiad(-au) *m*, cystwyad(-au) *m*, *N.W: occ:* rali *f*, *S.W: occ:* hâr *f*, temprad *m*, termad *m*, magneth *m*; **to give s.o. a good ~,** dweud y drefn wrth rn, ei dweud hi'n hallt/arw wrth rn, rhoi pryd o dafod i rn; **to get a ~,** cael eich tafodi, cael pryd o dafod, cael ceg, cael drwg, cael y drefn.
scoldingly *adv.* yn gecrus *&c*.
scolecite *n. Miner:* sg|olesit *m*.
scolex *n. Z:* pen (*m*) llyng[h]yren (pennau llyngyr), sgolecs(-au) *m*.
scoliosis *n. Med:* cefnwyrni *m*, sgoliosis *m*.
scoliotic *a. Med:* gwyredig, sgoliotig.
scollop[1,2] *n. & v.* = **scallop**[1,2].
scolopendra, scolopendrid *n. Myr:* neidr gantroed (nadroedd cantroed) *f*.
scolopendrine *a. Myr:* sgolopendraidd.
scolopendrium *n. Bot:* = **hart's tongue fern.**
scomber *n. Ich:* macrell (mecryll) *fm*.
scombrid *n. Ich:* sgombroid(-au) *m*, macrellbysgodyn (macrellbysgod) *m*.
scombridae *n.pl. Ich:* macrellbysgod.
scombroid *a. & n. Ich:* **1.** *a.* macrellaidd, sgombroid. **2.** *n.* sgombroid(-au) *m*, macrellbysgodyn (macrellbysgod) *m*.
sconce[1] *n.* (*= candlestick*): canhwyllbren (canwyllbrennau) *m*; (*on wall*): murganhwyllbren (murganwyllbrennau) *m*.
sconce[2] *n. Fort:* caer(-au) *f*.
sconce[3] *n. Sch:* (*at Oxford University*): sgons(-iau,-ys) *mf*.
sconce[4] *v.t. Sch:* (*at Oxford University*): sgonsio.
scone *n.* sgonsen (sgons) *f*, sgon(-au) *f*; **drop ~, griddle ~,** leicec(-s) *f*.
scoop[1] *n.* **1.** (*a*) *Nau:* (*for baling*): tun(-iau) (*m*) sbydu; (*b*) (*= shovel*): rhaw fach (rhawiau bach) *f*, rhawlech(-au,-i) *f*, siefl(-iau) *f*; (*c*) *Surg:* llwyar (llwyerau) *f*, llwyarn (llwyerni) *f*, craflwy(-au) *f*; (*d*) *Cu:* lletwad(-au, lletwedi) *f*, craflwy, sgŵp (sgwpiau) *mf*. **2.** *Civ.E:* sgŵp (sgwpiau) *mf*, pwced(-i) *f*; *Rail:* sgŵp; *Mec:* **scoops,** (*on mill-wheel*): llwyau. **3.** *Golf:* cafniad(-au) *m*, sgŵp (sgwpiau) *m*. **4.** = **scoopful**; *S.a.* **air-scoop. ~ neck** *n. Cost:* gwddf (gyddfau) cafnog *m*. **~ net** *n. Fish:* rhwyd (*f*) law (rhwydi llaw), rhwyd drochi (rhwydi trochi).
scoop[2] *n.* **1.** (*= hollow*): cafn(-au) *m*, codau *pl*. **2.** (*a*) (*= motion with shovel*): rhofiad(-au) *m*; **at one ~,** ar un tro, ag un ergyd; **a fine ~!** helfa dda! dalfa dda! haldiad da! bachiad da! dyna fachiad! (*b*) *Journ: F:* sgŵp (sgwpiau) *mf*.
scoop[3] *v.t.* **1. to ~ [out],** (*water*): sbydu, gwagio, *Lit:* dihysbyddu; (*flour, sugar &c*): llwyo, sgwpio; (*coal, earth*): rhofio; (*wood, turnip &c*): cafnu, cafnio; **to ~ a large profit,** gwn|eud elw aruthrol; **to ~ the pool,** ennill y cyfan; **to ~ up,** (*i*) (*coal*): codi glo [â rhaw], rhawio glo, rhofio glo; (*ii*) (*water*): sgwpio; *Golf:* cafnio, sgwpio. **2.** *F: Journ:* gwn|eud sgŵp, cael sgŵp; achub y blaen (ar bapur arall).
scooper *n.* **1.** (*pers.*): rhofiwr (rhofwyr) *m*. **2.** = **scoop**[1]. **3.** *Orn:* = **avocet.**
scoopful *n.* llond (*m*) llwyarn, llond sgŵp, llond rhaw *&c*, llwyarnaid (llwyarneidiau) *f*, sgwpaid (sgwpeidiau) *mf*.
scoot *v.i. F:* **to ~ [off, away],** sgrialu mynd, ei baglu hi, ei ffaglu hi, ei gloywi hi, ei g'leuo hi *&c*, *S.W:* ei gwanu hi; *See* **beat**[2] **1.** (*a*).
scooter *n.* sgwter(-i) *m*.
scooterist *n.* sgwterwr (sgwterwyr) *m*, sgwt|erwraig (sgwterwragedd) *f*.
scop *n.* bardd (beirdd) *m*.
scopa *n. Nat.Hist:* ysgubell(-au,-i) *f*.
scope[1] *n.* (*a*) (*of action, knowledge*): cwmpas *m*, maes *m*, *occ:* arfod *f*; **that is beyond/outside my ~,** nid yw hynny o fewn fy ngallu i; nid wyf i'n gyfrifol am hynny; nid yw'n rhan o'm maes i; nid yw yn f'arfod i; **an undertaking of wide ~,** menter bellgyrhaeddol, menter cang ei therfynau; **to extend the ~ of one's activities,** estyn ffiniau/maes/terfynau eich gweithgareddau; **to fall within the ~ of a work,** dod o fewn terfynau gwaith; **~ of gunfire,** amrediad (*m*) tanio; (*b*) (*= room, occasion*): lle *m*, cyfle *m*, agoriad *m*, *occ:* posibiliadau *pl*; **to give s.o. ~ for his abilities,** rhoi cyfle i alluoedd rhn; **there's ~ here,** mae yma gyfle/bosibiliadau; **a subject that gives ~ for eloquence,** pwnc sy'n rhoi lle/cyfle i huodledd; **to give full/free ~ to (s.o., one's imagination),** rhoi penrhyddid (*m*), rhwydd hynt (*f*) (i rn, i'ch dychymyg); **limited in ~,** cyfyngedig; **wide in ~,** eang; **you have full/free ~ to act,** mae gennych bob rhyddid i weithredu.
scope[2] *n. F:* = **microscope, oscilloscope, telescope, radarscope** *&c*.
scopolamine *n. Pharm:* sgop|olamin *m*.
scopolia *n. Bot:* codwarth (*mf*) carniola.
scopoline *n.* sgopolin *m*.
scopula *n.* = **scopa.**
scopulate *a.* ysgubellog.
scorbutic *a. & n.* **1.** *a.* sgorbwtig, llyglyd. **2.** *n.* sgorbwtig(-ion) *mf*.
scorbutically *adv.* yn sgorbwtig.
scorch[1] *n.* llosg(-iadau) *m*, llosgiad(-au) *m*, deifiad(-au) *m*.
scorch[2] *v.t.&i.* **1.** *v.t.* deifio, *occ:* cochi, *S:* rhuddo, gwrido; **to ~ one's legs before a fire,** britho'ch crimogau/coesau o flaen tân. **2.** *v.i. F:* **to ~ [along],** chwipio/taranu/sgrialu [mynd], melltennu, mynd fel cath i gythraul.
scorched *a.* llosg, llosgedig, deifiedig, wedi deifio; **~ earth policy,** polisi tir llosg.
scorcher *n. F:* (*= hot day*): diwrnod(-iau) chwilboeth *m*; **phew! what a ~!** *N:* ew! dyma ddiwrnod poeth! *S:* de! dyma ddiwrnod twym! *N.W: occ:* o! mae hi'n deg!
scorching[1] *a. & adv.* **1.** *a.* (*a*) (*heat*): tanbaid, deifiol, chwilboeth; (*b*) **~ criticism,** beirniadaeth ddeifiol *f*. **2.** *adv.* **~ hot,** chwilboeth, eiriasboeth.
scorching[2] *vn.* llosg *m*, llosgiad(-au) *m*, llosgi.
scordatura *n. Mus:* anghytgordio *vn*, anghytgordiad(-au) *m*, sgordatwra *mf*.
score[1] *n.* **1.** (*on skin, rock, metal*): crafiad(-au) *m*, rhych(-au) *mf*, *N.W: occ:* sgôr (sgorau) *f*. **2.** (*of pulley*): rhigol(-au) *f*, rhych. **3.** (*a*) (*= notch, nick*): hicyn(-nau) *m*, hic(-iau) *m*, hiciad(-au) *m*, rhicyn (rhiciau) *m*, rhic(-iau) *m*; (*b*) *O:* **to run up a ~ at a public house,** *F:* cael diod ar goel, *N:* cael diod ar lab, labio mewn tŷ tafarn; *O:* **to pay one's ~,** talu'ch/setlo'ch cownt; **to pay off old scores,** talu hen gyfrifon, talu'r pwyth yn ôl, talu'r hen chwech yn ei ôl, *N:* setlo hen gownt. **4.** (*a*) *Sp: &c:* (*=

points scored): pwyntiau *pl*, sgôr (sgorau) *f*; **aggregate ~,** sgôr grynswth (sgorau crynswth); *Ed: Psy:* **non-verbal ~,** sgôr [prawf] dieiriau; **pro-rated ~,** sgôr gyfradd (sgorau cyfradd); **raw ~,** sgôr grai (sgorau crai); **scaled ~,** sgôr raddedig (sgorau graddedig); **verbal ~,** sgôr [prawf] geiriau, sgôr eiriol (sgorau geiriol); **standard scratch ~,** sgôr gamp safonol (sgorau camp ~); **to keep the ~,** cadw'r sgôr; *U.S: F:* **to know the ~,** gwybod faint yw hi o'r gloch, gwybod beth yw beth; *(b) F: O: (= lucky or winning stroke):* strôc dda (strociau da/lwcus) *f*. **5.** *Mus:* sgôr (sgorau) *f*; **full ~,** sgôr lawn (sgorau llawn); **miniature ~,** sgôr boced (sgorau poced); **open ~,** sgôr agored; **short ~,** sgôr fer (sgorau byrion); **vocal ~,** sgôr leisiau (sgorau lleisiau); **in ~,** mewn sgôr. **6.** *(= twenty):* ugain (ugeiniau) *m*; **six ~,** chwe ugain; **a ~ of people,** ugain o bobl; **four ~ years and ten,** deng mlwydd a phedwar ugain; *S.a.* **threescore**; *(b) pl. F:* **(people came) in scores,** (daeth pobl) fesul ugeiniau, wrth yr ugeiniau, yn eu hugeiniau, yn llu, yn lluoedd, yn un fflyd; **scores (of people),** ugeiniau, lluoedd, llaweroedd, lliaws (*m*), llond (*m*) gwlad (o bobl); *(c) Meas: A: (of pigs, oxen):* sgôr. **7. (have no fear) on that ~,** (na phoenwch) ar y pen/cyfrif yna, *F:* ar gownt hynny; **on more scores than one,** ar fwy nag un pen/cyfrif; **rejected on the ~ of absurdity,** gwrthodwyd ar sail ei hurtrwydd; **on the ~ of ill-health,** o achos afiechyd, oherwydd afiechyd, *F:* ar gownt afiechyd; **I have no opinion on that ~,** nid oes gennyf farn ar y pwnc yna. **~-book** *n.* llyfr(-au) (*m*) cadw sgôr. **~-card** *n.* **1.** cerdyn (cardiau) (*m*) saethu. **2.** *Golf: Bridge: &c:* cerdyn cadw sgôr. **~ draw** *n. Footb:* gêm gyfartal (gemau cyfartal) (*f*) â sgôr. **~ game** *n. Golf:* gêm (gemau) (*f*) sgôr. **~ play** *n. Golf:* chwarae (*m*) sgôr. **~-sheet** *n.* taflen(-ni) (*f*) sgorio.

score² *v.t.* **1.** *(a) (skin, leather, metal, wood):* crafu, rhychu, creithio; **a face scored with scars,** wyneb creithiog; **a face scored with lines,** wyneb rhychog; *(b) (= underline):* tanlinellu. **2.** *(a) (= notch):* rhicio; *A:* **to ~ a tally,** rhicio tali; *(b) F: O:* **to ~ up the drinks,** cadw tali o'r diodydd, *N. W:* labio'r diodydd, rhoi'r diodydd ar lab. **3.** *Games: (a) (= keep score):* sgorio, cadw sgôr; *(b) (goal, point &c):* sgorio; **to fail to ~,** methu sgorio; *Cr:* **to ~ a century,** sgorio cant; *Fb:* **to ~ a goal,** cael/sgorio gôl; *Cards:* **to ~ no tricks,** sgorio dim; **to ~ [a success],** llwyddo, cael llwyddiant, ennill clod; **that's where he scores,** dyna'i gryfder/fantais ef; dyna lle mae'n ennill. **4.** *Mus:* sgorio; **to ~ for s.o.,** ysgrifennu sgôr ar gyfer rhn; **~ off** *v.t.* **to ~ off s.o.,** ennill ar gorn/draul rhn; *(= shut s.o. up):* rhoi caead ar biser rhn; *F:* **to ~ a bull's eye,** taro'r canol/nod; **to ~ a hit,** sgorio trawiad/ergyd. **~ out** *v.t.* dil|eu (rhth), rhoi llinell drwy (rth). **~ under** *v.t.* tanlinellu rhth, rhoi llinell dan rth.

scoreboard *n.* bwrdd (byrddau) (*m*) sgorio, bwrdd cadw sgôr.

scorekeeper *n.* sgoriwr (sgorwyr) *m*.

scoreless *a.* di-sgôr.

scorer *n. Games:* sgoriwr (sgorwyr) *m*.

scoria *n. Metall: &c:* sinidr *m*, sorod *pl*, sgoria (sgoriâu) *m*.

scoriaceous *a.* sinidraidd, sgorïaidd.

scorification *n.* sinidro *vn*, sinidrad *m*.

scorifier *n.* sinidrwr (sinidrwyr) *m*.

scorify *v.t.* sinidro.

scoring *vn.* = **score².** **~-block** *n. Cards:* pad(-iau) (*m*) cadw sgôr. **~-book** *n. Artil: Cr:* llyfr(-au) (*m*) cadw sgôr. **~-card** *n. Cr:* cerdyn (cardiau) (*m*) cadw sgôr. **~-line** *n. Th:* lein(-iau) (*f*) hac, uniad(-au) *m*. **~-sheet** *n. Sp:* taflen(-ni) (*f*) sgorio, dalen(-nau) (*f*) cadw sgôr.

scorn¹ *n.* dirmyg *m* **(for sth,** o rth, tuag at rth), dibristod *m* (o rth), *Lit: occ:* diystyrwch *m* (o rth); **to laugh sth to ~,** gwn|eud rhth yn destun gwawd, gwatwar rhth, chwerthin am ben rhth; **to think ~ of s.o.,** dirmygu/dibrisio rhn; **to point the finger of ~ at s.o.,** gwneud rhn yn destun sbort/hwyl, gwneud rhn yn gyff gwawd.

scorn² *v.t.* **1.** dirmygu, dibrisio, wfftio, *S.E: occ:* snochto. **2. to ~ to do sth,** gwrthod gwneud rhth.

scorned *a.* dirmygedig; **hell hath no fury like a woman scorned,** nid gwaeth cythreules na gwraig a ddibrisiwyd.

scorner *n.* dirmygwr (dirmygwyr) *m*, dibrisiwr (dibriswyr) *m*.

scornful *a.* dirmygus, gwawdlyd, *occ:* sgornllyd, wfftlyd, *S. W: F:* bipslyd.

scornfully *adv.* yn ddirmygus *&c.*

scornfulness *n.* dirmyg *m*, dibristod *m*.

scorpaenid, scorpaenoid *a. & n. Ich:* **1.** *a.* sgorpenaidd. **2.** *n.* sgorpion(-au) (*m*) môr.

scorper *n. Tls:* cŷn (cynion) (*m*) crafu, sgorper(-au) *m*.

Scorpian *a. & n. Astrol:* **1.** *a.* Sgorpionaidd. **2.** *n.* Sgorpion(-au) *m*.

Scorpio *n. Astrol:* **1.** *(sign):* y Sgorpion *m*. **2.** *(pers.):* Sgorpion(-au) *m*.

scorpioid *a. & n.* **1.** *a. Z:* sgorpionaidd, torchog. **2.** *n. Bot:* fflurgainc dorchog (fflurgeinciau torchog) *f*.

scorpion *n.* **1.** *Z:* sgorpion(-au) *m*; **false ~,** ffug-sgorpion(-au) *m*. **2.** *Ich:* **sea-~,** *(a)* = **scorpion-fish;** *(b) (Cottus scorpius):* llyffant(-od) (*m*) môr. **3.** *Th:* **~,** pla (*m*) theatr. **~-fish** *n. Ich:* sgorpion môr. **~-fly** *n. Ent:* pryf(-ed) (*m*) sgorpion. **~-grass** *n. Bot:* = **forget-me-not.** **~-plant** *n. Bot:* blodyn (blodau) (*m*) sgorpion. **~ senna** *n. Bot:* ffug senna *m*. **~-shell** *n. Moll:* cragen (cregyn) (*f*) sgorpion. **~-spider** *n. Arach:* copyn(-nod) (*m*) sgorpion, corryn (corynnod) (*m*) sgorpion. **~'s tail** *n. Bot: (Scorpirus):* cynffon (*f*) sgorpion, cwt (*f*) sgorpion. **~-vetch** *n. Bot:* ffacbysen goronog (ffacbys coronog) *f*.

Scorpius *n. Astr:* y Sgorpion *m*.

scorzonera *n. Bot: Cu:* s|alsiffi du *m*, sgorsonera *m*.

Scot¹ *n.* Sgotyn (Sgotiaid) *m*, Sgoten (Sgotiaid) *f*, *Lit:* Albanwr (Albanwyr) *m*, Albanes(-au) *f*.

scot² *n.* **1.** *A:* **to pay one's ~,** talu'ch cyfran. **2.** *Hist:* **~ and lot,** sgot a lot; trethi *pl*. **~-free** *a.* **to get off ~-free,** *(= unhurt):* dianc yn ddianaf; *(= unpunished):* dianc yn ddi-gosb/ddigerydd, mynd yn groeniach; *(= without paying):* mynd/dianc heb dalu.

scotch¹ *n. (= under wheel):* clocsen (clocs, clocsiau) *f*, clocbren(-ni) *m*, stroc(-iau) *f*, strocen (strociau) *f*, sbrogen (sbrogiau) *f*.

scotch² *v.t. (a wheel):* atal, clocsio, strocio; rhoi stroc/strocen/sbrogen (mewn olwyn).

scotch³ *n. O: (= knife mark):* hicyn (hiciau) *m*, hic(-iau) *m*.

scotch⁴ *v.t.* **1.** *(an animal):* anafu. **2.** *(a plan):* difetha.

Scotch⁵ *a. & n.* **1.** *(a) a.* Sgotaidd, *Lit:* Albanaidd; *(in language):* Sgoteg; *(b) n.pl. F:* **the ~,** y Sgotiaid, *Lit:* yr Albanwyr. **2.** *n. (a) Ling:* Sgoteg *f, m*; *(b) (drink):* wisgi *m*. **~ Argus** *n. Ent:* modrwyog(-ion) (*m*) yr Alban. **~ Baptist** *n. Rel:* Bedyddiwr (Bedyddwyr) Albanaidd *m*, *F:* Bedyddiwr Bara Caws, Batus Bach *m*. **~ bluebell** *n. Bot:* = **harebell.** **~ broom** *n. Bot:* banhadlen (banadl) (*f*) yr Alban. **~ broth** *n. Cu:* cawl (*m*) pen dafad, sgot-brywes *m*. **~ cap** *n.* cap(-iau) Sgotaidd *m*. **~ catch** *n. Mus:* clec Sgotaidd *f*. **~ Cattle (the)** *n.pl. Hist:* y Teirw Scotch. **~ collops** *n.pl. Cu:* golwythi eidion. **~ egg** *n. Cu:* ŵy (wyau) (*m*) selsig, ŵy mewn sosej. **~ fir** *n. Bot:* ffawydden (ffawydd) (*f*) Albanaidd. **~ Irish 1.** *a.* Sgot-Wyddelig. **2.** *n.* Sgot-Wyddel(-od) *m*, Sgot-Wyddeles(-au) *f*. **~ mist** *n.* smwc *m*, smwcen *f*, smwclaw *m*. **~ pancake** *n. Cu:* leicec(-s) *f*. **~ pebble** *n. Lap:* agat(-au) *m*. **~ pine** *n.* = **Scotch fir.** **~ snap** *n. Mus:* = **scotch catch.** **~ tape** *n. R.t.m:* tâp gludiog *m*. **~ terrier** *n.* daeargi (daeargwn) Sgotaidd *m*. **~ thistle** *n. Bot:* ysgallen gotymog (ysgall cotymog) *f*. **~ verdict** *n. Jur:* rheithfarn(-au) Sgotaidd *f*, rheithfarn benagored (rheithfarnau penagored). **~ woodcock** *n. Cu:* ŵy (*m*) ac ansiofi ar dost.

Scotchman *n. F:* = **Scotsman.**

Scotchwoman *n. F:* = **Scotswoman.**

scoter *n. Orn:* **common ~,** *(Melanitta nigra):* môr-hwyaden ddu (~-hwyaid duon) *f*, hwyaden ddu (hwyaid duon) *f*, hwyaden fôr (hwyaid môr); **surf ~,** *(M. perpicillata):* hwyaden ddu'r traethfor (hwyaid duon y traethfor), môr-hwyaden yr ewyn; **velvet ~,** *(M. fusca):* hwyaden [ddu] felfedog (hwyaid [duon] melfedog), môr-hwyaden y Gogledd.

scotia *n. Arch:* sgotia (sgotiâu) *m*.

Scotia *Pr.n. Poet:* = **Scotland.**

Scotic *a.* Sgotig.

Scotism *n. Phil:* Scotyddiaeth *f*.

Scotist *n. Phil:* Scotydd(-ion) *m*.

Scotistic *a. Phil:* Scotyddol.

Scotland *Pr.n.* Sgotland *f*, *Lit:* Yr Alban *f*.

scotodinia *n. Med:* = **dizziness.**

scotoma *n.* smotyn (smotiau) dall *m*.

scotopia *n. Med:* nosweledlad *m*, sgotopia *m*.

scotopic *a. Med:* sgotopig, nosweledol.

Scots *a. & n.* **1.** *a.* Sgotaidd, *Lit:* Albanaidd; *(in language):* Sgoteg. **2.** *n. (i) Coll:* Albanwyr *pl*, Sgotiaid *pl*; *(ii) Ling:* Sgoteg *f,m*.

Scotsman *n. m.* Sgotyn (Sgotiaid), *Lit:* Albanwr (Albanwyr).

Scotswoman *n.f.* Sgotes(-au,-i), Sgoten (Sgotiaid), *Lit:* Albanes(-au,-i).
scottice *adv.* yn Sgotaidd.
Scotticism *n.* gair (geiriau) Sgotaidd *m.*
Scotticize *v.i. & t.* **1.** *v.i.* dynwared Sgotiaid. **2.** *v.t.* Sgoteiddio.
Scottie *n. F:* **1.** Sgotyn (Sgotiaid) *m.* **2.** = **Scotch terrier.**
Scottish *a. & n.* **1.** *a.* Sgotaidd, *Lit:* Albanaidd; *Bot:* **~ asphodel,** cilgain (*f*) yr Alban; **the ~ Border,** Gororau'r Alban. **2.** *n.* *(i) Coll:* Sgotiaid *pl*, Albanwyr *pl*; *(ii) Ling:* Sgoteg *f,m.*
scoundrel *n.* = **rascal, rogue.**
scoundreldom *n.* dihirod *pl.*
scoundrelism *n.* dihirwch *m*, cnaf|eidd-dra *m.*
scoundrelly *a.* = **rascally.**
scour[1] *n.* **1.** sgwrfa (sgwrf|eydd) *f*, sgwriad(-au) *m*; **tidal ~,** sgwrfa'r llanw. **2.** *Tex:* sgwriwr (sgwrwyr) *m*, diseimiwr (diseimwyr) *m.* **3.** *Vet:* ysgôth *m*, ysgothi *vn*, *S.W:* trafu *vn*, trafo *vn*; **white ~,** ysgôth gwyn, pla gwyn *m.*
scour[2] *v.t.* **1.** *(a)* sgwrio, *occ:* sgwrian; **to ~ out a saucepan,** sgwrio sosban; **to ~ a stain out,** sgwrio staen [ymaith]; *(b) Tex:* sgwrio, diseimio. **2.** *Hyd.E: (of river):* sgwrio, erydu. **3.** *Vet:* ysgothi.
scour[3] *v.i.& t.* **1.** *v.i. O:* **to ~ about/around,** chwilota, chwilio a chwalu; **to ~ after s.o.,** rhedeg ar ôl rhn; **to ~ off,** brysio/rhedeg ymaith, *S:* rhedeg bant. **2.** *v.t. (= search):* chwilota, chwilio a chwalu, cribinio; *(of pirates):* **to ~ the seas,** ysgubo'r moroedd.
scourer *n.* **1.** *(pers.): (a)* glanhäwr (glanhawyr) *m*, sgwriwr (sgwrwyr) *m*, glanh|awraig (glanhawragedd) *f*, sg|wrwraig (sgwrwragedd) *f*; *(b) Tex:* sgwriwr, diseimiwr (diseimwyr) *m.* **2.** *(device):* **pot ~,** sgwriwr sosbenni, peth(-au) (*m*) sgwrio sosbenni.
scourge[1] *n.* **1.** *A: (= whip):* ffrewyll(-au) *f*, fflangell(-au) *f.* **2.** *Fig:* pla (plâu) *m* (**of s.o./sth,** ar rn/rth); **war is the greatest ~,** rhyfel yw'r pla mwyaf/pennaf.
scourge[2] *v.t.* **1.** *A: (= whip):* fflangellu, ffrewyllu; *Ecc:* **to ~ oneself,** ymgosbi. **2.** *(= punish):* cosbi, poenydio, plagio (rhn); gyrru pla (ar rn).
scouring *vn. & n.* **1.** *vn.* sgwrfa (sgwrf|eydd) *f*, sgwriad(-au) *m*, sgwrio *vn.* **2.** *n.pl.* ysgubion, gwehilion, sorod. **~ rush** *n. Bot:* brwynen (brwyn) nadd *f.*
Scouse *a. & n.* **1.** *a.* Sgowsaidd; *(in language):* Sgows, Sgowseg. **2.** *n. (a) (pers.):* Sgowsyn (Sgowsiaid) *m*, Sgowsen (Sgowsiaid) *f*; *(b) Ling:* Sgows *f, m*, Sgowseg *f, m.*
Scouser *n.* = **Scouse 2.** *(a).*
scout[1] *n.* **1.** *(a) Mil:* sgowt(-iaid) *m*, *A:* fforiwr (fforwyr) *m*; *(b)* **[Boy] S~,** Sgowt(-iaid) *m*; **S~ Association,** Cymdeithas (*f*) y Sgowtiaid; **King's S~, Queen's S~,** Sgowt Brenhinol; *U.S:* **Girl S~,** Geid(-iau) *f*; *(of motoring association):* patroliwr (patrolwyr) *m*, sgowt(-iaid) *m.* **2.** *Navy:* **~ [ship],** llong(-au) (*f*) chwilota, sgowtlong(-au) *f*; *Mil:* **~ car,** car (ceir) (*m*) chwilota; *Av:* **~ plane,** awyren(-nau) (*f*) chwilota. **3.** *Mil:* **to be/go on the ~,** chwilota, mynd ar sgowt.
scout[2] *v.i. Mil: &c:* fforio, rhagchwilota; *See* **reconnoitre**; **~ about/around,** chwilota, mynd am sgowt; **to ~ (sth) out,** *(= seek):* chwilio, chwilota (am rth); *(= find):* darganfod, cael (rhth); dod o hyd (i rth).
scout[3] *v.t. (= reject, scorn):* wfftio.
scouter *n. Scouting:* sgowtiwr (sgowtwyr) *m.*
scouting *vn. Mil: &c:* sgowtio, fforio; *(for boys):* sgowtio. **~ party** *n.* criw(-iau) (*m*) sgowtio. **~ vessel** *n.* llong(-au) (*f*) sgowtio, sgowtlong(-au) *f.*
scoutmaster *n.* sgowtfeistr(-i) *m.*
scow *n. Nau:* ysgraff(-au) *f*, ysletan(-au) *f.*
scowl[1] *n.* cuwch (cuchiau) *m*, cuchiad(-au) *m*, gwg *(the pl.* gwgau, gwgon *are rare) m*, cilwg (cilygon) *m*, turs(-iau) *m*; **to look at s.o. with a ~,** edrych â gwg ar rn, gwgu/cilwgu ar rn.
scowl[2] *v.i.* cuchio, gwgu, cilwgu, edrych yn ffrom, ffromi (ar rn); edrych (ar rn) dan eich sgafell; gwn|eud tursiau (ar rn).
scowling *a.* cuchiog, gwgus, cilwgus, ffrom, *N: occ:* cibog.
scrabble[1] *n.* sgrabl *m.*
scrabble[2] *v.i. (a)* **to ~ about,** crafangu, crafu, palfalu, ymbalfalu; *(b)* = **scribble, scramble.**
scrag[1] *n.* **1.** *(a) (= skinny person, animal):* dyn(-ion) esgyrnog *m*, sgragyn(-nod) *m*; *(woman):* merch(-ed) esgyrnog *f*, sgragen(-nod) *f*, sgilffen (sgilffod) *f*; *(animal):* anifail (anifeiliaid) esgyrnog *m*, sgelffyn (sgelffod) *m*, sgilffyn (sgilffod) *m*; *(b) F:* **the ~ of the neck,** gwegil(-[i]au) *m*, *N.W: occ:* sgrepan(-au) *f.* **2.** *Cu:* **~ [end] of mutton,** sgrag *m.*
scrag[2] *v.t. F:* **1.** tagu, llindagu; **I'll ~ him,** mi taga' i o/e; mi rof dro yn ei gorn gwddf. **2.** *Fb:* coleru.
scragginess *n.* esgyrnogrwydd *m*; golwg esgyrnog (*f*) (ar rn).
scraggly *a.* aflêr, blêr, anniben.
scraggy *a.* esgyrnog, main, tenau, sgraglyd; *(animal only):* cul(-ion), *N.W: occ:* cenglog; **he looks ~,** mae golwg arno fel petai'n byw ar wellt ei wely; **a ~ fellow,** *N.W:* clul main *m*, climach(-od) *m*, clulbo *m*, snidyn *m*, llipryn(-nod) *m*, hen furgyn *m*, sgilffyn (sgilffod) *m*; **a ~ woman,** sgilffen (sgilffod) *f*; **to be ~,** *N.W:* bod fel iâr siagan.
scram *v.i. P:* ei g'leuo hi, ei gloywi hi, ei bachu hi, ei gwadnu hi *&c*; *See* **beat**[2] **1.** *(a)*; *int.* **~!** bacha (bachwch) hi!
scramble[1] *n.* **1.** *(= climb, walk, motor cycle race):* sgrialfa (sgrialfâu, sgrialf|eydd) *f.* **2.** *(= struggle):* sgrialfa, ymgiprys *vn*, ymryson(-au) *m*, ymrysonfa (ymrysonf|eydd) *f*; **the ~ (for office),** yr ymgiprys, y crafangu (am swydd); *N.W: occ: (for coins thrown):* hwsgip *m.*
scramble[2] *v.i. & t.* **1.** *v.i. (a) Av: Motor Cy: &c:* sgrialu, sgrafangu; **to ~ up a hill,** sgrialu/sgrafangu i ben bryn, dringo bryn ar eich pedwar; **to ~ off,** sgrialu [mynd], sgrafangu [mynd], mynd nerth eich traed, mynd nerth eich olwynion; **to ~ through sth,** sgrafangu/crafangu trwy rth; *(b)* **to ~ for sth,** sgrialu i gael rhth: *(struggle):* ymgiprys, ymryson am rth *or* i gael rhth; *N.W: occ:* **to ~ for coins,** hwsgipio am brês. **2.** *v.t. (a) Cu:* sgramblo; *(b) W.Tg: Tp: &c:* **to ~ a message,** drysu/anhrefnu neges.
scrambled *a. (message):* dryslyd, mewn anhrefn, anhrefnus; **~ eggs,** wyau wedi eu sgramblo.
scrambler *n.* **1.** *W.Tel: Tp: &c:* dryswr (dryswyr) *m.* **2.** *Motor Cy:* sgrialwr (sgrialwyr) *m.* **3.** *Hort:* crafangwr (crafangwyr) *m.*
scrambling[1] *a.* **(to do sth) in a ~ fashion,** (gwneud rhth) yn ddi-drefn, rywsut-rywsut, rywsut-rywfodd.
scrambling[2] *vn.* = **scramble**[1],[2].
scran *n. P:* **1.** sgram *m*, sborion (*pl*) bwyd. **2. bad ~,** anlwc *mf.*
scrannel *a. (a) (= reedy):* gwan (gweinion), main (meinion), gwichlyd; *(b) (= harsh):* cras, aflafar.
scrap[1] *n.* **1.** *(a) (of paper, stuff):* tamaid (tameidiau) *m*, tameidyn (tameidiau) *m*, darn(-au) *m*, mymryn(-nau) *m*, dernyn (darnau) *m*, pis[h]yn (pisiau) *m*, pwt (pytiau) *m*, *N.W: occ:* criglyn (criglod, criglis) *m*, *S:* bribsyn (bribys) *m*, *S.E:* sgrebyn *m*; *(of cloth):* cerpyn (carpiau) *m*, bretyn (bratiau) *m*, pis[h]yn; **mind you eat every ~ of it,** cofia di fwyta pob tamaid/mymryn ohono; **not a ~ (of evidence),** dim rhithyn (*m*), dim iot/iod (*f*), dim mymryn, dim blewyn (*m*) (o dystiolaeth); **a little ~ of a man,** pwtyn bach o ddyn; **a little ~ of a woman,** pwten fach o fenyw; **to catch scraps of the conversation,** dal pytiau/tameidiau/darnau o'r sgwrs; **a [mere] ~ of paper,** dim ond darn o bapur; **a ~ of comfort,** tipyn/mymryn o gysur; **scraps and trifles,** petheuach *pl*, mân bethau *pl*; **scraps of wool,** gwlaniach *pl*; *F:* **that won't be a ~ of help to you,** ni fydd hynny'n gymorth yn y byd ichwi; ni fydd hynny mo'r help lleiaf ichwi; *N:* ni fydd hynny fymryn o help/gymorth ichwi; *(b) (= cutting for album):* torryn (torion) (*m*) papur, toriad(-au) (*m*) papur, lloffyn (lloffion) (*m*) papur. **2.** *pl. (= leftovers of food):* gweddillion, *F:* sborion, sbarion; **meat scraps,** cigach *pl*; **scraps of fat,** seimiach *m.* **3.** *(= old iron &c):* hen heyrn *pl*, sgrap *m*, haearn (*m*) sgrap, haearnach *pl*, sborion (*pl*) haearn, gwastraff (*m*) haearn. **4.** *attrib.* gwastraff, diwerth, da i ddim, sgrap; **~ glass,** gwydrach *pl*; **~ iron,** hen haearn/heyrn *m*, haearn sgrap; **~ leather,** lledrach *pl*; **~ metal,** metel/metal sgrap *m*; **~ paper,** papurach *pl*, hen bapurau *pl*; **~ wood,** pren/coed gwastraff *m*, gwastraff (*m*) pren/coed, coediach *pl*, coedach *pl.* **~-cake** *n. Fish: Ind:* cacen(-ni) (*f*) sborion. **~-heap** *n.* tomen(-ni) (*f*) hen heyrn; **to throw sth on the ~ heap,** taflu rhth ar y domen *or* dros ben y domen. **~-merchant** *n.* prynwr (prynwyr) (*m*) hen heyrn.
scrap[2] *v.t.* **1.** *(= discard):* taflu (rhth) [ar y domen, dros ben y domen], sgrapio. **2.** *F: (a plan &c):* rhoi'r gorau (i gynllun *&c*), taflu (cynllun) ar y domen, sgrapio (cynllun).
scrap[3] *n. F:* = **fight**[1].
scrap[4] *v.i. F:* = **fight**[2].
scrapbook *n.* llyfr(-au) (*m*) lloffion.
scrape[1] *n.* **1.** *(a) (on skin):* crafiad(-au) *m*, *N:* sgriffiad(-au) *m*,

sgriffiniad(-au) *m*, *Lit: occ:* ysgraffiniad(-au) *m*; **to give a carrot a ~,** crafu moronen, rhoi crafiad i foronen; **to give one's hand a ~,** cael crafiad ar eich llaw; *(b) F: (of butter, jam):* mymryn [lleiaf] *m*, llyfiad(-au) *m*; *(c) (of a fiddle, of the foot):* sŵn *(m)* crafu/rhygnu, rhugliad(-au) *m*, rhygniad(-au) *m*; *(d) (of hare &c):* gwâl (gwalau) *f*. **2.** *F: (= trouble):* helynt(-ion) *f*, trybini *m*, helbul(-on) *m*, trafferth (-ion) *f*, picil *m*, *N.W: occ:* hobl *m*; **to get out (of a ~),** dianc, dod yn rhydd (o helynt/drybini/helbul/drafferth); **we are in a nice ~!** dyna beth yw helynt! dyma ni mewn picil!

scrape² *v.t.&i.* I. *v.t.* **1.** *(skin &c):* crafu, *occ:* ysgraffinio, *N.W:* sgriffinio, sgriffio; **to ~ one's shins,** crafu'ch crimogau; **to ~ a hole,** crafu twll; *(of ship):* **to ~ the bottom,** crafu'r gwaelod. **2.** *(a) (carrot &c):* crafu; **to ~ one's boots,** *(on scraper):* rhuglo'ch/ glanhau'ch esgidiau; **to ~ up dirt/weeds,** rhuglo/crafu baw/chwyn; *(with rake):* cribinio, rhacanu; **she wore her hair scraped back from her forehead,** 'roedd ei gwallt yn dyn[n] am ei phen; **to ~ one's plate,** crafu'ch plât yn lân; glanh|au'ch/clirio'ch plât; *F:* **to ~ the barrel,** crafu gwaelod y gasgen; *(b) Tchn: (= smooth a sculpture &c):* llyfnu, crafellu. **3. to ~ the bow across the fiddle,** rhygnu ffidil â bwa; **to ~ the fiddle,** *v.i.* **to ~ on the fiddle,** rhygnu ar y ffidil; **to ~ one's feet along the floor,** rhygnu'ch/rhuglo'ch traed ar hyd y llawr; *S.a.* **bow⁴ 1. 4.** *(a)* **to ~ [up] acquaintance with s.o.,** mynd/gwn|eud ati i ennill cyfeillgarwch rhn; *(b)* **to ~ [together, up] a sum of money,** cribinio arian at ei gilydd; **to scrimp and ~,** cynilo a chelcio, celcio a chrafu, cribinio arian. II. *v.i.* **1.** *(a)* crafu, rhwbio, *occ:* rhygnu, rhuglo, *S:* rhwto (yn rhth, yn erbyn rhth); **branches that ~ against the window,** canghennau sy'n crafu/rhygnu yn erbyn y ffenestri; *(b) (= make scraping noise): (of fiddle, foot, door &c):* rhygnu, rhuglo; *(c)* **to bow and ~,** bowio a chrafu, plygu glin, plygu gar, gostwng [yn eich] garrau. **2.** *(a)* **to ~ against/along the wall,** crafu/rhygnu yn erbyn wal *or* ar hyd wal, *N.E:* cluro yn y wal; *(b) F:* **to ~ clear of prison,** osg|oi mynd i'r carchar [o drwch blewyn], dianc rhag mynd i garchar [â chroen eich dannedd]. **~ along** *v.i.* rhygnu mynd. **~ away 1.** *v.t. (dirt &c):* crafu/rhuglo (baw) oddi ar rth. **2.** *v.i. (on fiddle):* rhygnu (ar ffidil). **~ by** *v.i.* rhygnu byw, crafu byw, crafu byw[i]oliaeth. **~ in** *v.i.* crafu i mewn. **~ off** *v.t.* crafu/rhuglo (rhth oddi ar rth). **~ out** *v.t.* crafu (rhth o rth). **~ through** *v.i.* crafu trwodd; **to ~ through an examination,** crafu trwy arholiad, mynd trwy arholiad â chroen eich dannedd.

scraper *n.* **1.** *(pers.):* crafwr (crafwyr) *m*, rhuglwr (rhuglwyr) *m*. **2.** *Tls: (a)* ysgrafell(-i,-od) *f*, crafiedydd(-ion) *m*, rhygnen(-nau) *f*, crafell(-au,-i) *f*, *N.W: Min:* sgrapar(-s) *f*; *(b) Sculp:* llyfnwr (llyfnwyr) *m*; *Surg:* **bone ~,** ysgrafell esgyrn; *(c)* **pipe[-bowl] ~,** crafwr *(m)* pibell/cetyn; *Mch:* **tube ~,** crafwr tiwbiau; **half round ~,** ysgrafell hanner crwn; **flat ~,** ysgrafell fflat; **triangular ~,** ysgrafell drionglog; **door-~, shoe-~,** haearn (heyrn) *(m)* crafu esgidiau, crafwr esgidiau; **hand ~,** ysgrafell law (ysgrafelli llaw). **~ plane** *n.* plaen(-iau) *(m)* crafu. **~ ring** *n. I.C.E:* crafwr olew. **~ sharpener** *n.* hogwr (hogwyr) *(m)* ysgrafelli.

scraperboard *n. Art:* sgr|aff-fwrdd (sgraff-fyrddau) *m*, bwrdd (byrddau) *(m)* crafu.

scrapie *n. Vet:* clefyd *(m)* y crafu.

scraping¹ *a. (a)* craflyd; **a ~ sound,** sŵn crafu, sŵn rhygnu; *(b)* **~ bow,** moesymgrymiad(-au) llaes *m*.

scraping² *vn. & n.pl.* **1.** *vn.* crafiad(-au) *m*, crafu, rhygniad(-au) *m*, rhygnu, rhugliad(-au) *m*, rhuglo. **2.** *(sound):* sŵn *(m)* rhygnu, rhygniad. **3. [bowing and] ~,** moesymgrymu, ymgreinio, gwas|eidd-dra *m*, taeogrwydd *m*. **4.** *n.pl. (a)* creifion, crafion, rhuglon, cribinion, ysgubion. **~-tool** *n.* ysgrafell(-i) *f*, crafwr (crafwyr) *m*, crafell(-au,-i) *f*, *occ:* rhygnen(-nau) *f*.

scrapped *a.* a deflir/daflwyd [ar domen], diangen, diddefnydd.

scrapper *n. F:* = **fighter.**

scrappily *adv.* yn bytiog *&c.*

scrappiness *n.* tameidiogrwydd *m*, pytiogrwydd *m*.

scrapple *n. Cu:* sgrapl *m*.

scrappy *a.* **1.** *(speech, style):* pytiog, tameidiog, gwasgarog, digyswllt; **2. a ~ education,** addysg ysbeidiol/anghyflawn *f*; **~ knowlege of sth,** rhyw glem *(m)* (ar rth), gwybodaeth fratiog (o rth). **3. a ~ dinner,** cinio *(m)* sbarion/sborion.

scrappy *a. (violin &c):* aflafar, cras, sy'n rhygnu.

scrapyard *n.* iard(-iau, ierdydd) *(f)* sborion, iard hen heyrn.

scratch¹ *n.* **1.** crafiad(-au) *m*, cripiad(-au) *m*, ysgriffiniad(-au) *m*, *N.W:* sgriffiad(-au) *m*, sgraffiniad(-au) *m*, sgriffiniad(-au) *m*, *S:* crafad(-au) *m*, cripad(-au) *m*, *S.E:* sgrap(-au) *m*; **(to go through a war) without a ~,** (mynd trwy ryfel) yn ddianaf, heb fod ddim mymryn gwaeth. **2.** *(a)* **to give one's head a ~,** crafu'ch pen; *(b) (of pen, match &c):* sŵn *(m)* crafu, crafiad. **3.** *Sp:* llinell *(f)* gychwyn (llinellau cychwyn); **to start [at] ~,** cychwyn ar y llinell gychwyn; *Fig:* **to start from ~,** dechrau o'r dechrau, cychwyn o ddim; **to come up to ~,** bod cystal â'r disgwyl; *F:* **to bring s.o. up to ~,** *(i)* codi rhn at y safon, parat|oi/hyfforddi rhn; *(ii)* **when it comes to the ~,** pan ddaw hi i'r pen; **to be on ~,** cyrraedd mewn pryd; *S.a.* **scratch⁴. 4.** *n.pl. Vet:* llyncoes *m*. **~ board** *n.* = **scraperboard. ~ brush** *n. Tls:* brwsh(-is) *(m)* crafu. **~ dial** *n.* deial(-au) *(m)* crafu. **~ hit** *n. Baseball:* braidd-drawiad(-au) *m*. **~ line** *n. Sp:* llinell *(f)* gychwyn (llinellau cychwyn). **~ pad** *n. U.S:* pad(-iau) *(m)* sgriblo/sgriffian. **~ paper** *n.* papur *(m)* sgriblo/sgriffian. **~ race** *n. Sp:* ras(-ys) safonol *f*. **~ sheet** *n. U.S: F:* papur(-au) *(m)* rasio. **~ stock** *n.* crafwr (crafwyr) *(m)* addurn. **~ test** *n. Med:* prawf (profion) *(m)* crafu. **~ wig** *n.* gwallt *(m)* rhimyn. **~ work** *n.* crafwaith *m*.

Scratch² *n.* **Old ~,** y Diafol *m*, yr Hen Was *m*.

scratch³ *v.t. & i.* **1.** *v.t.* **1.** *(a)* crafu, cripio, cripian, *occ:* ysgraffinio, *N.W:* sgriffio, sgriffian, *occ:* sgorio, *M.W:* sgraffio, sgraffinio, *S.W:* sgrapo, sgrabinio, *S.E:* sgrapin, sgrabin; **a cat that scratches,** cath sy'n cripio/cripian; **to ~ one's hand,** cael crafiad/cripiad ar eich llaw; *(b) (glass, diamond &c):* crafu, ysgythru; **to ~ a figure on ivory,** ysgythru llun ar ifori. **2.** *(a) (itch):* crafu, cosi; **to ~ one's head,** crafu'ch pen; **~ my back and I will ~ yours,** cân di bennill mwyn i'th nain, fe gân dy nain i tithau; *N.W:* cosa di fi, mi'th gosaf innau dithau; *(b)* **to ~ the surface,** crafu'r wyneb; **to ~ a match on a box,** crafu matsien ar hyd blwch; **~ a critic and you'll usually find an unsuccessful writer,** dan groen pob beirniad bydd llenor aflwyddiannus yn llechu. **3. to ~ a hole in the ground,** crafu twll yn y ddaear, tyrchu i'r ddaear; **to ~ up a bone,** tyrchu asgwrn i'r wyneb, datgladdu asgwrn. *v.i.* **to ~ at the door,** crafu wrth y drws. **4. to ~ s.o. off a list,** dil|eu enw rhn oddi ar restr; *Turf: Sp: (of entrant):* **to ~ the race,** *abs.* **to ~,** tynnu'n ôl; **to ~ a match,** dil|eu/canslo/sgrapio gêm; **to ~ an engagement,** peidio â chadw oed, dileu oed. **5.** *(signature, a few words):* sgriffian, sgriblan, sgriblo. II. *v.i. (of pen &c):* crafu, gwichian. **~ along** *v.i. F:* rhygnu byw, rhygnu mynd. **~ out** *v.t.* **1.** *(= efface):* dileu. **2. to ~ s.o.'s eyes out,** cripio/crafu/tynnu llygaid rhn o'i ben.

scratch⁴ *a. (= improvised):* ffordd 'gosaf; **a ~ meal,** pryd ffordd 'gosaf, pryd rhywsut-rywsut; **a ~ collection,** casgliad amryfal/amryfath *m*; **~ race,** ras *(f)* heb h|andicap; **~ shot,** trawiad *(m)* ar hap/antur, ergyd *(mf)* hap a damwain; **~ team,** tîm *(m)* munud olaf, tîm ffordd 'gosaf, tîm cymysg/cymysgryw; *Parl:* **~ vote, ~ division,** pleidlais annisgwyl *f*.

scratched *a.* **1.** *(skin, record &c):* crafedig, craflyd. **2.** *(match &c):* dileëdig, a ddilëwyd; *(horse):* a dynnwyd yn ei ôl.

scratcher *n.* crafwr (crafwyr) *m*, sgriffiwr (sgriffwyr) *m*; *(= fiddler):* rhygnwr (rhygnwyr) *m*.

scratchily *adv.* yn grafog, yn graflyd.

scratchiness *n.* crafogrwydd *m*, sŵn craflyd *m*, sŵn crafu.

scratching *vn.* **1.** = **scratch¹,². 2.** *(of name, match):* dilead *m*, dil|eu. **3.** *(noise):* sŵn *(m)* crafu.

scratchy *a.* **1.** *(a) (drawing):* ysgrifflyd, ysgriffinllyd, ysgriffiog; *(b)* **~ writing,** traed *(pl)* brain, sgriffiadau *pl*, sgribladau *pl*; *(c) Mus: &c:* **~ performance,** perfformiad(-au) digyswllt *m*. **2.** *(a) (pen &c):* craflyd, gwichlyd; *(b) (cloth, garment):* craflyd, coslyd. **3. to be in a ~ mood,** bod yn grafog/bigog.

scrawbog *n. Nat.Hist:* corslyn(-noedd) *m*.

scrawl¹ *n.* sgriblad(-au) *m*, sgriffiad(-au) *m*, traed *(pl)* brain, bachau *(pl)* brain, *M.W:* bagiau *(pl)* brain; **his writing is a ~,** mae ganddo ysgrifen fel traed brain.

scrawl² *v.t.* sgriblan, sgriffian, ysgrifennu fel traed brain.

scrawler *n.* sgriblwr (sgriblwyr) *m*, sgriffiwr (sgriffwyr) *m*.

scrawly *a.* sgrifflyd, fel traed brain.

scrawniness *n.* teneurwydd *m*, esgyrnogrwydd *m*.

scrawny *a.* esgyrnog, tenau (teneuon).

scray *n. Orn:* = **tern.**

screak¹ *n.* = **screech¹, creak¹.**

screak² *v.i.* = **screech², creak².**

screaky *a.* = **creaky.**

scream¹ *n.* **1.** *(a)* sgrech(-au,-f|eydd,-iadau) *f*, *S.W: occ:* sgeg(-iadau) *f*; **to give a ~,** sgrechian, rhoi sgrech; *(b)* **~s of laughter,** bloeddiadau o chwerthin. **2.** *F:* hwyl aruthrol *f*, peth(-au) anfarwol *m*; **it was a perfect ~,** 'roedd yn hollol anfarwol; 'roedd yn hwyl aruthrol; **in that part he is a [perfect/regular] ~,** mae'n anfarwol yn y rhan yna.

scream² *v.i. & t.* **1.** *v.i.* *(a)* sgrechian, *S.W:* gwichal, gwichial, sgegan, sgradan; **(to ~ [out]) with pain, for help,** (sgrechian) gan boen, am help; *F:* **to ~ blue murder,** gweiddi fel 'tae'r byd ar ben, gweiddi mwrdwr; *(b) F:* **to ~ with laughter,** bloeddio/rhuo chwerthin. **2.** *v.t.* **to ~ oneself hoarse,** sgrechian nes eich bod yn gryg.

screamer *n.* **1.** sgrech[i]wr (sgrechwyr) *m*, sgr|echwraig (sgrechwragedd) *f*, sgrechgi (sgrechgwn) *m*, *S.E:* sgrechgast *f*. **2.** *Orn:* sgrech[i]wr. **3.** *(joke):* stori (straeon) anfarwol *f*. **4.** *Typ: (headline):* pennawd bras (penawdau breision) *m*.

screaming *a.* **1.** sy'n sgrechian, sgrechlyd. **2.** *F: (farce &c):* aruthrol, anfarwol.

screamingly *adv.* *F:* **~ funny,** anfarwol, aruthrol [o] ddoniol, doniol aruthrol.

scree *n. Geog:* sgri (sgrïau) *m*, marian: marion *m*, mariandir(-oedd) *m*.

screech¹ *n.* sgrech(-au,-f|eydd,-iadau) *f*, *S.W: occ:* sgeg(-iadau) *f*.

screech² *v.i.* sgrechian. **~-beetle** *n. Ent:* chwilen (chwilod) (*f*) sgrech. **~-owl** *n. Orn:* = **owl (barn).**

screecher *n.* sgrechiwr (sgrechwyr) *m*, sgr|echwraig (sgrechwragedd) *f*.

screed *n.* **1.** *(= harangue, letter &c):* truth *m*, strydwm (strydymau) *m*, rh|ibidi-res ddiflas *f*. **2.** *Carp:* ffon (ffyn) (*f*) lefelu.

screen¹ *n.* **1.** *(a) Furn:* sgrîn (sgriniau) *f*; **draught ~, folding ~,** sgrîn blygu (sgriniau plygu); **glass beaded ~,** sgrîn gleiniau gwydr; **parclose ~,** sgrîn barclos (sgriniau parclos); *(b) (of trees)*: sgrîn, llen *f*, cysgod *m*; **under ~ of night,** dan lenni'r nos, dan gysgod y nos; *Ecc: Arch:* **choir ~,** sgrîn côr; **rood ~,** croglen(-ni) *f*, sgrîn y grog; *Mec.E:* **safety ~,** sgrîn ddiogelwch/ddiogelu (sgriniau diogelwch/diogelu); *Av:* **blast ~,** sgrîn wynt (sgriniau gwynt); *S.a.* **smoke-screen, windscreen. 2.** *Cin: (a)* sgrîn; *(b)* **the ~,** *(considered as a profession):* byd (*m*) ffilmiau, y sinema *m*. **3.** *(a) W.Tel:* **anode ~,** sgrîn anod; *(b) Phot:* **colour ~,** sgrîn liw (sgriniau lliw). **4.** *(= sieve):* gog[o]r (gograu) *m*, rhidyll(-iau) *m*, sgrîn (sgriniau) *f*. **~-filler** *n.* llanwad(-au) *m*, llanwydd(-ion) *m*. **~-grid** *n.* grid(-iau) (*m*) gwarchod. **~ memory** *n.* cof(-ion) cysgodol *m*. **~ pass** *n. Fb:* pas(-au,-ys) cudd *m*, pas cysgod. **~-printing** *vn.* argraffu â sgrîn. **~-test 1.** *n.* prawf (profion) (*m*) ffilmio, sgrîn-brawf (~-brofion) *m*. **2.** *v.t.* rhoi prawf ffilmio, rhoi prawf sgrîn (i rn); sgrîn-brofi (rhn).

screen² *v.t.* **1.** *(a)* **to ~ off a corner of a room,** cau/cuddio cornel ystafell â sgrîn, sgrinio cornel ystafell; *(b)* **to ~ sth from view,** cuddio rhth o'r golwg; **to ~ oneself behind sth,** ymguddio/cysgodi y tu ôl i rth; *(c)* **to ~ sth from the wind,** cysgodi rhth rhag y gwynt; *W.Tel:* **to ~ a valve,** llawesu falf; **to ~ s.o. from the law,** cysgodi rhn rhag y gyfraith; *(d)* **to ~ s.o. [for security],** gwirio/edrych cymeriad rhn, holi a stilio rhn, sgrinio rhn, mynd trwy hanes rhn â chrib mân; **to ~ s.o. for a disease,** gwn|eud profion ar rn i ganfod haint, sgrinio rhn. **2.** *(gravel &c):* gogrwn, rhidyllu, rhidyllio, sgrinio. **3.** *(a) Cin:* **to ~ a novel,** ffilmio nofel, gwneud ffilm o nofel, troi nofel yn ffilm, rhoi/dodi nofel ar y sgrîn; *(b) (of pers.):* **to ~ well,** edrych yn dda [ar y sgrîn]; *(c) Cin:* **to ~ a film,** dangos ffilm, rhoi/dodi ffilm ar y sgrîn; *T.V:* **this programme is to be screened tomorrow,** teledir/darlledir/dangosir y rhaglen hon yfory; bydd y rhaglen hon ar eich sgrîn yfory; yfory y gwelir y rhaglen hon.

screenable *a.* dangosadwy, ffilmiadwy.

screened *a.* **1.** *(a) W.Tel:* **~ valve,** falf lawesog (falfiau llawesog) *f*; *(b) (= hidden):* cuddiedig, o'r golwg; *(c) (= sheltered):* dan gysgod **(from sth,** rhag rhth); *(d) (= interrogated):* a holwyd, wedi'ch holi. **2.** *(= gravel):* gogrynedig, rhidylliedig, wedi ei ridyllio/ogrwn.

screener *n.* **1.** *(= siever):* rhidyllwr (rhidyllwyr) *m*. **2.** gwiriwr (gwirwyr) *m*.

screening 1. *vn.* = **screen²**; *(of coal &c):* gogryniad *m*, rhidylliad *m*. **2.** *n.pl.* breision [y] sgrîn.

screenland *n.* byd (*m*) y ffilmiau.

screenplay *n. Cin:* sgript(-iau) (*f*) ffilm (sgriptiau ffilmiau).

screenwriter *n.* sgriptiwr (sgriptwyr) (*m*) ffilmiau, sgr|iptwraig (sgriptwragedd) (*f*) ffilmiau.

screw¹ *n.* **1.** sgriw(-iau) *f*, *N.W: occ:* hoelen (*f*) sgriw (hoelion sgriws), *Lit: occ:* dirwynen(-ni,-nau) *f*, hoelen dro (hoelion tro); **right-handed ~,** sgriw lawdde (sgriwiau llawdde); **left-handed ~,** sgriw lawchwith (sgriwiau llawchwith); **adjusting ~,** sgriw gywiro/gymhwyso (sgriwiau cywiro/cymhwyso); **endless ~, worm ~,** sgriw ddiderfyn (sgriwiau diderfyn); **Allen ~,** sgriw Allen; *S.a.* **Archimedean**; *Carp:* **bench ~,** feis (*f*) fainc (feisiau maic); **caphead ~,** sgriw gap (sgriwiau cap); **capstan ~,** sgriw bendoll (sgriwiau pendoll); **cask ~,** sgriw wrthsodd (sgriwiau gwrthsodd); **cheese-head ~,** sgriw bencosyn (sgriwiau pencosyn); **coach ~,** sgriw wagen, sgriw goets (sgriwiau coets); **coppered ~,** sgriw goprog (sgriwiau coprog); **countersunk ~,** sgriw wrthsodd (sgriwiau gwrthsodd), sgriw benwastad (sgriwiau penwastad); **drunken ~,** sgriw gam (sgriwiau cam), sgriw chwil; **grub ~,** sgriw ddigopa (sgriwiau digopa), sgriw bengoll (sgriwiau pengoll) *(pronounced* ng-g); **lead ~,** sgriw dywys (sgriwiau tywys); **machine ~,** sgriw beiriant (sgriwiau peiriant); **posidrive ~,** sgriw b|osidreif (sgriwiau p|osidreif); **round-head ~,** sgriw bengron (sgriwiau pengrwn) *(pronounced* ng-g); **raised-head ~,** sgriw gopog/benuchel (sgriwiau copog/penuchel); **set ~,** sgriw reoli (sgriwiau rheoli), sgriw osod (sgriwiau gosod), setsgriw(-iau) *f*; **socket ~,** sgriw soced; **square-head ~,** sgriw bensgwar (sgriwiau pensgwar); **stage ~,** sgriw lwyfan (sgriwiau llwyfan); **thumb ~,** *(a)* = **wing screw**; *(b) Hist:* bawd-droell(-au) *f*; **wing ~,** sgriw adeiniog/asgellog, bodsgriw(-iau) *f*; **tie-off ~,** sgriw gwlwm (sgriwiau cwlwm); **wood-~,** sgriw goed (sgriwiau coed); **wooden ~,** sgriw bren (sgriwiau pren); *F:* **he has a ~ loose,** nid yw'n llawn llathen; mae rhyw goll arno; mae colled arno; *N.W: occ:* 'dydi o ddim llawn adref; *(c) A:* **the screws,** y sgriwiau; *F:* **to put the screws on s.o., to tighten the ~,** gwasgu ar wynt rhn, dwyn pwysau ar rn. **2.** *(a) Nau:* **~[-propeller],** sgriw yrru (sgriwiau gyrru); *(b) Av:* **air-~,** sgriw yrru; **helicopter ~,** rotor(-au) *m*. **3.** *(a) (= turn):* tro(-eon) *m*, troad(-au) *m*; **give it another ~,** rho(-wch) dro arall ynddo/iddo/arno; tynha (tynh|ewch) ef; *(b) Bill: Ten:* osgo *m*. **4.** *O: (of sweets, tobacco, salt):* sgriw(-iau) *f*. **5.** *P:* **miser; an old ~,** Siôn (*m*) lygad y geiniog. **6.** *F: (= old horse):* hen geffyl(-au) *m*. **7.** *F:* = **pay¹**. **8.** *P:* **the screws,** = **rheumatism. 9.** *V: (= copulation):* cnuchiad(-au) *m*. **10.** *(= prison officer):* sgriw(-s,-iaid) *m&f*. **~ auger** *n. Tls:* sgriwdaradr (sgriwderydr) *m*. **~-bean** *n. Bot:* ffeuen (*f*) dro (ffa tro). **~ binder** *n.* rhwymyn(-nau) (*m*) sgriw, sgriwrwymyn(-nau) *m*. **~-bolt** *n.* bollten (bolltion) *f* [sgriw], powlten (powltiau) (*f*) [sgriw]. **~-bound** *a.* sgriwglwm. **~-cap** *n.* cap(-iau) (*m*) sgriwio, sgriwgap(-iau) *m*. **~-coupling** *n.* sgriwgyplyn(-nau) *m*. **~-cup** *n.* cwpan(-au) (*mf*) sgriw. **~-cutter** *n. Tls:* torrwr (torwyr) (*m*) edau, sgriwdorrwr (sgriwdorwyr) *m*. **~-cutting** *vn.* torri edau. **~-eye** *n.* sgriw ddolen (sgriwiau dolen), sgriw lygadog (sgriwiau llygadog). **~-feed** *n.* porthiant (*m*) sgriw. **~ gear** *n.* sgriwger *m*. **~-hook** *n.* bach(-au) (*m*) sgriw, bachyn (bachau) (*m*) sgriw, sgriwfach(-au) *m*. **~-jack** *n.* sgriwjac(-s,-iau) *m*. **~-joint** *n.* uniad(-au) sgriwiog *m*, sgriwuniad(-au) *m*. **~-moss** *n.* nyddfwsogl *m*. **~-pile** *n.* sgriwbostyn (sgriwbyst) *m*. **~-pine** *n. Bot:* sgriwbinwydden (sgriwbinwydd) *f*. **~-pitch gauge** *n. Tls:* medrydd(-ion) (*m*) pitsh sgriw. **~-plate** *n.* plât (platiau) (*m*) sgriwiau, sgriwblat(-iau) *m*. **~-plug** *n.* sgriwblwg (sgriwblygiau) *m*. **~-pod** *n. Bot:* sgriwgoden (sgriwgodau) *f*. **~ press** *n.* gwasg (gweisg) (*f*) sgriwio. **~-propeller** *n.* sgriw (*f*) yrru (sgriwiau gyrru). **~-shell** *n. Conch:* agoriad(-au) (*m*) môr. **~ steamer** *n.* sgriwlong(-au) *f*, sgriw-stemar(-s) *f*. **~-tap** *n.* tap(-iau) (*m*) sgriwio, sgriwdap(-iau) *m*, edeufollt(-iau) *m*. **~-thread** *n.* edau (*f*) sgriw. **~-top** *n.* = **screw-cap**. **~-topped** *a.* sgriwdop, sgriwgapiog. **~ valve** *n.* sgriwfalf(-iau) *f*. **~-wheel** *n. Mec.E:* olwyn(-ion) (*f*) sgriw. **~-worm** *n. Ent:* cynrhonyn (cynrhon) troellog *m*, sgriwbryf(-ed) *m*. **~-wrench** *n. Tls:* tyndro(-eon) (*m*) sgriw.

screw² *v.t.&i.* I. *v.t.* **1.** sgriwio; **(to ~sth) [on]to sth,** (sgriwio rhth) i rth, yn rhth, wrth rth, yn sownd yn rhth; **screwed together,** wedi eu sgriwio yn ei gilydd *or* i'w gilydd. **2.** *(a)* **to ~ sth [up] tight,** tynh|au rhth, sgriwio rhth yn dyn[n]; *(b)* **to ~ s.o.'s neck,** llindagu rhn, rhoi tro yng nghorn gwddf rhn; **to ~ a hen's neck,** *M.W:* necio iâr; **to ~ one's face into a smile,** gwenu gwên fenthyg; *(c) Bill: Ten:* sgriwio pêl. **3.** *V: (= copulate with):* cnuchio, *N:* dyrnu, dobio. **4.** *P:* = **burgle.** II. *v.i.* **1.** *(of tap &c):* sgriwio, troi; **the knobs ~ into the drawer,** mae'r dyrnau yn sgriwio i'r ddrôr. **2.** *Bill: (of ball):* troelli, sgriwio. **3.** *V: (= copulate):* cnuchio, gwn|eud, dyrnu, dobio. **~ back** *v.t.&i. Bill:* sgriwio'n ôl, troelli'n ôl. **~ down** *v.t.* sgriwio (rhth) yn dyn[n]/sownd, cau (rhth) yn dyn[n] [â sgriw/sgriwiau]. **~ in** *v.t.* sgriwio (rhth) i mewn. **~ off** *v.t.* datod, datsgriwio. **~ on** *v.t. (a)* **(to ~ sth) on sth,** (sgriwio rhth) i rth, yn sownd yn rhth, ar rth; *F:* **his head is screwed on the right way; his head is screwed on straight,** mae ei ben yn ddigon solet ar ei ysgwyddau; mae ganddo hen ben ar ei ysgwyddau; *(b)* **the nozzle screws on to the head of the hose,** mae'r trwyn yn mynd am ben y beipen; mae'r trwyn yn sgriwio'n sownd ym mhen y beipen. **~ out** *v.t. F:* **to ~ the truth out of s.o.,** cael y gwir o groen rhn; **to ~ money out of s.o.,** cael arian o groen rhn. **~ up** *v.t.* **1.** sgriwio (rhth) yn dyn[n], cau (rhth) yn dyn[n]/sownd [â sgriw/sgriwiau]. **2. to ~ up one's eyes,** gwn|eud llygaid bach, crychu'ch llygaid; **to ~ up one's lips,** crychu'ch/pletio'ch ceg/gwefusau; **he screwed up his face,** crychodd ei wyneb. **3.** *F:* **to ~ up one's courage, to ~ one's courage to the sticking place,** magu plwc, ymwroli; **to ~ oneself up (to do sth),** magu digon o blwc, ymwroli (i wneud rhth). **4.** *U.S: F: (= make mess of sth):* gwneud llanast *or* traed moch *or* smonach (o rth), difetha (rhth).

screwable *a.* sgriw[i]adwy.

screwball *n. U.S: F:* **1.** *a.* hurt, lloerig, hanner-pan, hanner-call. **2.** *n.* dyn(-ion) hurt &c, merch(-ed) hurt *&c,* hurtyn(-nod) *m,* hurten(-nod) *f*; *S.a.* **fool**[1].

screwdriver *n.* tyrnsgriw(-iau) *m,* sgriwdreifar: sgriwdreifer(-s) *m*; **electrician's ~,** tyrnsgriw trydanwr; **fluted ~,** tyrnsgriw ffliwtiog; **normal ~,** tyrnsgriw cyffredin; **offset ~,** tyrnsgriw atredol; **posidrive ~,** tyrnsgriw p|osidreif; **ratchet ~,** tyrnsgriw clicied.

screwed *a.* **1.** sgriwiedig, sgriwiog, wedi ei sgriwio. **2.** *Pred. F:* = **drunk, drunken.** **~-up** *a. U.S: F: (machine):* wedi torri/malu; *(plan):* yn llanast, yn ffliwt; *(face):* crychlyd, wedi crychu; *(paper):* wedi ei grychu. **3.** *U.S: F:* mewn llanast, wedi ei ddifetha/andwyo.

screwily *adv.* = **crazily.**

screwiness *n.* = **craziness.**

screwing *vn.* sgriwiad(-au) *m,* sgriwio; **pocket ~,** sgriwio poced; **secret ~,** sgriwio cudd; **slot ~,** rhychsgriwio.

screwy *a. F:* = **crazy.**

scribal *a.* ysgrifenyddol; **~ error,** gwall(-au) copïo/copïwr/copïydd.

scribble[1] *n.* sgribl *m,* sgriblad(-au) *m,* ysgrifen *(f)* traed brain, traed brain *pl,* cwafers *pl*; **I can hardly read his ~,** prin y medraf ddarllen ei draed brain.

scribble[2] *v.t.* sgriblan, sgriblo; **to ~ away,** dal ati i sgriblan; **to ~ sth down/out,** sgriblan rhth [ar frys]; **to ~ sth out,** *(= obliterate):* sgriblan ar draws rhth, dil|eu rhth â sgriblad.

scribbled *a.* sgribledig.

scribbler *n.* **1.** sgriblwr (sgriblwyr) *m.* **2.** *(writer):* crachlenor(-ion) *m.*

scribbling *vn.* sgriblan. **~-block, ~-pad** *n.* pad(-iau) *(m)* sgriblan. **~-paper** *n.* papur *(m)* sgriblan.

scribbly *a.* sgriblog, annarllenadwy, fel traed brain.

scribe[1] *n. B: &c:* ysgrifennydd (ysgrifenyddion) *m*; *Archives:* copïwr: copïydd (copiwyr) *m,* sgrifellwr (sgrifellwyr) *m.*

scribe[2] *n. Tls:* **~[-awl],** ysgrifell(-i,-au) *f,* mynawyd(-au) *m.*

scribe[3] *v.t. Carp: &c:* rhicio, ysgrifellu.

scriber *n.* = **scribe**[2].

scribing *vn.* **~-block** *n. (= surface gauge):* medrydd(-ion) *(m)* arwyneb. **~-gauge** *n.* cŷn (cynion) *(m)* wyneb, gaing gau *(f)* wyneb (geingiau cau wyneb).

scrieve *v.i. Scot:* llithro mynd.

scrim *n. Tex: Furn:* sgrim *m.*

scrimmage *n.* [y]sgarmes(-oedd) *f, N: F:* cwffas[t] *f*; **there was a ~,** fe aeth hi'n daro/ddyrnu; bu sgarmes.

scrimp *v.t.&i.* cynilo, gorgynilo, crintachu, cybydda, *S:* tolio, toli; **to ~ and save,** crafu a chynilo, byw'n gynnil/gul; **to ~ on sth,** cynilo ar rth, bod yn gynnil â rhth.

scrimper *n.* cynilwr (cynilwyr) *m,* rhn (rhai) darbodus.

scrimpy *a.* gorgynnil, crintachlyd, crintach, cybyddlyd.

scrimshank *v.i.* diogi, stelcian, llaesu dwylo.

scrimshanker *n.* stelciwr (stelcwyr) *m,* diogyn(-nod) *m.*

scrimshaw[1] *n.* sgrimsio *m.*

scrimshaw[2] *v.t.* addurno [cregyn *&c*].

scrinium *n.* cist(-iau) *f.*

scrip[1] *n. A:* ysgrepan(-au) *f.*

scrip[2] *n. Fin:* sgrip *m.* **~ issue** *n.* dyroddiad(-au) *(m)* sgrip.

scripholder *n. Fin:* daliwr (dalwyr) *(m)* sgrip.

script *n.* **1.** *(a)* = **manuscript**; *(b) Sch:* llyfr(-au) *(m)* arholiad, llyfr atebion; *(c) Jur:* dogfen wreiddiol (dogfennau gwreiddiol) *f*; *(d) Cin: &c:* sgript(-iau) *f.* **2.** *(a) (= handwriting):* llawysgrifen *f*; *(b) Typ:* llawysgrifen, ysgriflythyren *f.* **~-girl** *n. Cin: &c:* merch(-ed) *(f)* sgript. **~-writer** *n.* sgriptiwr (sgriptwyr) *m,* sgr|iptwraig (sgriptwragedd) *f,* awdur *(m)* sgript (awduron sgriptiau).

scriptorial *a.* ysgrifennol.

scriptorium *n.* ysgrifenfa (ysgrifenf|eydd) *f,* ysgrifdy (ysgrifdai) *m,* sgriptoriwm (sgriptoria) *m.*

scriptural *a.* ysgrythurol.

scripturalism *n.* ysgrythuriaeth *f.*

scripturalist *n.* ysgrythurwr (ysgrythurwyr) *m,* ysgryth|urwraig (ysgrythurwragedd) *f,* ysgrythurydd(-ion) *m.*

scripturally *adv.* yn ysgrythurol.

scripturalness *n.* ysgrythuroldeb *m.*

scripture *n.* **Holy S~, the Scriptures,** yr Ysgrythur [lân] *f,* yr Ysgrythurau *pl*; *Lit:* **the devil can cite ~ for his purposes,** gall diawl ddyfynnu 'Sgrythur at ei bwrpas; *(= verse)*: adnod(-au) *f*; *(quotation)*: dyfyniad(-au) *m,* darn(-au) *m*; *Sch:* **S~ [Knowledge],** Ysgrythur.

scripturist *n.* ysgrythurwr (ysgrythurwyr) *m,* ysgryth|urwraig (ysgrythurwragedd) *f,* ysgrythurydd(-ion) *m.*

scrivener *n. A: (a)* ysgrifennydd (ysgrifenyddion) *m,* ysgrifennwr (ysgrifenwyr) *m,* copïwr: copïydd (copiwyr) *m,* ysgrifner(-iaid) *m*; **~'s palsy,** parlys yr ysgrifennwr; *(b) S.a.* **notary, money-lender.**

scrobiculate *a. Bot: Z:* rhychog.

scrod *n. Ich:* = **codling.**

scrofula *n. Med:* manwyn *m,* mandwyn *m,* manwynion *pl,* manwynnau *pl,* clwy(*m*)'r brenin, clefyd *(m)* y brenin.

scrofulous *a.* manwynnog.

scroll[1] *n.* **1.** *(of parchment):* sgrôl (sgroliau) *f,* rholyn (rholiau) *m,* rhôl (rholiau) *f*; **the Dead Sea Scrolls,** Sgroliau'r Môr Marw; *Cmptr:* rhôl. **2.** *Art: Her: Arch: &c:* troell(-au) *f,* sgrôl. **~-head** *n.* pen *(m)* troell (pennau troellau), pen sgrôl (pennau sgroliau). **~-lathe** *n.* turn(-iau) *(m)* troell. **~ moulding** *n.* mo[w]ldin(-au) *(m)* sgrôl. **~-saw** *n. Tls:* llif *(f)* droell (llifiau troell) *f.* **~ tool** *n.* erfyn (arfau) *(m)* sgrôl. **~ wrench** *n.* tyndro(-eon) *(m)* sgrôl.

scroll[2] *v.t.&i.* sgrolio, rholio. **~ down** *v.t. Cmptr:* rholio (rhth) i lawr. **~ up** *v.t. Cmptr:* rholio i fyny.

scrollwork *n. Arch:* foliwt(-iau) *mf,* troellwaith *m,* sgrolwaith *m.*

Scrooge *n.* Siôn *(m)* lygad y geiniog, cybydd(-ion) *m.*

scrophulariaceous *a. Bot:* *gornerthol.

scrotal *a.* ceillgydol.

scrotitis *n.* llid *(m)* y ceillgwd.

scrotocele *n.* *ceilldyfiant (ceilldyfiannau) *m.*

scrotum *n. Anat:* ceillgwd (ceillgydau) *m,* sgrotwm (sgrota) *m, F:* cwd: cwdyn (cydau) *m.*

scrounge *v.t. & i. F:* **1.** *v.t. (a) (= pilfer):* chwiwladrata, crafangu, bachu (rhth); cael gafael (ar rth); *N.W:* bachu, sbachu, progio (rhth); rhoi'ch pump (ar rth); **I'll ~ a piece of wood somewhere,** mi gaf afael ar goedyn yn rhywle; *(b) (= sponge):* lloffa, *N.W: occ:* cojo, glewa; **to ~ a cigarette off s.o.,** begera/begian sigarét gan rn; **to ~ a living,** crafu bywoliaeth, crafu byw; *(c) F:* **they were scrounging fuel in the ruins,** yr oeddynt yn lloffa tanwydd yn yr adfeilion; **to ~ food,** *S:* sgwlcan bwyd, *N:* sgramio bwyd. **2.** *v.i. (a)* **to ~ around (for sth),** lloffa, chwilota, chwilenna, crafu, *N.W:* solffa, swlffa, jolffa, jwlffa, sbaena, cymowta (am rth); *S:* sgwlcan (rhth); *(b)* **to ~ on s.o.,** byw ar draul/gefn rhn, godro rhn.

scrounger *n.* *(a) (= pilferer):* chwiwleidr (chwiwladron) *m,* chwiwladrones(-au) *f,* crafangwr (crafangwyr) *m, N:* bachwr (bachwyr) *m,* sbachwr (sbachwyr) *m,* progiwr (progwyr) *m*; *(b) (= sponger):* lloffwr (lloffwyr) *m,* crafwr (crafwyr) *m, N.W:* cojwr(-s) *m*; *(c) (= gleaner):* lloffwr (lloffwyr) *m,*

solffiwr (solffwyr) *m*, jolffiwr (jolffwyr) *m*, sbaenwr (sbaenwyr) *m*, cymowtiwr (cymowtwyr) *m*.
scrounging[1] *vn.* = **scrounge; a ~ woman,** *N.W: occ:* sgaffan *f.*
scrounging[2] *a.* begerllyd, crafanglyd, rheibus.
scrub[1] *n.* **1.** *(= brushwood):* prysgoed *pl*, prysgwydd *pl.* **2.** *(= stunted animal):* sterach(-od) *m*; **a little ~ of a boy,** *N.W:* crwbyn *m*, crwtyn *m*. **3.** *U.S: Sp:* **~ [team],** tîm eilradd *m*. **~-bird** *n. Orn:* aderyn (adar) (*m*) y prysgoed. **~-brush** *n. U.S:* brwsh(-is) (*m*) sgwrio. **~-fowl, ~-hen** *n.* = **scrub-turkey. ~-oak** *n. Bot:* cordderwen (cordderw, cordderi) *f.* **~-pine** *n. Bot:* corbinwydden (corbinwydd) *f.* **~-turkey** *n. Orn:* twrci(*m*)'r prysgoed (twrcïod/tyrcwn y prysgoed). **~ typhus** *n. Med:* teiffws (*m*) y prysgoed. **~-vine** *n. Bot:* gwinwydden (gwinwydd) (*f*) y prysgoed. **~ wallaby** *n. Z:* w|alabi(*m*)'r prysgoed (walabïod y prysgoed).
scrub[2] *n.* sgwrfa (sgwrf|eydd) *f*, sgwriad(-au) *m*, sgwrio *vn*; **to give the floor a good ~,** rhoi sgwrfa iawn i'r llawr.
scrub[3] *v.t.* **1.** sgwrio; **to ~ sth down,** sgwrio rhth yn lân/llwyr; *Med:* **to ~ up,** sgwrio dwylo. **2.** *Ch:* golchi. **3.** *F: (= cancel):* dil|eu; *(= avoid):* osg|oi; **we can ~ round that,** gwell inni anghofio am hynny.
scrubber *n.* **1.** *(pers.): (a)* sgwriwr (sgwrwyr) *m*, sg|wrwraig (sgwrwragedd) *f*; *(b) Pej: (= slut):* slebog(-iaid) *f*, strebog(-iaid) *f.* **2.** *Ch: Ph:* golchwr (golchwyr) *m*.
scrubbing *vn.* sgwrio. **~-board** *n.* bwrdd (byrddau) (*m*) sgwrio, estyllen (*f*) olchi (estyllod golchi). **~-brush** *n.* brwsh(-is) (*m*) sgwrio.
scrubby[1] *a.* **1.** *(= stunted):* corachaidd, crablyd, crebachlyd. **2.** *(land):* prysgog, prysglog. **3.** *F: (pers.):* tila, eiddil, gwantan.
scrubby[2] *a. F: (chin, beard, moustache):* gwrychog.
scrubland *n. Geog:* tir(-oedd) prysg *m*, prysgdir(-oedd) *m*.
scrubwoman *n.f. U.S:* = **charwoman.**
scruff *n.* **1.** gwar(-rau) *mf*, gwegil(-iau) *m*; *used in:* **by the ~ of the neck,** gerfydd eich gwar, *N.W: occ:* gerfydd eich sgrepan (*f*). **2.** *(= scruffy pers.):* blermon (blermyn) *m*, *S.W:* brwcsyn *m*, shibwchyn (shibychod) *m*, shibwchen (shibychod) *f*, annibengi (annibengwn) *m* (*pronounced* ng-g), *N.W:* sgrwtyn *m*, sgrwtan *f*, sgrwb *m*.
scruffily *adv.* yn aflêr *&c.*
scruffiness *n.* aflerwch *m*, blerwch *m*, annibendod *m*.
scruffy *a. F:* aflêr, blêr, anniben, sgryfflyd, *N.W: occ:* didoriad, *S.W:* shibwchedd, shwl-di-mwl, *S.E:* sgrwbus, sgrwblyd; **he looks ~,** *S:* mae e fel sachabwndi.
scrum[mage][1] *n. Rugby: Fb:* sgrỳm (sgrymiau) *f*; **to collapse a ~,** cwympo sgrỳm; **loose ~,** sgrỳm rydd (sgrymiau rhydd); **set ~,** sgrỳm osod (sgrymiau gosod). **~-cap** *n. Rugby: Fb:* cap(-iau) (*m*) sgrymio. **~-half** *n.* sgrỳm-hanerwr (~-hanerwyr) *m*.
scrummage[2] *v.i. Rugby: Fb:* sgrymio.
scrummy *a.* = **scrumptious.**
scrump *v.i.&t.* dwyn, dwgyd.
scrumptious *a. F: O:* blasus, sy'n tynnu dŵr o'ch dannedd.
scrumptiously *adv.* yn flasus.
scrumptiousness *n.* blasusrwydd *m*.
scrumpy *n.* seidr garw *m*, sgrympi *m*.
scrunch[1] *n.* = **crunch[1].**
scrunch[2] *v.t.* = **crunch[2].**
scruple[1] *n. Meas:* sgrwpl(-au) *m*.
scruple[2] *n. (of conscience):* poen(-au) (*f*) cydwybod, amheuon (*pl*) cydwybod/cydwybodol, egwyddor(-ion) *f*; *Theol:* manylder(-au) *m*; **to have scruples about [doing] sth,** teimlo amheuon [cydwybod] ynghylch gwneud rhth, petruso rhag gwneud rhth [o ran cydwybod], gwn|eud cydwybod o rth; **she had no scruples about betraying me,** ni phetrusodd fy mradychu; nid oedd fy mradychu yn boen i'w chydwybod; **a man without scruple[s],** dyn heb egwyddor[-ion], dyn diegwyddor; **his ~ did not allow him to speak,** ni châi lefaru gan ei egwyddorion; **a man of ~,** dyn egwyddorol, dyn ac egwyddor ynddo; **(to do sth) without ~,** (gwneud rhth) yn ddigydwybod, heb boeni dim, heb betruso, yn ddibetrus.
scruple[3] *v.i.* **to ~ to do sth,** petruso [rhag] gwneud rhth, peidio â gwn|eud rhth o ran egwyddor *or* ar dir egwyddor.
scrupulosity *n.* **1.** *(moral):* egwyddor *f*, egwyddoroldeb *m*, cydwybodoldeb *m*, cydwybodolder *m*. **2.** *(= punctiliousness):* manwl gywirdeb *m*, manylwch *m*, *N: F:* cysactrwydd *m*.
scrupulous *a.* **1.** egwyddorol, gofalus, manwl gywir, cydwybodol, cydwybodus, *N: F:* cysáct; *Theol:* manwl; **to be ~ in doing sth,** gwn|eud rhth yn fanwl gywir, bod yn fanwl gywir yn gwneud rhth, bod yn gysáct yn gwneud rhth; **not over-~ in one's dealings,** heb fod yn rhy ofalus yn eich pethau. **2.** *(over-attentive):* gorofalus, gorfanwl, gorgydwybodol, rhy ofalus, rhy fanwl, rhy gydwybodol.
scrupulously *adv.* **1.** yn fanwl gywir *&c.* **2.** yn orofalus *&c*; **~ exact,** manwl gywir i'r dim, manwl gywir i'r iot olaf.
scrupulousness *n.* = **scrupulosity.**
scrutable *a.* archwiliadwy.
scrutator, scrutineer *n. Adm:* archwiliwr (archwilwyr) *m*.
scrutinize *v.t.* archwilio (rhth), llygadu (rhth) yn graff, craffu (ar rth).
scrutinizer *n.* archwiliwr (archwilwyr) *m*.
scrutinizing[1] *a.* archwiliol.
scrutinizing[2] *vn.* = **scrutinize.**
scrutiny *n.* archwiliad(-au) *m*; **his record does not bear ~,** ni ddeil ei hanes mo'i archwilio; *Pol:* **to demand a ~,** amau canlyniad pleidlais, galw am archwiliad.
scry *v.i.* grisial-syllu, sgrio.
scryer *n.* grisial-syllwr (~-syllwyr) *m*, sgrïwr (sgriwyr) *m*, sgrïwraig (sgrïwragedd) *f.*
scuba *n.* offer (*m*) anadlu tanddwr, sgwba(-s) *m*. **~ dive** *v.i.* sgwba-blymio. **~ diver** *n.* sgwba-blymiwr (~-blymwyr) *m*, sgwba-bl|ymwraig *f.*
scud[1] *n.* **1.** *(= flight, course of clouds):* ehediad *m*, ysgubiad *m*, rhuthr *m*, rhuthrad *m*. **2.** *(a) (= driven clouds):* cymylau (*pl*) ar ffo, blew (*pl*) geifr; *(b) (= driving shower):* cawod(-ydd) *f*, sgrwmp (sgrympiau) *f*; *(c) (= wind-blown spray):* llwch (*m*) dŵr.
scud[2] *v.i.* ysgubo [mynd], mynd fel y gwynt, chwipio mynd; **to ~ away/off,** ffoi, ei heglu hi.
scudding *a.* ar ffo.
scudo *n. Num:* sgwdo (sgwdi) *mf.*
scuff[1] *n.* ôl (olion) (*m*) treulio, ôl gwisgo, rhwbiad(-au) *m*.
scuff[2] *v.t.&i.* **1.** *v.t.* treulio, *N:* gwisgo. **2.** *v.i.* llusgo'ch traed.
scuffle[1] *n.* **1.** *(= fight):* [y]sgarmes(-au,-oedd) *f*, ymgiprys *m*. **2.** = **shuffle[1]. ~ hoe** *n. Hort:* sgyfflar(-s) *m*, chwynnogl (chwynoglau) *f.*
scuffle[2] *v.i.* **1.** ymdaro, sgarmesu, ymgiprys. **2.** = **shuffle.**
scuffler *n.* [y]sgarmeswr ([y]sgarmeswyr) *m*.
scug *n. F: Sch:* llechiad (llechiaid) bach *m*, sinach(-od) bach *m*, *N.W: occ:* snêl (snelod) *m*.
scull[1] *n.* **1.** *Row: (paddle):* rhodl(-au) *f*, *less correctly:* rhwyf(-au) *f.* **2.** *(boat):* cwch (cychod) (*m*) rasio, bad(-au) (*m*) rasio.
scull[2] *v.t.& i.* rhodli, sgwlio, *less correctly:* rhwyfo.
sculler *n.* **1.** rhodlwr (rhodlwyr) *m*. **2.** *(boat):* **double ~,** cwch (cychod) (*m*) dwyrodl, bad(-au) (*m*) dwyrodl.
scullery *n.* cegin gefn (ceginau cefn) *f*, *N.W:* cegin bach, cegin groes (ceginau croes) *f*, *N.W: occ:* briws(-iau) *m*, *S:* cegin fach. **~ maid** *n.f.* morwyn(-ion, morynion) cegin gefn.
scullion *n.* gwas (gweision) (*m*) cegin, golchwr (golchwyr) (*m*) llestri.
sculp *v.t. & i.* = **sculpt.**
sculpin *n. Ich:* sgylpin(-od) *m*, sgorpion(-au) (*m*) môr; **Atlantic hook ear ~,** *(Artediellus atlanticus):* sgorpion môr bachog; **four-horned ~,** *(Myoxocephalus quadricornis):* sgorpion môr pedwar corn; **moustached ~,** *(Triglops murrayi):* sgorpion môr gwrymiog; **two-horned ~,** *(Icelus bicornis):* sgorpion môr deugorn.
sculpt *v.t. & i.* cerflunio, cerfio, naddu.
sculptor *n.* cerflunydd: cerfluniwr (cerflunwyr) *m*.
sculptress *n.f.* cerfl|unwraig (cerflunwragedd).
sculpturally *adv.* yn gerfluniol.
sculpture[1] *n.* **1.** *(work):* cerflun(-iau) *m*. **2.** *(art):* cerfluniaeth *f*, cerflunwaith *m*, cerflunio *vn.*
sculpture[2] *v.t.* cerflunio, cerfio; **to ~ a statue out of stone,** cerfio cerflun o garreg.
sculptured *a.* cerfluniedig, nadd.
sculpturesque *a.* cerfluniol, cerfluniaidd.
scum[1] *n.* **1.** *(a)* slafan *m*, llysnafedd *m*, ewyn *m*, [y]sgùm *m*, trochion *pl*, *Lit:* gorferw *m*; *(b) Metall:* sorod *m*, sinidr *m*, [y]sgùm, gorferw. **2. the ~ of society,** gwehilion (*pl*) cymdeithas; **the ~ of the earth,** gwehilion daear/byd, baw (*m*) isa'r domen; **you ~!** y taclau! y cachwrs!

scum² *v.t. & i.* **1.** *v.t.* codi wyneb (rhth), tynnu croen (oddi ar rth), sgimio (rhth). **2.** *v.i.* magu croen.
scumble¹ *n.* sgymbl *m.*
scumble² *v.t.* sgymblo.
scummy *a.* ewynnog, slafanog, llysnafeddog, â chroen, yn ewyn drosto.
scunner¹ *n. Scot:* atgasedd *m*, cas *m* (at rth); **to take a ~ at/against sth,** rhoi'ch cas ar rth.
scunner² *v.i. Scot:* ffieiddio (at rth).
scup *n. Ich:* sgypyn (sgypiaid) *m.*
scupper¹ *n. Nau:* twll (tyllau) (*m*) draenio, ystlysdwll (ystlysdyllau) *m*; **full to the scuppers,** llawn i'r ymylon, *F:* llawn dop.
scupper² *v.t.* **1.** *Nau: (= sink):* suddo; *(= defeat):* trechu, curo. **2.** *(= ruin):* difetha, tanseilio; **to ~ oneself,** difetha'ch gobeithion eich hun.
scurf *n.* **1.** *(on hair):* cen *m*, mardon *f*, m|arwdon *f*, *S.W:* can *m*. **2.** *(in boiler):* cen. **~ pea** *n.* pysen (pys) (*f*) y crafu.
scurfiness *n.* cenogrwydd *m.*
scurfy *a.* cennog, llawn cen.
Scurlage Castle *W.Pl.n.* Trecastell *f.*
scurrility *n.* **1.** *(of style &c):* brastod *m*, bryntiaith *f*, difrïaeth *f*, serthedd *m*. **2.** *(= an insult):* enllib(-ion) *m.*
scurrilous *a.* *(in language &c):* bras, enllibus; *(pers.):* enllibus, budr eich tafod, brwnt eich tafod; **to make a ~ attack on s.o.,** taflu baw at rn.
scurrilously *adv.* yn enllibus *&c.*
scurrilousness *n.* **= scurrility 1.**
scurry¹ *n.* **1.** ffrwst *m*, rhuthrad(-au) *m*. **2.** *(of snow):* **= flurry.**
scurry² *v.i.* sgrialu, rhuthro, cythru, ffrystio.
scurrying *a.* brysiog, ffrystiog.
scurvied *a.* a'r llwg arnoch.
scurvily *adv.* yn wael.
scurviness *n.* gwaelder *m*, salwineb *m*, baweiddrwydd *m*, bryntni *m.*
scurvy¹ *n. Med:* y clefri poeth *m*, y llwg *m*, y sgyrfi *m*, *S.W:* sciabas *m*. **~-grass** *n. (Cochlearia officinalis):* morlwyau meddygol *pl*, morlwyau cyffredin, llysiau(*pl*)'r llwy, dail (*pl*) y sgyrfi, ysg|yrfi-lys cyffredin *m*, llwylys cyffredin *m*, lleynlys cyffredin *m*; **Alpine ~-grass,** *(C. alpina):* llwylys alpaidd, morlwyau alpaidd; **early/Danish ~-grass,** *(C. danica):* morlwyau Danaidd, morlwyau eiddewddail, ysgyrfi-lys Llychlyn, llwylys Llychlyn, llwylys Denmarc; **long-leaved ~-grass, English ~-grass,** *(C. anglica):* morlwyau Brytanaidd, ysgyrfi-lys Seisnig, llwylys Lloegr.
scurvy² *a.* gwael, dan din, bawaidd, bawlyd, salw; **to play (s.o.) a ~ trick,** gwn|eud tro gwael, *N.W:* gwneud tro ffadin, gwneud tro Wesla (â rhn).
scut *n.* cwt (cytau, cytiau) *f*, cynffon gota (cynffonnau cwta) *f.*
scutage *n. Hist:* ysgwytreth(-i) *f.*
scutal *a.* ysgwydol, tarian[n]ol, tarian[n]aidd.
scutate *a.* ysgwydog, tarian[n]og.
scutch¹ *n. Bot:* **= couch-grass.**
scutch² **1. = scutcher. 2.** *Tls:* sgolpiwr (sgolpwyr) *m.*
scutch³ *v.t. Tex:* **to ~ flax,** dyrnu/ffustio llin. **~ blade** *n.* llafn(-au) (*m*) ffustio.
scutcheon *n.* **1. = escutcheon. 2. = scute.**
scutcher *n. Tex:* ffust (*f*) lin (ffustiau llin).
scute *n. Z:* ysgwyd(-au) *f*, sgwtwm (sgwta) *m.*
scutellar *a. Bot: Z:* tarian[n]ol, sgwtelol.
scutellate *a. Bot: Z:* tarianffurf, sgwtelaidd.
scutellation *n. Bot: Z:* sgwteliad *m.*
scutellum *n. Bot: Z:* sgwtelwm (sgwtela) *m.*
scutiform *a.* tarianffurf, ar lun tarian.
scutter¹,² *n. & v.i.* **= scurry¹,², scamper¹,².**
scuttle¹ *n.* **1. [coal-]~,** cist (*f*) lo (cistiau glo), bocs(-ys) (*m*) glo, pwced (*f*) lo (pwcedi glo). **2.** *Aut:* sgytl(-s,-au) *m.*
scuttle² *n. Nau: &c:* twll (tyllau) (*m*) â chaead, twll cloriog, cloerdwll (cloerdyllau) *m*. **~ butt** *n.* **1.** casgen (*f*) ddŵr (casgenni dŵr).
scuttle³ *v.t. Nau:* suddo.
scuttle⁴ *n.* sgrialfa *f*; *Pol: F:* **policy of ~,** polisi o'i heglu hi, polisi o gilio.
scuttle⁵ *v.i.* *(a) (of spider &c):* sgrialu, ei heglu hi, *S.W:* bacso, bacsan; **to ~ off/away,** ei heglu hi, ei bachu hi *&c*; *(b) Pol: F: (= flee from danger):* cilio, ei heglu hi.
scutum *n.* **1.** *Rom.Ant: Z:* tarian(-[n]au) *f*. **2.** *Ent:* **= scute. 3.** *Anat:* **= patella.**
Scylla *n.* **between ~ and Charybdis,** rhwng Pihahiroth a Baal-seffon.
scyphiform *a.* cwpanaidd, cwpanog, ar lun cwpan.
scyphistoma *n. Coel:* sgyffistoma (sgyffistomâu) *m.*
scyphose *a.* **= scyphiform.**
scyphozoa *n. Coel:* slefrod *pl.*
scyphozoan *a. & n. Coel:* **1.** *a.* slefraidd. **2.** *n.* **= jellyfish.**
scyphus *n.* **1.** diodlestr(-i) *m*, cwpan(-au) *mf*. **2.** *Bot:* cwpan, sgyffws (sgyffi) *m.*
scythe¹ *n. Tls:* pladur(-iau) *f*; **sweep/stroke of ~,** ergyd(-ion) (*fm*) pladur, arfod(-au,-ion) *f*; **~ with a frame,** *S.W:* pladur gadair (pladuriau cadair); **~ without a frame,** *S.W:* pladur foel (pladuriau moel). **~ handle** *n.* dwrn (dyrnau) *m*, *S.W:* l[l]orp(-iau) (*f*) pladur, coes(-au) (*f*) pladur. **~ stone** *n.* carreg (cerrig) (*f*) hogi.
scythe² *v.t.* pladuro, pladurio.
scythed *a.* llafnog, pladur[i]og.
scytheman, scyther *n.* pladurwr (pladurwyr) *m*, medelwr (medelwyr) *m*, gweiriwr (gweirwyr) *m.*
Scythia *Pr.n.* Sgythia *f.*
Scythian *a. & n.* **1.** *a.* Sgyth[i]aidd; *(in language)*: Scytheg. **2.** *n.* *(i) Ethn*: Sgythiad (Sgythiaid) *m&f*; *(ii) Ling:* Sgytheg *f,m.*
sea *n.* **1.** môr (moroedd) *m*; *Poet:* gweilgi *f*; *(a)* **an arm of the ~,** moryd(-iau) *f*, braich (breichiau) (*m*) o fôr, cainc (ceinciau) (*f*) o fôr; **on land and ~, by land and ~,** ar dir a môr; **by the ~,** ar lan y môr, ger y môr, ym min y môr; **at the bottom of the ~,** ar waelod y môr, yng ngwaelod y môr; **by ~,** ar y môr, dros y môr; **beyond/over the ~[s],** tros/dros y môr, y tu hwnt i'r môr, dramor; **from beyond the ~,** oddi tramor, *F: O:* o dros y môr; **~ air,** gwynt y môr; **~ bathing,** ymdrochi; *(of pers.)*: **to put to ~,** hwylio; **to go to ~, to take to the ~, to follow the ~,** mynd i'r môr; **to serve at ~,** bod ar y môr, mynd yn forwr/llongwr; **~ trip, ~ voyage,** mordaith (mordeithiau) *f*; **~ battle,** brwydr(-au) (*f*) ar y môr, brwydr fôr (brwydrau môr), môr-frwydr(-au) *f*; *(b)* **open ~, high seas,** cefnfor(-oedd) *m*, y môr mawr, *Lit:* gweilgi; **deep ~,** dyfnfor *m*; **on the high seas, out at ~, in the open ~,** ar y cefnfor, ar y môr mawr; **to remain at ~, to keep the ~,** *(in heavy weather)*: morio drwyddi; **to stand out to ~,** anelu am y cefnfor; **head on to ~,** yn wynebu'r môr mawr; **a ship at ~,** llong ar y môr; *F:* **to be all at ~,** bod yn ddryslyd, bod ar goll; **I am quite at ~,** wn i ddim ble 'rwyf; wn i ddim beth i'w wneud; 'rwyf mewn cryn helbul/fyd; ni wn i ba gyfeiriad i droi; *F:* **half-seas over ~, = drunk;** *F:* **between the devil and the deep blue ~,** rhwng y diawl a'i gynffon; *F:* **go and jump in the ~,** dos i'r diawl! dos i dy grogi! *F:* **there are plenty more fish in the ~,** mae digon o bysgod yn y môr; *(c)* **inland ~,** môr caeëdig, môr mewndirol, môr yng nghanol tir; **the seven seas,** y saith fôr, y nawmor, moroedd y byd; **the Baltic S~,** Môr Llychlyn; **the Black S~,** Y Môr Du; **the Caribbean S~,** Môr y Caribî; **the Caspian S~,** Môr Caspia, y Môr Caspaidd; **the Dead S~,** Y Môr Marw; **the Irish S~,** Môr Iwerddon; **the Mediterranean S~,** Môr y Canoldir; **the North S~,** y Môr Tawch, Môr y Gogledd; **the Red S~,** Y Môr Coch; **the meeting of the seas,** deufor-gyfarfod *m*; **the S~ of Galilee,** Môr Galilea. **2.** *(a) (= state of the sea)*: **heavy ~, strong ~,** môr mawr, môr garw, môr gerwin, môr moriog; **following ~,** môr ffafriol; **in anything of a ~,** os bydd y môr yn arw; **long ~,** môr hir; **short ~,** môr moriog; **seas mountains high,** mynyddoedd o donnau, tonnau fel mynyddoedd; *(b) (= roller)*: moryn(-nau) *m*; **head ~,** môr blaen; **beam ~,** môr traws; *(c)* **to ship a green ~, to be struck by a green ~,** cael moryn; **to ship heavy seas,** cael morynnau geirwon. **3.** *Fig:* môr (moroedd) *m*, lliaws *m*; **a ~ of faces,** môr o wynebau; **a ~ of corn,** môr o ŷd; **seas of blood,** moroedd o waed; *Lit:* **a ~ of cares,** gofalon diderfyn/afrifed; *Prov:* **there are as good fish in the ~ as ever came out of it,** mae cystal pysgod yn y môr ag a ddaliwyd. *Prov:* **worse things happen at ~,** mae gwaeth pethau'n digwydd; bu mwy colled ar y môr lawer gwaith; gwelwyd ei gwaeth hi. **~ acorn** *n. Z:* crau (creuau) (*m*) môr. **~ air** *n.* awyr (*f*) môr, gwynt (*m*) môr. **~ anchor** *n. Nau:* angor(-au,-ion) (*m*) môr. **~ anemone** *n. Coel:* an|emoni (anemonïau) (*m*) môr, milflodyn (milflodau) *m*. **~-angel** *n. Ich:* maelgi (maelgwn) *m*. **~ angling** *vn.* môr-enweirio,

genweirio môr. **~-arrow** *n. Z:* ystifflog(-od) hedegog *m*, saeth (*f*) fôr (saethau môr); *S.a.* **arrowgrass**. **~ aster** *n. Bot: (Aster tripolium):* serenllys (*m*) y morfa. **~ bag** *n.* bag(-iau) (*m*) llongwr. **~-bank** *n.* **= sea-wall**. **~ bass** *n. Ich:* ysbinbysg(-od) (*m*) y môr. **~ beach** *n.* glan (*f*) môr (glannau moroedd). **~ bean** *n. Bot: Moll:* ffeuen (*f*) fôr (ffa môr). **~ bear** *n. Z: (i) (= polar bear):* arth wen (eirth gwynion) *f*; *(ii)* **= fur-seal**. **~ beet** *n. Bot: (Beta maritima)*: betysen (betys) arfor, betysen wyllt (betys gwylltion), melged arfor *m*. **~-bells** *n. Bot:* **= bindweed (sea)**. **~-belt** *n. Algae:* gwregys (*m*) y môr (gwregysau'r môr), môr-wiail crych *pl*. **~ bindweed** *n. Bot: (Convolvulus soldanella)*: carn (*m*) ebol y môr; *S.a.* **bindweed**. **~-bird** *n.* aderyn (adar) (*m*) [y] môr. **~ biscuit** *n.* bisgeden (bisgedi) (*f*) llongwr. **~ blite** *n. Bot: (Suaeda maritima):* h|el-lys unflwydd *m*; **shrubby ~ blite**, *(S. fruticosa):* hel-lys lluosflwydd. **~ blubber** *n.* **= jellyfish**. **~-boat** *n. N:* cwch (cychod) (*m*) môr, *S:* bad(-au) (*m*) môr. **~ boots** *n.pl.* bwtsias llongwr/morwr. **~ bootlace** *n. Algae:* carrai (*f*) fôr (careiau môr). **~-born** *a. Myth:* a aned ar y môr, môr-anedig, y môr, o'r môr. **~-bound** *a. (land):* môr-derfynedig. **~-bow** *n. Meteor:* môr-enfys(-au) *f*. **~ bread** *n.* **= hard tack**. **~-bream** *n. Ich:* merfog(-iaid) (*m*) môr, gwrachen(-nod, gwrachod) *f*; **black ~-bream,** *(Spondyliosoma cantharus):* gwrachen ddu (gwrachod duon), merfog du (merfogiaid duon); **Couch's ~-bream,** *(Sparus pagrus):* merfog Couch; **red ~-bream,** *(Pagellus bogaraves):* merfog coch (merfogiaid cochion); **Spanish ~-bream,** *(P. acarne):* merfog Sbaen. **~-breeze** *n.* awel (*f*) fôr (awelon môr), awel o'r môr. **~ buckthorn** *n. Bot: Hippophäe rhamnoides)*: môr-rafnwydden (~-rafnwydd) *f*. **~ butterfly** *n. Ich:* môr-löyn(-nod) *m*. **~ cabbage** *n. Bot:* **= sea-kale**. **~-calf** *n. Z:* morlo(-i) *m*. **~ campion** *n. Bot: (Silene maritima)*: gludlys arfor *m*, gwlydd (*m*) y geifr, ladi fach (*f*) y pentre. **~ canary** *n. Z:* morfil gwyn (morfilod gwynion) *m*. **~ canary-grass** *n. Bot:* pefrwellt (*m*) y tywod. **~ captain** *n.* capten (*m*) llong (capteiniaid llongau). **~-cat** *n.* **= catfish (sea)**. **~ change** *n.* gweddnewidiad(-au) *m*; **to suffer a ~ change,** gweddnewid, cael eich gweddnewid; *Lit:* **he hath suffered a ~ change / into something rich and strange,** ond fe droes drwy ryw fôr-hud / yn greadur rhyfedd, drud. **~ chart** *n. Nau:* siart(-iau) *mf*, map(-iau) (*m*) môr. **~-chest** *n.* cist (*f*) llongwr (cistiau llongwyr), cist fôr (cistiau môr). **~-cloth** *Th:* llen (*f*) donnau (llenni tonnau). **~ coal** *n. A:* glo (*m*) [môr], morlo *m*. **~-coast** *n.* arfordir(-oedd) *m*, glan (*m*) môr (glannau moroedd). **~-cock** *n.* **1.** *Orn:* **= plover (grey)**. **2.** **= seacock**. **~ cook** *n.* cogydd (*m*) llong (cogyddion llongau); **you son of a ~ cook!** y cythraul iti! **~-cow** *n. Z:* **1.** *(= dugong, manatee):* môr-fuwch (~-fuchod) *f*. **2.** **= walrus**. **3.** **= hippopotamus**. **~ crawfish, ~ crayfish** *n. Crust:* cimwch (cimychiaid) pigog *m*. **~ cucumber** *n. Z:* chwerddwr (chwerddyfroedd) (*m*) môr. **~-devil** *n. Ich:* **1.** *(= angler-fish):* cythraul (cythreuliaid) (*m*) môr, llyffant (llyffaint) (*m*) môr, môr-lyffant (~-lyffaint) *m*. **2.** **= manta ray**. **~-dog 1. = seal[1]**. **2. an old ~-dog,** hen longwr (~ longwyr) *m*, hen forwr (~ forwyr) *m*, hen gi(~ gŵn) (*m*) môr. **3.** *Meteor:* ci (cŵn) (*m*) drycin. **~-dragon** *n.* **= dragonet**. **~ drift** *n.* broc (*m*) môr, *occ:* drec (*m*) môr. **~ drome** *n.* môr-lanfa (~-lanfâu, ~-lanf|eydd) *f*. **~ duck** *n. Orn:* **= eider, scoter.** **~ duty** *n. U.S:* gwasanaeth (*m*) môr. **~ eagle** *n. Orn:* eryr(-od) (*m*) môr, môr-eryr(-od) *m*. **~-ear** *n. Moll:* morglust(-iau) *f*. **~-eel** *n. Ich:* llysywen (*f*) fôr (llysywod môr), môr-lysywen (~-lysywod) *f*. **~ elephant** *n. Z:* morlo(-i) trwynog *m*, eliffant(-od) (*m*) môr. **~-fan** *n. Z:* gwyntyll (*f*) fôr (gwyntyllau môr), môr-wyntyll(-au) *f*. **~ feather** *n. Z:* môr-bluen (morblu) *f*, môr blufyn (morblu) *m*. **~ fennel** *n. Bot:* ffenigl (*m*) y môr. **~-fight** *n.* môr-frwydr(-au) *f*, brwydr (*f*) fôr (brwydrau môr). **~-fir** *n. Z:* môr-binwydden (~-binwydd) *f*. **~ fire** *n.* mordan *m*. **~-fish** *n.* pysgodyn (pysgod) (*m*) môr, pysgodyn dŵr hallt, môr-bysgodyn (~-bysgod) *m*. **~ floor** *n.* **= seabed**. **~-flower** *n.* **= sea anemone**. **~ foam** *n.* ewyn (*m*) môr. **~ fog** *n.* niwl(-oedd) (*m*) môr, *N.W:* rhwd (*m*) môr. **~-fowl** *n.* **= sea-bird**. **~-fox** *n. Ich:* llwynog(-od) (*m*) y môr, môr-gadno (~-gadnawon) *m*. **~ front** *n.* glan (*f*) y môr, rhes (*f*) lan môr (rhesi glan môr), stryd (*f*) lan môr (strydoedd glan môr). **~ furbelow** *n. Algae:* môr-wiail *pl*, pleth (*f*) y môr. **~ gate** *n.* fflodiard(-au) *m*. **~ gherkin** *n. Z:* môr-chwerddwr (~-chwerddyfroedd) (*m*) y creigiau, chwerddwr môr bach. **~ gillyflower** *n.* **= thrift[2]**. **~-girdle** *n.* **= sea-belt**. **~-girt** *a. Lit:* yng nghanol y môr, môr-gylchedig. **~ god** *n.* duw(-iau) (*m*) môr, mordduw(-iau) *m*. **~ goddess** *n.* môr-dduwies(-au) *f*. **~-going** *a.* **= seafaring**. **~ gooseberry** *n.* **1.** *Z: (Dendrodoa grossularia):* chwistrell goch (chwistrellau cochion) *f*. **2.** *Coel: (Ctenophora):* slefren gribog (slefrod cribog) *f*, cwsberen (*f*) fôr (cwsberis môr). **~ grape 1. = glasswort. 2. = sargasso. 3.** *Bot: (W.Indies):* môr-winwydden (~-winwydd) *f*. **4.** *pl. Moll: (= cuttlefish eggs):* wyau ystifflog. **~-grass** *n. Bot:* morwellt *m*. **~-green** *a. & n.* morlas (morleision) *m*, morwyrdd (*f.* morwerdd, *pl.* morwyrddion), gwyrdd (*m*) môr, gwyrddlas (*f.* gwerddlas, *pl.* gwyrddleision) (*m*), glaswyrdd (*f.* glaswerdd, *pl.* glaswyrdion) (*m*); *Hist:* **the S~-Green Incorruptible**, yr Anllygradwy Gwyrddlas. **~ hard-grass** *n. Bot:* corwelltyn (*m*) y morfa, corwelltyn camaidd, cameiddwellt *m*. **~-hare** *n. Moll:* môr-geinach(-od) *f*, cragen glustiog (cregyn clustiog) *f*, môr-wlithen glustiog (~-wlithod clustiog) *f*. **~-heath** *n. Bot:* grugeilun llyfn *m*. **~ hedgehog** *n. Z:* **= sea-urchin, globefish**. **~-hen** *n. Ich:* **= lumpfish**. **~-hog** *n. Z:* **= porpoise**. **~ holly** *n. Bot:* celyn (*m*) y môr, boglynnog arfor *m*, ysgallen foglymog *f*, môr-gelynnen (~-gelyn) *f*. **~-horse** *n. Ich: Myth:* morfarch (morfeirch) *m*. **~-island [cotton]** *n. Tex:* cotwm (*m*) ynysoedd y môr. **S~ Islands** *Pr.n. Geog:* Ynysoedd y Môr. **~-ivory** *n. Bot: (Ramalia siliquosa):* fforchgen arfor *m*. **~-kale** *n. Bot: (Crambe maritima)*: cawl (*m*) y môr/graig, môr-fresychen *f*, môr-fresych *pl*, bresych (*m*) y môr, ysgedd [arfor] *m*. **~-kale beet** *n.* **= chard.** **~ kidney** *n. Coel:* aren (*f*) fôr (arennau môr). **~-king** *n. Hist:* mordeyrn(-edd) *m*. **~ lace** *n. Algae:* carrai (*f*) fôr (careiau môr). **~ ladder** *n.* ysgol (*f*) raff (ysgolion rhaffau). **~ lamprey** *n. Ich:* llysywen bendoll (llysywod pendoll) *f*. **~ lane** *n.* morlwybr(-au) *m*, llwybr(-au) (*m*) môr. **~ lavender** *n. Bot: (Limonium vulgare):* lafant (*m*) y môr; **lax-flowered ~ lavender,** *(L. humile):* lafant môr blodau llipa; **rock ~ lavender,** *(L. binervosum):* lafant y morgreigiau. **~ lawyer** *n.* **1. = shark. 2.** *Nau: F: N.W: occ:* twrnai (twrneiod) (*m*) ffocsl. **~-leather** *n.* lledr (*m*) môr. **~-legs** *n.pl. F:* traed môr; **to get/find one's ~-legs,** cael eich traed môr tanoch. **~ lemon** *n. Moll:* mwsg (*m*) y môr. **~ leopard** *n.* **1.** *Z:* llewpard(-iaid) (*m*) môr, morlo(-i) brith *m*. **2.** *Ich:* **= wolf-fish**. **~-letter** *n.* llythyr(-au) (*m*) môr, môr-lythyr(-au) *m*. **~-lettuce** *n.* gwylaeth (*m*) y môr, letysen (*f*) fôr (letys môr). **~-level** *n.* lefel (*f*) y môr; **at ~-level,** yn gyfwastad â'r môr, ar lefel y môr; **pressure corrected to ~-level,** pwysau a gywirwyd yn ôl lefel y môr. **~ lichen** *n. Fung:* **orange ~ lichen,** *(Caloplaca marina):* cen (*m*) capanog y môr. **~-lift** *n.* môr-gludiad(-au) *m*. **~ lily** *n.* seren bluog (sêr pluog) *f*, lili (*f*) fôr (liliau môr). **~-line** *n.* **= coastline, horizon**. **~-lion** *n. Z:* morlew(-od) *m*; **California ~-lion,** morlew clustiog. **~ lizard** *n. Moll:* môr-fadfall(-od) *f*. **~ loch** *n.* moryd(-iau) *f*, cainc (ceinciau) (*f*) o fôr, culfor(-oedd) *m*, cyfyngfor(-oedd) *m*. **S~ Lord** *n.* Arglwydd (*m*) yn y Morlys; **the S~ Lords**, Arglwyddi'r Morlys. **~-louse** *n. Crust:* lleuen (*f*) fôr (llau môr). **~-lungs** *n.pl. Z:* ysgyfaint môr. **~ lungwort** *n. Bot: (Pneumaria maritima)*: llysiau (*pl*) ysgyfaint arfor, glesyn (*m*) y forlan. **~ lyme-grass** *n. Bot: (Elymus grenarius)*: amdowellt *m*, elymwellt *m*. **~ maid** *n.* **= mermaid**. **~-mark** *n.* arwydd(-ion) (*m*) môr. **~-mat** *n. Z:* mat(-iau) (*m*) môr. **~ melon** *n. Z:* melon(-au) (*m*) môr, môr-felon(-au) *m*. **~-mew** *n.* **= seagull**. **~ mile** *n.* milltir (*f*) fôr (milltiroedd môr). **~ milkwort** *n. Bot:* h|el-las *m*, glas (*m*) yr heli. **~ monster** *n.* anghenfil (angenfilod) (*m*) môr. **~ moss** *n. Algae:* môr-fwsogl(-au) *m*, mwsogl(-au) (*m*) môr; *S.a.* **coralline**. **~-mouse** *n. Ann:* môr-lyng[h]yren flewog (~-lyngyr blewog) *f*, môr-lygoden (~-lygod) *f*. **~-mud** *n.* llaid hallt *m*, llaid môr. **~ necklace** *n. Moll:* cadwyn (*f*) fôr (cadwyni môr), môr-gadwyn(-i) f. **~ needle** *n.* **= garfish**. **~ nettle** *n. Coel:* danhadlen (*f*) fôr (danadl môr), môr-ddanhadlen (~-ddanadl) *f*, *V:* cont goch (contiau cochion) *f*, cont fôr (contiau môr). **~ oak** *n.* **= bladderwrack**. **~ oats** *n.pl. Bot:* ceirchwellt (*m*) y môr, ceirch (*m*) môr. **~-onion** *n.* **= squill 2**. **~ orange** *n. Z:* oren (*f*) fôr (orennau môr). **~ otter** *n. Z:* dyfrgi (dyfrgwn) (*m*) môr. **~ otter's cabbage** *n. Algae: (Nereocystis lütkeana):* môr-fresych (*pl*) y dyfrgi. **~ parrot** *n.* **= puffin**. **~ parsnip** *n. Bot:* moronen bigog (moron pigog) *f*. **~-pass** *n.* **= sea-letter.** **~-pay** *n.* cyflog (*m*) môr, cyflog morwr/llongwr. **~-pea** *n. Bot: (Lathyrus maritimus)*: pysen (pys) arfor *f*, môr-bysen (morbys) *f*. **~ peach** *n. Z:* eirinen (*f*) fôr (eirin môr). **~ pear** *n. Z:* gellygen (*f*) fôr (gellyg môr). **~-pen** *n. Z:* cwilsyn (cwils) (*m*) môr. **~ perch** *n. Ich:* draenog(-od) (*m*) môr, môr-ddraenog(-od) *m*. **~ pie** *n.* **1.** *Cu:* pastai (*f*) fôr (pasteiod môr). 2. *Orn:* = **oyster-catcher.** ~**-piece** *n. Art:* morlun(-iau) *m.* ~**-pig** *n.* = **porpoise, dugong.** ~**-pike** *n. Ich:* cornbig(-au) *m.* ~ **pilot** *n.* 1. peilot(-iaid) (*m*) môr. 2. *Orn:* = **oyster-catcher.** ~ **pincushion** *n. Z:* pincas(-au) (*m*) môr. ~**-pink** *n. Bot:* = **thrift 2.** ~**-polyp** *n. Z:* môr-gudyn(-nau) *m.* ~**-potato** *n. Z:* taten (*f*) fôr (tato/tatws môr). ~ **power** *n.* 1. grym(-oedd) morwrol *m.* 2. *(state)*: pŵer (pwerau) morwrol *m.* ~ **pumpkin** *n.* = **sea melon.** ~**-purse** *n. Ich:* pwrs (pyrs[i]au) (*m*) môr-forwyn. ~ **purslane** *n. Bot:* 1. *(Halimione portulacoides)*: eurllys *m*, llygwyn llyswyddaidd *m*, hel-lys can *m*, sgyrfi gwryw *m.* 2. = **sandwort (sea).** ~ **radish** *n. Bot: (Raphanus maritimus)*: rhuddygl (*m*) môr. ~ **raven** *n. Ich:* = **sculpin.** ~ **risk** *n. Ins:* menter (*f*) fôr (mentrau môr), perygl(-on) (*m*) môr. ~**-robin** *n. Ich:* = **gurnard (red).** ~ **rocket** *n. Bot: (Cakile maritima)*: hegydd (*m*) y forlan, hegydd arfor. ~**-room** *n. Nau:* lle clir *m* [ar y môr]. ~ **rover** *n.* môr-leidr (~-ladron) *m*, môr-herwr (~-herwyr) *m.* ~ **ruppia** *n. Bot:* rwpia(*m*)'r môr. ~ **rush** *n. Bot: (Juncus maritimus)*: môr-frwynen (morfrwyn) *f.* ~**-salt** *n.* halen (*m*) môr. ~**-scorpion** *n. Ich:* sgorpion(-au) (*m*) môr. **S~ Scout** *n.* Sgowt(-iaid) (*m*) Môr. **S~ Sergeant** *Pr.n. W.Hist:* Rhingyll(-iaid) (*m*) y Môr. ~ **serpent** 1. *Oph:* neidr (*f*) fôr (nadroedd môr). 2. *Myth:* sarff (*f*) fôr (seirff môr), morsarff (morseirff) *f*, ceffyl (-au) (*m*) dŵr, du(*m*)'r moroedd, *N.W:* march (meirch) (*m*) môr. ~ **shanty** *n.* cân (*f*) morwr (caneuon morwyr), sianti (*f*) fôr (siantïau môr), cân fôr (caneuon môr). ~ **shell** *n. Moll:* cragen (*f*) fôr (cregyn môr). ~**-shore** *n.* glan(-nau) (*f*) môr, arfordir(-oedd) *m*, morlan(-nau) *f*; **upper ~-shore,** *N.W:* cefnfro *f.* ~ **slater** *n. Crust:* pryf(-ed) (*m*) twca'r traeth, gwrachen(-nod, gwrachod) (*f*) y traeth. ~ **slug** *n.* 1. = **sea cucumber.** 2. *(gastropod)*: gwlithen (*f*) fôr (gwlithod môr), môr-wlithen (~-wlithod) *f*; **common ~ slug,** môr-wlithen lwyd (~-wlithod llwyd). ~ **snail** *n.* 1. *Z:* malwoden/malwen (*f*) fôr (malwod môr), môr-falwen (~-falwod) *f*, môr-falwoden (~-falwod) *f.* 2. *Ich: (Liparis liparis)*: iâr (*f*) fôr lysnafeddog (ieir môr llysnafeddog); **Montagu's ~ snail,** *(L. montagui)*: iâr fôr [lysnafeddog] Montagu; **violet ~ snail,** *(Janthina janthina)*: môr-falwen fioled. ~ **snake** *n.* = **sea serpent** 1. ~ **snipe** *n.* 1. *Orn:* = **sandpiper.** 2. *Ich:* = **snipe-fish.** ~**-spider** *n. Arach: S:* corryn (corynnod) (*m*) y traeth, *N:* copyn(-nod) (*m*) y traeth. ~**-spurrey** *n.* = **spurrey (sea).** ~ **squill** *n. Bot: (Urginea maritima)*: wynwyn (*m*) [y] môr, serennyn (*m*) môr, môr-wynwyn *m.* ~ **squirrel** *n. Z:* môr-wiwer(-od) *f.* ~**-squirt** *n. Z:* chwistrell (*f*) fôr (chwistrellau môr); **common star ~-squirt,** *(Botryllus schlosseri)*: chwistrell serennog; **light-bulb ~-squirt,** *(Clavelina lepadiformis)*: chwistrell wydr (chwistrellau gwydr). ~**-star** *n.* = **starfish; orange ~-star,** *(Caleplaca mallincola)*: cen capannog (*m*) y môr. ~ **steps** *n.pl.* grisiau llong. ~ **stores** *n.pl.* stôr (*f*) llong. ~ **swallow** *n. Orn:* **tern.** ~**-tangle** *n. Algae:* môr-wiail *pl.* ~**-thong** *n. Algae:* ysnoden (*f*) fôr (ysnodenni môr), carrai (*f*) fôr (careiau môr). ~**-thrift** *n. See* **thrift²**. ~**-toad** *n. Ich:* = **angler[-fish].** ~ **trip** *n.* mordaith (mordeithiau) *f.* ~ **trout** *n. Ich:* brithyll(-od) (*m*) môr, gleisiad (gleisiaid) *m*, gwyniedyn (gwyniaid) *m*, siwin *m*, penllwyd *m*, *S.W:* brych (*m*) y dail (brychau'r dail). ~ **unicorn** *n. Z:* = **narwhal.** ~**-urchin** *n. Z: (Echinus esculentus)*: môr-ddraenog(-od) *m*, draenog(-od) (*m*) môr, ŵy (wyau) (*m*) môr; **green ~ urchin,** *(Psammerhinus miliaris)*: draenog gwyrdd; **pea ~ urchin,** *(Echinocyamus pusillus)*: pysen bigog (pys pigog) *f.* ~ **voyage** *n.* mordaith (mordeithiau) *f.* ~**-wall** *n.* morglawdd (morgloddiau) *m*, *N:* cob(-iau) *m.* ~**-ware** *n. Algae:* gwymon *m.* ~ **wasp** *n. Coel:* môr-gacynen (~-gacwn) *f.* ~**-water** *n.* heli *m*, dŵr (*m*) heli, dŵr môr. ~**-way** *n.* = **seaway.** ~**-whip** *n. Z:* chwip (*f*) fôr (chwipiau môr). ~**-wife** *n. Ich:* = **wrasse.** ~**-wind** *n.* gwynt(-oedd) (*m*) môr. ~**-wolf** *n.* 1. *Z:* = **sea-elephant.** 2. *Ich:* = **bass, wolf-fish.** 3. = **pirate.** ~**-wrack** *n.* gwymon *m*, môr-wiail *pl.*

seabed *n.* gwely (*m*) môr, gwaelod (*m*) môr.

Seabee *n. Nav: U.S:* ***Seabee(-s)*** *m.*

seablite *n. Bot:* **herbaceous ~,** troed (*f*) yr ŵydd arfor, gŵydd-droed arfor *f*, h|el-lys unflwydd *m.*

seaboard *n.* arfordir(-oedd) *m.*

seaborne *a.* a gludir/gludid/gludwyd ar fôr, morol.

seacoast *n.* arfordir(-oedd) *m*, morlan(-nau) *f*, glannau (*pl*) môr. ~ **erosion** *n.* erydiad(-au) (*m*) morlan/arfordir.

seacock *n. N.Arch:* môr-falf(-iau) *f.*

seacraft *n.* 1. *(skill)*: morwriaeth *f.* 2. *Coll:* cychod *pl* [môr], badau *pl* [môr], llongau *pl* [môr].

seafarer *n.* morwr (morwyr) *m*, mordwywr (mordwywyr) *m*, mordeithiwr (mordeithwyr) *m.*

seafaring¹ *a.* mordwyol, mordeithiol.

seafaring² *vn.* mordwyo, morio, mordeithio.

seafood *n.* bwyd(-ydd) (*m*) môr.

seafowl *n.* aderyn (adar) (*m*) môr.

seagoing *a.* = **seafaring.**

seagull *n.* gwylan(-od, *Lit:* gwylain) *f*, *occ:* gwylan fôr (gwylanod môr), môr-wylan(-od) *f.*

seal¹ *n.* 1. *Z:* morlo(-i) *m*; **bull ~,** morlo gwryw; **cow ~,** morlo benyw *m*; **eared ~,** morlo clustiog; **grey Atlantic ~,** *(Halichoerus grypus)*: morlo llwyd (morloi llwydion). 2. *Com:* **con[e]y ~,** ffwr (*m*) morlo. 3. *Leath:* lledr (*m*) morlo. ~ **brown** *a. & n.* brown tywyll (*m*). ~ **fishery** *n.* = **sealery.** ~**-pup** *n.* morlo bychan (morloi bychain). ~ **rookery** *n.* cynefin(-oedd) (*m*) morloi.

seal² *n.* 1. sêl (seliau) *f*, *occ:* selnod(-au) *m*; **given under my hand and ~,** fy enw a'm sêl i wrtho; rhoddwyd dan fy llaw a'm sêl; **under the ~ of secrecy,** tan sêl cyfrinach; **~ of approval,** *(i) Ind: Com:* sêl cymeradwyaeth; *(ii) Fig:* sêl bendith; **to set the ~ on sth,** selio/coroni rhth; **to set one's ~ to sth,** rhoi sêl bendith ar rth; **a book that bears the ~ of genius,** llyfr ac arno stamp/ôl athrylith. 2. *(instrument)*: **seals of office,** sêl awdurdod; **the Great S~,** y Sêl Fawr; **the Privy S~,** y Sêl Gyfrin. 3. *Tchn: (of joint &c)*: sêl (seliau) *f.* ~**-ring** *n.* sêl-fodrwy(-au) *f.*

seal³ *v.t.* 1. *(a)* selio; **to ~ a bargain,** selio/clensio/taro bargen; **sealed by a kiss,** seliedig â chusan; **his fate is sealed,** mae hi ar ben arno; seliwyd ei dynged; **death has sealed her for his own,** mae angau wedi ei hawlio iddo'i hun. 2. *(a)* **to ~ [up] a letter,** cau/selio llythyr; *(b)* **to ~ up windows,** selio ffenestri; *(c)* **my lips are sealed,** ni ddywedaf yr un gair; ni chaf ddweud yr un gair; **it is a sealed book to me,** mae'n llyfr caeëdig i mi; **to ~ a puncture,** selio twll; *(e) (of police)*: **to ~ off a district,** selio/ynysu ardal; **to ~ sth in,** selio/cau rhth i mewn.

sealed *a.* dan sêl, seliedig.

sealer¹ *n. (of seals)*: heliwr (helwyr) (*m*) morloi.

sealer² *n. (of weights & measures)*: seliwr (selwyr) *m.*

sealery *n.* pysgodfa (pysgodf|eydd) (*f*) morloi.

sealing¹ *vn. (= hunting seals)*: hela morloi.

sealing² *vn.* = **seal².** ~**-wax** *n.* cwyr (*m*) selio, cwyr coch.

sealskin *n.* croen (*m*) morlo (crwyn morloi).

sealwort *n. Bot:* = **Solomon's seal, pearlwort.**

Sealyham *n.* ~ **[terrier],** daeargi (daeargwn) (*m*) Sealyham.

seam¹ *n.* 1. *(a)* gwnïad (gwniadau) *m*, sêm (semau) *f*; **curved open ~,** gwnïad agored crwm, sêm agored grom (semau agored crwm); **double machine stitched** *or* **machine fell ~,** gwnïad ffèl dwbl, sêm ffèl ddwbl (semau ffèl dwbl); **flannel ~,** gwnïad gwlanen, sêm wlanen (semau gwlanen); **flat ~,** gwnïad gwastad/fflat, sêm wastad/fflat (semau gwastad/fflat); **French ~,** gwnïad/sêm Ffrengig; **lapped/overlapped ~,** gwnïad trosblyg, sêm drosblyg (semau trosblyg); **open [plain] ~,** gwnïad/sêm agored; **overcast ~,** gwnïad trosbwythedig; **overlaid [felled] ~,** gwnïad/sêm ffèl; **piped seams,** gwniadau/semau peip; **run and fell ~,** gwnïad rhedeg a ffelio, sêm redeg a ffelio (semau rhedeg a ffelio); **single ~,** gwnïad/sêm sengl; **slot seams,** gwniadau/semau slot; **welted ~,** gwnïad gwaldasog, sêm waldasog (semau gwaldasog); **whipped ~,** gwnïad/sêm chwipio; **bursting at the seams,** gorlawn, llawn dop, *S.W:* llawn hyd y fyl; *(b) (in metal, pipe &c)*: asiad(-au) *m*, gwr|ym (gwrymiadau) *m*, sêm; **double-folded ~,** sêm ddeublyg (semau deublyg); **folded ~,** sêm blyg (semau plyg); **grooved ~,** sêm rigol (semau rhigol); **overfolded ~,** sêm orlap (semau gorlap); **welded ~,** sêm asiedig; *(c)* **ship's seams,** agennau/semau llong; **lap/lapped ~,** sêm lap; *F:* **to be bursting at the seams,** llawn at yr ymylon, llawn hyd at dorri, *S:* llawn hyd y fyl; *F:* **to fall apart at the seams,** datod, ymddatod, dod o'i gilydd, syrthio'n dipiau, chwalu, ymchwalu. 2. *(a) (on face &c)*: rhych(-au) *mf*; *(b) (in wood, rock)*: agen(-nau) *f*, hollt(-au) *f.* 3. *Min: (of coal &c)*: gwythïen (gwythiennau) *f*, haen(-au) *f*, haenen (haenau) *f*; *(of slate)*: llygad(-au) *m.* ~ **allowance** *n.* lwfans (*m*) gwnïad/sêm. ~ **binding** *n.* beindin (*m*) gwnïad/sêm, rhwymyn (*m*) gwnïad/sêm. ~ **bowler** *n. Cr:* sêm-fowliwr (~-fowlwyr) *m.* ~ **finishes** *n.pl.*

gorffeniadau gwnïad/sêm. ~ **set** *n.* set(-iau) (*f*) sêm. ~**-welding** *vn.* asio sêm.

seam[2] *v.t.* **1.** gwnïo (rhth) [at ei gilydd]; cydwnïo, gwrymio, trosbwytho; **to ~ up a garment,** gwnïo dilledyn. **2.** *(= solder):* sodro.

seaman *n.m.* **1.** morwr (morwyr), llongwr (llongwyr), *occ:* dyn(-ion) môr. **2.** *Navy:* **junior ~,** llongwr iau; **ordinary ~,** llongwr cyffredin; **able-[bodied] ~,** llongwr abl, llongwr ail ddosbarth; **leading ~,** pen-llongwr (~-llongwyr) *m,* llongwr dosbarth uchaf; **merchant ~,** masnachlongwr (masnachlongwyr) *m.* ~ **apprentice** *n. U.S:* = **ordinary seaman.** ~ **recruit** *n. U.S:* = **junior seaman.**

seamanlike *a.* & *adv.* **1.** *a.* morwrol, fel morwr, deheuig, dehau, dechau. **2.** *adv.* fel morwr, yn ddeheuig, yn ddechau, yn ddehau.

seamanly *a.* = **seamanlike.**

seamanship *n.* morwriaeth *f,* llongwriaeth *f.*

seamed *a.* gwrymiog, â gwnïad, gwniedig, â sêm; *(face):* rhychog; **a ~ and lined face,** wyneb rhychog; **a face ~ with scars,** wyneb creithiog. ~**-bowler** *n. Cr:* sêm-fowliwr (~-fowlwyr) *m.*

seamer *n. Cr:* = **seam-bowler.**

seaminess *n.* bryntni *m,* salwineb *m.*

seaming *vn.* semio. ~ **lace** *n.* les (*f*) semio. ~ **tool** *n.* erfyn (arfau) (*m*) semio.

seamless *a. (robe):* diwnïad; *(pipe):* diasiad.

seamlessness *n. (of robe):* diffyg (*m*) gwnïad; *(of pipe):* llyfnder *m.*

seamount *n. Geog:* môr-fynydd(-oedd) *m.*

seamster *n.* teiliwr (teilwriaid) *m,* gwnïwr (gwniwyr) *m.*

seamstress *n.f.* gwni|adwraig (gwniadwragedd), gwniadyddes(-au) *f,* gwniyddes(-au) *f.*

seamy *a.* **1.** *(side of cloth):* gwrymiog. **2.** *Fig:* **the ~ side of life,** ochr (*f*) waethaf/salaf/isaf/salwaf bywyd, tu (*m*) arall bywyd, y wedd (*f*) annymunol ar fywyd; **to show the ~ side of life,** codi godreon cymdeithas.

Seanad *m. Irish Pol:* Senedd *f.*

séance *n.* **1.** = **session. 2.** *Psychics:* seans(-au) *mf,* eisteddiad(-au) *m.*

seaplane *n. Av:* awyren (*f*) fôr (awyrennau môr).

seaport *n.* porthladd(-oedd) *m.*

seaquake *n.* *morgryn (morgrynfâu, morgrynf|eydd) *f.*

sear[1] *n. Sm.a:* clicied(-au) *f.*

sear[2] *v.t.* **1.** *(of heat):* gwywo, crino, deifio; *(of frost):* serio. **2.** *(a) (a wound):* serio; *(b) (conscience):* caledu.

sear[3] *a.* = **sere.**

search[1] *n.* **1.** ymchwil *f,* ymchwiliad(-au) *m* (**for sth,** am rth); **to make a ~ for sth,** chwilio am rth; **in ~ of sth,** mewn ymchwil am rth, i chwilio am rth, gan chwilio am rth, yn ceisio rhth; *Cmptr:* **sequential ~,** chwiliad dilyniannol *m.* **2.** *(examination): Cust: Jur: &c:* chwiliad(-au) *m,* archwiliad(-au) *m*; *Cmptr: Mth:* chwiliad; *Jur:* **companies ~,** chwiliad cwmnïau; **local searches,** chwiliadau lleol; **official searches,** chwiliadau swyddogol; **right of ~,** hawl chwilio; **house ~,** chwiliad tŷ, archwiliad tŷ.

search[2] *v.t.* & *i.* **1.** *v.t. (a) (a place, pers.):* chwilio (rhn); *Jur:* **to ~ a house,** chwilio tŷ, chwilio trwy dŷ, *occ:* archwilio tŷ; *P:* **~ me!** beth [a] wn i? waeth heb â gofyn i mi! 'dych chi'n gofyn i mi! 'does gen i ddim clem/syniad/amcan! *S.W:* 'does dim llefeleth 'da fi! *N.W:* 'does gen i'r un narith; *N.E: occ:* 'does gen i'r un âm; **to ~ men's hearts,** chwilio calonnau dynion; *(b) Mil: (= to cover an area with gunfire):* pledu, tân-belennu, bombardio (ardal). **2.** *v.i.* chwilio (am rth); *occ:* ymofyn, ceisio (rhth, am rth); **to ~ after the truth,** ymofyn/chwilio am y gwir, ceisio'r gwir; **to ~ into sth,** ymchwilio i rth; **to ~ minutely for sth,** chwilio am rth â chrib mân, chwilio a chwalu am rth. ~**-and-destroy** *a.* chwilio-a-difa. ~ **coil** *n. El.E:* torch(-au) (*f*) fforio. ~ **facility** *n. T.V:* modd(-au) (*m*) chwilio. ~**-party** *n.* criw(-iau) (*m*) chwilio. ~ **time** *n. Cmptr:* amser (*m*) chwilio. ~**-warrant** *n. Jur:* gwarant(-au) (*f*) chwilio.

searchable *a.* chwiliadwy, archwiliadwy.

searcher *n.* **1.** *(a)* chwiliwr (chwilwyr) *m,* ymchwiliwr (ymchwilwyr) *m,* archwiliwr (archwilwyr) *m,* chw|ilwraig (chwilwragedd) *f,* ymchw|ilwraig (ymchwilwragedd) *f,* archw|ilwraig (archwilwragedd) *f*; *(b) (for knowledge &c):* ymofynnydd: ymofynnwr (ymofynwyr) *m,* ymof|ynwraig (ymofynwragedd) *f.* **2.** *Surg:* = **probe[1].**

searching[1] *vn. See* **search[1],[2]**; *B:* **great searchings of heart,** mawr ofal (*m*) calon.

searching[2] *a. (question, examination):* manwl, trylwyr, llwyr; *(look, question):* craff, treiddiol, treiddgar, llym (*f.* llem, *pl.* llymion), holgar, ymchwilgar; *(wind):* main (meinion), treiddgar; **to give s.o. a ~ look,** craffu ar rn.

searchingly *adv.* yn fanwl, yn graff, yn dreiddgar; *(wind):* yn fain.

searchless *a.* = **inscrutable, impenetrable.**

searchlight *n.* chwilolau (chwiloleuadau) *m.*

seared *a.* seriedig, llosgedig, llosg.

searing[1] *vn.* seriad(-au) *m,* serio, deifiad(-au) *m,* deifio, creithlosgi, *S: occ:* greidio.

searing[2] *a.* seriol, deifiol, tanbaid.

searingly *adv.* yn seriol, yn ddeifiol.

seascape *n. Art:* morlun(-iau) *m.*

seasick *a.* sâl môr.

seasickness *n.* salwch (*m*) môr.

seaside *n.* **1.** glan(-nau) (*f*) môr; **at/by the ~,** ar lan y môr. **2.** *attrib.* glan môr.

season[1] *n.* **1.** tymor (tymhorau) *m,* adeg(-au) *f*; **what ~ of the year?** pa adeg o'r flwyddyn? **the rainy ~,** tymor/adeg y glawogydd; **the holiday ~,** tymor/adeg y gwyliau; **at the height of the ~,** ar anterth y tymor; **the off ~,** yr adeg dawel [o'r flwyddyn]; **in the off ~,** y tu allan i'r tymor, yn [ystod] y tymor tawel; **end of ~,** pen (*m*) tymor; **the compliments/greetings of the ~,** cyfarchion y tymor; **the hunting ~,** y tymor hela; *Ven:* **the close ~,** y tymor gwaharddedig/caeëdig; **the open ~,** y tymor agored; **the dull/dead ~,** yr adeg farwaidd; **the between-~,** y cyfamser *m*; **the busy ~,** y tymor prysur, yr adeg brysur; **the silly ~,** dyddiau(*pl*)'r cŵn; **between-~,** *adv.* rhwng tymhorau, rhyng-dymhorol; **to be in ~,** *(food &c):* bod yn dymhorol; **apples ar in ~ now,** mae'n dymor/adeg afalau yn awr; mae afalau yn eu tymor/hadeg yn awr; **apples are out of ~ now,** nid yw'n dymor/adeg afalau; nid yw afalau'n eu tymor/hadeg; mae afalau allan o dymor; **a fit/proper/convenient ~ to do sth,** amser addas i wneud rhth; *Husb:* **a mare in ~,** caseg yn ei thymor, caseg a gwres arni; **a good ~,** *(for potatoes &c):* tymor da (am datws); **the ~ is early/late,** mae'r tymor yn fuan/hwyr; *Sp:* **the first match of the ~,** gêm gynta'r tymor; **the four seasons [of the year],** y pedwar tymor, pedwar tymor y flwyddyn; **the summer ~,** tymor yr haf; *(b)* **the Paris/London** *&c* **season,** tymor [y boneddigion], y tymor ffasiynol. **2.** *(= period):* cyfnod(-au) *m,* adeg, tymor; **this film will be shown for a short ~,** dangosir y llun hwn am gyfnod byr; **to last for a ~,** parhau/para am gyfnod; **it shall be done in due ~,** fe'i gwneir yn ei [iawn] bryd; **a word in ~,** gair yn ei bryd, gair prydlon/amserol; **a remark out of ~,** sylw annhymig/anllu ydlon/anamserol, sylw allan o'i le; **in and out of ~,** ar bob adeg; *B:* **for a ~ and time,** dros ysbaid ac amser; **to everything there is a ~,** y mae amser i bob peth. **3.** *F:* = **season-ticket.** ~**-ticket** *n.* tocyn(-nau) (*m*) tymor, tocyn cyfnod.

season[2] *v.t.* & *i.* **1.** *v.t. (a) Cu: (food):* blasuso (rhth), rhoi blas (ar rth), *F:* sesno (rhth), rhoi pupur a halen (ar rth); *(= add salt):* halltu, **to ~ a speech with irony,** rhoi blas eironi ar araith; *(b) (wood):* sychu, sesno; *(wine):* aeddfedu; *(c) (soldier &c):* cynefino (rhn) (â rhyfel *&c*), caledu (rhn) (i ryfel *&c*); *(d) (= to temper):* tyneru, tymheru, llareiddio, llarieiddio; **justice seasoned with mercy,** cyfiawnder wedi ei dymheru/dyneru gan drugaredd. **2.** *v.i. (of wood &c):* sychu, sesno; *(of wine &c):* aeddfedu.

seasonable *a.* **1.** *(= in/of season):* tymhorol, tymhoraidd. **2.** *(of aid, advice): (= timely):* amserol, prydlon, yn ei bryd.

seasonableness *n.* **1.** tymoroldeb *m.* **2.** amseroldeb *m.*

seasonably *adv.* **1.** yn dymhorol. **2.** yn amserol.

seasonal *a.* tymhorol; ~ **worker,** gweithiwr tymhorol, gweithiwr am dymor; ~ **variation,** amrywiad tymhorol, amrywiad yn ôl y tymor.

seasonally *adv.* yn ôl y tymor, o un adeg i'r llall, o dymor i dymor, fesul tymor, yn dymhoraidd, yn dymhorol; **(unemployment varies) ~,** (mae diweithdra'n amrywio) yn ôl y tymor, o dymor i dymor.

seasoned *a.* **1.** *Cu: (food):* blasusedig, sawrus, wedi'i flasuso/sesno, sbeislyd; **a highly ~ dish,** blasusfwyd(-ydd) *m,* bwyd sawrus *&c m, S.W: occ:* hallteithion *pl*; **a highly ~ anecdote,** stori flasus (storïau blasus) *f.* **2.** *(a) (wood, cigar):* sych, wedi'i sychu, wedi'[i] sesno; *(wine):* aeddfed; *(b) (soldier, sailor &c):*

cynefin, wedi hen arfer, cyfarwydd (â rhth); wedi caledu (i rth); **a ~ campaigner,** hen law(-iau) *f*; **to become ~,** cynefino, dygymod, ymgyfarwyddo (â rhth); caledu (i rth); *abs.* caledu iddi.

seasoner *n.* blasuswr (blasuswyr) *m.*

seasoning *vn. & n.* **1.** *vn.* = **season²**. **2.** *n. Cu:* sesnin *m*, sesnad(-au) *m.*

seat¹ *n.* **1.** *(a)* sedd(-i,-au) *f*, *F:* sêt (seti) *f*, *Lit:* eisteddle(-oedd) *m*, eisteddfa (eisteddf|eydd) *f*; **back ~,** sedd/sêt gefn (seddau/seti cefn), sedd/sêt ôl; **front ~,** sedd flaen (seddau blaen), sêt flaen (seti blaen); **back-~ driver,** gyrrwr (*m*) sedd ôl, g|yrwraig (*f*) sedd ôl; *F:* **to take a back ~,** *(i) (literally)*: eistedd yn y cefn; *(ii) Fig:* cilio i'r cefndir, ildio'r lle blaenaf; **fixed ~,** sêt sefydlog, sêt osod (seti gosod); **folding ~,** sedd blygu (seddi plygu); **flap ~, bracket ~,** sêt glep (seti clep); **whiskey ~,** sedd slip; *F:* **the hot ~,** y gadair boeth *f*; **to take a ~,** eistedd; **to keep one's ~,** aros ar eich eistedd; **a ~ in the front row,** lle/sedd yn y rhes flaen; **"take your seats!"** "pawb i'w le/sedd!" **a 1,000-~ theatre,** theatr â mil o seddi, theatr [â lle] i fil; **reserved ~,** sedd gadw (seddi cadw); *(b) Parl:* sedd; *Com:* **a ~ on the board [of directors],** lle/sedd ar y bwrdd [cyfarwyddwyr]; **to vacate one's ~,** ymddiswyddo, rhoi'r gorau iddi; *(c) Nau: (across a boat):* tofft(-iau) *m.* **2.** *(a) (of a chair):* sedd, sêt; **a rush ~,** sedd frwyn; *(b) (= backside):* pen ôl (penolau) *m*; **he came down on his ~,** disgynnodd ar ei ben ôl; *(c) (of trousers):* tin (*f*) trowsus/trwser (tinau trowsusau/trywseri), pen ôl trowsus (penolau trowsusau/trwseri); **to fly by the ~ of the pants,** hedfan yn reddfol, hedfan yn ôl greddf. **3.** *(a)* **~ of war,** maes (meysydd) (*m*) rhyfel; *(of government &c):* canolfan(-nau) *mf*; *(of illness &c):* lleoliad(-au) *m*; *(b) (= mansion):* plas(-au) *m*, plasty (plastai) *m*; **a country ~,** plas/plasty yn y wlad; **a ~ of learning,** canolfan dysg, cartref(-i) (*m*) dysg. **4.** *Equit: (= manner of sitting):* eisteddiad *m*; **to keep one's ~,** aros ar eich eistedd, aros yn y cyfrwy; **to lose one's ~,** cwympo, cael codwm, colli'ch sedd, disgyn, syrthio [oddi ar gefn geffyl]; **to have a good ~,** eistedd yn dda [ar geffyl]. **5.** *Tchn: (of valve, bearing, machine &c):* sedd. **~-belt** *n. Aut:* gwregys(-au) (*m*) diogelwch, gwregys sedd (gwregysau seddau); **fasten your ~-belts,** rhowch eich gwregysau. **~-earth** *n. Min:* is-haen(-au) *f.* **~-holder** *n. Th:* deiliad (*m&f*) sedd (deiliaid seddau). **~-mate** *n. U.S:* cydeisteddwr (cydeisteddwyr) *m.* **~-mile** *n. Trans:* sedd-filltir(-oedd) *f.* **~-stick** *n.* ffon (ffyn) (*f*) eistedd.

seat² *v.t.* **1.** *(a child &c):* rhoi/dodi (rhn) i eistedd, dodi/rhoi (rhn) mewn sedd, *Lit: occ:* seddu; **to ~ oneself,** eistedd; **to ask s.o. to be seated,** gofyn i rn eistedd; **please be seated,** eisteddwch os gwelwch yn dda; **to remain seated,** aros ar eich eistedd; **to be seated,** *(= sitting)*: bod ar eich eistedd. **2.** *(= to place s.o.):* cael/rhoi sedd i rn, cael/rhoi lle i rn, lleoli rhn, *Lit: occ:* seddu rhn; *(b) (car &c):* **to ~ six,** bod â lle i chwech; **the car seats six,** mae lle yn y car i chwech; mae'r car yn dal chwech; **this table seats twelve,** mae lle i ddeuddeg wrth y bwrdd hwn; mae'r bwrdd hwn yn ddigon i ddeuddeg. **3.** *(a chair):* dodi/rhoi/gosod sedd/sêt (ar gadair), *occ:* seddu (cadair). **4.** *Tchn: (a valve &c):* dodi, gosod, seddu, cadeirio (rhth ar rth); *v.i. (of part):* **to ~ on sth,** eistedd/gorwedd ar rth.

seated *a.* yn eistedd, ar eich eistedd, eisteddog, eisteddol; **deep-~,** dwfn (*f.* dofn, *pl.* dyfnion), disyflyd.

seater *n. Aut: Av:* **two-~,** *(car):* car i ddau, car â lle i ddau ynddo; *(plane):* awyren i ddau, awyren â lle i ddau ynddi.

seating *vn.* **1.** *(of guests):* eisteddiad *m*, eisteddleoedd *pl*, seddau *pl*, seti *pl.* **2.** **~ [material],** deunydd (*m*) seddau. **3.** *Tchn: E: (= seat)*: sedd(-au) *f*, cadair (cadeiriau) *f.* **4.** *(= setting): Tchn: E: (of a part):* gosodiad *m*, gosod. **~ accommodation** *n.* seti/seddau *pl*, lle (lleoedd) (*m*) i eistedd. **~ arrangements** *n.* trefn (*f*) eistedd. **~ capacity** *n.* nifer (*mf*) y seti/seddau.

seatless *a.* heb sedd.

seawan *n. U.S:* gleiniau *pl.*

seaward *adv., a. & n.* **1.** *adv.* = **seawards. 2.** *a.* *(a) (= towards the sea):* tua'r môr, tuag at y môr, yn wynebu'r môr; **a ~ view,** golwg tuag at y môr; **~ slope,** llethr lan môr (llethrau glan môr), llethr tua'r môr; *(b) (= from the sea):* **a ~ breeze/wind,** awel/gwynt o'r môr. **3.** *n.* **to ~,** tua'r môr, tuag at y môr, i gyfeiriad y môr.

seawards *adv.* tua'r môr, tua'r cefnfor.

seaway *n.* morffordd (morffyrdd) *f*; **the St. Lawrence ~,** Morffordd Sant Lawrens.

seaweed *n.* gwymon(-au,-ydd) *m*, *S.E:* gwŷg (*m*) y môr, gwygmor *m*; **edible ~,** gwymon bwyta, gwymon melys; **to gather ~,** *(for fertilizer):* gwymona, *S:* gwymana.

seaworthiness *n.* addasrwydd (*m*) i'r môr.

seaworthy *a.* addas i'r môr.

sebaceous *a.* brasterog, gwerog, seimlyd, swyfaidd; **~ gland,** chwarren (chwarennau) (*f*) sebwm.

sebacic *a. Ch:* sebasig.

Se-Baptist *n. Theol:* Hunanfedyddiwr (Hunanfedyddwyr) *m*, Hunanfed|yddwraig (Hunanfedyddwragedd) *f.*

sebesten *n. Bot:* sebesten(-nau) *m.*

sebiferous *a.* gwerog.

sebkha *n. Geog:* sebca (sebcâu) *m.*

seborrhea, seborrhoea *n.* seimlif *m*, seborhea *m.*

seborrhoeic *a.* seimlifol, seborhëig.

sebum *n.* braster *m*, saim *m*, sebwm *m.*

sec¹ *a. (wine):* sych(-ion).

sec² *abbr.* = **secretary, section, second, secondary, secant.**

sec³ *n.* = **second¹**; **half a ~!** hanner munud! aros (arhoswch) eiliad!

secant *a. & n.* **1.** *a.* sy'n torri, secant. **2.** *n.* secant(-au, secannau) *m*; **~ of angle,** secant ongl.

secateurs *n.pl. Hort:* siswrn (sisyrnau) (*m*) tocio.

secco¹ *n. Art:* seco(-s,-au) *m.*

secco² *a. & adv. Mus:* seco.

secede *v.i.* **1.** *(from party &c):* ymgilio, gwrthgilio, encilio, ymddiswyddo, ymneilltuo (o rth); torri cyswllt, datgysylltu, ymddatgysylltu (â rhth). **2.** *(from a state):* ymwahanu (â rhth, oddi wrth rth). **3.** *Rel:* ymneilltuo (o rth), ymddatgysylltu (â rhth).

seceder *n.* **1.** *Pol:* ymwahanwr (ymwahanwyr) *m*, torcysylltwr (torcysylltwyr) *m*, dadaelodydd(-ion) *m.* **2.** *Rel:* ymneilltuwr (ymneilltuwyr) *m*, ymddatgysylltwr (ymddatgysylltwyr) *m.*

seceding *a.* gwrthgiliol, ymwahanol, ymneilltuol, ymddatgysyllt[i]ol.

secession *n.* **1.** *Pol: &c:* gwrthgiliad(-au) *m*, ymwahaniad(-au) *m*; *U.S:* **the War of S~,** Rhyfel yr Ymwahaniad, Rhyfel Cartref America. **2.** *Rel:* ymneilltuad(-au) *m*, ymddatgysylltiad(-au) *m.*

secessional *a.* = **seceding**; *S.a.* **chapel.**

secessionism *n.* gwrthgiliadaeth *f*, ymwahaniaeth *f.*

secessionist *n.* = **seceder.**

sech *n. Mth:* sech *m.*

seclude *v.t.* neilltuo, gwahanu, deol (rhn oddi wrth rth); **to ~ oneself,** ymneilltuo, encilio, cilio (**from sth,** oddi wrth rth).

secluded *a.* o'r neilltu, neilltuedig; *(= remote):* diarffordd, *N.W: occ:* dinad-man; **a ~ life,** bywyd o'r neilltu, bywyd deoledig; **to live a ~ life,** byw o'r neilltu, byw ar wahân.

secludedly *adv.* o'r neilltu, ar wahân.

secludedness *n.* arwahanrwydd *m*, preifatrwydd *m*, neilltuaeth *f*, neilltuedigrwydd *m*, unigrwydd *m*; pellter (*m*) oddi wrth bopeth.

seclusion *n.* **1.** *(state):* neilltuaeth *f*, neilltuedigrwydd *m*, preifatrwydd *m*, meudwyaeth *f*, unigrwydd *m*, unigedd *m*; **in ~,** o'r neilltu, ar wahân. **2.** *(= secluded place):* lle(-oedd) (*m*) o'r neilltu.

seclusionist *n.* meudwy(-on, -aid) *m.*

seclusive *a.* meudwyol, meudwyaidd, ar wahân, o'r neilltu.

seclusively *adv.* ar wahân, o'r neilltu.

seclusiveness *n.* = **seclusion.**

second¹ *n.* **1.** *(a) (of time):* eiliad(-au) *mf*; *(b) (= an instant, short time):* eiliad, chwinciad *m*, ennyd *mf*, munud(-au) *mf*, munudyn *m*; *F:* **(I'll be back) in a ~,** (mi fydda' i'n ôl) mewn chwinciad [chwannen], mewn dim, cyn pen dim, mewn eiliad/munud, *S:* mewn clipad/jiffad/wincad, *V:* mewn cachiad, mewn dau gachiad; *F:* **(I won't be) a ~,** (fydda' i ddim) chwinciad [chwannen], dau/dwy funud, eiliad, *S.W:* clip, *V:* cachiad [nico], dau gachiad; **(timed) to a split ~,** (wedi'i amseru) i'r dim, i'r union ddim, i'r hanner eiliad; *F:* **in a split ~,** mewn hanner eiliad, mewn dim [amser], ar amrantiad, mewn chwinciad; **wait a ~!** hanner munud! ara' deg! gan bwyll! **2.** *(of degree):* eiliad(-au) *m.* **~-hand, seconds-hand¹** *n.* bys(-edd) (*m*) eiliad[-au]. **~-mark** *n.* marc (*m*) eiliad (marciau eiliadau).

second² *a. & n.* I. *a.* **1.** ail, *occ:* eilfed *(preceding noun, and foll. by* *soft mut.)*; **twenty-~,** ail ar hugain, *occ:* eilfed ar hugain; **the ~ of January,** yr ail/eilfed o Ionawr; **to live on the ~ floor,** byw ar yr ail lawr; **Charles the S~,** Siarl yr Ail; *Log:* **~ inversion,** ail wrthdro(-eon) *m*; *(alternate)*: **every ~ day,** bob yn eilddydd, bob yn ail ddydd, bob yn ail ddiwrnod; *S.a.* **cousin; the ~ largest city in the world,** y ddinas fwyaf ond un yn y byd, y ddinas ail fwyaf yn y byd; **to travel ~ class,** teithio yn yr ail ddosbarth; **to come ~,** dod yn ail; **to take ~ place,** bod yn ail/eilbeth, ildio lle/blaenoriaeth, ildio'r lle blaenaf (**to sth,** i rth); **(in intelligence) he is ~ to none,** (o ran deallusrwydd) mae heb ei ail/debyg, mae'n ddi-ail/ddigymar, nid yw'n ail i neb; *Th:* **~ lead,** ail-flaenwr (~-flaenwyr) *m*, ail-flaenores(-au) *f*; **~ in command,** dirprwy(-on) *m*; **to be ~ in command,** dirprwyo, bod yn ddirprwy, bod yn ail i'r pennaeth; *S.a.* **fiddle[1] 1, lieutenant; a ~ self,** cydymaith agos *m*, enaid cytûn *m*, cyfaill mynwesol *m*, ail hunan *m*; **a ~ Attila,** ail Atila, Atila arall; **~ nature,** ail natur *f*; **to get a ~ chance,** cael ail gynnig; **to make a ~ attempt,** rhoi ail gynnig [arni], *S. W:* cymryd ail-het ati; **a ~ time,** *(a) n.* eildro *m*, eilwaith *f*; *(b) adv.* eilwaith, eilwers, am yr eildro, am yr ail waith/dro. II. *n.* **1.** *(next after first)*: [yr] ail/eilfed *mf*; **to come in a good ~ (to so-and-so),** dod yn ail da/dda (i rn). **2.** *Mus: (note on next degree)*: eilfed(-au) *m*; **major ~,** eilfed mwyaf. **3.** *pl.* **seconds,** *(a) Com:* nwyddau eilradd; *(b) Mill:* gwannyd *m*, ail ŷd *m*, eilion sil; *(c) F: Cu: (i) (= second helping)*: ail blatiaid (~ blateidiau) *m*, rhagor *m*, ychwaneg *m*; **are there any seconds?** oes 'na ragor? *N: occ:* oes 'na beth eto? *(ii) (= second course)*: ail gwrs (~ gyrsiau) *m*. **4.** *(a) (in duel)*: tyst(-ion) *m*, eilydd(-ion, eilwyr) *m*; *(b) Box:* cynorthwywr (cynorthwywyr) *m*. **S~ Adam** *n. Theol:* yr Ail Adda *m*, Adda'r Ail. **S~ Advent** *n.* = **Second Coming. S~ Adventist** *n. Theol:* Ailddyfodiadwr (Ailddyfodiadwyr) *m*. **~ base** *n. Baseball:* ail fâs (~ fasau) *m*. **~ baseman** *n.m. Baseball:* ail faswr (~ faswyr). **~-best 1.** *a.* ail orau. **2.** *n.* ail orau (~ oreuon) *mf*. **3.** *adv. F:* **to come off ~-best,** dod yn ail [orau], *F:* cael ail, cael y gwaethaf ohoni, colli'r dydd. **~ childhood** *n.* ail blentyndod *m*. **~ class** *a.* **1.** *Rail:* ail ddosbarth. **2.** *(goods, hotel &c)*: eilradd, ail ddosbarth. **3.** *Sch: (degree)*: ail ddosbarth. **lower ~,** [gradd *f*] dau dau; **upper ~,** [gradd] dau un. **S~ Coming** *n. Theol:* Ailddyfodiad *m*. **~ cut file** *n. Tls:* ffeil(-iau) (*f*) eildor. **~ day (the)** *n.* yr ail ddiwrnod *m*, dydd Llun *m*. **~ degree burn** *n.* llosg(-iadau) canolig *m*. **~ degree equation** *n. Mth:* hafaliad(-au) dwyradd *m*. **S~ Empire (the)** *n. Fr. Hist:* yr Ail Ymerodraeth *f*. **~ estate (the)** *n.* yr uchelwyr *pl*. **~ fiddle** *n.* **1.** *(= a minor part)*: is-ran(-nau) *f*, rhan(-nau) eilradd *f*. **2.** *(pers.)*: ail (i rn); **to play ~ fiddle to s.o.,** bod yn ail i rn, bod yng nghysgod rhn. **~ generation** *n.* ail genhedlaeth *f*. **~ growth** *n. Biol:* eildwf *m*, ail dyfiant *m*, adlodd: adladd *m*. **~-guess** *v.t. U.S:* **1.** *(= anticipate by guesswork)*: rhagweld amcan (rhn). **2.** *(= judge with hindsight)*: sgîl-feirniadu. **~-guesser** *n. U.S:* **1.** rhagweledydd(-ion) *m*. **2.** sgîl-feirniad (~-feirniaid) *m*. **~ hand 1.** *adv.phr.* **to buy sth [at] ~ hand,** prynu rhth yn ail-law; **to hear sth at ~-hand,** clywed sôn am rth, clywed achlust o rth, clywed am rth trwy rn arall. **2.** *a.* ail-law; *Jur:* **~-hand evidence,** tystiolaeth ail-law *f*, tystiolaeth achlust, **~-hand bookseller,** gwerthwr (gwerthwyr) (*m*) llyfrau ail-law; **~-hand bookshop,** siop (*f*) lyfrau (siopau llyfrau) ail-law. **~ helping** *n.* rhagor *m*, ychwaneg *m*, ail blatiad *m*. **~ home** *n.* ail gartref(-i) *m*. **S~ International (the)** *n. Pol:* yr Ail [Gymdeithas] Ryngwladol *f*. **~ lieutenant** *n. Mil:* is-lefftenant(-iaid) *m*. **~ man** *n. m. Rail:* cynorthwywr (cynorthwywyr). **~ milk** *n.* armel *m*, ailodro *m*. **~ name** *n.* ail enw(-au) *m*, cyfenw(-au) *m*. **~-order 1.** *a. Geog:* ail ddosbarth, gradd dau. **2.** *n. Cmptr:* trefn (*f*) dau; *Mth:* **~-order equation,** hafaliad(-au) (*m*) trefn dau. **~ pair back** *n.* ystafelloedd (*pl*) cefn yr ail lawr. **~ pair front** *n.* ystafelloedd ffrynt yr ail lawr. **~ person** *n. Gram:* ail berson *m*. **~-rate** *a.* eilradd, canolig, tila, gwael. **~-rateness** *n.* eilraddoldeb *m*. **~-rater** *n.* rhn (rhai) eilradd *mf*. **~ reader** *n. Rel:* ail ddarllenydd *m*. **~ reading** *n. Parl:* ail ddarlleniad(-au) *m*. **S~ Reich (the)** *n.* yr Ail Reich *f*. **S~ Republic (the)** *n.* yr Ail Weriniaeth *f*. **the ~ sex** *n.* yr ail ryw *f*, y rhyw deg, merched *pl*, gwragedd *pl*, menywod *pl*. **~-storey man** *n. U.S:* lleidr (lladron) chwimwth *m*, *cathleidr (cathladron) *m*. **~ sight** *n. Psychics:* clirwelediad *m*. **~-sighted** *a.* clirweledol. **~ string 1.** *n.* *(a)* ail ddewis *m*, dewis arall, dewis wrth gefn, rhth wrth gefn; **I have a ~ string to my bow,** mae gen i gynllun arall wrth gefn; *(b) U.S: Sp:* ail chwaraewr (~ chwaraewyr) *m*, dirprwy(-on) *m*. **~ teeth** *n.pl. Dent:* ail ddannedd. **~ thigh** *n. Vet:* bôn (*m*) clun (bonau/bonion cluniau), clun(-iau) eilaidd *f*. **~ thought** *n.* ail feddwl (~ feddyliau) *m*; **to have~thoughts,** ailfeddwl, ailystyried. **~ time 1.** *n.* ail waith *f*, ail dro *m*, eildro *m*. **2.** *adv.* **I will write it a ~ time,** fe'i hailysgrifennaf; fe'i hysgrifennaf unwaith eto *or* eilwaith *or occ:* eilwers; **the ~ time round,** [am] yr ail dro, [am] yr eildro/eilwaith; **he won it the ~ time round,** fe 'i henillodd ar yr ail gynnig. **~ wind** *n.* ail wynt *m*. **S~ World War (the)** *n.* yr Ail Ryfel (*m*) Byd.

second[3] *v.t.* **1.** *(a) (= back up)*: eilio, cefnogi; *(troops &c)*: cynorthwyo, cynnal; *(b)* **to ~ a motion,** eilio cynnig. **2.** *Mil: Adm: (= transfer)*: trosglwyddo, secondio; **to be seconded for service with...,** cael eich symud/trosglwyddo i wasanaeth gyda. . . .

secondarily *adv.* yn eilaidd.

secondariness *n.* eilraddoldeb *m*.

secondary[1] *a.* **1.** *(a) (school, education)*: uwchradd; *(b) (most technical senses)*: eilaidd; *El:* **~ current,** cerrynt (cerhyntau) anwythol/eilaidd *m*; *(c) Geol:* eilaidd, neosöig; *(d) Orn:* eilaidd, elinol; **~ winding,** weindiad(-au) anwythol *m*. **2.** *(= of less importance)*: eilradd, llai pwysig; *Phil:* **~ causes,** achosion eilaidd; **~ meaning of a word,** ail ystyr(-on) (*mf*) gair, is-ystyr(-on) (*mf*) gair. **~ accent** *n. Ling:* aceniad(-au) eilaidd *m*. **~ alcohol** *n. Ch:* alcohol eilaidd *m*. **~ battery** *n. El:* batri(-s) eilaidd *m*, batri storio. **~ cell** *n. El:* cell(-oedd) eilaidd *f*, cell storio. **~ chord** *n. Mus:* cord(-iau) eilradd *m*. **~ circuit** *n. El:* cylched(-au) anwythol *m*. **~ coil** *n. El:* torch(-au) eilaidd *f*. **~ colour** *n. Art:* is-liw(-iau) *m*, lliw(-iau) eilradd *m*. **~ dominant** *n. Mus:* seithfed(-au) eilradd cromatig *m*. **~ education** *n. Sch:* addysg uwchradd *f*. **~ electron** *n. Ph:* is-electron(-au) *m*, electron(-au) eilaidd *m*. **~ emission** *n. Ph:* allyriant (allyriannau) eilaidd *m*. **~ evidence** *n. Jur:* tystiolaeth eilradd *f*. **~ feather** *n.* pluen (plu) eilaidd *f*, plufyn (plu) eilaidd *m*. **~ grammar school** *n. Sch:* ysgol uwchradd ramadeg (ysgolion uwchradd gramadeg) *f*. **~ group** *n.* grŵp (grwpiau) eilaidd *m*. **~ meristem** *n. Biol:* m|eristem (meristemau) eilaidd *m*. **~ modern school** *n. Sch:* ysgol uwchradd fodern (ysgolion uwchradd modern). **~ planet** *n.* planed(-au) eilradd *f*, lloeren(-nau) *f*, planed osgordd (planedau gosgordd). **~ plumage** *n. Orn:* plu eilaidd *pl*. **~ productions** *n.pl.* cynhyrchion eilaidd. **~ radiation** *n. Ph:* ymbelydredd eilaidd *m*. **~ road/route** *n.* ffordd (ffyrdd) eilradd *f*. **~ rock** *n. Geol:* carreg (cerrig) eilaidd *f*. **~ root** *n.* ail wr|aidd: ail wreiddyn (~ wreiddiau) *m*, gwreiddyn (gwr|aidd) eilaidd *m*. **~ seventh** *n. Mus:* seithfed(-au) diatonig *m*. **~ sexual characteristic** *n. Biol:* nodwedd rywiol eilaidd (nodweddion rhywiol eilaidd) *f*, eilnodwedd rywiol (eilnodweddion rhywiol) *f*. **~ source** *n.* ffynhonnell (ffynonellau) anuniongyrchol (*pronounced* ng-g), ffynhonnell eilaidd *f*. **~ storage** *n. Cmptr:* storfa (storf|eydd) eilradd/eilaidd *f*. **~ strata** *n.* is-haen(-au) *f*, is-stratwm (~-strata) *m*. **~ stress** *n. Ling:* isaceniad(-au) *m*. **~ technical school** *n. Sch:* ysgol uwchradd dechnegol (ysgolion uwchradd technegol). **~ thickening** *vn. Biol:* tewychu eilaidd, tewychiad (*m*) eilaidd.

secondary[2] *n.* **1.** *(= deputy)*: dirprwy(-on) *m*. **2.** *Orn: (feather)*: plufyn (plu) elinol *m*, pluen (plu) elinol *f*, plufyn eilaidd, pluen eilaidd. **3.** *Ecc:* is-swyddog(-ion) *m*.

seconde *n. Fenc:* ailsymudiad(-au) *m*.

seconder *n.* eilydd(-ion) *m*, eiliwr (eilwyr) *m*, cefnogwr (cefnogwyr) *m*.

secondly *adv.* yn ail.

secondment *n.* trosglwyddiad(-au) *m*, secondiad(-au) *m*.

secondo *n. Mus:* *(a) (= lower part)* is-lais (~-leisiau) *m*; *(b) (performer)*: is-leisydd (~-leiswyr) *m*.

secrecy *n.* **1.** *(= discretion)*: cyfrinachgarwch *m*, tawgarwch *m*; **you can rely on his ~,** gellwch ddibynnu ar ei allu i gadw cyfrinach; gellwch fentro y ceidw gyfrinach; **to tell s.o. sth under pledge of ~,** dweud rhth wrth rn dan sêl cyfrinach. **2.** *(= secretness)* cyfrinachedd *m*, dirgelwch *m*, cyfrinacholdeb *m*, y dirgel *m*; **in ~,** yn gyfrinachol, yn ddirgel, yn y dirgel; **there is no ~ about it,** nid cyfrinach mo'r peth; **there can be no ~ about it,** ni ellir mo'i gelu. **3.** *(= privacy, retirement)*: preifatrwydd *m*, neilltuaeth *f*, y dirgel.

secret *a. & n.* **1.** *a.* cyfrinachol, cyfrin, cudd, cuddiedig, dirgel, cêl; **to confer on ~ affairs,** cyfrinachu; *Adm:* **top ~,** tra chyfrinachol; **to keep (sth) ~,** cadw (rhth) yn gyfrinach; celu, cuddio (rhth);

cadw (rhth) dan gêl; *S:* cadw cwnsel (ynghylch rhth); **~ place,** dirgelfan(-nau) *m,* dirgel le(-oedd) *m.* **2.** *n. (a) (= sth hidden):* cyfrinach(-au) *f, S: occ:* cwnsel(-on) *m;* **to tell secrets,** dweud cyfrinachau, *S. W:* cwnsela; **I make no ~ of it,** nid wyf yn ceisio cuddio'r peth; **to let s.o. into the ~,** dweud y gyfrinach wrth rn; **to be in the ~,** bod yn rhan o'r gyfrinach, bod yn y gyfrinach; **open ~,** cyfrinach i bawb, cyfrinach agored; **(to tell sth) as a ~,** (dweud rhth) yn gyfrinachol, fel cyfrinach; **to keep a family ~,** cadw/gwarchod cyfrinach deuluol, claddu'r sgwrs ar garreg yr aelwyd; *Prov:* **the secrets of three persons, a hundred will hear,** nid cyfrinach ond rhwng dau; rhwng tridyn, cannyn a'i clyw; **the ~ of two no further will go, the ~ of three a hundred will know,** rhin deuddyn, cyfrin yw, rhin tridyn, cannyn a'i clyw; *(b)* **in ~,** yn gyfrinachol; *(c) (= a mystery):* dirgelwch (dirgelion) *m;* **the ~ of nature,** dirgelwch natur, cyfrinach natur; *(d)* **the ~ of his success,** cyfrinach ei lwyddiant; *(e) Ecc:* gweddi fud *f,* y weddi fud. **~ agent** *n.* cudd-weithredwr (~-weithredwyr) *m,* ysbïwr (ysbiwyr) *m; S.a.* **agent.** **~ ballot** *n. Pol:* tugel(-ion) *m,* pleidlais gudd/ddirgel (pleidleisiau cudd/dirgel) *f.* **~ dovetail joint** *n. Carp:* uniad(-au) cynffonnog cudd *m,* dyfftel cudd *m.* **~ dovetailing** *vn. Carp:* tryfalu cudd, uniad cynffonnog cudd. **~ haunch** *n. Carp:* hansh(-ys) cudd *m,* hansiad(-au) cudd *m,* clun gudd (cluniau cudd) *f.* **~ ink** *n.* inc anweledig *m.* **~ lap dovetail** *n. Carp:* goruniad(-au) cynffonnog cudd *m.* **~ mitre** *n. Carp:* meitr(-au) cynffonnog cudd *m.* **~ nailing** *vn. Carp:* hoelio cudd. **~ partner** *n.* partner(-iaid) tawel *m.* **~ police** *n.* heddlu(-oedd) cudd *m.* **~ readers** *n.pl. Com:* darllenwyr cudd. **~ reserve** *n.* cronfa gudd (cronf|eydd cudd) *f.* **~ screwing** *vn. Carp:* sgriwio cudd. **~ service** *n.* gwasanaeth(-au) cudd *m.* **~ session** *n.* sesiwn gaeëdig (sesiynau caeëdig) *f,* sesiwn gudd (sesiynau cudd), eisteddiad(-au) cyfrinachol *m.* **~ society** *n.* cymdeithas gudd/ddirgel/gyfrinachol (cymdeithasau cudd/dirgel/cyfrinachol) *f.* **~ trust** *n. Jur:* ymddiriedaeth gyfrin (ymddiriedaethau cyfrin) *f.*

secretagogue *n.* secretydd(-ion) *m.*

secretaire *n. Furn:* desg(-iau) *(f)* ysgrifennu.

secretarial *a.* ysgrifenyddol.

secretariat *n.* **1.** *Coll: (= body of secretaries)* ysgrifenyddiaeth(-au) *f,* adran(-nau) ysgrifenyddol *f.* **2.** *(= secretaries):* ysgrifenyddion, ysgrifenyddesau *pl.* **3.** *(premises):* swyddfa (swyddf|eydd) *f.* **4.** *(= post of secretary):* ysgrifenyddiaeth.

secretary *n.* **1.** ysgrifennydd (ysgrifenyddion) *m,* ysgrifenyddes(-au) *f;* **private ~,** ysgrifennydd preifat/personol *m,* ysgrifenyddes breifat/bersonol (ysgrifenyddesau preifat/personol) *f; Pol:* **Parliamentary Private S~,** Ysgrifennydd Seneddol Preifat; **S~ of State,** Ysgrifennydd Gwladol; *U.S:* Ysgrifennydd Tramor; **S~ of State for Air,** Ysgrifennydd [Gwladol] yr Awyr; **S~ of State for the Colonies, Colonial S~,** Ysgrifennydd [Gwladol] y Trefedigaethau; **S~ of State for Commonwealth Relations, Commonwealth S~,** Ysgrifennydd [Gwladol] dros Gysylltiadau'r Gym|anwlad, Ysgrifennydd y Gymanwlad; **S~ of State for Education, Education S~** Ysgrifennydd [Gwladol] dros Addysg, Ysgrifennydd Addysg; **S~ of State for Foreign Affairs, Foreign S~,** Ysgrifennydd [Gwladol] dros Faterion Tramor, Ysgrifennydd Tramor; **S~ of State for Home Affairs, Home S~,** Ysgrifennydd [Gwladol] dros Faterion Cartref, Ysgrifennydd Cartref; **S~ of State for Scotland, Scottish S~,** Ysgrifennydd [Gwladol] yr Alban; **S~ of State for Wales, Welsh S~,** Ysgrifennydd [Gwladol] Cymru; **S~ of State for Social Services,** Ysgrifennydd [Gwladol] dros y Gwasanaethau Cymdeithasol; **S~ of State for Employment, Employment S~,** Ysgrifennydd [Gwladol] dros Gyflogaeth, Ysgrifennydd Cyflogaeth; **S~ of State for War,** Ysgrifennydd [Gwladol] dros Ryfel, Ysgrifennydd Rhyfel; **Legation S~,** Ysgrifennydd y Genhadaeth; *U.S:* **Chief S~,** Prif Ysgrifennydd; **honorary ~,** ysgrifennydd mygedol; **under ~,** is-ysgrifennydd (~-ysgrifenyddion) *m;* **Parliamentary [Under] S~,** Is-ysgrifennydd Seneddol; **permanent [under] ~,** is-ysgrifennydd sefydlog/parhaol; **assistant [under] ~,** is-ysgrifennydd cynorthwyol. **2. = escritoire.** **~-bird** *n.* aderyn (adar) *(m)* y cwils, sarffysor(-ion) *m.* **~-general** *n.* prif ysgrifennydd (~ ysgrifenyddion), ysgrifennydd cyffredinol *m.* **~-hand** *n.* ysgrifen *(f)* ysgrifenyddol, llaw *(f)* ysgrifenyddol.

secretaryship *n.* ysgrifenyddiaeth(-au) *f.*

secrete[1] *v.t. (of gland &c):* secretu, *occ:* nawsio, rhinio.

secrete[2] *v.t. (= hide):* cuddio, celcio (rhth); rhoi (rhth) o'r golwg; **to ~ oneself,** ymguddio.

secretin *n. Bio-Ch:* secretin *m.*

secretion *n. Physiol:* secretiad(-au) *m,* rhiniad(-au) *m,* nawsiad(-au) *m; (glandular):* chwarenlif(-au) *f.*

secretionary *a.* nawsiol, secretol.

secretive *a.* **1.** cyfrinachgar, celgar, dirgelaidd; *(= reticent):* tawedog, di-ddweud. **2. = secretory.**

secretively *adv.* yn gyfrinachgar, yn gelgar.

secretiveness *n.* **1.** cyfrinachgarwch *m,* celgarwch *m.* **2.** *(= reticence):* tawedogrwydd *m.*

secretly *adv.* yn gyfrinachol, yn ddirgel, yn y dirgel, *N:* yn ddistaw bach, *S. W:* yn dawel fach.

secretor *n. Physiol:* secretwr (secretwyr) *m,* nawsiwr (nawswyr) *m.*

secretory *a. & n.* **1.** *a.* secretol, nawsiol. **2.** *n.* secretwr (secretwyr) *m,* nawsiwr (nawswyr) *m.*

sect *n.* **1.** *Rel:* enwad(-au) *m,* sect(-au) *f.* **2.** *Phil:* ysgol *(f)* feddwl (ysgolion meddwl), sect.

sectarian *a. & n.* **1.** *a.* enwadol, sectyddol. **2.** *n.* enwadwr (enwadwyr) *m,* sectyddwr (sectyddwyr) *m,* sectwr (sectwyr) *m,* sectydd(-ion) *m.*

sectarianism *n.* enwadaeth *f,* sectyddiaeth *f.*

sectarianize *v.t.* enwadoli, sectyddoli.

sectary *n. Rel:* sectydd(-ion) *m.*

sectile *a.* toradwy, hydor.

sectility *n.* hydoredd *m.*

section[1] *n.* **1.** *Surg: &c: (= action of cutting off):* trychu *vn,* torri *vn,* trychiad(-au) *m,* toriad(-au) *m,* toriant (toriannau) *m;* **Caesarian ~,** toriad Cesaraidd *m,* crothdoriad(-au) *m.* **2.** *(a) (= thin slice):* tafell(-au) *f,* tafellan(-au) *f,* trychiad, toriant; *(b) Geom: &c:* toriad, trychiad; **conic ~,** toriad conig; **cross-~,** croestoriad(-au) *m,* trawslun(-iau) *m,* trawstoriad(-au) *m;* **half ~,** trawslun canol; **longitudinal ~,** toriad hydredol, hyd-doriad(-au) *m;* **oblique ~,** toriad ar osgo/letraws; **radial ~,** toriad rheiddiol; **right ~,** toriad union; **sagittal ~,** toriad saethol; *Geog:* **sketch ~,** llindoriad(-au) *m;* **tangential ~,** toriad tangiadol; **transverse ~,** toriad trawslin, toriad ar draws, trawslin ar letraws; **vertical ~,** toriad unionsyth/sythlin; **to show a machine in ~,** dangos peiriant trwy doriad; *(d) Civ.E: (in metal):* trychiad(-au) *m.* **3.** *(a) (= division, part):* rhan(-nau) *f,* adran(-nau) *f;* **sth made in sections,** rhth a wneir yn rhannau; *Sch:* **head of ~,** pennaeth *(m)* blwyddyn (penaethiaid blynyddoedd); **all sections of the population,** pob rhan o'r boblogaeth; *(= area):* ardal(-oedd) *f; (b) Typ:* adran, p|aragraff (paragraffau) *m; (c) Mil:* adran, uned(-au) *f;* **staff ~,** adran staff; **sub-~,** is-adran(-nau) *f.* **4.** *Mus:* adran; **brass ~,** adran bres (adrannau pres). **5.** *Rail: (of track):* hyd(-oedd) *m.* **6.** *Jur: (of Act):* adran. **~ gang** *n. U.S: Rail:* fforddolwyr *pl.* **~ hand** *n. Rail:* fforddoliwr (fforddolwyr) *m.* **~ house** *n. Police:* hostel(-au,-i) *m.* **~-mark** *n. Typ:* adrannod(-au) *m.*

section[2] *v.t.* **1.** rhannu/dosbarthu (rhth) yn adrannau: isrannu, adrannu (rhth); *Tchn: (for microscope):* toriannu. **2.** *(= commit to an asylum):* anfon (rhn) i ysbyty'r meddwl.

sectional *a.* **1.** *(drawing):* trychiadol, toriadol; **~ area,** arwynebedd trychiadol *m;* **~ drawing,** trychlun(-iau) *m;* **~ line,** llinell *(f)* drychu (llinellau trychu); *Carp:* **~ plan,** uwcholwg drychiadol (uwcholygon trychiadol) *f;* **~ view,** golwg doriadol/drychiadol (golygon toriadol/trychiadol) *f* (ar rth), gweddlun(-iau) trychiadol *m;* **~ end view,** ochrolwg drychiadol (ochrolygon trychiadol) *f.* **2.** *(= made in parts):* adrannol, yn/mewn rhannau, yn/mewn adrannau. **3.** *(interests, views &c):* adrannol; *(= partisan):* adrangarol *(pronounced* ng-g).

sectionalism *n. (within institution):* adranoldeb *m; (= partisanship):* adrangarwch *m (pronounced* ng-g).

sectionalist *a. & n.* **1.** *a.* adrangarol *(pronounced* ng-g). **2.** *n.* adrangarwr (adrangarwyr) *m (pronounced* ng-g).

sectionalization *n.*, **sectionalize** *v.t.* adranoli.

sectionally *adv.* **1.** *(drawing):* yn drychiadol, yn doriadol. **2.** *(= by section, in sections, e.g. of community):* yn adrannol, fesul adran.

sector[1] *n.* **1.** *(a) Geom: Astr:* sector(-au) *m, occ:* cylchran(-nau) *f,* rhan(-nau) *f;* **~ of sphere,** sector sffêr; *(b) Com: Adm: Mil:* sector; **market ~,** sector y farchnad; *Adm:* **postal ~,** ardal *(f)* bost (ardaloedd post); **private ~,** y sector preifat; **public ~,** y

sector cyhoeddus. 2. *Mec.E:* **~ and gate,** sector (*mf*) ac adwy (*f*). 3. *Mth:* (*instrument*): sector(-au) *m.* **~ theory** *n.* damcaniaeth (*f*) sector.
sector² *v.t.* cylchrannu, adrannu (rhth); rhannu (rhth) yn sectorau/adrannau.
sectoral *a.* cylchrannol, sectoraidd, adrannol.
sectored *a.* yn adrannau, adranedig; *Cmptr:* **hard ~,** sectoriad caled; **soft ~,** sectoriad meddal.
sectorial *a.* 1. **= sectoral.** 2. (*tooth*): trychol.
sectorization *n.*, **sectorize** *v.t.* sectoreiddio.
secular *a.* & *n.* I. *a.* 1. (*= worldly, not sacred*): bydol, s|eciwlar, lleyg; **~ affairs,** materion y byd, materion bydol, pethau'r byd hwn; **the ~ arm,** y grym (*m*) seciwlar, y gyfraith wladol *f*, cyfraith y wlad; **he was delivered over to the ~ arm,** rhoddwyd ef yng ngafael y gyfraith wladol; **~ clergy,** clerigwyr plwyf, offeiriaid plwyf, clerigwyr/offeiriaid anfynachol; **~ education,** addysg seciwlar *f*; **~ man,** gŵr (gwŷr) lleyg *m*; **~ music,** cerddoriaeth anghysegredig *f*; **~ society,** cymdeithas(-au) seciwlar *f*. 2. (*= occuring at long intervals*): canrifol, canmlwyddol; **the ~ bird,** ffenics(-od) *m*; *Rom.Ant:* **the ~ games,** y chwaraeon tymhorol; *Rom.Ant:* **the ~ hymn,** yr emyn tymhorol *m*; (*b*) (*= going on from age to age, lasting for ages*): oesol; *Astr:* **~ acceleration,** cyflymu (*vn*) oesol, cyflymiad oesol *m*; **~ change,** newid(-iadau) oesol *m*; **~ cooling,** oeri oesol; **~ fame,** enwogrwydd parhaol *m*; **~ year,** blwyddyn (blynyddoedd) oesol *f*; (*c*) (*= ancient*): hynafol. II. *n.* lleygwr (lleygwyr) *m*, gŵr (gwŷr) lleyg *m*, *occ:* lleyg(-ion) *m*.
secularism *n.* seciwlariaeth *f*.
secularist *n.* seciwlarydd(-ion, seciwlarwyr) *m*, seciwlariad (seciwlariaid) *m&f*.
secularistic *a.* seciwlaryddol, seciwlaraidd.
secularity *n.* 1. (*of clergy, education*): seciwlaredd *m*; (*= worldliness*): bydolrwydd *m.* 2. *Astr:* (*of variation*): oesoldeb *m*.
secularization *n.*, **secularize** *v.t.* seciwlareiddio.
secularized *a.* seciwlareiddiedig, seciwlaraidd.
secularizer *n.* seciwlareiddiwr (seciwlareiddwyr) *m*.
secularly *adv.* 1. yn fydol, yn s|eciwlar. 2. yn oesol.
secund *a. Bot: Z:* unochrog, unfin.
secundine *n. Obst: Bot:* brych(-au) *m*, garw *m*, gwared(-ion) *m*.
secundly *adv. Bot: Z:* yn unochrog, yn unfin.
secundo *Lt.adv.* yn ail.
secundum *Lt.prep:* yn ôl; **~ *artem*,** (*a*) (*= artificially*): yn artiffisial; (*b*) (*= scientifically*): yn wyddonol; **~ *naturam*,** yn naturiol; **~ *quid*,** i raddau.
secundus *a.* & *n. Lt.* ail *mf*.
securable *a.* 1. (*= obtainable*): ar gael, caffaeladwy, sicrhadwy. 2. (*loan*): gwarantadwy.
secure¹ *a.* 1. (*= assured*): sicr, diogel, siŵr; **to feel ~ of victory,** teimlo'n siŵr/sicr/ffyddiog o ennill; **I am ~ in the belief that...,** credaf yn sicr fod.... 2. (*= safe*): diogel, sicr, *F:* saff; **to make sth ~,** diogelu, sicrh|au rhth (**against sth,** rhag rhth); **~ from/against attack,** diogel rhag ymosodiad; *Adm:* **~ accommodation,** llety(-au) (*m*) cadw. 3. (*plaque &c*): solet; ynghl|wm (wrth rth); yn sownd (wrth rth, yn rhth); (*foundations*): sicr, sad, cadarn, soled, solet; (*foothold*): sicr; **to make a plank ~,** gosod astell yn solet/sad/sownd *&c.* 4. *pred.* **we have the prisoner ~,** mae'r carcharor yn sicr yn ein gafael; mae gennym afael sicr ar y carcharor. 5. *Cmptr:* wedi'i warchod.
secure² *v.t.* 1. (*a*) (*= make safe*): **to ~ (sth from sth),** diogelu, sicrh|au, *occ:* cysgodi (rhth rhag rhth); *Mil:* **~ arms,** diogelu arfau; (*b*) (*prisoner*): carcharu, caethiwo (rhn); rhoi (rhn) dan glo; dal (rhn) yn gaeth. 2. (*= make fast*): (*door, window*): cau (rhth) yn dyn[n]/sownd; (*boat, loose thing*): clymu (rhth) yn dyn[n]/sownd (**to sth,** yn rhth); (*blood-vessel*): rhwymo'n dyn[n]; **to ~ a door,** bolltio drws, cau drws yn dyn[n]; *Nau:* **to ~ boats,** rhwymo cychod yn eu lle. 3. *Jur:* **to ~ a lender,** gwarantu/diogelu benthyciwr; **to ~ a loan,** gwarantu/diogelu benthyciad. 4. (*= obtain*): cael (rhth), cael gafael (ar rth), sicrhau (rhth), gwn|eud yn siŵr/sicr/saff (o rth), ymorol (am rth); **he secured himself a good seat,** cafodd sedd dda iddo'i hun; **to ~ acceptance of sth,** cael derbyn rhth, sicrhau derbyniad i rth.
secured *a.* (*loan &c*): gwarantedig.
securely *adv.* 1. (*a*) (*= safely*): yn ddiogel, yn sicr, yn saff; (*b*) (*= with confidence*): yn hyderus, gyda hyder, yn ffyddiog. 2. (*= firmly*): yn dyn[n], yn sownd; **the box was ~ closed,** caewyd y bocs yn dyn[n].
secureness *n.* diogelwch *m*, sicrwydd *m*; (*of door &c*): tyndra *m*.
securer *n.* 1. diogelwr (diogelwyr) *m.* 2. (*= obtainer*): sicrhäwr (sicrhawyr) *m*, caffaelwr (caffaelwyr) *m*.
security *n.* 1. (*a*) (*= safety*): diogelwch *m*; **in ~,** mewn diogelwch, yn ddiogel; **job ~,** sicrwydd (*m*) swydd; **~ of tenure,** sicrwydd daliadaeth; *Adm:* **social ~,** nawdd cymdeithasol *m*; **collective ~,** cyd-ddiogelwch *m*; (*b*) (*= confidentiality, counterespionage*): cyfrinachedd *m*; **a ~ blanket was thrown over the area,** taflwyd llen (*f*) o gyfrinachedd dros yr ardal; **to keep ~,** cadw cyfrinachedd; **to break ~,** torri cyfrinachedd; (*c*) (*of latch &c*): sicrwydd. 2. (*= safeguard*): diogeliad(-au) *m*, amddiffyniad(-au) *m* (**from/against sth,** rhag rhth); *Cmptr:* gwarchodaeth *f*. 3. *Com: Jur:* (*a*) gwarant(-au) *f*, *occ:* mach (meichiau) *m*, mechnïaeth *f*, mechni (mechnïon) *m*; **collateral ~,** gwarant gyfatebol; **~ for a debt,** ernes (*f*) dros ddyled; **to give sth as ~,** rhoi rhth yn warant; **to pay a sum as a ~,** talu ernes; **to lodge stock as additional ~,** gwystlo stoc; **(to lend money) on ~,** (rhoi benthyg arian) am/ar wystl, ar warant; **without ~,** heb warant; *Com:* **~ market line,** llinell (*f*) farchnad warant; (*b*) (*pers.*): gwarantwr (gwarantwyr) *m*, meichiau (meichiafon) *m*, mechnïwr (mechniwyr) *m*; *Jur:* **to stand ~ for s.o.,** mynd yn feichiau dros rhn, sicrh|au mechnïaeth i rn; (*c*) *pl.* gwarannau, gwarantau; **government securities,** gwarannau'r llywodraeth; **a government ~,** gwarant y llywodraeth; **equity securitites,** soddgyfrannau; **lock-up ~,** gwarannau clo; **registered ~,** gwarannau cofrestredig; **transferable ~,** gwarannau trosglwyddo. **S~ Council (the)** *n.* y Cyngor (*m*) Diogelwch. **~ device** *n.* dyfais (*f*) ddiogelu (dyfeisiau diogelu). **~ force** *n.* gwarchodlu(-oedd) *m*. **~ guard** *n.* gwarchodwr (gwarchodwyr) *m*. **~ interest** *n.* hawlrwym(-au) *m*. **~ market** *n.* marchnad (*f*) warant. **~ measures** *n.pl.* mesurau diogelu/diogelwch. **~ officer** *n.* swyddog(-ion) (*m*) diogelwch. **~ police** *n.* heddlu cudd *m*, heddlu diogelwch. **~ risk** *n.* perygl (*m*) i gyfrinachedd. **~ tab** *n.* tab(-iau) (*m*) gwarchod.
sedan *n.* 1. **= sedan-chair.** 2. *Aut:* car (ceir) (*m*) sed|an. **~-chair** *n.* cadair (*f*) gludo (cadeiriau cludo), cadair sedan.
sedate¹ *a.* digyffro, digynnwrf, didaro, llonydd, tawel, gwastad, *F:* côm, sidêt, sydêt.
sedate² *v.t. Med:* llonyddu, tawelu, tawelyddu.
sedately *adv.* yn ddigyffro, yn ddigynnwrf *&c.*
sedateness *n.* tawelwch *m*, diffyg (*m*) cynnwrf, llonyddwch *m*, *F:* sidetrwydd *m*, sydetrwydd *m*, comrwydd *m*.
sedation *n.* llonyddiad *m*, tawelyddiad *m*, llonyddu *vn*, tawelyddu *vn*; *Med:* **to put s.o. under ~,** rhoi tawelydd i rn, tawelyddu rhn.
sedative *a.* & *n.* 1. *a.* llonyddol, tawelyddol. 2. *n.* tawelydd(-ion) *m*, tawelyn (tawelion) *m*, llonyddwr (llonyddwyr) *m*, lliniarydd(-ion) *m*.
sedentarily *adv.* yn eisteddol *&c*, ar eich eistedd.
sedentariness *n.* eisteddogrwydd *m*, eisteddoldeb *m*.
sedentary *a.* (*a*) (*statue, posture*): eisteddog, sy'n eistedd, ar eich eistedd, eisteddol; **~ birds,** adar sefydlog/anghrwydr; **~ community,** cymuned sefydlog/anghrwydr *f*; (*b*) (*work*): **~ worker,** gweithiwr (gweithwyr) eisteddog *m*, gweithiwr ar ei eistedd (gweithwyr ar eu heistedd).
Seder *n. Jew.Rel:* prif raniad (*m*) y Mishnah, Seder(-au) *m*.
sederunt *n. Scot:* eisteddiad(-au) *m*, cynulliad(-au) *m*, sesiwn (sesiynau) *f*.
sedge *n. Bot:* (*Carex*): hesgen (hesg) *f*; **sedges,** hesg *pl*, hesgwellt *m*; **woven sedges,** hesgweoedd *f*; **alpine ~,** (*C. norvegica*): hesgen yr ucheldir; **scorched alpine ~,** (*C. ustulata*): hesgen losg (hesg llosg) yr ucheldir; **beak ~, bottle ~,** (*C. rostrata*): hesgen ylfinfain (hesg gylfinfain); **bird's foot ~,** (*C. ornithopoda*): hesgen troed aderyn; **black ~,** (*C. atrata*): hesgen ddu (hesg duon); **bladder ~,** (*C. vesicaria*): hesgen chwysigennaidd; **bog ~, = sedge (mud); broadleaved mud ~,** (*C. paupercula*): hesgen lydanddail (hesg llydanddail); **broom ~,** (*Andropogon*): colwellt *m*; **[creeping] brown ~,** (*C. disticha*): hesgen lygliw (hesg llygliw); **bull-~, = reedmace; Calthness ~,** (*C. recta*): hesgen yr aberoedd; **chalk ~,** (*C. polyphylla*): hesgen y calch; **common ~,** (*C. nigra*): swp-hesgen (**~-hesg**) (*f*) y fawnog; **curved ~,** (*C. maritima*): hesgen grom (hesg crymion); **cyperus ~, hop ~,** (*C. pseudocyperus*): hesgen

hopysaidd; **dark ~,** *(C. buxbaumi):* hesgen dywyll (hesg tywyll); **dioecious ~,** *(C. dioica):* hesgen ysgar; **distant ~,** *(C. distans):* hesgen anghysbell, hesgen bellennig (hesg pellennig); **distant-flowered ~, remote ~,** *(C. remota):* hesgen anghyfagos; **divided ~,** *(C. divisa):* hesgen y morfa; **dotted ~,** *(C. punctata):* hesgen fannog (hesg mannog); **downy-fruited ~,** *(C. filiformis/ lasiocarpa):* hesgen feindwf (hesg meindwf); **dwarf ~,** *(C. humilis):* corfrwynen (corfrwyn) *f;* **dwarf silvery ~,** *(C. clandestina):* corfrwynen ariannaidd; **elongated ~,** *(C. elongata):* hesgen hir (hesg hirion); **escaurine ~, = sedge (Caithness); false fox ~,** *(C. otrubae):* yr hesgen dywysennog fwyaf (yr hesg tywysennog mwyaf); **fen ~,** *(C. mariscus):* llymfrwynen (llymfrwyn) *f;* **few-flowered ~,** *(C. pauciflora):* hesgen brinflodeuog (hesg prinflodeuog); **loose-flowered Alpine ~,** *(C. rariflora):* hesgen flodau llipa (hesg blodau llipa); **fingered ~,** *(C. digitata):* hesgen fyseddog (hesg byseddog); **flea ~,** *(C. pulicaris):* chwein-hesgen (~-hesg) *f,* hesgen y chwain; **fox ~,** *(C. vulpina):* yr hesgen dywysennog fwyaf (yr hesg tywysennog mwyaf); **glaucous ~,** *(C. flacca):* hesgen oleulas (hesg goleulas); **great pond ~,** *(C. riparia):* hesgen braff-dywysennog (hesg praff-dywysennog); **green-ribbed ~,** *(C. binervis):* hesgen asennog; **grey ~,** *(C. divulsa):* hesgen lwyd (hesg llwyd), hesgen lwydlas (hesg llwydlas); **hair ~,** *(C. capillaris):* hesgen y llechwedd; **hairy ~, hammer ~,** *(C. hirta):* hesgen flewog (hesg blewog); **hare's foot ~,** *(C. lachenalii/ leporina/lagopina):* hesgen troed ysgyfarnog; **hoary ~,** *(C. canescens):* hesgen benwen (hesg penwyn); **late flowering ~,** *(C. serotina):* hesgen hwyrflodeuol; **lesser pond ~,** *(C. acutiformis):* hesgen ganolig-dywysennog (hesg canolig-dywysennog); **long-bracted ~,** *(C. extensa):* hesgen hirfain; **loose-spiked wood ~,** *(C. strigosa):* hesgen ysbigog denau (hesg ysbigog tenau); **low ~,** *(C. demissa):* hesgen isel; **mountain ~,** *(C. montana):* hesgen y mynydd; **mud ~,** *(C. limosa):* hesgen y gors, hesgen eurwerdd (hesg eurwyrddion); **oval ~,** *(C. ovalis):* hesgen hirgron (hesg hirgrwn); **pale ~,** *(C. curta):* hesgen w|elwlas (hesg gwelwlas); **panicled ~, = sedge (greater tussock); pendulous ~,** *(C. pendula):* hesgen bendrom (hesg pendrwm); **pink-leaved ~, carnation ~,** *(C. nicea):* hesgen beniganddail (hesg peniganddail); **pill ~,** *(C. pilulifera):* hesgen bengron (hesg pengrwn) (*pronounced* ng-g); **pale pond ~,** *(C. pallescens):* hesgen w|elwlas (hesg gwelwlas); **prickly ~,** *(C. muricata):* hesgen bigog (hesg pigog); **rigid ~,** *(C. rigida):* hesgen unionsyth; **rock ~,** *(C. rupestris):* hesgen y graig; **russet ~,** *(C. saxatilis):* hesgen ruddgoch (hesg rhuddgoch); **sand ~, sea ~,** *(C. arenaria):* hesgen arfor, hesgen y tywod; **saw ~,** *(Cladium mariscus):* llymfrwynen (llymfrwyn) *f;* **sheathed ~,** *(C. vaginata):* hesgen weiniog (hesg gweiniog); **slender ~,** *(C. lasiocarpa):* hesgen fain (hesg main); **slender-spiked ~,** *(C. acuta):* hesgen eiddil-dywysennog; **small-fruited yellow ~, = sedge (late flowering); smooth ~,** *(C. laevigata):* hesgen lefn (hesg llyfnion); **spiked ~,** *(C. spicata):* hesgen [y]sbigog, hesgen dywysennog (hesg tywysennog); **spring ~,** *(C. caryophyllea):* hesgen gynnar (hesg cynnar); **rare spring ~,** *(C. ericetorum):* hesgen gynnar brin (hesg cynnar prin); **star ~,** *(C. echinata):* hesgen seraidd, yr hesgen bigog leiaf (yr hesg pigog lleiaf); **starved wood ~,** *(C. depauperata):* hesgen y coed sych; **stiff ~,** *(C. bigelowii):* hesgen syth, hesgen anystwyth; **tawny ~,** *(C. hostiana):* hesgen dywyll-felen (hesg tywyll-felyn); **thin-glumed ~,** *(C. stenolepis):* hesgen feinglymog (hesg meinglymog) (*pronounced* ng-g); **tufted ~,** *(C. elata):* hesgen oleulas sythddail (hesg goleulas sythddail); **greater tussock ~,** *(C. paniculata):* yr hesgen rafunog fwyaf (yr hesg rhafunog mwyaf); **fibrous tussock ~,** *(C. appropinquata):* hesgen edafeddog; **lesser tussock ~,** *(C. diandra):* yr hesgen rafunog leiaf (yr hesg rhafunog lleiaf); **vernal ~, = sedge (spring); water ~,** *(C. aquatilis):* hesgen ddŵr (hesg dŵr); **white ~,** *(C. curta):* hesgen benwen (hesg penwyn); **white-beaked ~,** *(Rhynchospora alba):* corsfrwynen wen (corsfrwyn gwynion); **wood ~,** *(C. sylvatica):* hesgen y coed; **yellow ~,** *(C. flava):* hesgen felen (hesg melyn). **~-bed, ~-bush** *n. Bot:* hesglwyn(-i) *m.* **~ fly** *n. Ent:* = **caddis-fly. ~-like club-rush** *n. (Blysmus compressus):* clwbfrwynen (clwbfrwyn) hesgennaidd *f.* **~-warbler, ~-wren** *n. Orn:* telor(-ion) *(m)* yr hesg, llwyd(-iaid) *(m)* y gors; *S.a.* **warbler.**

sedged, sedgy *a.* hesgog.

sedile *n. Ecc: Arch:* sedile (sedilia) *m.*

sediment[1] *n.* gwaddod(-ion) *m,* gwaelodion *pl.*

sediment[2] *v.t.&i.* gwaddodi, gwaelodi.

sedimentary *a.* gwaddodol; **~ deposit,** dyddodyn (dyddodion) *m;* **~ rocks,** creigiau gwaddod.

sedimentation *n.* gwaddodiad *m,* gwaddodi *vn,* gwaelodi *vn; Med:* **erythrocyte ~ rate,** cyfradd *(f)* gwaelodi'r erythrosytau.

sedimentologic[al] *a.* gwaddodegol.

sedimentologist *n.* gwaddodegwr: gwaddodegydd (gwaddodegwyr) *m.*

sedimentology *n.* gwaddodeg *f.*

sedition *n.* annog *(vn)* gwrthryfel/brad/bradwriaeth, anogaeth *(f)* i wrthryfel/frad/fradwriaeth.

seditionary, seditious *a.* anogol i wrthryfel/frad/fradwriaeth, bradwrus, gwrthryfelgar.

seditiously *adv.* yn fradwrus *&c.*

seditiousness *n.* natur fradwrus *f,* bradwriaeth *f.*

seduce *v.t.* **1.** *(from path of duty &c):* camarwain (rhn), arwain (rhn) ar gyfeiliorn, *occ:* llygad-dynnu (rhn). **2.** *(sexually):* llithio, hudo, denu, hud-ddenu, *Lit: occ:* hudoliaethu, llathludo, llathruddo.

seduced *a.* llithiedig, wedi'ch llithio *&c.*

seducer *n.* llithiwr (llithwyr) *m,* hudwr (hudwyr) *m,* denwr (denwyr) *m,* llathruddwr (llathruddwyr) *m;* **a ~ of women,** merchetwr (merchetwyr) *m;* **a ~ of men,** hudoles(-au) *f,* h|udwraig (hudwragedd) *f,* ll|ithwraig (llithwragedd) *f.*

seduction *n.* **1.** llithiad(-au) *m,* llithio *vn, Lit: occ:* llathlud(-ion) *m,* llathludo *vn,* llathrudd(-ion) *m,* llathruddo *vn.* **2.** *(= charm, attraction):* atyniad(-au) *m,* deniadau *pl,* swyn(-ion) *m.*

seductive *a.* hudol, hudolus, deniadol, dengar (*pronounced* ng-g), *occ:* llithiog, denol.

seductively *adv.* yn hudolus *&c.*

seductiveness *n.* **1.** *(of offer &c):* atyniad *m,* dengarwch *m* (*pronounced* ng-g), natur ddeniadol *f.* **2.** *(of woman):* hudoliaeth *f,* dengarwch, swyn *m,* cyfaredd *f,* deniadau *pl,* atyniad *m,* hud *m.*

seductress *n.f.* hudoles(-au).

sedulity *n.* diwydrwydd *m,* dyfalwch *m,* dycnwch *m,* dygnwch *m,* dyfalbarhad *m.*

sedulous *a.* diwyd, dyfal, dygn; **to play the ~ ape,** efelychu'n slafaidd.

sedulously *adv.* yn ddiwyd, yn ddyfal, yn ddygn; **to listen ~,** gwrando'n astud.

sedulousness *n.* = **sedulity.**

sedum *n. Bot:* bywlys(-iau) *f,* briweg *f; See* **stonecrop.**

see[1] *v.t.* **1.** gweld, *Lit:* gweled; *the present and future tense forms:* gwelaf, gweli, gwêl, gwelwn, gwelwch, gwelant, *& impers.* gwelir, *are used as such in the spoken as well as the written language; S.a.* **seeing[1],[2], seen;** *(a)* **I saw it with my own eyes,** fe'i gwelais â'm llygaid i fy hun; **to ~ things,** *(= illusions):* gweld pethau, gweld rhithiau, eu gweld nhw, *Joc:* gweld blew eich llygaid; **to ~ the sights of a town,** ymweld ag atyniadau tref; **to ~ visions,** cael/gweld gweledigaethau; **there was not a house to be seen,** nid oedd tŷ i'w weld; nid oedd tŷ yn y golwg; 'doedd dim golwg o dŷ; **nothing could be seen of him,** ni ellid mo'i weld; *F:* 'doedd dim arlliw/golwg/ôl ohono; **nothing was seen of him for weeks,** ni welodd neb mohono am wythnosau; *Lit:* nis gwelwyd am wythnosau; **it's worth seeing,** mae'n werth ei weld/ gweld; **~ page 8,** gweler tudalen 8; **~ Mr. Jones for further details,** cysyllter â Mr Jones am ragor o fanylion; **it's not fit to be seen,** mae golwg [ofnadwy] arno; **justice must be seen to be done,** dylai cyfiawnder fod yn weladwy/eglur; **to ~ the light,** cael tröedigaeth, gweld y goleuni; **to ~ red,** gwylltio, colli'ch tymer, colli'ch limpin; **to ~ the back of s.o.,** cael gwared â rhn, cael cefn rhn; **to ~ stars,** bod yn bensyfrdan, *F:* gweld sêr, *F: occ: Joc:* gweld sêrs; **he saw stars,** 'roedd ei ben yn canu; *(b) abs.* **as far as the eye can ~,** am y gwelwch chi; **as far as the eye could ~,** am y gwelech chi; **not to ~ the wood for the trees,** methu â gweld y coed gan brennau; **what the eye doesn't ~, the heart doesn't grieve over,** yr hyn na welo llygad ni ddoluria galon; **to ~ eye to eye,** cyd-weld, cytuno, gweld lygad yn llygad; **some people can't ~ beyond the end of their noses,** ni all rhai weld ymhellach na'u trwynau; *F:* **they must have seen you coming!** rhaid eu bod nhw wedi'ch gweld chi'n dod! *(c)* **to ~ s.o. do sth,** gweld rhn yn gwneud rhth; **children should be seen and not**

heard, dylid gweld plant nid eu clywed; **I saw it done,** gwelais ei wneud; fe'i gwelais yn cael ei wneud; **I've seen men shot,** 'rwyf wedi gweld saethu dynion; *F:* **I'll ~ him damned first!** fe gaiff fynd i'r diawl! *Lit:* y diawl a'i dyco! *(d)* **to ~ s.o. (home),** danfon rhn, mynd â rhn, hebrwng rhn (adref, at y tŷ); **I'll ~ you to the door,** mi af â chi at y drws; mi'ch danfona' i chi at y drws; *(e) F:* **she will never ~ forty again,** wêl hi mo'i deugain eto. **2.** *(a) (= grasp, recognize): (an idea):* gweld, deall, amgyffred; *(one's fault):* cyfaddef, addef; **I don't ~ the point,** wela' i mo'r pwynt; **to ~ one's errors, to ~ the error of one's ways,** syrthio ar eich bai; **I saw him in a new light,** cefais olwg newydd arno; **they cannot ~ the joke,** nid ydynt yn ei deall/gweld hi; **we want to be seen in the best light,** dymunwn i bobl feddwl y gorau ohonom; **will you go? - I'll ~,** ewch chi yno? - mi ga' i weld (*not* mi wela' i); **as far as I can ~,** hyd y gwelaf i; **do you ~ what I mean?** a weli di (welwch chi) beth sydd gen i? **I ~ what you are driving at,** mi welaf beth sydd gen ti; **I ~!** [mi] wela' i! 'rwy'n gweld! wrth gwrs! siŵr iawn! **so I ~,** felly y gwela' i; **you ~,** weli di, *F:* wel'di (welwch chi); **I saw myself writing a dictionary for ever more,** fe'm gwelwn fy hun yn geiriadura am byth; *Prov:* **there's none so blind as those who will not ~,** nid oes neb cyn ddalled â'r sawl ni fyn[n] weld; *(b) (= realize):* gweld (rhth), sylwi (ar rth); **you ~ what it is to have faith,** fe welwch sut beth yw bod â ffydd; **I ~ that it is time to go,** mi welaf ei bod yn bryd imi fynd; **~ for yourself,** ewch i weld; edrychwch [drosoch chi'ch hun]; **one can ~ it at a glance,** gellir ei weld ar unwaith/amrantiad; **I can't ~ him agreeing to it,** wela' i mohono yn cytuno arno; **(I don't know) what you can ~ in her,** (wn i ddim) beth sy'n eich denu ati, beth a welwch ynddi; *S.a.* **remain;** *(c) (= regard):* gweld (rhth), edrych (ar rth), *S:* disgwyl (*usu. pronounced* dishgwl) (ar rth); **this is how I ~ it,** fel hyn yr wyf i'n ei gweld hi; fel hyn yr wyf i'n edrych arni; **to ~ things wrongly,** camfarnu pethau; **I can't ~ my way [clear] to do/doing it,** ni welaf sut y gallaf ei wneud; **if you ~ fit to go,** os gwelwch yn dda/ddoeth fynd. **3.** *(= examine):* gweld (rhth), edrych (rhth/ar rth), bwrw golwg (ar rth, dros rth), *S:* disgwyl (ar rth); **let me ~ that letter again,** gad imi ddarllen y llythyr yna eto; **~ the death-defying lion-tamer!** dewch i weld y dofwr llewod yn herio angau! **~ if this coat fits you,** gad[e]wch inni weld a yw'r gôt hon yn mynd amdanoch; **let me ~,** *(i) (in hesitation):* aros di (arhoswch chi) funud; *(ii) (as request):* gadewch imi weld! dewch imi weld! dangoswch! **~ here!** edrych(-wch)! ara' deg! gan bwyll! *S:* disgwylia (disgwyliwch) yma! **4. to ~ [to it] (that everything is in order),** edrych, gweld, gofalu, ymorol, sicrh|au (bod popeth yn iawn); **~ that she has all she needs,** gofala (gofalwch) ei bod hi'n cael popeth sydd ei angen arni; **~ that he comes in time,** gofalwch ei fod yn cyrraedd mewn pryd; **I'll ~ you right,** mi ofala' i amdanoch chi. **5.** *(a) (= frequent)* gweld (rhn); gwneud, ymwn|eud (â rhn); **he sees a great deal of the Hughes family,** bydd yn gweld tipyn ar yr Huwsiaid; bydd yn gwneud tipyn â'r Huwsiaid; **we ~ less of him in winter,** ni fyddwn yn ei weld mor aml yn ystod yn gaeaf; **~ you soon,** mi'ch gwela' i chi'n fuan! hwyl [fawr] am y tro! *N: F:* ta ta tan toc! **I'm seeing somebody,** 'rwy'n mynd allan/mas gyda rhn; mae gen i gariad; 'rwy'n cadw cwmni â rhn; **come and ~ us soon,** paid (peidiwch) â bod yn ddieithr; *F:* **~ you Thursday!** mi'ch gwela' i chi ddydd Iau! fe'ch gwelwn ni chi ddydd Iau! *(b)* **to go and ~ s.o.,** ymweld â rhn, mynd i weld rhn; **to call to ~ s.o.,** galw heibio i rn, dod i edrych am rn, rhoi tro am rn; **I wanted to ~ you on business,** 'roeddwn i am drafod busnes â chi; 'roeddwn am eich gweld ynglŷn â busnes; **~ me tomorrow,** dewch i'm gweld yfory; *(= consult):* **to ~ the doctor/dentist &c,** mynd at y meddyg/deintydd *&c* (*not* i'r meddyg *&c*); **I saw the doctor today,** mi fûm gyda'r meddyg heddiw; mi fûm i weld y doctor heddiw; *(c)* **to ~ visitors,** derbyn ymwelwyr; **~ about** *v.i.&t.* **to ~ about sth,** ymorol ynghylch rhth, gofalu am rth, gwneud rhth ynghylch rhth, edrych ynghylch rhth; **I'll ~ about it,** mi ofala' i amdano; mi wna' i 'morol amdano; *F:* **I must ~ a man about a dog,** rhaid imi fynd i rywle; **we'll ~ about that!** mi gawn ni weld [beth] am hynny! **~ after** *v.i. & t.* = **see to. ~ in** *v.t.* **to ~ in the twentieth century,** gweld gwawrio'r ugeinfed ganrif, croesawu'r ugeinfed ganrif; *S.a.* **New Year. ~ into** *v.i.&t.* **1. to ~ into (the future),** canfod, gweld, rhagweld (y dyfodol); **to ~ into s.o.'s motives,** gweld/canfod cymhellion rhn; treiddio i gymhellion rhn. **2. (we must) ~ into this,** (rhaid inni) edrych yn fanwl ar hyn, ymchwilio i hyn, holi ynghylch hyn. **~ off** *v.t.* **1. to ~ s.o. off at the station,** danfon/hebrwng rhn i'r orsaf; ffarwelio â rhn yn yr orsaf; **to ~ s.o. off the premises,** *(i) (= escort):* mynd â rhn at y drws, danfon rhn at y drws; *(ii) (unwelcome visitor):* dangos y drws i rn. **2. the dog saw off the burglar,** cafodd y ci wared ar y lleidr; *N:* heliodd/gyrrodd y ci y lleidr i ffwrdd; *S:* fe siasodd y ci'r lleidr bant. **~ out** *v.t.* **1. to ~ s.o. out,** danfon/hebrwng rhn allan/mas; mynd â rhn allan/mas. **2. to ~ out a party,** aros trwy gydol parti, aros hyd ddiwedd parti, aros mewn parti hyd y diwedd; **this jacket will have to ~ the winter out,** bydd yn rhaid i'r siaced yma bara am weddill y gaeaf; *F:* **the old man saw out both his sons,** gwelodd yr hen ŵr gladdu ei ddau fab; **he won't ~ the year out,** ni chaiff fyw tan ddiwedd y flwyddyn; wêl e/o ddim diwedd y flwyddyn; **they'll ~ you out,** mi baran' nhw tra byddwch chi; **between them they saw out the century,** rhyngddynt gwelsant dro'r ganrif; *S.a.* **year. 3. it's good to ~ you out and about,** mae'n dda gen i'ch gweld chi'n codi allan. **~ over** *v.t.* **to ~ over a house,** bwrw golwg dros dŷ, edrych dros dŷ; **to ~ over a wall,** gweld dros fur. **~ through[1].** *v.i.* **to ~ through a window,** gweld trwy ffenestr; **to ~ through s.o.'s lies,** gweld trwy gelwyddau rhn; **tricks easily seen through,** castiau amlwg iawn. **2.** *v.t.* **to ~ s.o. safely through,** hebrwng/gwarchod rhn trwy rth, cefnogi rhn hyd y diwedd; **to ~ a book through the press,** gweld llyfr trwy'r wasg; **he saw the treatment through without wincing,** aeth trwy'r driniaeth heb rwgnach; **to ~ a business through,** canlyn mater i'w derfyn/ben; **(she borrowed ten pounds) to ~ her through the weekend,** (benthyciodd ddecpunt) i'w chadw dros y Sul, i bara iddi dros y Sul; **we have enough bread to ~ us through,** mae gennym ddigon o fara wrth gefn. **~-through[2]** *a.* tryloyw. **~ to** *v.t.&i.* **to ~ to sth,** gofalu am rth; **to ~ to the house,** gofalu am y tŷ, gwneud gwaith y tŷ; **to ~ to everything,** ymorol/gofalu am bopeth, cadw golwg ar bopeth; **these shoes need seeing to,** mae angen atgyweirio'r/trwsio'r esgidiau yma; **this car needs seeing to,** mae angen gwneud rhth i'r car 'ma; mae angen sylw i'r car 'ma; mae eisiau trin y car 'ma.

see[2] *n. Ecc: (of bishop):* esgobaeth(-au) *f*; *(of archbishop):* archesgobaeth(-au) *f*; **the Holy S~,** y Babaeth *f*, Esgobaeth (*f*) y Pab, yr Esgobaeth Sanctaidd.

seeable *a.* gweladwy.

seed[1] *n.* **1.** *(a)* hedyn (had, hadau) *m*; *(= pip):* deincodyn (deincod) *m*, dincodyn (dincod) *m*; *F:* **the seeds of discord,** hadau gwrthryfel/anghydfod; *(b) Coll:* hadau *pl*, had *m*, hadyd *m*; *Biol:* **bean ~,** ffeuen (ffa) *f*; **grass ~, lawn ~,** hadau glaswellt/gwelltglas; **nucleus ~,** had gwreiddiol; **stock ~,** had safonol; **to go/run to ~,** *(of plant):* hedeg, *occ:* dironi; *(of land):* mynd yn fraenar; *F: (of pers.): (physique):* dirywio; *(c) (of lobster, oyster &c):* sil(-ion,-od) *m*, silodyn (silod) *m*; *(= spawn, roe):* gronell (gronellau) *f*. **2.** *B: & Lit:* had *m*, epil(-oedd) *mf*, hil(-ion) *f*; **to raise ~,** epilio, hilio, cenhedlu, codi epil; *B:* **the ~ of Abraham,** had Abraham; *Theol:* **~ of the woman,** *(Christ):* had y wraig. **3. = semen. 4.** *Sp: (= a seeded player):* chwaraewr (chwaraewyr) dosbarthol *m*. **5.** *(= a small bubble in glass):* chwysigen(-nau) *f*, pothell(-au,-i) *f*, *N: F:* swigen (swigod) *f*. **~-barrow** *n.* berfa (berfâu) (*f*) hau, *S:* whilber(-i) (*f*) hau. **~-bed** *n.* gwely(-au) (*m*) hadau, hadwely(-au) *m*, grwn (grynau) (*m*) hadau, *S:* pâm (pamau) (*m*) hadau. **~-boxes** *n.pl.* codau hadau. **~-cake** *n.* cacen (*f*) garwe (cacenni/cacennau carwe), teisen (*f*) garwe (teisenni/teisennau carwe), cacen/teisen hadau carwe. **~-capsule** *n. Bot:* hadlestr(-i) *m*. **~-coat** *n. Bot:* hadgroen (hadgrwyn) *m*, hadwisg(-oedd) *f*, hadblisgyn (hadblisg) *m*. **~ coral** *n.* teilchion (*pl*) cwrel. **~-corn** *n.* hadyd *m*, had ŷd. **~ crystal** *n. Cryst:* hadrisial(-au) *m*. **~-drier** *n.* sychwr (sychwyr) (*m*) had. **~-drill** *n. Agr:* hadaradr(-au) *f*, dril(-iau) (*m*) hau. **~-eater** *n. Orn:* hadysor(-ion) *m*. **~ fern** *n. Bot:* hadredynen (hadredyn) *f*. **~-fish** *n.* pysgodyn (pysgod) gronellog/siliog *m*, pysgodyn yn silio. **~-harrow** *n.* had-oged(-au) *f*, og(-au) (*f*) hadu, oged(-au) (*f*) hadu. **~-hole** *n.* twll (tyllau) (*m*) hadau. **~-leaf** *n. Bot:* had-ddeilen (h|ad-ddail) *f*. **~-lip** *n.* hadlestr(-i) *m*, *S. W:* hadlip(-au) *m*. **~-loaf** *n.* bara (*m*) carwe. **~-lobe** *n. Bot:* = **seed-leaf. ~ money** *n.* arian cychwynnol *m*. **~-oats** *n.pl.* had ceirch, *S. W:* cyrch had, hade cyrch. **~-oats fair** *n.* ffair (ffeiriau) (*f*) hadyd. **~-oyster** *n.* silodyn (silod) (*m*) wystrys. **~-pearl** *n.* hadberl(-au) *m*; *pl.* perlau mân, mân berlau. **~-plant** *n.* planhigyn (planhigion) hadog *m*. **~-plot** *n.* hadle(-oedd) *m*, hadlan(-nau) *f*, hadfa (hadf|eydd) *f*. **~-plough** *n.*

hadaradr (haderydr) *f*, aradr (erydr) (*f*) hadu. **~-potatoes** *n.pl. N:* hadyd tatws, tatws hadyd, *N.W: occ:* rhithod, briblins, *S.W:* tato had. **~-shop** *n.* siop(-au) (*f*) hadau. **~-stock** *n.* stôr (*f*) o hadau/hadyd, stoc (*f*) o hadau/hadyd. **~-tick** *n. Ent:* trogen (trogod) (*f*) hadau. **~-time** *n.* adeg (*f*) hau, cyfnod (*m*) hau, amser (*m*) hau, tymor (*m*) hau. **~-vessel** *n. Bot:* hadlestr(-i) *m*, hatgib(-au) *m*, hatgell(-oedd) *f*. **~-wheat** *n. N: M.W:* gwenith (*m*) hadyd, *S:* gwenith had. **~-wool** *n.* cotwm hadog *m*.

seed² *v.i. & t.* **1.** *v.i. (of plant): (= come to seed):* hadu, hedeg, mynd i had; *(of cereals):* tywysennu; *(= scatter seed):* hau had, bwrw had, hadu. **2.** *v.t. (a) (= sow a field):* hau/dodi/rhoi hadau (mewn cae), hau (cae); *(b) (= extract seed from fruit):* tynnu hadau/dincod/cerrig (o ffrwyth); *occ:* dihadu, digerigo, digaregu (ffrwyth); *(c) (= comb seeds from cotton, flax):* cribo, heislanu, heisylltu (cotwm, llin); *(d) (a cloud, a solution):* hadu. **3.** *Ten:* dosbarthu.

seeded *a.* **1.** *(field &c):* wedi ei hau. **2.** *(plant):* hadog; **multi-~,** amlhadog; **single-~,** un-hadog. **3.** *Ten:* dosbarthol, dosbarthedig.

seeder *n.* **1.** *(a) Agr:* **= seed-drill, seed-plough**; *(b) Ind: Com: (for extracting pips, seeds):* peiriant (peiriannau) (*m*) digaregu, peiriant tynnu hadau/dincod/cerrig *&c*.

seedily *adv.* yn ddi-raen *&c*.

seediness *n.* **1.** *(= untidy appearance):* diffyg (*m*) graen, annibendod *m*, blerwch *m*; golwg ddi-raen *f* (ar rth). **2.** *(= malaise):* anhwylder *m*, diffyg hwyl.

seedless *a.* di-had, heb hadau.

seedling *n. Hort:* eginblanhigyn (eginblanhigion) *m*, hadblanhigyn (hadblanhigion) *m*.

seedsman *n.m.* gwerthwr (gwerthwyr) hadau.

seedy *a.* **1.** *(plant):* wedi hadu, wedi hedeg, hadog, llawn hadau. **2.** *F: (= shabby):* gwael yr olwg, di-raen, aflêr, blêr, anniben, llwm, tlodaidd, *S.W: F:* diran, dyran; *(clothes):* di-raen, wedi colli eu cotwm, wedi gwisgo at yr edau. **3.** *F: (= unwell):* di-hwyl, di-ffrwt, di-fynd, diegni, *S.W:* anhwylus, *N.W: F:* symol, pethma, cwla, gwantan, ciami. **~ toe** *n. Vet:* carn pwdr *m*.

seeing¹ 1. *a.* gweledol, sy'n gweld; **all-~,** hollweledol; **~-eye [dog],** ci (cŵn) (*m*) deillion. **2.** *conj.phr.* **~ that,** gan [weld] fod, oherwydd bod, oblegid bod, o achos bod, am fod, *N:* wrth fod.

seeing² *vn.* gwelediad *m*, canfyddiad *m*, gweld; *Astr:* **the ~ is good,** mae'r gwelediad yn dda; *Prov:* **~ is believing,** a wêl a gred; gweld a bair gredu; pe gwelid, credid; **within ~ distance,** o fewn golwg.

seek¹ *n. Cmptr:* ymofyniad(-au) *m*. **~ time** *n.* amser(-au) (*m*) ymofyn.

seek² *v.t.* **1.** *(a lost object):* chwilio, chwilota (am rth); *occ:* chwilio, ceisio (rhth); *S.a.* **sought**; *(advancement):* ceisio; *Mth: Ph:* cyrchu; *Prov:* **nothing ~, nothing find,** y ci a gerddo a gaiff; ceisiwch a chwi a gewch; **to ~ employment,** chwilio am waith, ymofyn gwaith; **to ~ shelter (under a tree),** ymochel, cysgodi, ceisio lloches (dan goeden); **to ~ death,** chwennych/chwenychu marwolaeth; *Ven:* **~ dead!** ar ei ôl e/o! ar ei hôl hi! **the reason is not far to ~,** ni raid chwilio ymh|ell am y rheswm; *Ph: Mth:* **north-seeking pole,** pôl (*m*) sy'n cyrchu tua'r gogledd. **2.** *(a)* **to ~ sth from/of s.o.,** gofyn i rn am rth, gofyn/ymofyn/ceisio rhth gan rn; *(b)* **to ~ to do sth,** ceisio gwneud rhth. **3. a good leader is [much] to ~ among them,** mae diffyg arweinydd da yn eu plith; **politeness is much to ~ among them,** maent yn brin iawn eu cwrteisi. **~ after/for** *v.ind.t.* ceisio (rhth), chwilio (am rth); **(sth) much sought after,** (rhth) y mae mawr alw amdano, a mynd mawr arno. **~ out** *v.t.* **to ~ sth out,** ceisio [a chael] rhth, chwilio am rth a'i gael, dod o hyd i rth, cael hyd i rth.

seeker *n.* **1.** ymofynnydd (ymofynyddion) *m*, chwiliwr (chwilwyr) *m*, chw|ilwraig *f*, ymchw|ilwraig *f*, ymchwiliwr (ymchwilwyr) *m* **(for sth,** am rth); **pleasure-~,** ymbleserwr (ymbleserwyr) *m*, gwag-bleserwr (~-bleserwyr) *m*. **2.** *Rel:* **Seekers** *pl.* Ceiswyr.

seel *v.t. Falconry:* amrant-wnïo.

Seeland *Pr.n.* Seland *f*.

seem *v.i.* **1.** ymddangos (yn rhth), bod â golwg (rhth), bod yn debyg (i rth); *the Anglicism* edrych/disgwyl (yn rhth) *is also in common use*; **she seemed tired,** 'roedd golwg flinedig arni; 'roedd fel petai'n flinedig; 'roedd golwg arni fel petai'n flinedig; ymddangosai'n flinedig; **how does it ~ to you?** sut olwg sydd arno i chi? beth yw'ch barn chi amdano? sut y mae'n edrych/ymddangos i chwi? **he seemed well off,** 'roedd yn gefnog i bob golwg; **it seems all right,** mae e i'w weld yn iawn; **it seemed like a dream,** 'roedd [yn ymddangos] fel breuddwyd; 'roedd yn debyg i freuddwyd; fe dybiech *or* fe dybiai dyn mai breuddwyd oedd; **there seems to be some difficulty,** mae fel petai rhyw anhawster; *Lit:* **seems, madam! nay it is; I know not "seems",** "ymddangos", madam! nid adwaen i ymddangos! *(b)* **I ~ to have heard his name,** 'rwyf fel petawn wedi clywed ei enw; 'rwy'n credu/meddwl imi glywed ei enw; *P:* **I don't ~ to fancy it,** 'does gen i fawr o'i awydd; 'dyw e ddim fel pe bai'n apelio ataf i; 'dwyf i ddim yn credu fy mod yn ei ffansïo; 'dwyf i ddim fel petawn i â'i awydd e; **I can't ~ to remember,** ni allaf yn fy myw gofio. **2.** *Impers.* **it seems [that]..., it would ~ that...,** mae'n ymddangos bod...; ymddengys fod...; **it seems to me (that you are right),** mae'n debyg gen i, y mae'n ymddangos i mi (eich bod chi'n iawn); yn fy marn i, yn fy nhyb i, i'm tyb i ('rydych chi'n iawn); 'rwy'n credu/meddwl (eich bod chi'n iawn); **it seemed as though/if...,** yr oedd fel pe bai *or* petai...; **so it seems,** felly yr ymddengys; felly y mae'n ymddangos; y mae'n ymddangos felly; ie, mae'n debyg; **it seems not,** nac ydyw, fe ymddengys; yn ôl pob golwg, nid felly y mae.

seeming¹ *n.* ymddangosiad *m* (rhth), golwg *f* (ar rth).

seeming² *a.* ymddangosiadol, *occ:* tybiedig, i bob golwg; **with a ~ kindness,** gyda phob golwg o garedigrwydd, gyda charedigrwydd ymddangosiadol, gyda rhith-garedigrwydd; **a ~ friend,** ffrind mewn enw yn unig, ffrind ymddangosiadol *m*, ffrind yn y golwg, *S.W:* ffrindiau (*pl*) gwŷr mawr; **~ joy,** rhith (*m*) o lawenydd, rhith-lawenydd *m*; **~ virtuous,** rhinweddol i bob golwg, ymddangosiadol rinweddol; *Lit:* **my most ~ virtuous queen,** y frenhines a dybiwn i mor bur.

seemingly *adv.* yn ôl pob golwg, i bob golwg/ymddangosiad, fel pe bai, yn ymddangosiadol; **he was ~ content,** i bob golwg, 'roedd yn hapus; ymddangosai'n hapus; yr oedd, fe debygid, yn hapus; rhoddai'r argraff ei fod yn hapus.

seemliness *n. (= decorum):* gwedduster *m*, gweddustra *m*, gwedd|eidd-dra *m*.

seemly *a.* **1.** gweddus, gweddaidd. **2.** *(of pleasing/handsome appearance):* glanwedd.

seen *a.* gweledig; **sth rarely ~,** peth a welir yn anaml; **an often ~ thing,** peth a welir yn aml.

seep *n.* **1.** *(= moisture):* gwlybaniaeth *m*, hidlad *m*, hidlon *pl*. **2.** *U.S: (= a small spring):* llygad (*m*) ffynnon, tarddle(-oedd) *m*.

seep *v.i.* **1.** hidlo, diferu, diferyd, nawsio, dod trwodd; *Geog:* tryddiferu. **2.** *(= infiltrate):* ymdreiddio, hidlo; **information was seeping out,** hidlai/diferai gwybodaeth allan.

seepage *n.* diferiad(-au) *m*, hidlad(-au) *m*, nawsiad(-au) *m*; *Geog:* tryddiferiad *m*, tryddiferu *vn*.

seepy *a.* yn diferu, diferllyd, yn gollwng.

seer¹ *n.* **1.** gweledydd(-ion) *m*, rhagweledydd(-ion) *m*, proffwyd(-i) *m*; *S.a.* **clairvoyant.**

seer² *n. Meas:* = deubwys *m*.

seer³ *n.* **= seerfish.**

seeress *n.f.* proffwydes(-i,-au).

seerfish *n. Ich:* sirbysgodyn (sirbysgod) *m*.

seersucker *n. Tex:* ***seersucker.***

see-saw¹ *n., attrib. & adv.* **1.** *n. (a) (a plank):* sigl(-ion) (*m*) adenydd, si-so(-s) *m*, *N.W:* siglen 'denydd, siglen-denyn *f*, sigl-denyn *m*, sigl-delyn *f*, *S.E:* sigl-i-gwt *m*, *S.W:* siliglofflan *f*, sigl-di-hoedan *f*, lansianbwdi *mf*; **to play ~,** *N.W: occ:* chwarae tonnau'r môr; **to go ~-~,** bwhwman, simsanu, gwegian, anwadalu, bod yn anwadal/chwit-chwat/chwim-chwam; *(b) Cards:* = **cross-ruff. 2.** *attrib. (motion):* siglog, gweglyd, *N:* i fyny ac i lawr, *S:* lan a lawr. **3.** *adv.* yn siglog/anwadal/gyfnewidiol/chwit-chwat.

see-saw² *v.i. & t.* I. *v.i.* **1.** siglo, mynd/chwarae ar sigl adenydd, chwarae si-so, *S.W:* jiglo, *N.W:* siglo ar y planc, chwarae tonnau'r môr. **2.** *(of machine part &c):* siglo, simsanu, gwegian. **3.** *(of policy):* newid, symud yn ôl ac ymlaen, bwhwman, anwadalu, bod yn anwadal. II. *v.t.* symud (rhth) yn ôl ac ymlaen.

see-see partridge *n. Orn:* petrisen fach (petris bach) (*f*) y tywod.

seethe¹ *n.* berwad *m*, berwi *vn*.

seethe² *v.i. (a) (of water):* berwi['n grychias]; *(b)* **(the street is) seething with people,** (mae'r stryd yn) orlawn o bobl, berwi gan/o bobl, fyw/fwrlwm o bobl; **a country seething with**

discontent, gwlad yn ferw/berwi gan anfodlonrwydd; **to ~, to be seething (with anger),** bod yn ferw/berwi/corddi (gan ddicter).
seething *a.* **1. ~ (waters),** (dyfroedd) berw, cynhyrfus, trochionog, terfysglyd, crychias, ewynnog. **2. ~ with anger,** yn berwi gan ddicter.
seethingly *adv.* yn ferw, yn grychias, yn fwrlwm.
segetal *a.* **~ flower,** blodyn (blodau) *(m)* cae ŷd/llafur.
segment[1] *n.* cylchran(-nau) *f,* darn(-au) *m,* rhan(-nau) *f,* segment(-au, segmennau) *m,* dyraniad(-au) *m;* **~ of an orange,** darn o oren, *S.W:* poced(-i) *f,* ffynnon (ffynhonnau) *f,* coden (codau) *f,* mochyn *m, N.W:* ewin(-edd) *m,* potel(-i) *f,* cwch (cychod) *m; Ann: El:* cylchran, segment; **~ of circle,** cylchran/segment o gylch; **~ of sphere,** cylchran/segment o sffêr; **~ of line,** rhan/segment o linell. **~ gear** *n.* gêr gylchrannol (gêrs cylchrannol) *f,* cocos cylchrannol *pl.* **~-rack** *n. Mec:* rhac gylchrannol (rhaciau cylchrannol) *f.* **~ report** *n. Com:* adroddiad(-au) rhannol *m.* **~-saw** *n.* llif gylchrannol (llifiau cylchrannol) *f.* **~-valve** *n.* falf gylchrannol (falfiau cylchrannol) *f.* **~-wheel** *n.* olwyn gylchrannol (olwynion cylchrannol) *f.*
segment[2] *v.t.&i.* **1.** *v.t.* cylchrannu (rhth), torri/rhannu (rhth) yn gylchrannau/segmentau, segmentu (rhth). **2.** *v.i. Biol: (of cell):* ymhollti, ymrannu.
segmental *a.* cylchrannol.
segmentally *adv.* yn gylchrannol.
segmentary *a.* cylchrannol.
segmentation *n.* **1.** cylchraniad(-au) *m,* segmentiad(-au) *m,* dyraniad (-au) *m.* **2.** *(= cell-division):* cellraniad(-au) *m,* ymraniad(-au) *m.* **~ cavity** *n.* ceudod(-au) *(m)* ymraniad/ymraniadol.
segmented *a.* cylchrannog.
segmo *n. Mus:* arwydd(-ion) *m,* arwyddnod(-au) *m.*
sego *n. Bot: U.S:* **~ lily,** lili (liliau) *(f)* sego.
segregable *a.* gwahanadwy, arwahanadwy.
segregate[1] *v.t. & i.* **1.** *v.t.* gwahanu, neilltuo (rhth); gosod/rhoi/dodi/cadw (rhth) ar wahân; *Pol:* didoli; **to ~ the sexes,** gwahanu'r ddau ryw; rhoi/dodi/gosod y ddau ryw ar wahân. **2.** *v.i.* ymwahanu, ymneilltuo (o rth); *Biol: Cryst:* ymwahanu **(from sth,** o rth).
segregate[2] *a. Z:* unigol, ar wahân, syml.
segregated *a.* ar wahân, gwahanedig; *Pol:* didoledig.
segregation *n.* **1.** gwahaniad *m,* neilltuad *m,* neilltuo *vn,* gwahanu *vn,* arwahanu *vn,* arwahaniad *m; Pol:* didoliad *m,* didoli *vn.* **2.** *Biol:* ymwahaniad(-au) *m; (of gametes):* didoliad(-au) *m.*
segregationist *n. & attrib.* **1.** *n.* didolwr (didolwyr) *m,* didolydd(-ion) *m.* **2.** *attrib.* didoliadol, didolaidd.
segregative *a.* arwahanol, sy'n didoli.
segregator *n.* didolwr (didolwyr) *m,* didolydd(-ion) *m,* gwahanwr (gwahanwyr) *m,* arwahanwr (arwahanwyr) *m,* did|olwraig *f,* gwah|anwraig *f,* arwah|anwraig *f.*
segue *v.i. Mus:* dilyn.
seguidilla *n. Pros: Mus:* segidila (segidilâu) *f.*
sei *n. Z:* rorcwal bychan (rorcwalod bychain) *m.*
seicento *n.* yr ail ganrif *(f)* ar bymtheg.
seiche *n.* dygyfor *(m)* llyn, ymchwydd *(m)* llyn.
seidel *n.* gwydr(-au) *(m)* cwrw mawr.
seif-dune *n. Geog:* twyn(-i) *(m)* seiff.
seignant *a. Cu:* gwaedlyd.
seigneur *n.* arglwydd(-i) *m;* **grand ~,** pendefig(-ion) *m,* uchelwr (uchelwyr) *m; S.a.* **droit.**
seigneurial *a.* arglwyddiaethol, arglwyddol.
seigneury *n.* arglwyddiaeth(-au) *f.*
seignior *n.* **= seigneur.**
seign[i]orage *n.* treth(-i) *(f)* arglwydd.
seigniorial *a.* **= seigneurial.**
seigniory *n. Hist:* arglwyddiaeth(-au) *f.*
seine[1] *n. Fish:* **~[-net],** rhwyd(-au, -i) *(f)* sân, rhwyd hir, rhwyd lusg (rhwydi llusg), sân (sanau) *m.* **~-gang** *n.* criw(-iau) *(m)* sân. **~-needle** *n.* nodwydd(-au) *(f)* sân.
seine[2] *v.t. & i.* pysgota â sân, dal/dala pysgod â sân.
seiner *n.* pysgotwr (pysgotwyr) *(m)* sân, sân-bysgotwr (~-bysgotwyr) *m,* rhwydwr (rhwydwyr) *m.*
seir, seirfish *n.* **= seer[3], seerfish.**
seise *v.t. Jur:* **to ~ s.o. of/with an estate,** rhoi meddiant stad i rn, dodi/rhoi stad ym meddiant rhn.
seised *a.* **~ of sth,** ym meddu ar rth; **to be/stand ~ of a property,** meddu ar eiddo; bod ac eiddo yn eich meddiant.
seiser *n.* **= seizer, seizor.**
seisin *n. Jur:* meddiant *m,* seisin *m;* **livery of ~,** estyn *(vn)* meddiant, estyniad *(m)* meddiant; **to give livery of ~,** traddodi seisin, estyn meddiant, rhoi goresgyn a gafael; **feoffment with livery of ~,** ffeoffment ynghyd ag estyniad seisin.
seism *n.* daeargryn(-f|eydd) *mf.*
seismal, seismic[al] *a.* seismig, daeargrynfaol; **~ focus,** llygad seismig *m,* llygad daeargryn; **~ prospecting,** archwilio seismig.
seismically *adv.* yn seismig, yn ddaeargrynfaol.
seismicity *n.* seismigedd *m.*
seismogram *n.* s|eismogram (seismogramau) *m.*
seismograph *n.* s|eismograff (seismograffau) *m.*
seismographer *n.* seismograffydd(-ion) *m,* seismograffwr (seismograffwyr) *m.*
seismographic[al] *a.* seismograffig.
seismography *n.* seismograffeg *f.*
seismologic[al] *a.* seismolegol.
seismologically *adv.* yn seismolegol.
seismologist *n.* seismolegydd(-ion, seismolegwyr) *m.*
seismology *n.* seismoleg *f.*
seismometer *n.* seismomedr(-au) *m.*
seismometric[al] *a.* seismometrig.
seismometry *n.* seismometreg *f.*
seismonasty *n.* seismonastedd *m.*
seismoscope *n.* s|eismosgop (seismosgopau) *m.*
seismoscopic *a.* seismosgopig.
sei whale *n.* **= sei.**
seizable *a.* atafaeladwy.
seize *v.t. & i.* **I.** *v.t.* **1.** *Jur:* **= seise. 2.** *(a) Jur: (= confiscate):* atafaelu; *(b)* **to ~ s.o.,** *(= apprehend):* cipio rhn. **3.** *(a) (= capture):* cipio, meddiannu; **to ~ power,** cipio'r awenau, cipio grym/awdurdod; *(b)* **to ~ [hold of] sth,** gafael/cydio/ymaflyd yn rhth; **to ~ s.o. by the throat,** cydio/gafael yn rhn gerfydd ei wddw, cydio/gafael yng nghorn gwddw rhn; **to ~ on a rope,** gafael/cydio mewn rhaff; *(c) F:* **I was seized with fear,** cydiodd ofn ynof; dychrynais drwof; dychrynais ar fy hyd; **he was seized with a fit of rage,** daeth pwl o ddicter drosto; cafodd bwl o gynddaredd; cynddeiriogodd; gwylltiodd; aeth yn gynddeiriog; aeth o'i gof; *N.W: F:* mi fylliodd; mi gafodd y mỳll; *S.W:* fe gododd ci natur; fe aeth e'n benwan; **she was seized with a desire to leave home,** daeth awydd mynd oddi cartref drosti; **I was seized with remorse,** daeth pwl o edifeirwch drosof; **to ~ an opportunity,** achub cyfle, dal ar gyfle, mantcisio ar gyfle, *N.W: occ:* achub cyfleustra; **he seized the offer with both hands,** fe neidiodd am/at y cyfle; *(d)* **to ~ upon s.o.,** ymaflyd yn rhn, rhuthro ar rn; *v.ind.t.* **they seized upon the newcomer,** rhuthrasant ar y newydd-ddyfodiad; ymaflasant yn y newydd-ddyfodiad; **to ~ [up]on a pretext,** gwn|eud esgus o rth, cymryd rhth yn esgus. **4.** *Nau: (two ropes):* clymu/rhwymo (rhth) [yn sownd]. **II.** *v.i.* **1.** *Mec.E: &c: (of part):* **to ~ [up],** cloi, mynd yn sownd; *(of back, joints):* cloi, stiffio.
seized *a.* **1.** *Jur:* **~ of sth,** ym meddu ar rth, â rhth yn eich meddiant. **2.** *(engine &c):* wedi cloi'n sownd. **3.** *(back, joint):* wedi cloi, wedi stiffio.
seizer, seizor *n.* meddiannwr (meddianwyr) *m.*
seizin *n.* **= seisin.**
seizing *vn.* **1. = seize. 2.** *Nau:* rhwymiad(-au) *m.*
seizure *n.* **1.** *Jur: (a) (of goods):* atafaeliad(-au) *m,* atafael *vn; (b) (of a person):* cipiad *m,* cipio *vn.* **2.** *Med:* **[apoplectic] ~,** ymosodiad(-au) *m,* trawiad(-au) *m, F:* strôc(-s, strociau) *f.*
sejant *a. Her:* eisteddog, eisteddol; **lion ~,** llew ar ei eistedd.
selachian *a. & n.* **1.** *a.* morgïaidd. **2.** *n.* morgi (morgwn) *m.*
seladang *n. Z:* seladang(-od) *m.*
selaginella *n. Bot:* cnwpfwsogl(-au) *m.*
selah *int. B:* selah.
seldom *adv. & a.* **1.** *adv.* prin, [yn] anaml, anfynych; **I ~ see him now,** prin/anaml y byddaf yn ei weld bellach; **he ~ if ever goes out,** prin, os byth, yr â allan. **2.** *a.* prin, anaferol, anghyffredin.
select[1] *a.* dethol; **a ~ few,** ychydig o bobl ddethol, ychydig rai dethol, ychydig ddetholedigion; **~ club,** clwb (clybiau) dethol *m;* **~ passage,** detholiad(-au) *m,* darn(-au) dethol *m; Parl:* **~ committee,** pwyllgor(-au) dethol *m.*
select[2] *v.t.* dewis, dethol.

selected *a.* dethol, dewisol, dewisedig, detholedig, a ddewiswyd/ddetholwyd.
selectee *n.* = **conscript.**
selecting *a.* sy'n dewis; **~ committee,** pwyllgor dewis.
selection *n.* detholiad(-au) *m*, dewis *m*, dewisiad(-au) *m*; *Biol:* **natural ~,** dethol (*vn*) naturiol, detholiad naturiol; **a good ~ of wines,** dewis/detholiad da o winoedd; **to make a ~,** gwneud dewis/detholiad; **selections from Byron,** detholion/detholiadau o waith Byron; *Mus:* **~ from Faust,** detholiad/detholion o Ffawst; *Turf:* **selections for the Derby,** dewis geffylau'r Derby; **the new headmaster is a good ~,** mae'r prifathro newydd yn ddewis da. **~ match** *n.* gêm (*f*) ddewis (gemau dewis).
selective *a.* dicra, gofalus eich dewis, *occ:* dethol, detholgar, detholiadol, detholus; *Biol:* *W.Tel:* detholus; *Cmptr:* detholus, detholiadol; **she's very ~,** mae hi'n ddicra iawn; mae hi'n ofalus pa beth y mae'n ei ddewis; *Mth:* *Ph:* **pre-~,** rhagddetholus, rhagddetholiadol; **my radio is not ~ enough,** 'does dim digon o ddewis ar fy radio i; dewis gwael sydd ar fy radio i; *Ph:* **~ absorption,** amsugniad(-au) detholiadol *m*; *Phot:* **~ filters,** sgrîn (*f*) ddethol (sgriniau dethol); **S~ Employment Tax,** Treth (*f*) Gyflogi Ddethol; *Biol:* *Husb:* *&c:* **~ breeding,** bridio detholus; *Biol:* **~ advantage,** mantais ddetholus (manteision detholus) *f*; *Biol:* **~ membrane,** pilen ddetholus (pilenni detholus) *f*; **~ migration,** mudo (*vn*) detholiadol; **~ herbicide,** llysleiddiad detholus *m*; *Mil:* **~ service,** gwasanaeth detholedig *m*.
selectively *adv.* yn ddetholus *&c.*
selectiveness, selectivity *n.* detholusrwydd *m*, detholedd *m*, detholgarwch *m*.
selectman *n.m.* *U.S:* *Adm:* cynghorydd (cynghorwyr), dewisog(-ion).
selector *n.* **1.** dewiswr (dewiswyr) *m*, dewisydd(-ion, dewiswyr) *m*, detholwr: detholydd (detholwyr) *m*, dew|iswraig *f*, deth|olwraig *f*; **a team ~, one of the selectors of the team,** un o ddewiswyr y tîm, un sy'n dewis y tîm. **2.** *(a)* *Mec.E:* *Aut:* *&c:* detholwr, detholydd.
selenate *n.* s|elenat (selenatau) *m*.
selenic *a.* selenig.
selenide *n.* s|elenid (selenidau) *m*.
seleniferous *a.* selenifferaidd.
selenious *a.* selenus.
selenite *n.* s|elenit (selenitau) *m*, lloerfaen (lloerfeini) *m*.
selenitic *a.* selenitig.
selenium *n.* *Ch:* seleniwm *m*.
selenocentric *a.* lloerganolog.
selenodont *a.* *&* *n.* **1.** *a.* selenodontaidd. **2.** *n.* sel|enodont (selenodontau) *m*.
selenographer *n.* selenograffwr (selenograffwyr) *m*.
selenographic *a.* selenograffig.
selenographist *n.* selenograffydd (selenograffwyr) *m*.
selenography *n.* selenograffeg *f*.
selenological *a.* lloeregol.
selenologist *n.* lloeregwr (lloeregwyr) *m*.
selenology *n.* lloereg *f*, lleuadeg *f*.
selenosis *n.* selenosis *m*.
selenotropic *a.* lloergyrchol.
selenotropism *n.* lloergyrchedd *m*.
Seleucan *a.* Selewcaidd.
Seleucid *n.* Selewciad (Selewciaid) *m&f*.
self *n.*, *pron.* *&* *a.* (*pl.* **selves**); **1.** *n.* [yr] hunan (hunain) *m*; **~ is his god,** fe'i hunan yw ei dduw; y fi fawr yw popeth iddo; y fi fawr piau hi ganddo; **my better ~,** myfi ar fy ngorau; yr ochr orau (*f*) imi; **one's former ~,** eich hen hunan; **second ~,** enaid cytûn *m*, cyfaill mynwesol *m*, cydymaith agos *m*, ail hunan; **he's my second ~,** mae'r un ffunud â mi fy hun; mae fel efaill/brawd i mi; **he is quite his old ~ again,** mae'n debycach iddo'i hun unwaith eto; **by one's [own] ~,** ar eich pen eich hun [bach]; **his very ~,** ef ei hun, y dyn ei hun; *Com:* **your good selves,** chwithau, chwi eich hunan; **Caesar's ~,** Cesar ei hun; *S.a.* **sweet.** **2.** *pron.* *Bank:* **pay ~/selves...,** taler i mi fy hun...; taler i ni ein hunain...; *P:* **I require accommodation for wife and ~,** mae arnaf eisiau llety ar gyfer fy ngwraig a minnau; **3.** *a.* *(a)* **wooden tool with ~ handle,** erfyn pren â dwrn pren; *(b)* *n.* *Hort:* blodyn (blodau) unlliw *m*; **~ carnation,** penigan unlliw. **4.** *(in compound pronouns):* *(a)* *(emphatic):* **myself,** mi fy hun/hunan, fi fy hun/hunan, *Lit:* myfi [fy hun/hunan]; **I myself was there,** yr oeddwn i fy hun yno; **I did the work myself,** [y] fi fy hun a wnaeth y gwaith; **myself and my two brothers,** myfi a'm dau frawd; *conjunctive form:* **and ~,** a minnau, a finnau; **my two brothers and ~,** fy nau frawd a minnau; **thyself,** ti dy hun/hunan, *N:* *F:* chdi dy hun/hunan, *Lit:* tydi [dy hun/hunan]; *conjunctive form:* **and ~,** a thithau, *N:* *F:* a chdithau; **himself,** *S:* *&* *Lit:* ef[e] ei hun/hunan, *N:* [y] fo'i hun; **he went there himself,** efe'i hun/hunan a aeth yno; aeth yno ei hun/hunan; *conjunctive form:* **and himself,** ac yntau; **herself,** hi ei hun/hunan, *Lit:* hyhi ei hun/hunan; *conjunctive form:* **and herself,** a hithau; **itself, = himself/herself** *(according to gender of noun to which the pronoun refers)*; **ourselves,** ni ein hunain, *Lit:* nyni [ein hunain]; *conjunctive form:* **and ourselves,** a ninnau; **yourself, = thyself**; **yourselves, oneself,** chi eich hunain, *Lit:* chwi/chwychwi [eich hunain]; *conjunctive form:* **and yourselves,** a chithau, *Lit:* a chwithau; **themselves,** hwy eu hunain, *F:* [y] nhw eu hunain, *Lit:* hwynt-hwy [eu hunain]; *conjunctive form:* **and themselves,** a hwythau, *F:* a nhwythau; **I drive the car myself,** fi fy hun sy'n gyrru'r car; 'rwy'n gyrru'r car fy hun; **I myself do not believe her,** nid wyf i fy hun yn ei choelio hi; o'm rhan fy hun nid wyf yn ei choelio hi; **I am not [quite] myself today,** 'dwyf i ddim ar fy ngorau heddiw; **I am quite myself again,** 'rwy'n well unwaith eto; dyma fi'n iach fel y gneuen eto; **he was kindness itself,** ni allasai fod yn fwy caredig; 'doedd mo'i garedicach i'w gael; **she is kindness itself,** hi yw mam caredigrwydd; mae'n garedigrwydd drwyddi; *F:* **he's a do-it-yourself enthusiast,** mae'n dipyn o grefftwr cartref; *Com:* **do-it-yourself department,** adran (*f*) tasgau'r tŷ, adran crefftau'r cartref; *(b)* *(reflexive):* **myself,** fi fy hun/hunan; *A:* **thyself,** ti dy hun/hunan; **himself, itself,** ef ei hun/hunan, *N:* fo'i hun, *S:* fe'i hunan; **herself, itself,** hi ei hun/hunan; **ourselves,** ni ein hunain; **yourselves, oneself,** chi eich hunain, *Lit:* chwi eich hunain; **themselves,** hwy eu hunain, *F:* nhw eu hunain; *note that in reflexive constructions the verb is correctly preceded by infixed pronouns identical (excepting 1st & 2nd person singular) with the possessive adjectives*; *See* **my, thy, his, her, our, your, their;** *thus:* **to hang oneself,** eich crogi'ch hun; *however no infixed pronouns precede imperative forms:* **put yourself in my place,** rho dy hun (rhowch eich hunain) yn fy lle i; **I have hurt myself,** 'rwyf wedi fy mrifo fy hun; 'rwyf wedi f'anafu fy hun; **I hid myself,** fe'm cuddiais fy hun; mi ymguddiais; **I see myself,** fe'm gwelaf fy hun; 'rwyf yn fy ngweld fy hun; **you'll see yourself,** *(singular):* fe'th weli di dy hun; fe fyddi'n dy weld dy hun; *N.B:* *after the preposition* i, *the infixed pronoun is* 'w: **he's going to kill himself,** mae'n mynd i'w ladd ei hun; **she blamed herself,** 'roedd yn ei beio 'i hun; **we console ourselves,** 'rydym yn ein cysuro'n hunain; **you (*pl*) see yourselves; one sees oneself,** fe'ch gwelwch chi'ch hun; 'rydych yn eich gweld chi'ch hun; **they saw themselves,** fe'u gwelent hwy eu hunain; 'roeddent yn eu gweld hwy eu hunain; *N.B:* *the infixed pronouns* ei (*f*), ein, eu, *prefix* h- *to a following vowel*; *e.g.* aberthu *becomes* haberthu; *thus:* **she sacrificed herself,** fe'i haberthodd hi ei hun; **we forget ourselves,** fe'n hanghofiwn ni ein hunain; 'rydym yn ein hanghofio ni ein hunain; **they injured themselves,** bu iddynt eu hanafu eu hunain; *however when in Welsh, the construction is indirectly reflexive, the infixed pronouns are never inserted*; **I'll look after myself,** mi ofala' i amdanaf fy hun; **she told herself so,** fe ddywedodd hi hynny wrthi ei hun; *(emphatic):* **(a door) that shuts itself,** (drws) sy'n cau ohono'i hun, sy'n ei gau ei hun; *in Welsh the prefix* ym *is used to form intransitive reflexive verbs which do not require reflexive pronouns*; **to wash oneself,** ymolchi; **I washed myself,** mi ymolchais; **to tire oneself out,** ymlâdd; **I was tired,** 'roeddwn wedi ymlâdd; **to hang oneself,** ymgrogi; **to bind oneself (to do sth),** ymrwymo (i wneud rhth); **to clothe oneself,** ymwisgo, *occ:* ymddilladu; **to conduct/behave oneself,** ymddwyn; **to dress oneself, to make oneself neat,** ymdrwsio; **to fatten oneself,** ymbesgi; **to free oneself,** ymryddh|au; **to get oneself ready,** ymbarat|oi; **to keep oneself (from sth),** ymgadw (rhag rhth); **to let oneself go,** ymollwng; **to lift oneself up,** ymddyrchafu; **to lose oneself (in sth),** ymgolli (yn rhth); **to prostrate oneself,** ymgreinio; **to quiet oneself,** ymdawelu, ymlonyddu; **to abandon oneself (to sth),** ymroddi, ymroi (i rth); **to raise oneself,** ymgodi; **to strip/expose oneself,** ymddinoethi; **to make oneself up,** ymbincio; *(after prep.):* to

say sth to oneself, dweud rhth wrthych chi'ch hun/hunan; **to speak of oneself,** sôn amdanoch chi'ch hun/hunan; **he has to look after himself,** mae'n rhaid iddo ofalu amdano ef ei hun/hunan; **she keeps herself to herself,** nid yw'n gwneud fawr ddim â neb arall; **I am keeping it for myself,** 'rwy'n ei gadw ar fy nghyfer i fy hun/hunan; **I am not speaking for myself,** nid ar fy rhan fy hun yr wyf yn siarad; nid drosof i fy hun yr wyf yn siarad; **he thinks for himself,** mae ganddo'i feddwl ei hun; mae'n meddwl drosto'i hun/hunan; **he thinks too much of himself,** mae'n meddwl gormod ohono'i hun/hunan; **see for yourselves,** edrychwch ichi gael gweld; edrychwch drosoch eich hunain; **everyone for himself,** pawb drosto'i hun/hunan; **to come to oneself,** dod atoch eich hun/hunan, *Lit:* dadebru; **the thing in itself,** y peth ynddo'i hun, y peth o'i ran ei hun; **she lived by herself,** 'roedd yn byw ar ei phen ei hun; **to do sth [all] by oneself,** gwneud rhth ar eich pen eich hun bach; *(reciprocal):* **they whispered among themseves,** sibrydent ymysg ei gilydd. **~-abandoned** *a.* [hunan-]ymroddedig. **~-abandonment** *n.* [hunan-]ymroddiad *m,* ymlaesu *vn.* **~-abased** *a.* hunanddarostyngedig. **~-abasement** *n.* hunanddarostyngiad *m,* ymddarostyngiad *m,* ymostyngiad *m,* ymgreinio *vn.* **~-abhorrence** *n.* hunanffieiddio *vn,* hunanffieiddiad *m.* **~-abnegating** *a.* = **self-denying.** **~-abnegation** *n.* = **self-denial.** **~-absorbed** *a.* ymgolledig ynoch eich hun, wedi ymgolli ynoch eich hun. **~-absorption** *n.* **1.** ymgolli *(vn)* ynoch eich hun, ymgolledigrwydd *(m)* ynoch eich hun. **2.** *Ph:* hunanamsugniad *m.* **~-abuse** *n.* **1.** hunanddifrïad *m.* **2.** = **masturbation.** **~-accusation** *n.* hunangyhuddiad(-au) *m (pronounced* ng-g). **~-accusatory** *a.* = **self-accusing.** **~-accused** *a.* hunangyhuddedig *(pronounced* ng-g). **~-accusing** *a.* hunangyhuddol *(pronounced* ng-g). **~-act** *n. Metalw:* hunanweithredu *vn.* **~-acting** *a.* hunanysgogol. **~-action** *n.* hunanysgogiad *m.* **~-activity** *n.* ymweithredu *vn.* **~-actualization** *n.* hunansylweddoli *vn,* hunansylweddoliad *m.* **~-actualize** *v.i.* hunansylweddoli. **~-actualizer** *n.* hunansylweddolwr (hunansylweddolwyr) *m.* **~-addressed** *a.* hunangyfeiriedig *(pronounced* ng-g); **~-addressed envelope,** amlen â'ch cyfeiriad arni. **~-adhesive** *a.* hunanlynol, yn glynu ohono'i hun, adlyn, ymlynol, glynol, adlynol; **~-adhesive tape,** tâp *(m)* glynu. **~-adjusting** *a.* ymaddasol, hunanaddasol. **~-adjustment** *n.* ymaddasiad *m,* ymaddasu *vn,* hunanaddasiad *m,* hunanaddasu *vn.* **~-administered** *a. (drug &c):* hunanroddedig. **~-admiration** *n.* hunanedmygedd *m.* **~-admiring** *a.* hunanedmygol. **~-adornment** *n.* hunanaddurn *m,* eich addurno'ch hunan. **~-adulation** *n.* hunanaddoli *vn,* hunanaddoliad *m.* **~-advantage** *n.* hunanelw *m,* hunan-fudd *m,* hunan-les *m.* **~-advertisement** *n.* brolio *vn,* hunanfrolio *vn,* hunanfroliant *m.* **~-advertizing** *a.* hunanfrolgar. **~-affected** *a.* hunanol. **~-affirmation** *n. Psy:* hunangadarnhad *m (pronounced* ng-g). **~-aggrandizement** *n.* hunanfawrhad *m.* **~-aligning** *a.* hunanaliniol. **~-alignment** *n.* hunanaliniad *m,* hunanalinio *vn.* **~-amusement** *n.* hunanddifyrrwch *m,* eich difyrru'ch hunan. **~-analysis** *n.* hunanddadansoddi *vn,* hunanddadansoddiad(-au) *m.* **~-analytic[al]** *a.* hunanddadansoddol. **~-annealing** *a.* hunananeliol. **~-annihilating** *a.* hunanddinistriol, hunanddifaol, hunanddistrywiol. **~-annihilation** *n.* hunanddistryw *m,* hunanddistrywiad *m,* hunanddinistr *m.* **~-apparent** *a.* amlwg ohono'i hun, hollol amlwg, hunanamlwg, hunaneglur. **~-applauder** *n.* hunanganmolydd: hunanganmolwr (hunanganmolwyr) *m (pronounced* ng-g). **~-applauding** *a.* hunanganmolus *(pronounced* ng-g). **~-applause** *n.* hunanganmol *vn,* hunanganmoliaeth *f (both pronounced* ng-g). **~-appointed** *a.* hunanbenodedig, hunanapwyntiedig. **~-appraisal** *n.* hunanfesur *vn,* hunanfantoli *vn,* hunanglorianu *vn (pronounced* ng-g). **~-appreciating** *a.* hunanwerthfawrogol. **~-appreciation** *n.* hunanwerthfawrogiad *m.* **~-approbation,** **~-approval** *n.* hunanfodlonrwydd *m,* hunangymeradwyaeth *f (pronounced* ng-g). **~-asserting** *a.* = **self-assertive.** **~-assertingly** *adv.* = **self-assertively.** **~-assertion** *n.* hunanosodiad *m,* hunanhoniad *m,* ymwthgarwch *m.* **~-assertive** *a.* hunanosodiadol, hunanhoniadol, ymwthgar. **~-assertively** *adv.* yn ymwthgar *&c.* **~-assertiveness** *n.* = **self-assertion.** **~-assumption** *n.* = **self-conceit.** **~-assurance** *n.* hunanhyder *m.* **~-assured** *a.* hunanhyderus. **~-assuredly** *adv.* yn hunanhyderus. **~-assuredness** *n.* hunanhyder *m.* **~-authorizing** *a.* hunanawdurdodol. **~-aware** *a.* hunanymwybodol. **~-awareness** *n.* hunanymwybod *m,* hunanymwybodolrwydd *m,* hunanymwybyddiaeth *f.* **~-balance** *n.* hunanfantoli *vn.* **~-balancing** *a.* hunanfantolaidd. **~-banishment** *n.* hunanalltudiaeth *f.* **~-begotten** *a.* hunangenedledig *(pronounced* ng-g). **~-benefit[t]ing** *a.* hunanlesol. **~-betrayal** *n.* hunan-frad *m,* eich bradychu*(vn)*'ch hunan, hunanfradychiad *m.* **~-blessed** *a.* hunanddedwydd. **~-binder** *n. Agr:* hunanrwymwr (hunanrwymwyr) *m.* **~-born** *a.* hunananedig. **~-cancelled** *a.* hunanddiffoddedig. **~-cancelling** *a. Aut: (indicators):* hunanddiffoddol. **~-care** *n.* hunanofal *m,* gofal *(m)* amdanoch eich hunan. **~-castigation** *n.* hunan-gosb(-au) *f,* hunangosbi *vn (pronounced* ng-g). **~-catering** *a.* hunanarlwyol. **~-centred** *a.* hunanol, myfïol, hunanganolog, hunangar *(both pronounced* ng-g); **~ centred desire,** hunan-chwant(-au) *m.* **~-centredness** *n.* hunanganologrwydd *m,* hunangariad *m (both pronounced* ng-g), hunanoldeb *m,* myfïaeth *f.* **~-centring** *a. Mec.E:* [sy'n] hunanganoli, sy'n ei ganoli ei hun, hunanganolol *(pronounced* ng-g); **~ centring chuck,** crafanc (crafangau) *(f)* hunanganoli. **~-charging** *a.* hunanlwythol, hunandrydanol. **~-cleaning** *a.* hunanlanhaol. **~-closing** *a.* sy'n ei gau ei hun, sy'n cau ohono'i hun, ymgaeol. **~-cocking** *a. Sm.a:* hunangociol *(pronounced* ng-g). **~-cognition** *n.* hunanwybyddiaeth *f.* **~-collected** *a.* = **self-composed.** **~ colour** *n.* unlliw(-iau) *m,* lliw(-iau) naturiol *m.* **~-coloured** *a.* unlliw, o liw naturiol. **~-command** *n.* hunanreolaeth *f,* hunanddisgyblaeth *f.* **~-commendation** *n.* hunangymeradwyaeth *f (pronounced* ng-g). **~-communion** *n.* hunanfyfyrdod(-au) *m,* hunanfyfyrio *vn,* ymgymuno *vn.* **~-compatible** *a.* hunangytûn *(pronounced* ng-g). **~-compatability** *n.* hunangytundeb *m (pronounced* ng-g). **~-complacency** *n.* hunanfoddhad *m,* hunanddigonedd *m.* **~-complacent** *a.* hunanfoddh|aus, hunanfoddhaol. **~-complacently** *adv.* yn hunanfoddhaus. **~-composed** *a.* hunanfeddiannol, digyffro, digynnwrf, llonydd, *F:* côm. **~-composedly** *adv.* yn hunanfeddiannol. **~-composedness,** **~-composure** *n.* hunanfeddiant *m.* **~-comprehending** *a.* hunanddeallus, hunanddeallol. **~-comprehension** *n.* hunanddeall *m.* **~-conceit** *n.* hunan-dyb *mf;* **he is eaten up with ~-conceit,** mae'n llawn ohono'i hun; mae'n un talp o hunan-dyb. **~-conceited** *a.* hunandybus. **~-conceitedness** *n.* hunan-dyb. **~-concept,** **~-conception** *n.* hunansyniad(-au) *m,* hunangysyniad(-au) *m (pronounced* ng-g). **~-concern** *n.* hunanofal *m.* **~-concerned** *a.* hunanofalus, hunanol. **~-condemnation** *n.* hunangondemniad(-au) *m,* hunangollfarn *f (both pronounced* ng-g), hunan-farn *f.* **~-condemned** *a.* hunangondemniedig *(pronounced* ng-g), hunanddifarnedig. **~-condemning** *a.* hunangondemniol *(pronounced* ng-g). **~-confessed** *a.* hunanaddefedig, ar eich cyffes eich hun. **~-confession** *n.* hunanaddefiad(-au) *m,* hunangyffes(-ion) *f (pronounced* ng-g). **~-confidence** *n.* hunanhyder *m,* **~-confident** *a.* hunanhyderus. **~-confidently** *adv.* yn hunanhyderus. **~-confinement** *n.* hunangaethiwed *m (pronounced* ng-g). **~-confining** *a.* hunangaethiwol *(pronounced* ng-g). **~-congratulation** *n.* hunanlongyfarch *vn (pronounced* ng-g), hunanfoddhad *m,* hunanganmoliaeth *f,* hunanganmol *vn (both pronounced* ng-g), hunan-glod *m,* hunan-fawl *m,* hunanfoliant *m.* **~-congratulatory** *a.* hunanglodforus, hunanlongyfarchol, hunanganmoliaethus *(all pronounced* ng-g), hunanfoddh|aus. **~-conquest** *n.* hunanfeistrolaeth *f.* **~-conscious** *a.* **1.** *Phil:* hunanymwybodol. **2.** *(= embarrassed):* hunanymwybodol, swil, annifyr, chwithig. **~-consciously** *adv.* yn hunanymwybodol *&c.* **~-consciousness** *n.* **1.** *Phil:* hunanymwybod *m,* hunanymwybodolrwydd *m,* hunanymwybyddiaeth *f.* **2.** *(= shyness):* annifyrrwch *m,* swildod *m.* **~-consecration** *n.* hunangysegriad(-au) *m (pronounced* ng-g). **~-consequence** *n.* = **self-importance.** **~-consistency** *n.* hunangysondeb *m (pronounced* ng-g). **~-consistent** *a.* hunangyson *(pronounced* ng-g), cyson ag ef/hi ei hun. **~-constituted** *a.* hunansefydledig. **~-consuming** *a.* hunanysol. **~-contained** *a.* **1.** *(pers.):* tawedog, di-ddweud, dywedwst. **2.** *(flat &c):* hunangynhwysol *(pronounced* ng-g). **~-containedness,** **~-containment** *n. (of pers.):* tawedogrwydd *m.* **~-contamination** *n.* hunanlygriad *m.* **~-contemplation** *n.* hunanfyfyrdod(-au) *m.* **~-contempt** *n.* hunanddirmyg *m.* **~-**

contemptuous *a.* hunanddirmygus. **~-contemptuously** *adv.* yn hunanddirmygus. **~-content** *n.* hunanfoddhad *m*, hunanfodlondeb *m*, hunanfodlonrwydd *m.* **~-contented** *a.* hunanfoddh|aus, hunanfodlon. **~-contentment** *n.* = **self-content**. **~-contradiction** *n.* hunangroesddw|eud *vn*, hunangroesddywediad(-au) *m* (*both pronounced* ng-g). **~-contradictory** *a.* hunangroesddywedol (*pronounced* ng-g). **~-control** *n.* hunanreolaeth *f*; **to exercise ~-control,** ymatal, eich ffrwyno'ch hun, eich rheoli'ch hun; **to lose one's ~-control,** colli gafael/rheolaeth arnoch eich hun, *N: F:* colli'ch limpyn. **~-controlled** *a.* hunanddisgybledig, disgybledig, hunanreoledig, hunanfeddiannol. **~-convicted** *a.* hunangyhuddedig (*pronounced* ng-g). **~-correcting, ~-corrective** *a.* hunangywirol (*pronounced* ng-g). **~-created** *a.* hunangreëdig (*pronounced* ng-g), hunanwneuthuredig. **~-creation** *n.* hunan-gread(-au) *m*, hunangreadigaeth(-au) *f* (*pronounced* ng-g). **~-critical** *a.* hunanfeirniadol. **~-criticism** *n.* hunanfeirniadaeth *f.* **~-cultivation, ~-culture** *n.* hunanddiwylliad *m*, eich diwyllio'ch hunan. **~-cultured** *a.* hunanddiwylliedig. **~-deceit** *n.* hunan-dwyll *m.* **~-deceived** *a.* a hunandwyllwyd, a dwyllwyd ganddo'i hun, hunandwylledig. **~-deceiver** *n.* hunandwyllwr (hunandwyllwyr) *m.* **~-deceiving** *a.* hunandwyllodrus. **~-deception** *n.* hunan-dwyll. **~-deceptive** *a.* hunandwyllodrus. **~-dedication** *n.* ymroddiad *m*, ymgyflwyniad *m.* **~-defeating** *a.* hunandrechol. **~-defence** *n.* hunanamddifyn *m*, hunanamddiffyniad *m.* **~-defensive** *a.* hunanamddiffynnol. **~-deluded** *a.* = **self-deceived**. **~-delusion** *n.* = **self-deception**. **~-denial** *n.* ymwadu *vn*, ymwadiad *m*, hunanymwadu *vn*, hunanymwadiad *m.* **~-denying** *a.* **1.** ymwadol; **S~-Denying Ordinance**, Deddf (*f*) Hunanymwadiad. **2.** = **frugal, economical, miserly**. **~-dependence** *n.* hunanddibyniaeth *f*, hunanddibyniad *m*, ymddibyniaeth *f*, ymddibyniad *m*, hunanymddibyniaeth *f.* **~-dependent** *a.* hunanddibynnol, hunanymddibynnol, ymddibynnol, annibynnol. **~-deprecating** *a.* hunananghymeradwyol, hunanfychanol, hunanfychanus. **~-deprecation** *n.* eich anghymeradwyo'ch hunan, hunananghymeradwyaeth *f*, hunanfychanu *vn.* **~-deprecatory** *a.* = **self-deprecating**. **~-depreciation** *n.* hunanddibrisio *vn*, hunanddibristod *m*, hunanddibrisiad *m.* **~-depreciative** *a.* hunanddibrisiol, hunanfychanol, hunanfychanus. **~-despair** *n.* anobaith *m.* **~-despairing** *a.* anobeithiol. **~-destroyer** *n.* hunanddinistriwr (hunanddinistrwyr) *m*, hunanddifäwr (hunanddifawyr) *m.* **~-destroying** *a.* hunanddinistriol, hunanddistrywiol, hunanddifaol, ymddinistriol, ymddifaol. **~-destruct** *v.i.* hunanddinistrio, hunanddistrywio, hunanddifa, difa'r hunan. **~-destruction** *n.* hunanddinistr *m*, hunanddistryw *m.* **~-destructive** *a.* hunanddinistriol, hunanddistrywiol. **~-destructiveness** *n.* hunanddinistrioldeb *m*, hunanddistrywioldeb *m.* **~-determination** *n.* **1.** *Pol:* hunanbenderfyniad(-au) *m*, hunanddewis *vn*; **right of peoples to ~-determination,** hawl y bobloedd i benderfynu drostynt eu hunain. **2.** *Theol:* ymarfaethiad *m*, hunanbenderfyniaeth *f.* **~-determined** *a.* hunanbenderfynedig. **~-determining 1.** *a.* hunanbenderfynol. **2.** *vn.* ymarfaethu. **~-determinism** *n.* hunanbenderfyniaeth *f.* **~-development** *n.* hunanddatblygiad *m*, eich datblygu'ch hunan. **~-devoted** *a.* ymroddedig, ymgysegredig. **~-devotedly** *adv.* yn ymroddedig *&c.* **~-devotedness** *n.* ymroddiad *m*, ymgysegriad *m.* **~-devoting** *a.* = **self-devoted**. **~-devotion** *n.* = **self-devotedness**. **~-devouring** *a.* hunanysol. **~-digestion** *n.* hunandreulio *vn*, hunandreuliad *m.* **~-directed** *a.* hunangyfeiriedig (*pronounced* ng-g). **~-directing** *a.* hunangyfeiriol (*pronounced* ng-g). **~-direction** *vn.* hunangyfeirio *vn*, hunangyfeiriad *m* (*both pronounced* ng-g). **~-directional** *a.* hunangyfeiriol (*pronounced* ng-g). **~-discipline** *n.* hunanddisgyblaeth *f*, ymddisgyblaeth *f*, hunanddisgyblu *vn*, ymddisgyblu *vn.* **~-disciplined** *a.* hunanddisgybledig, ymddisgybledig. **~-discovery** *n.* hunanddarganfyddiad *m*, hunanddarganfod *vn*, eich darganfod eich hun/hunan. **~-disparagement** *n.* = **self-depreciation**. **~-disparaging** *a.* = **self-depreciative**. **~-display** *n.* hunanarddangos *vn*, hunanarddangosfa (hunanarddangosf|eydd) *f*, *F:* gorchest *f*, hen orchest. **~-dispraise** *n.* hunanddifrïo *vn*, hunanddifrïaeth *f.* **~-distributing** *a.* hunanddosbarthol. **~-distrust** *n.* hunanamheuaeth *f*, hunan-ddrwg-dyb *mf.* **~-distrustful** *a.* hunanddrwgdybus, hunanamh|eus. **~-doubt** *n.* hunanamheuaeth *f*, hunanamau *vn.* **~-doubting** *a.* hunanamheuol, hunanamh|eus. **~-dramatization** *n.* hunanddramateiddio *vn*, hunanddramateiddiad *m.* **~-dramatizing** *a.* hunanddramateiddiol. **~-drive** *a.* (*car &c*): gyrru'ch hunan. **~-educated** *a.* hunanaddysgedig, hunanddysgedig. **~-education** *n.* hunanaddysg *f*, hunan-ddysg *f*, eich addysgu'ch hunan. **~-effacement** *n.* gwyl|eidd-dra *m*, encilgarwch *m*, gostyngeiddrwydd *m*, anymwthgarwch *m*, swildod *m.* **~-effacing** *a.* gwylaidd, gostyngedig, anymwthgar, swil, encilgar. **~-effacingly** *adv.* yn wylaidd *&c.* **~-elected** *a.* hunanetholedig. **~-elective** *a.* hunanetholiadol. **~-employed** *a.* hunangyflogedig (*pronounced* ng-g). **~-employment** *n.* hunangyflogaeth *f* (*pronounced* ng-g). **~-emptying 1.** *a.* ymwacaol, hunanwacaol, sy'n ei wagio ei hun. **2.** *vn.* ymwacâd *m*, ymwacáu *vn*, hunanwacâd *m*, hunanwacáu *vn.* **~-enamoured** *a.* hunangar, hunangariadus (*both pronounced* ng-g). **~-energizing** *n.* hunan-nerthol. **~-enforcing** *a.* hunanorfodol. **~-engrossed** *a.* hunanganolog (*pronounced* ng-g); wedi ymgolli, ymgolledig [ynoch chi eich hun]. **~-enrichment** *n.* hunangyfoethogi *vn*, hunangyfoethogiad *m* (*both pronounced* ng-g), ymgyfoethogi *vn.* **~-esteem** *n.* hunanbarch *m*, hunan-dyb *mf*, *occ:* hunan-fri *m.* **~-evaluation** *n.* hunangloriannu *vn* (*pronounced* ng-g), hunanfantoli. **~-evidence** *n.* hunanamlygrwydd *m*, hunaneglurdeb *m.* **~-evident** *a.* hunanamlwg, hunaneglur; **it is ~-evident,** mae'n amlwg ohono'i hun; mae fel golau dydd. **~-evidently** *adv.* yn hunanamlwg. **~-exaltation** *n.* hunanganmoliaeth *f* (*pronounced* ng-g), hunan-fawl *m*, hunan-glod *m*, hunanfoliant *m.* **~-exalting** *a.* hunanglodforus, hunanganmoliaethus (*both pronounced* ng-g). **~-exaltingly** *adv.* yn hunanglodforus (*pronounced* ng-g). **~-examination** *n.* hunanymchwil *vn*, hunanymholiad *m*, hunanymchwiliad *m*, hunanarchwiliad *m.* **~-excited** *a.* *El.E:* hunanysgogedig. **~-exculpation** *n.* ymesgusodi. **~-excusing** *a.* ymesgusodol. **~-executing** *a.* hunangyflawnol (*pronounced* ng-g), hunanweithredol. **~-exile** *n.* hunanalltudiaeth *f.* **~-exiled** *a.* hunanalltud, hunanalltudiedig. **~-existence** *n.* hunanfod *m*, hunanfodolaeth *f.* **~-existent** *a.* hunanfodol. **~-explaining, ~-explanatory** *a.* hunaneglurhaol, hunanesboniadol, hunanamlwg. **~-exposure** *n.* ymddinoethi *vn*, ymddinoethiad *m.* **~-expression** *n.* hunanfynegiant *m.* **~-expressive** *a.* hunanfynegol. **~-exultation** *n.* ymffrost *m*, ymffrostio *vn.* **~-faced** *a.* (*stone*): garw (geirwon), di-nadd, heb ei naddu. **~-feeder** *n.* *Mec.E:* hunanborthwr (hunanborthwyr) *m.* **~-feeding** *a.* *Mec.E:* hunanborthol, sy'n ei borthi ei hun. **~-feeling** *n.* hunandeimlo *vn*, hunandeimlad(-au) *m.* **~-fertile** *a.* *Biol: Bot:* hunanffrwythlon. **~-fertility** *n.* *Biol: Bot:* hunanffrwythlondeb *m.* **~-fertilization** *n.* *Biol: Bot:* hunanffrwythloniad *m*, hunanffrwythloni *vn.* **~-fertilized** *a.* *Biol: Bot:* hunanffrwythlonedig. **~-fertilizing** *a.* *Biol: Bot:* hunanffrwythlonol. **~-filling** *a.* ymlanwol, hunanlanwol, ymlenwol, hunanlenwol. **~-flattering** *a.* hunandybus, hunanwenieithus. **~-flattery** *n.* hunanweniaith *f*, hunan-dyb *mf.* **~-focussing** *a.* hunanffocysol. **~-forgetful** *a.* anhunanol, hunananghofus. **~-forgetfully** *adv.* yn anhunanol *&c.* **~-forgetfulness** *n.* anhunanoldeb *m*, hunananghofrwydd *m.* **~-forgetting** *a.* = **self-forgetful**. **~-forgettingly** *adv.* yn anhunanol. **~-formed** *a.* hunanffurfiedig. **~-fruitful** *a.* hunanffrwythlon. **~-fruitfulness** *n.* hunanffrwythlondeb *m.* **~-fulfilling** *a.* hunangyflawnol (*pronounced* ng-g). **~-fulfilment** *n.* hunangyflawniad *m* (*pronounced* ng-g). **~-generated** *a.* hunangynyrchedig (*pronounced* ng-g). **~-generating** *a.* hunangynhyrchiol (*pronounced* ng-g). **~-given** *a.* ymroddedig, hunanroddedig. **~-giving** *a.* ymroddgar, anhunanol, hunanroddol, hunanaberthol. **~-glazed** *a.* gwydrog unlliw. **~-glorification** *n.* ymffrost *m*, ymffrostio *vn*, hunanogoneddiad *m*, hunanogoniant *m*, hunanogoneddu *vn*, ymogoneddu *vn.* **~-glorifying** *a.* ymffrostgar, hunanogoneddus. **~-glory** *n.* ymffrost *m*, hunanogoniant *m.* **~-governance** *n.* = **self-government.** **~-governed, ~-governing** *a.* ymreolus, hunanlywodraethol. **~-government** *n.* ymreolaeth *f*, hunanlywodraeth *f.* **~-gratification** *n.* hunanfoddhad *m.* **~-gratulation** *n.* = **self-congratulation.** **~-gratulatory** *a.* = **self-congratulatory.** **~-grip** *a.* hunanafael; **~-grip wrench,** tyndro(-

eon) hunanafael *m*. **~-hardened** *a*. *Metall:* hunangaled (*pronounced* ng-g). **~-hardening** *a*. hunangaledol (*pronounced* ng-g). **~-hate** *n*. hunangasineb *m* (*pronounced* ng-g), hunan-gas *m*. **~-hating** *a*. hunangasaol (*pronounced* ng-g). **~-hatred** *n*. = **self-hate.** **~-heal** *n*. *Bot:* (*Prunella vulgaris*): meddyges las *f*, meddyges benlas, craith unnos *f*, danhogen (*f*) y dŵr; **cut-leaved ~-heal,** (*P. laciniata*): meddyges eddïog. **~-healing** *a*. hunanwellhaol, hunaniachaol. **~-help** *n*. hunangymorth *m* (*pronounced* ng-g); **~-help group,** grŵp (*m*) helpu'ch gilydd. **~-humbling** *a*. ymddarostyngol, hunanddarostyngol, ymostyngol. **~-humiliation** *n*. ymddarostwng *vn*, ymostyngiad *m*, ymddarostyngiad *m*, hunanddarostyngiad *m*. **~-hypnosis** *n*. hunanhypnoteiddio *vn*, hunanhypnoteiddiad *m*, hunanhypnosis *m*. **~-hypnotic** *a*. hunanhypnotig. **~-hypnotism** *n*. hunanhypnotiaeth *f*. **~-identical** *a*. unffunud (â rhth). **~-identification** *n*. ymuniaethiad *m*, ymuniaethu *vn*. **~-identity** *n*. hunaniaeth *f*. **~-ignite** *v.i.* hunandanio, tanio ohono'i hun. **~-ignition** *n*. *I.C.E:* hunandanio *vn*, hunandaniad *m*. **~-ignorant** *a*. anymwybodus. **~-image** *n*. hunanddelwedd(-au) *f*. **~-immolation** *n*. hunanaberth(-au,-oedd) *m*. **~-importance** *n*. hunanbwysigrwydd *m*. **~-important** *a*. hunanbwysig, mawreddog. **~-importantly** *adv*. yn hunanbwysig. **~-imposed** *a*. gwirfoddol, hunanosodedig. **~-impotent** *a*. = **self-sterile.** **~-improvement** *n*. hunanwellhad *m*, eich gwella'ch hunan. **~-inclusive** *a*. hunangynhwysol (*pronounced* ng-g). **~-incompatible** *a*. hunananghydweddol, hunanwrthnaws, hunananghytûn. **~-incompatibility** *n*. hunananghydweddiad *m*, hunanwrthnawsedd *m*. **~-incriminating** *a*. hunangyhuddol (*pronounced* ng-g), hunanargyhuddol. **~-incrimination** *n*. hunangyhuddo *vn* (*pronounced* ng-g), hunanargyhuddo *vn*, hunangyhuddiad(-au) *m* (*pronounced* ng-g), hunanargyhuddiad(-au) *m*. **~-incurred** *a*. (*injury &c*): hunanwneuthuredig. **~-induced** *a*. *El:* hunananwythedig, hunananwythol. **~-inductance** *n*. *El:* hunananwythedd *m*. **~-induction** *n*. *El:* hunananwythiad *m*. **~-inductive** *a*. *El:* hunananwythol. **~-indulgence** *n*. hunanfaldod *m*. **~-indulgently** *adv*. yn hunanfaldodus. **~-inflating** *a*. ymchwyddol, hunanchwyddol, sy'n chwyddo ohono'i hun. **~-inflation** *n*. hunanchwyddiant *m*, hunanchwyddo *vn*. **~-inflicted** *a*. hunanwneuthuredig, hunanachosedig, a wnaethpwyd gan rn ei hun; **~-inflicted wound,** anaf a achoswyd gan yr anafedig, anaf i chi'ch hun. **~-initiated** *a*. hunanynydedig, hunangychwynnol (*pronounced* ng-g), hunanurddedig. **~-instructed** *a*. hunanaddysgedig, hunanhyfforddedig. **~-instructional** *a*. hunanaddysgol. **~-insurance** *n*. hunanyswiriant *m*. **~-insured** *a*. hunanyswiriedig. **~-insurer** *n*. hunanyswiriwr (hunanyswirwyr) *m*. **~-interest** *n*. hunan-les *m*, hunan-fudd *m*, *occ.* hunanlesâd *m*, hunanlesiant *m*, hunan-gais *m*. **~-interested** *a*. hunangeisiol (*pronounced* ng-g), hunanol, *occ:* hunanlesog. **~-interestedness** *n*. hunan-gais *m*, hunanoldeb *m*. **~-interrogation** *n*. ymholiad(-au) *m*, hunanholiad(-au) *m*, hunanymholiad(-au) *m*, hunanymholi *vn*. **~-introduction** *n*. hunangyflwyniad(-au) *m* (*pronounced* ng-g). **~-inverse** *a*. hunanwrthdro. **~-invited** *a*. wedi'ch gwahodd eich hun, hunanwahoddedig. **~-involved** *a*. = **self-absorbed.** **~-judgement** *n*. hunanfeirniadaeth(-au) *f*. **~-justification** *n*. hunangyfiawnhad *m* (*pronounced* ng-g). **~-justifying** *a*. hunangyfiawnhaol (*pronounced* ng-g). **~-kindled** *a*. hunangyneuedig (*pronounced* ng-g). **~-knowing** *a*. hunanwybodus. **~-knowledge** *n*. hunanwybodaeth *f*, hunanadnabod *m*, hunanadnabyddiaeth *f*. **~-laceration** *n*. hunanarcholli *vn*, hunanarcholliad(-au) *m*, rhwygo'ch cnawd eich hun. **~-laudatory** *a*. hunanglodforus, hunanglodforol (*both pronounced* ng-g), hunanfoliannus. **~-levelling** *a*. hunanwastataol, hunansadiol. **~-limitation** *n*. hunangyfyngiad(-au) *m* (*pronounced* ng-g). **~-limited** *a*. hunangyfyngedig (*pronounced* ng-g). **~-liquidating** *a*. *Fin:* hunangliriol (*pronounced* ng-g), hunanddiddymol. **~-loader** *n*. hunanlwythwr (hunanlwythwyr) *m*, ymlwythwr (ymlwythwyr) *m*. **~-loading** *a*. ymlwythol, hunanlwythol. **~-locating** *a*. hunanleolus. **~-locking** *a*. **1.** *Mec.E:* hunan-gloi, sy'n cloi ohono'i hun; **~-locking nut,** nyten (*f*) sy'n cloi ohoni'i hun (nytiau sy'n cloi ohonynt eu hunain). **~-love** *n*. hunangariad *m*, hunangarwch *m* (*both pronounced* ng-g), hunanoldeb *m*. **~-loving** *a*. hunanol, hunangar (*pronounced* ng-g). **~-lubricating** *a*. *Mch:* hunanirol, sy'n ei iro'i hun. **~-luminous** *a*. ymlewyrchol, ymddisgleiriol, hunanddisglair, sy'n disgleirio ohono'i hun. **~-made** *a*. ymddyrchafedig, hunanddyrchafedig; **a ~-made man,** dyn a wnaeth ei ffortiwn ei hun, dyn a wnaeth ei ffordd ei hun yn y byd, dyn a gododd yn y byd, dyn wedi ei ddyrchafu ei hun, dyn ymddyrchafedig. **~-mailer** *n*. hunanbostiwr (hunanbostwyr) *m*. **~-mailing** *a*. hunanbostiol. **~-maintained** *a*. hunangynaledig (*pronounced* ng-g). **~-maintaining** *a*. hunangynhaliol (*pronounced* ng-g). **~-maintenance** *n*. hunangynhaliaeth *f* (*pronounced* ng-g). **~-mastery** *n*. hunanfeistrolaeth *f*, hunanreolaeth *f*. **~-mate** *n*. *Chess:* hunanwarchae. **~-mortification** *n*. hunanboenydio *vn*. **~-motion** *n*. ymsymudiad(-au) *m*, ymsymud *vn*. **~-moved** *a*. ymsymudedig. **~-moving** *a*. ymsymudol. **~-multiplying** *a*. ymluosogol, hunanluosogol. **~-murder** *n*. hunanladdiad *m*. **~-murderer** *n*. hunanleiddiad (hunanleiddiaid) *m&f*. **~-mutilation** *n*. hunananafiad(-au) *m*, hunananffurfiad(-au) *m*, eich anafu'ch/anffurfio'ch hunan. **~-neglect** *n*. hunanesgeulustod *m*, hunanesgeulustra *m*, eich esgeuluso'ch hunan, esgeulustod (*m*) ohonoch chi eich hun. **~-neglectful** *a*. hunanesgeulus. **~-observation** *n*. hunansylw(-adau) *m*, hunanarsylwad(-au) *m*, hunanarsylwi *vn*, sylwi arnoch chi eich hunan. **~-obsessed** *a*. hunanobsesiynol. **~-operating, ~-operative** *a*. hunanweithiol, hunanweithredol. **~-opinion** *n*. = **self-conceit.** **~-opinionated, ~-opinioned** *a*. = **self-conceited, stubborn.** **~-opposing** *a*. hunanwrthwynebol. **~-opposition** *n*. hunanwrthwynebiad *m*. **~-ordained** *a*. hunanordeiniedig. **~-organization** *n*. hunandrefniant *m*. **~-originated** *a*. hunanddechreuedig, hunandarddedig, hunangychwynedig (*pronounced* ng-g). **~-originating** *a*. hunanddechreuol, hunandarddol, hunangychwynnol (*pronounced* ng-g). **~-parody** *n*. hunanb|arodi (hunanbarodïau) *mf*. **~-partial** *a*. hunanbleidiol. **~-partiality** *n*. hunanbleidgarwch *m*. **~-perception** *n*. hunanganfyddiad *m* (*pronounced* ng-g). **~-perfecting** *a*. hunanberffeithiol. **~-perpetuating** *a*. hunanbarhaol. **~-perpetuation** *n*. hunanbarhad *m*. **~-persuasion** *n*. hunanberswâd *m*. **~-pity** *n*. hunandosturi *m*. **~-pitying** *a*. hunandosturiol. **~-pleased** *a*. hunanfoddh|aus, hunanfodlon. **~-pleasing** *a*. hunanfoddhaol. **~-poise** *n*. pwyll *m*, pwyllogrwydd *m*, hunangytbwysedd *m* (*pronounced* ng-g). **~-poised** *a*. pwyllog, hunangytbwys (*pronounced* ng-g). **~-poisoning** *vn*. *Med:* hunanwenwyno, hunanwenwyniad(-au) *m*. **~-policing** *a*. hunanwarchodol. **~-pollinate** *v.i.* & *t.* hunanbeillio. **~-pollination** *n*. hunanbeillio *vn*, hunanbeilliad *m*. **~-pollution** *n* = **masturbation.** **~-portrait** *n*. hunanbortread(-au) *m*. **~-possessed** *a*. pwyllog, digyffro, digynnwrf, hunanfeddiannol, *F:* côm, llonydd. **~-possessedly** *adv*. yn bwyllog *&c*. **~-possession** *n*. pwyll *m*, pwyllogrwydd *m*, hunanfeddiant *m*, *F:* comrwydd *m*; **to lose one's ~-possession,** cynhyrfu, ymgynhyrfu, cyffroi, colli'ch pwyll; **to regain one's ~-possession,** ymbwyllo, ymdawelu. **~-powered** *a*. hunanysgogol. **~-praise** *n*. hunanganmoliaeth *f*, hunanganmol *vn* (*both pronounced* ng-g), hunan-fawl *m*, hunan-glod *m*, hunanfoliant *m*. **~-preoccupation** *n*. ymgolli (*vn*) ynoch chi'ch hunan, ymgolledigaeth *f*, hunansynfyfyrdod(-au) *m*. **~-preoccupied** *a*. ymgolledig, wedi ymgolli [ynoch chi'ch hunan], synfyfyriol. **~-preparation** *n*. hunanbaratoad(-au) *m*, ymbaratoad(-au) *m*, eich parat|oi'ch hunan. **~-presentation** *n*. hunangyflwyniad *m* (*pronounced* ng-g), hunanymgyflwyniad, ymgyflwyniad *m*, ymgyflwyno *vn*. **~-preservation** *n*. hunangadwraeth *f* (*pronounced* ng-g), hunanwarchod *vn*, hunanamddiffyn *vn*, hunanamddiffyniad *m*. **~-preserving** *a*. hunangadwraethol (*pronounced* ng-g), hunanamddiffynnol, hunanwarchodol. **~-pride** *n*. hunanfalchder *m*, hunan-dyb *mf*. **~-proclaimed** *a*. hunanhonedig, hunangyhoeddedig (*pronounced* ng-g). **~-produced** *a*. hunangynyrchedig (*pronounced* ng-g). **~-profit** *n*. hunan-fudd *m*, hunan-les *m*. **~-projection** *n*. eich allanoli'ch/alldaflu'ch hunan, hunanallanoli *vn*, hunanalldaflu *vn*. **~-propagating** *a*. ymluosogol, hunanluosogol. **~-propelled** *a*. hunanyredig. **~-propelling** *a*. *Veh:* hunanyrrol. **~-propulsion** *n*. hunanyriad *m*, hunanyriant *m*. **~-protection** *n*. hunanwarchodiad *m*, hunanwarchod *vn*, hunanamddiffyniad *m*, hunanamddiffyn *vn*. **~-protective** *a*. hunanwarchodol, hunanamddiffynnol. **~-protectiveness** *n*. hunanamddiffynoldeb *m*. **~-proving** *a*.

hunanbrofol. **~-punishing** *a.* ymgosbol, hunangosbol (*pronounced* ng-g). **~-punishment** *n.* ymgosbi *vn*, hunan-gosb(-au) *f*, hunangosbedigaeth *f* (*pronounced* ng-g). **~-purifying** *a.* hunanburol, hunanlanhaol. **~-purification** *n.* hunanburedigaeth *f*, hunanlanhad *m*, hunanburo *vn*, hunanlanh|au *vn*. **~-questioning** *a.* hunanholiadol. **~-quotation** *n.* hunanddyfyniad *m*, eich dyfynnu'ch hun *vn*. **~-raising** *a. Cu:* **~-raising flour,** blawd (*m*) codi. **~-rating** *vn.* = **self-appraisal.** **~-realization** *n.* hunansylweddoliad *m*, hunanddeall *m*, ymsylweddoliad *m*. **~-realizationism** *n.* hunansylweddoliaeth *f*. **~-realizationist** *n.* hunansylweddolydd(-ion) *m*. **~-reconstruction** *n.* ymadfer *vn*, ymadferiad *m*. **~-recording 1.** *a.* hunanrecordiol. **2.** *n.* hunanrecordiad(-au) *m*. **~-recrimination** *n.* hunangyhuddo *vn*, hunangyhuddiad(-au) *m* (*both pronounced* ng-g), hunanymliw *vn*, hunanymliwio *vn*, hunanymliw(-iau) *m*, hunanfeio *vn*, hunanedliw *vn*, hunanedliwiad(-au) *m*. **~-referral** *n.* cais (ceisiadau) (*m*) drosoch eich hunan. **~-reflection** *n.* hunanfyfyrdod(-au) *m*, hunanystyriaeth(-au) *f*. **~-reflective** *a.* hunanfyfyriol, hunanystyriol. **~-reformation** *n.* hunanddiwygiad *m*, hunanddiwygio *vn*, ymddiwygio *vn*, ymddiwygiad *m*. **~-refuting** *a.* hunanwrthbrofol. **~-regard** *n.* hunan-barch *m*, meddwl (*m*) ohonoch eich hun, hunanystyriaeth *f*. **~-regarding** *a.* hunanystyriol, hunangyfeiriol (*pronounced* ng-g). **~-registering** *a.* hunanrecordiol, hunangofrestrol, hunangofnodol (*both pronounced* ng-g). **~-regulating** *a.* hunanreolus, hunanreoleiddiol. **~-regulation** *n.* hunanddisgyblaeth *f*, ymddisgyblaeth *f*. **~-regulative, ~-regulatory** *a.* hunanreoleiddiol. **~-reliance** *n.* hunanddibyniaeth *f*, ymddibyniaeth *f*, annibyniaeth *f*. **~-reliant** *a.* hunanddibynnol, annibynnol. **~-renewal** *n.* hunanadnewyddiad(-au) *m*, ymadnewyddiad(-au) *m*, eich adnewyddu'ch hunan. **~-renewing** *a.* hunanadnewyddol, ymadnewyddol. **~-renouncing** *a.* [hunan]ymwadol. **~-renunciation** *n.* [hunan]ymwadiad *m*, ymwadu *vn* **(of sth,** â rhth). **~-repeating** *a.* ailadroddus. **~-repellent** *a.* hunanwrthyrrol. **~-replicating** *a.* hunanatgynhyrchiol. **~-repose** *n.* ymorffwys *vn.* **~-representation** *n.* hunangynrychiolaeth *f* (*pronounced* ng-g), hunanddarluniad(-au) *m*, hunanddarlunio *vn*. **~-repression** *n.* hunanwastrodaeth *f*. **~-reproach** *n.* hunanedliw(-ion) *m*, hunanedliwiad(-au) *m*, hunanfeio *vn*, hunanedliw *vn*, edifeirwch *m*. **~-reproachful** *a.* edifar, edifeiriol, hunanedliwiol, hunanedliwgar. **~-reproof** *n.* hunangerydd(-on) *m* (*pronounced* ng-g), edifeirwch *m*. **~-reproving** *a.* hunangeryddol (*pronounced* ng-g), edifar, edifeiriol. **~-reprovingly** *adv.* yn hunangeryddol (*pronounced* ng-g). **~-repugnant** *a.* hunanatgas. **~-resentment** *n.* hunan-ddig *m*. **~-reservation** *n.* hunangadwedigaeth *f* (*pronounced* ng-g). **~-respect** *n.* hunan-barch *m*. **~-respecting** *a.* hunanbarchus, â pharch [gennych] atoch eich hun; **no ~-respecting Welshman would do this,** ni byddai'r un Cymro gwerth ei halen yn gwneud hyn; ni byddai'r un Cymro teilwng o'r enw yn gwneud hyn. **~-restraining** *a.* ymataliol. **~-restraint** *n.* ymatal *vn*, ymataliaeth *f*. **~-revealed** *a.* hunanddatguddiedig. **~-revealing** *a.* hunanddatguddiol. **~-revelation** *n.* hunanddatguddiad(-au) *m*, hunanddatguddio *vn*. **~-reverence** *n.* hunan-barch *m*, parch (*m*) atoch eich hun. **~-rewarding** *a.* hunanwobrwyol. **~-righteous** *a.* hunangyfiawn (*pronounced* ng-g), phariseaidd. **~-righteously** *adv.* yn hunangyfiawn *&c.* **~-righteousness** *n.* hunangyfiawnder *m* (*pronounced* ng-g), phariseaeth *f*. **~-righting** *a.* ymunionol, hunanunionol, hunangywirol (*pronounced* ng-g). **~-rule** *n.* ymreolaeth *f*. **~-ruling** *a.* ymreolus. **~-sacrifice** *n.* hunanaberth(-au,-oedd, hunanebyrth) *mf*, ymaberthu *vn*, eich aberthu'ch hun. **~-sacrificer** *n.* hunanaberthwr (hunanaberthwyr) *m*. **~-sacrificing** *a.* hunanaberthol. **~-same** *a.* = **selfsame.** **~-satisfaction** *n.* hunanfodlonrwydd *m*, hunanfoddhad *m*. **~-satisfied** *a.* hunanfodlon, hunanfoddh|aus. **~-satisfying** *a.* hunanfodlonol, hunanfoddhaol. **~-schooled** *a.* = **self-taught.** **~-scrutiny** *n.* = **self-examination.** **~-sealing** *a.* hunanseliol. **~-searching** *a.* hunanchwilgar. **~-seeker** *n.* hunangeisiwr (hunangeiswyr) *m* (*pronounced* ng-g). **~-seeking 1.** *a.* hunangeisiol (*pronounced* ng-g). **2.** *n.* hunan-gais *m*, hunanoldeb *m*. **~-selection** *n.* hunanddewis *vn*, hunanddewisiad(-au) *m*, hunanddetholiad(-au) *m*. **~-service** *attrib.* hunanweini *vn*, gweini arnoch eich hunan; *(store):* helpu'ch hunan, hunanwasanaeth; *(cafeteria):* estyn ato, helpu'ch hunan. **~-serving** *a.* hunangeisiol (*pronounced* ng-g), hunanlesol. **~-sinking** *a.* hunansuddol. **~-slain** *a.* hunanladdedig. **~-slaughter** *n.* = **suicide**[2]. **~-slayer** *n.* hunanleiddiad (hunanleiddiaid) *m&f.* **~-sold** *a.* hunanwerthedig. **~-sown** *a.* hunanheuedig. **~-stabilizing** *a.* hunansefydlogol, hunansadiol. **~-starter** *n. Aut:* hunandaniwr (hunandanwyr) *m*. **~-starting** *a.* hunandaniol, sy'n cychwyn/tanio ohono'i hun. **~-sterile** *a.* hunanddiffrwyth. **~-sterility** *n.* hunanddiffrwythder *m*. **~-stimulated** *a.* hunangyffr|ous (*pronounced* ng-g), hunansymbyledig, hunanysgogedig. **~-stimulating** *a.* hunansymbylol, hunanysgogol. **~-stimulation** *n.* hunansymbyliad *m*, hunangyffr|oi *vn*, hunangyffro *m*, hunangyffroad(-au) *m* (*all pronounced* ng-g). **~-study** *n.* hunanastudiaeth *f*. **~-styled** *a.* hunanhonedig. **~-subsistence** *n.* hunangynhaliaeth *f* (*pronounced* ng-g). **~-subsistent, ~-subsisting** *a.* hunangynhaliol (*pronounced* ng-g). **~-sufficiency** *n.* hunangynhaliaeth *f* (*pronounced* ng-g), hunanddigonolrwydd *m*. **~-sufficient, ~-sufficing** *a.* hunangynhaliol (*pronounced* ng-g), ymgynhaliol, hunanddigonol. **~-suggestion** *n.* hunanawgrym(-ion) *m*, hunanawgrymiad(-au) *m*. **~-support** *n.* hunangynhaliaeth *f* (*pronounced* ng-g), ymgynnal *vn.* **~-supported** *a.* hunangynaledig (*pronounced* ng-g). **~-supporting** *a.* hunangynhaliol (*pronounced* ng-g). **~-suppression** *n.* hunanlethu *vn*, hunanlethdod *m*. **~-surrender** *n.* hunanildio *vn*, hunanildiad(-au) *m*, eich ildio'ch hun. **~-sustained** *a.* hunangynaledig (*pronounced* ng-g). **~-sustaining** *a.* hunangynhaliol (*pronounced* ng-g). **~-tapping** *a.* hunandapio. **~-taught** *a.* hunanddysgedig, hunanaddysgedig. **~-teaching** *a.* hunanaddysgol. **~-terminating** *a.* hunanderfynol. **~-testing** *a.* hunanbrofol. **~-threading** *a.* hunanedafol. **~-tightening** *a.* hunandynhaol. **~-timing** *a.* hunanamserol. **~-tipping** *a.* hunandipio. **~-torment** *n.* hunanboenedigaeth *f*, hunanboenydio *vn.* **~-tormenting** *a.* hunanboenydiol. **~-tormentor** *n.* hunanboenydiwr (hunanboenydwyr) *m*. **~-torture** *n.* = **self-torment.** **~-trained** *a.* hunanhyfforddedig. **~-transcendence** *n.* hunandrosgynoldeb *m*. **~-transformation** *n.* hunanweddnewidiad *m*. **~-treatment** *n.* hunandriniaeth *f*. **~-trust** *n.* = **self-confidence.** **~-tuition** *n.* hunanaddysg *f*. **~-understanding** *n.* = **self-knowledge.** **~-unfruitful** *a.* hunananffrwythlon. **~-unfruitfulness** *n.* hunananffrwythlondeb *m*. **~-unloading** *a.* hunanwacaol, hunanddadlwythol. **~-valuation** *n.* hunanbrisiad *m*, hunanbrisio *vn.* **~-valuing** *a.* hunanbrisiol. **~-varying** *a.* hunanamrywiol. **~-vindicating** *a.* hunangyfiawnhaol (*pronounced* ng-g). **~-violence** *n.* = **suicide**[2]. **~-will** *n.* penderfynoldeb *m*, ystyfnigrwydd *m*, cyndynrwydd *m*, pengaledwch *m*, pengaledi *m* (*both pronounced* ng-g), penderfyniad *m*, *N.W:* mympwy(-on) *m*. **~-willed** *a.* ystyfnig, cyndyn, pengaled (*pronounced* ng-g), penderfynol, *N.W: occ:* meistrolgar. **~-willedly** *adv.* yn ystyfnig *&c.* **~-willedness** *n.* = **self-will.** **~-winding** *a.* sy'n ei weindio/ddirwyn ei hun, hunanweindiol, hunanddirwynol. **~-worship** *n.* hunanaddoliad *m*, hunanaddoli *vn.* **~-worshipper** *n.* hunanaddolwr (hunanaddolwyr) *m*, hunanadd|olwraig *f*. **~-worshipping** *a.* hunanaddolgar. **~-worth** *n.* = **self-esteem.**

selfdom *n.* hunaniaeth *f*.

selfhood *n.* hunan *m*, hunaniaeth *f*.

selfish *a.* hunanol; **~ theory of morals,** y ddamcaniaeth foesau hunanol.

selfishly *adv.* yn hunanol.

selfishness *n.* hunanoldeb *m*.

selfless *a.* dihunan, anhunanol.

selflessly *adv.* yn ddihunan, yn anhunanol.

selflessness *n.* anhunanoldeb *m*.

selfness *n.* hunanoldeb *m*, hunan-dyb *mf*.

selfsame *a. (preceding noun):* yr un *(+ soft mut. in fem. noun)*, yr union *(+ soft mut.)*, yr union un *(+ soft mut.f.)*, union yr un *(+ soft mut.f.)*, yr un *(+ soft mut. f.)*, yn union, yr un a'r unrhyw *(+ soft mut.)*, *F:* yr un un *(+ soft mut f.)*; *(following noun):* hwnnw (*f.* honno, *pl.* hynny); **(he left) the ~ day,** (fe ymadawodd) yr un diwrnod, yr union ddiwrnod, yr union un

diwrnod, yr un diwrnod yn union, yr un a'r unrhyw ddiwrnod, y diwrnod hwnnw, *F:* yr un un diwrnod.
selfsameness *n.* unrhywiaeth *f.*
Seljuk[ian] *a. & n.* **1.** *a.* Seljwcaidd. **2.** *n.* Seljwc(-iaid) *m&f.*
sell¹ *n.* **1.** *(= deception):* twyll *m,* hoced(-ion) *f,* tric(-iau) *m,* cast(-iau) *m;* **what a ~!** am dric/gast! dyna dric/gast! **2.** *(= sale):* gwerthiant (gwerthiannau) *m;* **the soft ~,** perswâd cynnil/clên *m;* **the hard ~,** taer gymell *vn, N:* hwrjo *vn, S:* hwtro *vn,* hwtrad *m.*
sell² *v.t.* **1.** *(a)* gwerthu; **to ~ back/again,** adwerthu (rhth), gwerthu (rhth) yn ei ôl; **easy to ~,** hawdd i'w werthu, hywerth, â mynd arno; **it's hard to ~,** 'does fawr o fynd arno; **what are you selling plums at today?** beth yw pris eirin [gennych chi] heddiw? am faint 'rydych chi'n gwerthu eirin heddiw? **he sold it to me for 50p,** fe'i gwerthodd ef i mi am hanner can ceiniog; **to ~ s.o. an idea,** darbwyllo rhn o syniad, gwerthu syniad i rn; **the packet sells the product,** drwy'r paced mae gwerthu'r cynnyrch; **to ~ sth short,** *(a)* prisio rhth yn rhy isel, gwerthu rhth ar golled, gwerthu rhth am lai na'i werth; *Fig:* tanbrisio rhth; *Fig:* **to ~ a bill of goods (to s.o.),** cymryd mantais (ar rn); **they sold their lives dearly,** costiodd eu marwolaeth yn ddrud i'r gelyn; *F:* **to ~ s.o. a pup,** twyllo rhn, gwn|eud rhn, *N:* rogio rhn, *S:* cafflo rhn; *B:* **to ~ one's birthright for a mess of pottage,** gwerthu'ch genedigaeth-fraint am gawl ffacbys; **to ~ sth by auction,** arwerthu rhth, gwerthu rhth mewn/trwy ocsiwn, rhoi rhth ar ocsiwn; **to ~ on credit,** gwerthu ar gredyd/goel, *N: F:* gwerthu ar làb; **to ~ sth and buy more of the same,** gwerthu mêl i brynu peth melys; gwerthu boreufwyd i brynu cinio; gwerthu cig hwch i brynu cig moch *&c;* **to ~ sth to buy sth less useful,** gwerthu ceffyl i brynu cyfrwy, gwerthu'r gloch fawr i brynu'r gloch fechan; *Prov:* **~ your knowledge and buy sense,** gwerth dy wybodaeth i brynu synnwyr; **to ~ one's soul,** gwerthu'ch enaid; *(b) (with passive force):* **goods that ~ well,** nwyddau sy'n gwerthu'n dda, nwyddau a mynd arnynt; **this book sells well,** mae mynd mawr ar y llyfr yma; mae'r llyfr hwn yn gwerthu'n dda; **to ~ like wildfire, to ~ like hot cakes,** *N:* gwerthu fel slecs, *S.W: occ:* gwerthu fel tân; **what are plums selling at?** beth yw pris eirin? faint yw eirin? **(land) to ~, to be sold,** (tir) ar werth, i'w werthu; *(a)* **to ~ s.o. down the river,** bradychu rhn, gwerthu rhn; **to ~ the pass,** bod yn fradwr, bradychu; *(b) (= deceive):* twyllo, gwneud, *N.W: occ:* trin, rogio, *S:* cafflo; **you've been sold,** fe gawsoch eich twyllo; **sold again!** wedi fy nhwyllo eto! *(c)* **she is completely sold on the idea,** mae hi wedi llyncu'r syniad yn llwyr; mae'r syniad wedi gafael/cydio ynddi; mae hi'n frwd [iawn] dros y syniad; mae hi wedi derbyn y syniad yn llwyr. **~-by date** *n.* dyddiad(-au) olaf *(m)* gwerthu; *Fig:* **he's past his ~-by date,** mae wedi chwythu ei blwc; mae wedi gweld ei ddyddiau gorau. **~ off** *v.t.* gwerthu (rhth) yn rhad, cael gwared (â rhth). **~ out** *v.t. & i.* **1.** *Fin: Com:* **to ~ out of sth,** gwerthu rhth i gyd, gwerthu rhth yn llwyr, gwerthu'r cwbl, gwerthu popeth; **we are sold out of candles,** 'rydym wedi gwerthu pob cannwyll; 'rydym wedi gwerthu ein canhwyllau i gyd; 'does gennym ni ddim canhwyllau ar ôl. **2.** *(= betray):* bradychu; **they have sold us out!** maen' nhw wedi'n bradychu ni! **~-out** *n.* **1. the concert was a ~-out,** gwerthwyd pob tocyn i'r cyngerdd. **2. this agreement is a ~-out,** brad *(m)* yw'r cytundeb yma; mae'r cytundeb yma'n ein bradychu. **~-up 1.** *v.t. (a bankrupt &c):* gwerthu eiddo (rhn). **2.** *v.i.* gwerthu'r cwbl; *(business):* gwerthu busnes; *(home):* torri cartref, *S.E:* torri tre.
sellable *a.* gwerthadwy, *Lit: occ:* hywerth.
sellanders *n.pl.* = **sallenders.**
seller *n.* **1.** gwerthwr (gwerthwyr) *m,* gw|erthwraig (gwerthwragedd)) *f;* **~'s market,** marchnad gwerthwr (marchnadoedd gwerthwyr); *Jur:* **~'s lien,** lien y gwerthwr. **2.** *(= book &c):* **it's a good ~,** mae'n gwerthu'n dda; mae mynd arno; *S.a.* **best-seller.**
selling *vn.* gwerthu, gwerthiant (gwerthiannau) *m;* **instalment ~,** rhandal-werthu; **mail-order ~,** gwerthu trwy'r post; **pressurized ~,** taer gymell, gwerthu taer, *N:* hwrjo, *S:* hwtro; **pyramid-~,** pyramidwerthu. **~-climax** *n. St.Exch:* uchafbwynt(-iau) *(m)* gwerthu. **~ plate** *n. Turf: U.S:* ras *(f)* werthu (rasys gwerthu). **~-plater** *n. Turf: U.S:* ceffyl(-au) *(m)* gwerthu. **~ point** *n.* rhagoriaeth(-au) *f,* atyniad(-au) *m* [i brynwr/brynwyr]. **~-power** *n.* grym *(m)* gwerthu. **~-price** *n.* pris(-iau) *(m)* gwerthu. **~-race** *n. Turf:* ras *(f)* werthu (rasys gwerthu).
Sellotape¹ *n. R.t.m:* S|elotep *m.*
sellotape² *v.t.* selotepio.
selsyn *n. El:* selsyn *m.*
seltzer *n. O:* **~ water,** dŵr *(m)* seltser.
selva *n. Geog:* selfa (selfâu) *f.*
selvage, selvedge *n.* selfais (selfeisiau) *m, Lit: occ:* ymylwe(-oedd) *m,* eirionyn(-nau) *m.*
selves *pron.pl. See* **self.**
semanteme *n. Ling:* semantem(-au) *mf.*
semantic[al] *a.* semantig, ystyregol.
semantically *adv.* yn semantig *&c.*
semanticist *n.* semantydd(-ion) *m,* ystyregydd (ystyregwyr) *m.*
semantics *n. Ling:* semanteg *f,* ystyreg *f.*
semantological *a.* semantolegol, ystyregol.
semantology *n.* semantoleg *f,* ystyreg *f.*
semaphore¹ *n.* s|emaffor (semafforau) *m.*
semaphore² *v.t. & i.* semafforio.
semaphoric *a.* semafforig.
semasiological *a. Ling:* semantig.
semasiologist *n.* semantydd(-ion) *m.*
semasiology *n. Ling:* semanteg *f.*
sematic *a.* rhybuddiol.
semblance *n. (= appearance):* ymddangosiad *m* (o rth); llun *m,* rhyw lun (ar rth, o rth); golwg *f* (rhth); **she bears the ~ of an angel,** mae golwg angel arni; mae hi'n debyg i angel; **to put on a ~ of gaiety,** cogio/smalio bod yn llawen, cymryd arnoch fod yn llawen; **a ~ of normality,** rhyw lun ar normalrwydd, ymddangosiad o normalrwydd, golwg normalrwydd; **she put on a ~ of anger,** cymerodd arni fod yn ddig; **he struggled to get some ~ of justice for his people,** ymdrechodd i ennill rhyw lun ar gyfiawnder *or* rhyw fath o gyfiawnder i'w bobl.
semé, semée *a. Her:* brith (*f.* braith, *pl.* brithion) (o rth).
semeiology *n.* = **semiology.**
semeiotic *a.* = **semiotic[al].**
sememe *n. Ling:* semem(-au) *mf.*
semen *n.* had *m* [gwryw], semen *m,* had dynol.
semester *n. U.S: Sch:* tymor (tymhorau) *m,* sesiwn (sesiynau) *mf.* **~ hour** *n.* awr *(f)* dymor (oriau tymor), awr semester.
semestr[i]al *a.* tymhorol, sesiynol.
semi¹- *pref. (= half):* hanner[-]; *(= partly):* lled- *(+ soft mut.).* **~-absorbent** *a.* lled-amsugnol. **~-abstract** *a.* lled-haniaethol. **~-abstraction** *n.* lled-haniaeth(-au) *f.* **~-academic** *a.* lled-academaidd. **~-active** *a.* lled-fywiog, lled-weithredol, lled-weithgar. **~-actively** *adv.* yn lled-fywiog *&c.* **~-activeness** *n.* lled-fywiogrwydd *m.* **~-adhesive** *a.* lled-lynol. **~-adhesively** *adv.* yn lled-lynol. **~-adhesiveness** *n.* lled-lynoldeb *m.* **~-agricultural** *a.* lled-amaethyddol. **~-anarchistic** *a.* lled-anarchaidd. **~-angular** *a.* lled-onglog. **~-animate** *a.* lled-fywydog, lled-fyw. **~-annual** *a.* hanner-blynyddol, chwemisol. **~-annually** *adv.* bob hanner blwyddyn, bob chwe mis. **~-aquatic** *a.* lled-ddyfrdrig. **~-arboral** *a.* lled-brendrig. **~-arch** *n.* hanner bwa (~ bwâu) *m.* **~-Arian 1.** *a.* hanner-Ariaidd, lled-Ariaidd. **2.** *n.* hanner-Ariad (~-Ariaid) *m&f,* lled-Ariad (~-Ariaid) *m&f.* **~-arid** *a.* lled-ddiffaith, lled-anial; **~-arid land,** lled-grindir(-oedd) *m.* **~-aridity** *n.* lled-anialedd *m,* lled-ddiffeithwch *m.* **~-articulate** *a.* lled-eglur, lled-lafar. **~-automatic** *a.* lled-awtomatig, hanner awtomatig. **~-automatically** *adv.* yn lled-awtomatig. **~-autonomous** *a.* lled-ymreolus, lled-ymreolaethol, lled-awtonomaidd. **~-Bantu** *a.* lled-Fantŵaidd. **~-barbarian 1.** *a.* lled-farbaraidd, hanner barbaraidd. **2.** *n.* hanner barbariad (~ barbariaid) *m&f,* lled-farbariad (~-farbariaid) *m&f.* **~-basement** *n.* lled-islawr (~-isloriau) *m.* **~-biographical** *a.* lled-fywgraffyddol, lled-fywgraffiadol, lled-gofiannol. **~-blind** *a.* hanner dall, ll|ed-ddall. **~-bold** *a. Typ:* lled-fras. **~-bull** *n. R.C.Ch:* hanner-bwl(-au) *m.* **~-capitalist** *n.* lled-gyfalafwr (~-gyfalafwyr) *m.* **~-cartilage** *n.* madruddyn (madrudd) cilgantol *m.* **~-cartilaginous** *a.* lled-fadruddog. **~-centenary** *n.* hanner-canmlwyddiant (~-canmlwyddiannau) *m.* **~-centennial 1.** *a.* hanner-canmlynyddol, hanner-canmlwyddol. **2.** *n.* = **semicentenary.** **~-chaotic** *a.* lled-anniben, lled-anhrefnus. **~-chorus** *n.* lled-gôr (~-gorau) *m,* lled-gorws (~-gorysau) *m,* lled-gytgor(-au) *m,* hanner-corws *m,* rhangor(-au) *m*

(*pronounced* ng-g). **~-civilized** *a.* lled-wareiddiedig, hanner gwareiddiedig, lledwar. **~-classic** *n.* lled-glasur(-on) *m.* **~-classical** *a.* lled-glasurol. **~-clerical** *a.* lled-glerigol. **~-colloquial** *a.* lled-sathredig. **~-colonial** *a.* lled-drefedigaethol, lled-wladfaol, lled-wladychol. **~-colonialism** *n.* lled-wladychiaeth *f.* **~-colony** *n.* lled-drefedigaeth(-au) *f*, lled-wladfa (~-wladf|eydd) *f.* **~-commercial** *a.* lled-fasnachol. **~-conductor** *n.* lled-ddargludydd(-ion) *m.* **~-conscious** *a.* lled-ymwybodol, hanner ymwybodol. **~-consciously** *adv.* yn lled-ymwybodol *&c.* **~-consciousness** *n.* lled-ymwybyddiaeth *f*, lled-ymwybod *m.* **~-conservative** *a.* lled-geidwadol. **~-conservatively** *adv.* yn lled-geidwadol. **~-continuous** *a.* lled-barh|aus. **~-crystalline** *a.* lled-risialaidd. **~-cultivated, ~-cultured** *a.* lled-ddiwylliedig, hanner diwylliedig. **~-darkness** *n.* gwyll *m*, hanner gwyll *m*, hanner tywyllwch *m*, lled-dywyllwch *m*, lled-olau *m*; *S.a.* **twilight.** **~-deify** *v.t.* lled-ddwyfoli, hanner-dwyfoli. **~-deponent** *a. Gram:* lled-ddeponent, hanner-deponent. **~-desert** *n.* lled-anialwch *m*, lled-anialdir(-oedd) *m*, lled-ddiffeithwch *m.* **~-detached** *a.* lled-wahanedig, ar led-wahân; **~-detached house,** tŷ (tai) (*m*) pâr, *F:* tŷ dan yr unto. **~-diameter** *n.* hanner-diamedr(-au) *m.* **~-diaphanous** *a.* lled-dryloyw. **~-diurnal** *a.* hanner-dyddiol, hanner-diwrnodol. **~-diurnally** *adv.* bob deuddeng awr, bob hanner diwrnod. **~-divine** *a.* lled-ddwyfol. **~-documentary** **1.** *a.* lled-ddogfennol. **2.** *n.* llun(-iau) lled-ddogfennol *m.* **~-dome** *n.* hanner-cromen(-ni,-nau) *f*, hanner-cryndo(-eau) *m.* **~-domed** *a.* hanner-cromennog, â hanner cromen. **~-domesticated** *a.* lled-ddof. **~-domestication** *n.* lled-ddofi *vn*, lled-ddofdra *m.* **~-dominant** *a. Bio-Ch:* lled-drechol. **~-dormant** *a.* sy'n lled-gysgu, lled-ynghwsg. **~-double** *a. Bot:* lled-ddwbl. **~-dry** *a.* lled-sych(-ion). **~-drying** *a.* lled-sychol. **~-ductile** *a.* lled-hydwyth. **~-durable** *a.* lled-barhaol, lled-ddurol. **~-ellipse** *n.* hanner-elíps (~-elipsau) *m*, hanner-hirgylch(-au) *m.* **~-elliptic[al]** *a.* hanner-eliptig, hanner-hirgrwn (*f.* ~ hirgron, *pl.* ~ hirgrynion), hanner-hirgylchog. **~-erect** *a. Z: Bot:* lled-unionsyth. **~-evergreen** *a. Bot:* lled-fytholwyrdd (*f.* ~-fytholwerdd, *pl.* ~-fytholwyrddion). **~-experimental** *a.* lled-arbrofol. **~-exposed** *a.* **1.** *(site):* hanner-agored. **2.** *Phot:* hanner-dinoethedig. **~-fictional** *a.* lled-ffuglennol. **~-figurative** *a.* lled-ffigurol. **~-final** **1.** *a.* cynderfynol. **2.** *n.* gêm gynderfynol (gemau cynderfynol) *f*, rownd gynderfynol (rowndiau cynderfynol) *f*, gornest gynderfynol (gornestau cynderfynol) *f.* **~-finalist** *n.* chwaraewr (chwaraewyr) cynderfynol *m*, cynderfynwr (cynderfynwyr) *m.* **~-finished** *a.* lled-orffenedig. **~-fitted** *a. Tail:* lled-fesuredig. **~-flexible** *a.* lled-hyblyg, lled-ystwyth. **~-fluid** **1.** *a.* lled-hylifol. **2.** *n.* lled-hylif(-au) *m.* **~-fluidity** *n.* lled-hylifedd *m.* **~-formal** *a.* lled-ffurfiol. **~-formed** *a.* hanner-ffurfiedig, lled-ffurfiedig. **~-fossil** **1.** *a.* lledffosilaidd, lledffosiledig. **2.** *n.* lledffosil(-[i]au) *m.* **~-friable** *a.* lled-hyfriw. **~-gloss** *a.* lled-loyw. **~-governmental** *a.* lled-lywodraethol. **~-group** *n. Mth:* lled-grŵp (~-grwpiau) *m.* **~-heretical** *a.* lled-hereticaidd. **~-historic[al]** *a.* lled-hanesyddol. **~-hysterical** *a.* lled-hysteraidd, hanner-hysteraidd. **~-independent** *a.* lled-annibynnol. **~-indirect** *a.* lled-anuniongyrchol (*pronounced* ng-g). **~-industrialized** *a.* lled-ddiwydiannol. **~-infidel** **1.** *a.* lled-baganaidd, lled-anffyddiol, lled-anghrediniol. **2.** *n.* lled-bagan(-iaid) *m*, lled-anffyddiwr (~-anffyddwyr) *m*, lled-anghrediniwr (~-anghredinwyr) *m.* **~-infinite** *a. Mth:* lled-anfeidraidd. **~-instinctive** *a.* lled-reddfol. **~-intellectual** *a.* lled-ddeallusol. **~-intoxicated** *a.* hanner meddw, lledfeddw. **~-invalid** **1.** *a.* lled-fethedig. **2.** *n.* lled-fethedig(-ion) *m&f.* **~-ironic[al]** *a.* lled-eironig, hanner-eironig; *(tone):* lled-goeglyd, hanner-coeglyd. **~-isolated** *a.* lled-neilltuedig. **~-legendary** *a.* hanner-chwedlonol, lled-chwedlonol. **~-lethal** *a.* lled-farwol, lled-angheuol. **~-liquid** **1.** *a.* lled-hylif[ol]. **2.** *n.* lled-hylif(-au) *m.* **~-literate** **1.** *a.* lledlythrennog, hanner-llythrennog. **2.** *n.* lled-lythrennog (~-lythrenogion) *m&f.* **~-log, ~-logarithmic** *a.* lled-logarithmig. **~-lunar** *a. Anat:* cilgantol, hanner-lloerol. **~-lustrous** *a.* lled-loyw, lled-lachar. **~-manufactures** *n.pl.* lled-gynhyrchion. **~-matt[e]** *a.* lled-bŵl. **~-mature** *a.* hanner-aeddfed, lled-aeddfed. **~-metal** *n.* lled-fetel(-au) *m.* **~-metallic** *a.* lled-fetelaidd. **~-micro** *a.* lled-ficro. **~-mobile** *a.* lled-symudol. **~-moist** *a.* lledlaith, hanner-llaith. **~-monastic** *a.* lled-fynachaidd. **~-monarchical** *a.* lled-frenhinol. **~-monopolistic** *a.* lled-fonopoleiddiol. **~-monthly** *a.* pythefnosol, hanner-misol. **~-mystical** *a.* lled-gyfriniol. **~-narrative** *a.* hanner-traethiadol. **~-nationalistic** *a.* lled-genedlaetholgar. **~-natural** *a.* lled-naturiol. **~-nomad** *n.* hanner-crwydryn (~-crwydriaid) *m.* **~-nomadic** *a.* hanner-crwydrol, hanner-nomadaidd, lled-grwydrol. **~-nude** *a.* hanner-noeth. **~-nudity** *n.* hanner-noethni *m.* **~-obscurity** *n.* hanner-tywyllwch *m*; *Fig:* lled-ddinodedd *m.* **~-official** *a.* lled-swyddogol, hanner-swyddogol. **~-officially** *a.* yn hanner-swyddogol. **~-opaque** *a.* lled-dywyll, *occ:* lled-afloyw, lled-anhryloyw, lled-anhydraidd, lled-ddidraidd. **~-palmated** *a. Biol:* lled-balfog; *S.a.* **sandpiper.** **~-paralysed** *a.* lled-barlysedig. **~-parasite** *n.* lled-b|arasit (~-barasitau) *m.* **~-parasitic** *a.* lled-barasitig. **~-parasitism** *n.* lled-barasitedd *m.* **~-Pelagian** **1.** *a.* lled-Belagaidd. **2.** *n.* lled-Belagiad (~-Belagiaid) *m&f.* **~-Pelagianism** *n.* lled-Belagiaeth *f.* **~-permanent** *a.* lled-barhaol, lled-arhosol, lled-sefydlog. **~-permeable** *a.* lled-athraidd, lled-hydraidd. **~-permeability** *n.* lled-athreiddedd *m*, lled-hydreiddedd *m.* **~-pervious** *a.* lled-athraidd. **~-petrified** *a.* lled-garegog. **~-plastic** *a.* lled-blastig, hanner-plastig. **~-plume** *n.* lled-bluen (~-blu) *f*, lled-blufyn (~-blu) *m.* **~-polar** *a. El:* lled-bolar. **~-political** *a.* lled-wleidyddol, hanner-gwleidyddol. **~-porcelain** *n.* lled-borslen *m.* **~-porous** *a.* hanner-athraidd, lled-athraidd. **~-portable** *a.* lled-gludadwy. **~-postal** *a. & n. U.S:* stamp(-iau) (*m*) elusen. **~-precious** *a.* lled-werthfawr. **~-primitive** *a.* lled-gyntefig, hanner-cyntefig. **~-private** *a.* lled-breifat, hanner-preifat. **~-pro, ~-professional** **1.** *a.* lled-broffesiynol. **2.** *n.* rhn (rhai) lled-broffesiynol, lled-arbenigwr (~-arbenigwyr) *m.* **~-profile** *attrib.* **~-profile [picture],** [llun *m*] tri-chwarter *m*, [llun] lled-broffil *m*, lled-gernlun(-iau) *m*, lled-ystlyslun(-iau) *m*, lled-broffil(-iau) *m.* **~-public** *a.* lled-gyhoeddus. **~-purposive** *a.* lled-fwriadol, lled-bwrpasol. **~-quantitative** *a.* lled-fesurol. **~-quaver** *n. Mus:* hanner-cwafer(-i, ~-cwafrau) *m*, atgrychyn(-nau) *m*, gogrychyn(-nau) *m.* **~-quiet** *a.* lled-dawel, hanner-tawel. **~-quietism** *n.* lled-dawelaeth *f*, lled-dawelyddiaeth *f.* **~-quietist** **1.** *n.* lled-dawelydd(-ion) *m*, hanner-tawelwr (~-tawelwyr) *m*, lled-dawelwr (~-dawelwyr) *m.* **2.** *attrib.* lled-dawelyddol. **~-reactionary** *a.* lled-adweithiol. **~-realistic** *a.* hanner-realaidd, lled-realaidd. **~-rebellious** *a.* lled-wrthryfelgar. **~-refined** *a.* lled-goeth. **~-religious** *a.* lled-grefyddol. **~-resolute** *a.* hanner-penderfynol, lled-benderfynol. **~-respectability** *n.* lled-barchusrwydd *m.* **~-respectable** *a.* lled-barchus. **~-retired** *a.* wedi hanner-ymddeol. **~-retirement** *n.* lled-ymddeoliad *m.* **~-rhythmic** *a.* lled-rythmig. **~-rigid** *a.* lled-anhyblyg, lled-galetsyth. **~-round** *a.* hanner-crwn, lletgrwn (*f.* lletgron, *pl.* lletgrynion). **~-rural** *a.* hanner-gwledig, lled-wledig. **~-sacred** *a.* lled-gysegredig. **~-satirical** *a.* lled-ddychanol, hanner-dychanol. **~-secret** *a.* lled-gyfrinachol. **~-sedentary** *a.* lled-eisteddol. **~-serious** *a.* hanner-difrifol, lled-ddifrifol, rhwng difrif a chwarae. **~-shrub** *n.* = **subshrub.** **~-shrubby** *a.* = **subshrubby.** **~-skilled** *a.* lled-fedrus, lled-grefftus. **~-smile** *n.* cilwen(-au) *f*, hanner-gwên (~-gwenau) *f*, glaswen(-au) *f.* **~-socialist** **1.** *a.* hanner-sosialaidd, lled-sosialaidd. **2.** *n.* hanner-sosialydd (~-sosialwyr) *m*, lled-sosialydd (~-sosialwyr) *m.* **~-soft** *a.* lled-feddal. **~-solid** **1.** *a.* lled-solet. **2.** *n.* lled-solet(-au) *m*, lled-solid(-[i]au) *m.* **~-speculative** *a.* hanner-tybiaethol. **~-subterranean** *a.* hanner-tanddaearol. **~-suburban** *a.* lled-faestrefol. **~-sweet** *a.* lled-felys, melysaidd, merfaidd. **~-synthetic** *a.* hanner-synthetig. **~-terrestrial** *a.* lled-ddaearol, hanner-daearol, *Z:* lled-ddaeardrig. **~-traditional** *a.* lled-draddodiadol. **~-trailer** *n.* *U.S:* lled-ôl-gerbyd(-au) *m.* **~-trained** *a.* hanner-hyfforddedig, lled-fedrus, lled-gymwys. **~-translucent** *a.* lled-dryleu. **~-transparent** *a.* lled-dryloyw. **~-tropical** *a.* lled-drofannol, isdrofannol. **~-tropics** *n.pl.* isdrofannau. **~-truthful** *a.* hanner-gwir, hanner-cywir, hanner-geirwir. **~-uncial** *a.* lled-wnsial, hanner-wnsial. **~-urban** *a.* hanner-trefol, lled-drefol. **~-valve** *n.* falf gilgantol (falfiau cilgantol) *f*, hanner-falf (~-falfiau) *f.* **~-vertical** *a.* lled-unionsyth, hanner unionsyth; *Mth:* hanner-fertigol. **~-vitreous** *a.* lled-wydraidd. **~-vocal** *a. Phon:* lled-lafarog. **~-voluntary** *a.* lled-wirfoddol, hanner-gwirfoddol. **~-vowel** *n. Phon:* lled-lafariad (~-lafariaid) *f.* **~-weekly** *a.* hanner-wythnosol. **~-wild** *a.* hanner-gwyllt, lled-wyllt, lledwyllt. **~-works** *n. & attrib.* gwaith (*m*) profi, ffatri (*f*) brofi. **~-yearly** *a.* hanner-blynyddol, chwemisol.

semi[2] *n. F:* tŷ (tai) (*m*) pâr.

semibreve *n. Mus:* hanner brîf (~ brifiau) *m*, nodyn (nodau) cyflawn *m*.
semicircle *n.* hanner cylch(-au) *m*.
semicircular *a.* hanner-cylchog, hanner-crwn.
semicolon *n.* gwahannod (gwahanodau) *mf*, hanner colon(-au) *m*.
semicylinder *n.* hanner-silindr(-au) *m*.
semicylindrical *a.* hanner-silindraidd.
semidemisemiquaver *n. Mus:* hanner-lled-hanner-cwafer(-i) *m*.
seminal *a.* **1.** *Biol:* hadlifol, semenol, semenaidd; ~ **vesicle,** chwysigen (*f*) yr hadlif. **2.** *Fig: (book, idea):* arloesol.
seminally *adv.* yn arloesol.
seminar *n. Sch:* s|eminar (seminarau) *mf*.
seminarian, seminarist *n. R.C.Ch:* seminarydd(-ion) *m*.
seminary *n.* **1.** coleg(-au) diwynyddol, athrofa (athrof|eydd) *f*. **2.** *A: Sch:* **young ladies' ~,** athrofa i ferched ifainc.
seminiferous *a.* had-ddygol.
seminoma *n. Med:* seminoma *m*.
semiology *n.* semioleg *f*.
semiotic[al] *a.* semiotig.
semiotics *n.* semioteg *f*.
semiquaver *n. Mus:* hanner cwafer(-i) *m*, atgrychyn(-nau) *m*, gogrychyn(-nau) *m*.
Semite *a. & n. Ethn:* **1.** *a.* Semitaidd, Semitig. **2.** *n.* Semitiad (Semitiaid) *m&f*.
Semitic *a.* Semitaidd, Semitig.
Semitism *n.* **1.** Semitiaeth *f*. **2.** *Ling:* Semiteb(-au) *f*.
Semitist *n.* Semitydd(-ion) *m*.
Semitize *v.t.* Semiteiddio.
semitone *n. Mus:* hanner tôn (~ tonau) *f*.
semivariable *a. Com:* ~ **cost,** cost (*f*) lled-newidiol.
semivowel *n. Ling:* lledlafariad (lledlafariaid) *f*.
semmet *n.* gogr(-au) (*m*) croen.
semmit *n. Cost:* crys(-au) isaf *m*.
semolina *n. Cu:* semolina *m*.
sempiternal *a.* tragwyddol, diddiwedd.
semplice *adv. Mus:* yn syml.
sempre *adv. Mus:* yn gyson, trwyddo draw, trwyddi draw.
sempstress *n.f.* = **seamstress.**
senarius *n. Pros:* llinell(-au) chweban *f*.
senarmontite *n. Miner:* senarmontit *m*.
senary *a.* chwechol, fesul chwech.
senate *n.* senedd(-au) *f*. **~-house** *n.* sen|edd-dy (~-dai) *m*.
senator *n.* seneddwr (seneddwyr) *m*.
senatorial *a.* seneddol.
senatorship *n.* seneddwriaeth(-au) *f*.
senatus *n.* senedd(-au) *f*. *Rom.Jur:* ~ **consultum,** ordeiniad(-au) *m*, ordinhad(-au) *f*.
send *v.t.* **1.** anfon (*not* danfon = **deliver, escort**), *N:* gyrru, *S.* hala; **to send s.o. for sth,** anfon rhn i nôl/ymofyn rhth, *N:* gyrru rhn i nôl rhth, *S:* hala rhn i mofyn rhth; **to ~ a letter to s.o.,** anfon llythyr at rn (*not* i rn); *but* **to ~ a letter to a place/newspaper,** anfon llythyr i le/bapur; **to ~ s.o. to Coventry,** diarddel/ esgymuno/anwybyddu rhn, gwrthod siarad â rhn, *F: or Joc:* torri rhn o'r seiat; **to ~ in one's papers,** rhoi'r gorau iddi, ymddiswyddo; **to ~ s.o. out to grass,** rhoi rhn ar ei bensiwn; **to ~ sth s.o.'s way,** anfon rhth draw at rn; **to ~ the hat round,** mynd â'r het o gwmpas; **(to ~ s.o.) to his long account, to Kingdom come,** (gyrru rhn) i ebargofiant, *N: F:* i'w aped. **2. it sent a shiver down my spine,** gyrrodd ias drwof; **to ~ s.o. flying,** taro/ bwrw rhn oddi ar ei draed; **the blow sent him sprawling,** rhoes y ddyrnod ef ar wastad ei gefn; **to ~ s.o. mad** *or* **up the wall,** gyrru rhn yn wallgof, gyrru rhn o'i gof, *S:* hala rhn yn benwan; *F:* **to ~ s.o. packing, to ~ s.o. about his business,** cael gwared â rhn, dangos y drws i rn, *N:* hel rhn am y drws, *N: occ:* dangos [ceg] y lôn i rn, rhoi'r hwi i rn: **to ~ sth up in smoke,** llosgi rhth yn ulw. **3.** *A:* **God ~ (that I may arrive in time),** rhoed Duw, Duw a roddo, rhynged bodd i Dduw (imi gyrraedd mewn pryd); **[God] ~ him victorious,** rhoed Duw iddo drechu. **~ along** *v.t.* **~ him along!** anfonwch ef draw! **~ down** *v.t.* **1.** *Sch:* diarddel rhn (o goleg), anfon rhn adref (o goleg), *N: F:* hel rhn (o goleg). **2.** *Nau: (a mast):* dadrigio. **~ forth** *v.t. O: (a) (an odour):* taenu, *N: occ:* nawsio; *(sparks):* tasgu; *(rays):* tywynnu, pelydru; *(b) (of plant):* **to ~ forth shoots,** blaguro, tyfu blagur. **~ off** *v.t.* anfon (rhn) ymaith; *Sp:* **he was sent off,** cafodd ei anfon oddi ar y cae. **~-off** *n.* **1.** ffarwel: ffarwél *f*, ffarweliad(-au) *m*, cychwyn *m*, cychwyniad(-au) *m*; **to give s.o. a good ~-off,** rhoi ffarwel iawn i rn, ffarwelio'n iawn/deilwng â rhn; **the press has given the play a good ~-off,** cafodd y ddrama groeso da gan y wasg. **~ on** *v.t.* anfon (rhth) ymlaen, anfon (rhth) yn ei flaen. **~ out** *v.t. (a) (pers., circular):* anfon (rhn, rhth) allan/mas; *(b) (smoke):* gollwng, chwydu; *(c) (signals, heat):* anfon (rhth) allan. **~ round** *v.t.* **1.** *(a circular &c):* anfon/gyrru/hala rhth o gwmpas *or* oddi amgylch. **2. I'll ~ it round tomorrow,** fe'i hanfonaf draw yfory. **~ up** *v.t.* **1.** anfon/gyrru (rhth) i fyny, *S:* hala (rhth) lan; **to ~ up a balloon,** gollwng balŵn. **2.** *Nau: (mast):* codi. **3.** *(prices):* gwthio prisiau [ar] i fyny. **4.** *F: (= imprison):* anfon (rhn) i garchar, anfon (rhn) i'w gadw. **5.** *F:* = **satirize. ~-up** *n. F:* p|arodi (parodïau) *mf*, (o/ar rth), sgit(-iau) *f* (ar rth).
send² *n.* = **scend¹,².**
sendal *n. A: Cost: Tex:* syndal *m*.
sender *n.* **1.** anfonwr: anfonydd (anfonwyr) *m*, *N:* gyrrwr (gyrwyr) *m* (*not* danfonwr = **deliverer, distributor**). **2.** *Tg: Tp: (device):* trawsyrrydd (trawsyryddion) *m*, trawsyrrwr (trawsyrwyr) *m*; **Morse ~,** trawsyrrydd [côd] Morse.
Seneca *n. Ethn:* Seneciad (Seneciaid) *m&f*. ~ **snake-root** *n.* = **senega snake-root.**
Senecan *a. Lit:* Senecaidd.
senecio *n. Bot:* = **ragwort, fleawort, groundsel.**
senectitude *n.* henaint *m*, henoed *m*.
senega *n. Bot: Pharm:* s|enega *m*. **~ snake-root** *n.* senega, llaethlys (*m*) senega.
Senegal *Pr.n. Geog:* S|enegal *f*.
Senegalese *a. & n.* **1.** *a.* Senegalaidd. **2.** *n.* Senegaliad (Senegaliaid) *m&f*.
Senegambia *Pr.n. Geog:* Senegambia *f*.
Senegambian *a. & n.* **1.** *a.* Senegambiaidd. **2.** *n.* Senegambiad (Senegambiaid) *m&f*.
seneka *n.* = **senega.**
senescence *n.* **1.** heneiddiad *m*, heneiddio *vn*. **2.** *Ch:* heneiddedd *m*.
senescent *a.* henaidd, heneiddiol, sy'n heneiddio.
seneschal *n. Hist:* distain (disteiniaid) *m*, synysgal(-iaid) *m*.
seneschalship *n. Hist:* disteiniaeth(-au) *f*, synysgaliaeth(-au) *f*.
sengreen *n. Bot:* = **houseleek.**
senile *a.* henaidd, heneiddiol, oedrannus, hen a musgrell, hen a ffwndrus/dryslyd/hurt, hurtus, hen a llegach, henwan; *(of young pers.):* **he's ~,** mae'n hen cyn ei amser; mae'n hen cyn pryd; ~ **apathy,** difaterwch (*m*) henaint; ~ **atrophy,** crebachu (*vn*) henaint; ~ **dementia,** dryswch (*m*) henaint; ~ **garrulity,** siaradusrwydd (*m*) henaint.
senilely *adv.* yn hen a methiannus, yn fusgrell *&c*.
senility *n.* hen|eidd-dra *m*, musgrelli *m*, musgrellni *m*, henwendid *m*.
senior *a. & n.* **1.** *a. (a) (of brothers &c):* hynaf; **Williams ~,** Williams yr hynaf; *(b)* **he is two years ~ to me,** mae ddwy flynedd yn hŷn na mi; mae'n hŷn na mi o ddwy flynedd; **a ~ citizen,** rhywun hen, rhywun hŷn, henwr (henwyr) *m*; ~ **citizens,** hen bobl *f or pl*, [yr] henoed *m*; *(c) (in rank):* uwch [eich safle]; *(in titles):* hŷn; ~ **vice-president,** is-lywydd hŷn; **to be ~ to s.o.,** bod yn uwch na rhn; **the ~ service,** y llynges *f*; *Sch:* **the ~ boys,** y bechgyn hŷn; ~ **clerk,** prif glerc(-od) *m*; ~ **lecturer,** uwch-ddarlithydd (~-ddarlithwyr) *m*; ~ **officer,** prif swyddog(-ion) *m*, uwch-swyddog(-ion) *m*; *Sch:* ~ **master,** athro (athrawon) hŷn/uwch *m*, uwchathro (uwchathrawon) *m*, dirprwy brifathro (~ brifathrawon); *Sch:* ~ **mistress,** athrawes(-au) hŷn/uwch *f*, uwchathrawes(-au) *f*, dirprwy brifathrawes(-au) *f*; ~ **high school,** ysgol(-ion) uwchradd hŷn *f*; ~ **school,** ysgol plant hŷn; ~ **secondary school,** ysgol uwchradd hŷn; ~ **social worker,** uwch-weithiwr (~-weithwyr) cymdeithasol *m*; *U.S: Sch:* ~ **year,** blwyddyn olaf *f*; *Com: Jur:* ~ **partner,** uwch-bartner(-iaid) *m*; **2.** *n. (a) (brother):* brawd (brodyr) hŷn/hynaf *m*; *(sister):* chwaer (chwiorydd) hŷn/ hynaf *f*; **she is my ~,** mae hi'n hŷn na mi; *(b) (in rank):* swyddog(-ion) uwch *m*, uwch-swyddog(-ion) *m*, rhn (rhai) uwch *m*; *(c) Sch:* **the seniors,** y plant hynaf/hŷn; *Sch: U.S:* disgybl(-ion) (*m*) y flwyddyn olaf, disgybl y dosbarth uchaf; *(d) Row:* rhwyfwr (rhwyfwyr) hŷn *m*.
seniority *n.* hynafedd *m*.

senna *n. Bot: Pharm:* senna *m.* ~ **pods** *n.pl.* codau senna.
sennet *n. Th: Hist:* caniad(-au) *m.*
sennight *n. A:* wythnos(-au) *f.*
sennit *n. Nau:* seithbleth(-i,-au) *f.*
Senous[s]i *n.* = **Senussi.**
sensate *a.* synhwyrus, teimladol.
sensately *adv.* yn synhwyrus.
sensation *n.* **1.** *(= feeling):* teimlad(-au) *m*, ymdeimlad(-au) *m*; **I had a ~ of falling,** cefais deimlad fy mod yn disgyn. **2.** *(= sensational thing, event): (a)* cynnwrf (cynhyrfau, cynyrfiadau) *m*, cyffro(-adau) *m*, syfrdandod(-au) *m*, cynhyrfdod(-au) *m*, cynhyrfiad (cynyrfiadau) *m*, syndod(-au) *m*; **to create/make a ~,** creu cyffro, peri syndod, creu cynnwrf; **(a book) that made a ~,** (llyfr) a gynhyrfodd y dyfroedd, a greodd stŵr *(m)*; *(b) (predicative use):* **she was a ~,** 'roedd hi'n aruthrol/syfrdanol/b|enigamp/gyffr|ous; 'roedd hi'n peri cyffro; 'roedd hi'n ddigon o ryfeddod; **the news was a ~,** creodd y newydd gynnwrf mawr. **~-monger** *n.* = **scandalmonger.**
sensational *a. (a) (novel, film, event):* syfrdanol, cyffr|ous, cynhyrfus, cynyrfiadol; *(b) F: (= extremely good):* aruthrol, p|enigamp: penig|amp, campus, gwych, anhygoel, bendigedig.
sensationalism *n.* **1.** *(= pursuit of sensation):* cyffrogarwch *m.* **2.** *Phil:* synwyriadaeth *f.*
sensationalist *n.* **1.** *(= pursuer of sensation):* cyffröydd (cyffroyddion) *m*, cyffröwr (cyffrowyr) *m*, cyffrogarwr (cyffrogarwyr) *m.* **2.** *Phil:* synwyriadydd(-ion) *m.*
sensationalistic *a.* **1.** cyffrogarol, cyffroyddol. **2.** *Phil:* synwyriadyddol.
sensationalistically *adv.* yn gyffrogarol *&c.*
sensationally *adv.* yn aruthrol *&c*, er mawr ryfeddod.
sensationism *n. Phil: Psy:* synwyriadaeth *f.*
sensationist *n. Phil: Psy:* synwyriadydd(-ion) *m.*
sense[1] *n.* **1.** *(= bodily faculty):* synnwyr (synhwyrau) *m*; **the five senses,** y pum synnwyr, *N.W: occ:* y pum gallu *m*; **the dog has a keen ~ of smell and of hearing,** mae gan y ci ffroen dda *(f)* a chlust fain *(f)*; **muscular ~,** synnwyr y cyhyrau; **a ~ of what is fitting,** synnwyr gwedduster, ymdeimlad â'r hyn sy'n weddus; **a ~ of the worth of sth,** syniad *(m)* o werth rhth, ymdeimlad â gwerth rhth; **some sixth ~ told me so,** 'roedd fy ngreddf *(f)* yn dweud hynny wrthyf. **2.** *pl. (a) (= sanity):* rheswm *m*, pwyll *m*, synhwyrau *pl*; **to be in one's senses,** bod yn gall, bod yn eich iawn bwyll; **to be out of one's senses,** bod o'ch cof, bod yn wallgof, drysu, bod wedi drysu; **are you in your right senses?** wyt ti'n gall? wyt ti'n drysu? **have you taken leave of your senses?** wyt ti'n [dechrau] drysu? wyt ti'n colli arnat dy hun? oes 'na ryw golled arnat ti? *N.W: occ:* wyt ti'n eu cael nhw? **to lose one's senses,** colli'ch pwyll/synnwyr, drysu, gwallgofi, mynd yn wallgof; *S.a.* **under 2.** *(b)*; **to bring s.o. to his senses,** callio rhn, dod â rhn at ei goed/synhwyrau; **to frighten s.o. out of his senses,** dychryn rhn ar ei hyd, codi arswyd ofnadwy ar rn, dychryn rhn o'i synhwyrau; **I was scared out of my [seven] senses,** mi ddychrynais am y mywyd; mi gefais arswyd; *S.W:* cefais lond bola o ofon; **to come to one's senses,** *(= become wiser):* callio, ymbwyllo, dod at eich coed, dod i'ch iawn glem, *S.W:* dod i ddews, callio, dod at eich post; *S.a. under (b) below*; *(b)* **to lose one's senses,** *(= consciousness):* llewygu, colli ymwybyddiaeth *(f)*, cael gwasgfa *(f)*, syrthio i lewyg; **to come to one's senses,** dod atoch eich hun, dadebru. **3.** *(a) (= feeling):* teimlad(-au) *m*, ymdeimlad(-au) *m*; **a ~ of pleasure,** teimlad pleserus, teimlad braf, teimlad o bleser/fwynhad; **to labour under a ~ of injustice,** teimlo eich bod yn cael cam; *(b)* synnwyr *m*, ymdeimlad *m*; **~ of colour,** synnwyr lliw/lliwiau; **~ of direction,** synnwyr cyfeiriad; **~ of duty,** teimlad o ddyletswydd; **~ of time,** synnwyr amser; **road ~,** synnwyr pen ffordd; *Mus:* **~ of rhythm,** ymdeimlad â rhythm, synnwyr rhythm; **~ of humour,** synnwr digrifwch. **4.** *(= intelligence):* synnwyr, callineb *m*, pwyll *m*, doethineb *m*, *S.W:* toreth *f*; **common ~, good ~, horse ~,** synnwyr cyffredin; **to show good ~,** dangos doethineb; **to act against all ~,** gweithredu'n groes i bob synnwyr; **to talk ~,** siarad yn gall/synhwyrol; **a woman of ~,** gwraig gall/synhwyrol; **there is no ~ in that,** 'does dim synnwyr yn hynny; mae hynny'n afresymol; **she had the good ~ to go,** bu hi'n ddigon call i fynd; *F:* **he has more money than ~,** mae mwy yn ei boced nag yn ei ben. **5.** *(= meaning):* ystyr(-on) *f*; **I can't make ~ of this passage,** 'rwy'n methu deall y darn hwn; 'rwy'n methu gwneud na phen na chynffon *or* na rhych na rhawn o'r darn hwn; *N:* 'dwi'n methu cael pen llinyn ar y darn yma; **in the literal ~,** yn yr ystyr lythrennol; **in the full ~ of the word,** yn llawn ystyr y gair; **in the true ~ of the word,** yng ngwir ystyr y gair; **to take a word in the wrong ~,** camddeall gair, camddehongli [ystyr] gair; **in a ~,** ar un olwg, o un safbwynt, ar ryw ystyr, mewn ystyr; **of the same ~ and meaning,** cyfystyr, yn gyfystyr; **to take the ~ of a meeting,** holi barn cyfarfod. **6.** *Mth:* cyfeiriad(-au) *m.* **~-capsule** *n. Biol:* cwpan(-au) *(m)* synhwyro. **~-cavity** *n. Biol:* ceudod(-au) *(m)* synhwyro. **~-cell** *n. Biol:* cell(-oedd) *(f)* synhwyro. **~-centre** *n. Biol:* canolfan(-nau) *(mf)* synhwyro. **~-datum** *n. Psy: Physiol:* synhwyriad (synwyriadau) *m*, synhwyryn (synhwyrion) *m.* **~-experience** *n.* profiad(-au) synwyriadol *m.* **~-impression** *n.* synhwyriad (synwyriadau) *m.* **~-perception** *n.* canfyddiad(-au) synwyriadol *m.* **~-organ** *n.* organ(-au) *(f)* synhwyro, synhwyrydd (synwyryddion) *m.*
sense[2] *v.t. (by sense of hearing, touch, taste or smell):* synhwyro, clywed; **I had sensed as much,** 'roeddwn wedi casglu/synhwyro/deall/amau cymaint â hynny; **I sensed that she wouldn't come,** 'rown i'n amau na ddeuai hi ddim.
senseful *a.* rhesymol, teg, cyfiawn.
senseless *a.* **1.** *(pers.) (= unconscious):* wedi llewygu, anymwybodol, *S.E:* sdŵn; **to fall ~,** cwympo'n anymwybodol, llewygu, cael gwasgfa; **to knock s.o. ~,** llorio rhn, rhoi/dodi rhn ar wastad ei gefn; **he knocked me ~,** *S.E:* fe'm bwrws i'n sdŵn. **2.** *(= foolish):* disynnwyr, hurt, ynfyd(-ion), ffôl, twp, afresymol, gwirion; *(= purposeless):* ofer, seithug, dibwrpas. **3.** *(= insentient):* dideimlad.
senselessly *adv.* **1.** *(= foolishly):* yn afresymol, yn ofer *&c.* **2.** *(= insentiently):* yn ddideimlad.
senselessness *n.* **1.** *(= foolishness):* gwiriondeb *m*, ynfydrwydd *m*, ffolineb *m*, hurtrwydd *m*, twpdra *m*; *(= purposelessness):* oferedd *m*, seithugrwydd *m.* **2.** *(= unconsciousness):* anymwybodolrwydd *m.* **3.** *(= insentience):* dideimladrwydd *m.*
sensibilia *n.pl.* pethau synwyradwy.
sensibility *n.* **1.** *(of skin, organ):* teimladrwydd *m*, synwyrusrwydd *m.* **2.** *(emotional):* teimladrwydd, hydeimledd *m*, tynerwch *(m)* teimlad; **mawkish ~,** sentimentaleiddiwch *m.* **3.** *(= keen appreciation, consciousness):* gwerthfawrogiad *m*, ymwybyddiaeth *f*; **my ~ of his many kindnesses,** f'ymwybyddiaeth o'i gymwynasau niferus. **4.** *pl. (= easily offended feelings):* lledneisrwydd *m*, teimladau *pl*; **to offend s.o.'s ~,** tramgwyddo rhn, pechu yn erbyn rhn, codi gwrychyn rhn.
sensible *a.* **1.** *(= perceptible):* synwyradwy, teimladwy, canfyddadwy, amlwg, eglur, *occ:* hydeiml; **~ heat,** gwres y gellir ei deimlo/glywed; **~ qualities,** ansoddau synwyriadwy. **2.** *(difference &c):* cryn *(before noun + soft mut.)*; sylweddol; **a ~ increase,** cryn gynnydd, cynnydd sylweddol. **3.** *(= aware):* ymwybodol, ystyriol (o rth); effro (i rth); **to be ~ of one's danger,** sylweddoli/gweld eich perygl, bod yn ymwybodol o'ch perygl, bod yn effro i'ch perygl; **to be ~ of a fact,** sylweddoli ffaith, gwybod [am] ffaith, bod yn ymwybodol o ffaith; **he became ~ of a confused noise,** dechreuodd glywed sŵn aneglur; daeth yn ymwybodol o sŵn aneglur; **to be ~ of an honour,** gwerthfawrogi anrhydedd, bod yn werthfawrogol o anrhydedd. **4.** *(= reasonable):* synhwyrol, call, *occ:* synhwyrgall; **~ people,** pobl gall *f or pl*; *(choice):* doeth, call; **be ~,** bydd(-wch) yn gall; callia (calliwch); **~ clothing,** dillad *(pl)* call/pwrpasol; **put sth ~ on,** dyro rth call amdanat.
sensibleness *n.* synnwyr cyffredin *m*, callineb *m*, pwyll *m.*
sensibly *adv.* **1.** *(= perceptibly):* yn deimladwy, yn ganfyddadwy; i'w ganfod; *(= considerably):* yn sylweddol. **2.** *(= reasonably):* yn synhwyrol, yn gall.
sensillum *n. Z:* = **sense-organ.**
sensitive *a.* **1.** teimladwy; *Bot:* **the ~ plant,** y planhigyn byw *m*, munudlys *m*, mimosa *m.* **2.** *(a) (skin, tooth):* teimladwy, s|ensitif, *M.W:* tejws; **~ to sth,** sensitif i rth; **~ to cold,** rhynllyd, triglyd; *(b) (pers.): (in one's handling of sth):* teimladwy, sensitif, tringar *(pronounced* ng-g), gofalus, *occ:* hydeiml; *(= easily offended):* croendenau, hawdd eich digio; **~ on questions of honour,** croendenau ynghylch anrhydedd; **this is a very ~ matter,** dyma fater tringar iawn; *(c) (instrument):* manwl,

manwl gywir; ~ **feed,** porthiant (porthiannau) sensitif *m*; *Com: Fin:* ~ **market,** marchnad gyfnewidiol (marchnadoedd cyfnewidiol) *f*; *Phot:* ~ **paper,** papur(-au) sensitif *m*; ~ **plate,** plât (platiau) sensitif *m*.
sensitively *adv. (a)* yn s|ensitif, yn dringar (*pronounced* ng-g); *(b) (of measuring):* yn fanwl.
sensitiveness, sensitivity *n.* **1.** *(of skin, touch, senses):* sensitifrwydd *m*, hydeimledd *m*; *Mth:* sensitifedd(-au) *m*; *Biol: Ch:* sensitifedd, ymatebolrwydd *m*. **2.** *(a) (of character):* teimladrwydd *m*, hydeimledd, tynerwch (*m*) teimlad; *(= touchiness):* croendeneurwydd *m*, croendeneuwch *m*; *(in handling of sth):* tringarwch *m* (*pronounced* ng-g); *(b) (precision of machine &c):* sensitifedd, sensitifrwydd (i rth); manylrwydd *m*, manwl gywirdeb *m*. ~ **analysis** *n.* dadansoddiad(-au) (*m*) hydeimledd/sensitifrwydd.
sensitization *n.* sensiteiddio, sensiteiddiad(-au) *m*.
sensitize *v.t.* sensiteiddio.
sensitized *a.* sensiteiddiedig.
sensitizer *n.* sensiteiddiwr (sensiteiddwyr) *m*.
sensitizing *a.* sensiteiddiol.
sensitometer *n. Phot:* sensitomedr(-au) *m*.
sensitometric *a. Phot:* sensitometrig.
sensitometry *n. Phot:* sensitometreg *f*.
sensomotor *a.* = **sensorimotor.**
sensor *n.* synhwyrydd (synwyryddion) *m*.
sensorial *a.* = **sensory.**
sensorially *adv.* yn synhwyraidd.
sensorimotor *a.* synhwyraidd-ymudol, synhwyraidd-weithredol.
sensorineural *a. Anat:* synwyrnerfol; ~ **hearing loss,** byddardod nerfol *m*.
sensorium *n. Physiol:* synhwyrfa (synwyrfaoedd, synwyrf|eydd) *f*.
sensory *a. Physiol:* synhwyraidd; ~ **deprivation,** ynysu (*vn*) synhwyraidd, amddifadiad synhwyraidd *m*; ~ **nerve,** nerf(-au) (*f*) synhwyro; ~ **organ,** organ(-au) (*f*) synhwyro, synhwyrydd (synwyryddion) *m*; ~ **perception,** amgyffrediad (*m*) [y] synhwyrau; ~ **world,** byd synhwyraidd *m*.
sensual *a.* **1.** = **sensory. 2.** *(= fleshly):* cnawdol, nwydus, blysig, chwantus, *Lit:* trythyll, anllad; ~ **appetites,** chwantau'r cnawd, trachwant *m*; ~ **pleasures,** pleserau'r cnawd, *Lit:* trythyllwch *m*, anlladrwydd *m*.
sensualism *n.* **1.** = **sensationalism. 2.** = **sensuality.**
sensualist *n.* **1.** *Phil:* = **sensationalist. 2.** *(= lecher):* cnawdolddyn(-ion) *m*, trythyllwr (trythyllwyr) *m*.
sensualistic *a.* = **sensual 2.**
sensuality *n.* cnawdolrwydd *m*, blysigrwydd *m*, cnawdoldeb *m*, *Lit:* trythyllwch *m*, anlladrwydd *m*, chwantusrwydd *m*.
sensualization *n.* cnawdoliad *m*, cnawdoli *vn*.
sensualize *v.t.* cnawdoli.
sensually *adv.* yn gnawdol, yn nwydus *&c*.
sensualness *n.* = **sensuality**
sensuism *n. Phil:* = **sensationalism.**
sensum *n. Phil:* synhwyriad (synwyriadau) *m*, synhwyryn (synhwyrion) *m*.
sensuosity *n.* = **sensuousness.**
sensuous *a.* synhwyrus.
sensuously *adv.* yn synhwyrus.
sensuousness *n.* synwyrusrwydd *m*.
sent *p.p. See* **send.**
sentence¹ *n.* **1.** *Jur:* *(a)* dedfryd(-au) *f*; **life** ~, dedfryd am [eich] oes, dedfryd oes, carhar (*m*) am oes, oes (*f*) o garchar; **death** ~, dedfryd marwolaeth; **to pass [a]** ~ , cyhoeddi dedfryd; **remission of** ~, cwtogiad (*m*) ar ddedfryd, cwtogi (*vn*) dedfryd; **suspended** ~, dedfryd ohiriedig (dedfrydau gohiriedig) *f*; *(b) (= term in prison):* penyd(-iau) *m*, carchariad(-au) *m*; **whilst he was undergoing** ~, yn ystod ei garchariad, yn ystod ei amser yn y carchar. **2.** *Gram: Mus:* brawddeg(-au) *f*; **to form sentences,** brawddegu, *occ:* broddegu; **complex** ~, brawddeg gymhleth (brawddegau cymhleth); **compound** ~, brawddeg gyfansawdd (brawddegau cyfansawdd); **co-ordinate** ~, brawddeg gydradd (brawddegau cydradd); **simple** ~, brawddeg seml (brawddegau syml). ~ **connector** *n.* cysylltair (cysyllteiriau) *m*. ~ **fragment** *n.* darn (*m*) brawddeg (darnau brawddegau). ~ **stress** *n.* pwyslais (*m*) brawddeg. ~ **structure** *n.* cystrawen(-nau) *f*, adeiladwaith (*m*) brawddeg(-au). ~ **substitute** *n.* cynrychiolydd (*m*) brawddeg (cynrychiolwyr brawddegau).
sentence² *v.t. Jur:* dedfrydu; **to ~ s.o. to a month's imprisonment,** dedfrydu rhn i fis o garchar; **to ~ s.o. to death,** dedfrydu rhn i farwolaeth, *occ: F:* bwrw rhn i'w golli.
sentencer *n.* dedfrydwr (dedfrydwyr) *m*.
sentencing *vn.* = **sentence². ~ policy** *n.* p|olisi (*m*) dedfrydu.
sententia *n.* = **aphorism.**
sentential *a. Gram:* brawddegol, *occ:* broddegol; *Log:* ~ **function,** ffwythiant brawddegol *m*; *Log:* ~ **calculus,** c|alcwlws brawddegol *m*; ~ **connective,** cysylltair (cysyllteiriau) *m*.
sententially *adv.* yn frawddegol.
sententious *a. (style):* gwirebol, gwirebus; *(= aphoristic):* ymadroddus, ymadroddgar; *(pers.):* doethinebus, doetheiriog, moesolgar; ~ **person,** doethinebwr (doethinebwyr) *m*, moesolwr (moesolwyr) *m*.
sententiously *adv.* yn ddoethinebus *&c*; **to speak** ~, doethinebu, moesoli.
sententiousness *n.* natur ddoethinebus *f*, moesolgarwch *m*.
sentience *n.* ymdeimlad *m*, ymdeimladoldeb *m*.
sentient *a.* ymdeimladol.
sentiently *adv.* yn ddirnadol *&c*.
sentiment *n.* **1.** *(a) (= feeling):* teimlad(-au) *m*; *Psy: occ:* synfen(-nau) *m*; **noble sentiments,** teimladau dyrchafedig; **master-**~, prif synfen; *(b) (= opinion):* barn(-au) *f*, teimlad *m*; **those are my sentiments,** dyna fy marn/meddwl/nheimladau i; *F:* dyna fel yr wyf i yn edrych arni; dyna fel yr wyf i'n ei gweld hi. **2.** = **sentimentality.**
sentimental *a.* **1.** teimladwy, gordeimladwy, gordeimladol, sentimental, sentimentalaidd, dagreuol; **a** ~ **novel,** nofel sentimental. **2.** ~ **value,** gwerth personol *m*.
sentimentalism *n.* sentimentaliaeth *f*.
sentimentalist *n.* sentimentalydd(-ion) *m*.
sentimentality *n.* s|entiment *m*, sentimentaliaeth *f*, sentimentalrwydd *m*, teimladrwydd *m*, gordeimladrwydd *m*, sentimentaleiddiwch *m*.
sentimentalization *n.*, **sentimentalize** *v.t. & i.* sentimentaleiddio.
sentimentally *adv.* yn deimladwy *&c*.
sentimo *n. Num:* sentimo(-s) *m*.
sentinel¹ *n.* **1.** gwarchodwr (gwarchodwyr) *m*, gwyliwr (gwylwyr) *m*, gwyliedydd(-ion) *m*; **to stand ~ (over sth),** gwarchod (rhth), gwylio (rhth, dros rth), mynd/bod ar wyliadwriaeth (dros rth). **2.** *Z:* **dun** ~, môr-falwen lwyd (~-falwod llwydion) *f*. **~-crab** *n.* cranc(-od) llygadog *m*.
sentinel² *v.t.* gwarchod (rhth), gosod gwarchodwr (ar rth).
sentinence *n.* syniant (syniannau) *m*.
sentry *n.* **1.** = **sentinel¹. 2.** gwarchodaeth *f*, gwyliadwriaeth *f*; **to stand** ~, **to be on ~[-go],** gwylio, gwarchod, mynd/bod ar wyliadwriaeth; *F:* **to do ~-go before s.o.'s door,** cerdded yn ôl a blaen o flaen drws rhn. ~ **box** *n.* bwth (*m*) gwarchodwr (bythau gwarchodwyr). **~-go** *n.* = **sentry 2.** ~ **walk** *n.* rhodfa (*f*) gwarchodwr (rhodf|eydd gwarchodwyr).
Senussi *n. & attrib. Rel:* **1.** *n.* Senwsi (Senwsïaid) *m&f*. **2.** *attrib.* Senwsïaidd.
sepal *n. Bot:* sepal(-au) *m*.
sepaloid, sepalous *a. Bot:* sepalaidd.
separability *n.* natur wahanadwy *f*; **their ~ has been demonstrated,** dangoswyd y gellir eu gwahanu.
separable *a.* gwahanadwy, *occ:* ysgaradwy.
separableness *n.* = **separability.**
separably *adv.* yn wahanadwy.
separate¹ *a. & n.* **1.** *a. (parts):* ar wahân **(from sth,** i rth); **a ~ cup (for each soldier),** cwpan ar wahân, cwpan yr un (i bob milwr); **we went our ~ ways,** bu inni ymwahanu/ymwasgaru; aethom ar wasgar/wahân; aeth pawb ei ffordd ei hun; aethom bawb i'w ffordd ei hun; **we each have our ~ responsibilities,** mae gan bawb ohonom ein dyletswyddau neilltuol. **2.** *n. (= offprint):* gwahanlith(-oedd) *f*; *n.pl. Cost:* arwahanion, amrywion; **co-ordinate separates,** arwahanion cydwedd.
separate² *v.t. & i.* **1.** *v.t. (a)* **to ~ two things,** gwahanu dau beth; *(family &c):* gwahanu, ysgaru, chwalu, torri; **he is separated from his wife,** mae'n byw ar wahân i'w wraig; mae wedi gadael ei wraig; mae wedi gwahanu â'i wraig; **this river separates the two countries,** mae'r afon hon yn gwahanu'r ddwy wlad; **it is only this issue which separates us,** dyma'r unig fater sy'n ein

gwahanu; dyma'r unig wahaniaeth rhyngom; *(b)* **to ~ truth from error,** didoli'r gwir oddi wrth y gau; gwahaniaethu rhwng y gwir a'r gau/anwir, *Poet:* nithio'r gwir â'r gau; **to ~ the grain from the chaff,** nithio'r grawn o'r us; **to ~ the men from the boys,** didoli'r gwŷr o blith y bechgyn; *B:* **to ~ the sheep from the goats,** didoli'r defaid oddi wrth y geifr; *Husb:* **to ~ milk,** hidlo llaeth, tynnu'r hufen o'r llaeth, hufennu'r llaeth. **2.** *v.i. (a) (of thing):* datod, ymddatod, dod oddi wrth ei gilydd, dod yn rhydd, datgysylltu; *(b) (of persons):* ymwahanu, ymneilltuo, mynd ar wahân; ymadael (â'ch gilydd); **to ~ from s.o.,** ymwahanu/ymadael â rhn.

separated *a.* **1.** gwahanedig. **2.** didoledig, neilltuedig.

separately *adv.* ar wahân (i rth).

separateness *n.* arwahanrwydd *m*, arwahander *m.*

separating *a.* [sy'n] gwahanu, arwahanol, didoliadol, gwahanredol.

separation *n.* **1.** *(action):* gwahanu *vn*, gwahaniad(-au) *m*; *(intransitively):* ymwahaniad *m*, ymwahanu *vn*; *Jur:* **~ from s.o.,** ymwahaniad â rhn; *Pol:* **~ of powers,** gwahaniad galluoedd; **judicial ~,** ymwahaniad cyfreithiol; *Mth:* **~ into spherical polars,** gwahaniad *(m)* i begynliniau sfferig. **2.** *(= distance):* pellter(-oedd) *m*, bwlch (bylchau) *m*, [g]agendor(-au) *mf.* **~ allowance** *n.* lwfans *(m)* ymwahanu. **~ anxiety** *n.* pryder *(m)* ymwahanu. **~ energy** *n.* grym *(m)* ymwahanu. **~ funnel** *n. N:* twmffat(-au) *(m)* gwahanu, *S:* twndis(-iau) *(m)* gwahanu. **~ order** *n.* gorchymyn (gorchmynion) *(m)* ymwahanu.

separationist *n.* **= separatist.**

separatism *n.* **1.** *Pol: &c:* ymwahaniaeth *f.* **2.** *Rel:* ymneilltuaeth *f.*

separatist *n. & attrib.* **1.** *n. (a) Pol: &c:* ymwahanwr (ymwahanwyr) *m*, ymwah|anwraig *f*; *(b) Rel:* ymneilltuwr (ymneilltuwyr) *m*, ymneilltuwraig *f.* **2.** *attrib.* ymwahanol; ymneilltuol.

separatistic *a. Pol:* ymwahanol; *Rel:* ymneilltuol.

separator *n. (device):* gwahanwr (gwahanwyr) *m*, didolwr (didolwyr) *m*; **milk ~,** hidl *(f)* laeth (hidlau llaeth), *N:* hidlen *(f)* lefrith (hidlau llefrith); **cream ~ ,** hufennwr (hufenwyr) *m.*

Sephardi *n.* Seffardi(-m, Seffardïaid) *m&f.*

Sephardic *a.* Seffardig.

sepia *n.* **1.** *Moll:* twyllwr du (twyllwyr duon) *m*, *N: F:* pibwr (pibwyr) *(m)* inc. **2.** *(= ink of cuttlefish):* sepia *m.* **3.** *Art: Phot:* sepia *m.*

sepoy *n.* sep|oi(-s, sepoiaid) *m.*

seppuku *n.* **= *hara-kiri.***

seps *n. Rept:* seps(-od,-iaid) *m.*

sepsis *n. Med:* madredd *m.*

sept *n. Irish:* tylwyth(-au) *m.*

septal[1] *a. Anat:* teisbanol, parwydol.

septal[2] *a. (= of sept):* tylwythol.

septangle *n.* seithongl(-au) *f.*

septangular *a.* seithonglog.

septarium *n. Geol:* septariwm *m.*

septate *a.* **= septal.**

septavalent *a. Ch:* **= heptavalent.**

September *n.* [mis] Medi *m*; **in ~,** ym mis Medi; **[on] the fifth of ~,** ar y pumed o Fedi, ar Fedi'r pumed.

Septembrist *n. Hist:* Medïwr (Mediwyr) *m.*

septempartite *a.* seithran, seithrannol.

septemviri *n.pl.* seithwyr.

septenarius *n. Pros:* llinell(-au) seithban *f.*

septenary *a. & n.* **1.** *a.* seithol; fesul saith. **2.** *n.* seithmlwydd *pl*, saith mlynedd *pl.*

septenate *a. Bot:* seithran, seithrannol.

septennial *a.* seithmlwyddol, seithmlwydd, seithmlynyddol.

septennially *adv.* bob saith mlynedd.

septentrion *n.* y gogledd *m.*

septentrional *a.* gogleddol; **~ signs,** arwyddion y gogledd.

septet[te] *n. Mus:* seithawd(-au) *mf.*

septfoil *n.* **1.** *Bot:* **= tormentil. 2.** *(figure):* seithnalen(-nau) *f.*

septic *a. Med:* septig, *F:* drwg; **~ poisoning, = sepsis** *(a)*; **~ tank,** tanc(-iau) *(m)* carthion.

septicaemia *n. Med:* gwenwyn *(m)* gwaed, gwenwyniad *(m)* gwaed, septisemia *m.*

septicaemic *a.* septisemig, gwaedwenwynol.

septically *adv.* yn septig.

septicentenary *n.* seithganmlwyddiant (seithganmlwyddiannau) *m.*

septicidal *a. Bot:* parwyd-holltol.

septicity *n.* **= sepsis.**

septifragal *a. Bot:* parwyd-dorrol.

septillion *n.* septiliwn (septiliynau) *mf.*

septillionth *a. & n.* **1.** *a.* septiliynfed. **2.** *n.* septiliynfed(-au) *f,m.*

septimal *a.* seithol.

septime *n. Fenc:* seithfed safle *m.*

septivalent *a.* **= septavalent.**

septuagenarian *a. & n.* **1.** *a.* seithdegol. **2.** *n.* rhn (rhai) deg a thrigain oed, rhn dros ei ddeg a thrigain, rhn yn ei saith degau, seithdegwr (seithdegwyr) *m.*

septuagenary *a. & n.* **= septuagenarian.**

Septuagesima *n. Ecc:* y Trydydd Sul *(m)* cyn y Grawys.

septuagint *n.* **1.** *(people):* y Seithdeg *pl*, y Deg a Thrigain *pl.* **2.** *(book):* cyfeithiad *(m)* y Deg a Thrigain; y Septuagint *m.*

septuagintal *a.* seithdegol.

septum *n. Anat: Bot:* teisban(-nau) *f*, septwm (septymau) *m.*

septuple[1] *a.* seithwaith, seithblyg.

septuple[2] *v.t.&i.* seithblygu, lluosgi seithwaith.

septuplet *n.* seithbled(-i,-au) *m&f*, un o saith efaill.

sepulchral *a.* **1.** angladdol, beddrodol; **~ stone,** carreg *(f)* fedd (cerrig beddi/beddau). **2.** *(voice):* angladdol, mynwentol.

sepulchrally *adv.* yn angladdol *&c.*

sepulchre *n.* beddrod(-au) *m*; *B:* **whited sepulchres,** beddau wedi eu gwyngalchu; **the Holy S~,** y Beddrod San[c]taidd, Beddrod yr Iesu.

sepulture *n.* claddedigaeth(-au) *f*, angladd(-au) *mf.*

sequacious *a.* trefnus, dilynol.

sequaciously *adv.* yn drefnus *&c.*

sequacity *n.* trefnusrwydd *m.*

sequel *n.* **1.** *(of book, film):* dilyniant (dilyniannau) *m.* **2.** *(= result):* canlyniad(-au) *m*; **in the ~,** fel y bu hi, fel y digwyddodd pethau, fel y mynnodd pethau fod.

sequela *n. Med: &c:* canlyniadau *pl*, ôl-effaith (~-effeithiau) *f.*

sequence *n.* **1.** *(a) (= order of succession):* olyniaeth *f*, trefn *f*; **to place things in ~,** rhoi pethau yn eu trefn; **in ~,** yn olynol, mewn trefn; *(b) (of events):* cyfres(-i) *f*, trefn, *occ:* dilyniant (dilyniannau) *m*, dilyniad *m*; *(c) Gram:* **~ of tenses,** dilyniad amserau; **sonnet ~,** cyfres o sonedau. **2.** *Cards:* rhediad(-au) *m.* **3.** *Cin: F:* golygfa (golygf|eydd) *f.* **4.** *Mus: (a) Ecc:* segwens(-iau) *m*; *(b)* dilyniant; *Mus:* **real ~,** dilyniant real; *Mus:* **tonal ~,** dilyniant cyweiraidd/tonaidd. **5.** *Cmptr:* dilyniant (dilyniannau) *m.* **~ dating** *vn. Archeol:* dyddio dilynol.

sequence[2] *v.t.* trefnu (pethau), dodi/rhoi (pethau) mewn trefn, gosod trefn (ar bethau); *Cmptr:* dilyniannu.

sequencer *n. El.E: Cmptr:* dilyniannwr (dilynianwyr) *m.*

sequencing *vn. Sch:* **~ skill,** medru rhoi/gosod/dodi pethau mewn trefn, medr(-au) *(m)* dilyniant.

sequent *a.* olynol, dilynol.

sequential *a. Cmptr: Mth:* dilyniannol; **~ file,** ffeil ddilyniannol (ffeiliau dilyniannol) *f.*

sequentiality *n.* dilynianoldeb *m.*

sequentially *adv.* yn ddilyniannol/olynol, *S:* o'r bron.

sequester *v.pr. & t.* **1.** *v.pr. & t.* **to ~ oneself,** *(from the world &c):* encilio, ymddeol, ymneilltuo (o'r byd). **2.** *v.t. (a) Jur:* atafaelu, gorfodocáu, gorfodogi; *(b) Ecc:* diymarddel, difeddiannu, gorfodogi, gorfodocáu.

sequestered *a.* **1.** *(life &c):* enciliedig, ar encil, neilltuedig, o'r neilltu, ar wahân, unig; *(place):* anghysbell, dinad-man, neilltuedig, anhygyrch. **2.** *Jur: (property):* atafaeledig, dan orfodogaeth.

sequestor *n.* **= sequestrator.**

sequestrable *a.* atafaeladwy.

sequestral *a. Anat:* secwestrol.

sequestrate *v.t. Jur:* **= sequester 2.** *(a).*

sequestration *n.* **1.** *(= retreat):* ymneilltuad *m*, enciliad *m.* **2.** *Jur:* atafaeliad *m*, gorfodogaeth *f.*

sequestrator *n. Jur:* atafaelwr (atafaelwyr) *m*, gorfodogwr (gorfodogwyr) *m.*

sequestrectomy *n. Surg:* secwestr|ectomi (secwestrectomïau) *m.*

sequestrum *n. Biol:* secwestrwm (secwestra) *m.*

sequin *n.* secwin(-au,-s) *m.*

sequined *a.* secwinog.

sequitur *n.* = **consequence 1.**
sequoia *n. Bot:* secwoia(-s) *f.*
sequoiadendron *n. Bot:* secwoiadendron(-au, -s) *f.*
serac *n.* serac(-au) *m.*
seraglio *n.* **1.** = **harem. 2.** *(= royal palace):* brenhinllys (breninllysoedd) *m.*
serai *n.* **1.** = **caravanserai. 2.** = **seraglio 2.**
seral *a.* serol.
serang *n. Z:* seráng (serangiaid) *m.*
serape *n. Cost:* serape(-au) *m.*
seraph *n.* seraff(-iaid) *m.*
seraphic[al] *a.* seraffaidd, seraffig.
seraphically *adv.* yn seraffaidd.
serapias *n. Bot:* serapias(-au) *m.*
Serb *a. & n.* = **Serbian.**
Serbia *Pr.n. Geog:* Serbia *f.*
Serbian *a. & n.* **1.** *a.* Serbaidd. **2.** *n. (a) Ethn:* Serbiad (Serbiaid) *m&f; (b) Ling:* Serbeg *f, m.*
Serbo-Croat[ian] *a. & n.* **1.** *a.* Serbo-Croataidd; *(in language):* Serbo-Croateg. **2.** *n. Ling:* Serbo-Croateg *f, m.*
Serbonian *a.* Serbonaidd; *Fig:* ~ **bog,** cyfyng-gyngor *m,* caethgyfle(-oedd) *m,* cors *(f)* anobaith.
sere[1] *a. Poet:* crin(-ion), gwyw(-on), gwywedig.
sere[2] *n.* **1.** *Ecol:* ser(-au) *m,* cymuned(-au) ecolegol *f.* **2.** *Geog:* dilyniant (dilyniannau) *m.*
serein *n. Meteor:* glaw mân *m,* smwclaw *m.*
serenade[1] *n.* hwyrgan(-au) *f,* nosgan(-au) *f,* serenâd (serenadau) *f.*
serenade[2] *v.t.* canu serenâd/hwyrgan/nosgan (i rn), serenadu (rhn).
serenader *n.* serenadwr (serenadwyr) *m.*
serenata *n. Mus:* serenawd(-au) *f.*
serendipitous *a.* serendipaidd.
serendipity *n.* serendipedd *m.*
serene *a. & n.* **1.** *a. (a)* tawel, tangnefeddus, digynnwrf, digyffro, llonydd; *(sky):* digwmwl, araul, *Poet:* goleudeg; **all ~!** popeth yn iawn! *(b)* **His S~ Highness,** Ei Rasusaf Uchelder. **2.** *n.* areulder(-au) *m.*
serenely *adv.* yn dangnefeddus *&c.*
sereneness, serenity *n.* serenedd *m,* areulder *m,* areuledd *m,* tawelwch *m.*
serf *n.* taeog(-ion) *m,* caeth(-ion) *m,* taeoges(-au) *f, A:* bilain (bileiniaid) *m,* bileines(-au) *f.*
serfage, serfdom, serfhood *n.* tacogaeth *f,* caethwasanaeth *m,* taeogwasanaeth *m.*
serge *n. Tex:* sers *m,* brethyn gwrymiog *m.*
sergeancy *n.* sarsiantaeth(-au); *Hist: & Lit:* rhingylliaeth(-au) *f.*
sergeant *n.* **1.** *Mil: Police:* sarsiant(-iaid) *m,* sarjant(-iaid) *m; Hist: & Lit:* rhingyll(-iaid, -od) *m.* **2.** *Jur:* = **serjeant 2. ~-major** *n.* **1.** *Mil: (infantry):* uwch-sarsiant(-iaid) *m, Lit:* uwch-ringyll(-iaid, -od) *m;* **lance-~,** is-sarsiant(-iaid) *m,* is-ringyll(-iaid, -od) *m.* **2.** *Ich:* ~**[fish],** pysgodyn (pysgod) *(m)* rhingyll. **S~-Baker** *n. Ich:* Sarsiant-Baker(-s) *m.* **S~'s Inn** *n.* Ysbyty*(m)*'r Ceisiaid; *S.a.* **serjeant.**
sergeantship *n.* sarsiantaeth(-au) *f; Hist: & Lit:* rhingylliaeth(-au) *f.*
sergeant[r]y *n.* sarsiantaeth(-au) *f.*
sergette *n.* ***sergette*** *mf.*
serging *vn. Needlew:* trawsbwytho, selfeisio.
serial *a. & n.* **1.** *a.* cyfresol, mewn cyfres; *(story, film):* rhifynnol, mewn rhifynnau; ~ **number,** rhif(-au) cyfresol *m; Cmptr:* ~ **access,** cyrchu *(vn)* cyfresol, cyrchiad(-au) cyfresol *m;* ~ **adder,** adydd(-ion) cyfresol *m; Mus:* ~ **composition,** cyfansoddi *(vn)* cerddoriaeth res; ~ **correlation,** cydberthyniad cyfresol *m; Cmptr:* ~ **interface,** rhyngwyneb(-au) cyfresol *m;* ~ **music,** cerddoriaeth *(f)* gyfres; *Cmptr:* ~ **port,** porth (pyrth) cyfresol *m; Mus:* ~ **technique,** techneg *(f)* cerddoriaeth gyfres. *Cmptr:* ~ **transfer,** trosglwyddiad(-au) cyfresol *m.* **2.** *n.* cyfres(-i) *f;* ~ **[story],** stori *(f)* gyfres (storïau cyfres), stori gadwyn (storïau cadwyn), stori rifynnol (storïau rhifynnol). **3.** *(= periodical):* cyfnodolyn (cyfnodolion) *m;* **serials department,** adran *(f)* gyfnodolion (adrannau cyfnodolion); ~ **catalogue** *n.* c|atalog (catalogau) *(m)* cyfnodolion. ~ **record** *n.* cofnod(-ion) *(m)* cyfnodolion. ~ **rights** *n.* hawlfraint (hawlfreintiau) *(f)* cyfres. ~ **writer** *n.* cyfreswr (cyfreswyr) *m.*
serialism *n. Mus:* cyfresiaeth *f.*
serialist *n.* cyfreswr (cyfreswyr) *m.*
seriality *n.* cyfresoledd *m.*
serialization *n.* cyfresu *vn,* cyfresoli *vn,* cyfresoliad(-au) *m.*
serialize *v.t.* cyfresu, cyfresoli (rhth); gwn|eud cyfres (o rth); gwneud (rhth) yn gyfres.
serially *adv.* yn gyfresol, mewn rhannau, yn gyfres, fesul rhan, fesul rhifyn.
seriate[1] *a.* cyfresol, olynol.
seriate[2] *v.t.* cyfresu (rhth), rhoi/gosod/dodi (rhth) mewn trefn.
seriately, seriatim *adv.* o'r bron, yn olynol, yn drefnus, mewn trefn, yn gyfres, yn gyfresi, mewn cyfres, y naill yn dilyn y llall, y naill ar ôl y llall, un ar ôl y llall.
seriation *n.* cyfresiad(-au) *m,* cyfresu *vn.*
sericeous *a. Bot: & Z:* manflewog, cedenog, sirigaidd, sidanaidd.
sericin *n. Ch:* s|erisin *m.*
sericite *n. Min:* s|erisit *m.*
sericultural *a.* sidan-gynhyrchiol.
sericulture *n.* cynhyrchu *(vn)* sidan, sidaniaeth *f.*
sericulturist *n.* sidanwr (sidanwyr) *m,* cynhyrchydd (cynhyrchwyr) *(m)* sidan *m.*
seriema *n. Orn:* seriema(-id) *m.*
series *n.inv.* **1.** cyfres(-i) *f, occ:* dilyniant (dilyniannau) *m;* **arithmetical ~,** dilyniant rhifyddol; **geometrical ~,** dilyniant geometrig; **infinite ~,** cyfres anfeidraidd; **divergent ~,** cyfres ddargyfeiriol (cyfresi dargyfeiriol). **2.** *adv.phr:* **in ~,** mewn cyfres, yn gyfres, yn olynol, un ar ôl y llall, un yn dilyn y llall, mewn trefn; *El:* **to connect cells in ~,** cysylltu celloedd yn olynol/gyfres; *El:* **~ winding,** weindin olynol/cyfresol *m.* **3.** *Lib: (of a periodical):* cyfres(-i,-au) *f,* rhediad(-au) *m.* **~ card** *n.* cerdyn (cardiau) *(m)* cyfres. **~ entry** *n.* cofnod(-ion) *(m)* cyfres. **~ note** *n.* nodyn *(m)* cyfres. **~ number** *n.* rhif(-au) *(m)* cyfres. **~ statement** *n.* cofnodiad(-au) *(m)* cyfres. **~ title** *n.* teitl(-au) *(m)* cyfres.
serif *n. Typ:* seriff(-au) *m.*
serigraph *n.* s|erigraff (serigraffau) *m,* print(-iau) *(m)* sidan.
serigrapher *n.* serigraffwr (serigraffwyr) *m.*
serigraphy *n.* serigraffeg *f.*
serin *n. Orn:* caneri(-s) gwyllt *m,* melynog(-ion) gwyllt *m,* serin (-iaid) *m.*
serine *n. Bio.Ch:* serin *m.*
serinette *n. Mus:* serinét (serinetau) *m.*
seringa *n. Bot:* **1.** coeden (coed) *(f)* seringa *(pronounced* ng-g). **2.** = **syringa, lilac.**
seriocomic[al] *a.* dwys-ddigrif, difrif-ddigrif, llon a lleddf, difrif-ddoniol, sobr-smala.
seriocomically *adv.* yn ddwys-ddigrif *&c.*
serious *a.* **1.** *(a) (wound, charge, offence, illness &c):* difrifol, *occ:* enbyd, dybryd; *(b) (music, novel, play, film):* difrif; *(manner):* difrif, dwys, difrifddwys, *F:* sobor, *S:* prysur. **2.** *(= in earnest):* o ddifrif, *S: occ:* prysur; **I must give ~ thought to it,** rhaid i mi feddwl o ddifrif am y peth, **and now, to be ~,** ac yn awr, a siarad o ddifrif; **to be dead ~,** bod o ddifrif calon, bod yn hollol [o] ddifrif; **to become ~,** difrifoli; **I am ~,** 'rwyf o ddifrif. **~-minded** *a.* difrif, dwys, sobor, difrifddwys, *S: occ:* prysur; **~-mindedly** *adv.* yn ddifrif, o ddifrif. **~-mindedness** *n.* difrifwch *m* [meddwl/bryd].
seriously *adv.* **1.** *(= in earnest):* o ddifrif, mewn difrif; **to take sth [too] ~,** cymryd rhth [ormod] o ddifrif; **but ~ (what do you suggest)?** ond o ddifrif, mewn difrif (beth yw eich awgrym)? **2.** *(= grievously):* yn ddifrifol; **~ ill,** difrifol wael, enbyd wael, *N:* sâl ddifrifol, difrifol sâl, *S:* difrifol [o] dost, tost difrifol; **~ wounded,** wedi'ch clwyfo'n ddifrifol/enbyd, *N:* wedi'ch clwyfo'n arw.
seriousness *n.* **1.** *(of charge, wound, illness):* difrifoldeb *m,* difrifolder *m.* **2.** *(of a situation):* difrifoldeb, enbydrwydd *m,* difrifwch *m,* dwyster *m.* **3. in all ~,** o ddifrif [calon], mewn difrif [calon], a bod o ddifrif [calon], a siarad o ddifrif.
serjeant *n.* **1.** *Mil: A:* = **sergeant. 2.** *Jur: (a)* **S~ at Law,** Rhingyll yn y Gyfraith; *(b)* **common ~ [at law],** ynad(-on) dinesig *m,* rhingyll(-iaid) cyffredin *m; (c) Parl:* **S~ at Arms,** Rhingyll dan Arfau.
sermon *n.* **1.** pregeth(-au) *f; B:* **the S~ on the Mount,** y Bregeth ar y Mynydd. **2.** *F: (= rebuke):* pregeth, cerydd(-on) *m,* cystwyad(-au) *m,* ceg *f,* cegiad(-au) *m,* llond *(m)* pen, *S.W:* blas *(m)* tafod,

siarsad *m*, pryd (*m*) o dafod; **to give s.o. a ~,** dweud y drefn wrth rn, *F:* dweud faint sydd tan 'Dolig wrth rn.

sermonic[al] *a.* pregethwrol, pregethol, pregethaidd.

sermonize *v.i. & t.* **1.** *v.i. Pej:* pregethu, rhoi/traddodi pregeth, *F:* prygowthan, brygowthan. **2.** *v.t. F:* pregethu (wrth rn), rhoi pregeth (i rn), dwrdio (rhn), rhoi llond pen (i rn), tafodi (rhn), rhoi blas eich tafod (i rn), siarsio (rhn), dweud y drefn (wrth rn), *N: occ:* dondio (rhn).

sermonizer *n. F:* prygowthwr (prygowthwyr) *m*, brygowthwr (brygowthwyr) *m*, ceryddwr (ceryddwyr) *m*, cystwywr (cystwywyr) *m*, dwrdiwr (dwrdwyr) *m*, dondiwr (dondwyr) *m*.

sermountain *n. Bot:* c|arwlys llydanddail *m*.

serodiagnosis *n.* serodiagnosis *m*.

serodiagnostic *a.* serodiagnostig.

serologic[al] *a.* serolegol.

serologist *n.* serolegwr: serolegydd (serolegwyr) *m*.

serology *n.* seroleg *f*.

seromucous *a. Med:* seroludiog.

seropurulent *a. Med:* serograwnog.

serosa *n. Med:* pilen(-nau) (*f*) serws, serosa (serosâu) *f*.

serosity *n.* serosedd *f*.

serotinal *a. Bot:* hwyrflodeuog, diweddar.

serotine *a. & n.* **1.** *a.* = **serotinal. 2.** *n. Z:* s|erotin (serotiniaid) *m*.

serotinous *a.* = **serotinal.**

serotonin *n. Med:* serotonin *m*.

serous *a.* serws.

serow *n. Z:* serow(-od,-iaid) *m*.

serpent *n. (a) Rept:* sarff (seirff) *f*, neidr (nadr[o]edd) *f*; *(b) (= treacherous pers.):* sarff, sarffes(-au) *f*; *(c)* = **sea-~**; *(d) Mus:* sarff (seirff) *f*. **~-charmer** *n.* swynwr (swynwyr) (*m*) seirff. **~-eater** *n. Orn: Z:* sarffysor(-ion) *m*. **~-grass** *n. Bot:* neidrlys *m*; *See* **bistort. ~'s-tongue** *n. Bot:* tafod (*m*) y neidr.

serpentiform, serpentlike *a.* ar ffurf sarff, sarffaidd, ar lun sarff, fel sarff, neidraidd.

serpentine[1] *a. & n.* **1.** *a. (a) (= snaky):* sarffaidd, neidraidd, fel sarff/neidr; *(b) (river, path):* troellog, trof|aus, cordeddog, dolennog, igam-ogam; *(c) (= cunning):* sarffaidd, cyfrwys, dichellgar, ystrywgar, twyllodrus; *B:* **~ wisdom,** callineb (*m*) seirff; *(d) Meteor:* **~ front,** blaen(-au) dolennog *m*; *(e) Pros:* **~ verse,** *llinell ddolennog (llinellau dolennog) *f*. **2.** *n. (a) Miner:* sarff-faen (~-feini) *m*, marmor gwyrdd *m*. *(b) Skating:* (*)dolennau *pl*.

serpentine[2] *v.i.* troelli, ymdroelli, dolennu, ymddolennu, cordeddu, ymgordeddu.

serpentinely *adv.* yn sarffaidd *&c*.

serpiginous *a.* ymledol, ymgripiol.

serpiginously *adv.* yn ymledol.

serpigo *n. Med:* = **ringworm.**

serpula *n.* s|erpwla (serpwlâu) *f*.

serra *n. Anat: Bot: Z:* llifddannedd *pl*, organ ddanheddog (organau danheddog) *f*.

serradilla *n. Bot:* troed (*m*) yr aderyn.

serran *n. Ich:* seran(-od,-iaid) *m*.

serranoid *a. & n. Ich:* **1.** *a.* seranaidd. **2.** *n.* seraniad (seraniaid) *m*, seranoid(-au) *m*.

serrate[1], **serrated** *a.* danheddog, llifddanheddog; *(coins):* rhychog, rhigolog.

serrate[2] *v.t.* danheddu.

serration, serrature *n.* danheddiad (daneddiadau) *m*, danheddu *vn*.

serried *a. Lit:* difwlch, di-fwlch, clòs, tyn[n], ochr yn ochr, yn ei gilydd; **(soldiers) in ~ ranks,** (milwyr) yn rhengoedd difwlch, yn dyn[n]/glòs yn ei gilydd.

serriedly *adv.* yn ddifwlch *&c*.

serriedness *n.* closrwydd *m*.

serriform *a.* danheddog, llifddanheddog.

serrulate, serrulated *a.* mân-ddanheddog.

serrulation *n.* mân-ddanheddiad (~-ddaneddiadau) *m*.

serry *v.i.* tynnu, ymdynnu.

sertularian *n. Z:* sertwlariad (sertwlariaid) *m*.

serum *n.* **1.** *Physiol:* serwm (sera) *m*, meiddwaed *m*. **2.** *(of milk):* maidd *m*, meiddlyn *m*.

serval *n. Z:* serfal(-od,-iaid) *m*.

servant *n.* **1.** gwas (gweision) *m*, morwyn(-ion, morynion) *f*, *Lit: occ:* gwasanaethddyn(-ion) *m*, gwasanaethferch(-ed) *f*; **farm ~,** gwas (*m*) fferm/ffarm (gweision ffermydd), morwyn fferm/ffarm (mor[w]ynion ffermydd) *f*, *S. W: F:* gwasathyn(-on) *m*; *(= factotum):* gwas bach, morwyn fach, *S. W:* gwas twt; **to become a ~,** mynd i weini; **to be a ~,** gweini, bod yn was/forwyn; *Corr:* **your most obedient ~,** eich ufudd was; yr eiddoch yn ufudd/gywir; **civil ~,** gwas sifil, gwas gwladol, gwas llywodraeth; **a good ~ but a bad master,** gwas da, meistr caled; *Joc:* **what did your last ~ die of?** pwy oedd yn gweini arnoch *or* yn rhedeg drosoch y llynedd? *S. W:* pwy oedd dy forwyn fach di y llynedd? *N. W:* pwy oedd dy was di llynedd? *S. W:* morwn Jini, morwn tani.

serve[1] *v.t. & i.* I. *v.t.* **1.** *(a)* gwasanaethu; *B:* **no man can ~ two masters,** ni ddichon neb wasanaethu dau arglwydd; **(one vicar) serves two parishes,** (mae un ficer) yn gwasanaethu dau blwyf, â gofal dros ddau blwyf; **to ~ s.o. hand and foot,** bod yn was bach i rn, tendio byth a beunydd ar rn, *N. W:* dawnsio tendans i/ar rn; **how can I ~ you?** sut y gallaf eich cynorthwyo/helpu? sut y gallaf fod o gymorth ichi? **to ~ in the army,** gwasanaethu yn y fyddin; **he served ten years,** gwnaeth ddeng mlynedd o wasanaeth; *Jur:* **to ~ on a jury,** gwasanaethu/bod ar reithgor, gwasanaethu fel rheithiwr; *(b)* **to ~ one's apprenticeship,** bwrw'ch prentisiaeth, gwn|eud eich prentisiaeth; **I've served my time,** 'rwyf wedi treulio fy nhymor; **to ~ one's sentence, to ~ time,** bwrw/gwneud eich tymor mewn carchar; bod yn garcharor; **he's served time,** *F:* mae wedi bod y y jêl; mae wedi bod i mewn. **2.** *(a) (of thing):* gwasanaethu (rhn); bod yn ddefnyddiol/fuddiol, bod o fudd, tycio (i rn); **to ~ some private ends,** ateb dibenion preifat; **(one packet) serves her for a week,** (mae un pecyn) yn ddigon am wythnos iddi, yn para wythnos iddi; **it served only to postpone the inevitable,** ei unig effaith fu gohirio'r anochel; **it will ~ the purpose;** *abs.* **it will ~,** caiff wneud; caiff wneud y tro; fe wna'r tro; fe wnaiff y tro; mae'n ateb y diben; **that will ~ to explain my action,** caiff hynny esbonio fy ngweithred; **to ~ the purpose of sth,** gwneud y tro yn lle rhth; **what purpose does this ~?** i beth y mae hwn yn dda? beth yw diben hwn? **does it ~ any purpose to complain?** a oes diben achwyn? a yw hi'n werth cwyno? **it serves no purpose,** mae'n ofer/ddi-fudd/ddiwerth; nid yw o unrhyw werth; 'does dim diben iddo; ni thycia ddim; nid yw'n dda i ddim; ni thâl ddim; **this will ~ no useful purpose,** wnaiff hi mo'r tro fel hyn; thâl hi ddim fel hyn; **it would ~ no purpose for you to go,** ni thalai ichi fynd; *(b)* **if my memory serves me right,** os wyf yn cofio'n iawn; os cofiaf yn iawn; os yw fy nghof yn iawn; os iawn/da y cofiaf; **it only serves to show her folly,** ni thycia ond i ddangos ei ffolineb; **as occasion serves,** fel y bo'n gyfl|eus. **3.** **localities served by a railway line,** ardaloedd a wasanaethir gan reilffyrdd, ardaloedd â gwasanaeth trên. **4.** *(a)* **to ~ in a shop,** gweithio/gwasanaethu/gweini mewn siop; **to ~ s.o. with a pound of butter,** gwerthu pwys o fenyn i rn; *Prov:* **first come, first serve,** y cyntaf i'r felin gaiff falu; y cyntaf i'r efail gaiff bedoli; **are you being served?** a oes rhn yn gweini/tendio arnoch? a oes rhn yn eich helpu chi? a gaf i'ch helpu chi? *(b) (at table): abs.* **to ~ at table,** gweini wrth y bwrdd/ford; **to ~ s.o. with soup,** estyn cawl i rn; **please ~ yourself,** *N:* estyn(-nwch) ato! *S:* tynnwch atoch; **fish served up cold,** pysgodyn a ddarparwyd yn oer; **may I ~ you with some wine?** a gaf i roi/gynnig/arllwys/dywallt/estyn gwin ichwi? **dinner is served,** mae cinio'n barod; **to ~ a meal,** arlwyo/parat|oi/darparu pryd o fwyd; *(b) Ten:* **to ~ the ball,** *abs.* **to ~,** serfio'r bêl, serfio. **5. to ~ a writ/summons on s.o., to ~ s.o. with a writ/summons,** cyflwyno gwrit/gwŷs i rn; **that excuse won't ~ you,** ni thâl yr esgus yna ddim ichi; ni thycia'r esgus yna ddim ichi; **he served me very badly,** gwnaeth dro gwael â mi; **nothing would ~ him but total obedience,** ni thyciai dim ganddo ond ufudd-dod llwyr; **it serves you right!** eitha' gwaith ichi! eitha' gwaith/iawn â chi! iawn i chi! dyna wers i chi! *S:* eitha' reit â chi! *S. W:* 'na gwarter o ysgol i chi! *N. W:* di-fai gwaith â chi! **it serves me right,** fy mai i oedd; eitha' gwaith imi; **it served him right for being...,** eithaf gwaith iddo am fod...; *S:* eitha' reit ag e am fod.... **6.** *(of stallion, a bull):* mynd ar gefn, rhidio, cyfebru (rhth); cyplu (â rhth); *(of bird):* sathru (rhth). **7.** *(a gun):* porthi. **8.** *Nau: (a rope):* rhwymo, chwipio. II. *v.i.* **1. to ~ as sth,** gwneud y tro fel rhth, gwasanaethu/gweithredu fel rhth; **to ~ as a pretext/example,** bod yn esgus/enghraifft/esiampl; **when occasion serves,** pan fo'n gyfleus, pan fyddo'n hwylus, pan fo galw. **2. to**

~ **(at table),** gweini, cynorthwyo, bod (wrth ford/bwrdd). **3.** *Ten:* serfio. **4.** *Ecc:* *(= act as server):* cynorthwyo, gwasanaethu, gweini, bod yn was allor. ~ **out** *v.t.* *(a) (ammunition, provisions &c):* dosbarthu, rhannu, dosrannu, *S.W:* porco; *(soup):* codi, llwyo, rhoi, serfio; *(cake, meat, vegetables):* rhoi, rhannu, serfio; *(b) F:* **to ~ s.o. out (for sth),** talu'r pwyth [yn ôl] i rn, [cael] dial ar rn, dwyn dial ar rn, talu'r hen chwech yn ôl i rn (am rth); *(c) F:* **to ~ out one's time [in jail],** gwneud eich penyd/tymor, bwrw'ch penyd/tymor [yn y carchar]. ~ **up** *v.t. (a dish):* *N:* rhoi (saig) ar y bwrdd, *S:* dodi (saig) ar y ford, cynnig (saig), *Lit:* arlwyo (saig); **to ~ up an old tale,** rhygnu ar yr un hen dant, rhygnu ar yr un nodyn, canu'r un hen gân, adrodd yr un hen stori.

serve[2] *n. Ten:* serfiad(-au) *m.*

server *n.* **1.** *(a) Ecc: &c:* gwas (gweision) *m*; *(b) (at table):* gweinydd(-ion) *m*, gweinyddes(-au) *f.* **2.** *pl.* **salad servers,** dysglau salad. **3.** *Ten:* serfiwr (serfwyr) *m*, s|erfwraig (serfwragedd) *f.* **4. time-~,** ameniwr (amenwyr) *m*, cydymffurfiwr (cydymffurfwyr) *m.*

servery *n.* ystafell(-oedd) *(f)* arlwy/arlwyo.

Servian[1] *a.* = **Serbian.**

Servian[2] *a. Rom.Ant:* **the ~ wall,** mur *(m)* Servius.

service[1] *n.* **1.** gwasanaeth(-au) *m*; **lip-~,** gwasanaeth gwefus, gwefus-wasanaeth *m*, gwefus-lafur *m*, gwefusboen *m*, gweflboen *m*; *Mil:* **active ~,** gwasanaeth gweithredol; **(killed) on active ~,** (lladdwyd) mewn brwydr/rhyfel, yn y gad; **he saw active ~,** gwelodd frwydro; **he's seen long ~,** bu'n gwasanaethu am gyfnod maith. **2.** *(a)* **the Public S~,** y Weinyddiaeth [Gyhoeddus] *f*; **public services,** gwasanaethau cyhoeddus; **B.B.C. World S~,** Gwasanaeth y B.B.C. i'r Byd, Gwasanaeth Byd y B.B.C.; **bus ~,** gwasanaeth bws/bysiau/bysus; **postal ~,** gwasanaeth post; **public transport services,** gwasanaethau cludiant cyhoeddus; **railway ~,** gwasanaeth trenau/rheilffyrdd; **telegraph services,** gwasanaethau t|elegraff/telegraffio; **telephone ~,** gwasanaeth t|eleffon/ffôn; **television ~,** gwasanaeth teledu; **Army S~ Corps,** Corfflu *(m)* Gwasanaeth y Fyddin; **Army Medical S~,** Gwasanaeth Meddygol y Fyddin; *(b) (of car &c):* triniaeth(-au) *f*; **my car's due for its next ~,** mae'n bryd cael trin y car 'ma. **3.** *(a)* **the military and civil services,** y gwasanaethau milwrol a sifil; **On His Majesty's S~,** Ar Wasanaeth Ei Fawrhydi; **On Her Majesty's S~,** Ar Wasanaeth Ei Mawrhydi; **diplomatic ~,** gwasanaeth diplomyddol/llysgenhadol; **foreign ~,** gwasanaeth tramor; **secret ~,** gwasanaeth cudd; *(b)* **the three services,** y lluoedd arfog *pl*; **~ families,** teuluoedd milwyr; **to use ~ labour,** defnyddio llafur milwrol; *Av:* **~ pilot,** peilot(-iaid) *(m)* yr awyrlu, peilot milwrol; **the senior ~,** y llynges *f.* **4.** *(a)* **to be in [domestic] ~,** gweini, *S.W:* gwasanaethu; **to go out to ~, to go into ~, to take ~,** mynd i weini, mynd yn was/forwyn; **to take s.o. into one's ~,** cyflogi rhn, derbyn rhn i'ch gwasanaeth; *(b)* **silver ~,** *(in restaurant):* gwasanaeth arian, llestri arian *pl*; *(= knives & forks):* cyllyll *(pl)* a ffyrc arian *pl.* **5.** *(a) (= good deed):* cymwynas(-au) *f*, *occ:* gwasanaeth; **to render/do s.o. a ~,** gwneud cymwynas â rhn; **he's always ready to do a ~,** mae'n un parod ei gymwynas; mae'n gymwynasgar iawn; **exchange of friendly services,** cyfnewid cymwynasau; **his services to education,** ei wasanaeth i addysg, ei gyfraniad i addysg; **(I am) at your ~,** (yr wyf) at eich gwasanaeth, at eich galwad *(f)*, yn barod i'ch cynorthwyo; *(b) (= use):* defnydd *m*, gwasanaeth *m*, cymorth *m*, budd *m*, cynhorthwy *m*, help *m*; **to be of some ~,** bod yn ddefnyddiol, bod o [ryw] ddefnydd/wasanaeth/fudd **(to s.o.,** i rn); **to be of ~ to s.o.,** gwneud cymwynas â rhn, bod o gymorth i rn, rhoi gwasanaeth i rn; *(of thg):* **to do ~ (as sth),** gwneud y tro, gweithredu, gwasanaethu (fel rhth); **to do good/ yeoman ~,** para'n dda, rhoi gwasanaeth da/gwiw. **6.** *Ecc: (in church, chapel):* gwasanaeth(-au) *m*; *(in chapel):* gwasanaeth, cwrdd (cyrddau) *m*, oedfa(-on) *f*, moddion *pl*, cyfarfod(-ydd) *m*; **baptismal ~,** gwasanaeth [y] bedydd, gwasanaeth bedyddio, cwrdd bedyddio; **burial ~,** gwasanaeth ar lan y bedd, gwasanaeth claddu, gwasanaeth angladdol; **communion ~,** gwasanaeth [y] cymun, cwrdd cymun, cwrdd cymundeb; **divine ~,** gwasanaeth D[d]uw, gwasanaeth dwyfol; **evening ~,** gwasanaeth hwyrol, hwyrol weddi *f*, gweddi brynhawnol *f*, prynhawnol weddi *f*, gosber(-au) *m*; *(in chapel)*: oedfa'r hwyr; **morning ~,** gwasanaeth boreol, gweddi foreol, boreol weddi; *(in chapel):* oedfa'r bore; **[early] Christmas morning ~,** plygain (plygeiniau) *m*, pylgain (pylgeiniau) *m*; *Mil:* **drumhead ~,** gwasanaeth awyr agored. **7.** *Ten: &c:* serfiad(-au) *m*, serfio *vn*; **cannon-ball ~,** serfiad canon; **let ~,** serfiad let; **whose ~ is it?** tro pwy yw hi? **8.** *Jur: (of writ):* cyflwyniad *m*; **acceptance of ~ of summons/writ,** derbyn cyflwyniad gwŷs/gwr|it; **~ by publication,** cyflwyniad trwy gyhoeddi; **~ by substitution,** cyflwyniad trwy ddirprwy. **9. dinner ~,** llestri *(pl)* cinio; **tea ~,** llestri te; **toilet ~,** offer/taclau/pethau ymolchi. **10.** *(= sitting for meal):* eisteddiad(-au) *m.* **11.** *Vet: (of mare):* cyfebriad(-au) *m*, rhidiad(-au) *m.* **12.** *Nau: (= small cord):* llinyn(-nau) *m.* ~ **area** *n.* **1.** llecyn(-nau) *(m)* gwasanaethau, man(-nau) *(m)* gwasanaethau. **2.** *(round broadcasting station):* dalgylch(-oedd) *m.* **~-book** *n.* llyfr(-au) *(m)* gwasanaeth. ~ **box** *n. Sp:* sgwâr (sgwariau) *(m)* serfio. **~-break** *n. Ten:* pwynt(-iau) agoriadol *m.* ~ **cap** *n. Mil:* cap(-iau) milwrol *m*, *F:* cap sowldiwr. ~ **ceiling** *n. Av:* pen *(m)* esgynfa. ~ **centre** *n.* canolfan(-nau) *(m)* gwasanaeth, canolfan *(f)* wasanaeth (canolfannau gwasanaeth). ~ **charge** *n.* tâl (taliadau) *(m)* gwasanaeth. **~-court** *n. Ten:* cwrt (cyrtiau) *(m)* serfio. ~ **club** *n.* **1.** clwb (clybiau) cymdeithasol *m.* **2.** *Mil:* clwb lluoedd arfog, clwb milwrol. ~ **delivery** *n.* danfoniad(-au) *(m)* gwasanaeth. ~ **dress** *n.* gwisg filwrol (gwisgoedd milwrol) *f.* ~ **engineer** *n.* peiriannydd (peirianyddion) *(m)* cynnal, peiriannwr (peirianwyr) *(m)* cynnal. ~ **flat** *n.* fflat(-iau) *(f)* â gwasanaeth. ~ **hatch** *n.* agorfa *(f)* weini (agorf|eydd gweini). ~ **hoist** *n.* codwr (codwyr) *(m)* nwyddau. ~ **industry** *n.* diwydiant (diwydiannau) *(m)* gwasanaeth. ~ **lift** *n.* *(i) (for goods):* lifft(-iau) *(f)* nwyddau; *(ii) (for dishes):* lifft weini (lifftiau gweini). **~-line** *n. Ten:* llinell(-au) *(f)* serfio. ~ **mark** *n.* nod(-au) *(m)* gwasanaeth. ~ **medal** *n.* medal *(f)* wasanaeth (medalau gwasanaeth). ~ **module** *n.* modwl (modylau) *(m)* gwasanaeth, modiwl(-au) *(m)* gwasanaeth. ~ **pipe** *n.* peipen *(f)* gyswllt (peipiau cyswllt). ~ **point** *n.* man(-nau) *(m)* gwasanaeth. ~ **rifle** *n.* reiffl(-au) milwrol *m.* ~ **road** *n.* ffordd *(f)* wasanaeth (ffyrdd gwasanaeth), heol *(f)* wasanaeth (heolydd gwasanaeth). ~ **routine** *n. Cmptr:* rheolwaith *(m)* gwasanaethu. ~ **sideline** *n. Ten:* llinell(-au) ochr *(f)* serfio. ~ **station** *n. Aut:* gorsaf *(f)* betrol (gorsafoedd petrol). ~ **stripe** *n. Mil:* streipen filwrol (streipiau milwrol) *f.* ~ **tenancy** *n.* tenantiaeth(-au) *(f)* swydd. ~ **tenant** *n.* tenant(-iaid) *(m)* swydd. ~ **uniform** *n. Mil: &c:* gwisg filwrol (gwisgoedd milwrol) *f.*

service[2] *v.t.* gwasanaethu; *(car):* trin; *(debt):* cynnal; *(mare):* rhidio, cyfebru; *(machinery):* trin, cynnal a chadw. **~-berry** *n. Bot:* criafolen (criafol) *f.* ~ **tree** *n. Bot: (Sorbus):* cerddinen (cerddin) *f*, cerdinen (cerdin) *f*, coeden *(f)* griafol (coed criafol); **wild ~ tree,** *(S. torminalis):* cerddinen wyllt (cerddin gwyllt).

serviceability *n.* defnyddioldeb *m.*

serviceable *a.* **1.** *(of pers.):* gwasanaethgar, parod eich cymwynas, cymwynasgar. **2.** *(thg):* *(a) (= useable):* defnyddiol; *(b) (= useful):* defnyddiol, buddiol, pwrpasol, manteisiol; *(c) (= handy):* cyfl|eus; *(d) (= hard-wearing):* durol, pwrpasol; *(shoes):* solet, gwydn.

serviceableness *n. (of tool &c): (= usefulness):* defnyddioldeb *m*; *(of shoes):* gwydnwch *m*, gwytnwch *m*, soletrwydd *m*; *(of clothes):* pwrpasoldeb *m.*

serviceably *adv.* yn ddefnyddiol *&c.*

serviceman *n.m.* milwr (milwyr); **national ~,** milwr gorfod, milwr dan orfod/orfodaeth, milwr ar wasanaeth milwrol; **ex-~,** cyn-filwr (~-filwyr).

servicewoman *n.f.* bydd|inwraig (byddinwragedd), byddinferch(-ed).

servient *a. Jur:* **~ tenement,** rhandir caeth (rhandiroedd caethion) *m.*

serviette *n.* = **napkin**[1] **1.**

servile *a.* **1. ~ war,** rhyfel caethweision. **2.** *(pers.):* gwasaidd, taeogaidd, slafaidd; **~ obedience,** ufudd-dod gwasaidd/taeogaidd *m*; **~ imitation,** dynwarediad(-au) slafaidd *m*; *Ecc:* **~ works,** gwaith gwasaidd *m.*

servilely *adv.* yn wasaidd *&c.*

servileness, servility *n.* gwas|eidd-dra *m*, taeogrwydd *m.*

serving[1] *a.* **1.** mewn gwasanaeth. **2.** *Mil:* ar wasanaeth. **~-man** *n.m.* gwas (gweision). **~-woman** *n.f.* morwyn(-ion, morynion).

serving² *vn. See* **service¹**; *(= helping):* platiad (plateidiau) *m.* **~-hatch** *n.* = **service-hatch. ~-dishes** *n.pl.* llestri gweini.
Servite *n. R.C.Ch:* Serfiad (Serfiaid) *m&f.*
servitor *n.* **1.** *Poet:* = **servant, attendant. 2.** *(at Oxford University)* s|erfitor (serfitoriaid) *m.*
servitorship *n. (at Oxford University)* serfitoriaeth(-au) *f.*
servitude *n.* **1.** caethiwed *m,* caethwasanaeth *m.* **2.** *Jur:* **penal ~,** penyd-wasanaeth *m.*
servo *n. See* **servo-mechanism, servo-motor. ~-brake** *n.* serfo-brâc (~-braciau) *m.*
servocontrol¹ *n.* serfo-reolaeth *f.*
servocontrol² *v.t.* serfo-reoli.
servo-mechanical *a.* serfo-mecanyddol.
servo-mechanism *n. Mec.E:* serfo-mecanwaith (~-mecanweithiau) *m.*
servo-motor *n. Mec.E:* serfo-motor(-au) *m.*
servo-tab *n.* serfo-tab(-iau) *m.*
sesame *n.* **1.** *Bot:* s|esame *m.* **2. open ~!** agor, sesame! agored y drws! **it's an open ~ to wealth,** mae'n agor y drws i gyfoeth.
sesamoid *a. & n. Anat:* **1.** *a.* s|esamoid, cnepynnaidd. **2.** *n.* s|esamoid (sesamoidau) *m,* asgwrn (esgyrn) sesamoid *m.*
sesamum *n.* = **sesame 1.**
sesleria *n. Bot:* **blue ~,** corswelltyn (corswellt) *m,* rhuddlas *m,* sesleria *m.*
Sesotho *n. Ling:* Sesotho *f,m.*
sesquicarbonate *n. Ch:* sescwicarbonad(-au) *m.*
sesquicentenary *n.* = **sesquicentennial 2.**
sesquicentennial *a. & n.* **1.** *a.* canmlwydd a hanner. **2.** *n.* canmlwyddiant (canmlwyddiannau) *(m)* a hanner *m,* trydedd jiwbilî *f.*
sesquioxide *n. Ch:* sescwiocsid(-au) *m.*
sesquipedalian *a.* amlsillafog.
sesquiplicate *a. Mth:* unplyg a hanner.
sessile *a.* **1.** *Bot: Z:* heb goesyn, digoes; *S.a.* **oak. 2.** *(= immobile)):* disymud, ansymudol.
sessility *n.* ansymudoldeb *m.*
session *n.* **1.** eisteddiad(-au) *m,* sesiwn (sesiynau) *mf, occ:* seiat (seiadau) *f; F:* **to have a ~ (on sth),** cael seiat, seiadu (ynghylch rhth); *Parl:* **the House is now in ~,** mae'r Tŷ'n eistedd ar hyn o bryd; **to go into secret ~,** cael sesiwn caeëdig/gaeëdig; **during this [legislative] ~,** yn ystod y sesiwn hwn; *Jur: Scot:* **Court of S~,** Llys(-oedd) *(m)* Sesiwn. **2.** *Sch: U.S:* blwyddyn *(f)* goleg/golegol (blynyddoedd coleg/colegol), sesiwn (sesiynau) *mf.* **3.** *pl. Jur:* **Petty Sessions,** Llys(-oedd) *(m)* Ynadon, Sesiwn Fach *f;* **Quarter Sessions,** Llys(-oedd) *(m)* Chwarter, Chwarter-Sesiwn *f; Hist:* **Court of Great Sessions,** Llys y Sesiwn Fawr.
sessional *a.* sesiynol, eisteddiadol; *Sch:* **~ examination,** arholiad blynyddol, arholiad pen blwyddyn; *Parl:* **~ order,** gorchymyn sesiynol *m;* **~ papers,** papurau sesiwn.
sesterce *n. Num:* sesters(-au) *m.*
sestertium *n. Num:* sestertiwm (sestertia) *m.*
sestertius *n.* = **sesterce.**
sestet *n. Pros: Mus:* chwechawd(-au) *fm.*
sestina *n. Pros:* sestina (sestinâu) *f.*
set¹ *n.* **1.** *(in most senses):* set(-iau) *f; (of periodical):* rhediad(-au) *m; Com:* **bill drawn in a ~ of three,** bil yn dri chopi; **~ of clothes,** *occ:* pâr o ddillad; *Mus:* **~ of quadrilles,** set gwadriliau (setiau cwadriliau); *(b)* **radio ~,** radio(-s) *f,* set radio; **television ~,** set deledu (setiau teledu); **receiving ~,** set dderbyn (setiau derbyn), derbynnydd (derbynyddion) *m; (c) (of people):* grŵp (grwpiau) *m,* criw(-iau) *m,* carfan(-au) *f,* clic(-iau) *mf;* **a ~ (of thieves),** criw, pac *m,* haid *f* (o ladron); **literary ~,** clic llenyddol; **the jet ~,** y jetsetwyr *pl;* **the smart ~,** y criw ffasiynol; **we don't move in the same ~,** nid ydym yn perthyn i'r un byd; nid ydym yn troi yn yr un cylchoedd. **2.** *(a) Poet:* **at ~ of sun,** gyda machlud *(m)* [yr] haul, pan fo'r haul yn machlud; *(b) Ven: (of dog):* **[dead] ~,** aneliad *m,* anelu *vn; F:* **to make a dead ~ at s.o.,** *(i) (= attack):* sythu am rn, ymosod ar rn, mynd i wddf rhn; *(ii) (of woman):* **she made a dead ~ at him,** anelodd amdano; sythodd amdano; fe'i taflodd ei hun ato; *(c) Hairdr:* gosodiad(-au) *m,* set(-iau) *f;* **shampoo and ~,** golchi a gosod *vn.* **3.** *(a) (of beam):* gorweddiad(-au) *m; (of body):* ystum(-iau) *mf,* osgo *m,* gosodiad; *(of clothes):* gorweddiad; *(of the head):* gogwydd *m,* gogwyddiad *m;* **~ of the features,** golwg *f,* pryd *(m)* a gwedd *f,* cyfluniad *m,* ffurf *(f)* a llun *m; (of a saw):* gwyriad *m,* camdra *m,* ffordd *f; (of curtains):* pletiad *m,* hongiad *m; Nau:* **~ (of the sails),** cyfeiriad *m,* gosodiad (yr hwyliau); *Geog:* **the ~ of the hills,** cyfluniad *(m)* y bryniau; *(b) (of current, wind):* cyfeiriad; *(c) (of mind, public opinion):* tuedd *f,* tueddiad(-au) *m,* gogwydd, gogwyddiad; *F:* **he has a ~ for mathematics,** mae ganddo ogwydd at fathemateg; *(d) Mec.E: (= warp, bend, displacement):* gwyriad(-au) *m,* camiad(-au) *m,* plygiad(-au) *m,* camdra *m,* camystum(-iau) *mf; (e) Typ:* gosodiad; *(= width):* lled(-au) *m.* **4.** *(a) Hort:* imp(-iau) *m,* impyn(-nau, impiau) *m; (b) Civ.E:* **[paving-]~,** setsen (sets) *f; (c) Nat.Hist:* **[badger's] ~,** daear (deyerydd) *f; (d) Th: Cin: &c:* set(-iau) *f,* cefndir(-oedd) *m;* **~ piece,** set fach (setiau bach); **waters ~,** set ddyfroedd (setiau dyfroedd); **box ~,** set focs (setiau bocs); **curtain ~,** set lenni (setiau llenni); **full ~,** set lawn (setiau llawn); **open ~,** set agored; **touring ~,** set deithiol (setiau teithiol); **rehearsal on the ~,** rihyrsal ar y llwyfan; **to dress the ~,** gwisgo'r set; **to strike the ~,** tynnu'r set. **5.** *Tls: (a)* **saw-~,** gwyrai (gwyreion) *f; (b)* **cold ~,** cŷn (cynion) oer *m.* **6.** *Mth:* set(-iau) *f,* casgliad(-au) *m; Mth:* **disjoint sets,** setiau digyswllt; **intersection of sets,** croestoriad(-au) *(m)* setiau; **null ~,** set wag (setiau gweigion); **solution ~,** set ddatrysiad (setiau datrysiad); **sub-~,** is-set(-iau) *f,* isgasgliad(-au) *m;* **super ~,** uwch-set(-iau) *f,* uwchgasgliad(-au) *m;* **union of sets,** uniad(-au) *(m)* setiau; **universal ~,** set gynhwysol (setiau cynhwysol). **7.** *Constr: (of plaster):* haenen (haenau) olaf *f.* **~ point** *n. Ten:* setbwynt(-iau) *m.* **~ theory** *n. Mth:* damcaniaeth *(f)* setiau.
set² *v.t.&i.* I. *v.t.* **1.** dodi, gosod, *N:* rhoi; *(a)* **to ~ s.o. upon the throne,** gosod/dodi/rhoi rhn ar yr orsedd, gorseddu rhn; **to ~ sth above rubies,** prisio rhth yn uwch na rhuddemau; **to ~ much store by honesty,** mawrbrisio/mawrh|au gonestrwydd, rhoi bri ar onestrwydd; *(b)* **to ~ a hen,** rhoi/dodi/gosod iâr i ori/eistedd. **2.** *(a)* rhoi, gosod, *S:* dodi (rhth ar rth, o flaen rhn); **to ~ one's glass on the table,** rhoi/gosod/dodi eich gwydryn ar y bwrdd; **to ~ a ladder against a wall,** rhoi/gosod/dodi/pwyso ysgol yn erbyn mur; **to ~ one's seal to a document,** gosod/dodi/rhoi sêl ar ddogfen; *(usu. in neg.):* **(I haven't ~ eyes on him) for a long time,** (ni welais i mohono) ers tro byd, ers talwm, ers llawer dydd; *S.a.* **eye¹ 1, fire¹ 1, hand¹ 1, spur¹ 1; to ~ money by,** neilltuo arian, gosod/rhoi/dodi arian o'r neilltu, rhoi/dodi arian wrth gefn; *(b)* **to ~ one's affections on s.o.,** dodi'ch/rhoi'ch serch/bryd ar rn, gosod eich serch/bryd ar rn, ymserchu yn rhn, *F:* gweld eich gwyn yn rhn; *S.a.* **heart¹ 2.** *(c)* ; **you can ~ your mind at rest that...,** gellwch fod yn dawel eich meddwl fod...; **to ~ sth alight, to ~ fire to sth,** rhoi rhth ar dân, llosgi rhth; **to ~ the Thames on fire,** rhoi'r Aifft ar dân. **3.** *(a)* **to ~ chairs for the company,** gosod/dodi cadeiriau i'r cwmni; *(b)* **to ~ a table for two,** hulio/gosod bwrdd ar gyfer dau. **4.** *(a)* **to ~ a piano too high,** cyweirio/tiwnio piano yn rhy uchel; **to ~ s.o. free,** rhyddh|au rhn, gollwng rhn yn rhydd; **to ~ foot in Wales,** rhoi troed ar ddaear Cymru, troedio [daear] Cymru; **to ~ one's hand to a document,** arwyddo/llofnodi dogfen; **to ~ the record straight,** unioni cofnod (o rth); **to ~ one's own house in order,** trefnu'ch tŷ eich hun, dodi/rhoi trefn ar eich tŷ eich hun; *(b)* **to ~ words to music,** rhoi/gosod/dodi geiriau ar gân. **5.** *(a)* **to ~ a stake in the ground,** gosod/dodi/rhoi/plannu polyn yn y ddaear; *(b)* **to ~ seeds,** plannu/gosod/dodi hadau. **6.** *(a)* **to ~ a clock,** gosod/dodi [bysedd] cloc, cywiro cloc; **to ~ the alarm for five o'clock,** gosod y larwm ar gyfer pump o'r gloch; *Aut:* **to ~ the speedometer to zero,** troi'r mesurydd yn ôl i ddim, ailosod y mesurydd ar ddim; *Av:* **to ~ the controls,** dodi'r/cywiro'r llyw, gosod y llyw; *(b) El.E:* **to ~ the brushes,** gosod y brwshis; *(c)* **to ~ the iron of a plane,** gosod/ailosod/unioni haearn plaen; **to ~ [the teeth of] a saw,** gosod dannedd llif; *(d)* **to ~ one's head-dress,** ailosod/sythu/unioni eich het; *S.a.* **cap¹ 1. to ~ (hair),** gosod, *F:* setio (gwallt). **7.** *(a)* **to ~ a butterfly,** gosod glöyn byw; *(b) Th:* **to ~ the scene,** *(i)* codi'r set, gosod y llwyfan; *(ii) Fig: (= describe):* disgrifio'r olygfa; *(iii) (= prepare the way)* parat|oi'r ffordd, arloesi; **the second act is ~ in a street,** lleolir yr ail act ar stryd; *(c)* **to ~ a gem,** gosod gem; **a ring ~ with rubies,** modrwy wedi'i haddurno â rhuddemau. **panes ~ in lead,** cwareli wedi eu gosod mewn plwm; *(d)* **to ~ a sail,** codi/lledu/taenu hwyl; **(with all sails) ~,** (â'r hwyliau oll) ar led, ar daen, wedi'u lledu; **to ~ sail for Spain,** hwylio/morio am Sbaen. **8.** *(a)* **to ~ a snare,** gosod/dodi magl, taenu rhwyd, *S.E:* anelu magl; *(b)* **to ~ a camera shutter,** gosod mwgwd camera. **9.** *(a)* **to ~**

[the edge of] a razor/chisel, hogi/miniogi rasel/cŷn, rhoi min ar rasel/gŷn. **10.** *Typ:* **to ~ type,** cysodi teip. **11. to ~ a date/day,** pennu dyddiad/dydd, penderfynu ar ddyddiad/ddiwrnod; **to ~ limits for sth,** gosod/pennu terfynau i/ar rth; *S.a.* **watch[1] 4. 12. to ~ a fashion,** creu/cychwyn/arwain ffasiwn; **to ~ the pace,** pennu'r cyflymdra; *Row:* **to ~ the stroke,** pennu'r strôc; *Nau:* **to ~ a course [on a chart],** gosod/penderfynu cwrs. **13.** *Surg:* **to ~ a bone,** gosod asgwrn, dodi/rhoi asgwrn yn ei le. **14. to ~ one's teeth,** gwasgu'ch dannedd, cau'ch dannedd yn dyn[n]; **to ~ s.o.'s teeth on edge,** codi dincod ar ddannedd rhn. **15. cold sets jelly,** mae oerfel yn caledu/ceulo jeli. **16. to ~ s.o. on his way,** rhoi/dodi rhn ar ben ei ffordd. **17.** *(a)* **to ~ s.o. doing sth,** gosod gwaith i rn ei wneud, gosod rhn i wneud gwaith, peri i rn wneud rhth; **to ~ a dog barking,** gwneud/peri/achosi i gi gyfarth; **this ~ everybody's tongue wagging,** bu hyn yn destun siarad i bawb; *(b)* **to ~ sth going,** cychwyn rhth, rhoi rhth ar waith, rhoi rhth ar fynd; **to ~ the ball rolling,** cychwyn pethau, rhoi pethau ar gychwyn; *(discussion &c):* agor/cychwyn trafodaeth. **18.** *(a)* **to ~ a man to work,** rhoi dyn ar waith; *(b)* **that ~ me thinking,** gwnaeth hynny i mi ddechrau meddwl. **19. to ~ a good example,** dangos/gosod esiampl dda; **to ~ a problem,** gosod pos; *Sch:* **to ~ a book/examination,** gosod llyfr/arholiad. II. *v.i.* **1.** *(a) (of sun):* machlud, *occ:* machludo, *N.W: occ:* mynd dan [ei] gaerau; *(b) (of fame):* peidio, pallu, pylu, darfod, *Fig:* machlud. **2.** *(of dress):* **to ~ well/badly,** gorwedd/hongian yn dda/wael. **3.** *(of broken bone):* asio, ailasio. **4.** *(a) (of white of egg):* caledu, tewychu; *(of blood):* ceulo; *(of milk):* ceulo, cawsio, troi; *(of jelly):* caledu, ceulo, *F:* setio; *(of apple):* cnapio; *(b) (of cement):* caledu; *(c) (of face):* caledu; *(of eyes):* llonyddu; *(d) (of character):* **to become ~,** ymgaledu. **5.** *Ven: (of dog):* cyfeirio, pwyntio, anelu. **6.** *Danc:* setio. **7.** *(of current):* **to ~ southwards,** llifo/cyfeirio i'r de; **the tide is setting in,** mae hi ar lanw; **the tide is setting out,** mae hi ar drai; *F:* **the tide has ~ in his favour,** mae pob awel yn chwythu o'i du; mae'r llanw wedi troi o'i blaid; **public opinion is setting that way,** dyna duedd y farn gyhoeddus. **8. to ~ to work,** mynd ati [i weithio], bwrw iddi, cychwyn gweithio, ymr|oi i wneud rhth, cychwyn ar eich gwaith, dechrau gweithio. **~ about 1.** *v.i.* *(a)* **to ~ about one's work,** troi/mynd at eich gwaith, bwrw iddi, mynd ati [i weithio], tynnu'r ewinedd o'r blew, torchi llewys; **(I don't know) how to ~ about it,** (wn i ddim) sut i fynd ati, *F:* sut i fynd o'i chwmpas hi, sut mae mynd o'i chwmpas hi; *(b) F:* **to ~ about s.o.,** ymosod ar rn, *S.W:* gosod ar rn. **2.** *v.t.* **to ~ a rumour about,** lledaenu si, taenu si, rhoi si ar led. **~ against** *v.t.* **to ~ s.o. against s.o.,** troi rhn yn erbyn rhn arall, gyrru rhn yn benben â rhn arall; **to ~ one's face against sth,** gwrthod derbyn rhth, gwrthwynebu rhth yn llwyr/gyfan gwbl. **~ apart** *v.t.* **1. to ~ women apart,** gwahanu/neilltuo/didoli gwragedd, gosod/rhoi/dodi gwragedd ar wahân. **2.** *(a thing):* dodi/rhoi (rhth) o'r neilltu, dodi/rhoi (rhth) ar wahân, neilltuo (rhth). **~ aside** *v.t.* **1.** = **set apart 2. 2.** *(a) (= reject):* ymwrthod (â rhth), gwrthod (rhth); *(b) (= disregard):* anwybyddu; **setting aside (my expenses),** ac anwybyddu, gan anwybyddu (fy nhreuliau); heb sôn (am fy nhreuliau); ac anghofio (fy nhreuliau); heblaw (am fy nhreuliau); *(c)* **to ~ a will aside,** diddymu/dirymu ewyllys. **~ back** *v.t.* **1.** *(a) (a shopfront &c):* gosod (rhth) yn ôl; **a house ~ back from the road,** tŷ'n sefyll ychydig yn ôl o'r ffordd; *(b) (of horse):* **to ~ back its ears,** moeli['r] clustiau. **2.** *(a)* **to ~ back a meter to zero,** troi mesurydd yn ôl i ddim, ailosod mesurydd ar ddim; *(b) (= hinder, delay):* arafu; *(c) F:* **it ~ me back 5000 pounds,** costiodd 5000 o bunnoedd i mi; rwy'n dlotach o 5000 o bunnoedd o'i herwydd. **~-back** *n.* rhwystr(-au) *m*, atalfa (atalf|eydd) *f*, anffawd (anffodion) *f*, an[h]ap(-[i]on) *mf*, anhawster (anawsterau) *m*, tro(-eon) anffodus *m*. **~ before** *v.t.* **1.** *(a)* **to ~ a dish (before s.o.),** gosod/dodi saig (o flaen rhn, gerbron rhn); *(b)* **to ~ a plan before s.o.,** gosod/rhoi/dodi cynllun gerbron rhn, cyflwyno cynllun i rn. **2. to ~ Dafydd ap Gwilym before Guto'r Glyn,** gosod Dafydd ap Gwilym yn uwch na Guto'r Glyn, pleidio Dafydd ap Gwilym ar draul Guto'r Glyn. **~ down** *v.t.* **1.** *(passengers):* gosod/dodi (teithwyr) i lawr, *occ:* disgyn (teithwyr). **2.** *(a)* **to ~ sth down (in writing),** cofnodi rhth, gwneud nodyn o rth, ysgrifennu rhth, rhoi rhth ar ddu a gwyn, dodi rhth ar glawr; **a condition ~ down in the contract,** amod a draethir yn y cytundeb; *(b)* **to ~ sth down to a cause,** priodoli rhth i achos; *(c)* **to ~ s.o. down as an actor,** cymryd mai actor yw rhn, tybio bod rhn yn actor. **~ forth 1.** *v.t. (ideas &c):* traethu, amlinellu, egluro, gosod allan. **2.** *v.i. (on journey):* cychwyn, ei chychwyn hi (am/i rywle); mynd ar daith, mentro allan (i rywle). **~ in 1.** *v.i.* dechrau, cychwyn; **before winter sets in,** cyn i'r gaeaf ddod, cyn y daw hi'n aeaf, cyn dechrau'r gaeaf; **night was setting in,** 'roedd hi'n dechrau nosi; **(a reaction) is setting in,** (mae adwaith) yn dechrau magu, yn ei amlygu ei hun; **it's setting in for rain,** mae hi am law; **if no complications ~ in,** os na cheir/bydd cymhlethdodau. **2.** *v.t. (stone, pane):* gosod, dodi, *occ:* mewnosod; *Dressm: Tail:* **to ~ in sleeves,** gosod llewys; **~-in sleeve,** llawes osod (llewys gosod) *f*. **~ off** I. *v.t.* **1.** *(a)* **to ~ off a debt against sth,** gosod/dodi dyled yn erbyn rhth; **to ~ off a gain against a loss,** cydbwyso/mantoli ennill a cholled; *(b) (= adorn, enhance):* addurno, tanlinellu, pwysleisio; **jewellery sets off a pretty face,** mae gemau'n addurn i wyneb tlws; **her dress sets off her figure,** mae ei gwisg yn dangos/pwysleisio ei ffigwr; **green sets off red,** mae gwyrdd yn dwysáu/cryfh|au coch. **2.** *Surv:* **to ~ off an angle,** mesur/dylunio ongl. **3.** *(rocket &c):* tanio; **to ~ off (laughter),** peri, achosi, cychwyn (chwerthin). II. *v.i.* **1.** *(on journey):* cychwyn, ymadael (ar daith). **2.** *Typ: (of wet ink):* staenio. **~-off** *n.* **1. ~-off (to beauty),** *(i) (= adornment):* addurn(-iadau) *m* (i brydferthwch); *(ii) (= contrast):* cyferbyniad(-au) *m*, gwrthgyferbyniad(-au) *m* (i brydferthwch); **as a ~-off to sth,** fel gwrthgyferbyniad i rth. **2.** *(a) Fin: Book-k:* gwrthgyfrif(-on) *m*; *(b) Jur: (= counter-claim):* gwrth-hawliad(-au) *m*. **3.** *Typ:* staen(-iau) *m*. **~ on** *v.t.* **to ~ a dog on s.o.,** hysio/gyrru ci ar rn; **I was ~ on by a dog,** rhuthrodd ci arnaf; ymosodwyd arnaf gan gi. **~ out** I. *v.t.* **1.** *(a) (= put outside):* rhoi/gosod/dodi (rhth) allan/mas; *(b) (plants):* plannu (planhigion) allan/mas; *(= thin out plants):* teneuo (planhigion). **2. to ~ one's ideas out clearly,** mynegi'ch/traethu'ch/egluro'ch syniadau'n glir, datgan eich syniadau'n glir; **her work is well ~ out,** mae ei gwaith yn drefnus/daclus; **to ~ goods out (for sale),** gosod nwyddau allan, dodi nwyddau mas (i'w gwerthu); **to ~ out one's stall,** codi'ch stondin. **3.** *Mth: Surv: &c:* **to ~ out a curve,** amlinellu cromlin. **4.** *Typ: (= space out):* gwahanu. II. *v.i.* *(a) (on journey):* cychwyn, ei chychwyn hi, ymadael; *Nau:* hwylio [allan]; *S.a.* **journey[1]**; *(b)* **I didn't ~ out to attack them,** nid fy mwriad oedd ymosod arnynt; ni chychwynnais â'r bwriad o ymosod arnynt; **(to ~ out) in pursuit of s.o.,** (cychwyn) ar ôl rhn, ar drywydd rhn. **~ to** *v.i.* **1.** ymr|oi i'ch gwaith, bwrw iddi, mynd ati [i weithio], torchi llewys; **we must ~ to!** rhaid inni fwrw iddi! **2.** *F: (of two pers.):* **they ~ to,** aeth yn daro rhyngddynt; aethant i'r afael [â'i gilydd]; aethant i ymdaro; aethant yn benben â'i gilydd; *N.W:* mi aeth yn gwffas rhyngddyn' nhw; *S.W:* fe aeth yn bwno/gledro rhyngddyn' nhw. **~-to** *n.* ymrafael(-ion) *m*, cwffio *vn*, ymdaro *vn*, *N.W:* cwffas[t] *f*, *S.W:* pwno *vn*, cledro *vn*; **to have a ~-to,** dechrau ymladd, dechrau cwffio *&c*; **~ up[1]** I. *v.t.* **1.** *(a)* gosod, dodi; **to ~ sth up again,** ailgodi rhth; *(b) (a statue, a monument):* codi; *(c) Typ:* **to ~ up a manuscript,** cysodi llawysgrif. **2.** *(a) (= exalt):* dyrchafu; *(b) U.S: (dinner &c):* hulio, trefnu; *(plot):* esgor (ar rth), cynllunio (rhth); *(drinks):* rhoi/dodi (diodydd) (ar y bwrdd/ford); **~ 'em up!** dewch â nhw! *(c) F: (= make fool of):* twyllo (rhn), gwneud ffŵl (o rn), taflu'r bai (ar rn), gwneud (rhn) yn gocyn hitio *or* yn fwch dihangol *or N: F:* yn bric pwdin; **you have been ~ up,** 'rydych chi wedi'ch cael/dal. **3.** *(a) (a cult, school, agency, shop, business):* sefydlu, cychwyn; *(b) (a record):* creu, sefydlu; **to ~ up house somewhere, to ~ up one's abode somewhere,** ymgartrefu yn rhywle, symud i fyw i rywle; *S.a.* **house[1] 1**; *(c)* **food that sets up irritation,** bwyd sy'n achosi/peri llid; *(d)* **to ~ up a king,** sefydlu/gorseddu brenin, rhoi/dodi brenin ar yr orsedd; *(e)* **to ~ s.o. up in business,** sefydlu/cychwyn rhn mewn masnach, rhoi/dodi rhn ar ei draed mewn masnach; *(f)* **to ~ s.o. up as a model,** cynnig/dyrchafu rhn fel/yn esiampl; **to ~ up a claimant to the throne,** cynnig/cefnogi hawlydd i'r orsedd. **4. to ~ up a shout,** codi llef, rhoi bloedd, gweiddi, bloeddio. **5.** bywiogi (rhn), gwneud lles (i rn); **the medicine will ~ you up,** fe wna'r moddion les i chi; **I'm all ~ up for next year,** 'rwyf yn berffaith barod ar gyfer y flwyddyn nesaf; **I'm well ~ up with novels,** mae gen i hen ddigon o nofelau. II. *v.i.* **1. to ~ up in business,** ymsefydlu/cychwyn mewn busnes; **once I am properly ~ up,** unwaith imi gael fy nhraed danaf. **2.** *v.i. & pr.* **to ~ (oneself) up as/for a critic,** eich gosod eich hun fel beirniad, ymhonni'n feirniad, honni [eich] bod yn feirniad, cymryd arnoch fod yn feirniad.~**-up**[1] *a.* **a well ~-up man,** dyn durol/atebol/nobl/solet, paladr o ddyn, dyn ysgwyddog.~**-up**[2] *n.* **1.** *F:* trefn *f;* **the ~-up,** y drefn sydd/oedd ohoni, trefn pethau, y sefyllfa *f.* **2.** *T.V. Cin:* gosodiad(-au) *m,* paratoadau *pl.* ~ **upon** *v.t.* **to ~ upon the enemy,** ymosod ar y gelyn.

set³ *a.* **1.** *(a) (face):* caled, llonydd, digyffro, difynegiant; *(eyes):* llonydd, sefydlog; *(smile):* sefydlog; *S.a.* **fair¹;** *(b) (watchspring):* tyn[n], wedi ei dynh|au/osod; *Sp: (to runners):* **get ~!** parod! **to get ~,** ymbarat|oi, eich parat|oi'ch hun; *F:* **to be all ~ to go,** bod yn barod [i gychwyn]; **all ~?** pawb yn barod? *(c)* **hard ~,** caled (celyd); *(d)* **(the fruit is) ~,** (mae'r ffrwythau) wedi ffurfio, *N.W:* yn cnapio, yn cnapian, yn ffyrf; **the cabbages are ~,** mae'r bresych wedi magu calon; *(e)* **close-~,** agos at ei gilydd; *(f) (sun):* wedi machlud. **2.** *(a) (price, time):* gosod, gosodedig, penodol; **at ~ hours,** ar adegau rheolaidd/penodol; **~ idea,** syniad(-au) pendant/di-ildio *m; (purpose):* sicr, cadarn, di-ildio, diysgog; **of ~ purpose,** yn fwriadol, yn unswydd, o fwriad; *(b)* **~ phrase,** ymadrodd(-ion) gosod *m;* **~ speech,** araith barod/osod (areithiau parod/gosod) *f;* **~ dinner,** cinio (ciniawau) gosod *m;* **~ forms,** ffurfiau rhagosodedig *pl;* **~ form of prayer,** ffurfweddi (ffurfweddïau) *f; (c)* **~ piece,** *(i) (song, recitation):* darn(-au) gosod *m; Th:* set fach (setiau bach) *f; Cu:* saig osod (seigiau gosod) *f; Pyr:* tân gwyllt gosod *m; Rugby: Fb:* **~ scrum,** sgrŷm osod (sgrymiau gosod) *f; Th:* **~ scene,** addurn gosod *m; (d)* **~ task,** tasg osod (tasgau gosod) *f; Sch:* **~ subject,** pwnc (pynciau) gosod *m; Sch:* **~ book,** llyfr(-au) gosod *m;* **everybody is given a ~ amount of homework,** pennir hyn a hyn o waith cartref i bawb. **3. she is ~ on going,** mae hi'n benderfynol o fynd; **since you are ~ on it. . .,** gan nad oes dim troi arnoch. . ., gan eich bod yn benderfynol o'i wneud. . ., gan mai dyna'ch bwriad. . .; **to be dead ~ against s.o.,** bod yn gwbl wrthwynebus i rn; **her mind is ~,** mae hi'n benderfynol/ bendant; *F:* **he's very ~ in his ways,** mae'n geidwadol iawn ei ffordd; 'does dim newid arno; *Fish:* **~ line, = trawl-line;** *Tls:* **~ chisel,** cŷn (cynion) caled *m,* gaing galed (geingiau caled) *f; Tls:* **~ screw,** sgriw osod (sgriwiau gosod) *f,* sgiw reoli (sgriwiau rheoli), setsgriw(-iau) *f;* **~ square,** sgwaryn(-nau) *m.* **~-in, ~-on** *a. Needlew:* gosod. **~-on collar,** coler(-i) gosod *m,* coler osod (coleri gosod) *f.*

seta *n. Nat.Hist:* gwrychyn (gwrych) *m.*

setaceous *a. Nat.Hist:* gwrychog.

setaceously *adv. Nat.Hist:* yn wrychog.

se-tenant *a.* cysylltiedig, ymgysylltiol, cydgysylltiol.

setiferous, setiform, setigerous *a.* gwrychog.

setness *n.* **1.** *(= rigidity):* caledwch *m,* sythni *m.* **2.** *(of purpose):* penderfynoldeb *m,* ystyfnigrwydd *m.*

seton *n. Med:* goreth(-au,-i) *mf,* setwn (setynau) *m.*

setose *a.* **= setaceous.**

sett *n.* set(-iau) *f; (= paving block):* setsen (sets) *f; pl.* cerrig sets; *Metalw:* **hot ~,** set boeth (setiau poethion) *f.*

settee *n.* soffa(-s) *f,* setî (setïau) *f, Lit:* esmwythfainc (esmwythfeinciau) *f,* gorweddfainc (gorweddfeinciau) *f.* **~-bed** *n.* gwely(-au) *(m)* soffa, soffa gysgu (soffas cysgu).

setter *n.* **1.** *(a) (most senses):* gosodwr (gosodwyr) *m; (b) (of saw teeth):* hogwr (hogwyr) *m, A: or Lit:* gwyreiwr (gwyreiwyr) *m; (c) Th:* **stage ~,** trefnydd(-ion) *(m)* llwyfan. **2.** *(dog):* cyfeirgi (cyfeirgwn) *m;* **red ~, English ~,** cyfeirgi Seisnig.

setterwort *Bot:* **= bear's foot.**

setting¹ *a. (sun):* sy'n machlud, machludol, sy'n mynd i lawr, *N.W:* sy'n mynd dan gaerau; *(glory):* diflanedig, darfodedig, ar drai, gostyngol.

setting² *n.* **1.** *(a) (most general senses):* gosodiad(-au) *m,* gosod *vn,* dodi *vn;* **table ~,** lle(-oedd) *(m)* gosod; *Cu:* **to put the heat at a lower ~,** troi'r gwres yn is; *(b)* **~ to music,** trefniant cerddorol *m; (c) (of seeds):* plannu *vn,* gosod; *(d) (of clock):* gosod, amseru *vn; (e) (of trap, hair, specimen):* gosod, gosodiad; *(f) (of saw):* hogi *vn; (g) Typ: Cmptr:* cysodi *vn,* cysodiad(-au) *m;* **margin ~,** gosodiad ymyl; **page-~,** tudalennu *vn,* tudaleniad *m;* **tab ~,** gosodiad tab. **2.** *(a) (of sun):* machlud(-iadau) *m,* machludiad(-au) *m; (b) (of bone by surgeon):* gosodiad, gosod; *(of bone itself):* asiad *m,* asio *vn; (c) (of fruit):* ymffurfiad *m,* ymffurfio *vn; (d) (of cement):* calediad *m,* caledu *vn; (of egg-white, jelly):* ceulad *m,* ceulo *vn,* caledu. **3.** *(a) (of story &c): Th:* lleoliad(-au) *m; (b) (of jewel):* gosodiad; *(c) Mus:* gosodiad, trefniant (trefniannau) *m.* **~ line** *n. Th:* lein *(f)* gosodiad. **~ plan** *n. T.V:* cynllun *(m)* setiau.

settle¹ *n. Furn:* sgiw(-iau) *f,* setl(-au) *f.*

settle² *v.t. & i.* I. *v.t.* **1.** *(a) (settlers):* sefydlu (rhn) mewn gwlad; *(b) (a country):* cyfan[h]eddu, an[h]eddu, gwladychu (gwlad); ymsefydlu, ymgartrefu, cartrefu (mewn gwlad); *(c) (= stabilize):* sefydlogi, sadio, gwastatáu; *(d) (= put in place):* dodi/gosod/rhoi (rhth) yn ei le. **2.** *(a)* **to ~ an invalid for the night,** gwn|eud claf yn gysurus ar gyfer y nos; *(b)* **to ~ one's children,** trefnu ar gyfer eich plant, ymorol am eich plant, sicrh|au dyfodol eich plant; *(c)* **to ~ (one's affairs),** trefnu, rhoi trefn ar (eich pethau, eich busnes); dodi/rhoi (eich pethau) mewn trefn. **3.** *(a) (wine):* gloywi, clirio (gwin); gadael (i win) waddodi/waelodi; *(b)* **to ~ s.o.'s doubts,** cael gwared ag amheuon rhn. **4.** *(attitude):* penderfynu; *(nerves):* tawelu, llonyddu; **(give me sth) to ~ my stomach,** (rhowch rth imi) i esmwytho fy stumog, *F:* i setlo fy stumog. **5.** *(date, place):* penderfynu, pennu, trefnu; **the terms were settled,** daethpwyd i delerau; cytunwyd ar yr amodau; penderfynwyd y telerau/ amodau; **it's all settled,** cafwyd cytundeb; mae pawb yn gytûn; **it's as good as settled,** mae'n bendant/derfynol, cystal â bod; mae cystal â bod yn bendant/derfynol; ni waeth dweud ei fod yn bendant [ddim]; **that is settled (then),** dyna hi; dyna fe/fo; dyna ni'n gytûn; dyna ben ar y mater [felly]; dyna setlo'r mater; dyna'i setlo hi; **to ~ to do sth,** penderfynu gwneud rhth, cytuno i wneud rhth. **I'll ~ for 100 instead of 150,** mi gytunaf i dderbyn cant yn lle cant a hanner; **he had to ~ for second best,** bu'n rhaid iddo fodloni ar yr ail orau. **6.** *(a)* **to ~ a difference of opinion,** torri dadl, cymodi [rhwng eraill]; **to ~ an argument,** torri dadl; **to ~ a question,** datrys cwestiwn; **(questions) not yet settled,** (cwestiynau) heb eu datrys/hateb; **that settles it!** dyna benderfynu'r mater! *F:* dyna setlo'r mater! dyna ben/ddiwedd arni! **~ it among yourselves,** penderfynwch/gwn|ewch drwy'ch gilydd; trefnwch ym mysg eich gilydd; **let them ~ it among themselves,** *F:* rhyngddyn' nhw a'u potes; rhwng gwŷr Pen-tyrch a'i gilydd; *Jur:* **to ~ (an affair out of court),** cytuno, dod i gytundeb (ar fater y tu allan i'r llys); **settled between the parties,** cytunwyd rhwng y ddwy blaid; *(b) (business):* terfynu (mater), dod (â mater) i ben; *(account, debt):* clirio, talu (cyfrif, dyled); *Jur:* **to ~ an action,** dod ag achos i ben, setlo achos; **shall I ~ for everyone?** a gaf i dalu dros bawb? *abs.* **to ~ [up] with s.o.,** talu'ch dyledion i rn, *N.W: occ:* gwneud cyfrif efo rhn; *(= repay an injury):* talu'r pwyth [yn ôl], talu'r hen chwech yn ôl (i rn); *F:* **now to ~ with you!** a chithau nesaf! a'ch tro chi 'nawr! *(c)* **to ~ s.o.,** *F:* cau ceg rhn [unwaith ac am byth], rhoi halen ym mhotes rhn, rhoi caead ar biser/debot rhn, setlo rhn; *S.a.* **hash¹ 2. 7. to ~ an annuity on s.o.** sefydlu blwydd-dâl ar gyfer rhn, cynysgaeddu rhn â blwydd-dâl. II. *v.i.* **1.** *v.i.pr. (a)* **to ~ [down] (in a locality),** ymsefydlu, ymgartrefu, bwrw gwreiddiau, plwyfo (mewn ardal); cynefino, ymgynefino, dod yn gynefin (ag ardal); *N.W: occ:* ymlyfu, daearu (mewn ardal); *S.W: occ:* arosfeio, rhysfeio (mewn ardal); *(b)* **to ~ [oneself] (in an armchair),** swatio, eich gwneud eich hun yn gysurus (mewn cadair freichiau); *(c) (of bird):* **to ~ (on a branch),** clwydo, disgyn, glanio, dod i sefyll (ar gangen); *(d)* **the snow is settling,** mae'r eira'n aros/gorwedd; **dust had settled on the chair,** gorweddai llwch yn drwch ar y gadair; *F:* **after the dust settles,** ar ôl i bethau dawelu/lonyddu; **snow had settled,** 'roedd eira wedi syrthio/disgyn; *(e)* **(the wind is) settling in the north,** (mae'r gwynt) yn dal o'r gogledd, yn aros yn y gogledd; *(f)* **to ~ [down] (to work),** bwrw iddi, mynd ati, ymr|oi o ddifrif (i'ch gwaith); *(to child &c):* **~ down, will you!** bydd yn llonydd/ dawel, wnei di *or* da ti! **he can't ~ to any job,** ni all aros mewn unrhyw swydd. **2.** *(of liquid):* gwaddodi, clirio; *(of sediment):* gwaelodi. **3.** *(a) (of ground, pillar, foundation):* sadio; *F:* **things are settling into shape,** mae pethau'n [dechrau] dod i drefn; mae'r darnau'n disgyn i'w lle; *(b) (of ship):* **to ~ [down],** suddo, mynd i orwedd ar y gwaelod. **4.** *(of passion):* ymlonyddu, tawelu, llonyddu, gostegu, darfod, peidio; **the weather is settling,** mae hi'n setlo; mae'r tywydd yn tawelu. **~ down** *v.i.* **1.** *See* **settle²** II. **1.** *(a), (f),* **3.** *(b).* **2.** *(a) (of pers.):* callio, sobri, ymddifrifoli; **to ~ down for life [in marriage],** dechrau byw, mynd i'r bywyd da; **(marriage has) made him ~ down,** (mae priodi wedi) ei gallio/sobri, dod ag ef at ei goed, peri iddo barchuso; *(b)* **(since the war) things have settled**

down, mae pethau wedi dod i drefn, mae pethau wedi tawelu (ers y rhyfel); **things are settling down,** mae pethau'n dechrau ailafael; **as soon as the market settles down,** cyn gynted ag y gwnaiff y farchnad dawelu. **3. (she is beginning) to ~ (down at school),** (mae hi'n dechrau) dygymod, cynefino, dod yn gynefin (â'r ysgol); (mae hi'n dechrau) ymgartrefu, cael ei thraed dani, dod i drefn (yn yr ysgol); **I couldn't ~ down there,** 'roeddwn i'n methu cartrefu yno. **~ in** *v.i.* **the cold settled in his lungs,** aeth yr annwyd i'w ysgyfaint; bu i'r annwyd hel ar ei ysgyfaint. **~ up** *v.i.* talu'ch dyledion. **~ upon** *v.i.* **1.** *(= decide):* **to ~ upon sth,** dewis rhth, penderfynu ar rth. **2. her affections settled upon him,** aeth ei bryd hi arno ef; ef oedd ei dewis ddyn hi.

settled *a.* **1.** *(a) (= unchanging):* digyfnewid, sefydlog; *(idea, intention):* diysgog, pendant; **~ policy,** polisi cyson *m*; **~ weather,** tywydd sefydlog/digyfnewid *m*; *(b) (pers.):* sobr, sobor, sad, digyffro, tawel, llonydd; *(c) (esp. married):* parchus, callach. **2.** *(a)* **the matter is ~,** dyna ben ar y mater; mae'r mater wedi ei benderfynu; mae'r mater wedi ei ddatrys; *(b) (on bill):* **"settled",** "talwyd". **3.** *(= domiciled):* wedi ymgartrefu, wedi ymsefydlu; *(of foundation, pillar &c):* wedi sadio, wedi setlo, wedi mynd i'w le. **4.** *(of country):* cyfannedd, wedi ei gwladychu.

settledness *n.* sefydlogrwydd *m*.

settlement *n.* **1.** *(a) (= establishing, placing):* sefydlu *vn*, sefydlogi *vn*, gosod *vn*, lleoli *vn*; *Hist:* **Act of S~,** Deddf *(f)* Sefydlogi; *(b) (= colonizing):* cyfan[h]eddu *vn*, gwladychu *vn*. **2.** *(a) (of business &c):* terfynu *vn*, dibennu *vn*; *(of question):* datrysiad *m*, datrys *vn*; *(b) Com: (of debt):* taliad(-au) llawn/terfynol *m*; **in full ~ of the debt,** i dalu'r ddyled yn llawn; *(c)* **they have reached a ~,** maent wedi dod i gytundeb; *(d) Jur:* **[deed of] ~,** gweithred(-oedd) *(f)* setlo, setliad(-au) *m*; *Jur:* **~ of annuity,** setliad blwydd-dâl; **family ~,** cytundeb(-au) teuluol *m*; *Jur:* **marriage ~,** cytundeb priodas; *W.Jur: A: (in favour of daughter):* agweddi (agweddïau) *m*, gwaddol(-ion) *m*; *(in favour of wife):* cowyll(-au,-ion) *m*, gwaddol. **3.** *(= colony):* gwladfa (gwladf[e]ydd) *f*; *Geog:* an[h]eddiad (aneddiadau) *m*, an[h]eddfa (aneddf[e]ydd) *f*; **nucleated ~,** an[h]eddiad cnewyllol; **scattered ~,** an[h]eddiad gwasgarog. **4.** *(= arrangement):* ardrefniant (ardrefniannau) *m*, trefniant (trefniannau) *m*. **5.** *U.S.:* treflan(-nau) *f*, pentref(-i) bach *m*. **~ day** *n.* diwrnod(-[i]au) *(m)* talu. **~ pattern** *n.* patrwm (patrymau) *(m)* anheddu. **~ site** *n.* an[h]eddle (aneddleoedd) *m*. **~ worker** *n.* gweithiwr (gweithwyr) cymdeithasol *m*.

settler *n.* **1.** *(= colonizer):* ymsefydlwr (ymsefydlwyr) *m*, gwladfäwr (gwladfawyr) *m*, gwladychwr (gwladychwyr) *m*, an[h]eddwr (an[h]eddwyr) *m*, cyfan[h]eddwr (cyfan[h]eddwyr) *m*. **2.** *F:* y gair olaf *m*; **that was a ~ for him,** rhoes hynny daw arno; caeodd hynny ei geg. **~'s clock** *n.* **= jackass (laughing).**

settling *vn.* **1. = settlement. 2.** *(= termination):* diwedd *m*, terfyn *m* (mater); pen *(m)* (ar fater); **~ [up],** gwastatáu *(vn)* cyfrifon, clirio*(vn)*'r llyfrau, cytbwyso *(vn)* pethau. **3.** *n.pl. (= dregs):* gwaddod(-ion) *m*. **~ day** *n. St.Exch:* diwrnod(-[i]au) *(m)* talu.

settlor *n. Jur:* setlwr (setlwyr) *m*.

setula, setule *n. Z: Bot:* gwrychyn (gwrych) *m*, saethflewyn (saethflew) *m*.

setulose, setulous *a. Z: Bot:* saethflewog, gwrychog.

setwall *n. Bot:* **= valerian.**

seven *num. a. & n.* saith (seithoedd) *m (foll. by singular noun, occ: foll. by soft mut.) (for other phrases, See* **eight, six***); in names of years,* saith gant; **the year 740,** y flwyddyn saith gant a deugain; **~ hundred,** saith gant/cant *m*; **~ pence,** saith geiniog *f*; **~ pounds,** saith bunt *f*; **the ~ Seas,** y Saith Fôr, y Nawmor; **~ years,** saith mlynedd; **~ years old,** seithmlwydd oed; **~ times,** seithgwaith; **(he sailed) the ~ seas,** (hwyliodd) holl foroedd y byd, y saith fôr, y nawmor; *S.a.* **six.** *Prov:* **rain before ~, fine before eleven,** *Lit:* **the S~-League Boots,** y Botasau Saith Milltir; *Sp:* **~-a-side,** saith bob ochr; *Sp:* **rugby sevens,** rygbi *(m)* saith bob ochr; **the ~ liberal arts,** y saith gelfyddyd freiniol *f*; *Th:* **the ~ movements in ballet,** y saith symudiad mewn bale; *Rel:* **the ~ penitential psalms,** y saith salm benyd *f*; *Lit:* **the S~ Sages of Rome,** Saith Doethion Rhufain; *Myth:* **S~ against Thebes,** y Saith yn erbyn Thebae; *Myth:* **the S~ Sleepers of Ephesus,** y Saith Cysgadur/Gysgadur *(m)*; **S~ Sisters 1.** *W.Pl.n.* Blaendulais *m*. **2.** *Astr:* **= Pleiades; the S~ Deadly Sins,** y Saith Bechod Marwol *m*, saith wreiddyn *(m)* pechod; **the S~ Wonders of the World,** Saith Rhyfeddod y Byd; **the S~ Words of the Cross,** Saith Air y Groes; **~-year itch,** *(a)* ysfa *(f)* saith mlynedd; *(b)* **= scabies; the S~ Years' War,** y Rhyfel *(m)* Saith Mlynedd; *U.S: Cards:* **~-up,** *seithdro *m*.

sevenfold *a. & adv.* **1.** *a.* seithblyg, seithwaith. **2.** *adv.* seithwaith.

sevenpence, sevenpenny *n. & attrib.* saith geiniog *f or pl.*

seventeen *num. a. & n.* dau *(m)* ar bymtheg, dwy *(f)* ar bymtheg, *less idiomatically* un deg [a] saith, *foll. by sing. noun or* o + *n.pl.*; **~ houses,** dau dŷ ar bymtheg; **~ goats,** dwy afr ar bymtheg; dau, dwy *both mutate after the article and mutate any following noun:* **the ~ men,** y ddau ddyn ar bymtheg; **~ years,** dwy flynedd ar bymtheg; **~ years old,** dwyflwydd ar bymtheg [oed]; *for construction after* saith *See* **seven; 1917,** mil naw un saith; **1708,** mil saith dim wyth; **1700,** mil saith gant; **the 1700's,** degawd cynta'r ddeunawfed ganrif. **~-year locust** *n. Ent:* **= cicada.**

seventeenth *num. a. & n.* **1.** *a. & n.* ail ar bymtheg, *less idiomatically* un deg [a] seithfed; *for construction See* **second, seventh; my ~ birthday,** fy mhen blwydd yn ddwy ar bymtheg [oed]. **2.** *n. Mth:* un rhan *(f)* o ddwy ar bymtheg; **January the ~, the ~ of January,** yr ail *(m)* ar bymtheg o Ionawr, Ionawr yr ail ar bymtheg; **Louis the S~,** Lewis yr Ail ar Bymtheg.

seventh *num. a. & n.* **1.** *a.* seithfed *foll. by soft mut. of a fem. noun:* **the ~ daughter,** y seithfed ferch; **the ~ year,** y seithfed flwyddyn; *Mus:* **~ chord,** seithfed cord *m*; *F:* **in one's ~ heaven,** yn eich seithfed nef, uwch ben eich digon, ar ben eich digon; **S~ Day Adventist,** Adfentydd(-ion) *(m)* y Seithfed Dydd; **S~ Day Baptist,** Bedyddiwr (Bedyddwyr) *(m)* y Seithfed Dydd, Bed[y]ddwraig (Bedyddwragedd) *(f)* y Seithfed Dydd. **2.** *n.* seithfed(-au) *m&f*; **Henry the S~,** Harri'r Seithfed; *Mth:* seithfed, un rhan *(f)* o saith, seithfed ran *f*; **the ~ of May, May the ~,** y seithfed *(m)* o Fai, Mai'r seithfed. **~-rate** *attrib.* seithfed radd.

seventhly *adv.* yn seithfed.

seventieth *num. a. & n.* **1.** *a.* degfed a thrigain, saith degfed; degfed *mutates a fem. noun and itself mutates after the article:* **the ~ year,** y ddegfed flwyddyn a thrigain, y saith degfed flwyddyn; **her ~ birthday,** ei phen blwydd yn ddeg a thrigain [oed]; **~ anniversary,** dengmlwyddiant *(m)* a thrigain. **2.** *n.* degfed(-au) *(m&f)* a thrigain, saith degfed(-au) *m&f*; *Mth:* un rhan *(f)* o saith deg.

seventy *num. a. & n.* **1.** *a.* deg a thrigain, saith deg, *foll. by sing. noun or* o + *n.pl.*; **~ books,** deg llyfr a thrigain, saith deg llyfr, deg a thrigain o lyfrau, saith deg o lyfrau; **~ people,** deg a thrigain o bobl, saith deg o bobl; deg *changes to* deng *before* m-; **~ minutes,** deng munud a thrigain; *also before* blwydd, blynedd, diwrnod *and occ. before vowels:* **~ years,** deng mlynedd a thrigain; **~ years old,** dengmlwydd a thrigain [oed]; **~ days,** deng niwrnod a thrigain; **~ hours,** deng awr a thrigain; **~ times,** dengwaith a thrigain; **~ miles,** deng milltir a thrigain; **~ pounds,** *(money):* decpunt a thrigain; *(weight):* decpwys a thrigain; **~ shillings,** decswllt a thrigain; **~ pence,** deg ceiniog a thrigain; **~ yards,** decllath a thrigain; *B:* **~ times seven,** hyd ddengwaith a thrigain seithwaith. **2.** *n.* saith deg(-au) *m*, deg a thrigain (**~ ~** thrigeiniau) *m*; **the Seventies,** *(era):* y Saith Degau; **he's in his seventies,** mae dros ei ddeg a thrigain; mae yn ei saith degau; **1870,** mil wyth saith dim. **~-eight 1.** *a.* deunaw a thrigain, saith deg [ac] wyth, *foll. by sing. noun or* o + *n.pl.*; *for construction after* deunaw, *See* **eighteen;** *after* wyth, *See* **eight; 1978,** mil naw saith wyth. **2.** *n. (record):* record(-iau) *(f)* saith deg wyth. **~-eighth 1.** *a. & n.* deunawfed a thrigain, saith deg [ac] wythfed; *for construction See* **eighteen, eighth; his ~-eighth birthday,** ei ben blwydd yn ddeunaw a thrigain [oed] *or* yn saith deg [ac] wyth [oed]. **2.** *n. Mth:* un rhan *(f)* o saith deg [ac] wyth. **~-fifth 1.** *a.* pymthegfed a thrigain, saith deg a phumed, saith deg pumed; *for construction See* **fifteenth, fifth; one's ~-fifth birthday,** eich pen blwydd yn bymtheg a thrigain [oed]. **2.** *n. Mth:* un rhan *(f)* o saith deg a phump. **~-first 1.** *a. & n.* unfed ar ddeg a thrigain, saith deg [ac] unfed; *for construction See* **eighty-first; his ~-first birthday,** ei ben blwydd yn un ar ddeg a thrigain [oed] *or* yn saith deg ac un [oed]. **2.** *n. Mth:* un rhan *(f)* o saith deg ac un. **~-five 1.** *a. & n.* pymtheg a thrigain, saith deg a phum, saith deg pum, *foll. by sing. noun, or* saith deg a phump *or* saith deg pump + o + *n.pl.*; *for construction after* pymtheg, *See* **fifteen;** *after* pum, *See* **five. 2.** *n. (a)* **1675,** mil chwech saith pump; *(b) Mil:* canon(-au) *(m)* saith deg pump. **~-four 1.** *a. m.* pedwar ar ddeg a thrigain, *f.* pedair ar ddeg a thrigain, saith deg a phedwar/phedair, saith deg pedwar/pedair, *foll. by sing. noun or* o + *n.pl.*; *for construction after* pedwar/pedair *See* **four, fourteen**; **1474,** mil pedwar saith pedwar. **2.** *n. Ich: (Polysteganus undulosus):* coeg-arianbysg(-od) *m.* **~-fourth 1.** *a. & n.* pedwerydd *(m)* ar ddeg a thrigain, pedwaredd *(f)* ar ddeg a thrigain, saith deg a phedwerydd/phedwaredd, saith deg pedwerydd/pedwaredd; *for construction See* **fourth, fourteenth**; **her ~-fourth birthday,** ei phen blwydd yn saith deg a phedair [oed] *or* yn bedair ar ddeg a thrigain [oed]; **the ~-fourth psalm,** salm saith deg a phedwar. **2.** *n. Mth:* un rhan *(f)* o saith deg a phedair. **~-nine** *a. & n.* pedwar *(m)* ar bymtheg a thrigain, pedair *(f)* ar bymtheg a thrigain, saith deg [a] naw, *foll. by sing. noun or by* o + *n.pl.*; *for construction after* pedwar/pedair *See* **nineteen, four**; *after* naw, *See* **nine**; **1979,** mil naw saith naw. **~-ninth 1.** *a. & n.* pedwerydd *(m)* ar bymtheg a thrigain, pedwaredd *(f)* ar bymtheg a thrigain, saith deg [a] nawfed; *for construction See* **nineteenth, ninth**; **his ~-ninth birthday,** ei ben blwydd yn saith deg [a] naw [oed]; **the ~-ninth hymn,** emyn saith deg naw. **2.** *n. Mth:* un rhan *(f)* o saith deg [a] naw. **~-one** *a. & n.* un ar ddeg a thrigain, saith deg [ac] un, *foll. by sing. noun or* o + *n.pl.*; *for construction See* **eleven, one**; **1871,** mil wyth saith un. **~-second 1.** *a. & n.* deuddegfed a thrigain, saith deg [ac] eilfed; *for construction See* **twelfth, second**. **2.** *n. Mth:* un rhan *(f)* o saith deg a dwy. **~-seven** *a. & n.* dau *(m)* ar bymtheg a thrigain, dwy *(f)* ar bymtheg a thrigain, saith deg [a] saith, *foll. by sing. noun or by* o + *n.pl.*; *for construction See* **seventeen, seven**; **1277,** mil dau saith saith. **~-seventh 1.** *a. & n.* ail/eilfed ar bymtheg a thrigain, saith deg [a] seithfed; *for construction See* **seventeenth, seventh**; **the ~-seventh psalm,** salm saith deg [a] saith; **her ~-seventh birthday,** ei phen blwydd yn saith deg [a] saith [oed]. **2.** *n. Mth:* un rhan *(f)* o saith deg [a] saith. **~-six** *a. & n.m.* un ar bymtheg a thrigain, saith deg [a] chwe[ch]; *foll. by sing. noun or* o + *n.pl.*; *for construction using* un ar bymtheg *See* **one, sixteen**; *for construction using* chwe[ch] *See* **six**; **the year 1976,** y flwyddyn mil naw saith chwech. **~-sixth 1.** *a. & n.* unfed ar bymtheg a thrigain, saith deg [a] chweched; *for construction See* **sixteenth, sixth**; **his ~-sixth birthday,** ei ben blwydd yn saith deg a chwech [oed]. **2.** *n. Mth:* un rhan *(f)* o saith deg [a] chwech. **~-third 1.** *a. & n. m.* trydydd ar ddeg a thrigain, *f.* trydedd ar ddeg a thrigain, saith deg a thrydydd/thrydedd, saith deg trydydd/trydedd; *for construction See* **thirteenth, third**; **her ~-third birthday,** ei phen blwydd yn saith deg a thair [oed]. **2.** *n. Mth:* un rhan *(f)* o saith deg a thair. **~-three** *a. & n. m.* tri ar ddeg a thrigain, *f.* tair ar ddeg a thrigain, saith deg a thri/thair, saith deg tri/tair *foll. by sing. noun or* o + *n.pl.*; *for construction See* **thirteen, three**; **the year 1273,** y flwyddyn mil dau saith tri. **~-two** *a. & n.* deuddeg/deuddeng a thrigain, *m.* saith deg [a] dau, *f.* saith deg [a] dwy *foll. by sing. noun or by* o + *n.pl.*; *for construction See* **twelve, two**; **the year 1172,** y flwyddyn mil un saith dau.

sever *v.t.* torri; *(a)* **to ~ one's connections with s.o.,** torri'ch cysylltiadau â rhn; *(b)* **to ~ s.o.'s leg [from his body],** torri coes rhn ymaith, *occ:* trychu coes rhn.

severability *n.* toradwyedd *m*, natur doradwy/drychadwy *f.*

severable *a.* toradwy, *occ:* trychadwy.

several *a.* **1.** *(a)* gwahanol; **the ~ members of the committee,** gwahanol aelodau'r pwyllgor; *(b) Jur:* unigol; **collective and ~ responsibility,** cyfrifoldeb ar y cyd ac yn unigol; *S.a.* **liability**; *(c) Lit:* **each went his ~ way,** aeth pob un ei ffordd ei hun; **our ~ rights,** ein priod hawliau, ein hawliau priodol, hawl pob un ohonom. **2.** *(a) (= many):* nifer (o rth), sawl + *sing. n.*; *S.a.* **many; (he) and ~ others,** (ef) a nifer o rai eraill, a sawl un arall; **(I've been there) ~ times,** (bûm yno) lawer gwaith, sawl tro; *(b) (with noun function):* **(I have) ~,** (mae gennyf) amryw, amryw byd, nifer, lawer, sawl un.

severalfold *a.* sawl gwaith trosodd.

severally *adv.* ar wahân [i'w gilydd], fesul un, bob yn un [ac un]; **jointly and ~,** ar y cyd ac yn unigol; **against you ~,** yn eich erbyn chwi bob un ohonoch.

severalty *n.* **1.** *(= separateness):* arwahanrwydd *m.* **2.** *Jur:* deiliadaeth(-au) unigol *f.*

severance *n.* toriad(-au) *m*, torri *vn*; **~ of communications,** torcysylltiad *m*; **~ pay** *n.* cyflog(-au) *(m)* diswyddo.

severe *a.* **1.** *(pers., sentence):* caled *(pl. occ:* celyd), llym *(f.* llem, *pl.* llymion), llawdrwm, didostur, diarbed; **a ~ sentence,** dedfryd greulon/lem/ddidostur (dedfrydau creulon/llymion/didostur) *f*; **a ~ reprimand,** cerydd(-on) llym *m*; **to be ~ on s.o.'s failings,** bod yn llawdrwm ar ffaeleddau rhn. **2.** *(a) (weather, cold):* mawr, caled, gerwin, garw (geirwon), enbyd, difrifol, cethin, ysgethrin; **a ~ winter,** gaeaf(-au) caled/llwm *m*, *N: F:* heth *f*; *(b) (blow):* trwm *(f.* trom, *pl.* trymion), dybryd, llym, tost; *Med:* **a ~ cold in the head,** annwyd trwm/difrifol yn y pen; **~ pain,** poen tost/garw/dybryd/enbyd, *Lit:* poen dirdynnol, dygn boen; **~ loss,** colled enbyd/ddifrifol; **~ subnormality,** isnormalrwydd enbyd/difrifol *m*; **a ~ test of his patience,** treth drom *(f)* ar ei amynedd. **3.** *(style &c):* moel, llwm *(f.* llom, *pl.* llymion), llym, diaddurn, plaen.

severed *a.* toredig.

severely *adv.* **1.** *(= harshly, strictly):* yn arw, yn llym, yn dost *&c*; **I was left ~ alone,** fe'm gadawyd yn gyfan gwbl ar fy mhen fy hun; **leave it ~ alone,** gadewch lonydd llwyr iddo. **2.** *(wounded):* yn arw, yn fawr, yn dost, yn ddifrifol, yn enbyd. **3. ~ plain,** moel a diaddurn; **~ dressed,** mewn gwisg blaen a diaddurn.

severeness *n.* = **severity.**

severity *n.* **1.** *(= strictness):* llymder(-au) *m*, gerwinder *m*, llymdra *m.* **2.** *(a) (of weather):* gerwinder, caledi *m*; *(b) (of illness, pain):* difrifoldeb *m*, enbydrwydd *m*, tostedd *m*, tostrwydd *m*; *(c) (of examination):* llymder *m.* **3.** *(of style):* moelni *m*, llymder *m*, plaender *m*, diffyg *(m)* addurn.

Severn *Pr.n. Geog:* Hafren *f.* **~ Bore (the)** *n.* Eger *(m)* Hafren, *Lit: occ:* Deuri *(m)* Hafren. **~ capon** *n. Ich:* lleden (lledod) *(f)* Hafren. **~ Mouth** *n.* Aber *(f)* Hafren. **~ Sea** *n.* Môr Hafren.

Severnside *Pr.n. Geog:* Glan *(f)* Hafren.

severy *n. Arch:* sefri (sefrïau) *m.*

Seville *Pl.n.* **~ orange,** oren(-nau) chwerw *fm.*

sew *v.t.* gwnïo, *occ:* pwytho; *(in S.* gwnïo *is usu. pronounced as if* gwinio). **~ on** *v.t.* gwnïo (botwm) (ar rth). **~ up** *v.t.* **1.** *(hole, wound):* gwnïo, pwytho, cau. **2.** *Fig:* sicrh|au; *(bargain):* clensio.

sewage *n.* carthion *pl.* **~ disposal** *n.* gwaredu *(vn)* carthion, chwalu *(vn)* carthion. **~ disposal works** *n.* gwaith (gweithf|eydd) *(m)* chwalu carthion. **~ ejector** *n.* codwr (codwyr) *(m)* carthion. **~ farm** *n.* gwaith trin carthion. **~ fungus** *n. Bot:* ffwng (ffyngoedd) *(m)* carthion. **~ treatment works** *n.* = **sewage farm.**

sewellel *n. Z:* sewelel(-od,-iaid) *m.*

sewer[1] *n. Bookb:* pwythwr (pwythwyr) *m*, p|wythwraig (pwythwragedd) *f*, gwniadwr (gwniadwyr) *m*, gwni|adwraig (gwniadwragedd) *f.*

sewer[2] *n. Civ.E:* carthffos(-ydd) *f*, ceuffos(-ydd) *f*, ffos *(f)* garthion (ffosydd carthion), ffos fudreddi (ffosydd budreddi). **~ gas** *n.* nwy *(m)* carthion. **~ rat** *n. See* **rat[1], brown[1].**

sewer[3] *v.t. Civ.E:* gosod carthffosydd.

sewer[4] *n. Hist: (= waiter):* distain (disteiniaid) *m.*

sewerage *n.* **1.** carthffosiaeth *f.* **2.** *(incorrectly):* = **sewage.**

sewerman *n.m.* carthffoswr (carthffoswyr).

sewin *n. Ich:* sewin(-iaid) *m*, gleisiad (gleisiaid) *m*, brithyll(-od,-iaid) *(m)* y môr, *S.W:* penllwyd(-ion) *m*, twp *(m)* y dail.

sewing *vn. & n.* **1.** *(action):* gwnïo *vn*, gwnïad (gwniadau) *m.* **2.** *n. (= sewn work):* gwniadwaith *m.* **~-bee** *n.* cwrdd (cyrddau) *(m)* gwnïo. **~-circle** *n.* cylch(-oedd) *(m)* gwnïo. **~-cotton** *n.* edau *(f)* wnïo, cotwm *(m)* gwnïo. **~-frame** *n.* ffrâm *(f)* wnïo (fframiau gwnïo). **~-machine** *n.* peiriant (peiriannau) *(m)* gwnïo, *F:* injan *(f)* wnïo (injans gwnïo). **~-maid** *n.* gwniadyddes(-au) *f.* **~-needle** *n.* nodwydd *(f)* wnïo (nodwyddau gwnïo). **~-press** *n. Bookb:* gwasg *(f)* wnïo (gweisg gwnïo). **~-woman** *n.* gwni|adwraig (gwniadwragedd) *f*, gwniadyddes.

sewn, sewed *a.* gwniedig; **hand-~,** a wnïwyd â llaw. **~ up** *a.* **I've got this town ~-up,** mae'r dref 'ma yng nghledr fy llaw; **I've got the deal ~-up,** 'rwyf wedi clensio'r fargen.

sex[1] *n.* rhyw(-iau) *mf*; **the fair/gentle ~,** y rhyw deg; **the sterner ~,** y rhyw gref, y rhyw gadarn; *F:* **to have ~ with s.o.,** caru/cyplu â rhn, cael cyfathrach [rywiol] â rhn; **oral ~,** cyfathrach eneuol; **group ~,** cyfathrach dorfol. **~ act** *n.* gweithred rywiol (gweithredoedd rhywiol) *f.* **~ appeal** *n.* atyniad rhywiol *m.* **~ cell** *n.* = **gamete.** **~ change** *n.* newid(-iadau) *(m)* rhyw. ~

chromosome *n. Biol:* cr|omosom (cromosomau) *(m)* rhyw. ~ **determination** *n.* penodiad *(m)* rhyw, pennu *(vn)* rhyw. ~ **discrimination** *n.* gwahaniaethu *(vn)* ar sail rhyw. ~ **education** *n.* addysg *(f)* ryw. ~ **hygiene** *n.* glanweithdra rhywiol *m.* ~ **kitten** *n.* pishyn [fach] bryfoclyd *f,* perten [fach] bryfoclyd, perten rywiol. ~ **latency** *n.* dichonolrwydd rhywiol *m,* cuddni rhywiol *m.* ~ **life** *n.* bywyd rhywiol *m.* ~**-limited** *a. Biol:* cyfyngedig i un rhyw. ~ **linkage** *n.* cysylltiad(-au) *(m)* rhyw, cysylltedd *(m)* rhyw. ~**-linked** *a.* rhyw-gysylltiol, rhyw-gysylltiedig. ~**-mad** *a.* chwantus, blysig, *V:* tinboeth; *(girl):* cocwyllt; **she's ~-mad,** mae hi'n dinboeth/gocwyllt; *N.W:* mae hi'n un farus iawn amdani; mae hi'n hoff o'i thamaid; mae hi'n ei wneud o fel dŵr/cwningen; **he's ~-mad,** hen gi ydyw; mae'n gythraul am ei damaid; *V:* mae'n gythraul am ei din. ~ **maniac** *n. (i) (= rapist):* treisiwr (treiswyr) *m; (ii) F:* **he's a real ~ maniac,** mae'n gythraul am ei damaid. ~ **organ** *n.* organ rywiol (organau rhywiol) *f,* organ genhedlu (organau cenhedlu). ~ **ratio** *n.* cymhareb *(f)* ryw (cymarebau rhyw). ~ **role** *n.* rôl *(f)* ryw (rolau rhyw). ~**-starved** *a.* rhyw-newynog, rhwystredig, sy'n ysu am damaid. ~ **urge** *n.* blys *m* [y cnawd], yr ysfa gnawdol *f,* chwant *m, S: F:* y coglish *m.*

sex[2] *v.t.* **1. to ~ chicks,** dweud/penderfynu rhyw cywion, *rhywio cywion. **2.** *F:* **to ~ up (a novel),** rhoi tipyn o liw coch (ar nofel), rhoi darnau poethion (mewn nofel), rhywioli (nofel).

sexagenarian *a. & n.* **1.** *a.* trigeinmlwydd [oed]. **2.** *n.* trigeinmlwyddiad (trigeinmlwyddiaid) *m&f,* dyn *(m)* dros ei drigain (dynion dros eu trigain), dyn yn ei drigeiniau, dyn trigain mlwydd oed; gwr|aig *(f)* dros ei thrigain (gwragedd dros eu trigain), gwraig drigeinmlwydd oed (gwragedd trigeinmlwydd oed).

sexagenary *a.* trigeiniol.

Sexagesima *n. Ecc:* yr Ail Sul *(m)* cyn y Grawys.

sexagesimal *a. & n.* **1.** *a.* trigeiniol, secsag|esimol. **2.** *n.* trigeinfed(-au) *fm.*

sexangled, sexangular *a.* chweonglog, chweochrog, chwechonglog.

sexcentenary *n.* chwechanmlwyddiant (chwechanmlwyddiannau) *m.*

sexdecillon *n. Num:* secsdegiliwn (secsdegiliynau) *fm.*

sexdecillionth *a. & n. Num:* secsdegiliynfed *m&f.*

sexed *a.* **1.** *Nat.Hist:* rhywiol. **2.** *Psy:* **highly ~,** nwydus, cnawdol iawn, chwantus, blysig, barus; **hyper-~,** gorgnawdol; **under ~,** di-chwant, di-nwyd, heb fod yn gnawdol.

sexennial *a.* bob chwe blynedd, chweblynyddol.

sexennially *adv.* yn chweblynyddol, bob chwe blynedd.

sexer *n.* *rhywiwr (rh|yw-wyr) *m.*

sexidigital *a.* chwebyseddog.

sexily *adv.* yn rhywiol.

sexiness *n.* rhywioldeb *m.*

sexism *n.* rhagfarn *(f)* rhyw, rhywiaeth *f.*

sexist *a. & n.* **1.** *a.* rhywiaethol. **2.** *n.* rhywiaethwr (rhywiaethwyr) *m.*

sexisyllabic *a.* chwesill.

sexisyllable *n.* gair (geiriau) chwesill *m.*

sexivalent *n. Ch:* chwefalent.

sexless *a.* di-ryw, anrhywiol.

sexlessly *adv.* yn anrhywiol.

sexlessness *n.* diffyg *(m)* rhywioldeb, anrhywioldeb *m.*

sexological *a.* rhywolegol.

sexologist *n.* rhywolegwr: rhywolegydd (rhywolegwyr) *m.*

sexology *n.* rhywoleg *f.*

sexpartite *n.* mewn chwe rhan, chweran.

sexpot *n.* merch dinboeth (merched tinboeth) *f,* pis[h]yn boeth (pis[h]is poeth).

sext *n. Rel:* gwasanaeth(-au) *(m)* y chweched awr.

sextain *n.* = **sestina.**

sextan *a.* ~ **fever,** twymyn *(f)* chwe niwrnod.

sextant *n.* **1.** *(fraction):* trigain gradd *f,* chweched ran *(f)* o gylch. **2.** *(instrument):* secstant(-au) *m.*

sextet *n.* **1.** *Mus:* chwechawd(-au) *fm.* **2.** *Sp: (in hockey):* tîm (timau) *(m)* o chwech.

sextic *a.* secstig.

sextile *n. Astr:* trigeinradd(-au) *f.*

sextillion *n.* secstiliwn (secstiliynau) *fm.*

sextillionth *a. & n.* **1.** *a.* secstiliynfed. **2.** *n.* secstiliynfed(-au) *mf.*

sexto *n.* = **sixmo.**

sextodecimo *n.* = **sixteenmo.**

sexton *n. Ecc:* **1.** *(= bellringer):* clochydd(-ion) *m.* **2.** *(= gravedigger):* torrwr (torwyr) *(m)* beddau. ~ **beetle** *n. Ent:* chwilen *(f)* gladdu (chwilod claddu), chwilen bridd (chwilod pridd).

sextuple[1] *a. & n.* **1.** *a.* chwephlyg. **2.** *n.* chwephlyg(-ion) *m.*

sextuple[2] *v.t.* lluosogi chwegwaith, chwephlygu.

sextuplet *n.* chwephled(-au,-i) *m&f,* un o chwe gefaill.

sextuplicate 1. *n. (copies):* chwe chopi *m,* chwechawd(-au) *m.* **2.** = **sextuple[1] 2.**

sexual *a.* rhywiol; ~ **abuse,** camdriniaeth rywiol *f,* cam-drin *(vn)* rhywiol; ~ **assault,** ymosodiad(-au) rhywiol *m;* ~ **deviation,** gwyriad(-au) rhywiol *m;* ~ **discrimination,** gwahaniaethu *(vn)* ar sail rhyw; ~ **dysfunction,** trafferthion rhywiol *pl;* ~ **frigidity,** fferdod rhywiol *m,* oerni rhywiol *m;* ~ **impotence,** anallu rhywiol *m;* ~ **commerce,** ~ **intercourse,** ymgydiad(-au) *m,* ymgydio *vn,* cyfathrach rywiol *f, A: or Lit:* ymrain *vn,* ymread *m; Jur:* ~ **offences,** troseddau rhywiol; ~ **organs,** organau cenhedlu/cyplu/rhywiol; ~ **reproduction,** atgynhyrchiad rhywiol *m;* ~ **selection,** detholiad rhywiol *m.*

sexuality *n.* rhywioldeb *m,* rhywioledd *m.*

sexualize *v.t.* rhywioli.

sexualized *a.* rhywioledig.

sexy *a.* rhywiol.

sez *v.i. P:* ~ **you!** meddet ti (meddech chi)!

sferics *n. U.S:* = **spherics.**

sforzando *a., adv. & n.* **1.** *a. Mus:* acennog. **2.** *adv. Mus:* yn acennog. **3.** *n. Mus:* cywair (cyweiriau) acennog *m,* nodyn (nodau) acennog *m.*

sfumato *a. Art: &c:* niwlog *(occ:* niwliog), aneglur, annelwig.

sgraffito *n.* sgriffiad(-au) *m,* sgraffito (sgraffiti) *m.*

sh! *int. Lit:* ust! *F:* [h]isht!

shabbat *n. Rel.Hist:* saboth(-au) *m.*

shabbily *adv.* **1.** *(dressed):* yn ddi-raen. **2.** *(treated):* yn wael *&c.*

shabbiness *n.* **1.** *(of clothes, furnishings &c):* golwg ddi-raen/dlawd *f,* ôl *(m)* traul (ar rth); gwaeledd *m,* diffyg *(m)* graen (rhth), *occ:* llymder *m,* llymrigrwydd *m.* **2.** *(of treatment):* gwaeledd, salwedd *m,* salwineb *m.*

shabby *a.* **1.** *(of clothes):* di-raen, diraen, treuliedig, tlawd, llwm *(f.* llom, *pl.* llymion), *S.E:* digadwraeth, diran; **to become ~,** colli graen, treulio, colli cotwm, *N: occ:* cochi. **2.** *(treatment):* gwael, sâl, salw, *F:* dan-din, *S:* mên; **(to do s.o.) a ~ turn,** (gwneud) tro sâl/brwnt (â rhn); (trin rhn) yn wael; *N.W:* (gwneud) tro Gwyddel, tro fflemp, tro ffadin (â rhn); **to do sth ~,** gwneud rhth dan din. ~**-genteel** *a.* bonheddig dlawd, wedi dod i lawr yn y byd. ~**-gentility** *n.* tlodi bonheddig. ~**-looking** *a.* tlawd yr olwg; â golwg dlawd [arnoch].

shabrack *n. Tex:* lliain *(m)* cyfrwy (llieiniau cyfrwyau).

Shabuoth, Shevuoth *n. Jew.Rel:* = **Pentecost.**

shack[1] *n. U.S:* caban(-au) *m,* cwt (cytiau) *m.*

shack[2] *v.i.* **to ~ up with s.o.,** byw tali gyda rhn

shackle[1] *n.* **1.** *usu.pl. (of prisoner):* hualau *pl,* llyffetheiriau *pl,* gefynnau *pl;* **the ~ (of convention),** llyffethair *f,* hualau (confensiwn). **2.** *(of chain &c):* dolen(-nau,-ni) *f,* cleifis(-iau) *m,* cyplyn(-nau) *m.* ~**-bolt** *n. Tls:* bollten *(f)* gyplu (bolltiau cyplu). ~**-joint** *n. Anat:* cymal(-au) cyplog *m.* ~**-pin** *n.* pin(-nau) *(m)* cyplu.

shackle[2] *v.t.* **1.** *(prisoner):* hualu, llyffetheirio, gefynnu; *(animal):* llyffetheirio. **2.** *(a chain):* cyplu.

shacklebone *n. Scot:* = **wrist 1.**

shackler *n.* **1.** *(of animals &c):* llyffetheiriwr (llyffetheirwyr) *m.* **2.** *Rail:* cyplwr (cyplwyr) *(m)* wageni.

shacktown *n.* = **shanty town.**

shad *n. Ich:* gwangen (gwangod) *f,* gwengyn (gwangod) *m;* **allis ~,** *(Alosa alosa):* herlyn (herlod) *m;* **Killarney ~,** gwangen Cilarne; **t[h]waite ~,** *(A. finta):* gwangen (gwangod) *f.*

shadberry, shadblow, shadbush *n. Bot:* = **service-berry.**

shaddock *n. Bot:* siadog(-au) *m,* grawnffrwyth(-au) *m,* p|omelo(-s) *m.*

shade[1] *n.* **1.** *(a)* cysgod(-ion) *m, S: occ:* göoer(-on) *m,* gŵer (gweron) *m,* gywer(-on) *m,* gwerfa (gwerfeion) *mf;* **in the ~ of a tree,** dan gysgod coeden, yng nghysgod coeden; **in the ~,** yn y cysgod, *S:* yn y gŵer; *F:* **to put/throw s.o. in[to] the ~,** taflu/bwrw rhn i'r cysgod, rhagori ar rn, bod yn frenin i rn; **light and**

~, goleuni a chysgod, tywyll a golau; **fifty degrees in the ~,** hanner can gradd yn y cysgod; **the shades of night,** cysgodion [y] nos, y gwyll *m*; *(b) Art:* cysgod *m*; **without light or ~,** unlliw, unffurf, undonog; *Mus:* **he sings without any light and ~,** nid oes unrhyw liw yn ei ganu; *(c)* **the shades,** *U.S: F:* y bar *m*. **2.** *(a) (= tint, nuance):* arlliw(-iau) *m*, arliw(-iau) *m*, *occ:* gwawr *f*, eiliw(-iau, -oedd) *m*; **a ~ (of regret on his face),** arlliw, cysgod (o edifeirwch ar ei wyneb); **a ~ of meaning,** arlliw/eiliw o ystyr; **all shades of opinion,** pob arlliw barn; *(b) F: (= little bit):* mymryn [bach] *m*, tipyn [bach] *m*, ychydig [bach] *m*, gronyn [bach] *m*, rhywfaint *m*, y mymryn lleiaf; **she is a ~ better,** mae hi ychydig/fymryn/rywfaint yn well; **a ~ longer,** mymryn yn hwy. **3.** *(a) (= unreal, unsubstantial thing):* rhith(-iau) *m*, cysgod(-ion) *m*; **it is the shadow of a ~,** nid yw ond rhith; *(b) O: (= phantom):* drychiolaeth(-au) *f*, ysbryd(-ion) *m*, rhith; **the Shades,** *(= Hades):* Annwfn *m*, Annwn *m*, yr Isfyd *m*; *F:* **shades of Mozart!** beth a ddywedai Mozart! **shades of my father!** beth a ddywedai fy nhad druan! **shades of our forefathers!** beth a ddywedai'r hen bobol! beth a ddywedai'r tadau! **4.** *(of lamp, camera, telescope):* cysgodlen(-ni) *f*. **5.** *F: pl. (= sunglasses):* sbectol(-au) *(f)* haul. **~-card** *n. Com:* cerdyn (cardiau) *(m)* lliwiau. **~-grown** *a.* a dyfodd yn y cysgod. **~-tree** *n. U.S:* coeden gysgodol/gysgodi (coed cysgodol/cysgodi) *f*.

shade[2] *v.t.&i.* I. *v.t.* **1.** *(a)* cysgodi; **to ~ sth from the sun,** cysgodi rhth rhag yr haul; *(b) (= cast shadow):* taflu cysgod (ar rth), tywyllu (rhth); **a sullen look shaded his face,** daeth cysgod sarrug dros ei wyneb. **2.** *(a) Art: (= darken a drawing):* cysgodi, tywyllu (llun); *(b) Mapm:* llinellu, croeslinellu, graddliwio; **to ~ colours off/away,** rhedeg lliwiau i'w gilydd, graddliwio lliwiau; *(c) Cmptr:* tywyllu, arlliwio. **3. to ~ oneself,** ymgysgodi, *S.E: occ:* gweru. II. *v.i.* **blue that shades [off] into green,** glas sy'n graddol droi'n wyrdd; **these categories ~ into one another,** mae'r categorïau hyn yn ymdoddi i'w gilydd.

shaded *a.* **1.** *(by trees &c):* mewn cysgod, cysgodol. **2.** *(parts of map, drawing):* tywyll, *occ:* arlliwiedig, graddliwiedig.

shadeless *a.* digysgod, heb gysgod.

shader *n.* **1.** cysgodwr (cysgodwyr) *m*. **2.** *Art: Mapm:* arlliwiwr (arll|iw-wyr) *m*.

shadily *adv.* **1.** yn gysgodlyd. **2.** *F:* yn amh|eus.

shadiness *n.* **1.** *(of path, glade &c):* cysgod *m*. **2.** *F: (= dubiousness):* natur amh|eus *f*.

shading *n.* tywyllu *vn*, cysgodiad *m*, arlliwio *vn*, arliwio *vn*, graddliwio *vn*.

shadoof *n.* siadwff(-au) *m*.

shadow[1] *n.* **1.** cysgod(-ion) *m*; *B:* **the valley of the ~ of death,** glyn *(m)* cysgod angau; **under the ~ of a terrible accusation,** dan gysgod cyhuddiad ofnadwy; **to cast a ~,** taflu cysgod **(over sth,** ar rth); *Fig:* taflu cysgod (ar rth), cymylu/tristáu (rhth); *X-Rays:* **a ~ on the right lung,** cysgod ar y ysgyfaint dde; **to have dark shadows (round/under one's eyes),** bod â chysgodion [tywyll], bod â phantiau (dan eich llygaid); *Toil:* **eye-~,** colur(-on) *(m)* llygaid; **this cast a ~ over the festivities,** fe gymylodd hyn y dathliadau; **coming events cast their shadows before,** o hirbell fe welir a ddaw; **in the ~ (of sth),** dan gysgod (rhth), yng nghysgod (rhth); **(a town) nestling in the ~ of a mountain,** (tref) yng nghesail mynydd, yng nghysgod mynydd, dan gysgod mynydd; **he's afraid of his own ~,** mae arno ofn ei gysgod ei hun; **without a ~ of a doubt,** heb rithyn *(m)* o amheuaeth; **to catch at shadows,** ymlid cysgodion, cofleidio rhithiau; *Prov:* **to catch at the ~ and lose the substance,** ymlid y cysgod a cholli'r sylwedd; **may your ~ never grow less!** hir oes! pob llwyddiant! **to cast a long ~,** taflu cysgod maith, bod yn arwyddocaol, arwyddocáu rhth, rhagargoeli rhth; **to wear oneself into a ~,** gweithio nes ymlâdd, gweithio nes nad ydych ond cysgod; **he's a mere ~ of his former self,** nid yw ond cysgod o'r hyn oedd; *(c) F:* **five o'clock ~,** bonion *(pl)* barf/locsyn. **2.** *Pol:* yr wrthblaid; *e.g.* **S~ Cabinet,** Cabinet *(m)* yr Wrthblaid; **S~ Chancellor,** Canghellor *(m)* yr Wrthblaid. **~ bands** *n.pl. Astr:* bandiau cysgodion. **~-bird** *n. Orn:* **= hammer-head.** **~-boxing** *vn.* cogio paffio, esgus paffio, smalio paffio. **~-dance** *n.* dawns *(f)* gysgodion (dawnsiau cysgodion). **~-dancing** *vn.* dawnsio cysgodion. **~-factory** *n.* ffatri (ffatrïoedd) *(f)* wrth gefn. **~-grass** *n. Bot:* cysgodwellt *m*. **~ mask** *n. T.V:* sgrîn *(f)* gysgod (sgriniau cysgod). **~ mark** *n. Archeol:* ôl (olion) *(m)* cysgod. **~-play, ~-show** *n. Th:* sioe *(f)* gysgodion (sioeau cysgodion). **~-price** *n. Econ:* pris(-iau) cywiredig *m*. **~-roll** *n. Harn:* rhôl *(f)* gysgod (rholiau cysgod). **~-test** *n. Med:* prawf (profion) *(m)* cysgod. **~-work** *n. Needlew:* cysgodwaith *m*.

shadow[2] *v.t.* **1.** *(a) Poet:* cysgodi (rhth), taflu cysgod (ar/dros rth); *(b) Tex:* britho, amryliwio; *(c)* **to ~ (sth) forth,** rhagfynegi, rhagddangos (rhth). **2.** *(= pursue):* dilyn (rhn), sodli (ar ôl rhn), mynd wrth sodlau (rhn).

shadowed *a.* cysgodlon, llawn cysgodion.

shadower *n.* *(= follower):* sodlwr (sodlwyr) *m*, dilynwr (dilynwyr) *m*.

shadowgraph *n.* cysgodlun(-iau) *m*.

shadowily *adv.* yn aneglur *&c*.

shadowiness *n.* **1.** *(= shade):* cysgodolrwydd *m*. **2.** *(of dream, description):* niwlogrwydd *m*, aneglurder *m*.

shadowless *a.* digysgod, heb gysgod, heb gysgodion.

shadowlike *a.* fel cysgod, ar lun cysgod, fel rhith.

shadowy *a.* **1.** *(= full of shadows):* llawn cysgodion, tywyll, llwydolau. **2.** *(= indistinct):* aneglur, rhithiol, niwlog. **3.** *(= imaginary):* dychmygol, afreal, rhithiol.

shaduf *n.* **= shadoof.**

shady *a.* **1.** cysgodol; **a ~ spot,** cil *(m)* haul, cysgodfa (cysgodfâu, cysgodf|eydd) *f*, man(-nau) cysgodol *m*; *F:* **to be on the ~ side of forty,** bod dros eich deugain oed. **2.** *(= dubious):* amh|eus; **a ~-looking customer,** creadur llechwraidd/amh|eus yr olwg.

shaft[1] *n.* **1.** *(a) (of spear &c):* paladr (pelydr) *m*; *(b) (of golf-club):* coes(-au) *f*. **2.** *(= arrow):* saeth(-au) *f*; **a ~ of wit,** fflach(-iadau) *(f)* o arabedd, brathiad(-au) *(m)* o ffraethineb; **the shafts of Cupid,** saethau Ciwpid, gwewyr *(pl)* serch. **3.** *(of light):* pelydryn (pelydrau) *m*; **a ~ of lightning,** *N:* mellten (mellt) *f*, *S:* llucheden (lluched) *f*. **4.** *(a) (of feather):* coesyn(-nau) *m*; *Anat: (of bone):* paladr; *(b) Arch: (of column, chimney):* paladr. **5.** *Mec.E:* siafft(-iau) *f*, echel(-ydd) *f*, gwerthyd(-au,-on,-oedd) *f*; **driven ~,** echel yredig (echelydd gyredig); **driving ~,** echel yrru (echelydd gyrru). **6.** *Veh:* llorp(-iau) *f*, siafft(-iau) *f*, drafft(-iau) *m*, braich (breichiau) *f*, *S.W:* powlen(-ni) *f*. **~ case, ~ casing** *n. Aut: &c:* clawr (cloriau) *(m)* siafft. **~-grave** *n. Archeol:* bedd(-au) *(m)* pydew, bedd siafft. **~-hole** *n.* twll *(m)* siafft (tyllau siafftiau); *S.a.* **axe[1]**. **~-horse** *n.* ceffyl(-au) *(m)* gwedd, *N.W: occ:* troliwr (trolwyr) *m*. **~ horsepower** *n.* marchnerth *(m)* gyrru.

shaft[2] *n.* **1.** *Min:* siafft(-iau) *f*, *N: (in slate quarry):* twll (tyllau) *m*; **air ~, ventilating ~,** ffordd (ffyrdd) *(f)* aer, twll aer; **hoisting ~,** siafft godi (siafftiau codi). **2.** *(of lift):* siafft. **~-sinker** *n. Min:* siafftwr (siafftwyr) *m*.

shafted *a.* â choes, â choesyn, coesog, paladrog.

shafting *n.* **1.** *Mec.E:* **[line of] ~,** echelydd *pl*, gwerthydoedd *pl*. **2.** *Arch:* pelydr *pl*, colofnau *pl*.

shag[1] *n.* **1.** *Tex:* ceden(-au) *f*. **2.** *(tobacco):* [baco] siag *m*.

shag[2] *n. Orn:* mulfran werdd (mulfrain gwyrddion) *f*, mulfran fechan (mulfrain bychain), y fulfran leiaf (y mulfrain lleiaf), mulfran gopog (mulfrain copog), morfran gopog (morfrain copog) *f*, morfran werdd (morfrain gwyrddion).

shag[3] *v.t. V:* **= copulate.**

shagbag *n. V:* hwren (hwrod) *f*.

shagbark *n. Bot:* onnen gedenog (ynn cedenog) *f*, cylchonnen (cylchynn) *f*.

shagged *a. V:* **~ [out],** wedi ymlâdd, wedi blino'n lân.

shagger *n. V:* cnuchiwr (cnuchwyr) *m*.

shagginess *n.* blewogrwydd *m*, trwch *m*.

shaggy *a.* **1.** *(pony, dog):* blewog, hirflew, hirflewog, *S:* byrfwch; *(hair, beard):* trwchus, garw, dryslyd, aflêr, *S:* byrfwch; **a ~ head of hair,** mwng *(m)* o wallt. **2.** *Tex:* cedenog. **~ cap, ~ mane** *n. Fung:* cap(-iau) blewog *m*. **~ dog** *n.* ci (cŵn) blewog/byrfwch *m*. **~-dog story** *n.* stori (straeon) *(f)* asgwrn pen llo, stori ddiddiwedd (straeon diddiwedd) *f*. **~ earth tongues** *n. Fung:* tafodau blewog. **~ ink-cap** *n. Fung:* cap du blewog *m*. **~ milk-cap** *n. Fung:* cap llaeth blewog. **~ parasol** *n. Fung:* ambarél (ambareli) blewog *m*.

shaggymane *n. Bot:* **= shaggy cap.**

shagreen *n. Leath:* graenledr *m*, croen *(m)* morgi, lledr garw *m*, lledr gwyrdd; *S.a.* **ray[2]**.

shah *n.* brenin (brenhinoedd) *m*.

shakable *a.* ysgwydadwy, sigladwy, syfladwy.

shake[1] *n.* **1.** *(a)* ysgydwad(-au) *m*, ysgytwad(-au) *m*, ysgytiad(-au) *m*, ysgegiad(-au) *m*, ysgegfa *f*, *N:* sgèg *f*; *(= shaking):* [y]sgŵd (ysgytiadau) *mf*, *S:* siglad(-au) *m*, shigwdad(-au) *f*; **to give (sth) a [good] ~,** ysgwyd, ysgytio, ysgytian, ysgegio, ysgegian, *S:* siglo (rhth); **to give oneself a ~,** ymysgwyd; **to give s.o. a [good] ~,** rhoi [y]sgŵd iawn i rn; [y]sgrytian rhn yn iawn; **he answered with a ~ of the head,** atebodd gan ysgwyd ei ben; **a ~ of the hand,** ysgydwad llaw, siglad llaw; *P:* **in two shakes of a lamb's tail, in a ~, in a brace of shakes,** mewn dim o dro, mewn chwinciad, cyn pen dim, cyn i chi droi rownd, *S:* cyn i chi glipo'ch llygaid; **I'll be with you in two shakes,** fydda' i ddim chwinciad; *(b) (= trembling):* cryndod(-au) *m*, crynu *vn*, *S:* ysgryd(-ion) *m*; *F:* **to be all of a ~,** crynu o'r corun i'r sawdl, crynu drwoch/drosoch, crynu i gyd, cael ysgryd; *N.W: occ:* crynu fel tae'r acsus arnoch, crynu'r acsus; **he has the shakes,** mae ei ddwylo'n crynu; mae'n gryndod i gyd; *S.W: F:* mae'r orors arno fe; *(c) Mus:* crychiad(-au) *m*, siglnod(-au) *m*; *(d)* **with a ~ in his voice,** gyda chryndod yn ei lais, a'i lais yn crynu, mewn llais crynedig. **2.** *Cu:* **milk ~,** llaeth *(m)* wedi 'i guro, ysgytlaeth(-au) *m*; **egg ~,** maidd *(m)* yr iâr. **3.** *(in wood):* hollt(-au) *f*; **cup ~,** hollt gwpan (holltau cwpan); **heart ~,** hollt galon (holltau calon); **ring ~,** hollt gylch (holltau cylch); **star ~,** hollt seren; **radial ~,** hollt reiddiol (holltau rheiddiol); **thunder ~,** hollt daran (holltau taran). **4.** *F:* **it's no great shakes,** nid yw'n llawer o beth; nid yw'n fawr o beth; nid yw'n werth fawr ddim; nid yw'n werth llawer o ddim; *S.a.* **quake**[1], **earthquake.** **~-hole** *n. Geog:* **= sink-hole.**

shake[2] *v.t. & i.* I. *v.t.* **1.** ysgwyd, *occ:* ysgytio, ysgytian, ysgegio, *S:* siglo, *S.W:* shigwdo, shibedu; **"~ the bottle",** "ysgydwer y botel"; **to ~ one's head,** ysgwyd eich pen, *S:* siglo'ch pen; **to ~ one's fist at s.o.,** codi'ch dwrn ar rn, *N. W:* cau'ch dwrn ar rn; **to ~ s.o. by the hand,** ysgwyd llaw [â] rhn, *S:* siglo llaw [â] rhn; **~ hands!** ysgydwch law! *N.W: occ:* tafl dy bump! *Lit:* moes dy law! **to ~ hands on sth,** ysgwyd/siglo llaw ar rth, taro bargen, clensio bargen; **~!** *(i) int.* llongyfarchiadau! *(pronounced* ng-g); *(ii) (to seal bargain):* rho dy law (rhowch eich llaw) i mi! **to ~ oneself free (from sth),** ymysgwyd, dod yn rhydd, ymryddh|au (o rth, oddi wrth rth); **to ~ a leg;** *(i) (= dance):* dawnsio; *(ii) (= move): N:* styrio, *S:* ei siapo hi. **2.** *(= weaken):* ysigo, gwanh|au, siglo; *S.a.* **jar**[2], **jolt**[2]; **(threats cannot) ~ my purpose,** (ni all bygythion) fy siglo, f'atal; **that has shaken my faith in him,** mae hynny wedi siglo/gwanhau fy ffydd ynddo; **it has shaken my health,** mae wedi ysigo fy iechyd; **(an event) that has shaken the country,** (digwyddiad) sydd wedi ysgwyd y wlad, wedi rhoi ysgytwad i'r wlad; **I was shaken by the news,** achosodd/parodd y newydd ysgytiad i mi; **it shook her composure,** fe siglodd ei hunanfeddiant hi; **to ~ s.o. out of his lethargy/sleep,** ysgwyd rhn o'i ddifrawder/drymgwsg; **they couldn't ~ her evidence,** ni allent siglo ei thystiolaeth; **to feel shaken after a fall,** teimlo'n sigledig ar ôl codwm; *F:* **that'll ~ him,** fe rydd hynny ysgydwad iddo; **voice shaking with emotion,** llais yn crynu gan deimlad. **3. to ~ a habit,** cael gwared â chast drwg. II. *v.i.* **1.** ysgwyd *&c*; *(of building, statue &c):* crynu, ysgwyd, gwegian, simsanu, *N: F:* ysgytian, jerian; *(of voice):* crynu; **his hand was shaking,** 'roedd ei law'n crynu; **(to ~) all over,** (crynu) drosoch, o'ch corun i'ch sawdl, fel deilen; **to ~ with fright/rage,** crynu gan ofn/gynddaredd; **to ~ in one's shoes,** crynu yn eich esgidiau; **to ~ like a jelly,** crynu fel deilen. **2.** *Mus:* crychleisio, cwafrio. **3.** *Nau: (of sail):* crynu. **~ down 1.** *v.t. (fruit &c):* ysgwyd (ffrwythau) i lawr; *U.S: F: (a) (= extort):* **to ~ s.o. down,** gwasgu ar rn am arian, cael arian o groen rhn, blingo rhn, cribddeilio arian oddi ar rn; *(b) (of police):* **to ~ down a place,** mynd trwy le, troi lle â'i ben i waered, troi lle yn siang-di-fang, chwilota trwy le. **2.** *v.i. (a) (= sleep on makeshift bed):* cysgu ar wely rebel/glabsant; *(b) (= get accustomed):* ymgynefino, ymgyfarwyddo, cynefino, dod yn gynefin (â rhth). **~-down** *n.* **1.** *F:* gwely(-au) *(m)* dros dro, gwely brys, *S:* gwely rebel, *N:* gwely glabsant. **2.** *U.S: F: (a) (= extortion):* rogiad *m*, cribddeiliad *m*; *(b) (= search):* chwilfa (chwilf|eydd) *f*. **~ off** *v.t.* **1.** *F:* **to ~ off the dust of a place from one's feet,** troi'ch cefn ar le, cefnu ar le, ysgwyd llwch lle oddi ar eich traed, canu'n iach i le, ffarwelio â lle; **to ~ off the yoke,** bwrw'r iau [ymaith], ymddihatru/ymryddh|au o'r iau; **to ~ off fatigue,** bwrw blinder, dadflino; **to ~ off a bad habit,** cael gwared â chast drwg; **to ~ off a cold,** bwrw annwyd, dod dros annwyd, cael gwared/ymadael ag annwyd. **2. to ~ off a pursuer,** dianc rhag ymlidydd, taflu ymlidydd oddi ar eich trywydd, cael gwared ag ymlidydd, osg|oi ymlidydd; **I can't ~ him off,** ni allaf gael gwared ag ef. **~ out** *v.t.* **1.** *(a) (dust):* ysgwyd (llwch) allan; *(b) (sack):* ysgwyd sach [i'w gwagio]; **to ~ out [redundant] workers,** cael gwared â gweithwyr [diangen]. **2.** *Nau:* **to ~ out a reef,** lledu/gollwng/agor rîff; **to ~ out a sail,** lledu hwyl. **~-out** *n.* ad-drefniad(-au) *m*. **~ up** *v.t.* **1.** *(pillow, cushion):* ysgwyd, pwnio. **2.** *(a) (bottle):* ysgwyd, siglo; *(b) F: (= rouse, stir up):* procio, symbylu. **~-up** *n. F:* **1.** prociad(-au) *m*, symbyliad(-au) *m*. **2.** *(= reorganization)* ad-drefniad, ad-drefnu *vn*. **3.** *U.S: F: (of drinks):* cymysgedd *m*, cymysgwch *m*.

shaken *a.* sigledig, wedi cael ysgytiad.

shakeproof *a.* **~ washer,** wasier wrthgryn (wasieri gwrthgryn) *f*.

Shaker *n.* **1.** *Rel.Hist:* Siglwr (Siglwyr) *m*. **2. movers and shakers,** ysgogwyr a chynhyrfwyr. **2.** *Cu:* teclyn (taclau) *(m)* ysgwyd, ysgydwr (ysgydwyr) *m*, siglwr (siglwyr) *m*; **salad ~,** cawell (cewyll) *(m)* salad; **sugar ~,** pot(-iau) *(m)* siwgwr; **cocktail ~,** cymysgwr (cymysgwyr) *(m)* coctels. **3.** *See* **earth**[1].

Shakeress *n.f. Rel.Hist:* S|iglwraig (Siglwragedd) *f*.

Shakerism *n. Rel.Hist:* Siglwriaeth *f*.

Shakespe[a]rian *a. & n.* **1.** *a.* Shakespe[a]raidd. **2.** *n.* Shakespe[a]riad (Shakespe[a]riaid) *m&f*.

shakily *adv.* yn siglog *&c*.

shakiness *n.* **1.** siglogrwydd *m*, ansefydlogrwydd *m*, ansadrwydd *m*, simsanrwydd *m*. **2.** *(of hand, voice):* cryndod *m*, crynedigrwydd *m*. **3.** *(of health):* breuder *m*, gwendid *m*, simsanrwydd *m*.

shaking *a. & vn.* **1.** *a.* **= shaky; ~ palsy,** parlys crynedig *m*; **earth-~,** ysgytwol, daeargrynol, daeargrynfaol. **2.** *vn.* **= shake**[1]. **3.** *n.pl. Nau:* tryblith *m*, dryswch *m*.

shako *n. Mil: Cost:* cap(-iau) pluog *m*, siaco(-s) *m*.

shaky *a. (building):* siglog, sigledig, simsan, gweglyd, ansad, ansefydlog; *(health):* bregus, brau, simsan; *(hand, voice, handwriting):* crynedig; **to be ~ (on one's legs),** gwegian, bod yn siglog/sigledig [ar eich traed], sefyll/cerdded yn sigledig, *N. W:* haldio, haldian, *S. W:* gogian; **I feel ~ today,** 'rwy'n teimlo'n bur siglog heddiw; *S:* 'rw i'n eitha honca heddi; *N:* digon rhyw simsan/siglog/sgeglyd ydw' i heddiw; **his Welsh is ~,** mae ei Gymraeg yn fratiog/glonciog/simsan/glapiog; **she's ~ in history,** mae hi'n wan mewn hanes.

shale *n.* carreg *(f)* glai, siâl *m*; **oil ~,** siâl oel/olew. **~ oil** *n.* olew *(m)* siâl, oel *(m)* siâl.

shall *modal aux. v.* I. **1.** *pr.* **shall,** *A: & B:* **shalt; shall;** *p.t. & condit.* **should;** *A:* **shouldst;** *no other parts*; **shall not, should not** *are often contracted into* **shan't, shouldn't;** *(a) (in general precepts): (second and third pers.): B:* **thou shalt not kill,** na ladd; **ships ~ (carry three lights),** dylai llongau, rhaid i longau (gario tri o oleuadau); **everybody should go to the poll,** dylai pawb bleidleisio; **(all is) as it should be,** (mae popeth) yn ei le, fel y dylai fod; **(which is) as it should be,** (yr hyn sydd) yn iawn, yn gyfiawn, fel y dylai fod; *(b) (in particular cases): (second and third pers.):* **he ~ go if I tell him to,** bydd yn rhaid iddo fynd os dywedaf wrtho; **he ~ not do it,** ni chaiff ei wneud; ni chaiff mo'i wneud [gennyf *&c*]; **she ~ not die!** ni chaiff hi farw! **she says she won't go - she ~!** mae'n dweud nad aiff hi ddim - fe gaiff hi fynd! bydd yn rhaid iddi fynd! **you shall do it!** fe gei di (fe gewch chi) ei wneud! bydd yn rhaid i ti (i chi) ei wneud! *(c) (advice, remonstrance &c): (all three persons):* **you should do it at once,** dylech ei wneud ar unwaith; **you should have come earlier,** dylech/dylasech fod wedi dod yn gynt; **it was an accident that should have been foreseen,** yr oedd yn ddamwain y dylid bod wedi ei rhagweld; *F:* **you should have seen him!** petaech chi wedi ei weld! fe ddylech fod wedi ei weld! **you shouldn't laugh at him,** ddylech chi ddim chwerthin am ei ben; **this question should be taken up anew,** dylid ailgodi'r cwestiwn hwn; *(d) (expression of opinion):* **he should have arrived by now,** dylai/dylasai fod wedi cyrraedd erbyn hyn; **that should suit you!** dylai/dylasai hynny wneud y tro i chwi! **I should think so!** 'ddyliwn i [hefyd]! mi allwn i feddwl [hefyd]! *Lit:* dylaswn feddwl! *Iron:* **I should worry!** ni waeth gen i! pa ots gen i! paham y dylwn i boeni? **2.** *(in deference to another):* **~ I open the window?** ydych chi am i mi agor y ffenestr? a gaf i agor y ffenestr? *F:* oes eisiau i mi agor y ffenestr? **~ we dance?** a gawn ni ddawnsio? ddawnsiwn ni? *N:* wnawn ni ddawnsio? **I'll call**

the children, ~ I? mi alwa' i ar y plant, ie? a ga' i alw ar y plant? *N:* wna' i alw ar y plant, ia/ie? *F:* oes eisiau imi alw ar y plant? **~ I or shan't I?** *(i)* a wna' i ai peidio? *(ii)* a ddylwn i ai peidio? **let us go, ~ we?** awn ni, ie? [a] gawn ni fynd, ie? **what should I have said?** beth ddylwn i fod wedi' i ddweud? **3.** *(with weakened force): (a) (in exclamative and rhetorical questions):* **why should you suspect me?** pam y dylech chi f'amau i? **how should I not be happy?** sut y gallwn beidio â bod yn hapus? **whom should I see but Jones!** pwy [a] welais/welwn i ond Jones! dyma fi'n taro ar Jones! **who should describe their surprise?** pwy a allai/all ddisgrifio eu syndod? *(b) (in subordinate clauses):* **(he ordered) that they should be released,** (gorchmynnodd) eu rhyddhau, y dylid eu rhyddhau, iddynt gael eu rhyddhau; **mistresses expect that their maids should wear caps,** mae meistresi'n disgwyl i'w morynion wisgo capiau; **(she insisted) that he should go,** (mynnodd) iddo fynd, ei fod yn mynd, y dylai fynd; *(c) (in conditional clauses):* **if he should come (you will let me know)** os digwydd iddo ddod, petai'n dod, pe deuai, os daw (gadewch imi wybod); **if I should be free (I ~ come),** os digwydd i mi fod yn rhydd, os byddaf yn rhydd (mi ddof); **should it so happen, should the occasion arise,** petai hynny'n digwydd/bod; pe ddigwyddai hynny; a bod hynny'n digwydd; **in case she should not be there,** rhag ofn na bydd hi yno; *(in past narrative)* rhag ofn na byddai hi yno. II. *(used as an auxiliary verb forming the future tenses): in Welsh, expressed by the Present + Future inflected tense, or by* byddaf, byddi, bydd, byddwn, byddwch, byddant, byddys *(+ vn); (still expressing something of the speaker's will, assurance, promise, menace &c, used in the 2nd and 3rd persons; for the 1st pers. See* **will[3]**); **you shan't have any,** chei di (chewch chi) ddim! **he ~ hear from me again!** fe gaiff glywed gen i eto! **you ~ pay dearly for this!** fe gei di (gewch chi) dalu'n ddrud am hyn! **we ~ see!** fe gawn ni weld! **we ~ not be moved,** ni'n symudir ni; ni chaiff neb ein symud ni. **2.** *(simple futurity): (a) (used in the 1st pers.; for the 2nd and 3rd pers. See* **will[3]**). *(i)* **(tomorrow) I ~ go and she will arrive,** (yfory) mi af i ac fe ddaw hithau, byddaf fi'n mynd a hithau'n cyrraedd; **my holiday was over; the next day I should be far away,** daeth fy ngwyliau i ben; drannoeth byddwn ymhell i ffwrdd; **we ~ hope to see you again,** byddwn yn gobeithio [y cawn] eich gweld eto; **will you be there? - I ~,** a fyddwch chi yno? - byddaf; **no, I ~ not;** *F:* **no, I shan't,** na fyddaf; na, ni fyddaf; **shan't!** na wnaf! **they had promised that I should be there,** yr oeddynt wedi addo y byddwn i yno; *(ii) (immediate future):* **I ~ explain the situatation to you, and you will listen,** mi egluraf y sefyllfa wrthych, ac fe gewch chithau wrando; *(b) (used in the second pers. in interrogation):* **~ you come?** a ddewch chi? a fyddwch chi'n dod? **3.** *(in the main clause of conditional sentences):* **if he comes I ~ tell him,** os daw, mi ddywedaf wrtho; **(we should come) if we were invited,** (fe ddeuem, byddem yn dod) pe'n gwahoddid, pe caem wahoddiad, pe caem ein gwahodd; **had you written to me I should have answered you,** petaech wedi ysgrifennu ataf byddwn wedi anfon ateb atoch; **(I shouldn't do that) if I were you,** (wnawn i mo hynny) pe bawn i yn eich lle chi, pe bawn i'n chi. **4.** *(in softened affirmation):* **I should like a drink,** mi hoffwn i rywbeth i'w yfed; **I shouldn't be surprised if...,** synnwn i ddim petai...; **she's tired, I shouldn't wonder,** synnwn i ddim pe bai hi wedi blino.

shalloon *n. Tex:* brethyn *(m)* tenlli.

shallop *n. Nau:* cwch (cychod) ysgafn *m*, bad(-au) ysgafn *m*.

shallot *n. Bot: N:* sibolsyn (sibols) *m*, sialotsyn (sialóts) *m*, slotsyn (slots) *m*, *N: occ:* nionyn (nionod) *(m)* dodwy, *S. W:* shibwnsyn (shibwns) *m*, shilotsyn (shilóts) *m*.

shallow *a. & n.* **1.** *a. (a) (water):* bas (beision); **to grow ~,** beisio, mynd yn fas; *(dish):* isel, bas; *(soil):* tenau; *Nau:* **~ sea, ~ water,** dŵr (dyfroedd) bas *m*, beisfor(-oedd) *m*, basfor(-oedd) *m*; **~ place, = shallow 2; ~ steps,** grisiau isel; *(b) F: (of mind, pers.)* arwynebol, basaidd, bas, penfas. **2.** *n. (in sea, river): (often in pl.)* beisle(-oedd) *m*, beisfan(-nau) *mf*, beisfa(-oedd, beisf|eydd) *f*, bas (beisiau) *m*, basddwr (basddyfroedd) *m*; *(in river, stream):* crych(-ion) *m*. **~-rooted** *a. (tree):* (coeden) heb ddyfnder daear i'w gwreiddiau, ddi-ddyfnder-daear.

shallowly *adv.* yn fas *&c.*

shallowness *n.* **1.** *(a) (of water):* baster *m*, diffyg *(m)* dyfnder; *(b) (of soil):* teneurwydd *m*, diffyg dyfnder; *(c) (of steps):* iselder *m*. **2.** *(of intellect &c):* arwynebolrwydd *m*, baster *m*, diffyg dyfnder.

shalom *int.* sialóm! tangnefedd!

shaly *a.* sialaidd.

sham *a. & n.* I. *a.* ffug *(follows n. or can precede + soft mut.)*; *N: F:* smalio, cogio [bach]; *S.a.* **false, deceitful;** *(jewel):* ffug, gwn|eud; *(affection):* ffuantus, ffug; **~ title,** teitl ffug, ffug deitl; **~ invalid,** claf diglefyd; **~ sleep,** *N:* cysgu llwynog, *S:* cysgu ci bwtsiwr; *Mil:* **~ fight,** cogio *(vn)* brwydro, smalio *(vn)* brwydro, ffug ymladdfa (~ ymladdf|eydd) *f*, ymarfer(-ion) *(f)* ymladd. II. *n.* **1.** *(= deceit):* celwydd(-au) *m*, twyll *m*, ffug *m*, *N: F:* cogio *vn*; **that's all ~!** celwydd yw hynny i gyd! *F:* lol botes maip! lol i gyd! **(her love was) a mere ~,** celwydd noeth, twyll pur (oedd ei chariad); **she is all ~,** mae hi'n rhagrith/gelwydd/ffug i gyd. **2.** *(pers.):* **she's a ~,** twyllo y mae hi; un gelwyddog yw hi; *N:* smalio mae hi. **3.** *(= fake object):* peth(-au) ffug *m*, ffug beth(-au) *m*, ffug (-ion) *m*, ffugiant (ffugiannau) *m*.

sham[2] *v.t.* ffugio, *occ:* honni, esgus, *S.W:* jocan, *N:* cogio, smalio; **to ~ a sickness,** ffugio gwaeledd, cymryd arnoch fod yn wael, smalio/cogio bod yn wael, *S. W:* esgus bod yn dost; **he is only shamming,** dim ond cymryd arno y mae; dim ond cogio/smalio y mae; **he shammed (dead),** cymerodd arno, smaliodd, cogiodd (ei fod wedi marw, ei fod yn farw); ffugiodd (farwolaeth).

shaman *n. Rel:* siaman(-iaid) *m*.

shamanic *a. Rel:* siamanaidd.

shamanism *n. Rel:* siamaniaeth *f*.

shamanist *n.* **= shaman.**

shamanistic *a.* siamanaidd.

shamateur *n. & attrib.* **1.** *n. Sp:* ffug |amatur (~-amaturiaid) *m&f*. **2.** *attrib.* ffug amaturaidd.

shamateurism *n. Sp:* ffug amaturiaeth *f*.

shamble[1] *n. (= gait):* troediad *m*, haldiad *m*, herc *f*, *N:* fflewt *mf*.

shamble[2] *v.i.* **to ~ [along],** llusgo'ch traed, hercian mynd, haldian, *N. W: occ:* fflewtian mynd.

shambles *n.pl. (usu. with sg. const.)* **1.** *(a) (= slaughterhouse):* ll|add-dy (~-dai) *m*; *(b) (= carnage):* lladdfa (lladdf|eydd) *f*, galanastra *m*; *(c) (= muddle):* llanast[r](-au) *m*, anhrefn *f*, tryblith *m*, annibendod *m*, aflerwch *m*, *F:* traed *(pl)* moch; *F:* **(the place was) a complete ~,** ('roedd y lle)'n llanast, 'n bendraphen, 'n draed moch, 'n aflêr, 'n anniben, fel tŷ Jeroboam, *S. W: occ:* 'n siang di fang, 'n garlibwns; **what a ~!** dyma lanast! dyma draed moch! am olwg!

shambling *a.* afrosgo, troetrwm, herciog, hergloff.

shambolic *a. F:* di-drefn, anhrefnus, aflêr, blêr, anniben, annosbarthus, *S:* siang di fang.

shame[1] *n. (a)* cywilydd *m*, gwarth *m*, gwaradwydd *m*, *Lit: occ:* gwarthrudd(-iau) *m*; **to put s.o. to ~,** codi cywilydd ar rn, cywilyddio rhn, *S: occ:* dodi rhn yn y cywilydd, *Lit: occ:* gwn|eud/gyrru cywilydd ar rn; **to my great ~,** er mawr warth/gywilydd imi, er fy mawr gywilydd; **~ [up]on you!** rhag cywilydd ichi! **for ~!** rhag eich cywilydd! **all the more ~ to you!** mwya'r cywilydd i chi! **for ~!** gwarth/cywilydd/gwarthus [o beth]! naw wfft iti (ichi)! *Lit:* gwaradwyddus! ffei ohonot [ohonoch]! *N. W: occ:* naw wfftiad iti! **(to blush) for/with ~,** *(i)* (cochi) gan gywilydd, o gywilydd, mewn cywilydd, o ran cywilydd, trwy gywilydd; *(ii) (modestly)* mewn gwylder, yn swil, yn wylaidd; **without ~,** digywilydd, heb gywilydd; **a burning ~,** cywilydd beichus; **she was lost to all [sense of] shame,** 'roedd hi'n gwbl ddigywilydd; ni theimlai hi unrhyw gywilydd; *(b) F: (= pity):* trueni *m*, gresyn *m*, pechod *m*; **it is a ~ for you to lose,** mae'n drueni/biti/bechod ichi golli; **it is a ~ to laugh at him,** mae'n gywilydd/resyn/bechod chwerthin am ei ben; **it's a [great] ~,** *(i) (= disgrace):* mae'n gywilydd/gywilyddus/warth/warthus [o beth]; *(ii) (= pity):* mae'n resyn [o beth]; mae'n gywilydd [o beth]; mae'n biti/drueni o'r mwyaf; mae'n bechod; **it's a sin and a ~,** mae'n bechod ac yn gywilydd; **what a ~!** *(= how unlucky):* dyna drueni! dyna biti! dyna resyn! dyna bechod! am drueni!

shame[2] *v.t.* cywilyddio (rhn), codi cywilydd (ar rn), dwyn cywilydd/gwarth (ar rn); *Lit:* gwaradwyddo, gwarthruddo (rhn); **to be shamed into doing sth,** gwneud rhth o ran cywilydd; **to ~ s.o. into doing sth,** codi cywilydd ar rn i wneud rhth, cywilyddio rhn nes iddo wneud rhth; *Prov:* **speak the truth and ~ the devil,** dywed y gwir nes cocho'r cythraul.

shamefaced *a.* **1.** *(= ashamed)* penisel, mewn cywilydd, *Lit: occ:* cywilyddgar. **2.** *(= modest):* swil, gwylaidd.
shamefacedly *adv.* mewn cywilydd, gan gywilydd, yn benisel, yn swil, yn wylaidd.
shamefacedness *n.* **1.** = **shame¹**. **2.** *Lit: (= modesty):* swildod *m*, gwyl|eidd-dra *m*.
shamefast *a. A:* = **shamefaced.**
shameful *a.* cywilyddus, gwarthus, *Lit:* gwaradwyddus; **it's ~!** mae'n warth/gywilydd!
shamefully *adv.* yn gywilyddus, yn warthus *&c.*
shamefulness *n.* cywilydd *m*, gwarth *m*, cywilyddusrwydd *m*, gwarthusrwydd *m*.
shameless *a.* **1.** *(pers., conduct):* digywilydd, hy, haerllug, eofn, wynebgaled, talgryf(-ion), *N:* powld, *S:* bowld, *S.W:* ewn; **she's ~!** mae ganddi hi wyneb! **2.** *(action):* gwarthus, gwaradwyddus, digywilydd *&c.*
shamelessly *adv.* heb gywilydd, yn ddigywilydd, yn haerllug *&c.*
shamelessness *n.* digywil|ydd-dra *m*, ehofndra *m*, haerllugrwydd *m*, wynebgaledwch *m*, talgryfder *m*, *F:* wyneb *m*.
shaming *a.* cywilyddus, cywilyddiol, gwarthus, gwaradwyddol, gwaradwyddus, *Lit:* gwarthruddol.
shammas *n.* = **shammes.**
shammer *n.* cogiwr (cogwyr) *m*, smaliwr (smalwyr) *m*.
shammes *n. Jew.Rel:* **1.** *(= caretaker):* gofalwr (gofalwyr) *m*. **2.** *(= candle):* cannwyll (canhwyllau) *(f)* dros ben.
shammy[-leather] *n.* = **chamois-leather.**
shampoo¹ *n.* siampŵ(-au,-s) *m*; **~ and set,** golchi *(vn)* a gosod *vn*; **carpet ~,** siampŵ carpedi.
shampoo² *v.t.* **to ~ one's hair,** rhoi siampŵ i'ch gwallt, golchi'ch pen/gwallt [â siampŵ], siampwio'ch/siampŵo'ch gwallt, cael siampŵ.
shampooer *n.* siampŵiwr (siampŵ-wyr) *m*, siampŵ-wr|aig *f*.
shamrock *n. Bot:* meillionen (meillion) *f*.
shamus *n. U.S: P:* = **policeman, detective (private).**
Shandean *a. Lit:* Shandeaidd.
shandrydan *n. Veh:* siandri(-s) *f*.
shandy[gaff] *n.* siandi(-s) *m*, cwrw *(m)* a lemonêd *m*.
Shanghai *Pl.n.* Siangh|ai *f*.
shanghai² *v.t.* *(a) F: (= kidnap):* cipio, herwgipio; *(b) (= coerce):* gorfodi, presio **(s.o. into doing sth,** rhn i wneud rhth); gwasgu (ar rn i wneud rhth).
shanghaier *n.* cipiwr (cipwyr) *m*, herwgipiwr (herwgipwyr) *m*.
Shango *n. & attrib. Rel:* Siango *(mf)* *(pronounced* ng-g).
shank¹ *n.* **1.** *(a)* coes(-au) *f*, *occ:* ber(-rau) *f*, esgair (esgeiriau) *f*, *F:* hegl(-au) *f*; *F:* **to come/go on Shanks's pony,** ei heglu hi, cerdded, ei cherdded hi, ei throedio hi; *(b)* = **tibla, cannon-bone;** *(c) Cu:* coes *f*, coes las, siancen (siancod) *f*; **fore ~,** coes flaen (coesau blaen); **hind ~,** coes ôl; **~ of pork,** *N.W:* pwtog(-au) *m*. **2.** *(a) (of spoon, anchor, hook, letter, tool):* coes; *(of plant):* coes, coesyn(-nau) *m*; *(of key):* chwibol(-au) *f*; *(of anchor, column):* paladr (pelydr) *m*; *(of sole of shoe):* mwnwgl (mynyglau) *m*. **3.** *U.S:* **it's the ~ of the day,** mae hi'n ben bore. **4.** *Orn: See* **greenshank, redshank. 5.** *Needlew:* garan(-au) *f*. **~-bone** *n.* crimog(-au) *f*. **~ drill** *n. Tls:* dril(-iau) *(m)* garan.
shank² *v.i.* *(of flower):* **to ~ off,** syrthio, cwympo.
shankpiece *n.* arsang *(m)* esgid (arsangau esgidiau).
shanny *n. Ich:* = **blenny.**
shan't *v. See* **shall.**
shantung *n. Tex:* [sidan *m*] siantŵng *m*.
shanty¹ *n.* caban(-au) *m*, cwt (cytiau) *m*, hofel(-ydd, hoflau) *f*. **~ town** *n.* tref(-i) *(f)* hoflau, tref gytiau (trefi cytiau).
shanty² *n. Mus:* cân *(f)* fôr (caneuon môr), cân morwr (caneuon morwyr), sianti *(f)* fôr (siantis môr).
shantyman *n.m. Mus:* siantïwr (siantïwyr).
shape¹ *n.* **1.** *(a)* siâp (siapiau) *m*, *Lit:* ffurf(-iau) *f*, llun(-iau) *m*; *(of coat &c):* toriad *m*; **spherical in ~, of spherical ~,** sfferaidd o ran ffurf; **what ~ is his hat?** beth yw siâp ei het? pa/sut siâp yw ei het? **what ~ is it in?** pa/sut siâp sydd arno? **trees of all shapes and sizes,** coed o bob lliw a llun; **a monster in human ~,** anghenfil ar lun/ffurf dyn; **to knock sth out of ~,** anffurfio/tolcio rhth, rhoi tolc *(m)* yn rhth, *N.W:* sbybio rhth; **to twist (sth) out of ~,** anffurfio, ystumio, camystumio (rhth); **to lose ~, to get out of ~,** colli siâp, mynd yn ddi-siâp; **to give ~ to sth,** llunio rhth; **it's in good ~,** mae mewn cyflwr da; *Journ: &c:* **to put an article into ~,** caboli ysgrif, rhoi trefn *(f)* ar ysgrif; **what sort of ~ is it in?** pa fath o siâp sydd arno? *S.a.* **lick² 1;** *(b) (= figure):* siâp, ffig[i]wr, ffigur *m*; **to keep in ~,** *(i) (= fit):* cadw'n heini/atebol; **he's in good ~,** mae'n heini; mae'n sionc; mae cas cadw da arno; *N.W:* mae'n 'tebol; **he's in poor ~,** mae mewn cyflwr gwael; *N.W:* dydi o ddim yn 'tebol iawn; *(ii) (= keep one's figure):* cadw'ch siâp/ffig[i]wr; *(c)* **two shapes (loomed up in the darkness),** (ymrithiodd) dwy ffurf, dau siâp, dau beth annelwig (yn y tywyllwch). **2. to take ~,** ymffurfio, *F:* siapio. **3. no offer in any ~ or form,** dim un cynnig o unrhyw fath yn y byd. **4.** *(a) Cu: (i) (for jellies &c):* mo[w]ld(-iau) *m*; *(ii)* **rice ~,** teisen *(f)* reis; *(b) (for hat):* bloc(-iau) *(m)* hetiau; *(c) Phot:* **cutting-~,** stensil(-au) *(m)* torri.
shape² *v.t.&i.* **1.** *v.t.* *(a) (clay &c):* llunio, siapio, mo[w]ldio; *(stone, wood):* naddu; *(cloth):* llunio, torri; *(a poem):* llunio, eilio; **to ~ sth out of sth,** llunio rhth o rth; **to ~ clay into an urn,** troi/llunio clai yn wrn, ffurfio/llunio wrn o glai; **to ~ a coat to the figure,** torri/cymhwyso/addasu côt ar gyfer y ffig[i]wr; **to ~ s.o.'s character,** ffurfio/llunio/mo[w]ldio cymeriad rhn; **to ~ one's life,** trefnu'ch bywyd; *(b) (a plan):* llunio, ffurfio, bathu; **to ~ a story into a script,** troi stori'n sgript, llunio sgript o stori; *(c) Lit:* **to ~ one's course (towards a place),** gwn|eud eich ffordd, ymlwybro (i rywle, tuag at rywle); anelu, gwneud (am rywle); *Lit:* cyrchu (lle); *Nau:* hwylio (am rywle); **to ~ the course of public opinion,** llywio/cyfeirio barn y cyhoedd, pennu cyfeiriad y farn gyhoeddus. **2.** *v.i.* *(a)* datblygu, ymffurfio, *F:* siapio; *(of animal, plant, child):* prifio; **(the plan is) shaping well,** (mae'r cynllun) yn datblygu'n dda, yn addo'n dda, *F:* yn dod i'w siâp; **she is shaping [up] well at Latin,** mae hi'n cael hwyl ar ei Lladin; mae hi'n camu ymlaen gyda'i Lladin; **the crops are shaping well,** mae pob argoel y ceir cnydau da; **the way things are shaping,** fel y mae pethau'n argoeli; **let's see how he shapes [up] in his new job,** gawn ni weld sut hwyl a gaiff ef ar ei swydd newydd; **are things shaping badly?** 'dyw pethau ddim yn argoeli'n dda? *(b)* **to ~ up to s.o.,** parat|oi i ymladd â rhn, *N.W: occ:* cynnig rhn.
shaped *a.* **1.** ffurfiedig, lluniedig. **2. well-~,** lluniaidd; **ill-~,** afluniaidd, di-lun; **egg-~,** ar ffurf ŵy, ar lun ŵy, *F:* siâp ŵy; **heart-~,** ar ffurf calon, ar lun calon, *F:* siâp calon.
shapeless *a.* *(body):* di-lun, di-siâp, afluniaidd; *(dress):* di-siâp, di-lun; *(wraith):* annelwig.
shapelessly *adv.* yn ddi-lun *&c.*
shapelessness *n.* diffyg *(m)* llun/siâp, afluni|eidd-dra *m*, aflunieiddiwch *m*.
shapeliness *n.* gosgeiddrwydd *m*, siapusrwydd *m*, lluni|eidd-dra *m*.
shapely *a.* siapus, lluniaidd.
shaper *n.* lluniwr (llunwyr) *m*, siapiwr (siapwyr) *m*, ffurfiwr (ffurfwyr) *m*.
shaping *vn.* lluniad *m*, ffurfiad *m*, ffurfiant *m*; *S.a.* **shape².**
shard *n.* **1.** *(of pottery):* talch: telchyn (teilchion) *m*, dernyn (darnau) *m*, dryll(-iau) *m*; **(to break) into shards,** (torri/mynd) yn ddarnau mân, yn deilchion, yn yfflon *&c.* **2.** *See* **elytron.**
share¹ *n.* *(of plough):* swch (sychau) *f*, cwlltwr (cylltyrau) *m*. **~-beam** *n.* gwadn(-au) *fm*, cywair (cyweiriau) *m*.
share² *n.* **1.** *(a)* cyfran(-nau) *f*, rhan(-nau) *f*, *F:* siâr(-s, siar[i]au) *f*; **in equal shares,** yn gyfartal, yn rhannau cyfartal, fesul rhan gyfartal; **we have a ~ in it,** mae inni gyfran ohono; 'rydym yn cyfranogi ohono; 'rydym yn gyfrannog ynddo; mae inni ran ynddo; mae gennym siâr ynddo; **the lion's ~,** y rhan/gyfran fwyaf/orau; **a ~ (of the cake),** darn *m*, cyfran (o'r gacen); **a ~ in profits,** cyfran o'r elw; **to go shares with s.o.,** rhannu â rhn, mynd/bod yn gyfrannog â rhn, *N.W:* partneru rhn; **to go half-shares with s.o.,** rhannu'n gyfartal â rhn, mynd hanner yn hanner â rhn; **~ and ~ alike,** pawb i rannu'n deg; pawb yn cael cyfran deg; yr un faint i bawb; **fair ~,** cyfran deg (cyfrannau teg); **I've had my ~ of worries,** 'rwyf wedi cael [mwy na] digon o ofidiau; 'rwyf wedi cael fy siâr/nghyfran o ofidiau; *S:* 'rwy' wedi cael fy ngwala [a'm gweddill] o ofidiau; *Jur:* **legal ~,** cyfran gyfreithiol (cyfrannau cyfreithiol); **(to come in for) one's fair ~ (of sth),** (cael) eich dogn *(m)*, *S:* eich gwala *(f)* (o rth); **(to each) his due ~,** (i bob un) ei ddogn, ei ran [a'i gyfran], ei fesur dyledus *m*. **2.** *(= contribution):* rhan, cyfran, cyfraniad(-au) *m*; **to pay one's ~ of the costs,** talu'ch cyfran/rhan o'r costau; **to take a ~ in a conversation,** cyfranogi o sgwrs, cyfrannu at sgwrs, cymryd rhan mewn sgwrs, *N: F:* dweud eich pwt; **to**

bear one's ~ of the burden, dwyn eich rhan o'r baich; **he doesn't do his ~ of the work,** nid yw'n gwneud ei ran/gyfran o'r gwaith; nid yw'n tynnu'i bwysau; **I have a ~ in the undertaking,** mae gennyf ran/gyfran yn y fenter; **you had a ~ in this,** mae a wneloch chi rywbeth â hyn; fe wnaethoch chi gyfraniad i/at hyn. **3.** *Com: Fin: (in a company):* cyfran, cyfranddaliad(-au) *m*, *F:* siâr; **cumulative ~,** cyfran gronnol (cyfrannau cronnol); **ordinary ~,** cyfran gyffredin (cyfrannau cyffredin); **deferred ordinary ~,** cyfran gyffredin ohiriedig (cyfrannau cyffredin gohiriedig); **nominal ~,** cyfran enwol; **participating preference ~,** breingyfran gyfrannol (breingyfrannau cyfrannol) *f* (*pronounced* ng-g); **preference ~,** cyfran flaen (cyfrannau blaen), blaengyfran(-nau) *f* (*pronounced* ng-g), breingyfran(-nau) *f* (*pronounced* ng-g), *F:* siâr flaen (siar[i]au blaen); **founder ~, fully paid[-up] ~,** cyfran sefydlwr; **paid-up ~,** cyfran lawndal (cyfrannau llawndal); **registered ~, personal ~,** cyfran gofrestredig/bersonol (cyfrannau cofrestredig/personol); **to hold shares,** dal cyfrannau, bod yn gyfranddaliwr, *F:* bod yn siarog (**in sth,** yn rhth). **~ capital** *n. Com:* cyfalaf (*m*) cyfrannau. **~-certificate** *n. Fin:* tystysgrif(-au) (*f*) cyfrannau. **~-cropper** *n.* tollgnydiwr (tollgnydwyr) *m*, cyfrangnydiwr (cyfrangnydwyr) *m* (*pronounced* ng-g). **~-cropping** *vn.* tollgnydio, cyfrangnydio *vn* (*pronounced* ng-g). **~-farmer** *n.* ffermwr (ffermwyr) cydweithredol *m*. **~-index** *n.* mynegrif(-au) (*m*) cyfrannau. **~ issue** *n. Com:* dyroddiad(-au) (*m*) cyfrannau. **~-list** *n.* rhestr (*f*) gyfrannau (rhestrau cyfrannau). **~ premium** *n. Com:* premiwm (*m*) cyfran. **~-pusher** *n.* gwerthwr (gwerthwyr) (*m*) cyfrannau. **~-warrant** *n.* gwarant (*f*) gyfrannau (gwarantau cyfrannau). **~-washing** *vn.* golchi cyfrannau.

share[3] *v.t. & ind.t.* **1.** *v.t.* rhannu, *occ:* cydrannu; **to ~ sth with s.o.,** rhannu rhth â rhn; **to ~ (s.o.'s) opinion,** bod o'r un farn, bod yn unfryd, rhannu'r un farn (â rhn); **I ~ all his secrets,** mae'n rhannu'i holl gyfrinachau â mi; **a trouble shared is a trouble halved,** ysgafnu'r baich yw ei rannu; **to ~ and ~ alike,** rhannu'n gyfartal/deg. **2.** *v.ind.t.* **to ~ (in sth),** cyfranogi, bod yn gyfrannog (yn rhth, o rth); cymryd rhan, bod â rhan/chyfran (yn rhth); **to ~ in s.o.'s grief,** rhannu gofid rhn, cydofidio â rhn; **to ~ in the profits,** cael rhan/cyfran o'r elw; **I want you to ~ in my happiness,** 'rwyf am i chi rannu fy llawenydd. **~ out** *v.t.* rhannu (rhth); rhoi cyfran (o rth); *occ:* dosrannu, dosbarthu (rhth). **~-out** *n.* dosraniad(-au) *m*, dosbarthiad(-au) *m*.

shareable *a.* rhanadwy, cyfranadwy.

shared *a.* a rennir, a rannwyd, wedi ei rannu, cyfrannol, ar y cyd; *Lib:* **~ cataloguing,** catalogio cyfrannol.

shareholder *n.* cyfranddaliwr (cyfranddalwyr) *m*, cyfranddeiliad (cyfranddeiliaid) *m&f*, *F:* siarog(-ion) *m&f*.

shareholding *n. Fin:* cyfranddaliad(-au) *m*.

sharer *n.* rhannwr (rhanwyr) *m*, cyfrannwr (cyfranwyr) *m*, cyfranogwr (cyfranogwyr) *m*, cydgyfrannog (cydgyfranogion) *m&f* (**in sth,** o rth, yn rhth).

sharif *n. Rel:* siariff(-iaid) *m*.

sharifian *a. Rel:* siariffaidd.

sharing *a.* cyfrannog, cyfrannol, cydgyfrannog.

shark[1] *n.* **1.** *Ich:* morgi (morgwn) *m*, ci (cŵn) (*m*) môr, *F:* siarc(-od) *m*; *S.a.* **dogfish; basking ~,** *(Cetorhinus maximus):* heulforgi (heulforgwn) *m*; **Beaumaris ~, mackerel ~,** *(Lamna nasus):* corgi (corgwn) (*m*) môr; **blue ~,** *(Carcharinus maximus):* morgi glas (morgwn gleision); **fox ~, thresher ~,** *(Alopias vulpinus):* llwynog(-od) (*m*) [y] môr, môr-lwynog(-od) *m*; **great white ~,** *(Carcharodon carcharias):* morgi mawr gwyn; **Greenland ~,** *(Somniosus microcephalus):* morgi pen bychan, morgi'r Ynys Las; **hammerhead ~,** *(Sphyrna zygaena):* morgi pen morthwyl. **2.** *F: (= swindler):* rheibiwr (rheibwyr) *m*, twyllwr (twyllwyr) *m*, *N: F:* rogiwr (rogwyr) *m*, *S:* cafflwr (cafflwyr) *m*. **3.** *U.S: F:* **to be a ~ at history,** bod yn giamstar (*m*)/giamblar (*m*) ar hanes. **~ siren** *n.* seiren(-au) (*m*) morgwn/siarcod. **~-skin** *n.* croen (*m*) morgi (crwyn morgwn). **~'s mouth** *n. Nau:* ceg (*f*) morgi.

shark[2] *v.t.&i.* twyllo, rheibio, *N: F:* rogio, *S: F:* cafflo.

sharking *vn.* = **shark[2]**; **loan-~,** usurio, usuriaeth *f*.

sharklike *a.* fel morgi, fel siarc, siarcaidd.

Sharon *Pl.n. B:* Saron *f*.

sharp[1] *a., n. & adv.* I. *a.* **1.** *(a) (edge, knife):* miniog, *Lit: occ:* awchlym (*f.* awchlem, *pl.* awchlymion), awchus, llym (*f.* llem, *pl.* llymion); *(point):* main (meinion), blaenllym (*f.* blaenllem, *pl.* blaenllymion), pigfain, pigog, *S:* pica; **~ edge,** *(of sword &c):* *N:* min *m*, *S:* awch *m*; *(b) (features):* onglog, main (meinion), llym; *(ascent, descent):* serth, sydyn; *(angle):* main, llym; *(peak):* pigog, blaenllym; **a ~ turn to the right,** tro/troad sydyn/siarp i'r dde; **~ rise/drop in prices,** codiad/gostyngiad sydyn mewn prisiau; *Mth:* **~ value,** gwerth pendant *m*; *(c) (outline, image):* clir, eglur; *(d)* **~ contrast,** cyferbyniad llwyr. **2.** *(a) (= alert):* craff, effro, siarp, *occ:* craffus; *(= witty):* ffraeth, sydyn; *(child):* ffel, henffel, hengall (*pronounced* ng-g), siarp; **she's a ~ child,** mae hi'n siarpen fach; *N.W: occ:* siswrn garw ydi hi; *(sense of hearing, smell):* main; *(glance):* treiddgar, treiddiol, miniog; *(sight):* craff, llygatgraff; **she is as ~ as a needle/knife,** mae hi fel siswrn; mae ganddi feddwl miniog/craff; mae hi o gwmpas ei phethau; mae hi mor gyfrwys â llwynog; *S.a.* **look-out 1**; *(b) (= unscrupulous):* diegwyddor, cyfrwys; **~ practice[s],** ymddygiad amh|eus, castiau amh|eus; **to be too ~ (for s.o.),** bod yn ormod o giamstar, bod yn ormod o hen law, bod yn rhy graff (i rn). **3.** *(a) (fighting):* llym, tost, caled; *(b) (storm):* mawr, egr, caled, garw (geirwon); **~ shower,** cawod(-ydd) sydyn *f*; **~ frost,** llwydrew/barrug egr *m*; **~ appetite,** awch (*m*) am fwyd; *(cold):* llym, egr, garw, gerwin; *(c) (winter):* caled, didostur, egr; *(wind):* main, egr, llym, *S.W: occ:* shirew; **it's a bit ~ this morning,** mae hi'n fain/egr iawn y bore 'ma; **~ pain,** pigyn *m*, gwayw (gwewyr) *m*, gwyniau *pl*; *(d) (= rapid):* cyflym, buan, sydyn; **that was ~ work!** chymerodd hynna fawr o dro! dyna waith sydyn! **~'s the word!** gafaela (gafaelwch) ynddi! brysia (brysiwch)! tân arni! dos (ewch) ati! *S:* siapa (siapwch) hi! *N:* styria (styriwch)! *(e)* **~ rebuke,** cerydd(-on) llym/hallt *m*; **~ tongue,** tafod miniog/llym, tafod fel siswrn, tafod garw/brathog, *S: occ:* tafod blaengar (*pronounced* ng-g); **to make a ~ retort,** ateb yn swta/ffwr-bwt; **in a ~ tone/voice,** mewn llais miniog. **4.** *(sauce, apple):* egr, siarp. **5.** *(a) (sound):* main, *occ:* treiddgar, treiddiol; *(b) Mus: (Fa &c):* uwchben y nodyn, llon; *(to singer, violinist &c):* **you're ~!** 'rydych chi'n rhy uchel! *(c) Ling:* **~ consonant,** *See* **fortis.** II. *n.* **1.** *Mus:* llonnod(-au) *m*; **in C ~,** yn llonnod C. **2.** *U.S: F:* **= sharper, expert. 3.** *Needlew:* nodwydd fain (nodwyddau meinion) *f*. **4.** *n.pl. Mill:* **= middlings.** III. *adv.* **1. to stop ~,** stopio'n stond/sydyn; **to turn ~ right,** troi'n union/syth i'r dde. **2.** yn brydlon, yn union; **(at four o'clock) ~,** (am bedwar o'r gloch) yn union, ar ei ben, i'r munud/funud, yn brydlon; ar ben (pedwar o'r gloch). **3.** *F:* **look ~!** brysia (brysiwch)! *N:* styria (styriwch)! *S:* siapa (siapwch) hi! glou! **4.** *Mus:* **to sing ~,** canu'n rhy uchel, canu'n fain. **~-cut** *a.* eglur. **~-eared** *a.* clustfain (clustfeinion), clustdenau, main eich clust. **~-edged** *a.* miniog, awchus, minllym. **~-eyed** *a.* craff, llygatgraff, â llygad barcud, *M.W:* cip. **~-faced, ~-featured** *a.* ag wyneb onglog, wyneblym, wynebfain, llym eich gwedd. **~-looking** *a.* *(i) (= intelligent):* effro, craff, synhwyrgraff; *(ii) U.S:* **= smart[3] 4. ~-nosed** *a.* trwynfain (trwynfeinion), ffroenfain (ffroenfeinion). **~-pointed** *a.* pigfain (pigfeinion), blaenllym (*f.* blaenllem, *pl.* blaenllymion). **~-scented** *a.* egr ei sawr/oglau/wynt, â sawr/oglau/gwynt egr [arno/arni/arnynt]. **~-set** *a.* *(i)* = **hungry**; *(ii) Tls:* miniog, â min, ag awch, awchlym. **~-shod** *a. Farr:* min-bedolog. **~-sighted** *a.* craff, llygatgraff, llygatlym, *M.W:* cip. **~-sightedness** *n.* craffter *m*, llygatgraffter *m*. **~-tongued** *a.* tafodlym, llym eich tafod, brathog, miniog; **a ~-tongued person,** hen rasel *f*, hen siswrn *m* [o ddyn, o wraig]. **~-toothed** *a.* â dannedd miniog. **~-witted** *a.* chwim, craff, synhwyrgraff, effro, esgud, miniog eich meddwl, sydyn, parod; *(= witty):* ffraeth, ffraethlym (*f.* ffraethlem, *pl.* ffraethlymion). **~-wittedly** *adv.* yn effro *&c.* **~-wittedness** *n.* **1.** craffter *m*. **2.** parodrwydd *m*, ffraethineb *m*.

sharp[2] *v.t.* = **cheat[2]**.

sharpen *v.t.* **1.** *(a) (blade):* hogi (rhth), *N:* rhoi min (ar rth), *S:* dodi awch (ar rth), *S.W: occ:* golym, llifanu, *Lit: occ:* awchlymu, awchu, llifo; **(a razor) that needs sharpening,** (rasel) wedi colli ei min, ag angen ei hogi; **the cat sharpens its claws,** mae'r gath yn hogi ei hewinedd; *(b) (pencil, stick &c):* rhoi/gwn|eud min, rhoi/gwneud blaen (ar bensel); hogi, miniogi, *occ:* minio, blaenllymu, *S.W:* siarpo (pensel). **2.** *F:* **to sharpen s.o.'s wits,** rhoi min ar feddwl rhn, hogi meddwl rhn. **3.** *(pain):* gwaethygu, dwysáu (poen); gwneud (poen) yn waeth;

(desire): cryfh|au (awydd), dwysáu (nwyd, chwant); *(appetite):* rhoi min/awch (ar yr archwaeth); *(contrast):* dwysáu, pwysleisio; *(feature):* pwysleisio; *(penalty):* cryfhau, llymh|au, dwysáu (cosb); gwneud (cosb) yn llymach; **to ~ one's tone of voice,** siarad yn ecrach/finiocach. **4.** *Cu: (sauce):* egru/ecru (rhth), gwneud (rhth) yn ecrach. **5.** *Mus:* egru, ecru, meinhau. **6.** *(hearing):* meinhau. II. *v.i.* **1.** *(of intelligence):* mynd yn graffach. **2.** *(of voice, sound):* mynd yn feinach/ecrach, meinhau, ecru.

sharpened *a. (blade):* wedi ei hogi, hogedig, miniocach, â gwell min/awch; *(pencil):* â gwell min/blaen; *(of sight):* craffach; *(of hearing):* meinach; *(wits):* craffach, mwy effro.

sharpener *n.* **1.** *Tls:* hogwr (hogwyr) *m*, agalen(-ni,-nau) *f*, calen(-ni,-nau) *f*; **knife-~,** carreg (cerrig) (*f*) hogi; *See* **hone¹**; **pencil-~,** peth(-au) (*m*) gwn|eud min/awch ar bensel. **2.** *(pers.):* hogwr, dyn(-ion) gwneud min.

sharpening *vn. See* **sharpen**. **~-angle** *n.* ongl(-au) (*f*) hogi. **~-bevel** *n.* pefel (*f*) hogi.

sharper *n.* = **cheat¹**; **card-~,** twyllwr (twyllwyr) (*m*) cardiau, *S:* cafflwr (cafflwyr) *m*.

sharpish *a.* braidd yn finiog/swta *&c*; *See* **sharp¹**.

sharpishly *adv.* yn finiog braidd *&c*; *(= quickly):* yn eithaf cyflym, mewn chwinciad, chwap, chwipyn.

sharply *adv.* **1.** *(a)* **children ~ divided into two classes,** plant wedi'u rhannu'n eglur/bendant/llwyr yn ddau ddosbarth; **they are ~ divided on the matter,** maent wedi ymrannu'n benben ar y pwnc; mae ymraniad pendant/llwyr rhyngddynt ar y pwnc; **it brought it ~ home to me,** fe'm trawodd i'r byw. **2. the road dips ~,** mae'r ffordd yn disgyn yn sydyn/ddirybudd/ebrwydd/serth. **3.** *(a)* **to walk ~,** cerdded yn fân ac yn fuan; **to freeze ~,** rhewi'n galed/gorn; **to strike s.o. ~,** taro rhn yn sydyn/ddirybudd; *(b)* **to look ~ at s.o.,** edrych yn graff ar rn, craffu ar rn; **to listen ~ for sth,** clustfeinio am rth; *(c)* **to reprimand s.o. ~,** ceryddu rhn yn llym/dost/hallt; **to speak ~ to s.o.,** dweud y drefn wrth rn, ei dweud hi'n hallt wrth rn; **(to answer) ~,** (ateb) yn swta, yn glep, ar ei ben. **4. the bell rang ~,** canodd y gloch yn sydyn/ebrwydd.

sharpness *n.* **1.** *(a) (of blade/pencil): S:* awch *m*, *N:* min *m*; *(of pin, needle, stick):* miniogrwydd *m*, blaenllymder *m*; *(b) (of outline, contrast):* eglurder *m*, eglurdeb *m*; *(c) Aut:* **~ of a turn,** sydynrwydd (*m*) troad. **2.** *(a) (of sight):* craffter *m*; *(of hearing):* meinder *m*; *(b) (= intelligence):* craffter, miniogrwydd meddwl, *F:* siarprwydd *m*. **3.** *(a) (of pain):* toster *m*, egrwch *m*, ecrwch *m*; *(b)* **there's a ~ in the air,** mae hi'n fain/egr; mae hi'n gafael; mae brath ynddi; *(c) (of tone):* llymder, egrwch. **4.** *(of taste):* egrwch, ecrwch, siarprwydd. **5.** *(of sound):* egrwch, ecrwch, meinder.

sharpshooter *n.* chwimsaethwr (chwimsaethwyr) *m*, saethwr (saethwyr) sicr *m*, anelwr (anelwyr) sicr *m*.

sharpshooting *vn.* chwimsaethu.

shashlik *n. Cu:* siaslig(-au) *m*.

Shasta *n. Bot:* **~ daisy,** y llygad (*m*) dydd mwyaf, llygad dydd Shasta

Shastra *n. Hindu Rel:* llyfr(-au) cysegredig *m*, ysgrythur(-au) *f*.

shattenseite *n. Geog:* cil(-iau) (*m*) haul.

shatter *v.t.&i.* **1.** *v.t.* *(a) (glass &c):* malu/dryllio (rhth) [yn deilchion, yn ddarnau mân, yn chwilfriw, yn dipiau, yn yfflon, yn gyrbibion [ulw], yn gandryll]; *occ:* chwilfriwio, malurio, *F:* malu (rhth) [yn racs, yn sitrws]; *S:* malu (rhth) yn racs jibidêrs; *S.a.* **smash² 1**; *(b) (hopes, dreams &c):* chwalu, dryllio, difetha, ysigo, chwilfriwio, dinistrio; *(silence):* torri (ar ddistawrwydd); *(c) (nerves):* dryllio, ysigo. **2.** *v.i.* torri/mynd yn chwilfriw/yfflon/gyrbibion *&c*. **3.** *F:* **(I was) absolutely ~,** *(i) (= astonished):* ('roeddwn) yn syn, yn synnu ar fy hyd, yn syfrdan, wedi fy synnu'n fawr, wedi fy syfrdanu; **I was ~ by the news,** bu'r newydd yn ysgytwad i mi; *M.W:* mi chwithais i drwof pan glywais i'r newydd; *(ii) (= tired):* ('roeddwn) wedi blino'n llwyr, wedi ymlâdd. **~ belt** *n. Geog:* llain (*f*) falurion (lleiniau malurion), llain ddryllio (lleiniau dryllio). **~ cone** *n. Geog:* côn (conau) (*m*) malurion. **~ zone** *n. Geog:* cylchfa (*f*) ddryllio (cylchfaoedd dryllio).

shattered *a.* **1.** *(rock, glass):* maluriedig, chwilfriw, drylliog, dryllledig, yn yfflon, yn deilchion. **2.** *(hopes, dreams, nerves):* drylliedig. **3.** *F: (= tired):* blinedig, lluddedig, wedi ymlâdd.

shatterer *n.* drylliwr (dryllwyr) *m*, dinistriwr (dinistrwyr) *m*, maluriwr (malurwyr) *m*, chwalwr (chwalwyr) *m*.

shattering *a.* **1.** *(a) (blow):* dinistriol, ysigol; *(b) (news, experience):* ysgytwol, ysigol. **2.** *Exp:* **~ charge,** ffrwydryn chwilfriwiol.

shatteringly *adv.* yn ddinistriol *&c*.

shatterproof *a.* annrylliadwy.

shave¹ *n.* **1.** eilliad(-au) *m*, *F:* siafiad(-au) *m*; **to have a ~,** *(i) (= shave oneself): Lit:* eillio, *F: N:* siafio, *F: S:* siafo; *(ii) (= be shaved by barber):* cael eich siafio, cael eich eillio; **this razor gives you a really close ~,** mae'r rasal hon yn eich eillio'n lân iawn. **2.** *F:* **it was a close ~,** [dim ond] cael a chael oedd hi! *N.E:* dyna gais main! *S.E:* dyna gynnig [cas]! **~-grass** *n. Bot:* rhawn (*m*) y march.

shave² *v.t. & i.* **1.** *(a) Lit:* eillio, *F: N:* siafio, *F: S:* siafo; **to ~ s.o.'s head,** eillio pen rhn; **to ~ off one's beard,** eillio'ch barf. **2. to ~ (wood),** plaenio, rhasglio, llyfnu (pren); **to ~ a piece off sth,** plaenio asglodyn oddi ar rth. **3.** *(= graze):* braiddgyffwrdd (rhth, â rhth); *F:* crafu, llyfu (rhth); *N.E:* cluro (rhth). **~-hook** *n.* crafwr (crafwyr) *m*, rhasgl(-au) *f*.

shaved *a.* = **shaven.**

shaveling *n. A: F:* penfoelyn (penfoelion) *m*.

shaven *a. (monk):* penfoel, corunfoel, moel eich pen, moel eich corun; *(head, chin):* eilliedig, a eilliwyd.

shaver *n.* **1.** *(a) Lit:* eilliwr (eillwyr) *m*, *F:* siafiwr (siafwyr) *m*; *(b)* **electric ~,** rasel (*f*) drydan (raseli trydan). **2. young ~,** llefnyn (llafnau) *m*, glaslanc(-iau) *m*, *N:* hoglanc(-iau) *m*, crymffast(-iau,-iaid) *m*; *S.a.* **lad.**

shavetail *n. U.S: Mil: F:* ail lefftenant(-iaid) *m*.

Shavian *a. Lit:* Shawaidd.

shaving *vn. & n.pl.* **1.** *vn.* = **shave².** **2.** *n.pl.* **shavings,** naddion, 'sglodion, rhasglion, 'sglodiach, *F:* siafins. **~-basin, ~-dish** *n.* basn(-au) (*m*) eillio/siafio, dysgl(-au) (*f*) eillio/siafio. **~-block** *n.* bloc(-iau) (*m*) eillio/siafio. **~-brush** *n.* brwsh(-is) (*m*) eillio/siafio. **~-cream** *n.* ewyn/sebon (*m*) eillio/siafio. **~-mug** *n.* mwg (mygiau) (*m*) eillio/siafio. **~-soap, ~-stick** *n.* sebon (*m*) eillio/siafio.

shaw *n. (of potatoes &c): N:* gwlydd *pl*, *S:* gwrysg *pl*.

shawl *n.* siôl (siolau) *f*; **Paisley ~,** siôl ffilt, siôl Bersli (siolau Persli). **~-collar** *n.* coler(-i) (*f*) siôl.

shawm *n. Mus:* chwythgorn (chwythgyrn) *m*.

Shawnee *a. & n.* **1.** *a.* Shonïaidd. **2.** *n.* *(i) Ethn:* Shonî (Shonïaid) *m&f*; *(ii) Ling:* Shonî *f,m*.

shay *n. Veh:* = **chaise.**

she *pers. pron. nom. f.* **1.** *(a) Lit:* hi; *(emphatic):* hyhi; *S.a.* **her, herself, that¹ 2; her brother and ~,** ei brawd a hi/hithau; **who was ~?** pwy oedd hi? pwy oedd honna? **who is ~ over there?** pwy yw honacw? *F:* pwy yw 'nacw? pwy yw honna? **is ~ coming too?** a yw hi'n dod hefyd? *Pej: (with ref. to one present):* a yw hon yn dod hefyd? **I met a girl and ~ was a pretty one,** mi gwrddais â merch, a honno'n/hithau'n ferch bert; **if I were ~,** petawn i'n hi, petawn i yn ei lle hi; **~'s the one I saw,** hi/honno/honna a welais i; *(b) With ref. to a ship, a plane and other nouns of the feminine gender:* hi *&c*; *with ref. to motor car:* ef, fe, fo *&c*; *See* **he, him, it. 2.** *(a)* **~ and I,** hi a minnau; **I and ~,** fi a hithau; **it is ~,** *(= who is there):* hi sydd 'na; *(identifying s.o. in photograph &c):* hi yw hi; *(b) (antecedent to a rel. pron.): (= whoever):* y sawl, yr hon, y wr|aig, y ferch; **~ who/that believes,** yr hon sy'n credu, *Lit:* yr hon a gredo. **3.** *(as substantive): F:* benyw(-od) *f*; **(is the baby) a he or a ~?** ai mab ynteu merch, ai bachgen ynteu geneth (yw'r baban)? *(of animal):* ai gwryw ynteu benyw ydyw? **~-ass** *n.* asen(-nod) *f*. **~-bear** *n.* arthes(-au) *f*. **~-camel** *n.* cameles(-au) *f*. **~-cat** *n.* cath(-od) *f*, *N:* cath fanw/fenyw (cathod banw/beinw) *f*. **~-cousin** *n. U.S:* cyfnither(-od, -oedd) *f*. **~-devil** *n.* cythreules(-au) *f*, diawles(-au) *f*, ellylles(-au) *f*. **~-elephant** *n.* eliffantes(-au) *f*. **~-goat** *n.* gafr (geifr) *f*. **~-oak** *n. Bot:* = **casuarina.** **~-pine** *n. Bot:* pinwydden wen (pinwydd gwynion) *f*. **~-wolf** *n.* bleidd[i]ast (bleidd[i]eist) *f*.

shea *n. Bot:* coeden (coed) (*f*) shea.

sheading *n. Adm:* rhanbarth(-au) *m*.

sheaf¹ *n.* **1.** *(of wheat &c):* ysgub(-au) *f*, *occ:* seldrem(-au) *f*, *N.W:* gafren (geifr) *f*, *S.W:* gafr(-od) *f*; *(of thatch):* töen(-nau) *f*; **to tie sth in sheaves,** clymu (rhth) yn ysgubau; seldremu, *N.W: occ:* gafrio (rhth). **2.** *(of paper):* swp (sypiau) *m*, sypyn(-nau, sypiau) *m*, dyrnaid (dyrneidiau) *m*, bwndel(-i) *m*, bwndelaid (bwndeleidiau) *m*. **~-binder** *n.* rhwymydd (rhwymwyr) (*m*) ysgubau. **~-catalogue** *n.* c|atalog (catalogau) rhyddlennog *m*.

~-holder *n.* casyn (casys) *m* rhyddlenni. **~-platform** *n.* bwrdd (byrddau) (*m*) paciwr, bwrdd (*m*) seldremu.
sheaf² *v.t.* clymu'r ysgubau &c, seldremu, *N.W: occ:* gafrio.
shealing *n.* **= shieling.**
shear¹ *n.usu.pl. (a)* **[pair of] shears,** *(for shearing sheep):* gwellaif: gwellau (gwelleifiau) *m*; *(the Welsh plural refers to more than one pair)*; **garden ~,** siswrn (sisyrnau) *m*; *Lit:* **the Shears of Atropos,** Siswrn Atropos; **bench ~,** gilotîn (gilotinau) *m*; *Dressm:* **pinking shears,** gwellaif pincio. **~-grass** *n. Bot:* **= sawgrass. ~-hog** *n.* **= shearling. ~-hulk** *n.* **= sheer-hulk. ~-legs** *n.pl.* **= sheerlegs. ~-pin** *n.* pin(-nau) (*m*) torri. **~-steel** *n.* dur (*m*) awch.
shear² *n.* **1.** *(of wool):* cnaif (cneifiau, cneifion) *m*, cneifiad(-au) *m*, cnu(-fiau) *m*, cnuf(-iau) *m*. **2.** *Ph: Metall: Geol:* croesrym(-oedd) *m*, croesrwyg(-au) *fm*, croeswasgiad(-au) *m*, croeswasgu *vn.* **~ strain** *n.* straen(-iau) (*f*) croesrym. **~ stress** *n.* diriant (diriannau) (*m*) croesrym.
shear³ *v.t. & i.* **1.** *v.t. (a)* **to ~ [off/through] a branch,** torri cangen, torri trwy gangen, *Lit:* trychu cangen; *Tex:* **to ~ nap,** tocio ceden, gwelleifio ceden; *(b) Metalw:* torri, hollti, croesrwygo. **2.** *v.t. (a sheep):* cneifio; *F:* **to be shorn of sth,** cael eich amddifadu o rth; *S.a.* **shorn. 3.** *v.t. Mec:* rhwygo, croesrwygo; *Ph:* croeswasgu. **4.** *v.i.* **to ~ off,** rhwygo, torri.
shearbill *n. Orn:* **= skimmer** 3.
shearer *n.* **1.** *(of sheep):* cneifiwr (cneifwyr) *m*, cn|eifwraig (cneifwragedd) *f*. **2.** *Tex:* gwelleifiwr (gwelleifwyr) *m*; *Prov:* **a bad ~ never had a good sickle,** saer gwael sy'n gweld bai ar ei gŷn.
shearing *vn. & n.pl.* **1.** *vn.* **1.** *(of sheep):* cneifiad(-au) *m*; *Tex: (of nap):* gwelleifiad(-au) *m*; *(of metal):* croesrwyg(-au) *f*; *S.a.* **shear³. 2.** *n.pl.* **shearings,** cneifion. **~ force** *n. Ph:* croesrym(-oedd) *m*. **~-machine** *n.* peiriant (peiriannau) (*m*) llafnu; *(for sheep):* peiriant cneifio. **~ stress** *n.* **= shearing force.**
shearling *n.* **1.** *(sheep):* dafad (defaid) (*f*) un cnaif, hesbin(-od) *f*, dafad unflwydd. **2.** *(fleece):* cnu[f] (*m*) hesbin (cnufiau hesbinod).
shears *n.pl. See* **shear¹.**
sheartail *n. Orn:* (*)cynffon(-nau) (*f*) siswrn.
shearwater *n. Orn:* pâl (palod) *m*; **great ~,** *(Puffinus gravis):* y pâl mwyaf; **little ~,** *(P. assimilis):* y pâl lleiaf, aderyn drycin bach; **Manx ~,** *(P. puffinus):* pâl Manaw, aderyn (adar) (*m*) drycin Manaw, aderyn y ddrycin, gwylan Fanaw (gwylanod Manaw), pwffingen (*f*) Fanaw (pwffingod Manaw), pwffin(-od) (*m*) Manaw; **North Atlantic Cory's ~,** *(P. diomedea):* pâl yr Iwerydd; **sooty ~,** *(P. grisea):* pâl du.
sheat-fish *n. Ich:* gweinbysgodyn (gweinbysgod) *m*; *See* **catfish (European).**
sheath *n.* **1.** *(of knife, sword &c):* gwain (gweiniau) *f*; **to draw a sword from its ~,** dadweinio cleddyf, tynnu cleddyf o'i wain; **contraceptive ~,** gwain atal cenhedlu, *Joc: V:* sach (*fm*) d[d]yrnu (sachau dyrnu). **2.** *Anat: Bot:* gwain, pilen(-ni) *f*, amwisg(-oedd) *f*. **~-dress** *n.* *gweinwisg(-oedd) *f*; **~-knife** *n.* dagr(-au) *f*, cyllell weiniog (cyllyll gweiniog) *f*.
sheathbill *n. Orn:* aderyn (adar) gweinbig *m*.
sheathe *v.t.* **1.** *(sword &c):* gweinio (cleddyf), rhoi/dodi (cleddyf) yn ei wain; **let the sword be sheathed,** gweinier y cledd. **2.** *(a) (ship):* gorchuddio, lapio; *(b) (cable):* lapio, gorchuddio, llawesu.
sheathed *a. a. (sword):* mewn gwain, gweiniedig, gweiniog; *(cable):* llawesog, lapiedig.
sheather *n.* gweiniwr (gweinwyr) *m*.
sheathing *vn. & n.* **1.** *vn.* **= sheathe. 2.** *n.* gorchudd(-ion) *m*, gwain (gweiniau) *f*; *(of cable):* llawes (llewys) *f*.
sheathless *a.* heb wain.
sheave¹ *n. (of pulley):* chwerfan(-au) *f*. **~-block** *n. Nau:* bloc (*m*) chwerfan (blociau chwerfanau).
sheave² *v.t.* **to ~ corn,** casglu ŷd yn ysgubau, rhwymo ŷd, seldremu ŷd, *N: occ:* gafrio ŷd.
sheaves² *n.pl. See* **sheaf.**
Sheba *Pl.n. A.Geog: B:* Seba *f*; **the Queen of ~,** Brenhines (*f*) Seba.
shebang *n. U.S: P:* **the whole ~,** yr holl sioe *f*, yr holl gybôl *m*.
shebeen *n.* tŷ (tai) (*m*) potio, tŷ cwrw.
Shechinah *n. Rel:* Seceina *f*.
she'd *v.* = *(a)* **she had,** *See* **have;** *(b)* = **she would,** *See* **will³.**
shed¹ *n.* cwt (cytiau) *m*, sied(-iau) *f*, *occ:* penty (pentai) *m*, cut(-iau) *m*; **lean-to ~,** pentis(-iau) *m*, *N:* eil(-iau) *m*, *S.W: occ:* slopty (sloptai) *m*. **~ hand** *n.* cneifiwr (cneifwyr) *m*.
shed² *v.t.* **1.** *(a) (of tree):* **to ~ leaves,** colli/bwrw dail; *(of animal):* **to ~ skin,** bwrw/diosg hen groen; **to ~ fur/hairs,** bwrw blew/henflew; *S.a.* **horn¹ 1;** *(b) F: (= get rid of s.o.):* cael gwared (â rhn); *(c)* **to ~ one's clothes,** tynnu['ch dillad] oddi amdanoch, diosg eich dillad, ymddiosg; *(d)* **to ~ a load,** *(i) (of lorry):* colli/gollwng llwyth; *(ii) El:* gostwng/lleih|au llwyth. **2.** *(tears):* wylo, colli, gollwng; *(blood):* colli, *N:* tywallt, *S:* arllwys, gollwng; *(of lamp):* **to ~ light (on sth),** taflu goleuni, *Lit: occ:* tywynnu, llewyrchu (ar rth); **this sheds new light on the matter,** mae hyn yn taflu goleuni newydd ar y mater. **3.** *Weaving:* parthu.
shed³ *v.t.* **to ~ animals,** rhoi/dodi anifeiliaid mewn cwt &c *or* dan do.
shed⁴ *n.* **= watershed.**
shed⁵ *n. Weaving:* parth *m*.
shed⁶ *v.t.* parthu. **~ stick** *n.* ffon (*f*) barthu (ffyn parthu).
shedder *n.* **1.** *(of blood):* tywalltwr (tywalltwyr) *m*, arllwyswr (arllwyswyr) *m*. **2.** *(a) (crab):* cranc (crangod/crancod) gwisgi *m*; *(b) (salmon):* hwyfell(-iaid,-od) *f*, ffithell(-od) *f*.
shedding *vn. & n.* **1.** *vn. See* **shed 2. 2.** *n. Coll:* cytiau *pl*, siediau *pl*, eiliau *pl*.
sheen *n.* llewy[r]ch *m*, disgleirdeb *m*, *F:* sglein *mf*; **to take the ~ off sth,** pylu [disgleirdeb] rhth.
sheeny¹ *a.* **= shiny.**
sheeny² *n. Pej:* Iddew(-on) *m*, Iddewes(-au) *f*.
sheep *n.* **1.** dafad (defaid) *f*; *S.a.* **lamb¹, ram¹, wether; young ~,** hesbwrn (hesbyrniaid) *m*, hesbin(-od) *f*; **lost/stray~,** dafad golledig (defaid colledig), dafad grwydr/grwydrol/grwydredig (defaid crwydr/crwydrol/crwydredig); **oestrum ~,** dafad yn myharenna/rhidio; **agisted ~, tack ~,** dafad gadw (defaid cadw), dafad tac; *F:* **there's a black ~ in every flock,** mae llwdn piblyd yng nghorlan pawb; **the black ~ of the family,** aderyn brith (*m*) y teulu, dafad ddu'r teulu; **a wolf in sheep's clothing,** blaidd mewn croen dafad; **(they follow one another) like ~,** (maen' nhw'n dilyn ei gilydd) fel defaid [trwy adwy], yn slafaidd; **to count ~,** cyfri'r defaid ar y ffridd; **to separate the ~ from the goats,** didoli'r defaid a'r geifr; **to cast ~'s eyes at s.o.,** llygadu rhn, gwneud llygaid gafr ar rn. **2.** *Bookb:* **= sheepskin. ~-bot** *n.* pryf(-ed) mud (*m*) y defaid. **~-bur** *n. Bot: U.S: (Acanthospermum australe):* cacimwci(*m*)'r defaid. **~-cote** *n.* **= sheepfold. ~-creep** *n.* cwter (*f*) ddefaid (cwterydd defaid), ffos (*f*) gropian (ffosydd cropian). **~-dip** *n. (i) (trough):* trochfa (trochf|eydd) (*f*) defaid, lle(-oedd) (*m*) golchi defaid, cafn(-au) (*m*) golchi defaid; *(ii) (lotion):* dip(-iau) (*m*) defaid, tip(-iau) (*m*) defaid, golch (*m*) defaid. **~-dipping** *vn.* trochi/golchi defaid. **~-dog** *n.* ci (cŵn) (*m*) defaid, ci bugail, *S.E:* ci 'rhafod *m*; **Old English ~-dog,** hen gi defaid Seisnig. **~-dog trials** *n.pl.* treialon (*pl*) cŵn defaid, ymryson(-f|eydd) (*m*) cŵn defaid, *N: F:* ras (*f*) gŵn (rasys cŵn). **~-farmer** *n.* ffermwr (ffermwyr) (*m*) defaid. **~-farming** *vn.* cadw defaid, ffarmio/ffermio defaid. **~'s fescue** *n. Bot: (Festuca ovina):* peis[g]wellt (*m*) y waun, peis[g]wellt y defaid, melys (*m*) y defaid; **fine-leaved ~'s fescue,** *(F. tenuifolia):* peis[g]wellt meinddail. **~-herder** *n.* **= shepherd. ~-hook** *n.* ffon (ffyn) (*f*) bugail. **S~ Island** *W.Pl.n.* Ynys (*f*) Defaid, Ynys Lom. **~-ked** *n. Ent:* hisleuen (hislau), hislen (hislod) *f*, heusleuen (heuslau) *f*. **~-laurel** *n. Bot: U.S: (Kalmia angustifolia):* llawryf (*m*) y defaid. **~-louse** *n.* **= sheep-ked. ~-master** *n.* defeidiwr (defeidwyr) *m*. **~-nostril fly** *n. Vet:* pryf(-ed) (*m*) y bendro. **~-pen** *n.* **= sheepfold. ~-pest** *n. Bot: (Acaena ovina):* (*)dreiniog (*f*) y defaid. **~-plant** *n. Bot: (Raoulia eximia):* (*)llwyn(-i) gwlanog *m*. **~-pox, ~-scab** *n. Vet:* y clafr *m*, y clawr *m*, brech (*f*) y defaid. **~-run** *n.* cynefin(-oedd) *f*, ffridd(-oedd) *f*, *S.W:* [a]rhosfa ([a]rhosf|eydd) *f*, *Lit: occ:* defeidiog(-au) *f*. **~'s bit, ~'s scabious** *n. Bot: (Jasione montana)):* clefryn *m*, clafrllys (*m*) y mynydd. **~'s head** *n.* pen (*m*) dafad (pennau defaid). **~-shearer** *n.* cneifiwr (cneifwyr) *m*, cn|eifwraig (cneifwragedd) *f*. **~-shearing** *vn.* cneifio [defaid]. **~'s sorrel** *n. Bot: (Rumex acetosella):* suran (*f*) yr ŷd, dringol *m*. **~-tick** *n. Ent: (i)* trogen (trogod) (*f*) y defaid; *(ii)* **= sheep-ked. ~-walk** *n.* **= sheep-run. ~-wash** *n.* **= sheep-dip** *(ii)*.
sheepberry *n. Bot: U.S: (Viburnum lentago):* (*)ysgawen (*f*) y defaid (ysgaw'r defaid).

sheepfold *n.* corlan(-nau) *f, S:* ffald(-au) *f, S. W:* lloc(-iau) *m, occ:* toc(-iau) *m.*
sheepish *a.* dafadaidd; *(= embarrassed):* lletchwith, mewn cywilydd; *(= timid):* swil, gwylaidd, lloaidd.
sheepishly *adv.* yn ddafadaidd *&c;* mewn cywilydd.
sheepishness *n.* **1.** *(= embarrassment):* cywilydd *m*, embaras *m*, lletchwithdod *m.* **2.** *(= timidity):* swildod *m*, gwyl|eidd-dra *m.*
sheeplike *a.* fel dafad, dafadaidd.
sheepman *n.* = **sheep-farmer.**
sheepmeat *n.* cig *(m)* dafad/defaid.
sheepshank *n.* garglwm (garglymau) *m.*
sheepskin *n.* **1.** *Cost: Bookb:* croen *(m)* dafad (crwyn defaid); **chrome-tanned ~,** croen dafad crôm-gywair. **2.** *U.S:* = **parchment.**
sheer[1] *n. Nau: (= deviation from course):* gwyriad(-au) *m.*
sheer[2] *v.i. Nau:* gwyro. **~ off** *v.i.* **1.** *Nau: (= set sail):* hwylio. **2.** *F:* **to ~ off/away from sth,** osg|oi rhth, cadw draw rhag rhth.
sheer[3] *n. N.Arch: (= upward slope):* gogwydd(-ion) *m.* **~-rail** *n.* rheilen *(f)* ogwydd (rheiliau gogwydd).
sheer[4] *a. & adv.* **1.** *a. (a) (= utter, absolute):* llwyr, hollol, noeth, pur, cyfan gwbl; **by ~ force,** trwy rym noeth; *(= by muscular exertion):* trwy nerth bôn braich; **it is ~ robbery,** mae'n lladrad noeth; *(of exorbitant price):* mae'n grocbris; **it was ~ stupidity,** 'roedd yn dwpdra noeth; **a ~ impossibility,** amhosibilrwydd hollol; **by ~ luck,** trwy lwc hollol, *F:* trwy lwc mul, trwy lwc bwngler *(pronounced* ng-g); **a ~ waste of time,** gwastraff amser pur, gwastraff llwyr ar amser; **in ~ desperation,** mewn anobaith llwyr; *(b) (= steep):* serth, *F:* syth; *(c) Tex: (linen &c):* main (meinion), tenau (teneuon), tryloyw(-on); **~ silk stockings,** sanau sidan main. **2.** *adv. (a) (= wholly):* yn hollol, yn llwyr, yn gyfan gwbl, *occ:* yn lân; *(b)* **(hill that descends) ~ (to the town),** (rhiw sy'n disgyn) yn syth, ar ei phen, yn blwm, yn bendramwnwgl (i'r dref).
sheer-hulk *n. Nau:* llong foel (llongau moel) *f.*
sheerlegs *n.pl.* heglau.
sheerly *adv.* yn llwyr *&c.*
sheerness *n.* **1.** *(= completeness):* llwyrineb *m.* **2.** *(= steepness):* serthrwydd *m.*
sheet[1] *n.* **1.** *(on bed):* cynfas(-au) *f, N: occ:* cynfasen (cynfasau) *f, S:* shiten (shîts) *f, Lit:* lliain (llieiniau) *m;* **double sheets,** cynfasau dwbl; **fitted sheets,** cynfasau ffitiedig; **single sheets,** cynfasau sengl; **three sheets in the wind,** *See* **drunk 1; as white as a ~,** yn wyn fel y galchen, cyn wynned â'r galchen; **winding-~,** amdo(-au) *m;* **winnowing-~,** carthen(-ni) *f*, nithlen(-ni) *f*, llywanen *f*, llywionen *f; F:* **to get between the sheets,** mynd i'r gwely; *See* **bed**[2]. **2.** *(a) (of paper, stamps, cardboard, metal, glass, plastic &c):* dalen(-nau) *f; Archives:* **accession ~,** dalen dderbynodi (dalennau derbynodi); **balance ~,** mantolen(-ni) *f;* **charge-~,** rhestr *(f)* gyhuddiadau (rhestrau cyhuddiadau); **time-~,** dalen amser; **job-~, work-~,** taflen *(f)* waith (taflenni gwaith); *Com:* **order-~,** archeblen(-ni) *f;* **proof-~,** proflen(-ni) *f; (b) F:* **news-~,** taflen newyddion. **3.** *(of metal, glass &c):* dalen, llen(-ni) *f*, haen(-au) *f*, plât (platiau) *m; Cu:* **baking-~,** astell *(f)* bobi (estyll pobi). **4.** *(of water):* haen, llyn(-noedd) *m;* **to come down in sheets,** ei thywallt hi, ei harllwys hi *&c; See* **rain**[1],[2]; *(of snow):* haen, gorchudd(-ion) *m*, trwch *m*, cnwd *m; (of fire):* llen; *(of ice):* caenen(-nau) *f*, plymen(-nau,-ni) *f*, gorchudd, carped(-i) *m.* **5.** *Nau: See* **sheet**[3]. **~ copper** *n.* dalen *(f)* gopr (dalennau copr), copr dalennog *m.* **~-erosion** *n. Geol:* llen-erydiad *m.* **~-feeder** *n. Cmptr:* porthydd(-ion) *(m)* dalennau. **~-flood, ~-flow** *n. Geol:* llenlif(-iau) *m.* **~ glass** *n.* gwydr *(m)* ffenestri. **~ gold** *n.* eurddalen(-nau) *f.* **~ iron** *n.* haearn dalennog *m*, dalennau *(pl)* haearn. **~ lead** *n.* plwm dalennog *m*, dalennau plwm. **~-lightning** *n.* dreigiau *(pl)* mellt, mellt golau *m*, goleuo *(vn)* dreigiau; **there was ~-lightning,** yr oedd hi'n dreigio; yr oedd hi'n goleuo dreigiau. **~-materials** *n.pl.* deunydd taflennol *m.* **~ metal** *n.* metel dalennog *m*, llenfetel *m.* **~ metalwork** *n.* gwaith *(m)* llenfetel. **~-mill** *n.* melin *(f)* dunplat (melinau tunplat). **~ music** *n.* cerddoriaeth *(f)* ddalen. **~-saw** *n. Tls:* llif lem (llifiau llymion) *f.* **~-wash** *n. Geol:* llenolchiad(-au) *m.*
sheet[2] *v.t. & i.* **1.** *v.t. (= cover with sheet):* gorchuddio (rhth) â llen/lliain/chynfas; taenu llen/lliain/cynfas (dros/ar rth). **2.** **river sheeted with ice,** afon dan gaenen/orchudd/len/haen/blymen o rew. **3.** *(dead body):* amd|oi, amwisgo. **4.** *v.i. (of rain):* ei thywallt hi, ei harllwys hi, dymchwel.
sheet[3] *n.* **1.** *Nau: (a)* hwylraff(-au) *f*, rhaff(-au) *f;* **flowing ~,** hwylraff lac (hwylrhaffau llac); *F:* **to be three sheets in the wind,** *See* **drunk 1;** *(b)* **stern-sheets,** lle(*m*)'r starn; **fore-sheets,** lle(*m*)'r blaen. **~-anchor** *n.* **1.** *Nau:* ail angor(-ion,-au) *m.* **2.** *Fig:* prif gynhaliaeth (~ gynaliaethau) *f*, grwndwal(-au) *m.* **~-bend** *n.* cwlwm (c[y]lymau) *(m)* hwylraff.
sheet[4] *v.t.* **to ~ home,** lledu hwyl.
sheet[5] *n. (of plough):* cebystr(-au) *m.*
sheeted *a. (furniture &c):* dan orchudd, gorchuddiedig, dan len, dan lieiniau, dan lenni; *(= dead):* mewn amdo.
sheeting *a. & n.* **1.** *a.* **~ rain,** glaw *(m)* gyrru. **2.** *n. Coll:* llieiniau *pl*, gorchuddion *pl*, cynfasau *pl; (metal):* dalennau *(pl)* metel/metal.
sheik *n.m.* shîc(-s) *m.*
sheikdom *n.* sieciaeth(-au) *f.*
sheila *n. Austr:* = **girl, woman.**
shekel *n.* **1.** *A: Jew.Meas: Num:* sicl(-au) *m.* **2.** *pl. F:* **shekels,** arian *m, N:* pres *m, F:* mags.
sheld-duck, sheldrake *n. Orn:* hwyaden (hwyaid) *(f)* yr eithin, hwyaden fraith (hwyaid brithion); **ruddy ~,** *(Tadorna ferruginea):* hwyaden goch (hwyaid cochion) yr eithin; **swallow-tailed ~,** *(Harelda hiemalis):* hwyaden gynffon gwennol (hwyaid cynffon gwennol).
shelf *n.* **1.** *(of bookcase &c):* silff(-oedd) *f, occ:* astell (estyll, estyllod) *f*, ystyllen (ystyllod) *f;* **fixed ~,** silff sefydlog, *F:* silff sownd; **book ~,** silff lyfrau (silffoedd llyfrau); **mantel ~,** silff ben tân (silffoedd pen tân); **oven ~,** silff ffwrn, *S.E:* plât (platiau) *(m)* ffwrn; **window ~,** silff ffenestr; *F:* **she is afraid of being left on the ~,** mae arni hi ofn bod yn hen ferch. **2.** *(a) (of rock):* ysgafell(-i) *f*, silff; *(b)* **continental ~,** ysgafell gyfandirol (ysgafelli cyfandirol) *f; (c) (= shallow):* beisfa(-oedd) *f; (= sandbank):* cefnen(-nau) *f*, traethell(-au) *f.* **~-capacity** *n.* cynhwysedd *(m)* silff. **~-dummy** *n. Lib:* ffuglyfr(-au) *m.* **~-ful** *n.* silffaid (silffeidiau) *f*, llond *(m)* silff(-oedd). **~-guide** *n.* arwydd(-ion) *(m)* silff. **~-ice** *n.* = **ice-shelf.** **~-life** *n.* cyfnod *(m)* silff. **~-list** *n.* silffrestr(-au) *f.* **~-mark** *n.* mynegrif(-au) *m.* **~-number** *n.* rhif(-au) *(m)* silff. **~-room** *n.* lle *(m)* ar silff/silffoedd. **~-support** *n.* cynhaliwr *(m)* silff (cynhalwyr silffoedd).
shelflike *a.* fel silff, fel ysgafell, ysgafellaidd.
shell[1] *n.* **1.** *(a) (of snail, tortoise, larva &c, and most senses):* cragen (cregyn) *f;* **small shells,** cregyn mân, cregynnos *pl, N:* mag *pl; (of crab):* cragen, cisten(-nau) *f; F:* **to come out of one's ~,** dod o'ch cragen; **to retire into one's ~,** swilio, mynd i'ch cragen; *(b) (of egg, nut &c): S:* masgl(-au) *f, N:* plisgyn (plisg) *m, occ:* cibyn(-nau) *m; (of pea):* coden(-nau, codau) *f; (c) (= outward show):* ymddangosiad(-au) *m;* **his knowledge is a mere ~,** mae ei wybodaeth i gyd yn y ffenestr. **2.** *Mch: &c: (= exterior):* tu allan *m*, mantell (mentyll) *f*, gorchudd(-ion) *m.* **3.** *(of house, ship):* tu allan, cragen; *(of house only):* muriau *pl*, waliau *pl; (of ship):* ochrau *pl*, pleidiau *pl; (boat):* cwch (cychod) *(m)* rasio; *(= coffin):* arch fewnol (eirch mewnol) *f*, cragen. **4.** *Artil:* pelen(-ni) *f*, tân-belen(-ni) *f*, ffrwydryn (ffrwydron) *m*, siel(-iau) *f;* **incendiary ~,** siel dân (sieliau tân), pelen dân (pelenni tân); **live ~,** siel fyw (sieliau byw), pelen fyw (pelenni byw); **spent ~,** siel wag (sieliau gweigion), pelen wag (pelenni gweigion). **5.** *Sch:* dosbarth(-iadau) canolradd *m.* **6.** *Ch: Ph: (of electrons):* plisgyn *(m)* electron (plisg electronau). 7. *Cmptr:* plisgyn (plisg) *m*, cragen (cregyn) *f.* **~-bark** *n. Bot:* = **shagbark.** **~-bean** *n. U.S: Bot:* ffeuen godog (ffa codog) *f.* **~-bit** *n. Mch:* ebill(-ion) cau/ceugrwm *m.* **~ company** *n.* cwmni (cwmnïau) coeg *m.* **~-edging** *n. Needlew:* ymylwaith *(m)* cragen. **~ egg** *n.* ŵy (wyau) cyfan *m*, ŵy masglog, ŵy mewn plisgyn/masgl. **~-heap** *n.* tomen *(f)* gregyn (tomenni cregyn). **S~ Island** *W.Pl.n.* Mochras *f.* **~-jacket** *n.* = **mess-jacket.** **~-less** *a.* heb gragen, digragen; *(egg):* heb blisgyn, heb fasgl, *S.E:* llaith. **~-like** *a.* fel cragen, cragennaidd, cregynnaidd, cywrain; **a word in your ~-like [ear],** gair yn eich clust; gair i gall. **~-lime** *n.* calch *(m)* cregyn. **~-money** *n.* cregyn *(pl)* cyfnewid. **~-mound** *n.* = **shell-heap.** **~-out** *n. (i) F:* taliad(-au) *m*, talu *vn; (ii) Games:* snwcer *(m)* i dri. **~-pink** *a.* pinc cragen. **~-proof** *n. Mil:* annrylliadwy, gwrth-sieliau. **~-shock** *n.* siel-syfrdandod *m.* **~-shocked** *a.* siel-syfrdan. **~-sort** *n. Cmptr:* trefniad(-au)

plisgol *m.* **~-suit** *n. Cost:* plisgwisg *f.* **~-work** *n.* cragenwaith *m.*
shell² *v.t.* **1.** *(a) (nuts, peas &c):* plisgo, diblisgo, *occ:* digibo, deor, disbeinio; *(nuts):* gwisgïo, *N:* sbinio, duo, duor, *S:* masglu, difasglu, masglo, dishbin; *(oysters, mussels):* agor; *(prawns, shrimps):* plicio, pilio; *(b) (with passive force):* **nuts/peas that ~ easily,** cnau/pys hawdd eu hagor; *S.a.* **shuck².** **2.** *Mil:* peledu, bombardio, sielio, *Lit:* tân-belennu. **~ off** *v.i. (of metal):* colli cen, digennu. **~ out** *v.t. F:* **to ~ out one's money,** mynd i'ch poced, *S:* fforco mas; *abs.* **to ~ out,** talu trwy'ch trwyn.
shellac¹ *n.* sielac *m, Lit: occ:* crestlud *m.*
shellac² *v.t.* **1.** sielacio rhth, *Lit: occ:* crestludo rhth. **2.** *U.S: Sp:* = **beat².**
shellacking *vn.* **1.** sielacio. **2.** = **beating² 2.**
shellback *n.* hen gi (gŵn) *(m)* môr.
shelled *a.* **1.** *(creature):* cragennog, â chragen. **2.** *(nut):* gwisgi, heb blisgyn, heb fasgl; *(peas):* wedi eu disbeinio/deor *&c*; *S.a.* **oat.**
shellfish *n.inv.* pysgodyn *(m)* cragen (pysgod cregyn), cragenbysgodyn (cregynbysgodyn) *m.*
shelling *vn.* = **shell².**
shelly *a.* cragennog, â chragen, cregynnog.
Shelta *n. Ling:* Sielta *f, m.*
shelter¹ *n.* **1.** *(= place of refuge):* cysgodfan(-nau) *mf,* cysgodfa (cysgodf|eydd) *f,* lloches(-au) *f,* noddfa (noddf|eydd) *f, F:* lle(-oedd) *(m)* i ymochel, *N.W: occ:* gwardfa (gwardf|eydd) *f;* **bus-~,** caban(-au) *(m)* aros bysiau; **air raid ~,** lloches rhag bomio, lloches cyrch awyr; *Archeol:* **rock-~,** lloches dan graig. **2.** *(= cover, protection):* cysgod *m,* lloches; **under ~,** dan gysgod; **under the ~ (of a hedge),** ym môn, yng nghysgod (clawdd); **to seek ~ under a tree,** mynd i gysgodi/ymochel o dan goeden; **to find ~,** cael lloches; **to give ~ (to s.o.),** llochesu (rhn), rhoi lloches (i rn), rhoi noddfa *(f)* (i rn); **~ from the rain,** cysgod rhag y glaw; **to take ~,** cysgodi, ymochel, ymgysgodi, *N.W:* gwardio (**from sth,** rhag rhth). **~-belt** *n. Geog:* llain *(f)* gysgodi (lleiniau cysgodi). **~ deck** *n. Nau:* dec(-iau) *(m)* cysgodi. **~-seeking** *a.* cysgotgar. **~ tent** *n. Mil:* pabell *(f)* gysgodi (pebyll cysgodi).
shelter² *v.t.&i.* **1.** *v.t. (a)* **to ~ s.o. from rain,** cysgodi rhn rhag y glaw; *(b) (from persecution):* llochesu, gwarchod (rhn); rhoi lloches/noddfa (i rn); **to ~ s.o. from blame,** cysgodi/amddiffyn (rhn) rhag bai, *F: occ:* cadw ar rn. **2.** *v.i.* cysgodi, ymgysgodi, ymochel, *N.W: occ:* gwardio (**from sth,** rhag rhth); **to ~ from the wind/rain,** cysgodi/ymochel rhag y gwynt/glaw; **to ~ from a blast,** *N.W: Min:* mochel ffiar.
sheltered *a.* **1.** cysgodol, dan gysgod, clyd, diddos; **the ~ side of a wall,** y tu clytaf i'r clawdd. **2.** *(industry, housing, workshop, employment):* gwarchodedig, noddedig, dan warchod; *(housing): occ:* amnodd, lloches. **3. to lead a ~ life,** byw o olwg y byd, byw yn y cysgodion, byw ar yr ymylon.
shelterer *n.* cysgodwr (cysgodwyr) *m,* llocheswr (llocheswyr) *m,* noddwr (noddwyr) *m,* gwarchodwr (gwarchodwyr) *m,* cysg|odwraig *f,* lloch|eswraig *f,* n|oddwraig *f,* gwarch|odwraig *f, N.W: occ:* gwardiwr (gwardwyr) *m.*
sheltering *a.* cysgodol, amddiffynnol.
shelterless *a.* digysgod, diloches; *(place): N: occ:* amlwg.
sheltie, shelty *n.* **1.** *(dog):* ci (cŵn) *(m)* defaid Shetland. **2.** *(pony):* merlyn (merlod) *(m)* Shetland, merlen (merlod) *(f)* Shetland.
shelve¹ *v.t.* **1.** *(= fit with shelves):* gosod/dodi silffoedd (yn rhywle); silffio (lle). **2. to ~ a book,** rhoi/dodi llyfr ar silff. **3.** *(= defer):* gohirio; *(= put aside):* rhoi/dodi (rhth) o'r neilltu; *(= abandon):* claddu, anghofio. **4.** *(= dismiss):* diswyddo; *(= ignore):* anwybyddu.
shelve² *v.i.* mynd ar oleddf, mynd ar i waered, *Lit: occ:* llethru, llechweddu; **the shore shelves down to the sea,** mae'r lan yn mynd i waered tua'r môr.
shelver *n.* silffiwr (silffwyr) *m,* s|ilffwraig (silffwragedd) *f.*
shelving¹ *vn. & n.* **1.** *vn.* = **shelve¹.** **2.** *n. Coll: (= shelves):* silffoedd *pl.*
shelving² *a. (shore &c):* ar oleddf, ar i waered, *occ:* llethrog, llechweddol.
shemozzle *n.* ffrwgwd (ffrygydau) *m.*
shenanigan *n. F:* cast(-iau) *m, N:* giamocs *pl,* misdimanars *pl.*
shend *v.t. A:* = **chide.**
Shenkin *Pr.n.m.* Siencyn, *F: occ:* Shincyn, Shinc; *Danc:* **of noble race was ~,** o uchel dras 'roedd Siencyn.
Sheol *n. Jew:* byd *(m)* y meirwon, Sheol *f.*
shepherd¹ *n.* **1.** *(a)* bugail (bugeiliaid) *m; Prov:* **red sky at night, ~'s delight,** coch i fyny, teg yfory; **red sky in the morning, ~'s warning,** coch i lawr, glaw mawr; *(b) B:* **the Good S~,** y Bugail Da; *B:* **the Lord is my ~,** yr Arglwydd yw fy mugail; *U.S. Z:* **German ~,** *(dog):* ci *(m)* blaidd (cŵn bleiddiaid). **~ dog** *n.* ci defaid. **~'s check** *n. Tex:* brethyn *(m)* bugail. **~'s cress** *n. Bot:* berwr coesnoeth *m.* **~'s crook** *n.* ffon *(f)* fugail (ffyn bugail), ffon bugail, bugeilffon (bugeilffyn) *f.* **~'s hut** *n.* cwt *(m)* bugail (cytiau bugeiliaid), bugeildy (bugeildai) *m.* **~'s needle** *n. Bot: (Scandix pecten-veneris):* nodwydd *(f)* y bugail, creithig *f,* crib *(f)* Gwener, poncnell *m;* **great ~'s needle,** *(S. odorata):* creithig bêr, sisli bêr *f;* **rough ~'s needle,** *(S. anthriscus):* creithig wrychog *f.* **~'s pie** *n. Cu:* pastai (pasteiod) *(f)* bugail. **~'s plaid** *n.* = **shepherd's check.** **~'s purse** *n. Bot: (Capsella bursa-pastoris):* pwrs *(m)* y bugail, llysiau *(pl)* tryfal. **~'s rod** *n. Bot: (Dipsacus pilosus):* ffon *(f)* y bugail, gwialen *(f)* y bugail. **~'s weatherglass** *n. Bot:* = **pimpernel (scarlet).**
shepherd² *v.t.* **1.** *(of shepherd, priest):* bugeilio. **2. to ~ school children through the town,** danfon/hebrwng plant trwy'r dref.
shepherdess *n.f.* bugeiles(-au).
shepherdish, shepherdly *a.* bugeiliol.
sheppy *n.* = **pearl-side.**
sherardia *n. Bot:* **blue ~,** corwreiddrudd *f.*
sherardize *v.t. Metall:* sincio (rhth), gorchuddio (rhth) â sinc.
sherbe[r]t *n.* **1.** sierbet *m.* **2.** *(water, ice):* sorbed (sorbedau) *m.* **~ fountain** *n.* cornet(-i) *(m)* sierbet, ffrwd (ffrydiau) *(f)* sierbet.
sherd *n.* = **shard.**
sherif *n.* sieriff(-iaid) *m,* tywysog(-ion) *m.*
sheriff *n.* **1.** *Eng.Adm:* siryf(-ion) *m,* sirydd(-ion) *m;* **High S~,** Uchel-Siryf; **Under-S~,** Is-Siryf. **2.** *Scot.Jur:* barnwr (barnwyr) sirol *m.* **~ court** *n.* llys(-oedd) sirol *m,* llys(-oedd) *(m)* y sir. **~-depute** *n.* = **sheriff 2.** **~'s officer** *n.* beili (beilïaid, beilïod) *m.* **~'s substitute** *n.* dirprwy farnwr (~ farnwyr) *m.*
sheriffalty, sheriffdom, sheriffship *n.* siryfiaeth(-au) *f,* siryddiaeth(-au) *f.*
Sherlock *n. F:* chwilotwr (chwilotwyr) *m,* pryfyn *m.*
Sherpa *n. Ethn:* Sherpa(-id) *m&f.*
sherry *n.* sieri *m.*
Shetland *Pr.n. Geog:* **the ~ Islands,** [Ynysoedd *pl*] Shetland *f.* **~ pony** *n.* merlyn (merlod) *(m)* Shetland, merlen (merlod) *(f)* Shetland.
sheva *n.* = **schwa.**
Shevvoth *n. Jew:* Gŵyl *(f)* yr Wythnosau.
shew¹,² *n. & v.* = **show¹,².**
shewbread *n.* bara gosod *m.*
Shiah *n.* Shia *m.*
shibboleth *n. B: & Pol: F:* siboleth(-au) *m.*
shicer *n. N:* rogiwr(-s, rogwyr) *m, S:* cafflwr (cafflwyr) *m.*
shicker *n. F:* = **drink.**
shickered *a. F:* = **drunk.**
shiel *n. Scot:* = **shieling.**
shield *n.* **1.** *(a)* tarian(-[n]au) *f, Lit: occ:* bwcled(-i) *mf, A:* astalch (estylch) *f; (b) Her:* = **escutcheon;** *F:* **the other side of the ~,** ochr arall y geiniog. **2.** *Tchn: (= protective plate, screen):* sgrîn (sgriniau) *f,* giard(-iau) *mf,* gorchudd(-ion) *m; Box:* **gum ~,** gorchudd dannedd, arbedwr (arbedwyr) *(m)* dannedd; *Aut:* **sun ~,** cysgodlen(-ni) *(f)* haul; *(in spray-painting):* masg(-iau) *m,* gorchudd. **3.** *Z: (= carapace):* cragen (cregyn) *f.* **4.** *Geol: Geog:* tariandir(-oedd) *m.* **~-bug** *n. Ent:* tarianbryf(-ed) *m;* **pied ~-bug,** tarianbryf brith (tarianbryfed brithion). **~-bearer** *n.* tarian[n]wr, tarian[n]ydd (tarianwyr) *m.* **~ law** *n. Jur:* deddf *(f)* warchod (deddfau gwarchod), deddf gyfrinachedd (deddfau cyfrinachedd). **~-fern** *n. Bot:* marchredynen (marchredyn) *f;* **female ~-fern,** rhedynen fenyw (rhedyn benyw) *f;* **hard ~-fern,** *(Polystichum aculeatum):* marchredynen wrychog (marchredyn gwrychog), gwrychredynen galed (gwrychredyn caled) *f;* **soft ~-fern,** *(P. setiferum):* gwrychredynen feddal (gwrychredyn meddal). **~-shaped** *a.* ar lun tarian, tarian[n]aidd, tarianffurf.

shield[2] *v.t.* **1.** gwarchod, amddiffyn, cysgodi (**s.o. from sth,** rhn rhag rhth). **2.** *(a)* **to ~ one's eyes,** cuddio'ch/cysgodi'ch llygaid; *(b) (in spray-painting):* masgio.
shielded *a.* gorchuddiedig, amddiffynedig.
shielder *n.* cysgodwr (cysgodwyr) *m*, amddiffynnwr (amddiffynwyr) *m*, gwarchodwr (gwarchodwyr) *m*, cysg|odwraig *f*, amddiff|ynwraig *f*, gwarch|odwraig *f*.
shielding *n.* amddiffyniad(-au) *m*, amddiffynfa (amddiffynf|eydd) *f*, cysgod *m* **(from/against sth,** rhag rhth).
shieldlike *a.* fel tarian, ar lun tarian.
shieling *n. Scot:* **1. = pasture. 2.** *(= summer hut):* hafod(-ydd) *f*, hafoty (hafotai) *m*.
shier, shiest *v. See* **shy**[3].
shift[1] *n.* **1.** *(= movement):* symudiad(-au) *m*, syfliad(-au) *m*; *(of tide):* tro *m*, troad *m*; **to make a ~,** symud, ystwyrian; **it's time we made a ~,** mae'n bryd inni fynd/symud; mae'n bryd inni ei throi hi; **there has been a ~ of the wind,** mae'r gwynt wedi troi; mae'r gwynt wedi newid cyfeiriad; *Ling:* **consonant ~,** treiglad(-au) *m*; **sound ~,** symudiad seiniol; **a ~ in/of emphasis,** newid (*m*) pwyslais. **2.** *Ind: (a) (= relay of workers):* criw(-iau) *m*; **to work in shifts,** gweithio mewn criwiau, cymryd eich tro i weithio; *(b) (= period of work):* stem(-iau) *f*, daliad(-au) *m*, sifft(-iau) *f*, *S:* tyrn *m*; **night ~,** daliad nos, stem nos, *S:* tyrn nos; **they work an eight-hour ~,** maen' nhw'n gwneud stem/sifft wyth awr; maen' nhw'n gweithio wyth awr ar y tro. **3.** *A: (woman's clothing):* pais (peisiau) *f*, *A:* crysan(-au) *m*. **4.** *(= expedient):* sgil(-iau,-s) *m*, dyfais (dyfeisiau) *f*, cynllun(-iau) *m*; dull (*m*) o wneud rhth; **I was at my last ~,** 'doedd gennyf yr un sgil arall ar ôl; ni wyddwn i ddim beth arall i'w wneud; 'roeddwn mewn cyfyng-gyngor; 'roeddwn mewn penbleth; **to make ~ to do sth,** gwneud eich gorau i wneud rhth, cael modd i wneud rhth, llwyddo i wneud rhth; **to make ~ with sth,** bodloni ar rth, cael rhth a wnaiff y tro, *S:* shiffto â rhth; **I can make ~ without it,** mi wna' i hebddo; mi alla' i wneud hebddo; *Lit:* gallaf ei hepgor; **I'll make ~ somehow,** mi ddof i ben rywsut; mi ymdopa' i rywsut; *(b)* **nothing but shifts and excuses,** dim ond hel dail a hel esgusion; *(c) Cmptr:* syfliad(-au) *m*; *(d) Mth:* cam(-au) *m*, symudiad(-au) *m*; *(e) U.S: Aut:* gêr-lifer(-i) *m*; *(f) Ph:* **red ~,** dadleoliad coch *m*, rhuddiad *m*. **~-key** *n. Typewr:* priflythrennwr (priflythrenwyr) *m*, allwedd/bysell (*f*) gyfnewid (allweddau/bysellau cyfnewid). **~-lock** *n. Typewr:* clo(-eau,-eon) (*m*) priflythrennau, clo cyfnewid. **~ register** *n. Mth:* cofrestr (*f*) gamu (cofrestrau camu).
shift[2] *v.t. & i.* I. *v.t. (a)* **to ~ sth,** symud rhth, *occ:* syflyd rhth; **to ~ the furniture,** symud y dodrefn, *S. W:* swmpo'r celfi; *F:* **to ~ the responsibility of sth [off] upon s.o.,** taflu'r/bwrw'r cyfrifoldeb am rth ar rn; *(b) (= change):* newid; *Th:* **to ~ the scenery,** newid y set, clirio'r set; *F:* **to ~ one's quarters,** ymfudo, mudo, newid aelwyd/trigfan/cartref; *Nau:* **to ~ a sail,** newid hwyl; *U.S: Aut:* **to ~ gear,** newid gêr; **to ~ up,** newid i gêr uwch, newid i fyny, *S:* newid lan; *(d) abs. (in violin playing):* symud eich bysedd; *(e) v.tr.&i. Cmptr:* syflyd; **to ~ in,** syflyd i ychwanegu; **to ~ out,** syflyd i ddil|eu; *(f) F:* **to ~ food,** claddu (bwyd). II. *v.i.* **1.** *(a) (= move):* symud, *occ:* syflyd, *Lit:* ymsymud; **it won't ~,** ni wnaiff ef/hi ddim syflyd; 'does dim syflyd arno/arni; *(b) (= change):* newid; **the scene shifts,** mae'r olygfa'n newid; **the wind has shifted,** mae'r gwynt wedi troi; mae'r gwynt wedi newid cyfeiriad. **2.** *F:* **to ~ for oneself,** gofalu amdanoch eich hun, ymdaro, ymdopi, dod i ben. **~ about** *v.i. & t.* symud (rhth) o le i le *or* o fan i fan. **~ around, ~ round** *v.i.* **1. = shift about. 2.** *(of wind):* newid cyfeiriad.
shiftable *a.* symudadwy.
shifter *n.* **1.** symudwr (symudwyr) *m*, mudwr (mudwyr) *m*; *Th:* **scene-~,** cliriwr (clirwyr) *m*. **2. = spanner (adjustable).**
shiftily *adv.* yn ddi-ddal *&c.*
shiftiness *n.* chwitchwatrwydd *m*, natur ddi-ddal (*f*), natur lechwraidd; golwg lechwraidd *f* (ar rn).
shifting[1] *a.* **1.** symudol, sy'n symud, aflonydd, cyfnewidiol; **~ sands,** tywod symudol *m*; *(= quicksand):* traeth gwyllt *m*; **~ cultivation,** amaethu mudol/symudol. **2.** *(scene):* sy'n newid; cyfnewidiol; *(wind, relationship &c):* cyfnewidiol. **3. ~ spanner,** sbaner(-i) cymwysadwy *m*, sbaner troi.
shifting[2] *vn.* **= shift**[2].
shiftless *a.* didoreth, diafael, diamcan, digychwyn, di-glem, da i ddim, diddarbod, diffaith, *N: F:* di-âm.
shiftlessly *adv.* yn ddidoreth *&c.*
shiftlessness *n.* didoreithiwch *m*, didorethrwydd *m*, diamcanrwydd *m*, diglemdod *m*, diffyg (*m*) ynni, diffyg mynd.
shiftwork *n.* gweithio (*vn*) daliad/stem/stemiau.
shifty *a.* llechwraidd, di-ddal, chwit-chwat; **he's very ~,** 'does dim dal arno; mae'n troi fel cwpan mewn dŵr; **~ eyes,** llygaid llechwraidd; *S.a.* **customer.**
shigella *n. Bac:* shigela (shigelâu) *m*.
Shih-tzu *n.* ci (cŵn) (*m*) Shi-tsw.
Shiite *a. & n.* **1.** *a.* Shïaidd. **2.** *n. Rel:* Shïad (Shïaid) *m&f*.
shikar[1] *n.* helfa (helf|eydd) *f*, hela *vn*.
shikar[2] *v.t.* hela.
shikaree *n.* heliwr (helwyr) *m*.
shiksa *n. Jew:* merch(-ed) an-Iddewig *f*, cen|edlwraig (cenedlwragedd) *f*.
shill[1] *n. U.S:* denwr (denwyr) *m*.
shill[2] *v.i. U.S:* denu.
shillelagh *n.* pastwn (pastynau) *m*.
shilling *n. Num:* swllt, *occ:* sylltyn: sylltyn (sylltau) *m*; **five shillings,** coron(-au) *f*, pum swllt, pumswllt; **ten shillings,** deg swllt, chweugain *m*; **two shillings,** dau swllt, deuswllt *m*; **a ten ~ note,** papur(-au) (*m*) chweugain, (*pl. also* chweugeiniau); **one ~ and sixpence,** swllt a chwech, deunaw [ceiniog] *f*; *F:* **to cut s.o. off with a ~,** gadael dim ond sylltyn i rn; **to take the King's/Queen's ~,** cymryd swllt y Brenin/Frenhines, listio yn y fyddin; **to turn an honest ~,** troi ceiniog onest. **~ mark** *n. Typ:* marc(-iau) (*m*) swllt. **~ piece** *n.* pis[h]yn (pisiau) (*m*) swllt, *N.W: occ:* swllt bach.
shillingsworth *n.* gwerth (*m*) swllt **(of sth,** o rth).
shilly-shallier *n.* petruswr (petruswyr) *m*.
shilly-shally[1] *n. F:* petruster *m*, petrustod *m*, anwadalwch *m*, chwitchwatrwydd *m*, petruso *vn*, oedi *vn*, dilidalio *vn*, anwadalu *vn*; **no more ~!** dim rhagor o oedi!
shilly-shally[2] *v.i. F:* anwadalu, petruso, hel dail, cloffi rhwng dau feddwl, oedi, dilidalio.
shilly-shallying *a.* petrus, petrusgar, oediog, anwadal, chwit-chwat.
shim[1] *n. Mch:* shim(-iau) *m*, *N.W: occ:* him(-iau) *m*.
shim[2] *v.t.* shimio.
Shimbel index *n. Geog:* mynegrif (*m*) Shimbel.
shimiaan *n. Cu:* shimian *m*.
shimmer[1] *n.* pelydriad(-au) *m*, godywyn(-nau) *m*, godywyniad(-au) *m*, tywyniad(-au) *m*, golewych *m*, golewyrch *m*, gwawr *f*; **the ~ of the moon on the lake,** goleuni symudliw'r lleuad ar y llyn, llewy[r]ch y lleuad ar y llyn.
shimmer[2] *v.i.* pelydru, godywynnu, golewyrchu, lleueru, crychdonni, *N.* caneitio.
shimmering, shimmery *a.* godywynnol, symudliw, crychdonnog, lleuerog.
shimmy[1] *n.* **1.** *Danc: A:* shimi *f*. **2.** *Aut:* gwegian *vn*, siglo *vn*, siglad *m*. **3.** *Cost:* **= chemise.**
shimmy[2] *v.i.* **1.** *Danc:* siglo dawnsio. **2.** *Aut:* gwegian, siglo.
shin[1] *n.* **1.** *Anat:* crimog(-au) *f*, *occ:* crimp(-iau) *m*. **2.** *Cu:* coes las (coesau glas) *f*. **~-bone** *n.* asgwrn (*m*) crimog (esgyrn crimogau). **~-guard, ~-pad** *n.* crimog(-au) *f*, coesarn(-au) *f*. **~-hacker, ~-hacking, ~-kicker** *n.* crimogwr (crimogwyr) *m*. **~-kicking** *vn.* crimogi.
shin[2] *v.i. F:* **to ~ up a tree,** dringo/crafangu/crafangio i ben coeden.
shindig *n.* **1.** parti (partïon) gwyllt *m*, *F: Joc:* cymanfa (*f*) draed. **2. = shindy.**
shindy *n. F:* twrw *m*, cynnwrf *m*, stŵr *m*, mwstwr *m*, ffrwgwd (ffrygydau) *m*, cythrwf[w]l (cythryflon) *m*; **to kick up a ~,** creu helynt (*f*), creu stŵr, codi twrw, *V:* chwarae'r diawl.
shine[1] *n.* **1.** sglein *mf*, *Lit:* disgleirdeb *m*, llewy[r]ch *m*, gloywder *m*; *F:* **rain or ~,** braf neu beidio, boed law neu hindda, ym mhob tywydd; **to give a mirror a ~,** sgleinio drych, rhoi/dodi sglein ar ddrych, *F:* polisio drych; **to take the ~ out of sth,** pylu [sglein] rhth, tynnu'r sglein oddi ar rth; *F:* **to take the ~ out of s.o.,** rhagori ar rn, rhoi/dodi rhn yn y cysgod; *U.S:* **to take a ~ to sth,** gweld eich gwyn ar rth, ffansïo rhth.
shine[2] *v.i.&t.* **1.** disgleirio, *F:* sgleinio; *(of lamp):* golau, goleuo, disgleirio, llewyrchu; *(of sun):* tywynnu, *Lit: occ:* pelydru, llewyrchu; **the moon is shining,** mae'r lleuad yn tywynnu/

disgleirio; **his face shone (with happiness),** disgleiriai ei wyneb, 'roedd ei wyneb yn olau (gan hapusrwydd); **to ~ like a good deed in a naughty world,** tywynnu megis gweithred dda mewn creulon fyd; *F:* **he does not ~ (in conversation),** nid yw'n disgleirio, nid yw ar ei orau (wrth sgwrsio). **2.** *(a)* **to ~ on sth,** goleuo (rhth); disgleirio, tywynnu, taflu goleuni (ar rth); *(b) U.S:* **to ~ up to s.o.,** ffalsio ar/i rn. **3.** *v.t. (a)* **he shone a light (down the hole),** rhoddodd olau, cyfeiriodd olau (i lawr y twll); *(b)* = **polish²**; **to ~ sth up,** caboli/gloywi rhth.

shiner *n.* **1.** *F: (= black eye):* llygad ddu *f*, llygad du *m* (llygaid duon). **2.** *pl.* = **money. 3.** *Ich:* sgleiniwr (sgleinwyr) *m*; **golden ~,** sgleiniwr (sgleinwyr) aur. **4. [shoe-] ~,** glanhäwr (glanhawyr) (*m*) esgidiau. **5.** *Ent: F:* = **cockroach.**

shingle¹ *n.* **1.** *Const:* astyllen: estyllen (estyll, estyllod) *f*, teilsen (*f*) bren (teils pren), *Lit: occ:* peithynen (peithynau) *f*. **2.** *U.S: (= sign):* arwydd(-ion) *m*, arwyddfwrdd (arwyddfyrddau) *m*. **3.** *Hairdr:* crop (*m*) barbwr. **~ oak** *n. Bot:* derwen beithynog (deri/derw peithynog) *f*.

shingle² *v.t.* **1.** *Const:* estyllu (rhth), rhoi/dodi estyll (ar rth), *Lit: occ:* peithynnu (rhth). **2.** *Hairdr:* **to ~ s.o.'s hair,** cropio gwallt rhn.

shingle³ *n. (= pebbles):* cerrig mân *pl*, cerigos *pl*, graean bras *m*, gro *f*, marian *pl*. **~ beach** *n.* traeth graeanog *m*.

shingle⁴ *v.t. Metall:* morthwylio.

shingles *n.pl. Med:* yr eryr *m*, yr eryri *m*, yr eryrod *pl*.

shingly *a.* caregog, graeanog.

shininess *n.* disgleirdeb *m*, gloywder *m*, *F:* sglein *fm*.

shining *a.* **1.** disglair, gloyw(-on), llachar, sgleiniog, *F:* sglein; **a knight in ~ armour,** marchog mewn arfwisg loyw; *Pol:* **the Shining Path,** y Llwybr Disglair. **2. a ~ example,** esiampl wych/nodedig/ysblennydd/wiw *f*.

shiningly *adv.* yn ddisglair *&c*.

shinleaf *n. Bot:* = **wintergreen.**

shinny *v.t.* = **shin²**.

shinplaster *n. U.S:* addewid(-ion) (*m*) arian.

shinsplints *n.pl. Med:* crimogau chwyddedig, chŵydd (*m*) yn y grimog.

Shinto *n. Rel:* Shinto *m*.

Shintoism *n.* Shintoaeth *f*.

Shintoist *n. & attrib.* **1.** *n.* Shintöydd(-ion) *m*. **2.** *attrib.* Shintöyddol.

Shintoistic *a.* Shintöyddol.

shinty *n. Sp:* bando *m*.

shiny *a.* **1.** gloyw(-on), disglair, llachar, sgleiniog, *F:* sglein. **2. (clothes) made ~ by long wear,** (dillad) yn goch gan draul, yn sgleinio gan draul.

ship¹ *n.* **1.** *(a)* llong(-au) *f*; *Navy:* **capital ~,** cadlong(-au) *f*; **container ~,** cynhwyslong (cynwyslongau) *f*, llong gynwysyddion (llongau cynwysyddion); **depot ~, supply ~,** llong gyflenwi (llongau cyflenwi); **merchant ~,** llong fasnach (llongau masnach); **passenger ~,** llong deithwyr (llongau teithwyr); **~ of the line,** llong gadres (llongau cadres), llong lynges (llongau llynges), llong ryfel (llongau rhyfel), cadlong; **ships of the line,** llongau'r llynges, llongau'r gadres; **sailing-~,** llong hwyliau, hwyl-long(-au) *f*; **training-~,** llong hyfforddi; **convict ~,** carcharlong(-au) *f*; **long ~,** llong rwyfo (llongau rhwyfo), llong hir (llongau hirion); *S.a.* **hospital 1, parent, sister 3, tar¹ 1; to lay down a ~,** dechrau adeiladu llong; **on board ~,** ar y bwrdd, ar fwrdd llong, ar long; **to take ~,** byrddio llong, esgyn/mynd ar long; **~ to shore telephone,** ffôn o'r llong i'r lan; **to steer the ~ of state,** llywio llong y wladwriaeth; *F:* **when my ~ comes in,** pan ddaw'r llong i mewn, pan enillaf fy ffortiwn, pan fyddaf wedi gwneud fy ffortiwn; *F:* **the ~ of the desert,** camel(-od) *m*, llong yr Aifft (llongau'r Aifft); **ships that pass in the night,** llongau sy'n mynd heibio yn y nos; *Prov:* **to spoil the ~ for a ha'p'orth of tar,** o eisiau hoel colli'r bedol; *Prov:* **rats desert a sinking ~,** mae'r llygod yn gadael llong ar suddo; *S.a.* **abandon, ahoy. 2.** *F: (= aeroplane):* awyren(-nau) *f*, *occ:* llong(-au) (*f*) awyr; *(= airship):* awyrlong(-au) *f*; *S.a.* **book¹ 2, paper 3, register¹ 1. ~-boy** *n.* gwas (gweision) (*m*) llong. **~-biscuit** *n.* = **hard tack. ~-borne** *a.* a gludir/gludwyd ar long, llong-gludedig. **~-breaker** *n.* chwalwr (chwalwyr) (*m*) llongau. **~-broker** *n.* brocer(-iaid) (*m*) llongau. **~ burial** *n. Archeol:* claddedigaeth(-au) (*f*) mewn llong. **~-canal** *n.* camlas (*f*) longau (camlesi llongau). **~['s] chandler** *n.* cyflenwr (cyflenwyr) (*m*) llongau. **~['s] chandlery** *n.* siop (*f*) longwyr (siopau llongwyr), siop gêr môr. **~-fever** *n.* = **typhus. ~-fitter** *n.* ffitiwr (ffitwyr) (*m*) llongau. **~-money** *n. Hist:* treth (*f*) longau. **~-owner** *n.* perchennog (*m*) llong/llongau (perchenogion llongau). **~'s articles** *n.pl.* erthyglau llong, cytundeb(-au) (*m*) morio. **~-rigged** *a.* â rigin sgwâr. **~'s carpenter** *n.* saer (seiri) (*m*) llong, llongsaer (llongseiri) *m*. **~'s company** *n.* criw (*m*) llong (criwiau llongau). **~'s husband** *n.* hwsmon (*m*) llong (hwsmyn llongau). **'s papers** *n.pl.* papurau llong. **~-worm** *n. Moll:* llongbryf(-ed) *m*, taradr (terydr) (*m*) môr.

ship² *v.t. & i.* I. *v.t.* **1.** *(= stow):* rhoi/dodi (llwyth) ar long *or* mewn llong; llwytho llong (â rhth); *(crew):* dewis. **2.** *(= send):* anfon/cludo/cario (rhth) mewn llong *or* ar long. **3. to ~ a sea,** cael môr [ar long]; **to ~ water,** gollwng dŵr [i mewn], llenwi â dŵr. **4.** *Nau: (a) (= set in place):* gosod; *(b)* **to ~ oars,** codi rhwyfau. II. *v.i.* esgyn/mynd ar long, esgyn/mynd ar fwrdd llong, byrddio llong.

shipboard *n.* **on ~,** ar fwrdd llong, ar long.

shipbuilder *n.* saer (seiri) (*m*) llongau, adeiladydd (adeiladwyr) (*m*) llongau.

shipbuilding *vn.* adeiladu llongau, llongsaernïaeth *f*.

shiplap¹ *n. N.Arch:* gorosodiad *m*.

shiplap² *v.t. N.Arch:* gorosod.

shipless *a.* heb long.

shipload *n.* llwyth (*m*) llong (llwythi llongau).

shipmaster *n.* capten (*m*) llong (capteiniaid llongau).

shipmate *n.* cydlongwr (cydlongwyr) *m*, cydforwr (cydforwyr) *m*.

shipment *n.* **1.** *(a) (= loading):* llwytho (*vn*) llong; *(b) (= sending):* anfon (*vn*) ar long[-au], anfon mewn llong[-au]. **2.** *(= consignment):* llwyth(-i) (*m*) llong, llongaid (llongeidiau) *f*, llonglwyth(-i) *m*.

shippable *a.* llong-gludadwy, cludadwy ar long.

shipper *n. Com:* llongiadwr (llongiadwyr) *m*.

shipping *vn. & n. Coll:* **1.** *vn.* = **shipment, ship²**; *(of crew):* dewisiad(-au) *m*. **2.** *n. Coll:* llongau *pl*; *S.a.* **line¹ 5. ~-agency** *n.* asiantaeth (*f*) longau (asiantaethau llongau). **~-agent** *n.* asiant(-iaid) (*m*) llongau. **~-articles** *n.pl.* cytundeb(-au) (*m*) morio. **~-bill** *n.* = **manifest². ~-clerk** *n.* clerc(-od) (*m*) llongau. **~ forecast** *n.* rhagolygon (*pl*) tywydd y môr, rhagolygon i forwyr. **~-office** *n.* swyddfa (*f*) longau (swyddf|eydd llongau). **~-room** *n.* ystafell (*f*) lwytho (ystafelloedd llwytho). **~-route** *n.* llwybr(-au) (*m*) môr, môr-lwybr(-au) *m*.

shipshape *a. & adv. Nau:* **1.** *a.* taclus, trefnus, twt. **2.** *adv.* mewn trefn, yn daclus *&c*, fel pin mewn papur.

shipway *n.* **1.** = **slipway 2. 2.** = **ship-canal.**

shipwreck¹ *n.* **1.** llongddrylliad(-au) *m*, llongdoriad(-au) *m*. **2.** *Fig:* **the ~ (of one's hopes),** chwalfa *f*, dinistr *m* (eich gobeithion).

shipwreck² *v.t.* **1.** llongddryllio; dryllio (llong); **to be shipwrecked,** cael eich llongddryllio; **I was shipwrecked,** fe ddrylliwyd fy llong. **2.** *(hopes): F:* chwalu, dryllio, difetha.

shipwrecked *a. (man):* llongddrylliedig; *(ship):* drylliedig.

shipwright *n.* = **shipbuilder.**

shipyard *n.* iard (*f*) longau (ierdydd/iardiau llongau).

shire *n.* sir(-oedd) *f*; *(as prefix to English, Irish, Scottish counties only):* swydd(-i) *f*; **Radnorshire,** Sir Faesyfed; **Yorkshire,** Swydd Efrog; *F:* **the shires,** siroedd canolbarth Lloegr, siroedd y canolbarth. **~-horse** *n.* ceffyl(-au) (*m*) gwedd. **~-mote** *n. Hist:* llys(-oedd) sirol *m*. **~-town** *n.* tref(-i) sirol *f*, tref sir.

shirk *v.t.* **1.** osg|oi, esgeuluso, *Lit:* gochel; *abs.* osgoi gwaith, ei hosgoi hi, segura, bod yn esgeulus, *N.W:* llechian [gweithio], stelcian; **they're shirking,** 'dydyn' nhw ddim yn tynnu eu pwysau; dydyn' nhw ddim yn gwneud eu gwaith.

shirker *n.* **1.** diogyn(-nod) *m*, segurwr (segurwyr) *m*, *N.W:* llusgyn (llusgwyr) *m*, stelciwr (stelcwyr) *m*. **2.** *Mil:* llechgi (llechgwn) *m*.

Shirley *Pr.n.* **~ poppy,** pabi (*m*) Shirley.

shirr¹ *n. Dressm:* cygrychiad(-au) *m*; *(thread):* edau lastig *f*.

shirr² *v.t.* **1.** *Dressm:* cygrychu. **2.** *Cu: U.S: (eggs):* pobi.

shirred *a.* **1.** *Dressm:* cygrychog. **2.** *Cu: U.S:* pob.

shirring *vn. & n. Cost:* **1.** *vn.* cygrychu. **2.** *n. (i)* cygrychiad *m*; *(ii) (material):* defnydd crych *m*.

shirt *n. (a)* crys(-au) *m*; **dress-~,** crys ffurfiol; **starched ~,** *F:* **boiled ~,** crys startsh; **flannel ~,** crys cartref/gwlanen; **hair ~,** crys rhawn; **linen ~,** crys main, crys lliain; **night-~,** crys nos; **sweat-~,** crys chwys; **T-shirt,** crys Ti; *F: (pers.):* **stuffed ~,** crys stwffiedig; **to put on a clean ~,** rhoi crys glân, newid eich crys; *P:* **keep your ~ on!** dal dy wynt! *V:* dal dy ddŵr! *N.W:* paid (peidiwch) â myllio! paid â chael mŷll! *S:* paid gwylltu! *Turf:* **to put one's ~ on a horse,** betio popeth ar geffyl, rhoi'ch dimai olaf ar geffyl; *F:* **to lose one's ~,** *(i)* colli popeth; *(ii) U.S:* colli'ch limpin, gwylltio; *(b) Arm:* **~ of mail,** crys mael, crys dur; *(c) Hist:* **Red/Black/Brown Shirts,** y Crysau Cochion/Duon/Brownion. **~-band** *n.* band(-iau) *(m)* crys. **~-blouse** *n. Cost:* crysflows(-ys) *m.* **~-button** *n.* botwm (botymau) *(m)* crys. **~-collar** *n.* coler *(fm)* crys (coleri crysau). **~ dress** *n.* cryswisg(-oedd) *f.* **~-front** *n.* blaen *(m)* crys (blaenau crysau), brest wen (brestiau gwynion) *f.* **~-sleeve** *n.* llawes (llewys) *(f)* crys; **in one's ~-sleeves,** yn llewys eich crys. **~-tail** *n. N:* cynffon *(f)* crys (cynffonnau crysau), *S:* cwt *(f)* crys (cyt[i]au crysau).

shirtily *adv.* yn bigog *&c.*

shirtiness *n.* pigogrwydd *m*, piwisrwydd *m.*

shirting *n.* **1.** *Tex:* defnydd *(m)* crysau. **2.** *(= shirts):* crysau *pl.*

shirtwaist, shirtwaister *n.* blows [wasgrys] (blowsiau [gwasgrys]) *f.*

shirty *a.* blin(-ion), piwis, pigog, brathog.

shish-kebab *n. Cu:* shish-cebáb(-s) *m.*

shit *n. V:* **1.** *(a)* cachu *m*; *(of animals):* cachu, baw *m*, tom *f*, tail *m*; **to frighten the ~ out of s.o.,** dychryn rhn drwy'i din [ac allan], *S:* rhoi llong tin o ofon i rn; **to knock the ~ out of s.o.,** dyrnu/colbio rhn yn racs; **to shoot the ~,** malu cachu; **up ~ creek,** yn y cachu; **when the ~ hits the fan,** pan ddaw'r cachu i'r golwg/wyneb/fei, pan ddaw hi'n gachfa; *(b)* **to have a ~,** cael cachiad *(m)*; **I don't care/give a ~,** 'dyw hi ddiawl o bwys gen i. **2.** *(pers.):* cachwr (cachwyr) *m.* **3.** *int: V:* diawl! uffern dân! **tough ~!** eitha gwaith iti! **4. = nonsense, rubbish, lie¹.**

shit² *v.i. V:* cachu; *F:* **to ~ bricks,** cachu planciau/brics, cachu ei llond hi; **to ~ oneself,** cachu llond eich trowsus. **~-hot** *a. V:* uffernol o dda/glyfar. **~-house** *n. V:* cachdy (cachdai) *m.*

shitter *n.* cachwr (cachwyr) *m.*

Shittim *n. B:* **~ wood,** coed *(m)* Sittim.

shittiness *n.* golwg gachlyd *f* (ar rn).

shitty *a. V:* cachlyd, cachu.

shiv *n. P:* cyllell (cyllyll) *f.*

shiver¹ *n. (of wood):* ysgyryn (ysgyrion) *m.*

shiver² *v.t.&i.* malu (rhth) [yn yfflon, yn ysgyrion]; *S.a.* **timber¹ 2.**

shiver³ *n. (= tremble):* cryndod(-au) *m*, *occ:* crynfa (crynf|eydd) *f*; *(with cold):* rhyndod *m*, ias(-au) *f*, *S. W:* ysgryd(-ion) *m*; **a ~ of delight,** ias o bleser; **to send shivers up/down s.o.'s spine,** gyrru ias/iasau i lawr cefn rhn; *F:* **to get the shivers,** mynd i grynu/rynnu, *S.W.* cael [yr] ysgryd; **it gives me the shivers,** mae'n codi ias arnaf; *S.W:* mae'n hala ysgryd arna' i.

shiver⁴ *v.i. & t.* **1.** *v.i.* **to ~ (with cold),** rhynnu, crynu, *occ:* ysgrydio, ysgrytian (gan oerfel); *N.W:* sgrwtian, sgythru. **2.** *Nau: (a) v.i. (of sail):* crynu; *(b) v.t.* llacio.

shivered *a.* [yn] chwilfriw, yn deilchion, yn yfflon, yn ysgyrion.

shivering *a. & vn.* **1.** *a.* rhynllyd, crynedig. **2.** *vn. See* **shiver¹,².**

shivery *a.* crynedig, rhynllyd; **it gives you a ~ feeling,** mae'n gyrru ias trwoch; *S. W:* mae'n hala ysgryd arnoch.

shoal¹ *a. & n.* **= shallow.**

shoal² *v.i.* **the water shoals,** mae'r dŵr yn mynd yn fasach.

shoal³ *n.* **1.** *(of fish):* haig (heigiau) *f.* **2.** *F: (of people):* haid (heidiau) *f*, peth wmbredd *m*, llond *(m)* gwlad, pentwr (pentyrrau) *m*, cruglwyth(-i) *m*, fflyd(-oedd) *f.*

shoal⁴ *v.i. (of fish):* heigio.

shoaly *a.* heigiol.

shoat *n. Husb:* mochyn (moch) bach *m.*

shock¹ *n. & v.t. Agr:* **1.** *n. (of corn):* stwc (styciau) *m*, stacan(-au) *f*, cocyn(-nau, cociau) *m*, cogwrn (cogyrnau) *m*, *N: M.W:* bwch (bychod) *m*, gafr(-au, geifr, gafrod) *f*, *B:* ysgafn(-au) *m.* **2.** *v.t.* stwcanu, stacanu, cocio, *N:* bychu, gafrio, *M.W:* gafra.

shock² *n. (of hair):* ffluwch(-iau) *f*, mwng (myngau) *m*, cnuf(-iau) *m.* **~-headed** *a.* gwalltog, ffluwchog, penffluwch, hirwallt, *N: occ:* penwyllt.

shock³ *n.* **1.** *(= jolt):* ysgytiad(-au) *m*, ysgytwad(-au) *m*, *N:* sgèg (sgegiau) *f*, sgegfa (sgegf|eydd) *f*, sgegiad(-au) *m.* **2.** *(a) (of surprise &c):* ysgytiad, ysgytwad, sioc(-iau) *f*; *(from bad news):* ergyd(-ion) *fm*, braw *m*; **it was a terrible ~,** 'roedd yn ergyd ofnadwy; 'roedd yn fraw mawr; **the ~ killed him,** fe'i lladdwyd gan y sioc/braw; bu'r sioc yn ddigon amdano; **it was a great ~ to us all,** daeth yn ergyd drom inni i gyd; *(b) Med:* **[state of] ~,** llewygfa *f*, sioc, cyflwr *(m)* o sioc; **in a state of ~,** mewn llewyg, wedi llewygu; *(c)* **(electric) ~,** sioc (drydanol), *Lit: occ:* gwefr(-au) *f*; **~ absorbent** *a.* siocleddfol. **~ absorber** *n.* siocleddfwr (siocleddfwyr) *m.* **~-brigade** *n. Ind:* sioc-griw(-iau) *m*, siocfrigâd (siocfrigadau) *f.* **~ stall** *n. Av:* siocstraen *f.* **~ tactics** *n.* siocdacteg *f*, tacteg *(f)* sioc. **~ therapy, ~ treatment** *n. Med: &c:* electroth|erapi *m*, siocdriniaeth *f*, triniaeth *(f)* sioc. **~ troops** *n.pl. Mil:* milwyr ymosod, cyrchfilwyr. **~-tube** *n.* siocdiwb(-iau) *m.* **~ wave** *n.* siocdon(-nau) *f*, ton(-nau) *(f)* ysgytwad. **~-worker** *n.* siocweithiwr (siocweithwyr) *m.*

shock⁴ *v.t.* **1.** *(a) (= scandalize):* synnu, tramgwyddo, digio (rhn); rhoi ysgytwad/sioc (i rn); *F:* siocio (rhn); **I was shocked by her behaviour,** 'roeddwn) yn gwaredu/synnu at ei hymddygiad hi; **easily shocked,** hawdd eich tramgwyddo; *(b) (= astound):* synnu, syfrdanu, *occ:* ysgytio; *(c)* **to ~ the ear,** merwino'r glust, brifo'r glust; **I was shocked to hear that...,** 'roedd yn syn gennyf glywed bod...; mi synnais [o] glywed bod...; fe'm syfrdanwyd o glywed bod.... **2.** *(a) (= give electric shock):* rhoi sioc [drydan] (i rn); *(b) Med: Surg:* **to be shocked,** *(= in a state of shock):* bod mewn llewygfa/llewyg.

shockability *n.* natur siocadwy *f*; **her ~ became clear,** daeth yn amlwg pa mor hawdd oedd ei thramgwyddo.

shockable *a.* synadwy, siocadwy, dychrynadwy; **[easily] ~,** hawdd eich tramgwyddo, mursennaidd, maldodus; **he's easily ~,** mae'n hawdd codi gwrid arno.

shocked *a. (a) (= surprised):* syn, syfrdan; *(b) (= shaken):* ysgytiedig, wedi cael ysgytwad.

shocker *n.* **1.** peth(-au) ofnadwy/arswydus *m*; **she's a ~,** mae hi'n un ofnadwy. **2.** *Publ: O:* nofel(-au) arswydus *f.* **3. = shock³.**

shocking¹ *a.* **1.** *(= disgraceful):* cywilyddus, gwarthus, gwaradwyddus; *(= surprising):* syfrdanol, ysgytiol; *(= frightening):* arswydus, brawychus, ofnadwy, erchyll; **~ pink,** pinc llachar, *S.E:* pinc Cwm-twrch; **~ news,** newydd syfrdanol/brawychus; **how ~!** dyna ofnadwy! am ofnadwy [o beth]! *&c.* **2.** *F: (weather &c):* ofnadwy, dychrynllyd, *N:* sobor, trybeilig.

shocking² *vn.* **= shock⁴.** **~-coil** *n. Med: El:* torch(-au) *(f)* anwytho.

shockingly *adv. (= disgracefully):* yn gywilyddus *&c*; *(= surprisingly):* yn syfrdanol *&c*; *(= frighteningly):* yn ofnadwy *&c*; **~ dear,** ofnadwy/dychrynllyd o ddrud.

shockingness *n.* natur ofnadwy/warthus *&c f.*

shockproof *a.* **1.** *(scientific instrument &c):* diysgog. **2.** *(pers.):* diysgog, digyffro, anodd eich cyffr|oi, ansynadwy, annychrynadwy, ansiocadwy.

shod *a.* ag esgidiau am eich traed; **dry-~,** troetsych; **well-~,** ag esgidiau da am eich traed; *See* **shoe².**

shoddily *adv.* yn wael *&c*; *S.a.* **shabbily.**

shoddiness *n.* gwaelder *m*, salwedd *m*, salwineb *m*, ansawdd gwael/wael *mf.*

shoddy¹ *n.* **1.** *Tex:* brethyn eilhan *m.* **2.** *(any shoddy goods):* deunydd gwael *m*, stwff sâl *m.*

shoddy² *a.* **1.** *(cloth):* eilban. **2.** *(a) (goods):* gwael, salw, sâl, tila, eilradd, *S.W:* simpil; **a ~ thing,** gwaelbeth(-au) *m*; **~ (workmanship),** (gwaith) eilradd, ffwrdd â hi, tila, salw, aflêr, blêr; *(b) (conduct):* gwael, *S:* brwnt *(f.* bront), iselwael, *N.W:* sâl, *occ:* ffadin; **~ alien** *n. Bot:* **= wool-alien.**

shoe¹ *n.* **1.** esgid(-iau) *f*; *(as opposed to boot): N.W: occ:* esgid isel; **old shoes,** *N:* hen ffagau, hen fflachod, *S. W:* [hen] slaps; **to put on one's shoes,** rhoi'ch esgidiau [am eich traed] *(not* ar eich traed), gwisgo'ch esgidiau; **to take off one's ~,** tynnu'ch esgidiau; **to shake in one's shoes,** crynu yn eich esgidiau; *F:* **to put the ~ on the right foot,** rhoi'r bai/clod lle mae'n ddyledus; **to step into s.o.'s ~,** camu i le rhn, olynu rhn; **I should not like to be in his shoes,** hoffwn i ddim bod yn ei le/esgidiau ef; **to wait for a dead man's shoes,** disgwyl i rn farw, aros am gnuf y ddafad farw; *Prov:* **where the ~ pinches,** lle mae'r esgid [fach] yn gwasgu; *F:* **that's another pair of shoes,** mater arall yw hynny; *S.a.* **boot¹ 1, shake² II. 1. 2.** *(of horse):* pedol(-au) *f*; **to cast/throw a ~,** bwrw/colli pedol. **3.** *Tchn: (of mast, plough, brake):* gwadn(-au) *fm*; *(of stick):* ffurel(-au) *m*, amgarn(-au) *m*; *(of sled):* gosail (goseiliau, goseilion) *f.* **~-brake** *n. Veh:* brâc (braciau) *(m)* gwadnau. **~-brush** *n.* brwsh(-is) *(m)* esgidiau. **~-buckle** *n.* bwcwl *(m)* esgid (byclau esgidiau). **~-cream** *n.* cwyr *(m)* esgidiau. **~-horn** *n.* siasbi(-s) *m*, siesbin(-s,-nau) *m.* **~-lace**

n. carrai (*f*) esgid (careiau/careion esgidiau), *S:* lasen (lase) *f*; **to tie one's ~-laces,** clymu'ch careiau, cau'ch esgidiau; **to undo one's ~-laces,** datod eich careiau; *F:* **he isn't fit to tie your ~-laces,** nid yw'n deilwg i glymu careiau'ch esgidiau chi. **~-leather** *n.* lledr (*m*) esgidiau. **~-polish** *n.* cwyr esgidiau, *F:* blacin *m*, polish (*m*) 'sgidiau. **~-shop** *n.* siop(-au) (*f*) esgidiau. **~-strap** *n.* strap (*m*) esgid (strapiau esgidiau), strapen (*f*) esgid (strapiau esgidiau). **~-string 1.** *n.* **= shoe-lace. 2.** *attrib. Pol: F:* **~-string majority,** mwyafrif bychan *m*, trwch (*m*) blewyn o fwyafrif; **~-string budget,** cyllideb (*f*) geiniog a dimai; **(to run sth) on a ~-string,** (rhedeg rhth) am y nesaf peth i ddim, am geiniog a dimai; *Baseball:* **~-string catch,** daliad(-au) isel *m*. **~-tree** *n.* pren(-nau) (*m*) esgidiau.

shoe[2] *v.t.* **1.** *(pers.):* rhoi/dodi esgidiau am draed rhn (*not* ar draed rhn). **2.** *(horse):* pedoli. **3.** *Tchn:* rhoi/dodi esgid (am rth), rhoi/dodi gwadn (ar rth).

shoebill *n. Orn:* aderyn (adar) (*m*) esgidbig.

shoeblack *n.* glanhäwr (glanhawyr) (*m*) esgidiau.

shoeing *vn.* **~ forge** *n.* gefail (*f*) gof (gefeiliau gofaint). **~ smith** *n.* gof(-aint) *m* [pedoli].

shoeless *a.* troednoeth, diesgid, diesgidiau, heb esgidiau.

shoemaker *n.* crydd(-ion) *m*; *S.a.* **knife[1]**.

shoemaking *vn.* gwaith (*m*) crydd, cryddiaeth *f*, cryddaniaeth *f*, crydda, *S: occ:* cryddia.

shoemender *n.* crydd(-ion) *m*.

shoepac, shoepack *n.* esgid drom (esgidiau trymion) *f*, esgid aeaf (esgidiau gaeaf).

shoer *n.* pedolwr (pedolwyr) *m*.

shoeshine *n.* glanh|au (*vn*) esgidiau. **~-boy** *n.* glanhäwr (glanhawyr) (*m*) esgidiau.

shofar *n. Jew.Rel:* utgorn (utgyrn) *m*, corn (*m*) hwrdd (cyrn hyrddod).

shogun *n. Jap.Hist:* siogwn (siogyniaid) *m*.

shogunate *n. Jap.Hist:* siogyniaeth(-au) *f*.

shone *v. See* **shine[2]**.

shoo[1] *int.* siŵ! *N:* i ffwrdd â chi! *S:* bant â chi!

shoo[2] *v.t.* **to ~ [away] hens,** hel ieir ymaith, *occ:* hysio ieir, siwio ieir, *S:* siaso/ hela ieir bant. **~-in** *n. U.S:* atyniad(-au) mawr *m*.

shoofly *n. Bot:* cas (*m*) gan bryfed. **~ pie** *n. U.S: Cu:* teisen (*f*) driog (teisennau triog).

shook[1] *v. See* **shake[2]**. **~-up** *a. F:* cynhyrfus, cynhyrflyd, wedi cynhyrfu, *N:* ffrwcslyd; **I'm all ~-up,** 'rwy'n gynnwrf i gyd.

shook[1] *n. Coop: U.S:* erwydd *pl*, estyllod *pl*.

shook[2] *v.t. Coop: U.S:* erwyddu.

shoot[1] *n.* **1.** *Bot: (on trees & bushes):* blaguryn (blagur) *m*; *(on ground plant):* eginyn (egin) *m*, sbrigyn (sbrigau) *m*. **2.** *(in river):* rhaeadr(-au, rhëydr) *f*, dŵr (dyfroedd) gwyllt *m*, *S:* sgwd (sgydau) *f*. **3.** *(a) Ind: Min:* **= chute 1;** *(b)* **= dump. 4.** *Ven: (a) (= hunting-party):* criw(-iau) (*m*) hela, mintai (minteioedd) (*f*) hela, cyrch(-oedd) (*m*) hela; *(b) (= shooting-match):* gornest(-au) (*f*) saethu. **5.** *(= hunting land):* tir(-oedd) (*m*) hela, heldir(-oedd) *m*. **6.** *F:* **the whole ~,** y cyfan *m*, *F:* y cwbwl lot *m*, yr holl sioe *f*. **~-out** *n.* brwydr(-au) (*f*) saethu.

shoot[2] *v.i.&t.* I. *v.i.* **1.** *(= rush):* saethu, mynd fel saeth, rhuthro, brysio, gwibio, *occ:* bolltio, *N:* sgrialu; *(of star):* gwibio, saethu; **a dog shot past us,** rhuthrodd/saethodd/sgrialodd ci heibio inni; aeth ci heibio inni fel saeth *or* fel ergyd o wn *or* fel bollten *or* fel cath i gythraul; **to ~ ahead of s.o.,** rhuthro o flaen rhn, achub y blaen ar rn. **2.** *(of pain):* saethu, gwynio, pigo; **(my corns are) shooting,** (mae fy nghyrn) yn pigo, *S:* yn gwynegu, *N:* yn brifo, *N.W: F:* yn bynafyd. **3.** *(of tree, bud):* tyfu, blaguro, egino. **4.** *(of lightning):* melltennu, melltio, goleuo, fflachio, gwibio, saethu. II. *v.t.* **1. to ~ a rapid,** saethu/gwibio dros raeadr; **to ~ a bridge,** gwibio/saethu dan bont; *Aut:* **to ~ the [traffic] lights,** mynd/saethu trwy'r golau coch; *P:* **to ~ the moon,** ffoi dros nos. **2.** *(a) (= hurl):* taflu, bwrw, lluchio; **to ~ a bolt,** cau/gwthio/rhoi bollten; **to ~ dice,** taflu deis; **to ~ a screw,** gwthio sgriw; **to ~ a marble,** taflu marblen; *F:* **to ~ one's cuffs,** dangos eich llewys, tynnu'ch llewys; *(b) (coal &c):* dadlwytho; **to ~ coal into a cellar,** gollwng/gwagio glo i seler; *P:* **to ~ the cat, = vomit[2]**; *F:* **to ~ a line,** siarad ar eich cyfer, eich brolio'ch hun, rhaffu celwyddau; *(c) Fish:* **to ~ a net,** taflu rhwyd. **3.** *(rays):* saethu, tywynnu, pelydru. **4.** *v.t.&i. (arrow):* saethu; *(bullet, shell):* tanio, saethu; **to ~ first and ask questions afterwards/later,** saethu'n gyntaf a holi wedyn; **to ~ a glance at s.o.,** taflu cip/cipolwg ar rn; *S.a.* **bolt 1**; *(b) (gun):* saethu, tanio; **to ~ straight,** saethu'n union; **to ~ wide of the mark,** methu'r nod, bod yn bell ohoni; **to ~ (at s.o.),** saethu, tanio (ar/at rn); *S.a.* **sun[1]**; *(c)* **to ~ s.o. (with a gun),** saethu rhn (â gwn); *F:* **I'll be shot if...,** mi gaf hanner fy lladd os...; **to ~ s.o. dead,** *U.S:* **to ~ s.o. to death,** saethu rhn yn farw/gelain; *(game):* saethu, hela; **to ~ over an estate,** hela ar stad. **5.** *v.t.&i. Phot:* tynnu llun (rhn); *Cin:* **to ~ a film,** gwn|eud ffilm, ffilmio; **~!** *int. esp. U.S: P:* dos (ewch) ymlaen! ymlaen â thi (chi)! *N:* i ffwrdd â thi! *S:* bant â thi! *N:* allan â fo! *S:* mas ag e! dwed dy stori! **6.** *(b) Fb:* **to ~ the ball,** anelu'r bêl, saethu'r bêl; *abs.* **to ~,** saethu; **to ~ (at goal),** anelu, ei chynnig hi, cynnig (am y gôl); **to ~ a goal,** sgorio [gôl]; *(c) Golf:* **to ~ a 64,** taro 64. **7.** *Carp:* plaenio, rhasglu. **~ away** *v.t.* **1. he had an arm shot away,** saethwyd ei fraich ymaith. **2. to ~ away all one's bullets,** saethu/tanio pob bwled, saethu/tanio'ch holl fwledi. **3. to ~ away at sth,** tanio ar rth. **~ down** *v.t. (aircraft &c):* saethu (rhth) i'r llawr; **to ~ s.o. down in flames,** *(i)* saethu rhn i'r llawr mewn fflamau; *(ii) Fig:* llorio rhn. **~ off 1.** *v.i.* mynd fel saeth o fwa *or* fel ergyd o wn *or* fel cath i gythraul *or* fel iâr i ddodwy, sgrialu mynd, ei heglu hi. **2.** *v.t.* **he had a foot shot off,** saethwyd ei droed ymaith. **3. to ~ one's mouth off,** gollwng y gath o'r cwd, siarad gormod. **4. to ~ off (for a prize),** saethu am y gorau (am wobr). **~ out 1.** *v.i.* saethu, gwibio, rhuthro allan/mas, dod allan fel bollten *&c*; **the sun shot out,** tywynnodd/fflachiodd yr haul; torrodd yr haul drwy'r cwmwl; **flames were shooting out of the window,** 'roedd fflamau'n saethu trwy'r ffenestr. **2. to ~ out sparks,** gwreichioni, taflu/tasgu gwreichion; **the snake shot out its tongue,** saethodd y neidr ei thafod allan; *(of tree):* tyfu (canghennau *&c*). **3.** *v.t. Cr:* **to ~ out the opposition,** llorio'r gwrthwynebwyr. **4.** *abs. (in gun-fight):* **to ~ it out,** saethu am y gorau, saethu hyd farw. **~ up 1.** *v.i. (a) (of flame):* neidio, saethu [i fyny/lan]; **to ~ up like a rocket,** saethu i'r awyr fel roced; *(b) (of prices):* codi'n syfrdanol, *F:* saethu i fyny/lan, saethu i'r entrychion. *(c) (of plant):* tyfu, saethu i fyny/lan; **to ~ up into a young man,** prifio'n ŵr ifanc. **2.** *v.t. Mil: Av: &c:* **to ~ up (an airfield),** rhidyllu, *F:* plastro, pledu, (maes awyr); **to ~ s.o. up,** saethu rhn yn dyllau.

shootable *a.* saethadwy.

shooter *n.* **1.** saethwr (saethwyr) *m*, s|aethwraig (saethwragedd) *f*. **2.** *P: (= gun): N:* gwn (gynnau) *m*, *S:* dryll(-iau) *m*; *S.a.* **pea, six.**

shooting[1] *a.* **1.** gwibiol, *occ:* gwib; **~ star,** seren wib (sêr gwib) *f*. **2. ~ pains,** gwayw (gwewyr) *m*, gwŷn (gwyniau) *mf*. **3. ~ war,** rhyfel o ddifrif.

shooting[2] *vn. See* **shoot[2]**; *(of load):* dadlwythiad(-au) *m*, dadlwytho; *Fish: (of net):* tafliad(-au) *m*, taflu; *(of gun):* taniad(-au) *m*, tanio; **~ affray** *n.* ffrwgwd (ffrygydau) (*m*) saethu. **~ board** *n. Carp:* bwrdd (byrddau) (*m*) plaenio. **~-box** *n.* caban(-au) (*m*) hela. **~-brake, ~-break** *n.* car (ceir) (*m*) [y]stâd. **~-coat** *n.* côt (cotiau) (*f*) saethu. **~-gallery** *n.* stondin(-au) (*f*) saethu. **~-iron** *n.* **= shooter 2. ~-jacket** *n.* **= shooting-coat. ~-match** *n.* cystadleuaeth (cystadlaethau) (*f*) saethu; *F:* **the whole ~-match,** yr holl sioe *f*. **~-party** *n.* criw(-iau) (*m*) hela, mintai (minteioedd) (*f*) hela. **~-range** *n.* maes (meysydd) (*m*) tanio/saethu. **~-script** *n.* sgript(-iau) (*f*) ffilmio. **~-stick** *n.* ffon (ffyn) (*f*) eistedd.

shop[1] *n.* **1.** siop(-au) *f*, *Lit: occ:* maelfa (maelf|eydd) *f*; **branch ~,** siop gangen (siopau cangen); **bucket ~,** siop rad (siopau rhad); **cash and carry ~,** siop dalu a chludo (siopau talu a chludo); **chain ~,** siop gadwyn (siopau cadwyn); **co-operative ~,** siop gydweithredol; **general ~,** siop bob peth (siopau pob peth); **corner ~,** siop fach (siopau bach), siop gornel (siopau cornel), *Joc:* siop yr angen a'r angof; **mobile ~,** siop deithiol (siopau teithiol); **specialist ~,** siop arbenigol; **to keep/run a ~,** cadw siop; **to play [at] ~,** chwarae siop fach/bach; *int.* **~!** *F:* oes 'ma bobol? **you've come to the wrong ~,** fe ddaethoch i'r lle anghywir; **(the batsman was) hitting all over the ~,** ('roedd y batiwr) yn taro'n wyllt, yn taro i bob cyfeiriad; **(everything was) all over the ~,** ('roedd popeth) blith draphlith, dros bob man, yn siang di fang, fel siop siafins, fel tŷ Jeroboam; **they searched all over the ~,** buont yn chwilota ym mhob twll a chornel; **to set up ~,** cychwyn busnes, agor siop, *F:* agor stondin; **to shut up ~,** cau'r busnes, cau'r siop, *F:* rhoi'r ffidil yn y to; **like a bull in a china ~,** fel tarw mewn siop lestri. **2.** *Ind:* gweithdy (gweithdai) *m*; *S.a.*

assembly, repair; carpenter's ~, gweithdy saer (gweithdai seiri); **pattern ~**, gweithdy patrymu, gwaith (*m*) patrwm; **machine ~**, gweithdy peiriannau; **to go through the ~**, bwrw prentisiaeth, bod yn brentis, dysgu crefft; **closed ~**, siop gaeëdig (siopau caeëdig). **3.** *P: (a) (= place of business):* stondin(-au) *f*, siop; **who's looking after the ~?** pwy sy'n gofalu am y stondin? *F:* **cop ~**, lle(-oedd, -fydd) (*m*) plismyn, *occ:* rheinws *m*; *(b)* **to talk ~**, siarad siop. **~ assistant** *n.* dyn(-ion) (*m*) siop, merch(-ed) (*f*) siop. **~-bell** *n.* cloch (clychau) (*f*) siop. **~-boy** *n.m.* gwas (gweision) siop, *N:* hogyn (hogiau) siop, *S:* crwt (crytiau) siop. **~-case** *n.* silff(-oedd) (*f*) [arddangos] nwyddau, cwpwrdd (cypyrddau) (*m*) gwydr. **~-fitter** *n.* dodrefnwr (dodrefnwyr) (*m*) siopau. **~-floor** *n.* *(i)* llawr (*m*) ffatri, llawr gwaith; *(ii) (workers):* [y] gweithwyr *pl*; **~-floor protest**, protest gan y gweithwyr; **~-floor steward**, stiward(-iaid) (*m*) llawr gwaith. **~-foreman** *n.* pennaeth (*m*) gweithdy (penaethiaid gweithdai), fforman (*m*) gweithdy (ffformyn gweithdai). **~-front** *n.* blaen (*m*) siop (blaenau siopau). **~-front level** *n.* lefel(-au) (*f*) blaen siop. **~-girl** *n.f.* merch(-ed) siop. **~-lifter** *n.* lleidr (lladron) *m* [mewn siop], lladrones(-au) *f* [mewn siop], siopleidr (siopladron) *m*, siopladrones(-au) *f*. **~-lifting** *vn.* lladrata [o siop/siopau], dwyn [o siop/siopau], siopladrad(-au) *m*, siopladrata. **~-soiled** *a.* siop-dreuliedig; **~-soiled (goods)**, (nwyddau) wedi'u difwyno/byseddu/baeddu, nwyddau heb fod yn newydd sbon. **~ steward** *n.* siop-stiward(-iaid) *m*, swyddog(-ion) (*m*) undeb. **~-walker** *n.* rhodiwr (*m*) siop (rhodwyr siopau). **~-window** *n.* ffenestr (*f*) siop (ffenestri siopau). **~-worn** *a.* = **shop-soiled.**

shop² *v.i. & t.* **1.** *v.i.* siopa, siopio, gwn|eud negesau/negesi, mynd i nôl neges/negesau/negesi/negeseuon; *S.a.* **window-shopping; to ~ around**, chwilio am y fargen orau. **2.** *v.t.* **to ~ s.o. to the police**, bradychu rhn i'r heddlu, *N:* chwidlo/dweud/prepian am rn wrth yr heddlu, *S:* clapan am rn wrth yr heddlu.

shophar *n. Jew.Rel:* = **shofar.**

shopkeeper *n.* siopwr (siopwyr) *m*, si|opwraig (siopwragedd) *f*, dyn(-ion) (*m*) siop, dynes/gwr|aig (gwragedd) (*f*) siop; *Pej:* **a nation of shopkeepers**, cenedl o fân farsiandwyr.

shopkeeping *vn.* cadw siop.

shopman *n.m.* **1.** = **shop-assistant. 2.** *U.S. Ind:* mecanydd(-ion), atgyweiriwr (atgyweirwyr).

shopper *n.* siopwr (siopwyr) *m*, si|opwraig (siopwragedd) *f*.

shopping *vn.* = **shop²**; **to do the ~**, siopa, siopio, mynd i siopa, gwneud neges, *N:* nôl neges. **~-basket** *n.* basged(-i) (*f*) neges/negesau, basged siopa. **~ centre, ~ mall, ~ precinct** *n.* canolfan(-nau) (*mf*) siopa. **~ street** *n.* stryd(-oedd) (*f*) siopa; *S.a.* **arcade.**

shoran *n. Av:* shoran *m*.

shore¹ *n. (a)* glan(-nau) *f*; **there are plenty of other pebbles on the ~**, mae digon o bysgod eraill yn y môr; *(b) Nau:* **the ~**, y tir sych *m*, y lan *f*; **on ~**, ar dir sych, ar y tir; **off ~**, ar y môr [mawr], ar y cefnfor; **in ~**, ger y lan; *(of ship):* **to keep close to the ~**, dilyn y glannau, mynd gyda'r glannau, mynd ar hyd y glannau, *occ:* costio, côstio; **to go on ~**, glanio, mynd i'r lan, mynd ar dir sych; *(c) (of sea):* traeth(-au) *m*, *occ:* traethell(-au) *f*, morlan(-nau) *f*; **on a distant ~**, ar draethell bell, ar forlan bell, draw dros y don, *Lit:* ar ryw dramor draeth; **to return to one's native shores**, dod yn ôl i'ch cynefin, dychwelyd i'ch gwlad eich hun. **~-based** *a.* [ar] y lan, ar dir sych, tir sych. **~-bird** *n.* aderyn (adar) (*m*) y glannau. **~-boat** *n.* cwch (cychod) (*m*) i'r lan, bad(-au) (*m*) i'r lan. **~-clothes** *n.pl.* dillad y lan. **~-dinner** *n. U.S:* cinio (ciniawau) (*m*) pysgod. **~-front** *n.* arfordir(-oedd) *m*; *S.a.* **beach-front. ~-lark** *n. Orn:* ehedydd(-ion) (*m*) y traeth. **~ leave** *n.* caniatâd (*m*) i fynd i'r lan, egwyl (*f*) ar y lan. **~-patrol** *n. U.S. Nav:* patrôl (*m*) y glannau.

shore² *n. Constr: &c:* ateg(-ion) *f*, cynhalbost (cynhalbyst) *m*, cynhalbren (cynalbrennau) *m*, ategfur(-iau) *m*, cynhalfur (cynalfuriau) *m*, *F:* prop(-iau) *m*; **dead ~**, ateg fanwl (ategion manwl); **flying ~**, ateg fwa (ategion bwa); **raking ~**, ateg ogwydd (ategion gogwydd).

shore³ *v.t.* **to ~ [up] (sth)**, ategu, cynnal (rhth); gosod ategion (dan rth).

shorebug *n. Ent:* pryf(-ed) (*m*) y glannau, pryf traeth.

shoreless *a.* **1.** di-draeth, di-lanfa. **2.** *Poet: (= unbounded):* diderfyn.

shoreline *n.* ymyl (*mf*) traeth (ymylon traethau), min (*m*) traeth (minion traethau), traethlin(-au) *f*, *N.W:* beiston(-nau) *f*; **compound ~**, traethlin gyfansawdd (traethlinau cyfansawdd).

shoreward *a. & adv.* **1.** *a.* [ger] y lan, [ar] y lan, [wrth] y lan. **2.** *adv.* **shoreward[s]**, tua'r lan, tuag at y lan, am y lan, at y lan, i'r lan; **to sail ~**, hwylio tua'r lan, mynd am y lan.

shoreweed *n. Bot:* beistonnell (*f*) merllyn.

shorewort *n. Bot:* maenhad arfor *m*, llysiau(*pl*)'r ysgyfaint arfor, llymarchlys *m*.

shorn *a.* **1.** *A: Poet: (head):* eilliedig. **2.** *(sheep):* heb gnuf, cneifiedig, wedi ei chneifio. **3. ~ of embellishments, the message is simple**, heb ei addurniadau, mae'r neges yn syml.

short¹ *a. & n.* I. *a.* **1.** byr (*f.* ber, *pl.* byrion), *comp. forms:* byrred, byrrach, byrraf; *(hair, tail, clothes):* cwta (*f.occ:* cota, *pl. occ:* cwteuon); **~ cut**, llwybr(-au) (*m*) llygad, llwybr tarw (llwybrau teirw); **to take a ~ cut**, mynd y ffordd gyntaf, dilyn llwybr llygad/tarw, *S.E: occ:* mynd ar fyrfa, *S.W:* tynnu plet, torri plet; **they stood a ~ way off**, safent ychydig draw; **a ~ way [off] from Bala**, heb fod ymh|ell *or* yn bell o'r Bala, nid nepell o'r Bala; **~ steps**, camau mân a buan; **~ haul**, taith fer *f*; **your coat is ~ in the arms**, mae llewys eich cot yn gwta; *V:* **I have him by the ~ hairs**, 'rwy'n feistr corn arno; mae ar gledr fy llaw; **~ hair**, gwallt cwta, *N:* gwallt bach, *S.W:* gwallt byr, *S.E:* gwallt crop; *(on dress):* **~ waist**, gwasg uchel *f*; *Rac:* **the horse won by a ~ head**, enillodd y ceffyl o lai na hyd pen. **2.** *(time):* byr; *(a)* **days are getting shorter**, mae'r dydd[-iau] yn byrh|au; *N: occ:* mae'r dydd yn colli; mae'r dydd yn tynnu ei gwt ato; **for a ~ time**, am fyr dro, am gyfnod byr, am ychydig [amser], am ennyd, am dipyn; **in a ~ time**, o fewn ychydig, ymhen ychydig, cyn pen dim, yn fuan, mewn byr amser, ar fyr dro, mewn byr o dro; **a ~ time ago**, ychydig yngh|ynt, ychydig yn ôl, gynnau [fach], dro bach yn ôl; **at ~ notice**, ar fyr rybudd, heb fawr o rybudd; **at ~ intervals**, bob hyn a hyn; **a ~ interval**, egwyl fer *f*, seibiant byr *m*; **a life of ~ duration**, bywyd byr ei barhad, bywyd byrhoedlog; **in the ~ term, in the ~ run**, dros gyfnod byr, yn y tymor byr; **~ view**, golwg (*f*) tymor byr; *U.S:* **~ order**, archeb fuan *f*; *U.S:* **in ~ order**, ar unwaith, yn syth [bin], mewn byr o dro, yn fuan, heb oedi, heb hel dail, cyn pen dim, mewn chwinciad; **~ and sweet**, byr a blasus; **to have a ~ memory**, bod yn anghofus; **a ~ life and a merry one**, bywyd byr a braf; *Ling:* **~ vowel**, llafariad fer (llafariaid byrion) *f*; *Fin:* **~ account**, cyfrif byr (cyfrifon byrion) *m*; *Com:* **~ bills**, biliau dyddiad byr, biliau tymor byr; *Com: Fin:* **~ date**, dyddiad cynnar/buan *m*; *Ling:* **~ form**, *(of verb):* ffurf gryno (ffurfiau cryno) *f*; *Meas:* **~ ton**, tunnell fer *f*; *Mth:* **~ division**, rhannu (*vn*) byr/cwta; **to make ~ work of sth**, cwblh|au rhth yn fuan, mynd trwy rth yn fuan; **you'll make ~ work of it**, ni fyddwch fawr o dro yn ei wn|eud; *(b)* **~ story**, stori fer (storïau/straeon byrion) *f*; **~ ~ story**, stori fer fer; **the Shorter [Presbyterian] Catechism**, Catecism Byrraf (*m*) y Gymanfa; **a ~ history of Wales**, braslun (*m*) o hanes Cymru; **~ list**, rhestr fer (rhestrau byrion) *f*; **you have been ~-listed**, yr ydych ar y rhestr fer; *Rac:* **~ head**, hanner (*m*) pen, *Rac:* **~ odds**, ods byrion; *Hist:* **the S~ Parliament**, y Senedd Fer *f*; **~ rib**, asen fer (asennau byrion, byrrais) *f*; **~ sight**, golwg byr *m*; *Mus:* **~ score**, sgôr fer (sgoriau byrion) *f*; *Cr:* **~ run**, rhediad byr (rhediadau byrion) *m*; *Cr:* **~ leg**, *(position):* ystlys agos; *(player):* ystlyswr agos *m*; **in ~**, mewn gair, yn fyr, ar fyr, mewn byr eiriau, a bod yn fyr; **~ title**, teitl byr (teitlau byrion) *m*; **he is called Bob for ~**, Bob y gelwir ef gan bawb; **Bill is ~ for William**, Bil a ddywed pobl am Wiliam; *(c) (pulse, heartbeat):* cyflym; *(d) (style):* cryno, diwastraff, byr eich geiriau; *(e) (reply):* swta, cwta; **to be ~ with s.o.**, ateb/trin rhn yn swta *&c*; **~ temper**, tymer wyllt *f*, byrbwylltra *m*, *N.W: occ:* tymer fain; **~ drink**, un fach (rhai bach) *f*, diod fach/fechan (diodydd bychain) *f*, gwydraid bach (gwydreidiau bychain) *m*, *F:* siort(-s) *m*, siortyn (siorts) *m*. **3.** *(a) (weight):* prin, byr; **to give ~ weight**, rhoi rhy ychydig, peidio â rhoi pwysau llawn; **(it's five ounces) ~**, (mae bum owns) yn brin, yn rhy fyr; **I'm ten pence ~**, 'rydw i ddeg ceiniog yn brin; **~ change**, rhy ychydig o newid; *Ind:* **to be on ~ time**, gweithio oriau byrion, gweithio llai o oriau; **in ~ supply**, prin; **little ~ of it, not far ~ of it**, heb fod yn bell ohoni, o fewn ychydig iddi, yn agos ati; **it is little ~ of folly**, nid yw fawr amgen/lai na ffolineb; **he is not far ~ of forty**, mae ef bron yn ddeugain oed; nid yw ymhell o fod yn ddeugain oed; **nothing ~ of violence would compel him**, ni wnâi/thyciai dim llai na nerth bôn braich i'w orfodi; trais yn unig a'i gorfodai; **it was nothing**

~ of a masterpiece, nid oedd yn ddim llai na champwaith; *(b)* **to be ~ of sth,** bod yn brin o rth, *occ:* bod yn fyr o rth; **~ wind,** diffyg (*m*) anadl, caethder *m*, caethdra *m*; **~ of breath,** byr eich gwynt/anadl; **she's ~ on patience,** mae hi'n brin ei hamynedd; mae hi'n brin o amynedd; **we're ~ of hands,** mae angen gweithwyr arnom; **to go/run ~,** mynd yn brin o rth; **we ran ~ of butter,** aeth yn brin arnom am fenyn; *N.W: occ:* mi aeth yn smit menyn arnom ni. **4.** *(metal, clay):* brau; **cold-~,** oer-frau; *Cu:* **~ pastry,** crwst brau *m*. **5.** *Cr: (ball, fielder):* agos; *Golf:* **~ game,** chwarae (*vn*) agos. II. *n.* **1.** *(a)* **the long and the ~ of the matter,** hanfod (*m*) y peth, hyd (*m*) a lled (*m*) y mater, y cwbl/cyfan y gellir ei ddweud ynghylch y peth; **the long and the ~ of it is...,** y gwir/ffaith amdani yw...; *(b)* **shorts** *pl, Cost: (i)* trowsus(-au) cwta/bach/byr *m*, *F:* siorts; *(ii) U.S:* = **underpants;** *(c) (drink): See* **short drink** *above*; *(d) Cin:* ffilm fer (ffilmiau byrion) *f*, *F:* llun bach (lluniau bychain) *m*. **2.** *(a) Pros:* **longs and shorts,** llafariaid hir a byr; *(b) Artil:* ergyd fer (ergydion byrion) *f*. **3.** *El:* = **short-circuit[1]**. III. *adv.* **1. to stop ~,** stopio'n stond, sefyll yn stond; **to stop ~ of hitting s.o.,** ymatal cyn taro rhn; *P:* **to be caught ~,** cael eich dal mewn eisiau/angen; **to cut s.o. ~,** torri ar draws rhn; **to pull s.o. up ~,** atal rhn yn swta. **2. to fall ~ of the mark,** methu'r nod, methu cyrraedd y nod; **to fall just ~,** methu o drwch blewyn; **his work fell well ~ of expectations,** siomedig oedd ei waith; 'doedd ei waith ddim cystal â'r disgwyl; **to break off ~,** stopio'n ddirybudd, stopio'n swta; **~ of burning it,** heb ei losgi, heb ein bod yn ei losgi, onibai ein bod yn ei losgi, ac eithrio ei losgi; **~ofa miracle (we are ruined),** heb wyrth, oni cheir gwyrth, oni ddigwydd rhyw wyrth (fe'n difethir); **to stop ~ of crime,** ymatal rhag trosedd, peidio â mynd mor bell â throsedd; **all aid ~ of war,** pob cymorth ac eithrio rhyfel. **3.** *St.Exch:* **to sell ~,** rhagwerthu; *Fig:* **to sell s.o. ~,** *(= disparage):* bychanu rhn; **we were sold ~ by them,** ni chawsom ni mo'n haeddiant ganddynt. **~-armed** *a.* â breichiau byrion, byrfraich. **~-change** *v.t.* rhoi newid byr, rhoi rhy ychydig o newid (i rn); twyllo, rogio (rhn). **~-circuit[1]** *n. El.E:* cylched(-au) pwt *m*, cylched byr (cylchedau byrion), *F:* siort(-iau) *mf*. **~-circuit[2]** *v.i.&t.* **1.** *El.E:* pwtgylchedu, pwtio, *F:* siortio. **2.** *Fig:* **to ~-circuit a tedious process,** torri trwy broses ddiflas, byrh|au/osg|oi proses ddiflas. **~-coupled** *a.* byrdew(-ion). **~-dated** *a. Fin:* byrdymor, byrgyfnod. **~-day** *a. Bot:* byrddydd. **~-footed** *a.* troedfyr (*f.* troedfer, *pl.* troedfyrion), byrdroed, byrdroediog. **~-handed** *a.* = **short-staffed. ~-head** *v.t. Rac:* curo (rhn) o ychydig, achub y blaen (ar rn). **~-headed** *a. Anthr:* penfyr (*f.* penfer, *pl.* penfyrion), byr eich pen. **~-horned** *a.* byrgorn. **~-list** *v.t.* dodi/rhoi (rhn) ar restr fer. **~-lived** *a.* byrhoedlog, dros dro, darfodedig. **~-nosed cattle louse** *n. Ent:* lleuen benfyr (llau penfyr) *f*. **~-pitched** *a. Cr: (ball):* tafliad byr. **~-range** *attrib.* byrgyrhaeddol, byr eich cyrraedd, cyrraedd byr; *Av:* **~-range aircraft,** awyren ferdaith (awyrennau byrdaith) *f*; *Meteor:* **~-range weather forecast,** rhagolygon (*pl*) tywydd tymor byr. **~-sighted** *a. (i) (= myopic):* byr eich golwg, â golwg byr; *(ii) F: (= improvident):* cibddall, annoeth, anystyriol, *Lit:* diddarpar. **~-sightedly** *adv. (i)* yn fyr eich golwg; *(ii)* yn gibddall *&c*. **~-sightedness** *n. (i) Med:* golwg byr *m*, byrder/byrdra (*m*) golwg; *(ii) Fig:* cibddallineb *m*. **~-sleeved** *attrib.* â llewys cwta, â llewys byr. **~-spoken** *a.* swta, cwta, di-lol. **~-staffed** *a.* prin o weithwyr, heb ddigon o weithwyr. **~ stay** *attrib.* dros dro. **~-tempered** *a.* gwyllt, byrbwyll, dig, byr eich tymer, *S.W:* naturus. **~-term** *attrib.* am y tro, am ychydig amser, dros dro, dros gyfnod byr, cyfnod byr, tymor byr, byrdymor. **~-time** *a.* rhan-amser, amser-byr; **~-time worker,** gweithiwr (gweithwyr) (*m*) rhan amser; **~-time working,** gweithio (*vn*) rhan-amser. **~-waisted** *a.* â gwasg/gwast fer. **~-wave** *n. & attrib.* tonfedd fer. **~-winded** *a.* byr eich gwynt/anadl, myglyd, caeth eich anadl/gwynt; **he ran in ~-winded,** rhedodd i mewn â'i wynt yn ei ddwrn.

short[2] *n.* = **short-circuit[1]**.

short[3] *v.i. & t. El.E:* = **short-circuit[2]**; *F:* siortio.

short[4] *n.* = **short drink**.

shortage *n.* **1.** *(= scarcity):* prinder(-au) *m*, *occ:* prindra *m*. **2.** *(= lack):* diffyg(-ion) *m*; **food ~,** prinder bwyd, *N.W: occ:* smit *mf*.

shortbread, shortcake *n. Cu:* teisen frau (teisennau brau) *f*, *N.W:* teisen(-nau) (*f*) Berffro, *S.E:* teisen grin (teisennau crin).

shortcoming *n.* diffyg(-ion) *m*, bai (beiau) *m*, ffaeledd(-au) *m*, gwendid(-au) *m*.

shortcrust *n. Cu:* crwst brau *m*.

shorten *v.t. & i.* **1.** *v.t.* torri (rhth) yn fyr; cwtogi, tocio, byrh|au, lleih|au, *N.W:* cwteuo, *S.W:* cwtanu, twco (rhth); *(= abridge):* talfyrru; **it is claimed that smoking shortens one's life-span,** honnir bod ysmygu yn byrhau bywyd dyn; **to ~ the odds,** lleihau'r ods; *Nau:* **to ~ sail,** lleihau hwyl. **2.** *v.i. (of days &c):* byrhau, mynd yn fyrrach.

shortened *a.* byrrach, byrhaëdig, cwta, cwteuedig, cwtanedig; (= *abridged):* talfyredig; *Ling:* **~ form,** byrfodd(-au) *m*.

shortening *vn. & n.* **1.** *vn.* = **shorten. 2.** *n. Cu:* saim *m*, braster *m*. **~ bread** *n.* = **shortbread.**

shortfall *n.* diffyg(-ion) *m*.

shorthand *n. & attrib.* **1.** *n.* llaw-fer *f*. **2.** *attrib.* llaw-fer.

shorthorn *a. & n.* **1.** *a.* byrgorn, â chyrn byrion. **2.** *n.* buwch fyrgorn (buchod byrgorn) *f*, *Coll:* gwartheg/da byrgorn *pl*.

shortie *n.* **1.** *Cost:* **~ dress,** gwisg gota (gwisgoedd cwta) *f*, ffrog gota (ffrogiau cwta) *f*, gwisg fer (gwisgoedd byrion), ffrog fer (ffrogiau byrion). **2.** *(pers.):* dyn byr (dynion byrion) *m*, merch fer (merched byrion) *f*, *F:* pwtyn *m*, pwten *f*, peth(-au) bach *m*, pwt (pytiau) bach.

shortish *a.* braidd yn fyr, go fyr.

shortleaf pine *n. Bot:* pinwydden fyrddail (pinwydd byrddail) *f*.

shortly *adv.* **1.** *(= briefly):* mewn ychydig eiriau, yn gryno, mewn byr eiriau, yn fyr, ar fyr. **2.** *(= abruptly):* yn swta, yn gwta, yn sychlyd. **3.** *(= soon):* yn fuan, yn y man, gyda hyn, gyda hynny, mewn byr amser, *N: F:* toc; **~ afterwards,** yn fuan ar ôl hyn/hynny, ychydig wedi hyn/hynny.

shortness *n.* **1.** *(a)* byrder *m*, byrdra *m*, *occ:* cwtogrwydd *m*, bychander *m*; **~ of sight** *(i) Med:* golwg byr *m*; *(ii) Fig:* cibddellni *m*, cibddallineb *m*; **~ of memory,** anghofusrwydd *m*, diffyg (*m*) ar y cof, cof gwan *m*, pall (*m*) cof; *Pros:* **~ of a vowel,** byrder llafariad; *(b)* **the ~ of life,** byrder bywyd; **the ~ of a man's life,** byrhoedledd (*m*) dyn; *(c)* **he has a terrible ~ of temper,** mae'n fyr iawn ei dymer; mae ganddo dymer wyllt iawn; *(d) Metall:* = **brittleness. 2.** *(= lack):* prinder *m*, diffyg *m*.

shorts *n.pl. See* **short[1]** II. **1** *(b)*.

shortstop *n. U.S: Baseball:* ataliwr (atalwyr) *m*.

shot[1] *a.* **1.** *(fish):* wedi bwrw grawn. **2.** *F:* **to drop like a ~ rabbit,** syrthio'n farw gorn, syrthio'n gelain. **3.** *(a) Tex:* **~ silk,** sidan symudliw *m*, *S.E:* sidan gwehelog; *(b) (= spotted):* brith (*f.* braith, *pl.* brithion) **(with sth,** gan rth); **beard ~ with grey,** barf frithlwyd *f*.

shot[2] *n.* **1.** *Artil: (a) (= shell):* pelen(-ni) *f*; *See* **cannon-ball, shell[1] 4; without a ~ in the locker,** heb ddim wrth gefn, heb belen i'w saethu; *(b) Sp:* **to put the ~,** taflu'r pwysau/belen/maen. **2.** *Sm.a: (a) A:* = **bullet;** *S.a.* **powder;** *(b) Ven:* **small ~,** peledi *pl*, *N:* haels [bach] *pl* (*with sing.* haelsen *f*), *S:* pelet(-s) *m*. **3.** *(a) (= detonation of handgun):* ergyd(-ion) *fm*, clec(-iadau) *f*, taniad(-au) *m*; **Parthian ~, parting ~,** y gair olaf *m*, yr ergyd olaf, gair/ergyd dros ysgwydd; **to fire a ~,** tanio ergyd; *F:* **(to be off) like a ~,** (mynd) fel ergyd o wn, fel cath i gythraul, nerth eich traed; ei heglu hi, saethu ymaith, *N: occ:* mynd o draed, *S:* saethu bant, mynd fel y mêl; **(he accepted the offer) like a ~,** (derbyniodd y cynnig) yn y fan a'r lle, ar unwaith, yn ddibetrus, yn ewyllysgar, *S:* fel ergyd o ddryll, *N:* yn syth bin; *(b) (= marksman):* saethwr (saethwyr) *m*, saethydd(-ion) *m*; **(Arthur is) a good ~,** (mae Arthur) yn saethwr di-feth, yn sicr ei ergyd, *S:* yn dda gyda'r dryll; *S.a.* **dead 5. 4.** *(a) (= attempt):* cynnig (cynigiadau, cynigion) *m*, ymgais (ymgeisiadau) *f*, cais (ceisiadau) *f*, ymdrech(-ion) *f*; **good ~!** da iawn! **to have a ~ at sth,** rhoi cynnig ar rth; **it's a long ~,** mae'n gryn fenter; **it's worth having a ~ at it,** mae'n werth rhoi cynnig arni; **he made a good ~ at it,** fe ddaeth yn agos iawn ati; nid oedd yn bell ohoni; **a ~ in the dark,** cynnig ar antur, dyfaliad(-au) (*m*) ar antur; **to make a long ~,** *(a) (= aim from afar):* anelu o bell; *(b) (= guess):* rhoi cynnig ar antur; **not by a long ~,** ddim o bell ffordd, *S.W:* ddim o hewl; *(b) Fb:* **a ~ (at goal),** cic(-iau) *f*, cynnig (am y gôl); *Golf: Ten:* trawiad(-au) *m*; *Ten:* **drop ~,** ergyd bwt (ergydion pwt); **foul ~,** camergyd(-ion) *f*; **passing ~,** ergyd o gyrraedd; **smash ~,** pwyad(-au) *m*; **wood ~,** taro'r pren; **it's your ~,** dy dro di yw hi; *Fb:* **his ~ went past the post,** aeth ei gic/gynnig heibio i'r postyn; *(c) Cin:* llun(-iau) *m*, cip(-ion) *m*, cipiad(-au) *m*. saethiad(-au) *m*; *(d) Med:* **a ~ in the arm,** pigiad(-au) (*m*) yn y fraich; *Fig:* **a ~ in the arm,** hwb *m*, symbyliad *m*; **a ~ of brandy,** joch(-iau) (*mf*) o frandi, llymaid (llymeidiau) (*m*) o frandi; *(e) Fish:* tafliad(-au) *m*. **5.** *Min:* **to fire a ~**, tanio pelen, gwneud taniad, *Lit:* ffrwydro pelen. **6.** *F:* **big ~**, dyn(-ion) pwysig *m*, pwysigyn (pwysigion) *m*. **~-blasting** *vn.* *siotsgwrio, *siotlanh|au. **~-firer** *n. Min:* taniwr (tanwyr) *m*. **~-hole** *n. Min:* twll (tyllau) (*m*) ffrwydro. **~-hole borer** *n. Ent:* chwilen (*f*) risgl (chwilod rhisgl). **~-proof** *a.* na ellir saethu drwyddo/drwyddi. **~-put** *n. Sp:* taflu (*vn*) maen, tafliad(-au) (*m*) maen, bwrw (*vn*) maen. **~-putter** *n.* taflwr (*m*) maen (taflwyr meini). **~-tower** *n.* tŵr (tyrau) (*m*) [gwn|eud] haels.

shot³ *n.* = **scot² 1.**

shot⁴ *n. Cu:* siot *m*, picws mali *m*, pincws mali *m*.

shote *n.* = **shoat.**

shotgun *n. N.W:* gwn (gynnau) (*m*) haels, *S:* dryll(-iau) (*m*) pelets. **~ wedding** *n.* priodas orfod (priodasau gorfod) *f*, *F:* priodas glec (priodasau clec).

shott *n. Geog:* siot(-au) *m*, llyn(-noedd) (*m*) halen.

shotten *a.* **~ herring,** pennog wedi bwrw'i rawn.

should *v. See* **shall.**

shoulder¹ *n.* **1.** *(a)* ysgwydd(-au) *f*; **shoulders,** *occ:* gwar(-rau) (*f. in S., m in N.*); **to carry a yoke on one's shoulders,** cario iau ar eich gwar; **he has round shoulders,** mae ganddo war; mae'n warrog; **(a man) with broad shoulders,** (gŵr) ysgwyddog, ysgwyddlydan, cydnerth; *Fig:* **he's got broad enough shoulders,** mae ei gefn yn ddigon llydan; **to bring a gun to the ~,** ysgwyddo gwn; **to hit out straight from the ~,** taro'n syth o'r ysgwydd; *Netball:* **~ pass,** pas(-iau) (*m*) o'r ysgwydd; *F:* **I let them have it straight from the ~,** fe'i rhois i hi iddyn' nhw heb flewyn ar dafod; mi ddywedais y caswir wrthyn' nhw; **to have a good head on one's shoulders,** bod yn hirben, bod yn hen ben; **to stand head and shoulders above the rest,** sefyll ben ac ysgwyddau uwchben y lleill, rhagori ar y lleill; **to have a chip on one's ~ about sth,** dal dig ynghylch rhth; *Fig:* **to be a ~ for s.o. to cry on,** bod yn gysur i rn; **we stood ~ to ~,** safem ochr yn ochr; **to lay the blame on s.o.'s shoulders,** bwrw'r/taflu'r bai ar rn; **to put one's ~ to the wheel,** *(i)* gwthio'r olwyn, rhoi hwb i'r olwyn; *(ii) Fig:* bwrw iddi, torchi llewys, tynnu'r ewinedd o'r blew, rhoi'ch trwyn ar y maen; **to rub shoulders (with the famous),** cymysgu, cyfeillachu, cymdeithasu, hobnobio (ag enwogion); ymrwbio (yn y mawrion); **to give s.o. the cold ~,** anwybyddu rhn, troi trwyn ar rn, gwrthod cymryd sylw o rn; *S.a.* **frozen;** *(b) Cu:* **~ of meat,** ysbawd (ysbodau) *f*, *S:* palfais (palfeisiau) *f*, pen (*m*) ysgwydd (pennau ysgwyddau); **~ of lamb,** *N.W:* ysgwydd flaen (ysgwyddau blaen); *Nau:* **~ of mutton sail,** hwyl (*f*) goes dafad (hwyliau coes dafad); *(c) (of bottle, tool, letter, mountain &c):* gwar(-rau) *mf*; *(of road):* **hard ~,** ysgwydd galed (ysgwyddau caled), gwar caled, llain galed (lleiniau caled) *f*; **soft ~,** ysgwydd feddal (ysgwyddau meddal), gwar meddal, llain feddal (lleiniau meddal); *(d) Rel:* **heave ~,** ysgwyddog (*f*) y dyrchafael. **~-bag** *n.* bag(-iau) (*m*) ysgwydd. **~-belt** *n.* gwregys(-au) (*m*) ysgwydd, gwarfelt(-iau) *m*. **~-blade** *n.* palfais (palfeisiau) *f*, asgwrn (*m*) palfais (esgyrn palfeisiau), crafell (*f*) ysgwydd (crafellau ysgwyddau), llafn(-au) (*m*) ysgwydd. **~-block** *n. Nau:* bloc(-iau) gwarrog *m*. **~-board** *n. Mil:* = ***epaulette***. **~-flash** *n. Mil:* addurn(-au) (*m*) ysgwydd, gwarfflach(-iau) *f*. **~-galls** *n. Med:* dolur(-iau) (*m*) ysgwydd. **~-girdle** *n.* gwargengl(-au) *f*. **~-harness** *n.* = **shoulder-belt.** **~-high** *a.* *(i)* hyd at yr ysgwydd; *(ii)* **to carry s.o. ~-high,** cario rhn ar eich ysgwyddau. **~-holster** *n.* gwain (*f*) gesail (gweiniau cesail). **~-knot** *n.* gwarglwm (gwarglymau) *m*. **~-length** *a.* hyd at y [g]war, hyd at yr ysgwydd. **~-line** *n. Carp:* llinell(-au) (*f*) ysgwydd. **~ loop** *n.* dolen (*f*) ysgwydd (dolennau ysgwyddau). **~ mark** *n. U.S:* = **shoulder-strap**. **~-note** *n. Typ:* nodyn (nodiadau) (*m*) cwr tudalen, gwarnodyn (gwarnodion) *m*. **~-pad** *n.* pad (*m*) ysgwydd (padiau ysgwyddau). **~-pass** *n. Sp:* pas(-iau) (*m*) o'r ysgwydd. **~-patch** *n.* = **shoulder-flash.** **~-plane** *n. Carp:* plaen(-iau) (*m*) ysgwydd, gwarblaen(-iau) *m*. **~-strap** *n.* strap (*m*) ysgwydd (strapiau ysgwyddau), gwarstrap(-iau) *m*.

shoulder² *v.t.* **1.** gwthio [â'r ysgwydd]; **to ~ one's way through a crowd,** gwthio'ch ffordd trwy dorf. **2. to ~ one's gun,** ysgwyddo'ch/codi'ch gwn; **to ~ the responsibility for sth,** ysgwyddo'r cyfrifoldeb am rth, cymryd y cyfrifoldeb am rth, derbyn baich y cyfrifoldeb am rth. **3.** *Mil:* **~ arms!** ysgwyddwch arfau!

shout¹ *n.* bloedd(-iau, -iadau) *f*, gwaedd(-au) *f*, cri(-au) *mf*, llef(-au) *f*, *Lit:* banllef(-au) *f*; **shouts of laughter,** bloeddiadau o chwerthin; *P:* **it's my ~,** fi sy'n talu; fy nhro i yw hwn; fy nhro i yw hi. **~ song** *n. Mus:* gweiddgan(-au,-euon) *f*, cân (*f*) weiddi (caneuon gweiddi).

shout² *v.i.&t.* **1.** *v.i.* gweiddi, bloeddio, *Lit:* llefain, banllefain, crochlefain; **to ~ at/to s.o.,** gweiddi ar rn; *v.pr.* **(to ~) oneself hoarse,** (gweiddi) nes mynd yn gryg, nes crygu. **2.** *v.t.* **to ~ s.o. down,** gweiddi ar draws rhn, boddi llais rhn, rhoi taw ar rn; **to ~ sth out,** bloeddio/gweiddi rhth.

shouter *n.* gwaeddwr (gwaeddwyr) *m*, bloeddiwr (bloeddwyr) *m*, gw|aeddwraig *f*, bl|oeddwraig *f*.

shouting *vn.* = **shout²; (it's all over) bar the ~,** (mae'r cyfan drosodd) i bob pwrpas, i bob diben; **within ~ distance,** o fewn clyw; **(we live) within ~ distance of our friends,** ('rydym yn byw) o fewn cyrraedd i'n ffrindiau, o fewn tafliad carreg i'n ffrindiau.

shove¹ *n.* gwth(-iadau) *m*, gwthiad(-au) *m*, pwniad(-au) *m*, hergwd (hergydiau) *mf*, hwb (hybiau) *m*, hwrdd (hyrddiau) *m*, [y]sgŵd *mf*, *S: occ:* hwp *m*, sgwt *m*; **give him a ~, he's dozing,** rhowch bwniad iddo, mae'n pendympian; **(all he needs) is a ~ in the right direction,** (y cyfan sydd ei angen arno) yw gwth i'r iawn gyfeiriad, yw rhn i'w roi ar ben y ffordd. **~-halfpenny** *n. Games:* gwthio (*vn*) dimeiau.

shove² *v.t. & i.* **1.** *v.t.* gwthio, pwnio, *occ:* hergydio, *N:* sodro, *N.W: occ:* hwffio, *S:* saco, hwpo; **to ~ sth aside,** gwthio rhth o'r neilltu, *Fig:* gwrthod rhth; **to ~ one's nose in,** gwthio'ch/rhoi'ch pig i mewn, busnesa; *Nau:* **to ~ a ship off,** gwthio llong [o'r tir, o'r lan]; **to ~ out one's hand,** estyn eich llaw; **to ~ sth in a cupboard,** taro/sodro/saco/hwpo rhth mewn cwpwrdd. **2.** *v.i.* gwthio, ymwthio; *abs.* **~ off!** bacha (bachwch) hi! gad(-wch) lonydd imi! gad imi fod! dos (ewch)! **(I'd better) ~ off,** (mae'n well imi) fynd, symud, ei throi hi.

shovel¹ *n.* rhaw(-iau, rhofiau) *f*, siefl: sieflen (sieflau) *f*; *S.a.* **spade¹; fire ~,** rhaw dân (rhawiau tân), *M.W:* s[g]leis(-iau) *m*, siefl dân (sieflau tân), siefl ludw (sieflau lludw), *S:* llwyarn(-i, llwyerni) *f*, *S.W:* triwel(-i) *m*, *N: occ:* sielffiar(-s) *f*, Siani (*f*) ffiar; **peat ~,** haearn (*m*) tywarch (heyrn tyweirch); **square ~,** rhaw garthu (rhawiau carthu); **short-handled ~,** rhaw fach (rhawiau bach, rhofiau bach), *S.W:* rhawbal(-au) *f*. **~-hat** *n.* het (*f*) gantel (hetiau cantel). **~-head** *n. Ich:* rhawben(-nau) *m*. **~-nosed catfish** *n. Ich:* cathbysgodyn (cathbysgod) penllydan *m*.

shovel² *v.t.* rhawio, rhofio; **to ~ down one's food,** claddu'ch bwyd; **to ~ out manure,** carthu tail.

shovelboard *n. Games:* gwthfwrdd *m*.

shovelful *n.* rhawaid (rhaweidiau) *f*, rhofiad(-au) *f*, paliad(-au) *m*.

shoveller *n.* **1.** *(pers.):* rhawiwr (rh|aw-wyr) *m*, rhofiwr (rhofwyr) *m*, rh|ofwraig *f*. **2.** *Orn:* hwyad lydanbig (hwyaid llydanbig) *f*, hwyad biglydan (hwyaid piglydan).

shovelman *n.* = **shoveller 1.**

shover *n.* **1.** gwthiwr (gwthwyr) *m*, ymwthiwr (ymwthwyr) *m*. **2.** *pl.* = **shove-halfpenny**.

show¹ *n.* **1.** *(= display):* arddangosfa (arddangosf|eydd) *f*, dangosiad(-au) *m*, arddangosiad(-au) *m*, dangos *vn*, *F:* sioe(-au) *f*; **to put on a ~ of force/strength,** dangos grym; **a ~ of hands,** codi (*vn*) llaw/dwylo, pleidlais gyhoeddus (pleidleisiau cyhoeddus) *f*, codiad (*m*) dwylo; **he made a ~ about midnight,** daeth i'r golwg/fei tua hanner nos; ymddangosodd tua hanner nos; **the ~ pupil of the class,** disgybl disgleiriaf y dosbarth, seren (*f*) y dosbarth; **what's on ~ today?** beth sydd i'w weld heddiw? *Com:* **on ~,** ar ddangos; *Mus:* **the ~ pipes,** pibau (*pl*) ysblennydd yr organ. **2.** *Agr: Com: &c: (= exhibition):* arddangosfa *f*, *F:* sioe(-au) *f*; **agricultural ~,** sioe amaethyddol, *N: occ:* pr[e]imin *m*, *S.W: occ:* mownti(-s) *m*; **boat-~,** sioe gychod (sioeau cychod); **motor-~,** sioe geir (sioeau ceir); **wild beast ~,** sioe anifeiliaid; *S.a.* **dumb; our stock makes a poor ~,** mae golwg wael ar ein stoc; *F:* **good ~!** go dda! da iawn! da chi! campus! dyna gamp! ardderchog! **bad ~!** hen dro! bechod! trueni! *(c) U.S:* **to give s.o. a [fair] ~,** rhoi chwarae teg i rn, bod yn deg â rhn. **3.** *(a) (= semblance):* ymddangosiad(-au) *m*, sioe *f*, esgus *m*, llun *m*, rhith *m*; **with some ~ of reason,** gyda rhyw lun ar reswm; **a ~ of wisdom,** rhith doethineb; **to make a ~ of being angry,** [gwn|eud] esgus bod yn ddig; **to make a great ~ of friendship,** gwneud gorchest (*f*) o gyfeillgarwch; *(b) Pej:* (=

ostentation): rhwysg *m*, rhodres *m*, gorchest *f*, *F:* sbloet *mf*, sioe *f*, *S.E:* sblait *m*, *S.W:* cwafers *pl*; **to do sth for ~,** gwneud rhth i dynnu sylw; **to be fond of ~,** hoffi rhodres/rhodresa, hoffi eich dangos eich hun, hoffi dangos eich gorchest; **to make a ~ of learning,** dangos eich dysg, gwneud sioe o'ch dysg, ymorchestu yn eich dysg, gwneud gorchest o'ch dysg. **4.** *F: (= business, affair):* **(to run) the ~,** *F:* (rhedeg) y sioe, y stondin (*f*); *S.a.* **give away 3. ~-animal** *n.* anifail (anifeiliaid) (*m*) sioe. **~-bill** *n.* poster(-i) (*m*) theatr. **~-breeder** *n.* bridiwr (bridwyr) (*m*) arddangos. **~-breeding** *n.* bridio (*vn*) arddangos. **~ business** *n.* byd (*m*) adloniant. **~-card** *n.* cerdyn (cardiau) (*m*) hysbysebu, carden (cardiau) (*f*) hysbysebu. **~-copy** *n. Cin:* copi (copïau) (*m*) arddangos. **~-ground** *n.* maes (meysydd) (*m*) sioe, cae(-au) (*m*) sioe. **~ house** *n.* tŷ (tai) (*m*) arddangos. **~-jumper** *n.* neidiwr (neidwyr) (*m*) ceffylau. **~-jumping** *vn.* neidio ceffylau. **~-off** *n.* broliwr (broliwyr) *m*, brolgi (brolgwn) *m*, coegyn(-nod) *m*, ysgogyn(-nod) *m*, *N:* welwch-chi-fi *m*, weli-di-fi *m*, pen(-nau) bach *m*, *S.W:* dyn(-ion) bras *m*, *S.W: S.E:* ffrwmpyn(-nod, ffrwmps); *S.a.* **boaster; what a ~-off she is,** on'd yw hi'n hoff o'i dangos ei hun? **~-piece** *n.* darn(-au) (*m*) arddangos. **~-print** *n. T.V:* prif brint(-iau) *m*. **~-ring** *n.* cylch(-oedd) (*f*) arddangos, cylch sioe. **~-stopper** *n. (song):* cân (caneuon) (*f*) stopio sioe. **~ trial** *n.* treial(-on) (*m*) arddangos, treial [er mwyn] sioe, sioe-brawf (~-brofion) *m*. **~-window** *n.* ffenestr(-i) (*f*) arddangos.

show[2] *v.t. & i.* **1.** *(a) v.t.* dangos, *Lit:* arddangos; **to ~ s.o. sth,** dangos rhth i rn; **to ~ one's talents,** arddangos eich doniau, *N: F:* mynd trwy'ch pethau; *Com:* **what can I ~ you, Madam?** beth hoffech chi ei weld, Madam? **to ~ one's colours,** dangos eich ochr/plaid; **I had nothing to ~ for my pains,** nid oedd gennyf ddim i'w ddangos er fy nhrafferthion; **to ~ one's intention,** dangos eich bwriad, mynegi'ch bwriad; **it all goes to ~ (you can't rely on them),** gwers hyn oll yw, mae'r cyfan/cwbl yn dangos (nad oes dim dal arnynt); **(picture) shown (at the Academy),** (darlun) a arddangoswyd, a fu ar ddangos (yn yr Academi); **to ~ a picture on a screen,** dangos/taflunio llun ar sgrîn; *T.V.* **this programme will be shown tomorrow,** darlledir y rhaglen hon yfory; **to ~ one's passport,** dangos eich pasport, cyflwyno'ch pasport; **to ~ one's cards/hand,** dangos eich cardiau, dodi'ch/rhoi'ch cardiau ar y bwrdd; *Nau:* **to ~ a light,** dangos goleuni; *Jur:* **to ~ just cause,** dangos rheswm cyfiawn; **to ~ sth the fire,** dangos y tân i rth, twymo/cynhesu rhth; **to have sth to ~ for one's money,** cael gwerth eich arian; **to ~ oneself, to ~ one's face (in a place),** ymddangos, dangos eich wyneb (mewn lle); **she won't ~ her face here again,** ddaw hi ddim ar gyfyl y lle yma eto; *N:* thywyllith hi mo'r lle yma eto; **to ~ one's face at a meeting,** mynychu cyfarfod; **a coat showing signs of wear,** côt ac ôl traul arni; **to ~ one's legs,** dangos eich coesau; *F:* **to ~ a leg,** codi [o'r gwely], styrio, ystwyrian; **to ~ mercy (to s.o.),** trugarh|au, bod yn drugarog (wrth rn); **to ~ kindness to s.o.,** bod yn garedig wrth rn. **come out and ~ yourself!** dewch allan inni gael eich gweld! *(of thg):* **to ~ itself,** ymddangos, dangos, dod i'r golwg, dod i'r wyneb, dod yn eglur, codi ei ben, *N:* dod i'r fei, *S:* dod ar glawr; *S.a.* **heel[1] 1;** *(b) (= portray):* dangos, darlunio; **machine shown in cross-section,** peiriant a ddarlunnir mewn croestoriad; *(c) (= indicate):* **as shown in the illustration,** fel a geir/welir yn y darlun, fel y dengys y darlun; *(of clock, watch):* **to ~ the time,** dweud yr amser/awr, dweud faint yw hi o'r gloch; **to ~ a profit,** *(of business):* gwneud/dangos elw; *(of pers.):* bod ar eich ennill; **his work shows his interest in people,** mae ei waith yn ddrych o'i ddiddordeb mewn pobl. **2.** *(a)* **to ~ s.o. the way,** dangos y ffordd i rn, cyfarwyddo/cyfeirio rhn, rhoi/dodi rhn ar ben y ffordd, *S.E:* ffordi rhn; **it was Newton who showed the way for other scientists,** Newton a arloesodd y ffordd i wyddonwyr eraill; **his performance showed them the way to act,** bu ei berfformiad yn wers iddynt sut i actio; dangosodd ei berfformiad iddynt sut i actio; *S.a.* **door 1;** *(b)* **to ~ s.o. to his room,** danfon/hebrwng/tywys rhn i'w ystafell, dangos ei ystafell i rn; **to ~ s.o. over the house,** mynd â rhn o gwmpas y tŷ; **let me ~ you around town,** gadewch imi eich tywys chi *or* fynd â chi o gwmpas y dref; gadewch imi ddangos y dref i chi; *F:* **to ~ s.o. the ropes,** dodi/rhoi rhn ar ben y ffordd, *occ:* rhoi'r wagen ar yr haearn i rn. **3.** *(a) (= express):* **to ~ intelligence,** dangos/mynegi deallusrwydd; **to ~ willing,** dangos parodrwydd, dangos ewyllys da; **to ~ an interest (in s.o.),** ymddiddori, dangos/mynegi diddordeb (yn rhn); **you must ~ no favouritism,** rhaid ichi fod yn amhleidiol; rhaid ichi beidio â derbyn wyneb; rhaid ichi beidio â dangos plaid; **his face showed his delight,** 'roedd ei lawenydd yn amlwg ar ei wyneb; 'roedd ei wyneb yn dangos/mynegi ei lawenydd; **a selection which shows s.o.'s taste,** dewis sy'n ddrych/arwydd o chwaeth rhn; **he showed no sign of having heard anything,** ni chymerai arno iddo glywed yr un dim; **she shows her age,** mae hi'n dangos ei hoed/hoedran; **to ~ s.o.'s true character,** dangos/dinoethi/datguddio gwir gymeriad rhn; **to ~ one's mettle,** dangos eich gwytnwch/metel; *abs.* **time will ~,** amser a ddengys; *S.a.* **fight[1] 2, hospitality;** *(b) (= emphasize):* dangos, pwysleisio, amlygu; **(a garment) that shows the figure,** (dilledyn) sy'n dangos y corff, sy'n amlygu'r corff, sy'n tynnu sylw at y corff; *(c)* **to ~ s.o. to be a rascal,** profi/dangos [bod] rhn yn gnaf, profi mai cnaf yw rhn; *abs.* **I'll ~ you!** fe gewch chi weld! mi ddysga' i i chi! **to ~ cause/reason,** rhoi/dangos rheswm. II. *v.i.* ymddangos, dod i'r amlwg/golwg, *N:* dod i'r fei, *S:* dod ar glawr; **the flowers are beginning to ~,** mae'r blodau'n dechrau blaguro; mae'r blodau'n dechrau dod i'r golwg; **your slip's showing,** mae dy bais di yn y golwg; **(he never reads) and it shows,** (nid yw byth yn darllen) ac mae hynny'n amlwg, ac mae hynny i'w weld; **it shows (in your face),** mae'n amlwg, mae i'w weld (ar eich wyneb chi); **he never shows at her parties,** ni bydd byth yn mynd i'w phartïon hi, ni bydd yn mynychu ei phartïon hi, *N:* ni bydd yn tywyllu ei phartïon hi; **to ~ to advantage,** ymddangos ar eich gorau, *N:* edrych yn dda, *S:* disgwyl yn dda. **~ in** *v.t.* **~ them in,** dewch â nhw i mewn. **~ off 1.** *v.t.* dangos, arddangos (rhth); tynnu sylw (at rth); gwneud sioe (o rth); *S.E:* gwneud sblait (o rth). **2.** *v.i.* eich brolio'ch hun/hunan, eich dangos eich hun/hunan, dangos eich gorchest, ymffrostio, tynnu sylw [atoch eich hun/hunan], lledu'ch esgyll, mynnu sylw, *Lit:* rhodresa, ymfrwysgo, *N:* llancio, torri cŷt, gwneud Ned, gwneud jacan; **to ~ off in front of s.o.,** tynnu sylw rhn atoch. **~ out** *v.t.* **to ~ s.o. out,** mynd â rhn at y drws, hebrwng/danfon rhn at y drws. **~ through 1.** *v.t.* **to ~ s.o. through,** dangos y ffordd trwodd i rn, hebrwng rhn trwodd. **2.** *v.i.* dangos drwodd; **his joy showed through his tears,** yr oedd ei lawenydd i'w weld trwy ei ddagrau. **~ up** I. *v.t.* **1.** *(a fraud):* dinoethi. **2.** *(= embarrass):* codi cywilydd (ar rn), bychanu (rhn), *F:* codi embaras (ar rn), *S.W:* codi ei gas (ar rn). II. *v.i.* ymddangos, dangos eich wyneb, cyrraedd, dangos eich trwyn; *(of mislaid object):* dod i'r golwg, dod i'r golau, *N:* dod i'r fei, *S:* dod ar glawr.

showbiz *n. F:* **= show business.**

showboat *n.* cwch (cychod) (*m*) sioe, bad(-au) (*m*) sioe.

showbread *n. Jew.Rel:* bara gosod *m*.

showcard *n. Com:* cerdyn (cardiau) (*m*) hysbysebu, carden (cardiau) (*f*) hysbysebu.

showcase *n. Com:* cwpwrdd (cypyrddau) (*m*) gwydr, blwch (blychau) (*m*) gwydr.

showdown *n.* **1.** *Cards:* dangos (*vn*) eich cardiau, rhoi/dodi (*vn*) eich cardiau ar y bwrdd; **to call for a ~,** gofyn i rn ddangos ei gardiau. **2.** gwrthdrawiad [penben] *m*, gwrthdaro penben *m*, ffrae benben *f*; **if it comes to a ~,** os daw'r gwaethaf, os daw'n [fater o] argyfwng, os daw'n fater o raid; **it came to a ~ at the meeting,** aethpwyd i setlo cyfrifon yn y cyfarfod.

shower[1] *n. (of rain, missiles &c):* cawod(-ydd,-au) *f*, *often incorrectly:* cafod(-ydd) *f*, *S.W: occ:* sgipen *f*, mwgen *f*, ffwgen *f*; **heavy ~,** cawod drom (cawodydd trymion) *f*, curlaw *m*, *N.W:* sgrwmp (sgrympiau) *f*; **September showers,** sgrympiau Gŵyl y Grog; **light ~,** cawod ysgafn, *S.W: occ:* sgipen (*f*) o gawod; **short/sudden ~,** cawod fer (cawodydd byrion), cawod sydyn, *S.E:* cawod grôs (cawodydd crôs), *S.W.* gwlithen(-ni,-nau) *f*, rwshen *f*; **sunshine and showers,** haul/heulwen a chawod, cawod haul, *N:* bwrw (*vn*) haul; *(b) (of letters, gifts):* llif(-oedd) *m*, fflyd(-oedd) *f*; *(c) Toil:* cawod; *(d) F: Pej:* **what a ~!** dyma imi griw diffaith! **2.** *U.S: (= party):* parti (partïon) (*m*) anrhegu. **~-bath** *n.* cawod(-ydd) *f*. **~-cabinet** *n.* caban(-au) (*m*) cawod. **~-party** *n. U.S:* parti presantau/anrhegion priodas.

shower[2] *v.t. & i.* **1.** *v.t. (a)* bwrw; *(b) F:* **to ~ blows on s.o.,** dyrnu/taro rhn yn ddi-baid, *S:* bwrw rhn yn ddi-baid; **to ~ gifts on s.o.,** llwytho rhn ag anrhegion, pentyrru anrhegion ar rn. **2.** *v.i.* *(a) (of rain &c):* disgyn yn gawodydd; **it's going to ~,** fe fydd cawod yn fuan; *N:* fe ddaw hi'n gawod toc; mae hi'n hel am gawod; *(b) Toil: (= take a shower):* cael cawod, mynd dan gawod.

shower³ *n. (= exhibitor):* arddangoswr (arddangoswyr) *m*, arddang|oswraig *f*.

showerless *a.* digawod.

showerproof *a.* [sy'n] dal y glaw, a ddeil y glaw, a ddeil gawod, diddos.

showery *a.* cawodlyd, cawodog.

showgirl *n.* sioeferch(-ed) *f*, d|awnswraig (dawnswragedd) *f*.

showily *adv.* yn rhodresgar, yn goegwych *&c.*

showiness *n.* rhwysg *m*, coegwychder *m*, rhodres *m*, lliwgarwch *m*, llacharwch *m*, gorwychder *m*, gorchest *f*, rhwysgfawredd *m*, sioegarwch *m*, *S.W:* ffrwmp *m*.

showing *vn.* = **show¹ 1.** *(b)* ; **on his own ~, this must be true,** fel y dangosodd ef ei hun, rhaid bod hyn yn wir; **on this ~,** yn ôl a welwn yma, yn ôl a ddengys hyn; **on your own ~,** yn ôl eich addefiad/tystiolaeth eich hun; *Cin:* **first ~,** dangosiad(-au) cyntaf *m*; **he made a good ~ in the competition,** gwnaeth sioe dda ohoni yn y gystadleuaeth; **on this ~ (he will fail),** yn ôl golwg hyn, fel hyn, a barnu wrth hyn (bydd yn methu).

showman *n.m.* dyn(-ion) sioe, *S:* siewmon (siewmyn).

showmanship *n.* dawn (*f*) dyn sioe, dawn arddangos.

shown *p.p.* a ddangosir/ddangosid/ddangoswyd, gweladwy, amlwg, a welir.

showpiece *n.* addurn(-au) pennaf *m*, prif addurn(-au) *m*.

showplace *n.* man(-nau) (*m*) arddangos.

showroom *n.* ystafell(-oedd) (*f*) arddangos.

showy *a.* coegwych, lliwgar, gorliwgar, llachar, rhodresgar, rhwysgfawr, *F:* crand, swanc, swel.

shrank *v. See* **shrink.**

shrapnel *n.* **1.** *(projectile):* shrapnel(-i) *m*. **2.** *Coll: (= splinters):* shrapnel *m*, fflawiau (*pl*) haearn.

shred¹ *n. (a) (of cloth):* carp(-iau) *m*, cerpyn (carpiau) *m*, r[h]ecsyn (r[h]acs) *m*, carrai (careiau) *f*, darn(-au) *m*, dernyn (darnau) *m*, llarp(-iau) *m*, drab(-iau) *m*; *pl.* llyfrïau, *S:* rhafls, *S.W:* carthion; *(b) (of paper, meat): Lit: occ:* cinnyn (cinhynnau, cinhynion) *m*, mymryn(-nau) *m*, darn, dernyn; **to tear sth into shreds,** tynnu rhth yn garciau/r[h]acs/llaprau/garpiau, malu rhth yn chwilfriw [bwgan], malu rhth yn glyfrïau/llyfrïau, llyfrïo rhth, *S:* rhaflo rhth, tynnu rhth yn sitrach, rhico/rhapo rhth, tynnu rhth yn r[h]acs jibidêrs; **to tear s.o.'s reputation to shreds,** *S:* difa/sarnu enw da rhn; **her dress was all in shreds,** 'roedd ei ffrog yn gareiau/racs/garpiau; *F:* **to tear an argument to shreds,** tynnu dadl yn gareiau/ddarnau, chwalu dadl; **there isn't a ~ of evidence,** nid oes rhithyn (*m*) o dystiolaeth; nid oes y mymryn lleiaf o dystiolaeth; *F:* 'does dim affliw o ddim tystiolaeth; **not a ~ of truth,** dim gronyn (*m*)/rhithyn/mymryn o wirionedd.

shred² *v.t. & i.* **1.** *v.t.* rhwygo (rhth), tynnu (rhth) yn gareiau, *Lit: occ:* cynhinio (rhth), *N.W:* llyfrïo (rhth), *S:* rhaflo (rhth); *Cu:* torri (rhth) yn fân. **2.** *v.i.* mynd/dod yn gareiau, rhwygo, mynd yn garpiau, dod yn ddarnau, *N.W: occ:* llyfrïo.

shredded *a.* yn gareiau *&c*; *See* **shred¹,²**; **~ wheat,** siwrwd (*m*) gwenith.

shredder *n.* rhwygwr (rhwygwyr) *m*, peiriant (peiriannau) (*m*) rhwygo.

shrew¹ *n. Z: (Sorex araneus):* chwistlen (chwistlod) *f*, chwistl(-od) *f*, llygoden goch (llygod cochion) *f*, llygoden ddaear (llygod daear), llŷg (llygod) *f*, pigoden (pigod) *f*; **pygmy ~,** *(S. minutus):* y chwistlen leiaf (y chwistlod lleiaf); **water ~,** *(Neomys fodiens):* chwistlen ddŵr (chwistlod dŵr). **~-mole** *n. Z:* twrch (tyrchod) trwynog *m*, gwadd drwynog (gwaddod trwynog) *f*.

shrew² *n.f. (woman):* cecren(-nod), sguthan(-od), cnawes(-au), gwr|aig (gwragedd) anynad, gwraig gynhennus/dafodlyd/geintachlyd (gwragedd cynhennus/tafodlyd/ceintachlyd), *N:* hen geg(-au), hen ast (~ eist), hen swnen, hen gacynen, *N.W:* hen jaden, hen styrmant, crinces, *S:* hen sgeren; *Lit:* **The Taming of the S~,** Dofi'r Gecren.

shrewd *a.* **1.** craff, hengraff (*pronounced* ng-g), henffel, ffel, hir eich pen, hirben, *N:* call; **she's a ~ one,** mae hi'n hirben; mae hi'n hen ben. **2.** *(as an intensive):* **I have a ~ idea that…,** mae gen i syniad go dda fod…, mae gen i eithaf syniad fod…; **to make a ~ guess,** dyfalu'n lled agos, dyfalu'n eithaf cywir, bwrw amcan eithaf cywir.

shrewdly *adv.* **1.** yn graff *&c.* **2. a ~ aimed blow,** ergyd sy'n taro i'r dim, ergyd sy'n taro hyd adref.

shrewdness *n.* craffter *m*, ffelni *m*.

shrewish *a.* cecrus, croes, cegog, piwis, blin, *Lit:* cynhennus, anynad.

shrewishly *adv.* yn gecrus, yn groes *&c.*

shrewishness *n.* piwisrwydd *m*, croesni *m*, croesineb *m*, anynadrwydd *m*, natur anynad/gecrus *f*.

shrewmouse *n. Z:* = **shrew¹.**

Shrewsbury *Eng. Pl.n.* Amwythig *f*, *A: & Lit:* Pengwern *f* [Bowys] (*pronounced* ng-g).

shriek¹ *n.* [y]sgrech(-iadau) *f*, [y]sgrechian *vn*, *Lit:* oergri(-au) *mf*, dolef(-au) *f*; **to give/utter a ~,** rhoi sgrech, sgrechian; **~ of laughter,** chwerthin uchel *vn*, bloedd(-iadau) (*f*) o chwerthin, chwerthiniad(-au) (*m*) ysgrechlyd.

shriek² *v.t.&i.* [y]sgrechian; **to ~ with laughter,** chwerthin yn uchel, chwerthin dros bob man, chwerthin nerth eich pen, chwerthin yn afreolus, [y]sgrechian chwerthin.

shrieking *a.* [y]sgrechlyd, [y]sgrechog.

shrievalty *n.* siryddiaeth(-au) *f*, siryfiaeth(-au) *f*, swydd(-i) (*f*) siryf/sirydd.

shrieve *v.t. A:* = **shrive.**

shrift *n.* **1.** *A: Rel:* clustgyffes *f*. **2. they gave him short ~,** ni chafodd fawr o drugaredd ganddynt; fe'i cafodd hi'n dost ganddynt.

shrike *n. Orn:* cigydd(-ion) coch *m*; **great grey ~,** *(Lanius excubitor):* cigydd [llwyd] mawr; **lesser grey ~,** *(L. minor):* cigydd glas; **red-backed ~,** *(L. cristatus):* cigydd cefngoch (*pronounced* ng-g); **woodchat ~,** *(L. senator):* cigydd pengoch (*pronounced* ng-g).

shrill¹ *a.* main (meinion), treiddgar; **in a ~ voice,** mewn llais main, mewn meinllais.

shrill² *v.i.* atseinio, *Lit:* llymleisio, llymseinio, meinleisio.

shrillness *n.* meinder *m*, meindra *m*, treiddgarwch *m*.

shrilly *adv.* yn fain.

shrimp¹ *n.* **1.** *(Crangon vulgaris):* berdysen (berdys) *f*, perdysen (perdys) *f*, berdysyn (berdys) *m*, berdasen (berdas) *f*, Sioni (*m*) naill ochr, *F:* slymp(-s) *m*; **burrowing ~,** cranc(-od, crangod) (*m*) turio; **chameleon ~,** berdysyn amryliw; **fairy ~,** berdysyn gwisgi; **freshwater ~,** berdysyn y nant; **ghost ~,** rhith ferdysyn (~ ferdys); **midge ~,** berdysyn coch bach; **opossum ~,** berdysyn codog; **sand ~,** berdysyn y tywod; **skeleton ~,** berdysyn main. **2.** *F:* **a ~ of a man,** pwtyn *m*, pwt bach *m*; *S.a.* **runt 2. ~ pink** *a. & n.* pinc tywyll (*m*), lliw (*m*) berdys.

shrimp² *v.i.* dal berdys, berdysa, *S.W:* shrimpa.

shrimper *n.* berdyswr (berdyswyr) *m*; *(boat):* bad(-au) (*m*) dal berdys, cwch (cychod) (*m*) dal berdys.

shrimping *vn.* = **shrimp².** **~-net** *n.* rhwyd (*f*) ferdysa (rhwydi berdysa), rhwyd ddal berdys (rhwydi dal ~).

shrimpy *a. (pers.):* bychan (*f.* bechan, *pl.* bychain), eiddil, disylw.

shrine¹ *n.* **1.** *(general term):* cysegr(-au,-oedd) *f*, cysegrfa (cysegrf|eydd), cysegrfan(-nau) *mf*; *(= place for relics):* creirfa (creirf|eydd) *f*, creirgell(-oedd) *f*. **2.** *(= tomb): A: or Lit:* beddrod(-au) *m*, bedd(-au) *m*, ysgrîn (ysgriniau, ysgrinoedd) *f*. **3.** *(= altar):* allor(-au) *f*.

shrine² *v.t. Poet:* = **enshrine.**

Shriner *n. Rel:* (*)Cysegrwr (Cysegrwyr) *m*.

shrink¹ *v.i. & t.* **1.** *v.i. (a)* crebachu, mynd yn llai, lleih|au, culh|au; **he is beginning to ~ (with age),** mae'n dechrau crebachu, mae'n dechrau mynd i'w gilydd, mae'n tynnu ato (gan henaint); **investment is shrinking,** mae buddsoddiadau'n lleihau; **to ~ in the wash,** mynd i mewn wrth olchi, *N.E:* cwtsio, *N.W:* clapio, mynd i mewn, *S:* pannu, sgrinco, crampo, cranco, cilio yn y golch; **his gums are shrinking,** mae cig ei ddannedd yn crebachu; *(b)* **to ~ [away] (from sth),** cilio, ymochel (rhag rhth); tynnu'n ôl (oddi wrth rth); **to ~ back from danger,** ymgadw rhag perygl, tynnu'n ôl yn wyneb perygl; **to ~ from doing sth,** cilio rhag gwneud rhth, bod yn anfodlon gwneud rhth, gwrthod gwneud rhth, ymgadw rhag gwneud rhth; **his mind shrank from painful memories,** gwrthodai ei feddwl ei atgofion poenus; *(c) F:* **to ~ into oneself,** mynd i'ch cragen, rhoi'ch pen yn eich plu. **2.** *v.t.* crebachu (rhth), tynnu (rhth) i mewn. **~-fit** *v.t. Metalw:* ffitio poeth. **~-resistant** *a.* *Tex:* gwrthgrebachol. **~-wrap** *v.t.* *tynlapio. **~-wrapped** *a.* *tynlapiedig.

shrink² *n. P:* dyn(-ion) (*m*) trin pennau.
shrinkable *a.* crebachadwy.
shrinkage *n.* culhad(-au) *m*, lleihad(-au) *m*, crebachiad(-au) *m*; *S.a.* **shrink¹** 1.
shrinker *n.* **head-~,** *(i) Anthr:* crebachwr (crebachwyr) (*m*) pennau; *(ii)* = **shrink².**
shrinking¹ *a.* **1.** sy'n crebachu, crebachol, crebachlyd; **~ capital,** cyfalaf sy'n lleih|au. **2.** *(=frightened):* ofnus, llwfr, gwangalon (*pronounced* ng-g); *F:* **she's a ~ violet,** mae hi'n swil iawn.
shrinking² *vn.* = **shrink¹, shrinkage.**
shrive *v.t.* **to ~ s.o.,** gwrando/derbyn cyffes (rhn), cyffesu (rhn), maddau (i rn).
shrived *a.* = **shriven.**
shrivel *v.t.&i.* **1.** *v.t. (i) (skin, apple):* crychu, crebachu, crino; *(apple):* gwystno; *(ii) (of sun):* **to ~ plants,** gwywo/crino planhigion. **2.** *v.i.* crino, crychu, crebachu, mynd yn grebachlyd, *N: (of apple &c):* gwystno, gwsnu, cwsnio, wystnio, crabio, *N.W:* crimstynnu, crimstennu, mynd i mewn, *S.E:* crimstinnu, crimpo, *S.W:* sgrinco, crampo, cranco, crisbedwo.
shrivelled *a.* crin, crebachlyd, crablyd, gwystnog, sybachog, rhychiog; **the old man's shrivelled face,** wyneb rhychiog yr hen ŵr.
shriven *a.* cyffesedig.
shroff *n. & v.t.* **1.** *n. Fin:* bancer(-iaid) *m*, shroff(-iaid) *m*, nithiwr (nithwyr) (*m*) arian. **2.** *v.t. Fin:* shroffio, nithio arian.
Shropshire *Pr.n. Geog:* **1.** Sir/Swydd (*f*) Amwythig; *Lit:* **A ~ Lad,** Y Llanc o Sir Amwythig. **2.** *(sheep):* dafad (defaid) (*f*) Sir Amwythig.
shroud¹ *n.* **1.** amdo(-eau) *m*, amwisg(-oedd) *f*, lliain (llieiniau) (*m*) amdo. **2.** *Fig:* gorchudd(-ion) *m*; **in a ~ of mystery,** dan len o ddirgelwch, dan orchudd dirgelwch; *Lit:* **under a ~ of darkness,** dan lenni'r nos, dan gysgod y nos. **3.** *Mec.E:* plât (platiau) amddiffynnol *m*, gorchudd *m*. **4.** *pl. Nau:* rhaffau, tantraffau.
shroud² *v.t.* **1.** *(a) (corpse):* amwisgo, amdói; *(b) Fig:* **to ~ sth in mystery,** cuddio/gorchuddio rhth dan len o ddirgelwch. **2.** *W.Tel:* gorchuddio.
shrouded *a.* **1.** *(a) (corpse):* amdoëdig, dan amdo, mewn amdo. **2. ~ in darkness,** dan lenni'r nos; **~ in mist,** dan orchudd o niwl; **~ in mystery,** dan len o ddirgelwch; **~ in gloom,** *(i) (place):* yn y gwyll, dan fantell o dywyllwch; *(ii) (pers.):* **she was ~ in gloom,** 'roedd yn dristwch i gyd.
shrove *a.* **1.** *See* **shrive. 2. S~ Tuesday,** [Dydd] Mawrth (*m*) Ynyd.
Shrovetide *n. Ecc:* Gŵyl (*f*) y Gyffes, Nos (*f*) Ynyd.
shrub¹ *n.* llwyn(-i) *m*, prysgwydden (prysgwydd) *f*, prysglwyn(-i) *m*, prysgoeden (prysgoed) *f*.
shrub² *n. Cu:* diod(-ydd) (*f*) ffrwythau, *A:* mysglyn(-nau) *m*.
shrubbery *n.* llwyni *pl*, prysglwyni *pl*, prysgoed *pl*, manwydd *pl*, mangoed *pl* (*pronounced* ng-g), prysgliach *pl*.
shrubbiness *n.* golwg brysglog *f* (ar rth), natur brysgoediog *f*, prysglogrwydd *m*.
shrubby *a.* prysgoediog, prysgwyddog, prysglog, manwyddog.
shrug¹ *n.* codiad (*m*) y war/gwar, codiad yr ysgwyddau, codi(*vn*)'r war/gwar, codi'r ysgwyddau; **~ of resignation,** ystum o ymostyngiad, ystum ymostyngar (*pronounced* ng-g); **"all right", he said with a ~,** "iawn", meddai dan godi ei ysgwyddau.
shrug² *v.t.* **to ~ one's shoulders,** codi gwar, codi'ch ysgwyddau/gwar; **to ~ off sleep,** ystwyrian, ymysgwyd; **to ~ off a problem,** taflu anhawster oddi ar eich gwar; anwybyddu/diystyru problem.
shrunk *a.* crebachlyd, crebachog; *Tex:* **fully ~,** wedi llwyr grebachu.
shrunken *a.* crebachlyd, crebachog; *(material):* wedi mynd i mewn; **a ~ head,** pen crebachlyd; **a ~ labour force,** nifer llai o weithwyr, llafurlu llai, llafurlu wedi crebachu.
shtetel, shtetl *n. Jew:* treflan(-nau) *f*.
shuck¹ *n. & int.* **1.** *n. U.S:* = **husk, pod. 2.** *int.* **shucks!** diawch! iesgwn! uffach! mawredd! 'r annwyl! neno'r Tad! brensiach! daro! *&c.*
shuck² *v.t. U.S: (a)* = **shell²**; *(b)* **to ~ off (clothes),** diosg (dillad) [oddi amdanoch].
shucker *n.* masglwr (masglwyr) *m*.
shudder¹ *n.* = **shiver¹.**
shudder² *v.i.* = **shiver².**
shuddering, shuddery *a.* crynedig.
shuffle¹ *n.* **1.** *(walk):* fflewtian *vn*, shifflad *m*. **2.** *Danc:* shifflad *m*. **3.** *Cards:* cymysgiad(-au) *m*, shifflad(-au) *m*. **4.** *(= equivocation, sharp practice):* anwadaliad(-au) *m*. **5.** *Pol: F:* **Cabinet ~,** newid(-iadau) (*m*) yn y Cabinet. **~-board** *n. Games:* = **shovelboard.**
shuffle² *v.t.&i.* **1.** *v.t.* **to ~ one's feet,** llusgo'ch traed; **to ~ along,** ymlusgo ymlaen, *N.W:* fflewtian mynd, gogrwn mynd, *S.E:* shifflo. **2.** *(a) Cards:* cymysgu, shifflo, *S:* cymoni. **3.** *v.i.* (= *equivocate):* gwamalu, chwarae'r ffon ddwybig, chwarae'r llaw wen, troi yn eich carn, troi yn eich cogwrn, *Lit:* mwyseirio. **~ off 1.** *v.t. (a)* **to ~ off responsibility on to others,** gwthio cyfrifoldeb ar eraill; *(b) (clothes):* diosg (dillad), tynnu (dillad) oddi amdanoch. **2.** *v.i.* mynd (ymaith) gan lusgo'ch traed.
shuffler *n.* **1.** *Cards:* cymysgwr (cymysgwyr) *m*. **2.** = **cheat¹.**
shuffling¹ *a.* **1.** *(gait):* oediog, llusgol. **2.** = **evasive.**
shuffling² *vn.* = **shuffle¹ 2.**
shufti *n. P:* **to have a ~ at sth,** cael golwg/cip ar rth, *S. W:* cael pip ar rth, *N:* cael sbec ar rth.
shul *n. Jew:* = **synagogue.**
shun¹ *v.t.* **1.** osgói (rhth); cilio, ymgadw (rhag rhth); cadw'n bell, cadw draw (oddi wrth rth). **2.** *(= ignore):* anwybyddu (rhn), troi eich cefn (ar rn); **to ~ everybody,** ymddieithrio o'r byd, anwybyddu pawb. **~-pike** *n. U.S:* lôn (lonydd) (*f*) osgói.
shun² *int.* = **attention** 3.
Shunnamite *n. B:* Sunamees *f*.
shunt¹ *n.* **1.** *Rail:* siynt(-iau) *m*, gwth(-iau) *m*, gwthiad(-au) *m*, hergwd (hergydiau) *m* (i rth); **to give sth a ~,** rhoi gwth/gwthiad/hergwd i rth; *Aut: F:* **to have a ~,** cael gwth/gwthiad/hergwd (gan gar *&c*). **2.** *El:* **to put sth in ~,** siyntio rhth. **~-circuit** *n. El.E:* siyntgylched(-au) *m*. **~-line** *n. Rail:* siyntlein(-iau) *f*. **~-winding** *n. El.E:* siyntweindin *m*. **~-wound** *a. El.E:* siyntweindiog.
shunt² *v.t.* **1.** *Rail:* siyntio, *N.W: Min:* criwlio; **"~ with care",** "dim hergydio". **2.** *El:* siyntio, dargyfeirio. **3. to ~ a project,** gohirio cynllun, rhoi cynllun o'r neilltu; **to ~ s.o. into another department,** cyfeirio/symud/gwthio rhn i adran arall.
shunter *n.* siyntiwr (siyntwyr) *m*.
shunting *vn.* = **shunt².**
shush¹ *v.t. & int.* = **hush¹,².**
shut¹ *n. Metalw:* llinell(-au) (*f*) asio.
shut² *v.t.&i.* **1.** *v.t. (a)* cau, *S: occ:* caead; **to ~ the door against s.o.,** cau'r drws yn wyneb rhn, *N.W:* cau'r drws yn nannedd rhn, cau'r drws ar rn; **to find the door ~,** cael drws caead/caeëdig, cael [bod] y drws ar gau; **to ~ one's mouth,** cau'ch ceg, tewi, *S.W:* cau'ch pen, *N: occ:* rhoi'ch twca yn eich gwain; **to keep one's mouth tight ~,** cau'ch ceg yn dyn[n]; *P:* **~ your mouth!** cau dy geg! rho daw arni! bydd ddistaw! *N:* cau dy hopran! *S:* cau dy glop! cau dy ben! cau dy glep! **to ~ sth tight,** cau rhth yn dyn[n]; *F:* **to ~ the stable door after the horse has bolted,** *V:* codi pais ar ôl piso; **to ~ one's mind to a possibility,** cau'ch meddwl i bosibilrwydd, diystyru/anwybyddu posibilrwydd, gwrthod ystyried posibilrwydd; *(b)* **to ~ one's finger (in the door),** dal eich bys, gwasgu'ch bys (yn y drws). **2.** *v.i. (of door &c):* cau. **~ away** *v.t.* **to ~ oneself away,** ymneilltuo (o rth), ymgadw (rhag rhth), cilio (o rth). **~ down¹** *v.t.&i.* **1.** *(factory &c):* cau. **2.** *(motor, reactor):* diffodd. **~-down²** *n.* **1.** *(of factory):* cau *vn.* **2.** *(of current, motor):* diffoddiad(-au) *m*, diffodd *vn.* **3.** *(of current):* toriad(-au) *m*. **~-eye** *n. F:* cwsg *m*, cyntun *m*; **to get a little ~-eye,** cael cyntun. **~ in** *v.t. (a)* cau (rhth) i mewn; *(b) (of hills &c):* amgylchynu (rhth), cau (am rth). **~-in¹** *a.* **1.** *(by hills &c):* amgylchynedig, cyfyngedig; **~-in feeling,** teimlad eich bod wedi'ch cau i mewn. **2.** *(invalid):* caeth [i'r tŷ]. **~-in²** *n.* **1.** *(invalid):* claf (cleifion) (*m*) caeth i'r tŷ. **2.** *Geog:* ceunant (ceunentydd) *m*. **~ off** *v.t.* **1.** cau, atal (rhth); torri (rhth, ar rth); *Aut:* **to ~ off an engine,** diffodd motor; **to ~ off water,** *N:* troi'r dŵr i ffwrdd, *S:* troi'r dŵr bant. **2.** *(separate):* gwahanu. **~-off** *n.* **1.** falf(-iau) *f*, caead(-au) *m*. **2.** *(= interruption):* torri (*vn*) ar draws, tarfiad(-au) *m*. **~ out¹** *v.t. (a)* cau (rhth) allan/mas; **the trees ~ out the view,** mae'r coed yn cuddio'r olygfa; **to ~ sth out of one's mind,** gwrthod meddwl am rth; *Sp:* **they managed to ~ out their opponents,** llwyddasant i gadw 'u gwrthwynebwyr draw; *(b)* **to ~ s.o. out (of doors),** cau'r drws ar rn, cau rhn allan/mas. **~-out²** *n.* **1.** *Ind:* = **lock-out. 2.** *Cards:* **~-out bid,**

cynnig (cynigion) ataliol *m.* **3.** *U.S: Sp:* ataliad(-au) *m.* **~ to** *v.t.&i.* cau. **~ up 1.** *v.t. (a)* **to ~ sth up in sth,** cau rhth yn rhth; *(b) (in prison):* carcharu (rhn), rhoi/cadw (rhn) dan glo; *(c) F:* **to ~ up shop,** *(i)* cau'r siop; *(ii) Fig:* rhoi'r gorau iddi, rhoi'r ffidil yn y to; *(d) (doorway, opening):* cau, blocio, llenwi; *(e)* **to ~ s.o. up,** rhoi taw ar rn, cau ceg rhn, *N:* rhoi caead ar biser/debot rhn, rhoi fflempan i rn, rhoi corcyn ym mhotel rhn. **2.** *v.i. F:* tewi, bod [yn] ddistaw, cau'ch ceg, peidio â dweud dim; **~ up!** taw (tewch)! bydd(-wch) ddistaw! rho(-wch) daw arni! cau dy geg (cauwch eich cegau)! *S:* caua dy ben (cauwch eich pennau)!

shut³ *p.p.* ar gau, wedi cau, caeëdig; *S.a.* **open¹**.

shutter¹ *n.* **1.** *(on window):* caead(-au) *m,* clawr (cloriau) *m;* **Venetian ~,** caead Fenis, caead rhwyllog; **to put up the shutters,** rhoi'r caeadau i fyny *or* lan *or* yn eu lle; *F:* **we can put up the shutters,** 'does dim i'w wneud ond cau'r siop. **2.** *Phot:* caead, mwgwd (mygydau) *m;* **to set/release the ~,** gosod/gollwng y mwgwd. **3.** *(on organ):* cysgodlen(-ni) *f.* **~-release** *n. Phot:* clicied (*f*) caead (cliciedi caeadau), rhyddhäwr (*m*) caead (rhyddhawyr caeadau). **~-speed** *n. Phot:* cyflymder(-au) (*m*) caead.

shutter² *v.t.* caeadu (rhth), dodi/rhoi caead(-au) (ar rth).

shutterbug *n. U.S:* ffotograffydd (ffotograffwyr) brwd *m.*

shuttered *a.* dan gaeadau.

shuttering *n. Coll: Const:* estyll *pl,* estyllod *pl,* coed *pl* [cau].

shutterless *a.* digaead, heb gaead/glawr, di-glawr.

shuttle¹ *n.* gwennol (gwenoliaid) *f; Space:* **space ~,** gwennol ofod (gwenoliaid gofod); **weaver's ~,** gwennol gwehydd (gwenoliaid gwehyddion). **~ armature** *n.* trolyn(-nau) (*m*) gwennol. **~ diplomacy** *n.* *gwibddiplomyddiaeth *f.* **~ movement** *n. Mec.E:* symudiad(-au) (*m*) ôl a blaen, symudiad gwenoli/gwibio. **~ relay race** *n.* ras (*f*) gyfnewid wenoli (rasys cyfnewid gwenoli), ras gyfnewid ôl a blaen (rasys cyfnewid ~ a ~). **~ service** *n.* gwasanaeth(-au) (*m*) ôl a blaen, gwasanaeth gwenoli. **~-winder** *n.* dirwynwr (dirwynwyr) *m.*

shuttle² *v.i.&t.* **1.** *v.i.* mynd a dod, mynd yn ôl ac ymlaen, *occ:* gwenoli, pendilio. **2.** *v.t.* **(to ~ sth) back and forth, to and fro,** (anfon rhth, mynd â rhth) yn ôl a blaen, gwenoli rhth.

shuttlecock¹ *n. Games:* gwennol (gwenoliaid) *f;* **to play ~,** chwarae gwennol.

shuttlecock² *v.t.* **= shuttle²**.

shy¹ *n. (of horse):* rhusiad(-au) *m,* rhus(-oedd) *m.*

shy² *v.i.&t.* **1.** *v.i. (of horse):* rhusio, *S.W: occ:* rhwysgo; **to ~ at sth, to ~ away from sth,** gwingo rhag rhth. **2.** *v.t.* **= throw².**

shy³ *a.* swil, gwylaidd, diymhongar (*pronounced* ng-g), *S.W:* gwirion, cwrtais, eiddil; *(horse):* rhuslyd, gwinglyd; **to make s.o. ~,** codi swildod ar rn; **to fight ~ of sth,** osgói rhth, ymgadw rhag rhth, amau rhth; **to be ~ of doing sth,** bod yn swil/betrus/garcus o wneud rhth; *Prov:* **once bitten, twice ~,** a losgodd ei fysedd a ochel y tân; cas gan gath y ci a'i bratho; **a day when the fish are ~,** diwrnod pan na fo'r pysgod yn brathu/codi; *U.S:* **to be ~ of sth,** bod yn fyr/brin o rth; **I'm ~ three quid,** 'rwyf dair punt yn brin; 'rwyf dair punt ar fy ngholled; **work-~,** ac ofn gwaith arnoch, diog, heb ddim gwaith yn eich croen.

shy⁴ *n. F:* **1.** *(=* **throw¹***):* tafliad(-au) *m; (at fairs):* **three shies a penny,** tri chynnig am geiniog; *S.a.* **cocoa**. *O: (= attempt):* cynnig (cynigion, cynigiadau) *m,* ymgais (ymgeisiadau) *f,* ymdrech(-ion) *f;* **to have a ~ at doing sth,** rhoi cynnig ar wneud rhth, mentro gwneud rhth.

shying *vn.* **= shy²**; **a horse given to ~,** ceffyl rhuslyd/rhusgar/rhusiog.

Shylock *Pr.n. & n.* **1.** *Pr.n.m. Lit:* Sieiloc. **2.** *n. P:* usuriwr (usurwyr) *m.*

shyly *adv.* yn swil, yn wylaidd *&c.*

shyness *n.* swildod *m,* gwyl|eidd-dra *m.*

shyster *n. U.S: P:* twrnai (twrneiod) drwg/roglyd/anonest *m.*

si *n. Mus:* te *m.*

sial *n. Geol:* sïal *m.*

sialagogic *a.* poerbair.

sialic *a. Geol:* sïalig.

sialoid *a.* poeraidd.

Siam *Pr.n. Geog:* Siám *f.*

siamang *n. Z:* sïamang(-od) *m.*

Siamese *a. & n.* **1.** *a.* o Siám; Siamaidd; **~ cat,** cath (*f*) Siám/Siamaidd; **the ~ government**, llywodraeth Siám; **she's ~,** un o Siám yw hi; *Ich:* **~ fighting fish,** pysgodyn (pysgod) (*m*) ymladd Siám; **~ twin,** gefaill (gefeilliaid) Siamaidd *m&f,* gefeilles(-au) Siamaidd *f.* **2.** *n. (i) Ethn:* Siamiad (Siamiaid) *m&f; Coll:* y Siamiaid, pobl (*f or pl*) Siám; *(ii) Ling:* Siameg *f, m.*

sib¹ *a. & n. Scot:* **1.** *a.* sy'n perthyn. **2.** *n.* **= sibling.**

Sibbald *Pr.n. Ich:* **~'s rorqual,** morfil glas (morfilod gleision) *m.*

sibbaldia *n. Bot:* pumbys (*m*) yr Alban.

Siberia *Pr.n. Geog:* Siberia *f.*

Siberian *a. & n.* **1.** *a.* Siberaidd; **~ husky,** ci (cŵn) (*m*) Siberia. **2.** *n. Ethn:* Siberiad (Siberiaid) *m&f.*

sibilant *a. & n.* **1.** *a.* sisiol, sislyd. **2.** *n.* sisiol(-ion) *f,* cytsain (cytseiniaid) sisiol *f.*

sibilate *v.i. & t.* sisial.

sibilation *n. Ling:* sisial *vn,* sisio *vn,* sisiad *m.*

sibling *a. & n.* sibling(-iaid) *m&f; (in normal parlance)*: brawd (brodyr) *m,* chwaer (chwiorydd) *f; S.a.* **brother, sister; ~ relationship,** perthynas (*f*) sibling.

sibthorpia *n. Bot:* ceinioglys (*m*) Cernyw.

sibyl *n.f.* dewines(-au), sibli (siblïaid), daroganes(-au), sibyl(-iaid).

sibylline *a.* siblïaidd, proffwydol, daroganol, sibylaidd; **S~ Oracles,** Oraclau'r Sibyl.

*sic*¹ *Lt.adv:* felly['n union], *sic.*

sic² *v.t.* **= sick² 1.**

Sicanian *a. & n.* **= Sicilian.**

siccative *a. & n.* **1.** *a.* sychol. **2.** *n.* sychwr (sychwyr) *m,* sychydd(-ion) *m.*

sice¹ *n. Cards:* chwech(-au) *m.*

sice² *n.* **= groom¹ 2.**

Sicilian *a. & n.* **1.** *a.* Sisilaidd. **2.** *n.* Sisiliad (Sisiliaid) *m&f.*

siciliana *n. Mus:* sisiliana (sisilianâu) *f.*

siciliano *n. Mus:* sisiliano (sisiliani) *m.*

Sicily *Pr.n. Geog:* S|isili *f, occ:* Sisilia *f; Hist:* **Kingdom of the Two Sicilies,** Teyrnas (*f*) y Ddwy Sisili.

sick¹ *a.* **1.** gwael, *N:* sâl, *N: F:* cwla, ciami, *S:* tost, anhwylus, *S: F:* clwc, simpil; *S.a.* **ill** I; **~ headache,** meigryn *m,* gwayw (*m*) yn y pen; *Coll:* **the ~**, y cleifion; *Mil:* **to report (~),** rhoi gwybod (i rn), dweud (wrth rn), hysbysu (rhn) (eich bod yn wael/dost). **2. to be ~,** *(i) (= vomit):* chwydu, cyfogi, *N:* taflu i fyny, gloesi, gleisio, *S:* cael rhth yn ei ôl; **to be ~ with grief,** bod yn wael/dost/sâl gan ofid; **to fall ~,** *F:* **to take ~,** mynd yn sâl/wael, *Lit:* clafychu, clafeiddio; **to feel ~,** teimlo'n wael/sâl, teimlo'n swp sâl, *S: occ:* mwytho, *S:* teimlo'n dost; **a ~ feeling,** teimlad cyfoglyd *m,* cyfog *m,* gloesyctod *m,* gloesygion *pl, N:* pwys (*m*) gloesi, pwys gleisio; **as ~ as a dog,** sâl fel ci, swp sâl; *F:* **to worry oneself ~,** pocni'n enbyd; *P:* **you make me ~,** 'rwyt ti'n codi pwys/cyfog arna' i, 'rwyt ti'n fy ngwneud i'n sâl; *F:* **it's enough to make you ~,** mae'n ddigon i godi pwys/cyfog arnoch; *F:* **it makes me ~,** mae'n troi arna' i; **I felt too ~ to go on,** fe gododd arna' i fynd ymlaen. **3. to be ~ at heart,** anobeithio, gwangalonni (*pronounced* ng-g), bod yn glaf o galon, bod yn galon-glaf; **he did look ~,** 'roedd golwg ddigalon/gwla/benisel arno; **their display looked very ~ compared to ours,** tila/gwael/sâl oedd yr olwg ar eu sioe nhw o'i chymharu â'n sioe ni; **how ~ she'll be when she hears of my success,** dyna sâl fydd hi pan glyw hi am fy llwyddiant i; **he was very ~ about/at failing his exam,** 'roedd yn siomedig iawn ar ôl methu'i arholiad; **I'm ~ (for home),** mae arnaf hiraeth, 'rwy'n hiraethu (am fy nghartref); mae'n hwyr glas gennyf weld (fy nghartref); **~ humour,** hiwmor di-chwaeth/cyfoglyd *m;* **~ joke,** jôc ddi-chwaeth/gyfoglyd *f;* **to be ~ of sth,** diflasu/blino ar rth; **I'm ~ and tired of it, I'm ~ to death of it,** 'rwyf wedi diflasu arno; 'rwyf wedi hen alaru arno; **I'm ~ of this,** 'rydw i wedi cael llond bol/bola ar hyn; **I'm ~ and tired of telling you,** 'rydw i wedi hen flino dweud wrthych chi. **4.** *(a) Nau: (= needing repair):* claf, *S:* anriparus; *(b)* **~ building,** adeilad(-au) afiach *m.* **~-allowance** *n.* lwfans (*m*) gwaeledd/salwch. **~-bay** *n.* clafdy (clafdai) *m.* **~-bed** *n.* gwely(-au) (*m*) cystudd, gwely claf (gwelyau cleifion), claf-wely (-au) *m.* **~-benefit** *n.* budd-dâl (~-daliadau) (*m*) salwch. **~-berth** *n.* **= sick-bay. ~-call** *n.* galwad(-au) (*f*) meddyg. **~-flag** *n.* fflag felen (fflagiau melyn) *f,* fflag salwch/gwaeledd. **~-leave** *n.* seibiant (*m*) salwch. **~-list** *n.* rhestr(-au) (*f*) cleifion; **she's on the ~-list,** mae hi'n wael/sâl/glaf; *N: F:* mae hi'n cwyno. **~-making** *a. F:* **= sickening. ~-nurse** *n.* nyrs(-ys) *f&m.* **~-parade** *n.* parêd (paredau) (*m*) cleifion.

~-pay *n.* cyflog/tâl (*m*) salwch/gwaeledd. **~-room** *n.* clafdy (clafdai) *m*, ystafell(-oedd) (*f*) y cleifion.

sick² *v.t.* **1.** *P:* **~ sth up,** taflu rhth i fyny, chwydu rhth, *S:* cael rhth yn ei ôl.

sick³ *v.t.* (*= seek*): **~ him!** ar ei ôl e! dalia fo! dala fe! **to ~ a dog onto sth,** hysio ci ar rth.

sicken¹ *v.i. & t.* **1.** *v.i.* *(a)* gwaelu, *Lit:* clafychu, *S: occ:* mwytho; **she's sickening for a cold,** mae hi'n magu/hel annwyd; *(b) F:* **to ~ of sth,** blino/alaru ar rth. **2.** *v.t.* *(a)* **his methods ~ me,** mae'n gas gennyf ei ddulliau; mae ei ddulliau'n codi pwys/cyfog arna' i; 'rwy'n ffieiddio/gwaredu at ei ddulliau; *N:* mae ei ddulliau'n fy ngwneud i'n sâl; *(b)* **to ~ s.o. with sth,** codi cyfog ar rn â rhth.

sickened *a.* sâl (**by sth,** gan rth); gloesig, mewn gloes (o achos rhth); **she was ~ by it,** fe gododd y peth gyfog arni; fe gafodd hi'r peth yn ffiaidd/gyfoglyd.

sickener *n.* *F:* **1.** (*= disappointment*): siom(-au) *fm*, siomedigaeth(-au) *f*, siomiant (siomiannau) *m*, peth(-au) siomedig *m*. **2.** (*= sickening sight*): peth(-au) cyfoglyd/ffiaidd *m*, ffieiddbeth(-au) *m*. **3.** *Fung:* (*Russula emetica*): cyfogwr (cyfogwyr) *m*, cap (*m*) bran cyfoglyd, rwswla (rwswlâu) cyfoglyd *m*; **beechwood ~,** (*R. mairei*): cyfogwr y bedw.

sickening *a.* **1.** ffiaidd, cyfoglyd, *V:* chwydlyd, digon i godi pwys arnoch; *F:* **how perfectly ~!** dyna ffiaidd! am ofnadwy! **2.** (*realization, disappointment, thud*): gloesygus, erchyll.

sickeningly *adv.* **1.** yn gyfoglyd *&c.* **2.** yn erchyll, yn ofnadwy.

sickish *a.* braidd yn wael, go wael, lled wael, yn wael braidd, yn o wael, eithaf gwael *&c.*

sickishness *n.* lledwaeledd *m.*

sickle¹ *n.* *Tls:* cryman(-au) *m*, *F:* cryman garw, cryman medi, *N:* cryman tynnu; *Pol:* **the hammer and ~,** y morthwyl a'r cryman; *Astr:* **the S~,** y Cryman; **to use a ~,** crymana, crymanu; **to make sickles,** crymana. **~-bill** *n.* *Orn:* aderyn (adar) (*m*) crymanbig. **~-cell** *n.* *Anat:* crymangell(-oedd) *f* (*pronounced* ng-g). **~-cell anaemia** *n.* anemia (*m*) crymangell. **~-cell trait** *n.* nodwedd grymangellol (nodweddion crymangellol) *f.* **~-feather** *n.* pluen grom (plu crymion) *f*, plufyn crwm (plu[f] crymion) *m.* **~-medick** *n.* *Bot:* meillionen gorniog (meillion corniog) *f.*

sickle² *v.t. & i.* **1.** *v.t.* crymanu, medi. **2.** *v.i.* *Physiol:* crymanu.

sicklemia *n.* *Anat:* **= sickle-cell trait.**

sickliness *n.* **1.** (*= ill-health*): afiechyd *m*, gwaeledd *m*, nychdod *m*, eiddilwch *m*; (*of climate*): natur afiach *f.* **2.** (*= pallor*): llwydni *m*, gw|elwder *m.* **3.** *(a)* (*= sickening taste*): blas cyfoglyd/ffiaidd *m*; *(b)* (*= oversweetness*): gorfelyster *m*, merf|eidd-dra *m*; *(c)* (*of sentiment, style*): siwgreiddiwch *m*, sentimentaliaeth *f*, gorfelyster *m.*

sickly *a.* **1.** *(a)* (*pers.*): gwael, gwanllyd, nychlyd, afiach, egwan, eiddil; *(b)* (*light*): llwyd, llwydaidd, gwelw, pŵl, gwan; (*complexion*): llwyd, gwelw, gw|elwlas, piglwyd, piglas; *(c)* **a ~ smile,** glaswen(-au) *f*; **to give a ~ smile,** glaswenu. **2.** (*climate*): afiach. **3.** *(a)* (*taste*): cyfoglyd, merfaidd, *S.W: occ:* ofedd; **~ sweet,** gorfelys, triaglaidd, trioglyd, siwgraidd; *(b)* (*sentiment, story, tune*): afiach, sentimental, siwgraidd. **~-looking** *a.* gwael yr olwg, a golwg wael *&c* arnoch, llwydaidd/llegach yr olwg.

sickness *n.* **1.** (*= ill-health*): gwaeledd *m*, afiechyd(-on) *m*, anhwylder(-au) *m*, anhwyldeb(-au) *m*; **in ~ and in health,** yn glaf ac yn iach; *Nau:* **is there any ~ on board?** oes cleifion ar y llong? **2.** (*specific malady*): salwch *m*, clefyd(-au) *m*, *occ:* clwyf(-au) *m*, haint (heintiau) *mf*; **sea ~,** salwch môr; **sleeping ~,** clefyd y cysgu, y clefyd cysglyd; *S.a.* **airsickness**; **car ~,** salwch car, salwch teithio. **3.** (*= nausea*): salwch, cyfog *m*; **morning ~,** cyfog y bore, salwch y bore. **4. ~ of heart,** gloes (*f*) calon, anobaith *m*, gwangalondid *m* (*pronounced* ng-g), dolur (*m*) calon, poen (*mf*) calon. **5.** (*of bad joke*): diffyg (*m*) chwaeth, natur ffiaidd/gyfoglyd *f.* **~ benefit** *n.* budd-dâl (~-daliadau) (*m*) salwch/gwaeledd.

side¹ *n.* **1.** *(a)* (*in most senses*) ochr(-au) *f* (*sing. usu. pronounced and often written* ochor); *(b)* (*of animal*): ystlys(-au) *f*, ochr; **the lion was lashing its sides,** 'roedd y llew yn chwipio' i ystlysau/ochrau; **a man with a sword by his ~,** gŵr â chleddyf wrth ei glun; **by the ~ of s.o.,** wrth ochr/ymyl rhn; **by the ~ of the station,** *N:* wrth ymyl (*m*) yr orsaf, *S:* ar bwys yr orsaf; **~ by ~,** ochr yn ochr, *F:* yn ochrau'ch gilydd, *M.W:* yn sgotsh; **I've a pain in my ~,** mae gennyf bigyn yn f'ochr; **a thorn in one's ~,** draenen yn eich ystlys; **to split one's sides with laughter,** torri'ch bol gan chwerthin, chwerthin nes bron torri, *N:* mynd yn eich dyblau; **they were splitting their sides with laughter,** *N:* 'roedden' nhw'n g'lana' chwerthin; *(c)* **~ of bacon,** ystlys o gig moch, hanerob(-au) *f*, *F:* 'nerob(-au) *f*, *N: M:* horob(-au) *f*, *N.E:* 'norob(-au) *f.* **2.** (*of triangle &c*): ochr; (*of mountain, hill*): llethr(-au) *f*, llechwedd(-au, -i) *fm*, ochr, ystlys; **leeward ~,** y tu clytaf *m*; **windward ~,** tu'r gwynt; (*of bed*): erchwyn(-au,-ion) *mf*; (*of field*): ymyl(-on) *fm*, ochr; (*of haystack*): plaid (pleidiau) *f*; (*of house*): talcen(-ni,-nau) *m*, ochr; (*of river*): glan(-nau) *f*; (*of cart*): carfan(-[n]au) *f*; (*of road*): ochr, min(-ion) *m*; (*of ship*): ystlys, ochr, plaid; *Mth:* (*of equation*): ochr; *Opt:* (*of spectacles*): ochr. **3.** *(a)* (*= surface*): tu(-oedd) *m*, ochr, wyneb(-au) *m*; *Rec:* (*of record*): ochr; **the right and wrong ~ of sth,** yr wyneb a'r gwrthwyneb i rth, yr ochr gywir/iawn a'r ochr chwith i rth; **the under/lower ~ of sth,** tu isaf rhth; (*of animal, fish*): tor(-rau) *f*; **the upper ~ of sth,** tu uchaf rhth; **printed on one ~ only,** wedi'i argraffu ar un ochr yn unig; (*of garment*): **right ~ out,** [y] tu wyneb allan, yr ochr iawn allan, y ffordd iawn, o dde, [y] tu dethau; **wrong ~ out,** o chwith, [y] tu chwith/chwithig allan, [y] tu gwrthwyneb allan, *N: F:* tu chwyneb allan; *Bookb:* **cloth sides of a book,** cloriau brethyn llyfr; *Geog:* **downhill ~,** ochr waered (ochrau gwaered); **downthrow ~,** ochr syrthiedig; **upthrow ~,** ochr esgynedig; *S.a.* **bread;** *(b) F:* **the bright ~ of sth,** yr ochr orau/obeithiol i rth, y wedd obeithiol (*f*) ar rth; *Fig:* **the other ~ of the picture,** ochr arall y geiniog; **to get on the soft/right ~ of s.o.,** plesio rhn, mynd i lawes rhn; **to get on the wrong ~ of s.o.,** tramgwyddo rhn, codi gwrychyn rhn, pechu yn erbyn rhn, digio rhn, sathru ar gyrn rhn, tynnu blewyn o drwyn rhn; **(to hear) both sides of the argument,** (gwrando) ar ddwy ochr y ddadl, ar ddadleuon y ddwy blaid/garfan; **there are two sides to every story,** mae dwy ochr i bob stori; mae dwy ochr i'r ddalen; **to take sides,** cymryd ochr, ffafrio/pleidio un blaid, ochri gydag un blaid; **there are many sides to his character,** mae sawl ochr/gwedd i'w gymeriad; **he wouldn't listen to my ~ of the story,** ni fynnai wrando ar f'ochr i i'r stori; **his speech was a bit on the long/short ~,** 'roedd ei araith braidd yn hir/fyr; **the weather is on the cool ~,** mae'r tywydd braidd yn oer; mae hi'n eithaf oer; mae hi'n ddigon oer; braidd yn rhyw oeraidd ydi hi; mae rhywbeth yn oer ynddi; *S.a.* **angel, seamy. 4.** *(a)* **on this ~ of sth,** yr ochr hon i rth, y tu hwn i rth, *F:* yr ochr yma i rth; **I respect her this ~ of idolatry,** 'rwy'n ei pharchu heb ei haddoli; **on the left hand ~,** ar y [llaw] chwith, *Lit:* ar yr aswy [law]; **on the right hand ~,** ar y [llaw] dde, *N.E: occ:* ar y ddethe; **on the south ~,** o'r ochr ddeheuol, o'r tu deheuol; **on both sides,** o'r ddwy ochr, ar y naill law a'r llall, ar y ddau du, ar y ddeutu, o bob tu; **on one ~, to one ~ of sth,** o'r naill ochr i rth; **on all sides,** ar bob ochr, ar bob tu, ar bob llaw, o bob tu, o bobtu; **on the other ~ (of sth),** y tu draw, yr ochr draw, y tu hwnt (i rth); **from ~ to ~,** o ochr i ochr, o'r naill ochr i'r llall, ar draws, ar letraws, *S.W:* lig-log; **to move from ~ to ~,** mynd o ochr i ochr; **he's on the right ~ of forty,** mae'n llai/iau na deugain oed; mae y tu clytaf i'r deugain; **he's on the wrong ~ of forty,** mae dros ei ddeugain oed; **on this ~ of the grave,** yn y byd [a'r bywyd] hwn, yr ochr yma/hyn i'r bedd, yn y fuchedd hon; **to move to one ~,** symud o'r neilltu, symud i'r naill ochr; **to put sth to one ~,** rhoi/dodi, rhth o'r neilltu, neilltuo rhth; *S.a.* **wrong¹** I. **3; to take s.o. to/on one ~,** mynd â rhn o'r neilltu; *(b) F:* rhodres *m*; *F:* **to put on ~,** rhodresa, llancio, eich dangos eich hun, *N:* torri cŷt; **he has no ~,** 'does dim byd mawreddog/rhodresgar ynddo; **she puts on ~,** mae hi'n ei dangos ei hun; mae hi'n llawn o rodres; *S.W:* mae llawer o ffrwmp (*m*) ynddi hi; *(c) F:* **on the ~,** o'r neilltu, yn y dirgel, yn ddistaw bach, yn ychwanegol; dros ben (rhth arall); *F:* **to have a bit on the ~,** cael tamaid dros ben; *(d)* **to make sth on the ~,** gwneud arian yn ddistaw bach, *N:* hel celc bach *m*; *U.S:* **a steak with salad on the ~,** stecen a salad gyda hi. **5.** *(a)* *Pol: &c:* plaid (pleidiau) *f*, carfan(-[n]au) *f*; **they are on our ~,** maen' nhw o'n plaid ni; **to fight on the ~ of justice,** ymladd dros gyfiawnder; **to be on the ~ of s.o.,** bod o blaid rhn, cefnogi/pleidio rhn, ochri gyda rhn; **to change [political] sides,** newid [eich] plaid, newid ochr, *Pej:* troi'ch côt; **the law is on your ~,** mae'r gyfraith o'ch plaid; *Jur:* **the other ~,** y blaid arall; **both sides, the two sides,** (*in a lawsuit*): y ddwyblaid *f*; **there are mistakes made on both sides,** mae camgymeriadau o'r ddeutu *or* ar y ddeutu; *(b) Sch:* adran(-nau) *f*; **the classical ~,** adran y clasuron; **the science ~,** yr adran wyddoniaeth, yr adrannau gwyddonol, y gwyddorau *pl*; *(c) Games:* tîm (timau) *m*; *F:* **to let the ~ down,** siomi'ch tîm/adran; **to pick sides,** dewis pa ochr; *Rugby Fb:* **no ~,** diwedd *(m)* y gêm; **to go off-~,** camochri; *Fb:* **five-a-~,** pump [i] bob ochr; *(d)* **(well-connected) on his mother's ~,** (o deulu da) o du ei fam, ar ochr ei fam; *(e) Bill:* osgo *m*; *(f) Th:* **sides,** dalennau part. **6.** *attrib.* ystlysol, ystlys, ochr. **~-aisle** *n. Ecc: Arch:* ystlys *(f)* eglwys (ystlysau eglwys/eglwysi). **~-altar** *n. Ecc:* allor(-au) *(f)* ystlys. **~-arm** *n. (= sword):* = **dagger, pistol, sword. ~-band** *n. W.Tel:* band(-iau) ystlysol *m*. **~-beam** *n. Const:* tulath(-au) *m*. **~-bet** *n.* bet(-iau) *(f)* dros ben. **~-bone** *n.* **1.** *(of fowl):* asgwrn (esgyrn) ystlysol *m*. **2.** *Vet: (of horse):* esgyrniad *m*, *F:* seibons *pl*. **~-car** *n.* ystlysgar (ystlysgeir) *m*, car (ceir) *(m)* clun, *F:* seicar(-s) *m*. **~-card** *n. Cards:* sgîl-gerdyn *m*: sgîl-garden *f* (~-gardiau). **~-chain** *n. Ch:* ystlysgadwyn(-i) *f*. **~-chapel** *n. Ecc:* capel(-i) *(m)* ystlys. **~-clearance** *n.* cliriad(-au) *(m)* ochr. **~ dish** *n. Cu:* saig (seigiau) ychwanegol *f*. **~-door** *n.* drws (drysau) *(m)* ochr/ystlys, cilddor(-au) *f*, cilddrws (cilddrysau) *m*. **~-dress** *v.t. Hort:* sgîl-wrteithio. **~-drum** *n.* drwm (drymiau) *(m)* ochr, drwm bach. **~-effect** *n.* sgîl-effaith (~-effeithiau) *f*. **~-elevation** *n. Surv:* ystlyslun(-iau) *m*. **~-entrance** *n.* drws ochr/ystlys, mynedfa (mynedf|eydd) *(f)* [o'r] ochr, cilddrws (cilddrysau) *m*. **~-face 1.** *n.* proffil(-iau) *m*, cernlun(-iau) *m*, ystlyswedd(-au) *f*. **2.** *adv.* **picture taken ~-face,** llun a dynnwyd o'r ochr. **~-glance** *n.* cilolwg (cilolygon) *mf*, ciledrychiad(-au) *m* **(at sth,** ar rth). **~-head, ~-heading** *n. Typ:* ystlysbennawd (ystlysbenawdau) *m*. **~-issue** *n.* eilbeth(-au) *m*. **~-lamp** *n. Veh:* lamp fach (lampau bach) *f*, golau (goleuadau) bach *m*. **~-mouth tongs** *n. Tls:* gefel gegochr (gefeiliau cegochr) *f*. **-note** *n.* ystlysnodyn (ystlysnodion) *m*, nodyn (nodion) *(m)* ochr. **~-on** *adv.* o'r ochr, wysg yr ochr. **~-pocket** *n.* poced(-i) *(f)* [yn yr] ochr, cilboced(-i) *f*. **~-post** *n.* ystlysbost (ystlysbyst) *m*, cilbost (cilbyst) *m*. **~-product** *n.* sgîl-gynnyrch (~-gynhyrchion) *m*. **~-rake** *n.* gogwydd *(m)* ochr. **~-road** *n.* cilffordd (cilffyrdd) *f*, ffordd fach (ffyrdd bychain) *f*, ffordd gefn (ffyrdd cefn). **~-saddle 1.** *n.* cyfrwy(-au) untu/untuog *m*, cyfrwy merch (cyfrwyau merched), *N:* pilyn(-nau) *m*. **2.** *adv.* **to ride ~-saddle,** marchogaeth wysg eich ochr. **~ salad** *n. Cu:* salad(-au) bach *m*, salad atodol. **~-seat** *n.* sedd(-au) *(f)* [ar yr] ochr, cilsedd(-au) *f*. **~-slip[1]** *n.* [y]sglefriad(-au) *m*, llithriad(-au) *m*, llithro *vn* (wysg yr ochr); cil-lithriad(-au) *m*. **~-slip[2]** *v.i.* [y]sglefrio. **~-splitting** *a.* anfarwol, digrif dros ben. **~-splittingly** *adv.* **~ funny,** anfarwol ddigrif. **~-stick** *n.* stribyn(-nau) *(m)* ochor. **~-street** *n.* stryd *(f)* gefn (strydoedd cefn). **~-stroke** *n. Swim:* nofio *(vn)* ar yr ochr, cilstroc *f*. **~-swipe[1]** *n.* cildrawiad(-au) *m*. **~-swipe[2]** *v.t.* cildaro. **~-table** *n.* bwrdd (byrddau) *(m)* ochr/ystlys, ystlysfwrdd (ystlysfyrddau) *m*, eilfwrdd (eilfyrddau) *m*, *S:* cilford(-ydd) *f*, *S.E:* bord(-ydd) *(f)* amlath. **~-tool** *n.* erfyn (arfau) *(m)* ochr. **~-trip** *n.* cildaith (cildeithiau) *f*. **~ valve** *n.* falf(-iau) *(f)* ochr. **~-view** *n.* ochr-olwg (~-olygon) *f*, ystlyswedd(-au) *f* **(of sth,** ar rth); **~-view of the hotel,** golwg ar y gwesty o'r ochr. **~-wall** *n.* **1.** *(of tyre):* ochr. **2.** *Geog:* ochr-fur(-iau) *m*. **~-wheel** *a.* olwyn *(f)* rodl (olwynion rhodl). **~-wheeler** *n.* llong *(f)* rodli (llongau rhodli). **~-whiskers** *n.pl.* locsyn *(m)* clust (locsys clustiau), cernflew *pl*. **~ wind** *n.* croeswynt(-oedd) *m*, gwynt croes (gwyntoedd croesion) *m*, ystlyswynt(-oedd) *m*, gwynt(-oedd) [o'r] ochr, asgellwynt(-oedd) *m*; *F:* **to hear of sth by a ~ wind,** dod i wybod rhth yn ddamweiniol.

side[2] *v.i.* **to ~ with s.o.,** ochri gyda rhn, pleidio rhn, cymryd ochr rhn, cymryd plaid rhn, *occ:* porthi rhn, *S.W:* selo rhn.

sideboard *n. Furn:* seld(-au) *f*, seldfwrdd (seldfyrddau) *m*, *Lit:* ystlysfwrdd (ystlysfyrddau) *m*, eilfwrdd (eilfyrddau) *m*, *F:* seidbord(-s, -ydd, -iau) *mf*.

sideburned *a.* locsynnog.

sideburns *n.pl. U.S:* = **side-whiskers.**

-sided *a.* -ochrog; **five-~,** pumochrog, â phum ochr; **double-~,** dwyochrog, â dwy ochr; **multi-~, many-~,** amlochrog; **one-~,** unochrog; *(pers.):* unllygeidiog, pleidiol; **lop-~,** cam (ceimion), unochrog, ystlysgam (ystlysgeimion), ar un ochr.

sidedness *n.* ochrogrwydd *m*.

sidehill *n.* = **hillside.**

sidekick *n. F:* partner(-iaid) *m*.

sidelight *n.* **1.** *Phot:* goleuni lletraws *m*, goleuni o'r ochr; *F:* **to throw a ~ on a subject,** taflu goleuni pellach ar bwnc. **2.** *Aut: Nau:* golau (goleuadau) *(m)* ystlys; *S.a.* **side-lamp. 3.** *Constr:* *cil-ffenestr(-i) *f*.

sideline *n.* **1.** eilbeth(-au) *m*, ail fusnes(-au) *m*; *Com:* eilnwydd(-au) *m*. **2.** *pl. Sp:* llinellau ochr, ystlysau; *Fig:* **on the ~,** ar y cyrion.

sideling *adv.* = **sideways.**

sidelong *adv. & a.* **1.** *adv.* **to move ~,** symud wysg eich ochr. **2.** *a.* lletraws, lletgroes; **~ glance,** cilolwg (cilolygon) *mf* **(at sth,** ar rth); **to give s.o. a ~ glance,** ciledrych ar rn.

sideman *n.m. Mus:* cyfeilydd(-ion).

sidepiece *n.* ystlysddarn(-au) *m*, cilddarn(-au) *m*.

sidereal *a. Astr:* serol.

siderite *n. Min:* s|iderit (sideritau) *m*.

siderolite *n.* sid|erolit (siderolitau) *m*.

siderosis *n. Med:* siderosis *m*.

siderostat *n. Astr:* s|iderostat (siderostatau) *m*, sêr-sefydlwr (~-sefydlwyr) *m*.

siderostatic *a. Astr:* sêr-sefydlol, siderostatig.

siderotic *a. Med:* siderotig.

sideshow *n.* **1.** *(in fair):* stondin(-au) *f*. **2.** *Fig:* mater(-on) eilradd *m*, eilbeth(-au) *m*.

sidesman *n.m. Ecc:* ystlyswr (ystlyswyr).

sidespin *n. Ten:* troelli *(vn)* ochr y bêl.

sidestep[1] *n.* **1.** *Box: &c:* cilgam(-au) *m*. **2.** *Veh:* gris(-iau) *(m)* ystlys.

sidestep[2] *v.i. & t.* **1.** *v.i. & t.* camu o'r neilltu, cilgamu. **2.** *Fig: v.t.* osgói, gochel.

sidestepper *n.* **1.** cilgamwr (cilgamwyr) *m*. **2.** osgöwr (osgowyr) *m*.

sideswipe[1] *n. U.S:* cildrawiad(-au) *m*.

sideswipe[2] *v.t.* cildaro.

sidetrack[1] *n. Rail:* = **siding.**

sidetrack[2] *v.t. (a) Rail:* siyntio; *(b) F:* troi (rhth) o'r neillltu; *(pers.):* camgyfeirio (rhn), arwain (rhn) ar gyfeiliorn; **he was ~-tracked (by a questioner),** anfonwyd ef ar ôl ysgyfarnog, arweiniwyd ef ar gyfeiliorn (gan holwr).

sidewalk *n. U.S:* = **pavement.**

sideward[s] *a. & adv.* = **sideways.**

sideway *n. & a.* **1.** *n.* = **byway. 2.** *a.* = **sideways.**

sideways *adv. & a.* i'r ochr, at yr ochr, [yn] wysg eich ochr; *Cmptr:* **~ RAM, ~ ROM,** RAM ochr, ROM ochr;**~-upwards** *adv.* i'r ochr ac i fyny.

sidewinder *n.* **1.** *U.S: (= blow):* cildrawiad(-au) *m*. **2.** *Rept:* neidr ddolennog (nadroedd dolennog) *f*. **3.** *U.S. F:* **you pesky ~!** y cythraul!

sidewise *adv.* = **sideways.**

siding *n. Rail:* cilffordd (cilffyrdd) *f*, *F:* seidin(-s) *m*.

sidle *v.i.* sleifio.

SIDS *n. abbr.* = **cot-death.**

siege[1] *n. Mil:* gwarchae(-au, -oedd) *m*; **to lay ~ to a town,** gwarchae ar dref; *Fig:* **to lay ~ to a girl's heart,** dwyn perswâd taer ar galon merch; **to raise the ~,** codi gwarchae; **under ~,** dan warchae, gwarchaeëdig. **~-gun** *n. Hist:* gwn (gynnau) *(m)* gwarchae. **~-machine** *n.* magnel(-au) *f*, blif(-iau) *m*. **~-train** *n.* cerbydau *(pl)* gwarchae. **~-works** *n.pl. Archeol:* gwarchaefur(-iau) *m*.

siege[2] *v.t.* = **besiege.**

Siege[2] Perilous *n. Lit:* yr Eisteddfa Beryglus *f*.

siemens *n. El: Meas:* siemens(-au) *m*.

Sienese *a. & n.* **1.** *a.* o Sienna, Siennaidd. **2.** *n.* Sieniad (Sieniaid) *m&f*.

sienna *n.* sienna *m*; **burnt ~,** sienna llosg; **raw ~,** sienna crai.

sierozem *n. Geol:* si|erosem *m*.

sierra *n.* **1.** *Geog:* cadwyn(-i) *f* [o fynyddoedd]. **2.** *Ich:* macrell (mecryll) *(m)* Sbaen, siera(-od) *m*.

siesta *n.* cyntun(-au) *m*.

sieva *n. Bot:* **~ bean,** ffäen/ffeuen (ffa) *(f)* siefa.

sieve[1] *n.* gogr(-au) *m*, *(usu. pronounced and often written* gogor), rhidyll(-au,-iau) *m*, *occ:* hidl(-au) *f*, *S:* gwagar *m*, *S.E:* shifa *mf*, *S.W: occ:* shife(-au) *mf*; **bolting-~, meal ~,** gogr blawd, gogr paill; **corn ~,** gogr puro; **coarse ~,** gogr bras; **hair ~,** gogr rhawn; **ranging-~,** gogr nithio, gogr rhuwch; **wire ~,** gogr weiren. **~ cell** *n. Bot:* cell(-oedd) *(f)* hidlo. **~ plate** *n. Anat:* plât (platiau) *(m)* hidlo. **~ tube** *n. Bot:* tiwb(-iau) *(m)* hidlo, tiwb rhwyllog.

sieve[2] *v.t.* = **sift 1.** *(a)*.
sieved *a.* gogrynedig.
sieveful *n.* gograid (gogreidiau) *m*, rhidyllaid (rhidylleidiau) *m*, llond (*m*) gogr/rhidyll.
sievemaker *n.* gogrwr (gogrwyr) *m*, gogrydd(-ion) *m*, *S:* gwecrydd(-ion) *m*.
sifaka *n. Z:* siffaca(-od) *m*.
siffleur *n.* chwibanwr (chwibanwyr) *m*.
sift *v.t. & i.* **1.** *v.t. (a)* gogrwn, hidlo, *occ:* rhidyllu, *S.W:* gwagro, gwagryn, *N:* gogro; **to ~ grain,** nithio grawn; **to ~ sugar over a cake,** hidlo siwgwr dros deisen; *(b) Fig:* **to ~ (evidence),** gogrwn, nithio, dadansoddi (tystiolaeth); **to ~ out the true from the false,** nithio'r gwir a'r gau. **2.** *v.i. (of snow, light):* dihidlo, hidlo.
sifted *a.* gogrynedig, nithiedig.
sifter *n.* **1.** *(pers.):* gogrynwr (gogrynwyr) *m*, nithiwr (nithwyr) *m*, rhidyllwr (rhidyllwyr) *m*. **2.** *(a)* = **sieve[1]**; *(b) Cu:* hidl(-au) *f*, hidlwr (hidlwyr) *m*, ysgeintiwr (ysgeintwyr) *m*.
sifting *vn. & n.pl.* **1.** *vn.* = **sift 1, 2**; gogryniad(-au) *m*, rhidylliad(-au) *m*, nithiad(-au) *m*. **2.** *n.pl.* **siftings,** hidlon, hidlion.
sigh[1] *n.* ochenaid (och[e]neidiau) *f*; **to breathe a ~,** gollwng ochenaid; **to heave a ~,** och[e]neidio.
sigh[2] *v.t. & i.* och[e]neidio; **to ~ for/after sth,** och[e]neidio/dyh|eu am rth.
sigher *n.* och[e]neidiwr (och[e]neidwyr) *m*, och[e]n|eidwraig *f*.
sighing *a.* och[e]neidiol.
sight[1] *n.* **1.** *(a) (= faculty of vision):* golwg *m*; **long ~,** golwg hir; **to have long ~,** bod yn hir eich golwg, gweld yn bell; **short ~,** golwg byr, byrolwg; **second ~,** clirwelediad *m*; **she has second ~,** mae hi'n gallu gweld y dyfodol; **to lose one's ~,** colli'ch golwg, mynd yn ddall; **to have good/bad ~,** gweld yn dda/wael; **his ~ was failing,** 'roedd ei lygaid/olwg yn pylu/diffygio; *(b) (= seeing or being seen):* golwg *m*, cipolwg (cipolygon) *mf*, cip(-ion) *m*, *S.W:* cipod(-au) *f*; **to catch ~ of s.o.,** cael cipolwg/cip ar rn; **to lose ~ of s.o.,** colli golwg ar rn, *M.W:* colli cydít ar rn; *Nau:* **to lose ~ of land,** mynd o olwg tir; **to lose ~ of the fact that. . .,** anghofio'r ffaith fod. . .; **I can't bear the ~ of him,** ni allaf i ddim dioddef ei weld; ni dda gen i mo'r olwg arno; **at [first] ~,** ar yr olwg gyntaf, o weld rhth, wrth weld rhth; **to translate at ~,** cyfieithu wrth [ei] weld, cyfieithu ar yr olwg gyntaf; *Mus:* **to play at ~,** chwarae ar yr olwg gyntaf; **(to shoot s.o.) at/on ~,** (saethu rhn) pan welwch ef, gyntaf y gwelwch ef, o'i weld ef, wrth ichi ei weld; **bill payable at ~,** bil taladwy ar gyflwyniad; **to buy sth ~ unseen,** prynu rhth heb ei weld [yn gyntaf]; *Prov:* prynu cath mewn cwd; **(to fall in love) at first ~,** (cwympo mewn cariad) o'r funud gyntaf, ar yr olwg gyntaf, ar unwaith, yn y fan a'r lle; **to know s.o. by ~,** adnabod rhn o ran ei weld/olwg; *(c)* **to find favour in s.o.'s ~,** rhyngu bodd rhn, bod yn gymeradwy gan rn *or* ger bron rhn *or* yng ngolwg rhn, cael ffafr yng ngolwg rhn. **2.** *(= range of vision):* **to come into ~,** dod i'r golwg, ymddangos, *N:* dod i'r fei, *S:* dod ar glawr; **to come in ~ of home,** dod i olwg cartref, *occ:* dod i olwg y mwg; **within ~,** mewn golwg, o fewn golwg; **land in ~!** dacw'r lan! dacw'r tir! **my goal is in ~,** mae fy nod o fewn cyrraedd; **the mere ~ of it was enough,** 'roedd dim ond yr olwg arno'n ddigon; 'roedd dim ond ei weld yn ddigon; **(the end is) in ~,** (mae'r diwedd) yn agosáu, o fewn golwg, yn y golwg, yn weladwy, i'w weld; **keep her in ~,** cadwch lygad [barcud] arni; peidiwch â cholli golwg arni; **out of ~,** [allan] o'r golwg, anweladwy; **to put sth out of ~,** rhoi rhth o'r golwg, cuddio rhth; **he didn't let her out of his ~,** ni châi hi fynd o'i olwg; **get out of my ~!** dos o 'ngolwg i! *Prov:* **out of ~, out of mind,** allan o olwg, allan o feddwl; pell o'r golwg, pell o'r meddwl/cof; angof pob anwel. **3.** *(a) Surv: (= observation):* trem(-[i]au) *f*, golwg (golygon) *m*, edrychiad(-au) *m*, arsylliad(-au) *m* **(of sth,** ar rth); *(b) Artil: Sm.a: (=* **aim[1]***):* **1.** *(a):* aneliad(-au) *m*; **to take a ~ of/at sth,** anelu at/am rth; **angle of ~,** ongl(-au) (*f*) anelu; **line of ~,** llinell (*f*) weld (llinellau gweld), tremlin(-au) *f*, golyglin (-au) *f*; *Nau:* **to take a ~ of the sun,** cymryd golwg ar yr haul. **4.** *Sm.a: (of rifle &c):* golygdwll (golygdyllau) *m*, annel (anelau) *m*; *Sm.a:* **back-~,** annel ôl; **fore-~,** annel blaen; **to set one's sights on sth,** anelu am/at rth; *Fig:* gosod eich bryd (*m*) ar rth; **to adjust sights,** cywiro aneliad; *Fig:* **to lower one's sights,** anelu'n is; **to shoot with open sights,** saethu oddi agos, saethu o fewn y dim. **5.** *(a) (= spectacle):* golygfa (golygf[e]ydd) *f* (*not used of people*); **a sad ~,** golygfa drist, peth trist i'w weld; **he is an awful ~,** mae golwg ofnadwy arno (*N.B. in this sense* golwg *is f.*); **he was a sad ~,** *(i) (= looked sad):* 'roedd golwg drist arno; *(ii) (= was pitiable):* yr oedd yn beth trist ei weld; 'roedd golwg druenus arno; **it is a ~ to see,** mae'n werth ei weld; *N.W: occ:* mae'n ddrych i'r byd ei weld o; *F:* **she was a ~ for sore eyes** *or* **for the gods,** 'roedd hi'n falm i'r llygaid; 'roedd hi'n werth ei gweld; *(b)* **his face was a ~!** dyna/am olwg oedd ar ei wyneb! petaech chi wedi gweld [yr olwg ar] ei wyneb! *S:* 'roedd drych ar ei wyneb e! **what a ~ you are!** dyna/am olwg sydd arnoch chi! *(c)* **the sights of the city,** golygfeydd/atyniadau/hynodion y ddinas. **6.** *P:* **a ~ of,** *See* **lot[1] 4; she's a ~ too clever for you,** mae hi'n rhy glyfar i ti o lawer *or S:* o hewl; **not by a long ~,** ddim o bell ffordd, ddim o lawer; **she's looking a ~ better now,** mae hi'n edrych yn well o lawer bellach; **I'm a damn ~ better off,** 'rwy'n llawer gwell fy myd; *V:* mae hi beth cythraul yn well arna' i. **~ bill** *n. Fin:* bil(-iau) (*m*) taladwy ar gyflwyniad. **~ gag** *n. Th:* jôc weledol (jôcs gweledol) *f*. **~-feed** *n. Mch:* porthiant gweladwy *m*. **~-glass** *n.* gwydryn(-nau) (*m*) archwilio. **~-line** *n.* llinell (*f*) weld (llinellau gweld). **~-read** *v.t.* darllen (rhth) wrth ei weld, darllen (rhth) ar yr olwg gyntaf. **~-reading** *vn.* darlleniad(-au) (*m*) wrth weld, darlleniad ar yr olwg gyntaf. **~ rhyme** *n. Pros:* lled-odl(-au) *f*. **~-rule** *n. Surv:* |alidad (alidadau) *m*. **~-screen** *n. Cr:* sgrîn wen (sgriniau gwynion) *f*. **~-seer** *n.* ymwelydd (ymwelwyr) *m*, twrist(-iaid) *m*. **~-seeing[1]** *a.* ymweliadol. **~-seeing[2]** *vn.* ymw|eld, gweld golygfeydd; **to go ~-seeing somewhere,** ymweld â rhywle, mynd i weld golygfeydd rhywle. **~-singing** *vn.* canu ar yr olwg gyntaf. **~-testing** *vn.* archwilio'r golwg, rhoi prawf ar y llygaid/golwg. **~ translation** *n.* cyfieithu (*vn*) wrth weld, cyfieithu ar yr olwg gyntaf, cyfieithiad(-au) dibaratoad *m*. **~ word** *n. Sch:* gair (geiriau) (*m*) gweld a dweud.
sight[2] *v.t.* **1.** gweld, canfod (rhth); sylwi (ar rth); *Nau:* **to ~ land,** gweld y tir, canfod tir. **2.** *Astr:* **to ~ a star,** arsyllu ar seren. **3.** *(gun):* anelu, cyfeirio.
sighted *a.* **~ person,** rhywun a golwg ganddo, rhywun sy'n gallu gweld; **far-~,** craff, llygadog, pellweledol; **long-~,** hir eich golwg, â golwg hir, *Lit:* hirdrem; **short-~,** byr eich golwg, â golwg byr; *Fig:* byrweledol, di-weld, diweledіad; **weak-~,** â golwg gwan, gwan eich golwg.
sighter *n. Phot:* anelydd(-ion) *m*, anelwr (anelwyr) *m*.
sighting *vn.* **1.** *(= glimpse):* = **sight[1] 1; there have been many sightings of the golden eagle,** gwelwyd yr eryr aur droeon. **2.** *(= aiming):* anelu. **~ shot** *n. Sm.a:* taniad(-au) (*m*) anelu. **~-slit** *n. Med:* agen(-nau) (*f*) archwilio. *S.a.* **rule[1] 4.**
sightless *a.* **1.** dall, heb olwg, *N.W: occ:* tywyll. **2.** *Poet:* anweladwy.
sightlessly *adv.* **1.** yn ddall. **2.** *Poet:* yn anweladwy.
sightlessness *n.* dallineb *m*.
sightliness *n.* golygusrwydd *m*, prydferthwch *m*, tegwch *m*, harddwch *m*.
sightly *a.* golygus, teg yr olwg, teg eich golwg, teg o bryd, hardd, prydferth.
sightworthy *a.* gwerth eich gweld, teilwng o sylw.
sigil *n.* = **seal[2], signet, amulet.**
sigillary *a.* swynoglaidd.
sigillate *a.* seliedig.
sigillography *n.* selyddiaeth *f*.
siglum *n. Pal:* arwydd(-ion) *m*, siglwm (sigla) *m*.
sigma *n. Gr.Alph:* sigma (sigmâu) *f*.
sigmatic *a.* sigmatig.
sigmate *a.* ar ffurf S, ar lun S, deudro.
sigmoid, sigmoidal *a.* crwm (*f.* crom, *pl.* crymion), deudro, sigmoidaidd; *Anat:* **~ flexure,** plygiant crwm (plygiannau crymion) *m*.
sigmoidally *adv.* ar ffurf S, ar lun S, yn ddeudro.
sigmoidoscope *n. Med:* sigm|oidosgop (sigmoidosgopau) *m*.
sigmoidoscopic *a.* sigmoidosgopig.
sigmoidoscopy *n.* sigmoid|osgopi (sigmoidosgopïau) *m*.
sign[1] *n.* **1.** *(= gesture):* arwydd(-ion) *m*, amnaid (amneidiau) *f*; **to make a ~ to s.o.,** amneidio ar rn, gwneud arwydd/amnaid ar rn. **2.** *(most other senses):* arwydd; **~ of recognition,** arwydd o adnabyddiaeth; **~ and countersign,** arwydd a gwrtharwydd *m*; *Tg:* **call-~,** arwydd galwad; **a ~ of rain,** arwydd/awgrym o law, *S.E:* graen (*m*) o law; *B:* **many signs and wonders done by the apostles,** llawer o ryfeddodau ac arwyddion o wnaethpwyd

gan yr apostolion; **to do sth in ~ of sth,** gwneud rhth fel arwydd o rth; **as a ~ of sth,** yn/fel arwydd o rth; **it's a ~ of the times,** mae'n un o arwyddion yr oes/amserau; **there is no ~ of his coming,** nid oes arwydd ei fod yn dod; nid oes golwg ohono'n dod; *(b) (= trace):* golwg *m* (ar rn); arwydd, ôl (olion) *m,* arlliw(-iau) *m* (o rn); **there was no ~ of her,** nid oedd hanes *(m)* ohoni; nid oedd dim golwg ohoni; **there's no ~ of him,** 'does dim golwg ohono; 'does dim sôn amdano; 'does dim abwyd *(m)* ohono; *F:* 'does na migwrn nac asgwrn ohono; *N:* 'does dim lliw ohono; *N.W: occ:* 'does dim bwban/boban ohono; 'does dim llun na lliw ohono; *occ:* 'does dim oglau amdano fo; *S.W:* 'does dim adlach amdano; **there were no signs of life there,** nid oedd yr un enaid byw i'w weld yno; **he showed no ~ of life,** nid oedd yr un golwg ei fod yn fyw; *(c)* **road ~,** arwydd ffordd (arwyddion ffyrdd); **traffic ~,** arwydd traffig/trafnidiaeth; **advance warning ~,** arwydd rhybudd; **signs of the Zodiac,** arwyddion y Sidydd, *Lit: occ:* sygnau'r Sidydd; **at the ~ of the Harp,** yn Nhafarn y Delyn, *F:* yn y Sein Delyn. **3.** *(written): Mth: &c:* symbol(-au) *m,* arwydd; *Cmptr:* **~ and magnitude code,** côd *(m)* maint ac arwydd. **4. the S~ of the Cross,** Arwydd y Groes/Grog; **to make the ~ of the cross,** ymgroesi, torri arwydd y groes/grog. **~ bit** *n. Cmptr:* did(-au) *(m)* arwydd. **~ digit** *n. Cmptr:* digid(-au) *(m)* arwydd. **~ extension** *n. Cmptr:* estyniad(-au) *(m)* arwydd. **~ language** *n.* iaith *(f)* arwyddion. **~-manual** *n. Hist: A:* llofnod(-au) *m.* **~-painter** *n.* peintiwr (peintwyr) *(m)* arwyddion. **~-writer** *n.* (*)llythrennwr (llythrenwyr) *m.*

sign² *v.t.* **1.** *(a) (= mark):* marcio (rhth) ag arwydd, gwn|eud arwydd (ar rth); *(b) (with signature):* arwyddo, llofnodi (rhth); *F:* torri'ch enw (ar rth); **a note signed by X,** nodyn dan law X; *Jur:* **signed, sealed and delivered by X,** arwyddwyd, seliwyd a thraddodwyd gan X; **to ~ the pledge,** cymryd llw dirwest, *F:* seinio dirwest; **to ~ on the dotted line,** arwyddo yn y man priodol; *(in shops):* **~ please!** eich enw os gwelwch yn dda! *Fig:* **to ~ one's own death warrant,** rhoi'ch pen eich hun i'w dorri. **2. to ~ assent,** arwyddo/nodi eich cydsyniad, cydsynio. **~ away** *v.t.* arwyddo i drosglwyddo (rhth); **he signed away his property,** arwyddodd a throsglwyddodd ei eiddo. **~ in** *v.t.* **to ~ s.o. in,** *(at a club):* arwyddo dros rn. **~ off** *v.i.* **1.** *(of worker):* arwyddo cyn ymadael. **2.** *F: (of broadcaster):* terfynu, cau pen y mwdwl. **~ on 1.** *v.t. (a worker &c):* cyflogi, hurio; *(member of club):* cofrestru. **2.** *v.i. (a) (of worker):* derbyn gwaith; **to ~ on the dole,** rhoi'ch/dodi'ch enw yn y lle dôl, cofrestru yn y lle dôl, ymuno â'r ciw dôl, *F:* seinio['r] dôl, *S: F:* pego; **to ~ on with a club,** ymuno/ymaelodi â chlwb; **to ~ on as unemployed,** cofrestru'n ddi-waith. **~ over** *v.t.* trosglwyddo. **~ up 1.** *v.i.* ymgofrestru, cofrestru; ymaelodi, ymuno (â rhth). **2.** *v.t.* **to ~ s.o. up,** cyflogi rhn, cael llofnod rhn, arwyddo cytundeb â rhn.

signal¹ *n.* **1.** *(= sign):* arwydd(-ion) *m,* signal(-au) *m;* **to give the ~ for departure,** rhoi arwydd cychwyn; *T.V: W.Tel:* signal; **to give/send a ~,** gyrru/anfon signal; **to receive a ~,** codi signal; *Tp:* **calling ~,** *U.S:* **line ~,** sŵn (synau) *(m)* deialu; *S.a.* **control¹, ready** I. **1. 2.** *(= apparatus): (a)* signal, *occ:* arwydd; **visual ~,** arwydd/signal gweladwy; **warning ~,** arwydd/signal rhybudd/rhybuddio; *(audible):* caniad(-au) *(m)* rhybudd; **bell ~,** cloch *(f)* rybudd (clychau rhybudd); *(after air-raid):* **all-clear ~,** caniad diogelwch; *(b) Rail:* **home ~,** arwydd/signal cyrraedd; **block ~,** arwydd bloc; *(c) Aut:* **traffic-signals,** goleuadau traffig. **3.** *Navy: (= message):* neges(-i,-au) *f,* signal; **yeoman of the signals,** iwmon (iwmyn) *(m)* yr arwyddion. **~ beacon** *n.* gwylfa (gwylf|eydd) *f,* begwn (begynau) *m; (at sea):* goleudy (goleudai) *m.* **~-book** *n. Nau:* arwyddlyfr(-au) *m.* **~-box, ~-cabin** *n. Rail:* caban(-au) *(m)* signalau. **~-flag** *n. Navy:* fflag(-iau) *(f)* negesi. **~-generator** *n. El.E:* cynhyrchydd (cynhyrchwyr) *(m)* signalau. **~-lamp** *n.* lamp(-au) *(f)* negesi. **~-light** *n. Nau: &c:* golau (goleuadau) *(m)* arwydd. **~ officer** *n. Navy:* swyddog(-ion) *(m)* negesi/signalau. **~ rocket** *n.* roced(-i) *(f)* arwydd/neges. **~-station** *n. Nau: (on land):* gorsaf *(f)* rybuddio (gorsafoedd rhybuddio). **~-to-noise ratio** *n.* cymhareb *(f)* signal i sŵn. **~-tower** *n. U.S: Rail:* caban(-au) *(m)* signalau.

signal² *v.i. & t.* **1.** *v.i.* **to ~ to s.o.,** rhoi arwydd (i rn); amneidio, gwn|eud amnaid/arwydd (ar rn); *Aut:* **to ~ before stopping,** rhoi arwydd cyn stopio. **2.** *v.t. (a)* **to ~ a train,** rhoi arwydd/signal i drên; **to ~ a ship,** dangos arwydd/signal i long; *W.Tel:* anfon neges i long, galw llong; *(b)* **to ~ a turn,** rhoi arwydd [cyn] troi; *(c)* **to ~ s.o. to stop,** gwneud arwydd stopio ar rn, rhoi arwydd i rn stopio; *(d) Rail:* **track signalled for two-way working,** llwybr ac arwyddion ar gyfer teithio dwyffordd.

signal³ *a. (= remarkable):* nodedig, hynod, neilltuol, eithriadol.

signalization *n.* hynodiad(-au) *m,* enwogiad(-au) *m.*

signalize *v.t.* **1.** *(= make noteworthy):* hynodi, enwogi; gwn|eud (rhth) yn enwog; rhoi bri (ar rth). **2.** *(= make conspicuous):* amlygu (rhth), tynnu sylw (at rth).

signaller *n.* arwyddwr (arwyddwyr) *m,* signalwr (signalwyr) *m.*

signally *adv.* yn neilltuol, yn nodedig, yn hynod.

signalman *n.m. Rail: Navy:* signalwr (signalwyr).

signalment *n.* disgrifiad(-au) *m.*

signary *n.* arwyddrestr(-au) *f.*

signatory *a. & n.* **1.** *a.* arwyddol, llofnodol. **2.** *n.* llofnodwr (llofnodwyr) *m,* arwyddwr (arwyddwyr) *m,* llofn|odwraig *f,* ar|wyddwraig *f.*

signature *n.* **1.** *(of name):* llofnod(-au,-ion) *m,* llofnodiad(-au) *m,* arwyddnod(-au) *m;* **to put one's ~ to a letter,** llofnodi llythyr. **letter for ~,** llythyr i'w lofnodi. **2.** *Typ:* arwyddnod, nodlythyren (nodlythrennau) *f,* llyfrnod(-au) *m.* **3.** *Mus:* **key ~,** arwydd *(m)* cywair/cyweirnod (arwyddion cyweiriau/cyweirnodau)). **4.** *(a) Ph:* arwyddiant (arwyddiannau) *m; (b) A:* **doctrine of signatures,** dysgeidiaeth yr arwyddnodau. **~ tune** *n.* arwydd-dôn (~-donau) *f,* tôn *(f)* gyflwyno (tonau cyflwyno).

signboard *n.* arwyddfwrdd (arwyddfyrddau) *m,* hysbysfwrdd (hysbysfyrddau) *m.*

signed *a.* wedi ei arwyddo/lofnodi, a lofnodwyd/arwyddwyd, â llofnod, yn dwyn llofnod, arwyddedig, llofnodedig; **~ document,** dogfen lofnodedig (dogfennau llofnodedig) *f;* **~, sealed and delivered by ...,** arwyddwyd, seliwyd a thraddodwyd gan ...; *Cmptr:* **~ integer,** cyfanrif(-au) arwyddedig *m.*

signer *n.* llofnodwr (llofnodwyr) *m,* llofn|odwraig *f,* arwyddwr (arwyddwyr) *m,* arw|yddwraig *f.*

signet¹ *n.* **1.** sêl (seliau) *f; A: Hist:* insel(-iau, inseiliau) *f.* **2.** *Scot:* **Writer to the S~,** Ysgrifennydd *(m)* i'r Insel. **~ ring** *n.* sêl-fodrwy(-au) *f,* modrwy(-au) *(f)* sêl.

signet² *v.t.* **to ~ a letter,** gosod sêl ar lythyr, inselio llythyr.

signifiable *a.* golygadwy, dynodadwy.

significance, significancy *n.* **1.** *(= meaning):* arwyddocâd *m,* ystyr(-on) *mf, occ:* meddwl *m;* **a look of deep ~,** golwg ystyrlon/arwyddocaol; *Mth:* **test of ~,** prawf (profion) *(m)* arwyddocâd. **2.** *(= importance):* pwysigrwydd *m, occ:* pwys *m; Lit:* **of the greatest ~,** o'r pwys mwyaf. **~ level** *n.* lefel(-au) *(f)* pwysigrwydd.

significant *a.* **1.** *(= having meaning):* arwyddocaol, llawn arwyddocâd, ystyrlon; **~ form,** ffurf(-iau) arwyddocaol *f.* **~ others,** eraill arwyddocaol; *Mth:* **~ figure,** ffigiwr ystyrlon *m; Ar:* **~ number,** rhif(-au) arwyddocaol *m;* **difference,** gwahaniaeth(-au) arwyddocaol *m.* **2.** *(= important):* pwysig, o bwys, sylweddol, *Lit:* pwysfawr; **there has been no ~ change in our policy,** ni fu unrhyw newid o bwys yn ein polisi.

significantly *adv. (a)* yn arwyddocaol, yn ystyrlon; *(b)* **~ cheaper,** gryn dipyn yn rhatach, sylweddol ratach.

significates *n.pl. Phil:* arwyddolion.

signification *n.* = **significance 1.**

significative *a.* **1.** = **significant 1. 2. symptoms ~ of a heart attack,** symptomau arwyddocaol o drawiad ar y galon.

significatively *adv.* = **significantly.**

significativeness *n.* = **significance.**

significs *n.pl. Ling:* semanteg *f.*

signified *a.* arwyddedig.

signifier *n. Mth: &c:* dynodydd(-ion) *m,* arwyddwr (arwyddwyr) *m.*

signify *v.t. & i.* **1.** *v.t. (a) (= mean):* golygu, dynodi, *occ:* arwyddocáu; **what does this ~?** beth yw ystyr hyn? beth y mae hyn yn ei feddwl/olygu? *(b) (= make known):* mynegi, cyhoeddi, datgan. **2.** *v.i.* bod o bwys, bod yn bwysig/arwyddocaol; **it does not ~,** nid yw o bwys; ni waeth beth ydyw; **what does it ~?** beth yw ei bwys? pa bwys?

signory *n.* = **seigniory.**

signpost¹ *n.* arwyddbost (arwyddbyst) *m.*

signpost² *v.t.* gosod arwyddbyst; **a well-signposted road,** ffordd â

digon o arwyddbyst; **a badly-signposted road**, ffordd heb ddigon o arwyddbyst.
signum *n.* signwm (signa) *m.*
sika *n. Z:* carw (ceirw) (*m*) sica, sica(-od) *m*; **Japanese ~ [deer]**, [carw] sica Jap|an.
Sikh *n. & attrib.* **1.** *n.* Sîc (Siciaid) *m&f.* **2.** *attrib.* Sicaidd.
Sikhism *n. Rel:* Siciaeth *f.*
Sikkim *Pr.n. Pol:* Sicim *f.*
Sikkimese *a. & n.* **1.** *a.* Sicimaidd, o Sicim. **2.** *n.* Sicimiad (Sicimiaid) *m&f.*
silage[1] *n.* silwair *m.*
silage[2] *v.t.* silweirio.
silane *n. Ch:* silan(-au) *m.*
silastic *n. R.t.m: Med:* silastig *m.*
sild *n. Ich:* pennog (penwaig) (*m*) Norwy, sild(-iaid) *m.*
silence[1] *n.* distawrwydd *m*; *(= quietness):* tawelwch *m*; *Poet:* mudandod *m*; **to keep ~**, tewi, bod yn ddistaw, cadw'n ddistaw, aros yn fud, peidio â dweud dim; **to break ~**, torri'ch mudandod; **to put/reduce s.o. to ~**, peri i rn dewi, rhoi taw ar rn; **to suffer in ~**, dioddef yn ddistaw; **~ reigned supreme**, bu tawelwch llethol; **~ gives consent**, cytuno yw tewi; **~ is assent**, goddef yw tewi; *Prov:* **~ is golden**, aur dilin yw distawrwydd; *Lit:* **the rest is ~**, yn awr, distawrwydd; **dead ~**, distawrwydd llethol, *Lit:* dwys ddistawrwydd; **to work in ~**, gweithio'n ddistaw, gweithio mewn distawrwydd; **breathless ~**, distawrwydd disgwylgar; **the two minutes ~**, y distawrwydd dau/dwy funud, y ddau funud distaw, y ddwy funud ddistaw; **~!** distawrwydd! byddwch yn ddistaw! tewch! llai o'r sŵn 'na! tawelwch! *Lit:* gosteg! **~ in court!** gosteg yn y llys! **the ~ of the centuries**, mudandod canrifoedd; **(they have passed/gone) into ~**, (maent wedi mynd) i'r mudandod mawr, i ebargofiant (*m*), yn angof, i dir angof.
silence[2] *v.t.* **1. to ~ s.o.**, rhoi taw ar rn; **to ~ criticism**, gostegu/distewi beirniadaeth. **2.** *(gun, exhaust):* distewi.
silenced *a.* distawedig.
silencer *n.* distewydd(-ion) *m*, distawydd(-ion) *m.*
silene *n. Bot:* gludlys *m*; *S.a.* **catchfly**.
silent *a.* distaw, mud(-ion); **to keep ~**, cadw'n ddistaw, aros yn fud; **to fall ~**, tewi, distewi; **~ as the tomb/grave**, cyn ddistawed â'r bedd; *Mus:* **S~ Night, Holy Night**, Tawel Nos, Sanctaidd Nos; **he's the strong ~ type**, dyn cryf o ychydig eiriau yw ef; **a ~ person**, rhywun tawedog/dywedwst/di-ddweud/di-sgwrs; **the ~ majority**, y mwyafrif mud *m*; *Th:* **~ cue**, ciw(-iau) distaw/mud *m*; **~ film**, ffilm fud (ffilmiau mud) *f*, *F:* llun(-iau) distaw *m*; **~ footsteps**, cerdded/troedio distaw; **~ running of an engine**, rhediad distaw motor; *Cin:* **to make a camera ~**, distewi camera; *Ling:* **~ letter**, llythyren fud *f.*
silently *adv.* yn ddistaw, yn fud *&c*; **he agreed ~**, cytunodd heb yngan gair.
silentness *n.* = **silence.**
Silesia[1] *Pr.n. Geog:* Silesia *f.*
silesia[2] *n. Tex:* silesia *m*, lliain (*m*) Silesia.
Silesian *a. & n.* **1.** *a.* Silesaidd, [o] Silesia. **2.** *n.* Silesiad (Silesiaid) *m&f.*
silex *n.* = **flint.**
silhouette[1] *n.* amlinell(-au) *f*, silwét (silwetau) *m*, *occ:* cysgodlun(-iau) *m*; **a ~ of mountains against the sky**, amlinell mynyddoedd rhyngom a'r awyr.
silhouette[2] *v.t.* amlinellu, cysgodlunio.
silica *n. Ch:* s|ilica *m.* **~ gel** *n.* silica sychu.
silicane *n. Ch:* s|ilican *m.*
silicate *n. Ch:* s|ilicad (silicadau) *m.*
siliceous *a. Ch:* silicaidd.
silicic *a. Ch:* silisig.
silicide *n. Ch:* silisid(-au) *m.*
silicification *n.* siliceiddio *vn.*
silicified *a. Ch:* siliceiddiedig.
silicify *v.i.&t. Ch:* siliceiddio.
silicium *n.* = **silicon.**
silicle *n.* = **silicule.**
silicon *n. Ch:* s|ilicon *m.* **~ carbide** *n.* carbid (*m*) silicon. **~ chip** *n.* ysglodyn (ysglodion) (*m*) silicon. **~ polish** *n.* llathrydd (*m*) silicon.
silicone *n. Ch:* silicôn (siliconau) *m.*
silicosis *n. Med:* silicosis *m*, clefyd (*m*) y llwch, silicosedd *m*, *S: F:* y dwst *m*, *N: F:* y llwch *m.*
silicothermic *a. Ch:* silicothermig.
silicotic *a.* silicotig.
silicule *n. Bot:* silicwla (silicwlâu) *m.*
siliculose *a. Bot:* silicwlaidd.
siliqua, silique *n. Bot:* silicwa (silicwâu) *mf.*
siliquose, siliquous *a.* silicwaidd, hirgibog.
silk *n.* **1.** sidan(-au) *m*, *Lit: occ:* pali *m*; *Rac:* **silks**, sidanau; **artificial ~**, sidan gwn|eud; **raw ~**, sidan crai; **shot ~**, sidan symudliw, *S.E:* sidan gwehelog; **thrown ~**, sidan cyfrodedd; *Prov:* **you can't make a ~ purse out of a sow's ear**, ni cheir afal pêr ar bren sur: ni cheir gwlân rhywiog ar glun gafr. **2.** *Jur: (K.C., Q.C.):* sidanwr (sidanwyr) *m*; **to apply for ~**, gwneud cais am sidan; **to take ~**, cael sidan. **~ cotton** *n.* cotwm (*m*) sidan, capoc *m.* **~ cotton tree** *n.* coeden (*f*) gapoc (coed capoc). **~-covered** *a.* sidanaidd, â gorchudd sidan. **~-finish** *a.* sidanaidd. **~-fowl** *n.* iâr (ieir) sidanaidd *f.* **~-gland** *n.* chwarren (chwarennau) (*f*) sidan. **~-grass** *n. Bot:* sidanwellt *m.* **~ hat** *n.* het(-iau) (*f*) sidan, het silc. **~-hatted** *a.* â het sidan/silc [am eich pen]. **~-mercer** *n.* sidanwr (sidanwyr) *m.* **~ moth** *n.* gwyfyn(-od) (*m*) sidan. **~-screen** *n.* sgrîn (*f*) sidan. **~-stocking** *n.* hosan(-au) (*f*) sidan.
silkalene, silkaline *n. Tex:* cotwm llyfn *m.*
silken *a.* **1.** sidan, sidanaidd, *occ:* sidanog; **~ thread**, edau (*f*) sidan; **~ tresses**, cudynnau sidanaidd, sidanwallt *m.* **2.** *F: (voice):* llyfn (*f.* llefn, *pl.* llyfnion).
silkily *adv.* yn llyfn.
silkiness *n.* **1.** llyfnder *m*, sidaneiddiwch *m*, natur sidanaidd *f.* **2.** *(of voice):* llyfnder.
silklike *a.* fel sidan, sidanaidd.
silkweed *n. Bot:* = **milkweed.**
silkworm [moth] *n. Ent:* pryf(-ed) (*m*) sidan.
silky *a.* sidanaidd; **~ voice**, llais llyfn. **dense ~ bent-grass** *n. Bot: (Apera interrupta):* maeswellt sidanaidd; **loose ~ bent-grass**, *(A. spica-venti):* maeswellt sidanaidd llac. **~ oak** *n. Bot: (Grevillea robusta):* derwen (derw) sidanaidd *f.*
sill *n.* **1.** *Constr: Aut.E: (of door, canal lock):* rhiniog(-au) *m*, lintar (linteri) *mf.* **2. [window-]~**, silff (*f*) ffenestr (silffoedd ffenestri), *N:* carreg (*f*) ffenestr (cerrig ffenestri), linter, linten(-ni) *mf*, sil (*mf*) ffenestr (siliau ffenestri), *S:* sifl *mf*, *S.W:* shamp(-s) *m*, shempyn (shamps) *m.* **3.** *Geol: Geog:* sil. **~-iron** *n. Th:* sil. **~-rail** *n. Th:* rheilen (rheiliau) (*f*) sil. **~-stone** *n. Archeol:* carreg (*f*) sil (cerrig siliau).
sillabub *n.* s|ilabwb (silabybau) *m*, caws (*m*) posed, ewyngaws *m* (*pronounced* ng-g), surgaul *m*, ewyngaul *m* (*pronounced* ng-g).
sillily *adv.* yn wirion *&c.*
sillimanite *n. Miner:* silimanit *m*, ff|ibrolit *m.*
silliness *n.* gwiriondeb *m*, hurtrwydd *m*, ffolineb *m*, *Lit:* ynfydrwydd *m.*
silly *a. & n.* **1.** *a.* *(a)* gwirion, hurt, ffôl, penwan, dwl, *Lit:* ynfyd, disynnwyr, *S.a.* **foolish;** *(b) F:* **to knock s.o. ~**, taro rhn nes ei fod ar wastad ei gefn *or* nes ei fod yn gweld sêrs; *Journ: F:* **the ~ season,** dyddiau(*pl*)'r cŵn; **to play ~ buggers**, chwarae bili-ffŵl; *(c) Cr:* agos; **~ mid-off**, canol agos *m*; **~ point,** pwynt agos *m.* **2.** *n.* gwirionyn (gwirioniaid) *m*, gwirionen (gwirioniaid) *f*, hurtyn(-nod) *m*, hurten(-nod) *f*, twpsyn(-nod, twpsod, twps) *m*, twpsen *f*, *Lit:* ynfytyn (ynfydion) *m*; **(of course I love you) ~!** (wrth gwrs 'mod i'n dy garu di) *N:* paid â bod yn wirion, *S:* paid â bod yn dwp! **~-billy** *n.* = **silly 2.**
silo *n.* **1.** *Agr:* seilo(-s) *m.* **2.** *(of rocket):* pydew(-au) *m.*
siloxane *n. Ch:* silocsan(-au) *m.*
silt[1] *n.* llaid *m*, silt *m*, llifwaddod(-ion) *m.*
silt[2] *v.i. & t.* **to ~ [up]**, llenwi â llaid, siltio, llifwaddodi, lleidio.
siltation *vn.* siltio.
silted *a.* lleidiog, llawn llaid, llawn silt, siltiog, siltiedig.
siltstone *n.* lleidfaen *m.*
Silures *Pr.n.pl. Hist:* Silwriaid.
Silurian *a. & n.* **1.** *a. (a) Geol: Hist:* Silwraidd; *(b)* = **Gwentian**; **the ~ dialect**, y Wenhwyseg *f.* **2.** *n.* *(a) (pers.):* Silwriad (Silwriaid) *m&f*; *(b) Geol:* y cyfnod Silwraidd *m.*
silurid, siluroid *a. & n. Ich:* **1.** *a.* silwridaidd. **2.** *n.* silwrid(-au) *m*; *See* **catfish.**
silva *n.* coedwig(-oedd) *f*, coed(-ydd) *m.*

silvan *a.* **1.** coediog, coedog. **2.** *(= rural):* gwledig, cefn gwlad.

silver¹ *n.* **1.** arian *m*; **German/nickel ~,** arian Almaenaidd. **2.** *attrib. (a)* [o] arian, ariannaidd; *F:* **he was born with a ~ spoon in his mouth,** fe'i ganwyd yn freintiedig; ganed ef â llwy arian yn ei geg; *(b) (= silver coloured):* arianlliw, o liw arian; **~ hair,** gwallt arian/ariannaidd/arianlliw *m*; *Cin:* **~ screen,** y sgrîn arian *f*, y sgrîn loyw; *S.a.* **cloud¹ 1. 3.** *(= money):* arian *m*, arian bath, arian gwynion *pl*, arian gleision *pl*; **~ threepenny bit,** pis[h]yn tair [ceiniog] gwyn; **~ sixpence,** pis[h]yn chwecheiniog gwyn; **~ coin,** darn(-au) *(m)* arian, pis[h]yn *(m)* [o] arian; **~ collection,** casgliad(-au) gwyn *m*. **4.** *Coll:* **= silverplate¹**. **~ age** *n.* oes *(f)* arian. **~ band** *n.* seindorf (seindyrf) *(f)* arian, band(-iau) *(m)* arian. **~-bath** *n.* baddon *(m)* arian, bath *(m)* arian. **~ birch** *n. Bot:* bedwen (bedw) *(f)* arian. **~ bromide** *n. Ch:* bromid *(m)* arian. **~ chloride** *n. Ch:* clorid *(m)* arian. **~ eye** *n. Orn:* **= white-eye. ~ fir** *n. Bot:* ffynidwydden (ffynidwydd) *(f)* arian. **~ fluoride** *n. Ch:* fflŵorid *(m)* arian. **~ foil** *n.* papur *(m)* arian, papur gloyw, dalen *(f)* arian, ffoil *(m)* arian. **~ fox** *n. Z:* llwynog(-od) *(m)* arian, cadno(-id) *(m)* arian. **~ frost** *n.* arien *m*, llwydrew *m*. **~ gilt** *n.* golch *(m)* arian, haen *(f)* arian. **~ glance** *n.* **= argentite. ~-grey** *a.* llwydwyn *(f.* llwydwen, *pl.* llwydwynion). **~-haired** *a.* arianwyn *(f.* arianwen, *pl.* arianwynion), penllwyd(-ion), penwyn *(f.* penwen, *pl.* penwynion). **~ hake** *n. Ich:* cegddu(-on) arian *mf*. **~-headed** *a.* **1.** *(pers.):* penwyn. **2.** *(cane):* â phen arian. **~-haired** *a.* penwyn, arianwallt, â gwallt ariannaidd. **~ iodide** *n. Ch:* ïodid *(m)* arian. **~ jubilee** *n.* jiwbilî (jiwbilïau) arian *f*. **~-lace vine** *n. Bot:* gwenith *(m)* yr hydd arianddail. **~ Latin** *n.* Lladin *(m)* yr oes arian, Lladin ariannaidd. **~ leaf** *n.* **1. = silver-foil. 2.** *Hort:* deilen arian *f*. **~ lining** *n. (around cloud):* ymyl(-on) *(mf)* arian; *F:* **look for the ~ lining; every cloud has a ~ lining,** mae ymyl arian i bob cwmwl du; fe ddaw eto haul ar fryn. **~ maple** *n. Bot:* masarnen (masarn) *(f)* arian. **~ mine** *n.* cloddfa (cloddf|eydd) *(f)* arian, mwynglawdd (mwyngloddiau) *(m)* arian *(pronounced* ng-g). **~ nitrate** *n. Ch:* nitrad *(m)* arian. **~ paper** *n. F:* papur *(m)* arian, papur gloyw. **~ perch** *n. Ich:* draenogyn (draenogiaid) *(m)* arian. **~ plate¹** *n. & attrib.* **1.** *Coll:* llestri *(pl)* arian. **2.** *(= layer of silver):* haen *(f)* arian, plât *(m)* arian. **~-plate²** *v.t.* ariannu, arianblatio. **~-plated** *a.* arianblatiog. **~-point** *n.* pwyntil(-au) *(m)* arian. **~-print** *n.* print(-iau) *(m)* arian. **~ salmon** *n. Ich:* eog(-iaid) *(m)* arian, coho(-aid) *m*. **~ sand** *n.* tywod *(m)* arian. **~ solder** *n.* sodor *(m)* arian. **~ standard** *n.* y safon *(f)* arian. **~-spotted skipper** *n. Ent:* gwibiwr (gwibwyr) *(m)* arian. **~ steel** *n.* dur *(m)* arian. **~ stick** *n.* ffon *(f)* arian. **S~ Streak (the)** *n.* **= English Channel. ~-striped hawkmoth** *n. Ent:* gwalchwyfyn(-od) arianresog *m*. **~-studded blue** *n. Ent:* glesyn (gleision) serennog *m*. **~ thaw** *n.* glasrew *m*. **~ Tommy** *n. Conch:* cragen (cregyn) *(f)* arian, top llwyd (topiau llwydion) *m*. **~-toned** *a.* arianllais. **~ tongue** *n.* huodledd *m*, tafod arian *m*, tafod huawdl. **~-tongued** *a.* huawdl, â thafod arian. **~-top** *n.* brig gwyn *m*. **~-tree** *n.* coeden (coed) arian *f*, arianwydden (arianwydd) *f*. **~-washed fritillary** *n. Ent:* britli(-ion) arian/arianresog *m*. **~ wedding** *n.* priodas(-au) *(f)* arian. **~-work** *n.* arianwaith *m*, gwaith *(f)* arian. **~ Y** *n. Ent:* fforch (ffyrch) arian *f*, Y *(f)* arian.

silver² *v.t. & i.* **1.** *v.t.* ariannu. **2.** *v.i. (of the hair):* gwynnu, mynd yn wyn, britho.

silverbell *n. Bot:* cloch (clychau) *(f)* arian.

silverfish *n.* **1.** *Ich:* pysgodyn (pysgod) *(m)* arian. **2.** *Ent:* pryf(-ed) *(m)* arian, dirn(-iaid) *m*.

silverhorn *n. Ent:* corn (cyrn) *(m)* arian.

silveriness *n.* **1.** lliw *(m)* arian, arianlliw *m*; *(of hair):* penwynni *m*. **2.** *(of voice):* perseinedd *m*.

silvering *vn.* ariannu, haen *(f)* arian.

silvern *a. Poet:* ariannaidd, arianlliw.

Silversands Bay *W.Pl.n.* Traeth Llydan *m*.

silverside *n. Cu:* ystlys las *f* [y rownd].

silversides *n. Ich:* arianresog(-ion) *m*, ystlys(-au) *(f)* arian.

silversmith *n.* gof(-aint) *(m)* arian.

silverware *n.* llestri *(pl)* arian, plât *(m)* arian.

silverweed *n. Bot:* gwyn *(m)* y merched, tinllwyd *m*, y dorllwyd *f*, llwydwen fach *f*, llwyd *(m)* y din, tansi gwyllt *m*, dail *(pl)* arian.

silvery *a.* ariannaidd; *(in colour):* arianlliw; **~ iron,** haearn gwyn *m*; *(voice):* arianllais, persain.

silvical *a.* coedwrol.

silvicolous *a.* coed-drig.

silvics *n.* coedwriaeth *f*.

silvicultural *a.* coedwrol.

silviculture *n.* tyfu *(vn)* coed, coedwriaeth *f*.

silviculturist *n.* tyfwr (tyfwyr) *(m)* coed, coedwr (coedwyr) *m*, coed-dyfwr (~-dyfwyr) *m*.

sima *n. Geol:* sima *m*.

simarouba *n.* **1.** *Bot:* simarwba (simarwbâu) *f*. **2.** *Pharm:* simarwba *m*.

simaroubaceous *a. Bot:* simarwbaidd.

simian *a. & n.* **1.** *a.* fel epa, epaol, simiaidd. **2.** *n.* epa(-od) *m*.

similar *a. & n.* **1.** *a. (a)* tebyg, *Lit:* cyffelyb (i rth); **somewhat ~,** rhywbeth yn debyg; **broadly ~,** eithaf tebyg; *(b) Geom:* **~ triangles,** trionglau cyflun/cyfatebol; **~ to...,** yn gyflun â...; *Mus:* **~ motion,** symudiad(-au) tebyg *m*, symud *(vn)* tebyg; *Mth:* **~ products,** lluosymiau cyffelyb. **2.** *n.pl. Phil:* cyffelybion.

similarity *n.* tebygrwydd *m*; *(= correspondence):* cyffelybiaeth(-au) *f*; *Geom:* **the ~ of triangles,** cyflunedd *(m)*/cyfatebiaeth *(f)* trionglau.

similarly *adv.* **1.** *(made, clad &c):* yn debyg, yn gyffelyb; *(= in the same way):* yn yr un modd, yn yr un ffordd. **2.** *(= likewise):* felly, [yn] yr un modd.

simile *n.* cyffelybiaeth(-au) *f*, cymhariaeth (cymariaethau) *f*; **to draw a ~ between two things,** cyffelybu dau beth, cymharu dau beth [â'i gilydd]; tynnu cyffelybiaeth rhwng dau beth.

similitude *n.* **1. = similarity. 2.** *(= appearance):* rhith(-iau) *m*, ymddangosiad(-au) *m*. **3.** *Mth:* cyfluniant (cyfluniannau) *m*; **centre of ~,** pwynt(-iau) *(m)* cyfluniant.

simmer¹ *n. Cu:* **to keep sth at a ~,** mudferwi/lledferwi rhth.

simmer² *v.t.&i.* **1.** *v.t.* mudferwi, lledferwi (rhth); gadael (i rth) ffrwtian. **2.** *v.i. (a)* ffrwtian, mudferwi, lledferwi; *(b) F: (of revolt &c):* mudlosgi; *(c) (of pers.):* **to ~ down,** ymdawelu, tawelu, ymlonyddu; **~ down!** paid (peidiwch) â chynhyrfu! pwylla (pwyllwch)! callia (calliwch)! ara' deg!

simmering *a.* **1.** *Cu:* sy'n mudferwi. **2.** *(revolt):* sy'n mudlosgi.

simnel *n. Cu:* **~ cake,** chwiog(-od) *f*, chwiogen (chwiogod) *f*, teisen *(f)* Rawys (teisennau Grawys), cacen *(f)* Rawys (cacennau/cacenni Grawys).

Simon *Pr.n.m.* Simon, *occ:* Seimon; *B:* **~ Peter,** Simon Pedr; *F:* **Simple ~,** Seimon y Symlyn; *(= simpleton):* symlyn(-nod) *m*, hurtyn(-nod) *m*; **the real ~ Pure,** yr union un *mf*, yr union beth *m*, *F:* y dyn ei hun, y peth ei hun, y dyn go iawn, y peth go iawn; *attrib.* go iawn, dilys.

simoniac[al] *a. Ecc:* simonaidd, simonyddol, simoniaethol.

simonism *n. Ecc:* simoniaeth *f*.

simonist *n. Ecc:* simonwr (simonwyr) *m*, simonydd(-ion) *m*.

simonize *v.t.* cwyro (rhth).

simony *n. Ecc:* simoniaeth *f*, cysegr-fasnach *f*.

simoom *n.* simŵm (simwmau) *m*.

simp *n.* **= simpleton.**

simper¹ *n.* cilwen(-au) *f*, glaswen(-au) *f*, *F:* gwên wn|eud (gwenau gwn|eud) *f*, gwên deg (gwenau teg), gwên findlws (gwenau mindlws), *N:* gwên fenthyg (gwenau benthyg) *f*.

simper² *v.t.* glaswenu, cilwenu.

simperer *n.* glaswenwr (glaswenwyr) *m*, cilwenwr (cilwenwyr) *m*.

simpering *a.* cilwenog, cilwenus, mindlws *(f.* mindlos, *pl.* mindlysion).

simperingly *adv.* yn laswenog, gyda glaswen.

simple *a. & n.* **1.** *a. (a) (pers.): (= ordinary):* syml *(f. occ:* seml), dinod, cyffredin; *(= unaffected):* dirodres, cartrefol, di-lol, plaen; **to have ~ tastes,** bod â chwaeth seml/blaen; **~ folk,** pobl gyffredin *f or pl*, pobl ddinod, *occ:* y werin *f*; **I am a ~ worker,** dim ond gweithiwr [cyffredin] ydw i; **the ~ life,** y bywyd syml *m*; **her ~ efforts to please,** ei hymdrechion syml/dirodres i blesio; *(b) Pej: (= naive):* diniwed, syml, gwirion, penwan, simpil, llywaeth, lloaidd, *S:* dwl; *S.a.* **Simon; I'm not as ~ as to believe that,** 'dwyf fi ddim mor wirion/ddwl/dwp â chredu hynny; **he's a ~ soul,** creadur diniwed yw; *(c) (= easy):* syml, hawdd, didrafferth; *F:* **as ~ as ABC,** hawdd fel dŵr/baw; *F:* **it's as ~ as falling off a log,** mae cyn hawsed â dim; *(d) Com:* **~ interest,** llog(-au) syml *m*; **~ linear regression,** atchweliad llinol syml *m*; *Mth:* **~ fraction,** ffracsiwn (ffracsiynau) syml *m*; *Gram:* **~ sentence,** brawddeg seml (brawddegau syml) *f*; *Mus:* **~ binary form,** ffurf ddwyran seml (ffurfiau dwyran syml) *f*; **~ harmonic**

motion, mudiant harmonig syml *m*; ~ **machine,** peiriant (peiriannau) syml *m*; ~ **random sample,** hapsampl(-au) syml *f*; *Mus:* ~ **time,** amseriad(-au) syml *m*; *Bot:* ~ **fruit,** ffrwyth(-au) syml *m*; *Ch:* ~ **sugar,** = **monosaccharide;** *(e) Jur:* ~ **contract,** contract(-au) syml *mf*; ~ **larceny,** lladrad(-au) syml *m*; *(f) F:* **it's robbery pure and ~!** lladrad noeth ydyw! **the ~ truth,** y gwir amdani, y gwir plaen/syml; **the story was a ~ lie,** celwydd noeth oedd yr hanes; nid oedd yr hanes yn ddim amgen na chelwydd; **he was elected by a ~ majority,** etholwyd ef trwy fwyafrif syml. **2.** *n.pl. Med: Bot: A:* **simples,** llysiau [meddygol]. **~-hearted** *a.* diniwed, syml. **~-minded** *a.* diniwed, syml, araf eich meddwl, *N:* araf deg, *S:* simpil. **~-mindedness** *n.* diniweidrwydd *m.*

simpleness *n.* = **simple-mindedness, simplicity.**

simpleton *n.* gwirionyn (gwirioniaid) *m*, hurtyn(-nod) *m*, hurten(-nod) *f*, twpsyn (twps, twpsod) *m*; *S.a.* **fool**[1].

simplex *a. & n.* **1.** *a.* syml; *Cmptr:* simplecs. **2.** *n.* peth(-au) syml *m.*

simplicial *a. Mth:* *symhlygol.

simplicidentate *a.* syml-ddanheddog.

simplicity *n.* **1.** *(a) (= naturalness): (of child &c):* diniweidrwydd *m*, naturioldeb *m*, symlrwydd *m*, symledd *m*; *(b) Pej: (= simple-mindedness):* diniweidrwydd, hurtrwydd *m*, gwiriondeb *m.* **2.** *(a) (of problem):* symlrwydd *m*, symledd *m*, rhwyddineb *m*, hawster *m*; *F:* **it is ~ itself,** ni allai dim fod yn haws; mae mor hawdd â dim; mae'n hawdd fel dŵr/baw, mae cyn hawsed â dim; *(b) (of dress &c):* symlrwydd *m*, symledd *m.*

simplification *n.* symleiddio *vn*, symleiddiad(-au) *m.*

simplified *a.* syml, symlach, a symleiddiwyd; *Lib:* ~ **cataloguing,** catalogio cryno.

simplifier *n.* symleiddiwr (symleiddwyr) *m.*

simplify *v.t.* symleiddio (rhth), gwn|eud (rhth) yn symlach.

simplism *n.* gorsymledd *m*, gorsymlrwydd *m*, gorsymleiddio *vn.*

simplistic *a.* gor-syml, rhy syml.

simplistically *adv.* yn or-syml.

simply *adv.* **1.** *(= in simple terms):* yn syml. **2.** *(for emphasis):* yn hollol, yn wirioneddol; **(you look) ~ lovely!** ('rydych chi'n edrych) yn wirioneddol brydferth, *F:* yn brydferth ofnadwy! **you ~ must!** ond mae'n rhaid ichi! **the weather's ~ ghastly!** mae'r tywydd yn wirioneddol ofnadwy; **I ~ couldn't go,** ni allwn i fynd yn fy myw; ni allwn i fynd dros fy nghrogi; **but you ~ can't believe so!** 'does bosib eich bod chi'n coelio'r fath beth! *(b) (= merely, solely):* **~ and solely,** yn unig, yn anad dim; dim ond, yn unig, yn unswydd; **she did that ~ to test you,** dim ond er mwyn rhoi prawf arnoch y gwnaeth hi hynny; **I ~ observed that. . .,** ni wneuthum i ddim ond sylwi fod. . .; dim ond sylwi a wneuthum fod. . . .

simulacrum *n.* rhith(-iau) *m*, dynwarediad(-au) *m*, efelychiad(-au) *m.*

simulant *a. & n.* **1.** *a.* dynwaredol, efelychol. **2.** *n.* dynwaredwr (dynwaredwyr) *m*, efelychwr (efelychwyr) *m.*

simulate *v.t.* cogio, ffugio, efelychu, dynwared (rhth); ymagweddu (fel rhth); *Fin: Cmptr:* efelychu; **to ~ interest,** cogio diddordeb.

simulated *a.* efelychiadol, dynwaredol; *(pearl, fur &c):* ffug; ~ **rank,** gradd(-au) sifilaidd *f.*

simulation *n.* dynwarediad(-au) *m*, efelychiad(-au) *m*, ffugiad(-au) *m*, efelychu *vn*, cogiad(-au) *m*, cogio *vn.*

simulative *a.* dynwaredol, efelychiadol.

simulator *n.* dynwaredwr (dynwaredwyr) *m*, ffugiwr (ffugwyr) *m*, efelychwr (efelychwyr) *m*, cogiwr (cogwyr) *m*; *Av:* **flight ~,** dynwaredwr hedfan.

simulcast *n. T.V: &c:* darllediad(-au) cydamserol *m*, cyd-ddarllediad(-au) *m.*

simultaneity *n.* cydamseroldeb *m.*

simultaneous *a.* cydamserol, cyfamserol, ar yr un pryd **(with sth,** â rhth); *Mth:* ~ **equation,** hafaliad(-au) cydamserol *m*; ~ **translation,** cyfieithu *(vn)* ar y pryd.

simultaneously *adv.* ar yr un pryd, gyda'ch gilydd, yn gydamserol.

simultaneousness *n.* = **simultaneity.**

sin[1] *n. (a)* pechod(-au) *m*, *occ:* bai (beiau) *m*, *Lit:* camwedd(-au) *m*; *Theol:* pechod; **actual ~,** pechod gweithredol/gweithiol; **deadly ~,** pechod marwol; **the Seven Deadly Sins,** y Saith Bechod Marwol; **inherited/capital ~,** pechod etifeddol; **mortal ~,** pechod marwol; **original ~,** pechod gwreiddiol; **philosophic ~,** pechod athronyddol; **venial ~,** pechod bach/bychan; **for the forgiveness of sins,** er maddeuant pechodau; **as ugly as ~,** hyll fel pechod; **to fall into ~,** pechu, mynd i bechu; **to live in ~,** cyd-fyw (â rhn), *F:* byw tali (gyda rhn); *F:* **for my sins,** dros fy mhechodau; **to visit the sins of the fathers on the children,** ymweled ag anwiredd y tadau ar y plant; *F: O:* **like ~,** fel y cythraul, fel y diawl, yn uffernol *&c*, *N:* fel cŷth; *(b) (= offence, affront):* trosedd(-au) *mf*, pechod, tramgwydd(-au,-iadau) *m*; **a ~ against good taste,** pechod yn erbyn chwaeth dda, cam â chwaeth dda, cam â gweddustra; **paint covers a multitude of sins,** mae paent yn cuddio llu o feiau. **~-eater** *n.* bwytäwr (bwytawyr) *(m)* pechodau. **~-eating** *vn.* bwyta pechodau. **~-offering** *n.* aberth(-au) *(m)* dros bechod.

sin[2] *v.i.* pechu **(against s.o.,** yn erbyn rhn), *N: F:* pechu (rhn); **to ~ against propriety,** tramgwyddo/pechu yn erbyn gweddustra; **he's more sinned against than sinning,** mae'n fwy dioddefus na beius; **to ~ against the light,** pechu yn erbyn y goleuni.

sin[3] *n. Mth:* = **sine**[1]

sin[4] *n. Hebrew Alph:* sin(-au) *f.*

Sinai *Pr.n. Geog:* Sinai; **the ~ Peninsula,** Penrhyn *(m)* Sinai; **Mount ~,** Mynydd *(m)* Sinai.

Sinaitic *a.* Sinaïtig.

Sinanthropus *Pr.n. Archeol:* Sinanthropws *m.*

sinapism *n. Med:* plastr(-au) *(m)* mwstard.

since *adv., prep. & conj.* **1.** *adv.* ers hynny; *(a)* **ever ~ [then],** byth ers hynny, byth oddi ar hynny; *(b) O: (= ago):* **many years ~,** flynyddoedd lawer yn ôl, ers llawer blwyddyn, ers blynyddoedd lawer; **long ~,** ers amser [maith], ers tro [byd], *N:* ers talwm [iawn] *S:* 'slawer dydd; **not long ~,** yn ddiweddar, ychydig yn ôl; **quite a while ~,** *(= some hours since):* ers meitin; **some time ~,** ers [peth] amser; **how long ~ is it?** faint sydd ers hynny? **neither before nor ~,** na chynt na chwedyn. **2.** *prep. (a) preceding a specific date, time is* er, *less correctly but often*: ers; oddi ar + *soft mut.*; **(I've been here) ~ five o'clock,** ('rwyf yma), bûm yma) er pump o'r gloch, oddi ar bump o'r gloch; *(b) (preceding a period of time):* ers; **~ when (have you been here)?** ers [pa] faint, ers pryd (yr ydych chi yma, y buoch chi yma)? ~ **that time, ~ then,** ers hynny; **~ time immemorial,** ers cyn cof; ~ **last year,** ers y llynedd. **3.** *conj. (a)* er pan, oddi ar pan. . .; **~ I have been here,** er pan wyf i yma, er pan ddeuthum yma, oddi ar imi fod yma; **it is scarcely a week ~ he came,** prin wythnos sydd er pan ddaeth; *(b) (= seeing as):* gan fod, *N:* wrth fod, erbyn bod; **~ you are here you might as well. . .,** gan [weld] eich bod yma ni waeth i chi. . .; **~ he is not (of age),** gan [weld] nad yw, am nad yw, wrth nad yw (yn yr oed).

sincere *a. (a) (pers.):* cywir, diffuant, gonest, unplyg, o ddifrif, diddichell; *(b) (feeling):* diffuant, didwyll, dilys; **a ~ interest,** gwir ddiddordeb; **~ thanks,** diolch o galon, diolch calon; ~ **wine,** gwin pur/digymysg.

sincerely *adv.* yn gywir *&c*; *Corr:* **yours ~,** [yr eiddoch] yn gywir, *occ:* [yr eiddoch] yn bur/ddiffuant.

sincereness, sincerity *n.* diffuantrwydd *m*, cywirdeb *m*, didwylledd *m*, unplygrwydd *m*; **in all ~,** mewn gwirionedd, gyda phob parch, a bod yn onest, yn gwbl onest.

sincipital *a. Anat:* blaen penglog (*pronounced* ng-g).

sinciput *n. Anat:* blaen *(m)* penglog (blaenau penglogau) (*pronounced* ng-g).

sinclinorium *n. Geog:* sinclinoriwm (sinclinoria) *m.*

sine[1] *n. Mth:* sin(-au) *m*; **versed ~,** fersin(-au) *m*. **~ curve, ~ wave** *n.* sindon(-nau) *f.*

sine[2] *Lt.prep.* heb + *soft mut.*; ***~ die,*** yn amhenodol; ***~ qua non,*** [yr] anhepgor *m.*

sinecure *n.* swydd(-i) segur *f*, segur swydd(-i) *f*, segurswydd(-i) *f.*

sinecurist *n.* segurswyddwr (segurswyddwyr) *m.*

sinew *n.* **1.** *(a)* gewyn(-nau) *m*, giewyn (gïau) *m*, *occ:* gweillen (gweill) *f*; *(b) F:* **a man of ~,** dyn cyhyrog/cydnerth. **2.** *pl. F:* **sinews,** grym *m*, nerth *m*, bôn *(m)* braich; **the sinews of war,** arian *m*, gïau rhyfel.

sinewy *a.* **1.** *(meat):* llawn gïau, gwydn, gieuog. **2.** *F: (= strong):* cyhyrog, cydnerth, cryf. **3.** *Med:* gewynnol, gïeuol.

sinfonia *n. Mus:* sinffonia (sinffoniâu) *f*, s|ymffoni (symffonïau) *f.*

sinfonietta *n. Mus:* sinffonieta (sinffonietâu) *f.*

sinful *a.* **1.** pechadurus, drygionus; **it is ~ to steal,** pechod yw lladrata; **~ person,** pechadur(-iaid) *m*, pechadures(-au) *f.* **2.** *F:* **~ waste,** gwastraff cywilyddus *m.*

sinfully *adv.* yn bechadurus.

sinfulness *n.* pechod *m*, pechadurusrwydd *m.*

sing *v.t. & i.* **1.** *v.t.* canu; **to ~ another song,** newid eich cân/tôn; **to ~ s.o. to sleep,** suo rhn i gysgu; **to ~ s.o.'s praises,** canu clod/clodydd rhn, canu clod/mawl i rn, clodfori/canmol rhn; *F:* **she's always singing the same [old] song,** mae hi'n rhygnu ar yr un hen dant [o hyd]; mae hi'n canu tôn gron; mae hi'n canu cywydd y gwcw; **to ~ out an order,** gweiddi/bloeddio gorchymyn. **2.** *v.i. (a)* canu, *Lit: occ:* pyncio, lleisio, perleisio; **~ up,** canu'n uwch; *F:* **to ~ small,** clochdar llai; **to ~ for one's supper,** canu am eich bwyd; **to ~ for joy,** canu gan lawenydd; **we sang all the way,** aethom yr holl ffordd dan ganu; **to ~ along with s.o.,** cydganu â rhn, ei morio hi gyda rhn; **to ~ to the harp,** canu gyda'r tannau; *(of the wind):* suo, chwibanu, murmur; *(of birds):* canu, *occ:* tiwnio, pyncio, trydar; **to ~ passionately,** morio canu; **he was singing passionately,** 'roedd yn ei morio hi; **the kettle is singing,** mae'r tegell yn canu; *F:* mae Morgan yn canu; *(b) F: (inform on s.o.):* clepian (am rn), *N:* chwidlo (ar rn, am rn); *(c) F:* **~ out if you need me,** galw (galwch) os bydd arnat (arnoch) fy eisiau.

singable *a.* canadwy.

Singapore *Pr.n. Geog:* Singapôr *f.*

singe[1] *n. Hairdr:* deifiad(-au) *m*, deifio *vn.*

singe[2] *v.t.* **1.** *N:* deifio, *S:* rhuddo, *occ:* crino, gwrido; *F:* **to ~ one's wings,** llosgi'ch bysedd. **2.** *Hairdr:* deifio.

singed *a.* deifiedig.

singeing *vn.* = **singe**[1]. **~-lamp** *n.* lamp *(f)* ddeifio (lampau deifio).

singer[1] *n. (= one who sings):* **1.** canwr (canwyr) *m*, cantores(-au) *f*, cantor(-ion) *m*, c|antwraig, *F:* cantreg (cantwragedd) *f*, *Lit: occ:* caniedydd(-ion) *m.* **2.** *(= poet):* **the singers of the past,** yr hen feirdd, cantorion yr oes o'r blaen; **the sweet ~ of Wales,** pêr ganiedydd Cymru; *S.a.* **songstress.**

singer[2] *n. (= one who singes):* deifiwr (deifwyr) *m.*

Singhalese *a. & n.* = **Sinhalese.**

singing[1] *a.* sy'n canu; **~ saw,** llif gerddorol (llifiau cerddorol) *f.*

singing[2] *vn.* = **sing**; **~ in the ears,** cloch fach *or* clychau bach yn y clustiau. **[hymn-]~ festival** *n.* cymanfa *(f)* ganu (cymanfaoedd canu).

single[1] *n.* **1.** *Ten: Golf:* gêm (gemau) sengl *f*; **men's singles,** senglau *(pl)* dynion, senglau i ddynion. **2.** *(a) Mus:* **a ~,** record(-iau) sengl *f*; *(b)* **singles group,** grŵp (grwpiau) *(m)* i bobl sengl; *(c) (ticket):* tocyn(-nau) *(m)* un ffordd; *(d) (= pound, U.S: dollar note):* papur(-au) *(m)* punt, doler(-i) *f*; *(e) U.S: (house):* tŷ (tai) sengl *m*; *(flat):* fflat(-iau) sengl *f.*

single[2] *a.* **1.** *(a) (= sole):* unig *(precedes noun + soft mut.)*; un *(precedes n. + soft mut. of f. noun)*; **the ~ reason for my failure,** yr unig reswm dros fy methiant; *(after neg. implied or expressed):* yr un *(+ soft mut. of sing f.n.)*; **I didn't see a ~ girl there,** ni welais i'r un ferch yno; **I didn't buy a ~ one,** ni phrynais i'r un; ni phrynais i ddim un; **not a ~ thing,** dim oll, *S: F:* dim yw dim; **I didn't see a ~ soul,** ni welais i neb [byw bedyddiol]; ni welais i'r un enaid byw; **he hasn't a ~ penny,** nid oes ganddo'r un geiniog/ddimai goch [ar ei elw]; **you can see everything in a ~ day,** gellwch weld popeth mewn un diwrnod; *(b) (= separate):* unigol; *Fin:* **~ premium,** premiwn (premiymau) unigol/sengl *m*; **~ payment,** taliad(-au) *(m)* unwaith ac am byth, un taliad; **the train stops at every ~ station,** mae'r trên yn aros ym mhob un orsaf; **every ~ one of you,** pob un ohonoch, pob copa walltog ohonoch; **~ cream,** hufen tenau/sengl *m*; *Cmptr:* **~ density,** dwysedd sengl *m*; **~ entry,** cofnod(-ion) sengl *m*; **~ entry book-keeping,** llyfrifo *(vn)* sengl; **~ part,** *(of machine):* darn(-au) unigol *m*; *Th:* **~ act,** act(-au) sengl *f*; **~ flower,** blodyn (blodau) sengl *m*; **~ hair,** blewyn (unigol) *m*; **every ~ thing,** pob un peth, pob un dim, *F:* pob dim; **every ~ day,** pob rhyw ddydd; **every ~ moment,** pob ennyd awr. **2.** *(a)* **~ bed,** gwely(-au) sengl *m*; **~ bedroom,** ystafell *(f)* wely (ystafelloedd gwely) sengl; *Typ:* **~ space,** gofod(-au) sengl *m*; **~ quote,** dyfynnod (dyfynodau) sengl *m*; *Cr:* **~ wicket,** wiced(-i) sengl *f*; **~ combat,** gornest(-au) *f* [rhwng dau], cyfranc (cyfrangau) *f* [rhwng dau]; **in ~ file,** un ar ôl y llall, yn un llinyn; **in ~ rank,** yn un rheng; **in a ~ lump,** yn un lwmp/talp; **~ glove/shoe/stocking,** maneg/esgid/hosan heb bartneres *or* ar ei phen ei hun; *F:* maneg/esgid/hosan weddw; **he floored him with a ~ blow,** fe'i lloriodd ag un ergyd; *(b) (= unmarried):* di-briod, sengl; *Joc:* **~ blessedness,** bywyd braf *(m)* hen lanc/ferch, dedwyddwch *(m)* sengl, dedwyddwch [y] di-briod; **I still enjoy ~ blessedness,** 'rwy'n hen lanc dedwydd *or* yn hen ferch ddedwydd; **to live a ~ life,** byw'n ddi-briod. **3.** = **sincere, simple, honest;** *Fig:* **a ~ eye,** ymroddiad *m*, penderfynoldeb *m*; **a ~ heart,** calon gywir *f*, calon lân, ymroddiad, unplygrwydd *m*; **a ~ mind,** meddwl unplyg *m*, penderfyniad *m*, penderfynoldeb *m*, unplygrwydd meddwl. **~ acting** *a. Mch:* un cyfeiriad, un tu, unochrog. **~-action** *attrib.* **~-action rifle,** reiffl(-au) *(m)* cocio. **~-age** *a.* cyfoed. **~-breasted** *a.* â llabedi sengl. **~-celled** *a. Biol:* ungellog *(pronounced* ng-g). **~ cross** *n. Biol:* croesiad(-au) sengl *m.* **~-cut** *a.* **~-cut file,** ffeil(-iau) undor *f.* **~-deck bus, ~-decker [bus]** *n.* bws (bysiau) unllawr *m.* **~-fire** *attrib.* un taniad, un ergyd. **~-foot**[1] *n. U.S: Equit:* ffulltuth *m.* **~-foot**[2] *v.i. U.S: Equit:* ffulltuthio. **~-footer** *n. U.S: Equit:* ffulltuthiwr (ffulltuthwyr) *m.* **~-handed** *a. & adv.* ar eich pen eich hun, heb gymorth, ar eich liwt eich hun. **~-hearted** *a.* **1.** *(= sincere):* didwyll, unplyg. **2.** *(= purposeful):* ymroddedig, penderfynol. **~-heartedness** *n.* **1.** *(= sincerity):* didwylledd *m*, unplygrwydd *m.* **2.** *(= purpose):* ymroddiad *m.* **~-line** *a.* unffordd, un cyfeiriad. **~-loader** *a.* un fwled, un llwyth, un getrisen. **~-minded** *a.* penderfynol, diwyro, unplyg, diwyrni. **~-mindedness** *n.* penderfyniad, penderfynoldeb, unplygrwydd. **~-parent family** *n.* teulu(-oedd) *(m)* un rhiant. **~-parent premium** *n.* premiwm *(m)* rhiant sengl. **~-seater** *attrib. Veh:* un sedd. **~-sex school** *n. Sch:* ysgol(-ion) *(f)* un rhyw, ysgol i fechgyn/ferched yn unig. **~-seeded** *a.* unhadog. **~-sheet** *a. Cmptr: &c:* dalen sengl. **~-spacing** *attrib.* gofod sengl. **~-step** *v.i. Cmptr:* camu sengl. **~-track** *attrib.* un llinell; *Cmptr: &c:* un trac, untrac. **~-track road** *n.* ffordd (ffyrdd) *(f)* un lôn. **~-tree** *n.* = **swingletree.** **~-valued** *a.* unwerth.

single[3] *v.t. & ind.t.* **to ~ out (s.o.),** dethol, dewis, neilltuo, *S.W:* senglo (rhn) **(for sth,** ar gyfer rhth).

singleness *n.* **1.** = **sincerity.** **2.** **~ of purpose,** penderfynoldeb *m*, unplygrwydd *(m)* bwriad, gwastadrwydd *(m)* amcan. **3.** *(= single life):* bywyd di-briod/sengl *m.*

singlestick *n. Sp:* cleddyf(-au) pren *m.*

singlet *n. Cost:* singled(-i) *mf.*

singleton *n.* **1.** *Cards:* cerdyn (cardiau) sengl m, carden sengl (cardiau sengl) *f.* **2.** *(child):* unig blentyn (~ blant) *m*; *(thing):* unig beth(-au) *m.*

singletree *n.* = **swingletree.**

singly *adv.* **1.** *(= one by one):* mesul un, fesul un, un ar y tro, o un i un. **2.** *O: (= alone):* ar eich pen eich hun, heb gymorth, yn ddigymorth.

singsong *a. & n.* **1.** *a. (voice):* undonog. **2.** *n.* llafargan *f*, llafarganu *vn.* **3.** *(= community singing):* cwrdd (cyrddau) *(m)* canu, canu *(vn)* cynulleidfaol.

singspiel *n. Th:* c|omedi gerddorol (comedïau cerddorol) *f.*

singular *a.* **1.** *(a) Gram:* unigol; **in the ~,** yn yr unigol; **~ (form, noun),** unigol(-ion) *m*, ffurf(-iau) unigol *f*; *(b)* **all and ~,** pob un, un ac oll. **2.** *(a) (= exceptional):* hynod, anarferol, neilltuol, eithriadol, heb ei debyg; **a ~ lack of manners,** anghwrteisi na welwyd mo'i fath/debyg; anghwrteisi na fu'r fath beth; **a man of ~ talent,** dyn hynod ddawnus, dyn dawnus tu hwnt; *(b) (= strange):* rhyfedd, od, hynod; *(c) Mth:* hynod; **weakly ~,** hynod wannaidd; **non-~,** anhynod.

singularity *n.* **1.** *(= distinctiveness):* unigolrwydd *m*, hynodrwydd(-au) *m*, neilltuoldeb *m.* **2.** *(= peculiar feature):* hynodion *pl*, hynodwedd(-au,-ion) *f.* **3.** *Mth:* hynodyn (hynodion) *m.*

singularize *v.t.* neilltuoli, nodweddu, hynodweddu; **what singularizes his work is...,** yr hyn sy'n nodweddu ei waith [yn arbennig] yw...; yr hyn sy'n gosod ei waith ar wahân yw....

singularly *adv.* **1.** yn hynod. **2.** yn rhyfedd *&c.*

singularness *n.* = **singularity.**

singulative *a. Gram:* unigolynnol.

singultus *n. Med:* = **hiccup**[1].

sinh *n. Mth:* sinh *m.*

Sinhala *n. Ling:* Sinhala *f, m.*

Sinhalese *a. & n.* **1.** *a.* Sinhalaidd. **2.** *n. (a) Ethn:* Sinhaliad (Sinhaliaid) *m&f*; *(b) Ling:* Sinhala *f,m.*

sinhalite *n. Miner:* s|inhalit *m.*

Sinicism *n.* Tsieinïaeth(-au) *f.*

sinicize *v.t.* tsieineiddio.

sinicized *a.* tsieineiddiedig.
sinister *a.* **1.** *(= wicked):* sinistr, anfad, drygionus, *Lit: occ:* adwythig; **~ dealings,** anfadwaith *m*; **with a ~ purpose,** gyda bwriad drygionus. **2.** *(= ill-omened, menacing):* bygythiol, arswydus. **3.** *Her:* [ar y] chwith, [ar yr] aswy; **bar ~,** bar(-rau) chwith *m*.
sinisterly *adv.* yn fygythiol.
sinisterness *n.* **1.** *(of purpose):* drygioni *m*. **2.** *(of appearance):* golwg fygythiol *f* (ar rth).
sinisterwise *adv.* i'r chwith.
sinistral *a.* chwith, llawchwith, yn troi i'r chwith, tua'r chwith.
sinistrally *adv.* yn troi i'r chwith.
sinistrorsal *a.* chwithdro.
sinistrorse *a. Bot: &c:* tua'r chwith, chwithdro.
Sinitic *a.* Tsieinïaidd, Sinitig.
sink[1] *n.* *(a) (of kitchen):* sinc(-iau) *f*, *S:* bosh(-is) *m*; *F:* **everything but the kitchen ~,** popeth ond y cwpwrdd gwydr *or* ond y dresel; *(b)* **a ~ (of iniquity),** ceubwll *m*, ceuffos *f* (o lygredd/ddrygioni). **~-hole** *n.* llyncdwll (llyncdyllau) *m*. **~ unit** *n.* uned(-au) (*f*) sinc.
sink[2] *v.i. & t.* I. *v.i.* **1.** suddo; **to ~ like a stone,** suddo fel plwm; *F:* **(she was left) to ~ or swim,** (gadawyd hi) i nofio neu foddi, i'w thynged, i wneud y gorau ohoni; **here goes! ~ or swim!** i ffwrdd â ni! doed a ddelo! *F:* **we're sunk,** mae hi ar ben arnom. **2. to ~ into sth,** ymsuddo/suddo i rth; **the dye must be allowed to ~ in,** rhaid gadael i'r lliw dreiddio i'r deunydd; *F: (of words):* **to ~ into the memory,** treiddio i'r cof, aros yn y cof; **his words are beginning to ~ in,** mae ei eiriau'n dechrau gwneud argraff; *(b)* **to ~ into crime,** llithro/suddo i ddrygioni; **to ~ into oblivion,** mynd yn angof, llithro i dir angof, mynd i ebargofiant; **to ~ into sleep,** mynd i drymgwsg, suddo/ymsuddo/llithro/ymlithro i gwsg; **to ~ into insignificance,** suddo/diflannu mewn dinodedd, mynd yn ddibwys; *(c)* **to ~ into oneself,** ymgolli ynoch eich hun, mynd i'ch cragen. **3.** *(= subside) (a)* **to ~ down,** *(of building):* suddo, sadio; *(of ground):* suddo, pantio; **to ~ to s.o.'s level,** ymostwng i lefel rhn; **I never thought that he'd ~ to that,** ni feddyliais erioed y byddai'n ymostwng i hynny; *(b)* **the fire is sinking,** mae'r tân yn mynd yn is; mae'r tân yn gostwng; **his voice sank to a whisper,** gostyngodd ei lais yn sibrwd; **prices are sinking,** mae prisiau'n gostwng; *(c) (of pers.):* **to ~ [down] into a chair,** suddo/ymollwng i gadair; **to ~ on one's knees,** mynd ar eich gliniau; **his legs sank under him,** llaesodd/plygodd/crymodd ei goesau oddi tano; **to ~ to the ground,** disgyn/suddo i'r ddaear; **his heart sank,** suddodd ei galon; gwangalonnodd (*pronounced* ng-g); anobeithiodd; **his courage sank,** pallodd/gwanhaodd ei ddewrder. **4. to ~ (out of sight),** mynd, suddo, diflannu (o'r golwg); **to ~ without trace,** *(i) (of ship):* suddo heb adael ôl; *(ii)* mynd yn angof, mynd i ebargofiant, mynd i/ar ddifancoll; **the sun is sinking,** mae'r haul yn machlud. **5.** *(= deteriorate):* **the patient is sinking,** mae'r claf yn gwaethygu/gostwng/gwaelu; mae'r claf yn colli gafael; **she sinks daily in my estimation,** mae hi'n mynd yn is bob dydd yn fy ngolwg i; 'rwy'n meddwl llai ohoni bob dydd. II. *v.t.* **1.** *(ship):* suddo (llong), gyrru (llong) i'r gwaelod; *F:* **to ~ a pint,** llyncu peint. **2. to ~ a post,** gosod/gyrru/suddo postyn i'r ddaear; **a stone sunk into a wall,** carreg wedi'i chladdu mewn wal; **to ~ your teeth into sth,** claddu'ch dannedd yn rhth; **to ~ one's voice,** gostwng eich llais. **3.** *(a) (well, shaft, hole):* cloddio, turio, agor; *(b)* **to ~ words on stone,** naddu/torri geiriau ar garreg; *Engr:* **~ a die,** ysgythru/sincio dei, engrafu (*pronounced* ng-g) dei. **4. to ~ an objection,** trechu/goresgyn/gorchfygu gwrthwynebiad; **to ~ one's differences,** anghofio'ch anghytuneb. **5.** *Fin:* **to ~ a debt,** dil|eu dyled. **6. to ~ money in sth,** buddsoddi arian mewn rhth. **7. to ~ the ball,** *(a) Bill:* potio'r bêl; *(b) Golf:* claddu'r bêl.
sinkable *a.* suddadwy.
sinkage *n.* suddiant *m*.
sinker *n.* **1.** *(of well, shaft):* cloddiwr (cloddwyr) *m*, turiwr (turwyr) *m*. **2.** *(= lead weight):* pwysau (*m*) plwm; *F:* **hook, line and ~,** yn gyfan gwbl; yn gyrn, croen a charnau; **he swallowed it hook, line and ~,** llyncodd y stori'n gron *or* yn gyrn, croen a charnau *or* yn ddihalen; *S.a.* **die-sinker**. **3.** *U.S: Cu:* = **doughnut.**
sinking[1] *a.* **a ~ ship,** llong sy'n suddo, llong ar suddo; *(currency):* sy'n gostwng, gostyngol; **with ~ heart,** gyda chalon drom/ddiffygiol, a'ch calon yn suddo.
sinking[2] *vn.* **1.** *(in most senses):* suddo, *occ:* suddiad(-au) *m*; **the ~ of the Lusitania,** suddiad y Lusitania, suddo'r Lusitania. **2.** *(of the sun):* machlud, machludiad(-au) *m*; *(of ground):* pantio, suddo, rhoi; **~ of the heart,** gwangalondid *m* (*pronounced* ng-g); *F:* **that ~ feeling,** yr hen deimlad diffygiol hwnnw, yr hen wangalondid hwnnw, diffygiad *m*, ysictod *m*. **3.** *(of the voice):* gostyngiad *m*. **4.** *(of shaft &c):* cloddio, cloddiad(-au) *m*. **5.** *(of debt):* dilead *m*, dil|eu *vn*. **6.** *(of money into project):* buddsoddi, buddsoddiad(-au) *m*. **~ fund** *n. Hist: Com:* cronfa (cronf|eydd) (*f*) ad-dalu.
sinless *a.* dibechod, heb bechod, diniwed, *Lit:* glân, di-fai, dibech.
sinlessness *n.* diffyg (*m*) pechod, cyflwr dibechod *m*, diniweidrwydd *m*, *Lit:* glendid *m*.
sinner *n.* **1.** pechadur(-iaid) *m*, pechadures(-au) *f*. **2.** *F:* = **rascal, scamp.**
Sino- *comb.fm.* Tsieino-, Sino-.
Sino-American *a. & n.* **1.** *a.* Sino-Americanaidd. **2.** *n.* Sino-Americaniad (~-Americaniaid) *m&f*.
Sino-Tibetan *Ling:* **1.** *a.* Tsieino-Tibetaidd. **2.** *n.* Tsieino-Tibeteg *f*, *m*.
sinoatrial *a. Anat:* sinoatriaidd.
sinogram *n. Med:* s|inogram (sinogramau) *m*.
sinography *n. Med:* sinograffeg *f*, sinograffiaeth *f*.
sinological *a.* sinolegol.
sinologist, sinologue *n.* sinolegwr: sinolegydd (sinolegwyr) *m*.
sinology *n.* sinoleg *f*.
sinomania *n.* sinomania *m*, Tsieingarwch *m* (*pronounced* ng-g).
sinophile *n.* Tsieingarwr (Tsieingarwyr) *m* (*pronounced* ng-g).
sinophobe *n.* Tsieingasäwr (Tsieingasawyr) *m* (*pronounced* ng-g).
sinophobia *n.* Tsieingasineb *m* (*pronounced* ng-g).
sinopia *n.* cochddu *m*.
sinter[1] *n. Geol:* sint[e]r *m*.
sinter[2] *v.t.* sintro.
sinuate[d] *a. Bot:* dolennog, tonnog.
sinuately *adv.* yn ddolennog.
sinuation *n.* doleniad(-au) *m*, ymddoleniad(-au) *m*, dolennu *vn*, ymddolennu *vn*.
sinuosity *n.* **1.** dolenogrwydd *m*. **2.** *(of stream):* doleniad(-au) *m*.
sinuous *a.* **1.** dolennog, troellog, tonnog. **2.** *(pers.):* ystwyth.
sinuousness *n.* **1.** = **sinuosity. 2.** *(of pers.):* ystwythder *m*.
sinus *n. Med:* sinws (sinysau) *m*.
sinusitis *n. Med:* llid (*m*) y sinysau.
sinusoid *n. Mth: Anat:* s|inwsoid (sinwsoidau) *m*.
sinusoidal *a.* sinwsoidaidd.
Sion *Pr.n.* = **Zion.**
Siouan *a. Ethn:* Siŵaidd.
Sioux *a. & n. Ethn:* **1.** *a.* Siŵaidd. **2.** *n.* *(a)* Siŵ(-aid) *m&f*; *(b) Ling:* Siŵeg *f*, *m*.
sip[1] *n.* llymaid (llymeidiau) *m*, sip(-iau) *m*, sipiad(-au) *m*, *F:* llond (*m*) pig.
sip[2] *v.t. & i.* llymeitian, llymeitio, *F:* sipian, *S. W: occ:* llymeitiach.
sipe *n.* rhigol(-au) *f*.
siphon[1] *n.* seiffon(-au) *m*; **soda ~,** seiffon soda. **~ algae** *n.* gwymon (*m*) seiffon. **~ barometer** *n.* seiffon-faromedr(-au) *m*. **~-bottle** *n.* potel(-i) (*f*) seiffon. **~ cup** *n.* cwpan(-au) (*mf*) iro. **~ gauge** *n.* seiffonfesurydd(-ion) *m*.
siphon[2] *v.t. & i.* seiffno.
siphonage *n.* seiffno *vn*, seiffnad *m*.
siphonal, siphonic *a.* seiffonaidd, seiffonig.
siphonet *n. Ent: Anat:* s|eiffonet (seiffonetau) *m*, melbib(-au) *f*.
siphonophore *n. Z:* seiff|onoffor (seiffonofforau) *m*.
siphonostele *n.* seiff|onostel (seiffonostelau) *m*.
siphonostelic *a.* seiffonostelig.
siphuncle *n. Z:* = **siphon.**
sipper *n.* llymeitiwr (llymeitwyr) *m*, llym|eitwraig (llymeitwragedd) *f*, sipiwr (sipwyr) *m*, s|ipwraig (sipwragedd) *f*.
sippet *n.* **1.** *Cu:* micas(-au) *m*. **2.** = **fragment.**
sipunculid *n. Ann: Ent:* sip|wncwlid (sipwncwlidau) *m*.
sir[1] *n.* **1.** *(a)* syr(-iaid) *m*; **yes, S~,** o'r gorau, Syr; *Corr:* **dear ~,** annwyl syr; **dear sirs,** foneddigion; *(b)* **good day, sirs,** bore da, foneddigion. **2.** *(as a title):* **Sir Lancelot,** Syr Lawnslot.

sir[2] *v.t.* syrio (rhn), galw rhn yn "syr", galw "syr" ar rn.
sirdar *n.* **1.** pennaeth (penaethiaid) [milwrol] *m.* **2.** = **sikh.**
sire[1] *n. (a) A: Poet:* tad(-au) *m*, cyndad(-au) *m*; *(b) Breed:* tad; *(c) (in addressing king):* syr.
sire[2] *v.t. Breed:* cenhedlu.
siren *n. & attrib.* **1.** *(a) Myth: Amph:* seiren(-au,-iaid) *f*; *(b)* = **temptress;** *(c) O: (= sweet singer):* pêr gantores(-au) *f.* **2.** *Nau: Ind:* corn (cyrn) *m*, seiren(-au) *f.* **3.** *attrib.* hudol, hudolus. **~-suit** *n.* siwt(-iau) undarn *f.*
sirenian *a. & n.* **1.** *a. Z:* morfuchol. **2.** *n. Z:* morfuwch (morfuchod) *f.*
sirgang *n. Orn:* sirgang(-od) *m.*
Sirhowey *W.Pl.n.* Sirhywi *f.*
Sirius *n. Astr:* [Seren *f*] y Ci *m*, Siriws *m.*
sirloin *n. Cu:* syrlwyn(-au) *m*, lwyn(-au) *m.*
sirocco *n. Meteor:* siroco(-s) *m.*
sirrah *int. A:* syrî! syrâ!
sirree *int. U.S:* syrî!
sirup *n. U.S:* = **syrup.**
sirvente *n. Pros: sirvente(-s) f.*
sis *n. & int. F:* 'r hen chwaer *f*, chwaer [fach] *f.*
sisal *n.* **1.** *Tex:* sisal *m.* **2.** *Bot:* = **agave.**
siskin *n. Orn:* pila gwyrdd (pilaod gwyrddion) *m*, dreiniog(-od) *m*, llinos werdd (llinosod gwyrddion) *f*, pibydd gwyrdd (pibyddion gwyrddion) *m.*
sissified *a.* merchetaidd, cadiffanaidd, cadiffanllyd.
sissoo *n. Carp:* sisŵ *m.*
sissy *n.* babi(-s) mawr *m*, *N:* cadi-ffan[n]i *m*, pansan (pansis) *m*, *S:* babi swci mami.
sister *n.f.* **1.** chwaer (chwiorydd); **~ german,** chwaer gyfan (chwiorydd cyfain); **~ uterine,** chwaer unfam, hanner chwaer; **twin ~,** efeilles(-au); *S.a.* **stepsister; [all] sisters under the skin,** chwiorydd oll i'w gilydd; *U.S:* **listen, ~,** *N:* gwrando, 'ngeneth i; gwrando, 'mechan i; *S:* clyw, 'merch i. **2.** *(a) Ecc:* lleian(-od), chwaer; *Ecc:* **Sisters of Our Lady,** Chwiorydd Mair; **Sisters of Mercy,** Chwiorydd Trugaredd; **S~ Barbara,** y Chwaer Barbara; **come in S~,** *(to nun):* dewch i mewn, y Chwaer; *(b) (in hospital):* prif nyrs(-ys,-us) *f*, nyrs hŷn, *F:* sister(-s). **3.** *attrib.* **~ nation,** chwaer-genedl (~-genhedloedd) *f.* **~ ship** *n.* chwaerlong(-au) *f.* **~-in-law** *n.* chwaer yng nghyfraith.
sisterhood *n.* chwaeroliaeth(-au) *f.*
sisterly *a.* chwaerol; **~ love,** cariad chwaerol, cariad chwaer.
Sistine *a.* **the ~ Chapel,** y Capel Sistinaidd, Capel Sixtus.
sistroid *a. Geom:* sistroid.
sistrum *a. Mus:* sistrwm (sistrymau) *m.*
Sisyphean, Sisyphian *a.* Sisyffaidd, llafurus, diddiwedd.
Sisyphus *Pr.n.m. Myth:* Sisyffos.
sit *v.i. & t.* I. *v.i.* **1.** *(a)* eistedd; bod ar eich eistedd; *(= rest):* rhoi'ch clun i lawr; **a place to ~,** eisteddle(-oedd) *m*, eisteddfan(-nau) *mf*; *F:* **she is a ~-by-the-fire,** un hoff o'i haelwyd yw hi; **to ~ still,** eistedd yn llonydd, eistedd yn eich unfan; **to ~ up with s.o.,** aros/bod ar eich traed y nos gyda rhn, gwarchod rhn, *N.E:* gweini ar rn, *S:* gwylied rhn, gwylio rhn; **to ~ bolt upright,** eistedd yn syth/gefnsyth; **to ~ at s.o.'s feet,** eistedd wrth draed rhn; **to ~ at home,** aros gartref, aros yn y tŷ, aros ar yr aelwyd; **to ~ around idly,** eisteddian, eisteddial, clertian, magu dwylo, segura; **to ~ at table,** eistedd wrth y bwrdd; **we were sitting at dinner,** 'roeddem ni ar ginio; **to ~ over a pipe,** cael mygyn, eistedd i fwynhau pibellaid; *F:* **are you sitting comfortably?** oes gennych chi sedd gyfforddus? **to ~ over a book,** ymgolli mewn llyfr; **he sat through the whole play,** arhosodd hyd ddiwedd y ddrama; *F:* **to ~ tight,** dal eich tir, gwrthod symud, peidio â symud, aros ble 'rydych chi; **to ~ back,** eistedd yn ôl, gorffwyso; **I can't ~ back and let this happen,** ni allaf i ddim sefyll o'r neilltu a gadael i hyn ddigwydd; **to ~ on s.o.,** rhoi rhn yn ei le, rhoi caead ar biser rhn; *F:* **to ~ on s.o.'s tail,** *(of car driver):* aros ar sodlau rhn, mynd wrth gwt rhn, *V:* mynd wrth din rhn; *S.a.* **examination 2;** *(b)* **to ~ for a portrait,** eistedd i gael tynnu eich llun; *(c)* **to ~ on a committee,** eistedd/bod ar bwyllgor; **to ~ on committees,** pwyllgora, bod yn bwyllgorddyn; **he sits for my constituency,** mae'n aelod dros f'etholaeth i. **2.** *(of committee):* eistedd, dod ynghyd, cyfarfod, cynadledda; **a committee is sitting on the question,** mae pwyllgor yn trafod y mater; **the court is sitting,** mae'r llys yn eistedd; **the commission sat (for three years),** bu'r comisiwn wrthi, parhaodd y comisiwn (am dair blynedd); *Jur: (of judge):* **to ~ on a case,** eistedd ar achos; **to ~ in judgement,** eistedd mewn barn; *F:* **to ~ on a project,** eistedd ar gynllun, gohirio/arafu cynllun. **3.** *(a) (of hen):* **to ~ (on eggs),** gori, eistedd (ar wyau); *(b) (of bird):* clwydo, eistedd; *(c)* **to catch a hare sitting,** dal ysgyfarnog ar ei heistedd; **(to shoot a pheasant) sitting,** (saethu ffesant) ar y ddaear/llawr, ar ei eistedd. **4.** *(a)* **how sits the wind?** o ba gwr y mae'r gwynt [yn chwythu]? **this food sits heavy on the stomach,** mae'r bwyd 'ma'n pwyso'n drwm ar y stumog; **(his responsibilities) ~ heavy upon him,** (mae ei gyfrifoldebau'n) pwyso'n drwm arno, faich iddo, ei lethu; **sorrow sits lightly on him,** nid yw galar yn ei lethu; *(b) (of garments):* gorwedd, hongian, ffitio; **to ~ well,** ffitio'n dda. II. *v.t.* **1. to ~ a horse well,** eistedd yn dda ar geffyl, marchogaeth ceffyl yn dda. **2. to ~ a child on a bed,** gosod/dodi plentyn ar y gwely, rhoi plentyn i eistedd *or* ar ei eistedd ar wely, eistedd plentyn ar wely. **~ back** *v.i.* **to ~ back (in one's chair),** eistedd yn ôl, pwyso'n ôl, gorffwys, ymlacio (yn eich cadair); **to ~ back and let the others do the work,** llaesu dwylo a gadael y gwaith i eraill. **~ down** *v.i.* **to ~ [oneself] down,** eistedd, *F:* eistedd i lawr; **please ~ [yourself] down,** eisteddwch os gwelwch yn dda; a wnewch chi eistedd? dewch i eistedd; **to ~ down to table,** eistedd wrth y bwrdd; *F:* **to ~ down under an insult,** derbyn/llyncu/dioddef/goddef sarhad; **to ~ down hard on a plan,** sathru ar gynllun. **3.** *v.t.* **to ~ a child down,** gosod/dodi/rhoi plentyn i eistedd. **~-down 1.** *n.* **come and have a ~-down,** dewch i eistedd. **2.** *attrib.* **~-down meal,** pryd(-au) ffurfiol *m*; *Ind:* **~-down strike,** streic(-iau) segur *f*; **~-down [protest],** protest(-iadau) *(f)* eistedd. **~ in** *v.i.* **to ~ in on a lecture,** mynychu darlith; **to ~ in on a rehearsal/meeting,** gwrando ar ymarfer/gyfarfod. **~-in** *n. Pol: &c:* meddiannu *vn*, meddiant *m.* **~ on** *v.i.* **to ~ on s.o. to do sth,** pwyso ar rn i wneud rhth; *F:* **to ~ on the fence,** eistedd ar ben clawdd, eistedd ar y ffens, eistedd ar ben llidiart; **to ~ on one's hands,** peidio â gwneud dim; *Th:* peidio â chlapio. **~ out[1] 1.** *v.t.* **to ~ out a dance,** eistedd trwy gydol dawns, peidio â dawnsio; *F:* **I'd better ~ this one out,** mae'n well imi beidio; **to ~ a lecture out,** eistedd trwy ddarlith; **to ~ s.o. out,** aros i rn adael. **2.** *v.i.* **to ~ out in the sun,** eistedd yn yr haul. **~ up** *v.i.* **1.** *(a)* codi ar eich eistedd, eistedd i fyny/lan, eistedd yn gefnsyth, sythu; *F:* **to make s.o. ~ up,** synnu rhn, syfrdanu rhn; *(b)* **to ~ up in bed,** codi ar eich eistedd yn y gwely; **she's beginning to ~ up and take notice,** mae hi'n dechrau gwella; *(c) (of dog):* **to ~ up [and beg],** codi ar ei goesau ôl. **2. to ~ up late,** aros ar eich traed yn hwyr, mynd i'r gwely'n hwyr, cadw gwylnos; **to ~ up late for s.o.,** aros/disgwyl yn hwyr ar eich traed am rn, bod ar eich traed yn disgwyl am rn, **to ~ up with a sick person,** gwarchod rhn gwael. **3. to ~ up to the table,** tynnu'ch cadair at y bwrdd. **~-upon** *n. F:* pen ôl (penolau) *m.*
sitar *n. Mus:* sitar(-au) *m.*
sitatunga *n. Z:* sitatwnga (sitatwngâu) *m (pronounced* ng-g).
sitcom *n. F:* c|omedi (comedïau) *(f)* sefyllfa.
site[1] *n.* **1.** safle(-oedd) *m*, *Lit:* mangre(-oedd) *f (pronounced* ng-g); **building ~,** safle adeiladu; **burial ~,** claddfa (claddf|eydd) *f*; **camp-~,** maes (meysydd) *(m)* pebyll; **development ~,** safle datblygu; **habitation ~,** safle preswylio, preswylfa(-oedd) *f*; **kill ~,** safle lladd; **on ~,** ar y safle; **S~ of Special Scientific Interest,** Safle o Ddiddordeb Gwyddonol Neilltuol.
site[2] *v.t.* lleoli; **the hotel was sited by the station,** safai'r gwesty wrth yr orsaf.
sith *prep. A:* = **since.**
siting *vn.* lleoliad(-au) *m*, lleoli.
Sitka *Pr.n.* **~ cypress** *n. Bot:* cypreswydden felen (cypreswydd melyn) *f.* **~ spruce** *n. Bot:* pefrwydden (pefrwydd) *(f)* Sitka.
sitomania *n.* sitomania *m*, glythineb *m.*
sitophobia *n.* ofn *(m)* bwyd.
sitosterol *n. Ch:* sit|osterol *m.*
sitrep *n. Mil:* adroddiad(-au) milwrol *m.*
sittar *n.* sitar(-au) *m.*
sitter *n.* **1.** *(a) (= one who sits):* eisteddwr (eisteddwyr) *m*, eist|eddwraig *f*; *(b)* **baby-~,** gwarchodwr (gwarchodwyr) *m* [plant], gwarch|odwraig (gwarchodwragedd) *f* [plant]. **2.** *(= artist's model):* model(-au) *m&f.* **3.** *(a) (hen): N:* iâr orllyd (ieir gorllyd) *f*, iâr ddeor (ieir deor), iâr ori (ieir gori), *S:* iâr glwc (ieir clwc); *(b)* **to shoot at a ~,** saethu aderyn ar y nyth; *(c) F:* **it was a ~ for me,** 'roedd yn rhwydd/hawdd iawn i mi; *Cr:*

he's dropped an absolute ~, fe ollyngodd bêl hawdd. *Fb:* **a ~ of a goal,** gôl hawdd *f.*

sitting¹ *a.* **1.** ar [eich] eistedd, *Lit:* eisteddog; **to be ~ pretty,** bod mewn lle da, bod yn llygad yr haul; *Art:* **~ figure,** ffig[i]wr ar ei eistedd, ffig[i]wr yn eistedd. **2.** *(tribunal &c):* ar waith, yn eistedd, sydd wrthi. **3. ~ hen,** iâr *(f)* orllyd/ori (ieir gorllyd/gori), iâr ar ori/ddeor, iâr glwc (ieir clwc); *(game):* ar ei [h]eistedd, ar y nyth; *F:* **~ duck,** cocyn *(m)* hitio hawdd, targed(-au) hawdd *m.* **4.** *Adm:* **~ tenant,** tenant(-iaid) meddiannol *or* mewn meddiant. **5.** *Parl:* **the ~ member,** yr aelod presennol, yr aelod ar hyn o bryd.

sitting² *vn.* **1.** eistedd, eisteddiad(-au) *m; (a)* **~ and standing room,** lle i eistedd ac i sefyll; *(b)* **(to paint a portrait) in three sittings,** (tynnu llun) mewn tair sesiwn, mewn tri eisteddiad. **2.** *(a)* **to serve a hundred people at one ~,** gweini ar gant o bobl ar un pryd/eisteddiad; *(for meals):* **first/second ~,** eisteddiad cyntaf, ail eisteddiad; *F:* **(to write two chapters) at one ~,** (ysgrifennu dwy bennod) ar un eisteddiad, *F:* ar un plwc; *(b) (of commission &c):* cyfarfod(-ydd) *m,* eisteddiad; *Jur:* **~ in camera,** eisteddiad yn y dirgel; *Jur:* **court ~,** eisteddiad llys, gwrandawiad(-au) *(m)* llys; *(c) Ecc:* sedd gadw (seddau cadw) *f,* eisteddfa (eisteddf|eydd) *f.* **3.** *Husb: (a) (of hen):* gori, deor, deoriad(-au) *m; (b) (of eggs):* nythaid (nytheidiau) *f.* **~-room** *n.* **1.** *(in house):* parlwr (parlyrau) *m,* lolfa (lolf|eydd) *f,* ystafell *(f)* fyw (ystafelloedd byw). **2.** *(space):* lle *(m)* i eistedd; **bed ~-room,** fflat(-iau) *(f)* un ystafell, ystafell fyw a chysgu (ystafelloedd byw a chysgu).

situate¹ *a. Jur:* = **situated 1.**

situate² *v.t.* lleoli, gosod, dodi.

situated *a.* **1.** *(house &c):* lleoledig, yn sefyll, wedi ei leoli; **the house is well ~,** mae'r tŷ mewn safle/lleoliad/lle da; mae'r tŷ mewn llecyn braf; **awkwardly ~,** mewn lle chwithig. **2.** *(of pers.):* **how are you ~,** sut mae hi arnoch chi? **comfortably ~,** cefnog, da eich byd.

situation *n.* **1.** *(of building):* safle(-oedd) *m.* **2.** *(in general sense):* sefyllfa(-oedd) *f; in current English* **situation** *is used as a redundant sentence-filler and should not be translated at all; e.g.* **in a war ~,** mewn rhyfel; **in a classroom ~,**mewn dosbarth, yn y dosbarth; **to be in an awkward ~,** bod mewn cyfyng-gyngor, *F:* bod mewn twll, bod mewn lle annifyr; *F:* **what's the food ~?** sut mae hi [arnom ni] am fwyd? **3.** *(= employment):* swydd(-i) *f,* gwaith *m,* lle(-oedd) *m;* **to get a ~,** cael swydd, *N.W: F:* cael bachiad *m;* **to be out of a ~,** bod heb waith, bod yn ddi-waith, bod yn segur, *F: N:* bod ar y clwt; **situations vacant,** swyddi gweigion. **~ comedy** *n.* c|omedi (comedïau) *(f)* sefyllfa. **~ ethics** *n.* moeseg *(f)* sefyllfa.

situational *a.* sefyllfaol; **~ forces,** amgylchiadau *pl,* dylanwadau *(pl)* sefyllfa.

situationally *adv.* yn sefyllfaol, o ran sefyllfa.

situla *n. Archeol:* s|itwla (sitwlâu) *mf.*

situs *n. Jur:* lleoliad(-au) *m.*

sitz *a.* **~ bath,** baddon(-au) *(m)* eistedd.

sitzkrieg *n.* rhyfela *(vn)* oer.

sitzmark *n.* ôl (olion) *(m)* eistedd.

Siva *n. Rel:* S[h]ifa *m.*

Sivaism *n. Rel:* S[h]ifayddiaeth *f.*

Sivaist *n. Rel:* S[h]ifaydd(-ion) *m.*

Sivaistic *a. Rel:* S[h]ifayddol.

Sivan *n. Rel:* Sifan *m.*

six *num. a. & n.* **1.** *a.* chwe *foll. by spirant mut. of* p-, t-, c- *and by a sing. noun;* chwech + o + *n.pl.:* **~ cats,** chwe chath, chwech o gathod; **~ houses,** chwe thŷ, chwech o dai; **~ things,** chwe pheth, chwech o bethau; **~ years,** chwe blynedd; **~ people,** chwech o bobl; **the ~ of us,** y chwech ohonom, ni'n chwech; **~ years old,** chwe blwydd oed, chwech oed; **~ pounds,** *(weight):* chwe phwys, chwephwys; *(money):* chwe phunt, chwephunt; **~ score,** chwe ugain, chweugain (chweugeiniau) *m;* **~ hundred,** chwe chant, chwechant; **~ thousand,** chwe mil; **~ miles,** chwe milltir; **~ yards,** chwe llath, chwellath; **~ hours,** chwe awr; **~ days,** chwe diwrnod; **~ inches,** chwe modfedd; **~ kilometres,** chwe chilomedr; **~ pennies,** chwe cheiniog; *Ir.Pol:* **the S~ Counties,** y Chwe Sir; **~ months,** chwe mis, hanner *(m)* blwyddyn; **~ feet,** chwe throedfedd, dwy lath, dwylath; **he's ~ foot tall,** mae'n ddwy lath o daldra; *F:* **~ feet deep,** dan ddwylath o bridd; **~ times,** chwe gwaith; *Mth:* **the ~ times table,** y tabl chwech; **~ shillings,** chwe swllt, chweswllt; **a line of ~ syllables,** llinell chwesill/chwesillafog, llinell chwe sillaf. **2.** *n.* chwech(-au) *m;* **the double ~,** *(at dominoes):* y chwech dwbl, y ddau chwech; *num: O:* **two and ~,** *(2/6):* hanner coron(-au) *m, occ:* dau swllt a chwech; **in sixes,** fesul chwech; **everything is at sixes and sevens,** *(= in confusion):* mae popeth blith draphlith; *S:* mae popeth yn siang-di-fang; **they were at sixes and sevens,** *(= in disagreement):* 'roeddent yn benben; *Cr:* **to knock a ball for ~,** sgorio chwech, sgorio chwe rhediad; *F:* **to knock s.o. for ~,** rhoi'r farwol i rn, llorio rhn, rhoi rhn ar wastad ei gefn, *S. W:* bwrw rhn yn bedwar; **the news knocked me for ~,** bu'r newydd yn gryn ysgytwad imi; mi gefais fy llorio gan y newydd; **the headmaster gave him ~ of the best,** fe gafodd chwe slaes â'r gansen gan y prifathro; *F:* **it's ~ of one and half a dozen of the other,** chwech o un a hanner dwsin o'r llall yw hi; chwaer i Mam yw Modryb; chwaer ydyw Modryb i Mam; llathen o'r un brethyn yw'r ddau; brawd mygu yw tagu; cuwch cwd a ffetan; *N:* ail ydi Huwcyn i Ffowcyn; yr un peth ydi Siôn a'i glocsen; un baw iâr a'r llall baw aderyn; mae'r un faint ar y gogail ag ar y werthyd; **~ o'clock,** chwech o'r gloch; **~ thirty,** hanner awr wedi chwech; **page ~,** tudalen chwech; **~ A.D.,** y flwyddyn chwech Oed Crist; **~ of us,** chwech ohonom; **the ~ of us,** ni'n chwech, y chwech ohonom. **~-a-side** *attrib.* chwech bob ochr. **~-eight** *attrib. Mus:* chwech-wyth. **~-foot** *attrib.* chwe throedfedd, dwy lath, dwylath. **~-footer** *n.* dyn(-ion) *(m)* chwe throedfedd [o daldra], dyn dwy lath [o daldra]; merch(-ed) *(f)* chwe throedfedd [o daldra], merch ddwy lath (merched dwy lath) [o daldra]. **~-gun** *n. Sm.a:* gwn (gynnau) *(m)* chwe bwled/thaniad, dryll(-iau) *(m)* chwe bwled/thaniad, gwn/dryll chwech. **~-pack** *n.* pecyn(-nau) *(m)* chwech, pac(-iau) *(m)* chwech. **~-pounder** *n. Artil:* canon(-au) chwephwys *m.* **~-shooter** *n.* = **six-gun. ~-sided** *a.* chweochrog. **~-yearly** *a.* chweblynyddol, bob chwe blynedd.

sixain *n. Pros:* chweban(-nau) *m.*

sixer *n.* **1.** *Cr:* chwech(-au) *m.* **2.** *(= cubscout leader):* chwechwr (chwechwyr) *m.*

sixfold *a. & adv.* **1.** *a. (= folded six times):* chwephlyg. **2.** *adv.* chwephlyg, chwe gwaith cymaint, chwe gwaith trosodd; *Hist: B:* ar ei chweched.

sixmo *n.* sicsmo(-s) *m,* chwephlyg(-ion) *m.*

sixpence 1. *(sum):* chwe cheiniog *pl,* chwecheiniog(-au) *f.* **2.** *(coin):* darn(-au) *(m)* chwecheiniog, chwecheiniog(-au) *m, F:* darn chwech, pis[h]yn (pisiau, pis[h]ys) *(m)* chwech, *N.W:* chwechyn *m;* **silver ~,** chwech(-od, -au) [gwyn] *m, S: occ:* chwech las (chwechau gleision) *f,* chwecheiniog las (chwecheiniogau gleision) *f.*

sixpenny *attrib.* chwecheiniog, gwerth chwech/chwecheiniog; **~ loaf,** torth(-au) *(f)* chwech/chwecheiniog; **~ piece, = sixpence 2.**

sixpennyworth *n. O:* gwerth *(m)* chwecheiniog, chwecheiniogwerth *m,* gwerth chwech.

sixte *n. Fenc:* chweched [safle] *m.*

sixteen *num. a. & n.m.* un ar bymtheg, *less idiomatically* un deg [a] chwe, *foll. by sing. noun or by* o + *n.pl.:* **~ houses,** un tŷ ar bymtheg, un deg [a] chwe thŷ, un ar bymtheg o dai, un deg [a] chwech o dai; un *is foll. by the soft mut. of a fem. noun:* **~ times,** unwaith ar bymtheg; **~ pounds,** *(money):* un bunt ar bymtheg; *(weight):* un pwys ar bymtheg; **~ miles,** un filltir ar bymtheg; **~ pence,** un geiniog ar bymtheg; *but* ll-, rh-, *do not mutate:* **~ ships,** un llong ar bymtheg; **~ spades,** un rhaw ar bymtheg; *but all fem. adjs. including those beginning with* ll-, rh-, *mutate:* **~ wonderful songs,** un ryfeddol gân ar bymtheg; un *is foll. by the nasal mut. of* blynedd *and* blwydd: **~ years,** un mlynedd ar bymtheg; **~ years old,** un mlwydd ar bymtheg oed; **she is sweet ~,** mae hi'n eneth annwyl un ar bymtheg oed; **~ hundred,** un cant ar bymtheg; **the year 1600,** y flwyddyn mil chwe chant; **1645,** mil chwech pedwar pump; **the year 1916,** y flwyddyn mil naw un chwech; **the 1600's,** degawd cynta'r ail ganrif ar bymtheg; **page ~,** tudalen un ar bymtheg; **at 7.16,** am un munud/funud ar bymtheg wedi saith [o'r gloch]; *for the construction of* un deg [a] chwe, *See* **six.**

sixteenmo *a. & n.* **1.** *a.* unplyg ar bymtheg, deg a chwephlyg. **2.** *n.* llyfr(-au) unplyg ar bymtheg, llyfr deg a chwephlyg.

sixteenth *num. a. & n.* **1.** *a.* unfed ar bymtheg, *less idiomatically* un deg [a] chweched; **the ~ boy,** yr unfed bachgen ar bymtheg; unfed *is foll. by the soft mut. of a fem. noun:* **the ~ girl,** yr unfed ferch ar bymtheg; **the ~ time,** yr unfed waith ar bymtheg; **the ~ year,** yr unfed flwyddyn ar bymtheg; **my ~ birthday,** fy mhen blwydd yn un ar bymtheg [oed]; *Mus:* **~ note,** unfed nodyn (*m*) ar bymtheg, hanner (*m*) cwafer; **~ rest,** tawnod(-au) (*m*) hanner cwafer. **2.** *n.* unfed ar bymtheg, un deg [a] chweched; **Louis the S~,** Lewis yr Unfed ar Bymtheg; **the ~ of August,** yr unfed ar bymtheg o Awst, Awst yr unfed ar bymtheg; *Mth:* un rhan (*f*) o un ar bymtheg.

sixteenthly *adv.* yn unfed ar bymtheg.

sixth *num. a. & n.* **1.** *a. & n.* chweched; **~ sense,** chweched synnwyr *m*; **the ~ day,** y chweched dydd *m*; chweched *is foll. by the soft mut. of a fem. noun:* **the ~ time,** y chweched waith; **the ~ daughter,** y chweched ferch; *Sch:* **~ form,** chweched dosbarth *m*; **the lower ~ [form],** y chweched isaf; **the upper ~ [form],** y chweched uchaf; **my ~ birthday,** fy mhen blwydd yn chwech [oed]; fy mhen blwydd yn chweblwydd oed; **she came ~,** daeth hi'n chweched; **the ~ of January, January the ~,** y chweched o Ionawr, Ionawr y chweched; **Henry the S~,** Harri'r Chweched. **2.** *n. Mth:* chweched(-au) *mf*, chweched ran *f*, un rhan (*f*) o chwech; **five sixths,** pum rhan o chwech, pum chweched; *(c) Mus:* chweched(-au) *m*. **~-form college** *n.* coleg(-au) (*m*) chweched dosbarth. **~-former,** plentyn (plant) (*m*) chweched dosbarth, disgybl(-ion) (*m*) chweched dosbarth. **~-rate** *a.* chweched radd.

sixthly *adv.* yn chweched.

sixtieth *num. a. & n.* **1.** *a. & n.* trigeinfed, *less idiomatically* chwe degfed; **the ~ day,** y trigeinfed dydd; trigeinfed *and* degfed *are both foll. by the soft mut. of a fem. noun, and* trigeinfed *is mutated after the article:* **the ~ time,** y drigeinfed waith; **the ~ minute,** y trigeinfed munud, y drigeinfed funud; **one's ~ birthday,** eich pen blwydd yn drigain [oed]; **the ~ year,** y drigeinfed flwyddyn; **~ anniversary,** trigeinmlwyddiant (trigeinmlwyddiannau) *m*. **2.** *n. Mth:* trigeinfed ran *f*, un rhan (*f*) o drigain.

sixty *num. a. & n.* **1.** *a.* trigain, *less idiomatically* chwe deg; *foll. by sing. noun or by* o + *n.pl.*; **~ sheep,** trigain dafad, trigain o ddefaid; **~ people,** trigain o bobl; trigain *is foll. by the nasal mut. of* blynedd, blwydd, diwrnod; **~ years,** trigain mlynedd; **~ years old,** trigain [mlwydd] oed; **~ days,** trigain niwrnod; *for the construction after* chwe deg, *See* **ten. 2.** *n.* trigain (trigeiniau) *m*, chwe deg(-au) *m*; **she's in her sixties,** mae hi dros ei thrigain [oed]; mae hi yn ei thrigeiniau; **the Sixties** *(era):* y Chwe Degau; **the year 1960,** y flwyddyn mil naw chwe deg; **in 1763,** yn mil saith chwech tri; **the 1760's,** chwe degau'r ddeunawfed ganrif. **~-eight** *a. & n.m.* wyth a thrigain, trigain ac wyth, chwe deg [ac] wyth, *foll. by sing. noun or by* o + *n.pl.*: **~-eight houses,** wyth tŷ a thrigain, wyth a thrigain o dai, chwe deg [ac] wyth tŷ, chwe deg [ac] wyth o dai; *for construction after* wyth *See* **eight; the year 1368,** y flwyddyn mil tri chwech wyth. **~-eighth 1.** *a. & n.* wythfed a thrigain, chwe deg [ac] wythfed; **the ~ day,** yr wythfed dydd a thrigain; *for construction, See* **eighth; one's ~-eighth birthday,** eich pen blwydd yn wyth a thrigain [oed]. **2.** *n. Mth:* un rhan (*f*) o wyth a thrigain, un rhan o chwe deg [ac] wyth. **~-fifth 1.** *a. & n.* pumed a thrigain, chwe deg a phumed, chwe deg pumed; **the ~-fifth year,** y bumed flwyddyn a thrigain, y chwe deg a phumed flwyddyn; *for construction, See* **fifth; one's ~-fifth birthday,** eich pen blwydd yn bump a thrigain [oed]. **2.** *n. Mth:* un rhan (*f*) o bump a thrigain, un rhan o chwe deg a phump. **~-first 1.** *a. & n.* unfed a thrigain, chwe deg [ac] unfed, *occ:* cyntaf ar ôl y trigain; **the ~-first day,** yr unfed dydd a thrigain; **the ~-first year,** yr unfed flwyddyn a thrigain; unfed *is foll. by the soft mut. of a fem. noun:* **the ~-first year,** yr unfed flwyddyn a thrigain; **one's ~-first birthday,** eich pen blwydd yn un a thrigain [oed]. **2.** *n. Mth:* un rhan (*f*) o un a thrigain, un rhan o chwe deg [ac] un. **~-five 1.** *a.* pum ... a thrigain, chwe deg a phum ..., *foll. by a sing. noun, or* pump a thrigain + o + *n.pl., or* chwe deg a phump + o + *n.pl.*; **~-five men,** pum dyn a thrigain, pump a thrigain o ddynion, chwe deg a phum dyn, chwe deg a phump o ddynion; **~-five years,** pum mlynedd a thrigain; *for construction, See* **five; the year 1865,** y flwyddyn mil wyth chwech pump. **2.** *n.* pump (*m*) a thrigain, trigain a phump *m*, chwe deg a phump *m*, chwe deg pump *m*. **~-four** *a. & n. m.* pedwar a thrigain, *f.* pedair a thrigain, trigain a phedwar/phedair, chwe deg a phedwar/phedair, chwe deg pedwar/pedair, *foll. by sing. noun or by* o + *n.pl.*; **~-four days,** pedwar diwrnod a thrigain, chwe deg a phedwar diwrnod, pedwar a thrigain o ddyddiau, chwe deg a phedwar o ddyddiau; **~-four years,** pedair blynedd a thrigain, chwe deg a phedair blynedd, chwe deg a phedair o flynyddoedd; *for construction, See* **four; the year 1664,** y flwyddyn mil chwech chwech pedwar; *F:* **the ~-four [thousand] dollar question,** y cwestiwn hollbwysig, y cwestiwn tyngedfennol. **~ fourmo 1.** *a.* chwe deg a phedwarplyg, pedwarplyg a thrigain. **2.** *n.* llyfr(-au) pedwarplyg a thrigain *m*, llyfr chwe deg a phedwarplyg. **~-fourth 1.** *a. & n. m.* pedwerydd a thrigain, *f.* pedwaredd a thrigain, chwe deg a phedwerydd/phedwaredd, chwe deg pedwerydd/pedwaredd; *for construction, See* **fourth, eighty-fourth; one's ~-fourth birthday,** eich pen blwydd yn pedair a thrigain [oed]. **2.** *n. Mth:* un rhan (*f*) o bedair a thrigain. **~-nine 1.** *a. & n.m.* naw a thrigain, trigain a naw, chwe deg [a] naw; *for construction see* **nine, eighty-nine; the year 1969,** y flwyddyn mil naw chwech naw. **~-ninth 1.** *a. & n.* nawfed a thrigain, chwe deg [a] nawfed; *for construction, See* **ninth, eighty-ninth; one's ~-ninth birthday,** eich pen blwydd yn naw a thrigain [oed]. **2.** *n. Mth:* un rhan (*f*) o naw a thrigain, un rhan o chwe deg [a] naw. **~-one** *a. & n.m.* un a thrigain, trigain ac un, chwe deg [ac] un; *for construction See* **one, eighty-one; the year 1461,** y flwyddyn mil pedwar chwech un. **~-second 1.** *a. & n.* ail a thrigain, chwe deg [ac] eilfed; *for construction, See* **second, eighty-second; one's ~-second birthday,** eich pen blwydd yn drigain a dwy [oed]. **2.** *n. Mth:* un rhan (*f*) o ddwy a thrigain. **~-seven** *a. & n.m.* saith a thrigain, trigain a saith, chwe deg [a] saith; *for construction, See* **seven, eighty-seven. ~-seventh 1.** *a. & n.* saith a thrigeinfed, chwe deg [a] seithfed; *for construction, See* **seventh, eighty-seventh. 2.** *n. Mth:* un rhan (*f*) o chwe deg [a] saith. **~-third 1.** *a. m.* trydydd a thrigain, *f.* trydedd a thrigain, chwe deg a thrydydd/thrydedd, chwe deg trydydd/trydedd; *for construction, See* **third, eighty-third; one's ~-third birthday,** eich pen blwydd yn dair a thrigain [oed]. **2.** *n. Mth:* un rhan (*f*) o dair a thrigain, un rhan o chwe deg a thair. **~-three** *a. & n. m.* tri a thrigain, *f.* tair a thrigain, chwe deg a thri/thair, chwe deg tri/tair; *for construction, See* **three, eighty-three; the year 1963,** y flwyddyn mil naw chwech tri. **~-two** *a. & n. m.* dau a thrigain, *f.* dwy a thrigain, trigain a dau/dwy, chwe deg [a] dau/dwy *foll. by sing. noun or by* o + *n.pl.*; *for construction See* **two, eighty-two.**

sixtyfold *num. a. & adv.* **1.** *a.* trigeinplyg. **2.** *adv.* ar ei drigeinfed, yn drigeinplyg, drigain gwaith.

sixtymo *a. & n.* **1.** *a.* trigeinplyg. **2.** *n.* llyfr(-au) trigeinplyg *m*.

sizable *a.* = **sizeable.**

sizar *n. Sch:* seisar(-iaid) *m*.

sizarship *n. Sch:* seisariaeth(-au) *f*.

size¹ *n.* **1.** maint (meintiau) *m*, maintioli *m*, hyd (*m*) a lled *m*, *F:* seis *m*; **what ~ is it?** pa mor fawr yw ef? **all of a ~,** [i gyd] o'r un maint, yr un faint; **to take the ~ of sth,** mesur rhth, mesur hyd a lled rhth; **in all shapes and sizes,** (o) bob lliw a llun; *P:* **that's about the ~ of it,** dyna [sut mae] hi, fwy neu lai; dyna i hyd a i lled hi; *Ind:* **to cut a piece to the right ~,** torri darn i'r iawn/union faint; **full ~,** *(animal):* llawn dwf; *(model, picture):* o'r maintioli llawn; **pieces of different sizes,** darnau o wahanol faint/faintioli; **of some ~,** o gryn faint/faintioli, gweddol fawr, swmpus, sylweddol; **sth of the [same] ~ (as a horse),** rhth o'r un faint, rhth cymaint â cheffyl; **finished ~,** maint gorffenedig; **nominal ~,** maint cyffredin; **they are of their usual ~,** maen' nhw yn eu maint cyffredin; **it's three sizes too big,** mae'n rhy fawr o dri maint; **what ~ shoes do you take?** beth yw maint eich esgidiau? pa esgidiau fyddwch chi'n gymryd? *F:* pa seis ydych chi? **(I've nothing) in your ~,** ('does gen i ddim) i'ch ffitio chi, yn eich maint chi, aiff amdanoch chi; **(try this on) for ~,** (gwisgwch/rhowch/triwch hwn) i weld a yw'n ffitio, ichi gael gweld; **to cut sth down to ~,** talfyrru, tocio, cwteuo, cwtanu rhth; *F:* **to cut s.o. down to ~,** torri crib rhn, rhoi pin yn swigen rhn. **~ letters** *n.pl.* llythrennau maint. **~ notation** *n.* arwydd(-ion) (*m*) maint. **~-stick** *n.* pren (*m*) crydd (prennau cryddion), pren mesur.

size² *v.t.* **1.** *(= sort according to size):* trefnu/dosbarthu (rhth) yn ôl maint. **2.** *(= cut to size):* torri (rhth) i'r maint iawn. **~ up** *v.t.* mesur hyd a lled (rhn/rhth); *F:* **to ~ up s.o.,** pwyso a mesur rhn, mesur hyd a lled rhn, *N. W:* mesur troed rhn; **I've got him sized up,** 'rwy'n gwybod ei hyd a'i led.

size[3] *n. Paperm:* glud *m*, seis *m*.
size[4] *v.t. Paperm:* gludio, seisio.
sizeable *a.* sylweddol, swmpus, gweddol fawr, o gryn faint, o gryn swmp, o gryn faintioli, eithaf mawr, eithaf eich maint; cryn *(precedes n. + soft mut.)*; **a ~ amount,** cryn dipyn, cryn lawer; **a ~ difference,** gwahaniaeth sylweddol, cryn wahaniaeth; **a ~ number,** cryn nifer, cryn faint.
sizeableness *n.* maint/maintioli gweddol *m*.
sizeably *adv.* yn weddol fawr, yn sylweddol.
sized[1] *a.* **medium-~,** gweddol fawr, eithaf mawr, digon eich maint, [o faint] canolig/cymedrol; **flea-~,** o faint chwannen; **giant-~,** anferthol, cawraidd; **large-~,** mawr iawn, [o faint] mawr; **pint-~, small-~,** bychan (*f.* bechan, *pl.* bychain); **pint-~ man,** pwtyn (pytiau) bach *m*, corrach (corachod) *m*; *S.a.* **runt 2**; **pocket-~,** bychan.
sized[2] *a. Paperm:* gludiog.
sizer *n.* meintiolwr (meintiolwyr) *m*.
sizzle[1] *n.* sïo *vn*, hisian *vn*, sïad (siadau) *m*, hisiad(-au) *m*.
sizzle[2] *v.i.* sïo, hisian.
sizzler *n. F: (of weather):* **what a ~!** dyma wres! *N:* am boeth! *N.W: occ:* mae hi'n deg! *S:* dyma dwym! dyma dwym yw hi! **that summer was a ~,** haf eiriasboeth (*m*) oedd hwnnw.
sizzling *a.* **1.** *(sausages &c):* sy'n hisian. **2.** ~ **[hot],** eiriasboeth, twym, chwilboeth.
sjambok[1] *n.* chwip(-iau) *f*.
sjambok[2] *v.t.* chwipio.
skag *n. F:* = **heroin.**
skald *n.* prydydd(-ion) *m*, bardd (beirdd) *m*.
skaldic *a.* barddol.
skat *n. Cards:* sgat *m*.
skate[1] *n. Ich: (Raja batis):* cath (*f*) fôr (cathod môr), morgath(-od) *f*, g|arwbysg(-od) *m*; **long-nosed ~,** *(R. oxyrhychus):* morgath drwynfain (morgathod trwynfain); **white ~,** *(R. alba):* cath fôr wen (cathod môr gwynion), morgath wen (morgathod gwynion).
skate[2] *n. (shoe):* esgid(-iau) (*f*) sglefrio; *S.a.* **roller-skate; get your skates on!** brysia (brysiwch)! gafael(-wch) ynddi! *S:* siapa (siapwch) hi, *N:* styria (styriwch)! traed dani! ceirch iddi!
skate[3] *v.i.* sglefrio; *Fig:* **to ~ on thin ice,** sglefrio ar rew/iâ tenau; *S.a.* **roller-skate**; *F:* **to ~ round sth,** osgói rhth, tin-droi/gogor-droi o gwmpas rhth; **to ~ over sth,** braidd gyffwrdd â rhth, prin gyffwrdd â rhth.
skateboard[1] *n.* estyllen (estyllod) (*f*) sgrialu, sgrialfwrdd (sgrialfyrddau) *m*, bwrdd (byrddau) (*m*) sgrialu.
skateboard[2] *v.i.* sgrialu.
skateboarder *n.* sgrialwr (sgrialwyr) *m*.
skateboarding *vn.* sgrialu.
skater *n.* **1.** *Sp:* sglefriwr (sglefrwyr) *m*, sgl|efrwraig (sglefrwragedd) *f*. **2.** *Ent:* **pond-~,** rhiain (rhianedd) (*f*) y dŵr.
skating *vn.* = **skate**[3]. **~-rink** *n.* llawr (lloriau) (*m*) sglefrio.
skean *n. Arm:* dagr(-au) *f*, cyllell (cyllyll) *f*.
skedaddle *v.i.* sgidadlo; *S.a.* **beat**[2] **1.**
skeet *n. Sp:* saethu (*vn*) colomennod clai.
skeeter *n. Ent:* = **mosquito.**
skeg *n.* sgeg(-iau) *mf*.
skein[1] *n.* **1.** *(a)* cengl(-au) *f*; *(b) F:* **tangled ~,** dryswch *m*, tryblith *m*, *S.W:* t|anglwns *pl* (*pronounced* ng-g). **2.** *(of geese):* haid (heidiau) *f*.
skein[2] *v.t.* cenglu.
skeletal *a.* ysgerbydol; *(= thin):* esgyrnog; *S.a.* **earth**[1], **muscle**[1].
skeleton *n. & attrib.* **1.** *n. (a)* [y]sgerbwd ([y]sgerbydau) *m*; *Anat:* **appendicular ~,** [y]sgerbwd atodol; **axial ~,** [y]sgerbwd echelinol; **endo-~,** [y]sgerbwd mewnol; **exo-~,** [y]sgerbwd allanol; **he's just a ~,** nid yw'n ddim ond croen ac esgyrn, *S. W:* mae e fel ewyrth; *F;* **a ~ in the cupboard/closet,** cyfrinach warthus *f*, rhywbeth (*m*) i'w guddio, cath yn y cwpwrdd; *Prov:* **every family has a ~ in the cupboard,** mae gan bob teulu rywbeth i'w guddio; mae yna ryw gath yng nghwpwrdd pawb; **~ at the feast,** *(i)* y ddrychiolaeth (*f*) yn y wledd; *(ii) Fig: (pers.):* Jeremeia *m*, wyneb (*m*) ffidil, rhn (rhai) wyneblaes *m*; *(worry):* poendod(-au) *m*. **2.** *n. (a) (of ship):* asennau *pl*, ffrâm *f*, fframwaith *m*, [y]sgerbwd; *(of umbrella):* asennau; *(b) (of novel, speech, plan &c):* braslun(-iau) *m*, esgyrn sychion *pl*, amlinelliad(-au) *m*. **3.** *attrib.* **~ analysis,** dadansoddiad(-au) (*m*) ffurfiant; **~ framework,** bras fframwaith (~ fframweithiau) *m*; **a ~ sermon,** pennau (*pl*) pregeth; **~ key,** allwedd(-i,-au) (*f*) pob clo, allwedd agor pob man/drws, *N:* agoriad(-au) (*m*) pob clo, agoriad agor pob man/drws; *Surv:* **~ map,** map(-iau) bras *m*, amlinell(-au) (*f*) o fap; **~ army,** cnewyllyn (*m*) byddin; *Navy:* **~ crew,** criw(-iau) (*m*) tenau/main, cnewyllyn criw; **~ shrimp,** *See* **shrimp; ~ staff,** cnewyllyn staff, staff main *m*.
skeletonize *v.t. & i.* **1.** *(= reduce to skeleton):* [y]sgerbydu (rhth), troi (rhth) yn [y]sgerbwd. **2.** *(= outline):* amlinellu.
skeletonized *a.* [y]sgerbydol.
skelp[1] *n. Scot:* = **slap**[1].
skelp[2] *v.t. Scot:* = **slap**[2].
skelter *v.i.* = **scurry.**
Skeltonics *n.pl. Pros:* llinellau Skeltonaidd *pl*.
Skenfrith *W.pl.n.* Ynysg|ynwraidd *f*.
skep *n.* **1.** *(= basket):* cawnen(-ni) *f*, bwlan(-au) *m*, lip(-au) *f*. **2.** *Ap:* cwch (cychod) (*m*) gwenyn.
skepsis *n.* = **scepsis.**
skeptic *a. & n.* = **sceptic.**
skeptical *a.* = **sceptical.**
skepticism *n.* = **scepticism.**
Sker *W.Pl.n.* y Sger *f*.
skerry *n.* **1.** *Geog:* craig (creigiau) (*f*) yn y môr, ynys greigiog (ynysoedd creigiog), sgeri (sgerïau) *mf*. **2.** *W.Pl.n.* **The Skerries,** Ynysoedd (*pl*) y Moelrhoniaid.
sketch[1] *n.* **1.** *Art: Lit:* braslun(-iau) *m*; **character~,** portread(-au) (*m*) llenyddol, ysgrif (*f*) bortread (ysgrifau portread); **field ~,** braslun maes; **free-hand ~,** braslun llaw rydd; *Ind:* **dimensioned ~,** brasgynllun(-iau) dimensiwn. **2.** *(a) (= outline, draft):* braslun, crynodeb(-au) *m*, amlinelliad(-au) *m*; *(b) Th:* sgetsh(-is) *f*; *F:* **she does look a ~ in those clothes!,** on'd oes golwg ddigrif arni yn y dillad 'na! **~-book** *n.* llyfr(-au) (*m*) brasluniau, llyfr braslunio. **~-block, ~-pad** *n.* pad(-iau) (*m*) braslunio. **~-map** *n.* map bras (mapiau breision) *m*, braslun map (brasluniau mapiau). **~-paper** *n.* papur(-au) (*m*) braslunio. **~-section** *n.* llindoriad(-au) *m*.
sketch[2] *v.t. & i.* **1.** braslunio, amlinellu (rhth); tynnu braslun (o rth). **2. to ~ [out],** amlinellu (rhth), rhoi crynodeb (o rth); **to ~ in the details,** amlinellu'r manylion.
sketchable *a.* brasluniadwy, amlinelladwy.
sketcher *n.* brasluniwr (braslunwyr) *m*, tynnwr (tynnwyr) (*m*) brasluniau, amlinellwr (amlinellwyr) *m*.
sketchily *adv.* **1.** *(drawn in outline, narrated):* yn fras. **2.** *(= inadequately):* yn annigonol, yn ddiffygiol.
sketchiness *n.* annigonoldeb *m*, diffygioldeb *m*, diffygion *pl*.
sketchy *a. (drawing, narrative):* bras (breision); *(knowledge):* bylchog, bratiog, diffygiol, annigonol, arwynebol, ansylweddol.
skete *n. Rel.Hist:* mynachlog(-ydd) *f*.
Sketty *W.Pl.n.* Sgeti *f*, *A:* Ynysgeti *f*.
skeuomorph *n. Archeol:* sg|iwomorff (sgiwomorffau) *m*.
skew[1] *n.* gogwydd(-iadau) *m*, osgo(-adau) *m*, sgiw(-iau) *mf*; **negative ~,** sgiw negatif; **positive ~,** sgiw positif/bositif; **on the ~,** ar osgo, ar ogwydd, ar letraws, ar letgroes, ar sgiw.
skew[2] *a. & adv.* ar osgo, ar ogwydd, ar letraws, ar letgroes, ar oleddf, ar ŵyr, sgiw, gwyrgam (gwyrgeimion), yn gam, *F:* ar sgiw. **~ arch** *n. Const:* bwa (bwâu) (*m*) sgiw. **~-bridge** *n.* pont gam (pontydd ceimion) *f*; **~-curve** *n. Ph:* tro(-eon) (*m*) sgiw. **~-distribution** *n. Ph:* dosbarthiad(-au) (*m*) sgiw. **~-eyed** *a.* llygatgam. **~-whiff** *a. F:* yn gam, *F:* ar sgiw-wiff.
skew[3] *v.i. & t.* **1.** *v.i.* gogwyddo, gwyro, sgiwio. **2.** *v.t.* camystumio, sgiwio.
skewback *n. Const:* sgiwfaen (sgiwfeini) *m*.
skewbald *a.* coch a gwyn, [o liw] cwrw a llaeth.
Skewen *W.Pl.n.* Sgiwen *f*.
skewer[1] *n. Cu:* gwäell: gwaellen (gweill, gweyll) *f*, sgiwer(-au) *mf*, cigwain (cigweiniau) *f*, *N.W: occ:* sgwalsen (sgwals) *f*. **~-pin** *n.* gwaellbin(-nau) *m*.
skewer[2] *v.t.* **1.** *Cu:* gwaëllu (rhth), rhoi gwaell/gweyll (yn rhth), *N.W:* sgwalsio (rhth). **2.** *(with harpoon, spear):* tryferu.
skewnail *n. Carp:* hoelen gam (hoelion ceimion) *f*.
skewness *n.* gwyrgamedd *m*, sgiwedd *m*, camdra *m*, camystum *m*.
ski[1] *n.* sgi (sgïau) *f*. **~-bob**[1] *n.* sgi-bob(-iau) *m*. **~-bob**[2] *v.i.* sgibobio. **~-bobber** *n.* sgibobiwr (sgibobwyr) *m*, sgib|obwraig (sgibobwragedd) *f*. **~ boot** *n.* esgid(-iau) (*f*) sgïo. **~-bum** *n. F:*

sgi-selogyn (~-selogion) *m.* **~-instructor** *n.* hyfforddwr (hyfforddwyr) (*m*) sgïo. **~-jump** *n.* naid (neidiau) (*f*) sgïo. **~-jumper** *n.* neidiwr (neidwyr) (*m*) sgïo, n|eidwraig (neidwragedd) (*f*) sgïo. **~-lift** *n.* lifft(-iau) (*f*) sgïo. **~ mask** *n.* mwgwd (mygydau) (*m*) sgïo. **~ pants** *n. Cost: N:* trywsus(-au) (*m*) sgïo, *S:* trwser(-i) (*m*) sgïo. **~-pole** *n.* polyn (polion) (*m*) sgïo. **~-run** *n.* llethr(-au) (*f*) sgïo. **~-runner** *n.* = **skier**. **~-slope** *n.* = **ski-run**. **~-stick** *n.* ffon (ffyn) (*f*) sgïo. **~-tow** *n.* haliwr (halwyr) (*m*) sgïo, haliad(-au) (*m*) sgïo.

ski[2] *v.t. & i.* sgïo.

skiable *a.* sgiadwy.

skiagram, skiagraph *n. Med:* = **radiograph.**

skiagraphy *n. Med:* = **radiography.**

skiascope *n.* sgïasgop (sgiasgopau) *m.*

skiascopy *n.* sgïasgopeg *f.*

skid[1] *n.* **1.** *Aut:* sglefren (sglefrau) *f*, sglefr(-au) *f*, sglefriad(-au) *m*, *F:* sgid(-iau) *f*; **tail-~,** tinsglefriad(-au) *m.* **2.** *(= log, plank):* llithryn(-nau) *m*, *F:* slipar(-s) *f*; *F:* **to put the skids under s.o.,** prysuro cwymp rhn, rhoi codwm i rn; **on the skids,** ar y llwybr llithrig, ar y ffordd i lawr, ar i waered; **to hit the skids,** mynd rhwng y cŵn a'r brain, mynd ar i lawr, mynd ar i waered, *N. W: occ:* mynd i'r ddrâg. **3.** *(= braking device):* clocsen (clocsiau) *f*, esgid(-iau) *f*, clo(-eau,-eon) *m.* **4.** *Aer: (= runner):* gosail (goseiliau, goseilion) *f.* **~-fin** *n. Aer:* asgell (*f*) lithro (esgyll llithro). **~-lid** *n. F:* helmed(-au) *f.* **~-pan** *n.* llwybr(-au) llithrig *m*, llawr (lloriau) llithrig *m.* **~ road** *n. U.S:* ffordd (*f*) goed (ffyrdd coed). **S~ Row** *n.* Stryd (*f*) y Meddwon; **on S~ Row,** yn y gwter, ar y ffordd i waered.

skid[2] *v.i. Aut:* sglefrio, *F:* sgidio.

skidboard *n.* = **skidway.**

skiddoo *v.i. U.S:* = **beat[2] 1.**

skiddy *a.* llithrig.

skidway *n.* inclên (*f*) goed (incleiniau coed).

skier[1] *n.* sgïwr (sgiwyr) *m*, sg|iwraig (sgiwragedd) *f.*

skier[2] *n.* = **skyer.**

skiff *n. Nau:* sgiff(-iau) *mf.*

skiffle[1] *n. Mus:* sgiffl *m.*

skiffle[2] *v.t.&i. Mus:* sgifflo.

skiffler *n. Mus:* sgifflwr (sgifflwyr) *m*, sg|ifflwraig (sgifflwragedd) *f.*

skiing, ski-ing *vn.* sgïo.

skijoring *vn. Sp:* sgi-halio.

skilful *a.* medrus, celfydd, cywrain, deheuig, *N. W:* sgilgar, amcanus, deche, *S:* cliper, deche, ffest, *S. W: occ:* sgilis.

skilfully *adv.* yn fedrus *&c.*

skilfulness *n.* medr *m*, medrusrwydd *m*, deheurwydd *m*, sgilgarwch *m.*

skill *n.* **1.** medr(-au) *m*, medrusrwydd *m*; *Prov:* **it needs more ~ than I can tell to play the second fiddle well;** anodd eilio popeth; **lack/want of ~,** anfedrusrwydd *m*, diffyg (*m*) medr; **~ (in doing sth),** medr, medrusrwydd (yn gwneud rth, wrth wneud rhth); dawn *f* (gwneud rhth); **to lose one's ~ in doing sth,** colli'ch llaw ar wneud rhth. **2. do you have a ~?** a oes gennych chi grefft (*f*)?

skilled *a.* medrus, celfydd, crefftus; **highly ~,** tra medrus; **semi-~,** lled-fedrus; **~ labour,** *(i)* gwaith medrus; *(ii) (= workers):* crefftwyr [medrus] *pl*; **~ worker,** crefftwr (crefftwyr) *m*, gweithiwr (gweithwyr) (*m*) â chrefft; **to be ~ in sth,** bod yn hen law ar rth, bod yn fedrus yn gwneud rhth.

skillet *n.* **1.** sgilet (sgiledi) *f.* **2.** *U.S:* = **frying-pan.**

skilly *n. Cu:* potes *m* [blawd ceirch], sgili *m.*

skim[1] *n.* **1.** *(of bird, aircraft):* hediad(-au) isel *m*, gwib(-iau) *f*, gwibiad(-au) *m.* **2. to take a ~ through a book,** brysio trwy lyfr, darllen llyfr yn frysiog, bwrw golwg gyflym drwy lyfr. **3.** *(on milk):* hufen *m.* **~ milk** *n.* llaeth glas *m*, llaeth sgim. **~ [milk] cheese** *n. S:* caws (*m*) y gwcw, *S. W: M:* caws sgim, cosyn sgim *m*, *S.E:* caws llaeth glas, caws cnap, cosyn cnap.

skim[2] *v.t. & i.* **1.** *(broth, soup):* codi'r saim/braster (oddi ar gawl), sgimio (cawl); *(milk):* codi'r/tynnu'r hufen (oddi ar laeth); hufennu/dihufennu (llaeth), *S:* sgalo (llaeth), *N: occ:* difrigo (llefrith); *Fig:* **to ~ the cream of sth,** hufennu rhth. **2. to ~ the surface of sth,** braidd gyffwrdd â wyneb rhth, crafu wyneb rhth; **to ~ along,** gwibio [mynd], gwibio heibio; **to ~ [along, over] the ground,** crafu'r llawr; **to ~ through a book,** brysio trwy lyfr, darllen llyfr yn frysiog, brasddarllen llyfr. **3. to ~ a stone across water,** sglentio carreg ar draws dŵr. **4.** *Metalw:* sgimio.

skimmed *a.* **~ milk,** llaeth glas *m*, llaeth sgim.

skimmer *n.* **1.** *(for milk):* hufennwr (hufenwyr) *m*; **butter ~,** *S. W:* sleten (slets) *f*, ffiol(-au) *f*, sgâl (sgalau) *m*, *M. W:* llior *f*, *N:* cwpan denau (cwpanau tenau) *f*, soser denau (soseri tenau) *f*, sgimer(-s) *m.* **2.** *(hat):* het wellt (hetiau gwellt) *f.* **3.** *Orn: (Rhynchops):* hufennwr (hufenwyr) *m*, cribwr (cribwyr) *m.* **4.** *Metalw:* sgimiwr (sgimwyr) *m.*

skimmia *n. Bot:* sgimia (sgimiâu) *m.*

skimming *n.* **1.** *pl. Metall:* = **dross, slag, scum. 2.** *(of plaster):* haen denau (haenau tenau) *f.*

skimmington *n. Veh:* = **charivari.**

skimp *v.t. & i.* I. *v.t.* **1.** *(a)* **to ~ s.o. for food,** codi'r rhastl/rhestl ar rn, arbed ar fwyd rhn, gwarafun bwyd i rn; *(b)* **to ~ on food,** bod yn grintachlyd/gybyddlyd/gynnil gyda bwyd, arbed ar fwyd, codi'r rhesel/rhastl, *S. W:* sgimpo; **to ~ material in making a dress,** arbed defnydd wrth wneud ffrog. **2.** *F:* **to ~ one's work,** hanner gwneud eich gwaith, llechian gweithio. II. *v.i.* byw'n gynnil/fain/gul, byw yn agos at yr asgwrn, arbed; *S.a.* **scrimp.**

skimped *a.* annigonol, anghyflawn; **~ work,** gwaith heb ei wneud yn iawn; **~ coat,** côt rhy dyn[n], côt fain.

skimpily *adv.* yn denau, yn annigonol; **~ dressed,** mewn dillad cwta, heb lawer o ddillad, heb fod yn gwisgo llawer.

skimpiness *n.* teneurwydd *m*, annigonolrwydd *m*; *(of skirt &c):* meinder *m*, meindra *m.*

skimpy *a.* annigonol, prin, bylchog, diffygiol, ansylweddol; *(dress):* main (meinion); **~ knowledge,** gwybodaeth fylchog *f*; **a ~ skirt,** sgert fain *f*; **a ~ meal,** pryd [o fwyd] ansylweddol, esgus (*m*) o bryd, tamaid (*m*) i aros pryd.

skin[1] *n.* **1.** croen (crwyn) *m*; **inner ~,** gwirgroen; **outer ~,** glasgroen; *F:* **to have thin ~,** bod yn groendenau; **to have thick ~,** bod yn groendew; **by the ~ of one's teeth,** o drwch y blewyn, â chroen eich dannedd; **soaked to the ~,** gwlyb diferyd/diferol, gwlyb at y croen, *S:* gwlyb siwps/stecs; **the ~ off your nose!** iechyd da! hir oes! *F:* **it's no ~ off my nose,** nid yw wahaniaeth gen i *or* i mi; 'does dim ots gen i; *(of snake):* **to cast its ~,** bwrw'i chroen; **next to the ~,** am/ar y croen, [yn] nesaf at y croen; *F:* **he is nothing but ~ and bone,** nid oes ond ei lun; nid yw ond croen ac asgwrn; mae fel petai'n byw ar wellt ei wely; *S. W:* 'dyw e'n ddim ond dwy lygad a thrwyn; **I always wear cotton next to my ~,** 'rwyf bob amser yn gwisgo cotwm yn nesaf ataf *or* at fy nghroen; **to strip to the ~,** tynnu amdanoch yn noethlymun; **to sell one's ~ dearly,** ymladd am eich enaid, gwerthu'ch croen yn ddrud; **to save one's [own] ~,** achub eich croen [eich hun]; **I nearly jumped out of my ~,** mi ddychrynais ar fy hyd; bu bron imi gael ffit/gwasgfa; bu bron i mi lewygu; *S:* bu bron i mi gael haint; **to get under s.o.'s ~,** bod yn dân ar groen rhn; **I've got her under my ~,** 'rwyf wedi mopio fy mhen amdani; 'rwy'n dotio arni; **(to come out of it) with a whole ~,** (dianc) yn iach eich croen, yn groeniach, yn ddianaf, â chroen cyfan. **2.** *(a) (of animal):* croen; **fur skins,** crwyn blew; **raw skins,** irgrwyn; *(b) (for wine):* costrel(-i) *f*; *(c) (of parchment):* memrwn (memrynau) *m.* **3.** *(a) Bot: (of seed, fruit):* croen, gwisg(-oedd) *f*, amwisg(-oedd) *f*, pilen(-nau) *f*, rhuchen *f*, croenen *f*, croenyn *m*; *(b) (of orange, apple): N:* croen, *S:* pil(-ion) *m*, *S. W:* plisgyn (plisg) *m*; *(of sausage):* croen; *Cu:* **potatoes boiled in their skins,** *N:* tatws trwy eu crwyn, *S:* tato trwy'r pil. **4.** *Nau: Av:* croen, croenen, croenyn. **5.** *(on milk &c):* croen. **~ care** *n.* gofal (*m*) [am] y croen. **~ cream** *n.* hufen (*m*) croen. **~ dealer** *n.* crwynwr (crwynwyr) *m*, croenwr (croenwyr) *m.* **~-deep** *a.* arwynebol, ar yr wyneb, ysgafn; **beauty is only ~ deep,** llawer hagr, hygar fydd; gwell hygarwch na phryd. **~-dip** *n.* = **skinny-dip. ~ disease** *n.* clefyd(-au) (*m*) [ar y] croen. **~-diver** *n.* nofiwr (nofwyr) tanddwr *m.* **~-diving** *vn.* nofio tanddwr. **~ dresser** *n.* cyweiriwr (cyweirwyr) (*m*) crwyn; **~-dressing** *vn.* cyweirio crwyn. **~ effect** *n. El:* llif (*m*) arwyneb. **~-flick** *n. F:* llun(-iau) (*m*) croen, ffilm (*f*) groen (ffilmiau croen). **~-food** *n.* hufen (*m*) croen, maeth (*m*) [i'r] croen. **~ friction drag** *n. Ph:* llusgiant (*m*) arwyneb. **~ game** *n. F:* gêm (*f*) flingo (gemau blingo). **~-graft** *n.* impiad(-au) (*m*) croen. **~-grafting** *vn.* impio croen. **~-like** *a.* fel croen. **~ pop** *v.t. F: (drug):* croenbigo. **~ test** *n. Med:* prawf (profion) (*m*) [ar y] croen. **~-tight** *a.* croendyn[n].

skin[2] *v.t. & i.* I. *v.t.* *(a)* blingo (rhth), tynnu croen (rhth), *occ:* digroeni (rhth); **to ~ one's knees/knuckles,** crafu'ch/

ysgraffinio'ch pen-lin/migyrnau, *S.W:* sgathru [croen] eich pen-lin/migyrnau; *F:* **there's more than one way to ~ a cat,** mae llawer sgil i gael Wil i'w wely; mae llawer ffordd i ladd ci heblaw ei grogi; *F:* **to ~ s.o.,** blingo rhn, *N.W:* rhoi croen rhn ar y pared; *(b)* **to ~ an apple,** tynnu croen afal, *N:* plicio afal, *S.W:* crafu/plisgo afal, *S.E:* digroeni afal, *N.E:* c'nau (= glanhau) afal, *S:* pilo afal. **2.** *(a) N.Arch:* **to ~ a ship,** rhoi croen am long; *(b) Nau:* **to ~ up a sail,** llyfnu hwyl. II. *v.i. Med: (of wound):* **to ~ over,** croenio, magu croen, tyfu croen.

skinbound *a. Vet:* croenlyn, croendyn[n], croenrhwym; **~ disease,** y croenlyn *m.*

skinflint *n.* = **miser.**

skinful *n.* **1. a ~ of wine,** llond *(m)* costrel(-au, -i) o win, costrelaid (costreleidiau) *(f)* o win. **2.** *P:* **to have a good ~,** cael llond eich bol, *N.W:* cael cratsiad *(m)*, cael llond cratsh, cael boliad *(m)*, *S:* cael [llond] eich gwala.

skinhead *n. F:* pen *(m)* croen (pennau crwyn).

skink *n. Rept:* sginc(-od) *m*, *Lit: occ:* ceufadfall(-od) *f.*

skinless *a.* di-groen, heb groen, blingedig, wedi ei flingo, a flingwyd.

skinned *a.* **1. dark-~,** croenddu, tywyll eich croen, croendywyll, â chroen tywyll; **fair ~,** croenlan, goleubryd, croenwyn (*f.* croenwen, *pl.* croenwynion); **thick-~,** croengaled (*pronounced* ng-g), croendew; **thin-~,** croendenau. **2.** *(= flayed):* blingedig, a flingwyd, wedi ei flingo; **keep your eyes ~,** cadwch eich llygaid ar agor; gwyliwch yn graff.

skinner *n.* **1.** *(= flayer):* blingwr (blingwyr) *m.* **2.** *(= furrier):* gwerthwr (gwerthwyr) *(m)* crwyn, *occ:* crwynwr (crwynwyr) *m*, croenwr (croenwyr) *m.* **3.** = **swindler.**

skinniness *n.* meinder *m*, meindra *m*, teneurwydd *m*, teneuwch *m.*

skinny *a.* **1.** *(= thin):* tenau, main (meinion), esgyrnog, *M.W:* meinedd, *S: occ:* cenglog; *(animal):* cul(-ion); **as ~ as a rake,** tenau fel cribin/brân, *N:* tenau fel llinyn trôns, main fel cangen haf, *S:* mor denau â sgimren, mor fain â brôs. **2.** *(= covered with skin):* croenog, croenllyd. **3.** = **miserly. ~-dip**[1] *n. U.S: F:* nofiad(-au) noethlymun *m*, ymdrochiad(-au) noethlymun *m.* **~-dip**[2] *v.i. U.S: F:* ymdrochi'n/nofio'n noethlymun, *S:* oefad yn borcyn. **~-dipper** *n.* nofiwr (nofwyr) noethlymun *m*, ymdrochwr (ymdrochwyr) noethlymun *m*, n|ofwraig (nofwragedd) noethlymun *f.* **~-dipping** *vn.* ymdrochi/nofio noethlymun, *S:* oefad porcyn.

skint *a. F:* heb ddimai, heb yr un ddimai goch y delyn, heb yr un sentan, heb yr un bensan, heb ddim ar eich elw.

skioring *n.* = **skijoring.**

skip[1] *n.* naid (neidiau) *f*, llam(-au) *m*, sgip(-iadau) *m*, sgipiad(-au) *m*, sbonc(-iau) *f*; **hop, ~ and jump,** hwb *(m)*, cam *(m)* a naid. **~ distance** *n. W.Tel:* pellter *(m)* naid. **~ jump**[1] *n.* sgipnaid (sgipneidiau) *f.* **~ jump**[2] *v.i.* sgipneidio.

skip[2] *v.i. & t.* **1.** *v.i. (a)* llamu, neidio, sboncio, prancio, *S:* campro, *Lit:* llamsach, moelystota, *F:* sgipio; **to ~ for joy,** neidio o lawenydd, llamu gan lawenydd; *F:* **to ~ across to Spain,** gwibio draw i Sbaen, mynd ar wibdaith i Sbaen; **lambs were skipping in the fields,** pranciai ŵyn yn y caeau; *S.E:* 'roedd ŵyn yn campro yn y caeau; *(b) Games:* **to ~ [with a rope],** neidio trwy gortyn/raff, neidio trwy'r cortyn/rhaff, chwarae sgip, sgipio; *(c)* **to ~ from one subject to another,** neidio/gwibio o'r naill bwnc i'r llall, troi'r sgwrs o hyd, troi'r gath yn y badell; *(d) (= omit):* neidio dros (rth), hepgor (rhth), gadael (rhth) allan, *S.W:* sgabo/sgapo (rhth); **I shall have to ~ lunch today,** bydd yn rhaid imi golli cinio heddiw; **may we ~ the pleasantries?** a gawn ni anghofio'r manion? **~ it!** anghofia'r (anghofiwch yr) holl beth! anghofia fo/fe (anghofiwch o/e)! dyna hen ddigon! *(e) U.S: F:* **to ~ off,** gadael, ymadael, ei heglu hi, cymryd y goes, ei gwadnu hi *&c*; *S.a.* **beat**[2] **1**; **to ~ bail,** ffoi dan fechnïaeth. **2.** *v.t. & i.* **to ~ [over] a chapter,** neidio dros bennod; **to read sth without skipping,** darllen rhth drwyddo *or* o'i gwr; *Sch:* **to ~ a form,** neidio dros ddosbarth, neidio dosbarth.

skip[3] *n. Constr: Min: &c:* sgip(-iau) *mf*; *S.a.* **skep.**

skip[4] *n. Sch: (at Cambridge):* gwas (gweision) *m.*

skipjack *n.* **1.** *(toy, fish):* sgipiwr (sgipwyr) *m*; **~ tuna,** *(Euthynnus pelamis):* sgipjac(-s) *m.* **2.** *Ent:* chwilen glec (chwilod clec) *f.*

skipper[1] *n.* **1.** *(= one who skips):* neidiwr (neidwyr) *m*, n|eidwraig (neidwragedd) *f*, sgipiwr (sgipwyr) *m*, sg|ipwraig (sgipwragedd) *f.* **2.** *Ent: (a) (butterfly):* gwibiwr (gwibwyr) *m*; **chequered ~,** *(Carterocephalus palaemon):* gwibiwr y coed; **dingy ~,** *(Erynnis tages):* gwibiwr llwyd, llwydyn *(m)* y glaswellt, sbonciwr llwyd *m*; **Essex ~,** *(Thymelicus lineola):* gwibiwr bach cornddu; **grizzled ~,** *(Pyrgus malvae):* gwibiwr brith, sbonciwr brith; **large ~,** *(Ochlodes venata):* gwibiwr mawr, sbonciwr mawr, llwydyn mawr; **Lulworth ~,** *(Th. acteon):* gwibiwr Lulworth; **silver-spotted ~,** *(Hesperia comma):* gwibiwr arian, sbonciwr arian; **small ~,** *(Th. sylvestris):* gwibiwr bach; *(b)* **cheese ~,** pryf(-ed) *(m)* caws. **3.** *Ich:* **mud ~,** neidiwr mwd.

skipper[2] *n.* **1.** *Navy:* capten (capteiniaid) *m*, meistr *m* [llong] (meistri [llongau]), sgiper(-iaid) *m*; *Nau: F:* **~'s daughters,** cesyg gwynion, defaid Dafydd Jôs. **2.** *Sp: F:* capten.

skipper[3] *v.t.* bod yn gapten (ar rth), capteinio (rhth).

skipper[4] *n. Ich: (Scomberesox saurus):* sgipiwr (sgipwyr) *m.*

skippet *n.* blychyn(-nau) *m*, blwch bach (blychau bychain) *m.*

skipping[1] *a.* pranciog, sy'n neidio, sy'n sgipio, *Lit:* llamsachus.

skipping[2] *vn.* = **skip**[2]. **~-rope** *n.* cortyn (cyrt) *(m)* sgipio/neidio, rhaff(-au) *(f)* sgipio/neidio.

skirl[1] *n. Mus: Scot:* sgri *f.*

skirl[2] *v.i. Mus:* sgrio.

skirmish[1] *n. Mil: &c:* [y]sgarmes(-au,-oedd) *f.*

skirmish[2] *v.i.* [y]sgarmesu.

skirmisher *n. Mil: &c:* [y]sgarmeswr ([y]sgarmeswyr) *m.*

skirr *v.i.* chwyrlïo, chwyrnellu.

skirret *n. Bot:* moronen (moron) Ffrengig *f*, moronen felen (moron melyn).

Skirrid Vawr *W.Pl.n.* Ysgyryd Fawr *f.*

skirt[1] *n.* **1.** *(a) Cost:* sgert(-iau,-i) *f*, *S:* sgyrt(-iau,-s) *f*; **A-line ~,** sgert linell A (sgerti llinell A); **circular ~,** sgert gylch (sgerti cylch); **flared ~,** sgert fflêr; **gathered ~,** sgert grychog (sgerti crychog); **gored ~,** sgert gôr (sgerti gôr); **panelled ~,** sgert baneli (sgerti paneli); **pencil slim ~,** sgert gul (sgerti cul); **pleated ~,** sgert bletiog (sgerti pletiog); **split ~, divided ~,** sgert hollt; **straight ~,** sgert syth; **tiered ~,** sgert renciog (sgerti rhenciog); **wrap-over ~,** sgert amlapio; *(b) (of coat, gown &c):* godre(-on) *m*, ymyl(-on) *mf*; *F:* **to hang on to s.o.'s skirts,** hongian yng ngodreon rhn, bod wrth linyn ffedog rhn; *(of saddle):* llabed(-au,-i) *fm*; *(of hovercraft):* godre; *(of meat):* sgert; *(c) P: (= girl):* pis[h]yn (pishis) *f*; **to look for a bit of ~,** *N:* chwilio am damaid/fodan/bis[h]yn, *S.W:* chwilio am roces. **2.** *n.pl.* = **outskirts. ~-hanger** *n.* pren *(m)* sgert (prennau sgertiau).

skirt[2] *v.t. & i.* **1.** mynd heibio i rth, mynd wrth ymyl rhth, mynd wrth odre rhth; **he skirted the wall,** dilynodd y wal; aeth heibio i'r wal; aeth gyda'r wal; aeth ar hyd y wal; *occ:* aeth gan y wal; **the path skirts round the wood,** mae'r llwybr ar gyrion/odreon y goedwig. **2.** *Tail:* **to ~ a dress,** godrefu gwisg.

skirted *a.* godreog, â godre/godreon; **a full-~ coat,** côt laes (cotiau llaes) *f.*

skirting *n.* **1.** *Tail:* godreon *pl.* **2.** *Const:* **~[-board],** *S:* borden (bordiau) *(f)* wal, *F:* sgertin(-s) *mf.*

skit[1] *n. Lit: Th:* dychan(-au) *m*, *F:* sgit(-iau) *f*; **to do a ~ on Shakespeare,** dychanu Shakespeare.

skit[2] *v.t.* dychanu, parodïo, *Lit:* goganu.

skitter *v.i.* sgrialu [mynd].

skittish *a.* **1.** *(a) (horse):* rhuslyd, ofnus, gwinglyd; *(kitten):* chwar|eus; *(b) (= capricious):* anwadal, chwit-chwat, oriog, di-ddal. **2.** *(= flirtatious):* chwareus, pryfoclyd, *F:* fflyrtlyd.

skittishly *adv.* **1.** yn rhuslyd, yn chwar|eus. **2.** yn anwadal, yn bryfoclyd *&c.*

skittishness *n.* **1.** *(of horse):* natur ruslyd/winglyd *f*, ofnusrwydd *m.* **2.** *(of kitten, woman):* natur chwar|eus *f.*

skittle[1] *n.* sgitlen (sgitls) *f*, *Lit: occ:* ceilysen (ceilys) *f*, ceilysyn (ceilys) *m*; **life isn't all beer and skittles,** nid yw bywyd yn fêl i gyd; **~ alley** *n.* ale *(f)* fowlio (aleau bowlio).

skittle[2] *v.t. Cr: &c:* sgitlo.

skive[1] *n. F:* joben hawdd *f*, jobyn hawdd *m*; **to have a ~,** *N:* cael stelc *(f).*

skive[2] *v.t.&i.* **1.** *v.t. Leath:* hollti, pario. **2.** *v.i. F: (= play truant):* colli ysgol, chwarae triwant, *S:* mitsio, chware mwtsins, *S.W:* sgelcan; *(= avoid work):* colli gwaith, osg|oi gwaith, *N:* stelcian; **to ~ off from church,** mynd i gapel 'deryn bach.

skiver *n.* **1.** *Tls: (knife):* cyllell *(f)* ledr (cyllyll lledr); *(pers.):* holltwr (holltwyr) *(m)* lledr. **2.** *Bookb:* lledr main *m*, sgifer *m.* **3.**

F: stelciwr (stelcwyr) *m*, diogyn(-nod) *m*, osgöwr (osgowyr) (*m*) gwaith; *S.a.* **truant.**

skivvy[1] *n. Pej:* gwas (gweision) bach *m*, morwyn fach (mor[w]ynion bach) *f*.

skivvy[2] *v.i.* **to ~ for s.o.,** bod yn was bach (*m*) i rn, bod yn forwyn fach (*f*) i rn, rhedeg i rn.

Skokholm *W.Pl.n.* [Ynys] Sgogwm *f*.

Skomer *W.Pl.n.* [Ynys] Sgomer *f*.

skua *n. Orn:* **Arctic/Richardson's ~,** *(Stercorarius parasiticus):* sgiwen(-nod) (*f*) y gogledd, gwylan(-od) (*f*) y gogledd, gwylan gynffonhir (gwylanod cynffonhir), gwylan l|wyd-ddu (gwylanod ll|wyd-ddu); **great ~,** *(S. skua):* sgiwen fawr (sgiwennod mawr), gwylan ddulwyd (gwylanod dulwyd) *f*, y sgiwen fwyaf (y sgiwennod mwyaf); **long-tailed ~,** *(S. longicaudus):* sgiwen lostfain (sgiwennod llostfain); **pomarine/pomatorhine ~,** *(S. pomarinus):* gwylan frech (gwylanod brych), sgiwen gynffondro (sgiwennod cynffondro).

skulduggery *n.* anfadwaith *m*, twyll *m*, drygioni *m*, *F:* misdimanars *pl*.

skulk[1] *n.* **1.** = **skulker. 2. to have a ~,** cael stelc (*mf*), llechian. **3. a ~ (of foxes),** cnud(-oedd) *m*, haid (heidiau) *f* (o lwynogod/gadn|oid).

skulk[2] *v.i.* **1.** *(= hide):* cuddio, ymguddio. **2.** *(= lurk):* llechu, llercian, *N:* stelcian, *S:* sgwlcan. **3.** *(= laze):* diogi, osgói gwaith, stelcian.

skulker *n.* llechgi (llechgwn) *m*, llerciwr (llercwyr) *m*, *N:* stelciwr (stelcwyr) *m*, *S.W:* sgwlci (sgwlcwn) *m*.

skulking *a.* llechgïaidd.

skull *n.* penglog(-au) *f* (*pronounced* ng-g), *occ:* asgwrn (*m*) pen (esgyrn pennau); **he's got a thick ~,** mae'n dwp/bendew; **can't you get it through your ~ that...?** elli di ddim deall bod...? wyt ti'n rhy dwp i ddeall bod...? **~ and cross-bones,** y benglog a'r esgyrn croes, y fflag ddu *f*. **~ practice** *n. U.S:* dosbarth(-iadau) (*m*) tacteg.

skullcap *n.* **1.** cap(-iau) (*m*) corun. **2.** *Anat:* corun(-au) *m*. **3.** *Bot: (Scutellaria):* gras (*m*) Duw, *S:* cap nos tad-cu, y cycyllog mwyaf *m*, cycyllog, y cycyll-lys mwyaf *m*; **lesser ~,** *(S. minor):* y cycyllog lleiaf, cycyllog bach; **Alpine ~,** *(S. alpina):* cycyllog yr Alpau.

skulled *a.* **thick-~,** pendew; **long-~,** hirben; **broad-~,** penfras, penllydan; **short-~,** penfyr.

skunk[1] *n.* **1.** *Z:* drewgi (drewgwn) *m*, drewfil(-od) *m*, sgỳnc (sgyncod) *m*. **2.** *(fur):* blew (*m*) sgỳnc. **3.** *P:* cachgi (cachgwn) *m*, cachwr (cachwyr) *m*. **~-bear** *n.* = **wolverine. ~-cabbage** *n. Bot: (Symplocarpus foetidus):* bresychen ddrewllyd (bresych drewllyd) *f*.

skunk[2] *v.t. U.S:* **to ~ a bill,** gwrthod/methu talu bil.

skunkweed *n.* = **skunk-cabbage.**

sky[1] *n.* awyr *f*, *Poet:* wybr *f*, wybren(-nau,-nydd) *f*, nen(-nau,-noedd) *f*, nef(-oedd) *f*, ffurfafen(-nau) *f*, entrych(-ion) *m*; **(a tower rising) to the skies,** (tŵr yn ymgodi/ymddyrchafu) i'r awyr, tua'r nefoedd; **under an open ~,** yn yr awyr iach, yn yr awyr agored; **to praise s.o. to the skies,** canmol rhn i'r cymylau/entrychion; **the ~'s the limit,** 'does dim terfyn; **in his ambitions the ~'s the limit,** 'does dim pen draw i'w uchelgais; *(with ref. to spending money):* gellir gwario faint a fynnir; gwariwch ba faint a fynnoch chi; costied a gostio; *(with ref. to winnings):* **in this competition the ~'s the limit,** yn y gystadleuaeth hon gellwch ennill yn ddi-ben draw; **that's all pie in the ~,** breuddwyd ofer yw honna; **out of clear blue ~,** yn gwbl ddirybudd, fel huddygl i botes; *Poet:* **under foreign skies,** dan nen dramor; *Prov:* **red ~ in the morning [is the] shepherd's warning,** coch/cochni i lawr, glaw mawr; *Prov:* **red ~ at night [is the] shepherd's delight,** coch/cochni i fyny, teg yfory; **the sunny skies of Italy,** awyr heulog yr Eidal; **chaotic ~,** awyr afluniaidd; **mackerel ~,** awyr draeth *m*, traeth (*m*) awyr, gwallt (*m*) y forwyn, *S.W:* awyr ffedog y ddafad, cymylau (*pl*) caws a maidd; **overcast ~,** awyr benddu/goprog/gymylog; *Art:* **Turner's skies,** wybrennau/ffurfafennau Turner; *S.a.* **shade**[1] **4. ~ batten** *n. Th:* astell (*f*) gefn (estyll cefn). **~ border** *n. Th:* borden(-ni) (*f*) awyr. **~-blue 1.** *a.* glas golau, goleulas, *Poet:* asur. **2.** *n.* glas (*m*) yr awyr, glesni(*m*)'r awyr. **~-born** *a. Poet:* nef-anedig. **~-diver** *n.* plymiwr (plymwyr) (*m*) awyr, nenblymiwr (nenblymwyr) *m*. **~-diving** *vn.* plymio o'r awyr, nenblymio. **~-high** *adv.* i'r awyr, i'r entrychion, hyd y nen, i'r nen, i entrych nef; **to blow sth ~-high,** *(building):* saethu/ffrwydro/chwythu (adeilad) yn yfflon; *(plan, hopes):* chwalu (rhth) yn yfflon; **prices are ~-high,** mae prisiau'n ddiarhebol o uchel. **~ marker** *n. Av:* ffagl(-au) (*f*) awyr. **~-marshal** *n. Av:* awyrlywydd(-ion) *m*. **~ piece** *n. Th:* nenlen(-ni) *f*. **~ pilot** *n. Joc:* caplan(-iaid) *m*, nenbeilot(-iaid) *m*. **~-rocket**[1] *n.* roced(-i) uchel *f*, nenroced(-i) *f*. **~-rocket**[2] *v.i.* *(of prices &c):* saethu i fyny, *occ:* rocedu. **~-sign** *n.* arwydd(-ion) (*m*) pen to, nenarwydd(-ion) *m*. **~ wave** *n. W.Tel:* nendon(-nau) *f*. **~-writing** *vn.* nensgrifennu, sgrifennu ar yr awyr.

sky[2] *v.t. Cr: Ten: &c:* taro (rhth) i'r awyr; **he skied the ball over the bar,** ciciodd y bêl yn uchel dros y bar.

Skybbir *W.Pl.n.* Sgeibir *f*.

skyborne *a.* = **airborne.**

skycloth *n. Th:* nenlen(-ni) *f*.

Skye *Pr.n. Geog:* Yr Ynys Hir *f*. **~ terrier,** daeargi(*m*)'r Ynys Hir (daeargwn yr Ynys Hir).

skyer *n. Cr:* trawiad(-au) uchel *m*, pêl (peli) uchel *f*.

skyjack[1] *n.* awyrgipiad(-au) *m*.

skyjack[2] *v.t.* awyrgipio, herwgipio awyren.

skyjacker *n.* awyrgipiwr (awyrgipwyr) *m*, awyrg|ipwraig *f*, herwgipiwr (*m*) awyren (herwgipwyr awyrennau), herwg|ipwraig (*f*) awyren.

skylab *n.* *nenlab(-iau) *m*.

skylark[1] *n. Orn:* = **lark**[1].

skylark[2] *v.i. F:* = **lark**[2].

skylight *n.* ffenestr (*f*) do (ffenestri to), *N: occ:* sgeulat *f*.

skyline *n.* nenlinell(-au) *f*; *S.a.* **horizon.**

skyman *n.m.* awyrennwr (awyrenwyr).

skysail *n. Nau:* nenhwyl(-iau) *f*.

skyscape *n. Art:* awyrlun(-iau) *m*, nenlun(-iau) *m*.

skyscraper *n.* *nendwr (nendyrau) *m*.

skyward *a.*, **skywards** *adv.* tua'r awyr, i'r entrychion, tua'r nef.

skyway *n.* **1.** *Av:* llwybr(-au) (*m*) awyr. **2.** *U.S:* ffordd (ffyrdd) (*f*) ar bolion.

slab[1] *n.* *(a)* slab(-iau) *m*, slabyn (slabiau) *m*, slaben (slabiau) *f*; *(of slate):* clwt (clytiau) *m*, crawen (crawiau) *f*, *S.W:* mainc (meinciau) *f*, llechfaen (llechfeini) *m*, *Lit:* llechen, llech(-i) *f* (*now usu.* = **roofing-slate**); **~ of marble,** llech farmor; **septal ~,** gwahanlech(-i) *f*; *(= flagstone):* fflacsen (fflacs) *f*; *(b) (of cake &c):* tafell(-i,-au) *f*, talp(-iau) *m*, slabyn, slaben (slabiau).

slab[2] *v.t.* slabio. **~-sided** *a.* **1.** *U.S:* ag ochrau fflat. **2.** *(= lank):* main a thal.

slabber[1,2] = **slobber**[1,2].

slabstone *n.* llechfaen (llechfeini) *m*.

slack[1] *n.* *(coal):* glo mân *m*, *N:* slecs *m*, *S.E:* riblins *pl*.

slack[2] *n.* **1.** *(of rope &c):* darn llac *m*, llacrwydd *m*, darn llaes *m*, slac *m*; **to take up the ~ in sth,** tynh|au rhth, dal y slac yn dyn[n], dala'r slac yn dyn[n]; **to let out the ~ in sth,** llacio/llaesu rhth; *Geog:* **dune-~,** llac(-iau) (*m*) twyni. **2.** *Cost:* **slacks,** slacs *pl*, trowsus(-au) *m*. **3.** *Pros:* sillaf ddiacen (sillafau diacen) *f*.

slack[3] *a.* **1.** *(a) (rope):* llac, *occ:* llaes, *S.W:* rhydd; **~ fit,** ffit lac (ffitiau llac) *f*; **to hang ~,** gorwedd yn llipa/llac/rhydd; *Fig:* **to have a ~ rein on sth,** dal yr awenau'n llac; *(b) (tyres):* fflat, meddal; *(nut on bolt):* llac; *(c) (hold, hand, handshake):* llipa. **2.** *(= negligent):* diafael, diog, dioglyd, diynni, esgeulus, araf; **to be ~ at one's work,** llaesu dwylo gyda'ch gwaith, segura yn eich gwaith, diogi wrth eich gwaith, esgeuluso'ch gwaith; **to be ~ about doing sth,** bod yn araf yn gwneud rhth. **3.** *(a) (= sluggish):* segur, araf, llonydd, difywyd, diafael, diynni, di-fynd, marwaidd, *N:* di-ffrwt; *Phon:* = **lax; ~ oven,** gwres cymedrol *m*; **to spend a ~ morning,** treulio bore hamddenol/segur; **~ business,** masnach araf/ddi-fynd/dawel *f*; **business is ~,** mae cwsmeriaid yn brin; 'does 'na fawr o fynd ar y farchnad; mae busnes/masnach yn farwaidd; **~ time/period,** adeg dawel (adegau tawel) *f*, adeg lonydd (adegau llonydd); **the ~ season,** yr adeg dawel o'r flwyddyn; **~ weather,** tywydd swrth/dioglyd/trymaidd/llethol; **~ lime,** calch tawdd *m*, *N:* calch byddar; *Nau:* **~ water,** distyll *m*; **at ~ water,** pan fo'r môr ar drai/ddistyll; *U.S:* **~ suit,** siwt hamdden/hamddena; *Ind: &c:* **~ hours,** oriau segur/tawel/llonydd/gweigion. **4.** *adv.* **to bake ~,** pobi'n araf/gymedrol. **~-baked** *a.* hanner pob, *F:* clatsh; **~-jawed** *a.* llaes eich gên, cegrwth.

slack[4] *v.t. & i.* **1.** *v.t.* *(a) (= loosen):* llacio, rhyddh|au; **to ~ a screw,** llacio/datod sgriw; *(b)* **to ~ lime,** toddi/gwlychu calch. **2.**

v.i. (a) (of cable, sail): llacio, llaesu, mynd yn llac/llaes; *(b) (of lime):* toddi; *(c) F: (of pers.): (= relax):* ymlacio, ymlaesu, llaesu dwylo, hamddena; *(= laze):* **to ~ about,** segura, diogi, llaesu dwylo. **~ off 1.** *v.t.* llacio. **2.** *v.i. (= laze):* llaesu dwylo, dechrau diogi. **~ up** *v.t. Rail:* arafu.

slacken *v.t. & i.* **1.** *v.t. (a)* arafu; **to ~ speed,** arafu, mynd yn arafach; *Nau:* **to ~ a ship's way,** clirio'r ffordd i long; *(b) (rope):* llacio; *(nut)*; llacio, datod; *(muscles):* llaesu; **to ~ the reins,** llacio'r awenau; rhoi'r ffrwyn (i geffyl). **2.** *v.i. (a) (of pers.):* **to ~ [off, up],** ymlacio, llaesu dwylo, mynd yn esgeulus; *(b) (of rope):* llacio, mynd yn llac/llacach; *(c) (of speed):* arafu; *(of opposition):* gwanh|au; *(of severity):* meddalu, gostwng; *(of energy &c):* pallu, lleih|au, diffygio; **business is slackening,** mae masnach yn arafu; *(of storm):* tawelu, gostegu; *(d) (of tide):* treio, mynd ar drai, distyll.

slacker *n. F:* diogyn(-nod) *m,* diogen(-nod) *f,* dyn(-ion) diog *m,* merch ddiog (merched diog) *f.*

slacking *vn.* (= **slack**[4]): diogi *m.*

slackly *adv.* yn llac *&c.*

slackness *n.* **1.** *(a) (= laziness):* diogi *m,* syrthni *m,* esgeulustod *m,* llacrwydd *m; (b) (= inactivity):* segurdod *m,* seguryd *m; (c) (of discipline):* llacrwydd *m.* **2.** *(of muscles, rope &c):* llacrwydd. **3.** *Com:* llonyddwch *m,* marw|eidd-dra *m.*

slag *n.* **1.** *Metall:* sorod *pl,* sinidr *m,* slag *m.* **2.** *Pej: (girl):* slebog(-iaid) *f,* slwten(-nod) *f, N:* sglafrog(-iaid) *f,* strebog(-iaid) *f.* **~-heap** *n.* tomen(-ni,-nydd) *(f)* sorod, *F:* tomen sbwriel; *F:* **on the ~-heap,** ar y domen. **~-wool** *n.* = **wool (mineral).**

slaggy *a.* **1.** sinidraidd. **2.** *F:* slebogaidd.

slain *p.p. & n.pl.* **1.** *p.p.* lladdedig. **2.** *n.pl.* lladdedigion.

slake *v.t. & i.* **1.** *v.t. (a)* **to ~ one's thirst,** torri'ch syched; *(b)* **to ~ lime,** toddi/gwlychu calch; **2.** *v.i.* = **slack**[4] **2.** *(b).*

slaked *a.* **~ lime,** calch tawdd *m, N:* calch byddar, *S:* calch fflŵr, calch slec.

slalom *n. Sp:* slalom(-au) *mf.*

slam[1] *n. & adv.* **1.** *n. (of door):* clep(-iadau) *f,* clec(-iadau) *f.* **2.** *adv.* **~ [bang],** yn glep. **~-bang** *adv. U.S:* **1.** *(= any old how):* rywsut-rywsut, yn ddiofal, ffwrdd â hi, yn ddi-hid. **2.** = **slap**[2]**-bang.**

slam[2] *v.t. & i.* **1.** *v.t. (a)* **to ~ a door [to],** clepian drws, cau drws yn glep/glec, rhoi clep ar ddrws, *S.E:* clapso drws, *S.W:* clatsan/clampsan drws; **to ~ on the brakes,** bracio'n/brecio'n galed/sydyn; **he slammed his fist on the table,** trawodd y bwrdd â'i ddwrn; *(b) F:* **to ~ s.o./sth,** lladd ar rn/rth; *S.a.* **criticize;** *(c)* **to ~ s.o.,** *(in a game):* curo rhn. **2.** *v.i. (a)* **the door slammed [to],** caeodd y drws yn glep *or* gyda chlec; *(b) (of pers.):* **to ~ out of the house,** gadael y tŷ dan glepian y drws.

slam[3] *n. Cards: &c:* camp(-au) *f,* slam(-iau) *mf;* **grand ~,** y gamp fawr/lawn; **little ~,** y gamp fach; *Sp:* **grand ~,** y gamp lawn.

slander[1] *n.* athrod(-ion) *m.*

slander[2] *v.t.* athrodi.

slanderer *n. Jur:* athrodydd: athrodwr (athrodwyr) *m.*

slanderous *a. Jur:* athrodus.

slanderousness *n.* natur athrodus *f.*

slang[1] *n.* slang *mf,* bratiaith *f,* iaith sathredig *f;* **~ phrase/expression,** ymadrodd(-ion) sathredig *m;* **theatrical/stage ~,** iaith *(f)* y theatr; *S.a.* **back-slang.**

slang[2] *v.t. F: (a) (= abuse):* **to ~ s.o.,** galw rhn yn enwau, tafodi/dwrdio rhn, cega ar rn, *N:* blagardio/bacstandio/bacstrelio rhn; *(b) (= rebuke):* dweud y drefn, ei dweud hi'n hallt (wrth rn); tafodi, dondio, dwrdio (rhn).

slangily *adv.* yn sathredig, mewn iaith sathredig.

slanginess *n.* natur sathredig *f,* arddull sathredig *f,* sathredigrwydd *m.*

slanging *vn.* = **slang**[2]. **~-match** *n.* galw *(vn)* enwau, ffrae(-au) *f,* cega *vn,* ymdderu *vn;* **it became a ~-match,** fe aeth hi'n alw enwau.

slangkop *n. Bot: (Ornithoglossum glaucum):* tafod *(m)* aderyn gwyrddlas.

slangy *a.* sathredig.

slant[1] *n.* **1.** goleddf(-au) *m,* gogwydd(-iadau) *m, occ:* slent(-iau) *f, N.W: Min:* slant(-iau) *f;* **on the ~,** ar oleddf, ar ogwydd, *F:* ar sgiw; **stuff cut on the ~,** defnydd wedi ei dorri ar letraws/letgroes. **2.** *(attitude):* agwedd(-au) *f,* safbwynt(-iau) *m;* **this book offers a new ~ on Welsh history,** mae'r llyfr hwn yn cynnig golwg newydd ar hanes Cymru; **information with a ~ on it,** hysbysrwydd â thuedd *(f)* iddo. **~ edge** *n.* ymyl *(f)* oleddf (ymylon goleddf), ymyl *(m)* goleddf. **~ height** *n.* uchder goleddfol *m.*

slant[2] *a.* goleddfol, gogwyddol, ar oleddf, ar ogwydd, *occ:* ar duedd. **~-eyed** *a.* llygatgam (llygatgeimion).

slant[3] *v.t.&i.* **1.** *v.t. (a)* gogwyddo (rhth), rhoi (rhth) ar ogwydd/oleddf, troi (rhth) i'r naill ochr; *(b) F: (news &c):* gwyrdr|oi, goleddfu. **2.** *v.i.* gogwyddo, goleddfu, mynd ar oleddf/ogwydd.

slanted *a. (roof &c):* ar ogwydd, ar oleddf, ar ei hytraws; **~ news,** newyddion unochrog/gwyrdroëdig; **~ rain,** glaw *(m)* gyrru; **~ handwriting,** ysgrifen italaidd *f.*

slantingly, slantways, slantwise *a. & adv.* ar ogwydd, ar oleddf.

slap[1] *n.* **1.** *(= blow):* cernod(-iau) *f,* slapen (slapiau) *f,* slap(-iau) *f,* clusten *f,* clewten *f,* smacen *f,* pelten *f,* clipen *f, N:* slaban *f,* wab (-iau) *m,* wadan *f,* swaden *f, occ:* clatsen (clets) *f,* clatsien (clatshis) *f,* ffliwen (ffliwod) *f, Lit:* palfod(-au) *f,* cis(-ion) *m;* **it's a ~ in the face for them,** mae'n sarhad *(m)* arnyn nhw; mae'n ergyd gas iddyn nhw; **to give s.o. a ~ on the back,** curo rhn ar ei gefn. **2.** *I.C.E:* **piston-~,** clec(-iadau) *(f)* piston, clecian *(vn)* piston; **the ~ of wet feet on a floor,** sŵn *(m)* traed gwlyb ar lawr, clep *(f)* traed glwlyb ar lawr. **3. ~ and tickle,** cusanu a goglais, cosi a chusanu.

slap[2] *adv.* **to run ~ (into sth),** rhedeg yn syth, rhedeg ar eich pen, rhedeg yn bwcs/bwtsh (i rth). **~-bang** *adv.* ar eich pen, ar unwaith, yn syth, yn union; **~-bang in the middle,** yn y canol union. **~-dash 1.** *a.* unrhyw sut, rywsut-rywsut, ffwrdd â hi, *N.W: occ:* bwmbatsh, bwtsh[i]batsh. **2.** *adv.* **to do sth ~-dash,** gwneud rhth rywsut-rywsut *or* unrhyw sut; poitsio rhth, *N.W:* gwneud rhth ffor' 'gosa (= y ffordd agosaf), gwneud rhth yn hwff-haff, rwtsio rhth. **~-happy** *a.* **1.** *Box:* = **punch-drunk. 2.** *(= carefree):* diofal, ysgafala, â'ch pen yn y gwynt, penchwiban, di-hid, dihidans. **~-up** *a. F:* campus, tan gamp; **~-up meal,** gwledd(-oedd) *f,* gloddest(-au) *f, N.W:* sgram(-iau) *f.*

slap[3] *v.t. & i.* **1.** *v.t.* taro, clustochi, slapio, clewtian, cletsio (rhn); rhoi pelten/clusten/clec *&c* (i rn), *S.E:* clapo (rhn), *Lit:* palfodio (rhn); **to ~ s.o. on the back,** curo cefn rhn, *S.W:* ffusto cefn rhn, wabo rhn ar ei gefn, clapo rhn ar ei gefn; *F:* **to ~ s.o. down,** rhoi rhn yn ei le; **he slapped (the money [down] on the table),** trawodd, *N:* sodrodd (yr arian ar y bwrdd). **2.** *v.i. I.C.E: (of piston):* clecian.

slapjack *n. Cu:* slapan(-au) *mf.*

slapstick *n. & attrib.* **1.** *n. Th: (a) (of Harlequin):* ffon *(f)* glec (ffyn clec); *(b) (=knockabout comedy):* comedi *(f)* golbio, slapstic *mf.* **2.** *attrib.* slapstic, colbio.

slash[1] *n.* **1.** *(= cut):* slaes(-ys) *f,* hac(-iau) *m,* toriad(-au) *m; (in prices &c):* gostyngiad(-au) *m,* lleihad *m.* **2.** *Cost:* slaes, toriad. **3.** *V:* piso *vn,* pisiad *m;* **to have a ~,** cael pisiad. **4.** *U.S: For:* **~ clearing,** llannerch *(f)* goediach (llennyrch coediach); *(= debris of wood):* coediach *m; (= swampy ground):* gwern(-i,-ydd) *f.* **5.** *Typ: Cmptr:* slaes(-au) *f,* lletraws(-au) *m,* croeslin(-au) *f.* **~ pine** *n. Bot:* pinwydden (pinwydd) *(f)* y wern. **~ pocket** *n.* poced draws (pocedi traws) *f.* **~-sawn** *a.* slaeslifiedig.

slash[2] *v.t.* **1.** *(a)* slaesio, hacio, sgorio, torri; **to ~ sth with a knife,** slaesio/agor/torri rhth â chyllell, rhoi slaes i rth â chyllell; *(b)* **to ~ a horse,** rhoi slaes i geffyl, rhoi'r chwip i geffyl; *(c) F: (= criticize):* lladd (ar rth), beirniadu (rhth) yn llym/hallt/ddidrugaredd; *(d) F:* **to ~ a speech,** talfyrru/cwtogi/torri araith; **prices slashed!** gostyngiad mawr ar brisiau! bargeinion anhygoel! *Com: F:* **goods at slashed prices,** nwyddau rhad, nwyddau am y nesaf peth i ddim. **2.** *Cost:* slaesio, torri. **3. to ~ a whip,** clecian/cletsian chwip. **~-and-burn** *attrib. Agr:* torri a llosgi.

slashed *a.* **1.** *(= torn):* rhwygedig, llawn toriadau. **2.** *Cost:* **~ sleeve,** llawes (llewys) slaes *f.* **3.** *(prices):* is, gostyngol; *(speech):* cwtogedig.

slasher *n.* slaeswr (slaeswyr) *m,* rhwygwr (rhwygwyr) *m; S.a.* **razor**[1].

slashing *a. (criticism &c):* hallt, llym, miniog, deifiol, crafog, brathog, didrugaredd; **~ fortune,** ffortiwn fawr *f;* **~ rain,** curlaw *m,* glaw bras *m.*

slat[1] *n.* astell: estyllen (estyll, estyllod) *f,* dellten (dellt) *f.*

slat[2] *v.t.* delltio, delltu.

slate[1] *n.* **1.** *(a) Geol:* llechfaen *m, F:* carreg las *f; (b) Const:* **[roofing-]~,** llechen (llechi) *f; F:* **he has a ~ loose,** mae coll arno; mae rhyw golled ynddo; nid yw'n llawn llathen. **2.** *(for* *writing):* llechen, *Lit:* ysgriflech(-i) *f*; *F:* **to clean the ~,** dil|eu'r gorffennol, dileu'r hen bechodau; **to wipe the ~ clean,** dechrau o'r newydd, dechrau â llechen lân; *F:* **to start with a clean ~,** troi'r ddalen, ailgychwyn; **on the ~,** ar goel, *N:* ar làb; **to put sth on the ~,** cael rhth ar goel, *N:* labio rhth, cael rhth ar làb; **can I put it on the ~?** ga' i hwn ar goel? ga' i dalu eto? ga' i hen gownt gennych chi? **3.** *U.S: Pol:* rhestr (*f*) enwebiadau, llechres(-i) *f*. **~-black** *a.* du(-on) fel llechen, dulas (duleision). **~-blue** *a.* glas (gleision) llechen, llwydlas (llwydleision). **~-colour** *n.* dulas *m*, lliw (*m*) llechen. **~-club** *n.* clwb (*m*) cleifion. **~-coloured, ~ grey** *a.* lliw llechen, llwydlas (llwydleision). **~ pencil** *n.* pensel (*f*) garreg (penseli carreg), carreg (cerrig) nadd *f*. **~-quarry** *n.* chwarel (*f*) lechi (chwareli llechi). **~-quarrying 1.** *vn.* cloddio llechi, chwarela, chwarelydda. **2.** *a.* chwarelyddol; **the ~-quarrying districts,** ardaloedd y chwareli. **~-quarryman, ~-worker** *n.* chwarelwr (chwarelwyr) *m*. **~ roof** *n.* to(-eau) llechi, *S.W: occ:* to brat.

slate² *v.t.* **1.** *Const:* toi (rhth) [â llechi]. **2.** *U.S: Pol:* cofrestru.

slate³ *v.t. F:* **1.** = **scold². 2.** = **criticize 1.**

slater *n.* **1.** *(pers.):* töwr (towyr) *m*, *N.W: occ:* sglatar(-s) *m*. **2.** *Crust:* gwrachen (*f*) ludw (gwrachod lludw); **hog-~, water-~,** *See* **water-louse, sea-slater.**

slather¹ *n. usu.pl. F:* digonedd *m*, llond (*m*) gwlad, peth (*m*) wmbredd.

slather² *v.t.* plastro.

slating¹ *vn.* **1.** = **slate². 2.** *Const:* llechi *pl.* **3.** *F:* *(= rebuke):* cerydd(-on) llym *m*. **4.** *F:* *(= criticism):* beirniadaeth hallt *f*, beirniadaeth lem; **he got a ~ (in the press),** cafodd ei ddarnladd, cafodd ei flingo'n fyw, cafodd ei ddyrnu, fe'i cafodd hi'n hallt (gan y wasg).

slatted *a.* delltog.

slattern *n.* slebog(-iaid) *f*, sglafrog(-iaid) *f*, strebog(-iaid) *f*, *S: occ:* sgubor(-au) *f*.

slatternly *a.* slebogaidd, strebogaidd, aflêr, anniben, blêr.

slaty *a.* **1.** *(rock):* llechog. **2.** *(in colour):* llwydlas (llwydleision).

slaughter¹ *n.* **1.** *(in slaughterhouse):* lladd *vn*, cigyddio *vn*, lladdfa *f*, cigyddiaeth *f*; **like a lamb to the ~,** fel oen i'r lladdfa. **2.** *(= massacre):* lladdfa (lladdf|eydd) *f*, *Lit:* cyflafan(-au) *f*.

slaughter² *v.t.* **1.** *(animals):* cigyddio, lladd. **2.** *(people):* lladd, *Lit:* cyflafanu.

slaughtered *a.* lladdedig; **~ people,** lladdedigion.

slaughterer *n.* **1.** *(in slaughterhouse):* lladdwr (lladdwyr) *m*. **2.** *(= murderer):* llofrudd(-ion) *m*, lleiddiad (lleiddiaid) *m&f*.

slaughterhouse *n.* ll|add-dy (~-dai) *m*, *N.E: occ:* tŷ (tai) (*m*) lladd.

slaughterous *a. Lit:* cigyddlyd.

Slav *a. & n.* **1.** *a.* Slafaidd. **2.** *n.* Slafiad (Slafiaid) *m&f*.

slave¹ *n.* caethwas (caethweision) *m*, caethes(-au) *f*, caethfab (caethfeibion) *m*, caethferch(-ed) *f*, caeth(-ion) *m*, caethforwyn (caethfor[w]ynion) *f*; *B:* caethwr (caethwyr) *m*, c|aethwraig (caethwragedd) *f*; *F:* **to be the ~ of, to be a ~ to (passion &c),** bod yn gaeth, bod yn ysglyfaeth (i'ch nwydau &c); **white ~ traffic,** y fasnach wen *f*. **~ ant** *n.* *Ent:* caethforgrugyn (caethforgrug) *m*. **~ bangle** *n.* breichled(-au) *f*, breichdlws (breichdlysau) *m*. **~-born** *a.* caethanedig. **S~ Coast** *n.* Glannau(*pl*)'r Caethion. **~ cylinder** *n. Mec.E:* silindr(-au) caeth *m*. **~-dealer** *n.* masnachwr (masnachwyr) (*m*) caethion, caethfasnachwr (caethfasnachwyr) *m*. **~ drive** *v.t.* caethgludo. **~-driver** *n.* **1.** caethfeistr(-i) *m*, caethgludwr (caethgludwyr) *m*. **2.** *F:* **he's a real ~-driver,** mae'n rêl teyrn (*m*). **~-hunter** *n.* heliwr (helwyr) (*m*) caethweision. **~ labour** *n.* llafur gorfodol *m*, llafur (*m*) caethion, caethlafur *m*; *F:* **this is ~ labour,** mae hyn yn lladdfa (*f*). **~-making ant** *n.* morgrugyn (morgrug) caethiwol *m*. **~-owner** *n.* perchennog (perchenogion) (*m*) caethweision, caethfeistr(-i) *m*. **~-ship** *n.* llong (*f*) gaethion/gaethweision (llongau caethion/caethweision), caethlong(-au) *f*. **~ state** *n.* *Pol:* talaith gaethiwol (taleithiau caethiwol) *f*. **~-trade** *n.* caethfasnach *f*, masnach (*f*) gaethweision/gaethion. **~-trader** *n.* = **slave-dealer. ~-trading** *vn.*, **~-traffic** *n.* = **slave-trade.**

slave² *v.i.* **1.** gweithio fel caethwas/caethferch. **2.** *F:* bustachu, gweithio fel blac, slafio, *N: F:* lardio; **to ~ [away] (at sth),** bustachu gwn|eud (rhth); llafurio, dygnu arni, chwysu (gyda rhth); ymboeni (gyda/ynghylch rhth).

slaveholder *n.* caethfeistr(-i) *m*.

slaver¹ *n.* **1.** *(= spittle):* glafoer(-ion) *m*, poer *m*, *F:* drifl *m*, drefl *m*. **2.** *F:* = **flattery.**

slaver² *v.i.* *(= drivel):* glafoerio, glafoerian, gollwng glafoerion, *N: F:* driflo, dreflo, dreflu, dreflan, slefr[i]an, slefrio, slafrio, *N.W: occ:* gollwng tidau.

slaver³ *n.* **1.** *Nau:* = **slave-ship. 2.** = **slave-dealer.**

slaverer *n.* **1.** glafoeriwr (glafoerwyr) *m*, *N.W: occ:* slefriwr (slefrwyr) *m*. **2.** *F:* = **flatterer.**

slavering *a.* glafoeriog, *F:* driflog, dreflog.

slavery *n.* **1.** caethiwed *m*, caethwasiaeth *m*, *occ:* caethwasanaeth *m*; **to reduce a nation to ~,** rhoi cenedl dan yr iau, caethiwo/gwastrodi cenedl. **2.** *F:* *(= complete dependence):* caethiwed *m* (i rth), dibyniaeth lwyr *f* (ar rth). **3.** *F:* *(= drudgery):* slafdod *m*, lladdfa *f*, gwaith caled *m*, caledwaith *m*, caethwaith *m*.

slavey *n. F:* morwyn fach (mor[w]ynion bach) *f*, *N.W: occ:* slefyn *m*, slafan *f*.

Slavic *a. & n.* **1.** *a. Ethn:* Slafig. **2.** *n. Ling:* Slafeg *f*, *m*.

Slavicist *n.* Slafegwr (Slafegwyr) *m*.

slavish *a.* gwasaidd, caethwasol, caethwasaidd; *(impersonation):* slafaidd.

slavishly *adv.* yn wasaidd, yn slafaidd, *F:* fel ci bach.

slavishness *n.* gwas|eidd-dra *m*.

Slavism *n.* Slafaeth *f*.

slavocracy *n. Pol:* *caethfeistrolaeth *f*.

Slavonia *Pr.n. Geog:* Slafonia *f*.

Slavonian *a. & n.* **1.** *a.* Slafonaidd. **2.** *n.* *(i) Ethn:* Slafoniad (Slafoniaid) *m&f*; *(ii) Ling:* Slafoneg *f*, *m*.

Slavonic *a. & n.* **1.** *a.* Slafonig. **2.** *n. Ling:* Slafoneg *f*, *m*; **Church ~,** Hen Slafoneg.

Slavophil[e] *n. & attrib.* **1.** *n.* Slafgarwr (Slafgarwyr) *m*. **2.** *attrib.* Slafgar, Slafgarol.

Slavophilism *n.* Slafgarwch *m*.

Slavophobe *n.* Slafgasäwr (Slafgasawyr) *m*.

Slavophobic *a.* Slafgasaol.

slaw *n. Cu:* = **coleslaw.**

slay *v.t.* lladd, llofruddio.

slayer *n.* lleiddiad (lleiddiaid) *m*, lladdwr (lladdwyr) *m*, llofrudd(-ion) *m*.

sleave *n.* = **skein**; *Poet:* **the ravelled ~ of care,** dyrys edafedd gofal. **~ silk** *n.* sidan edafeddog *m*.

sleazily *adv.* yn slebogaidd.

sleaziness *n.* slebogeiddiwch *m*; golwg slebogaidd *f* (ar rth).

sleazy *a. Pej:* **1.** *Tex:* ysgafn, disylwedd, diwerth. **2.** *F:* *(= sordid):* slebogaidd, strebogaidd.

Slebech *W.Pl.n.* Slebets *f*.

sled *n. & v. U.S:* = **sledge¹,².**

sledder *n.* slediwr (sledwyr) *m*.

sledge¹ *n.* car (ceir) llusg *m*, sled(-i,-iau) *f*, slêd (sledi) *f*, sledfen(-ni) *f*. **~ dog** *n.* ci (cŵn) (*m*) sled.

sledge² *v.i. & t.* **1.** *v.i.* mynd ar gar llusg, mynd ar sled, sledio. **2.** *v.t.* cludo/cario (rhth) ar gar llusg, cludo/cario (rhth) ar sled, sledio (rhth).

sledge³ *n. & attrib.* **1.** *n.* **~-hammer,** gordd (gyrdd) *f*, morthwyl (*m*) gof (morthwylion gofaint), *N.W:* lhys(-iau) *m*, *F:* **to take a ~-hammer to crack/break a nut,** cymryd gordd i dorri cneuen; llosgi'r gwely i ladd y chwannen. **2.** *attrib.* ysigol, aruthrol, llawdrwm, llethol.

sleek¹ *a.* **1.** llyfndew(-ion), graenus, llyfn (*f.* llefn, *pl.* llyfnion), *N.W: occ:* pwyntus; **~ hair,** gwallt llyfn. **2.** *F:* *(manner):* llyfn, sebonllyd, slic.

sleek² *v.t.* llyfnu.

sleekly *adv.* yn llyfn, yn raenus &c.

sleekness *n.* **1.** llyfnder *m*, llyfndra *m*, graen *m*. **2.** *(of manner):* llyfnder, llyfndra, slicrwydd *m*.

sleep¹ *n.* cwsg *m*, *Lit:* hun(-au) *f*; **short ~,** cyntun *m*, amrantun *mf*, *Lit:* byrgwsg *m*; **beauty ~,** cwsg cynnar, noson dda o gwsg; **the long last ~,** y cwsg tragwyddol, yr olaf hun; **a dead ~,** m|arwgwsg *m*; **sound ~, the ~ of the just,** cwsg y cyfiawn, trymgwsg *m*, cwsg trwm; **(to talk) in one's ~,** *F:* (siarad) trwy'ch hun, yn eich cwsg, drwy'ch cwsg; **winter ~,** gaeafgwsg *m*; **to go to ~, to drop off to ~,** mynd i gysgu, *occ:* syrthio i gysgu; **to go to ~ again, to drop off to ~ again,** mynd yn ôl i gysgu, ailgysgu; **to send s.o. to ~,** gwneud i rn gysgu, *S:* hala rhn i gysgu; *Med:* **to put s.o. to ~,** rhoi rhn i gysgu; **to put a child to ~,** rhoi plentyn yn ei wely; *Vet: F:* **to have an animal put to ~,** [cael] difa anifail, cael gwared ag anifail; **to read oneself to ~,** darllen er mwyn cysgu; **to put s.o.'s suspicions to ~,** tawelu amheuon rhn; **he's**

ready to drop with ~, mae'n cysgu ar ei draed; **I lose ~ (over it),** 'rwyf yn colli cwsg, 'rwyf yn methu cysgu (o'i herwydd); **to come out of one's ~,** *N:* deffro, *S:* dihuno; **to rouse s.o. from his ~,** *N:* deffro/codi rhn, *S:* dihuno rhn; **to have a good ~,** cysgu'n dda/braf; **I didn't have a wink of ~ all night,** bûm yn effro *or* ar ddihun drwy'r nos; ni chysgais yr un amrantun trwy'r nos; *F:* chysgais i ddim winc drwy'r nos; **to walk in one's ~,** cerdded yn eich cwsg, *occ:* codi trwy'ch hun; **my foot has gone to ~,** mae fy nhroed i'n cysgu; *occ:* mae fy nhroed i'n bryfed mân drosti; mae fy nhroed i'n binnau bach i gyd; *S:* mae fy nhroed i'n gwsg. **~-in** *a.* preswyl. **~-learning** *vn.* cwsg-ddysgu. **~ movement** *n. Bot:* symudiad(-au) (*m*) cysgu.

sleep[2] *v.i. & t.* **1.** *v.i.* cysgu, *Lit:* huno; **(to ~) like a log/top,** (cysgu)'n sownd, fel twrch, fel clawdd, fel hwch, fel mochyn, *S:* 'n gordyn, fel cordyn, fel hoelen, fel carreg, fel mate, fel gwadd; **to ~ lightly,** cysgu'n ysgafn, hepian [cysgu]; **to ~ soundly,** cysgu'n drwm/braf, *N.W:* cysgu ei hochr hi, cysgu'n sownd; **~ tight!** cysgwch yn dawel! **I have not slept all night,** chysgais i 'run winciad trwy'r nos; **let me ~ on it,** gadewch imi feddwl dros y peth; rhowch dan y bore imi feddwl drosto; **to ~ rough,** cysgu allan, cysgu rywsut-rywsut, cysgu lle medrwch chi, cysgu yn rhywle-rywle. **2.** *v.t.* **to ~ the day/hours away,** cysgu'n hwyr, treulio'r dydd/oriau yn cysgu; **to ~ the ~ of the just,** mwynhau cwsg y [rhai] cyfiawn; *Prov:* esmwyth cwsg cawl erfin; esmwyth cwsg potes maip. **3.** *v.t.* **the hotel sleeps fifty guests,** mae lle cysgu i hanner cant o bobl yn y gwesty; mae gwelyau i hanner cant o bobl yn y gwesty. **~ around** *v.i.* mynd o wely i wely. **~ away** *v.t.* treulio/afradu (amser) yn cysgu. **~ in** *v.i.* *(a) (= live in):* cysgu i mewn, preswylio; *(b) (= oversleep):* cysgu'n hwyr. **~ off** *v.t.* **to ~ off a headache,** cysgu i gael gwared â chur pen *or* â phen tost; **go and ~ it off!** dos i dy wely! **~ out** *v.i.* **1.** cysgu allan, cysgu yn yr awyr iach, cysgu dan y sêr, *N.W:* cysgu yn sawdl y clawdd *or* ym môn y clawdd *or* yng nghlais y clawdd, *S.E:* cysgu yn y 'stafell werdd. **2.** *(of a servant):* cysgu allan/mas.

sleeper *n.* **1.** cysgwr (cysgwyr) *m*, cysgadur(-iaid) *m*, cysgadures(-au) *f*; **the Seven Sleepers,** y Saith Cysgadur/Gysgadur; **to be a heavy ~,** cysgu'n drwm. **2.** *Rail:* sliper(-i, -s) *mf*, trawst(-iau) *m*. **3.** *Rail: F:* = **sleeping-car. 4.** *U.S: Cost:* = **pyjamas.**

sleepily *adv.* yn gysglyd.

sleepiness *n.* cysgadrwydd *m*, syrthni *m*, awydd (*m*) cwsg, eisiau (*m*) cwsg.

sleeping[1] *a.* **1.** ynghwsg, sy'n cysgu, *occ:* cwsg; *Prov:* **let ~ dogs lie,** na ddeffro'r ci sy'n cysgu; **the S~ Beauty,** y Rhiain Gwsg *f*; *W.Lit:* **Visions of the S~ Bard,** Gweledigaethau'r Bardd Cwsg. **2.** *(limb):* cwsg, ynghwsg. **3. ~ partner** *n. (i) Com:* partner(-iaid) segur *m*; *(ii) (= bedmate):* cywely(-au,-aid) *m*, cywelyes(-au) *f*. **~ policeman** *n.* poncen (ponciau) *f*, gwr|ym (gwrymiau) *m* [yn y ffordd].

sleeping[2] *vn.* cwsg *m*, cysgu. **~ accommodation** *n.* llety (*m*) a gwely *m*. **~ apartments** *n.pl.* ystafelloedd gwely. **~-bag** *n.* sach (*fm*) gysgu/cysgu (sachau cysgu), cwdyn (cydau) (*m*) cysgu. **~-car, ~-carriage** *n. Rail:* cerbyd(-au) (*m*) cysgu. **~-draught** *n.* dracht(-iau) (*m*) cysgu, narcotig(-ion) *m*. **~-hours** *n.pl.* oriau cwsg/cysgu. **~-pill** *n. Med:* pilsen (*f*) gysgu (pils cysgu). **~ sickness** *n. Med:* clefyd (*m*) cysgu, y clefyd cysglyd, [yr] hunglwyf *m* (*pronounced* ng-g). **~-suit** *n.* pyjama(-s) *m*.

sleepless *a.* di-gwsg, heb gwsg, di-hun, effro.

sleeplessly *adv.* yn ddi-gwsg, heb gwsg.

sleeplessness *n.* diffyg (*m*) cwsg, *Lit:* anhunedd *m*, anhun *f*.

sleepwalk *v.i.* cerdded (*vn*) yn eich cwsg, *N.W:* *occ:* codi/cerdded (*vn*) trwy'ch hun.

sleepwalker *n.* cerddwr (cerddwyr) (*m*) yn ei gwsg, c|erddwraig yn ei chwsg, *N.W:* *occ:* cerddwr/cerddwraig drwy'i hun.

sleepwalking *vn.* = **sleepwalk.**

sleepy *a.* **1.** *(a)* cysglyd, swrth (*f. occ:* sorth), *S.W:* *occ:* swbwrth; *Med:* **~ sickness,** [yr] hunglwyf *m* (*pronounced* ng-g), clefyd (*m*) cysgu. **2.** *(village &c):* cysglyd, swrth, diegni, di-ffrwt. **3.** *(pear):* cethin.

sleepyhead *n. F:* cysgadur(-iaid) *m*, cysgadures(-au) *f*.

sleet[1] *n.* eirlaw *m*, *occ:* odlaw *m*.

sleet[2] *v.impers.* **it sleets,** mae hi'n [bwrw] eirlaw/odlaw, *occ:* mae hi'n eirlawio/odlawio.

sleety *a.* eirlawog, odlawog.

sleeve *n.* **1.** llawes (llewys, *S.W:* llewysau) *f*; **short ~,** llawes gota (llewys cwta), llawes fer (llewys byrion), *occ:* llawesan *f*; **in one's shirt-sleeves,** yn llewys eich crys; **antler ~,** llawes gorn carw (llewys cyrn carw); **batwing ~,** llawes ystlum; **bell ~,** llawes gloch (llewys cloch); **bishop ~,** llawes esgob; **cap ~,** llawes gap (llewys cap); **dolman ~,** llawes ddolman (llewys dolman); **fitted ~,** llawes hirgul; **leg of mutton ~,** llawes goes dafad (llewys coes dafad); **long ~,** llawes hir, llawes laes (llewys llaes); **magyar ~,** llawes fagyar (llewys magyar); **puffed ~,** llawes bwff (llewys pwff); **raglan ~,** llawes raglan (llewys rhaglan); **set-in ~,** llawes osod (llewys gosod); **three-quarter ~,** llawes dri-chwarter (llewys tri-chwarter); **to set in a ~,** gosod llawes; **(to put sth) up one's ~,** (rhoi rhth) wrth gefn, o'r neilltu, yn barod [i'w ddefnyddio]; **to roll up one's sleeves,** torchi'ch llewys; *F:* **I have sth up my ~,** mae gen i rywbeth yn fy llawes/nghogail; *F:* **I have an ace up my ~,** mae gen i gerdyn yn fy llawes; **to wear one's heart on one's ~,** bod yn galon-agored, bod yn agored eich calon, dangos eich teimladau; **(to laugh) up one's ~,** (chwerthin) ynoch eich hun, dan eich dannedd, yng nghil eich boch, yn eich dwrn, yn eich llawes. **2.** *Mec.E:* llawes (llewys) *f*. **3.** *(of record):* clawr (cloriau) *m*. **4.** *Av:* **air-~,** hosan (*f*) wynt (hosanau gwynt). **~-board** *n. Laund:* bwrdd (byrddau) (*m*) llawes, *S:* slibord(-ydd) *f*, slibwt *f*. **~-coupling** *n. Mec.E:* llawes gyswllt (llewys cyswllt). **~-link** *n. Cost:* dolen (*f*) lawes (dolennau llewys). **~-notes** *n.pl.* nodiadau clawr. **~-nut** *n.* nyten (*f*) lawes (nytiau llawes). **~-valve** *n. Mec.E:* falf (*f*) lawes (falfiau llawes).

sleeved *a.* â llewys, a llewys (arno/arni *or* iddo/iddi), llawesog; **long-~ dress,** gwisg (*f*) lewys llaes (gwisgoedd llewys llaes); **short-~ dress,** gwisg lewys cwta (gwisgoedd llewys cwta).

sleeveless *a.* **1.** dilewys, heb lewys. **2.** = **futile.**

sleevelet *n. Cost:* llawes fach (llewys bach) *f*, gorchudd (*m*) llawes (gorchuddion llewys).

sleeving *n.* llawes *f*.

sleigh[1] *n.* car (ceir) llusg *m*, sled(-iau) *f*, slêd (sledi) *f*; *S.a.* **bob-sleigh. ~-bell** *n.* cloch (clychau) (*f*) harnais, cloch sled/slêd. **~-horse** *n.* ceffyl(-au) (*m*) sled. **~-ride** *n.* taith (teithiau) (*f*) ar sled, tro(-eon) (*m*) ar sled.

sleigh[2] *v.i. & t.* **1.** *v.i.* sledio; teithio/mynd mewn sled/slêd. **2.** *v.t.* cludo (rhn) ar gar llusg, cludo (rhn) ar sled/slêd, sledio (rhn).

sleigher *n.* slediwr (sledwyr) *m*, sl|edwraig (sledwragedd) *f*.

sleight *n.* **~ of hand,** deheurwydd *m*, consuriaeth *f*, tric(-iau) (*m*) dwylo, consurio *vn*, cyfrwystra (*m*) llaw.

slender *a.* **1.** *(figure &c):* main (meinion); *Poet:* **~ girl,** meinwen *f*, meinir *f*, merch feindlos (merched meindlws/meindlysion) *f*; **to grow/become ~,** meinh|au, mynd yn fain/feinach; **of ~ growth,** meindwf; *Ent:* **~ burnished brass,** pres gloyw main *m*. **2.** *(intelligence &c):* prin(-ion), diffygiol, eiddil, gwan (gweinion), gwannaidd, gwantan; *(hope &c):* main, prin, gwan, bychan (*f.* bechan, *pl.* bychain); *(income &c):* main, prin, gwan, bychan, annigonol; **our ~ means,** ein hadnoddau prin; **~ voice,** llais (lleisiau) main *m*, *Lit:* meinllais (meinlleisiau) *m*; **by a ~ margin,** o drwch blewyn.

slenderize *v.t. & i.* **1.** *v.t. U.S:* meinh|au (rhth), gwn|eud (rhth) yn fain/feinach. **2.** *v.i.* meinhau, mynd yn fain/feinach.

slenderly *adv.* **1. a ~ made/built person,** rhn main [ei gorff], rhn meingorff (*pronounced* ng-g). **2.** *(= feebly):* yn wan/wannaidd *&c.*

slenderness *n.* **1.** meinder *m*, meindra *m*. **2.** *(of intelligence):* prinder *m*, diffyg *m*. **3.** *(of hopes):* oferedd *m*.

slept *v. See* **sleep[2]**.

sleuth[1] *n.* **1. ~[-hound],** gwaetgi (gwaetgwn) *m*, *N.W:* ci (cŵn) (*m*) codi. **2.** *F:* = **detective.**

sleuth[2] *v.i. F:* chwarae ditectif, busnesa, chwilota, ffureta, ditectydda, ditectio.

slew[1] *v.t.&i.* troi; **the car slewed round,** troes y car yn ei hyd.

slew[2] *v. See* **slay.**

slew[3] *n. (= turn):* troad(-au) *m*.

slew[4] *n. U.S: F: (= great deal):* cruglwyth(-i) *m*, pentwr (pentyrrau) *m*, llond (*m*) gwlad, peth (*m*) wmbredd, amryw byd *m*.

slewed *a. F:* = **drunk.**

sley *n. Weaving:* peithynen (peithynau) *f*, brwydau *pl.*

slice[1] *n.* **1.** *(of cake &c):* tafell(-i,-au, tefyll) *f*, *F:* sleisen (sleisys, sleisiau) *f*, sgleisen(-ni, sgleisiau) *f*, darn(-au) *m*, *occ:* talp(-iau) *m*, sglem(-iau) *f*, *M.W:* *occ:* tafellen(-ni) *f*, *S.W:* clwt (clytiau) *m*, tocyn(-nau) *m*, toc(-iau) *m*; **~ of meat,** *Lit:* golwyth(-ion) *m*, golwythen (golwythion) *f, S.W: occ:* drabyn (drabiau) *m;* **~ of bread and butter,** tafell o fara 'menyn, *N:* brechdan(-au) *f, S:* toc o fara 'menyn; **thick ~ of bread,** clwff: clyffiad (clyffiau) *m,* cwlff: cwlffyn (cylffiau) *m; F:* **~ of good luck,** tro(-eon) lwcus *m,* tipyn *(m)* o lwc; **~ of life,** darn o fywyd, talp o fywyd; *F:* **to get one's ~ of the cake/profit,** cael eich cyfran o'r dorth/elw; **to take a large ~ of the credit for sth,** cymryd cyfran helaeth o'r clod am rth. **2.** *Cu:* **fish-~,** ysbodol *(f)* bysgod (ysbodolau pysgod), rhawlech *(f)* bysgod (rhawlechi pysgod). **3.** *Golf:* sleisiad(-au) *m.* **~-bar** *n. Tls:* rhawlech, ysgrafell(-i,-od) *f.*

slice[3] *v.t.* **1.** *Lit:* torri (rhth) yn dafelli, tafellu (rhth), *F:* s[g]leisio (rhth), torri (rhth) yn s[g]leisiau. **2.** *Sp:* sleisio. **3.** *Lit:* **to ~ the air/waves,** hollti'r awyr/tonnau. **~ off** *v.t.* torri sleisen (o rth), sleisio (rhth).

sliceable *a.* tafelladwy, sleisiadwy, *S:* tocadwy.

sliced *a.* tafellog; **~ loaf,** torth dafellog (torthau tafellog), *F:* torth s[g]leis; **~ bread,** bara tafellog *m;* **the best thing since ~ bread,** y patent gorau erioed, y peth gorau erioed, y peth gorau er cyn cof.

slicer *n.* peiriant (peiriannau) *(m)* tafellu, tafellwr (tafellwyr) *m, F:* s[g]leisiwr (s[g]leiswyr) *m;* **meat ~,** peiriant torri cig, *F:* s[g]leisiwr cig.

slick[1] *a. & adv.* **1.** *a. (a) (= adroit):* deheuig, slic; **a ~ answer,** ateb parod/ffraeth; *(b) (= neat):* trwsiadus, taclus, twt; *(= sleek):* llyfn *(f.* llefn, *pl.* llyfnion); *(c) U.S:* **you'd better look ~ about it,** gwell ichi frysio; gwell ichi ei siapo hi; *(d)* **a ~ customer,** dyn(-ion) llithrig/slic *m, N:* ffl[e]iar(-s) *m.* **2.** *adv. (a)* yn slic, yn ddeheuig; *(b)* **to cut ~ through sth,** torri'n syth/deg trwy rth; **~ in the middle,** yn y canol union; *(c) (= quickly):* chwap, chwipyn.

slick[2] *v.t.* llyfnu.

slick[3] *n. (a)* **[oil] ~,** clwt (clytiau) *(m)* olew, stremp(-iau) *(f)* olew, stribyn (stribiau) *(m)* olew; *(b) (of snow):* haen(-au) *f.*

slickenside *n. Geol:* llyfnochr(-au) *f.*

slicker *n.* **1.** *U.S: Cost:* côt *(f)* law (cotiau glaw). **2.** *F:* **city ~,** ffl[e]iar(-s) *(m)* o'r dref. **3.** *(= trowel):* trywel(-i) *(m)* llyfnu, trywel *(f)* lyfnu (tryweli llyfnu).

slickly *adv.* = **slick**[1] **2.**

slickness *n.* **1.** *(= adroitness):* clyfrwch *m,* deheurwydd *m,* slicrwydd *m,* llithrigrwydd *m,* ffraethineb *m.* **2.** *(of skin, satin &c):* llyfnder *m.*

slid *v. See* **slide**[2]**.**

slidable *a.* symudol, llithradwy.

slide[1] *n.* **1.** *(a)* llithr[i]ad(-au) *m,* sglefr(-au) *f,* sglefren (sglefrau) *f,* sglefriad(-au) *m;* **on the ~,** yn llithro, yn mynd i lawr yr allt, [yn mynd] ar i waered; *(b) See* **landslide**; *(c) Mus:* llithren(-nau) *f.* **2.** *(a) (= slipway):* sglefr, llithrfa (llithrf|eydd, llithrfaoedd) *f,* sglefrfa (sglefrf|eydd) *f,* llithrigfa (llithrigf|eydd) *f; (b)* = **runner**[5]. **3.** *(in playground):* sleid(-iau) *f,* sglefren, sglefr, llithren. **4.** *(of instrument, machine):* llithren, *F:* sleid, **writing-~,** estyllen (estyll) *(f)* ysgrifennu. **5.** *Opt:* **focusing-~, draw ~,** sleid ffocws; *Microscopy:* **object-~,** haenwydren (haenwydrau) *f, F:* sleid; **[lantern-]~,** tryloywlun(-iau) *m, less correctly:* tryloywder(-au) *m, F:* sleid. **6.** *Toil:* **[hair-]~,** clip(-iau) *(m)* gwallt, sleid wallt (sleidiau gwallt). **~-action** *attrib.* llithro, llithrol. **~-bar** *n.* **1.** *Mch:* bar(-rau) *(m)* llithro, sleidfar(-rau) *m,* gosail (goseiliau) *f.* **2.** *Mec.E:* rhigol *(f)* lithro (rhigolau llithro); **compound ~-bar,** llithryn uchaf cyfansawdd *m;* **top ~-bar,** llithryn uchaf. **~-block** *n. Mch:* sleidfloc(-iau) *m.* **~-bridge** *n. El:* pont *(f)* lithro (pontydd llithro). **~-carrier** *n.* peth(-au) *(m)* dal sleidiau, car (ceir) *(m)* sleidiau. **~-contact** *n.* sleidgyswllt (sleidgysylltau) *m.* **~-fastener** *n. U.S:* = **zip**[3]. **~-lathe** *n.* turn(-iau) *(m)* llithro. **~-rest** *n.* sleidrest(-iau) *mf,* rest(-iau) llithr *m,* rest lithr (restiau llithr) *f.* **~-rule** *n.* llithriwl(-iau) *f,* riwl *(f)* gyfrif (riwliau cyfrif). **~trombone** *n.* sleid-drombôn (~-drombonau) *m,* trombôn (trombonau) llithr *m.* **~-trumpet** *n.* sleid-drymped(-i) *m,* trymped(-au) llithr *m,* utgorn (utgyrn) llithr *m.* **~-valve** *n.* falf *(f)* lithro (falfiau llithro), sleidfalf(-iau) *f.*

slide[2] *v.i. & t.* **1.** *v.i.* llithro; *(on ice, mud &c):* sglefrio, *Lit: occ:* ymlithro, *S:* slidro, sleidro; **to ~ into sin,** llithro i bechod; *abs.* **to ~,** mynd ar gyfeiliorn, cyfeiliorni; **to let things ~,** gadael i bethau ddirywio, esgeuluso pethau, gadael i bethau fynd rhwng cŵn a brain; *S.a.* **slip**[2]. **2.** *v.t.* llithro, sleifio; **to ~ sth into s.o.'s hand,** sleifio rhth i law rhn, rhoi rhth yng nghil dwrn rhn. **~ away, ~ by** *v.i. (of time):* llithro heibio. **~ off** *v.i.* sleifio ymaith. **~ over** *v.t.* **he slid over the events of the previous day,** aeth yn frysiog trwy ddigwyddiadau'r diwrnod cynt.

slider *n.* **1.** *(pers.):* llithrwr (llithrwyr) *m,* sglefriwr (sglefrwyr) *m.* **2.** *El.E:* llithrydd(-ion) *m.*

sliding *a.* [sy'n] llithro, llithr, symudol, llithrol; *Mus:* **~ action,** llithro *vn,* arwaith (arweithiau) llithr *m;* **~ door,** drws (drysau) *(m)* llithro; **~ fit,** ffit *(f)* lithro (ffitiau llithro); **~ friction,** ffrithiant *(m)* llithro; **~ keel,** cêl (celiau) *(m)* llithro, bordyn (bordiau) *(m)* canol; **~ panel,** panel(-i) *(m)* symudol, panel llithro; **~ parts,** darnau symudol; **~ roof,** to(-eau) symudol *m;* **~ sash,** ffrâm *(f)* lithro (fframiau llithro), ffrâm lygod (fframiau llygod); **~ scale,** graddfa (graddf|eydd) symudol; **~ seat,** sedd(-i) symudol *f,* sedd lithro (seddi llithro); **~ shelf,** silff *(f)* lithro (silffoedd llithro); **~ stage,** llwyfan(-nau) *(m)* llithro, llwyfan *(f)* lithro (llwyfannau llithro).

slight[1] *a.* **1.** *(build &c):* bychan *(f.* bechan, *pl.* bychain), ysgafn (ysgeifn), eiddil, main (meinion). **2.** *(most other senses):* peth *(before n.);* ychydig, tipyn + o + *soft mut.;* **a ~ pain,** peth poen, ychydig o boen, poen bychan/fechan; **a ~ cold,** tipyn o annwyd; **a ~ smell,** oglau ysgafn, gwynt ysgafn; **~ damage,** peth difrod, ychydig o ddifrod, difrod ysgafn/bychan; *(intelligence &c):* bychan, gwan, egwan; **I paid him ~ attention,** ni chymerais fawr/lawer o sylw ohono; **of ~ importance,** dibwys, dinod; **a ~ bother,** tipyn o drafferth, trafferth fechan; **to make a ~ gesture,** gwneud ystum fach; **a ~ repast,** pryd ysgafn; **there has been a ~ improvement,** bu peth gwelliant, bu ychydig o welliant; bu gwelliant bychan; **to some ~ extent,** i ryw raddau [bychain], ryw ychydig/fymryn; **there's not the slightest danger,** nid oes y perygl lleiaf; nid oes dim perygl [o gwbl]; **to take offence at the slightest thing,** codi'ch gwrychyn am y peth lleiaf; **not in the slightest [degree],** dim o gwbl, *S:* dim yw dim, *Lit:* dim oll.

slight[2] *n.* sarhad *m* (ar rn), dibristod *m* (o rn), diffyg *(m)* parch (at rn), *Lit:* am[h]arch *m* (tuag at rn); **to put/pass a ~ on s.o.,** sarh|au/bychanu rhn.

slight[3] *v.t.* **1.** bychanu, sarh|au, dibrisio (rhn); trin (rhn) yn ddirmygus/sarh|aus/ddifeddwl; dangos diffyg parch (at rn); bod yn ddibris (o rn); diystyru (rhn); **to feel slighted,** teimlo sarhad, teimlo ichi gael eich sarh|au *&c.* **2.** *Hist:* **to ~ a castle,** *(= damage):* difrodi castell; *(= raze):* dymchwel/dinistrio castell.

slighting *a.* dirmygus, sarh|aus, bychanol, bychanus.

slightingly *adv.* yn ddirmygus *&c.*

slightly *adv.* **1. ~ built,** bychan *(f.* bechan, *pl.* bychain), eiddil. **2.** *(= a little):* ychydig [bach], dipyn [bach], fymryn; **~ better,** ychydig [bach] yn well, yn well o ychydig [bach], tipyn [bach] yn well, mymryn/fymryn [bach] yn well; **I know him ~,** 'rwyf yn ei led adnabod; **I remember him ~,** mae gennyf frith gof ohono.

slightness *n.* **1.** *(of build):* bychander *m,* meinder *m,* eiddilwch *m,* ysgafnder *m.* **2.** *(of danger, evidence &c):* bychander.

slily *adv.* = **slyly.**

slim *a.* **1.** *(build):* main (meinion); **a ~ person,** *N.W:* slimyn *m,* slingyn *m.* **2. there's a ~ chance (that she'll come),** mae rhyw ychydig o obaith, mae'r mymryn lleiaf o obaith (y daw hi); **the slimmest of evidence,** y dystiolaeth feinaf, y dystiolaeth leiaf sylweddol. **~ Jim** *n. Cost:* tei(-s) main *m,* tei fain (teis main) *f.*

slim[2] *v.i.&t.* **1.** *v.i.* colli pwysau, teneuo. **2.** *v.t. (a)* teneuo (rhth); gwn|eud (rhth) yn denau/deneuach/fain/feinach, meinh|au (rhth); **a dress that is slimming,** gwisg sy'n gwneud i rn edrych yn deneuach; *(b)* **to ~ down the work-force,** tocio/lleih|au nifer y gweithwyr.

slime[1] *n.* **1.** *(= mud):* llaid *m, S:* llaca *m,* llwtra *m; Gold Min:* **the slimes,** y lleidiau. **2.** *(of fish, snails, on water &c):* llysnafedd *m, S.W:* llinos *m, N.W:* slafan *f.* **~ fungus, ~ mould** *n.* ffwng (ffyngoedd) *(m)* llysnafedd/llysnafeddog, llwydni llysnafeddog *m.*

slime[2] *v.t.* **to ~ fish,** tynnu llysnafedd pysgod.

sliminess *n.* **1.** *(a)* = **muddiness;** *(b) (of fish &c):* llysnafedd *m;* golwg lysnafeddog *f* (ar rth). **2.** *F: (= obsequiousness):* sebon *m,* gwas|eidd-dra *m,* taeogrwydd *m.*

slimline *a.* main (meinion), meindwf.

slimly *adv.* **~ built,** main (meinion).

slimmer *n.* teneuwr (teneuwyr) *m,* collwr (collwyr) **(*m*) pwysau,** ten|euwraig *f,* c|ollwraig (collwragedd) *(f)* pwysau.

slimmish *a.* go fain, braidd yn fain, eithaf main.
slimness *n.* = **slightness 1.**
slimsy *a. U.S:* = **flimsy, frail.**
slimy *a.* **1.** = **muddy. 2.** *(fish &c):* llysnafeddog. **3.** *F: (= obsequious):* sebonllyd, seimlyd, gwasaidd, cynffongar (*pronounced* ng-g); **a ~ person,** sebonwr (sebonwyr) *m.*
sling[1] *n.* **1.** *(weapon):* ffon (*f*) dafl (ffyn tafl); *Lit:* **the slings and arrows of outrageous fortune,** saethau ac ergydion ffawd ysgeler. **2.** *(a) Med: (for arm &c):* gwregys(-au) *m*; *(b) (of rifle, guitar &c):* strapen (strapiau) *f*, strap(-iau) *mf*, *Lit: & N: occ:* arwest[r](-i) *f*, *S.W:* erwast(-i,-au) *f*; *(c) (for hoisting):* sling(-iau) *f*; *Nau:* = **halyard;** *Vet: (for horses):* ffrâm (fframiau) *f.* **3. to give sth a ~,** rhoi lluch i rth, lluchio/taflu rhth. **~-back [shoe]** *n.* esgid(-iau) (*f*) strapen ôl, esgid strap sawdl. **~-back chair** *n.* cadair grog (cadeiriau crog) *f.* **~-bag** *n.* bag(-iau) (*m*) ysgwydd. **~-cart** *n.* cert(-i) (*f*) sling. **~ stone** *n.* carreg (*f*) dafl (cerrig tafl).
sling[2] *v.t.* **1.** *(with slingshot):* taflu, lluchio [â ffon dafl]; *F:* **to ~ ink,** ysgrifennu, llenydda; *F:* **to ~ one's hook,** ei bachu hi *&c*; *See* **beat[2] 1.** *(a)*; *F:* **to ~ mud at s.o.,** taflu baw at rn. **2.** *(= hang):* hongian, *Lit:* crogi. **3.** *(= throw away):* taflu, lluchio (rhth); cael gwared (â rhth, ar rth); *N: occ: F:* rhoi lluch (*m*)/fflich (*m*) i rth; **he was slung out of his home,** cafodd ei hel o'i gartref; cafodd ei daflu/luchio allan o'i gartref.
sling[3] *n. (drink):* sling(-s) *mf*; **gin-~,** jin melys *m*, jin-sling(-s) *mf.*
slinger *n.* taflwr (taflwyr) *m*, ffondaflwr (ffondaflwyr) *m.* **~ ring** *n. Av:* cylch(-au) (*m*) taflu.
slingshot *n.* = **sling[1] 1**; *U.S:* = **catapult.**
slink[1] *v.i.* **to ~ off/away,** sleifio ymaith; **to ~ in,** sleifio i mewn, dod i mewn yn llechwraidd.
slink[2] *n. Vet:* erthyl(-od) *m*, marllo(-i) *m*, m|arwlo(-i) *m*; **a ~ calf,** llo a fwriwyd cyn pryd.
slink[3] *v.t. Vet:* bwrw (llo) cyn pryd, erthylu (llo).
slinkily *adv.* yn osgeiddig.
slinkiness *n. (of cat &c):* ystwythder *m*, symudiad neidraidd *m*, neidreiddiwch *m.*
slinking *a.* llechwraidd, lladradaidd.
slinkingly *adv.* yn llechwraidd *&c.*
slinkweed *n. Bot: U.S:* = **willow-herb (rose-bay).**
slinky *a.* **1.** *(movement, model):* llithrig, gosgeiddig; *(cat &c)*: llechwraidd, neidraidd, lladradaidd. **2.** *(dress):* llyfn (*f.* llefn, *pl.* llyfnion), llyfndeg, tyn[n], glynol, meinwisg, meinwych. **3.** *(= slender):* main (meinion), meindwf.
slip[1] *n.* **1.** *(a)* llithrad(-au) *m*, llithriad(-au) *m*, cam gwag (camau gweigion) *m*; *Prov:* **there's many a ~ 'twixt cup and lip,** mae aml lwyth wedi troi yn y porth; mae aml drol yn troi cyn cyrraedd yr ardd; *Aut:* **clutch ~,** llithr[i]ad cydiwr; *U.S:* **~ in prices,** gostyngiad (*m*) mewn prisiau; *(b)* **to give s.o. the ~,** llithro heibio i rn, dianc rhag rhn, dianc o ddwylo/afael rhn, osg|oi rhn, mynd trwy ddwylo rhn, mynd rhwng dwylo rhn; *(c) (= error):* llithr[i]ad, amryfusedd(-au) *m*, cam gwag, camgymeriad(-au) *m*, camsyniad(-au) *m*; **~ of the pen,** llithr[i]ad ysgrifbin; **~ of the tongue,** llithr[i]ad tafod; **Freudian ~,** llithr[i]ad Freudaidd; *Geol:* **[land] ~,** tirlithr[i]ad(-au) *m*, llithr[i]ad(-au) tir. **2.** = **leash[1]. 3.** *Rail:* **~[-portion].** *(of train):* darn(-au) (*m*) gollwng. **4. pillow-~,** = **pillowcase. 5.** *Cost:* pais (peisiau) *f*; **waist ~,** pais wasg (peisiau gwasg); **your ~ is showing,** mae dy bais di yn y golwg; *S.a.* **gymslip. 6.** *(= landing-stage):* glanfa (glanf|eydd) *f*; *N.Arch:* **building-~,** seilgyffion *pl*, cledrau *pl*; *(c)* **launching-~,** = **slipway 7.** *pl. Th: (end seats):* seddau slip/diod. **8.** *Cr:* slip(-iau) *m*; **caught in the slips,** dalwyd yn y slipiau; **second ~,** ail slip. **9.** *Carp:* cryfhäwr (cryfhawyr) *m*; **drawer ~,** cryfhäwr drôr. **~-carriage** *n.* cerbyd(-au) (*m*) gollwng/datod, slipgerbyd(-au) *m.* **~-case** *n.* gorchudd (*m*) llyfr (gorchuddion llyfrau), cas (*m*) cadw llyfr (casys cadw llyfrau). **~-coach** *n.* = **slip-carriage. ~-cover** *n.* **1.** *Furn:* gorchudd rhydd. **2.** *Publ:* = **slip-case. ~ orm** *n. Const:* mo[w]ldin(-au) (*m*) llithro, slipfo[w]ldin(-au) *m.* **~-gauge** *n.* medrydd(-ion) slip *m.* **~ hemming-stitch** *n.* pwyth(-au, -i) (*m*) hemio slip. **~-hook** *n.* bach(-au) (*m*) gollwng, slipfach(-au) *m.* **~-knot** *n.* cwlwm (c[y]lymau) (*m*) rhedeg/datod/dolen/tagu. **~-mount** *n. Phot:* slipfownt(-iau) *m.* **~-noose** *n.* dolen (*f*) redeg (dolennau rhedeg). **~-on** *a.* taro amdanoch; **~-on shoes,** esgidiau digarrai, esgidiau i'w taro am eich traed; **~-on dress,** gwisg ddifotymau, gwisg i'w tharo amdanoch. **~-over** *a.* **~-over dress,** gwisg lac (gwisgoedd llac) *f*, gwisg heb lewys. **~-plane** *n. Metall:* plân (planau) (*m*) llithro. **~-ring** *n. El.E:* cylch(-au) (*m*) llithro, slipgylch(-au) *m.* **~-road** *n.* slipffordd (slipffyrdd) *f*, ffordd (ffyrdd) (*f*) ymadael. **~-rope** *n. Nau:* rhaff (*f*) ddatod (rhaffau datod), slipraff(-au) *f.* **~-seat** *n. Th:* sedd (*f*) ddiod (seddau diod), sedd(-au) slip. **~-shelled** *a.* gwisgi. **~-sheet** *n. Bookb:* dalen (*f*) lanw (dalennau llanw), dalen weili (dalennau gweili). **~-stitch** *v.t.* slip-bwytho. **~-stone** *n. Carp:* carreg (*f*) hogi gau (cerrig hogi cau), hôn gau (honau cau) *f.* **~-up** *n.* llithr[i]ad, diofalwch *m*, cam(-au) gwag *m*, camgymeriad(-au) *m.*
slip[2] *v.i. & t.* I. *v.i.* **1.** *(a)* llithro; *(of knot):* rhedeg; *F:* **you're slipping,** 'rydych chi'n colli'ch gafael; **his foot slipped,** llithrodd ei droed; **to ~ through one's hands,** mynd/llithro rhwng eich dwylo; **(to ~) from s.o.'s hands, through s.o.'s fingers,** (llithro, dianc) o ddwylo rhn, rhwng bysedd rhn; **time slips by,** â amser heibio; mae amser yn llithro o'n gafael; *Lit:* ehêd amser; *(b)* sleifio, llithro, ymlithro; **to ~ into a room,** sleifio/llithro i ystafell; **errors slipped into the text,** llithrodd gwallau i'r testun; **to ~ into bed,** sleifio i'r gwely; **to ~ out of one's clothes,** tynnu [oddi] amdanoch, tynnu'ch dillad; **to ~ into one's clothes,** taro'ch dillad amdanoch; **the patient slipped into a coma,** llithrodd y claf i goma; *(c) F:* **to ~ round/over to a place,** picio i rywle; **just ~ round to the shop!** rhowch dro [bach] i'r siop! *N:* picia (piciwch) [draw] i'r siop! *(d) (of bolt):* **to ~ home,** cau i'r pen, llithro/mynd i'w le. **2.** *(a) (= make error):* llithro, gwn|eud/cael cam gwag, camgymryd, methu, gwneud camgymeriad/camsyniad; *(b) (= misbehave):* llithro, camymddwyn, tramgwyddo, pechu, *F:* cambyhafio, *Lit:* syrthio. **3. to let (sth) ~,** gollwng rhth, gadael rhth yn rhydd; **to let ~ a secret,** gollwng y gath o'r cwd, datgelu cyfrinach; **she let ~ the remark that...,** digwyddodd iddi ddweud fod/mai...; soniodd yn ddifeddwl fod/mai...; soniodd wrth fynd heibio fod/mai...; **to let ~ an opportunity,** colli cyfle; **to let ~ the dogs of war,** annos gwaetgwn rhyfel. II. *v.t.* **1.** *(a) (of animal):* **to ~ its chain,** ymryddh|au o'i gadwyn, dod yn rhydd o'i gadwyn; *(b)* **your name has slipped my memory,** alla' i ddim cofio'ch enw; mae'ch enw wedi mynd o 'nghof i; 'rwyf wedi anghofio'ch enw; mae'ch enw wedi mynd yn angof gen i; **to ~ s.o.'s mind,** mynd o feddwl rhn; **to ~ s.o.'s notice,** osgói sylw rhn; **it slipped my notice,** ni sylwais arno; **it might have slipped your attention, but ...,** efallai nad ydych wedi sylwi, ond .... **2.** *(a) Ven:* **to ~ dogs,** gollwng/rhyddhau cŵn; *(b) Nau:* **the ship slipped her moorings at dawn,** gollyngodd y llong ei chadwyni gyda'r wawr; **to ~ a cable,** gollwng rhaff; **to ~ a lock,** agor/datgl|oi clo; *(c) Rail:* **to ~ a carriage,** gollwng cerbyd; *(d) Husb: (of cow):* **to ~ a calf,** bwrw/picio/taflu llo cyn pryd; *(e) (of snake):* **to ~ its skin,** bwrw croen, bwrw hen groen. **3. to ~ a bolt,** gwthio bollten; **to ~ sth into s.o.'s hand,** sleifio/gwthio rhth i law rhn; **I slipped my arm round her waist,** rhoddais fy mraich am ei chanol. **4.** *(a) Aut:* **to ~ the clutch,** slipio'r cydiwr, slipio'r afael; *(b) Med:* **to ~ a disc,** slipio disg; *(c) Knit:* gollwng; *(d) F:* **to ~ sth/one over on s.o.,** gwneud/twyllo/trin/rogio rhn, chwarae cast ar rn. **~ away** *v.i.* **1.** *(of pers.):* mynd/llithro/sleifio ymaith. **2.** *(of time):* mynd heibio, llithro heibio, ehedeg. **~ by** *v.i.* = **slip away 2. ~ down 1.** *v.i. (of pers.):* llithro [i lawr], llithro i'r llawr. **2.** *v.t.* llithro i lawr (rhth). **~ in** *v.t.* **to ~ in a new film,** newid ffilm, rhoi/dodi ffilm newydd i mewn; **to ~ in a comment about sth,** sleifio sylw i mewn am rth; **to ~ sth in a bag/book &c,** taro rhth mewn bag/llyfr *&c*; **~-in** *attrib. (album &c):* taro i mewn. **~ off 1.** *v.t. (clothes, ring):* tynnu, diosg. **2.** *v.i.* = **slip away**; *(of ring, watch &c):* llithro oddi ar rth. **~ on** *v.t. (clothes):* taro/rhoi/dodi/gwisgo (dillad) amdanoch; **~ on a coat!** rhowch got amdanoch! **a ~-on blouse,** blows llac *m.* **~ out** *v.i. (a)* **it slipped out of my hand,** llithrodd o'm llaw; *(b)* **the secret slipped out,** daeth y gyfrinach i'r golwg; *S:* daeth y gyfrinach ar glawr; *N:* daeth y gyfrinach i'r fei; *(c) F:* **to ~ out to the shop,** mynd allan i'r siop, *S:* mynd mas i'r siop, *N: F:* picio allan i'r siop. **~ over** *v.t.* **to ~ a dress over one's head,** tynnu ffrog dros eich pen. **~ through** *v.i.* sleifio/llithro trwodd; **to ~ through one's fingers,** mynd/llithro trwy eich bysedd. **~ up** *v.i.* **1.** *(= err):* llithro, gwneud camgymeriad, camgymryd. **2.** *(of plan):* methu, bod yn fethiant, *N: F:* mynd yn ffliwt. **~-up** *n.* camgymeriad(-au) *m*, llithr[i]ad(-au) *m.*
slip[3] *n.* **1.** *(a) Hort:* sbrigyn (sbrigau) *m*, torryn (torion) *m*,

toriad(-au) *m*; *(b) F:* ~ **of a girl,** genethig *f*, llafnes(-i,-au) *f*, cangen (*f*) [o ferch], *N:* l[l]efren *f* [o eneth], sbrigen *f*; ~ **of a boy,** bachgennyn (bechgynnos) *m*; **a fine** ~ **of a girl,** llafnes o ferch; *(c) Ich:* lleden fechan (lledod bychain) *f*. **2.** *(of land):* llain (lleiniau) *f*, stribyn (stribau) *m*; ~ **(of paper),** slip(-iau) *m*, slipyn (slipiau) *m*, dernyn (darnau) *m*, darn(-au) *m* [o bapur]; papuryn(-nau) *m*; **compliment** ~, slip cyfarchion; **detachable** ~, bonyn (bonion) *m*; **paying-out** ~, slip talu; *Typ:* ~ **[proof],** proflen hir (proflenni hirion) *f*.

slip⁴ *v.t.* **to** ~ **a plant,** cymryd toriad/torryn o blanhigyn.

slip⁵ *Cer:* clai [gwlyb] *m*, slip *m*, slipan(-au) *m*.

slipe *n.usu.pl.* gosail (goseiliau) *f*.

slipover *n. Cost: U.S:* = **pullover.**

slippage *n. Mec.E: &c:* llithro *vn*, llithriant *m*.

slipped *a.* wedi llithro; *S.a.* **disc.**

slipper¹ *n.* **1.** *(= soft shoe):* sliper(-i) *f*, *Lit: & S.W: occ:* llopan(-au) *f*, *S:* sliperen (sliperi, slipers) *f*, *N.W: F:* slipan (slipars) *f*, *S.E: occ:* slapen (slaps) *f*, esgid(-iau) (*f*) nos; **to take one's** ~ **to a child,** *N:* rhoi chwip din i blentyn, *S:* rhoi crasen i blentyn [â sliper]; *Bot:* **Lady's** ~, *(Cypripedium):* esgid Fair, llopan Fair; **to play hunt the** ~, chwarae dal y sliper. **2.** *(a) Mec.E: (= skid, drag):* clocsen (clocs) *f*; *(b)* **piston-rod** ~, llithredydd(-ion) (*m*) piston. **3.** *Med:* = **bedpan. 4.** *Tex:* **yarn-**~, broes(-au) (*m*) edafedd, pric(-iau) (*m*) edafedd, *S.W:* broes gwlân; **candle-**~, broes canhwyllau. **5.** *(of orchid):* gwefl(-au) *f*. ~ **animalcule** *n. Biol:* parameciwm (paramecia) *m*. ~**-bath** *n.* baddon(-au) (*m*) blaen esgid. ~ **flower** *n.* = **slipperwort.** ~ **limpet** *n. Conch: (Crepidila fornicata):* ewin(-edd) (*mf*) mochyn, ewin Mair, brenigen (brenig) (*f*) yr wystrys. ~ **orchid** *n. Bot: (Cypripedium):* esgid (*f*) Fair. ~ **plant** *n. Bot: (Pedilanthus):* esgidlys *m*. ~ **satin** *n.* satin pŵl *m*. ~ **shell** *n. Conch:* = **slipper limpet.**

slipper² *v.t.* **to** ~ **a child,** *N:* rhoi chwip din [â sliper] i blentyn, *S:* rhoi crasfa/crasen i blentyn [gyda sliper].

slippered *a.* sliperog, mewn slipers, *Lit:* llopanog; *F:* ~ **ease,** hawddfyd clyd *m*, byd braf *m*.

slipperily *adv.* yn llithrig *&c.*

slipperiness *n.* **1.** *(of surface):* llithrigrwydd *m*. **2.** *(= deceit):* cyfrwystra *m*, dichell *f*.

slippering *vn.* = **slipper²**; chwip (*f*) din.

slipperless *a.* troednoeth.

slipperlike *a.* sliperaidd, llopanaidd.

slipperwort *n. Bot: (Calceolaria):* basged (*f*) y pysgotwr.

slippery *a.* **1.** llithrig, *F:* slip, *S.W: occ:* slic; **the roads are** ~ **with frost,** mae'r ffyrdd yn llithrig gan lwydrew/farrug. **2.** *(a) Fig: (= unstable):* llithrig, siglog, ansefydlog, ansad, ansicr; **to be on** ~ **ground,** bod ar dir siglog/peryglus/ansad; **on the** ~ **slope,** ar y llethr lithrig; *(b) (= delicate, ticklish):* tringar *(pronounced* ng-g), anodd ei drin. **3.** *F: (= unreliable, shifty):* di-ddal; **he's as** ~ **as an eel,** 'does dim dal arno; mae mor llithrig â [llosgwrn] llysywen; *N.W:* mae o mor llithrig â thalcen iâr; mae o fel slywen [o lithrig]; **he's a** ~ **customer,** mae'n dipyn o dderyn; mae'n [hen] bryf [garw]; mae'n ffiïar; mae'n gastiog fel mul; *N.W: occ:* mae o'n slum o ddyn; mae o mor siarp â slum. ~ **elm** *n.* **1.** *Bot:* llwyfanen/llwyfen lithrig (llwyf[-ain] llithrig) *f*, llwyfanen goch (llwyfain cochion). **2.** *Pharm:* rhisgl llithrig *m*. ~ **Jack** *n. Fung: (Suillus luteus):* boled llithrig *m*, cap tyllog llithrig *m*.

slippiness *n.* llithrigrwydd *m*.

slippy *a.* **1.** *F:* = **slippery 1. 2.** *P:* **to be/look** ~, brysio, prysuro; **look** ~! tyrd yn dy flaen (dewch yn eich blaenau)! rho(-wch) draed dani! gafael(-wch) ynddi! *N:* styria (styriwch) hi! tân arni! *S:* siapa (siapwch) hi!

slipshod *a.* **1.** = **slippered. 2.** *(work):* aflêr, blêr, diofal, di-lun, anghelfydd, anniben, llac, esgeulus, rhywsut-rywsut, *Lit: occ:* llymrig; ~ **Welsh,** Cymraeg bratiog/carbwl/di-raen/clapiog/clonciog, Cymraeg cerrig calch.

slipslop¹ *a.* = **slipshod 2.**

slipslop² *n. & attrib.* **1.** *n. (a) (drink):* glastwr *m*, slot *m*, slops *m*, golchionach *m*; *(b)* = **mawkishness. 2.** *attrib.* glastwraidd, diflas, merfaidd.

slipstream *n.* sgilwynt(-oedd) *m*.

slipware *n. Cer:* llestri slip *pl*, crochenwaith slip *m*.

slipway *n.* llithrfa (llithrf[eydd) *f*.

slit¹ *n.* agen(-nau) *f*; *(made by knife):* cyllellod(-au) *f*, trychiad(-au) *m*; *S.a.* **crack¹, split¹**; *(of letter-box):* ceg(-au) *f*, twll (tyllau) *m*. ~ **eyes** *n.pl.* llygaid meinion. ~**-eyed** *a.* â llygaid meinion, llygatfain. ~ **trench** *n.* ffos gul (ffosydd culion) *f*.

slit² *v.t. & i.* **1.** *v.t. (a)* hollti, *occ:* agennu; **to** ~ **s.o.'s throat,** torri corn gwddf rhn; **to** ~ **one's own throat,** *(i)* torri'ch gwddf eich hun; *(ii) Fig:* torri'ch pen eich hun; **to** ~ **open a sack,** agor sach [â chyllell]; *(b) Surg:* agor rhth, torri agen yn rhth [â chyllell, â fflaim]; **the blow** ~ **his cheek,** agorwyd ei foch gan yr ergyd; *(c)* **to** ~ **leather, to** ~ **a hide,** torri lledr/croen yn gareiau. **2.** *v.i.* hollti, torri [ar ei hyd]; **to** ~ **in two,** hollti'n ddwy [ran].

slit³ *p.p. & a.* hollt, wedi [ei] hollti, agennog. ~ **pocket** *n. Cost:* poced(-i) hollt *f*. ~ **skirt** *n. Cost:* sgert(-iau) hollt *f*.

slither¹ *n.* = **slide¹ 1.** *(a)*.

slither² *v.i. & t.* **1.** *v.i. (of pers.):* llithro, *S:* sleidro; *(of snake, worm):* ymlusgo, ymlithro, llithro. **2.** *v.t.* **to** ~ **one's feet,** llusgo'ch traed.

slithering *a.* ymlusgol, ymlithrol.

slithery *a.* = **slippery 1, slithering.**

slitter *n. Ind:* holltwr: holltiwr (holltwyr) *m*. ~ **mill** *n.* melin(-au) (*f*) hollti.

sliver¹ *n.* **1.** *(a) (of fish, meat):* darn(-au) *m*, tafell(-i,-au) *f*, mymryn(-nau) *m*, pis[h]yn (pisiau, *S:* pis[h]ys) *m*; *(of wood, stone, glass):* fflaw(-iau) *m*, fflewyn (fflawiau) *m*, fflawen (fflawiau) *f*, ysgyren (ysgyrion) *f*, sglem(-iau) *f*, *N.W:* s[g]lentan (s[g]lentiau) *f*. **2.** *Tex: (of wool):* siobyn(-nau) *m*, edefyn(-nau, edeifion) *m*.

sliver² *v.t. & i.* **1.** *v.t. (a) (meat &c):* torri (rhth) yn ddarnau, hollti (rhth) [yn fân]; *occ:* ysglemio, delltennu (rhth); *(b) Tex:* siobynnu. **2.** *v.i. (of wood):* hollti'n/torri'n ysgyrion, ysgyrioni.

slivovitz *n.* sl|ifofits *m*, brandi (*m*) eirin.

Sloane Ranger *n.* slonen(-ni,-nau) *f*.

sloaney *a.* slonaidd.

slob *n.* **1.** *(a)* = **mud;** *(b)* ~ **ice,** talp(-iau) (*m*) rhew/iâ. **2.** *(= uncouth person):* mochyn (moch) *m*, slebog(-iaid) *m&f*, llabwst (llabystiaid) *m*; **big fat** ~, *N.W:* slobryn *m*, horwth mawr *m*, straffwch mawr *m*, *F:* 'sglyfaeth mawr tew, *S.W:* clorwth mawr *m*, *S:* hwdwg mawr *m*, hytwch mawr *m*.

slobber¹ *n.* *(a)* (= **slaver¹**): glafoer(-ion) *m*; *(b) F: (= mawkishness):* slobran *vn*.

slobber² *v.i. & t.* **1.** *v.i. (a)* = **slaver²**; *(b) F:* **to** ~ **over s.o.,** slobran/glafoerio dros rn, llyfu rhn. **2.** *v.t. (a) (= cover with slobber):* glafoerio, bwrw glafoerion (dros rth); *(b) F:* = **bungle².**

slobberer *n.* glafoeriwr (glafoerwyr) *m*.

slobbering, slobbery *a.* glafoeriog.

sloe *n. Bot:* **1.** eirinen [fach] (*f*) dagu (eirin [bach] tagu), eirinen sur fach (eirin surion bach), *N: occ:* eirinen y perthi, *N.E:* eirinen wyllt (eirin gwylltion); *pl. S: occ:* eirin duon tag, *S.W: occ:* eirin bach, eirin duon [bach]. **2.** = **blackthorn.** ~**-bug** *n. Ent:* lleuen (*f*) yr aeron (llau'r aeron). ~**-eyed** *a.* **1.** llygatddu. **2.** = **slant-eyed.** ~**-gin** *n.* jin (*m*) eirin. ~**-wine** *n.* gwin (*m*) eirin duon bach.

slog¹ *n.* **1.** *F: (= blow):* dyrnod(-iau) *mf*; *S.a.* **punch² 1. 2.** *(= hard work):* gwaith caled *m*, slafdod *m*, caledwaith *m*, llafurwaith *m*, lladdfa (lladdf[eydd) *f*, slafwaith *m*, *N.W: occ:* helcyd *m*.

slog² *v.t. & i. F:* **1.** *v.t.* dyrnu, colbio, colbo; *S.a.* **punch³ 2. 2.** *v.i. (a)* **to** ~ **at the ball,** cledro'r/sodro'r bêl; *(b)* **to** ~ **away at sth,** slafio dros rth, gweithio'n galed ar rth, pydru/dygnu arni gyda rhth, *N:* lardio/llachio/slanu/gweithio ar rth, *S:* pannu arni gyda rhth, *M.W:* dogio arni; *F:* **to** ~ **one's guts out,** gweithio fel blac, eich lladd eich hun, ymlâdd [yn gwneud rhth]; bod wrthi fel lladd nadroedd; *(c)* **to** ~ **along,** dyrnu mynd; **to** ~ **through the snow,** ymlwybro/ymlwybran trwy'r eira.

slogan *n.* **1.** *Mil: Hist:* rhyfelgri (rhyfelgrioedd, rhyfelgriau) *fm*, bloedd (*f*) ryfel (bloeddiadau rhyfel), cadlef(-au) *f*. **2.** *Com: Pol: (= watchword):* slogan(-au) *mf*, arwyddair (arwyddeiriau) *m*.

sloganeer *n.* sloganwr (sloganwyr) *m*.

sloganize *v.i. & t.* sloganeiddio.

slogger *n. F:* **1.** *Box:* dyrnwr (dyrnwyr) *m*, colb[i]wr (colbwyr) *m*. **2.** *(worker):* gweithiwr (gweithwyr) dygn *m*, dygnwr (dygnwyr) *m*, *N.W: occ:* slanwr (slanwyr) *m*.

sloid *n.* sloid *m*, cerfio (*vn*) coed.

sloop *n. Nau:* slŵp(-s, slwpiau) *f*. ~**-rigged** *a.* â rigin slŵp.

sloot *n.* = **sluit.**

slop¹ *n.* **1.** *(= slush):* slwtsh *m, S.W:* lwtsh *f.* **2.** *pl.* **slops,** *(a) (of beer &c):* gwaddod *m,* gwaddodion, slops; *(b) (= tasteless drink):* dŵr *(m)* golchi llestri, slot *m, S.W:* lwtsh; *(c) (= sloppy food):* bwyd *(m)* llwy; *(d) (= dirty water):* trochion, golchion, golchionach, dŵr golchi/budr, sucion. **3.** *F: (= gushiness):* sentimentaliaeth *f,* sentimentaleiddiwch *m.* **4.** *Cer:* = **slip⁵**. **~-basin** *n.* llestr(-i) *(m)* trochion, *F:* basn(-au) *(m)* slops. **~-bucket, ~-pail** *n.* pwced *(f)* drochion (pwcedi trochion), *S: F:* bwced(-i) *(m)* slops.

slop² *v.t. & i.* **1.** *v.t. (a)* **to ~ beer over the table,** colli/tasgu cwrw dros y bwrdd, *N.W: occ:* sbrencian cwrw ar hyd y bwrdd, *S.W:* slabar/slabran cwrw dros y ford; *(b)* **to ~ the pigs,** llithio'r moch. **2.** *v.i. (a)* **to ~ [over],** colli drosodd, *N.W:* sbrencian, *S.W:* lwtshan, slabar, slabran; *(b)* **to ~ about in the mud,** ymdrybaeddu yn y llaid, *N:* poitsio/poitsian yn y mwd, *occ:* migno/ffritian yn y mwd; **to ~ about the house in old slippers,** fflewtian/ffadlian o gwmpas y tŷ mewn hen slipars. **3.** *v.i. (in prisons &c):* **to ~ out,** gwagio'r pwcedi.

slop³ *n.usu.pl. Cost: Navy:* dillad [morwr]. **~-chest** *n.* cist(-iau) *(f)* nwyddau. **~-room** *n.* ystafell *(f)* ddillad (ystafelloedd dillad). **~-seller** *n.* dilladwr (dilladwyr) *m,* dilledydd(-ion) *m.* **~-shop** *n.* siop *(f)* ddillad (siopau dillad).

slope¹ *n.* **1.** *(a) (of ladder, wall &c):* goleddf(-au) *m,* gogwydd(-ion) *m,* gogwyddiad(-au) *m,* osgo *m;* **angle of ~,** ongl *(f)* ogwydd; *(b) (= gradient of road):* rhediad(-au) *m, N.W:* [g]allt ([g]elltydd) *f,* clip(-iau) *m, S:* trip(-s) *m;* **~ down, down ~,** llethr(-au) *f* [i lawr], goriwaered *m, S:* gwaered(-ydd) *m, Lit:* disgynfa (disgynf|eydd) *f;* **~ up, up ~,** esgynfa (esgynfâu, esgynf|eydd) *f,* codiad(-au) *m,* dringfa (dringfâu, dringf|eydd) *f,* rhiw(-iau) *f,* llethr [ar] i fyny, gorifyny *m, N.W:* [g]allt, clip, *S.W: occ:* gofynydd *m;* **angle of ~,** *(down):* ongl ddisgyn/ostwng; *(up):* ongl godi/esgyn; **~ of a wall,** goleddfiad/gogwydd wal; **(a street) on the ~,** (stryd) ar ogwydd, ar ochr, ar led ochr, ar riw, ar oleddf, *N:* ar allt, *S:* ar y tyle; *Mil:* **rifle at the ~,** dryll dros yr ysgwydd; *Civ.E:* **natural ~,** gogwydd naturiol; *Carp:* **dovetail ~,** gogwydd cynffonnog; *(b) (of a tool):* osgo, gogwydd; *(c)* **metal cut on the ~,** metel wedi'i dorri ar osgo/ogwydd/letraws. **2.** *(= hillside):* llechwedd(-au,-i) *f,* llethr, *occ:* bron(-nydd) *f,* brest(-ydd) *f; Geog:* **back ~,** ôl-lethr(-au) *f,* llethr gefn (llethrau cefn); **break ~,** torlethr(-au) *f,* tor *(m)* llechwedd; **concave ~,** llethr geugrom (llethrau ceugrymion); **constant ~,** llethr gyson (llethrau cyson); **convex ~,** llethr amgrom (llethrau amgrymion); **dip ~,** golethr(-au) *f;* **free ~,** llethr rydd (llethrau rhyddion); **gentle ~,** llethr esmwyth; **gently rounded ~,** llethr esmwyth gron (llethrau esmwyth crynion); **gravity ~,** llethr ddisgyrchiant (llethrau disgyrchiant); **scarp ~,** llethr sgarp, sgarplethr(-au) *f;* **slip-off ~,** llethr slip; **waning ~,** llethr giliol (llethrau ciliol); **wash ~,** golchlethr(-au) *f;* **waxing ~,** llethr gynyddol (llethrau cynyddol); **wooded ~,** gallt (gelltydd) *f,* llechwedd goediog (llechweddau coediog), llethr goediog (llethrau coediog).

slope² *v.i. & t.* **1.** *v.i. (a)* gogwyddo, goleddfu, gwyro, lledwyro; gorwedd ar ŵyr/osgo/oleddf/ogwydd, *Lit:* llechweddu, llethru; **to ~ away/down,** rhedeg i lawr/waered, mynd ar oleddf/ogwydd, disgyn [yn raddol], graddol ddisgyn; **to ~ up,** mynd/rhedeg ar i fyny *or* lan, codi/esgyn yn raddol, graddol godi/esgyn; *(of writing):* **to ~ forward,** gwyro/gogwyddo ymlaen; **to ~ backward,** gwyro'n/gogwyddo'n ôl. **2.** *v.t. (a) (= shape):* torri (rhth) ar ogwydd/letgroes/letraws; *(b) Mil:* **to ~ arms,** codi arf i'r gwar/ysgwydd, rhoi arf ar yr ysgwydd; **~ arms!** arf ar war! **to ~ a sword,** dal cleddyf ar ogwydd; *(c)* **to ~ [out] the neck of a dress,** lledu gwddf ffrog.

slope³ *v.i. F:* **1. to ~ about,** sefyllian, loetran, cerddetian *&c; See* **loaf²**. **2. to ~ off,** ei throi hi, sleifio ymaith, ei bachu hi, diflannu.

sloping *a. (wall, ladder, shelf):* ar ogwydd, ar ŵyr, ar osgo, ar ledwyr, ar ei ochr, ochrog, ar led ochr, gogwyddog, gogwyddol, ar ledorwedd, lledwyr, *S: occ:* mewn osgo; *(garden &c):* ar lethr, llethrog, ar ochr, llechweddog, ar rediad, serth; **~ forehead,** talcen slip; **~ handwriting,** ysgrifen ar ŵyr/oleddf; **~ shoulders,** ysgwyddau gwargrwm, *N.W: Joc:* ysgwyddau [fel] potel sôs.

sloppily *adv.* yn aflêr *&c.*

sloppiness *n.* **1.** *(= wetness):* gwlybaniaeth *f,* gwlybrwydd *m,* gwlypter *m,* gwlybni *m.* **2.** *(= untidiness):* aflerwch *m,* blerwch *m,* annibendod *m,* diofalwch *m.* **3.** *F:* = **sentimentality.**

sloppy *a.* **1.** *(a) (= full of puddles):* gwlyb(-ion) [dan draed], pyllog, yn byllau dŵr i gyd, slwtshlyd, yn slwtsh i gyd; **~ omelette,** omlet meddal/slwtshlyd; **a big ~ kiss,** cusan fawr wleb/wlyb *f, F:* sws fawr wleb/wlyb *f, S.W:* lapswch(-au) *f; (b) (= covered in slops):* **a ~ table,** bwrdd/bord heb ei sychu. *(c)* **~ sea,** môr garw/moriog. **2.** *(a) (mind):* meddal, blêr, *S.W:* llibyn; *(b) (work):* diofal, aflêr, anniben, esgeulus, ffwrdd â hi, rywsut-rywsut, *N.W: occ:* hwff-haff, [yn] bwtsh-batsh; *(c) (= loose, ill-fitting):* llac, rhy fawr; *F:* **~ Joe,** sweter lac (sweters llac) *f; (d) (book, film &c):* sentimental, dagreuol, dagreullyd; **~ sentimentality,** sentimentaliaeth rad/feddal *f,* sentimentaleiddiwch *m.*

slops *n.pl. See* **slop¹ 2.**

slopwork *n. U.S:* **1.** *(= making cheap clothes):* gwn|eud dillad rhad. **2.** *(= untidy work):* gwaith aflêr/blêr/anniben *m.*

slosh¹ *n.* **1.** *(= slush):* slwtsh *m.* **2.** *(= weak drink):* slot *m,* glastwr *m.* **3.** *(= blow):* swaden *f,* celpen *f,* lempen *f,* cleren *f &c; See* **blow⁵, punch².** **4. a ~ of whisky,** joch(-iau) *(mf)* o wisgi, sloch(-iau) *mf.* **5.** *(= splash):* fflatsh *mf.*

slosh² *v.t. & i.* **1.** *v.t.* rhoi swaden (i rn), colbio (rhn) *&c.* **2.** *v.i.* **to ~ drink into a glass,** arllwys/tywallt/slochian diod i wydr; **to ~ about,** slochian, fflatsio.

sloshed *a. F:* = **drunk.**

sloshy *a.* **1.** *(= slushy):* slwtshlyd, dyfrllyd, gwlyb(-ion), fflatsiog. **2.** = **sloppy 2** *(d).*

slot¹ *n.* **1.** hic(-iau) *m,* hicyn (hiciau) *m,* rhicyn (rhiciau) *m,* rhic (-iau) *m,* agen(-nau) *f,* slot(-iau) *m; (of screwhead &c):* rhych(-au) *f,* rhigol(-au) *f; T.V: &c:* **prime time ~,** hicyn/rhicyn awr frig (hiciau/rhiciau oriau brig); *(for coin):* agen, twll (tyllau) *m,* slot; *Cmptr:* agen; **T ~,** agoriad(-au) *(m)* T, slot T; **button ~,** slot botwm (slotiau botymau); **cotter ~,** twll cotrel; *Cmptr:* **expansion ~,** agen ehangu; **ferrule ~,** slot amgarn; **pin and ~,** cynffon *(f)* a bwlch *m.* **2.** *Th: (in stage):* twll. **3.** *Ind:* mortais (morteisiau) *m.* **~-machine** *n.* peiriant (peiriannau) *(m)* ceiniogau. **~-meter** *n.* mesurydd(-ion, mesurwyr) *(m)* talu. **~-pin** *n.* slotbin(-nau) *m.* **~-screwing** *vn.* rhych-sgriwio. **~-winding** *n. El.E:* weindin rhychog *m.*

slot² *v.t.* **1.** *(= make a slot in sth):* torri rhych/rhigol/rhicyn/hicyn/slot (yn rhth); hicio, rhicio, agennu, rhychu, rhigoli (rhth). **2. to ~ sth into sth else,** gosod/dodi/ffitio/slotio rhth yn rhth arall; **he slotted the ball in the net,** trawodd/sodrodd y bêl yn daclus yn y rhwyd; *F:* **to ~ sth/s.o. in,** cael/gwneud lle i rth/rn; **the dentist slotted me in at short notice,** cafodd y deintydd le i mi ar fyr rybudd.

slot³ *n. Ven: (= track of beast):* ôl (olion) *m,* trywydd *m.*

sloth *n.* **1.** diogi *m;* **to become sunk in ~,** diogi, mynd yn ddiog. **2.** *Z:* diogyn(-nod, diogod) *m,* diogen(-nod) *f;* **two-toed ~,** diogyn deufys; **three-toed ~,** diogyn tribys. **~-bear** *n. Z:* arth weflog (eirth gweflog) *f,* melarth (meleirth) *f.* **~-monkey** *n. Z:* loris(-iaid) diog *m.*

slothful *a.* diog, dioglyd, swrth, *N:* di-ffrwt.

slothfully *adv.* yn ddiog *&c.*

slothfulness *n.* diogi *m.*

slotted *a.* rhychog; **~ screw,** sgriw rychog (sgriwiau rhychog) *f,* sgriw slot; **~ wing,** adain (adenydd) agennog.

slotter *n.* **1.** *(pers.):* morteisiwr (morteiswyr) *m.* **2.** = **slotting-machine**.

slotting *vn.* = **slot²**. **~-machine** *n.* peiriant (peiriannau) *(m)* morteisio, morteisiwr (morteiswyr) *m.*

slouch¹ *n.* **1.** *(pers.):* diogyn(-nod) *m; U.S: F:* **he's no ~,** 'does dim diogi ynddo; 'dyw e ddim yn magu ei ddwylo; fydd o/e byth yn torri cnau gweigion; *N:* mae o'n 'sgut; mae o'n ffliar; mae o'n dipyn o bryf. **2.** *(of shoulders):* gwar crwm *m,* gwarrog *fm,* gwargrymi *m;* **(to walk) with a ~,** (cerdded) yn gefngrwm *(pronounced* ng-g), yn wargrwm. **~-hat** *n. Cost:* het *(f)* gantel lipa (hetiau cantel llipa).

slouch² *v.i. & t.* **1.** *v.i.* gwargrymu, gwn|eud gwar; **to ~ (in a chair),** eistedd yn un swp, eistedd yn swpyn/llipa (mewn cadair); **don't ~!** *(stand):* saf (sefwch) yn syth! *(sit):* eistedd(-wch) yn syth! sytha dy gefn (sythwch eich cefn/cefnau)! *(walk):* cerdd(-wch) yn syth! **to ~ [about],** ymlwybro o gwmpas; **to ~ away/off,** mynd ymaith yn gefngrwm/wargrwm, ymlwybro ymaith. **2.** *v.t.* **to ~ one's hat,** tynnu cantel eich het i lawr.

slouchily *adv.* yn gefngrwm *&c;* **to walk ~,** llusgo'r traed.

slouching, slouchy *a.* **1.** *(pers.):* cefngrwm (*pronounced* ng-g), gwargrwm, llipa, yn un swp. **2.** *(gait):* troetrwm, llipa.

slough[1] *n.* **1.** *(= marsh):* cors(-ydd) *f*, siglen(-nydd) *f*, tonnen (tonenni) *f*, corsle(-oedd) *m*; **the sloughs of vice,** merbwll (*m*) drygioni; *Lit:* **the S~ of Despond,** Cors Anobaith. **~-grass** *n. Bot:* gwellt (*m*) y fign.

slough[2] *n.* **1.** *(of reptile, insect):* hengroen *m* (*pronounced* ng-g), croen marw *m*, croen wedi'i fwrw; *(of snake):* **to cast its ~,** diosg y croen *or* yr hengroen, bwrw'r croen/hengroen. **2.** *Med:* cramen(-nau) *f*, crawen(-nau) *f*, crachen (crach) *f*.

slough[3] *v.i. & t.* I. *v.i.* **1.** *(a) (of reptile &c):* bwrw croen, bwrw hengroen (*pronounced* ng-g); *(b) (of scab):* **to ~ off/away,** dod yn rhydd, disgyn, dod i ffwrdd; *(c) (of wound):* **to ~ over,** crawennu, cramennu, magu cramen/crawen. **2.** *Cards:* taflu (cerdyn), cael gwared (â cherdyn). **3.** *(of soil, rock):* **to ~ away/down,** cwympo/llithro i lawr. II. *v.t. (of reptile, insect):* **to ~ its skin,** bwrw'i groen/hengroen; *Lit:* **to ~ [off] a bad habit,** cael gwared â hen arfer drwg, rhoi heibio hen arfer drwg, rhoi'r gorau i hen arfer drwg.

sloughy[1] *a.* *(= marshy);* corslyd, corsiog, siglennog, llawn corsydd.

sloughy[2] *a. Med:* cramennog, crawennog, crachlyd.

Slovak[ian] *a. & n.* **1.** *a.* Slofacaidd; *(in language):* Slofaceg. **2.** *n.* *(a) Ethn:* Slofaciad (Slofaciaid) *m&f*; *(b) Ling:* Slofaceg *f*, *m*.

Slovakia *Pr.n. Geog:* Slofacia *f*.

sloven *n.* dyn(-ion) blêr/aflêr/anniben *m*, gwr|aig (gwragedd) aflêr *&c f*, slebog(-iaid) *f*, *Lit:* swgan(-od) *f*, blermon (blermyn) *m*, *N.W:* slobren *f*, slyfen *f*, strebog(-iaid) *f*, slyfreg *f*, poitsiwr (poitswyr) *m*.

Slovene *a. & n.* **1.** *a.* Slofenaidd; *(in language):* Slofeneg. **2.** *n. (a) Ethn:* Slofeniad (Slofeniaid) *m&f*; *(b) Ling:* Slofeneg *f*, *m*.

Slovenia *Pr.n. Geog:* Slofenia *f*.

Slovenian *a. & n.* = **Slovene.**

slovenliness *n.* diofalwch *m*, aflerwch *m*, blerwch *m*, annibendod *m*; *(= dirt):* budreddi *m*.

slovenly *a. & adv.* **1.** *a. (a) (= untidy):* aflêr, blêr, anniben, di-raen, slebogaidd, *Lit: occ:* swga, swglyd; *(b) (= negligent):* esgeulus, diofal, di-hid, di-drefn; **a ~ wash,** llyfiad (*m*) cath, *N.W:* slyfiad *m*, s[g]lemp *f*, s[g]lempan *f*. **2.** *adv.* yn aflêr *&c*.

slow[1] *a. & adv.* I. *a.* **1.** *(a)* araf, araf deg, *occ:* arafaidd; **at a ~ trot,** ar duth araf; **~ speed,** arafwch *m*; *Cin: &c:* **~ motion,** symud (*vn*) araf, symudiad araf *m*; *Th:* **~ curtain,** llen(-ni) araf *f*; **to be ~ over [doing] sth,** bod yn araf deg yn gwneud rhth, bod yn araf deg wrthi; **~ work,** gwaith araf, *N.W: occ:* gwaith dicra, *S.W: occ:* gwaith deir, *S.E: occ:* gwaith dyfal; **a great ~ fellow,** *N.W:* hen glul mawr *m*; **~ and sure!** gan bwyll! **~ but sure,** yn ara' deg a fesul tipyn, gan bwyll; *Cu:* **(to cook) in a ~ oven,** (coginio) ar ychydig o wres, ar wres bychan/isel; **~ and steady wins the race,** yn ara' deg mae mynd ymh|ell; yn ara' deg mae dal iâr; mwya'r brys/hast, mwya'r rhwystr; nid ar redeg mae aredig; **as ~ as a snail,** mor araf â malwen, *N.W:* fel cynhebrwng malwen mewn côl-tar; **~ fire,** tân marwaidd; **there's a ~ puncture,** mae'r teiar yn gollwng yn araf; *(b) (= tardy):* **to be ~ (to do sth),** bod ar ôl, bod yn araf, bod yn hwyrfrydig (i wneud rhth); oedi [cyn] (gwneud rhth); *Lit:* hiroedi, bod yn hir-oedi og; **he was not ~ to realize,** buan y sylweddolodd; ni fu fawr o dro cyn sylweddoli; ni fu'n araf yn sylweddoli; **he wasn't ~ to defend hmself,** bu'n esgud i'w amddiffyn ei hun; *(= reluctant):* **~ to anger,** hwyrfrydig i lid/ddigio, *Lit:* hir-ymarh|ous; *(c) (= dimwitted):* araf eich meddwl, ar ei hôl hi, *N.W: occ:* tewdrwm; *(d) (play &c):* araf, disymud, di-fynd; **a ~ little village,** pentref bach cysglyd/digyffro/digynnwrf, *S.W:* pentref bach hyfol; **business is ~,** mae masnach yn araf/farwaidd/llusgo/ddifywyd; *(e) Games: (field):* araf. **2.** *(a) (clock):* ar ôl, ar ei hôl hi (*not* araf *or* hwyr). II. *adv. (a) (in certain set phrases):* yn araf; *P.N:* **~!** arafwch! **to go slower,** arafu, mynd yn arafach; **to go ~,** *(i) (normal usage):* mynd yn araf; *(ii) Ind: F:* gweithio'n araf; **to go ~ with one's provisions,** bod yn gynnil gyda'ch bwyd, *N:* codi'r rhesel; *F:* **he was ~ off the mark,** bu'n araf yn cychwyn; bu'n araf yn gweld ei gyfle; *F:* **he's ~ on the uptake,** mae'n yn araf yn ei deall hi; mae'n araf ei ddeall; *Nau:* **~ ahead!** ymlaen gan bwyll! *(b)* **the clock goes ~,** mae'r cloc yn colli; mae'r cloc yn mynd ar ei hôl hi. **~-acting** *a.* araf, sy'n gweithredu'n araf. **~ burn** *n.* llid araf *m*. **~-burning** *a.* sy'n llosgi'n araf, sy'n mudlosgi. **~-down** *n.* arafu *vn*, arafiad(-au) *m*. **~-footed** *a.* araf eich troed/troediad. **~-footedness** *n.* arafwch *m*. **~ march** *n. (pace):* cam araf *mf*, camre araf *m*; *(procession):* gorymdaith (gorymdeithiau) angladdol *f*; *Mus:* ymdeithgan(-au) angladdol *f*. **~-match** *n.* matsien (*f*) fudlosgi (matsys mudlosgi). **~-motion** *attrib.* arafsymudol; **~ motion film,** ffilm araf; **(film shown) in ~ motion,** (ffilm a ddangosir) yn araf, mewn symudiad araf. **~ neutron** *n. Ph:* niwtron(-au) araf *m*. **~ reactor** *n. Ph:* adweithydd(-ion) araf *m*. **~ time** *n. Mus:* amseru araf *vn*, amseriad(-au) araf *m*. **~-witted** *a.* araf [eich meddwl]. **~-worm** *n. Rept:* neidr (*f*) ddefaid (nadroedd defaid), slorwm (slorymod) *m*, *Lit: occ:* dallneidr (dallnadroedd) *f*, maplath(-od, maplethi) *m*, *S.E: occ:* modrybwilan (modrybwilod) *f*.

slow[2] *v.i. & t.* **1.** *v.i. (a)* **to ~ down/up,** arafu, *N: F:* slofi; *(b)* **to ~ up [to a stop],** arafu a stopio. **2.** *v.t.* **to ~ sth down/up,** arafu/oedi rhth, *N: F:* slofi rhth.

slowcoach *n.* rhn (rhai) araf, malwen: malwoden (malwod) *f*.

slowing-down *vn.* arafu.

slowish *a.* arafaidd, araf deg, go araf, braidd yn araf, araf braidd.

slowly *adv. (= unhurriedly):* yn araf, yn hamddenol, wrth eich pwysau, gan bwyll [bach]; *(= gradually)* yn araf, o dipyn i beth, yn raddol; **~ but surely,** gan bwyll [bach], yn araf deg a fesul tipyn, yn araf ond yn sicr; **drive ~!** gyrrwch gan bwyll!

slowness *n.* arafwch *m*; **~ to answer,** arafwch cyn ateb.

slowpoke *n. U.S:* = **slowcoach.**

sloyd *n.* sloid *m*.

slub[1] *n. & attrib. Tex:* **1.** *n.* gwlân llaesdro *m*. **2.** *attrib.* llaesdro.

slub[2] *v.t. Tex:* **to ~ yarn,** llaesdr|oi edafedd.

sludge *n.* **1.** *(a) (= mud):* slwtsh *m*, llaid *m*, mwd *m*, *S:* llaca *m*, llacs *pl*, *N.W: occ:* sglwtsh *m*, llwtrach *m*, *S.W:* stegetsh *mf*; *(b) (= melting snow):* slwtsh [eira], eira (*m*) slwtsh, *N.W:* eira llwtrach; *(c)* **sewage ~,** slwtsh, carthion *pl*. **2.** *Ind: &c:* slwtsh.

sludginess *n.* lleidiogrwydd *m*, cyflwr slwtshlyd *m*.

sludging *n. Geog:* priddlif(-au) *m*.

sludgy *a.* lleidiog, mwdlyd, slwtshlyd.

slue *v.t. & i.* = **slew**[1].

slug[1] *n. Moll:* gwlithen (gwlithod) *f*, malwen ddu (malwod duon) *f*, malwen wlith (malwod gwlith), *S:* malwoden ddu (malwod duon) *f*, malwoden dawdd (malwod tawdd), gwlith-falwen (~-falwod) *f*, *N.W: occ:* malwen noethlymun; **small white slugs,** *N.W:* rhithod, llithod; *in ordinary parlance not distinguished from* **snail,** malwen (malwod) *f*, malwoden (malwod) *f*; **ash-black ~,** *(Limax cinereoniger):* gwlithen ddulwyd (gwlithod dulwyd); **black ~,** *(Arion ater):* gwlithen ddu (gwlithod duon); **field ~,** *(Agriolimax agrestis):* malwen y bresych; **garden ~,** *(Arion hortensis):* gwlithen yr ardd; **great ~,** *(L. maximus):* gwlithen fawr (gwlithod mawrion); **keeled ~,** *(Milax):* gwlithen drumiog (gwlithod trumiog); **Kerry ~,** = **spotted slug; marsh ~,** *(Agriolimax laevis):* gwlithen y gors; **rose ~,** = **slugworm; shelled ~,** *(Testacella):* gwlithen gragennog (gwlithod cragennog); **spotted ~,** *(Geomaculus maculosus):* gwlithen fannog (gwlithod mannog).

slug[2] *n.* **1.** *Sm.a:* slycsen (slycs) *f*, pelen(-ni) *f*. **2.** *Typ:* slycsen, bollten (bolltiau) *f*. **3.** *F:* **a ~ of whisky,** joch(-iau) (*mf*)/sloch(-iau) (*mf*) o wisgi. **4.** *Mth:* slyg(-iau) *m*.

slug[3] *n.* = **slog**[1].

slug[4] *v.t. (a)* = **slog**[2]; **to ~ it out,** ymdaro, dyrnu, paffio; *(b) (in baseball):* taro'n gryf.

slugabed *n. F:* stelciwr (stelcwyr) *m*, diogyn(-nod) *m*.

slugfest *n. U.S: F:* ymladdfa (ymladdf|eydd) *f*, dyrnu *vn*.

sluggard *n.* diogyn(-nod) *m*, diogen(-nod) *f*, *S:* pwdryn (pwdrod) *m*, pwdren (pwdrod) *f*.

sluggardliness *n.* diogi *m*, syrthni *m*.

sluggardly *a.* diog, swrth, *S:* pwdwr.

sluggardness *n.* diogi *m*, syrthni *m*.

slugger *n. U.S:* colbiwr (colbwyr) *m*, dyrnwr (dyrnwyr) *m*, slanwr (slanwyr) *m*, waldiwr (waldwyr) *m*.

sluggish *a.* **1.** araf, arafaidd, hwyrdrwm (*f.* hwyrdrom, *pl.* hwyrdrymion), diog, diegni, dioglyd, digychwyn, diafael, di-fynd, swrth, llesg, *S:* pwdwr, *Lit:* arafdrwm. **2. ~ compass,** cwmpawd araf/hwyrdrwm *m*; **~ digestion,** treuliad araf *m*; **a ~ economy,** economi farwaidd *f*; **a ~ engine,** injan araf/ddigychwyn *f*; **a ~ liver,** iau/afu dioglyd/swrth *m*; **a ~ river,** afon araf/arafaidd/hwyrdrom *f*; **a ~ ship,** llong hwyrdrom *f*.

sluggishly *adv.* yn araf, yn ddiog *&c*; **to move ~,** malwenna, symud fel malwen.

sluggishness *n.* **1.** *(of pers.):* arafwch *m*, diogi *m*, syrthni *m*, diffyg (*m*) egni/mynd, hwyrdrymder *m*. **2.** *(of river &c):* arafwch *m*, marw|eidd-dra *m*; *(of ship):* hwyrdrymder *m*.

slughi *n.* ci (cŵn) (*m*) slygi.

slugworm *n. Ent:* malwen/malwoden (malwod) (*f*) y rhosod.

sluice[1] *n.* **1.** *Hyd.E:* **~[-gate],** llifddor(-au) *f*, fflodiard(-au) *m*. **2.** *(= wash):* distreuliad(-au) *m*, ystreuliad(-au) *m*; *F:* **to give sth a ~-down,** taflu dŵr dros rth, ystreulio rhth, *S:* swilio rhth. **3.** *(in hospitals &c):* golchfa (golchf|eydd) *f*. **~-gate, ~-valve** *n.* fflodiard, *S.W:* clo(-eon) *m*.

sluice[2] *v.t.&i.* I. *v.t.* *(a) Const:* **to ~ a canal,** gosod llifddorau ar gamlas; *(b)* **to ~ the water out of a reservoir,** gwagio/dihysbyddu/distreulio dŵr o gronfa; *(c) (= wash over):* ystreulio, golchi, *Lit:* distreulio, *S:* swilio; **to ~ oneself down with cold water,** cael trochfa dda â dŵr oer. II. *v.i.* *(of water &c):* **to ~ (out),** arllwys, tywallt, golchi, llifo, ffrydio (allan/mas).

sluiceway *n.* sianel (*f*) olchi (sianeli golchi), gofer(-ydd) *m*.

sluit *n. Geog:* dyfnant (dyfnentydd) *f*.

slum[1] *n.* hofel(-ydd, -au, hoflau) *f*, slym(-iau) *f*; *F:* **what a ~!** am dwll o le! **~ clearance** *n.* chwalu (*vn*) hoflau/slymiau.

slum[2] *v.i.* *(a) (= visit slum):* ymweld â slymiau, slymio; *(b) F:* **to ~ it,** crafu byw, byw'n fain, byw'n fochaidd; **we'll have to ~ it for tonight,** rhaid inni ddioddef tipyn am heno.

slumber[1] *n.* cwsg *m*, trymgwsg *m*, hun *f*; **to fall into a ~,** mynd i gysgu. **~ party** *n. U.S:* parti (partïon) (*m*) nos. **~-wear** *n.* dillad (*pl*) cysgu.

slumber[2] *v.i. & t.* **1.** *v.i.* cysgu['n dawel], huno, *S:* slwmbran. **2.** *v.t.* *F:* **to ~ away the golden hours,** cysgu'r oriau euraidd.

slumberer *n.* cysgwr (cysgwyr) *m*, cysgadur(-iaid) *m*, cysgadures(-au) *f*.

slumberous *a.* cysglyd, pendrwm (*f.* pendrom, *pl.* pendrymion).

slumgullion *n. U.S:* **1.** *Cu:* lobsgóws *m*. **2.** = **offal. 3.** *Min:* llaid coch *m*, slwtsh *m*.

slummer *n.* slymiwr (slymwyr) *m*, sl|ymwraig (slymwragedd) *f*.

slummy *a.* hofelaidd, slymlyd, tlodaidd.

slump[1] *n.* **1.** *Com:* cwymp(-iadau) *m*, gwasgfa (gwasgf|eydd) *f*, gostyngiad(-au) *m*; **the ~ (in the book trade),** y cwymp, y wasgfa, y dirywiad (*m*), yr argyfwng (*m*) (yn y fasnach lyfrau); **~ in the pound,** cwymp y bunt; *Econ: Fin:* **the ~,** y dirwasgiad *m*. **2.** *Geog: (of land):* cylchlithriad(-au) *m*.

slump[2] *v.i.* **1.** *(into chair):* syrthio'n swp, disgyn yn swp (i gadair); **to sit slumped,** cwmanu. **2.** *Com: (of prices &c):* cwympo, disgyn, syrthio.

slumped *a.* **1.** cwmanog, yn un swp, yn eich cwman. **2.** *Geog:* **~ cliff,** clogwyn(-i) cylchlithredig *m*.

slumping *vn. Geog:* cylchlithro.

slung *p.p. See* **sling**[2]; **low-~,** isel, yn hongian yn isel. **~ shot** *n. U.S:* pelen grog (peli crog) *f*.

slunk *v. See* **slink.**

slur[1] *n.* **1.** *(a) (= insult):* sarhad *m*, sen *f* **(on sth,** ar rth), *N.W:* weipen (weips) *f*; **to put/cast a ~ on s.o.,** sarh|au rhn, bwrw sen ar rn, sennu/gwaradwyddo rhn, *N.W: F:* taflu weips at rn; *(b) (= disrepute):* anfri *m*, gwaradwydd *m*, gwarth *m*; **to cast a ~ on s.o.'s reputation,** difrïo/llychwino enw da rhn, bwrw/dwyn anfri ar enw da rhn. **2.** *Typ:* brycheuyn (brychau) *m*, brychni *m*. **3.** *Mus:* *(a) (mark):* llithren(-nau) *f*, llithr[i]ad(-au) *m*; *(b) (passage):* darn(-au) cyflusg *m*. **4.** *(of speech):* blewyn (*m*) ar dafod, aneglurder *m*, *F:* tafod tew *m*.

slur[2] *v.t.&i.* **1.** *v.t.* *(a)* **to ~ one's words,** siarad yn dew/aneglur/fyngus, hecian dros eich geiriau, rhedeg eich geiriau i'w gilydd, myngial; **to ~ [over] a fact,** llithro dros ffaith; *(b)* **to ~ two notes,** cyflusgo dau nodyn; **to ~ a piece of music,** llithrennu darn o gerddoriaeth; *(when singing):* llusgo canu; *(c) Typ:* **to ~ a page,** brychu tudalen. **2.** *v.i.* *(of outline &c):* pylu, mynd yn bŵl/aneglur.

slurp *v.t. & i.* **to ~ (one's tea),** *N.W:* slochian, llempian, llempio, lleibio('ch te); *S.W:* dryllian eich te; *S.W: occ:* galw'ch te.

slurred *a.* *(a) (speech):* aneglur, bloesg, myngus; *(b) Mus:* *(notes):* cyflusg; *(piece):* llithrennog.

slurring *vn.* = **slur**[2].

slurry *n.* **1.** *Agr:* biswail *m*, *N.W: occ:* cribol: gribol *m*. **2.** *Min: &c:* slwtsh *m*, llaid *m*.

slush *n.* **1.** *(a) (of snow):* eira tawdd *m*, eira gwlyb *m*, slwtsh *m*; *(b) (= sludge):* slwtsh. **2.** *F:* sentimentaliaeth *f*. **~ enamel** *n.* enamel (*m*) llaid. **~ fund** *n.* cronfa (*f*) gil-dwrn.

slushiness *n.* *(a)* lleidiogrwydd *m*, gwlypter *m*, gwlybwch *m*, cyflwr slwtshlyd *m*; *(b) F:* = **slush 2.**

slushy *a.* *(a)* slwtshlyd, gwlyb (*f.* gwleb, *pl.* gwlybion); *(b)* **~ sentimentality,** sentimentaliaeth ddagreuol.

slut *n.* **1.** *(= sloven):* slebog(-iaid) *f*, slwten (slytiaid) *f*, slwt (slytiaid) *f*, strebog(-iaid) *f*, *N.W:* ladi(-s) (*f*) popty, sglafrog (-iaid) *f*, *S.W:* soga *f*, shebonen (shebonod) *f*, hafren(-nod) *f*, sibwchen (sibwchod) *f*, *Lit:* swgan(-od) *f*, budrogen (budrogod) *f*. **2.** = **prostitute.**

sluttish *a.* aflêr, slebogaidd, *S.W:* sibwchaidd; *See* **slovenly.**

sluttishly *a.* yn slebogaidd, fel slebog.

sluttishness *n.* budreddi *m*, slebogeiddiwch *m*.

sly *a. & n.* **1.** *(a) (= cunning):* cyfrwys, ystrywgar, ffèl, henffel, *S.W:* penffast; *(b) (= underhand):* slei, twyllodrus, llechwraidd, lladradaidd, ystumddrwg, *V:* dan din; *F:* **~ dog,** hen lwynog(-od) *m*, hen gadno(-id) *m*, llechgi (llechgwn) *m*, aderyn (adar) (*m*) y nos, aderyn brith, *N: occ:* hen gono(-s) *m*, ffl[e]iar(-s) *m*, *S.E:* sligyn *m*, *S.W:* sleibyn *m*, crewc *m*, crewcyn *m*, sleiben *f*, *occ:* sgolor(-ion) *m*, *M.W:* sleibwt(-s) *m*; **a ~ reference/allusion,** cyfeiriad cynnil/gogleisiol. **2.** *n. F:* **(to do sth) on the ~,** (gwneud rhth) yn slei bach, yn ddistaw bach, *F:* ar y slei.

slyboots *n. F:* = **sly dog.**

slyly *adv.* yn gyfrwys, yn slei bach, yn ddistaw bach, heb yn wybod i neb, yn lladradaidd; **he smiled ~,** cilwenodd; gwenodd yn gyfrwys, gwenodd yng nghil ei foch; **he left ~,** *F:* fe aeth fel iâr i ddodwy; fe sleifiodd allan.

slyness *n.* *(a) (= cunning):* cyfrwyster *m*, cyfrwystra *m*, ystrywgarwch *m*, ffelni *m*, ffelder *m*; *(b) (= deceit):* ffalster *m*, twyll *m*.

slype *n. Ecc: Arch:* tramwyfa (tramwyfâu, tramwyf|eydd) *f*.

smack[1] *n.* *(= taste):* blas(-au) bach *m*, *Fig:* awgrym *m*, *Lit:* adflas *m*, *N.W: occ:* blesyn *m*, smach[t] *m*, twtsh *m*; **just a ~ of salt,** dim ond y mymryn lleiaf o halen; **he has a ~ of the old Adam in him,** mae rhyw ddiawlineb ynddo.

smack[2] *v.i.* *(= taste):* **to ~ of sth,** sawru o rth, bod â blas rhth; **the cheese smacks of soap,** mae blas sebon ar y caws; *N.W: occ:* mae smach[t] sebon ar y caws; **it smacks of the soil,** mae blas y pridd arno.

smack[3] *n.* **1.** *(of whip, lips):* clec(-iadau) *f*, clecian *vn*; **he gave the whip a sharp ~,** cleciodd y chwip yn sydyn. **2.** *(a) (=* **slap**[1] **1**): clec *f*, bonclust(-iau) *m*, cernod(-iau) *f*, pelten (peltiau) *f*, clusten *f*, clipen(-nau) *f*, clewten (clewtiau) *f*, smacen *f*, *S:* clipsen (clips) *f*; *F:* **a ~ in the face/eye (for the Prime Minister),** clec galed (*f*), ergyd drom (*f*), *N:* weipen galed (*f*) (i'r Prif Weinidog); *F:* **to have a ~ at sth,** rhoi cynnig ar rth, mentro [gwn|eud] rhth. **3.** *F:* *(= kiss):* cusan(-au) *f*, *F:* sws (*f*) glec (swsys clec); **he gave her a ~ on the cheek,** rhoes glamp o gusan iddi ar ei boch. **4.** *adv.* **~ went the whip,** cleciodd y chwip; **he fell ~ on the floor,** syrthiodd/cwympodd yn swp/glewt ar y llawr; **to bump ~ into a tree,** mynd yn glec i goeden, *M.W:* mynd yn bwcs/bwtsh i goeden; **~ in the middle,** yn y canol union, yn union yn y canol, *F:* reit yn y canol; **he went ~ into the wall,** aeth ar ei ben i'r wal; **we ran ~ into one another,** aethom i'n gilydd; **I hit him ~ on the nose,** mi rois glec iddo ar ganol ei drwyn. **~-dab** *adv. U.S:* yn union, i'r dim.

smack[4] *v.t. & i.* **1.** *v.t.* *(a)* **to ~ a whip,** clecian chwip; **to ~ one's lips,** clecian eich gwefusau; *(b) (= strike):* taro (rhn), rhoi palfod *&c* (i rn); *S.a.* **hit**[2] **1, slap**[2]. *v.i.* *(of whip):* clecian; *(of boat &c):* **to ~ along,** chwipio mynd.

smack[5] *n. Nau:* **fishing ~,** cwch (cychod) (*m*) pysgota, bad(-au) (*m*) pysgota.

smack[6] *n. P: (= heroin):* heroin *m*, smac *m*.

smacker *n. F:* **1.** *(= kiss):* sws (*f*) glec (swsys clec), cusan glec (cusanau clec) *f*. **2.** *(= money):* punt (punnau, punnoedd) *f*, doler(-i) *f*.

smacking[1] *a.* **a ~ breeze,** awel gref *f*; **a ~ kiss,** cusan (*f*) glec (cusanau clec), sws (*f*) glec (swsys clec).

smacking[2] *vn.* = **smack**[4]; **to give (a child) a good ~,** rhoi chwip din (*f*), rhoi curfa (*f*), rhoi crasfa (*f*) (i blentyn).

small *a, n. & adv.* I. *a.* **1.** bach: bychan (*f.* bechan, *pl.* bychain); mân *(usu. only with pl. nouns; can follow, or precede + soft* *mut.)*; **as ~,** cyn lleied; **smaller,** llai; **smallest,** lleiaf; **the smaller the better,** gorau po leiaf; **the smallest room,** y tŷ bach *m*; *See* **lavatory 2; ~ stones,** cerrig mân, mân gerrig, caregos, cerigos; **on a ~ scale,** ar raddfa fechan; **of ~ stature,** o faint bychan; byr (*f.* ber, *pl.* byrion); **~ boy,** crwtyn bach *m*, bachgennyn (bechgynnos) *m*; **~ girl,** merch fach, geneth fach, genethig *f*; **~ children,** plantos, plant mân, plant bychain, plant bach; **~ differences,** mân wahaniaethau, gwahaniaethau bychain; **it's a ~ world,** lle bychan/bach yw'r byd; on'd ydi'r byd yn lle bach! **to make oneself ~,** crebachu; **it should be spelt with a ~ c,** dylid ei sillafu ag ec fach; **a ~ coffee,** coffi bach *m*, cwpaned/dysglaid fach (*f*) o goffi; *Sm.a:* **~ shot,** haelsen (haels) *f*, pelen fach (pelenni bach); **~ print,** print mân *m*; **he's a ~ eater,** nid yw'n bwyta rhyw lawer; nid yw'n fawr o fwytäwr; bwytäwr bach ydyw; *Nau:* **~ craft,** cychod bach/bychain *pl*; *Ven:* **~ game,** mân helfilod; *Journ:* **~ ads,** mân hysbysebion; *Typ:* **~ letters,** llythrennau mân/bychain; **~ gross,** deg dwsin *m*; **~ fry,** *(i) Fish:* pysgod mân *pl*, silod mân *pl*, pilcod *pl*, *N.W: occ:* sili-dons *pl*; *(ii) (people):* poblach *f or pl*, pobl lai pwysig *f or pl*, pobl ddibwys, dynion dibwys, *N.W:* sbarblis *pl*; *(iii) (children):* plantos *pl*, crwts *pl*, crots *pl*, silod mân; **~ shopkeeper,** siopwr bychan; *S.a.* **arm[2] 1, end[1] 1, hour 2; the wee ~ hours,** oriau mân y bore; *Anat:* **~ intestine,** coluddyn (coluddion) bach; *Ent:* **~ blue,** glöyn glas (gloynnod gleision) *m*, glas (gleision) bach *m*, glesyn (gleision) bach *m*, iâr fach las (ieir bach gleision) *f*; **~ copper,** iâr fach goprliw (ieir bach coprliw) *f*, copr bach *m*, glöyn coprog bach; **~ elephant hawkmoth,** gwalchwyfyn(-od) bach (*m*) y briwydd; **~ heath,** iâr fach (ieir bach) (*f*) y ffridd; **~ pearl-bordered fritillary,** britheg berlog fach *f*; **~ skipper,** gwibiwr bach *m*; **~ tortoiseshell,** glöyn trilliw'r danadl, glöyn trilliw bach, crwbanog(-ion) *m*; **~ white,** iâr fach wen (ieir bach gwynion), glöyn bach gwyn (gloynnod bach gwynion); *(b)* **~ in number,** ychydig o ran nifer, heb fod yn niferus. **2.** *(a)* **~ wine,** gwin ysgafn; *F:* **~ potatoes,** manion, pethau dibwys *pl*; **~ beer,** diod fain (diodydd main) *f*; **he thinks no ~ beer of himself,** mae ganddo feddwl mawr ohono 'i hun; *S.W:* mae'n meddwl taw fe yw top y tebot; *V:* mae'n meddwl bod yr haul yn codi yn ei ben ôl; *Fig: (= trifles): N.W:* sbarblis *pl*, bribli[n]s *pl*; *F:* **that's just ~ beer,** nid yw hynny'n fawr o beth; *V:* piso dryw yn y môr coch ydi hynny; *(b)* **a ~ voice,** llais bach gwan/eiddil/gwanllyd/main; *B:* **a still ~ voice,** llef ddistaw fain *f*. **3.** *(= limited):* **~ resources,** adnoddau cyfyng/bychain; **a ~ revenue,** enillion prin/bychain; **a ~ harvest,** cynhaeaf main/gwael; **to make a ~ profit,** gwneud elw bychan, gwneud ychydig o elw; **there's not the smallest difference,** nid oes mo'r gwahaniaeth lleiaf; **(he failed) and ~ blame to him,** (methodd) ac ychydig o fai sydd arno, ac nid arno fe mae'r bai, ac nid oes fawr o fai arno; **it is ~ wonder that...,** nid oes fawr ryfedd fod...; **she failed, and ~ wonder!** fe fethodd, a pha ryfedd! **to pay but ~ attention to sth,** rhoi ond ychydig o sylw i rth, rhoi sylw bychan i rth. **4. it's of ~ account,** mae'n ddibris/ddibwys; nid yw o fawr o bwys; **he pays ~ attention to detail,** ychydig o sylw a gymer o fanylion; **she created no ~ excitement,** fe greodd hi gynnwrf nid bychan; **he has but ~ Latin,** ychydig o Ladin sydd ganddo; nid oes ganddo fawr o Ladin; **~ change,** arian mân, newid mân, *N:* pres mân, *N.W: occ:* mân bresiach; **~ farmer,** ffermwr bychan, tyddynnwr (tyddynwyr) *m*; **~ shopkeeper,** siopwr bychan; **~ debt court,** llys(-oedd) (*m*) y mân ddyledion; **to help in a ~ way,** helpu rhyw ychydig/fymryn; **a ~ thing but mine own,** peth bychan ond f'eiddof fy hun; **his company grew from ~ beginnings,** cychwynnodd ei gwmni yn fychan; **all creatures great and ~,** creaduriaid mawr a mân; **~ talk,** mân siarad. **5.** *(= petty):* bychan, pitw; **it's ~ of him to say so,** peth pitw ar ei ran yw dweud y fath beth; **a ~ mind,** meddwl bychan/pitw; **to make s.o. look ~,** bychanu rhn. II. *n.* **1.** *Sm.a:* **~ of the butt,** meinedd (*m*) y carn. **2. ~ of the back,** meingefn *m* (*pronounced* ng-g), *occ:* main (*m*) y cefn. **3.** *pl. Laund:* dillad isaf. III. *adv.* **1. to cut sth up ~,** torri rhth yn fân, torri rhth yn ddarnau mân. **2.** *See* **sing 1. ~ ad** *n.* mân hysbyseb(-ion) *f*. **~-bore** *a. Sm.a:* **~-bore shotgun,** dryll(-iau) (*m*) calibr bychan. **~-clothes** *n.pl. Cost:* clos (*m*) pen glin, llodrau. **~ coal** *n.* glo mân *m*, manlo *m*. **~ capital** *n. Typ:* priflythyren fechan (priflythrennau bychain) *f*. **~ circle** *n.* mân-gylch(-oedd) *m*, cylch bychan (cylchoedd bychain) *m*. **~ end** *n. Aut:* pen bychan (pennau bychain) *m*. **~-flowered** *a.* mân-flodeuog. **~ hail** *n. Meteor:* cenllysg/cesair bychain *pl*. **~-leaved** *a.* mân-ddeiliog. **~-minded** *a.* bychanfrydig, â meddwl bychan; *S.a.* **small 5. ~-mindedness** *n.* bychander (*m*) meddwl, bychandra (*m*) meddwl. **~ paper copy** *n.* copi (copïau) (*m*) papur bychan. **~ pica** *n. Typ:* pica bychan *m*. **~ print** *n. Typ:* print mân *m*. **~-scale** *a.* ar raddfa fechan. **~-stuff** *n. Nau:* llinyn tenau *m*. **~-sword** *n.* cleddyf bychan (cleddyfau bychain) *m*. **~-time** *attrib.* dinod, dibwys, diddim, pitw, tila, ceiniog a dimai. **~-timer** *n. U.S: F:* rhn (rhai) dibwys/dinod *&c*. **~-toothed** *a.* â dannedd mân, mân-ddanheddog; **~-toothed comb** *n.* crib mân/fân (cribau mân) *mf*. **~-town** *attrib.* plwyfol, taleithiol; **~-town America,** America'r trefi bychain, America'r mân drefi.

smallage *n. Bot:* persli(*m*)'r gors, helogan wyllt *f*.

smallholder *n.* tyddynnwr (tyddynwyr) *m*.

smallholding *n.* tyddyn(-nau,-nod) *m*, *S.W: occ:* lle(-oedd) bach *m*.

smallish *a.* lled fychan (*f.* ~ fechan, *pl.* ~ fychain), bychan braidd, braidd yn fach/fychan, go fach/fychan, bychanig.

smallmouth bass *n. Ich: U.S:* draenog(-od,-iaid) mingul *m* (*pronounced* ng-g).

smallness *n.* bychander *m*, bychandra *m*.

smallpox *n. Med:* y frech wen *f*, *S.W: occ:* y frech folog *f*.

smallreed *n. Bot:* **narrow ~,** *(Calamagrostis stricta):* mawnwellt main; **purple ~,** *(C. canescens/lanceolata):* mawnwellt blewog; **Scottish ~,** *(C. scotica):* mawnwellt yr Alban; **wood ~,** *(C. epigejos):* mawnwellt [y coed].

smalt *n. (glass):* gwydr glas *m*; *(powder):* glaslwch *m*.

smaltine, smaltite *n. Ch:* smaltit *m*, smaltin *m*, cobalt llwydwyn *m*.

smalto *n. Cer:* gwydr(-au) lliw *m*.

smaragdite *n. Miner:* smaragdit *m*.

smarm *v.t. & i.* **1.** *v.t.* **to ~ one's hair down,** llyfnu'ch gwallt, plastro'ch gwallt ar eich corun. **2.** *v.i.* **to ~ over s.o.,** seboni rhn, gwenieithio i rn, *N.W:* ffalsio ar rn, gwerthu sebon/lledod i rn.

smarmily *adv. F:* yn sebonllyd *&c*.

smarmy *a. F:* sebonllyd, ffals, ffuantus, gwenieithus, gwên-deg; *(= smug):* hunangyfiawn (*pronounced* ng-g), *N.W: occ:* gwyneb-ples; *P:* **~ devil,** sebonwr (sebonwyr) *m*, ffalsiwr (ffalswyr) *m*.

smart[1] *n. (= sting):* llosg *m*, llosgfa (llosgf[eydd) *f*, enynfa(-oedd) *f*, llid *m*, dwysbigiad(-au) *m*, brath(-iadau) *m*.

smart[2] *v.i. (a) (of pain &c):* llosgi, pigo, dwysbigo, llidio; **my eyes are smarting,** mae fy llygaid yn llosgi; *S.W:* mae fy llygaid i'n byta; *(b)* **to ~ under an injustice,** dioddef/gwingo dan anghyfiawnder; **you shall ~ for this,** fe dalwch yn ddrud am hyn.

smart[3] *a.* **1.** *(blow, whiplash):* sydyn. **2.** *(= quick):* cyflym, chwim, buan; **at a ~ pace,** yn gyflym, yn chwim; **~ attack,** ymosodiad sydyn; *F:* **that's ~ work!** dyna gyflym! **"~ lad wanted",** "yn eisiau, bachgen dechau"; **look ~ [about it]!** brysia (brysiwch)! *S:* siapa (siapwch) hi! *N:* styria (styriwch)! tân arni! **3.** *(= shrewd):* peniog, effro, craff, call, *F:* clyfar, *N:* ffêl, henffel; **to do the ~ thing,** gwneud y peth call; **~ alec[k]/alick** *(a) n.* llanc(-iau) clyfar *m*, clyfryn(-nod) *m*, hollwybodusyn (hollwybodusion) *m*; *(b) attrib.* clyfar-clyfar, hollwybodus; **a ~ answer,** ateb parod/ffraeth; **a ~ comment,** sylw clyfar-clyfar; **~ money,** *(a) Jur: (= compensation):* iawndal(-iadau) *m*; *(b) Fin:* arian clyfar *m*; **~ practice,** twyll *m*, misdimanars *pl*, rogio *vn*; *F:* **he's a ~ one,** mae'n hen lwynog/gadno; mae'n un ffêl/henffel; mae'n dipyn o bryf; mae'n hen ben; *N.W: occ:* mae o'n gamblar/bryfyn/ffliar; *S.W:* mae e'n gliper; **don't try to be ~,** paid â thrio bod yn glyfar. **4.** *(= neat):* taclus, twt, trwsiadus, cymen, *F:* smart, *N.W: F: occ:* smêc, pinco, *S.E: occ:* stanj; **to make oneself ~,** *See* **smarten; the ~ society/set,** y criw crand *m*; **she thinks it ~ to smoke,** mae hi'n meddwl bod smocio yn glyfar/smart/ffasiynol.

smarten *v.t. & i.* **1.** *v.t.* *(a)* **to ~ up a conversation,** bywiogi/bywiocáu sgwrs; **to ~ up a performance,** caboli perfformiad, rhoi sglein ar berfformiad; *(b)* twtio, tacluso; **to ~ oneself up,** ymdacluso, ymdwtio, ymbincio, eich gwn[eud eich hun yn daclus *&c*, *S.E: F:* jimo; **I must ~ up the house,** rhaid i mi dwtio'r/dacluso'r tŷ. **2.** *v.i.* **to ~ up,** *(a) (= bestir onesef):* bywiogi, deffro; *(b) (= tidy oneself):* ymdacluso, ymdwtio, ymbincio.

smartly *adv.* **1.** *(= promptly):* ar un waith, ar unwaith, *F:* chwap, chwipyn; **to answer a question ~,** ateb cwestiwn ar ei ben; **to break/strike sth ~,** torri/taro rhth yn glec; **to slam a door ~,** cau drws yn glep. **2.** *(= cleverly):* yn graff, yn glyfar; **a ~ executed plan,** cynllun a gyflawnwyd yn ddeheuig/ddechau. **3. to dress ~,** gwisgo'n daclus/drwsiadus/dwt/gain, *F:* gwisgo fel pin mewn papur, gwisgo heb flewyn o'i le.

smartness *n.* **1.** *(a) (of mind):* bywiogrwydd *m*; *(b) (of reply):* parodrwydd *m*. **2.** *(= cleverness):* clyfrwch *m*, craffter *m*. **3.** *(= elegance):* taclusrwydd *m*, ceinder *m*, twtrwydd *m*, *F:* smartrwydd *m*.

smartweed *n. Bot: (Polygonum):* tinboeth *f*.

smarty[-pants] *n.* = **smart alec[k]**.

smash[1] *n. & adv.* I. *n.* **1.** *(a) F: (sound):* clec(-iadau) *f*, trwst (trystau) *m*; **he fell with an awful ~,** cafodd andros o godwm/gwymp; fe gwympodd/syrthiodd â chlec ofnadwy; *(b) Ten:* pwyad(-au) *m*, ergyd galed (ergydion caled) *f*. **2.** *(a) (= shattering):* chwilfriwiad(-au) *m*, drylliad(-au) *m*; *(b) (= collision):* damwain (damweiniau) *f*, gwrthdrawiad(-au) *m*, *S: F:* smacen *f*, *N: F:* clec *f*, pancen *f*; **the cars were involved in a ~,** aeth y ceir yn erbyn ei gilydd; aeth y ceir i'w gilydd. **3.** *Fin:* methiant (methiannau) *m*, toriad(-au) *m*. II. *adv.* **1. to go ~,** *(of firm):* torri. **2. to run ~ into sth,** mynd yn glec i rth, *M.W:* mynd yn bwcs/bwtsh i rth. **~ hit** *n. (a)* llwyddiant (llwyddiannau) ysgubol *m*; *(b) (record, song):* record(-iau) ysgubol *f*, cân (caneuon) ysgubol *f*; **the song was a ~ hit,** aeth y gân i'r brig; bu'r gân yn llwyddiant ysgubol; gwerthodd y gân fel slecs.

smash[2] *v.t. & i.* I. *v.t.* **1.** *(a)* **to ~ sth against sth,** taro/bwrw/dyrnu rhth yn erbyn rhth; *(b) Ten:* pwyo; *S.a.* **crash[2] 2. 2.** *(a)* **(to ~ sth) to pieces, into smithereens,** (malu/torri rhth) yn chwilfriw, yn ysgyrion, yn yfflon [ulw], yn deilchion, yn gandryll, yn ddarnau [mân]; malurio rhth, malu rhth, chwilfriwio rhth, *N.W: occ:* malu rhth yn r[h]acs, saglardio rhth, *S.E:* brwa rhth, malu rhth yn glachdyr; *S.W:* (chwalu rhth) yn rhacs [jibidêrs], yn llaprau, yn giatach, yn jibets, yn sgythion; **to ~ the door open,** malu'r drws [i fynd i mewn]; **to ~ a car,** malu car [yn yfflon *&c*]; **to ~ a world record,** torri record byd; **to ~ s.o.'s illusions,** chwalu breuddwydion rhn; **to ~ one's way into a house,** torri i mewn i dŷ; **a ~-and-grab raid,** lladrad(-au) *(m)* dwyn a dianc; *(b)* **to ~ (an army),** dinistrio, distrywio, chwalu, difetha (byddin); **to ~ s.o., to ~ a plan,** dinistrio, distrywio, difetha rhn/cynllun; *(c)* **to ~ s.o. in the face,** taro/bwrw/dyrnu/colbio rhn yn ei wyneb; **~ the Fascists!** dyrnwch y Ffasgwyr! II. *v.i.* **1. to ~ against sth,** bwrw/taro rhth, mynd yn erbyn rhth, mynd ar eich pen i rth. **2.** *(= shatter):* torri, mynd yn yfflon/chwilfriw *&c*, chwalu'n dipiau mân. **3.** *(of business):* torri, methu, chwalu, mynd [ar ei ben] i'r wal, mynd ar chwâl, mynd â'i ben iddo, mynd rhwng y cŵn a'r brain, mynd i'r gwellt. **~ in** *v.t. (door):* malu; *F:* **to ~ s.o.'s face in,** dyrnu rhn yn ei wyneb, malu wyneb rhn. **~-up** *v.t.* = **smash[2]** 2. *(a)*. **~-up** *n.* **1.** *(= destruction):* dinistr *m*; *Aut: Rail: (= collision):* trawiad(-au) *m*, gwrthdrawiad(-au) *m*. **2.** *Com: &c:* methiant (methiannau) *m*.

smashed *a.* toredig, drylliedig, chwifriw, candryll, maluriedig, *F:* r[h]acs.

smasher[1] *n. (a) (blow):* dyrnod(-iau) *mf*, *N.W: F:* y farwol *f*; *See* **blow[5] 1**; *(b) F:* **to come a ~,** cael codwm, syrthio, cwympo; *(c) F: (girl): N:* slasien *f*, pis[h]yn (pishis) *f*, *S.W:* clatshen *f*, clegen *f*; *(man):* slasyn *m*, pis[h]yn *m*; *(d)* **it's a ~,** mae'n wych o beth! mae'n ddigon o ryfeddod! mae'n chwip o un da! **it's a ~ of a car!** *N:* mae'n glincer/chwip o gar; *S:* mae'n gliper o gar! *(e) See* **atom**.

smashing *a.* **1. a ~ defeat,** curfa dost *f*; **a ~ blow,** dyrnod sy'n llorio. **2.** *F: (= splendid):* gwych, bendigedig, campus, aruthrol, p|enigamp: penig|amp, tan gamp.

smashingly *adv. F:* yn wych *&c*.

smatch *n.* = **smack[1]**.

smatter *n.* crap *m* (ar rth); rhyw syniad *m*, gwybodaeth arwynebol *f* (o rth).

smatterer *n.* = **prattler**.

smattering *n.* = **smatter**.

smaze *n. Meteor:* mwrllwch *m*.

smear[1] *n.* **1.** staen(-iau) *m*, rhwbiad(-au) *m*, *S:* rhwtad(-au) *m*; **~ of paint,** rhwbiad o baent, *N.E:* c[o]luriad(-au) *m*; *Med:* **~ test,** prawf (profion) *(m)* rhwbiad; **cervical ~,** rhwbiad o'r groth. **2.** *(= defamatory remark):* = **slur[1] 1**; **~ campaign,** taflu *(vn)* baw, ymgyrch(-oedd) *(m)* difenwi, ymgyrch *(f)* ddifenwi (ymgyrchoedd difenwi); **~ word,** = **insinuation. ~-dab** *n. Ich:* lleden (lledod) iraidd *f*, lleden lefn (lledod llyfnion).

smear[2] *v.t.* **1.** *(a) (= dirty):* baeddu, difwyno, *Lit: occ:* llychwino; *(b)* **to ~ (sth on sth),** rhwbio, *S:* rhwto (rhth ar rth), rhwbio/rhwto (rhth â rhth), *N: F:* cluro (rhth â rhth). **2.** *(writing, paint):* baeddu, difwyno. **3. to ~ s.o.'s good name,** pardduo/baeddu enw da rhn.

smeariness *n.* aneglurder *m*.

smeary *a.* aneglur.

smectic *a. Ph:* smectig.

smegma *n. Med:* smegma *m*.

smegmatic *a. Med:* smegmatig.

smell[1] *n.* **1. [sense of] ~,** arogliad *m*, synnwyr *(m)* arogleuo, gallu *(m)* synhwyro arogleuon, *N:* gallu clywed oglau, *S:* gallu gwynto; **dogs have a keen sense of ~,** mae ffroen dda *(f)* gan gŵn; **it is perceptible to ~ and sight,** gellir ei synhwyro/arogleuo a'i weld. **2.** *(a) (= odour): Lit:* aroglau (arogleuon) *m*, sawr *m*, *N:* oglau (ogleuon) *m*, *S:* gwynt(-oedd) *m*; *the erroneous form* arogl(-au) *m will be found in the literary language only*; **without ~,** di-sawr, diaroglau, heb aroglau; **this room has the ~ of lavender,** mae aroglau lafant ar yr ystafell hon; **unpleasant ~,** oglau drwg, drewdod *m*, drewi *vn*, aroglau drwg, *Lit:* drycsawr *m*, *S:* gwynt drwg, fflair (ffleiriau) *f*, *S.W:* tawch *m*, *N.W: occ:* rhenc *f*, archfa *f*; **the house had a terrible ~ of fish,** 'roedd y tŷ'n drewi o bysgod; *(b) Fig: (= aura):* rhin *f*, naws *f*; **the sweet ~ of success,** peraroglau llwyddiant. **3. to take a ~ at sth,** = **smell[2]**.

smell[2] *v.t. & i.* **1.** *v.t. & ind.t.* clywed oglau/gwynt (rhth); synhwyro, ffroeni, *N:* ogleuo, *S:* gwynto, sawro, *Lit:* arogleuo (rhth); **to ~ salts,** arogleuo/synhwyro halenau; **the dog smelt [at] my shoes,** daeth y ci a synhwyro/ffroeni f'esgidiau; **I can ~ smoke,** gallaf glywed [ar]oglau mwg; **I can ~ danger,** gallaf synhwyro perygl; **to ~ a rat,** amau/drwgdybio rhth, gweld rhyw ddrwg yn y caws. **2.** *v.i. (a) (of flower &c): N:* ogleuo, *S:* gwynto, *Lit:* arogleuo, arogli; **it smells nice,** mae oglau/gwynt/aroglau da arno; mae'n bêr; *Lit:* mae'n perarogli/persawru; **it smells nasty,** mae'n drewi; **a room that smells damp,** ystafell ac arni aroglau tamp/tamprwydd; **flowers that do not ~,** blodau di-sawr, blodau heb oglau *&c*; *F:* **it smells of the lamp,** mae oglau/gwynt y gannwyll arno; *(b) (= stink):* drewi, *S:* gwynto'n gas; **(to ~) to high heaven,** (drewi)'n ffiaidd, fel ffwlbart, fel y gingroen *(pronounced* ng-g), fel yr abo. **~ out** *v.t. (a)* **to ~ one's prey,** ffroeni'ch/trwyno'ch ysglyfaeth; *(b) (= discover):* darganfod (rhth), cael hyd (i rth), dod ar draws (rhth), *occ:* cael gwynt (o rth).

smellable *a.* ogleuadwy, synwyradwy, gwyntadwy.

smeller *n. F:* trwyn(-au) *m*.

smelliness *n.* drewdod *m*, oglau drwg *m*, gwynt drwg *m*, *Lit:* drycsawr *m*.

smelling[1] *vn.* **~-bottle** *n.* potel *(f)* synhwyro. **~-salts** *n.* halenau synhwyro.

-smelling[2] *a.* **evil-~,** drewllyd; **sweet-~,** pêr, peraroglus, persawrus.

smelly *a. F:* drewllyd, *Lit: occ:* drycsawrus.

smelt[1] *v.t. Metall:* toddi, mwyndoddi, *F:* smeltio.

smelt[2] *n. Ich:* brwyniad (brwyniaid) *m*, gwyniad (gwyniaid) *(m)* Ebrill, brwyniad Conwy; **sand-~,** *(Atherina presbyter):* ystlys arian *f*; **Boyer's sand-~,** *(A. mochon):* ystlys arian Abertawe, ystlys arian Boyer.

smelt[3] *p.p. See* **smell[2]**.

smelter *n.* mwyndoddwr: mwyndoddydd (mwyndoddwyr) *m*, smeltiwr (smeltwyr) *m*.

smeltery *n.* mwyndoddfa (mwyndoddf|eydd) *f*, gwaith (gweithf|eydd) *(m)* smeltio.

smelting *vn.* **~-works** *n.* = **smeltery**.

smew *n. Orn: (Mergus albellus):* lleian wen (lleianod gwynion) *f*, hwy|ad-wydd lwydwen (hwyad-wyddau llwydwyn) *f*, trochydd(-ion) penwyn *m*.

smidgen, smidgin *n.* mymryn *m*, tipyn bach *m*, tamaid bach *m*; **a ~ of whisky,** tropyn *(m)* o wisgi.

smilacaceous *a. Bot:* smilacsaidd.

smilax *n. Bot: (a) (Smilax):* smilacs *m*; *(b) (Asparagus asparagoides):* merllys dringol *m*.

smile[1] *n.* gwên (gwenau) *f*; **faint ~,** cilwen(-au) *f*, glaswen(-au) *f*, gwên wan/wanllyd (gwenau gwan/gwanllyd); **fixed ~,** gwên fenthyg, *F:* gwên ci marw; **false ~,** gwên deg (gwenau teg), glaswen; **scornful ~,** gwên watwarus/wawdlyd, crechwen(-au) *f, S.E:* gwenrith(-iau) *f;* **to put/raise a ~ on s.o.'s face,** codi gwên ar wyneb rhn; **to wipe/take the ~ off s.o.'s face,** tynnu'r wên oddi ar wyneb rhn; **with a ~ on his lips,** gan wenu, dan wenu, *S.E: occ:* ar ei wên; **to be all smiles, to be wreathed in smiles,** bod yn wên i gyd, bod yn wên o glust i glust, gwenu fel giât/cath; **(a face) wreathed in smiles,** (wyneb) yn wên drosto, yn wên o glust i glust.

smile² *v.i. & t.* **1.** *v.i.* gwenu; **to ~ faintly, to half ~,** cilwenu, glaswenu; **to ~ falsely/insincerely,** glaswenu; **to ~ on/at s.o.,** gwenu ar rn; **to ~ to oneself,** gwenu ynoch eich hun, gwenu wrthych chi'ch hun; **fate smiled on him,** gwenodd ffawd arno; **to ~ at s.o.'s vain endeavours,** gwenu ar ymdrechion ofer rhn; *Lit:* **one may ~ and ~, and be a villain,** dichon dyn gilwenu ac yntau'n adyn; *F:* **to keep smiling [through],** dal i wenu; **she always comes up smiling,** mae hi'n gwenu trwy'r tew a'r tenau. **2.** *v.t. (a)* **to ~ a bitter ~,** gwenu'n chwerw; *(b)* **to ~ a welcome to s.o.,** cyfarch/croesawu rhn â gwên; *(c)* **to ~ s.o.'s fears away,** gwasgaru ofnau rhn â gwên.

smileless *a.* di-wên, sarrug, prudd, heb wên.

smiler *n.* gwenwr (gwenwyr) *m; F:* **hello ~!** sut mae'r hen wên!

smiling *a.* gwenog, gwengar (*pronounced* ng-g); **a ~ face,** wyneb siriol/gwenog/gwengar, wyneb sy'n wên i gyd; *Lit:* **~, damned villain!** o adyn teg ei wên! *F:* **a ~ hypocrite,** rhagrithiwr (rhagrithwyr) *(m)* gwên-bles.

smilingly *adv.* gan wenu, dan wenu, gyda gwên, *S.E: occ:* ar eich gwên.

smirch¹ *n.* staen(-iau) *m, Lit: occ:* llychwiniad(-au) *m.*

smirch² *v.t.* baeddu, staenio, difwyno, *Lit:* llychwino; *S.a.* **besmirch.**

smirk¹ *n.* cilwen(-au) *f,* glaswen(-au) *f,* gowen(-au) *f,* gwên goeglyd (gwenau coeglyd) *f,* gwên gam (gwenau cam); **he replied with a ~,** atebodd gan gilwenu.

smirk² *v.i.* cilwenu, gwenu'n goeglyd.

smirker *n.* cilwenwr (cilwenwyr) *m.*

smirking *a.* cilwenog, coeglyd.

smirkingly *adv.* yn gilwenog *&c,* gan gilwenu, gyda gwên goeglyd.

smirky *a.* = **smirking.**

smite *v.t. & i.* **1.** *v.t.* = **strike² 1;** *Lit:* **to ~ one's thigh,** taro'ch clun, *B:* taro'r morddwyd; *S.a.* **hip¹ 1;** *F:* **my conscience smote me,** cefais frath cydwybod; *B:* **God shall ~ thee,** Duw a'th gosba. **2. to be smitten with illness,** cael eich taro'n wael, cael eich taro gan waeledd; **to be smitten (by a girl),** ymserchu (mewn merch); syrthio/cwympo dros eich pen a'ch clustiau mewn cariad (â merch); *N: F:* mopio'ch pen, mopio'n lân, mwydro'ch pen (efo merch); **to be smitten with a desire to do sth,** teimlo awydd gwneud rhth; **to be smitten with fear,** cael eich taro gan ofn. **3.** *v.i.* **a sound smote upon his ear,** trawodd sŵn ar ei glyw. **~ down** *v.t.* taro/curo (rhn) i'r llawr, llorio (rhn).

smith *n.* gof(aint) *m.*

smithereens *n.pl.* yfflon, ysgyrion, crybibion, cyrbibion, darnau mân, *N:* tipiau mân; *S.a.* **smash² 2.** *(a).*

smithery *n.* crefft *(f)* gof, gofaniaeth *f.*

smithsonite *n. Ch:* sm|ithsonit *m.*

smithy *n.* gefail *(f)* gof (gefeiliau gofaint).

smitten *v. See* **smite; love-smitten** *a.* mewn cariad, claf gan gariad/serch.

smock¹ *n. Cost:* **~ [frock],** smoc(-iau) *f,* ceitlen(-ni) *f,* hugan(-au) *f; S.a.* **lady. ~-mill** *n.* melin *(f)* geitlen (melinau ceitlen).

smock² *v.t. Needlew:* crychu.

smocking *n. Needlew:* crychwaith *m,* smocwaith *m,* huganwaith *m;* **cable ~,** smocwaith cebl; **feather ~,** smocwaith pluen; **honeycomb ~,** smocwaith crwybr; **trellis ~,** smocwaith dellt/delltog/delltaidd; **Vandyke ~,** smocwaith Vandyke *m.*

smog *n.* mwrllwch *m.*

smoggy *a.* niwlog, llawn mwrllwch.

smogless *a.* difwrllwch.

smoke¹ *n.* **1.** mwg *m;* **~ blowing down the chimney,** mwg taro; *F: (of project &c):* **to end/go up in ~,** mynd yn ffliwt, mynd i'r gwellt, mynd rhwng y cŵn a'r brain; **to go like ~,** mynd fel y gwynt, mynd fel mwg; *Prov:* **there's no ~ without fire,** rhaid cael [peth] lliw cyn lliwio; lle bydd/bo mwg bydd tân. **2.** *(tobacco): N:* mygyn *m, S:* mwgyn *m;* **let's have a ~,** beth am fwgyn/fygyn? *F:* beth am smôc? *N. W: occ:* smogyn *m, S. W:* [ch]wiff(-iau) *f;* **to pass round the smokes,** dosbarthu'r sigaréts. **3. the S~,** Llundain *f.* **~ abatement** *n.* lleih|au *(vn)* mwg, lleihad *(m)* mwg. **~-ball** *n.* **1.** = **puffball. 2.** *Mil:* pelen *(f)* fwg (pelenni mwg). **~-blackened** *a.* du gan fwg, yn barddu i gyd. **~-bomb** *n.* bom(-iau) *(m)* mwg, bom *(f)* fwg (bomiau mwg). **~-bush** *n. Bot:* = **smoke-plant. ~-consumer** *n. Ind:* teclyn (taclau) *(m)* dal mwg, gwyntyll *(f)* fwg (gwyntyllau mwg). **~-controlled area** *n.* rhanbarth(-au) *(m)* rheoli mwg. **~-cured** *a. (fish):* wedi ei gochi mewn mwg, wedi ei gochi trwy fwg, coch(-ion). **~ detector** *n.* alarwm *(m)* mwg, synhwyrydd (synwyryddion) *(m)* mwg. **~-dried** *a. (herring &c):* coch(-ion). **~-free** *a.* di-fwg. **~-grey** *n.* myglyd, llwyd fel mwg. **~ helmet** *n.* helmed(-au) *(f)* atal mwg. **~-ho** *n.* = **smoko. ~-jack** *n.* **1.** *Cu:* jac(-iau) *(m)* pobi, bêr (berau) *(m)* mwg. **2.** *(= draught-inducer):* jac mwg. **~-plant** *n. Bot:* coeden *(f)* fwg (coed mwg). **~-producing** *a.* [sy'n] creu mwg, [sy'n] mygu, myglyd. **~-ring** *n.* cylch(-oedd) *(m)* mwg. **~-room** *n.* ystafell(-oedd) *(f)* ysmygu. **~-shell** *n.* pelen *(f)* fwg (pelenni mwg). **~-stone** *n.* maen (meini) *(m)* Cairngorm. **~-tree** *n.* = **smoke-plant. ~-tunnel** *n.* twnel(-i) *(m)* mwg.

smoke² *v.i. & t.* **1.** *v.i. (of lamp, chimney &c):* mygu. **2.** *v.t. (a)* **to ~ herring,** cochi penwaig, sychu penwaig mewn mwg *or* trwy fwg (*not* mygu penwaig *which* = **stifle herring!**); *(b)* **to ~ glass,** duo/tywyllu gwydr; *(c)* **to ~ tobacco,** smocio baco, *Lit:* ysmygu baco; **do you ~?** wyt ti'n ysmygu/smocio? fyddi di'n cymryd mygyn? **to ~ like a chimney,** *N:* smocio fel stemar, *S:* smocio fel simdde; *S.a.* **pipe¹ 4. ~ out** *v.t. (i)* **to ~ out a beehive,** clirio cwch gwenyn â mwg, gyrru mwg trwy gwch gwenyn; *(ii)* **to ~ out a scandal,** dod â sgandal i'r golwg.

smokeable *a.* ysmygadwy, y gellir ei ysmygu.

smoked *a.* **~ glass,** gwydr du; **~ herrings,** penwaig cochion, penwaig mwg (*not* wedi mygu = **suffocated**).

smokehouse *n.* tŷ (tai) *(m)* mwg.

smokeless *a.* di-fwg.

smokeproof *a.* gwrth-fwg.

smoker *n.* **1.** ysmygwr (ysmygwyr) *m,* ysm|ygwraig (ysmygwragedd) *f, F:* smociwr (smocwyr) *m,* sm|ocwraig (smocwragedd) *f;* **he's a heavy ~,** mae'n ysmygu'n drwm. **2.** = **smoking-compartment. 3.** = **smoking-concert.**

smokescreen *n. Mil: &c:* llen *(f)* fwg (llenni mwg).

smokestack *n.* simnai (simneiau, simneioedd) *f, F:* simdde(-au) *f.*

smokiness *n.* awyr fyglyd *f.*

smoking¹ *a.* myglyd.

smoking² *vn.* **no ~ [allowed],** dim ysmygu. **~-cap** *n.* cap(-iau) *(m)* ysmygu. **~-carriage** *n. Rail:* cerbyd(-au) *(m)* ysmygu. **~-compartment** *n.* adran(-nau) *(f)* ysmygu. **~-concert** *n.* cyngerdd (cyngherddau) *(m)* ysmygu. **~-jacket** *n* siaced(-i) *(f)* ysmygu. **~-mixture** *n.* baco cymysg *m.* **~-room 1.** *n.* ystafell(-oedd) *(f)* ysmygu. **2.** *attrib.* masweddus, amh|eus.

smoko *n. F: Aus: N.Z:* egwyl(-iau) *(f)* am fygyn.

smoky *a.* myglyd, llawn mwg; **a dull ~ fire,** *N. W:* tân byddar. **~ wainscot** *n. Ent:* gwyfyn(-od) *(m)* wensgod tywyll.

smolder¹, ² = **smoulder¹, ².**

smolt *n. Ich:* gleisiad (gleisiaid) *m,* gwyniad (gwyniaid) *(m)* haf, glasfaran(-od) *m.*

smooch¹ *n. F: N:* sws(-ys) *f, S:* lapswchad(-au) *f.*

smooch² *v.i. F:* cusanu, *S.W:* lapswchan, lapswcho, *N:* swsio, llapsochian.

smoocher *n.* cusanwr (cusanwyr) *m,* cus|anwraig (cusanwragedd) *f.*

smoochy *a. F:* caruaidd, swslyd, cusanllyd, lapswchlyd; **~ music,** miwsig rhamantus *m;* **~ couple,** cwpwl caruaidd *m.*

smooth¹ *a.* **1.** *(a) (of surface):* llyfn (*f.* llefn, *pl.* llyfnion), *Lit: occ:* llathraidd; **~ path,** llwybr gwastad; *Anat:* **~ muscle,** cyhyr(-au) llyfn; **~ as silk,** sidanaidd; **~ forehead,** talcen llyfn/di-grych; **~ skin,** croen sidanaidd/llyfn; **(~) as a millpond,** (llonydd/llyfn) fel pwll hwyaid, *N:* fel llyn llefrith; *F:* **we're in ~ water,** mae'r gwaethaf drosodd gennym; *Mth:* **~ curve,** cromlin lefn (cromliniau llyfn/llyfnion) *f; (b) (chin):* glân, llyfn, di-farf. **2.** *(a) (= fluid, smooth-running):* llyfn, rhwydd, esmwyth, didrafferth; *(of machine):* **~ running,** rhediad rhwydd *m,* rhwyddineb *m,* esmwythder *m; (b)* **~ voice,** llais llyfn; *(c) (= equable):* teg, llyfn, mwyn; **~ temper,** tymer gymedrol/wastad *f;* **he has a ~ tongue,** mae'n huawdl; mae'n siaradwr rhwydd; mae'n llyfn/frac ei dafod; mae'n dafotrydd; *F:* **a ~ operator,** symudwr (symudwyr) deheuig *m; (d) Pej:* **~ young man,** llanc llyfn/sebonllyd, llanc gwên deg/bles; **~ tongue,** truth *m,* sebon *m,* seboni *vn.* **~-bore** *Sm.a:* **1.** *a.* [â] baril llyfn. **2.** *n.* gwn (gwynnau) *(m)* baril llyfn, dryll(-iau) *(m)* baril llyfn. **~-chinned** *a.* di-farf. **~-faced** *a.* gwên deg, gwên bles. **~ hound** *n. Z:* morgi (morgwn) llyfn *m;* **stellate/starry ~ hound,** morgi serennog. **~-running** *a.* llyfn, rhwydd, esmwyth. **~ snake** *n.* neidr lefn (nadroedd llyfnion) *f.* **~-spoken, ~-tongued** *a.* llithrig eich tafod, llyfn eich tafod, â thafod llyfn/llithrig. **~-talk** *v.t.* seboni.

smooth² *n.* **1. to give one's hair a ~,** llyfnu'ch gwallt. **2.** *See* **rough¹** III. **3.**

smooth³ *v.t.* **1.** *(hair &c):* llyfnh|au, llyfnu; *(wood):* llyfnu, caboli, plaenio; **to ~ the ground,** llyfnhau'r/gwastatáu'r tir; **to ~ s.o.'s ruffled spirits/feathers,** tawelu/lleddfu llid rhn, llyfnu gwrychyn rhn; *F:* **to ~ the way for s.o., to ~ s.o.'s path,** parat|oi'r/cyweirio'r/arloesi'r ffordd i rn *or* ar gyfer rhn. **2. to ~ an angle,** gwastatáu ongl. **~ away** *v.t.* **to ~ away difficulties,** cael gwared ag/ar anawsterau; **to ~ s.o.'s fears,** lleddfu/lliniaru ofnau rhn. **~ down 1.** *v.t. (a) (feathers, roughness):* llyfnhau, llyfnu; *(b)* **to ~ s.o. down,** tawelu rhn. **2.** *v.i. (of sea, anger):* gostegu, tawelu. **~ out** *v.t.* llyfnu; **to ~ out a misunderstanding,** unioni/cywiro camddealltwriaeth. **~ over** *v.t. (problem &c):* lleddfu, lliniaru.

smoothie *n. F:* dyn(-ion) llyfn *m,* sebonwr (sebonwyr) *m,* rhn (rhai) gwên deg/bles.

smoothing *vn.* **~-iron** *n.* haearn (heyrn) *(m)* smwddio, *N: occ:* hetar(-s) *(m)* smwddio, fflat(-iau) *(m)* smwddio, *S.W:* stîl *f,* haearn stilo. **~-plane** *n. Carp:* plaen(-iau) *(m)* llyfnu.

smoothly *adv.* yn llyfn; *(without hindrance):* yn rhwydd, yn esmwyth; **everything is going ~,** mae popeth yn mynd rhagddo'n braf/rhwydd; **to speak ~,** siarad yn rhwydd/llithrig/llyfn/rhugl/dafotrydd.

smoothness *n.* **1.** *(of surface):* llyfnder *m,* llyfndra *m.* **2.** *(of movement):* rhwyddineb *m,* esmwythder *m,* llyfnder. **3.** *(of pers.):* seboneiddiwch *m,* dull sebonllyd *m,* llyfnder.

smorgasbord *n. Cu:* sm|orgasbord *m.*

smote *v. See* **smite.**

smother¹ *n.* tawch *m.*

smother² *v.t.&i.* **1.** *v.t. (a) (= stifle):* mygu, *S:* mogi; **to ~ a fire,** diffodd tân; **to ~ a curse,** atal rheg; **to ~ a sound,** atal/lladd sŵn; **to ~ a yawn,** cuddio agoriad ceg, cuddio dylyfiad gên; *(b) (= cover):* gorchuddio; *F:* **to ~ s.o. in kisses,** boddi rhn â chusanau; **to ~ [up] a scandal,** cuddio/celu sgandal. **2.** *v.i.* mygu, *S:* mogi.

smothered *a. (sound):* aneglur; *(= covered):* gorchuddiedig, dan orchudd; **(strawberries) ~ in cream,** (mefus) dan orchudd o hufen, wedi eu boddi mewn hufen; **(a book) ~ in dust,** (llyfr) yn llwch drosto, a haen o lwch drosto; *Chess:* **~ mate,** llethmat *m.*

smothery *a.* myglyd, *S:* moglyd.

smoulder¹ *n.* tân (tanau) mud *m,* mudlosgi *vn.*

smoulder² *v.i.* mudlosgi.

smouldering *a.* **a ~ fire,** tân sy'n mudlosgi, tân mud, tân mudlosg; **~ eyes,** llygaid mudlosg.

smudge¹ *n.* dwbiad(-au) *m,* ôl (olion) *m,* staen(-iau) *m, F:* smwtsh(-is) *m, N.W:* stremp(-iau) *m.*

smudge² *v.t. & i.* **1.** *v.t.* llychwino, difwyno, staenio, ysbrychu, baeddu (rhth); gadael olion (ar rth); *F:* smwtsio rhth. **2.** *v.i.* staenio, baeddu, ysbrychu, smwtsio.

smudge³ *n. U.S:* tân (tanau) myglyd *m.* **~-pot** *n.* pot(-iau) *(m)* mwg.

smudgily *adv.* yn aneglur, yn bŵl.

smudginess *n.* aneglurder *m.*

smudgy *a.* ysbrychlyd, aneglur.

smug *a.* hunanfoddh|aus, hunangyfiawn *(pronounced* ng-g), hunanfodlon, hunanfoddhaol, cysetlyd. **~-faced, ~-looking** *a.* hunanfoddhaus yr olwg.

smuggle *v.t.* smyglo.

smuggled *a.* smygledig.

smuggler *n.* smyglwr (smyglwyr) *m.* **S~'s Cove** *W.Pl.n.* Porth *(f)* y Gromlech.

smugly *adv.* yn hunanfoddh|aus *&c.*

smugness *n.* hunanfodlonrwydd *m,* hunangyfianwder *m* *(pronounced* ng-g), hunanfoddhauster *m,* cysêt *m.*

smut¹ *n.* **1.** parddu *m,* huddygl *m, S.W: occ:* duon *pl,* penddu *mf, N.W:* fflacsen (fflacs) *f.* **2.** *Fig:* brastod *m,* anweddustra *m; F:* **to talk ~,** siarad yn anweddus/fudr/aflan/fras. **3.** *Agr:* y penddu *m,* gwenith penddu *m,* gwenith llosg *m.* **~-ball** *n. Fung:* tywysen benddu (tywys penddu) *f.* **~ fungus** *n. Fung:* ffwng *(m)* y penddu. **~-mill** *n.* melin *(f)* lanh|au (melinau glanh|au).

smut² *v.t. & i.* **1.** *v.t. (a)* pardduo, baeddu [â huddygl *&c*]; *(b) Agr:* rhoi'r penddu (i rth). **2.** *v.i.* cael y penddu.

smutch¹,² *n. & v.t.* = **smudge¹,².**

smutchy *a.* = **smudgy.**

smutted *a.* pendduog.

smuttily *adv.* yn fudr, yn aflan *&c.*

smuttiness *n.* **1.** *(a) (of face &c):* golwg ysbrychlyd *f* (ar rth); *(b) (= indecency):* aflendid *m,* bryntni *m,* budreddi *m,* afledneisrwydd *m,* brastod *m,* anweddustra *m.* **2.** *Agr: (of wheat &c):* penddùwch *m.*

smutty *a.* **1.** *(a) (face &c):* pardduog, yn barddu i gyd, yn fflacs i gyd, *N.W:* fflacsiog, fflacslyd; *S.a.* **smudgy;** *(b) (= indecent):* aflan, aflednais, anweddus, *N:* budr(-on), *S:* brwnt *(f.* bront, *pl.* bryntion); *(c) Agr:* **a ~ ear of wheat,** tywysen losg (tywys llosg) *f,* tywysen benddu (tywys penddu) *f.*

snack *n.* byrbryd(-au) *m, F:* tamaid (tameidiau) *(m)* [i aros pryd], *S: occ:* bwyd(-ydd) ambor *m,* cegan(-au) *f;* **to have a ~,** cael tamaid i aros pryd, cael pryd ysgafn, *S.W: occ:* cael bwyd i dowlu/shifftio. **~-bar** *n.* bar(-rau) *(m)* byrbryd, snacbar(-rau) *m.*

snaffle¹ *n. Harn: (bridle):* ffrwyn enfaog (ffrwynau genfaog) *f; F:* **to ride s.o. on the ~,** trin rhn yn bwyllog/ofalus. **~-bit** *n.* genfa (genfâu) *f.*

snaffle² *v.t.* **1.** *Harn:* **to ~ a horse,** rhoi/dodi ffrwyn ar geffyl. **2.** *F: (= steal):* dwyn, lladrata, bachu, *N.W: F:* dwgyd, sbachio, progio.

snafu *n. & attrib.* **1.** *n. U.S:* llanast[r](-au) *m,* smonaeth *f,* dryswch *m.* **2.** *attrib.* mewn llanast[r], dryslyd, *S: F:* yn siang-di-fang.

snag¹ *n. (a) (= stump of tree):* bonyn (bonion) *m,* ysgwthr (ysgythrau) *m; (b) Fig:* rhwystr(-au) *m,* trafferth(-ion) *f;* **to strike/hit a ~, to come across a ~,** taro yn erbyn rhwystr; **that's the ~,** dyna'r drwg; dyna'r drafferth; *(c) (= tear in clothing):* rhwyg(-au) *fm,* rhwygiad(-au) *m,* ysgythriad(-au) *m.*

snag² *v.t.* **to ~ one's sleeve (on a nail),** dal eich llawes, rhwygo'ch llawes (ar hoelen).

snagged *a.* rhwygedig.

snaggle-tooth *n.* dant cam (dannedd ceimion) *m,* dant ysgithrog.

snaggle-toothed *a.* ysgithrog, â dannedd ceimion/ysgithrog.

snaggy *a.* ysgithrog.

snaglike *a.* ysgithraidd.

snail *n. N:* malwen (malwod) *f, S:* malwoden (malwod) *f;* **Roman ~,** *(Helix pomata):* malwen Rufeinig (malwod Rhufeinig); **whorl ~,** *(Vertigo pygmaea):* malwen droellog (malwod troellog); **to go at a snail's pace,** ymlusgo, llusgo mynd, *F:* mynd fel malwen mewn côl-tar, *Lit: occ:* malwenna. **~-clover** *n. Bot:* meillion troellog *pl.* **~ fever** *n. Med:* = **schistosomiasis. ~-fish** *n.* = **sea snail. ~-like** *a.* fel malwen, malwennaidd, malwodaidd. **~-paced** *a.* fel malwen, araf, oedioq. **~-trail** *n. Needlew:* ôl *(m)* malwen (olion malwod). **~-wheel** *n. Clockm:* olwyn droellog (olwynion troellog) *f.*

snake¹ *n. Rept: (a)* neidr (nadroedd, nadredd) *f, S.E: occ:* nadredden (nadredd) *f;* **grass ~, ringed ~,** *(Natrix natrix):* neidr lwyd (nadr[o]edd llwyd), *S.W:* neidr fraith (nadr[o]edd brith), *occ:* neidr dorchog (nadr[o]edd torchog), neidr y domen/tomennydd, neidr y gwair/glaswellt; **sea ~,** neidr fôr (nadr[o]edd môr), môr-neidr (~-nadr[o]edd) *f;* **smooth ~,** *(Coronella austriaca):* neidr lefn (nadr[o]edd llyfn); *F:* **~ in one's bosom,** sarff (seirff) *f,* sarffes(-au) *f;* **you ~!** y cythraul *(m)*! y bradwr *(m)*! y 'sguthan *(f)*! yr ast *(f)*! *Fig:* **~ in the grass,** sarff gudd (seirff cudd), neidr gudd (nadr[o]edd cudd) *f; Games:* **snakes and ladders,** gêm *(f)* neidr, nadr[o]edd ac ysgolion. **~-bird** *n. Orn: (Anhinga):* y pysgotwr (pysgotwyr) *m,* aderyn (adar) *(m)* pysgota. **~-bite** *n.* brathiad(-au) *(m)* neidr. **~-charmer** *n.* swynwr (swynwyr) *(m)* nadr[o]edd. **~-charming** *vn.* swyno nadr[o]edd. **~-dance** *n.* dawns(-f|eydd) *(f)* nadr[o]edd. **~-doctor** *n. U.S:* **1.** *Fish:* = **hellgrammite. 2.** *Ent:* = **dragonfly. ~-fence** *n. U.S:* ffens(-ys) igam-ogam *f.* **~-fly** *n. Ent:* pryf(-ed) gyddfog *m.* **~-infested** *a.* nadreddog, llawn nadr[o]edd, yn berwi/fyw o nadr[o]edd. **~-oil** *n. U.S:* oel *(m)* nadr[o]edd. **~-pit** *n.* pydew(-au) *(m)* nadr[o]edd. **~'s head** *n. Bot: (Fritillaria):* britheg *f,* peuros *m,* dail *(pl)* pen neidr; **Pyrenean ~'s head,** *(F. pyrenaica):* britheg y Pyreneau; **slender-leaved ~'s head,** *(F. tenella):* britheg feinddail; **three-**

bracted ~'s head, *(F. involucrata):* britheg amddeiliog/dribract; **Tyrolean ~'s head,** *(F. tubiformis):* britheg y Tyrol.

snake[2] *v.i. & t.* **1.** *v.i. (of road &c):* ymddolennu, troelli, ymdroelli, nadreddu. **2.** *v.t. U.S:* **to ~ logs,** llusgo boncyffion.

snakelike *a.* fel neidr, neidraidd, nadreddog.

snakelocks anemone *n. Coel:* an|emoni (anemonïau) nadreddog *m.*

snakemouth *n. Bot:* tegeirian (*m*) ceg neidr.

snakeroot *n. Bot:* **1.** = **bistort. 2.** *U.S: (Aristolochia):* gwr|aidd (*pl*) y neidr, esgorllys (*m*) Am|erica.

snakeskin *n. Leath:* croen (*m*) neidr (crwyn nadr[o]edd).

snakestone *n.* glain (*m*) neidr (gleiniau nadr[o]edd).

snakeweed *n.* = **bistort.**

snakewood *n.* coeden (coed) nadreddog *f.*

snakily *adv.* yn nadreddog.

snakiness *n.* troellogrwydd *m*, nadreddogrwydd *m.*

snaky *a.* **1.** *(a) (= like snake):* neidraidd, fel neidr; *(jungle &c):* llawn nadr[o]edd, nadreddog; *(b) (= spiteful):* gwenwynllyd, sarffaidd. **2.** *(road):* troellog, dolennog, ymddolennog, trof|aus.

snap[1] *n., attrib. & adv.* I. *n.* **1.** *(a) (of teeth):* clec(-iadau) *f*, clecian *vn*; *(of dog):* **to make a ~ at s.o.,** cynnig brathu rhn, haffio rhn, cynnig haffiad i rn; *(b) (of whip):* clec, clecian; *(c)* clep(-iau) *f*; **the box shut with a ~,** caeodd y blwch yn glep; *F:* **(I don't care) a ~,** (nid wyf yn malio) blewyn, botwm corn, yr un ffeuen. **2.** *(= break):* toriad(-au) *m*; **there was a ~,** bu clec; dyna glec; torrodd rhth yn glec. **3. cold ~,** pwl (*m*)/sbel (*f*) o dywydd oer, *S.W: M.W:* cnocell(-au) (*f*) o dywydd oer, *S:* cwlwm caled *m.* **4.** *F: (= vigour):* bywiogrwydd *m*, egni *m*; **a song full of ~,** cân lawn mynd, cân fywiog, cân lawn bywyd; **put some ~ into it!** *N:* styria (styriwch)! *S:* siapa (siapwch) hi! *N.W: occ:* ceirch iddi! tân arni! **5.** *Cu:* bisgeden grimp (bisgedi crimp) *f*; **brandy ~, ginger ~,** rhôl (rholiau) (*f*) sinsir, rhôl frandi (rholiau brandi), crimpen (*f*) frandi (crimpiau brandi). **6. ~ fastener,** botwm (botymau) (*m*) clec. **7.** *Phot:* = **snapshot. 8.** *Cards:* snap *m*; *int.* **~!** snap! yr un peth! yr un ffunud! yr un fath [yn union]! *S.W: occ:* pinsh! mitsh [di] matsh! **9.** *U.S:* **soft ~,** jobyn hawdd *m*, joben hawdd *f.* II. *attrib.* sydyn, annisgwyl, dibaratoad, byrfyfyr, chwap, chwipyn; **~ decision,** penderfyniad byrfyfyr/difyfyr *m*; *Parl:* **~ division, ~ vote,** pleidlais annisgwyl *f*; *Pol:* **~ election,** etholiad(-au) dirybudd/disymwth *m.* III. *adv.* yn glec, yn glep, gyda chlec; **to go ~,** torri'n glec/gratsh; **~ went my stick!** torrodd fy ffon gyda chlec! clec! dyna fy ffon yn torri! **~ bean** *n.* ffeuen (*f*) glec (ffa clec). **~-bolt** *n.* bollten (*f*) glec (bolltiau clec). **~ brim** *n.* cantel(-au) (*m*) clec. **~-fastener** *n.* botwm (botymau) (*m*) clec. **~-hook** *n.* bach(-au) (*m*) clec. **~-link** *n.* dolen (*f*) glec (dolennau clec). **~-lock** *n.* clo(-eon) (*m*) clec. **~-on** *attrib. (bracelet &c):* clec. **~ ring** *n.* modrwy (*f*) glec (modrwyau clec). **~-roll** *n. Aer:* rholiad(-au) (*m*) clec.

snap[2] *v.i. & t.* I. *v.i.* **1.** *(a) (of dog):* **to ~ at s.o.,** cynnig brathu rhn, cynnig haffiad i rn, clecian dannedd ar rn; *F:* **to ~ at an opportunity,** achub cyfle, bachu cyfle, *(of trigger &c):* **to ~ back,** neidio'n ôl, clecian yn ôl; *(b) F:* **to ~ at s.o.,** arthio ar rn, *N.W: occ:* cipio rhn; **"get out!" he snapped,** "bachwch hi!" meddai'n biwis/swta. **2.** *(of whip, gun):* clecian; *(of fastener):* clecian, cau'n glec/glep. **3.** *(of stick, rope &c):* **to ~ [in two],** torri'n glec, *N.W:* torri'n gratsh, *S.W:* torri'n gratsh/gratsian/glatsh. **4.** *F:* **to ~ out of it,** ystwyrian, ymysgwyd; **he'll ~ out of it,** fe ddaw ohoni; fe ddaw at ei goed; **~ out of it!** cod dy galon (codwch eich calon/calonnau)! siriola (siriolwch)! **5. to ~ to attention,** ymsythu'n chwap/chwipyn. II. *v.t.* **1.** *(of dog &c):* **to ~ [up] sth,** cipio rhth. **2.** *(a) (whip &c):* clecian; **to ~ one's fingers,** rhoi clec ar eich bawd, clecian bawd, clecian bysedd; *F:* **to ~ one's fingers at a threat,** diystyru/anwybyddu bygythiad; **(to ~ one's fingers) at s.o., in s.o.'s face,** (clecian bawd) yn wyneb rhn; *(b) Phot:* **to ~ s.o.,** tynnu llun rhn. **3.** *(= break):* torri; **to ~ sth in two,** torri rhth yn ddau. **4. to ~ out an order,** ebychu/cyfarth gorchymyn; *Aut:* **to ~ in a gear,** newid gêr yn sydyn/glec. **~ off 1.** *v.t. (a) (with teeth):* brathu rhth ymaith, *S:* cnoi (rhth) bant; *F:* **don't ~ my head off!** paid â brathu 'mhen i! *(b)* **to ~ off a piece of chocolate,** torri darn o jocled. **2.** *v.i. (of branch &c):* torri'n glec. **~ to** *v.i. (of door, lid &c):* cau'n glec/glep, clepian. **~ up** *v.t.* **1.** cipio; **to ~ a bargain,** cipio bargen, cael gafael ar fargen; **the tickets are being snapped up like hot cakes,** mae cip ar y tocynnau; mae'r tocynnau'n gwerthu fel slecs; *N.W:* mae'r ticedi'n cael eu sbydu i gyd. **2.** *Cr:* **he was snapped up behind the wicket,** daliwyd ef y tu ôl i'r wiced.

snapback *n.* adlam(-au) *m.*

snapdragon *n. Bot:* **common ~,** *(Antirrhinum majus):* trwyn (*m*) llo, safn (*f*) y llew, *N.W:* ceg (*f*) fy nain; **creeping ~,** *(A. asarina):* trwyn llo ymlusgol; **lesser ~,** *(Misopates orontium):* trwyn y llo bychan; **rock ~,** *(A. sempervirens):* trwyn llo'r cerrig; **soft ~,** *(A. molle):* trwyn llo meddal.

snapped *a.* wedi torri'n glec, toredig, ysig.

snapper *n.* **1.** *Ent:* chwilen (*f*) glec (chwilod clec). **2.** *Ich:* (*)cipiwr (cipwyr) *m.* **3. a ~ up of unconsidered trifles,** cipiwr (cipwyr) bargeinion, un (rhai) awchus am fargeinion, *N.W:* un 'sgut am fargeinion, 'sbydwr (sbydwyr) *m*, haffgi (haffgwn) *m.* **4.** *occ:* = **snap-fastener, cracker 3, snapping turtle.**

snappily *adv.* yn sionc *&c*; *S.a.* **smartly.**

snappiness *n.* sioncrwydd *m.*

snapping[1] *vn.* = **snap**[2].

snapping[2] *a. (fingers)*; cleciog; *(dog):* brathog. **~ beetle** *n. Ent:* chwilen (*f*) glec (chwilod clec). **~ finger** *n. Med:* bys(-edd) (*m*) clec. **~ hip** *n. Med:* clun (*f*) glec (cluniau clec). **~ jaw** *n. Med:* gên (*f*) glec (genau clec). **~ turtle** *n. Rept: (Chelydra serpentina):* môr-grwban(-od) brathog *m.*

snappish *a.* piwis, cecrus, pigog; *(dog):* brathog, tueddol o frathu.

snappishly *adv.* yn biwis *&c.*

snappishness *n.* piwisrwydd *m*, natur gecrus/bigog *f*, pigogrwydd *m*; *(of dog):* tuedd (*f*) i frathu, brathogrwydd *m.*

snappy *a.* **1.** = **snappish. 2.** *(style):* sionc, bywiog; **a ~ phrase,** dywediad bachog; **he's a ~ dresser,** *N.W:* mae o'n rêl tsiap; mae o'n gwisgo'n smêc/binco; mae o'n torri cŷt; *S:* mae tipyn o dorad ynddo fe; mae e'n swancyn; *P:* **make it ~!** brysia (brysiwch)! ar unwaith! gafael(-wch) ynddi! *N:* styria (styriwch)! reit sydyn! tân arni! traed dani! *S:* siapa (siapwch) hi! glou!

snapshoot *v.t.&i. U.S:* tynnu llun (rhth, o rth).

snapshooter *n. U.S:* ffotograffydd (ffotograffwyr) *m*, tynnwr (tynwyr) (*m*) lluniau.

snapshot *n.* ciplun(-iau) *m*, llun(-iau) sydyn *m.*

snare[1] *n.* **1.** *(a) Ven:* magl(-au) *f*, rhwyd(-au,-i) *f*, *N.W:* baglen (baglau) *f*, *S.W:* wirsen (wirs) *f*, *Lit:* croglath(-au) *f*, hoenyn(-nau) *m*; **to lay/set a ~,** taenu/gosod magl; *(b) Fig:* magl(-au) *f*; **a ~ and a delusion,** magl a thwyll; **the snares and pitfalls of life,** maglau a chorsydd bywyd. **2.** *Mus:* **snares of a drum,** tannau drwm. **~ drum** *n.* drwm (drymiau) (*m*) tannau.

snare[2] *v.t.* maglu, rhwydo (rhth); dal (rhth) mewn magl/rhwyd.

snarer *n.* maglwr (maglwyr) *m*, rhwydwr (rhwydwyr) *m.*

snark *n. Lit:* snarc(-od) *m.*

snarky *a. F:* piwis.

snarl[1] *n.* **1.** *(of dog):* chwyrn[i]ad(-au) *m*, chwyrnu *vn*, ysgyrnygu *vn*, ysgyrnygiad(-au) *m*, ysgyrnygfa (ysgyrnygfâu, ysgyrnygf|eydd) *f.* **2.** *(= tangle):* dryswch *m.* **~ up** *n. F: (of traffic):* tagfa (tagf|eydd) *f.*

snarl[2] *v.i. & t.* **1.** *v.i.* chwyrnu, ysgyrnygu (**at s.o.,** ar rn); **"I won't", he snarled,** "na wnaf", meddai'n frathog. **2.** *v.t.* **to ~ sth up,** drysu rhth, *S:* cafflo rhth; **to ~ up traffic,** tagu/atal trafnidiaeth.

snarler *n.* chwyrnwr (chwyrnwyr) *m*, chwyrngi (chwyrngwn) *m* (*pronounced* ng-g).

snarling[1] *vn.* = **snarl**[1] 1, **snarl**[2]. **~-iron** *n.* haearn (heyrn) (*m*) cafflo.

snarling[2], **snarly** *a.* 1. *(dog):* chwyrnllyd, chwyrnog, ysgyrnygus. **2.** *(pers., voice):* brathog, sarrug, piwis, blin, pigog.

snatch[1] *n.* **1.** *(a) (movement):* cip(-ion) *m*, cipiad(-au) *m*, cipio *vn*, *N.W: occ:* craff(-au) *m*; **to make a ~ at sth,** ceisio cipio/bachu rhth, cythru am rth, *N.W:* sbachu rhth; *(b) F: (= kidnapping): (i) (of pers.):* herwgipiad(-au) *m*; *(ii) (of valuables):* lladrad(-au) *m*; *(c) Sp: (in weight-lifting):* cipiad. **2.** *(a) (of time):* ysbaid (ysbeidiau) *mf*; **~ of sleep,** ysbaid o gwsg, cyntun(-au) *m*; *(of work):* hwrdd (hyrddiau) *m*; **to work by/in snatches,** gweithio ar hyrddiau/chwimiau/ruthrau, gweithio'n ysbeidiol, gweithio ychydig ar y tro, *N.W:* gweithio pyliau/plyciau/pycsiau; *(b) (of song &c):* pwt (pytiau) *m*, tamaid (tameidiau) *m.* **~-block** *n. Nau:* cipfloc(-iau) *m.* **~-crop** *n. Agr:* byrgnwd (byrgnydau) *m.* **~-hook** *n. Nau:* cipfach(-au) *m.* **~ squad** *n.* carfan (*f*) gipio (carfanau cipio).

snatch[2] *v.t.* **1.** cipio, crafangu, plycio (rhth); rhoi plwc (i/ar rth); cydio, ymaflyd (yn rhth); *N.W:* bachu, caffio, llempio, *S.E:*

sgaffo, *occ:* cybachu (rhth); **to ~ sth from s.o.'s hand,** cipio/plycio rhth o law rhn; **he snatched [up] his hat from the table,** cipiodd ei het oddi ar y bwrdd; **to ~ [at] an opportunity,** cipio/achub cyfle, manteisio/dal ar gyfle, neidio am/at gyfle; **to ~ a meal,** llowcio pryd; **to ~ a bit of sleep,** dal ar gyfle i gysgu, bachu cyntun; *(b) Sp: (weight-lifting):* cipio, plycio. **2.** *(a)* **to ~ sth [away] from s.o.,** cipio/plycio/bachu rhth oddi ar rn; *(b)* **to ~ (money),** dwyn, dwgyd, lladrata (arian); **to ~ a baby from its pram,** dwyn babi o'i goets.

snatcher *n.* cipiwr (cipwyr) *m*, c|ipwraig (cipwragedd) *f*, lleidr (lladron) *m*, lladrones(-au) *f*, *N.W:* sbachwr (sbachwyr) *m*.

snatching *a.* cipgar, crafanglyd.

snatchy *a.* ysbeidiol, digyswllt.

snath[e] *n. Agr: U.S:* coes *(fm)* pladur (coesau pladuriau).

snazzily *adv. F:* yn grand, yn smart, *N.W: occ:* yn smêc, yn binco.

snazziness *n.* smartrwydd *m*, crandrwydd *m*.

snazzy *a. F:* crand, del, smart, *N.W: occ:* smêc, pinco.

sneak¹ *n.* **1.** *(pers.):* llechgi (llechgwn) *m*, llechiad (llechiaid) *m*, sleifiwr (sleifwyr) *m*, snechgi (snechgwn) *m*, *N.W:* sinach(-od) *m*, snechyn (snechod) *m*, chwidlwr (chwidlwyr) *m*, *occ:* achwyngi (achwyngwn) *m* (*pronounced* ng-g), *S.W:* cathbwl (cathbyliaid) *m*, sleifyn *m*. **2.** *Sch: F:* hen geg(-au) *f*, hen brep(-iaid) *m&f*, *N.W:* chwidlwr. **3.** *attrib. F:* **~ preview,** cipolwg (cipolygon) *(mf)* ymlaen llaw; **~ attack,** ymosodiad(-au) annisgwyl *m*, ymosodiad dan-din. **~-thief** *n.* chwiwleidr (chwiwladron) *m*, progiwr (progwyr) *m*.

sneak² *v.i.* **1.** *(a)* **to ~ off/away,** diflannu'n llechwraidd, snecian/sleifio ymaith, *F:* mynd fel iâr i ddodwy; **to ~ in,** sleifio i mewn, dod i mewn yn llechwraidd; **some mistakes have sneaked into the text,** mae rhai gwallau wedi llithro/ymgripio i'r testun; **to ~ about,** snecian, llechian, stelcian; *(b) Sch: F:* prepian, *N.W:* snechian, chwidlo, *S.W:* clapan (**about s.o.,** am rn), **(to s.o.,** wrth rn). **2.** *P:* **to ~ sth through customs,** sleifio rhth trwy'r dollfa.

sneakers *n.pl. Cost:* esgidiau dal adar.

sneakily *adv.* = **sneakingly.**

sneakiness *n.* lladradeiddiwch *m*, dandinrwydd *m*.

sneaking *a.* **1.** *(a) (= unavowed):* dirgel, cudd, anaddefedig; **I have a ~ respect for him,** mae gennyf ryw ddirgel barch tuag ato; 'rwy'n ei barchu er fy ngwaethaf; *F:* 'rwy'n ei barchu yn slei bach; **a ~ doubt,** rhyw hen amheuaeth *f*; **I have the ~ feeling that...,** 'rwyf yn rhyw led amau bod...; *(b) (= underhand):* llechwraidd, llechgiaidd, *N.W: occ:* sneclyd, snechlyd, *F:* dan din. **2.** = **servile.**

sneakingly *adv.* **1.** *(a)* yn y dirgel, yn ddistaw/dawel bach; *(b)* yn llechwraidd *&c*, *F:* yn slei bach, *S.E: occ:* warach warach. **2.** yn wasaidd *&c*.

sneaky *a.* = **sneaking.**

sneck *n. Const:* carreg *(f)* lanw (cerrig llanw).

snecked *a. Const:* **~ masonry,** gwaith *(m)* maen llanw.

sneer¹ *n.* **1.** *(smile):* glaswen(-au) *f*, crechwen(-au) *f*, gwên watwarus/ddirmygus (gwenau gwatwarus/dirmygus), *Lit: occ:* gwatwarwen(-au) *f*. **2.** *(remark):* enllib(-ion) *m*, sarhad *m* (ar rn); gwawd(-iau) *m* (o rn); *N: F:* weipen (weips) *f* (i rn).

sneer² *v.i.* glaswenu, crechwenu, gwenu/chwerthin [yn watwarus/wawdlyd]; **to ~ at s.o.,** gwenu'n watwarus am ben rhn, *N.W: F:* taflu weips at rn; **to ~ at riches,** dirmygu cyfoeth; **"too bad", he sneered,** "hen dro", meddai'n wawdlyd/watwarus.

sneerer *n.* glaswenwr (glaswenwyr) *m*, crechwenwr (crechwenwyr) *m*, gwawdiwr (gwawdwyr) *m*, dirmygwr (dirmygwyr) *m*.

sneering *a.* gwatwarus, dirmygus, gwawdlyd, distyrllyd (**towards sth,** o rth); gwatwarllyd, crechwenllyd, crechwenog, crechwengar.

sneeringly *adv.* yn watwarus *&c*, gyda dirmyg/gwawd.

sneeze¹ *n.* tisiad(-au) *m*, tisian *vn*, *Lit: & S: occ:* untrew *m*; **to stifle a ~,** atal tisiad.

sneeze² *v.i.* tisian, *S:* taro untrew, taro entro, *S.E: occ:* twshan, tisho, *S.W:* trwshal, trwshan, *Lit: occ:* distrewi; *F:* **that's not to be sneezed at,** mae'n werth ei gael; *S:* 'dyw hynny ddim yn ffôl.

sneezer *n.* tisiwr (tiswyr) *m*.

sneezeweed *n. Bot: (Helenium autumnale):* blodyn (blodau) *(m)* tisian.

sneezewood *n. Bot: (Ptaeoxylon obliquum):* *ystrew-wydden (ystr|ew-wydd) *f*.

sneezewort *n. Bot: (Achillea ptarmica):* distrewlys *m*, ystrewlys *m*, tafod *(m)* yr ŵydd; **Alpine ~,** *(A. oxypoba):* ystrewlys yr Alpau; **cream-flowered ~,** *(A. odorata):* ystrewlys pêr; **dark-stemmed ~,** *(A. atrata):* ystrewlys coesddu; **large-leaved ~,** *(A. macrophylla):* ystrewlys deilfawr; **Pyrenean ~,** *(A. pyrenaica):* ystrewlys y Pyreneau.

sneezing, sneezy *a.* tisiog, tisianllyd, tislyd.

snell *n. Fish:* llinyn *(m)* bachyn (llinynnau bachau).

snib¹ *n.* clicied(-au) *f*.

snib² *v.t.* cliciedu.

snick¹ *n.* **1.** *(= notch):* rhicyn (rhiciau) *m*, hicyn(-nau, hiciau) *m*. **2.** *(of scissors):* toriad(-au) *m*. **3.** *Cr:* snic(-iau) *mf*.

snick² *v.t.* **1.** rhicio, hicio. **2.** *Cr:* **to ~ a ball,** snicio pel.

snicker *n. & v.i.* = **snigger¹,², neigh, whinny¹,².**

snickersnee *n. Joc:* twca(-od) *m*.

snicket *n.* lôn gul (lonydd culion) *f*.

snide *a.* **1.** coeglyd, gwawdlyd, bychanus; **~ remark,** sylw coeglyd *m*. **2.** = **bogus. 3.** *U.S:* = **underhand.**

snidely *adv.* yn goeglyd *&c*.

snideness *n.* coegni *m*.

sniff¹ *n.* ffroeniad(-au) *m*, anadliad(-au) *m*, ffroeni *vn*, *F:* sniffiad(-au) *m*; **to take a ~ at sth,** = **sniff²**; **to get a ~ of fresh air,** cael chwa *(f)* o awyr iach; *F:* **she shan't get a ~ of this,** 'chaiff hi ddim clywed oglau/gwynt hyn; **with a ~ of disgust,** gyda ffroeniad dirmygus.

sniff² *v.t. & i.* **1.** *v.t.* *(a)* synhwyro, ffroeni, *F:* sniffian, *N:* ogleuo, clywed oglau (rhth), *S:* gwynto; *(b)* **to ~ (at sth),** ffroeni, trwyno (rhth); *(of horse):* ffroenochi; *F:* **the offer is not to be sniffed at,** nid yw'r cynnig i'w wrthod/ddirmygu; mae'n gynnig gwerth chweil; mae'n eithaf cynnig; mae'n gynnig na ddylid troi trwyn arno; mae'n gynnig gwerth ei ystyried; *S:* 'dyw'r cynnig ddim yn [un] ffôl; *F:* **to ~ danger,** synhwyro perygl; **to ~ out a scandal,** synhwyro sgandal; *(c) (= inhale):* anadlu, synhwyro, ffroeni, ogleuo, arogleuo; *Med:* **to be sniffed up the nostrils,** i'w anadlu trwy'r ffroenau; **to ~ glue,** arogli/synhwyro glud. **2.** *v.i.* ffroeni *&c*; *(tearfully):* sniffian.

sniffer *n.* anadlwr (anadlwyr) *m*, arogleuwr (arogleuwyr) *m*, ogleuwr (ogleuwyr) *m*, synhwyrwr (synhwyrwyr) *m*, ffroenwr (ffroenwyr) *m*. **~ dog** *n.* ci (cŵn) *(m)* synhwyro.

sniffily *adv.* yn ffroenuchel, yn drwynsur, yn ddirmygus *&c*.

sniffiness *n.* dirmyg *m*, ffroenuchelder *m*.

sniffle¹ *n. F:* annwyd (anwydydd, anwydau, anwydon) *m*; **to have the sniffles,** bod dan dipyn o annwyd, sniffian, snwffian.

sniffle² *v.i. F:* sniffian, snwffian.

sniffling *a.* snifflyd, snwfflyd.

sniffy *a. F:* dirmygus, ffroenuchel, trwynsur, trah|aus, *F: occ:* wfftgar; **~ person,** hen drwyn(-au) *m*; **to be ~ about sth,** troi trwyn ar rth, dangos dirmyg tuag at rth, gweld bai ar rth, lladd ar rth, wfftio rhth.

snifter *n. F: (of drink):* joch(-iau) *mf*, jochaid (jocheidiau) *mf*, diferyn (diferion) *m*, tropyn *m*. **~-valve** *n.* falf *(f)* ollwng (falfiau gollwng).

snigger¹ *n.* piff(-iau,-iadau) *m*, cilwen(-au) *f*, glaswen(-au) *f*, glaschwarddiad(-au) *m*, cilchwarddiad(-au) *m*.

snigger² *v.i.* cilwenu, glaswenu, cilchwerthin, glaschwerthin, cecian chwerthin, piffian [chwerthin], chwerthin dan eich dwylo *or* yng nghil eich dwrn *or* yng nghil eich boch *or* dan eich dannedd.

sniggerer *n.* cilwenwr (cilwenwyr) *m*, glaswenwr (glaswenwyr) *m*, glaschwarddwr (glaschwarddwyr) *m*.

sniggering *a.* cilwenog, cilwenus.

sniggle *v.i. Fish:* llysywenna, dal llysywennod/llysywod.

sniggler *n. Fish:* llysywennwr (llysywenwyr) *m*.

snip¹ *n.* **1.** *(of paper, material):* tamaid (tameidiau) *m*, pis[h]yn (pisiau) *m*, darn(-au) *m*, toriad(-au) *m*, *occ:* torryn (torion) *m*. **2.** *(a) (= incision):* toriad, cyllellod(-au) *f*, rhicyn (rhiciau) *m*, hicyn (hiciau) *m*; *(b) (= sound of scissors):* clec(-iadau) *f*. **3.** *P:* *(a) Turf:* **the horse is a ~,** mae'r ceffyl yn siŵr o ennill; *(b) (= bargain):* bargen (bargeinion) *f*. **4.** *pl. Tls:* **snips,** siswrn (sisyrnau) *(m)* tun, snips(-iau) *m*, snipiwr (snipwyr) *m*, snipydd(-ion) *m*; **curved snips,** snipiwr crwn; **straight snips,** snipiwr syth.

snip² *v.t.* torri (rhth) [â siswrn], *Lit: occ:* sisyrnu, trychu (rhth); *(with shears):* gwelleifio (rhth); **to ~ sth off,** tocio rhth, tocio darn o rth.

snipe¹ *n.* **1.** *Orn:* gïach (giachod) *f*, myniar (mynieir) *f*, ysnîd *f*, ysniden *f*, *N:* gafr (*f*) y gors (geifr y corsydd), gafr wanwyn (geifr gwanwyn), *F:* sneipen (sneips) *f*; **grass ~**, = **sandpiper (pectoral)**; **great ~, double ~**, *(Capella media):* gïach fawr (giachod mawr), yr ysniden fwyaf, y fyniar fwyaf (y mynieir mwyaf), gïach unig; **jack ~, half ~**, *(Lymnocryptes minimus):* gïach fach (giachod bach, y gïach leiaf (y giachod lleiaf), y fyniar leiaf (y mynieir lleiaf), ysniden fach/leiaf, sneipen fach (sneipsbach); **painted ~**, *(Rostratula benghalensis):* gïach amryliw; **pin-tailed ~**, *(Gallinago stenura):* gïach gynffonfain (giachod cynffonfain); **red-breasted ~**, *(Limnodromus griseus):* gïach frongoch (giachod brongoch) *f* (*pronounced* ng-g). **2.** *F:* **[gutter] ~**, = **urchin 1. ~-eel** *n. Ich:* llysywen bigfain (llysywod pigfain) *f*. **~-fish** *n. Ich:* ysnidbysgodyn (ysnidbysgod) *m*. **~-fly** *n. Ent:* pryf(-ed) giachog *m*.

snipe² *v.t. & i. (a) Mil:* **to ~ [at] the enemy,** tanio/saethu [o guddfan] ar/at y gelyn, cêl-saethu ar/at y gelyn; *(b) Fig:* **to ~ at s.o.,** pigo crach rhn, beirniadu rhn, lladd ar rn, codi godre rhn, *N.W: F:* lluchio at rn, taflu weips at rn.

snipelike *a.* giachaidd.

sniper *n.* saethwr (saethwyr) cudd *m*, cêl-saethwr (~-saethwyr) *m*.

sniperscope *n.* ysbienddrych(-au) (*m*) nos, *ysbisgop(-au) *m*.

sniping *vn.* **1.** = **snipe² 1. 2.** *(criticism):* beirniadaeth(-au) *f*.

snippet *n.* **1.** darn(-au) *m*, pwt (pytiau) *m*, pis[h]yn (pisiau) *m*; **snippets of information,** lloffion/pytiau/manion o wybodaeth, mân wybodaethau. **2.** *U.S:* = **runt 2.**

snippety *a.* pytiog.

snippines *n.* pytiogrwydd *m*.

snippy *a.* pytiog.

snitch¹ *n. P:* = **nose¹**.

snitch² *v.i.&t.* **1.** *v.i. P:* = **sneak² 1.** *(b).* **2.** *v.t.* = **steal.**

snitcher *n.* = **sneak¹ 2.**

snivel¹ *n.* snwffian [crio] *vn*, nadu *vn*.

snivel² *v.i.* snwffian [crio], nadu, *S.W:* gweflan; **"I'm sorry", he snivelled,** "mae'n ddrwg gen i", meddai'n ddagreuol *or* gan snwffian.

sniveller *n.* nadwr (nadwyr) *m*.

snivelling, snivelly *a.* snwfflyd, dagreuol, wylofus.

snob *n.* crechyn (crachach, crach, crachod) *m*, snob(-iaid) *m&f*, snobyn *m*, snoben *f* (snobiaid, snobs, *S.E: occ:* snobsach), *N.W:* hen drwyn(-au) *m*, *Lit:* crachfonheddwr (crachfonheddwyr, crachfoneddigion) *m*, crachfoneddiges(-au) *f*; **he's a wine ~,** mae'n snob/snobyn gwinoedd. **~ appeal** *n.* apêl (*f*) i'r crach/crachach. **~ school** *n.* ysgol (*f*) grach/grachach (ysgolion crach/crachach).

snobbery *n.* snobyddiaeth *f*, snobeiddiwch *m*, *Lit:* crachfonedd *m*, *S.W:* mawrdra *m*; **inverted ~,** snobyddiaeth tu chwith.

snobbish *a.* crachaidd, snobyddlyd, snoblyd, snobaidd, ffroenuchel, *Lit:* crachfonheddig, sychfonheddig, crachfoneddigaidd.

snobbishly *adv.* yn grachaidd *&c.*

snobbishness, snobism *n.* = **snobbery.**

snobby *a.* = **snobbish.**

snobocracy *n.* crachlywodraeth *f*.

snoek *n. Ich:* snŵc(-s) *m*.

snog *v.i. & n. F:* **1.** *v.i.* swsio, cusanu, *S: F:* lapswchan. **2.** *n.* lapswchad *m*.

snood *n. Cost:* **1.** ysnoden(-ni) *f*, penrhwym(-au) *m*, ffunen(-nau,-ni) *f*. **2.** *Fish:* ffunen fach (ffunenni bychain).

snook¹ *n. F:* **to cock a ~ at s.o.,** wfftio/herio/herian rhn, bodio'ch trwyn ar rn.

snook² *n. Ich:* r|obalo (robaloaid) *m*.

snooker¹ *n. Bill:* snwcer *m*.

snooker² *v.t.* **to ~ s.o.,** snwcro rhn; *Fig:* cloffrwymo/rhwystro rhn, gadael rhn mewn twll, drysu amcanion rhn, *V:* gwnïo tin rhn.

snookered *a.* mewn picil, mewn caethgyfle.

snoop¹ *n. F:* **1.** = **snooper. 2. to have a ~ around,** mynd i ffureta/chwilota.

snoop² *v.i.* ysbïo (**on s.o.,** ar rn); busnesu, busnesa, ffureta, *S:* chwilmentan, chwilmanta (ym musnes rhn).

snooper *n.* ysbïwr (ysbiwyr) *m*, busneswr (busneswyr) *m*, busnesgi (busnesgwn) *m*, busn|eswraig (busneswragedd) *f*, ysbïwraig (ysbiwragedd) *f*, ffuretwr (ffuretwyr) *m*, ffur|etwraig (ffuretwragedd) *f*.

snooperscope *n.* = **sniperscope.**

snoopy *a.* busneslyd, busnesgar, ymyrgar.

snoot *n. F:* = **nose¹**.

snootily *adv.* yn ffroenuchel *&c.*

snootiness *n.* ffroenuchelder *m*, trwynsurni *m*, balchder *m*, hunan-dyb *m*, rhodres *m*, *Lit:* cysêt *m*.

snooty *a. F:* ffroenuchel, trwynsur, balch, hunandybus, *occ:* cysetlyd; **~ person,** *F:* hen drwyn(-au) *m*.

snooze¹ *n.* cyntun *m*.

snooze² *v.i.* cael cyntun, hepian.

snore¹ *n.* chwyrn[i]ad(-au) *m*, rhochiad(-au) *m*, chwyrnu *vn*, rhochian *vn*, *occ:* rhoch *f*.

snore² *v.i.* chwyrnu, rhochian, *S.W:* rhochan, hwrnu; **to ~ like a pig,** rhochian fel mochyn, *S.E:* dreifio moch, *S.W:* chwyrnu fel picwnen.

snorer *n.* chwyrnwr (chwyrnwyr) *m*, rhochiwr (rhochwyr) *m*.

snoring¹ *a.* rhochlyd, chwyrnog.

snoring² *vn* = **snore¹,².**

snorkel¹ *n.* peipen (peipiau) (*f*) anadlu, snorcel(-i) *m*.

snorkel² *v.i.* snorcelu, snorcelio.

snorkeller *n.* snorcelwr (snorcelwyr) *m*, snorc|elwraig (snorcelwragedd) *f*.

snorkelling *vn.* = **snorkel².**

snort¹ *n.* **1.** *(a)* snwffiad(-au) *m*, ffroeniad(-u) *m*, ffroenochiad(-au) *m*; **~ of laughter,** piff(-iau) (*m*), pwff(-iau) (*m*) o chwerthin; *(b) F:* **~ of whisky,** = **shot 2.** *(f).*

snort² *v.i. & t.* **1.** *v.i.* snwffian, ffroeni, ffroenochi, *S.W:* rhwchial, rhyncio. **2.** *v.t.* **to ~ defiance at s.o.,** wfftio rhn; **to ~ a drug,** sniffian/ffroeni/synhwyro cyffur; **("nonsense!") he snorted,** ("twt lol!") wfftiodd, meddai gan wfftio.

snorter *n. P: N:* homer (*m*) o beth, clincer (*m*) o beth, andros (*m*) o beth(-au), coblyn (*m*) o beth, *S.W:* yffach (*m*) o beth, cliper (*m*) o beth; **there was a ~ of a gale last night,** 'roedd hi'n andros o wynt neithiwr; 'roedd 'na gythraul o wynt neithiwr; *S:* 'roedd 'na wynt rhyfedd neithiwr; *F:* **I'll send him a real ~,** mi anfonaf ato andros o lythyr cas; **a problem that is a regular ~,** andros/coblyn o broblem, clamp (*m*) o broblem, problem astrus/anodd, problem a hanner.

snorting¹ *a.* snwfflyd, ffroenochlyd, rhochlyd, chwythlyd.

snorting² *vn.* = **snort¹,².**

snot *n.* **1.** *P:* (= *mucus*)*:* llysnafedd (*m*) trwyn, *N:* sych (*m*) trwyn, chwyth (*m*) trwyn, *occ:* baw (*m*) trwyn, *S:* gïach (giachod) *mf*, *S.W:* smwt *m*, smoddeg *f*. **2.** *(pers.):* sinach(-od) *m*, gelach(-od) *mf*. **~-rag** *n.* = **handkerchief.**

snottily *adv. P:* yn surbwch, yn ddiamynedd *&c*

snottiness *n.* piwisrwydd *m*, pigogrwydd *m*.

snotty *a. & n.* **1.** *a. P: (a)* **a ~ child,** plentyn â'i drwyn yn rhedeg, plentyn heb sychu ei drwyn; *(b) (pers.):* surbwch, surbwchlyd, piwis, pigog, cwta, swta, annifyr, anghynnes, cysetlyd. **2.** *n. P: Navy:* = **midshipman.**

snout *n.* **1.** *(a) (of pig, bull &c):* trwyn(-au) *m*, *S.W:* swch (sychau) *f*; *Lit: occ:* turs(-iau) *m*, duryn(-nau) *m*; *(b) P: (of human):* trwyn, *occ:* pig(-au) *f*, gwep(-iau) *f*; *(c) Bot:* **weasel ~,** = **toadflax. 2.** *(a) Ind: (of pipe &c):* trwyn, blaen(-au), ffroenell(-au) *f*; *(of glacier, battleship's ram &c):* swch, duryn; *(b) P:* (= *tobacco*)*:* baco *m*. **~-beetle** *n. Ent:* = **weevil. ~-moth** *n. Ent:* gwyfyn(-od) trwynog *m*.

snouted *a.* trwynog, durynnog.

snoutlike *a.* trwynaidd, durynnol.

snow¹ *n.* **1.** *(a)* eira(-oedd) *m*, *Lit: & N.E: occ:* ôd *m*; **fine ~,** eira mân; **driven ~,** eira lluwch, eira lluwchio, lluwch (*m*) eira, manod *m*; **heavy ~,** eira mawr; **remnants of snow,** esgyrn eira; **as pure as the driven ~,** cyn wynned â'r eira; *Poet:* **where are the snows of yester-year?** lle heno eira llynedd? **a fall of ~,** cnwd (*m*) o eira; **there's been a fall of ~,** mae hi wedi bwrw eira; **~ is coming,** mae eira ar ddod; fe ddaw yn eira; *N:* mae hi'n magu eira; mae hi'n hel [am] eira; *(b) Ind:* **carbonic acid ~,** eira carbonig; *(c) T.V.* eira, bwrw (*vn*) eira. **2.** *Cu:* **apple ~,** afalau (*pl*) gwynwy. **3.** *P: (drug):* cocên *m*. **~-blind** *a.* dall gan eira. **~-blindness** *n.* dallineb (*m*) eira. **~-blink** *n.* adlewyrch (*m*) eira. **~ boot** *n.* esgid(-iau) (*f*) eira. **~-broth** *n.* eira tawdd, slwtsh (*m*) eira. **~ bunting** *n. Orn:* bras (breision) (*m*) yr eira. **~-clad, ~-covered** *a.* eiraog, dan [orchudd] eira. **~-devil** *n. Meteor:* cythraul (cythreuliaid) (*m*) eira. **~-flurry** *n. U.S:* = **snowstorm. ~ fly** *n. Ent:* pryf(-ed) (*m*) yr eira. **~-gauge** *n.* mesurydd(-ion) (*m*) eira. ~ **gnat** *n. Ent:* gwybedyn (gwybed) (*m*) yr eira. ~-**goggles** *n.* sbectol(-au) (*f*) eira. ~-**goose** *n. Orn:* gŵydd (*f*) yr eira (gwyddau'r eira). ~-**grass** *n. Bot:* glaswellt (*m*) yr eira. ~-**grouse** *n.* = **ptarmigan**. ~-**gum** *n. Bot:* gymwydden (gymwydd) (*f*) yr eira. ~-**ice** *n.* plymen (*f*) eira. ~-**in-summer** *n. Bot: (Cerastium tomentosum):* gwymon (*m*) yr eira, cornwlyddyn cedennog *m*, clust (*f*) llygoden gedennog, clust llygoden y felin. ~ **on the mountain** *n. Bot: (Euphorbia marginata): N:* blodau (*pl*) bara gwyn, blodau clustiau'r ŵyn, blodau clust, cyfnas wen *f*, *S.E:* Twm (*m*) para byth. ~ **job** *n. U.S:* twyll(-au) *m*. ~-**leopard** *n. Z:* = **ounce**[2]. ~ **mould** *n. Fung:* llwydni gwyn *m*. ~ **partridge** *n. Orn: (Lerwa nivicola):* petrisen (petris) (*f*) yr eira. ~ **owl** *n.* = **snowy owl**. ~-**plant** *n. Bot:* coch(-ion) (*m*) yr eira. ~-**shovel** *n.* rhaw(-iau, rhofiau) (*f*) eira. ~-**slide**, ~-**slip** *n.* cwymp(-au) (*m*) eira, llithr[i]ad(-au) (*m*) eira, |afalans (afalansiau) *m*. ~-**tyre** *n. Aut:* teiar(-s) (*m*) eira. ~-**white** **1.** *a. (a)* gwyn fel [yr] eira, purwyn (*f.* purwen, *pl.* purwynion), claerwyn (*f.* claerwen, *pl.* claerwynion), cyn wynned â'r eira, eiryaidd; *(b) (= innocent):* dihalog, pur. **2.** **S~ W~**, *Pr.n.f.* Eira Wen *f*, Gweneira *f*; **(S~ W~) and the seven dwarves,** (Eira Wen, Gweneira) a'r saith corrach.

snow[2] *v.i. & t.* **1.** *v.i. impers.* bwrw eira, *M.W: N.E: occ:* odi, pluo, *N.W: occ:* bwrw plu, pluo eira; **it's snowing,** mae hi'n bwrw eira; mae hi'n pluo eira; mae hi'n ei phluo hi; **to ~ heavily,** bwrw eira'n drwm, gwn|eud eira mawr; **to ~ lightly,** bwrw eira'n ysgafn, *S.W:* ffluwchan. **2.** *v.t.* **to be snowed in/up,** cael eich cau/caethiwo gan eira; **we've been snowed under by letters,** bu llythyrau'n lluwchio drosom; cawsom lu/domen/lwyth/fflyd o lythyrau; cawsom ein boddi mewn llythyrau; *F:* **snowed under with work,** at eich ceseiliau/clustiau mewn gwaith, dan faich trwm o waith.

snow[3] *n. Nav:* cwch (cychod) (*m*) tair hwyl, bad(-au) (*m*) tair hwyl.

snowball[1] *n.* **1.** *(a) (small enough to throw):* pelen (peli) (*f*) eira, *N.W: occ:* mopan (mopins) *f*; *(b) (too large to throw):* caseg (cesyg) (*f*) eira; *P:* **he hasn't a ~'s chance in hell,** *N:* 'does ganddo ddim gobaith mul yn y Grand National; *S:* 'does gyda fe ddim hôps/gobaith caneri melyn. ~-**bush**, ~-**tree** *n.* = **guelder rose.**

snowball[2] *v.t. & i.* **1.** *v.t.* taflu peli eira (at rn), pledu eira (at rn), pledu (rhn) â pheli eira, *N.W:* mopio (rhn) [efo peli eira]. **2.** *v.i. (of story, debts &c):* tyfu/cynyddu fel caseg eira.

snowbell *n. Bot: (Soldanella):* cloch (clychau) (*f*) eira; **Alpine ~,** *(S. alpina):* cloch eira'r Alpau; **Austrian ~,** *(S. austriaca):* cloch eira Awstria; **dwarf ~,** *(S. pusilla):* cloch eira fechan; **Hungarian ~,** *(S. hungarica):* cloch eira Hwngaria (*pronounced* ng-g); **least ~,** *(S. minima):* y gloch eira leiaf; **mountain ~,** *(S. montana):* cloch eira'r mynydd; **Pyrenean ~,** *(S. villosa):* cloch eira'r Pyreneau.

snowberry *n. Bot:* llusen (llus) (*f*) yr eira.

snowbird *n. Orn:* aderyn (adar) (*m*) yr eira, bras (breision) (*m*) yr eira.

snowblower *n.* chwythwr (chwythwyr) (*m*) eira.

snowbound *a. (pers., village):* caeth gan eira, *occ:* yng ngharchar eira; *(road):* wedi ei chau gan eira, caëedig gan eira.

snowcap *n. Cost: Geog: Orn:* cap(-iau) (*m*) eira.

snowcapped *a.* eiraog, â chap eira, dan gap eira, dan gap/gapan o eira; **the ~ peaks of Snowdonia,** cribau gwynion Eryri.

snowcock *n. Orn:* **Caspian ~,** *(Tetraogalluscaspius):* ceiliog(-od) (*m*) eira Caspia; **Caucasian ~,** *(T. caucasicus):* ceiliog eira'r C|awcasws.

Snowdon *Pr.n. Geog:* Yr Wyddfa *f*, *A:* Gwyddfa Rhita Gawr; ~ **Mountain Railway,** Trên Bach yr Wyddfa; **Lord ~,** yr Arglwydd Snowdon. ~ **lily** *n. Bot: (Lloydia serotina):* brwynddail (*pl*) y mynydd, lili(*f*)'r Wyddfa.

Snowdonia *Pr.n. Geog:* Eryri *f*. ~ **National Park** *n.* Parc Cenedlaethol (*m*) Eryri.

Snowdonian *a.* [o] Eryri.

snowdrift *n.* lluwch(-ion, lluwchf|eydd) *f* [eira], *M.W:* llychfa (llychf|eydd) *f*, *S.E:* iff(-oedd) *m*, ffluwch(-ion) *mf*; **to form a ~,** lluwchio.

snowdrop *n. Bot: (Galanthus nivalis):* eirlys(-iau) *m*, cloch (clychau) (*f*) baban/maban, lili fach wen *or* lili wen fach (lilis/liliau bach gwynion) *f*, eiriol *m*, blodyn (*m*) yr eira (blodau'r eira), *N.W:* tlws (*m*) yr eira (tlysau'r eira). ~ **tree** *n. Bot: (Halesia):* cloch (clychau) arian *f*, coeden (coed) (*f*) eirlysiau.

snowfall *n.* cwymp(-au) (*m*) eira.

snowfield *n.* maes (meysydd) (*m*) eira.

snowflake *n.* **1.** pluen (plu) (*f*) eira, fflochen(-ni,-nau) (*f*) eira, *S:* plufyn (pluf) (*m*) eira, ffluwchyn (ffluwchion) (*m*) eira. **2.** *Bot:* **spring ~,** *(Leucojum vernum):* eirïaidd *m* [y gwanwyn], blodau(*pl*)'r gaeaf; **summer ~,** *(L. aestivum):* eirïaidd yr haf. **3.** *Orn:* = **snow bunting.**

snowguard *n.* = **roof-guard.**

snowily *adv.* yn eirïaidd, yn eiraog.

snowiness *n.* **1.** eiraogrwydd *m*; golwg eiraog (*f*) (ar rth). **2.** *(of hair):* penwynni *m*.

snowless *a.* heb eira, dieira.

snowlike *a.* fel eira.

snowline *n.* llinell(-au) (*f*) eira.

snowman *n.m. (a)* dyn(-ion) eira; *(b)* **the abominable ~,** y dyn eira dychrynllyd, bwgan(-od) yr eira, ieti (ietïaid/ietïod).

snowmobile *n. Veh:* car (ceir) (*m*) eira.

snowplough, *U.S:* **snowplow** *n.* **1.** *Trans: Rail:* aradr (erydr) (*f*) eira, swch (sychau) (*f*) eira. **2.** *Ski:* swch eira.

snowshed *n. Rail:* to(-eau) (*m*) eira.

snowshoe *n.* esgid(-iau) (*f*) eira. ~ **hare** *n. Z:* ysgyfarnog(-od) (*f*) yr eira.

snowstorm *n.* storm(-ydd) (*f*) [o] eira.

snowsuit *n.* siwt(-iau) (*f*) sgïo.

snowy *a.* eirïaidd, yn eira i gyd, eiraog, eiriog, eirllyd; **a ~ day,** diwrnod o eira; ~ **weather,** tywydd eira; *F:* ~ **hair,** gwallt lliw eira, gwallt fel eira, gwallt claerwyn; ~ **egret/heron,** crëyr (crehyrod) claerwyn *m*; ~ **owl,** tylluan(-od) (*f*) yr eira. ~ **haired** *a.* penwyn (*f.* penwen, *pl.* penwynion). **S~ Mountains** *Pr.n. Geog:* Mynyddoedd yr Eira. **S~ River** *Pr.n. Geog:* Afon (*f*) yr Eira. ~-**white** *a.* = **snow-white 1.**

snub[1] *n.* sen(-nau) *f*, sarhad *m* (**to s.o.,** ar rn).

snub[2] *v.t.* **1.** *(a)* **to ~ s.o.,** sennu rhn, rhoi rhn yn ei le, torri crib rhn; **to ~ s.o. into silence,** rhoi taw ar rn, *F:* rhoi caead ar biser/debot rhn; *(b) (= rebuff, ignore):* anwybyddu, nacáu. **2.** *Nau: &c:* stopio, atal.

snub[3] *a. (nose): N:* smwt, *S.W:* pwt. ~-**nosed** *a.* trwynsmwt, trwynbwt, â thrwyn smwt/pwt *&c.*

snubber[1] *n. U.S: (= shock absorber):* clustog(-au) *f*.

snubber[2] *n.* sennwr (senwyr) *m*, s|enwraig *f*.

snubbing-post *n.* atalbost (atalbyst) *m*.

snubby *a.* **1.** *(of nose):* smwt, smwtlyd. **2.** *(of pers.):* bychanus.

snuff[1] *n.* **1.** *(= powdered tobacco):* snisin *m*, *Lit:* trewlwch *m*, trwynlwch *m*, *S.W: occ:* enllyn (*m*) trwyn; **he's up to ~,** mae'n un ffêl/henffel/cyfrwys; nid yw'n torri cnau gweigion; *N:* mae'n ffl[e]iar; mae'n un 'sgut; *U.S:* **it's not up to ~,** nid yw'n ddigon da. **2.** *(of candle):* pabwyryn llosg *m*. ~-**coloured** *a.* melynddu(-on), lliw snisin. ~-**taker** *n.* defnyddiwr (defnyddwyr) (*m*) snisin.

snuff[2] *v.i.* cymryd snisin.

snuff[3] *v.t. (candle, wick &c):* tocio. ~ **out 1.** *v.t.* **to ~ out a candle,** diffodd cannwyll. **2.** *v.i. P:* **to ~ it, to ~ out,** = **die**[2].

snuffbox *n.* blwch (blychau) (*m*) snisin.

snuffer *n.* **1.** *A: (= scissors):* **[pair of] snuffers,** haearn (heyrn) (*m*) canhwyllau, glaniadur(-on) *m* [canhwyllau]. **2.** *(= extinguisher):* diffoddwr (diffoddwyr) (*m*) canhwyllau.

snuffily *adv.* yn biwis *&c.*

snuffiness *n.* piwisrwydd *m*.

snuffle[1] *n.* snwffian *vn*; **to have the snuffles,** bod dan annwyd.

snuffle[2] *v.i.* snwffian.

snuffler *n.* snwffiwr (snwffwyr) *m*, sn|wffwraig *f*.

snuffling[1] *a.* snwfflyd.

snuffling[2] *vn.* = **snuffle**[2].

snuffy[1] *a. (= like snuff):* fel snisin; *(= covered in snuff):* yn snisin i gyd.

snuffy[2] *a. (= huffy):* piwis, blin, croes.

snug[1] *a. & adv.* **1.** *a. (a)* clyd, diddos; *P:* **as ~ as a bug in a rug,** cyn glyted â nyth cath, clyd fel pathew, cyn glyted â phathew, clyd braf, cynnes fel tost/tostyn; *(b) F: (income, job &c):* taclus, *N:* del, *S:* teidi; **to earn a ~ amount,** ennill ceiniog fach ddel, ennill arian teidi. **2.** *adv.* **to lie ~,** swatio.

snug[2] *n. (in public house):* ystafell (*f*) gefn (ystafelloedd cefn), parlwr (parlyrau) (*m*) cefn, *N:* clydfan(-nau) *mf*, cegin (*f*) bot[s]io (ceginau pot[s]io).

snuggery *n.* **1.** lle(-oedd) clyd/diddos *m*, gwâl (gwalau) *f*, lloches(-au) *f*. **2.** = **snug²**.

snuggle *v.i. & t.* **1.** *v.i.* **to ~ up to s.o.,** ymwasgu at rn, swatio wrth ochr rhn, *F:* closio at rn, *S:* cwtsio lan at rn; **to ~ down in a bed,** swatio dan y dillad gwely; **village snuggling in a valley,** pentref yn swatio mewn dyffryn. **2.** *v.t.* **to ~ a child,** cofleidio/anwesu plentyn, gwasgu plentyn atoch.

snugly *adv.* yn glyd, yn ddiddos *&c*; **to sleep ~,** cysgu'n glyd, cysgu'n dorch, cysgu fel pathew; **~ wrapped,** diddos, *N. W: occ:* cobog; **(it fitted) ~,** (yr oedd yn ffitio) fel gwain am dwca, fel blwch; **(a garment which fits) ~,** (dilledyn sy'n ffitio) i'r dim, fel maneg.

snugness *n.* clydwch *m*, diddosrwydd *m*.

so *adv. & conj.* I. *adv.* **1.** *(a)* mor (*+ soft mut.*), cyn (*+ soft mut.*) + *equative degree of adj.*; **she is ~ kind,** mae hi mor garedig; **she isn't ~ [very] old,** nid yw hi mor hen â hynny; nid yw hi cyn hyned â hynny; **it's not ~ much a town, but more a large village,** nid tref ydyw yn gymaint â phentref mawr; **the young and the not ~ young,** y rhai ifainc a'r rhai hŷn, yr ifanc a'r llai ifanc, yr ifanc a'r rhai heb fod mor ifanc; **I'm not ~ sure of that,** nid wyf mor sicr o hynny; nid wyf yn gwbl/hollol sicr o hynny; **~ good a friend,** cyfaill mor dda, cystal cyfaill, cyfaill cystal; **not ~ fast!** gan bwyll! ara' deg! **would you be ~ kind as to...?** a fyddech chi mor garedig *or* cyn garediced â...? **~ sorry!** mae'n wir ddrwg gen i! **you're ~ kind!** 'rydych chi mor garedig! **~ kind of you!** on'd ydych chi'n garedig! dyna garedig! **be ~ good as to close the door,** byddwch gystal â chau'r drws; **who would be ~ mean as not to admire him?** pwy a fyddai'n rhy grintach i'w edmygu? **~ great, ~ much,** cymaint; **~ greatly/much,** gymaint; **I loved her ~ much,** 'roeddwn i'n ei charu hi gymaint; **it's ~ much nonsense,** dim ond lol/dwli yw hynny, **I can stand just ~ much interference,** gallaf ddioddef hyn a hyn o ymyrraeth, a dim mwy; **we enjoyed ourselves ~ much,** cawsom y fath hwyl; cawsom gymaint o hwyl; **~ much for him!** [naw] wfft iddo! gwynt teg ar ei ôl! **give me ever ~ little,** rhowch i mi ychydig bach, bach; rhowch imi'r mymryn lleiaf; rhowch imi'r nesaf peth i ddim; **I didn't think you'd be ~ long,** ni feddyliais i y byddech chi gyhyd; **it's not ~ good,** nid yw cystal; *S.a.* **never; ~ much as to...,** gymaint/nes...; i'r fath raddau nes...; **~ little love,** cyn lleied o gariad; **~ many,** cynifer, cymaint (o rth); **~ many people,** cynifer, cymaint [o bobl]; *Prov:* **~ many men, ~ many minds,** ym mhob pen mae piniwn; **loving her ~ (he could not blame her),** o'i charu gymaint, cymaint oedd ei gariad tuag ati (ni allai weld bai arni); *S.a.* **ever 3, far¹, long¹** III; *(b)* **if it takes ~ many men ~ much time to do ~ much work...,** os oes gofyn i hyn a hyn o ddynion weithio hyn a hyn o amser i wneud hyn a hyn o waith...; **it's just ~ much rubbish,** nid yw ond llwyth/tomen o sbwriel; **every ~ often,** bob hyn a hyn; **I can understand only ~ much,** ni allaf ddeall ond hyn a hyn; **you can go ~ far and no further,** gelli fynd hyn a hyn o bellter, a dim pellach; **~ far, she's said nothing,** hyd yn hyn, nid yw hi wedi dweud yr un gair; **~ far, ~ good,** hyd yn hyn, popeth yn iawn; iawn hyd yma; **in ~ far as I can,** hyd y gallaf, i'r graddau y gallaf; **~ far as I know,** hyd y gwn i; **~ far from seeking help, she offered it,** yn hytrach na cheisio cymorth, fe'i cynigiodd. **2.** *(a)* *(= thus):* felly, fel hyn, yn yr un modd, yn y fath fodd, *F:* fel yna; fel hyn; **stand just ~,** saf (sefwch) fel hyn; **while he was ~ occupied,** tra oedd yn brysur felly; **~ it was that he became a soldier,** felly yr aeth yn filwr; dyna sut yr aeth yn filwr; **why do you cry ~?** paham yr wyt ti'n wylo fel hyn? **as X is to Y, ~ Y is to Z,** fel/megis y mae X i Y, felly [hefyd] y mae Y i Z; **as is the father, ~ is the son,** fel y tad y bydd y mab; felly'r tad, felly'r mab; **she ~ arranged things (that...),** (trefnodd hi bethau yn y fath fodd) ag i..., fel bod/mai...; **it ~ happened that I was there,** digwyddodd/darfu imi fod yno; yr oeddwn yn digwydd bod yno; **it just ~ happens that we are related,** yr ydym yn perthyn, fel mae'n digwydd bod; **I have been ~ informed,** felly'r wyf yn deall; felly y cefais ar ddeall; **and ~ on, and ~ forth,** ac yn y blaen, ac felly ymlaen, ac ati [hi]; **~ to say, ~ to speak,** fel petai, megis, *F:* fel 'tae, mewn ffordd o siarad; **~ saying, he went off,** gyda'r geiriau hyn, aeth ymaith; *(b)* **(has the train gone ?) - I think ~,** (a yw'r trên wedi mynd?) - do, rwy'n meddwl; rwy'n meddwl ei fod; **she's ~ clever! - you think ~?** mae hi mor glyfar! - ydych chi'n meddwl? **I suppose ~,** mae'n debyg gen i; am a wn i; *N: F:* decin-i; *S: F:* sbo; **I hope ~,** gobeithio['n wir, felly, hynny]; 'rwyf yn mawr obeithio; **~ I should hope!** mi fuaswn i'n gobeithio/meddwl, wir! **I fear ~,** y mae arnaf ofn; [felly] yr wyf yn ofni; *S.a.* **say².** *(d)*; **~ it seems,** yn ôl pob golwg; felly'r ymddengys; felly y mae hi'n ymddangos; **I told you ~!** beth ddywedais i! dyna a ddywedais i wrthych chi! mi ddywedais i! **~ I told him,** felly y dywedais wrtho; dyna a ddywedais wrtho; **~ much ~ that...,** i'r fath raddau fel..., cymaint felly fel...; **~ much more ~,** cymaint yn fwy eto felly; **she didn't ~ much as look at me,** edrychodd hi ddim arna' i hyd yn oed; wnaeth hi ddim cymaint ag edrych arna' i; **~ much for patriotism!** dyna werth gwladgarwch! **that's ~; it is ~; ~ it is,** felly y mae hi; yn union; gwir hynny; yn hollol; yn gymwys; *S: F:* yn gwmws; **is that ~?** felly'n wir? ai e? o ddifrif? ai felly mae ei deall hi? ai felly [y mae]? *N: F:* go iawn? **(it is) not ~,** nid felly *or* nid fel hynny *or* nid fel yna (y mae hi); nid yw hynny'n wir; **~ what?** pa wahaniaeth? beth yw'r ots? felly? ac felly? be' wedyn? **that being ~,** gan hynny; **~ be it!** boed/bydded felly! felly y bo! bid felly! **~ long!** da bo ti (da boch chi)! *S.a.* **long¹** III. **1;** *(c)* **if ~,** os felly; **why ~?** pam hynny? pam felly? **how ~?** sut felly? sut hynny? **not ~!** dim o gwbl! **and ~ to bed,** ac yna i'r gwely: **perhaps ~,** efallai'n wir, efallai hynny, hwyrach felly; **quite ~! just ~!** yn union! yn hollol! *S: F:* yn gwmws! **I like things to be just ~,** mi fydda' i'n hoffi i bopeth fod yn ei le; **even ~ (she still loved him),** er gwaethaf hynny, hyd yn oed wedyn, serch hynny (daliodd i'w garu); **a hundred pounds or ~,** tua chanpunt, rhyw ganpunt, cant o bunnau fwy neu lai, *N: F:* ar draws can punt; **he worked there for a week or ~,** bu'n gweithio yno am wythnos neu ddwy; *(b)* **(she's right) and ~ are you,** (mae hi'n iawn) a chwithau hefyd, *Lit: occ:* ac felly chwithau; **and ~ am I,** a minnau hefyd, ac felly finnau; **(they ran) and ~ did I,** (fe redasant) a minnau hefyd, ac mi wnes i'r un peth/fath; **(I thought you were Welsh) - ~ I am,** ('roeddwn i'n meddwl mai Cymro oeddech chi) - Cymro ydw i, dyna ydw i [hefyd]; *(e)* **(your're late) - ~ I am,** ('rydych chi'n hwyr) - ydw hefyd! digon gwir! ydw wir! ydw mi 'rydw i! *(f)* **a little girl ~ high,** geneth fach [tua] hyn o daldra; **a stick ~ long,** ffon hyn o hyd. **3.** *conj.phr.* **~ that;** *(a)* *(purpose):* **(he stepped aside) ~ that I might pass,** (safodd o'r neilltu) i mi gael mynd heibio, fel y gallwn fynd heibio, er mwyn i mi gael mynd heibio, *Lit: occ:* modd y gallwn fynd heibio; **(we ran) ~ that we shouldn't be late,** (rhedasom) fel na fyddem yn hwyr, rhag [ofn] inni fod yn hwyr, er mwyn inni beidio â bod yn hwyr; *(b)* *(result):* **he tied me up ~ that I could not move,** fe'm rhwymodd i fel na allwn symud; **she was disappointed ~ much that she went home,** 'roedd hi mor siomedig fel yr aeth hi adref. **4.** *conj.phr.* **~ as to,** *(a)* **(we hurried) ~ as not to be late,** (brysiasom) rhag bod yn hwyr, fel na fyddem yn hwyr, rhag [ofn] inni fod yn hwyr, er mwyn inni beidio â bod yn hwyr; **just ~ as you don't forget,** rhag iti anghofio; *(b)* **(speak) ~ as to be understood,** (llefarwch) yn y fath fodd fel y'ch dëellir, fel y gellir eich deall, fel bod pobl yn eich deall; **(to behave) ~ as to annoy one's neighbours,** (ymddwyn) yn y fath fodd ag i wylltio'ch cymdogion, fel ag i wylltio'ch cymdogion. II. *conj.* **1.** felly, o'r herwydd, oherwydd hynny, *Lit:* am hynny, gan hynny; **(he did not return) and ~ he was thought dead,** (ni ddychwelodd) a chredid o'r herwydd ei fod yn farw, a chredid felly ei fod yn farw; **he was not there, ~ I came back,** nid oedd yno, felly mi ddois yn f'ôl. **2. ~ there you are!** dyna chi [felly]! dyna'r lle ydych chi! **~ you're not coming?** 'dydych chi ddim yn dod, felly? **~ that's it, is it?** fel yna mae ei deall hi, ie? **~ that's that!** dyna ben arni! dyna'i diwedd hi! **~ what?** beth am hynny? be' wedyn? **~ what if she is late,** pa ots/wahaniaeth os yw hi'n hwyr? beth os yw hi'n hwyr? **~-and-~** *n. F:* **1.** hwn a hwn *m*, hwn a'r llall, hon a hon *f*, hon a'r llall; **the lucky ~-and-~,** y cenau lwcus. **2.** *Pej:* **the ~-and-~ played me a shabby trick,** fe wnaeth y cenau/cythraul dro gwael â mi. **3. I was asked to do ~ and ~,** gofynnwyd imi wneud hyn a'r llall. **~-so 1.** *a.* gweddol, go lew, symol. **2.** *adv.* yn weddol, yn o lew, yn symol. **~-called** *a.* **1.** fel y'i gelwir, chwedl hwythau, ys dywedir; **the ~-called temperate zone,** y gylchfa dymherus fel y'i gelwir. **2. a ~-called doctor,** meddyg honedig, meddyg chwedl yntau, meddyg bondigrybwyll; **the ~-called countess,** yr iarlles bondichrybwyll; **~-called improvements,** gwelliannau honedig/bondicrybwyll.

soak[1] *n.* **1.** *(a)* soc[i]ad *m*, trochfa (trochf|eydd) *f*, trochiad(-au) *m*; **to put (sth) in ~,** rhoi (rhth) i socian; *occ:* rhoi (rhth) yn wlych *or* yng ngwlych; trwytho, trochi (rhth), *M: S.W:* soc[i]an, soc[i]o (rhth); *N:* mwydo (rhth); *S.W:* rhoi (rhth) yn wlych; datlith, ystwytho, trochi (rhth); *(b)* **I intend to have a good ~ in the bath,** 'rwyf am gael soc[i]ad reit dda yn y bath. **2.** *(= drinking bout):* sbri *(f)* yfed, *S:* yfwch *m*. **3.** *P:* = **drunkard.**

soak[2] *v.t. & i.* **1.** *v.t.* *(a)* gwlychu, *F:* socian; **I was soaked to the skin,** 'roeddwn yn wlyb at fy nghroen; *(b)* **to ~ (sth in water),** mwydo, trochi, trwytho, socian, *Lit:* soegi (rhth mewn dŵr); *(c) F:* **to ~ the rich,** blingo'r cyfoethogion. **2.** *v.i.* *(a) (of pers.):* ymdrochi, socian; *(b) (of liquid):* mwydo, socian, ymdrwytho; **to ~ into sth,** trwytho/socian rhth, treiddio/ymdreiddio i rth; *(c) P: (= drink heavily):* potio, yfed fel ych, eich mwydo'ch hun, eich socian eich hun (mewn diod). **~ in 1.** *v.i.* *(of liquid):* socian, suddo, ymdreiddio (i rth). **2.** *v.t.* **to ~ in water,** *(= absorb):* socian/sugno dŵr, *Lit:* amsugno dŵr. **~ through** *v.i.* socian, treiddio, ymdreiddio (trwy rth). **~ up** *v.t.* *(a liquid):* socian, yfed, *Lit:* amsugno.

soakaway *n.* ffos *(f)* gerrig (ffosydd cerrig).

soaked *a.* gwlyb (*f.* gwleb, *pl.* gwlybion); **sun-~,** heulog; **~ ground,** tir corslyd *m*, daear gorslyd *f*; **oil-~ rag,** clwt yn wlyb/socian gan oel; **~ to the skin,** gwlyb diferol, gwlyb at y croen, gwlyb socian, *N.W:* gwlyb domen [dail], *S:* gwlyb botsh, gwlyb stecs, gwlyb sopen, gwlyb shwps, gwlyb diferu, *S.E:* gwlyb pwtsh, *S.W:* swc-sac, gwlyb boten, stecs pwdel; **~ peas,** pys wedi'u mwydo, pys mwydog.

soaker *n. F:* **1.** *(pers.):* diotwr (diotwyr) *m*, slotiwr (slotwyr) *m*, potiwr (potwyr) *m*. **2.** *(rain):* curlaw *m*; **yesterday was a [regular] ~,** 'roedd hi'n law mawr ddoe; mi gawsom law trwm ddoe.

soaking[1] *a.* **~ [wet],** gwlyb diferol *&c*; *See* **soaked; a ~ downpour,** curlaw *m*.

soaking[2] *vn.* *(a) (in rain &c):* trochfa (trochf|eydd) *f*, gwlychfa (gwlychf|eydd) *f*, gwlychiad(-au) *m*, soc[i]ad(-au) *m*; **to get a ~,** gwlychu, cael trochfa, cael eich gwlychu/socian; *(b)* **to give (sth) a ~,** mwydo, trwytho, trochi (rhth); *See* **soak**[1].

soap[1] *n.* sebon(-au) *m*; **cake of ~,** talp(-iau) *(m)* sebon, bar(-rau) *(m)* sebon, calan(-nau, calenni) *(f)* sebon; **carbolic ~,** sebon carbolig, *F:* sebon coch; **household ~,** sebon golchi; **shaving ~,** sebon siafio; **soft ~,** *(i)* sebon meddal; *(ii) F:* sebon, gweniaith *f*, lledod *pl*, seboni *vn*; **toilet ~,** sebon ymolchi, *F:* sebon sent. **~-bubble** *n.* chwysigen (chwysigod) *(f)* sebon, *N: F:* swigen (swigod) *(f)* sebon. **~-earth** *n.* = **soapstone. ~ flake** *n.* pluen (plu) *(f)* sebon, plufyn (pluf) *(m)* sebon, fflochen (fflochion) *(f)* sebon. **~ opera** *n.* sioe(-au) *(f)* sebon, |opera (operâu) *(f)* sebon. **~-plant** *n. Bot: U.S:* blodyn (blodau) *(m)* sebon. **~ powder** *n.* powdr *(m)* golchi.

soap[2] *v.t.* **1.** seboni (rhth), golchi (rhth) â sebon. **2.** *F:* = **flatter.**

soapbark *n. Bot:* **1.** *(tree): (Quillaja saponaria):* coeden (coed) *(f)* sebonrisgl. **2.** *(bark):* rhisgl *(m)* sebon, sebonrisgl *m*.

soapberry *n. Bot:* **1.** *(tree):* sebonwydden (sebonwydd) *f*. **2.** *(fruit):* mwyaren (mwyar) *(f)* sebon, sebonffrwyth(-au) *m*.

soapbox *n.* bocs(-ys) *(m)* sebon. **~ cart** *n. N.W: occ:* ffôr-wilar(-s) *mf*, *S.W: occ:* cart (certi) *(m)* geido. **~ orator** *n.* areithiwr (areithwyr) *(m)* awyr agored *or* bocs sebon *or* pen-ffordd *or* pen stryd.

soapdish *n.* llestr(-i) *(m)* sebon, dysgl(-au) *(f)* sebon.

soapfish *n. Ich:* pysgodyn (pysgod) *(m)* sebon.

soapfruit *n.* = **soapberry 2.**

soapily *adv.* yn sebonllyd *&c*.

soapiness *n.* *(a) (of sth):* natur sebonllyd *f*, cyflwr sebonllyd *m*; *(b) F: (of pers.):* natur sebonllyd, ffalster *m*.

soapless *a.* disebon, heb sebon.

soapnut *n. Bot:* **1.** *(Acacia concinna):* cneuen (cnau) *(f)* sebon. **2.** = **soapberry 2.**

soaproot *n. Bot:* sebonwreiddyn (seb|onwraidd) *m*.

soapstone *n. Miner:* sebonfaen *m*, carreg *(f)* sebon.

soapsuds *n.pl.* trochion, golchion, *N: occ:* sicion [sebon], *S.W: occ:* woblin: wablin *m*.

soapworks *n.pl.* ffatri (ffatrïoedd) *(f)* sebon, gwaith (gweithf|eydd) *(m)* sebon.

soapwort *n. Bot: (Saponaria):* sebonllys *m*, calchlys *m*; **dwarf ~,** *(S. pumilio):* sebonllys bychan; **rock ~,** *(S. ocymoides):* sebonllys y cerrig; **spoon-leaved ~,** *(S. bellidifolia):* sebonllys llwyddeiliog; **tufted ~,** *(S. caespitosa):* sebonllys siobynnog; **yellow ~,** *(S. lutea):* sebonllys melyn.

soapy *a.* **1.** sebonllyd, sebonog; **~ taste,** blas sebonllyd, blas sebon [ar rth]. **2.** *F: (pers., voice):* sebonllyd, ffals.

soar *v.i. esp. Lit:* esgyn, hedfan [i fyny], ymgodi, codi [i'r awyr]; *(of tower &c):* ymddyrchafu; *F:* **prices have soared,** cododd prisiau i'r entrychion; mae prisiau wedi saethu i fyny; mae prisiau wedi codi'n ddychrynllyd; **to ~ above the common herd,** esgyn/codi uwchben y lliaws.

soarer *n.* codwr (codwyr) *m*, esgynnwr (esgynwyr) *m*.

soaring[1] *a.* **1.** *(bird, arrow):* esgynnol. **2.** *(a) (steeple):* ymgodol, ymddyrchafol, tra uchel; *(b) (ambition):* diderfyn, di-ben-draw; *(c) (prices):* esgynnol, dringol, uwch, sy'n codi, cynyddol.

soaring[2] *vn.* **1.** hedfan esgynnol; *(of bird):* codiad(-au) *m*, ymgodiad(-au) *m*, esgyniad(-au) *m*, esgynfa (esgynfâu, esgynf|eydd) *f*. **2.** *(of prices):* codiad(-au) sydyn *m*.

sob[1] *n.* beichiad(-au) *m*, ig(-iau,-ion) *m*, ochenaid (ocheneidiau) *f*. **~-sister** *n. U.S:* awdures ddagreuol (awduresau dagreuol) *f*. **~-story** *n.* stori dorcalonnus (straeon torcalonnus) *f*, stori ddagreuol (straeon dagreuol) *f*. **~-stuff** *n.* sentimentaliaeth *f*, llên wylofus/ddagreuol *f*.

sob[2] *v.i.&t.* **1.** *v.i.* beichio [wylo], igian [crïo], *S.W:* boichen, *occ:* pecial. **2.** *v.t.* **she was sobbing her heart out,** 'roedd hi'n beichio wylo/crïo; 'roedd hi'n wylo'n dorcalonnus/hidl; 'roedd hi'n wylo nes bron â thorri ei chalon; *(c)* **she sobbed hersef to sleep,** aeth i gysgu dan wylo; aeth i gysgu yn ei dagrau.

sobbing[1] *a.* wylofus; **in a ~ voice,** mewn llais dagreuol/wylofus, mewn llais llawn dagrau.

sobbing[2] *vn.* = **sob**[2].

sobbingly *adv.* yn ddagreuol *&c*, gan igian/feichio wylo.

sober[1] *a.* **1.** *(= moderate):* cymedrol, pwyllog, difrif, difrifol, sad; *(= calm):* digyffro, digynnwrf, llonydd, tawel, sobr, sobor; **as ~ as a judge, stone cold ~,** hollol sobr, cyn sobred â sant; **~ opinion,** barn gytbwys *f*; **in ~ earnest,** o ddifrif calon, mewn difrif calon; **in his ~ senses,** yn ei lawn bwyll; **~ fact,** ffaith ddiymwad (ffeithiau diymwad) *f*, ffaith go iawn, ffaith bendant (ffeithiau pendant); **in ~ truth,** mewn gwirionedd; **~ colours,** lliwiau llwydaidd; **~ dress,** gwisg lwydaidd *f*. **2.** *(= not drunk):* sobr, *F:* sobor; **to appeal from Philip drunk to Philip ~,** apelio oddi wrth Phylip feddw at Phylip sobr. **~-minded** *a.* pwyllog, call, sobr, ystyriol, difrif. **~-mindedness** *n.* pwyll *m*, difrifoldeb *m*, difrifwch *m*, sobrwydd *(m)* meddwl. **~-sided** *a.* surbwch, difrifol, sychdduwiol. **~-sides** *n.pl. F:* rhn (rhai) surbwch/difrifol *&c*.

sober[2] *v.t. & i.* **1.** *v.t.* **to ~ (s.o.) down,** difrifoli, sobri, sobreiddio (rhn); **to ~ a drunkard up,** sobri/sobreiddio meddwyn. **2.** *v.i.* *(a) (of enthusiast &c):* **to ~ down,** sobri, sobreiddio, callio, tawelu, ymdawelu, ymddifrifoli, dod i'ch synhwyrau, dod at eich coed, *N.W: occ:* sufulo; *(b) (of drunkard):* **to ~ up,** sobri, *occ:* bwrw'ch m|eddwdod.

sobering *a.* sobreiddiol, digon i'ch sobreiddio/sobri/difrifoli; **a ~ thought,** ystyriaeth ddifrifol.

soberly *adv.* *(a)* yn gymedrol, yn ddifrifol, yn bwyllog, gan bwyll *&c*; *(b)* **to dress ~,** gwisgo'n llwydaidd.

soberness *n.* **1.** *(a) (= moderation):* sobrwydd *m*, cymedroldeb *m*, sadrwydd *m*, sobreiddiwch *m*, callineb *m*, difrifoldeb *m*; **~ of speech,** sobrwydd ymadrodd; *(b) (= calm):* pwyll *m*, llonyddwch *m*, llonydd *m*, sadrwydd *m*, tawelwch *m*; *Prov:* **what ~ conceals, drunkenness reveals,** yn y gwin y cer y gwir; allwedd calon cwrw da. **2.** *(= not being drunk):* sobrwydd, sobreiddiwch.

sobole *n. Bot:* crachgoesyn(-nau) *m*.

sobreity *n.* = **soberness.**

sobriquet *n.* llysenw(-au) *m*, ffugenw(-au) *m*; *(of poet):* enw(-au) barddol *m*.

socage *n. Hist: Jur:* socaeth(-au) *f*, deiliadaeth *(f)* tir[-oedd] wrth swch a chwlltwr; **to have ~,** dal tir wrth swch a chwlltwr.

soccer *n. F:* pêl-droed *f*; *(allusively):* y bêl gron *f*. **~-manager** *n.* rheolwr *(m)* clwb pêl-droed (rheolwyr clybiau pêl-droed). **~-player** *n.* pêl-droediwr (~-droedwyr) *m*; *S.a.* **football 2** *(i)*.

sociability *n.* cymdeithasgarwch *m*.

sociable *a. & n.* **1.** *a.* cymdeithasol, cymdeithasgar. **2.** *n.* *(a) Veh:* cerbyd(-au) cyfwyneb *m*; *(b) (couch):* glwth (glythau) cyfwyneb *m*; *(c)* = **social 1.** *(c)*.

sociableness *n.* = **sociability.**
sociably *adv.* yn gymdeithasol, yn gymdeithasgar *&c.*
social *a. & n.* **1.** *a.* cymdeithasol; *Pol:* **~ democrat,** d|emocrat (democratiaid) cymdeithasol *m*; **~ democratic,** democrataidd-gymdeithasol; **~ disease,** clefyd(-au) gwenerol *m*; **~ disorganization,** chwalfa gymdeithasol *f*; **~ ladder,** esgynfa gymdeithasol *f*, ysgol (*f*) cymdeithas; **~ science,** gwyddor (*f*) cymdeithas; **~ security,** nawdd cymdeithasol *m*; **~ worker,** gweithiwr (gweithwyr) (*m*) cydymdeithasol *m*, gw|eithwraig gymdeithasol (gweithwragedd cymdeithasol); **the ~ whirl,** yr hwrli bwrli cymdeithasol *m*, y bwrlwm cymdeithasol *m*, bwrlwm cymdeithas. **2.** *n.* cyfarfod(-ydd) cymdeithasol *f*, noson/noswaith gymdeithasol (nosweithiau cymdeithasol) *f*.
socialism *n.* sosialaeth *f*.
socialist *a. & n.* **1.** *a.* sosialaidd. **2.** *n.* sosialydd (sosialwyr) *m*.
socialistic *a.* sosialaidd.
socialite *n. F:* cymdeithaswr (cymdeithaswyr) *m*, cymdeith|aswraig (cymdeithaswragedd) *f*.
sociality *n.* cymdeithasoldeb *m*.
socialization *vn.* = **socialize.**
socialize *v.i. & t.* **1.** *v.i.* (*= hobnob*)*:* cymdeithasu. **2.** *v.t.* (*= make social*)*:* cymdeithasoli; (*= make socialist*)*:* sosialeiddio.
socially *adv.* yn gymdeithasol, o safbwynt cymdeithasol; **I know him ~,** 'rwyf wedi cymdeithasu gydag ef; 'rydym yn troi yn yr un cylchoedd; **~ deprived,** cymdeithasol amddifad.
socialness *n.* cymdeithasoldeb *m*.
societal *a.* cymdeithasol.
society *n.* **1.** cymdeithas *f*; (*= companionship*)*:* cwmni *m*, cwmpeini *m*, cwmnïaeth *f*; **[high] ~,** y cylchoedd uchaf *pl*, byd (*m*) y boneddigion, [byd] y bobl fawr; **fashionable ~,** y byd ffasiynol, y gymdeithas ffasiynol; **~ people,** boneddigion *pl*, pobl fawr *f or pl*, *F:* byddigions *pl*; **~ butterfly,** gwibiwr (gwibwyr) cymdeithasol *m*, gw|ibwraig gymdeithasol (gwibwragedd cymdeithasol) *f*; *Journ:***~news column,** colofn (*f*) glecs (colofnau clecs); *attrib.***~ wedding,** priodas ffasiynol; **consumer ~,** cymdeithas (*f*) [y] prynwyr, cymdeithas [y] defnyddwyr. **2.** (*= organization*)*:* cymdeithas(-au) *f*; **~ publication,** cyhoeddiad(-au) (*m*) cymdeithas; **the British and Foreign Bible S~,** Cymdeithas y Beiblau, y Feibl Gymdeithas; **the Welsh Language S~,** Cymdeithas yr Iaith Gymraeg; **the S~ of Friends,** Cymdeithas y Cyfeillion, y Crynwyr *pl*; **the S~ of Jesus,** Cymdeithas yr Iesu, y Jeswitiaid, yr Iesuwyr; **S~ for the Promotion of Christian Knowledge,** Cymdeithas er Hyrwyddo Gwybodaeth Gristionogol; **S~ for the Propagation of the Gospel,** Cymdeithas er Taenu'r Efengyl; **the Royal S~ of London,** Cymdeithas Frenhinol Llundain.
Socinian *a. & n.* **1.** *a.* Sosinaidd, Undodaidd. **2.** *n.* Sosin(-iaid) *m&f*, Undodwr (Undodwyr) *m*, Und|odwraig *f*.
Socinianism *n.* Sosiniaeth *f*, Undod[i]aeth *f*.
sociobiological *a.* biolegol-gymdeithasol.
sociobiologist *n.* biolegydd (biolegwyr) cymdeithasol *m*.
sociobiology *n.* bioleg gymdeithasol *f*.
sociocultural *a.* cymdeithasol-ddiwylliannol.
sociodemographic *a.* cymdeithasol-ddemograffig.
socioeconomic *a.* economaidd-gymdeithasol.
socioeconomics *n.* economeg gymdeithasol *f*.
sociogram *n.* s|osiogram (sosiogramau) *m*, darlun(-iau) cymdeithasol *m*.
sociolinguistic *a.* cymdeithasol-ieithyddol.
sociolinguistics *n.* ieithyddiaeth gymdeithasol *f*, cymdeithaseg (*f*) iaith.
sociological *a.* cymdeithasegol.
sociologist *n.* cymdeithasegwr: cymdeithasegydd (cymdeithasegwyr) *m*.
sociology *n.* cymdeithaseg *f*, *occ:* gwyddor (*f*) cymdeithas.
sociometric *a.* sosiometrig.
sociometrist *n.* sosiometregydd: sosiometregwr (sosiometregwyr) *m*.
sociometry *n.* sosiometreg *f*.
sock[1] *n.* **1.** *Cost:* hosan [fach] (hosanau [bychain]) *f*, socsen (socs) *f*, *S:* socas(-au) *f*; *F:* **put a ~ in it!** taw (tewch)! rho(-wch) daw arni! rho gaead ar dy biser! cau dy hopran! rho'r (rhowch y) gorau iddi! **to pull one's socks up,** torchi llewys, tynnu ewinedd o'r blew. **2.** (*a*) **horse with white socks,** ceffyl â bacsiau gwynion; (*b*) (*of cat*)*:* pawen(-nau) *f*, bacsiau *pl*. **3.** *Th: A:* llopan(-au) *f*; *S.a.* **air-sock.**
sock[2] *n. P:* = **punch**[2].
sock[3] *P:* **1.** *v.t.* **to ~ a stone at s.o.,** taflu/lluchio carreg at rn, *N.W: occ:* pwmpio carreg at rn. **2. to ~ [into] s.o.,** *See* **punch**[3] **2**; *U.S: F:* **~ it to me, baby!** rho hi i mi, 'mach/'mechan i! **3.** *U.S:* **to ~ money away,** cynilo/celcio arian.
sockdolager *n. U.S: F:* **1.** (*blow*)*:* ergyd farwol *f*, *N.W: F:* y farwol *f*. **2.** = **whopper.**
socket *n.* (*a*) soced(-i,-au) *mf*; (*of eye*)*:* twll (tyllau) *m*, *Lit:* crau (creuau) *m*. **~ joint** *n.* cymal(-au) socedog. **~ outlet** *n.* soced.
socketed *a.* socedog, creuog.
sockeye *n. Ich:* eog coch (eogiaid cochion) *m*, eog glasgefn.
socle *n. Arch:* gwadn (*fm*) colofn (gwadnau colofnau).
Socratic *a. & n.* **1.** *a.* Socrataidd, Socratig; **the ~ method,** dull (*m*) Socrates. **2.** *n.* Socratig(-ion) *m&f*.
Socratically *adv.* yn Socrataidd.
sod[1] *n.* tywarchen (tyweirch, tywyrch) *f*, mawnen (mawn) *f*, *M.W:* tywaden (tŵod) *f*, *N.W: occ:* tolpyn (tolpiau) *m*, topen (topiau, topins) *f*, *S.W:* clotasen (clotas, clotasau) *f*, maten (matau) *f*; *F:* **under the ~,** dan y dywarchen; *F:* **the old ~,** yr hen wlad *f*; **to cut the first ~,** torri'r dywarchen gyntaf.
sod[2] *v.t.* (*= lay sods*)*:* rhoi tyweirch (ar rth).
sod[3] *n. V:* **1.** diawl(-iaid) *m*, cythraul (cythreuliaid) *m*, *N:* uffarn: uffern (ffernols) *m*; **poor ~!** y truan! druan ohono! **2. odds and sods,** petheuach *pl*, trugareddau *pl*, manion bethau *pl*. **~'s law** *n. Joc:* deddf (*f*) diawlineb, deddf y diawl.
sod[3] *v.t. & i. V:* **1.** *v.t.* **~ you!** twll dy din di (~ eich tinau chi)! **~ it!** i'r diawl ag o! dario fo/fe [unwaith]! damia fo/fe! **2.** *v.i.* **~ off!** dos/cer (cerwch) i'r diawl! *N:* dos i dy wely! dos i gachu! *S:* cer i grafu!
soda *n.* (*a*) *Ch:* soda *m*; **caustic ~,** soda brwd/poeth/costig; **washing-/common ~,** soda golchi; **baking-~,** soda pobi; *S.a.* **bicarbonate. ~ ash** *n.* = **sodium carbonate** (*i*). **~ biscuit** *n. N:* bisgedn (bisgedi) (*f*) soda, *S:* bisgïen (bisgis) (*f*) soda. **~-bread** *n.* bara (*m*) soda. **~-cracker** *n. U.S:* = **soda biscuit. ~-jerker** *n. U.S:* gweinydd(-ion) (*m*) soda. **~-fountain** *n.* bar(-rau) (*m*) soda. **~-lime** *n.* calch (*m*) soda. **~-nitre** *n.* solpitar *m*. **~-siphon** *n.* seiffon(-au) (*m*) soda. **~-water** *n.* dŵr (*m*) soda.
sodalite *n. Miner:* s|odalit *m*.
sodality *n.* brawdoliaeth(-au) *f*, cyfeillach(-au) *f*.
sodden *a.* (*a*) (*clothes &c*)*:* gwlyb socian, gwlyb domen, *S.W:* gwlyb stecs; (*b*) (*bread*)*:* hanner pob, soeglyd, toeslyd, *F:* clatsh; **drink-~,** diodlyd, yfgar, llawn diod, wedi'ch piclo mewn diod.
soddenness *n.* gwlybanwch *m*, gwlybaniaeth *f*.
sodic *a. Ch:* sodig.
sodium *n. Ch:* sodiwm *m*. **~ bicarbonate** *n.* (*i*) *Ch:* bicarbonad(-au) (*m*) sodiwm; *F:* soda (*m*) pobi, c|abinet-soda *m*, c[i]abi-soda *m*. **~ carbonate** *n.* (*i*) *Ch:* carbonad (*m*) sodiwm; (*ii*) *F:* soda golchi. **~-vapour lamp** *n. El:* lamp (*f*) nwy sodiwm.
Sodom *Pl.n. B:* Sodom *f*.
Sodomite[1] *a. & n.* **1.** *a.* Sodomaidd. **2.** *n.* Sodomiad (Sodomiaid) *m&f*.
sodomite[2] *n.* sodomiad (sodomiaid) *m*, sodomydd(-ion) *m*, gwrywgydiwr (gwrywgydwyr) *m*.
sodomize *v.t.* sodomeiddio.
sodomy *n.* sodomiaeth *f*.
soever *adv. Lit:* **in any way ~,** mewn unrhyw fodd, ni waeth sut, bid a fo sut; **how great ~ it may be,** ni waeth pa mor fawr bynnag y bo; ni waeth beth bo'i faint; **with what purpose ~ he did it,** a pha fwriad bynnag y'i gwnaeth.
sofa *n.* soffa(-s) *f*, *Lit:* glwth (glythau) *m*. **~ bed** *n.* gwely(-au) (*m*) soffa.
sofar *n. Nau:* soffar(-au) *m*.
soffit *n. Arch:* bondo(-eau) *m*, soffit(-iau) *m*. **~ bearer** *n.* cynheiliad (cynheiliaid) (*m*) bondo. **~ board** *n.* astell (*f*) fondo (estyll/estyllod bondo).
soffritto *a. & n.* **1.** *a. Cu:* lledferwedig. **2.** *n. Cu:* soffrito(-s) *m*.
soft *a.* I. **1.** (*a*) meddal; **to become/go/make ~,** meddalu; **~ to the touch,** esmwyth, meddal; **as ~ as butter,** fel uwd o feddal, cyn feddaled â'r uwd; *Bot:* **~ rot,** pydredd meddal *m*; **~ shoulder/verge,** gwar(-rau) meddal *m*, llain feddal (lleiniau meddal) *f*; *S.a.* **corn**[2], **roe**[2], **soap**[1]; **~ hair,** gwallt esmwyth/llyfn; **as ~ as silk,** esmwyth fel sidan, sidanaidd, *S.W: occ:* gwecsi, gwacsi;

(of book): **~ cover,** clawr (cloriau) meddal *m*; **~ currency,** arian gwan *m*; *Com:* **~ furnishings,** carpedi a llenni *pl*; *(b)* **~ palate,** taflod feddal (taflodydd meddal) *f*; **~ muscles,** cyhyrau llac; **~ tissue,** cnodwe feddal (cnodweoedd meddal) *f*, meinwe feddal (meinweoedd meddal) *f*; *(pers.): (i) (= lacking in vigour):* meddal, di-ddim, didoreth, digychwyn, diafael; *(ii) (= easily led):* meddal, hydrin. **2.** *(a) (= gentle):* tyner, mwyn; **~ hail,** cenllysg/cesair ysgafn *pl*; **~ radiation,** ymbelydredd ysgafn *m*; **~ rain,** glaw tyner/ysgafn *m*; **~ [core] pornography,** porn|ograffi ysgafn *m*; **~ water,** dŵr di-galch/meddal *m*; *Phot:* **~ focus,** ffocws meddal *m*; **~ light,** golau mwyn/tyner *m*; **~ outline,** amlinelliad aneglur *m*; **~ voice,** llais mwyn/tyner/isel *m*; **~ step,** cam ysgafn *m*, *Lit:* distaw duth *m*; *S.a.* **pedal[1]**; **~ landing,** glaniad(-au) ysgafn *m*; *Phon:* **~ breathing,** anadliad meddal *m*; **~ consonant,** cytsain feddal (cytseiniaid meddal) *f*; *W.Gram:* **~ mutation,** treiglad(-au) meddal *m*; *F:* **~ job,** gwaith hawdd/ysgafn *m*; **the ~ option,** y dewis hawdd/hawsaf *m*; **to have a ~ time of it,** ei chael hi'n hawdd; *Mus:* **~ pedal,** pedal(-au) chwith *f*; **~ drink,** diod(-ydd) ysgafn *f*; **~ drug,** cyffur(-iau) ysgafn *m*; *Cmptr:* **~-sectored,** sectoriad meddal; *Com:* **~ sell,** perswâd ysgafn *m*; *(b)* **~ words,** geiriau mwyn/teg; **~ nothings,** geiriau serch/teg; **~ heart,** calon feddal/dyner, *S.W:* calon laith; *B:* **a ~ answer turneth away wrath,** ateb arafaidd a ddetry lid; **I have a ~ place in my heart for her; I have a ~ spot for her,** mae gennyf le yn fy nghalon iddi; *P:* **to be ~ on s.o.,** *(i) (= in love):* dotio/gwirioni ar rn, gweld eich gwyn ar rn; *(ii) (= too lenient):* trin rhn yn rhy ysgafn, bod yn rhy feddal/faddeugar/gymodlon tuag at rn, bod yn rhy ddiniwed gyda rhn; *S.a.* **side[1] 3. 3.** *F: (in the head):* gwirion, llywaeth, hanner pan, penwan, lloaidd, penfeddal; **a ~ person,** gwlanen *f* [o ddyn, o ferch], llo [gwlyb] *m*, *N.W:* llo cors, brechdan *f* [o ddyn, o ferch], hulach *m*, *S.W:* lleithben *m*, carreg rywiog *f* [o ddyn]; **he's gone ~!** mae wedi colli ei afael/blwc! **don't be ~!** paid (peidiwch) â bod yn wirion/dwp/hurt! *Bot:* **~ brome,** *(Bromus hordacens):* pawrwellt/bromwellt masw *m*; **least ~ brome,** *(B. ferronii):* y pawrwellt lleiaf; **lesser ~ brome,** *(B. pseudothominii):* pawrwellt llai; **slender ~ brome,** *(B. lepidus):* pawrwellt y weirglodd. *Bot:* **~ clover,** *(Trifolium striatum):* meillionen rychog (meillion rhychog) *f*; **~ cranesbill,** *(Geranium molle):* troed *(mf)* y golomen, pig *(f)* yr aran, y droed goch *f*; **~ grass,** *(Holcus):* maswellt *m*; **creeping ~ grass,** *(H. mollis):* maswellt rhedegog; **meadow ~ grass,** *(H. lanatus):* maswellt s|ypwraidd; **oat-like ~ grass,** *(H. avenaceus):* maswellt ceirchaidd; **~ hawk's-beard,** *(Crepis mollis):* gwalchlys *(m)* y Gogledd; **~ rush,** *(Juncus effusus):* pabwyren (pabwyr) *f*, canwyllfrwynen (canhwyllfrwyn) *f*. II. *adv.* = **softly**; *Lit:* **~ you now!** ust yn awr! **to tread ~,** troedio'n ysgafn; *Lit:* **~ you now! the fair Ophelia!** ust yn awr! y gain Ophelia! **talk ~ and carry a big stick,** da'r maen gyda'r Efengyl. **~-bill** *n. Orn:* aderyn (adar) *(m)* pigfeddal. **~-boil** *v.t.* lled-ferwi. **~-boiled** *a.* meddal, lledferwedig. **~-centred** *a. (sweet):* â chanol meddal; *(pers.):* â chalon feddal/dyner, calon dyner, sentimental, teimladwy, calon-feddal. **~-core** *a.* â chraidd meddal; *(erotica):* meddal, awgrymog, ysgafn. **~-cover** *attrib.* clawr meddal, clawr papur. **~-finned** *a.* asgell feddal. **~-headed** *a.* penfeddal, ffôl, gwirion, penwan. **~-headedly** *adv.* yn benfeddal *&c.* **~-headedness** *n.* penfeddalwch *m*, gwiriondeb *m*, ffolineb *m*, penwendid *m*. **~-hearted** *a.* calon-dyner, â chalon dyner. **~-heartedness** *n.* calon-dynerwch *m*, calon-feddalwch *m*. **~-land** *v.t.* glanio (rhth) yn ysgafn. **~-leaved rose** *n. Bot: (Rosa villosa):* rhosyn(-nau) gwlanog *m*. **~-paste** *attrib.* past meddal. **~-pedal** *v.t.&i.* **1.** *Mus:* chwarae (rhth) â'r pedal chwith, chwarae (rhth) yn ysgafn. **2.** *Fig:* peidio â phwysleisio (rhth), peidio â rhoi pwys (ar rth). **~-sawder** *n.* gweniaith *f*, sebon *m*, seboni *vn.* **~-sectored** *a. Cmptr:* sectoriad meddal. **~-sell** *v.t.* gwerthu (rhth) trwy berswâd. **~-shell, ~-shelled,** *a. (turtle &c):* â chragen feddal; *(egg):* â phlisgyn/ masgl meddal. **~-shoe** *attrib. Danc:* [ag] esgid feddal/ysgafn. **~-skinned** *a.* croendenau. **~-soap[1]** *n. F:* **1.** sebon meddal *m*. **2.** *F:* **~-sawder. ~-soap[2]** *v.t.* seboni. **~-soaper** *n. F:* sebonwr (sebonwyr) *m*. **~-spoken** *a.* â llais tyner, tyner eich llais. **~-witted** *a.* = **soft-headed.**

softa *n. Moslem Rel:* soffta(-id) *m*.

softback *n. esp. U.S:* llyfr(-au) *(m)* clawr papur.

softball *n. Games:* pêl feddal *f*.

soften *v.t. (a)* meddalu, meddalh|au, *S.W: occ:* nawseiddio; *(b) (leather, hide):* ystwytho, meddalu; *(c) (= weaken):* meddalu, gwanh|au, gwanychu, llesgáu, gwanio; **troops softened by idleness,** milwyr yn feddal/llesg oherwydd segurdod; **to ~ up an enemy,** *(by bombing &c):* gwanhau gelyn; *(d)* **to ~ one's voice,** tyneru'ch/lleddfu'ch llais; **curtains which ~ the light,** llenni sy'n lleihau'r/lleddfu'r goleuni; *(e)* **to ~ s.o.'s anger,** lliniaru/lleddfu/cymedroli dicter rhn; **to ~ s.o.'s heart,** tyneru calon rhn; **to ~ one's fall,** lladd codwm; **to ~ s.o.'s pain,** lleddfu/lliniaru/esmwytho poen rhn.

softened *a.* meddalach, tynerach.

softener *n.* meddalydd(-ion) *m*.

softening *vn. (a)* meddalhad *m*, meddaliad *m*, meddalu; *(b) (of leather):* ystwythiad *m*, ystwytho; *(c) (of character):* tyneriad *m*, tyneru.

softie *n. F:* = **softy.**

softish *a.* meddalaidd, lled feddal, go feddal, meddal braidd, braidd yn feddal, eithaf meddal.

softly *adv.* **1. to touch sth ~,** cyffwrdd rhth yn ysgafn. **2. to sing ~,** canu'n dyner/ysgafn/dawel; **to speak ~,** siarad yn dawel/dyner. **3. ~, ~ [catchee monkey],** yn araf deg mae dal iâr; gan bwyll piau hi; yn araf deg a fesul tipyn; nid ar redeg y mae aredig; **to use a ~ ~ approach,** mynd ati gan bwyll [bach]. **~-spoken** *a.* tawel eich lleferydd, yn llefaru'n dawel.

softness *n.* **1.** *(of surface, outline):* meddalwch *m*. **2.** *(of climate, weather, air):* addfwynder *m*, mwynder *m*, tynerwch *m*; *(of music, speaking):* ysgafnder *m*, tynerwch, addfwynder. **3.** *(of character): (a)* meddalwch, diffyg *(m)* egni; *(b) F: (= silliness):* diniweidrwydd *m*, penfeddalwch *m*, penwendid *m*. **4.** *F: (of job, option):* hawster *m*.

software *n. Cmptr:* meddalwedd *mf*.

softwood *n. Carp:* pren meddal *m*.

softy *n. F:* rhn (rhai) sentimental, rhn llywaeth, diniweityn (diniweitiaid) *m*, gwlanen *f* [o ddyn, o ferch], brechdan *f* [o ddyn, o ferch], llo(-eau) gwlyb *m*; **he's just a big ~,** mae'n galonfeddal; mae'n fawr ac yn feddal.

Sogdian *a. & n.* **1.** *a.* Sogdiaidd; *(in language):* Sogdieg. **2.** *n. (i) Ethn:* Sogdiad (Sogdiaid) *m&f*; *(ii) Ling:* Sogdieg *f, m*.

soggily *adv.* yn soeglyd.

sogginess *n.* cyflwr soeglyd *m*, natur soeglyd *f*.

soggy *a.* **1.** *(ground):* corslyd, dyrfllyd, soeglyd, *N.W: F:* sinclyd. **2.** *(bread):* soeg, soeglyd, toeslyd, *F:* clatsh, clatsiog. **3.** *(atmosphere):* llaith, gwlyb *(f.* gwleb, *pl.* gwlybion), tamp.

soh *n. Mus:* so *f*.

soho *int.* soho! aha!

soil[1] *n. (a) (= earth):* pridd *m*, *Lit: occ:* gweryd *m*; **to turn the ~,** troi'r tir/pridd; **alluvial ~,** pridd llifwaddod, mariandir *m*; **azonal ~,** pridd anghylchfaol/anaeddfed; **blown ~,** hedbridd *m*; **chestnut ~,** pridd castan; **chestnut-brown ~,** pridd gwinau; **forest ~,** fforestbridd(-oedd) *m*; **gley ~,** pridd glei; **intrazonal ~,** pridd cydgylchfaol; **loamy ~,** pridd lomog; **meadow ~,** dolbridd(-oedd) *m*; **pasty ~,** pridd pastog; **prairie ~,** peithbridd(-oedd) *m*; **rendzina ~,** pridd rendsina; **saline ~,** pridd halwynog/hallt; **semi-arid ~,** pridd lletgras; **skeletal ~,** pridd crai; **steppe ~,** pridd step, stepbridd(-oedd) *m*; **truncated ~,** pridd uwchdoredig; **zonal ~,** pridd cylchfaol; *(b)* **one's native ~,** eich gwlad *(f)* eich hun, eich m|amwlad *(f)*, eich gwlad enedigol, eich genedigol wlad, eich cynefin *(m)*, gwlad eich geni; **son of the ~,** gwladwr (gwladwyr) *m*. **~ bank** *n. U.S:* banc *(m)* pridd. **~ creep** *n.* ymgripiad *(m)* pridd, llithr[i]ad *(m)* pridd. **~ horizon** *n.* haenlin(-au) *(f)* pridd, terfynlin(-au) *(f)* pridd. **~ mantle** *n.* mantell *(f)* bridd. **~ mechanics** *n.pl.* peirianneg *(f)* pridd. **~-mite** *n. Ent:* gwiddonyn (gwiddon) *(m)* pridd. **~ pipe** *n.* pibell *(f)* garthion (pibelli carthion). **~ profile** *n.* proffil(-iau) *(m)* pridd. **~ science** *n.* gwyddor *(f)* pridd, priddeg *f*. **~ structure** *n.* adeiledd *(m)* [y] pridd. **~ texture** *n.* gweadedd *(m)* [y] pridd.

soil[2] *v.t. (a)* baeddu, difwyno, llychwino, *N.W:* maeddu, *M.W:* sybachu, *N.E:* dwyno, *S:* trochi; *F:* **I wouldn't ~ my hands on him,** wnawn i ddim baeddu fy nwylo gydag ef; *(b) (with*

passive force): (fabric) that soils easily, (defnydd) hawdd ei faeddu, sy'n baeddu'n hawdd.

soil[3] *n. (= filth):* budreddi *m*, carthion *pl*; *Hyg: O:* **night ~,** carthion. **~-pipe** *n.* pibell (*f*) garthion (pibelli carthion).

soil[4] *v.t. Husb:* porthi (rhth) [ag ebran glas].

soiled *a. N:* budr(-on), *S:* brwnt (*f.* bront, *pl.* bryntion), wedi trochi, *M.W:* diblog, *Lit: occ:* llychwin, llychwinedig, aflan; **~ (linen),** (cynfasau) budron, wedi'u baeddu.

soilless *a.* heb bridd, di-bridd.

soirée *n.* parti (partïon) hwyrol *m*, noson (nosweithiau) adloniadol *f*, *Lit: occ:* hwyrwest(-i) *f*.

sojourn[1] *n. Lit:* arhosiad (arosiadau) *m*, trig(-iadau) *m*, preswyliad(-au) *m*.

sojourn[2] *v.i. Lit:* preswylio, aros, trigo (oddi cartref).

sojourner *n.* preswylydd(-ion) *m*, preswyliwr (preswylwyr) *m*.

soke *n. Hist:* maenoriaeth(-au) *f*.

sokeman *n.m. Hist:* maenorwr (maenorwyr).

Sol[1] *n. Rom.Myth: & Joc:* yr Haul *m*.

sol[2] *n. Mus:* sol *m*. **~-fa[1]** *n.* sol-ffa *m*. **~-fa[2]** *v.i.* solffeuo. **~-faist** *n.* solffeuwr (solffeuwyr) *m*, solff|euwraig (solffeuwragedd) *f*, solffäydd (solffayddion) *m*.

sol[3] *n.* = **solution.**

sola *n. Bot:* sola *m*. **~ topi** *n.* helmed(-au) (*f*) haul.

solace[1] *n. Lit:* cysur(-on) *m*, diddanwch *m*, solas *m*; **to take ~ in sth,** ymgysuro gyda/yn/â rhth.

solace[2] *v.t. Lit:* cysuro, diddanu; **to ~ oneself (with sth),** eich cysuro'ch hun, ymgysuro (yn/gyda/â rhth); **to ~ s.o. in pain,** lliniaru/lleddfu poenau rhn.

solacement *n.* = **solace[1].**

solacer *n.* cysurwr (cysurwyr) *m*, cys|urwraig *f*.

solan goose *n. Orn:* = **gannet.**

solanaceous *a. Bot:* mochlysaidd.

solander *n.* solander (solandrau) *m*, cistan(-au) *f*.

solanum *n. Bot:* = **nightshade.**

solar *a. & n.* **1.** *a. (a)* heulol, yr haul; **~ activity,** gweithgaredd (*m*) heulol; **~ apex,** cyrchfan (*mf*) yr haul; **~ battery, ~ cell,** batri(-s) (*m*) haul; **~ constant,** y cysonyn heulol *m*; **~ day,** diwrnod(-iau) heulol *m*, diwrnod haul; **~ eruption,** echdoriad (*m*) haul; **~ flare,** ffagliad(-au) heulol *m*; **~ furnace,** ffwrnais (ffwrneisi) heulol *f*; **~ heat,** gwres (*m*) yr haul; **~ heating,** gwresogi heulol; **~ month,** mis(-oedd) heulol *m*; **~ myth,** myth(-au) heulol *m*; **~ paddle,** rhodl(-au) heulol *f*; **~ power,** ynni'r haul *m*; **~ system,** cyfundrefn(-au) heulol *f*, cysawd (cysodau) heulol *m*; **the S~ System,** Cyfundrefn/Cysawd yr Haul; **~ wind,** gwynt (*m*) yr haul, y gwynt heulol; **~ year,** blwyddyn (blynyddoedd) heulol *f*; *(b) Anat:* **~ plexus,** pwll (*m*) y galon. **2.** *n.* heulfa (heulfâu, heulf|eydd) *f*, goruwchystafell(-oedd) *f*.

solarimeter *n.* heulfesurydd(-ion) *m*.

solarism *n.* *heuloliaeth *f*.

solarist *n.* *heulolydd(-ion) *m*.

solarium *n.* heulfan(-nau) *f*, solariwm (solaria) *m*.

solarization *n. Phot:* heuliad(-au) *m*, heulo *vn*.

solarize *v.t. Phot:* heulo.

solatium *n. Jur: U.S: & Hist:* dyhuddiant (dyhuddiannau) *m*, iawndal(-iadau) *m*, iawn *m*.

sold *v. See* **sell[2].**

soldanella *n. Bot:* cloch (*f*) yr eira.

solder[1] *n.* sodr: sodor *m*, *S.E:* sawdrin *m*; **assayable ~,** sodr prawf arian; **cored ~,** sodr craidd; **lazy ~,** sodr rhwydd; **easy flow ~,** sodr [llifo'n] rhwydd, sodr rhwyddlif.

solder[2] *v.t.* sodro, *S.E:* sawdro, *S.W: occ:* sowndro; **~ and braze,** sodro a phresyddu.

soldered *a.* sodrog, wedi ei sodro; **~ joint,** sodrad(-au) *m*.

solderer *n.* sodrwr (sodrwyr) *m*.

soldering *vn.* = **solder[2]. ~-bench** *n.* mainc (meinciau) (*f*) sodro. **~-bit, ~-iron** *n.* haearn (heyrn) (*m*) sodro.

soldier[1] *n.* **1.** *(a)* milwr (milwyr) *m*, *F:* so[w]ldiwr(-s) *m*, *Lit: occ:* sawdiwr (sawdwyr) *m*; **the Unknown S~,** y Gwron Dienw *m*; **to play [at] soldiers,** chwarae so[w]ldiwrs bach; **foot ~,** milwr traed, gŵr (gwŷr) (*m*) traed, troedfilwr (troedfilwyr) *m*; **common/private ~,** milwr preifat; **old ~,** hen filwr; *(former):* cyn-filwr; *F:* **to play/come the old ~,** ymorchestu, gwn|eud gorchest, eich gosod eich hun yn uwch na rhn; *F:* **dead soldiers,** *(bottles):* poteli gweigion; *F: (= piece of toast):* bys(-edd) (*m*) tost; **~ of Christ,** milwr Crist, milwr i Grist; **~ of fortune,** milwr tâl, hurfilwr (hurfilwyr) *m*; **~'s wind,** gwynt teg *m*; **toy ~,** milwr plwm; *(b) (= tactician):* strategydd (strategwyr) *m*, tactegydd (tactegwyr) *m*; *(c) Nau: F: (= idler):* diogyn(-nod) *m*; *(d) Bot:* **gallant ~,** *(Galinsoga parviflora):* galinsoga(-s, galinsogâu) *m*; **shaggy ~,** *(G. quadriradiata):* galinsoga blewog; **water ~,** *(Stratiotes aloides):* galinsoga'r dŵr; *S.a.* **freshwater. ~ ant** *n. Ent:* marchforgrugyn (marchforgrug) *m*. **~ beetle** *n. Ent:* chwilen filwrol (chwilod milwrol) *f*. **~ boy** *n.* milwr bach, so[w]ldiwr bach, llanc (*m*) o filwr (llanciau o filwyr). **~ crab** *n. Crust:* = **hermit-crab. ~ fish** *n. Ich:* gwibiwr glas (gwibwyr gleision) *m*. **~ fly** *n. Ent:* pryf(-ed) milwrol *m*. **~ moth** *n. Ent:* gwyfyn(-od) milwrol *m*. **~ orchis** *n. Bot:* = **orchid (military).**

soldier[2] *v.i.* milwrio, milwra, mynd/bod yn filwr; *F:* **to ~ on,** dal ati, brwydro yml|aen, dal i fynd, dygnu arni, pydru arni, dyfalbarh|au; **~ on [regardless]!** hei ati! daliwch ati!

soldiering *vn.* milwriaeth *f*, milwrio, milwra, gyrfa (*f*) milwr; **to go ~,** mynd yn filwr, *F:* chwarae (*vn*) so[w]ldiwrs [bach].

soldierlike *a.* milwraidd.

soldierliness *n.* milwreiddiwch *m*.

soldierly *a.* milwraidd.

soldiery *n. Coll:* milwyr *pl*.

sole[1] *n.* **1.** *(of foot):* gwadn(-au) *fm*. **2.** *(of shoe):* gwadn, *S:* tapyn (tapau) *m*. **3.** *(of golf-club, plough &c):* troed (traed) *f*, gwadn. **4.** *(of ship's cabin):* llawr (lloriau) *m*. **~-plate** *n.* gwadn haearn.

sole[2] *v.t.* **to ~ a shoe,** gwadnu esgid, rhoi gwadn ar esgid, *S:* tapo esgid; *abs.* **to ~ and heel,** sodli a gwadnu.

sole[3] *n. Ich: (common or Dover): (Solea solea):* lleden (lledod) chwithig *f*, lleden wadn (lledod gwadn); **lemon ~,** *(Microstomus kitt):* lleden lefn (lledod llyfnion); **Mary ~,** *(Microsephallus kitt):* lleden Fair (lledod Mair); **sand ~, French ~,** *(Pegusa lascaris):* lleden wadn y tywod; **smooth ~,** *(Arnoglossus laterna):* lleden chwith fach (lledod chwith bach); **thickback ~, variegated ~,** *(Microchirus variegatus):* lleden wadn braff (lledod gwadn praff).

sole[4] *a.* **1.** *(= only):* unig *(preceding noun + soft mut.)*; **the ~ heir,** yr unig etifedd; **~ proprietorship,** unig berchenogaeth *f*; **~ rights,** hawliau cyfan gwbl. **2.** *Jur:* di-briod, sengl; *S.a.* **single[2] 1, only.**

solecism *n.* **1.** *Gram:* gwall(-au) (*m*) iaith. **2. ~ in conduct,** camymddygiad(-au) *m*, camymddwyn *vn*.

solecist *n. (speaker):* siaradwr (siaradwyr) anghywir *m*; *(writer):* ysgrifennwr (ysgrifenwyr) anghywir *m*.

solecistic *a.* anghywir, gwallus, anramadegol.

-soled *a.* â gwadn/gwadnau; **rubber-~,** â gwadn[-au] rwber.

solely *adv. (a)* yn unig; **~ for that reason,** am y rheswm hwnnw yn unig; *(b) (= entirely):* yn hollol, yn gyfan gwbl; **~ responsible,** yn gyfan gwbl gyfrifol.

solemn *a.* **1.** *(oath &c):* dwys, difrifddwys, difrifol, o ddifrif; **~ duty,** dyletswydd sanctaidd/gysegredig; **~ fact,** ffaith ddifrifol; **~ (question),** (cwestiwn) dwys, difrif, o ddifrif; **S~ League and Covenant,** Cynghrair a Chyfamod Difrifol; **~ warning,** rhybudd(-ion) difrifol *m*; **~ ceremony,** defod(-au) *f*; **~ mass,** uchel offeren(-nau) *f*; **~ oath, ~ vow,** llw(-on) difrifol *m*, mawrllw *m*, cysegrlw(-on) *m*; *Ecc:* **~ feast,** uchel ŵyl (~ wyliau) *f*, gŵyl (gwyliau) (*f*) mabsant; *Jur:* **~ agreement,** cytundeb(-au) difrifddwys *m*; *Jur:* **in ~ form,** ar ffurf ddwys. **2.** *(pers.):* sobor, difrif, difrifol; **to keep a ~ face,** edrych fel sant, peidio â gwenu. **~-faced** *a.* difrifol yr olwg.

solemnity *n.* **1.** difrifoldeb *m*, difrifwch *m*; **in all ~,** yn gwbl ddifrifol, o ddifrif calon. **2.** *Lit: (festival):* gŵyl (gwyliau) sanctaidd *f*, defod(-au) *f*.

solemnization *n. (of marriage):* gweinyddiad *m*; **place licenced for the ~ of marriage,** lle wedi'i drwyddedu i weinyddu priodasau.

solemnize *v.t.* **1.** *(marriage):* gweinyddu. **2.** *(= make solemn):* difrifoli.

solemnly *adv.* yn ddifrifol, o ddifrif *&c*; yn urddasol, gydag urddas.

solemnness *n.* = **solemnity 1.**
solen *n. Conch:* môr-gyllell (~-gyllyll) *f*, cyllell (*f*) fôr (cyllyll môr).
solenette *n. Ich:* y lleden leiaf (y lledod lleiaf) *f*, lleden felen fach (lledod melyn bychain).
solenodon *n. Z:* solenodon(-iaid) *m*.
solenoid *n. El:* s|olenoid (solenoidau) *m*; **air-cored ~,** solenoid craidd awyr; **iron-cored ~,** solenoid craidd haearn.
solenoidal *a.* solenoidol.
solenoidally *adv.* yn solenoidol.
solfaist *n. Mus:* solffäydd (solffayddion, solffawyr) *m*, solffeuwr (solffeuwyr) *m*, solff|euwraig (solffeuwragedd) *f*.
solfatara *n. Geol:* solffatara (solffatarâu) *m*.
solfataric *a. Geol:* solffatarig, solffataraidd.
solfeggio *n. Mus:* solffegio *m*, solffeuo *vn*.
soli *n.pl. See* **solo.**
solicit *v.t.&i. (a) v.t.* **to ~ s.o. for sth,** gofyn/mynnu/ceisio rhth gan rn, gofyn i rn am rth, erfyn/crefu/ymbil/deisyf/deisyfu ar rn am rth; **other things ~ his attention,** mae pethau eraill yn mynnu ei sylw; **to ~ votes,** hel pleidleisiau, gofyn pleidleisiau, gofyn am bleidleisiau, canfasio pleidleisiau, erfyn *&c* am bleidleisiau; **to ~ a government post,** ceisio/ymgeisio/ymgynnig/cynnig am swydd yn y llywodraeth; *(b) v.t.&i. Jur: (of prostitute):* llithio.
solicitation *n.* **1.** erfyniad(-au) *m*, deisyfiad(-au) *m*, ymbiliad(-au) *m*. **2.** *Jur:* llithio *vn*, llithiad(-au) *m*.
soliciting *vn.* = **solicit.**
solicitor *n. Jur:* cyfreithiwr (cyfreithwyr) *m*, cyfr|eithwraig (cyfreithwragedd) *f*, *F:* twrnai (twrneiod) *m*; **to admit s.o. as a ~,** derbyn rhn yn gyfreithiwr; **a ~ of ten years' standing,** cyfreithiwr â deng mlynedd o brofiad, cyfreithiwr a chanddo ddeng mlynedd yn gefn iddo; **official ~,** y cyfreithiwr swyddogol; **S~ of the Supreme Court,** Cyfreithiwr yn y Goruchaf Lys; **Solicitors' Accounts Rules,** Rheolau Cyfrifon Cyfreithwyr. **~-General** *n.* Cyfreithiwr Cyffredinol.
solicitous *a.* **1.** *(= anxious):* pryderus; *(= careful):* gofalus, ymorolgar (**about sth,** ynghylch rhth), eiddigus (dros rth); **to be ~ (for s.o.'s comfort),** poeni, pryderu, gofalu, bod yn fawr eich gofal (am gysur rhn). **2.** *(= desirous):* awyddus (am rth).
solicitously *adv.* **1.** *(= carefully):* yn ofalus, gyda gofal; *(= anxiously):* yn bryderus. **2.** *(= desirously):* yn awyddus.
solicitousness, solicitude *n.* **1.** *(= anxiety):* pryder *m*, gofal *m*. **2.** *(= desire):* awydd *m*, deisyfiad(-au) *m* (am rth).
solid *a. & n.* **1.** *a.* soled, solet; *(a)* **~ food,** bwyd sylweddol/solet; **to wean a child onto ~ food,** diddyfnu plentyn i fwyd solet; **to become ~, = solidify 2**; *(b)* **to build on ~ foundations,** adeiladu ar sylfeini solet/cadarn/sad/disigl; **steps cut in the ~ rock,** grisiau wedi eu naddu yn y graig fyw/ solet; **on ~ ground,** ar dir cadarn; *(c)* **(man) of ~ build,** (dyn) cadarn, corfforol, ysgwyddog; **~ common sense,** synnwyr cyffredin cadarn; **I have ~ reasons for believing that,** mae gennyf resymau cedyrn dros gredu hynny; **a ~ Tory,** Tori rhonc/disigl; *(d) (gold, silver, tyre &c):* solet; **~ oak table,** bwrdd derw solet trwyddo; *Mth:* **~ angle,** ongl(-au) soled *f*; **~ geology,** daeareg soled *f*; **~ ball, ~ sphere,** pêl gron gyfan (peli crynion cyfain) *f*; *Ch:* **~ solution,** toddiant solet *m*; **~ state,** cyflwr solet *m*, stâd solet *f*; **~ colour,** lliw cyfan/solet; **~ fuel,** tanwydd solet *m*; *Carp:* **~ strutting,** cynhelio/ategu (*vn*) solet; **(to sleep) for nine ~ hours,** *adv.* **(to sleep) for nine hours ~,** (cysgu) am naw awr bwygilydd, an naw awr yn ddi-dor, am naw awr gyfan; **to put in a ~ afternoon's work,** gwneud prynhawn da o waith; **three days' ~ rain,** tridiau o law di-baid; **~ (vote),** (pleidlais) unfrydol, unfryd, solet, gadarn; **to be/go ~ for a candidate,** bod yn gadarn dros ymgeisydd; *(e) adv. (in one piece):* yn un darn, yn solet; **(parts cast) ~,** (darnau a fwriwyd) yn un darn/talp, gyda'i gilydd; **a pond frozen ~,** llyn wedi rhewi'n gorn/dalp/solet; *Typ:* **matter set ~,** deunydd wedi ei gysodi'n solet. **~-drawn** *a.* a dynnwyd yn solet, wedi ei dynnu'n solet. **2.** *n. (a)* solet: soled (soledau) *m*, solid(-au) *m*; **regular ~,** solid rheolaidd *m*; *(b) pl.* bwyd solet *m*, soledau *pl*; **milk solids,** soledau llaeth; **non-fat solids,** soledau difraster.
solidago *n. Bot:* = **golden rod[1].**
solidarity *n.* **1.** cydymddibyniad *m*, undod *m*, undeb *m* (**with s.o.,** â rhn); cefnogaeth *f*, cydgefnogaeth *f* (i rn); cydlyniad *m*, cydsafiad *m*; **to make a show of ~,** dangos cydgefnogaeth/ cydsafiad, dangos eich bod yn un (**with s.o./sth,** â rhn/rhth); **mechanical ~,** undod mecanyddol *m*; **organic ~,** undod organaidd *m*. **2.** *Hist: Ind: (in Poland):* **S~,** Solidarnos *m*.
solidary *a.* cydymddibynnol (ar rth), cydgefnogol (i rth).
solidification *n.* **1.** *(in ordinary parlance):* calediad *m*, caledu *vn*. **2.** *Ph: Ch: &c:* solediad(-au) *m*, soledu *vn*, solidiad(-au) *m*.
solidify *v.t.&i.* **1.** *(in ordinary parlance):* caledu. **2.** *Ph: Ch: &c:* soledu, ymsolido.
solidity *n.* soletrwydd *m*, soledrwydd *m*; *(of arguments &c):* cadernid *m*.
solidly *adv.* **1.** yn solet *&c*; **a ~ held (belief),** (cred) ddiysgog, gadarn, ddisigl *f*. **2. to vote ~ for sth,** pleidleisio'n unfryd/ unfrydol/solet dros rth; **we're (~) behind you,** 'rydym yn eich cefnogi (i'r carn, yn llwyr, gant y cant).
solidungulate *a. Z:* carngaled (*pronounced* ng-g).
solidus *n.* **1.** *Rom.Hist:* solidws (solidi) *m*. **2.** *Mth: &c:* **~ [curve],** cromlin(-au) (*f*) solidws.
solifidian *a. & n.* **1.** *a.* unigffyddiog. **2.** *n.* unigffyddiwr (unigffyddwyr) *m*.
solifidianism *n. Theol:* unigffyddiaeth *f*.
solifluction *n. Geog:* priddlifiad(-au) *m*, priddlif(-au) *m*.
soliloquist *n.* ymsonwr: ymsonydd (ymsonwyr) *m*.
soliloquize *v.i.* ymson.
soliloquizer *n.* = **soliloquist.**
soliloquizing *a.* ymsonol, ymsonus.
soliloquy *n.* ymson(-au) *m*.
soliped *n. Z:* anifail (anifeiliaid) carngaled *m* (*pronounced* ng-g).
solipsism *n. Phil:* solipsiaeth *f*, hunanystyriaeth *f*.
solipsist *n. Phil:* solipsydd(-ion) *m*.
solitaire *n.* **1.** *Lap:* gem(-au) unigol *f*. **2.** *Games: (a)* ***solitaire*** *m*; *(b)* = **patience 2. 3.** *Orn: U.S: (Myadestes):* bronfraith (bronfreithod) unig *f*.
solitarily *adv.* yn unig, ar eich pen eich hun.
solitariness *n.* unigrwydd *m*.
solitary *a. (a) (= alone):* unig, ar eich pen eich hun; *F:* **not a ~ one,** dim un; *S.a.* **confinement 1**; *(b) (place):* unig, anghyfannedd, dinad-man, anhygyrch.
solitude *n.* **1.** *(= loneliness):* unigedd *m*, unigrwydd *m*; **(to live) in ~,** (byw) ar eich pen eich hun, mewn unigrwydd. **2.** *(place):* lle(-oedd) unig *m*, unigedd(-au) *m*.
solleret *n. Arm:* troedwisg(-oedd) *f*.
solmizate *v.t.&i. Mus:* solffeuo.
solmization *n. Mus:* = **sol-ffa[2].**
solo *n.* **1.** *Mus:* unawd(-au) *mf*; **~ instrument,** offeryn(-nau) (*m*) unawd; **~ organ,** organ(-au) (*f*) solo; **violin ~,** unawd i ffidil; **~ violin,** ffidil (ffidlau) (*f*) unawd; **~ stop,** stop(-iau) (*m*) solo. **2.** *Cards:* **~ whist,** chwist solo *m*. **3. ~ motorcycle,** beic(-iau) (*m*) modur solo; *Av:* **~ flight,** ehediad(-au) solo *m*, ehediad ar eich pen eich hun; **to fly ~,** hedfan ar eich pen eich hun.
soloist *n. Mus:* unawdwr: unawdydd (unawdwyr) *m*, un|awdwraig (unawdwragedd) *f*.
Solomon *Pr.n.m.* S|olomon, *A:* Selyf; *B:* **the Wisdom of ~,** Doethineb (*m*) Solomon; **the Song of ~,** Caniad (*m*) Solomon. **~'s seal** *n. Bot: (Polygonatum multiflorum):* sêl (*f*) Selyf, llysiau (*pl*) Solomon, dail (*pl*) Solomon, telyn (*f*) Dafydd, dagrau (*pl*) Job; **angular ~'s seal,** *(P. odoratum):* llysiau Solomon persawrus; **whorled ~'s seal,** *(P. verticillatum):* Sêl Selyf gulddail.
Solomonic *a.* Solomonaidd.
Solon *n.* doeth(-ion) *m*, gŵr (gwŷr) doeth *m*.
solonchak *n. Geog:* solontsiac *m*.
solonetz *n. Geog:* solonets *m*.
solstice *n. Astr:* heulsaf(-au) *m*, heulsafiad(-au) *m*, heuldro(-eon) *m*, *F:* troad (*m*) y rhod; **summer ~,** heulsaf[iad] yr haf, hirddydd (*m*) haf, *Poet:* Alban (*m*) Hefin; **winter ~,** heulsaf[iad] y gaeaf, byrddydd (*m*) gaeaf, *Poet:* Alban (*m*) Arthan.
solstitial *a. Astr:* heulsafol, **~ change,** troad (*m*) y rhod (troadau'r rhod).
solubility *n.* **1.** *(of substance):* hydoddedd(-au) *m*, toddadwyedd *m*. **2. to question the ~ of a problem,** amau a ellir datrys problem. **~ product constant** *n.* cysonyn (*m*) lluoswm hydoddedd.

solubilization *n.* **solubilize** *v.t.* hydoddi.
soluble *a.* **1.** *Ch:* toddadwy, hydawdd; **~ glass, = water-glass 1. 2.** *(of problem):* datrysadwy, esboniadwy.
solubleness *n.* **= solubility 1.**
solubly *adv.* yn doddadwy *&c.*
solus *a. Th: & Joc:* ar eich pen eich hun, wrthych eich hun.
solute *n. Ch:* toddyn (toddion) *m.*
solution *n.* **1.** *Ch: &c:* toddiad(-au) *m*, toddiant (toddiannau) *m*; **salt in ~,** halen tawdd *m*, toddiant halen; **aqueous ~,** toddiant dyfrllyd; **mildly acid ~,** toddiant lled-asid; *Phot:* **glazing ~,** toddiant sgleinio; *Aut:* **rubber ~,** toddiant rwber, rwber tawdd *m.* **2.** *(a) (= solving):* datrysiad(-au) *m*, datrys *vn*; **determinate ~,** datrysiad penderfynedig; **indeterminate ~,** datrysiad amhenderfynedig; **multiple ~,** datrysiad lluosrif; *(b) (= answer):* ateb(-ion) *m*, atebiad(-au) *m* **(to sth,** i rth). **3. ~ of continuity,** toriad(-au) *m*, bwlch (bylchau) *m.* **~ set** *n.* set *(f)* ddatrysiad (setiau datrysiad).
Solutrean, Solutrian *a.* Solutreaidd, [o] Solutré.
Solva *W.Pl.n.* Solfach *f.*
solvability *n.* natur ddatrysadwy *f*; **to question the ~ of a problem,** amau a ellir datrys problem
solvable *a.* datrysadwy.
solvableness *n.* **= solubility 2.**
solvate[1] *n. Ch:* toddydd(-ion) *m.*
solvate[2] *v.t.&i.* toddyddu.
solvated *a. Ch:* toddyddedig.
solvation[1] *n. Ch:* ymdoddiad(-au) *m*, toddi *vn*, ymdoddi *vn.*
solvation[2] *n. Ch:* toddyddiant *m.*
solve *v.t.* datrys.
solvency *n. Com: Jur:* diddyledrwydd *m*, hydaledd *m*, y gallu *(m)* i dalu.
solvent *a. & n.* **1.** *a. (a) Com. Jur:* ag arian, hydal, diddyled; *(b) Ch:* toddol, toddiannol, toddiadol. **2.** *(a) n. Ch:* toddydd(-ion) *m*; **non-polar ~,** toddydd amholar; **polar ~,** toddydd polar; *(b) (used as drug):* glud(-ion) *m.* **~ abuse** *n.* camddefnydd *(m)* ar lud, camddefnyddio *(vn)* glud. **~ extraction** *n.* echdyniad(-au) *(m)* â thoddydd. **~ front** *n.* blaenderfyn(-au) *(m)* toddydd.
solver *n.* datryswr (datryswyr) *m*, datr|yswraig (datryswragedd) *f.*
solvolysis *n. Ch:* **= hydrolysis.**
Solway Firth *Pr.n. Geog:* Merin *(m)* Rheged.
soma[1] *n. (body):* corff (cyrff) *m.*
soma[2] *n. (drink):* soma *m.*
Somali *a. & n.* **1.** *a. Geog:* Somalïaidd; **the ~ government,** llywodraeth Somalia; **he's ~,** Somaliad ydyw; *(in language):* Somalieg. **2.** *n. (a) Ethn.* Somali (Somalïaid) *m&f*; *(b) Ling:* Somalieg *f, m.*
Somalia, Somaliland *Pr.n. Geog:* Somalia *f.*
somatic *a.* corfforol; **~ cell,** cell(-oedd) *(f)* y corff; **~ death,** tranc corfforol *m*; **~ mutation,** mwtantiad(-au) somatig *m*, cellwyriad(-au) somatig *m*
somatogenic *a.* somatogenig, somatogenaidd.
somatologic[al] *a. Anthr:* somatolegol.
somatologist *n. Anthr:* somatolegydd: somatolegwr (somatolegwyr) *m.*
somatology *n. Anthr:* somatoleg *f.*
somatoplasm *n. Biol:* som|atoplasm *m.*
somatoplastic *a. Biol:* somatoplastig.
somatopleure *n. Biol:* som|atoplewr (somatoplewrau) *m.*
somatopleuric *a. Biol:* somatoplewrig.
somatosensory *a.* corffsynhwyrol.
sombre *a. (a) (colour &c):* prudd(-ion), tywyll, trymaidd; *(b) (pers., mood &c):* prudd, digalon, *F:* trwm
sombrely *adv.* yn brudd *&c.*
sombreness *n.* pr|udd-der *m*, digalondid *m.*
sombrero *n. Cost:* sombrero(-s) *f.*
some *a., pron. & adv.* I. *a.* **1.** rhyw (rhai) *(precedes noun and in sing. is followed by soft mut.), often not to be translated at all*; *(a)* **~ other solution will have to be found,** rhaid cael [rhyw] ateb arall; **~ [sort of an] excuse,** rhyw [fath o] esgus, esgus o ryw fath; **(I'll see you) ~ time,** (fe'ch gwelaf) ryw ben, rywbryd neu'i gilydd; **in ~ form or [an]other,** mewn rhyw ffurf neu'i gilydd; **~ way or another,** rhywsut/rywsut neu'i gilydd, ryw fodd neu'i gilydd; **(he'll come) ~ day,** (fe ddaw) ryw ddiwrnod, ryw ddydd, ryw ben, ddydd a ddaw; **~ books are difficult to read,** mae rhai llyfrau'n anodd eu darllen; **~ men are more equal than others,** mae rhai dynion yn fwy cyfartal na'i gilydd; **~ people (say)...,** (fe ddywed) rhai [pobl], rhywrai...; **to make ~ sort of reply,** rhoi rhyw fath/lun ar/o ateb; **~ book or other,** rhyw lyfr neu'i gilydd. **2.** *(partitive):* ychydig (o rth), rhywfaint (o rth), peth (rhth); *(sometimes not translated at all*; **to drink ~ water,** yfed dŵr, *occ:* yfed ychydig/rhywfaint o ddŵr, yfed peth dŵr; **can you give me ~ lunch?** a ellwch roi cinio i mi? **3.** *(a) (= certain quantity, number):* rhyw + *soft mut.*, peth *(precedes noun)*; rhywfaint o + *soft mut.*; **~ [considerable],** cryn *(precedes noun + soft mut.)*; **(I felt) ~ uneasiness,** (teimlais) [beth] anesmwythyd, rywfaint o anesmwythyd, gryn anesmwythyd; **(that would be) ~ help,** (byddai hynny) o ryw gymorth, yn gryn gymorth; **~ little help,** rhywfaint o gymorth, [rhyw] ychydig o gymorth; **in ~ measure, to ~ extent,** i ryw raddau; **~ distance (away),** *(= a little):* ychydig bellter, peth pellter, *Lit:* nepell (oddi yno); **~ [considerable] distance away,** cryn bellter oddi yno; **(I've been here) for ~ time,** ('rwyf yma) ers tro, ers peth amser, ers meityn; **~ time ago,** peth amser yn ôl; **after ~ time,** ar ôl peth amser; **after ~ [considerable] time,** ar ôl cryn amser; **(it takes) ~ time,** (fe gymer) gryn/beth amser, dipyn o amser; **I went to ~ little trouble,** euthum i gryn drafferth; **she spoke at ~ length,** bu'n siarad am beth/gryn amser; *(b) (in the pl.)* rhai *pl*, ambell + *sing. n.* + *soft mut.*; *sometimes not translated at all*; **there are ~ others,** mae [rhai] eraill; mae ambell un arall; **~ days ago,** rhai/rai dyddiau'n ôl; **~ days (she's better),** (mae hi'n well) rai dyddiau, weithiau, ar brydiau, ar [rai] adegau; ambell ddiwrnod (mae hi'n well); **~ people think so,** mae rhai pobl yn credu hynny; mae rhai'n/amryw'n/rhywrai'n credu hynny; mae ambell un yn credu hynny. **4.** *(intensive):* cryn *(precedes n. + soft mut.)*; eithaf *(precedes n.)*; **(that was) ~ storm!** am storm! dyna beth oedd storm! **(she's) ~ girl!** (mae hi'n) dipyn o ferch, gryn ferch, eithaf merch! **(it was) ~ dinner!** ('roedd) yn wledd o ginio, yn ginio i'w gofio, yn eithaf cinio, yn gryn ginio! **~ hope!** am obaith! choelia' i fawr! go brin! dim peryg[l]! *N: F:* dim ffiars [o beryg]! digon o waith! **you've got ~ cheek!** am wyneb! dyna ddigywilydd! mae gen ti wyneb! II. *pron.* **1.** *pl. (pers.):* rhai, *occ:* rhywrai; **(~ agree with us) and ~ disagree,** (mae rhai'n cytuno â ni) a rhai'n anghytuno, ac eraill yn anghytuno; **~ or all of them,** rhai neu bawb ohonynt, rhai neu bob un ohonynt; **(~) of my friends,** (rhai) o'm ffrindiau, o blith fy ffrindiau. **2.** *(thg): (of uncountable things):* peth *m*, rhywfaint *m*, tipyn *m*; *(of countable things):* rhai, rhywfaint; **I have ~,** *(number):* mae gen i rai; *(amount):* mae gen i beth; **~ more bread,** rhagor *(m)* o fara, ychwaneg *(m)* o fara *(not* mwy o fara); **take ~!** *(of countable things).* cymerwch rai! cymerwch rywfaint! *(of uncountable things):* cymerwch beth/rywfaint/dipyn! **~ of the time,** rhan/peth o'r amser; **~ of the butter,** peth o'r ymenyn; **~ of the most beautiful scenery in Wales,** rhai o'r golygfeydd prydferthaf yng Nghymru; **he's up to all the tricks and then ~,** fe ŵyr bob cast ac un dros ben; **I agree with ~ of what you say,** cytunaf â pheth/thipyn/rhywfaint o'r hyn a ddywedwch. III. *adv.* **1.** tua *(with aspirate mut.)*, rhyw + *soft mut.*, *F:* o gwmpas, *S:* oboitu, *Lit:* oddeutu; **~ twenty pounds,** tuag ugain punt, rhyw ugain punt; **for ~ fifteen minutes,** am ryw chwarter awr; **~ few minutes,** rhyw ychydig funudau. **2.** *esp. U.S: F: (intensive):* **it pleased me ~,** fe'm plesiodd beth.
somebody *pron. & n.* **1.** *pron.* rhywun *m*; **~ told me,** dywedodd rhywun wrthyf; **~ else,** rhywun arall; **~ or other,** rhywun neu'i gilydd; **Mr S~ [or other],** Mr Hwn a hwn, Mr Bechingalw *(pronounced* ng-g), Mr Peth a'r Peth, Mr Pwy'na; **I was speaking to ~ I know,** 'roeddwn yn sgwrsio â rhywun yr wyf yn ei adnabod. **2.** *n.* **(she's) a ~,** (mae hi'n) bwysig, rhywun o bwys, rhywun pwysig; **she thinks she's ~,** mae hi'n ei meddwl ei hun.
somedeal *adv.* **= somewhat.**
somehow *adv.* **1.** rhywsut, rhywfodd [neu'i gilydd] *(most frequently seen in their mutated forms* rywsut, rywfodd); **we shall win ~,** fe enillwn rywsut. **2. ~ (I never liked him),** (ni bûm erioed yn hoff ohono) rywsut, am ryw reswm; **I ~ suspected that,** 'roeddwn i'n rhyw amau hynny; **I ~ feel lost,** 'rwyf yn rhyw deimlo ar goll; 'rwyf yn teimlo ar goll rywsut; rywsut/rywfodd, 'rwy'n teimlo ar goll.

someone *pron.* = **somebody 1.**
someplace *adv.* = **somewhere.**
somersault[1] *n. (a) in ordinary parlance:* tin-dros-ben(-nau) *m*; **to turn a ~,** bwrw/gwn|eud tin-dros-ben; *(b) Gym:* trosben(-nau) *m*; **double ~,** trosben dwbl; **hollow back ~,** trosben ceugefn.
somersault[2] *v.i.* bwrw/gwn|eud tin-dros-ben, *Gym:* trosbennu.
Somerset *Pr.n. Geog:* Gwlad *(f)* yr Haf.
something *n. or pron. & adv.* I. *n. or pron.* rhywbeth *m*; **1. say ~,** dywedwch rywbeth; **~ or other,** rhywbeth neu'i gilydd; **~ else,** rhywbeth arall; **Robert S~ [or other],** Robert Rhywbeth, Robert Pethma, Robert Pwy'na, Robert Bechingalw (*pronounced* ng-g); **there's ~ about him that I don't like,** mae rhywbeth yn ei gylch nad wyf yn ei hoffi; **~ out of the ordinary,** rhywbeth rhyfedd/od/anarferol; **~ tells me that he'll come,** rhyw deimlo'r wyf y daw; **~ must be done about it,** rhaid gwneud rhywbeth yn ei gylch; **~ to drink,** rhywbeth i'w yfed, diod(-ydd) *f, S.W:* peth yfed *m*; **can I get you ~?** a gaf i'ch helpu? alla' i gael rhywbeth ichi? **to give s.o. ~ to live for,** rhoi achos byw i rn, rhoi rhth i rn fyw er ei fwyn; **she has ~ to complain about,** mae ganddi le i gwyno; mae ganddi reswm dros gwyno; **~ new,** rhywbeth newydd, newyddbeth(-au) *m*; **~ old,** hen beth(-au) *m*, rhywbeth hen *m*; **he's ~ (in the bank),** mae'n gwneud rhywbeth, mae mewn rhyw swydd, mae'n gwneud rhyw swydd (yn y banc); **he thinks himself ~,** mae'n ei feddwl ei hun; mae'n meddwl ei fod yn rhywun [o bwys]; mae'n ei osod ei hun; **the four ~ train,** y trên rhywbeth wedi pedwar; **thirty ~,** rhywbeth ar ddeg ar hugain, tri deg rhywbeth; **she's thirty ~,** mae hi yn ei deg ar hugeiniau; mae hi'n dri deg rhywbeth; mae hi yn y tri degau ['ma]; **an indefinable ~,** rhywbeth anniffiniol, rhyw rin, rhyw naws arbennig. **2.** *(a)* **that's ~ of an improvement,** dyna [dipyn o] welliant; dyna well; dyna beth gwelliant; **(to speak) with ~ of a foreign accent,** siarad â rhywfaint o acen ddieithr, ag arlliw o acen ddieithr, â pheth acen, â [pheth] lledíaith; **he's ~ of a miser,** mae'n dipyn o gybydd; **she has seen ~ of the world,** mae hi wedi gweld tipyn/rhywfaint ar y byd; **perhaps we shall see ~ of you now,** efallai y cawn eich gweld yn amlach o hyn ymlaen; *(b)* **his plan has ~ in it; there's ~ in his plan,** mae rhywbeth o werth yn ei gynllun; **there's ~ in the wind,** mae yna rywbeth yn y gwynt; *Lit:* mae rhyw sŵn ym mrig y morwydd; *Prov:* **~ has [got] to give,** edau ry dyn[n] a dyrr; **there's ~ (in what you say),** mae rhywbeth, mae rhyw wirionedd (yn yr hyn a ddywedwch); **there's ~ of it left,** mae peth/rhywfaint ohono ar ôl; **there's ~ (in him),** mae rhywbeth, mae rhyw ruddin (ynddo); **to see ~ nasty in the woodshed,** gweld rhyw ddrwg yn y caws; **the book has ~ to do with history,** mae a wnelo'r llyfr [rywbeth] â hanes; **it had ~ to do with that,** yr oedd a wnelo â hynny; **well, that's ~ at least,** wel, dyna un peth o leiaf; **that was quite ~!** 'roedd hynny'n dipyn o beth! 'roedd hynny'n eithaf peth! **that's ~ else again,** peth arall eto/wedyn yw hynny. II. *adv. (a)* rywbeth, rywfaint, i ryw raddau, rywsut, braidd; **it's ~ like a horse,** mae rhywbeth yn debyg i geffyl; mae'n lled debyg i geffyl; **that's ~ like a cigar!** dyna beth yw sigar! **~ after the French style,** braidd yn Ffrengig; *(b) P:* **they treated me ~ shocking,** mi gefais fy nhrin yn ofnadwy ganddynt.
sometime *adv.* **1.** *(a) (formerly):* gynt, unwaith; **~ fellow of the college,** gynt yn gymrawd o'r coleg; **~ priest of this parish,** offeiriad y plwyf hwn gynt; *(b) a.* cyn + *soft mut. (precedes n.)*; **(Mr Jones) my ~ tutor,** (Mr Jones) fy nghyn-diwtor, fy hen diwtor. **2.** *(often written in two words):* rhyw bryd, ryw bryd, ryw ddydd, *occ:* ryw adeg, ryw dro; **~ or other,** rhyw ben, rhyw dro, rhywbryd neu'i gilydd; **~ before dawn,** rywbryd cyn y wawr; **~ last year,** rywbryd [yn ystod] y llynedd; **~ in August,** rywbryd ym mis Awst; **~ soon,** yn fuan, cyn bo hir; **~ in the future,** rywbryd yn y dyfodol, [ryw] ddydd a ddaw; *F:* **see you ~!** hwyl [am y tro]! mi'ch gwela' i chi ryw ben! **I'll call by ~,** *occ:* mi alwaf heibio ar fy hald; **call by ~,** galwch heibio rywbryd; *S.W: occ:* galwch heibio ryw getyn.
sometimes *adv.* weithiau, ar brydiau, o bryd i'w gilydd, ambell dro, ambell waith, *Lit:* ar dro; **~ the one, ~ the other,** weithiau'r naill, weithiau'r llall.
someways *adv. U.S:* = **somehow.**
somewhat *adv.* **1.** braidd yn *(precedes n. + soft mut.)*, gweddol *(precedes n. + soft mut.)*, *occ:* beth (yn rhth), yn bur + *soft mut.*; **to be ~ (surprised),** (synnu) rhywfaint, braidd, nid ychydig; **~ complicated,** lled gymhleth, go gymhleth, braidd yn gymhleth, pur gymhleth, gweddol gymhleth, cymhleth braidd; **we treat him ~ as he treated us,** 'rydym yn ei drin rywbeth yn debyg i'r modd y triniodd ef ni; **I was more than ~ confused,** yr oeddwn wedi drysu nid ychydig; 'roeddwn yn eithaf dryslyd; 'roeddwn yn bur ddryslyd. **2.** *n.* **(he was) ~ of a miser,** ('roedd) yn dipyn o gybydd, yn gybyddlyd braidd, braidd yn gybyddlyd; **(this was) ~ of a relief,** ('roedd hyn) yn dipyn o ollyngdod, *Lit:* yn ollyngdod nid bychan.
somewhen *adv.* rhywbryd, rywbryd.
somewhere *adv.* **1.** rywle, [yn] rhywle; **it's ~ in the Bible,** mae i'w gael yn rhywle yn y Beibl; mae rywle yn y Beibl; *F:* **~ along the line,** ryw dro, un tro, ar un adeg; **~ near our house,** *N:* [yn] rhywle wrth ymyl ein tŷ ni, *S:* [yn] rhywle ar bwys ein tŷ ni; **~ (in the world),** rywle, yn rhywle (yn y byd); **~ else,** rywle arall, yn rhywle arall, mewn man arall; **to get ~,** *(= succeed):* cyrraedd rhywle, cyrraedd i rywle, llwyddo, dod ymlaen; *P:* **I'll see him ~ first!** fe gaiff fynd i'r diawl/cythraul! **2. she is ~ around fifty,** mae hi oddeutu['r] hanner cant oed; mae hi tua['r] hanner cant oed; mae hi'n tynnu am ei hanner cant oed; *N: F:* mae hi ar draws ei hanner cant oed.
somewhile *adv.* = **sometime.**
somewhither *adv.* i rywle.
somewise *adv.* **in ~, = somehow.**
somital *a. Anat:* cylchrannol.
somite *n. Anat:* cylchran(-nau) *f*, segment(-au) *m*, m|etamer (metamerau) *m*.
somitic *a. Anat:* cylchrannol.
somnambulant *n.* = **somnambulist.**
somnambulation *n.* cerdded *(vn)* yn eich cwsg, cerdded trwy'ch hun, cwsgrodio *vn.*
somnambulator *n.* = **somnambulist.**
somnambulism *n.* cerdded *(vn)* yn eich cwsg, cwsgrodio *vn.*
somnambulist *n.* cwsgrodiwr (cwsgrodwyr) *m*, cerddwr *(m)* yn ei gwsg (cerddwyr yn eu cwsg), c|erddwraig yn ei chwsg; **she's a ~,** mae hi'n cerdded yn ei chwsg.
somnambulistic *a.* cwsgrodiol.
somniferous, somnific *a.* cysglyd, sy'n peri cwsg, cysgbair, hunbair.
somniloquist *n.* siaradwr drwy'i hun *or* yn ei gwsg (siaradwyr drwy'u hun *or* yn eu cwsg) *m*, cwsglefarydd(-ion) *m*; **she's a ~,** mae hi'n siarad yn ei chwsg.
somniloquy *n.* siarad *(vn)* drwy'ch hun, siarad yn eich cwsg, cwsglefaru.
somnolence, somnolency *n.* cysgadrwydd *m*, syrthni *m*, cysglydrwydd *m*.
somnolent *a.* cysglyd, swrth.
somnolently *adv.* yn gysglyd, yn swrth.
son[1] *n.m.* **1.** mab (meibion); **how is your ~?** sut mae'r mab? **John, ~ of David,** Siôn fab Dafydd, *A:* Siôn ap Dafydd; *(in traditional Welsh names the prefixes* ap *and* ab *are used before consonants and vowels respectively)*; **~ and heir,** y mab hynaf; **the S~ of God,** Mab Duw; **the S~ of Man,** Mab y Dyn; *Prov:* **like father, like ~,** fel y tad y bydd y mab; **to be one's father's ~,** bod yn fab i'ch tad; **the sons of men,** meibion dynion, plant dynion, y ddynoliaeth *f*, dynolryw *f*, dynol ryw *f*; **the sons of darkness,** plant y fall; **the sons of liberty,** plant rhyddid; **the sons of toil,** hen werin *(f)* y graith, meibion llafur; *S.a.* **soil[1]; every mother's ~ of you,** pob un enaid byw ohonoch, pob copa walltog *(f)* ohonoch. **2.** *V:* **~ of a bitch,** diawl(-iaid) *m*, cythraul (cythreuliaid) *m*, cenau (cnafon, cenawon) *m*, cnaf(-on) *m*; **you old ~ of a gun!** yr hen genau iti! yr hen gono iti! **3.** *F:* **(thank you) my ~,** (diolch) 'machgen i, 'ngwas i, *S:* achan; **(how are you) old ~?** (sut mae hi), 'rhen fachgen, 'rhen ddyn, 'rhen goes? **~-in-law** *n.* mab yng nghyfraith, *A:* daw(-on), dawf (dofion) *m*. **~ tape** *n. Cmptr:* merch-dâp (~-dapiau) *m*.
son[2] et lumière *n.* sain *(m)* a goleuni *m*.
sonance, sonancy *n.* natur leisiol *f*, soniarusrwydd *m*.
sonant *a. & n. Ling:* **1.** *a.* seiniol, lleisiol, soniarus. **2.** *n.* cytsain feddal (cytseiniaid meddal) *f*, sonant(-iaid) *mf*.
sonar *n.* sonar *m*.
sonata *n. Mus:* sonata (sonatâu) *f*. **~ form** *n.* ffurf(-iau) *(f)* sonata.
sonatina *n. Mus:* sonatina (sonatinâu) *f*.
sondage *n. Archeol:* ffos(-ydd) *(f)* ymchwil.

sonde *n. Aer: Space:* sond(-iau) *mf,* seinblymiwr (seinblymwyr) *m.*
sone *n. Phon: Meas:* sôn (sonau) *m.*
sonerila *n. Bot:* **frosted ~,** dail (*pl*) llwydrew.
song *n. (a)* cân (caneuon) *f, Lit: occ:* cerdd(-i) *f;* **in ~,** ar gân; **the ~ of the lark,** cân yr ehedydd; **to burst into ~,** dechrau canu, taro cân; **action ~,** cân actol; **love ~,** cân serch; *F:* **to buy sth for a ~** *or* **an old ~,** cael rhth yn fargen, prynu rhth am y nesaf peth i ddim, prynu rhth am geiniog a dimai; **~ and dance** *n.* dawns a chân; **~ and dance act/show,** sioe (*f*) ddawns a chân (sioeau dawns a chân); **wine, women and ~,** gwin, gwragedd a chân; *S.a.* **swan;** *F:* **to make a ~ and dance (about sth),** codi helynt, creu stŵr, mynd dros ben llestri (ynghylch rhth); gwneud môr a mynydd (o rth); canu tiwn gron (am rth); *F:* **nothing to make a ~ and dance about,** dim byd gwerth sôn amdano, dim byd i ganu amdano; *(b) Lit:* **Songs of a Shepherd,** *(= poems):* Cerddi'r Bugail; **The S~ of Roland,** Cân Rolant; *B:* **The S~ of Deborah,** Cân Debora; *B:* **The S~ of the Three Children,** Cân y Tri Llanc; *B:* **The S~ of Songs,** Cân y Caniadau; **The S~ of Solomon,** Caniad (*m*) Solomon; **~ of praise,** mawlgan(-euon) *f,* cân (*f*) fawl (caneuon mawl); *(c) Ecc:* cân, caniad(-au) *m;* **Sacred S~,** Caniadaeth (*f*) y Cysegr; **S~ of Degrees,** Caniad y Graddau. **~-cycle** *n.* cylch(-au) (*m*) o ganeuon. **~ sparrow** *n. Orn: U.S:* llwyd(-iaid) persain *m.* **~ thrush** *n. Orn:* = **thrush (song).**
songbird *n.* aderyn (adar) (*m*) cân, aderyn cerdd, *Lit:* telor(-iaid) *m,* cethlydd(-ion) *mf,* cantor(-ion) (*m*) y coed.
songbook *n.* llyfr(-au) (*m*) caneuon, llyfr canu.
songful *a.* llawn cân, persain.
songless *a.* mud, heb gân, di-gân.
songsmith *n.* cyfansoddwr (cyfansoddwyr) (*m*) caneuon.
songster *n.* = **singer, songbird, poet, song book.**
songstress *n.f.* cantores(-au), cerddores(-au), c|antwraig *(usu. pronounced* cantreg) (cantwragedd); *Lit: occ:* alawes(-au).
songwriter *n.* = **songsmith.**
sonhood *n.* = **sonship.**
sonic *a.* sonig; **~ bang, ~ boom,** taran(-au) sonig *f,* clec(-iadau) sonig *f;* **~ barrier,** mur (*m*) sain; **~ mine,** ffrwydryn (ffrwydron) sonig *m.*
sonics *n.pl.* seineg *f.*
soniferous *a.* seinddwyn.
sonless *a.* heb fab, di-fab.
sonnenseite *n. Geog: (= adret):* llygad (llygaid) (*m*) haul.
sonnet *n. Pros:* soned(-au) *f.* **~ sequence** *n.* dilyniant (dilyniannau) (*m*) [o] sonedau.
sonneteer[1] *n.* sonedwr: sonedydd (sonedwyr) *m.*
sonneteer[2] *v.t.&i.* canu sonedau (i rn), sonedu (rhn).
sonny *n.m. F:* 'machgen i, *N:* 'ngwas [bach] i, 'ngwesyn i, *occ:* achan, *S:* fachan.
sonobuoy *n. Nau:* s|onobwi (sonobwiau) *m,* seinfwi(-au) *m.*
sonofabitch *n. See* **son 2.**
sonometer *n.* seinfesurydd(-ion) *m.*
sonorant *n. Ling:* soniarus.
sonorific *a.* seiniannol.
sonorifically *adv.* yn seiniannol.
sonority *n.* soniarusrwydd *m.*
sonorous *a.* soniarus.
sonorously *adv.* yn soniarus *&c.*
sonorousness *n.* soniarusrwydd *m.*
sonship *n.* mabolaeth *f.*
sonsie, sonsy *a. Dial:* = **buxom, cheerful, comely.**
soon *adv.* **1.** *(a)* yn fuan, ar fyr o dro, ymhen fawr o dro, gyda hyn, yn y man, cyn bo hir, *N:* yn sydyn, toc; **~ after,** yn fuan wedi hynny, ychydig ar ôl hynny, yn fuan wedyn; **~ after four,** ychydig wedi pedwar, yn fuan ar ôl pedwar; **see you again ~!** mi gwelwn ni chi eto cyn bo hir! hwyl fawr am y tro! brysiwch yma eto! *N: F:* ta ta tan toc! **it will ~ be three years since...,** gyda hyn fe fydd yn dair blynedd er pan...; aeth bron dair blynedd [heibio] er pan...; **must you leave so ~?** oes rhaid i chi fynd mor gynnar/fuan? **how ~ (may I expect you)?** pa bryd, pa mor fuan (y dylwn eich disgwyl)? **how ~ can you be ready?** faint a gymerwch chi i fod yn barod? **too ~,** [yn] rhy fuan, [yn] rhy gynnar, cyn pryd; **(he arrived an hour) too ~,** (cyrhaeddodd awr) yn rhy gynnar, o flaen ei amser, yn rhy fuan; **I got out of the house none too ~,** mi ddihengais i o'r tŷ â chroen fy nannedd; dihengais o'r tŷ ac nid cyn pryd; cael a chael a fu hi i mi ddianc o'r tŷ; *S.a.* **mend**[2] 1, 3; *(b)* **as ~ as,** cyn gynted â/ag; **as ~ as ever,** cyn gynted fyth â, gyda byth; **as ~ as she arrives,** gydag y daw hi, cyn gynted ag y daw hi; **as ~ as he arrived,** gydag iddo gyrraedd, cyn gynted ag y cyrhaeddodd; **as ~ as possible,** cyn gynted â phosibl, cyn gynted ag y bo modd; **(as ~) as maybe,** (cyn gynted) â phosibl, ag a ellir, ag y bo modd; **as ~ as (you have finished),** cyn gynted, unwaith, gydag (y byddwch wedi gorffen); **as ~ as (he saw land),** cyn gynted, unwaith, gydag (y gwelodd y tir); *(c)* **I would just as ~ stay,** cystal fyddai gennyf aros; byddai'n gystal gennyf aros. **2. sooner,** *(a)* cynt *(comp. forms:* cynted, cyntaf); **the ~ the better,** gorau po gyntaf; **the ~ you begin the ~ you will have finished,** gyntaf yn y byd y dechreuwch, gyntaf yn y byd y gorffennwch; **~ or later,** yn hwyr neu'n hwyrach; **no ~ said than done,** cyn gynted gair a gweithred; *Prov:* **~ shall two men meet than two mountains,** cynt y cwrdd/cyfarfydd dau ddyn na dau fynydd; **(I couldn't come) any ~,** (ni allwn ddod) yn gynt, yngh|ynt, cyn hyn; **no ~ had he finished than he was arrested,** nid cynt y gorffennodd nag yr arestiwyd ef; *(b) (= rather than):* cyn; yn hytrach na + *spirant mut.;* **~ than give in I would die,** yn hytrach nag ildio, gwell gennyf farw; **~ you than me,** gwell chi na mi; **I would ~ die,** byddai'n well gennyf farw; **death ~ than dishonour,** gwell angau na chywilydd/gwarth; angau cyn cywilydd.
sooner *n. U.S:* achubwr (achubwyr) blaen *m,* rhagflaenwr (rhagflaenwyr) *m.*
soonest *adv.* gyntaf; *Prov:* **least said, ~ mended,** ni bu drwg o dewi.
soonish *adv. F:* yn o fuan, yn weddol fuan, yn eithaf buan.
soot[1] *n.* huddygl *m,* parddu *m.* **~-flake** *n.* pluen (plu) (*f*) huddygl, *N.W:* fflacsen (fflacs) *f.*
soot[2] *v.t.&i. I.C.E:* **1. to ~ up plugs,** pardduo plygiau, duo plygiau â huddygl. **2.** *(of plugs, chimney &c):* **to ~ up,** mynd yn ddu/barddu i gyd, hel huddygl/parddu.
sooth *n. A:* **in [good] ~, ~ to say,** a dweud y gwir, mewn gwirionedd, yn wir.
soothe *v.t. (pain):* lliniaru, lleddfu, esmwytho; *(pers.):* tawelu, cysuro; **to ~ s.o.'s anger,** tawelu/gostegu/lleddfu dicter rhn.
soother *n.* tawelwr (tawelwyr) *m,* tawelydd(-ion) *m.*
soothing *a.* esmwythaol, ewmwythlon, lleddfol, lliniarol; **in a ~ voice,** mewn llais tyner/mwyn/cysurlon.
soothingly *adv.* yn esmwythaol *&c.*
soothsay *v.i.* darogan.
soothsayer *n.* **1.** daroganwr (daroganwyr) *m,* darog|anwraig (daroganwragedd) *f.* **2.** = **mantis.**
soothsaying *vn.* darogan, daroganu.
sootily *adv.* yn huddyglyd *&c.*
sootiness *n.* golwg bardduog *f* (ar rth).
sooty *a.* huddyglyd, pardduog, du gan huddygl, yn barddu/huddygl i gyd, llawn huddygl/parddu; *Fung:* **~ mould,** llwydni du *m,* llwydni huddyglog; *Orn:* **~ tern,** môr-wennol fraith (~-wenoliaid brith) *f.*
sop[1] *n.* **1.** *(of bread &c):* tamaid (tameidiau) gwlych *m, Lit: occ:* micas(-au) *m.* **2.** *(a)* = **bribe**[1]; *(b)* **to give a ~ to Cerberus,** tynnu llaw ar hyd pen ci brathog.
sop[2] *v.t.* **1. to ~ (bread),** trochi, gwlychu, mwydo (bara). **2. to ~ up a liquid,** socian gwlybwr.
Sophia *Pr.n. Geog:* Soffia *f.* **~ Gardens** *W.Pl.n.* Gerddi Soffia.
sophism *n.* twyllresymiad(-au) *m,* geuddadl(-au,-euon) *f.*
sophist *n.* **1.** *Gr.Ant:* soffydd(-ion,-wyr) *m.* **2.** *(= fallacious reasoner):* twyllresymwr (twyllresymwyr) *m.*
sophister *n.* **1.** = **sophist 2. 2.** *Sch:* soffistr(-iaid) *m.*
sophistic[al] *a.* soffyddol, twyllresymegol, gau.
sophisticate[1] *v.t.* soffistigo.
sophisticate[2] *n.* rhn (rhai) soffistigedig *m&f,* bydolddoethyn (bydolddoethion) *m.*
sophisticated *a.* **1.** *(= worldly wise):* soffistigedig, bydol-ddoeth. **2.** *(equipment, technique &c):* cymhleth, tra chymhleth, tra datblygedig, soffistigedig.
sophistication *n.* **1.** = **sophistry, sophism. 2.** *(= savoir-faire):* bydolrwydd *m,* bydolddoethineb *m,* natur soffistigedig *f,* soffistigedigrwydd *m.* **3.** *(of equipment):* cymhlethdod *m,* soffistigedigrwydd.
sophistry *n.* **1.** = **sophism. 2.** twyllresymeg *f,* twyllresymu *vn.*
Sophoclean *a. Lit:* Soffocleaidd.
Sophocles *Pr.n.m.* S|offocles.

sophomore *n. U.S:* myfyriwr (myfyrwyr) (*m*) ail flwyddyn, s|offomor (soffomoriaid) *m.*
sophomoric[al] *a.* [yr] ail flwyddyn, soffomorig.
sophy *n.* soffi (soffïaid) *m.*
sopor *n. Med:* trwmgwsg: trymgwsg *m.*
soporiferous *a.* = **soporific 1.**
soporiferously *adv.* yn gysglyd *&c.*
soporiferousness *n.* cysgadrwydd *m*, cysgadurusrwydd *m.*
soporific *a. & n.* **1.** *a.* cysglyd, cysgadurus, *Lit:* cysgbair. **2.** *n.* cysgbair (cysgbeiriau) *m*, cyffur(-iau) (*m*) cysgu.
soppily *adv.* yn fabïaidd.
soppiness *n.* **1.** *(= wetness):* gwlybaniaeth *m.* **2.** *(= sentimentality):* sentimentaleiddiwch *m*, babieiddiwch *m.*
sopping *a.* ~ **wet,** gwlyb diferu/diferol, gwlyb sopen, gwlyb socian, *N:* gwlyb domen [dail], gwlyb llibryn, gwlyb diferyd, *S:* gwlyb shwps, gwlyb stecs; *(pers.):* gwlyb at eich croen.
soppy *a.* **1.** *(ground &c):* gwlyb (*f.* gwleb, *pl.* gwlybion), corslyd, soeglyd. **2.** *(= sentimental):* babïaidd, gwirion, dagreuol, sentimental, *N:* llywaeth, *S.W:* swca; **to be ~ (on s.o.),** ffoli, dotio, *S:* dwli (ar rn); *N:* moedro'ch pen (am rn).
sopranino *n. Mus:* sopranino(-s) *m.*
sopranist *n.* canwr (cantorion) (*m*) soprano, c|antwraig (cantwragedd) (*f*) soprano, cantores(-au) (*f*) soprano.
soprano *n.* soprano(-s, soprani) *m&f*; **~ boy,** bachgen (bechgyn) (*m*) soprano, canwr (canwyr) (*m*) soprano, trebl(-iaid) *m.* **~ clef** *n.* allwedd (*f*) y soprano, cleff (*m*) y soprano. **~ voice** *n.* llais (lleisiau) (*m*) soprano.
sora *n. Orn:* **~ rail,** rhegen(-nod) (*f*) sora.
sorb[1] *n. Bot:* **1.** **~[-apple],** criafolen (criafol) *f.* **2.** *(tree):* cerddinen ddof (cerddin dof) *f*, pren(-nau) (*m*) criafol, criafolen (criafol) *f.*
sorb[2] *v.t.* amsugno.
Sorb[3] *n. Ethn:* Sorb(-iaid) *m&f*; *S.a.* **Sorbian.**
sorbability *n.* = **absorbability.**
sorbable *a.* = **absorbable.**
sorbate *n. Ch:* sorbad(-au) *m.*
sorbefacient *a. & n.* **~ [drug],** cyffur(-iau) amsugnol *m.*
sorbet *n. Cu:* sorbed(-au) *m.*
Sorbian *a. & n.* **1.** *a.* Sorbaidd; *(in language):* Sorbeg. **2.** *n.* *(a) Ethn:* Sorb(-iaid) *m&f*; *(b) Ling:* Sorbeg *f, m.*
sorbic *a. Ch:* sorbig.
sorbite *n. Metall:* sorbit *m.*
sorbitic *a. Metall:* sorbitig.
sorbitol *n. Ch:* s|orbitol *m.*
sorbo *n.* **~ [rubber],** sorbo-rwber *m*, sorbo(-s) *m.*
Sorbonist *n. Sch:* Sorboniad (Sorboniaid) *m&f*, Sorbonydd(-ion) *m.*
sorbose *n. Bio-Ch:* sorbos *m.*
sorcerer *n.* dewin(-iaid) *m*, swynwr (swynwyr) *m*, swyngyfareddwr (swyngyfareddwyr) *m* (*pronounced* ng-g), *Lit: occ:* hudol(-ion) *m.*
sorceress *n.f.* dewines(-au), s|wynwraig (swynwragedd), hudoles(-au).
sorcerous *a.* dewinol, swyngyfareddol (*pronounced* ng-g).
sorcery *n.* dewindabaeth *f*, dewiniaeth *f*, swyngyfaredd *f* (*pronounced* ng-g), hud *m*, hudoliaeth *f.*
sordid *a.* **1.** *(= soiled, dirty):* aflan, bawaidd, bawlyd, pyglyd, pygliw, pygddu, salw, *S:* brwnt (*f.* bront, *pl.* bryntion), *N:* budr(-on), *N.W: F:* pỳg. **2.** *(= ignoble):* iselwael, gwael, dirmygadwy; **~ gain,** budrelw *m*; **~ avarice,** cybydd-dod crafangus/cribinllyd *m.*
sordidly *adv.* yn fawaidd *&c.*
sordidness *n.* **1.** *(= dirtiness):* aflendid *m*, budreddi *m*, bryntni *m*, butrwch *m*, baweiddrwydd *m*, baw|eidd-dra *m.* **2.** *(= baseness):* gwaelder *m*, baweidd-dra, baweiddrwydd, cyflwr salw/ iselwael *m*, salwineb *m*, salwedd *m.* **3.** = **avarice.**
sordino *n. Mus:* sordino (sordini) *m.*
sordor *n.* = **sordidness.**
sore[1] *a. & adv.* I. *a.* **1.** *(a) (= aching):* poenus, dolurus, sy'n brifo, anafus, *N: occ:* bynafus, *S:* tost; *(b) (= inflamed):* llidiog, llidus, *S:* tost, *S.E:* digofus; **~ spot,** dolur(-iau) *m*, briw(-iau) *m*, man(-nau) tost/dolurus/poenus *m*; *S.a.* **sight**[1] **5**; **it sticks out like a ~ thumb,** mae mor amlwg â llaid ar farch gwyn; mae'n sefyll allan fel dafad wyllt; **~ throat,** *N:* dolur (*m*) gwddw, *S:* gwddwg tost *m*, *S.E:* llwnc tost *m*, *M.W:* gwddw cryg/cryglyd *m*; *S.a.* **sight**[1]; **like a bear with a ~ head,** blin fel tincer, fel baedd cynddeiriog; *(c) Fig:* **to put one's finger on a ~ place,** rhoi'ch bys ar friw; **it's a ~ point with him,** mae'n destun gofid iddo; mae'n fan poenus ganddo. **2.** *(of pers.):* *(a) (= distressed):* gofidus, trallodus; **she was ~ at heart about it,** 'roedd yn loes calon iddi; 'roedd hi'n ofidus/drallodus yn ei gylch; 'roedd ei chalon yn ddolurus/dost yn ei gylch; *(b) U.S: F: (= vexed):* dig, milain, gwyllt, dicllon (**about sth,** ynghylch rhth); **to be/get ~,** digio, gwylltio (**at sth,** wrth rth). **3.** *Lit:* **(we were) in ~ need (of rest),** ('roedd) mawr/dirfawr angen, angen enbyd (gorffwys arnom); **~ trial,** prawf llym/blinderus/ tost, profedigaeth(-au) *f*; **~ temptation,** temtasiwn gref/aruthrol/ anorchfygol *f*; **~ affliction,** cystudd dybryd/enbyd *m.* II. *adv.* **~ distressed,** trallodus iawn.
sore[2] *n.* *(a)* briw(-iau) *m*, dolur(-iau) *m*; *(in children's language):* popo(-s) *m*, *S:* cwt(-au) *m*; *N.W: Vet: (on cow):* crwn *m*; **cold ~,** dolur (*m*) annwyd, *F:* cusan (*f*) bopa/bopo, cusan ddrwg, cusan bwbach; *(b) Fig:* **to [re]open an old ~,** codi hen grach/ grachen, agor hen friw, *S.W:* sôn am hen fwrlwm; *(c)* **[running] ~,** gorfa (gorf|eydd) *f*, cornwyd(-ydd) *m.*
sorehead *n. U.S:* rhn (rhai) piwis/blin, grwgnachwr (grwgnachwyr) *m*, grwgn|achwraig *f*, swnyn(-nod) *m*, swnen(-nod) *f.*
sorel *n. Ven:* bwch (bychod) (*m*) danas teirblwydd.
sorely *adv. Lit:* yn fawr, yn ddirfawr, yn aruthrol, yn enbyd, *S:* yn dost, yn rhyfedd, *N:* yn sobor; **~ wounded,** wedi'ch clwyfo'n enbyd/ddifrifol/ dost; **~ distressed,** trallodus iawn, gofidus iawn, enbydus, tra gofidus, tra thrallodus; **he will be ~ missed,** bydd yn chwith iawn ar ei ôl; **I was ~ tempted to reply,** temtiwyd fi'n fawr i ateb; **they were ~ disappointed,** siomwyd hwy yn ddirfawr.
soreness *n.* **1.** *Med:* llid *m*, llidiogrwydd *m*, toster *m*, tostrwydd *m*, dolur *m*, *S.W:* gwasgu *vn.* **2.** *(a) (= chagrin):* ing(-oedd) *m*, gofid(-iau) *m*, poen (*fm*) meddwl, gloes(-au) *f*; *(b) (= resentment):* piwisrwydd *m*, dicter *m*, dig *m*, diclloneddd *m.*
sorghum *n. Bot:* sorgwm *m.*
sorgo *n. Bot:* sorgo *m.*
sori *n. See* **sorus.**
soricine *a. Z:* chwistlaidd.
sorites *n. Log:* sorites *m*, cyfresymiad anghyflawn *m.*
soritical *n. Log:* soritigol.
soroche *n. Med:* salwch (*m*) mynydd.
soroptimist *n.f.* sor|optimydd (soroptimyddion) *f.*
sororate *n.* priodas (*f*) â chwaer gwr|aig.
sororicidal *a.* chwaerladdol.
sororicide *n.* **1.** *(killer):* chwaerleiddiad (chwaerleiddiaid) *m&f*, lleiddiad (lleiddiaid) (*m&f*) chwaer. **2.** *(killing):* chwaerladdiad(-au) *m.*
sorority *n.* chwaeroliaeth(-au) *f.*
sorosis[1] *n. Bot:* ffrwyth(-au) cyfansawdd *m.*
sorosis[2] *n. U.S:* = **sorority.**
sorption *n. Ph: Ch:* amsugniad(-au) *m*, amsugno *vn.*
sorrel[1] *n. Bot:* **common/garden ~,** *(Rumex acetosa):* suran *f*, suran y cŵn, suran y waun, suran y maes, suran y frân, dail (*pl*) cŵn, chwysoglen (chwysogl) *f*, *F:* dail surion [bach], *N.E:* dail melys, *N.W:* cerrig (*pl*) sgôl, cerrigs (*pl*) cŵn, crentsh (*m*) y cŵn, dilis (*pl*) cŵn, *S.E:* bara (*m*) a chaws *m*, *S.W:* grinshows *pl*; **French ~,** *(R. scutatus):* suran Ffrengig; **ladies' ~,** = **sorrel (wood)**; **maiden ~,** *(R. montanus):* tafolen (tafol) (*f*) y mynydd; **mountain ~,** *(Oxyria digyna):* suran y mynydd; **red ~,** *(Hibiscus sabdariffa):* suran goch; **sheep's ~,** *(R. acetosella):* dringol *m*, suran yr ŷd; **wood ~,** *(Oxalis acetosella):* suran y coed, suran y gog, suran deirdalen, bara(*m*)'r gog, bara can (*m*) y gwcw, aleliwia *f*, triagl (*m*) tair dalen, dringol *m*, *M.W:* bara a chaws y gog, *S.W:* bara caws y gwcw, grinsiws *pl*; **salts of ~,** halen (*m*) suran. **~ tree** *n. Bot: U.S:* suranwydden (suranwydd) *f*, coeden (coed) (*f*) suran.
sorrel[2] *n.* **1.** *(horse):* ceffyl gwineugoch *m.* **2.** = **sorel.**
sorrily *adv.* **1.** *(= regretfully):* yn edifar; *(= sadly):* yn drist *&c.* **2.** *(= wretchedly):* yn druenus *&c.*
sorriness *n.* **1.** *(= regret):* edifeirwch *m.* **2.** *(= wretchedness):* golwg druenus *f* (**of sth,** ar rth), truenusrwydd *m* (rhth).
sorrow[1] *n.* galar *m*, gofid(-iau) *m*, tristwch *m*, *Lit:* trymder(-au) *m*, tristyd *m*, alaeth *m*, pr|udd-der(-au) *m*, *N.W: occ:* poen(-au) *fm*; **to my ~,** er gofid i mi; **her ~ was loud and long,** uchel a maith

oedd ei galar; **more in ~ than anger,** gyda mwy o ofid nag o ddicter; **to drown one's sorrows,** boddi'ch gofidiau; *B:* **the Man of Sorrows,** y Gŵr Gofidus *m;* **Our Lady of the Sorrows,** Mair y Gofidiau; **Deirdre of the Sorrows,** Deirdre'r Gofidiau.
sorrow² *v.i.* gofidio, tristáu, galaru, hiraethu; **(over/at/about sth,** am/dros rth); **to ~ (after s.o.),** galaru (ar ôl rhn, dros rn).
sorrower *n.* galarwr (galarwyr) *m,* gal|arwraig (galarwragedd) *f.*
sorrowful *a.* gofidus, trist(-ion), digalon, galarus, trwm eich calon, *Lit:* alaethus; *(news &c):* trist, torcalonnus, alaethus.
sorrowfully *adv.* yn ofidus, yn drist *&c*, gyda gofid [mawr], gan ofidio.
sorrowfulness *n.* tristwch *m.*
sorrowing¹ *a.* gofidus, galarus, gofidiol.
sorrowing² *vn.* galar *m,* galaru.
sorry *a.* **1.** *(a)* edifar **(about sth,** am rth); *F:* **you will be ~ for it,** bydd yn edifar gennych am hynny; **I am extremely ~,** mae'n ddrwg iawn gennyf; *N.W: occ:* mae'n arw gen i; *S:* mae'n flin iawn gyda fi; *S.W:* 'rwy'n flin iawn; mae'n chwith gyda fi; *Ecc:* **we are heartily ~ for these our misdoings,** mae'n ddrwg gan ein calonnau am ein camweddau hyn; **I'm ~ (to have kept you),** esgusodwch fi, maddeuwch i mi, mae'n ddrwg gen i (am eich cadw); *int.* **[I'm] ~!** esgusodwch fi! mae'n ddrwg [iawn] gen i! *F:* sori! **[I'm] awfully ~,** mae'n ddrwg calon gen i; *(b)* **I'm ~ (for him),** mae'n ddrwg gennyf, mae'n drueni gennyf (drosto); 'rwy'n gofidio (drosto, o'i blegid); *N: F:* 'rwy'n pitïo, mae gen i biti o galon (drosto); *S.E:* 'rwy'n flin (amdano fe); **she looked ~ for herself,** 'roedd golwg ddigalon iawn arni. **2.** *(= wretched):* gwael, truenus, alaethus, tila, *N: F:* trybeilig, sobor; **a ~ excuse,** esgus gwael/tila; **a ~ jest,** jôc wael/dila; **he cuts a ~ figure; he is a ~ sight,** mae golwg druenus arno; **(to be) in a ~ plight/state,** (bod) mewn cyflwr truenus, mewn picil; **a ~ state of affairs,** sefyllfa druenus *f.*
sort¹ *n.* **1.** *(a)* math(-au) *m,* bath(-au) *m;* **what ~ of tree is it?** sut/ pa fath o goeden yw hi? sut goeden yw hi? *Lit:* pa fath ar goeden yw hi? **all sorts of people,** pob math/mathau o bobl, pobl o bob math/mathau; **what ~ of man (is he)?** sut ddyn, pa fath ddyn, dyn o ba fath (yw ef)? **of all sorts,** o bob math, *F:* o bob lliw a llun, *Lit:* o bob math a gradd; **I've all sorts of things to do,** mae gennyf amryw byd o bethau i'w gwneud; mae gennyf gant a mil o bethau i'w gwneud; **it takes all sorts to make a world,** nid yw pawb yn gwirioni'r un fath; **that's the ~ of girl she is,** dyna sut un yw hi; dyna'r math o ferch yw hi; dyna'r fath ferch yw hi; dyna sut fath o ferch yw hi; **this ~ of people,** *F:* **these ~ of people,** pobl o'r math hwn, y fath bobl, pobl o'r fath; **a strange ~ of fellow,** dyn od/rhyfedd/hynod, creadur od *&c*; **I've heard all sorts of things about him,** 'rwyf wedi clywed pob math/ mathau o bethau amdano; **in all sorts of ways,** ym mhob math o ffordd, ym mhob dull a modd, mewn sawl ffordd, mewn amryw byd o ffyrdd; **(I hate) that ~ of thing,** (mae'n gas gennyf) beth felly, y math yna o beth; **that's the ~ of man he is,** dyna'r fath ddyn yw ef; *F:* **she's a [real] good ~,** mae hi'n [hen] ferch iawn, mae hi'n ferch o'r iawn ryw, mae hi'n [hen] siort/ siorten iawn; *N:* mae hi'n beth/hogen glên/ffeind; *S:* mae hi'n ferch ffein/biwr; *S: occ:* mae hi'n ffrwlen o ferch; **he's a good ~,** mae'n hen foi/fachgen iawn; *N:* mae o'n hen foi clên/hoffus; *S:* mae'n fachan piwr/ffein; **I can't stand that ~ of thing,** alla' i ddim goddef/dioddef y math yna o beth; **something of that ~,** rhywbeth felly, rhywbeth i'r un perwyl, rhywbeth tebyg [i hynny], rhywbeth o'r fath, rhywbeth fel yna, rhywbeth i'r un cyfeiriad; **nothing of the ~,** dim o'r fath [beth]; **I shall do nothing of the ~!** wna' i ddim o'r fath beth! **what ~ of day is it?** pa fath [o] ddydd/dywydd yw hi? sut dywydd yw hi? **there is no ~ of reason for this,** nid oes reswm o fath yn y byd dros hyn; nid oes yr un rheswm dros hyn; **to make some ~ of excuse,** gwneud rhyw fath/lun ar esgus; **I have a ~ of idea that...,** mae gennyf ryw [fath o] syniad fod...; *P:* **I ~ of feel that...,** 'rwy'n rhyw deimlo fod...; **a ~ of sour taste,** rhyw flas sur braidd; **the good news ~ of cheered him up,** cododd y newyddion rywfaint ar ei galon; *(b) Pej:* **(we had) coffee of sorts, of a ~,** (cawsom) goffi o [ryw] fath, ryw lun ar goffi, ryw esgus o goffi; **a writer of some ~,** rhyw fath/lun o lenor, llenor o ryw fath; *(c) Typ:* llythyren (llythrennau) *f;* **missing ~, short ~,** llythyren goll (llythrennau coll); *(d)* **out of sorts,** di-hwyl; *(e) Mth: Cmptr:* trefniad(-au) *m;* **bubble ~,** trefniad bwrlwm; **merge ~,** trefniad cyfunol; **quick ~,** trefniad cyflym; **shell ~,** trefniad plisgol. **2.** *Lit:* modd(-au) *m,* dull(-iau) *m;* **in this ~,** yn y modd/dull hwn, fel hyn; **after a ~, in some ~,** i ryw raddau [neu'i gilydd], i raddau mwy neu lai, rywfodd, rywsut, o [ryw] fath; **a translation after a ~,** brasgyfieithiad(-au) *m,* lledgyfieithiad(-au) *m,* rhyw fath/lun o gyfieithiad.
sort² *v.t.* **1.** *(a)* **to ~ [out, over] papers,** trefnu papurau, mynd trwy bapurau, gosod trefn ar bapurau, dosbarthu papurau, rhoi papurau mewn trefn, rhoi papurau yn eu trefn; **to ~ rags,** mynd trwy garpiau; **to ~ out a problem,** datrys problem; *(b) Post:* **to ~ letters,** didoli llythyrau; **to ~ out sth from sth,** didoli dau beth oddi wrth ei gilydd, gwahaniaethu rhwng dau beth, gwahanu dau beth; **to ~ out the bad ones,** nithio'r rhai drwg a'r rhai da, didoli'r drwg a'r da; **to ~ out the men from the boys,** dangos pwy yw'r dynion a phwy yw'r bechgyn; **to ~ out truth from falsehood,** didoli'r/nithio'r gwir a'r gau. **2.** *P:* **to ~ s.o. out,** ei rhoi hi i rn, setlo rhn, *N:* rhoi halen ym mhetes rhn.
sortable *a.* dosbarthadwy, didoladwy.
sorted *a.* trefnus, trefnedig, didoledig, dosbarthus, dosbarthedig, wedi ei ddosbarthu/drefnu/ddidoli, wedi eu dosbarthu/trefnu/ didoli.
sorter *n.* dosbarthwr (dosbarthwyr) *m,* trefnwr (trefnwyr) *m,* didolwr (didolwyr) *m; S.a.* **kick¹.**
sortie *n. Mil: Av:* cyrch(-oedd,-au) *m;* **to make a ~ against s.o.,** dwyn cyrch ar rn.
sortilege *n.* hapddewiniaeth *f.*
sorting *vn.* **= sort².** **~ office** *n.* swyddfa *(f)* ddosbarthu/ddidoli (swyddf|eydd dosbarthu/didoli).
sortition *vn.* bwrw coelbren.
sorus *n. Bot:* sorws (sori) *m.*
sostenuto *a. & n.* **1.** *a.* estynedig, *sostenuto.* **2.** *n.* darn(-au) estynedig *m, sostenuto(-s).*
sot¹ *n.* potiwr (potwyr) *m,* meddwyn (meddwon) *m,* llymeitiwr (llymeitwyr) *m,* slotiwr (slotwyr) *m, N.W:* sotyn (sots) *m.*
sot² *v.i.* meddwi, llymeitian, diota, *F:* codi'r bys bach, slotian, potio.
soteriologic[al] *a. Theol:* soteriolegol.
soteriology *n. Theol:* soterioleg *f.*
Sothic *a. Astr:* Sothig.
sottish *a.* meddw, *occ:* diotgar, *F:* potlyd, chwil.
sottishly *adv.* yn feddw *&c.*
sottishness *n.* m|eddwdod *m.*
sotto voce *adv.* dan eich gwynt, mewn llais isel, mewn islais, *F:* mewn llais bach.
sou *n. Hist: Fr:* dimai (dimeiau) *f;* **not a ~,** dim dimai goch [y delyn].
souari nut *n. Bot:* cneuen (cnau) *(f)* sowari.
soubise *n. Cu:* [saws *m*] ***soubise*** *m.*
soubrette *n.f. Th:* morwyn(-ion, morynion), ***soubrette(-s)***.
soubrettish *a. Th:* coegennaidd.
soubriquet *n.* **= sobriquet.**
soucar *n.* bancer(-iaid) *m.*
souchong *n.* te du *m.*
Soudan *Pr.n. Geog:* **= Sudan.**
Soudanese *a. & n.* **= Sudanese.**
souffle *n. Med:* murmur(-on) *m.*
soufflé *n. Cu:* ***soufflé(-s) m.***
soufrière *n. Geog:* **= solfatara.**
sough¹ *n. Lit:* murmur *m,* cwynfan *m,* ochain *vn.*
sough² *v.i.* och[e]neidio, ochain, murmur, cwynfan.
sough³ *n. Geog:* lefel(-au) *f,* ceuffordd (ceuffyrdd) *f.*
sought *v. See* **seek; (sth) much sought after,** (rhth) y mae mawr alw amdano, a geisir yn ddyfal, y mae mynd mawr arno.
souk *n.* marchnad(-oedd) *f.*
soul *n.* **1.** enaid (eneidiau) *m; (a)* **to throw oneself body/heart and ~ into sth,** ymr|oi i rth gorff ac enaid; **with all my ~,** â'm holl enaid; *O:* **upon my ~!** 'dawn i byth o'r fan! ar f'enaid i! myn f'enaid i! ar f'engoch i *(pronounced* ng-g)! ar fy naw i! gwarchod fy ngalon! **he has a ~ above money,** mae uwchlaw ymboeni am arian; **lost ~,** enaid colledig; **he cannot call his ~ his own,** ni phiau mo'i enaid ei hun; **to be the captain of one's ~,** bod â'ch llaw ar eich llyw; **the greatest souls of antiquity,** eneidiau mwyaf yr hen fyd; *(b)* **he is the ~ of the society,** efe yw enaid y gymdeithas; **she was the life and ~ of the party,** hi oedd enaid y parti; **she is the ~ of discretion,** nid oes mo'i gwell am gadw cyfrinach; *Prov:* **brevity is the ~ of wit,** cynnil pob

ffraethineb; nid ffraeth ond cynnil; **he is the ~ of honour,** mae'n batrwm/ymgorfforiad o anrhydedd; **he is the ~ of courtesy,** mae'n batrwm o gwrteisi; *S.a.* **flow**[1]. **2. departed souls,** yr ymadawedig *pl*, eneidiau'r meirwon; **All Souls' Day,** Dygwyl *(mf)* y Meirw, Gŵyl yr Holl Eneidiau; **to pray for s.o.'s ~,** gweddïo dros enaid rhn; **God rest his ~!** heddwch i'w lwch! Duw gadwo ei enaid! **3.** *(a)* **(population) of a thousand souls,** (poblogaeth) o fil o eneidiau, o fil o bobl; **(ship lost) with all souls,** (llong a gollwyd) â phob enaid byw, â phob perchen anadl; **(without meeting) a single ~,** (heb gwrdd) â neb byw [bedyddiol], â'r un enaid byw, â'r un enaid o ddyn, ag enaid o neb; **there wasn't a ~ there,** nid oedd affliw o neb yno; 'doedd dim un enaid byw yno; 'doedd neb byw bedyddiol i'w weld yno; *N.W: occ:* 'doedd abwyd o neb yno; *(b)* **(she's) a good ~,** (mae hi'n) ferch radlon/hynaws; **(he's) a good ~,** *N:* (mae'n) hen greadur iawn, hen hogyn iawn, hen foi clên, *S:* fachan piwr/ffein; **poor ~!** *(of a man):* druan bach! druan ohono! *Lit:* truan ŵr! *N:* yr hen greadur! *(of a woman):* druan ohoni! druan fach! *N:* yr hen greadures! *N: occ:* y garpen dlawd! **a simple ~,** creadur syml *m*, creadures syml *f*. **~ bell** *n. A:* cnul(-iau) *mf*. **~ brother** *n.* brawd (brodyr) *(m)* yn y ffydd. **~ cake** *n. A:* bwyd *(m)* cennad y meirw, *N:* sol(-od) *f*. **~-destroying** *a.* hurtiol, digon i'ch hurtio, undonog. **~ food** *n.* bwyd(-ydd) *(m)* Negroaid/Negroaidd. **~ kiss** *n.* cusan(-au) eneidiol *f*. **~ mate** *n.* enaid (eneidiau) hoff cytûn *m*. **~ music** *n.* miwsig *(m)* yr enaid, canu*(vn)*'r enaid. **~-searching** *vn.* hunanymholiad *m*, hunanymholi, hunanholiad *m*, hunanholi. **~ sister** *n.f.* chwaer (chwiorydd) yn y ffydd.

-souled *a.* eneidiog, eneidiol, eneidlon.

soulful *a.* dwys, teimladwy, llawn enaid, eneidlon, eneidfawr; **~ eyes,** llygaid dwys/teimladwy/lleddf; **~ music,** cerddoriaeth ddwys/leddf.

soulfully *adv.* yn ddwys *&c.*

soulfulness *n.* dwyster *m*.

soulless *a.* dienaid, heb enaid, dieneiniad.

soullessly *adv.* yn ddienaid *&c.*

soullessness *n.* diffyg *(m)* enaid.

sound[1] *n.* *(a)* sŵn (synau) *m*; *(the pl.* synau *is rare)*; *S.a.* **noise; not a ~ was heard,** ni chlywyd y sŵn lleiaf; *F:* ni chlywyd yr un smic *(m)*; *M.W:* ni chlywyd na bw na be; *N:* ni chlywyd y smic lleiaf; *S.E:* ni chlywyd yr un cric; *S.W:* ni chlywyd yr un adlach; **the ~ of a dog barking,** sŵn ci yn cyfarth; **vowel ~,** llafariad (llafariaid) *f*; **within [the] ~ of sth,** o fewn clyw rhth; **I don't like the ~ of it,** mae'n swnio'n amheus i mi; nid wyf yn hoffi ei sŵn; **she's angry by the ~ of it,** mae hi i'w chlywed yn ddig; mae hi'n ddig yn ôl ei sŵn; *Lit:* **full of ~ and fury, signifying nothing,** yn llawn sŵn a broch, heb ystyr yn y byd; *(b) Ph: Mus: &c:* sain (seiniau) *f*; *T.V: &c:* **to turn up/down the ~,** troi'r sain i fyny/lawr; **musical ~,** sain gerddorol. **~-absorbing** *a.* sy'n lladd/mygu/pylu sŵn, seinladdol, seinfygol. **~-balance** *n. T.V: &c:* cydbwysedd *(m)* sain. **~ barrier** *n.* gwahanfur *(m)* sain, mur *(m)* sain. **~-bow** *n. (of bell):* ymyl(-on) *mf*, gwefl(-au) *f*, cantel(-au) *m*. **~ broadcasting** *vn.* darlledu sain. **~-detection** *n.* seinleoli *vn.* **~-detector** *n.* seinleolwr (seinleolwyr) *m*. **~ effect** *n.* effaith (effeithiau) *(f)* sain; **storm ~ effect,** sŵn *(m)* storm. **~ engineer** *n.* peiriannydd (peirianwyr) *(m)* sain. **~-fader** *n.* tawelwr (tawelwyr) *m*, seinbylwr (seinbylwyr) *m*. **~-film** *n.* ffilm(-iau) *(f)* sain. **~ generator** *n. Cmptr: &c:* generadur(-on) *(m)* sain. **~-hole** *n. Mus:* seindwll (seindyllau) *m*. **~-mixer** *n.* cymysgwr (cymysgwyr) *(m)* sŵn/sain; *T.V:* detholwr (detholwyr) *(m)* sain. **~-mixing desk** *n. T.V:* desg(-iau) *(f)* sain. **~ perspective** *n. T.V:* perthynas *(f)* sain. **~-post** *n. Mus:* seinbost (seinbyst) *m*. **~-ranging** *vn.* seinleoli, seinleoliad *m*. **~-recording 1.** *vn.* codi/recordio sain. **2.** *n.* record(-iau) *(f)* sain, recordiad(-au) *(m)* sain. **~ recordist** *n.* recordydd(-ion) *(m)* sain. **~-resisting** *a.* gwrthsain. **~ shift** *n.* symudiad(-au) *(m)* sain. **~ spectrograph** *n.* sb|ectrograff (sbectograffau) *(m)* sain. **~-truck** *n. U.S:* fan(-iau) *(f)* sain. **~-wave** *n.* ton(-nau) *(f)* sain, seindon(-nau) *f*.

sound[2] *v.i.&t.* I. *v.i.* **1.** seinio, atseinio, gwn|eud sŵn, *occ:* canu, curo, lleisio; **the trumpet shall ~,** yr utgorn a gân; **the bell sounded,** canodd y gloch; **the drums sounded,** curodd y tabyrddau; **to ~ (like a harp),** seinio, lleisio, canu (fel telyn). **2.** *(= resemble):* **the box sounds empty,** mae'r blwch i'w glywed yn wag; mae'r blwch yn swnio'n wag; sŵn gwag sydd ar y blwch; mae'r blwch yn wag yn ôl ei sŵn; **a name that sounds French,** enw Ffrengig ei sŵn, enw sy'n swnio'n Ffrengig; **that sounds odd,** dyna beth od; **the noise sounded a long way off,** 'roedd y sŵn fel petai'n dod o bell; deuai'r sŵn fel pe bai o bell; **it sounds (like Mozart),** mae i'w glywed, mae'n swnio (yn debyg i Mozart); **that'll ~ well in your speech,** bydd hwnna'n swnio'n dda yn d'araith; **he doesn't ~ like a man to fail,** yn ôl y sôn, nid yw'n ddyn tebyg o fethu. II. *v.t.* **1.** *(a)* canu, seinio; **to ~ a trumpet,** canu utgorn; *Aut:* **to ~ one's horn,** canu'ch corn; **to ~ the [death] knell of s.o./sth,** canu cnul rhn/rhth; **to ~ an alarm,** seinio rhybudd; *Mil:* **to ~ the retreat,** seinio'r enciliad; *(b) Lit:* **to ~ s.o.'s praises,** canu clodydd rhn, clodfori rhn; **to ~ s.o.'s praises far and wide,** canmol rhn i'r cymylau. **2.** *(= pronounce):* ynganu, yngan, dweud; **to ~ one's rs,** dweud eich r. **3.** *(a) Med:* **to ~ s.o.'s chest,** *(= auscultate):* gwrando/clustfeinio ar frest rhn; *(= tap):* taro/ffatio/cnithio brest rhn; *(b) Rail:* **to ~ a rail/wheel,** taro rheilen/olwyn â morthwyl. **~ in** *v.i. Jur:* **this action sounds in damages,** mae a wnelo'r achos hwn â iawndal. **~ off** *v.i. F:* **to ~ off (about sth),** dweud eich cwyn, ei dweud hi, dweud y drefn, codi'ch llais (am rth); **to ~ off (at s.o.),** cega, arthio, rhefru (ar rn); dweud y drefn, ei dweud hi (wrth rn); dwrdio, *N:* dondio (rhn).

sound[3] *n. Med:* stiliwr (stilwyr) *m*, chwiliedydd(-ion) *m*.

sound[4] *v.t.&i.* **1.** *(a) v.t.&i. Nau:* plymio, plymennu, *Lit: occ:* beisio; *(b) v.t. Med:* chwilio, stilio, chwilota; *(c) v.t.* **to ~ s.o. out,** holi [a stilio] barn rhn, *F:* cael gwynt rhn, *N.W: occ:* holi rhn yn gall, holi rhn ar ddieithr (**about sth,** ynghylch rhth); **to ~ (public opinion),** holi, cael gwybod (barn y cyhoedd). **2.** *v.i.* *(of whale):* plymio [i'r gwaelod].

sound[5] *n.* **1.** *Geog:* culfor(-oedd) *m*, swnt(-iau) *m*; **Bardsey S~,** Swnt Enlli. **2.** *(of fish):* **= swim-bladder.**

sound[6] *a. & adv.* I. *a.* **1.** *(a) (pers., animal):* iach, holliach; **~ constitution,** cyfansoddiad cadarn/iach; **~ in body and mind,** iach o ran corff a meddwl; **a ~ mind in a ~ body,** meddwl iach mewn corff iach; **of ~ mind,** yn eich iawn/llawn bwyll, yn eich synnwyr iawn; *F: (of pers.):* **to be ~ in wind and limb,** bod yn sionc a heini, *N.W: occ:* bod yn 'tebol; **(I am) as ~ as a bell,** ('rwyf) cyn iached â'r glain/gneuen; *N:* ('rydw i) fel y gog, cyn sowndied â chloch y Bala, *N.W: occ:* mor solet â charreg; **safe and ~,** hollol ddiogel, cyfan a dianaf, iach dianaf, croeniach, heb fod ddim gwaeth; *(b) (material):* mewn cyflwr da, rhywiog, perffaith, graenus, cadarn (cedyrn), cyfan (cyfain); **~ timber,** pren solet/cadarn/graenus; **~ fruit,** ffrwythau cyfain/graenus/difrychni. **2. ~ financial position,** sefyllfa ariannol gref/gadarn/solet; **he's very ~,** mae'n siŵr iawn o'i bethau; **~ advice,** cyngor call/doeth; **~ (man),** (gŵr) dibynadwy, solet, da ei air, agos i'w le, ail i'w le; **~ investment,** buddsoddiad call/diogel/sicr; **~ scholar,** ysgolhaig praff, ysgolhaig trwyddo; **~ statesman,** gwladweinydd pwyllog/praff/cadarn; **~ policy,** polisi call/cryf; **~ work,** gwaith graenus; **a ~ rule,** rheol dda/gadarn/solet; **a ~ idea,** syniad da/rhagorol/campus/penig|amp. **3. ~ sleep,** trymgwsg *m*, trwmgwsg *m*, cwsg trwm *m*; **I'm a ~ sleeper,** byddaf yn cysgu'n drwm/sownd; byddaf yn cysgu fel twrch; 'rwyf yn gysgwr sownd/trwm; **to give (s.o.) a ~ thrashing,** rhoi curfa dda, rhoi cweir iawn, rhoi andros o gurfa/gweir/grasfa (i rn). II. *adv.* **to be ~ asleep,** cysgu'n drwm/sownd, cysgu fel twrch.

soundable *a. (ocean &c):* plymiadwy; *(human body):* chwiliadwy.

soundboard *n.* seinfwrdd (seinfyrddau) *m*, *occ: (of harp):* cafn(-au) *m*.

soundbox *n.* seinflwch (seinflychau) *m*.

sounder[1] *n.* **1.** *Nau: (of depths):* plymennwr (plymenwyr) *m*. **2.** *Tg:* atseinydd(-ion) *m*; **echo-~,** ecoseiniwr (ecoseinwyr) *m*, seinblymiwr (seinblymwyr) *m*.

sounder[2] *n. (of swine):* cenfaint (cenfeiniau, cenfeinoedd) *f*.

sounding[1] *a.* **1.** *(style &c):* soniarus, atseiniol, seinfawr, rhwysgfawr. **2. sweet-~,** pêr, persain, mwynlais, melyslais, melysber, seinber; **sharp-~,** main (meinion), meinlais, gwichlyd; *S.a.* **high-sounding.**

sounding[2] *vn.* **= sound**[2] II; **the ~ of a horn,** caniad(-au) *(m)* corn, canu corn. **~-board** *n.* seinfwrdd (seinfyrddau) *m*.

sounding[3] *vn.* **1.** *(a) Nau:* plymiad(-au) *m*, plymio, plymennu, beisiad(-au) *m*, beisio; **to take soundings,** plymio/plymennu dyfroedd; **to call the soundings,** galw'r plymiadau/

dyfnderoedd; **echo-~**, ecoseinio, seinblymio, seinblymiad(-au) *m.* **2.** *pl. (waters):* beisfor(-oedd) *m*, beisle(-oedd) *m*; **to be in soundings,** bod mewn beisfor/beisle; **to be out of ~**, bod ar y cefnfor; **what are the soundings?** pa mo ddwfn yw hi? pa faint o ddyfnder sy' 'na? **~-balloon** *n.* balŵn (balwnau) (*m*) archwilio. **~-lead** *n.* plymen(-nau,-ni) *f.* **~-line** *n.* llinyn(-nau) (*m*) plymio. **~-rocket** *n.* roced(-i) (*f*) archwilio/stilio. **~-rod** *n.* polyn (polion) (*m*) plymio, ffon (*f*) blymio (ffyn plymio).

soundingly *adv.* yn soniarus *&c.*

soundless[1] *a.* distaw, mud, di-sŵn, di-sain, *F:* heb yr un smic.

soundless[2] *a. Nau:* diwaelod, amhlymiadwy.

soundlessly *adv.* yn ddistaw, yn ddi-sŵn, heb [ddim/unrhyw] sŵn, heb yr un smic.

soundly *adv.* **1.** yn gadarn, yn solet *&c*; **to argue ~**, dadlau'n gywir/gadarn. **2. to sleep ~**, cysgu'n drwm/braf/sownd, cysgu fel twrch. **3. to thrash s.o. ~**, rhoi curfa/crasfa/cweir iawn i rn, rhoi andros o gurfa *&c* i rn.

soundness *n.* **1.** *(a)* **~ of mind,** pwyll *m*, iawn bwyll, callineb *m*, iechyd (*m*) meddwl; *(of lungs, limb):* iachusrwydd *m*, iechyd *m*, atebolrwydd *m*, ffitrwydd *m*; *(of goods, fruit):* cyfanrwydd *m.* **2.** *(of business):* soletrwydd *m*, cadernid *m*, sadrwydd *m.* **3.** *(of agrument, opinion):* soletrwydd, cywirdeb *m.*

soundproof[1] *a.* seinglos (*pronounced* ng-g), gwrthsain.

soundproof[2] *v.t.* seinglosio (*pronounced* ng-g), ynysu (rhth) rhag sain.

soundtrack *n.* trac(-iau) (*m*) sain.

soup[1] *n.* **1.** *F:* cawl(-iau) *m*, *F:* sŵp *m*; **thin ~, clear ~**, potes *m*, cawl clir, cawl gloyw, *M.W:* potes dilygaid; **cream ~**, cawl hufennog; **thick ~**, cawl tew; **thickened ~**, cawl tewychus; **vegetable ~**, cawl llysiau; **meat ~**, trwyth (*m*) cig; **pea ~**, cawl/potes pys; **turnip ~**, cawl erfin, potes maip; *F:* **(to be) in the ~**, (bod) mewn picil/helynt/trafferthion/trybini, yn y cawl; *P:* **~ and fish, = evening dress; the primordial ~**, y cawl cychwynnol/cysefin; *S.a.* **duck[1]**. **2.** *P: (a) U.S:* **= nitroglycerine;** *(b)* **= souper. ~-kitchen** *n.* cegin (*f*) gawl (ceginau cawl). **~-ladle** *n.* lletwad (*f*) gawl (lletwadau cawl). **~-plate** *n.* plât (platiau) (*m*) cawl, llestr(-i) (*m*) cawl. **~-spoon** *n.* llwy (*f*) gawl (llwyau cawl). **~-tureen** *n.* dysgl (*f*) gawl (dysglau cawl).

soup[2] *v.t. F:* **to ~ up an engine,** grymuso injan, *F:* rhoi mwy o gic mewn injan.

soupçon *n.* awgrym *m*, arlliw(-iau) *m*; *(of taste):* blas *m*, blesyn *m*, naws *m*; **a ~ of grey in his hair,** awgrym/arlliw o lwydni yn ei wallt; **(just a) ~ of salt,** (dim ond) blesyn/blas o halen, dim ond y mymryn lleiaf (*m*) o halen.

souped-up *a. F: (engine):* â mwy o gic ynddi, grymusach.

souper *n. F:* **pea-~**, mwrllwch *m*, tawch *m*, niwl tew/trwm/trwchus *m*; **it's a real pea-~**, *N.W:* mae hi'n niwl dopyn; mae hi'n niwl fel planced.

soupy *a.* **1.** *(liquid):* fel cawl, llwyd(-ion). **2.** *U.S:* **= foggy. 3.** *F:* **= sentimental.**

sour[1] *a. & n.* **1.** *a. (fruit, milk &c):* sur(-ion), egr (*comp. forms* ecred, ecrach, ecraf), *S.W:* bipsur; *S.a.* **grape; to go/turn ~**, suro, mynd yn sur, egru; *(b) (pers.):* sarrug, sur, trwynsur, piwis, surbwch, *S:* twrchog; *(c) Bot:* **~ cherry,** ceiriosen sur (ceirios surion) *f*; **~ cream,** hufen sur *m*; *Bot:* **~ dock,** suran *f*, *S.W:* dail dringol *pl*; *Bot:* **~ gourd,** gowrd sur (gowrdiau surion) *m*; *Bot:* **~ grass,** surwellt *m*; *Bot:* **~ gum,** gymwydden sur (gymwydd surion) *f*; **~ mash,** breci sur *m.* **2.** *n. (a)* suryn (surion) *m*; *(b) U.S:* **whisky ~**, wisgi (*m*) lemon, wisgi sur.

sour[2] *v.i.&t.* **1.** *v.i.* suro, troi'n sur, mynd yn sur/egr, egru. **2.** *v.t.* suro, egru.

source *n.* **1.** *(of river):* ffynhonnell (ffynonellau) *f*, llygad *m*, tarddle(-oedd) *m*, tarddiad(-au) *m*, blaendarddiad(-au) *m*, tarddiant (tarddiannau) *m.* **2. ~ of infection,** tarddle/ffynhonnell haint, man (*m*) cychwyn haint; *Mth:* **~ of variation,** tarddle amrywiant; **to trace a tradition back to its ~**, olrhain ffynhonnell traddodiad, olrhain traddodiad i'w gychwyn; **at ~**, yn llygad y ffynnon, yn y man cychwyn; *Prov:* **idleness is the ~ of all evil,** diogi yw gwreiddyn pob drwg; diogi yw mam pob drygioni; **I know this from a good ~**, *F:* mi gefais hyn o le da; *Com:* **~ and application of funds,** ffynhonnell a defnydd ar gyllid. **~ code** *n. Cmptr:* côd (codau) gwreiddiol *m.* **~-criticism** *n.* astudio (*vn*) ffynonellau. **~ disk** *n. Cmptr:* disg(-iau) gwreiddiol *m.* **~-document** *n. Cmptr:* dogfen (*f*) wreiddiol (dogfennau gwreiddiol). **~ drive** *n. Cmptr:* tarddyriant (tarddyriannau) *m.* **~ file** *n. Cmptr:* ffeil (*f*) darddiad (ffeiliau tarddiad). **~ language** *n.* iaith wreiddiol (ieithoedd gwreiddiol) *f.* **~-material** *n.* ffynonellau *pl*, deunydd crai *m.* **~ program** *n. Cmptr:* rhaglen wreiddiol (rhaglenni gwreiddiol) *f.*

sourcebook *n.* llyfr(-au) (*m*) ffynonellau.

sourdine *n. Mus:* **= sordino.**

sourdough *n.* **1.** *Cu:* surdoes *m.* **2. = prospector, pioneer.**

soured *a.* surach, ecrach, wedi suro/ecru; **~ cream,** hufen wedi suro, hufen sur.

sourface *n. F:* **= sourpuss.**

sourfaced *a.* wyneblaes, trwynsur, surbwch, surbychlyd.

sourish *a.* suraidd, go sur, braidd yn sur, sur braidd, surllyd, lledsur.

sourly *adv.* yn sur *&c.*

sourness *n.* surni *m.*

sourpuss *n. F:* rhn (rhai) surbwch *m&f*, rhn trwynsur, *N.W: F:* wyneb (*m*) asiffeta.

soursop *n. Bot:* micas sur (micasau surion) *m.*

sousaphone *n. Mus:* s|ousaffon (sousaffonau) *m*, s|wsaffon (swsaffonau) *m.*

souse[1] *n.* **1.** *Cu:* picl hallt *m.* **2.** *(= dip, drenching):* trochiad(-au) *m.* **3. = drunkard.**

souse[2] *v.t. (a)* **to ~ (fish),** piclo, halltu (pysgod); *(b) (= soak):* mwydo, trochi, trwytho.

soused *a.* **1.** *Cu:* [mewn] picl, hallt; **~ herrings,** penwaig picl *pl.* **2.** *P:* **= drunk.**

soutache *n. Needlew:* ymylwe(-oedd) *f.*

soutane *n. Cost:* **= cassock.**

souter *n.* **= cobbler.**

souterrain *n. Arch:* siambr danddaearol (siambrau tanddaearol) *f.*

south[1] *n., adv. & a.* **1.** *n. (a)* de *m*, *Lit:* deau *m*, dehau *m*, **a house facing ~**, tŷ'n wynebu'r de, tŷ'n wynebu i'r/tua'r de; **to the ~ (of sth),** i'r de (o rth); *(b) (of country):* de, *Lit:* deheudir *m*, *Hist:* deheubarth *m*; **to live in the S~ of England,** byw yn Ne Lloegr; *U.S: Hist:* **the Deep S~**, perfeddion/pellafoedd y De, y De Eithaf. **2.** *adv.* tua'r de, i'r de; **to go ~**, mynd i'r de; **to live ~ of Dolgellau,** byw i'r de o Ddolgellau; **to blow ~**, chwythu o'r de; **~ by east,** i'r de tua'r dwyrain; **~ by west,** i'r de tua'r gorllewin. **3.** *a.* [y] de/deau, deheuol; **the ~ coast,** arfordir y de; **the ~ wind,** gwynt y de, *Lit:* y deheuwynt(-oedd) *m.* **S~ Africa** *Pr.n. Geog:* De Affrica, Deheudir Affrica, *Lit:* De'r Affrig. **S~ African 1.** *a.* o Dde Affrica, De-Affricanaidd; **he's a S~ African,** un o Dde Affrica ydyw; **the S~ African government,** llywodraeth De Affrica. **2.** *n.* De Affricanwr (~ Affricanwyr) *m*, De-Affricaniad (~-Affricaniaid) *m&f.* **S~ America** *Pr.n. Geog:* De America. **S~ American 1.** *a.* o Dde America, De-Americanaidd; **S~ American peoples,** pobloedd De America; **she's S~ American,** un o Dde America yw hi. **2.** *n.* De Americanwr (~ Americanwyr) *m.* **S~ Atlantic** *Pr.n. Geog:* De'r Iwerydd/Atlantig. **S~ China Sea** *Pr.n. Geog:* Môr (*m*) De Tsieina. **~-east 1.** *n.* de-ddwyrain *m.* **2.** *adv.* i'r de-ddwyrain. **3.** *a.* o'r de-ddwyrain, de-ddwyreiniol. **~-easter** *n.* de-ddwyreinwynt(-oedd) *m.* **~-eastern** *a.* de-ddwyreiniol. **~-eastward 1.** *n.* de-ddwyrain *m.* **2.** *a.* de-ddwyreiniol. **3. = south-eastwards. ~-eastwards** *adv.* i'r de-ddwyrain. **~-facing** *a.* yn wyneb'r de. **S~ Glamorgan** *Pr.n. W.Geog:* De (*m*) Morgannwg. **S~ Korea** *Pr.n. Geog:* De (*m*) Corea. **S~ Korean 1.** *a.* De-Coreaidd; **the S~ Korean army,** byddin De Corea. **2.** *n.* Coread (Coreaid) Deheuol *m*, Coread Ddeheuol (Coreaid Deheuol) *f*, Coread o'r De. **S~ Pole** *Pr.n. Geog:* Pegwn (*m*) y De, *occ:* Y Deheubwynt *m.* **S~ Porthwen Point** *W.Pl.n.* Trwyn (*m*) Gwter Fudr. **S~ Sea[s] (the)** *Pr.n. Geog:* Môr (Moroedd) (*m*) y De, Y Deheufor(-oedd) *m.* **S~ Sea Islands (the)** *Pr.n. Geog:* Ynysoedd (*pl*) Môr y De. **S~ Sea Bubble (the)** *n. Hist:* Chwysigen (*f*) Môr y De, Helynt (*f*) Môr y De. **~-~-east** *n.* de-dde-ddwyrain *m.* **~-~-west** *n.* de-dde-orllewin *m.* **S~ Stack** *W.Pl.n.* Ynys Lawd *f.* **S~ Wales** *Pr.n. Geog:* De Cymru, y De, *Lit:* y Dehau, y Deheudir; *Hist:* [y] Deheubarth, *F:* y Sowth *m.* **S~ Walian 1.** *a.* o Dde Cymru, o'r De, deheuol. **2.** *n.* Deheuwr (Deheuwyr) *m*, Cymro (*m*) o'r De, Cymraes (*f*) o'r De, Deh|euwraig (Deheuwragedd) *f*, *N: Joc:* Hwntw(-s) *m*, Sowthyn (Sowthiaid) *m*, Sowthen (Sowthiaid) *f.* **S~ Welsh 1.** *a.* o'r De, o Dde Cymru, deheuol. **2.** *n.pl.* Cymry'r De, pobl (*f or pl*) y De, *N: F:* pobol [y] Sowth, Deheuwyr, *N: Joc:* Hwntws.

~-west 1. *n.* de-orllewin *m.* **2.** *adv.* i'r de-orllewin. **3.** *a.* de-orllewinol. **S~-West Africa** *Pr.n. Geog:* De-orllewin (*m*) Affrica. **~-wester** *n.* **1.** *(wind):* de-orllewinwynt(-oedd) *m.* **2.** *Cost:* het (*f*) law (hetiau glaw), sowestar(-s) *f.* **~-westerly, ~-western** *a.* de-orllewinol. **~-westward 1.** *n.* y de-orllewin. **2.** *a.* i'r de-orllewin. **3.** *adv.* **= south-westwards. ~-westwards** *adv.* i'r de-orllewin, tua'r de-orllewin.

south² *v.i.* mynd tua'r de.

southbound *a.* [ar y ffordd] i'r de; **~ traffic only,** trafnidiaeth i'r de yn unig.

Southcrook *W.Pl.n.* Trwyn (*m*) Abermenai.

Southdown *n. Husb:* dafad (defaid) (*f*) Southdown.

southerly *a., adv. & n.* **1.** *a. (wind):* o'r de, deheuol; *(current):* deheuol, sy'n llifo tua'r de, i'r de; **~ aspect,** golygfa tua'r de, golygfa ddeheuol; *Nau:* **(to steer) a ~ course,** (llywio, hwylio) am y de, tua'r de; **~ buster,** deheuwynt(-oedd) *m.* **2.** *adv. (a) (= towards the south):* tua'r de; *(b)* **the wind blows ~,** chwyth y gwynt o'r de. **3.** *n.* deheuwynt.

southern *a.* deheuol, y de; **~ countries,** gwledydd y de; **the countries of ~ Europe,** gwledydd de Ewrop. **S~ Alps (the)** *Pr.n. Geog:* Alpau'r De, yr Alpau Deheuol. **S~ Coalsack (the)** *n. Astr:* Sach (*f*) Lo'r De. **S~ Cross (the)** *n. Astr:* Croes (*f*) y De/Deau, y Groes Ddeheuol. **S~ Crown (the)** *n. Astr:* Coron (*f*) y De, y Goron Ddeheuol. **S~ Fish (the)** *n. Astr:* Pysgodyn (*m*) y De. **S~ Ireland** *Pr.n. Geog:* De (*m*) Iwerddon. **S~ Irish 1.** *a.* o Dde Iwerddon. **2.** *n.pl.* Gwyddelod y De. **S~ Lights (the)** *Pr.n. Meteor:* Goleuni(*m*)'r De, Goleufer (*m*) y De, y Goleuni Deheuol. **S~ Rhodesia** *Pr.n. Hist:* De (*m*) Rhodesia. **S~ Rhodesian 1.** *a.* o Dde Rhodesia; **the S~ Rhodesian farmers,** ffermwyr de Rhodesia. **2.** *n.* Rhodesiad (Rhodesiaid) (*m&f*) y De.

southerner *n.* deheuwr (deheuwyr) *m,* deh|euwraig (deheuwragedd) *f.*

southernly *a.* **= southerly.**

southernmost *a.* mwyaf deheuol, pellaf i'r de.

southernwood *n. Bot:* hen ŵr *m,* brytwn *m,* llysiau(*pl*)'r cyrff, *S:* siligabŵd *m.*

southing *n.* **1.** *Astr:* deheuad(-au) *m,* symudiad(-au) deheuol *m.* **2.** *Nau:* hynt (*f*) tua'r de, cyfeiriad deheuol *m.*

southland *n.* deheudir(-oedd) *m.*

southmost *a.* **= southernmost.**

southpaw *n. Box:* paffiwr (paffwyr) llawchwith *m.*

southron *n.* deheuwr (deheuwyr) *m,* deh|euwraig (deheuwragedd) *f.*

southward *adv.* **to the ~,** i'r de, tua'r de; **~ bound,** ar hynt i'r de.

southwards *adv.* tua'r de.

souvenir *n.* cofrodd(-ion) *f,* swfenîr(-s, swfeniriau) *m;* **(I keep the shell) as a holiday ~,** ('rwy'n cadw'r gragen) er cof am y gwyliau, i gofio'r gwyliau. **~ programme** *n.* cofraglen(-ni) *f.*

sou'wester *n.* **1.** *Meteor:* gwynt(-oedd) (*m*) o'r de-orllewin, de-orllewinwynt(-oedd) *m.* **2.** *Cost:* het (*f*) law (hetiau glaw), sowestar(-s) *f.*

sovereign *a. & n.* **1.** *a. (= supreme):* goruchaf, uchaf, pennaf, sofran; **the ~ good,** y da pennaf/goruchaf *m,* y penllâd *m;* **~ power,** grym goruchaf/sofran *m; Pol:* **~ rights,** hawliau sofran; **~ state,** gwladwriaeth sofran *f;* **~ lord,** penarglwydd(-i) *m,* penadur(-iaid) *m;* **Our S~ Lady the Queen,** Ein Harglwyddes Sofran y Frenhines; **Our S~ Lord the King,** Ein Harglwydd Sofran y Brenin; **with ~ contempt,** gyda'r dirmyg llwyr/llwyraf/eithaf/mwyaf; *F:* **~ remedy,** meddyginiaeth anffaeledig/ddi-ffael. **2.** *n. (a) (= monarch):* brenin (brenhinoedd) *m,* brenhines (breninesau) *f; (b) Num:* sofren(-ni, *occ:* sofrod) *f.*

sovereignly *adv.* **= supremely.**

sovereignty *n.* sofraniaeth *f,* penarglwyddiaeth *f.*

soviet *n. & a. Hist:* **1.** *n. Hist:* sofiet(-au) *f;* **the Supreme S~,** y Sofiet Oruchaf; *F:* **the Soviets,** y Sofietiaid. **2.** *a.* sofietaidd, sofiet; **the S~ Union,** yr Undeb Sofietaidd *m,* Undeb y Sofietau; **the Union of S~ Socialist Republics,** Undeb y Gweriniaethau Sofiet Sosialaidd.

sovietism *n. Hist:* sofietaeth *f.*

sovietist *n. Hist:* sofietydd(-ion) *m.*

sovietization *n.,* **sovietize** *v.t. Hist:* sofieteiddio.

sovietologist *n.* sofietolegwr: sofietolegydd (sofietolegwyr) *m.*

sovkhoz *n. Geog:* sofchoz *m.*

sovran *n. & a. Poet:* **= sovereign.**

sow¹ *v.t.&i.* **to ~ (seeds),** hau, *N.W: occ:* heu, *S: occ:* gosod, dodi (hadau); **to ~ a field with wheat,** hau cae â gwenith, hau gwenith mewn cae; **to ~ broadcast,** hau ar hyd ac ar led, hau i bob cyfeiriad; **to ~ discord,** lledaenu/hau anghydfod, peri ymrafael; *Prov:* **if you do not ~, you do not reap,** oni heuir ni fedir fyth; **to ~ the dragon's teeth,** hau dannedd y ddraig, hau blodau trybini; *B:* **~ the wind and reap the whirlwind,** hau'r gwynt a medi'r corwynt; *B:* **whatsoever a man soweth, that shall he also reap,** beth bynnag a heuo dyn, hynny hefyd a fed efe; *Prov:* **he that sows trusts in God,** a heuo a gred yn Nuw; *S.a.* **oat.**

sow² *n. Z:* **1.** *(a)* hwch (hychod) *f;* **brood ~,** hwch focha (hychod mocha), hwch fagu (hychod magu); **oestrum ~,** hwch lawd/lodig (hychod llawd/llodig), hwch ryderig/ryferig (hychod rhyderig/rhyferig); **spayed ~,** hwch ddisbaidd (hychod disbaidd), *N: occ:* hwch wedi ei chotio (hychod wedi eu cotio); *Prov:* **you can't make a silk purse out of a ~'s ear,** ni cheir gwlân rhywiog ar glun gafr; ni cheir afal pêr ar bren sur; **to grease a fat ~,** iro hwch dew/flonegog; **(as drunk) as a ~,** (cyn feddwed) â'r hopsyn, â'r dwsel, â thincer; *(b) (wild):* hwch goed (hychod coed), gwyddhwch (gwyddhychod) *f.* **2.** *Metall: (a)* hwch (hychod) *f; (b)* **~[-channel],** cafn(-au) (*m*) haearn, ffos(-ydd) (*f*) haearn.

sowback *n. Geog:* cefnen(-nau) *f,* cyfrwy(-on,-au) *m.*

sowbane *n. Bot: (Chenopodium hybridum):* troed (*f*) yr ŵydd fasarnddail, gŵydd-droed fasarnddail *f.*

sowbread *n. Bot: (Cyclamen hederifolium):* bara(*m*)'r hwch, llysiau(*pl*)'r ddidol, m|ochwraidd *pl,* gellygen (gellyg) (*f*) y moch.

sowbug *n.* **= woodlouse.**

sowcar *n.* **= soucar.**

sower *n.* heuwr (heuwyr) *m,* h|euwraig (heuwragedd) *f.*

sowing *vn.* hau, heuad(-au) *m,* head(-au) *m.* **~-machine** *n.* peiriant (peiriannau) (*m*) hau. **~ potatoes** *n.pl.* tatws/tato hau, *N.W:* hadyd tatws, *S: occ:* tatws dodi. **~ time** *n.* amser (*m*) hau, tymor (*m*) hau, adeg (*f*) hau.

sown *a.* heuedig, hëedig.

sowthistle *n. Bot:* **corn ~, field ~, perennial ~,** *(Sonchus arvensis):* llaethysgallen (llaethysgall) (*f*) yr ŷd, mochysgallen (mochysgall) (*f*) yr âr, ysgallen (ysgall) (*f*) y moch; **alpine ~,** *(Cicerbita alpina):* llaethysgallen y mynydd; **blue ~,** *(C. macrophylla):* llaethysgallen las (llaethysgall gleision); **marsh ~,** *(S. palustris):* llaethysgallen y gors; **prickly ~,** *(S. asper):* llaethysgallen arw (llaethysgall geirwon); **Russian blue ~,** *(Lactuca tatarica):* gwylaeth glas *m;* **smooth ~,** *(S. sleraceus):* llaethysgallen.

sox *n. See* **sock¹.**

soy *n.* **1.** *Cu:* soi *m;* **~ sauce,** saws (*m*) soi. **2. = soya bean.**

soya *n. Bot:* soia *m.* **~ bean** *n.* ffeuen/ffäen (ffa) (*f*) soia. **~ bean oil** *n.* olew (*m*) ffa soia.

sozzled *a. F:* **= drunk.**

spa *n.* **1.** *(= spring):* ffynnon ddurol (ffynhonnau durol) *f.* **2. ~ [town],** tref(-i) (*f*) ffynhonnau, sba(-s, sbâu) *f,* ffynhonfa (ffynonf|eydd) *f.*

spaanspeck *n. Bot: (Melo hispanicus):* melon(-au) melys *m.*

space¹ *n.* **1.** *(of time):* ysbaid (ysbeidiau) *mf,* ennyd *mf,* encyd *mf;* **for a ~,** am ychydig, am ysbaid, am ennyd, am encyd o amser; **in the ~ of a year,** yn ystod (*f*) blwyddyn, cyn pen blwyddyn, ymh|en blwyddyn, o fewn blwyddyn; **breathing ~,** amser/cyfle i gael eich gwynt atoch; **after a short ~ of time,** ar ôl ysbaid, ar ôl ychydig amser. **2.** *(a)* **[outer] ~,** y gwagle *m,* y gofod *m;* **in ~,** yn y gofod (*contrast* **in a ~,** mewn gofod); **(he sat staring) into ~,** (eisteddai gan syllu) i'r awyr, i ganol unlle, i'r gwagle; **the outer reaches of ~,** pellafoedd y gwagle/gofod; **the ~ race,** y ras (*f*) i'r gwagle/gofod; *(b) (= room):* lle(-oedd) *m,* man(-nau) *mf,* ehangder (eangderau) *m;* **open spaces,** lleoedd agored; **wide open spaces,** eangderau; **eating ~,** lle bwyta, man bwyta; **(to gallop across) the wide open spaces,** (carlamu dros) y gwastadleoedd, yr eangderau; **in a confined ~,** mewn lle cyfyng; **to clear a ~,** clirio lle; **to leave ~ for sth,** gadael lle i rth; **to take up a lot of ~,** mynd â llawer o le, llenwi llawer o le; **free ~,** lle gwag. **3.** *(a) (= interval):* lle gwag (lleoedd gweigion), gwagle(-oedd), bwlch (bylchau) *m,* adwy(-on) *f; Ling:* cyfwng (cyfyngau) *m; Biol: (between cells):* gwaglyn(-nau) *m;* **blank ~,** lle gwag; *Mus:* bwlch; **I slipped through a ~ in the hedge,** llithrais trwy fwlch/ adwy yn y clawdd; *(b) Typewr:* bwlch: bylchyn (bylchau) *m*, lle gwag; *S.a.* **line-space**; *Typ:* gofod(-au), bwlch, lle gwag. **~ age** *n. & attrib.* oes (*f*) y gofod. **~-band** *n.* band(-iau) (*m*) gofod. **~-bar** *n. Typewr:* bar(-rau) (*m*) gofod/gofodi. **~ capsule** *n.* capsiwl(-au) (*m*) gofod. **~-domain** *n.* parth(-au) (*m*) gofod. **~-fiction** *n.* llên (*f*) y gofod. **~-filler** *n. Philately:* stamp(-iau) (*m*) llenwi bwlch. **~ flight** *n.* ehediad(-au) (*m*) i'r gofod, taith (teithiau) (*f*) i'r gofod. **~-heater** *n.* cynheswr (cynheswyr) *m*, twymwr (twymwyr) *m*, gwresogydd(-ion) *m*. **~-lattice** *n.* rhwyllwaith (rhwyllweithiau) *m*. **~-lines** *n.pl. Typ:* rhynglinellau. **~ medicine** *n.* meddygaeth (*f*) y gofod. **~ opera** *n.* sioe (*f*) ofod (sioeau gofod). **~ platform** *n.* = **space station.** **~ probe** *n.* chwiliedydd(-ion) (*m*) gofod. **~ rocket** *n.* roced (*f*) ofod (rocedi gofod). **~-rule** *n. Typ:* = **space-bar.** **~-saver** *n.* arbedwr (arbedwyr) (*m*) lle. **~-saving** *a.* sy'n arbed lle; cryno. **~ shuttle** *n.* gwennol (*f*) ofod (gwenoliaid gofod). **~ stage** *n. Th:* llwyfan (*mf*) [g]wagle (llwyfannau gwagle). **~ station** *n.* gorsaf (*f*) ofod (gorsafoedd gofod). **~-time [continuum]** *n. Ph:* [continwwm] (*m*) gofod-amser. **~ travel** *n.* gofod-deithio *vn*, teithio (*vn*) yn y gofod, teithio'r gofod. **~ traveller** *n.* gofod-deithiwr (~-deithwyr) *m*, gofod-d|eithwraig (~-deithwragedd) *f*. **~ vehicle** *n.* cerbyd(-au) (*m*) gofod. **~ walk[1]** *n.* tro(-eon) (*m*) yn y gofod. **~-walk[2]** *v.i.* cerdded yn y gofod. **~-writer** *n. Journ:* newyddiadurwr (newyddiadurwyr) (*m*) yn ôl y llinell.

space[2] *v.t.* **to ~ things out,** gadael lle/bwlch rhwng pethau, ysbeidio/arwahanu/gwahanu/gwasgaru pethau, gosod/dodi pethau ar wahân, gofodi pethau; **the posts are spaced ten feet apart,** ceir bwlch o ddeg troedfedd rhwng y pyst; saif y pyst ddeg troedfedd oddi wrth ei gilydd; saif y pyst ddeg troedfedd ar wahân i'w gilydd; *Typ:* **to ~ off a line,** isrannu llinell; *Typ:* **to ~ out lines,** arwahanu llinellau; **to ~ out a family,** cynllunio teulu, cael plant ar ôl ysbeidiau; *S.a.* **backspace.**

spacecraft *n.* = **spaceship.**

spaced *a.* **1.** gwasgarog, â lle rhyngddynt, ar wahân i'w gilydd. **2.** *Typ:* **close-/tightly-~ (lines),** (llinellau) agos at ei gilydd, wedi eu cysodi'n glòs, heb fawr o ofod rhyngddynt; **widely-~ (lines),** (llinellau) wedi ei cysodi'n bell oddi wrth ei gilydd, â gofod eang rhyngddynt. **3. widely-~ visits,** ymweliadau anaml/ysbeidiol; **she had four children ~ over twelve years,** cafodd bedwar plentyn yn ystod deuddeng mlynedd. **4.** *U.S: F:* **~ out,** *(on drug):* penysgafn.

spaceless *a.* diderfyn, anherfynol.

spaceman *n.m.* gofodwr (gofodwyr), dyn(-ion) gofod.

spaceport *n.* maes (meysydd) (*m*) rocedi.

spacer *n.* **1.** *Typ:* gofod(-au) *m*, bwlch (bylchau) *m*. **2.** *Typewr:* bylchwr (bylchwyr) *m*, bar(-rau) (*m*) gofodi; *S.a.* **backspacer. 3.** *Mec.E:* darn(-au) (*m*) gwahanu. **~ plate** *n. Archeol:* glain (*m*) gwahanu (gleiniau gwahanu).

spaceship *n.* llong (*f*) ofod (llongau gofod).

spacesuit *n.* siwt (*f*) ofod (siwtiau gofod).

spacewoman *n.f.* gof|odwraig (gofodwragedd).

spacial *a.* = **spatial.**

spacing *vn.* *(a)* *Typ:* = **space[2]**; llinelliad(-au) *m*, llinellu; **line-~,** gofodi llinellau; **proportional ~,** gofodi cyfrannol; *(b)* *Typewr:* **in single ~,** mewn gofod sengl, heb fwlch rhwng y llinellau; **in double ~,** mewn gofod dwbl, gyda bwlch rhwng y llinellau; *(c)* *T.V:* stribed(-i) gwag *m*.

spacious *a.* *(a)* *(room &c):* helaeth, eang; *(b)* *(clothes):* llac, llaes.

spaciously *adv.* yn helaeth *&c.*

spaciousness *n.* ehangder *m*, helaethrwydd *m*.

spade[1] *n. Tls: N:* rhaw(-iau, rhofiau) *f*, *occ:* rhaw-bâl (rhawbalau) *f*, *S:* pâl (palau) *f*; *F:* **to call a ~ a ~,** siarad heb flewyn ar dafod, siarad yn blwmp ac yn blaen, galw rhaw yn rhaw, galw pâl yn bâl, galw rhth wrth ei enw. **~ beard** *n.* barf (*f*) ben rhaw (barfau pen rhaw). **~-bearded** *a.* â barf ben rhaw. **~ foot** *n. Furn:* troed (*f*) bâl (traed palau).

snade[2] *v.t.* palu.

spade[3] *n.* **1.** *Cards:* rhaw(-iau, rhofiau) *f*, pâl (palau) *f*; **ace of spades,** as y palau; **as black as the ace of spades,** cyn ddued â'r frân; *F:* **in spades,** i raddau helaeth, i raddau mawr, i raddau mwy. **2.** *Pej:* dyn du (dynion duon) *m*, blac(-s) *m*. **~ guinea** *n. A: Num:* gini (*f*) ben rhaw (ginis pen rhaw).

spadefish *n. Ich:* rhawbysgodyn (rhawbysgod) *m*, rhaw (*f*) fôr (rhofiau môr).

spadefoot *n. Amphib:* **1.** llyffant du(*m*)'r tywod (llyffantod/llyffaint duon y tywod).

spadeful *n.* llond (*m*) rhaw/pâl, rhawiad: rhawaid (rhaweidiau) *f*, rhofiad: rhofaid (rhofeidiau) *f*, paliad(-au) *m*, *S: occ:* palaid (paleidiau) *f*.

spadework *n.* gwaith (*m*) caib a rhaw, gwaith rhaw, palu *vn*.

spadiceous *a.* **1.** *Bot:* sbadicsaidd. **2.** *(colour):* gwineugoch(-ion), gwinau.

spadille *n. Cards:* sbadil *m*.

spadix *n. Bot:* sbadics(-au) *m*.

spado *n.* eunuch(-od,-iaid) *m*.

spaghetti *n. Cu:* sbageti *m*. **~ western** *n.* ffilm (*f*) gowbois Eidalaidd (ffilmiau cowbois Eidalaidd).

spagyric *a. & n.* **1.** *a.* alcemegol. **2.** *n.* alcemegwr: alcemegydd (alcemegwyr) *m*.

spagyrist *n.* = **spagyric 2.**

spahi *n. Mil:* sbahi (sbahïod, sbahïaid) *m*.

Spain *Pr.n. Geog:* Sbaen *f*, *Lit:* Ysb|aen *f*; *F:* **to build castles in ~,** codi cestyll yn yr awyr, breuddwydio wrth eich ewyllys.

spake *v. See* **speak.**

spall[1] *n.* asglodyn (asglodion) *m*.

spall[2] *v.t.&i.* torri (rhth) yn asglodion, asglodi (rhth).

spallation *n. Ph:* asglodi *vn*, asglodiad(-au) *m*.

spalpeen *n.* = **rascal, youngster.**

spam *n. R.t.m:* sbam *m*.

span[1] *n.* **1.** *(a)* *(of hand):* lled *m*, rhychwant(-au) *m*; *Meas:* dyrnfedd(-i) *f*; **extended hand ~,** dyrnfedd gorniog (dyrnfeddi corniog), dyrnfedd bica (dyrnfeddi pica); *(b)* *(of bird, aeroplane):* **wing-~,** lled [yr] esgyll/adenydd. **2.** *(of arch, bridge &c):* lled, bwa (bwâu) *m*. **3.** *(a)* *(of land):* llain (lleiniau) *f*; *(b)* *Lit:* *(of time):* ysbaid (ysbeidiau) *mf*, cyfnod(-au) *m*, rhychwant; **our mortal ~,** ein hoes (*f*), ein hoedl (*f*); **age ~,** ystod (*f*) oedran; **life ~,** rhychwant oes/einioes, hyd oes/einioes; **the whole ~ of Roman history,** holl rychwant hanes Rhufain; **~ of attention,** rhychwant sylw. **~ roof** *n. Const:* to(-eau) cribog *m*.

span[2] *v.t.* **1.** *(= measure):* rhychwantu, dyrnfeddu (rhth); mesur (rhth) â lled y llaw; *S. W: occ:* sbangyd (rhth). **2.** *(a)* *(of bridge &c):* rhychwantu, croesi, pontio; *(b)* **her life spanned (nearly the whole century),** bu i'w bywyd rychwantu, bu i'w bywyd ymestyn dros (yr holl ganrif bron).

span[3] *n.* *(a)* *esp. U.S:* *(of horses, cattle):* gwedd(-oedd) *f*, pâr (parau) *m*; **a ~ of horses,** dau geffyl gwedd; *(b)* *(S.Africa):* *(of cattle):* iau (ieuau, ieuoedd) *f*.

span[4] *v.t.* *(a)* *(esp. S.Africa):* **to ~ [in] two horses,** ieuo/rhwymo dau geffyl; *(b)* **to ~ out two horses,** dadieuo/di-ieuo/dadrwymo dau geffyl.

span[5] *v. See* **spin[2]**.

span[6] *a.* **~ new,** newydd sbon [danlli grai]; *S.a.* **spick.**

spancel[1] *n.* llyffethair (llyffetheiriau) *f*.

spancel[2] *v.t.* llyffetheirio.

spandrel *n. Arch:* sbandrel(-i,-au) *m*.

spang *adv. U.S:* yn union, yn llwyr, yn deg, yn hollol; **~ in the middle,** yn union yn y canol, yn y canol union.

spangle[1] *n.* serennig (serenigion) *f*, sbangl(-au) *m* (*pronounced* ng-g), seren fach (sêr bach) *f*; *S.a.* **gall.**

spangle[2] *v.t.&i.* serennu.

spangled, spangly *a.* **1.** serennog, serog, brith o sêr, llawn sêr; **the Star-~ Banner,** y Faner Serennog *f*. **2.** *(dress):* sbanglog (*pronounced* ng-g).

Spaniard *n.* Sbaenwr (Sbaenwyr) *m*, Sbaenes(-au) *f*.

spaniel *n.* **1.** sbaengi (sbaengwn) *m* (*pronounced* ng-g), sbaniel(-iaid) *m*, sbanielgi (sbanielgwn) *m*; **cocker ~, springer ~,** llamgi (llamgwn) *m*, sbaengi adara/hela; **King Charles ~,** sbaengi Siarl. **2.** *F:* = **fawner.**

Spanish **1.** *a.* Sbaenaidd; **the ~ government,** llywodraeth Sbaen; **she's ~,** Sbaenes yw hi; *(in language):* Sbaeneg; **~ America,** America Sbaenaidd *f*; **~ American** *(a)* *a.* Sbaen-Americanaidd; *(b)* *n.* Sbaen-Americaniad (~-Americaniaid) *m&f*; *Hist:* **the ~ Armada,** Armada (*f*) Sbaen; *Bot:* **~ bayonet,** bidog(-au) (*f*) Sbaen; *Bot:* **~ broom,** banhadlen (banadl) (*f*) Sbaen; *Bot:* **~ chestnut,** castanwydden bêr (castanwydd pêr) *f*; *Bot:* **~ dagger,** dagr (*f*) M|ecsico; *Ent:* **~ fly,** pryf(-ed) (*m*) swigod/crachod, cylionen (cylion) (*f*) Sbaen, cylionen paradwys, poethchwilen (poethchwilod) *f*; *Hist:* **The ~ Main,**

Môr (*m*) y Caribî; *Ich:* ~ **mackerel,** macrell (mecryll) (*m*) Sbaen/Cernyw; *Bot:* ~ **potato,** taten/tysen felys (tato/tatws melys) *f.* **2.** *n.* *(a) Ling:* Sbaeneg *f, m*; *(b) Coll:* **the** ~, y Sbaenwyr *pl*, pobl (*f. or pl.*) Sbaen.

spank¹ *n.* chwip-din *f.inv.*

spank² *v.t.* **to ~ a child,** rhoi chwip din i blentyn.

spank³ *v.i.* *(of car &c):* **to ~ along,** gwibio/chwipio/taranu mynd, mynd fel ruban; *(of horse):* carlamu mynd.

spanker *n.* **1.** *Nau:* starn-hwyl(-iau) *f*, hwyl(-iau) ôl *f.* **2.** *(horse):* carlamwr (carlamwyr) *m.* **3.** *(= whipper):* chwipiwr (chwipwyr) *m*, chw|ipwraig (chwipwragedd) *f.*

spanking¹ *n.* = **spank¹**.

spanking² *a.* **1.** *(a) F:* gwych, penig|amp, p|enigamp, rhagorol, campus; **brand ~ new car,** car newydd sbon [danlli grai]. **2. to go at a ~ pace,** carlamu [mynd], chwipio mynd, mynd fel cath i gythraul, mynd fel ruban, mynd fel cysgod, *N.W: occ:* stido mynd, mynd fel Jeri, *S.E: occ:* mynd fel y mêl.

spanner *n.* **1.** *Tls:* sbaner(-i) *mf*, *N:* agoriad(-au) *m*, *S: occ:* sbanel(-i) *f*, allwedd(-i) *f*; **adjustable ~,** sbaner cymwysadwy; **box ~,** sbaner bocs; **open-ended ~,** sbaner cegagored; **ring ~,** sbaner cylch; **screw ~,** sbaner sgriw, *S: occ:* allwedd sgriw; *F:* **to put a ~ in the works,** rhoi sbocsen/strocen/sbrag ynddi, rhoi strocen dan bob olwyn. **2.** *Civ.E: (= cross-brace):* cledren groes (cledrau croes) *f*, cleddyf(-au) *m.*

spanworm *n.* *U.S:* = **inchworm.**

spar¹ *n.* **1.** *Nau:* polyn (polion) *m*, ceibren(-nau) *m*, pren(-nau) *m*, coedyn (coed) *m*, *S.W:* alsen(-nau) *f*, *S:* sgolpyn (sgolpiau) *m*; **roofing-~,** aseth (*f*) do (esyth to), *N.W:* pric(-iau) (*m*) toi; **kiln ~,** llymbren(-nau) *m*, llymwydden (llymwydd) *f*, pren odyn, pren du (prennau duon). **2.** *Av:* **wing-~,** braich (*f*) asgell (breichiau esgyll). **~-buoy** *n.* *Nau:* bwi(-au) (*m*) polyn. **~-deck** *n.* bwrdd (byrddau) uchaf *m.*

spar² *n.* *Miner:* crisfaen (crisfeini) *m*, grisfaen (grisfeini) *m*, gwydrfaen (gwydrfeini) *m*; **heavy ~,** crisfaen trwm.

spar³ *n.* = **cockfight, dispute¹.**

spar⁴ *v.i.* **1.** *(of cocks):* ymladd. **2.** *Box:* **to ~ with s.o.,** ymladd/paffio o hyd braich â rhn, sbario â rhn, ymarfer paffio gyda rhn; **to ~ up to s.o.,** codi dyrnau ar rn, siapio i baffio â rhn, *occ:* cynnig rhn; *(verbal):* croesi cleddyfau â rhn.

sparable *n.* sbarblen (sbarblis) *f.*

sparaxis *n.* *Bot:* sbaracsis(-au) *m.*

spare¹ *a. & n.* **I.** *a.* **1.** *(a) (= scanty, frugal):* cynnil, prin(-ion), diwastraff, darbodus; **~ diet,** ymborth cynnil; *(b) (physique):* giewynnog, main (meinion), **(he was) tall and ~,** ('roedd) yn hirfain, yn dal ac yn fain; *(c) (style):* noeth, diaddurn, cynnil, diwastraff. **2. ~ time,** *(= leisure):* hamdden *f*, oriau (*pl*) hamdden/rhyddion, seibiant *m*, *F:* amser sbâr *m*; **in my ~ time,** yn ystod f'oriau hamdden, pan fyddaf yn rhydd; **~ capital,** cyfalaf (*m*) dros ben, cyfalaf rhydd; **~ cash,** arian (*m*) dros ben; **~ room,** ystafell (*f*) wely (ystafelloedd gwely) sbâr, *N: F:* llofft(-ydd) bach *f*; **a yard of ~ rope,** llathen o raff dros ben; **I always have a ~ film with me,** mae gen i bob amser ffilm wrth gefn; **is this seat going ~?** a yw'r sedd yma'n wag? *F:* **to go ~,** gwylltio, colli arnoch, mynd o'ch cof, *N:* myllio, cael y mỳll, mynd yn sowldiwr, mynd i dop y cratsh. **3. ~ parts, spares,** darnau sbâr, partiau sbâr; *P:* **(I was left standing there) like a ~ part,** (fe'm gadawyd yno) fel ffŵl, fel pelican; **~-part surgery,** llawdriniaeth (*f*) organau newydd; **do you have a ~ handkerchief?** oes gennych chi hances i'w sbario/benthyca? *Aut:* **~ wheel,** olwyn(-ion) sbâr *f*; **~ tyre,** *(i)* teiar(-s) sbâr *m*; *(ii) F: (= roll of fat):* bol(-iau) *m*, rholyn (rholiau) (*m*) bloneg. **II.** *n.* **1.** peth(-au) (*m*) dros ben, peth sbâr, sbâr (sbarion) *m*; **to take up the ~ in a rope,** tynh|au rhaff. **2. (I've lost my pencil; have you) a ~?** ('rwyf wedi colli fy mhensel; oes gennych chi) un arall, un yn sbâr, un i'w sbario/benthyca? **3.** *Bowls:* sbâr (sbarion) *m.*

spare² *v.t.* **1.** *(= avoid, save, obviate):* arbed; **no expense was spared,** nid arbedwyd unrhyw gost; gwariwyd yn ddiarbed; **to ~ no pains,** mynd i drafferth [fawr], gwn|eud pob ymdrech, peidio ag arbed unrhyw drafferth; **he spared no pains to help me,** aeth i gryn drafferth i'm helpu; gwnaeth hynny a allai i'm helpu. **2.** *(= do without):* hepgor (rhth), gwneud/mynd (heb rth), *F:* sbario (rhth); **can you ~ it?** a ellwch chi ei hepgor? a fyddwch yn iawn hebddo? **we can't ~ her,** ni allwn wneud hebddi; mae hi'n anhepgorol; **we can ~ him,** nid oes arnom mo'i angen; **(we have) nothing to ~,** (nid oes gennym) ddim dros ben, ddim i'w sbario; **three yards to ~,** tair llath dros ben; **we have enough and to ~ [of it],** mae gennym hen ddigon [ohono/ohoni], *S:* mae gyda ni ein gwala a'n gweddill [ohono]; **we have nothing to ~,** 'does gennym ni ond prin ddigon; **there is room and to ~,** mae digonedd o le; mae mwy na digon o le; mae lle dros ben; *(b)* **I can't ~ the time (to come),** nid oes gennyf mo'r amser, ni allaf sbario'r/fforddio'r amser (i ddod); **(to have no time) to ~,** (bod heb [ddim] amser) yn rhydd, yn sbâr, i'w wastraffu; **I caught the train with five minutes to ~,** daliais y trên a phum munud wrth gefn; **when I have a minute to ~,** pan gaf gyfle, pan gaf funud rydd, *N.W: occ:* pan ga' i ffatsh; *(c)* **to ~ s.o. sth,** gadael i rn gael rhth, rhoi rhth i rn, *F:* sbario rhth i rn; **to ~ a thought for s.o.,** cofio am rn; **can you ~ me two pounds?** a ellwch chi roi dwy bunt i mi? oes gennych chi ddwy bunt i'w rhoi/benthyg/sbario i mi? **can you ~ me a few moments?** a ellwch chi roi ychydig funudau i mi? a gaf i eich sylw chi am ychydig funudau? **3.** *(a) (= show mercy):* trugarh|au, tosturio (wrth rn); dangos tosturi, maddau (i rn); **to ~ s.o.'s life,** arbed bywyd rhn, gadael i rn fyw; **~ me!** trugaredd! trugarha (trugarh|ewch)! **if he is spared,** os caiff fyw; **I'll see you next year if I'm spared,** fe'ch gwelaf y flwyddyn nesaf os byw ac iach; **death spares no one,** nid yw angau'n arbed neb; **the fire spared nothing,** ni adawodd y tân ddim ar ôl; llosgodd/ysodd y tân bopeth; nid arbedodd y tân ddim; **to ~ s.o.'s feelings,** arbed teimladau rhn; **she spares nobody,** 'does dim trugaredd i'w gael ganddi; mae pawb o dani ganddi; mae hi â'i llach ar bawb; **~ my blushes!** peidiwch â chodi cywilydd arnaf! **~ me the sordid details,** peidiwch â sôn wrthyf am y manylion ffiaidd; **I'll ~ you the rest,** nid af ar ôl y gweddill; nid af i fanylu ymhellach; nid af i'ch llethu â'r gweddill; ni soniaf am y gweddill wrthych; *(b)* **he doesn't ~ himself,** nid yw'n ei arbed ei hun; mae'n ddiarbed ohono'i hun; **to ~ s.o. the trouble of doing sth,** arbed i rn y drafferth o wneud rhth; *S.a.* **rod.**

sparely *adv.* **1.** *(a)* **to eat ~,** bwyta digon ychydig, bwyta'n gynnil, bwyta'r nesaf peth i ddim, bwyta fel dryw, bwyta'n fain; *(b) (of pers.):* **~ built,** main (meinion), giewynnog, heb owns o floneg. **2.** = **sparsely.**

spareness *n.* **1.** *(of style &c):* cynildeb *m*, moelni *m*, noethni *m.* **2.** *(of physique):* meinder *m*, meindra *m.*

spare-rib *n.* asen (*f*) frân (asennau brain), asen fras (asennau breision), sbarib(-iau,-s) *f*, *Lit: occ:* eisglwyd(-au) *f.*

sparge *v.t.* gwlychu.

sparger *n.* gwlychwr (gwlychwyr) *m.*

sparid, sparoid *a. & n.* *Ich:* **1.** *a.* sbaridaidd, sbaroidaidd. **2.** *n.* sbarid(-au) *m*, sbaroid(-au) *m.*

sparing *a.* **1.** *(= frugal):* cynnil, darbodus; **to be ~ with the butter,** bod yn gynnil/ddarbodus â'r menyn, *S:* tolio'r menyn. **2.** *(= grudging, miserly):* crintachlyd, crintach, cybyddlyd; *Lit:* **she is ~ of praise,** mae hi'n brin ei chlod; **~ with words,** prin eich geiriau.

sparingly *adv.* yn gynnil *&c*; **to eat ~,** bwyta fel aderyn, bwyta'n gynnil.

sparingness *n.* cynildeb *m*, darbodaeth *f.*

spark¹ *n.* *(a)* gwreichionen (gwreichion) *f*, gwreichionyn (gwreichion) *m*, *occ:* tanen(-nau) *f*, *F:* sbarc(-s) *m*; **the ~ of life,** anadl (*m*) einioes; **~ of wit,** fflach(-iadau) (*f*) o arabedd; **to strike sparks out of s.o.,** procio/tanio rhn i sgwrsio; **he hasn't a ~ of generosity (in him),** nid oes y mymryn lleiaf o haelioni, nid oes yr un rhithyn o haelioni (ynddo); *F:* 'does dim affliw o haelioni (ar ei gyfyl); *V:* ni roddai mo'i faw i gi; ni roddai mo'r baw dan ei ewinedd i chi; *B:* **as the sparks fly upwards,** fel yr eheda gwreichionen i fyny; *F:* **to make the sparks fly,** codi twrw, codi helynt, creu stŵr; *(b) El: &c:* gwreichionen, gwreichionyn, taniad *m*; **to advance/retard the ~,** cyflymu'r/arafu'r taniad; *(c) W.Tel: F:* **sparks,** dyn(-ion) (*m*) y radio. **~ arrester** *n.* ataliwr (atalwyr) (*m*) gwreichion. **~ chamber** *n.* siambr (*f*) wreichion (siambrau gwreichion). **~-coil** *n.* torch (*f*) danio (torchau tanio). **~-discharge** *n.* dadlwythiad(-au) (*m*) gwreichion. **~-gap** *n.* bwlch (bylchau) (*m*) tanio. **~-generator** *n.* gwreichionwr (gwreichionwyr) *m.* **~-ignition** *n.* tanio (*vn*) gwreichionog. ~ **photography** *n.* ffotograffiaeth (*f*) â gwreichionyn. **~-plug** *n.* plwg (plygiau) (*m*) tanio. **~-resistance** *n.* gwrthiant (*m*) tanio. **~-test** *n.* prawf (profion) (*m*)

gwreichion. **~-transmitter** *n. W.Tel:* trawsyrrydd (trawsyrwyr) (*m*) gwreichion.
spark[2] *v.i.&ind.t.* **1.** *v.i.* *(a)* gwreichioni, taflu gwreichion; *(of I.C.E: &c):* tanio; *(b)* *(of current):* **to ~ (across the terminals),** fflachio, clecian, neidio (rhwng y terfynellau). **2.** *v.ind.t.* **to ~ off an idea,** deffro syniad; **to ~ off a revolution,** cychwyn/achosi/tanio chwyldro; **to ~ off a chain reaction,** *Fig:* cychwyn caseg eira.
spark[3] *n.* **1. = beau, coxcomb, suitor;** *(= gallant):* merchetwr (merchetwyr) *m.* **2.** *(= lively young fellow):* sioncyn(-nod) *m; Iron:* **a bright ~,** rhn clyfar-clyfar.
spark[4] *v.i.* *(= play the gallant):* mercheta, dawnsio tendans ar ferch/ ferched.
sparker *n.* **= spark arrester.**
sparking *vn.* **= spark**[2]. **~-plug** *n.* plwg (plygiau) (*m*) tanio. **~-potential, ~-voltage** *n.* foltedd (*m*) tanio.
sparkish *a.* hoenus, sionc.
sparkle[1] *n.* 1. pefriad(-au) *m,* fflach(-iau) *f,* fflachiad(-au) *m, occ:* caneitiad(-au) *m;* **not a ~ (of wit),** dim llygedyn (*m*), dim fflach/ fflachiad (o ffraethineb); *(b)* **wine that's lost its ~,** gwin sydd wedi colli ei befriad. **2.** *(of pers.):* pefriad, nwyf *m,* nwyfiant *m,* bywiogrwydd *m.*
sparkle[2] *v.i.* **1.** *(a)* pefrio, serennu, disgleirio, *occ:* caneitio, gwreichioni; **her eyes sparkled with joy,** disgleiriodd/pefriodd ei llygaid gan lawenydd; **a book sparkling with wit,** llyfr sy'n pefrio gan arabedd; *(b)* *(of wine):* pefrio. **2.** *(of fire):* gwreichioni, tanbeidio.
sparkler *n.* **1.** *Pyr:* ffon (*f*) wreichion (ffyn gwreichion). **2.** *P:* **= diamond, jewel. 3.** *F:* **she's a ~,** mae hi'n pefrio.
sparklet *n.* **1. = spark. 2.** *pl. R.t.m:* *(in beer pump):* capsiwl(-au) (*m*) nwy.
sparkling[1] *a.* *(star, jewel):* pefriol, pefriog, disglair; *(star, sun):* tywynnol; **~ sunshine,** heulwen dywynnol *f;* **~ wit,** arabedd pefriol *m;* **~ wine,** gwin pefriol/pefriog *m;* **semi-~ wine,** gwin lled-befriol.
sparks *n. F: W.Tel:* dyn(-ion) (*m*) radio.
sparling *n. Ich:* brwyniad (brwyniaid) *m.*
sparoid *a. & n.* **= sparid.**
sparring *vn.* **= spar**[4]. **~ match** *n.* *(i) Box:* ymarfer (*mf*) paffio/ baffio (ymarferion paffio); *(ii) (verbal):* ymrafael(-ion) *m,* ymgecru *vn.* **~ partner** *n.* partner(-iaid) (*m*) paffio.
sparrow *n. Orn:* *(a)* *(Passer domesticus):* aderyn (adar) (*m*) y to, aderyn llwyd y to, *Lit: occ:* golfan(-od) *mf, N.W: occ:* strew(-s) *m,* sbrocsyn(-nod, sbrocs, sbrocsod) *m, S:* llwytyn (llwytod) *m, S.W:* cainc (*mf*) y to (cangau'r to); **Dead Sea ~, = sparrow (scrub); desert ~,** *(Passer simplex):* llwyd yr anialwch; **fox ~,** *(Passerella iliaca):* llwyd tingoch *(pronounced* ng-g); **hedge ~,** *(Prunella modularis occidentalis):* llwyd(-iaid) (*m*) y gwrych, gwas (gweision) (*m*) y gwcw, Siani lwyd *f,* brych(-od) (*m*) y cac, llwyd y clawdd, llwyd y berth, gwrach(-od) (*f*) y cae, llwyd baw, llwyd y baw, gwichyn (*m*) y gog, gwigyn (*m*) y gog, llwyd y dom, Jac Llwyd (*m*) y baw, gwrachell (*f*) y cae, gwrychell *f,* brith (*m*) y cae, *S.E:* llwytyn (llwytod) (*m*) y berth, *M.W:* gwas y gog, Siani lwyd y sietin, y fronfraith fach (bronfreithod bach) *f;* **Hebridean hedge ~,** *(Prunella m. hebridium):* llwyd gwrych yr Alban; **continental hedge ~,** *(Prunella m. modularis):* llwyd gwrych y cyfandir; **Italian ~,** *(Passer italiae):* llwyd yr Eidal; **pale rock-~,** *(Petronia brachydactyla):* llwyd gwelw'r cerrig; **reed ~,** *(Emberiza schoenidus):* golfan y gors/cyrs; **rock ~,** *(Petronia petronia):* llwyd y cerrig; **scrub ~,** *(Passer moabiticus):* llwyd y llwyni; **song ~,** *(Zonotrichia melodia):* llwyd persain; **Spanish ~,** *(Passer hispaniolensis):* llwyd Sbaen; **tree ~,** *(Passer montanus):* golfan y coed, golfan y mynydd, aderyn y mynydd; **white-throated ~,** *(Z. albicollis):* llwyd gyddfwyn; **yellow-throated ~,** *(Petronia xanthocollis):* llwyd gyddf-felyn. **~-bill** *n.* **= sparable. ~-grass** *n.* **= asparagus.**
sparrowhawk *n. Orn:* *(Accipiter nisus):* gwalch glas (gweilch gleision) *m,* cudyll glas (cudyllod gleision) *m, occ:* cenlli las *f,* corwalch (corweilch) *m, Lit: occ:* llymysten(-nod) *f,* llamestyn(-od) *f,* gwipai/gwipia (gwipeiod) *m,* pilan(-od) *f;* **Levant ~,** *(A. brevipes):* gwalch glas y Dwyrain.
sparry *a. Geol:* crisfeiniog, grisfeinig.
sparse *a.* tenau, prin, gwasgarog, gwasgaredig; *Bot: Z:* anaml; **~ hair,** gwallt tenau; **~ population,** poblogaeth denau.
sparsely *adv.* yn brin *&c,* ar wasgar; **~ populated area,** ardal brin/ denau ei phoblogaeth; **area (~ covered) with trees,** ardal â choed (gwasgarog, yma ac acw).
sparseness, sparsity *n.* prinder *m,* teneurwydd *m; Bot: Z:* anamlder *m.*
Sparta *Pr.n. Geog:* Sparta *f,* Sbarta *f.*
Spartacist *n. Hist: Pol:* Spartacydd(-ion) *m,* Sbartacydd(-ion) *m.*
Spartan *a. & n.* **1.** *a.* Spartaidd, Sbartaidd. **2.** *n.* Spartiad (Spartiaid) *m&f,* Sbartiad (Sbartiaid) *m&f.*
Spartanism *n.* Sbarteiddiaeth *f,* Sparteiddiaeth *f.*
spartein *n. Ch:* spartein *m.*
spartina *n. Bot:* **= cord-grass.**
spasm *n.* **1.** *Med:* gwingiad(-au) *m,* gwingfa (gwingf[eydd) *f,* gwrwst (gyrystau) *fm,* gwayw (gwewyr) *m,* plwc (plyciau) *m* [o boen *&c*]. **2.** *(of coughing &c):* pwl (pyliau) *m,* hwrdd (hyrddiau) *mf,* plwc (plyciau) *m,* ffit(-iau) *f, N:* cwrs (cyrsiau) *m;* **a ~ of temper,** pwl o dymer ddrwg, *S.E:* pang o natur ddrwg; **to work in spasms,** gweithio [ar] hyrddiau, gweithio plwc ar y tro, gweithio bob yn ail â pheidio, *S:* gweithio ar bangau a rhuthrau, *N.W:* gweithio pycsiau.
spasmodic[al] *a.* **1.** *Med:* gwinglyd, gwingog, plyciog, sbasmodig, gwrystol. **2.** *(= irregular):* ysbeidiol.
spasmodically *adv.* **1.** *Med:* yn winglyd *&c.* **2.** yn ysbeidiol, bob hyn a hyn, ar hyrddiau, fesul plwc.
spasmolytic *a. & n.* **1.** *a. Med:* sbasmolytig. **2.** *n.* sbasmolytig(-ion) *m&f.*
spastic *a. & n.* **1.** *a.* sbastig. **2.** *n.* sbastig(-ion,-iaid) *m&f.*
spastically *adv.* yn sbastig *&c.*
spasticity *n.* sbastigedd *m,* sbastigrwydd *m.*
spat[1] *n.* *(of oysters, shellfish &c):* grawn *pl,* sil *m,* silod *pl.*
spat[2] *v.i.* *(of oysters &c):* bwrw grawn, silio.
spat[3] *n. Cost:* sbatsen (sbats) *f, Lit:* curan(-au) *m.*
spat[4] *n. & v.i. U.S:* **= quarrel**[1,2].
spat[5] *v. See* **spit**[2].
spatchcock[1] *Cu: n.* cyw(-ion) hollt *m.*
spatchcock[2] *v.t.* **1.** hollti [a rhostio]. **2.** *F:* *(= insert):* stwffio (rhth i rth).
spate *n.* llif *m,* llifeiriant *m;* **river in full ~,** afon yn llifeirio, afon a llif ynddi; **a ~ of words,** llif/llifeiriant o eiriau; *F:* **a ~ (of enquiries),** llwyth (*m*), llond (*m*) trol (o ymholiadau); **a ~ (of letters),** fflyd(-oedd) *f,* llif, llifeiriant (o lythyrau); **(an orator) in full ~,** (areithiwr) yn ei afiaith, yn ei hwyliau, yn yr hwyl, ar lawn hwyl.
spathaceous *a.* **= spathic.**
spathe *n. Bot:* fflurwain (fflurweiniau) *f,* amddalen(-nau) *f,* gwain (gweiniau) *f,* cwcwll (cycyllau) *m.*
spathed *a. Bot:* fflurweiniog.
spathic, spathose *a. Miner:* **= sparry; ~ iron ore = siderite.**
spathulate *a.* **= spatulate.**
spatial *a.* gofodol; **~ awareness,** ymwybod (*m*) â gofod; **~ distribution,** dosraniad(-au) gofodol *m;* **~ margins,** ymylon gofodol; **~ recession,** enciliad(-au) gofodol *m,* **~ relationship,** cydberthynas ofodol (cydberthnasau gofodol) *f.*
spatiality *n.* gofodoldeb *m.*
spatially *adv.* yn ofodol; **~ aware,** yn ymwybodol o ofod.
spatio-temporal *a.* gofodol-amserol.
spatio-temporally *adv.* yn ofodol-amserol.
spatter[1] *n.* **1.** *(= splash):* ysgeintiad(-au) *m,* dibl(-au) *m.* **2.** *(= pattering sound):* [sŵn *m*] pitran *m.*
spatter[2] *v.t.&i.* **1.** *v.t.* **to ~ sth (with mud),** diblo, ysgeintio, caglo (rhth â llaid); tasgu (llaid) dros rth; difwyno rhth (â llaid); *S.W:* caglo (llaca) dros rth; *N.W:* sbrencian (mwd) (dros rth). **2.** *v.i.* *(of liquid):* ysgeintio, tasgu, *N.W:* sbrencian, sbrencio, powsio; **rain spattering down on the pavement,** glaw yn pigo bwrw ar y palmant.
spatterdash *n. Const:* sment (*m*) a thywod *m.*
spatterdashes *n.pl. Cost:* legins, *N.W: occ:* sebadasys.
spatterdock *n. Bot:* *(Nuphar lutea):* lili felen (*f*) y dŵr, bwltys melyn *m.*
spattering[1] *a.* ysgeintiol.
spattering[2] *vn.* ysgeintiad(-au) *m,* diblad(-au) *m.*
spatteringly *adv.* yn ysgeintiol.
spatula *n.* ysbodol(-au) *f.*
spatular, spatulate *a.* ysbodolaidd.
spavin *n. Vet:* y llyncoes *m, F:* sbafin: sbafen *f;* **bone ~,** llyncoes

caled, sbafen asgwrn; **bog ~,** sbafen ddŵr; **blood ~,** sbafen waed.

spavined *a. Vet:* sbafenog, sbafinog.

spawn[1] *n.* **1.** *(of fish &c):* sil (silod) *m*, silyn (silod) *m*, grawn *pl*, gronell(-au) *f*, silodyn (silod) *m*; *(of frog):* grifft(-oedd) *m*; *S.a.* **frog. 2.** *Pej: (= offspring):* hil *f*, epil(-oedd) *mf*, sil. **3. mushroom ~,** grawn (*m*) madarch.

spawn[2] *v.i.&t.* **1.** *v.i. (a) (of fish &c):* silio, claddu, bwrw sil, bwrw grawn, *S.W:* shodo; *(b) F: (of pers.):* epilio, planta, *occ:* hilio. **2.** *v.t. (a) (of fish, frog &c):* silio; *(b) F: (of pers.):* cenhedlu, epilio; *(c) (= give rise to):* cynhyrchu, cenhedlu, epilio.

spawner *n.* **1.** *Fish: (salmon):* hwyfell(-od) *f.* **2.** *Pej: (pers.):* epiliwr (epilwyr) *m*, ep|ilwraig (epilwragedd) *f.*

spawning *vn.* siliad(-au) *m*, silio, epiliad(-au) *m*, epilio.

spay *v.t.* **to ~ a cat,** ysbaddu/disbaddu cath, *F:* torri ar gath.

spayed *a.* disbaidd, ysbaddedig; **a ~ sow,** *N:* hwch wedi ei chotio, hwch wedi torri arni.

speak *v.i.&t.* I. *v.i.* **1.** *(a)* siarad, llefaru, *S:* wilia, *S.W:* gwleia, loia (*forms of* chwedleua); **without speaking,** heb siarad/lefaru, heb air, heb ddweud dim, heb yngan gair, yn fud; *(b)* **to ~ (to s.o.),** *(i)* dweud rhth (wrth rn), siarad (gyda rhn, â rhn); *occ:* torri gair (â rhn), *S:* wilia (gyda rhn); *(ii) (= reprimand):* dweud y drefn, ei dweud hi (wrth rn); *F:* rhoi pryd o dafod (i rn); **I shall ~ to him about it,** mi soniaf wrtho am y mater; **(I know him) to ~ to,** ('rwyf yn ei adnabod) o ran ei gyfarch, o ran siarad ag ef; **I've never spoken to him,** nid wyf erioed wedi torri gair ag ef; **they're not speaking to one another,** 'does dim Cymraeg rhyngddynt; **~ (when you're spoken to)!** taw di, cau dy geg (nes dywed rhn rth wrthyt! nes bydd gofyn iti)! *F:* **~ for yourself!** ti (chi) sy'n dweud! meddet ti (meddech chi)! siarad di drosot ti dy hun (siaradwch chi drosoch eich hunain)! **~ to me!** dywed(-wch) rth! **speaking for myself...,** o'm rhan i..., o'm rhan i fy hun...; **you're speaking for yourself only,** *N:* siarad ar eich cyfer yr ydych; *S:* siarad yn eich cyfer yr ydych; **honestly speaking,** a bod yn onest, a dweud y gwir, mewn gwirionedd, a dweud y gwir yn onest; **legally ~,** o safbwynt cyfreithiol, o safbwynt y gyfraith; **roughly/generally speaking,** [a siarad] yn fras; **strictly speaking,** a bod yn fanwl gywir; **so to ~,** megis, fel petai; **(to ~) out of turn,** (siarad) cyn bod gofyn ichi, cyn eich pryd, *occ:* ar gamamser; *Tp:* **who's speaking?** pwy sy'n siarad? **Mr Thomas? - yes, (speaking),** Mr Thomas? - ie, (yn siarad, fi sydd yma); *(c)* **the facts ~ for themselves,** mae'r ffeithiau'n llefaru/siarad drostynt eu hunain; **that speaks well for his courage,** arwydd da o'i ddewrder yw hynny; mae hynny'n dweud llawer am ei ddewrder; *(d) (of gun, organ &c):* seinio, llefaru; **at that the gun spoke,** ar hynny taniodd y gwn; *(e) Ven: (of dog):* cyfarth, udo; *(f) (of deaf-mute &c):* **to ~ by signs,** llefaru/siarad trwy arwyddion. **2.** *(= orate):* traethu, siarad, annerch, llefaru; **he spoke (on industrial history),** traethodd, rhoes anerchiad (ar hanes diwydiant); **Mr Hughes rose to ~,** cododd Mr Hughes i ddweud gair; **to ~ to a meeting,** annerch cyfarfod; **(I have a right) to ~,** (mae gen i hawl) i siarad, i ddweud fy mhwt; **to ~ by the book,** siarad ag awdurdod; **spoken like a man!** dyna siarad yn wrol/ddewr! dyna eiriau dewr/gwrol! **let him ~ now, or forever hold his peace,** llefared yr awr hon, neu tawed yn dragywydd; **she speaks clearly,** *(i) (= enunciates):* mae hi'n geirio'n dda/eglur; *(ii) (= lucidly):* mae hi'n siarad yn dda/eglur. II. *v.t.* **1.** *(a)* dweud, *Lit:* dywedyd, llefaru, *S: F:* gweud; **to ~ the truth,** dweud y gwir; **not to ~ a word,** peidio ag yngan gair, dweud dim [byd], tewi, *F:* peidio â dweud na bw na be; **he never spoke a word to me,** ni thorrodd yr un gair â mi erioed; *(b)* **to ~ one's mind,** dweud eich meddwl, mynegi'ch barn, siarad heb flewyn ar eich tafod. **2.** *(= indicate):* mynegi; **(eyes) that ~ affection,** (llygaid) sy'n tystio i hoffter, sy'n mynegi hoffter. **3. to ~ (a language),** siarad, *occ:* parablu, *S:* wilia (iaith); **do you ~ Welsh?** ydych chi'n siarad/medru Cymraeg? **how much Welsh does she ~?** faint o Gymraeg sydd ganddi? **you ~ better Welsh than me,** 'rydych chi'n well Cymro na mi; **English is spoken everywhere,** siaredir Saesneg ym mhobman; **she speaks French like a native,** mae hi'n siarad/parablu Ffrangeg fel Ffrances. **4.** *Nau:* **to ~ a ship,** galw/cyfarch llong. **~ for** *v.i. (a)* **to ~ for s.o.,** siarad/dadlau dros rn, pledio achos rhn; **that speaks well for your courage,** mae hynny'n glod i'ch dewrder; *(b)* **these seats are spoken for,** mae rhn yn eistedd yma'n barod; cymerwyd y seddau hyn yn barod; mae'r seddau hyn wedi'u cadw. **~ of** *v.i. (a)* sôn (am rth), crybwyll (rhth), cyfeirio (at rth); siarad am rth *is an anglicism except where a lengthy discussion is implied*; **speaking of football...,** a sôn am bêl-droed...; **she has no voice to ~ of,** nid oes ganddi lais gwerth sôn amdano; **it's nothing to ~ of,** nid yw'n werth sôn amdano; nid yw'n ddim [byd] gwerth sôn amdano; nid yw o bwys; *Prov:* **~ of the devil (and he's sure to appear),** ar y gair; sonier am y diawl (ac fe ddaw ar y gair); **to ~ well/highly of s.o.,** canmol rhn, dweud yn dda am rn, rhoi gair da i rn, canu clodydd rhn; **he is well spoken of,** mae gair/enw da iddo; mae'n fawr ei glod; mae canmol arno; **to ~ ill of s.o.,** ei dweud hi'n hallt am rn, lladd ar rn, *Lit:* absennu/athrodi/enllibio rhn; *(b) (= indicate):* dynodi, dangos, mynegi; *Lit:* **(his pinched features) spoke of his privation,** 'roedd (ei wedd grablyd) yn arwydd o'i dlodi, yn mynegi ei dlodi. **~ out** *v.i. (a) (loudly):* siarad yn uchel, codi'ch llais, codi cloch; *(b) (frankly):* siarad yn blwmp ac yn blaen, siarad heb flewyn ar eich tafod, traethu'ch barn; *Fig:* **to ~ out against injustice,** codi'ch llais yn erbyn anghyfiawnder. **~ to** *v.i. (a)* **to ~ to the truth of sth,** tystio i wirionedd rhth; *(b)* **to ~ to a motion,** *(i) (on the subject of):* siarad ar destun cynnig; *(ii) (in favour of):* siarad o blaid cynnig, siarad dros gynnig, pleidio cynnig. **~ up** *v.i. (a) (louder):* siarad yn uwch, codi'ch llais; *(in public meeting):* **~ up!** llais! gwaedda (gwaeddwch)! *(b)* **to ~ up for s.o.,** achub cam rhn, siarad/llefaru o blaid rhn, cadw cefn rhn, dal dan rn, pleidio rhn, cadw plaid rhn.

speakeasy *n. U.S:* clwb (clybiau) (*m*) yfed.

speaker *n.* **1.** siaradwr (siaradwyr) *m*, siar|adwraig (siaradwragedd) *f*; *(in dialogue):* ymddiddanwr (ymddiddanwyr) *m*, sgwrsiwr (sgwrswyr) *m*; **I'm a plain ~,** byddaf yn siarad yn blwmp ac yn blaen; byddaf yn siarad heb flewyn ar dafod; **is she a Welsh ~?** a yw hi'n siarad Cymraeg? a yw hi'n medru Cymraeg? ai Cymraes yw hi? a yw hi'n Gymraes? a ŵyr/fedr hi Gymraeg? a oes ganddi Gymraeg? **(a rise in the number) of Welsh speakers,** (cynnydd yn nifer) y rhai sy'n siarad Cymraeg, y siaradwyr Cymraeg, y rhai a ŵyr/fedr Gymraeg, y rhai a'r Gymraeg ganddynt. **2.** *(in public):* areithydd: areithiwr (areithwyr) *m*, areithyddes(-au) *f*, siaradwr cyhoeddus *m*, siaradwraig gyhoeddus (siaradwragedd cyhoeddus) *f*, traethydd(-ion) *m*; **guest ~,** gŵr (gwŷr) gwadd *m*, gwr|aig wadd (gwragedd gwadd) *f.* **3.** *Parl:* **S~ of the House of Commons,** Llefarydd(-ion) Tŷ'r Cyffredin; **maiden ~,** siaradwr/siaradwraig newydd. **4.** *W.Tel: &c:* **~ [unit],** corn (cyrn) (*m*) sain, uned(-au) (*f*) sain, seinydd(-ion) *m*, darseinydd(-ion) *m*; **twin speakers,** cyrn [sain] dwbl, pâr o seinyddion. **~ key** *n.* cwgn (cygnau) (*m*) sain.

speakership *n. Parl:* llefaryddiaeth(-au) *f*, swydd (*f*) llefarydd.

speaking *a. (a) (i) (doll &c):* sy'n siarad, â llais, llafar; **~ clock,** cloc llafar *m*; *Th:* **a ~ part,** rhan lafar (rhannau llafar) *f*; *(ii) (eyes &c):* llawn mynegiant, huawdl; **a ~ likeness of s.o.,** darlun byw o rn, darlun sydd yr un ffunud â rhn; *(b)* **slow-~,** sy'n siarad yn araf, araf eich lleferydd; **English-~,** Saesneg [eich iaith]; **Welsh-~,** Cymraeg [eich iaith]; **a Welsh-~ Welshman,** Cymro Cymraeg (Cymry Cymraeg); **a Welsh-~ Welshwoman,** Cymraes Gymraeg (Cymryesau Cymraeg); **a Welsh-~ Englishman,** Sais (Saeson) Cymraeg *m*, *F:* Sais wedi dysgu Cymraeg; **Welsh-~ Wales,** y Gymru Gymraeg *f*; *(region of Wales):* y Fro Gymraeg *f*; **a non-Welsh-~Welshman/ Welshwoman,** Cymro di-Gymraeg, Cymraes ddi-Gymraeg.

speaking[2] *vn.* **1.** siarad, llefaru, lleferydd *mf*, *occ:* llafar(-au) *m*; **a ~ acquaintance,** cydnabod i siarad ag ef; **plain ~,** siarad plaen, iaith blaen *f*; **we're no longer on ~ terms,** 'does dim Cymraeg rhyngom bellach. **2. public ~,** areithyddiaeth *f*, areithio, siarad cyhoeddus; **unaccustomed as I am to public ~,** a minnau heb arfer siarad yn gyhoeddus. **~-trumpet** *n.* corn (cyrn) (*m*) siarad. **~-tube** *n.* tiwb(-iau) (*m*) siarad.

spear[1] *n.* **1.** gwaywffon (gwaywffyn) *f*, picell(-i,-au) *f*, ffonwayw (ffynwewyr) *f*; **barbed ~,** picell adfachog; **basal-looped ~,** picell fôn-ddolennog (picellau bôn-dolennog); **end-looped ~,** picell benddolennog (picellau penddolennog); **hollow-bladed ~,** picell lafn gwag (picellau llafn gwag); **looped ~,** picell ddolennog (picellau dolennog); **lunate opening ~,** picell lafn lloerfwlch (picellau llafn lloerfwlch); **pegged ~,** picell â pheg; **peg-hole ~,** picell twll peg; **side-looped ~,** picell ymyl ddolen; **socketed ~,** picell socedog; **stepped bladed ~,** picell rislafnog (picellau grislafnog); **tanged ~,** picell seidiog, picell a said; **tanged & collared ~,** picel said a choler; **throwing ~,** picell dafl (picellau tafl); **thrusting ~,** picell wthio (picellau gwthio); **on the ~ side,** ar ochr y tad. **2.** *Fish:* tryfer(-i) *f*, tryfer bysgod (tryferi pysgod); **eel-~,** tryfer lysywod (tryferi llysywod). **3.** *Bot: (a) (of grass):* gwelltyn (gwellt) *m*, llafn(-au) *m*; *(b) (of asparagus):* coesyn(-nau) *m*, sbigyn (sbigau) *m*. **~ grass** *n.* = **couch-grass, meadow-grass. ~ gun** *n.* gwn (gynnau) (*m*) tryfer. **~ money** *n. Hist:* ceiniog (*f*) baladr (ceiniogau paladr). **~-shaft** *n.* paladr (*m*) gwaywffon (pelydr gwaywffyn). **~-thrower** *n.* taflwr (*m*) picell/gwaywffon (taflwyr picellau/gwaywffyn). **~-thrust** *n.* gwaniad(-au) (*m*) gwaywffon.

spear[2] *v.t. (a)* trywanu/gwanu (rhn) â gwaywffon, picellu; *(b)* **to ~ a fish,** dal pysgodyn â thryfer, tryferu pysgodyn; *(c) F:* **to ~ a potato,** sticio taten/tysen.

spearer *n.* = **spearman.**

spearfish *n. Ich:* picell (*f*) fôr (picellau môr).

spearhead[1] *n.* **1.** blaen (*m*) gwaywffon (blaenau gwaywffyn), pen (*m*) gwaywffon (pennau gwaywffyn), pen picell (pennau picelli/picellau), blaen picell (blaenau picellau/picelli). **2.** *Mil:* blaengyrch(-oedd) *m* (*pronounced* ng-g); **to launch a ~ against s.o.,** dwyn blaengyrch ar rn.

spearhead[2] *v.t. (a) Mil:* **they spearheaded the crossing of the river,** hwy oedd gyntaf dros y afon; gwnaethant/dygasant flaengyrch i groesi'r afon; *(b)* **to ~ a movement,** arwain mudiad, bod ar flaen y gad [mewn mudiad].

spearman *n.m. Mil:* picellwr (picellwyr), *occ:* ffonwaywr (ffynwewyr).

spearmint *n. Bot: (Mentha spicata):* mint[ys] (*m*) Mair, mint[ys] sbigog *m*, sber-fint[ys] *m*, pupur-fint *m*.

spearwort *n. Bot:* **greater ~,** *(Ranunculus lingua):* blaen (*m*) y gwayw mwyaf, llafnlys mawr *m*; **adder's tongue ~,** *(R. ophioglossifolius):* tafod (*m*) y wiber; **creeping ~,** *(R. reptans):* llafnlys ymledol; **lesser ~,** *(R. flammula):* blaen y gwayw lleiaf, poethfflam *f*, llafnlys bach.

spec *n. F:* **on ~,** ar antur, ar siawns.

special *a. & n.* **1.** *a. (a)* arbennig; **to make a ~ study of sth,** arbenigo ar rth; **the S~ Branch,** yr Adran Arbennig, yr Heddlu Arbennig; **~ constable,** heddwas (heddweision) rhan-amser *m*, cwnstabl(-iaid) rhan-amser *m*, plismon (plismyn) rhan-amser *m*; **~ care,** gofal arbennig *m*; **~ care unit,** uned(-au) (*f*) gofal arbennig; **~ correspondent,** gohebydd(-ion) arbennig *m*; *T.V:* **~ effects,** effeithiau arbennig; **~ feature,** nodwedd(-ion) arbennig *f*, *Lit:* hynodwedd(-au) *f*; **~ mission,** cenhadaeth (cenadaethau) arbennig *f*, cenadwri (cenadwriau) arbennig *f*; **~ plea,** ple(-on) arbennig *m*, ple dros achos; **~ pleader,** plediwr (pledwyr) arbennig *m*; **~ pleading,** pledio arbennig, *F:* dadleuon annheg *pl*; *Pol:* **S~ Powers Act,** Deddf (*f*) y Pwerau Arbennig; *Com:* **~ price,** pris(-iau) gostyngol/arbennig *m*; **~ school,** ysgol(-ion) arbennig *f*; *Post:* **by ~ delivery,** post brys; *(b) (= especial):* arbennig, neilltuol, *occ:* eithriadol; **a ~ friend,** cyfaill mynwesol, cyfaill pennaf; **I have nothing ~ to tell you,** nid oes gennyf ddim [byd] neilltuol/ arbennig/eithriadol i'w ddweud wrthych; **it was nothing ~,** 'doedd yn ddim byd anghyffredin. **2.** *(a) a. & n. (train):* trên (trenau) arbennig *mf*; *(b) (issue of magazine, newspaper):* rhifyn(-nau) arbennig *m*; *(c) (on menu):* **today's ~,** *(meal):* pryd(-au) (*m*) arbennig y dydd; *(dish):* saig (seigiau) arbennig *f*; *(d) T.V: &c:* rhaglen(-ni) arbennig *f*.

specialism *n.* = **specialization.**

specialist *n. & attrib.* **1.** *n.* arbenigwr (arbenigwyr) *m*, arben|igwraig (arbenigwragedd) *f*; **to become a ~ in electronics,** arbenigo mewn electroneg; *Med:* **heart ~,** arbenigwr [ar] y galon. **2.** *attrib.* arbenigol; *Th:* **~ lead,** blaen-arbenigwr (~-arbenigwyr) *m*.

specialistic *a.* arbenigwrol.

speciality *n.* **1.** *(= special thing):* arbenigedd(-au) *m*; **to make a ~ (of sth),** arbenigo (mewn rhth, yn rhth, ar rth); **(French is) my ~,** (Ffrangeg yw) fy mhwnc/maes/niddordeb arbennig; *F:* Ffrangeg yw fy mheth i; *Cu:* **~ (of the house),** pryd(-au) arbennig *m*, saig (seigiau) (*f*) arbennig (y bwyty). **2.** *(= peculiarity):* arbenigrwydd *m*, arbenigedd *m*, hynodrwydd (hynodion) *m*, neilltuolrwydd *m*. **3.** *Jur:* = **specialty.**

specialization *n.* arbenigaeth(-au) *f*, arbenigo *vn*, arbenigiad(-au) *m*; **~ of labour,** arbenigaeth lafur; **regional ~,** arbenigaeth ranbarthol.

specialize *v.t.&i.* **1.** *v.t. Biol: &c:* cymhwyso. **2.** *v.i.* arbenigo (**in sth,** mewn rhth, yn rhth, ar rth).

specialized *a.* arbenigol; **highly ~,** tra arbenigol.

specially *adv.* **1.** yn arbennig, yn neilltuol; *(= particularly):* yn enwedig, uwchlaw popeth; **it's not ~ good,** nid yw'n arbennig o dda. **2. I went there ~ to see him,** euthum yno'n unswydd i'w weld.

specialness *n.* arbenigrwydd *m*.

specialty *n. Jur:* cyfamod(-au) (*m*) seliedig, cyfamod dan sêl.

speciation *n. Biol:* rhywogaethu *vn*, ffurfiant (*m*) rhywogaethau.

specie *n.* **1.** *(no pl.)* arian bath *m*, arian parod; **to pay in ~,** talu arian parod, talu ar law. **2.** *Fig:* **in ~,** yn yr un modd/fath. **~ point** *n.* pwynt (*m*) aur.

species *n. inv.* **1.** *Nat.Hist:* rhywogaeth(-au) *f*; **genus and ~,** tylwyth a rhywogaeth; **the ~, our ~, the human ~,** y rhywogaeth ddynol *f*, y ddynoliaeth *f*, dynolryw *f*, dynol ryw *f*, y ddynolryw, y ddynol ryw; **the origin of ~,** tarddiad y rhywogaethau; **unidentified ~,** rhywogaeth anadnabyddus. **2.** *(in general parlance):* math(-au) *m*. **3.** *Rel:* **[Eucharistic] ~,** elfen(-nau) (*f*) yn y Cymun.

specifiable *a.* penodol, penodadwy.

specific *a. & n.* **1.** *a. (a)* penodol, neilltuol, unigol; *Ph: Ch:* cymharol, sbesiffig, priod; *Jur:* **in each ~ case,** ym mhob achos penodol/unigol; *Ph:* **~ gravity,** dwysedd(-au) cymharol/ sbesiffig *m*; *Mth:* **~ factor,** ffactor(-au) penodol *m*; **~ heat,** gwres cymharol/sbesiffig; **~ heat capacity,** cynhwysedd (*m*) gwres cymharol; **~ index,** mynegai (mynegeion) manwl *m*; *Med:* **~ cause,** achos penodol/neilltuol *m*; **~ disease,** clefyd penodol *m*; **~ library,** llyfrgell(-oedd) arbenigol *f*; *Bot:* **~ name,** *(of plant):* priod enw *m*, enw penodol/rhywogaethol *m*; *Biol:* **~ form,** *(of animal):* ffurf rywogaethol/benodol (ffurfiau rhywogaethol/penodol) *f*, priod ffurf; *(b) (statement &c):* penodol, pendant; **be more ~,** byddwch yn fwy manwl; *(order &c):* penodol, eglur, clir, digamsyniol; **~ aim,** bwriad penodol *m*; **the ~ difference,** y gwahaniaeth penodol *m*; **he has a ~ reason for going,** mae ganddo reswm arbennig/penodol dros fynd; *(c) (= peculiar to):* arbennig, priodol (i rth). **2.** *n. (a) Med:* priod feddyginiaeth(-au) *f* (**for sth,** ar gyfer rth); *(b) n.pl.* **specifics,** nodweddion.

specifically *adv.* yn benodol *&c*; **he ~ asked for beer,** gofynnodd yn benodol am gwrw; **she went there ~ to see him,** aeth yno yn benodol/unswydd i'w weld; **you ~ stated otherwise,** fe ddywedasoch yn bendant fel arall; **~ for that reason,** am yr union reswm hwnnw.

specification *n.* **1.** *(document):* manyleb(-au) *f*, arnodlen(-ni) *f*. **2.** *(= details): (a)* **specifications (of a car &c),** manylion, rhagfanylion, rhagofynion (car *&c*); **made according to specifications,** wedi'i wneud yn unol â'r gofynion; **job specifications,** manylion swydd, disgrifiad (*m*) [o] swydd; *(b)* **specifications of a contract,** amodau cytundeb. **~ language** *n.* *Cmptr:* iaith (ieithoedd) (*f*) manyleb.

specificity *n.* penodoldeb *m*; *Ph: Ch: &c:* sbesiffigedd *m*.

specificness *n.* penodoldeb *m*.

specified *a.* penodol, penodedig, rhagnodedig; **unless otherwise ~,** oni nodir yn wahanol; **~ load,** llwyth penodol, pwysau penodedig.

specify *v.t.* nodi (rhth) [yn fanwl], rhagnodi; **to ~ conditions,** amlinellu/rhestru amodau; *Cmptr:* **a second window was not specified,** ni ragnodwyd ail ffenestr; **he wouldn't ~ who was responsible,** ni fynnai nodi pwy oedd yn gyfrifol.

specimen *n.* **1.** *(a)* esiampl(-au) *f*, sampl(-au) *f*, enghraifft (enghreifftiau) *f*, sb|esimen (sbesimenau) *m*; **the finest ~ in his collection,** yr enghraifft orau yn ei gasgliad; **to take a ~ of s.o.'s blood, to take a blood ~,** cymryd sampl/sbesimen o waed rhn; *(b) F: (of pers.):* **queer ~,** creadur(-iaid) od *m*, creadures(-au) od *f*; **what a ~!** am olwg! dyna olwg ryfedd [ar ddyn *&c*]! dyna greadur rhyfedd! dyna greadures ryfedd! **2.** *attrib.* enghreifftiol, fel enghraifft, nodweddiadol; **~ page,** tudalen(-nau) enghreifftiol *mf*; *Publ:* **~ copy,** copi (copïau) prawf *m*.

speciological *a. Nat.Hist:* rhywogaethegol.

speciology *n. Nat.Hist:* rhywogaetheg *f*.

speciosity *n.* = **speciousness.**

specious *a.* teg yr olwg, deniadol, wyneb-deg, hudolus,

coegwych, twyllodrus, llygad-dynnol; ~ **argument,** geuddadl(-euon) *f*.
speciously *adv*. yn deg yr olwg, yn goegwych *&c*.
speciousness *n*. coegwychder *m*.
speck *n*. **1.** *(of paint, colour, on fruit &c):* smotyn (smotiau) *m*, sbecyn (sbeciau) *m*; *(of discolo[u]ration):* brycheuyn (brychau) *m*; **the ship was just a ~ on the horizon,** nid oedd y llong yn ddim ond smotyn ar y gorwel; *Med:* **floating specks,** smotiau o flaen y llygaid. **2.** *(a) (of dust):* llychyn *m*, *S.W:* ffrwcsyn *m*, llwchyn *m*; *(b)* **not a ~ (of generosity),** dim mymryn *(m)*/rhithyn *(m)*/affliw *(m)* (o haelioni).
specked *a*. brych (*f*. brech, *pl*. brychion), brith (*f*. braith, *pl*. brithion) **(with sth,** gan rth); *S.a.* **fly**[1].
speckle[1] *n*. brycheuyn (brychau) *m*, smotyn (smotiau) *m*, brychni *m*.
speckle[2] *v.t.* brychu, britho.
speckled *a*. brych (*f*. brech, *pl*. brychion), brith (*f*. braith, *pl*. brithion), *Lit: occ:* bannog, mannog; **bird ~ with white,** aderyn gwyn brith. ~ **wood** *n*. *Ent:* brith(-ion) *(m)* y coed.
specs *n.pl*. *F:* = **spectacle 2**.
spectacle *n*. **1.** *(a) Th: &c:* golygfa (golygf|eydd) [ysblennydd] *f*, sbectacl(-au) *mf*; *Cin: &c:* **the greatest ~ of all time,** y wledd fwyaf erioed i'r llygaid, y sioe fwyaf erioed, y darlun mwyaf ysblennydd erioed; **~ is important in pantomime,** mae rhwysg *(mf)*/ysblander *(m)* yn bwysig mewn pantomeim; **the ~ of the coronation,** rhwysg/ysblander y coroni; *(b)* **to make a ~ of oneself,** gwneud sioe *(f)* ohonoch eich hun, eich dangos eich hun, tynnu sylw atoch eich hun, eich gwneud eich hun yn destun sbort; **the ~ of men getting drunk,** gweld dynion yn meddwi, yr olwg ar ddynion yn meddwi. **2.** *(pair of):* **spectacles,** sbectol(-s,-au) *f*, *Lit: occ:* gwydrau *pl*; **to put on one's spectacles,** rhoi'ch/dodi'ch/gwisgo'ch sbectol. ~ **case** *n*. cas(-ys) *(m)* sbectol.
spectacled *a*. *(pers.):* â sbectol, sbectolog; *(animal):* sbectolog.
spectacular *a*. & *n*. **1.** *a*. *(a) (= gorgeous):* ysblennydd, aruthrol, mawreddog, trawiadol; *(b)* **a ~ failure,** methiant aruthrol/trawiadol. **2.** *n*. *Cin: &c:* llun(-iau) *(m)* mawreddog *&c*, *F:* sbloet(-iau) *f*; **television ~,** rhaglen deledu ysblennydd (rhaglenni teledu ysblennydd) *f*, sbloet deledu (sbloetiau teledu).
spectacularly *adv*. yn ysblennydd *&c*, yn drawiadol.
spectate *v.i.* gwylio.
spectator *n*. gwyliwr (gwylwyr) *m*. ~ **sport** *n*. chwarae(-on) *(m)* i wylwyr, chwarae o flaen gwylwyr.
spectra *n.pl*. sbectra.
spectral *a*. **1.** *Opt: Ph:* sbectrol; ~ **colours,** lliwiau'r sbectrwm; *Astr:* **~ classification,** dosbarthiad sbectrol; *Ph:* **~ series,** cyfres sbectrol *f*; ~ **analysis, = spectrum analysis. 2.** *(= ghostly):* drychiolaethol, rhithiol.
spectrality *n*. **1.** *Opt:* sbectroldeb *m*. **2.** rhithioldeb *m*, meindra *m*.
spectrally *adv*. **1.** yn sbectrol. **2.** yn rhithiol *&c*.
spectre *n*. drychiolaeth(-au) *f*, ysbryd(-on) *m*, rhith(-iau) *m*, *F:* bwgan(- od) *m*; **Brocken ~,** rhith y Brocken; *(of war, famine &c):* drychiolaeth, bwgan. **~-bat** *n*. *Z:* ystlum main (ystlumod meinion) *m*, rhithystlum(-od) *m*. **~-crab** *n*. *Crust:* cranc main (crancod/crangod meinion) *m*, rhithgranc(-od) *m*. **~-insect** *n*. *Ent:* pryf main (pryfed meinion) *m*, rhithbryf(-ed) *m*. **~-lemur** *n*. *Z:* lemwr main (lemyriaid meinion) *m*, rhithlemwr (rhithlemyriaid) *m*. **~-shrimp** *n*. *Crust:* berdysen fain (berdys meinion) *f*, rhithferdysen (rhithferdys) *f*.
spectrobolometer *n*. *Ph:* sbectrobolomedr(-au) *m*.
spectrochemistry *n*. *Ch:* sbectrocemeg *f*.
spectrofluorometer *n*. *Ch:* sbectrofflworomedr(-au) *m*.
spectrogram *n*. *Ch:* sb|ectrogram (sbectrogramau) *m*.
spectrograph *n*. sb|ectrograff (sbectrograffau) *m*.
spectrographic *a*. sbectrograffig.
spectrography *n*. sbectrograffeg *f*.
spectroheliogram *n*. sbectroh|eliogram (sbectroheliogramau) *m*.
spectroheliograph *n*. sbectroh|eliograff (sbectroheliograffau) *m*.
spectroheliography *n*. sbectroheliograffeg *f*.
spectrohelioscope *n*. sbectroh|eliosgop (sbectroheliosgopau) *m*.
spectrometer *n*. *Opt:* sbectromedr(-au) *m*.
spectrometric *a*. *Opt:* sbectrometrig.
spectrometry *n*. *Opt:* sbectrometreg *f*.
spectrophotometer *n*. sbectroffotomedr(-au) *m*.
spectrophotometric *a*. sbectroffotometrig.
spectrophotometry *n*. sbectroffotometreg *f*.
spectroscope *n*. *Opt:* sb|ectrosgop (sbectrosgopau) *m*.
spectroscopic[al] *a*. *Opt:* sbectrosgopig.
spectroscopist *n*. sbectrosgopydd(-ion) *m*.
spectroscopy *n*. *Opt:* sbectrosgopeg *f*.
spectrum *n*. *(a) Ph:* sbectrwm (sbectra) *m*; **absorption ~,** sbectrwm amsugno; **solar ~,** sbectrwm yr haul; **ocular ~,** sbectrwm llygadol; *(b) F:* **a wide ~ of interests,** rhychwant/amrediad *(m)* eang o ddiddordebau. ~ **analysis** *n*. dadansoddiad(-au) *(m)* o'r sbectrwm.
specular *a*. adlewyrchol, gloyw(-on).
specularity *n*. adlewyrcholdeb *m*, gloywder *m*.
speculate *v.i.* **1. to ~ (on/about sth),** myfyrio, dyfalu, bwrw amcan, damcaniaethu (ynghylch rhth). **2.** *Fin:* ei mentro hi, mentro, anturio, hapfasnachu, hapfuddsoddi, sbeciannu; *Prov:* **one must ~ to accumulate,** oni fentrwch chi beth, nid enillwch chi ddim; oni heuir ni fedir.
speculation *n*. **1.** *(a) (= meditation):* myfyrdod(-au) *m*, myfyrio *vn*, synfyfyrdod(-au) *m*; *(b) (= conjecture):* dyfaliad(-au) *m*, dyfalu *vn*, damcaniaeth(-au) *f*, tybiaeth(-au) *f*; **it was mere ~ on his part,** dim ond dyfalu'r oedd; **useless ~,** gwagddyfalu *vn*, gwagddamcaniaethu *vn*; **to be the subject of much ~,** bod yn destun cryn ddyfalu; **~ is rife,** mae sïon ar led. **2.** *(a) Fin:* menter (mentrau) *f*, hapfuddsoddiad(-au) *m*, sbeciant (sbeciannau) *m*; *vn*. = **speculate 2**; **good ~,** bargen dda (bargeinion da) *f*, menter dda (mentrau da); *St.Exch:* **(to buy sth) on ~,** (prynu rhth) ar hap, ar antur.
speculative *a*. **1.** *(a) (= contemplative):* myfyrgar, synfyfyriol; *(b) (= conjectural):* dyfaliadol, damcaniaethol; **~ philosophy,** athroniaeth ddamcaniaethol *f*. **2.** *Fin:* anturiol, mentrus, hapfasnachol, hapfuddsoddol, sbeciannol, ansicr.
speculatively *adv*. **1.** yn fyfyrgar. **2.** yn ddyfaliadol. **3.** yn anturiol.
speculativeness *n*. **1.** myfyrgarwch *m*. **2.** *(of venture):* ansicrwydd *m*, natur fentrus *f*, mentrusrwydd *m*.
speculator *n*. **1.** dyfalwr (dyfalwyr) *m*, damcaniaethwr (damcaniaethwyr) *m*. **2.** *Fin:* hapfasnachwr (hapfasnachwyr) *m*, hapfuddsoddwr (hapfuddsoddwyr) *m*, mentrwr (mentrwyr) *m*, sbeciannwr (sbecianwyr) *m*.
speculum *n*. **1.** *Surg: Orn:* sb|ecwlwm (sb|ecwla) *m*. **2.** *(of telescope &c):* drych(-au) *m*.
sped *v*. *See* **speed**[2].
speech *n*. **1.** *(a) (faculty of):* lleferydd *mf*, parabl *m*; **the gift of ~,** dawn *(f)* lleferydd/ymadrodd; **to lose the power of ~,** colli'ch lleferydd/parabl, methu siarad, *F:* colli'ch tafod; **to be slow of ~,** siarad yn araf, bod yn araf eich lleferydd/parabl; **to be abrupt in one's ~,** siarad yn swta; **freedom of ~, free ~,** rhyddid *(m)* barn/llafar/mynegiant; *(b)* **figure of ~,** trosiad(-au) *m*, ffigur(-au) *(m)* ymadrodd, dull(-iau) *(m)* ymadrodd; *Gram:* **part of ~,** rhan(-nau) *(f)* ymadrodd. **2. to have ~ (with s.o.),** sgwrsio, cynnal sgwrs (â/gyda rhn); **without further ~,** heb air ymhellach, heb ddweud [dim] rhagor; **fair speeches,** geiriau teg. **3.** *(= language):* iaith (ieithoedd) *f*; *(= spoken language):* iaith lafar (ieithoedd llafar), llafar(-oedd) *m*; *(of a region):* tafodiaith (tafodieithoedd) *f*; *(of a social group):* ieithwedd(-au) *f*. **4.** *(= public address):* araith (areithiau) *f*, anerchiad(-au) *m*; **maiden ~,** araith gyntaf (areithiau cyntaf), araith forwynol (areithiau morwynol); **to make/deliver a ~,** areithio, rhoi/traddodi araith, annerch, traethu; **to deliver a ~ to a meeting,** annerch cyfarfod, traddodi araith o flaen cyfarfod; *Pol:* **the Queen's ~, the King's ~, the ~ from the throne,** araith y Frenhines/Brenin, yr araith o'r orsedd. **5.** *Gram:* **direct ~,** araith union/uniongyrchol (*pronounced* ng-g); **indirect/oblique ~,** araith anunion/anuniongyrchol (*pronounced* ng-g). ~ **community** *n*. cymuned(-au) *(f)* iaith. **~-day** *n*. *Sch:* diwrnod(-iau) *(m)* gwobrwyo. ~ **defect/disorder/impediment** *n*. nam(-au) *(m)* ar y lleferydd, *F:* deilen *(f)* ar dafod. ~ **making** *vn*. areithio, areithyddiaeth *f*. ~ **marks** *n.pl*. *Typ:* dyfynodau. **~-reading** *vn*. darllen gwefusau. ~ **recognition** *n*. *Cmptr:* adnabod *(vn)* llais. ~ **sound** *n*. sain lafar (seiniau llafar) *f*. ~ **synthesis** *n*. s|ynthesis *(m)* llais/lleferydd. ~ **therapist** *n*. therapydd(-ion) *(m)* lleferydd. ~ **therapy** *n*., ~ **training** *vn*. th|erapi *(m)* lleferydd. **~-writer** *n*. cyfansoddwr (cyfansoddwyr) *(m)* areithiau, ysgrifennwr (ysgrifenwyr) *(m)* areithiau. **~-writing** *vn*. ysgrifennu/cyfansoddi areithiau.

speechification *n.* brygowthiad(-au) *m*, brygowthan *vn*, paldaruo *vn*, parablu *vn.*
speechifier *n.* brygowthwr (brygowthwyr) *m*, paldaruwr (paldaruwyr) *m*, parablwr (parablwyr) *m.*
speechify *v.i. F: Pej:* brygowthan, prygowthan, traethu, paldaruo, parablu.
speechless *a.* mud, dieiriau, dileferydd; **I was ~!** fedrwn i ddweud dim! **~ with surprise,** mud gan syndod.
speechlessly *adv.* yn fud.
speechlessness *n.* mudandod *m.*
speed[1] *n.* **1.** cyflymder(-au) *m*, cyflymdra *m*, *Lit: occ:* buandra *m*, buanedd *m*, *F:* sbîd *m*; **(to do sth) with all ~,** (gwneud rhth) cyn gynted ag y bo modd, ar frys, yn chwim, yn gyflym, ar hast, gyda phob cyflymder/brys; **to make all ~ (to a place),** brysio, prysuro, rhuthro (i rywle); **O, God make ~ to save us,** Duw, brysia i'n cynorthwyo; Arglwydd, prysura i'n cymorth; **at ~,** yn gyflym, ar gyflymder; **at full ~, at top ~,** ar frys, ar ras wyllt, ar garlam gwyllt; **top ~,** cyflymder/cyflymdra uchaf; **at its top ~,** ar ei gyflymder *&c* uchaf; *(of pers.):* nerth eich traed, gyntaf y gallwch, *F:* fel cath i gythraul; *(of car &c):* nerth ei olwynion; *(of horse):* nerth ei garnau, ar garlam gwyllt; *(of cat):* nerth ei thraed; *(of dog):* nerth ei draed; *(of driver):* fel Jehu, ar garlam gwyllt; **full ~ ahead!** ymlaen â ni! tân arni! traed dani! **normal running ~,** cyflymdra normal/arferol; **cruising ~,** cyflymdra canolig, cyflymdra criwsio; **maximum ~,** cyflymdra llawn; *Av:* **ground ~,** cyflymdra ar ddaear; **air ~,** cyflymdra yn yr awyr, cyflymdra hedfan; **take-off ~,** cyflymdra esgyn; **three ~ bicycle,** beic(-iau) *(m)* tri/tair gêr, *F:* beic tri sbîd. **2.** *A: & Lit:* **to wish s.o. good ~,** dymuno pob hwyl/llwyddiant i rn. **3.** *F: (= amphetamine):* sbîd *m.* **~ bump** *n.* = **speed hump.** **~-cop** *n. F:* plismon (plismyn) *(m)* sbidio. **~ hump** *n.* gwr|ym (gwrymau) *(m)* arafu, poncyn (ponciau) *(m)* arafu. **~-indicator** *n.* = **speedometer.** **~ limit** *n.* cyfyngiad(-au) *(m)* cyflymder/ cyflymdra; **to exceed the ~ limit,** torri'r cyfyngiad cyflymdra/ cyflymder, goryrru, gyrru gormod, gyrru'n rhy gyflym. **~-merchant** *n. F:* gyrrwr gwyllt (gyrwyr gwylltion) *m*, goryrrwr (goryrwyr) *m*, rasiwr (raswyr) *m*, sbidiwr (sbidwyr) *m.* **~-trap** *n.* trap(-iau) *(m)* gyrwyr. **~-trial** *n.* prawf (profion) *(m)* cyflymdra/cyflymder. **~-up** *n. F:* cyflymiad(-au) *m*, *F:* codi *(vn)* sbîd, magu *(vn)* sbîd.
speed[2] *v.i.&t.* I. *v.i.* **1.** *(a)* brysio, prysuro, rhuthro; **to ~ along,** rhuthro mynd, gwibio mynd, mynd ar ras wyllt, mynd ar garlam gwyllt, *N: F:* chwipio mynd, slanu mynd, stido mynd; **to ~ off,** rhuthro ymaith, diflannu/ymadael ar frys, ei bachu hi, ei heglu hi, cymryd y goes *&c*; *(b) Aut:* gyrru['n rhy gyflym], goryrru, *F:* sbidio. **2.** *v.t. (a) A: & Lit:* **to ~ (a parting guest),** dymuno pob hwyl, dymuno rhwydd hynt (i westai sy'n ymadael); *(b) A:* **God ~!** Duw gyda thi! nawdd Duw i ti! Duw a roddo nawdd i ti! Duw yn rhwydd i ti! II. *v.t.* **1.** *(a)* **to ~ an engine,** rheoli cyflymdra/cyflymder motor; *(b)* **to ~ up work,** cyflymu gwaith.
speedball *n. F: (drug):* sbidbel(-i) *f.*
speedboat *n.* cwch (cychod) cyflym *m*, cwch gwib, bad(-au) cyflym *m*, bad gwib *F:* cwch gwyllt.
speeder *n.* **1.** *Techn: (device):* rheolwr (rheolwyr) *(m)* cyflymdra/ cyflymder. **2.** *Aut: F: (pers.):* goryrrwr (goryrwyr) *m*, *F:* sbidiwr (sbidwyr) *m.*
speedily *adv.* yn gyflym, yn chwim, yn ddiymdr|oi, yn fuan.
speediness *n.* cyflymder *m*, cyflymdra *m.*
speeding[1] *a.* rhuthrwyllt, cyflym, goryrrol.
speeding[2] *vn. Aut:* goryrru, gyrru gormod, gyrru'n rhy gyflym.
speedometer *n.* cloc(-iau) *(m)* cyflymder/cyflymdra, deial(-au) *(m)* cyflymder/cyflymdra, *F:* y cloc, sbido(-s) *m*, sbidomedr(-au) *m.*
speedster *n. U.S: F:* = **speed-merchant.**
speedway *n.* **1.** *Sp:* rasio *(vn)* beiciau modur. **2.** *(track):* trac(-iau) *(m)* rasio. **3.** *U.S:* ffordd gyflym (ffyrdd cyflym) *f.* **~ rider** *n.* beiciwr (beicwyr) *(m)* rasio.
speedwell *n. Bot: (Veronica):* llysiau *(pl)* Llywelyn, rhwyddlwyn *m*, fer|onica *f*, *F:* llygad *(m)* y gath, llygad doli; **Alpine ~,** *(V. alpina):* rhwyddlwyn digoes; **American ~,** *(V. peregrina):* rhwyddlwyn Am|erica; **bird's eye ~, = speedwell (germander); breckland ~,** *(V. praecox):* rhwyddlwyn cynnar; **common ~,** *(V. officinalis):* rhwyddlwyn meddygol, gwrnerth *m*, ieutawdd *m*, feronica gyffredin; **Corsican/creeping ~,** *(V. repens):* rhwyddlwyn ymlusgol; **field ~,** *(V. persica):* rhwyddlwyn [gwyrdd] gorweddol; **fingered ~,** *(V. triphyllos):* rhwyddlwyn tribys; **French ~,** *(V. acinifolia):* rhwyddlwyn Ffrengig; **germander ~,** *(V. chamaedrys):* llygad doli, craith unnos *f*, llysiau Llywelyn, rhwyddlwyn blewynnog, llygad aderyn, triagl *(m)* y Cymro, d|er[w]lys gwyllt *m*, llygad glas, rhwyddlwyn y ddeilen ddu dda; **green [field] ~,** *(V. agrestis):* rhwyddlwyn gwyrdd; **grey [field] ~,** *(V. polita):* rhwyddlwyn llwyd; **heath ~, = speedwell (common); ivy-leaved ~,** *(V. hederifolia):* eiddew*(m)*'r llawr *m*, rhwyddlwyn eiddewddail, rhwyddlwyn dail eiddew; **large ~,** *(V. teucrium):* rhwyddlwyn mawr; **leafless stemmed ~,** *(V. amphylla):* rhwyddlwyn byrgoes; **lilac ivy-leaved ~,** *(V. sublobata):* rhwyddlwyn eiddewddail llwydlas; **long-leaved ~,** *(V. longifolia):* rhwyddlwyn hirddail; **marsh ~,** *(V. scutellata):* rhwyddlwyn [culddail] y gors; **nettle-leaved ~,** *(V. urticifolia):* rhwyddlwyn danhadlog; **pink water-~,** *(V. catenata):* graeanllys rhosliw*(m)*'r dŵr; **Pyrenean ~,** *(V. nummularia):* rhwyddlwyn y Pyreneau; **spiked Pyrenean ~,** *(V. ponae):* rhwyddlwyn [y]sbigog y Pyreneau; **rock/shrubby ~,** *(V. fruticans):* rhwyddlwyn y graig; **round-leaved/slender ~,** *(V. filiformis):* rhwyddlwyn deilgrwn/main; **Spanish ~,** *(V. aragonensis):* rhwyddlwyn Sbaen; **spiked ~,** *(V. spicata):* rhwyddlwyn [y]sbigog; **spring ~,** *(V. verna):* rhwyddlwyn y gwanwyn; **stemless ~, = speedwell (leafless stemmed); thyme-leaved ~,** *(V. serpillifolia):* rhwyddlwyn teimddail/gruwddail; **violet ~,** *(V. bellidioides):* rhwyddlwyn porffor; **wall ~,** *(V. arvensis):* rhwyddlwyn y fagwyr/mur/muriau, mur-rwyddlwyn *m*; **water ~,** *(V. anagallis aquatica):* graeanllys *(m)* y dŵr; **wood ~,** *(V. montana):* rhwyddlwyn y mynydd/gwrych.
speedy *a.* buan; *See* **quick 1; wishing you a ~ recovery,** gan ddymuno adferiad buan i chwi, *F:* brysiwch wella.
speiss *n. Metall:* speis *m.*
spelaean *a.* ogofol, yn byw mewn ogof, ogof-drig.
speleological *a.* **1.** ogofegol. **2.** *Sp:* ogofyddol.
speleologist *n.* **1.** *(scientist):* ogofegwr: ogofegydd (ogofegwyr) *m.* **2.** *(caver):* ogofwr (ogofwyr) *m*, og|ofwraig (ogofwragedd) *f.*
speleology *n.* **1.** *(science):* ogofeg. **2.** *Sp:* ogofa *vn.*
spell[1] *n.* **1.** *(= incantation):* swyn(-ion) *m*, swyngan (swynganeuon) *f (pronounced* ng-g). **2.** *(= charm):* hud(-ion) *m*, cyfaredd(-au,-ion) *f*, swyngyfaredd(-au) *f (pronounced* ng-g); **to cast a ~ on s.o.,** bwrw hud ar rn, hudo rhn, swyno/ cyfareddu rhn; *F:* **the singer cast a ~ over the audience,** swynodd/cyfareddodd y gantores y gynulleidfa; **to break the ~,** torri'r/chwalu'r hud; **under a ~,** dan gyfaredd, wedi'ch cyfareddu.
spell[2] *v.t.* **1.** sillafu; **to ~ sth out,** sillafu rhth fesul llythyren, sillafu rhth bob yn llythyren, *Fig:* egluro rhth yn fanwl; *Fig:* **do I have to ~ it out?** oes raid dweud y cyfan? oes raid imi fanylu ymhellach? **how is your name spelt?** sut mae sillafu/ysgrifennu eich enw? **a word spelt in full,** gair wedi'i sillafu'n/ysgrifennu'n llawn. **2.** *(= signify):* golygu, arwyddo; **that would ~ disaster,** trychineb fyddai hynny; byddai hynny'n drychineb.
spell[3] *n.* **1.** *(= a turn of work &c):* tro(-eon) *m*, daliad(-au) *m*, plwc (plyciau) *m*, pwl (pyliau) *m*, *F:* sbel(-iau) *f*, sbelen (sbeliau) *f*, *N.W:* stem(-iau) *f*, hwrdd (hyrddiau) *mf*, *occ:* pwcs (pycsiau) *m*, cwrs (cyrsiau) *m*; **to do a ~ of work,** gwneud daliad/stem *&c* o waith; **to take spells at a pump,** cymryd eich tro wrth bwmp; **three hours at a ~,** tair awr ar y tro. **2.** *(of time):* ysbaid (ysbeidiau) *mf*, cyfnod(-au) *m*, *Lit:* ennyd *mf*, encyd *mf*, orig [fach/fechan] *f*, *F:* sbel, sbelen; **to rest for a short ~,** cael saib, cael hoe [fach] *(f)*, gorffwys am ennyd, *S.W:* cymryd wiff; **a long ~ of cold weather,** cyfnod/ysbaid/sbelen hir o dywydd oer; **during the cold ~,** yn ystod yr oerfel; **bright spells,** cyfnodau/ ysbeidiau heulog; **we're in for a ~ of wet weather,** mae hi'n addo glaw; mae hi'n troi am law; **to have [dizzy] spells,** cael pyliau [o'r bendro/ bensyfrdandod].
spell[4] *v.t.* **1. to ~ s.o.,** cymryd lle rhn [mewn gwaith], rhannu gwaith gyda rhn, gweithio bob yn ail â rhn. **2. to ~ (a horse),** rhoi hoe fach, rhoi saib (i geffyl).
spell[5] *n.* **1.** = **splinter**[1]. **2.** *Games: See* **knur.**
spellable *a.* sillafadwy.
spellbind *v.t.* swyno, cyfareddu.
spellbinder *n.* swynwr (swynwyr) *m*, s|wynwraig (swynwragedd)

f, cyfareddwr (cyfareddwyr) *m*, cyfar|eddwraig (cyfareddwragedd) *f*.
spellbound *a.* dan gyfaredd, dan hud, swynedig; **to hold s.o. ~,** swyno/cyfareddu rhn.
speller *n.* **1.** sillafwr (sillafwyr) *m*, sill|afwraig (sillafwragedd) *f*. **2.** **= spelling-book.**
spelling *n.* sillafiad(-au) *m*, sillafu, *F:* sbelio; **his ~ is weak,** mae ei sillafu'n wan; *(in writing):* orgraff(-au) *f*. **~-bee** *n.* cystadleuaeth (cystadleuthau) (*f*) sillafu. **~-book** *n.* llyfr(-au) (*m*) sillafu, *F:* llyfr sbelio. **~ mistake** *n.* gwall(-au) (*m*) orgraff/sillafu. **~ pronunciation** *n.* ynganiad(-au) llythrennol *m*.
spelt[1] *v. See* **spell**[2].
spelt[2] *n. Bot: (Triticum spelta):* gwenith (*m*) yr Almaen.
spelter *n. Com:* sinc *m*.
speltz *n. Bot:* **= spelt**[2].
spelunker *n. U.S:* **= speleologist.**
spelunking *vn. U.S:* **= speleology.**
spence *n. A:* sbens(-ys) *f*.
spencer[1] *n. Cost:* siaced gota (siacedi cwta) *f*, siaced weu (siacedi gweu), sbenser(-au) *f*.
spencer[2] *n. (wig):* gwallt(-iau) gosod *m*, wig(-iau) *mf*.
spencer[3] *n. Nau:* **= trysail.**
Spencerian *a. & n. Phil:* **1.** *a.* Spenceraidd. **2.** *n.* Spenceriad (Spenceriaid) *m&f*.
Spencerianism *n. Phil:* Spenceriaeth *f*.
spend *v.t.* **1.** *(money):* gwario, *occ:* treulio, *S:* hela, hala; **to ~ one's money (on sth, on s.o.),** gwario'ch arian (ar rth, ar rn); **(to ~ money) like water,** (gwario arian) fel y mwg, fel slecs, fel dŵr; (gwario)'n wirion/afrad, fel pe na bai yfory'n bod; *F:* **to ~ a penny,** mynd i'r tŷ bach, *N: F:* mynd i'r lle chwech. **2.** *(time):* treulio, bwrw; gwario *is occ. used in this sense*; **to ~ a weekend in the country,** bwrw'r Sul yn y wlad. **3. to ~ one's energies,** gwastraffu'ch/dihysbyddu'ch egni; **to ~ time on sth,** mynd i drafferth gyda rhth, gwario amser ar rth; **to ~ oneself (in a vain effort),** eich lladd eich hun, ymlâdd (mewn ymdrechion ofer); **the storm had ~ its force,** 'roedd y storm wedi chwythu ei phlwc; **(our food was) all spent,** ('roedd ein bwyd) wedi darfod, wedi ei ddihysbyddu.
spendable *a.* **1.** *(money):* gwariadwy. **2.** *(time):* treuliadwy.
spender *n.* gwariwr (gwarwyr) *m*.
spending *vn.* gwariant *m*, gwario *vn.* **~ money** *n.* arian (*m*) poced, *S:* arian pen. **~ power** *n.* [y] gallu (*m*) i wario.
spendthrift *n. & attrib.* **1.** *n.* afradwr (afradwyr) *m*, afradlonwr (afradlonwyr) *m*, gwastraffwr (gwastraffwyr) (*m*) arian, *N.W:* sbydwr (sbydwyr) (*m*) pres. **2.** *attrib.* afrad, afradlon, gwastrafflyd.
Spenserian *a. Lit:* Spenseraidd.
spent *a.* **1.** *Lit: (a) (money, effort):* a werir/werid/wariwyd; *(time):* a fwrir/fwrid/fwriwyd, a dreulir/dreulid/dreuiwyd; **that was money well ~,** dyna wario arian yn dda; dyna werth yr arian; **the day was far ~,** 'roedd yn hwyr yn y dydd. **2.** *(a) (= exhausted):* lluddedig, wedi blino, wedi ymlâdd, blinedig; *(b)* **(the storm is) ~,** (mae'r storm) wedi gostegu/tawelu, wedi chwythu ei phlwc; **a ~ force,** grym darfodedig *m*, grym wedi pallu; *(c) (= used up):* hysbyddedig, hysbydd, disbyddedig; **~ cartridge,** cetrisen wag (cetris gweigion) *f*; **~ nuclear fuel,** gweddillion (*pl*) tanwydd niwclear; **~ (fish),** (pysgodyn) gwag, wedi silio; *Fish:* **~ gnat,** gwybedyn (gwybed) undydd *m*; **~ match,** matsien farw (matsis marw) *f*; **a ~ rocket,** roced wedi llosgi.
sperm *n. Physiol:* **1.** sberm *m*, had *m*. **2.** *F: (= spermatazoon):* sbermyn (sberm) *m*. **~ bank** *n.* banc(-iau) (*m*) sberm. **~ count** *n.* cyfrif (*m*) sberm. **~ oil** *n.* olew (*m*) morfil. **~ whale** *n. Z:* morfil gwyn (morfilod gwynion) *m*.
spermaceti *n.* cwyr (*m*) morfil.
spermary *n.* hadlestr(-i) *m*.
spermatheca *n. Ent:* hadstorfa (hadstorf|eydd) *f*.
spermatic *a.* sbermatig; **~ cord,** llinyn (*m*) caill (llinynnau ceilliau), llinyn sbermatig.
spermatid *n. Biol:* sbermatid(-au) *m*.
spermatium *n. Biol:* sbermatiwm (sbermatia) *m*.
spermatoblast *n. Biol:* sberm|atoblast (sbermatoblastau) *m*.
spermatocele *n. Biol:* coden(-nau) (*f*) had.
spermatocyte *n. Biol:* sberm|atosyt (sbermatosytau) *m*.
spermatogenesis *n. Biol:* sbermatog|enesis *m*.
spermatogenetic *a. Biol:* sbermatogenetig.
spermatogenic *a. Biol:* sbermatogenig.
spermatogonial *a. Biol:* sbermatogonol.
spermatogonium *n. Biol:* sbermatogoniwm (sbermatogonia) *m*.
spermatoid *a. Biol:* sbermaidd.
spermatophoral *a. Biol:* sbermatofforol.
spermatophore *n. Biol:* sberm|atoffor (sbermatofforau) *m*.
spermatophyte *n. Bot:* sberm|atoffyt (sbermatoffytau) *m*, hadlysieuyn (hadlysiau) *m*.
spermatophytic *a. Bot:* sbermatoffytig, hadlysieuol.
spermatorrhoea *n. Med:* hadlif *m*.
spermatozoal, spermatozoan *a. Biol:* sbermatosoaidd.
spermatozoic *a. Biol:* sbermatosöig.
spermatozoid *n.* sberm|atosoid (sbermatosoidau) *m*.
spermatozoon *n. Bot:* sbermatosöon (sbermatosoa) *m*.
spermic *a.* sbermig, hadol, sbermatig.
spermicidal *a.* sbermleiddiol.
spermicide *n.* sbermladdwr (sbermladdwyr) *m*, sbermleiddiad (sbermleiddiaid) *m*.
spermine *n. Bio-Ch:* sbermin *m*.
spermiogenesis *n. Biol:* sbermiog|enesis *m*.
spermocyte *n. Biol:* sb|ermosyt (sbermosytau) *m*.
spermogonium *n. Bot:* sbermogoniwm (sbermogonia) *m*.
spermophile *n. Z:* gwiwer(-od) (*f*) y llawr.
spermophyte *n. Bot:* **= spermatophyte.**
spermous *a.* sbermatig.
sperrylite *n. Miner:* sperrylit *m*.
spessartite *n. Miner:* sp|essartit (spessartitau) *m*.
spew[1] *n.* chwŷd *m*.
spew[2] *v.t.&i.* chwydu, cyfogi, *occ:* gloesi (rhth); *N: F:* taflu (rhth) i fyny, *S:* cael (rhth) yn ei ôl; *(of lava &c):* **to ~ forth,** chwydu, poeri allan; *V:* **you make me want to ~,** 'rwyt ti'n codi pwys/cyfog arna' i.
spewer *n.* chwydwr (chwydwyr) *m*, cyfogwr (cyfogwyr) *m*, ch|wydwraig (chwydwragedd) *f*, cyf|ogwraig (cyfogwragedd) *f*.
sphacelate *v.t.&i.* braenu, madru, pydru.
sphacelus *n. Med:* madredd *m*, cig marw *m*.
sphagnicolous *a.* mwsogdrig.
sphagnous *a. Bot:* migwynnol, mwsoglyd.
sphagnum *n. Bot:* **~ [moss],** migwyn *m*, brigwyn *m*. **~ bug** *n. Ent:* pryf(-ed) (*m*) migwyn.
sphalerite *n. Miner:* sff|alerit *m*, sincblend *m*.
sphene *n. Miner: Gem:* sffên (sffenau) *mf*.
sphenic *a.* cynffurf, geingaidd, geingffurf.
sphenodon *n. Rept:* sff|enodon (sffenodonau) *m*.
sphenogram *n.* sff|enogram (sffenogramau) *m*.
sphenoid *a. & n. Anat:* **~ bone,** asgwrn (esgyrn) sffenoid *m*, sffenoid(-au) *m*.
sphenoidal *a. Anat:* sffenoidol.
sphenopsida *n.pl. Bot:* sffenopsida.
spheral *a.* **= spherical, symmetrical.**
sphere *n.* **1.** *(a) Geom: Ph:* pelen(-ni,-nau) *f*, sffêr (sfferau) *mf*, cronnell (cronellau) *f*; **~ cone and cylinder,** sffêr côn a silindr; *(b) Astr:* planed(-au) *f*, seren (sêr) *f*; **celestial ~,** sffêr wybrennol, nen-gronnell (~-gronellau) *f*; **the music/harmony of the spheres,** cynghanedd (*f*) y bydoedd fry, cytgord (*m*) y bydoedd uwchben, y gynghanedd nefol. **2.** *(= domain, field of activity):* maes (meysydd) *m*, cylch(-oedd) *m*; **(to be out) of one's ~,** (bod allan) o'ch cynefin (*m*); (bod y tu allan) i'ch priod faes, i'ch cynefin/byd; **it's not in my ~,** nid yw'n un o'm pethau i; nid yw yn fy maes i; **to extend one's ~ of activity,** ehangu'ch gorwelion, estyn eich gorwelion; **limited ~,** cylch cyfyng; **that does not come within my ~,** nid yw hynny o fewn i'm maes i; ni ddaw hynny dan f'awdurdod i; *Lit:* ni pherthyn hynny i mi; **the political ~,** byd (*m*) gwleidyddiaeth, y byd gwleidyddol; **~ of action,** maes/cylch gweithredu; **~ of influence,** maes/cylch dylanwad; *F:* **his ~ of influence is wide,** mae ei afael yn fawr; mae cylch ei ddylanwad yn eang; mae ei ddylanwad yn gyrhaeddbell.
spherelike *a.* sfferaidd, fel sffêr.
spheric[al] *a.* **1.** sfferaidd, sfferig, pelffurf, pelennog, amgrwn (*f.* amgron, *pl.* amgrynion), cronellog, *F:* fel pêl; *Mec.E:* **~ joint, = ball-joint;** *Phot:* **~ aberration,** egwyriant (egwyriannau) (*m*) crymedd; **~ angle,** ongl(-au) sfferig *f*; **~ coordinate,** cyfesuryn(-

nau) sfferig *m*; ~ **triangle,** triongl(-au) sfferig *m*. **2.** *Poet:* wybrennol.
sphericity *n.* sfferigedd *m*, sfferigrwydd *m*.
spherics *n. Mth:* sffereg *f*.
spheroid *n.* sfferoid(-au) *m*.
spheroidal *a.* sfferoidaidd, sfferoidol, sfferoidig, lletgrwn (*f.* lletgron, *pl.* lletgrynion), gogrwn (*f.* gogron, *pl.* gogrynion).
spheroidic *a.* = **spheroidal.**
spheroidicity, spheroidity *n.* sfferoidigedd *m*, sfferoidigrwydd *m*.
spherometer *n.* sfferomedr(-au) *m*.
spherule *n.* cronnell fechan (cronellau bychain) *f*, pelen fechan (pelenni bychain) *f*, sfferiwl(-au) *mf*.
spherulite *n. Geol:* sff|erwlit *m*.
spherulitic *a. Geol:* sfferwlitig.
sphery *a.* = **spherical.**
sphincter *n. Anat:* sffincter (sffinctrau) *m*.
sphincteral, sphincteric *a.* sffincterol.
sphingid *n. Ent:* gwalch-wyfyn (gweilch-wyfynod) *m*.
sphingomyelin *n. Bio-Ch:* sffingomyelin(-au) *m* (*pronounced* ng-g).
sphingosine *n. Bio-Ch:* sff|ingosin *m* (*pronounced* ng-g).
sphinx *n.* sffincs(-au) *mf*. **~-like** *a.* (*smile &c*): sffincsaidd, cyfrin, dirgel, dirgelaidd, annirnad, annirnadadwy, diamgyffred, annarllenadwy. **~-moth** *n.* = **hawk-moth.**
sphragistic *a.* selofyddol.
sphragistics *n.* selofyddiaeth *f*, sffragisteg *f*.
sphygmic *a. Physiol:* sffygmig.
sphygmogram *n. Med:* sff|ygmogram (sffygmogramau) *m*.
sphygmograph *n. Med:* sff|ygmograff (sffygmograffau) *m*.
sphygmographic *a. Med:* sffygmograffig.
sphygmography *n. Med:* sffygmograffeg *f*.
sphygmoid *a. Physiol:* sffygmoid.
sphygmomanometer *n. Med:* mesurydd(-ion) (*m*) pwysau gwaed, sffygmomanomedr(-au) *m*.
sphygmometer *n. Med:* sffygmomedr(-au) *m*.
sphygmus *n. Physiol:* y curiad *m*, y pwls *m*, y pỳls *m*.
spic *n. U.S: F:* sbaniard(-s) *m&f*.
spica *n.* **1.** *Bot:* sbigyn(-nau) *m*, tywysen(-nau) *f*. **2.** *Surg:* rhwymyn(-nau) troellog *m*.
Spica Virginis *Pr.n. Astr:* Tywysen (*f*) y Forwyn.
spicate *a. Bot:* sbigaidd, tywysennaidd.
spicated *a.* sbigynnog, tywysennog.
spiccato *a., adv. & n. Mus:* **1.** *a.* sbicato. **2.** *adv.* [yn] sbicato. **2.** *n.* sbicato *m*.
spice¹ *n.* **1.** sbeis(-ys) *m*, perlysieuyn (perlysiau) *m*. **2.** *Lit:* (*of feeling &c*): blas *m*, arlliw *m*, naws *f*, awgrym *m*; **his novels have a ~ of mystery,** mae naws dirgelwch ar ei nofelau. **3. to give ~ (to a story),** blasuso (stori), rhoi blas (*m*) (ar stori); *Prov:* **variety is the ~ of life,** amrywiaeth sy'n rhoi blas ar fywyd.
spice² *v.t.* **1.** *Cu:* rhoi perlysiau (ar rth, mewn rhth), sbeisio (rhth). **2.** *F:* **to ~ sth up,** blasuso rhth, rhoi blas ar rth.
spiceberry *n. Bot:* perlwyaren (perlwyar) *f*.
spicebox *n.* blwch (blychau) (*m*) perlysiau.
spicebush *n. Bot:* (*Lindera benzoin*): llwyn(-i) (*m*) benswyn, perlwyn(-i) *m*. ~ **swallowtail** *n. Ent:* cynffon (*f*) gwennol y perlwyni.
spiced *a.* sbeislyd, sbeisiog, *Lit:* perlysieuog.
spicer *n.* perlysieuwr (perlysieuwyr) *m*, sbeisiwr (sbeiswyr) *m*.
spicery *n.* storfa (storf|eydd) (*f*) perlysiau, perlysieufa (perlysieuf|eydd) *f*.
spicily *adv.* yn flasus *&c*.
spiciness *n.* blasusrwydd *m*, sbeisiogrwydd *m*, blas sbeislyd *m*.
spick and span *adj.phr.* twt, taclus, cymen, fel pin mewn papur.
spicknel *n.* = **spignel.**
spicula *n.* = **spicule.**
spicular, spiculate *a.* tywysennog, sbigylog.
spicule *n.* tywysennig (tywysenigau) *f*, sbigwl (sbigylau) *m*, sbigylyn (sbigylau) *m*.
spiculiferous *a.* sbigylog.
spiculum *n.* = **spicule.**
spicy *a.* **1.** (*taste*): sbeislyd, sbeisiog. **2.** (*aroma*): pêr, peraroglaidd. **3.** (*story, conversation &c*): blasus; **to tell ~ stories,** dweud straeon amh|eus.
spider¹ *n.* **1.** (*a*) *Arach: N:* pryf (*m*) copyn (pryfed cop), pryf cop, copyn(-nod) *m*, *S:* cor(-rod) *m*, corodyn: corryn (corynnod, corrod) *m*, *S.W: occ:* coran (corod) *f*; **~'s web,** *N:* gwe(-oedd) (*f*) pryf[-ed] cop, gwe pryf copyn, *S:* gwe corryn; **water ~,** copyn dŵr, *S.W:* corryn dŵr, corryn llyn, *Lit: occ:* march (meirch) (*m*) dŵr, carw (ceirw) (*m*) dŵr, gafr (geifr) (*f*) y dŵr. **2.** *U.S:* = **trivet, tripod, frying-pan. 3.** *Snooker:* caff(-iau) mawr *m*. **~-beetle** *n. Ent:* chwilen gopynnaidd (chwilod copynnaidd) *f*. **~-catcher** *n. Orn:* daliwr (dalwyr) (*m*) copynnod/corynnod. **~-crab** *n. Crust:* cranc(-od) heglog/hirgoes *m*, copyn-granc(-od) *m*, corryn-granc(-od) *m*, *N.W: occ:* Wili wyllt *m*; **spiny ~ crab,** cranc heglog pigog. **~-hunting wasp** *n. Ent:* heliwr (helwyr) (*m*) corrod. **~-line** *n.* edefyn (edau, edeifion) (*m*) gwe. ~ **mite** *n. Ent:* gwiddonyn (gwiddon) coch *m*. ~ **monkey** *n. Z:* mwnci (mwncïod) heglog *m*. ~ **orchid** *n. Bot:* tegeirian(-au) (*m*) copyn/corryn. ~ **phaeton** *n. Veh:* copynffaeton(-au) *m*, corynffaeton(-au) *m*. ~ **plant** *n.* blodyn (blodau) (*m*) pryf cop/corryn. **~-wasp** *n.* = **spider-hunting wasp.**
spider² *v.i.* sgrialu.
spiderish, spiderlike *a.* corynnaidd, copynnaidd, fel corryn, fel pryf copyn.
spiderling *n.* copyn bach (copynnod bychain) *m*, corryn bach (corynnod/corrod bychain) *m*.
spiderman *n.m.* **1.** = **steeplejack. 2.** (= *scaffolder*): sgaffaldiwr (sgaffaldwyr).
spiderwort *n. Bot:* (*Tradescantia*): tradescantia *m*; **mountain ~,** (*Lloydia serotina*): brwynddail (*pl*) y mynydd.
spidery *a.* **1.** (= *spiderlike*): corynnaidd, copynnaidd, fel corryn, fel pryf copyn; ~ **handwriting,** ysgrifen (*f*) traed brain. **2.** (= *full of spiders*): llawn pryfed cop, llawn corynnod, yn fyw gan bryfed cop, yn fyw gan gorynnod.
spiegeleisen *n. Metall:* sbiegeleisen *m*.
spiel¹ *n.* truth *m*, parabl *m*.
spiel² *v.i.* parablu, truthio, *N: F:* patro.
spieler *n.* truthiwr (truthwyr) *m*, parablwr (parablwyr) *m*, *N:* patrwr (patrwyr) *m*.
spier *n.* = **spyer.**
spiffing *a. F:* gwych, tan gamp, bendigedig, p|enigamp: penig|amp, campus.
spifflicate *v.t. Joc:* **I'll ~ you!** mi dy flinga' i di! mi ro' i dy groen di ar y pared!
spiffy *a.* = **spiffing.**
spignel *n. Bot:* amranwen (*f*) Elen Luyddog, ffenigl (*m*) Elen Luyddog.
spigot¹ *n.* **1.** sbigod(-au) *f*; (*of cask*): topyn(-nau) *m*, plwg (plygiau) *m*. **2.** *U.S:* tap(-iau) *m*. **3. [pipe] ~,** blaen(-au) gwryw *m*, sbigod. **~-joint** *n.* uniad(-au) (*m*) sbigod.
spigot² *v.i.* ffitio (i rth, yn rhth).
spike¹ *n.* **1.** (= *sharp point*) pigyn(-nau, pigau) *m*, blaen(-au) *m*. **2.** (*a*) **~[-nail],** [y]sbigyn(-nau, [y]sbigau) *m*, *Lit: occ:* cethren (cethrau) *f*; **bill ~, ~ file,** hoelen (*f*) bapurau (hoelion papurau); (*b*) *Sp: F:* **spikes,** esgidiau pigog/[y]sbigog. **3.** *Bot:* [y]sbigyn, sbrigyn(-nau) *m*. ~ **heel** *n.* sawdl bigfain (sodlau pigfain) *f*. **~-grass** *n. Bot:* (*Uniola paniculata*): ceirchen (*f*) fôr (ceirch môr), glaswellt [y]sbigog *m*. ~ **lavender** *n. Bot:* lafant [Ffrengig] *m*. ~ **oil** *n.* olew (*m*) lafant. **~-rush** *n. Bot:* (*Eleocharis*): clwpfrwynen (clwpfrwyn) *f*, [y]sbigfrwynen ([y]sbigfrwyn) *f*; **common ~-rush,** (*E. palustris*): clwpfrwynen/[y]sbigfrwynen y gors; **few-flowered ~-rush,** (*E. pauciflora*): clwpfrwynen gochddu (clwpfrwyn cochddu), [y]sbigfrwynen goch ([y]sbigfrwyn cochion); **many-stalked/many-stemmed ~-rush,** (*E. multicaulis*): clwpfrwynen galafog (clwpfrwyn calafog), [y]sbigfrwynen gadeiriog ([y]sbigfrwyn cadeiriog); **one-glumed ~-rush,** (*E. uniglumis*): [y]sbigfrwynen un cibyn; **needle/slender ~-rush,** (*E. acicularis*): y glwpfrwynen/sbigfrwynen leiaf (y clwpfrwyn/sbigfrwyn lleiaf). **~-horn** *n. Ven:* corn (cyrn) sbigog *m*.
spike² *v.t.* (*a*) *Civ.E: &c:* hoelio, [y]sbigo; (*b*) **to ~ a gate,** rhoi/gosod/dodi pigau ar lidiard; (*c*) *Fig:* **to ~ s.o.'s guns,** drysu/difetha cynlluniau rhn, rhoi sbrag/ sbrogen/strocen yn olwyn rhn; *U.S:* **to ~ an idea,** rhoi pen/terfyn ar syniad; (*d*) **to ~ a drink,** rhoi alcohol mewn diod, cryfh|au diod.
spiked *a.* **1.** (*shoe &c*): pigog, [y]sbigog. **2.** ~ **drink,** diod ac alcohol ynddi.
spikelet *n. Bot:* tywysennig (tywysenigau) *f*, [y]sbigolyn ([y]sbigolion) *m*.
spikenard *n.* **1.** *A: Toil:* nard *m*, [y]sbignardd *m*. **2.** *Bot:*

(Nardostachys jatamansi): [y]sbignardd; **American/false/wild ~,** *(Aralia racemosa):* [y]sbignardd America; **Celtic ~,** *(Valeriana celtica):* triaglog Celtaidd *m*; **Cretan ~,** *(V. phu):* triaglog euraidd; **ploughman's ~,** *(Inula conyza):* codowydd *m*, meddyg *(m)* Mair, meddyg y bugail.

spikeweed *n. Bot: (Hemizonia pungens):* [y]sbiglys *m*.

spikily *adv.* yn bigog/[y]sbigog.

spikiness *n.* pigogrwydd *m*, sbigogrwydd *m*.

spiky *a.* **1.** pigog, pigfain; **~ (hair),** (gwallt) pigog, pigau, yn bigau i gyd. **2.** *Bot:* sbigog. **3.** *F: (= easily offended):* pigog, croendenau.

spile[1] *n.* **1. = spigot[1], bung[1]. 2.** (= **pile[1]**): polyn (polion) *m*, postyn (pyst) *m*, stanc(-iau) *m*.

spile[2] *v.t.* **1. to ~ a building,** gyrru pyst dan adeilad, stancio adeilad. **2.** *Coop:* **to ~ a cask,** gwn|eud twll mewn casgen.

spill[1] *n. (= fall):* codwm (codymau) *m*, cwymp(-au) *m*; **to have a ~,** cael codwm/cwymp, *N:* syrthio, *S:* cael cwymp, cael anap; *F:* **all the thrills and spills of an election,** holl hynt a helynt etholiad, holl firi lecsiwn.

spill[2] *v.t.&i.* **1.** *v.t. (a) (water, salt &c):* colli, gollwng, *occ:* tasgu, *S.E:* sarnu; **it's unlucky to ~ salt over a table,** peth anlwcus yw colli halen ar hyd y ford/bwrdd; **to ~ blood,** tywallt gwaed; **much ink has been spilt over this topic,** gwastraffwyd llawer o inc ar y pwnc hwn; **without spilling a drop,** heb golli diferyn; **(it's too late) to cry over spilt milk,** (rhy hwyr) codi pais ar ôl piso; (rhy hwyr) edifaru wedi llosgi'r tŷ *or* wedi i'r ffagl gynnau; *(b) U.S:* **to ~ words,** dweud geiriau, parablu. **2.** taflu; **the horse spilt its rider,** taflodd y ceffyl ei farchog. **3.** *F:* **to ~ the beans,** gollwng y gath o'r cwd, agor eich ceg. **4.** *Nau:* **to ~ wind from a sail,** tynnu gwynt o hwyl. **2.** *v.i. (of liquid):* colli [drosodd], tywallt, ymdywallt, arllwys, *occ:* tasgu, goferu, gorlifo; **the crowd spilled into the street,** gorlifodd y dyrfa i'r stryd; **to ~ over,** colli drosodd, gorlifo, *occ:* goferu.

spill[3] *n. (to light pipe &c):* sbilsen (sbils) *f*.

spillage *n.* gorlif(-oedd,-iau) *m*, colled(-ion) *(f)* dŵr *&c*, dŵr *(&c)* coll *m*.

spillikin *n.* sbilsen (sbils) *f*; *Games:* **to play spillikins,** chwarae tynnu sbilsen/sbils.

spillover *n.* **1.** *(of population):* gorlif(-oedd,-iau) *m*, gorlifiad(-au) *m*, gorlifiant (gorlifiannau) *m*, goferiad(-au) *m*. **2. = spillway.**

spillway *n.* gofer(-ydd) *m*, gorlifan(-nau) *mf*.

spilosite *n. Miner:* sb|ilosit *m*.

spilt *p.p.* a gollwyd/ollyngwyd *&c*, colledig, coll; *See* **spill[2]**.

spilth *n.* **= spillage.**

spin[1] *n.* **1.** *(a)* tro(-eon) *m*, troelliad(-au) *m*, troad(-au) *m*; *Cr: &c:* sbin(-iau) *mf*; *Games:* **to put a ~ on the ball,** troi'r bêl, troelli'r bêl, rhoi tro ar y bêl; *Ten:* **top ~,** top-sbin *m*; *(b) Ph: (of electron &c):* sbin, chwyrlïad (chwyrliadau) *m*; *(c) Av:* **[tail-]~,** cynffondro(-eon) *m*, cynffondroad(-au) *m*; *Av:* **flat ~,** troelliad gwastad; *F:* **in a flat ~,** dryslyd, wedi drysu'n lân, *N.W:* ffrwcslyd, mewn ffrwcs; *F:* **(I was) in a flat ~,** wyddwn i ddim beth i'w wneud; ('roeddwn i) fel gafr ar daranau, *N:* wedi moedro/drysu, wedi ffrwcsio'n lân. **2.** *(ride in car &c):* tro; **to go for a ~,** mynd am dro. **~ bowler** *n. Cr:* troellfowliwr (troellfowlwyr) *m*. **~ bowling** *vn.* troellfowlio. **~-doctor** *n. Pol:* doctor(-iaid) *(m)* areithiau, sbinddoctor(-iaid) *m*. **~-drier** *n.* troellwr (troellwyr) *(m)* sychu, sychdroellwr (sychdroellwyr) *m*. **~ dry** *v.t.* troell-sychu, tro-sychu, sychdroelli. **~-off 1.** *n.* sgîl-gynnyrch (~-gynhyrchion) *m*, sgîl-effaith (~-effeithiau) *f*. **2.** *attrib.* **~-off industry,** diwydiant deilliedig *m*. **~ resonance** *n. Ph:* cyseiniant *(m)* chwyrlïo.

spin[2] *v.t.&i.* **1.** *v.t. (a)* **to ~ wool,** nyddu gwlân; **to wet-~,** gwlybnyddu; *S.a.* **yarn[1] 2**; *(of spider):* **to ~ a web,** gweu gwe; *(b)* **to ~ a top,** troi top, *occ:* troelli top; **to ~ a ball,** troelli pêl; **to ~ a coin,** taflu ceiniog, *S.W:* perlo; **to ~ s.o. round,** troi rhn, *occ:* troelli rhn; *(c) Fish:* **to ~ for fish,** pysgota â phluen dro; *(d) Metalw:* turnio; *(e) Ph:* sbinio, chwyrlïo, troelli. **2.** *v.i. (of top &c):* troi, troelli; *(of aircraft):* troelli; *(of compass):* mynd o chwith, chwildroi; **to ~ round and round,** troi a throi, troi mewn cylchoedd, chwyrlïo, *Lit: occ:* sidellu, chwyrndroi; **my head is spinning,** mae fy mhen yn troi; mae'r bendro arnaf; **to ~ round,** *(of car):* troi; **the car spun round,** troes y car yn ei unfan; *(of pers.):* troi'n sydyn, troi ar eich sawdl, troi yn eich unfan; **(a blow) that sent him spinning,** (ergyd) a'i lloriodd, a'i bwriodd oddi ar ei echel, a'i gyrrodd yn bendramwnwgl; *(b) (of wheel &c):* troi, troelli, chwyrlïo [yn ei hunfan]. **~ along** *v.i. (of carriage &c):* chwyrlïo mynd. **~ off** *v.i.* **1.** taflu [rhth] ymaith. **2.** *Com:* sgil-gynhyrchu. **~ out 1.** *v.t. (conversation &c):* hwyh|au, estyn; **to ~ out a lecture,** gwn|eud i ddarlith barh|au/bara. **2.** *v.i.* **to make one's money ~ out,** gwario'ch arian yn gynnil, gwneud i'ch arian barhau/bara.

spina bifida *n. Med:* hollt *(f)* asgwrn cefn, ***spina bifida*** *mf*.

spinaceous *a. Bot:* pigoglysol.

spinach *n. Bot:* sbigoglys *m*, pigoglys *m*, pigoga *f*, nyddoes *pl*; **[red] mountain ~,** *(Atriplex hortensis rubra):* llygwyn coch *(m)* yr ardd. **~-beet** *n. Bot:* betysen *(f)* bigoglys (betys pigoglys).

spinal *a. Anat:* y cefn, *occ:* sbinol; **~ cord, ~ marrow,** llinyn *(m)* y cefn, madruddyn *(m)* y cefn, *F:* y llinyn arian *m*, *N.W:* llinyn y gwegil, *S:* mwydyn *(m)* [y] cefn, llinyn [y] gwar; **~ canal,** rhigol *(f)* yr asgwrn cefn; **~ column,** asgwrn (esgyrn) *(m)* cefn; **~ curvature,** crymedd *(m)* y cefn; **~ injury,** anaf(-iadau) *(m)* i'r cefn; **~ nerve,** nerf(-au) *(f)* asgwrn y cefn; **~ reflex,** atgyrch(-iadau) sbinol *m*; **~ stenosis,** crebachiad *(m)* asgwrn y cefn, culhad sbinol *m*.

spindle *n.* **1.** *Tex:* gwerthyd(-au,-oedd) *f*; **hand ~,** gwerthyd law (gwerthydau llaw), pric(-iau) *(m)* edafedd; *Fig:* **on the ~ side,** ar/o gogail, ar ochr y fam. **2.** *Mec.E: &c:* echel(-ydd,-au) *f*, gwerthyd, *occ:* rhodell(-au) *f*; **live ~,** gwerthyd dro (gwerthydau tro); **dead ~,** gwerthyd lonydd (gwerthydau llonydd); **valve ~,** coes *(f)* falf (coesau falfiau); *Veh:* **axle ~,** gwerthyd echel. **3.** *pl. Fung:* **golden ~,** *(Clavilinopsis fusiformis):* y werthyd felen (gwerthydau melynion); **white ~,** *(Clavaria vermicularis):* y werthyd wen (gwerthydau gwynion). **~ attachment** *n.* cydiad(-au) *(m)* gwerthyd, cydfan(-nau) *(m)* gwerthyd. **~-berry** *n. Bot:* aeronen (aeron) *(f)* y bisgwydden. **~-bone** *n. Anat:* gwaellen *(f)* y goes (gweyll coesau). **~-file** *n.* ffeil *(f)* lythyrau (ffeiliau llythyrau). **~-legged** *a.* **= spindle-shanked. ~-legs** *n.pl.* **= spindle-shanks. ~-maker, ~-moulder** *n.* gwerthydwr (gwerthydwyr) *m*, gwerth|ydwraig (gwerthydwragedd) *f*. **~-shank** *n. Fung: (Collybia fusipes):* coes *(f)* werthyd (coesau gwerthyd). **~-shanked** *a.* coesfain, â choesau meinion, meingoes *(pronounced* ng-g), hirgoes, heglog, hirheglog, berfain. **~-shanks** *n.* **1.** *(legs):* coesau meinion, *N: F:* coesau fel priciau edafedd, coesau nodwyddau. **2.** *(pers.):* rhn (rhai) coesfain *&c*, hirheglyn (hirheglod) *m*. **~-shaped** *a.* fel gwerthyd, pigfain. **~ shell** *n. Conch:* gwerthyd fôr (gwerthydau môr). **~ tree** *n. Bot: (Euchymus europaeus):* piswydden (piswydd) *f*; *N.W:* pren(-nau) *(m)* cas gan gythraul; **Alpine ~-tree,** *(E. latifolius):* piswydden yr Alpau. **~-whorl** *n.* chwerfan(-nau) *(f)* gwerthyd, sidell(-i) *(f)* gwerthyd, troellen(-ni) *(f)* gwerthyd.

spindleful *n.* gwerthydaid (gwerthydeidiau) *f*, llond *(m)* gwerthyd(-au).

spindling, spindly *a.* main (meinion), coesfain (coesfeinion), heglog, hirfain (hirfeinion), pigfain (pigfeinion).

spindrift *n.* llwch *(m)* [y] môr.

spine *n.* **1.** *Bot: Z:* draenen (drain) *f*, pigyn (pigau) *m*; **dorsal ~,** pigyn *(m)* cefnol, pigyn [ar y] cefn. **2.** *Anat:* asgwrn *(m)* [y] cefn (esgyrn cefnau), *occ:* meingefn(-au) *m* *(pronounced* ng-g); **to send chills up s.o.'s ~,** gyrru iasau ar hyd asgwrn cefn rhn. **3.** *Bookb:* meingefn. **4.** *Geog:* cefnen(-nau) *f*, esgair (esgeiriau) *f*, trum(-iau) *f*. **~-chiller** *n. (book):* llyfr(-au) iasol *m*; *(film):* ffilm(-iau) iasol *f*. **~-chilling** *a.* iasol, yn codi ias, arswydus, yn codi arswyd, yn codi croen gŵydd arnoch. **~-title** *n.* teitl(-au) *(m)* meingefn.

spinebill *n. Orn:* melysor(-ion) meinbig *m*.

spined *a.* dreiniog, pigog.

spinel *n. Miner:* sbinel(-au,-i) *mf*. **~ ruby** *n.* sbinel coch (sbinelau/sbineli cochion), pigruddem(-au) *f*.

spineless *a.* **1.** *(plant):* di-ddrain, heb ddrain/bigau, llyfn *(f.* llefn, *pl.* llyfnion). **2.** *Fig: (pers.):* di-asgwrn-cefn, taeogaidd, meddal, llwfr; **you ~ creature!** y llipryn di-ddim! y taeog! *N.W:* y dili-do *(m)*! y bretyn *(m)*! yr hen frechdan *(f)* iti! yr hen wlanen *(f)* iti!

spinelessly *adv.* yn daeogaidd, yn ddi-asgwrn-cefn *&c*.

spinelessness *n.* diffyg *(m)* asgwrn cefn, llwfrdra *m*, taeogrwydd *m*.

spinelike *a.* fel draenen/pigyn.

spinescence *n.* dreiniogrwydd *m*, pigogrwydd *m*.

spinescent *a.* dreiniog, pigog.

spinet *n. Mus:* sbined(-au) *f.*
spiniferous *a.* = **spiny.**
spinifex *n. Bot:* pigwellt *m.*
spininess *n.* **1.** = **spinosity. 2.** *Fig: (of problem &c):* anhawster *m.*
spink *n. Orn:* = **chaffinch.**
spinkis *n. Bot:* = **cuckoo flower, lady's smock.**
spinnaker *n. Nau:* sbinacr(-au) *f,* hwyl drisgwar (hwyliau trisgwar) *f.*
spinner *n.* **1.** *(a) Tex: (pers.):* nyddwr (nyddwyr) *m; (machine):* peiriant (peiriannau) *(m)* nyddu; *S.a.* **money-spinner**; *(b)* **~ of tales/yarns,** chwedleuwr (chwedleuwyr) *m,* chwedl|euwraig (chwedleuwragedd) *f,* storïwr (storiwyr) *m,* storïwraig (storiwragedd) *f, W.Lit: Hist:* cyfarwydd(-iaid) *m.* **2.** *Ent:* = **mayfly; claret ~,** *(Leptophlebia vespertina):* cogyn (cogiau) mawr coch *m.* **3.** *Fish:* troellbluen (troellblu) *f,* troellblufyn (troellbluf) *m,* pluen *(f)* dro (plu tro), plufyn (pluf) tro *m.* **4.** *Cr: (a) (ball):* pêl *(f)* dro (peli tro); *(b)* = **spin-bowler.**
spinneret *n.* nyddyn(-nau) *m,* nyddolyn (nyddolion) *m.*
spinnery *n.* nyddfa (nyddf|eydd) *f.*
spinney *n.* prysglwyn(-i) *m,* coed(-ydd) *m,* celli (cellïau, cellïoedd) *f.*
spinning[1] *a.* yn troi/troelli/chwyrlïo, chwyrlïog, chwyrlïol.
spinning[2] *vn.* **1.** *Tex: Ind:* nyddu, nyddiad *m.* **2.** *(= turning):* troi, troelli, *occ:* chwildr|oi, chwyrlïo. **~-frame** *n.* ffrâm (fframiau) *(f)* nyddu. **~-house** *n. Hist:* nyddfa (nyddfâu, nyddf|eydd) *f.* **~-jenny** *n.* peiriant (peiriannau) *(m)* nyddu, ffrâm nyddu, nyddiadur(-on) *m.* **~ gland** *n.* = **spinneret. ~-machine** *n.* peiriant nyddu. **~-mill, ~ factory** *n.* melin(-au) *(f)* nyddu. **~-top** *n.* top(-iau) *m, occ:* chwrligwgan(-od) *m, N.W: occ:* pipi-down *m,* top sgwrs, topyn (topiau) *(m)* sgwrs, *S.W: occ:* Dai dwl *m,* Twm dwl *m.* **~-wheel** *n.* troell(-au) *(f)* [nyddu], *S.W:* rhod(-au) *(f)* nyddu.
spinode *n. Mth:* = **cusp.**
spinor *n. Mth:* sbinor(-au) *m.*
spinose *a.* = **spiny 1.**
spinosely *adv.* yn ddreiniog/bigog.
spinosity *n.* dreiniogrwydd *m,* pigogrwydd *m.*
spinous *a.* = **spiny, spinelike.**
Spinozism *n. Phil:* Spinoziaeth *f.*
Spinozist *n. Phil:* Spinozydd(-ion) *m.*
Spinozistic *a. Phil:* Spinozaidd, Spinozyddol.
spinster *n.f.* merch ddi-briod (merched di-briod), *F:* hen ferch(-ed), hen ferchetan (~ ferched), hen lances(-i,-au), *S:* merch weddw (merched gweddw).
spinsterhood *n.* **1.** cyflwr di-briod *m* [merch], bywyd *(m)* merch ddi-briod, bod *(vn)* yn hen ferch. **2.** *Coll:* hen ferched, merched di-briod.
spinsterish, spinsterly *a.* fel hen ferch, henferchetaidd.
spinsterishness *n.* henfercheiddiwch *m.*
spinthariscope *n. Ph:* sbinth|arisgop (sbintharisgopau) *m.*
spinule *n. Nat.Hist:* draenen(-nau) *f.*
spinulose *a.* = **spiny.**
spiny *a.* **1.** *Bot: Z:* pigog. **2.** *F: (problem):* dyrys, *occ:* dreiniog; *Z:* **~ ant-eater,** morgrugysor(-ion) pigog/dreiniog *m; Ich:* **~ eel,** llysywen bigog/ddreiniog (llysywod pigog/dreiniog) *f; Crust:* **~ lobster,** = **crawfish;** *Z:* **~ rat,** llygoden fawr wrychog (llygod mawr gwrychog) *f.* **~-finned** *a.* [ag] asgell bigog.
spiracle *n.* sbiragl(-au) *m,* twll (tyllau) *(m)* anadlu.
spiracular *a.* sbiraglaidd.
spiraculate *a.* sbiraglog.
spiraculum *n.* = **spiracle.**
spiraea *n. Bot: (Spiraea):* erwain[t] *m,* chwys *(m)* Arthur, meddlys *m,* brenhines *(f)* y weirglodd; **elm-leaved ~,** *(S. ulmifolia):* erwain[t] llwyfenddail; **goat's beard ~,** *(S. aruncus):* erwain[t] Ffrainc, barf *(f)* y bwch; **hairy ~,** *(S. tomentosa):* erwain[t] blewog; **Japanese ~,** *(Astilbe japonica):* erwain[t] Jap|an; **willow[-leaved] ~,** *(S. salicifolia):* erwain[t] helygddail.
spiral[1] *n. & a.* **1.** *n. (a)* troell(-au) *f,* troellen(-nau) *f,* troelliad (-au) *m,* torch(-au) *f,* n|ydd-dro (nydd-droeon, nydd-droadau) *m;* **in a ~,** yn droellog, ar ffurf troell; *(b)* **~ shell,** cogwrn (cogyrnau) *m; (c) Av:* **~ [climb],** esgynfa droellog (esgynf|eydd troellog), troelliad i fyny; **~ [dive],** disgynfa droellog (disgynf|eydd troellog) *f,* troelliad i lawr; *(d) (of wages, prices):* cynnydd graddol *m;* **inflationary ~,** chw|ydd-dro (chwydd-droadau) *m;* **deflationary ~,** datchw|ydd-dro (datchwydd-droadau) *m.* **2.** *a.* troellog, tro, nydd-droellog; **~ bandage,** rhwymyn(-nau) tro/troellog *m;* **~ binding,** rhwymiad(-au) troellog *m;* **~ cleavage,** ymraniad(-au) troellog *mf; Carp:* **~ flute,** ffliwt droellog (ffliwtiau troellog) *f;* **~ gear,** gêr troellog *m,* gêr droellog (gêrs troellog) *f;* **~ galaxy,** galaeth droellog (galaethau troellog) *f;* **~ nebula,** nifwl (nifylau) troellog *m;* **~ spring,** sbring(-iau) troellog *mf; Carp:* **~ screwdriver,** tyrnsgriw(-iau) troellog *m;* **~ staircase,** grisiau tro/troellog *pl, N.W: occ:* grisiau bwgan; **~ thickening,** tewychiad(-au) troellog *m,* tewychu *(vn)* troellog; **~ valve,** falf droellog (falfiau troellog) *f.* **~-bound** *a.* â rhwymiad troellog.
spiral[2] *v.i.* troelli, nydd-droelli, nydd-droi, ymdroelli, ymnyddu; *(of smoke, steam):* codi/esgyn yn droellog, ymdroelli.
spiral[3] *a. (= like a spire):* pigfain.
spiralism *n.* troell-ddringo *vn.*
spiralist *n.* troell-ddringwr (~-ddringwyr) *m,* troell-ddr|ingwraig *f.*
spirality *n.* troellogrwydd *m.*
spirally *adv.* yn droellog.
spirant *a. & n. Phon:* **1.** *a.* ffrithiol, llaes; **~ mutation,** treigl[i]ad llaes *m.* **2.** *n.* sain (seiniau) ffrithiol *f,* ffrithiol(-ion) *m.*
spirantization *n.*, **spirantize** *v.t. Phon:* llaesu.
spire[1] *n.* **1.** *Arch:* meindwr (meindyrau) *m,* pigdwr (pigdyrau) *m, occ:* pigwrn (pigyrnau) *m;* **broach ~,** meindwr broch. **2.** *Bot: (of flower):* [y]sbigyn ([y]sbigau) *m,* pigwrn, blaen(-au) *m,* pigyn(-nau) *m.*
spire[2] *n.* **1.** *(of screw &c):* tro(-eon) *m,* troellen(-nau) *f.* **2.** *(of shell):* cogwrn (cogyrnau) *m.* **~ shell** *n. Conch:* cragen *(f)* dro (cregyn tro), cogwrn (cogyrnau) *(m)* tro, malwen (malwod) *(f)* y morfa; **Jenkins' ~ shell,** *(Potamopyrgus jenkinsi):* malwen Siencyn; **laver ~ shell,** *(Peringia ulvae):* cogwrn y lafwr.
spire[3] *v.i.* codi'n bigyn, codi'n feindwr, pigfeinio, ymgodi.
spirea *n.* = **spiraea.**
spired *a.* â meindwr, â phigdwr, meindyrog.
spirelike *a.* fel meindwr, pigfain, meindyraidd.
spireme *n. Biol:* sbirem(-au) *m.*
spiriferous *a.* troellog.
spirillum *n. Bac:* sbirilwm (sbirila) *m.*
spirit[1] *n.* **1.** *(= mind, soul):* ysbryd(-oedd) *m,* enaid (eneidiau) *m;* **I'll be with you in ~,** byddaf gyda chwi yn yr ysbryd; **peace be to his ~,** heddwch i'w enaid; coffa da amdano; *B:* **he was vexed in ~,** cythryblwyd ei enaid; **(I mourned in) ~,** *(inwardly):* (galarwn) yn fewnol, yn f'enaid, yn yr ysbryd; *B:* **blessed are the poor in ~,** gwyn cu byd y tlodion yn yr ysbryd; *B:* **the ~ indeed is willing, but the flesh is weak,** yr ysbryd yn ddiau sydd yn barod, eithr y cnawd sydd wan. **2.** *(= incorporeal being):* ysbryd(-ion) *m;* **the Holy S~,** yr Ysbryd Glân; **evil spirits,** ysbrydion aflan/drwg; **familiar ~,** dyfyn-ysbryd(-ion) *m; S.a.* **move[2] 1, 3; to raise a ~,** codi ysbryd, galw [ar] ysbryd; **to believe in spirits,** credu mewn ysbrydion. **3.** *(pers.):* **the leading/moving ~,** prif ysgogydd *m,* prif arweinydd *m,* enaid *m;* **one of the most ardent spirits of his time,** un o eneidiau mwyaf brwd ei oes; **a kindred ~,** enaid hoff cytûn; **a meeting of choice spirits,** cyfarfod eneidiau dethol. **4.** *(= spiritual quality, mood):* ysbryd *m,* meddylfryd *m,* tueddfryd *m,* naws *f;* **the ~ of the age,** ysbryd yr oes, naws yr oes; **[political] party ~,** pleidgarwch *m,* ysbryd plaid; **public ~,** dinasyddiaeth dda *f,* cyhoeddgarwch *m,* cymunedgarwch *m;* **community ~,** brogarwch *m,* ysbryd cymdogol, ardalgarwch *m,* cymdogaeth dda *f;* **to follow the ~ of s.o.'s instructions,** dilyn ysbryd cyfarwyddiadau rhn; **(to take sth) in the wrong ~,** (cymryd rhth) o chwith, ar gam; **in a ~ of mischief,** o ran direidi, o ran hwyl; **in a ~ of friendship,** o ran cyfeillgarwch; **(he accepted the gift) in the ~ in which it was offered,** (derbyniodd y rhodd) mor barod ag y rhoddwyd hi, yn yr un ysbryd ag y rhoddwyd hi; **to enter into the ~ of sth,** ymdaflu/ymr|oi yn frwd/frwdfrydig/llawen i rth, mynd i ysbryd rhth; *F:* **that's the ~!** go dda! dyna well! **5.** *(a) (= courage, character):* dewrder *m,* calon *f,* rhuddin *m,* penderfyniad *m,* cymeriad *m;* **(man) of unbending ~,** (gŵr) penderfynol, di-dderbyn-wyneb, o gymeriad cryf, o ruddin, a rhuddin ynddo; **man of ~,** gŵr glew/eofn/brwd; **to show ~,** dangos gwroldeb/rhuddin; *(b) (= ardour, vivacity):* brwdfrydedd *m,* tanbeidrwydd *m,* angerdd *mf,* sêl *f,* hoen *f,* asbri *m,* nwyf *m,* nwyfiant *m,* afiaith *m;* **(he went on playing)**

with ~, (aeth ymlaen gan chwarae) yn frwd/selog/afieithus/frwdfrydig, gydag asbri/afiaith; *(c)* **to be in good spirits,** bod mewn hwyliau/ysbrydoedd da, bod yn hwyliog, bod yn galonnog; **he is full of spirits,** mae'n llawn mynd; **flow of spirits, high spirits,** afiaith *m*, asbri *m*, sirioldeb *m*; **(to be) in high spirits,** (bod) yn llawn hwyl, yn galonnog, mewn hwyl [dda], mewn hwyliau [da], yn eich afiaith, yn llawn asbri; **the ~ of the men is high,** mae'r bechgyn mewn hwyliau da; mae'r bechgyn yn galonnog; **in low spirits,** mewn hwyliau drwg, yn ddrwg eich hwyl, yn ddigalon, yn wangalon (*pronounced* ng-g), yn isel eich ysbryd/ysbrydoedd, yn ddi-hwyl; **low spirits,** iselder (*m*) ysbryd, isel ysbrydoedd, *F:* y felan *f*, *Lit:* pruddglwyf *m*; **to keep up one's spirits,** peidio â digalonni; **to keep up s.o.'s spirits,** cynnal ysbryd rhn; **to raise/revive one's spirits,** codi'ch calon; **their spirits rose,** codasant eu calonnau; dyma hwy'n codi eu calonnau; **their spirits sank,** torasant eu calonnau; dyma hwy'n digalonni; dyma hwy'n torri eu calonnau. **6.** *(a) (alcoholic):* **spirits [of wine],** gwirod(-ydd) *mf*; **wines and spirits,** gwinoedd a gwirodydd; *(b) Ch:* **[volatile] ~,** gwirod, sbirit *m*; **methylated ~,** gwirod methyl, sbirit methyl, *F:* meths *m*; **~ of salt,** sbirit halen, asid hydroclorig; **~ of wine,** |alcohol pur *m*; **surgical ~, ethyl-~,** alcohol, gwirod meddygol/feddygol; **white ~,** sbirit gwyn, gwirod gwyn/wen; **spirits of turpentine,** sbirit tyrpant. **~ blue** *n.* glas (*m*) sbirit. **~ duck** *n. Orn:* **= golden-eye.** **~ duplicating** *vn.* dyblygu sbirit. **~ duplicator** *n.* dyblygwr (dyblygwyr) (*m*) sbirit. **~ gum** *n. Th: &c:* sbirit-gỳm *m*, gwm (*m*) gwirod. **~-lamp** *n.* lamp(-au) (*f*) sbirit, lamp feths (lampau meths). **~-level** *n.* lefel(-au) (*f*) saer, lefel wirod (lefelau gwirod), sbirit-lefel(-au) *f.* **~-rapper** *n.* codwr (codwyr) (*m*) ysbrydion. **~-rapping** *vn.* codi ysbrydion. **~-stove** *n.* stôf (stofiau) (*f*) sbirit. **~ varnish** *n.* farn[a]is (*m*) gwirod.

spirit[2] *v.t.* **to ~ s.o. away/off,** cipio/smyglo rhn ymaith, peri i rn ddiflannu; **the money was spirited away,** diflannodd yr arian heb adael ôl. **~ up** *v.t.* sirioli.

spirited *a.* **1. [high-]~,** bywiog, llawn bywyd/mynd, sionc, brwd, afieithus, brwdfrydig, nwyfus, llawn asbri; *(horse):* nwyfus, *Lit:* llamsachus; **low-~,** digalon, prudd, trist; isel [eich ysbryd/ysbrydoedd]. **2.** *(style, reply &c):* bywiog, brwd, eofn, egniol, tanbaid, tanllyd, angerddol; **~ discussion,** trafodaeth fywiog/frwd *f*; **~ argument,** dadl boeth/rymus/frwd *f*; **~ attack,** ymosodiad chwyrn *m*; **(to give a) ~ (performance),** (rhoi perfformiad) afieithus, hwyliog, llawn sbonc, llawn hwyl. **3. public-~,** cymdogol, cyhoeddgar, cymunedgar; *(deed):* cymwynasgar, er lles y cyhoedd; *(benefaction):* hael, haelionus.

spiritedly *adv.* yn afieithus, yn eofn, yn danbaid, gydag afiaith/angerdd.

spiritedness *n.* ehofndra *m*, asbri *m*, nwyf *m*, nwyfiant *m*, nwyfusrwydd *m*, afiaith *m*.

spiritism *n.* **= spiritualism.**

spiritist *n.* **= spiritualist.**

spiritistic *a.* **= spiritualistic.**

spiritless *a.* *(a) (style, conversation):* diegni, diynni, dienaid, merfaidd, dieneiniad, di-ffrwt, di-ddim, di-fynd, undonog; *(b) (= cowardly):* gwangalon (*pronounced* ng-g), diysbryd, llwfr; *(c) (= depressed):* digalon, diysbryd, prudd.

spiritlessly *adv.* yn ddiegni *&c.*

spiritlessness *n.* *(a)* diffyg (*m*) egni, diffyg mynd, diffyg afiaith, diffyg ysbryd, merfdra *m*, merf|eidd-dra *m*; *(b) (= lack of courage):* gwangalondid *m* (*pronounced* ng-g), diysbrydrwydd *m*, llwfrdra *m*.

spiritoso *a. Mus:* bywiog.

spiritual *a. & n.* **1.** *a. (a)* ysbrydol; **~ courts,** llysoedd eglwysig; **~ healing,** iach|au trwy'r ysbryd; **one's ~ home,** eich cartref ysbrydol; **~ tribunal,** tribiwnlys(-oedd) eglwysig *m*; **~ law,** deddf ysbrydol *f*; **~ life,** bywyd(-au) ysbrydol *m*, buchedd(-au) *f*; *Pol:* **Lords ~ and Lords temporal,** Arglwyddi ysbrydol a thymhorol; *(b)* **~ features,** gwedd ysbrydol/bur *f*; *(c) (= incorporeal):* ysbrydol, *occ:* anghorfforol. **2.** *n. Mus:* **Negro ~,** emyn(-au) Negroaidd *m*, emyn-dôn (*f*) [y] Negroaid (~-donau['r] Negroaid).

spiritualism *n.* ysbrydegaeth *f.*

spiritualist *n.* ysbrydegydd: ysbrydegwr (ysbrydegwyr) *m*, ysbryd|egwraig (ysbrydegwragedd) *f.*

spiritualistic *a.* ysbrydegol.

spirituality *n.* **1.** ysbrydolrwydd *m*. **2.** *pl. Ecc:* eiddo eglwysig/ysbrydol *m*.

spiritualization *n.* ysbrydoleiddiad(-au) *m*.

spiritualize *v.t.* ysbrydoleiddio.

spiritually *adv.* yn ysbrydol, o ran yr ysbryd.

spiritualness *n.* ysbrydolrwydd *m*.

spirituel, *f.* **spirituelle** *a.* ffraeth, arabus, nwyfus, hoyw.

spirituosity *n.* **= spirituousness.**

spirituous *a.* alcoholaidd, gwirodol; **~ liquor,** gwirod(-ydd) *mf.*

spirituousness *n.* natur alcoholaidd/wirodol *f*, gwirodoldeb *m*.

spiritus asper *n. Ling:* anadliad caled *m*.

spiritus lenis *n. Ling:* anadliad meddal *m*.

spirivalve *a.* troellog, â chragen dro.

spirketing *n. Nav: Arch:* estyllod mewnol *pl.*

spirochaete *n. Bac:* sb|irochet (sbirochetau) *m*.

spirochaetosis, spirochetosis *n. Med:* sbirochetosis *m*.

spirograph *n. Med:* sb|irograff (sbirograffau) *m*.

spirographic *a.* sbirograffig.

spirography *n.* sbirograffeg *f.*

spirogyra *n. Bot:* sbirogyra (sbirogyrâu) *m*.

spiroid *a.* lled-droellog.

spirometer *n.* sbiromedr(-au) *m*.

spirometric *a.* sbirometrig.

spirometry *n.* sbirometreg *f.*

spironolactone *n. Pharm:* sbironolacton *m*.

spirt *n. & v.* **= spurt**[1],[2].

spirula *n. Moll:* sb|irwla (sbirwlâu) *m*.

spiry *a.* **1.** *(= like* **spire**[1]*):* pigfain. **2.** *(= like* **spire**[2]*):* troellog.

spit[1] *n.* **1.** *Dom.Ec:* cigwain (cigweiniau) *f*, bêr (berau) *mf*, gwaell (gweyll) *f*. **2.** *Geog:* *(of land):* tafod(-au) *m*; *(under water):* traethell(-au) *f*, cefn(-au) *m*; **counter ~,** gwrthdafod(-au) *m*; **curved ~,** tafod crwm; **hooked ~,** tafod bachog.

spit[2] *v.t.* **1.** *(meat &c):* cigweinio, beru, gwanu. **2. to ~ s.o. on a sword,** gwanu/trywanu rhn â chleddyf.

spit[3] *n.* **1.** *(= saliva):* poer *m*, poeryn *m*, poer[i]ad(-au) *m*, poeri *vn*; *F:* **(he's) the very ~ [and image] (of his father), (he's) the dead ~ (of his father),** (mae)'r un ffunud/wyneb/anadliad/poerad (â'i dad); *S:* (mae e)'r un big (â'i dad); *N:* (mae o)'r un sbit/brintan (â'i dad); *F:* **~ and polish,** eli (*m*) penelin. **2.** *(of rain):* diferyn (diferion) *m*, pigiad(-au) *m*.

spit[4] *v.t.&i.* poeri; *(of pen):* gollwng; *(of fire, candle):* clecian, poeri; **it's spitting [with] rain,** mae hi'n pigo bwrw; mae hi'n taflu dafnau; *F:* **~ it out!** *N:* allan â fo/hi! *S:* mas ag e/hi! *F:* **I'm spitting feathers,** 'rwy' bron â thagu [gan syched].

spit[5] *n.* *(= spadeful):* paliad(-au) *m*.

spitball *n.* pelen (*f*) boeri (peli poeri).

spitchcock[1] *n. Cu:* llysywen (llysywod) hollt *f.*

spitchcock[2] *v.t. Cu:* hollti [a brwylio].

spite[1] *n.* **1.** malais *m*, mileindra *m*, gwenwyn *m*, cenfigen *f*, sbeit *m*; **from ~, out of ~,** o ran malais, o ran gwenwyn, o ran mileindra; **to have a ~ against s.o.,** dal dig yn erbyn rhn, bod â dant i rn; **I feel no ~ for anyone,** nid wyf yn dal dig at neb; nid oes gennyf wenwyn i neb. **2.** *prep.phr.* **in ~ of sth,** er gwaethaf rhth, ar waethaf rhth, *Lit:* serch rhth; **in ~ of everything,** er gwaethaf popeth, serch popeth; **in ~ of that,** er [gwaethaf] hynny, serch hynny; **to do sth in ~ of oneself,** gwneud rhth er eich gwaethaf.

spite[2] *v.t.* digio, cynddeiriogi, gwylltio (rhn); bod yn fileinig (wrth rn); *F:* sbeitio (rhn); **to cut off one's nose to ~ one's face,** torri'ch trwyn i sbeitio'ch wyneb.

spiteful *a.* mileinig, milain, gwenwynllyd, sbeitlyd, maleisus, sarh|aus.

spitefully *adv.* yn fileinig *&c.*

spitefulness *n.* **= spite**[1] **1.**

spitfire *n.* **1.** *(= ill-tempered pers.):* cath wyllt (cathod gwyllt) *f.* **2.** *Av.Hist:* ***spitfire(-s)*** *f.*

spitstick *n.* pren (*m*) bêr (prennau berau).

spitter *n.* poerwr (poerwyr) *m*.

spitting *a.* **1.** poerllyd; **~ cobra,** cobra poerllyd/boerllyd (cobraod poerllyd) *mf*; **~ snake, = ringhals. 2. he's the ~ image of his father,** mae'r un ffunud/poerad â'i dad; *S.a.* **spit**[3].

spittle *n.* poer *m*, poeri *m*. **~ insect** *n.* **= frog-hopper.**

spittoon *n.* poerlestr(-i) *m*, poerflwch (poerflychau) *m*, llestr(-i) (*m*) poer.

spitz *n. Z:* ci (cŵn) sbits *m*.

spiv *n.* *(i) (of 1940's):* sbif(-iaid) *m*; *(ii) F: N:* ffliar(-s) *m*.

spivish *a.* = **sbivvy.**

spivvery *n.* sbifdra *m*, sbifiaeth *f*, sbifio *vn.*

spivvish, spivvy *a. F:* sbifaidd, sbiflyd.

splake *n. Ich:* brithyll(-iaid,-od) (*m*) llyn.

splanchnic *a. Anat:* coluddol, perfeddol, ymysgarol.

splanchnology *n. Anat:* ymysgareg *f.*

splash[1] *n.* **1.** *(sound):* sblash(-is) *mf*, fflatsh(-is) *mf*; **to fall into the water with a ~,** syrthio'n fflatsh i'r dŵr; *Fig:* **to make a ~,** gwneud sbloet, tynnu sylw; *Journ:* **~ headline,** pennawd bras (penawdau breision) *m.* **2.** *(a) (of mud, ink &c):* ysgeintiad(-au) *m*, tasgiad(-au) *m*, stremp(-iau) *mf*, staen(-iau) *m*, sblash, joch(-iau) *mf*; *(b) (of colour):* tasgiad, clwt (clytiau) *m*, sblash; *(of light):* tasgiad, pyllyn (pyllau) *m*; *(c) (of drink):* joch, diferyn *m*, tropyn *m*; **a whisky and soda ~,** wisgi a soda [yn ei lygad]; **just a ~,** dim ond diferyn/tropyn. **3.** *int.* sblash! fflatsh!

splash[2] *v.t.&i.* **1.** *v.t. (a)* sblasio, tasgu, ysgeintio; *(with mud &c):* strempio, *M.W:* tatsio, *N.W:* sbrencian, sbodlian, fflatsio, sboncio, *S.W:* lwtshan; **to ~ s.o. with water,** sblasio/tasgu dŵr dros rn, *N.W:* sbrencian/sboncio dŵr dros rn; *(b)* **to ~ water about,** taflu/tasgu/lluchio dŵr dros bob man, *N.W:* sbrencian/fflatsio dŵr dros bob man; *F:* **to ~ one's money about,** taflu'ch/afradu'ch arian, gwario fel ffŵl, gwario'n ffôl; **I've splashed out on a new hat,** 'rwyf wedi gwario ar het newydd; *N.W:* 'dwi wedi credu i brynu het newydd; *Journ:* **to ~ a story,** gwneud sbloet o hanesyn; *(c)* **to ~ one's way (across a field),** fflatsio, slotian (ar draws cae); **to ~ oneself,** *or* **one's face with water,** *(= wash hurriedly): N:* cael sglemp/slemp/slempan. **2.** *v.i. (a) (of liquid):* sblasio, tasgu, ysgeintio, *N.W:* sbrencian; *(of waves):* crychdonni, tasgu, torri ewyn; *(of tap):* sblasio, gwn|eud sblash; *(b)* **to ~ about (in water),** sblasio/chwarae, *N.W:* fflatsio, slotian, poitsio, sbodlian, ffritian (mewn dŵr); *(of space capsule):* **to ~ down,** glanio yn y môr.

splashback *n.* sblasgefn(-au) *m*, cefnfwrdd (cefnfyrddau) *m.*

splashboard *n.* sblasfwrdd (sblasfyrddau) *m*, sblasford(-ydd) *f.*

splashdown *n.* glaniad(-au) (*m*) [yn y] môr, sblaslaniad(-au) *m.*

splasher *n.* **1.** sblasiwr (sblaswyr) *m*, fflatsiwr (fflatswyr) *m.* **2.** = **splashboard, mudguard** *&c.*

splashguard *n.* = **mudguard.**

splashily *adv. F:* yn afrad, yn afradlon, â chryn sbloet.

splashiness *n. F: (= display):* sbloet *f*, sioe *f*, crandrwydd *m*, afradlonedd *m.*

splashy *a.* **1.** *(path &c):* gwlyb dan draed, slwtshlyd, pyllog, llawn pyllau; *(field):* corslyd, *N.W: F:* sinclyd. **2.** *(= covered in splashes):* sblasiog, stremplyd. **3.** *F: (= showy):* afrad, afradlon, sbloetlyd.

splat[1] *n. Furn:* astell ganol (estyll canol) *f*, dellten ganol (dellt canol) *f.*

splat[2] *int.* fflatsh! **he went ~ against the wall,** *M.W:* aeth yn bwcs/bwtsh i'r wal; aeth yn glewt yn erbyn y wal.

splatter[1] *n. & v.* = **splash**[1],[2], **spatter**[1],[2]

splay[1] *n.* ymlediad(-au) *m.*

splay[2] *v.t.&i.* **1.** *v.t. (a)* **to ~ out one's hands,** agor eich dwylo ar led, lledu'ch bysedd; **to ~ one's legs,** lledu'ch coesau, gaflio, lledu'ch gaflau, gafl-ledu; *(b) Arch: &c:* **to ~ the sides of a window,** gogwyddo/lledu ochrau ffenestr. **2.** *v.i.* **to ~ out,** ymledu, ymagor, agor ar led.

splay[3] *a. (legs &c):* ar led, gaflog, â'ch gafl ar led, gaflgam; *Carp:* **~ legs,** coesau ar led, gaflau *pl*; **(bricks) cut ~,** (brics) a dorrwyd ar ogwydd/letraws, a dorrwyd â phefel, (brics) peflog. **~-foot** *n.* troed (traed) (*mf*) ar led. **~-footed** *a.* troedgam, â'ch traed ar led; *Joc:* â'ch traed ar chwarter i dri.

spleen *n.* **1.** *Anat:* dueg(-au) *f*, poten (*f*) ludw (potenni lludw), cleddyf (*m*) y biswail, *N:* cleddyf(-au) Bleddyn, *M.W:* cleddau(*pl*)'r boten, y chwarren ddu *f.* **2.** *(a) Lit: (= melancholia):* pruddglwyf *m*, pr|udd-der *m*, iselder *m*, iseldra *m*, *F:* y felan *f*; **in a fit of ~,** mewn pwl o'r felan; *(b) (= ill temper):* bustl *m*, bustledd *m*, tymer ddrwg *f*, gwenwyn *m*, llid *m*; **to vent one's ~ (upon s.o.),** bwrw'ch llid, arllwys eich bustl (ar rn).

spleenful, spleenish *a.* bustlaidd, croes, blin, piwis.

spleenwort *n. Bot:* **common/maidenhair ~,** *(Asplenium trichomanes):* duegredynen (duegredyn) *f*, rhedynen (rhedyn) (*f*) y fagwyr, gwallt (*m*) y Forwyn, gwallt Gwener; **alternate-leaved ~,** *(A. alternifolium):* duegredynen â dail bob yn ail; **black ~,** *(A. adiantum-nigrum):* duwallt (*m*) y forwyn, dugoesog *m*, duegredynen ddu (duegredyn duon); **common scaly ~,** *(Scolopendrium ceterach):* duegredyn meddygol, llysiau(*pl*)'r ddueg; **ebony ~,** *(A. platyneuron):* duegredynen dduloyw (duegredyn duloyw); **forked ~,** *(A. septentrionale):* rhedynen y clogwyn/graig, duegredynen fforchog; **green ~,** *(A. viride):* duegredynen werdd (duegredyn gwyrdd); **lanceolate ~,** *(A. billotii):* duegredynen hirgul; **rough ~,** *(Blechnum boreale):* gwibredynen (gwibredyn) *f*; **sea ~,** *(A. marinum):* duegredynen arfor; **wall-rue ~, white maidenhair ~,** *(Airuta muraria):* duegredynen y muriau, rhedynen y mur, diddueg *f*, rhuw(*m*)'r muriau, iau bach *m*, gorddon (*m*) y muriau.

spleeny *a.* = **spleenful, spleenish.**

splendent *a.* = **resplendent.**

splendid *a.* ardderchog, rhagorol, gogoneddus, p|enigamp, penig|amp, campus, bendigedig, gwych, aruthrol, *Lit:* ysblennydd, reiol; **that's ~!** gwych! rhagorol! campus! gwych o beth! go dda! **~ isolation,** arwahanrwydd gogoneddus *m.*

splendidly *adv.* yn ardderchog *&c.*

splendidness *n.* = **splendour.**

splendiferous *a. F: O:* = **splendid.**

splendiferously *adv.* = **splendidly.**

splendiferousness *n.* = **splendour.**

splendour *n.* gogoniant (gogoniannau) *m*, ysblander(-au) *m*, disgleirdeb(-au) *m*, ardderchо[w]grwydd *m*, gwychder(-au) *m*; *Her:* **sun in ~,** haul yn ei ogoniant.

splenectomy *n. Med:* tynnu(*vn*)'r ddueg, codi(*vn*)'r ddueg, sblen|ectomi (sblenectomïau) *m.*

splenetic[al] *a.* = **peevish.**

splenetically *adv.* = **peevishly.**

splenial *a. Anat:* sbleniol.

splenic *a. Anat:* duegol; **~ fever,** = **anthrax**; **~ vein,** gwythïen (*f*) y ddueg.

splenitis *n. Med:* llid (*m*) y ddueg, duegwst *m.*

splenius *n. Anat:* sbleniws (sblenïi) *m.*

splenoid *a.* duegol, y ddueg.

splenology *n.* sblenoleg *f.*

splenomegaly *n. Med:* chwyddiant (*m*) y ddueg, dueg fawr *f*, dueg chwyddedig *f*, sblenom|egali *m.*

splenotomy *n.* trychu(*vn*)'r ddueg, sblen|otomi (sblenotomïau) *m.*

splice[1] *n.* **1.** *(in rope):* sbleis(-iau) *mf*, sbleisiad(-au) *m*, pleten (pletiau) *f*, pleth(-i,-au) *f.* **2.** *(a) Carp:* uniad(-au) *m*, sbleis; *(b) (in film, tape):* asiad(-au) *m*, uniad, sbleis; *(c) Cr:* **to sit on the ~,** ei chwarae hi gan bwyll. **~ graft** *n. Hort:* impiad(-au) *m.*

splice[2] *v.t.* **1.** *Nau: &c: (rope, cable):* plethu, sblei[n]sio; *S.a.* **brace (main).** **2.** *(a) Carp:* asio, sbleisio, uno; *(b) (film, tape):* asio, sbleisio, cysylltu, gludio; *(= repair):* atgyweirio, trwsio.

spliced *a.* **to get ~,** priodi, clymu'r cwlwm, *occ:* mynd i'r bywyd da.

spline[1] *n.* **1.** *Mec.E:* sblein(-iau) *m*, allwedd(-i) sgwâr *f.* **2.** *(= groove):* rhigol(-au) *f.*

spline[2] *v.t. Mec.E:* **1.** sbleinio. **2.** *(= groove):* rhigoli.

splint *n.* **1.** *(a) Med:* sblint(-iau) *m*, dellten (dellt) *f*; **caliper ~,** calip[e]rau *pl*, *F:* haearn (*m*) coes (heyrn coesau); *(b) Ch: Ph: &c:* **[glowing] ~,** coedyn (coed) *m*, fflewyn (fflawiau) (*m*) [yn mudlosgi]. **2.** *Vet: (on horse's leg):* chwydd(-iadau) *m*, cnap(-iau) *m*, cragen (*f*) gar (cregyn garrau). **~-bone** *n.* crimog(-au) *f.* **~-coal** *n.* glo caled *m*, glo carreg.

splinter[1] *n. & attrib.* **1.** *n. (of wood):* ysgyren (ysgyrion) *f*; *(under the skin):* fflaw(-iau) *m*, fflewyn (fflawiau) *m*, fflawen (fflawiau) *f*, *S.W:* sgilpyn (sgilps) *m*, *occ:* sglobyn (sglobs) *m*; *(of glass, shell):* teilchyn (teilchion) *m*; *(of bone):* ysgyren (ysgyrion) *f.* **2.** *attrib.* hollt, *F:* sblit. **~-bar** *n.* cambren(-ni) *m.* **~-deck** *n. Nau:* dec(-iau) (*m*) gwrth-deilchion. **~ group** *n.* grŵp (grwpiau) hollt *m.* **~ party** *n.* plaid (pleidiau) hollt *f*, *Fig: Joc:* capel(-i) (*m*) sblit. **~-proof** *a.* annhoradwy, anhyfriw.

splinter[2] *v.t.&i. (bone, wood):* torri (rhth) yn ysgyrion, *occ:* ysgyrioni; *(glass, crockery):* torri (rhth) yn deilchion.

splintered, splintery *a.* chwilfriw, chwilfriwiedig, yn ysgyrion, yn deilchion, yn dipiau mân, yn yfflon mân, yn usw mân.

split[1] *n.* **1.** *(in wall, rock &c):* hollt(-au) *f*, agen(-nau) *f*, [g]agendor(-au) *f*; *(in dress):* hollt(-au) *f.* **2.** *(within a group):* rhwyg(-iadau) *m*, rhaniad(-au) *m*, ymraniad(-au) *m*, hollt; **modal ~,** rhaniad moddol. **3.** *Cu:* **banana ~,** banana hollt *f*; **Cornish ~, Devonshire ~,** *N:* bynsen (byns) hollt *f*, *S:* bynen (byns) hollt *f.* **4.** *Gym:* **to do the splits,** hollti'r afl. **5.** *(earmark):* cilhollt(-au) *f.*

split² *v.t.&i.* **1.** *v.t.* *(a)* hollti, *occ:* agennu; *Min: N:* bras-hollti; **to fine-~,** mân-hollti; **(to ~ sth) in two,** (hollti/torri) rhth yn ddau [hanner], yn ddwy [ran]; *S.a.* **hair 1**; *Ph:* **to ~ the atom,** hollti'r atom; **to ~ sth off,** torri rhth ymaith; *(b)* **I've ~ my skirt,** 'rwyf wedi rhwygo/hollti fy sgert; *(c) (= divide up):* rhannu (rhth), *occ:* dosrannu (rhth); **to ~ a bottle of wine,** rhannu potelaid o win; *Ch:* **to ~ a compound up into its elements,** dadelfennu cyfansoddyn; *F:* **can you ~ a pound for me?** oes gennych chi newid punt? **to ~ the difference,** cyfarfod yn y canol, cyfarfod ar ei chanol hi, rhannu'r gwahaniaeth; *(d) Pol:* **to ~ the vote,** rhannu'r bleidlais; **to ~ one's vote,** *esp. U.S:* **to ~ one's ticket,** rhannu'ch pleidlais, pleidleisio i amryw; **to ~ a party on an issue,** rhannu/hollti/rhwygo plaid ar gwestiwn; *(e)* **to ~ one's sides laughing,** torri'ch bol gan chwerthin, chwerthin nes bron torri'ch bol, chwerthin yn eich dyblau, chwerthin ei hochr hi. **2.** *v.i.* *(a) (of wood, stone &c):* hollti, agor; **to ~ open,** ymagor; *(of slates): N.W: occ:* crawennu; *(b) (of dress, cloth):* rhwygo, hollti; *(of seam):* agor; *(c) F:* **my head is splitting,** *N:* mae gen i gur pen ofnadwy; *S:* mae pen tost enbydus 'da fi; *(d)* **to ~ (on s.o.),** dweud, achwyn, *N:* prepian, chwidlo, *S:* clapan (am rn); *(e) (of party &c):* hollti, ymrannu; *(f) (= leave):* mynd, ymadael; **let's ~!** awn ni! *N:* i ffwrdd â ni! *S:* bant â ni! **~ up 1.** *v.t.* hollti *&c*; **(Gwyn and Gwen have) ~ up,** (mae Gwyn a Gwen) wedi ymwahanu, wedi ymadael â'i gilydd; *Pol:* **the party has ~ up,** mae'r blaid wedi hollti/ymrannu; *(of group &c):* chwalu.

split³ *a.* **1.** hollt, holltedig; *(party):* rhanedig; **~ catalogue,** c|atalog (catalogau) rhanedig *m*; **~ decision,** dyfarniad(-au) hollt *m*; **~ infinitve,** berfenw(-au) hollt *m*; **~ key,** allwedd(-i) hollt *f*, *N:* agoriad(-au) hollt *m*. **~ pin,** pin(-nau) hollt *mf*; **~ pea,** pysen (pys) hollt *f*; **~ ring,** modrwy(-au) hollt *f*, cylch(-au) hollt *m*, ling (linciau) agored *m*; **~ end,** *(of hair):* blaen(-au) hollt *m*; **in a ~ second,** mewn chwinciad *(m)*, mewn hanner eiliad; **a ~ Vichy,** hanner potelaid *(f)* o Vichy; **~ levels,** lefelau gwahân; **~ mind,** sgitsoffrenia *m*, meddwl hollt *m*; *Psy:* **~ personality,** personoliaeth hollt/ddeublyg *f*; *Bot:* **~ moss,** mwsogl hollt *m*; **~ plot,** clwt (clytiau) hollt *m*, talwrn (talyrnau) hollt *m*; **~ screen,** sgrîn (sgriniau) hollt *f*, llun(-iau) hollt *m*; **~ shift,** stem (stemiau) *(f)* ar ddwywaith/deirgwaith *&c*, stem hollt, daliad(-au) hollt *m*; **~ shot/stroke,** trawiad(-au) hollt *m*; **~ tin [loaf],** torth(-au) hollt *f*. **~-gill** *n. Fung:* tagell(-au) hollt *f*. **~-level** *a.* **1.** *(building):* ar lefelau gwahanol, amryw-lefel. **2. ~-level cooker,** stôf ddeuddarn (stofiau deuddarn) *f*; **~-level grill,** gradell ddeuddarn (gradelli deuddarn) *f*. **~-phase** *a.* gwedd hollt. **~-second** *a.* i'r dim, perffaith, union; **~-second timing,** amseru/amseriad perffaith.

splitter *n.* holltwr (holltwyr) *m*, h|olltwraig (holltwragedd) *f*.

splitting *a.* hollt, yn hollti; **rough-~,** brasollt; **fine-~,** manollt; *S.a.* **headache**.

splodge *n. F:* = **splotch¹**.

splosh *n. & v.t.&i.* = **splash¹,²**.

splotch¹ *n. F:* **1.** *(of paint &c):* coluriad(-au) *m*, dwbiad(-au) *m*, plastr[i]ad(-au) *m*, stremp(-iau) *mf*. **2.** = **blotch¹**.

splotch² *v.t.* **1.** *F: (with paint):* strempio, coluro, plastro, dwbio. **2.** = **blotch²**.

splotchy *a.* **1.** *(with paint &c):* strempiog. **2.** = **blotchy**.

splurge¹ *n. F:* *(a) (= display):* sbloet(-iau) *mf*; *(b) (with money):* **to go on a ~, to have a ~,** gwario'n ffri/wirion/ffôl/ afrad/afradlon, cael sbri wario.

splurge² *v.i. F:* gwn|eud sbloet, sbloetio; **to ~ out on sth,** gwario'n ffri/afrad ar rth.

splutter¹ *n.* **1.** *(= incoherent utterance):* sbladdar *mf*. **2.** *(of pen):* poer[i]ad *m*, poeri *vn*. **3.** *(of engine):* ffrwt (ffrytiau) *m*, ffrwtian *vn*.

splutter² *v.t.&i.* **1.** *v.t.* **to ~ [out] a threat,** sbladdr[i]o/poeri bygythiad; **to ~ out an apology,** ymddiheuro'n garbwl, cecian/cecio/ ffrwtian ymddiheur[i]ad. **2.** *v.i.* *(a) (of pers.):* sbladdr[i]o, poeri siarad, ffrwtian; **the car spluttered to a halt,** ffrwtiodd y car a stopio; *(b)* **(pen) that splutters,** (pin) sy'n gollwng, sy'n poeri. **3.** *I.C.E: (of engine):* poeri, ffrwtian.

splutterer *n.* sbladdrwr (sbladdrwyr) *m*.

spluttering *a. & vn.* **1.** *a.* sbladdrog, ffrwtlyd, poerllyd. **2.** *vn.* ffrwtiad(-au) *m*, sbladdr[i]ad(-au) *m*; *vn.* = **splutter²**.

spodumene *n. Miner:* sb|odwmen *m*.

spoil¹ *n.* **1.** *(usu.pl.)* ysbail *m*; **to claim one's share of the spoils,** mynnu'ch cyfran o'r ysbail; *U.S: Pol:* **spoils system,** y system ysbail; *W.Lit:* **The Spoils of the Other World,** Preiddeu Annwfn. **2.** *Min: &c:* **~ [earth],** rwbel *m*, [y]sbwriel *m*, baw *m*. **~ bank, ~ dump** *n.* tomen(-ni,-nydd) *(f)* rwbel. **~ ground** *n. Nau:* dyfroedd *(pl)* sbwriel.

spoil² *v.t.&i.* **1.** *v.t.* *(a)* difetha, *occ:* andwyo, *F:* sbwylio; **to get spoiled,** difetha; **to ~ s.o.'s chances,** difetha/andwyo siawns rhn; **this book was spoilt by the rain,** difethwyd y llyfr hwn gan y glaw; **to ~ s.o.'s fun,** difetha hwyl rhn, torri ar hwyl rhn; **to ~ the beauty of sth,** difetha harddwch rhth, anharddu/difwyno rhth; **to ~ (a piece of work),** gwn|eud llanast/stomp/smonaeth (o waith), andwyo (gwaith); *F: (of dress &c):* **it spoils her,** mae'n gwneud cam â hi; nid yw'n gwneud cyfiawnder â hi; *Prov:* **too many cooks ~ the broth,** *See* **cook¹**; **to ~ the ship for a ha'porth/ha'pennyworth of tar,** *See* **ship**; **the news spoiled his appetite,** fe gollodd awydd bwyd ar ôl clywed y newydd; **spoiling tactics,** tacteg *(f)* sbwylio; *(b)* **to ~ (a child),** difetha, maldodi, sbwylio, *N:* dandwn, dandlo, dandlwn, *S:* bradu, *S.W:* babano, babïo, shigano (plentyn); *(c)* = **despoil**. **2.** *v.i.* *(a) (of fruit, fish &c):* difetha, pydru, mynd yn ddrwg; *(b)* **he was spoiling for a fight,** 'roedd yn ysu am frwydr.

spoilage *n.* **1.** *Typ:* gwastraff *m*. **2. food ~,** dirywiad *(m)* bwyd, difetha *(vn)* bwyd.

spoiler *n.* **1.** difethwr (difethwyr) *m*. **2.** *Aut: Av:* arafwr (arafwyr) *m*.

spoilfive *n. Cards:* *sbwylbump *m*.

spoilsman *n.m. U.S:* ysbeiliwr (ysbeilwyr).

spoilsport *n. F:* surbwch (surbychod) *m*, lladdwr (lladdwyr) *(m)* hwyl, difethwr (difethwyr) *(m)* hwyl; **the old ~!** y surbwch! yr hen Jeremeia! yr wyneb asiffeta! yr hen gingroen (*pronounced* ng-g)!

spoilt *a.* difethedig, wedi ei ddifetha, a ddifethir/ddifethid/ddifethwyd; **~ paper,** papur a ddifethwyd; **~ child,** plentyn wedi ei ddifetha (plant wedi eu difetha), *occ:* plentyn maldodus; **I was ~ for choice,** 'roedd gennyf ormod o ddewis.

spoke *n.* **1.** *(of wheel):* adain *(f)* olwyn (adenydd olwynion), braich *(f)* olwyn (breichiau olwynion), sbocsen (sbôcs) *f*; **to put a ~ in s.o.'s wheel,** rhoi strocen/strôc dan olwyn rhn, rhoi ffon yn olwyn rhn. **2.** *(of ladder):* ffon (ffyn) *f*. **3.** *Weaving:* carfan(-au) *(mf)* gwehydd. **~-bone** *n. Anat:* = **radius 2**.

spoken *a.* **1.** llafar, llafaredig, a leferir/lafarwyd *&c*; **the ~ word,** y gair llafar *m*; **the ~ language of a country,** llafar *(m)* gwlad. **2. that's ~ for,** mae rhywun wedi hawlio hwnna'n barod; mae hwnna wedi ei addo; *int.* **~ like a man!** dyna siarad yn wrol/lew! dyna air dyn dewr! **badly-~,** gwael eich parabl/lleferydd; **well-~,** sy'n siarad yn fonheddig, croyw/gloyw/coeth eich parabl, dilediaith; **she is well-~ of,** mae enw/gair da iddi; **he is ill-~ of,** mae enw/gair drwg iddo; **fair ~, pleasant ~,** teg eich parabl; **loud ~,** uchel eich cloch, â llais uchel, cegog, cegfawr; **plain-~,** plaen eich tafod, plaen eich parabl, di-lol, heb flewyn ar dafod, dilediaith, croyw.

spokeshave *n. Tls: Carp:* rhasgl(-au) *f*, plaen(-iau) deugarn *m*, cyllell ddeugarn (cyllyll deugarn) *f*; **flat face ~,** rhasgl wyneb fflat; **round face ~,** rhasgl wyneb crwn; **wooden ~,** rhasgl bren (rhasglau pren); **metal ~,** rhasgl fetel (rhasglau metel).

spokesman *n.m.* llefarydd(-ion), *occ:* lladmerydd(-ion); **to act as a ~ (for s.o.),** llefaru, siarad (ar ran rhn, dros rn).

spokesperson *n.* = **spokesman, spokeswoman**.

spokeswoman *n.f.* llefaryddes(-au), *occ:* lladmeryddes(-au) *f*.

spoliate *v.t.&i.* ysbeilio, anrheithio.

spoliation *n.* **1.** *(= pillage):* ysbeiliad(-au) *m*, ysbeilio *vn*. **2.** *Jur:* difrod *m*, difrodi *vn*, difrodaeth *f*.

spoliative *a.* difrodol, ysbeiliol.

spoliator *n.* difrodwr (difrodwyr) *m*, difr|odwraig (difrodwragedd) *f*.

spondaic[al] *a. Pros:* hirgorfannol.

spondee *n. Pros:* corfan hir (corfannau hirion) *m*, corfan crwn (corfannau crynion), corfan cytbwys.

spondulicks, spondulix *n.pl. (singular in construction): U.S:* arian *m*, pres *m*; *N.W: occ:* mags.

spondylitis *n. Med:* sbondylitis *m*.

spondylosis *n. Med:* sbondylosis *m*.

sponge¹ *n.* **1.** *(a) Z: &c:* sbwng (sbyngau) *m*, *Lit: occ:* gwlân *(m)* môr, mwsogl (*m*) môr, *F:* sbwnj(-is) *mf*; **to throw in/up the ~,** rhoi'r gorau iddi, rhoi'r ffidil yn y to; **to give sth a ~,** sychu rhth [â chadach, â sbwnj *&c*]; **boring ~,** *(Cliona celata):* sbwng tyllu; *Z:* **breadcrumb ~,** *(Halichondria janicea):* crystyn (crystiau) (*m*) môr, sbwng bara; **encrusting ~,** sbwng crawen; **finger ~,** sbwng byseddog; **glass ~,** *(Hyalonema):* sbwng gwydrog; **pond ~,** *(Spongella lacustris):* sbwng y merddwr; **purse ~,** *(Grantia compressa):* sbwng pyrsog, sbwng coesynnog; **river ~,** *(Spongilla fluviatilis):* gweryd *m*, sbwng afon; **vegetable ~, = loofah. 2.** *Cu: (a) (dough):* toes lefeinllyd *m*, defnydd (*m*) sbwnj; *(b) (cake):* teisen felen (teisennau melyn) *f*, sbwnj(-is) *f*. **3. = sponger. 4. = drunkard. ~-bag** *n.* bag(-iau) (*m*) ymolchi. **~-bag trousers** *n.* trywsus(-au) (*m*) siec, trwser(-i) (*m*) siec. **~ bath** *n.* ymolchiad(-au) (*m*) â sbwnj. **~ biscuit** *n.* bisgeden feddal (bisgedi meddal) *f*. **~-cake** *n.* teisen felen (teisennau melyn) *f*, teisen sbwnj. **~ cloth** *n.* clwt (clytiau) (*m*) sugno. **~ cucumber, ~-gourd** *n.* = **loofah. ~-finger** *n. Cu:* bys(-edd) (*m*) sbwnj. **~-finger stone** *n. Archeol:* carreg (*f*) bys bara. **~-fisher** *n.* pysgotwr (pysgotwyr) (*m*) sbyngau. **~ fly** *n. Ent:* pryf(-ed) (*m*) sbyngau. **~ pudding** *n. Cu:* pwdin (*m*) sbwnj. **~ rubber** *n.* = **foam-rubber. ~ tree** *n. Bot:* coeden (coed) sbyngog *f*, coeden (coed) opoponacs.

sponge² *v.t.&i.* **1.** *v.t. (a)* sbwnjo (rhth), glanh|au/golchi (rhth) â sbwnj, taro sbwnj (ar rth), tynnu sbwnj (dros rth); *(= moisten):* gwlychu (rhth) â sbwnj; *(dry):* sychu (rhth) â sbwnj; **to ~ out a mark,** dil|eu ôl â sbwnj, sbwnjo ôl rhth; *(b) F:* **to ~ a drink,** sbwnjo diod, progio diod, *N.W: occ:* cojo diod. **2.** *v.i. (a) Fish:* pysgota sbyngau/sbwnjis, sbwnjo; *(b) F:* **to ~ on s.o.,** byw ym mhoced rhn, sbwnjo ar rn. **~ down** *v.t.* sbwnjo (rhth), golchi (rhth) â sbwnj/sbwng. **~-down** *n.* sbwnjad(-au) *m*; **to have a ~-down,** ymolchi â sbwnj/sbwng. **~ off/out** *v.t. (a stain):* sychu/tynnu staen â sbwnj.

spongelike *a.* fel sbwng/sbwnj, sbyngaidd, sbwnjlyd, meddal.

sponger *n.* **1.** *Fish:* pysgotwr (pysgotwyr) (*m*) sbyngau. **2.** *F:* sbwnjwr(-s) *m*, progiwr (progwyr) *m*, *S.E:* wicwr (wicwyr) *m*, *N.W: occ:* cojwr(-s) *m*.

spongily *adv.* yn feddal *&c*.

spongin *n. Bio-Ch:* sbongin *m* (*pronounced* ng-g).

sponginess *n.* meddalwch *m*, natur sbyngaidd/sbwnjlyd *f*, sbyngogrwydd *m*.

sponging *vn.* **1.** sychad *m*, sbwnjad(-au) *m*, sbwnjo. **~ house** *n. Hist:* carchar(-au (*m*) beili. 2. *See* **sponge² 2** *(b)*.

spongioblast *n. Anat:* sb|ongioblast (sbongioblastau) *m* (*pronounced* ng-g).

spongioblastic *a. Anat:* sbongioblastig (*pronounced* ng-g).

spongophyll *n. Biol:* sb|ongoffyl *m* (*pronounced* ng-g).

spongy *a.* sbyngaidd, fel sbwng, meddal, *F:* sbwnjlyd; *F:* **the brakes are a bit ~,** mae'r braciau'n rhy feddal; **~ bone,** asgwrn (esgyrn) meddal *m*; **~ layer,** haenen (haenau) sbyngaidd *f*.

sponsion *n. Jur:* mechnïaeth *f*, mechnïo *vn*, ymrwymiad *m*, cyngwystl(-on) *m* (**on behalf of s.o.,** dros rn).

sponson *n. Mec.E:* sbonson(-au) *m*.

sponsor¹ *n.* **1.** *Jur:* mach (meichiau) *m*, mechnïydd (mechniwyr) *m* (**for s.o.,** dros rn). **2.** *(a) (at baptism):* rhiant (rhieni) (*m*) bedydd, tad(-au) (*m*) bedydd, mam (*f*) fedydd (mamau bedydd), *Lit: occ:* meichiau (meichiafon) *m*, *A:* alltraw(-on) *m*. **to stand ~ (to a child),** mynd/bod yn dad bedydd *or* yn fam fedydd (i blentyn); *(b) (introducing new member to club &c):* enwebydd: enwebwr (enwebwyr) *m*, cefnogwr: cefnogydd (cefnogwyr) *m*; *(c) (= financial supporter):* noddwr (noddwyr) *m*.

sponsor² *v.t.* **1.** *Jur:* mynd yn feichiau, meichio, meichiafu (dros rn); ateb (dros rn, ar ran rhn). **2.** *Ecc:* bod yn dad bedydd *or* yn fam fedydd (i blentyn). **3.** *(= give financial support):* noddi (rhn), rhoi nawdd (i rn), *F:* sbonsro (rhn).

sponsored *a.* noddedig; **~ walk,** taith (*f*) gerdded (teithiau cerdded) noddedig.

sponsorial *a.* **1.** *(a) Jur:* mechnïol. **2.** *Ecc:* bedydd, bedyddiol.

sponsorship *n.* **1.** *Jur: &c:* mechnïaeth *f*, meichiafaeth *f*. **2.** *Ecc:* meichiafaeth. **3.** *(= backing):* cefnogaeth *f* (**of sth,** i rth); *(= financial support):* nawdd *m* (i rth).

spontaneity *n.* natur ddigymell (*f*) (rhth), digymhellrwydd *m*, naturioldeb *m*.

spontaneous *a.* digymell.

spontaneously *adv.* **1.** yn ddigymell. **2. the fire started ~,** cychwynnodd y tân ohono'i hun.

spoof¹ *n. F:* **1.** *(= hoax):* twyll *m*, tric(-iau) *m*, cast(-iau) *m*. **2.** *(= parody):* p|arodi (parodïau) *mf*.

spoof² *v.t. F:* twyllo (rhn), chwarae cast (ar rn); **you've been spoofed,** fe gawsoch eich gwn|eud.

spoofer *n. F:* twyllwr (twyllwyr) *m*, castiwr (castwyr) *m*, t|wyllwraig (twyllwragedd) *f*.

spook¹ *n.* ysbryd(-ion) *m*, bwgan(-od) *m*, *S:* bwci(-s) *m*, bwci bo.

spook² *v.t.* dychryn, brawychu (rhn); codi ofn/arswyd (ar rn).

spooky *a. F:* bwganllyd, arswydus, brawychus, dychrynllyd; **~ story,** stori (storïau) (*f*) arswyd, stori [am] ysbrydion, *N:* stori fwgan (straeon bwgan).

spool¹ *n.* **1.** *(a) Tex:* = **bobbin** *(a)*; *(b) esp. U.S:* **~ of thread,** rîl (riliau) (*f*) o gotwm. **2.** *Fish:* rîl. **3.** *(of film):* sbŵl (sbwliau) *m*, rîl; **take-up ~,** sbŵl rholio, sbŵl codi. **~-pin** *n.* pin(-nau) (*mf*) sbŵl. **~-rack** *n.* rhac(-iau) (*m*) sbwliau.

spool² *v.t.* dirwyn, weindio, rilio; *Cmptr:* sbwlio.

spooler *n. Cmptr:* sbwliwr (sbwlwyr) *m*.

spoon¹ *n.* **1.** llwy(-au) *f*; **serving-~,** *N:* llwy fwrdd (llwyau bwrdd), *S:* llwy ford (llwyau bord), *S.W:* llwy bowtir (llwyau powtir); **love-~,** llwy garu (llwyau caru), llwy serch; **perforated ~,** llwy dyllog (llwyau tyllog); **porridge ~,** *N:* mopren(-ni) *f*, uwdffon (uwdffyn) *f*, *S:* pren(-nau) (*m*) uwd; **soup-~,** llwy gawl (llwyau cawl); **wooden ~,** llwy bren (llwyau pren); *S.a.* **dessertspoon, tablespoon, teaspoon**; *F:* **to be born with a silver ~ in one's mouth,** cael eich geni'n freintiedig/gefnog; *Prov:* **he that sups with the devil must have a long ~,** rhaid llwy hir i fwyta gyda'r diafol. **2.** *(a) Fish:* **~[-bait],** abwyd (*m*) llwy; **trolling-~,** llwyfach(-au) *m*, bach(-au) (*m*) llwy. **3.** *Rowing: Golf:* llwy(-au) *f*. **~-billed** *a.* llwybig, llydanbig. **~-bit** *n. Tls:* llwy ebill(-ion) *m*. **~-bread** *n. U.S:* bara meddal *m*, bara llwy. **~-feed** *v.t.* bwydo (rhn) â llwy, rhoi bwyd llwy (i rn). **~-hook** *n. Fish:* bach(-au) (*m*) llwy. **~-leaved** *a.* llwyddeiliog. **~-meat** *n.* bwyd (*m*) llwy. **~-net** *n. Fish:* rhwyd (*f*) lwy (rhwydau llwy). **~-rack** *n.* rhesel (*f*) lwyau (rheseli llwyau), *S:* car (ceir) (*pl*) llwyau.

spoon² *v.t.&i.* **1.** *v.t.* llwyo; **to ~ off cream,** codi hufen â llwy. **2.** *v.i. F: (of couples):* caru, cusanu, *S:* swsio.

spoonbeak *n. Orn:* = **shoveller 2.**

spoonbill *n. Orn:* llydanbig(-au) *m*. **~ cat** *n. Ich:* = **paddlefish. ~ duck** *n. Orn:* = **shoveller duck.**

spoondrift *n.* = **spindrift.**

spoonerism *n.* spooneriaeth(-au) *f*, spoonereb(-ion) *f*.

spoonfeed *v.t.* rhoi bwyd llwy (i rn), bwydo (rhn) â llwy.

spoonful *n.* llwyaid (llwyeidiau) *f*, llond (*m*) llwy(-au); *S.a.* **dessertspoonful, tablespoonful, teaspoonful.**

spoonily *adv.* yn benwan, yn lloaidd *&c*.

spooniness *n. (a) (= silliness):* penwendid *m*, hurtrwydd *m*; *(b) (= amorousness):* carueiddiwch *m*.

spoonwort *n. Bot: (Cochlearia):* llwylys *m*, llysiau(*pl*)'r llwy, morlwyau *pl*.

spoony *a. (a) (= silly):* penwan, gwirion, hurt, lloaidd; *(b) (= amorous):* carllyd, caruaidd.

spoor¹ *n. Ven:* trywydd *m*, ôl (olion) *m*.

spoor² *v.t. Ven:* **to ~ a deer,** mynd ar drywydd carw, olrhain carw.

spoorer *n. Ven:* olrheiniwr (olrheinwyr) *m*, dilynwr (dilynwyr) (*m*) trywydd.

sporadic[al] *a.* **1.** *(in time):* ysbeidiol, achlysurol, anfynych, prin(-ion). **2.** *(in space):* gwasgarog, prin, anfynych, gwasgaredig, ar wasgar.

sporadically *adv.* **1.** *(in time):* yn ysbeidiol, yn achlysurol, bob hyn a hyn, ambell waith, ambell dro, o bryd i'w gilydd, weithiau, o dro i dro, bob yn ail â pheidio. **2.** *(in space):* yn wasgarog, bob hyn a hyn, hwnt ac yma, yma ac acw.

sporadicalness *n.* ysbeidiolrwydd *m*, ysbeidioldeb *m*.

sporangial *a. Bot:* sborangaidd.

sporangiophore *n. Bot:* sbor|angioffor (sborangiofforau) *m*.

sporangium *n. Bot:* sborangiwm (sborangia) *m*.

spore¹ *n. Bot:* sbôr (sborau) *m*; **dispersal of spores,** gwasgariad (*m*) sborau; **asexual ~,** sbôr anrhywiol; **sexual ~,** sbôr rhywiol. **~ case** *n.* = **sporangium.**

spore² *v.i.* sboru, creu sborau.

sporicidal *a.* sborleiddiol.

sporicide *n.* sborleiddiad (sborleiddiaid) *m*.

sporiferous *a.* sborddwyn.

sporocarp *n. Bot:* sb|orocarp (sborocarpau) *m.*
sporocyst *n. Z:* sb|orosyst (sborosystau) *m.*
sporogenesis *n.* sborog|enesis *m.*
sporogenic, sporogenous *a.* sborogenig.
sporogony *n.* sborog|enesis *m.*
sporophore *n. Bot:* sb|oroffor (sborofforau) *m.*
sporophyll *n. Bot:* sb|oroffyl (sboroffylau) *m.*
sporophyte *n. Bot:* sb|oroffyt (sboroffytau) *m.*
sporophytic *a. Bot:* sboroffytig.
sporotrichosis *n. Med:* sborotrichosis *m.*
sporozoan *a. & n.* **1.** *a.* sborosoaidd. **2.** *n.* sborosoad (sborosoaid) *m&f.*
sporozoite *n.Z:* sborosöit (sborosoitau) *m.*
sporran *n. Cost:* sboran(-au) *mf.*
sport[1] *n.* **1.** *(a) (= amusement):* hwyl *f*, sbort *mf*, difyrrwch *m*; **in ~,** o ran hwyl, o ran difyrrwch; **to make ~ of sth,** gwneud hwyl am ben rhth, chwerthin am ben rhth, cymryd rhth yn ysgafn, *N.W: occ:* sbortio rhth; *(b)* **to have good ~,** *(i) (in hunting):* cael helfa dda *(f)*; *(ii) (in fishing):* cael dalfa dda *(f)*, cael haldiad da *(m)*; **the ~ of kings,** hela *vn*, helwriaeth *f.* **2.** *(= games, athletics &c):* chwarae(-on) *m*, mabolgamp(-au) *f*; *Hist:* **The Book of Sports,** Llyfr y Chwaraeon; **athletic sports,** chwaraeon athletaidd, mabolgampau; **winter sports,** mabolgampau'r gaeaf, chwaraeon [y] gaeaf; *S.a.* **blood**[1], **field**[1]; **potted sports,** mabolgampau bach. **3.** *Lit: (= plaything):* tegan(-au) *m*; **to be the ~ of fortune,** bod yn degan ffawd. **4.** *Biol:* gwyriad(-au) *m.* **5.** *F:* **he's a good ~,** mae'n gallu cymryd hwyl; *N:* mae o'n hen hogyn iawn; mae o'n hen siortyn/sbortyn iawn; mae'n cymryd ei herian/bryfocio; *S:* mae e'n fachan piwr; *S.W:* mae e'n eitha ffrwlyn; **she's a good ~,** mae hi'n hen sborten/ffrwlen iawn; **be a ~!** bydd(-wch) yn deg! chwarae teg! chwarae(-wch) yn deg! **hello, old ~!** sut mae hi, fachgen! *N:* sut mae hi'r hen goes! **sports day** *n.* diwrnod(-iau) *(m)* mabolgampau. **sports car** *n.* sbortscar (sbortsceir) *m.* **sports ground** *n.* maes (meysydd) *(m)* chwarae. **sports hall** *n.* campfa (campf|eydd) *f*, neuadd(-au) *(f)* chwaraeon. **sports jacket** *n.* siaced(-i) *(f)* hamddena. **sports requisites** *n.pl.* offer chwaraeon. **sports writer** *n.* gohebydd (gohebwyr) *(m)* chwaraeon.
sport[2] *v.i.&t.* **1.** *v.i. (a) O: (= frolic):* ymddifyrru, ymddigrifo, eich mwynh|au'ch hun, cael hwyl; *(b) Biol:* gwyro [o'r normal]. **2.** *v.t.* **to ~ a red shirt,** gwisgo crys coch; **to ~ a beard,** gwisgo barf; *S.a.* **oak.**
sporting[1] *a.* **1.** *(= fond of hunting):* hoff o hela, helgar; **~ house,** = **brothel**; **~ lady,** = **prostitute**; **~ man,** sbortsman: sbortsmon (sbortsmyn) *m*, dyn(-ion) *(m)* hoff o chwaraeon. **2.** *(= fair-minded):* **in a ~ spirit,** mewn ysbryd teg; *F:* **it's very ~ of him,** chwarae teg iddo, mae'n deg iawn ar ei ran; **(you have) a ~ chance,** (mae gennych) bob siawns, eithaf siawns, siawns go lew, siawns weddol, rywfaint o obaith/siawns; **I'll make you a ~ offer,** mi wnaf i gynnig teg ichi.
sporting[2] *vn.* hela, helwriaeth *f.* **~-dog** *n.* ci (cŵn) *(m)* hela. **~-gun** *n.* dryll(-iau) *(m)* hela, gwn (gynnau) *(m)* hela.
sportingly *adv.* **he (~) agreed to come,** cytunodd i ddod (yn deg iawn, chwarae teg iddo).
sportive *a. (= playful):* chwar|eus, nwyfus.
sportively *adv.* yn chwar|eus *&c.*
sportiveness *n.* natur chwar|eus *f*, chwareusrwydd *m*, nwyfusrwydd *m*, nwyf *m*, nwyfiant *m.*
sportscast *n. W.Tel: T.V:* darllediad(-au) *(m)* chwaraeon.
sportscaster *n. W.Tel: T.V:* darlledwr (darlledwyr) *(m)* chwaraeon.
sportsman *n.m.* **1.** *(= hunter):* heliwr (helwyr); *(= fisherman):* pysgotwr (pysgotwyr). **2.** *(= athlete):* mabolgampwr (mabolgampwyr); *(= amateur of sports):* sbortsmon (sbortsmyn); **he's a keen ~,** mae'n hoff iawn o chwaraeon; mae'n sbortsmon mawr. **3. he's a real ~,** mae'n credu mewn chwarae teg; mae'n ŵr bonheddig.
sportsmanlike, sportsmanly *a.* teg, sbortsmanaidd, sbortsmonaidd.
sportsmanship *n.* sbortsmanaeth *f*, sbortsmonaeth *m*, chwarae teg *m.*
sportswear *n.* dillad *(pl)* chwaraeon.
sportswoman *n.f.* **1.** *(hunting):* h|elwraig (helwragedd); *(fishing):* pysg|otwraig (pysgotwragedd). **2.** *(athletics):* mabolg|ampwraig (mabolgampwragedd).
sporty *a.* **1.** *F:* = **sporting**[1] **2.** *F: (jacket &c):* lliwgar.
sporular *a. Biol:* sborynnol.
sporulate *v.i. Biol:* ffurfio sboryn[-nau], sborynnu.
sporulation *vn. Biol:* sborynnu.
sporule *n. Biol:* sboryn(-nau) *m.*
spot[1] *n.* **1.** *(a) (= place):* lle(-oedd) *m*, llecyn(-nau) *m*, man(-nau) *mf*, *Lit:* mangre(-oedd) *f (pronounced* ng-g); **black ~,** man du/peryglus, lle peryglus; **beauty ~,** man prydferth; *S.a.* **under 2**; *Fb:* **penalty ~,** man cosb; **weak ~,** gwendid(-au) *m*, man gwan; **to touch upon a weak ~,** rhoi'ch bys ar friw, taro ar gig noeth; **X marks the ~,** mae X yn dynodi'r fan; dan yr X y mae'r lle; **on the ~,** yn y fan [a'r lle]; **(I was standing) on the very ~,** (yr oeddwn i'n sefyll) yn yr union fan, yn y fan a'r lle; **(the police are) on the ~,** (mae'r heddlu) yna, wrth law; **(the manager should always be) on the ~,** (dylai'r rheolwr fod bob amser) ar gael, wrth law, yno; **on the ~ reporter,** gohebydd (gohebwyr) *(m)* yn y fan a'r lle; *F:* **to put s.o. on the ~,** rhoi rhn mewn picil/helynt; *F:* **to hit the high spots,** mynd ar sbri, *S:* mynd ar y criws; **I have a soft ~ for her,** mae gennyf le tyner yn fy nghalon iddi; *F:* **in a tight ~,** mewn trafferth/picil/cornel/twll/caeth-gyfle; **night-~,** clwb (clybiau) *(m)* nos; *(b) adv.phr.* **on the ~,** yn y fan [a'r lle], ar unwaith, yn ddiymdr|oi, *N: F:* yn syth [bin]; **to fall dead on the ~,** syrthio'n gelain; **to be killed on the ~,** cael eich lladd yn y fan a'r lle; **to run on the ~,** rhedeg yn eich unfan; *(c) T.V: W.Tel: (for advert, act &c):* lle(-oedd) *m*, man(-nau) *m.* **2.** *(a) (= mark):* [y]smotyn ([y]smotiau) *m*, sbotyn (sbotiau) *m*, marc(-iau) *m*, brycheuyn (brychau) *m*, man(-nau) *m*; **beauty ~,** smotyn harddwch; **centre ~,** marc canol; **leaf ~,** clwyf *(m)* smotiau; *Th: Cin: F:* **hot ~,** smotyn llachar; *(b) (on face):* smotyn, sbotyn, ploryn (plorod) *m*, *S.E:* tosyn (tosau) *m*, *S.W:* plotyn (plotod) *m*, whimpyn (whimpod) *m*; *(c) (on horse's forehead):* seren (sêr) *f.* **3.** *(a) (of colour &c):* smotyn, sbotyn, dot(-iau) *m*; **a leopard's spots,** brychni *(m)* llewpard, smotiau llewpard; *S.a.* **leopard**; **a ~ of fat,** *(in stew):* llygad: llygedyn (llygaid) *m*; **a ~ of sunshine,** llygad/llygedyn o haul; *F:* **to knock spots off s.o.,** trechu/curo rhn yn lân/llwyr; **this car will knock spots off the other,** mae'r car yma'n frenin i'r llall; *(b)* **blind ~,** *(i) Anat:* [y]smotyn dall/tywyll; *(ii) Aut:* lle(-oedd) dall *m*; *F:* **that's your blind ~,** dyna'ch man dall chi; dyna'r peth na ellwch chi mo'i weld; *(c) Bill:* smotyn, sbot; *Fb: Bill: &c:* **penalty ~,** smotyn [cosb]; *Radar:* **scanning ~,** smotyn chwilio; *(d) Med: (radiography):* **a ~ on the lung,** cysgod(-ion) *(m)* ar yr ysgyfaint; *(e) Th: Cin: (= spotlight):* sbot(-iau) *m*; **balcony front ~,** sbot ffrynt balconi; **ceiling ~,** sbot nenfwd; **float ~,** sbot godre. **4.** *(a) (of liquid):* diferyn (diferion) *m*; *(esp. of rain):* defnyn(-nau, dafnau) *m*, dafn(-au) *m*, deigryn (dagrau) *m*; *(b) F:* **a ~ (of whisky),** diferyn, tropyn (o wisgi); **what about a ~ of lunch?** beth am damaid o ginio? **a ~ (of trouble),** tipyn *m*, mymryn *m*, ychydig *m*, *S.E:* ticyn *m* (o drafferth). **~-ball** *n. Bill:* pêl (peli) *(f)* sbot. **~-bar** *n.* haearn (heyrn) *(m)* sbot. **~-barred** *a.* bar-sbot. **~ block** *n.* bloc(-iau) *(m)* sbot. **~ cash** *n.* arian parod *m.* **~ check**[1] *n.* hapwiriad(-au) *m.* **~-check**[2] *v.t.* hapwirio. **~ exchange** *n.* cyfnewid *(vn)* ar y pryd. **~ facing** *vn.* sbotwynebu. **~ galvanometer** *n.* galfanomedr(-au) *(m)* sbot. **~ height** *n. Surv:* pwynt(-iau) *(m)* uchder. **~ kick** *n. Fb:* cic *(f)* gosb (ciciau cosb). **~ line** *n.* sbotlinell(-au) *f.* **~ market** *n.* marchnad(-oedd) *(f)* arian parod. **~ news** *n. Journ:* newydd(-ion) *(m)* y funud olaf. **~ on** *a.* union, i'r dim; **you're ~ on,** 'rydych yn llygad eich lle; 'rydych yn hollol gywir; dyna chi wedi ei tharo hi i'r dim. **~ pass** *n. Fb:* cic(-iau) *(f)* i fan agored, sbotbas(-au) *m.* **~ price** *n.* pris *(m)* ar y pryd. **~-remover** *n.* codwr (codwyr) *(m)* staeniau. **~ sale** *n.* gwerthiant (gwerthiannau) *(m)* arian parod. **~-stroke** *n. Bill:* sbot-strôc (~-strociau) *f.* **~ test** *n.* prawf (profion) *(m)* yn y fan [a'r lle]. **~ weld** *v.t.* sbot-asio, sbot-weldio. **~-welder** *n.* sbot-asiwr (~-aswyr) *m*, sbot-weldiwr (~-weldwyr) *m*, sbot-|aswraig *f*, sbot-w|eldwraig *f.* **~-welding** *vn.* sbot-asio, sbot-weldio.
spot[2] *v.t.* **1.** *(a) (with dirt):* staenio, sbotio, *occ:* brychu; *(with passive force):* **material that spots easily,** defnydd sy'n hawdd ei frychu; **it's spotting [with] rain,** mae hi'n pigo bwrw; mae hi'n defnu/defni; *N.W: occ:* mae hi'n taflyd dagrau; mae hi'n dafnio; *(c) Bill:* **to ~ the ball,** rhoi'r bêl ar y sbotyn. **2.** *F: (a) (= notice):* gweld (rhth), sylwi (ar rth), cael golwg (ar rth), *F:*

sbotio (rhth); **~ the ball,** ble mae'r bêl? *(b) (= recognize):* adnabod (rhn); **I spotted him as a German,** gwelais/ sylwais mai Almaenwr oedd ef; *Turf: &c:* **to ~ the winner,** pigo'r enillydd; *Mil:* **to ~ the enemy positions,** lleoli safleoedd y gelyn; **to ~ the difference (between two things),** gweld y gwahaniaeth, sylwi ar y gwahaniaeth (rhwng dau beth); **to ~ trains,** gwylio trenau, gwylio am drenau; **I can ~ talent,** gallaf adnabod dawn. **3.** *Metalw: Mec.E:* **to ~ a hole,** canoli twll.

spotless *a.* di-staen, glân, *Lit:* dilychwin, difrycheulyd; **~ character,** cymeriad dilychwin/di-fefl.

spotlessly *adv.* **~ white,** gwyn fel yr eira; **~ clean,** hollol lân, cwbl lân, glanwaith.

spotlessness *n.* glendid *m,* glanweithdra *m.*

spotlight^{1} *n. Th: Cin:* sbot(-iau) *m,* sbotolau (sbotoleuadau) *m; Aut:* sbotlamp(-au) *f;* **to hold the ~,** mynnu/tynnu sylw. **~-chaser** *n.* sbot-geisiwr (~-geiswyr) *m.*

spotlight^{2} *v.t.* taflu goleuni (ar rth); *T.V:* sbotoleuo (rhth), rhoi sbot (ar rth).

spottable *a.* gweladwy, canfyddadwy.

spotted *a.* brych (*f.* brech, *pl.* brychion), brith (*f.* braith, *pl.* brithion), mannog; **~ dog,** *(a)* **= dalmatian**; *(b)* **= spotted Dick**; *Rept:* **~ adder,** gwiber fraith (gwiberod brithion) *f; Orn:* **~ crake,** rhegen fraith (rhegennod brithion) *f; Cu:* **~ Dick,** pwdin(-au) *(m)* eirin, *N.W: occ:* pwdin blew; **~ fever, = typhus**; *Bot:* **~ orchid,** tegeirian(-au) brych/mannog *m;* **common ~ orchid,** *(Dactylorhiza fuchsii):* tegeirian brych cyffredin; **heath ~ orchid,** *(D. maculata):* tegeirian brych y rhos.

spotter *n.* **1.** *Mil: (= observer):* gwyliwr (gwylwyr) *m,* llygadwr (llygadwyr) *m,* lleolwr (lleolwyr) *m,* sbotiwr (sbotwyr) *m.* **2.** *(a)* **train-~,** gwyliwr trenau; *(b)* **talent-~,** adnabyddwr (adnabyddwyr) *(m)* doniau. **~ plane** *n.* awyren *(f)* wylio (awyrennau gwylio).

spottily *adv.* yn smotiog, yn frith *&c.*

spottiness *n.* brychni *m;* golwg smotiog/sbotiog *(f)* (ar rth).

spotty *a.* **1.** *(surface):* mannog, smotiog, sbotiog, yn smotiau/ sbotiau i gyd; *S.a.* **spotted, pimply. 2.** *F: (= patchy, irregular):* anwastad, ysbeidiol.

spousal *a.* priodasol.

spousals *n.pl.* **= nuptials.**

spouse *n. Lit: & Jur:* priod *mf,* gŵr (gwŷr) priod *m,* gwr|aig briod (gwragedd priod) *f;* **my ~,** fy mhriod.

spout^{1} *n.* **1.** *(= jet of water &c):* ffrwd (ffrydiau) *f,* ffrydlif(-iau) *mf,* pistylliad(-au) *m.* **2.** *(a) Const:* **rainwater ~,** peipen *(f)* law (peipiau glaw), *N.W:* landar (landeri, landerydd) *f; (b) (of teapot):* pig(-au) *mf; (of pump):* ceg(-au) *f; (of hopper):* goddeg(-au) *f; P:* **down the ~,** i lawr y draen, ar goll. **3. to put a watch up the ~,** ponio watsh. **~-hole** *n. (of whale):* twll (tyllau) *(m)* chwythu.

spout^{2} *v.i.&t.* **1.** *v.i. (a) (of liquid):* pistyllio, ffrydio, *N.W: occ:* powsio; *(b) (of whale):* chwythu; *(c) F: (of pers.):* parablu, traethu, brygowthan, clebran, paldaruo. **2.** *v.t. (a) (water &c):* ffrydio, pistyllio, chwistrellu; *(b) F:* **to ~ idiocies,** parablu [lol], siarad lol, malu awyr.

spouted *a.* pig, â phig; **~ bowl,** dysgl *(f)* big (dysglau pig).

spouter *n.* brygowthwr (brygowthwyr) *m,* bryg|owthwraig *f.*

spoutless *a.* heb big.

sprag^{1} *n.* **1.** *(under wheel):* strôc: strocen (strociau) *f,* sbrogen (sbrogiau) *f.* **2.** *Min:* postyn (pyst) *m.*

sprag^{2} *v.t.* strocio.

sprain^{1} *n.* [y]sigiad(-au) *m, N.W:* streifiad(-au) *m.*

sprain^{2} *v.t.* [y]sigo, troi, tynnu, *M.W:* sybwrtho, *N.W:* streifio, *S.W:* shilgamu.

sprained *a.* ysig, wedi ei [y]sigo/streifio.

spraints *n.pl. Nat.Hist:* baw *(m)* ci dŵr.

sprang *v. See* **spring**^{2}.

sprat *n. Ich:* corbennog (corbenwaig) *m,* môr-grothell (~-grythyll) *f, F:* sbretyn (sbrats, sbratiaid) *m,* sbrat(-s,-iaid) *m; Prov:* **a ~ to catch a mackerel/herring/whale,** sbrat i ddal samon.

spratter *n.* pysgotwr (pysgotwyr) *(m)* corbenwaig.

spratting *vn.* pysgota am gorbenwaig, dal corbenwaig.

sprauncily *adv. F:* yn smart.

sprauncinesss *n. F:* smartrwydd *m.*

sprauncy *a. F:* smart, *N.W: occ:* pinco.

sprawl^{1} *n.* **1.** *(posture):* gorweddiad *m;* **he lay in a ~,** gorweddai ar hyd ac ar led. **2.** *(= straggle of houses &c):* gwasgariad(-au) *m,* gwasgarfa(-oedd) *f,* chwalfa (chwalf|eydd) *f; Geog:* blerdwf *m.*

sprawl^{2} *v.i.* **1.** gorweddian; **to send s.o. sprawling,** llorio rhn, taro rhn nes ei fod ar ei gefn/hyd; **to go sprawling,** syrthio/cwympo ar eich hyd, *S:* cwympo'n fflachdar, *S.W:* mynd yn swabart/ ffadlach ar lawr. **2.** *(of town &c):* ymestyn yn wasgarog, ymledu'n wasgarog, tyfu ar wasgar, ymwasgaru.

sprawling *a.* **1.** *(posture):* yn gorweddian [ar hyd ac ar led], *S.W:* swabart. **2.** *(town &c):* gwasgarog. **3. ~ handwriting,** ysgrifen aflêr.

sprawlingly *adv.* yn aflêr, ar hyd ac ar led, dros bob man, yn wasgarog.

sprawly *a.* gwasgarog, ar hyd ac ar led, dros bob man.

spray^{1} *n. (of flowers):* sbrigyn (sbrigau) *m,* tusw(-on,-au) *m,* pwysi (pwysïau) *m, Lit:* blodeuglwm (blodeuglymau) *m; (= branch):* cangen (canghennau) *f; (of diamonds):* clwstwr (clystyrau) *m.* **~-drain** *n.* ffos *(f)* frigau (ffosydd brigau).

spray^{2} *n.* **1.** *(of sea &c):* ewyn *m,* llwch *(m)* dŵr; *Poet:* **sea ~,** distrych *(m)* y don. **2.** *(a) (= drenching of water, paint &c):* chwistrelliad(-au) *m,* taenelliad(-au) *m,* ysgeintiad(-au) *m;* **to give flowers a ~ of water,** chwistrellu dŵr ar flodau; *(b) (= sprayer):* **hair ~,** chwistrell *(f)* wallt (chwistrellau/chwistrelli gwallt); **deodorant ~,** chwistrell ddiarogli (chwistrellau/ chwistrelli diarogli); *Med:* **nasal ~,** chwistrell i'r trwyn. **3.** *(of bullets &c):* cawod(-ydd) *f.* **~-dried** *a.* chwyth-sych. **~-dry** *v.t.* chwyth-sychu. **~-gun** *n.* chwistrell(-au,-i) *f,* chwistrellwr (chwistrellwyr) *m.* **~-paint**^{1} *n.* paent *(m)* chwistrellu. **~-paint**^{2} *v.t.* chwyth-baentio, chwistrell-baentio, paentio (rhth) â chwistrell.

spray^{3} *v.t.* **1.** chwistrellu, ysgeintio, taenellu, *N.W: occ:* chwistrio. **2. to ~ sth with bullets,** rhidyllu/pledu rhth â bwledi.

sprayable *a.* chwistrelladwy.

sprayer *n.* chwistrellydd: chwistrellwr (chwistrellwyr) *m,* chwistrell(-au,-i) *f.*

spread^{1} *n.* **1.** *(a) (= expanse):* ehangder (eangderau) *m; (b) (of wings, sails &c):* lled *m,* rhychwant(-au) *m; F:* **middle-age[d] ~,** bloneg *(m)* canol oed, torch *(f)* o floneg; **to develop a ~,** tewychu, magu bloneg; *(c) Com: (of prices):* amrediad(-au) *m; (d) N.Am:* **= ranch**^{1}. *(a).* **2.** *(a) (of education, disease &c):* ymlediad *m,* ymdaeniad *m; (with active force):* lledaeniad *m; (b) Ball: (of bullets):* ymlediad, gwasgariad *m,* ymwasgariad *m.* **3.** *F: (= feast):* gwledd(-oedd) *f, F:* ffiden (ffidiau) *f;* **cold ~,** pryd(-au) oer *m.* **4.** *Journ:* **double-page ~,** taeniad(-au) dwbl *m,* taenfa ddwbl (taenfâu dwbl) *f;* **centre-~,** taeniad canol, taenfa ganol (taenfâu canol), tudalennau canol *pl.* **5.** *Cu:* **cheese ~,** pâst *(m)* caws, caws *(m)* taenu; **meat ~,** pâst cig; *S.a.* **bedspread.**

spread^{2} *v.t.&i.* I. *v.t.* **1.** *(a)* **to ~ a net,** taenu/gosod rhwyd; **to ~ one's arms,** lledu/agor eich breichiau, dal eich breichiau ar led; **to ~ out a cloth,** taenu lliain; **to ~ sails,** taenu/lledu hwyliau; **peacock spreading its tail,** paun yn taenu/codi/castellu ei gynffon; **to ~ a banner,** taenu baner; **bird with its wings ~ [out],** aderyn â'i adenydd ar led; **to ~ out goods for sale,** taenu/gosod nwyddau i'w gwerthu; **to ~ [oneself] out (on a sofa),** estyn eich hyd, gorweddian (ar soffa); **to ~ oneself on a subject,** ymhelaethu ar bwnc. **2.** *(a)* **to ~ straw,** gwasgaru/taenu gwellt, *S.W:* gwasgar/towlu gwellt; **to ~ (news, rumour),** taenu, lledaenu, cyhoeddi (newydd, si); **to ~ fear,** lledaenu/codi ofn; **to ~ a little happiness,** creu tipyn o lawenydd; **to ~ a disease,** taenu/ lledaenu clefyd; **to ~ s.o.'s fame [abroad],** cyhoeddi enw rhn ar led; *(b)* **payments ~ over several months,** taliadau'n ymestyn dros sawl mis. **3. to ~ butter,** taenu menyn, *M.W:* teinio menyn; **to ~ ointment on a wound,** rhoi/dodi eli ar glwyf. **4.** *(a)* **to ~ sth with sth,** taenu rhth â rhth, gwasgaru rhth dros rth; *(b) O: & U.S:* **to ~ table,** gosod bwrdd, *N:* hulio bwrdd; *(c) F:* **to ~ it on thick,** seboni, gwerthu sebon, gwerthu lledod. II. *v.i.* **1.** ymledu, mynd ar led, ymestyn, ymdaenu; **here the river spreads out,** yn y fan hon mae'r afon yn ymledu/ymagor. **2.** *(of news, rumour &c):* ymledu, mynd ar led, cerdded; *(of disease, theory):* ymledu; **the fire is spreading,** mae'r tân yn cydio/ ymledu; **his ideas are spreading,** mae ei syniadau'n dod yn boblogaidd; mae ei syniadau'n ennill tir; **the swelling has ~ to the throat,** mae'r chwydd wedi cyrraedd y gwddf; **a rumour was spreading (that he was ill),** 'roedd si ar led/gerdded, 'roedd sôn (ei fod yn wael); *N:* 'roedd cwyno iddo. **3.** *(of small shot):* gwasgaru, mynd ar wasgar, ymwasgaru, ymledu.

spread³ *p.p. & a. (arms, wings, legs &c):* ar led; *(tail):* ar daen; *(population &c):* **thinly ~,** yn denau, yn haen denau, gwasgarog; **thickly ~,** trwchus, yn haen drwchus, yn drwch; **thickly ~ with butter,** â haen drwchus o fenyn; **thinly ~ with treacle,** â haen denau o driog; **manure evenly ~,** tail wedi ei wasgaru'n wastad. **~ eagle¹** *n. Her:* eryr(-od) *(m)* taen, eryr ar daen. **~-eagle²** *v.t.* rhoi (rhn) ar daen. **~-eagle³** *attrib. U.S: F:* jingoaidd (*pronounced* ng-g). **~-eagled** *a.* â'ch aelodau ar led, â'ch coesau a'ch breichiau ar led. **~-eagleism** *n. U.S:* jingoaeth *f* (*pronounced* ng-g).

spreadability *n.* natur daenadwy/wasgaradwy *f.*

spreadable *a.* taenadwy, gwasgaradwy.

spreader *n.* **1.** *(of ideas, news &c):* lledaenydd: lledaenwr (lledaenwyr) *m.* **2.** *Agr: (a) (of manure &c):* taenwr (taenwyr) *m*, gwasgarwr (gwasgarwyr) *m*, chwalwr (chwalwyr) *m; (b) (= swingle-tree):* tinbren(-ni) *m*, bonbren(-ni) *m.*

spreading¹ *a.* ymledol, ymdaenol; *(tree):* brigog, canghennog; *Mus:* **underneath the ~ chestnut tree,** awn am dro i Frest Pen Coed.

spreading² *vn.* **1.** *(of news, illness):* ymlediad *m*, *(with active sense):* lledaeniad *m.* **2.** *(of manure):* chwalu, gwasgaru, taenu.

spreadsheet¹ *n. Cmptr:* taenlen(-ni) *f.*

spreadsheet² *v.t. Cmptr:* taenlennu.

spree¹ *n. F:* sbri(-oedd) *fm*, difyrrwch *m*, sbort *f*, sbloet *mf*, *N.W:* joli-hoet *f*, sesiwn (sesiynau) *f*; **to go on a ~,** cael hwyl [a sbri], *N.W:* jolihoetio, mynd am joli-hoet, *S:* mynd ar y criws; **(students) out on a ~,** (myfyrwyr) ar eu diod, yn cael sbri, *N.W:* ar eu term, ar sesiwn, *S.E:* ar y daplan, ar y taplas, *S:* ar y criws; **spending/shopping ~,** sbri wario/siopa.

spree² *v.i.* mynd ar sbri, mynd ar y criws, jolihoetio *&c.*

sprig *n.* **1.** *(= shoot):* brigyn (brigau) *m*, sbrigyn(-nau, sbrigau) *m*, sbrigen (sbrigau) *f*, blaguryn (blagur) *m*, *M.W:* pingyn(-nau) *m*, impyn (impiau) *m.* **2.** *F: usu. Pej: (pers.):* llefnyn (llafnau) *m*, sbrigyn(-nau, sbrigau) *m*; **a ~ of the nobility,** impyn o'r bendefigaeth. **3.** *(= small nail):* sbarblen (sbarblis) *f.* **~ muslin** *n. Tex:* mwslin *(m)* pincyn.

sprigbit *n.* pegol(-au) *m.*

spriggy *a.* sbrigog.

sprightful *a. U.S:* **= sprightly.**

sprightfulness *n. U.S:* **= sprightliness.**

sprightliness *n.* bywiogrwydd *m*, sioncrwydd *m*, *Lit:* hoen *f*, hoenusrwydd *m*, hoender *m*, asbri *m*, nwyf *m*, nwyfiant *m*, nwyfusrwydd *m.*

sprightly *a.* bywiog, sionc, llawn bywyd/mynd, *Lit:* hoenus, nwyfus; *N.W:* **a ~ girl,** sbrigen *f*; **(as ~) as a cricket,** (cyn sionced) â'r dryw, â'r wiwer; fel y gog; (cyn llonned) â'r gog.

sprigtail *n. Orn:* **= pintail.**

spring¹ *n.* **1.** *(a) (of water):* ffynnon (ffynhonnau) *f*, ffynhonnell (ffynonellau) *f*, ffrwd (ffrydiau) *f*, *S.E:* bwrlwm (byrlymau) *m*, *Lit:* tarddell(-i) *f*; **~ water,** dŵr *(m)* codi, dŵr ffynnon; **the Pierian ~,** ffynhonnell yr awen; **Vauclusian ~,** tarddell Vaucluse; *(b) (= source, origin):* tarddiad(-au) *m*, tarddle(-oedd) *m*, gwreiddyn (gwreiddiau) *m*; *Phil:* **springs (of action),** cymhellion *pl*; *(c) Arch:* tarddle. **2.** *(a) (season):* gwanwyn(-au) *m*, *M.W: occ:* gweiniwn *m*; *attrib.* gwanwynol; **in [the] ~,** yn y gwanwyn; **a lovely ~ evening,** noson braf o wanwyn, noson wanwynol braf; **~ is in the air,** daeth y gwanwyn; *S.a.* **onion. 3.** *(= jump):* naid (neidiau) *f*, sbonc(-iau) *f*, *Lit:* llam(-au) *m*, crychnaid (crychneidiau) *f*; **to take a ~,** cymryd naid, neidio, llamu, sboncio, *S.W:* cymryd hyrfa *(f)*; *(b) Gym:* sbring(-iau) *m*; **arab ~,** sbring arab; *Gym:* **back ~,** sbring cefn; **neck ~,** sbring gwar; **spiral ~,** sbring troellog; *S.a.* **flyspring, handspring, headspring. 4.** *(= elasticity):* hyblygrwydd *m*, hydwythedd *m*; *(of one's step):* sioncrwydd *m*; **there was a new ~ in his step,** 'roedd yn sioncach ei gam/gerddediad. **5.** *Mec: E:* sbring(-s,-iau) *mf*, *Lit: occ:* llamlafn(-au) *m.* **~ balance** *n.* clorian(-nau) *(f)* sbring, tafol(-au) *(f)* sbring. **~ beauty** *n. Bot:* pwrpin trydwll *m.* **~ bed** *n.* gwely(-au) *(m)* sbrings. **~ catch** *n.* clicied(-au) *(f)* sbring. **~ chicken** *n.* cywen(-nod) *f*; **she's no ~ chicken,** 'dyw hi ddim mor ifanc ag y bu hi; nid l[l]efren/cywen ifanc mohoni bellach. **~-clean¹** *v.t.* glanhau [tŷ] yn llwyr. **~ clean²** *n.* glanhad(-au) llwyr/blynyddol; **to give a house a ~-clean,** glanhau tŷ'n llwyr. **~-cleaning day** *n.* diwrnod *(m)* y glanhau mawr, *N: F:* pen-blwydd *(m)* y cythraul. **~ dividers** *n.pl.* cwmpas(-au) *(m)* sbring. **~ drive** *n.* sbring-yriant *m.* **~ fever** *n.* cyffro*(m)*'r gwanwyn. **~ gun** *n.* gwn (gynnau) *(m)* sbring, trap(-iau) *(m)* saethu. **~ head** *n.* llygad *(m)* ffynnon (llygaid ffynhonnau). **~ line** *n. Geog:* tarddlin(-au) *f.* **~-loaded** *a.* sbring-lwythog. **~ lock** *n.* clo(-eau) *(m)* sbring. **~ mattress** *n.* matres(-i) *(mf)* sbrings. **~ onion** *n. Bot:* sibolsyn (sibols) *m*, sibolen (sibols) *f*, sgaliwn(-s) *m*, *S:* shibwnsyn (shibwns) *m.* **~ peeper** *n. Amph:* llyffant(-od, llyffaint) *(m)* y gwanwyn. **~ punch** *n.* pwnsh(-is) *(m)* sbring. **~ roll** *n. Cu:* crempog *(f)* lysiau (crempogau llysiau). **~ sapping** *vn. Geog:* tanseilio tarddell. **~-sedge** *n. See* **sedge. ~ snowflake** *n. Bot:* eiryaidd *m*, blodau*(pl)*'r gaeaf. **~ steel** *n.* dur *(m)* sbring, dur hydwyth/hyblyg. **~ tide** *n.* llanw mawr *m*, gorllanw(-au) *m*, *N.W:* sbring [gref] *f*; **at ~-tide,** ar gefn [y] sbring. **~ usher** *n. Ent:* gwyfyn(-od) *(m)* Chwefror. **~ vetch** *n. Bot:* **= vetch (common). ~ washer** *n.* wasier(-i) *(f)* sbring. **~ water** *n.* dŵr *(m)* ffynnon, dŵr codi.

spring² *v.i.&t.* **I.** *v.i.* **1.** *(a)* neidio, *occ:* sboncio, *Lit:* llamu; **to ~ over a ditch,** neidio dros ffos, *N.W: occ:* swalpio dros ffos; **to ~ to one's feet,** neidio ar eich traed; **to ~ to attention,** ymsythu ar naid, ymsythu yn y fan, neidio'n syth; **to ~ to s.o.'s help/defence,** rhuthro i helpu/amddiffyn rhn; **to ~ at s.o.,** neidio ar rn, cythru i rn; **where did you ~ from?** o ble doist ti? *(b)* **the lid sprang open,** agorodd/cododd y caead ar unwaith; agorodd y caead yn glep. **2.** *(a) (of water &c):* codi, ffrydio, tarddu, *N.W: occ:* powsio; **the blood sprang to her cheeks,** cododd gwrid i'w gruddiau; *(b)* **hope springs eternal,** nid oes ball ar obaith; **to ~ into existence,** ymddangos [yn sydyn], dod i fod/fodolaeth, codi, ymgodi; *Lit:* **he is sprung from royal stock,** mae'n hanu/hanfod o linach/dras frenhinol; *(c) (of plant &c):* tyfu, egino, blaguro, ymwthio i'r golwg; *(d)* **a breeze sprang up,** cododd awel; **an intimacy sprang up between them,** datblygodd/tyfodd agosrwydd rhyngddynt; **a doubt sprang up in his mind,** cododd amheuaeth yn ei feddwl. **3.** *Carp: (of timber):* ysigo, cracio. **II.** *v.t.* **1.** *(a)* **to ~ (a mast),** ysigo, cracio, camystumio, hollti (hwylbren); *(b)* **to ~ a leak,** [dechrau] gollwng dŵr [i mewn]. **2.** *Ven:* **to ~ a partridge,** codi/tarfu petrisen. **3.** *(a)* **to ~ a trap,** cau trap; **to ~ a mine,** tanio ffrwydryn; *(b)* **to ~ a question on s.o.,** holi rhn yn annisgwyl; **to ~ a new idea on s.o.,** gollwng syniad newydd ar rn; **to ~ a surprise on s.o.,** dal rhn yn annisgwyl, dal rhn ar y gamfa. **4.** *Mec.E:* **to ~ (a carriage),** gosod sbrings, gosod hongiad (ar gerbyd). **5.** *U.S:* **to ~ jail,** dianc o'r carchar; **to ~ s.o. from jail,** helpu rhn i ddianc o'r carchar, rhyddh|au/cipio rhn o'r carchar. **~ back** *v.i.* neidio'n ôl, *Lit:* adlamu.

springboard *n. Swim: Fig:* sbringfwrdd (sbringfyrddau) *m*, sbringford(-ydd) *f.*

springbok, springbuck *n.* **1.** *Z:* llamfwch (llamfychod) *m*, llamafr (llameifr) *f.* **2.** *Sp:* sbringboc(-s) *m.*

springe *n.* magl(-au) *f*, maglen(-ni) *f*, byddagl(-au) *f*, croglath(-au) *f.*

springer *n.* **1.** *(pers.):* neidiwr (neidwyr) *m*, llamwr (llamwyr) *m*, sbonciwr (sboncwyr) *m*, n|eidwraig (neidwragedd) *f*, ll|amwraig (llamwragedd) *f*, sb|oncwraig (sboncwragedd) *f.* **2.** *Arch: (of roof):* asen(-nau) *f*; *(= lowest stone):* carreg (cerrig) isaf *f*, maen (meini) isaf *m.* **~ spaniel** *n.* llamgi (llamgwn) *m*, sbaengi (sbaengwn) *(m)* hela (*pronounced* ng-g).

springhalt *n. Vet:* clunhecian *vn*, clunheciant *m*, *S:* y gorden *f.*

springhead *n.* llygad *(m)* ffynnon (llygaid ffynhonnau), tarddle(-oedd) *m.*

springhouse *n. U.S:* ffynhondy (ffynhondai) *m.*

springily *adv.* yn ystwyth *&c*, yn sionc, yn sbringar (*pronounced* ng-g).

springiness *n.* **1.** *(of wood, steel):* hydwythedd *m*, hydwythder *m*, ystwythder *m.* **2.** *(of step):* sioncrwydd *m*, sbringarwch *m* (*pronounced* ng-g).

springing *vn.* **= spring²;** *Poet:* **the ~ of the earth,** glasiad *(m)* y ddaear.

springlet *n.* ffynnon fechan (ffynhonnau bychain) *f*, cornant (cornentydd) *f.*

springlike *a.* gwanwynol, gwanwynaidd.

springtail *n. Ent:* cynffon(-nau) *(f)* sbonc, *S:* cwtsboncyn (cwtsboncod) *m.*

springtide, springtime *n.* [tymor y] gwanwyn *m*; **in the ~ of his life,** ym mlodau ei ddyddiau, ym more ei oes.

springwood *n.* gwanwyngoed *m* (*pronounced* ng-g).

springy *a.* **1.** *(wood, metal):* ystwyth; *(carpet, turf):* sbringar (*pronounced* ng-g), sbringlyd. **2.** *(step, walk):* sionc, sbringar; **to walk with a ~ step,** cerdded yn sionc.

sprinkle[1] *n.* *(a)* **a ~ of rain,** cawod(-ydd) (*f*) ysgafn o law, ychydig ddafnau (*pl*) o law, *N.E:* caenen (*f*) o law, *S.W:* sgipen (*f*) o law; *(b)* *(of salt &c):* ysgeintiad(-au) *m*, taenelliad(-au) *m*; **a ~ of salt,** pinsiad(-au) (*m*) o halen.

sprinkle[2] *v.t.* gwasgaru, ysgeintio, taenu, taenellu; **to ~ sth with water,** ysgeintio dŵr dros rth, gwlitho rhth â dŵr, *S.W:* sbrinco rhth â dŵr; **to ~ the floor with sand,** ysgeintio/taenu tywod ar/dros y llawr, taenu'r llawr â thywod; **dress sprinkled with blood,** gwisg â dafnau/diferion o waed arni/drosti; **(lawn) sprinkled with dew,** (lawnt) wlithog, dan ddafnau gwlith; **(speech) sprinkled with oaths,** (araith) â rhegfeydd bob yn ail, â rhegfeydd drwyddi, yn frith o regfeydd.

sprinkler *n.* **1.** *(for lawns &c):* ysgeintiwr (ysgeintwyr) *m*, taenellwr (taenellwyr) *m*, ysgeintell(-i) *f*; **rotary ~,** taenellwr tro; *(extinguisher):* **fire ~,** taenellwr (*m*) dŵr. **~-system** *n.* system (*f*) [offer] ysgeintio/taenellu.

sprinkling *vn. & n.* **1.** *vn.* **= sprinkle[2]**, ysgeintio, ysgeintiad(-au) *m*, taenellu, taenelliad(-au) *m*. **2.** *n.* *(a)* **a ~ (of gravel),** haen(-au) *f*, haenen *f*, ysgeintiad, taenelliad (o raean); *(b)* **a ~ of knowledge,** peth (*m*) gwybodaeth, ychydig (*m*) o wybodaeth; **(there was) only a ~ of people (there),** dim ond dyrnaid (*m*) o bobl, dim ond llond (*m*) llaw/het o bobl, dim ond ambell un (oedd yno). **~-can** *n.* *U.S:* **= watering-can.** **~-cart** *n.* *U.S:* cerbyd(-au) (*m*) dyfrio.

sprint[1] *n.* gwib(-iau) *f*, sbrint(-iau) *m*; **at a ~,** ar wib; **to put on a ~,** cyflymu, cyflymu'ch cam, rhedeg yn gynt, mynd ar wib, cymryd gwib, sbrintio, rhedeg nerth eich traed.

sprint[2] *v.i.* mynd ar wib, cymryd gwib, gwibio, sbrintio; **to ~ past s.o.,** gwibio/rasio heibio i rn.

sprinter *n.* sbrintiwr (sbrintwyr) *m*, sbr|intwraig (sbrintwragedd) *f*.

sprit *n.* *Nau:* osglath(-au) *f*.

sprite *n.* **= elf, fairy, imp.**

spritsail *n.* *Nau:* blaenhwyl(-iau) *f*, hwyl (*f*) osglath.

sprocket *n.* *Mec.E:* **1.** *(= cog):* dant (dannedd) (*m*) olwyn, coc[o]sen (cocos) *f*, sbroced(-i) *mf*. **2.** **~ [wheel],** olwyn ddanheddog (olwynion danheddog) *f*, olwyn gocos (olwynion cocos), olwyn sbroced, *Lit: occ:* deintrod(-au) *f*. **~-chain** *n.* tsiaen (tsieiniau) (*f*) sbroced; *(of bicycle):* tsiaen beic. **~ holes** *n.pl.* *Cmptr: &c:* tyllau cocos.

sprod *n.* *Fish:* eog(-iaid) dwyflwydd *m*.

sprog *n.* *Pej:* crwt: crwtyn (crytiaid, cryts) *m*, cyw(-ion) *m*; *S.a.* **child, novice, recruit[1]**.

sprosser *n.* *Orn:* eos fraith (eosiaid brithion) *f*.

sprout[1] *n.* *Bot:* **1.** eginyn (egin) *m*, blaguryn (blagur) *m*. **2.** **[Brussels] sprouts,** ysgewyllen (ysgewyll) *f*, adfresychen (adfresych) *f*, *F:* sbrowtyn *m:* sbrowten *f* (sbrowts).

sprout[2] *v.i.&t.* **1.** *v.i.* *(of plant):* blaguro, egino, *N.W:* taflu blagur, torri allan, taflyd allan. **2.** *v.t.* **to ~ horns,** tyfu/magu cyrn; *(of plant):* **to ~ suckers,** cadeirio, *S.W:* bragu, stolo; **to ~ a beard,** tyfu barf, *occ:* glasu barf.

spruce[1] *a.* twt, destlus, taclus, trwsiadus, cymen, fel pin mewn papur, *F:* sbriws, *S:* teidi, net, *N.W: F: occ:* pinco, smêc.

spruce[2] *v.t.* **to ~ (sth) up,** twtio, tacluso, cymhennu, *F:* sbriwsio (rhth); **to ~ oneself up,** ymdwtio, ymdacluso, ymbincio, eich twtio'ch/tacluso'ch/sbriwsio'ch hun; **all spruced up,** fel pin mewn papur, *N:* wedi sbriwsio'n arw.

spruce[3] *n.* *Bot:* **~ [fir],** *(Picea):* pefrwydden (pefrwydd) *f*, pyrwydden (pyrwydd) *f*, *F:* sbriwsen (sbriws) *f*; **Arizona ~,** *(P. engelmanii):* sbriwsen Arizona; **black ~,** *(P. mariana):* sbriwsen ddu (sbriws duon); **blue ~,** *(P. pungens glauca):* sbriwsen las (sbriws gleision); **Canadian ~, = spruce (white); Caucasian ~, = spruce (oriental); Colorado ~,** *(P. pungens):* sbriwsen Colorado; **dragon ~,** *(P. asperata):* sbriwsen wrychog (sbriws gwrychog); **East Himalayan ~, = spruce (Sikkim); hemlock ~,** *(Tsuga canadensis):* cegidwydden (cegidwydd) *f*; **Morinda ~,** *(P. smithiana):* sbriwsen Morinda; **Norway ~,** *(P. abies):* sbriwsen Norwy; **Oriental ~,** *(P. orientalis):* sbriwsen y Dwyrain; **red ~,** *(P. rubens):* sbriwsen goch (sbriws cochion); **Sargent ~,** *(P. brachytyla):* sbriwsen Sargent; **Serbian ~,** *(P. ornorika):* sbriwsen Serbia; **Siberian ~,** *(P. obovata):* sbriwsen Siberia; **Sikkim ~,** *(P. spinulosa):* sbriwsen Sicim; **Sitka ~,** *(P. sitchensis):* pyrwydden/sbriwsen Sitca; **tiger-tail ~,** *(P. polita):* sbriwsen lathraidd (sbriws llathraidd); **weeping ~,** *(P. breweriana):* sbriwsen wylofus; **West Himalayan ~, = spruce (Morinda); white ~,** *(P. glauca):* pefrwydden wen (pefrwydd gwynion), sbriwsen wen (sbriws gwynion). **~ beer** *n.* cwrw (*m*) pefrwydd/sbriws. **~ budworm** *n.* *Ent:* gwyfyn(-od) (*m*) y pefrwydd. **~-grouse/partridge** *n.* *Orn:* grugiar (grugieir) (*f*) C|anada. **~-pine** *n.* *Bot:* *(P. glabra):* sbriwsen lefn (sbriws llyfnion).

sprucely *adv.* yn dwt *&c.*

spruceness *n.* twtrwydd *m*, taclusrwydd *m*, sbriwsrwydd *m*.

sprucy *a.* *U.S:* **= spruce[1]**.

sprue[1] *n.* *Metall:* sbriw(-iau) *m*.

sprue[2] *n.* *Med:* sbriw *m*.

sprung *a.* **1.** *Aut:* **~ weight,** pwysau crog *pl*. **2.** *(wood, mast &c):* hollt, ysig, craciog. **3.** *(trap):* caeëdig. **4.** *Pros:* **~ rhythm,** rhythm afreolaidd *m*. **5.** *(= with springs):* â sbrings, sbringog; **interior-~,** â sbrings mewnol, â sbrings y tu mewn. **6.** *(= arisen):* yn codi/tarddu/hanfod/hanu. **7.** *(= descended):* yn tarddu/hanfod/hanu **(from sth,** o rth), o dras/ linach (rhth).

spry *a.* bywiog, sionc, heini, llawn bywyd/mynd.

spryly *adv.* yn fywiog *&c.*

spryness *n.* bywiogrwydd *m*, sioncrwydd *m*.

spud[1] *n.* **1.** *Hort:* *(= hoe, spade):* hof(-iau) *f*, padlen *f*. **2.** *F:* *(= potato):* *S:* taten (tato) *f*, *N:* tysen (tatws) *f*. **~-bashing** *vn.* crafu tatws/tato, plicio tatws/tato.

spud[2] *v.i.* **1.** *Hort:* **to ~ up/out weeds,** codi chwyn, chwynnu. **2.** **to ~ an oil-well,** cychwyn/turio ffynnon olew.

spudder *n.* **1.** *Tls:* dirisglwr (dirisglwyr) *m*. **2.** *(of oil-well):* turiwr (turwyr) *m*. **3. = oil-rig.**

spue *v.* **= spew.**

spume[1] *n.* ewyn *m*, llwch (*m*) [y] môr; *Poet:* **sea ~,** distrych (*m*) y don.

spume[2] *v.i.* *Lit:* ewynnu.

spumescence *n.* ewyn *m*, ewynogrwydd *m*.

spumescent *a.* ewynnog, ewynnol.

spumone, spumoni *n.* *Cu:* sbwmoni *m*.

spumous, spumy *a.* *Lit:* ewynnog, ewynnol.

spun *p.p. & a.* cyfrodedd, nyddedig, nyddu; **~ glass, = fibreglass; ~ silk,** sidan cyfrodedd *m*; **~ sugar, = candy-floss;** *Nau:* **~ yarn,** cordyn cyfrodedd *m*.

spunk *n.* **1. = touchwood. 2.** *F:* **= courage. 3.** *V:* sbonc *m*.

spunkily *adv.* yn wrol *&c.*

spunkiness *n.* dewrder *m*, plwc *m*, gwroldeb *m*.

spunky *a.* *F:* gwrol, dewr, eofn, llawn plwc.

spur[1] *n.* **1.** [y]sbardun(-au) *mf*; **climbing spurs, = crampon 1; faceted ~,** [y]sbardun ffasedog; **interlocking spurs,** [y]sbardunau pleth; **truncated ~,** [y]sbardun blaendoredig; *Fig:* **to win one's spurs,** ennill clod, ennill bri, **to set spurs to a horse,** [y]sbarduno ceffyl; *Geog:* **the S~ of Italy,** Sawdl (*mf*) yr Eidal. **2.** *Fig:* cymhelliad (cymhellion) *m*, swmbwl (symbylau) *m*, symbyliad(-au) *m*; **(to do sth) on the ~ of the moment,** (gwneud rhth) yn fyrfyfyr/ddifyfyr, ar gynhyrfiad y foment, yn y fan a'r lle, yng ngwres y foment, yng ngwewyr y foment; **a ~ of the moment (decision),** (penderfyniad) byrfyfyr, ar y pryd, yn y fan a'r lle. **3.** *(a)* *(of mountain range):* esgair (esgeiriau) *f*, crimog(-au) *f*; *(b)* *Rail: El:* cangen (canghennau) *f*, cainc (ceinciau) *f*. **4.** *Arch:* **= buttress[1], groyne. 5.** *Mth:* *(= trace):* trywydd(-ion) *m*. **~ dog** *n.* *Ich:* **= dogfish (piked).** **~-gear, ~-wheel** *n.* olwyn (*f*) gocos (olwynion cocos), olwyn ddanheddog (olwynion danheddog). **~ royal** *n.* *Num:* [y]sbardun y brenin ([y]sbardunau'r brenin). **~ shell** *n.* *Conch:* cragen (cregyn) (*f*) [y]sbardunog. **~ valerian** *n.* *Bot:* *(Centranthus ruber):* triaglog coch *m*. **~-winged** *a.* [y]sbardunadeiniog.

spur[2] *v.t.* **1. to ~ [on] a horse,** [y]sbarduno ceffyl. **2. to ~ (s.o.) on,** cymell, annog, [y]sbarduno, procio, symbylu (rhn). **3.** *(= fit spurs to):* *(fighting cock, horseman):* [y]sbarduno (rhn), gwisgo (rhn) ag ysbardunau *or* â sbardunau; **booted and spurred,** botasog ac ysbardunog *or* a sbardunog.

spurge *n.* *Bot:* *(Euphorbia):* fflamgoed *f*, llaethlys *m*, y ddalen dda *f*, fflam (*f*) yr haul, llysiau(*pl*)'r cyfog; **blue/glaucous ~,** *(E. myrsinites):* fflamgoed las; **broad-leaved ~,** *(E. platyphyllos):*

fflamgoed lydanddail; **caper ~,** *(E. lathyrus):* fflamgoed gaperol; **Carnian ~,** *(E. carniolica):* fflamgoed Carniola; **coral ~,** *(E. corallioides):* fflamgoed gwrelaidd; **cypress ~,** *(E. cyparissias):* fflamgoed gypresol; **dwarf ~,** *(E. exigua):* fflamgoed eiddil flaenfain, fflamgoed fach yr ŷd; **hairy ~,** *(E. villosa):* fflamgoed flewog; **Hungarian ~,** *(E. pseudovirgata):* fflamgoed Hwngaria *(pronounced* ng-g); **Irish ~,** *(E. hiberna):* fflamgoed Iwerddon, fflamgoed Wyddelig; **leafy-branched ~,** *(E. esula):* fflamgoed ganghenddail; **marsh ~,** *(E. palustris):* fflamgoed y gors; **petty ~,** *(E. peplus):* llaeth *(m)* y cythraul, fflamgoed fechan; **Portland ~,** *(E. portlandica):* fflamgoed y môr-greigiau, llaethlys Portland; **purple ~,** *(E. peplis):* fflamgoed ruddlas; **Pyrenean ~,** *(E. chamaebuxus):* fflamgoed y Pyreneau; **rock ~,** *(E. saxatilis):* fflamgoed y cerrig; **Russian ~,** *(E. uralensis):* fflamgoed Rwsia; **sea ~,** *(E. paralias):* llysiau'r famaeth, llaethlys y môr; **sun ~,** *(E. helioscopia):* llaeth *(m)* ysgyfarnog, llysiau'r cyfog, dafadlys *m,* dafadenlys *m,* llaeth y blaidd; **sweet ~,** *(E. dulcis):* fflamgoed bêr; **upright ~,** *(E. serrulata):* fflamgoed syth, llaethlys Mynwy; **Vallino's ~,** *(E. valliniana):* fflamgoed Vallino; **wood ~,** *(E. amygdaloides):* llaethlys y coed, fflamgoed y gwigoedd. **~ flax** *n. Bot: (Daphne gnidium):* fflamgoed Sbaen. **~ hawkmoth** *n. Ent:* gwalchwyfyn(-od) *(m)* y fflamgoed. **~ laurel** *n. Bot: (D. laureola):* clust *(f)* yr ewig, glas *(m)* y gaeaf. **~ nettle** *n. Bot: (Cnidoscolos stimulosus):* fflamgoed bigog. **~ olive** *n. Bot: (D. mezereum):* llosglys *m,* nidwydden *f,* bliwlys *m.*

spurgebug *n. Ent:* lleuen *(f)* y fflamgoed (llau'r fflamgoed), llysleuen *(f)* y fflamgoed (llyslau'r fflamgoed).

spurious *a.* **1.** ffug *(follows n. or can precede n. + soft mut.), occ:* annilys, ffugiol; gau *(precedes n. + soft mut.)*; **~ jewels,** gemau ffug, ffugemau; *Mth:* **~ modes,** moddau ffug. **2. = illegitimate.**

spuriously *adv.* yn ffug.

spuriousness *n.* **1.** ffugioldeb *m,* annilysrwydd *m.* **2. = illegitimacy.**

spurless *a.* heb [y]sbardun[-au], di[y]sbardun.

spurlike *a.* fel [y]sbardun, [y]sbardunaidd.

spurn *v.t.* **1.** *(= kick away):* cicio (rhth) o'r neilltu. **2.** *(= refuse):* gwrthod, diystyru, dirmygu.

spurner *n.* dirmygwr (dirmygwyr) *m,* gwrthodwr (gwrthodwyr) *m.*

spurred *a.* 1. [y]sbardunog. **2.** *Fig:* **~ on by hope,** dan anogaeth gobaith, a gobaith yn eich [y]sbarduno/annog/symbylu.

spurrer *n.* [y]sbardunwr ([y]sbardunwyr) *m.*

spurrey *n. Bot: (Spergularia):* troellig *m;* **awl-shaped ~, = pearlwort (heath); corn ~,** *(Spergula arvensis):* troellig yr ŷd, llin *(m)* ysgyfarnog, y troellig mwyaf, chwyn *(m)* yr ŷd; **knotted ~,** *(Sagina nodosa):* troellig clymog; **greater sea ~,** *(Spergularia media):* troellig arfor mawr; **sea ~,** *(Spergularia marina):* troellig arfor; **Greek sea ~,** *(Spergula bocconii):* troellig arfor Groegaidd; **pearlwort ~,** *(Spergula morisonii):* troellig mynawydaidd esmwyth; **rock sea ~,** *(Spergularia rupicola):* troellig y clogwyn; **cliff ~, red ~, sand ~,** *(Spergularia rubra):* troellig coch.

spurrier *n.* [y]sbardunwr ([y]sbardunwyr) *m,* gof(-aint) *(m)* [y]sbardunau.

spurry *n.* **= spurrey.**

spurt[1] *n.* **1.** *(of water &c):* ffrwd (ffrydiau) *f,* pistylliad(-au) *m.* **2.** *(= sudden effort):* hwrdd (hyrddiau) *f,* hwb (hybiau) *m; Sp:* **to put on a ~,** cyflymu.

spurt[2] *v.i.&t.* **1.** *v.i.* **to ~ [up, out],** ffrydio, tasgu, sboncio, chwythu, *N.W: occ:* chwistrio, powsio. **2.** *v.t.* **to ~ paint (at s.o.),** chwistrellu/chwythu paent (dros/at rn); *N.W: occ:* pwtsian, pwtsio, chwistrio. **3.** *v.i. Sp:* cyflymu.

sputnik *n. Space:* lloeren(-nau) *f,* sbwtnic(-au) *m.*

sputter[1,2] *v.t.&i.* **1. = splutter**[1,2]; *(of candle):* ffrwtian; **the candle spluttered out,** ffrwtiodd y gannwyll a diffodd; rhoes y gannwyll un naid olaf a diffodd. **2.** *Ph:* tasgu.

sputterer *n.* **= splutterer.**

sputum *n. Med:* poeryn (poeriadau) *m,* poer(-iadau) *m,* poeri *vn,* crachboer(-iadau) *m,* crachboeri *vn.*

spy[1] *n.* ysbïwr (ysbiwyr) *m,* ysbïwraig (ysbiwragedd) *f.* **~ drama** *n. Th:* drama *(f)* gynllwyn (dramâu cynllwyn). **~ story** *n.* stori (straeon) *(f)* ysbïo. **~ system** *n.* ysbïo *vn,* ysbïwriaeth *f.*

spy[2] *v.t.&i.* **1.** *v.t. (a)* **= espy; I ~, with my litle eye,** mi welaf i, â'm llygad bach i; *(b)* **to ~ out the land,** ysbïo'r tir, edrych y tir, *occ:* fforio'r tir. **2.** *v.i.* ysbïo; **to ~ (on s.o.),** ysbïo (ar rn); gwylio (rhn), *N: F:* sbecian, cael sbec (ar rn).

spyer *n.* ysbïwr (ysbiwyr) *m,* ysbïwraig (ysbiwragedd) *f.*

spyglass *n.* ysbienddrych(-au) *m, F:* sbinglas(-ys) *m (pronounced* ng-g).

spyhole *n.* twll (tyllau) *(m)* ysbïo, *N: F:* twll *(m)* sbecian.

spying *vn.* **= spy**[2].

squab *n.* **1.** *(= young pigeon):* cyw *(m)* colomen (cywion colomennod). **2.** *(= cushion):* clustog(-au) *f.* **3. = sofa, ottoman. 4.** *(pers.):* pwtyn (pytiau) *m,* pwten (pytiau) *f,* pwlffyn (pwlffod) *m,* pwlffen (pwlffod) *f, N:* stwc: stwcyn (styciau) *m.* **~ chick** *n.* cyw(-ion) *(m)* heb blu. **~ pie** *n.* pastai *(f)* golomen (pasteiod colomennod).

squabble[1] *n.* ffrwgwd (ffrygydau) *m,* ffrae(-au) *f,* cweryl(-on) *m,* ymrafael(-ion) *m,* ymgecru *vn, N.W: occ:* cwenc(-iau) *f.*

squabble[2] *v.i.* ffraeo, cweryla, ymgecru, ymrafael, cega, codi stŵr, *N.E:* codi cwenc, cwencian.

squabbler *n.* cecryn(-nod) *m,* cecren(-nod) *f,* ffraewr (ffraewyr) *m,* ffr|aewraig (ffraewragedd) *f,* ymgecrwr (ymgecrwyr) *m, N.E:* cwenciwr (cwencwyr) *m.*

squabbling *a.* cecrus, ffraellyd, ffraegar, cwenclyd.

squabby *a.* byrdew(-ion).

squacco *n. Orn:* crëyr (crehyrod) melyn *m.*

squad *n.* **1.** *(of soldiers &c):* carfan(-au) *f,* criw(-iau) *m,* sgwad(-iau) *f; F:* **the awkward ~,** y criw di-glem; **firing-~,** criw saethu. **2.** *(a) (of ordinary people):* criw, dyrnaid (dyrneidiau) *m, Lit: occ:* bagad(-au) *f;* **the God ~,** criw Duw; *(b)* **the Flying S~,** y Gwib-Heddlu *m;* **a flying ~,** *(e.g. of doctors &c):* carfan wib (carfanau gwib); **the Vice S~,** Heddlu *(m)* Puteiniaeth, Heddlu Moesau; **the Fraud S~,** Heddlu Dichellion; **rescue ~,** carfan/criw achub; **bomb disposal ~,** carfan ddifa bomiau (carfanau difa bomiau). **3.** *Sp:* carfan. **~ car** *n.* car (ceir) *(m)* [yr] heddlu. **~ room** *n.* ystafell(-oedd) *(f)* ymgynnull, ymgynullfan(-nau) *f.*

squaddie *n. Mil: F:* milwr (milwyr) [cyffredin] *m.*

squadron *n.* **1.** *Mil: Av:* sgwadron(-au) *mf;* **flying ~,** sgwadron awyr. **~ leader** *n.* arweinydd (arweinwyr) *(m)* sgwadron, sgwadron-bennaeth (~-benaethiaid) *m.*

squail *n. Games:* **1.** *(= counter):* botwm (botymau) *m.* **2.** *pl.* [chwarae] clecian *(vn)* botymau.

squalid *a.* **= sordid.**

squalidity *n.* **= squalor.**

squalidly *adv.* **= sordidly.**

squalidness *n.* **= squalor.**

squall[1] *n. (of baby):* nâd (nadau) *f.*

squall[2] *v.i. (of baby):* nadu.

squall[3] *n. (of wind):* hwrdd (hyrddiau) *m,* hyrddwynt(-oedd) *m,* chwythwm (chwythymau) *m,* cwthwm (cythymau) *m,* cawod(-ydd) *f; Meteor:* sgôl (sgoliau) *f;* **arched ~,** sgôl grom (sgoliau crymion); **light ~,** gwth(-iau, gythiau) *(mf)* o wynt; *Fig:* **look out for squalls!** byddwch yn barod am storm! byddwch yn barod am dywydd mawr! tendiwch y tywydd [mawr]! byddwch yn ofalus! gochelwch! **~ line** *n. Meteor:* llinell(-au) *(f)* hyrddwynt/sgôl.

squaller *n.* nadwr (nadwyr) *m,* n|adwraig (nadwragedd) *f.*

squally *a.* chwythymog, chwythymllyd, gwyntog, hyrddiol, *F:* sgoliog.

squaloid *a. Ich:* morgïaidd, tebyg i forgi.

squalor *n.* budreddi *m,* bryntni *m,* aflendid *m.*

squama *n. Bot: Z:* cennyn (cen) *m.*

squamate *a. Bot: Z:* cennog.

squamation *n.* cenogrwydd *m.*

squamose *a. & n.* **1.** *a.* **= squamous. 2.** *a. & n.* **~ bone,** asgwrn (esgyrn) cenffurf *m.*

squamous *a.* cennog.

squamousness *n.* cenogrwydd *m.*

squamule *n.* cennyn (cenynnau) *m.*

squamulose *a.* cenynnog.

squander *v.t.* **to ~ (money),** gwastraffu, afradu, afradloni (arian); gwario (arian) yn ofer; *S:* bradu (arian); *N.W:* sbydu (pres), gwario (arian) yn llyfn; **to ~ every last penny,** gwario hyd at y geiniog olaf, blingo'r ci erbyn ei gynffon, blingo'r gath erbyn ei chynffon.

squanderbug *n.* pryf *(m)* gwastraff.

squanderer *n.* gwastraffwr (gwastraffwyr) *m,* afradwr (afradwyr) *m, N.W:* sbydwr (sbydwyr) *(m)* pres.

squandermania *n.* afradlonrwydd *m*, blys (*m*) gwario, chwant (*m*) gwario.

square¹ *n., a. & adv.* I. *n.* **1.** *Geom:* sgwâr (sgwar[i]au) *fm*, *Lit: occ:* petryal(-au) *m*, pedryfal(-au) *m*; **magic ~,** sgwâr swyn; *F:* **(back) to ~ one,** (yn ôl) i'r cychwyn cyntaf, i'r dechrau un. **2.** *Mil:* **to be on the ~,** sefyll ar y sgwâr; *Mil: Hist:* **hollow ~,** sgwâr [g]wag (sgwariau gweigion); **[reference] ~,** sgwâr gyfeirio/cyfeirio (sgwariau cyfeirio); *(b)* **silk ~,** sgarff(-iau) (*f*) sidan. **3.** *(a) (of town):* sgwâr, *occ:* maes (meysydd) *m*; **town hall ~,** sgwâr y dref; *(b) U.S:* bloc(-iau) (*m*) o dai. **4. set ~,** sgwaryn(-nau) *m*; **T ~,** sgwaryn T; **mitre ~,** sgwaryn meitro; **to cut sth on the ~,** torri rhth yn sgwâr; **out of ~,** heb fod yn sgwâr; *F:* **to be on the ~,** *(a) (= act fairly):* chwarae'n deg; *(b) (= be a freemason):* bod ar y sgwâr. **5.** *Mth: (of a number):* sgwâr; **least ~ line,** llinell(-au) (*f*) sgwariau lleiaf. **6.** *F:* **she's a ~,** mae hi'n hen ffasiwn; mae hi ar ôl yr oes. **7.** *Meas:* can troedfedd (*f*) sgwâr. II. *a.* **1.** sgwâr, *Lit: occ:* petryal; *(a)* **~ brackets,** cromfachau/bachau petryal; **~ dance,** twmpath(-au) (*m*) dawns, dawns(-iau) sgwâr *f*; **~ game,** gêm (gemau) (*f*) i bedwar/bedair; **~ measure,** mesur(-au) arwynebedd, mesur sgwâr *m*; *Dance:* **~ set,** set(-iau) sgwâr *f*; **~ centimetre,** centimetr(-au) sgwâr *m*; **~ inch,** modfedd(-i) sgwâr *f*; **~ foot,** troedfedd(-i) sgwâr *f*; **fifty yards ~,** hanner cant o lathenni sgwâr, hanner canllath sgwâr; *S.a.* **peg¹ 1**; **~ shoulders,** ysgwyddau sgwâr/llydain; **~ chin,** gên lydan *f*; *Fb:* **~ ball,** cic (*f*) ar draws; *Cr:* **~ cut,** slaes sgwâr *f*; *Cr:* **~ leg,** coes sgwâr *f*; *(of screw):* **~ thread,** edau sgwâr *f*; *(c) El: &c:* **~ wave,** ton(-nau) sgwâr *f*. **2.** *Mth:* **~ root,** ail isradd(-au) *f*, gwreiddnod(-au) *m*, gwreiddyn (gwreiddiau) sgwâr *m*; **perfect ~,** sgwâr perffaith; **centimetre ~,** sgwâr centimetr; **~ integrable,** integradwy sgwâr; **root mean ~,** isradd gymedr sgwâr. **3.** *(a)* **to get things ~,** dodi/rhoi/gosod trefn ar bethau; **to make an account ~,** cyfartalu cyfrif, gwneud cyfrif yn gyfartal; *(b)* **(a) ~ (refusal),** (gwrthodiad) pendant, ar ei ben; **a ~ meal,** pryd(-au) sylweddol *m*; *(c)* **a ~ deal,** bargen deg (bargeinion teg) *f*, chwarae teg *m*; *(d)* **to be ~ (with s.o.),** *(i) (= honest):* bod yn onest/deg (â rhn); *(ii) (= quits):* bod yn ddiddyled (â rhn); **now we're ~,** dyna glirio'r ddyled; *Golf: &c:* **to be all ~,** bod yn gyfartal; **to call it ~,** ei galw hi'n gyfartal; **to get ~ with s.o.,** clirio'ch dyled i rn. **4.** *a. & n. F: (old fashioned):* rhn (rhai) hen ffasiwn. III. *adv.* **1.** yn sgwâr; **to be/lie ~ to/with sth,** bod ar ongl sgwâr â rhth; **set ~ on its base,** yn eistedd yn wastad ar ei sail; **(he hit him) ~ on the jaw,** (fe'i trawodd) ar ganol/flaen ei ên, yn deg ar ei ên; *Fb:* **to play the ball ~,** cicio'r bêl ar draws. **2.** *(= fairly):* yn onest, yn deg; **fair and ~,** yn hollol deg. **~-bashing** *vn.* drilio. **~-built** *a. (pers.):* cydnerth, llydan (llydain), sgwarog. **~-eared** *a. See* **barley**. **~-eyed** *a. Joc:* â llygaid sgwâr. **~-headed** *a.* pensgwar. **~-mouth tongs** *n.* gefel (*f*) geg sgwâr (gefeiliau ceg sgwâr). **~-nosed tool** *n.* erfyn (arfau) (*m*) trwyn sgwâr. **~-rigged** *a.* â hwyliau sgwâr, â rigin sgwâr. **~-section bar** *n.* bar(-iau) (*m*) toriad sgwâr. **~-shooter** *n. U.S:* rhn (rhai) teg/gonest. **~-toed** *a.* **1.** *(shoe):* [â] blaen sgwâr. **2.** *U.S: F:* hen ffasiwn. **~-toes** *n.pl. U.S:* rhn (rhai) hen ffasiwn.

square² *v.t.&i.* I. *v.t.* **1.** sgwario, sgwaru; *Nau:* **to ~ the yards,** sgwario'r hwyl-lathau; **to ~ one's shoulders,** *(i)* lledu'ch ysgwyddau, sgwario'ch ysgwyddau; *(ii) Fig:* caledu'ch gwar, ymwroli. **2.** *(a)* **to ~ one's practice with one's principles,** byw eich proffes, ymddwyn yn gyson â'ch egwyddorion; **how do you ~ it with your conscience?** sut 'rydych chi'n cysoni hyn â'ch cydwybod? *(b)* **to ~ accounts,** setlo cyfrifon; **to ~ matters,** setlo/trefnu pethau; gosod/dodi/rhoi trefn ar bethau; *(c) F:* **to ~ s.o.,** iro llaw rhn, llwgrwobrwyo rhn, rhoi cil-dwrn i rn, prynu cymwynas gan rn, talu am gymwynas gan rn; *(d) U.S:* **to ~ books,** dodi/rhoi llyfrau ar silff; **to ~ a room,** tacluso/twtio ystafell. **3.** *Mth:* **to ~ a number,** sgwario rhif; **(four) squared,** (pedwar) wedi ei sgwario, o'i sgwario; **to ~ the circle,** sgwario'r cylch. **4. to ~ (off),** *(paper, map):* sgwario. II. *v.i.* **1.** *(a)* **the end and the side should ~ with each other,** dylai'r pen a'r ochr fod yn sgwar â'i gilydd; **his practice does not ~ with his principles,** nid yw ei ymddygiad yn gyson/cyd-fynd (â'i ddaliadau). **2.** *Golf:* **to ~ with an opponent,** dod yn gyfartal â'ch gwrthwynebydd. **~ away** *v.t.* **1.** *Nau:* sgwario'r hwyl-lathau. **2.** *U.S: (= tidy up):* tacluso/twtio pethau. **~ off** *v.i. Box:* codi'ch dyrnau. **~ up** *v.i.* clirio dyled, talu bil; **to ~ up to s.o.,** codi dyrnau ar rn, *S.W:* ffiwglo; **to ~ up to a difficulty,** wynebu anhawster.

squared *a.* **1.** *(wood, stone):* wedi ei sgwario. **2.** *Mth:* sgwâr, wedi ei sgwario; **all ~,** i gyd wedi'u sgwario. **3.** *(map, paper):* sgwarog; **~ paper,** papur (*m*) sgwariau.

squarehead *n.* pen(-nau) sgwâr *m*.

squarely *adv.* **1.** yn sgwâr *&c*; **~ built,** *(pers.):* ysgwyddog, cydnerth, sgwarog, llydan. **2.** yn union, yn deg; **(I looked) him ~ in the eyes,** (edrychais) i fyw ei lygaid, ym myw ei lygaid; **(I punched him) ~ on the jaw,** (fe'i trewais) ar ganol/flaen ei ên, yn deg ar ei ên; **to hit a nail ~,** taro hoelen ar ei phen. **3.** *(= fairly):* yn onest, yn deg.

squareness *n.* **1.** *Mth: &c:* ffurf sgwâr *f*, sgwaredd *m*. **2.** *(= fairness):* tegwch *m*, gonestrwydd *m*. **3.** *F:* natur hen ffasiwn *f*, henffasiyndod *m*, ceidwadrwydd *m*.

squaretail *n. Ich: (Tetragonuris):* pysgodyn (pysgod) sgwargwt *m*.

squarial *n.* erial(-au) sgwâr *mf*.

squarish *a.* sgwaraidd, lled sgwâr.

squarrose *a.* garw (geirwon), cramennog, crestog, crestennog.

squarson *n.* sgweierson(-iaid) *m*.

squash¹ *n.* **1.** *(= crushing):* gwasgiad *m*, gwasgu *vn*. **2.** *(= crowd):* tyrfa(-oedd) *f*, torf(-|eydd) *f*; **there was a terrible ~ in the hall,** 'doedd dim modd symud yn y neuadd; 'roedd y neuadd dan ei sang; 'roedd y neuadd yn orlawn; 'roedd y neuadd yn llawn i'r ymylon. **3.** *(a)* (= **pulp¹** 2.): sitrach *m*; *(b)* diod(-ydd) (*f*) ffrwythau; **lemon ~,** diod lemon; **orange ~,** diod oren. **4.** *Sp:* **~ [rackets],** sboncen *f*. **~ court** *n.* cwrt (cyrtiau) (*m*) sboncen. **~ hat** *n. Cost:* het feddal (hetiau meddal) *f*, het |opera. **~ player** *n.* sbonciwr (sboncwyr) *m*, chwaraewr (chwaraewyr) (*m*) sboncen, chwar|aewraig (*f*) sboncen. **~ tennis** *n. Sp:* tennis (*m*) sboncen.

squash² *v.t.&i.* **1.** *v.t.* *(a) (a fruit &c):* gwasgu (rhth) [yn seitan]; *(with feet):* mathru, sathru; *(b)* **to ~ a revolt,** mygu/llethu gwrthryfel; *(c) F:* **to ~ s.o.,** rhoi rhn yn ei le, eistedd ar rn, rhoi caead ar biser/debot rhn, torri crib rhn, rhoi peg i rn, rhoi pilsen i rn, *N:* sodro rhn. **2.** *v.i.* *(a) (of fruit &c):* mynd yn seitan/siwrwd/sitrws/siwtrws/sitrach; *(b)* **to ~ [up],** closio, *S:* cwtsio (at eich gilydd); **to ~ (into sth),** eich gwasgu'ch hun, ymwthio, eich gwthio'ch hun (i rth).

squash³ *n. Bot:* g[o]wrd(-s,-iau) *m*, *B:* cicaion(-au) *m*; *S.a.* **marrow 2.**

squashbug *n. Ent: (Anasa tristis):* pryf(-ed) (*m*) gwrdiau.

squashed *a.* mathredig, soeglyd, sitrachog, yn seitan/siwrwd/sitrws/ siwtrws; *F:* **~ fly biscuit,** bisgeden (bisgedi) (*f*) Garibaldi.

squashily *adv.* yn soeglyd, yn feddal.

squashiness *n.* meddalwch *m*.

squashy *a.* soeglyd, meddal, sitrachog.

squat¹ *n.* **1.** *(position):* cwrcwd (cyrcydau) *m*. **2.** *F: (place): (a)* sgwat(-iau) *m*; *(action):* sgwatiad(-au) *m*; *(b) (of hare &c):* gwâl (gwalau) *f*, gwalfa (gwalf|eydd) *f*.

squat² *v.i.* **1.** *(a)* **to ~ [down],** cyrcydu, mynd i'ch cwrcwd, eistedd yn eich cwrcwd, eistedd ar eich sodlau/garrau, *S:* cwtsio [i lawr], cwato, *N:* swatio; *(b) Ven: (of game):* swatio, llechu, gorwedd ar y wâl, *S.W:* gwalo. **2. to ~ upon a piece of land,** meddiannu darn o dir, sgwatio ar ddarn o dir.

squat³ *a.* **1.** *(a) (pers.):* byrdew (*f.* berdew, *pl.* byrdewion), *occ:* bondew(-ion), pwt; **~ man,** stwc/stwcyn (*m*) o ddyn; **~ woman,** stwcen (*f*) o wraig/ ferch; *(b) (building):* isel. **2.** = **squatting.**

squatly *adv.* yn fyrdew, yn isel.

squatness *n.* **1.** *(of pers.):* byrdewdra *m*. **2.** *(of building):* iseldra *m*.

squatter *n.* **1.** sgwatiwr (sgwatwyr) *m*, meddiannwr (meddianwyr) *m*, sgw|atwraig *f*, meddi|anwraig *f*. **2.** = **settler, sheep-farmer. ~ sovereignty** *n.* sofraniaeth boblogaidd *f*.

squatting *a.* yn eich cwrcwd, cyrcydol.

squattocracy *n. Coll:* sgwatwyr *pl*.

squatty *a. U.S:* = **squat³**.

squaw *n.f.* **1.** gwr|aig [goch] (gwragedd [cochion]). **2.** *Orn:* **old ~,** hwyaden gynffonhir (hwyaid cynffonhir) *f*. **~ man** *n.* gŵr gwyn (gwŷr gwynion) *m*. **~ winter** *n. U.S:* gaeaf bach *m*.

squawfish *n. Ich:* carp(-iaid) (*m*) |Oregon.

squawk¹ *n.* **1.** gwawch(-iau) *f*. **2.** *F:* = **grumble¹**. **~-box** *n. F:* corn (cyrn) (*m*) siarad.

squawk² *v.i.* **1.** gwawchio, gwawchian, rhoi gwawch. **2.** = **grumble²**.

squawker *n.* = **grumbler.**
squawking[1] *a.* gwawchlyd, gwawchiog.
squawking[2] *vn.* = **squawk**[2].
squawroot *n. Bot: (Conopholis americana):* gorfanadl (*f*) y deri.
squeak[1] *n.* **1.** *(sound):* gwich(-iau) *f*, gwichiad(-au) *m*; *F:* **I don't want to hear another ~ out of you,** 'does arna' i ddim eisiau clywed yr un smic gen ti eto. **2.** *F:* **narrow ~,** dihangfa gyfyng (diangf|eydd cyfyng) *f*; **to have a narrow ~,** dianc o drwch y blewyn; **it was a narrow ~,** cael a chael fu hi. **~-beetle** *n.* = **screech-beetle.**
squeak[2] *v.i.* *(a)* gwichian, gwichio, *S.W:* gwichad, *Lit:* gwichleisio; *(b) F:* = **squeal**[2] *(c)*.
squeaker *n.* **1.** gwichiwr (gwichwyr) *m*, gw|ichwraig *f.* **2.** *Orn:* cyw (*m*) colomen (cywion colomen/colomennod).
squeakily *adv.* yn wichlyd, dan wichian.
squeakiness *n.* sŵn gwichlyd *m*.
squeaking[1] *a.* gwichlyd.
squeaking[2] *vn.* = **squeak**[2].
squeaky *a.* gwichlyd.
squeal[1] *n.* gwich(-iau) *f*, gwichiad(-au) *m*.
squeal[2] *v.t.&i.* **1.** gwichian, gwichio. **2.** *(a) (of car):* sgrialu mynd; *(b)* = **protest**[2], **complain**; *(c) F: (= inform against):* cario straeon, clebran, *S:* clapan, *N.W:* prepian, chwidlo (**on s.o.,** am rn); achwyn (ar rn).
squealer *n.* **1.** gwichiwr (gwichwyr) *m*, gw|ichwraig *f.* **2.** *F: (= informer):* clapgi (clapgwn) *m*, achwyngi (achwyngwn) *m* (*pronounced* ng-g), bradwr (bradwyr) *m*, *N:* chwidlwr (chwidlwyr) *m*, prepiwr (prepwyr) *m*.
squealing[1] *a.* gwichlyd.
squealing[2] *vn.* = **squeal**[1],[2].
squeamish *a.* dicra, cysetlyd, gwan eich cylla, *N.W: F:* misi; **(to feel) ~,** (teimlo)'n sâl, *N:* 'n swp sâl; **I'm ~ about seeing blood,** mae'n gas gennyf weld gwaed; mae golwg gwaed yn codi pwys/cyfog arnaf.
squeamishly *adv.* yn ddicra *&c.*
squeamishness *n.* dicräwch *m*, cysêt *m*.
squeegee[1] *n.* gwesgi (gwesgïau) *m*.
squeegee[2] *v.t.* gwesgïo.
squeezable *a.* gwasgadwy.
squeeze[1] *n.* **1.** *(a)* gwasgiad(-au) *m*, gwasgfa (gwasgfâu) *f*; *(b) (= embrace):* cofleidiad(-au) *m*; **to give s.o. a ~,** gwasgu rhn atoch, cofleidio rhn; **I gave her hand a ~,** gwesgais ei llaw; *(c) Pol.Ec:* dirwasgiad(-au) *m*; **credit ~,** gwasgfa ar wario/gredyd. **2. (this shoe is) a tight ~,** (mae'r esgid yma'n) gwasgu'n dyn[n], garchar crydd; **it was a tight ~,** nid oedd lle i droi; 'roedd hi'n gyfyng iawn; *F:* **in a tight ~,** mewn twll. **3. a ~ of lemon,** joch(-iau) (*mf*) o lemon, chwistrelliad(-au) (*m*) o lemon. **4. to put the ~ on s.o.,** gosod/rhoi/dwyn pwysau ar rn, gwasgu ar wynt rhn. **~ bottle** *n.* potel (*f*) wasgu (poteli gwasgu). **~ play** *n. Cards: Baseball:* chwarae (*m*) gwasgu.
squeeze[2] *v.t.&i.* **1.** *v.t.* *(a)* gwasgu; *(b)* **to ~ (s.o.),** *(= embrace):* gwasgu, cofleidio, anwesu (rhn). **2.** *(a)* **to ~ sth into a box,** gwasgu/gwthio rhth i flwch, *S:* saco rhth i focs; **to ~ out a tear,** gollwng deigryn; *(b) v.i.* **to ~ (into sth),** ymwasgu, ymwthio, eich gwasgu'ch/gwthio'ch hun (i rth); **to ~ up [together],** ymwasgu/closio/gwasgu at eich gilydd. **3.** *(a) (= coerce):* pwyso (ar rn), pwyso ar wynt (rhn), dwyn pwysau (ar rn), gorfodi (rhn); **they were squeezed out of the competition,** gwthiwyd/gwasgwyd hwy o'r gystadleuaeth; *(b)* **to ~ money out of s.o.,** gwasgu/cymell arian gan rn; **it's like squeezing blood out of a stone,** mae fel cael gwaed o garreg; mae fel cael caws o fola ci; *V:* mae hi fel cael cachu gan geffyl pren. **~-box** *n. F:* consertina(-s) *m*.
squeezed *a.* gwasgedig; *Fig:* **~ orange,** cneuen wag/goeg *f.*
squeezer *n.* **1.** *(pers.):* gwasgwr (gwasgwyr) *m*, gw|asgwraig *f.* **2.** *(device):* gwasg (gweisg) *f*, gwasgwr (gwasgwyr) *m*, gwasgell(-i) *f.*
squeg *v.i. Ph: El:* sgwegian.
squelch[1] *n.* fflatsh *m*.
squelch[2] *v.t.&i.* **1.** *v.t.* = **squash**[2]; **to ~ s.o.** rhoi rhn yn ei le, rhoi taw ar rn, rhoi caead ar biser/debot rhn, cau ceg rhn. **2.** *v.i.* **to ~ through water,** slwtsian/slwtsio/fflatsio trwy ddŵr, *S.W:* mynd yn sich-siach trwy ddŵr.
squelcher *n. El.E:* distäwr (distawyr) *m*.
squelchy *a.* slwtshlyd, corlsyd.
squeteague *n. Ich: (Cynoscion regalis):* gludbysgodyn (gludbysgod) *m*.
squib[1] *n.* **1.** *Pyr:* sgwib(-iau) *mf*, clecar(-s) *mf*, *Lit: occ:* fflachen(-ni) *f*; **(the whole thing was) a damp ~,** matsien wleb (oedd y cyfan); ('roedd y cyfan) yn siom, yn fethiant, yn wastraff amser. **2.** = **lampoon**[1]. **~ kick** *n. U.S: Fb:* cic(-iadau) (*f*) ystlys.
squib[2] *v.t.&i.* = **lampoon**[2].
squid *n. Moll:* ystifflog(-od) *m*, môr-lawes (~-lewys) *f*, *N.W: (= ink-fish):* twyllwr du (twyllwyr duon) *m*, pibwr (pibwyr) (*m*) inc; **common ~,** môr-lawes asgellog, twyllwr du asgellog; **little ~,** môr-lawes fach, twyllwr du bach.
squiffed, squiffy *a. F:* = **drunk.**
squiggle[1] *n.* *(a) F:* igam-ogam(-au) *m*, doleniad(-au) *m*, llinell grych (llinellau crych) *f*, llinell gynffon (llinellau cynffon); *(b) (= scribble):* sgriblad(-au) *m*; **she signed with a mere ~,** ni wnaeth ond sgriblo/sgriblan ei henw.
squiggle[2] *v.t.* sgriblo, sgriblan.
squiggly *a. F:* igam-ogam, crych, dolennog.
squill *n.* **1.** *(a) Bot: (Scilla):* serennyn *m*, seren (sêr) *f*; **Alpine ~,** *(S. bifolia):* seren y mynydd; **Autumn ~,** *(S. autumnalis):* seren yr Hydref; **Pyrenean ~,** *(S. liliohyacinthus):* seren y Pyreneau; **sea ~,** *(Urgine maritima):* serennyn y môr, wynwyn (*pl*) [y] môr, môr-wynwyn *pl*; **spring ~,** *(S. verna):* serennyn y gwanwyn, seren y gwanwyn; **Siberian ~,** *(S. sibirica):* seren Siberia; **Spanish ~,** *(S. hispanica):* seren Sbaen; *(b) Pharm:* **squills,** wynwyn [y] môr. **2.** *Crust:* **~ [fish],** llegest(-od) *m*.
squilla *n.* = **squill 2.**
squinancywort *n. Bot:* y fandon fechan *f*, y fandon leiaf.
squinch *n. Arch:* cilfwa (cilfwâu) *m*.
squint[1] *n.* **1.** tro (*m*) [yn y] llygad (troeon llygaid), llygad (llygaid) croes *m*, llygad cam (llygaid ceimion). **2.** *F: (= glance):* cipolwg (cipolygon) *mf*, golwg frysiog (golygon brysiog) *f*, ciledrychiad(-au) *m* **(at sth,** ar rth); **I had a ~ at the paper,** bwriais olwg frysiog dros y papur; *N.W:* mi ges i sbec (*m*) ar y papur; **let's have a ~ at it!** gad(-|ewch) imi/inni ei weld! tyrd (dewch) imi/inni ei weld! gad weld! *N:* gad imi/inni gael sbec! *S:* gad imi/inni gael pip (*f*)! **4.** *Ecc: Arch:* ysbïendwll (ysbïendyllau) *m*. **5.** = **inclination, leaning.**
squint[2] *v.i.* **1.** *Med:* **the eye squints,** mae'r llygad yn groes/gam/troi; mae tro yn y llygad; **she squints badly,** mae ganddi lygad cam/croes iawn. **2. to ~ (at sth),** ciledrych, craffu, cael cip/cipolwg, *N: F:* cael sbec, *S:* cael pip (ar rth).
squint[3] *a.* cam (ceimion), croes(-ion); **~ eyes,** llygaid croes, *S.W:* llygaid tro, *F:* llygaid latsh. **~-eyed** *a.* **1.** llygatgroes, llygatgam, â llygad/llygaid croes/cam, â thro yn y llygad/llygaid. **2.** = **malignant.**
squinter *n.* rhn (rhai) llygatgroes.
squinting, squinty *a.* = **squint**[3], **squint-eyed 1**; *Gram:* **~ construction,** cystrawen(-nau) amwys *f.*
squire[1] *n.* **1.** *Hist:* = **equerry. 2.** *(a)* yswain (ysweiniaid) *m*, *F:* sgweier(-iaid) *m*; *(b) F:* **thank you, ~!** diolch, giaffar! *(c) U.S: Jur:* ynad(-on) *m*. **3.** = **escort**[1] *(b)*; **~ of dames,** merchetwr (merchetwyr) *m*. **4.** *Ich:* = **snapper 2.**
squire[2] *v.t.* **to ~ a lady,** hebrwng/partneru merch, *F:* hwsmona merch.
squirearch *n.* yswain (ysweiniaid) *m*.
squirearchal, squirearchical *a.* ysweiniol, ysweiniaethol.
squirearchy *n.* ysweiniaid *pl*, sgweieriaid *pl*, ysweiniaeth(-au) *f*, sgweieriaeth(-au) *f*, ysweinlywodraeth *f.*
squiredom *n.* ysweiniaeth(-au) *f.*
squireen *n.* sgweiryn(-nod) *m*.
squirehood *n.* = **squiredom.**
squirelet, squireling *n.* = **squireen.**
squirely *a.* ysweiniol.
squireship *n.* = **squiredom.**
squirm[1] *n.* gwingiad(-au) *m*, gwing *f*, gwingo *vn*, ymwingiad(-au) *m*.
squirm[2] *v.i.* gwingo, ymwingo, cordeddu; *S.a.* **fidget**[2], **writhe.**
squirmer *n.* gwingwr (gwingwyr) *m*, gw|ingwraig *f.*
squirming, squirmy *a.* gwinglyd, aflonydd.
squirrel *n.* **1.** *Z:* gwiwer(-od) *f*; **grey ~,** gwiwer lwyd (gwiwerod llwyd[ion]); **red ~,** gwiwer goch (gwiwerod coch[ion]); **barking ~,** = **prairie-dog; flying ~,** gwiwer hedegog; **fox-~,** gwiwer dorgoch (gwiwerod torgoch); *Games:* **hunt the ~,** chwarae dal/dala. **~-cage** *n.* cawell (*m*) gwiwer (cewyll gwiwerod). **~ corn** *n.*

Bot: (Dicentra canadensis): ŷd (*m*) gwiwerod. ~ **fish** *n. Ich:* gwiwerbysg(-od) *m.* ~ **frog** *n. Amph:* llyffant(-od) dringol *m.* ~ **grass** *n. Bot: (Hordeum murinum/jubatum):* heiddwellt (*m*) y muriau. ~**-hawk** *n. Orn:* gwalch (gweilch) (*m*) gwiwerod. ~**-like** *a.* gwiweraidd, fel gwiwer. ~**-monkey** *n. Z:* gwiwerfwnci (gwiwerfwncïod) *m.* ~ **shrew** *n. Z:* chwistlen wiweraidd (chwistlod gwiweraidd) *f.* ~**-tail** *n. Fish:* = **earthworm.** ~**-tail grass** *n. Bot: (H. marinum):* heiddwellt (*m*) y morfa.
squirrel² *v.t.* **to ~ money away,** celcio arian, dodi arian o'r neilltu.
squirt¹ *n.* **1.** *(= syringe):* chwistrell(-au,-i) *f.* **2.** *(= jet, spurt):* chwistrelliad(-au) *m*, ffrwd (ffrydiau) *f.* **3.** *F: (of pers.):* **little ~,** sinach(-od) bach *m; See* **runt 2.** ~**-gun** *n. U.S:* gwn (gynnau) (*m*) dŵr.
squirt² *v.t.&i.* chwistrellu, *N.W:* chwistrillio, chwistr[i]o.
squirter *n.* chwistrellwr (chwistrellwyr) *m.*
squirting *a.* chwistrellol; *S.a.* **cucumber.**
squish¹,² *n. & v.* = **squelch¹,².**
squishy *a. F:* = **squashy.**
squit *n.* = **squirt¹ 3.**
squitch *n.* = **couch-grass.**
Sri Lanka *Pr.n. Geog:* Sri Lanca *f.*
Sri Lankan *a. & n.* **1.** *a.* Sri Lancaidd, [o] Sri Lanca; **she's ~ ~,** Sri Lancad yw hi; **the Sri Lankan army,** byddin Sri Lanca. **2.** *n.* Sri Lancad (~ Lancaid) *m&f.*
stab¹ *n.* **1.** *(a)* gwaniad(-au) *m*, trywaniad(-au) *m*, gwân (gwanau) *mf; Fig:* **~ in the back,** cyllell (*f*) yn y cefn, brad *m*, bradwriaeth *f; (b) (of pain):* gwayw (gwewyr) *m*, brath(-au) *m*, pigyn *m*, gwewyr *pl.* **2.** *Golf:* **~ shot,** clec(-iau) *f.* **3.** *F:* **to have a ~ (at sth),** rhoi cynnig (ar rth, ar wn|eud rhth). ~**-culture** *n. Bac:* meithriniad(-au) (*m*) gwanu.
stab² *v.t.&i.* **1.** *v.t. (a)* trywanu, *Lit:* gwanu; **to ~ s.o. to death,** trywanu rhn i farwolaeth; **to ~ s.o. in the back,** *(i)* trywanu rhn yn ei gefn; *(ii) Fig:* = **betray;** *(b) Bookb:* trydyllu; *(c) Const: (= roughen):* garwh|au. **2.** *v.i.* **to ~ at s.o.,** anelu cyllell at rn, cynnig trywanu rhn.
stabbed *a. Bookb:* trydwll, trydyllog.
stabber *n.* trywanwr (trywanwyr) *m.*
stabbing *a. & vn.* **1.** *a.* **~ pain,** gwayw (gwewyr) *m.* **2.** *vn.* trywaniad(-au) *m*, trywanu *vn.*
stabile *a. & n.* **1.** *a.* sefydlog, disyflyd, llonydd, sad, digyfnewid, di-sigl. **2.** *n. Art:* sefydlyn(-nau) *m.*
stability *n.* sefydlogrwydd *m*, sadrwydd *m*, disigledd *m; Ph: Ch:* sefydlogrwydd; *Theol:* **vow of ~,** diofryd (*m*) sefydlogrwydd.
stabilization *n.* sefydlogiad *m*, sefydlogi *vn.*
stabilize *v.t.* sefydlogi, sadio (rhth); gwn|eud (rhth) yn sefydlog/sad/ddisigl/wastad; *(prices):* gwastatáu, sefydlogi.
stabilized *a.* sefydlog, sad, gwastad.
stabilizer *n. Av: &c:* sadiwr (sadwyr) *m.*
stabilizing *a. & vn.* **1.** *a.* sefydlogol, sadiol. **2.** *vn.* = **stabilize.**
stable¹ *n.* stabl(-au) *f; Turf: &c:* **(a foal) from the Queen's ~,** (ebol) o stabl y Frenhines, o blith ceffylau'r Frenhines. ~ **boy** *n.* gwas (gweision) (*m*) stabl. ~**-companion** *n.* **1.** *Rac:* ceffyl(-au) (*m*) o'r un stabl, cymar (cymheiriaid) (*m*) stabl. **2.** *Com: &c:* partner(-iaid) (*m*) busnes. ~ **door** *n.* rhagddor(-au) *f*, drws (*m*) stabl (drysau stablau); *Prov:* **to shut the ~ door after the horse has bolted,** codi pais ar ôl piso. ~ **fly** *n. Ent: (Stomoxys calcitrans):* pryf(-ed) (*m*) y cyrn. ~**-girl** *n.* geneth(-od) (*f*) stabl. ~**-keeper** *n.* stablwr (stablwyr) *m.* ~**-lad** *n.* = **stable boy.** ~ **lamp** *n.* lamp(-au) (*f*) stabl, lamp tywydd mawr, *S:* lamp mas. ~ **litter** *n.* gwasarn *m*, gwellt (*m*) stabl. ~**-mate** *n.* = **stable-companion.**
stable² *v.t.* stablu.
stable³ *a.* **1.** sefydlog, safadwy, diysgog, di-sigl, sad; *Ch: Ph:* sefydlog; **~ equilibrium,** cydbwysedd sefydlog *m;* **~ currency,** arian sefydlog/digyfnewid *m;* **~ state,** cyflwr sefydlog *m;* **the government is becoming more ~,** mae'r llywodraeth yn cael ei thraed dani fwy; **a ~ job,** swydd barhaol/sefydlog *f.* **2.** *(friend &c):* dibynadwy, digyfnewid, cadarn.
stableful *n.* llond (*m*) stabl(-au), stablaid (stableidiau) *f.*
stableman *n.m.* gwas (gweision) stabl.
stableness *n.* = **stability.**
stabling *n. Coll:* stablau *pl.*
stably *adv.* yn sefydlog *&c.*
staccato *a., n. & adv.* **1.** *a.* stacato; **~ mark,** marc(-iau) stacato *m;* **~ note,** nodyn (nodau) stacato *m.* **2.** *n.* nodyn stacato. **3.** *adv.* yn stacato.

stack¹ *n.* **1.** *(a) (of hay &c):* tas(-au, teisi) *f, S.E: occ:* bera(-on, berâu) *mf;* **round ~,** helm(-ydd) *f; (b) (of wood, plates &c):* pentwr (pentyrrau) *m*, tomen(-ni) *f*, llwyth(-i) *m*, cruglwyth(-i) *m, occ:* crugyn(-nau) *m; F:* **(I've stacks) of work (to do),** (mae gen i) domen/gruglwyth/lwyth/ bentwr o waith, beth wmbredd o waith, lond gwlad o waith (i'w wneud); **to make stacks of money,** gwneud pentwr/tomen/llwyth/cruglwyth o arian; **(I've got) stacks of it,** (mae gen i) faint a fynnir ohono, wn i [ddim] faint ohono; *(c) (of rifles):* pentwr; *(d) Av: (of waiting aircraft):* pentwr; *(e) Meas:* stac(-iau) *m.* **2.** *(a)* **chimney ~,** corn (cyrn) (*m*) simdde/simnai; *U.S: F:* **to blow one's ~,** gwylltio, mynd o'ch cof, mynd i dop y cratsh; *(b)* = **soil pipe;** *(c) Cmptr:* stac(-iau) *m;* **~ base,** sail (*f*) stac; **~ overflow,** gorlif (*m*) stac; **~ pointer,** pwyntydd(-ion) (*m*) stac; **~ underflow,** islif (*m*) stac. **3.** *Geog:* craig (creigiau) *f*, stac(-iau) *m; Pr.n. Geog:* **South S~,** Ynys Lawd *f; Pr.n. Geog:* **North S~,** Ynys Arw. ~**[-room]** *n. Lib:* storfa (storf|eydd) *f*, stac(-iau) *m.* ~**-yard** *n.* = **stackyard.**
stack² *v.t.* **1. to ~ (hay),** codi tas/teisi (o wair); mydylu, tasu, dasu, *S.W:* sopynno, stacanu, *N.W:* teisio (gwair). **2.** *(plates &c):* pentyrru, *occ:* cruglwytho; **to ~ arms,** pentyrru arfau, pwyso arfau yn erbyn ei gilydd. **3.** *N.Am:* **to ~ cards,** stacio cardiau, trin y cardiau; **the odds are stacked against her,** mae'r ods yn drech na hi; gwael yw ei siawns hi; siawns wael sydd ganddi. **4.** *Av:* pentyrru, stacio. ~ **up** *v.i. U.S: F:* cymharu.
stackability *n.* natur bentyradwy *f.*
stackable *a.* pentyradwy.
stacked *a.* **1.** mewn pentwr. **2.** *F:* **well-~,** siapus, lluniaidd.
stacker *n.* pentyrrwr (pentyrwyr) *m*, staciwr (stacwyr) *m; (of hay):* taswr (taswyr) *m, N.W:* teisiwr (teiswyr) *m.*
stackyard *n.* **1.** *Agr:* ydlan(-nau) *f*, ydwal(-iau) *f*, cadlas(-au, cadlesydd) *f, N.W: occ:* gardd (gerddi) (*f*) ŷd. **2.** *Ind:* iard (*f*) bentyrru (ierdydd/iardiau pentyrru), staciard (stacierdydd) *f.*
stacte *n. B:* stacte *m.*
staddle *n.* [y]stôl (*f*) fera (ystolion bera), gwaelod (*m*) tas (gwaelodion tasau/teisi), sylfaen (*f*) tas (sylfeini tasau/teisi). ~**-stone** *n.* carreg (cerrig) (*f*) [y]stôl.
stadholder *n.* = **stadtholder.**
stadia *n. & attrib. Surv:* stadia *m;* **~ hair, ~ wire,** gwifren (gwifrau) (*f*) stadia. ~ **rod** *n.* ffon (ffyn) (*f*) stadia.
stadial *n. Archeol:* is-gyfnod(-au) rhewlifol *m;* **inter-~,** rhyng-gyfnod(-au) cynhesol *m.*
stadiometer *n.* stadiomedr(-au) *m.*
stadium *n. Meas: Sp:* stadiwm (stadia) *m.*
stadtholder *n.* prifynad(-on) *m*, rhaglaw(-iaid) *m.*
stadtholdership *n.* prifynadaeth *f*, rhaglawiaeth *f.*
staff¹ *n.* **1.** *(= stick): (a) Rail: &c:* ffon (ffyn) *f, Lit:* gwialenffon (gwialenffyn) *f; S.a.* **rod, stick¹, stave¹, quarterstaff, flagstaff; pilgrim's ~,** ffon pererin; **I keep the ~ in my own hand,** yn fy nwylo i y mae'r awenau; **to put down one's ~ (in a place),** gosod eich pabell, cartrefu, ymsefydlu (mewn lle); **to strike ~,** lletya/aros dros dro; *F:* **bread is the ~ of life,** bara yw ffon [y] bywyd; *B:* **thy rod and thy ~ they comfort me,** dy wialen a'th ffon a'm cysurant; **pastoral ~,** = **crosier; cooper's staves,** erwydd *pl; (b) (of flag):* polyn (polion) *m; (of spear):* paladr (pelydr) *m*, coes(-au) *mf; (of watch):* gwerthyd(-au,-on) *f, N.W:* tolyn (tolion) *m; (c) Surv:* ffon fesur (ffyn mesur), polyn mesur, gwialen (*f*) fesur (gwialenni mesur) *f;* **Jacob's ~, cross-~,** ffon Iago. **2.** *(a) Mil: Navy: (= officers):* staff *m*, swyddogion *pl;* **S~ College,** Coleg Milwrol *m*, Coleg Staff, Coleg y Swyddogion; *(b) (= personnel):* gweithwyr *pl*, staff; *Mil:* **general ~,** staff millwrol; **the domestic ~,** y gweision [a'r morynion] *pl;* **teaching ~,** athrawon *pl;* **editorial ~,** golygyddion *pl*, tîm golygyddol *m.* **3.** *Mus:* erwydd *pl;* **treble ~,** erwydd y trebl. **4.** *Constr: U.S:* plastr (*m*) blew. ~ **captain** *n. Mil:* staff-gapten (~-gapteiniaid) *m.* ~ **corps** *n. Mil:* staff-gorfflu(-oedd) *m.* ~ **notation** *n. Mus:* hen nodiant *m.* ~ **nurse** *n.* staff-nyrs(-ys) *f&m.* ~ **officer** *n. Mil:* staff-swyddog(-ion) *m*, swyddog(-ion) (*m*) staff. ~ **sergeant** *n. Mil:* staff-ringyll(-iaid) *m.* ~ **sergeant-major** *n. Mil:* staff-uwch-ringyll(-iaid) *m*, staff-uwch-sarsiant(- iaid) *m.* ~ **system** *n. Rail:* system (*f*) ffyn. ~ **tree** *n. Bot: (Celastrus):* ffonwydden (ffonwydd) *f.* ~ **vine** *n. Bot: (C. scandens):* ffonwydden ddringol (ffonwydd dringol).
staff² *v.t.* **to ~ (an office),** staffio (swyddfa); cyflogi gweithwyr, penodi staff (i swyddfa); **we are over-staffed,** mae gennym

ormod o staff/weithwyr; **we are under-staffed,** 'rydym yn brin o staff/weithwyr; mae gennym ry ychydig o staff/weithwyr; 'does gennym ddim digon o staff/weithwyr.

staffage *n. Art:* atodion *pl.*

staffer *n. U.S:* = **journalist.**

staffman *n.m. Surv:* ffonfesurwr (ffonfesurwyr).

Stafford *Eng.Pl.n.* Stafford *f, Lit: occ:* Rhyd (*f*) y Fagl.

Staffordshire *Pr.n. Geog:* Swydd (*f*) Stafford.

staffroom *n.* ystafell(-oedd) (*f*) staff; *Sch:* ystafell athrawon.

staffwork *n.* gwaith (*m*) staff, gwaith trefnu, trefniadaeth *f.*

stag[1] *n.* **1.** *Z: (a)* carw (ceirw) *m,* hydd(-od) *m. S.W:* bwch (bychod) (*m*) danas; **young ~,** carw ifanc, llwdn (*m*) hydd (llydnod hyddod). **2.** *St.Exch: F:* sbeciannwr (sbecianwyr) *m.* **3.** *(= male of some other animals):* gwryw(-od) *m; (cockerel):* ceiliog(-od) *m* [ymladd]; **~ turkey,** ceiliog twrci (ceiliogod tyrcwn); *S.a.* **bull[1]**. **4.** *(= boar):* twrch (tyrchod) *m,* baedd(-od) disbaidd *m,* adfaedd(-od) *m.* **5.** *F: (= single man):* llanc(-iau) *m,* llefnyn (llafnau) *m,* ceiliog. **~ beetle** *n. Ent:* chwilen gorniog (chwilod corniog) *f,* chwildarw (chwildeirw) *m,* chwilen gyrn carw (chwilod cyrn carw). **~-evil** *n. Vet:* genglo *m,* gengload *m* (*both pronounced* ng-g). **~-film** *n.* llun(-iau) (*m*) i ddynion, ffilm(-iau) (*f*) i ddynion. **~-horn** *n.* corn (cyrn) (*m*) carw, *Lit: occ:* osgl(-au) (*m*) carw. **~-horn coral** *n. Z:* cwrel corniog *m.* **~'s horn fern** *n. Bot: (Platycerium):* rhedynen (rhedyn) (*f*) corn carw. **~'s horn fungus** *n. Fung:* corn (cyrn) gwyn *m.* **~'s horn moss** *n. Bot:* cnwpfwsogl (*m*) corn carw, corn carw'r mynydd, palf (*f*) y blaidd. **~'s horn weed** *n. Bot:* ffrydlys *m.* **~ hunting** *vn.* hela ceirw. **~ line** *n. U.S:* rhes(-i) (*f*) o lanciau/lafnau. **~ movie** *n. U.S: F:* = **stag film. ~ night/party** *n. U.S: F:* parti (partïon) (*m*) i'r dynion, noson (nosweithiau) (*f*) i'r dynion/gwrywod.

stag[2] *v.i.&t.* **1.** *v.i. U.S: F: (= attend a party without a woman):* mynd i barti heb ferch. **2.** *v.t. St.Exch:* **to ~ shares,** sbeciannu mewn cyfranddaliadau.

stage[1] *n.* **1.** *(a)* llwyfan(-nau) *mf; Nau:* **floating ~,** glanfa (glanfeydd) nofiol *f; S.a.* **landing-stage**; *(b) (of microscope):* **~ plate,** plât (platiau) (*m*) archwilio; *Ph: &c: (of rocket):* rhan(-nau) *f.* **2.** *(a) Th:* llwyfan; **apron ~,** llwyfan barclod/farclod (llwyfannau barclod), llwyfan ffedog; **centre ~,** canol (*m*) llwyfan; **down ~,** i lawr y llwyfan; **elevator ~,** llwyfan d[d]eulawr (llwyfannau deulawr); **fit-up ~,** llwyfan cludadwy/gludadwy (llwyfannau cludadwy); **front of the ~,** tu blaen y llwyfan; **off ~,** oddi ar y llwyfan; **off ~ lines,** llinellau ger y llwyfan; **on-~ ,** ar lwyfan; **on-~ off,** ger ar-lwyfan; **picture frame ~,** llwyfan ffrâm pictiwr; **raked ~,** llwyfan [g]ogwydd (llwyfannau gogwydd); **revolving ~,** llwyfan tro/troi/dro/droi (llwyfannau tro/troi); **scissors ~,** llwyfan siswrn; **space ~,** llwyfan [g]wagle (llwyfannau gwagle); **up ~,** i fyny'r llwyfan; **to go on the ~,** mynd yn actor/actores; **to hold the ~,** cael yr holl sylw; **to put a play on the ~,** llwyfannu drama; **to dress a ~,** gwisgo llwyfan; *F:* **to set the ~ for a revolution,** gosod y llwyfan ar gyfer chwyldro; *Fig:* **he left the ~ of politics,** gadawodd lwyfan gwleidyddiaeth; cefnodd ar y byd gwleidyddol; **a larger ~ opened to him,** agorodd maes ehangach iddo; *Lit:* **all the world's a ~,** llwyfan yw'r holl fyd. **3.** *(of development, plant &c):* cyfnod(-au) *m,* stad(-au) *f,* adeg(-au) *f,* gradd(-au) *f,* gris(-iau) *f,* cam(-au) *m,* gwedd(-au) *f;* **a ~ in an evolution,** cam/gris mewn esblygiad; **a ~ in the development of a frog,** cyfnod/adeg yn natblygiad llyffant; **three ~ reaction,** adwaith (adweithiau) (*m*) tri cham; **at this ~ (an interruption occurred),** ar hyn, ar hynny, yn y fan hon, bryd hynny, [ar] yr adeg honno (bu ymyrraeth); **at this ~ I cannot say anything,** ar hyn o bryd ni allaf ddweud dim; **to rise by successive stages,** codi o ris i ris; *(of building): N.W: occ:* codi o walbant i walbant; **he passed through a long ~ of inactivity,** bu'n segur am gyfnod maith; **she is in the teenage ~,** glaslances yw hi; **he reached the ~ where he could not cope,** daeth i'r fan/stad/pwynt lle na allai wneud dim; daeth i ben ei dennyn; aeth i'r pen arno; **first ~ of a road scheme,** rhan gyntaf (*f*) cynllun ffordd; **what ~ have you reached?** ble 'rydych chi arni bellach? i ble 'rydych chi wedi cyrraedd bellach? **4.** *(a)* **(to travel) by easy stages,** (teithio) wrth eich pwysau, yn eich pwysau, *N: F:* (mynd) o dow i dow; **Welsh in easy stages,** y Gymraeg fesul camau hawdd; *(b)* **fare ~,** rhan(-nau) *f,* adran(-nau) *f* (o daith bws); **he got down at the next ~,** aeth mas/allan wrth y safle/stop nesaf; *(c)* = **stagecoach. 5.** *Geol: El:* stad. **~-board** *n. Th:* panel(-i) (*m*) llwyfan. **~-box** *n. Th:* bocs(-ys) (*m*) llwyfan. **~-brace** *n.* bres(-i) (*m*) llwyfan. **~-carpenter** *n. Th:* saer (seiri) (*m*) llwyfan. **~-cloth** *n.* gorchudd(-ion) (*m*) llwyfan. **~-clothes** *n. Th:* dillad (*pl*) llwyfan. **~ depth** *n.* dyfnder (*m*) llwyfan. **~ direction** *n.* cyfarwyddyd (cyfarwyddiadau) (*m*) llwyfan. **~ director** *n.* cyfarwyddwr (cyfarwyddwyr) (*m*) llwyfan. **~ door** *n. Th:* drws (drysau) (*m*) llwyfan/actorion; *S.a.* **Johnny. ~-doorkeeper** *n. Th:* porthor(-ion) (*m*) theatr. **~ effect** *n. Th:* effaith (effeithiau) (*f*) llwyfan. **~ etiquette** *n. Th:* defod(-au) (*f*) llwyfan. **~ fever** *n.* awydd (*m*) actio, awch (*m*) am y llwyfan, chwilen (*f*) actio, y dwymyn (*f*) actio. **~ flex** *n. Th:* fflecs (*m*) llwyfan. **~ fright** *n. Th:* ofn (*m*) [y] llwyfan. **~-hand** *n. Th:* dyn(-ion) (*m*) llwyfan. **~ jewellery** *n. Th:* gemau (*pl*) llwyfan. **~ left** *n. Th:* chwith (*m*) [y] llwyfan. **~-manage** *v.t.* **1.** rheoli llwyfan. **2.** *Fig:* rhagdrefnu. **~-management** *n.* **1.** *Th:* goruchwyliaeth (*f*) [y] llwyfan, rheolaeth (*f*) ar lwyfan. **2.** *Fig:* rhagdrefnu *vn,* rhagdrefniadau *pl.* **~-manager** *n. Th:* goruchwyliwr (goruchwylwyr) (*m*) llwyfan, rheolwr (rheolwyr) (*m*) llwyfan. **~ name** *n. Th:* enw(-au) (*m*) llwyfan, enw actio. **~ picture** *n. Th:* pictiwr(-s) (*m*) llwyfan. **~ play** *n.* drama (*f*) lwyfan (dramâu llwyfan). **~ policeman** *n.* plismon: plisman (plismyn) (*m*) drama. **~ properties, ~ props** *n.pl. Th:* celfi llwyfan, dodrefn llwyfan. **~ right** *n. Th:* de (*m*) llwyfan. **~ rights** *n.pl. Th:* hawliau perfformio. **~ screw** *n. Th:* sgriw (*f*) lwyfan (sgriwiau llwyfan). **~-struck** *a. Th:* dan gyfaredd y llwyfan/theatr, wedi gwirioni ar theatr/ddrama. **~ trap** *n. Th:* trap(-iau) (*m*) llwyfan. **~ voice** *n. Th:* llais (lleisiau) (*m*) llwyfan. **~ wait** *n. Th:* saib (seibiau) (*m*) llwyfan. **~ whisper** *n.* **1.** *Th:* sibrwd (sibrydion) (*m*) llwyfan. **2.** *Fig:* sibrwd ar goedd, sibrwd clywadwy; **in a ~ whisper,** mewn islais clywadwy, mewn sibrwd clywadwy. **~ width** *n. Th:* lled (*m*) llwyfan.

stage[2] *v.t.&i.* **1.** *v.t. (a) Th: (play):* llwyfannu (drama), rhoi/gosod/dodi (drama) ar lwyfan; *(b) (demonstration &c):* cynnal, trefnu, rhagdrefnu; **to ~ a come-back,** dychwelyd, dod yn ôl i'r fei, dod yn ôl i'r llwyfan; **to ~ a strike,** cynnal streic. **2.** *v.i. (a)* llwyfannu; **the play does not ~ well,** 'dyw'r ddrama ddim yn llwyfannu'n dda; mae'n ddrama anodd i'w llwyfannu/pherfformio; **he stages well,** mae ef yn berfformiwr da ar lwyfan; mae'n dda ar y llwyfan; *(b) (= travel by stages):* teithio/mynd wrth eich pwysau *or* yn eich pwysau *or* bob yn dipyn *or N: F:* o dow i dow; *(c) (= travel by stagecoach):* teithio/mynd ar/yn y goets fawr.

stagecoach *n.* coets fawr (coetsis mawr) *f.*

stagecoachman *n.m.* coetsmon (coetsmyn), gyrrwr coets fawr (gyrwyr coetsis mawr).

stagecraft *n.* crefft (*f*) llwyfan/lwyfan.

stager *n. F:* **old ~,** hen law(-iau) *m&f,* un (rhai) sy'n hen gyfarwydd, hen stejar(-s) *m, S:* hen stander(-s) *m.*

stagey *a.* = **stagy.**

stagflation *n. Econ:* chwyddwasgiad *m.*

staggard *n. Ven:* carw (ceirw) (*m*) pedair blwydd oed.

stagger[1] *n.* **1.** *(= tottering movement):* gwegiad(-au) *m,* siglad(-au) *m,* haldiad(-au) *m,* rhonciad(-au) *m,* honcian *vn,* honc(-iau) *f,* honciad(-au) *m,* hwntian *vn,* clunhercian *vn.* **2.** *(= staggered arrangement):* igam-ogamiad(-au) *m,* trefn igam-ogam *f,* trefn ddarwahanu (trefnau darwahanu), darwahaniad(-au) *m,* gorgyffyrddiad(-au) *m.* **3.** *pl. Vet:* **staggers,** cysb *f,* y gysb *f,* dera *f,* y ddera *f;* **blind ~,** y ddera ddall; **grass ~,** dera'r borfa; **the mad ~,** y gysb ynfyd, y bendro *f, S.W:* y gipys *f.*

stagger[2] *v.i.&t.* I. *v.i.* **1.** *(= totter):* igam-ogamu, mynd yn igam-ogam, gwegian, haldian, hwntian, rhoncian, honcian, siglo, stagro, gogryn, gogrwn; *S.W: (of drunkard):* gwegryn, gogian; *N.W: (= stagger along):* hongian ar eich traed, haldian mynd, gogrwn mynd. **2. to ~ to one's feet,** codi'n siglog ar eich traed, codi ar eich traed yn sigledig, gwegian sefyll. II. *v.t.* **1.** *(a) (= shake):* siglo; **it staggers belief,** mae'n anhygoel; *(b) (= astound):* syfrdanu, synnu; **to be staggered,** synnu'n fawr, cael eich syfrdanu/synnu. **2.** *(= arrange in zigzags):* igam-ogamu (rhth), gosod (rhth) yn igam-ogam, darwahanu; *Mec.E:* **to ~ rivets,** gwasgaru rhybedion. **3. to ~ holidays,** gwasgaru/darwahanu gwyliau, *F:* stagro gwyliau.

staggerbush *n. Bot: U.S: (Lyonia mariana):* gysblwyn(-i) *m.*

staggered *a.* **1.** *(= astounded):* syfrdan, syn. **2.** *(= zigzag):* igam-ogam, gwasgarog. **3.** *(holidays &c):* cyfnodol, gwasgarog, darwahanedig; **~ junction,** cyffordd groesgam (cyffyrdd croesgam) *f*; **~ start,** hwnt-gychwyn *m*, hwnt-gychwyniad(-au) *m*.

staggerer *n.* peth(-au) syfrdanol/aruthrol *m*.

staggering[1] *a.* **1.** *(gait):* gweglyd, simsan, sigledig, siglog, ansad, honciog, honciol, rhonciog. **2.** *F: (blow, news):* syfrdanol, aruthrol.

staggering[2] *vn.* = **stagger[2]**.

staggeringly *adv.* **1.** *(= totteringly):* yn simsan, yn sigledig *&c.* **2.** *(= astoundingly):* yn syfrdanol, yn aruthrol.

staggie *n. Ven:* carw (ceirw) ifanc *m*.

staghound *n.* hyddgi (hyddgwn) *m*.

stagily *adv. Pej:* yn theatraidd *&c*; fel mewn drama.

staginess *n.* llwyfaneiddiwch *m*, theatreiddiwch *m*, coegddramatigrwydd *m*, ffuantusrwydd *m*.

staging *vn. & n.* **1.** *vn.* = **stage[2]**; *Th:* llwyfannu, llwyfaniad(-au) *m*; **arena ~,** canol-lwyfannu. **2.** *n. Coll: (a) (= scaffolding):* sgaffaldiau *pl*, sgaffaldwaith *m*; *(b) Nau:* glanfa (glanf|eydd) *f*; *(c) (= shelves):* silff(-oedd) *f*, astell: estyllen (estyll, estyllod) *f*. **~ area** *n. Mil:* man(-nau) (*m*) cynnull/ymgynnull. **~ inn** *n.* tafarn(-au) (*f*) coets fawr, gwesty(-au) (*m*) coets fawr. **~ post** *n. Av:* man aros, arhosfan (arosfannau) *mf*.

Stagirite *n.* **1.** Stagiriad (Stagiriaid) *m&f.* **2.** *Hist:* **the ~,** y Stagiriad, Aristotlys *m*.

stagnancy *n.* marw|eidd-dra *m*, llonyddwch *m*.

stagnant *a.* **1.** *(water):* llonydd, marwaidd, disymud; **~ pond,** merllyn(-noedd) *m*, merbwll (merbyllau) *m*, *S.W:* llynwen(-ni) *f*; **~ water,** merddwr (merddyfroedd) *m*, marddwr (marddyfroedd) *m*, dŵr (dyfroedd) marw *m*. **2.** *(trade):* marwaidd, disymud, di-fynd, fel merddwr.

stagnantly *adv.* yn farwaidd *&c.*

stagnate *v.i.* **1.** *(of water):* sefyll, bod yn llonydd, troi'n ferddwr, mynd yn ferddwr. **2.** *(of trade):* marweiddio, bod yn farwaidd/ ddifywyd; **I'm stagnating (in this job),** 'rwy'n aros yn f'unfan, nid wyf yn mynd i unman (yn y swydd hon).

stagnation *n.* = **stagnancy**; *Econ:* marw|eidd-dra *m*, annhyfiant *m*. **~ thesis** *n.* damcaniaeth (*f*) marweidd-dra.

stagnicolous *a.* y merddwr, merddyfrol, sy'n byw mewn merddwr/cors; corsdrig.

stagy *a. Pej:* llwyfannaidd, llwyfanllyd, coegddramatig, theatraidd, histrionig, ffuantus.

staid *a.* sobr, digyffro, sad, tawel, difrifol, pwyllog, llonydd, *F:* côm, sobor, sidêt, sydêt, suful; **to become ~,** ymbwyllo, tawelu, ymdawelu, difrifoli, dod at eich coed, *N.W:* sadio, sufulo.

staidly *adv.* yn sobr *&c.*

staidness *n.* sobrwydd *m*, sadrwydd *m*, difrifoldeb *m*, llonyddwch *m*, *F:* comrwydd *m*, sydetrwydd *m*, sufulrwydd *m*.

stain[1] *n.* **1.** *(a)* staen(-iau) *m*; *(b) (= moral blemish):* staen, mefl(-au) *m*, nam(-au) *m*; **without a ~ on one's character,** yn ddi-fefl, heb frycheuyn ar eich cymeriad, heb golli'ch enw da, heb warth ar eich enw da, yn lân eich cymeriad, heb nam ar eich cymeriad, yn ddifrycheulyd, yn hollol ddi-fai; **to cast a ~ on s.o.'s honour,** difwyno enw da rhn, pardduo rhn, bwrw gwaradwydd ar enw da rhn, dwyn mefl ar enw da rhn. **2.** *(= colouring matter):* staen, lliw(-iau) *m*. **~ removal agent** *n.* codwr (*m*) staen (codwyr staeniau), *F:* peth(-au) (*m*) codi ôl/staen. **~-resistant** *a.* gwrth-staen.

stain[2] *v.t.&i.* I. *v.t.* **1.** *(a)* staenio, marcio, difwyno; **hands stained with blood,** dwylo ac ôl gwaed arnynt, dwylo wedi eu staenio gan waed, dwylo gwaedlyd, dwylo coch gan waed; *(b) (character of s.o.):* pardduo/difwyno/baeddu (enw da rhn); tynnu gwarth, dwyn anfri (ar rn); *S.W:* sarnu (enw da rhn); *Lit:* gwaradwyddo, gwarthruddo (rhn). **2.** *(wood, glass &c):* staenio, lliwio; *Ch:* **to ~ a section,** staenio toriad. II. *v.i.* staenio, marcio.

stainable *a.* staeniadwy, lliwiadwy, sy'n staenio/marcio.

stained *a.* **~ glass,** gwydr lliw *m*; *Ch:* **~ preparation,** gwrthrych(-au) staenedig *m*; **~ floor,** llawr (*m*) wedi ei staenio.

stainer *n.* **1.** staeniwr (staenwyr) *m*. **2.** *Fung:* cleisiwr (cleiswyr) melyn *m*.

stainless *a.* glân, heb farc, heb nam, di-fefl, difrycheulyd, gloyw, di-staen, dilychwin; **~ steel,** dur gloyw *m*, dur gwrthstaen, dur di-staen.

stainlessly *adv.* yn lân *&c.*

stair *n.* **1.** *(= step):* gris(-iau) *mf*, grisyn (grisiau) *m*, *S:* staeren (staerau) *f*. **2.** *(usu.pl.):* grisiau *pl*, *M.W:* staer(-au) *f*, *S:* staer: stâr (staerau) *f*; **spiral stairs,** grisiau troellog/tro, *S:* stâr dro, *N.W: occ: Joc:* grisiau bwgan; **flight of stairs,** rhes(-i) (*f*) o risiau, hyd(-au) (*m*) o risiau, rhediad(-au) (*m*) o risiau; **above stairs,** *N:* i fyny'r grisiau, *M.W:* i fyny'r staer, *S:* lan stâr, lan lofft; **back stairs,** grisiau cefn, *S:* staer gefn, staerau cefn; **below stairs,** tan/dan y grisiau, tan staer; *O:* **(it was discussed) below stairs,** (fe'i trafodwyd) gan y gweision, yn y gegin. **~-carpet** *n.* carped(-i) (*m*) grisiau, *M.W:* carped staer, *S:* carped stâr. **~-lift** *n.* lifft (*f*) risiau (lifftiau grisiau). **~-rod** *n.* ffon (*f*) risiau (ffyn grisiau), rhoden (*f*) risiau (rhodenni/rhods grisiau), *S:* rhoden staer; *F:* **the rain was coming down like ~-rods,** 'roedd hi'n pistyllio bwrw; 'roedd hi'n arllwys y glaw; 'roedd hi'n bwrw hen wragedd a ffyn.

staircase *n.* grisiau *pl*, staer(-iau) *f*; **access ~,** grisiau mynediad; **winding/spiral/corkscrew ~,** grisiau troellog/tro, staer droellog/ dro (staerau troellog/tro), *N.W: occ: Joc:* grisiau bwgan.

stairfoot *n.* gwaelod (*m*) grisiau/staer, troed (*f*) grisiau/staer.

stairhead *n.* pen(-nau) (*m*) grisiau/staer.

stairway *n.* grisiau *pl*, staer(-iau) *f*, *Lit: occ:* grisffordd (grisffyrdd) *f*.

stairwell *n.* twll (tyllau) (*m*) grisiau/staer, pwll (pyllau) (*m*) grisiau/ staer.

staithe *n. Nau:* glanfa (glanf|eydd) *f*.

stake[1] *n.* **1.** *(a)* polyn (polion) *m*, postyn (pyst) *m*, ffon (ffyn) *f*, coedyn (coed) *m*, *Lit: occ:* stanc(-iau) *m*, pawl (polion) *m*; *Hort:* coedyn (coed) *m*, stanc; *U.S:* **to pull up stakes,** hel eich pac, ei hel hi, ei throi hi, codi'ch pac, symud, ymadael, ymfudo; *(b) Surv:* polyn. **2.** *Hist:* **to be burnt at the ~,** cael eich llosgi wrth y stanc; **to go to the ~,** marw wrth y stanc. **3.** *Metalw:* bonyn (bonion) *m*; **ball-head ~,** bonyn pengrwn (*pronounced* ng-g); **bottoming ~,** bonyn gwaelodi; **cow's tongue ~,** bonyn tafod buwch; **creasing ~,** bonyn crychu; **extinguisher ~,** bonyn hirbig; **funnel ~,** bonyn twndis/twmffat; **half moon ~,** bonyn hanner crwn; **hatchet ~,** bonyn ongl lem; **long head ~,** bonyn pen hir; **oval head ~,** bonyn pen cromen; **round head ~,** bonyn pengrwn; **square head ~,** bonyn pensgwar; **three arm head ~,** bonyn teirbraich. **4.** *(= small anvil):* ein[g]ion fach/ fechan (ein[g]ionau bach/bychain) *f*. **5.** *(a) Gaming:* arian (*m*) betio, *Lit: occ:* gwystl(-on) *m*, stâg *f*; **to lay a ~ (on sth),** betio arian/pres, mentro arian/pres, *S:* dala arian (ar rth); *Lit: occ:* cyngwystlo; **put down your stakes!** betiwch! rhowch eich bet! dodwch fet! mentrwch eich arian! *N:* pres i lawr! pres ar y bwrdd! **to hold the stakes,** cadw'r arian betio, dal yr arian betio; **the stakes were high,** mentrwyd/mentrid arian mawr; chwaraeid/chwaraewyd am arian mawr; 'roedd arian mawr yn y fantol; *Fig:* 'roedd llawer yn y fantol; **to play for high stakes,** chwarae am arian mawr; **at ~,** yn y fantol, *occ:* yn y glorian; **I have a ~ in the country's future,** mae imi ran/fudd yn nyfodol y wlad; **the ratepayers have a ~ in the matter,** mae a wnelo'r mater â'r trethdalwyr; mae'r mater o bwys i'r trethdalwyr; mae lles y trethdalwyr ynghlwm yn y mater; *(b) pl. Turf:* **stakes,** ras(-ys) arobryn *f*; **maiden stakes,** ras forwynol (rasys morwynol); **trial stakes,** ras brawf (rasys prawf). **~-boat** *n. Nau:* cwch (cychod) clwm *m*, bad(-au) clwm *m*. **~-body** *n. Veh: U.S:* corff (cyrff) (*m*) pyst, corff ofergarfanau. **~-hole** *n. Archeol:* twll (*m*) stanc (tyllau stanciau). **~-money** *n.* arian (*m*) betio. **~-net** *n. Fish:* rhwyd(-i,-au) (*f*) wrth bolion, rhwyd glwm (rhwydi/rhwydau clwm).

stake[2] *v.t.* **1.** **to ~ [off, out],** *(= surround with stakes):* amgáu (rhth) (â pholion), stancio (rhth); gosod pyst/stanciau (o amgylch rhth); **to ~ one's claim,** *Min: &c:* hawlio'ch llain; **to ~ out a claim,** stancio llain, gosod/tynnu ffiniau llain, marcio llain â physt; *Fig:* **to ~ one's claim to sth,** datgan eich hawl i rth, honni'ch hawl i rth, mynnu rhth; *Surv:* **to ~ a line,** gosod polion ar linell; *(= tether):* clymu/rhwymo (rhth) wrth bolyn. **2.** *(beans):* coedio, *S:* coedo. **3.** *(of horse):* **to be staked on a jump,** syrthio ar bolyn/stanc wrth neidio. **4.** *(= wager):* betio, mentro, gamblo, *S.W:* dala; **I'd ~ my all,** mi fetiwn/fentrwn y cyfan sydd gennyf; **I'd ~ five pounds,** mi fetiwn/ddaliwn i bumpunt; **to ~ one's life,** rhoi'ch pen i'w dorri, mentro'ch bywyd/einioes. **5.** *U.S:* **to ~ s.o.,** *(= finance):* noddi rhn, rhoi arian i rn, cefnogi rhn, bod yn gefn i rn; **to ~ a venture,** ariannu/ noddi menter; **to ~ s.o. for a million pounds,** noddi rhn hyd at filiwn o bunnau. **~ out** *v.t. F: Police:* **to ~ out a house,** gwylio tŷ, rhoi/dodi tŷ dan wyliadwriaeth, gosod gwylwyr o amgylch tŷ;

to ~ out policemen, gosod plismyn i wylio. **~-out** *n. U.S:* gwyliadwriaeth(-au) *f*, gwylfa (gwylfâu, gwylf|eydd) *f*.
stakeholder *n.* hapddaliwr (hapddalwyr) *m*, daliwr (dalwyr) (*m*) betiau.
Stakhanovism *n.* Stacanofiaeth *f*.
Stakhanovite *a.* & *n.* **1.** *a.* Stacanofaidd. **2.** *n.* Stacanofiad (Stacanofiaid) *m&f*.
stalactic, stalactiform, stalactitic *a.* stalactig, stalactidaidd, fel pibonwy calch, fel bys calch.
stalactite *n.* st|alactid (stalactidau) *m*, *F:* bys(-edd) (*m*) calch, *S.E:* diferfaen (diferfeini) *m*, *Lit: Coll:* pibonwy calch *pl*.
Stalag *n.* gwersyll(-oedd) (*m*) carchar.
stalagmite *n.* st|alagmid (stalagmidau) *m*, calchbost (calchbyst) *m*, postyn (*m*) calch (pyst calch), *S.E:* fferfaen (fferfeini) *m*.
stalagmitic[al] *a.* stalagmidaidd, stalagmitig, fel calchbost.
stalagmometry *n. Ch:* stalagmometreg *f*.
stale¹ *a.* **1.** *(a) (bread, egg, joke, news):* hen; **~ bread,** hen fara *m*, bara hen, *S.W:* bara henbob; **he's gone ~,** mae wedi ei gorwneud hi; mae wedi gorflino.
stale² *v.t.&i.* **1.** *v.t.* troi (rhth) yn ddiflas, diflasu. **2.** *v.i. (a) (of beer):* egru, mynd yn fflat, fflatio, *S.W:* chwitho, whitho, efftru; *(b) (of news &c):* mynd yn hen/anniddorol; *Lit:* **pleasure that never stales,** pleser nad yw byth yn pallu.
stale³ *n. (of cattle, horses):* biswail *m*, surdrwnc *m*.
stale⁴ *v.i.* bisweilio, troethi.
stalely *adv.* yn ddiflas.
stalemate¹ *n.* **1.** *Chess:* methmat *m*. **2.** *(= deadlock):* anghytundeb(-au) llwyr *m*, sefyllfa(-oedd) annatrys, sefyllfa ddiddatrys (sefyllfaoedd diddatrys); **(the talks) have reached a ~,** (mae'r trafodaethau) ar stop llwyr, yn methu mynd ymhellach.
stalemate² *v.t.* **1.** *Chess:* methmadu. **2.** *Fig:* atal, blocio, stopio.
staleness *n.* **1.** *(a) (of bread):* caledwch *m*, blas hen *m*, hender *m*, hendra *m*; *(b) (of beer):* fflatrwydd *m*, egredd *m*, egrwydd *m*. **2.** *(of news, joke):* hender, hendra, oed *f*. **3. = fatigue.**
Stalinism *n.* Staliniaeth *f*.
Stalinist, Stalinite *a.* & *n.* **1.** *a.* Stalinaidd. **2.** *n.* Stalinydd(-ion, Stalinwyr) *m*.
Stalinize *v.t.* Stalineiddio.
Stalinoid *a.* & *n.* **1.** *a.* Stalinaidd. **2.** *n.* Stalinydd(-ion, Stalinwyr) *m*.
stalk¹ *n.* **1.** *(= gait):* cerddediad urddasol *m*, rhodiad urddasol *m*. **2.** *Ven:* llech-helfa (~-helf|eydd) *f*.
stalk² *v.i.&t.* **1.** *v.i. (a)* **to ~ [along],** camu/cerdded yn benuchel/dalog/urddasol, torsythu, rhodio'n falch; *(= stride):* brasgamu; **she stalked off,** camodd ymaith yn urddasol; *(b) Fig:* **famine stalked [through] the land,** cerddai newyn yn araf drwy'r wlad. **2.** *v.t. (a) Ven:* llech-hela; *(b) F:* **to ~ s.o.,** dilyn/canlyn rhn [o lech i lwyn], mynd ar drywydd rhn.
stalk³ *n.* **1.** *(of plant, fruit):* coesyn(-nau) *m*, coesen(-nau) *f*, coes(-au) *f*, *S:* coesgen(-nau) *f*; *N.W:* **[bare] ~,** conyn (conion) *m*; *(of growing corn):* corsen(-nau) *f*, cawnen (cawn) *f*, *Lit: occ:* coesgyn(-nau) *m*, paladr (pelydr) *m*, corsen(-nau,-ni, cyrs) *f*. **leaf-~,** deilgoes(-au) *f*, deilgoesyn (deilgoesau) *m*; **root-~,** gwreiddgoesyn (gwreiddgoesau) *m*, rhisom(-au) *m*; **to grow into a ~,** corsennu. **2.** *(of wineglass):* coes(-au) *f*. **3. = chimney-stalk. ~-eyed** *a. (crab &c):* coeslygadog.
stalked *a.* coesog, coesynnog; **long-~,** hirgoes, heglog.
stalker *n. Ven:* llech-heliwr (~-helwyr) *m*.
stalkily *a.* yn goesog *&c*.
stalking *vn.* **= stalk¹ 2. ~-horse** *n.* **1.** *Ven:* ceffyl(-au) (*m*) adara, ceffyl adarwr, ceffyl brethyn, ceffyl cynfas. **2.** *Fig: (= pretext concerning real intention):* esgus(-ion,-odion) *m*, cochl(-au) *f*, gorchudd(-ion) *m*, *S:* clogyn(-nau) *m*. **3.** *Pol: U.S:* ymgeisydd (ymgeiswyr) (*m*) tramgwydd, ceffyl rhwystro, ceffyl tywyll.
stalkless *a.* heb goes, heb goesyn, di-goes, digoes.
stalklet *n.* coesig(-au,-ion) *f*, coesyn bach (coesynnau bach/bychain) *m*.
stalky *a.* coesog, coesynnog, yn goesau/goesynnau i gyd, hirgoes, heglog.
stall¹ *n.* **1.** *(a) (of cowshed, stable):* côr (corau) *m*, stâl (stalau) *f*, *N:* stôl (stolion) *f*; *(b) (= stable):* stabl(-au) *f*; *(c) Rac:* safle(-oedd) *m*, stâl; *(d) (of shower-bath):* cuddygl(-au) *m*, stâl. **2.** *(in bazaar, market &c):* stondin(-au) *f*, bwth (bythau) *m*. **3.** *(a) Ecc:* sedd(-au) *f*, côr; *(b) Th:* cadair (*f*) freichiau (cadeiriau breichiau), sedd (*f*) freichiau (seddau breichiau); **orchestra stalls,** seddau blaen, seddau cerddorfa; **pit stalls,** seddau ôl. **4.** *S:* ffas (*f*) lo (ffasys glo), *N:* talcen(-ni) (*m*) glo. **5.** *(for finger or toe):* byslen(-ni) *f*, bysledr(-au) *m*, bysle(-oedd) *m*, bodle(-oedd) *m*, *N.W:* byslaw *m*, myslen(-ni) *f*, *S:* bwtcin *m*, *S.E:* byseg *m*. **6.** *(= carrel):* carel(-au) *m*, cuddygl. **7.** *Av: Aut:* nogiad(-au) *m*, nogio *vn*. **~-feed** *v.t.* pesgi/tewychu/tewh|au (rhth) [dan do]. **~-fed** *a.* pasgedig [dan do].
stall² *v.t.&i.* I. *v.t.* **1.** *(a) (animal):* ffaldio, llocio (rhth); cadw (rhth) dan do; rhoi/dodi (rhth) mewn stâl/côr; *(b)* **to ~ a stable,** rhannu stabl [yn gorau]. **2.** *Aut: Av:* **to ~ an engine,** gwn|eud i fotor nogio/jibo. **3.** *F:* **to ~ a payment,** oedi/gohirio taliad; **to ~ s.o.,** oedi rhn, cadw rhn yn aros. II. *v.i. (a) (= get stuck):* methu symud, mynd yn sownd, mynd i gors, glynu [mewn llaid *&c*]; *(b) Aut: Av: (of engine &c):* pallu, methu, stopio, *N:* nogio, *S:* jibo. **3. to ~ for time,** oedi i ennill amser, hel dail, gwneud esgus i ennill amser; *U.S:* **quit stalling!** digon o hel dail! **~ off** *v.t.* osgoi, twyllo.
stallage *n.* tâl (*m*) stondin.
stalled *a.* **1.** *(ox &c):* mewn côr/stâl; pasgedig. **2.** *(engine &c):* wedi nogio/jibo.
stallholder *n.* stondinwr (stondinwyr) *m*, stond|inwraig (stondinwragedd) *f*.
stalling *vn.* **~ point** *n.* pwynt(-iau) (*m*) nogio. **~ angle** *n.* ongl(-au) (*f*) nogio.
stallion *n.* march (meirch) *m*, stalwyn(-i) *m*, staliwn (stalwyni) *m*.
Stalloy *n. R.t.m:* Staloi *m*.
stalwart *a.* & *n.* **1.** *a. (= robust):* cydnerth, cadarn (cedyrn), cryf (*f.* cref, *pl.* cryfion), glew(-ion). **2.** *(= steadfast):* pybyr, glew, diysgog, disyflyd, penderfynol, diwyro, disigl. **3.** *n. (a) (= strong man):* dyn(-ion) cadarn *m*, gŵr (gwŷr) cydnerth/cryf *m*; *(b) (= partisan):* gwron(-iaid) *m*, hoelen (hoelion) (*f*) wyth, un o'r cedyrn, un o golofnau'r achos, cefnogwr (cefnogwyr) pybyr *m*.
stalwartly *adv.* yn gadarn *&c*.
stalwartness *n.* cadernid *m*, glewder *m*, pybyrwch *m*.
stamen *n. Bot:* brigeryn (briger) *m*.
stamin *n. Tex:* brethyn tenllif *m*.
stamina *n.* ynni *m*, dyfalbarhad *m*, nerth *m*, cadernid *m*, st|amina *m*, gallu (*vn*) i ymdd|al, gallu i ddal ati, *N.W:* sa[f] *m*; **a man of great ~,** gŵr diflino, dyn â saf ynddo.
staminal *a.* **1.** *(of stamina):* cadarn, di-ildio, hirymarh|ous. **2.** *Bot:* brigeraidd, brigerol.
staminate, staminiferous *a. Bot:* brigerog.
staminode, staminodium *n. Bot:* coegfrigeryn (coegfriger) *m*.
staminody *n. Bot:* brigeru *vn*.
stammel *n. Tex:* gwlanen goch *f*.
stammer¹ *n.* atal dweud *m*, dydio *vn*, cecian *vn*, hecian *vn*, *N.W:* atal *m*, cagio *vn*; **he has a ~,** mae atal dweud arno; *N.W:* mae ganddo fo atal.
stammer² *v.i.&t.* **1.** *v.i.* siarad ag atal, bod ac atal dweud arnoch, *occ:* cecian, dydio, *S.W:* cecial, hecian, *N.W:* dydio, dydian, cagio. **2.** *v.t.* **to ~ [out] sth,** dweud rhth gan gecian *&c*.
stammerer *n.* rhn ac atal dweud arno (rhai ac atal dweud arnynt) *m*, ceciwr (cecwyr) *m*, dydiwr (dydwyr) *m*.
stammering¹ *a.* ac atal dweud arnoch, ceciog.
stammering² *vn.* **= stammer¹,².**
stammeringly *adv.* ac atal arnoch, gan gecian, yn cecian, gan hecian *&c*.
stamp¹ *n.* **1.** *(a) (of foot):* curiad(-au) *m*; **with a ~ of the foot,** gan daro'ch/guro'ch troed [ar lawr]; *(b) (of animal's hoof):* pystylad *m*. **2.** *(a) (= block, die):* stamp(-iau) *m*; **date ~,** stamp dyddiad; **rubber ~,** *(i)* stamp rwber; *(ii) Fig: (= yes-man):* ameniwr (amenwyr) *m*; **the Parliament was just a rubber ~,** corff i amenio'n unig oedd y Senedd; **self-inking ~,** stamp hunan-incio; *(b) Mint:* bathnod(-au) *m*. **signature ~,** stamp llofnod. **3.** *(a) (= imprint):* stamp, marc(-iau) swyddogol *m*, dilysnod(-au) *m*, argraffnod(-au) *m*, gwasgnod(-au) *m*, bathnod, *F:* ôl (olion) *m*; **she bears the ~ of genius,** mae ôl/stamp athrylith arni; mae arwyddion athrylith ynddi; *(b) (= type):* math(-au) *mf*; **men of his ~,** dynion tebyg iddo, dynion o'i fath ef; **(he is) of the right ~,** (mae ef) o'r iawn ryw, o'r iawn fath. **4.** *Post: &c:* stamp(-iau) *m*; **revenue ~,** stamp y doll, stamp toll; **rates ~,** stamp y trethi; **adhesive ~,** stamp gludiog/glynu; **embossed ~,** stamp boglynnog; **impressed ~,** stamp argraffedig;

insurance ~, stamp yswiriant; **postage ~,** stamp post; **postage-due ~,** stamp post dyledus; **savings ~,** stamp cynilo/cynilion; **trading ~,** stamp masnachu. **5.** *Min: (for crushing minerals):* melin (*f*) falu (melinau malu). **S~ Act (the)** *n. Hist:* y Ddeddf (*f*) Stampiau. **~-album** *n.* llyfr(-au) (*m*) stampiau. **~-collector** *n.* casglwr (casglwyr) (*m*) stampiau. **~-collecting** *vn.* casglu stampiau, *N:* hel stampiau. **~-dealer** *n.* masnachwr (masnachwyr) (*m*) stampiau, gwerthwr (gwerthwyr) (*m*) stampiau, deliwr (delwyr) (*m*) stampiau. **~-duty** *n.* stampdoll *f,* toll(-au) (*f*) stamp, treth (*f*) stamp. **~-hinge** *n.* dolen (*f*) stamp (dolennau stampiau). **~-machine** *n.* peiriant (peiriannau) (*m*) stampiau. **~-mill** *n. Min:* melin (*f*) falu (melinau malu). **~-mount** *n.* = **stamp-hinge. ~-note** *n.* tystysgrif(-au) (*f*) stampiedig, stampnod(-au) *m.* **~-office** *n.* swyddfa (swyddf|eydd) (*f*) stampiau. **~-pad** *n.* pad(-iau) (*m*) stampio. **~-paper** *n.* papur (*m*) stamp (papurau stampiau).

stamp[2] *v.t.* **1.** *(a)* **to ~ one's foot [on the floor], to ~ the floor with one's foot,** stampio'r/curo'r/taro'r/pwyo'r llawr â'ch troed, taro'ch troed ar lawr, *S:* bwrw'r/ffusto'r/pwno'r llawr â'ch troed; *(of horse &c):* pystylad; *(b)* **to ~ [about],** clocsio, troedio'n drwm; *(of horse &c):* pystylad, curo carnau, *S.W:* stablan, tarneito, stabaldenio, *S.E:* bacsan, pistillan; **he stamped out of the room (in a huff),** fe'i troediodd/gwadnodd hi o'r ystafell (yn sorllyd); **to ~ (on sth),** sathru (ar rth); *Lit:* mathru, damsang (rhth), sengi (ar rth); *S:* damshel, damshil, dams[h]gen, damsgan, dansiel, damsang (rhth); **to ~ on an idea,** lladd/mygu syniad; **to ~ down the earth around a plant,** sathru'r/stampio'r pridd o gwmpas planhigyn. **2.** *(a mark):* stampio (rhth), rhoi/dodi/gosod nod/marc/stamp/ôl (ar rth); **~ the numbers in the book,** stampiwch y rhifau yn y llyfr; *(money, medal):* bathu, gwasgnodi, stampio; *(leather):* stampio, gwasgnodi; *(gold, silver):* dilysnodi; **notepaper stamped with one's address,** papur ysgrifennu â stamp eich cyfeiriad arno. **3.** *(document, letter):* stampio (rhth), gosod/dodi stamp (ar rth); **the letter is insufficiently stamped,** nid oes digon o stampiau ar y llythyr. **4.** *Min: (= crush ore):* malu, mathru, briwo, pwyo. **5.** *Metalw: (= diestamp):* stampio, deistampio. **6. his manner stamps him a gentleman,** mae stamp/ôl gŵr bonheddig ar ei ymddygiad. **7. to ~ sth on the mind,** argraffu/serio rhth ar y meddwl, hoelio rhth yn y cof. **8. to rubber-~ sth,** amenio rhth, rhoi sêl bendith ar rth. **~ out** *v.t.* **1.** *Metalw:* stampio. **2. to ~ out a fire,** sathru ar dân [a'i ddiffodd]; **to ~ out an epidemic,** lladd/dil|eu/difa haint; **we must ~ out vandalism,** mae'n rhaid inni ddifa fandaliaeth.

stamped *a.* **1.** *(a) (ore):* mâl, mathredig; *(b) (earth):* sathredig, wedi ei sathru. **2.** *(envelope, paper):* stampiedig, â stamp. **3.** *(steel, leather):* stampiedig.

stampede[1] *n.* **1.** *Mil: (= flight):* ffôedigaeth(-au) *f.* **2.** *(= rush):* rhuthr(-au) *m,* rhuthrad(-au) *m,* carlamiad(-au) *m;* **there was a ~ for the door,** rhuthrodd pawb at y drws; aeth pawb ar garlam at/am y drws; carlamodd/ffôdd/cythrodd pawb am/at y drws; sgathrodd pawb am y drws; *N:* sgrialodd pawb am/at y drws. **3.** *(of animals):* rhuthr(-adau) *m,* rhusfa (rhusf|eydd) *f,* pystodi *vn,* gwrychennu *vn,* rhusio *vn.*

stampede[2] *v.i.&t.* **1.** *v.i.* *(a) (of people):* rhuthro, ffoi, carlamu, rhedeg yn wyllt, sgathru, *N:* sgrialu, cythru; *(of animals):* rhuthro, rhusio, pystodi, carlamu'n wyllt, *S.E:* cerdino, *S.W:* clerdingo, carlingo, gwrychennu, gyrru'n blufied. **2.** *v.t.* *(animals):* tarfu, dychryn, rhusio (rhth); gyrru (rhth) ar garlam; gyrru (rhth) yn wyllt.

stampeder *n.* tarfwr (tarfwyr) *m,* rhusiwr (rhuswyr) *m.*

stampeding *a.* gwyllt(-ion), carlamus, gwrychynnog, rhuslyd, rhuthrol, wedi rhusio.

stamper *n.* **1.** *(pers.):* stampiwr (stampwyr) *m; P.O: U.S: (= franker):* dilëwr (dilewyr) *m.* **2.** *(a) Min:* peiriant (peiriannau) (*m*) stampio. **3.** *Gramophones:* mo[w]ld(-iau) *m,* mo[w]ldiwr (mo[w]ldwyr) *m.*

stamping *vn. & n.* **1.** *vn.* = **stamp[2]. 2.** *n. Metalw:* stampiad(-au) *m.* **~-die** *n.* dei(-au) (*m*) gwasgu. **~-ground** *n. F:* cynefin(-oedd) *m,* hoff fan(-nau) *mf,* milltir sgwâr *f,* hoff le(-oedd) *m.* **~-mill** *n. Min:* melin (*f*) falu (melinoedd malu). **~-press** *n.* gwasg (gweisg) (*f*) stampio.

stance *n.* **1.** *Sp: (= posture):* safiad(-au) *m,* osgo *m; Mount:* safle(-oedd) *m;* **to take up one's ~,** mynd i'ch safle. **2.** *(= pose):* ystum(-iau) *mf,* osgo, safiad; **a boxer's ~,** ystum bocsiwr. **3.** *Pol: &c: (= attitude):* agwedd(-au) *f* **(on sth,** tuag at rth), ymarweddiad(-au) *m,* safbwynt(-iau) *m,* safiad; **his ~ on education,** ei safbwynt ar addysg, ei agwedd at addysg.

stanch[1] *a.* = **staunch[1].**

stanch[2] *n. Civ.E:* cored(-au) *f.*

stanch[3] *v.t.* **1. to ~ blood,** atal [llif] gwaed, stansio gwaed. **2. to ~ a wound,** atal anaf rhag gwaedu, stansio anaf.

stancher *n.* atalydd(-ion) *m,* stansiwr (stanswyr) *m.*

stanchion[1] *n.* cledr(-au) *f,* cledren (cledrau) *f,* bar(-rau) haearn *m,* postyn (pyst) *m,* stansiwn (stansiynau) *m; Husb: (for cattle):* buddel(-ydd,-i) *m.*

stanchion[2] *v.t. (= tie cattle):* clymu, rhwymo.

stand[1] *n.* **1.** *(a) (= position):* safiad(-au) *m;* **to take a firm ~,** sefyll yn gadarn/ddiysgog/ddi-ildio, gwrthod syflyd, sefyll ar eich sodlau, sefyll eich tir, sefyll yn eich rhych, cymryd safiad cadarn; *S.a.* **handstand, headstand;** *(b) (= halt):* **to be brought to a ~,** gorfod aros [yn stond], gorfod stopio['n stond], sefyll yn stond, *N.W:* sefyll yn lân; *(c)* **one night ~,** *(i) Th:* perfformiad(-au) (*m*) un noson, sioe(-au) (*f*) un noson, sioe unnos; *(ii) F:* un noson (*f*) o garu, noswaith (nosweithiau) (*f*) o garu. **2.** *(= resistance):* safiad, gwrthsafiad(-au) *m,* gwrthwynebiad(-au) *m; Cr:* safiad; **to make a ~ (against s.o.),** gwrthsefyll/gwrthwynebu (rhn); sefyll yn gadarn, gwneud safiad (yn erbyn rhn). **3.** *(= position):* lle(-oedd) *m,* safle(-oedd) *m,* sefyllfan(-nau) *mf;* **to take one's ~ (near the door),** sefyll, mynd i'ch lle/safle/sefyllfan (wrth y drws); **to take one's ~ (on a principle),** sefyll, gwneud safiad (ar dir egwyddor). **4.** *(of taxis &c):* arhosfan (arosfannau) *mf,* arhosfa (arosf|eydd) *f,* safle, stand(-iau) *mf.* **5.** *Furn: &c:* stand, ateg(-ion) *f;* **cone ~,** ateg (*f*) gôn (ategion côn); *S.a.* **cake-stand, hall-stand, hat-stand, music-stand, umbrella-stand. 6.** *(in exhibition &c):* stondin(-au) *f; S.a.* **fruit-stand, news-stand. 7.** *Sp:* stand(-iau) *mf; S.a.* **bandstand, grandstand. 8.** *U.S: Jur: (= witness-box):* blwch (blychau) (*m*) tystion; **to take the ~,** tystio, tystiolaethu. **9.** *(of trees):* clwstwr (clystyrau) *m* [o goed], celli (celliöedd) *f.* **10.** *Mil:* **~ of arms,** arfau *pl,* holl arfogaeth *f;* **~ of colours,** baneri *pl.* **11.** *V:* = **erection. ~ camera** *n.* c|amera (camerâu) (*m*) stand. **~ oil** *n. Paint:* olew (*m*) paent.

stand[2] *v.i.&t.* **1.** *v.i.* **1.** *(a)* sefyll, bod ar eich traed, *S:* aros; *(b)* **to ~ about,** sefyllian; **the ladder stood against the wall,** pwysai'r ysgol yn erbyn y mur; **to ~ on one's own feet/legs,** sefyll ar eich traed/gwadnau eich hun; **I didn't leave him a leg to ~ on,** ni chafodd goes i sefyll arni gen i; **to ~ in the breach,** sefyll yn y bwlch; *Joc:* **to ~ not upon the order of one's going,** mynd/gadael yn ddiymdr|oi/ddis|eremoni; *For:* **to leave a tree standing,** gadael coeden yn sefyll, gadael coeden ar ei thraed; **(hay that has withered) as it stood,** (gwair sydd wedi gwywo) ar ei draed, *N.W:* gwair sy' wedi gwywo uwchben ei draed; **to ~ motionless,** sefyll yn llonydd/stond, sefyll fel carreg; **to ~ and look silly,** sefyll fel llo, sefyll yn hurt; *S.a.* **ease[2] 1, easy, attention, hair 1, sentry 2;** *(c)* **he stood six feet tall,** 'roedd yn chwe throedfedd o daldra; **he stands head and shoulders above the rest,** fe saif ben ac ysgwyddau yn uwch na'r gweddil; mae'n frenin i'r gweddill; *(d) (= rise):* sefyll, codi ar eich traed. **2.** *(a) (= be situated):* bod, sefyll; **the chapel stands upon a height,** saif y capel ar fryn; **the village stands against the hill,** saif y pentref â'i gefn at y bryn; **the tears stood (in her eyes),** yr oedd dagrau, cronnai dagrau (yn ei llygaid); **to let sth ~ in the sun,** gadael rhth yn llygad yr haul, gadael rhth yn yr heulwen; **to buy the house as it stands,** prynu'r tŷ fel [ag] y mae/ saif; **nothing stands between you and success,** nid oes dim a saif rhyngoch chi a llwyddiant; *(b)* **a man stood in the doorway,** yr oedd dyn [yn sefyll] yn y drws; safai dyn ar ben y drws. **3.** *(= halt):* sefyll, aros; **to ~ still,** sefyll yn stond; **~! saf (sefwch)! aros (arhoswch)! ~ and deliver!** eich arian neu'ch einioes! **4.** *(= endure):* sefyll, parh|au, para; **to ~ firm/fast,** sefyll eich tir, sefyll yn eich rhych, bod yn ddi-ildio/ ddisyfl/gadarn, cyndynnu; **I shall ~ or fall by the result,** mi fentraf y cyfan ar y canlyniad; 'rwy'n rhoi fy mhen i'w dorri ar hyn. **5.** *(= remain):* aros, sefyll; **the contract stands,** saif/deil y contract; mae'r contract yn sefyll/dal [mewn grym]; mae i'r contract eto rym; **the objection stands,** fe saif/erys y gwrthwynebiad; *S.a.* **reason[1]** 3. **6.** *(a)* **he stood convicted of murder,** cafwyd ef yn euog o lofruddiaeth; **she stands in need of help,** mae angen cymorth arni; **you ~ in danger of getting killed,** 'rydych mewn perygl o gael eich lladd; mae perygl ichi gael eich lladd; **to ~ corrected,** syrthio ar eich bai, derbyn cywiriad; **I ~ to gain a fortune,** mae gennyf ffortiwn i'w hennill; **I ~ to lose a lot,** mae gen i lawer i'w golli; mae perygl imi golli llawer; **I ~ to lose nothing,** nid oes gennyf ddim i'w golli; **I ~ to collect a fee,** mae gennyf dâl i ddod imi; *(b)* **to ~ as a security for a debt,** gwarantu dyled; **to ~ as a candidate,** sefyll/ymgynnig fel ymgeisydd, bod yn ymgeisydd; *(c)* **he stands first on the list,** mae ei enw ef ar ben y rhestr; **the thermometer stood at 90 degrees,** 'roedd yn 90 gradd ar y thermomedr, 'roedd y thermomedr yn dangos 90 gradd; *(d)* **the house doesn't ~ in his name,** nid yw'r tŷ yn ei enw ef; nid yn ei enw ef y mae'r tŷ; *(e)* **the amount standing to your credit,** swm eich credyd; **how do we ~?** sut mae hi arnom ni? **where do we ~?** ble 'rydym ni arni? **the matter stands thus,** felly y mae hi; felly mae pethau yn sefyll; dyna fel y mae hi; dyna sut y saif pethau; **as matters ~, as it stands,** fel y mae pethau, fel y mae hi; **how do things ~ in Wales?** faint yw hi o'r gloch ar Gymru? sut y mae hi ar Gymru? **I don't know where I ~,** wn i ddim ble 'rwy'n sefyll; **to ~ high,** *(in price):* bod yn ddrud/gostus; **she stands high/well with them,** mae hi'n uchel [ei pharch] ganddynt; **to ~ tall,** torsythu, gwarsythu, bod yn benuchel; *F:* **to ~ alone amongst politicians,** bod ar eich pen eich hun ymysg gwleidyddion; *S.a.* **ceremony. 7.** *Nau:* **to ~ to the south,** hwylio/mynd tua'r de; *S.a.* **clear¹** II. **8. to let the tea ~,** gadael i'r te sefyll, gadael i'r te fwrw'i ffrwyth, *N:* gadael i'r te fwydo/ystwytho/ffrwytho; **cabs may ~ here,** caiff cerbydau aros/ddisgwyl/sefyll yma. **9.** *(of dog):* cyfeirio, pwyntio, anelu, marcio. **10.** *(of stallion):* marchio. **11.** *Cr:* dyfarnu, bod yn ddyfarnwr. II. *v.t.* **1.** *(= place):* gosod, rhoi, dodi (rhth) [ar ei draed]; **to ~ sth against the wall,** gosod/rhoi/dodi rhth [i sefyll] yn erbyn y wal, pwyso rhth yn erbyn y wal; **to ~ the world on its head,** troi'r byd â'i ben i lawr. **2. to ~ one's ground,** sefyll/dal eich tir, sefyll yn gadarn/ddi-ildio/ddiysgog, gwrthod syflyd/[g]ildio. **3.** *(= endure):* goddef, gwrthsefyll, dioddef, *N:* dal, *S:* dala, *S.W: occ:* haring, haru; **to ~ heat,** goddef/dal/dala gwres; **it'll ~ the test of time,** fe ddeil brawf amser; fe bery'n dragywydd; **to ~ a shock,** dal/goddef sioc; **to ~ the strain/pace,** dal y pwysau; **to ~ rough handling,** dal/dioddef eich cam-drin; **we had to ~ the loss,** bu'n rhaid inni oeddef/ddal y golled; *Mil:* **they stood the enemy's fire,** fe ddaliasant/wrthsafasant danio'r gelyn; *F:* **I can't ~ him at any price; I can't ~ the sight of him,** 'rwy'n ei gasáu â chas perffaith; dda gen i mohono; ni allaf mo'i ddioddef/oddef o gwbl; *S.W:* 'does 'da fi gynnig iddo fe; 'does 'da fi feddyg iddo fe; 'does da fi haring ohono fe; alla' i ddim â'i harin e; *N: occ:* alla' i mo'i aros o; **he can't ~ going to school,** mae'n gas ganddo fynd i'r ysgol; ni dda ganddo fynd i'r ysgol; mae mynd i'r ysgol yn dân ar ei groen; *S:* 'does 'da fe gynnig/feddyg i fynd i'r ysgol; **I shall ~ no more nonsense,** ni chymeraf i ddim rhagor o lol/ddwli; **I can't ~ it any longer,** ni allaf mo'i ddioddef ddim rhagor; 'rwyf wedi cael hen ddigon arno; *F:* 'rwyf wedi cael llond bol arno; *S:* 'rwyf wedi cael llond bola ohono. **4.** *F:* talu (am ddiod); **to ~ s.o. a drink,** prynu/codi/cael diod i rn, *S:* ffwtan diod i rn; **I am standing this one,** fi piau hon; mi gaf i hon; fy nhro i yw hi; fi sy'n talu'r tro hwn; *S.W:* 'rwy'n ffwtan hon; **who is going to ~ treat?** pwy sy'n mynd i dalu am y parti? *S:* pwy sy'n mynd i ffwtan y bil? *S.a.* **stead. 5. to ~ trial,** sefyll eich prawf; **to ~ a juror by,** gosod rheithiwr o'r neilltu; **do I ~ a chance of success?** a oes gen i obaith llwyddo? a oes gobaith imi lwyddo? **he does not ~ a snowball's chance in hell; he does not ~ a cat in hell's chance,** *S:* 'does 'da fe ddim gobaith caneri [melyn]; *F:* 'does 'da fe ddim hôps caneri; *N:* 'does ganddo fo ddim gobaith mul yn y Grand National. **~ about** *v.i.* sefyllian, loetran, tin-droi, *S.W:* sefylliach, *N:* clertian, straffaldio, straffaldian. **~ aside** *v.i.* sefyll draw, sefyll o'r ffordd, sefyll o'r neilltu, sefyll o'r naill ochr, mynd o'r ffordd, mynd oddi ar y ffordd, mynd i'r ochr; **to ~ aside in favour of s.o.,** tynnu'n ôl er mwyn rhn, [g]ildio'ch lle er mwyn rhn. **~ away** *v.i.* sefyll draw **(from sth,** rhag rhth). **~ back** *v.i.* *(i)* sefyll draw, sefyll yn ôl, sefyll o'r neilltu; *(ii)* *(= step back):* cilio, camu'n ôl; **(house) standing back from the road,** (tŷ) sydd fymryn o fin y ffordd, sydd ychydig yn ôl o'r ffordd. **~ by** *v.i.* **1.** *(a)* *(= be ready):* bod yn barod [amdani], bod wrth law/gefn; *T.V: &c:* **~ by!** parod! *Jur:* **~ by for the Crown,** sefwch heibio; *Nau:* **~ by below!** byddwch yn barod isod! **~ by the anchors!** sefwch wrth yr angorion! **I will not ~ by and see him ill-treated,** ni wnaf i sefyll o'r neilltu a gweld ei gam-drin. **2.** *(a)* **to ~ by s.o.,** *(= be near):* bod/aros/sefyll yn ymyl rhn *or* wrth ymyl rhn *or* ar bwys rhn; *Mil:* **~ by your beds!** pawb wrth ei wely! *(b)* *(= to support):* cefnogi (rhn), bod yn gefn (i rn), amddiffyn (rhn); *(c)* **to ~ by a promise,** cywiro addewid, cadw at addewid, glynu wrth addewid, parchu addewid; **I ~ by what I said,** 'rwy'n dal at yr hyn a ddywedais; 'rwy'n glynu wrth yr hyn a ddywedais. **~-by 1.** *n.* *(a)* *(pers.):* un (rhai) wrth gefn, eilydd(-ion) *m*; *(b)* *(thing):* peth(-au) *(m)* wrth gefn. **2.** *attrib.* wrth gefn; **to have a small sum as a ~-by,** bod â cheiniog fach wrth gefn. **~ down 1.** *v.i.* *(of witness):* gadael safle'r tystion, terfynu'ch tystiolaeth; **you may ~ down,** fe gewch chi fynd i'ch lle. **2.** *Pol:* **to ~ down (in favour of s.o.),** ymgilio, cilio, tynnu'n ôl, tynnu'ch enwebiad yn ôl (er mwyn rhn arall). **3.** *Mil:* *(a)* *v.i.* darfod dyletswydd, dod oddi ar ddyletswydd; **he is standing down at six o'clock,** ni fydd ar ddyletswydd ar ôl chwech o'r gloch; *(b)* *v.t.* **to ~ troops down,** tynnu/anfon milwyr yn ôl; **to ~ a sentry down,** anfon/tynnu gwarchodwyr oddi ar ddyletswydd, rhyddh|au gwarchodwyr o'u dyletswydd. **~ for** *v.ind.t.* **1.** *(= support):* sefyll, bod (dros rth, o blaid rhth); cefnogi, pleidio (rhth). **2.** *(= replace):* sefyll yn lle (rhth), cymryd lle (rhth), cynrychioli (rhth). **3.** *(= signify):* golygu, dynodi, arwyddoc|au (rhth); sefyll (dros rth); **"U.S." stands for United States,** mae "U.D." yn golygu'r Unol Daleithiau; saif "U.D." dros yr Unol Daleithiau; ystyr "U.D." yw'r Unol Daleithiau; **it stands for nothing,** nid yw'n golygu dim byd; nid yw o bwys; nid yw'n werth sôn amdano; mae'n ddibwys; **I shall not ~ for it!** ni chymeraf i mohono! ni wnaiff mo'r tro gen i! **4. he is standing for Parliament,** mae ef yn ymgeisydd seneddol; **he is standing for this office,** mae ef yn ymgeisio/ymgynnig/mynd/cynnig am y swydd hon. **~ in** *v.i.* **1. to ~ in with others,** ymuno ag eraill. **2.** *Nau:* **to ~ in to land,** hwylio/cyfeirio am y lan. **3.** *(= deputize):* **to ~ in for s.o.,** sefyll/bod yn lle rhn, cynrychioli rhn, dirprwyo dros rn, cymryd lle rhn; *Th:* cymryd lle rhn, dirprwyo dros rn. **~-in** *n.* dirprwy(-on) *m*, rhn wrth gefn; *Th:* dirprwy actor (~ actorion) *m*, dirprwy actores(-au) *f*, actor(-ion) *(m)* wrth gefn, actores(-au) *(f)* wrth gefn. **~ off 1.** *v.i.* **1.** *(a)* sefyll/aros draw, aros/sefyll o'r neilltu; *(b)* *(= retreat):* mynd draw, cilio, ymgilio; *Nau:* hwylio draw, hwylio i'r cefnfor; *Nau:* **to ~ off and on,** hwylio yn ôl ac ymlaen, tacio, igam-ogamu. **2.** *v.t.* *(of employer):* diswyddo (rhn) dros dro, atal (rhn) dros dro, *S: F:* rhoi pôc (i rn) dros dro. **~-off** *n.* **1.** *(= deadlock):* anghytundeb(-au) llwyr *m*; **Mexican ~-off,** ymrafael *(vn)* clo/cloëdig; **it's a Mexican ~-off,** all neb ennill hon. **2.** *Sp:* **~-off [half], = fly²-half. ~ on** *v.i.* **1. to ~ on sth,** *(= depend):* dibynnu ar rth; *F:* **~ on me!** cymer di (cymerwch chi) fy ngair i! coelia di (coeliwch chi) fi! **2. to ~ on ceremony,** bod yn ffurfiol/ddefodol; **to ~ on one's dignity,** mynnu parch (gan rn); **to ~ on one's rights,** mynnu'ch hawliau; **they don't know whether they ~ on their head or their feet,** *F:* wyddan' nhw ddim pa ben i'w roi i lawr. **3.** *Nau:* hwylio ymlaen, dal ymlaen. **~ out** *v.i.* **1.** *(= resist):* gwrthsefyll, gwrthwynebu (rhth); cyndynnu, dal yn gyndyn (yn erbyn rhth). **2. to ~ out for sth,** mynnu cael rhth, dal allan am rth. **3.** *(= be conspicuous):* bod yn amlwg/weladwy, sefyll allan; **mountains that ~ out on the horizon,** mynyddoedd amlwg ar y gorwel; **the qualities that ~ out in his work,** y nodweddion sy'n amlwg yn ei waith. **4.** *Nau:* **to ~ out to sea,** hwylio am y cefnfor. **~ over** *v.i.* **1.** aros yn weddill/anghyflawn; **to let a question ~ over,** gohirio cwestiwn, gadael cwestiwn heb ei ateb, gadael cwestiwn ar y bwrdd; **to let an account ~ over,** gohirio talu cyfrif. **2. if I don't ~ over him (he does nothing),** oni fyddaf ar ei war, heb i mi sefyll uwch ei ben (ni wnaiff ddim). **~ to** *v.i.* *(a)* *Nau:* **to ~ to the south,** hwylio/cyrchu/mynd tua'r de, anelu am y de; *(b)* *Mil:* **to ~ to one's arms,** gafael/cydio yn eich arfau; *abs.* **to ~ to,** bod yn arfog/barod; *(c)* **to ~ to one's promise,** cadw/glynu at eich addewid, cywiro'ch addewid, sefyll at eich gair; *(d)* **to ~ to reason,** bod yn amlwg/eglur. **~-to** *n.* *Mil:* ymgynulliad(-au) *m*, ymgynnull *vn.* **~ up 1.** *(= get up):* sefyll/codi ar eich traed. **2.** *(a)* **to ~ up against s.o.,** gwrthwynebu/gwrthsefyll rhn; *(b)* **to ~ up for sth,** amddiffyn/cefnogi/pleidio rhth, dadlau dros rth, achub cam rhth; **to ~ up for s.o.,** cefnogi rhn, cadw cefn rhn, sefyll yn gefn i rn, sefyll o blaid rhn, sefyll ym mhlaid rhn; *(c)* **to ~ up to s.o.,** herio/gwrthwynebu rhn; **to ~ up to one's work,** ymdopi â'ch gwaith, dod i ben â'ch gwaith; **to ~ up and be counted,** dangos eich ochr, sefyll dros eich egwyddorion. **3.** *v.t.* *P:* **to ~ s.o. up,** *(i)* siomi rhn; *(on a date):* rhoi cawell i rn; **to be stood up (by s.o.),** cael cawell (gan rn); **to ~ sth up,** gosod/dodi/rhoi rhth i sefyll, gosod rhth ar ei draed, sefyll rhth. **~-up** *attrib.* **1.** *Cost:* **~-up collar,** coler(-i) uchel *mf.* **2. ~-up buffet,** bwffe *(m)* bar, bwffe sefyll. **3. ~-up fight,** ymladdfa deg *f,* gornest deg *f,* ymladdfa wyneb yn wyneb, ymladdfa benben. **4. ~-up comedian,** digrifwr *(m)* ar ei sefyll/draed (digrifwyr ar eu sefyll/traed).

standalone *a. Cmptr:* arunigol, annibynnol.

standard¹ *n.* **1.** *(= flag):* baner(-i,-au) *f,* fflag(-iau) *f, Lit: occ:* ystondard(-au) *f,* lluman(-au) *m;* **to raise the ~ of revolt,** codi baner gwrthryfel. **2.** *(of weight):* safon(-au) *f,* mesur(-au) safonol *m,* mesur prawf; **the metre is the ~ of length,** metr yw mesur prawf hyd; *Fin:* **the gold ~,** y safon aur; **the gold bullion ~,** safon bwliwn aur; *Com:* **British S~,** y Safon Brydeinig. **3.** *(= level, criterion):* safon, *occ:* llathen *(f)* fesur; **~ of living,** safon byw; **judged by that ~,** yn ôl y safon honno; **double ~,** safon ddeublyg/ddwbl (safonau deublyg/dwbl); **he judges everyone according to his own ~,** mae'n mesur pawb wrth ei lathen ei hun; **the ~ of wages,** safon cyflogau; **to aim at a high ~,** anelu am/at safon uchel; **up to ~,** boddhaol, yn cyrraedd y safon, safonol, derbyniol; **of low ~,** anfoddhaol, gwael, annerbyniol, islaw'r safon, is na'r safon; **to set the ~,** gosod y safon. **4.** *Sch: (in primary schools):* safon. **5.** *(a) (= support): (of machine, instrument):* ateg(-ion) *f, occ:* daliadur(-on) *m,* cynhalydd (cynalyddion) *m; (b) (= upright pipe):* peipen (peipiau) unionsyth *f,* pibell(-au) unionsyth *f; S.a.* **lamp 2. 6.** *Hort:* **~ [tree]** *n.* coeden dal (coed tal) *f,* coeden hirgyff; **half ~,** coeden hanner tal; **~ rose,** rhosyn ungoes tal; **weeping ~,** coeden dal wylofus (coed tal wylofus). **7.** *Bot: (vexillum):* petal(-au) uchaf *m,* penwn (penynau) *m.* **8.** *Meas:* staca (stacâu) *m.* **9.** *Mus:* cân (caneuon) safonol *f,* record(-iau) safonol *f.* **10.** *attrib.* safonol; **~ deviation,** gwyriad safonol *m; Rail:* **~ gauge,** lled safonol *m; Ind:* **of ~ dimensions,** yn y mesuriadau safonol. **~-bearer** *n.* **1.** banerwr (banerwyr) *m, Lit: occ:* llumanwr (llumanwyr) *m,* banergludydd(-ion) *m,* ban[i]erydd(-ion) *m,* llumanydd(-ion) *m.* **2.** *(= prominent leader):* arweinydd (arweinwyr) *m,* banerwr, arloeswr (arloeswyr) *m.* **~-lamp** *n.* lamp(-au) hirgoes *f,* lamp goes hir (lampau coesau hir).

standardbred *n. U.S:* ceffyl(-au) *(m)* brid safonol.

standardization *n.* safoniad(-au) *m,* safoni *vn; Ch:* titradu *vn.*

standardize *v.t.* safoni, gwn|eud (rhth) yn safonol; *Ch:* titradu.

standardized *a.* safonedig, wedi'i safoni.

standee *n. U.S: F:* safwr (safwyr) *m.* **~ bus** *n.* bws (bysiau) *(m)* sefyll. **~ train** *n.* trên (trenau) *(mf)* sefyll.

stander *n. (of spinning-wheel):* gwas *(m)* rhod [nyddu] (gweision rhodau [nyddu]).

standing¹ *a.* **1.** yn sefyll, *occ:* safadwy; *Rac: F:* **to leave a competitor ~,** gadael cystadleuydd ymhell ar ôl; **to be left ~,** cael eich gadael ar ôl; **his knowledge left us all ~,** 'roedd ei wybodaeth ymhell ar y blaen inni; *Sp:* **~ jump,** naid (neidiau) stond *f;* **~ ovation,** cymeradwyaeth *(f)* â phawb ar ei draed, cymeradwyaeth sefyll; **he received a ~ ovation,** safodd pawb i'w gymeradwyo; safodd y dorf i'w gymeradwyo; **~ start,** cychwyn(-iadau) stond *m; (b)* **~ crops,** cnydau heb eu medi, cnydau ar eu traed, cnydau sy'n sefyll; **I remember this ruin ~,** 'rwy'n cofio'r murddyn hwn ar ei draed; **~ stone,** maen hir (meini hirion) *m.* **2.** *(a)* **~ water,** merddwr (merddyfroedd) *m,* merllyn(-noedd) *m,* sefydlyn(- nau,-noedd) *m,* dŵr llonydd *m,* dŵr marw, *S. W:* llynwen(-ni) *mf; (b)* **~ type,** teip cadw *m,* teip sy'n sefyll, teip heb ei chwalu; *(c)* **~ engine,** peiriant (peiriannau) segur *m.* **3.** *(a) Mil:* **~ army,** byddin(-oedd) sefydlog *f,* byddin barhaol (byddinoedd parhaol); *Tch:* **~ block,** chwerfan(-au) sefydlog *f; S.a.* **rigging 2. 4.** *adv.phr. Nau:* **to be brought up all ~,** stopio dan hwyliau llawn. **5.** *Com:* **~ expenses,** treuliau parhaol/sefydlog; **~ rule,** rheol(-au) sefydlog *f;* **~ conference,** cynhadledd (cynadleddau) sefydlog *f;* **~ committee,** pwyllgor(-au) sefydlog *m;* **~ instruction,** cyfarwyddyd (cyfarwyddiadau) sefydlog *m;* **~ joke,** *(i) (= old joke):* jôc draddodiadol (jôcs traddodiadol) *f,* hen jôc; *(ii) (= butt of ridicule):* testun(-au) *(m)* sbort parhaol, cyff *(m)* gwawd parhaol; **~ custom,** arfer(-ion) sefydledig *mf,* hen arfer; **~ order** *(i) Bank:* archeb reolaidd/barhaol (archebion rheolaidd/parhaol) *f. (ii) pl. Parl: &c:* **S~ Orders,** Rheolau Sefydlog; *Ph: &c:* **~ wave,** ton(-nau) sefydlog *f.*

standing² *vn.* **1.** safiad *m,* sefyll. **2.** *(= duration):* parhad *m,* cyfnod *m;* **friend of long ~,** hen gyfaill (~ gyfeillion) *m,* cyfaill ers amser maith, cyfaill ers llawer dydd; **officer of six months ~,** swyddog *(m)* ers chwe mis, swyddog a chwe mis o wasanaeth ganddo. **3.** *(= status):* safle(-oedd) *m,* statws *m;* **man of high ~,** dyn mawr/uchel ei barch, dyn mawr ei fri, *S. W:* dyn taliaidd *m;* **man of good ~,** dyn ac iddo enw da; **man of no ~,** dyn dibwys, dyn heb barch iddo; **~ of a firm,** pwysigrwydd *(m)* cwmni, enw da *(m)* cwmni, bri *(m)* cwmni; **firm of recognized ~,** cwmni cydnabyddedig *m;* **member in good ~,** *(= fully paid up)* aelod(-au) llawn *m,* aelod mewn cyflawn aelodaeth. **4.** *(of horses): (at stud):* marchio. **~-room** *n.* lle *(m)* i sefyll.

standish *n. A:* = **inkstand.**

standoffish *a.* sa' draw, anghynnes, ffroenuchel, di-serch, digroeso, sychlyd, surbwch.

standoffishly *adv.* yn anghynnes *&c.*

standoffishness *n.* anghynhesrwydd *m,* ffroenucheledd *m,* pellter *m,* sychter *m,* surbwchni *m.*

standout *n. U.S: (thg):* peth(-au) hynod *m; (pers.):* un (rhai) hynod.

standpat¹ *a. U.S:* ceidwadol.

standpat², **standpatter** *n. U.S: F:* ceidwadwr (ceidwadwyr) *m.*

standpattism *n. U.S: F:* ceidwadaeth *f.*

standpipe *n.* peipen *(f)* ddŵr (peipiau dŵr), safbibell(-au) *f.*

standpoint *n.* safbwynt(-iau) *m.*

standstill *n.* safiad(-au) stond *m,* stop(-iau) *m,* sefyll *vn,* llonyddwch *m;* **to come to a ~,** sefyll [yn stond], aros [yn stond], stopio['n stond]; **to bring a train to a ~,** stopio trên yn stond; **(trade is) at a ~,** (mae masnach) yn farw, yn farwaidd, ar stop; **(many mills) are at a ~,** (mae llawer o felinau) yn segur, ar stop.

stang¹ *n.* = **pole**¹ **1, stake**¹ **1.**

stang² *n. Num:* = **satang.**

stanhope *n. Veh:* cerbyd(-au) *(m)* Stanhope. **~ lens** *n.* lens(-ys) *(f)* Stanhope. **~ press** *n.* gwasg (gweisg) *(f)* Stanhope.

staniel *n.* = **kestrel.**

stank¹ *v. See* **stink**².

stank² *n.* **1.** *Scot:* = **pond. 2.** *Civ.E:* = **coffer-dam.**

stank³ *v.t.* **to ~ sth off,** argáu/stancio rhth.

stannary *n.* gwaith (gweithf|eydd) *(m)* alcam/tun, mwynglawdd (mwyngloddiau) *(m) (pronounced* ng-g) alcam/tun, st|anari (stanarïau) *m.* **~ court** *n.* llys(-oedd) *(m)* stanari.

stannate *n. Ch:* stannad (stanadau) *m.*

stannic *a. Ch:* stannig.

stannite *n.* stannit (stanitau) *m.*

stannous *a. Ch:* stannaidd.

stannum *n. Ch:* alcam *m,* tun *m.*

stanza *n.* pennill (penillion) *m.*

stanzaic *a.* penillog, penillol.

stap *v.t. A:* = **stop; ~ me! ~ my vitals!** y diawl a'm dyco!

stapedectomized *a. Med:* heb y warthol, wedi cael codi'r warthol/stapes.

stapedectomy *n. Med:* codi*(vn)*'r warthol/stapes, staped|ectomi (stapedectomïau) *m.*

stapedial *a.* gwarthaflaidd, stapediol.

stapelia *n. Bot:* stapelia (stapeliâu) *m.*

stapes *n. Anat:* gwarthafl(-au) *f,* stapes(-au) *m.*

staphylinid *a. & n. Ent:* **1.** *a.* staffylinidaidd. **2.** *n.* staffylinid(-au) *m.*

staphylococcal, staphylococcic *a.* staffylococol.

staphylococcus *n.* staffylococws (staffylococi) *m.*

staphyloma *n. Path:* staffyloma(-ta) *m.*

staphyloplasty *n.* taflod-driniaeth(-au) *f,* staffyloplasti (staffyloplastïau) *m.*

staphylorrhaphy *n.* asio*(vn)*'r daflod, taflod-asiad(-au) *m,* staffyl|orrhaffi (staffylorrhaffïau) *m.*

staple¹ *n. (a) (= nail):* ystwffwl (ystyff[y]lau) *m,* stwffwl (styff[y]lau) *m,* stapl(-au) *f,* staplen(-ni, staplau) *f,* hoelen ddwbl (hoelion dwbl) *f;* **rivetted ~,** [y]stwffwl rhybedog; **thatching-~,** sgilp(-iau) *m; (b) Bookb: &c:* staplen, stapl. **~-press** *n. Bookb:* gwasg (gweisg) *(f)* styffylu/staplo. **~-vice** *n.* feis(-iau) *(f)* styffylu/staplo.

staple² *v.t.* **1.** *Const: &c:* styffylu. **2.** *Bookb: &c:* staplo.

staple³ *n. (a) (= main product):* prif gynnyrch (~ gynhyrchion) *m; (industry):* prif ddiwydiant (~ ddiwydiannau) *m;* **~ commodities,** prif nwyddau; **~ diet,** prif ymborth *m,* prif fwyd *m*; ~ **industry,** prif ddiwydiant; *(b) (= raw material):* defnydd(-iau) crai *m*; **it formed the ~ of conversation,** dyna oedd byrdwn (*m*) *or* prif destun (*m*) y sgwrs.

staple[4] *v.t.* **1.** *Constr: &c:* styffylu. **2.** *Bookb:* staplo. **3.** *Tex:* dosbarthu.

staple[5] *n. Tex:* edefyn (edeifion) *m*.

staple[6] *n. Hist:* ~ **[town],** tref(-i) (*f*) stapl.

stapler[1] *n.* **1.** *Constr:* styffylwr (styffylwyr) *m*. **2.** *Bookb:* staplwr (staplwyr) *m*.

stapler[2] *n.* **1.** *Tex:* **wool-~,** *(a)* brethynnwr (brethynwyr) *m*; *(b) (grader):* graddiwr (graddwyr) (*m*) gwlân. **2.** *Hist:* marsiandwr (marsiandwyr) (*m*) stapl, staplwr (staplwyr) *m*.

star[1] *n.* **1.** seren (sêr) *f*; **the Seven Stars,** y Saith Seren Siriol, y Twr (*m*) Sêr, y Trŵp (*m*) Sêr; **binary ~,** seren ddwbl (sêr dwbl); **circumpolar ~,** seren ambegynol; **dwarf ~,** seren gorachaidd (sêr corachaidd), corseren (corser) *f*; **evening ~,** seren yr hwyr, seren hwyrol, Gwener *f*; **fixed ~,** seren sefydlog; **giant ~,** seren gawraidd (sêr cawraidd); **main sequence ~,** seren y prif ddilyniant; **day/morning ~,** seren fore (sêr bore), *Poet:* Gwenddydd *f*; **pole-~,** seren y gogledd; **pulsating ~,** seren guriadol (sêr curiadol); **seasonal ~,** seren dymhorol (sêr tymhorol); **shooting ~,** seren wib (sêr gwib), *occ:* seren wibiog (sêr gwibiog), *S.E:* seren gwympo (sêr cwympo); **super giant ~,** seren dra-chawraidd (sêr tra-chawraidd); **variable ~,** seren newidiol; **a ~ of the first magnitude,** seren o'r radd flaenaf; *F:* **she was born under a lucky ~,** fe'i ganed hi'n lwcus; *Lit:* ganed hi dan wenau ffawd; *F:* **(he was born) under an unlucky ~,** (ganed ef) yn anlwcus, *Lit:* a ffawd yn gwgu arno, dan wg ffawd, yn ddiriaid; *F:* **to hitch one's wagon to a ~,** anelu'n uchel, bod yn uchelgeisiol; **through hardship to the stars,** caletaf y ffordd, mwyaf ei gwerth; **I thank my [lucky] stars,** 'rwy'n diolch i'r mawredd/drefn; **his ~ has set,** mae ei haul wedi machlud; **to see stars,** gweld sêr, *F:* gweld sêrs; **I'll hit you until you see stars,** *S. W:* fe rof i un iti nes dy fod ti'n perlo; **her ~ is in the ascendant,** mae ei seren ar gynnydd; mae ffawd yn gwenu arni; *F:* **my stars!** nefoedd! hawyr bach! ar f'enaid! myn diawch! myn diain i! mawredd mawr! **by all the stars!** neno'r nefoedd! *S:* myn asen i! myn brain i! **2.** *Mil: Jewel: &c: (decoration)* seren. **3.** *(a)* **the stars and stripes,** y faner serennog [a rhesog] *f*; **the stars and bars,** baner y sêr a'r barrau; **the S~ of David, the Yellow S~,** Seren Dafydd, y Seren Felen; **the S~ of India,** Seren yr India; *(b) (on horse's forehead):* seren, seren wen, smotyn (smotiau) (*m*) gwyn ar dalcen, *Lit: occ:* bal(-au) *m*; *(c) (= star-shaped crack):* hollt(-au) serennog *f*; *(d) Typ: F:* seren, serennig (serenigion) *f*; **four-~ hotel,** gwesty (gwestai) (*m*) pedair seren, gwesty moethus, *F:* gwesty crand. **4.** *(a) Cin: Th: (pers.):* seren; **film stars,** sêr y ffilmiau (*sing.* seren ffilmiau, un o sêr y ffilmiau); **literary ~,** seren lenyddol (sêr llenyddol), prif lenor(-ion) *m*; **rugby ~,** seren y byd rygbi; *Th:* **~ part,** prif ran(-nau) *f*; *(b) attrib.* ~ **prisoner,** carcharor(-ion) pwysig *m*; ~ **pupil,** disgybl(-ion) disglair *m*; ~ **quality,** rhagoriaeth(-au) *f*; ~ **turn,** prif eitem(-au) *f*, prif berfformiad(-au) *m*; **the ~ turn of the evening,** uchafbwynt (*m*) y noson. **5.** *Echin:* **brittle ~,** seren frau (sêr brau); **black brittle ~,** seren frau ddu (sêr brau du); **cushioned ~,** seren glustog (sêr clustog); **feathery ~,** seren [fôr] bluog (sêr [môr] pluog); **goosefoot ~,** seren ŵydd-droed (sêr gŵydd-droed); **sand ~,** seren y tywod. **6.** *Lap:* ~ **[facet],** sêr-ffased(-au) *m*. **7.** *Fung:* **earth-~,** seren y ddaear. **~ acacia** *n. Bot: (Acacia verticillata):* acasia droellog (acasiâu troellog) *f*. ~ **anemone** *n. Bot: (Anemone stellata):* blodyn (*m*) y gwynt serennog (blodau'r gwynt serennog), an|emone (anemoneau) serennog *m*. ~ **anise** *n. Bot: (Illicium anisatum):* coeden (coed) (*f*) anis. **~-apple** *n. Bot:* sêr-afal(-au) *m*. ~ **buzzard** *n. Orn:* sêr-hebog(-au) *m*. ~ **capsicum** *n. Bot: (Soranum capsicastrum):* sêr-godwarth *m*. **S~ Chamber** *n. Hist:* Llys (*m*) [Siambr] y Seren. ~ **cluster** *n. Bot: (Pentas lanceolata):* clwstwr (clystyrau) (*m*) sêr. ~ **coral** *n. Z:* sêr-gwrel(-au) *m*. **~-crossed** *a.* anlwcus, anffodus, anffortunus, *Lit: occ:* diriaid. ~ **cucumber** *n. Bot: U.S: (Sicyos angulatus):* chwerddwr pigog *m*. ~ **drift** *n. Astr:* llif(-oedd) (*m*) sêr, serlif(-oedd) *m*. **~-dust** *n.* = **stardust.** ~ **finch** *n. Orn:* = **redstart.** ~ **flower** *n.* = **star of Bethlehem.** ~ **fruit** *n. Bot:* = **thrumwort.** **~-gaze** *v.i.* **1.** syllu/edrych ar [y] sêr, astudio'r sêr. **2.** = **daydream[2].** **~-gazer** *n.* **1.** = **astronomer, daydreamer.** **2.** *Ich:* sêr-dremiwr (~-dremwyr) *m*. **~-gazing** *vn.* **1.** syllu ar [y] sêr. **2.** = **daydream[2].** **~-gazy pie** *n. Cu:* pastai (*f*) fecryll (pasteiod mecryll). ~ **glory** *n. Bot: (Quamoclit):* clych (*pl*) perthi cochion. ~ **grass** *n. Bot:* serenllys *m*, serllys *m*. ~ **hyacinth** *n. Bot: (Squilla autumnalis):* serennyn (*m*) yr hydref. ~ **ipomoea** *n. Bot: (Quamoclit coccinea):* clych perthi [y]sgarlad. ~ **jelly** *n. Bot: (Tremella meteorica):* chwyd (*m*) awyr/sêr, *S.W:* grifft (*m*) sêr, pwdredd (*m*) sêr, *N.W:* cap glas *m*, syrth (*m*) awyr, *S.E:* tripa(*m*)'r sêr. **~-nosed** *a.* â seren ar drwyn, sêr-drwynog. ~ **of Bethlehem** *n. Bot: (Ornithogalum):* seren F|ethlehem, sêr-flodyn (~-flodau) *m*; **drooping ~ of Bethlehem,** *(O. nutans):* seren Fethlehem bengam (*pronounced* ng-g), seren Fethlehem ogwydd; **spiked ~ of Bethlehem,** *(O. pyrenaicum):* seren Fethlehem [y]sbigog/hir *f*; **white flowered ~ of Bethlehem,** *(O. umbellatum):* seren Fethlehem wen; **yellow ~ of Bethlehem,** *(Gagea lutea):* seren Fethlehem aur. ~ **of Bethlehem orchid** *n. Bot: (Angraecum sesquipedale):* tegeirian (*m*) seren Fethlehem. ~ **of Jerusalem** *n.* = **goat's beard.** ~ **of the earth** *n.* = **plantain (buck's horn).** ~ **of the veldt** *n. Bot: (Dimorphotheca):* seren y Penrhyn. **~-pine** *n. Bot: (Pinus pinaster):* pinwydden (pinwydd) arfor *f*. ~ **quality** *n.* **she has ~ quality,** mae defnydd seren ynddi; **what is ~ quality?** beth sy'n gwneud seren? **~-rating** *n.* marciau (*pl*) sêr. ~ **route** *n. U.S: Post:* llwybr(-au) serennog *m*. ~ **sapphire** *n. Lap:* sêr-saffir(-au) *m*. **~-shake** *n. Carp:* hollt(-au) (*f*) seren, sêr-hollt(-au) *f*. ~ **shell** *n. Exp:* sêr-ffrwydryn (~-ffrwydron) *m*. ~ **shot** *n.* = **star jelly.** ~ **shower** *n. Astr:* cawod(-ydd) (*f*) [o] sêr. ~ **slime** *n.* = **star-jelly.** **~-spangled** *a.* serennog, serog, serlog, serfrith, llawn sêr, yn frith o sêr, yn sêr i gyd; **the S~-Spangled Banner,** y Faner Serennog *f*. **~-stone** *n. Lap:* serfaen (serfeini) *m*. **~-studded** *a.* = **star-spangled.** **~-thistle** *n. Bot: (Centaurea):* sêr-ysgallen (~-ysgall) *f*, seraidd ysgallen (~ ysgall) *f*; **cockspur ~-thistle,** *(C. melitensis):* ysbardun (*m*) y ceiliog, sêr-ysgallen Melita; **red ~-thistle,** *(C. calcitrapa):* sêr-ysgallen coch (~-ysgall cochion) *f*; **rough ~-thistle,** *(C. aspera):* sêr-ysgallen arw (~-ysgall geirwon); **yellow ~-thistle,** *(C. solstitialis):* sêr-ysgallen felen (~-ysgall melynion). **~-trap** *n. Ich:* trap(-iau) (*m*) seren. ~ **tulip** *n. Bot: (Calochortus):* sêr-diwlip(-au) *m*. ~ **turn** *n.* prif eitem(-au) *f*, prif act(-au) *f*. ~ **windflower** *n.* = **star anemone.** **~-window plant** *n. Bot: (Haworthia tessellata):* seren wydr (sêr gwydr).

star[2] *v.t.&i.* **1.** *v.t.* *(a) (= adorn with stars)* rhoi/dodi/gosod sêr (ar rth), addurno/britho/tryfritho (rhth) â sêr, serennu (rhth); *(b) (= crack glass):* cracio; *(c) Typ:* serennu; *(d) Th: Cin: &c:* **film starring Richard Burton,** llun a Richard Burton yn chwarae'r brif ran, llun â Richard Burton yn seren/serennu ynddo. **2.** *v.i.* *(a) (of glass):* cracio; *(b) Th: Cin: &c:* chwarae'r brif ran, *occ:* serennu; *(c) (= be prominent):* disgleirio, bod yn amlwg.

starboard[1] *n. Nau:* starbord *m*, llaw/ochr dde (*f*) llong; **on the ~ beam,** ar yr ochr dde, ar y llaw dde; **on the ~ side, to ~,** ar yr ochr/llaw dde; **on the ~ bow,** i'r dde [ar y blaen]; **hard a-~!** reit i'r dde! ~ **watch** *n.* criw(*m*)'r llaw dde.

starboard[2] *v.t.&i. Nau:* **1.** *v.t.* **to ~ the helm,** troi'r llyw i'r dde. **2.** *v.i. (of ship):* troi/mynd i'r dde.

starch[1] *n.* **1.** startsh *m*, *Lit: occ:* syth *m*, sythlud *m*; **blended ~,** startsh reis; **coloured ~** startsh lliw; **instant ~,** startsh cyflym; **spray ~,** startsh chwistrell. **2.** *F:* = **starchiness; to take the ~ out of s.o.,** torri crib rhn. **3.** *U.S: F:* = **stamina, zest.** ~ **gum** *n. Bio-Ch:* decstrin *m*. ~ **hyacinth** *n. Bot: (Muscari racemosum):* sosin bach glas *m*. **~-paste** *n.* pâst (*m*) startsh. **~-reduced** *a.* â llai o startsh.

starch[2] *v.t.* startsio (rhth), rhoi/dodi startsh (yn rhth); **clear-~,** clir-startsio; **stick-~,** stic-startsio.

starched *a.* **1.** startsiog, startsiedig, wedi ei startsio; ~ **collar,** coler(-i) caled *m*, coler galed (coleri caled) *f*, coler startsh. **2.** *F: (pers.):* startshlyd, ffurfiol.

starcher *n.* startsiwr (startswyr) *m*.

starchily *adv.* yn startshlyd.

starchiness *n.* **1.** *(of food):* startsh *m*, natur startshlyd *f*. **2.** *F: (of pers.):* ffurfioldeb *m*, stiffrwydd *m*, stiffni *m*.

starchless *a.* heb startsh, di-starsh.

starchy *a.* **1.** *Ch:* startshlyd, startshiog, llawn startsh. **2.** = **starched.**

stardom *n. Cin:* byd (*m*) y sêr, serendod *m*, enwogrwydd *m*, bri *m*; **to rise to ~,** dod yn seren, dod yn actor/actores o fri, mynd/dod/codi i blith y sêr.

stardust *n.* serlwch *m*, llwch (*m*) sêr.

stare[1] *n.* edrychiad(-au) [sefydlog] *m*, llygadrythiad(-au) *m*, rhythiad(-au) *m*, trem(-[i]au) *f*; **to give s.o. a ~,** syllu/llygadrythu/rhythu ar rn, llygadu rhn, edrych yn daer/syn ar rn; **with a ~ of astonishment,** gan lygadrythu'n/syllu'n syn/llygadrwth, gan rythu'n syn. **~ cat** *n. F:* busneswr (busneswyr) *m*, busn|eswraig (busneswragedd) *f*.

stare[2] *v.i.&t.* **1.** *v.i.&ind.t.* syllu, llygadrythu, rhythu, syllu'n graff, craffu (**at sth,** ar rth); llygadu (rhth); *Lit:* tremio (ar rth); *N.W:* dal golwg, *N.W: F:* stagio, *S.W:* seso, ymhoelyd llygaid, *S.E:* cewcan, sgewcan (ar rth); **to ~ into the distance,** syllu/rhythu i'r pellter; **to ~ with surprise,** rhythu'n syn, edrych yn syn, sylldremu, llygadrythu. **2.** *v.i. (of hair, feathers &c):* gwrychio, gwrychu. **3.** *v.t.* **to ~ s.o. in the face,** rhythu yn wyneb rhn; **ruin stares him in the face,** mae'n gweld ei gwymp yn dod; mae dinistr yn rhythu arno; mae dinistr yn ei wynebu; *F:* **it's staring you in the face,** mae'n hollol amlwg; mae'n syth o'th flaen di; mae mor olau â'r dydd; mae mor amlwg â llaid ar farch gwyn; **to ~ s.o. out [of countenance],** syllu ar rn nes i'w wyneb syrthio, syllu ar rn nes iddo ostwng ei lygaid; **to ~ like a stuck pig,** rhythu'n gegagored, rhythu'n gegrwth.

stare[3] *n.* = **starling.**

starer *n.* rhythwr (rhythwyr) *m*, syllwr (syllwyr) *m*, llygadrythwr (llygadrythwyr) *m*, rh|ythwraig *f*, s|yllwraig *f*, llygadr|ythwraig *f*.

starfish *n. Echin:* seren (*f*) fôr (sêr môr), sêr-bysgodyn (~-bysgod) *m*; **spiny ~,** seren bigog (sêr pigog). **~ flower** *n. Bot: (Stapelia):* sêr-flodyn (~-flodau) drewllyd *m*.

staring *a.* **1.** *(eyes):* syllol, rhythol, rhythion, mawrion; *(pers.):* llygadrwth, llygadrythus, llygadrythol, llygadrythog. **2. stark ~ mad,** hollol wallgof/ynfyd, o'ch cof yn lân, gwallgof bost, *S.W:* penwan dwl, penwan holics, dwl reit, *N:* honco bost, hurt bost, gwirion bost. **3.** = **glaring. 4.** *(feathers, fur):* gwrychog. **~-eyed** *a.* llygadrwth.

stark[1] *a.* & *adv.* **1.** *a.* *(a) Lit: (= stiff):* **he lay ~ in death,** gorweddai'n farw gelain; gorweddai'n gelain gorn/gorff; *(b) (= sheer, utter):* pur, llwyr, noeth; **~ nonsense,** ffolineb pur/llwyr/noeth/glân *m*; **in ~ contrast,** mewn gwrthgyferbyniad llwyr (*m*); *(c) (= bleak):* noeth, llwm (*f.* llom, *pl.* llymion), noethlwm (*f.* noethlom, *pl.* noethlymion), diffaith. **2.** *adv.* **~ naked,** noethlymun, hollol noeth, *N.W:* noethlymun groen, *S.W:* porcyn; **~ mad,** hollol ynfyd/wallgof, *S.W:* penwan holics, *N.W:* gwallgof bost, hurt bost, gwirion bost; **~ blind,** hollol dall, llwyr dall, *N.W:* dall bost.

Stark[2] *Pr.n.* **~ effect** *n* effaith (*f*) Stark.

starkers *a. F:* **1.** = **stark naked. 2.** = **stark mad.**

starkly *adv.* **1.** *(= utterly):* yn llwyr. **2.** *(= bleakly):* yn noethlwm *&c.*

starkness *n.* **1.** *(of contrast &c):* llwyrdeb *m*, llwyrni *m*, llwyredd *m*. **2.** *(= bleakness):* noethni *m*, llymder *m*, llymdra *m*.

starless *a.* diseren, di-sêr, heb sêr, tywyll.

starlet *n.* **1.** *Th: Cin:* seren fechan (sêr bychain) *f*. **2.** *Echin:* serennig (serenigion) *f*, seren fechan.

starlight *n.* & *attrib.* **1.** *n.* golau (*m*) sêr, goleuni (*m*) sêr, *Lit: occ:* serliw *m*; **in the ~, by ~,** yng ngolau'r/ngoleuni'r sêr. **2.** *attrib.* = **starlit.**

starlike *a.* fel seren, serenffurf.

starling[1] *n.* **1.** *Orn: (Sturnus vulgaris):* drudwen (drudwy) *f*, drudwy(-od, *F: occ:* drudws) *m*, *occ:* aderyn (adar) (*m*) yr eira, *N.W: occ:* aderyn diarth; **rose coloured ~,** *(S. roseus):* drudwen wridog (drudwy gwridog); **spotless ~,** *(S. unicolor):* drudwen unlliw; **wattled ~,** *(Creadion carunculatus):* drudwen dagellog (drudwy tagellog).

starling[2] *n.* *(= cutwater):* torddwr (torddyfroedd) *m*.

starr grass *n. Bot:* = **marram.**

starred *a.* **1.** *(sky &c):* serennog, serog, llawn sêr; *(word &c):* serennog, â seren; *Sch:* **~ first,** dosbarth cyntaf serennog, dosbarth cyntaf â chlod neilltuol. **2. ill-~,** anlwcus, anffodus, anffortunus.

starrily *adv.* yn freuddwydiol, yn fyfyrgar.

starriness *n.* sêr *pl*, serogrwydd *m*; *(of eyes):* gloywder *m*.

starry *a.* serennog, serog, llawn sêr, brith gan/o sêr, *S: occ:* serlog. **~-eyed** *a.* **1.** llygadloyw(-on), â llygaid serennog/gloywon, a'ch llygaid yn pefrio/disgleirio/serennu, a'ch llygaid yn loyw. **2.** *Fig: (= naive):* diniwed; *(= idealistic):* delfrydol, delfrydgar; *(= impractical):* anymarferol; **she's a bit ~-eyed,** nid yw ei thraed hi ar y ddaear.

start[1] *n.* **1.** *(= sudden movement):* gwingiad(-au) *m*, cryndod(-au) *m*, ysgryd(-ion) *m*, naid fach (neidiau bychain) *f*, dychlamiad(-au) *m*; *(of horse):* rhusiad(-au) *m*, gwingiad, tindafliad(-au) *m*; **to wake with a ~,** deffro'n sydyn/ddisymwth; **to give a ~,** gwingo, rhoi naid fach; *(of horse):* rhusio, gwingo, tindaflu; **he gave a ~ of joy,** aeth cryndod o lawenydd drwyddo; **to give s.o. a ~,** rhoi braw i rn, dychryn rhn, *S:* hala ysgryd ar rn; *(b) usu.pl. (= spasmodic efforts):* hwrdd (hyrddiau) *m*, pwl (pyliau) *m*, *N.W: occ:* pwcs (pycsiau) *m*; **by fits and starts,** ar hyrddiau, yn ysbeidiol, fesul pwl, ar bangau a rhuthrau, ar chwiwiau a rhuthrau, bob yn ail â pheidio, *N.W:* fesul pwcs, yn bycsiog, ar byliau, fesul pyliau. **2.** *(a) (= beginning):* cychwyn *m* & *vn*, dechreuad(-au) *m*, cychwyniad(-au) *m*, dechrau *m* & *vn*; **let's make a ~,** dewch inni fynd ati; dewch inni fwrw iddi; dewch inni gychwyn/ddechrau arni; **(you will work here) for a ~,** (byddwch yn gweithio yma) i ddechrau/gychwyn, *N: occ:* i ddechrau cychwyn; **at the ~,** ar y cychwyn, ar y dechrau, i ddechrau, yn gyntaf oll, yn gyntaf peth, *N: occ:* i ddechrau cychwyn; **at the very ~,** ar y cychwyn cyntaf, ar y cychwyn un; **for a ~,** yn gyntaf peth, yn gyntaf oll, i ddechrau cychwyn; **from ~ to finish,** o'r dechrau i'r diwedd, o'r naill ben i'r llall, drwyddo draw, drwyddi draw, drwyddynt draw; *F:* **to give s.o. a ~ (in business),** rhoi cychwyn/cychwyniad i rn, rhoi help/cymorth i rn gychwyn/ddechrau, rhoi rhn ar ben y ffordd, rhoi hwb (*m*) ymlaen i rn, *S:* dechrau rhn (mewn busnes); **to make a good ~,** cychwyn/dechrau/agor yn dda; **to make a fresh ~,** ailgychwyn/ailddechrau [arni]; *(b) (= departure):* cychwyn, cychwyniad, ymadawiad(-au) *m*, ymadael *vn*; **to make an early ~,** cychwyn/ymadael/mynd yn gynnar/fore (*not* dechrau'n gynnar); *Rac:* **to get off to a flying ~,** cychwyn ar wib/garlam; **standing ~,** cychwyn/cychwyniad stond; **false ~,** camgychwyn *m* & *vn.* camgychwyniad(-au) *m*; *S.a.* **kick**[1], **push**[1]; *(c) Sp:* **to give s.o. a ten seconds' ~,** rhoi blaen (*m*) o ddeng eiliad i rn; rhoi mantais (*f*) o ddeng eiliad i rn; **to get the ~ (of s.o.),** cael/ennill y blaen (ar rn); **they have a head ~ on us,** maent yn bell ar y blaen inni; **a rum ~,** peth rhyfedd *m*.

start[2] *v.i.&t.* I. *v.i.* **1.** *(a)* gwingo, rhoi naid fach, neidio; *(of horse &c):* gwingo, rhusio, tindaflu, tasgu; **the noise made him ~,** rhoes y sŵn fraw iddo; parodd y sŵn iddo wingo; rhoes naid fach pan glywodd y sŵn; gwingodd pan glywodd y sŵn; **to ~ out of one's sleep,** deffro'n/dihuno'n sydyn/ddisymwth; *(b)* **to ~ (aside),** neidio/llamu (i'r naill ochr, i un ochr); *(of horse):* rhusio, tasgu, tarfu, gwingo, *S.W:* towlu; **to ~ back,** *(= recoil):* neidio'n ôl, llamu'n ôl, cilio'n sydyn; **to ~ to one's feet,** neidio/llamu ar eich traed, codi'n sydyn; **to ~ from one's chair,** neidio/llamu o'ch cadair, codi'n sydyn o'ch cadair; **tears started from his eyes,** llifodd/tasgodd/byrlymodd dagrau o'i lygaid; **tears started to her eyes,** daeth dagrau i'w llygaid; **his eyes were starting out of his head,** safai/ymwthiai ei lygaid allan o'i ben. **2.** *(of rivet, nail, screw):* datod, llacio, dod yn rhydd; *Nau: (of ship's seams):* agor; *(of timber):* ysigo; *(of ship):* **to ~ at the seams,** agor/hollti ar hyd y 'styllod. **3.** *(a) (= begin):* cychwyn, dechrau (â rhth); **the play starts [off] with a prologue,** mae'r ddrama'n dechrau/cychwyn/ agor â phrolog; ceir prolog ar ddechrau'r ddrama; **to ~ at the beginning,** i ddechrau/gychwyn yn y dechrau/dechreuad; *S.a.* **end**[1] **1; prices ~ at ten pence,** deg ceiniog yw'r pris isaf; **to ~ afresh,** ailddechrau, ailgychwyn, dechrau/cychwyn o'r newydd, mynd ati o'r newydd; **to ~ in life,** dechrau byw; **to ~ (in business),** dechrau, cychwyn, agor, sefydlu (busnes); **there were only six members (to ~ with),** chwe aelod yn unig oedd (i ddechrau/gychwyn, ar y dechrau/cychwyn); **to ~ with (we must…),** yn gyntaf, i ddechrau, i gychwyn, yn y lle cyntaf, *N.W: occ:* i ddechrau cychwyn (mae'n rhaid inni…); **she shouldn't have been there to ~ with,** ni ddylasai hi fod yno yn y lle cyntaf; **to ~ (by doing sth),** dechrau, cychwyn (trwy wneud rhth, gan wneud rhth); **starting Monday…,** o ddydd Llun allan…, gan gychwyn ar y dydd Llun…; *(b) (= depart):* **to ~ (away, off, out, on one's way),** ymadael, cychwyn, ei chychwyn hi; **he started back the next day,** cychwynnodd am adref drannoeth; troes yn ôl drannoeth; **to ~ off on the right foot,** cychwyn ar y droed dde; **(to ~ off) on the wrong foot,** (cychwyn) yn anffodus, yn chwithig, ar y droed chwith; *F:* **he started out to write a novel,** fe aeth ati i ysgrifennu nofel; *Rac:* **only six horses started,** dim ond chwe ceffyl a gychwynnodd; *F:* **to ~ (from scratch),** dechrau, cychwyn (o'r dechrau, o ddim); *(c) (of car, train):* **to ~ off,** cychwyn, ei chychwyn hi, mynd i ffwrdd (*not* dechrau); *(d)* **to ~ [up],** *(of engine, injector, dynamo):* tanio, cychwyn (*not* dechrau); **the engine won't ~,** mae'r injan yn gwrthod tanio. II. *v.t.* **1.** *(work, conversation &c):* cychwyn, dechrau; **to ~ sth afresh/anew,** ailgychwyn/ailddechrau rhth; **she started life in a cottage,** mewn bwthyn y ganed hi; **to ~ life afresh,** ailgychwyn byw; **to ~ negotiations,** dechrau/cychwyn/ agor trafodaethau; **to ~ school,** dechrau mynd i'r ysgol; **to ~ a hole,** torri/agor twll; **to ~ [on] a fresh loaf,** torri/dechrau torth ffres, *N:* agor torth; *Fb: &c:* **to ~ an attack,** cychwyn/agor ymosodiad; **to ~ doing sth,** dechrau/cychwyn gwneud rhth, mynd ati i wneud rhth; **to ~ sth,** *(= cause trouble):* dechrau helynt, codi twrw/stŵr, creu stŵr/helynt; **to ~ s.o. doing sth,** achosi/peri/gwneud i rn wneud rhth; **this started me coughing,** achosodd/parodd/gwnaeth hyn imi besychu; *F:* **to ~ the rot,** dechrau'r dirywiad. **2.** *(a)* **to ~ off a horse at a gallop,** cychwyn ceffyl ar garlam; *(b) Sp: Rac:* **to ~ runners,** cychwyn rhedwyr; *(c) Ven: (hare, stag, boar, partridge):* codi, tarfu; *F:* **to ~ a hare,** codi ysgyfarnog, *S:* cwnnu ceinach, *N.W:* codi pry'. **3.** *(a) (business, newspaper &c):* dechrau, cychwyn, lansio, sefydlu; **to ~ a new venture,** dechrau/cychwyn menter newydd, *N.W: F:* codi hosan ar y gweill; *(b)* **to ~ a fire,** cynnau tân; *(c)* **to ~ a baby,** cenhedlu plentyn, cychwyn babi, *F:* gwn|eud babi. **4.** *(a) (clock):* cychwyn (cloc), rhoi (cloc) ar/i fynd, *S: F:* dodi (cloc) i gered; *(b)* **to ~ [up] a machine,** cychwyn/tanio peiriant (*not* dechrau); *Av:* **~ up!** taniwch hi! *N:* i ffwrdd â chi! *S:* bant â chi! *(c)* **to ~ the ball rolling,** *(= open discussion):* agor trafodaeth, gwthio'r cwch i'r dŵr; **to ~ the wheels turning,** cychwyn rhth, rhoi rhth ar waith. **5. to ~ s.o. on a career,** cychwyn rhn ar yrfa, rhoi cychwyniad i rn mewn gyrfa, rhoi rhn ar ben ffordd mewn gyrfa, *S:* rhoi dechrau i rn mewn gyrfa; **once you ~ him talking...,** unwaith y cewch ef i ddechrau siarad..., pan gychwyn ef siarad.... **6.** *(timbers):* ysigo, llacio, rhyddh|au; *(seam):* datod, agor; **to ~ (a nail, screw),** *(i) (= loosen):* llacio/datod (hoelen, sgriw); *(ii) (= drive in):* cychwyn (hoelen, sgriw); *Nau: &c:* **to ~ a cask,** gwagio/ dihysbyddu casgen. **~ in** *v.i.* **to ~ in (doing sth),** cychwyn, dechrau (gwneud rhth); *U.S:* **to ~ in (on sth),** dechrau, gwneud dechreuad (ar rth). **~ off** *v.i.* cychwyn, ei chychwyn hi. **~ out** *v.i.* **1. to ~ out to do sth,** mynd ati i wneud rhth. **2.** *U.S:* cychwyn. **~ over** *v.i. U.S:* ailgychwyn, ailddechrau. **~ up 1.** *v.i. (a) (from a chair &c):* codi'n sydyn, neidio i fyny; *(b) (= grow/appear suddenly):* tyfu'n sydyn, ymddangos yn sydyn, *N:* dod i'r fei, *S:* dod ar glawr. **2.** *v.t. (business, car &c):* cychwyn; *(engine):* tanio, cychwyn.

starter *n.* **1. you are an early ~,** 'rydych yn foregodwr; 'rydych yn gadael/cychwyn yn fore/gynnar; *S:* 'rydych chi'n fachan bore. **2.** *(a) Rac:* cychwynnwr (cychwynwyr) *m*, cychwynnydd (cychwynyddion) *m*; **under ~'s orders,** yn barod i gychwyn; *(b) (of a project):* cychwynnwr, cychw|ynwraig (cychwynwragedd) *f*, dechreuwr (dechreuwyr) *m*, lansiwr (lanswyr) *m*, arloeswr (arloeswyr) *m*, arl|oeswraig (arloeswragedd) *f*, ysgogydd(-ion) *m*. **3.** *(device): Aut: El.E:* taniwr (tanwyr) *m*; *Aut:* **self-~,** hunandaniwr (hunandanwyr) *m*. **4.** *Bac:* cychwynnydd (cychwynyddion) *m*. **5.** *(of meal):* cwrs (cyrsiau) cyntaf *m*, bwyd(-ydd) *(m)* archwaeth; **for starters,** ar gyfer y cwrs cyntaf, i gychwyn; **what's for starters?** beth sy'n gyntaf? *F:* **I get 50 pounds a week for starters,** 'rwy'n cael hanner canpunt yr wythnos i ddechrau/gychwyn; *F:* **how about this for starters?** beth am hwn i gychwyn? **6.** *attrib.* **~ house, ~ home,** tŷ (tai) cychwyn/cychwynnol *m*, cartref(-i) cychwyn *m*, tŷ/cartref cyntaf/dechreuol.

starting *a. & vn.* **1.** *a. (a) (= initial):* cychwynnol, dechreuol; *(b) (eyes):* yn sefyll allan. **2.** *vn.* cychwyniad(-au) *m*, dechreuad(-au) *m*. **~-block** *n. Sp:* bloc(-iau) *(m)* cychwyn. **~-button** *n.* botwm (botymau) *(m)* tanio. **~-engine** *n.* peiriant (peiriannau) *(m)* cychwyn/tanio. **~-gate** *n. Rac:* clwyd *(f)* gychwyn (clwydi cychwyn), giât *(f)* gychwyn (giatiau cychwyn). **~-gear** *n.* gêr (geriau) *(m)* cychwyn, gêr *(f)* gychwyn (geriau cychwyn). **~-grid** *n.* man(-nau) *(m)* cychwyn. **~-handle** *n.* handlen *(f)* danio (handls tanio). **~-lever** *n.* lifer(-i) *(m)* cychwyn. **~-line** *n. Sp:* llinell *(f)* gychwyn (llinellau cychwyn). **~-motor** *n.* motor(-au) *(m)* tanio. **~-pistol** *n. Sp:* gwn (gynnau) *(m)* cychwyn, dryll(-iau) *(m)* cychwyn. **~-place, ~ point** *n.* man(-nau) *(m)* cychwyn. **~-position** *n. Sp: (posture):* safiad(-au) *(m)* cychwyn; *(place):* man cychwyn. **~-post** *n. Rac:* postyn (pyst) *(m)* cychwyn. **~ price** *n.* **1.** *Com:* pris(-iau) cychwynnol *m*. **2.** *Rac:* ods cychwynnol *pl.* **~-punch** *n. Tls:* pwnsh(-is, pynsiau) *(m)* cychwyn. **~ stall** *n. Rac:* stâl (stalau) *(m)* cychwyn.

startle[1] *n.* braw(-iau) *m*, dychryn(-f|eydd) *m*.

startle[2] *v.t.* dychryn, dychrynu, brawychu, arswydo (rhn); rhoi braw/dychryn (i rn); codi ofn/arswyd (ar rn); *S:* hala ysgryd (ar rn); **to ~ s.o. out of his sleep,** dychryn rhn o'i gwsg.

startled *a.* dychrynedig, brawychedig, mewn braw, mewn dychryn, cynhyrfus.

startler *n.* **1.** peth(-au) *(m)* trawiadol/syfrdanol/brawychus *&c*, un (rhai) trawiadol *&c*; *See* **startling.**

startling *a.* trawiadol, syfrdanol, brawychus, ysgytwol, ysgytiol, rhyfeddol, cynhyrfus, cyffr|ous.

startlingly *adv.* yn drawiadol.

starvation *n.* newyn *m*, llwgfa *f*, llwgu *vn*, *N. W:* clem *f*; **to die of ~,** llwgu/newynu i farwolaeth, marw o newyn. **~ diet** *n.* deiet(-au) *(m)* newynu. **~ wages** *n.pl.* cyflog(-au) *(m)* llwgu/clemio.

starve *v.i.&t.* **1.** *v.i. (a)* newynu, *S:* starfo, clemo, bod â gwylder, *S.E:* trengi, newynu, tagu [o eisiau bwyd], *N:* llwgu, bod ar eich cythlwng; **to ~ to death,** marw o newyn, marw o eisiau bwyd, llwgu/newynu i farwolaeth; *F:* **I'm starving,** 'rwyf bron marw o eisiau/chwant bwyd; *N:* 'rydw i ar lwgu; 'rydw i bron â llwgu; 'rydw i ar fy nghythlwng; *S:* mae gwylder arna' i; 'rydw' i jest â chwmpo o wylder *or* o eisiau bwyd; *S.W:* 'rw i jyst â chlemo o ishe bwyd; *S.E:* 'rw i bron tagu/trengi o ishe bwyd; *(b) O: Dial: (of tree, plant):* gwywo, edwino; *(c)* = **pine[2]. 2.** *v.t. (a)* newynu, llwgu, *S:* starfo; **to ~ out a town,** newynu/llwgu tref nes iddi ildio; **trade would have been starved out of existence,** byddai masnach wedi edwino a marw; *(b) F:* **to ~ a cold,** llwgu annwyd, peidio â bwyta pan fo annwyd arnoch; *(c)* **to ~ s.o. of affection,** amddifadu rhn o gariad.

starved *a. (a) (of food):* newynog, llwglyd, *N:* ar lwgu, ar eich cythlwng, *S:* yn starfo, yn gweld eisiau mawr, a gwylder arnoch; **he looked half-~,** 'roedd golwg arno fel petai'n bwyta gwellt ei wely; *(b)* **~ of affection, love-~,** digariad, amddifad o gariad; **sex-~,** amddifad o ryw, blysig, chwantus, *F:* yn methu cael eich tamaid. **~-looking** *a.* a golwg newynog/lwglyd arnoch, a golwg wedi eich nych-fagu arnoch.

starveling *a. & n.* **1.** *a.* newynog, llwglyd. **2.** *n.* un (rhai) newynog *mf*, truan (trueiniaid) *m*, edlych(-od,-iaid) *m*.

starving *a.* = **starved.**

starwort *n. Bot: (Callitriche):* br|igwlydd *m*; **water ~,** *(C. stagnalis):* llinesg *(m)* y dŵr, brigwlydd y dŵr; **abortive ~,** *(C. platycarpa):* brigwlydd anghyflawn; **autumnal ~,** *(C. autumnalis):* brigwlydd cynaeafol; **vernal ~,** *(C. verna):* brigwlydd gwanwynol.

stash[1] *n.* **1.** *(= hiding-place):* cuddfan(-nau) *mf*, *S:* cwat(-au) *m*. **2.** *(= thing hidden):* celc *m*.

stash[2] *v.t. F:* cuddio, celu, *S:* cwato, *N:* celcio.

stasis *n. Med: &c:* ataliad(-au) *m*, atalfa (atalf|eydd) *f*, stasis(-au) *m*.

stassfurtite *n. Miner:* st|asffwrtit *m*.

statable *a.* datganadwy.

statal *a.* gwladwriaethol, gwladol.

statant *a. Her:* **(lion) ~,** (llew) ar ei bedwar, yn sefyll.

state[1] *n.* **1.** *(= condition):* cyflwr (cyflyrau) *m*, stad(-au) *f*, *S.W: occ:* annel *m*; *Ph: Ch: &c:* cyflwr, ffurf(-iau) *f*; **the ~ of the nation,** cyflwr y genedl; *Iron:* **here's a nice/pretty/fine ~ of things/ affairs,** wel dyma lanast! *F:* **what a ~ you are in!** dyna olwg sydd arnoch chi! on'd oes golwg arnoch chi! **the kitchen was in a ~,** 'roedd y gegin yn llanast/aflêr/anniben; 'roedd y gegin mewn cyflwr ofnadwy; **to get into a terrible ~,** *(i) (= get upset):* cynhyrfu'n lân; *(ii) (= deteriorate):* dirywio, mynd i gyflwr ofnadwy, mynd rhwng y cŵn a'r brain; **to be in a great/ right/proper ~,** *(= upset):* cynhyrfu, bod yn gynhyrfus, poeni'ch enaid; **(house) in a bad ~ of repair,** (tŷ) wedi mynd â'i ben iddo, mewn cyflwr gwael, ac angen ei atgyweirio, ac angen trwsio arno; *(b)* **(body) in a ~ of rest,** (corff) llonydd, mewn llonyddwch; **~ of health,** [cyflwr] iechyd *m*; **in a good ~ of health,** iach, mewn iechyd da; **in a poor ~ of health,** gwael, gwael eich iechyd, llegach, yn cwyno; **people in a savage ~,** pobl gyntefig, pobl anwar; **things are in a bad ~ with him,** mae hi'n wael/fain arno; *N. W:* mae hi wedi mynd yn glem arno; *F:* **the ~ of the art,** man eithaf y grefft; **~ of grace,** [cyflwr] gras, cyflwr o ras; **~ of mind,** cyflwr meddwl, stad meddwl, stad feddyliol; **to be in a ~ of nature/undress,** *F:* bod yn noethlymun, *S:* bod yn borcyn, bod heb bilyn amdanoch; *F:* **what is the ~ of play/ things/affairs?** ble maen' nhw arni bellach? sut mae ei deall hi? beth yw'r sefyllfa? faint o'r gloch yw hi ar bethau? *F:* **to be in a great ~,** bod mewn cyflwr truenus/difrifol; **in a ~ of depression,** yn isel [eich ysbryd], mewn iselder, mewn isel ysbrydion; **he was in quite a ~ about it,** 'roedd yn poeni amdano; 'roedd yn bryderus amdano. **2.** *(a) (= rank):* safle(-oedd) *m,* statws *m,* urddas *m;* **~ of life,** [eich] safle/lle mewn bywyd; **the married ~,** priodas *f,* y stad briodasol; **the single ~,** y stad ddibriod; *(of bachelors):* henlencyndod *m;* **civil ~,** statws sifil; **in a style befitting his ~,** mewn dull yn gweddu i'w safle/statws/urddas; *(b) (= pomp):* moethusrwydd *m,* rhwysg *m,* rhodres *m,* ysblander *m, F:* crandrwydd *m;* **to keep great ~, to live in ~,** byw fel gŵr bonheddig, byw yn rhwysgfawr, byw mewn rhwysg a rhodres, byw mewn ysblander, byw mewn moethusrwydd, *F:* byw mewn steil, byw mewn crandrwydd; *(of body):* **to lie in ~,** gorwedd yn gyhoeddus, *Lit: occ:* gorwedd dan eich crwys/ eurgrwys/teyrngrwys (*pronounced* ng-g); **lying in ~,** arddangosiad *m* [corff], gorweddiad cyhoeddus *m* [corff]; **(he was) in his robes of ~,** (yr oedd) yn ei wisg seremonïol, yn ei wisgoedd moethus; *(c)* **~ carriage, ~ coach,** coetsh frenhinol (coetshys brenhinol) *f;* **~ reception,** derbyniad(-au) swyddogol/mawreddog *m,* s|eremoni *(f)* dderbyn (seremonïau derbyn); **~ ball,** dawns(-iau, dawnsf|eydd) swyddogol/ seremonïol *f,* dawns foethus (dawnsfeydd moethus); **~ apartments,** ystafelloedd swyddogol/seremonïol; **~ opening of Parliament,** agoriad swyddogol *(m)* y Senedd. **3. = estate 3;** *Fr.Hist:* **the States General,** Cynulliad *m* y Tair Gradd; *(Channel Is.):* **the States,** y Cynulliad. **4.** *(a) Adm:* **the ~,** y wladwriaeth *f, F:* y wlad *f; attrib.* gwladol, gwladwriaethol, y wlad; **to put sth under ~ control,** gwladoli rhth; **Church and S~,** yr Eglwys *(f)* a'r Wladwriaeth, y Byd a'r Betws; **Minister of S~,** Gweinidog(-ion) Gwladol *m;* **Secretary of S~,** *(i)* Ysgrifennydd (Ysgrifenyddion) Gwladol *m; (ii) U.S:* yr Ysgrifennydd [dros Faterion] Tramor; **affairs of ~,** materion gwladol; **~ capitalism,** cyfalafiaeth wladol *f; U.S:* **S~ Department,** y Weinyddiaeth Dramor; **S~ Earnings Related Pension,** Pensiwn *(m)* Gwladol yn ôl Enillion; **~ farm,** fferm wladol (ffermydd gwladol) *f,* fferm y wladwriaeth; **~ forest,** coedwig wladol (coedwigoedd gwladol) *f;* **~ house,** tŷ (tai) gwladol *m;* **~ paper,** dogfen wladol (dogfennau gwladol) *f; Ecc:* **~ prayers,** gweddïau gwladol; **~ prisoner,** carcharor(-ion) gwladol *m;* **~ religion,** crefydd(-au) swyddogol *f,* crefydd wladol (crefyddau gwladol), crefydd y wladwriaeth; **~ school,** ysgol wladol (ysgolion gwladol) *f;* **~ scholarship,** ysgoloriaeth wladol (ysgoloriaethau gwladol) *f;* **~ secret,** *(i)* cyfrinach wladol (cyfrinachau gwladol) *f; (ii) F:* cyfrinach fawr (cyfrinachau mawrion); **~ trial,** treial(-on) gwladol *m,* prawf (profion) gwladol *m; (b) (i) (= country, nation-state):* gwlad (gwledydd) *f,* gwladwriaeth(-au) *f;* **buffer ~,** gwladwriaeth ragod (gwladwriaethau rhagod), gwladwriaeth glustog (gwladwriaethau clustog); **isolated ~,** gwladwriaeth neilltuedig; **police ~,** gwladwriaeth heddlu, gwladwriaeth blismyn (gwladwriaethau plismyn); *(ii) (of the Church, America, Australia):* talaith (taleithiau) *f; attrib.* taleithiol, y dalaith; **the United States of America,** Unol Daleithiau America, yr Unol Daleithiau; **~ bank,** banc(-iau) taleithiol *m;* **~ prison,** carchar(-au) taleithiol *m; U.S:* **states' rights,** hawliau taleithiau; **S~'s attorney,** erlynydd(-ion) *(m)* y Dalaith; *U.S:* **to turn S~'s evidence,** tystio tros y Dalaith; **~ trooper,** milwr (milwyr) taleithiol *m,* milisiad (milisiaid) *m;* **~ university,** prifysgol daleithiol (prifysgolion taleithiol) *f,* prifysgol talaith. **~-aided** *a.* â chymorth gwladol, *F:* ar bwrs y wlad. **~-call** *n. F:* ymweliad(-au) swyddogol *m.* **~-controlled** *a.* dan reolaeth wladol, gwladoledig. **S~ Enrolled Nurse** *n.* Nyrs Gyflogedig (Nyrsys Cyflogedig) *(f)* y Wladwriaeth. **~-house** *n. U.S:* = **statehouse.** **~-managed** *a.* dan reolaeth wladol, dan reolaeth y wladwriaeth. **~-of-the-art** *attrib.* diweddaraf, mwyaf diweddar. **S~ Registered Nurse** *n.* Nyrs Gofrestredig (Nyrsus Cofrestredig).

state[2] *v.t.* **1.** *(a)* datgan, dweud, mynegi; **this condition was expressly stated,** mynegwyd yr amod hon yn groyw/eglur; **please ~ below,** byddwch cystal â datgan isod; datganwch isod os gwelwch yn dda; **as stated above,** fel y mynegwyd uchod; **it should also be stated that...,** dylid ychwanegu bod...; **I have stated my opinion,** yr wyf wedi mynegi/datgan fy marn; **he states positively that he heard it,** mae ef yn taeru/haeru iddo ei glywed; dywed yn bendant iddo ei glywed; **he is stated to have been found,** dywedir y daethpwyd o hyd iddo; cafwyd hyd iddo, meddir; **I have seen it stated that...,** gwelais ddweud/ ddatgan bod...; **she did not ~ why,** ni ddywedodd hi ddim paham; *Jur:* **to ~ the case,** datgan achos, *F:* cyflwyno achos, rhoi achos ger bron; *(b) (problem):* gosod, datgan. **2.** *(date, time):* pennu, gosod. **3.** *Mus: (theme &c):* datgan.

statecraft *n.* gwladweinyddiaeth *f,* gwladweinyddu *vn,* crefft *(f)* llywodraeth.

stated *a.* **1.** penodol, penodedig, a bennwyd, datganedig, dywededig. **2.** *(= claimed):* honedig; **as ~ above,** fel y dywedwyd uchod; **~ purpose of visit,** bwriad honedig ymweliad; **on ~ days,** ar ddyddiau penodol; **at ~ intervals,** ar adegau penodol; *Jur:* **case ~,** achos(-ion) datganedig *m.*

statedly *adv.* yn ôl yr honiad.

statehood *n. U.S:* statws *(m)* talaith; **to achieve ~,** dod yn dalaith, cyrraedd statws talaith.

statehouse *n. U.S:* sen|edd-dy *(m)* talaith (~-dai taleithiau).

stateless *a.* **1. ~ person,** rhn heb ddinasyddiaeth. **2. ~ nation,** cenedl heb wladwriaeth.

statelessness *n.* **1.** diffyg *(m)* dinasyddiaeth. **2.** diffyg gwladwriaeth.

stateliness *n.* urddas *m,* urddasoldeb *m.*

stately *a.* urddasol; **~ home,** plas(-au) *m,* plasty (plastai) *m.*

statement *n.* **1.** *(a) (of facts):* datganiad(-au) *m,* gosodiad(-au) *m,* mynegiad(-au) *m; Cmptr:* mynegiad; **official ~ to the press,** datganiad swyddogol i'r wasg; *Jur:* **~ of facts,** mynegiad/ datganiad ffeithiau; **to make/publish a ~,** gwneud datganiad; **preliminary ~,** blaenddatganiad(-au) *m; Jur:* **~ of claim,** hawleb(-au) *f,* mynegiad *(m)* o'r hawliad; **~ of defence,** diffynneb (diffynebion) *f.* **2.** *Com: Fin:* **~ of account, bank ~,** cyfriflen(-ni) *f,* adroddiad(-au) banc *m, F:* llythyr(-au) *(m)* banc; **financial ~,** datganiad ariannol; *Jur:* **completion ~,** cyfrif *(m)* cwblhau; **reconciliation ~,** cyfriflen *(f)* gysoni (cyfriflenni cysoni). **3.** *Mus:* datganiad. **~ number** *n. Cmptr:* rhif(-au) *(m)* mynegiad.

stater *n. Num:* stater(-au) *m.*

stateroom *n.* **1.** *(of palace):* ystafell swyddogol *f.* **2.** *Nau: O:* caban(-au) preifat/moethus *m.* **3.** *U.S: Rail:* ystafell *(f)* [gysgu] breifat (ystafelloedd [cysgu] preifat).

Stateside *a. & adv. U.S:* **1.** *a.* Americanaidd, o Am|erica. **2.** *adv.* yn America, o America, i America.

statesman *n.m.* gwladweinydd(-ion, gwladweinwyr); **elder ~,** gwladweinydd hŷn, hen wladweinydd; *Fig:* hynafgwr (hynafgwyr).

statesmanlike, statesmanly *a.* doeth, pwyllog, call, teilwng o wladweinydd, fel gwladweinydd, *occ:* gwladweinyddol.

statesmanship *n.* pwyll gwleidyddol *m,* doethineb gwleidyddol *m,* dawn *(f)* gwladweinydd, gwladweiniaeth *f,* gwladweinyddiaeth *f.*

stateswoman *n.f.* gwladweinyddes(-au).

statewide *adv. U.S:* dros dalaith gyfan, ledled talaith.

static *a.* **1.** *(population &c):* llonydd, sefydlog, disymud. **2.** *El: Ph: &c:* statig; **~ ataxia,** atacsia statig *m;* **~ electricity,** trydan statig *m; Rockets:* **~ firing,** tanio statig; *Av:* **~ line,** *(of parachute):* llinyn(-nau) cyswllt *m; Ph:* **~ machine,** peiriant (peiriannau) statig *m;* **~ pressure,** gwasgedd(-au) statig *m; Cmptr:* **~ store,** stôr (storau) statig *f;* **~ water,** dŵr llonydd *m,* merddwr *m,* marddwr *m.*

statically *adv.* yn llonydd *&c;* yn statig.

statice *n. Bot:* = **sea-lavender, thrift 2.**

statics *n.pl.* **1.** *Mec:* stateg *f.* **2.** *W.Tel:* ymyrraeth (ymyraethau) *f,* ymyriant (ymyriannau) *m,* statig *m.*

station[1] *n.* **1.** *(a) (= position):* safle(-oedd) *m,* lle(-oedd) *m,* lleoliad(-au) *m;* **to take up a ~,** mynd i'ch lle/safle; *Navy:* **action ~,** safle ymladd; *int.* **action stations!** *Nau:* pawb i'w le! *F: S:* siapa (siapwch) hi! *F: N:* styria (styriwch) hi! *(of ship):* **to be in ~,** bod yn ei safle/lle; *(of ship):* **to be out of ~,** bod oddi ar ei safle/lle; *(b) Mil:* gorsaf(-oedd) *f*, gwersyll(-oedd) *m*; **naval ~,** porthladd(-oedd) *m*; **ship on ~,** llong mewn porthladd; **coaling-~,** porthladd llwytho glo; **frontier ~,** gwersyll ar y ffin; **military ~,** gwersyll milwrol; **broadcasting ~,** gorsaf ddarlledu (gorsafoedd darlledu); **listening ~,** gorsaf wrando (gorsafoedd gwrando); **radio ~,** gorsaf radio; *(c) (in Australia): Agr:* **[sheep] ~,** fferm *(f)* ddefaid (ffermydd defaid); *(d)* **lifeboat ~,** gorsaf bad/cwch achub; *El.E:* **transformer ~,** gorsaf newidydd; *Hyd.E:* **pumping-~,** gorsaf bwmpio (gorsafoedd pwmpio); *Aut:* **service ~,** gorsaf betrol (gorsafoedd petrol), *F:* lle(-oedd) *(m)* petrol; **signal ~,** gorsaf rybuddio (gorsafoedd rhybuddio). **2.** *(= rank):* safle, statws *m*, *occ:* gradd(-au) *f*; **~ in life,** statws/safle cymdeithasol, gradd gymdeithasol; **to marry above/below one's ~,** priodi uwchlaw/islaw eich safle; **(men) of exalted ~,** (dynion) o statws uchel, mewn safleoedd pwysig, o uchel radd, o radd uchel; **to occupy a humble ~,** bod yn ddigon cyffredin, bod o isel radd; **the duties of his ~,** dyletswyddau ei safle/le mewn cymdeithas. **3.** *(a) Rail:* gorsaf, *F:* stesion(-s, stesiynau) *f*; **passenger ~,** gorsaf deithwyr (gorsafoedd teithwyr); **goods ~,** gorsaf nwyddau; *(b)* **bus ~,** gorsaf fysiau (gorsafoedd bysiau), *F:* lle bysus; **bus and coach ~,** gorsaf fysiau a choetsis; **cleaning ~,** gorsaf lanh|au (gorsafoedd glanh|au); **power ~,** gorsaf bŵer (gorsafoedd pŵer), pwerdy (pwerdai) *m*. **4.** *Ecc:* **the Stations of the Cross,** *(points):* Gorsafoedd/Safleoedd y Groes; *(service):* Ffordd *(f)* y Groes. **5.** *Surv:* safle. **6.** *Bot: Z:* cynefin(-oedd) *m*. **~-agent** *n. U.S:* gorsaf-feistr(-i) *m*. **~-bill** *n. Nau:* rhestr(-au) *(f)* safleoedd. **~ break** *n. W.Tel: U.S:* egwyl(-ion) *(f)* gorsaf. **~ bus** *n.* bws (bysiau) *(m)* gorsaf. **~ hand** *n.* gwas *(m)* ffarm/fferm (gweision ffarm/fferm/ffermydd). **~ hotel** *n.* gwesty *(m)* gorsaf. **~-house** *n.* **1.** *Rail:* tŷ *(m)* gorsaf (tai gorsafoedd). **2.** *U.S:* = **police-station.** **~-keeping** *vn. Nau:* cadw safle. **~ pointer** *n. Geom:* protractor(-au) *(m)* lleoli. **~ sergeant** *n.* rhingyll(-iaid) *(m)* gorsaf. **~ signal** *n. W.Tel: &c:* signal(-au) *(m)* gorsaf. **~-wagon** *n. Aut: U.S:* car (ceir) *(m)* ystâd.

station² *v.t.* gorsafu, lleoli (rhn); gosod/rhoi/dodi (rhn) mewn man/ lle/safle; **(a man) stationed at the door,** (dyn) yn sefyll wrth y drws, wedi ei osod wrth y drws; *Mil: Navy:* **to be stationed at a place,** gorsafu/ gwasanaethu mewn lle.

stational *a. R.C.Ch:* gorsafol.

stationarily *adv.* yn sefydlog, yn llonydd.

stationariness *n.* llonyddwch *m*, sefydlogrwydd *m*.

stationary *a.* **1.** sefydlog, llonydd, disymud, yn eich unfan, yn sefyll; **~ car,** car (ceir) *(m)* sy'n sefyll, car llonydd; **~ air,** *(in lungs):* awyr lonydd *f*; **~ diseases,** heintiau lleol. **2. ~ engine,** *(= fixed):* motor(-au) sefydlog *m*; **~ knife,** cyllell (cyllyll) sefydlog *f*; *Aeron:* **~ orbit,** cylchdro(-eon) sefydlog *m*; *Bac:* **~ phase,** gwedd ddigyfnewid (gweddau digyfnewid) *f*; **~ point,** pwynt(-iau) sefydlog *m*; **~ population,** poblogaeth sefydlog *f*; *Ph:* **~ state,** cyflwr (cyflyrau) llonydd *m*; **~ temperature,** tymheredd sefydlog/digyfnewid *m*; **~ troops,** milwyr sefydlog; **~ vibration/wave,** ton(-nau) unfan/sefydlog *f*.

stationer *n.* gwerthwr (gwerthwyr) *(m)* deunydd ysgrifennu, gwerthwr papurau/papurach, *Lit: occ:* safwerthwr (safwerthwyr) *m*; **~'s shop,** siop *(f)* bapur ysgrifennu (siopau papur ysgrifennu); **Stationers' Company,** Urdd *(f)* y Llyfrwerthwyr a'r Cyhoeddwyr, Cymdeithas *(f)* y Safwerthwyr; **Stationers' Hall,** Neuadd *(f)* y Safwerthwyr; **entered at Stationers' Hall,** cofrestredig.

stationery *n.* papur *(m)* ysgrifennu, deunydd (defnyddiau) *(m)* ysgrifennu, papurach *m*; *Cmptr:* **continuous ~,** papur di-dor; **fan-fold ~,** papur igam-ogam; **office ~,** papur/papurach swyddfa; **school ~,** papur/papurach ysgolion; **Her Majesty's S~ Office,** Llyfrfa *(f)* Ei Mawrhydi.

stationmaster *n.* gorsaf-feistr(-i) *m*.

statism *n. Pol:* gwladoliaeth *f*.

statist *n.* **1.** *Pol:* gwladoliaethwr (gwladoliaethwyr) *m*. **2.** = **statistician.**

statistic *a. & n.* **1.** *a.* ystadegol. **2.** *n.* ystadegyn (ystadegau) *m*.

statistical *a.* ystadegol.

statistically *adv.* yn ystadegol.

statistician *n.* ystadegwr: ystadegydd (ystadegwyr) *m*.

statistics *n.pl.* **1.** *(science):* ystadegaeth *f*; **inferential ~,** ystadegaeth gasgliadol. **2.** *(= data):* ystadegau *pl*; **descriptive ~,** ystadegau disgrifiol/disgrifiadol; **inductive ~,** ystadegau anwythol; **sampling ~,** ystadegau samplu; *(of woman):* **vital ~,** mesuriadau hollbwysig.

stative *a.* **1.** *(= fixed):* sefydlog. **2.** *Gram:* stadaidd.

statoblast *n.* st|atoblast (statoblastau) *m*.

statocyst *n. Biol:* st|atosyst (statosystau) *m*.

statolatry *n.* gwladaddoliaeth *f*.

statolith *n. Bio-Ch:* st|atolith (statolithau) *m*.

stator *n. El:* stator(-au) *m*.

statoscope *n. Ph:* st|atosgop (statosgopau) *m*.

statuary *a. & n.* **1.** *a.* cerfluniol; **~ art,** cerfluniaeth *f*. **2.** *n.* *(a) (pers.):* cerflunydd: cerfluniwr (cerflunwyr) *m*, cerfl|unwraig (cerflunwragedd) *f*; *(b) (art):* cerfluniaeth, cerflunio *vn*; *(c) Coll: (= statues):* cerfluniau *pl*.

statue *n.* cerflun(-iau) *m*, *occ:* delw(-au) *f*, cerfddelw(-au) *f*; **like a ~,** fel delw [gerfiedig].

statuesque *a.* lluniaidd, urddasol.

statuesquely *adv.* yn lluniaidd *&c*.

statuesqueness *n.* lluni|eidd-dra *m*, urddas *m*.

statuette *n.* cerflun(-iau) bach *m*, delw fechan (delwau bychain) *f*, *occ:* cerfddelw fach (cerfddelwau bach) *f*, delwan(-au) *f*.

stature *n.* **1.** *(= height):* taldra *m*, corffolaeth *f*; *(of town):* maintioli *m*; **short of ~,** byr/bychan [o gorffolaeth]; *B:* **a vine of low ~,** gwinwydden isel o dwf; *B:* **the Sabeans, men of ~,** y Sabeaid hirion. **2.** *(= eminence):* bri *m*, statws *m*.

status *n.* statws *m*, safle(-oedd) *m*; **of humble/lowly ~,** distadl, dinod; **achieved ~,** statws a gyflawnwyd; **ascribed ~,** statws a bennwyd; **functional ~,** statws swyddogaethol. **~ consistency** *n.* cysondeb *(m)* statws. **~ discrepancy, ~ inconsistency** *n.* anghysondeb *(m)* statws. **~ group** *n.* grŵp (grwpiau) *(m)* statws. **~-set** *n.* set(-iau) *(f)* statws. **~ symbol** *n.* symbol(-au) *(m)* statws. **~ system** *n.* system(-au) *(f)* statws. **~ word** *n. Cmptr:* cyflyrair (cyflyreiriau) *m*.

status quo *n.* y sefyllfa bresennol *f*, y sefyllfa fel [ag] y mae, y sefyllfa sydd ohoni, y ***status quo*** *m*. **~ ~ ante** *n.* y sefyllfa flaenorol/gynt.

statutable *a.* [y]statudol.

statute *n.* **1.** *Jur:* [y]statud(-au) *f*, *occ:* deddf(-au) *f*; *B:* **teach me thy statutes,** dysg imi dy ddeddfau; **statutes at large,** [y]statudau cyfan/gwreiddiol; **S~ of Enrolment,** Statud Cofrestrad; **the S~ of Limitations,** Statud y Cyfyngiadau; **S~ of Mortmain,** Statud Mortmain; *W.Hist:* **S~ of Rhuddlan,** Statud Rhuddlan; **S~ of Uses,** Statud Dibenion; *Hist:* **S~ of Westminster,** Statud Westminster; **S~ of Banishment,** Statud Alltudiaeth. **2.** *(of university &c):* [y]statud. **3.** *attrib.* [y]statud, [y]statudol; **~ mile,** milltir(-oedd) [y]statudol. **~-barred** *a. Jur:* gwaharddedig trwy [y]statud. **~-book** *n.* llyfr(-au) *(m)* [y]statud[au], deddflyfr(-au) *m*, llyfr deddfau, cyfreithlyfr(-au) *m*; **on the ~-book,** yn y llyfr deddfau/[y]statudau, yn gyfraith gwlad. **~-law** *n.* cyfraith (cyfreithiau) *(f)* [y]statud. **~-merchant** *n. Hist:* [y]statud y marsiandwyr. **~-roll** *n.* rhôl (rholiau) *(f)* [y]statudau. **~-staple** *n. Hist:* [y]statud y stapl.

statutorily *adv.* yn [y]statudol.

statutory *a.* [y]statudol, cyfreithiol; **~ holiday,** gŵyl gyhoeddus (gwyliau cyhoeddus) *f*; **breach of ~ duty,** tor-dyletswydd [y]statudol *m*.

staunch¹ *a.* **1.** *(pers.):* cadarn, cywir, ffyddlon, teyrngar *(pronounced* ng-g), cyson, pur, diysgog, disyfl, pybyr, *F:* stansh. **2.** *(ship):* diddos, dwrglos, stansh, nad yw'n gollwng; *(joint):* sownd, tyn[n], diogel, stansh.

staunch² *v.t.* = **stanch³.**

staunchly *adv.* yn gadarn *&c*.

staunchness *n.* **1.** cadernid *m*, pybyrwch *m*, ffyddlondeb *m*, stanshrwydd *m*. **2.** *(= watertightness):* diddosrwydd *m*, stanshrwydd; *(of joint):* tyndra *m*, stanshrwydd.

staurolite *n. Miner:* croesfaen (croesfeini) *m*, st|awrolit (stawrolitau) *m*.

staurolitic *a. Miner:* croesfaenol, stawrolitig.

stauroscope *n. Opt:* st|awrosgop (stawrosgopau) *m*.

stave¹ *n.* **1.** *(a) Coop:* **barrel ~,** erwydden (erwydd, erwyddi) *(f)* casgen; *(b) (= stick):* ffon (ffyn) *f*; *(c) (of ladder):* ffon; *(of a chair):* asen(-nau) *f*. **2.** *(= stanza):* pennill (penillion) *m*. **3.** *Mus:* erwydden, erwydd(-i) *m*, erwyddfa (erwyddfâu) *f*, ffon gerdd (ffyn cerdd); **treble ~,** erwydden y trebl. **~-rhyme** *n.* cyflythreniad *m*, cyseinedd *m*.

stave² *v.t. Coop:* gosod/rhoi/dodi erwydd ar gasgen. **~ in** *v.t.*

(cask, boat): dryllio, tyllu, malu (rhth); torri twll (yn rhth); *(hat, box):* tolcio, pantio (rhth). **~ off** *v.t.* **to ~ sth off, to ~ off sth,** ymladd, osg|oi, gochel (rhth); cadw (rhth) draw; *Lit: occ:* datr|oi (rhth).

staves *n.pl. See* **staff[1] 1, stave[1]**.

stavesacre *n. Bot: (Delphinium staphisagria):* [y]sbardun (*m*) y marchog, troed (*f*) yr ehedydd, tafod (*m*) yr ehedydd, lleulys *m*, llysiau(*pl*)'r llau, llewyg (*m*) y llau, poerllys *m*.

stay[1] *n.* **1.** *(= sojourn):* arhosiad (arosiadau) *m*, arhosfa (arosf|eydd) *f*, aros *vn.* **2.** *(a) Lit: (= restraint):* rhwystr(-au) *m*, ataliad(-au) *m*, llestair (llesteiriau) *m*, ataliaeth(-au) *f*, atalfa (atalf|eydd) *f*; **he will endure no ~,** ni chymer mo'i rwystro/ lesteirio; *(b) Jur:* ataliad; **~ of proceedings,** ataliad ar achos; **~ of execution [of judgement],** atal (*vn*) gweithrediad, atal barngyflawniad (*pronounced* ng-g). **3.** *U.S:* **= staying power.**

stay[2] *v.i.&t.* I. *v.i.* **1.** *A: (a) (= stop):* aros, sefyll; *(b) (as imp.):* **~!** aros (arhoswch)! saf (sefwch)! **2.** *(a) (= wait):* aros, *S:* sefyll, *N.W: occ:* arhosyd; **to ~ put,** aros yn eich unfan, aros lle 'rydych chi; **~ there!** *(i)* aros lle'r wyt ti (arhoswch lle 'rydych chi)! *(ii) (to dog):* saf draw! *S:* saf bant! **to ~ at arm's length,** cadw hyd braich; **to ~ at home,** aros gartref, *S:* sefyll gartref; **to ~ in bed,** aros yn y gwely, *S:* sefyll yn y gwely; **to ~ to/for dinner,** aros i ginio, aros i gael cinio, *S:* sefyll i ginio, sefyll i gael cinio; **this custom has come to ~,** mae'r arfer wedi ennill ei blwyf; **to ~ at a hotel,** aros/lletya mewn gwesty, *S:* sefyll mewn gwesty; **it will not ~ where it is put; it will not ~ put,** ni wnaiff aros yn ei le; ni wnaiff aros yn llonydd; **it will not ~ clean,** nid yw'n cadw'n lân. **3.** *Rac:* **he was not able to ~,** ni allodd redeg yr holl ffordd; **to ~ the course,** rhedeg y ras, rhedeg yr yrfa; **he can ~ three miles,** gall ef redeg/bara tair milltir. II. *v.t. O:* **1.** *(= halt):* atal, rhwystro, llesteirio, *N.W:* nadu, *Lit: occ:* llestair; **to ~ s.o.'s hand,** atal llaw rhn; **to ~ one's hand,** atal eich llaw, ymatal. **2.** *Jur &c: (decision):* atal, gohirio, oedi; **to ~ the proceedings,** atal yr achos, atal y prawf. **3. to ~ hunger,** torri newyn, *S:* torri gwylder. **~ away** *v.i.* aros/cadw draw, bod yn absennol, *N:* aros i ffwrdd, *S:* aros bant; **~ in** *v.i.* **1.** aros gartref, aros/sefyll yn y tŷ. **2.** *Sch: (in detention):* aros ar ôl. **~-in strike** *n.* streic (*f*) feddiannu (streiciau meddiannu). **~ on** *v.i.* aros [yn eich blaen], parh|au, *S:* sefyll ymlaen. **~ out** *v.i.* aros allan, aros o'r tŷ, *S:* sefyll mas. **~ up** *v.i.* aros/bod ar eich traed [yn hwyr], *S:* sefyll ar eich traed; **to ~ up at night,** bod ar eich traed y nos; **to ~ up by the fire,** cadw gŵyl bentan. **~-at-home** *n.* un (rhai) cartrefol/ diantur/difenter/digychwyn, un gartrefol/ddiantur/ddifenter/ ddigychwyn, un nad yw'n mynd o olwg y mwg, un hoff o'i gartref/chartref.

stay[3] *n.* **1.** *(a) (= support):* cynhaliaeth *f*, cynheiliad (cynheiliaid) *m*; *(b) Const: Mec.E:* ateg(-ion,-au) *f*, cynhalbost (cynhalbyst) *m*, atecbost (atecbyst) *m*, cynheiliad. **2.** *(= brace, tie):* craff(-au) *m*, cramp(-iau) *m.* **3.** *pl. Cost:* staes(-ys) *m*, corsed(-au) *m*, *Lit: occ:* gwasgrwym(-au) *m.* **~-bar** *n.* atalfar(-rau) *m.* **~-lace** *n. Cost:* llinyn(-nau) (*m*) staes. **~-maker** *n.* cors|edwraig (corsedwragedd) *f*, corsedwr (corsedwyr) *m.* **~-rod** *n.* rhoden (*f*) gynnal (rhodenni cynnal). **~-stitch** *n. Needlew:* pwyth(-au) (*m*) cynnal. **~-stitching** *vn. Needlew:* pwythau (*pl*) cynnal.

stay[4] *v.t. (= prop up):* cynnal, ategu, bwtresu (rhth), cadw/ cynnal (rhth) ar ei draed; dal (rhth) i fyny; dal (rhth) ar ei draed; *S:* dal (rhth) lan.

stay[5] *n.* **1.** *(= guy):* ategraff(-au) *f*, tynraff(-au) *f*, dalraff(-au) *f*, rhaff (*f*) dynh|au (rhaffau tynh|au). **2.** *(of ship):* **to be/hang in stays,** newid tac; **to be slack in stays,** tacio'n araf; **to go about in stays,** newid tac; **to miss stays,** methu newid tac, methu tacio. **~-rope** *n.* ategraff, dalraff.

stay[6] *v.t.* **1.** *(mast, pole):* ategu, cynnal, sadio. **2.** *Nau:* **to ~ a ship,** *abs.* **to ~,** tacio i'r gwynt.

stayer *n. Sp:* rhedwr (rhedwyr) dygn *m*, dyfalbarhäwr (dyfalbarhawyr) *m*; *Rac: F:* **he's a terrible ~,** mae'n un gwael am gychwyn; 'does dim saf ynddo.

staying[1] *vn.* **= stay[1],[2].** **~-power** *n.* dyfalbarhad *m*, dyfalwch *m*, saf *m*, dycnwch *m*.

staying[2] *n. (= support):* cynhaliaeth *f*.

staysail *n. Nau:* stae-hwyl(-iau) *f*, ateg-hwyl(-iau) *f*, hwyl(-iau) (*f*) ateg.

stead *n.* **1. to stand s.o. in good ~,** bod o fantais/fudd/les i rn, bod yn fanteisiol/fuddiol/llesol i rn; **it will stand us in good ~,** bydd yn dda inni wrtho. **2. in s.o.'s ~,** yn lle rhn, ar ran rhn; **(to act) in s.o.'s ~,** (gweithredu) dros rn, yn lle rhn, ar ran rhn; dirprwyo dros rn, cynrychioli rhn.

steadfast *a.* cadarn (cedyrn), pybyr, diysgog, dygn, disyflyd, di-syfl, sicr, diwyro, diwyrni, *Lit:* dihafarch; **with a ~ gaze,** gan syllu'n ddiwyro/ ddihafarch.

steadfastly *adv.* yn gadarn *&c.*

steadfastness *n.* dycnwch *m*, cadernid *m*, pybyrwch *m*, dianwadalwch *m*, diysgogrwydd *m*, *Lit: occ:* diwyrnawd *m*; **~ of purpose,** dyfalwch *m*, dycnwch *m*, dygnwch *m*, dyfalbarhad *m*, gwastadrwydd (*m*) amcan.

steadier *n.* sadiwr (sadwyr) *m*.

steadily *adv.* **1. to walk ~,** cerdded yn ddi-sigl/ddiwyro; **to look ~ at s.o.,** syllu'n ddiwyro ar rn. **2.** *(= gradually):* o dipyn i beth, fesul tipyn, bob yn dipyn, yn gyson, yn raddol; **his health grows ~ worse,** mae'n mynd i lawr yr allt bob yn dipyn; mae'n gwaethygu'n araf; mae'n graddol ddirywio. **3. to work ~ (at sth),** dygnu arni, dyfalbarh|au, gweithio'n ddyfal/ddygn/ ddiwyd, *occ:* dyfal doncio (ar rth). **4. to behave/live ~,** ymddwyn yn bwyllog/gall, byw'n bwyllog/gall.

steadiness *n.* **1.** *(= firmness):* diysgogrwydded *m*, disigledd *m*, sadrwydd *m*, cadernid *m*; **~ of hand,** sadrwydd llaw; **~ of gaze,** trem ddiwyro *f*, uniondeb (*m*) trem/edrychiad. **2.** *(= perseverance):* dyfalbarhad *m*, diwydrwydd *m*, dycnwch *m*, dygnwch *m*. **3.** *(of prices &c):* sefydlogrwydd *m*, sadrwydd. **4.** *(of pers.):* gwastadrwydd *m*, cysondeb *m*, dianwadalwch *m*.

steading *n. Scot:* **= farm[1]**.

steady[1] *a., adv. & n.* I. *a.* **1.** *(= firm):* di-sigl, cadarn (cedyrn), sad, disyflyd, diysgog, *Lit:* diymod, *S.E:* ffurum, *S.W:* ffyrm, *N.W:* styrdi; *(cause, advance, gaze):* diwyro, diwyrni; **to make a table ~,** sadio bwrdd/bord, gwneud bwrdd/bord yn sad; **to keep ~,** aros/bod yn llonydd, aros yn eich unfan, peidio â symud/syflyd; **to have a ~ hand,** bod â llaw sad/ddi-sigl/gadarn; **as ~ as a rock,** cadarn fel y graig; **a ~ eye,** llygad diwyro; **a ~ hand,** llaw ddi-sigl/gadarn; **a ~ step,** cam di-sigl/sicr; *Equit: &c:* **he has a ~ seat,** mae'n eistedd yn sad/ddi-sigl; **a horse ~ under fire,** ceffyl sy'n dawel/ddiysgog pan fo tanio; **a ship ~ in a sea,** llong ddi-sigl/sad. **2.** *(= regular):* cyson, rheolaidd, gwastad, gwastadol; **to play a ~ game,** chwarae gêm gyson; **~ barometer,** baromedr(-au) llonydd *m*; **~ pace,** camre/cyflymdra cyson *m*; **~ progress,** cynnydd cyson/di-dor *m*; **~ trot,** tuth(-iau) cyson *m*, tuthfa gyson *f*; **~ pulse,** curiad(-au) cyson *m*; *Ph:* **~ state,** cyflwr sefydlog *m*; **~ weather,** tywydd sefydlog *m*; **~ wind,** gwynt cyson *m*; **a ~ downpour,** glaw cyson/di-baid *m*; *Com:* **~ demand for sth,** galw cyson am rth; *(worker)* cyson, dyfal, diwyd. *(pers.):* gwastad, cyson, dibynadwy, *N.W:* stansh; **to become ~,** sadio, dod at eich coed, *N.W:* stansio, sufulo. II. *adv.* *(a)* **~ on! ~!** gan bwyll! araf deg! dal(-iwch) arni! aros (arhoswch) am funud! *(b) Nau:* **~ [the helm]! keep her ~! ~ as she goes!** ymlaen gan bwyll! dal(-iwch) i fynd! dal ymlaen! *Sp:* **ready, ~, [go]!** yn barod, gan bwyll, [ewch]! *F:* **to go ~,** canlyn yn selog/gyson, caru'n selog/gyson, *S:* caru'n stanch/dyn[n]/ffluwch. III. *n.* *(a) Art: &c: (for hand &c):* sadiwr (sadwyr) *m*, pwysfan(-nau) *m*. **fixed ~,** sadiwr disymud; **moving ~,** sadiwr symudol; *(b) F: (= boyfriend, girlfriend):* cariad(-on) *mf*. **~-going** *a.* dibynadwy, *N.W:* gwastad.

steady[2] *v.t.&i.* **1.** *v.t.* sadio, sefydlogi; **to ~ a chair-leg,** sadio coes cadair; **to ~ one's hand,** sadio'ch llaw; **to ~ oneself against sth,** pwyso yn erbyn rhth, pwyso ar rth, rhoi'ch pwys ar rth; **to ~ the running of a machine,** rheoli/cysoni rhediad peiriant; **to ~ one's nerves,** tawelu'ch nerfau; *(wild young man &c):* pwyllo, sadio, callio (rhn); dod (â rhn) at ei goed; **adversity will ~ him,** daw adfyd ag ef at ei goed. **2.** *v.i.* sadio, llonyddu, ymlonyddu. **~ down 1.** *v.t.* **= steady[2] 1.** *(b).* **2.** *v.i. (of market &c):* sadio, tawelu, ymdawelu; *(of young man):* ymbwyllo, callio, dod at eich coed *&c.*

steak *n.* stêc: stecen (steciau, stêcs) *f*, *Lit:* golwyth(-on) *m*; **buttock ~,** stecen ffolen, stecen gloren (stêcs cloren); **fillet ~,** stecen ffiled; **rump ~, = steak (buttock)**; **shoulder ~,** stecen balfais (stêcs palfais); **sirloin ~,** stecen syrlwyn/arlwyn; **T-bone ~,** stecen ar y asgwrn; **pork ~,** golwyth/stêc/stecen o borc, *S.W:* llygoden (llygod) *f*, cwningen *f*, cwningen fach, *S.E:* gwythïen wen *f*. **~ house** *n.* stecdy (stecdai) *m*, *F:* stecws *m*, *Lit:* golwythdy (golwythdai) *m*. **~ knife** *n.* cyllell (cyllyll) (*f*) stêc. **~ [and kidney] pie** *n.* pastai (pasteiod) (*f*) stêc [a 'lwlod].

steal[1] *n. U.S:* **1.** = **theft. 2.** *F:* **it was a ~,** *(= easy):* 'roedd yn hawdd; *(= bargain):* 'roedd yn rhodd *(f)*/fargen *(f)*.

steal[2] *v.t.&i.* **1.** *v.t.* *(a) (sth from s.o.):* dwyn, lladrata, *F:* dwgyd, bachu, *S.W:* dwgid, dwgin, sgleman, sgwlca, sgwlcan, *S.E:* sbilo, sloco, sgwlcan (rhth oddi ar rn); *N.W:* **don't ~!** cadw dy fodiau! *(b)* **to ~ away s.o.'s heart,** dwyn/cipio calon rhn; *F:* **to ~ a few hours from one's work,** lladrata ychydig oriau o'ch gwaith; *(c)* **to ~ a glance at s.o.,** ciledrych ar rn, bwrw cipolwg ar rn; **to ~ a nap,** hepian, cael cyntun; *(d)* **to ~ a march on s.o.,** achub y blaen ar rn; *(e)* **to ~ s.o.'s thunder,** dwyn clodydd rhn; **to ~ the show/limelight,** dwyn yr holl sylw. **2.** *v.i.* **to ~ away,** sleifio/llithro/ymlithro ymaith, mynd ymaith yn llechwraidd/lladradaidd; **to ~ in,** dod i mewn yn lladradaidd/llechwraidd, ymlithro/llithro/sleifio i mewn; **to ~ along,** sleifio mynd, mynd yn llechwraidd/lladradaidd, ymlithro; **a smile stole across her lips,** llithrodd/ymlithrodd/sleifiodd gwên ar draws ei hwyneb; **the years ~ by,** mae'r blynyddoedd yn treiglo/llithro heibio; **to ~ upon s.o. unawares,** sleifio/llithro at rn yn ddiarwybod iddo.

stealer *n.* **1.** = **thief. 2.** *Lit:* **by these pickers and stealers,** tyst o'r lladron hyn.

stealing[1] *a.* yn lladrata/dwyn, lladronllyd.

stealing[2] *vn. & n.pl.* **1.** *vn.* lladrad(-au) *m*, lladrata, dwyn; **~ by finding,** lladrad trwy ddarganfod. **2.** *n.pl. U.S:* *(= stolen goods):* pethau wedi eu dwyn, nwyddau lladrad, nwyddau wedi eu dwyn.

stealth *n.* = **stealthiness; by ~,** yn lladradaidd, yn ddistaw bach, yn llechwraidd, yn y dirgel.

stealthily *adv.* yn llechwraidd, yn lladradaidd, *occ:* o lech i lwyn.

stealthiness *n.* lladradeiddiwch *m*.

stealthy *a.* llechwraidd, lladradaidd.

steam *n. Lit:* ager *m*, *F:* stêm *m*; *(on windows &c):* *S.W:* anwedd *m*, *N:* anger *m* (*pronounced* ng-g); **to work by ~,** gweithio ar ager; *Rail:* **to get up ~, to raise ~,** codi stêm, *Lit:* codi ager; *Fig:* magu stêm, dechrau gwylltio/corddi; **to keep up ~,** cynnal stêm/ager; **~ is up,** mae'r stêm yn codi; **to run out of ~,** *(of engine):* colli stêm, diffygio; *(of plan):* diffygio, chwythu plwc, mynd i'r gwellt; **under one's own ~,** ar eich liwt eich hun, ar eich pen eich hun, heb gymorth neb arall; **to let/blow off ~,** *(i) (of engine):* gollwng stêm/ager; *(ii) (surplus energy):* gollwng stêm; *(iii) (in anger):* bwrw/lluchio/taflu cylchau, gwylltio'n lân/gacwn/gaclwm; **engine under ~,** injan lawn stêm/ager; **to put on full ~, to make all ~,** mynd cyn gynted ag y gellir, mynd ar garlam gwyllt, tanio arni, prysuro ymlaen; **at full ~,** ar garlam gwyllt, ar frys gwyllt, ar garlam ulw, cyn gynted ag y gellir; **the train went on at full ~,** aeth y trên ymlaen nerth ei olwynion; *Nau:* **full ~ ahead!** ymlaen ar frys! tân arni! **the ship proceeded under its own ~,** aeth y llong ymlaen yn ei phwysau ei hunan. **~-bath** *n. Lit:* baddon(-au) *(m)* ager, *F:* bath(-s) *(m)* stêm. **~ beer** *n. U.S:* cwrw *(m)* stêm. **~ bending** *vn. Carp:* agerblygu, plygu drwy stêm. **~-boiler** *n.* boeler(-i) *(m)* ager, bwyler(-i) *(m)* ager, boeler/bwyler stêm. **~-box, ~-chamber, ~-chest** *n. Mch: Lit:* cist(-iau) *(f)* ager, agergist(-iau) *f*, *F:* bocs(-ys) *(m)* stêm. **~-coal** *n.* glo rhydd *m*, glo ager/stêm. **~-cock** *n.* tap(-iau) *(m)* ager/stêm. **~-crane** *n.* craen(-iau) *(m)* ager/stêm. **~-cylinder** *n.* silindr(-au) *(m)* ager/stêm. **~-distillation** *n.* distyllu *(vn)* ag ager, distylliad *(m)* ag ager. **~-driven** *a.* a yrrir gan ager/stêm, yn mynd/gweithio/rhedeg ar stêm, ager-yredig. **~ drum** *n.* drwm (drymiau) *(m)* ager/stêm. **~-engine** *n. Lit:* peiriant (peiriannau) *(m)* ager, ager-beiriant (~-beiriannau) *m*, *F:* injan(-s) *(f)* stêm. **~ fitter** *n.* plymer(-iaid) *(m)* stêm. **~ fitting** *n.* plymio *(vn)* stêm. **~-gauge** *n.* mesurydd(-ion) *(m)* ager, *F:* cloc(-iau) *(m)* stêm. **~-hammer** *n.* gordd (gyrdd) *(f)* ager/stêm, morthwyl(-ion) *(m)* ager, ager-forthwyl(-ion) *m*, *F:* morthwyl stêm. **~-heat** *n.* **1.** gwres *(m)* ager. **2.** *F:* gwres llethol *m*. **~-heating** *vn.* twymo/cynhesu/gwresogi ag ager, agerdwymo. **~ iron** *n.* haearn (heyrn) *(m)* [smwddio] stêm. **~-jacket** *n. Mch:* siaced(-i) *(f)* ager. **~ navvy** *n.* = **steam shovel. ~-organ** *n. Mus:* organ(-au) *(f)* ager/stêm. **~ point** *n. Ph:* agerbwynt *m*. **~-port** *n.* twll (tyllau) *(m)* ager. **~-power** *n.* grym *(m)* ager. **~ pressure** *n.* gwasgedd *(m)* ager. **~ radio** *n.* radio *(f)* sain, radio stêm, *F:* y w|eirles *f*. **~-room** *n.* ystafell(-oedd) *(f)* ager/stêm. **~-shovel** *n.* cloddiwr (cloddwyr) *(m)* ager/stêm, *F:* jac(-s) *(m)* codi baw [stêm]. **~ table** *n.* bwrdd (byrddau) *(m)* ager/stêm. **~-tight** *a.* yn dal ager/stêm, stemglos, agerglos. **~ train** *n.* trên (trenau) *(m)* ager/stêm. **~ tug** *n.* tynfad(-au) *(m)* ager/stêm. **~ turbine** *n.* tyrbin(-au) *(m)* ager/stêm. **~ whistle** *n.* chwisl(-au) *(f)* ager/stêm.

steam[2] *v.t.&i.* **1.** *v.t.* stemio, stemian; **to ~ open an envelope,** stemio amlen i'w hagor, agor amlen â stêm. **2.** *v.i.* *(a)* stemio, stemian, *occ:* mygu, *S:* mwgu; **the kettle is steaming on the hob,** mae'r tegell yn stemian ar y pentan; **horses steaming with sweat,** ceffylau a'u chwys yn codi'n darth, ceffylau'n tarthu mwg; *(b)* **to ~ ahead,** *(i)* mynd yn eich blaen, symud ymlaen; *(ii) Fig:* *(= make progress):* gwn|eud cynnydd cyflym, cymryd camau breision; **the train steamed away/off,** cychwynnodd y trên; **the ship steamed out of port,** hwyliodd y llong o'r porthladd; **to ~ at ten knots,** hwylio ddeng milltir [fôr] yr awr; **we can only ~ with one boiler,** fedrwn ni ddim mynd ond ar un bwyler. **~ up 1.** *v.i. Rail:* codi stêm. **2.** *v.t.* **my glasses were steamed up,** 'roedd stêm/anwedd/anger ar fy sbectol; 'roedd fy sbectol yn stêm i gyd; 'roedd fy sbectol wedi stemio; **the window was steamed up,** 'roedd stêm/anger/anwedd ar y ffenestr; 'roedd y ffenestr wedi stemio i gyd. **3.** *F:* **to get steamed up,** cynhyrfu, gwylltio, mynd o'ch cof, mynd yn benwan, *S:* mynd i natur.

steamboat *n.* agerfad(-au) *m*, agerlong(-au) *f*; *Arch:* **~ Gothic,** Gothig *(m)* agerfad.

steamed *a.* wedi [ei] stemio; **~ pudding,** pwdin *(m)* wedi ei stemio. **~-up** *a.* cynhyrflyd, cynhyrfus, wedi cynhyrfu, mewn cynnwrf, *f:* mewn stêm; **to get all ~ up,** cynhyrfu'n lân.

steamer *n.* **1.** = **steamship; packet ~,** pacedlong(-au) *f*. **2.** *Cu:* sosban (sosbenni) *(f)* stemio. **3.** = **steam-box. ~ rug** *n. U.S:* carthen *(f)* deithio (carthenni teithio).

steamily *adv.* **1.** yn agerog. **2.** *Fig:* yn angerddol/chwilboeth *&c.*

steaminess *n.* **1.** *(of room, air):* natur agerog *f*, ager *m*, stêm *m*. **2.** *Fig:* *(of novel, love-scene):* angerdd *m*, chwilboethder *m*, eiriasedd *m*.

steampipe *n.* peipen (peipiau) *(f)* ager/stêm.

steamroll *v.t.* = **steamroller**[2].

steamroller[1] *n. Civ.E:* rholer(-i) *(m)* metlin, stêm-roler(-i) *fm*, *S.E:* injan(-s) *(f)* ffordd, *Lit: Joc:* agerdreiglydd(-ion) *m*.

steamroller[2] *v.t.* **1.** *Civ.E:* gwastatáu/rholio. **2.** *Fig:* **to ~ the opposition,** mathru'r gwrthwynebiad dan draed; **to ~ a bill through Parliament,** hyrddio/gwthio/gorfodi mesur trwy'r Senedd.

steamship *n.* agerlong(-au) *f*, *F:* stemar(-s) *f*.

steamy *a.* **1.** *(atmosphere):* agerog, agerddog, yn ager/anger (*pronounced* ng-g) i gyd, llawn ager, *F:* llawn stêm, stemlyd, stemllyd, stemiog, llaith, tawchlyd, tarthog. **2.** *F:* *(novel, love-scene &c):* angerddol, chwilboeth, eiriasboeth, eirias, eiriasol, purboeth.

steapsin *n. Bio-Ch:* steapsin *m*.

stearate *n. Bio-Ch:* st|earad (stearadau) *m*.

stearic *a. Bio-Ch:* stearig.

stearin[e] *n. Bio-Ch:* st|earin *m*.

stearoptene *n. Bio-Ch:* stearopten *m*.

steatite *n. Miner:* sebonfaen (sebonfeini) *m*.

steatitic *a. Miner:* sebonfeinig.

steatolysis *n. Path:* steat|olysis *m*.

steatoma *n. Med:* gwergranc(-od) *m*.

steatopygia *n.* bondewdra *m*.

steatopygic, steatopygous *a.* ffolennog, bontinog, tinfawr, tindrwm (*f.* tindrom, *pl.* tindrymion), bondew(-ion).

steatorrhoea *n. Med:* steatorrhea *m*.

steed *n. Lit:* march (meirch) *m*, ceffyl(-au) *m*, cadfarch (cadfeirch) *m*.

steedless *a.* heb farch/geffyl, di-farch, digeffyl.

steel[1] *n.* **1.** *Metall:* dur(-oedd) *m*; **alloy ~,** dur aloi; **bar ~,** bar(-iau) *(m)* dur; **black mild ~,** dur meddal du; **blister ~,** dur pothell; **bright drawn mild ~,** dur meddal gwyn wedi'i dynnu; **high carbon ~,** dur carbon uchel; **cast ~,** dur bwrw, *F: occ:* castîl *m*; **cold-drawn ~,** dur oer-dynnu; **crucible ~,** dur crwsibl; **heat resisting ~,** dur g|wrthwres; **high-speed ~,** dur cyflym; **medium ~,** dur cymedrol; **mild/low/soft ~,** dur meddal; **pressed ~,** dur gwasgedig; **rolled ~,** dur gyrru; **silver ~,** dur arian; **spring ~,** dur hydwyth/hyblyg; **stainless ~,** dur gloyw/di-staen/gwrthstaen; **tungsten ~,** dur twngsten/tyngsten; *F:* **grip of ~,** gafael gadarn/ddurol *f*; **heart of ~,** calon galed/ddurol, *Lit: occ:* calon ddurfing *f*. **2.** *Lit:* *(= sword &c):* cleddyf(-au) *m*, cledd(-yfau) *m*, cleddau (cleddyfau) *m*, durgledd(-au) *m*; **to fight with cold ~,** ymladd â chledd/chleddyf/chleddyfau/dur; **give the enemy a**

taste of cold ~, rhowch flas y bidog i'r gelyn. **3.** *(a) (for sharpening knives):* duryn(-nau) *(m)* hogi, hogdduryn(-nau) *m*; *(b) (to strike fire):* duren(-nau) *f*, duryn; **flint and ~,** callestr a duryn. **4.** *(of corset):* stilen (stîls) *f*. **~ band** *n. Mus:* band(-iau) *(m)* dur. **~ bath** *n.* baddon(-au) *(m)* dur. **~-blue** *a. & n.* llwydlas (llwydleision) *(m)*, glaslwyd(-ion) *(m)*. **~-chased** *a.* durgrwydr, dur-rwyllog. **~-clad** *a.* **1.** *(ship &c):* durgaenog, dan orchudd dur. **2.** *(knight &c):* llurigog, mewn durwisg. **~-engraved** *a.* ysgythredig ar ddur. **~-engraver** *n.* ysgythrwr (ysgythrwyr) *(m)* ar ddur. **~ engraving 1.** *vn.* ysgythru ar ddur, engrafio *(pronounced* ng-g) ar ddur. **2.** *n.* ysgythriad(-au) *(m)* ar ddur, engrafiad(-au) *(m)* ar ddur. **~-faced** *a.* durwynebog. **~-grey** *a. & n.* = **steel-blue. ~ guitar** *n.* gitâr *(f)* ddur (gitarau dur). **~-hearted** *a.* â chalon ddur/ddurol/galed, calon-galed. **~-plate** *n.* plât (platiau) *(m)* dur. **~-plated** *a.* duredig, duriog, durgaenog, wedi ei ddurio, durblatiog, â phlât dur. **~ wool** *n.* gwlân *(m)* dur.

steel[2] *v.t.* **1.** *(= cover with steel):* durio; **to ~[-face] a copper plate,** gorchuddio plât copr â dur, durwynebu plât copr. **2.** *Fig:* **to ~ oneself, to ~ one's heart (to do sth),** ymgaledu, ymwroli, eich gorfodi'ch hun, magu calon, magu digon o galon (i wneud rhth); **to ~ oneself (against sth),** ymgaledu, ymwroli, ymwregysu (i wynebu rhth, rhag rhth); **selfishness had steeled his heart,** caledwyd ei galon gan hunanoldeb.

steelhead *n. Ich:* brithyll(-od,-iaid) *(m)* arian.

steeliness *n.* **1.** *(= hardness):* caledwch *m*, gwydnwch *m*, gwytnwch *m*. **2.** *(of gaze, character):* caledwch, llymder *m*, llymdra *m*.

steelwork *n.* **1.** durwaith *m*, pethau dur *pl.* **2.** *pl.* **steelworks,** gwaith (gweithiau, gweithf|eydd) *(m)* dur.

steelworker *n.* gweithiwr (gweithwyr) *(m)* [gwaith] dur.

steely *a.* **1.** durol, duraidd, duriog, durog. **2.** *F: (gaze &c):* caled, llym *(f.* llem, *pl.* llymion), didostur, haearnaidd, *Lit: occ:* durfing.

steelyard *n.* stiliwns *m*, stiliard *m*, *Lit:* durlath(-au) *f*, durllath(-au) *f*, pwyslath(-au) *f*.

steenbok *n. Z:* gafrewig(-od) *(f)* y Penrhyn, |antelop (antelopiaid) *(m)* y Penrhyn.

steening *n.* cerrig *(pl)* ffynnon.

steenkirk *n. A: Cost:* crafat(-iau) *mf*, necloth(-s) *m*.

steep[1] *a. & n.* **1.** *a. (a)* serth, *N:* syth; *(b) F:* **that's a bit ~!** mae hynny'n ormod/ormodol/afresymol! mae hynny y tu hwnt i bob rheswm! **~ price,** crocbris(-iau) *m*; **~ story,** stori (storïau) anghredadwy/anhygoel *f*. **2.** *n.* llethr(-au) *f*, llechwedd(-i) *fm*, rhiw(-iau) *f*, *S.W:* rhipyn *m*, gwared *m*, gwerbyn *m*, *S:* tylc(-au) *m*. **~-sided** *a. Geog:* llethrog, serthochrog, ag ochrau serth.

steep[2] *n. Ind:* gwlych *m*, mwyd *m*; **to put sth in ~,** dodi/rhoi rhth yng ngwlych *or* yn wlych *or* mewn dŵr, ystwytho/mwydo rhth.

steep[3] *v.t.&i.* **1.** *v.t.* *(a)* mwydo, gwlychu, trochi, trwytho, hydrwytho (rhth); rhoi/dodi (rhth) yng ngwlych *or* yn wlych; *F: S:* soco, *N:* socian, *F:* **he was steeped in drink,** 'roedd wedi ei biclo mewn diod *or* yn y ddiod; **scholar steeped in the classics,** ysgolhaig wedi ei drwytho yn y clasuron; **steeped in ignorance,** llawn anwybodaeth, mewn anwybodaeth fawr/lwyr/ddybryd; **steeped in prejudice,** llawn rhagfarnau, yn uwd o ragfarn; **~ in piety,** duwiol, duwiolfrydig. **2.** *v.i. (of soiled linen &c):* mwydo, bod yng ngwlych, *N: F:* socian, *S: F:* soco; *(of tea):* mwydo, ystwytho, ffrwytho, bwrw ffrwyth.

steepen *v.i.&t.* **1.** *v.i.* *(a) (of road &c):* mynd yn serthach, *N:* mynd yn sythach, sythu; *(b) (of prices):* codi, mynd yn ddrutach. **2.** *v.t. (prices, tax):* codi, cynyddu.

steeper *n.* llestr(-i) *(m)* trwytho/mwydo, padell *(f)* drwytho (pedyll/padellli trwytho).

steeping *n.* mwydiad(-au) *m*, troch[i]ad(-au) *m*, trwythiad(-au) *m*, soc[i]ad(-au) *m*; *vn.* = **steep[3]**.

steeple[1] *n.* tŵr *(m)* eglwys (tyrau eglwysi), clochdy (clochdai) *m*, *occ:* meindwr (meindyrau) *m*, pigdwr (pigdyrau) *m*. **~-crowned** *a.* pigfain; **~-crowned hat,** het bigfain (hetiau pigfain), het gorun hir (hetiau corun hir), het gopa hir (hetiau copa hir), het gopa dal (hetiau copa tal), het gopa uchel (hetiau copa uchel). **~-top** *n. Z:* = **bowhead.**

steeple[2] *v.t.* **to ~ one's fingers,** rhoi'ch/dodi'ch bysedd at ei gilydd.

steeplebush *n. Bot: (Spiraea tomentosa):* erwaint gwlanog *m*.

steeplechase[1] *n.* **1.** *Rac:* ras *(f)* geffylau (rasys ceffylau) ar draws gwlad, ras o fan i fan, ras *(f)* ffos a pherth. **2.** *(foot-race):* ras ar draws gwlad.

steeplechase[2] *v.i.* rasio ar draws gwlad, rasio [dros] ffos a pherth.

steeplechaser *n. Rac:* rasiwr (raswyr) *(m)* ffos a pherth.

steeplechasing *vn.* rasio [dros] ffos a pherth.

steepled *a.* meindyrog, pigdyrog.

steeplejack *n.* simneiwr (simneiwyr) *m*.

steeply *adv.* yn serth.

steepness *n.* serthrwydd *m*.

steer[1] *v.t.* llywio; **to ~ by the wind,** llywio yn ôl y gwynt, llywio gyda'r gwynt; **to ~ the course,** llywio'r/cyfeirio'r hynt; **to ~ north,** llywio/cyfeirio/mynd tua'r gogledd; **to ~ [one's course] for…,** llywio/cyfeirio/mynd i…, anelu am…; **to ~ a middle course,** torri llwybr canol; **to ~ clear of sth,** peidio â mynd ar gyfyl rhth, osg|oi rhth, cadw'n glir o rth, ymgadw rhag rhth, cadw draw rhag rhth; *(with passive force):* **ship that steers well,** llong sy'n hawdd ei llywio; **the ship refused to ~,** ni chymerai'r llong mo'i llywio; nid ufuddhâi'r llong i'r llyw.

steer[2] *n. Husb:* bustach (bustych) *m*, *occ:* eidion(-au) *m*.

steer[3] *n. U.S: F:* **a bum ~,** syniad(-au) gwael *m*, awgrym(-iadau) gwael *m*; *F:* **to sell/give s.o. a bum ~,** camarwain rhn.

steerable *a.* llywiadwy.

steerage *n.* **1.** *Nau: A:* **to travel ~,** teithio yn y trydydd dosbarth, teithio yn y dosbarth rhataf. **2.** llywio *vn*, llywiad(-au) *m*. **~-way** *n.* blaen *m*, cyflymdra *(m)* llywio; **to gain ~-way,** ennill blaen.

steerer *n.* llywiwr (ll|yw-wyr) *m*.

steering *vn.* llywio. **~-column** *n. Aut:* colofn *(f)* llyw (colofnau llywiau), colofn lywio (colofnau llywio). **~ committee** *n.* pwyllgor(-au) *(m)* llywio. **~-compass** *n.* cwmpawd (cwmpodau) *(m)* llywio. **~-engine** *n. Nau:* injan *(f)* lywio (injans llywio) **~-gear** *n.* gêr *(m)* llywio. **~-knuckle** *n. Aut:* cymal(-au) *(m)* llywio. **~-lock, ~-radius** *n. Aut:* cylch(-oedd) *(m)* troi, cwmpas(-au) *(m)* troi. **~-wheel** *n.* **1.** *(a) Nau:* llyw(-iau) *m*; *(b) Aut:* llyw, olwyn *(f)* lywio (olwynion llywio). **2.** *Cy:* olwyn flaen (olwynion blaen).

steersman *n.m.* **1.** *Nau:* llywiwr (ll|yw-wyr). **2.** *(= driver):* gyrrwr (gyrwyr).

steeve[1] *n. Nau: (= angle of bowsprit):* goleddf *m*, osgo *m*.

steeve[2] *v.t.&i. Nau:* goleddfu.

steeve[3] *n. Nau: (= spar):* polyn (polion) *(m)* pacio.

steeve[4] *v.t. Nau:* pacio (rhth) yn dyn[n].

stegosaur *n. Z:* st|egosor (stegosoriaid) *m*.

steilwand *n.* llethr *(f)* ddisgyrchiant (llethrau disgyrchiant).

stein *n.* **1.** *(= mug):* mwg (mygiau) *m*, *S.W:* damper(-i) *m*. **2.** *(= mugful):* mygaid (mygeidiau) *m*, llond *(m)* mwg/damper.

steinbock *n.* = **ibex, steenbok.**

stela *n.* = **stele 2.**

stele *n.* **1.** *Bot:* stel(-au) *m*. **2.** *Archeol:* llech(-au,-i) *f*, coflech(-au) *f*, maen (meini) *(m)* coffa.

stell *n.* sianel welltog (sianeli gwelltog) *f*.

stellar *a. Astr:* serol, **~ evolution,** esblygiad *(m)* y sêr.

stellarator *n. Ph:* stelaradur(-on) *m*.

stellate *a. Nat.Hist:* serennaidd, pelydraidd; *(leaves):* troellog.

stelliferous *a.* serog, serennog.

stelliform *a.* serennaidd, serffurf, serenffurf, ar ffurf sêr/seren, fel seren.

Stellite *n. R.t.m:* Stelit *m*.

stellular *a.* serennog, serenigog.

stem[1] *n.* **1.** *(a) (of plant, flower, fruit &c):* coes(-au) *f*, coesyn(-nau) *m*, coesen(-nau) *f*, coesgyn(-nau,-ion) *m*, coesgen(-nau) *f*, *Lit: occ:* paladr (pelydr) *m*; **underground ~,** rhisom(-au) *m*, gwreiddgyff(-ion) *m*; *(b) (of tree):* boncyff(-ion) *m*. **2.** *(a) (of glass, valve, pipe, crane):* coes(-au) *mf*; *(of watch):* tolyn (tolion) *m*; *(b) Mus: (of note):* coes; *(c) (= upstroke of letter):* braich (breichiau) *f*. **3.** *(a) (of family):* llinach *f*, cyff *m*; *(b) (of word):* bôn: bonyn (bonion) *m*. **4.** *N.Arch:* blaen *(m)* llong (blaenau llongau); **cutwater ~,** troed (traed) *(f)* torddwr; **from ~ to stern,** o'r naill ben i'r llall, benbwygilydd, o un pen i'r llall. **~ cell** *n. Bot:* cell *(f)* fonyn (celloedd bonyn), bôn-gell(-oedd) *f*. **~ rust** *n. Husb: Fung:* rhwd *(m)* coesgynnau. **~ stitch** *n.* pwyth(-au) *(m)* conyn. **~-winder, ~-winding watch** *n.* watsh *(f)* dolyn (watshis tolyn).

stem[2] *v.t.&i.* **1.** *v.t. (grapes, leaves):* tynnu/torri coesau (rhth). **2.** *v.i.* **to ~ from sth,** deillio/tarddu o rth.

stem³ *v.t.&i.* **1.** *v.t.* *(tide, stream, epidemic &c):* atal, rhwystro. **2.** *v.t.* *(joint, hole):* cau, llenwi, stansio. **3.** *v.i.* *Ski:* troi ar eich sawdl. **~-turn** *n.* *Ski:* tro(-eon) *(m)* ar y sawdl.
stemhead *n.* *N.Arch:* pen(-nau) blaen *m.*
stemless *a.* heb goes, di-goes, digoes.
stemlet *n.* coesyn(-nau) *m,* coesig(-au,-ion) *f.*
stemlike *a.* coesynnaidd.
stemma *n.* **1.** *(= family tree):* llinach *f,* disgyniad *m.* **2.** *Z:* *(= eye):* llygad (llygaid) syml *m.*
stemmed *a.* *(flowers, glass &c):* â choes/choesyn, coesog; **long ~,** â choes/choesyn hir, hirgoes; **short-~,** byrgoes; **thick ~,** â choes/choesyn tew/praff, coesbraff; **slender/thin-~,** coesfain, meingoes *(pronounced* ng-g).
stemmer *n.* pliciwr (plicwyr) *m.*
stemple *n.* *Min:* croesfar(-rau) *m.*
stemson *n.* *N.Arch:* stemson(-au) *m.*
stemware *n.* gwydrau coesog *pl.*
Sten *n.* **~ gun,** gwn (gynnau)) *(m)* Sten.
stench *n.* drewdod *m,* drewi *vn,* *Lit: occ:* drycsawr *m,* *N.W: occ:* rhenc *m.* **~-pipe** *n.* peipen *(f)* ddrewdod (peipiau drewdod). **~-trap** *n.* trap(-iau) *(m)* drewdod.
stencil¹ *n.* stensil(-[i]au) *m.* **~-brush** *n.* brwsh(-is) *(m)* stensil. **~-paper** *n.* papur(-au) *(m)* stensil. **~-plate** *n.* plât (platiau) *(m)* stensil.
stencil² *v.t.* stensilio.
stencilled *a.* stensil[i]edig.
stenciller *n.* stensil[i]wr (stensilwyr) *m.*
Stendhalian *a. & n.* *Lit:* **1.** *a.* Stendhalaidd. **2.** *n.* Stendhaliad (Stendhaliaid) *m&f.*
steno *n.* *U.S:* **= stenographer.**
stenobathic *a.* *Oc:* stenobathig.
stenochromy *n.* stenocromeg *f.*
stenograph¹ *n.* st|enograff (stenograffau) *m.*
stenograph² *v.t.* ysgrifennu (rhth) mewn llaw-fer, stenograffu.
stenographer *n.* ysgrifennwr (ysgrifenwyr) *(m)* llaw-fer, ysgrif|enwraig *(f)* llaw-fer, stenograffydd(-ion) *m.*
stenographic[al] *a.* mewn llaw-fer, stenograffig.
stenographically *adv.* mewn llaw-fer, yn stenograffig.
stenographist *n.* **= stenographer.**
stenography *n.* llaw-fer *f,* stenograffeg *f.*
stenohaline *a.* stenohalaidd.
stenopetalous *a.* *Bot:* culbetalog.
stenophagous *a.* *Z:* stenoffagus.
stenophyllous *a.* *Bot:* culddail, culddeiliog.
stenosed *a.* *Med:* crebachlyd, culach, meinach, stenotig.
stenosis *n.* *Med:* crebachiad(-au) *m,* culhad *m,* meinhad *m,* stenosis(-au) *m.*
stenotherm *n.* *Oc:* st|enotherm (stenothermau) *m.*
stenothermal *a.* *Oc:* stenothermol.
stenotic *a.* *Med:* stenotig, crebachlyd, meinhaol, culhaol.
stenotopic *a.* *Z:* stenotopig.
stenotype¹ *n.* **1.** *(type):* st|enoteip (stenoteipiau) *m.* **2.** *(machine):* stenoteipiadur(-on) *m.*
stenotype² *v.t.* stenoteipio.
stenotypist *n.* stenoteipydd(-ion) *m.*
stenotypy *n.* llaw-fer *f,* stenoteipio *vn.*
stenter *n.* **= tenter¹.**
stentor *n.* **1.** *(= shouter):* bloeddiwr (bloeddwyr) *m.* **2.** *Z:* stentor(-iaid) *m;* **~ [monkey],** stentor, mwnci (mwncïod) *(m)* stentor.
stentorian *a.* stentoraidd, byddarol.
step¹ *n.* **1.** cam(-au) *m,* *Lit: occ:* camre *m* *(not* camrau); **to take a ~,** cymryd cam, rhoi cam, *occ:* estyn cam; **did you hear a ~?** a glywsoch chi sŵn [troed]? **I know her ~,** 'rwy'n adnabod ei cherddediad hi; 'rwy'n adnabod sŵn ei throed hi; **to take a ~ back,** camu'n ôl, cymryd cam yn ôl; **to turn/bend one's steps (towards...),** cyfeirio'ch camau, mynd, cerdded, *Lit:* cyfeirio'ch camre (tua...); **~ by ~,** o gam i gam, fesul cam, o ris i ris, gam wrth gam, gam a cham, bob yn gam, yn raddol, o dipyn i beth, gan bwyll, fesul tipyn; **~ by ~ guide to learning Welsh,** canllaw dysgu Cymraeg bob yn gam; **(to fall back) ~ by ~,** (cilio) o gam i gam, fesul cam *&c;* **to retrace one's steps,** mynd yn eich ôl; **within a ~ of the house,** o fewn cam i'r tŷ; **it is a good ~,** mae'n dipyn o ffordd/daith/siwrnai; *N: F:* mae'n stepan; mae'n dipyn o step; *S.W:* mae'n daith ddiogel; **that is a great ~ forward,** mae hynny'n gam mawr ymlaen; *F:* **to tread in the steps of s.o.,** dilyn camre rhn, dilyn yng nghamre rhn, dilyn ôl troed/traed rhn; **in his steps,** yn ôl ei draed, yn ei gamre; *F:* **to watch/mind one's ~,** bod yn ofalus, gwylio ar eich cam/camre/cerddediad/troed, camu'n ofalus. **2.** *(a)* *Mil:* **quick ~,** cam cyflym; **at a quick ~,** yn gyflym, â cham cyflym; **to keep in ~,** cydgamu; **to fall into ~,** cydgamu, *Fig:* cydymffurfio; *F:* **to be out of ~,** bod yn wahanol, bod allan ohoni; *Mil:* **to break ~,** torri camre; *Fig:* **to be in ~ with sth,** bod yn gydnaws/gydweddol â rhth, cydweddu â rhth; **to be out of ~ with sth,** bod yn anghydwedd/anghydnaws â rhth; *(b)* *El.E:* **alternators in ~,** eiliaduron cydweddog; *(c)* *Mus:* step(-iau) *f;* **heel and toe ~,** step sawdl a bawd; **polka ~,** step bolca; **skip ~,** step sgip; **slip ~,** step slip; **Strathspey ~,** step Strathspey; **waltz ~,** step walts; *(d)* *Cmptr:* **internal ~,** cam mewnol. **3.** *(= procedure):* cam(-au) *m,* *Lit: occ:* camre *m;* **to take a rash ~,** cymryd cam ffôl, bod yn fyrbwyll, troedio'n wyllt/fyrbwyll, gwn|eud (rhth) yn eich cyfer, rhuthro heb edrych; **if you take such a ~,** os troediwch chi'r llwybr hwnnw, os gwnewch hynny, os cymerwch y cam hwnnw, a'ch bod yn gwneud y fath beth; **to take the necessary steps,** cymryd y camau angenrheidiol, gwneud yr hyn sydd raid; **to take steps (to do sth),** parat|oi, cymryd camau (i wneud rhth); **it was a ~ in the wrong direction,** 'roedd yn gam gwag. **4.** *(a)* *(of stair):* gris(-iau) *m,* grisyn (grisiau) *m,* *S:* staer(-au) *f,* staeren (staerau) *f;* **flight of steps,** rhes *(f)* o risiau; *(b)* *(of ladder):* ffon (ffyn) *f;* *(c)* *(of vehicle):* step(-iau) *f,* stepen (stepiau) *f;* *(d)* *(of door):* carreg *(f)* drws (cerrig drysau), stepen drws, trothwy(-au,-on) *m.* **5. [pair/set of folding] steps,** ysgol ddwbl (ysgolion dwbl) *f,* ysgol risiau (ysgolion grisiau), ysgol blygu (ysgolion plygu), ysgol gau (ysgolion cau), *F:* steps(-iau) *f.* **6. steps of a key,** dannedd allwedd. **7.** *Mus:* *(between two adjacent scale degrees):* cyfwng (cyfyngau) *m.* **8.** *Nau: Carp: Mec.E:* *(of mast):* gwadn(-au) *fm,* step(-iau) *f,* gris(-iau) *m,* soced(-au,-i) *mf.* **9.** *Min:* *(in coal):* *S.E:* censh *mf;* **to make ~,** torri censh; **three stepped cutting,** censh tair; **to straighten ~,** codi cramp. **~ bearing, ~ box** *n.* *Mec.E:* beryn(-nau) isaf *m,* beryn gwadn. **~ cone** *n.* côn (conau) grisiog *m.* **~ cost** *n.* *Com:* cost *(f)* gamau. **~-cut** *a.* *(gem):* grisdoredig. **~-cutting** *vn.* grisdoriad *m,* grisdorri. **~ counter** *n.* *Cmptr:* rhifydd(-ion) *(m)* camau. **~-dance** *n.* dawns(-iau) *(f)* stepiau/stepio. **~ gable** *n.* talcen(-nau) grisiog *m.* **~-ladder** *n.* **= step¹ 5. ~ rocket** *n.* roced(-i) adrannog *f.* **~ stool** *n.* stôl *(f)* step (stolion stepiau). **~ turn** *n.* *Ski:* tro(-eon) *(m)* camu.
step² *v.i.&t.* **I.** *v.i.* camu, troedio, cerdded, mynd; **~ out,** camu allan/mas; *(= stride):* brasgamu; **~ short,** cerdded yn fân ac yn fuan; **to high ~,** *(of horse):* camu'n uchel, trotian, codi carnau; **~ this way!** dewch y ffordd yma! dilynwch fi! **to ~ through a dance,** troedio dawns; **to ~ into the breach,** camu i'r bwlch; **to ~ into s.o.'s shoes,** dod yn lle rhn. **II.** *v.t.* **1.** *(a)* **to ~ [off, out] a distance,** mesur pellter â chamau, camu pellter; *(b)* **to ~ a minuet,** troedio/dawnsio min[i]wét; *F:* **to ~ it (with s.o.),** ei throedio hi, dawnsio (gyda rhn). **2.** *(= arrange in steps):* grisio. **3.** *Nau:* *(mast):* gosod/dodi/rhoi hwylbren [ar ei draed/wadn]. **~ across 1.** *v.i.* dod drosodd, croesi. **2.** *v.t.* croesi (rhth), mynd (dros rth). **~ aside** *v.i.* camu/mynd o'r neilltu, camu i'r naill ochr. **~ back** *v.i.* camu'n ôl, camu yn eich ôl, cilio. **~ down 1.** *v.i.* disgyn, dod i lawr; **to ~ down from office,** rhoi'r gorau i swydd, ymddiswyddo. **2.** *v.t.* *(a)* *El.E:* **to ~ down the current/voltage,** gostwng/lleih|au cerrynt/foltedd; *(b)* *Mec.E:* **to ~ down a gear,** lleihau gêr. **~-down transformer** *n.* gostyngwr (gostyngwyr) *m,* newidydd (newidwyr) *(m)* gostwng. **~ forward** *v.i.* camu ymlaen. **~ in** *v.i.* **1.** mynd/camu i mewn; *(into bus &c):* esgyn (i rth). **2.** *F:* *(= intervene):* ymyrryd, dod i mewn. **~-in** *n.* *Cost:* *(= undergarment):* dilledyn (dillad) isaf *m.* **~ into** *v.i.* **1. to ~ into a room,** mynd i ystafell. **2.** *Fig:* **to ~ into a fortune,** cael/ennill ffortiwn, dod i ffortiwn. **~ off** *v.i.* *(a)* *Danc:* **to ~ off with the left foot,** cychwyn â'r droed chwith; *(b)* *(from bus, car &c):* disgyn, dod allan, dod i lawr, *S:* dod mas. **~ on** *v.t.* **1.** sathru, troedio, sengi, sangu (ar rth); damsang, *S:* damshil, damshel, damsgen, damsgan (rhth); *U.S:* **to ~ on the gas, to ~ on it,** *Aut:* taranu mynd, mynd fel mellten, mynd fel cath i gythraul, rhoi'ch troed i lawr; *int.* **~ on it!** tân arni! *N.W: occ:* ceirch iddi! *S:* glou! **to ~ on the brake,** rhoi troed ar y brêc. **2.** *Nau:* **to ~ on board,** mynd/esgyn ar long, mynd/esgyn ar fwrdd llong. **~ out** *v.i.* **1.** *(from car &c):* disgyn, dod allan/mas (o gar). **2.** *(=*

stride): brasgamu, *S.E: (of horse):* cyrraedd i'w garn. **3.** *Fig:* **to ~ out [socially],** cymdeithasu, mynd allan/mas. **~-off place** *n.* arhosfan (arosfannau) *mf.* **~ over** *v.i.* **1.** camu, cerdded (dros rth). **2. to ~ over to s.o.'s house,** mynd draw i dŷ rhn, *N.W: F:* picio draw i dŷ rhn; **would you mind stepping over?** a ddewch chi drosodd, os gwelwch yn dda? **~ up 1.** *v.i. (a)* camu/mynd i fyny, *S:* mynd lan; *(b)* **to ~ up to s.o.,** mynd at rn. **2.** *v.t. El.E:* **to ~ up a current,** codi/cynyddu/grymuso cerrynt; **to ~ up pressure,** cynyddu/dwysáu pwysau. **~-up transformer** *n.* newidydd(-ion) *(m)* codi, cynyddwr (cynyddwyr) *m.*

stepbrother *n.* llysfrawd (llysfrodyr) *m.*

stepchild *n.* llysblentyn (llysblant) *m.*

stepdame *n. A:* **= stepmother.**

stepdaughter *n.* llysferch(-ed) *f.*

stepfather *n.* llystad(-au) *m, N:* tad gwyn (tadau gwynion) *m.*

stephanite *n. Geol:* st|effanit *m.*

stephanotis *n. Bot:* steffanotis(-au) *m.*

Stephen *Pr.n.m.* Steffan; *F:* **it's even-Stephen[s],** mae'n gyfartal.

stepladder *n.* **= step[1] 5.**

stepmother *n.* llysfam(-au) *f, N:* mam wen (mamau gwyn/gwynion) *f.*

stepmotherly *adv.* fel llysfam, llysfamol.

step-parent *n.* llys-riant (~-rieni) *m; S.a.* **stepfather, stepmother.**

steppe *n. Ph: Geog:* gwastatir(-oedd) diffaith *m,* paith (peithiau) *m,* stepdir(-oedd) *m.* **~ eagle** *n. Orn:* **= eagle (tawny). ~ soil** *n.* stepbridd(-oedd) *m.*

stepped *a.* grisiog; *Geog:* **~ cliff,** gris-glogwyn(-i) *m; Mec.E:* **~ gear/gearing,** geriad grisiog *m.* **~-up** *a.* dwysach, cryfach, grymusach.

stepper *n.* camwr (camwyr) *m; (horse):* tuthiwr (tuthwyr) *m.*

stepping *vn.* camu. **~-stone** *n.* **1.** carreg (cerrig) *(f)* sarn, carreg ryd (cerrig rhyd); **~-stones,** cerrig stepiau, sarn(-au) *f.* **2.** *Fig:* **to take a post as a ~-stone to a better position,** cymryd swydd fel cam i swydd well, *F:* cael eich troed ar y grisyn isaf. **~-switch** *n. El:* codwr (codwyr) *m,* switsh(-is) *(m)* codi.

stepsister *n.* llyschwaer (llyschwiorydd) *f.*

stepson *n.* llysfab (llysfeibion) *m.*

stepwise *adv.* yn risiog.

steradian *n. Geom:* steradian(-au) *m.*

stercolith *n. Med:* tomfaen (tomfeini) *m,* tomgarreg (tomgerrig) *f.*

stercoraceous *a.* **= stercoral.**

stercoral *a.* bisweiliog, tomlyd.

stercoricolous *a.* tomdrig.

sterculia *n. Bot:* coeden (coed) *(f)* stercwlia. **~ gum** *n.* glud *(m)* stercwlia.

sterculiaceous *a. Bot:* stercwliaidd.

stere *n. Meas:* stêr (sterau) *m,* metr(-au) ciwbig *m.*

stereo *a.* & *n.* **1.** *a.* stereoffonig. **2.** *n.* stereo(-s) *f.*

stereobate *n. Arch:* sylfaen (sylfeini) *f,* sail (seiliau) *f,* grwndwal(-au) *m,* st|ereobat (stereobatau) *m.*

stereobatic *a. Arch:* stereobatig.

stereochemistry *n.* stereocemeg *f.*

stereochrome[1] *n.* st|ereocrom (stereocromau) *m.*

stereochrome[2] *v.t.* stereocromio.

stereochromic *a.* stereocromig.

stereochromically *adv.* yn stereocromig.

stereochromy *n.* stereocromi *m.*

stereogram *n.* st|ereogram (stereogramau) *m.*

stereograph *n.* st|ereograff (stereograffau) *m.*

stereographic[al] *a.* stereograffig.

stereographically *adv.* yn stereograffig.

stereography *n. Geom:* stere|ograffi *m.*

stereoisomer *n. Ch:* stereo|isomer (stereoisomerau) *m.*

stereoisomeric *a. Ch:* stereoisomerig.

stereoisomerism *n. Ch:* stereoisomeredd *m.*

stereologic[al] *a.* stereolegol.

stereologically *adv.* yn stereolegol.

stereology *n.* stereoleg *f.*

stereometric[al] *a.* stereometrig.

stereometry *n.* stereometreg *f.*

stereomicroscope *n.* stereom|icrosgop (stereomicrosgopau) *m.*

stereomicroscopic *a.* stereomicrosgopig.

stereomicroscopically *adv.* yn stereomicrosgopig.

stereophonic *a.* stereoffonig.

stereophonically *adv.* yn stereoffonig.

stereophotograph *n.* stereoff|otograff (stereoffotograffau) *m.*

stereophotographic *a.* stereoffotograffig.

stereophotography *n.* stereoffotograffeg *f.*

stereopsis *n. Physiol:* stereopsis *m.*

stereopticon *n.* stere|opticon (stereopticonau) *m.*

stereoregular *a.* stereoreolaidd.

stereoregularity *n.* stereoreoleiddiwch *m.*

stereoscope *n.* st|ereosgop (stereosgopau) *m.*

stereoscopic[al] *a.* stereosgopig.

stereoscopically *adv.* yn stereosgopig.

stereoscopist *n.* stereosgopydd(-ion) *m.*

stereoscopy *n.* stere|osgopi *m.*

stereospecific *a.* stereosbesiffig.

stereospecifically *adv.* yn stereosbesiffig.

stereospecificity *n.* stereosbesiffigedd *m.*

stereotactic[al] *a.* stereotactig.

stereotape *n.* st|ereotap (stereotapiau) *m.*

stereotaxis *n.* stereotacsis *m.*

stereotropism *n.* stereotropedd(-au) *m.*

stereotype[1] *n.* st|ereoteip (stereoteipiau) *m.*

stereotype[2] *v.t.* stereoteipio.

stereotyped *a.* stereoteipiedig; *F:* **~ phrase,** ystrydeb(-au) *f.*

stereotyper *n.* stereoteipydd(-ion) *m.*

stereotypic[al] *a.* ystrydebol.

stereotypy *n.* stereoteipio *vn.*

stereum *n. Fung:* **hairy ~,** ysgwydd flewog (ysgwyddau blewog) *f.*

steric *a. Ch:* sterig.

sterigma *n. Fung:* sterigma(-ta, sterigmâu) *m.*

sterilant *n.* sterilydd(-ion) *m.*

sterile *a.* **1.** *Biol: &c:* anffrwythlon, diffrwyth; *(man, woman):* amhlantadwy. **2.** *Bac: Surg:* aseptig, diheintiedig, di-haint, sterilaidd. **3.** *Fig: (efforts &c):* ofer, seithug, diffrwyth, diwerth, di-fudd.

sterilely *adv.* yn ddiffrwyth *&c;* yn ofer *&c.*

sterility *n.* **1.** *Biol: &c:* anffrwythlonder *m,* anffrwythlonedd *m,* diffrwythder *m.* **2.** *Bac:* aseptigrwydd *m,* sterileiddiwch *m.* **3.** *Fig: (of efforts):* oferedd *m,* seithugrwydd *m.*

sterilization *n.* **1.** *Biol: (of animal, human):* anffrwythloni *vn,* diffrwytho *vn,* sterileiddio *vn,* sterileiddiad(-au) *m.* **2.** *Bac:* diheintio *vn,* diheintiad(-au) *m,* sterileiddio *vn,* sterileddiad(-au) *m.*

sterilize *v.t.* **1.** *Biol:* anffrwythloni, diffrwytho, sterileiddio. **2.** *Bac:* diheintio, sterileiddio.

sterilized *a.* **1.** *Biol:* anffrwythlon, diffrwythedig, sterileiddiedig. **2.** *Bac:* aseptig, diheintiedig, di-haint, sterileiddiedig.

sterilizer *n.* diheintydd(-ion) *m,* sterilydd(-ion) *m.*

sterilizing *a.* diheintiol, sterileiddiol.

sterlet *n. Ich:* sterled(-iaid) *m,* corstyrsiwn (corstyrsiynau) *m.*

sterling *a.* & *n.* I. *a.* **1.** *(= genuine, pure):* dilys, pur, coeth. **2.** **pound ~,** punt (punnoedd) *(f)* sterling. **3.** *Fig: (= solid, worthy):* solet, diledryw, rhagorol, arddorchog, gwych, gwiw, glew, p|enigamp, penig|amp; **he's a ~ fellow,** mae'n un glew; mae'n ddyn/fachgen rhagorol; mae'n gymeriad gwiw; mae'n un o ragorolion y ddaear; *S:* mae e'n fachan piwr; *S.W:* mae e'n fachan i ryfeddu. **4.** *(= made of sterling silver):* arian; **~ cutlery,** cyllyll a ffyrc *(pl)* arian. II. *n.* sterling *m,* y bunt *f.* **~ area** *n.* ardal *(f)* sterling, ardal y bunt. **~ balance** *n.* daliant (daliannau) *(m)* sterling.

sterlingness *n.* **1.** *(= genuinity):* dilysrwydd *m.* **2.** *Fig:* soletrwydd *m,* rhagoroldeb *m.*

stern[1] *a.* llym *(f.* llem, *pl.* llymion), caled (celyd), chwyrn, di-ildio, *S.W:* cas; **~ necessity,** dygn angen *m,* taer angen; **the sterner sex,** y rhyw galed *f,* gwryw(-od) *m;* **~ warning,** rhybudd(-ion) llym *m;* **~ times,** cyfnod(-au) caled *m,* caledi *m.*

stern[2] *n.* **1.** *Nau:* starn(-au) *f,* pen-ôl *(m)* cwch/bad *(f)* (penolau cychod/ badau), *F:* tin *(f)* cwch/bad (tinau cychod/badau); *(of ship):* **(to sink) ~ foremost, ~ first,** (suddo) wysg ei phen ôl, wysg ei starn, *F:* wysg ei thin; **to anchor by the ~,** angori wrth/gerfydd y starn; **to be [down] by the ~,** bod yn isel wrth y starn. **2.** *(a) F: & Joc:* pen-ôl, *S:* part(-iau) ôl *m,* crwper(-au) *m, V:* tin(-au) *f; (b) Ven: (of hound):* cynffon(-nau) *f, S:* cwt(-au, cytau) *f.* **~-chase** *n. Nau:* ras(-ys) *(f)* starn, starn-ras(-ys) *f.* **~-chaser** *n. Nau:* canon(-au) *(m)* starn, starn-ganon(-au) *m.* **~-fast** *n. Nau:* rhaff(-au) *(f)* starn, starnraff(-au) *f.* **~-foremost**

adv. wysg y starn. **~-light** *n. Nau:* golau (goleuadau) (*m*) starn. **~-oar** *n.* rhwyf(-au) (*f*) starn. **~-post** *n. Nau:* starnbost (starnbyst) *m.* **~-sheets** *n.pl. Nau:* rhan ôl *f*, seti ôl. **~-wheel** *attrib.* [a yrrir gan] olwyn rodli. **~-wheeler** *n.* stemar (*f*) rodli (stemars rhodli), llong (*f*) rodli (llongau rhodli), cwch (cychod) (*m*) rhodli, bad(-au) (*m*) rhodli.
sternal *a. Anat:* sternol.
sterned *a. Nau:* starnog, â starn.
sternly *adv.* yn llym *&c.*
sternmost *a.* olaf, nesaf i'r starn.
sternness *n.* llymder *m*, llymdra *m*, chwyrnder *m*, chwyrndra *m*, caledwch *m*, gerwinder *m*, gerwindeb *m*.
sternum *n.* sternwm (sterna) *m*, asgwrn (esgyrn) (*m*) y frest, clwyd (*f*) y ddwyfron (clwydi'r ddwyfron), clwyd (*f*) ais.
sternutation *n.* = **sneeze¹, sneezing.**
sternutative *a.* sy'n peri tisian, untrewol.
sternutator *n.* nwy(-on) (*m*) tisian.
sternutatory *a. & n.* **1.** *a.* yn peri tisian, untrewol. **2.** *n. (gas):* nwy(-on) (*m*) tisian.
sternward *a. & adv.* tua'r starn.
sternwards *adv.* tua'r starn.
sternway *n. Nau:* ôl-symudiad *m*; **to gather ~,** mynd wysg ei starn.
steroid *n. Bio-Ch:* steroid(-au) *m.*
sterol *n. Bio-Ch:* sterol(-au) *m.*
stertor *n.* chwyrnu *vn*, chwyrn[i]ad(-au) *m.*
stertorous *a. Med:* chwyrnog, chwyrnllyd, chwyrnol.
stertorously *adv.* yn chwyrnog.
stertorousness *n.* = **stertor.**
stet¹ *Lt.imp. Typ:* gadawer; safed.
stet² *v.t.* gosod "gadawer" (wrth rth), stetio (rhth), peri gadael (rhth).
stethometer *n. Med:* stethomedr(-au) *m.*
stethoscope¹ *n. Med:* st|ethosgop (stethosgopau) *m*, *F:* corn (cyrn) (*m*) meddyg, *S.E: F:* trwmpet(-au) *m.*
stethoscope² *v.t. Med:* stethosgopio, *F:* cornio.
stethoscopic[al] *a.* stethosgopig.
stethoscopically *adv.* yn stethosgopig.
stethoscopist *n.* stethosgopydd(-ion) *m.*
stethoscopy *n.* steth|osgopi *m.*
stetson *n. Cost:* stetson(-au) *f.*
stevedore¹ *n.* dociwr (docwyr) *m*, llwythwr (llwythwyr) *m*, dadlwythwr (dadlwythwyr) *m.*
stevedore² *v.t.* llwytho, dadlwytho.
stevengraph *n.* st|evengraff (stevengraffau) *m* (*pronounced* ng-g).
stew¹ *n.* **1.** *(a) Cu:* stiw(-iau) *m*, *N:* lobsgóws *m*; **Irish ~,** lobsgóws, *S.W:* cawl (*m*) pwt y berw; **~ without meat,** stiw heb gig, *S.W:* cawl pen lletwad, *N.W:* lobsgóws troednoeth; **reheated ~,** stiw twymo, stiw eildwym, *S.W:* cawl twymo; *(b)* **to be in a ~,** bod yn gynhyrfus, cynhyrfu, bod fel gafr ar daranau, bod mewn byd. **2.** *A:* = **brothel.**
stew² *v.t.&i.* **1.** *Cu:* stiwio, mud-ferwi. **2.** *(a)* **let him ~ in his own juice!** rhyngddo ef a'i botes! rhyngddo ef a'i gawl! rhyngddo ef a'i bethau! *F:* **to let s.o. ~ in his own juice,** ei gadael hi rhwng rhn a'i gawl, *N.W:* gadael rhn yn ei angerdd ei hun, gadael iddi fod rhyngddo fo a'i bethau; *(b) (= stifle):* mygu, chwysu; *(c) F: (= fret, worry):* gofidio, poeni, *S:* becso; *(d) F: (= study hard):* adolygu, *N.W:* ffagio, *S:* swato.
stew³ *n.* **1.** *(= fishpond):* pysgodlyn(-noedd) *m.* **2.** *(= oyster bed):* gwely(-au) (*m*) wystrys.
steward¹ *n.* **1.** *(of property):* stiward(-iaid) *m*, goruchwyliwr (goruchwylwyr) *m*, arolygwr (arolygwyr) *m*; *B:* **the unjust ~,** y goruchwyliwr anghyfiawn/anonest. **2.** *(most other meanings):* stiward, *Lit:* distain (disteiniaid) *m*; **Lord High S~ of England,** Arglwydd (*m*) Uchel Ddistain Lloegr; **Lord S~ of the Household,** yr Uchel Ddistain.
steward² *v.t.* stiwardio, gwarchod (rhth); gofalu, ymorol (am rth).
stewardess *n.f.* stiwardes(-au).
stewardship *n.* stiwardiaeth(-au) *f*, *Lit:* disteiniaeth(-au) *f.*
stewed *a. (a) (meat &c):* wedi ei stiwio, stiwiedig; **~ fruit,** stiw (*m*) ffrwythau, ffrwythau (*pl*) wedi eu stiwio; *(b)* **~ tea,** te (*m*) wedi sefyll/stiwio, hen de, te llongwr, *S:* te wedi aros, *N.W:* te wedi'i drwytho, te wedi mwydo; *(c) F:* = **drunk.**
stewpan *n.* sosban (sosbenni) (*f*) stiwio.
stewpot *n.* crochan(-au) (*m*) stiwio, crochan cawl.
sthenia *n. Med:* sthenia *m.*
sthenic *a.* **1.** *Med: (disease &c):* goregnïol, sthenig; *(= sturdy):* cydnerth, cadarn (cedyrn), cryf (*f.* cref, *pl.* cryfion), nerthol.
stibial *a. Ch:* antimonaidd.
stibine *n. Ch:* stibin *m.*
stibium *n. Ch:* ant|imoni *m.*
stibnite *n. Min:* stibnit *m.*
stich *n. Pros:* llinell(-au) *f.*
stichic *a. Pros:* llinellog.
stichometric[al] *a.* stichometrig.
stichometry *n.* stichometreg *f.*
stichomythia, stichomythy *n.* stichomythia *m.*
stichomythic *a.* stichomythig.
stick¹ *n.* **1.** *(most senses):* ffon (ffyn, *S: occ:* ffonnau) *f*; *(= rough piece of branch &c):* brigyn (brigau) *m*, coedyn (coed) *m*, pric(-iau) *m*, darn(-au) (*m*) o bren/goed; *S.a.* **cane¹, rod, goad¹, staff¹, switch¹ 1; as cross as two sticks,** blin fel tincer, blin fel dau eurych, fel cythraul mewn croen, blin fel darn o gythraul, *S.W:* yn benwan holics; **you're giving him a stick to beat you with,** 'rydych yn rhoi ffon iddo'ch curo â hi; **she's got the wrong end of the ~,** mae hi wedi camddeall yn llwyr; mae hi wedi cael y pen chwithig i'r llinyn; **in a cleft ~,** mewn twll, mewn cyfyng-gyngor, mewn caethgyfle; **to get the dirty end of the ~,** cael y rhan futraf o'r gwaith; **he has more money than you can shake a ~ at,** mae ganddo fwy o arian nag a ellir ei gyfrif; **give it ~!** rho(-wch) hi iddo/iddi! *N.W: occ:* rho fangor (*pronounced* ng-g) iddi/iddo! **(to get) some ~,** *(a)* (cael) y wialen fedw (*f*), y pastwn (*m*), y ffon, y gansen (*f*), eich ffonodio, curfa (*f*), cweir (*f*) *&c*; *See* **beating**; *(b) F: (of pers.):* bod dan y lach, ei chael hi, bod dani, cael eich beirniadu, cael eich barnu, cael eich dyrnu; *F:* **up the ~, = pregnant;** *F:* **to hop the ~,** *(i) (= flee):* ffoi, ei bachu hi, ei hel hi, ei gwadnu/gwanu hi, rhoi traed yn y tir, cymryd y goes; *(ii) (= die):* marw, mynd i'r bocs; **to give s.o. a lot of ~,** lladd ar rn, ei rhoi hi i rn; **the big ~,** bôn (*m*) braich, p|olisi(*m*)'r pastwn; *Prov:* **talk soft and carry a big ~,** da'r maen gyda'r efengyl; *S.a.* **cleave¹ 1;** *Prov:* **sticks and stones may break my bones, but words will never hurt me,** gall carreg neu ffon roi briw i'm bron, ond anair ni'm niweidia; *Hort:* **pea ~,** coedyn pys, pric pys; **hop ~,** polyn (polion) (*m*) hops; *F:* **as thin as a ~,** main fel polyn, main fel cangen haf, tenau fel sgimbren; **club/knobbed ~,** ffon glopa (ffyn clopa), ffon glwpa (ffyn clwpa), ffon gnwpa (ffyn cnwpa); *(c) (of broom, umbrella):* coes(-au) *f*; *(of rocket):* ffon, pric, coedyn; *Av:* **direction ~,** ffon lywio (ffyn llywio), llyw(-iau) *m*; **to ease the ~,** llacio'r llyw; **to ease the ~ back,** tynnu'r llyw yn ôl; *(d) Sp: (hockey, polo):* ffon; *(rounders):* pren(-nau) (*m*) rownders; *Fb: F:* **the sticks,** y gôl *f*; *Rac: Sp: (= hurdles):* clwydi *pl*; **over the sticks,** dros y clwydi; *(hockey):* **sticks!** ffyn! *(hockey):* **back ~,** ffon o chwith, *int.* **back sticks!** ffyn o chwith! *(at hockey):* **to give "sticks",** rhoi cosb; *(e) (firewood):* coedyn tân, cynnud *m*, *S.W:* brigyn *m*, coedach *m*, tanwent *m*, *S.E:* bricyn (bricwns) *m*, *N:* pric; **to gather sticks,** hel coed tân, casglu/crynh|oi brigau, casglu coed/cynnud, *occ:* cynuta, *N:* hel priciau [tân], *S:* tanwenta; *(for cocktail, cherry, sausage &c):* coedyn, pric; **cherry [cocktail] ~,** ffon goctel (ffyn coctel) ceirios, pren coctel ceirios; *F:* **not a ~ was saved,** nid arbedwyd dim; dinistriwyd/collwyd y cyfan oll; **without a ~ of furniture,** heb bwt o ddodrefn, heb yr un dodrefnyn, heb ddarn o ddodrefn, *S:* heb yr un celficyn; **a few sticks of furniture,** dodrefnyn neu ddau, ychydig [o] ddodrefn, ychydig [o] gelfi, *S:* celficyn neu ddau; *F:* **to [pick] up sticks,** symud, *N:* mudo, hel eich pac, *S:* codi'ch pac; *(f) Typ:* **setting ~,** ffon gysodi (ffyn cysodi), pren cysodi; **composing ~,** cysotbren(-nau) *m*; *Th:* **clearing-~,** ffon ryddh|au (ffyn rhyddh|au); *Bookb:* **back ~,** ffon wasgu (ffyn gwasgu); *Weaving:* **shed ~,** ffon barthu (ffyn parthu); *(of dynamite, rack, soap, wax):* talp(-iau) *m*, bar(-rau) *m*; *Cu:* **bread ~,** torth hir (torthau hirion) *f*, ffon fara (ffyn bara); *See* **lipstick, shaving-stick; joss-~; incense ~,** ffon (*f*) thus. **2.** *F: (of pers.):* **he's a queer old ~,** hen un rhyfedd yw ef; *N:* hen greadur/gono rhyfedd ydi o; *S:* hen fachan rhyfedd yw e; **she's a nice old ~,** hen wraig hoffus yw hi; *N:* hen greadures glên ydi hi; hen beth glên ydi hi; *S:* hen ffrwlen yw hi. **3.** *Th:* **dead ~,** parlys [mud] *m.* **4.** *(of celery, rhubarb):* coes, coesyn(-nau) *m*; *S.a.* **rhubarb. 5.** *Av: Mil:* **~ of bombs,** llwyth(-i) (*m*) o fomiau. **6.** *Nau: F:* = **mast, spar¹. 7.** *pl. F: (= backwoods):* cefn (*m*) gwlad; **a man from the**

sticks, gwladwr (gwladwyr) *m*, cefngwladwr (cefngwladwyr) *m* (*pronounced* ng-g), *N.W: Joc:* dyn yn syth o din y fuwch. ~ **figure** *n.* ffigiwr (ffigyrau) (*m*) coesau matshis. **~-insect** *n. Ent:* pryf(-ed) (*m*) brigyn; **laboratory ~-insect,** *(Carausius morosus):* pryf brigyn dof; **prickly ~-insect,** *(Acanthoxyla prasina):* pryf brigyn pigog. ~ **lac** *n.* glud (*m*) brigau. ~ **printing** *vn.* argraffu â phren.

stick^{2} *v.t.&i.* I. *v.t.* **1.** *(a)* **to ~ a stake in the ground,** plannu/ gosod/ dodi/taro coedyn yn y ddaear, *F:* sticio coedyn yn y ddaear, *N:* sodro coedyn yn y ddaear; **to ~ a knife into s.o.,** plannu cyllell yn rhn, trywanu rhn â chyllell; **to ~ a pin (in sth),** rhoi/dodi/ sticio pin (yn rhth, drwy rth), *S.W:* saco pin (drwy rth); **cushion stuck full of pins,** clustog yn llawn pinnau, clustog yn binnau drosti; **(a cake) stuck [over] with almonds,** (teisen) â chnau almon drosti, yn gnau almon drosti; *(b)* **to ~ s.o. with a knife,** plannu cyllell yn rhn, trywanu rhn â chyllell, *F:* sticio rhn â chyllell; **to ~ a pig,** gwaedu/lladd/sticio mochyn. **2.** *F: (= put, place):* gosod, dodi, taro, *N:* rhoi; **to ~ a rose in one's buttonhole,** gosod/rhoi/dodi/taro rhosyn yn eich twll botwm; **to ~ one's hat on one's head,** taro'ch/dodi'ch/rhoi'ch het am eich pen; *S.W:* saco'ch hat ar eich pen; **to ~ a candle in a bottle,** gosod/dodi/rhoi cannwyll mewn potel, *S.W:* saco/hwpo cannwyll mewn potel; **to ~ one's head round a door,** *N:* brathu'ch/rhoi'ch/taro'ch pen heibio i'r drws, *S:* hwpo'ch pen heibio'r drws. **3.** *(= glue):* gludio, *F:* sticio; **a trunk stuck all over with labels,** cist yn labeli drosti, cist â labeli [wedi eu gludio] drosti i gyd; *See* **bill^{4}** **3.** **4.** *F: (= endure):* dioddef, goddef (rhn, rhth); dygymod (â rhn, â rhth); **(you must) ~ it,** (mae'n rhaid ichi) ei dioddef/goddef hi, ddal ati, ddal ymlaen, ddyfalbarh|au, ddygnu arni; **I can't ~ him,** ni allaf mo'i oddef/ ddioddef; ni dda gen i mohono; *M.W: occ:* fedra' i mo'i aros o; *S.W:* 'does 'da fi gynnig/feddyg iddo fe. **5.** *Hort: (peas &c):* coedio, *S:* coedo. II. *v.i.* **1.** *(a)* glynu **(to sth,** wrth rth, yn rhth); cydio (yn rhth); *F:* sticio, *N:* cydiad (yn rhth, i rth); **the arrows ~ in the target,** mae'r saethau yn glynu wrth y targed; **the vegetables have stuck to the pan,** mae'r llysiau wedi cydio/cipio yn y sosban; **the name stuck to him,** glynodd yr enw wrtho; **it sticks like pitch,** mae'n glynu fel col-tar; **here's food that'll ~ to your ribs,** dyma fwyd a saif/ddeil at eich asennau chi; **he has stuck by me,** bu'n ffyddlon imi; fe lynodd wrthyf; **to ~ together,** sefyll gyda'ch gilydd, glynu wrth eich gilydd; **to ~ like a limpet/ leech/burr to s.o.,** glynu fel gele wrth rn, glynu wrth rn fel ci wrth asgwrn; **they couldn't make the charge ~,** ni allent gynnal y cyhuddiad; **to ~ to one's post,** sefyll/aros yn eich lle/unfan; **to ~ to one's duty,** gwn|eud eich dyletswydd; **~ to it!** dal(-iwch) ati! dygna (dygnwch) arni! *F:* **to ~ to one's guns/opinions,** gwrthod syflyd, glynu wrth eich safbwynt, dal at eich proffes, sefyll yn eich rhych, *N:* dal at eich pethau; **to ~ to [the] facts,** glynu/cadw at [y] ffeithiau; **she sticks to her story,** mae'n glynu at ei stori; *S.a.* **last^{1}**; *(b) F:* **to ~ to sth,** dal gafael ar rth, cadw rhth, dal yn rhth; **~ to what you've got!** daliwch eich gafael ar yr hyn sydd gennych! *(c) F: (= stay):* aros, sefyll; **(here I am) and here I ~,** (yma yr wyf) ac yma y safaf, ac nid af oddi yma; **he sticks to his room,** mae'n aros yn ei ystafell; nid yw'n gadael ei ystafell. **2.** *(a)* **to ~, to be/become stuck,** bod/mynd yn sownd **(in/ to sth,** yn rhth); **to get stuck [fast] in a bog,** mynd yn sownd mewn cors; **I got stuck for words; I got stuck for sth to say,** wyddwn i ddim beth i'w ddweud; fe aeth hi'n nos arnaf; **we'll be stuck here now,** yma y byddwn ni bellach; symudwn ni ddim oddi yma [ragor]; *P:* **(the problem) sticks me,** (mae'r broblem) yn fy nrysu, yn fy mwrw oddi ar fy echel; *Sch:* **I got stuck in History,** mi es i drafferthion yn Hanes; aeth yn nos arnaf yn Hanes; **to be stuck with s.o.,** methu cael gwared â rhn; *(b) (= get jammed):* cloi, mynd yn sownd; **it sticks in my throat,** alla' i mo'i lyncu; *Aut:* **the switch was stuck,** yr oedd y switsh yn sownd. ~ **around** *v.i.* aros, disgwyl, sefyll; **~ around, I'll be back now,** arhoswch lle'r ydych chi, mi fyddaf yn ôl cyn pen dim; **to ~ around the house all day,** sefyllian/loetran/clertio/clertian yn y tŷ drwy'r dydd. ~ **at** *v.i.* **1.** *(= be stopped):* **to ~ at a difficulty,** cael eich rhwystro/ dal gan anhawster, methu dod dros anhawster; **to ~ at doing sth,** *(= jib):* gwrthod gwneud rhth [o ran cydwybod], *N.W:* nogio o flaen rhth, *S:* jibo rhag gwneud rhth; **he sticks at nothing,** 'does arno ofn dim; fe wnaiff unrhyw beth; 'does dim yn ormod iddo. **2.** *(= persevere):* **to ~ at a task,** parh|au/bod yn ddyfal wrth dasg, dyfalbarh|au â thasg, dal at dasg, dal ati gyda thasg, dygnu ymlaen gyda thasg; **~ at it!** dal(-iwch) ati! ~ **down** *v.t.* **1.** *F:* **~ it down anywhere,** rhowch/dodwch/tarwch ef i lawr mewn unrhyw le; *N:* sodrwch o yn rhywle; *S.W:* sacwch e mewn unrhyw le; *(b)* **to ~ (sth) down (in a notebook),** nodi, dodi, taro, rhoi, *M.W:* dotio (rhth mewn llyfr nodiadau). **2. to ~ down an evelope,** cau amlen, *occ:* gludio amlen; **to ~ down a stamp,** glynu stamp (ar/wrth rth). ~ **into** *v.i.* **to get stuck (into a job),** bwrw iddi, mynd ati o ddifrif (gyda gwaith). ~ **on 1.** *v.t.* *(a) (stamp &c):* glynu, rhoi, dodi; *(b) F:* **to ~ it on,** *(= overcharge):* codi gormod; *(= give oneself airs):* torsythu, rhodresa, *S.W:* gwneud clemau, *N.W:* llancio. **2.** *v.i.* glynu, *F:* sticio; **~-on label,** label(-i) (*m*) glynu. ~ **out 1.** *v.t.* *(a)* gwthio (rhth) allan/mas; **to ~ out one's tongue,** tynnu'ch tafod, rhoi'ch tafod allan, *S:* hwpo'ch tafod mas; **to ~ out one's chest/figure,** torsythu, taflu'r frest allan, *S:* siesto, chwyddo, sgwaro, *N.W: occ:* brestio, chwyddo fel bwngi (*pronounced* ng-g); *Aut:* **to ~ out one's arm (before stopping),** estyn eich braich allan, rhoi'ch braich allan (cyn stopio); *S:* hwpo'ch braich mas (cyn sefyll); *F:* **it sticks out a mile; it sticks out like a sore thumb,** mae'n amlwg iawn; mae'n sefyll allan fel ffeiriad mewn ffair; mae'n sefyll allan fel llaid ar farch gwyn; *F:* **to ~ out one's neck,** ei mentro hi, mentro'ch pen, rhoi'ch pen i'w dorri; **to ~ out one's elbows,** lledu'ch penelinoedd; *(b) F:* **to ~ it out,** dal ati hyd y diwedd, dyfalbarhau. **2.** *v.i.* *(a) (= project):* ymestyn allan, taflu allan, *F:* sticio allan, *Lit: occ:* bargodi, *S.E:* sboco mas; **teeth which ~ out,** dannedd sy'n sticio allan/mas, *occ:* danheddiad *m*; *(b) F:* **to ~ out for sth,** mynnu cael rhth. ~ **up 1.** *v.t. F: (a) (target):* codi, gosod; *U.S: P:* **~ em up!** *N:* dwylo i fyny! codwch nhw! *S:* dwylo lan! *(b)* **to ~ up a notice,** gosod/ rhoi/dodi rhybudd (ar fur &c); **~ it up your jumper;** *V:* **~ it up your arse,** rho fe/fo yn dy din; *S:* hwp e lan dy din. **2.** *v.i.* *(a)* codi, sefyll i fyny/lan; **his hair sticks straight up,** mae ei wallt yn sefyll ar ei ben; mae ei wallt yn un ffluwch; *S.E:* mae ei wallt yn coco; *(b) F:* **to ~ up for s.o.,** amddiffyn rhn, achub cam rhn, cefnogi rhn, cadw plaid rhn, cadw cefn rhn, *S.E:* cwnnu llewys rhn; *(c)* **to ~ up to s.o.,** gwrthwynebu/gwrthsefyll rhn. **~-up** *n.* *F:* ysbeiliad(-au) *m* [â gwn, â dryll]. ~ **with** *v.i.* **1.** *(= be faithful):* glynu (wrth rth). **2.** *(a task):* dal (at rth). **~-in-the-mud 1.** *a.* hen ffasiwn. **2.** *n.* un (rhai) hen ffasiwn.

sticker *n.* **1.** *(pers.): (of pigs):* heliwr (helwyr) *m.* **2.** *(a) (= knife):* cyllell (*f*) gig (cyllyll cig); *(b) Ven:* cyllell hela. **3.** *(of posters):* glynwr (glynwyr) *m.* **4.** *F: (a) (worker):* gweithiwr (gweithwyr) diwyd/dyfal/dygn *m*, gw|eithwraig ddiwyd/ ddygn/ddyfal (gweithwragedd diwyd/dygn/dyfal) *f*, *N.W: occ:* slanwr (slanwyr) *m*; *(b) Cr:* batiwr (batwyr) dygn/dyfal *m.* **5.** *P:* = **bore^{3}**. **6.** *Sch: (= hard question):* cwestiwn (cwestiynau) anodd *m.* **7.** *(= gummed label):* glynyn (glynion) *m*, sticer(-i) *m.* **8.** *Mus: (of organ &c):* gwerthyd(-au,-oedd) *f.*

stickful *n. Typ:* llond (*m*) ffon/pren.

stickily *adv.* yn ludiog.

stickiness *n.* gludiogrwydd *m.*

sticking *vn.* = **stick^{2}**. **~-piece** *n. Cu:* darn (*m*) y gwddf (darnau'r gwddf). **~-place** *n.* **1.** *(in animal's neck):* man(-nau) (*m*) sticio, corn (cyrn) (*m*) gwddw. **2.** *Lit:* **screw your courage to the ~-place,** dirwynwch eich glewder hyd y man y safo. **~-plaster** *n. Pharm:* plastr(-au) (*m*) glynu, plaster(-i) (*m*) glynu. **~-point** *n.* *(of screw &c):* man(-nau) (*m*) cloi; *Fig:* **that's the ~-point,** dyna ble mae'r anghytundeb/anghytuno.

stickjaw *n. P:* taffi *m.*

stickle *v.i.* hollti blew, cwencian.

stickleback *n. Ich:* crothell (crethyll) *f*, brithyll(-od) (*m*) y dom, sil (*m*) y dom, giwdan *m*, *N.W: occ:* sili-dons(-s) *m*, *N.W: (female):* nyrs wen (nyrsys gwynion) *f*, *(male):* doctor coch (doctoriaid cochion) *m*, pysgodyn (pysgod) (*m*) y gath; **three-spined ~,** *(Gasterosteus aculeatus):* crothell dri phigyn (crethyll tri phigyn); **ten-spined ~,** *(Pungitius pungitius):* crothell ddeg pigyn (crethyll deg ~); **fifteen-spined ~,** *(Spinachia spinachia):* silodyn (silod) (*m*) y môr, crothell fôr (crethyll môr).

stickler *n.* un (rhai) taer **(for sth,** am rth), un (rhai) cyndyn (dros rth), *N.W:* rhn 'sgut/garw (am rth); **he's a ~ for discipline,** mae'n un taer am ddisgyblaeth; mae'n ddisgyblwr heb ei fath; **she's a ~ over trifles,** mae hi'n degymu mintys; mae hi'n hollti blew.

stickpin *n. U.S:* teipin(-nau) *m*, pin(-nau) (*m*) tei.

stickseed *n. Bot: (Lappula):* ysgorpionllys cynghafog *m.*
sticktight *n. Bot:* = **bur-marigold.**
stickum *n.* glyniedydd(-ion) *m.*
stickweed *n. Bot:* = **ragweed.**
stickworm *n. Ent:* pryf(-ed) (*m*) pric.
sticky *a.* **1.** gludiog, *F:* sticlyd, *S.W:* [yn] stecs; *(bread):* toeslyd, clatsh, *S.W: occ:* cletsh; *F:* **to have ~ fingers,** *(= be dishonest):* bod â dwylo blewog; *Cr:* **~ wicket,** wiced anodd *f*; *Fig:* **to bat on a ~ wicket,** bod ar dir anodd. **2.** *P: (= uncooperative):* cyndyn, amharod, anghydweithredol, hwyrfrydig; **to be ~ about doing sth,** bod yn gyndyn o wneud rhth; *(b)* **I had a ~ ten minutes,** cefais ddeng munud anodd/annifyr; **he will come to a ~ end,** fe'i caiff hi yn y diwedd; fe ddaw i ddiwedd drwg; *N.W: occ:* ddaw o ddim i ben da. **~-back** *n.* ff|otograff (ffotograffau) (*m*) [â chefn] gludiog. **~ willie** *n. Bot:* = **cleavers.**
stickybeak[1] *n.* busneswr (busneswyr) *m*, busnesgi (busnesgwn) *m*, un (rhai) busneslyd *m.*
stickybeak[2] *v.i.* busnesa (mewn rhth), bod â'ch trwyn (mewn rhth).
stiff *a.* & *n.* I. *a.* **1.** *(a) (= rigid):* anystwyth, caled (celyd), anhyblyg, *F:* stiff; *(joint):* wedi cyffio, cyfflyd, cyffiedig, stiff, wedi cloi/ stiffio; *Phot:* **~ film,** ffilm galed (ffilmiau caled) *f*; **~ brush,** brwsh(-is) caled *m*; *F:* **(I was) worried ~,** ('roeddwn) yn boenus fy meddwl, yn poeni'n fawr/ofnadwy, *S.W:* yn becso'n ddychrynllyd; *(b) F:* **(I was) bored ~,** ('roeddwn i) wedi diflasu'n lân/llwyr, wedi hen flino, wedi syrffedu'n lân, wedi hen syrffedu/alaru; *F:* **I was scared ~,** 'roeddwn wedi dychryn yn fawr/arw; 'roeddwn wedi dychryn am fy mywyd/hoedl; 'roedd arnaf ofn ar fy hyd; *V:* 'roedd arna' i ofn drwy 'nhin; **the lake was frozen ~,** 'roedd y llyn wedi rhewi'n galed/gorn; *S.E:* 'roedd y llyn wedi rhewi'n sgwmyn; *(of joint):* **to grow ~,** cyffio, mynd yn gyff, mynd yn stiff, stiffio, mynd fel pren, *S.W:* stiffh|au, *occ:* preno; *F:* **~ as a poker,** stiff fel procer, *S.W:* stiff fel pren, *N.W:* stiff fel bwcram; *(of pers.):* fel petai wedi llyncu polyn; **the body was already ~,** yr oedd y corff eisoes wedi stiffio/caledu; **a ~ neck,** cric (*m*) yn y gwar; *(c) (= formal, unbending):* ffurfiol, anystwyth, *F:* stiff; *(d) (= obstinate):* penderfynol, ystyfnig, di-ildio, di-droi, cyndyn, anhydrin; **to offer ~ resistance,** gwrthwynebu'n benderfynol/gyndyn; *F:* **to keep a ~ upper lip,** ymwroli, dal wyneb, peidio â chynhyrfu, cadw teimladau dan reolaeth, ffrwyno teimladau; *(e) Nau:* **~ ship,** llong ddiysgog (llongau diysgog) *f*, llong safadwy/sad; *(f) Fin:* **~ market,** marchnad solet *f.* **2.** *(a) (door handle &c):* stiff, anystwyth; *(b) (paste, batter):* caled, stiff; *(soil):* cleiog. **3.** *(a)* **~ climb,** codiad(-au) serth *m*, dringfa (dringf|eydd) serth *f*, rhiw(-iau) serth *f*, *S.W:* rhipyn serth *m*, rhipyn tyn[n], gwared mawr *m*, *N:* tipyn o dynnu (*vn*) i fyny; **~ slope,** llethr(-au) serth *f*; *(examination, question):* anodd, caled dyrys, astrus; **the book is very ~ reading,** mae'n llyfr anodd iawn i'w ddarllen; *(b) F:* **~ price,** crocbris(-iau) *m*, pris(-iau) uchel *m*; *Jur: (sentence, penalty, fine):* trwm (*f.* trom, *pl.* trymion), egr, garw (geirwon); *(d) (drink):* cryf (*f.* cref, *pl.* cryfion). **4.** *F:* = **drunk.** II. *n.* **1.** *P:* = **corpse. 2. big ~,** llabwst mawr (llabystiaid mawrion) *m.* **~-legged** *a.* â choes stiff, *S.W:* garsyth. **~-necked** *a.* gwargaled(-ion), gwarsyth(-ion), ystyfnig, cyndyn, *N.W: occ:* di-ddweud.
stiffen *v.t.&i.* I. *v.t.* **1.** *(a) (= reinforce):* atgyfnerthu, cryfh|au; *Aut:* **to ~ the suspension,** caledu'r crogiant; *(b)* **age has stiffened his joints,** mae ei gymalau wedi stiffio gyda henaint; *S.W:* mae ei gymalau wedi stiffh|au gyda henaint; *N:* mae henaint wedi cyffio'i gymalau; *(c) (= make s.o. obstinate):* ystyfnigo rhn, gwn|eud rhn yn gyndyn/ystyfnig/bengaled/warsyth; *(d) Mil:* **to ~ a battalion,** atgyfnerthu/cryfhau bataliwn; *(e) Nau:* **to ~ a ship,** sadio llong; *(f) Needlew:* cyfnerthu. **2.** *(a) Cu:* tewh|au, tewychu; *(b)* **to ~ a drink,** cryfhau diod. **3.** *(examination):* gwneud (arholiad) yn anodd/ddyrys/galetach; *(penalty):* cynyddu, dwysáu, trymh|au. II. *v.i.* **1.** *(a)* caledu, ymgaledu, mynd yn anystwyth, anystwytho; *(of joint):* cyffio, mynd yn gyff, *F:* mynd yn stiff, stiffio, *S:* stiffhau; **(the body had) stiffened,** ('roedd y corff) wedi caledu/anystwytho, wedi mynd yn gyff/stiff, *S.W:* wedi stiffhau; *(b) (of pers.):* ymsythu, talsythu. **2.** *(a) (of paste &c):* tewhau, tewychu, mynd yn dewach; *(b) (of wind):* cryfhau; *(c) (of climb, examination):* mynd yn anos/galetach. **3. to ~ with cold,** sythu/fferru gan oerfel.
stiffener *n.* **1.** *(a) (stone):* carreg (*f*) gyfnerthu (cerrig cyfnerthu); *(b) (tie-beam):* cwpl (cyplau) *m.* **2.** *(drink):* joch cryf (jochiau cryfion) *m*, joch gref (jochiau cryfion) *f.* **3.** *Cost:* caledwr (caledwyr) *m.*
stiffening *n. Needlew:* cyfnerthydd(-ion) *m*, caledwr (caledwyr) *m*, *F:* stiffnin *m.* **~-piece** *n.* darn(-au) (*m*) cyfnerthu. **~-plate** *n.* plât (platiau) (*m*) cyfnerthu.
stiffish *a.* eithaf caled/anystwyth, braidd yn galed/anystwyth, go galed/ anystwyth, go anodd; *See* **stiff** I.
stiffly *adv.* **1.** yn anystwyth, yn stiff *&c.* **2.** *(in manner):* yn dalsyth/ffurfiol/sychlyd/swta. **3.** *(= obstinately):* yn benderfynol, yn ystyfnig *&c.*
stiffness *n.* **1.** *(a)* sythder *m*, anhyblygrwydd *m*, anystwythder *m*, *F:* stiffrwydd *m*, stiffni *m*; *(of joints):* cyffni *m*; *(b) (of manner):* sythder, talsythder *m*, stiffrwydd, stiffni; *(c) (= obstinacy):* penderfynoldeb *m*, cyndynrwydd *m*, ystyfnigrwydd *m*, pengaledwch *m* (*pronounced* ng-g). **2.** *(of paste):* caledwch *m*, trwch *m*, stiffrwydd. **3.** *(a) (of climb):* serthni *m*; *(b) (of examination):* anhawster *m*, caledwch; *(c) (of price):* egrwch *m*; *(of penalty):* trymder *m*, egrwch.
stifle[1] *v.t.&i.* **1.** *v.t.* *(a)* mygu, *S:* mogi, *N.W:* mygu (rhth) yn gorn; **to be stifled,** mygu; **to ~ a revolt at birth,** mygu terfysg yn y crud; **to ~ emotions,** cuddio/celu/mygu teimladau, gwasgu'r frest, *S:* cwato teimladau, *N.W: F:* gwasgu'r fegin; **to ~ one's laughter,** cuddio'ch/celu'ch/mygu'ch chwerthin, chwerthin dan eich dannedd, chwerthin yn eich llawes, chwerthin yn eich dwrn; **to ~ a yawn,** rhwystro/atal dylyfiad gên; **to ~ one's grief,** tewi'ch galar. **2.** *v.i.* mygu.
stifle[2] *n. Vet:* **~[-joint],** pen-lin (penliniau) *m*, pen glin (pennau gliniau) *m.* **~-bone** *n.* padell (*f*) pen glin (padelli pennau gliniau).
stifled *a.* mygedig, wedi'ch mygu.
stifler *n.* mygwr (mygwyr) *m.*
stifling *a.* myglyd, mwrn, mwll, trymaidd, clòs, mwygl, llethol.
stiflingly *adv.* yn fyglyd *&c*; **~ hot,** llethol [o] boeth/dwym.
stigma *n.* **1.** *(a) A: Jur:* gwarthnod(-au) *m*, hae|arn-nod(-au) *m*, seriad(-au) *m*; *(b) (on reputation):* gwarthnod, staen(-iau) *fm*, gwarth *m*, gwaradwydd *m*, gwarthrudd(-ion) *m*, mefl(-au) *m.* **2.** *(a) Nat.Hist: (of insect &c): (= spot on skin):* man(-nau) *m*, smotyn (smotiau) *m*; *(of insect):* = **spiracle**; *(b) Med: (of hysteria &c):* nodwedd(-ion) *f*; *(c)* **stigmata** *pl. Ecc:* archollnodau (*sing.* archollnod *m*). **3.** *Bot:* stigma (stigmâu) *m.*
stigmal *a.* stigmatig.
stigmasterol *n. Bio-Ch:* stigm|asterol *m.*
stigmatic *a.* & *n.* **1.** *a.* stigmatig. **2.** *n. Rel.Hist:* stigmatig(-ion) *m&f.*
stigmatically *adv.* yn stigmatig *&c.*
stigmatism *n. Opt: Med:* stigmatedd *m.*
stigmatist *n.* = **stigmatic 2.**
stigmatization *n.*, **stigmatize** *v.t.* **1.** *Rel: (= mark with stigmata):* archollnodi. **2.** *(= revile):* gwarthnodi, difenwi, difrïo, gwaradwyddo, sennu.
stigmatizer *n.* gwarthnodwr (gwarthnodwyr) *m*, difrïwr (difriwyr) *m.*
stilbene *n. Ch:* stilben *m.*
stilbestrol *n. Bio-Ch:* stilbestrol *m.*
stilbite *n. Miner:* stilbit *m.*
stilboestrol *n. Bio-Ch:* stilbestrol *m.*
stile[1] *n. (in hedge, fence):* camfa (camf|eydd, camfâu) *f*, *S:* sticil (sticlau) *f*, sticill(-au) *f*, stigil (stiglau) *f*, *N: M.W:* camdda (camddâu) *f*; *F:* **to help a lame dog over a ~,** rhoi/estyn help llaw i rn, rhoi hwb i rn.
stile[2] *n.* **1.** *Carp: (of door &c):* estyllen (estyll, estyllod) *f.* **2.** *Th:* ystlys(-au) fflat *f.* **~ hole** *n. Th:* twll (tyllau) (*m*) cortyn.
stiletto[1] *n.* **1.** *(= dagger):* bidogan(-au) *f*, cyllellan(-au) *f*, dag[e]r(-au) *f*, stileto(-s) *m.* **2.** *Needlew:* tyllwr (tyllwyr) *m*, mynawyd(-au) *m.* **~ fly** *n. Ent:* pryf(-ed) pigfain *m.* **~ heel** *n.* sawdl pigfain/bigfain (sodlau pigfain) *mf.*
stiletto[2] *v.t.* trywanu.
still[1] *a., n.,* & *adv.* **1.** *a.* *(= unmoving):* llonydd, disymud; *(= machine):* llonydd, segur; **to keep ~,** aros yn llonydd; *(b) (= quiet):* tawel, distaw; **the ~ watches of the night,** trymedd (*m*) y nos, trymder (*m*) y nos, cefn (*m*) trymedd nos; **~ as the grave,** cyn ddistawed â'r bedd; **~ water,** *(i)* dŵr (dyfroedd) llonydd/tawel/digyffro *m*; *B:* **beside the ~ waters,** gerllaw y dyfroedd

tawel; *Prov:* ~ **waters run deep,** po ddyfnaf fo'r afon, lleiaf oll ei thrwst; po llyfnaf bydd y dŵr, dyfnaf fydd y rhyd; dyfnaf llyn, llyn llonydd; *(ii) (= not sparkling):* dŵr plaen, dŵr heb aer; *B:* **a ~ small voice,** llef ddistaw fain *f*; *(c)* ~ **wine,** gwin(-oedd) llonydd *m*; *(d) Art:* ~ **life,** bywyd llonydd *m*. **2.** *n. (a)* **the ~ of the night,** trymder (*m*) y nos, trymedd (*m*) y nos; **in the ~ of the night,** gefn trymedd nos, yn nhrymder y nos, yn nhawelwch y nos, yn nistawrwydd y nos; *(b) Cin: &c: (photograph):* llun(-iau) llonydd *m*, darlun(-iau) llonydd *m*. **3.** *adv.* yn llonydd, yn stond; **his heart stood ~,** safodd ei galon yn stond; **the horse stopped stock ~,** safodd y ceffyl yn stond. **~-hunt¹** *n. U.S:* helfa ddistaw (helfâu/helf|eydd distaw) *f*. **~-hunt²** *v.t. U.S:* hela (rhth) yn distaw.

still² *v.t.&i.* **1.** *v.t.* tawelu, llonyddu, gostegu; **to ~ s.o.'s fears,** tawelu ofnau rhn. **2.** *v.i.* tewi, distewi, ymdawelu, ymlonyddu.

still³ *adv. & conj.* **1.** *adv. (a)* eto, byth, o hyd; **he is ~ here,** mae ef yma o hyd; mae ef yma byth; mae ef yn dal [i fod] yma; **I ~ have five pounds,** mae gennyf bum punt o hyd; **(in spite of his faults) I love him ~,** (er gwaethaf ei wendidau), 'rwy'n dal i'w garu, 'rwyf yn ei garu o hyd; *(b)* ~ **another reason,** rheswm arall eto; ~ **greater efforts,** ymdrechion mwy fyth, ymdrechion hyd yn oed yn fwy; ~ **more,** mwy fyth, mwy eto, yn fwy fyth; ~ **less,** llai fyth, llai eto, yn llai fyth, hyd yn oed yn llai. **2.** *conj. (= nevertheless):* eto, er hynny, fodd bynnag, sut bynnag, *S:* 'ta beth, 'ta p'un, *Lit:* serch hynny.

still⁴ *n.* **1.** *Ch: &c:* distyllbair (distyllbeiriau) *m*, distyll-lestr(-i) *m*, distyllyr(-on) *m*. **2.** = **distillery.** **~-room** *n.* **1.** *A:* = **distillery. 2.** *(in hotel &c):* cegin ganol (ceginau canol) *f*, briws(-iau) *m*.

stillage *n.* stelin(-au) *mf*, *S:* ffwrwm(-au) *f*.

stillbirth *n.* genedigaeth farw (genedigaethau marw) *f*, marw-enedigaeth(-au) *f*.

stillborn *a.* marw-anedig; *S.W: (animal):* trig.

stiller *n.* = **distiller.**

stillicide *n. Jur:* gollwng (*vn*) ystiferion, gollwng diferion bargod.

stilliform *a.* ar ffurf diferyn, diferynnol, diferffurf.

stilling, stillion *n.* stelin(-au) *mf*, mainc (*f*) gasgenni (meinciau casgenni).

stillness *n.* llonyddwch *m*, tawelwch *m*, distawrwydd *m*.

Stillson wrench *n. R.t.m:* tyndro(-eon) (*m*) Stillson, stilson(-s,-au) *m*.

stilly *a. & adv.* **1.** *a. Poet:* = **still¹. 2.** *adv.* yn llonydd *&c*.

stilt *n.* **1.** *(for walking):* ystudfach(-au) *m*, *S.E:* sgonj(-ys) *f*, *N.W:* stryd-fach[-au] *m*, bach(-au) (*m*) coed, cocs fandi (coesau bandi) *f*; **a pair of stilts,** *S.W:* jacoese *pl*, sicoese *pl*, shigoese *pl*, stwmps *pl*; *Fig:* **on stilts,** = **stilted. 2.** *Civ.E: (= pile, post):* piler(-i) *m*, postyn (pyst) *m*. **3.** *(of plough):* haeddel(-i,-iau,-ion) *f*, cebystr(-au,-ion) *m*, *S.W:* heiddel(-i,-e) *f*, eiddol(-ion) *f*, *N.E:* hegl(-au) *f*. **4.** *Orn: (Himantopus):* cwtyn (cwtiaid) hirgoes/heglog *m*; **black-winged ~,** cwtyn hirgoes adeinddu. **~-dancer** *n.* dawnsiwr (dawnswyr) (*m*) ar ystudfachau, d|awnswraig (dawnswragedd) (*f*) ar ystudfachau. **~-dancing** *vn.* dawnsio ar ystudfachau. **~-legged fly** *n. Ent:* pryf(-ed) heglog *m*. **~-petrel** *n. Orn:* pedryn(-nod) hirgoes *m*. **~-plover** *n. Orn:* = **stilt** 4. **~-sandpiper** *n. Orn:* pibydd(-ion) hirgoes *m*. **~-walker** *n.* ystudfachwr (ystudfachwyr) *m*.

stiltbug *n. Ent:* lleuen (llau) heglog *f*.

stilted *a.* **1.** *Arch:* pilerog. **2.** *Fig: (style &c):* chwyddedig, mawreddog, rhodresgar, rhwysgfawr.

stiltedly *adv.* yn chwyddedig, yn fawreddog.

stiltedness *n.* rhodres *m*, rhwysg *m*.

stilus *n.* = **stylus.**

stimulant *a. & n.* **1.** *a. Med:* adfywiol, adfywhaol, cyfnerthol, tonig. **2.** *n.* tonig(-au) *m*, cordial(-au) *m*, cyfnerthwr (cyfnerthwyr) *m*, cyfnerthydd(-ion) *m*; *(of heart &c):* symbylydd: symbylwr (symbylwyr) *m*; **the hot drink was a ~,** bu'r ddiod boeth yn eli (*m*) i'r galon. **3.** *Fig:* anogaeth(-au) *f*, swmbwl (symbylau) *m*, prociad(-au) *m*, symbylydd(-ion) *m*; **this was a ~ for further effort on his part,** 'roedd hyn yn swmbwl iddo weithio'n galetach.

stimulate *v.t. (a)* symbylu, cyffr|oi, ysbarduno, ysgogi, procio, annog; **to ~ s.o. to eat,** tynnu rhn i fwyta, cael gan rn fwyta, codi blys/chwant/gwanc bwyd ar rn, codi archwaeth ar rn; **to ~ s.o. to do sth,** peri/annog/cymell/ysgogi/symbylu rhn i wneud rhth, cael gan rn wneud rhth; **to ~ interest,** ennyn/peri/codi/ysgogi/symbylu/ysbarduno diddordeb; *(b) Med: (liver &c):* cyfnerthu, bywiogi; *(c) (= invigorate):* bywiogi, bywh|au, bywiocáu, adfywio, atgyfnerthu.

stimulated *a.* cyffroëdig, symbyledig; *Ph:* ~ **emission,** allyriant cyffroëdig *m*.

stimulating *a.* **1.** cyffr|ous, cynhyrfiol, symbylol, ysgogol, enynnol. **2.** *(drink &c):* bywhaol, bywiocaol, cyfnerthol, tonig.

stimulation *n.* **1.** *(action):* cyffroad *m*, symbyliad *m*, anogaeth *f*; *S.a.* **stimulate. 2.** *(feeling):* cyffro *m*, cynnwrf *m*.

stimulative *a. & n.* **1.** *a.* = **stimulating, stimulant 1. 2.** *n.* = **stimulant 2.**

stimulator *n.* cyffröwr (cyffrowyr) *m*, cynhyrfwr (cynhyrfwyr) *m*, anogwr (anogwyr) *m*, prociwr (procwyr) *m*, ysgogwr: ysgogydd (ysgogwyr) *m*, symbylwr: symbylydd(-ion) *m*, enynnwr (enynwyr) *m*.

stimulatory *a.* = **stimulating.**

stimulus *n.* **1.** *(a) (= incentive):* symbyliad(-au) *m*, cynhyrfiad (cynyrfiadau) *m*, [y]sbardun(-au) *mf*, ysgogiad(-au) *m*, hwb (hybiau) *mf*, *occ:* swmbwl (symbylau) *m*; **to give a ~ to trade,** rhoi hwb i fasnach, hybu masnach; *F:* **to give a ~ to the circulation,** cyflymu'r cylchrediad, gyrru'r gwaed i redeg; *(b) Physiol:* st|imwlws (st|imwli) *m*, symbylydd(-ion) *m*. **2.** *Bot: (= sting):* colyn(-nau) *m*. **~ word** *n.* symbylair (symbyleiriau) *m*, gair (geiriau) (*m*) symbylu.

stimy *n.* = **stymie.**

sting¹ *n.* **1.** *(a) (= stinging organ): (of bee &c):* colyn(-nau) *m*; *(b) (of nettle):* blewyn (blew) pigog *m*; *(c) (of snake):* colyn, dant (dannedd) (*m*) gwenwyn. **2.** *(a) (= wound inflicted by sting): (of bee, nettle):* pigiad(-au) *m*; *(of snake):* brath *m*, brathiad(-au) *m*; *(b) F: (of epigram, attack):* brath, brathiad; **the ~ of conscience,** atgno (*m*) cydwybod, brath cydwybod, gwewyr (*pl*) cydwybod, pigyn (*m*) cydwybod; **the ~ of remorse,** brath edifeirwch; *(c)* **the ~ of defeat,** gofid (*m*) colli, chwerwedd (*m*) colli; *F:* ~ **in the tail,** brath terfynol *m*, tro (*m*) yn y gynffon; *(d) (of wound):* llosg *m*, enynfa *f*, enyniad *m*. **~-bull** *n. Ich:* = **weever (greater).** **~-cell** *n. Bot:* cell (*f*) golyn (celloedd colyn), cell (*f*) bigo (celloedd pigo). **~-fish** *n. Ich:* = **weever (lesser).** **~-moth** *n. Ent:* gwyfyn(-od) coliog *m*. **~-nettle** *n. Bot:* = **nettle¹.** **~-winkle** *n. Moll:* gwichyn/gwichiad (gwichiaid) coliog *m*.

sting² *v.t.&i.* **1.** *v.t. (a) (of bee, nettle):* pigo, *Lit:* colynnu, *N.E:* colio, *S.E:* sbarcho, rhwygo; **his conscience stings him,** mae ei gydwybod yn ei frathu/bigo/boenydio; **to ~ s.o. to the quick,** brathu/clwyfo/brifo rhn i'r byw, dwysbigo rhn; *Prov:* **nothing stings like the truth,** y gwir sy'n lladd; **to ~ s.o. into doing sth,** symbylu rhn i wneud rhth; **the lash stung his back,** brathodd y chwip ei gefn; **smoke that stings the eyes,** mwg sy'n llosgi'r/dwysbigo'r llygaid; **stung by the accusation, he denied it,** dan lach y cyhuddiad, fe'i gwadodd; *(b) P:* **to ~ s.o. for sth,** codi'n hallt/egr ar rn am rth; *(= swindle):* twyllo, gwn|eud, *N.W:* rogio; *F:* **to get stung,** *(in business):* llosgi'ch bysedd, cael eich gwn|eud/twyllo. **2.** *v.i. (of parts of the body):* llosgi; **my eyes were stinging,** 'roedd fy llygaid yn llosgi.

stingaree *n.* = **stingray.**

stinger *n.* **1.** *Z: Bot: (insect, nettle &c):* pigwr (pigwyr) *m*, p|igwraig *f*. **2.** *(= sting 2):* colyn(-nau) *m*. **3.** *(= blow): See* **slap¹ 1. 4.** *(= remark):* sylw(-adau) brathog *m*, *N:* weipen (weips) *f*. **5.** *U.S: (drink):* wisgi-soda (*m*) a rhew, coctel(-s) (*m*) brandi.

stingily *adv.* yn grintachlyd, yn gybyddlyd *&c*.

stinginess *n.* crintachrwydd *m*, cyb|ydd-dod *m*.

stinging *a. (bee &c):* coliog, colynnog; *(nettle &c):* pigog; *(= smarting):* yn llosgi, llosg, llosgol, enynnol; *(reply &c):* brathog, llym (*f.* llem, *pl.* llymion), pigog, deifiol; ~ **nettle,** danhadlen boeth (danadl poethion) *f*; *S.a.* **nettle¹**; ~ **sensation,** enynfa(-oedd) *f*, enyniad(-au) *m*, teimlad llosg *m*.

stingingly *adv.* yn frathog, yn llym, yn bigog.

stingless *a.* digolyn.

stinglike *a.* colynnaidd, pigynnaidd.

stingo *n. P:* **1.** *(beer):* cwrw cryf *m*. **2.** = **energy, vigour.**

stingray *n. Ich:* cath fôr ddu (cathod môr duon) *f*, morgath ddu (morgathod duon) *f*, morgath lefn (morgathod llyfn), *Lit: occ:* tân-raien (~-raiod) *f*.

stingy¹ *a. (= miserly):* crintach, llawgaead, cybyddlyd,

crintachlyd, gorgynnil, *N.W: occ:* crint, cynnil, cỳn, hafing, garw amdani, *S.W:* mên, clôs, tyn[n].
stingy² *a. (= having a sting):* coliog, pigog, brathog.
stink¹ *n.* **1.** *(a) (= smell):* drewdod *m*, drewi *m*, oglau (ogleuon) drwg *m*, *Lit:* aroglau (arogleuon) drwg *m*, drycsawr *m*, tawch *m*, *S:* gwynt cas *m*; *(b)* **to raise/create a ~,** gwneud stŵr, codi/creu helynt, *S.W:* creu mwstwr; *F:* **I've been working like ~ (this afternoon),** bûm yn gweithio'n galed iawn, bûm wrthi nerth deng ewin, bûm wrthi fel blac, *N.W:* mi fûm i'n gweithio fel fflamiau (drwy'r prynhawn). **2.** *pl. Sch: F:* **stinks,** cemeg *f*. **~-alive** *n. Ich:* = **bib² [pout]**. **~-aster** *n. Bot: (Dittrichia graveolens):* sêr-flodyn (~-flodau) drewllyd *m*. **~-ball, ~-bomb** *n. P:* bom(-iau) *(mf)* drewi. **~-bush** *n. Bot: (Boscia foetida):* llwyn(-i) drewllyd *m*. **~-grass** *n. Bot: (Eragrostis megatachya):* glaswellt drewllyd *m*. **~-trap** *n.* trap(-iau) *(m)* drewdod.
stink² *v.i.&t.* **1.** *v.i.* drewi, arogleuo'n ddrwg, *S:* gwynto['n gas], *S.W:* rhoglo, *N.W:* ogleuo['n ddrwg]; **to ~ to high heaven,** drewi fel ffwlbart, drewi fel y gingroen (*pronounced* ng-g), drewi fel nyth ciglan, drewi fel buria, *S.E:* drewi dros naw perth a heol, drewi naw heol a chae, *S.W:* drewi fel yr abo, drewi fel hen garen, drewi fel caran; *F:* **to ~ in s.o.'s nostrils,** bod yn ddrewdod yn ffroenau rhn. **2.** *v.t.* **to ~ s.o. out,** drewi nes gyrru rhn allan/mas, *S.W:* hala rhn mas drwy wynt cas; **to ~ out a place,** llenwi lle â drewdod.
stinkard *n.* drewgi (drewgwn) *m*, hen gingroen *m* (*pronounced* ng-g).
stinkbug *n. Ent:* pryf(-ed) *(m)* drewi, drewbryf(-ed) *m*.
stinker *n.* **1.** *P: (= scoundrel):* cythraul (cythreuliaid) *m*, sinach(-od) *m*, hen gingroen (*pronounced* ng-g) *m*, *S:* pwdryn (pwdrod) *m*, *Lit. occ:* drewgi (drewgwn) *m*, *V:* cachgi (cachgwn) *m*, cachwr (cachwyr) *m*. **2.** *(a)* **to write s.o. a ~,** ysgrifennu llythyr cas/milain at rn; *(b)* **the algebra paper was a ~,** 'roedd y papur algebra'n gythreulig [o anodd]. **3.** *Orn:* = **petrel.**
stinkhorn *n. Fung:* cingroen (cingrwyn) *f* (*pronounced* ng-g), pidyn drewllyd *m*; **dog ~,** cingroen bengoch (cingrwyn pengoch) (*pronounced* ng-g).
stinking *a.* **1.** *(= foul-smelling):* drewllyd, yn drewi, *S:* yn gwynto'n gryf/gas, *Lit:* drycsawrus, drycsawr; *F:* **to cry ~ fish,** baeddu'ch nyth eich hun; *Z:* **~ badger,** = **teledu**; *Bot:* **~ cedar,** = **stinking yew**; *Bot:* **~ goosefoot,** = **goosefoot 1**; *Bot:* **~ iris,** = **iris (stinking)**; *Fung:* **~ smut,** = **bunt**; *Bot:* **~ weed, ~ wood,** casia drewllyd *m*; *Bot:* **~ yew,** ywen ddrewllyd (yw drewllyd) *f*. **2.** *(= disgusting):* ffiaidd, cywilyddus; **he's ~ rich,** mae'n drewi o arian; mae'n graig o arian. **3.** *F:* = **drunk.**
stinkingly *adv.* yn ddrewllyd.
stinko *a. P:* = **drunk.**
stinkpot *n. F:* = **stinker.**
stinkstone *n. Geol:* drewfaen (drewfeini) *m*, mochfaen (mochfeini) *m*.
stinkweed *n. Bot:* **1.** = **mustard (wall). 2.** *U.S:* = **thorn-apple.**
stinkwood *n. Bot: (Ocotea billata):* pren drewllyd *m*, coeden ddrewllyd (coed drewllyd) *f*.
stint¹ *n.* **1.** *(= restriction):* cyfyngiad(-au) *m*, dogn(-au) *m*; **without ~,** heb gyfrif y gost, yn hael, yn ddibrin, heb arbed dim, yn ddiarbed; **(to spend money) without ~,** (gwario arian) yn ffri, yn eich cyfer, yn ddibrin *&c*, *S:* bod yn halfawr, (hala arian) yn eich cyfer, hala'n ofer; **to labour without ~,** gweithio'n ddibaid/ddiarbed, gweithio heb eich arbed eich hunan, gweithio heb gyfrif y gost. **2.** *(= job):* gorchwyl(-ion) *m*, tasg(-au) *f*; *Min:* mesur(-au) *m*; *(= shift):* daliad(-au) *m*, *N:* stem(-iau) *f*, pwl (pyliau) *m*, pwcs (pycsiau) *m*; **to do one's daily ~,** gweithio'ch stem/daliad; **I've done my ~,** 'rwyf wedi gwneud fy rhan [o'r gwaith]. **3.** *(= prescribed quantity, share):* cyfran(-nau) *m*, dogn, siâr (siarau) *f*; **to exceed one's ~,** cael mwy na'ch dogn/siâr.
stint² *v.t.* **1. to ~ s.o. (of sth),** codi'r rhastl ar rn, amddifadu rhn (o rth), gwrthod (rhth) i rn; **to ~ oneself,** mynd heb rth, mynd yn brin o rth, eich amddifadu'ch hun o rth; **they ~ me of fire and light,** maent yn gwrthod/pallu rhoi tân a golau imi. **2.** *(food):* dogni (rhth), cynilo (ar rth), *S.W:* tolio (rhth); **(to give) without stinting,** (rhoi) yn hael/ddibrin/ddiarbed, heb gyfrif y gost. **3.** *(= discontinue):* atal, terfynu, stopio.
stint³ *n. Orn:* pibydd(-ion) bach *m*.
stinter *n.* dognwr (dognwyr) *m*, tociwr (tocwyr) *m*, *S.W:* toliwr (tolwyr) *m*.
stintingly *adv.* yn gynnil, yn ddarbodus, yn grintachlyd, *N.W: occ:* yn docgar.
stintless *a.* dibrin, diarbed.
stipate *a. Bot:* clòs.
stipe *n. Bot:* coes(-au) *f*, coesyn(-nau) *m*, coesig(-au,-ion) *f*.
stipel *n. Bot:* stipel(-au) *m*.
stipellate *a. Bot:* stipelog.
stipend *n.* cyflog(-au) *m*.
stipendiary *a. & n.* **1.** *a.* cyflogedig, dan gyflog. **2.** *n.* ynad(-on) cyflogedig *m*, ynad cyflog.
Stiperstones (the) *Eng.Pl.n.* Carneddau *(pl)* Teon.
stipes *n.* **1.** *Bot:* = **stipe. 2.** *Crust: (a) (= eyestalk):* llygatgoes(-au) *f*; *(b)* = **peduncle.**
stipiform *a. Bot:* coesffurf.
stipitate *a. Bot:* coesog.
stipitiform *a.* coesffurf.
stipple¹ *n. Art:* dotwaith (dotweithiau) *m*, llun(-iau) *(m)* dotiau. **~ graver** *n.* dotweithiwr (dotweithwyr) *m*.
stipple² *v.t. Art:* dotweithio.
stippler *n.* dotweithiwr (dotweithwyr) *m*.
stippling *vn.* = **stipple¹,².**
stipulable *a.* amodadwy.
stipulaceous, stipular, stipulary *a. Bot:* stipylaidd.
stipulate¹ *v.i.&t.* **1.** *v.i.* **to ~ for sth,** mynnu rhth, mynnu cael rhth, gwn|eud amod o rth, gwneud rhth yn amod, rhagnodi rhth, *occ:* amodi rhth; **to ~ for a reward,** gwneud gwobr yn amod. **2.** *v.t.* **to ~ in writing that...,** amodi ar ddu a gwyn fod...; **to ~ a price,** pennu pris.
stipulate² *a. Bot:* stipylog.
stipulated *n.* penodol, sy'n amod, amodedig, y cytunwyd arno, rhagnodedig.
stipulation *n.* **1.** *(action):* amodi *vn*, amodiad *m*. **2.** *(= condition):* amod(-au) *mf*.
stipulator *n.* amodwr (amodwyr) *m*.
stipulatory *a.* amodedig, amodol.
stipule *n. Bot:* stipwl (stipylau) *m*, deilen fach (dail bach) *f*.
stipuled *a. Bot:* stipylog.
stipuliform *a. Bot:* stipylaidd.
stir *n.* **1.** *(= act of stirring):* tro *m*, troad *m*, troi *vn*; **to give one's coffee a ~,** troi'ch coffi, rhoi tro i'ch coffi, rhoi tro yn eich coffi; **to give the fire a ~,** procio'r tân, rhoi proc/prociad *(m)* i'r tân, *S.W:* poco/pocan y tân, rhoi pocad *(m)* i'r tân. **2. ~ of wind,** chwa(-on) *mf*, awel(-on) *f*; **there was not a ~,** nid oedd yr un smic *(m)* i'w glywed. **3.** *(a) (= bustle):* cyffro *m*, stŵr *m*, cynnwrf *m*, mynd *vn*; **a place full of ~ and movement,** lle yn llawn cyffro a gweithgarwch, lle yn fwrlwm i gyd, *S.W:* lle yn llawn ffair a ffwndwr; *(b) (= sensation):* cynnwrf (cynhyrfau) *m*, cyffro(-adau) *m*; **to make a ~,** achosi/creu cyffro/cynnwrf, creu sôn [amdanoch] *&c*. **4.** *F:* = **prison. ~-crazy** *a. U.S:* carcharwyllt.
stir² *v.t.&i.* **1.** *v.t.* *(a) (= move): (usu. neg.):* cyffr|oi, ystwyrian, symud, syflyd (rhth); aflonyddu (ar rth); **not a breath stirs the leaves,** nid oes awelyn yn siffrwd/ystwyrian y dail; **he could not ~ a foot,** ni allai symud; ni allai gyffro/syflyd cam; *N.W:* ni fedrai chwimiad cam, ni fedrai syflyd yr un hoc; **I will not ~ a foot,** ni symudaf i gam; ni wnaf i symud/gyffro o'r fan; *N.W: occ:* wna' i ddim chwimiad led fy nhroed; **if you ~ I shoot,** os symudi di fodfedd, mi saetha' i; **~ your stumps!** brysia (brysiwch)! gafael(-wch) ynddi! *S:* siapa (siapwch) hi! mwstra (mwstrwch)! *N.W:* styria dy goed/stympiau/beglau (styriwch eich coed/stympiau/beglau)! *F:* **he will not ~ a finger,** wnaiff e/o ddim codi bys; wnaiff e/o helpu dim; chyfyd e/o mo'i fys bach; *(b) (fire): N:* procio, *S.W:* poco; *(tea &c):* troi, *S.W:* bwdlan, *N.W: occ:* rhwdlio, rwdlio, rwdlian, rwtlio; **to ~ one's tea,** troi'ch te, rhoi tro i'ch te, rhoi tro yn eich te; *(c) (move):* symud, cynhyrfu, cyffroi; *F:* **to ~ heaven and earth,** symud nef a daear; **to ~ s.o.'s wrath,** ennyn digofaint rhn, tynnu/ennyn llid rhn; **to ~ s.o. to pity,** ennyn/ennill tosturi rhn; **scents that ~ the senses,** arogleuon sy'n cyffroi'r synhwyrau; **it stirs one's blood,** mae'n eich cynhyrfu/cyffroi; mae'n cynhyrfu'ch gwaed; mae'n gyrru'ch gwaed i redeg. **2.** *v.i.* syflyd, symud, ystwyrian, *occ:* cyffro, chwimio, chwimiad, chwimled, *S.W:* whimled, *S.E:* wimlyd, *N.W: occ:* chwimiad; **(to sit) without stirring,** (eistedd) yn llonydd, heb symud bys na bawd, heb gyffro llaw na throed, heb ystwyrian; **don't ~ from here,** peidiwch â symud/syflyd

oddi yma; *S:* peidiwch â chyffro oddi yma; **he did not ~ out of the house,** nid aeth ef allan/mas o'r tŷ; aeth ef ddim dros garreg y drws; **he is not stirring yet,** nid yw wedi codi eto; mae'n dal yn ei wely; *S:* 'dyw e ddim wedi cwnnu eto; **(there is not a breath of air) stirring,** (nid oes awel o wynt) i'w theimlo, yn chwythu. **~ about** *v.i.* ymbrysuro, prysuro, symud, cyffro, ystwyrian. **~ up** *v.t.* **1.** *(waters):* cynhyrfu; *(fire): N:* procio, *S:* pocan, poco. **2.** *(rebellion):* codi, ennyn, peri, ysgogi; *(people):* cynhyrfu, cyffroi, ysgogi; *(curiosity):* ennyn, cyffroi, ysgogi; *(emotion):* peri, ennyn, codi, ysgogi; **to ~ up hatred,** ennyn/peri/ysgogi casineb; **to ~ up s.o.'s zeal,** ennyn brwdfrydedd rhn; **to ~ up enmity between people,** codi cynnen rhwng pobl, gwn|eud/gyrru drwg rhwng pobl, creu helynt rhwng pobl, *S.W:* hala rhwng pobl a'i gilydd; **he wants stirring up,** mae eisiau ei brocio/ysgwyd/symbylu/ddeffro/ddihuno/ystwyrian; **to ~ up strife, to ~ things up,** codi twrw, codi helynt, cynhyrfu'r dyfroedd, *S.E:* trwblu, trwblu'r dŵr. **~-fried** *a.* tro-ffriedig. **~-fry** *v.t.* tro-ffrio. **~-up** *n. F:* cynnwrf *m*, cyffro *m*, cythrwfl *m*.

stirabout *n.* **1.** *Cu:* uwd *m*, sucan *m*. **2.** *F: (pers.):* rhn (rhai) prysur.

stirk *n. Husb:* blwyddiad (blwyddiaid) *m&f*.

stirless *a.* llonydd, tawel, disymud, digyffro, digynnwrf, di-stŵr, diderfysg.

stirpicultural *a.* llinachfridiol.

stirpiculture *n.* bridio (*vn*) llinach.

stirpiculturist *n.* llinachfridiwr (llinachfridwyr) *m*.

stirps *n.* **1.** *(= branch of family):* cangen (canghennau) *f*, cyff *m*, ach(-au) *f*, llinach(-au) *f*, tras(-au) *f*; *Jur:* **distribution *per stirpes*,** dosraniad(-au) (*m*) ***per stirpes***, dosraniad yn ôl yr ach. **2.** *Jur: (= progenitor):* hynafiad (hynafiaid) *m*, cyndad(-au) *m*, cyndaid (cyndeidiau) *m*.

stirred *a.* **1.** *(porridge, drink &c):* wedi ei droi/throi. **2.** *(= moved):* cyffroëdig, yn gyffro i gyd, wedi'ch cynhyrfu, mewn cynnwrf, mewn cyffro.

stirrer *n.* **1.** *(pers.):* **~[-up],** cynhyrfwr (cynhyrfwyr) *m*, codwr (codwyr) (*m*) twrw/helynt, cyffröwr (cyffrowyr) *m*, cythryblwr (cythryblwyr) *m*, terfysgwr (terfysgwyr) *m*, aflonyddwr (aflonyddwyr) *m*; **~-up of strife,** terfysgwr (terfysgwyr) *m*, pwt (*m*) y gynnen, corddwr (corddwyr) *m*. **2.** *(device):* corddwr (corddwyr) *m*, tröydd (troyddion) *m*, tröwr (trowyr) *m*; *Cu: (of porridge &c):* [y]sbodol(-au) *f*, ymotbren(-nau) *m*, *N.W:* mopran *m*, mopren *m*, pren (*m*) llymru/uwd, uwtffon (uwtffyn), *occ:* hwtffon, *M.W:* myndl *m*, mowndel *m*, mwndwl *m*, myndyl *m*, *S.W:* pren sucan. **3.** *(pers.):* **early ~,** boregodwr (boregodwyr) *m*, *Joc:* seren fore *f*.

stirring[1] *a.* **1.** *(= active):* bywiog, prysur. **2.** *(= exciting):* cynhyrfus, cyffr|ous, cythryblus.

stirring[2] *vn.* **1.** = **stir[1],[2]**. **2.** *(of discontent, interest &c):* cyffro (-adau) *m*, ystwyriad(-au) *m*.

stirringly *adv.* yn gynhyrfus *&c*.

stirrup *n.* gwarthol(-ion) *f*, gwarthafl(-au) *f*. **~-bar** *n.* bar (*m*) gwarthol (barrau gwartholion). **~-bone** *n. Anat:* gwarthol(-ion) *f*. **~-cup** *n.* cwpan (*mf*) [g]warthol (cwpanau gwarthol). **~-iron** *n.* haearn (*m*) gwarthol (heyrn gwartholion). **~-jar** *n.* costrel warthaflog (costrelau gwarthaflog) *f*. **~-leather** *n.* carrai (*f*) gwarthol (careiau gwartholion), lledr (*m*) gwarthol (lledrau gwartholion). **~-pump** *n.* pwmp (pympiau) (*m*) gwarthol. **~-strap** *n.* = **stirrup-leather**.

stitch[1] *n.* **1.** *(a) Needlew:* pwyth(-au,-i) *m*, gwnïad (gwniadau) *m*, magl(-au) *f*, pwythyn *m*, *S:* tacad *f*, tac(-au) *f*, *S.E:* tecyn (tacau) *m*; *S.a.* **backstitch**; **basting ~,** brasbwyth(-au) *m*, tac; **blanket ~,** pwyth planced, pwyth dolen; **buttonhole ~,** pwyth twll botwm; **cable-~,** pwyth rhaff; **canvas ~,** pwyth cynfas; **catch ~,** pwyth dal, pwyth cydio; **chain-~,** pwyth cadwyn; **chained feather-~,** pwyth plu cadwynog; **chequered chain-~,** pwyth cadwyn amryliw; **chevron ~,** pwyth ***chevron***, pwyth ceibr; **couching-~,** pwyth gorwedd, pwyth cowtsio; **counted thread ~,** pwyth cyfrif edau; **crested chain-~,** pwyth cribog, pwyth cadwyn gribog; **cross-~,** pwyth croes; **darning-~,** pwyth cyweirio, pwyth creithio; **detached chain-~,** pwyth cadwyn unigol, pwyth un gadwyn; **double back-~,** pwyth ôl dwbl; **double chain-~,** pwyth cadwyn dwbl; **double faggot-~,** pwyth ffagod dwbl; **double knot ~,** pwyth cwlwm dwbl; **faggot-~,** pwyth ffagod; **feather-~,** pwyth pluen; **filling-~,** pwyth llanw, pwyth llenwi; **fish-bone ~,** pwyth asgwrn pysgodyn; **flat ~,** pwyth gwastad; **fly-~,** pwyth pryf; **four-sided ~,** pwyth petryal; **garter-~,** pwyth gardas; **Gobelin ~,** pwyth G|obelin; **hem-~,** hembwyth(-au) *m*, pwyth hemio; **herring-bone ~,** pwyth pennog, *N.W: occ:* pwyth cas pêl, *S.E: occ:* pwyth asgwrn, pwyth cefn pysgodyn, *S.W: occ:* castithad(-au) *m*, pwyth rhedynen; **to do a herring-bone ~,** *S.W:* castitho, *N:* herambonio; **honeycomb ~,** pwyth crwybr; **joining-~,** pwyth asio; **kettle-~,** pwyth cadwyn; **knotted ~,** pwyth cwlwm; **ladder-~,** pwyth ysgol; **lazy daisy ~,** pwyth llygad y dydd, pwyth un gadwyn; **lock-~,** pwyth clo; **long armed cross-~,** pwyth croes hirfraich; **long and short ~,** hirbwyth a byrbwyth, pwyth hir a byr; **looped ~,** pwyth dolen; **machine ~,** pwyth peiriant; **moss-~,** pwyth mwsogl, *N.W:* pwyth gratur; **open chain-~,** pwyth cadwyn agored; **outline ~,** pwyth amlinell; **overcast ~,** trawsbwyth(-au) *m*; **oversaw ~,** pwyth amylu; **pad-~,** pwyth pad; **padding-~,** pwyth padio; **Pekinese ~,** pwyth Pec|in; **pin-~,** pwyth pin; **punch-~,** pwyth pwnsh, pwyth tyllog; **purl ~,** pwyth o chwith, pwyth o chwithig, *S:* pwyth go chwith, *S.E:* pwythyn maglau; **rice-~,** pwyth reis; **rosette chain-~,** pwyth cadwyn rhosyn; **rope ~,** pwyth rheffyn; **running ~,** pwyth rhedeg; **saddle ~,** pwyth cyfrwy; **satin-~,** pwyth satin; **single faggot-~,** pwyth ffagod sengl; **skipped ~,** pwyth coll; **slip hemming-~,** pwyth hemio slip; **stab ~,** pwyth gwanu, pwyth taro; **stay ~,** pwyth stae, pwyth cynnal; **stem ~,** pwyth conyn; **stocking-~,** pwyth hosan; **tacking-~,** pwyth tacio, *S.E:* tacad(-au) *m*; **tent-~,** pwyth pabell; **tête de boeuf ~,** pwyth pen tarw, pwyth ***tête de boeuf***; **three-sided ~,** pwyth triongl; **top-~,** pwyth top, wyn|eb-bwyth(-au) *m*; **Turkish ~,** pwyth Twrc, pwyth Twrcaidd; **twisted chain-~,** pwyth cadwyn dro; **whipping-~,** pwyth chwipio; **zigzag ~,** pwyth igam ogam; *Prov:* **a ~ in time saves nine,** pwyth mewn pryd a arbeda naw; mae pwyth mewn llaw yn arbed naw; *N.W:* cod y garreg yn ôl i'r clawdd am fod pwys o fenyn dani; *F:* **he did not have a ~ on,** yr oedd yn noethlymun [groen]; nid oedd dilledyn amdano; *S:* yr oedd yn borcyn; 'doedd dim un pilyn amdano; *N: occ:* 'doedd dim ceryn amdano; *Nau:* **with every ~ of canvas set,** a phob hwyl ar led; *F:* **(he hasn't) a ~ to his back,** ('does ganddo) yr un edau i ymgrogi, yr un gragen i ymgrafu; *F:* **he has not a dry ~ on him,** mae'n wlyb at ei groen *or* at y croen; mae'n wlyb ddiferol/domen; *S.W:* mae e'n wlyb botsh/ boten/shwps/stecs; **to drop a ~,** colli pwyth, *S:* colli mag[a]l; *F:* **we were in stitches,** 'roeddem yn ein dyblau; 'roeddem yn chwerthin nes ein bod yn wan/sâl; 'roeddem yn ein lladd ein hunain yn chwerthin; 'roeddem yn chwerthin nes 'roeddem yn ein dau ddwbl a phlet; *N:* 'roeddem ni'n g'lana' chwerthin; **to put stitches in a wound,** pwytho/gwnïo clwyf; **to have stitches in a wound,** cael pwythau mewn clwyf. **2.** *Med: (= pain):* pigyn (pigau) *m*, poen(-au) *f*, *occ:* gwayw (gwewyr) *m*, cric *m*. **~ wheel** *n.* olwyn (*f*) dyllu (olwynion tyllu).

stitch[2] *v.t.* gwnïo, pwytho, *S.W:* taco. **~ down** *v.t. Needlew:* gwnïo, pwytho. **~ up** *v.t.* **1.** gwnïo, pwytho, *S.W:* cwiro. **2.** *F:* = **betray, cheat[2]**.

stitched *a.* gwniedig, pwythog, a bwythwyd/wnïwyd, wedi ei wnïo/bwytho, a phwythau ynddo.

stitcher *n.* **1.** *(pers.):* gwnïwr (gwniwyr) *m*, gwnïydd (gwniyddion) *m*, pwythwr (pwythwyr) *m*, gwniwraig (gwniwragedd) *f*, gwniyddes(-au) *f*, gwniadwraig (gwniadwragedd) *f*. **2.** *(machine):* peiriant (peiriannau) (*m*) gwnïo/pwytho.

stitchery *n.* gwnïo *vn*, gwniaduriaeth *f*, gwniadwaith *m*, gwniedyddiaeth *f*.

stitching *vn.* **1.** *(a) Needlew:* gwnïad (gwniadau) *m*, gwnïo, pwytho; **circular motion ~,** pwytho cylchdro; **ornamental ~,** brodwaith *m*; **top-~,** wyneb-bwytho; **under-~,** tanbwytho.

stitchwort *n. Bot: (Stellaria):* botwm (*m*) crys, serenllys *m*, tafod (*m*) yr edn, llygad (*m*) madfall, llysiau (*pl*) blaen gwayw, blodau (*pl*) nadredd, blodau'r fadfall. **bog ~,** *(S. alsine):* tafod edn y gors, bara (*m*) can y corsydd; **greater ~,** *(S. holostea):* tafod yr edn mwyaf, bara can a llaeth, serenllys mawr; **lesser ~,** *(S. graminea):* tafod yr edn lleiaf, bara can a llaeth lleiaf; **long-leaved ~,** *(S. longifolia):* serenllys hirddail; **marsh ~,** *(S. palustris):* tafod yr edn llwydlas; **wood ~,** *(S. nemorum):* tafod edn y goedwig.

stithy *n. A:* = **anvil, smithy.**

stiver *n. F:* hatling(-au,-od) *f*, dimai goch *f*, *N:* ffleipen *f*; *F:* **he**

hasn't a ~, 'does ganddo'r un hatling ar ei elw; 'does ganddo ddim un ddimai goch [ar ei elw]; **he doesn't care a ~,** nid yw'n malio botwm crys; nid yw'n malio'r un ffeuen; *S. W:* 'dyw e ddim yn becso dam; 'dyw e'n hido dim.

stoa *n. Gr.Ant:* pendist(-iau) *m*, stoa (stoâu) *mf*.

stoat *n. Z:* carlwm (carlymiaid, carlymod) *m*.

stochastic *a.* stocastig.

stochastically *adv.* yn stocastig.

stock[1] *n.* **1.** *(a) Bot: (= trunk of tree):* bôn (bonau, bonion) *m*, boncyff(-ion) *m*; *(b) (= stump):* bôn: bonyn (bonau, bonion) *m*, *F:* stwmp: stwmpyn (stympiau) *m*; *Lit: B:* **stocks and stones,** cerrig a phrennau; *F:* **to stand like a ~,** sefyll fel pren/delw; *S.a.* **laughing-stock**; *(c) Hort: (= plant into which graft is inserted):* cyff(-ion) *m*; *(d) (= breed):* cyff *m*, tras(-au) *f*, hil(-ion) *f*, llinach(-au) *f*, *F:* brid(-iau) *m*; **true to ~,** o'r iawn ryw, o waed cyfan; **I know the ~ they come from,** 'rwy'n eu hadnabod o hil gerdd; **of good Puritan ~,** o linach/dras Biwritanaidd dda, o deulu o Biwritaniaid da, Piwritanaidd o hil gerdd; *(e) Ling:* teulu(-oedd) *m*. **2.** *(a) (of gun, whip, fishing-rod):* carn(-au) *m*; *S.a.* **lock**[2] 3; **anchor ~,** croesfar (*m*) angor (croesfarrau angorau); **rudder ~,** cyff llyw (cyffion llywiau), llywbost (llywbyst) *m*; **anvil ~,** cyff eingion (cyffion eingionau); *(b)* **bit-~,** carn(-au) (*m*) tro/troi; **die-~,** cyff dei; **stocks and dies,** cyffion a deiau. **3.** *pl. Hist: Jur:* cyffion. **4.** *pl. N.Arch:* blociau; **(ship) on the stocks,** (llong) ar y blociau, yn cael ei hadeiladu; *F:* **(to have a piece of work) on the stocks,** (bod â gwaith) ar y gweill, ar y blociau, ar ei hanner, *S.E:* â gwaith ar gêt. **5.** *(= provision):* cyflenwad(-au) *m*, stoc(-iau) *f*, stôr (storiau) *f*; **old/ dead ~,** hen nwyddau *pl*, hen stoc, hen bethau (*with stress on* "hen") *pl*; **~ in hand,** stoc *fm*, nwyddau *pl*; **in ~,** mewn stoc, ar gael; **that is out of ~,** nid yw gennym; nid yw ar gael; nid yw mewn stoc; **to take ~,** rhestru nwyddau, gwn|eud rhestr o nwyddau, cyfrif stoc, cymryd stoc, prisio stoc, arolygu stoc; *F:* **to take ~ of s.o.,** pwyso a mesur rhn, gweld beth yw hyd a lled rhn, *N. W:* mesur troed rhn, *S. W:* mesur rhn ar ei hyd; **to take ~ of a situation,** mesur a phwyso sefyllfa; *(c) Cards: (i)* = **pack**[1] 3; *(ii) (= remainder):* gweddill *m*; *(d) Husb:* **live ~,** da byw *pl*, anifeiliaid *pl*, *S. W:* creaduriaid *pl*; **grazing ~,** gwartheg pori *pl*; **fat ~,** gwartheg stôr/tewion/cadw, *S:* da cadw/stôr/stoc; *(e) Rail:* **rolling ~,** cerbydau *pl*, wageni *pl*. **6.** *Cu:* **soup ~,** *Lit:* isgell(-au) *m*, gwlych *m*, sew(-ion) *m*, *N. W:* potes *m*; **vegetable ~,** gwlych llysiau, dŵr (*m*) llysiau. **7.** *Fin:* stoc(-iau) *m*; **call ~,** stoc adalw; **gilt-edged stocks,** stociau'r llywodraeth, stociau ymyl aur, eurymylon; **joint ~,** cydgyfalaf *m*; **fully paid ~,** stoc llwyrdaledig; **stocks and shares,** stociau a chyfrannau/siariau *pl*; *Fig:* **his ~ is going up,** mae'r parch iddo ar gynnydd; mae'n ennill parch/ poblogrwydd; mae'n fwyfwy poblogaidd; *Fig:* **his ~ is going down,** mae'n colli parch/ poblogrwydd; mae'n mynd ar i lawr; *U.S:* **I don't take/put much ~ in it,** nid oes gennyf fawr o ffydd ynddo; nid wy'n rhoi fawr o goel arno. **8.** *Bot:* **~ [gilly-flower], Brompton/hoary/garden ~,** *(Mathiola incana):* murwyll dwyflwydd *m*, siriol pêr *m*, melyn (*m*) y gaeaf; **night-scented ~,** *(M. bicornis):* siriol pêr y nos; **sad ~,** *(M. tristis):* murwyll trist; **sea ~,** *(M. sinuata):* murwyll tewbannog/arfor; **ten-week ~,** *(M. annua):* murwyll blynyddol; **Virginia ~,** *(Malcolmia maritima):* murwyll bychan. **9.** *Cost: (a) A:* crafat(-iau) *m*, necloth *m*, *Lit: occ:* cyffliain (cyfflieiniau) *m*; *(b) Mil: A:* coler syth (coleri sythion) *mf*; *(c) Equit:* coler ledr/ lledr (coleri lledr); *(d) Ecc:* tsiêt (tsieti) sidan *f*. **10.** *attrib.* safonol, cyffredin, arferol, stoc; *Com:* **~ size,** maint cyffredin/ stoc *m*; *Th:* **~ play,** drama (dramâu) (*f*) stoc; *Th:* **~ company,** actorion (*pl*) stoc, cwmni (cwmnïau) stoc *m*; **~ argument,** hen ddadl (~ ddadleuon) *f*; **~ phrase,** ystrydeb(-au) *f*; *(in poetry):* hen drawiad(-au) *m*. **~-account** *n. Bookb:* cyfrif(-on) (*m*) stoc. **~ appreciation** *n.* arbrisiant (*m*) stociau. **~-agent** *n.* prynwr (*m*) a gwerthwr stociau, deliwr (delwyr) (*m*) [mewn] stociau. **~-book** *n.* llyfr(-au) (*m*) stoc, stoclyfr(-au) *m*. **~ brick** *n.* bricsen (brics) (*f*) stoc. **~-car** *n.* **1.** *Aut: Sp:* car (ceir) (*m*) stoc. **2.** *U.S: Rail:* wagen (*f*) wartheg (wageni gwartheg). **~ certificate** *n.* tystysgrif(-au) (*f*) stoc. **~ control** *n. Cmptr: &c:* rheolaeth (*f*) [ar] stoc. **~ cube** *n. Cu:* ciwb(-iau) (*m*) isgell/stoc. **~ cupboard** *n.* cwpwrdd (cypyrddau) (*m*) stoc. **~ dove** *n. Orn:* colomen wyllt (colemennod gwylltion) *f*, colomen lwyd (colomennod llwydion), *Lit: occ:* ysguthell(-od) *f*. **~ exchange** *n.* cyfnewidfa (cyfnewidf|eydd) (*f*) stoc/stociau. **~ farm** *n.* ffarm/fferm (*f*) wartheg (ffermydd gwartheg), fferm dda byw (ffermydd da byw). **~ farmer** *n.* ffermwr/ffarmwr (ffermwyr) (*m*) gwartheg, ffermwr da byw. **~ farming** *vn.* magu gwartheg, magu stoc. **~-gang** *n.* cowmyn *pl*. **~ gillyflower** *n. Bot:* = **stock**[1] **8**. **~-horse** *n. Austr:* ceffyl(-au) (*m*) bugeilio. **~-in-trade** *n.* **1.** *(of craftsman):* offer (*pl*) gwaith/crefft, celfi/arfau (*pl*) gwaith. **2.** *(of conjurer, comedian, politician &c):* stoc arferol, stôr arferol. **~-keeper** *n.* stociwr (stocwyr) *m*, ceidwad (ceidwaid) (*m*) stoc, gofalwr (gofalwyr) (*m*) stoc. **~ lock** *n.* cyffglo(-eau) *m*. **~ mare** *n.* caseg (*f*) fagu (cesyg magu), caseg re (cesyg gre), caseg rewys (cesyg grewys). **~-market** *n.* **1.** *Fin:* marchnad(-oedd) (*f*) stoc. **2.** *(for animals):* marchnad wartheg (marchnadoedd gwartheg), *N:* ffair (ffeiriau) (*f*) anifeiliaid, *N. W:* sêl(-s) *f*, *S. W:* mart(-s) *m* [anifeiliaid], marced(-au) *f*. **~ option** *n. Com:* dewis (*vn*) stoc. **~ owl** *n. Orn:* = **eagle owl. ~ purse** *n.* pwrs (pyrsiau) cyffredin *m*. **~-raiser** *n.* = **stockbreeder**. **~-raising** *vn.* = **stockbreeding**. **~-rider** *n.* cowmon: cowman (cowmyn) *m*, cowboi(-s) *m*. **~ rose** *n. Bot: (Sparmannia africana):* stoc-rosyn(-nau) *m*. **~-route** *n.* ffordd (*f*) borthmona (ffyrdd porthmona). **~ saddle** *n.* cyfrwy (*m*) cowmon (cyfrwyau cowmyn). **~-saw** *n.* llif(-iau) (*f*) aml-lafn, stociif(-iau) *f*. **~ solution** *n. Ch: Phot:* toddiant crynodedig *m*. **~-split** *n. Fin:* rhaniad(-au) (*m*) stoc, hollt (*f*) stoc. **~-still** *a. & adv.* hollol lonydd, fel delw, fel post, yn stond.

stock[2] *v.t.* **1.** *(a) (gun):* gosod/rhoi/dodi carn (ar ddryll/wn); *(b) (anchor):* croesfario. **2.** *(shop, farm, pond &c):* stocio, llenwi, cyflenwi; **(shop) well stocked (with sth),** (siop) â chyflenwad da, â stoc dda, â digon/digonedd (o rth); **memory stocked with facts,** cof llawn ffeithiau. **3.** *(merchandise):* cadw, stocio. **4.** *Jur: Hist:* dodi/gosod/rhoi (rhn) mewn cyffion. **5.** *v.i.* **to ~ up with sth,** ymorol am rth, cael stoc/stôr/cyflenwad o rth.

stockade[1] *n.* **1.** *(= palisade):* ffens (*f*) byst (ffensys pyst), ffens bolion (ffensys polion), palisâd (palisadau) *m*, stocâd (stocadau) *m*, *Lit: occ:* cledrfur(-iau) *m*. **2.** *(= enclosure for animals):* corlan(-nau) *f*, lloc(-iau) *m*, ffald(-au) *f*. **3.** *U.S: (= military prison):* carchar(-au) milwrol *m*.

stockade[2] *v.t.* codi/gosod/rhoi/dodi ffens byst (o amgylch rhth); amgáu/amgylchu (rhth) â ffens byst.

stockaded *a. (fort):* o fewn palisâd, palisog, amgaeëdig â phalisâd.

stockbreeder *n.* bridiwr (bridwyr) (*m*) da byw.

stockbreeding *vn.* bridio/magu da byw.

stockbroker *n.* brocer(-iaid) (*m*) stoc, stocbrocer(-iaid) *m*.

stocker *n.* stociwr (stocwyr) *m*.

stockfish *n.* codyn sych (cod sychion) *m*, *Lit: occ:* cyffbysg(-od) *m*.

stockholder *n.* **1.** *Fin:* daliwr (dalwyr (*m*) stoc, stocddaliwr (stocddalwyr) *m*. **2.** = **stock-farmer.**

stockily *adv.* yn fyrdew *&c*.

stockiness *n.* byrdewdra *m*.

stockinet[-te] *n. Tex:* stocinét *m*.

stocking *n.* **1.** *Cost:* hosan(-au, *F:* 'sanau) *f*; **ribbed stockings,** hosanau rib, hosanau rhesog, *N. W:* 'sanau brog; **footless ~,** bacas (bacs[i]au) *f*, hosan pen gast; **odd ~,** hosan weddw, hosan heb bartneres; *F:* **a well-lined ~,** hen hosan go dda/lew, hosan fawr; **he stands six feet in his stockings** *or* **in his stockinged feet,** mae ef yn chwe throedfedd yn nhraed ei 'sanau; *S.a.* **bluestocking. 2. white ~,** *(of a horse):* hosan wen (hosanau gwynion, 'sanau gwyn), bacas wen (bacs[i]au gwynion). **~ cap** *n.* cap (*m*) hosan (capiau hosanau), cap gweu. **~-filler** *n.* peth(-au) (*m*) llenwi hosan. **~-frame, ~-loom, ~-machine** *n.* peiriant (peiriannau) (*m*) gwau hosanau, gwŷdd (gwyddion) (*m*) hosanau. **~ mask** *n.* masg (*m*) hosan (masgiau hosanau). **~-stitch** *n. Knitting:* pwyth(-au,-i) (*m*) hosan. **~-toe** *n.* blaen (*m*) hosan (blaenau hosanau). **~-top** *n.* pen (*m*) hosan (pennau hosanau), top (*m*) hosan (topiau hosanau), *S:* brig (*m*) hosan (brigau hosanau), brigyn (*m*) hosan (brigau hosanau).

stockinged *a.* mewn hosanau, hosanog; **in one's ~ feet,** yn nhraed eich *(&c)* 'sanau.

stockingless *a.* heb hosanau, dihosan, dihosanau, troednoeth.

stockish *a.* fel pren, fel plocyn; *S.a.* **stupid.**

stockist *n.* stociwr (stocwyr) *m*.

stockjobber *n. Fin:* jobiwr (jobwyr) *m*.

stockjobbing *vn. Fin:* jobio.

stockless *a.* **1.** *(anchor):* heb groesfar; *(gun):* heb garn. **2.** *(shop &c):* heb stoc, heb gyflenwad.

stocklist *n.* rhestr(-au) (*f*) stoc.
stockman *n.m.* *U.S:* **1.** *(= farmer):* ffermwr (ffermwyr) gwartheg. **2.** *(= cowman):* cowman: cowmon (cowmyn), bugail (bugeiliaid) gwartheg, *Lit: occ:* gwarthegydd(-ion) *m.* **3.** *U.S:* **= stock-keeper.**
stockout *a. Com:* **~ costs,** costau (*pl*) di-stoc.
stockpile[1] *n.* stôr (storiau) *m*, pentwr (pentyrrau) *m.*
stockpile[2] *v.t.* storio, pentyrru.
stockpiler *n.* pentyrrwr (pentyrwyr) *m.*
stockpot *n.* crochan(-au) *m.*
stockroom *n.* storfa (storf|eydd) *f.*
stocktaking *vn.* cymryd stoc.
stockwhip *n.* chwip (*f*) wartheg (chwipiau gwartheg).
stocky *a.* byrdew(-ion), *F:* pwt; **~ person,** stwcyn *m*, pwtyn *m*, pwtsyn *m*, stordyn *m*, tordyn *m*, torpwth *m*, stwcen *f*, pwten *f*, pwtsen *f*, *S.W:* stocyn *m*, stacan *m*, stocen *f*, *N:* cwtsach *m*, stwc (*m*) o ddyn.
stockyard *n.* corlan(-nau) *f*, iard (*f*) wartheg (ierdydd/iardiau gwartheg).
stodge[1] *n. F:* stwnsh *m*, *N.W:* sgrwtsh *m* [bwli cathod]; *Fig:* **this book is ~,** uwd go dew/drwm ydi'r llyfr yma.
stodge[2] *v.i.&pr. F:* llenwi'ch bol, bolera, eich stwffio'ch hun, *N:* sglaffio, claddu, hel i'ch bol/ceubal/cratsh.
stodgily *adv.* **1.** yn sgrwtshlyd, yn stwnshlyd. **2.** *Fig:* yn ddiflas, yn anniddorol, yn drymllyd.
stodginess *n.* **1.** natur stwnshlyd/sgrwtshlyd *f.* **2.** *(of book):* natur drymllyd *f*, trymder *m.*
stodgy *a.* **1.** *(food):* sgrwtshlyd, stwnshlyd; *(cake, bread, pudding):* toeslyd. **2.** *(book &c):* trymaidd, trwm (*f.* trom, *pl.* trymion), diflas, trymllyd.
stoep *n.* feranda (ferandâu) *f.*
stogie, stogy *n.* **1.** *(= boot):* esgid gref (esgidiau cryfion) *f*, esgid drom (esgidiau trymion). **2.** *(= cigar):* sigâr(-s) *f.*
stoic *a. & n.* **1.** *a.* stoicaidd. **2.** *n.* stoic(-iaid) *m&f.*
stoical *a.* stoicaidd.
stoically *adv.* yn stoicaidd.
stoicalness *n.* stoiciaeth *f.*
stoicheiological *a.* **= stoichiological.**
stoicheiology *n.* **= stoichiology.**
stoicheiometry *n.* **= stoichiometry.**
stoichiological *a.* stoichiolegol.
stoichiology *n.* stoichioleg *f.*
stoichiometric[al] *a. Ch:* stoichiometrig.
stoichiometry *n. Ch:* stoichiometreg *f.*
stoicism *n.* stoiciaeth *f.*
stoke[1] *v.t.* **1. to ~ a fire,** cynnal tân, bywh|au tân, rhoi glo/coed ar dân, gofalu am dân, bwydo tân, *N:* tendio tân, procio tân. **2.** *abs.* **to ~ [up],** *(a)* rhoi/dodi/gosod glo ar y tân, rhoi *(&c)* rhagor/ychwaneg ar y tân, gwn|eud llwyth o dân, gwneud tanllwyth [o dân], codi gwres, twymo; *(b) Joc: (with food):* bwyta llond eich bol/crombil, llenwi'r ceubal.
stoke[2] *n. Ph: Meas:* *stoke(-s) m.*
stokehold *n. Nau:* howld (*f*) danio (howldiau tanio).
stokehole *n.* **1.** *(of furnace, fire):* twll (tyllau) (*m*) tanio, *F:* uffern (-au) *f.* **2.** *Nau:* **= stokehold.**
stoker *n. Nau: Rail:* taniwr (tanwyr) *m.*
stokesia *n. Bot: (Stokesia laevis):* stokesia(-s) *m.*
stola *n.* **= stole[1] 1.**
stole[1] *n.* **1.** *Rom.Ant:* stola (stolâu) *f*, llacswisg(-oedd) *f.* **2.** *Ecc:* stola. **3.** *Cost:* stôl (stolau) *f.*
stole[2] *n. Bot:* **= stolon.**
stole[3] *v. See* **steal.**
stoled *a. Cost:* â stôl amdanoch.
stolen *a.* lladrad, wedi ei ddwyn, a ladratwyd/dducpwyd.
stolid *a.* sad, difraw, digyffro, disyflyd, di-sigl, digynnwrf, anghyffroëdig, diysgog; *Pej:* prennaidd.
stolidity *n.* diffyg (*m*) cyffro, sadrwydd *m*, llonyddwch *m.*
stolidly *adv.* yn ddigyffro.
stolidness *n.* **= stolidity.**
stolon *n. Bot: Z:* stolon(-au) *m.*
stolonate, stoloniferous *a. Bot:* stolonog.
stoma *n.* **1.** *Bot:* mandwll (mandyllau) *m*, stoma(-ta) *m.* **2.** *Z:* genau (geneuau) *m*, safn(-au) *f.*
stomach[1] *n.* **1.** stumog(-au) *f*, cylla(-on, cyllâu) *m*, *S:* crombil(-iau) *mf*, poten(-ni) *f*, *N.W: Joc:* caetsh *m*, cratsh *m*, cratsh bara, ceubal *m*, ceudod *m*, crŷb *m*, cwpwrdd (*m*) croen, cwpwrdd mawr; **calf's ~,** *S.E:* bwgish *m*, *S.W:* bwced llo; **cow's larger ~,** *S.E:* poten fawr; **cow's smaller ~,** *S.E:* poten fach; *(of ruminants):* **first ~,** *(= paunch, rumen):* blaenstumog(-au) *f*, *F:* y god fawr *f*; **second ~,** *(= honeycomb, reticulum):* rhwyll(-au) *f*, ail stumog, poten rwydog (potenni rhwydog), rhwyden(-nau) *f*; **third ~,** *(= psalterium, omasum):* y god fach, clwtyn dilladog *m*, omaswm *m*; **fourth ~, true ~,** *(= reed, maw, abomasum):* abomaswm *m*, crombil, cylla; **muscular ~, = gizzard; pit of the ~,** pwll (*m*) y cylla, pwll y galon; **pain in the ~,** poen(-au) (*f*) yn y stumog/cylla, *S:* bola tost *m*, gwayw (*m*) yn y cylla, *Lit: occ:* bolwst *fm*, cyllagwst *mf*, *N:* poen (*f*) yn y bol, cnofa (cnof|eydd) *f*, cnoi *vn*; **upset ~,** anhwylder (*m*) ar y stumog; *Pharm:* **(to be taken) on a full ~,** (i'w gymryd) ar ôl bwyd/bwyta; **on an empty ~,** ar eich cythlwng, â/ar stumog wag, â'ch cylla'n wag, heb fwyta; **it makes my ~ rise; it turns my ~,** mae'n codi cyfog/pwys arnaf; mae'n troi arnaf; mae'n stwmp ar fy stumog; *F:* **I had butterflies in my ~,** 'roedd fy mherfedd/stumog yn troi/corddi; 'roedd fy nhu mewn yn corddi; *F:* **the way to a man's heart is through his ~,** trwy'r stumog mae mynd at galon dyn. **2.** *F: (euphemism for belly):* bol(-iau) *m*, *S:* bola (boliau) *m*; **to crawl on one's ~,** cropian ar eich bol/bola. **3.** *(a) (= appetite):* awydd (*m*) bwyd, chwant (*m*) bwyd, archwaeth *m*, blys (*m*) bwyd, awch (*m*) am fwyd, gwanc (*m*) bwyd; **no ~,** dim stumog, dim awydd, dim blas; *(for a fight &c):* awydd, parodrwydd *m*, *F:* plwc *m*, iau *m*, calon *f*; **it will put some ~ into them,** fe rydd ychydig o blwc ynddynt; *F:* **he had no ~ for a fight,** 'doedd ganddo mo'r plwc/stumog/iau i ymladd. **~-ache** *n. N:* poen (*f*) [yn y] bol, *S:* bola tost *m*, *Lit: occ:* bolwst *fm*, cyllagwst *mf.* **~-pump** *n. Med:* pwmp (pympiau) (*m*) stumog. **~-tooth** *n.* cynddant (cynddannedd) *m*, dant (danncdd) (*m*) sugno. **~ tube** *n.* tiwb(-iau) (*m*) stumog. **~ upset** *n.* anhwylder(-au) (*m*) ar y stumog, cam-hwyl (*f*) ar y stumog. **~-worm** *n. Z:* **1.** llyng[h]yren (llyngyr) *f.* **2. = wireworm.**
stomach[2] *v.t.* stumogi, llyncu, dioddef, goddef (rhth); dygymod (â rhth).
stomachal *a.* stumogol.
stomached *a.* **weak-~,** â stumog wan, distumog, *N.W: occ:* dicra; **strong-~,** â stumog dda/gref.
stomacher *n. A: Cost:* bronf[f]oll(-au) *f*, bronl[l]iain (bronl[l]ieiniau) *m.*
stomachful *n.* boliaid (bolieidiau) *m*, llond (*m*) bol, *S:* llond bola.
stomachic[1], stomachical *a.* **1.** *(= pertaining to stomach):* stumogol, cyllaol, gastrig. **2.** *(= appetizing):* archwaethus, archwaethol, blasus, sy'n codi archwaeth, sy'n codi chwant bwyd.
stomachic[2] *n. N:* ffisig(-au) (*m*) [at y] stumog, *S:* moddion (*m or pl*) [at y] cylla.
stomachically *adv.* yn stumogol.
stomachless *a.* distumog, heb stumog, heb gylla.
stomachy *a.* **1. = peevish. 2.** *(= having a large stomach):* boldew(-ion), boliog, cestog, â bol/bola mawr.
stomal *a. Surg:* stomal, stomol.
stomatal *a. Bot:* stomataidd.
stomatic *a.* stomatig.
stomatitis *n. Med:* stomatitis *m*, llid (*m*) y genau.
stomatologic[al] *a.* stomatolegol.
stomatologist *n.* stomatolegydd (stomatolegwyr) *m.*
stomatology *n.* stomatoleg *f.*
stomatoplasty *n.* stomatoplasti (stomatoplastïau) *m.*
stomatopod *n. Crust:* stom|atopod (stomatopodau) *m.*
stomatous *a. Bot:* stomataidd.
stomium *n. Bot:* stomiwm (stomia) *m.*
stomod[a]eal *a. Anat:* stomodeol.
stomod[a]eum *n. Anat:* stomodëwm (stomodea) *m.*
stomp[1] *n. Mus:* stomp(-iau) *f.*
stomp[2] *v.i.* **1.** *U.S: F:* **= stamp[2] 1. 2.** *Mus:* stompio.
stomper *n. Mus:* stompiwr (stompwyr) *m*, st|ompwraig (stompwragedd) *f.*
stone[1] *n.* **1.** *(a)* carreg (cerrig) *f*, *Lit:* maen (meini) *m*; **as hard as ~,** mor galed â charreg, caled fel asgwrn; **a ~'s throw,** tafliad carreg; **the philosopher's ~,** maen yr athronydd, yr eurfaen *m*; **meteoric ~,** awyrfaen (awyrfeini) *m*, carreg fellt (cerrig mellt), maen mellt, maen cawod; **ferny ~,** *(fossil):* carreg redynog

(cerrig rhedynog); **standing ~,** maen hir (meini hirion); **to clear a field of stones,** digaregu/digerigo cae, *N:* hel cerrig o gae; **to leave no ~ unturned,** troi pob carreg; *Prov:* **people who live in glass houses shouldn't throw stones,** y neb sy'n byw mewn tŷ gwydr gocheled luchio cerrig; y neb a heuo ddrain na cherdded yn droednoeth; gofala fod carreg dy ddrws dy hun yn lân; mae eisiau genau glân i oganu; mae eisiau aderyn glân i ganu; *Lit:* **stones will cry out,** fe wêl anghyfiawnder olau dydd; **to kill two birds (with one ~),** lladd dau aderyn, lladd dwy frân (ag un ergyd); **to give a ~ for bread,** rhoi carreg am fara; **to mark sth with a white ~,** cofnodi rhth yn llawen; *Prov:* **a rolling ~ gathers no moss,** carreg a dreigla ni fwsogla; y maen a dreigla ni fwsogla; ni bydd mysyglog faen o'i fynych drafod; *S. W:* 'dyw'r garreg sy'n twmlo'n tyfu dim mwsog; *F:* **he has a heart of ~,** mae'n galon-galed/ddidostur; mae ganddo galon garreg; **to harden into ~,** *(i)* troi'n garreg, caregu, ymgaregu; *(ii) Fig:* cael braw, cael ofn, cael eich dychryn; *F:* **to give a ~ and a beating to s.o.,** trechu rhn yn hawdd, curo/maeddu rhn yn rhwydd, *S:* ffusto/maeddu rhn o hewl; **not a ~ was left standing,** ni adawyd carreg ar garreg; ni adawyd maen ar faen; *(b) Typ:* **[imposing-]~,** maen cysodi; *(of mill):* maen; **honing-~,** carreg hogi, calen(-nau) *f* [hogi], hôn (honau) *m*; *(rotating):* maen [hogi]; **slip ~,** carreg hogi gau, hôn gau; *S.a.* **oilstone. 2. precious ~,** maen gwerthfawr, gem(-au) *mf.* **3.** *(= material): (for building &c):* carreg, maen; **stones without mortar,** cerrig sychion/moelion; **to break stones,** *(for road):* torri/malu metlin; **dressed ~,** carreg nadd, *S. W:* carreg bowl (cerrig powl); **foundation ~,** sylfaen (sylfeini) *f*, carreg sylfaen; **curb ~,** = **curb¹ 4. 4.** *Med: (of bladder, kidney):* carreg; *Path:* **the ~,** clefyd (*m*) y maen, y tostedd *m*, maen tostedd. **5.** *(of fruit):* carreg, cnewyllyn (cnewyll) *m*, dincodyn (dincod) *m*. **6.** *inv. Meas:* stôn (stonau) *f*. **7.** *attrib.* carreg, o garreg, o faen, o feini, *occ:* meinin, maen; **~ jug,** jwg garreg. **8.** *(colour):* llwyd golau *m*. **9.** *Sp: (a) Scot:* carreg, maen; *(used to play ducks and drakes): N. W:* slentan (slentiau) *f*, sglentan (sglentiau) *f*, *S.E:* slaten (slats) *f*. **S~ Age** *n. Hist:* Oes (*f*) y Cerrig; **Old S~ Age,** Hen Oes y Cerrig, Oes y Cerrig Nadd; **New S~ Age,** Oes Newydd y Cerrig, Oes y Cerrig Caboledig. **~-axe** *n.* bwyell (bwyeill) (*f*) naddu; *Archeol:* maenfwyell (maenfwyeill) *f*, bwyell garreg (bwyeill carreg). **~ bass** *n. Ich:* draenog(-iaid) (*m*) y cerrig. **~-blind** *a.* dall bost, hollol ddall, *N. W: occ:* tywyll bost. **~-blindness** *n.* dallineb llwyr *m*. **~ boat** *n.* car (ceir) llusg *m*. **~ blue 1.** *a.* glaslwyd(-ion), llwydlas (llwydleision). **2.** *n.* glaslwyd *m*, llwydlas *m*. **~-boiling** *vn.* berwi â cherrig poethion/twym. **~-borer** *n. Moll:* tyllydd(-ion) (*m*) y garreg, maen-dyllydd(-ion) *m*. **~-bramble** *n. Bot:* corfwyaren (corfwyar) *f*, mwyaren (mwyar) (*f*) y cerrig. **~-break** *n. Bot:* = **saxifrage. ~-breaker** *n.* **1.** *(pers.):* torrwr (torwyr) (*m*) cerrig/metlin. **2.** *(machine):* melin (*f*) gerrig (melinau cerrig), melin falu metlin (melinau malu ~). **~-broke** *a. F:* = **broke. ~-buck** *n.* = **steenbok. ~-butter** *n. (= kind of alum):* allog *m*, alwm *m*. **~-cast** *n.* tafliad (*m*) carreg. **~ cat** *n. Ich:* cathbysgodyn (cathbysgod) (*m*) y graig. **~ cell** *n. Bot:* cell garegog (celloedd caregog) *f*, carreg-gell(-oedd) *f*. **~ circle** *n.* cylch(-oedd) (*m*) cerrig. **~-coal** *n.* glo caled *m*, glo carreg. **~-cold** *a.* oer fel cerrig yr afon, oer fel llyffant, iasol; **~-cold sober,** cyn sobred â sant; **~-cold dead,** yn gelain gegoer, cyn farwed â hoelen. **~-crab** *n.* cranc(-od) (*m*) y cerrig. **~-cricket** *n. Ent:* cricsyn (crics) (*m*) y cerrig, criciedyn (criciaid) (*m*) y cerrig. **~-crusher** *n. Civ.E:* melin (*f*) falu cerrig (melinau malu ~), melin gerrig (melinau cerrig). **~ curlew** *n. Orn: See* **curlew. ~-dead** *a.* yn farw fel hoelen, cyn farwed â hoelen, yn farw gelain, yn gelain gegoer. **~-deaf** *a.* byddar bost, *S:* yn drwm post, *S.E:* stwn glân. **~-deafness** *n.* byddardod llwyr *m*. **~-eater** *n.* = **stone-borer. ~-falcon** *n. Orn:* = **merlin. ~-fern** *n. Bot:* = **ceterach. ~ hawk** *n. Orn:* = **merlin. ~-lifter** *n. Ich:* codwr (codwyr) (*m*) cerrig. **~ lily** *n. (fossil):* glain (gleiniau) (*m*) môr. **~-marten** *n.* = **beech-marten. ~ mite** *n. Ent:* gwiddonyn (gwiddon) (*m*) wyau cerrig. **~ oak** *n. Bot:* derwen (derw) (*f*) Jafa. **~-parsley** *n. Bot:* creigberllys *m*, githran *f*, githrog *m*. **~-pine** *n. Bot:* pinwydden gneuog (pinwydd cneuog) *f*, pinwydden anial. **~-pit** *n.* = **quarry¹. ~-plover** *n. Orn:* = **curlew (stone). ~-quarry** *n.* chwarel (*f*) gerrig (chwareli cerrig). **~-race** *n.* ras (*f*) godi cerrig (rasys codi ~). **~-rag** *n. Bot: (Parmelia saxatilis):* cen deiliog (*m*) y cerrig. **~-roller** *n. Ich:* rholiwr (rholwyr) (*m*) cerrig. **~ rue** *n. Bot:* = **rue (wall). ~-saw** *n.* llif (*f*) gerrig (llifiau cerrig). **~-slab** *n.* mainc (*f*) gerrig (meinciau cerrig). **~-snipe** *n. Orn:* = **curlew (stone). ~-sucker** *n.* = **lamprey (sea). ~ wall** *n.* clawdd (cloddiau) (*m*) cerrig, wal (*f*) gerrig (waliau cerrig); *S.a.* **stonewall.**

stone² *v.t.* **1.** pledu (rhn) â cherrig, taflu/lluchio/bwrw cerrig (at rn); *B: Jur:* **to ~ s.o. to death,** llabyddio rhn; *F:* **~ the crows! ~ me!** 'dawn i byth o'r fan! 'rargian fawr! yr achlod fawr! yr achlod imi! myn cebyst i! myn brain i! brensiach y brain! ar f'enaid i! diawch erioed! *S. W:* caton pawb! hawyr bach! **2. to ~ a fruit,** digaregu/digerigo ffrwyth, tynnu'r garreg o ffrwyth. **3.** *(= face with* **stone¹***): (building):* rhoi/dodi cerrig ar wyneb adeilad, wynebu adeilad â cherrig; *(= pave with):* rhoi/dodi cerrig (ar lwybr), palmantu (llwybr) â cherrig. **4.** *F:* **to get stoned,** *(= get drunk):* meddwi, ei dal hi, *S:* ei dala hi.

stonechat *n. Orn:* clochdar(-od) (*m*) y cerrig/graig, crec (*m*) y garn/garreg/cerrig, clegr (*m*) y garreg, clep (*m*) y garreg/cerrig, crec penddu'r eithin, Wil (*m*) capan du, coch (*m*) y cerrig, tinwyn (*m*) y garn, tinwen (*f*) y garn, *N. W: occ:* cap lledr *m*.

stonecrop *n. Bot: (Sedum):* ewinedd (*pl*) y gath, briweg (*f*) y cerrig, briwydd (*f*) y cerrig, cip (*m*) y cerrig, cen (*m*) y cerrig, bywydog *f*, pig (*mf*) y deryn, crafion (*pl*) y cerrig; **Alpine ~,** *(S. alpestre):* briweg y mynydd; **annual ~,** *(S. annuum):* briweg flynyddol; **biting ~,** *(S. acre):* briweg boeth, pupur (*m*) y fagwyr, llysiau melyn (*pl*) y fagwyr, claearllys *m*; **Caucasian ~,** *(S. spurium):* briweg y C|awcasws, briweg orweddol; **chickweed ~,** *(S. alsinefolium):* briweg dail gwlydd; **colorado ~,** *(S. spathulifolium):* briweg lwyddail; **creamish ~,** *(S. ochroleucum):* briweg felenwen; **dark ~,** *(S. atratum):* briweg dywyll; **English ~,** *(S. anglicum):* briweg y cerrig, gwenith (*m*) y brain; **hairy ~,** *(S. villosum):* briweg flewog; **mossy ~,** *(Crassula tillaea):* briweg fwsoglyd; **pink ~,** *(S. cepaea):* briweg rosliw; **reddish ~,** *(S. anacampseros):* briweg gochlyd. **reflexed ~,** *(S. reflexum):* = **stonecrop (yellow); rock ~,** *(S. forsteranum):* briweg y graig, briweg Gymr|eig; **small-flowered ~,** *(S. micranthum):* briweg fân-flodeuog; **tasteless ~,** *(S. sexangulare):* briweg ddiflas; **thick-leaved ~,** *(S. dasyphyllum):* briweg dewddail; **white ~,** *(S. album):* briweg wen; **whorled-leaved ~,** *(S. monregalense):* briweg droellog; **yellow ~,** bywydog felen *f*, y fyddarlys *f*, ewinedd (*pl*) y gath, llwynau(*pl*)'r fagwyr, pidyn (*m*) fy modryb.

stonecutter *n.* naddwr (naddwyr) (*m*) cerrig.

stoned *a.* **1.** *(fruit):* heb garreg/gerrig, digarreg, digerrig. **2.** *F:* = **drunk.**

stonefish *n. Ich:* pysgodyn (pysgod) (*m*) y cerrig.

stonefly *n. Ent:* pryf(-ed) (*m*) y cerrig/gro.

stoneground *a.* mâl, a falwyd â maen.

stonehatch *n. Orn:* = **plover (ringed).**

Stonehenge *Pr.n. Geog:* Côr (*m*) y Cewri, *occ:* Gwaith (*m*) Emrys.

stoneless *a.* digarreg, digerrig.

stonemason *n.* saer (*m*) maen (seiri meini), *S:* masiwn (masiyniaid) *m*.

stonemasonry *n.* meini/cerrig nadd *pl*, caregwaith *m*; *S.a.* **stonework.**

stoner *n.* **1.** *(of fruit):* tynnwr (tynwyr) (*m*) cerrig, digaregwr (digaregwyr) *m*. **2.** *B: Jur:* llabyddiwr (llabyddwyr) *m*.

stonewall *v.i.&t.* **1.** *v.i. Cr:* batio'n gyndyn; *Fig:* gwrthod ymateb, gwasgu'r frest. **2.** *v.t.* arafu, rhwystro.

stonewaller *n.* **1.** *Cr:* batiwr (batwyr) cyndyn *m*. **2.** *Parl: F:* rhwystrwr (rhwystrwyr) *m*.

stoneware *n.* crochenwaith caled *m*.

stonewashed *a.* maenolchedig.

stoneweed *n.* = **gromwell.**

stonework *n.* **1.** *Const: (a) (= masonry):* gwaith (*m*) cerrig/maen, gwaith saer maen, meini *pl*, cerrig *pl*, caregwaith *m*; *(b) pl. (= place where stone is prepared for building):* gweithdy (*m*) saer maen (gweithdai seiri meini). **2.** *Typ:* cywiriadau (*pl*) ar y maen.

stonewort *n. Bot: (Charophyta):* rhawn (*m*) yr ebol.

stonily *adv.* yn oeraidd, yn ddideimlad.

stoniness *n.* **1.** *(of soil, pear):* natur garegog *f*. **2.** *(of heart):* caledwch *m*.

stonk¹ *n. Mil: F:*plediad(-au) *m*.

stonk² *v.t. Mil: F:* pledu, bomio, pelennu.

stonker *v.t. F:* = **baffle, defeat, tire.**

stonkered *a. F:* = **tired.**

stony *a.* **1.** caregog, llawn cerrig; *B:* **some fell upon ~ places,** peth arall a syrthiodd ar greigleoedd; **~ coral,** cwrel caregog *m.* **2.** *(= hard):* caled (celyd). **3.** *(heart, gaze):* caled, oeraidd, dideimlad, didostur; **~ silence,** distawrwydd llethol *m.* **~-broke** *a.* = **broke. ~-hearted** *a.* calon-galed, didostur. **~-heartedly** *adv.* yn galon-galed *&c.* **~-heartedness** *n.* calon-galedwch *m.*

stood *v. See* **stand[2]**.

stooge[1] *n. F:* **1.** *Th: (= butt, foil):* cyff(-ion) *(m)* gwawd, cocyn(-nau) *(m)* nêl/annêl, cocyn hitio, pric(-iau) *(m)* pwdin, pricsiwn *m.* **2.** *(= deputy, subordinate):* gwas (gweision) bach *m,* dyn(-ion) *(m)* gwellt; *(= spy):* ysbïwr (ysbiwyr) *m.* **3.** *(= person learning to fly):* cyw *(m)* peilot (cywion peilotiaid).

stooge[2] *v.i.* **1. ~ about, ~ around,** bwhwman, tin-droi, gogor-droi, rhodianna, *N.W:* clertian, sefyllian. **2. to ~ for s.o.,** bod yn bric pwdin i rn, bod yn was bach i rn.

stook *n. Agr: Scot:* = **shock[1]**.

stool[1] *n.* **1.** *(= backless chair):* stôl (stolion, stoliau) *f;* **camp-~, folding ~,** stôl blygu (stolion/stoliau plygu); **piano-~, music-~,** stôl biano (stolion/stoliau piano); **~ of repentance,** stôl edifeirwch; *F:* **to fall between two stools,** syrthio/cwympo rhwng dwy stôl, eich cael eich hun rhwng dau gae; **three-legged ~,** *S:* stôl deirtroed (stolion/stoliau teirtroed), *N:* stôl drithroed (stolion/stoliau trithroed); **milking ~,** stôl odro (stolion/stoliau godro); *S.a.* **ducking; ~ with a woven straw seat,** *S.W:* stôl frwyn (stoliau brwyn). **2.** *(a) A: (= night-commode):* **night-~, close-~,** cadair *(f)* gaead (cadeiriau caead), cadair nos, stôl gaead (stoliau caead), stôl nos, *N.W: occ:* cadair gec (cadeiriau cec); **to go to ~,** cael eich gweithio, *N.W:* mynd i droi clos, cael stôl, *S.W:* cael eich corff i lawr, *Lit: occ:* maesa; *(b) pl. Med:* **stools,** carthion, ysgarthion. **3.** *(a) For: &c: (= stump of cut down tree):* bôn (bonion) *m,* bonyn (bonion) *m;* *(b) Hort:* cadair (cadeiriau), stôl (stolion, stoliau). **4.** *Arch: (of window):* sil(-iau) *f, N.W:* linter(-i,-ydd) *m.* **~-pigeon** *n.* **1.** *Ven:* colomen lithio (colomennod llithio); *Fig:* = **decoy[1]**. **2.** *F: (= informer):* prep(-iaid) *m&f,* prepiwr (prepwyr) *m,* clepiwr (clepwyr) *m,* clepgi (clepgwn) *m, N.W:* chwidlwr (chwidlwyr) *m.*

stool[2] *v.i.* **1.** *A:* ysgarthu, maesa, cael eich gweithio. **2.** *For: &c:* cadeirio, stolio. **3.** *F:* **(to act as ~-pigeon):** prepian, cario straeon, clepian, clapian, cario clecs, *S:* clecan, *N.W:* chwidlo.

stoolball *n. Sp:* stolbel *f.*

stoolie *n.* = **stool-pigeon.**

stoop[1] *n.* **1.** cefn crwm *m,* gwar [crwm] *m,* cwman(-au) *m,* crwman(-au) *m,* crymedd *m,* gwargrymedd *m,* crwmach (crymachau) *m,* gwargrymu *vn,* crymu *vn, S.W:* cwrrwm *m, S.E:* crymach *m, M.W:* cwmach *m; S.a.* **hump[1]**; **a man with a ~,** dyn sy'n gwargrymu/gwarro/cwmanu, dyn â gwar, *N.W:* dyn wedi mynd yn grwbyn, *S:* dyn â chefn crwca; **to walk with a ~,** cerdded yn wargam/grwm, cerdded yn eich cwman, cwmanu, gwargrymu, crymu, gwarro wrth gerdded; **he has a ~,** mae wedi crymu; mae wedi magu gwar, mae wedi mynd i'w gwman. **2.** *Ven:* disgyniad(-au) *m,* plymiad(-au) *m,* syrthiad(-au) *m.*

stoop[2] *v.i.&t.* **1.** *v.i.* *(a)* plygu [yn eich cwman], crymu gwar, cwmanu; **he had to ~ to go through the door,** bu'n rhaid iddo blygu [ei ben] i fynd trwy'r drws; *(b) (= condescend):* ymostwng (i wneud rhth); **he stooped to a lie,** aeth ef mor isel â dweud celwydd; **I refuse to ~ to such a thing,** 'rwy'n gwrthod ymostwng i wneud y fath beth; *(c) (= be permanently stooped):* bod yn gefngrwm (*pronounced* ng-g), cwmanu, gwargrymu, crymu, gwarro, *S.E:* crwmo, crymbachu, *N.W:* swpio, sypio, mynd yn sypyn, *S.W:* gwarro, pantu; **he is very stooped,** mae wedi magu gwar; *(d) Ven:* disgyn, plymio, syrthio. **2.** *v.t.* *(head):* plygu, gwyro, gostwng; *(back):* crymu, plygu; **~ crop** *n.* cnwd (cnydau) *(m)* plygu cefn. **~ labour** *n.* gwaith/llafur *(m)* plygu cefn.

stoop[3] *n.* = **porch, verandah.**

stooped, stooping *a.* yn plygu, yn eich cwman, cwmanog, cwmanllyd, cefngrwm (*pronounced* ng-g), gwargrwm, *S.W:* gwarrog, yn eich cwrrwm.

stop[1] *n.* **1.** *(a)* **to put a ~ to sth,** rhoi pen *(m)*/terfyn *(m)* ar rth, stopio rhth, rhoi stop *(m)* ar rth; **to be at a ~,** bod ar ben, *F:* bod ar stop; **the work came to a ~,** daeth y gwaith i ben; peidiodd y gwaith; *(b) (= halt):* stop *m, occ:* arhosiad (arosiadau) *m,* saib (seibiau) *m;* **short ~,** arhosiad byr, saib, *N.W:* hoe fach *f,* munud bach *m;* **ten minutes' ~,** deng munud o saib/arhosiad, *N.W:* hoe deng munud; **the car came to a ~,** stopiodd y car; safodd/arhosodd y car yn ei unfan; **to come to a dead ~,** stopio'n stond; **traffic ~,** atalfa (atalfeydd) *(f)* traffig, tagfa (tagfeydd) *f;* **to bring sth to a ~,** stopio, atal, rhwystro (rhth); dod (â rhth) i ben; **(this train runs from Cardiff to Swansea) without a ~,** (mae'r trên hwn yn rhedeg o Gaerdydd i Abertawe) heb sefyll/aros/alw yn unman, *F:* yn ddi-stop, heb stop; **emergency ~,** stop brys/argyfwng; *S.a.* **dead 5**; *(c)* **bus ~,** arhosfan (arosfannau) *(mf)* bysiau, arhosfa (arosfeydd) *(f)* bysiau, safle(-oedd) *(m)* bysiau; **request ~,** arhosfan ar gais, arhosfa ar gais. **2.** *Typ:* atalnod(-au) *m;* **full ~,** atalnod llawn; **to put the stops in sth,** atalnodi rhth. **3.** *Mus:* *(a) (of organ):* stopyn (stopiau) *m,* stop(-iau) *m; F:* **to pull out all the stops,** gwneud eich gorau glas, mynd ati o ddifrif, rhoi pob gewyn ar waith; *(b) (= hole of flute &c):* twll (tyllau) *m;* *(c) (= key of clarinet &c):* bysell(-au) *f;* *(d) (= fret):* cribell(-au) *f;* *(e) (= pressing with finger):* gwasgiad(-au) *m.* **4.** *(= stopping device):* stop(-iau) *m, occ:* ataliwr (atalwyr) *m;* *(of door):* stop *(m)* drws (stopiau drysau); *Carp:* **bench ~,** rhagod(-ion) *m;* *Typewr:* **margin[al] ~,** stop ymyl (stopiau ymylon). **5.** *Cards:* cerdyn (cardiau) *(m)* stopio, carden (cardiau) *(f)* stopio, stopiwr (stopwyr) *m,* stop(-iau) *m.* **6.** *Opt: Phot:* *(a)* diaffram (diafframau) *m;* *(b)* **f-~,** ff-stop(-iau) *m.* **7.** *Phon:* **glottal ~,** ffrwydrolyn (ffrwydrolion) glotol *m,* stop(-iau) glotol *m.* **8.** *Nau:* llinyn(-nau) *m.* **9.** *T.V:* rhwystrau *pl.* **~ bath** *n. Phot:* stopfaddon(-au) *m.* **~ block** *n. Rail:* clustog(-au) *f,* stopfloc(-iau) *m.* **~ chorus** *n. Mus:* stopgorws (stopgorysau) *m.* **~-clock** *n.* stopgloc(-iau) *m.* **~-cylinder press** *n.* gwasg (gweisg) *(f)* stop-silindr. **~-drill** *n.* stopdril(-iau) *m.* **~-gear** *n.* stopger *mf.* **~-go** *n.* *Econ: attrib.* **~-go policies,** polisïau stop-mynd. **~-hit** *n. Fenc:* stopdrawiad(-au) *m.* **~-knob** *n.* dwrn *(m)* stop (dyrnau stopiau), stopnobyn (stopnobiau) *m.* **~-lamp** *n. Veh:* golau (goleuadau) *(m)* bracio, stoplamp(-au) *f.* **~-light** *n. Aut:* **1.** *(= red traffic light):* y golau coch *m.* **2.** = **stop-lamp. ~ lock** *n.* *(on canal):* stoploc(-iau) *mf.* **~ number** *n. T.V:* rhif(-au) *(m)* rhwystr. **~[-loss] order** *n. St.Exch:* gorchymyn (gorchmynion) *(m)* atal. **~-payment** *n. Bank:* ataliad(-au) *(m)* talu. **~-pin** *n.* *(of vat):* canel *m.* **~-point** *n.* arhosbwynt (arosbwyntiau) *m.* **~-plank** *n.* estyllen *(f)* gau (estyllod cau), stanc(-iau) *m.* **~-press** *attrib. Journ:* newydd ddod i law; **~ press news,** newyddion diweddaraf *pl,* newyddion y funud olaf. **~ ridge** *n.* atalfa (atalfeydd) *f.* **~-screw** *n.* sgriw(-iau) *(f)* atal, stopsgriw(-iau) *f.* **~-signal** *n. Rail:* arwydd(-ion) *(m)* stopio. **~-street** *n. Aut:* stryd(-oedd) *(f)* stopio. **~ tap** *n. F:* amser *(m)* cau, stop-tap *m.* **~-thrust** *n. Fenc:* stopwaniad(-au) *m.* **~-time** *n. Mus:* stopguriad *m.* **~-values** *n pl. Phot:* ffigyrau rhwystr. **~ valve** *n.* falf gau (falfiau cau) *f,* stopfalf(-iau) *f.* **~ volley** *n. Ten:* stop-foli (~-folïau) *mf.*

stop[2] *v.t.&i.* I. *v.t.* **1.** *(leak &c):* cau, atal, stopio, *N.W. occ:* nadu, *(tooth):* llenwi; **to ~ [up],** *(hole):* cau, llenwi, plygio; *(pipe):* cau, blocio; *(of pipe &c):* **to get stopped up,** cau, tagu, blocio; *F:* **to ~ one's ears,** rhoi'ch bysedd yn eich clustiau, cau'ch clustiau; *F:* **to ~ one's ears against entreaties,** troi clust fyddar i ddeisyfiadau, cau'ch clustiau i ddeisyfiadau; **to ~ a gap,** *(i)* cau twll/bwlch/adwy; *(in stone wall):* *occ:* codi bwlch; *(ii) Fig:* llenwi bwlch, gwneud y tro, bod dros dro; **to ~ the way,** cau'r ffordd; *P.N:* **road stopped,** ffordd yn gaead, ffordd ar gau; *F:* **to ~ a person's mouth,** cau ceg rhn, rhoi taw ar rn, *S:* cau pen rhn. **2.** *(a) (horse, ball &c):* dal, stopio, *S.W: occ:* hadel; **to ~ s.o. short, to ~ s.o. in his tracks,** stopio rhn yn stond; **~ thief!** daliwch y lleidr! stopiwch y lleidr! ar ôl y lleidr! **to ~ traffic,** atal/stopio traffig; **to ~ a blow,** atal ergyd; *F:* **he stopped a bullet in the shoulder,** cafodd fwled yn ei ysgwydd; *Fb:* **to ~ a ball,** dal/stopio pêl; **curtains that ~ the light,** llenni sy'n atal y golau; *(b)* **to ~ s.o. [from] doing sth,** atal/rhwystro/stopio rhn rhag gwneud rhth, *N.W:* nadu i rn wneud rhth, *S.W:* deor/hadel i rn wneud rhth; **to ~ sth being done,** atal/rhwystro gwneud rhth, *N.W:* nadu rhth; **to ~ a factory being built,** atal/rhwystro codi ffatri, *N.W:* nadu codi ffatri; *Com:* **to ~ [payment of] a cheque,** atal/stopio siec; **he stops the way,** mae ef yn rhwystr; *(c) (clock);* stopio; **face ugly enough to ~ a clock,** wyneb digon hyll i ddychryn cath, wyneb cyn hylled â phechod; *(d) (an abuse &c):* atal, stopio (rhth); rhoi pen/terfyn (ar rth); **it ought to be stopped,** dylid rhoi pen/terfyn arno; dylid ei atal/stopio/rwystro. **3.** *(a) (efforts, visits):* rhoi'r gorau (i rth); *Com:* **to ~ payment,** rhoi gorau i dalu, peidio â thalu, atal taliadau, stopio talu; **to ~ doing sth,** peidio â gwneud rhth, rhoi'r gorau i wneud rhth, stopio gwneud rhth; **to ~ work,** gorffen/gadael gwaith, rhoi'r gorau i waith, peidio â gweithio, *S:* gellwn/cwpla gwaith; **she never stops talking,** 'does dim taw/pall/terfyn ar ei siarad hi; mae hi'n siarad fel pwll y môr *or* fel melin bupur; *S.E:* 'o's dim trai ar 'i gweud 'i; **~ that noise!** rho'r gorau (rhowch y gorau) i'r twrw 'na! dyna ddigon o sŵn! stopia'r (stopiwch y) twrw/sŵn 'na! **~ it!** rho'r gorau iddi! paid (peidiwch)! dyna ddigon! *(b) Impers.* **it has stopped raining,** daeth y glaw i ben; mae hi wedi peidio â bwrw [glaw]; mae hi wedi stopio bwrw; mae'r glaw wedi peidio/stopio; *S. W:* mae'r glaw wedi diwedd. **4. to ~ s.o.'s electricity,** atal/torri trydan rhn; **to ~ s.o.'s wages,** atal/stopio cyflog rhn; *Mil:* **all leave is stopped,** ataliwyd pob rhyddhad. **5.** *Mus: (a)* **to ~ [down] a string,** gwasgu tant; *(b) (organ-pipe):* cau, tagu. **6.** *Typ: (= punctuate):* atalnodi. **7.** *Hort: (plant):* stopio. **8.** *Cards: (in bridge):* stopio. II. *v.i.* **1.** *(a) (= halt):* stopio, *occ:* aros, sefyll; **to ~ short/dead,** sefyll yn stond, stopio'n stond; **"buses ~ by request",** "stop ar gais"; **"all buses ~ here",** "stop i bob bws", "mae pob bws yn sefyll yma"; *Rail:* **how long do we ~ at Swansea?** am ba hyd y byddwn ni'n aros/stopio/sefyll yn Abertawe? **to pass a station without stopping,** mynd drwy orsaf heb stopio; *Nau:* **to ~ at a port,** galw/stopio/aros mewn porthladd; *(b)* **to ~ doing sth,** peidio â gwneud rhth, rhoi'r gorau i wneud rhth; **to ~ speaking,** tewi; **my watch has stopped,** mae fy watsh i wedi stopio; *S:* 'dyw'n watsh i ddim yn cered; **(to work fifteen hours) without stopping,** (gweithio pymtheng awr) heb saib, yn ddi-dor, heb stop, yn ddi-stop, yn ddi-baid; **to ~ short in one's speech,** torri'ch sgwrs yn fyr; **on this subject he never stops,** ar y testun hwn 'does dim taw arno; **he did not ~ at that,** aeth ymhellach na hynny; nid oedd hynny'n ddigon ganddo; **to ~ for s.o.,** aros am/wrth rn, disgwyl rhn, *S:* sefyll am rn; **~ a moment,** aros (arhoswch) hanner munud; saf (sefwch) (am) funud/ eiliad; **~ there!** dyna ddigon! *N: F:* dal(-iwch) arni! **the matter will not ~ there,** nid dyna'i diwedd hi; **the rain has stopped,** mae'r glaw wedi peidio/stopio; mae hi wedi peidio â bwrw [glaw]; **all their knowledge stops there,** dyna derfyn/ eithaf eu gwybodaeth; **he'll ~ at nothing,** fe wnaiff unrhyw beth; 'does dim a'i rhwystra; nid arbeda ddim i gael ei ffordd; fe aiff i'r pen [eithaf]; **to ~ short of doing sth,** ymatal rhag gwneud rhth; **to ~ short of telling lies,** gwneud popeth ond dweud celwyddau; **the day stopped short of being a total disaster,** bu ond y dim i'r diwrnod fod yn drychineb llwyr. **2.** *F:* = **stay**[2] I. **2. ~ away** *v.i.* aros draw, cadw draw, peidio â dod, bod yn absennol. **~ by** *v.i. F:* galw heibio, troi i mewn, *N. W: F:* picio i mewn. **~ down** *v.t. Phot:* **to ~ down an aperture,** lleih|au/ culh|au agoriad. **~ off 1.** *v.i. U.S:* stopio, torri siwrnai **(at a place,** mewn lle); galw heibio (i le). **2.** *v.t. (= block off):* cau, llenwi, blocio. **~ over** *v.i.* aros, torri siwrnai, *S:* sefyll. **~ out** *v.t.* **1.** = **stay out. 2.** *(= mask):* gorchuddio.

stopbank *n.* argae(-au) *m*, cob(-iau) *m.*

stopcock *n.* stopfalf(-iau) *f.*

stope[1] *n. Min:* poncen (ponciau) *f*, ponc(-iau) *f.*

stope[2] *v.i. Min:* gweithio ponc/ponciau.

stoper *n. Min: Tls:* injan *(f)* dyllu (injans tyllu), dril(-iau) *(m)* craig.

stopgap *n.* peth(-au) *(m)* dros dro, peth i lenwi/lanw bwlch, llenwydd *(m)* bwlch (llenwyddion bylchau).

stoping *n. Geol:* poncio.

stopless *a.* heb stop.

stopoff *n. U.S:* lle(-oedd) *(m)* i aros, arhosfan (arosfannau) *mf.*

stopover *n.* **1.** *(place):* arhosfan (arosfannau) *mf*, man(-nau) *(mf)* aros. **2.** *(= stay):* arhosiad (arosiadau) *m.*

stoppable *a.* ataliadwy, stopiadwy.

stoppage *n.* **1.** *(of payment, leave, from pay):* ataliad(-au) *m.* **2.** *(= obstruction):* atalfa (atalf|eydd) *f*, tagfa (tagf|eydd) *f*, ataliad.

stopped *a.* **1.** *(= halted):* disymud, llonydd, a stopiwyd/ataliwyd, ataliedig; ar stop. **2.** *(= blocked):* caeëdig, tagedig, a gaewyd/ dagwyd; *(= filled):* wedi ei lenwi; *Mus: (a) (organ pipe):* caeëdig, pengaead (*pronounced* ng-g); *(b) (string):* gwasgedig; *(c)* tagedig; **~ note,** tagiad(-au) *m*; *(d) Phon:* ffrwydrol, stopiedig.

stopper[1] *n.* **1.** *(a) (of bottle):* topyn(-nau) *m*, caead(-on,-au) *m*; *(cork):* corc: corcyn (cyrcs) *m*, *S.W:* top(-au) *m*; **screw ~,** topyn sgriwio, corcyn sgriwio; *S.a.* **gob-stopper. 2.** *(a) Mec.E: (of cistern &c):* stopiwr (stopwyr) *m*; *F:* **to put a ~ on sth,** rhoi pen/terfyn ar rth; *(b) Nau:* rhaff(-au) *(f)* stopio. **3.** *(pers.):* stopiwr (stopwyr) *m*, ataliwr (atalwyr) *m*, rhwystrwr (rhwystrwyr) *m*, rhwystrydd(-ion) *m*, *N.W:* nadwr (nadwyr) *m*; *S.a.* **show-stopper. ~ bolt** *n. Nau:* bollt *(f)* pen rhaff (bolltau pennau rhaffau). **~ knot** *n. Nau:* cwlwm (c[y]lymau) *(m)* pen.

stopper[2] *v.t.* **1.** *(bottle):* rhoi topyn (mewn potel); corcio, topio (potel). **2.** *Nau:* penglymu (*pronounced* ng-g).

stopping[1] *a.* **~ train,** trên (trenau) araf.

stopping[2] *vn. See* **stop**[2]. **1.** *Mus:* **quadruple ~,** gwasgiad(-au) pedwarplyg *m.* **2.** *Dent: (= filling):* llenwad(-au) *m*, llenwydd(-ion) *m.* **~-place** *n.* man(-nau) *(mf)* aros, arhosfan (arosfannau) *mf*; *Av:* man glanio, glanfa (glanf|eydd) *f.* **~-out varnish** *n. Metalw:* farnis *(m)* atal.

stopple[1] *n.* = **stopper**[1] **1.** *(a)*, **earplug.**

stopple[2] *v.t.* = **stopper**[2] **1.**

stopwatch *n.* stopwatsh(-is) *f*, watsh(-is) *(f)* amseru.

storable *a.* stor[i]adwy, cadwadwy, cronadwy.

storage *n.* **1.** *(of power, energy):* crynhoad *m*, crynh|oi *vn*, cronni *vn*, cadwraeth *f*, storio *vn*, cadw *vn*; *(of goods):* storio, cadw, cadwraeth; **cold ~,** storio oer; **to take sth out of ~,** tynnu rhth o['i] gadw, o gadwraeth; **to put sth into ~,** rhoi rhth i['w] gadw, rhoi rhth yng nghadw. **2.** *(= store):* stordy (stordai) *m*, storfa (storf|eydd) *f*, *F:* warws (warysau) *mf*, *S. W:* storws *mf*; **cold ~,** storfa oer; *Cmptr:* storfa. **3.** *(= cost of warehousing):* cost(-au) *(f)* cadw/storio, stordal(-iadau) *m.* **~ allocation** *n. Cmptr:* dyraniad *(m)* storfa. **~ basin** *n.* cronfa *(f)* gadw (cronf|eydd cadw), cronfa storio. **~ battery** *n. El:* cronadur(-on) *m*, batri(-s) *(m)* storio. **~ bin** *n.* bin(-iau) *(m)* storio. **~ cell** *n.* cell(-oedd) *(f)* storio, cell batri. **~ heater** *n.* stôr-wresogydd(-ion) *m*, stôr-dwymwr (~-dwymwyr) *m*, gwresogydd(-ion) *(m)* cadw. **~ heating** *vn.* gwres *(m)* cadw. **~ jar** *n.* llestr(-i) *(m)* storio. **~ organ** *n. Biol:* organ(-au) *(f)* storio. **~ register** *n. Cmptr:* cofgell(-oedd) *f.* **~ space** *n.* lle(-oedd) *(m)* storio/cadw. **~ tank** *n.* tanc(-iau) *(m)* storio/cadw. **~ unit** *n.* uned(-au) *(f)* storio.

storax *n.* **1.** *Bot:* coeden (coed) *(f)* storacs. **2.** *(resin):* storacs *m.*

store[1] *n.* **1.** *(a) (= supply):* cyflenwad(-au) *m*, stôr (storau) *f*, stoc (-iau) *f*; *(b) (= abundance):* helaethrwydd *m*, stôr, toreth *f*, digonedd *m*, amlder *m*; **(he has) a good ~ (of stories),** (mae ganddo) lond *(m)* gwlad, beth wmbredd *(m)* (o hanesion); **to lay in a ~ of sth,** ymorol am stôr/ gyflenwad o rth; **to hold/keep sth in ~,** rhoi/dodi rhth yng nghadw, cadw rhth wrth gefn, storio rhth, rhoi/dodi rhth heibio, rhoi/dodi rhth o'r neilltu; **what the future holds in ~ for us,** yr hyn sydd gan y dyfodol ar ein cyfer, yr hyn sydd yn ein haros ni, yr hyn sydd o'n blaenau; **I have a surprise in ~ for him,** mae gen i rywbeth annisgwyl ar ei gyfer; mae gen i rywbeth a fydd yn ei synnu; *S. W:* mae gen i destun hapus iddo; **that is a treat in ~ for you,** dyna drêt yn d'aros di; dyna iti rth i edrych ymlaen ato; *(c) (= importance):* pwys *m*, pwysigrwydd *m*, gwerth *m*; **to set great ~ by sth,** prisio rhth yn fawr, rhoi pwys mawr ar rth, gweld gwerth mawr yn rhth; **I set great ~ by it,** mae gennyf feddwl uchel ohono; 'rwy'n meddwl y byd ohono; **I set little ~ by it,** nid oes gennyf fawr o feddwl ohono; *B:* **~ of all sorts of wine,** gwin o bob math yn ddiamdlawd; *B:* **cities of ~,** dinasoedd y trysorau; *Prov:* **~ is no sore,** ni bu ddrwg bod dros ben; da cofio yfory; nid drwg ystyried yfory; *(d) attrib.* cadw; *(i) Husb:* **~ cattle,** gwartheg cadw *pl*, *N:* gwartheg tewion/stôr, *S. W:* da stôr/tew/cadw *pl*; *(ii) U.S: (= bought in shop):* prŷn, [o] siop; *(= ready made):* parod. **2.** *pl. (a) (= victuals):* bwydydd *pl*; *(b) (= goods):* nwyddau *pl*; **war ~,** cyfarpar *(m)* rhyfel, offer *(pl)* rhyfel, arfau *(pl)* rhyfel; **marine stores,** *(i)* offer morwrol; *(ii)* storfa (storf|eydd) *(f)* cyfarpar morwrol. **3.** *(a) (= warehouse &c):* storfa (storf|eydd) *f*, stordy (stordai) *m*, storws (storysau) *mf*, warws (warysau) *mf*; *(b) esp. U.S: (= shop):* siop(-au) *f*, storfa (storf|eydd) *f*, *Lit: occ:* maelfa (maelf|eydd) *f*; **departmental ~,** siop adrannol; **chain/multiple ~,** siop gadwyn (siopau cadwyn) *f*; **Crown Stores,** Siop y Goron. **4.** *Cmptr:* stôr (storau) *f*, cof(-au) *m*; **cache ~,** storfa dros dro. **~-bought** *a.* prŷn, prynedig, [o] siop. **~-ship** *n.* llong(-au) *(f)* nwyddau.

store[2] *v.t.* **1.** *(= provide, supply):* cyflenwi, stocio. **2.** *(= accumulate):* storio, cadw, cronni, crynh|oi. **3.** *(a) (= put in keeping):* storio (rhth), rhoi (rhth) yng nghadw *or* i gadw, *N:* cadw (rhth).

stored *a.* cadw, ar gadw, yng nghadw; *(water, electricity):*

cronedig, cadw; **to have a well-stored mind,** meddu ar doreth o wybodaeth; *Cmptr:* ~ **point,** pwynt(-iau) (*m*) stôr.
storefront *n. U.S:* blaen (*m*) siop (blaenau siopau).
storehouse *n.* stordy (stordai) *m*, storfa (storf|eydd) *f*, *F:* storws (storysau) *mf*; *F:* **he is a ~ of information,** mae ganddo stôr o wybodaeth; mae'n gloddfa/chwarel o wybodaeth; mae ganddo drysorfa o wybodaeth; mae'n wybodus iawn.
storekeeper *n.* **1.** ceidwad (*m*) stordy (ceidwaid stordai), stôr-geidwad (~-geidwaid) *m*, *S:* storman (stormyn) *m*. **2.** *U.S:* siopwr (siopwyr) *m*, perchennog (*m*) siop (perchenogion siopau).
storekeeping *vn.* cadw siop.
storeman *n.* = **storekeeper** 1.
storeroom *n.* storfa (storf|eydd) *f*.
storey *n.* llawr (lloriau) *m*, uchder(-au) *m*; *F:* **he was a bit weak in the upper ~**, yr oedd rhyw wendid/goll/golled arno; **two-~** *attrib.* deulawr *m*; **three-~**, trillawr; **four-~**, pedwarllawr; **five-~**, pumllawr; **six-~**, chwellawr; **seven-~**, seithlawr; **eight-~**, wythlawr; **nine-~**, nawllawr; **ten-~**, decllawr; **twenty-~**, ugeinllawr; **hundred ~**, canllawr. **~-post** *n.* postyn (pyst) (*m*) cynnal llawr.
storeyed *a.* lloriog; **many-~**, aml-loriog.
storiated *a.* darluniadol, darluniog.
storiation *n.* darluniad(-au) *m*, addurniad(-au) *m*.
storied[1] *a.* **1.** *Arch:* = **storiated. 2.** (= *famous*): enwog, chwedlonol.
storied[2] *a.* = **storeyed.**
storiette *n. U.S:* stori fer (storïau/straeon byrion) *f*.
stork *n. Orn:* storc(-iaid) *m*, *Lit: occ:* ciconia (ciconiaid) *m*, chwibon(-iaid) *m*; **black ~**, ciconia du; **Marabou ~**, ciconia M|arabw; **white ~**, ciconia gwyn; **woolly-necked ~**, ciconia gwrychog; **yellow-billed ~**, ciconia pigfelyn; *F:* **there's been a visit from the ~**, mae 'na fabi [bach] wedi cyrraedd; *S:* mae'r postman wedi galw. **~'s- bill** *n. Bot:* (*Erodium cicutarium*): pig (*mf*) y crëyr, pig aderyn, pig y crychydd; **Alpine ~'s bill,** (*E. alpinum*): pig crëyr yr Alpau; **dune ~'s bill,** (*E. dunense*): pig crëyr y twyni; **large purple ~'s bill,** (*E. manescavis*): pig crëyr cochlas/gochlas; **Mediterranean ~'s bill,** (*E. botrys*): pig crëyr y Canoldir; **musk ~'s bill,** (*E. moschatum*): pig y crëyr mwsgaidd/fwsgaidd; **sea ~'s bill,** (*E. maritimum*): pig y crëyr arfor; **sticky ~'s bill** (*E. glutinosum*): pig y crëyr [g]ludiog.
storm[1] *n.* **1.** storm(-ydd) *f*, drycin(-oedd) *f*, tywydd mawr *m*, *Lit:* tymestl (tymhestloedd) *f*, rhyferthwy *m*, *S. W:* storom *f*; **we're in for a ~; there's a ~ brewing,** mae hi am storm; mae storm yn magu; *N. W:* mae hi'n hel/cau am storm; *Astr:* **the Ocean of Storms,** Môr y Tymhestloedd; **rain ~**, storm o law; *S.a.* **brainstorm, hailstorm, snowstorm, thunderstorm; wind ~**, storm o wynt, corwynt(-oedd) *m*; **a ~ in a teacup,** storm mewn cwpan [de/te]; *F:* **any port in a ~**, unrhyw hafan mewn storm, unrhyw gymorth mewn cyfyngder; **to stir up a ~**, codi terfysg, codi twrw, cynhyrfu'r dyfroedd, codi/creu storm; *Prov:* **after a ~ comes a calm,** daw tawelwch wedi storm; *F:* **to weather a ~, to ride out a ~**, dod trwy storm, dod trwyddi, dod trwy'r gwaethaf, *F: occ:* ei weddro hi. **2.** (*of missiles*): cawod(-ydd) *f*; (*of abuse*): cawod, ffrwd *f*, llif *f*, cenllif *m*; **~ of applause,** ton(-nau) (*f*) o gymeradwyaeth, banllef(-au) (*f*) o gymeradwyaeth; **to bring a ~ about one's ears,** tynnu nyth cacwn am eich pen; *Lit: Hist:* **~ and stress,** cynnwrf a therfysg, ing ac angerdd. **3. to take a stronghold by ~**, cipio/goresgyn/meddiannu caer trwy ymosodiad/gyrch; *F:* **she took the audience by ~**, rhoes berfformiad ysgubol; fe ysgubodd y gynulleidfa; **choir takes Cardiff by ~**, Caerdydd yn ildio i gôr, côr yn ennill calon Caerdydd, côr yn ysgubo Caerdydd. **~ area** *n.* ardal (*f*) storm (ardaloedd stormydd), cylch (*m*) storm (cylchoedd stormydd). **~ beach** *n. Geog:* stormdraeth(-au) *m*. **~ beaten** *a.* storm-guriedig, ag ôl stormydd/tywydd. **~ bell** *n.* cloch (*f*) rybudd (clychau rhybudd), cloch larwm. **~-belt** *n.* llain (lleiniau) (*f*) stormydd. **~-bird** *n. Orn:* = **petrel (storm[y]). ~ canvas** *n. Nau:* hwyliau (*pl*) tywydd mawr. **~ card** *n. Nau:* siart(-iau) (*f*) stormydd. **~ cellar** *n. U.S:* seler(-i,-ydd) (*f*) ymochel. **~-centre** *n.* canol (*m*) storm, llygad (*m*) storm. **~-cloud** *n.* cwmwl du (cymylau duon) *m*, cwmwl tymhestlog. **~-cock** *n. Orn:* = **missel[-thrush]. ~-collar** *n. Cost:* coler(-i) uchel *mf*. **~ cone** *n. Nau:* côn (conau) (*m*) tywydd mawr. **~-door** *n. U.S:* rhagddor(-au) *f*. **~-drain** *n.* draen(-iau) (*f*) llifogydd. **~-drum** *n. Nau:* drwm (drymiau) (*m*) tywydd mawr. **~-finch** *n.* = **petrel (stormy). ~-glass** *n.* gwydryn (gwydrau) (*m*) tywydd mawr. **~-jib** *n. Nau:* cynhwyl(-iau) (*f*) storm, stormjib(-iau) *f*. **~-lantern** *n.* lamp (*f*) dywydd mawr (lampau tywydd mawr), *S. W:* lamp(-au) mas. **~ petrel** *n.* = **petrel (stormy). ~-sail** *n. Nau:* hwyl(-iau) (*f*) tywydd mawr, storm-hwyl(-iau) *f*. **~-sewer** *n.* draen (*f*) lifogydd (draeniau llifogydd). **~-signal** *n. Nau:* arwydd(-ion) (*m*) storm, arwydd tywydd mawr. **~-tossed** *a.* ar drugaredd y ddrycin/dymestl, a deflir/daflwyd gan storm[-ydd]. **~-trooper** *n. Mil: Pol:* cyrchfilwr (cyrchfilwyr) *m*. **~-troops** *n.pl. Mil: Pol:* cyrchfilwyr. **~-warning** *n.* rhybudd(-ion) (*m*) [o] storm. **~-window** *n.* ffenestr(-i) (*f*) tywydd mawr. **~-zone** *n.* = **storm-belt.**
storm[2] *v.i.&t.* **1.** *v.i.* (*a*) (*of wind*): rhuo, *Lit:* brochi; **it stormed (all day),** bu hi'n stormus, bu hi'n dywydd mawr (drwy'r dydd); (*b*) *F:* (*of pers.*): taranu, bytheirio, rhuo, arthio, rhefru, chwythu bygythion, bwrw'ch cylchau, bwrw drwyddi, *Lit:* brochi; (*c*) **she stormed out,** rhuthrodd allan yn wyllt *or* mewn tymer; allan â hi fel corwynt. **2.** *v.t. Mil:* (*a*) (= *attack*): gwn|eud cyrch, dwyn cyrch, ymosod, rhuthro, gwneud rhuthrad (ar rth); (*b*) (= *capture*): goresgyn, meddiannu, cipio.
stormbound *a.* caeth gan storm[ydd], wedi'ch dal/atal/rhwystro gan storm[ydd].
stormer *n. Mil:* milwr (milwyr) (*m*) cyrch, cyrchfilwr (cyrchfilwyr) *m*; *S.a.* **barnstormer.**
stormily *adv.* **1.** yn stormus, yn dymhestlog, yn arw. **2.** (*to speak*): yn wyllt, yn chwyrn.
storminess *n.* **1.** (*of weather*): stormusrwydd *m*, gwerwindeb *m*, gerwinder *m*, gwylltineb *m*. **2.** (*of meeting &c*): cynnwrf *m*, gwylltineb *m*, cythrwfl *m*, chwyrndra *m*.
storming *vn. Mil:* ~ **party,** criw(-iau) (*m*) ymosod.
stormless *a.* llonydd, digyffro, heb storm, di-storm, didymestl.
stormproof *a.* **1.** diogel rhag storm[-ydd], a ddeil storm[-ydd], sy'n dal storm[-ydd]. **2.** (*fortress &c*): cadarn (cedyrn), anorchfygol, anorthrech, anoresgynadwy.
stormy *a.* **1.** stormus, terfysglyd, garw (geirwon), *F:* stormllyd, *Lit:* tymhestlog, drycinog; ~ **sea,** môr tymhestlog/moriog/mawr/stormus/garw, *N.W:* yr hen Ddafydd yn dangos ei ddannedd; ~ **weather,** tywydd stormus *m*, tywydd mawr, tywydd garw/gerwin, *occ:* stryllwch *m*; *F:* (*discussion*): cynhyrfus, terfysglyd, cythryblus, chwyrn, gwyllt; **a ~ life,** bywyd cythryblus/tymhestlog; *Orn:* ~ **petrel,** aderyn (adar) (*m*) drycin, pedryn (*m*) drycin, gwylan(-od) (*f*) y weilgi, cas (*m*) gan longwr; *Fig:* aderyn drycin.
story[1] *n.* **1.** stori (storïau, straeon, *S: occ:* stori|aes) *f*, hanes(-ion) *m*, hanesyn (hanesion) *m*, chwedl(-au) *f*; **to tell a ~**, dweud/adrodd stori, *N.E: occ:* dirwyn stori; **an idle ~**, chwedl, stori gelwydd (straeon/storïau celwydd), stori gelwyddog (straeon/storïau celwyddog), *S.E:* stori o gelwydd; **tall ~**, chwedl/stori anhygoel; **a shaggy dog ~**, jôc hir wirion (jôcs hir gwirion) *f*, stori ddiddiwedd/ddi-bwynt, stori asgwrn pen llo; **according to his own ~**, yn ôl ei stori ef, yn ôl yr hyn a ddywed, yn ei ôl ef, yn ôl ei fersiwn ef, a chymryd ei air ef, meddai ef, *S:* mynte fe; **the ~ goes that...; there is a ~ that...**, dywedir/adroddir/sonnir bod...; mae si/hanes/sôn bod...; yn ôl y sôn/si...; yn ôl yr hanes...; *F:* **but that is another ~**, ond stori arall yw honno; ond mater arall yw hynny; **it's quite another ~ now,** stori arall yw hi erbyn hyn; **it's the same old ~**, yr un hen gân yw hi; **it's a long ~**, mae'n stori faith; **the best of the ~ (is that...)**, y rhan orau o'r stori, uchafbwynt y stori (yw fod...); *F:* yr orau (ydi...); **these bruises tell their own ~**, mae gan y cleisiau hyn eu hanes; mae'r cleisiau hyn yn siarad drostynt eu hunain; **have you read the ~ of his life?** a ydych chi wedi darllen hanes ei fywyd? **a cock and bull ~**, stori anhygoel, stori gelwyddog, *N: occ:* stori big (straeon pig); **an old wives' ~**, coel(-ion) (*f*) gwrach, chwedl gwrach, *occ:* chwedl wrachïaidd (chwedlau gwrachïaidd); **to make a long ~ short,** [a bod] yn fyr, mewn ychydig eiriau, mewn byr eiriau, a thorri stori hir/faith yn fyr, *occ:* ar fyr; **to make a long ~ of sth,** gwneud môr a mynydd o rth, *N.W:* gwneud pader o rth. **2.** *Lit:* **short ~**, stori fer (storïau/straeon byrion); **long short ~**, stori fer hir (storïau/straeon byrion hirion). **3.** (*of novel, play*): plot(-iau) *m*, stori (storïau) *f*. **4.** *F:* (*a*) (= *lie*): celwydd(-au) *m*, anwiredd(-au) *m*; (*b*) (= *liar*): celwyddgi (celwyddgwn) *m*; **oh, you ~!** o'r celwyddog! paid (peidiwch) â'u

dweud nhw! paid (peidiwch) â dweud logiau! **to tell stories,** dweud/llunio/palu/rhaffu celwydd[au], dweud anwiredd, eu rhaffu nhw, *S.W:* rhaffo celwyddau. **5.** *A: (= history):* hanes *m*, chwedl *f*; **famous in ~,** enwog mewn hanes/chwedl; **~ and song,** chwedl a chân. **6.** *Journ:* hanes(-ion) *m*, stori (storïau) *f*, adroddiad(-au) *m*; **the ~ in the newspaper,** yr hanes yn y papur newydd. **~-book 1.** *n.* llyfr(-au) (*m*) straeon/storïau/chwedlau. **2.** *attrib.* rhamantus, hud a lledrith, ffantasïol, dychmygol; **(he lives) in a ~-book world,** (mae'n byw) mewn byd hud a lledrith, yn ei fyd bach ei hunan, ym myd ff|antasi. **~-line** *n.* rhediad (*m*) hanes/stori. **~-teller** *n.* **1.** storïwr (storïwyr) *m*, storïwraig (storiwragedd) *f*, chwedleuwr (chwedleuwyr) *f*, chwedl|euwraig (chwedleuwragedd) *f*, adroddwr (adroddwyr) (*m*) chwedlau; *W.Lit: Hist:* cyfarwydd(-iaid) *m*; **2.** *F:* = **liar.** **~-telling** *vn.* adrodd storïau/straeon/chwedlau/hanesion, *occ:* storïa, chwedleua.

story[2] *n.* = **storey.**

storyette *n.* stori fechan (storïau bychain) *f*.

stoss *a. Geol:* llyfn (*f.* llefn, *pl.* llyfnion); **~ and lee,** llyfn a sgithrog.

stoup *n.* **1.** *A:* cwpan(-au) *m*, bicer(-i) *m*, diodlestr(-i) *m*. **2.** *Ecc:* cawg(-iau) *m*.

stout[1] *a.* **1.** *(resistance, opponent):* glew(-ion), egnïol, grymus, pybyr; *(= courageous):* dewr(-ion), glew(-ion), gwrol; *(= resolute):* penderfynol, di-ildio, cadarn (cedyrn), diysgog, di-syfl, stansh, solet; **he's a ~ fellow,** mae'n fachgen glew; **to put up** *or* **to offer ~ resistance,** gwrthsefyll yn lew/ddewr, gwrthwynebu'n ddewr; **~ heart,** calon ddewr/lew. **2.** *(chair &c):* cryf (*f.* cref, *pl.* cryfion), cadarn, solet; *(stick):* praff (preiffion), ffyrf (*f.occ:* fferf); *(cloth, sole &c):* cryf. **3.** *(= corpulent):* corffog, corffol, tew(-ion), *occ:* ffyrf, *F:* stowt, *S.W:* stwffwl; **to grow ~,** ennill pwysau, tewychu, tewh|au, pesgi; **a ~ man,** *S.W:* clampyn *m*, clobyn *m*, *N:* clompyn *m*, stordyn *m*; **a ~ woman,** *S.W:* cloben *f* [o fenyw], *N:* clompen *f* [o ddynes], storden *f* [o ddynes]. **~-hearted** *a.* pybyr, glew, dewr, dewrgalon, gwrol, eofn, dygn. **~-heartedly** *adv.* yn bybyr *&c.* **~-heartedness** *n.* dewrder *m*, gwroldeb *m*, dycnwch *m*, ehofndra *m*, pybyrwch *m*.

stout[2] *n. (drink):* stowt(-iau) *m*, cwrw du *m*.

stout[3] *n. Ent:* = **tabanid.**

stouten *v.t.&i.* tewychu.

stoutish *a.* **1.** eithaf corffog, eithaf corffol, eithaf ffyrf, go gorffog *&c*, eithaf stowt, gweddol gorffog *&c.* **2.** eithaf cryf, eithaf cadarn *&c*, go gryf *&c*; *See* **stout[1]**.

stoutly *adv. (= vigorously):* yn gryf, yn rymus, yn nerthol, yn ddi-ildio; **(to deny) sth ~,** (gwadu rhth) yn gryf, yn bendant, ar ei ben, yn lân, *N.W: occ:* yn ddu-las; **he ~ maintained that. . .,** haerai yn bendant fod. . . . **~ built** *a.* **1.** *(boat &c):* cadarn (cedyrn). **2.** *(pers.):* corffog, corffol, cydnerth, *F:* stowt, *occ:* ffyrf.

stoutness *n.* **1.** *(a) (= corpulence):* tewdra *m*, corffogrwydd *m*, corffoldeb *m*, *F:* stowtrwydd *m*; *(b) (of stick):* praffter *m*, ffyrfder *m*, ffyrfdra *m*. **2.** *(a) (of defence):* cadernid *m*, grymuster *m*; *(b) (of denial):* pendantrwydd *m*, cadernid.

stove[1] *n.* **1.** stôf (stofiau) *f*, *S:* ffwrn (ffyrnau) *f*, *N: (for cooking):* popty (poptai) *m*; *Ch: Ind:* ffwrn, ffwrnais: ffwrnes (ffwrneisi, ffwrneisiau) *f*. **2. finishing ~,** stôf lathru (stofiau llathru). **~ enamelled** *a.* stôf-enamelog. **~-pipe** *n.* **1.** peipen (peipiau) (*f*) stôf. **2.** *F: Cost: (hat):* het (*f*) gorun uchel (hetiau corun uchel). **~ plants** *n.pl.* planhigion tŷ gwydr.

stove[2] *v.t.* **1.** crasu, ffyrna, *S:* ffwrno. **2.** *(plants):* tyfu/codi (planhigion) mewn gwres mawr.

stove[3] *v. & p.p. See* **stave[2]**; **~ in,** tolciog, pantiog, mathredig, toredig; **the barrel was ~ in,** 'roedd y gasgen wedi ei malu/ thorri.

stover *n.* **1.** *(= coarse roughage): N:* ebran(-nau) *m*, *S:* gogor(-ion) *f*. **2.** *U.S: (= stalks and leaves):* gwrysg *pl.*

stow *v.t.&i.* **1.** *v.t. (a)* **to ~ sth [away],** gosod/dodi/hel/rhoi rhth o'r neilltu, pacio rhth, rhoi rhth i'w gadw, rhoi/dodi rhth heibio, storio rhth, *Nau:* stowio rhth, *N.W: occ:* stuo (rhth); *F:* **we were stowed in an attic,** fe'n rhoddwyd i'n cadw yn yr atig; *(b) P:* **~ it!** rho'r (rhowch y) gorau iddi! *N:* cau dy geg (ceuwch eich cegau)! *S:* ca' dy ben (caewch eich pennau)! **2.** *v.i.* **to ~ [oneself] away on a ship/plane,** ymguddio/cuddio ar long/ awyren, mynd i guddio ar long *or* mewn awyren, cudd-deithio ar long/ awyren.

stowage *n. Nau: (a)* stowio *vn*; *(b) (space):* lle (*m*) stowio/storio, storle(-oedd) *m*, storfa (storf|eydd) *f*, storfan(-nau) *mf*; *(c) (charge):* tâl (taliadau) (*m*) stowio.

stowaway *n. Nau:* **1.** *(passenger):* teithiwr (teithwyr) cudd *m*, t|eithwraig gudd (teithwragedd cudd), cudd-deithiwr (~-deithwyr) *m*, cudd-d|eithwraig (~-deithwragedd) *f*. **2.** *(= place for stowage):* storle(-oedd) *m*, storfa (storf|eydd) *f*, storfan(-nau) *mf*.

stower *n. Nau:* stowiwr (stow-wyr) *m*.

strabismal, strabismic, strabismical *a.* llygatgroes, llygatgam.

strabismus *n.* llygad (llygaid) croes/cam *m*.

strabotomy *n. Med:* unioni/sythu (*vn*) llygad croes, strab|otomi (strabotomïau) *m*.

straddle[1] *n.* **1.** *(a)* gafl(-au) (*f*) ar led, coesau (*pl*) ar led, baglau (*pl*) ar led, gafliad(-au) (*m*) ar led; *(b) (on horseback):* gafl ar led, coes (*f*) bob ochr, coes naill ochr, *S.W:* bagal abówt (*f*), bagal o boptu. **2.** *Artil: (target):* tanio (*vn*) naill ochr, taniad (*m*) naill ochr. **3.** *U.S: Fin:* opsiwn (opsiynau) dwbl *m*. **4.** *Cards:* dyblu *vn*, dybliad(-au) *m*. **~ jump** *n.* naid (neidiau) fforchog *f*.

straddle[2] *v.i.&t.* **1.** *v.i.* gaflio, lledu'r coesau, gafl-ledu, bod/sefyll â'ch coesau ar led, bongamu (*pronounced* ng-g), *S: occ:* ffwrcho. **2.** *v.t. (a) (horse):* marchogaeth/reidio (ceffyl) â'ch gafl ar led *or* â'ch coesau o boptu *or* â'ch coesau naill ochr; *S.W:* brochgáu ceffyl bagal-abówt *or* bagal o boptu; *N.W:* reidio ar gamfa/gamdda led *or* â'ch cam ar led; *(chair):* eistedd â'ch coesau o boptu i gadair; *Mil:* **to ~ a river,** meddiannu dwy lan afon, bod ar ddwy lan afon, gafl-ledu o boptu i afon; *Fig:* **to ~ two centuries,** pontio/cydio dwy ganrif; *(b) Artil:* **to ~ a target,** saethu/bomio y naill ochr i darged *or* o boptu i darged; fframio targed; *(c)* **to ~ [out] one's legs,** lledu'ch coesau, lledu'ch gafl, agor eich coesau ar led, gaflio, gafl-ledu; *F:* **to ~ the fence,** eistedd ar ben llidiart, bod yn Sioni bob ochr. **3.** *St.Exch:* stradlo.

straddler *n.* **1.** gafliwr (gaflwyr) *m*. **2.** *St.Exch:* stradlwr (stradlwyr) *m*.

straddling *a.* gaflog, gaflgam, gaflrhwth.

strafe[1] *n. F:* plediad(-au) *m*.

strafe[2] *v.t.* pledu.

strafer *n.* pledwr (pledwyr) *m*.

strafing *vn.* pledu, plediad(-au) *m*.

straggle[1] *n.* llinell wasgarog (llinellau gwasgarog) *f*.

straggle[2] *v.i.* **1. to ~ [along],** ymlusgo, llusgo mynd/dod, mynd/ dod yn wasgarog, *F:* mynd/dod yn lincyn-loncyn *or* linc-di-lonc *or* dow-dow; **houses that ~ (round the lake),** tai sydd ar wasgar, tai sy'n wasgarog, tai sydd yma ac acw, tai sydd hwnt ac yma (o amgylch y llyn); **(a plant) that straggles,** (planhigyn) sy'n tyfu yma ac acw, sy'n tyfu ar led/wasgar, sy'n heglog, sy'n ymledu i/dros bob man; **the guests straggled off,** ymadawodd y gwesteion bob yn un ac un *or* o un i un *or* bob yn dipyn.

straggler *n.* oedwr (oedwyr) *m*, ymlusgwr (ymlusgwyr) *m*, llusgwr (llusgwyr) *m*, un (rhai) araf *m&f*, dilynwr (dilynwyr) (*m*) o hirbell; **there's one ~ left,** mae un dyn bach ar ôl.

straggling *a.* **1.** gwasgaredig, gwasgarog, ar chwâl, ar wasgar, di-drefn, ymledol, crwydrol; **a ~ village,** pentref gwasgarog; **a ~ beard,** barf laes/denau; **~ hair,** gwallt gwasgarog/llaes. **2. ~ plant,** planhigyn heglog/crwydrol/ymledol.

stragglingly *adv.* yn wasgarog, ar chwâl, ar wasgar.

straggly *a.* = **straggling.**

straight *a., n. & adv.* I. *a.* **1.** syth (*f.occ:* seth, *pl.occ:* sythion), union, unionsyth(-ion), diwyro, *S:* cymwys (*usu.pronounced* cwmws); **a ~ gaze,** edrychiad diwyro/syth; **to walk the ~ and narrow path,** rhodio'r llwybr cul; **as ~ as a ramrod,** cyn sythed â saeth, mor union â saeth, mor syth â'r pin, *S.E:* syth fel lartsh, yn gwmws fel saeth, *N.W:* cyn sythed â brwynen, mor syth â thŵr eglwys, cyn unioned â haul drwy dwll, syth fel cawnen, syth bin fel llath bren, syth fel procer, syth fel bwled; **~ line,** llinell(-au) syth/union *f*, *S:* llinell gwmws (llinellau cwmws); **~ piece of wood,** pren(-nau) syth *m*, *S.W:* pren cwmws; **~ shank drill,** dril(-iau) (*m*) garansyth; **~ taper,** tapr(-au) syth *m*; **~ up and down,** unionsyth; **~ bat** *(i) Cr:* bat syth *m*; *(ii) Fig:* **to play a ~ bat,** batio'n syth, chwarae'n deg; *Atom.Ph:* **~ chain,** cadwyn(-i) syth/agored *f*; *Furn:* **~ chair,** cadair gefnsyth (cadeiriau cefnsyth) *f*; **~ hair,** gwallt syth *m*; **~ eye,** llygad cywir/ syth *m*, gweledigaeth cywir/syth *m*; *Needlew:* **~ grain,** sythraen *m*;

Carp: ~ **joint,** uniad(-au) syth *m*; *Box:* ~ **left,** chwith syth *f*; ~ **right,** de syth *f*; *Med:* ~ **leg raising test,** prawf codi coes [yn syth]; *Geom:* ~ **angle,** ongl(-au) unionsyth *f*; **to walk with ~ shoulders,** cerdded yn gefnsyth, *S:* cerdded fel y lartsh. **2.** *(= candid):* uniondeg, cywir, gonest, didwyll, agored, plaen; **a ~ deal,** bargen deg *f*; **a ~ answer,** ateb union/uniondeg/gonest/plaen/dibetrus *m*, ateb ar ei ben, ateb ar ei union, ateb heb flewyn ar dafod; **to be ~ with s.o.,** dweud y gwir wrth rn, bod yn onest/deg â rhn; **he is ~,** mae'n onest, mae'n ddi-dderbyn-wyneb; *N.W:* mae o'n lân ei galon; mae o'n deg; **to play a ~ game,** chwarae'n deg â rhn; ~ **tip,** awgrym *(m)* o le da. **3.** *(a) (= simple):* uniongyrchol (*pronounced* ng-g), rhwng dau, syml (*f.* seml), syth; *Pol: U.S:* **to vote a ~ ticket,** pleidleisio ar raglen blaen/syml, pleidleisio ar restr blaen/seml; *Pol:* ~ **fight,** brwydr(-au) *(f)* uniongyrchol, brwydr rhwng dau [ymgeisydd], brwydr seml; ~ **race,** ras(-ys) seml *f*, ras rhwng dau; *(b) Th:* ~ **man,** dyn difrif *m*; *Th:* ~ **play,** drama go iawn *f*, drama o ddifrif, drama blaen (dramâu plaen); ~ **make-up,** colur plaen *m*; ~ **part,** rhan(-nau) *(f)* o ddifrif, part(-iau) syth *m*; ~ **razor,** rasel blaen (raseli/raselydd plaen) *f*; *F:* ~ **music,** cerddoriaeth barchus *f*; *Aer:* ~ **jet,** jet blaen (jetiau plaen) *f*; ~ **drink,** diod blaen (diodydd plaen) *f*, diod ar ei phen ei hun; ~ **whisky,** wisgi ar ei ben ei hun, wisgi plaen. **4.** *(a) (picture, tie &c):* syth, union; **to put a picture ~,** sythu/unioni llun; **your tie isn't ~,** mae dy dei di'n gam; mae dy dei di ar un ochr; *(b)* taclus, trefnus, twt, cymen, mewn trefn; **to put a room ~,** rhoi/dodi trefn ar ystafell, tacluso ystafell, *N:* twtio ystafell, *S:* cymoni/cymhennu ystafell; **to put things ~,** rhoi/dodi pethau yn eu lle; **to set the record ~,** cywiro'r cofnod; **to put affairs ~,** cywiro/unioni pethau, gosod/dodi/rhoi pethau yn eu lle; **to put things ~ between two people,** cymodi dau; **to set/put s.o. ~ about sth,** cywiro barn rhn ynghylch rhth; **the accounts are ~,** mae'r cyfrifon yn gywir; **let me get this ~,** dewch i mi ddeall hyn yn iawn; **let's get this ~,** dewch inni ddeall ein gilydd yn iawn; **now we're ~,** dyna ni'n gyfartal; **to keep a ~ face,** cadw wyneb syth. **5.** *Cards: (= successive):* olynol, un ar ôl y llall; ~ **flush,** pumawd(-au) *m*. **6.** *F: (= not criminal):* [g]onest; *(= not perverted):* normal. II. *n.* **1.** *(a)* **(it was) out of [the] ~,** ('roedd) heb fod yn syth/union; ('roedd) yn gam, ar un ochr; **(to cut material) on the ~,** (torri defnydd) yn ei hyd, yn syth, gyda'r graen; *(b) F:* **to act on the ~,** delio'n deg, bod yn onest/ddidwyll. **2.** *(a) Rac:* **the [home] ~,** y darn syth [olaf] *m*, yr hyd olaf *m*; *Rail:* darn(-au) syth. **3.** *F:* **the ~ and narrow,** y llwybr cul *m*, y ffordd gul *f*. **4.** *Poker:* pum cerdyn olynol *m*, pumawd(-au) *m*. III. *adv.* **1.** *(= in a ~ line):* yn syth, yn union, yn unionsyth, *S.* yn gymwys; **to shoot ~,** sacthu'n syth/gywir; **keep ~ on,** ewch yn syth yn eich blaen; *N.W:* ewch ar eich union; *S:* ewch ymlaen yn gymwys; **(the bullet went) ~ through his leg,** (aeth y bwled) yn syth/union drwy ei goes, *F:* reit trwy ei goes; **(to read a book) ~ through,** (darllen llyfr) yn syth drwyddo, ar un, o glawr i glawr, o'r naill gwr i'r llall, ar un tro, o'i gwr. **2.** *(= at once):* yn syth, ar unwaith, yn union, rhag blaen, yn ddiymdr|oi; **(I shall come) ~ (back),** (mi ddof yn ôl) ar unwaith, ar f'union, *N: F:* yn syth bin; **(to go/come) ~ (to the point),** (mynd/dod at y pwynt) ar unwaith, yn syth, heb hel dail, heb din-droi; **to drink ~ from the bottle,** yfed yn syth o'r botel; **(to walk) ~ in,** (cerdded) ar eich pen i mewn, cerdded yn syth i mewn; ~ **away,** ~ **off,** ar unwaith, ar ei union, yn union deg, yn syth, yn ddiymdroi, yn ddi-oed, yn y fan, *Lit:* yn ebrwydd, *F:* chwipyn, *N.W:* yn syth bin, yn union deg, fel chwip, *S.W:* whap, chwiw, rwp, plwmp, swp, bowns, bwmp, *S.E:* chwaff, woff, waff, bang, cwmws; *F:* **it's ~ from the horse's mouth,** mae'n dod o le da; mae'n dod o lygad y ffynnon. **3. to go ~ across the road,** mynd yn syth dros y ffordd *or* ar draws y ffordd, *N.W:* unioni dros y ffordd; **to go ~ for sth,** anelu'n syth am rth, mynd yn syth am rth, unioni am rth; *(of convict):* **to go ~,** diwygio, ymddiwygio, troi dalen, byw'n onest; ~ **above sth,** yn syth/union/gywir uwch ben rhth, *F:* reit uwch ben rhth; **to look s.o. ~ in the face,** edrych yn myw llygad rhn, edrych yn syth yn wyneb rhn; **(to tell s.o. sth) ~ [out] from the shoulder,** (dweud rhth wrth rn) yn blwmp ac yn blaen, yn ddi-lol, yn swta, heb flewyn ar eich tafod, heb falu awyr. **4.** *U.S:* **it costs a dollar ~,** doler ar ei ben yw ei bris. **~-arm¹** *a.* braich syth; *Wr:* **~-arm lift,** codiad braich syth. **~-arm²** *v.t. Rugby:* rhoi braich syth (i rn). **~-backed** *a.* cefnsyth. **~-bred** *a.* heb ei groesi, tryryw. **~-cut** *a. (tobacco):* wedi ei dorri yn ei hyd. **~-edge** *n. Tls:* ymyl(-on) syth *mf*. **~-eight** *n. Aut: F:* car (ceir) *(m)* wyth silindr, car wyth olynol. **~-faced** *a.* â golwg ddifrifol, difrifol yr olwg, wynepsyth. **~-legged** *a.* garsyth. **~-line** *attrib. Mec.E:* unionlin, sythlin, llinell syth; *Com:* **~-line depreciation,** dibrisiant llinol *m*; **~-line motion,** symudiad llinell syth. **~-out** *a. U.S:* **1.** *(= throughgoing):* manwl, trwyadl, eithafol, rhonc, brwd, pybyr; **a ~-out democrat,** democrat pybyr/rhonc. **2.** *(= frank):* didwyll, cywir, gonest, agored, plaen, di-flewyn-ar-dafod, di-dderbyn-wyneb.

straighten *v.t.&i.* **1.** *v.t.* sythu, unioni, *S: occ:* cymhwyso; **to ~ out one's affairs,** cael/rhoi/dodi trefn ar eich pethau, rhoi'ch/dodi'ch tŷ mewn trefn. **2.** *v.i.* ymunioni, ymsythu, *S.E: occ:* ymiawnyd; **I think things will ~ out,** *F:* credaf y daw pethau i'w lle *or* i drefn.

straightener *n.* sythwr (sythwyr) *m*, unionwr: unionydd (unionwyr) *m*.

straightening *vn.* unioni, unioniad(-au) *m*.

straightforward *a.* **1.** *(= frank):* didwyll, [g]onest, unplyg, uniondeg, union, plaen, agored, heb flewyn ar dafod, diddichell, di-lol. **2.** *(= simple):* syml, uniongyrchol (*pronounced* ng-g), digymhlethdod, rhwydd, hawdd, digwafrau.

straightforwardly *adv.* **1.** *(to speak):* yn onest, yn ddidwyll, yn blaen, yn agored, heb flewyn ar dafod. **2.** *(= simply):* yn syml.

straightforwardness *n.* **1.** *(= frankness):* didwylledd *m*, [g]onestrwydd *m*, unplygrwydd *m*, uniondeb *m*, unionder *m*, uniondegwch *m*, plaendra *m*. **2.** *(= simplicity):* symlrwydd *m*, hawster *m*, hawstra *m*.

straightish *a.* gweddol syth, go syth, eithaf syth.

straightness *n.* **1.** *(of line):* sythder *m*, unionder *m*, uniondeb *m*, unionsythder *m*. **2.** *(of conduct):* [g]onestrwydd *m*, didwylledd *m*, unionder, uniondeb, uniondegwch *m*.

straightway *adv. A:* = **straight away**.

strain¹ *n.* **1.** *(= tension):* straen(-iau) *f*, tyndra *m*, gordyndra *m*; **to take the ~ off a beam,** rhyddhau'r/llacio'r straen ar drawst; *Mec.E:* **breaking-~,** straen dorri; **bending-~,** straen blygu; **it would be too great a ~ on my purse,** fe fyddai'n ormod o dreth *(f)* ar fy mhoced; byddai'n ormod o dolc *(mf)*; **at [full] ~, on the ~,** hyd yr eithaf, i'r eithaf; **the ~ of modern life,** straen y bywyd modern, pwysau'r bywyd modern; **mental ~,** pwysau *(pl)* meddwl, tyndra meddwl, straen meddwl; **(to write) without ~,** (ysgrifennu)'n rhwydd, heb ymdrech, yn ddi-straen, yn ddidrafferth, heb drafferth. **2.** *(a) Med: (= sprain):* ysigiad(-au) *m*, streifiad(-au) *m*, ysigo *vn*, streifio *vn*; ~ **in the back,** ysigiad/straen yn y cefn; *(b) Mec.E: (= amount of deformation):* ildiant (ildiannau) *m*, afluniad(-au) *m*. **3.** *usu.pl. Poet: (of song):* hyfrydlais *m*, peroriaeth *f*, nodau *pl*, seiniau *f*; **sweet strains,** hyfrydlais, lleisiau hyfryd *pl*, nodau pêr/peraidd/persain, seiniau swynol; **the ~ of the violin,** nodau'r ffidil. **4.** *(of speech):* cywair (cyweiriau) *m*, tôn *f*, ieithwedd *f*; **(he said much more) in the same ~,** (dywedodd lawer mwy) yn yr un modd, i'r un perwyl, yn yr un cywair, i'r un cyfeiriad. **5.** *Mus: (= piece of music):* cainc (ceinciau) *f*. **6.** *See* **strain³**. ~ **gauge** *n. Ph:* medrydd(-ion) *(m)* ildiant. **~-hardened** *a. Metalw:* a straen-galedwyd, straen-galed. **~-hardening** *vn. Metalw:* straen-galedu.

strain² *v.t.&i.* I. *v.t.* **1.** *(cable):* tynh|au, straenio; **to ~ one's ears,** clustfeinio, gwrando'n astud; **to ~ one's eyes (doing sth),** blino/gordrethu/straenio eich llygaid (yn gwneud rhth, wrth wneud rhth); **to ~ the law,** ystumio'r gyfraith; **to ~ s.o.'s friendship,** rhoi straen ar gyfeillgarwch rhn; **to ~ a point,** gwn|eud eithriad; **to ~ the voice,** straenio'r/gordrethu'r llais; **to ~ courtesy,** bod yn ffurfiol/orffurfiol, bod yn rhy ffurfiol; *S.a.* **nerve¹ 3. 2.** *(a)* **to ~ one's back,** straenio'ch/tynnu'ch/ysigo'ch cefn, *N:* streifio'ch cefn, tynnu rhth yn eich cefn; **to ~ one's heart,** straenio'ch/gordrethu'ch/ gorweithio'ch calon, rhoi pwysau/straen ar eich calon; *(b) (mast, beam):* ystumio, camystumio; *(c)* **to ~ oneself,** *(i) (= overwork, tire oneself):* gorweithio, eich lladd eich hun, eich gweithio'ch hun yn ormodol, eich gordrethu'ch hun, *N:* eich llardio'ch hun; *(ii) (= make all efforts):* gwneud eich gorau glas, ymdrechu'n deg, gwneud pob ymdrech. **3.** *Lit:* **to ~ s.o. to one's bosom,** gwasgu rhn at eich bron, cofleidio rhn. **4.** *(a) (liquid):* hidlo, *N.W:* stilio, gloywi, *S.W:* hidlan, dryllian; *B:* **to ~ at a gnat,** hidlo gwibedyn; *(b)* **to ~ sth out of a**

liquid, hidlo/gloywi rhth o hylif, diwaddodi/ hidlo/gloywi hylif; **to ~ off vegetables,** hidlo llysiau, tynnu dŵr o lysiau, gwagio dŵr llysiau, *N.W:* gloywi llysiau. II. *v.i.* ymlafnio, ymegnïo, ymdrechu, gwneud eich gorau glas, *N: F:* bustachu; **to ~ at a rope,** tynnu/halio ar raff; **to ~ at an oar,** tynnu/halio ar rwyf; **he strains too much after effect,** mae'n gwneud ati i greu effaith; **to ~ at the leash,** tynnu ar dennyn; bod yn orawyddus, bod yn eiddgar iawn, bod ar dân (i wneud rhth), llosgi yn eich croen (eisiau gwneud rhth); **plants straining towards the light,** planhigion yn ymgyrraedd/ymestyn at y goleuni; **to ~ after sth,** ymdrechu/ymegnïo i gael rhth, gwneud eich gorau glas i gael/gyrraedd rhth; **to ~ for perfection,** anelu am/at berffeithrwydd. **2.** *(of pump &c):* llafurio, gweithio'n galed, ymlafnio, ymegnïo; *(of ship):* **to ~ in a seaway,** siglo/ymdaflu ar fôr mawr. **3.** *(= be deformed):* ystumio, camu, plygu, ysigo. **4.** *(= trickle, flow):* hidlo, rhedeg, llifo, diferu, dafnu, dafnio, diferynnu, gollwng.

strain³ *n.* **1.** *(= inherited quality):* elfen(-nau) *f*, natur *f*, cynneddf (cyneddfau) *f*, tuedd(-iadau) *(m)* (at rth); **there's a ~ of aggression in him,** mae natur ymosodol ynddo; **a ~ of insanity,** tuedd at wallgofrwydd, elfen o wallgofrwydd. **2.** *(= stock):* hil(-ion) *f*, brîd (bridiau) *m*, gwaedoliaeth(-au) *f*, tras(-au) *f*, llinach(-au,-oedd) *f*; *Bact: (of virus):* hil(-ion), brid (bridiau) *m*; *(of plants):* rhywogaeth (-au) *f*; **he is of a good ~,** mae ef yn dod o deulu da *or* o waedoliaeth/linach dda; *F:* mae'n gyw o frîd.

strainable *a. (liquid):* hidladwy.

strained *a.* **1.** *(a)* **~ relations,** perthynas dan bwysau/straen, perthynas dyn[n] hyd at dorri; **~ atmosphere,** awyrgylch tyn[n]; *(b) (ankle &c):* ysig, wedi troi, *N:* wedi streifio; **~ eyes,** llygaid blinedig; **a ~ heart,** calon orflinedig/luddedig, calon dan straen; *(c)* **a ~ laugh,** chwerthiniad dan orfod, chwerthiniad annaturiol/cymelledig/gorfodedig *m*; **a ~ expression,** golwg straen; **a ~ manner,** dull annaturiol; **a ~ interpretation,** dehongliad annaturiol/annhebygol *m*. **2.** *(liquid):* hidledig; *Cu:* **~ fruit,** ffrwythau *(pl)* wedi eu hidlo.

strainer *n.* **1.** *(a) (= filter for liquids):* hidl(-au) *f*, hidlen(-ni,-nau) *f*, hidlydd(-ion) *m*, hidlwr (hidlwyr) *m*, hidlyr(-on) *m*; **milk-~,** hidlen, *N.W: occ:* gogr(-au) *(m)* rhawn, gogr hidl, *S:* hiddyl *m*, hilydd *m*, strenar *m*, *M.W:* gogr, *S.W:* basarn/baser *(m)* rhawn; *S.a.* **wire-strainer.**

straining¹ *a. (muscles):* ymegnïol, yn tynnu; *(ears):* astud; *(eyes):* yn craffu.

straining² *vn. See* **strain²**. **~-bag** *n.* cwdyn (cydau) *(m)* hidlo, bag(-iau) *(m)* hidlo. **~-beam, ~ piece** *n.* trawst(-iau) *(m)* tynnu. **~-screw** *n.* sgriw dyndro (sgriwiau tyndro) *f*. **~-stay, ~-tie** *n.* gwanas dyndro (gwanasau tyndro) *f*.

strait *a. & n.* **1.** *a. A:* cyfyng, cul, manwl, caeth; *B:* **~ is the gate,** cyfyng yw'r porth; *B:* **the most straitest sect of our religion,** y sect fanylaf o'n crefydd ni. **2.** *n. also* **straits,** *(a) Geog:* culfor(-oedd) *m*, cyfyngfor(-oedd) *m*; *W.Geog:* **the Menai Straits,** Menai *f*, Afon *(f)* Menai, Y Fenai *f*; **the Straits of Dover,** Culfor Dofr; *(b) Anat:* **the straits of the pelvis,** cyfyngleoedd *(pl)* y pelfis; *(c)* **(to be) in great/dire straits,** (bod) mewn cyfyngder mawr, mewn trafferthion enbyd, yn gyfyng iawn arnoch, yn dyn[n] iawn arnoch, yn fain/galed arnoch, mewn helbul, mewn helyntion blin, mewn adfyd, mewn cyni, mewn caledi. **~-jacket¹** *n.* caethwasgod(-au,-ion) *f*, gwasgod gaeth (gwasgodau/gwasgodion caeth) *f*, siaced gaeth (siacedi caeth) *f*. **~-jacket²** *v.t.* rhoi/dodi (rhn) mewn gwasgod gaeth; *Fig:* caethiwo (rhn), cyfyngu (ar rn). **~-laced** *a.* piwritanaidd, cysetlyd, sydêt; *(= scrupulous):* deddfol, egwyddorol. **~-waistcoat** *n.* = **strait-jacket¹**. **Straits Convention** *n.* Cytundeb *(m)* y Culfor. **Straits dollar** *n.* doler *(f)* y Culfor (doleri'r Culfor). **Straits Settlements** *n.pl. Geog:* Gwladf|eydd y Culfor.

straiten *v.t.* cyfyngu.

straitened *a.* cyfyng; **~ circumstances,** cyni *m*, adfyd *m*, trafferthion *pl*, helyntion *pl*, argyfwng *m*, angen *m*; **(to be) in ~ circumstances,** (bod) yn gyfyng arnoch, mewn cyni, mewn angen, mewn eisiau, yn dlawd/fain/galed arnoch.

straitly *adv.* **1.** *(= narrowly, closely):* yn gyfyng. **2.** = **strictly.**

straitness *n.* **1.** *(= narrowness):* cyfyngder *m*. **2.** = **strictness.**

strake *n.* **1.** *(of boat):* estyll *pl*, estyllod *pl*, planciau *pl*; **rubbing-~,** cantel(-au) *(m)* rhwbio; **garboard ~,** estyllod y cêl. **2.** *Mech: (of wheel):* cantel, cant(-au) *m*, cameg(-au, cemyg) *f*.

stramineous *a.* gwelltog, gwelltaidd, fel gwellt.

stramonium *n.* **1.** *Bot:* afal(-au) *(m)* dreiniog, *Lit: occ:* afal meiwyn. **2.** *Pharm:* stramoniwm *m*.

strand¹ *n. Poet: (= bank, shore):* glan(-nau) *f*; *(of sea):* glan môr (glannau moroedd), morlan(-nau) *f*, traethell(-au) *f*, traeth(-au) *m*.

strand² *v.t.&i.* **1.** *v.t. (ship):* hwylio/gyrru/taflu (llong) ar draeth; hwylio (llong) ar y lan, tirio (llong); **to ~ passengers,** gadael teithwyr ar y clwt *or* yn ddiymgeledd. **2.** *v.i. (of ship):* mynd ar y lan.

strand³ *n.* **1.** *(a) (of rope, wool &c):* cainc (ceinciau) *f*; *(of thread):* edefyn(-nau, edeifion) *m*; *(of wire rope):* gwifren (gwifrau) *f*. **2.** *(of beads, pearls):* llinyn(-nau) *m*. **3.** *Biol:* edefyn. **4.** *(of hair):* llyweth(-au) *f*, tres(-i) *f*.

strand⁴ *v.t.* *(a)* **to ~ rope,** ceincio/cyfrodeddu/cordeddu rhaff; *(b)* **to ~ a coloured thread into a piece of cloth,** gweithio edau liw ar ddarn o ddefnydd.

stranded¹ *a.* **1.** *(ship):* sownd ar draeth/lan. **2. to leave s.o. ~,** gadael rhn ar y clwt *or* yn ddiymgeledd; **we were ~ in a traffic jam,** 'roeddem yn sownd mewn traffig; 'roeddem heb fedru symud mewn tagfa; **I was ~ in Paris,** ni allwn fynd o Baris; 'roeddwn yn sownd ym Mharis; 'roeddwn ym Mharis heb geiniog ar f'elw.

stranded² *a. (rope):* ceinciog, â cheinciau; **three-~ rope,** rhaff deircainc (rhaffau teircainc) *f*; *(thread):* cyfrodedd; **~ cotton,** edau gyfrodedd *f*.

strandedness *n.* cyfrodeddiad *m*.

strander *n.* cyfrodeddwr (cyfrodeddwyr) *m*.

strandline *n.* = **shoreline.**

strange *a.* **1.** *(= unfamiliar):* dieithr (*often pronounced as* dierth, diarth); **to worship ~ gods,** addoli duwiau dieithr; **this writing is ~ to me,** mae'r ysgrifen hon yn ddieithr/anhysbys/anghyfarwydd imi; **~ faces,** wynebau dieithr, wynebau newydd; **a people of ~ language,** pobl anghyfiaith. **2.** *(= bizarre):* rhyfedd, hynod, od; **~ to say…,** rhyfedd yw dweud…; fel mae hi ryfeddaf…; **it is ~ that he has not arrived yet,** mae'n rhyfedd/syn/od nad yw wedi cyrraedd eto; **how ~ that you should not have heard!** rhyfedd na chlywsoch chi ddim! **~ you should say that,** rhyfedd ichwi ddweud hynny; **they make ~ bedfellows,** maen' nhw'n bâr od; maen' nhw'n gymheiriaid anghymharus; *Ph:* **~ particle,** gronyn(-nau) rhyfedd *m*. **3. I am ~ to the work,** mae'r gwaith yn newydd/ddieithr i mi; 'rwy'n anghyfarwydd/anghynefin â'r gwaith; **to feel ~,** *(i)* teimlo'n rhyfedd/od *&c*; *(ii) (= ill at ease):* teimlo'n annifyr, teimlo allan o'ch cynefin.

strangely *adv.* **1.** yn rhyfedd, yn od, yn hynod, *occ:* yn ddieithr. **2. ~ enough,** yn rhyfedd ddigon, fel y mae hi ryfeddaf.

strangeness *n.* **1.** *(= unfamiliarity):* dieithrwch *m*, anghynefindra *m*. **2.** *(= oddness):* hynodrwydd *m*, rhyfeddod *m*. **3.** *Ph:* hynodrwydd.

stranger *n.* **1.** dieithryn (dieithriaid) *m*, dyn(-ion) dieithr *m*, gwr|aig ddieithr (gwragedd dieithr) *f*, merch ddieithr (merched dieithr) *f*, *S:* un (rhai) *(m)* o bant; *pl.* pobl *(f or pl)* ddieithr/ddiarth; **I am a ~ here,** 'rwy'n ddieithr yma; **you are quite a ~!** 'rydych yn eithaf dieithr! *N:* dyma inni ddyn diarth! **he is a ~ to fear,** ni ŵyr ef beth yw ofn; mae ofn yn ddieithr iddo; *Parl: (in House of Commons)* **I spy strangers,** mi welaf ddieithriaid; **Strangers' Gallery,** Oriel *(f)* y Dieithriaid; *U.S:* **say, ~!** esgusodwch fi, gyfaill! *F:* **to make a ~ of s.o.,** glasgroesawu rhn, trin rhn fel dyn dieithr; *F:* **a little ~,** newydd-anedig(-ion) *m*, baban(-od) newydd *m*, dyn(-ion) bach dieithr *m*; *F:* **to make no ~ of s.o.,** croesawu rhn, bod yn groesawgar â rhn, trin rhn yn gyfeillgar; **he is no ~ to this country,** mae ef yn gyfarwydd iawn â'r wlad hon. **2.** *(in candle, on bar of grate &c):* huddygl *m*, fflacsen (fflacs) *f*; *(= tea-leaf):* deilen ddieithr (dail dieithr) *f*. **3.** *Jur: (= one not privy to an act &c):* dieithryn i weithred; **~ in blood,** dieithryn o waed.

strangle *v.t.&i.* **1.** *v.t.* tagu, llindagu; **to ~ a sneeze,** mygu/rhwystro/atal tisian; **to ~ evil at its birth,** lladd drwg yn y gwr|aidd/bôn. **2.** *v.i. (= be choked, stifled):* tagu.

strangled *a.* **~ voice,** llais taglyd/myglyd *m*.

stranglehold *n.* gafael(-ion) haearnaidd *f* **(on sth,** ar rth), tagfa (tagf|eydd) *f*.

strangler *n.* **1.** tagwr (tagwyr) *m*, llindagwr (llindagwyr) *m*. **2.** *Aut:* = **throttle¹**.

strangles *n.pl. Vet:* ysgyfeinwst *m*, clwyf (*m*) yr ysgyfaint; **to have the ~,** bod â'r ysgyfeinwst, ysgyfeinio, *S.W:* sgifino, *S.E:* cego.
strangling *vn.* tagu, llindagu, tagiad(-au) *m*, llindagiad(-au) *m.*
strangulate *v.t. Surg: Med:* tagu, llindagu.
strangulated *a.* tagedig; **~ hernia,** torllengig tagedig *m*, *F:* cwlwm (*m*) perfedd.
strangulation *n.* tagfa (tagf|eydd) *f*, llindagiad(-au) *m*, tagiad(-au) *m*, tagu *vn*, llindagu *vn*; **economic ~,** tagfa economaidd.
strangurious *a. Med:* a'r tostedd arnoch, tosteddog.
strangury *n.* **1.** *Med:* carchar (*m*) dŵr, tostedd *m*, toster *m*, *S.W:* diffyg (*m*) [y] dŵr. **2.** *Bot:* tostedd planhigion.
strap[1] *n.* **1.** strap(-iau) *mf*, strapen (strapiau) *f*; *Harn:* **stirrup ~,** cengl(-au) *f*; **throat-~,** carrai (*f*) ên (careiau genau); *Nau:* **kicking-~,** strap (*f*) gicio (strapiau cicio). **2.** *(a) Cost: Bookb:* strap, strapen, cengl. **~ brake** *n.* brâc (braciau) (*m*) strap. **~ fork** *n. Mec.E:* fforch (ffyrch) (*f*) cydiwr. **~ handle** *n.* dolen(-nau,-ni) (*f*) strap. **~ hinge** *n.* strap/strapen (*f*) drws (strapiau drysau). **~-laid** *a.* strapgeinciog. **~-oil** *n.* = **strapping**[2] **1.** **~-work** *n.* strapwaith *m.*
strap[2] *v.t.* **1. to ~ sth [up],** strapio rhth, clymu rhth â strap/strapen, rhoi/dodi strap/cengl am rth, *occ:* cenglu rhth. **2. to ~ a child,** rhoi strap/strapen i blentyn, curo plentyn â strapen, chwipio tin plentyn. **3.** *Med:* rhoi/dodi/gosod plastr (ar glwyf), strapio (clwyf).
straphanger *n.* strap-deithiwr (~-deithwyr) *m.*
straphanging *n.* hongian/teithio ar strap.
strapless *a.* heb strapiau, di-strap.
straplike *a.* fel strap/strapen.
strapline *n. Typ:* is-bennawd (~-benawdau) *m.*
strappado[1] *n.* strapado *m.*
strappado[2] *v.t.* rhoi'r strapado (i rn).
strapper *n.* **1.** *(= one or that which straps):* strapiwr (strapwyr) *m.* **2.** *F: (= tall, robust person):* clamp *m* [o ddyn], paladr *m* [o ddyn], palff *m* [o ddyn], llabi (llabïod) *m*, clobyn *m*, cloben *f*, cwlffyn *m*, bachan mawr *m*, clorwth *m*, *N:* palat *m*, llabwst (llabystiaid) *m*, horwth *m*; *(woman):* pladres *f* [o ferch], strapen *f* [o ferch].
strapping[1] *a.* mawr(-ion), braf, cadarn (cedyrn), cydnerth; *F:* **~ fellow,** paladr *m*, palff(-od) *m*, llabwst (llabystiaid) *m*, *S:* cnwbyn (*m*) o grwt, clobyn *m*, cwlffyn *m*, bachan mawr *m*, llabystyn *m*, *N:* palat *m*, dyn lysti *m*, homar (*m*) o ddyn, llabi (llabïod) *m*; **tall ~ lass,** pladres *f*, strapen *f*, *S.W:* cloben fawr *f*, clatsien fawr *f*, labwsten *f*, *S.E.* cnwban o groten *f*, *N.W:* hampar o hogan gref *f*, *N.E:* merch(-ed) lysti *f*.
strapping[2] *vn.* **1.** *(= beating):* cosfa (cosf|eydd) *f* [â strap], crasfa (crasf|eydd) *f*, curfa (curf|eydd) *f* [â strap], *N:* cweir *f*, stid *f*, chwip din *f* [â strap]. **2.** *(a) Med:* strapiau *pl*; *(b) Dressm:* strapiau *pl.*
strapwort *n. Bot:* canclymig *m*, corglymig *m.*
strass *n.* **1.** *Lap:* past *m.* **2.** *(= silk waste):* sidanach *m.*
strata *n.pl. See* **stratum.**
Strata Florida *W.Pl.n.* Ystrad (*m*) Fflur.
Strata Marcella *W.Pl.n.* Ystrad (*m*) Marchell.
stratagem *n.* ystryw(-iau) *mf*, dichell(-ion) *f*, cast(-iau) *m.*
stratal *a.* haenol, haenennol.
strategic[al] *a.* strategol.
strategically *adv.* yn strategol.
strategist *n.* strategydd(-ion) *m*, strategwr (strategwyr) *m.*
strategus *n.* cadlywydd(-ion) *m*, arweinydd(-ion) milwrol *m.*
strategy *n.* strategaeth(-au) *f.*
strath *n. Scot:* ystrad(-au) *m.*
Strathcarron *Scot.Pl.n.* Ystrad (*m*) Caron.
Strathclyde *Scot.Pl.n.* Ystrad (*m*) Clud.
strathspey *n. Danc:* ***strathspey(-s)*** *f.*
straticulate *a. Geol:* haenennol.
stratification *n.* haeniad(-au) *m*; **the ~ of society,** dosbarthiadau/haenau (*pl*) cymdeithas; **sampling ~,** haeniad samplu.
stratificational *a.* haeniadol.
stratified *a.* haenedig, yn haenau.
stratiform *a.* haenol, haenog, haenennol.
stratify *v.t.&i.* **1.** *v.t.* haenu (rhth), trefnu (rhth) yn haenau. **2.** *v.i.* haenu, mynd yn haenau, ffurfio haenau.
stratigrapher *n. Geol:* stratigraffydd: stratigraffwr (stratigraffwyr) *m.*
stratigraphical *a.* stratigraffig.
stratigraphically *adv.* yn stratigraffig.
stratigraphist *n.* = **stratigrapher.**
stratigraphy *n. Geol:* stratigraffeg *f*, haeniad *m.*
stratocirrus *n. Meteor:* stratocirrws *m.*
stratocracy *n.* llywodraeth filwrol (llywodraethau milwrol) *f*, cadlywodraeth(-au) *f*, stratocratiaeth(-au) *f.*
stratocrat *n.* str|atocrat (stratocratiaid) *m.*
stratocratic *a.* cadlywodraethol, stratocratig.
stratocruiser *n.* strato-awyren(-nau) *f.*
stratocumulus *n. Meteor:* stratoc|wmwlws (stratoc|wmwli) *m.*
stratopause *n. Meteor:* str|atoffin (stratoffiniau) *f.*
stratosphere *n.* str|atosffer (stratosfferau) *m.*
stratospheric *a.* stratosfferig, stratosfferaidd.
stratum *n. Geol:* haen(-au) *f*, stratwm (strata) *m.*
stratus *n. Meteor:* stratws (strati) *m*, haen-gwmwl (~-gymylau) *m*; **~ fractus,** stratws (strati) toredig *m.*
straw[1] *n.* **1.** *Coll:* gwellt *m*; **oat ~,** gwellt ceirch; **chaffed ~,** gwellt mâl; *Prov:* **you can't make bricks without ~,** ni ellir gwneud priddfeini/brics heb wellt; anodd pobi heb flawd; **to gather ~,** gwellta; *F:* **man of ~,** dyn(-ion) (*m*) gwellt; **poor ~, ~ rubbish,** gwelltach *pl*, *S.E:* ffwlach *m.* **2.** *(a single ~):* gwelltyn (gwellt) *m*; *F:* **it is not worth a ~,** nid yw ddim gwerth taten; nid yw'n dda i ddim; *F:* **to cling to a ~, to clutch at straws,** cydio mewn gwelltyn; **a ~ in the wind,** gwelltyn yn y gwynt, argoel(-ion) (*f*) o'r hyn sydd i ddod, sŵn (*m*) ym mrig y morwydd; **it's a ~ in the wind!** dyna'r ffordd y mae'r gwynt yn chwythu! mae rhyw sŵn ym mrig y morwydd! **it's the last ~!** dyna'i diwedd hi! *Prov:* **it's the ~ that breaks the camel's back,** pennog gyda phwn dyrr asgwrn cefn ceffyl; **to take a ~ poll,** cynnal pôl gwelltyn, gweld sut mae'r gwynt yn chwythu; **I do not care a ~ for him,** 'dwyf i'n hidio'r un iot amdano; nid wyf yn malio blewyn amdano; *N.W: occ:* 'dwi'n meindio dim chwiffiad arno fo; 'dwi'n malio dim cwilsyn gŵydd ynddo fo; *(of eyes):* **to pick straws,** blino, mynd yn gysglyd, dangos blinder. **~ boss** *n. U.S: F:* is-fforman (~-fformyn) *m.* **~-bottomed** *a.* â gwaelod o wellt; **~-bottomed chair,** cadair (*f*) wellt (cadeiriau gwellt). **~ case** *n. (for bottle):* fflasg(-iau) *f*, fflasged(-i) *f.* **~-colour** *n.* lliw (*m*) gwellt, melyn golau *m.* **~-coloured** *a.* lliw gwellt, melyn golau. **~ hat** *n.* het (*f*) wellt (hetiau gwellt). **~ hat theatre** *n.* theatr (*f*) haf. **~ house** *n.* gwellty (gwelltai) *m*, sied (*f*) wellt (siediau gwellt). **~ mat** *n.* mat(-iau) (*m*) gwellt. **~ mattress** *n.* matres (*f*) wellt (matresi gwellt). **~ poll** *n. Pol:* pôl (polau) (*m*) ar antur, pôl gwelltyn. **~-stem** *n.* gwydr(-au) (*m*) gwin. **~ vote** *n. Pol:* = **straw poll. ~ wine** *n. U.S:* gwin(-oedd) (*m*) gwellt. **~-worm** *n. Ent:* gwelltbryf(-ed) *m.* **~-yard** *n.* iard (*f*) wellt (iardiau/ierdydd gwellt), ydlan(-nau) *f.*
straw[2] *v.t.* taenu (rhth) â gwair, gwellta (rhth).
strawberry *n.* **1.** *(fruit): N:* mefusen (mefus) *f*, *S:* syfien (syfi) *f*; **barren ~,** mefusen goeg (mefus coeg), coegfefusen (coegfefus) *f*; **hautbois ~,** mefusen fawr (mefus mawr); **wild ~,** *N:* mefusen wyllt (mefus gwyllt/gwylltion), *S:* syfien wyllt (syfi gwyllt/gwylltion), syfien goch (syfi coch/cochion), mefusen y goedwig; **yellow-flowered ~,** mefusen felen (mefus melyn); **crushed ~,** *(colour):* coch tywyll *m*, rhuddgoch tywyll *m*, lliw (*m*) seitan/siwrwd mefus. **~ blonde 1.** *(colour): a.* pincfelyn (*f.* pincfelen, *pl.* pincfelynion), melynbinc (*f.* melenbinc); *n.* pincfelyn *m*, melynbinc *m.* **2.** *(woman):* merch(-ed) (*f*) â gwallt pincfelyn *&c*, blonden bincfelen (blondiaid pincfelyn) *f.* **~ bush** *n.* llwyn(-i) (*m*) mefus/syfi, coeden (*f*) fefus (coed mefus), coeden syfi. **~-coloured** *a.* mefusliw, lliw mefus. **~ geranium** *n.* = **geranium (strawberry).** **~ jam** *n.* jam (*m*) mefus/syfi. **~ ice** *n.* hufen (*m*) iâ mefus/syfi. **~ leaves** *n.pl.* dail mefus/syfi. **~-mark** *n.* man(-nau) (*m*) geni coch, mefusen (mefus) *f*, syfien (syfi) *f.* **~ pear** *n. Bot: (Hylocereus undatus):* gellygen goch (gellyg cochion) *f*, gellygen fefusol (gellyg mefusol). **~ plant** *n.* = **strawberry bush. ~ roan** *a. & n.* brithgoch(-ion). **~ shrub** *n. Bot: (Calycanthus):* llwyn(-i) (*m*) mefus/syfi. **~ tomato** *n. Bot: (Physalis alkekengi):* suran godog *f.* **~ tongue** *n. Med:* tafod coch *m.* **~-tree** *n. Bot:* mefusbren(-nau) *m*, mefuswydden (mefuswydd) *f.*
strawboard *n.* gwelltfwrdd *m.*
strawflower *n. Bot: (Helichrysum bracteatum):* blodyn (blodau) gwellt *m.*
strawlike *a.* fel gwelltyn, fel gwellt, gwelltaidd.
strawy *a.* o wellt, gwelltaidd, gwelltog.

stray¹ *a. & n.* I. *a.* **1.** *(animal):* crwydredig, crwydr, ar grwydr, wedi crwydro, disberod, ar ddisberod, cyfeiliorn, coll, ar goll, *F:* dieithr, strae; **~ cat,** cath grwydr (cathod crwydr) *f, N: occ:* cath fenthyg (cathod benthyg). **2.** *(= occasional):* achlysurol, damweiniol; ambell *(+ soft mut. + sing. noun)*; **a ~ lock of hair,** cudyn crwydr *m;* **~ thoughts,** meddyliau crwydr/crwydrol; **he was hit by a ~ bullet,** trawyd ef gan fwled grwydr; **a few ~ houses,** ychydig dai gwasgaredig, ychydig dai yma a thraw, ambell dŷ yma a thraw; **a few ~ instances,** ambell enghraifft brin; **in a few ~ instances,** ambell dro prin. **3.** *Ph:* gwastraff, diangen, dieisiau, di-alw-amdano, afraid. II. *n.* **1.** *(a) (animal):* anifail (anifeiliaid) crwydr/disberod *m*, anifail ar ddisberod, *F:* anifail dieithr/strae, *S.E: occ:* diarddel(-on) *m;* **~ sheep,** dafad grwydr (defaid crwydr) *f*, dafad siêd; *(b)* **waifs and strays,** plant digartref *pl.* **2.** *El: (atmospheric):* ymyriadau *pl*, ymyrraeth *f.* **3.** *Jur: (property of deceased person escheating to crown):* eiddo siêd *m.*

stray² *v.i.* *(a)* crwydro, mynd ar ddisberod, mynd ar goll, mynd ar grwydr, mynd ar gyfeiliorn, mynd ar wasgar; **to ~ from the right path,** crwydro oddi ar y llwybr union, cyfeiliorni, mynd ar ddisberod; **to let one's thoughts ~,** gadael i'ch meddyliau grwydro; *(b) El:* mynd ar wasgar, crwydro.

strayed *a.* crwydredig, ar grwydr, wedi crwydro, ar wasgar.

strayer *n.* crwydryn (crwydriaid) *m.*

straying *a.* crwydrol.

strayline *n. Nau:* straelin(-au) *f.*

streak¹ *n.* **1.** rhesen (rhesi) *f*, llinell(-au) *f*, strimyn(-nau) *m*, stribyn(-nau) *m*, rhibin(-iau) *m*, *S.E:* rheian(-au) *f*, *S.W:* streic(-s) *mf; (of paint, mud, ink):* strimyn, stremp(-iau) *mf*, dwbiad(-au) *m; (of fire, light, sun):* fflach(-iau) *f*, pelydryn (pelydrau) *m*, llafn(-au) *m*, llygedyn *m; S.a.* **blue; a ~ of white hair,** rhesen o wallt gwyn; **black with red streaks,** du yn frith o goch; **the first ~ of dawn,** toriad cyntaf *(m)* y wawr, glasiad *(m)* y wawr, glasiad y dydd; *F:* **the Silver S~,** Môr Udd *m*, y Sianel *f;* **like a ~ of lightning,** fel mellten *(f)*, fel llucheden *(f)*, fel fflach o oleuni, fel cath i gythraul, fel mellten i bren. **2. there is in him a ~ of Irish blood,** mae ychydig/mymryn o waed y Gwyddel ynddo; mae peth gwaed Gwyddel ynddo; **there was a yellow ~ in him,** 'roedd yn dipyn o lwfrgi/gachgi; 'roedd natur llwfrgi ynddo; **a ~ of irony,** elfen eironig *f; (in meat):* rhimyn(-nau) *m*, *S.E:* rheian; **meat with red ~,** cig a rhimyn coch ynddo, *S.E:* cig a rheian goch ynddo. **3.** *U.S: (= period):* cyfnod(-au) *m*, ysbaid (ysbeidiau) *f*, plwc (plyciau) *m*, *F:* sbel(-iau) *f*, sbelen (sbeliau) *f;* **to have a ~ of bad luck,** cael pwl/plwc/sbelen o anlwc, mynd trwy gyfnod o anlwc; **a long winning ~,** cyfnod maith o lwc/lwyddiant, rhes *(f)* o lwyddiannau. **4.** *Bac:* llinell(-au) *f*, rhesen (rhesi) *f.* **5.** *Min: (= trace, colour):* ôl (olion) *m*, dwbiad(-au) *m.*

streak² *v.t.&i.* **1.** *v.t.* llinellu, britho (rhth); gwn|eud llinell/ rhesen/ rhesi (ar rth); *(with mud, paint, ink):* strempio, dwbio, *N.E:* cluro; **sky streaked with shooting stars,** awyr yn rhesog â sêr gwib *or* yn frith o/gan sêr gwib; **windows streaked with rain,** glaw yn strempio hyd y ffenestri. **2.** *v.i. F: (a)* gwibio, fflachio; **to ~ past,** gwibio/fflachio heibio; **to ~ off,** saethu/gwibio ymaith, rhoi traed yn y tir, ei heglu hi, cymryd y goes, ei goleuo hi, ei bachu hi, ei gwân hi, ei gwadnu hi, ffoi *&c; (b) (naked):* noethwibio.

streaked *a.* rhesog, llinellog; **red-~,** brithgoch(-ion), â rhesi/ llinellau cochion; **like ~ lightning,** fel mellten wib.

streaker *n. F:* noethwibiwr (noethwibwyr) *m*, noethw|ibwraig (noethwibwragedd) *f.*

streakily *adv.* yn rhesog *&c;* yn strempiog *&c.*

streakiness *n.* llinellau *pl*, strempiau *pl*, golwg resog/strempiog *f* **(of sth,** ar rth).

streaky *a.* brith *(f.* braith, *pl.* brithion), rhesog, llinellog, *Lit:* brithresog; *Geol:* haenog; *(paint, make-up):* strempiog, stremplyd; **~ bacon,** cig *(m)* moch brith/rhesog, bacwn brith/ rhesog *m*, *N.W:* brithgig *m*, *S.E:* cig brith *m.*

stream *n.* **1.** *(a) (= small river):* afon(-ydd) *f*, nant (nentydd) *f*, ffrwd (ffrydiau) *f*, *Lit: occ:* afonig(-au) *f;* **mill-~,** ffrwd melin; **mountain ~,** nant mynydd; *S.a.* **brook¹**; *(b) (= jet, flow):* llif(-oedd) *m*, ffrwd, ffrydlif(-oedd) *mf*, llifeiriant *m;* **in a thin ~,** yn ffrwd fain; *(c) Geog:* **beheaded ~,** ffrwd bengoll (ffrydiau pengoll) *(pronounced* ng-g); **consequent ~,** ffrwd gydlif (ffrydiau cydlif); **first order ~,** ffrwd gradd un; **insequent ~,** ffrwd haplif; **intermittent ~,** ffrwd ysbeidiol; **jet ~,** jetlif *m;* **obsequent ~,** ffrwd wrthlif (ffrydiau gwrthlif); **pirate ~,** lleidr (lladron) *m*, lladrones(-au) *f;* **resequent ~,** ffrwd adlif; **subglacial ~,** ffrwd danrewlifol (ffrydiau tanrewlifol); **subsequent ~,** ffrwd drawslif (ffrydiau trawslif); **the Gulf S~,** Llif y Gwlff; **a ~ of abuse,** ffrwd/llif/llifeiriant o enllibion; **a ~ of tears,** ffrwd/ llif o ddagrau, *occ:* afon o ddagrau; **people entered in streams,** 'roedd pobl yn llifo/tyrru/heidio i mewn; **a ~ of cars,** llif/ffrwd o geir; *Prov:* **don't change horses in mid-~,** na newid dy farch ar ganol rhyd; *Prov:* **it is ill striving against the ~,** ofer nofio yn groes i'r llif; **to go with the ~,** mynd gyda'r llif, canlyn y llif; **against the ~,** yn erbyn y llif, yn groes i'r llif; **~ of consciousness,** llif ymwybod; **to come on ~,** dechrau llifo. **2.** *Sch:* ffrwd (ffrydiau) *f.* **3.** *Cmptr:* llif(-oedd) *m;* **input ~,** mewnlif(-oedd) *m;* **output ~,** all-lif (-oedd) *m.* **~-anchor** *n. Nau:* llif-angor(-ion,-au) *m*, angor(-ion,-au) *(m)* halio. **~ bed** *n.* gwely *(m)* afon (gwelyau afonydd), gwely nant (gwelyau nentydd). **~ flow** *n.* ffrydlif(-oedd,-au) *mf.* **~ order** *n.* graddau *(pl)* ffrwd.

stream² *v.i.&t.* **1.** *v.i.* *(a) (of liquid):* llifo, ffrydio, llifeirio, rhedeg; **fugitives were streaming along the road,** llifai ffoaduriaid ar hyd y ffordd; *(of hair, banner): (in the wind):* ffrydio, chwifio, cyhwfan; *(of light):* llifo, ffrydio, tywynnu, pelydru; **nose streaming with a cold,** trwyn yn rhedeg/llifo gan annwyd; **her eyes were streaming with tears,** 'roedd dagrau'n byrlymu/llifo/powlio/ffrydio o'i llygaid. **2.** *v.t. (a)* **1.** *(blood &c):* ffrydio, *occ:* arllwys, tywallt; *(b) (a flag):* cyhwfan, chwifio; *(c) Nau:* **to ~ the buoy,** taflu'r bwi [dros y bwrdd]; *S.a.* **log¹ 2**; *(d) Sch:* ffrydio; *(e) Min:* **to ~ for gold,** golchi pridd i gael aur.

streamer *n.* **1.** rhuban(-au) *m*, *Nau:* penwn (penynau) *m*, stribyn(-nau, stribiau) *m.* **2.** *Journ:* pennawd bras (penawdau breision) *m.* **3.** *pl.* = **aurora borealis.**

streaming¹ *a.* yn llifo/rhedeg/ffrydio; llifeiriol, rhedegog, ffrydiol.

streaming² *vn.* ffrydio.

streamless *a.* di-ffrwd.

streamlet *n.* cornant (cornentydd) *f*, afonig(-au) *f*, *S: occ:* rhewyn (-au) *m*, clais (cleisiau) *f*, gofer(-oedd,-ydd) *m.*

streamline¹ *n.* **1.** *(of water &c):* llif *m*, llifeiriad *m*, llifiant *m;* **~ flow,** llif lliflin. **2.** *Aut: Av:* lliflin *f.*

streamline² *v.t.* *(a) (car, plane):* llyfnu, llyfnh|au, lliflinio; *(b) (process, method):* cyflymu, symleiddio, moderneiddio; **we have streamlined our catalogue,** 'rydym wedi symleiddio/ ailwampio/ ail-wneud ein catalog.

streamlined *a. (car, plane):* llyfn *(f.* llefn, *pl.* llyfnion), llyfndeg, lliflinog, llyfnach; *(process, catalogue):* symlach, diwastraff; a ailwampiwyd.

streamlining *vn.* lliflinad *m*, lliflinio.

streamy *a.* = **streaming¹.**

street *n. (a)* stryd(-oedd) *f*, *Lit: & S:* heol(-ydd) *f;* **to go up/down a ~,** mynd ar hyd stryd; **the high/main ~,** y stryd fawr; **one way ~,** stryd unffordd; *F:* **to turn s.o. into the streets,** taflu/troi rhn allan/mas o'r tŷ; **the family found themselves on the street,** gwnaed y teulu yn ddigartref; **to go on the streets,** *(of prostitute):* puteinio; mynd ar y strydoedd; **to walk the streets,** cerdded y strydoedd, cerddetian, rhodianna, gwagswmera; **the man in the ~,** y dyn cyffredin, y dyn yn y stryd; **a woman of the streets,** putain (puteiniaid) *f*, merch ddrwg (merched drwg) *f; pl.* merched y stryd *(sing.* un o ferched y stryd); *F:* **he's not in the same ~ as his brother,** nid yw yn yr un cae â'i frawd; mae ei frawd yn frenin iddo; *F:* **he is streets above her** *or* **ahead of her,** mae'n well na hi o lawer; mae'n frenin iddi hi; mae ymh|ell ar y blaen iddi; *S.W:* mae ef ymlaen â hi o hewl; **the whole ~ is happy,** mae pawb yn y stryd yn hapus; mae holl drigolion y stryd yn hapus; **it's [right] up/down my ~,** mae'n fy nharo i i'r dim; dyna'r union beth i mi; mae'n un o fy mhethau i; mae'n gweddu i'r dim i mi; *Joc:* **he lives in the ~,** 'dyw ef byth gartref; 'dyw ef byth yn y tŷ; *S.W:* mae e wastod ar ger'ed/dramp; *Joc:* **to get/have the key of the ~,** cael eich cau allan/mas am y nos; **Fleet S~,** Stryd y Fflyd; *Joc:* **the S~ of Shame,** Stryd y Gwarth; *F:* **civvy ~,** bywyd sifil *m*, bywyd allan o'r fyddin; **when I was in civvy ~ (I worked in a factory),** cyn bod yn filwr, cyn mynd i'r fyddin ('roeddwn i'n gweithio mewn ffatri); **to be on easy ~,** bod mewn hawddfyd, byw bywyd hawdd/braf, ei chael hi'n hawdd/braf; **in queer ~,** *F:* mewn trafferthion ariannol, mewn dyled dros eich pen a'ch clustiau, *S.W:* yn Nhre-din, yn y llety llwm, *N.W:* â'ch tin yn y dŵr, wedi mynd i frest y wal. ~ **accident** *n.* damwain (damweiniau) [ar] y ffordd fawr. ~ **arab** *n.* plentyn (plant) (*m*) pen stryd, plentyn y strydoedd, crwtyn/crwt (cryts) (*m*) y strydoedd. ~ **credibility** *n.* hygrededd (*m*) pen stryd. ~ **cry** *n.* galwad (*f*) stryd (galwadau stryd/strydoedd). **S~ Dinas** *Eng.Pl.n.* Stryd Dinas *f.* ~ **door** *n.* drws (drysau) (*m*) ffrynt, drws y stryd, *N:* drws allan, *S:* drws mas. ~ **furniture** *n.* dodrefn (*pl*) stryd, celfi (*pl*) stryd. ~ **guide** *n.* map(-iau) (*m*) strydoedd. ~ **lamp,** ~ **light** *n.* golau (goleuadau) (*m*) stryd, lamp(-au) (*f*) stryd. ~ **lighting** *n.* goleuadau (*pl*) strydoedd. **S~ Offences Act** *n. Jur:* Deddf (*f*) Troseddau'r Strydoedd. ~ **orderly** *n.* glanhäwr (glanhawyr) (*m*) ffyrdd. ~ **organ** *n.* = **organ (street).** ~ **railway** *n.* rheilffordd (rheilffyrdd) (*f*) stryd. ~-**sweeper** *n.* ysgubwr (ysgubwyr) (*m*) strydoedd, dyn (*m*) brwsio stryd (dynion brwsio strydoedd), *N:* dyn brwsio lôn (dynion brwsio lonydd). ~ **theatre** *n.* theatr(-au) (*f*) stryd. ~ **virus** *n.* f[e]irws (f[e]irysau) naturiol *m.*

streetcar *n. U.S:* tram(-iau) *m.*

streeted *a.* strydog.

streetscape *n.* strydlun(-iau) *m*, strydwedd(-au) *f.*

streetwalker *n.* putain (puteiniaid) *f*, merch ddrwg (merched drwg) *f.*

streetwalking *vn.* puteinio.

streetward *a.* & *adv.* tua'r stryd.

streetwisdom *n.* strydgallineb *m.*

streetwise *a.* strydgall, strydgyfarwydd.

strength *n.* **1.** *(a)* cryfder(-au) *m*, cryfdwr *m*, nerth(-oedd) *m*, grym(-oedd) *m*, grymuster(-au) *m*, grymustra *m*; ~ **of a current,** nerth/grym cerrynt; *Art:* ~ **of a colour,** cryfder lliw, dyfnder (*m*) lliw; **alcoholic** ~, cryfder/nerth alcohol; *Fin:* **the** ~ **of the pound,** cryfder y bunt; *Ch:* ~ **of a solution,** cryfder toddiant; ~ **of mind,** grym meddyliol, grym meddwl, penderfyniad *m*; ~ **of body,** cryfder/nerth corfforol, grymuster; ~ **of will,** grym penderfyniad, grym ewyllys, grym dymuniad; **to give s.o. the** ~ **to do sth,** nerthu rhn i wneud rhth, rhoi'r nerth i rn wneud rhth; **by sheer** ~, trwy gryfder noeth, trwy nerth bôn braich; **to recover/regain** ~, cael eich cefn atoch, adennill nerth, cryfh|au, atgyfnerthu, *S.E:* cryffa, *S.W:* geino, *N.W:* *F:* criwtio, fflonsio; **on the** ~ **of a promise,** oherwydd addewid, ar sail/gorn/gownt addewid, gan ddibynnu ar addewid; **it's beyond human** ~, mae y tu hwnt i nerth dyn; **it's too much for my** ~, mae'n drech na mi; **his** ~ **is in his endurance,** ei ddycnwch yw ei nerth; **in unity there is** ~, mewn undod mae nerth; **God is our** ~, yn Nuw y mae ein nerth; Duw a digon; **he has the** ~ **of a horse,** mae cyn gryfed â cheffyl; **he has not the** ~ **to get up,** nid oes ganddo'r nerth i godi; mae'n rhy wan i godi; **give me** ~! mae eisiau gras! on'd oes eisiau gras! grym annwyl/mawr! **to go from** ~ **to** ~, mynd o nerth i nerth, cryfh|au, ymgyfnerthu, magu nerth, atgyfnerthu; **a tower of** ~, tŵr cadarn; **to be a tower of** ~ **to s.o.,** bod yn gefn i rn, cynnal beichiau rhn; **to make a show of** ~, dangos eich grym/nerth/cryfder, rhoi prawf o'ch nerth &c; **to argue from** ~, dadlau o fan cryf; *Mec.E:* **breaking** ~, **ultimate** ~, nerth torri/eithaf; **tensile** ~, nerth croestyniad; **shear** ~, nerth gwelleifio; **impact** ~, nerth gwrthdrawiad; *(b)* *(of beam, furniture):* cryfder, cadernid *m*, soletrwydd *m*, gwytnwch *m.* **2. in great** ~, *(= in numbers):* yn llu, yn lluoedd, yn niferus, *N:* *F:* yn un fflyd. **3.** *Mil:* *(of regiment):* nifer(-oedd) *mf*; **the fighting** ~ **of an army,** nifer ymladdwyr byddin; **to bring a battalion up to** ~, atgyfnerthu/cyflenwi bataliwn, ffurfio bataliwn llawn; **squadron at full** ~, sgwadron cyflawn *m*; **under** ~, anghyflawn, annigonol; **to take s.o. on the** ~, *(i)* *Mil:* gosod rhn ar y rhôl fwstwr, recriwtio/ listio rhn; *(ii)* *(= employ):* cyflogi rhn; **not on the** ~, heb fod ar y rhôl fwstwr, heb eich listio; **he's not on the** ~, nid yw'n un o'r milwyr/gweithwyr; **to strike s.o. off the** ~, dil|eu/taro enw rhn oddi ar y rhôl fwstwr; diswyddo rhn. ~-**duration curve** *n. Med:* cromlin (*f*) nerth-parhad.

strengthen *v.t.&i.* **1.** *v.t.* cryfh|au, cadarnh|au, grymuso, cyfnerthu, atgyfnerthu, *N.W:* *occ:* cryffa; **to** ~ **a solution,** cryfhau toddiant; **to** ~ **s.o.'s hands,** cryfhau dwylo rhn, nerthu rhn, ategu rhn, rhoi nerth bôn braich i rn, cynnal breichiau rhn. **2.** *v.i.* cryfh|au, mynd yn gryfach, atgyfnerthu, ymgyfnerthu, magu nerth, adennill nerth, *N.W:* *occ:* cryffa; *(of light, pressure &c):* dwys|au.

strengthened *a.* cryfach, cyfnerthedig, atgyfnerthedig.

strengthener *n.* cryfhäwr (cryfhawyr) *m*, nerthwr (nerthwyr) *m*, atgyfnerthwr (atgyfnerthwyr) *m*, grymuswr (grymuswyr) *m.*

strengthening *a.* cryfhaol, cadarnhaol, grymusol, cyfnerthol, atgyfnerthol.

strengthless *a.* gwan (gweinion), di-nerth, dinerth, diynni, di-rym, heb nerth, diffrwyth, llegach.

strengthlessness *n.* dinerthedd *m*, gwendid *m.*

strenuosity *n.* = **strenuousness.**

strenuous *a.* **1.** *(pers.):* dygn, egnïol, llawn egni/ynni, dyfal, diwyd, *S.W:* streifus; **to offer** ~ **opposition,** gwrthwynebu'n ddygn/daer/ benderfynol. **2.** *(work):* llafurus, caled, trwm, *S.W:* slafus; ~ **work,** lladdfa *f*, slafdod *m*, slafwaith *m*; ~ **life,** bywyd llafurus/diwyd/egnïol.

strenuously *adv.* **1.** yn llafurus, yn egnïol. **2. to deny sth** ~, gwadu rhth ar ei ben, gwadu rhth yn bendant/daer.

strenuousness *n.* **1.** *(of pers.):* egni *m*, dycnwch *m*, ynni *m*, diwydrwydd *m*, dyfalwch *m*, gweithgarwch *m.* **2.** *(of work):* caledwch *m*, natur lafurus *f*, *F:* slafdod *m.* **3.** *(of denial):* taerineb *m*, pendantrwydd *m.*

strep throat *n. F: N:* dolur (*m*) gwddf, *S:* gwddf tost *m*, llwnc tost *m.*

strepitoso *m. Mus:* yn swnllyd.

strepitous *a.* swnllyd, uchel.

strepsipterous *a. Ent:* strepsipteraidd.

streptobacillus *n. Bac:* streptobasilws (streptobasili) *m.*

streptococcal, streptococcic *a. Bac:* streptococol.

streptococcus *n. Bac:* streptococws (streptococi) *m.*

streptokinase *n. Bio-Ch:* streptocinas *m.*

streptolysin *n. Bio-Ch:* streptolysin *m.*

streptomyces *n. Fung:* streptomyses(-au) *m.*

streptomycete *n. Fung:* streptomyset(-au) *m.*

streptomycin *n. Bio-Ch: Pharm:* streptomysin *m.*

streptothricin, streptothrysin *n. Bio-Ch: Pharm:* streptothrisin *m.*

Strepyan *a. Archeol:* Strepyaidd.

stress¹ *n.* **1.** *(= pressure):* pwysau *m or pl*, straen *m*; **under** ~ **of poverty,** dan bwysau tlodi, oherwydd tlodi/caledi; **times of slackness and times of** ~, cyfnodau llac a chyfnodau trymion. **2.** *(a)* *Mec:* pwysau, diriant (diriannau) *m*; *Ph:* grymedd *m*; *Ch:* diriant; *Geog:* gwasgiant (gwasgiannau) *m*; **compressional** ~, cywasgiant *m*; **shearing** ~, diriant croesrym; **bending** ~, diriant plygu; *(of beam):* **to be in** ~, bod dan bwysau; *Geol:* **stresses and strains,** gwasgiannau a thyniannau; *(b)* **(period of) storm and** ~, (cyfnod o) enbydrwydd, ing a therfysg; **in times of** ~ **and strain,** ar adegau cythryblus/ingol. **3.** *(a)* *(= emphasis):* pwys(-au) *m*, pwyslais (pwysleisiau) *m*; **to lay** ~ **on a fact,** gosod/rhoi/dodi pwyslais ar ffaith, pwysleisio ffaith; *(b)* *Ling:* *(= accent):* pwyslais, pwys, aceniad(-au) *m.* **4.** *Med:* pwysau, straen, dirboen *f*, ing *m.* ~ **accent** *n. Ling:* acen (*f*) bwys (acenion pwys). ~ **disease** *n.* clefyd(-au) (*m*) straen. ~ **fracture** *n.* ysigiad(-au) *m.* ~ **incontinence** *n.* troethiad gorwasg *m.* ~ **mark** *n.* acennod (acenodau) *m*, nod(-au) (*m*) acen/aceniad. ~ **verse** *n. Pros:* mesur(-au) acennog *m.*

stress² *v.t.* **1.** *Mec:* *(beam &c):* rhoi pwysau, pwyso (ar drawst); dirwasgu trawst. **2.** *(= emphasize):* pwysleisio (rhth), rhoi pwyslais (ar rth); *(syllable, word):* acennu, pwysleisio.

stressed *a.* dan bwysau; *(syllable):* acennog; *(word):* dan bwyslais; *Aer:* ~ **skin,** = **monocoque.**

stressful *a.* ingol, dirboenus, dirdynnol.

stressfully *adv.* yn ingol *&c.*

stressless *a.* *(life, work):* heb bwysau, dibwysau, di-straen, heb straen; *(words):* dibwyslais, heb bwyslais; *(syllable):* diacen.

stressor *n. Med:* dirboenwr (dirboenwyr) *m.*

stretch¹ *n.* **1.** *(a)* estyniad(-au) *m*, ymestyniad(-au) *m*; ~ **of the arm,** estyniad/ymestyniad y fraich, hyd y fraich; **a cat having a** ~, cath yn ei hymestyn ei hun, *F:* cath yn 'mystyn/'mestyn; *Rac:* *&c:* **at full** ~, ar wib, ar ras, ar garlam, cyn gynted â phosibl, mor fuan ag a ellir; **to work at full** ~, gweithio i'r eithaf, gwn|eud eich gorau glas, gweithio nerth deng ewin; *(b)* **by no** ~ **of the imagination can he be called handsome,** ni ellir yn unrhyw fodd ei alw'n olygus; nid yw'n olygus o bell ffordd; *F:* **by a** ~ **of the imagination,** gyda chryn ymdrech ar ran y dychymyg; **to put one's patience to the** ~, trethu'ch/profi'ch amynedd i'r eithaf; *(c)* *(= elasticity):* elastigrwydd *m*, elastigedd *m*, hyblygrwydd *m*, hydwythedd *m.* **2.** *(a)* *(of country):* darn(-au) *m*, llain (lleiniau) *f*, ardal(-oedd) *f*; *(of water):* hyd(-oedd) *m*; **level ~ of road,** darn/hyd gwastad; *Rac:* **the home ~, the last ~,** y darn syth olaf; **we're on the last ~,** 'rydym yn dod at y terfyn; 'rydym yn dod at ben y daith; *Nau:* hyd tacio; *(b)* **(I've been here) for a long ~ of time,** (yr wyf yma) ers tro byd, ers amser hir, ers amser maith, ers hydoedd, ers allan o hydion, ers allanodion; **(you'll be here) for a long ~,** (byddwch yma) am amser maith, am hydoedd, am allanodion; *F:* **at a ~,** ar ei hyd, bwygilydd, o'r bron, ar ôl ei gilydd; **he has been working for hours at a ~,** bu'n gweithio am/ers oriau bwygilydd; *N:* mae wedi gwneud oriau o stem; *P:* **he is doing a ~,** *(in prison):* mae'n gwneud tymor/cyfnod/penyd yn y carchar; *N:* cafodd fynd i'w gadw; **to do a 5-year ~,** gwneud pum mlynedd [yn y carchar/jêl]; **a ~ (of ten years),** cyfnod(-au) *m*, ysbaid (ysbeidiau) *mf* (o ddeng mlynedd). **3.** *attrib.* elastig. **~ fabric** *n.* ffabrig(-au) *(m)* ymestyn. **~ marks** *n.pl.* ôl (olion) *(m)* beichiogi. **~ receptor** *n. Anat: (= muscle spindle):* gwerthyd gyhyrol (gwerthydau cyhyrol) *f.* **~ stocking** *n.* hosan(-au) *(f)* ymestyn.

stretch[2] **1.** *v.t. (elastic):* ymestyn, estyn, tynnu, tynh|au; *(cable, spring):* ymestyn; *(shoes, wings):* lledu; *(strings of violin &c):* tynhau; *(b)* **to ~ oneself,** ymestyn, ymystwyro, ystwyrio, ystwyrian; **to ~ one's legs,** estyn/ymestyn eich coesau, ymystwyrian, mynd am dro; **stretched (on the ground),** ar eich hyd, ar eich gorwedd, ar wastad eich cefn (ar y llawr); *(c) (meaning of word &c):* helaethu, ymestyn, ehangu, lledu; **to ~ a privilege,** camddefnyddio braint; **to ~ veracity too far,** ymestyn ar y gwirionedd, dweud mwy na'r gwir, *F:* 'mestyn tipyn arni; *F:* **to ~ a point,** llacio rheol, gwn|eud eithriad; *F:* **to ~ out the leg[s],** *(= die):* estyn y fer/berau, estyn y goes. **2.** *v.i. (of elastic):* ymestyn, estyn; *(of gloves, shoes):* lledu; *(b) (of land &c):* ymestyn, ymledu; **the valley stretches southwards,** mae'r dyffryn yn ymestyn/ymledu i'r de. **~-out[1]** *n. U.S: (= extension of time):* estyniad(-au) *(m)* amser. **~ out[2]** *v.t.&i.* **1.** *v.t. (arm, hand &c):* estyn; **to ~ s.o. out (on the ground),** *(i)* rhoi/dodi rhn i orwedd ar y llawr, rhoi/dodi rhn ar ei hyd/gefn (ar y llawr); *(ii) (= knock out):* llorio rhn. **2.** *v.i.* ymestyn, estyn; *abs.* **to ~ out to reach sth,** ymestyn/estyn i gyrraedd rhth, ymestyn am rth, cyrraedd at rth.

stretchability *n.* estynadwyedd *m*, hydwythedd *m.*

stretchable *a.* estynadwy; *(glove, shoe):* lledadwy.

stretched *a.* estynedig; **~ limo,** car hir (ceir hirion) *m*; **~ out,** ar eich estyn; *(on the floor, bed &c)* ar eich gorwedd, ar wastad eich cefn, ar eich hyd.

stretcher *n.* **1.** *(a) (= frame):* estynnydd (estynyddion) *m*, estyniedydd(-ion) *m*, estynnwr (estynwyr) *m*; **trouser ~,** estynnydd trowsus; *(for gloves, shoes):* lledwr (lledwyr) *m*; *(b) Art:* **canvas-~,** estynnwr cynfas, ffrâm *(f)* gynfas (fframiau cynfas); *Carp:* **diagonal ~,** estynnwr croeslin/croeslinol; **cross ~,** estynnwr croes; **curved ~,** estynnwr crwm; **H-shaped ~,** estynnwr ffurf H; **T-shaped ~,** estynnwr ffurf T. **2.** *(a) (of hammock, tent):* ffrâm (fframiau) *f*; *(of umbrella):* asen(-nau) *f*; *(b) (of chair legs):* ffon groes (ffyn croes) *f*, pren(-nau) croes *m.* **3.** *(for carrying disabled person):* cludwely(-au) *m*, gwely(-au) *(m)* cludo, elorwely(-au) *m*, *F:* stretsier(-i) *m.* **4.** *Row:* pren croes, estyllen groes (estyllod croes) *f.* **5.** *Const: (brick):* bricsen *(f)* ar ei hyd (brics ar eu hyd). **6.** *F: (= lie):* celwydd(-au) *m.* **~-bearer** *n.* cludwr *(m)* elorwely (cludwyr elorwely[au]). **~-bond** *n. Const:* uniad *(m)* brics ar eu hyd. **~ case** *n. F:* **he's a ~ case,** mae ar ei orwedd; mae'n achos stretsier; **~ cases,** cleifion gorwe[i]ddiog. **~ party** *n.* cludwyr *(pl)* elorwely/elorwelyau. **~ piece** *n.* darn(-au) *(m)* estyn. **~ pliers** *n.pl. Tls:* gefelen(-nau) *(f)* estyn. **~ runner** *n. Rac:* rhedwr (rhedwyr) *(m)* diwedd ras.

stretchiness *n.* elastigedd *m*, hydwythedd *m*, elastigrwydd *m.*

stretchy *a.* elastig, sy'n ymestyn, ymestynnol.

stretta *n. Mus:* streta (stretâu) *m.*

stretto *adv. & n. Mus:* **1.** *adv.* yn gynt. **2.** *n.* streto (streti) *m.*

streusel *n. Cu:* strewsel *m.*

strew *v.t.* **1. to ~ sand over a floor,** gwasgaru/taenu tywod ar hyd llawr; **fragments strewn about the pavement,** darnau wedi eu gwasgaru/taenu ar wasgar ar y palmant. **2. to ~ a floor with flowers,** taenu llawr â blodau.

strewth *int.* = **'struth.**

stria *n.* **1.** *Geol: Arch:* rhigol(-au) *f*, rhych(-au) *fm.* **2.** *Biol: Anat: (= stripe):* rhesen (rhesi) *f*, rhych.

striate[1] *v.t.* rhigoli, rhychu.

striate[2], striated *a.* rhesog, rhychog, rhychedig; **~ muscle,** cyhyr(-au) rhesog *m.*

striately *adv.* yn rhesog *&c.*

striation, striature *n.* rhych(-au) *f*, rhigol(-au) *f*, rhychiad(-au) *m*, rhigoliad(-au) *m.*

stricken *a. Lit:* **1.** *(a) Ven:* anafus, clwyfedig; *(b) (ship &c):* andwyedig, difrodedig. **2. ~ [with grief],** trallodus, galarus; **~ with fever,** dan dwymyn, claf/gwael gan dwymyn, â'r dwymyn arnoch; **panic-~,** mewn panig; **disaster-~,** yn dioddef trychineb; **drought-~,** yn dioddef sychder; **famine-~,** newynog; **plague-~,** dan y pla, yn dioddef pla; **poverty-~,** tlawd, adfydus, mewn dygn dlodi; **remorse-~,** edifar, edifeiriol. **3. well ~ in years,** oedrannus, mewn gwth o oedran, *F:* wedi mynd ar eich hen sodlau. **4.** *A:* **~ field,** maes cyflafan *m.* **5. ~ measure,** mesur gwastad *m.*

strickle[1] *n.* **1.** *Meas:* cyforbren(-nau) *m.* **2.** *Metall:* stricl(-au) *m.* **3.** *Husb:* stric(-iau) *m*, stricbren(-nau) *m*, pren(-nau) *(m)* grut, grutbren(-nau) *m*, rhip(-iau) *m.* **~ bar** *n.* bar(-rau) *(m)* stricl.

strickle[2] *v.t.* **1.** *Meas:* gwastatáu. **2.** *Husb:* stricio, grutio, rhipio.

strict *a.* *(a)* **1.** *(= precise):* manwl gywir, manwl, cyfewin; *W.Pros:* **~ metre,** mesur(-au) caeth *m*; **~-metre poetry,** canu caeth/cynganeddol; **in the strictest sense of the word,** yn ystyr manylaf/fanylaf y gair; **a ~ search,** archwiliad manwl/trylwyr *m*; **to keep ~ watch,** gwylio'n ofalus, cadw llygad barcud; *(b) (= complete, utter):* llwyr, trylwyr; **~ neutrality,** niwtraliaeth lwyr *f*; **~ obedience,** ufudd-dod llwyr *m*; **in the strictest confidence,** yn hollol gyfrinachol. **2.** *(= rigorous):* llym *(f.* llem, *pl.* llymion), *occ:* caeth(-ion); **~ order,** *(i) (command):* gorchymyn (gorchmynion) ffurfiol/manwl/ penodol/pendant *m*; **by ~ order,** drwy orchymyn pendant; *(ii) Rel:* urdd gaeth (urddau caethion) *f*; *Rel:* **S~ Baptist,** Bedyddiwr (Bedyddwyr) Caeth *m*, Caethgymunwr (Caethgymunwyr) *m*; **S~ Communion,** Caethgymundeb *m*; **~ law,** deddf lem (deddfau llymion) *f*; **~ control,** rheolaeth lem/gaeth *f*; **~ discipline,** disgyblaeth lem *f*; *Mus:* **~ canon,** caethganon(-au) *fm*, canon gaeth/caeth (canonau caeth) *fm*; **~ counterpoint,** gwrthbwynt caeth *m*; *Jur:* **~ settlement,** setliad(-au) caeth *m*; **~ limit,** terfyn(-au) caeth *m*; **~ time-limit,** cyfyngiad(-au) *(m)* amser caeth. **3.** *(pers.):* llym, caled, strict; **to be ~ (with s.o.),** bod yn llym/galed (wrth rn, â rhn, ar rn).

striction *n.* tynhad *m*, cyfyngiad *m*, crebachiad *m.*

strictly *adv.* **1.** *(= precisely):* yn fanwl gywir; **~ accurate,** manwl gywir; **~ speaking,** a bod yn fanwl gywir. **2.** *(= wholly):* yn gyfan gwbl, yn hollol, yn ddieithriad, yn llwyr; **smoking is ~ prohibited,** gwaherddir ysmygu yn llwyr; **it is ~ forbidden,** gwaherddir yn gyfan gwbl; nis caniateir ar unrhyw gyfrif; **~ between ourselves,** rhyngom ni yn unig, rhyngoch chi a fi yn gyfrinachol; *F: U.S.:* **it's ~ for the birds,** mae'n eitha peth i ffyliaid. **3.** *(= severely):* yn llym, yn galed.

strictness *n.* **1.** *(of translation):* cywirdeb *m*, manwl gywirdeb *m*, caethder *m*, manyldeb *m*, manylder *m*, manylrwydd *m.* **2.** *(of rules, discipline):* llymder *m*, caethder *m.*

stricture *n.* **1.** *Med:* culhad(-au) *m*, cyfyngiad(-au) *m*, culfan(-nau) *fm.* **2.** *(= criticism):* beirniadaeth lem (beirniadaethau llymion) *f*, collfarn(-au) *f* **(of sth,** ar rth); **to pass strictures upon sth,** beirniadu rhth yn llym, collfarnu rhth.

stride[1] *n.* **1.** cam bras (camau breision) *m*, brasgam(-au) *m*; **(to take sth) in one's ~,** *(i) (= do easily):* (gwn|eud rhth) yn ddidrafferth, *occ:* ar eich cerdded; *(ii) (= accept with equanimity):* (derbyn rhth) fel y daw, yn ddigyffro, heb gynhyrfu; **to get into one's ~,** dechrau dod iddi, dod i'ch camre; **to put s.o. off his ~,** bwrw rhn oddi ar ei echel.

stride[2] *v.i.&t.* **1.** *v.i.* brasgamu; *F:* **science is striding ahead,** mae gwyddoniaeth yn gwneud camau breision; mae gwyddoniaeth yn gwneud cynnydd mawr. **2.** *v.t.* = **bestride.**

stridence, stridency *n.* crochder *m*, crochni *m.*

strident *a.* croch(-ion).

stridently *adv.* yn groch *&c.*

strider *n.* camwr (camwyr) *m*, brasgamwr (brasgamwyr) *m.*

stridor *n. Med:* gwichian *n*, gwich(-iau) *f.*

stridulant *a.* rhinclyd.

stridulate *v.i.* rhincio, grillian, grillio.

stridulation *n.* grill(-iau) *m*, grillian *vn*, rhinc(-iau) *f*, rhincyn (-nau) *m.*

stridulator *n.* grilliedydd(-ion) *m.*

stridulatory *a.* rhinclyd, grilliol.
stridulous *a.* **1.** rhinclyd, grilliol. **2.** *Med:* gwichlyd.
stridulously *adv.* yn rhinclyd, yn wichlyd, dan rillian/rincian.
stridulousness *n.* sŵn rhinclyd *m*, rhinc *f*, grillioldeb *m*.
strife *n.* cynnen *f*, ymryson *m*, ymrafael *m*, cymhelri *m*, cythr|wfl *m*, gwrthdaro *m*, ffrygydau *pl*, anghydfod *m*; **domestic ~,** ymgecru (*vn*) teuluol, anghydfod teuluol, cwerylon teuluol *pl*; **to be at ~ with s.o.,** ymgecru/ymryson/ymrafaelio/cynhennu â rhn, *S:* cynhenna â rhn; **to stir up ~,** codi cynnen, codi twrw; **to cease from ~,** cymodi. **~-torn** *a.* cythryblus, rhwygedig, rhanedig, ymranedig.
strifeful *a.* cynhennus, cynhenllyd, cecrus, ymrysongar (*pronounced* ng-g), cwerylgar.
strifeless *a.* heddychlon, heddychol, digynnen, tangnefeddus, tawel, digynnwrf, digyffro.
strigiform *a. Orn:* tylluanaidd.
strigil *n.* **1.** *Rom.Ant:* (*= scraper*)*:* crafell(-au,-i) *f*, crafiedydd(-ion) *m*, ysgrafell(-i) *f*, crafwr (crafwyr) *m*. **2.** *Ent:* crafell.
strigose, strigous *a.* **1.** *Bot: Z:* gwrychog. **2.** *Ent:* (*= streaked*)*:* rhesog; (*= ridged*)*:* gwrymiog.
strikable *a.* trawadwy.
strike[1] *n.* **1.** *(a) Games:* (*= hit, blow*)*:* trawiad(-au) *m*, ergyd(-ion) *fm*; *(b) Mil: Av:* (*= attack*)*:* ymosodiad(-au) *m*, cyrch(-oedd) *m*; **air-~,** cyrch awyr, ymosodiad o'r awyr, ymosodiad ag awyren/awyrennau; **~ aircraft,** awyren(-nau) (*f*) ymosod; **lightning ~,** ymosodiad chwim. **2.** *Ind:* streic(-iau) *f*; **to go on ~, to come out on ~,** mynd ar streic, streicio, *S:* dod mas, *N:* smitio, sefyll allan; **hunger ~,** streic newyn/lwgu (streiciau newyn/llwgu); **staggered ~,** streic ysbeidiol; **sympathy ~,** streic gefnogol (streiciau cefnogol); **token ~,** streic symbolaidd; **lightning ~,** streic annisgwyl/sydyn; **sit-down ~,** streic eistedd i lawr; **stay-in ~,** streic feddiannu (streiciau meddiannu); **go-slow ~,** streic gwaith araf; **wildcat ~,** streic wyllt (streiciau gwyllt). **3.** *Min:* (*= discovery*)*:* darganfyddiad(-au) *m*; *F:* **lucky ~,** lwc dda *f*. **4.** *Geol:* (*of vein*)*:* llorweddiad(-au) *m*, streic(-iau) *f*. **5.** = **strickle[1]**. **6.** *Brew:* gwres cywir *m*. **~-breaker** *n. Ind:* torrwr (torwyr) (*m*) streic, *N: F:* bradwr (bradwyr) *m*. **~-breaking** *vn.* torri streic. **~-fault** *n. Geol:* ffawt(-iau) (*mf*) streic. **~ force** *n. Mil:* llu(-oedd) (*m*) ymosod. **~ measure** *n.* cyfor *m*. **~ pay** *n.* tâl (taliadau) (*m*) streic, taliad(-au) (*m*) streic. **~-slip fault** *n. Geol:* ffawt(-iau) streic-rwyg. **~-zone** *n. Baseball:* man(-nau) (*m*) taro.
strike[2] *v.t.&ind.t.* **1.** *(a)* (*= hit*)*:* taro, *occ:* ergydio, pwyo, *S:* bwrw, *N: F:* hitio, colbio, waldio, sodro, *S. F:* pwno, ffusto, clatsio, colbo, wado; *Jur:* **to ~ a solicitor off the Rolls,** taro/dil|eu cyfreithiwr oddi ar y Rhôl; **to ~ at s.o.,** anelu ergyd at rn; **to ~ at the root of sth,** taro at wraidd rhth, anelu ergyd at wraidd rhth; **he struck me with his fist,** rhoes ddyrnod imi; *S.a.* **blow[5] 1**; *abs.* **to ~ home,** taro'r nod, taro i'r byw; **to ~ one's fist on a table,** taro'ch dwrn ar fwrdd/ford, dyrnu bwrdd/bord; **to ~ the hour,** taro'r awr; *Prov:* **to ~ while the iron is hot,** curo/taro tra bo'r haearn yn boeth, curo'r/taro'r haearn tra byddo'n boeth, achub y cyfle, manteisio ar y cyfle; **to ~ hands,** taro bargen; *(b) (coins, medals):* bathu; *(c)* **to ~ a chord,** taro tant; **to ~ the right note,** taro'r nodyn cywir; *(d)* **to ~ a bargain,** taro bargen. **2.** *(a)* **to ~ sparks from a flint,** taro gwreichion o fflint; **to ~ a match,** tanio matsien; **cor ~ a light!** 'dawn i byth o'r fan! 'rarswyd! *N:* 'rargian! 'rarglwydd! 'rachlod! diawch! myn diawch! bobol bach! brensiach! grym annwyl! *S:* hawyr bach! myn asen i! myn brain i! *(b) El:* **to ~ an arc,** tanio arc. **3.** *(a)* **to ~ a knife into s.o.'s heart,** plannu/rhoi cyllell yng nghalon rhn; *abs.* *(of serpent):* brathu, taro, ymosod; **the plant has struck [root],** mae'r planhigyn wedi gwreiddio/cydio; mae'r planhigyn wedi bwrw gwreiddiau; *(b) Fish:* bachu, dal, dala. **4. to ~ s.o. with wonder, to ~ s.o. all of a heap,** synnu/rhyfeddu/syfrdanu rhn; taro rhn â syndod; **to ~ s.o. with terror,** dychryn/brawychu/arswydo rhn; codi braw/arswyd/dychryn ar rn; **struck with terror,** mewn braw/dychryn; **to ~ s.o. dead,** lladd rhn [ag ergyd], taro rhn yn farw; *F:* **~ me dead! ~ me pink!** 'dawn i byth o'r fan! *&c*; *S.a.* **~ dumb, 1, lightning. 5.** (*= penetrate*)*:* taro (ar rth), treiddio (trwy rth); **the rays ~ through the mist,** mae'r pelydrau'n treiddio/torri trwy'r niwl; **the sun strikes the side of the house,** mae'r haul yn taro [ar] ochr y tŷ; *S:* mae'r haul yn dala ochr y tŷ. **6.** *(a)* **to ~ [against] sth,** taro/bwrw yn erbyn rhth; **a sound struck my ear,** trawodd sŵn ar fy nghlust; daeth sŵn i'm clust; **to ~ one's ears,** taro clustiau rhn, seinio yng nghlustiau rhn; **the thought strikes me that...,** mae'n fy nharo i fod...; *(b)* **how did she ~ you?** sut y trawodd hi chi? pa argraff a gawsoch chi ohoni? beth oeddech chi'n ei feddwl ohoni? beth oedd eich barn chi amdani? **he strikes me as [being] sincere,** ymddengys yn ddiffuant i mi; mae'n fy nharo i fel un diffuant; **that is how it struck me,** dyna sut y trawodd ef fi; dyna'r argraff a gefais i; *F:* **to get struck on s.o.,** ffoli/ gwirioni ar rn, *S:* dwli ar rn, *N:* mopio'ch pen ar rn. **7.** (*= discover*)*:* taro (ar rth); darganfod, cael (rhth); dod o hyd, cael hyd (i rth); **to ~ oil,** *(i) Min:* taro ar olew, darganfod olew, dod o hyd i olew; *(ii) Fig:* bod yn lwcus, bod yn ffodus; **he has struck it rich,** mae wedi taro ar gyfoeth; **I struck upon an idea,** cefais syniad; daeth syniad imi, trewais ar syniad; **it struck my eye,** sylwais arno/arni; fe dynnodd fy sylw. **8.** *(a) Nau: (sail, mast, flag):* gostwng (rhth), tynnu (rhth) i lawr; **to ~ sail,** gostwng hwyl/hwyliau; **to ~ one's flag/colours,** *(i)* gostwng eich baner; *(ii)* (*= surrender*)*:* ildio; *(iii)* (*= retire*)*:* ymddeol (o swydd), rhoi'r gorau (i swydd); **to ~ tents,** gostwng/symud pebyll, tynnu pebyll i lawr; **to ~ camp,** symud gwersyll, tynnu gwersyll i lawr; *Cin: Th:* **to ~ a set,** clirio set; *(c) Const:* **to ~ the centre of an arch,** gostwng canol bwa. **9.** *Ind:* **to ~ work,** *abs.* **to ~,** streicio, mynd ar streic, *S:* dod mas, *N: O:* sefyll allan. **10. to ~ an attitude,** *(a)* (*= adopt posture*)*:* gwneud osgo/ystum; *(b) Fig:* ymagweddu; **to ~ a patriotic attitude,** ymagweddu'n wlatgar. **11.** *(a) (line, circle):* tynnu; *(b)* **to ~ an average, to ~ the happy medium,** taro'r man canol; *S.a.* **balance[1] 3. 12.** = **strickle[2]**. **II.** *v.i.* **1.** *(of clock):* taro; **the clock struck six,** trawodd y cloc chwech o'r gloch; **his hour has struck,** daeth ei awr. **2. to ~ across country,** mynd/torri ar draws gwlad; **to ~ into the forest,** treiddio/mynd i mewn i'r goedwig; **the road strikes off to the right,** mae'r ffordd yn troi i'r dde. **~ back** *v.i.* *(a)* taro'n ôl, ad-daro, *S:* bwrw'n ôl; *(b) (of gas-burner):* ad-daro. **~ down** *v.t. (with fist &c):* taro/dyrnu/curo/ffustio (rhn) i lawr; llorio (rhn); **he was struck down by a disease,** fe'i trawyd gan glefyd; **he was struck down (by a car),** fe'i trawydd, cafodd ei daro/fwrw i lawr (gan gar). **~ in 1.** *v.t. (nail):* taro/dyrnu (hoelen) i mewn. **2.** *v.i. (of pers.):* ymyrryd, rhoi'ch pig i mewn; **she struck in with the remark that...,** torrodd ar draws gan ddweud...; rhoes ei phig i mewn gan ddweud...; **~ off** *v.t.* **1. to ~ off s.o.'s head,** torri pen rhn. **2. to ~ a name off a list,** tynnu/dil|eu/taro/diddymu enw oddi ar restr. **3.** *Typ: (copies):* argraffu, printio. **~ out 1.** *v.t. (a) (word):* dileu (rhth), croesi (rhth) allan/mas; *(b) (sparks):* taro; *(c) (route):* agor, arloesi; **to ~ out a line for oneself,** torri'ch cwys eich hun, agor eich cwys eich hun; *(d) Baseball. (batter):* bwrw (batiwr) allan/mas; *(e) (plan):* dyfeisio, llunio. **2.** *v.i. (a)* **to ~ out at s.o.,** anelu ergyd at rn; *(b)* **I struck out for the shore,** dechreuais nofio tua'r lan; anelais am y lan; *(c) F:* **to ~ out for oneself,** mynd ar eich liwt eich hunan, *S.W:* mynd ar eich lwc eich hunan; *(d) Skating:* **to ~ out,** llithr-redeg. **~ through** *v.t. (word):* tynnu llinell (trwy air), dileu (gair). **~ up** *v.t.* **1.** *(song):* taro/lledu (cân), ei tharo hi, dechrau canu (cân); *abs.* **(on his arrival) the band struck up,** (pan gyrhaeddodd ef) dechreuodd y band chwarae, fe'i trawodd y band hi. **2. to ~ up a friendship with s.o.,** dechrau dod/mynd yn gyfaill i rn, dechrau cyfeillgarwch â rhn, dod/mynd yn gyfeillgar â rhn, gwneud ffrindiau â rhn.
strikebound *a.* dan barlys streic, caeth gan streic.
striker *n.* **1.** ergydiwr (ergydwyr) *m*, träwr (trawyr) *m*, dyrnwr (dyrnwyr) *m*, cnociwr (cnocwyr) *m*, curwr (curwyr) *m*, ergydiwr (ergydwyr) *m*, colbiwr (colbwyr) *m*; *Fb:* saethwr (saethwyr) *m*, sodrwr (sodrwyr) *m*. **2.** *Ind:* streiciwr (streicwyr) *m*. **3.** *(of clock):* morthwyl(-ion) *m*. **4.** *(of gun):* pin(-nau) (*m*) tanio. **5.** *Whaling:* (*= harpoon*)*:* tryfer(-i) *f*; (*= harpooner*)*:* tryferwr (tryferwyr) *m*.
striking[1] *a.* **1.** *(a)* **~ force,** grym (*m*) taro; **~ power,** nerth (*m*) taro; *(b)* **~ clock,** cloc(-iau) (*m*) taro. **2.** (*= remarkable*)*:* trawiadol, hynod, nodedig. **3.** *(workmen):* sy'n streicio, sydd ar streic.
striking[2] *vn. See* **strike[2]**; **within ~ distance,** o fewn cyrraedd, o fewn ergyd carreg, o fewn tafliad carreg, yn ymyl, ar bwys, gerllaw; *Row:* **rate of ~,** cyflymder/cyflymdra (*m*) rhwyfo. **~ circle** *n.* cylch(-oedd) (*m*) taro. **~-head** *n. Mus:* trawben(-nau) *m*, pen(-nau) (*m*) taro. **~ mechanism** *n.* mecanwaith/peirianwaith (*m*) taro. **~-plate** *n.* plât (platiau) (*m*) taro.

strikingly *adv.* yn drawiadol *&c.*
strikingness *n.* golwg drawiadol (*f*) (**of sth,** ar rth); hynodrwydd *m*, arbenigrwydd *m.*
strine *n. Ling: F:* strein *f, m,* Awstraleg *f, m.*
string[1] *n.* **1.** *(i)* llinyn(-nau, *S.E: occ:* -on) *m*; *(ii) (thicker):* cortyn(-nau, cyrt) *m*, corten(-nau,-ni, cyrt) *f, S:* cordyn (cordau) *m, S.W:* twein *m*; **a ball (of ~),** pellen(-nau,-ni) *f*, pelen(-ni) *f* (o linyn); *F:* **she had me on a ~,** 'roedd hi'n fy nhrin fel y mynnai; *F:* **to pull strings,** tynnu llinynnau; **there are no strings attached,** 'does dim amodau; **to hold the purse-strings,** dal llinynnau'r pwrs. **2.** *(a) (in beans):* ff[e]ibr(-au) *m*; *(b) Anat: (of tongue):* llinyn; *S.a.* **apron-strings, heartstrings, purse-strings. 3.** *(a) Mus:* tant (tannau) *m*, llinyn; **catgut ~,** tant coludd, *S.W: occ:* gwt *m*; **false ~,** ffug dant (~ dannau); **open ~,** tant (tannau) agored *m*; **true ~,** tant cywirsain; **wire-wound ~,** tant trowifr; *(of violin):* **first ~, E ~,** y tant cyntaf; *(of harp):* **treble ~,** cildant (cildannau) *m*; *(of harp):* **key ~, tuning ~,** cyweirdant (cyweirdannau) *m*; *(in orchestra):* **the strings,** *(i) (instruments):* y llinynnau *pl*; *(ii) (players):* llinynwyr *pl*; *(b) (of bow, racket &c):* llinyn. **4.** *(of beads, words, racehorses):* cadwyn(-au,-i) *f*; *(of oaths):* llif *m*; *(of onions),* rhaffaid (rhaffeidiau) *f*; *(of successes):* cyfres(-i) *f*, rhes(-i) *f*; *(of vehicles, people):* llinyn, rhes, llif, rhesaid (rheseidiau) *f*; *(of lies),* rhaff(-au) *f*; **to tell a ~ of lies,** rhaffu celwyddau; *Cmptr:* llinyn; **bit ~,** llinyn darnau/didau; **character ~,** llinyn nodau; **variable ~,** llinyn newidiol. **5.** *Const:* = **string-course, stringboard. 6.** *Bill: (i) (= stroke):* trawiad(-au) (*m*) pennu; *(ii) (= scoring-board):* bwrdd (byrddau) sgorio *m*. **~ alphabet** *n.* gwyddor (*f*) glymau, gwyddor linyn. **~ bag** *n.* bag(-iau) rhwyllog *m*. **~ band** *n. Mus:* band(-iau) llinynnol *m*, seindorf linynnol (seindyrf llinynnol) *f*. **~-bark** *n. Bot:* = **stringy-bark. ~ bass** *n. Mus:* bas(-au) dwbl *m*. **~ bean** *n.* **1.** *Hort:* ffeuen werdd (ffa gwyrddion) *f, S:* cidna-bên(-s) *m*. **2.** *F: (= thin person):* llyng[h]yren fain *f*, llyng[h]yryn main *m*, stringyn *m*, stringen *f*, slingyn *m*, slingen *f*. **~-course** *n. Const:* llin-gwrs (~-gyrsiau) *m*. **~ handling** *vn. Cmptr:* trin llinynnau. **~-line** *n. (i) Bill:* = **balkline;** *(ii) Const:* llinyn(-nau) (*m*) lefelu. **~ orchestra** *n. Mus:* cerddorfa linynnol (cerddorf|eydd llinynnol) *f*. **~-puller** *n.* tynnwr (tynwyr) (*m*) llinynnau, t|ynwraig (*f*) llinynnau. **~-pulling** *vn.* tynnu llinynnau. **~ quartet** *n. Mus:* pedwarawd(-au) llinynnol *m*. **~ section** *n. Mus:* adran linynnol (adrannau llinynnol) *f*. **~ tie** *n. Cost:* tei main/fain (teis meinion) *mf*. **~-tone** *n.* tonyddiaeth linynnol *f*. **~ variable** *n. Cmptr:* newidyn(-nau) llinynnol *m*. **~ vest** *n. Cost:* fest rwyllog (festiau rhwyllog) *f*, fest dyllau (festiau tyllau).
string[2] *v.t.&i.* I. *v.t.* **1.** *(a) (= tie with string):* clymu (rhth) [â llinyn]; *(b) Mus:* **to ~ a harp,** tantio telyn, gosod/dodi tannau ar delyn; **to ~ a net,** tantio rhwyd; **to ~ a violin,** tantio ffidil, gosod tannau/llinynnau ar ffidil; *Sp: (racket):* tantio raced, rhoi/dodi llinynnau/tannau ar raced. **2.** *(bow):* gosod/rhoi/dodi llinyn (ar fwa). **3. to ~ pearls,** llinynnu/cadwyno perlau, gosod/dodi/rhoi perlau ar linyn; **to ~ sentences together,** rhaffu brawddegau [wrth ei gilydd], cydio brawddegau wrth ei gilydd, *S.W:* rhaffo brawddegau. **4.** *Cu: (beans):* tynnu ff[e]ibrau (o ffa). II. *v.i. (of glue &c):* edafeddu, llinynnu, mynd yn llinynnog; **~ along 1.** *v.i.* **to ~ along with s.o.,** mynd gyda rhn, bod yn bartner i rn. **2.** *v.t.* **to s.o. along/on,** camarwain rhn, arwain rhn ar gyfeiliorn, twyllo rhn. **~ out** *v.t. (= link loosely):* cysylltu (rhth) yn llac; *(= prolong):* ymestyn, hwyh|au. **~ up** *v.t.* **1.** crogi; **~ him up!** i'r crocbren ag ef! crogwch ef! **2. to ~ oneself up (to do sth),** ymwroli, magu plwc (i wneud rhth).
stringboard *n. Carp:* llinfwrdd (llinfyrddau) *m.*
stringed *a. Mus:* â thannau, llinynnol.
stringency *n.* caethder *m*, llymder *m.*
stringendo *adv. Mus:* yn gyflymach, gan gyflymu, yn gynt.
stringent *a.* **1.** *(rule):* caeth(-ion), llym (*f.* llem, *pl.* llymion), tyn[n]. **2.** *Fin: (money market):* tyn[n], cyfyng, main, anodd; **~ necessity,** angen (anghenion) dybryd *m*, rheidrwydd *m.*
stringently *adv.* yn llym, yn gaeth *&c.*
stringer *n.* **1.** *(pers.): (of piano, harp):* tantiwr (tantwyr) *m*. **2.** *Const:* tulath(-au) *f*; *S.a.* **stringboard. 3.** *Journ:* gohebydd(-ion, gohebwyr) lleol *m*, cysylltwr (cysylltwyr) lleol *m*. **4.** *Ph:* **(nuclear) fuel ~,** llinyn(-nau) (*m*) tanwydd (niwclear).
stringhalt *n. Vet:* cord *m*, corden *f*, clunheciant *m.*
stringhalted *a. Vet:* cordennog.
stringiness *n.* **1.** *(of beans, meat):* gwytnwch *m*. **2.** *(of liquid):* gludiogrwydd *m*, natur edafeddog/edafog *f*, edafogrwydd *m.*
stringpiece *n. Const:* llinfwrdd (llinfyrddau) *m.*
stringy *a.* **1.** *(beans):* gwydn, ff[e]ibrog; *(meat):* gwydn, gieuog, llawn gïau, *S:* gwddyn; **~ bread,** *N.W:* bara wedi tido, *S:* bara ropin. **2.** *(liquid):* gludiog, edafeddog, edafog, llinynnog. **3.** *(pers.):* tal a thenau, main (meinion); **~ person,** slingyn *m*, *N.W:* stringyn *m*, stringan *f*, *M.W:* llimyn(-nod) *m*, llibyn(-nod) tenau *m*. **~-bark** *n. Bot: (tree):* coeden linrisgl (coed llinrisgl) *f.*
strip[1] *n.* **1.** darn(-au) hirgul *m*, stribyn(-nau, stribiau) *m*, stripyn (stripiau), strip(-iau) *m*, stribed(-i) *mf*, stribedyn (stribedi) *m*; **film ~,** stribed ffilm; *(of land):* llain (lleiniau) *f*, rhimyn(-nau) *m*, *N.W:* sling(-iau) *m*, *S.W:* slang(-au) *m*, rhipyn(-nau) *m*; *Hort: (of onions):* rhes(-i) *f*, rhesaid (rheseidiau) *f*; *Mil:* **loading-~,** *(of machine-gun):* stribed llwytho. **2.** *F:* **to tear s.o. off a ~,** dweud y drefn wrth rn, ei dweud hi'n hallt wrth rn, tafodi rhn, rhoi rhn yn ei le, tynnu carrai o groen rhn. **~ cartoon** *n.* stribed cartŵn, cartŵn (cartwnau) (*m*) stribed. **~ chart** *n.* siart(-iau) (*f*) stribed. **~ crop** *v.t.*, **~ cropping** *vn.* rhesu/stribedu cnydau, tyfu cnydau yn rhesi/stribedi. **~ cultivation** *n.* llain-driniad(-au) *m*, amaethu/trin (*vn*) lleiniau. **~ development** *n.* datblygiad hirgul (datblygiadau hirgulion) *m*. **~ excavation** *n. Archeol:* lleingloddiad(-au) *m* (*pronounced* ng-g), cloddio (*vn*) lleiniau. **~-holding** *n.* llain-ddaliad(-au) *m*. **~-iron** *n.* haearn (heyrn) (*m*) stribed. **~ light** *n.* golau (goleuadau) (*m*) stribed. **~ lighting** *vn.* stribed-oleuo. **~ mill** *n.* melin(-au) (*f*) stribed.
strip[2] *v.t.&i.* I. *v.t.* **1.** *(person of clothes):* tynnu dillad (rhn oddi amdano/amdani); dadwisgo, dinoethi (rhn); *F:* stripio (rhn); **stripped to the waist,** noeth at eich canol. **2.** *(a)* **to ~ s.o. of sth,** tynnu rhth oddi ar rn; **trees stripped of their leaves/bark,** coed yn noeth o'u dail/rhisgl; **to ~ a tree of its bark,** tynnu rhisgl coeden, dirisglo coeden; **to ~ s.o. of his money,** ysbeilio rhn o'i arian, dwyn arian rhn, mynd ag arian oddi ar rn; **to ~ s.o. of his titles,** amddifadu rhn o'i deitlau, mynd â'i deitlau oddi ar rn; *(b) (bed):* tynnu dillad (gwely, oddi ar wely); *(house):* gwagio; *El.E: (cable):* plicio, tynnu croen; *(wool, hair, feathers &c):* tynnu, plicio, *occ:* ginio, hifio; **stripped chassis,** ffrâm noeth *f*; **to ~ flax,** heislanu llin; **to ~ a wall,** tynnu'r papur oddi ar wal; *Mec.E: (of nut, screw):* **to ~ a thread,** colli edau, torri edau; *Metall:* **to ~ a casting,** tynnu/datod castin. **3. to ~ sth off/from sth,** tynnu rhth oddi am/ar rth. **4. to ~ down a machine,** tynnu peiriant oddi wrth ei gilydd. **5. to ~ the last drops of milk from a cow,** ailodro buwch, stripio/tincian buwch, *N.E:* tripian, dripian, *occ:* titial, *N.W:* tical, tician, dical, *occ:* titial, *S:* stripo, tican, *S.W:* stripo, tico, *M.W:* tincian, tincial. **6. to ~ sth out,** tynnu rhth allan/mas. II. *v.i.* **1.** *(of pers.):* tynnu['ch dillad] oddi amdanoch, tynnu/diosg eich dillad, *Lit:* ymddiosg, ymddinoethi, *S: occ:* matryd. **2.** *(of bark, paper &c):* **to ~ [off],** dod yn rhydd.
strip[3] *n.* **1. to do a ~,** tynnu['ch dillad] oddi amdanoch, ymddinoethi, *F:* stripio. **2.** *Fb: F:* dillad (*pl*) chwarae, strip *m*. **~ club** *n.* clwb (clybiau) (*m*) stripio. **~ mine**[1] *n.* gwaith (gweithiau, gweithydd, gweithf|eydd) (*m*) glo brig. **~ mine**[2] *v.t.* gweithio/codi glo brig. **~ miner** *n.* gweithiwr (gweithwyr) (*m*) glo brig. **~ poker** *n. Cards:* strip-pocer *m*. **~-search**[1] *n.* noeth-chwiliad(-au) *m*. **~-search**[2] *v.t.* noeth-chwilio. **~-tease**[1] *n.* strip(-iau) *m*, sioe(-au) (*f*) stripio. **~-tease**[2] *v.i.* stripio, strip-bryfocio. **~-teaser** *n.* str|ipwraig (stripwragedd) *f*, stripiwr (stripwyr) *m.*
stripe[1] *n.* **1.** *(a)* rhesen (rhesi) *f*, streipen (streipiau) *f*, llinell(-au) *f*, *S.E:* rheian(-au) *f*; *(of tiger, zebra &c):* streipen; *(b) Mil: &c:* **sergeant's stripes,** streipiau sarsiant; **to get a ~,** cael dyrchafiad, ennill streipen; **to lose one's stripes,** colli'ch streipiau; *(c) U.S: (= sort):* math(-au) *mf*. **2.** *(= stroke of rod):* ffonnod (ffonodiau) *f*, gwialennod (gwialenodiau) *f*, *N: F:* slaes(-[i]au) *f.*
stripe[2] *v.t.* **1.** *(material):* rhesennu, streipio. **2.** *(= flog):* ffonodio, gwialenodio, curo.
striped *a.* rhesog, streipiog, *S.E:* rheianog; *Ich:* **~ bass,** *(Morone saxatilis): See* **bass**[1] **2**; *Agr:* **~ rust,** rhwd rhesog *m*; *Agr:* **~ smut,** y penddu rhesog *m*, y benddu resog *f.*
striper *n. Mil: Navy:* swyddog(-ion) *m.*
stripling *n. & attrib.* **1.** *n.* glaslanc(-iau) *m*, llencyn (llanciau) *m*, llefnyn (llafnau) *m*, *N.W:* hoglanc(-iau) *m*. **2.** *attrib. Poet:*

ifanc, llencynnaidd; **a ~ poet,** egin fardd (~ feirdd) *m*, eginfardd (eginfeirdd) *m*.

stripped *a.* **1.** *(= bare):* noeth(-ion), moel(-ion); *(= nude):* noethlymun [groen], *S:* porcyn [jac]; **~ pine,** pren pinwydd moel *m*. **2.** *(feathers, wool &c):* pliciedig, *Lit: occ:* gin, giniedig, hifiedig. **3. ~ of verbiage, the message is clear,** heb y geiriogrwydd, mae'r neges yn eglur.

stripper *n.* **1.** *(for paint):* tynnwr (tynwyr) (*m*) paent, codwr (codwyr) (*m*) paent. **2. Anderton ~,** cneifiwr (*m*) Anderton. **3.** = **strip-teaser.**

stripping *vn. & n.pl.* **1.** *vn.* = **strip[2]. 2.** *n.pl. (= last milk):* tical *m*, dital *m*, llaeth olaf *m*.

strive *v.i.* **1. to ~ (to do sth),** ymdrechu, ymegnïo, gwn|eud ymdrech (i wneud rhth); ymlafnio (gwneud rhth); *S.E:* catsio (i wneud rhth); **to ~ for sth,** ymdrechu/ymegnïo i gael rhth; **what are you striving after?** pa beth a geisiwch? pa beth yw eich nod/uchelgais? am/at beth yr anelwch? **to ~ for effect,** gwneud ati i greu effaith. **2. to ~ with/against s.o.,** cydymdrechu/cystadlu/ymryson â rhn.

striver *n.* ymdrechwr (ymdrechwyr) *m*.

strobe[1] *n. Opt:* strôb (strobau) *m*. **~ lighting** *vn.* goleuo strôb, goleuadau (*pl*) strôb.

strobe[2] *v.i. Opt:* strobio.

strobila *n. Z:* strobila (strobilâu) *f*.

strobilaceous, strobilar *a.* strobilaidd.

strobilation *n.* strobiliad *m*.

strobile *n. Bot:* **1.** = **pine-cone. 2.** *(of hop):* strobil(-au) *m*.

strobilization *n.* = **strobilation.**

strobilus *n.* = **strobile 1.**

stroboscope *n.* str|obosgop (strobosgopau) *m*.

stroboscopic *a.* strobosgopig.

stroboscopically *adv.* yn strobosgopig.

strode *v. See* **stride[2].**

stroke[1] *n.* **1.** ergyd(-ion) *mf*, trawiad(-au) *m*; *S.a.* **blow[5]; to receive twenty strokes,** *(of cane):* cael ugain ffonnod/gwialennod; *(of lash):* cael ugain slaes/chwipiad; **at a ~,** ag un ergyd, ar un, ar amrantiad; **(to fell a tree) at one ~,** (cwympo/cymynu coeden) ar un trawiad, ar un cynnig, ag un ergyd; **finishing ~,** ergyd derfynol/olaf/farwol *f*; **~ of lightning,** trawiad mellten/llucheden. **2.** *(a) (of wing):* curiad(-au) *m*; *Row: (of oar):* paliad(-au) *m*; **to lengthen the ~,** ymestyn y paliad, hwyhau'r paliad; *Bill: Golf: &c:* trawiad(-au) *m*; **whose ~ is it?** tro pwy yw hi'n awr? **keep ~!** gyda'ch gilydd! **he's off his ~,** nid yw cystal ag arfer; **to put s.o. off his ~,** bwrw rhn oddi ar ei echel, rhoi rhn oddi ar ei hwyl; *(b) Swim:* nofiad(-au) *m*, strôc (strociau) *f*; *S.a.* **backstroke 3, breast-stroke, butterfly;** *(c) Mec.E. (of piston):* strôc, trawiad; **down ~,** ôl-strôc (~-strociau) *f*; **up ~,** blaen-strôc (~-strociau) *f*; *I.C.E:* **two-~ engine,** motor(-au) deustroc *m*; *(d) F:* **(he hasn't done) a ~ (of work),** (nid yw wedi gwneud) yr un swydd, yr un cetyn, dim pwt, dim mymryn, dim strocen, *N.W:* dim cnoc, *S.E:* yr un strocad o'i ddeg ewin, *S.W:* yr un catiad, dim pencyffiwydd, dim cyffiwythyn (o waith); *(e)* **~ of good luck,** tamaid (*m*) o lwc, tipyn (*m*) o lwc, strôc (*f*) o lwc; **~ of genius,** fflach(-iau,-iadau) (*f*) o athrylith, strôc (*f*) o athrylith, camp(-au) *f*; **a ~ of diplomacy,** camp ddiplomyddol; **a good ~ of business,** strôc dda o fusnes. **3.** *(of clock):* trawiad; **on the ~ of nine,** am naw o'r gloch yn union, am naw ar ei ben, ar ben naw o'r gloch; **(I was there) on the ~,** ('roeddwn i yno) yn yr union amser, i'r dim. **4.** *(of apoplexy):* strôc (strociau) *f*, trawiad(-au) *m*; **to have a ~,** cael strôc/trawiad; **heat ~,** trawiad tes/gwres. **5.** *(of pen, pencil, brush):* strôc, trawiad; **with a ~ of the pen,** â thrawiad ysgrifbin; **finishing strokes,** cyffyrddiadau olaf. **6.** *Row: (a) (pers.):* **~ [oar],** pen-rhwyfwr (~-rhwyfwyr) *m*, strociwr (strocwyr) *m*; *(b)* **to row ~,** arwain y rhwyfo, strocio. **6.** *Mus:* trawiad. **7.** *Ten:* **attacking ~,** ergyd ymosod; **backhand ~,** ergyd wrthlaw/gwrthlaw; **defensive ~,** ergyd amddiffyn; **forehand ~,** ergyd blaen llaw; **plain draw ~,** strôc dynnu (strociau tynnu). **~ lock** *n. Tls:* lledwr (*m*) hwrdd (lledwyr hyrddod). **~ play** *n. Golf:* chwarae (*vn*) trawiadau. **~-side** *n. Row:* ochr(-au) (*f*) strôc.

stroke[2] *v.t. Row:* **to ~ a boat,** arwain y rhwyfo, strocio cwch/bad.

stroke[3] *n. (= caress):* mwythau *pl*, anwes(-au) *m*, *occ:* dylofiad(-au) *m*, pratiad(-au) *m*.

stroke[4] *v.t.* tynnu llaw (dros rth); *(animal):* rhoi mwythau (i rth); anwesu, mwytho (rhth); *occ:* dylofi, llochi, tolach, pratio (rhth), *N: F:* rhoi "o bach" (i rth); **to ~ one's chin,** rhwbio'ch gên; *F:* **to ~ s.o. the wrong way,** codi gwrychyn rhn; *F:* **to ~ s.o. down,** tawelu rhn.

stroll[1] *n.* tro(-eon) bach *m*, *S. W:* siercel *f*, wâc fach *f*; **to go for a ~,** mynd am dro bach, cael tro, rhoi tro.

stroll[2] *v.i.* mynd am dro, cerdded wrth eich pwysau, cerdded yn hamddenol, mynd i grwydro, *Lit: occ:* rhodianna, rhodienna, rhodio, cerddetian.

stroller *n.* **1.** rhodiwr (rhodwyr) *m*, rhodiannwr (rhodianwyr) *m*, rhodiennwr (rhodienwyr) *m*. **2.** *U.S:* = **push-chair.**

strolling *a.* **1.** *(holiday-makers &c):* rhodiol, rhodiennol. **2. ~ players,** actorion crwydrol/teithiol, chwaraeyddion crwydrol.

stroma *n. Biol:* stroma(-ta) *m*.

stromal, stromatal, stromatic *a.* stromatig.

stromatolite *n. Geol:* strom|atolit (stromatolitau) *m*.

stromatolitic *a. Geol:* stromatolitig.

strong *a.* **1.** *(a)* cryf (*f.* cref, *pl.* cryfion), cadarn (cedyrn), solet, grymus, nerthol; **~ cloth,** brethyn cryf; **~ conviction,** cred gadarn/ddiysgog/ddi-sigl; *Com:* **~ market,** marchnad gadarn/gref; **~ character,** cymeriad cadarn/grymus/cryf; **~ silent man,** gŵr (gwŷr) cadarn/cryf a thawel; *(b)* **~ constitution,** cyfansoddiad cadarn/cryf/durol *m*; **~ nerves,** nerfau cryfion/cadarn. **2.** *(a)* **~ fellow,** dyn cryf/cadarn/solet/durol, *N. W:* dyn abl/'tebol, asgwrn (*m*) o ddyn, stwc/stocyn (*m*) o ddyn, *S. W:* gŵr (gwŷr) streifus; **~ horse,** ceffyl cryf/cadarn/cydnerth/praff, *S. W:* cel trech; **as ~ as a horse** *or* **as an ox,** cryf fel ceffyl/arth, *N. W: occ:* cryf fel mastiff; *Games:* **to play S~ Horses and Weak Donkeys,** *N:* chwarae sigo, *S. W:* whare jwmpers, *S.E:* whare dou-sha-bump; **he is ~ in the arm,** mae ganddo nerth bôn braich; mae ganddo fraich gref; **~ voice,** llais cryf/nerthol; **the ~ arm of the law,** bôn braich y gyfraith, braich rymus y gyfraith; **~ support,** cefnogaeth gref *f*; **~ measures,** mesurau llymion/grymus/egnïol; **~ in Greek,** da/galluog mewn Groeg; **politeness is not his ~ point,** nid cwrteisi yw ei rinwedd pennaf/blaenaf; **~ in numbers,** niferus; *Cards:* **~ suit,** siwt gref *f*; **~ partisan,** pleidiwr/cefnogwr cryf; **he is ~ against. . .,** mae'n gryf/gadarn yn erbyn. . .; **company two hundred ~,** deucant o gwmni, cwmni o ddeucant, cwmni dau gant o nifer/rifedi, cwmni o ddau gant; **we were a dozen ~,** yr oedd dwsin ohonom; **~ evidence,** tystiolaeth gref *f*; **there is a ~ possibility,** mae pob posibilrwydd; mae posibilrwydd cryf; **~ argument,** dadl gref/rymus/nerthol *f*; **~ reason,** rheswm cryf/da *m*; **~ reasoning,** ymresymu cryf/cadarn; **~ features,** nodweddion cryfion; **~ meat,** cig cryf; **~ breeze,** awel gref (awelon cryfion) *f*, *N. W:* brisyn *m*; **~ gale,** storm gref *f*; **~ wind,** gwynt mawr/cryf/grymus/nerthol *m*; *El:* **~ current,** cerrynt nerthol/cryf *m*; *Ph:* **~ interaction,** rhyngweithiad cryf *m*; *Mus:* **~ beat,** curiad cryf *m*; *S.a.* **language 2**; *(b)* **~ drink,** diod gadarn *f*, y ddiod gadarn; **~ solution,** toddiant cryno/cryf *m*; **~ light,** golau cryf *m*; *(c)* **~ cheese,** caws cryf *m*; **~ butter,** menyn hen, menyn a blas hir hel arno, menyn ac oglau/gwynt/blas cryf arno. **3.** *Gram:* **~ verb,** berf gref (berfau cryfion) *f*. **4.** *adv. F:* **things are going ~,** mae pethau'n ffynnu; mae pethau'n mynd yn dda; mae pethau'n gampus/benigamp; **they're still going ~,** maen' nhw'n dal i fynd; maen' nhw'n dal i ffynnu; **to come/go it ~,** ei gor-wneud hi, mynd yn rhy bell, mynd dros ben llestri. **~ arm[1] 1.** *n.* colbiwr (colbwyr) *m*. **2.** *attrib.* **~-arm tactics,** dulliau bôn braich. **~-arm[2]** *v.t.* colbio, dyrnu. **~-armed** *a.* cyhyrog, â bôn braich. **~-minded** *a.* penderfynol, di-ildio, di-dderbyn-wyneb, diysgog, di-syfl. **~-mindedly** *adv.* yn benderfynol *&c*. **~-mindedness** *n.* penderfyniad *m*, penderfynoldeb *m*, cryfder (*m*) meddwl/ ewyllys, ewyllys gref *f*. **~-nerved** *a.* dewr(-ion), gwrol, â nerfau cryf. **~-willed** *a.* = **strong-minded.**

strongbox *n.* coffr cryf (coffrau cryfion) *m*.

stronghold *n.* cadarnle(-oedd) *m*.

strongish *a.* go gryf *&c*, eithaf cryf *&c*; *See* **strong.**

strongly *adv.* yn gryf *&c*.

strongroom *n.* ystafell ddiogel (ystafelloedd diogel) *f*.

strongyle *n.* llyng[h]yren (llyngyr) (*f*) y ceffylau.

strongylosis *n. Vet:* clefyd (*m*) llyngyr [ceffylau], strongylosis *m*.

strontia *n. Miner:* strontia *m*.

strontianite *n. Miner:* str|ontianit *m*.

strontium *n. Ch:* strontiwm *m*.

strop[1] *n.* **1.** lledr(-au) (*m*) hogi, strapen (*f*) hogi, strap (strapiau) (*f*) hogi, strop(-iau) *mf*. **2.** *Nau:* coler(-i) *mf*, strap, strop.

strop² *v.t.* hogi (rasel), rhoi min/awch (ar rasel), *N.W:* strapio (rasel).
strophanthin *n. Pharm:* stroffanthin *m.*
strophanthus *n. Bot:* stroffanthws (stroffanthi) *m.*
strophe *n. Gr.Lit:* stroffe(-au) *f*, pennill (penillion) *m*, ban(-nau) *m*, bannog (banogion) *m*; **~ and antistrophe,** cân ac atepgan.
strophic *a.* stroffig.
strophulus *n. Med:* str|offwlws *m.*
stroppily *adv.* yn ystyfnig *&c.*
stroppiness *n.* ystyfnigrwydd *m*, natur ddi-ddweud/anynad *f*, anynadrwydd *m*, pengaledwch *m* (*pronounced* ng-g).
stroppy *a. F:* ystyfnig, annifyr, di-ddweud, anodd eich trin, anynad, mulaidd, gwarsyth, pengaled (*pronounced* ng-g), anhydrin, *F:* cwenclyd; **a ~ fellow,** *N.W: occ:* stranci (strancwn) *m*; **a ~ woman,** *N.W: occ:* strancan *f*; **to be ~,** ystyfnigo, *N.W: occ:* strancio.
stroud, strouding *n. Tex:* strowd *m*, strowdin *m.*
strove *v. See* **strive.**
struck *p.p.* **1.** *See* **strike².** **2.** *F:* **~ (on s.o.),** wedi mopio'ch pen, wedi gwirioni, yn dotio, yn dwli (ar rn). **3.** *U.S: Ind:* ar streic. **4. ~ measure,** cyfor *m.*
structural *a.* **1.** *(= constructional):* saernïol, adeileddol; **~ iron,** haearn (*m*) adeiladu, ffrâm (fframiau) (*f*) haearn; **~ engineer,** peiriannydd (peirianwyr) (*m*) adeiladu; **~ engineering,** peirianneg (*f*) adeiladu, peirianneg saernïol; **~ damage,** niwed (*m*) i adeilad, difrod (*m*) i adeilad; **~ defect,** gwendid(-au) saernïol *m*; **~ repair,** atgyweiriad(-au) saernïol *m*; **~ weakness,** = **structural defect.** **2.** *(= morphological):* ffurfiannol, adeileddol, cyfluniadol, *occ:* strwythurol; *Geog:* **~ basin,** basn(-au) adeileddol *m*; *Ch:* **~ formula,** ff|ormiwla (fformiwlâu) adeileddol *f*; *Ch:* **~ isomerism,** isomeredd adeileddol *m*; **~ linguistics,** ieithyddiaeth adeileddol *f*; **~ psychology,** seicoleg adeileddol *f.*
structuralism *n. Ling:* adeileddaeth *f*, strwythur[i]aeth *f.*
structuralist *n.* & *attrib.* **1.** *n.* adeileddwr (adeileddwyr) *m*, strwythurwr (strwythurwyr) *m.* **2.** *attrib.* adeileddol.
structuralization *n.* adeileddiad *m*, adeileddu *vn*, strwythuriad(-au) *m*, strwythuro *vn.*
structuralize *v.t.* adeileddu, strwythuro.
structure¹ *n.* **1.** *(of play &c):* cynllun(-iau) *m*, saernïaeth *f*, adeiladwaith (adeiladweithiau) *m*, adeiledd(-au) *m.* **2.** *(a) (= building):* adeilad(-au) *m*; *(b) (of atom, society, molecule, rock &c):* adeiladwaith, adeiledd; *Needlew:* gwneuthuriad *m*; *Biol:* ffurf(-iau) *f*, ffurfiant (ffurfiannau) *m*, cyfluniad(-au) *m*; *F:* **the social ~,** trefn (*f*) cymdeithas, adeiledd cymdeithas, patrwm (*m*) cymdeithas.
structure² *v.t.* **1.** *(= build):* saernïo, adeiladu, llunio, cyflunio. **2.** *(= impose order on):* adeileddu, trefnu, cyfundrefnu, *occ:* strwythuro.
structured *a.* adeiledig, adeileddol, cyfundrefnus, *occ:* strwythuredig.
structureless *a.* di-ffurf, diadeiledd.
structurelessness *n.* diffyg (*m*) ffurf/adeiledd.
strudel *n. Cu:* strwdel *m.*
struggle¹ *n.* ymdrech(-ion) *f*, brwydr(-au) *f*, *occ:* ymdrechfa (ymdrechf|eydd) *f*; **desperate ~,** brwydr ffyrnig/enbyd, cryn ymdrech; **I found it a ~, I had a ~ (to do the work),** cefais drafferth, fe'i cefais hi'n ymdrech (i wneud y gwaith); fe'i cefais hi'n anodd (gwneud y gwaith); **it was a ~ climbing the hill,** 'roedd dringo'r bryn yn lladdfa; *N.W:* 'roedd dringo'r bryn yn hen helcyd (*m*) *or* yn stryffig (*mf*); **(he gave in) without a ~,** (ildiodd) yn ddof, heb frwydro; **we had quite a ~,** bu'n anodd arnom, cawsom gryn drafferth (*f*)/helynt (*f*), *N:* cawsom stryffig/strach *mf*; *Poet:* **say not the ~ nought availeth,** na ddwêd mai ofer ydyw'r ymdrech; *Biol:* **the ~ for life,** y frwydr i fyw.
struggle² *v.i.* **to ~ with s.o.,** *(physically):* ymaflyd, brwydro, ymladd, ymgodymu, *S.W:* ffwlffachad, ffwlffachu, *S.E: occ:* catsio (â rhn); **we struggled with/against adversity,** buom yn brwydro/ymlafnio ag adfyd *or* yn erbyn adfyd; *N:* buom yn bustachu/crafu/crafangu; *N.W: occ:* buom yn ymguro; **to ~ (with a difficult book),** ymgodymu, mynd i'r afael, ymaflyd (â llyfr anodd); **to ~ hard (to succeed),** ymdrechu, ymlafnio, gwn|eud pob ymdrech, gwneud eich gorau glas, gweithio nerth deng ewin, rhoi pob ewin ar waith, ymdrechu'n galed, *N.W: occ:* ymrwyfo, bydio'n galed, *S.E:* catsio (i lwyddo); **they ~ for the prize,** maent yn ymryson/cystadlu am y wobr; **he struggled to his feet,** llwyddodd i godi ar ei draed; cododd yn drafferthus ar ei draed; gydag ymdrech, cododd ar ei draed; **to ~ through,** llwyddo i ddod trwy rth, dod drwyddi, *N:* bustachu/stryffaglio/stryffaglian/stryboldian/stagro/straglio drwodd, *S.W:* stranco, *occ:* bwlffachan; **he struggled into the house,** ymlwybrodd/ymlusogdd/ymwthiodd i'r tŷ; *S.E:* ceibiodd ei ffordd i'r tŷ; *N:* stryffaglodd i'r tŷ; **I struggled (out of my sleeping-bag),** ymbalfalais, deuthum yn rhydd, fe'm rhyddheais fy hun, ymrwyfais i ddod yn rhydd (o'm sach gysgu); gydag ymdrech *or* â chryn drafferth, deuthum (o'm sach gysgu); *N.W:* mi stryffaglais i allan (o'm sach gysgu).
struggler *n.* ymdrechwr (ymdrechwyr) *m*, brwydrwr (brwydrwyr) *m*, ymlafniwr (ymlafnwyr) *m*, *N.W:* stryffaglwr (stryffaglwyr) *m.*
struggling *a.* **1.** *(artist &c):* adfydus, mewn trafferthion, mewn adfyd, main/caled ei fyd, mewn cyni, sy'n ei chael hi'n anodd, y mae'n anodd/ enbyd/fain/galed arno. **2.** *(wrestler &c):* ymladdgar, brwydrol. **3.** *(in net, quicksand &c):* rhwyfus, ymrwyfus.
strum¹ *n.* plwc (plyciau) *m*, [sŵn *m*] plycio/strymian *vn.*
strum² *v.t.* **to ~ on a piano,** drymian/strymian ar biano; **to ~ a guitar,** plycio tannau gitâr, *F:* strymian/strymio gitâr; **to ~ a tune,** taro tôn. **~-box** *n. Nau:* bocs(-ys) (*m*) hidlo.
struma *n. Med:* manwyn(-nau,-ion) *m*, clefyd (*m*) y brenin.
strumous *a. Med:* manwynnog.
strumpet *n.* putain (puteiniaid) *f*, *N.W: occ:* strybiban *f.*
strung *p.p.* **~ up,** ar bigau drain, cynhyrfus, anniddig, nerfus; **~ up to do sth,** parod i wneud rhth; **highly-~,** tra s|ensitif, tra theimladwy, gordeimladwy, nerfus, cynhyrfus, hawdd eich cyffr|oi/cynhyrfu.
strut¹ *n.* *(= affected gait):* cerddediad balch/torsyth *m*, torsythiad (-au) *m.*
strut² *v.i.* torsythu, cerdded yn dorsyth/falch/dalgryf, strytian; **to ~ one's stuff,** mynd trwy'ch pethau, gwn|eud eich campau.
strut³ *n.* *(= support):* ateg(-ion) *f*, croeslath(-au) *f*, pwyslath(-au) *f*, cynheiliad (cynheiliaid) *m.*
strut⁴ *v.t.* cynheilio, ategu (rhth); gosod ategion (ar rth).
'struth *int. F:* nefoedd wen! 'dawn i byth o'r fan! ar fy marw! neno'r Tad! brensiach! 'rachlod! 'rarswyd! *&c.*
struthious *a. Orn:* estrysaidd.
strutter *n.* torsythwr (torsythwyr) *m.*
strutting¹ *a.* torsyth.
strutting² *n. Coll:* ategion *pl.*
strychnine *n. Pharm:* strycnin *m.*
strychninism *n. Path:* gwenwyn (*m*) strycnin.
Stuart *a.* & *n. Hist:* **1.** *a.* Stiwartaidd; *Hist:* **~ Britain,** Prydain [dan] y Stiwartiaid. **2.** *n.* Stiwart(-iaid) *m&f.*
stub¹ *n.* **1.** *(of pencil, cigarette, cigar):* bonyn (bonion) *m*, pwt (pytiau) *m*, stwmp: stwmpyn (stympiau) *m.* **2.** *Tchn: (of lock):* derbyniad(-au) *m.* **3.** *(of cheque):* bonyn. **4.** *(= stunted tail):* *N:* cynffon gwta (cynffonnau cwta) *f*, *S:* cwt gwta (cytau cwta) *f.* **~-axle** *n.* echel bwt (echelau pwt) *f*, echel fer (echelau byrion). **~-iron** *n.* haearn pwt *m.* **~-mast** *n. Nau:* hwylbren(-ni) pwt *m.* **~-mortise** *n.* mortais (morteisiau) pwt *m.* **~-nail** *n.* hoelen bwt (hoelion pwt) *f.* **~-teeth** *n.pl. Mec.E:* dannedd pwt. **~-tenon** *n.* tyno(-au) pwt *m.*
stub² *v.t.* **1. to ~ [up] roots,** tynnu/codi gwreiddiau; **to ~ up trees, to ~ up a wood,** diwreiddio coed; **to ~ [out] a field,** tynnu'r bonion o gae. **2. to ~ one's toe against sth,** taro/bwrw bys eich troed yn [erbyn] rhth; **to ~ out a cigarette,** diffodd sigarét, *N.W:* stympio/dowsio sigarét.
stubble *n.* **1.** sofl *pl* (*sing.* soflyn *m*), bonion (*pl*) gwellt (*sing.* bonyn gwelltyn), *N.W: occ:* pigsofl *pl*, conion *pl* (*sing.* conyn *m*). **2.** *(of chin):* blewiach *pl*, bonion blew. **~-field** *n.* cae(-au) (*m*) sofl. **~-goose** *n.* soflwydd(-au) *f.* **~-rake** *n.* cribin(-iau) (*f*) sofl.
stubbly *a.* **1.** *(field):* soflog, llawn sofl. **2.** *(chin):* blewog; *(beard):* pigog.
stubborn *a.* **1.** ystyfnig, pengaled (*pronounced* ng-g), cyndyn, *F:* di-ddweud, pencïaidd, penstiff, stiwpid, *Lit:* anhydrin, anhydyn, anhywaith, anhywedd, gwarsyth, gwargaled, gwrthnysig, *S.W:* stwbwrth, *S.E:* anhywaith, penstiff, stwbwrn; *(horse):* *N:* noglyd, *S:* jibog; **~ man,** dyn(-ion) pengaled *m*, *N.W: occ:* penci (pencwn) *m*; **(she is) as ~ as a mule,** (mae hi) wedi llyncu mul, 'n benderfynol fel mastiff, 'n

bengaled fel mul, *S. W:* fel sten; **facts are ~ things,** hen bethau ystyfnig yw ffeithiau; **to become ~,** ystyfnigo, cyndynnu, pengaledu (*pronounced* ng-g), gwargaledu, *N: F:* stiwpio, stowcio, pencieiddio, llyncu mul, *S:* stwbwrno. **2. ~ fever,** twymyn gyndyn *f*; **~ soil,** pridd anhydrin, pridd anodd ei drin; **~ ore,** mwyn anhydrin.
stubbornly *adv.* yn ystyfnig, yn gyndyn *&c.*
stubbornness *n.* ystyfnigrwydd *m*, cyndynrwydd *m*, pengaledwch *m* (*pronounced* ng-g), gwargaledwch *m*, *N. W: occ:* stiwprwydd *m*, *S: occ:* twna *m.*
stubby *a.* **1.** pytiog, pwt, cwta, stympiog; *(pers.):* byrdew(-ion). **2.** *(ground):* llawn bonion.
stucco[1] *n. Const:* stwco(-s) *m.* **~-work** *n.* gwaith (*m*) stwco.
stucco[2] *v.t.* plastro (wal *&c*), rhoi/dodi stwco (ar wal *&c*).
stuck *p.p. See* **stick**[2]. **1. to squeal like a ~ pig,** gwichian fel mochyn yn cael ei ladd/sticio. **2.** *(= jammed):* **we'll be ~ here for hours,** yma y byddwn ni am oriau. **3.** *(stamp &c):* glud, glynedig, yn glynu (yn rhth). **4. I'm stuck with these old books,** alla' i ddim cael gwared â'r hen lyfrau 'ma. **5. post ~ in the ground,** postyn wedi ei blannu/osod/sodro yn y ddaear. **6. wall ~ over with posters,** wal a phosteri wedi eu gludio/glynu drosti; **envelope ~ with stamps,** amlen a stampiau arni. **~-in-the-mud** *a.* hen ffasiwn, ceidwadol, disymud. **~-up** *a. F:* ffroenuchel, balch, *N: F:* lartsh; **a ~-up person,** hen drwyn(-au) *m.*
stud[1] *n.* **1.** *(= nail, bolt, with large head):* hoelen (*f*) glopa (hoelion clopa), hoelen benfras (hoelion penfras), styd[s]en (stŷds, stydiau) *f.* **2.** *(of collar, shirt &c):* styd[s]en; *S.a.* **press-stud. 3.** *Tchn:* styd[s]en, stŷd (stydiau) *f*; **locking ~,** styd[s]en gloi (stydiau/stŷds cloi). **4.** *Carp: Const:* postyn (*m*) pared (pyst parwydydd). **5.** *(earring):* styd[s]en glust (stŷds/stydiau clustiau). **~-bolt** *n.* stydfollt(-iau) *f.* **~ box** *n. Metalw:* bocs (*m*) styd[s]en (bocsys stŷds/stydiau). **~-hole** *n.* twll (*m*) styd[s]en (tyllau stŷds/stydiau) *m.* **~ link** *n.* dolen(-nau) (*f*) stŷd.
stud[2] *v.t.* **1.** *(= cover with nails):* hoelio, *Lit:* boglynnu; *Fig:* **to ~ a dress with jewels,** britho gwisg â gemau. **2.** *Const:* **to ~ partition,** gosod ffrâm/pared, gosod pyst pared.
stud[3] *n.* **1.** *(= stable):* stabl(-au) *f.* **2. breeding ~,** gre(-oedd,-on) *f*; **at ~,** mewn gre. **3.** *F: (= virile man):* stalwyn(-i) *m.* **~-book** *n.* llyfr(-au) (*m*) gre. **~-farm** *n.* gre(-oedd,-on) *f.* **~-horse** *n.* stalwyn(-i) *m*, march (meirch) *m* [gre]. **~-mare** *n.* caseg (*f*) re (cesig gre), caseg fagu (cesyg magu). **~ poker** *n. Cards:* styd pocer *m.*
studded *a.* **1.** hoeliog, *Lit: occ:* boglynnog. **2.** *Fig:* brith (*f.* braith, *pl.* brithion), tryfrith; **sky ~ with stars,** awyr yn fraith gan/o sêr, awyr serennog/serog; **~ with jewels,** llawn gemau, gemog, yn frith o emau; **star-~ show,** sioe yn llawn sêr, sioe yn frith o sêr; **(style) ~ with metaphors,** (arddull) addurniedig â throsiadau, yn frith o drosiadau.
studding *n. Const:* coed (*m*) palis/pared, pyst (*pl*) palis/pared. **~-sail** *n. Nau:* adein-hwyl(-iau) *f*, *F:* stynsl(-s) *mf.*
student *n.* **1.** *Sch:* myfyriwr (myfyrwyr) *m* **(of sth,** yn rhth, mewn rhth), myf|yrwraig (myfyrwragedd) *f*, *occ:* efrydydd (efrydwyr) *m*; **law ~,** myfyriwr yn y gyfraith; **medical ~,** myfyriwr [mewn] meddygaeth; **Welsh ~,** *(= student of Welsh):* myfyriwr [mewn] Cymraeg, myfyriwr yn y Gymraeg. **2.** astudiwr (astudwyr) *m*; *Fig:* **a ~ of human nature,** astudiwr (*m*) o'r natur ddynol; *F:* **he is a great ~,** mae ef yn sgolor/ysgolh|aig. **3.** *(of Christ Church Oxford):* cymrawd (cymrodyr) *m.* **~ body** *n.* corff (cyrff) (*m*) [y] myfyrwyr. **S~ Christian Movement** *n.* Mudiad Cristnogol (*m*) y Myfyrwyr. **~ government** *n.* llywodraeth (*f*) gan fyfyrwyr. **~ lamp** *n.* lamp (*f*) ddarllen (lampau darllen). **~ teacher** *n.* athro-fyfyriwr (athrawon-fyfyrwyr) *m*, athrawes-fyf|yrwraig *f*, darpar athro (~ athrawon) *m*, darpar athrawes(-au) *f.* **~ teaching** *n.* ymarfer (*mf*) dysgu. **students' union** *n.* undeb(-au) (*m*) myfyrwyr.
studentship *n.* ysgoloriaeth(-au) (*f*) ymchwil.
studied *a.* bwriadol, bwriadus, bwriadedig, pwrpasol, cynlluniedig, rhagfwriadedig; **~ casual,** gofalus ddiofal.
studiedly *adv.* yn fwriadol.
studiedness *n.* natur fwriadol *f.*
studies *n.pl. See* **study**[1] **2.**
studio *n. Art: Cin:* stiwdio(-s, *occ:* -au) *f.* **~ couch** *n.* gwely(-au) (*m*) stiwdio. **~ flat** *n.* fflat(-iau) (*f*) stiwdio.
studious *a.* **1.** *(student &c):* myfyrgar, astud, dyfal. **2.** *O:* **~ to do sth,** dyfal/astud/gofalus yn gwneud rhth, *S:* prysur yn gwneud rhth; **with ~ politeness,** gyda moesgarwch dyfal/gofalus.
studiously *adv.* **1.** yn fyfyrgar. **2.** yn ddyfal, yn astud, *S:* yn brysur; **he avoided me ~,** aeth ati i'm hosgoi; fe'm hosgôdd yn fwriadol; fe'm hosgôdd o fwriad; gwnaeth ymdrech arbennig i'm hosgoi.
studiousness *n.* **1.** *(of scholar):* myfyrgarwch *m.* **2.** *(= assiduity):* dyfalwch *m*, astudrwydd *m*, *S:* prysurdeb *m.*
studwork *n.* stydwaith *m.*
study[1] *n.* **1.** *A: or Lit:* **it shall be my whole ~ to please you,** eich plesio fydd fy nod (*f*) *or* f'amcan (*m*) *or* fy mhwrpas (*m*). **2. brown ~,** myfyrdod(-au) [dwys/dwfn] *m*, dwys/dwfn fyfyrdod, dwys/dwfn fyfyr *m*, synfyfyrdod *m*, pensyndod *m*; **to be [lost] in a brown ~,** ymgolli mewn myfyrdod, synfyfyrio, pensynnu, hel meddyliau. **3.** *Sch:* astudiaeth(-au) *f*, efrydiau *pl*; **the ~ of mathematics,** astudio mathemateg; **to make a ~ (of sth),** astudio (rhth), gwneud astudiaeth (ar rth, o rth); **to finish one's studies,** gorffen eich addysg, gadael yr ysgol/coleg; *Lit:* **the proper ~ of mankind is man,** priod astudiaeth dynol ryw yw dyn; *B:* **much ~ is a weariness,** darllen llawer sydd flinder i'r cnawd; **her face was a ~!** 'roedd yn werth gweld ei hwyneb hi! petaech chi wedi gweld ei hwyneb hi! **case study,** astudiaeth achos; **environmental studies,** astudiaethau'r amgylchfyd/amgylchedd, astudiaethau amgylcheddol; **local studies,** astudiaethau lleol; **private ~,** efrydu (*vn*) preifat, efrydiau preifat; **longitudinal ~,** astudiaeth arhydol; **time and motion ~,** astudiaeth amser a symud. **4.** *Art:* ymrferiad(-au) *m*, braslun(-iau) *m*, ***étude(-s)*** *f*; *Mus:* ymarferiad, ***étude*.** **5.** *(room):* myfyrgell(-oedd) *f*, astudfa (astudf|eydd) *f*, *F:* stydi(-s) *f.* **6.** *Th: (pers.):* **he's a quick ~,** mae'n ddysgwr/gofiwr cyflym. **~ area, ~ room** *n.* astudfa. **~-group** *n.* cylch(-oedd) (*m*) astudiaeth/astudio. **~ hall** *n.* ystafell(-oedd) (*f*) astudio, astudfa. **~ leave** *n.* rhyddhad (*m*) ymchwil. **~ superior** *n.* arolygwr (arolygwyr) (*m*) astudiaeth.
study[2] *v.t.* **1.** *Sch:* astudio (rhth), myfyrio (uwchb|en rhth), gwn|eud astudiaeth (ar rth, o rth), *Lit:* efrydu (rhth); **he had studied under Sir John,** 'roedd wedi eistedd wrth draed Syr John; 'roedd wedi dilyn cyrsiau Syr John; astudiasai dan arweiniad Syr John; **to ~ for the bar,** canlyn/dilyn cwrs bargyfreithiwr, astudio ar gyfer y bar; **to ~ for an examination,** astudio ar gyfer arholiad; **to ~ the stars,** syllu/arsyllu ar y sêr, astudio'r sêr; **to ~ s.o.'s face,** craffu/syllu ar wyneb rhn, astudio wyneb rhn; **to ~ a map,** astudio map, craffu/syllu ar fap. **2.** *(= pay attention to, have regard for):* ystyried; **he studies others' convenience,** mae'n ystyriol o hwylustra eraill; **he studies his own interests,** mae'n ymorol am ei les/fuddiannau ei hun; mae'n edrych ato'i hun.
stuff[1] *n.* **1.** *(a)* defnydd(-iau) *m*, sylwedd(-au) *m*, *F:* deunydd *m*, stwff *m*; **garden ~,** cynnyrch (*m*) yr ardd; *Carp:* **thick ~,** estyllod trwchus *pl*; *Nau:* **small ~,** llinyn(-nau) *m*; **he is of the ~ that heroes are made of,** mae rhuddin (*m*) arwr ynddo; mae ynddo ddefnydd arwr; *Lit:* **we are such ~ as dreams are made on,** un defnydd â'n breuddwydion ydym; **(you will see) what ~ I am made of,** (cewch weld) o ba ddefnydd y'm gwnaed i, pa fath ddyn/wraig wyf i, o ba fath o fetel yr ydw i, o ba graig y'm naddwyd i; *F:* **to know one's ~,** gwybod eich pethau; **there's been a lot of ~ about it in the papers,** bu llawer o sôn amdano yn y papurau; **(he writes) nasty ~,** (mae'n ysgrifennu) budreddi (*m*), pethau aflan/budron/brwnt (*pl*); **there is good ~ in him,** mae sylwedd/rhuddin (*m*) ynddo; *F:* **that's the ~!** go dda! dyna fo! dyna fe! i'r dim! fel 'na mae ei deall hi! **rough ~,** cwffas *f*, dyrnu *vn*, colbio *vn*, cwffio *vn*; *F:* **there was some rough ~,** fe aeth hi'n gas; fe aeth hi'n godi dyrnau; fe aeth hi'n gwffas/ddyrnu/gwffio; **that's the ~ to give him!** dyna sut mae ei drin! dyna sut mae ei rhoi hi iddo! dyna'r peth i'w roi iddo! **that's the ~ to give the troops,** dyna be' sy ei angen ar y bechgyn! *S.a.* **hot 1;** *F:* **the hard ~,** y ddiod gadarn *f*, gwirod *f*, wisgi *m*; *F:* **kid's ~,** peth plentynnaidd *m*, rhth i blant, chwarae (*vn*) plant; **have you got the ~?** ydi'r pethau gennych chi? *F:* **(come on) do your ~!** (tyrd) dangos beth elli di ei wneud, dos trwy dy bethau! **she was strutting her ~,** 'roedd hi'n mynd trwy ei phethau; 'roedd hi'n gwneud ei champau; *(b) F:* = **nonsense, rubbish; take that ~ away!** ewch â'r 'nialwch/sothach/ffradach 'na oddi yma! **~ and nonsense!** *N:* twt lol botes! lol botes maip! ffwlbri noeth! *S:*

dyna ddwli! **2.** *(= woollen fabric):* brethyn(-nau) *m*, gwlanen(-ni) *f*, *occ:* stwff (styffiau) *m*.

stuff² *v.t.* **1.** *(= fill):* llenwi, *F:* stwffio, *S.W: occ:* saco (**with sth,** â rhth); **to ~ a child (with cakes),** llenwi bol plentyn, stwffio plentyn (â theisennau); *F:* **to ~ oneself,** hel yn eich bol, bolera, claddu bwyd; sglaffio/haffio bwyd, eich stwffio'ch hun, bolrythu, gwancio bwyta, llowcio, bwyta llond eich bol, bwyta boliaid, *S.W:* saco'ch bola'n dyn[n]; *(b) (a fowl, an animal):* stwffio; *(c) F: O:* **to ~ s.o. for an exam,** stwffio pen rhn ar gyfer arholiad. **2.** *F:* **~ your present!** rho dy bresant yn dy din! *V:* **~ it up your arse/jumper,** dyro fe/fo yn dy din! *S:* hwp e lan dy din! *V:* **get stuffed!** twll dy din di (twll eich tinau chi)! dos (ewch) i'r diawl! dos i grafu *or* i gythraul *or* i chwarae dy nain *or* i chwarae â dy fol *&c*! **3. to ~ up,** *(= block):* **a hole,** cau/llenwi twll; **my nose is stuffed up,** mae fy nhrwyn yn llawn [annwyd]. **4. to ~ sth into sth,** gwthio/stwffio, *S.W:* saco/hwpo rhth i rth.

stuffed *a. (fowl, animal &c):* stwffiedig; *(= full):* llawn; **basket ~ with good things,** basged lawn o bethau da; **a ~ shirt,** rêl crys(-au) *m*, crys stwffiedig, rhn (rhai) hunanbwysig.

stuffer *n.* stwffiwr (stwffwyr) *m*.

stuffily *adv.* yn sychlyd *&c*.

stuffiness *n.* **1.** *(of room):* myllni *m*, diffyg (*m*) awyr/gwynt, awyr fyglyd *f*. **2.** *(of pers.):* sychni *m*, sychder *m*, natur sychlyd *f*, sychdduwioldeb *m*. **3.** *Med: (of nose):* teimlad llawn/myglyd *m*.

stuffing¹ *n.* **1.** *vn.* = **stuff².** **2.** *(a) (of furniture):* tu mewn *m*, perfedd *m*, padin *m*, stwffin *m*; *F:* **to knock the ~ out of s.o.,** pannu/llorio/dyrnu, *F:* colbio/waldio/ ffustio rhn nes ei fod ar ei gefn, *N:* malu rhn yn racs *or* yn siwrwd mân; *F:* **to take the ~ out of s.o.,** mynd â'r gwynt o hwyliau rhn, torri crib rhn, rhoi pin yn swigen rhn; *(b) Cu:* stwffin *m*. **~-box** *n. Mch:* blwch (blychau) (*m*) padin.

stuffless *a.* diddeunydd, disylwedd, ansylweddol, diafael.

stuffy *a.* **1.** *(room):* mwll, clòs, myglyd; *(weather):* mwll, trymaidd, myglyd, diawel, *N.W: occ:* mwygl, gwygil. **2.** *F: (pers.):* sychlyd, sychdduwiol, dihiwmor, *S.W:* sychsyber, *occ:* sychbon.

stull *n. Min:* coedyn (coed) *m*, ateg(-ion) *f*, prop(-iau) *m*, postyn (pyst) *m*.

stultification *n.* dirymiad(-au) *m*, dirymu *vn*.

stultifier *n.* seithugwr (seithugwyr) *m*, seithugydd(-ion) *m*.

stultify *v.t.* **1.** *(argument, decree):* tanseilio, seithugo, dirymu, dieffeithio, aneffeithioli (dadl, gorchymyn); gwn|eud (dadl/ gorchymyn) yn ddiwerth/ddi-rym/ofer/seithug. **2.** = **ridicule²**; *Jur:* **to ~ oneself,** honni eich bod yn hurt.

stultifying *a.* seithugol, dieffeithiol.

stum¹ *n.* breci (*m*) gwin, ewyn (*m*) gwin, gwin newydd *m*, gwin heb weithio.

stum² *v.t.* **to ~ wine,** rhoi breci mewn gwin, brecïo gwin.

stumble¹ *n.* bagliad(-au) *m*, cam gwag (camau gweigion) *m*.

stumble² *v.i.* **1.** taro'ch troed (**over sth,** ar rth), baglu, *S.W: occ:* talgwympo (dros rth); cymryd cam gwag, *occ:* cael hanner codwm, hanner codymu, hanner cwympo; **to ~ along,** hercian mynd, clunhercian. **2. to ~ in one's speech,** baglu wrth siarad, *S.E: occ:* staplan; **to ~ through one's lesson,** mynd trwy'ch gwers yn herciog, stryffaglu/ bustachu trwy'ch gwers. **3. to ~ across/[up]on sth,** taro ar rth, digwydd dod ar draws rhth, darganfod rhth ar ddamwain, digwydd cael hyd i rth.

stumblebum *n. F: U.S: N:* horwth(-iaid) afrosgo *m*, *S:* cymhercyn(-nod) *m*, cymhyrcyn(-nod) *m*.

stumbler *n.* baglwr (baglwyr) *m*; *(on sth):* darganfyddwr (darganfyddwyr) *m*.

stumbling¹ *a.* baglog, herciog; afrosgo, llethchwith.

stumbling² *vn.* = **stumble¹,².** **~-block** *n.* maen (meini) (*m*) tramgwydd, rhwystr(-au) *m*, *occ:* cocyn(-nau) (*m*) rhwystr.

stumblingly *adv.* yn faglog *&c*.

stumer *n. F:* **1.** *(= fake):* peth(-au) diwerth/ffug *m*, ffug(-ion) *m*. **2.** *(= failure):* aflwyddiant (aflwyddiannau) *m*, methiant (methiannau) *m*.

stump¹ *n.* **1.** *(of tree, tooth, leg, arm, mast &c)* bôn: bonyn (bonion) *m*; *(of cigar, cigarette):* stwmp: stwmpyn (stympiau) *m*; *U.S:* **up a ~,** mewn twll, mewn trafferth, mewn helynt, *N:* mewn strach, mewn stryffig. **2.** *pl. F:* coesau, heglau; **you must stir your stumps,** rhaid ichi ei heglu hi; *N.W:* rhaid ichi symud eich berrau; rhaid ichi styrio'ch stympiau; *S:* rhaid ichi ei siapo hi. **3.** *F:* **to be on the ~,** areithio, prygowthan, brygowthan [ar ben stryd]. **4.** *Cr:* stwmp (stympiau) *m*; **leg ~,** stwmp y goes; **off-~,** stwmp chwith; **to draw stumps,** terfynu'r gêm, tynnu'r stympiau. **5.** *Draw:* stwmp (stympiau) *m*. **~-jump plough** *n. Agr:* aradr (erydr) (*f*) osg|oi bonion. **~ orator** *n.* areithiwr (areithwyr) (*m*) bocs sebon, areithiwr pen stryd. **~ speech** *n.* araith (*f*) ben stryd (areithiau pen stryd). **~-tailed** *a.* cynffon gwta.

stump² *v.i.&t.* **1.** *v.i.* **to ~ along,** clocsio mynd, trampio, ei throedio hi; **he stumped angrily out,** *N.W: occ:* aeth allan ar ei hyll. **2.** *v.t. (a) (= baffle):* drysu (rhn), bod yn drech (na rhn), bod yn rhy anodd (i rn), peri penbleth (i rn), penblethu (rhn); **the question stumped me,** wyddwn i ddim sut i ateb y cwestiwn; 'roedd y cwestiwn yn drech na mi *or* yn rhy anodd imi *or* yn ormod imi; **I was stumped for an answer,** ni wyddwn beth i'w ddweud i'w ateb; 'doedd gen i ddim ateb i'w roi; *(b) Cr:* stympio. *(c) Draw:* stympio. **3.** *U.S: F: Pol:* areithio, prygowthan; **~ up** *v.t. F:* talu [o'ch anfodd], fforchio, gorfod talu, mynd i'r boced/ waled.

stumpage *n. U.S:* **1.** *(= standing wood):* coed (*pl*) heb eu torri/ cymynu, coed ar eu traed. **2.** *(= value of timber):* gwerth (*m*) coed.

stumped *a.* dryslyd, wedi['ch] drysu, mewn penbleth.

stumper *n.* **1.** *(= question):* cwestiwn (cwestiynau) anodd/dyrys *m*, pos(-au) *m*. **2.** *Cr:* stympiwr (stympwyr) *m*.

stumpily *adv.* yn fyrdew; yn gwta.

stumpiness *n.* byrdewdra *m*; *(of tail):* cwteurwydd *m*, byrdra *m*, byrdewdra.

stumpnose *n. Ich:* pysgodyn (pysgod) trwynbwt *m*.

stumptail *n. Orn:* aderyn (adar) (*m*) cynffon gwta.

stumpy *a. (pers.):* byrdew(-ion), pwt; **a ~ man,** stwcyn *m*, pwt *m*, pwtyn *m*, tordyn *m*, torpwth *m* [o ddyn]; **a ~ woman,** stwcen *f*, pwten *f* [o ferch]; **a ~ book,** pwt o lyfr; **~ tail,** *N:* cynffon gwta/ gota (cynffonnau cwta) *f*, *S:* cwt gwta (cwtau cwta) *f*.

stun *v.t.* **1.** *(= render unconscious):* taro (rhn) yn anymwybodol; pensyfrdanu, llonyddu. **2.** *(= astound):* syfrdanu, synnu, pensyfrdanu, penddaru (rhn); taro (rhn) yn fud; **I was stunned by the noise,** 'roedd y twrw yn fy myddaru/hurtio; 'roedd y twrw yn merwino fy nghlustiau. **~-gun** *n.* gwn (gynnau) (*m*) llonyddu.

stung *p.p. See* **sting.**

stunned *a.* syfrdan, pensyfrdan, hurt, syfrdanedig, mud, *S.E:* stwmp; **there was a ~ silence,** bu distawrwydd mud/llethol/ syfrdan; **~ with surprise,** mud/llonydd gan syndod.

stunner *n.* **1.** *F:* un (rhai) syfrdanol *m&f*, peth(-au) syfrdanol *m*; **she's a ~,** mae hi'n bis[h]yn aruthrol; mae hi'n syfrdanol o hardd; mae hi'n andros o bis[h]yn. **2.** *(in abattoir):* gwn (gynnau) (*m*) llonyddu.

stunning *a.* **1.** *(blow, mishap):* syfrdanol, hurtiol, aruthrol, lloriol, digon i'ch hurtio/llorio; **a ~ beauty/woman,** merch drawiadol/syfrdanol o hardd.

stunningly *adv.* yn syfrdanol; **she was ~ dressed,** 'roedd wedi ei gwisgo'n hardd i'w ryfeddu.

stunsail *n. Nau:* = **studding sail.**

stunt¹ *v.t.* **to ~ the growth (of sth),** arafu twf, rhwystro twf, llesteirio twf (rhth); *N:* crabio twf (rhth); nadu i rth dyfu.

stunt² *n. F:* **1. advertising ~,** sbloet(-iau) (*f*) hysbysebu. **2.** *(acrobatic):* camp(-au) *f*, gorchest(-ion) *f*, stỳnt (styntiau) *f*; **to perform stunts,** gwn|eud campau; *Cin:* styntio. **~ flying** *vn.* stỳnt-hedfan, camp-hedfan. **~ man** *n. Cin:* styntiwr (styntwyr) *m*.

stunt³ *v.i. Av: Cin:* gwn|eud campau, styntio.

stunted *a.* crablyd, crebachlyd, crebachaidd, nychlyd, corachaidd.

stuntedness *n.* crebachrwydd *m*, crebachdod *m*, cyflwr crablyd *m*, corachedd *m*.

stupa *n. Rel:* cysegrle(-oedd) *m*, beddrod(-au) *m*, pagoda (pagodâu) *m*.

stupe¹ *n.* twymolch(-iadau) *m*, clwtyn/clwt (clytiau) gwlyb/twym/ poeth *m*.

stupe² *v.t. Med:* twymolchi (rhth); rhoi/dodi clwt gwlyb/twym/ poeth (ar rth).

stupefacient *a. & n. Med:* **1.** *a.* cysgbair, cysgbeiriol, marweiddiol. **2.** *n.* cyffur(-iau) cysgbair *m*.

stupefaction *n.* **1.** *(= surprise):* syndod *m*, syfrdandod *m*,

pensyfrdandod *m*, hurtni *m*. **2.** *(= drowsiness):* cysgadrwydd *m*, syrthni *m*, madrondod *m*, marw|eidd-dra *m*, llesgedd *m*.
stupefactive *a.* = **stupefacient 1**.
stupefied *a.* **1.** *(= surprised):* syn, syfrdan, pensyfrdan, hurt. **2.** *(by drug):* swrth, cysglyd, pendrwm (*f.* pendrom, *pl.* pendrymion), syrthlyd, llesg.
stupefier *n.* = **stupefacient 2**.
stupefy *v.t.* **1.** *(a) Med:* peri (i rn) gysgu; marweiddio, llesgáu, llescáu; **stupefied (by drink),** swrth/cysglyd/llesg (gan ddiod, o achos diod). **2.** *F: (= amaze):* synnu, syfrdanu, pensyfrdanu.
stupefying *a.* **1.** *(drug, drink):* marweiddiol, cysgbair, llesgaol. **2.** *(= amazing):* syfrdanol, *occ:* hurtiol, pensyfrdanol.
stupefyingly *adv.* **1.** yn farweiddiol. **2.** yn syfrdanol.
stupendous *a.* aruthrol [o fawr]; anferth, anferthol; **~ success,** llwyddiant ysgubol *m*.
stupendously *adv.* yn aruthrol *&c*.
stupendousness *n.* aruthredd *m*, anferthedd *m*.
stupid *a.* **1.** *(= slow-witted):* twp, anneallus, di-ddeall. **2.** *(a) (= foolish): (pers.):* ynfyd, ffôl, hurt, gwirion, *S:* dwl, pengam (*pronounced* ng-g), penwan, stenaidd, penwit, delffaidd, fel stên, fel delff, *N.W:* dwl, lloaidd, pendafadaidd, lemboaidd, fel slej, *Lit:* ynfyd, pendew; **how ~ of me!** dyna wirion/hurt/dwpsyn *&c* ydw i *or* oeddwn i *or* y bûm i! **~ man,** dyn(-ion) twp *m*, twpsyn (twpsod) *m*, gwirionyn *m*, hurtyn(-nod) *m*; **~ girl,** merch dwp (merched twp), twpsen *f*, gwirionen *f*, hurten (-nod) *f*; *See* **fool**[1]; *(b) (location, action):* twp, ffôl, hurt, gwirion, ynfyd. **3.** *(= lethargic):* swrth, cysglyd, hurt, wedi'ch hurtio; **to drink oneself ~,** yfed nes hurtio, eich yfed eich hun yn llonydd.
stupidity *n.* **1.** *(= slow-wittedness):* twpdra *m*, anneallusrwydd *m*, dylni *m*, arafwch *(m)* meddwl. **2.** *(= foolishness):* ffolineb *m*, twpdra, hurtrwydd *m*, hurtwch *m*, gwiriondeb *m*, ynfydrwydd *m*, *S:* dylni, penwendid *m*.
stupidly *adv.* yn hurt *&c*; **(he) ~ (agreed to help),** yn ei ffolineb, fel yr oedd wirionaf (cytunodd i helpu).
stupidness *n.* = **stupidity**.
stupor *n.* **1.** *(= drowsiness):* syrthni *m*, cysgadrwydd *m*, madrondod *m*. **2.** = **stupefaction 1**.
stuporous *a.* swrth, cysglyd.
sturdily *adv.* **1.** yn gryf; **~ built,** cydnerth. **2.** yn gadarn *&c*.
sturdiness *n.* **1.** *(= strength):* cryfder *m*. **2.** *(= firmness):* cadernid *m*, pybyrwch *m*, praffter *m*.
sturdy *a. & n.* **1.** *a. (a)* cryf (*f.* cref, *pl.* cryfion), cydnerth, praff (preiffion), *S.W:* stwrdin, *N.W:* lysti, 'tebol, nobl, abal, durol; *(b) (opposition &c):* di-ildio, pybyr, cadarn, *N.W:* durol; *(c) A:* **a ~ beggar,** cardotyn (cardotwyr) talgryf/holliach *m*. **2.** *n. Vet:* y bendro *f*.
sturgeon *n. Ich:* stwrsiwn(-od) *m*, styrsiwn (styrsiynod) *m*, *Lit: occ:* ystyrbysg(-od) *m*.
stutter[1] *n.* atal *m* [dweud], cec *m*, cecio *vn*, cecian *vn*, dydio *vn*; **he's got a terrible ~,** mae atal [dweud] ofnadwy arno; mae'n cecio/cecian/dydio'n ofnadwy; *N.W:* mae ganddo ddeilen ar ei dafod.
stutter[2] *v.t.&i.* siarad ag atal [dweud], dweud rhth ag atal [dweud], *M.W: N.E:* strutian, cagio, *M.W:* dydio, *S.W: occ:* cecian, *S.W:* ic-acan, cecial; **"n-no", she stuttered,** "n-na", meddai'n geciog.
stutterer *n.* un ac atal [dweud] arno/arni (rhai ac atal [dweud] arnynt) *mf*, ceciwr (cecwyr) *m*.
stuttering *a.* ac atal [dweud] arnoch, ceciog, ceclyd.
sty[1] *n.* cwt *(m)* mochyn (cytiau moch), twlc *(m)* mochyn (tylciau moch), cut(-iau) *m*; *S.a.* **hovel**.
sty[2], **stye** *n. Med: N:* llefrithen (llefrithod) *f*, *S:* llefelyn (llefelod) *m*, *S.W: occ:* clewyn(-nau) *m*, cuch *m*.
stygian *a.* **1.** *Gr.Ant:* Stygiaidd; *Lit:* **to visit the ~ shores,** mynd at lannau'r Stycs. **2. ~ darkness,** tywyllwch dudew, tywyllwch fel y fagddu.
stylar *a. Bot:* stylaidd.
style[1] *n.* **1.** *Rom.Ant:* ysgrifell(-au) *f*; *Engr:* ysgrifell, pwyntil(-iau) *m*; *(b) Surg:* = **stylet**; *(c) (of sundial):* mynegfys(-edd) *m*; *(d) Bot:* colofnig(-au) *f*; *(e) Z: (= bristle):* gwrychyn (gwrych), saethflewyn (saethflew) *m*. **2.** *(a) (= manner):* dull(-iau) *m*, steil *m*, modd(-au) *m*; **dressed cowboy ~,** mewn gwisg cowboi, wedi'ch gwisgo yn null y cowboi; **~ of living,** dull o fyw, ffordd *(f)* o fyw, buchedd *f*; **in many varying styles,** mewn llawer dull a modd; **to live in [great, grand] ~,** byw mewn crandrwydd *(m)*, byw mewn steil; **she continued in this/that ~,** aeth ymlaen fel hyn/hynny; aeth ymlaen yn y modd hwn; **flattery is not his ~,** nid gwenieithio yw ei ddull; nid yw gweniaith yn nodweddiadol ohono; nid yw gweniaith yn un o'i nodweddion; nid yw gweniaith yn ei nodweddu; **in good ~,** yn chwaethus; **(to win) in fine ~,** (ennill) dan ganu, yn braf, yn rhwydd, mewn steil, *S.W:* o hewl; **that's the ~!** fel'na mae gwneud/ennill *&c*! dyna sydd eisiau! dyna sut mae ei gwneud hi! honna amdani! honna piau hi! *(b) (= type, model):* math(-au) *mf*, teip(-iau) *m*, ffurf(-iau) *f*, patrwm (patrymau) *m*, arddull(-iau) *mf*, steil(-iau) *mf*; **gentleman of the old ~,** gŵr bonheddig o'r hen fath, bonheddwr hen ffasiwn; **dresses made in three styles,** gwisgoedd wedi'u gwneud yn ôl tri phatrwm; tri math o wisg; **what ~ of house?** pa fath o dŷ? **something in that ~,** rhywbeth o'r math hwnnw; *(c) (of clothes, furniture &c):* ffasiwn (ffasiynau) *mf*, steil(-iau) *mf*; *(of clothes): occ:* toriad(-au) *m*; **in the latest ~,** yn y ffasiwn/steil diweddaraf. **3.** *Lit: (of writing):* arddull(-iau) *fm*, *occ:* dull(-iau) *(m)* ymadrodd, ieithwedd(-au) *f*. **4.** *F:* steil *mf*; **she has a certain ~,** mae ganddi steil; **there's no ~ about her,** 'does ganddi ddim steil; mae hi'n ddinod/gyffredin. **5.** *(= title):* teitl(-au) *m*. **6.** *Hist: (of dating):* cyfrif *m*, dull *m*; **the date according to the old ~,** y dyddiad yn ôl yr hen gyfrif/ddull. **~-book** *n.* llyfr(-au) *(m)* arddull.
style[2] *v.t.* **1.** enwi, galw, cyfenwi; **to ~ oneself Doctor,** cymryd teitl Doctor arnoch; eich galw'ch hun yn Ddoctor. **2.** *Com:* steilio.
-style[3] *suff.* yn y dull/modd/steil; **Italian-~ clothes,** dillad yn y dull/steil Eidalaidd.
styleless *a.* diarddull.
stylelessness *n.* diffyg *(m)* arddull.
styler *n.* steilydd(-ion) *m*, steilyddes(-au) *f*.
stylet *n. Med: &c:* stylet(-au) *m*.
styliform *a.* pigfain, hirfain.
styling *vn.* steil *mf*, arddull(-iau) *mf*, arddulliad(-au) *m*, steiliad(-au) *m*, arddullio, steilio.
stylish *a.* steilus, ffasiynol, celfydd, cain (ceinion), ceinwych.
stylishly *adv.* yn steilus *&c*, mewn steil, â steil.
stylishness *n.* steil *m*, steilusrwydd *m*, ceinder *m*, ceinwychder *m*, *Lit:* syberwyd *m*.
stylist *n. Lit:* **1**. arddullwr: arddullydd (arddullwyr) *m*, ardd|ullwraig *f*, steilydd(-ion) *m*, steilyddes(-au) *f*. **2.** *(= designer):* cynllunydd (cynllunwyr) *m*, arddulliwr (arddullwyr) *m*, lluniwr (llunwyr) *m*, arddullydd; **hair ~,** cynllunydd gwallt.
stylistic *a.* arddulliol, o ran arddull; **~ elegance,** ceinder *(m)* arddull.
stylistically *adv.* o ran arddull.
stylistics *n.pl.* arddulleg *f*.
stylite *n. Rel.Hist:* meudwy(-aid) *(m)* pen piler, colofnydd(-ion) *m*.
stylitic *a. Rel.Hist:* colofnyddol.
stylization *vn.* arddullio, arddulliad(-au) *m*.
stylize *v.t. Art:* arddullio.
stylized *a.* arddulliedig, arddullaidd.
stylo *n. F:* steilo(-s) *m*.
stylobate *n. Arch:* llawr *(m)* pendist (lloriau pendistiau), st|ylobat (stylobatau) *m*.
stylograph *n.* st|eilograff (steilograffau) *m*.
stylographic[al] *a.* steilograffig.
stylographically *adv.* yn steilograffig.
stylography *n.* steilograffeg *f*.
styloid *a. & n. Anat:* **~ process,** steiloid(-au) *m*.
stylolite *a. & n. Geol:* **1.** *a.* stylolitaidd. **2.** *n.* st|ylolit (stylolitau) *m*.
stylopids *n.pl. Ent:* pryfed cacwn.
stylopodium *n. Bot:* stylopodiwm (stylopodia) *m*.
stylops *n. Ent:* stylops(-au) *m*.
stylus *n. (a) Ant: Engr:* pwyntil(-au) *m*; *(b) Gram:* nodwydd(-au) *f*.
stymie[1] *n.* **1.** *Golf:* rhwystr(-au) *m*, steimi(-s) *m*. **2.** *Fig:* caethgyfle(-oedd) *m*; **to lay a ~ for s.o.,** creu caethgyfle i rn, rhoi/dodi rhn mewn caethgyfle.
stymie[2] *v.t.* **1.** *Golf:* rhwystro pêl (rhn), *F:* steimïo (rhn). **2.** *Fig:* rhoi (rhn) mewn caethgyfle; atal, rhwystro (rhn).

styptic *a. & n.* **1.** *a.* styptig, gwaed-ataliol, atal gwaed; **~ pencil,** carreg (*f*) alm/alwm. **2.** *n.* styptig(-ion) *m.*
styracaceous *a. Bot:* storacsaidd.
styrax *n.* **1.** *Bot:* coeden (coed) (*f*) storacs. **2.** *(resin):* storacs *m.*
styrene *n. Ch:* styren *m.*
Styria *Pr.n. Geog:* Styria *f.*
Styrian *a. & n.* **1.** *a.* Styriaidd, o Styria. **2.** *n.* Styriad (Styriaid) *m&f.*
Styx *Pr.n. Gr.Myth:* [afon] Stycs *f*; *Fig:* **to cross the ~,** rhydio'r afon, croesi'r Iorddonen; **as black as the ~,** cyn ddued â'r fagddu.
suasive *a.* = **persuasive.**
suasively *adv.* = **persuasively.**
suasiveness *n.* = **persuasiveness.**
suave *a.* **1.** llyfndeg, llyfn (*f.* llefn, *pl.* llyfnion). **2.** *Pej:* gwên-deg, gwên-plês, gwên-blês.
suavely *adv.* **1.** yn llyfndeg. **2.** *Pej:* yn wên-deg *&c.*
suaveness, suavity *n.* **1.** llyfndegwch *m*, llyfnder *m.* **2.** *Pej:* natur wên-deg *&c f.*
sub[1] *n. F:* **1.** *abbr. for:* **subscription, sub-editor, subaltern, submarine, subordinate, substandard, substitute, substratum** *&c.* **2.** *F: (= advance on wages):* taliad(-au) (*m*) o flaen llaw, *N:* sist(-iau) *m*, *S:* dro(-s) *f.*
sub[2] *v. F: abbr. for:* **1. sub-edit. 2. substitute**[2] **2.**
sub[-][3] *pref.* is- + *soft mut.*, lled- + *soft mut. Lt.pref.* **~ *judice*,** yn fater o gyfraith, yn nwylo'r gyfraith; **~ *rosa*,** yn y dirgel, yn gyfrinachol, dan gêl.
subabbot *n.* isabad(-au) *m.*
subabdominal *a.* isrumenol, islaw'r rhumen.
subacetate *n. Ch:* isasetad(-au) *m.*
subacid *a.* suraidd, lled sur, lled asidig, go sur, chwerw-felys.
subacidity *n.* lled-asidrwydd, lled-surni *m.*
subacidly *adv.* yn suraidd *&c.*
subacidness, subacidity *n.* lled-asidrwydd *m.*
subacute *a. Med:* lled dost, lledlym (*f.* lledlem, *pl.* lledlymion).
subacutely *adv.* yn lled dost, yn lledlym.
subadministrative *a.* isweinyddol.
subadministrator *n.* isweinyddwr (isweinyddwyr) *m*, isweinǀyddwraig (isweinyddwragedd) *f.*
subadult *a. & n.* **1.** *a.* is-aeddfed. **2.** *n.* is-oedolyn (~-oedolion) *m.*
subaerial *a.* isawyrol.
subaerially *adv.* yn isawyrol.
sub-agency *n.* is-asiantaeth(-au) *f.*
sub-agent *n.* is-gynrychiolwr: ~-gynrychiolydd (~-gynrychiolwyr) *m*, is-asiant(-iaid) *m.*
subah *n. Adm:* talaith (taleithiau) *f.*
suba[h]dar *n. Hist:* sǀwbadar (swbadariaid) *m.*
suballiance *n.* isgynghrair (isgynghreiriau) *m.*
subalpine *a.* isalpaidd, isfynyddig.
subaltern *a. & n.* **1** *a.* isradd, israddol. **2.** *(a) n. Mil:* is-swyddog(-ion) *m*, islefftenant(-iaid) *m*; *(b) Log:* isben(-nau) *m.*
subalternate *a. Bot:* lled-eiledol.
subalternation *n.* lled-eilediad(-au) *m.*
subangular *a.* lledonglog.
subantartic *a.* isantarctig.
subapical *a.* isapigol.
subapostolic *a.* wedi'r apostolion, ar ôl yr apostolion.
sub-aqua, subaquatic *a.* tanddwr, dan y dŵr, dan ddŵr.
subaqueous *a.* tanddwr, isddyfrol.
subarctic *a.* isarctig.
subarea *n.* isardal(-oedd) *f.*
subarid *a.* lled sych, go sych.
subarticle *n.* iserthygl(-au) *f.*
subassembly *n.* isgydosodiad(-au) *m.*
subassociation *n.* isgymdeithas(-au) *f.*
subastral *a.* daearol.
subatomic *a.* isatomig.
subattorney *n.* isdwrnai (isdwrneiod) *m.*
subaudition *n.* goglywed *vn*, goglywedigaeth *f.*
subauricular *a.* isawriglaidd.
subaverage *a.* is na'r cyfartaledd, is nag ar gyfartaledd.
subaxillary *a.* isgeseilaidd.
sub-basal *a.* iswaelodol.
sub-base *n.* gwaelod(-ion) isaf *m.*
sub-basement *a.* is-seler(-ydd) *f.*
sub-bass *n. Mus:* is-fas *m.*
sub-branch *n.* isgangen (isganghennau) *f.*
sub-breed *n.* isfrid(-iau) *m.*
sub-bureau *n.* is-swyddfa (~-swyddfǀeydd) *f.*
subcalibre *a.* isgalibr.
subcartilaginous *a.* **1.** *(= partly cartilaginous):* lled-gartilagaidd. **2.** *(= beneath cartilage):* is-gartilagaidd.
subcategorization *n.* isddosbarthiad(-au) *m.*
subcategorize *v.t.* isddosbarthu.
subcategory *n.* isgǀategori (isgategorïau) *m*, isddosbarth(-iadau) *m.*
subcaudal *a.* dan y gynffon, isgynffonnol.
subcelestial *a. & n.* **1.** *a.* daearol, bydol, iswybrennol. **2.** *n.* daearolyn (daearolion) *m.*
subcellar *n.* is-seler(-i,-ydd) *f.*
subcellular *a.* isgellog.
subception *n. Psy:* isganfyddiad(-au) *m.*
sub-chapter *n.* isbennod (isbenodau) *f.*
sub-charter *v.t.* is-siartro.
sub-chief *n.* is-bennaeth (~-benaethiaid) *m.*
subchloride *n. Ch:* isglorid(-au) *m.*
sub-Christian *a.* is-Gristnogol.
subclan *n.* isdylwyth(-au) *m.*
subclass *n. Nat.Hist:* isddosbarth(-iadau,-au) *m.*
subclassification *n.* isddosbarthiad(-au) *m*, isddosbarthu *vn.*
subclassify *v.t.* isddosbarthu.
sub-clause *n.* is-gymal(-au) *m.*
subclavian *a. Anat:* isglafiglaidd.
sub-clerk *n.* isglerc(-od) *m.*
subclimate *n.* is-hinsawdd (~-hinsoddau) *f.*
subclimax *n.* is-uchafbwynt(-iau) *m*, is-anterth(-au) *m.*
subclinical *a. Med:* isglinigol.
subcollegiate *a.* isgolegol.
subcommander *n. Mil:* is-gomander(-iaid) *m.*
subcommission *n.* is-gomisiwn (~-gomisiynau) *m.*
subcommissioner *n.* is-gomisiynwr (~-gomisiynwyr) *m.*
subcommittee *n.* is-bwyllgor(-au) *m*; **to frequent,** *or* **sit on subcommittees,** is-bwyllgora.
subcommunity *n.* is-gymuned(-au) *f*, is-gymdeithas(-au) *f.*
subconical *a.* isgonigol.
subconscious *a. Psy:* isymwybodol; **the ~ self,** yr isymwybod *m.*
subconsciously *adv.* yn isymwybodol, yn yr isymwybod.
subconsciousness *n. Psy:* isymwybyddiaeth *f*, isymwybod *m.*
subconstellation *n. Astr:* isgytser(-au) *m.*
subcontinent *n.* isgyfandir(-oedd) *m.*
subcontinental *a.* isgyfandirol.
subcontract[1] *n.* isgontract(-[i]au) *m*, isgytundeb(-au) *m.*
subcontract[2] *v.t.* isgontractio, isgytundebu.
subcontractor *n.* isgontractiwr (isgontractwyr) *m.*
subcontrareity *n.* isgyferbynnedd *m.*
subcontrary *a. & n. Log:* **1.** *a.* isgyferbyniol. **2.** *n.* isgyferbyniad(-au) *m.*
subcordate *a.* lled galonffurf, tebyg i ffurf calon.
subcortex *n. Anat:* isfreithell(-au) *f*, isgortecs(-au) *m.*
subcortical *a. Anat:* isgortigol, isfreithellol.
subcostal *a. Anat:* isasennol, tan yr asennau, tanasennol.
subcouncil *n.* isgyngor (isgynghorau) *m.*
subcranial *a. Anat:* isgreuanol, tan y greuan.
subcritical *a. Ch:* isgritigol.
subcultural *a.* isddiwylliannol.
subculture[1] *n.* **1.** isddiwylliant (isddiwylliannau) *m.* **2.** *Bac:* isdyfiant (isdyfiannau) *m.*
subculture[2] *v.t. Bac:* isdyfu.
subcurator *n.* is-guradur(-iaid) *m.*
subcutaneous *a.* isgroenol, tan y croen.
subcutaneously *adv.* yn isgroenol, tan y croen.
subdeacon *n. Ecc:* is-ddiacon(-iaid) *m.*
subdeaconate *n. Ecc:* is-ddiaconiaeth(-au) *f.*
subdean *n. Ecc:* is-ddeon(-iaid) *m.*
subdeanery *n. Ecc:* is-ddeoniaeth(-au) *f.*
subdecanal *a.* is-ddiaconol.
subdelirious *a.* lled ffwndrus, lled ddryslyd.
subdelirium *n.* lled-ddryswch *m.*
subdepartment *n.* isadran(-nau) *m.*
subdepot *n.* is-storfa (~-storfǀeydd) *f*, isorsaf(-oedd) *f.*

subderivative *n. Ling:* isdarddair (isdarddeiriau) *m.*
subdiaconal *a.* is-ddiaconol.
subdiaconate *n.* = **subdeaconate.**
subdialect *n. Ling:* isdafodiaith (isdafodieithoedd) *f.*
subdirector *n.* is-gyfarwyddwr (~-gyfarwyddwyr) *m.*
subdistinction *n.* iswahaniaeth(-au) *m.*
subdistrict *n.* isardal(-oedd) *f.*
subdivide *v.i.&t.* **1.** *v.i.* ymrannu. **2.** *v.t.* isddosbarthu, isrannu, ymrannu.
subdivision *n.* **1.** isddosbarthiad(-au) *m,* israniad(-au) *m,* isadran(-nau) *f.* **2.** *(action):* isddosbarthu *vn,* isrannu *vn,* ymrannu *vn.*
subdominant *n. Mus:* islywydd(-ion) *m.*
subdorsal *a.* tan y cefn.
subduable *a.* darostyngadwy.
subdual *n.* darostyngiad(-au) *m,* darostwng *vn.*
subduct *v.t.* **1.** *Med:* troi/tynnu (rhth) i lawr. **2.** *Geol:* islithro.
subduction *n. Geog:* islithr[i]ad(-au) *m,* islithro.
subdue *v.t.* **1.** *(country, enemy):* darostwng, gorchfygu, goresgyn, trechu, gwastrodi, gwastrodaeth; *(fire):* meistroli, dofi, trechu, diffodd; *(passions):* meistroli, darostwng, dofi, trechu, gorchfygu, gwastrodi, gwastrodaeth; *(grief):* trechu, dofi, lliniaru, mygu, lleddfu. **2.** *(light):* tyneru, gostwng, lleddfu, pylu.
subdued *a.* **1.** *(enemy &c):* darostyngedig, gorchfygedig, wedi'ch goresgyn/trechu/darostwng, *F:* dan yr iau, dan draed. **2.** *(pers.):* distaw, di-hwyl, di-sbonc, diasbri, tawedog, isel, iselfryd. **3.** **~ light,** golau gwan/gwannaidd/pŵl *m;* **~ colour,** lliw llwyd/llwydaidd/gwan/gwannaidd *m;* **~ conversation,** sgwrs dawel/isel *f;* **in a ~ voice,** mewn llais isel/tawel; **~ satisfaction,** boddhad distaw/tawel *m.*
subduedly *adv.* yn dawel, yn isel *&c.*
subduedness *n.* *(of sound):* tawelwch *m;* *(of light):* pylni *m,* gwendid *m.*
subduer *n.* darostyngwr (darostyngwyr) *m,* gorchfygwr (gorchfygwyr) *m,* gwastrodwr (gwastrodwyr) *m,* trechwr (trechwyr) *m.*
subecho *n.* isadlais (isadleisiau) *m.*
sub-edit *v.t. Journ:* is-olygu.
sub-editor *n. Journ:* is-olygydd(-ion) *m.*
sub-editorial *n. Journ:* is-olygyddol *m,* ysgrif(-au) is-olygyddol *f.*
sub-editorship *n. Journ:* is-olygyddiaeth(-au) *f.*
subelement *n.* iselfen(-nau) *f.*
subelemental *a.* iselfennol.
subentry *n.* isgofnod(-ion) *m.*
subepoch *n.* is epoc(-au) *m.*
sub-equatorial *a.* isgyhydeddol.
suber *n. Bot:* corc *m,* swber *m.*
suberect *a. Bot:* go syth, lled syth.
subereous *a.* = **suberose.**
suberic *a.* swberig.
suberin *n. Bio-Ch:* s|wberin *m.*
suberization *n.* swbereiddio *vn.*
suberize *v.t.* swbereiddio.
suberone *n. Bio-Ch:* s|wberon *m.*
suberose, suberous *a. Bot:* corcaidd, swberig.
suberyl *n. Bio-Ch:* s|wberyl *m.*
subfactorial *n. Mth:* isffactorial(-au) *m.*
subfamily *n.* is-deulu(-oedd) *m.*
subfebrile *a. Med:* lled dwymynol, go dwymynol.
subfile *n.* isffeil(-iau) *f.*
subfloor *n.* islawr (isloriau) *m.*
subforeman *n.* is-fforman (~-ffformyn) *m.*
subform *n.* isffurf(-iau) *f* **(of sth,** ar rth).
subfossil *n.* lledffosil(-iau) *m.*
subfoundation *n. Arch:* is-sail (~-seiliau) *f.*
subfraction *n.* isffracsiwn (isffracsiynau) *m.*
subfractional *a.* isffracsiynol.
sub-frame *n. Aut:* is-ffrâm (~-fframiau) *f.*
sub-freezing *a.* rhewllyd.
subfunction *n.* is-swyddogaeth(-au) *f.*
subfusc *a. & n.* **1.** *a.* go dywyll, tywyll. **2.** *n. Sch:* gwisg dywyll *f.*
subgeneric *a. Nat.Hist:* isrywogaethol.
subgenus *n. Nat.Hist:* isrywogaeth(-au) *f.*
subglacial *a.* tanrewlifol.
subglacially *adv.* yn danrewlifol.
subglottal *a. Phon:* isglotol.
subgroup *n.* is-grŵp (~-grwpiau) *m.*
subharmonic *n. Mth:* is-harmonig(-au,-ion) *m.*
subhead, subheading *n.* **1.** *Typ:* isbennawd (isbenawdau) *f;* *(in book):* is-deitl(-au) *m.* **2.** *(= subdivision):* israniad(-au) *m.*
sub-hepatic *a.* tan yr iau/afu.
sub-Himalayan *a.* is-Himalaiaidd.
subhuman *a. & n.* **1.** *a.* is-ddynol, llai na dynol, lled ddynol; *Pej:* anifeilaidd, bwystfilaidd. **2.** *n.* isddyn(-ion) *m,* isgreadur(-iaid) *m.*
subhumid *a.* go laith, lled laith.
subincision *n. Surg:* isdoriad(-au) *m.*
subindex *n.* **1.** *Mth:* isfynegrif(-au) *m.* **2.** *U.S:* isfynegai (isfynegeion) *mf.*
subinfeudate *v.t.&i.* isffeodu.
subinfeudation *n.* isffeodaeth *f.*
subinfeudatory *a. & n.* **1.** *a.* isffeodol. **2.** *n.* isffeodwr (isffeodwyr) *m.*
subirrigate *v.t.* isddyfrio, isddyfrh|au.
subirrigation *n.* isddyfrhad(-au) *m,* isddyfrio *vn,* isddyfrh|au *vn.*
subitem *n.* iseitem(-au) *f.*
subito *adv. Mus:* yn gyflym, yn sydyn.
subjacency *n.* isorweddiad *m.*
subjacent *a.* isl|aw, isorweddol.
subjacently *adv.* isl|aw.
subject¹ *n.* **1.** *(a) (of king, lord &c):* deiliad (deiliaid) *m&f;* *(b)* **British ~,** deiliad Prydeinig/Brydeinig (deiliaid Prydeinig), *(less correctly):* dinesydd (dinasyddion) Prydeinig *m;* **the liberty of the ~,** rhyddid yr unigolyn/ dinesydd. **2.** *Gram:* goddrych(-au) *m.* **3.** *(a) (of talk):* testun(-au) *m,* pwnc (pynciau) *m;* **the ~ under discussion,** y pwnc/testun dan sylw, testun y sgwrs, y pwnc trafod; **on the ~ of (sth),** ynghylch (rhth), gyda golwg (ar rth), ynglŷn (â rhth), *F:* [a] sôn (am rth), *Lit:* parthed (rhth); **let us return to our own ~,** dewch yn ôl at y pwnc; **he never talks on serious subjects,** ni bydd byth yn sôn am bethau dwys; **to change the ~,** newid y testun/pwnc, newid sgwrs, troi'r stori, troi'r gath yn y badell, troi at rth arall; **a ~ for discussion,** pwnc trafod, mater i'w drafod; *Mth:* **make X the ~ of...,** gwnewch X yn destun...; *(b) Sch: (= matter studied):* pwnc (pynciau) *m.* **4.** gwrthrych(-au) *m;* **to be a ~ of experiment,** bod yn wrthrych/destun arbrawf; **a good hypnotic ~,** rhn/un hawdd ei hypnoteiddio; **~ for dissection,** corff i'w ddifynnu. **~ catalogue** *n.* c|atalog (catalogau) *(m)* pynciau/ testunau. **~-heading** *n.* pennawd *(m)* pwnc (penawdau pwnc/ pynciau). **~-matter** *n.* cynnwys *m.* **~-object** *n. Phil:* goddrych-wrthrych(-au) *m.* **~ picture** *n.* darlun(-iau) *(m)* testun.
subject² *a.* **1.** *(country):* darostyngedig, caeth **(to sth,** i rth); rhwym (wrth rth); dan reolaeth (rhth); **(it was long) ~ to France,** (bu'n hir) dan law Ffrainc, yn ddarostyngedig i Ffrainc, dan reolaeth Ffrainc; **~ to the laws of nature,** rhwym wrth ddeddfau natur, caeth/darostyngedig i ddeddfau natur, dan reolaeth natur; **~ to military law,** atebol i gyfraith filwrol. **2.** *(a) (to illness &c):* tueddol (i waeledd); **~ to changes,** *(= changeable):* cyfnewidiol; **~ to damage,** hawdd ei niweidio; **she is ~ to extraordinary whims,** bydd y chwiwiau rhyfeddaf yn gafael ynddi; mae hi'n dueddol o gael y mympwyon rhyfeddaf; mae hi'n hynod fympwyol; *N.E:* mae hi o natur i gael mympwyon; *S:* mae hi'n chwannog i gael mympwyon od; *(b)* **prices ~ to 5 per cent discount,** prisiau'n cynnwys pump y cant o ostyngiad; **~ to stamp duty,** trethadwy; **this plan is ~ to modification,** gellir newid y cynllun hwn; mae'r cynllun hyn yn agored i'w newid. **3.** *(= conditonal):* **~ to ratification,** [yn] amodol ar ei gadarnhau, [yn] amodol ar gadarnhad; i'w gadarnhau; os cadarnheir; **timetable ~ to alteration,** amserlen amodol, amserlen agored i'w newid.
subject³ *v.t.* **1.** *(tribe &c):* darostwng, trechu, gwastrodi, gwastrodaeth. **2.** **to ~ s.o. to an operation,** gwn|eud llawdriniaeth ar rn, rhoi llawdriniaeth i rn; **to ~ s.o. to pressure,** dwyn pwysau ar rn, pwyso ar wynt rhn; **to ~ s.o. to indignities,** gorfodi rhn i ddioddef ei amharchu; **to be subjected to sth,** [gorfod] dioddef rhth; **we were subjected to questioning,** bu'n rhaid inni ddioddef ein holi, gorfu inni gymryd ein holi; **we were subjected to abuse,** *(i)* cawsom ein sarhau, *(ii)* cawsom ein cam-drin; **to ~ sth to a scrutiny,** rhoi archwiliad i rth, rhoi/

dodi rhth dan archwiliad; **to ~ s.o. to criticism,** beirniadu rhn, dwyn beirniadaeth ar rn; **to be subjected to criticism,** cael eich beirniadu, bod dan y lach, bod yn gocyn hitio, bod yn gyff beirniadaeth.
subjectification *n.* goddrychiad *m*, goddrychu *vn.*
subjectify *v.t.* goddrychu.
subjection *n.* **1.** *(of people &c):* darostyngiad *m*, darostwng *vn*; **to hold (s.o.) in ~,** darostwng, gwastrodi, gwastrodaeth (rhn); *F:* cadw (rhn) dani; cadw (rhn) dan yr hatsys; **to be in ~ to s.o.,** bod dan law/reolaeth rhn, bod yn gaeth/ddarostyngedig/ufudd i rn; **to bring into ~,** darostwng, caethiwo, gwastrodi, gwastrodaeth. **2.** *Rh:* blaenoriaeth *f.*
subjective *a.* **1.** *Phil: &c:* goddrychol; **~ probability,** tebygrwydd goddrychol *m.* **2.** *Gram:* **the ~ case,** y cyflwr enwol *m*; **~ genitive,** genidol goddrychol *m.*
subjectively *adv.* yn oddrychol.
subjectivism *n.* goddrychiaeth *f.*
subjoin *v.t.* atodi (rhth i rth), ychwanegu (rhth at rth).
subjoinder *n.* atodiad(-au) *m.*
subjoined *a.* atodedig, atodol, ychwanegol, isod.
subjoint *n.* isgymal(-au) *m*, isuniad(-au) *m.*
subjugate *v.t.* *(tribe &c):* darostwng, gorchfygu, trechu, gwastrodi, gwastrodaeth (rhth); dwyn (rhth) dan yr iau; *(animal):* dofi, gwastrodi, gwastrodaeth, *occ:* hyweddu.
subjugation *n.* darostyngiad(-au) *m*, gorchfygiad(-au) *m.*
subjugator *n.* darostyngwr (darostyngwyr) *m*, trechwr (trechwyr) *m*, gwastrodwr (gwastrodwyr) *m*, gorchfygwr (gorchfygwyr) *m.*
subjunction *n.* atodiad(-au) *m*, atodi *vn.*
subjunctive *a. Gram:* **the ~ mood,** y modd dibynnol.
subjunctively *adv.* yn ddibynnol.
subkingdom *n. Nat.Hist:* ffylwm (ffyla) *m*, isdeyrnas(-oedd) *f.*
sublapsarian *a.* = **infralapsarian.**
sublapsarianism *n.* = **infralapsarianism.**
sublate *v.t. Log:* lledneilltuo.
sublation *n.* lledneilltuad(-au) *m*, lledneilltuo *vn.*
sublease[1] *n.* isbrydles(-oedd,-i,-au) *f.*
sublease[2] *v.t.* isbrydlesu, isosod.
sublessee *n.* isddeiliad (isddeiliaid) *(m&f)* prydles.
sublessor *n.* isbrydleswr: isbrydlesydd (isbrydleswyr) *m*, isosodwr (isosodwyr) *(m)* prydles.
sub-let[1] *n.* = **sub-lease**[1].
sub-let[2] *v.t.* isosod.
sublethal *a.* bron yn angheuol/farwol, lled angheuol/farwol.
sub-librarian *n.* is-lyfrgellydd(-ion, ~-lyfrgellwyr) *m.*
sublieutenancy *n. Navy:* is-lefftenantiaeth(-au) *f.*
sub-lieutenant *n. Navy:* is-lefftenant(-iaid) *m.*
sublimable *a.* **1.** *Ch:* sychdarthadwy. **2.** *Psy:* arddunoladwy, dyrchafadwy.
sublimate[1] *n. Ch:* sychdarth(-au) *m.*
sublimate[2] *v.t.* **1.** *Ch:* sychdarthu. **2.** *Psy:* arddunoli, trosgyfeirio, dyrchafu.
sublimation *n.* **1.** *Ch:* sychdarthiad *m.* **2.** *Psy:* arddunoli *vn*, arddunoliad(-au) *m*, trosgyfeiriad(-au) *m*, trosgyfeirio *vn.*
sublime[1] *a. & n.* **1.** *a.* *(a)* aruchel, arddunol, dyrchafedig; *(b) F:* **~ impudence,** digywilydd-dra *(m)* aruthrol/di-ail, digywilydd-dra heb ei ail; *(c) Hist:* **the S~ Port,** y Porth Uchel *m.* **2.** *n.* **the ~,** yr arddunol *m*, yr aruchel *m.*
sublime[2] *v.t.&i. Ch:* sychdarthu.
sublimely *adv.* **1.** yn arddunol, yn aruchel *&c.* **2. to be ~ ignorant of sth,** bod yn llwyr/hollol anwybodus o rth.
sublimeness *n.* = **sublimity.**
subliminal *a.* isganfyddol, isdrothwyol.
subliminally *adv.* yn isganfyddol *&c.*
sublimity *n.* arddunedd *m*, arucheledd *m.*
sublingual *a.* isdafodol, istafodol, dan y tafod.
sublittoral *a.* isarforol.
sublunary *a.* daearol, isloerol, isleuadol.
subluxation *n. Med:* isddatgymaliad(-au) *m*, isddatgymalu *m*, lled-ddatgymaliad(-au) *m.*
sub-machine-gun *n. Artil:* peirianddryll bychan (peirianddrylliau bychain) *m.*
subman *n.m.* isddyn(-ion).
sub-manager *n.* is-reolwr (~-reolwyr) *m.*
sub-manageress *n.f.* is-re|olwraig (~-reolwragedd).
submandibular *a.* isfandiblaidd, isgernol, isfantol.
submarginal *a. Biol:* isymylol, isffiniol.
submarginally *adv.* yn isymylol, yn isffiniol.
submarine *a. & n.* **1.** *a.* tanforol, tanfor. **2.** *n.* llong danfor (llongau tanfor) *f*, suddlong(-au) *f.*
submariner *n.* tanforwr (tanforwyr) *m.*
submaster *n. Sch:* dirprwy(-on) *m.*
submature *a.* isaeddfed.
submaxilla *n. Anat: Z:* gên (genau) [isaf] *f*, mandibl(-au) *m*, isfant(-au) *f.*
submaxillary *a. Anat:* mandiblaidd, yr ên [isaf], isfantol.
submediant *n. Mus:* isfeidon(-au) *f.*
submember *n.* isaelod(-au) *m.*
submental *a. Anat:* dan yr ên.
submerge *v.t.&i.* **1.** *v.t.* *(a) (ship &c):* suddo; *(b) (shore &c):* boddi, gorlifo; *(c) Ch: Ph:* soddi. **2.** *v.i.* *(of submarine):* ymsuddo, plymio, suddo, mynd dan y dŵr.
submerged *a.* **1.** *(= sunken):* suddedig, wedi suddo; *(submarine):* ymsuddedig, wedi plymio; **~ speed,** cyflymder dan y dŵr, cyflymdra tanddwr; *(shore, reef &c):* boddedig, gorlifedig, tanfor, tanforol, wedi boddi, wedi ei foddi; *(people &c):* claddedig, lled-gladdedig, hanner cladd. **2.** *n. F:* **the ~ [tenth],** yr anghenus *pl*, y tlodion *pl*, y diymgeledd *pl.*
submergence *n.* **1.** *(a) (of ship):* suddiad(-au) *m*; *(b) (of submarine &c):* ymsuddiad(-au) *m.* **2.** *(of field):* gorlifiad(-au) *m*, boddiad(-au) *m.*
submergibility *n.* natur suddadwy *f.*
submergible *a.* suddadwy, soddadwy.
submersed *a.* **1.** = **submerged. 2.** *Bot:* tanddwr.
submersible *a. & n.* **1.** *a.* suddadwy, ymsuddol. **2.** *n.* llong(-au) ymsuddol *f*, siambr danddwr (siambrau tanddwr) *f.*
submersion *n.* = **submergence.**
submicroscopic *a.* isficrosgopig.
subminiature *a.* **1.** bychan (*f.* bechan, *pl.* bychain) iawn. **2.** *Phot:* isf|iniatur.
submissible *a.* cyflwynadwy, argymelladwy, cynigiadwy.
submission *n.* **1.** *(to authority):* ymostyngiad(-au) *m*, ymostwng *vn*, ymddarostyngiad(-au) *m*, ymddarostwng *vn*, ildiad(-au) *m*, gildiad(-au) *m*, uf|udd-dod *m*, ildio *vn*, gildio *vn*, ufuddh|au *vn*; **to starve s.o. into ~,** newynu rhn nes iddo ildio/ymostwng; *Ecc: Hist:* **S~ of the Clergy,** Ymostyngiad y Clerigwyr. **2.** *(of question, case &c):* cyflwyniad(-au) *m*; **the ~ of the evidence,** cyflwyno'r dystiolaeth, rhoi'r dystiolaeth ger bron. **3.** *Jur:* argymhelliad (argymelliadau, argymhellion) *m*; **~ of fact,** argymhelliad o ffaith, argymhelliad ynghylch y ffeithiau; **~ of law,** argymhelliad o gyfraith, argymhelliad ynghylch cyfraith; **(~) of "no case to answer",** (argymhelliad) nad oes achos i'w ateb, nad oes angen ateb yr achos; **it is my ~ that...,** 'rwyf yn argymell bod....
submissive *a.* ymostyngol, ymostyngar *(pronounced* ng-g), ymddarostyngol.
submissively *adv.* yn ymostyngol *&c.*
submissiveness *n.* ymostyngoldeb *m*, ymostyngarwch *(pronounced* ng-g), gostyngeiddrwydd *m*, darostyngeiddrwydd *m*, uf|udd-dod *m*, ufuddgarwch *m.*
submit *v.i.&t.* **1.** *v.i.* ymostwng, ymddarostwng, ufuddh|au, ildio, gildio, plygu (to sth, i rth, o flaen rhth); **to ~ to one's lot,** bodloni/ymfodloni ar eich tynged, derbyn eich tynged; **to ~ to defeat,** ildio i'r gelyn; **to ~ to being searched,** goddef/caniatáu cael eich chwilio; **to ~ to being parted from s.o.,** goddef [cael] eich gwahanu oddi wrth rn; *Jur:* **(to ~) to an order, to judgement,** (ymostwng) i orchymyn, i ddyfarniad. **2.** *v.t.* *(a)* cynnig, cyflwyno, rhoi (rhth); dangos (rhth), dwyn (rhth) ger bron; **to ~ oneself,** ymgynnig, eich cynnig eich hun, eich cyflwyno'ch hun; **she submitted it to the flames,** taflodd ef i'r fflamau; **to ~ sth to s.o.'s inspection,** gadael i rn archwilio rhth, gosod rhth gerbr|on rhn (i'w archwilio), cyflwyno/cynnig rhth i rn i'w archwilio; **to ~ proofs of identity,** cyflwyno prawf o'ch enw, profi/dangos pwy ydych; **to ~ a question (to a court),** cyflwyno/gosod cwestiwn (gerbron llys), dwyn cwestiwn (gebron llys, o flaen llys); *(b) Jur: &c:* **to ~ that...,** argymell/honni/awgrymu/cynnig/haeru bod....
submittable *a.* = **submissible.**
submittal *n.* = **submission.**
submitter *n.* **1.** *(= yielder):* ymostyngwr (ymostyngwyr) *m*,

[g]ildiwr (gildwyr) *m.* **2.** *(of proposal):* cyflwynydd: cyflwynwr (cyflwynwyr) *m,* cynigydd (cynigwyr) *m.* **3.** *Jur:* argymhellwr (argymhellwyr) *m.*

submontane *a.* wrth droed mynydd, godreol.

submontanely *adv.* wrth droed/odre mynydd.

submucosa *n. Anat:* isfwcosa (isfwcosâu) *f.*

submucosal, submucous *a.* isfwcosaidd.

submultiple *a. & n. Mth:* **1.** isluosol; **~ angles,** onglau ffracsiynol. **2.** *n.* isluosrif(-au) *m.*

subnormal *a. & n.* **1.** *a.* isnormal. **2.** *n. Geom:* isnormal(-au) *f.*

subnormality *n.* isnormaledd *m,* isnormalrwydd *m.*

subnuclear *a. Ph:* isniwclear.

suboceanic *a.* dan y môr, dan y cefnfor.

suboctave *n. Mus:* iswythfed(-au) *m.*

subocular *a. Anat:* islygadol, dan y llygad/llygaid.

suboesophageal *a. Med:* is-sefnigol, dan y sefnig.

sub-office *n. Com:* is-swyddfa (~-swyddf|eydd) *f.*

sub-officer, sub-official *n.* is-swyddog(-ion) *m.*

suboptimum *a.* lled orau.

suboral *a. Anat:* iseneuol.

suborbital *a.* **1.** *Anat:* isorbitol, isgreuol. **2.** *(spaceship):* lled gylchdröol.

suborder *n. Nat.Hist:* is-urdd(-au) *f.*

subordinal *a. Nat.Hist:* is-urddol.

subordinary *n. Her:* isarwydd(-ion) *m.*

subordinate[1] *a. & n.* **1.** *a.* isradd, israddol, eilradd, darostyngol, darostyngedig (**to sth,** i rth); is, llai pwysig (na rhth), isl|aw (rhth), dan (rth); *Gram:* **~ clause,** is-gymal(-au) *m,* cymal(-au) isradd *m.* **2.** *n.* un (rhai) isradd/israddol *&c m&f;* **my ~,** un sy'n is na mi, un sy'n gweithio danaf; *(worker):* is-weithiwr (~-weithwyr) *m; Mil:* is-swyddog(-ion) *m.*

subordinate[2] *v.t.* gosod (rhth) yn ail (**to sth,** i rth); israddio, israddoli, darostwng.

subordinately *adv.* yn isradd, yn is *&c.*

subordinateness *n.* israddoldeb *m,* darostyngiad *m.*

subordinating *a.* darostyngol; *Gram:* **~ conjunction,** cysylltair (cysyllteiriau) (*m*) cymal isradd.

subordination *n.* **1.** darostyngiad *m,* darostwng *vn.* **2.** = **submission 1.**

subordinationism *n. Theol:* darostyngiaeth *f.*

subordinationist *n. Theol:* darostyngiaethwr (darostyngiaethwyr) *m.*

subordinative *a.* darostyngol.

suborn *v.t.* llwgrwobrwyo; *Jur:* sybornu.

subornation *n.* llwgrwobrwyad(-au) *m,* llwgrwobrwyo *vn; Jur:* syborniad *m,* sybornu.

subornative *a.* llwgrwobrwyol; *Jur:* sybornol.

suborner *n.* llwgrwobrwywr (llwgrwobrwywyr) *m; Jur:* sybornwr (sybornwyr) *m.*

subovate *a.* lled wyffurf, lled hirgrwn (*f.* **~** hirgron, *pl.* **~** hirgrynion).

suboxide *n. Ch:* is-ocsid(-au) *m.*

subparagraph *n.* isb|aragraff (isbaragraffau) *m.*

subparallel *a.* lled gyflin.

subpart *n.* isran(-nau) *f.*

subpartition *n.* israniad(-au) *m,* isrannu *vn.*

subpattern *n.* isbatrwm (isbatrymau) *m.*

subphrenic *a. Med:* islengigol (*pronounced* ng-g).

subphylum *n. Biol:* is-ffylwm (~-ffyla) *m.*

subplot *n. Th:* isblot(-iau) *m.*

subpoena[1] *n. Jur:* gwŷs (gwysion) (*f*) tystiolaeth, gwyslythyr(-au) *m.*

subpoena[2] *v.t. Jur:* gwysio; **to ~ s.o. to appear,** gwysio rhn i ymddangos.

subpolar *a.* isbegynol.

subpopulation *n.* isboblogaeth(-au) *f.*

sub-postmaster *n.m.* is-bostfeistr(-i).

sub-postmistress *n.f.* is-bostfeistres(-i).

sub-post office *n.* is-swyddfa (*f*) bost (is-swyddf|eydd post), *F: occ:* post bach *m.*

subpotency *n.* lled-effeithioldeb *m.*

subpotent *a.* lled-effeithiol.

sub-predicate *n. Gram:* is-draethiad(-au) *m.*

subprincipal *n.* **1.** *Sch:* is-brifathro (~-brifathrawon) *m,* is-brifathrawes(-au) *f,* is-bennaeth (~-benaethiaid) *m.* **2.** *Carp:* isdrawst(-iau) *m.* **3.** *Mus:* isddiapason(-au) *m.*

subprior *n.* is-brior(-iaid) *m.*

subprioress *n.f.* is-briores(-au).

sub-program *n. Cmptr:* israglen(-ni) *f.*

subprovince *n.* isdalaith (isdaleithiau) *f.*

subrace *n.* is-hil(-ion) *f.*

subregion *n.* isardal(-oedd) *f,* isranbarth(-au) *m.*

subregional *a.* isardalaidd, isranbarthol.

subrent *v.t.* = **sub-lease.**

subreption *n. Jur:* **1.** (= *purloining):* chwiwladrata *vn,* chwiwladrad(-au) *m.* **2.** (= *misrepresentation):* camarweiniad(-au) *m,* camarwain *vn,* camliwiad(-au) *m,* camliwio *vn.*

subreptitious *a. Jur:* **1.** chwiwladradol. **2.** (= *fallacious):* camliwiol, camarweiniol.

subring *n. Mth:* isgylch(-au) *m.*

subrogate *v.t.* **1.** (= *substitute):* amnewid. **2.** (= *transfer claim &c):* trosi (hawliad *&c*).

subrogation *n. Jur:* **1.** amnewidiad(-au) *m,* amnewid *vn.* **2.** trosiad(-au) *m,* trosi *vn.*

subroutine *n. Cmptr:* isrwtîn (isrwtinau) *f,* isreolwaith (isreolweithiau) *m.*

subrule *n.* is-reol(-au) *f.*

subsale *n.* iswerthiant (iswerthiannau) *m,* adwerthiant (adwerthiannau) *m,* iswerthu *vn,* adwerthu *vn.*

subsalt *n. Ch:* is-halen(-au) *m.*

subsaturated *a.* lled-ddirlawn.

subsaturation *n.* lled-ddirlenwad *m,* lled-ddirlenwi *vn.*

subscapular *a. Anat:* dan y balfais, isbalfeisiol.

subschedule *n.* isrestr(-au) *f,* isatodlen(-ni) *f.*

subscribe *v.t.* **1.** *(a) (name):* atodi, ychwanegu, tanysgrifio; **to ~ one's name to a document,** torri'ch enw ar ddogfen, arwyddo/llofnodi dogfen, rhoi'ch/dodi'ch enw wrth droed dogfen; **to ~ oneself,** torri'ch enw, arwyddo, llofnodi, tanysgrifio; *(b) abs.* **to ~ to (an opinion),** cefnogi, arddel, coleddu, derbyn (barn); cydsynio, cyd-fynd, cyd-weld (â barn), *occ:* tanysgrifio (i farn). **2. to ~ ten pounds,** tanysgrifio/cyfrannu deg punt; **to ~ to a magazine/book,** tanysgrifio i gylchgrawn/lyfr; **to ~ to a loan,** tanysgrifio i fenthyciad.

subscribed *a.* tanysgrifedig; **over-~,** gor-danysgrifedig, â gormod o danysgrifwyr/danysgrifiadau.

subscriber *n.* **1.** *(of petition &c):* llofnodwr (llofnodwyr) *m,* arwyddwr (arwyddwyr) *m,* tanysgrifiwr (tanysgrifwyr) *m.* **2.** *(to a charity):* cyfrannwr (cyfranwyr) *m,* tanysgrifiwr. **3.** *(to paper, loan, charity &c):* tanysgrifiwr (tanysgrifwyr) *m;* **telephone ~,** cwsmer(-iaid) (*m*) teleffon, tanysgrifiwr i'r teleffon; **~ trunk dialling** *(S.T.D.) n.* deialu (*vn*) galwadau pell.

subscript *a. & n.* **1.** *a. Gr.Gram:* **iota ~,** isysgrif. **2.** *n.* isysgrif(-au) *f,* isnodiad(-au) *m,* isfynegrif(-au) *m; Cmptr:* isnod(-au) *m.*

subscription *n.* **1.** *(a)* (= *signature):* llofnod(-ion) *m,* llofnodiad(-au) *m,* tanysgrifiad(-au) *m,* tanysgrifen *f; (b)* **~ to an opinion,** cefnogaeth (*f*) i farn, ymlyniad (*m*) wrth farn, cydsyniad (*m*) â barn, *occ:* tanysgrifiad(-au) (*m*) barn, derbyniad (*m*) barn, arddeliad (*m*) barn, coleddiad (*m*) barn. **2. to pay a ~,** talu cyfraniad (*m*); **to get up a ~,** cychwyn tysteb (*f*); *Fin:* **~ to a loan,** tanysgrifiad/cyfraniad i fenthyciad. **3.** *(to paper, club):* tanysgrifiad(-au) *m.* **~ concert** *n.* cyngerdd (cyngherddau) tanysgrifiol *m.* **~ dance** *n.* dawns danysgrifiol (dawnsf|eydd tanysgrifiol) *f.* **~ library** *n.* llyfrgell danysgrifiol (llyfrgelloedd tanysgrifiol) *f.* **~ list** *n.* rhestr(-au) (*f*) cyfranwyr/tanysgrifwyr.

subscriptive *a.* tanysgrifiol.

subscriptively *adv.* yn danysgrifiol.

sub-sect *n. Rel:* isenwad(-au) *m,* is-sect(-au) *f.*

subsection *n.* israniad(-au) *m,* isadran(-nau) *f.*

subsegment *n.* isran(-nau) *f,* is-segment(-au) *m,* is-gylchran(-nau) *f.*

subsellium *n.* = **misericord.**

sub-sequence[1] *n.* isddilyniant (isddilyniannau) *m.*

subsequence[2] *n.* canlyniad(-au) *m.*

subsequent *a. & n.* **1.** *a. (a)* dilynol, yn dilyn; **at a ~ meeting,** mewn cyfarfod diweddarach/hwyrach, mewn cyfarfod wedi hyn/hynny *or* ar ôl hyn/hynny; **~ to this,** yn dilyn hyn/hynny, gan ddilyn hyn/hynny, ar ôl hyn/hynny, wedi hyn, ers hynny; *(b) Geog:* trawslifol. **2.** *n. Geog: (stream):* trawslif(-au) *m.*

subsequently *adv.* wedyn, ar ôl hyn/hynny, wedi hyn/hynny, yn dilyn hyn/hynny, yn hwyrach, yn ddiweddarach, yn nes ymlaen.
subsere *n. Nat.Hist:* is-ser(-au) *m.*
subseries *n.* isgyfres(-i) *f.*
subserve *v.t.* iswasanaethu, hyrwyddo.
subservience, subserviency *n.* **1.** *(= aid):* iswasanaeth *m.* **2.** *(= servility):* gwas|eidd-dra *m.*
subservient *a.* **1.** *(= useful):* iswasanaethgar, gwasanaethgar, defnyddiol; **to make sth ~ to sth,** defnyddio rhth ar gyfer rhth *or* at rth, peri i rth hyrwyddo rhth. **2.** *(= subordinate):* eilradd, ail **(to sth,** i rth). **3.** *(= servile):* gwasaidd, taeogaidd.
subserviently *adv.* yn wasaidd *&c.*
subset *n.* is-set(-iau) *f,* isgasgliad(-au) *m.*
subshrub *n.* isgoeden (isgoed) *f,* is-lwyn (~-lwyni) *m*; **subshrubs,** mangoed *pl* (*pronounced* ng-g).
subshrubby *a.* isgoediog.
subside *v.i.* **1.** *(a) (of sediment):* mynd i'r gwaelod, ymsuddo, suddo, gwaddodi, soddi, gwaelodi; *(b) (of liquid):* llonyddu. **2.** *(of ground):* suddo, ymsuddo, pantio; **to ~ into an armchair,** suddo/ymollwng i gadair freichiau, ymlonyddu mewn cadair freichiau. **3.** *(of flood):* mynd i lawr, treio, distyllio; *(of wind):* gostegu, tawelu, *N: occ:* hwylio i lawr. **4.** *(a) (of storm, anger, sea):* gostegu, ymlonyddu, ymdawelu; *(of fever):* treio, cilio; *(b) F: (of pers.):* tawelu, tewi, ymdawelu, ymlonyddu.
subsidence *n.* **1.** *(a)* ymsuddiant *m,* ymsuddiad *m*; *(of road surface):* pantio *vn,* pantiau *pl*; *(of cliff, river-bank):* cwymp(-iadau) *m*; *(b) (of flood, river):* trai *m,* treio *vn,* distyll *m,* gostyngiad *m,* gostwng *vn.*
subsidiarily *adv.* yn atodol *&c.*
subsidiariness *n.* is-atodoldeb *m,* atodolodeb *m,* ategoldeb *m.*
subsidiarity *n.* **1.** = **subsidiariness**. **2.** *Pol: (= devolution of authority):* datganoli *vn,* datganoliaeth *f.*
subsidiary *a. & n.* **1.** *a. (a) (= auxiliary):* cynorthwyol, atodol, ategol; *Sch:* **~ subject,** pwnc atodol; **~ grant,** grant atodol; *(b) (= subordinate):* isradd; *Fin:* **~ company,** is-gwmni (~-gwmnïau) *m,* cwmni (cwmnïau) isradd *m*; *(c) (= mercenary):* hur, hurdaledig. **2.** *n. Fin:* is-gwmni.
subsidization *n.* cymhorthdal (cymorthdaliadau) *m,* cymorthdalu *vn* **(of sth,** am rth).
subsidize *v.t.* rhoi cymhorthdal (i rth); noddi/sybsideiddio (rhth); **to be subsidized by the State,** cael cymorth/nawdd gan y Wladwriaeth, cael eich cynnal/noddi gan y Wladwriaeth, *F:* byw ar bwrs y wlad.
subsidized *a.* cymorthdaledig, noddedig.
subsidizer *n.* noddwr (noddwyr) *m,* cynhaliwr (cynhalwyr) *m.*
subsidy *n.* cymhorthdal (cymorthdaliadau) *m, occ:* arian *(m)* cymorth.
subsist *v.i. (a) (= remain in being, exist):* bodoli, dal i fyw, dal mewn bod, para, parh|au; *Phil:* gofodoli; **(custom) that still subsists,** (arferiad) sy'n dal yn fyw, sy'n fyw o hyd, sy'n parhau'n fyw, sydd wedi goroesi; *(b) (= keep alive):* byw, ymgynnal; **to ~ on vegetables,** byw/ymborthi ar lysiau; *(c)* **its appeal subsists in its newness,** yn ei newydd-deb y mae ei apêl.
subsistence *n.* **1.** bod *vn,* bodolaeth *f,* parhad *m*; *Phil:* gofodolaeth *f.* **2. means of ~,** moddion *(pl)* byw, cynhaliaeth *f,* bywoliaeth *f*; **a bare ~ wage,** cyflog prin ddigon i fyw arno. **~ allowance** *n.* lwfans *(m)* ymgynnal. **~ farming** *vn.* ffarmio ymgynhaliol, amaethu ymgynhaliol. **~ level** *n.* lefel *(f)* gynhaliaeth/ymgynnal.
subsocial *a.* isgymdeithasol.
subsocially *adv.* yn isgymdeithasol.
subsoil *n. Geol: Agr:* isbridd(-oedd) *m.*
subsolar *a.* **1.** yn llygad yr haul, is-heulol. **2.** *(= equatorial):* cyhydeddol.
subsong *n. Nat.Hist:* isalaw(-on) *f.*
subsonic *a.* is-sonig.
subspecies *n. Nat.Hist:* isrywogaeth(-au) *f.*
subspecific *a.* isrywogaethol.
substage *n.* is-lwyfan(-nau) *mf.*
substance *n.* **1.** *Phil:* sylwedd(-au) *m,* hanfod(-ion) *m*; *Ch:* sylwedd; *Rel:* **being of one ~ with the Father,** yn un hanfod â'r Tad; **in ~,** yn gyffredinol, at ei gilydd, yn y bôn; **I agree with you in ~,** 'rwy'n cytuno â sylwedd eich dadl; **amount of ~,** maint *(m)* sylwedd. **2.** swmp *m,* sylwedd *m*; **a book of ~,** llyfr swmpus/sylweddol; **of little ~,** gwantan, tila, ansylweddol, disylwedd. **3.** *(= fortune):* cyfoeth *m, Lit:* golud *m, N: occ:* cefn *m, S.W:* cewndid *m*; **man of ~,** gŵr cyfoethog/cefnog, *Lit:* gŵr goludog, *S.W:* gŵr â chewndid; **to waste one's ~,** gwario'ch cyfoeth, ofera.
substandard *a.* dan y safon, is na'r safon, is-safonol, eilradd, heb fod yn ddigon da; *(= inferior):* tila, gwael.
substantial *a.* **1.** sylweddol; **a ~ number,** nifer helaeth *mf*; **a ~ period of time,** cyfnod go faith *m.* **2. ~ reasons,** rhesymau solet/sylweddol/digonol; **~ proof,** prawf terfynol/sylweddol *m*; **a ~ difference,** gwahaniaeth sylweddol/pwysig *m,* cryn wahaniaeth, gwahaniaeth o bwys. **3.** *(a)* **~ food,** bwyd sylweddol *m*; **~ meal,** pryd sylweddol *m, F:* pryd go iawn; *(b) (furniture):* sylweddol, cadarn (cedyrn); **a ~ book,** llyfr swmpus/sylweddol/solet *m*; **~ cloth,** defnydd swmpus *m*; **man of ~ build,** dyn cydnerth/solet/praff *m.* **4.** *(citizen):* cefnog, cyfoethog, sylweddol, o sylwedd.
substantialism *n. Phil:* sylweddolaeth *f.*
substantialist *n. Phil:* sylweddolaethwr (sylweddolaethwyr) *m.*
substantiality *n.* **1.** *(= solidity):* sylweddolrwydd *m,* swmp *m,* swmpusrwydd *m,* helaethrwydd *m,* soletrwydd *m.* **2.** *Jur: (of accusation):* sylweddolrwydd, soletrwydd, sylwedd *m.*
substantialize *v.t.&i.* sylweddoli, sylweddu (rhth); rhoi sylwedd (i rth).
substantially *adv.* **1.** yn sylweddol, o ran sylwedd; **they are ~ the same,** yr un ydynt o ran sylwedd; maent yn sylweddol debyg. **2. (this contributed) ~ (to our success),** (cyfrannodd hyn) yn sylweddol, i raddau helaeth, gryn dipyn, i gryn raddau (at ein llwyddiant); bu hyn yn gyfraniad sylweddol i'n llwyddiant; **~ less,** cryn dipyn yn llai, sylweddol lai.
substantialness *n.* = **substantiality.**
substantiate *v.t.* cadarnh|au, cyfiawnh|au, profi *vn.*
substantiation *n.* cadarnhad *m,* cyfiawnhad *m*; **in ~ of a claim,** fel cadarnhad o hawliad.
substantiative *a.* cadarnhaol.
substantival *a.* sylweddeiriol, enwol.
substantivally *adv.* yn enwol, fel enw.
substantive *a. & n.* **1.** *a. (a) Gram:* cadarn (cedyrn), sylweddol; **~ verb,** y ferf *(f)* bod, berf *(f)* fodoli (berfau bodoli); *(b) (= real, independent):* gwirioneddol, annibynnol, gwahanfodol; hunanddibynnol, hunanfodol; *Jur:* **~ law,** cyfraith *(f)* gadarnhaol, cyfraith *(f)* hawliau; *Mil:* **~ captain,** capten parhaol *m*; *(c) Dy:* cadarn; *(d) Com:* **~ testing,** profi sylweddol. **2.** *n. Gram:* enw(-au) cadarn *m,* sylweddair (sylweddeiriau) *m.*
substantively *adv.* **1.** *Gram:* fel sylweddair, fel enw. **2.** *(= substantially):* yn hanfodol, o ran sylwedd.
substantiveness *n.* annibyniaeth *f,* hunanddibyniaeth *f,* hunanfodolaeth *f.*
substantivize *v.t. Gram:* sylweddeirio, enwoli.
substation *n.* is-orsaf(-oedd) *f*; *El.E:* isbwerdy (isbwerdai) *m,* is-orsaf.
substituent *a. & n. Ch:* **1.** *a.* dirprwyol. **2.** *n.* atom ddirprwyol (atomau dirprwyol) *f.*
substitutable *a.* amnewidiadwy.
substitute[1] *n.* **1.** *(pers.):* rhn yn lle rhn arall, *occ:* dirprwy(-on) *m,* dirprwywr (dirprwywyr) *m*; *Sp:* dirprwy chwaraewr (~ chwaraewyr); **to find a ~,** cael hyd i rn i gymryd eich lle; **there's no ~ for a good mother,** nid oes neb all gymryd lle mam dda; nid oes hafal i fam dda; *S.a.* **sentence**[1]. **2.** *(a) (for sth):* rhth yn lle rhth arall, *occ:* amnewidyn (amnewidion) *m,* allddodyn (allddodion) *m*; *Cmptr:* amnewid(-iadau) *m*; **coffee ~,** amnewidyn coffi; **milk ~,** amnewidyn llaeth; *(b) (= counterfeit):* dynwarediad(-au) *m,* efelychiad(-au); **beware of substitutes,** gocheler efelychiadau.
substitute[2] *v.t.&i.* **1.** *v.t.* **to ~ margarine for butter,** rhoi marjarîn yn lle menyn, ffeirio/cyfnewid menyn am farjarîn; *Mth:* **~ X for Y,** rhoi/dodi X yn lle Y, newid X am Y; *Cmptr:* lledgymryd. **2.** *v.i.* **to ~ for s.o.,** cymryd lle rhn, dirprwyo dros rn, *F:* dod i'r adwy *or* llenwi bwlch yn lle rhn.
substitution *n.* amnewidiad(-au) *m,* amnewid *vn,* dirprwyad *m,* cyfnewid *vn,* cyfnewidiad(-au) *m.* **~ reaction** *n. Ch:* adwaith (adweithiau) *(m)* amnewid. **~ theory** *n. Theol:* damcaniaeth ddirprwyol *f.*
substitutional, substitutionary *a.* amnewidiol.

substrate *n.* **1.** *Bact:* swbstrad(-au) *m.* **2.** = **substratum.**
substrative *a.* is-haenol, iswynebol.
substratum *n.* is-haen(-au) *f*, is-wyneb(-au) *m*; *Agr:* isbridd(-oedd) *m*; *F:* **a ~ of the truth,** sylfaen (*f*) o wirionedd.
substring *n. Cmptr:* is-linyn(-nau) *m.*
substruction *n.* = **substructure.**
substructional *a.* = **substructural.**
substructural *a. Const:* sylfaenol.
substructure *n.* **1.** *Const:* sail (seiliau) *f*, sylfaen (sylfeini) *f.* **2. the social ~,** sylfeini cymdeithas; *S.a.* **infrastructure.**
subsumable *a.* gogynwysadwy.
subsume *v.t.* cynnwys, gogynnwys.
subsumption *n.* gogynhwysiad (gogynwysiadau) *m*, cynnwys *vn*, gogynnwys *vn.*
subsumptive *a.* gogynhwysol.
subsurface *a.* isarwynebol, islaw'r wyneb.
subsystem *n.* is-system(-au) *f*, isgyfundrefn(-au) *f.*
subtangent *n. Geom:* isdangiad(-au) *m.*
subteen *n.* plentyn (plant) *m.*
subtemperate *a.* is-dymherus.
subtenancy *n.* is-denantiaeth(-au) *f.*
subtenant *n.* is-denant(-iaid) *m.*
subtend *v.t.* **1.** *Geom:* cynnal. **2.** *Bot:* cynnal, ceseilio. **3.** *(= mark off):* diffinio. **4.** *(= underlie):* gorwedd (tan rth).
subtended *a.* **~ angle,** ongl gynnal (onglau cynnal) *f*, ongl a gynhelir.
subterfuge *n.* ystryw(-iau) *mf*, dichell(-ion) *f*, cast(-iau) *m*, dichelldro(-eon) *m.*
subterminal *a.* goderfynol.
subterranean *a.* tanddaearol.
subtile *a.* = **subtle.**
subtilely *adv.* = **subtly.**
subtileness *n.* = **subtlety.**
subtilization *n.* = **subtilize.**
subtilize *v.t.&i.* **1.** *v.t.* cywreinio, coethi (rhth); gwn|eud (rhth) yn gynilach. **2.** *v.i.* **to ~ (upon sth),** hollti blew, gorfanylu (ar rth).
subtilizer *n.* gorfanylwr (gorfanylwyr) *m*, holltwr (holltwyr) (*m*) blew.
subtitle[1] *n.* is-deitl(-au) *m.*
subtitle[2] *v.t.* is-deitlo.
subtitular *a.* is-deitlaidd.
subtle *a.* **1.** *(a) (colour, perfume):* ysgafn; *(b) (charm):* cynnil, anniffiniol, dirgel, annirnad; **~ distinction,** gwahaniaeth main iawn, y mymryn lleiaf o wahaniaeth, gwahaniaeth trwch blewyn. **2.** *(a) (mind):* cynnil, craff, synhwyrgraff; *(device, workman):* cywrain; **~ irony,** eironi cynnil *m*; **~ ideas,** syniadau cywrain; *(b) Pej: (= crafty, cunning):* cyfrwys, ffèl, craff, *N:* ffetus, henffel.
subtleness, subtlety *n.* **1.** *(a) (of colour, perfume):* ysgafnder *m*; *(b) (of charm, wit &c):* cynildeb *m*, anniffiniolde *m*; *(c) (of device &c):* cywreinrwydd *m*, cywreindeb *m*; *(d) (= fine distinction):* gwahaniaeth(-au) main *m.* **2.** *(= cunning):* cyfrwystra *m*, ffelni *m*, craffter *m*, henffelni *m*, synhwyrgraffter *m.*
subtly *adv.* yn gynnil, yn anniffiniol, yn gywrain *&c.*
subtonic *n. Mus:* isdonydd(-ion) *m*, y seithfed nodyn *m.*
subtopia *n.* isdopia *mf.*
subtopian *a.* isdopaidd.
subtorrid *a.* = **subtropical.**
subtotal[1] *n.* is-gyfanswm (~-gyfansymiau) *m.*
subtotal[2] *v.t.* is-gyfansymio.
sub-town *n.* isdref(-i) *f.*
subtract *v.t. Mth:* tynnu rhth [ymaith] (**from sth,** o rth, oddi wrth rth).
subtracter *n.* tynnwr (tynwyr) (*m*) i ffwrdd.
subtraction *n. Mth:* tyniad(-au) *m*, tynnu *vn*; **~ problem,** problem (*f*) dynnu (problemau tynnu); **subtractions,** *F:* sỳms tynnu.
subtractive *a. Mth:* tynnol.
subtrahend *n. Mth:* rhif(-au) (*m*) tynnu.
sub-tree *n. Cmptr:* is-goeden (~-goed) *f.*
subtribe *n.* is-dylwyth(-au) *m.*
subtropical *a.* isdrofannol.
subtype *n.* isdeip(-iau) *m.*
subulate *a. Bot:* pigfain (pigfeinion).
subungual *a. Med:* tanewinol; **~ haemotoma,** ewin ddu *f.*
subunit *n.* is-uned(-au) *f.*
suburb *n.* maestref(-i) *f.*
suburban *a.* maestrefol, swbwrbaidd.
suburbanite *n. F:* maestrefwr (maestrefwyr) *m*, maestr|efwraig (maestrefwragedd) *f.*
suburbanization *n.* **suburbanize** *v.t.* maestrefoli, swbwrbaneiddio.
suburbia *n.* swbwrbia *m*, maestrefi *pl.*
suburbicarian *a.* gerllaw Rhufain, maestrefol.
subvariety *n.* isamrywiad(-au) *f.*
subvention *n.* = **subsidy.**
subversion *n.* tanseiliad *m*, dymchweliad *m*, tanseilio *vn*, dymchwel *vn*, dymchwelyd *vn.*
subversive *a. & n.* **1.** *a.* tanseiliol, dymchwelol, chwyldroadol. **2.** *n.* chwyldröwr (chwyldrowyr) *m*, tanseiliwr (tanseilwyr) *m*, dymchwelwr (dymchwelwyr) *m.*
subversiveness *n.* natur danseiliol *&c*, tanseilioldeb *m.*
subvert *v.t.* **1.** dymchwel, dymchwelyd, tanseilio. **2. to ~ the course of justice,** gwyrdr|oi cwrs cyfiawnder.
subverter *n.* **1.** dymchwelwr (dymchwelwyr) *m*, tanseiliwr (tanseilwyr) *m.* **2.** *(of justice):* gwyrdröwr (gwyrdrowyr) *m.*
subway *n.* **1.** isffordd (isffyrdd) *f*, tanlwybr(-au) *m.* **2.** *U.S:* rheilffordd danddaearol (rheilffyrdd tanddaearol) *f.*
subzero *a.* rhewllyd, iasol, iasoer, dan sero.
succedaneous *a.* dirprwyol.
succedaneum *n. Med:* cyffur(-iau) dirprwyol *m.*
succeed *v.t.&i.* **1.** *(a) (= follow):* olynu, dilyn (rhn); dod ar ôl (rhn); dod yn lle (rhn); **to ~ to the throne,** esgyn i'r orsedd, etifeddu'r orsedd; **to ~ to an estate,** etifeddu ystad; **to ~ a minister,** olynu/dilyn gweinidog, dod yn lle gweinidog; **George III was succeeded by George IV,** olynwyd Siôr III gan Siôr IV; daeth Siôr IV i'r orsedd ar ôl Siôr III; *Jur:* **right to ~,** hawl olynu; *(b)* **day succeeds day,** daw un dydd ar ôl y llall; mae'r naill ddydd yn dilyn/canlyn y llall; **winter is succeeded by spring,** fe ddaw y gwanwyn ar ôl y gaeaf; dilynir y gaeaf gan y gwanwyn. **2.** *v.i. (= be successful):* llwyddo; **how to ~,** sut mae llwyddo, sut i lwyddo; **to ~ in doing sth,** llwyddo i wneud rhth, dod i ben â gwneud rhth, cael y maen i'r wal; *Prov:* **nothing succeeds like success,** 'does dim sy'n llwyddo cystal â llwyddiant.
succeeder *n.* **1.** llwyddwr (llwyddwyr) *m*, un (rhai) llwyddiannus *&c.* **2.** = **successor.**
succeeding *a.* **1.** *(= following):* dilynol, canlynol, olynol. **2.** *(= future):* dyfodol, [sydd] i ddod. **3.** *(= successive):* olynol, y naill ar ôl y llall; **each ~ year,** bob blwyddyn yn olynol, y naill flwyddyn ar ôl y llall.
succentor *n. Ecc:* ail-gantor(-ion) *m.*
succentorship *n. Ecc:* ail-gantoriaeth(-au) *f*, swydd(-i) (*f*) ail-gantor.
succès fou *n. Fr:* llwyddiant (llwyddiannau) ysgubol *m.*
success *n.* **1.** *A:* = **outcome. 2.** *(a)* llwyddiant (llwyddiannau) *m*; **we wish you every ~,** dymunwn bob llwyddiant/hwyl (*f*) i chwi; **to meet with ~,** cael llwyddiant, llwyddo, mynd â hi; **man who has achieved ~,** gŵr llwyddiannus; **without ~,** heb lwyddiant/lwyddo, yn aflwyddiannus, yn ofer, yn seithug; **I went out hunting, but returned without ~,** euthum i hela, ond dychwelais yn waglaw; **to score a ~,** llwyddo, cael llwyddiant, ennill clod; *(b) (of venture):* **to be** *or* **turn out a ~,** bod yn llwyddiant, llwyddo; **the evening was a great ~,** bu'r noson yn llwyddiant ysgubol; **he was a great ~ as Hamlet,** 'roedd yn llwyddiant/gampus/b|enigamp yn rhan Hamlet; gwnaeth Hamlet tan gamp; **he was the ~ of the evening,** ef oedd llwyddiant y noson; **to make a ~ of sth,** cael hwyl ar wneud rhth, peri i rth lwyddo, gwneud llwyddiant o rth; *Prov:* **nothing succeeds like ~,** *See* **succeed 2. ~ story** *n.* stori (*f*) lwyddiant (straeon llwyddiant).
successful *a.* llwyddiannus; **to bring sth to a ~ conclusion,** dwyn rhth i ben yn llwyddiannus, gwneud llwyddiant o rth; **to be ~ in doing sth,** gwneud rhth yn llwyddiannus, llwyddo i wneud rhth; **to be ~ at the polls,** ennill etholiad.
successfully *adv.* yn llwyddiannus.
successfulness *n.* llwyddiant *m.*
succession *n.* **1.** *(a) (of events, years, customers &c):* rhes(-i) *f*, llinyn(-nau) *m*; **in ~,** mewn rhes, yn un rhes, y naill ar ôl y llall, *S:* o'r bron, gwt yng nghwt; **(for two years) in ~,** (am ddwy flynedd) ar ôl ei gilydd, yn olynol, *S:* o'r bron; **(three shots) in**

close/rapid ~, (tair ergyd) yn syth ar ôl ei gilydd, y naill yn syth ar ôl y llall, *S:* o'r bron; *(b) (= series):* rhes, cyfres(-i) *f, occ:* dilyniant (dilyniannau) *m;* **after a ~ of losses,** ar ôl cyfres o golledion; **a long ~ (of kings),** llinell hir *f,* olyniaeth hir *f* (o frenhinoedd); *(c) Nat.Hist:* olyniaeth; *Geol:* **~ of rocks,** olyniaeth creigiau. **2.** *(a) (to crown, throne, office):* olyniaeth; **in ~ to s.o.,** mewn olyniaeth i rn, yn olynol i rn, yn dilyn rhn, fel etifedd rhn; **the Apostolic S~,** yr Olyniaeth Apostolaidd; **to settle the ~,** sefydlu'r olyniaeth; **at the time of his ~ to the throne,** ar adeg ei esgyniad *(m)* i'r orsedd; *Hist:* **the Wars of S~,** Rhyfeloedd yr Olyniaeth; *Pol:* **the S~ States,** Gwladwriaethau'r Olyniaeth; *(b) Jur:* etifeddiad *m;* **law of ~,** cyfraith *(f)* etifeddiad; **title by ~,** teitl *(m)* trwy etifeddiad; **~ duties,** trethi etifeddiad; **right of ~,** hawl *(f)* etifeddu; *(c) (= heritage):* etifeddiaeth(-au) *f; (d) (= descendants):* olyniaeth, disgynyddion *pl,* olynwyr *pl,* etifeddion *pl.*

successional *a.* olynol, olyniaethol, yn dilyn ei gilydd.

successionally *adv.* yn olynol, y naill ar ôl y llall, mewn olyniaeth, yn dilyn ei gilydd.

successive *a.* olynol, yn dilyn ei gilydd; **two ~ days,** deuddydd; **three ~ days,** tri diwrnod ar ôl ei gilydd, tri diwrnod yn olynol; **on the second ~ day,** ar yr ail ddiwrnod yn olynol; **~ governments have done their best,** gwnaeth y naill lywodraeth ar ôl y llall ei gorau.

successively *adv.* yn olynol, un ar ôl y llall, y naill ar ôl y llall, pob un yn ei dro.

successiveness *n.* olyniaeth *f.*

successor *n.* olynydd (olynwyr) *m* **(to s.o.,** i rn). **~ state** *n.* gwladwriaeth(-au) olynol *f.*

succinate *n. Ch:* sycsinad(-au) *m.*

succinct *a.* cryno, cywasgedig, mewn byr eiriau; byr (*f.* ber, *pl.* byrion).

succinctly *adv.* yn fyr, yn gryno; mewn ychydig eiriau, mewn byr eiriau.

succinctness *n.* crynoder *m.*

succinic *a. Ch:* sycsinig.

succinyl *n. Ch:* s|ycsinyl *m.*

succory *n. Bot:* = **chicory; swine's ~, lamb's ~,** gwylaeth *(f)* y moch.

succotash *n. Cu: U.S:* sycotash *m.*

Succoth *n. Jew.Rel:* Gŵyl *(f)* y Pebyll.

succour[1] *n. Lit:* swcwr *m,* cymorth *m,* cynhorthwy *m,* ymgeledd *m.*

succour[2] *v.t. Lit:* swcro, cynorthwyo, ymgeleddu, helpu, cynnal breichiau (rhn); rhoi help llaw, estyn cymorth, bod yn gefn (i rn).

succourable *a.* swcradwy, cymorthadwy.

succourer *n.* swcrwr (swcrwyr) *m,* cynorthwywr (cynorthwywyr) *m,* cynorthwyydd(-ion) *m,* ymgeleddwr (ymgeleddwyr) *m.*

succourless *a.* digymorth, diswcwr, digynhorthwy, diymgeledd, *F:* di-gefn.

succuba, succubus *n.* cythreules(-au) *f,* ellylles(-au) *f.*

succulence, succulency *n.* suddlonedd *m,* blasusrwydd *m.*

succulent *a. & n.* **1.** *a. (a) (food):* sy'n toddi yn eich ceg, blasus, sy'n tynnu'r dŵr o'ch dannedd; *(b) Bot:* suddlon, noddlyd, golaith. **2.** *n.* **~ [plant],** planhigyn (planhigion) suddlon *m,* suglys(-iau) *m.*

succulently *adv.* yn flasus; yn suddlon *&c.*

succumb *v.i.* **1.** *(= yield):* plygu, ildio, gildio, ymostwng **(to sth,** i rth); **to ~ to odds,** plygu i'r amgylchiadau. **2. to ~ to injuries,** marw o anafiadau.

succursal *a.* ategol, atodol; **~ chapel,** capel(-i) *(m)* anwes.

succuss *v.t.* ysgwyd, siglo, ysgytio, ysgytian.

succussion *n.* ysgytiad(-au) *m,* ysgydwad(-au) *m,* ysgwyd *vn,* ysgytian *vn,* siglo *vn.*

succussive *a.* ysgytiol, ysgydwol.

such *a. & pron.* I. *a.* **1.** *(a) (= like, resembling):* tebyg, cyffelyb **(as sth,** i rth); o'r un fath/math (â rhth); *Lit:* cyfryw, y math/fath *(precedes n. + soft mut.)*; **(poets) ~ as Keats, ~ (poets) as Keats,** (beirdd) tebyg i Keats, megis Keats, fel Keats, o'r un fath â Keats, o fath Keats; y math/fath (feirdd) â Keats; *Lit:* y cyfryw feirdd â Keats; **~ men as he and I,** gwŷr megis ef a minnau, gwŷr tebyg iddo ef ac i minnau, dynion o'r un fath ag ef a minnau; **~ food is unwholesome,** mae bwyd o'r fath yn afiesol; mae'r fath fwyd yn afiesol; **~ a man,** dyn o'r fath, dyn tebyg, y fath ddyn/ŵr, y cyfryw ddyn, *F:* dyn felly; **~ a woman,** y gyfryw wraig, y fath wraig; **~ things,** pethau o'r fath, pethau tebyg, pethau felly, y fath bethau, y cyfryw bethau; **in all ~ cases,** ym mhob achos o'r fath, ym mhob achos tebyg, yn y cyfryw achosion; **on ~ an occasion,** ar adeg/achlysur o'r fath, ar achlysur fel hwn, ar achlysur fel hynny, ar y fath achlysur; **(why do you ask) ~ a question?** (pam yr ydych yn gofyn) y fath gwestiwn, cwestiwn o'r fath? (pam gofyn) y cyfryw gwestiwn? **how can you tell ~ lies?** sut y medrwch chi ddweud y fath gelwyddau? **did you ever see ~ a thing?** a welsoch chi erioed y fath beth? *N:* a welsoch chi erioed ffasiwn/'rotsiwn beth? *S:* welsoch chi erioed shwd beth? **all ~ errors are to be avoided,** dylid osgoi pob camgymeriad o'r fath; **some ~ plan,** rhyw gynllun o'r fath; **no ~ body exists,** nid yw'r fath gorff yn bod; nid oes mo'r fath gorff; **there are no ~ things as fairies,** nid oes y fath bethau â thylwyth teg [yn bod]; **(I said) no ~ thing,** (ni ddywedais i) mo'r fath beth, ddim [byd] o'r fath, ddim [byd] tebyg, *N.W:* ffasiwn beth; **no ~ thing!** dim o'r fath beth! **no ~ luck!** dim o'r fath lwc! *Jur:* **(persons guilty) of ~ offences,** (pobl yn euog) o'r cyfryw droseddau, o droseddau o'r math hyn; *S.a.* **another 2**; *(b) (= that as demonstrative):* dyna; **~ is not my intention,** nid dyna fy mwriad; nid hynny sydd yn fy mryd; **~ is not the case,** nid felly y mae hi; **~ being the case,** gan mai felly y mae ei deall hi; *(with past reference):* gan mai felly yr oedd hi; **~ were his words,** dyna oedd ei eiriau; dyna a ddywedodd; **the village boasts a hotel, ~ as it is,** mae gwesty o [ryw] fath yn y pentref; **(this is the hotel) ~ as it is,** (dyma'r gwesty) gyfryw ag ydyw, os gellir ei alw'n westy, os gellir ei alw felly, os gwesty hefyd; *F:* **~ is the world!** fel 'na mae hi! felly mae'r hen fyd 'ma! fel 'na y gwelwch chi hi! **the world ~ as it is,** hyn o fyd; **long may he continue ~,** hir y parhaed felly! **2.** *(= particular, of a kind):* **in ~ and ~ a place,** yn y fan a'r fan, yn y lle a'r lle, mewn man neilltuol, yn y fath a'r fath le; **on ~ and ~ a date he lived in ~ and ~ a street,** ar y dyddiad a'r dyddiad 'roedd yn byw yn y stryd a'r stryd; **~ and ~ a house,** y tŷ a'r tŷ; **~ and ~ a man,** hwn a hwn, y dyn a'r dyn; **~ and ~ a one,** un felly, hwn a hwn, hon a hon; **~ and ~ people,** y rheini a'r rheini, y rhain a'r rhain; **~ and ~ a place,** y man a'r man, y lle a'r lle; **~ and ~ a woman,** hon a hon, y wraig a'r wraig *&c.* **3.** *(foll. by result clause): (= so great, so natured, in some respect):* cyfryw, cymaint, yn y fath fodd **(as to,** ag i, fel bod); **in ~ a way [that]...,** yn y fath fodd [fel]...; **he said it in ~ a way that I could not believe him,** fe'i dywedodd yn y fath fodd fel na fedrwn i mo'i goelio; **(his pain was ~ that he could not sleep),** (cymaint oedd ei boen) [fel] na allai gysgu, fel ag i'w atal rhag cysgu; **~ is his strength,** cymaint/cyfryw yw ei nerth fel...; mae ei nerth gyfryw/gymaint fel...; **to take ~ steps as shall be necessary,** cymryd camre yn ôl yr angen, cymryd y fath gamau ag a fydd yn angenrheidiol; **until ~ time as...,** hyd at yr adeg pan..., [hyd] nes bo.... **4.** *(as intensive): (a) (before adj. = so):* mor + *soft mut.*; *(b) before n.:* y fath; **~ large houses,** tai mor fawr; **(I had never heard) ~ good music,** (ni chlywswn i erioed) gystal cerddoriaeth, gerddoriaeth gystal, gerddoriaeth mor dda; **~ a clever man,** y fath ddyn peniog, dyn mor beniog/alluog; **~ courage,** dewrder o'r fath, y fath ddewrder; **~ an industrious person as yourself,** rhn mor weithgar â chi; **I had [ever] ~ a fright!** cefais y fath fraw! cefais gymaint o fraw! cefais andros o fraw! y fath fraw a gefais! dyna fraw a gefais! am fraw a gefais! *S:* ces i lond bola o fraw/ofon! **you do say ~ odd things!** on'd ydych chi'n dweud pethau rhyfedd! 'rydych yn dweud y fath bethau rhyfedd! dyna/am bethau rhyfedd y byddwch yn eu dweud! II. *pron.* **1. we know of no ~ [thing],** ni wyddom am ddim o'r fath; ni wyddom am y fath [beth]; *(pers.):* ni wyddom am neb o'r fath; **down with traitors and all ~,** i'w crogi â bradwyr a'u tebyg! **(pop groups) and ~,** (grwpiau pop) a phethau tebyg, a phethau o'r fath. **2. let [all] ~ as are of my opinion lift up their hands,** coded pawb sy'n cydsynio ei law; **to ~ as agree,** i'r cyfryw [rai] a gydsynio; **I will send you ~ as I have,** mi anfonaf yr hyn sydd gennyf atoch; mi anfonaf gymaint ag sydd gennyf atoch. **3.** *(= in that capacity):* fel y cyfryw; **history as ~ is too often neglected,** esgeulusir hanes fel y cyfryw yn rhy aml. **4. ~ as,** *(= for example):* fel, megis; **he likes outdoor sports ~ as tennis and football,** mae'n hoff o chwaraeon megis tennis a phêl-droed.

suchlike *a. & pron.* **1.** *a. F:* tebyg, o'r [un] fath, *Lit:* cyffelyb, cyfryw *(precedes n. + soft mut.)*: **~ things,** pethau tebyg, pethau o'r fath, y fath bethau, y cyfryw bethau, pethau cyffelyb, *S:* shwd bethau. **2.** *pron.usu.pl.* **beggars, tramps and ~,** cardotwyr, crwydriaid a'u tebyg.

suck¹ *n.* **1.** *(a) (of milk &c):* sugnad(-au) *m*, sugno *vn*, *F:* cegaid (cegeidiau) *f*, llymaid (llymeidiau) *m*, *F:* swc(-iau) *m*; **to have/take a ~ of/at sth,** sugno rhth; *(b) Hyd.E: (of pump):* sugnad, sugnedd *m*. **2. to give ~,** *(of mother):* rhoi'r fron (i blentyn); *(of animal):* rhoi'r deth (i anifail). **3.** *P:* **what a ~! sucks [to you]!** *N:* dyna ail iti! dyna sycsan iti! ĉcs iti! e-wach!

suck² *v.t.&i.* **1.** *v.t. (a) (milk &c):* sugno, *F: occ:* swcian; *(of horse):* **to ~ wind,** llyncu gwynt; *(b)* **to ~ a pipe,** tynnu ar bib, sugno pib, *S.W:* tynnu mwgyn, *N.W:* tynnu ar getyn/bibell; **to ~ one's finger,** sugno'ch bys, *N.W: occ:* sipian eich bys; *Prov:* **to teach/tell your grandmother to ~ eggs,** yr oen yn dysgu i'r ddafad bori, dysgu pader i berson, dysgu gradd i hen farch, *S.E: V:* dysgu i gi bach gachu; *Prov:* **to ~ sth in with one's mother's milk,** yfed rhth gyda llaeth eich mam; **to ~ s.o.'s brains,** manteisio/elwa ar wybodaeth rhn; **to ~ s.o. dry,** godro/dihysbyddu rhn yn llwyr; **~ it and see!** cymerwch beth i weld! profwch ef drosoch eich hunan! cymerwch flas/flesyn i weld! **2.** *v.i.* **to ~ at a lollipop,** sugno/sipian lolipop; **calf sucking at a cow's teat,** llo yn sugno wrth deth buwch. **~ down** *v.t.* sugno (rhth) i lawr, sugno (rhth) i'r gwaelod; llyncu, traflyncu. **~ in** *v.t. (a) (= absorb):* sugno (rhth) [i mewn], *occ:* amsugno; *(b) (of quicksand, whirlpool &c):* sugno (rhth) [i mewn]; llyncu, traflyncu; *(c) F:* **to ~ in one's cheeks,** pantio'ch bochau, sugno'ch bochau; *(d) F:* = **deceive. ~ up 1.** *v.t. (air, liquid):* sugno (rhth) [i fyny]; *(of sponge):* sugno, amsugno. **2.** *v.i. P:* **to ~ up (to s.o.),** cynffonna (i rn); gwenieithio, seboni (rhn); gwerthu sebon/lledod (i rn); *V:* llyfu tin (rhn); *N.W:* ffalsio (i rn, ar rn); *occ:* ymrwbio, rhwbio (yn rhn); *S.W:* rhico (rhn); *S.W: V:* llyo tin (rhn).

sucker¹ *n.* **1.** *(a)* sugnwr (sugnwyr) *m*; *(young animal):* anifail (anifeiliaid) (*m*) sugno, anifail wrth y deth, *F:* sycar(-s) *m*; *(b) (device):* sugnydd(-ion) *m*, sugnedydd(-ion) *m*; *(for lifting glass):* lledr(-au) (*m*) codi. **2.** *F:* = **dupe¹; I'm a ~ for a cake,** *N.* alla' i ddim maddau i deisen. **3.** *(a) Nat.Hist: (of leech, octopus &c):* sugnolyn (sugnolion) *m*; *(b) (of pump):* piston(-au) *m*. **4.** *Hort:* crachgoeden (crachgoed) *f*, *occ:* gwylltimp(-iau) *m*. **5.** *Ich:* sugnwr (sugnwyr) *m*. **6.** *U.S:* l|olipop (lolipopiau) *mf*.

sucker² *v.t.&i. Hort:* **1.** *v.t.* torri crachgoed. **2.** *v.i.* tyfu crachgoed, cadeirio, *S:* stolo.

suckerfish *n.* = **remora.**

sucking¹ *a.* sugnol; *(child &c):* [sy'n] sugno, ar y fron; *(animal):* swci; **~ calf,** llo(-i) (*m*) sugno/swci, llaethlo(-i) *m*; **~ child,** plentyn (plant) (*m*) sugno; **~ dove,** cyw (*m*) colomen (cywion colomennod).

sucking² *vn.* **~-disc** *n.* lledr(-au) (*m*) codi. **~-fish** *n. Ich:* pysgodyn (pysgod) (*m*) sugno, sugnbysg(-od) *m*, remora(-od,-id) *m*. **~-pig** *n.* **1.** porchell (perchyll) (*m*) sugno. **2.** *Cu:* porchell pêr *m*, melfochyn (melfoch) *m*.

suckle *v.t.&i.* **1.** *v.t. (= give suck):* rhoi sugn, rhoi'r fron (i rn); *(of animal):* rhoi'r deth, magu; *Fig: (= nourish):* maethu, magu. **2.** *v.i.* sugno'r fron, sugno wrth y fron; *(of animal):* sugno'r deth, sugno wrth y deth.

suckling *a., n. & vn.* **1.** *a. (child):* ar y fron; *(animal):* swci, wrth y deth; **~ pig, = sucking pig; ~ calf, = sucking calf; a ~ colt,** ebol(-ion) (*m*) swci, *S.E:* swclyn (swclod) *m*; **a ~ filly,** eboles(-au) swci *f*, *S.E:* swclan (swclod) *f*. **2.** *n. (a)* plentyn (plant) (*m*) sugno, plentyn wrth y fron; *(b)* anifail (anifeiliaid) (*m*) sugno/swci. **3.** *vn.* = **suckle.** *B:* **out of the mouths of babes and sucklings,** allan o enau'r plant bychain a'r rhai'n sugno; **babes and sucklings,** diniweidion.

sucrase *n. Ch:* swcras *m*.

sucre *n. Num:* swcre(-au) *mf*.

sucroclastic *a. Bio-Ch:* swcroclastig.

sucrose *n. Ch:* swcros *m*.

suction *n.* sugno *vn*, sugnad(-au) *m*, sugnedd(-au) *m*; **to adhere by ~,** ymlynu, glynu, sugn-lynu. **~-apparatus** *n.* offer (*pl*) sugno. **~-cleaner** *n.* sugnydd(-ion) (*m*) llwch. **~-dredger** *n.* cwch (cychod) (*m*) sugno mwd. **~-fan** *n.* gwyntyll(-au) (*f*) sugno. **~-plate** *n. Dent:* sugnblat(-iau) *m*. **~-pressure** *n.* gwasgedd(-au) sugnol *m*. **~-pump** *n.* pwmp (pympiau) (*m*) sugno. **~-shaft** *n. Min:* siafft(-iau) (*f*) sugno aer. **~-stop** *n. Phon:* clec(-iadau) (*f*) sugnol. **~-valve** *n.* falf(-iau) (*f*) sugno. **~-washer** *n.* golchydd(-ion) (*m*) sugno.

suctorial, suctorious *a. Nat.Hist:* sugnol, [yn] sugno.

suctorian *n. Nat.Hist:* creadur(-iaid) sugnol *m*, sugnwr (sugnwyr) *m*.

Sudan *Pr.n. Geog:* Y Swd|an *f*.

Sudanese *a. & n.* **1.** *a.* Swdanaidd, o'r Swd|an. **2.** *n.* Swdaniad (Swdaniaid) *m&f*.

Sudanic *a. & n. Ling:* **1.** *a.* Swdaneg. **2.** *n.* ieithoedd Swdaneg *pl*; Swdaneg *f*, *m*.

sudarium *n.* **1.** *Rel:* fernagl(-au) *f*. **2.** = **sudatorium.**

sudatorium *n.* chwysty (chwystai) *m*, chwysfa (chwysf|eydd) *f*, twymdy (twymdai) *m*.

sudatory *a. & n.* **1.** *a.* chwysol, chwysbair, chwysbeiriol. **2.** *n. (a)* chwys-gyffur(-iau) *m*, chwysbair (chwysbeiriau) *m*; *(b)* = **sudatorium.**

sudd *n. Geog:* swd(-iau) *m*.

sudden *a. (a) (= unexpected):* sydyn, annisgwyl, dirybudd, *Lit:* disymwth, disyfyd, *S.E:* sybyrthol; *F: Ten:* **~ death,** tranc sydyn *m*; **~ turning,** tro(-adau) sydyn/siarp *m*; *(b) (= lively):* sydyn, sionc, brysiog; **he is very ~ in his movements,** mae'n sionc iawn ei symud; *adv.phr.* **all of a ~,** *A:* **on a ~,** yn ebrwydd, yn ddisymwth, yn ddisyfyd, mewn chwinciad, mwyaf sydyn, yn sydyn, *F:* chwap, chwipyn, *S:* whaff, *S.W:* ffrwt, *N: F:* yn sydyn reit.

suddenly *adv.* yn sydyn, *Lit:* yn ddisymwth, yn ddisyfyd, yn ebrwydd, *F:* [yn] chwap, [yn] chwipyn, yn ddiswta, *S.E:* yn sybyrtho, *S.W:* ffrwt, clip, bang, whap; **it came ~,** daeth yn sydyn/ddisymwth; fe ddaeth fel barcud ar gyw; fe ddaeth fel huddygl i botes; **to finish ~,** gorffen yn sydyn/ddis|eremoni, *N.W:* darfod yn glec, *S.W:* dibennu/cwpla yn sydyn/bwt, dibennu powns; **to go ~,** mynd yn sydyn, *N.W:* mynd yn ffwl-bwt, mynd yn ffwr-bwt.

suddenness *n.* sydynrwydd *m*, cyflymder: cyflymdra *m*; **with startling ~,** yn rhyfeddol [o] sydyn.

Sudeten *a. Ethn:* Swdetaidd; **~ German,** Swdetiad (Swdetiaid) *m&f*.

Sudetenland *Pr.n. Geog:* Gwlad (*f*) y Swdetiaid.

sudor *n.* chwys *m*.

sudoral *a.* chwyslyd.

sudoriferous *a.* sy'n peri chwys, chwysbair, chwysbeiriol.

sudorific *a. & n.* **1.** *a.* chwysbair, chwysbeiriol. **2.** *n.* chwysbair (chwysbeirion) *m*, chwysgyffur(-iau) *m*, cyffur(-iau) (*m*) chwysu.

sudoriparous *a.* chwysbair, chwysbeiriol, chwyslyd.

sudorous *a.* chwyslyd.

Sudra *a. & n. Hindu Rel:* **1.** *a.* Swdra, Swdraidd. **2.** *n.* Swdra(-id) *m&f*.

suds¹ *n.pl.* ewyn (*m*) sebon, trochion sebon, golchion sebon, dŵr (*m*) sebon, *S.W:* waplin: wabling: woblin *m*, *S.E:* trwyth *m*, *N.W:* sicion *pl*.

suds² *v.t.&i.* ewynnu, golchioni.

sudsy *a.* ewynnog, llawn trochion, sebonllyd, golchionllyd, trochionllyd, trochionog.

sue *v.t.&i.* **1.** *v.t. (a)* erlyn, *F:* siwio; **to ~ s.o. at law,** rhoi'r/dodi'r gyfraith ar rn, mynd â rhn i'r llys; **to ~ s.o. for damages,** erlyn rhn am iawn/iawndal; *(b)* **to ~ for a writ,** gofyn am writ; **to ~ out a pardon for s.o.,** cael pardwn i rn. **2.** *v.i. (a)* **to ~ (for sth),** gofyn, erfyn, deisyfu (rhth); ymbil, gofyn (am rth) **(to s.o.,** gan rn); **he sued for her hand,** gofynnodd am ei llaw; **to ~ for peace,** gofyn am gadoediad, ceisio cadoediad, ymbil am heddwch.

suede *n.* swêd *m*. **~ cloth** *n.* brethyn (*m*) swêd.

suer *n.* **1.** *Jur:* erlynydd(-ion, erlynwyr) *m*, erlynyddes(-au) *f*. **2.** *(for peace &c):* ymbiliwr (ymbilwyr) *m*.

suet *n. Cu:* siwet: siwed *m*, braster *m*, gwêr (*m*) yr aren, gwêr y lwyn; **a cake of melted ~,** gweren(-ni) *f*; **beef ~,** gwêr eidion; **melted ~,** gwêr tawdd; **mutton ~,** gwêr manllwdn, *less correctly:* gwêr manllwyn. **~ face** *n. F:* wyneb(-au) (*m*) pwdin, wyneb(-au) (*m*) lleuad. **~ pudding** *n. Cu:* pwdin(-au) (*m*) siwed.

suety *a.* siwedaidd, siwetaidd.

Suevian *a. & n.* **1.** *a.* Swefaidd. **2.** *n.* Swefiad (Swefiaid) *m&f*.

Suez *Pr.n. Geog:* Swês *f*. **~ Canal** *n.* Camlas (*f*) Swês.

suffer *v.t.&i.* I. *v.t.* **1.** *(defeat, pain &c):* dioddef, cael, profi; **to ~ defeat,** cael eich trechu, colli'r dydd, colli'r maes; **to ~ death,** marw, profi [poen] marwolaeth; **to ~ loss,** cael/dioddef colled;

to ~ hurt, cael/dioddef niwed. **2.** *(= tolerate):* caniatáu, goddef, dioddef (rhth); gadael (i rn wneud rhth); **he will ~ no retort,** ni chewch ateb yn ôl ganddo; *B:* **to ~ fools gladly,** goddef ffyliaid yn llawen; **~ me to tell you the truth,** gadewch imi ddweud y gwir wrthych chi; **they suffered him to go; he was suffered to go,** gadawyd iddo fynd (*not* gadawyd ef i fynd); *B:* **~ little children to come unto me,** gadewch i blant bychain ddyfod ataf fi. II. *v.i.* **1.** dioddef (**from sth,** gan rth); **to ~ from rheumatism,** dioddef gan grydcymalau/wynegon; *(= be condemned):* **to ~ for one's misdeeds,** dioddef o achos drwgweithred; **you will ~ for it,** fe fydd hi'n ddrwg arnat ti am hyn; fe'i cei di hi am hyn; fe fyddi'n dioddef o'r herwydd. **2. to ~ from neglect,** dioddef oherwydd esgeulustra, dioddef o ddiffyg gofal; **country suffering from unemployment,** gwlad yn dioddef gan ddiweithdra; **the vines have suffered from the cold,** mae'r gwinwydd wedi dioddef gan yr oerfel.

sufferable *a.* goddefadwy, dioddefadwy.

sufferably *adv.* yn oddefadwy, yn ddioddefadwy.

sufferance *n.* goddefiad *m*, caniatâd *m*; **on ~,** trwy oddefiad; **tenancy at ~,** tenantiaeth (*f*) yn ôl goddefiad *or* trwy oddefiad.

sufferer *n.* dioddefwr: dioddefydd (dioddefwyr) *m*, diodd|efwraig (dioddefwragedd) *f*; **sufferers from a disaster,** dioddefwyr trychineb; **sufferers from an illness,** dioddefwyr gan glefyd; **fellow-~,** cyd-ddioddefwr (~-ddioddefwyr) *m*.

suffering[1] *a.* dioddefus, dioddefgar; *F: U.S:* **~ cats, ~ catfish,** 'rargian! 'rargol! 'tawn i'n marw! brensiach [annwyl]! brensiach y brain! *&c*; *Rel:* **the S~ Servant,** y Gwas Dioddefus *m*; **long-~,** amyneddgar, goddefgar, *Lit:* ymarh|ous, hirymarh|ous.

suffering[2] *n.* **1.** dioddefaint (dioddefiannau, dioddefiadau) *m*, dioddef(-iadau,-iannau) *m*. **2.** = **sufferance.**

sufferingly *adv.* yn ddioddefus *&c*.

suffete *n. Jur: Ant:* prif ynad(-on) *m*.

suffice *v.i.&t.* **1.** *v.i.* bod yn ddigon, gwn|eud y tro, ateb y gofyn/galw, cwrdd â'r gofyn/angen; *(mainly in questions + neg. sentences):* tycio; **that will ~ for me,** gwnaiff hynny'r tro'n iawn i mi; bydd hynny'n ddigon i mi; **~ it to say that...,** digon yw dweud bod.... **2.** *v.t.* digoni, bodloni (rhn); bod yn ddigon, gwneud y tro (i rn); **(one meal a day) suffices him,** (mae un pryd y dydd) yn ei ddigoni, yn ddigon iddo/ganddo, yn gwneud y tro iddo; **it abundantly suffices,** mae'n llawn ddigon; mae'n hen ddigon.

sufficer *n.* peth(-au) digonol *m*.

sufficience, sufficiency *n.* digon *m*, digonedd *m*, toreth *fm*, eich gwala *m*, *Lit:* llawnder *m*, cyflawnder *m*, helaethrwydd *m*, *S.E:* crynoiteb *m*; **self-~,** hunanddigonedd *m*, hunanddigonolrwydd *m*; **to have a ~,** *(of money):* bod yn gefnog, bod yn dda eich byd, meddu ar ddigon/ddigonedd o arian.

sufficient *a. & n.* **1.** *a.* digonol; *pred.a.* yn ddigon; **self-~,** hunanddigonol; **this is ~ to feed them,** mae hyn yn ddigon/ddigonol i'w bwydo; **~ reason,** rheswm digonol, rheswm digon da, digon (*m*) o reswm. **2.** *n.* digon *m*; *F:* **have you had ~?** a gawsoch chi'ch digoni? a gawsoch chi ddigon? *B:* **~ unto the day is the evil thereof,** digon i'r diwrnod ei ddrwg ei hun; **infinitely ~,** mwy na digon, hen ddigon, digon dros ben, eich gwala a'ch gweddill.

sufficiently *adv.* yn ddigon; **he recovered ~ (to tell his story),** dadebrodd ddigon, daeth ato'i hun yn ddigon da (i ddweud ei hanes); **this has not been ~ discussed,** ni thrafodwyd hyn ddigon; ni thrafodwyd digon ar hyn; ni thrafodwyd hyn yn ddigon da.

suffix[1] *n.* ôl-ddodiad (~-ddodiaid) *m*.

suffix[2] *v.t.* ychwanegu, ôl-ddodi, atodi.

suffixal *a.* ôl-ddodol, ychwanegol, atodol.

suffixation *n.* ôl-ddodi *vn*, ôl-ddodiad(-au) *m*, ychwanegiad(-au) *m*, atodiad(-au) *m*.

suffixed *a.* atodedig, ôl-ddodedig; **~ pronoun,** rhagenw(-au) ôl *m*.

suffixer *n.* atodwr (atodwyr) *m*, ôl-ddodwr (~-ddodwyr) *m*.

suffixion *n.* = **suffixation.**

suffocate *v.t.&i.* mygu, *S:* mogi.

suffocated *a.* wedi mygu, mygedig; **in a ~ voice,** mewn llais myglyd.

suffocating *a.* myglyd.

suffocatingly *adv.* yn fyglyd.

suffocation *n.* **1.** *(= suffocated feeling):* mygfa (mygf|eydd) *f*, myctod *m*, mygni *m*, teimlad myglyd *m*, *S:* mogfa (mogf|eydd) *f*. **2.** *(action):* mygu *vn*.

suffocative *a.* myglyd.

suffragan *a. & n. Ecc:* **~ [bishop],** esgob(-ion) cynorthwyol *m*, s|wffragan (swffraganiaid) *m*, rhagesgob(-ion) *m*. **~ see** *n.* = **suffraganship.**

suffraganship *n.* swffraganiaeth(-au) *f*, rhagesgobaeth(-au) *f*.

suffrage *n.* **1.** *Pol: (a) (= vote):* pleidlais (pleidleisiau) *f*; *(b) (= right to vote):* etholfraint (etholfreintiau) *f*, hawl(-iau) (*f*) i bleidleisio/bleidlais; **female ~, woman ~,** pleidlais i ferched, pleidlais merched; **manhood ~,** pleidlais i wŷr, pleidlais gwŷr; **universal ~,** pleidlais gyffredinol, pleidlais i bawb. **2.** *Ecc: (prayers):* erfyniad(-au) *m*.

suffragette *n.* swffragét (swffragetiaid) *f*, etholfr|eintwraig (etholfreintwragedd) *f*, un o ferched y bleidlais (merched y bleidlais), ***suffragette(-s)*** *f*.

suffragettism, suffragism *n.* etholfreintiaeth *f*.

suffragist *n.* etholfreintiwr (etholfreintwyr) *m*.

suffruticose *a. Bot:* isbrysgoediog.

suffumigate *v.t.* tanfygu, isdarthu.

suffumigation *n.* tanfygiad(-au) *m*, isdarthiad(-au) *m*; *vn.* = **suffumigate.**

suffuse *v.t.* ymdaenu, ymledu (dros rth); **a blush suffused her cheeks,** ymledodd/ymdaenodd gwrid dros ei gruddiau; gwridodd, cochodd; **(eyes) suffused with tears,** (llygaid) llawn dagrau, yn foddfa o ddagrau; **suffused with light,** dan lif o oleuni.

suffusion *n.* ymdaeniad(-au) *m*, ymlediad(-au) *m*.

suffusive *a.* ymdaenol, ymledol.

Sufi *n. Rel:* Swffi (Swffïaid) *m*.

Sufic *a. Rel:* Swffïaidd, Swffig.

Sufism *n. Rel:* Swffïaeth *f*.

Sufistic *n. Rel:* = **Sufic.**

sug *n. Crust:* chwannen (chwain) (*f*) y môr.

sugar[1] *n.* **1.** siwgwr (siwgrau) *m*, *Lit:* siwgr(-au) *m*, *S:* siwgir *m*; **beet ~,** siwgwr betys; **brown ~, moist ~,** siwgwr coch/brown/gwlyb; **burnt ~,** siwgwr llosg, c|aramel *m*; **cane ~,** siwgwr câns, swcros *m*; **caster ~,** siwgwr mân; **crystal ~,** siwgwr bras, siwgwr grisial; **demerara ~,** siwgwr demerara; **granulated ~,** siwgwr bras, siwgwr gronynnog; **icing ~, confectioner's ~,** siwgwr eisin; **invert ~,** siwgwr gwrthdro; **loaf-~,** siwgwr lwmp; **lump (of ~),** lwmp (lympiau) *m*, lwmpyn (lympiau) *m*, *N.W: occ:* cnap(-[i]au) *m* (o siwgwr); **lump ~,** siwgwr lwmp, *S. W:* siwgwr talpau, siwgwr lwmpau; **refined ~,** siwgwr wedi'i drin, siwgwr coeth/pur. **2.** *(a) A: Ch:* **~ of lead,** siwgwr plwm; *(b)* **~ of milk,** siwgwr llaeth, lactos *m*. **3.** *F: U.S:* = **darling; ~-almond** *n.* siwgwr-almon(-au) *m*, almon(-au) (*m*) siwgwr. **~-apple** *n. Bot:* afal(-au) (*m*) siwgwr. **~-basin** *n.* basn(-au) (*m*) siwgwr, dysgl(-au) (*f*) siwgwr, powlen(-ni, powliau) (*f*) siwgwr. **~-bean** *n. Bot:* ffeuen felys (ffa melys) *f*. **~ beet** *n. Bot:* betysen (betys) (*f*) siwgwr, betysen felys (betys melys). **~-berry** *n. Bot: U.S: (Celtis occidentalis):* = **nettle tree. ~-bird** *n. Orn:* aderyn (adar) (*m*) siwgwr. **~-bush** *n. Bot:* llwyn(-i) (*m*) siwgwr. **~-cake** *n.* teisen(-nau) (*f*) siwgwr, cacen(-nau) (*f*) siwgwr. **~-candy** *n.* siwgwr-candi *m*. **~-cane** *n.* cansen(-ni, câns) (*f*) siwgwr. **~-coated** *a.* â chôt [o] siwgwr. **~-corn** *n.* india-corn melys *m*. **~-daddy** *n. F:* siwgwr-dadi(-s) *m*. **~-free** *a.* = **sugarless. ~-gum** *n. Bot:* gymwydden felys (gymwydd melys) *f*. **~-house** *n.* tŷ (tai) (*m*) siwgwr. **~ kelp** *n. Algae:* morwiail melys *pl*, gwymon melys *m*. **~ loaf 1.** *n.* torth(-au) (*f*) siwgwr. **2.** *W.Pl.n.* Pen-y-fâl *m*. **3.** *attrib.* pigfain, conig; *F:* **~ loaf hat,** het bigfain (hetiau pigfain) *f*. **~ loaf mandrel,** mandrel(-au) (*m*) côn. **~-maple** *n. Bot:* masarnen (masarn) (*f*) siwgwr. **~ mill** *n.* melin(-au) (*f*) siwgwr. **~ mite** *n. Ent:* gwiddonyn (gwiddon) (*m*) siwgwr. **~-pea** *n. Hort:* pysen felys (pys melys) *f*. **~-pine** *n. Bot:* pinwydden (pinwydd) (*f*) siwgwr. **~ plantation** *n.* planhigfa (planhigf|eydd) (*f*) siwgwr. **~-refiner** *n.* purwr (purwyr) (*m*) siwgwr. **~-refinery** *n.* purfa (purf|eydd) (*f*) siwgwr. **~ shaker/-sifter** *n.* gogr(-au) (*m*) siwgwr. **~ soap** *n.* sebon (*m*) siwgwr. **~ substitute** *n.* peth(-au) (*m*) yn lle siwgwr, allddodyn (allddodion) (*m*) siwgwr. **~-tongs** *n.pl.* gefel (gefeiliau) (*f*) siwgwr. **~ tree** *n.* = **sugar-maple.**

sugar[3] *v.t.&i.* **1.** *v.t.* siwgro, melysu; rhoi/dodi siwgwr (ar rth, yn rhth); *F:* **to ~ the pill,** rhoi mêl ar y wermod, rhoi siwgwr ar y bilsen. **2.** *v.i.* siwgro, troi'n siwgwr.

sugared *a.* siwgrog; *S.a.* **almond.**

sugariness *n. (a) (= sweetness):* melyster *m*, melystra *m*, blas siwgraidd/siwgwraidd *m*; *(b) (of manner, voice):* melyster, melystra, natur siwgraidd/siwgwraidd *f*, siwgreiddiwch *m*.

sugarless *a.* di-siwgwr, heb siwgwr.

sugarplum *n.* eirinen (eirin) *(f)* siwgwr, plwmsen (plwms) *(f)* siwgwr.

sugary *a.* **1.** *(of cake &c):* siwgraidd, siwgwraidd, siwgrog, siwgwrog. **2.** *(of manner):* siwgraidd, siwgwraidd.

suggest *v.t.* **1.** awgrymu, cynnig; **a solution suggested itself to me,** daeth esboniad i'm meddwl; ymgynigiodd esboniad i mi; **to ~ sth indirectly,** taro'r post i'r pared glywed, dweud hanner gair, *S.E:* dweud pen gair, towlu pêl i ben to rhn. **2.** *(= insinuate):* **do you ~ that I am lying?** a ydych yn awgrymu/ ensynio fy mod i'n dweud celwydd? *Jur:* **I ~ that...,** awgrymaf fod.... **3.** *(= evoke):* dwyn (rhth) i gof, peri meddwl (am rth), awgrymu (rhth); **(his nose and ears) ~ a rabbit,** (mae ei drwyn a'i glustiau) yn dwyn cwningen i gof, yn eich atgoffa am gwningen, yn peri i chi feddwl am gwningen.

suggested *a.* awgrymedig.

suggester *a.* awgrymwr (awgrymwyr) *m*, awgr|ymwraig *f*.

suggestibility *n. (of pers.):* hygoeledd *m*.

suggestible *a.* **1.** *(idea &c):* awgrymadwy. **2.** *(pers.):* hawdd eich perswadio, hygoelus, hawdd dylanwadu arnoch.

suggestion *n.* **1.** awgrym(-iadau) *m*, awgrymiad(-au) *m*; **auto-~,** hunanawgrymiad(-au) *m*; **to make/offer a ~,** gwneud awgrym, awgrymu/cynnig rhth; **suggestions for improvement,** awgrymiadau ar gyfer gwelliant; *Jur:* **my ~ is that...,** fy awrym yw bod/mai...; awgrymu yr wyf bod/mai.... **2.** awgrym, arlliw(-iau) *m*; **(to speak) with a ~ of a foreign accent,** (siarad) ag awgrym/arlliw o acen dramor, â thipyn o lediaith. **~[s]-book** *n.* llyfr(-au) *(m)* awgrymiadau. **~[s]-box** *n.* blwch (blychau) *(m)* awgrymiadau. **~-card** *n.* cerdyn (cardiau) *(m)* awgrymu.

suggestive *a.* **1.** awgrymog, awgrymiadol, awgrymus, awgrymol; **(sth) ~ of sth,** (rhth) sy'n awgrymu rhth, sy'n sawru o rth. **2.** *(= vaguely improper):* awgrymog.

suggestively *adv.* yn awgrymog *&c*.

suggestiveness *n.* awgrymoldeb *m*, awgrymusedd *m*.

sui *n. Chess: F:* **~ mate,** hunan-fât (~-fatau) *m*.

sui generis *a.* unigryw, o'i fath ei hun.

sui juris *a. Jur:* annibynnol, yn eich oed a'ch amser, o lawn allu cyfreithiol.

suicidal *a.* hunanladdol, hunanleiddiol, *occ:* hunanlofruddiol, hunanddinistriol; *F:* **it would be ~ for us to do so,** byddai ar ben arnom petaem ni'n gwneud hynny; byddai'n angeuol inni wneud hynny.

suicidally *adv.* hunanladdol *&c*; **~ inclined,** â thuedd at hunanladdiad, tueddol i'ch lladd eich hun/hunan.

suicide¹ *n. (pers.):* hunanleiddiad (hunanleiddiaid) *m&f*, hunanlofrudd(-ion) *m*.

suicide² *n. (crime):* hunanladdiad(-au) *m*, hunanlofruddiaeth(-au) *f*; **to commit ~,** eich lladd eich hun; *Jur:* cyflawni hunanladdiad; *F:* gwn|eud eich diwedd eich hun, gwneud diwedd arnoch eich hun, gwneud amdanoch eich hun; **to attempt ~,** ceisio'ch lladd eich hun; **attempted ~,** ymgais *(m)* i'ch lladd eich hun; *Pol:* **to commit political ~,** eich lladd eich hun yn wleidyddol, cyflawni hunanddistryw gwleidyddol *(m)*; **race ~,** hunanladdiad hiliol. **~ mission** *n. Mil:* cyrch(-oedd) hunanleiddiol *m*, ymosodiad(-au) hunanleiddiol *m*. **~ pact** *n.* cytundeb(-au) *(m)* hunanleiddiaid, cytundeb i gyflawni hunanladdiad. **~ pilot** *n.* peilot(-iaid) hunanleiddiol *m*. **~ squad** *n. Fb:* carfan *(f)* gicio (carfanau cicio). **~ troops** *n.pl. Mil:* milwyr hunanleiddiol.

suicide³ *v.i.* eich lladd eich hun.

suidae *n.pl. Z:* moch.

suilline *a. Z:* mochol.

suin *n. Ich:* sewin(-iaid) *m*, penllwyd(-ion) *m*.

suint *n.* saim *(m)* gwlân.

suit¹ *n.* **1.** *Jur:* **~ at/in law,** achos(-ion) cyfreithiol *m*; *Lit: occ:* cyngaws (cynghawsau, cynghawsion) *m*; **to bring a ~ against s.o.,** dwyn achos yn erbyn rhn; **to press one's ~,** pledio'ch achos; **to be a party to a ~,** pleidio achos, bod yn un o'r partïon/pleidiau mewn achos. **2.** *(= request):* cais (ceisiadau) *m*, deisyfiad(-au) *m*, erfyniad(-au) *m*, ymbiliad(-au) *m*; **at the ~ of s.o.,** ar gais rhn; **to make a ~ to s.o.,** erfyn/ymbil ar rn. **3.** *(= courtship):* carwriaeth(-au) *f*; **to pay ~ to a woman,** canlyn merch, ceisio llaw merch. **4.** *Cost:* siwt(-iau) *f*, gwisg(-oedd) *f*, *occ:* pâr (parau) *(m)* o ddillad; **buster ~,** siwt fyster; **lounge ~,** siwt bob dydd, siwt hamdden; **tailored ~,** siwt wedi ei mesur/theilwra, siwt o waith teiliwr; *S.a.* **armour¹ I. 1**; *(b) (for lady):* costiwm (costiymau) *m*, siwt. **5.** *Nau:* **~ of sails,** set(-iau) *(f)* o hwyliau. **6.** *Cards:* siwt(-iau) *f*, *occ:* lliw(-iau) *m*, rhesaid (rheseidiau) *mf*; *F:* **politeness is not his strong/long ~,** nid yn ei foesgarwch y mae ei gryfder; nid ei foesgarwch yw ei gryfder; **to follow ~,** *(i) Cards:* dilyn siwt, *occ:* dilyn y lliw; *(ii) F: (= imitate):* gwn|eud yr un peth (â rhn arall), dilyn esiampl (rhn arall). **7.** *Mus:* cyfres(-i) *f*.

suit² *v.t.* **1.** *(= adapt, make fitting):* **to ~ one's style to one's audience,** addasu'ch dull ar gyfer eich cynulleidfa, *F:* ffitio'r bluen i'r dŵr; **to ~ one's action to one's word,** gweithredu'n unol â'ch gair, troi gair yn weithred. **2. to be suited to/for sth,** gweddu i rth, gwn|eud y tro ar gyfer rhth, bod yn addas ar gyfer rhth, bod yn addas/gymwys i [wneud] rhth; **it suits the purpose,** mae'n gwneud y tro; mae'n ateb y diben/gofyn; **he is ill-suited to these parts,** nid yw'n gweddu i'r rhannau hyn; nid yw'n taro yn y rhannau hyn; **they are suited to each other,** maent yn gweddu i'w gilydd; maent yn cyd-daro'n dda; maent yn taro i'w gilydd i'r dim; **(the house does not) ~ me,** (nid yw'r tŷ) yn addas ar fy nghyfer i, yn gwneud [y tro] i mi, yn gwneud fy nhro i, yn ateb y diben i mi; **that suits me best,** dyna sy'n fy nharo i orau; dyna sydd orau gen i; dyna sydd fwyaf cyfl|eus i mi; *(= satisfy):* **I am not easily suited,** nid wyf yn un hawdd fy mhlesio/modloni; ni wnaiff rhywbeth-rywbeth mo'r tro i mi; **that suits me fine,** mae hynny'n iawn gen i; mae hynny'n fy nharo i i'r dim; *(of costume &c):* mae'n mynd yn berffaith i mi; *(convenient):* **(I shall do it) when it suits me,** (fe'i gwnaf) pan fydd hi'n gyfleus i mi, pan fydda' i'n dewis; **~ yourself,** gwnewch fel y mynnoch chi; gwnewch yn ôl eich dewis; rhyngoch chi a'ch pethau; **whenever it suits him,** pan fydd yn dewis, *F:* pan ddaw'r gwynt i'w hwyliau, pan ddaw'r hynt drosto; **to ~ all tastes,** bodloni pob chwaeth; **it suits my book to put up with them,** mae'n ateb fy niben i'w goddef nhw; **this weather does not ~ me,** nid yw'r tywydd yma'n dygymod â mi; nid wyf yn gallu dygymod â'r tywydd yma; nid yw'r tywydd yma'n cyd-fynd â mi; **(this hat) suits you,** (mae'r het hon) yn gweddu i chi, yn mynd yn dda i chi. **3. are you suited with a cook yet?** gawsoch chi gogydd eto? **4.** *(= clothe):* gwisgo, dilladu.

suitability *n.* addasrwydd *m*, cyfaddasrwydd *m*, cymhwyster *m*, priodoldeb *m*; **the ~ of a candidate to/for a post,** addasrwydd/cymhwyster ymgeisydd ar gyfer swydd.

suitable *a.* *(= appropriate):* addas, cymwys, cyfaddas, priodol, dyladwy, sy'n gweddu **(to sth, for sth,** i rth, ar gyfer rhth); pwrpasol; *(= convenient):* cyfl|eus; **~ marriage,** priodas gymharus *f*, ieuad cymharus *m*; **we found nothing ~,** ni chawsom hyd i ddim a wnâi'r tro; ni chawsom ddim a oedd yn taro; ni chawsom unrhyw beth addas; **the most ~ date,** y dyddiad mwyaf cyfleus/addas; **a ~ knife for chopping,** cyllell bwrpasol i dorri'n fân; **it seemed more ~ to laugh,** ymddangosai'n fwy priodol chwerthin.

suitableness *n.* = **suitability.**

suitably *adv.* **1.** *(dressed &c):* yn addas, yn gymwys, yn briodol; **~ matched couple,** pâr wedi'u hieuo'n gymharus. **2. she was ~ impressed,** cafodd hi argraff briodol/ddyladwy.

suitcase *n.* **1.** siwtces(-ys) *m*, cês (cesys) *(m)* dillad. **~ drama** *n. Th:* drama *(f)* bac (dramâu pac).

suite *n.* **1.** *(= retinue):* canlynwyr *pl*, gosgordd(-ion) *f*. **2.** *(a) (= series):* **~ of rooms,** ystafelloedd *pl*, cyfres(-i) *(f)* o ystafelloedd, swît (switiau) *f*; *(b) (= set):* **~ (of furniture),** set(-iau) *f*, swît (o ddodrefn/gelfi); **bathroom ~,** swît [ystafell] ymolchi; **dining-room ~,** dodrefn/celfi ystafell fwyta; **three-piece ~,** set dridarn (setiau tridarn), swît dridarn (switiau tridarn). **3.** *Mus:* cyfres(-i) *f*; **orchestral ~,** cyfres gerddorfa (cyfresi cerddorfa); **French ~,** cyfres Ffrengig; **~ de danses,** dawnsgyfres(-i) *f*.

suiting *n.pl. Com:* **gentleman's ~,** brethynnau *(pl)* siwtiau.

suitor *n.* **1.** *Jur:* achwynwr (achwynwyr) *m*, achwynydd(-ion) *m*, cwynwr (cwynwyr) *m*, deisebwr (deisebwyr) *m*. **2.** *(= wooer):* ymgeisydd (ymgeiswyr) *(m)* (am law merch), cariadfab

(cariadfeibion) *m*, carwr (carwyr) *m*. **3.** *(petitioner):* erfyniwr (erfynwyr) *m*, ymbiliwr (ymbilwyr) *m*, deisebwr, deisyfwr (deisyfwyr) *m*, *Lit: occ:* eirchiad (eirchiaid) *m*; *(for office):* ymgeisydd.
suitress *n.f.* ymgeisyddes(-au), erf|ynwraig (erfynwragedd).
suk[h] *n.* = **souk.**
sukiyaki *n. Cu:* swciaci *m*.
Sukkoth *n.* = **Succoth.**
sulcate, sulcated *a.* rhychog, rhigolog.
sulcation *n.* rhigol(-au) *f*, rhych(-au) *mf*.
sulcus *n. Anat: &c:* rhigol(-au) *f*, rhych(-au) *mf*, swlcws (swlci) *m*.
sulfa, sulfur *n.* = **sulpha, sulphur** *&c.*
sulk¹ *n.usu.pl.* pwd *m*, soriant *m*, sorri *vn*, *S:* cwpse *pl*, clefyd (*m*) y pwd; **she's in the sulks,** mae'r pwd arni; mae hi wedi sorri; mae hi yn y pwd.
sulk² *v.i.* sorri, pwdu, *S:* mulo, bod yn ddiserch, terru; *N.W:* mynd i'r siambar sorri, sorri'n bwt, llaesu bochau, llyncu mul, mynd i'r horn, *M.W:* monni, *S.W:* gwn|eud cwpse, pwdu, pwdo, mynd i gwd, cwdu, llyncu llidiard, *S.E:* ceincio.
sulker *n.* rhn (rhai) pwdlyd/sorllyd/monllyd, sorrwr (sorwyr) *m*, pwdwr (pwdwyr) *m*, p|wdwraig (pwdwragedd) *f*, s|orwraig (sorwragedd) *f*.
sulkily *adv.* yn sorllyd, yn bwdlyd *&c.*
sulkiness *n.* natur bwdlyd *f*, soriant *m*, *S.W:* pwd *m*.
sulking¹ *a.* = **sulky.**
sulking² *vn.* = **sulk¹,².**
sulky¹ *a.* sorllyd, pwdlyd, wedi pwdu/sorri/monni, monllyd, *S:* cwpsog, *S.E:* cwcsog; **to look ~,** *N.W:* dangos eich hen gernau/fochgernau, llaesu bochau, *S:* disgwyl yn gwpsog.
sulky² *n. Veh:* trap(-iau) *m*, cerbydan(-au) *m*.
sullage *n.* **1.** *(= filth, sewage):* carthion *pl*, budreddi *m*, ysbwriel *m*. **2.** *Metall:* sinidr *m*.
sullen *a.* *(pers., expression):* sarrug, di-serch, du yr olwg, cuchiog, *N.W:* blin, surbwchaidd, surbwchlyd, *S.W:* bwrfwch, *S.E:* minsur; **a ~ man,** dyn(-ion) sarrug/di-serch, sarugyn (sarugion) *m*, *N.W:* [hen] surbwch (surbychiaid) *m*, *S.W:* dyn sychbrin; **~ silence,** distawrwydd sarrug; **to grow ~,** sarugo, *S.E:* terru.
sullenly *adv.* yn sarrug *&c.*
sullenness *n.* sarugrwydd *m*, piwisrwydd *m*, *N.W:* surbychni *m*.
sullied *a.* aflan, llychwinedig, halogedig, llychwin.
sully¹ *v.t.* difwyno, *Lit:* halogi, llychwino, *S:* trochi, *N:* baeddu, maeddu, *N.E:* dwyno.
Sully² *W.Pl.n.* Sili *f*, *A:* Abersili *mf*.
sulpha *a. Pharm:* sylffa; **~ drug,** sylff|onamid (sylffonamidau) *m*, cyffur(-iau) (*m*) sylffa.
sulphadiazine *n. Pharm:* sylffadïasin *m*.
sulphaguanidine *n. Pharm:* sylffagw|anidin *m*.
sulphamate *n. Ch:* s|ylffamad (sylffamadau) *m*.
sulphamic *a. Ch:* sylffamig.
sulphanilamide *n. Pharm:* sylffan|ilamid *m*.
sulphapyridine *n. Pharm:* sylffap|yridin *m*.
sulpharsphenamine *n. Pharm:* sylffarsff|enamin *m*.
sulphate¹ *n. Ch:* sylffad(-au) *m*; **copper ~,** sylffad copor, carreg las *f*; **iron ~,** sylffad haearn.
sulphate² *v.t.&i. Ch:* sylffadu.
sulphated *a. Ch:* wedi sylffadu, sylffadaidd.
sulphathiazole *n. Pharm:* sylffathïasol *m*.
sulphatic *a. Ch:* sylffatig.
sulphating *vn. Ch:* sylffadiad *m*, sylffadu.
sulphation *n. El:* sylffadu *vn*.
sulphatize *v.t. Ch:* sylffadeiddio, sylffateiddio.
sulphide *n. Ch:* sylffid(-au) *m*; **ammonium ~,** sylffid amoniwm.
sulphite *n. Ch:* sylffit(-au) *m*.
sulpho- *comb.fm.* sylffo-.
sulphocyanic *a. Ch:* sylffosyanig.
sulphocyanide *n. Ch:* sylffos|yanid *m*.
sulphonal *n. Pharm:* s|ylffonal *m*.
sulphonamide *n. Ch:* sylff|onamid (sylffonamidau) *m*.
sulphonate¹ *n. Ch:* s|ylffonad (sylffonadau) *m*.
sulphonate² *v.t. Ch:* sylffonadu.
sulphonation *n. Ch:* sylffonadu *vn*.
sulphone *n. Ch:* sylffon(-au) *m*.
sulphonic *a. Ch:* sylffonig.
sulphonium *n. Ch:* sylffoniwm (sylffonia) *m*.
sulphonmethane *n. Ch:* sylffonmethan *m*.
sulphonyl *n. Ch:* s|ylffonyl *m*.
sulphur *n. & attrib.* **1.** *n.* sylffwr *m*, *F:* brwmstan *m*; **flowers of ~,** fflŵr (*m*) sylffwr; *Med:* **liver of ~,** golch (*m*) sylffwr; **milk of ~,** llaeth (*m*) sylffwr; **plastic ~,** sylffwr meddal; **roll ~,** sylffwr rhôl; **stick ~,** ffon (ffyn) (*f*) sylffwr. **2.** *n. Ent:* = **sulphur butterfly. 3.** *attrib.* [o liw] sylffwr; melynwyrdd (*f.* melenwerdd, *pl.* melynwyrddion). **~-bottom** *n. Z:* morfil glas (morfilod gleision) *m*, morfil torfelyn. **~ butterfly** *n. Ent:* melyn(-ion) (*m*) y rhafnwydd. **~ candle** *n.* cannwyll (*f*) frwmstan (canhwyllau brwmstan). **~-match** *n.* matsien (matsis) (*f*) sylffwr. **~ mine** *n.* cloddfa (cloddf|eydd) (*f*) sylffwr, mwynglawdd (mwyngloddiau) (*m*) sylffwr (*pronounced* ng-g). **~ ore** *n. Geol:* mwyn (*m*) sylffwr. **~ point** *n. Ch:* sylffwr-bwynt *m*. **~-root** *n. Bot:* = **fennel (hog's). ~ salts** *n.pl.* halwynau sylffwr. **~-spring** *n.* ffynnon (ffynhonnau) (*f*) sylffwr. **~ tuft** *n. Fung:* twffyn (tyffiau) (*m*) brwmstan, torth (*f*) y tylwyth teg (torthau'r tylwyth teg), torth felen (torthau melyn). **~-yellow** *n.* melyn brwmstan/sylffwr, melynwyrdd.
sulphur², sulphurate *v.t. Ch:* sylffyru.
sulphuration *n.* sylffyru *vn*.
sulphurator *n. Ch:* sylffyrwr (sylffyrwyr) *m*.
sulphureous *a.* sylffyraidd.
sulphureously *adv.* yn sylffyraidd.
sulphureousness *n.* sylffyreiddiwch *m*.
sulphuret¹ *n. Ch:* = **sulphide.**
sulphuret² *v.t.* sylffyru.
sulphuretted *a. Ch:* sylffyredig.
sulphuric *a. Ch:* sylffyrig.
sulphurization *n. Ch:* sylffyru *vn*, sylffyriad(-au) *m*.
sulphurize *v.t. Ch:* sylffyru.
sulphurous *a. Ch:* sylffyraidd.
sulphurweed *n. Bot:* = **fennel (hog's).**
sulphurwort *n. Bot:* **1.** *(Oenanthe silaifolia):* dibynlor culddail *m*. **2.** = **fennel (hog's).**
sulphury *a.* sylffyraidd.
sulphuryl *n. Ch:* s|ylffyryl *m*.
Sulpician *n. R.C.Rel:* Swlpisiad (Swlpisiaid) *m*.
sultan *n.* **1.** swltan(-iaid) *m*. **2.** *Bot:* **purple/white sweet ~,** *(Centaurea moschata):* cramennog bêr lwydlas/wen *f*; **yellow ~,** *(C. suaveolens):* cramennog bêr felen. **3.** *Orn:* swltan(-iaid) *m*, iâr facsiog (ieir bacsiog) *f*.
sultana *n.* **1.** *(= wife of sultan):* swltanes(-au) *f*. **2.** *Cu:* syltana(-s) *f*, resinen fach (resins bach) *f*. **3.** *Orn:* = **sultan 3.**
sultanate *n.* swltaniaeth(-au) *f*.
sultaness *n.f.* swltanes(-au).
sultanic *a.* swltanaidd.
sultanship *n.* swltaniaeth(-au) *f*.
sultrily *adv.* **1.** yn fwll *&c.* **2.** *(= sensually):* yn nwydus, yn angerddol.
sultriness *n.* **1.** closrwydd *m*, myllni *m*, trymder *m*, mwrndra *m*. **2.** *(of actress &c):* nwydusrwydd *m*, eiriasedd *m*, eiriasboethder *m*.
sultry *a.* **1.** *(weather &c):* mwll, clòs, trymllyd, trymaidd, *S:* mwrn, *N.W: S.W: occ:* mwygl, *less correctly:* gwygil; **to grow ~,** myllu, myrnio, *S.E:* mwrno. **2.** *(actress, love-scene &c):* nwydus, eiriasboeth.
Sulu *Pr.n. Ethn:* Swlw(-aid) *m&f*. **~ Archipelago** *Pr.n. Geog:* Ynysfor (*m*) y Swlwaid. **~ Sea** *Pr.n. Geog:* Môr (*m*) y Swlwaid.
sum *n.* **1.** *(a)* *(= total):* swm (symiau) *m*, cyfanswm (cyfansymiau) *m*, cyfanrif(-au) *m*; *Com:* **~ of the years depreciation,** dibrisiant (*m*) dros y blynyddoedd; *(b)* *F:* **the ~ and substance of the matter,** swm a sylwedd y mater; **in ~,** yn fyr, yn gryno, mewn gair; *(c)* **~ of money,** swm o arian; **lump ~,** cyfandaliad(-au) *m*, swm un taliad, *F:* lwmp-swm (lymp-symiau) *m*. **2.** *Mth:* swm *m*, sỳm(-s, symiau) *f*; **to do sums,** gwneud symiau/sỳms, *S.W:* seiffro. **~ total** *n.* cyfanswm (cyfansymiau) [crwn/terfynol] *m*, y cyfan *m*.
sum² *v.t.* adio, symio, cyfansymio. **~ up** *v.t.* **1.** *Mth:* **to ~ up ten numbers,** symio/cyfansymio deg rhif, adio deg rhif at ei gilydd. **2.** *(a)* *Jur:* **to ~ up (a case),** crynh|oi, crynodebu (achos); *(b)* **to ~ up (a situation),** symio, deall (sefyllfa); *F:* **to ~ s.o. up,** mesur rhn, gweld hyd a lled rhn, asesu/barnu rhn, *N.W:* mesur troed rhn; **I summed him up (as lazy),** bernais, deuthum i'r casgliad (ei fod yn ddiog).

sumac[h] *n. Bot:* = **bog myrtle, gale[2] (sweet);** *S.a.* **poison[1].**
Sumatra *Pr.n. Geog:* Swmatra *f.*
Sumatran *a. & n.* **1.** *a.* Swmatraidd, [o] Swmatra; **S~ fauna,** anifeiliaid Swmatra. **2.** *n.* Swmatriad (Swmariaid) *m&f.*
Sumba *Pr.n. Geog:* Swmba *f.*
Sumer *Pr.n. Geog:* Swmer *f.*
Sumerian *a. & n.* **1.** *a.* Swmeraidd. **2.** *n. (a) Ethn:* Swmeriad (Swmeriaid) *m&f; (b) Ling:* Swmereg *f, m.*
summa *n. Ecc:* crynodeb(-au) *m.*
summa cum laude *Lt.Phr:* gyda'r clod uchaf.
summable *a.* symiadwy.
summand *n. Mth:* symand(-au) *m.*
summarily *adv.* **1.** *(= succinctly):* yn gryno, mewn byr eiriau. **2.** *(= without formality):* yn ddis|eremoni, yn ddi-lol, yn y fan a'r lle; *Jur:* yn ddiannod, o flaen ynadon.
summariness *n.* **1.** *(= succinctness):* crynoder *m.* **2.** *(= informality):* diffyg *(m)* s|eremoni; *Jur:* natur ddiannod *f.*
summarist *n.* = **summarizer.**
summarization *n.* crynhoad (crynoadau) *m,* crynodeb(-au) *mf,* talfyriad(-au) *m.*
summarize *v.t.* crynh|oi, talfyrru, *occ:* crynodebu.
summarized *a. (report &c):* cryno, crynodedig, crynoëdig, talfyredig; a grynhowyd *&c.*
summarizer *n.* crynhöwr (crynhowyr) *m,* talfyrrwr (talfyrwyr) *m.*
summary *a. & n.* **1.** *a. (a) (= succinct):* cryno, byr, talfyredig; **~ account,** crynodeb(-au) *m,* byr-hanes(-ion) *m; (b) (= brisk, informal):* swta, dis|eremoni, di-lol; *Jur:* diannod, ynadol, gan ynadon; **court of ~, ~ jurisdiction,** llys(-oedd) diannod *m;* **~ abatement of nuisance,** brys ddiddymiad *(m)* niwsans; **~ conviction,** collfarn ddiannod (collfarnau diannod) *f;* **~ jurisdiction,** awdurdod diannod *m;* **~ methods,** dulliau diannod; **~ offence,** tramgwydd diannod *m;* **~ procedure,** trefn ddiannod (trefnau diannod) *f;* **~ proceedings,** achos diannod *m; Jur:* **~ trial,** treial(-on) diannod *m,* treial o flaen ynadon, treial gan ynadon. **2.** *n.* crynhoad (crynoadau) *m,* crynodeb(-au) *m; (of book):* talfyriad(-au) *m.*
summat *n. & pron. or adv. Dial:* = **somewhat, something.**
summate *v.t.* adio, symio, cyfansymio.
summation *n.* adio *vn,* symio *vn,* cyfansymio *vn,* cyfansymiad(-au) *m,* symiant (symiannau) *m,* cyfanswm (cyfansymiau) *m; S.a.* **summary 2.**
summative *a.* cyfansymiol.
summer[1] *n. & attrib.* **1.** *n.* haf(-au) *m;* **in ~,** yn yr haf; **a ~'s day,** diwrnod(-iau) *(m)* o haf, dydd(-iau) *(m)* o haf, *Lit:* hafddydd (-iau) *m;* **a ~ afternoon,** prynhawn(-[i]au) *(m)* o haf; **a ~ evening, a ~'s night,** noson (nosau) *(f)* o haf, noswaith (nosweithiau) *(f)* o haf, hafnos(-au) *f;* **a ~ morning,** bore(-au) *(m)* o haf; **high ~,** canol *(m)* haf; *Poet:* **(maiden) of twenty summers,** (merch) *(f)* ugain oed, ugain haf; **Indian ~, St. Luke's ~,** haf bach Mihangel, haf bach Gŵyl Fihangel, *S.W: occ:* tes bach *(m)* Gwylingel, *S: occ:* haf bach Gwyningell; **St. Martin's ~,** haf bach Gŵyl Farthin; *Fig:* **in the ~ of life,** ym mlodau'ch dyddiau/oes; *Prov:* **one swallow doesn't make a ~,** un wennol ni wna wanwyn. **2.** *attrib.* [yr] haf, hafol. **~ apple** *n. Hort:* afal(-au) *(m)* cynnar. **~ breeze** *n.* awel(-on) *(f)* haf, awel hafaidd, hafwynt(-oedd) *m.* **~ chrysanthemum** *n. Bot:* blodyn (blodau) *(m)* Mihangel yr haf. **~ cypress** *n. Bot: (Kochia scoparia):* gw|ydd-droed *(f)* yr haf. **~ duck** *n. Orn: U.S:* hwyaden (hwyaid) *(f)* yr haf, hwyaden y coed. **~ fallow** *n. Agr:* braenar(-au) *(m)* haf, hafar(-au) *m.* **~ flounder** *n. Ich:* lleden (lledod) *(f)* yr haf. **~ gorse** *n. Bot:* = **furze (dwarf). ~-house** *n.* tŷ (tai) *(m)* haf, hafdy (hafdai) *m.* **~ lady's tresses** *n. Bot:* caineirian troellog *(m)* yr haf. **~ lighting** *n. F:* dreigiau mellt *pl.* **~ pudding** *n. Cu:* pwdin(-au) *(m)* haf. **~ savory** *n. Bot: (Satureia hortensis):* safri(*m*)'r gerddi/haf. **~ school** *n.* ysgol(-ion) *(f)* haf. **~ snipe** *n. Orn:* = **sandpiper. ~ snowflake** *n. Bot: (Leucojum aestivum):* eirïaidd *m.* **~ solstice** *n.* heulsafiad *(m)* yr haf, hirddydd *(m)* haf, *Poet:* Alban Hefin *m.* **~ squash** *n. Bot: U.S:* gowrd(-iau) haf *m.* **~-stir** *n.* = **summer fallow. ~ stock** *n. Th:* cynhyrchiad (cynyrchiadau) haf *m.* **~ sunshine** *n.* heulwen *(f)* haf, hafgan *m.* **~ tanager** *n. Orn:* tanagr(-od) *(m)* yr haf. **~ teal** *n. Orn:* = **garganey. ~ theatre** *n. Th:* theatr(-au) *(f)* haf. **~-time** *n.* **1.** = **summer[1]. 2.** *(of clock):* amser *(m)* haf. **~-weight** *attrib.* ysgafn (ysgeifn). **~-wheat** *n.* gwenith *(m)* haf. **~ yellowbird** *n. Orn:* dryw felen (drywod melyn) *(f)* yr haf, dryw melyn *(m)* yr haf.
summer[2] *v.i.&t.* **1.** *v.i.* bwrw haf, treulio haf, hafota, *occ:* hafu. **2.** *v.t. (a) (= make summerlike):* gwn|eud (rhth) yn hafaidd; *(b) (cattle):* rhoi (gwartheg/da) i bori, gollwng (gwartheg/da) allan, *occ:* porfelu (gwartheg/da).
summer[3] *n. Const:* **~[-beam], ~[-tree],** swmer(-au) *m,* prif drawst(-iau) *m.*
summeriness *n.* hafeiddiwch *m,* haf|eidd-dra *m.*
summerless *a.* di-haf, heb haf.
summerlike, summerly *a.* hafaidd.
summersault *n.* = **somersault.**
summertime *n.* haf(-au) *m.*
summerwood *n. For:* pren *(m)* haf.
summery *a.* hafaidd.
summing up *n.* **1.** *Jur:* crynhoad (crynoadau) *m,* crynodeb(-au) *m.* **2.** *(of a situation &c):* asesiad(-au) *m.*
summist *n.* = **summarizer.**
summit *n.* **1.** *(of mountain):* copa (copâu, copaon) *fm,* pen *(m)* mynydd (pennau mynyddoedd), trum(-iau) *mf;* **accordance of ~ levels,** cyfuchedd(-au) *(m)* copaon. **2. ~ (of fame, greatness &c),** copa, pinacl(-au) *m,* uchafbwynt(-iau) *m,* brig(-au) *m.* **~ conference** *n.* uwchgynhadledd (uwchgynadleddau) *f.* **~ meeting** *n.* uwchgyfarfod(-ydd) *m.* **~ pound** *n. (of canal):* pownd(-iau) uchaf *m.*
summital *a.* copaol.
summiteer *n.* uwchgynadleddwr (uwchgynadleddwyr) *m.*
summitless *a.* heb gopa, digopa.
summitry *n. Pol:* uwchgynadledda *vn.*
summon *v.t.* **1.** galw; *(a)* **to be summoned (to the peerage),** cael galwad *(f),* cael eich galw (i'r bendefigaeth); *(b) Jur:* gwysio. **2. to ~ a town to surrender,** galw ar dref i ildio. **3.** *(= rouse):* **to ~ up one's courage,** ymwroli, *F:* magu plwc.
summonable *a.* gwysiadwy.
summoned *a.* gwysedig, tan wŷs.
summoner *n.* gwysiwr (gwyswyr) *m.*
summons[1] *n.pl.* **1.** *(= urgent order):* galwad(-au) *f,* gwŷs (gwysion) *f,* gwysiad(-au) *m;* **general ~,** llwyrwys(-ion) *f,* gwŷs gyffredinol (gwysion cyffredinol). **2.** *Jur:* gwŷs; **to issue a ~** cyhoeddi gwŷs; **originating ~,** gwŷs gychwynnol (gwysiau cychwynnol); **~ for breach of requirements,** gwŷs am dorri gofynion; **~ for directions,** gwŷs am gyfarwyddyd; **witness ~,** gwŷs dystiolaeth (gwysion tystiolaeth); **to serve a ~ on s.o.,** cyflwyno gwŷs i rn; **acceptance of ~,** derbyn gwŷs; **personal service of ~,** cyflwyniad personol o wŷs; **to take out a ~ against s.o.,** codi gwŷs yn erbyn rhn; **to neglect a ~,** tremygu gwŷs; **judgement ~,** gwŷs dyfarniad; **to receive a ~,** derbyn gwŷs, *F:* cael papur glas. **3.** *Mil:* **~ to s.o. to surrender,** galwad i ildiad, galwad ar i rn ildio.
summons[2] *v.t. Jur:* gwysio (rhn), galw (rhn) i lys.
summum bonum *n. Phil:* y daioni eithaf *m,* y penllâd *m*
sumo *n. Wr:* swmo *m.*
sump *n. Mec.E: Min:* sỳmp (sympiau) *m.* **~ pit** *n. Mec.E: Aut:* pydew(-au) *(m)* trin ceir. **~ pump** *n. Min:* pwmp (pympiau) *m.*
sumpter *n. A:* = **pack-horse. ~ saddle** *n.* ystrodur(-iau) *f.*
sumption *n. Log:* cynhwysiad (cynwysiadau) *m.*
sumptuary *a. (law):* gwrthwariant, gwrthwariannol, yn erbyn gorwario.
sumptuosity *n.* = **sumptuousness.**
sumptuous *a.* moethus, helaethwych, godidog, drudfawr.
sumptuously *adv.* yn foethus *&c.*
sumptuousness *n.* moethusrwydd *m,* godido[w]grwydd *m,* drudfawredd *m,* gwychder(-au) *m.*
sun[1] *n.* haul (heuliau) *m;* **midnight ~,** haul canol nos; **a fierce/beating ~,** haul tanbaid/taro; **the ~ is shining,** mae'r haul yn disgleirio/tywynnu; **the ~ is setting,** mae'r haul yn machlud; *N.W: occ:* mae'r haul yn mynd dan gaerau; *F:* **his ~ is set,** mae'n fachlud haul arno; mae ei haul wedi machlud; machludodd ei haul; *Nau:* **to take/shoot the ~,** syllu ar yr haul; **with the ~,** *(= clockwise):* gyda'r haul, gyda'r cloc, yn glocwedd; **against the ~,** *(= anticlockwise):* yn groes i'r haul, yn wrthglocwedd; **a place [full] in the ~,** lle yn llygad yr haul; **to take the ~,** mynd allan/mas i'r haul/heulwen; **this house catches the ~,** mae'r tŷ 'ma yn llygad yr haul; **to get a touch of the ~,** *(i) (suntan):* cael tipyn o liw haul; *(ii) (slight sunstroke):* cael

twtsh o'r haul; **(empire) on which the ~ never sets,** (ymerodraeth) na fachluda'r haul arni fyth; *B:* **let not the ~ go down upon your wrath,** na fachluded yr haul ar eich digofaint; *B:* **there is no new thing under the ~,** nid oes dim newydd dan yr haul; **mock ~,** cyw(-ion) (*m*) haul, ci (cŵn) (*m*) haul; *Rel:* **the ~ of righteousness,** haul cyfiawnder; *Prov:* **to make hay while the ~ shines,** cynaeafu tra bo'n dywydd teg; *Prov:* **to hold a candle to the ~,** dal cannwyll i'r haul; **~'s eyelashes,** amrannau'r haul; *Nau:* **~'s backstays, the ~ drawing water,** pyst (*pl*) [yr] haul, pyst dan haul; *B:* **the ~ shall not smite thee by day,** ni'th dery yr haul y dydd; *B:* **He makes the ~ to shine on the evil and on the good,** y mae Efe yn peri i'w haul godi ar y drwg a'r da; *Prov:* **heaven cannot support two suns, nor earth two masters,** ni all y nefoedd gynnal dau haul, na'r ddaear ddau feistr; *Prov:* **more worship the rising than the setting ~,** bydd mwy yn addoli'r haul ar godi na'r haul ar fachlud; bydd pawb â'u llygaid ar yr haul pan godo; *Prov:* **out of God's blessing into the warm ~,** o ras Duw i'r heulwen gynnes; *V:* **he thinks the ~ shines out of his bum/behind,** mae'n meddwl bod yr haul yn codi yn nhwll ei din. ~ **animalcule** *n. Z:* milyn (milod) (*m*) haul, heulfilyn (heulfilod) *m*. **~-baked** *a.* cras, heulgras, wedi crasu yn yr haul. **~-bath** *n.* torheulad(-au) *m*, *S:* bolaheulad(-au) *m*. **~-bear** *n. Z:* arth (eirth) (*f*) Malaia. **~-beaten** *a.* heulguredig. **~-bird** *n. Orn:* aderyn (adar) (*m*) yr haul. **~-bittern** *n. Orn: (Eurypyga helias):* crëyr (crehyrod) (*m*) yr haul. **~-blind** *n.* llen(-ni) (*f*) haul, cysgodlen(-ni) *f*. **~-bonnet** *n.* bonet(-i,-au) (*f*) haul. **~-bow** *n. Meteor:* enfys(-au) *f*. ~ **centre** *n.* heulfan(-nau) *mf*. **~-cured** *a.* heulsych(-ion), heulsychedig. **~-dance** *n.* dawns(-iau) (*f*) haul, heulddawns(-iau) *f*. **~-deck** *n. N.Arch:* dec(-iau) (*m*) haul. **~-disc** *n.* disg(-iau) (*mf*) haul, heulddisg(-iau) *mf*. **~-dog** *n. Meteor:* ci (cŵn) (*m*) haul, heulgi (heulgwn) *m*, cyw(-ion) (*m*) haul. **~-drenched** *a.* = **sun-soaked.** **~-dress** *n.* gwisg(-oedd) (*f*) haul. **~-dried** *a. (mud, desert &c):* cras, heulgras; *(fish &c):* wedi ei sychu yn yr haul, a sychwyd yn yr haul, heulsych(-ion). **~-gem** *n. Orn: (Heliactin cornutus):* heuldlws (heuldlysau) *m*. **~-glasses** *n.pl.* sbectol(-au,-s) (*f*) haul. **~-god** *n.* duw(-iau) (*m*) haul, heuldduw(-iau) *m*. **~-goddess** *n.* duwies(-au,-i) (*f*) haul. **~-grebe** *n. Orn:* = **sun-bird.** **~-hat** *n.* het(-iau) (*f*) haul. **~-helmet** *n.* helmed(-i,-au) (*f*) haul. **~-kissed** *a.* heulog. **~-lamp** *n.* lamp(-au) (*f*) haul. ~ **lounge** *n.* lolfa (lolf|eydd) (*f*) haul, ystafell(-oedd) (*f*) haul. **~-lounger** *n.* gwely(-au) (*m*) haul. **~-myth** *n.* myth(-au) heulol *m*. ~ **parlor** *n. U.S:* = **sun lounge.** **~-plant** *n. Bot:* heul-lys(-iau) *m*. **~-porch** *n. U.S:* = **sun lounge.** **~-power** *n.* ynni heulol *m*, ynni'r haul. **~-proof** *a.* gwrth-haul, diogel rhag haul. **~-ray** *n.* pelydryn (pelydrau) (*m*) haul. **~-ray lamp** *n.* lamp(-au) (*f*) heulwen. **~-ray pleats** *n.pl. Needlew:* pletiau pelydrol. **~-ray treatment** *n. Med:* triniaeth (*f*) haul/heulwen. **~-roof** *n.* to(-eau,-eon) (*m*) haul, to agor. **~-snake** *n. Nat.Hist:* neidr (nadroedd) (*f*) [yr] haul. **~-soaked** *a.* heulog. **~-spurge** *n. Bot: (Euphorbia helioscopia):* llaeth (*m*) ysgyfarnog, llysiau(*pl*)'r cyfog, dafadlys *m*, dafadenlys *m*. **~-stone** *n. Lap:* heulfaen (heulfeini) *m*, llygad (*m*) cath (llygaid cathod). **~-suit** *n. Cost:* gwisg(-oedd) (*f*) haul, siwt(-iau) (*f*) haul. **~-top** *n. Cost:* top(-iau) (*m*) haul. **~-up** *n.* = **sunrise.** ~ **visor** *n.* cysgod(-ion) (*m*) llygaid, fisor(-au) (*m*) haul, sgrîn (sgriniau) (*f*) haul. **~-worship** *n.* addoli(*vn*)'r haul, haul-addoliaeth *f*. **~-worshipper** *n.* addolwr (addolwyr) (*m*) haul, haul-addolwr (~-addolwyr) *m*, add|olwraig (addolwragedd) (*f*) haul, haul-addolwraig (~-addolwragedd) *f*.

sun[2] *v.t.* heulo (rhth), rhoi/dodi/gosod (rhth) yn yr haul; **to ~ oneself,** gorwedd yn yr haul, *N:* torheulo, *S:* bolaheulo.

sunbathe *v.i.* torheulo, *S:* bolaheulo.

sunbather *n.* torheulwr (torheulwyr) *m*, torh|eulwraig (torheulwragedd) *f*, *S:* bolaheulwr (bolaheulwyr) *m*, bolah|eulwraig (bolaheulwragedd) *f*.

sunbeam *n.* pelydryn (pelydrau) (*m*) haul.

sunbed *n.* gwely(-au) (*m*) haul.

sunbelt *n. Geog:* heuldir(-oedd) *m*.

sunblock *n.* eli (elïau) (*m*) atal haul, ataliwr (atalwyr) (*m*) haul.

sunbreak *n.* cysgod(-ion) (*m*) rhag haul.

sunburn[1] *n. Med:* llosg(-iadau) (*m*) haul.

sunburn[2] *v.i.* llosgi yn yr haul.

sunburned *a.* **1.** *(desert &c):* cras [gan haul]. **2.** *Med: (skin):* wedi llosgi yn yr haul, wedi cael llosg haul. **3.** = **suntanned**; **to get ~,** *(a) (of desert &c):* crasu; *(b) Med:* llosgi yn yr haul, cael llosg haul; *(= get suntanned):* cael lliw haul, melynu yn yr haul.

sunburner *n. El:* llosgydd(-ion) (*m*) haul.

sunburnt *a.* = **sunburned.**

sunburst *n.* **1.** *(= flash of sunlight):* llygedyn (llygadau) (*m*) o haul. **2.** *(firework):* heuldan(-au) *m*; *(jewel):* heuldlws (heuldlysau) *m*; *(decoration):* heuladdurn(-au) *m*. ~ **pleats** *n.pl.* pletiau pelydrol.

sundae *n. Cu:* hufen (*m*) iâ a ffrwythau, syndi(-s) *m*.

Sunda *Pr.n. Geog:* Swnda *f*, ~ **Islands,** *Pr.n. Geog:* Ynysoedd Swnda. ~ **Sea** *Pr.n. Geog:* Môr (*m*) Swnda. ~ **Strait** *Pr.n. Geog:* Culfor (*m*) Swnda.

Sundanese *a. & n.* **1.** *a.* Swndanaidd. **2.** *n. (a) Ethn:* Swndaniad (Swndaniaid) *m&f*; *Coll:* Swndaniaid; *(b) Ling:* Swndaneg *f*, *m*.

Sunday *n.* Sul(-iau) *m*, dydd(-iau) (*m*) Sul; **he is coming on ~,** mae'n dod ddydd Sul; *adv.* **Sundays,** bob dydd Sul, ar [y] Suliau; **he comes on Sundays,** bydd yn dod ar y Sul *or* ar Suliau; **to spend ~,** bwrw'r Sul; *F:* **not in a month of Sundays,** byth bythoedd, ddim cyn dydd Sul y pys; **as long as a month of Sundays,** diddiwedd, diderfyn, fel oes mul; **when two/three Sundays come together,** pan ddaw'r Nadolig yn yr haf, yng nghyfarfod deusul; ~ **before Christmas Day,** *F:* dydd Sul du bach; **carling ~,** dydd Sul y gwrychon/pys; **Hospital ~,** Sul yr Ysbytai; **Low ~,** Sul y Pasg bychan, y Sul nesaf ar ôl y Pasg; **Mothering ~,** [dydd] Sul y Meibion, [dydd] Sul y Fam, Sul y Mamau; **Palm ~,** [dydd] Sul y Blodau; **Rogation ~,** [dydd] Sul y Gweddïau; **Whit ~,** y Sulgwyn *m*. ~ **best** *a.* gorau; ~ **best clothes,** dillad dydd Sul, dillad gorau, dillad parch, *S: F:* dillad cig rhost; ~ **best boots,** esgidiau gorau, *S: F:* esgidiau parch; **~-go-to-meeting clothes,** *U.S: F:* dillad gorau, dillad parch, dillad dydd Sul; ~ **letter** *n.* llythyren (*f*) y Sul (llythrennau'r Sul). ~ **observance** *n.* cadwraeth (*f*) y Saboth, cadw(*vn*)'r Saboth. ~ **painter** *n.* artist(-iaid) (*m*) [dydd] Sul. ~ **paper** *n.* papur(-au) (*m*) [dydd] Sul. ~ **punch** *n.* ergyd farwol *f*, *F:* y farwol *f*. ~ **school** *n.* ysgol(-ion) (*m*) Sul.

sunder[1] *v.t. (a) (= separate):* gwahanu, ysgaru; *(b) (= split):* torri, hollti.

sunder[2] *adv.* **in ~,** ar wahân, yn ddau.

sunderance *n.* gwahaniad(-au) *m*, gwahanu *vn*.

sundered *a.* gwahanedig, ysgaredig.

sundew *n. Bot:* **common** *or* **round-leaved ~,** *(Drosera rotundifolia):* chwys (*m*) yr haul, gwlith (*m*) yr haul, toddaid rhudd *m*, gwlithlys crynddail *m*, toddaid coch, chwys yr huan, tawddrudd crynddail *m*, y doddedig rudd *f*; **great** *or* **long-leaved ~,** *(D. anglica):* tawddrudd mawr, gwlithlys mawr; **oblong-leaved ~,** *(D. intermedia):* gwlithlys hirgrynddail, tawddrudd hirgrynddail.

sundial *n.* deial(-au) (*m*) haul.

sundown *n.* = **sunset.**

sundowner *n.* **1.** *(drink):* diod(-ydd) (*f*) machlud haul, joch(-iau) (*fm*) gyda'r nos. **2.** *F:* = **tramp[1] 3.**

sundries *n.pl.* manion bethau, amrywion, amryw bethau.

sundriesman *n.m.* amrywerthwr (amrywerthwyr).

sundry *a. & n.* **1.** *a.* amryw + *soft mut. (precedes n.)*; gwahanol, amrywiol, *both + soft mut. can precede or follow n.*; *Lit:* amryfal + *soft mut. (precedes n.)*; ~ **articles,** amryw bethau, amrywiol bethau, pethau amrywiol, amryfal bethau; ~ **expenses,** mân gostau; **on ~ occasions,** ar wahanol achlysuron/adegau. **2.** *n. (a)* **all and ~,** pawb a phobun, y byd a'r betws; **he told all and ~ about it,** dywedodd wrth bawb a phobun amdano; *(b) pl.* **sundries,** manion bethau, amrywiol bethau; *(= expenses):* mân gostau, amrywiol gostau; *(c) Cr:* chwaraewr (chwaraewyr) ychwanegol *m*.

sunfast *a. U.S: (dye):* anniflan.

sunfish *n. Ich: (Mola mola):* pysgodyn (pysgod) (*m*) yr haul, heulbysgodyn (heulbysgod) *m*; **slender ~,** *(Ranzaria laevis):* pysgodyn main yr haul.

sunflower *n. Bot:* blodyn (blodau) (*m*) haul, blodyn yr haul, heulflodyn (heulflodau) *m*, *S.E: occ:* blodyn wyneb yr haul. **S~ State** *Pr.n. Geog: (= Kansas):* Cansas *f*.

sung *p.p.* ar gân, canedig; *See* **sing.**

Sung *Pr.n. & attrib. Hist:* Swng(-iaid) *m*.

sunglass *n.* (= *burning glass):* gwydr(-au) (*m*) haul.

sunglow *n.* llewy[r]ch (*m*) haul, heulwen *f*.

suni *n. Z:* swni (swnïod, swnïaid) *m.*
sunk *a. (a) (ship):* suddedig, wedi suddo; **~ in thought,** myfyriol, dwfn mewn myfyrdod, mewn dwfn fyfyrdod; *(b) F:* **we're ~,** mae hi ar ben arnom; *(c)* **~ fence,** *(= ha-ha):* ffos gudd (ffosydd cudd) *f*; *(d) Com:* **~ cost,** cost suddedig *f.*
sunken *a. (a) (ship):* suddedig, wedi suddo, dan y dŵr; *(reef, rock):* tanfor, tanddwr; *(cheeks):* pantiog; *(c)* **~ road,** ceuffordd (ceuffyrdd) *f*; *S.a.* **sink²**; **~ garden,** gardd (gerddi) isel *f.*
sunless *a.* di-haul, diheulwen, heb haul, tywyll.
sunlessness *n.* tywyllwch *m.*
sunlight *n.* heulwen *f*, golau(*m*)'r haul; **in the ~,** yng ngolau'r haul; **to expose sth to ~,** dal rhth yng ngolau'r haul. **~ treatment** *n. Med:* triniaeth(-au) (*f*) haul/heulwen.
sunlike *a.* heulaidd, tebyg i'r haul.
sunlit *a.* heulog, yng ngolau'r haul, dan olau haul.
sunn *n.* **1.** *Bot: (Crotalarea juncea):* coeden (coed) (*f*) swnn, cywarch (*m*) Madr|as. **2.** *Tex:* **~ [hemp],** swnn *m.*
Sunna *n. Rel:* y Swnna *m.*
Sunni *n. & a. Rel:* **1.** *n.* Swnni (Swnnïaid) *m&f.* **2.** *a.* Swnnïaidd.
sunnily *adv.* **1.** yn heulog. **2.** yn siriol, yn hapus.
sunniness *n.* **1.** heulogrwydd *m*, *occ:* tesogrwydd *m.* **2.** *(of pers.):* sirioldeb *m.*
sunning *n.* heul[i]ad(-au) *m.*
Sunnism *n. Rel:* Swnnïaeth *f.*
Sunnite *n.* = **Sunni.**
sunny *a.* **1.** *(day, place):* heulog, teg, tesog, braf, *Lit: occ:* araul; *F:* **the ~ side of the picture,** yr ochr olau (*f*) i bethau. **2.** *(face, personality):* siriol. **~-side up** *a. Cu: (egg):* wedi ei ffrio ar un ochr.
sunproof *a.* gwrth haul, diogel rhag haul.
sunrise *n.* codiad(-au) (*m*) haul; **at ~,** ar godiad yr haul, gyda chodiad yr haul.
sunset *n.* machlud(-au) (*m*) haul, machludiad(-au) *m*; **at ~,** ar fachlud haul, gyda machlud yr haul; **it is just ~,** mae'r haul ar fachlud; mae'r haul bron mynd i lawr; *N.W:* mae hi jest yn haul y gacrau; *F:* **the ~ of life,** machlud oes, terfyn (*m*) oes. **~ shell** *n. Conch:* **large ~ shell,** *(Gari depressa):* cragen (*f*) y machlud; **Faroe ~ shell,** *(G. fervensis):* cragen machlud Ffaröe.
sunshade *n.* cysgodlen(-ni) *f.*
sunshine *n.* **1.** heulwen *f*, golau(*m*)'r haul, tes *m*; **in the ~,** yn yr heulwen, yn llygad yr haul, *N.W: occ:* yng ngheg yr haul; **period of ~,** cyfnod o haul, cyfnod heulog; **a gleam of ~,** llygedyn (*m*) o haul. **2.** *(of face):* sirioldeb *m.* **3.** *F:* **listen, ~,** clyw, 'ngwas i. **~ friend** *n. F:* ffrind(-iau) (*m*) diwrnod braf, ffrind tywydd teg. **~ recorder** *n.* mesurydd(-ion) (*m*) heulwen. **~ roof** *n.* to(-eau,-eon) (*m*) haul. **S~ State** *Pr.n. Geog:* Ffl|orida *f.*
sunshiny *a.* heulog, braf, tesog.
sunspot *n.* brycheuyn (brychau) (*m*) haul, smotyn (smotiau) (*m*) haul. **~ cycle** *n.* cylch(-oedd) (*m*) smotiau haul.
sunstar *n. Echin:* heulseren (heulser) *f*; **purple ~,** heulseren borffor (heulser porffor).
sunstroke *n. Med:* trawiad(-au) (*m*) haul, heuldrawiad(-au) *m*, twymyn (*f*) haul; **to get [a touch of] ~,** cael eich taro gan yr haul.
sunstruck *a.* dan drawiad haul, heuldrawedig.
suntan *n.* lliw (*m*) haul.
suntanned *a.* â lliw haul, yn lliw haul, heulfelyn(-ion).
suntrap *n.* llygad (llygaid) (*m*) haul, lle(-oedd) (*m*) dal/dala haul.
sunward *a.* tua'r haul, tuag at yr haul, yn wyneb haul.
sunwards *adv.* tua'r haul, tuag at yr haul, am yr haul, i gyfeiriad yr haul.
sunwise *adv.* wysg yr haul, gyda'r haul, i'r un cyfeiriad â'r haul.
suo jure *Lt.phr.* yn ei hawl ei hun.
suo loco *Lt.phr.* yn ei [l]le ei hun.
sup¹ *n.* diferyn (diferion) *m*, llymaid (llymeidiau) *m*, ychydig *m*, sipyn (sipiau) *m.*
sup² *v.t.&i.* **1.** *v.t.* llymeitian, sipian. **2.** *v.i. (= have supper):* swperu, swpera; *Prov:* **he must have a long spoon that sups with the devil,** rhaid wrth lwy hir i fwyta gyda'r diafol.
super¹ *n. & a.* **1.** *n. F:* = **supernumerary 2, superintendent, superfine, superior, supervisor** *&c.* **2.** *a. F: (= great):* p|enigamp: penig|amp, campus, gwych, ardderchog, rhagorol, tan gamp, *F:* grêt.
super² *pref.* uwch- + *soft mut.*, goruwch- + *soft mut.*, gor- + *soft mut.*, ar- + *soft mut.*, tra- + *spirant mut.*
superability *n.* natur drechadwy *&c f*, gwendid *m.*
superable *a.* trechadwy, gorchfygadwy, goresgynadwy.
superableness *n.* = **superability.**
superably *adv.* yn drechadwy.
superabound *v.i.* llifeirio (**with sth,** â rhth, o rth), heidio (o rth), bod yn niferus [iawn], bod yn rhy niferus, *occ:* heigio, *S.W:* pingo, pingad.
superabundance *n.* **1.** *(= great abundance):* toreth *fm*, digonedd *m*, helaethrwydd *m*, nifer mawr/fawr *mf*, *F:* llond (*m*) gwlad, peth wmbredd *m.* **2.** *(= excess):* gormod *m*, gormodedd *m.*
superabundant *a.* **1.** *(= very abundant):* toreithiog, helaeth, tra chyffredin, niferus, tra aml, *S.W:* yn pingo. **2.** *(= overabundant):* gormodol, rhy niferus.
superabundantly *adv.* **1.** yn niferus, yn helaeth, yn doreithiog *&c.* **2.** yn ormodol *&c.*
superaccommodating *a. (pers.):* tra chymwynasgar, tra pharod eich cymwynas.
superaccomplished *a.* tra hyddysg, tra medrus.
superactive *a.* tra gweithredol; *(pers.):* tra heini, tra gweithgar.
superacute *a.* **1.** *(= very shrewd):* craff iawn, tra chraff. **2.** *(illness):* tost iawn, tra thost, enbyd iawn, tra enbyd.
superadd *v.t.* atchwanegu.
superaddition *n.* gorychwanegiad(-au) *m*, atchwanegiad(-au) *m.*
superagency *n.* archasiantaeth(-au) *f.*
superalloy *n.* uwchaloi(-au) *m.*
superaltar *n. Ecc:* uwchallor(-au) *f*, arallor(-au) *f.*
superaltern *n. Log:* uwchben(-nau) *m.*
superambitious *a.* tra uchelgeisiol.
superanal *a. Anat:* uwchrefrol.
superannuable *a.* â phensiwn, pensiynadwy.
superannuate *v.t.&i.* **1.** *v.t. (a)* rhoi/dodi (rhn) ar ei bensiwn, pensiynu/deol (rhn) o'i waith; *(b) F: (old car &c):* cael gwared (â rhth), rhoi/dodi (rhth) ar y domen, bwrw (rhth) heibio. **2.** *v.i. Jur: (of power of attorney &c):* dod i ben, mynd dros ei ddyddiad.
superannuated *a.* **1.** *(= dated):* hen ffasiwn, ar ei hôl hi, wedi dyddio. **2.** *(= retired):* wedi ymddeol, ymddeoledig.
superannuation *n.* **1.** *(= retirement):* ymddeoliad(-au) *m.* **2.** *(= pension):* pensiwn (pensiynau) *m*, budd-dâl (~-daliadau) (*m*) ymddeol. **~ fund** *n.* cronfa (*f*) bensiwn (cronf|eydd pensiwn). **~ scheme** *n.* cynllun(-iau) (*m*) pensiwn.
superaqueous *a.* uwchb|en dŵr, uwchl|aw dŵr.
superb *a.* gwych, godidog, ysblennydd, ardderchog, rhagorol.
superbazaar *n.* archfarchnad(-oedd) *f.*
superblock *n.* uwchfloc(-iau) *m.*
superbly *adv.* yn wych, yn odidog *&c.*
superbness *n.* gwychder(-au) *m*, godido[w]grwydd *m*, ysblander(-au) *m*, ardderchо[w]grwydd *m.*
superbold *a. (pers.):* tra eofn/hy[f], eofn/hy[f] iawn.
supercalender¹ *n. Paperm:* hylathrwr (hylathrwyr) *m.*
supercalender² *v.t. Paperm:* hylathru.
supercalendered *a.* hylathredig.
supercanopy¹ *n.* gordo(-eau,-eon) *m*, uwchg|anopi (uwchganopïau) *m.*
supercanopy² *v.t.* gord|oi (rhth), gosod uwchg|anopi (ar rth, dros rth).
supercargo *n. Nau:* swyddog(-ion) (*m*) cargo.
supercelestial *a. (a) (= above the heavens):* uwchl|aw'r wybren, uwchwybrennol; *(b) (= more than heavenly):* goruwchnefolaidd.
supercharge *v.t.* **1.** *I.C.E:* tra-chywasgu, atgyfnerthu. **2.** *(with emotion, tension &c):* tra-gwefrio, trydanu.
supercharged *a.* **1.** *I.C.E:* tra-chywasgedig. **2.** *(atmosphere):* trydanol, tra gwefrol (**with sth,** gan rth).
supercharger *n. I.C.E:* tra-chywasgwr (~-chywasgwyr) *m.*
superciliary *a. & n.* **1.** *a.* ysgafellol, uwchl|aw'r aeliau. **2.** *n.* **~ [mark],** marc(-iau) ysgafellol *m.*
supercilious *a.* ffroenuchel, trwynsur.
superciliously *adv.* yn ffroenuchel *&c.*
superciliousness *n.* ffroenucheledd *m.*
supercity *n.* uwchddinas(-oedd) *f.*
supercivilized *a.* tra gwareiddiedig, tra gwaraidd, tra gwâr.
superclass *n. Biol:* uwchddosbarth(-iadau) *m.*

supercoil *n. Bio-Ch:* uwchdorch(-au) *f.*
supercoiled *a. Bio-Ch:* uwchdorchog.
supercolossal *a.* aruthrol, anferthol.
supercolumnar *a. Arch:* uwchbilerog, uwchbilerol, arbilerog, arbilerol, uwchgolofnog, argolofnol.
supercolumniation *n.* arbileriad(-au) *m,* uwchbileriad(-au) *m.*
supercomplex *a.* tra chymhleth, cymhleth iawn.
supercomputer *n.* uwchgyfrifiadur(-on) *m.*
supercomputing *vn.* uwchgyfrifiannu.
superconduct *v.t. Ph: El:* tra-dargludo.
superconducting *a. Ph: El:* tra-dargludol.
superconduction *n. Ph: El:* tra-dargludiad *m,* tra-dargludo *vn.*
superconductive *a.* tra-dargludol.
superconductivity *n. Ph: El:* tra-dargludedd *m.*
superconductor *n. Ph: El:* tra-dargludwr (~-dargludwyr) *m.*
superconfidence *n.* rhyfyg *m,* hyder aruthrol *m.*
superconfident *a.* rhyfygus, tra hyderus, tra ffyddiog.
superconfidently *adv.* yn dra hyderus.
superconformism *n.* tra-chydymffurfiaeth *f.*
superconformist *n.* tra-chydymffurfiwr (~-chydymffurfwyr) *m.*
superconformity *n.* tra-chydymffurfiad *m.*
supercongested *a.* tra gorlawn, rhy lawn; *(street, traffic):* tagedig iawn.
superconservative *a.* tra cheidwadol.
supercool[1] *v.t.&i.* tra-oeri.
supercool[2] *a.* **1.** *(of liquid):* tra oer. **2.** *F: (pers.):* tra digyffro.
supercooled *a.* tra-oeredig.
supercriminal *a. & n.* **1.** *a.* troseddol iawn, tra throseddol, tra anonest, anonest iawn. **2.** *n.* archdroseddwr (archdroseddwyr) *m,* carndroseddwr (carndroseddwyr) *m,* pen-troseddwr (~-troseddwyr) *m, F:* archgrwc(-s,-iaid) *m.*
supercritical *a.* **1.** tra beirniadol, beirniadol iawn. **2.** *Ph:* uwchgritigol.
supercurious *a.* tra chwilfrydig, chwilfrydig iawn.
supercynical *a.* tra sinicaidd, sinicaidd iawn.
superdeficit *n.* diffyg(-ion) aruthrol *m.*
superdense *a.* dwys iawn, tra dwys, mawrddwys; **~ theory,** damcaniaeth *(f)* y glec fawr.
superdensity *n.* mawrddwyster *m.*
superdevotion *n.* mawrddefosiwn *m.*
superdifficult *a.* anodd iawn, tra anodd, dyrys, astrus.
superdominant *a. U.S:* = **submediant.**
superdose *n.* gor-ddôs (gorddosau) *fm.*
super-duper *a.* gwych, p|enigamp: penig|amp, rhagorol, anfarwol, *F:* bendigedig, bendigêd, grêt, ffantastig.
supereffective *a.* tra effeithiol, effeithiol iawn.
superego *n. Psy:* uwch-ego(-au) *m.*
superelevate *v.t. Civ.E:* tra-dyrchafu.
superelevated *a. Civ.E:* tra-dyrchafedig.
superelevation *n. Civ.E:* tra-dyrchafiad(-au) *m.*
supereminence *n.* goruchafiaeth *f,* tra-rhagoriaeth *f,* tra-amlygrwydd *m,* tra-enwogrwydd *m.*
supereminent *a.* tra rhagorol/blaenllaw/amlwg; tra enwog, tra hynod **(for sth,** am rth).
supereminently *adv.* tra + *spirant mut.*; **~ qualified,** tra chymwys; **~ talented,** tra dawnus.
superempirical *a.* tra empeiraidd.
superencipher *v.t.* uwchseiffro.
superencipherment *n.* uwchseiffro *vn,* uwchseiffrad(-au) *m.*
supererogation *n.* gorober(-oedd) *m.*
supererogator *n.* goroberwr (goroberwyr) *m.*
supererogatory *a.* goroberol; **~ work,** gwaith mwy na'r gofyn, gwaith y tu hwnt i ddyletswydd.
superethical *a.* uwchfoesegol.
superexcellence *n.* tra-rhagoriaeth(-au) *f,* tra-ardderchowgrwydd *m,* tra-champusrwydd *m.*
superexcellent *a.* tra rhagorol, tra ardderchog, tra champus.
superexcellently *adv.* yn dra rhagorol *&c.*
superexcitation *n.* gorgyffro(-adau) *m.*
superexcited *a.* gorgyffroëdig, tra chyffroëdig.
superexpressive *a.* tra mynegol, tra mynegiannol, gorlawn o fynegiant.
superfamily *n. Biol:* uwchdeulu(-oedd) *m.*
superfatted *a. (soap &c):* tra brasterog; *(calf &c):* tra phasgedig.
superfecundation *n. Physiol:* atgyfebriad(-au) *m,* atgyfebru *vn,* atfeichiogiad(-au) *m,* atfeichiogi *vn.*
superfecundity *n. Physiol:* gorffrwythlondeb *m.*
superfetate[1] *a.* atgyfeb, atfeichiog.
superfetate[2] *v.i.* atgyfebru, atfeichiogi.
superfetation *n.* **1.** = **superfecundation. 2.** *Bot:* cydfffrwythloni *vn.*
superficial *a.* ar yr wyneb, arwynebol.
superficiality *n.* arwynebolrwydd *m.*
superficially *adv.* ar yr wyneb, yn arwynebol.
superficialness *n.* = **superficiality.**
superficies *n.inv.* tu allan *m,* arwyneb(-au) *m.*
superfine *a.* **1.** *Com: &c:* tra choeth, o'r math gorau; *(cloth):* tra main. **2.** *(= subtle):* **~ distinctions,** gwahaniaethau mân iawn.
superfineness *n.* tra-choethni *m.*
superfinite *a.* uwchfeidraidd.
superfix *n. Ling:* arosodyn (arosodion) *m.*
superfluid *n. Ch:* uwch-hylif(-au) *m.*
superfluidity *n. Ch:* uwch-hylifedd *m.*
superfluity *n.* **1.** *(a) (= great abundance):* toreth *fm,* helaethrwydd *m,* digonedd *m; (b) (= excess):* gormod *m,* gormodedd *m;* **to give of one's ~,** rhoi o'ch afraid *(m).* **2.** *(= being superfluous):* afreidioldeb *m.*
superfluous *a.* diangen, dieisiau, dianghenraid, afraid, di-alw-amdano/amdani/amdanynt.
superfluously *adv.* yn ddiangen *&c.*
superfluousness *n.* = **superfluity 2.**
superflux *n.* = **superfluity.**
superfoetation *n.* = **superfetation.**
supergalaxy *n.* uwchalaeth(-au) *f,* archalaeth(-au) *f.*
supergene[1] *n. Biol:* uwchenyn(-nau) *m.*
supergene[2] *a.* dyddodedig.
supergenerous *a.* tra hael, hael iawn.
supergiant *n. Astr:* seren gawraidd (sêr cawraidd) *f.*
superglacial *a.* ar wyneb rhewlif, ar-rewlifol.
supergrid *n.* uwchgrid(-iau) *m.*
superheat[1] *n. Ph:* tra-phoethder *m.*
superheat[2] *v.t. Ph:* tra-phoethi, tra-thwymo.
superheated *a.* tra phoeth/thwym.
superheater *n.* tra-phoethwr (~-phoethwyr) *m,* tra-thwymwr (~-thwymwyr) *m.*
superhelical *a. Biol:* uwchdroellol.
superhelix *n. Biol:* uwchdroell(-au) *f.*
superhero *n.* archarwr (archarwyr) *m,* uwcharwr (uwcharwyr) *m.*
superheroic *a.* archarwrol, uwcharwrol.
superheroism *n.* archarwriaeth *f,* uwcharwriaeth *f.*
superhet *n. F:* swper-het(-s) *mf.*
superheterodyne *n. & attrib. W.Tel:* uwch-h|eterodein (~-heterodeinau) *m.*
superhigh frequency *n. W.Tel:* amledd(-au) aruchel/tra-uchel *m.*
superhighway *n. U.S:* traffordd (traffyrdd) *f.*
superhuman *a.* goruwchddynol.
superhumanity *n.* goruwchddynoldeb *m.*
superhumanly *adv.* yn oruwchddynol.
superhumanness *n.* goruwchddynoldeb *m.*
superhumeral *n. Ecc:* gwarlen(-ni) *f.*
superignorant *a.* tra anwybodus, anwybodus iawn.
superimportant *a.* tra phwysig, pwysig iawn.
superimposable *a.* arosodadwy; *Typ:* trosargraffadwy.
superimpose *v.t.* **1.** arosod, arddodi (rhth); gosod/dodi (rhth) **(on sth,** ar rth). **2.** *Typ:* trosargraffu; *Cin: T.V:* troslythrennu.
superimposed *a.* **1.** arosod, arosodedig; **~ drainage,** draeniad arosod. **2.** *Typ:* trosargraffedig.
superimposition *n.* arosodiad(-au) *m; Typ:* trosargraffiad(-au) *m; Cin: T.V:* troslythreniad(-au) *m.*
superimpregnation *n.* = **superfetation.**
superincumbent *a.* uwchorweddol, arorweddol, gorbwysol, arwasgol.
superindifference *n.* tra-difaterwch *m,* difaterwch llwyr/llethol/ysgubol *m.*
superindividual *a.* tra unigolyddol.
superindividualist *n.* archunigolydd(-ion) *m.*
superinduce *v.t.* atchwanegu.
superinduced *a.* atchwanegol.
superinducement, superinduction *n.* atchwanegiad(-au) *m,* atchwanegu *vn.*

superinfection *n. Med:* ail haint (~ heintiau) *m.*
superinstitution *n.* uwchsefydliad(-au) *m.*
superintellectual *a.* tra deallusol, deallusol iawn.
superintend *v.t.* goruchwylio, arolygu.
superintendence *n.* goruchwyliaeth *f,* goruchwyliad *m,* arolygiaeth *f,* arolygiad *m.*
superintendency *n.* goruchwyliaeth(-au) *f,* arolygiaeth(-au) *f,* swydd (*f*) goruchwyliwr/arolygwr (swyddi goruchwylwyr/arolygwyr).
superintendent *a. & n.* I. *a.* sy'n arolygu, arolygol. II. *n.* **1.** arolygwr (arolygwyr) *m,* arolygydd(-ion) *m,* goruchwyliwr (goruchwylwyr) *m.* **2. police ~,** uwcharolygydd (uwcharolygwyr) *m;* **chief ~,** prif uwcharolygydd; *Jur:* **~ registrar,** cofrestrydd(-ion) (*m*) arolygu; **~ nursing officer,** swyddog(-ion) (*m*) arolygu nyrsio. **3.** *Fr.Hist:* llywodraethwr (llywodraethwyr) *m.* **4.** *U.S:* = **caretaker.**
superintendentship *n.* arolygiaeth(-au) *f; (of police):* uwcharolygiaeth(-au) *f; S.a.* **superintendency.**
superior *a. & n.* **1.** *a. (a) (in higher position, of higher rank):* uwch, uwchradd, rhagorach, uwchraddol; *(morally):* gwell na'r rhelyw, gwell na'i gilydd, amgen, amgenach; **of ~ quality,** o'r ansawdd gorau, rhagorol, p|enigamp: penig|amp, dihafal, di-ail, diguro; **a ~ intelligence,** deallusrwydd eithriadol/neilltuol/anarferol, rhagorach deallusrwydd, deallusrwydd uwch na'r arfer; **a ~ child,** plentyn mwy deallus na'r arfer, plentyn o radd uwch; **she is ~ to flattery,** mac hi uwchl|aw gweniaith; **(she is) a ~ (kind of girl),** (merch) well/amgenach/ragorach na'r rhelyw, well/amgenach na'r rhan fwyaf (yw hi); *Jur:* **~ court,** llys (-oedd) uwch *m; Astr:* **~ planet,** planed bellach (planedau pellach) *f,* uwchblaned(-au) *f; Z: Biol:* **~ genus,** uwch-rywogaeth(-au) *f; Typ:* **~ letter,** uwchlythyren (uwchlythrennau) *f;* **~ limb,** *(of sun &c):* ymyl(-on) uchaf *mf;* **~ limit,** terfyn(-au) uwch *m;* **~ officer,** uwch-swyddog(-ion) *m;* **~ rank,** gradd(-au) uwch *f,* uwch-radd(-au) *f; Med:* **~ vena cava,** y wythïen uchaf *f;* **~ wings,** uwch-adenydd; *(b) (= greater in quantity):* mwy niferus; **they are ~ in numbers,** mac mwy ohonynt; maent yn fwy niferus; *(c) (= condescending):* ffroenuchel, nawddogol, nawddoglyd, *F:* trwynsur. *occ:* uchel, mawreddog. **2.** *n. (a)* pennaeth (penaethiaid) *m,* uwch-swyddog; **he is your ~,** mae'n bennaeth arnoch; mae'n swyddog uwch na chi; mae uwch eich pen chi; mae'n uwch ei swydd na chi; **his superiors,** ei well; *(= officials):* y swyddogion uwch nag ef, y rhai uwch ei ben; *(b) Ecc: (in monastery):* uchafiad (uchafiaid) *m; Ecc:* **Mother S~,** Uchel Fam(-au) *f;* **Father S~,** Uchel Dad(-au) *m.* **S~ General** *n. Ecc:* Uchel Dad Cyffredinol.
superioress *n.f.* penaethes(-au).
superiority *n.* **1.** rhagoriaeth(-au) *f,* uwchraddoldeb *m,* uchafiaeth *f,* goruchafiaeth *f;* **(~) in talent,** (rhagoriaeth) dawn, o ran dawn; *Mil:* **~ in men and materials,** mantais (*f*) o ran niferoedd ac offer. **2.** *(of manner):* ffroenucheledd *m,* agwedd nawddoglyd *f,* dull nawddoglyd *m.* **~ complex** *n. Psy:* cymhleth (*m*) uwchraddoldeb.
superiorly *adv. (a)* yn uwch, yn uwchraddol; **~ armed,** â gwell arfau; wedi'ch arfogi'n well; *(b) (= condescendingly):* yn nawddogol.
superjacent *a.* arorweddol, uwchorweddol, uwchl|aw.
superjet *n.* awyren(-nau) uwchsonig *f.*
superlative *a. & n.* **1.** *a. (a) (= excellence):* rhagorol, ardderchog, p|enigamp: penig|amp, gorau oll, neilltuol, eithriadol; **a ~ example,** enghraifft benigamp *f.* **2.** *a. & n. Gram:* **the ~ [degree],** y radd eithaf *f;* **to speak of sth in superlatives,** canmol rhth i'r cymylau/entrychion, canmol rhth i'r eithaf.
superlatively *adv.* tra + *spirant mut.;* **~ pretty,** tra phert, tra thlws, tra phrydferth, pert iawn, tlws iawn, prydferth iawn, eithriadol o bert/dlws/brydferth, neilltuol o bert/dlws/brydferth.
superlativeness *n.* rhagoriaeth *f.*
superliner *n.* llong (*f*) deithwyr fawr (llongau teithwyr mawr).
superload *n.* pwysau byw *pl,* llwyth(-i) byw *m.*
superlogical *a.* tra rhesymegol.
superlucky *a.* tra lwcus/ffodus, lwcus/ffodus iawn.
superlunar[y] *a. (a) (= beyond the moon):* y tu hwnt i'r lleuad, uwchloerol, uwchleuadol; *(b) (= celestial):* nefol, nefolaidd.
superluxurious *a.* tra moethus, moethus iawn.
superman *n.m.* goruwchddyn(-ion).
supermarket *n.* archfarchnad(-oedd) *f,* uwchfarchnad(-oedd) *f.*
supermedial *a.* uwch y canol, uwchganolig.
supermolecule *n. Ch:* uwchf|olecwl (uwchfolecylau) *m.*
super-multiplet *n.* arluosawd (arluosodau) *m.*
supermundane *a.* goruwchfydol, goruwchddaearol, uwchl|aw'r byd, uwchlaw'r bydol, goruwch y byd, arallfydol.
supernaculum *n. & adv.* **1.** *n.* y gwin(-oedd) gorau *m.* **2.** *adv.* **to drink ~,** yfed hyd at y diferyn olaf.
supernal *a.* nefol, nefolaidd, aruchel.
supernally *adv.* yn nefol *&c,* fry, yn y nef.
supernatant *a. & n.* **1.** *a.* arnofiol, yn nofio ar yr wyneb. **2.** *n.* uwchwaddod(-ion) *m.*
supernational *n. (a)* = **supranational;** *(b) (= extremely patriotic):* tra gwlatgar, tra chenedlgarol.
supernationalism *n.* tra-chenedlaetholdeb *m,* archgenedlaetholdeb *m,* cenedlaetholdeb eithafol *m.*
supernationalist *n.* cenedlaetholwr (cenedlaetholwyr) brwd/eithafol *m,* cenedlaeth|olwraig frwd/eithafol, archgenedlaetholwr (archgenedlaetholwyr) *m,* archgenedlaeth|olwraig *f.*
supernationally *adv.* = **supranationally.**
supernatural *a. & n.* **1.** *a.* goruwchnaturiol. **2.** *n.* y goruwchnaturiol *m.*
supernaturalism *n. Phil: Rel:* goruwchnaturiolaeth *f.*
supernaturalist *a. & n.* **1.** *a.* goruwchnaturiolaethol. **2.** *n. Phil: Rel:* goruwchnaturiolaethwr (goruwchnaturiolaethwyr) *m.*
supernaturalistic *a.* goruwchnaturiolaethol.
supernaturalistically *adv.* yn oruwchnaturiolaethol.
supernaturalize *v.t.* goruwchnaturioli.
supernaturally *adv.* yn oruwchnaturiol.
supernaturalness *n.* goruwchnaturioldeb *m.*
supernegligent *a.* tra esgeulus, tra diofal, diofal iawn, esgeulus iawn.
supernormal *a.* goruwchnormal, anarferol, eithriadol, y tu hwnt i'r cyffredin, y tu hwnt i'r arferol.
supernormality *n.* goruwchnormalrwydd *m.*
supernormally *adv.* yn oruwchnormal.
supernova *n. Astr:* uwchnofa (uwchnofâu) *f.*
supernumerary *a. & n.* **1.** *a.* ychwanegol, dros ben [y rhif], uwchrifol. **2.** *n. (a)* swyddog(-ion) ychwanegol *m,* gweithiwr (gweithwyr) ychwanegol *m; (b) Th:* rhodiwr (rhodwyr) *m.*
supernutrition *n.* gorfaethiad *m,* gorfaethu *vn.*
superoctave *n. Mus:* uwchwythfed(-au) *mf.*
superofficious *a.* tra ymyrgar, gorymyrgar.
superoptimist *n.* arch|optimydd (archoptimyddion) *m.*
superorder *n. Biol:* uwchurdd(-au) *f.*
superordinal *a. Biol:* uwchurddol.
superordinary *a.* goruwchgyffredin.
superordinate[1] *a. & n.* **1.** *a.* uwchraddol **(to sth,** i rth), uwch (na rhth). **2.** *n. (a) (pers.):* rhn (rhai) uwchraddol; *(thing):* peth(-au) uwchraddol *m; (b) Log:* uwchddosbarth(-iadau) *m.*
superordinate[2] *v.t.* uwchddosbarthu.
superordination *n. Log:* uwchddosbarthiad *m,* uwchdrefniant *m.*
superorganic *a.* uwchorganig, uwchorganaidd.
superorganicist *n.* uwchorganeddwr (uwchorganeddwyr) *m.*
superorganism *n.* uwchorganedd(-au) *m.*
superosculate *v.t. Mth:* uwchfinialu.
superosculating *a. Mth:* uwchfinialaidd.
superovulation *n.* gorofyliad *m,* gorofylu *vn.*
superoxide *n. Ch:* uwchocsid(-au) *m.*
superoxygenation *n. Ch:* tra-ocsigeneiddio *vn.*
superparasite *n.* uwchb|arasit (uwchbarasitiaid) *m.*
superparasitic *a.* uwchbarasitig.
superparasitism *n.* uwchbarasitiaeth *f.*
superpatriot *n.* archwladgarwr (archwladgarwyr) *m,* archwladg|arwraig *f.*
superpatriotic *a.* archwladgarol, archwlatgar, tra gwlatgarol/gwlatgar, eithafol wlatgar.
superpatriotism *n.* archwladgarwch *m.*
superphosphate *n. Ch:* uwchffosffad(-au) *m.*
superphysical *a.* = **supernatural.**
superpolite *a.* tra chwrtais, tra boneddigaidd, cwrtais iawn, boneddigaidd iawn.
superposable *a.* arosodadwy.

superpose *v.t.* dodi, gosod, rhoi (rhth ar rth); *occ:* arosod, arddodi (rhth ar rth).
superposition *n.* arosodiad(-au) *m*, arosod *vn.*
superpower *n.* **1.** *Pol:* archbŵer (archbwerau) *m*, goruwchbŵer (goruwchbwerau) *m.* **2.** *El:* *&c:* uwchrym(-oedd) *m*, goruwchrym(-oedd) *m.*
superpowered *a.* tra grymus, tra nerthol.
superprecise *a.* tra manwl, tra chywir.
superprepared *a.* tra pharod.
superpure *a.* tra phur, tra choeth.
superrational *a.* goruwchresymol.
superrationally *adv.* yn oruwchresymol.
superrefine *v.t.* tra-choethi, tra-phuro.
superreliance *n.* tra-dibyniaeth *f.*
superrespectable *a.* tra pharchus, eithafol barchus.
superrestriction *n.* tra-chyfyngiad(-au) *m*, tra-chyfyngu *vn.*
superrighteous *a.* tra chyfiawn.
superroyal *n.* *Paperm:* uwch-reiol *m.*
supersacral *a.* uwchsacrol, uwchgrwperol.
supersacred *a.* tra chysegredig.
supersalesman *n.m.* archwerthwr (archwerthwyr), gwerthwr (gwerthwyr) rhagorol.
supersalesmanship *n.* dawn (*f*) gwerthu arbennig, archwerthwriaeth *f*, archberswâd *m.*
supersalt *n.* *Ch:* uwch-halen(-nau) *m.*
supersarcastic *a.* tra choeglyd, tra gwawdlyd.
supersaturate *v.t.* gordrwytho, hydrwytho, gorddirlenwi.
supersaturated *a.* gorddirlawn.
supersaturation *n.* gorddirlawnder *m*, hydrwythiad *m*, hydrwytho *vn*, gordrwythiad *m*, gordrwytho *vn.*
superscribe *v.t.* ysgrifennu (rhth) uwch ben rhth; arysgrifennu, uwchnodi (**sth on sth,** rhth ar rth); *(letter):* rhoi rhth yn bennawd (ar lythyr); **packet superscribed "glass - with care",** pecyn ac arno'r rhybudd "gwydr - cymerwch ofal".
superscript *a.* & *n.* **1.** *a.* [wedi'i ysgrifennu] uwchb|en, uwchysgrifol. **2.** *n.* uwchysgrifen *f*, uwchysgrif(-au) *f*, uwchnodiad(-au) *m*; *(letter):* uwchlythyren (uwchlythrennau) *f*; *(figure):* uwchrif(-au) *m*, uwchffig[i]wr (uwchffigyrau) *m.*
superscription *n.* uwchysgrifen *f*, uwchysgrif(-au) *f*, uwchlythyren (uwchlythrennau) *f.*
supersecret *a.* tra chyfrinachol.
supersede *v.t.* *(= replace):* disodli (rhth), cymryd lle (rhth); **to ~ an official,** olynu swyddog; **a method now superseded,** dull darfodedig, dull hen ffasiwn.
supersedeas *n.* *Jur:* annod-wŷs (~-wysiau) *f.*
superseder *n.* **1.** *(= replacer):* disodlwr (disodlwyr) *m*, disodlydd(-ion) *m.* **2.** *(= successor):* olynydd (olynwyr) *m.*
supersedure *n.* disodliad(-au) *m*, disodli *vn*, olynu *vn.*
supersensible *a.* = **supersensory.**
supersensitive *a.* **1.** *(pers.):* tra theimladol/theimladwy/s|ensitif/hydeiml. **2.** *(equipment &c):* tra sensitif.
supersensitiveness, supersensitivity *n.* **1.** *(of pers.):* tra-theimladrwydd *m*, gorhydeimledd *m.* **2.** *(of equipment):* tra-sensitifrwydd *m.*
supersensitization *n.*, **supersensitize** *v.t.* tra-sensiteiddio.
supersensitizer *n.* tra-sensiteiddiwr (~-sensiteiddwyr) *m.*
supersensory *a.* uwchsynhwyraidd, goruwchsynhwyraidd.
supersensual *a.* *(a)* = **supersensory**; *(b) (= spiritual):* ysbrydol; *(c) (= very sensual):* tra synhwyrus/nwydus/chnawdol, nwydus/cnawdol/synhwyrus iawn.
supersensuous *a.* = **supersensual** *(c).*
superserviceable *a.* **1.** *(pers.):* tra chymwynasgar/gwasanaethgar. **2.** *(thg):* tra defnyddiol/phwrpasol.
supersession *n.* disodliad(-au) *m*, disodli *vn.*
supersessive *a.* disodlol.
superset *n.* uwchset(-iau) *f.*
supersevere *a.* tra llym.
supersex *n.* uwchryw(-iau) *f.*
supersimplicity *n.* tra-symlrwydd *m*, tra-symledd *m.*
supersolar *a.* y tu hwnt i'r haul, tra-heulol.
supersolid *n.* *Ph:* uwchsolid(-au) *m.*
supersonic *a.* & *n.* **1.** *a.* *Ph:* uwchsonig, uwchseinaidd. **2.** *n.* *(a)* *Phon:* tonfedd(-i) uwchsonig *f*; *(b)* *Av:* awyren(-nau) uwchsonig *f.*
supersonically *adv.* yn uwchsonig.
supersonics *n.pl.* **1.** *Ph:* uwchseineg *f.* **2.** = **ultrasonics.**
supersound *n.* uwchsain (uwchseiniau) *f.*
superspecialize *v.i.* tra-arbenigo.
superspecialized *a.* tra-arbenigol, wedi tra-arbenigo.
superspiritual *a.* tra ysbrydol.
superspirituality *n.* tra-ysbrydolrwydd *m.*
superstar *n.* archseren (archser) *f.*
superstardom *n.* tra-enwogrwydd *m*; **he reached ~ in five years,** daeth yn archseren mewn pum mlynedd.
superstate *n.* archwladwriaeth(-au) *f*, uwchwladwriaeth(-au) *f.*
superstition *n.* **1.** ofergoel(-ion) *f*, *occ:* ofergred(-oau,-au) *f.* **2.** = **superstitiousness.**
superstitious *a.* ofergoelus, *occ:* coelgrefyddol.
superstitiously *adv.* yn ofergoelus *&c.*
superstitiousness *n.* ofergoeliaeth *f*, ofergoeledd *m*, *occ:* ofergrededd *m*, ofergrediniaeth *f.*
superstore *n.* = **supermarket.**
superstratum *n.* uwch-haen(-au) *f*, uwch-stratwm (~-strata) *m.*
superstruct *v.t.* adeiladu (**sth on sth,** rhth ar rth, rhth ar ben rhth), aradeiladu.
superstructural *a.* **1.** *Const:* goruwchadeiladol. **2.** *Pol:* aradeileddol.
superstructure *n.* **1.** *N.Arch:* *Const:* rhan(-nau) uchaf *f*, goruwchadeilad(-au) *m.* **2.** *Pol:* *Geog:* aradeiledd(-au) *m*, goruwchadeiledd *m.*
superstylish *a.* tra steilus, tra chain.
supersubstantial *a.* goruwchsylweddol, trosgynnol.
supersubtle *a.* tra chynnil, tra chyfrwys.
supersubtlety *n.* tra-chynildeb *m*, tra-chyfrwyster *m*, tra-chyfrwystra *m.*
supersufficiency *n.* tra-chyflawnder *m.*
supersuperlative *n.* y pennaf pen *m.*
supersweet *a.* tra melys.
supersystem *n.* archsystem(-au) *f*, goruwchsystem(-au) *f.*
supertanker *n.* archdancer(-i) *mf*, tancer(-i) anferth *mf.*
supertax *n.* & *v.t.* = **surtax[1,2].**
supertelluric *a.* *Ch:* uwchdelwrig.
supertemporal *a.* **1.** *Anat:* uwcharleisiol, uwchl|aw'r arlais. **2.** *(= beyond time):* goruwchamserol, goruwchdymhorol, y tu hwnt i amser.
supertension *n.* uwchdyndra *m.*
superterrene, superterrestrial *a.* uwchl|aw'r ddaear, goruwchddaearol.
superthorough *a.* trylwyr, tra-thrylwyr.
supertonic *n.* *Mus:* uwchdonydd(-ion) *m*, ardonydd(-ion) *m.*
supervene *v.i.* digwydd, dilyn.
supervenience *n.* digwyddiad(-au) *m*, canlyniad(-au) *m.*
supervenient, supervening *a.* dilynol.
supervention *n.* arddyfodiad(-au) *m*, canlyniad(-au) *m*, digwyddiad(-au) *m.*
supervigilant *a.* tra gwyliadwrus.
supervirulent *a.* tra gwenwynig.
supervise *v.t.* arolygu, goruchwylio.
supervision *n.* arolygiad(-au) *m*, arolygiaeth(-au) *f*, goruchwyliad(-au) *m*, goruchwyliaeth *f*; *vn.* = **supervise**; *Jur:* **under police ~,** tan oruchwyliad yr heddlu; **to keep s.o. under strict ~,** cadw llygad barcud ar rn. **~ order** *n.* gorchymyn (gorchmynion) *(m)* goruchwylio, gorchymyn arolygu.
supervisor *n.* **1.** goruchwyliwr (goruchwylwyr) *m*, arolygydd: arolygwr (arolygwyr) *m*, goruch|wylwraig (goruchwylwragedd) *f*, arol|ygwraig (arolygwragedd) *f.* **2.** *Sch:* *(of studies):* cyfarwyddwr (cyfarwyddwyr) *m.*
supervisorship *n.* arolygyddiaeth(-au) *f*, swydd *(f)* arolygydd (swyddi arolygwyr).
supervisory *a.* arolygol, goruchwyliol.
superwoman *n.f.* goruwchfenyw(-od).
supinate *v.t.* *Physiol:* **to ~ the hand,** dangos cledr y llaw, troi'r llaw ar ei chefn, dyleddfu'r llaw.
supination *n.* dyleddfiad(-au) *m*; *vn.* = **supinate.**
supinator *n.* *Anat:* **~ muscle,** dyleddfor(-ion) *m*, cyhyr(-au) *(m)* dyleddfol.
supine *a.* & *n.* **1.** *a.* *(= lying on one's back):* gorweddol, ar wastad eich cefn, ar eich gorwedd, ar eich cefn; *(b)* *F:* *(= inert):* diymadferth. **2.** *n.* *Lt.Gram:* dyleddfiad(-au) *m.*

supinely *adv.* **1.** ar wastad eich cefn, ar eich gorwedd. **2.** yn ddiymadferth.
supineness *n.* **1.** gorweddoldeb *m.* **2.** diymadferthedd *m*, diymadferthwch *m.*
suplex *n. Wr:* swplecs(-au) *mf.*
supper *n.* swper(-au) *m in N, f in S, Lit: occ:* hwyrbryd(-au) *m*; **to have ~,** swperu, swpera, cael/bwyta swper; **the Last S~,** y Swper Olaf; *Jur:* **~-hour extension,** estyniad (*m*) awr swpera; *Ecc:* **the Lord's S~,** Swper yr Arglwydd, y Cymun *m.* **~ club** *n.* clwb (clybiau) (*m*) swpera. **~-dance** *n.* dawns(-iau) (*f*) swper. **~-party** *n.* parti (partïon) (*m*) swpera. **~-room** *n.* ystafell(-oedd) (*f*) swpera. **~-table** *n.* bwrdd (byrddau) (*m*) swper/swpera, bord(-ydd) (*f*) swper/swpera. **~-time** *n. & attrib.* amser (*m*) swper, adeg (*f*) swper.
supperless *a.* heb swper.
supplant *v.t.* cymryd lle (rhn), disodli (rhn).
supplantation *n.* disodliad(-au) *m*, disodli *vn.*
supplanter *n.* disodlwr (disodlwyr) *m*, disodlydd(-ion) *m.*
supple[1] *a.* **1.** ystwyth, *Lit: occ:* hyblyg, hydwyth, *M.W: occ:* linw; **to become ~,** ystwytho, hydwytho, *occ:* ymystwytho; **to make ~,** ystwytho, hydwytho, *S.E: occ:* distwytho; **as ~ as a glove,** cyn ystwythed â maneg. **2.** *(= obsequious):* gwasaidd, gorufudd.
supple[2] *v.t.&i.* **1.** *v.t.* *(a)* ystwytho, hydwytho, *S.E: occ:* distwytho; *(b) (animal):* hyweddu, dofi. **2.** *v.i.* ystwytho, hydwytho, ymystwytho, mynd/dod yn ystwyth/hydwyth.
supplejack *n. Bot: U.S:* coeden (coed) ystwyth *f*, pren(-nau) ystwyth *m*; *(stick):* ffon (ffyn) ystwyth *f*; *U.S:* = **puppet.**
supplely *adv.* yn ystwyth *&c.*
supplement[1] *n.* **1.** *(to book &c):* atodiad(-au) *m* (i rth). **2.** *(to food, of diet):* atchwanegiad(-au) *m*, ychwanegiad(-au) *m*, ychwanegyn (ychwanegion) *m.* **3.** *Geom: (of angle):* atodyn (atodion) *m.*
supplement[2] *v.t.* *(= increase):* cynyddu (rhth), ychwanegu (at rth); **to ~ one's income,** ychwanegu [rhth] at eich incwm, cynyddu'ch incwm.
supplemental *a.* *(a)* atodol **(to sth,** i rth), ychwanegol (at rth); atodiadol, atchwanegol, ychwanegiadol; *Jur:* **~ abstract (of title),** crynhoad (crynoadau) atodol (o deitl) (*m*); **~ deed,** gweithred(-oedd) atodol *f*; *(b) Geom:* atodol.
supplementally *adv.* yn atodol (i rth), yn ychwanegol (at rth).
supplementary *a. & n.* **1.** *a.* atodol, atodiadol **(to sth,** i rth); ychwanegol (at rth); ychwanegiadol, cyflenwol, atchwanegol; **~ allowance,** lwfans(-[i]au) atodol *m*; *Geom:* **~ angle,** ongl(-au) atodol *f*; **~ benefit,** budd-dâl (~-daliadau) atodol *m*; **~ benefits,** manteision atodol/ychwanegol; **~ estimates,** amcangyfrifon atodol (*pronounced* ng-g); **~ pension,** pensiwn (pensiynau) atodol *m*; **~ questions,** cwestiynau atodol; **~ ticket,** tocyn(-nau) ychwanegol *m.* **2.** *n.* atodiad(-au) *m*, ychwanegiad(-au) *m*, ychwanegyn (ychwanegion) *m*, atodyn (atodion) *m.*
supplementation *n.* atodiad(-au) *m*, atodi *vn*, ychwanegiad(-au) *m*, ychwanegu *vn* (at rth), atchwanegiad(-au) *m*, atchwanegu *vn.*
supplementer *n.* ychwanegwr (ychwanegwyr) *m* **(of sth,** at rth), atchwanegwr (atchwanegwyr) *m.*
suppleness *n.* **1.** *(= flexibility):* ystwythder *m*, *occ:* hyblygrwydd *m*, hyblygedd *m*, hydwythedd *m.* **2.** *(= obsequiousness):* gwas|eidd-dra *m*, goruf|udd-dod *m.*
suppletion *n. Gram:* cyflenwad(-au) *m.*
suppletive, suppletory *a. Gram:* cyflenwadol, cyflenwol.
suppliable *a.* cyflenadwy.
suppliance[1], supplial *n.* *(= supplying):* cyflenwad(-au) *m*, cyflenwi *vn.*
suppliance[2] *n.* = **supplication.**
suppliant *a. & n.* **1.** *a.* erfyniol, ymbilgar, deisyfol, deisyfgar. **2.** *n.* erfyniwr (erfynwyr) *m*, erf|ynwraig (erfynwragedd) *f*, ymbiliwr (ymbilwyr) *m*, ymb|ilwraig (ymbilwragedd) *f*, deisyfwr (deisyfwyr) *m*, deisyfydd(-ion) *m*, deis|yfwraig (deisyfwragedd) *f.*
suppliantly *adv.* yn erfyniol *&c.*
suppliantness *n.* natur erfyniol/ddeisyfol/ymbilgar *f*, deisyfgarwch *m*, ymbilgarwch *m.*
supplicant *n.* = **suppliant 2.**
supplicate *v.t.&i.* **1.** *v.t.* erfyn, ymbil, deisyfu, deisyf, ymhŵedd. **2.** *v.i.* **(to ~ s.o.) to do sth, for sth,** (erfyn *&c* ar rn) i wneud rhth, am rth.
supplicating *a.* = **suppliant 1.**
supplication *n.* erfyniad(-au) *m*, deisyfiad(-au) *m*, ymbil(-iau,-iadau) *m.*
supplicatory *a.* = **suppliant 1.**
supplier *n.* cyflenwr: cyflenwydd (cyflenwyr) *m*, *occ:* darparwr: darparydd (darparwyr) *m.*
supply *n.* **1.** *(a)* cyflenwad(-au) *m*, *occ:* darpariaeth *f*; **short ~,** prinder(-au) *m*; **it's in short ~,** mae'n brin; **excess ~,** gorgyflenwad(-au) *m*, gormodedd(-au) *m*; **joint ~,** cydgyflenwad(-au) *m*; *(b) Parl:* **Bill of S~,** Bil(-iau) (*m*) Cyflenwad; **Committee of S~,** Pwyllgor Cyflenwad Arian; **to vote supplies,** pleidleisio dros gyflenwad arian; *(c) esp.Sch:* swydd lanw (swyddi llanw) *f*; **to hold a post on ~,** dal swydd lanw. **2.** *(a) (= stock, store):* cyflenwad, stôr (storau) *m*, stoc(-iau) *f*; **to take/lay in a ~ (of sth),** cael cyflenwad, ymgyflenwi (â rhth); cael stôr (o rth); *Econ:* **~ and demand,** cyflenwad a galw *m*, cyflenwad a galwad *f*; *(b)* **supplies,** *(i)* nwyddau *pl*, anhepgorion *pl*; **typewriting ~,** nwyddau teipio; **food ~,** bwydydd *pl*; *esp: Sch: (pers.): (c)* rhn llanw, rhn dros dro; *Sch:* athro (athrawon) llanw, athrawes (*f*) lanw (athrawesau llanw); *Adm:* swyddog(-ion) (*m*) llanw; **to arrange for a ~,** trefnu [i gael] rhn dros dro. **~-base** *n. Mil:* storfa (*f*) gyflenwi (storf|eydd cyflenwi), canolfan (*mf*) cyflenwi/gyflenwi (canolfannau cyflenwi). **~ circuit** *n. El.E:* cylched(-au) (*m*) cyflenwi. **~ column** *n. Mil:* colofn (*f*) gyflenwi/gyflenwadau (colofnau cyflenwi/cyflenwadau). **~ curve** *n. Econ:* cromlin(-iau) (*f*) cyflenwad. **S~ Day** *n. Pol:* Diwrnod (*m*) Cyflenwad Arian. **~ line** *n.* ffordd (*f*) gyflenwi (ffyrdd cyflenwi). **~-main** *n.* prif gyflenwad(-au) *m.* **~ officer** *n.* swyddog(-ion) (*m*) llanw. **~ pipe** *n. Hyd.E:* pibell (*f*) gyflenwi (pibellau cyflenwi). **~ pressure** *n.* gwasgedd (*m*) cyflenwi, pwysedd (*m*) cyflenwi. **~ ship** *n. Navy:* llong (*f*) gyflenwi (llongau cyflenwi). **~-side** *attrib.* ochr-gyflenwad. **~ teacher** *n. Sch:* athro (athrawon) (*m*) llanw, athrawes (*f*) lanw (athrawesau llanw).
supply[2] *v.t.* **1. to ~ (sth),** cyflenwi, darparu (rhth); **to ~ s.o. with sth,** cyflenwi rhn â rhth, darparu rhth i rn, darparu rhth ar gyfer rhn, ymorol am rth i rn; **to ~ s.o. with food,** darparu/arlwyo bwyd ar gyfer rhn *or* i rn; *Com:* **"families supplied daily",** "cyflenwadau dyddiol"; "danfonir i'r cartref"; **to ~ (a machine),** *(with material &c):* bwydo, porthi (peiriant). **2.** *(a) (to make up a deficiency):* cyflenwi, atgyflenwi (diffyg); llenwi, llanw (bwlch); **to ~ s.o.'s needs,** diwallu anghenion rhn, dianghenu (rhn); *(b) (to fill a post):* **to ~ s.o.'s place,** *abs.* **to ~ for s.o.,** cymryd lle rhn [dros dro], llenwi/llanw bwlch, llenwi/llanw swydd.
supply[3] *adv.* = **supplely.**
support[1] *n.* **1.** *(a) (= backing, seconding):* cefnogaeth *f*, *occ:* cefn *m*, ategiad *m*; **to give/lend ~ (to a proposal),** cefnogi (cynnig), dangos cefnogaeth (i gynnig); **to speak in ~ (of sth),** siarad i gefnogi/ategu, siarad o blaid (rhth), *occ:* siarad yn gefn (i rth), **letter of ~,** *(= testimonial):* tystlythyr(-au) *m*, geirda *m*, *F:* c|aritor(-s) *m*; **documents in ~ of an allegation,** dogfennau yn cadarnh|au/ategu honiad; **(a collection) in ~ of a charity,** (casgliad) at achos da, er budd achos da; *Mil:* **troops in ~,** milwyr ategol, cefnogaeth filwrol *f*, atgyfnerthion *pl*; *(b) Arch: (of vault &c):* cynhaliaeth *f*, cynhaliad (cynheiliaid) *m*, ateg (-ion) *f*; *(c) (= maintenance of life):* cynhaliaeth; **family dependent upon a son for ~,** teulu yn ddibynnol ar fab am ei gynhaliaeth; **(to be) without means of ~,** (bod) heb foddion byw, heb fodd i fyw; *Jur:* **right of ~,** hawl (*f*) cynhaliad/cynhaliaeth. **2.** *(a) (= thing, pers., that gives aid):* cynheiliad (cynheiliaid) *m*, cynhaliwr (cynhalwyr) *m*, *occ:* cefn *m*; **the sole ~ (of his old age),** yr unig beth/un yn gefn iddo (yn ei henaint); ei unig ffon (*f*), ei unig gynheiliad/gynhaliaeth/gynhaliwr (yn ei henaint); *(b) (= prop, stay):* cynhaliad (cynheiliaid) *m*, cynhalbost (cynhalbyst) *m*, ateg(-ion) *f*, cynhalbren (cynalbrennau) *m*; *(= buttress):* cynhalfur (cynalfuriau) *m*; *(= footing, base):* troed (traed) *mf*, sail (seiliau) *f*, bôn (bonau, bonion) *m*, gwadn(-au) *mf*; *(c) Th:* ategwr (ategwyr) *m*; *(d) (= corset):* staes(-iau,-ys) *m.* **3.** *Athletics:* **balance ~,** ymgynnal (*m*) cytbwys; **front ~,** ymgynnal blaen; **side ~,** ymgynnal ochr. **~ group** *n.* grŵp (grwpiau) (*m*) cefnogi. **~ level** *n.* lefel (*f*) gynhaliaeth (lefelau cynhaliaeth). **~ mission** *n. Mil:* cefnogaeth

(*f*) o'r awyr, cyrch(-au,-oedd) ategol *m*. **~ price** *n*. pris(-iau) (*m*) cynnal. **~ system** *n*. cyfundrefn (*f*) gefnogi (cyfundrefnau cefnogi). **~ trench** *n*. ffos(-ydd) ategol *f*.

support² *v.t.* **1.** *(a) (= maintain, hold up): (vault &c):* cynnal, dal; dal (rhth) i fyny; *(b) Mec.E: (= sustain, withstand): (pressure &c):* cynnal, gwrthsefyll, dal (pwysau &c). **2.** *(= back up, second): (pers.):* cefnogi, ategu (rhn); cadw plaid, cadw cefn, cynnal breichiau (rhn); *(theory):* cefnogi, eilio; *(= confirm):* ategu, cadarnh|au; *(charity &c):* cefnogi, *occ:* noddi, nawddogi; **proofs that ~ a case,** profion sy'n cadarnhau/ategu achos; *Parl:* **to ~ a motion,** cefnogi/eilio cynnig; **to ~ a statement,** ategu/cadarnhau datganiad. **3.** *(life, combustion, family):* cynnal; **to ~ oneself,** ymgynnal, eich cynnal eich hun, ennill eich bara/tamaid. **4.** *(= tolerate):* goddef, dioddef. **5. to ~ a role,** chwarae rhan. **6.** *(= encourage):* annog, calonogi, ysbrydoli. **7.** *Cin:* **the main film will be supported by a documentary,** ategir y prif lun gan lun dogfennol; *Th:* **to ~ another actor,** ategu actor arall. **8.** *(= keep, protect):* cynnal, cadw; **to ~ one's character,** cadw'ch enw da, cynnal eich enw da.

supportability *n*. **1.** natur gynaliadwy *f*, cynnaladwyedd *m*. **2.** *(= tolerability):* natur ddioddefadwy *f*.

supportable *a*. *(a) (combustion &c):* cynaliadwy; *(b) (= tolerable):* goddefadwy, dioddefadwy; *(c) (theory &c):* ategadwy, safadwy.

supportableness *n*. = **supportability.**

supportably *adv*. **1.** yn gynaliadwy. **2.** *(= tolerably):* yn ddioddefadwy.

supporter *n*. **1.** *(device):* cynheiliad (cynheiliaid) *m*, cynheilydd (cyneilyddion) *m*, cynhalydd (cynalyddion) *m*. **2.** *(pers.): (of opinion):* cefnogwr (cefnogwyr) *m*, pleidiwr (pleidwyr) *m*, amddiffynnydd (amddiffynwyr) *m*; *(of course, party, politician &c):* cefnogwr, dilynwr (dilynwyr) *m*, pleidiwr; *Th: Fb: Sp:* cefnogwr *m*. **3.** *Her:* cynhaliad (cynheiliaid) *m*, cynhaliwr (cynhalwyr) *m*, cynhalydd.

supporting *a*. *(wall &c):* ategol, cynhaliol; *Th:* **~ cast,** cast ategol/cynhaliol *m*, actorion ategol/cynhaliol *pl*; *Cin:* **~ film,** llun(-iau) ategol *m*, ffilm(-iau) ategol *f*; *Biol:* **~ tissue,** meinwe gynhaliol *f*.

supportive *a*. **1.** *(= encouraging):* cefnogol. **2.** *(= auxiliary):* ategol.

supportively *adv*. yn gefnogol.

supportiveness *n*. cefnogaeth *f*, natur gefnogol *f*.

supportless *a*. digefnogaeth, di-gefn, dinodded, diamddiffyn, digynhaliaeth.

supposable *a*. tybiadwy, tebygadwy.

supposably *adv*. yn dybiadwy.

supposal *n*. = **supposition.**

suppose *v.t.* *(a) (= assume as hypothesis):* tybio, tybied, bwrw, *occ:* rhoddi, rhoi; **(let us) ~ (the two things equal),** gadewch i ni dybio, a thybio (bod y ddau beth yn gyfartal); **~ ABC an equilateral triangle,** tybiwch fod ABC yn driongl hafalochrol; **~ (you are right), supposing ([that] you are right),** a bwrw/thybied/chymryd (mai chi sy'n iawn, eich bod yn iawn); **~/supposing he came back? supposing he were to come back?** [beth] petai ef yn dychwelyd? *F: (proposal):* **~ we change the subject,** beth am inni newid y pwnc? *(b) (= presume):* rhagdybio, cymryd; **that supposes the perfectibility of man,** mae hynny'n rhagdybio/cymryd bod modd perffeithio dyn; *(c) (= to assume as true, believe):* credu, tybio, tybied, cymryd; **it is supposed that it was an accident,** fe gredir/dybir mai damwain oedd; *(d) (= to imagine, to think):* meddwl, credu, tybio, cymryd, tebygu; **I supposed you'd gone,** mi gymerais/feddyliais/dybiais i eich bod wedi mynd; **what do you ~ he means,** beth feddyliwch chi yr oedd yn ei olygu? **it's not to be supposed that. . .,** ni ddylid credu bod. . .; nid oes le i gredu bod. . .; **I don't ~ he will do it,** mae'n amheus gennyf a wnaiff ef hynny; nid wyf yn meddwl/credu y gwnaiff hynny; *N: occ:* digon o waith y gwnaiff o hynny; **I declined, as you may ~,** mi wrthodais, fel y gellwch dybio/feddwl; *F:* **I don't ~ I've seen her for years,** mae'n amheus/gwestiwn gennyf a welais i hi ers blynyddoedd; ni welais i mohoni ers blynyddoedd, am wn i; hyd y gwn i, ni welais i mohoni ers blynyddoedd; *N. W:* digon o waith imi ei gweld ers blynyddoedd; **I don't ~ you can lend me a pound,** mae'n debyg na ellli di ddim rhoi benthyg punt imi; *(e) (enclitic use at end of sentence):* **I ~,** debyg gen i, am [a] wn i, [mi] debygwn i, siŵr o fod, *N. W: F:* decin-i, d|ecini, *S:* sbo, *S. W: F:* clo, sboso, gwl|ei; **yes, I ~,** ie, am wn i; *S. W:* ie, gwl|ei; **(is she coming here tonight?) yes, I ~ so,** (ydi hi'n dod yma heno?) ydi, am wn i, *N: F:* ydi, decin-i, *S:* odi sbo, *S. W: F:* odi clo; **(you will do it) I ~,** (fe'i gwnewch) mae'n siŵr gen i, mi debygwn i, mi goelia' i, *S:* gwlei; **(will you go?) - I ~ so,** (a ewch chi?) - af am wn i, af mae'n debyg, af mae'n siŵr, *N:* af decin-i, af mae'n siŵr, af siŵr o fod, *S. W: F:* bydda gwlei; *(f) (= mean to be):* **I am not supposed to know,** nid wyf i fod i wybod; **he is not supposed to clean his shoes,** nid yw i fod i lanhau'i esgidiau; nid oes raid iddo lanhau ei esgidiau; **I'm not supposed to be here,** ddylwn i ddim bod yma; **you're not supposed to say that,** ddylet ti ddim dweud hynny.

supposed *a*. tybiedig, yn ôl pob sôn.

supposedly *adv*. yn ôl y dyb, yn ôl pob sôn, yn ôl yr honiad, fel y tybir/tybid/tybiwyd.

supposer *n*. tybiwr (tybwyr) *m*, *occ:* tebygwr (tebygwyr) *m*.

supposing *conj*. a bwrw, a chymryd; **~ that we arrive at seven,** a bwrw/chymryd ein bod yn cyrraedd am saith; petaem ni'n cyrraedd am saith; **~ she did go,** a bwrw iddi fynd.

supposition *n*. tybiaeth(-au) *f*, tyb(-iau) *mf*, damcaniaeth(-au) *f*; **why should I make such a ~?** pam y dyliwn i amau'r/dybio'r fath beth? **on the ~ that she is right,** a bwrw ei bod hi'n gywir.

suppositional *a*. tybiaethol.

suppositionally *adv*. yn dybiaethol.

suppositious *a*. honedig.

supposititious *a*. **1.** *(= spurious):* ffug, ffugiedig, ffugiol, annilys. **2.** *(= substituted):* cyfnewidiedig, amnewidiedig.

supposititiously *adv*. **1.** *(= spuriously):* yn ffug, yn ffugiol, yn annilys. **2.** *(= substituted):* yn amnewidiol, yn lle rhn/rhth arall.

supposititiousness *n*. ffugioldeb *m*, annilysrwydd *m*.

suppositive *a*. & *n*. **1.** *a*. *(a)* = **suppositional**; *(b)* = **supposititious**; *(c) Gram:* tybiaethol. **2.** *n*. *Gram:* cysylltair (cysyllteiriau) tybiaethol *m*.

suppositively *adv*. **1.** = **suppositionally, supposititiously. 2.** *Gram:* yn dybiaethol.

suppository *n*. *Pharm:* tawddgyffur(-iau) *m*.

suppress *v.t.* **1.** *(a) (revolt):* atal, gostegu, darostwng, gwastrodi, trechu, mygu, llethu (rhth); rhoi pen/terfyn (ar rth); *(b) (newspaper):* gwahardd; *(c) (abuse):* dil|eu (rhth), cael gwared (â rhth, ar rth), rhoi pen/terfyn (ar rth). **2.** *(scandal):* cuddio, celu (rhth); rhoi taw (ar rth); *(yawn):* atal, cuddio; *(feelings):* mygu, cuddio, atal, ffrwyno; cadw (rhth) dan reolaeth; *Psy:* darwthio; *(interrupter):* rhoi taw (ar rn); *(flow, haemorrhage):* atal. **3.** *T.V: &c:* **to ~ interference,** atal ymyrraeth; **to ~ a set,** ynysu/gwaredu set (rhag ymyrraeth).

suppressant *n*. llonyddwr (llonyddwyr) *m*, lleddfwr (lleddfwyr) *m*, atalydd(-ion) *m*, ataliwr (atalwyr) *m*.

suppressed *a*. **1.** *(emotion):* cuddiedig, ataliedig, ffrwynedig, dan reolaeth, dan wastrodaeth; *Psy:* darwthiedig; **in a ~ voice,** mewn llais isel. **2.** *El.E: (interference):* ataliedig; *(set):* ynysedig; *(disease):* dan reolaeth.

suppresser *n*. = **suppressor 1.**

suppressibility *n*. natur ataliadwy *f*.

suppressible *a*. ataliadwy, ffrwynadwy; cuddiadwy; rheoladwy.

suppressio veri *n*. celu(*vn*)'r/cuddio(*vn*)'r gwirionedd.

suppression *n*. **1.** *(of riot):* ataliad(-au) *m*, atal *vn*, gostegiad(-au) *m*, gostegu *vn*; *(of error, abuse):* dilead(-au) *m*, dil|eu, terfynu *vn*; *(of book):* ataliad, atal, gwaharddiad(-au) *m*, gwahardd *vn*; *Med: (of urine):* llethiad (*m*) dŵr, *F:* carchar (*m*) dŵr. **2.** *(= hiding): (of scandal):* cuddio *vn*, celu *vn*; *(of emotions):* ataliad, atal, ffrwyniad(-au) *m*, ffrwyno *vn*; *Psy:* darwthiad *m*, darwthio *vn*. **3.** *T.V: &c: (of interference):* ataliad, atal; *(of set):* ynysiad *m*, ynysu *vn*.

suppressive *a*. ataliol, ffrwynol, gwaharddol.

suppressively *adv*. yn ataliol *&c*.

suppressiveness *n*. natur ataliol/ffrwynol/waharddol *f*.

suppressor *n*. **1.** *(a) (of revolt &c):* trechwr (trechwyr) *m*, ataliwr (atalwyr) *m*, gwastrodwr (gwastrodwyr) *m*, gostegwr (gostegwyr) *m*; *(b) (of fact):* celwr (celwyr) *m*, cuddiwr (cuddwyr) *m*. **2.** *W.Tel: T.V: &c:* atalydd(-ion) *m*, ataliwr (atalwyr) *m*. **~ grid** *n*. *El:* grid(-iau) gwrth-ymyrraeth *m*.

suppurate *v.i.* crawni, gori, *Lit:* madreddu, *S:* crynh|oi, *N:* casglu.

suppuration *n*. **1.** *(process):* crawniad *m*, crawni *vn*, goriad *m*,

gori *vn*, *N:* casgliad *m*, casglu *vn*, *S:* crynhoad *m*, crynh|oi *vn*. **2.** *(matter):* crawn *m*, gôr *m*, *Lit:* madredd *m*.
suppurative *a.* & *n.* **1.** *a.* crawnol. **2.** *n.* cyffur(-iau) crawnbair *m*.
supra[1] *Lt.adv.* uchod, gynnau; ***ut*** **~**, megis uchod.
supra[2] *Lt.pref.* uwch + *soft mut.*, gor|uwch- + *soft mut.*
supra-axillary *a. Anat:* uwchgeseiliol, uwchgeseilaidd.
supraciliary *a.* = **superciliary**.
supraclavicular *a. Anat:* uwchglafiglaidd.
supracostal *a. Anat:* uwchasennol.
supraglottal *a. Anat:* uwchl|aw'r glotis.
supralapsarian *a.* & *n. Theol:* **1.** *a.* cyn y cwymp, cyn-gwympol. **2.** *n.* cyn-gwympydd(-ion) *m*.
supralapsarianism *n. Theol:* cyn-gwympyddiaeth *f*.
supraliminal *a. Psy:* uwchdrothwyol, uwchl|aw'r trothwy.
supralunar *a.* uwchloerol.
supramaxillary *a. Anat:* uwch-enol, yr ên uchaf.
supramolecular *a. Ph:* uwchfolecylaidd.
supramundane *a.* goruwchfydol, goruwchddaearol.
supranational *a.* rhyngwladol, cydwladol, goruwchgenedlaethol.
supranationalism *n.* rhyngwladoldeb *m*, cydwladoldeb *m*, goruwchgenedlaetholdeb *m*.
supranationality *n.* rhyngwladoldeb *m*, cydwladoldeb *m*, goruwchgenedligrwydd *m*.
supranationally *adv.* yn rhyngwladol.
supranormal *a.* goruwchnormal, tu hwnt i'r cyffredin.
supraorbital *a. Anat:* uwchgreuol, uwchl|aw'r llygad/llygaid, uwchlaw'r aeliau.
suprapharyngeal *a. Anat:* uwchffaryngol.
supraprotest *n. Com:* taliad(-au) (*m*) ar ôl protest.
suprarational *a.* goruwchresymol, uwchl|aw rheswm.
suprarenal *a. Anat:* uwcharennol.
suprasegmental *a. Ling:* uwchsegmentol.
suprasensible, suprassensory *a.* uwchsynhwyrol.
supraspinal, supraspinous *a. Anat:* uwch asgwrn y cefn, uwch y meingefn (*pronounced* ng-g).
supratemporal *a.* **1.** *Anat:* uwcharleisiol. **2.** *(= beyond time):* uwchamserol, uwchdymhorol.
supratentorial *a. Anat:* uwchdentoraidd.
supravital *a.* goroesol.
supremacist *a.* & *n.* **1.** *a.* goruchafiaethol. **2.** *n.* goruchafiaethwr (goruchafiaethwyr) *m*.
supremacy *n.* goruchafiaeth *f*, *occ:* uchafiaeth *f* (**over sth,** ar rth); *Jur:* **Act of S~,** Deddf (*f*) Goruchafiaeth.
Suprematism *n. Art: Hist:* Swprematiaeth *f*.
Suprematist *a.* & *n. Art: Hist:* **1.** *a.* Swprematyddol. **2.** *n.* Swprematydd(-ion) *m*.
supreme *a.* **1.** *(= chief, sovereign):* pennaf, uchaf, goruchaf; prif + *soft mut.*, arch- + *soft mut.*, *precede noun;* **to reign ~,** *(of king &c):* bod yn ben, uwch-deyrnasu, teyrnasu; **joy reigned ~,** teyrnasai llawenydd; *S.a.* **silence**[1]; *Rel:* **the S~ Being,** y Goruchaf *m*, y Bod Mawr *m*, y Brenin Mawr *m*; *Mil: U.S:* **~ commander,** pencadlywydd(-ion) *m*, pencadfridog(-ion) *m*; **S~ Council of the Allies,** Prif Gyngor y Cynghreiriaid; *Jur:* **S~ Court,** y Goruchaf Lys *m*, y Priflys *m*; **S~ Court of Judicature,** Goruchaf Lys Barn; **~ lord,** penarglwydd(-i) *m*; **~ lordship,** penarglwyddiaeth(-au) *f*; **S~ Pontiff,** y Pab(-au) *m*; *Hist:* **the S~ Soviet,** y Sofiet Goruchaf *m*. **2.** *(= utmost, extreme):* eithaf, pennaf, mwyaf, llwyr, llwyraf; *F:* **~ happiness,** y dedwyddwch eithaf/pennaf *m*, dedwyddwch pur; **the ~ good,** penllâd *m*; **the ~ moment,** yr eiliad fwyaf/eithaf *mf*, yr awr fwyaf *f*; **~ importance,** y pwysigrwydd pennaf/mwyaf *m*; **to hold s.o. in ~ contempt,** dirmygu rhn yn llwyr; **~ courage,** dewrder neilltuol/eithriadol. **3.** *(= last):* yr olaf un, yr eithaf un; **the ~ sacrifice,** yr aberth eithaf *mf*.
suprême *n. Cu:* ***suprême(-s)*** *m*.
supremely *adv.* yn hollol + *soft mut.*, tra + *spirant mut.*; **~ respectable,** hollol barchus, tra pharchus.
supremeness *n.* goruchafiaeth *f*.
supremo *n.* pennaeth (penaethiaid) *m*.
supremum *n. Mth:* swpremwm *m*.
Supt. *abbr.* = **superintendent.**
sur- *pref.* = **super**[2], **supra**[2].
sura, surah[1] *n. Moslem Rel:* swra (swrâu) *mf*.
surah[2] *n. Tex:* swra *m*.
sural *a. Anat:* **~ artery,** gwythïen (*f*) croth y goes.
surat *n. Tex:* swrat *m*.
surazo *n. Geog:* swraso(-au) *m*.
surbase[1] *n. Arch:* arsail (arseiliau) *f*.
surbase[2] *v.t.* arseilio.
surbased *a. Arch:* **1.** *(= having a surbase):* arseiliog. **2.** *(arch):* gorisel.
surbasement *n. Arch:* arseiliad(-au) *m*, arseilio *vn*, arseilwaith *m*.
surcease[1] *n. A:* peidiad(-au) *m*, oediad(-au) *m*; **without ~,** yn ddi-baid.
surcease[2] *v.i. A:* peidio (â gwneud rhth), ymatal (rhag gwneud rhth).
surcharge[1] *n.* **1.** *(= overload):* gorlwyth(-i) *m*, gorlenwad(-au) *m*. **2.** *(= extra price):* tâl (taliadau) ychwanegol *m*, taliad(-au) ychwanegol *m*, gordal(-iadau) *m*, gordaliad(-au) *m*, gorbris(-iau) *m*; *Cust:* gordoll(-au) *f*. **3.** *(on stamp):* trosbrint(-iau) *m*.
surcharge[2] *v.t.* **1.** *(= overload):* gorlwytho, gorlenwi. **2.** *(= charge extra):* codi ychwaneg, codi tâl ychwanegol (ar rn). **3.** *(stamp):* trosbrintio.
surcharged *a.* **1.** *(= overloaded):* gorlwythog, gorlawn (o rth). **2.** *(price, bill):* â gordal. **3.** *(stamp):* trosbrintiedig.
surcharger *n.* **1.** *(= overloader):* gorlwythwr (gorlwythwyr) *m*, gorlenwr (gorlenwyr) *m*. **2.** *Com:* codwr (codwyr) (*m*) tâl ychwanegol.
surcingle[1] *n.* **1.** *Harn:* cengl(-au) *f*, torgengl(-au) *f*, tordres(-i) *f*. **2.** *Dressm:* gwregys(-au) *m*.
surcingle[2] *v.t. Harn:* cenglo, cenglu.
surcingled *a.* cenglog.
sur-claim *n.* hawliad(-au) ychwanegol *m*.
surcoat *n. Cost: A:* swrcot: swrcod(-au) *m*, cwnsallt(-au) *m*.
surculose *a. Bot:* crachgoediog, ysgewyllog, brigynnog.
surd *a.* & *n.* **1.** *a.* *(a) Mth:* anghymarebol; *(b) Phon:* dilais. **2.** *n.* *(a) Mth:* **~ number,** swrd (syrdiau) *m*, rhif(-au) anghymarebol *m*; *(b) Phon:* cytsain ddilais (cytseiniaid dilais) *f*.
sure *a.* & *adv.* **1.** *a.* *(= certain):* siŵr, sicr, diogel, *S:* siwr, *N.W: F: occ:* saff; **to be ~ of sth,** bod yn sicr/siŵr o/am rth, *N.W:* bod yn saff o rth; **dead ~,** hollol sicr, perffaith sicr; *(= confident):* **to be ~ of oneself,** bod yn [hunan-]hyderus, bod yn siŵr/sicr ohonoch eich hun, *S.W:* bod yn siŵr o'ch siwrne; *F:* **I'm ~ I don't know,** wn i ddim, wir; **(I'm ~) I didn't mean to offend,** (ar fy ngair, [yn] wir) nid oeddwn yn bwriadu tramgwyddo; *N: F:* (wir-yr) 'doeddwn i ddim yn bwriadu pechu; **I'm ~ that's right,** mae'n siŵr/ddiogel gennyf fod hynny'n gywir; 'rwy'n siŵr fod hynny'n gywir; **to make ~ of a fact,** sicrh|au bod rhth yn ffaith, gwneud yn siŵr o ffaith; **to make ~ of a seat,** sicrhau sedd, ymorol am sedd, gwneud yn siŵr o sedd; **to make s.o. ~ (of sth),** sicrhau/argyhoeddi rhn (o rth, am rth); *(b) (= unfailing, reliable): (judgement, marksman):* sicr, di-feth, di-ffael; *(sanctuary):* sicr, diogel, dibynadwy; **to put sth in a ~ place,** rhoi rhth mewn lle diogel; *(of cure):* sicr, di-feth, di-ffael, anffaeledig; **to stand on ~ ground,** sefyll ar dir sicr/cadarn/diogel; *(c) (= indubitable):* sicr, diamheuol, diamau, diddadl, diymwad, diamh|eus, digwestiwn, heb os nac oni bai, **success,** llwyddiant diamheuol/digwestiwn *m*; **to make the results ~,** sicrhau'r canlyniadau; *F:* **a ~ thing,** peth(-au) sicr *m*; *Rac:* sicrwydd *m*, ceffyl(-au) sicr *m*; *U.S: int. F:* **~ thing!** ar bob cyfrif! o'r gorau! wrth gwrs! siŵr iawn! siŵr i chi! **~ enough,** yn ddigon siŵr, *M.W:* siŵr ddigon, *S:* reit i wala; **for ~,** *(= as a certainty):* yn iawn, i sicrwydd, yn bendant; **(I do not know) for ~,** (wn i ddim) i sicrwydd, i'r dim, yn iawn, yn sicr, yn bendant; **tomorrow for ~,** yfory'n bendant, yfory'n ddi-ffael; **in ~ and certain hope,** mewn gwir ddiogel obaith; *(d) (= destined):* **it is ~ to be fine,** mae hi'n siŵr/sicr o fod yn braf; **he is ~ to come,** mae'n siŵr/sicr o ddod; fe ddaw mae'n siŵr; **the day is ~ to come,** diogel y daw'r dydd; **man is ~ to die,** mae dyn yn sicr/siŵr o farw; tynged dyn/dynion yw marw; **be ~ to come early,** cofiwch/gofalwch ddod yn gynnar; **be ~ not to lose it,** cofia/gofala na fyddi'n ei golli; cofia/gofala beidio ei golli; cofia/gofala na cholli di mohono; **be ~ to close the windows,** gwna'n siŵr dy fod yn cau'r ffenestri; cofia/gofala di gau'r ffenestri; **(yes) to be ~!** (ie) yn sicr! mae'n siŵr! wrth gwrs! bid siŵr! siŵr [i] Dduw! **(it's Gwen) to be ~!** (Gwen yw hi) yn wir i chi, myn dyn i, 'tawn i'n marw! *O:* **well, to be ~!** wel, yn wir! wel, wir-ionedd! 'dawn i byth o'r fan! 'tawn i'n marw! **2.** *adv.* *(a) Dial:* & *U.S:* *(= undoubtedly):* **it ~ was a cold night,** 'roedd hi'n noson oer, yn wir; 'roedd hi'n noson oer, yn siŵr i chi; *S:* 'roedd hi'n

noson oer, reit i wala; *(b)* **as ~ as...,** *(= as certainly as):* cyn wired â..., mor wir â...; **as ~ as death/fate,** cyn sicred â dim, cyn sicred â'r farn, cyn wired â phader; *F:* **as ~ as eggs is eggs, as ~ as little apples,** mor sicr â bod Mawrth yn y Grawys, mor sicr â bod bara mewn torth; **as ~ as I'm alive, as ~ I'm standing here,** mor sicr â 'mod i'n fyw, cyn wired â 'mod i ar wyneb y ddaear, *N.W:* cyn saffed â 'mod i; **(as ~) as hell,** (cyn sicred) â dim, â 'mod i'n fyw; **~ enough (he was there),** ('roedd ef yno)'n ddigon sicr, yn siŵr i chi, *S.W:* reit i wala; **(he will come) ~ enough,** (fe ddaw) mae'n ddigon siŵr, mae'n siŵr, *M.W:* siŵr ddigon; *(b) (= as expected):* yn sicr ddigon, yn siŵr i chi; **(he was expected to win) and ~ enough he did,** ('roedd disgwyl iddo ennill) ac yn siŵr i chi fe enillodd, ac yn sicr ddigon fe enillodd; *esp. U.S:* **~ enough!** wrth gwrs! digon gwir! siŵr i chi! *(c)* **~-enough** *a. U.S: Dial:* go iawn, gwirioneddol, digon siŵr. **~-fire** *adv. Dial:* di-feth, di-ffael, sicr, siŵr, diamau. **~-footed** *a.* sicr/sad ar eich troed/traed, sicr eich cerddediad, gwisgi. **~-footedly** *adv.* yn sicr/sad eich troed/traed/cerddediad. **~-footedness** *n.* sicrwydd *(m)* troed. **~-handed** *a.* deheuig. **~-handedly** *adv.* yn ddeheuig. **~-handedness** *n.* deheurwydd *m.* **~-sighted** *a.* craff, sicr eich gwelediad. **~-sightedness** *n.* craffter *(m)* golwg, craffter gwelediad.

surely *adv.* **1.** *(= with certainty):* **(to work slowly) but ~,** (gweithio'n araf) ond yn ofalus/sicr, ond â gofal; (gweithio'n araf deg) a fesul tipyn; (gweithio) gan bwyll [bach]; **slowly but ~ (this work will be completed),** yn anochel, yn hwyr neu'n hwyrach (cwblheir y gwaith hwn). **2.** *(a) Lit: (= assuredly):* yn hyderus; *(b) F:* **~ you don't believe that!** 'dych chi erioed yn credu hynny! 'does bosib eich bod chi'n credu hynny! siawns nad ydych chi ddim yn credu hynny! 'dych chi ddim yn credu hynny, 'does bosib! **~ John has left!** [mae'n] rhaid bod Siôn wedi mynd! **~ she'll come,** siawns na ddaw hi; 'does bosib na ddaw hi; *Lit:* ond odid na ddaw hi; **it ~ can't have been her,** 'does bosib mai hi oedd hi! **~ I know sth about it!** mae'n siŵr 'mod i'n gwybod rhth yn ei gylch! *Lit:* odid na wn i rywbeth yn ei gylch! **~ it was her,** tybed nad hi oedd hi? *N:* hi oedd hi, yntê? *S:* hi oedd hi, yntefe/ontefe? **3.** *(= undoubtedly):* wrth gwrs, heb os nac oni bai; **(may I come in?) - ~** (a ga' i ddod i mewn?) - cewch siŵr, wrth gwrs, ar bob cyfrif, siŵr iawn, debyg iawn!

sureness *n.* **1.** *(of hand):* sicrwydd *m,* deheurwydd *m; (of foot):* sicrwydd. **2.** *(= certainty):* sicrwydd.

surety *n.* **1.** *A: (= certainty):* sicrwydd *m;* **for/of a ~,** i sicrwydd, yn sicr. **2.** *(a) A:* = **security, guarantee;** *(b) Jur:* **slip ~,** balog fechni *f; (pers.):* mechnïwr (mechniwyr) *m,* mechnïydd (mechniyddion) *m,* maich (meichiau, meichiafon) *m; Com:* gwarantwr (gwarantwyr) *m;* **to stand/go/be/become ~ for s.o.,** *Com:* gwarantu rhn; *Jur:* mechnïo/meichio rhn, *S.W:* gwn|eud machnad dros rn, *S.E:* machnïo rhn. **~ bond** *n.* bond(-iau) *(m)* mechnïaeth.

suretyship *n. Jur:* mechnïaeth *f.*

surf¹ *n.* ewyn *(m)* y don, brig *(m)* y don, ewyn môr, *occ:* beiston(-nau) *f, Lit: occ:* traethellfor *m.* **~-bathe** *v.i.* ymdrochi. **~-bird** *n. Orn:* aderyn (adar) *(m)* y feiston. **~-boat** *n. N:* cwch (cychod) *(m)* beiston, *S:* bad(-au) *(m)* beiston. **~-caster** *n. Fish:* pysgotwr (pysgotwyr) *(m)* y feiston. **~-casting** *vn. Fish:* pysgota'r feiston. **~-duck** *n. Orn:* = **surf-scoter. ~ fish** *n. Ich:* pysgodyn (pysgod) *(m)* y feiston. **~-rider** *n.* brigwr (brigwyr) *(m)* tonnau, beistonnwr (beistonwyr) *m,* beist|onwraig (beistonwragedd) *f.* **~-riding** *vn.* = **surf².** **~-scoter** *n. Orn:* hwyaden ddu(*f*)'r traethfor (hwyaid du'r ~), môr-hwyaden (~-hwyaid) *(f)* yr ewyn.

surf² *v.i.* beistonna, beistonni, brigdonni, brigo tonnau, reidio tonnau.

surfable *a.* beistonadwy.

surface¹ *n.* **1.** *(a)* wyneb(-au) *m,* tu *m;* **inner ~,** [y] tu mewn; **lower ~,** [y] tu isaf; **outer ~,** [y] tu allan; **upper ~,** [y] tu uchaf; *(of submarine):* **to proceed on the ~,** teithio ar yr wyneb; **to break ~,** dod i'r wyneb, *occ:* brigo; **to come to the ~,** *(of secret &c):* dod i'r wyneb, dod i'r golwg, *S:* dod ar glawr, *N:* dod i'r fei; *Min:* **to work at the ~,** gweithio ar yr wyneb, gweithio ar ben y pwll/gwaith, *S.E:* gweithio ar y banc; *Post:* **to send a letter by ~ mail,** anfon llythyr trwy bost tir a môr; *(b) F: (= exterior):* yr wyneb, y tu allan, yr ochr allan *f, S:* yr ochr fas *f,* y tu fas; *(= appearance):* gwedd allanol *f,* ymddangosiad *m;* **on the ~ everything was well,** 'roedd popeth yn iawn ar yr wyneb; 'roedd popeth yn iawn yn ôl pob golwg; 'roedd yn ymddangos fod popeth yn iawn; **his faults are all on the ~,** ar yr wyneb [yn unig] y mae ei feiau; **he never goes below the ~,** ni fydd byth yn mynd/edrych yn ddwfn i bethau; ni fydd byth yn mynd islaw'r wyneb; **to scratch the ~,** crafu'r wyneb. **2.** *(a) Geom:* arwyneb(-au) *m;* **curved ~,** arwyneb crwn; **plane ~,** arwyneb gwastad/plân; **~ of revolution,** arwyneb cylchdro; **developable ~,** arwyneb datblygadwy; *(b) (= area):* arwynebedd(-au) *m; Biol:* **respiratory ~,** arwynebedd anadlol/resbiradol *m;* **~ of the farmyard,** *S.E:* palmant *(m)* y buarth; *(c) Aer:* arwyneb; *Tchn: Dressm: Carp:* arwyneb; *Mec.E:* **bearing-~, working-~,** wyneb/arwyneb gweithio; *Carp:* **clogged ~, glazed ~,** arwyneb gwydrog; *Biol:* **cut ~,** arwyneb toriadol; *Carp:* **fine ~,** wyneb llyfn; **finished ~,** wyneb gorffenedig. **3.** *attrib.* arwynebol, ar yr wyneb; **~ impressions,** argraffiadau arwynebol. **~-active** *a. Ch:* tra gwlychol. **~-active agent** *n. Ch:* = **surfactant. ~-area** *n.* arwyneb(-au) *m,* arwynebedd(-au) *m.* **~-car** *n.* car (ceir) *(m)* y ffordd fawr. **~-coated** *a. Paperm:* [â] haen arwyneb. **~-colour** *n.* lliw(-iau) *(m)* arwyneb. **~-craft** *n.* llong(-au) *(f)* wyneb môr. **~ density** *n. Ph:* dwysedd *(m)* arwyneb. **~-drain** *n.* ffos(-ydd) agored *f.* **~-dressing 1.** *n. (= gravel &c):* gro *m,* graean *m,* metlin *m.* **2.** *vn. (of road):* coltario, graeanu, arwynebu. **~ embroidery** *n. Dressm:* brodwaith *(m)* arwyneb. **~ friction drag** *n. Aer:* llusgiant *(m)* arwyneb. **~-gauge** *n.* medrydd(-ion) *(m)* arwyneb. **~ mail** *n. Post:* post *(m)* tir a môr. **~-noise** *n.* hisian *vn,* siffrwd *m.* **~-plate** *n. Mch:* plât (platiau) *(m)* arwyneb. **~-printing** *vn.* argraffu/printio arwyneb. **~-scratch** *n. Metalw:* crafiad(-au) arwynebol *m.* **~-structure** *n.* adeiledd(-au) *(m)* arwyneb. **~-table** *n.* bwrdd (byrddau) *(m)* arwyneb. **~ tension** *n.* tyndra *(m)* arwyneb. **~-to-air missile** *n.* taflegryn (taflegrau) *(m)* daear i awyren. **~-to-~ missile** *n.* taflegryn daear i ddaear. **~-treatment** *n. Metalw:* triniaeth *(f)* arwyneb. **~-view** *n.* uwcholwg (uwcholygon) *m.* **~ water** *n.* dŵr *(m)* arwyneb. **~-water drain** *n.* traen(-iau) *(f)* dŵr arwyneb. **~-water drainage** *n.* traeniad *(m)* dŵr arwyneb. **~-water pipe** *n.* peipen *(f)* ddŵr (peipiau dŵr) arwyneb. **~-worker** *n.* = **surfaceman.**

surface² *v.t.* **1.** *(a) (= polish):* caboli, llyfnu, arwynebu, llyfnh|au (rhth); rhoi wyneb, rhoi caen (ar rth); *(b) Paperm:* **to ~ paper,** rhoi sglein ar bapur, sgleinio/arwynebu papur. **2.** *Civ.E: (road &c):* rhoi wyneb [newydd] (ar ffordd); wynebu, arwynebu (ffordd). **3.** *v.i. (a) (of submarine &c):* codi i'r wyneb, dod i'r wyneb; *(b) Fig: (= reappear):* dod i'r golwg, *S:* dod ar glawr, *N:* dod i'r fei; *(c)* **we look forward to surfacing after finishing this work,** edrychwn ymlaen at ailgydio [ynddi] wedi gorffen y gwaith hwn; *(d) Min:* gweithio ar yr wyneb, *S.E:* gweithio ar y banc.

surfaced *a.* arwynebog, caenog, caboledig, â chaen arno, ag wyneb iddo/arno; **matt-~,** [ag] wyneb mat; **smooth-~,** [ag] wyneb llyfn.

surfaceman *n.m.* **1.** *Min:* gweithiwr (gweithwyr) ar yr wyneb, gweithiwr pen pwll/gwaith, *S.E:* gweithiwr y banc. **2.** *Rail:* fforddoliwr (fforddolwyr).

surfacer *n.* arwynebwr (arwynebwyr) *m.*

surfacing *vn. & n.* **1.** *vn.* = **surface².** **2.** *n. Civ.E:* wyneb(-au) *m,* metlin *m,* arwyneb(-au) *m.*

surfactant *n. Ch:* gwlychwr (gwlychwyr) *m.*

surfboard¹ *n.* astell *(f)* feiston (estyll beiston).

surfboard² *v.i.* = **surf².**

surfeit¹ *n.* **1.** *(= excess):* gormod *m,* gormodedd *m,* mwy na digon. **2.** *(= surfeited feeling):* syrffed(-au) *m;* **to have a ~ of sth,** syrffedu ar rth.

surfeit² *v.t.&i.* syrffedu; **to ~ oneself with sth,** syrffedu ar rth.

surfeiter *n.* syrffedwr (syrffedwyr) *m.*

surfeiting *vn.* syrffed *m,* syrffedu.

surficial *a. Geol:* arwynebol.

surficially *adv.* ar yr wyneb, ar wyneb y ddaear.

surfing *vn.* = **surf².**

surform *n. Carp:* swrfform *m.* **~ blade** *n.* llafn(-au) *(m)* swrfform.

surfperch *n. Ich:* = **surf fish.**

surfy *a.* ewynnog.

surge¹ *n.* **1.** *(a) Nau:* ymchwydd *(m)* y don (ymchwyddiadau'r don), *occ:* dygyfor *m; F:* **a ~ of anger,** ton(-nau) *(f)* o ddicter, hwrdd (hyrddiau) *(m)* o ddicter; **the ~ of a crowd,** ymchwydd torf; *(b) El.E:* **~ of current,** ymchwydd mewn cerrynt, hwrdd o drydan. **2.** *Nau: (of rope, capstan):* llithr[i]ad(-au) *m,* plwc (plyciau, plyciadau) *m.* ~ **absorber** *n. El: Rail:* gwastatwr (gwastatwyr) (*m*) ymchwydd. ~ **chamber** *n.* siafft(-iau) (*f*) ymchwydd. ~ **tank** *n. Hyd.E:* tanc(-iau) (*m*) ymchwydd.

surge² *v.i.&t.* **1.** *v.i.* *(a) (of sea, water):* ymchwyddo, codi'n donnau, dygyfor; *(b) (of crowd, blood &c):* llifo, rhuthro, tyrru. **2.** *El.E:* **the current surges,** mae'r cerrynt yn tonni/ymchwyddo; *I.C.E:* **the engine surges,** mae'r motor yn carlamu/rhusio. **3.** *(of wheel):* llithro; *Nau: (of cable):* plycio, rhoi plwc. **2.** *v.t.* *(a) (current &c):* chwyddo, tonni; *(b) Nau: (= slacken):* llacio; **to ~ the capstan,** llacio'r rhaffau [wrth ddirwyn]; *(c) (= jerk):* rhoi plwc (i/ar rth); plycio, sgytio, sgytian, sgrytio, sgegio (rhth).

surgeon *n.* **1.** llawfeddyg(-on) *m*; *S.a.* **dental, house-surgeon, plastic, veterinary. 2.** *occ:* = **surgeon-fish.** ~**dentist** *n.* deintydd(-ion) llawfeddygol *m.* ~**-fish** *n. Ich:* ffleimbysgodyn (ffleimbysgod) *m.* ~ **general** *n.* prif feddyg(-on) *m*, prif swyddog(-ion) meddygol *m*, pennaeth (penaethiaid) meddygol *m.* ~**'s knot** *n.* cwlwm (c[y]lymau) (*m*) meddyg, cwlwm llinglwm (*pronounced* ng-g) deudro.

surgeoncy, surgeonship *n. Mil: Nau:* swydd(-i) (*f*) llawfeddyg.

surgery *n.* **1.** *(= surgical treatment):* llawfeddygaeth *f*, triniaeth lawfeddygol *f*, llawdriniaeth *f*; **clinical ~,** llawfeddygaeth glinigol; **conservative ~,** llawfeddygaeth gadwrol; **plastic ~,** llawfeddygaeth gosmetig. **2.** *(= consulting-room):* meddygfa (meddygf|eydd) *f*, *F:* lle (*m*) doctor (lleoedd doctoriaid). ~**ward** *n.* ward lawfeddygol (wardiau llawfeddygol) *f.*

surgical *a.* llawfeddygol; ~ **boot,** esgid lawfeddygol (esgidiau llawfeddygol) *f*, *F:* esgid fawr (esgidiau mawrion) *f*; ~ **brace,** haearn (heyrn) llawfeddygol *m*; *Ch:* ~ **spirit,** ethyl-|alcohol *m*, gwirod meddygol/feddygol *mf.*

surgically *adv.* yn llawfeddygol.

surging *a.* ~ **sea,** môr tonnog/moriog/ymchwyddol *m*, ymchwydd (*m*) môr; **a ~ mass of people,** torf/tyrfa aflonydd *f*, llif (*m*) o bobl.

surgy *a.* tonnog, ymchwyddol.

suricate *n. Z:* s|wricat (swricatiaid) *m.*

Surinam *Pr.n. Geog:* S|wrinam *f.*

surjection *n. Mth:* ardafliad(-au) *m.*

surjective *a. Mth:* ardafliadol.

surlily *adv.* yn sarrug *&c.*

surliness *n.* sarugrwydd *m*, afrywiogrwydd *m.*

surloin *n.* = **sirloin.**

surly *a.* sarrug, swta, afrywiog, anfoesgar, *N.W:* surbwch, surbwchlyd, stowclyd, surbychaidd, piwis, blin, *S.E:* minsur; **a ~ fellow,** surbwch (surbychod) *m*, *N.W:* brathgi (brathgwn) *m*, stowci (stowcwn) *m*, penci (pencwn) *m*, sinach(-od) *m*, eurach(-od) *m*, *occ:* bondog *m*; ~ **looks,** *N.W:* tyrsiau *pl*, tursiau *pl*; **a ~ woman,** *N:* stowcen *f*, *S.E. occ.* sarogen *f*; **to look ~,** *N.W:* edrych fel bwch.

surmaster *n. Sch:* ail feistr(-i) *m*, dirprwy(-on) *m.*

surmisable *a.* tybiadwy, dyfaladwy, amheuadwy.

surmisal, surmise¹ *n.* dyfaliad(-au) *m*, tyb(-iau,-iadau) *mf*, tybiaeth(-au) *f.*

surmise² *v.t.* dyfalu, tybio, tybied, synio, amau; **I surmised as much,** mi amheuais hynny; mi amheuais mai felly yr oedd; mi dybiais hynny; mi feddyliais i braidd; **as I ~,** i'm tyb i, fel y tybiaf.

surmiser *n.* dyfalwr (dyfalwyr) *m*, tybiwr (tybwyr) *m.*

surmount *v.t.* **1.** *(= cover, cap):* coroni; **to ~ a church with a spire,** rhoi/gosod/dodi tŵr ar ben eglwys; **(mountain) surmounted with snow,** (mynydd) ac eira ar ei ben, dan orchudd o eira, wedi'i orchuddio ag eira, dan gap/gapan o eira. **2.** *(= overcome):* codi uwchl|aw (rhth), codi'n uwch (na rhth), mynd (dros rth), dod (dros rth); gorchfygu, trechu (rhth); cael y gorau (ar rth); bod yn drech (na rhth).

surmountable *a.* gorchfygadwy, trechadwy.

surmounter *n.* gorchfygwr (gorchfygwyr) *m*, trechwr (trechwyr) *m.*

surmullet *n. Ich: (Muletus barbatus):* mingrwn coch (mingryniaid/mingrynion cochion) *m* (*pronounced* ng-g), hyrddyn coch (hyrddod cochion) *m.*

surname¹ *n.* cyfenw(-au) *m*, enw(-au) teuluol *m*, *N.W: F:* syrnâm *m*, snâm *m*, *S: F:* steil *m.*

surname² *v.t.* cyfenwi (rhn), rhoi cyfenw (ar rn); **he is surnamed Jones,** Jones yw ei gyfenw.

surpass *v.t.* **1.** *(= excel):* rhagori (ar rn), bod yn well/drech (na rhn), trechu (rhn), bod ar y blaen (i rn); **to ~ s.o. in intelligence,** rhagori ar rn o ran deall, bod ar y blaen i rn o ran deall; **you have surpassed yourself,** 'rydych wedi rhagori arnoch eich hun. **2.** *(= go beyond):* mynd y tu hwnt (i rth), bod yn fwy (na rhth), mynd (heibio i rth, dros ben rhth); **the results surpassed my hopes,** 'roedd y canlyniadau yn fwy na'm gobeithion; 'roedd y canlyniadau y tu hwnt i'm gobeithion.

surpassable *a.* trechadwy, y gellir rhagori arno.

surpassing *a.* digymar, dihafal, aruthrol, neilltuol, anghymharol, digyffelyb, heb ei ail, heb ei debyg.

surpassingly *adv.* yn aruthrol, yn eithriadol, yn enbyd; **(he was) ~ ugly,** ('roedd) yn hyll ofnadwy, yn hyll y tu hwnt, yn hyll dros ben, yn aruthrol/neilltuol/eithriadol o hyll; *N: F:* un hyll ar y naw (oedd o).

surpassingness *n.* rhagoroldeb *m*, anghymaroldeb *m.*

surplice *n. Ecc: Cost:* gwenwisg(-oedd) *f*, *occ:* offerengrys(-au) *m* (*pronounced* ng-g). ~ **choir** *n. Ecc:* côr (corau) (*m*) mewn gwenwisg. ~**-fee** *n.* arian (*m*) y wenwisg.

surpliced *a.* mewn gwenwisg, a gwenwisg amdanoch.

surplus *n.* **1.** *(= amount left over):* gweddill *m*, peth (*m*) dros ben, *Lit:* rhelyw *m*, gwarged *mf.* **2.** *(= too much):* gormod *m*, gormodedd *m*; *(of countable things):* gornifer(-oedd) *m*, gormod; **consumer ~,** gwarged treulwyr; **agricultural ~ area,** ardal(-edd) (*f*) o orgynhyrchu amaethyddol. **3.** *attrib.* gormodol, dros ben, rhy niferus, gorniferus; ~ **population,** gormod o boblogaeth, poblogaeth ry niferus, poblogaeth dros ben; *Com:* **sale of ~ stock,** arwerthiant (arwerthiannau) (*m*) o nwyddau sydd dros ben; *Econ:* ~ **value,** gorwerth *m*; ~ **energy,** egni (*m*) dros ben.

surplusage *n.* **1.** *Jur:* gormodiaith *f*, gorhoniad *m*, gorhonni *vn.* **2.** *(= verbiage):* geiriogrwydd *m.* **3.** = **surplus.**

surprint¹ *n.* trosbrint(-iau) *m.*

surprint² *v.t.* trosbrintio.

surprisal *n.* = **surprise¹ 1.**

surprise¹ *n.* **1.** *(= catching unawares):* **(to take s.o.) by ~,** (dal rhn) yn annisgwyl/ddirybudd iddo, yn ddisymwth, ar y gamfa; *Mil:* ~ **attack,** ymosodiad(-au) sydyn/dirybudd/annisgwyl *m*; *Mus:* ~ **cadence,** diweddeb(-au) annisgwyl *f*; ~ **visit,** ymweliad(-au) annisgwyl *m*; **to pay s.o. a ~ visit,** *S.W: F:* mynd i weld rhn ar fympwy, taro i weld rhn ar hop, *N: F:* mynd i weld rhn ar eich hald; *Iron:* **~! ~! it was Jane!** ni choeliech/chredech chi byth, pwy oedd yna ond Siân! **2.** *(= unexpected treat, gift, news):* peth(-au) annisgwyl *m*, *F:* syrpréis (syrpreisys) *m*; *(gift):* rhodd(-ion) annisgwyl *f*; *(news):* newydd(-ion) annisgwyl *m*; **what a ~!** dyma/dyna [beth] annisgwyl! am [beth] annisgwyl! ~ **package/packet,** paced(-i) (*m*) syndod. **3.** *(= astonishment):* syndod *m*, syfrdandod *m*; **much to my ~, to my great ~,** er mawr syndod imi, er fy mawr syndod, yn gwbl annisgwyl i mi; **it was a great ~ to me,** 'roedd yn syndod mawr i mi; cefais fy synnu'n fawr ganddo; **a look of ~,** golwg syn *f*; **(I paused) in ~,** (arhosais/sefais) mewn syndod, yn syn, yn syfrdan; **it's no ~,** nid yw'n syndod; 'does fawr o ryfeddod; *S.E:* 'sdim cadw.

surprise² *v.t.* **1.** *(= catch unawares):* **to ~ s.o. in the act,** dal rhn yn ddiarwybod iddo, dal rhn wrthi, dal rhn ar y weithred, dal rhn ar y gamfa. **2.** *(= astound):* synnu, syfrdanu; **to be surprised at sth,** synnu at rth; **I'm not surprised,** nid yw'n syn/rhyfedd gennyf; **I am surprised to see you,** 'rwy'n synnu eich gweld; mae'n syn gennyf eich gweld; **I should not be surprised (if...),** ni synnwn i damaid/fawr/ronyn/fymryn (petai...); *S.W:* ni synnwn i fochyn; **don't look so surprised!** peidiwch ag edrych mor syn/syfrdan; peidiwch â chymryd mor ddieithr; **I am surprised at you!** 'rwy'n synnu atoch! 'rydych yn fy synnu i!

surprised *a.* syn, synedig, syfrdan, wedi synnu, wedi'ch synnu/syfrdanu.

surprisedly *adv.* yn syn/syfrdan.

surpriser *n.* synnwr (synwyr) *m*, syfrdanwr (syfrdanwyr) *m.*

surprising *a.* syfrdanol, syn, rhyfedd, rhyfeddol, annisgwyl; **it's ~,** *occ:* mae'n syndod o beth.

surprisingly *adv.* yn syfrdanol/rhyfeddol, er syndod/rhyfeddod.

surprisingness *n.* rhyfeddod *m*, syndod *m*, natur ryfeddol/annisgwyl/syfrdanol *f.*

surra *n. Vet:* swrra *m.*

surreal *a.* swrrealaidd.

surrealism *n.* swrrealaeth *f.*

surrealist *a. & n.* **1.** *a.* swrrealaidd. **2.** *n.* swrrealydd(-ion) *m*, swrrealwr (swrrealwyr) *m*.
surrealistic *a.* swrrealaidd.
surrealistically *adv.* yn swrrealaidd.
surrebut *v.i. Jur:* gwrthateb, adwrthbrofi.
surrebutal *n. Jur:* tystiolaeth adwrthbrofol *f*.
surrebutter *n. Jur:* adwrthateb(-ion) *m*, adwrthbrawf (adwrthbrofion) *m*.
surrejoin *v.i. Jur:* ailadwrthebu.
surrejoinder *n. Jur:* ailadwrtheb(-ion) *m*.
surrender[1] *n. (a) (of fortress &c):* [g]ildiad(-au) *m*, [g]ildio *vn*; *(of person):* [g]ildiad, ymostyngiad(-au) *m*; **no ~!** dim [g]ildio! *Lit:* nid ymostyngwn! *(b) Jur:* [g]ildiad(-au) *m*; **~ of a defendant to his bail,** [g]ildiad diffynnydd i'w fechnïaeth. **~ value** *n. Ins:* gwerth (*m*) [g]ildio.
surrender[2] **1.** *v.t. (a) (fortress &c):* [g]ildio; *(b) Jur: &c: (a right, one's assets &c):* [g]ildio, gollwng (rhth); rhoi'r gorau (i rth); **to ~ one's office,** rhoi'r gorau i'ch swydd, [g]ildio'ch swydd, ymddiswyddo; **to ~ all hope of sth,** [g]ildio/colli pob gobaith, rhoi pob gobaith heibio, anobeithio'n lân/llwyr; **to ~ oneself to despair,** [g]ildio i anobaith, anobeithio. **2.** *v.t.&i.* **to ~ [oneself],** *Mil:* ymostwng, [g]ildio.
surreptitious *a.* llechwraidd, lladradaidd, llechwrus, dirgel, cudd; **~ printing,** argraffu cudd/dirgel.
surreptitiously *adv.* yn llechwraidd *&c*.
surreptitiousness *n.* natur lechwraidd *f*.
surrey *n. Veh: U.S:* cerbyd(-au) (*m*) dwy sedd, trap(-iau) *m*.
surrogate[1] *n.* **1.** dirprwy(-on) *m*. **2.** *attrib.* dirprwyol; **~ mother,** dirprwy fam(-au) *f*, mam fenthyg (mamau benthyg); **~ pleasure,** rhth yn lle pleser, pleser dirprwyol, dirprwy bleser.
surrogate[2] *v.t.* dirprwyo (rhn); gosod/dodi/rhoi (rhn) yn lle rhn arall.
surrogateship *n.* swydd (*f*) dirprwy.
surrogation *n.* dirprwyad(-au) *m*, dirprwyo *vn*.
surround[1] *n.* **1.** *(of carpet):* godre(-on) *m*, oddi-amgylch(-oedd) *m*; *(of fireplace &c):* ffrâm (fframiau) *f*, oddi-amgylch. **2.** *Ven: U.S:* amgylchyniad(-au) *m*, amgylchynu *vn*. **3.** *Geog: usu.pl.* amgylchoedd, cwmpasoedd, tueddau, ardal gyfagos (ardaloedd cyfagos) *f*, cyffiniau, godreon, cyrion, cyrrau.
surround[2] *v.t.* amgylchynu, *occ:* cwmpasu, cylchynu, amgylchu; **surrounded by/with dangers,** yng nghanol peryglon, â pheryglon o'ch amgylch/cwmpas, â pheryglon o bob tu i chwi.
surrounding *a., vn. & n.* **1.** *a.* amgylchynol, cwmpasol, cylchynol, amgylchol, oddi amgylch, o'ch cwmpas, o gwmpas, o bob tu; **~ wall,** amgylchfur(-iau) *m*, amglawdd (amgloddiau) *m*. **2.** *(a) vn.* amgylchyniad *m*, amgylchynu; *(b) n.pl. (i) (= environment):* amgylchoedd, cwmpasoedd; *(ii) (of town &c):* cyffiniau, cwmpasoedd, cyrion, cyrrau.
surroyal *n. Ven: (of deer antler):* *arosgl(-au) *m*.
sursum corda *Lt.phr.* codwch eich calonnau.
surtax[1] *n.* ardreth(-i) *f*.
surtax[2] *v.t.* ardrethu.
surtout *n. A: Cost:* côt (cotiau) uchaf *f*, côt fawr (cotiau mawrion).
surveil *v.t.* cadw golwg (ar rn), arolygu (rhn).
surveillance *n.* gwyliadwriaeth *f*, cadw (*vn*) golwg.
surveillant[1] *a. & n.* **1.** *a.* gwyliadwrus. **2.** *n.* goruchwyliwr (goruchwylwyr) *m*, gwyliwr (gwylwyr) *m*, *occ:* gwyliadur(-iaid) *m*.
survey[1] *n.* **1.** arolwg (arolygon) *m* (**of sth,** o/ar rth), *occ:* arolygiad(-au) *m*, archwiliad(-au) *m*, cyfolwg (cyfolygon) *m* (o/ar rth); **to take/make a ~ of sth,** gwneud arolwg o rth, arolygu rhth; *Geog:* **air ~,** arolwg [o'r] awyr, arolwg [o] awyren; **building use ~,** arolwg defnyddio adeiladau; **family expenditure ~,** arolwg gwariant teulu; **land use ~,** arolwg defnydd tir; **Ordnance S~,** Arolwg Ordnans, Arolwg yr Adran Fapio; **Ordnance S~ map,** map(-iau) (*m*) Ordnans. **~ course** *n. Sch:* cwrs (cyrsiau) (*m*) arolwg. **~ design** *n.* cynllun(-iau) (*m*) arolwg. **~ vessel** *n.* llong(-au) (*f*) arolygu.
survey[2] *v.t.* **1.** *(a) (scenery &c):* edrych, syllu, bwrw golwg, *Lit:* tremio (ar rth); *(b) (topic):* bwrw golwg (ar rth, dros rth), gwn|eud arolwg (o rth, ar rth); **to ~ public opinion,** gwneud arolwg o'r farn gyhoeddus. **2.** *Surv: (a town &c):* arolygu (rhth), gwneud arolwg (o rth), mapio (rhth); **to ~ a railway,** mapio llwybr rheilffordd; **to ~ land,** mesur/mapio tir; *Nau:* **to ~ a coast,** mapio glannau; *Civ.E:* **to ~ for quantities,** mesur meintiau. **3.** *Nau:* **to ~ a ship,** archwilio/arolygu llong.
surveyable *a.* arolygadwy, archwiliadwy, mapiadwy, mesuradwy.
surveying *vn.* tirfesur, tirfesureg *f*; *S.a.* **survey[1,2]**.
surveyor *n.* **1.** **[land-]~,** tirfesurydd(-ion) *m*, tirfesurwr (tirfesurwyr) *m*, mesurwr: mesurydd (mesurwyr) (*m*) tir, arolygwr (arolygwyr) (*m*) tir, *F:* syrfëwr (syrfewyr) *m*; **naval ~,** hydrograffydd(-ion) *m*, mapiwr (mapwyr) (*m*) môr, môr-fapiwr (~-fapwyr) *m*; **ship ~,** archwiliwr (archwilwyr) (*m*) llongau, arolygwr llongau; **highways ~,** arolygwr ffyrdd. **2.** *Adm: (a)* arolygwr, arolygydd, archwiliwr; **~ of taxes,** arolygwr trethi. **3.** *Min: N.E:* diolwr (diolwyr) *m*. **4.** *U.S: Cust:* **= exciseman.** **~'s chain** *n.* cadwyn(-i) (*f*) tirfesurydd. **~'s level** *n.* lefel(-au) (*f*) tirfesurydd. **~'s measure** *n.* mesur (*m*) tirfesurydd.
surveyorship *n.* arolygiaeth(-au) *f*.
survivable *a.* goroesadwy.
survival *n.* goroesiad(-au) *m*, goroesi *vn*, parhad *m*; *Biol:* **~ of the fittest,** parhad y trechaf, goroesiad yr addasaf, goroesiad y cymhwysaf, *F:* deddf trechaf treisied; **period of ~,** cyfnod(-au) (*m*) goroesiad. **~ kit** *n.* pecyn (pecynnau, paciau) (*m*) goroesi. **~ rate** *n.* graddfa (*f*) oroesi (graddf|eydd goroesi), cyfradd (*f*) oroesi/oroesiad (cyfraddau goroesi/goroesiad). **~ value** *n.* gwerth(-oedd) goroesol *m*.
survive *v.i.&t.* **1.** *v.i. (a) (= persist):* goroesi; byw (ar ôl rhth, trwy rth); parh|au['n fyw], para'n fyw, dal yn fyw (ar ôl rhth); *(of custom):* goroesi, parhau['n fyw], dal i fod/fodoli; *(b) Jur: (of estate):* **to ~ to X,** i fynd i ddwylo X, i'w drosglwyddo i X; *(c) F:* **she doesn't love me, but I'll ~!** nid yw'n fy ngharu, ond mi fyddaf i fyw! er nad yw'n fy ngharu, mi ddof drwyddi! **we're not rich, but we ~!** nid ydym yn gyfoethog ond 'rydym yn llwyddo i fyw rywsut! **2.** *v.t. (a) (= outlive):* goroesi (rhn), bwy'n hwy (na rhn), byw ar ôl (rhn), *occ:* byw heibio (i rn); *(b)* **to ~ an injury,** byw trwy anaf, dod dros anaf; **to ~ a disease,** dod trwy glefyd, trechu clefyd; **to ~ an accident,** dod trwy ddamwain, dianc yn fyw o ddamwain, goroesi damwain.
surviver *n.* **= survivor.**
surviving *a.* sy'n goroesi, [sydd] yn fyw/weddill, sydd ar ôl, *occ:* goroesol.
survivor *n.* goroeswr (goroeswyr) *m*, gor|oeswraig *f*; *F:* **he's a born ~,** mae'n oroeswr wrth natur; fe ddaw drwyddi, ni waeth beth a ddigwydd iddo; nid oes dim a all ei ladd. **~ technique** *n.* techneg (*f*) oroesi (technegau goroesi).
survivorship *n. Jur:* goroesedd *m*; **by ~,** trwy oroesedd; **right of ~,** hawl (*f*) goroesedd.
sus[1] *n.* **= suspicion.**
sus[2] *v.t.* **= suspect[1]**; **to ~ sth out,** edrych rhth, edrych sut beth yw rhth.
Susan *Pr.n.f.* Siwsan; *Bot:* **black eyed ~,** dyddgu *f*, Siwsi lygatddu; *Furn: U.S:* **lazy ~,** hambwrdd (hambyrddau) tro *m*, morwyn ddiog (mor[w]ynion diog) *f*.
Susanna *Pr.n. B:* Susanna *f*.
susceptance *n. El:* derbynnedd *m*.
susceptibility *n.* **1.** *El:* derbynnedd (derbyneddau) *m*. **2.** **~ (to a disease),** rhagdueddiad *m*, tueddiad *m*, chwanogrwydd *m* (i gael clefyd). **3.** *(= sensitiveness, feeling):* teimladrwydd *m*, teimlad(-au) *m*; **these people have their susceptibilities,** mae gan y bobl hyn eu teimladau; **to avoid wounding any susceptibilities,** osg|oi brifo teimladau neb.
susceptible *a.* **1.** *(a) (= admitting of sth):* **sth ~ of improvement,** rhth y gellir ei wella, rhth y mae lle i'w wella; **~ of change,** newidiadwy; **(facts) ~ of proof,** ffeithiau y gellir eu profi, y mae dichon eu profi; **this passage is ~ of another interpretation,** [mae] dichon cael dehongliad arall ar y darn hwn; mae'r darn hwn yn agored i ddehongliad arall; gellir dehongli'r darn hwn yn wahanol; mae dehongliad arall yn ddichonadwy ar y darn hwn; *(b) (= prone, liable):* chwannog, tueddol; **~ to a disease,** tueddol/chwannog i gael clefyd. **2.** *(a) (= impressionable, easily influenced):* **he's ~ to women's charms,** mae'n agored i'w swyno gan ferched; mae'n hawdd i ferched ei swyno; fe gymer ei swyno gan ferched; **~ to good influences,** agored i ddylanwadau da; *(b) (= sensitive):* teimladwy.
susceptibleness *n.* **= susceptibility.**
susceptibly *adv.* yn deimladwy; yn chwannog.

susceptive *a.* **1.** *(= receptive):* derbyngar (*pronounced* ng-g), parod i dderbyn. **2.** = **susceptible.**

susceptiveness *n.* derbyngarwch *m* (*pronounced* ng-g).

susceptivity *n.* = **susceptibility.**

sushi *n. Cu:* swshi *m.*

susi *n. Dressm:* swsi *m.*

suslik *n. Z:* **1.** swslic(-iaid,-od) *m*, gwiwer(-od) (*f*) y llawr. **2.** *Cost:* [blew] swslic *m.*

suspect[1] *a. & n.* **1.** *a.* amh|eus; **to hold s.o. ~,** amau rhn. **2.** *n.* rhn (rhai) a ddrwgdybir, rhn drwgdybiedig, rhn dan amheuaeth, *occ:* drwgdybiedig(-ion) *m&f*; **suspects,** pobl ddrwgdybiedig *f or pl.*

suspect[2] *v.t.&i.* **to ~ s.o.,** amau/drwgdybio rhn; **to ~ s.o. of a crime,** amau i rn gyflawni trosedd (*not* amau rhn o gyflawni trosedd); **to be suspected,** cael eich drwgdybio/amau, bod dan amheuaeth; **I suspected him of drinking,** 'roeddwn yn amau ei fod yn yfed; **she suspected that he had lied,** 'roedd hi'n amau iddo ddweud celwydd; 'roedd hi'n amau ei fod wedi dweud celwydd. **2.** *(= imagine, suppose):* tybio, tybied, amau, credu; **(I ~) that he is a spy, him to be a spy,** (tybiaf/amheuaf) ei fod yn ysbïwr, mai ysbïwr ydyw; **police do not ~ foul play,** nid yw'r heddlu'n credu y bu trosedd; cred yr heddlu na bu trosedd; **I suspected as much,** 'roeddwn i'n amau braidd; 'roeddwn yn meddwl braidd; felly 'rown i'n amau; 'roeddwn i'n amau mai felly yr oedd hi; 'roeddwn i'n amau mae felly 'roedd ei deall hi; **to ~ danger,** amau [bod] perygl, synhwyro perygl; **he suspects nothing,** nid yw'n amau dim.

suspectable *a.* amh|eus, drwgdybiadwy, ameuadwy.

suspected *a.* amh|eus, drwgdybiedig.

suspecter *n.* drwgdybiwr (drwgdybwyr) *m*, drwgd|ybwraig *f*, amheuwr (amheuwyr) *m*, amh|euwraig *f.*

suspend *v.t.&i.* **1.** *v.t.* (– *hang*). **to ~ sth from sth,** hongian rhth ar rth, *Lit:* crogi rhth ar rth; *Tchn: Mec.E:* crogiannu. **2.** *v.t.* *(a)* *(= postpone):* gohirio, oedi; **to ~ a disqualification from driving,** gohirio/atal gwaharddiad rhag gyrru; *Jur:* **to ~ proceedings,** atal gweithrediadau; **to ~ a driving licence,** atal trwydded yrru. **3.** *v.t.* **to ~ s.o. from work,** atal/diarddel rhn o'i waith; *Parl:* **to ~ an M.P.,** diarddel/gwahardd/atal A.S. dros dro; *Jur:* **to ~ (s.o. from practice),** atal, gwahardd, cadw (rhn rhag ymarfer); **to ~ a pupil (from school),** gwahardd/diarddel plentyn o'r ysgol; *Adm:* **suspended on full pay,** a waharddwyd ar gyflog llawn. **4.** *v.i.* peidio, stopio.

suspended *a.* **1.** *(a) Ch:* **~ particles,** gronynnau mewn daliant; *(b)* *(= hanging):* **~ in mid air,** yn hongian rhwng daear a nef; *Tchn:* crogedig, ar grog, ynghrog, crog; *Mus:* **~ cymbal,** symbal(-au) crog *m*; *Carp:* **~ drawer,** drôr grog (droriau crog) *f*; **~ file,** ffeil grog (ffeiliau crog) *f*; **~ light,** golau (goleuadau) crog *m.* **2.** *(a)* *(traffic):* ataliedig; *Jur: (proceedings):* gohiriedig; **~ sentence,** dedfryd ohiriedig (dedfrydau gohiriedig) *f*; **he was given a ~ prison sentence of six months,** cafodd ddedfryd ohiriedig o chwe mis; cafodd chwe mis o garchar wedi ei ohirio; **~ animation,** marwgwsg *m*, marwhun(-au) *f*, marw|eidd-dra *m*; *(b) Mus:* **~ cadence,** diweddeb ohiriedig (diweddwebau gohiriedig) *f*; **~ note,** gohirnod(-au) *m*, daliad(-au) *m.*

suspender *n.* *(a) Civ.E: (of bridge):* crograff(-au) *f*; *(b) Med:* *(= sling for leg):* rhwymyn(-nau) crog *m*; **[stocking] suspender,** llinyn (*m*) gardas (llinynnau gardysau/gardyson), *F:* sysbendar(-s) *mf*; *(c) pl. U.S:* = **brace**[1] **2**; **bust my suspenders!** 'tawn i'n marw! 'tawn i'n glem! **~ belt** *n. Cost:* gwregys(-au) (*m*) dal gardysau, belt(-iau) (*m*) dal gardysau.

suspendibility *n.* **1.** natur grogadwy/hongiadwy *f.* **2.** natur ohiriadwy/ataliadwy *f.*

suspendible *a.* **1.** crogadwy, hongiadwy. **2.** *(of sentence &c):* gohiriadwy, ataliadwy.

suspending *vn.* **~ power,** hawl (*f*) atal/gohirio.

suspense *n.* *(a)* *(= anxious uncertainty):* gwewyr (*m*) meddwl, ing (*m*) meddwl, ansicrwydd *m*; *Th:* pryder *m*; **to keep/hold s.o. in ~,** cadw rhn mewn gwewyr/ing/ansicrwydd, cadw rhn ar bigau'r drain; **to be in ~,** bod ar bigau'r drain; **full of ~,** ingol, llawn gwewyr, mewn ing; *F:* **the ~ is killing me,** 'rwyf bron marw o eisiau gwybod; *(b)* *(= undecided condition): Jur: &c:* = **suspension 3; (the question remains) in ~,** (erys y mater) yn benagored/ansicr, heb ei benderfynu; gohiriwyd trafod y mater; *(c) Book-k:* **in ~,** wedi ei atal, ataliedig, ynghrog. **~ account** *n.* cyfrif(-on) (*m*) crog, cyfrif dros dro. **~ film** *n.* ffilm(-iau) ingol *f.* **~ novel** *n.* nofel(-au) ingol *f.*

suspenseful *a.* ingol, *occ:* gwewyrus; *also, (novel, film):* gafaelgar.

suspensefully *adv.* yn ingol.

suspensefulness *n.* ing *m*, ingoldeb *m*, ingolder *m.*

suspensibility *n.* = **suspendibility.**

suspensible *a.* = **suspendible.**

suspension *n.* **1.** *(a) Mec.E: &c:* crogiant (crogiannau) *m*, hongiad(-au) *m*, crogi *vn*; *(b) Ch:* daliant (daliannau) *m*; **in ~,** mewn daliant; **colloidal ~,** daliant coloidaidd/cyludol; **milky ~,** daliant llaethog/cymylog; *(c) Ph:* **~ line,** croglin(-iau) *f*; **bifilar ~,** croglin ddwbl (crogliniau dwbl). **2.** *(a)* *(= temporary stoppage of traffic, payment, sitting):* ataliad(-au) *m*, gohiriad(-au) *m*, atal *vn*, gohirio *vn*; **to the ~ of all other business,** tra'n atal pob busnes arall; **the willing ~ of disbelief,** parodrwydd i atal anghrediniaeth, parodrwydd i gredu; *(b) Gram:* **point of ~,** atalnod(-au) llawn *m.* **3.** *(of employee):* ataliad [o'ch gwaith], gwaharddiad(-au) (*m*) rhag gweithio; *Parl: (of M.P.):* gwaharddiad dros dro, diarddeliad(-au) (*m*) dros dro; *Jur:* **~ (of a driving licence),** atal, ataliad (trwydded yrru). **4.** *Mus:* gohiriant (gohiriannau) *m.* **~ bridge** *n.* pont grog (pontydd crog) *f.* **~-cable** *n.* crograff(-au) *f.* **~-point** *n. Typ: U.S:* atalnod(-au) llawn *m.*

suspensive *a.* **1.** *Mec.E:* crogiannol. **2.** *(= undecided):* ansicr, mewn cyfyng-gyngor, ar bigau'r drain, rhwng dau feddwl. **3.** = **suspenseful. 4.** *(= suspending operation of sth):* ataliaol, gohiriol; **~ veto,** gwaharddiad (*m*) dros dro.

suspensively *adv.* **1.** = **suspensefully. 2.** = **indecisively. 3.** yn ataliol, yn ohiriol.

suspensiveness *n.* **1.** = **suspensefulness. 2.** = **indecision. 3.** *(of veto &c):* natur ohiriol/ataliol *f.*

suspensoid *n. Ch:* daliant (daliannau) *m*, sysbensoid(-au) *m.*

suspensor *n.* **1.** *Anat:* gewyn(-nau) cynhaliol *m*, gïcwyn (gïau) cynhaliol *m.* **2.** *Bot:* celloedd gwthio *pl.*

suspensory *a. & n.* **1.** *a.* *(a) Anat: (ligament &c):* cynhaliol; *(b)* **~ bandage,** crogrwymyn(-nau) *m*; *(c)* *(= suspending operation of sth):* ataliol, gohiriol. **2.** *n.* crogrwymyn(-nau) *m.*

sus. per coll. *Lt.phr. Jur:* croger ef.

suspicion[1] *n.* **1.** *(= doubt):* amheuaeth *f*, amheuon *pl*; *(= mistrust):* drwg-dyb(-ion) *mf*; *Jur:* drwgdybiaeth(-au) *f*; **not the shadow/ghost of a ~,** heb yr amheuon lleiaf, heb yr amheuaeth leiaf, heb rithyn o amheuaeth; **with ~,** yn ddrwgdybus, gan amau, ag amheuaeth; **my ~ is that...,** 'rwy'n amau mai/fod...; amau 'rwyf i mai/fod...; **to have one's suspicions about s.o., to hold s.o. in ~,** amau/drwgdybio rhn, bod ag amheuaeth/amheuon ynglŷn â rhn; **to have a ~ that all is not well,** amau bod rhywbeth o'i le; **to cast ~ on s.o.'s good faith,** amau didwylledd rhn; **to lay oneself open to ~,** peri i rn eich amau, rhoi achos/lle i rn eich amau, codi amheuon amdanoch eich hun, dwyn amheuaeth/drwgdybieth arnoch eich hun; **to arouse ~,** codi amheuon, ennyn drwgdybiaeth; **evidence not beyond ~,** tystiolaeth y dylid ei hamau; **to be right in one's suspicions,** amau'n gywir; **to be wrong in one's suspicions of s.o.,** amau rhn ar gam, camfarnu rhn; *Jur:* **to arrest/detain s.o. on ~ of being a thief,** restio/cadw rhn ar sail amheuaeth ei fod yn lleidr; *Jur:* **under ~,** dan amheuaeth; **~ doesn't hang a man,** ni thâl meddwl ddim i grogi dyn; *F:* **I had my suspicions about it,** 'roeddwn yn ei amau; 'roedd gennyf f'amheuon yn ei gylch; 'roeddwn yn meddwl/amau braidd. **2.** *(= a slight trace):* arlliw *m*, ychydig *m*, mymryn *m*; **a ~ of a smile,** cysgod (*m*) gwên; **praise free from any ~ of flattery,** canmoliaeth heb arlliw o weniaith.

suspicion[2] *v.t. U.S:* = **suspect**[2].

suspicional *a.* amheuol, drwgdybiaethol.

suspicionless *a.* heb ddrwg-dyb, diddrwgdyb, diddryctyb.

suspicious *a.* **1.** *(= liable to excite suspicion):* amh|eus. **2.** *(= mistrustful):* amheus, drwgdybus (**of sth,** o rth); **the ignorant are ~ of everybody,** bydd yr anwybodus yn amau pawb; **his silence made me ~,** gwnaeth ei dawedogrwydd imi amau.

suspiciously *adv.* **1.** *(= exciting suspicion):* yn amh|eus; *F:* **it looks to me ~ like measles,** 'rwy'n amau'n gryf mai'r frech goch yw; mae golwg beryglus/amheus o debyg i'r frech goch arno. **2.** *(= mistrustfully):* yn ddrwgdybus, yn amheus.

suspiciousness *n.* **1.** *(= quality arousing suspicion):* natur amh|eus *f* (rhth), golwg amheus *f* (ar rth). **2.** *(= mistrust):*

drwgdybiaeth *f*, drwgdybusrwydd *m*, natur ddrwgdybus/amheugar/amheus *f*.
suspiration *n. Poet:* **1.** *(= sigh):* ochenaid (och[e]neidiau) *f*. **2.** *(= breath):* anadliad(-au) *m*.
suspire *v.i. Poet:* **1.** *(= sigh):* och[e]neidio, ochain. **2.** *(= breathe):* anadlu.
suss *v.t. P: (= find):* **to ~ out a place,** dod o hyd i le; **to ~ s.o. out,** deall meddwl rhn, mesur a phwyso rhn, gwybod beth yw hyd a lled rhn.
sustain *v.t.* **1.** *(a) (life &c): (= maintain):* cynnal; **enough to ~ life,** digon i gynnal bywyd, digon i fyw arno, digon i gadw corff ac enaid ynghyd, digon i gadw rhn yn fyw; **to ~ a weight,** dal/cynnal pwysau; **to ~ a conversation,** cynnal sgwrs, *F:* dal pen rheswm; *(b) (= corroborate):* ategu, cefnogi; **evidence to ~ an assertion,** tystiolaeth sy'n ategu honiad; *(c) Th:* **to ~ a part,** chwarae rhn; *(d) (= prolong): Mus:* **to ~ a note,** dal nodyn; *(e)* cydnabod, derbyn; *Jur: (of court):* **to ~ (an objection),** derbyn/cydnabod/caniatáu (gwrthwynebiad); **objection sustained,** cydnabyddir eich gwrthwynebiad. **2.** *(a) Mil:* **to ~ (an attack),** gwrthsefyll, dal, dioddef (ymosodiad); **this will not ~ comparison with it,** ni ddeil hwn mo'i gymharu ag ef; *(b) (to undergo, suffer):* cael; **to ~ a loss,** cael/dioddef colled; **to ~ an injury,** cael anaf, *N:* brifo.
sustainable *a. (a) (= maintainable):* cynaliadwy; *(b) (= tolerable):* goddefadwy, dioddefadwy.
sustained *a.* cynaledig, parhaol, parh|aus, di-ball, *occ:* estynedig, cyson; **~ applause,** cymeradwyaeth hir/faith; **~ effort,** ymdrech gyson; *Mus:* **~ (note),** (nodyn) estynedig, cynaledig, a ddelir; *Ph:* **~ oscillations,** osgiladiadau cyson.
sustainer *n.* cynhaliwr (cynhalwyr) *m*, cynhalydd (cynalyddion) *m*, cynheiliad (cynheiliaid) *m&f*.
sustaining *a.* **1. ~ food,** bwyd cynhaliol/maethlon *m*. **2.** *Arch:* **~ wall,** mur(-iau) cynhaliol *m*, cynhalfur (cynalfuriau) *m*, ategfur(-iau) *m*; *Mec:* **~ force,** grym cynhaliol *m*; **~ member,** aelod(-au) cynhaliol *m*; *Mus:* **~ pedal,** pedal(-au) *(m)* cynnal/dal; *U.S:* **~ program,** rhaglen(-ni) hunangynhaliol *f* (*pronounced* ng-g).
sustainment *n.* cynhaliad (cynaliadau) *m*, cynhaliaeth *f*, cynnal *vn*.
sustenance *n. (a) (= support):* cynhaliaeth *f*; **means of ~,** moddion *(pl)* cynhaliaeth, modd *(m)* i fyw; *(b) (= food):* bwyd(-ydd) *m*, lluniaeth *m*, maeth *m*, ymborth *m*; *(c) (= nourishment):* maeth.
sustentacular *a. Anat:* cynhaliol.
sustentation *n.* **= sustainment**. **~ fund** *n.* cronfa *(f)* gynnal (cronf[e]ydd cynnal), trysorfa gynhaliol (trysorf[e]ydd cynhaliol) *f*, trysorfa gynhaliaeth (trysorfeydd cynhaliaeth).
sustentative *a.* cynhaliol.
sustention *n.* **= sustainment.**
Susu *a. & n.* **1.** *a.* Swsŵaidd. **2.** *n. (a) Ethn:* Swswiad (Swswiaid) *m&f*; *(b) Ling:* Swsŵeg *f*, *m*.
susurrant *a.* sibrydol, murmurog.
susurrate *v.i.* sibrwd, siffrwd, murmur.
susurration *n.* sibrwd (sibrydion) *m*, siffrwd *m*, sisial *m*, murmur(-on) *m*.
susurrous *a.* sibrydol, sy'n sibrwd, murmurog, sisialog.
susurrus *n.* sibrwd (sibrydion) *m*, siffrwd *m*, sisial *m*, murmur(-on) *m*.
sutler *n. Mil:* canlynwr (canlynwyr) *(m)* gwersyll, swtler(-iaid) *m*.
Sutra *n. Hindu Rel:* Swtra (Swtrâu) *m*.
Sutta Pitaka *n. Buddhism:* Swta Pitaca *m*.
sutteism *n. Hindu Rel:* hunanamlosgiad *m*.
sutural *a.* asiadol.
suture[1] *n.* **1.** *Anat: Bot: Z: Moll:* asiad(-au) *m*, gwr|ym (gwrymiau) *m*. **2.** *Surg: (= stitching):* gwnïad (gwniadau) *m*, pwyth(-au) *m*; *(= thread):* edau (edeifion) *f*. **~-line** *n.* **1.** *(of skull &c):* llinell(-au) *(f)* asio. **2.** *Surg:* gwnïad *m*, llinell bwytho (llinellau pwytho), pwythiad(-au) *m*.
suture[2] *v.t. Surg:* pwytho, gwnïo.
suzerain *n. & attrib.* **1.** *n.* penarglwydd(-i) *m*. **2.** *attrib.* penarglwyddaidd, goruchaf.
suzeraine *n.f. Hist:* penarglwyddes(-au,-i).
suzerainty *n.* penarglwyddiaeth(-au) *f*.
svarabhakti *n. Phon:* llafariad lusg/ymwthiol (llafariaid llusg/ymwthiol) *f*.
svedberg *n. Ph: Meas:* **svedberg(-s)** *m*.
svelte *a.* main (meinion), lluniaidd, ystwyth, gosgeiddig.
sveltely *adv.* yn osgeiddig *&c.*
svelteness *n.* gosgeiddigrwydd *m*, meinder *m*.
swab[1] *n.* **1.** *(a)* mop(-iau) *m*; *(b) Surg: (of cotton wool &c):* swab(-iau) *m*, pad(-iau) *m*; *(c) Med: (= specimen):* swabiad(-au) *m*. **2.** *P:* cnaf(-on) *m*, cythraul (cythreuliaid) *m*, pwdryn(-nod) *m*, llipryn(-nod) *m*, diawl(-iaid) *m*; **you swabs!** y cnafon! y giwed! y cythreuliaid! y taclau!
swab[2] *v.t.* **1. to ~ sth [out, up],** sychu, glanh|au (rhth) [â mop], swabio, mopio (rhth). **2.** *Med:* swabio.
swabber *n.* **1.** *Nau:* mopiwr (mopwyr) *m*, sychwr (sychwyr) *m*, glanhäwr (glanhawyr) *m* [â mop]. **2.** *Surg: &c:* swabiwr (swabwyr) *m*.
Swabia *Pr.n. Geog:* Swabia *f*.
Swabian *a. & n.* **1.** *a.* Swabaidd. **2.** *n.* Swabiad (Swabiaid) *m&f*.
swaddle[1] *v.t.* lapio, rhwymynnu, rhwymo (rhn) mewn cadachau.
swaddle[2] *n. U.S:* **= swaddling-clothes.**
swaddled *a.* wedi'ch lapio, lapiedig.
swaddling *vn. & a.* **~-bands** *n.pl.* cadachau rhwymo, rhwymynnau. **~-clothes** *n.pl.* cadachau, dillad magu. **~-clouts** *n.pl.* **1.** clytiau (*sing.* clwt *m*), cawiau (*sing.* cewyn *m*). **2.** *Fig: (a) (= infancy):* plentyndod *m*, babandod *m*, clytiau *pl*; *(b) (= restraint):* llyffethair (llyffetheiriau) *f*, cloffrwym(-au) *m*.
swaddy *n. P:* milwr (milwyr) *m*, *F:* tomi(-s) *m*.
Swadeshi *n. & attrib.* **1.** *n. Hist:* Swadeshi *m*. **2.** *attrib.* brodorol, cartref, Indiaidd.
swag[1] *n.* **1.** *Furn: Arch:* addurnbleth(-au,-i) *f*, blodeubleth(-au,-i) *f*, swag(-iau) *m*. **2.** *P: (a) (= booty):* ysbail (ysbeiliau) *f*; *(b) Austr: (= bundle):* pecyn(-nau) *m*, pac(-iau) *m*, bwndel(-i) *m*. **~ [curtain]** *n. Th:* llen *(f)* blyg (llenni plyg).
swag[2] *v.i.&t.* **1.** *v.i. (a) (= sway):* siglo; *(b) (= hang):* hongian. **2.** *v.t. (a) (= sway);* siglo; *(b)* **to ~ a curtain,** dolennu/swagio llen.
swag-bellied *a.* boliog, boldew(-ion).
swage *n. Tls:* darfath(-au) *m*, offeryn (offer) *(m)* mo[w]ldio; **bottom ~,** darfath isaf; **upsetting ~,** darfath clopáu. **~ block** *n.* bloc(-iau) *(m)* darfathu.
swage[2] *v.t.* darfathu.
swagger[1] *a.* ffasiynol, crand, swanc, smart, *N.W: F:* swagar, clyfar. **~ coat** *n. Cost:* côt (cotiau) *(f)* swagar.
swagger[2] *n.* rhodres *m*, talogrwydd *m*, talgryfder *m*, *F:* swagar *m*; **to walk with a ~,** swagro. **~-cane, ~-stick,** ffon (ffyn) *(f)* swagar.
swagger[3] *v.i.* swagro, rhodresa, strytian, torsythu, cerdded yn dalog/ falch/dalgryf, *N.W:* lledu'ch traed, llancio, jarffio, *S.E:* breidlo.
swaggerer *n.* swagrwr (swagrwyr) *m*, torsythwr (torsythwyr) *m*, rhodreswr (rhodreswyr) *m*, ysgogyn(-nod) *m*, *N.W: F:* jarff(-od) *m*, swegryn(-nod) *m*.
swaggering *a.* talog, rhodresgar, torsyth, *S.E:* tsiestog, *N.W:* jarfflyd.
swaggeringly *adv.* yn dalog *&c.*
swaging *vn.* darfathu.
swagman *n.m.* crwydryn (crwydriaid), trempyn (trampiaid), tramp(-iaid).
Swahili *a. & n.* **1.** *a.* Swahilïaidd, Swahili. **2.** *n. (a) Ethn:* Swahili (Swahilïaid) *m&f*; *(b) Ling:* Swahili *f*, *m*.
Swahilian *a.* Swahilïaidd, Swahili.
swain *n.m. (a) A: & Poet: (= rustic):* bugeilfab (bugeilfeibion), llanc(-iau) cefn gwlad, gwladwr (gwladwyr); *(b) Joc: (= suitor):* cariadfab (cariadfeibion), cariadlanc(-iau).
swainish *a.* **= rustic.**
swainishness *n.* **= rusticity.**
swale *n. Geog:* pant(-[i]au) *m*; **swell and ~,** bryn a phant.
swallet *n. Dial:* **= swallow-hole.**
swallow[1] *n.* **1. = gullet. 2.** *(= gulp):* llwnc *m*, llynciad(-au) *m*; **(to drink sth) at one ~,** (yfed rhth) ar eich talcen, ar ei dalcen, ar un llwnc, ar un tro, ar un llynciad; (llyncu rhth) yn llyfn. **~-hole** *n. Geol:* llyncdwll (llyncdyllau) *m*.
swallow[2] *v.t.* **1.** llyncu, *S.W: occ:* darlwncu; **to ~ sth the wrong way,** *N.W:* llyncu rhth yn groes *or* o chwithig; **I swallowed sth the wrong way,** fe aeth fy mwyd i i'r camdwll; **to ~ the bait,** llyncu'r abwyd; **he swallowed it hook, line and sinker,** llyncodd y cyfan; llyncodd y stori'n gron/ddihalen; llyncodd y stori'n

gyrn, croen a charnau; *F:* **to ~ one's tears,** llyncu'ch dagrau; **to ~ one's pride,** llyncu'ch balchder; **to ~ a story,** llyncu stori; **story hard to ~,** stori anodd ei chredu/llyncu; *B:* **to ~ a camel,** llyncu camel; **to ~ the anchor,** llyncu'r angor; **to ~ an affront,** llyncu sarhad; **to ~ one's words,** llyncu'ch geiriau. **2.** *abs.* llyncu [poer]. **~ up** *v.t.* llyncu, traflyncu.

swallow³ *n. Orn:* gwennol (gwenoliaid) *f, S.E: occ:* gwenolen (gwenolod) *f*; **cliff ~,** *(Petrochelidon lunifrons):* gwennol y graig; **chimney-~, house-~, window-~, = house-martin; red-rumped ~,** *(Hirundo daurica):* gwennol dingoch (gwenoliaid tingoch) (*pronounced* ng-g); **sea-~, = tern; tree-~,** *(P. nigricapis):* gwennol y coed; *Prov:* **one ~ does not make a summer,** un wennol ni wna wanwyn. **~-dive¹** *n. Swim:* plymiad(-au) *(m)* gwennol. **~-dive²** *v.i.* plymio fel gwennol. **S~ Falls** *W.Pl.n.* y Rhaeadr Ewynnol *f*. **~-fish** *n. Ich:* **= gurnard (sapphirine). ~-hawk** *n.* **= swallow-tailed kite. ~-like** *a.* gwenolaidd, fel gwennol, tebyg i wennol. **~-plover** *n. Orn:* cwtiad (cwtiaid) *(m)* cynffon gwennol. **~ prominent** *n. Ent:* cudynnog (cudynogion) *(m)* yr helyg. **~-shrike** *n. Orn:* cigydd(-ion) *(m)* cynffon gwennol. **~-stone** *n. Min:* gwenolfaen (gwenolfeini) *m*. **~-tail** *n. (i) N:* cynffon *(f)* gwennol (cynffonnau gwenoliaid), cynffon fforchog, *S:* cwt *(f)* gwennol (cwtau gwenoliaid); *(ii) Cost: F: (often pl):* côt *(f)* gynffon hir (cotiau cynffon hir). **~-tail butterfly** *n. Ent:* glöyn (gloynnod) *(m)* cynffon gwennol. **~-tailed** *a.* â chynffon fforchog/gwennol; *Orn:* **~-tailed kite,** barcud gwyn (barcudiaid gwynion) *m*, barcud cynffon fforchog. **~-warbler** *n. Orn:* telor(-iaid) gwenolaidd *m*. **~-wort** *n. Bot:* **1.** *(Vincetoxicum hirundinaria):* llysiau(*pl*)'r wennol. **2. = celandine (greater), milkweed.**

swallowable *a.* llyncadwy.

swallower *n.* llyncwr (llyncwyr) *m*, ll|yncwraig *f*.

swam *v. See* **swim².**

swami *n. Hindu Rel:* swami (swamïaid) *m*. **~ work** *n.* gwaith *(m)* [arian] swami.

swamp¹ *n.* **1.** cors(-ydd) *f*, siglen(-nydd,-ni) *f*, mignen(-ni) *f*, tonnen (tonenni) *f*, corstir(-oedd) *m, S.E:* panwaun *f*; *Geog:* gwern(-i,-ydd) *f*, corstir; **malarial ~,** corstir malaria; **mangrove ~,** corstir mangrof (*pronounced* ng-g). **~ boat** *n.* cwch (cychod) *(m)* cors. **~ buggy** *n.* car (ceir) *(m)* cors. **~-fever** *n. Med: A:* **= malaria. 2.** *Vet:* cryd *(m)* y ceffylau. **~-forest** *n.* gwern-goedwig(-oedd) *f*. **~ hen** *n. Orn:* iâr *(f)* fach (ieir bach) yr hesg, iâr ddŵr (ieir dŵr).

swamp² *v.t.* **1.** *(a meadow):* boddi, gorlifo; *(a room):* boddi. **2.** *(a) (a boat):* llenwi/llanw (rhth) â dŵr; *(b) F:* **to be swamped with work,** cael eich llethu gan waith; boddi mewn gwaith; **(to be swamped) with letters, with phone calls,** (cael llif/ llifeiriant) o lythyrau, o alwadau ffôn; *(c)* trechu, gorlethu; **the soldiers were swamped by the enemy,** trechwyd/gorlethwyd y milwyr gan y gelyn.

swampiness *n.* natur gorslyd/gorsiog *f*, corsiogrwydd *m*.

swampish *a.* **= swampy.**

swampland *n.* corstir(-oedd) *m*.

swampless *a.* di-gors.

swampy *a.* corsiog, corslyd, siglennog, mignennog.

swan¹ *n.* **1.** *Orn:* alarch (elyrch, eleirch) *m*; *Prov:* **all his geese are swans,** mae pob gŵydd yn alarch iddo; **Bewick's ~,** *(Cygnus bewickii):* alarch Bewick; **black ~,** *(Chenopsis atrata):* alarch du (elyrch duon); **black-necked ~,** *(C. melanocoryphus):* alarch gyddfddu; **mute ~,** *(C. olor):* alarch mud, alarch dof; **trumpeter ~,** *(O. buccinator):* alarch utganol; **whistling ~,** *(O. columbiancis):* alarch chwibanol; **whooping ~,** *(C. cygnus):* alarch y Gogledd. **2.** *(used of Poet)* alaw *f*, eos *f*, alarch; **the S~ of Avon,** Alarch yr Afon; **the S~ of Usk,** Alarch Wysg. **~-dive** *n. U.S:* **= swallow-dive. ~-flower** *n. Bot:* blodyn *(m)* [yr] alarch (blodau['r] alarch). **~-goose** *n. Orn:* gŵydd (gwyddau) Ffrengig *f*. **~-herd** *n.* bugail (bugeiliaid) *(m)* elyrch. **~-maiden** *n. Myth:* alarchforwyn(-ion, alarchforynion) *f*. **~-mark** *n.* rhicyn (rhiciau) *(m)* pig alarch. **~-neck** *n. (i) Mec.E: Plumb:* gwddf *(m)* gŵydd (gyddfau gwyddau); *(ii) Mus: (on harp):* gwyriad *(m)* ar grib. **~-necked** *a.* **1.** *(tube &c):* gyddfdro, [â] gwddf gŵydd. **2.** *Poet:* [â] gwddf alarch. **~-shift** *n. Cost: Myth:* mantell *(f)* blu (mentyll plu). **~-shot** *n. Coll:* haels breision *pl*. **~-upping** *vn.* cyfrif elyrch.

swan² *v.i.* **to ~ about/around,** mynd/cerdded o gwmpas fel paun, ei lordio hi.

Swanee *Pr.n. U.S:* **to go down the ~,** mynd i'ch crogi, mynd i ddistryw, mynd i Gehenna. **~ whistle** *n. Mus:* chwibanogl(-au) *(f)* Swanee.

swank¹ *n. F:* **1.** crandrwydd [ffôl] *m*, rhodres *m*, hen orchest *f, S.E:* swai *f, N.W: occ:* hen snorit *f*; **she's all cheap ~,** pen punt a chynffon dimai yw hi. **2. = swanker.**

swank² *v.i. F:* **1.** *(= give oneself airs):* rhodresa, ei lordio hi, eich dangos eich hun, eich meddwl eich hun, swancio, *N.W:* torri cỳt, llancio, *S.W:* swancan. **2.** *(= boast):* brolio.

swank³ *a. F:* crand, mawreddog.

swanker *n. F:* **1.** *(= swaggerer):* rhodreswr (rhodreswyr) *m*, swanciwr (swancwyr) *m*, swancyn (swancod) *m*, swancen (swancod) *f*, sw|ancwraig (swancwragedd) *f*, swances(-au,-i) *f*, rhn (rhai) mawreddog, *N.W:* jarff(-iaid,-od) *m*, jarffen(-nod) *f*, jarffes(-i) *f*, pen(-nau) bach *m*. **2.** *(= boaster):* broliwr (brolwyr) *m*, brolgi (brolgwn) *m*.

swankily *adv. F:* yn grand *&c.*

swankiness *n. F:* crandrwydd *m*, mawredd *m*.

swankpot *n.* **= swanker.**

swanky *a. F:* crand, mawreddog.

swanlike *a.* alarchaidd, fel alarch.

swannery *n.* bridfa (bridf|eydd) *(f)* elyrch.

swansdown *n.* plu *(pl)* alarch/elyrch.

Swansea *W.Pl.n.* Abertawe *f*. **S~ Valley** *Pr.n. Geog:* Cwm *(m)* Tawe.

swanskin *n. Tex: &c:* croen *(m)* alarch.

swansong *n.* **1.** cân *(f)* alarch. **2.** *Fig:* cân ffarwel, cân olaf.

swap¹ *n. (a) (= exchange):* cyfnewid *vn*, cyfnewidiad(-au) *m*, ffair (ffeiriau) *f*; *(b) (in stamp-collecting &c):* dybler(-s) *m*. **~-meet** *n.* cwrdd (cyrddau) *(m)* ffeirio/trwco.

swap² *v.t.* newid, cyfnewid, *N:* ffeirio, *S:* trwco; *F:* **to ~ (sth for sth),** cyfnewid, newid (rhth am rth); **to make a fair ~,** gwneud cyfnewid teg, *N.W:* gwneud ffair benben; **to ~ places with s.o.,** newid lle â rhn; **to ~ horses in midstream,** newid pen ar ei chanol hi.

swapper *n.* cyfnewidiwr (cyfnewidwyr) *m, N:* ffeiriwr (ffeirwyr) *m*.

swaraj *n. Pol.Hist:* ymreolaeth *f*, hunanlywodraeth *f*.

swarajism *n. Pol.Hist:* p|olisi *(m)* ymreolaeth.

swarajist *n. & attrib. Pol.Hist:* **1.** *n.* ymreolwr (ymreolwyr) *m*. **2.** *attrib.* ymreolaethol, hunanlywodraethol.

sward¹ *n.* glaswellt *m*, gwellt glas *m*, lawnt(-iau) *f*, tonnen *f, occ:* glaslawr *m*, glastir(-oedd) *m*, glastonnen *f, S.E:* ton(-nau) *m, S.W:* gwyndwn *m*.

sward² *v.t.&i.* **1.** *v.t.* tywarchu. **2.** *v.i.* glasu.

swarf *n. Carp: Metalw:* naddion *pl*.

swarm¹ *n. (a)* haid (heidiau) *f*; **first ~,** blaenhaid (blaenheidiau) *f, Lit: occ:* cyntaid (cynteidiau) *f*; *(b) F:* **~ (of children &c),** llu(-oedd) *m*, haid, *N:* fflyd(-oedd) *f* (o blant *&c*). **~-cell, ~-spore** *n. Biol:* söosbor(-au) *m*.

swarm² *v.i.* **1.** *(a) (of bees, locusts &c):* heidio, *S.E:* cwnnu, *S.W:* codi; *(of rats &c):* heidio, tyrru; *(b) (of people, rats):* heidio, tyrru, ymgrynh|oi, ymgasglu. **2. to ~ (with sth),** heidio, heigio (gan rth *or* â rhth); **(the roads are) swarming with people,** (mae'r ffyrdd) yn heidio, yn orlawn, yn fyw, *F:* yn berwi (o bobl), *S.W:* yn pingo, yn pingad (â phobl, o bobl); **the house was swarming with flies,** *N.W: occ:* 'roedd y tŷ yn dryfrith/berwi o bryfed.

swarm³ *v.t.&i.* **to ~ up a tree,** dringo coeden, crafangio i ben coeden, ymgripio i fyny coeden.

swarmer *n.* **1.** heidiwr (heidwyr) *m*. **2.** *Biol:* söosbor(-au) *m*.

swarming *a.* heidiol, heidiog.

swart *a A:* **= swarthy.**

swarthily *adv.* yn dywyll *&c.*

swarthiness *n.* tywyllwch *(m)* pryd, croenddüwch *m*, pryd tywyll *m*.

swarthy *a.* pryd tywyll, croenddu(-on), melynddu(-on), pygddu(-on).

swartness *n. A:* tywyllwch *m*, düwch *m*.

swash *n., adv., v.t.&i.* **1.** *n.* **1.** *(a) (of water):* llepian *vn*, tasgiad (-au) *m*, sblash *fm, N:* fflatsh *m*; *(b) Geog:* torddwr (torddyfroedd) *m*; *(c) (= pig's food):* golchion *pl*. **2.** *adv.* **(to fall) ~,** (cwympo)'n blwmp, *S.W:* (cwympo)'n glatsh, *N.W:*

(syrthio)'n glatsh/glewt/fflatsh. **3.** *v.t.&i.* sblasio, tasgu, *N:* fflatsio. **~-channel** *n.* = **swatch²**.

swash² *a.* **1.** *(= oblique):* ar osgo, ar oleddf, gogwyddol, lletraws, lletbai. **2.** *Typ:* **~ letter,** llythyren gynffonnog (llythrennau cynffonnog) *f.* **~-plate** *n.* swashblat(-iau) *m.*

swashbuckler *n.* dyn(-ion) herfeiddiol *m,* herfeiddiwr (herfeiddwyr) *m,* swagrwr (swagrwyr) *m,* swegryn(-nod) *m,* jarff(-od) *m,* jarffyn (jarffod) *m,* cleciwr (clecwyr) *(m)* cleddyfau.

swashbuckling¹ *a.* talog, herfeiddiol, beiddgar; *S.a.* **swaggering.**

swashbuckling² *vn.* jarffio, swagro, clecian cleddyfau, herf|eidd-der *m,* herf|eidd-dra *m,* herfeiddiwch *m,* hergarwch *m.*

swastika *n.* sw|astica(-s) *f,* croes gam (croesau ceimion) *f,* croes grwca (croesau crwca).

swat¹ *n.* trawiad(-au) *m,* ergyd(-ion) *fm, N:* swaden *f.*

swat² *v.t. P:* taro (rhth), *S:* clatsio (rhth), *N:* rhoi swaden (i rth); **~ that fly!** lladdwch y pry' 'na!

swatch¹ *n. Tex:* sampl(-au) *f.*

swatch² *n. Geog:* swas(-iau) *m.*

swath, swathe¹ *n. Husb: (a) (= sweep of scythe):* arfod(-au,-ion) *f; (b) (= a strip of hay cut):* ystod(-au,-ion) *f,* seldrem(-au) *f,* taenfa (taenfâu) *f,* gwanaf(-au, gwaneifiau) *f, S.E:* carfan(-au) *f,* sedram *f,* shedrem *f, S.W:* to (toeon, toeau) *m,* shidrem *f, N.W:* rhenc(-iau) *f;* **to lay (hay) in swaths,** ystodi, gwanafu, taenu, rhencio (gwair); **to cut a wide ~,** torri ystod eang. **~-balk** *n.* gwrychyn *(m)* arfod. **~-board** *n.* estyllen (estyllod) *(f)* y wanaf. **~-turner** *n. Agr:* tröwr (trowyr) *(m)* ystodau/rhenciau/gwair. **~-turning** *vn.* troi ystodau/rhenciau/gwair.

swathe² *n.* amrwym(-au) *m,* rhwymyn(-nau) *m.*

swathe³ *v.t.* lapio, rhwymo, *occ:* rhwymynnu, amrwymo.

swather *n.* lapiwr (lapwyr) *m,* rhwymynnwr (rhwymynwyr) *m.*

swathing-bands, swathings *n.pl.* clytiau, rhwymynnau.

swatter *n.* **[fly-]~,** swadiwr (swadwyr) *(m)* pryfed.

sway¹ *n.* **1.** *(movement):* sigl *m,* siglad(-au) *m.* **2.** *(= domination):* teyrnasiad *m,* llywodraeth *f,* rheolaeth *f,* dylanwad *m;* **under his ~,** dan ei reolaeth, dan ei ddylanwad; **(to bring a people) under one's ~,** (dwyn pobl) dan eich rheolaeth/ llywodraeth; **to hold ~ (over a country),** teyrnasu (ar wlad, dros wlad), llywodraethu/rheoli (gwlad).

sway² *v.i.&t.* **1.** *v.i. (a) (of tree, ship &c):* siglo; *(of corn, crowd):* ymdonni; **to ~ (from side to side),** *(of drunkard, cart):* siglo, honcian, simsanu, gwegian (o'r naill ochr i'r llall); *(of drunkard): N.W:* mesur y ffordd; **to ~ from one side of the road to the other,** haldio/haldian o un ochr i'r ffordd i'r llall; *(b)* = **hesitate**; *(c) (of balance &c):* troi; *(d) (= hold sway):* rheoli, teyrnasu, llywodraethu. **2.** *v.t. (a) (trees &c):* siglo; *(b) (sceptre):* dal, dala; *(c) (= influence):* dylanwadu, pwyso (ar rn); *(= govern):* llywodraethu, rheoli (rhn); teyrnasu (ar rn); **she is too much swayed by her whims,** mae hi'n rhy fympwyol; mae hi'n rhy gaeth i'w mympwyon; **(she is) easily swayed,** (mae hi'n) un hawdd ei throi, hawdd dylanwadu arni; **his speech swayed the crowd,** bu i'w araith ennill calon y dorf; trodd ei araith feddwl y dorf; dylanwadodd ei araith ar y dorf; *(d)* **to ~ s.o. from his course,** newid bwriad rhn, troi rhn o'i fwriad; *(e) Nau:* **to ~ up a mast,** codi/halio hwylbren [ar ei draed]; *(f) (corn):* tonni, siglo. **~-back** *n. Vet:* cefn(-au) pantiog *m.* **~-backed** *a. Vet:* cefnbant.

swaying¹ *a. Vet:* cefnbant.

swaying² *a.* siglog, yn siglo; *(= undulating):* tonnog; **to walk with a ~ gait, to have a ~ gait,** siglo [cerdded], cerdded dan siglo, cerdded yn sigledig, *N.W: occ:* gogrwn mynd, honcian.

swear¹ *n.* rhegf|eydd *pl,* llwon *pl, S:* rhegad *m;* **to indulge in a ~, to have a good ~,** rhegi a rhwygo, rhegi llond ceg, rhegi ei hochr hi, *N.W:* rhegu a sincio, *S:* cael rhegad iawn.

swear² *v.t.&i.* **1.** *v.t. (a)* **to ~ an oath,** tyngu [llw], gwn|eud llw, mynd ar eich llw; *B:* **~ not at all,** na thwng ddim; **to ~ a false oath,** tyngu anudon, anudoni; **to ~ a great/solemn oath,** tyngu mawrllw, tyngu llw mawr, *F:* dweud/mynd ar eich peth mawr; *Jur:* **sworn by ...,** tyngwyd gan...; *Jur:* **re-sworn by...,** ail-dyngwyd gan...; **to ~ eternal fidelity,** tyngu llw o ffyddlondeb tragwyddol; **to ~ sth on the Bible,** tyngu rhth ar y Beibl; **to ~ to do sth,** addunedu gwneud rhth, ymdynghedu i wneud rhth, gwneud/tyngu llw i wneud rhth, mynd ar eich llw y gwnewch rth; **to ~ revenge,** addo dial, tyngu dialedd **(on s.o.,** ar rn); **to ~ black is white,** tyngu bod du yn wyn, taeru'r du yn wyn; *(b)* **to ~ [in] a witness,** rhoi tyst ar [ei] lw, gweinyddu'r llw i dyst; **to be sworn [in],** tyngu llw, cymryd llw; **to ~ s.o. to secrecy,** rhoi rhn ar ei lw i gadw cyfrinach; *(c) (= assert):* tyngu, taeru [ar eich llw], mynd ar eich llw, mynd ar eich gair, *S:* gwirio; **she swore blind she had seen me,** taerodd/tyngodd iddi fy ngweld; **we could have sworn we heard a sound,** gallasem daeru/dyngu inni glywed sŵn; *(d)* **he swore away his freedom,** tyngodd lw a cholli ei ryddid; *(e)* **to ~ treason against s.o.,** cyhuddo rhn ar lw o frad; **to ~ the peace againt s.o.,** tyngu ofn rhn. **2.** *v.i. (a) (= utter oaths):* rhegi, tyngu, melltithio, *V:* diawlio, ufferneiddio, *S:* ufferno, yffarno, *S.W:* cawro, *N.W: occ:* sincio, sincian, llyfannu; **to ~ like a trooper,** rhegi bob yn ail air, *S.W:* rhegi fel tincer, *N:* rhegi fel cath, rhegi a sincio, damio a sincio, diawlio ac ufferneiddio, *S.E:* rhegi fel paun, rhegi fel cwrcyn; **it's enough to make a saint ~,** mae'n ddigon i beri i flaenor regi; *S.W:* mae'n ddigon i hala rhwng tramp a'i gwdyn; **to curse and to ~, to ~ and cuss,** tyngu a rhegi, rhegi a rhwygo, *S.W:* galw ar y cawr mawr. **~ at** *v.ind.t.* **to ~ at s.o.,** rhegi rhn, melltithio rhn, *V:* diawlio rhn; *Fig:* **these colours ~ at each other,** nid yw'r lliwiau yma'n cyd-fynd/cyd-daro; *S:* mae'r lliwiau 'ma'n rhegi ei gilydd. **~ by** *v.i. (i)* **to ~ by one's honour,** tyngu ar eich gair/ llw; **to ~ by all that one holds sacred, to ~ by all the gods,** tyngu/ dweud ar eich peth mawr, tyngu yn enwau'r duwiau oll; *(ii) (= rely on, recommend):* **my wife swears by these tablets,** mae fy ngwraig yn credu'n gryf yn y tabledi hyn. **~ off** *v.ind.t.* **to ~ off drink,** gwneud adduned i roi'r gorau i'r ddiod, addunedu rhoi'r gorau i'r ddiod, rhoi diofryd ar y ddiod, ymddiofrydu rhag y diod. **~ out** *v.ind.t. U.S:* **to ~ out a warrant,** tyngu gwarant, codi gwarant ar lw. **~ to** *v.ind.t.* tyngu/dweud/datgan (rhth) ar lw, tystio (i rth) ar lw; **I ~ to it!** ar fy llw! **I would ~ to it,** mi awn i ar fy llw; **to ~ to the truth of sth,** tystio i wirionedd rhth [ar lw]. **~-word** *n.* rheg(-f|eydd) *f,* llw(-on, llyfon) *m.*

swearer *n.* **1.** *Jur:* tyngwr (tyngwyr) *m,* t|yngwraig *f.* **2.** *(= curser):* rhegwr (rhegwyr) *m,* rh|egwraig *f, occ:* tyngwr, t|yngwraig *f, F:* diawliwr (diawlwyr) *m,* ufferneiddiwr (ufferneiddwyr) *m.*

swearing *a. & vn.* **1.** *a.* rheglyd. **2.** *vn.* = **swear; hard ~,** tyngu anudon.

sweat¹ *n.* **1.** chwys *m;* **to be in a ~, to be all of a ~,** chwysu; **to be in a ~ (about sth),** poeni, pryderu (am rth/yngh|ylch rhth); *V:* **in a muck ~,** yn foddfa o chwys, yn chwys diferu/diferyd/diferol, *N:* yn laddar o chwys, yn chwys domen [dail], *occ:* mewn chwys fel burum, *S:* yn whys drabŵd, yn whys botsh, yn whys babwr, yn whys sopen, yn whys boten, yn whys siwps, yn whys stecs; *B:* **by the ~ of thy brow,** trwy chwys dy wyneb; **to be in a cold ~,** bod yn chwys oer drosoch, chwysu'n oer, bod mewn chwys oer; **to work oneself up into a ~ (about sth),** cynhyrfu (ynghylch rhth). **2.** *S:* chwysfa (chwysf|eydd) *f, N:* chwysiad(-au) *m;* **to give a horse a ~,** rhoi chwysfa/chwysiad i geffyl; **a good ~ (will get rid of that cold),** (fe gaiff) chwysfa dda, chwysiad da (wared â'r annwyd yna). **3.** *(= hard work):* lladdfa *f,* chwysfa, slafdod *m,* trafferth *f,* slafwaith *m,* gwaith caled *m,* caledwaith *m;* **it's an awful ~,** mae hi'n lladdfa; **no ~!** *P:* hawdd fel baw! dim trafferth! **4.** *Mil: P:* **an old ~,** hen filwr (~ filwyr) *m,* hen law(-iau) *f* **(at sth,** ar rth). **~-band** *n. Sp:* rhwymyn(-nau) *(m)* chwys. **~-box** *n.* blwch (blychau) *(m)* chwysu. **~-cloth** *n. Equit:* cadach(-au) *(m)* chwys. **~-duct** *n. Anat:* dwythell(-i) *(f)* chwys. **~-gland** *n. Anat:* chwarren (chwarennau) *(f)* chwys. **~-house, ~-lodge** *n. U.S:* chwysty (chwystai) *m.*

sweat² *v.i.&t.* I. *v.i.* **1.** chwysu; **to ~ profusely,** chwysu chwartiau, chwysu fel mochyn/ceffyl, *S: F:* chwysu'n stecs. **2.** *(of walls, floors, hay, cheese &c):* diferu, chwysu, *occ:* nawsio. II. *v.t.* **1.** *(a)* chwysu, *occ:* nawsio; **to ~ blood,** chwysu gwaed; **to ~ pints,** chwysu chwartiau; *F:* **to ~ one's guts out,** gweithio fel blac, eich lladd eich hun, ymlâdd, bod wrthi fel lladd nadroedd; *(b) Med: Vet:* **to ~ (s.o., a horse),** chwysu (rhn, ceffyl), codi chwys (ar rn, ar geffyl), rhoi chwysfa/chwysiad (i rn, i geffyl); *(c) (workers):* gorweithio, ecsbloetio (gweithwyr); gwneud (i weithwyr) slafio; *(d) U.S: F: (= interrogate):* croesholi/holi (rhn) yn galed. **2.** *(a) (minerals, hides, tobacco &c):* chwysu; *(b) Metalw:* **to ~ sth (in/on sth),** cysodro rhth (yn rhth, ar rth). **~ out** *v.t. (a)* **to ~ out the moisture from a wall,** chwysu lleithder o fur; *(b)* **to ~ a cold out,** chwysu annwyd; *(c) Fig:* **we'll have to ~ it out,** bydd yn rhaid inni ddioddef hyd y pen.

sweated *a.* **1.** *Ind:* **~ labour,** *(a) (= hard work):* slafwaith *m,* slafdod *m; (b) (= exploited workers):* llafur rhad *m,* slafwyr *pl;* ~ **goods,** cynnyrch (*m*) slafio/slafwaith. **2.** *Metall:* cysodredig.

sweater *n.* **1.** *(a) (= perspirer):* chwyswr (chwyswyr) *m,* ch|wyswraig *f.* **2.** *Cost:* sweter(-s) *f,* siwmper(-i) *f,* siersi(-s) *f,* jyrsi(-s) *f,* jarsi(-s) *f,* jansi(-s) *f,* pwlofer(-s) *m.* **3.** *Ind:* ecsbloetiwr (ecsbloetwyr) *m.* **~-girl** *n. F:* merch(-ed) (*f*) mewn sweter.

sweatiness *n.* chwys *m,* teimlad chwyslyd *m,* chwysoldeb *m,* chwyslydrwydd *m.*

sweating¹ *a. (a)* chwyslyd; *(b) (wall):* diferol, chwyslyd, llaith, sy'n nawsio, sy'n diferu.

sweating² *vn.* **1.** *(a)* chwysu; *(b) (of wall, cheese &c):* nawsiad(-au) *m,* nawsio; *(c) (by worker):* chwysu, slafio, slafdod *m,* slafwaith *m.* **2.** *(a) Med:* chwysiad(-au) *m,* chwysfa (chwysf|eydd) *f*; *(b) (= exploitation):* gorweithio, ecsbloetio; *(c) U.S: F: (= grilling):* holiad(-au) caled/didrugaredd *m,* holi'n galed/ddidrugaredd. **~-bath** *n.* baddon(-au) (*m*) chwysu. **~-iron** *n. Metall:* haearn (heyrn) (*m*) cysodro. **~-room** *n.* ystafell(-oedd) (*f*) chwysu, chwysty (chwystai) *m,* chwysfa (chwysfeydd) *f.* **~-sickness** *n. Med:* y clefyd (*m*) chwysu/chwyslyd, y chwysglwyf *m,* haint (*mf*) [y] chwys, y chwysaint *f.* ~ **system** *n. Ind:* y system (*f*) slafio, y drefn (*f*) slafio.

sweatpants *n. N:* trywsus(-au) (*m*) chwysu, *S:* trwser(-i) (*m*) chwysu.

sweatshirt *n.* crys(-au) (*m*) chwys.

sweatshop *n. Ind:* slafdy (slafdai) *m,* slafweithdy (slafweithdai) *m.*

sweatsuit *n.* siwt(-iau) (*f*) chwysu.

sweaty *a.* chwyslyd, *occ:* chwysol; **a ~ afternoon,** prynhawn mwll/trymaidd/chwyslyd.

Swede¹ *n. Ethn:* Swediad (Swediaid) *m&f.*

swede² *n. Agr:* swedsen (swêds) *f,* swejen (swêj) *f, N:* rwden (rwdins) *f, (also, by confusion with turnip): N:* meipen (maip) *f, S:* erfinen (erfin) *f.*

Sweden *Pr.n. Geog:* Sweden *f.*

Swedenborgian *a. & n. Rel:* **1.** *a.* Swedenborgaidd. **2.** *n.* Swedenborgiad (Swedenborgiaid) *m&f.*

Swedenborgianism *n. Rel:* Swedenborgiaeth *f.*

Swedish *a. & n.* **1.** *a. Geog:* Swedaidd; [o] Sweden; **the ~ navy,** llynges Sweden; ~ **drill,** dril Swedaidd *m*; **she's ~,** Swediad yw hi; *(in language):* Swedeg; ~ **massage,** dylofi/tylino (*vn*) Swedaidd, tyliniad(-au) Swedaidd *m,* dylofiad(-au) Swedaidd *m*; ~ **mile,** milltir(-oedd) Swedaidd *f*; ~ **movements,** symudiadau Swedaidd; ~ **turnip,** = **swede².** **2.** *n. Ling:* Swedeg *f, m.*

sweeny *n. Vet:* crebachiad (*m*) y balfais.

sweep¹ *n.* **1.** *(a)* ysgubiad(-au) *m,* brwsiad(-au) *m*; *Fig:* **at one ~,** ag un ergyd, ar un tro; **to give a room a good ~,** ysgubo ystafell yn lân; *F:* **to make a clean ~ (of sth),** *(i) (= get rid of):* cael gwared (â rhth, o rth, ar rth); *(ii) Gaming: &c: (= win everything):* ennill y cwbl, ennill popeth; *(iii)* **the thieves made a clean ~,** aeth y lladron â'r cyfan; **he made a clean ~ of all the prizes,** fe gipiodd/enillodd/ysgubodd y gwobrau i gyd; *Metalw: pl.* **sweeps,** llwch *m,* ysgubion. **2.** *(a) (of arm):* chwifiad(-au) *m,* ysgubiad; *(of eyes):* cipedrychiad(-au) *m,* cipdrem(-iau) *f,* cipolwg (cipolygon) *mf*; *(of a scythe):* arfod(-au) *f*; *(b) (= range, compass):* cylch(-oedd) *m,* cwmpas(-au) *m,* cyrraedd *vn*; *Mec: (of crank &c):* cylchdro(-eon) *m*; *(of gun, telescope, intelligence):* cwmpas; *Fish:* **within the ~ of a net,** o fewn tafliad (*m*) rhwyd, o fewn cyrraedd rhwyd; **the ~ of a scythe,** *(= what is cut by a ~ of a scythe): N:* gwanaf (gwaneifiau) *f, S.W:* lled (*m*) [o lafur], *S.E:* craff *m*; *S.a.* **swath.** **3.** *(= flow of river &c):* rhediad *m,* llif *m,* llifeiriant *m.* **4.** *(= curve): (a) (of road, river &c):* tro(-adau) mawr *m,* dolen(-nau) *f,* doleniad(-au) *m,* trofa (trofâu, trof|eydd) *f,* ystum(-iau) *f*; **to make a [wide] ~,** troi mewn cylch mawr/llydan; **to make a wide ~ to take a bend,** mynd i ganol y ffordd er mwyn cymryd tro; **the house is approached by a fine ~,** *(= curving road):* mae trofa fawr yn arwain at y tŷ; **the ~ of a car's lines,** llif amlinellau car; *Arch: (of arch):* crymedd *m,* cromlin *f*; *(c) N.Arch: (of ship's lines): Aer: (of wings):* gogwydd *m,* ôl-ogwydd *m,* ôl-lif *m*; **forward ~,** blaenlif *m*; *(b)* **a fine ~ of country,** ehangder (eangderau) braf *m* [o wlad]; **a fine ~ (of grass),** llain (lleiniau) braf *f,* ehangder braf, gwastadedd braf *m* (o laswellt); **a ~ of mountain country,** ehangder o wlad fynyddig; *(c) Artil:* ysgubiad(-au) *m.* **5.** *(= oar):* rhwyf hir (rhwyfau hirion) *f.* **6.** *Nau: (for dragging water):* ysgubwr (ysgubwyr) *m.* **7.** **[chimney] ~,** ysgubwr (ysgubwyr) simneiau, dyn(-ion) (*m*) glanh|au simnai. **8.** = **sweepstake.** **9.** *Ph: El: (of cathode-ray tube):* ysgubiad. **10.** *(a) (= pole for raising buckets from well):* polyn (polion) (*m*) codi dŵr, polyn ffynnon; *(b) (= pump handle):* braich (*f*) pwmp (breichiau pympiau). **11.** *(of windmill):* hwyl(-iau) *f.* **~'s brush** *n. Bot:* = **woodrush (field).** ~ **circuit** *n. El: T.V:* cylched(-au) (*m*) gwib. **~-net** *n. Fish:* rhwyd(-i) (*f*) sân. **~[-second] hand** *n. Clockm:* bys(-edd) (*m*) eiliadau. **~-put** *n.* ysgubiad(-au) *m,* glanhad *m.* **~-seine** *n.* = **sweep-net.** **~-ticket** *n.* tocyn(-nau) (*m*) lotri. **~-up** *n.* ysgubiad, glanhad.

sweep² *v.t.&i.* I. *v.t.* **1.** *(room, floor &c):* ysgubo, *F:* sgubo, brwsio, *S.E: occ:* dysgubo; *(chimney, street &c):* ysgubo, glanh|au; **a storm swept the town,** ysgubodd storm trwy'r dref; ysgubwyd y dref gan storm; **the deck was swept by the sea,** ysgubwyd y dec gan y môr; ysgubodd y môr dros y dec; **to ~ the horizon with a telescope,** chwilio'r gorwel â sbienddrych; **to ~ the seas of pirates,** gwaredu'r/ysgubo'r/clirio'r môr o fôr-ladron, ysgubo môr-ladron oddi ar y môr; *Gaming:* **to ~ the board/table,** clirio'r bwrdd, ennill y cwbl/cyfan, mynd â hi yn gyfan gwbl; **the dress sweeps the ground,** mae'r wisg yn ysgubo'r llawr; **to ~ a constituency,** ysgubo trwy etholaeth, ennill etholaeth yn ysgubol; *F:* **to ~ the floor with s.o.,** sychu'r llawr â rhn; *Prov:* **a new broom sweeps clean,** glân yr ysguba'r ysgub newydd; wythnos gwas newydd yw hi; *(b) Nau:* **to ~ a channel,** chwilio sianel; **to ~ for mines,** chwilio am ffrwydron; *(c) Artil: (of battery):* **to ~ a street,** ysgubo dros stryd. **2.** *(a) (dust, dirt &c):* ysgubo, brwsio, *S.E: occ:* dysgubo; *(b)* **a wave swept him overboard,** ysgubodd ton ef i'r môr; **to ~ s.o. off his feet,** ysgubo rhn oddi ar ei draed; *Fig:* **to ~ sth under the carpet,** ysgubo rhth dan y carped; **to ~ everything into one's net,** ysgubo popeth, mynd â phob dim, cael helfa dda, *N.W:* cael haldiad da, *F:* bachu popeth, *N.W: F:* sbachu popeth; **to ~ all before one,** ysgubo yn eich blaen, ysgubo popeth o'ch blaen, llwyddo'n ysgubol. **3. to ~ one's hand over sth,** tynnu'ch llaw dros rth; *Mus:* **to ~ the strings of a harp,** tynnu llaw tros dannau telyn. **4.** *(= propel with sweeps):* rhwyfo. **5.** *(line, circle, angle):* tynnu. **II.** *v.i.* **1.** *(= extend widely):* ymestyn; **the plain sweeps [away] towards the North,** mae'r gwastadedd yn ymestyn tua'r Gogledd. **2. the Severn sweeps down to the sea,** mae Hafren yn treiglo/ysgubo i lawr i'r môr; **to ~ [along],** prysuro, symud yn gyflym, ysgubo mynd; **she swept along the street,** aeth fel llong hwyliau ar hyd y stryd; **the car swept round the corner,** powliodd/ysgubodd y car rownd y tro; **the road sweeps round the lake,** mae'r ffordd yn troi'n urddasol o amgylch y llyn; **the plague swept over Europe,** ysgubodd/ymledodd y pla dros Ewrop; **the light swept across the sea,** gwibiodd/ysgubodd y golau ar draws y môr; **his glance sweeps from right to left,** mae ei lygaid yn ysgubo/gwibio o'r dde i'r chwith. **3.** *Navy:* **to ~ for mines,** chwilio am ffrwydron. ~ **along** *(i) v.t. (of current &c):* ysgubo/cludo (rhth) ymaith; *(ii) v.i.* prysuro ymlaen, mynd fel llong hwyliau, ysgubo ymlaen. ~ **aside** *v.t. (curtains &c):* ysgubo (rhth) i'r naill ochr; *(objections &c):* diystyru, anwybyddu, wfftio; **he swept aside all opposition,** ysgubodd trwy bob gwrthwynebiad; ysgubodd heibio i bob gwrthwynebiad; ysgubodd bob gwrthwynebiad o'r neilltu. ~ **away** *v.t.* ysgubo (rhth) ymaith; **the bridge was swept away,** ysgubwyd y bont ymaith. ~ **back** *v.t.* ysgubo/gwthio (rhth) yn ei ôl; **to ~ back a tide,** troi llanw. ~ **by** *v.i.* ysgubo heibio. ~ **down** **1.** *v.t.* ysgubo/cludo (rhth) i lawr. **2.** *v.i. (a)* **the enemy swept down on us,** ysgubodd/rhuthrodd y gelyn i lawr arnom; *(b)* **hills sweeping down to the sea,** bryniau'n ysgubo i lawr i'r môr. ~ **in** *v.i. (a)* **the wind sweeps in,** mae'r gwynt yn rhuthro/ysgubo i mewn; *(b)* **she swept into the room,** daeth i mewn i'r ystafell yn urddasol/fawreddog; daeth i mewn i'r ystafell fel llong hwyliau; *(c) Pol:* **the opposition swept into power,** ysgubodd yr wrthblaid i rym. ~ **off** **1.** *v.t.* ysgubo (rhth) ymaith; **the plague swept off thousands,** lladdwyd miloedd gan y pla. **2.** *v.i.* **he swept off,** prysurodd ymaith. ~ **on** *v.i.* ysgubo/rhuthro ymlaen. ~ **out** **1.** *v.t. (room):* ysgubo, glanh|au (ystafell); rhoi ysgubiad (i ystafell); *(stables):* carthu. **2.** *v.i.* **she swept out of the room,** aeth allan o'r ystafell yn fawreddog/urddasol; allan â hi fel llong hwyliau. ~ **past,** = **sweep by.** ~ **round** *v.i. Nau:* gwyro, troi. ~ **up** *v.t.&i.* **1.** *v.t. (dust &c):* ysgubo, brwsio (llwch) (at ei gilydd). **2.** *v.i.* **the avenue sweeps up to the door,** mae'r rhodfa'n troi'n urddasol hyd at y drws; **the car swept up to the door,** ysgubodd/powliodd y car at y drws.

sweepback *n. Aer:* ôl-ysgubiad *m.*

sweeper *n.* **1.** ysgubwr (ysgubwyr) *m,* ysg|ubwraig (ysgubwragedd) *f,* ysgubydd(-ion) *m;* **street-~,** ysgubwr strydoedd, dyn(-ion) (*m*) ysgubo strydoedd, *N:* dyn llnau/brwsio lôn; *Fb:* ysgubwr. **2.** *(machine):* ysgubwr, ysgubydd, peiriant (peiriannau) (*m*) ysgubo; **carpet ~,** ysgubwr carpedi; **[rotary] street ~,** lori (loriau) (*f*) ysgubo['r ffordd], lori lanh|au (loriau glanhau); **[street] ~ and sprinkler,** lori wlychu ac ysgubo (loriau gwlychu ac ysgubo).

sweeping[1] *a.* **1.** *(a) (stream):* ysgubol, ffrydwyllt; *(b)* **~ gesture,** ystum(-iau) ysgubol *mf;* **~ statement,** datganiad(-au) ysgubol *m;* **to make a ~ gesture,** chwifio'ch braich; **to throw a ~ glance (at/over sth),** bwrw cipolwg (dros rth); *Orn:* **~ flight,** ysgubiad(-au) *m,* ehediad(-au) ysgubol *m;* **~ curtsey,** moesymgrymiad(-au) isel *m; Art: Veh: &c:* **~ line,** llinell lifol/ysgubol (llinellau llifol/ysgubol) *f,* llinell liflin (llinellau lliflin); **~ victory,** buddugoliaeth ysgubol.

sweeping[2] *vn. & n.* **1.** *vn. (a) (of room, chimney, street &c):* ysgubiad(-au) *m,* dysgubiad(-au) *m,* glanhad *m,* brwsiad(-au) *m,* ysgubo, dysgub, glanh|au; *(b) (of searchlight &c):* symudiad(-au) *m,* gwibiad(-au) *m; Mil: (of gun &c):* ysgubiad. **2.** *n.pl.* **sweepings,** ysgubion, *occ:* dysgubion. **~-machine** *n.* = **sweeper 2.**

sweepingly *adv.* yn ysgubol *&c.*

sweepingness *n.* natur ysgubol *f.*

sweepstake *n. Turf:* **1.** *(race):* ras(-ys) (*f*) lotri, *F:* swîp(-s) *f.* **2.** *(lottery):* lotri (lotrïau) *f, F:* swîp.

sweet *a. & n.* I. *a.* **1.** *(taste):* melys; *(water):* croyw; **it tastes ~,** mae blas melys arno; **as ~ as honey,** mor felys â mêl/siwgwr, fel y mêl; **~ stuff,** = **sweet** II; **I have a ~ tooth,** mae gen i ddant melys; 'rwy'n hoffi pethau melys; **a ~ morsel,** tamaid blasus/amheuthun *m;* **~ and sour sauce,** saws sur a melys; **sickly ~,** siwg[w]raidd, gorfelys; *Prov:* **the sweetest wine makes the sourest vinegar,** pan gyll y call, fe gyll ymhell. **2.** *(smell):* melys, *Lit:* melysber, pêr, peraidd, peraroglus, persawrus; **it smells ~,** mae aroglau da/pêr arno; mae'n arogleuo'n beraidd/hyfryd; *N:* mae oglau da arno; mae'n ogleuon'n dda; *S:* mae gwynt da arno; mae'n gwynto'n dda; **a ~ smell,** peraroglau (perarogleuon) *m, less correctly: Lit:* perarogl(-euon) *m;* **the air is ~ with flowers,** mae'r awyr yn bêr gan aroglau blodau. **3.** *(food, milk &c):* ffres, *F:* swît; *(water):* croyw; **~ butter,** *(= unsalted):* menyn dihalen/gwyryf *m, F: (incorrectly):* menyn gwyrdd; **(to keep a room) clean and ~,** (cadw ystafell) yn lân ac yn ffres, yn lân ac yn iach, *F:* yn lân ac yn swît. **4.** *(music, voice):* pêr, persain, seinber, hyfryd, melodaidd; *(singer):* pêr, hyfrydlais, melyslais; *W.Lit:* **the S~ Singer,** y Pêr Ganiedydd; **~ of speech,** melys eich geiriau/ymadrodd, melysair, geirber, teg eich lleferydd. **5.** *(personality):* hynaws, hyfryd, addfwyn, annwyl, hoffus, dymunol, mwyn, mwynol, tirion, serchog; *Lit:* **sweets to the ~, farewell!** tlysni at dlysni, yn iach! **revenge is ~,** melys pob dial; braf cael dial; **~ dreams!** cwsg (cysgwch) yn dawel! **~ Nest,** Nest fwyn/dirion/gu; *Lit:* **good night, ~ Prince,** nos da, dywysog mwyn; **S~ Jesus,** Iesu annwyl/tirion/cu; **she's a ~ person,** mae hi'n [un/beth] annwyl; *F:* mae hi'n gariad; hen gariad bach yw hi; **what a ~ kitten!** dyna gath fach annwyl/bert! **that's very ~ of you!** 'rydych chi'n garedig iawn! *N: F:* 'dach chi'n ffeind iawn! **a ~ smile,** gwên annwyl/hyfryd; **a ~ old lady,** hen wraig annwyl; **a ~ girl,** merch annwyl/hoffus; **to say/whisper ~ nothings (to s.o.),** siarad/sibrwd/sisial geiriau serch (wrth rn); siarad siwgwr, sisial cariad (yng nghlust rhn); *V:* **~ Fanny Adams,** affliw o ddim, dim yw dim, diawl o ddim, cythraul o ddim, uffern o ddim, *S:* uffach o ddim; *U.S: F:* **~ talk,** gweniaith *f,* seboni *vn; F:* **to keep s.o. ~,** cadw ewyllys da rhn, cadw rhn yn hapus/fodlon; **(she was) ~ sixteen,** ('roedd hi'n) eneth annwyl un ar bymtheg oed, lodes landeg un ar bymtheg oed. **6.** *F:* **he's ~ on her,** mae mewn cariad â hi; mae'n dotio arni; mae wedi mopio'i ben amdani; mae'n ei ffansïo hi; *S:* mae'n dwli arni. **7. at one's own ~ will,** fel y mynnoch, yn ôl eich mympwy; **her own ~ self,** hi ei hun/hunan. **8.** *Tch: (glass):* hydrin. **II.** *n.* **1. sweet[s],** peth(-au) melys *m, Lit:* melysion *pl, S:* losinen: losen (losin, losins) *f,* taffen (taffis, taffins) *f, N:* da-da *m&pl,* peth(-au) da *m, N.W:* fferen (fferis, fferins) *f,* minc[i]eg *m, M.W:* cacen(-ni) *f, S.W: occ:* cisen (cisys) *f,* candi: canden: candisen (candis) *f,* neisi(-s) *f,* switsen (swîts) *f, occ:* trops *pl,* lemons *pl;* **boiled ~,** *N:* da-da berwi, *S:* losin berwi; **cough ~,** *S.W:* l|osinjer(-s) *f,* losinen annwyd, *N:* da-da annwyd. **2.** *(= pudding):* pwdin(-au) *m, Lit:* melysfwyd(-ydd) *m;* **what's for ~?** beth sy'n bwdin? (*not* i bwdin). **3.** *pl. (= delights):* pleserau. **4.** *(= sweetheart):* **(listen) my ~,** (gwrando) 'mach i, 'nghariad i, 'ngeneth annwyl i, 'mlodyn i. **5.** *Bot:* **mountain ~,** *(Ceanothus americanus):* perlwyn (*m*) y mynydd. **~ alyssum** *n. Bot:* alyswm pêr *m,* eira (*m*) mynydd pêr. **~ basil** *n. Bot:* brenhinllys pêr *m.* **~ bay** *n. Bot:* **1.** llawryf pêr *m.* **2.** *U.S:* magnolia pêr *m.* **~ birch** *n. Bot:* bedwen bêr (bedwenni/bedw pêr) *f.* **~ brier** *n. Bot: See* **brier.** **~ broom** *n. Bot:* = **dyer's greenweed.** **~ cake** *n. Cu:* teisen(-ni) (*f*) siwgwr. **~ cherry** *n. Bot: (tree):* coeden (*f*) geirios melys (coed ceirios melys); *(fruit):* ceiriosen felys (ceirios melys) *f.* **~ chestnut** *n. Bot: (tree):* castanwydden felys (castanwydd melys); *(nut):* castan felys (castanau melys) *f.* **~ cicely** *n. Bot:* creithig bêr *f,* sisli bêr *f,* cegiden wen (cegid gwynion) *f,* cegiden bêr (cegid pêr). **~ cistus** *n. Bot:* creigrosyn(-nau) pêr *m,* cor-rosyn (corros) pêr *m.* **~ clover** *n. Bot:* = **melilot.** **~ corn** *n. Cu:* india-corn *m.* **~ crude oil** *n.* olew [crai] glân *m.* **~ fern** *n. Bot:* rhedynen bêr (rhedyn pêr) *f.* **~ flag** *n. Bot:* gellesgen bêr (gellesg pêr) *f.* **~-gale** *n. See* **gale[2]**. **~ grass** *n. Bot:* perwellt *m,* glaswellt melys *m,* gwelltglas melys *m;* **floating ~ grass,** *(Glyceria fluitans):* glaswellt y dŵr; **hybrid ~ grass,** *(G. pedicellata):* perwellt croesryw; **plicate ~ grass,** *(G. plicata):* perwellt plygedig; **reed ~ grass,** *(G. maxima):* perwellt; **small ~ grass,** *(G. declinata):* perwellt llwydlas. **~ gum** *n. Bot:* gymwydden bêr (gymwydd pêr) *f.* **~ herb** *n. Bot:* perlysieuyn (perlysiau) *m,* llysieuyn (llysiau) pêr *m.* **~ jazz** *n. Mus:* jazz melodaidd *m.* **~ John** *n. Bot:* = **sweet William.** **~ land** *n.* tir(-oedd) glân *m.* **~ marjoram** *n. Bot:* = **marjoram.** **~-natured** *a.* hynaws, tirion, serchog, rhadlon, annwyl, addfwyn, mwyn(-ion), *S.E:* fel y mêl. **~ nitre** *n. Ch:* neitr pêr *m.* **~ oil** *n. Cu:* olew (*m*) olewydd, *F:* swît-oel *m.* **~ orange** *n. Bot: (tree):* coeden (coed) (*f*) orennau melys; *(fruit):* oren felys (orennau melys) *f.* **~ pea** *n. Bot:* pysen bêr (pys pêr) *f.* **~ pepper** *n. Bot:* pupryn(-nau) melys *m.* **~ potato** *n. Bot:* taten/tysen felys (tatw/tatws/tato melys) *f.* **~ roasting** *vn. Metall:* pêr-grasu. **~ rock** *n. Mus:* roc melodaidd *m.* **~-root** *n.* = **liquorice.** **~-running** *a. Mec.E: (engine):* esmwyth, llyfn (*f.* llefn, *pl.* llyfnion). **~ rush** *n. Bot:* = **flag[1] (sweet).** **~ scabious** *n. Bot:* clafrllys pêr *m.* **~-scented** *a.* pêr, peraroglus, persawrus. **~ sedge** *n. Bot:* = **flag[1] (sweet).** **~-smelling** *a.* = **sweet-scented.** **~-sounding** *a.* pêr, persain, mwynlais, melyslais, melysber, seinber. **~-spoken** *a.* melyslais. **~ sultan** *n.* = **sultan** 2. **~ talk[1]** *n. U.S:* siarad cariadus *m,* siarad maldod; *Pej:* gweniaith *f, F:* sebon *m.* **~-talk[2]** *v.t. U.S:* seboni, gwenieithu (rhn); siarad yn gariadus (â rhn). **~-tasting** *a.* melys. **~-tempered** *a.* addfwyn, mwyn, hynaws, tirion, serchog. **~-toothed** *a.* hoff o bethau melys, â dant melys. **~ vernal grass** *n. Bot: See* **vernal.** **~ violet** *n. Bot: See* **violet 1.** **~-voiced** *a.* pereiddlais, melyslais, hyfrydlais. **~ William** *n. Bot:* penigan(-au) barfog *m, F:* Wili bach *m,* Wiligandi *m; S.a.* **catchfly.** **~ willow** *n. Bot:* helygen bêr (helyg pêr) *f.* **~ wood** *n.* = **sweet bay.** **~ woodruff** *n.* = **woodruff (sweet).** **~ wort** *n. Brew:* breci melys.

sweetbread *n. Cu:* cefndedyn *m; Cu: (lamb's):* eirin (*pl*) oen, golwyth melys *m.*

sweeten *v.t.&i.* **1.** *v.t. (a) (food, drink):* melysu, siwgro; *(b) (air, water &c):* pereiddio; *(c) (life):* melysu, esmwyth|au, esmwytho; *(d) F:* **to ~ (s.o.) up,** *(i) (= flatter):* seboni (rhn), gwerthu sebon (i rn), gwenieithu (i rn); *(ii) (= bribe):* iro llaw (rhn), llwgrwobrwyo (rhn). **2.** *v.i.* melysu, pereiddio, ymburo, esmwythau, esmwytho.

sweetener *n.* **1.** *Cu:* melyswr (melyswyr) *m,* melysydd(-ion) *m; Prov:* **friendship is the ~ of life,** chwerw bywyd heb gyfaill. **2.** *F:* llwgrwobrwy(-on) *m,* cil-dwrn (cildyrnau) *m, N: occ:* brechdan (*f*) fêl (brechdanau mêl); **to give s.o. a ~,** iro llaw rhn.

sweetening[1] *a.* **1.** *(taste):* melysol. **2.** *(smell):* pereiddiol.

sweetening[2] *vn. & n.* **1.** *vn.* = **sweeten.** **2.** *n.* = **sweetener.**

sweetheart *n.* cariad(-on) *m&f,* anwylyd (anwyliaid) *m&f,* anwylyn (anwyliaid) *m, S: F:* sboner(-iaid) *m,* wejen (wejis) *f, N.W: Joc:* carmon (carmyn) *m,* carmones(-au) *f;* **[my] ~,** f'anwylyd, fy nghariad [aur, gwyn, bach *&c*], fy mach i, fy nghalon bapur i, *N.W: occ:* yr aur *m;* **(they have been)**

sweethearts (since childhood), (maent) yn gariadon, yn caru, yn canlyn (ers eu plentyndod).

sweetie *n. F:* **1.** = **sweet** II. *(a).* **2.** ~ **[pie], = sweetheart; be a ~ and run this errand for me,** bydd yn gariad bach a gwna neges i mi.

sweeting *n. Hort: Cu:* afal(-au) pêr *m.*

sweetish *a.* **1.** *(taste):* go felys, lled-felys, melysaidd, gweddol felys, braidd yn felys. **2.** *(of smell):* lled-beraidd, go beraidd, gweddol bêr/beraidd, braidd yn bêr/beraidd.

sweetly *adv.* **1.** *(= kindly, lovingly):* **(she smiled) ~,** (gwenodd) yn addfwyn, yn fwyn, yn hyfryd, yn serchog. **2. (to sing) ~,** (canu)'n hyfryd/bersain/berseiniol/felodaidd; *Lit:* perleisio; **(to speak) ~,** (siarad) yn felys, yn eirber. **3. to smell ~,** ogleuo'n bêr/beraidd/felys. **4.** *(of motor &c):* **to run ~,** rhedeg yn llyfn.

sweetmeat *n.* = **sweet[s]** II. *n.*

sweetness *n.* **1.** *(a) (of taste):* melyster *m,* melystra *m;* **~ and light,** melyster a goleuni *m; (b) (of smell &c):* per|eidd-dra *m,* melyster, melystra. **2.** *(of manner, personality):* anwylder *m,* anwyldeb *m,* sercho[w]grwydd *m,* tiriondeb *m,* hynawster *m,* hynawsedd *m,* swyn *m;* **she's all ~,** mae hi fel [y] mêl.

sweetshop *n.* siop *(f)* felysion (siopau melysion), *S:* siop losin, *N:* siop fferins, siop dda-da (siopau da-da), siop bethau da (siopau pethau da).

sweetsop *n. Bot: (fruit):* afal(-au) *(m)* siwgwr; *(tree):* coeden (coed) *(f)* siwgwr.

sweetweed *n. Bot:* chwegwlyddyn *m.*

swell[1] *n. & a.* I. *n.* **1.** *(a)* = **swelling;** *(b) (of ground):* codiad(-au) *m,* ponc(-iau) *f,* poncen (ponciau) *f; (of mountain): occ:* tor(-rau) *f,* tarren (tarenni, tarennydd) *f; (c) (of sound, sea, bosom):* ymchwydd *m.* **2.** *Nau:* ymchwydd [y môr, y don], *occ:* dygyfor *m;* **there is a heavy ~,** mae'r môr yn ymchwyddo/dygyfor; *S.a.* **ground swell. 3.** *Mus: (= mechanism of organ):* chwyddwr (chwyddwyr) *m.* **4.** *F: O: (= toff):* dyn(-ion) crand *m,* gwr|aig grand (gwragedd crand) *f,* pefryn(-nod) *m,* pefren(-nod) *f,* gŵr (gwŷr) mawr *m,* gwraig fawr *f, N: F:* swelyn (swels) *m,* swelen (swels) *f,* tsiap(-s) *m, Coll:* pobl fawr *f or pl,* byddigions *pl.* II. *a. F: (a) O: (= elegant, smart &c):* crand; *(b) U.S: O: (= splendid):* campus, dan gamp, gwych, p|enigamp: penig|amp, bendigedig, grêt, *N.W:* [o'r] siort orau, *S.W:* ffein; **he's a ~ guy,** *N:* mae o'n hen foi clên; *S.W:* mae e'n fachan ffein/piwr. **~-box** *n. Mus:* bocs(-ys) *(m)* chwyddo. **~-dash** *n. Typ:* chwyddnod(-au) *m.* **~-fish** *n. Ich:* = **globe-fish. ~-front** *n. U.S:* = **bow-front. ~-manual** *n. Mus:* seinglawr (seingloriau) *(m)* chwyddo *(pronounced* ng-g). **~-organ** *n. Mus:* organ(-au) *(f)* chwyddo. **~-pedal** *n. Mus:* pedal(-au) *(m)* chwyddo. **~-rule** *n. Print:* chwyddnod(-au) *m.* **~-shark** *n. Ich:* morgi (morgwn) ymchwyddol *m.*

swell[2] *v.t.&i.* **1.** *v.t. (a)* chwyddo; **rain swells the river,** mae glaw yn chwyddo'r afon; **(eyes) swollen (with tears),** (llygaid) wedi'u chwyddo, yn chwyddedig (gan ddagrau); **to ~ a crowd,** chwyddo tyrfa, chwyddo rhengoedd tyrfa; *(b) Mus:* **to ~ a note,** chwyddo nodyn. **2.** *v.i. (a)* **to ~ [up],** *(of arm, balloon, river &c):* chwyddo, ymchwyddo; *(of cheese):* chwyddo, *S:* bwco; *(of belly):* chwyddo, bolio, *occ:* torledu; *Fig: (of debt &c):* chwyddo, cynyddu, tyfu; **the number is swelling daily,** mae'r nifer yn cynyddu bob dydd; **sound swells on the breeze,** mae sŵn yn chwyddo ar yr awel; **the murmur swelled into a roar,** aeth/chwyddodd y murmur yn rhu; **the ground swells into an eminence,** mae'r tir yn codi/ymgodi; mae bryn yn codi o'r tir; **his heart swelled with pride,** chwyddodd ei galon gan falchder; **to ~ with importance, to ~ like a turkey-cock,** chwyddo gan falchder/hunanbwysigrwydd, chwyddo'ch brest fel ceiliog, bod yn llawn ohonoch eich hun, *N.W: F:* chwyddo fel bwngi *(pronounced* ng-g); **hate swelled up within him,** cododd/chwyddodd casineb o'i fewn; *(b) (of sea &c):* ymchwyddo, chwyddo, dygyfor; **the tide is swelling,** mae'r môr ar lanw; mae'r llanw'n codi; *(c)* **to ~ out,** bolio, chwyddo, ymchwyddo, *occ:* bochio; **the sails ~ [out],** mae'r hwyliau'n llenwi/bolio/bochio; *(d) Vet: (of cow's/goat's udder):* **to ~ with milk,** dywyddu, *F:* dwddu, *S.E: occ:* piwo.

swelled *a.* chwyddedig, chwyddog; **he has a ~ head,** mae ganddo ben mawr/chwyddedig; mae'n llawn ohono'i hun; mae ei ben wedi chwyddo; *N: F:* pen bach ydi o; *Vet:* pen mawr *m.* **~-headed** *a.* = **conceited, big-headed. ~-headedness** *n.* = **conceitedness.**

swellhead *n.* = **big-head.**

swellheaded *a.* = **big-headed, conceited.**

swellheadedness *n.* = **conceit**[1].

swelling[1] *a.* chwyddedig, yn chwyddo, *occ:* chwyddog, chwyddol, ymchwyddol, ymchwyddus; *(debt &c):* cynyddol; *(sails &c):* llawn, boliog, yn bolio, *occ:* yn bochio; **~ with importance,** llawn ohonoch eich hun, rhodresgar; yn chwyddo gan falchder/hunanbwysigrwydd, *N.W: F:* yn chwyddo fel bwngi *(pronounced* ng-g).

swelling[2] *vn.* **1.** *(a) (of river, balloon, pillar &c):* ymchwydd *m,* ymchwyddo *vn; (b) (of debt, numbers):* cynnydd *m,* ymchwydd *m; S.a.* **swell**[1] **2. 2.** *Med:* chwydd(-au) *m, S: occ:* chwyddi *m;* **white ~,** chwydd gwyn. **3.** *Vet: (of cow's udder):* dywydd *m,* dowydd *m.*

swelter[1] *n.* myllni *m,* gwres llethol/chwyslyd/trymaidd/trymllyd/mwll/mwrn/gwygl *m;* **to be in a ~,** *See* **swelter**[2].

swelter[2] *v.i.* chwysu, pobi, berwi, rhostio.

sweltering *a.* mwll, trymaidd, trymllyd, chwyslyd, crasboeth, chwilboeth, eiriasboeth, berwedig, poeth fel tân, *S.W: occ:* purboeth.

swelteringly *adv.* **~ hot, = sweltering.**

swempi *n. Orn:* petrisen (petris) *(f)* asgell lwyd.

swept *a.* ysgubedig; *B:* **house ~ and garnished,** tŷ wedi ei ysgubo a'i drefnu. **~-back** *a. Aer:* ôl-ysgubol, ôl-blygedig. **~-up** *a.* = **upswept. ~-wing** *attrib. Aer:* ôl-ysgubol.

swerve[1] *n.* tro(-eon) sydyn *m,* gwyriad(-au) *m;* **the car made a sudden ~,** troes/gwyrodd y car yn sydyn.

swerve[2] *v.i.&t.* **1.** *v.i.* **to ~ (from sth, s.o.),** troi['n sydyn], gwyro (oddi wrth rth/rn); *Fb:* swerfio; **to ~ (from a fence),** *(of horse): N:* nogio, *S:* nadu, nagu, jibo (o flaen ffens); **(he never) swerves from his duty,** (ni fydd byth) yn gwyro oddi wrth ei ddyletswydd. **2.** *v.t.* troi, gwyro (rhth); newid cyfeiriad (rhth).

swift *a., adv. & n.* **1.** *a. (a) (= rapid):* cyflym, buan *(comp. forms:* cynted, cynt, cyntaf), *occ:* chwim, chwimwth, *S:* clou, *N:* sydyn, *S.E:* rhwydd, fflit, *Lit:* esgud, clau, ebrwydd; **(as ~) as thought, as an arrow,** (cyn gynted) â mellten [i bren], â'r saeth o'r llinyn; (mor gyflym) â'r gwynt, â'r wennol; fel bollten; *Lit:* **~ of foot,** cyflymdroed, buandroed, chwim, chwimwth; *Prov: B:* **the race is not always to the ~,** nid yw y rhedfa yn eiddo y cyflym; *F:* mae'r ci olaf yn dal ysgyfarnog weithiau; *(b) (= prompt):* cyflym, parod, esgud, ebrwydd, di-oed, diymdr|oi; **~ of wit,** parod eich ateb; *Lit:* **~ to anger,** cyflym i lid, hawdd eich digio; **~ to action,** esgud i weithredu; **a ~ response,** ateb parod; **~ retribution,** dial cyflym/ebrwydd; *Prov:* **to be ~ to hear, slow to speak,** ateb araf gan ddysgedig; tawed y callaf [gyntaf]; callaf a dawo. **2.** *adv.* = **swiftly;** *(forming compound adjs.):* cyflym + *soft mut.,* buan + *soft mut.* **3.** *n. (a) Orn:* **[black] ~,** *(Apus apus):* gwennol ddu (gwenoliaid duon) *f, occ:* asgell (esgyll) hir *f,* aderyn (adar) *(m)* yr eglwys, aderyn du'r llan, gwrach(-od) *(f)* [yr] ellyll, [y] biwits *f,* gwennol fuan (gwenoliaid buan), gwennol gwblddu (gwenoliaid cwblddu), marthin du *m,* gwennol oradain (gwenoliaid goradain), sgilpen *f,* coblyn(-nod,-niaid) du *m,* **alpine ~, white-bellied ~,** *(A. melba):* gwennol ddu'r Alpau (gwenoliaid duon yr Alpau), gwennol folwen (gwenoliaid bolwyn), y folwen (boliau gwynion) *f;* **chimney ~,** *(Chaelura pelagica):* gwennol ddu'r simneiau (gwenoliaid duon y simneiau); **house/little ~,** *(A. affinis):* gwennol fechan (gwenoliaid bychain); **needle-tailed ~,** *(Hirundarpus candacutus):* gwennol gynffonfain (gwenoliaid cynffonfain); **pallid ~,** *(A. pallidus):* gwennol lwyd (gwenoliaid llwydion); **plain ~,** *(A. unicolor):* gwennol unlliw; **white-rumped ~,** *(A. caffer):* gwennol dinwen (gwenoliaid tinwyn); *(b) Rept:* madfall(-od) chwim *f; (c) Tex:* cengliadur(-on) *m,* ystyllen *(f)* ddirwyn (ystyllod dirwyn). **~-acting** *a.* cyflym. **~-flowing** *a.* cyflym. **~-footed** *a.* cyflymdroed, buandroed, chwim. **~ fox** *n. Z:* llwynog(-od) chwim *m,* cadno(-id) chwim *m.* **~ moth** *n. Ent: (Hepialus lupulina):* gwyfyn(-od) chwim *m,* chwimwyfyn(-od) *m;* **gold ~ moth,** *(H. hecta):* chwimwyfyn aur; **map-winged ~ moth,** *(H. fusconebulosa):* chwimwyfyn mapadeiniog; **orange ~ moth,** *(H. sylvina):* chwimwyfyn oren.

swifter *n. Nau:* rhaff *(f)* dynh|au (rhaffau tynh|au).

swiftlet *n. Orn:* **1.** *(swift chick):* cyw *(m)* gwennol (cywion gwennol/gwenoliaid). **2.** *(Collocalia):* corwennol (corwenoliaid) *f.*

swiftly *adv.* **1.** yn gyflym *&c.* **2.** yn ddi-oed *&c.*

swiftness *n.* **1.** *(= rapidity):* cyflymder *m,* cyflymdra *m, occ:*

chwimder *m*, chwimdra *m*. **2.** *(= promptness)*: esgudrwydd *m*, parodrwydd *m*, cyflymdra *m*, *F:* sydynrwydd *m*.

swig[1] *n. F:* llond (*m*) ceg, llwnc (llynciadau) *m*, cegaid (cegeidiau) *f*, *F:* swig(-iau) *mf*, *S. W: F:* trabwl *m*, *N:* cegiad (cegeidiau) *f*, joch(-iau) *mf*, sloch(-iau) *mf*, llowciad(-au) *m*, llowc(-iadau) *m*, *Lit:* dracht(-[i]au) *m*, traflwnc (traflyncau) *m*.

swig[2] *v.t.&i. P:* llyncu/yfed (rhth) yn awchus, *F:* swigio, *Lit:* drachtio, *S. W:* darlyncu, *N. W:* cofftio, slochian, cestio, *S.E:* llyncu (rhth) yn llyfn, cobo; **to ~ off (a glass),** llyncu, llowcio, drachtio (gwydraid) ar ei ben *or* ar ei dalcen *or* yn un joch *or* ar un gwynt.

swill[1] *n.* **1.** *(= rinsing)*: ystreuliad(-au) *m*, golch[i]ad(-au) *m*, *S:* swilad(-au) *m*, *M. W:* rensiad(-au) *m*, *N: occ:* streliad(-au) *m*, striliad (-au) *m*; **to give sth a ~ out,** ystreulio rhth, rhoi golch[i])ad i rth, rhoi dŵr dros/drwy rth, *S:* swilo rhth, *M. W:* rensio rhth, *N. W:* strelio/strilio rhth. **2.** *(a)* **[pig] ~,** golchion *pl*, golchan *m*, bwyd (*m*) moch, *S:* llwtrach *m*; *(for calves)*: llith(-iau) *m*; *(b) P: (= inferior drink)*: dŵr (*m*) golchi llestri; *(c)* = **swig[1]**; *(d) U.S:* = **rubbish, garbage.** **~-bin** *n.* casgen (*f*) olchion (casgenni golchion), *S:* cerwyn(-i) *f*.

swill[2] *v.t.&i.* **1.** *v.t. (= rinse)*: ystreulio, golchi (rhth); rhoi dŵr (dros rth *or* trwy rth); tynnu (rhth) trwy ddŵr; *F:* swilio, *M. W:* rensio, rinsio, *N:* rinsio, *occ:* strelio, strilio (rhth). **2.** *P: (a) (= drink greedily)*: slochian, drachtio, *N. W: occ:* cofftio; *S. W:* yfed (rhth) yn llyfn; *(b) v.i. (= tipple)*: diota, llymeitian, slotian, slochian, potio, codi'r bys bach, hel diod. **3.** *(= feed pigs, calves &c)*: rhoi golch[i]on (i foch), rhoi bwyd (i foch); bwydo (moch), bwydo, llithio (lloi). **4.** *(a) v.i.* **to ~ [about],** golchi [o gwmpas]; *(b) v.t.* **to ~ sth [about],** slochian, swilio (rhth) [o gwmpas].

swiller *n.* yfwr (yfwyr) *m*, slochiwr (slochwyr) *m*, diotwr (diotwyr) *m*, llymeitiwr (llymeitwyr) *m*, slotiwr (slotwyr) *m*, potiwr (potwyr) *m*, meddwyn (meddwon) *m*; **a tea-~,** tebot(-iau) *m*, *S: occ:* swoblen (*f*) tebot.

swim[1] *n.* **1.** nofiad(-au) *m*, nofio *vn*; **to go for a ~,** mynd i nofio. **2.** *F:* **to be in the ~,** bod yn ei chanol hi, bod ynddi hi, bod yn ffrwd/llif pethau, gwybod faint o'r gloch yw hi, gwybod beth sy'n mynd ymlaen, bod yn y ffasiwn. **3.** *Fish:* pwll (pyllau) *m*. **4.** *(= dizziness)*: pendro *f*; **my head is all of a ~,** mae fy mhen i'n troi; mae pensyfrdandod arna' i, 'rwy'n teimlo'ch chwil; *S. W:* mae'r ddot/benddot arna' i. **~-bladder** *n. Ich:* pledren(-ni) (*f*) nofio.

swim[2] *v.i.&t.* I. *v.i.* **1.** *(a)* nofio, *S. W:* mofiad, ofiad, *S: occ:* nofiad, oifad, *S.E:* noifad, moifad, *occ:* myneifiad; **(to ~) for it, for one's life,** (nofio) am eich hoedl/bywyd; **to ~ with the tide/stream,** nofio/mynd gyda'r llif, mynd i ganlyn y llif; **to ~ against the stream,** nofio'n erbyn y llif, mynd yn erbyn y llif; *(b)* **to ~ a stroke,** nofio strôc; **she can't ~ a stroke,** all hi ddim nofio strôc; **to ~ the breast-stroke,** nofio ar y frest, nofio broga; **to ~ the crawl,** ymlusgo [nofio]; **to ~ the back-crawl,** nofio ar y cefn, ymlusgo [nofio] ar y cefn; **to ~ the [English] back-stroke,** nofio ar y cefn [yn ôl y dull Seisnig]; **to ~ the butterfly,** nofio glöyn byw, pilipalan; **to ~ the dog-paddle,** nofio fel ci; **to ~ seal,** nofio morlo; **to ~ side-stroke,** nofio ar yr ochr, nofio wysg yr ochr; *(c)* **meat swimming in gravy,** cig yn nofio mewn gwlych, cig wedi'i foddi mewn gwlych; *(d)* **bubbles swimming on the surface,** clychau dŵr yn nofio ar yr wyneb; *(e)* **a cloud swam across the moon,** nofiodd/hwyliodd cwmwl ar draws y lleuad. **2.** *F:* **to ~ into one's ken,** dod i'ch golwg; **(eyes) swimming with tears,** (llygaid) yn foddfa o ddagrau, yn llawn dagrau; **(floor) swimming with blood,** (llawr) yn waed i gyd, yn llyn o waed, yn nofio/rhedeg gan waed. **3.** *(a)* **to make s.o.'s head ~,** pensyfrdanu rhn, codi'r bendro ar rn; **my head is swimming,** mae fy mhen i'n troi; mae'r bendro arna' i; 'rwy'n teimo'n chwil/benysgafn; *(b)* **everything swam before my eyes,** 'roedd [fel pe bai] popeth yn troi/nofio o flaen fy llygaid. II. *v.t.* **1. to ~ a river,** nofio ar draws afon. **2. to ~ a horse across a river,** peri i geffyl nofio ar draws afon.

swimmable *a.* nofiadwy.

swimmer *n.* nofiwr (nofwyr) *m*, n|ofwraig (nofwragedd) *f*. **~'s itch** *n.* cosfa(*f*)'r nofiwr.

swimmeret *n. Biol:* troed (traed) (*mf*) nofio.

swimming[1] *a.* **1.** *(animal)*: nofiadol, sy'n nofio; **~ (eyes),** (llygaid) [yn] llawn dagrau, yn foddfa o ddagrau; **~ head,** pen sydd yn troi, penysgafn/chwil/pensyfrdan.

swimming[2] *vn.* nofio; **~ of the head,** pendro *f*, pensyfrdandod *m*. **~-bath** *n.* pwll (pyllau) (*m*) nofio. **~-bell** *n. Coel:* cloch (clychau) (*f*) nofio. **~-bladder** *n. Ich:* chwysigen (chwysigod) (*f*) nofio, pledren(-ni) (*f*) nofio, nawf (nofion) *m*. **~-costume** *n.* = **swimsuit.** **~-gala** *n.* gŵyl (gwyliau) (*f*) nofio. **~-match** *n.* gornest(-au) (*f*) nofio. **~-pool** *n.* pwll nofio. **~-stone** *n.* carreg (cerrig) (*f*) nawf. **~-trunks** *n.pl. N:* trywsus(-au) (*m*) nofio, *S:* trwser(-i) (*m*) nofio/[n]oifad.

swimmingly *adv.* **(everything went) ~,** (aeth popeth) yn berffaith, i'r dim, yn llwyddiannus, yn ddidrafferth, yn rhwydd, *N: F:* fel ruban.

swimsuit *n.* gwisg(-oedd) (*f*) nofio, siwt(-iau) (*f*) nofio.

swimwear *n.* dillad (*pl*) nofio.

swindle[1] *n.* twyll(-au) *m*, *Lit: occ:* hoced(-ion) *f*.

swindle[2] *v.t.* twyllo, blingo, *Lit: occ:* hocedu, *S:* cafflo, *S.E: occ:* stoco, *N. W:* rogio, trin. **~-sheet** *n. F:* dalen (*f*) dwyllo (dalennau twyllo), cyfrif(-on) (*m*) treuliau.

swindler *n.* twyllwr (twyllwyr) *m*, t|wyllwraig (twyllwragedd) *f*, *Lit: occ:* hocedwr (hocedwyr) *m*, *S:* cafflwr(-s, cafflwyr) *m*, *N. W:* triniwr (trinwyr) *m*, rogiwr(-s, rogwyr) *m*.

swine *n. inv. in pl.* **1.** mochyn (moch) *m*; **a herd of ~,** cenfaint (*f*) o foch; *B:* **the Gadarene ~,** moch Gadara; *B:* **neither cast ye your pearls before ~,** na theflwch eich gemau o flaen y moch. **2.** *P: (pers.)*: mochyn, cythraul (cythreuliaid) *m*, diawl(-iaid) *m*, *N:* uffern (uffernols) *m*; **[you] dirty ~!** y mochyn budr [iti]! y diawl [iti]! yr hen fochyn [iti]! **3.** *F:* **it's a ~ of a job,** mae'n gythrual/uffern o waith caled. **~-cress** *n. Bot: (Coronopus squamatus)*: olbrain dafadennog *m*, olfran dafadennog *m*, berwr (*m*) y moch; **lesser ~-cress,** *(C. didymus)*: yr olbrain/olfran lleiaf *m*. **~ fever** *n. Vet:* twymyn (*f*) y moch. **~ louse** *n. Ent:* lleuen (*f*) foch (llau moch), horen (hôr, horod) *f*. **~ plague** *n. Vet:* pla(*m*)'r moch. **~ pox** *n. Vet:* brech (*f*) y moch. **~'s succory** *n. Bot:* gwylaeth (*m*) y moch. **~ vesicular disease** *n. Vet:* clefyd pothellog (*m*) y moch.

swineherd *n.* meichiad (meichiaid) *m*, bugail (bugeiliaid) (*m*) moch.

swinery *n.* fferm (*f*) foch (ffermydd moch).

swing[1] *n.* **1.** *(a) (= act of swinging sth)*: sigl(-ion) *m*, siglad(-au) *m*; **to give a hammock a ~,** rhoi siglad/gwth (*m*) i hamoc, siglo hamoc; **to give a child a ~,** siglo plentyn; *(b)* **to give a starting handle a ~,** troi handlen, rhoi tro (*m*) i/ar handlen; *(c) Box: Cr: Golf: Fb:* swing(-iadau,-iau) *f*; **to take a ~ at s.o.,** anelu ergyd at rn, ei chynnig/hestyn hi i rn, estyn ergyd i rn. **2.** *(a) (of pendulum)*: sigl, siglad, pendiliad(-au) *m*; *Ph:* osgiliad(-au) *m*; *Pol:* **the ~ of the pendulum (between parties),** y llanw a'r trai gwleidyddol, y pendiliad gwleidyddol, tro'r pendil, tro'r rhod (rhwng y pleidiau); *Fig:* **to give full ~ (to one's imagination),** rhoi rhwydd hynt, rhoi tragwyddol heol (i'ch dychymyg); **the party/work was in full ~,** 'roedd y parti/gwaith ar ei anterth; **the ~ of the tides,** y llanw (*m*) a'r trai (*m*), llanw a thrai; *Fig:* **sudden ~ of popular opinion,** newid/tro sydyn ym marn y bobl; *Pol:* **~ (to the left),** symudiad *m*, gogwydd(-ion) *m*, gogwyddiad(-au) *m* (tua'r chwith); osio (*vn*) (i'r chwith); **(a ~ of 5%) to the Socialists,** (gogwydd o 5%) at y Sosialwyr, i'r Sosialwyr; **seasonal swings,** newidiadau tymhorol; *(b)* **to give (a child) a ~,** rhoi gwth (*m*), rhoi gwthiad(-au) (*m*), rhoi siglad (i blentyn) [ar siglen]. **3.** *(= amplitude)*: *(a) (of oscillation)*: osgled(-au) *m*; **what is the ~ of this door?** pa mor bell y mae'r drws hwn yn agor? *(b) Nau: (of ship at anchor)*: cylch (*m*) troi. **4.** *(= rhythm)*: **to walk with a ~,** brasgamu; **a song that goes with a ~,** cân a thipyn o fynd ynddi; *F:* **(everything went) with a ~,** (aeth popeth) yn hwyliog, gydag afiaith (*m*); (bu'r cwbl) yn llwyddiant mawr; *F:* **to get into the ~ of things,** dod iddi, ei deall hi, bwrw iddi, cael eich traed danoch, mynd i'w chanol hi; *Sp:* **heave ~,** swing ymhalio. **5.** *(a) (child's)*: siglen(-ni,-nydd) *f*, sigl-raff(-au) *f*, siglen raff (siglenni rhaff), rhaffen *f*, *N:* sigl(-ion) (*m*) adenydd, siglen dennyn, sigl-dennyn *m*, *S.E: occ:* sigl dy gwt *m*; **~ and tyre frame,** siglen deiar (siglenni teiars); *Prov:* **what you lose on the swings, you gain on the roundabouts,** ennill mi-hw a cholli mi-ha; *(b)* **to have a ~,** cael siglad. **6.** *(of wind)*: gwyriad(-au) *m*, troad(-au) *m*, newid(-iadau) *m*. **~-back** *n.* tro(-eon) (*m*) yn ôl, symudiad(-au) (*m*) yn ôl; *(of opinion)*: newid [yn ôl], tro [yn ôl], ailnewidiad(-au) *m*, pendiliad(-au) *m*. **~-boat** *n.* cwch (cychod) (*m*) siglo, bad(-au) (*m*) siglo. **~ bridge** *n.* pont (*f*) droi (pontydd troi). **~-by** *n. (of rocket, satellite)*:

tro(-eon) (*m*) heibio. **~-door** *n.* drws rhydd (drysau rhyddion) *m*, drws siglo. **~-gate** *n.* clwyd rydd (clwydi rhyddion) *f*, clwyd siglo. **~-glass, ~-mirror** *n.* drych(-au) (*m*) codi. **~-needle** *n.* nodwydd(-au) (*f*) sigl. **~ plough** *n.* aradr rydd (erydr rhyddion) *f*. **~-round** *n. Aut: &c:* tro(-eon) amgylch *m*. **~ shift** *n. U.S: Ind:* stem (*f*) yr hwyr (stemiau'r hwyr), daliad (*m*) yr hwyr (daliadau'r hwyr). **~-wing** *n.* **1.** adain dro (adenydd tro) *f*. **2.** *(aircraft):* awyren(-nau) (*f*) adenydd tro.

swing² *v.i.&t.* I. *v.i.* **1.** siglo; *(a)* **to ~ to and fro,** siglo yn ôl ac ymlaen; *(of pendulum, also):* pendilio; *P:* **to ~ for a crime,** cael eich crogi am drosedd; *(b)* **to ~ on/around an axis,** troi ar echel, troi o amgylch echel; **the door swings on its hinges,** mae'r drws yn troi ar ei golfachau; **the door swung open,** agorodd y drws ohono'i hun; **the door swung to,** caeodd y drws ohono'i hun; **to ~ on sth,** siglo yn ôl a blaen ar rth, *S.W: occ:* tafoli ar rth; *(c) Nau: (of ship):* **to ~ at anchor,** troi ar ei hangor; *(d) (children's game):* siglo, chwarae siglen *&c.* **2.** *(= change direction):* troi, gwyro, newid cyfeiriad; *(a)* **to ~ round,** *(of pers.):* troi ar eich sawdl, troi rownd; **the car swung (right round),** gwnaeth y car dro crwn, troes y car yn ei unfan (i wynebu'r ffordd arall); *(b) Mil:* **the line swung to the left,** gwyrodd y rhes i'r chwith. **3. to ~ along,** brasgamu. **4. to ~ (from tree to tree),** swingio, siglo (o goeden i goeden); **to ~ into action,** bwrw iddi, mynd ati o ddifrif. **5.** *F: (= be socially active):* rafinio, jolihoetian, bod ynddi hi, bod yn y ffasiwn; **those two really ~ together,** maen' nhw'n cyd-daro'n dda; **this place really swings,** mae 'ma le hwyliog; mae tipyn o fynd yn y lle 'ma. **6.** *U.S: (of promiscuous person):* ffeirio/cyfnewid cariadon. II. *v.t.* **1.** *(a) (bell, pendulum &c):* siglo; *(pendulum, also):* pendilio; **to ~ one's arms,** siglo'ch breichiau, *N.W: occ:* rhwyfo'ch breichiau, hoetio'ch breichiau; **to ~ (one's legs),** siglo, ysgwyd, *occ:* dolian (eich coesau), **to ~ the hips (in walking),** siglo (cerdded), siglo (wrth gerdded), siglo'r cluniau (wrth gerdded), tinsiglo; **to ~ an axe,** anelu bwyell; *Box:* **to ~ a blow (at s.o.),** anelu ergyd, ei hanelu hi (am rn); *P:* **to ~ the lead,** cogio salwch, esgus bod yn sâl, *S.E: occ:* trochi'n dost, mitsio; **there's no room to ~ a cat,** 'does dim lle i droi; 'does dim lle i chwipio chwannen; *(b) P:* **to ~ it (on s.o.),** twyllo, gwn|eud, *N:* rogio, trin (rhn). **2.** *(a) Nau:* **boat swung out,** cwch yn hongian allan; *(b)* **to ~ a car round,** troi car [yn sydyn], gwneud tro crwn [mewn car]; **(to ~ a car) right round,** (troi car) oddi amgylch, yn ei hyd, yn grwn, i wynebu'r ffordd arall; *(c) Cr:* **to ~ a ball,** troi/gwyro pêl, newid cyfeiriad pêl; *(d)* **to ~ a propellor,** troi propelor; **to ~ a starting handle,** troi handlen; *(e)* **to ~ the voting (in favour of s.o.),** troi'r bleidlais, troi'r fantol (o blaid rhn); *U.S: F:* **to ~ a deal, to ~ it,** taro bargen. **3. to ~ a hammock,** hongian hamoc. **4.** *(a) (= lift):* codi; **cranes that ~ the cargo over the ship's side,** craeniau sy'n codi'r llwyth dros ochr y llong; *(b) v.pr. &i.* **to ~ [oneself] into the saddle,** esgyn i'r cyfrwy. **5.** *Mus:* **to ~ a tune,** rhoi mynd mewn tôn. **6.** *U.S:* **she wasn't able to ~ a new car on her income,** ni fedrai fforddio car newydd ar ei chyflog hi. **~-back** *v.i.* *(i) (of door):* cau/agor/mynd yn [ei] ôl [ohono'i hun]; *(ii) (of pendulum):* siglo/mynd yn [ei] ôl; **public opinion swung back,** newidiodd barn y wlad unwaith eto.

swingeing *a.* aruthrol, llethol, trwm (*f.* trom, *pl.* trymion), llym (*f.* llem, *pl.* llymion); **~ cuts,** toriadau llym; **a ~ lie,** celwydd(-au) noeth *m*.

swinger *n.* **1.** siglwr (siglwyr) *m*. **2.** *(= socially, sexually active person):* rafin(-iaid) *m*, rafiniwr (rafinwyr) *m*, raf|inwraig (rafinwragedd) *f*.

swinging¹ *a.* **1.** *(= oscillating):* siglog, pendiliog, yn siglo/pendilio; **with ~ arms,** gan/dan siglo'ch breichiau, â'ch breichiau'n siglo. **2.** *(a)* **~ stride,** brasgam(-au) *m*; *Box:* **~ blow,** swing(-iau) *f*; *Mus:* **~ tune,** alaw fywiog (alawon bywiog) *f*, tôn fywiog (tonau bywiog) *f*, alaw/tôn a mynd ynddi. **3.** *F: (= socially, sexually active):* rafinllyd, [sydd] ynddi hi, sy'n gwybod faint o'r gloch yw hi, sy'n gwybod be' 'di be', bywiog, llawn bywyd, afieithus, nwyfus; **~ London,** Llundain afieithus *f*, Llundain yr hwyl a'r sbri, Llundain lawen; **a ~ party,** parti llawn asbri/mynd, parti afieithus/hwyliog.

swinging² *vn. (= oscillation):* siglad(-au) *m* [yn ôl ac ymlaen], *occ:* pendiliad(-au) *m*, siglo [yn ôl ac ymlaen], pendilio.

swingingly *adv.* **1.** *Mus:* yn rhythmig. **2.** *F:* gydag asbri, yn afieithus, yn fywiog.

swingle¹ *n.* **1.** *Tex:* ffust (*f*) lin (ffustiau llin), llinffust(-iau) *f*. **2.** *Husb: (of flail):* ffustwial (ffustwiail) *f*, *F: N.W:* stual (stuail) *f*, gwialenffust(-iau) *f*, gwialffust(-iau) *f*, gwielffust *f*, *S.W: F:* [g]ielffust *f*, *M.W:* lemffust(-iau) *f*. **~-bar, ~-tree** *n.* *(a) Agr: Veh: S:* cambren(-ni,-nau) *mf*, *M.W: occ:* cambren(-ni) bach *m*, *N.W:* tinbren(-ni) *m*, cambren(-ni) *m*, *N.E:* sgilbren(-ni) *m*; *(b) (= double-tree):* cambren(-ni) mawr *m*, mantol(-ion) *f*, *S.W: M.W:* cambren(-ni) ymryson *m*, cambren rhannu, cambren cyson, cambren mantais.

swingle² *v.t. Tex:* ffustio, ffusto.

swingling-tow *n. Tex:* carth(-ion) (*m*) llin, breisgion (*pl*) llin, gwehilion (*pl*) llin.

swingy *a.* **= swinging.**

swinish *a.* mochynnaidd, *occ:* mochaidd.

swinishly *adv.* yn fochynnaidd *&c.*

swinishness *n.* mochyndra *m*, moch|eidd-dra *m*, mocheiddrwydd *m*, mochyneiddiwch *m*.

swipe¹ *n.* **1.** *Cr: Golf:* trawiad(-au) *m*, *N:* swaden *f*. **2.** *F:* clewten (clewtiau) *f*, celpen (celpiau) *f*, *N:* lempen *f*, swaden, *S:* [ch]wired *m*; **to take a ~ at s.o.,** estyn/anelu ergyd at rn, ceisio taro rhn, ei hestyn/chynnig hi i rn, *N:* cynnig rhn, *S:* ceisio bwrw rhn; *F:* **to give a ~ to s.o.,** rhoi bonclust/dyrnod/celpen *&c* i rn, *N.W: occ:* cyrraedd clewtan i rn, *S:* bwrw/cledro rhn, rhoi cledren/[ch]wired i rn; *(b) Fig: (= criticize):* rhoi'ch llach ar rn, ymosod ar rn, beirniadu rhn yn hallt, lladd ar rn, *S.W: occ:* bipsan rhn, *N:* taflu weipen/weips at rn.

swipe² *v.i.&t.* **1.** *v.i.* **to ~ at a ball,** anelu am bêl, estyn/anelu ergyd at bêl, ceisio taro pêl. **2.** *v.t.* **= hit², slap².** **3.** *v.t. P:* **= steal².**

swiper *n.* *(a) Cr: &c:* swadiwr (swadwyr) *m*, sodrwr (sodrwyr) *m*; *(b) F:* **= thief.**

swipes *n.pl. P:* cwrw gwael/gwan *m*.

swipple *n. Husb:* ffustwial (ffustwiail) *f*; *S.a.* **flail-swipple.**

swirl¹ *n.* chwyrlïad (chwyrliadau) *m*, *occ:* chwildro(-eon) *m*, chwildroad(-au) *m*.

swirl² *v.t.&i.* chwyrlïo, troelli, chwildr|oi.

swirling¹ *a.* chwyrlïog, chwyrlïol, troellog.

swirling² *vn.* chwyrlïad (chwyrliadau) *m*, troelliad(-au) *m*, chwyrlïo *vn*, troelli *vn*.

swirlingly *adv.* yn chwyrlïol.

swirly *a.* **= swirling.**

swish¹ *n.* **1.** *(of dress):* siffrwd *m*, *occ:* chwithrwd *m*; *(of whip, scythe):* si *m*, sïad *m*, hisian *vn*. **2.** *(= a stroke with a whip/cane):* gwialennod (gwialenodiau) *f*, llach(-iau) *f*, ffonnod (ffonodiau) *f*, chwipiad(-au) *m*, *F:* slaes(-iau) *f*.

swish² *v.i.&t.* **1.** *v.i.* *(of silk &c):* siffrwd, chwithrwd, *S.W:* rhwsial; *(of whip &c):* sïo, hisian, chwithrwd. **2.** *v.t.* *(a) (= to cane, whip s.o.):* chwipio, *occ:* gwialenodio; *(b) (cane &c):* chwifio; **animal swishing its tail,** anifail yn chwipio'i/ chwifio'i gynffon/gwt.

swish³ *a. F:* crand, smart, ffasiynol.

swisher *n. F: Sch:* chwipiwr (chwipwyr) *m*, chw|ipwraig (chwipwragedd) *f*.

swishing *n. Sch: F:* cursa *f*, **to get a ~,** cael y gansen (*f*), cael chwipiad (*m*), cael chwip (*f*) din.

swishy *a. (cane, whip):* sïol.

Swiss *a. & n.* **1.** *a.* Swisaidd, Swistirol; **the ~ government,** llywodraeth (*f*) y Swistir. **2.** *n.* *(a)* Swisiad (Swisiaid) *m&f*, Swistirwr (Swistirwyr) *m*, Swist|irwraig (Swistirwragedd) *f*; *Coll:* **the ~,** y Swisiaid; *(b) Tex:* **dotted ~,** mwslin brith *m*; *(c) Cu: (cheese):* caws (*m*) y Swistir. **~ French 1.** *a.* Swisaidd-Ffrengig. **2.** *n.* *(a) Ethn: Coll:* siaradwyr (*pl*) Ffrangeg y Swistir; *(b) Ling:* Ffrangeg (*f, m*) y Swistir. **~ German 1.** *a.* Swisaidd-Almaenaidd. **2.** *n.* *(a) Ethn:* Swis-Almaenwr (~-Almaenwyr) *m*, Swis-Almaenes(-au) *f*; *(b) Ling:* Almaeneg (*f, m*) y Swistir, Swisa-Almaeneg *f, m*. **~ chard** *n. Bot:* **= chard.** **~ cheese plant** *n. Bot: (Monstera deliciosa):* y ddeilen dyllog *f*, dail tyllog *pl*. **~ roll** *n. Cu:* Swis-rôl (~-roliau) *f*, rholyn (rholiau) (*m*) jam.

switch¹ *n.* **1.** *(a) (= rod):* ffon (ffyn) *f*, gwialen(-ni,-nau, gwiail) *f*, *occ:* gwialenffon (gwialenffyn) *f*, gwialennig *f*, *N: occ:* gwaroden(-nau) *f*, rhoden(-ni,-nau) *f*; *(for caning pupil &c):* gwialen fedw (gwiail bedw), cansen(-ni, cansiau) *f*, *occ:* gwialen gerydd (gwialenni/gwialennau cerydd); **riding ~,** gwialen geffyl (gwialenni/gwialennau ceffyl), chwip (*f*) geffyl (chwipiau ceffyl), gwialen farchogaeth (gwialenni/gwialennau marchogaeth); *(b) (= blow of switch):* ffonnod (ffonodiau) *f*, chwipiad(-au) *m*, gwialennod (gwialenodiau) *f*, *N:* slaes(-iau) *f*. **2.** *(a) Rail: U.S:* pwyntiau *pl*; *N: Min:* tafod(-au) *m*; *(= siding):* seidin(-au) *mf*; *(b) Cards: &c: (= change):* newid *vn* [lliw], newidiad(-au) (*m*) lliw; *(c) El.E:* switsh(-is) *m*; **dimmer ~,** switsh pylu; **two-way ~,** switsh dwyffordd; *Aut:* **starting ~,** switsh tanio. **3.** *Hairdr: (a) (= false tress):* cudyn(-nau) (*m*) gosod/dodi; *(b) (of animal):* blew (*pl*) cynffon, blew cwt. **~-bar** *n. Rail:* trofar(-rau) *m*, bar(-rau) (*m*) troi. **~-blade** *n.* cyllell glec (cyllyll clec) *f*, cyllell sbring (cyllyll sbring), *M.W: S.E: occ:* cyllell Wyddel (cyllyll Gwyddelod). **~-box** *n. El:* = **switchbox.** **~-cane** *n.* gwialgorsen (gwialgyrs) *f*. **~-girl** *n.* cyfnew|idwraig (cyfnewidwragedd) *f*, sw|itswraig (switswragedd) *f*. **~-grass** *n.* = **couch grass.** **~-hit** *v.i. Baseball:* switsfatio. **~-hitter** *n. Baseball:* switsfatiwr (switsfatwyr) *m*. **~-knife** *n.* = **switchblade.** **~-plate** *n. Rail:* troblat(-iau) *m*, plât (platiau) (*m*) troi. **~-rail** *n. Rail:* cledren (*f*) droi (cledrau troi). **~-room** *n.* ystafell(-oedd) (*f*) switsio. **~-signal** *n. U.S: Rail:* arwydd(-ion) (*m*) troi. **~-tower** *n. U.S: Rail:* caban(-au) (*m*) signalau. **~-yard** *n. U.S: Rail:* iard (*f*) drefnu (iardiau/ierdydd trefnu), iard gynnull (iardiau/ierdydd cynnull), iard siyntio.

switch[2] *v.t.&i.* I. *v.t.* **1.** *(a) (= whip):* ffonodio, gwialenodio, gwialennu, chwipio; rhoi slaes (*f*), rhoi chwip (*f*) din, rhoi chwipiad (*m*) (i rn); *(b)* **cow swishing its tail,** buwch yn chwipio'i chynffon. **2.** *(a) (= move sth quickly):* **I switched my head round,** troais fy mhen yn sydyn; *(b) (= snatch):* cipio, chwipio, *F:* bachu. **3.** *(a) Rail:* troi, dargyfeirio, newid llwybr (trên); **to ~ a train onto another line,** troi trên i lein arall; *(b) U.S:* = **shunt[2] 1**; *(c) (= change):* newid; *(= exchange):* cyfnewid, *occ:* amnewid, *N:* ffeirio, *S:* trwco; **to ~ the conversation [to another subject],** troi'r stori/sgwrs (at fater arall), *F:* troi'r gath yn y badell; **to ~ sides,** newid ochr; *(d) (handle, lever):* troi. **4.** *El: (current):* troi, dargyfeirio, switsio, newid; *T.V: Cin: (= cut):* torri. II. *v.i. (= to lash from side to side):* chwipio [o ochr i ochr]; *(= change):* newid, *occ:* ymgyfnewid. **~ off** *v.t.&i. El: (current, radio, light &c):* diffodd, *occ:* cau, lladd; *v.i. F:* **to ~ off [completely],** diffodd popeth; *(in conversation, committee &c):* cau'ch llygaid, rhoi'r gorau i wrando, peidio â gwrando, cau'ch clustiau; **half-way through the speech, I switched off,** hanner ffordd drwy'r araith, ni wrandewais i ddim rhagor. **~ on** *v.t.&i. El: (light):* rhoi/dodi (rhth) [yml|aen], cynnau (rhth); *(radio, T.V., motor):* rhoi (rhth) i fynd, troi (rhth) ymlaen, switsio (rhth) ymlaen; *(stove, electric fire &c):* cynnau, tanio (rhth); troi (rhth) ymlaen, switsio (rhth) ymlaen; (*N.B. not* rhoi rhth ar/arno); *Aut:* **to ~ on the ignition,** rhoi'r/troi'r taniad [ymlaen]; *I.C.E: Aut:* **to ~ on the engine,** tanio'r motor; *(of pers.):* **(to be) switched on,** *(i) F: (= be up to date):* (bod) ynddi hi, bod yn y ffasiwn, bod yn y llif, gwybod faint o'r gloch yw hi, gwybod beth yw beth; *(ii) P: (by drugs):* (bod) yn benysgafn/benfeddw/chwil; (bod) mewn perlesmair [ar gyffuriau]. **~ over** *v.t.&i. El: (current &c):* newid, trosglwyddo; *W.Tel: T.V:* **to ~ over to another channel,** troi i sianel arall; **to ~ over to modern languages,** newid i ieithoedd modern, troi at ieithoedd modern; *Ind:* **to ~ over production,** newid cynhyrchiant; *Mil:* **to ~ over to the offensive,** dechrau ymosod, dechrau ymosodiad. **~-over** *n.* newid (*vn*) drosodd, newid(-iadau) (*m*) drosodd, cyfnewidiad(-au) *m*, ymgyfnewidiad(-au) *m*.

switchable *a.* troadwy, switsiadwy.

switchback *n.* **1.** *(at fair):* ffigyr-êt *mf*. **2.** *attrib. (= zigzag):* igam-ogam; *(= undulating):* pant a bryn, i fyny ac i lawr, codi a disgyn, tonnog.

switchboard *n. El: Tp:* switsfwrdd (switsfyrddau) *m*, bwrdd (byrddau) (*m*) t|eleffon. **~ operator** *n.* cyfnewidydd(-ion) *m*.

switchbox *n. El:* blwch (blychau) (*m*) switsis, switsflwch (switsflychau) *m*.

switcher *n.* **1.** *(= whipper):* chwipiwr (chwipwyr) *m*, chw|ipwraig (chwipwragedd) *f*, gwialenodiwr (gwialenodwyr) *m*. **2.** *El: &c:* switsiwr (switswyr) *m*. **3.** *U.S: Rail:* injan(-s) (*f*) siyntio. **~[-on]** *n.* cynheuwr (cynheuwyr) *m*, goleuwr (goleuwyr) *m*. **~[-off]** *n.* diffoddwr (diffoddwyr) *m*.

switcheroo *n. U.S: F:* newid(-iadau) annisgwyl *m*.

switching engine *n. U.S: Rail:* injan(-s) (*f*) siyntio.

switchlike *a.* chwipiog.

switchman *n.m. U.S: Rail:* switsiwr (switswyr).

Swithin *Pr.n.* Switan *m*; **Saint ~'s Day,** Gŵyl (*f*) Switan, Dyddgwyl/Dygwyl (*mf*) Switan; *the corresponding W. saint is* Cewydd y glaw, *whose feast* Dygwyl Cewydd, *falls on the same date.*

Switzer *n.* Swisiad (Swisiaid) *m&f*.

Switzerland *Pr.n. Geog:* y Swistir *m*; **German[-speaking] ~,** y Swistir Almaenaidd/Almaeneg; **French[-speaking] ~,** y Swistir Ffrengig/Ffrangeg; **Italian[-speaking] ~,** y Swistir Eidalaidd/Eidaleg.

swivel[1] *n. & attrib.* **1.** *n.* bwylltid(-au) *m*, swifl(-au) *m*, modrwy (*f*) dro (modrwyau tro), *S.W: occ:* ecstro(-eon) *m*, pwyll(-au) *m*, *occ:* pendro *m*. **2.** *attrib.* tro, bwylltid, ar fwylltid; **ball-~,** bwylltid(-au) (*m*) pêl. **~-block** *n.* chwerfan (*f*) dro (chwerfanau tro), pwli (pwlïau) (*m*) tro. **~-chair** *n.* cadair (*f*) dro (cadeiriau tro), *occ:* cadair droi rownd (cadeiriau troi rownd). **~-eye** *n. F: (= squint):* llygad (llygaid) (*m*) tro, llygad croes. **~-eyed** *a. F:* â llygad tro, â thro yn y llygad, llygatgroes. **~-gun** *n.* magnel (*f*) dro (magnelau tro), gwn (gynnau) (*m*) tro. **~-hipped** *a.* tinsiglog. **~-joint** *n.* cymal(-au) (*m*) tro. **~-like** *a.* fel bwylltid. **~-pin** *n.* = **kingpin.** **~-rail** *n. Rail:* tafod(-au) *m*, cledren (*f*) droi (cledrau troi). **~-seat** *n.* = **swivel-chair.** **~-tree** *n.* = **swingle-tree.**

swivel[2] *v.i.&t.* **1.** *v.i.* troi (ar fwylltid/echel/golyn *&c*); **to ~ round (on one's heels),** troi (ar eich sawdl). **2.** *v.t.* troi (rhth) (ar fwylltid/echel/golyn *&c*); **to ~ one's eyes round,** troi'ch llygaid.

swivelling *a.* tro, sy'n troi/troelli [ar fwylltid *&c*]; ar fwylltid, ar golyn, ar gorddyn, ar bifod.

swivet *n. U.S: F:* cyffro *m*, cynnwrf *m*, *N:* ffrwcs *m*.

swiz[z] *n. Sch: P:* **1.** *(= swindle):* twyll *m*. **2.** *(= disappointment):* siom(-au) *fm*, siomedigaeth(-au) *f*; **what a ~!** dyna siom! am siom!

swizzle[1] *n.* **1.** *U.S:* coctel(-i,-s) [ewynnog] *m*, swisl(-s) *mf*. **~-stick** *n.* ffon (ffyn) (*f*) troi coctels, ffon swisl. **2.** *P:* = **swiz[z].**

swizzle[2] *v.t. (a drink):* troi.

swizzler *n. F:* diotwr (diotwyr) *m*, slotiwr (slotwyr) *m*, potiwr (potwyr) *m*.

swob *n. v.t.* = **swab[1],[2].**

swollen *a. (a)* chwyddedig; *(face):* chwyddedig, *S:* pwfflyd, *N.W:* ffoglyd; **the river is ~,** mae llif mawr yn yr afon; mae'r afon wedi codi/chwyddo; *(b) (also* **swelled***); F:* **he suffers from a ~ head, he has a ~ head,** mae ei ben wedi chwyddo; *N:* mae'n ben bach; mae'n ei feddwl ei hun; *S:* mae'n ben mawr/bras. **~-headed** *a.* hunandybus; *S.a.* **big-headed, conceited.**

swoon[1] *n. (a) O: (= fainting fit):* llewyg(-on) *m*, llewygiad(-au) *m*, llewygfa(-oedd, llewygfâu, llewygfl|eydd) *f*, *N:* gwasgfa (gwasgfl|eydd, gwasgfaeon) *f*, llesmair (llesmeiriau) *m*; **to fall into a ~, to go off into a ~,** llewygu, *occ:* llesmeirio.

swoon[2] *v.i.* llewygu, *occ:* llesmeirio, *N:* cael gwasgfa; **to ~ [with joy] about/over sth,** perlesmeirio/perlewygu dros rth.

swooning *a.* llewygedig, llewygol, mewn llewyg, llesmeiriedig.

swoop[1] *n.* plymiad(-au) *m*, disgyniad(-au) *m*, disgynfa (disgynfl|eydd) *f*; *(= attack):* cyrch(-oedd) *m*, ymosodiad(-au) *m*; **police ~,** cyrch [gan yr] heddlu; *F:* **at one fell ~,** ar un tro, ag un ergyd, dan un, ag un ddyrnod.

swoop[2] *v.i.&t.* **1.** *v.i.* **to ~ [down] (on sth),** disgyn, syrthio, plymio (ar rth); *(= attack):* ymosod (ar rth), *Lit:* dwyn cyrch (ar rth); **the police swooped on the district,** gwnaeth yr heddlu gyrch ar yr ardal; rhuthrodd yr heddlu i mewn i'r ardal. **2.** *v.t. F: (= snatch):* **to ~ sth [up],** cipio, bachu (rhth).

swooper *n.* disgynnwr (disgynwyr) *m*, cipiwr (cipwyr) *m*.

swoosh[1] *n.* ffrwd (ffrydiau) *f*, swsial *m*.

swoosh[2] *v.i.* ffrydio, swsial, *M.W:* powsio.

swop *n. & v.t.* = **swap[1],[2].**

sword *n.* cleddau (cleddyfau) *m*, cleddyf(-au) *m*, *Lit:* cledd(-yfau) *m*; *Archeol:* **antennae-hilted ~,** cleddyf carn antena; **carp's tongue ~,** cleddyf tafod pysgodyn; **flange-hilted ~,** cleddyf carn cantelog; **leaf shaped ~,** cleddyf deilffurf; **one-edged ~,** cleddyf unfin; **one-handed ~,** cleddyf unllaw; **short ~,** cleddyfan *m*; **slashing ~,** cleddyf slaesio; **two-edged ~,** cleddyf deufin/deufiniog; **two-handed ~,** cleddyf deuddwrn; **U-shouldered ~,** cleddyf gwargrwn; **V-shouldered ~,** cleddyf gwaronglog; **weaving ~,** trawst(-iau) (*m*) nyddu; *S.a.* **backsword; S~ of State,** Cleddyf y Wladwriaeth; **with drawn ~,** â chleddyf noeth; **to cross swords with s.o.,** croesi cleddyfau gyda rhn; **to put (s.o.) to the ~,** lladd (rhn) [â chleddyf], dienyddio (rhn); *Lit:* **the S~ of Justice,** Cleddyf Cyfiawnder; **to throw one's ~ into the scale,**

taflu'ch cleddyf i'r fantol; **to be at swords' points,** bod yn benben (â'ch gilydd), bod gad-yng-nghad, bod gad-yng-nghudyn [â'ch gilydd], bod gleddyf yng nghleddyf; *S.a.* **fire**[1]. **~-arm** *n.* braich dde (breichiau de) *f*, braich gleddyf (breichiau cleddyf). **~-bayonet** *n.* cleddfidog(-au) *fm.* **~-bearer** *n.* cleddgludydd(-ion) *m*, cleddog(-ion) *m*; *(at Eisteddfod):* ceidwad (ceidwaid) (*m*) y cledd. **~-belt** *n.* gwregys(-au) (*m*) cleddyf. **~-blade** *n.* llafn (*m*) cleddyf (llafnau cleddyfau). **~-cane** *n.* = **sword-stick 1.** **~-cut** *n.* cleddyfod(-au) *mf.* **~-cutter, ~-smith** *n.* cleddyfydd(-ion) *m*, gof(-aint) (*m*) cleddyfau. **~ dance** *n.* dawns (*f*) gleddyfau (dawnsiau cleddyfau) **~-dancer** *n.* cleddyf-ddawnsiwr (~-ddawnswyr) *m.* **~-dancing** *vn.* dawnsio ar gleddyfau, cleddyf-ddawnsio. **~-fencing** *vn.* ymladd cleddyfau. **~-fern** *n. Bot:* cleddredynen (cleddredyn) *f.* **~-fight** *n.* gornest (*f*) gleddyfau (gornestau cleddyfau), ymladdfa (*f*) gleddyfau (ymladdf|eydd cleddyfau). **~-flag** *n. Bot:* gellesgen felen (gellesg melyn) *f*, iris felen *f*, gellesgen yr ŷd, enfys (*f*) y gors. **~grass** *n. Bot:* **1.** = **gladiolus. 2.** *(Cladium):* llemfrwynen (llymfrwyn) *f.* **~-guard** *n.* dyrnfol (*f*) cleddyf (dyrnfolau cleddyfau). **~-hand** *n.* llaw dde (dwylo de) *f.* **~-hilt** *n.* carn (*m*) cleddyf (carnau cleddyfau). **~ knot** *n.* cwlwm (c[y]lymau) (*m*) cleddyf. **~-law** *n.* cyfraith (*f*) y cleddyf, cyfraith filwrol. **~-lily** *n. Bot:* = **gladiolus. ~ ricasso** *n. Archeol:* rhic(-iau) (*m*) ricaso. **~ midrib** *n.* asen ganol (asennau canol) *f*, can|olwrym (canolwrymiau) *m.* **~ scabbard** *n.* gwain (*f*) cleddyf (gweiniau cleddyfau). **~-stroke** *n.* cleddyfod. **~-swallower** *n.* llyncwr (llyncwyr) (*m*) cleddyfau. **~ style** *n. Archeol:* arddull (*f*) cleddyf. **~-tail** *n.* **1.** *Moll:* brenhingranc (breningrancod) *m* (*pronounced* ng-g). **2.** *Ich:* pysgodyn (pysgod) cleddyfgynffonnog *m*, cleddyfgynffon(-nau) *mf.* **~-thrust** *n.* cleddyfod.

swordbill *n. Orn:* cleddbig(-au) *m.*

swordcraft *n.* cleddyfa *vn*, cleddyfwriaeth *f*, trin (*vn*) cleddyf.

swordfish *n. Ich:* cleddbysgodyn (cleddbysgod) *m*, cleddyfbysgodyn (cleddyfbysgod) *m*, pysgodyn (pysgod) (*m*) cleddyf.

swordless *a.* digleddyf, heb gleddyf.

swordlike *a.* tebyg i gleddyf, ar lun cleddyf, cleddyfaidd.

swordplay *n.* **1.** cleddyfa *vn*, cleddyfwriaeth *f*, cleddyfyddiaeth *f.* **2. [verbal] ~,** dadlau *vn*, taro a gwrthdaro [mewn dadleuon], cleddyfa geiriol *vn.*

swordplayer, swordsman *n.m.* cleddyfwr (cleddyfwyr), *Lit: occ:* cleddog(-ion).

swordsmanship *n.* cleddyfyddiaeth *f*, cleddyfwriaeth *f.*

swordstick *n* ffon-gleddyf(-au) *m*, ffon (*f*) gleddyf (ffyn cleddyf).

sworn *a.* **1.** *(= under oath):* tynghedig, wedi tyngu llw, rhwymedig gan lw, dan lw, ar lw, ar eich llw; **~ statement,** datganiad ar lw. **2.** *(= avowed):* pennaf, digymrodedd, rhonc, diysgog, cadarn; **~ enemy,** gelyn(-ion) noeth/glas/pennaf *m* **(of sth,** i rth)

swot[1] *n.* **1.** *esp. Sch: (= hard study):* slafdod *m*, *N.W: occ:* ffagio *vn*, ffagiad *m.* **2.** *(pers.):* swot(-iaid) *m*, *N.W: occ:* ffagiwr (ffagwyr) *m.*

swot[2] *v.t.&i.* **1.** *Sch: F:* gweithio'n galed, dygnu arni, adolygu, astudio (rhth) yn galed, swotio, *N.W:* ffagio (rhth); **to ~ up one's history,** adolygu'ch gwersi hanes, *N.W: occ:* ffagio hanes.

Sybarite[1] *a.* & *n. Hist:* **1.** *a.* Sybaritaidd. **2.** *n.* Sybaritiad (Sybaritiaid) *m&f.*

sybarite[2] *a.* & *n.* **1.** *a.* plesergar, glwth, sybaritaidd, sybaritig. **2.** *n.* plesergarwr (plesergarwyr) *m*, sybaritiad (sybaritiaid) *m&f.*

sybaritic[al] *a.* plesergar, glwth, sybaritig, sybaritaidd.

sybaritically *adv.* yn blesergar *&c.*

sybaritism *n.* plesergarwch *m*, sybaritiaeth *f.*

sybil *n.* = **sibyl.**

sycamine *n. Bot:* merwydden (merwydd) *f*, morwydden (morwydd) *f*, meryswydden (meryswydd) *f.*

sycamore *n. Bot: (a) (= maple),* masarnwydden [fwyaf] (masarnwydd [mwyaf]) *f*, masarnen (masarn) *f*, sycamorwydden (sycamorwydd) *f*, *N.W: occ:* coeden (coed) (*f*) jacan, coeden (coed) (*f*) jacmor; *(b) U.S:* planwydden (planwydd) *f*; *(c) B: (Ficus sycamorus):* sycamorwydden.

syce *n.* = **sice**[2].

sycee *n. Tex:* sai-si *m.*

sycon *n. Z:* sycon(-au,-iaid) *m.*

syconium *n. Bot:* syconiwm (syconia) *m.*

sycophancy *n.* gweniaith *f*, truth *m*, cynffonna *vn*, gwenieithio *vn*, truthio *vn*, ffalsio *vn.*

sycophant *n.* cynffonnwr (cynffonwyr) *m*, cynff|onwraig (cynffonwragedd) *f*, cynffongi (cynffongwn) *m* (*pronounced* ng-g), truthiwr (truthwyr) *m*, *F:* crafwr (crafwyr) *m*, ffalsiwr (ffalswyr) *m.*

sycophantic[al] *a.* gwenieithus, cynffongar (*pronounced* ng-g), cynffonnaidd, ffals, sebonllyd, gwasaidd, taeogaidd, *Lit:* truthgar.

sycophantically *adv.* yn wenieithus *&c.*

sycophantish *a.* = **sycophantic.**

sycophantism *n.* = **sycophancy.**

sycophantly *adv.* yn wenieithus.

sycosis *n. Med:* sycosis *m.*

syenite *n. Miner:* syenit *m.*

syenitic *a. Miner:* syenitig.

syllabarium, syllabary *n.* *sillwyddor(-au) *f.*

syllabic *a.* & *n.* **1.** *a.* sillafol, sillafog. **2.** *n. Phon:* sain (seiniau) sillafog *f*, sillafog(-ion) *f.*

syllabically *adv.* yn sillafol.

syllabicate *v.t.* = **syllabify.**

syllabication *n.* sillafoli *vn.*

syllabicity *n.* sillafolrwydd *m.*

syllabificate *v.t.*, **syllabification** *n*, **syllabify** *v.t.* sillafoli.

syllabize *v.t.* = **syllabify.**

syllable[1] *n.* sillaf(-au) *f*, *occ:* sill(-au) *f*; **penultimate ~,** goben(-nau) *m*; **of one ~,** unsill; **of two syllables,** dwysill, deusill; **of three syllables,** teirsill; **of four syllables,** pedeirsill; **of five syllables,** pumsill; **of six syllables,** chwesill; **of seven syllables,** seithsill; **of eight syllables,** wythsill; **of nine syllables,** nawsill; **of ten syllables,** decsill; **to explain sth in words of one ~,** egluro rhth yn syml iawn; *F:* **(she didn't utter) a ~,** (ni ddywedodd) yr un sill, na bw na be, bwmp o'i phen, air o'i phen, yr un gair o'i phen; (nid ynganodd hi) air.

syllable[2] *v.t.* **1.** *(= articulate):* yngan/ynganu/cynanu (rhth) yn sillafog *or* fesul sillaf *or* yn eglur/groyw. **2.** = **syllabify.**

syllabub *n. Cu:* = **sillabub.**

syllabus *n.* **1.** *(academic &c):* maes (meysydd) (*m*) llafur. **2.** *R.C.Ch:* crynodeb(-au) *m*, s|ylabws (sylabysau) *m.* **3.** *Jur:* = **headnote.**

syllepsis *n. Gram:* ymgynnull *m*, sylepsis *m.*

sylleptic *a. Gram:* syleptig.

sylleptically *adv. Gram:* yn syleptig.

syllogism *n. Log:* cyfresymiad(-au) *m*, cyfresymu *vn*; **false ~,** twyll-gyfresymiad(-au) *m*, gau gyfresymiad.

syllogist *n. Log:* cyfresymwr (cyfresymwyr) *m.*

syllogistic *a.* cyfresymol.

syllogistically *adv.* yn gyfresymol.

syllogize *v.t.&i.* cyfresymu.

sylph *n.* **1.** *(a) Myth.* sylff(-iaid) *mf*, *(b) (= slender girl):* meinwen (meinwynion) *f*; **she's no ~,** mae hi'n llond ei chroen. **2.** *Orn:* sylff(-iaid) *m.*

sylphid *n.* sylffid(-au) *mf.*

sylphish, sylphlike, sylphy *a.* main (meinion), lluniaidd.

sylvan *a.* = **silvan.**

sylvanite *n. Miner:* s|ylfanit *m.*

sylvatic *a.* **1.** = **silvan. 2.** *Vet:* sylfatig.

sylviculture *n.* = **silviculture.**

sylvinite *n. Miner:* s|ylfinit *m.*

sylvite, sylvine *n. Miner:* sylfit *m.*

symbiont *n. Biol:* symbiont(-iaid) *m.*

symbiontic *a.* = **symbiotic.**

symbiosis *n.* symbiosis *m*, cydfywyd *m*, cyd-fyw *vn.*

symbiote *n.* = **symbiont.**

symbiotic *a.* symbiotig.

symbiotically *adv.* yn symbiotig.

symbol *n.* symbol(-au) *m.*

symbolic[al] *a.* symbolaidd.

symbolically *adv.* yn symbolaidd.

symbolics *n.pl.* symboleg *f.*

symbolism *n.* symbolaeth *f.*

symbolist *n.* symbolydd(-ion) *m*, symbolwr (symbolwyr) *m.*

symbolistic *a.* symbolaidd.

symbolization *n.* symboleiddiad(-au) *m*, symboleiddio *vn.*
symbolize *v.t.* symboleiddio.
symbolizer *n.* symboleiddiwr (symboleiddwyr) *m.*
symbol[ol]ogy *n.* symboleg *f.*
symmetalism *n. Pol.Ec:* cydfeteliaeth *f.*
symmetrical *a.* cymesur, cymesurol, cydffurf.
symmetrically *adv.* yn gymesur, yn gymesurol.
symmetricalness *n.* = **symmetry.**
symmetrization *n.* cymesuriad(-au) *m*, cymesuro *vn.*
symmetrize *v.t.* cymesuro.
symmetry *n.* cymesuredd(-au) *m*; **bilateral ~,** cymesuredd dwyochrog; **point ~,** cymesuredd pwynt; **reflective ~,** cymesuredd adlewyrchiad; **rotational ~,** cymesuredd cylchdro.
sympathectomy *n. Surg:* sympath|ectomi (sympathectomïau) *m.*
sympathetic *a.* **1.** *(a) (pain, nerve, system):* ymatebol, sympathetig; **~ magic,** dewiniaeth sympathetig; *(b) Ph:* cysain, cyseiniol, atseiniol; **~ string,** tant (tannau) cyseiniol/atseiniol *m*; **~ vibration,** dirgryniad(-au) cyseiniol *m*; *(c)* **~ ink,** inc anweladwy *m.* **2.** *(a) (= expressing sympathy):* cydymdeimladol, llawn cydymdeimlad, *occ:* cydoddefol; **a ~ gesture,** arwydd(-ion) *(m)* o gydymdeimlad; **~ strike,** streic gefnogol (streiciau cefnogol) *f*; **to be ~ to sth,** cydymdeimlo â rhth. **3.** *(= likeable, appealing):* hoffus, annwyl, hynaws, dymunol, tirion, apelgar, dengar (*pronounced* ng-g), serchog, *N:* clên, *S:* piwr.
sympathetically *adv.* **1.** *Anat: &c:* yn ymatebol; *Ph:* yn gyseiniol. **2.** yn gydymdeimladol, â chydymdeimlad.
sympathin *n. Bio-Ch:* s|ympathin *m.*
sympathize *v.i.* cydymdeimlo.
sympathizer *n.* cydymdeimlwr (cydymdeimlwyr) *m.*
sympathizingly *adv.* yn gydymdeimladol, gyda chydymdeimlad.
sympatholytic *a.* sympatholytig.
sympathomimetic *a.* sympathomimetig.
sympathy *n.* **1.** *(= condolence):* cydymdeimlad(-au) *m*; **popular sympathies are on his side,** mae cydymdeimlad y cyhoedd ag ef; **to be in ~ (with s.o.),** cydymdeimlo (â rhn); **to strike** *or* **come out [on strike] in ~ (with s.o.),** streicio o ran cefnogaeth (i rn *or* mewn cydymdeimlad â rhn). **2.** *(a) Com:* **(prices went up) in ~,** (cododd prisiau) yn sgîl hyn, o ganlyniad i hyn; *(b) Ph:* **a string that vibrates in ~,** tant sydd yn dirgrynu'n gysain.
sympatric *a. Biol:* cydgynefinol.
sympetalous *a. Bot:* = **gamopetalous.**
symphile *n. Ent:* cyd-drigolyn (~-drigolion) *m.*
symphonic *a.* symffonig.
symphonically *adv.* yn symffonig.
symphonious *a. Lit:* cytgordiol.
symphonist *n.* symffonïwr (symffoniwyr) *m.*
symphony *n. Mus:* s|ymffoni (symffonïau) *f.* **~ concert** *n. U.S:* cyngerdd (cyngherddau) *(m)* cerddorfa, cyngerdd symffoni. **~ orchestra** *n.* cerddorfa (cerddorf|eydd) *(f)* symffoni.
symphyseal, symphysial *a. Anat:* symffysaidd, symffysiol.
symphysiotomy *n. Med:* symffysi|otomi (symffysiotomïau) *m.*
symphysis *n. Anat:* symffysis *m.*
sympodial *a. Bot:* sympodiaidd.
symposiac, symposial *a.* trafodaethol.
symposiarch *n.* cadeirydd(-ion) *(m)* trafodaeth.
symposiast *n.* trafodaethwr (trafodaethwyr) *m.*
symposium *n.* **1.** *Gr.Ant:* gloddest(-au) *f*, gwledd(-oedd) *f.* **2.** *(a) (= discussion):* trafodaeth(-au) *f*, seiat (seiadau) *f*, cylch(-oedd) *(m)* trafod, symposiwm (symposia) *m*; *(b) (book):* symposiwm, casgliad(-au) *(m)* o ysgrifau.
symptom *n. Med:* arwydd(-ion) *(m)* clefyd, symptom(-au) *m.*
symptomatic *a.* **1.** *Med:* symptomaidd, symptomol, symptomatig. **2.** *(= characteristic):* nodweddiadol, *occ:* arwyddol, mynegol **(of sth,** o rth).
symptomatically *adv.* yn symptomol; yn nodweddiadol.
symptomatological *a.* symptomegol.
symptomatology *n.* symptomeg *f.*
synaeresis *n.* **1.** *Phon:* cywasgiad(-au) *m*, cywasgu *vn.* **2.** *Ch:* syneresis *m.* **3.** = **synizesis.**
synaesthesia *n.* synesthesia *m.*
synaesthesis *n.* synesthesis *m.*
synaesthetic *n.* synesthetig.
synagogal *a.* synagogaidd, synagogol.
synagog[ue] *n.* s|ynagog (synagogau) *f.*
synallagmatic *a.* cyfymrwymol.
synaloepha, synalepha *n.* seingoll *m* (*pronounced* ng-g).
synantherous *a. Bot:* cydantherol.
synanthous *a. Bot:* cydagorol.
synapse[1] *n. Physiol:* synaps(-au) *m.*
synapse[2] *v.i.* synapsio.
synapsis *n.* **1.** *Biol:* synapsis(-au) *m.* **2.** = **synapse.**
synaptic *a. Biol:* synaptig.
synaptically *adv. Biol:* yn synaptig.
synaptinemal, synaptonemal *a. Bio-Ch:* synaptonemol.
synaptosomal *a. Bio-Ch:* synaptosomol.
synaptosome *n. Bio-Ch:* syn|aptosom (synaptosomau) *m.*
synarchy *n. Pol:* cydreolaeth *f.*
synarthrodial *a. Anat:* synarthrodaidd.
synarthrosis *n. Anat:* cymal(-au) disymud *m*, synarthrosis(-au) *m.*
sync[h] *abbr. See* **synchronization, synchronize**; *S.a.* **lip**; **in ~,** yn gysain; **out of ~,** yn anghysain.
syncarp *n. Bot:* lluosffrwyth(-au) *m.*
syncarpous *a. Bot:* syncarpaidd, lluosffrwythol.
syncarpy *n. Bot:* syncarpedd *m.*
synch *abbr.* = **sync[h].**
synchondrosis *n.* syncondrosis(-au) *m.*
synchrocyclotron *n. Ph:* syncros|eiclotron (syncroseiclotronau) *m.*
synchroflash *n. Phot:* syncro-fflach(-iau,-iadau) *f.*
synchromesh *n. & attrib.* **~ gearing,** geriau *(pl)*/geriad *(m)* syncro-mesh, geriad cytbleth, geriad cyd-ddant, syncro-mesh(-au) *m.*
synchronal *a.* = **synchronous.**
synchroneity *n.* = **synchrony.**
synchronic[al] *a.* cydamserol, cyfamserol, syncronaidd, syncronig.
synchronically *adv.* yn gydamserol *&c.*
synchronicity, synchronism *n.* **1.** *(= simultaneity):* cydamseredd *m.* **2.** *Hist: (= table of events):* cydamseriad(-au) *m.*
synchronistic *a.* cydamserol.
synchronization *n.* cydamseriad(-au) *m*, cydamseru *vn*; *Cin: T.V:* cysoni *vn.*
synchronize *v.t.&i.* **1.** *v.t.* cydamseru; *Cin: T.V:* cysoni. **2.** *v.i.* *(a) (of events):* cyd-ddigwydd, cyd-daro, digwydd ar yr un pryd; *(b)* **clocks that ~,** clociau sy'n dangos yr un amser.
synchronized *a.* cydamseredig, cydamserol; *Cin: T.V:* cysain; *El.E:* **~ generators,** generaduron cydamseredig/cydwedd; *T.V:* **~ pulse,** curiad(-on) *(m)* cysoni; **~ swimming,** nofio cydamserol, cydnofio, nofio ar y cyd.
synchronizer *n.* cydamserydd(-ion) *m.*
synchronous *a.* cydamserol, syncronaidd; *El.E:* cydwedd; *Cmptr:* cydamseredig, syncronaidd.
synchronously *adv.* yn gydamserol, ar yr un pryd, ar y cyd; *El.E:* yn gydwedd.
synchronousness, synchrony *n.* cydamseroldeb *m*; *El.E:* cydweddiad *m.*
synchroscope *n.* s|yncrosgop (syncrosgopau) *m.*
synchrotron *n. Ph:* s|yncrotron (syncrotronau) *m.*
synclastic *a.* synclastig.
synclinal *a. Geol:* synclinol.
syncline *n. Geol:* synclin(-au) *m.*
synclinorium *n. Geog:* synclinoriwm (synclinoria) *m.*
syncopal *a.* **1.** *Med:* llewygol, gwasgfaol. **2.** *Gram:* cywasgiadol, cywasgol.
syncopate *v.t.* **1.** *Gram:* cywasgu, byrh|au. **2.** *Mus:* trawsacennu.
syncopated *a.* **1.** *Gram:* cywasgedig. **2.** *Mus:* trawsacennog.
syncopation *n.* **1.** *Gram:* cywasgiad(-au) *m*, byrhad *m*, cywasgu *vn*, byrh|au *vn.* **2.** *Mus:* trawsaceniad(-au) *m*, trawsacennu *vn*; *(rhythm &c):* trawsacen(-ion) *f.*
syncopative *a. Mus:* trawsacennol.
syncopator *n. Mus:* trawsacennydd (trawsacenyddion) *m*, trawsacennwr (trawsacenwyr) *m.*
syncope *n.* **1.** *Med:* llewyg(-on) *m*, llewygfa(-oedd, llewygf|eydd, llewygfâu) *f.* **2.** *Gram:* cywasgiad(-au) *m*, cywasgu *vn.*
syncopic *a. Med:* llewygol.
syncretic *a.* syncretaidd, syncretig.
syncretism *n.* syncretiaeth *f*, syncretedd *m.*
syncretist *n.* syncretydd(-ion) *m.*
syncretistic *a.* syncretaidd.

syncretize *v.t.* syncreteiddio.
syncytial *a. Bio-Ch:* syncytiol.
syncytium *n. Bio-Ch:* syncytiwm (syncytia) *m.*
syndactyl, syndactylous *a. Z: Anat:* cydfyseddog.
syndactylism, syndactyly *n. Z: Anat:* cydfyseddogrwydd *m.*
syndesis *n.* **1.** *Z: Anat:* = **synapsis. 2.** *Gram:* cysyllteirio *vn,* cysyllteiriad *m.*
syndesmosis *n. Z: Anat:* syndesmosis(-au) *m.*
syndesmotic *a. Z: Anat:* syndesmotig.
syndetic *a. Gram:* cysyllteiriol.
syndic *n.* **1.** *Jur: (= chief magistrate):* prif ynad(-on) *m,* prif ustus(-iaid) *m.* **2.** *Sch: (at Cambridge Univ.):* penswyddog(-ion) *m,* arolygwr (arolygwyr) (*m*) y wasg, syndic(-iaid) *m.*
syndicalism *n.* syndicaliaeth *f.*
syndicalist *n.* & *attrib.* **1.** *n.* syndicalydd(-ion) *m.* **2.** *attrib.* syndicalaidd.
syndicate[1] *n.* **1.** *Com: Fin:* cynghrair (cynghreiriau) *m,* cyfuniad(-au) *m* [o gwmnïau], s|yndicet (syndicetiau) *mf.* **2.** *U.S: Publ:* syndicet. **3.** *(= office of syndic):* ynadaeth(-au) *f,* syndiciaeth(-au) *f.*
syndicate[2] *v.t.* syndicetio.
syndicated *a.* syndicetiedig; *Journ:* ~ **material,** defnydd cyffredin *m.*
syndication *n.* syndicetiad(-au) *m,* syndicetio *vn.*
syndicator *n.* syndicetiwr (syndicetwyr) *m.*
syndiotactic *a.* syndiotactig.
syndrome *n. Med: Psy:* cyfrediad(-au) *m,* syndrom(-au) *m;* **Down's ~,** syndrom Down.
syndromic *a. Med: Psy:* cyfrediadol, syndromaidd, syndromig.
synecdoche *n. Rh:* cydgymeriad(-au) *m,* cyforddwyn *m.*
synecdochic[al] *a. Rh:* cydgymeriadol, cyforddygol.
synecdochically *adv. Rh:* yn gydgymeriadol *&c.*
synecious *a.* = **synoecious.**
synecological *a. Biol:* synecolegol.
synecology *n. Biol:* synecoleg *f.*
synectic *a.* synectig.
synectically *adv.* yn synectig.
synectics *n.* synecteg *f.*
syneresis *n.* = **synaeresis.**
synergetic, synergic *a.* synergaidd, cyfegnïol.
synergically *adv.* yn synergaidd.
synergid *n. Bot:* synergid(-au) *m.*
synergism *n.* synergedd *m.*
synergist *n.* synergydd(-ion) *m,* cyfegnïwr (cyfegniwyr) *m.*
synergistic *a.* synergyddol.
synergistically *adv.* yn synergyddol.
synergy *n.* = **synergism.**
synesis *n. Gram:* synesis *m.*
synesthesia *n.* synesthesia *m.*
synesthetic *a.* synesthetaidd, synesthetig.
synfuel *n. Ch:* tanwydd (*m*) gwn|eud.
syngamic, syngamous *a. Biol:* syngamig (*pronounced* ng-g).
syngamy *n. Biol:* syngamedd *m* (*pronounced* ng-g).
syngas *n. Ch:* = **synthesis gas.**
syngeneic *a. Biol:* syngenig (*pronounced* ng-g).
syngenesis *n. Biol:* syng|enesis *m* (*pronounced* ng-g).
syngnathous *a. Ich:* syngnathus (*pronounced* ng-g).
synizesis *n. Phon: Biol:* cywasgiad(-au) *m,* cywasgu *vn.*
synkaryon *n. Biol: Ch:* syncaryon(-au) *m.*
synkaryonic *a. Biol: Ch:* syncaryonig.
synod *n. Ecc:* synod(-au) *mf.*
Synod Inn *W.Pl.n.* Y Post Mawr *m.*
synodal *a. Ecc:* synodaidd.
synodic[al] *a.* **1.** *Ecc:* synodaidd. **2.** *Astr:* synodig. ~ **month,** mis(-oedd) lleuadol, mis newid.
synoecete *n. Ent:* cyd-drigiannydd (~-drigianyddion) *m,* cydletÿwr (cydletywyr) *m.*
synoecious *a. Bot:* cydfodol.
synoekete *n. Ent:* = **synoecete.**
synonym *n.* cyfystyr(-on) *m.*
synonymic[al] *a.* cyfystyr (**with sth,** â rhth).
synonymist *n.* cyfystyrwr (cyfystyrwyr) *m.*
synonymity *n.* cyfystyriaeth *f,* cyfystyredd *m.*
synonymize *v.t.* cyfystyru.
synonymous *a.* cyfystyr (**with sth,** â rhth).
synonymously *adv.* yn gyfystyr.
synonymy *n.* **1.** = **synonymity. 2.** *(a) (= study):* cyfystyreg *f*; *(b) (= list):* cyfystyriaeth(-au) *f.*
synopsis *n.* crynodeb(-au) *m, occ:* cyfolwg (cyfolygon) *m.*
synopsize *v.t.* crynh|oi, crynodebu.
synoptic *a.* & *n.* **1.** *a.* cyfolwg, synoptig. **2.** *n.* = **synoptist.**
synoptically *adv.* yn gyfolwg *&c.*
synoptist *n.* efengylwr (efengylwyr) cyfolwg *m,* cyfolygwr (cyfolygwyr) *m.*
synostosis *n. Med:* cyfesgyrnedd *m.*
synovectomy *n. Surg:* synof|ectomi (synofectomïau) *m.*
synovia *n. Anat:* synofia *m.*
synovial *a. Anat:* synofaidd.
synovioma *n.* synofioma(-ta) *m.*
synovitis *n. Med:* synofitis *m.*
synpractic *a.* synpractig; ~ **speech,** hunansgwrsio *vn.*
synsepalous *a. Bot:* = **gamosepalous.**
syntactic[-al] *a. Gram:* cystrawennol; ~ **construction,** cystrawen(-nau) *f.*
syntactically *adv. Gram:* yn gystrawennol, o ran cystrawen.
syntactics *n. Ling:* gwyddor (*f*) cystrawen.
syntagma *n.* ymadrodd(-ion) *m,* syntagma(-ta) *m.*
syntagmatic *a.* ymadroddol, syntagmatig.
syntax *n.* cystrawen(-nau) *f.*
synthesis *n.* **1.** *(= combination):* cyfuniad(-au) *m,* cyfosodiad(-au) *m,* cyfuno *vn,* cyfosod *vn.* **2.** *Ch: Ind:* s|ynthesis (synthesisau) *m,* syntheseiddio *vn.* **3.** *Surg:* cyfuniad, cyfuno. ~ **gas** *n.* nwy(-on) (*m*) synthesis.
synthesist *n.* cyfunwr (cyfunwyr) *m,* cyfosodwr (cyfosodwyr) *m,* synthesydd(-ion) *m.*
synthesization *n.* syntheseiddio *vn,* syntheseiddiad(-au) *m.*
synthesize *v.t.&i.* **1.** *(= combine):* cyfosod, cyfuno. **2.** *Ch: Ind:* syntheseiddio, synthesu.
synthesizer *n.* **1.** = **synthesist. 2.** *Mus:* syntheseisydd(-ion) *m.*
synthetase *n. Bio-Ch:* s|ynthetas *m.*
synthetic[al] **1.** *a. (a) (= artificial):* gwneuthuredig, gwn|eud, synthetig, artiffisial; *Mus:* ~ **bass,** bas synthetig *m*; *Carp:* ~ **wood,** pren gwneud/synthetig *m*; *(b) F:* **a ~ smile,** gwên ffug/fenthyg *f*; *(c) Phil:* cyfosodol, cyfosodiadol, anwythol; *Mth:* ~ **division,** rhannu (*vn*) cyfosodiadol; *Mth:* ~ **geometry,** geometreg gyfosodiadol *f*; *(d) Gram:* synthetig, cyfansoddol. **2.** *n.usu.pl.* synthetig(-ion) *m.*
synthetically *adv.* yn synthetig *&c.*
Synthetism *n. Art: Hist:* Synthetiaeth *f.*
Synthetist *n. Art: Hist:* Synthetydd(-ion) *m.*
synthetize *v.t.* = **synthesize.**
syntonic *a. W.Tel:* syntonig.
syntonization *n. W.Tel:* syntoneiddiad(-au) *m,* syntoneiddio *vn.*
syntonize *v.t. W.Tel:* syntoneiddio.
syntony *n. W.Tel:* syntonedd *m.*
sypher *v.t. Carp:* gorlapio.
syphilis *n. Med:* s|iffilis *m, occ:* y frech fawr *f,* y frech boeth, y frech losg, y poethglwyf *m,* y clwyf tinboeth *m,* y clwyf drwg.
syphilitic *a.* siffilitig.
syphilize *v.t.* siffileiddio.
syphiloid *a.* siffilaidd.
syphilologist *n.* siffilolegydd(-ion) *m.*
syphilology *n.* siffiloleg *f.*
syphiloma *n. Med:* siffiloma(-ta) *m.*
syphon *n.* = **siphon.**
syren *n.* = **siren.**
Syria *Pr.n. Geog:* Syria *f.*
Syriac *a.* & *n.* **1.** *a.* Syriaidd. **2.** *n. Ling:* Syrieg *f, m.*
Syrian *a.* & *n.* **1.** *a.* Syriaidd; **the ~ government,** llywodraeth Syria; **she's ~,** Syriad yw hi. **2.** *n.* Syriad (Syriaid) *m&f.*
syringa *n. Bot:* syringa (syringâu) *f* (*pronounced* ng-g); *S.a.* **lilac 1, mock orange.**
syringe[1] *n.* chwistrell(-au,-i) *f.*
syringe[2] *v.t.* chwistrellu.
syringeal *a.* syringaidd (*pronounced* ng-g).
syringomyelia *n. Med:* syringomyelia *m* (*pronounced* ng-g).
syringomyelic *a. Med:* syringomyelig (*pronounced* ng-g).
syrinx *n.* **1.** *Mus:* panbib(-au) *f,* pibau (*pl*) Pan. **2.** *Archeol: Orn:* syrincs(-au) *m.*
Syro-Arabian *a.* Syro-Arabaidd.

Syro-Chaldean *a.* Syro-Chaldeaidd.
Syro-Malabar *a.* Syro-Malabaraidd.
Syro-Phoenician *a.* Syro-Phenicaidd.
syrphian, syrphid *n. Ent:* syrffid(-au) *m.*
syrup *n.* **1.** surop(-au) *m*; **cough-~,** *S:* moddion (*pl*) peswch, *N:* ffisig (*m*) peswch. **2. [golden] ~,** triog/triagl melyn *m*; **maple ~,** sudd (*m*) masarn, surop masarn. **3.** *(= sentimentality &c):* gorfelyster *m*, siwg[w]reiddiwch *m*, sentimentaleiddiwch *m*.
syruplike *a.* trioglyd.
syrupy *a.* gorfelys, trioglyd; *(= sentimental):* siwg[w]raidd, sentimentalaidd.
syssarcosis *n. Physiol:* sysarcosis *m*.
systaltic *a. Physiol:* systaltig.
system *n.* **1.** *(a)* cyfundrefn(-au) *f*, trefn(-au) *f*, system(-au) *f*; **feudal ~,** y drefn ffiwdalaidd *f*, ffiwdaliaeth *f*; **~ of government,** trefn lywodraeth; **systems analysis,** dadansoddi (*vn*) systemau; **systems analyst,** dadansoddwr (dadansoddwyr) (*m*) systemau; *(b) Astr:* cysawd (cysodau) *m*, cyfundrefn; **the Solar S~,** y Gyfundrefn Heulol, Cysawd Heulol, Cysawd yr Haul; *(c) Anat:* system; **(it is bad) for the ~,** (mae'n gwneud drwg) i'ch cyfansoddiad (*m*), i'r corff; **to get sth out of one's ~,** cael gwared ar rth o'r corff/system; *(d) Tg: Rail: &c:* rhwydwaith (rhwydweithiau) *m*, system; **river ~,** rhwydwaith afonydd; **road ~,** rhwydwaith ffyrdd; *(e)* **~ (of pulleys),** trefniant *m*, system (o bwlïau). **2.** *(= method &c):* dull(-iau) *m*, trefn, system; **a new ~ for producing dictionaries,** dull newydd o gynhyrchu geiriaduron; **the metric ~,** y system fetrig, y dull metrig, y drefn fetrig; **to lack ~,** bod yn ddi-drefn, bod heb drefn. **3.** *Geol: Mus:* system; **mountain ~,** cadwyn(-i) (*f*) o fynyddoedd; **counterweight ~,** system gwrthbwyso.
systematic[al] *a.* systematig, trefnus, trylwyr, trwyadl, cyfundrefnol; *(= classificatory):* dosbarthiadol; **a ~ liar,** celwyddgi cyson; **S~ Theology,** Diwinyddiaeth Gyfundrefnol *f*; **~ nomenclature,** dull (*vn*) enwi trefnus/cyfundrefnol; **a ~ error,** gwall(-au) cyson/ailadroddus/dychweliadol; *Com:* **~ sampling,** samplu systematig.
systematically *adv.* yn drefnus, yn drylwyr, yn systematig; **she went through the names ~,** aeth trwy'r naill enw ar ôl y llall; aeth trwy'r enwau yn eu trefn.
systematics *n.* cyfundrefneg *f*, systemeg *f*.
systematism *n.* systemiaeth *f*, cyfundrefniaeth *f*.
systematist *n.* cyfundrefnydd(-ion) *m*, cyfundrefnwr (cyfundrefnwyr) *m*, systemydd(-ion) *m*.
systematization *n.* cyfundrefniad(-au) *m*, cyfundrefnu *vn*, systemu *vn*.
systematize *v.t.* cyfundrefnu, systemu.
systematizer *n.* cyfundrefnydd(-ion) *m*.
systemic *a. Physiol:* systemig.
systemically *adv.* yn systemig.
systemization *n.* **= systematization.**
systemize *v.t.* **= systematize.**
systemizer *n.* **= systematizer.**
systemware *n. Cmptr:* systemwedd *f*.
systole *n. Physiol:* systol(-au) *m*, cyfangiad (*m*) y galon (cyfangiadau'r galon).
systolic *a. Physiol:* systolig.
systyle *a. & n.* **1.** *a.* systylaidd. **2.** *n* systyl(-au) *m*.
syzygal *a.* cyfieuol.
syzygetic *a. Mth:* cyfieuol.
syzygial *a. Astr:* cyfieuol.
syzygy *n.* **1.** *Astr:* cyferbyniad(-au) *m*, cysylltiad(-au) *m*, cynghyswllt (cynghysylltau) *m*, cyfieuad(-au) *m*. **2.** *Pros:* cyfieuad(-au) *m*.

T

T, t *n.* **1.** [y llythyren] T, t *f* (*pronounced* ti, *pl.* tïau); *although f., names of letters are not mutated*; **this t,** y t hon; **two t's,** dwy t; **to cross one's t's,** rhoi croes ar bob t; *adv.phr.* **to a T,** i'r dim, yn berffaith, i drwch y blewyn, i'r blewyn; **that suits me to a T,** mae hynny'n fy siwtio i i'r dim; **you've hit it off to a T,** dyna hi i'r dim; 'rwyt ti wedi taro'r hoelen ar ei phen. **2.** *Mec.E:* **union T,** uniad(-au) (*m*) Ti. **T.A.** *abbr.* (*= Territorial Army*): Byddin (*f*) y Diriogaeth, y Fyddin Diriogaethol *f.* **T-account** *n. Com:* cyfrif(-on) (*m*) T. **T.B.** *abbr.* = **tuberculosis. T-bone steak** *n. Cu:* stecen (stêcs) (*f*) ar yr asgwrn. **T-group** *n.* grŵp (grwpiau) (*m*) Ti. **T-hinge** *n.* colfach(-au) (*m*) Ti. **T-iron** *n.* haearn (heyrn) (*m*) Ti. **T-shaped** *a.* siâp T, ar ffurf (*m*) Ti. **T-shirt** *n. Cost:* crys(-au) (*m*) Ti. **T-shaped** *a.* siâp T, ar ffurf Ti. *S.a.* **square**[1] 1, 4. **T.T.** *abbr.* = **teetotal, teetotaller. T.T. races** *n.pl. Sp:* rasys T.T., rasys motor-beics. **T.U.C.** *abbr.* Cyngres (*f*) yr Undebau Llafur. **T.V.** *abbr.* = **television. T.V. dinner** *n.* cinio (ciniawau) parod *m.*

ta *n. & int.* (*nursery speech*): ta *m*, da *m*, diolch *m*.

tab *n.* **1.** (*a*) (*on clothing*): tab(-iau) *m*, llabed(-i,-au) *fm*; (*b*) *Mil: F:* **a red ~,** swyddog(-ion) [comisiynedig] *m*; (*c*) **shoe-lace ~,** blaen (*m*) carrai (blaenau careiau); (*d*) (*= loop*): dolen(-nau,-ni) *f.* **2.** (*on luggage*): label(-i) *mf*; **to keep tabs on s.o.,** cadw golwg/llygad ar rn. **3.** *F:* (*= account*): cyfrif(-on) *m*; (*= bill*): bil(-iau) *m.* **4.** *pl.* **tabs,** = **tableau-curtains. 5.** *Typewr: Cmptr:* allwedd(-au,-i) (*f*) tab, bysell(-au) (*f*) tab. **~ setting** *n.* gosodiad(-au) (*m*) tab.

tabanid *n. Ent:* pryf(-ed) llwyd *m.*

tabard *n. A: Cost:* tabar(-au) *m*, tabard(-iau) *m.*

tabaret *n. Tex:* sidan rhesog *m.*

tabasco *n. Cu:* tabasgo *m.*

tabby *n.* **1.** **~ [cat],** (*i*) cath frech (cathod brych) *f*, cath drilliw (cathod trilliw); (*ii*) (*= any female cat*): cath [fenyw, fanw] (cathod [benyw, banw]) *f.* **2.** (*= old maid*): hen ferch(-ed) *f.* **3.** *Tex:* sidan troellog/symudliw *m.* **~ loom** *n. Tex:* gwŷdd (gwyddion) (*m*) tabi. **~ moth** *n. Ent:* gwyfyn brith (gwyfynod brithion) *m.*

taberdar *n. Sch:* t|aberdar (taberdariaid) *m.*

taberdarship *n. Sch:* taberdariaeth(-au) *f.*

tabernacle[1] *n.* t|abernacl (tabernaclau) *m*; *B:* **Feast of Tabernacles,** Gŵyl (*f*) y Pebyll, Gŵyl y Cynnull. **~-work** *n. Arch:* pabellwaith *m.*

tabernacle[2] *v.t.&i.* **1.** *v.i.* pabellu, pebyllu, pebyllio, trigo mewn pabell/pebyll. **2.** *v.t.* tabernaclu, dodi/gosod (rhth) mewn tabernacl.

tabernacled *a. Arch:* tabernaclog.

tabernacular *a.* tabernaclaidd.

tabes, tabescene *n. Med:* nychdod *m.*

tabescent, tabetic *a. Med:* nychlyd.

tabinet *n. Tex:* t|abinet *m.*

tabla *n. Mus:* tabla (tablâu) *m.*

tablature *n. Mus:* tabl(-au) (*m*) nodiant, tabl-lun(-iau) *m.*

table[1] *n.* **1.** bwrdd (byrddau) *m*, *S:* bord(-ydd) *f*; **occasional ~,** bwrdd bach, *S:* bord fach; **nest of tables,** nythaid (nytheidiau) (*fm*) o fyrddau; **at ~,** wrth y bwrdd/ford; **card-~, gaming-~,** *N:* bwrdd cardiau, *S:* bord gardiau (bordydd cardiau); *Lit:* **the Round T~,** y Ford Gron; **Bangor Round T~,** Bord Gron Bangor (*not* Bwrdd Crwn); *Parl:* **to lay a measure on the ~,** (*= present*): gosod mesur ger bron; **to lay/leave a letter on the ~,** gadael llythyr ar y bwrdd/ford; **dining-~,** *N:* bwrdd bwyd/cinio, *S:* bord fwyd/ginio (bordydd bwyd/cinio); **coffee-~,** bwrdd coffi, *S:* bord goffi (bordydd coffi); **high ~,** bwrdd/bord uchel, *Lit: occ:* bord dâl (bordydd tâl), talfwrdd (talfyrddau) *m*, talford (-ydd) *f*; **to lay the ~,** *N:* hwylio'r/hulio'r bwrdd, gosod y bwrdd, *S:* gosod y ford, dodi'r ford; *B:* **Thou preparest a ~ before me,** Ti a arlwyi ford ger fy mron; **he keeps a good ~,** mae'n arlwyo'i fwrdd/ford yn dda; **to be under the ~,** *See* **drunk**; **to sit down to ~,** eistedd wrth y bwrdd/ford; *Ecc:* **the Lord's T~,** Bwrdd yr Arglwydd, Bwrdd y Cymun. **2.** *pl. A: Games:* **tables,** talbwrdd *m*, taplas *f*, tabler(-i) *f*; *F:* **to turn the tables on s.o.,** troi'r fantol yn erbyn rhn, troi'r byrddau ar rn. **3.** *Tchn:* bwrdd *m*, bord *f.* **4.** (*= flat surface of diamond*): wyneb(-au) *m*, ffased(-au) *m.* **5.** (*= tablet*): llechfaen (llechfeini) *m*, llech(-au,-i) *f*, llechen (llechi) *f*; *B:* **the Tables of the Law,** Llechi'r Gyfraith, Dwy Lech y Gyfraith; *Rom.Ant:* **the Twelve Tables,** y Deuddeg Llech/Tabl, Deuddeg Llech y Gyfraith. **6.** (*= list*): tabl(-au) *m*; **tide tables,** tablau llanw; **~ of weights and measures,** tabl pwysau a mesurau; **multiplication ~,** tabl lluosi/lluosogi; **the three times ~,** tabl tri; *Log: Cmptr:* **truth ~,** gwirlen(-ni) *f*; *Ch:* **~ of chemical equivalents,** tabl/dangoseg (*f*) cyfatebion cemegol; *Rail:* **~ of fares,** rhestr (*f*) brisiau, tabl prisiau; *Jur:* **T~ A, B,** Tabl A, B. **7.** *Mus:* (*on guitar*): seinfwrdd (seinfyrddau) *m.* **~-centre** *n.* = **table-runner. ~-cover** *n.* gorchudd(-ion) (*m*) bwrdd/bord. **~-cut** *a.* penfflat. **~ diamond** *n.* deimwnt (deimyntau) penfflat *m.* **~ easel** *n.* isl(-au) (*m*) bwrdd. **~-flap** *n.* dalen(-nau) (*f*) bwrdd/bord, *N: F:* lêff (leffiau) *f.* **~ football** *n.* pêl-droed (*m*) pen bwrdd/bord. **~ fork** *n.* fforch (*f*) fwrdd/ford (ffyrc bwrdd/bord), fforc fwyd (ffyrc bwyd), fforc fwyta (ffyrc bwyta). **T~ Head** *W.Pl.n.* Pen (*m*) y Maen. **~-knife** *n.* cyllell (*f*) fwyta (cyllyll bwyta), cyllell fwrdd/ford (cyllyll bwrdd/bord). **~-leaf** *n.* = **table-flap. ~ licence** *n.* trwydded (*f*) giniawa (trwyddedau ciniawa). **~-lifting** *vn. Psychics:* codi byrddau/bordydd. **~-linen** *n.* llieiniau (*pl*) bwrdd/bord. **~ manners** *n.* moesgarwch (*m*) bwrdd bwyd, moesgarwch wrth y bwrdd. **T~ Mountain** *Pr.n. Geog:* Mynydd (*m*) y Bwrdd/Ford, Mynydd y Penrhyn. **~-mat** *n.* mat(-iau) (*m*) bwrdd/bord. **~-money** *n.* arian (*m*) bwrdd/bord. **~-rapping** *vn. Psychics:* cnocio bwrdd. **T~ Rocks** *W.Pl.n.* Y Byrddau *pl.* **~-runner** *n.* lliain cul (llieiniau culion) *m.* **~ salt** *n.* halen (*m*) bwrdd/bord. **~-skittles** *n.pl.* sgitls bwrdd/bord, *A:* ceilys bwrdd. **~-talk** *n.* mân siarad *m*, sgwrs (*f*) fwrdd bwyd. **~ tennis** *n.* tennis (*m*) bwrdd/bord. **~-tomb** *n. Archeol:* cistfedd(-au) *m.* **~-turning** *vn. Psychics:* siglo/troi byrddau. **~-water** *n.* dŵr (dyfroedd) (*m*) ffynnon. **~ wine** *n.* gwin(-oedd) (*m*) bwrdd/bord.

table[2] *v.t.* **1.** (*a*) *Parl:* **to ~ a bill,** (*i*) gosod mesur ger bron [y Tŷ]; (*ii*) *U.S:* (*= postpone*): gohirio mesur; (*b*) **to ~ a card,** chwarae cerdyn, dodi/rhoi cerdyn ar y bwrdd/ford. **2.** *Carp:* gwasgu. **3.** *Nau:* **to ~ (a sail),** hemio, dyblu, atgyfnerthu (hwyl). **4.** (*= list in table form*): rhestru, tablu.

table d'hôte *n.* pryd(-au) gosod *m*; **~-~-~ dinner,** cinio (ciniawau) gosod *m.*

tableau *n.* **1.** darlun(-iau) *m*, tablo(-s) *m.* **2.** *Th:* **~-curtain,** llen (*f*) dablo (llenni tablo).

tableau vivant *n. Th:* golygfa lonydd (golygf|eydd llonydd) *f.*

tablecloth *n.* lliain (*m*) bwrdd (llieiniau byrddau), *S:* lliain bord (llieiniau bordydd).

tableful *n.* byrddaid (byrddeidiau) *m*, llond (*m*) bwrdd (~ byrddau), *S:* bord[i]aid (bordeidiau) *f*, llond (*m*) bord(-ydd).

tableland *n. Geog:* b|yrdd-dir (byrdd-diroedd) *m.*

tableless *a.* heb fwrdd/ford, di-fwrdd, di-ford.

tablespoon *n. N:* llwy (*f*) fwrdd (llwyau bwrdd), llwy fawr (llwyau mawr), *S:* llwy ford (llwyau bord), *S.W:* llwy gawl (llwyau cawl), llwy beutur (llwyau peutur).

tablespoonful *n.* llond (*m*) llwy fwrdd/ford (~ llwyau bwrdd/bord).

tablet *n.* **1.** (*= plaque*): llech(-i) *f*, llechen (llechi) *f*; **votive ~,** llech ddiofryd/adduned; **memorial/monumental ~**, coflech(-i) *f.* **2.** *(a) Pharm: &c:* tabled(-i) *f*; *(b) (of soap):* tabled, talp(-iau) *m*, calen(-nau) *f*, clap(-iau) *m*. **3.** *U.S:* pad(-iau) (*m*) ysgrifennu. **4.** *Arch:* = **cornice.** ~**loom** *n.* gwŷdd (gwyddiau) (*m*) tabled. ~ **weaving** *vn.* gwehyddu tabled.

tabletop *n.* *(= upper end):* pen (*m*) bwrdd (pennau byrddau), *S:* pen bord (pennau bordydd), tâl (*m*) bwrdd/bord (talau byrddau/bordydd). **2.** *(= surface):* wyneb (*m*) bwrdd/bord (wynebau byrddau/bordydd).

tableware *n.* pethau (*pl*) i'r bwrdd/ford, llestri (*pl*) bwrdd.

tablier *n.* *Cost:* arffedog(-au) *f.*

tabloid *n.* **1.** *Pharm: R.t.m:* tabled(-i) *f*, pilsen (pils) *f.* **2.** *Journ:* tabloid(-au) *m.*

taboo[1] *n. & pred.a.* **1.** *n.* tabŵ(-au,-s) *m*, peth(-au) gwaharddedig *m*, diofrydbeth(-au) *m*. **2.** *pred.a.* tabŵ, gwaharddedig; **that subject's ~,** [ni] wiw sôn am y pwnc hwnnw; chewch chi ddim sôn am y pwnc hwnnw.

taboo[2] *v.t.* gwahardd.

tabor *n.* *Mus:* tabwrdd (tabyrddau) *m.*

taborer *n.* *Mus:* tabyrddwr (tabyrddwyr) *m.*

taboret *n.* = **tabouret.**

Taborite *n.* *Rel.Hist:* Taboriad (Taboriaid) *m&f.*

tabourer *n.* *Mus:* tabyrddwr (tabyrddwyr) *m.*

tabouret *n.* **1.** *Furn:* stôl (stolion, stoliau) *f.* **2.** *Needlew:* ffrâm (*f*) frodio (fframiau brodio).

tabourin *n.* *Mus:* tabyrddan(-au) *m.*

tabu *n.* = **taboo**[1],[2]

tabula rasa *n.* llechen lân *f.*

tabular *a.* **1.** *(results &c):* tablaidd. **2.** *(= broad and flat):* tablaidd, gwastad, fel bwrdd, *occ:* byrddol. **3.** *(= in thin plates):* haenaidd, haenog, dalennog, tablaidd.

tabularize *v.t.* = **tabulate.**

tabularly *adv.* yn dablaidd, mewn tabl/tablau.

tabulate *v.t.* tablu.

tabulated *a.* tabledig, tablog.

tabulation *n.* tabliad(-au) *m*, tablu *vn.*

tabulator *n.* tablwr (tablwyr) *m.*

tacamahac *n.* **1.** *(resin):* tacamah|ac *m.* **2.** *Bot:* = **balsam poplar.**

tac-au-tac *n.* *Fenc:* ***tac-au-tac*** *m.*

tacet *v.i.* *Mus:* tawed.

tacheometer, tacheometric = tachometer, tachometric.

tachina fly *n.* *Ent:* pryf(-ed) (*m*) tachina.

tachinid *n.* *Ent:* tachinid(-au) *m.*

tachisme *n.* *Art:* peintio (*vn*) arweithiol, tasiaeth *f.*

tachistoscope *n.* *Opt:* tac|istosgop (tacistosgopau) *m.*

tachistoscopic *a.* *Opt:* tacistosgopig.

tachograph *n.* t|acograff (tacograffau) *m.*

tachometer *n.* *Mec.E:* tacomedr(-au) *m.*

tachycardia *n.* chwimguriad (*m*) y galon, calon-guriad cyflym *m*, tacycardia *m.*

tachygraphic[al] *a.* llaw-fer.

tachygraphy *n.* llaw-fer *f.*

tachylite *n.* *Geol:* t|acylit *m.*

tachymeter *n.* *Surv:* tacymedr(-au) *m.*

tachypnoea *n.* *Med:* anadlu (*vn*) cyflym.

tacit *a.* distaw, tawel, dealledig, digrybwyll, ymhlyg; ~ **consent,** cydsyniad mud/tawel *m*; ~ **premise,** rhagosodiad dealledig *m.*

Tacitean *a.* *Lit:* Tegidaidd.

tacitly *adv.* yn fud, yn ddistaw, heb ddweud gair/dim, yn ddigrybwyll.

taciturn *a.* tawedog, distaw, di-sgwrs, dywedwst, di-ddweud.

taciturnity *n.* tawedogrwydd *m.*

Tacitus *Pr.n.m.* Tegid.

tack[1] *n.* **1.** *(= small nail):* tac(-iau) *fm*, tacsen (tacs) *f*, *F:* tuntac(-s) *mf*, *S.E: occ:* sbrigan (sbrigs) *f*; *F:* **(let's get down) to brass tacks,** (dewch inni ddod/fynd) at wraidd/graidd y mater, at y busnes dan sylw, at y manylion; dewch inni beidio â hel dail. **2.** *Needlew:* tac(-iau) *m*, brasbwyth(-au) *m*, hirbwyth(-au) *m*; **to take out the tacks,** codi'r taciau; **bar-~,** tac cynnal; **tailor's ~,** tac teiliwr. **3.** *Nau:* *(a)* = **clew-line;** *(b) (= change of course):* tac(-iau) *m*, *Lit: occ:* gŵyr-hynt(-iau) *f*, hwyldro(-eon) *m*, hwyldroad(-au) *m*; **to make a ~,** hwntian, hwntio, tacio, *Lit: occ:* hwyldr|oi, gŵyr-hyntio; *Fig:* **to be on the right ~,** bod ar y trywydd iawn, dilyn y cwrs iawn; **to try another ~,** newid tacteg, rhoi cynnig ar ffordd arall, trio rhyw ffordd arall, ei thrio hi'n wahanol. **4.** *Parl:* atodiad(-au) *m.* **5.** = **tackiness 1.** ~**-driver** *n.* taciwr (tacwyr) *m.* ~**-hammer** *n.* morthwyl(-ion) (*m*) tacio.

tack[2] *v.t.&i.* **1.** *v.t.* *(a)* **to ~ sth [down],** hoelio rhth [â thaciau], hoelio rhth yn ei le, tacio rhth; *F:* **to ~ sth [on]to sth,** atodi/ychwanegu rhth at rth; *Jur:* **to ~ mortgages,** tacio morgeisiau; *(b) Needlew:* tacio, brasbwytho (rhth); pwytho (rhth) yn fras; rhoi hirbwyth a brasbwyth (ar rth), *N: occ:* gownio. **2.** *v.i.* *Nau:* **to ~ [about],** tacio, hwntio, hwntian, *Lit: occ:* hwyldr|oi, gŵyr-hyntio. ~ **wind** *n.* *Nau:* asgellwynt(-oedd) *m*, ystlyswynt(-oedd) *m.*

tack[3] *n.* *(= food):* bwyd(-ydd) *m*; **hard ~,** bara (*m*) llongau/llongwyr, *N:* bisgeden (bisgedi) (*f*) llong, *S:* bisgïen (bisgis) (*f*) llong.

tack[4] *n.* *Equit:* cyfrwyau *pl*, harneisiau *pl.* ~**-room** *n.* ystafell(-oedd) (*f*) harneisiau.

tacker *n.* **1.** taciwr (tacwyr) *m.* **2.** *Needlw:* gowniwr (gownwyr) *m*, brasbwythwr (brasbwythwyr) *m.*

tackily *adv.* **1.** yn ludiog. **2.** *U.S: F:* **1.** = **tattily. 2.** *(= tastelessly):* yn ddi-chwaeth.

tackiness *n.* **1.** *(of varnish):* gludiogrwydd *m.* **2.** *U.S: F:* = **tattiness. 3.** *(= tastelessness):* diffyg (*m*) chwaeth.

tacking *vn.* **1.** = **tack**[2]. **2.** *Needlew:* brasbwythau *pl*, hirbwyth (*m*) a brasbwyth *m*, brasbwythiad *m*, braswnïad *m*, gowniad *m*; *S.a.* **stitch**[1].

tackle[1] *n.* **1.** tacl *m*, taclau *pl*, offer *pl*, gêr *m*, geriach *m*; **fishing-~,** offer/gêr pysgota. **2.** *(= lifting-gear):* **block and ~,** pwli (*m*) a rhaff (*f*), pwli a tsiaen (*f*); *(= windlass):* dirwynlath(-au) *f.* **3.** *Fb:* tacl(-au) *m*, tacliad(-au) *m*, taclad(-au) *m*; **flying ~,** tacl gwib, gwibdacl(-au) *m*, gwibdacliad(-au) *m*; **sliding ~,** llithr-dacl(-au) *m*, llithr-dacl[i]ad(-au) *m*; **smother ~,** tacl coflaid, tacl[i]ad coflaid. ~**-block** *n.* pwli (pwlïau) *m*, *Lit: occ:* chwerfan (*f*) dro (chwerfanau tro). ~**-fall** *n.* rhaff (*f*) dacl (rhaffau tacl).

tackle[2] *v.t.* *(a) (= attack):* ymosod (ar rth); *(= get to grips with):* mynd i'r afael (â rhth), cydio (yn rhth), ymgodymu (â rhth), *F:* taclo (rhth); *(= approach):* mynd i ben (rhn), taclo/byrddio (rhn), mynd (at rn), mynd i'r afael (â rhn); *(b) Fb:* taclo.

tacksman *n.m.* *Scot:* tacsmon (tacsmyn).

tacky *a.* **1.** *(varnish):* gludiog. **2.** *U.S: F:* **1.** = **tatty. 2.** *(= tasteless):* di-chwaeth.

tacnode *n.* *Mth:* tacnod(-au) *m.*

taco *n.* *Cu:* taco(-s) *m.*

taconic *a.* *Geol:* taconig.

taconite *n.* *Miner:* t|aconit *m.*

tact *n.* **1.** tact *m*, tringarwch *m* (*pronounced* ng-g), doethineb *m*, pwyll *m*; **without ~,** amhwyllog, di-dact. **2.** *Mus:* = **beat**[1] **1.** *(b).*

tactful *a.* tringar (*pronounced* ng-g), pwyllog, ystyriol, llawn tact.

tactfully *adv.* yn dringar *&c.*

tactfulness *n.* = **tact.**

tactic *n.* **1.** tacteg(-au) *f*, ystryw(-iau) *mf.* **2.** *pl.* = **tactics.**

tactical *a.* tactegol.

tactically *adv.* yn dactegol.

tactician *n.* tactegydd: tactegwr (tactegwyr) *m.*

tactics *n.pl.* tacteg *f.*

tactile *a.* **1.** *(= touching):* cyffyrddol; ~ **organ,** organ (*f*) gyffwrdd (organau cyffwrdd); ~ **corpuscle,** corffilyn (corffilod) (*m*) cyffwrdd. **2.** *(= touchable)* cyffyrddadwy.

tactilely *adv.* yn gyffyrddol *&c.*

tactility *n.* hydeimledd *m.*

taction *n.* cyffyrddiad(-au) *m*, cyffwrdd *vn.*

tactless *a.* di-dact, difeddwl, annoeth, anystyriol, anhringar (*pronounced* ng-g).

tactlessly *adv.* yn anystyriol, yn ddi-dact.

tactlessness *n.* diffyg (*m*) tact, diffyg tringarwch (*pronounced* ng-g), anystyrioldeb *m.*

tactual *a.* = **tactile.**

tactually *adv.* = **tactilely.**

tad *n. & adv.* *U.S:* **1.** *n.* mymryn *m*, ychydig *m.* **2.** *adv.* fymryn, ychydig.

Tadjik *n.* *Ethn:* Tajic(-iaid) *m&f.*

tadpole *n.* *Amph:* penbwl (penbyliaid, *less correctly* pennau byliaid) *m*, *S.E: occ:* penbola *m.* ~**-fish** *n.* *Ich:* *(Raniceps raninus):* penbwl môr.

Tadzhik, Tadzhiki *a. & n.* **1.** *a.* Tajicaidd. **2.** *n.* *Ling:* Tajici *f*, *m*, Tajiceg *f*, *m.*

Tadzhikistan *Pr.n. Geog:* Tajicist|an *f.*
taedium vitae *n.* diflastod (*m*) ar fywyd.
tael *n. Num: Meas:* täel(-au) *m.*
taele *n. Geog:* taele *m.*
taenia *n.* **1.** *Arch: Archeol:* ysnoden(-ni) *f.* **2.** *Anat:* tenia (teniâu) *m.* **3. = tapeworm.**
taeniacidal *a.* llyngyrleiddiol.
taeniacide *n.* peth(-au) (*m*) lladd llyngyr, llyngyrleiddiad (llyngyrleiddiaid) *m.*
taeniafuge *a.* & *n. Pharm:* **1.** *a.* llyngyrgarthol. **2.** *n.* llyngyrgarthydd(-ion) *m.*
taeniasis *n. Med:* clefyd (*m*) llyngyr, teniasis *m.*
taenioid *a.* llyng[h]yrol, llyng[h]yraidd.
Taff[1] *W.Pl.n.* **(the River) ~,** (Afon) Taf [Fawr] *f.* **~-Ely** *W.Pl.n.* Taf-Elái *f.* **~ Vale Case (the)** *n. Hist:* Achos (*m*) Dyffryn Taf. **~'s Well** *W.Pl.n.* Ffynnon-Daf *f.*
Taff[2] *n. Pej:* Cymro (Cymry) *m.*
taffeta *n. Tex:* t|affeta *m.*
taffetized *a. Tex:* gloyw(-on).
Taffia *n. Joc:* Taffia *m.*
taffrail *n. N.Arch:* taffrel(-i) *m.*
taffy[1] *n.* **1.** *(sweet):* taffen (taffis) *f,* taffi(-s) *m,* toffi(-s) *m.*
Taffy[2] *n. Pej:* Cymro (Cymry) *m.*
tafia *n.* taffia *m.*
tag[1] *n.* **1.** *(a) (= loose end of cloth):* tag(-iau) *m,* cinnyn (cinhynion) *m,* cynhinyn (cynhinion) *m,* llabed(-au,-i) *mf; (ornamental):* tasel(-au,-i) *m; (= lock of wool):* cudyn(-nau) *m; (b) (at back of boot):* clust(-iau) *f,* dolen(-nau) *f; (c) (on shoe-lace):* pwyntil(-au) *m,* blaen(-au) *m, S.W:* pill(-au) *m; (d) (= label):* tag, label(-i) *mf;* **price ~,** ticed (*m*) pris (ticedi prisiau); **name-~,** llabed enw (llabedau enwau). **2.** *(a) (= cliché):* ystrydeb(-au) *f; (= quotation):* dyfyniad(-au) *m; (= saying):* dywediad(-au) *m; (b) (of song):* byrdwn *m,* cytgan(-au) *f, N.W:* tinc *f; (c) Th:* y gair (geiriau) olaf *m,* araith (*f*) glo (areithiau clo). **3.** *(= tip of tail):* blaen (*m*) cynffon (blaenau cynffonnau), *S:* blaen cwt (blaenau cwtau). **~ alder** *n. Bot: U.S:* gwernen goch (gwern cochion) *f.* **~ day** *n. U.S:* **= flag-day.** **~-end** *n.* mymryn(-nau) olaf *m,* darn(-au) olaf *m.* **~-line** *n.* llinell (*f*) glo (llinellau clo).
tag[2] *v.t.&i.* **1.** *v.t.* **to ~ (a shoe-lace),** rhoi blaen/pwyntil (ar garrai), pwyntilo (carrai). **2.** *(a)* **to ~ sth on to sth,** atodi rhth i rth, clymu rhth wrth rth, cysylltu rhth wrth rth, cyplysu dau beth; **to ~ a speech with quotations,** britho/hau araith â dyfyniadau; **to ~ verses,** odli llinellau; **to ~ rhymes,** rhaffu odlau; *(b) (= label):* labelu. **3.** *v.i.* **to ~ along behind s.o.,** dilyn wrth gwt rhn; **do you mind if I ~ along?** gaf i ddod gyda chi?
tag[3] *n.* **1. to play ~,** chwarae tic/cis/dal. **2.** *Baseball:* tag(-iau) *m.* **~-wrestler** *n.* tag-godymwr (~-godymwyr) *m.* **~-wrestling** *vn.* tag-godymu.
Tagalog *a.* & *n.* **1.** *a.* T|agalog. **2.** *n. (i) Ethn:* T|agalog (Tagalogiaid) *m&f; (ii) Ling:* T|agalog *f, m.*
tagalong *n.* dilynwr (dilynwyr) *m, N.W:* caglen (*f*) ganlyn (caglau canlyn).
tagboard *n.* **= cardboard.**
tagetes *n. Bot:* **= marigold (African, French).**
taggers *n.pl. Metalw:* dalennau haearn.
tagliatelle *n. Cu:* ***tagliatelle*** *m.*
tagmeme *n. Ling:* tagmem(-au) *mf.*
tagmemic *a. Ling:* tagmemig.
tagmemics *n.pl. Ling:* tagmemeg *f.*
tagrope *n. Wr:* tagraff(-au) *f.*
taguan *n. Z:* tagwan(-od,-iaid) *m.*
taha *n. Orn:* taha(-od) *m.*
tahina *n. Cu:* tahina *m.*
Tahiti *Pr.n. Geog:* Tahiti *f.*
Tahitian *a.* & *n.* **1.** *a.* Tahitïaidd; *(in language):* Tahitïeg. **2.** *n. (i) Ethn:* Tahitïad (Tahitïaid) *m&f; (ii) Ling:* Tahitïeg *f, m.*
tahr *n. Z:* tahr(-od,-iaid) *m.*
Tai *n. Ethn:* **= Thai.**
taig *n. Pej:* pabydd(-ion) *m; Coll:* plant (*pl*) Mari.
taiga *n. Geog:* taiga (taigâu) *m.*
tail[1] *n.* **1.** *(a)* cynffon(-nau) *f, S:* cwt (cytau/cwtau) *f, Lit: occ:* llosgwrn (llosgyrnau) *m; (of horse): occ:* cloren(-nau) *f; (of peacock):* **to spread its ~,** castellu/lledu/agor/taenu ei gynffon; **with his ~ between his legs,** *(of dog):* â'i gynffon yn ei afl, â'i gynffon yn ei ben ôl, â'i gynffon rhwng ei draed ôl, wedi torri ei gynffon, *N.W:* swat; *(of pers. also):* tinllipa, *N.W:* tinslip; **(he was there) with his ~ up,** ('roedd yno) mewn hwyliau da, yn dalog; **a dog wagging its ~,** *N:* ci'n ysgwyd ei gynffon, *occ:* ci'n cynffonlonni, *S:* ci'n siglo'i gwt, *occ:* ci'n cynffonlonni/cwtwslonni/cwtlonni; *F:* **to keep one's ~ up,** peidio â digalonni, codi'ch calon; **(there was s.o.) on my ~,** ('roedd rhywun) yn fy nilyn i, yn dyn[n] ar fy sodlau i, wrth fy nghwt i; **to turn ~,** ffoi, ei heglu hi, rhedeg ymaith, codi cynffon, ei throi hi, *S:* cwnnu cwt, codi cwt; **a story with a sting in the ~,** stori â thro yn ei chynffon; *(b) (of musical note, kite):* cynffon, cwt; *(of aeroplane):* pen(-nau) ôl *m,* cynffon, cwt; **~ (of a shirt),** godre(-on) *m,* cynffon, cwt; **to wear [coat-]tails,** *N:* gwisgo côt gynffon fain, *S:* gwisgo cot â chwt, *S.E:* gwisgo cot gwt fain; *S.a.* **spin**[1] **1**; *(c) (of car &c):* ôl *m,* pen(-nau) ôl *m,* tu ôl *m, F: or V:* tin(-au) *f;* **nose to ~,** trwyn wrth gwt; **(there was another car) on my ~,** ('roedd car arall) y tu ôl i mi, wrth fy nghwt, yn fy nilyn; **~ (of a procession);** rhan olaf *f,* cynffon, cwt; *(d) F:* **the ~ of a class,** gwaelod (*m*) dosbarth, pen isaf (*m*) dosbarth; *(e) Pol: (= followers):* selogion *pl,* dilynwyr *pl,* canlynwyr *pl.* **2.** *(of coin):* tu ôl *m,* tu chwith; *S.a.* **head**[1] **8. 3.** *F: (= pursuer):* dilynwr (dilynwyr) *m.* **4.** *V:* **= backside;** *V:* **he's always looking for a bit of ~,** mae'n wastad yn chwilio am ei damaid; *N: V:* mae'n gythraul am ei din. **~-bay** *n. (of canal):* bae(-au) isaf *m.* **~-bone** *n. Anat:* **= coccyx.** **~ corn** *n.* hedion *pl,* mân ŷd *m,* gwehilion *pl.* **~ covert** *n. Orn:* pluen (*f*) y bôn (plu'r bôn), plufyn (*m*) y bôn (plu'r bôn), bonbluen (bonblu) *f.* **~-end** *n.* pen(-nau) ôl *m,* rhan(-nau) olaf *f,* darn(-au) olaf *m; (of storm):* diwedd *m; Turf:* **(to come in) at the ~-end,** (dod i mewn) yn olaf un, ar y diwedd. **~-ender** *n. Cr:* batiwr (batwyr) olaf *m.* **~-fan** *n. Crust:* cwtwyntyll(-au) *f.* **~-heavy** *a.* tindrwm (*f.* tindrom, *pl.* tindrymion). **~-lamp, ~-light** *n. Rail: Aut: &c:* golau (goleuadau) ôl *m,* lamp(-au) ôl *f.* **~-less** *a.* digynffon, di-gwt, cwta (*f.* cota), *S.W:* cwti. **~-race** *n. Mil:* ffrwd (ffrydiau) isaf *f.* **~-rotor** *n. Mech:* rotor(-au) ôl *m.* **~-shaft** *n. N.Arch:* siafft(-iau) ôl *f.* **~-skid** *n.* **1.** *Av:* ateg(-ion) (*f*) ôl. **2.** *Aut:* tinsglefriad(-au) *m.* **~-wagger** *n.* siglwr (*m*) cynffon (siglwyr cynffonnau), *S:* siglwr cwt (siglwyr cytau/cwtau). **~-wagging** *a.* cynffonlon, cwtwslon. **~-wheel** *n.* olwyn (*f*) gwt/gynffon (olwynion cwt/cynffon). **~ wind** *n.* gwynt(-oedd) (*m*) o'r tu ôl, ôl-wynt(-oedd) *m.*
tail[2] *v.t.&i.* **1.** *v.t. (a)* **to ~ sth onto sth,** rhoi/dodi/gosod rhth y tu ôl i rth; *(b) (= remove tails):* **to top and ~ gooseberries,** plicio cwsberis. **2.** *v.i.* **to ~ (after s.o.),** dilyn rhn, mynd/dod/canlyn wrth gwt rhn; **~ away,** *(of voice):* gwanh|au, lleih|au, gostwng, darfod, mynd yn ddim/wannach/llai; *(of performance):* dirwyn i ben; *(of demand):* lleihau, gostwng, darfod, dirywio, pallu, prinh|au. **~ back** *v.i.* ffurfio ciw, ffurfio tagfa. **~ in** *v.t. Const:* **to ~ sth in,** gosod pen rhth (mewn mur). **~ off** *v.i.* **= tail away.** **~-off** *n.* lleihad *m,* gostyngiad *m,* dirywiad *m.*
tail[3] *n. Jur:* entael *m;* **in female/male ~,** mewn entael benywaidd/gwrywaidd.
tailback *n.* ciw(-iau) *m,* tagfa (tagf|eydd) *f.*
tailboard *n. Veh:* tinbren(-nau) *m, S:* cratsh(-is) *m,* cretsh(-is) *m.*
tailcoat *n. Cost:* côt (*f*) gynffon fain (cotiau cynffon fain), *F:* côt gynffon aderyn (cotiau cynffon aderyn), côt din fain (cotiau tin fain), *S:* cot â chwt.
tailcoated *a.* â chôt gynffon fain [amdanoch], yn gwisgo côt gynffon/din fain *&c.*
tailed *a.* cynffonnog, â chynffon, â chwt; *Pros:* **~ sonnet,** soned (*f*) gynffon (sonedau cynffon); **black-~,** cynffonddu(-on), tinddu(-on); **long-~,** cynffon hir; **red-~,** cynffongoch(-ion), tingoch(-ion) (*both pronounced* ng-g); **short-~,** cwta, byrgwt, cynffonfyr, cynffon gwta; **slender-~,** cynffonfain (cynffonfeinion), tinfain (tinfeinion); **white-~,** tinwyn (*f.* tinwen, *pl.* tinwynion), cynffonwyn (*f.* cynffonwen, *pl.* cynffonwynion), rhonwyn (*f.* rhonwen, *pl.* rhonwynion).
tailflower *n. Bot:* blodyn (blodau) cynffonnog *m,* blodyn cynffonnau.
tailgate[1] *n.* **1.** *Veh:* tinbren(-nau) *m,* tinddor(-au) *f.* **2.** *(of canal lock):* giât (giatiau) isaf *f.*
tailgate[2] *v.t.* gyrru wrth gwt rhn, gyrru'n rhy agos at rn.
tailgater *n.* gyrrwr (gyrwyr) rhy agos *m.*
tailings *n.pl.* **1.** *(of ore):* sorod. **2.** *(of grain):* tinion, ail ŷd *m,* ŷd ysgafn, llorion, rhytion, *S.W:* godrefon, *N.W:* cynffon goch *f.*

tailor[1] *n.* teiliwr (teilwriaid) *m.* **~-bird** *n. Orn:* teiliwr bach *m*, aderyn (adar) *(m)* teiliwr. **~-made** *a.* o waith teiliwr; *Fig:* hollol addas, yn gweddu'n berffaith, yn ffitio i'r dim; **a ~-made opportunity,** cyfle perffaith. **~'s twist** *n. Needlew:* edau gyfrodedd *f.*

tailor[2] *v.t.* teilwra, teilwrio; *Fig:* addasu.

tailored *a.* teilwredig; **~ suit,** siwt wedi ei theilwra/mesur, siwt o waith teiliwr; **well-~,** o doriad da, da ei doriad/thoriad.

tailoress *n.f.* teilwres(-au).

tailoring *vn.* teilwriaeth *f*, teilwra, teilwrio; **to go ~ from house to house,** chwipio'r gath.

tailpiece *n.* **1.** *(of aeroplane):* cynffon(-nau) *f*, cwt (cytau, cwtau) *f*, pen ôl (penolau) *m.* **2.** *(of violin):* cynffon, cwt. **3.** *Typ:* ôl-addurn(-au) *m.*

tailpipe *n. Veh:* pibell *(f)* fwg (pibellau mwg), peipen *(f)* fwg (peipiau mwg).

tailplane *n. Av:* ôl-blân (~-blanau) *m.*

tailspin[1] *n.* **1.** *Av:* tindroelliad(-au) *m.* **2.** *F:* panig *m.*

tailspin[2] *v.i.* tindroelli.

tailstock *n. Mec.E:* pen(-nau) llonydd *m.*

tain *n.* dalen *(f)* dun, tunffoil *m.*

taint[1] *n.* staen(-iau) *m*, difwyniad(-au) *m*, llygriad(-au) *m*, halogiad (-au) *m*; **the ~ of sin,** staen pechod; **free from [moral] ~,** dihalog, difrycheulyd, dilychwin; **meat free from ~,** cig ffres/iach/glân; **a book with no ~ of bias,** llyfr heb arlliw *(m)* o ragfarn.

taint[2] *v.t.&i.* **1.** *v.t.* staenio, llygru, difwyno, halogi, llychwino; *(food):* difetha. **2.** *v.i.* *(with passive force):* ymlygru, difwyno; *(of food):* difetha, mynd yn ddrwg.

tainted *a.* drwg; *Fig:* halog, halogedig, llygredig, llychwin; **~ butter,** ymenyn drwg *m*, ymenyn a blas hir hel arno; **~ meat,** cig drwg *m*; **~ heredity,** etifeddiaeth lygredig/halogedig; **the family is ~ with insanity,** mae staen/haint gwallgofrwydd ar y teulu.

taintless *a.* pur, dihalog, dilychwin.

taipan[1] *n. Rept:* taipan(-od,-iaid) *m.*

taipan[2] *n.* *(= boss):* pennaeth (penaethiaid) *m.*

Tajik, Tajikistan *n.* = **Tadzhik, Tadzhikistan.**

takable *a.* cymeradwy.

takahe *n. Orn:* notornis(-iaid) *m*, tacahe(-aid,-od) *m.*

take[1] *n.* **1.** *(of fish, game):* helfa (helfâu, helf|eydd) *f*; *(of fish):* dalfa (dalf|eydd) *f*, *M.W:* haldiaid (haldeidiau) *m.* **2.** *(= takings):* derbyniadau *pl.* **3.** *Typ:* cysodiad(-au) *m.* **4.** *Cin: T.V:* tro(-eon) *m*, cynnig (cynigion) *m*; **(the scene was filmed) in one ~, in two takes,** (tynnwyd llun yr olygfa) ar un tro, ar ddeudro; *Fig:* **he did a double ~,** ymatebodd eilwaith; ymatebodd am yr eildro. **5.** *F:* **he's on the ~,** mae'n cymryd/derbyn arian.

take[2] *v.t.&i.* I. *v.t.* **1.** *(a) (most general senses):* cymryd *(incorrectly* cymeryd); **to ~ sth on one's back,** cymryd rhth ar eich cefn, mynd â rhth ar eich cefn; *(b)* **to ~ sth (away from s.o.),** mynd â rhth *(less correctly* cymryd rhth) (oddi ar rn *or* oddi wrth rn); *(= have inflicted on one):* **I won't ~ that from anyone!** chymera' i mo hynna gan neb! **to ~ one number from another,** tynnu un rhif oddi wrth un arall; **to ~ sth (from the table),** codi rhth, mynd â rhth, cymryd rhth (oddi ar y bwrdd); **to ~ a saucepan (off the fire),** tynnu/codi sosban, mynd â sosban oddi ar y tân; **to ~ the lid off sth,** codi caead rhth; **to ~ a sum from one's income,** tynnu/codi swm o'ch incwm; **~ your hands out of your pockets,** tyn[n] dy ddwylo o dy bocedi (tynnwch eich dwylo o'ch pocedi); *(c)* **to ~ [hold of] sth,** gafael/cydio yn rhth; *Lit:* **to ~ arms against a sea of troubles,** ymarfogi yn erbyn môr o ofidiau; **he took his axe and struck the tree,** cydiodd/gafaelodd yn ei fwyell a tharo'r goeden; **she took my arm,** gafaelodd/cydiodd yn fy mraich; **he took her in his arms,** cymerodd hi yn ei freichiau; rhoes ei freichiau amdani; cofleidiodd hi; **to take one's courage in both hands,** magu plwc/dewrder, ymwroli (i wneud rhth); *F:* **to ~ a woman,** *(sexually):* treisio merch; **to ~ a wife,** cymryd/priodi gwraig; **to ~ an opportunity,** achub ar gyfle, cipio cyfle; *S.a.* **chance[1] 2, wheel[1] 1;** *(d) Mil:* **to ~ (a town),** cipio, cymryd, goresgyn (tref); **to ~ a place by storm,** ysgubo i mewn i le; **to ~ s.o. prisoner,** dal/dala rhn, cymryd/gwn|eud rhn yn garcharor, carcharu rhn, caethiwo rhn, dodi/rhoi rhn mewn carchar *or* yn y carchar; **(a rabbit) taken in a trap,** (cwningen) wedi ei dal/dala mewn magl; **to ~ s.o. by surprise,** syfrdanu rhn, dal/dala rhn ar y gamfa; **the devil/deuce ~ him!** i'r diawl ag ef! y diawl a'i dyco! gafr a'i cipio! *Chess: &c:* **to ~ a piece,** cymryd/cipio darn; **to ~ God's name in vain,** cymryd enw'r Arglwydd yn ofer; *F:* **that takes the biscuit/bun/cake,** dyna'r orau eto; dyna goroni'r cyfan; **to be taken ill/bad,** cael salwch, cael eich taro'n wael, syrthio'n wael; **she was very much taken with the idea,** 'roedd y syniad yn ei phlesio'n fawr; 'roedd hi wrth ei bodd gyda'r syniad; 'roedd y syniad wrth ei bodd; cydiodd/gafaelodd y syniad ynddi; 'roedd y syniad yn ei tharo i'r dim; **I was not taken with him,** ni allwn gymryd ato; *occ:* 'doedd dim bola 'da fi ato fe; *S.a.* **aback; to ~ offence at sth,** digio wrth rth; **to ~ comfort,** ymgysuro, cael cysur, cymryd cysur; **to ~ heart,** codi'ch calon; **to ~ pity on s.o.,** *See* **pity[1]; to ~ sth to heart,** teimlo rhth i'r byw, cymryd atoch; **to ~ delight (in sth),** ymhyfrydu, ymbleseru, ymddigrifo (yn rhth); **she takes delight in music,** mae hi'n ymhyfrydu mewn cerddoriaeth; *F:* cerddoriaeth yw ei diléit hi; **to ~ sth hard,** cael eich siomi'n fawr gan rth, teimlo rhth i'r byw, dioddef o achos rhth, cymryd rhth yn galed; **to ~ one's time doing sth,** gwneud rhth wrth eich pwysau, bod yn araf yn gwneud rhth, cymryd eich amser yn gwneud rhth; **to ~ sth badly,** cymryd rhth o chwith; **to ~ sth well,** cymryd rhth yn iawn/dda; **to ~ s.o.'s fancy,** mynd â bryd rhn; **I ~ your point,** 'rwy'n gweld beth sy' gen ti; *(e)* **to ~ a passage from a book,** codi/dyfynnu darn o lyfr; **to ~ an idea from an author,** codi/benthyca syniad gan awdur; **a word taken from the Latin,** gair wedi'i fenthyca o'r Lladin, gair yn tarddu o'r Lladin. **2.** *(a)* **to ~ (a house),** cymryd, llogi, rhentu (tŷ); *(b)* **to ~ tickets,** codi/prynu tocynnau; *(of seat, table):* **"taken",** "ar gadw"; **is this seat ~ taken?** ydi'r sedd yma'n rhydd? oes rhn yn eistedd yma? **is this table taken?** ydi'r bwrdd/ford yma'n rhydd? **to ~ [in] a paper,** derbyn/cael/codi papur newydd; **to ~ paying guests,** cadw lletywyr; **to ~ pupils,** rhoi gwersi [preifat], cymryd/derbyn disgyblion; *Cin: Th:* **~ five!** cymerwch bum munud! pum munud o hoe! *(c)* **to ~ the train (to Bangor),** dal y trên, mynd ar y trên (i Fangor); **to ~ the chair,** mynd i'r gadair, cymryd y gadair, cadeirio'r cyfarfod; **to ~ a seat,** eistedd; **to ~ a back seat,** eistedd yn y cefn; *Rail: &c:* **~ your seats!** pawb i'w le! *(d)* **the ~ turning on the left,** trowch i'r chwith; **(the old man) took a turn for the worse,** gwaelodd, *Lit:* clafychodd (yr hen ŵr); **things took a turn for the worse,** aeth pethau o ddrwg i waeth; **to ~ the wrong road,** methu'r ffordd, camgymryd y ffordd, dilyn/cymryd y ffordd anghywir; *Sp:* **to ~ an obstacle,** neidio rhwystr, neidio dros rwystr; **to ~ a corner at full speed,** troi/cymryd cornel ar wib; **to ~ a liberty,** bod yn hy[f], beiddio gwneud rhth; **to ~ advantage,** cymryd mantais, manteisio **(of s.o.,** ar rn); *S.a.* **leave[1]; to ~ part in sth,** cymryd rhan yn rhth, *occ:* cyfranogi o rth; *Th:* chwarae rhan yn rhth, bod â rhan yn rhth; *(e)* **to ~ legal advice,** cael/derbyn/cymryd cyngor cyfreithiol, ymgynghori â chyfreithiwr; *(f)* **to ~ holy orders,** cymryd urddau [eglwysig]; *S.a.* **course[1] 1, 3, field[1] 1. 3.** *(a)* **~ a prize,** ennill/cael/cipio gwobr; *Cards:* **to ~ a trick,** cymryd/ennill tric; *(b)* **to ~ a degree,** cael/cymryd gradd; **to ~ law,** gwn|eud y gyfraith, astudio'r gyfraith; **to ~ an examination,** sefyll arholiad; **to ~ driving lessons,** cael gwersi gyrru; **I didn't ~ Latin at school,** wnes/chefais i ddim Lladin yn yr ysgol; *(c) Com:* **to ~ so much a week,** cael/gwneud/ennill hyn a hyn mewn wythnos; **~-home pay,** cyflog clir *m.* **4. to ~ food,** cymryd bwyd, cael bwyd, bwyta; **to ~ a meal,** cael pryd o fwyd; **I can't ~ whisky,** alla' i ddim dioddef/goddef wisgi; **do you ~ sugar?** fyddwch chi'n cymryd siwgwr? *(of fish):* **to ~ the hook/bait,** llyncu'r abwyd; *(on medical preparations):* **not to be taken [internally],** ni ddylid ei lyncu; peidiwch â'i lyncu; *P:* **I'm not taking any more!** dyna ddigon! chymera' i ddim rhagor! **5.** *(a)* **to ~ a turn/walk,** mynd am dro, rhoi tro; **to ~ a bath,** cael bath, mynd i'r bath; **to ~ a nap,** cael cyntun; *S.a.* **step[1] 3; Mr Jones is taking the sixth form,** Mr Jones sy'n dysgu/cymryd y chweched dosbarth; *Fb:* **to ~ a penalty,** cymryd cic gosb; **to ~ a print from a negative,** gwneud/codi print o negydd; **to ~ notes,** gwneud/codi nodiadau; *Surv:* **to ~ an angle,** mesur ongl; **to ~ a breath,** anadlu; *F:* **to ~ a breather,** gorffwys, cael eich gwynt atoch, cael hoe [fach]; **to ~ effect,** cael effaith, dod i rym; *S.a.* **oath 1, place[1] 2, plunge[1] 1, possession 1, stand[1] 1, 3, stock[1] 5;** *(b)* **to ~ a photograph,** tynnu llun; **to have one's likeness taken,** cael tynnu'ch llun *(not* cael eich llun wedi ei dynnu); *(c)* **to ~ sth apart *or* to pieces,** datod rhth, tynnu rhth yn ddarnau/dipiau, tynnu rhth oddi wrth ei gilydd; *(clock &c):* diberfeddu. **6.** *(=*

receive): cymryd, derbyn, cael; *Ten:* **to ~ the service,** derbyn y serfiad; **~ Voltaire (for instance),** cymerwch Voltaire, dyna ichi Voltaire, meddyliwch am Voltaire (er enghraifft); **I can ~ it or leave it!** nid yw o bwys gen i amdano! **~ it or leave it!** cymer(-wch) ef neu beidio! gwna fel y mynni di (gwnewch fel y mynnwch chi)! **to ~ a beating,** cael cweir/curfa/crasfa *&c*, cael eich curo; **~ that [and that]!** cymer di honna [a honna]! *N:* hwde di honna (hwdiwch chi honna)! *S: occ:* hwre iti honna (hwrwch ichi honna)! **to ~ no denial,** gwrthod cael eich nacáu; **I'll ~ no refusal from you,** chewch chi ddim gwrthod gen i; **what will you ~ for it?** beth gymerwch chi amdano? **to ~ a bet,** derbyn bet; **to ~ sth amiss, to ~ sth the wrong way,** *(= be offended by):* cymryd rhth o chwith, digio wrth rth, cael eich tramgwyddo gan rth; *(= misunderstand):* camddeall rhth, cymryd rhth yn groes; **to ~ all responsibility (for sth),** derbyn/dwyn/cymryd yr holl gyfrifoldeb, ysgwyddo'r holl gyfrifoldeb, mynd yn gwbl/llwyr gyfrifol (am rth); **to ~ s.o. in hand,** ymgymryd â rhn, cymryd rhn mewn llaw; **to ~ sth for granted, to take sth as read,** cymryd rhth yn ganiataol; **to take the minutes as read,** cymryd bod y cofnodion wedi eu darllen; **taking one thing with another. . .,** at ei gilydd. . ., ar y cyfan. . ., a chymryd popeth gyda'i gilydd. . ., rhwng pob peth. . ., rhwng y naill beth a'r llall; **to ~ sth seriously,** cymryd rhth o ddifrif; **to ~ a different view,** edrych ar rth o gyfeiriad arall/gwahanol, barnu'n wahanol ynghlylch rhth; **to ~ things easy,** llaesu dwylo, gorffwys, ymlacio, ei chymryd hi'n araf deg; **~ my word for it! ~ it from me!** cred di fi (credwch chi fi)! coelia di fi (coeliwch chi fi)! **we must ~ things as we find them,** rhaid inni gymryd pethau fel y cawn ni nhw; **I wonder how she will ~ it,** ys gwn i beth ddywed hi; ys gwn i sut effaith a gaiff arni; ys gwn i sut y cymer hi'r peth; **he can't ~ a joke,** nid yw'n gallu dioddef ei herian; nid yw'n gallu cymryd jôc; *S.a.* **give[2]** I. **1, hint[1] 1, lamb[1]**, *(b)* **cotton does not ~ dyes well,** nid yw cotwm yn cymryd ei liwio'n dda; **a surface that will ~ a high polish,** wyneb a gymer sglein gref; *(c) (of mare):* **to ~ a stallion,** cymryd stalwyn; *(d)* **a bus that takes twenty passengers,** bws sy'n dal/cymryd ugain o deithwyr, bws â lle i ugain o deithwyr; **the petrol tank takes 40 litres,** mae'r tanc petrol yn dal/cymryd deugain litr; *(of crane):* **to ~ heavy loads,** dal/cynnal/cymryd llwythi trymion; *Mec:* **to ~ a stress,** dal/cynnal pwysau; **~ the strain!** dal(-iwch) y straen! bydd(-wch) barod! **to ~ aim,** anelu **(at sth,** at rth); **to ~ care (over sth),** cymryd gofal (dros rth, gyda rhth); **~ care!** gofala (gofalwch)! bydd(-wch) yn ofalus! gan bwyll! cymer(-wch) ofal! *N:* tendia (tendiwch)! **7.** *(a) (a cold &c):* cael, *occ:* dal, dala; *(b)* **to ~ a dislike to s.o.,** cymryd yn erbyn rhn, rhoi'ch cas ar rn; *S.a.* **exception 2;** **to ~ a decision (about sth),** penderfynu, gwneud penderfyniad (ynghylch rhth). **8.** *(a)* **we ~ the will for the deed,** ystyriwn y bwriad fel petai'n weithred; fe gymerwn mai'r bwriad yw'r weithred; **how old do you ~ him to be?** faint feddyliwch/dybiwch chi yw ei oed/oedran? *occ:* faint rowch chi iddo? **I ~ it that. . .,** 'rwy'n cymryd bod. . .; *(b)* **I took you for an Englishman,** mi feddyliais/gredais/gymerais mai Sais oeddech chi; *occ:* Sais rhois i chi; *Lit:* **I took thee for thy better,** fe'th gamgymerais am dy well; **what do you ~ me for?** pwy ydych chi'n ei feddwl ydw i? **9.** *(= require): (a)* **that will ~ some explaining,** bydd hynny'n gofyn cryn eglurhad; bydd gwaith egluro ar hynny; **the work took some doing,** 'roedd tipyn o waith gwneud arno; 'roedd gofyn cryn ymdrech i wneud y gwaith; 'roedd y gwaith yn anodd ei wneud; **the journey takes five days,** mae hi'n bum niwrnod o daith; fe gymer y daith bum niwrnod; mae'n daith pum niwrnod; mae'n waith pum niwrnod o deithio; mae'r daith yn cymryd pum niwrnod; **it won't ~ long,** fydd/chymer hi ddim yn hir; chymer hi fawr; *N: occ:* chymer hi ddim gwerth; **we won't ~ long,** fyddwn ni ddim yn hir; *N: occ:* fyddwn ni ddim gwerth; **it took four men to hold him,** bu'n rhaid wrth bedwar dyn i'w ddal; bu gofyn [cael] pedwar gŵr i'w ddal; **it takes a clever man to do that,** mae'n rhaid wrth ddyn medrus i wneud hynny; dim ond dyn medrus a all wneud hynny; mae gofyn [cael] dyn peniog i wneud hynny; *F:* **he hasn't got what it takes to be leader,** 'does dim defnydd arweinydd ynddo; 'does dim dichon arweinydd ohono; **she's got what it takes,** mae ganddi'r hyn sydd ei eisiau; mae hi'n dipyn o un; mae hi'n ddigon abl/atebol/galluog; *(b) Gram:* **a verb that takes a preposition,** berf sy'n cymryd arddodiad, berf a ddilynir gan arddodiad; *(c)* **I ~ size six; I ~ sixes,** *(in gloves &c):* byddaf yn cymryd maint chwech. **10.** *(a)* **to ~ s.o. somewhere,** mynd â rhn i rywle, *occ:* danfon/hebrwng rhn i rywle (*not* cymryd rhn i rywle); **to ~ oneself to bed,** mynd i glwydo, mynd i'r gwely, mynd am y gwely; **to ~ the dog for a walk,** mynd â'r ci am dro; **to ~ s.o. [along] with one,** mynd â rhn i'ch canlyn *or* gyda chi; **to ~ s.o. over a house,** mynd â rhn o gwmpas tŷ *or* trwy dŷ; **to ~ s.o. out of his way,** mynd â rhn [allan] o'i ffordd, arwain rhn ar gyfeiliorn; *F:* **what [ever] took him there?** beth [ar wyneb y ddaear] a barodd iddo fynd yno? beth [yn y byd] a'i gyrrodd yno? beth [yn y byd] a aeth ag ef yno? *(b)* **to ~ sth to s.o.,** mynd â rhth at/i rn; **~ this to your mother,** dos â hwn i dy fam; *(for consultation):* **~ that cold to the doctor,** dos â'r annwyd 'na at y meddyg; **I took my complaint to the manager,** mi es â'm cwyn at y rheolwr; **~ me to your leader,** ewch â mi at eich pennaeth; **I took him to the door,** *(= as far as):* mi es ag ef at y drws; **~ some food with you,** ewch â bwyd gyda chi; *F:* **you can't ~ it with you,** gadael y cwbl fydd raid; *(c)* **his father took a stick to him,** rhoes ei dad ffon ar ei gefn; cymerodd ei dad ffon ato. II. *v.i. (a) (= succeed, catch on):* llwyddo, bod yn dderbyniol, gafael, cydio; **his book has taken well,** mae mynd mawr ar ei lyfr; mae ei lyfr wedi gafael; mae cip ar ei lyfr; **this play won't ~,** ni wnaiff y ddrama hon ddim gafael; ni fydd fawr o fynd ar y ddrama hon; *(b) Med:* **the vaccine hasn't taken,** nid yw'r frech wedi gweithio/gafael; *(of plant):* **to ~ [root],** bwrw gwreiddiau, gwreiddio, *occ:* ymwreiddio. *(c)* **the fire took at once,** gafaelodd/cydiodd y tân mewn dim; cafodd y tân afael mewn dim. **~ after** *v.i.* **she takes after her mother,** mae hi'r union fel ei mam; mae hi'n tynnu ar ôl ei mam; **his daughter doesn't ~ after him,** nid yw ei ferch yn ddim byd tebyg iddo; **David takes after his father,** tynnu ar ôl ei dad y mae Dafydd; cyw o frid yw Dafydd; *N: occ:* rêl ei dad ydi Dafydd. **~-all** *n. Vet:* haint gwyn *m*, y penwyn *m*. **~ away** *v.t.* **1.** mynd (â rhth) ymaith, *Lit:* dwyn (rhth) ymaith; *B:* **from him that hath not shall be taken away even that which he hath,** oddi ar yr hwn nid oes ganddo, y dygir oddi arno, ie, yr hyn sydd ganddo; *(of book in library):* **not to be taken away,** nis benthycir; **sandwiches to ~ away,** brechdanau i fynd allan. **2.** *(a)* **to ~ away a knife from a child,** mynd â chyllell oddi ar blentyn; *Mth:* **to ~ away a figure,** tynnu ffigwr, *occ:* didynnu ffigwr; *(b)* **to ~ a child away from school,** mynd â phlentyn o'r ysgol, tynnu plentyn o'r ysgol; *S.a.* **breath. ~-away** *n. & attrib.* **1.** *(food):* pryd(-au) *(m)* mynd allan, pryd parod *m*. **2.** *(shop):* lle(-oedd) *(m)* prydau parod. **~ back** *v.t.* **1.** *(a) (= escort back):* **to ~ s.o. back,** mynd â rhn yn ei ôl, danfon/hebrwng rhn yn ei ôl; **it takes me back to the old days,** mae'n dwyn yr hen ddyddiau i'm cof; mae'n f'atgoffa o'r hen ddyddiau; mae'n mynd â mi yn f'ôl i'r hen ddyddiau; *(b)* **to ~ a book back to s.o.,** dychwelyd llyfr i rn, mynd â llyfr yn [ei] ôl i rn; *(c) Typ:* symud (gair) i'r llinell flaenorol, symud (gair) yn ei ôl. **2.** *(a) (= accept back):* derbyn/cymryd (rhth/rhn) yn ôl; **will you ~ me back?** gymeri di fi yn ôl? *(b)* **I ~ back what I said,** 'rwyf yn tynnu fy ngeiriau'n ôl; **~ that back!** tyn d'eiriau'n ôl! **~ down** *v.t.* **1.** *(a)* **to ~ down a picture,** dod â llun i lawr [oddi ar y pared], tynnu llun oddi ar y pared, tynnu darlun i lawr; *(b)* **to ~ down (a machine),** tynnu (peiriant) yn dipiau; datod, datgysylltu, datgymalu (peiriant); **to ~ down a wall,** chwalu/dymchwel mur; *(c) F:* **to ~ s.o. down a peg or two,** rhoi rhn yn ei le, torri crib rhn. **2. to ~ down a few notes,** ysgrifennu ychydig o nodiadau, nodi ychydig o bethau, taro ychydig nodiadau ar bapur, *M.W:* dotio ambell nodyn; **to ~ down a letter in shorthand,** ysgrifennu llythyr mewn llaw-fer. **~-down** *n. F:* sarhad *m*. **~ from** *v.i.* lleihlau (rhth), amharu (ar rth); **nothing can ~ from his greatness,** ni all dim leihau ei fawredd; ni all dim amharu ar ei fawredd. **~ in** *v.t.* **1.** *(a)* **to ~ (s.o., sth) in,** mynd (â rhn, â rhth) i mewn; *(b)* **to ~ in the harvest,** medi'r cynhaeaf, cywain y cynhaeaf; **to ~ in [a supply of] water,** codi dŵr; *(of boat):* **to ~ in water,** gollwng dŵr [i mewn] (*not* gadael dŵr i mewn, *= leave water inside*); *(c)* **to ~ in an orphan,** cartrefu/derbyn/croesawu/cymryd plentyn amddifad, rhoi cartref i blentyn amddifad; **to ~ in lodgers,** cadw/cymryd lletywyr; *(d)* **to ~ in washing,** golchi dillad dros eraill, cymryd/derbyn gwaith golchi, cymryd/derbyn dillad i'w golchi; **to ~ in the washing,** mynd â'r dillad golchi i'r tŷ, tynnu'r dillad oddi ar y lein, *N:* hel y dillad; *(e) Sch:* **to ~ in the marks,** nodi'r marciau; *(f) U.S:* **to ~ in a paper,** codi/cael/cymryd papur [yn rheolaidd]. **2.** *(a)* **to ~ in a dress at**

the waist, meinh|au ffrog yn ei gwasg; *(b)* **to ~ in sail,** lleih|au hwyl/hwyliau. **3.** *(a) (= include):* cynnwys; **we hope to ~ in Oxford on the way back,** 'rydym yn gobeithio ymweld â Rhydychen ar y ffordd yn ôl; gobeithiwn alw heibio i Rydychen ar y ffordd adref. **4.** *(a) (= realize):* deall, dod i ddeall, sylweddoli, amgyffred, dirnad; **to ~ in a situation,** amgyffred/dirnad/deall/gweld sefyllfa; **to ~ in everything at a glance,** gweld popeth ar un golwg/edrychiad; **she's a bright child and takes it all in,** mae hi'n blentyn peniog sy'n sylwi ar bopeth *or* ar y cwbl/cyfan; *(b) F: (= believe):* **she takes it all in,** mae hi'n coelio'r cyfan; mae hi'n llyncu'r cwbl. *(c) F: (= cheat):* twyllo, camarwain, *F:* gwn|eud, *Lit:* hocedu, *N.W:* trin, rogio, *occ:* cafflo; **I was taken in,** mi gymerais fy nhwyllo/ngwneud; fe'm twyllwyd i. **~-in** *n. F:* twyll *m*, hoced(-ion) *f*. **~ into** *v.t.* **1. to ~ s.o. into one's confidence,** dweud cyfrinach wrth rn, ymddiried eich cyfrinach i rn. **2. to ~ it into one's head to do sth,** cael/teimlo awydd gwneud rhth, meddwl gwneud rhth, cymryd yn eich pen wneud rhth. **~ off** I. *v.t.* **1. to ~ s.o.'s attention (off sth),** tynnu sylw rhn, mynd â sylw rhn (oddi wrth/ar rth); **to ~ one's eye off sth,** tynnu'ch sylw/llygaid oddi ar rth; *S.a.* **chill[1] 2. 2.** *(a) (= remove):* codi; **to ~ off a lid,** codi/tynnu caead; **to ~ off one's clothes,** tynnu['ch dillad] oddi amdanoch, *Lit:* diosg eich dillad, dadwisgo, ymddiosg, ymddihatru, *S:* matryd; *S.a.* **hat**; *Tp:* **to ~ off the receiver,** codi'r derbynnydd; *Aut:* **to ~ off the brake,** gollwng y brâc; *(b) (pers.):* mynd (â rhn) (*not* cymryd rhn); **he was taken off to gaol,** aed/aethpwyd ag ef i'r carchar; *Lit:* ducpwyd ef i'r carchar (*not* cymerwyd ef i'r ddalfa); **to ~ oneself off,** mynd [ymaith], *F:* ei throi hi, ei bachu hi *&c*; *(c)* **to ~ so much off a price,** gostwng hyn a hyn ar bris, gostwng pris o hyn a hyn, tynnu hyn a hyn oddi ar bris; *(d)* **to ~ off a train,** canslo/dil|eu trên; *(e) (= impersonate):* dynwared, *N: occ:* gwatwar; *(f)* **to ~ three days off,** cymryd tridiau o wyliau. II. **~ off** *v.i. (of pers.): F:* cychwyn, mynd, ei chychwyn hi, ei throi hi, ei hel hi, ei heglu hi, ei bachu hi; *Av:* cychwyn, esgyn, codi; **her career really took off,** fe gychwynnodd ei gyrfa hi o ddifrif; fe ddechreuodd hi ddod i fri o ddifrif. **~-off** *n.* **1.** cychwyniad(-au) *m*; *Av:* esgyniad(-au) *m*, esgynfa (esgynfâu, esgynf|eydd) *f*. **2.** *F: (= parody):* p|arodi (parodïau) *mf* (**of sth,** ar rth). **~ on 1.** *v.t.* *(a)* **to ~ on work,** cymryd/derbyn gwaith, ymgymryd â gwaith; *(b) (= challenge):* **to ~ (s.o.) on,** herio (rhn), rhoi her (i rn), *N: F:* dyffeio (rhn); **I'll ~ you on at tennis,** mi dy heria' i di ar dennis; mi chwaraea' i yn d'erbyn di ar dennis; **to ~ on a bet,** derbyn bet; *(c) (= hire):* cyflogi, hurio, cymryd; *(d) (= acquire):* mabwysiadu, gwisgo, magu; **the word has taken on a new meaning,** mae'r gair wedi magu ystyr newydd; *(e) (of train):* **to ~ on passengers,** codi teithwyr; *(f)* **to ~ s.o. [further] on,** mynd â rhn yn ei flaen. **2.** *v.i.* *(a) F:* **don't ~ on so!** paid (peidiwch) â chynhyrfu cymaint! paid â chymryd atat (peidiwch â chymryd atoch) gymaint! *S:* paid (peidiwch) becso cymaint! *(b) F:* **(this fashion) has taken on,** (mae'r ffasiwn hon) wedi cydio/ gafael. **~ out** *v.t.* **1.** *(a)* **to ~ out one's pipe,** tynnu'ch pibell [allan/mas]; **to ~ out a tooth,** tynnu dant; **to ~ out a stain,** codi staen; *(b)* **I'll ~ it out of him,** mi gaf fy nial arno; **don't ~ it out on me!** paid â'm beio i! paid â gweld bai arna' i! **(the heat) takes it out of me,** (mae'r gwres) yn fy llethu, yn llethol imi, yn dweud arnaf, yn ddigon i'm lladd i. **2. they are going to ~ me out to dinner,** maen nhw am fynd â mi [allan/mas] am/i ginio. **3. to ~ out an insurance policy,** codi polisi yswiriant; *S.a.* **summons[1] 2. 4. to ~ s.o. out of himself,** tynnu rhn o'i gragen. **5.** *U.S: Mil: (= destroy):* difa, dinistrio, dil|eu. **6. to ~ pay out (in goods),** cael eich talu (gyda nwyddau, mewn nwyddau, ar ffurf nwyddau). **~-out** *n. & attrib.* **1.** *U.S:* = **take-away**. **2.** *Cin:* torryn (torion) *m*. **~ over** *v.t.* **1. to ~ over a business,** cymryd busnes [drosodd]; **to ~ over power,** meddiannu grym; *(by force):* cipio grym; *abs.* **to ~ over from s.o.,** cymryd yr awenau gan rn, cymryd lle rhn; *(in job):* olynu rhn; **will you ~ over?** wnei di gymryd fy lle i? **to ~ over liabilities,** derbyn/mabwysiadu dyledion; **to rent a flat and ~ over the furniture,** rhentu fflat a chymryd y dodrefn. **2. to ~ s.o. over in a car,** mynd â rhn draw mewn car, *N.W: F:* picio â rhn draw mewn car; **to ~ s.o. over in a boat,** mynd â rhn drosodd mewn cwch/bad; *(c) W.Tel:* **we ~ you over to Wrexham,** fe awn â chi drosodd i Wrecsam; *(d) Typ:* symud (gair) drosodd (i'r llinell nesaf). **~-over** *n.* **1.** *(of power):* meddianiad(-au) *m*; **the Communist ~-over,** cipio'r grym gan y Comiwnyddion; **~-over bid** *n.* cynnig (cynigion) *(m)* prynu. **~ round** *v.t.* **to ~ round the plate,** mynd â'r plât o gwmpas; *(in church):* gwneud [y] casgliad, casglu'r offrwm, *N:* hel [y] casgliad; **to ~ s.o. (round a town),** mynd â rhn, danfon/hebrwng rhn (o gwmpas tref). **~ to** *v.i.* **1. to ~ to flight,** ffoi, *F:* gwneud y goes, cymryd y goes, ei bachu hi, ei hel hi, ei heglu hi *&c*; **to ~ to the hills,** ffoi i'r bryniau; **to ~ to the road again,** ailgychwyn ar y ffordd; *S.a.* **bed[1] 1, heel[1] 1. 2. to ~ to drink,** dechrau diota, mynd i yfed, *N:* mynd i hel diod. **3.** *(a)* **to ~ to s.o.,** mynd yn hoff o rn, hoffi rhn, cymryd at rn, *Lit:* ymhoffi yn rhn; *(b)* **to ~ to a game,** cael blas ar [chwarae] gêm, ymddiddori mewn gêm; **to ~ to writing,** cael blas ar ysgrifennu; **I don't ~ to the idea,** nid yw'r syniad yn apelio ataf i; nid wyf yn hoff o'r syniad; ni dda gen i mo'r syniad; **to ~ to sth like a duck to water,** dod iddi mewn dim, cymryd at rth yn reddfol; **I shall never ~ to it,** ni ddof i byth i arfer â'r peth, ni alla' i fyth ddygymod â'r peth. **~ up** I. *v.t.* **1.** *(= pick up):* *(a)* **to ~ up a book from a desk,** codi llyfr oddi ar ddesg. *(b)* **to ~ up a carpet,** codi carped; **there's a lift to ~ you up,** mae 'na lifft i fynd â chi i fyny; *S:* mae 'na lifft i fynd â chi lan; *S.a.* **arm[2] 1.** *(c)* **to ~ up passengers,** codi teithwyr. *(d) Dressm:* **to ~ up (a sleeve),** byrh|au, cwteuo, cwtanu (llawes); troi (llawes) i fyny; *(e) Mec.E:* **to ~ up the wear,** gwneud iawn am y draul; **to ~ up the slack,** dal y slac yn dyn[n]. **2.** *(a)* **to ~ up water,** codi dŵr, sugno dŵr; *Ph:* amsugno dŵr; *Aut:* **to ~ up the bumps,** lleddfu'r/clustogi'r ysgytiadau. **3.** *(a) Com:* **to ~ up a bill,** talu bil; *St.Exch:* **to ~ up an option,** cymryd opsiwn; **to ~ up shares,** cymryd siarau; *(b)* **to ~ up a challenge,** derbyn her; **to ~ up the cudgels on s.o.'s behalf,** ymarfogi o blaid rhn, cymryd arfau dros rn; **to ~ up an offer,** derbyn cynnig; *S.a.* **gauntlet**; *(c)* **to ~ up an idea,** gafael/cydio mewn syniad, mabwysiadu/derbyn syniad. **4.** *(a)* **to ~ up a question,** mynd ar ôl cwestiwn, codi cwestiwn; **to ~ up an attitude,** cymryd safbwynt, ymagweddu (ar rth, tuag at rth); **to ~ up a matter (on s.o.'s behalf),** mynd ar ôl mater, codi mater (ar ran rhn); **I intend to ~ up the matter (with the committee),** 'rwyf yn bwriadu trafod y mater, 'rwyf yn bwriadu codi'r mater (gyda'r pwyllgor); *S.a.* **reference 6**; *(b) (= begin):* ymr|oi (i rth), ymgymryd (â rhth); **to ~ up a career,** cychwyn ar yrfa, cychwyn gyrfa; **to ~ up new studies,** cychwyn [ar] astudiaethau newydd; **he has taken up photography,** mae wedi dechrau ymh|el â thynnu lluniau; **to ~ up a trade,** cychwyn masnach, mynd yn fasnachwr; **to ~ up one's duties again,** ailafael/ailgydio yn eich dyletswyddau; **to ~ up a cause,** pleidio achos; **to ~ up a post,** dod i swydd, cychwyn ar swydd, cymryd swydd; *(c) (= adopt as protégé):* **to ~ s.o. up,** cymryd rhn dan eich adain, estyn eich nawdd i rn; *(d)* **to ~ up residence,** dechrau byw/trigo, cartrefu, ymgartrefu (mewn lle). **5.** *(= arrest):* arestio, restio (rhn); *N: F:* cymryd (rhn) i fyny. **6. to ~ s.o. up on sth,** derbyn cynnig rhn i wneud rhth; **I'll ~ you up on that,** mi'ch cymeraf chi ar eich gair; mi dderbynia' i'ch cynnig chi; **to ~ s.o. up sharply,** ceryddu rhn yn llym/hallt, dweud y drefn wrth rn, ei dweud hi'n hallt wrth rn, dwrdio rhn; **to ~ s.o. up short,** torri ar draws rhn. **7. to ~ s.o. up wrongly,** camddeall rhn, camgymryd ystyr rhn, cymryd rhn yn groes, cymryd rhn o chwith. **8.** *(= occupy):* *(a)* **to ~ up too much room,** mynd â gormod o le, llenwi/ cymryd gormod o le; *(b)* **to ~ up all one's attention,** mynd â'ch holl sylw, mynnu'ch sylw i gyd; **it takes up all my spare time,** mae'n llenwi f'oriau hamdden i gyd; mae'n mynd â'm holl oriau hamdden; *(c)* **she is completely taken up with her work,** mae hi wedi ymgolli yn ei gwaith; mae ei gwaith yn mynd â'i holl fryd; nid yw hi'n meddwl am ddim ond ei gwaith; ei gwaith yw popeth ganddi; **(he is) quite taken up with her,** (mae ef) wedi ffoli/gwirioni arni'n lân, wedi ymserchu ynddi, wedi rhoi ei serch [a'i fryd] arni; *N:* (mae o) wedi mwydro'n/mopio'n/holpio'n lân amdani; *S:* (mae e) wedi dwli arni. II. **~ up** *v.i.* **1. to ~ up with s.o.,** *(i) (= become friendly):* dod yn gyfeillgar â rhn, *F:* mynd yn ffrind i rn, mynd yn ffrindiau â rhn; *(ii)* **to ~ up with a bad crowd,** dechrau mynd/ymh|el gyda chriw o rai drwg, ymhel/cymdeithasu/cyfeillachu â rhai drwg, mynd i gwmni drwg, dechrau troi mewn cwmni drwg, dechrau cadw cwmni drwg; *(iii) (= cohabit):* cyd-fyw (â rhn), *F:* byw tali (gyda/efo rhn); **~-up rate** *n.* cyfradd *(f)* dderbyn (cyfraddau derbyn); **the ~-up rate is low/poor,** ychydig sy'n derbyn; gwael yw'r ymateb; prin yw'r cwsmeriaid. **~-up lever** *n.* lifer(-i) *(m)* codi. **~ upon** *v.t.* **to ~**

it upon oneself to do sth, cymryd arnoch eich hun wneud rhth, ymgymryd â gwneud rhth, mynd yn gyfrifol am/dros wneud rhth, cymryd y cyfrifoldeb am wneud rhth; **she takes a good deal upon herself,** *(= presumes too much)*: mae hi braidd yn rhy hyf.

taker *n.* cymerwr (cymerwyr) *m*; *F:* **are there any takers?** oes rhywun am gynnig/dderbyn? pwy sydd amdani? pwy ddaw? **there were no takers,** nid oedd neb am gynnig/dderbyn; **~ of credit,** hawliwr (hawlwyr) *(m)* clod/clodydd; **~ of risks,** mentrwr (mentrwyr) *m*; **~ of liberties,** un (rhai) digywilydd/hy[f] *&c*; **~ of bets,** derbyniwr (derbynwyr) *(m)* betiau.

takin *n. Z:* tacin(-iaid) *m.*

taking[1] *a.* deniadol, atyniadol, dengar *(pronounced* ng-g), swynol, hoffus, annwyl, serchog, *N:* clên.

taking[2] *vn. & n.pl.* **1.** cymeriad *m*, cymryd *vn*, derbyniad *m*, derbyn *vn.* **2.** *(of a city)*: goresgyniad(-au) *m.* **3.** *(of a thief)*: cipiad(-au) *m*, arestiad(-au) *m.* **4. she was in a right/rare ~,** 'roedd hi wedi cynhyrfu'n lân. **5.** *pl.* **takings,** derbyniadau.

takingly *adv.* yn ddeniadol *&c.*

takingness *n.* swyn *m*, dengarwch *m (pronounced* ng-g), anwyldeb *m*, anwylder *m*, hoffusrwydd *m*, serchogrwydd *m.*

talapoin *n.* **1.** *Buddhist Rel:* mynach(-od) *m*, offeiriad (offeiriaid) *m.* **2.** *Z:* t|alapoin (talapoiniaid) *m.*

talaria *n.pl. Cost: Myth:* sandalau asgellog *pl.*

talbot *n.* ci (cŵn) *(m)* talbot.

Talbot Green *W.Pl.n.* Tonysguboriau *m.*

talc[1] *n.* talc *m.* **~ schist** *n.* gwerfaen *m.*

talc[2] *v.t.* talcio.

talcky, talcose, talcous *a.* talcaidd.

talcum *n. Toil:* **~ [powder],** powdwr (powdrau) *(m)* talc, *occ:* powdwr sent, talcwm *m.*

tale *n.* **1.** *(a) (= account)*: hanesyn (hanesion) *m*, hanes(-ion) *m*, stori (storïau, straeon, *occ:* storiáes) *f*; **his face told the ~ of his sufferings,** 'roedd ôl ei ddioddef ar ei wyneb; tystiai ei wyneb i'w ddioddefaint; yr oedd hanes ei ddioddefaint yn eglur yn/ar ei wyneb; *(b) (usu. legendary)*: chwedl(-au) *f*; **fairy ~,** chwedl dylwyth teg (chwedlau tylwyth teg); **old wives' ~,** coel *(f)* gwrach (coelion gwrachod), chwedl gwrach, chwedl hen wrach, hen chwedl, *S:* stori mam-gu; **fireside tales,** straeon y pentan, chwedlau'r aelwyd; **to tell a ~,** dweud stori, adrodd stori/chwedl, chwedleua; *S: occ:* whidlo; *S.a.* **hang[2]**; *F:* **I've heard that ~ before,** dyna hen chwedl/stori; 'rwyf wedi clywed honna o'r blaen; 'does dim byd newydd yn hynna; 'dyw hynna ddim byd newydd; **a ~ of a tub, an idle ~,** stori asgwrn pen llo, chwedl gwrach; *(c) Lit:* chwedl, stori (storïau, straeon), *occ:* ffugchwedl(-au) *f*, ffughanes(-ion) *m.* **2.** *(a) Pej. (= rumour, anecdote)*: si (sïon) *m*, hanes(-ion) *m*; **idle tales (about s.o.),** clap *(m)* a chelwydd *m*, clap a chleber *m* (am rn); **I've heard a fine ~ about you,** mi glywais i un dda amdanat ti; mi glywais i dipyn o dy hanes di; *(b) (= malicious rumour)*: stori (straeon), *S:* clec(-s) *f*, clep(-s) *f*, clap(-s) *f*; **to carry/tell tales,** cario clecs/straeon, hel/cario straeon, hel clecs, cario claps, *S:* clapan, clepan, *N.E:* clepio, *N.W:* achwyn (**about s.o.,** am/ar rn); chwidlo, prepian, *S.E:* cleco (am rn); *S.a.* **dead** I. **1. 3,** *(a) A: (= number, total)*: **the ~ is complete,** mae'r cyfrif yn llawn; **the shepherd tells his ~,** mae'r bugail yn cyfrif ei ddefaid.

talebearer *n.* cariwr (cariwyr) *(m)* chwedlau/straeon/clecs, clapgi (clapgwn) *m*, clepgi (clepgwn) *m*, clapiast (clapieist) *f*, taenwr (taenwyr) *(m)* chwedlau, clepiwr (clepwyr) *m*, cl|epwraig (clepwragedd) *f*, straegi (straegwn) *m*, *N.W:* chwidlwr (chwidlwyr) *m*, prep(-s,-iaid) *m&f*, prepiwr (prepwyr) *m.*

talebearing[1] *a.* straegar, straellyd, clepiog, preplyd.

talebearing[2] *vn.* cario clecs/straeon/chwedlau, clapian, clepian.

talent *n.* **1.** *Gr.Ant: Num: Meas:* talent(-au) *f.* **2.** *(= gift)*: dawn (doniau) *f*, talent(-au) *f*; **a man of ~,** gŵr dawnus/talentog; **lacking in ~,** didalent, di-ddawn, diddoniau. **3.** *Coll: (a)* doniau *pl*, talentau *pl*; **exhibition of local ~,** sioe arddangos doniau lleol; *(b) F: (= pretty girls)*: talent *f*, merched pert/del/smart *&c.* **~-scout, ~-spotter** *n.* chwilotwr (chwilotwyr) *(m)* am dalent.

talented *a.* dawnus, talentog, doniog; **multi-~,** amryddawn, amlddoniog, aml eich doniau, o aml ddoniau.

talentless *a.* di-ddawn, diddoniau, didalent.

tales *n. Jur:* gwŷs *(f)* reithwyr llanw (gwysion rheithwyr llanw), ***tales*** *m*; **to pray a ~,** deisyf ***tales.***

talesman *n.m. Jur:* rheithiwr (rheithwyr) llanw.

taleteller *n.* **1, = storyteller. 2.** *Pej:* **= talebearer.**

taletelling[1],[2] = talebearing[1],[2].

Taliacotian *a. Surg:* Taliacosaidd; **~ operation,** impio *(vn)* trwyn.

taligrade *a. Z:* taligradaidd.

talion *n. Rel:* cyfraith *(f)* talu'r pwyth, cyfraith dant am ddant.

taliped *a. Med:* â throed clwb.

talipes *n.* troed clwb (traed clybiau) *m*, troed clap; **~ equino-valgus,** troed echdro; **~ equino-varus,** troed mewndro.

talipot *n. Bot:* t|alipot (talipotiau) *m.*

talisman *n.* swynogl(-au) *f*, talismon (talismonau) *m.*

talismanic[al] *a.* swynoglaidd, talismanig, talismanaidd.

talk[1] *n.* **1.** *(a)* **he is all ~,** ceg fawr yw ef; hen geg fawr yw ef; ceg ydyw i gyd; dim ond ceg ydyw; *(b)* si (sïon) *m*, sôn *m*, *S:* swae *m*; **there is some ~ of his going,** mae sôn ei fod yn mynd; mae si [yn y gwynt] ei fod yn mynd; *F:* **that's the ~,** dyna'r si/sôn; **it's all ~,** dim ond siarad ydyw; *N.W: occ:* dim ond clochian ydi o; *(c)* **idle ~,** siaradach *m*, siarad gwag/ofer, gwag-siarad *m*, baldordd *m*, parablu *vn*, malu *(vn)* awyr, *N:* paldaruo *vn*, bambaruo *vn*, clonc *m*, *S.W:* cleber *f*; **small ~,** mân siarad, mân sôn *m*; **to indulge in small ~,** sôn am y tywydd, sôn am hyn a'r llall, siarad ar draws ac ar hyd, siarad ar hyd ac ar led; **he has plenty of small ~,** mae ganddo ddigon o sgwrs; mae'n eitha' sgwrsiwr; *(d)* **baby ~,** siarad *(m)* babi, siarad plentynnaidd, iaith blentynnaidd *f*, iaith fabïaidd; *(e) (= special mode of speech)*: iaith *f*; **in sailor's ~,** yn iaith llongwyr; **double ~,** amwysedd *m*, daueiriogrwydd: deueiriogrwydd *m.* **2.** *(a) (= conversation)*: sgwrs (sgyrsiau) *f*, *Lit:* ymddiddan(-ion) *m*, ymgom(-ion) *f*; **to have a ~ (with s.o.),** cael sgwrs/ymgom, siarad, sgwrsio, *Lit:* ymddiddan, ymgomio (â rhn); *(more formal)*: trafodaeth(-au) *f*; **to start talks,** dechrau/cychwyn/agor trafodaethau, dechrau trafod; **it will end in ~,** dim ond siarad fydd hi yn y diwedd; *(b) (= lecture, address)*: sgwrs (sgyrsiau) *f*, anerchiad(-au) *m.* **3. he is the ~ of the town,** mae'n destun siarad gan bawb; mae pawb yn sôn amdano; mae ei enw ar dafod pawb; mae ei enw yng ngheg pawb; mae sôn amdano ym mhobman; mae ar ben sgwrs pawb; mae wedi mynd yn chwedl gwlad; *S.a.* **common[1] 2.**

talk[2] *v.i.&t.* I. *v.i.* **1.** *(a)* siarad, *occ:* llefaru, *S: F:* whilia *(from* chwedleua), *S.W: F:* lapan; **to learn to ~,** dysgu siarad, *S:* dysgu whilia; *(b) abs.* **to ~ of/about sth,** sôn am rth *(not* siarad am rth); **only for the sake of talking,** dim ond er mwyn dweud rhth, dim ond siarad er mwyn siarad, dim ond er mwyn tynnu sgwrs; **to ~ in riddles,** siarad mewn damhegion, siarad ar ddamhegion, damhegu; **to ~ big,** eich canmol eich hun, ymffrostio, siarad wrth y pwys, *N.W: occ:* gwneud mawr wrth siarad; **~ soft, and carry a big stick,** y call a gymer ffon yn ei law; **to ~ fast, to ~ and ~, to ~ on and on,** siarad yn fân ac yn fuan, siarad yn fân ac yn aml, siarad fel melin bupur, siarad fel melin glep, siarad fel clep melin, siarad fel pwll y môr, *S.W: occ:* mansal; *F:* **that's no way to ~!** ddylet ti (ddylech chi) ddim dweud y fath beth! nid fel'na mae siarad! **he likes to hear himself ~,** mae'n hoff o'i gloch ei hun; mae'n hoff o glywed [sŵn] ei lais ei hun; *P:* **to ~ through one's hat, to ~ nonsense,** siarad lol, siarad trwy'ch het, siarad fel het, malu awyr, prygowthan, *N:* lolian, *S:* whilia dwli, *S.W: occ:* swrddanu; *N.W: V: occ:* sgothi; **to ~ sense,** siarad yn gall, siarad synnwyr; **you can ~! you're a fine one to ~!** un da wyt ti'n siarad! **it's easy to ~!** haws dweud na gwneud! digon hawdd siarad! **to ~ off the top of one's head,** siarad ar amcan, rhoi bras amcan; *P:* **now you're talking!** dyna chi'n nes ati! **I am not talking about you,** nid amdanoch chi 'rydw i'n sôn; nid chi sydd dan sylw; **talking of that...,** a sôn am hynny..., gyda golwg ar hynny...; **to ~ about/of one thing and another, to ~ of this and that,** sôn am yr hyn a'r llall, sôn am y peth yma a'r peth arall, siarad ar hyd ac ar led; **she knows what she is talking about,** mae hi'n gwybod ei phethau; fe ŵyr hi am beth y mae'n sôn; **what are you talking about?** am beth 'rydych chi'n sôn? beth sydd gennych chi? *S:* am beth ych chi'n whilia? *F:* **~ about luck!** sôn am lwc! sôn am lwcus! dyna lwc! dyna lwcus! *N:* am lwc! am lwcus! *Prov:* **~ of the devil and he'll appear,** sonier am ddiawl, fe ymddengys y cythraul; sonier am y diawl, ac fe ddaw ar y gair; **~ of the devil!** a dyma fe/hi ar y gair; *(c)* **to ~ of/about doing sth,** sôn am wneud rhth; *(d)* **to ~ on the radio,** siarad ar y radio; *(e)* **to make s.o. ~,** gwneud i rn ddweud y gwir; **his accomplices are afraid**

he'll ~, mae ar ei gymdeithion ofn iddo'i hagor hi; **we have ways of making you ~,** fe wnawn ni ichi siarad/gyffesu; fe wnawn ni ichi ddweud y gwir; **he won't ~,** mae'n gwrthod dweud dim. **2.** *(a)* **to ~ (to/with s.o.),** siarad, sgwrsio, cynnal sgwrs, *Lit:* ymddiddan, ymgomio (â rhn) (*never* siarad i rn *&c*); **to ~ freely to s.o.,** agor eich calon i rn; **to ~ to oneself,** siarad â chi eich hun; *N.W: occ:* siarad rhyngoch chi a'ch hun; *Th:* ymson; **he never talked to me the whole evening,** ni ddywedodd air wrthyf drwy'r nos; *F:* **I might as well ~ to a brick wall,** [ni] waeth i mi siarad â'r wal ddim; [ni] waeth imi ymryson â gof yn ei efail; [ni] waeth i mi siarad â'r gwynt; [ni] waeth i mi siarad am ben llawr; *N:* [ni] waeth siarad wrth garreg â thwll ynddi; [ni] waeth imi ddweud carreg â thwll; [ni] waeth i mi siarad â phost llidiart; *F:* **who do you think you're talking to!** pwy wyt ti'n feddwl wyt ti? pwy ydych chi'n ei feddwl ydych chi? **to ~ in one's sleep,** siarad yn eich cwsg, *N.W: occ:* siarad drwy'ch hun; **(to ~) nineteen to the dozen,** (siarad) pymtheg yn y dwsin, *N:* fel melin bupur, fel melin/injan falu metlin, fel melin glep, fel ffrwd y felin, *N.W:* ar draws pen a chlustiau, *occ:* dwndro, *S.W:* (siarad/whilia) fel pwll tro, fel pwll dŵr, fel pwll y môr; *(b)* **to ~ [severely] to s.o.,** dweud y drefn wrth rn, ceryddu rhn, ei dweud hi'n hallt wrth rn; **I'll ~ to him!** mi ddyweda' i beth yw beth wrtho! mi ddyweda' i wrtho faint sydd tan Sul/Nadolig! mi fydda' i'n ei dweud hi wrtho! fe gaiff glywed gen i! fe'i caiff hi gen i! **money talks,** fe bryn arian bopeth; arian sy'n mynd â hi; arian sy'n cyfrif; **she is always talking,** mae hi byth a hefyd yn clebran; 'does dim taw arni; siarad ydi'i phethau hi. **3.** *(a) (= chat):* sgwrsio, parablu, *S.W:* loia, *N:* paldaruo, janglo (*pronounced* ng-g); *(b)* **to get oneself talked about,** creu/gwn|eud sôn amdanoch, eich gwneud eich hun yn destun siarad, *S:* gwneud sôn am eich pen; **people will ~,** bydd pobl yn sôn [amdanom *&c*]; **the whole district was talking about it,** 'roedd y peth yn chwedl gwlad; 'roedd y peth gan bawb; 'roedd hi ar ben sgwrs/stori pawb; 'roedd yr holl ardal yn sôn am y peth; 'roedd yn destun sgwrs i'r holl ardal; *N.W: occ:* 'roedd wedi mynd yn rhigwm gan bawb; 'roedd y stori yn dew ar hyd y fan. II. *v.t.* **1.** *(a)* **to ~ French,** siarad Ffrangeg; **she can't ~ English,** 'does ganddi ddim Saesneg; nid yw hi'n medru Saesneg; **I can ~ Welsh,** 'rwyf yn medru Cymraeg; **why are you talking English?** *(to s.o. who can speak Welsh):* pam 'rwyt ti'n gwastraffu dy Saesneg? **they were talking together in English,** 'roeddynt yn siarad Saesneg gyda'i gilydd; *(b)* **to ~ politics,** trafod gwleidyddiaeth, sôn am wleidyddiaeth; *F:* **to ~ shop,** siarad siop; **~ sense!** paid (peidiwch) â siarad yn wirion/ hurt/ dwp! paid â malu awyr! *S:* paid siarad shwd ddwli! *U.S:* **to ~ turkey,** siarad yn gall, dweud pethau call, siarad synnwyr; **there is a great deal of nonsense talked about this,** mae llawer o siarad lol am hyn; *S.a.* **rubbish 2, scandal 2. 2.** *(a)* **to ~ oneself hoarse,** siarad nes crygu, siarad nes mynd yn gryg; **to ~ oneself blue in the face,** siarad nerth eich pen; siarad nes colli'ch gwynt; **you may ~ till you're blue in the face,** fe gewch ddweud pa beth bynnag a fynnoch chi; ni waeth beth a ddywedwch chi; **he talked himself into trouble,** aeth i helynt drwy siarad gormod; fe siaradodd ormod er ei les; fe agorodd ei geg ormod; fe agorodd ormod ar ei geg; **to ~ the hind leg[s] off a donkey,** siarad ar draws pen a chlustiau; *(b)* **to ~ s.o. into doing sth,** perswadio/darbwyllo rhn i wneud rhth; **to ~ s.o. out of doing sth,** perswadio rhn i beidio â gwneud rhth; darbwyllo rhn rhag gwneud rhth; *S.a.* **head[1] 1; he could ~ the birds down from the trees,** gallai swyno'r/ddenu'r/hudo'r adar o frigau'r coed. **~ at** *v.t.* **to ~ at s.o.,** *(= refer indirectly to s.o. present):* cyfeirio'ch sgwrs/geiriau at rn, taro'r post i'r pared glywed, *S.E:* towlu pêl i ben to rhn. **~ away 1.** *v.t.* **to ~ away the time,** treulio'r oriau ar sgwrs, pasio'r oriau yn siarad/sgwrsio, difyrru'r amser yn siarad/sgwrsio/parablu; **to ~ the night away,** siarad/sgwrsio drwy'r nos, treulio'r nos yn siarad/sgwrsio; **to ~ a child's fears away,** siarad i leddfu ofnau plentyn. **2.** *v.i.* siarad yn ddi-baid, *F:* siarad yn ddi-stop, bwrw drwyddi, *N: Pej:* mwydro, moedro, paldaruo [yn eich blaen], *S:* chwalu, siarad fel pwll tro, *S.W:* lapan, whilia; **there's X talking away,** dyna X wrthi eto. **~ back** *v.i.* ateb yn ôl; **to ~ back to s.o.,** ateb rhn yn ei ôl. **~ down 1.** *v.i.* **to ~ down to one's audience,** siarad yn nawddoglyd â'ch cynulleidfa, siarad i lawr wrth eich cynulleidfa. **2.** *v.t.* *(a) (in confrontation):* **to ~ s.o. down,** boddi llais rhn, rhoi taw ar rn, rhoi caead ar biser rhn. **3.** *v.t. Av:* **to ~ an aeroplane down,** dweud wrth awyren sut i lanio, arwain awyren i lawr. **~ on** *v.i.* *(a) (= keep talking):* dal i siarad, siarad yn ddi-ben- draw; *(b) (in lecture):* **to ~ on Shakespeare,** trafod Shakespeare, traethu ar Shakespeare. **~ out** *v.t. Parl:* **to ~ out a bill,** siarad nes atal mesur, siarad mesur allan; **to ~ s.o. out of sth,** perswadio rhn i beidio â gwneud rhth, darbwyllo rhn rhag gwneud rhth; **I had to ~ myself out of a fix,** bu'n rhaid imi siarad fy ffordd allan o'm picil/trafferth. **~ over** *v.t.* **1.** *(= discuss):* trafod, trin (rhth); sôn, sgwrsio (am rth); seiadu (ynghylch rhth). **2. = talk round** 1. **~ round 1.** *v.t.* **to ~ (s.o.) round,** perswadio, argyhoeddi, darbwyllo, *N: occ:* swcro, *S:* cocsio, *occ:* mynd dros rn, mynd dros ben (rhn). **2.** *v.i.* **to ~ round a question,** osg|oi cwestiwn, troi o gylch cwestiwn, troi'r gath yn y badell, curo'r twmpath, curo twmpathau. **~ through** *v.t. Th: T.V:* **to ~ s.o. through a scene,** mynd â rhn trwy olygfa. **~-through** *n. Th: T.V:* cyfarwyddyd *m.* **~ up** *v.t.* **to ~ up a subject,** codi pwnc, creu sôn am bwnc.

talkathon *n.* seiat *f*, seiad(-au) *f.*

talkative *a.* siaradus, parablus, tafodrydd, *F:* preplyd, brac eich tafod, *N.W: occ:* â thafod lond eich ceg.

talkatively *adv.* yn siaradus *&c.*

talkativeness *n.* siaradgarwch *m*, siaradusrwydd *m.*

talkback *n. T.V: &c:* meic(-iau) (*m*) cyswllt.

talkdown *n. Av:* arweiniad (*m*) i lawr.

talkee-talkee *n.* preblian *vn.*

talker *n.* **1.** *(of a language):* siaradwr (siaradwyr) *m*, siar|adwraig (siaradwragedd) *f.* **2.** *(= conversationalist):* sgwrsiwr (sgwrswyr) *m*, sg|wrswraig (sgwrswragedd) *f*, *Lit:* ymgomiwr (ymgomwyr) *m*, ymddiddanwr (ymddiddanwyr) *m*; **she's a good ~,** mae hi'n siar|adwraig/sg|wrswraig dda; mae hi'n huawdl iawn; mae hi'n un dda am siarad/sgwrs; **idle ~,** clebarddyn(-ion) *m*, clebrwr (clebrwyr) *m*, clebryn(-nod) *m*, clebren(-nod) *f*, bregliwr (breglwyr) *m*, baldorddwr (baldorddwyr) *m*, clabarddyn (clabarddwns) *m*, clabardden (clabarddwns) *f*, paldarüwr (paldaruwyr) *m*, malwr (malwyr) (*m*) awyr.

talkfest *n. P:* ymgomwest *f.*

talkie *n. Cin: F:* llun(-iau) llafar/siarad *m*, ffilm lafar (ffilmiau llafar) *f*, ffilm siarad.

talking[1] *a.* llafar; **~ book,** llyfr(-au) llafar *m*; *Cin:* **~ picture, = talkie; ~ machine, = phonograph; ~ parrot,** parot(-iaid) (*m*) sy'n siarad, parot siaradus; *F:* **~ eyes,** llygaid llawn mynegiant; **~ head,** pen(-nau) parablus *m*; *F:* **the programme's full of ~ heads,** mae'r rhaglen yn llawn pennau'n parablu.

talking[2] *vn.* **= talk[2]. ~-point** *n.* testun(-au) (*m*) siarad. **~-shop** *n.* siop(-au) (*f*) siarad. **~-to** *n.* **to give s.o. a good ~-to,** dweud y drefn (*f*) wrth rn; ceryddu/dwrdio rhn, ei dweud hi'n hallt wrth rn, rhoi pryd o dafod i rn.

talky *a.* **= talkative.**

tall *a.* **1.** *(pers.):* tal; **six feet ~,** chwe throedfedd o daldra, dwy lath o daldra; **how ~ are you?** faint yw'ch taldra chi? pa mor dal ydych chi? **she is taller by a head than me,** mae hi ben ac ysgwyddau yn dalach na mi; **she is growing ~,** mae hi'n prifio, mae hi'n mynd yn dal. **2.** *(= high):* uchel (*comp. forms* cyfuwch, uched; uwch; uchaf); **how ~ is that mountain?** faint yw uchder y mynydd yna? pa mor uchel yw'r mynydd yna? **~ drink,** diod(-ydd) hir *f*; **~ hat,** het uchel *f*; *(W. trad. as worn by women):* het gorun uchel, *S.W:* het gopa dal, *N.W: occ: F:* het Siani Morus. **3.** *F:* **~ story,** stori (storïau) (*f*) asgwrn pen llo, stori gelwydd golau (straeon celwydd golau), celwydd (*m*) golau dydd; **that's a ~ story,** mae honna'n anodd ei choelio; mae'n anodd gen i lyncu honna; *S.a.* **order[1] 10. 4.** *adv.* **to walk ~,** cerdded yn dalog/dalsyth; **to talk ~,** eich brolio'ch hun, brolio.

tall[2] oil *n. Ch:* olew (*m*) pinwydd, oel (*m*) pinwydd.

tallage *n. Hist:* tollaeth(-au) *f*, treth(-i) ffiwdal *f.*

tallboy *n. Furn:* cwpwrdd (cypyrddau) deuddarn *m*, cist ddeuddarn (cistiau deuddarn) *f.*

Talley *W.Pl.n.* Talyllychau *m.*

tallier *n.* **= tally-clerk, tallyman.**

tallish *a.* go dal, eithaf tal, gweddol dal.

tallith *n. Jew.Rel: Cost:* siôl (*f*) weddi (siolau gweddi).

tallness *n.* **1.** *(a) (of pers.):* taldra *m*, talder *m*; *(b) (of building &c):* uchder *m*, uchdwr *m.* **2.** *(of story):* anhygoeledd *m*, natur anhygoel *f.*

tallow¹ *n.* gwêr *m*; **to drip ~,** gwera; **vegetable ~,** gwêr llysiau. **~-chandler** *n.* canhwyllwr (canhwyllwyr) *m*. **~-drop** *n. Lap:* diferyn (diferion) (*m*) gwêr. **~-faced** *a.* llwyd(-ion), wyneblas, wyneblwyd, piglas, piglwyd. **~-tree** *n. Bot:* gwerwydden (gwerwydd) *f*, coeden (*f*) wêr (coed gwêr).

tallow² *v.t.* gwerio (rhth), iro (rhth) â gwêr.

tallowish, tallowy *a.* gwerog.

tally¹ *n.* **1.** *(a) (piece of wood):* rhicbren(-nau) *m*, pren(-nau) (*m*) cyfrif; *(b)* **the ~ system/trade,** y fasnach (*f*) gredyd; *(c) (= mark on stick):* rhicyn (rhiciau) *m*, rhic(-iau) *m*, hicyn (hiciau) *m*, hic(-iau) *m*, marc(-iau) (*m*) rhifo. **2. to keep ~ of sth,** cadw cyfrif (*m*) o rth. **3.** *(label):* label(-i) *mf*. **~ clerk** *n.* clerc(-od) (*m*) cyfrif. **~-light** *n. T.V:* goleunod(-au) *m*. **~-mark** *n.* **= tally¹ 1.** *(c)*. **~-sheet** *n.* dalen (*f*) gyfrif (dalennau cyfrif). **~-shop** *n.* siop (f) gredyd (siopau credyd), siop dali (siopau tali). **~-stick** *n.* rhicbren(-nau) *m*.

tally² *v.t.&i.* **1.** *v.t.* cadw cyfrif (o rth). **2.** *v.i.* cytuno (**with sth,** â rhth), cyfateb (i rth); **these reports do not ~,** nid yw'r adroddiadau hyn yn gyson â'i gilydd.

tally-ho *int. & n.* tali-ho (*m*).

tallyman *n.m.* trafaeliwr (trafaelwyr), dyn(-ion) tali.

Talmud *n. Jew.Rel.* Talmwd *m*.

Talmudic[al] *a. Jew.Rel:* Talmwdaidd.

Talmudist *n. Jew.Rel:* Talmwdydd(-ion, Talmwdwyr) *m*.

talon *n.* **1.** *(of bird of prey, lion):* crafanc (crafangau) *f*, ewin(-edd) *mf*. **2.** *Arch:* **= ogee. 3.** *(a) (of dividend sheet):* bonyn (bonion) *m*; *(b) (at cards):* y gweddill *m*.

taloned *a.* crafangog.

talus¹ *n. Anat:* **= ankle, ankle-bone.**

talus² *n.* *(a) (of wall):* **= slope¹**; *(b) Geog:* talws *m*, sgri(-oedd) *m*.

talweg *n. Geog:* talweg(-e) *m*.

talwind *n.* talwynt(-oedd) *m*.

Talyllyn *W.Pl.n.* **~ Lake,** Llyn (*m*) Myngil. **~ Pass** *Pr.n. W.Geog:* Bwlch (*m*) y Llyn Bach, Bwlch y Tri Greienyn.

tamale *n. Cu:* rholyn (rholiau) (*m*) briwgig, tamale(-au) *m*.

tamandu, tamandua *n. Z:* grugysor(-ion) bach *m*, tamandwa(-od,-id) *m*.

tamanoir *n. Z:* t|amanwar (tamanwariaid) *m*.

tamara *n. Cu:* tamara *m*.

tamarack *n. Bot:* llarwydden (llarwydd) (*f*) Am|erica, llarwydden goch (llarwydd cochion).

tamarau *n. Z:* tamaraw(-od) *m*.

tamarin *n. Z:* t|amarin (tamariniaid) *m*.

tamarind *n. Bot:* **1.** *(fruit):* t|amarind (tamarindau) *m*, aeronen (aeron) (*f*) yr India. **2.** *(tree):* pren(-nau) (*m*) tamarind, coeden (*f*) damarind (coed tamarind).

tamarisk *n. Bot:* grugwydden (grugwydd) *f*, grucbren(-nau) *m*.

tambour¹ *n.* **1.** *Mus:* tabwrdd (tabyrddau) *m*; **~ de Basque, = tambourine. 2.** *Needlew:* ffrâm (*f*) frodio gron (fframau brodio crynion). **3.** *Arch:* tabwrdd (tabyrddau) *m*. **4.** *Ich:* **= drumfish, globe-fish. ~ door** *n. Const:* drws (drysau) tabwrdd *m*. **~-lace** *n. Needlew:* lês (*m*) ffrâm.

tamboura *n. Mus:* tambwra (tambwrâu) *m*.

tambourin *n. Mus: Danc:* t|ambwrin (tambwrinau) *m*.

tambourine *n.* **1.** *Mus:* tambwrîn (tambwrinau) *m*. **2.** *Orn:* tambwrinydd(-ion) *m*, aderyn (adar) (*m*) tambwrîn.

tambourinist *n.* tambwrinydd(-ion) *m*.

tame¹ *a.* **1.** *(animal, pers.):* dof, *Lit: occ:* hywedd; **a ~ lamb,** oen llywaeth *m*, oen swci; *Joc:* **he's my ~ poet,** fe yw fy mardd teulu i. **2.** *(entertainment &c):* diniwed, dof, diddrwg-d[d]idda, di-ffrwt, difywyd, di-fynd, dienaid. **3.** *U.S. (land):* âr; *(plant):* amaethol, amaethyddol.

tame² *v.t.* dofi, *Lit: occ:* hyweddu, *N: F: occ:* sufulo. **~ down 1.** *v.t. (news &c):* glastwreiddio. **2.** *v.i.* dofi, ymddofi, mynd yn ddof, *N: F:* sufulo.

tameable *a.* dofadwy, *Lit: occ:* hywedd.

tameless *a.* gwyllt(-ion), anhydrin, anhywedd.

tamely *adv.* **1.** yn ddof. **2. to end ~,** diweddu'n ddiniwed.

tameness *n.* **1.** *(of animal, pers.):* dofder *m*, dofdra *m*, natur ddof *f*. **2.** *(of book, show &c):* diniweidrwydd *m*.

tamer *n.* dofwr (dofwyr) *m*, *Lit: occ:* hyweddwr (hyweddwyr) *m*.

Tamil *a. & n.* **1.** *a.* Tamil, Tamilaidd; *Pol:* **the ~ Tigers,** y Teigrod Tamil; *(in language):* Tamileg. **2.** *n.* *(a) Ethn:* Tamil(-iaid) *m&f*; *(b) Ling:* Tamil *f*, *m*, Tamileg *f*, *m*.

Tamilian *a.* Tamilaidd.

taming *vn.* **= tame²**; *Lit:* **The T~ of the Shrew,** Dofi'r Gecren.

tamis *n.* **= sieve¹, strainer.**

Tammanyism *n. U.S: Pol:* llygredd gwleidyddol *m*.

tammy¹ *n. Tex:* tami *m*.

tammy² *n.* **= tamis.**

tammy³, tam' o-shanter *n.* cap(-iau) (*m*) pompom, tami(-s) *m*.

tamp *v.t.* **1.** *Civ.E:* **to ~ earth,** caledu/pwyo pridd. **2.** *(tobacco, explosive):* pacio/gwthio/stwffio (rhth) yn dyn[n]; **to ~ a hole,** pacio, llenwi, stwffio, tampio, stampio (twll â rhth). **3.** *(= bounce²):* tampio; *S.a.* **bounce²**.

tampala *n. Bot:* |amaranth trilliw *m*.

tampan *n. Rept:* tampan(-iaid) *m*.

tamper¹ *n. Atom.Ph: Min: Exp:* tampiwr (tampwyr) *m*; *Min: N:* stampar(-s) *m*.

tamper² *v.i.* **1. to ~ (with sth),** ymyrraeth, ymyrryd (â rhth); *N: F:* piltran, stwna (efo rhth); **don't ~!** gad lonydd iddo! cadw dy fachau! *S:* paid â [ch]wilmentan! **2.** *Jur:* **= suborn. ~-proof** *a.* sicr, diogel.

tamperer *n.* ymyrrwr (ymyrwyr) *m*, piltrwr (piltrwyr) *m*.

tampion *n.* topyn(-nau) *m*, plwg (plygiau) *m*.

tampon¹ *n.* tampon(-au) *m*.

tampon² *v.t.* stansio, plygio.

tamponade, tamponage *n. Med:* tamponâd (tamponadau) *m*; **cardiac ~,** calon-gyfyngiad(-au) *m*.

tam-tam *n. Mus:* **1.** tam-tam(-[i]au) *m*. **2. = tom-tom.**

tan¹ *n. & attrib.* **1.** *n.* *(a) Leath: (bark):* rhisgl mâl *m*, barc *m*; *(infusion):* sudd (*m*) rhisgl, trwyth (*m*) rhisgl; **spent/waste ~,** hen risgl; *(b)* **[sun] ~,** lliw (*m*) haul; **2.** *attrib.* melyn (*f.* melen, *pl.* melynion), *occ:* melynddu (*f.* melenddu, *pl.* melyndduon); **~ leather shoes,** esgidiau melyn; **black and ~ dog,** ci du a melyn. **3.** *Hist:* **the Black and Tans,** y Milwyr Du a Melyn. **~-liquor** *n.* sudd rhisgl/barcio, trwyth rhisgl/barcio. **~-oak** *n. Bot:* derwen fytholwyrdd (derw bytholwyrdd) *f*, derwen farcio (derw barcio). **~-ooze, ~-pickle** *n.* **= tan-liquor. ~-pit** *n.* pwll (pyllau) (*m*) barcio. **~-vat** *n.* cerwyn (*f*) farcio (cerwynau barcio).

tan² *v.t.&i.* **1.** *v.t.* *(a) Leath:* **to ~ (hides),** trin, barcio, *Lit:* cyffeithio (crwyn); *F:* **to ~ s.o.'s hide,** rhoi chwip din i rn; **I'll ~ his hide,** mi ro' i 'i groen o ar y pared; *(b) (of sun):* rhoi lliw haul (i rn), *occ:* melynu (rhn). **2.** *v.i. (of complexion):* cael lliw haul, troi'n frown, melynu.

tan³ *abbr. Trig: (= tangent):* tan *m*.

tana *n. Bot:* coeden (*f*) dana (coed tana).

tanager *n. Orn:* tanagr(-od) *m*; **scarlet ~,** coch(-iaid) (*m*) y cae, tanagr coch.

Tanagra *attrib.* **~ statuette,** cerflun(-iau) (*m*) Tanagra.

tanagrine *a. Orn:* tanagraidd.

tanbark *n.* rhisgl (*m*) barcio; *S.a.* **oak.**

Tancredston *W.Pl.n.* Trebwrnallt *f*.

tandem *n. & adv.* **1.** *n.* *(a) Veh: Cy:* tandem(-au) *m*. **2.** *adv.* **to ride ~,** reidio fesul dau, reidio tandem; *Agr:* **team drawing ~,** gwedd fain (gweddoedd meinion) *f*. **~ corrie** *n. Geog:* peiran(-au) tandem *m*. **~ generator** *n. El.E:* generadur(-on) tandem *m*.

tandoor *n.* ffwrn (*f*) glai (ffyrnau clai), popty (poptai) (*m*) clai.

tandoori *n. & attrib.* **1.** *n. (food):* bwyd(-ydd) tandwri *m*. **2.** *attrib.* tandwri.

tang¹ *n.* **1.** *(of knife, sword &c):* colsaid (colseidiau) *m*, colsant: colsiant *m*. **2.** *(= taste):* *(a)* sawr *m*, adflas *m*, blas egr *m*, egrwch *m*, *N.W: occ:* gwawch *f*, smacht *m*, *S.W: occ:* cwt *m*, cynffon *f*; **the cheese has a ~ to it,** mae blas cryf ar y caws; **~ of the soil, native ~,** blas y pridd; *(b)* **the ~ (of the morning air),** min *m*, meindra *m* (awyr y bore).

tang² *n.* *(of bell):* tinc(-iau) *m*, tincian *vn*, tincial *vn*.

tang³ *v.t.&i.* *(of bell):* canu, tincian, tincial.

tang⁴ *v.t.* **to ~ (a knife),** colseidio (cyllell), gosod/dodi colsaid (ar gyllell).

tang⁵ *n. Algae:* gwymon *m*.

Tang⁶ *n. & attrib.* Tang.

Tanganyika *Pr.n. Geog:* Tanganica *f* (*pronounced* ng-g).

Tanganyikan *a. & n.* **1.** *a.* Tanganicaidd (*pronounced* ng-g). **2.** *n.* Tanganiciad (Tanganiciaid) *m&f* (*pronounced* ng-g).

tanged *a.* seidiog, colseidiog.

tangelo *n. Bot:* t|anjelo(-s) *m*.

tangency *n.* cyffyrddolder *m*; *Mth: Geom:* tangiadaeth *f*.

tangent *a. & n.* **1.** *a.* cyffyrddol (â rhth); *Mth: Geom:* tangiadol; **~ screw,** sgriw ddiderfyn (sgriwiau diderfyn) *f*. **2.** *n. Mth: Geom:*

tangiad(-au) *m*, cyffyrddlin(-au) *f*; *F:* **to fly/go off at a ~,** *(a) (of ball &c):* mynd yn gam, mynd ar ŵyr, gwyro; *(b) Fig:* mynd ar ôl ysgyfarnog, crwydro oddi ar y testun. **3.** *Mus:* trewydd(-ion) *m.* **~ galvanometer** *n.* galfanomedr(-au) tangiadol *m.* **~ plane** *n.* plân (planau) *(m)* tangiad, plân cyffyrddol. **~ scale** *n.* **1.** *Geom:* graddfa (graddfâu/ graddf|eydd) *(f)* tangiadau. **2.** *Artil:* annel (anelau, anelion) *mf.*

tangential *a.* **1.** *Geom:* tangiadol, cyffyrddlinol; *(= peripheral):* ymylol, ffiniol; *(= divergent):* cam (ceimion), gwyriadol; *Carp:* **~ saw cut,** tangiad-lifiad(-au) *m.* **2.** *F:* **~ comment,** sylw(-adau) amherthnasol *m.*

tangentially *adv.* **1.** yn gyffyrddol; *(= peripherally):* yn ymylol, ar y cyrion, wrth fynd heibio; *(= divergently):* yn gam, ar ŵyr. **2.** *Mth:* yn dangiadol.

Tangerine[1] *a. & n. Ethn:* **1.** *a.* Tanjeraidd. **2.** *n.* Tanjeriad (Tanjeriaid) *m&f.*

tangerine[2] *n. & attrib.* **1.** *n. Bot:* **~ orange,** tanjerîn(-s, tanjerinau) *mf.* **2.** *attrib.* tanjerîn, melyngoch(-ion) *(pronounced* ng-g).

tanghin *n. Bot:* **1.** *(fruit, poison):* tangin(-au) *m (pronounced* ng-g). **2.** *(tree):* coeden *(f)* dangin (coed tangin).

tangibility *n.* cyffyrddadwyedd *m*, natur gyffyrddadwy *f.*

tangible *a.* **1.** cyffyrddadwy; *Jur:* **~ asset,** ased(-au,-ion) diriaethol *m.* **2.** *F: (= real):* go iawn, gwirioneddol, sylweddol.

tangibleness *n.* **= tangibility.**

tangibly *adv.* **1.** yn sylweddol. **2.** *F:* yn wirioneddol.

tangle[1] *n. Algae:* môr-wiail *pl, N.W: F:* brŵal *m.*

tangle[2] *n.* clymau *pl*, cylymau *pl*, dryswch *m*, drysi *m*, drysni *m*; **a ~ of hair,** cwlwm (c[y]lymau) *(m)* o wallt, *occ:* cinogls *pl*; **(the string is) all of a ~,** (mae'r llinyn) yn g[y]lymau i gyd; *F:* **the business is in a ~,** mae'r busnes mewn dryswch; **to be in a ~,** *(of pers.):* bod mewn dryswch/penbleth; **to get into a ~,** *(of pers.):* mynd i gors, drysu, mynd i ddryswch; **it is a hopeless ~,** mae'n ddryswch llwyr.

tangle[3] *v.t.&i.* **1.** *v.t.* **to ~ [up] sth,** gwn|eud rhth yn g[y]lymau, drysu rhth, *S:* cafflo rhth; **to get tangled up,** mynd yn g[y]lymau; **he got tangled up (in the net),** aeth ynghl|wm, aeth yn sownd, cafodd ei ddal (yn y rhwyd). **2.** *v.i.* mynd yn g[y]lymau, mynd yn ddryslyd; *F:* **don't ~ with me,** paid â thynnu'n groes i mi.

tangleberry *n. Bot:* **= huckleberry.**

tangled *a.* clymog, cylymog, dryslyd, yn glymau/gylymau [i gyd], *S.W:* ffrwcslyd; **a ~ web,** gwe gymhleth *f*; **~ (hair),** (gwallt) c[y]lymog, dryslyd, yn g[y]lymau i gyd, *occ:* cinyglog.

tanglefoot *n. U.S: F:* wisgi *m*, llaeth *(m)* mwnci.

tangly *a.* **= tangled.**

tango[1] *n. Danc:* tango(-s) *mf (pronounced* ng-g).

tango[2] *v.i.* dawnsio'r tango.

tangoist *n.* dawnsiwr (dawnswyr) *(m)* tango, d|awnswraig (dawnswragedd) *(f)* tango, tangöwr (tangowyr) *m*, tang|owraig (tangowragedd) *f (both pronounced* ng-g).

tangram *n.* tangram(-au) *m (pronounced* ng-g).

tangy *a. (taste):* sawrus, siarp; *(air):* egr, main; *(sea air):* hallt.

tanh *n. abbr. Mth:* tanh *m.*

tanist *n. Hist:* etifedd(-ion) *(m)* y goron, edling(-od) *m*, tanist(-iaid) *m.*

tanistry *n. Hist:* tanistiaeth *f.*

tank[1] *n.* tanc(-iau) *m.* **~ car** *n. Rail:* wagen *(f)* danc (wagenni tanc). **~-destroyer** *n.* difäwr (difawyr) *(m)* tanciau. **~ drama** *n. Th:* drama *(f)* danc (dramâu tanc). **~ engine** *n. Rail:* injan *(f)* danc (injans tanciau). **~-farm** *n.* **1.** *Ind:* storfa (storf|eydd) *(f)* olew. **2.** *Agr:* fferm *(f)* danciau (ffermydd tanciau). **~-farmer** *n.* ffermwr (ffermwyr) *(m)* tanciau. **~-farming** *vn.* ffermio tanciau. **~-furnace** *n.* ffwrnais *(f)* danc (ffwrneisi tanciau). **~-glass** *n.* gwydr tawdd *m.* **~-steamer** *n.* **= tanker. ~ top** *n. Cost:* tancdop(-iau) *m.* **~-transporter** *n.* cludwr (cludwyr) *(m)* tanciau. **~-trap** *n.* rhwystr(-au) *(m)* tanciau, trap(-iau) *(m)* tanciau. **~-wagon** *n. Rail:* wagen *(f)* danc (wagenni tanc).

tank[2] *v.i.* **1.** *Veh:* **to ~ up,** llenwi'r tanc. **2.** *F: (of drinker):* yfed ei hochr hi, potio, slotian, tancio.

tanka *n. Pros:* tanca (tancâu) *m.*

tankage *n.* **1.** *(charge):* tâl (taliadau) *(m)* tancio. **2.** *(capacity):* cynnwys *(m)* tanc. **3.** *(fertilizer):* gwrtaith *(m)* esgyrn.

tankard *n.* tancard(-iau) *m*, mwg (mygiau) *(m)* cwrw, pot(-iau) *(m)* cwrw.

tanked-up *a. P:* meddw.

tanker *n.* tancer(-i) *mf*; **oil ~,** llong(-au) *(f)* olew, tancer olew.

tankful *n.* llond *(m)* tanc, tancaid (tanceidiau) *m.*

tankless *a.* di-danc, heb danc.

tanklike *a.* fel tanc, tebyg i danc.

tannable *a.* **1.** *(hide, leather):* barciadwy, triniadwy, cyffeithadwy. **2. ~ skin,** croen hawdd ei felynu, croen sy'n cael lliw haul.

tannage *n.* **1. = tan**[2]. **2.** *(hides):* crwyn *(pl)* wedi eu barcio/trin.

tannate *n. Ch:* tannad (tanadau) *m.*

tanned *a.* **1. ~ leather,** lledr trin/triniedig, lledr wedi ei drin/ gyweirio/farcio. **2. sun-~,** *(skin):* lliw haul, a lliw haul arno, wedi cael lliw, wedi brownio, heulfelyn.

tanner[1] *n.* barcer(-iaid) *m*, barciwr (barcwyr) *m*, cyweiriwr (cyweirwyr) *(m)* crwyn.

tanner[2] *n. F: O:* **= sixpence.**

tannery *n.* barcty (barctai) *m*, tanerdy (tanerdai) *m*, tanws (tanysau) *m.*

tannic *a. Ch:* tannig.

tannin *n. Ch:* tannin *m.*

tanning *vn.* **1. = tan**[2]. **2. = beating.**

tannish *a.* melynaidd, melynddu.

Tannoy *n. R.t.m:* uwchseinydd(-ion) *(m)* Tannoy, *F:* tanoi(-s) *m.*

Tanoan *a. & n. Ling:* **1.** *a.* Tanoaidd. **2.** *n.* Tanöeg *f, m.*

tanrec *n. Z:* **= tenrec.**

tansy *n. Bot:* tansi *m*, tansli *m*, gystlys(-iau) *m*, *Lit: occ:* tanclys *m*, *N.W:* y danshi felen *f*; **wild ~,** *(= silverweed):* gwyn *(m)* y merched, tinllwyd *m*, torllwyd *m*, torllwydog *m.* **~-leaved** *a.* dail tansi.

tant mieux *Fr.phr.* gorau oll.

tant pis *Fr.phr.* gwaetha'r modd, ysywaeth.

tantalate *n. Ch:* t|antalad (tantaladau) *m.*

tantalic *a. Ch:* tantalig.

tantalite *n. Miner:* t|antalit *m.*

tantalization *n.* pryfociad(-au) *m*, pryfocio *vn.*

tantalize *v.t.* pryfocio, *N: F:* herian, tyrmentio, t'mentio.

tantalizer *n.* pryfociwr (pryfocwyr) *m*, pryf|ocwraig (pryfocwragedd) *f.*

tantalizing *a.* pryfoclyd.

tantalizingly *adv.* yn bryfoclyd.

tantalous *a. Ch:* tantalus.

tantalum *n. Ch:* t|antalwm *m.*

tantalus *n.* **1.** *Furn:* stand *(f)* wirodydd (standiau gwirodydd). **2.** *Orn:* ibis(-iaid) *(m)* y coed.

tantamount *a.* cyfartal, cystal, cyfwerth, cyfystyr **(to sth,** â rhth); hafal (i rth).

tantara *n. & int.* **1.** *n.* tantarâ *m*, caniad *(m)* corn (caniadau cyrn). **2.** *int.* tantarâ!

tantivy *adv., int. & n.* **1.** *adv.* **to ride ~,** marchogaeth ar garlam gwyllt. **2.** *int. & n.* hwi *(f)*!

tanto *adv. Mus:* **1.** *(= so much):* hyn a hyn. **2.** *(= too much):* [yn] ormod, yn ormodol.

tantra *n. Rel:* tantra (tantrâu) *m.*

tantric *a. Rel:* tantrig.

tantrism *n. Rel:* tantraeth *f.*

tantrist *n. Rel:* tantrydd(-ion) *m.*

tantrum *n.* pwl (pyliau) *(m)* o dymer ddrwg; *(esp. of children):* stranc(-iau) *f*; **to throw a ~,** cael pwl o dymer ddrwg, mynd i dymer, gwylltio, strancio, *N: F:* taflu cylchau, bwrw'ch/ lluchio'ch cylchau, *S.W:* mynd i natur; **prone to tantrums,** stranclyd, stranciog.

tanyard *n.* **= tannery.**

Tanzania *Pr.n. Pol:* Tansanïa *f.*

Tanzanian *a. & n.* **1.** *a.* Tansanïaidd; **the ~ government,** llywodraeth Tansanïa; **he's ~,** Tansanïad ydyw. **2.** *n.* Tansanïad (Tansanïaid) *m&f.*

tanzanit *n. Min:* t|ansanit *m.*

Tao *n. Phil:* Tao *m.*

Taoiseach *n. Pol:* Prif Weinidog(-ion) *m.*

Taoism *n. Phil:* Taoaeth *f.*

Taoist *a. & n. Phil:* **1.** *a.* Taoaidd. **2.** *n.* Taöydd(-ion) *m.*

Taoistic *a. Phil:* Taoaidd.

Taos *n.* **1.** *Ethn:* Taos(-iaid) *m&f.* **2.** *Ling:* Taoseg *f, m.*

tap[1] *n.* **1.** *(= faucet):* tap(-iau) *m*, *N.W: occ:* feis *f* [ddŵr] (feisys/ feisiau [dŵr]); *N.W: occ: (of barrel):* dwsel (-au,-i) *m*; **to turn**

on a ~, agor tap; **to turn off a ~,** cau tap; *(of liquor):* **on ~,** o'r gasgen, parod; *F:* **everything's on ~ here,** mae popeth wrth law yma; mae popeth ar gael yma; 'does dim rhaid gofyn am ddim yma. **2.** *F: Brew: (of liquor):* bragiad(-au) *m*, macsad(-au) *m*, darllawiad(-au) *m*. **3. = taproom. 4.** *El:* cangen (canghennau) *f*. **5.** *Tls:* **[screw-]~,** tap sgriwio, sgriwdap(-iau) *m*, edeufollt(-iau) *f*; **taps and dies,** tapiau a deiau; **bottoming ~,** tap gwaelod; **plug ~,** tap plwg; **taper ~,** tap tapr. **6.** *Metall: (= pouring out):* llif(-oedd) *m*, arllwysiad(-au) *m*, tywalltiad(-au) *m*. **7. phone-~,** tap [ar ffôn], (*)clust(-iau) *(f)* ar ffôn; **to put a ~ on a phone,** rhoi clust ar ffôn, clustfeinio ar ffôn. **~-bill** *n. Fin:* bil(-iau) *(m)* tap. **~-bolt** *n. E:* styden (stydiau) *f*. **~-borer** *n. Tls:* taradr (terydr) *m*. **~-cinder** *n.* colsyn (cols) *(m)* tapio. **~-holder** *n. Tls:* peth(-au) *(m)* dal tap, daliwr *(m)* tap (dalwyr tapiau). **~-hole** *n. Metall:* twll (tyllau) *(m)* llifo. **~-house** *n.* tŷ (tai) *(m)* yfed, tafarn(-au) *fm*, tŷ tafarn (tai tafarnau). **~-nozzle** *n.* trwyn(-au) *(m)* tap. **~-rail** *n.* rheilen *(f)* dapiau (rheiliau tapiau). **~-root** *n. Bot:* prif wreiddyn (~ wreiddiau) *m*, tapwreiddyn (tapwreiddiau) *m*. **~-turner** *n.* teclyn (taclau) *(m)* troi tap/tapiau. **~-water** *n.* dŵr *(m)* tap. **~-wrench** *n. Tls:* tyndro(-eon) *(m)* tap/tapiau.

tap² *v.t.* **1.** *(a) (a cask):* agor, tapio, *occ:* dwselu; *(b)* **to ~ (a tree),** tapio (coeden); gollwng sudd (o goeden); *Metall:* **to ~ (a furnace),** tapio, agor (ffwrnais); *Surg:* **to ~ lungs,** gollwng/tynnu dŵr o ysgyfaint; **to ~ capital,** tynnu ar gyfalaf; *F:* **to ~ s.o. for five pounds,** gofyn pum punt gan rn; *(c)* **to ~ (wine),** tapio, tynnu (gwin); *(d)* **to ~ a stream,** codi/tynnu dŵr o afon; **to ~ a water main,** tapio prif bibell; *El:* **to ~ a main,** tapio prif wifren, rhoi cangen ar brif wifren; **to ~ a telephone conversation,** clustfeinio ar sgwrs ffôn, tapio sgwrs ffôn; *Com: F:* **to ~ a new district,** arloesi mewn ardal newydd. **2.** *Metall:* **to ~ a hole,** gwn|cud cdau mewn twll, tapio twll.

tap³ *n.* **1.** *(= light blow):* tap(-iau) *m*, *N:* ffaten (ffatiau) *f*, ffat(-iau) *f*, wab(-iau) *f*, waban *f*, wadan *f*; *Lit: occ:* cnith(-iau) *m*; **there was a ~ at the door,** daeth cnoc fach/ysgafn *(f)* ar/wrth y drws; cnociodd rhn yn ysgafn ar/wrth y drws. **2.** *pl. Mil: U.S:* taps. **~ consonant** *n. Phon:* cytsain drawol (cytseiniaid trawol) *f*. **~-dance¹** *n.* tapddawns(-iau) *f*, dawns *(f)* dapio (dawnsiau tapio). **~-dance²** *v.i.* tapddawnsio. **~-dancer** *n.* tapddawnsiwr (tapddawnswyr) *m*, tapdd|awnswraig (tapddawnswragedd) *f*. **~-dancing** *vn.* tapddawnsio.

tap⁴ *v.t.&i.* **1.** *v.t. (= strike lightly):* taro (rhth) yn ysgafn, rhoi ergyd ysgafn (i rth), tapio (rhth), *N:* wabio (rhth), rhoi wab/waban/wadan/ ffaten *&c* (i rth), *Lit: occ:* cnithio (rhth); *See* **tap³**. **2.** *v.ind.t.* **to ~ on/at the door,** curo'n ysgafn wrth/ar y drws; tapio wrth/yn y drws, curo'r drws yn ysgafn; **to ~ down a carpet,** tacio carped; **to ~ in a nail,** tapio hoelen i'w lle; **to ~ out a message,** tapio neges; **to ~ out one's pipe,** gwagio'ch pibell/cetyn, taro'ch cetyn.

tapa *n.* **1.** *Tex:* tapa *m*. **2.** *Bot:* coeden *(f)* dapa (coed tapa).

tape¹ *n.* **1.** tâp (tapiau) *m*; *Dressm:* tâp, *M.W: & S.W: occ:* incl: incil (inclau) *m*; *El:* **insulating-~,** tap ynysu; **measuring-~,** tâp mesur; *F:* **red ~,** tâp coch, rheolau biwrocrataidd *pl*, biwrocratiaeth *f*; *Sp:* **to breast the ~,** torri'r tâp; *abs.* ennill [ras]; *Cmptr:* **father ~,** tad-dâp (~-dapiau) *m*; *Cmptr:* **grandfather ~,** taid-dâp (~-dapiau) *m*; *Comptr:* **son ~, leader ~,** blaen-dâp (~-dapiau) *m*, mab-dâp (~-dapiau) *m*; **master ~,** prif dâp (~ dapiau); **pre-recorded ~,** tâp parod; **ticker-~,** tâp papur; **video ~,** tâp fideo; **audio ~,** tâp sain; *S.a.* **adhesive. ~ deck** *n. Cmptr:* dec(-iau) *(m)* tapiau. **~-drive** *n. Cmptr:* tâp-yrrwr (~-yrwyr) *m*. **~-feed** *n. Cmptr:* tâp-borthydd (~-borthwyr) *m*. **~-file** *n.* ffeil *(f)* dâp (ffeiliau tâp). **~-grass** *n. Bot:* rhubanwellt *m*. **~-label** *n.* label *(m)* tâp (labeli tapiau). **~ library** *n.* llyfrgell *(f)* dapiau (llyfrgelloedd tapiau). **~-machine** *n.* peiriant (peiriannau) *(m)* tâp. **~-mark** *n.* marc(-iau) *(m)* tâp. **~-measure** *n.* tâp mesur, *S:* incil mesur. **~-punch** *n.* tyllwr (tyllwyr) *(m)* tapiau. **~-reader** *n.* darllenydd(-ion) *(m)* tâp. **~-record** *v.t.* codi (rhth) ar dâp, recordio (rhth) ar dâp; tapio, tâp-recordio (rhth). **~ recorder** *n.* tâp-recordydd(-ion) *m*, recordydd(-ion) *(m)* tâp, peiriant (peiriannau) *(m)* tâp. **~ recording 1.** *n.* tâp-recordiad(-au) *m*. **2.** *vn.* tâp-recordio. **~ serial number** *n. Cmptr:* rhif(-au) cyfresol *(m)* tâp. **~-sort** *n. Cmptr:* ad-drefniad(-au) *(m)* tâp, trefniad(-au) *(m)* tâp. **~-transport** *n. Cmptr:* cludydd(-ion) *(m)* tâp. **~-unit** *n.* uned *(f)* dâp (unedau tâp).

tape² *v.t.* **1.** *Dressm:* rhoi/dodi tâp (ar ddilledyn), tapio (dilledyn). **2.** *Bookb:* tapio. **3.** *(Surv):* mesur (tir) â llinyn mesur, rhoi llinyn mesur (ar dir). **4.** *F: (of pers.):* **I've got him taped!** mi wn i ei hyd a'i led e/o! 'rwy'n ei ddeall i'r dim! **I've got it all taped,** mae popeth dan reolaeth gen i; *(of difficult technique &c):* mae ar bennau fy mysedd i; 'rwyf wedi ei feistroli; **5. to ~ an interview,** tapio/tâp-recordio cyfweliad, codi cyfweliad ar dâp; **to ~ s.o.,** codi llais rhn [ar dâp], tapio llais rhn.

tapeable *a.* tapiadwy.

taped *a.* tapiedig.

tapeless *a.* di-dâp, heb dâp.

tapelike *a.* fel tâp.

taper¹ *n. (= candle):* cannwyll *(f)* gwyr (canhwyllau cwyr), tapr(-au) *m*, cwyren(-nau) *f*. **~-stick** *n.* canhwyllbren (canwyllbrennau) *m*.

taper² *a. & n.* **1.** *a. Poet:* **= tapered, tapering. 2.** *n. Mec.E:* meinhad *m*, tapr(-au) *m*; **Morse ~,** taprau Morse. **~-pin** *n. Tls:* pin(-nau) *(m)* tapr. **~-reamer** *n. Tls:* agorell *(f)* dapr (agorellau tapr). **~-shank drill** *n. Tls:* dril(-iau) *(m)* garan dapr. **~-sleeve** *n. Tls:* llawes *(f)* dapr (llewys tapr). **~-turning** *vn. Metalw:* taprdurnio.

taper³ *v.t.&i.* **1.** *v.t.* meinh|au, tapro, blaenfeinio, pigfeinio; *Agr: N.W:* **to ~ a haystack,** troi pen tas wair. **2.** *v.i.* meinhau, culh|au, mynd yn feinach tua'r blaen, mynd yn bigfain, mynd yn big, tapro, *N.W: occ:* colli at ei flaen; **to ~ off,** meinhau'n raddol; *(of music):* lleih|au, mynd yn llai; **to ~ off to a point,** mynd yn bigfain, tapro.

tapered *a.* blaenfain, pigfain, taprog, yn mynd yn big.

tapering *a.* blaenfain, pigfain; *(fingers):* main (meinion), tenau.

tapestried *a.* tapestrïog.

tapestry *n.* t|apestri (tapestrïau) *m*, *Lit: occ:* brithlen(-ni) *f*. **~-carpet** *n.* carped(-i) *(m)* tapestri. **~-moth** *n. Ent:* gwyfyn(-od) blaenwyn *m*. **~-wool** *n.* edafedd *(pl)* tapestri. **~-work** *n.* gwaith *(m)* tapestri.

tapetal *a. Bot: Biol:* tapetol.

tapetum *n. Bot: Biol:* tapetwm (tapeta) *m*.

tapeworm *n.* llyng[h]yren *(f)* ruban (llyngyr rhuban).

tapioca *n. Cu:* tapioca *m*. **~ pudding** *n.* pwdin *(m)* tapioca, *N.W: Joc:* pwdin grifft, jeli *(m)* llyffant.

tapiolite *n. Miner:* t|apiolit *m*.

tapir *n. Z:* tapir(-iaid) *m*.

tapis *n.* gorchudd(-ion) *m*, lliain (llieiniau) *m*; **on the ~,** ar y bwrdd, dan ystyriaeth, dan sylw.

tapless *a.* di-dap.

tapotement *n. Med:* tapio *vn*, cnithio *vn*, cnithiad(-au) *m*.

tappable *a.* tapiadwy.

tapper *n.* tapiwr (tapwyr) *m*.

tappet *n.* taped(-i) *m*. **~-loom** *n. Tex:* gwŷdd (gwyddau) tapedog *m*. **~-rod** *n. E:* rhoden *(f)* daped (rhodiau tapedi).

tapping *vn.* tapio.

tappit *a. & n.* **1.** *a.* **~ hen,** iâr gribog (ieir cribog) *f*. **2.** *n.* **= tankard.**

taproom *n.* bar(-iau) *(m)* cwrw, tap(-iau) *m*.

tapster *n.* barman: barmon (barmyn) *m*.

tapstress *n.f.* barforwyn(-ion, barforynion).

tar¹ *n.* **1.** tar *m*, col-tar *m*; **wood ~, Stockholm ~,** tar coed; **as black as ~,** cyn ddued â'r frân, pygddu; *U.S:* **to beat the ~ out of s.o.,** dyrnu/pannu/colbio/curo/wado rhn *&c*; *Prov:* **to spoil the ship for a ha'p'orth of ~,** colli pedol a wnelo hoelen. **2.** *Nau: F:* **[jolly Jack] ~,** dyn(-ion) *(m)* môr, Jac llongwr *m*. **~-brush** *n.* brwsh(-is) *(m)* tario; *F:* **he has a touch of the ~-brush,** mae tipyn o waed dyn du ynddo. **~ lichen** *n. Fung: (Verrucaria maura):* cen du *m*, maneg (menyg) *(f)* y graig. **~-paper** *n.* papur *(m)* col-tar. **~-sand** *n. Geog:* tywod(-ydd) *(m)* tar, tardywod(-ydd) *m*. **~-seal** *v.t.* coltario. **~-sprayer** *n.* coltariwr (coltarwyr) *m*. **~-spraying** *vn.* coltario, chwistrellu tar. **~-water** *n. Med:* dŵr *(m)* col-tar. **~-works** *n.* gwaith *(m)* col-tar.

tar² *v.t.* coltario; **to ~ and feather s.o.,** rhoi/dodi tar a phlu ar rn, coltario a phluo rhn; *F:* **they are all tarred with the same brush,** yr un peth yw Siôn a'i glocsen; 'does dim dewis rhyngddynt; adar o'r un lliw ydyn nhw.

tar³ *v.t. F:* **to ~ s.o. on,** annog rhn.

tara *n. Bot: (Pteridium aquilinum):* tara *m*, rhedynen *(f)* fwyta (rhedyn bwyta).

tarakihi *n. Ich:* taracihi (taracihïod, taracihïaid) *m*.

taramasalata *n. Cu:* taramasalata *m*, gronell *f*, lleithon *m*.

tarantara *n. & int. imit. Mus:* tarantarâ *mf*.

tarantass *n. Veh:* pedrolfen(-ni) *f.*
tarantella *n. Danc:* tarantela (tarantelâu) *f.*
tarantism *n. Med:* y dwymyn (*f*) ddawnsio, tarantiaeth *f.*
tarantula *n. Arach:* tar|antwla (tarantwlaod) *m*, pryf copyn (pryfed cop) blewog *m*, corryn (corynnod) blewog *m.* **T~ Nebula** *n. Astr:* nifwl (*m*) y Tarantwla.
taratantara *n. & int. imit. Mus:* tarat|antara *mf.*
taraxacum *n.* **1.** *Bot:* = **dandelion. 2.** *Pharm:* taracsacwm *m.*
tarboosh *n. Cost:* tarb|wsh (tarbwshis) *m.*
tarbuttite *n. Miner:* tarbutit *m.*
Tardenoisian *a. & n. Archeol:* **1** *a.* Tardenoisaidd. **2.** *n.* diwylliant (*m*) Tardenois.
tardigrada *n.pl. Z:* arafsymudwyr.
tardigrade *a. & n.* **1.** *a. Z:* arafsymudol. **2.** *n.* arafsymudwr (arafsymudwyr) *m*, arth (*f*) ddŵr (eirth dŵr).
tardily *adv.* **1.** *(= slowly):* yn araf [deg]; *(= reluctantly):* yn hwyrfrydig. **2.** *(= late):* yn hwyr, *F:* ar ei hôl hi, *S:* yn ddiweddar.
tardiness *n.* **1.** *(= slowness):* arafwch *m*; *(= reluctance):* hwyrfrydedd *m*, hwyrfrydigrwydd *m.* **2.** *(of fruit): (= lateness):* hwyredd *m*, hwyrder *m*, hwyrni *m*, diweddarwch *m.*
tardo *a. Mus:* araf.
tardy *a.* **1.** *(= slow):* araf, diog; *(= reluctant):* hwyrfrydig, hwyrfryd. **2.** *(= late):* hwyr, ar ei hôl hi; *S:* diweddar.
tare¹ *n.* **1.** *Bot: (Vicia):* corbysen (corbys) *f*; **hairy ~,** *(V. hirsuta):* corbysen flewog (corbys blewog); **smooth ~,** *(V. tetrasperma):* corbysen lefn (corbys llyfnion); **slender ~** *(V. tenuissima):* corbysen fain (corbys meinion). **2.** *B:* **the wheat and the tares,** y gwenith a'r efrau.
tare² *n. Com:* **~ weight,** pwysau gweili *pl*, *Lit:* pwysau gweilydd, cynhwysgoll *m*, pwysgoll *m*; **~ and tret,** cynhwysgoll a phwysgoll/thraul; **to allow for ~,** lwfio pwysau gweili.
tare³ *v.t.* pwyso.
target¹ *n.* **1.** *A: Arms:* = **shield, buckler. 2.** *(a) Artil: &c:* nod(-au) *mf*, saethnod(-au) *mf*, targed(-au) *m*, *N:* cocyn(-nau) (*m*) saethu, cocyn hitio, cocyn annêl, *F:* cocyn 'nêl; *(b) Fig: (= objective):* nod, targed; **~ of intervention,** nod ymyrraeth/ymyriad; **our ~ date is (next July),** (mis Gorffennaf nesaf) yw ein nod, yw'r nod yr ydym yn anelu ato; **to be the ~ for ridicule,** bod yn gyff gwawd, bod yn destun sbort, bod yn gocyn hitio, bod yn gocyn 'nêl; **3.** *X-rays:* anticathod(-au) *m.* **4.** *U.S: Rail:* = **signal¹. 5.** *Cu:* = **forequarter. ~-card** *n. N:* cerdyn (cardiau) (*m*) sgorio, *S:* carden (cardiau) (*f*) sgorio. **~-language** *n. Ling:* nodiaith (nodieithoedd) *f*, iaith (*f*) darged (ieithoedd targed). **~-organ** *n. Path:* cyrchfan(-nau) (*m*) hormon. **~ practice** *n.* ymarfer (*mf*) saethu.
target² *v.t.* anelu (at/am rth), targedu (rhth).
targetless *a.* didarged.
Targum *n. Rel:* Targwm *m.*
Targumic[al] *a.* Targwmaidd.
Targumist *n.* Targwmydd(-ion) *m.*
tariff¹ *n.* **1.** *Cust:* toll(-au) *f*, diffyndoll(-au) *f*, tariff(-[i]au) *m*; **preferential ~,** toll fantais (tollau mantais); **retaliatory ~,** toll ddial (tollau dial). **2.** *(= price-list):* prisiau *pl*, rhestr (*f*) brisiau (rhestrau prisiau). **~ reform** *n.* diwygio (*vn*) tollau. **~ wall** *n.* tollfur(-iau) *m*, mur(-iau) (*m*) tollau.
tariff² *v.t.* tolli (rhth), codi toll (ar rth).
tariffless *a.* di-doll.
tarlatan *n. Tex:* t|arlatan *m.*
tarmac¹ *n. Civ.E:* tarmac *m.*
tarmac² *v.t.* tarmacio, coltario.
tarmacadam *n.* tarmacadam *m.*
tarn *n.* llyn(-noedd) (*m*) mynydd.
tarnation *n. & int.* **what in ~!** beth ar y ddaear! beth yn enw popeth! be' goblyn! be' gebyst! be' gythgam!
tarnish¹ *n.* pylni *m*, afliwiad(-au) *m*, afloywder(-au) *m*, staen(-iau) *m.*
tarnish² **1.** *v.t.&i.* pylu, afliwio, afloywi, staenio, llychwino, difwyno, maeddu, baeddu, tynnu sglein, *S.W:* sgardio; **to ~ s.o.'s reputation,** maeddu enw da rhn. **2.** *v.i. (of metal &c):* pylu, colli sglein, colli lliw, mynd yn afloyw/bŵl.
tarnishable *a.* llychwinadwy, staeniadwy, afliwiadwy, afloywadwy, baeddadwy, maeddadwy.
tarnished *a.* pŵl, afloyw, di-sglein; *(name &c):* maeddedig, baeddedig, llychwin, a staen arno.
tarnisher *n.* tynnwr (tynwyr) (*m*) sglein, llychwinwr (llychwinwyr) *m*, maeddwr (maeddwyr) *m*, baeddwr (baeddwyr) *m*, staeniwr (staenwyr) *m.*
tarot *n. Cards:* tarot *m.*
tarpan *n. Z:* tarpan(-iaid) *m*, ceffyl gwyllt (ceffylau gwylltion) *m.*
tarpaulin *n.* tarpolin: tarpwlin(-au) *m*, *occ:* pyglen(-ni) *f*, llywionen *f*, llywanen *f*, *N.W: occ:* hwyl-len(-ni) *f*; *(for haystack):* carthen(-ni) *f*, *N.W: occ:* nithlen(-ni) *f.*
Tarpeian *a. Rom.Ant:* **the ~ rock,** craig (*f*) Tarpeia.
tarpon *n. Ich:* tarpon(-iaid) *m.*
tarradiddle *int. & n.* = **nonsense.**
tarragon *n. Bot: Cu:* t|aragon *m*, amgwyn *m.*
tarras *n.* = **trass.**
tarry¹ *a.* tarllyd, coltariog.
tarry² *v.i. Lit:* **1.** *(= stay):* aros, oedi, tario; **to ~ for s.o.,** aros am/wrth rn, disgwyl rhn, disgwyl am/wrth rn. **2.** *(= loiter, be late):* oedi, llusgo'ch traed, loetran *&c*; *S.W: occ:* heglan, arosach.
tarsal *a. Anat:* arsangol, tarsol, migyrnol.
tarsia *n.* = **intarsia.**
tarsier *n. Z:* tarsier(-iaid,-od) *m.*
tarsometatarsal *a. Anat: Orn:* tarsometatarsol.
tarsometatarsus *n. Anat: Orn:* tarsometatarsws (tarsometatarsi) *m.*
tarsus *n. Anat:* arsang(-au) *m*, tarsws (tarsi) *m*, *F:* mwnwgl (*m*) troed (mynyglau traed), migwrn (*m*) troed (migyrnau traed), cefn (*m*) troed (cefnau traed).
tart¹ *n.* **1.** *Cu:* tarten(-nau,-ni) *f.* **2.** *P:* = **prostitute¹.**
tart² *v.t.* **to ~ sth up,** smartio/tartio rhth; **to ~ oneself up,** ymbincio, *S:* eich jimo'ch hun.
tart³ *a. (a)* egr, siarp; *N.W: occ:* **~ taste,** gwawch *f*; *(b) F: (answer &c):* miniog, brathog, llym (*f.* llem, *pl.* llymion), swta, egr, siarp.
tartan¹ *a. & n.* **1.** *a. (a) Tex:* plod, sgots-plod, tartan; *(b) Fig:* Sgotaidd. **2.** *n.* brethyn(-nau) sgots-plod *m*, tartan(-au) *m*, *Lit: occ:* brithwe (-oedd) *f.*
tartan² *n. Nau:* tartan(-au) *f.*
tartar¹ *n.* **1.** *Ch: (of wine):* gwaddotgen *m*, cen (*m*) gwin, tartar *m*, argol *m*; **cream of ~,** hufen (*m*) tartar. **2.** *Dent:* cen, *occ:* deintgen *m*, grutgen *m.* **~ emetic** *n. Med:* tartar (*m*) cyfogi.
Tartar² *a. & n. Ethn:* **1.** *a.* Tartaraidd, Tataraidd; *(in language):* Tartareg, Tatareg. **2.** *n. (i) Ethn:* Tartar(-iaid) *m&f*, Tatar(-iaid) *m&f*; *(ii) Ling:* Tartareg *f, m*, Tatareg *f, m*; *(iii) F: (= violent person):* cythraul (cythreuliaid) *m*, cythreules(-au) *f*, arthgi (arthgwn) *m*, arthes(-au) *f*, *N.W:* hen jero(-s) *m*, hen gingroen *m* (*pronounced* ng-g); **to catch a ~,** dal cythraul/cythreules. **~ fox** *n. Z:* corsac(-iaid,-od) *m.* **t~ sauce** *n. Cu:* saws (*m*) tartar.
tartare *a. Cu:* **sauce ~,** saws (*m*) tartar; **steak ~,** stecen (*f*) dartar (stêcs tartar).
Tartarean *a. Gr.Myth:* Tartaraidd, isfydol.
Tartarian *a.* Tartaraidd; *S.a.* **oat.**
Tartaric¹ *a.* = **Tartar** 2.
tartaric² *a. Ch:* tartarig.
tartarization *n. Ch:* tartareiddiad(-au) *m*, tartareiddio *vn.*
tartarize *v.t. Ch:* tartareiddio.
tartarous *a. Ch:* tartaraidd, tartarus.
Tartarus *Pr.n. Gr.Myth:* Tartarws *m*, y pwll diwaelod *m*, yr uffern eithaf *f.*
Tartary *Pr.n. Geog: Hist:* Tartaria *f.*
tartish *a.* egraidd, braidd yn egr, go egr.
tartishly *adv.* yn egraidd.
tartlet *n. Cu:* teisen fach (teisennau/teisenni bach) *f*, teisennan *f*, tarten fach (tartennau bach) *f*, tartled(-i) *f.*
tartly *adv.* yn egr *&c.*
tartness *n.* **1.** *(of taste):* egrwch *m*, *M.W:* chwenc *m*, *N.W: occ:* gwawch *f.* **2.** *(of answer &c):* llymder *m*, egrwch *m.*
tartralate *n. Ch:* t|artralad (tartraladau) *m.*
tartralic *a. Ch:* tartralig.
tartramide *n. Ch:* t|artramid *m.*
tartrate *n. Ch:* tartrad(-au) *m.*
tartrated *a. Ch:* tartredig, tartradaidd.
tartrazine *n. Ch:* t|artrasin *m.*
tartronic *a. Ch:* tartronig.
Tartuffe *n. Lit:* rhagrithiwr (rhagrithwyr) *m*, ffuantwr (ffuantwyr) *m.*

Tartuffian, Tartuffish *a.* rhagrithiol, ffuantus, Tartuffaidd.

tarty *a.* puteinllyd.

Tarzan *Pr.n.m.* Tarsan(-iaid).

tasimeter *n. El.E:* tasimedr(-au) *m.*

tasimetric *a. El.E:* tasimetrig.

tasimetry *n. El.E:* tasimetreg *f.*

task[1] *n.* **1.** tasg(-au) *f*, gwaith *m*, *Lit:* gorchwyl(-ion) *mf.* **2. to take s.o. to ~ (for sth),** galw rhn i gyfrif, ceryddu rhn, dweud y drefn wrth rn, *N.W:* mynd i ben rhn (am rth). **~-centred practice** *n.* ymarfer *(fm)* yn ôl tasgau. **~ force** *n.* **1.** *Mil:* llu(-oedd) *(m)* ymosod, cyrchlu(-oedd) *m.* **2.** *Ind:* gweithlu(-oedd) *m.*

task[2] *v.t.* **1.** *(= strain):* trethu (rhn), bod yn faich/fwrn (ar rn). **2.** *(= set work):* gosod tasg (i rn).

tasker *n.* tasgmon (tasgmyn) *m.*

taskless *a.* segur, di-dasg, diorchwyl.

taskmaster *n.* meistr(-i) *(m)* gwaith, tasgfeistr(-i) *m.*

taskmistress *n.f.* tasgfeistres(-i).

taskwork *n.* tasgwaith *m.*

Tasman *a.* Tasmanaidd.

Tasmania *Pr.n. Geog:* Tasmania *f.*

Tasmanian *a. & n.* **1.** *a.* Tasmanaidd; **the ~ Parliament,** Senedd Tasmania; *Z:* **~ devil,** cythraul (cythreuliaid) *(m)* Tasmania; *Z:* **~ tiger/wolf,** blaidd (bleiddiaid) *(m)* Tasmania. **2.** *n.* Tasmaniad (Tasmaniaid) *m&f.*

tass *n. Scot: Irish:* joch(-iau) *mf*, gwydraid (gwydreidiau) *m.*

tassc *n. Arm:* **= tasset.**

tassel[1] *n. Cost:* tasel(-i,-au) *m*, tosl(-au) *m*, toslyn(-nau,-nod, toslau) *m*; *Lit: occ:* siobyn(-nau) *m.* **~ flower** *n. Bot: (Emilia sagittata):* blodyn (blodau) tuswog *m.* **~-grass** *n. Bot: (Ruppia maritima):* dyfrllys tuswog *m*, tusw-ddyfrllys *m*, rwpia(*m*)'r môr. **~ hyacinth** *n. Bot: (Muscari comosum):* cennin *(pl)* y brain tuswog. **~ pondweed** *n.* **= tassel-grass.**

tassel[2] *v.i.&t.* taselu, toslo.

tasselled, tasselly *a.* taselog, toslog.

tasselweed *n. Bot:* **beaked ~,** *(Ruppia maritima):* **= tassel-grass; spiral ~,** *(R. cirrhosa):* dyfrllys troellog *m*, tusw troellog *m.*

tasset *n. Arm:* tased(-i,-au) *m.*

taste[1] *n.* **1.** *(a)* **[sense of] ~,** synnwyr *(m)* blasu, y blas *m*; *(b) (of food &c):* blas *m*, *occ:* sawr *m*; **it has a bitter ~,** mae blas chwerw arno; mae'n chwerw'i flas; **it leaves a nasty ~ in my mouth,** mae'n gadael blas drwg; mae'n gadael cam flas; *F:* **to give s.o. a ~ of his own medicine,** rhoi blas o'i ffisig ei hun i rn, talu'r pwyth yn ôl i rn; *(c) F:* **a ~ of sth,** *(of solid food):* tamaid *m*, mymryn *m*, blesyn *m*; *(of drink):* diferyn *m*; *(d) F:* **he gave us a ~ of his bad temper,** cawsom bryd o dafod ganddo; **you'll get a ~ of it (one of these days),** fe'i cei di hi (fe'i cewch chi hi), fe glywi (glywch) ei flas, fe gei (gewch) flas ohono (ryw ddiwrnod). **2.** *(a) (= predilection):* hoffter(-au) *m* **(for sth,** o rth), blas *m* (ar rth); **I have a ~ for music,** byddaf yn cael blas ar gerddoriaeth; 'rwy'n hoff o gerddoriaeth; mae gennyf hoffter o gerddoriaeth; **I've no ~ for food,** 'does gen i ddim archwaeth *(m)* bwyd; 'does gen i ddim blas ar fwyd; **I have no ~ for it,** dda gen i mohono; *S:* 'does 'da fi gynnig iddo fe; **I have no ~ for cruelty,** 'does gen i ddim stumog *(f)* at greulondeb, ni allaf stumogi creulondeb; **to develop a ~ for sth,** dechrau cael blas ar rth, dod i gael blas ar rth, dod i hoffi rhth, dod yn hoff o rth; **to find sth to one's ~,** cael rhth at eich dant, cael blas ar rth; **something to suit all tastes,** rhywbeth at ddant pawb; **add salt to ~,** ychwaneger halen fel y dymunir; *Prov:* **tastes differ; everyone to his ~; there is no accounting for tastes,** pawb at y peth y bo; pawb â'i chwaeth; **it's not to my ~,** nid yw'n fy mhlesio i. **3.** *(a)* **[good] ~,** *(e.g. in clothes &c):* chwaeth *f*; **to have good ~,** meddu ar chwaeth dda, bod yn chwaethus; **bad ~,** diffyg *(m)* chwaeth; **people of ~,** pobl chwaethus, pobl â/o chwaeth; *(b)* **costume in perfect ~,** gwisg berffaith chwaethus; **it is in bad ~,** mae'n ddi-chwaeth. **~-bud** *n. Anat:* blasbwynt(-iau) *m.*

taste[2] *v.t.&i.* I. *v.t.* **1.** blasu, *occ:* sawru (rhth); clywed blas (rhth, ar rth); cael blas (ar rth); **I can't ~ any garlic in the salad,** chlywa' i ddim blas garlleg yn/ar y salad. **2.** *(= try the ~ of sth):* blasu, profi, *occ:* sawru (rhth); cael blas/blesyn (o rth); cael mymryn/tamaid (o rhth) i'w flasu; **he has not tasted food in three days,** nid yw wedi deintio tamaid ers tridiau; *(b)* **to ~ happiness,** blasu/profi dedwyddwch; **to ~ power,** cael blas ar rym. II. *v.i.* blasu **(of sth,** o rth); **to ~ of sth,** bod â blas rhth; **it tastes of honey,** mae blas mêl arno; **to ~ salty,** bod yn hallt, blasu'n hallt.

tasteable *a.* blasadwy.

tasteful *a.* chwaethus.

tastefully *adv.* yn chwaethus, gyda chwaeth.

tastefulness *n.* chwaeth *mf*, chwaethusrwydd *m.*

tasteless *a.* **1.** *(food):* di-flas, heb flas, *occ:* merfaidd. **2.** *(conversation, dress &c):* di-chwaeth.

tastelessly *adv.* **1.** yn ddi-flas *&c.* **2.** yn ddi-chwaeth.

tastelessness *n.* **1.** *(of food):* diffyg *(m)* blas, *occ:* merf|eidd-dra *m.* **2.** *(of dress &c):* diffyg *(m)* chwaeth.

taster *n.* blaswr (blaswyr) *m*, profwr (profwyr) *m.*

tastily *adv.* yn flasus.

tastiness *n.* blasusrwydd *m.*

tasty *a.* blasus, *Lit:* amheuthun, *S.W: occ:* tastus, stumogus; **a ~ morsel of gossip,** stori fach flasus.

tat[1] *n.* **= rubbish[1] 1.** *(b).*

tat[2] *v.t.&i. Needlew:* tatio.

ta-ta *int. Nursery P:* ta-ta; da bo ti (da bo chi) *(contraction of* da bo iti/ichi); da boch;

tater *n. F:* **= potato.**

tatou, tatouay *n. Z:* **= armadillo** 1.

tatter *n.* recsyn (racs) *m*, carp(-iau) *m*, cerpyn (carpiau) *m*, brat(-iau) *m*, bretyn (bratiau) *m*, llarp(-iau) *m*, llerpyn (llarpiau) *m*; **(his shirt was) in tatters,** ('roedd ei grys) yn llarpiau, yn garpiau, yn gareiau, yn llyfrïau, *S.W:* yn fralau, yn rhabodau [mân]; **(the book was) in tatters,** ('roedd y llyfr) yn llyfrïau, wedi llyfrïo; *Fig:* **to tear s.o.'s argument into tatters,** tynnu dadl rhn yn gareiau.

tatterdemalion *n.* **= ragamuffin.**

tattered *a.* carpiog, bratiog, racsiog, *occ:* llarpiog; *(paper):* llyfrïog.

Tattersall *n. attrib.* **~ check,** brethyn siec *m*, brethyn sgwarog.

tattily *adv.* yn aflêr *&c*; *See* **tatty.**

tattiness *n.* aflerwch *m*, blerwch *m*, annibendod *m.*

tatting *vn. Needlew:* tatio.

tattle[1] *n.* **1.** *(= gossip):* clecs *pl*, straeon *pl*, *occ:* stori|aes *pl.* **2.** *(= trivial talk):* mân-siarad *m*, gwag-siarad *m*, *S:* cleber: clebar *mf*, clapan *vn.*

tattle[2] *v.i.* **1.** *(= gossip):* clebran, janglo *(pronounced* ng-g), hel clecs, cario clecs, *S:* clapan. **2.** *(= talk nonsense):* gwag-siarad, malu awyr, clebran, *N:* lolian, siarad lol, rwdlian, *S:* whilia dwli. **~-tale** *n. U.S:* **= tale-teller, tattler.**

tattler *n.* **1.** clapgi (clapgwn) *m*, clepgi (clepgwn) *m*, clepwraig (clepwragedd) *f.* **2.** *Orn:* **= sandpiper.**

tattletale *a. & n. U.S.* **1.** *a.* **= talebearing. 2.** *n.* **= taleteller, tattler.**

tattoo[1] *n. Mil:* tatŵ(-au) *m*; **to beat/sound the ~,** curo'r/seinio'r tatŵ; *F:* **to beat [the devil's] ~ on the table,** drymian ar y bwrdd/ford.

tattoo[2] *n.* tatŵ(-au,-s) *m*, *Lit:* croenliw(-iau) *m*, croenliwiad(- au) *m*, croenlun(-iau) *m.*

tattoo[3] *v.t.* **to ~ s.o.,** lliwio croen rhn, rhoi tatŵ i rn, tatŵ[i]o rhn.

tattooer, tattooist *n.* tatŵydd(-ion) *m.*

tatty *a.* aflêr, blêr, treuliedig, hendraul.

tau *n. Gr.Alph:* tàw (tawiau) *f.* **~ cross** *n.* croes *(f)* heb ben, croes Sant Antwn, croes ti.

taught *p.p. See* **teach; ill-~,** anhyddysg, heb eich dysgu'n/addysgu'n dda; **well-~,** hyddysg, wedi'ch dysgu'n/addysgu'n dda; **self-~,** hunanddysgedig, hunanaddysgedig, wedi'ch dysgu'ch hun.

taunt[1] *n.* edliwiad(-au) *m*, gwawd(-iau) *m*, gwawdiad(-au) *m*, sen(-nau) *f*, gwatwar(-au) *m*, *N.W:* weipen (weips) *f*, chweipen (chweips) *f.*

taunt[2] *v.t.* gwawdio, gwatwar, *Lit:* goganu; **to ~ s.o. with sth,** edliw/lliwied/dannod rhth i rn, taflu rhth yn nannedd rhn; **they taunted one another,** buont yn edliw i'w gilydd; *Lit:* buont yn ymdderu; *N.W:* mi fuon' yn lluchio geiriau brwnt y naill at y llall; mi fuon' yn taflu weips at ei gilydd.

taunt[3] *a. Nau:* tal iawn, uchel iawn.

taunter *n.* gwawdiwr (gwawdwyr) *m*, gwatwarwr (gwatwarwyr) *m*, goganwr (goganwyr) *m*, edliwiwr (edl|iw-wyr) *m*, danodwr (danodwyr) *m*, *N.W:* chweipiwr (chweipwyr) *m*, weipiwr (weipwyr) *m.*

taunting[1] *a.* gwatwarus, edliwgar, goganllyd, goganus, coeglyd, sarh|aus, danodol, danodus.

taunting² *vn.* gwawdiad(-au) *m*, gwatwariad(-au) *m*, edliwiad(-au) *m*, danodiad(-au) *m*.
tauntingly *adv.* yn watwarus *&c.*
taupe *a.* llwytfrown, llwyd-winau, llwydaidd, lliw twrch, lliw gwahadden.
taurine¹ *a.* tarwaidd.
taurine² *n. Ch:* tawrin *m*.
taurobolium, tauroboly *n.* bedydd (*m*) gwaed tarw.
taurocholic *a. Ch:* tawrocolig.
tauromachy *n.* ymladd (*vn*) teirw.
Taurus *n. Astr:* y Tarw *m*.
taut *a. (a) (rope &c):* tyn[n] (tynion); **to haul a rope ~,** tynh|au rhaff, tynnu rhaff yn dyn[n]; *F:* **~ situation,** sefyllfa dyn[n]/ddirdynnol; *(b)* **in ~ order, ~ and trim,** twt, taclus, cymen, fel pin mewn papur.
tauten *v.t.* tynh|au.
tautly *adv.* yn dyn[n].
tautness *n.* tyndra *m*.
tautochrone *n.* cyfadeglin(-au) *f*.
tautog *n. Ich:* tawtog(-iaid) *m*.
tautological *a.* tawtolegol, ailadroddol, ailadroddus, ailymadroddol, adeiriol, adeiriog.
tautologically *adv.* yn dawtolegol *&c*; **to speak ~,** ailadrodd/ail-ddweud [yr un peth], siarad ar hyd ac ar led, siarad yn gwmpasog.
tautologist *n.* tawtolegwr: tawtolegydd (tawtolegwyr) *m*, ailadroddwr (ailadroddwyr) *m*, ailymadroddwr (ailymadroddwyr) *m*.
tautologize *v.i.* ailymadroddi.
tautologous *a.* **= tautological.**
tautology *n.* ailadrodd *vn*, ailadroddiad(-au) *m*, adeiriad(-au) *m*, adeiriadaeth *f*, tawtoleg *f*, tawtolegaeth *f*; *(single instance):* gair (geiriau) segur/dieisiau *m*, ymadrodd(-ion) segur/dieisiau *m*; *Log:* gwireb(-au,-ion) *f*; **Law of T~,** Deddf (*f*) Tawtolegaeth.
tautomer *n. Ch:* t|awtomer (tawtomerau) *m*.
tautomeric *a. Ch:* tawtomerig.
tautomerism *n. Ch:* tawtomeredd *m*.
tautomerization *n. Ch:* tawtomereiddio *vn*, tawtomereiddiad(-au) *m*.
tautomerize *v.t.* tawtomereiddio.
tautonym *n. Bot: Z:* t|awtonym (tawtonymau) *m*.
tautonymic *a. Bot: Z:* tawtonymig.
tautonymy *n. Bot:* tawtonymedd *m*.
tautophony *n.* cyfadsain (cyfadseiniau) *f*.
tav *n. Hebrew Alph:* [y llythyren] taf/taw *f*.
tavern *n.* tafarn(-au) *(f in N, m in S)*, tafarndy (tafarndai) *m*, tŷ (*m*) tafarn (tai tafarnau). **~-keeper** *n.* tafarnwr (tafarnwyr) *m*, taf|arnwraig (tafarnwragedd) *f*.
taverner *n.* **= tavern-keeper.**
Tavernspite *W.Pl.n.* Tafarn (*m*) Ysbyty.
taw¹ *n. Games:* to(-eau) *m*, marblen fawr (marblis mawrion) *f*.
taw² *v.t. Leath:* barcio, trin, cyffeithio, cyweirio.
tawdrily *adv.* yn goegwych, yn ddi-chwaeth.
tawdriness *n.* coegwychedd *m*, coegwychder *m*, coegdlysni *m*; *(tastelessness):* diffyg (*m*) chwaeth.
tawdry *a.* coegwych(-ion), coegdlws (coegdlysion); *(= tasteless):* di-chwaeth, *N: F:* tsiêp.
Tawe *n. W.Pl.n. Geog:* Tawe *f*; **the (river) ~,** Afon Tawe; **the Upper ~,** Blaen (*m*) Tawe; **the ~ Valley,** Cwm (*m*) Tawe.
tawer *n.* triniwr (trinwyr) (*m*) crwyn, halltwr (halltwyr) (*m*) crwyn, cyffeithiwr (cyffeithwyr) (*m*) crwyn.
tawery *n.* lle(-oedd) (*m*) trin/halltu crwyn.
tawniness *n.* melynwch *m*, melyni *m*.
tawny *a.* llwydfelyn (*f.* llwydfelen, *pl.* llwydfelynion), melynllwyd (*f.* melenllwyd, *pl.* melynllwydion); **old ~ port,** hen bort melyn; *Orn:* **~ eagle,** eryr(-od) llwydfelyn *m*; *Orn:* **~ owl,** tylluan frech (tylluanod brych) *f*; *S.a.* **owl**; *Ent:* **~ speckled pug,** smwtyn brith melynddu *m*.
taws, tawse *n. Scot:* strapen (strapiau) *f*.
tax¹ *n.* **1.** treth(-i) *f*; **corporation ~,** treth gorfforaeth (trethi corfforaeth); **assessed/direct ~,** treth wladol (trethi gwladol), treth uniongyrchol (*pronounced* ng-g); **development land ~,** treth tir datblygu; **hearth ~,** treth aelwyd; **income ~,** treth incwm; **indirect ~,** treth anuniongyrchol, treth ddigyfrwng (trethi digyfrwng); **land ~,** treth ar dir; **poll ~,** treth y pen; **progressive ~,** treth gynyddol (trethi cynyddol); **purchase ~,** treth (*f*) ar brynu, treth bryniant, treth bwrcas; **regressive ~,** treth atchwel, treth ddisgynradd (trethi ddisgynradd); **retrievable ~,** treth adferadwy; **selective employment ~,** treth gyflogi ddethol; **selective payroll ~,** treth ddethol ar gyflogres; **value added ~,** treth ar werth, treth adwerth; **wealth ~,** treth ar gyfoeth; *Hist:* **window ~,** treth [ar] ffenestri; **to lay/levy a ~ on sth,** codi treth ar rth, trethu rhth; **subject to ~,** trethadwy; **fifty pounds before ~,** hanner canpunt cyn talu'r/tynnu'r dreth; **forty pounds after ~** deugain punt ar ôl talu'r/tynnu'r dreth; **free of ~, ~-free,** di-dreth, yn ddi-dreth. **2.** *Fig: (= burden):* baich (beichiau) *m*, treth *f*; **~ avoidance** *n.* osg|oi (*vn*) [talu] treth/trethi. **~-avoider** *n.* osgöwr (osgowyr) (*m*) trethi. **~-collector** *n.* casglwr (casglwyr) (*m*) trethi. **~-deductible** *a.* anhrethadwy, di-dreth, tynadwy cyn treth. **~ disc** *n.* disg(-iau) (*m*) treth. **~-dodger** *n. F:* twyllwr (twyllwyr) (*m*) y dreth/trethi. **~-evader** *n. Jur:* efadwr (efadwyr) (*m*) trethi. **~ evasion** *n. Jur:* efadu (*vn*) trethi. **~-exempt** *a.* di-dreth, rhydd rhag treth/trethi. **~ exemption** *n.* rhyddid (*m*) rhag treth/trethi. **~-farmer** *n. Hist:* ffermwr (ffermwyr) (*m*) trethi. **~-farming** *vn. Hist:* ffermio trethi. **~-free** *a.* **= tax-exempt. ~-gatherer** *n. A:* **= tax-collector. ~ haven** *n.* hafan(-au) (*f*) rhag trethi. **~ rate** *n.* cyfradd (*f*) treth (cyfraddau trethi). **~ rebate** *n.* ad-daliad(-au) (*m*) ar dreth/drethi, ad-daliad treth. **~ relief** *n.* gostyngiad(-au) (*m*) ar dreth/drethi, gostyngiad treth. **~ reserve certificate** *n.* tystysgrif(-au) (*f*) cronfa'r dreth. **~ return** *n.* datganiad(-au) (*m*) treth incwm, *F:* ffurflen (*f*) dreth incwm (ffurflenni treth incwm). **~ shelter** *n.* lloches(-au) (*f*) rhag trethi. **~ year** *n.* blwyddyn (*f*) drethi (blynyddoedd trethi).
tax² *v.t.* **1.** trethu (rhn), codi trethi (ar rn); **to ~ s.o.'s patience,** trethu amynedd rhn, bod yn fwrn ar rn; **it taxed my ingenuity,** bu'n gryn her i'm dyfeisgarwch; **machine taxed (to its upmost capacity),** peiriant wedi ei drethu (i'r pen, i'r eithaf). **2.** *Jur:* **to ~ costs,** tocio/asesu/pennu costau. **3. to ~ s.o. with doing sth,** *(i) (= accuse):* cyhuddo rhn o wneud rhth, galw rhn i gyfrif am wneud rhth; *(ii) (= scold):* ceryddu rhn am wneud rhth, dannod/edliw rhth i rn.
taxability *n.* natur drethadwy *f*, trethadwyedd *m*, hydrethedd *m*.
taxable *a.* trethadwy, *occ:* hydreth.
taxableness *n.* **= taxability.**
taxably *adv.* yn drethadwy.
taxaceous *a. Bot:* ywyddol.
taxation *n.* **1.** trethiad *m*, treth *f*, trethiant (trethiannau) *m*. **2.** *Jur:* **~ of costs,** asesiad(-au) (*m*) costau.
taxed *a.* **1.** *Fin:* trethedig; **highly ~,** â threth uchel; **low-~,** â threth isel. **2.** *Fig:* **my patience was sorely ~,** trethwyd f'amynedd i'r eithaf.
taxeme *n. Ling:* tacsem(-au) *mf*.
taxemic *a. Ling:* tacsemig.
taxer *n.* trethwr (trethwyr) *m*.
taxi¹ *n. F:* tacsi(-s) *m*. **~-cab** *n.* tacsi(-s) *m*. **~ dancer** *n. U.S:* d|awnswraig (dawnswragedd) (*f*) am dâl, hurddawnsferch(-ed) *f*. **~-driver, ~-man** *n.* gyrrwr (*m*) tacsi (gyrwyr tacsis), dyn (*m*) tacsi (dynion tacsis). **~ rank, ~ stand** *n.* safle(-oedd) (*m*) tacsis.
taxi² *v.i. (of aeroplane):* powlio, treiglo, trolio.
taxidermal, taxidermic *a.* tacsidermol, tacsidermig.
taxidermist *n.* tacsidermydd(-ion, tacsidermwyr) *m*.
taxidermy *n.* tacsidermi *m*.
taximeter *n.* cloc (*m*) tacsi (clociau tacsis), t|acsimedr (tacsimedrau) *m*.
taxing¹ *a.* blinderus, beichus.
taxing² *vn. Jur:* **~ master** *n.* meistr(-i) (*m*) pennu costau.
taxiplane *n. U.S:* awyren (*f*) dacsi (awyrennau tacsi), tacsi-awyren(- nau) *f*.
taxis *n.* **1.** *Surg:* adleoliad *m*, adleoli *vn*. **2.** *Biol:* ysmudiad(-au) *m*, ymsymudiad(-au) *m*. **3.** *Gram:* trefniant *m*, dosbarthiad *m*. **4.** *Gr.Ant: Mil:* catrawd (catrodau) *f*.
taxite *n. Geol:* tacsit *m*.
taxitic *a. Geol:* tacsitig.
taxiway *n. Aer:* atredfa (atredfe|ydd) *f*.
taxless *a.* di-dreth, heb dreth.
taxon *n.* dosbarth(-iadau) *m*, is-ddosbarth(-iadau) *m*, tacson(-au) *m*.

taxonomer *n.* = **taxonomist.**
taxonomic[-al] *a.* dosbarthol, dosbarthiadol, tacsonomig.
taxonomically *adv.* yn ddosbarthol, o ran dosbarth, yn dacsonomig.
taxonomist *n.* dosbarthwr (dosbarthwyr) *m*, tacsonomydd(-ion) *m*.
taxonomy *n.* dosbarthiad *m*, rheolau (*pl*) dosbarthu, tacs|onomi *m*, tacsonomeg *f*.
taxpayer *n.* trethdalwr (trethdalwyr) *m*.
tayberry *n. Bot:* mafonfwyaren (mafonfwyar) *f*.
tayra *n. Z:* taïra(-od) *m*.
tazza *n. Furn:* tasa (tasâu) *m*.
tea[1] *n.* **1.** *(a)* te *m*; **~ made in the cup,** te tramp, te pinsh, te bwtsiar; *Fig:* **~ and sympathy,** *N:* 'paned a sgwrs, *S:* dishgled a chlonc; **to take ~,** cael te, yfed te, *S:* cael dysglaid o de, *N:* cael 'paned, *occ:* 'paneidio; **weak ~,** te gwan, te slot, *N.W:* te wedi gweld bwgan/plismon, *V:* te piso cath, te piso dryw, te piso bronwen, *S.E:* te pislyd, te pisho cath, *S.W:* golchan (*m*) o de, *V:* te piso 'ffeirad; **strong ~,** te cryf, *N.E:* te piwc, *N.W:* te fel trwyth parddu, te fel troed stôl, te fel coes morthwyl, te fel gwaed ych, *S.W:* te breci; **stewed ~,** hen de, te llongwr, te tramp *(b)* **afternoon ~,** te prynhawn/pnawn, prynhawnbryd(-au) *m*, *S.W:* bwyd (*m*) ambor; **high ~,** te mawr, te hwyr, prynhawnbryd, *N.W:* *occ:* swper (*m*) chwarel; *(= infusion):* trwyth *m*, te *m*; **camomile ~,** te camam|eil, *S.W:* te gamil. **~-bag** *n.* bag(-iau) (*m*) te. **~-ball** *n.* pelen (*f*) de (peli te). **~ basket** *n.* basged (*f*) bicnic (basgedi picnic). **~ biscuit** *n.* bisgeden (*f*) de (bisgedi te), bisgïen de (bisgis te). **~-bread** *n.* bara melys *m*. **~ break** *n.* adeg(-au) (*f*) cael te, amser(-oedd) (*m*) 'paned/dysglaid, egwyl (*f*) de (egwylion te). **~-bush** *n.* llwyn(-i) (*m*) te. **~ caddy** *n.* bocs(-ys) *m* te, cistan (*f*) de (cistiau te), tun(-iau) (*m*) te, *occ:* cist (*f*) de (*also* = **tea-chest**), cadi(-s) *m*. **~ canister** *n.* = **tea caddy.** **~ cart** *n.* = **tea-trolley.** **~ ceremony** *n.* s|eremoni (*f*) de (seremonïau te). **~-chest** *n.* cist (*f*) de (cistiau te). **~-cloth** *n.* = **tea-towel.** **~ cosy** *n.* cap(-iau) (*m*) tebot, gorchudd(-ion) (*m*) tebot. **~ dance** *n.* dawns(-f|eydd) (*f*) amser te. **~-fight** *n. F:* te-parti(-s) *m*. **~-garden** *n.* gardd (*f*) de (gerddi te). **~-gown** *n.* gŵn (gynau) (*f*) amser te. **~-house** *n.* tŷ (tai) (*m*) [yfed] te. **~-kettle** *n.* tecell(-au,-i) *m*; *S.a.* **kettle.** **~-lady** *n.* gwr|aig (gwragedd) (*f*) gwn|eud te; *F:* **the ~-ladies,** merched y te. **~-leaf** *n.* **1.** deilen (*f*) de (dail te), *S.W:* grownsyn (growns) (*m*) te, haden (hadau) (*f*) o de. **2.** *P:* = **thief.** **~-maker** *n.* tebot(-iau) (*m*) larwm, peth(-au) (*m*) gwneud te. **~-party** *n.* te-parti(-s) *m*. **~-plant** *n.* coeden (*f*) de (coed te), llwyn(-i) (*m*) te; *Bot:* **Duke of Argyll's ~-plant,** *(Lycium barbarum):* ysbeinwydden (ysbeinwydd) (*f*) Tsieina. **~-planter** *n.* tyfwr (tyfwyr) (*m*) te. **~-room** *n.* ystafell (*f*) de (ystafelloedd te). **~-rose** *n. Bot:* rhosyn (rhosod) (*m*) te. **~-seller** *n.* gwerthwr (gwerthwyr) (*m*) te. **~ service** *n.* llestri (*pl*) te. **~-strainer** *n.* hidlwr (hidlwyr) (*m*) te. **~-things** *n.pl.* llestri te. **~-towel** *n.* lliain (llieiniau) (*m*) sychu llestri. **~-tray** *n.* hambwrdd (hambyrddau) (*m*) [llestri] te. **~-tree** *n. Bot:* coeden (*f*) de (coed te). **~-trolley** *n.* trol (*f*) de (troliau te), troli (*m*) te (trolïau te). **~-urn** *n.* wrn (*mf*) te/de (yrnau te). **~-wagon** *n.* = **tea-trolley.**
tea[2] *v.i.&t.* **1.** *v.i.* cymryd te, yfed te. **2.** *v.t.* rhoi te (i rn).
teaberry *n. Bot:* *(a) (tree):* glesyn (*m*) Am|erica, glesyn ymlusgol; *(b) (fruit):* mwyaren (mwyar) (*f*) glesyn.
teacake *n. Cu:* cacen (*f*) de (cacennau/cacenni te); *N.W:* **flat ~,** slapan (slapiau) *f*.
teach *v.t.* dysgu, *occ:* addysgu; *N.B. that* dysgu *also means* **to learn,** *and that* addysgu *usu. means* **to educate**; **to ~ s.o. sth,** dysgu rhth i rn (*not* dysgu rhn rhth); **to ~ me to sing,** dysgu canu imi, dysgu imi ganu, fy nysgu i ganu; **she is being taught Welsh,** mae hi'n [cael] dysgu Cymraeg; dysgir Cymraeg iddi; **she teaches the young pupils,** mae hi'n dysgu'r plant mân; **I was never taught music,** ni chefais erioed ddysgu cerddoriaeth; **they ~ French,** maent yn athrawon Ffrangeg; maent yn dysgu Ffrangeg *(N.B. could be ambiguous)*; **you can't ~ him anything,** 'does dim dysgu arno; *Prov:* **you can't ~ an old dog new tricks,** anodd dysgu cast newydd i hen gi; anodd dysgu hen gostog; *abs.* **to ~, to ~ school,** dysgu mewn ysgol, bod yn athro ysgol; **to ~ s.o. how to do sth,** dysgu i rn sut mae gwneud rhth, dysgu rhn sut i wneud rhth, rhoi rhn ar ben [y] ffordd; **to ~ oneself,** eich dysgu'ch/addysgu'ch hun, dysgu ar eich liwt eich hun, dysgu ar eich pen eich hun; **I was taught by my father,** dysgwyd fi gan fy nhad; fy nhad a'm dysgodd i; gan fy nhad y dysgais i; **my father taught me a thing or two,** cefais ysgol [dda] gan fy nhad; *S.a.* **self-taught, taught; I was taught never to tell a lie,** cefais fy nysgu i beidio byth â dweud celwydd; *F:* **to ~ s.o. a lesson,** rhoi/dysgu gwers i rn; **that will ~ him,** bydd hynna'n wers/ysgol iddo; fe ddysg hynna iddo; *S.W:* bydd hynny'n gwarter o ysgol iddo; **I could ~ him a thing or two,** mi allwn i ddweud wrtho beth yw beth; fe allai ddysgu rhth gen i; **I'll ~ you to speak to me like that!** mi ddysga' i iti fod yn ddigywilydd! *Prov:* **to ~ one's grandmother to suck eggs,** dysgu pader i berson; yr oen yn dysgu i'r ddafad bori; dysgu gradd i henfarch. **~-in** *n. F:* seiat (seiadau) *f*, s|eminar (seminarau) *m*.
teachability *n.* **1.** *(of pers.):* parodrwydd (*m*) i ddysgu, natur addysgadwy *f*; **I'm not convinced of their ~,** nid wy'n siŵr a ellir eu dysgu; nid wy'n siŵr a oes dysgu arnynt. **2.** *(of subject):* hawster (*m*) dysgu, natur ddysgadwy *f*; **it's a question of ~,** mae'n fater o ba mor hawdd yw ei ddysgu.
teachable *a.* **1.** *(pers.):* addysgadwy, dysgadwy, hyfforddadwy, parod i ddysgu, hawdd eich dysgu. **2.** *(subject):* dysgadwy, hawdd ei ddysgu.
teachableness *n.* = **teachability.**
teachably *adv.* **1.** yn addysgadwy. **2.** yn ddysgadwy.
teacher *n.* athro (athrawon) *m*, athrawes(-au) *f*, *Lit: occ:* dysgawdr (dysgodron); **~'s pet,** ffefryn(-nod) (*m*) athro/athrawes. **~-centred** *a.* athro-ganolog. **~-directed** *a.* dan gyfarwyddyd athro. **~-librarian** *n.* athro-lyfrgellydd (~-lyfrgellwyr) *m*. **~-pupil ratio** *n.* cymhareb (cymarebau) (*f*) athrawon a disgyblion. **~ training** *vn.* hyfforddi athrawon.
teacherless *a.* diathro, heb athro.
teacherly *a.* athrawol.
teachership *n.* swydd(-i) (*f*) dysgu, swydd athro/athrawes (swyddi athrawon/athrawesau).
teaching *vn. & n.* **1.** *vn. Sch:* dysgu, *occ:* addysgu; **to go in for ~,** mynd yn athro/athrawes. **2.** *n.* *(= doctrine):* athrawiaeth(-au) *f*, dysgeidiaeth(-au) *f*. **~-aid** *n.* cymorth (cymhorthion) (*m*) dysgu/addysgu. **~ hospital** *n.* ysbyty (ysbytai) (*m*) hyfforddi, ysbyty athrofaol. **~ load** *n.* baich (beichiau) (*m*) dysgu/addysgu. **~ machine** *n.* peiriant (peiriannau) (*m*) dysgu/addysgu. **~ practice** *n.* ymarfer (*vn*) dysgu. **~ staff** *n.* athrawon *pl*.
teacup *n.* cwpan (*m*) de (cwpanau te), *S:* dysgl (*f*) de (dysglau te); *usu. pronounced as if* dishgil de); *S.a.* **cup**[1] **1.**
teacupful *n.* cwpanaid (cwpaneidiau) *f*, llond (*m*) cwpan de (~ cwpanau te), *S:* dysglaid (dysgleidiau) *f*, llond dysgl de (~ dysglau te).
teak *n.* **1.** *Bot:* *(tree):* coeden (*f*) dîc (coed tîc). **2.** *Carp:* *(wood):* tîc *m*.
teal *n.* **1.** *Orn:* *(Arias crecca):* corhwyad: corhwyaden (corhwyaid) *f*, crach-hwyad: crach-hwyaden (~-hwyaid) *f*, telsan (têl) *f*; **Barkal ~,** *(A. formosa):* corhwyaden Siberia; **blue-winged ~,** *(A. discors):* corhwyaden adain/asgell las; **falcated ~,** *(A. falcata):* corhwyaden gribog (corhwyaid cribog); **green-winged ~,** *(A. carolinensis):* corhwyaden asgell werdd; **marbled ~,** *(A. angustivostris):* corhwyaden fraith (corhwyaid brithion); **red-billed ~,** *(A. erythrorhyncha):* corhwyaden big-goch (corhwyaid pig-goch). **2.** *(colour):* gwyrddlas *m*, glaswyrdd *m*.
team[1] *n.* **1.** *(of horses, oxen):* gwedd(-oedd) *f*, *M.W:* deuben(-nau) *pl*, pâr (parau) *m*, *S.E:* *occ:* tîm (timau) *m*; **a thousand teams of cattle,** mil o wartheg gwedd, mil pâr o wartheg. **2.** *(of workers):* criw(-iau) *m*, tîm (timau) *m*; *Sp:* tîm; **home ~,** tîm cartref; **away ~,** ymwelwyr *pl*; **to work as a ~,** cydweithio, gweithio fel tîm, gweithio ar y cyd. **~-driver** *n. Agr:* gyrrwr (*m*) gwedd (gyrwyr gweddoedd). **~-leader** *n.* arweinydd (*m*) tîm (arweinyddion timau). **~-mate** *n.* cydweithiwr (cydweithwyr) *m*; *Sp:* cydchwaraewr (cydchwaraewyr) *m*. **~ spirit** *n.* ysbryd (*m*) cyd-dynnu. **~-teaching** *vn.* dysgu/addysgu ar y cyd.
team[2] *v.t.&i.* **1.** *v.t. Agr:* *(oxen, horses):* ieuo. **2.** *v.i.* **to ~ up with s.o.,** ymuno â rhn.
teamster *n.* **1.** *Agr:* gyrrwr (*m*) gwedd (gyrwyr gweddoedd). **2.** *U.S:* gyrrwr lorri (gyrwyr lorïau).
teamwork *n.* cydweithrediad *m*, cyd-dynnu *vn*, cydweithredu *vn*, gwaith (*m*) tîm; *(of players):* cydchwarae *vn*.
teapot *n.* tebot(-iau) *m*. **~ spout** *n.* pig (*m*) tebot (pigau tebotiau).
teapoy *n.* bwrdd (byrddau) (*m*) te.

tear[1] *n.* *(~-drop):* deigryn (dagrau) *m*; **to shed tears,** gollwng/colli/tywallt dagrau, wylo dagrau, wylo'n hidl; **to burst into tears,** torri allan i wylo, wylo'n hidl, beichio wylo; **to weep tears of joy,** gollwng dagrau o lawenydd, wylo o/gan lawenydd; **it will all end in tears,** bydd y chwarae'n troi'n chwerw; dagrau fydd ei diwedd hi; **to bring tears to s.o.'s eyes, to move s.o. to tears,** peri i rn wylo, dod â dagrau i lygad rhn, dwyn dagrau i lygaid rhn, tynnu lleithder i lygad rhn; **she's easily moved to tears,** mae hi'n wylo'n hawdd; **she was all in tears,** 'roedd hi yn ei dagrau; 'roedd hi'n ddagreuol; **(I was) bored to tears,** ('roeddwn i) wedi syrffedu'n lân, wedi hen ddiflasu; **(learn Welsh) without tears,** (dysgwch Gymraeg) yn ddidrafferth, heb ddagrau; **crocodile tears,** dagrau gwn|eud/rhagrithiol, *N.W: occ:* dagrau cogio. **~-drop** *n.* deigryn (dagrau) *m.* **~-duct** *n. Anat:* dwythell *(f)* ddagrau (dwythellau dagrau). **~-gas** *n.* nwy *(m)* dagrau. **~-jerker** *n.* peth(-au) dagreuol *m*; *(song):* cân ddagreuol (caneuon dagreuol) *f*; *(story):* hanes(-ion) dagreuol *m.* **~-stained** *a.* dagreuol, yn ddagrau i gyd, ag ôl dagrau [arnoch].

tear[2] *n.* *(= hole, laceration):* rhwyg(-iadau) *m*, *S.E:* rap(-au) *m*, rapad(-au) *m.*

tear[3] *v.t.&i.* **1.** *v.t.* *(a)* rhwygo, *N: F:* rhigo, *S.E:* brwa, *S.W:* rapo, racsan; **to ~ sth to pieces,** rhwygo rhth yn ddarnau/gareiau, tynnu rhth yn ddarnau/gareiau, *N.W:* llyfrïo/straffio rhth, *S.W:* llapreio/racsan rhth; **he was torn to pieces by wolves,** cafodd ei larpio gan fleiddiaid; **to ~ sth in half, to ~ sth across,** rhwygo rhth yn ei hanner; **his argument was torn to shreds,** tynnwyd ei ddadl yn gareiau; **to ~ sth open,** rhwygo rhth i'w agor; **to ~ the house apart,** tynnu'r tŷ'n gareiau; *P:* **that's torn it!** dyna'i difetha hi! dyna droi'r drol! **to ~ a hole in sth,** rhwygo twll yn rhth; *(on packages):* **~ along the dotted line,** rhwyger/agorer ar hyd y llinell ddotiog; **I was torn between two emotions,** rhwygid/rhwygwyd fi rhwng dau deimlad; **to ~ [out] one's hair,** tynnu'ch gwallt, tynnu gwallt eich pen; **to ~ a confession from s.o.,** gorfodi rhn i gyffesu. **2.** *v.i.* *(a)* *(of paper, dress &c):* rhwygo; **it tore along the middle,** fe rwygodd ar ei draws/thraws; **(stuff) that tears easily,** (defnydd) sy'n rhwygo'n hawdd, sy'n hawdd ei rwygo; *(b)* **to ~ (at sth),** crafangu, crafangio (rhth); tynnu (rhth) nerth eich ewinedd. *(c)* **to ~ along,** rhuthro, sgrialu mynd, chwipio mynd, cythru mynd, mynd fel y gwynt *&c*; **he was tearing along the road,** yr oedd yn rhuthro ar hyd y ffordd; yr oedd yn taranu/chwipio mynd ar hyd y ffordd; **~ away** *v.t.&i.* tynnu (rhth) ymaith, *N:* tynnu (rhth) i ffwrdd, *S:* tynnu (rhth) bant; **I could not ~ myself away from the television,** ni fedrwn i mo'm tynnu fy hun oddi wrth y teledu. **2.** *v.i.* *(= break free):* ymryddh|au; *(= rush off):* rhuthro ymaith. **~ down** *v.t.* *(poster &c):* rhwygo/tynnu (rhth) i lawr; *(building):* dymchwel, chwalu. **~ into 1.** *v.ind.t.* *(material, flesh &c):* rhwygo, torri. **2.** *v.i. Fig:* **to ~ into s.o.,** ymosod ar rn; **to ~ into s.o.'s argument,** tynnu dadl rhn yn gareiau. **~ off** *v.t.* tynnu (rhth) ymaith, *N:* tynnu (rhth) i ffwrdd, *S:* tynnu (rhth) bant; **a shell tore off his arm,** aeth ffrwydryn â'i fraich; rhwygwyd ei fraich ymaith gan ffrwydryn; **to ~ s.o. off a strip, to ~ a strip off s.o.,** dweud y drefn wrth rn, tynnu carrai o groen rhn, rhoi pryd o dafod i rn. **~ out** *v.t.* rhwygo/tynnu (rhth) allan/mas; **to ~ s.o.'s eyes out,** tynnu llygaid rhn [o'i ben]. **~-sheet** *n. Journ:* dalen *(f)* dynnu (dalennau tynnu). **~ up** *v.t.* **1.** rhwygo. **2. to ~ up a tree by the roots,** diwreiddio coeden, tynnu coeden o'i gwr|aidd; **to ~ up a street,** agor stryd ar ei hyd, agor/codi wyneb stryd.

tearable *a.* rhwygadwy.

tearaway *a. & n.* **1.** *a.* byrbwyll, gwyllt(-ion). **2.** *n.* h|wligan (hwliganiaid) *m.*

tearful *a.* dagreuol, *Lit:* wylofus, *S.E: F: occ:* brepsog.

tearfully *adv.* yn ddagreuol.

tearfulness *n.* dagreuoldeb *m.*

tearing[1] *a.* **1.** rhwygol; **~ wind,** gwynt gwyllt; *F:* **in a ~ rage,** mewn tymer wyllt, wedi gwylltio'n lân/gaclwn/ gacwn, yn gynddeiriog [ulw], yn gandryll [ulw], yn gudyll [ulw], yn ynfyd wallgo, *S:* yn benwan holics, *N:* o'ch co'n las ulw. **2. at a ~ rate, in a ~ hurry,** ar frys gwyllt, ar ffrwst, ar ras wyllt.

tearing[2] *vn.* = **tear**[3]. **~ sound** *n.* sŵn *(m)* rhwygo. **~ strength** *n.* nerth *(m)* rhwygo.

tearless *a.* diddagrau, diddeigryn, heb ddagrau, sych(-ion).

tearlessly *adv.* yn ddiddagrau.

tearlessness *n.* annagreuoldeb *m.*

tearoom *n.* ystafell *(f)* de (ystafelloedd te).

teart *a. Nat.Hist:* **~ land,** tir piblyd *m.*

teary *a.* = **tearful.**

tease[1] *n.* **1.** = **teaser 3. 2.** = **tease**[2] **2.**

tease[2] *v.t.* **1.** *(a)* **to ~ out,** *(wool &c):* datrys (gwlân, edafedd); *(b)* = **teasel**[2]; *(c)* = **card**[4]. **2.** *(= provoke):* herian, pryfocio, profocio, plagio (rhn); tynnu (ar rn); *S.W:* bigit[i]an, bipsan, rigan, *occ:* ymherian (rhn). **3.** *Cu:* **to ~ salad,** troi a throsi salad.

teasel[1] *n.* **1.** *Bot:* *(Dipsacus):* cribau*(pl)*'r pannwr, llysiau*(pl)*'r pannwr, llysiau'r cribwr/cribau, teilai mawr *m*; **small ~,** *(D. pilosus):* ffon (ffyn) *(f)* y bugail, gwialen (gwiail) *(f)* y bugail; **wild ~,** *(D. sylvestris):* teilai gwyllt; *S.a.* **fuller**[1]. **2.** *Tex:* crib *(f)* wlân (cribau gwlân), crib pannwr. **~-burs** *n.pl. Bot:* cribau'r pannwr.

teasel[2] *v.t. Tex:* cribo.

teaseler *n. Tex:* cribwr (cribwyr) *m.*

teaser *n.* **1.** *(pers.):* heriwr (herwyr) *m*, pryfociwr (pryfocwyr) *m*, plagiwr (plagwyr) *m*, pryf|ocwraig (pryfocwragedd) *f*, pl|agwraig (plagwragedd) *f.* **2.** *F:* *(= problem):* pos(-au) *m*, cwestiwn (cwestiynau) dyrys *m*, *Lit: occ:* dyrysbwnc (dyrysbynciau); **that's a ~,** dyna un dyrys. **3.** *Th:* brigfasg(-iau) *m.*

teaset *n.* llestri *(pl)* te.

teashop *n.* siop *(f)* de (siopau te).

teasing *a.* pryfoclyd, profoclyd, herllyd.

teasmade *n. R.t.m:* peiriant (peiriannau) *(m)* gwn|eud te.

teaspoon *n.* llwy *(f)* de (llwyau te), *S:* llwy fach (llwyau bach).

teaspoonful *n.* llond *(m)* llwy de (~ llwyau te), llwyaid *(f)* de (llwyeidiau te).

teat *n.* **1.** teth(-i)*f*, tethan(-au)*f*, *F:* diden(-nau)*f.* **2.** *Tchn:* tethan. **~ pipette** *n. Ch:* diferydd(-ion) *m.* **~ syphon** *n.* nodwydd *(f)* laeth (nodwyddau llaeth).

teated *a.* tethog, didennog.

teatime *n.* amser *(m)* te.

teazle[1],[2] *n. & v.t.* = **teasel**[1],[2].

tec *n. P:* = **detective 2.**

technetium *n. Ch:* technetiwm *m.*

technic *n.* = **technics, technique.**

technical *a.* technegol.

technicality *n.* gair (geiriau) technegol *m*, manylyn (manylion) technegol *m*, pwynt(-iau) technegol *m*; *pl. occ:* technegolaethau; **we lost the case on a ~,** collasom yr achos ar bwynt technegol; **I don't understand the technicalities of it,** nid wy'n deall technegolaethau'r peth.

technically *adv.* yn dechnegol.

technicalness *n.* technegoldeb *m.*

technician *n.* technegydd: technegwr (technegwyr) *m.*

Technicolor *n. Cin: R.t.m:* Technicolor *m*; *F:* **in [glorious] ~,** yn holl liwiau'r enfys.

technicolored *a. F:* amryliw, seithliw.

technics *n.pl.* techneg *f.*

technique *n.* techneg(-au) *f.*

technocracy *n.* technocratiaeth(-au) *f.*

technocrat *n.* t|echnocrat (technocratiaid) *m.*

technocratic *a.* technocratig, technocrataidd.

technography *n.* technograffeg *f.*

technological *a.* technolegol.

technologically *adv.* yn dechnolegol.

technologist *n.* technolegydd: technolegwr (technolegwyr) *m.*

technologize *v.t.* technolegu.

technology *n.* technoleg(-au) *f*; *Cmptr:* **control ~,** technoleg reoli; **high ~,** uwch-dechnoleg *f*; **the white heat of ~,** technoleg wynias *f.*

technostructure *n.* techno-adeiledd(-au) *m*, technocratiaid *pl.*

techy *a.* = **testy.**

tectal *a. Anat:* tectol.

tectibranch *n.* = **sea-slug 2.**

tectonic *a.* **1.** *Arch:* pensaernïol, saernïol. **2.** *Geol:* tectonig.

tectonically *adv.* **1.** yn bensaernïol, yn saernïol. **2.** *Geol:* yn dectonig.

tectonics *n.pl.* **1.** *Arch: Const:* pensaernïaeth *f*, saernïaeth *f*, adeilyddiaeth *f.* **2.** *Geol:* tectoneg *f.*

tectonism *n. Geol:* tectonedd *m.*

tectorial *a. Anat:* gorchuddiol.

tectricial *a. Orn:* bonblufol.
tectrix *n. Orn:* bôn-bluen (bonblu) *f*, bôn-blufyn (bonbluf) *m*.
tectum *n. Anat:* tectwm (tecta) *m*.
Ted[1] *Pr.n. & n.* **1.** Ted; *S.a.* Teddy. **2.** *n. F:* = **teddy boy**.
ted[2] *v.t. Agr:* chwalu.
tedder *n. Agr:* **hay-~**, chwalwr (chwalwyr) (*m*) gwair.
Teddy *Pr.n.m.* Ted, Tedi, Edw, Nedw; *S.a.* **Edward**. **t~ bear** *n.* tedi(-s) *m*, tedi bêr(-s) *m*. **t~ boy** *n.* tedi boi(-s) *m*, *N.W: occ:* hogyn (hogiau) (*m*) Nedw.
Te Deum *n. Mus:* Ti Dduw [a folwn].
tedious *a.* diflas, anniddorol.
tediously *adv.* yn ddiflas *&c.*
tediousness *n.* = **tedium.**
tedium *n.* diflaster *m*, diflastod *m*, diflasrwydd *m*.
tee[1] *n.* [y llythyren] ti (tïau) *f*, *(N.B. does not mutate after the article)*.
tee[2] *n. Golf:* **1.** ti (tïau) *m*; *(of sand)* twmpath(-au) *m*. **2.** = **teeing-ground. 3.** *Curling: Bowls: Quoits:* cnap(-iau) (*m*) nod.
tee[3] *v.i. Golf:* **to ~ off,** taro'r bêl, cychwyn, tïo; **to ~ up,** rhoi'r bêl ar y ti, tïo'r bêl.
tee[4] *n. (of pagoda):* ambarél (ambareli) (*mf*) aur.
teehee[1] *int. & n.* hi-hi *mf*.
teehee[2] *v.i.* piffian chwerthin.
teeing *vn.* **~-ground** *n.* llawr (lloriau) (*m*) tïo.
teem[1] *v.i.* heigio (**with sth,** â rhth), bod yn llawn (rhth, o rth), *F:* berwi (gan rth, o rth), bod yn fyw (o rth, gan rth), bod yn gyforiog/ dryfrith (o rth), *S:* pingad (o rth); **the river was teeming with fish,** 'roedd yr afon yn berwi o/gan bysgod; 'roedd yr afon yn llawn pysgod; 'roedd pysgod yn heigio yn yr afon; 'roedd yr afon yn dryfrith o bysgod; **(streets) that ~ with people,** (strydoedd) sy'n un haid o bobl, sy'n ferw o bobl; **his head is teeming with new ideas; new ideas are teeming in his head,** mae ei ben yn gyforiog/berwi o syniadau newydd.
teem[2] *v.t.&i.* **1.** *v.t. Metall:* **to ~ (molten metal into a mould),** arllwys, tywallt, gwagio (metel tawdd i fowld). **2.** *v.i.* llifo, ymdywallt, ymarllwys.
teemer *n. Metall:* arllwyswr (arllwyswyr) *m*, tywalltwr (tywalltwyr) *m*.
teeming *a. (stream &c):* llawn, heigiog; *occ:* cyforiog (**with sth,** gan rth, o rth); **the ~ earth,** y ddaear heigiog/gyforiog; **~ streets,** strydoedd poblog/llawn/gorlawn; **~ millions,** miliynau di-rif/ aneirif/dirifedi; **~ crowds,** tyrfaoedd heigiog/niferus; **~ rain,** curlaw *m*; *See* **rain**[1]; **~ (fish),** (pysgod) heigiog, yn heigiau; **~ (ants),** (morgrug) heidiog, yn gwau trwy'i gilydd.
teemingly *adv.* yn llawn *&c.*
teen-age *a.* arddegol, glaslancaidd; **~-age problems,** problemau glaslencyndod/glasoed.
teen-aged *a.* yn eich arddegau.
teenager *n.* glaslanc(-iau) *m*, glaslances(-i) *f*, plentyn (*m*) yn ei arddegau (plant yn eu harddegau).
teens *n.pl.* arddegau *pl*, glasoed *m*, glaslencyndod *m*; **middle ~,** pymthegau *pl.*
teeny-bopper *n.* glasbopiwr (glasbopwyr) *m*, glasb|opwraig (glasbopwragedd) *f*.
teeny-weeny *a. F:* bychan bach (*f.* bechan bach, *pl.* bychain bach); **a ~~ drop,** diferyn bach bach *m*, y diferyn lleiaf [erioed]; **a ~~ bit,** y mymryn lleiaf [erioed] *m*, gronyn bach *m*, *N.W: occ:* ron bach *m*.
teepee *n.* = **tepee.**
teeshirt *n.* = **T-shirt.**
teeter[1] *n. U.S:* = **see-saw.**
teeter[2] *v.i.* simsanu, gwegian; **to ~ on the brink,** gwegian ar ymyl y dibyn.
teeth *n.pl. See* **tooth**[1] **~-ridge** *n.* gorfant(-au, gorfannau) *m*.
teethe *v.i.* cael [eich] dannedd, torri['ch] dannedd, *N.W: occ:* hel dannedd.
teething *vn.* **~-ring** *n.* cylch(-oedd) (*m*) cnoi. **~ troubles** *n.pl.* trafferthion torri dannedd, *S.W:* gwaith (*m*) dannedd; *Fig: (of new enterprise):* trafferthion cychwynnol.
teethridge *n. Anat:* trum (*f*) y dannedd.
teetotal *a.* llwyrymwrthodol, dirwestol, *occ:* llwyrymataliol.
teetotalism *n.* llwyrymwrthodaeth *f*, llwyrymwrthod *vn*, llwyrymwrthodiad *m*, dirwest *mf*, *occ:* llwyrymatal *vn*, dirwestiaeth *f*.
teetotaller *n.* llwyrymwrthodwr (llwyrymwrthodwyr) *m*, llwyrymwrth|odwraig (llwyrymwrthodwragedd) *f*, dirwestwr (dirwestwyr) *m*, dirw|estwraig (dirwestwragedd) *f*, llwyrymataliwr (llwyrymatalwyr) *m*, llwyrymat|alwraig (llwyrymatalwragedd) *f*, *N.E: occ:* nasaread (nasareaid) *m&f*.
teetotum *n.* trotwm (trotymau) *m*.
teff *n. Bot: Agr:* teff *m*.
Teflon *n. R.t.m:* tefflon *m*.
teg *n. Husb:* dafad ddwyflwydd (defaid dwyflwydd) *f*, llwdn (llydnod) dwyflwydd *m*.
tegmen *n.* **1.** *Bot: (= cover):* gorchudd(-ion) *m*, amwisg(-oedd) *f*. **2.** *Ent:* asgell (*f*) flaen (esgyll blaen).
tegminal *a.* gorchuddiol, amwisgol.
tegular *a. Biol:* gorgyffyrddol.
tegularly *adv.* yn orgyffyrddol.
tegument *n.* gorchudd(-ion) *m*, pilyn(-nau) *m*, tegmentwm (tegmenta) *m*.
tegumental, tegumentary *a.* gorchuddiol, pilynnaidd, pilynnol.
tehee *n. & v.i.* = **teehee**[2].
Tehuelche *n. Ethn:* Tehweltsie(-iaid) *m&f*.
Teifiside *W.Pl.n.* Glannau (*pl*) Teifi.
teil *n.* **~ tree,** = **lime**[4].
teind *n. Ecc: Jur:* degwm (degymau) *m*.
teknonymous *a. Anthr:* tecnonymus.
teknonymy *n. Anthr:* tecnonymedd *m*.
tektite *n. Miner:* tectit(-au) *m*.
tela *n. Anat:* gwe(-oedd) *f*, cnodwe(-oedd) *f*.
telaesthesia *n. Psych:* pellganfyddiad *m*, telesthesia *m*.
telaesthetic *a. Psych:* pellganfyddol, telesthetig.
telamon *n. Arch:* cynhaliwr (cynhalwyr) *m*, cynheiliad (cynheiliaid) *m*, atlas(-iaid) *m*.
telangiectasia, telangiectasis *n. Path:* telangiectasis(-au) *m*.
telangiectatic *a. Path:* telangiectatig.
Telautograph *R.t.m:* Tel|awtograff (Telawtograffau) *m*.
telautographic *a.* telawtograffig.
telautography *n.* telawt|ograffi *m*.
telecamera *n.* c|amera (camerâu) (*m*) teledu, telec|amera (telecamerâu) *m*.
telecast[1] *n.* telediad(-au) *m*.
telecast[2] *v.t.* teledu.
telecaster *n.* teledwr (teledwyr) *m*, tel|edwraig (teledwragedd) *f*.
telecasting *vn.* teledu.
telecine[1] *n.* ffilm (*f*) deledu (ffilmiau teledu), telelunydd(-ion) *m*.
telecine[2] *v.t.* telelunio.
telecommunicate *v.t.&i.*, **telecommunication** *n.* telathrebu.
teleconference *n.* telegynhadledd (telegynadleddau) *f*.
teleconferencing *vn.* telegynadledda.
telecourse *n.* telecwrs (telecyrsiau) *m*.
teledu *n. Z:* broch(-od) drewllyd *m*, teledw (teledŵod) *m*.
telefacsimile, telefax *n.* t|eleffacs (teleffacsiau) *m*.
telefilm *n.* ffilm (*f*) deledu (ffilmiau teledu), t|eleffilm (teleffilmiau) *f*.
telega *n. Veh:* telega (telegâu) *f*, pedrolfen(-ni) *f*.
telegenic *a.* telegenig.
telegonic *a. Biol:* telegonig.
telegony *n. Biol:* tel|egoni *m*.
telegram[1] *n.* t|elegram (telegramau) *m*.
telegram[2] *v.t.* **to ~ s.o.,** anfon t|elegram at rn.
telegrammatic, telegrammic *a.* telegramatig; *(= concise):* cryno.
telegraph[1] *n.* t|elegraff (telegraffau) *m*; *S.a.* **bush. ~-board** *n. Sp:* hysbysfwrdd (hysbysfyrddau) *m*, bwrdd (byrddau) (*m*) telegraff. **~-key** *n.* bysell (*f*) delegraff (bysellau telegraff). **~-line** *n.* gwifren (*f*) delegraff (gwifrau telegraff). **~-operator** *n.* = **telegraphist. ~-plant** *n. Bot: (Desmodium gyrans):* planhigyn (planhigion) aflonydd *m*, dail siglog *pl.* **~-pole, ~-post** *n.* polyn (polion) (*m*) telegraff, postyn (pyst) (*m*) telegraff. **~-wire** *n.* = **telegraph-line.**
telegraph[2] *v.t.&i.* telegraffio; **his son was telegraphed for,** anfonwyd t|elegraff at ei fab; *Fb:* **to ~ a pass,** signalu pas.
telegrapher *n.* = **telegraphist.**
telegraphese *n. Joc:* telegraffeg *f*, iaith (*f*) t|elegram.
telegraphic[al] *a.* **1.** telegraffig. **2.** *Fig:* cryno.
telegraphically *adv.* **1.** yn delegraffig. **2.** yn gryno.
telegraphist *n.* telegraffydd(-ion, telegraffwyr) *m*.
telegraphoscope *n.* telegr|affosgop (telegraffosgopau) *m*.
telegraphy *n.* telegraffiaeth *f*, tel|egraffi *m*; *S.a.* **wireless**[1].

telekinesis *n. Psychics:* telecinesis *m.*
telekinetic *a. Psychics:* telecinetig.
telekinetically *adv. Psychics:* yn delecinetig.
teleman *n. Navy:* swyddog(-ion) (*m*) cyfathrebu.
telemark[1] *n. Ski:* t|elemarc (telemarciau) *m.*
telemark[2] *v.i. Ski:* telemarcio, gwn|eud t|elemarc.
telemeter[1] *n. Mec.E:* t|elemedr (telemedrau) *m.*
telemeter[2] *v.t.&i. W.Tel:* telemedru.
telemetric *a. W.Tel:* telemetrig.
telemetrically *adv. W.Tel:* yn delemetrig.
telemetry *n. W.Tel:* telemetreg *f.*
telemotor *n.* telemotor(-au) *m.*
telencephalic *a. Anat:* blaenymenyddol, telenseffalig.
telencephalon *n. Anat:* blaen (*m*) ymennydd (blaenau ymenyddiau), telens|effalon (telenseffalonau) *m.*
teleological *a.* dibenyddol, teleolegol.
teleologically *adv.* yn ddibenyddol *&c.*
teleologism *n.* dibenyddiaeth *f*, bwriadaeth *f*, teleoleg *f.*
teleologist *n.* dibenyddwr (dibenyddwyr) *m*, teleolegwr (teleolegwyr) *m.*
teleology *n.* = **teleologism.**
teleost, teleostean[1] *a. & n. Ich:* **1.** *a.* esgyrnog, teleostaidd. **2.** *n.* pysgodyn (pysgod) esgyrnog *m*, t|eleost (teleostiaid) *m.*
teleostome *n.* = **teleost 2.**
telepath[1] *n. Psychics:* t|elepath (telepathiaid) *m.*
telepath[2] *v.i. Psychics:* arfer tel|epathi.
telepathic *a. Psychics:* telepathig.
telepathically *adv. Psychics:* yn delepathig, trwy del|epathi.
telepathist *n.* = **telepath[1].**
telepathize *v.t.&i.* telepatheiddio.
telepathy *n.* tel|epathi *m.*
telephase *n.* ôl-gyflwr (~-gyflyrau) *m.*
telephone[1] *n.* t|eleffon (teleffonau) *m*, *F:* ffôn (ffonau) *m*; **are you on the ~?** *(possessing one):* oes gennych chi ffôn? ydych chi ar y ffôn? **you're wanted on the ~,** mae rhn ar y ffôn ichi; **the ~ is ringing,** mae'r ffôn yn canu; **to pick up the ~,** codi'r ffôn; **by ~, over the ~,** ar y ffôn, dros y ffôn; *S.a.* **call[1] 2, exchange[1] 2. ~ booth, ~ box** *n.* caban(-au) (*m*) ffôn, ciosg(-au) (*m*) ffôn. **~ directory** *n.* llyfr(-au) (*m*) teleffon/ffôn. **~ conversation** *n.* sgwrs (sgyrsiau) (*f*) [ar/dros y] ffôn. **~ number** *n.* rhif(-au) (*m*) ffôn. **~ operator** *n.* teleffonydd(-ion), teleffonyddes(-au) *f.* **~ receiver** *n.* derbynnydd (derbynyddion) (*m*) ffôn.
telephone[2] **1.** *v.i.* teleffonio, ffonio, gwn|eud galwad ffôn. **2.** *v.t.* teleffonio, *F:* ffonio; *(a)* **to ~ a message,** anfon neges dros y ffôn, teleffonio/ffonio neges. *(b)* **to ~ (s.o.),** teleffonio, ffonio (rhn, at rn).
telephonic *a.* teleffonig.
telephonically *adv.* yn deleffonig.
telephonist *n.* teleffonydd(-ion) *m*, teleffonyddes(-au) *f.*
telephony *n.* tel|effoni *m.*
telephoto *n.* teleffoto(-s) *m.* **~ lens** *n.* lens (*f*) deleffoto (lensys teleffoto).
telephotograph *n.* teleff|otograff (teleffotograffau) *m.*
telephotographic *a.* teleffotograffig.
telephotographically *adv.* yn deleffotograffig.
telephotography *n.* teleffot|ograffi *m.*
teleplay *n. U.S:* drama (*f*) deledu (dramâu teledu).
teleport *v.t. Psychics:* telegludo.
teleportation *n. Psychics:* telegludiad *m.*
teleprinter *n.* teledeipiadur(-on) *m*, telebrintiwr (telebrintwyr) *m.*
teleprinting *vn.* teledeipio.
teleprocessing *vn.* telebrosesu.
teleprompt *v.t.* teleweini.
teleprompter *n. R.t.m:* teleweinydd(-ion) *m.*
teleran *n. Nau:* t|eleran *m.*
telerecord *v.t.* telerecordio.
telerecording *n. & vn.* **1.** *n.* telerecordiad(-au) *m.* **2.** *vn.* telerecordio.
telergy *n. Psychics:* grym telepathig *m*, ynni telepathig *m*, teleynni *m.*
telesales *n.pl.* gwerthu (*vn*) ar y ffôn, gwerthiant (*m*) ar y ffôn.
telescope[1] *n.* t|elesgop (telesgopau) *m. Lit:* ysbienddrych(-au) *m*, *F:* sb[i]englas(-ys) *m* (*pronounced* ng-g); **radio ~,** telesgop radio.
telescope[2] *v.t.&i.* **1.** *v.t. (train &c):* telesgopio (rhth); gwthio (rhth) i'w gilydd; *(sections of tube &c):* gwthio (pethau) i'w gilydd; *occ:* ffioli, llawesu. **2.** *v.i. (a) (of trains &c):* mynd i'w gilydd; *(b)* **(parts) made to ~,** (darnau) sy'n ffitio yn ei gilydd, sy'n mynd/cau i'w gilydd, sy'n ffioli/llawesu/telesgopio.
telescopic[al] *a.* telesgopig.
telescopically *adv.* yn delesgopig, trwy delesgop.
telesis *n. Phil:* telesis *m.*
telesoftware *n.* telefeddalwedd *f.*
telespectroscope *n.* telesb|ectrosgop (telesbectrosgopau) *m.*
telestereoscope *n.* telest|ereosgop (telestereosgopau) *m.*
telesthesia *n.* pellganfyddiad *m*, telesthesia *m.*
telesthetic *a.* pellganfyddol, telesthetig.
telestich *n. Pros:* ôl-enwad(-au) *m.*
teletext *n.* teletestun *m.*
telethermometer *n.* telethermomedr(-au) *m.*
telethermometry *n.* telethermometreg *f.*
telethermoscope *n.* teleth|ermosgop (telethermosgopau) *m.*
telethon *n. F:* t|elethon (telethonau) *m.*
Teletype[1] *n. R.t.m:* t|eleteip (teleteipiau) *m.*
teletype[2] *v.t.* teleteipio.
teletypist *n.* teleteipydd(-ion) *m*, teleteipyddes(-au) *f.*
teleutospore *n.* = **teliospore.**
teleutosporic *a.* = **teliosporic.**
teleview *v.t.* gwylio (rhth) ar y teledu.
televiewer *n.* gwyliwr (gwylwyr) (*m*) teledu, telewyliwr (telewylwyr) *m.*
television *n.* teledu *m*; **a career in ~,** gyrfa ym myd y teledu; **on ~,** ar y teledu; **to watch ~,** gwylio'r teledu, edrych ar y teledu. **~ programme** *n.* rhaglen (*f*) deledu (rhaglenni teledu). **~ set** *n.* set (*f*) deledu (setiau teledu), *occ:* teledydd(-ion) *m.*
televisional, televisionary *a.* teledol.
televisor *n.* darlledwr (darlledwyr) (*m*) teledu, teledwr (teledwyr) *m.*
televisual *a.* teledol.
televize *v.t.* teledu.
telex[1], Telex *n. R.t.m:* telecs(-au) *m.*
telex[2] *v.t.* **to ~ s.o.,** gyrru telecs at rn, telecsio rhn; **to ~ a message,** telecsio neges.
telfer[1,2] *n. & v.t.* = **telpher[1,2].**
telic *a.* dibennol, pwrpasol.
telically *adv.* yn ddibennol.
teliospore *n. Bot:* t|eliosbor (teliosborau) *m.*
teliosporic *a. Bot:* teliosborig.
telium *n. Bot:* teliwm (telia) *m.*
tell *v.t.&i.* I. *v.t.* **1.** *(a) (news &c):* dweud, *Lit:* adrodd, dywedyd, *S: F:* gweud; *S.a.* **lie[2] truth 1**; *(b)* **to ~ s.o. sth,** dweud rhth wrth rn *(occ.* i rn *in some set expressions)*, sôn am rth wrth rn, rhoi gwybod am rth i rn; *F:* **I'll ~ Mum off/on you!** mi ddyweda' i wrth Mam amdanat ti! **can you ~ me the way to the station?** allech chi ddweud wrtha' i sut mae mynd i'r orsaf? **I cannot ~ you how pleased I am,** ni allaf ddweud wrthych ba mor falch yr wyf; **let me ~ you, it's the best thing I ever did,** cred di fi (credwch chi fi) dyna'r peth gorau a wnes i erioed; **I have been told that...,** dywedodd rhn wrthyf fod...; dywedwyd wrthyf fod...; **I ~ you, it's a disgrace,** mae'n warth o beth, meddaf i wrthych; dyna fi'n dweud, mae'n warth o beth; mae'n warth, credwch chi fi *or* cymerwch fy ngair i; **I ~ you no!** na, meddaf fi wrthych chi! *S:* na mynte fi! **don't let me have to ~ you that again,** dyna'r tro olaf imi ddweud hynna wrthyt ti (wrthych chi); **why not? I told her,** pam lai, meddwn i wrthi. **I soon told her where to get off,** buan iawn y rhois i hi yn ei lle; **I'll ~ you once and for all,** [ni] waeth un gair mwy na chant; mi ddyweda' i wrthyt ti unwaith ac am byth; *Prov:* **to ~ a person what he already knows,** dweud pader wrth berson; **it's just as I told you,** mae'n union fel y dywedais i wrthyt ti; **I told you so!** beth a ddywedais i wrthyt ti! mi ddywedais i wrthyt ti! 'roeddwn i'n meddwl mai fel'na byddai hi! **didn't I ~ you?** oni ddywedais i mai felly y byddai hi? **~ me,** dywed(-wch) i mi; **they ~ me she's ill,** maen nhw'n dweud i mi ei bod hi'n wael; **I'll ~ you what!** mi ddyweda' i wrthyt ti beth; gwrando (gwrandewch), clyw(-ch)! **you're telling me!** mi goelia' i! yn hollol! 'rwyt ti'n dweud y gwir! da y gwn i! *(c) (a story):* dweud, adrodd (rhth); rhoi hanes (rhth); **I will ~ you what happened,** mi ddywedaf wrthyt beth a ddigwyddodd; **he told his adventures,** adroddodd [hanes] ei anturiaethau; soniodd am ei anturiaethau; rhoes hanes ei anturiaethau; **~ that to the marines! ~ me the old, old**

story! *F:* ~ **me another!** dyna hen stori! 'rydw i wedi clywed honna o'r blaen! choelia' i fawr! **he lived to ~ the tale,** fe fu fyw i ddweud/adrodd ei hanes; *esp. U.S: F:* ~ **him goodbye (for me)!** dywed(-wch) ffarwel wrtho (drosof i)! **more than words can ~,** mwy nag a ellir ei ddweud, yn anhraethol, y tu hwnt i eiriau, na ellir ei fynegi mewn geiriau; **to hear ~ that...,** clywed sôn/dweud bod...; *F:* **to hear ~ of sth,** clywed sôn am rth; *(d) (a fact):* dweud, datgan, mynegi, cyhoeddi; *(a secret):* dweud, datgelu; **that would be telling!** *N:* 'dwi'n dweud dim! *S: P:* sa-i'n gweud! *B:* ~ **it not in Gath,** nac adroddwch hyn yng Ngath; *Prov:* ~ **not thy secret to the talkative,** nac addef dy rin i lafar; *Prov:* ~ **thy secret to another, and he will ~ it to the whole world,** dangos dy rin i arall, yntau a'i dengys i'r holl fyd; *(direct):* **the signpost tells the way,** mae'r arwydd yn dangos y ffordd; *(of clock):* **to ~ the time,** dweud/dangos faint yw hi o'r gloch; **to ~ the quarters,** taro pob chwarter awr; **to ~ s.o.'s fortune,** dweud ffortiwn rhn. **2.** *(a)* **to ~ s.o. about s.o.,** dweud/sôn wrth rn am rn; **(he wrote) to ~ me of his father's death,** (ysgrifennodd ataf) i ddweud wrthyf fod ei dad wedi marw, i'm hysbysu am farwolaeth ei dad; **he told us of foreign lands,** soniodd wrthym am wledydd tramor; cawsom hanes gwledydd tramor ganddo; *Prov:* **everyone tells his tale,** pawb â'i chwedl ganddo; **to ~ one's own tale,** dweud eich hanes eich hun; **it tells its own tale,** mae'r peth yn amlwg; mae'n siarad drosto'i hun; *Prov:* **dead men ~ no tales,** mud pob marw; **to ~ tales [out of school],** cario clecs, *N.W:* chwidlo, achwyn, prepian, *S.E:* clecan, *S.W:* clapan; *(b) (emphatic): (= assure):* **it is not so easy, let me ~ you,** nid yw mor hawdd â hynny, coeliwch/credwch chi fi! **3. to ~ s.o. to do sth,** dweud wrth rn am wneud rhth; ~ **him to come,** dywedwch wrtho am ddod; **do as you are told,** gwna fel 'rwy'n dweud wrthyt ti; **he'll do as he's told,** fe wnaiff fel y dywedir wrtho; fe gaiff wrando arnaf i; **I told him not to,** dywedais wrtho am beidio; **you won't be told will you?** 'dwyt ti'n gwrando dim nac wyt? ni waeth heb â dweud wrthyt ti; **she won't be told,** 'dyw hi'n gwrando ar neb. **4.** *(a) (= distinguish, perceive):* **to ~ (right from wrong),** dweud/gwybod y gwahaniaeth, gwahaniaethu, gwybod rhagor (rhwng da a drwg); ~ **the sheep from the goats,** didoli'r defaid a'r geifr; **you can't ~ her from her sister,** mae hi'r un ffunud â'i chwaer, ni allwch adnabod un chwaer oddi wrth y llall; ni ellwch ddweud y gwahaniaeth rhyngddi hi a'i chwaer; **one can ~ him by his voice,** gellir ei adnabod wrth ei lais; **he can't ~ the time,** ni fedr ddweud faint yw hi o'r gloch; **one can ~ she is intelligent,** gellir gweld ei bod hi'n ddeallus; **one could never ~ by the look of him that he is so old,** ni ddywedai neb ar ei olwg ei fod mor hen; **I can ~ it from the look in your eyes,** gallaf ddweud ar yr olwg sydd yn dy lygaid; 'rwy'n ei weld yn dy lygaid; *(b) (= determine):* gwybod; **how can I ~ that he will do it?** sut y gwn i y bydd e'n ei wneud? **who can ~?** pwy a ŵyr? pwy a all ddweud? **there's no telling what she'll do,** 'does wybod beth a wnaiff hi; *F:* 'does dim dal beth a wnaiff hi; dyn a ŵyr beth a wnaiff hi; **as far as one can ~,** hyd y gallwn ddweud; hyd y mae modd dweud; hyd y gwyddom ni; **you never can ~,** wyddost ti (wyddoch chi) byth; 'does wybod [yn y byd]; elli di (allwch chi) byth ddweud, *S:* elli di byth â gweud; **I cannot ~,** wn i ddim. **5.** *abs. (= testify to sth):* **to ~ of sth,** tystio i rth, dangos rhth; **the lines on his face told of his suffering,** 'roedd rhychau ei wyneb yn dweud/dangos/tystio iddo ddioddef. **6. to ~ [over],** *(= count):* cyfrif, rhifo; **all told,** i gyd, rhwng popeth, rhwng pawb, gyda'i gilydd; **(there were twenty people) all told,** ('roedd yno ugain o bobl) i gyd, rhwng pawb; *S.a.* **bead[1]** 1. II. *v.i.* **1.** *(a) Prov:* **blood/breeding will ~,** anodd tynnu dyn oddi ar ei dylwyth; gwaed sy'n cyfrif; hysbys y dengys y dyn o ba radd y bo'i wreiddyn; **(words) that ~,** (geiriau) brathog, sy'n taro'r nod, sy'n cael effaith; **every shot tells,** mae pob ergyd yn cyfrif; **it tells [upon] his health,** mae'n effeithio ar ei iechyd; *F:* mae'n dweud ar ei iechyd; **these drugs ~ upon one in time,** mae'r cyffuriau hyn yn dweud/effeithio/dangos arnoch gydag amser; mae effaith y cyffuriau hyn i'w weld arnoch gydag amser; *Prov:* **time will ~,** amser a ddengys; *(b)* **this tells in his favour,** bydd hyn yn tystio o'i blaid; **everything told against him,** 'roedd popeth yn tystio yn ei erbyn. ~ **off** *v.t.* **1.** *Mil: (= designate):* nodi, dynodi (rhn) (i wneud rhth); **to ~ off one's men for tasks,** nodi tasgau ar gyfer eich dynion; **2.** *P:* = **scold[2]**. **~-tale** *n.* **1.** *(a) Sch: F:* clepgi (clepgwn) *m*, clapgi (clapgwn) *m*, hen glep *m&f*, hen geg *f*, straegi (straegwn) *m*, clepiwr (clepwyr) *m*, *N.W:* chwidlwr (chwidlwyr) *m*, hen brep(-iaid) *m&f*, prepgi (prepgwn) *m*, prepiwr (prepwyr) *m*, cleci (clecwn) *m*, clecen(-nod) *f*; *(b) attrib.* **~-tale signs,** arwyddion diamau/sicr/di-ffael; **~-~ blush,** gwrid dadlennol/arwyddocaol. **2.** *Mec.E: &c:* arwydd(-ion) *m*, dangosydd(-ion) *m*, arwyddwr (arwyddwyr) *m*; *(= gauge):* mesurydd(-ion) *m*; *El.E: Ind:* **~-tale [lamp],** arwyddlamp(-au) *f*. **3.** *Nau: (a) (= dogvane):* plufyn (pluf) *(m)* gwynt, pluen *(f)* wynt (plu gwynt), stribyn(-nau) *(m)* gwynt; *(b) (= compass):* cwmpawd (cwmpodau) crog *m*.

tell[2] *n. Archeol:* tomen(-ni) *f*.

Tell[3] (The) *n. Geog:* Y Tel *m*, arfordir *(m)* Algeria, glannau *(pl)* Algeria.

tellable *a. (a) (story):* adroddadwy, traethadwy; *(emotion):* traethadwy, mynegadwy; *(b) (= countable):* rhifadwy, cyfrifadwy.

teller *n.* **1.** *(= narrator):* adroddwr (adroddwyr) *m*, *occ:* traethydd (traethwyr) *m*, *N: F:* deudwr (deudwyr) *m*; ~ **of tales,** chwedleuwr (chwedleuwyr) *m*; *S.a.* **talebearer. 2.** *(a) (in a bank):* clerc(-od) *m*; *(b) Parl:* cyfrifwr (cyfrifwyr) *m*, rhifwr (rhifwyr) *m*.

tellership *n. (in bank):* swydd *(f)* clerc.

tellin *n. Crust: (Tellina solidula):* cocosen (cocos) *(f)* y frân, cragen *(f)* delyn (cregyn telyn); **Baltic ~,** *(Macoma balthica):* cragen delyn yr aber; **bean-like ~,** *(Fabulina fabula):* cragen delyn ffeuen; **blunt ~,** *(T. crassa):* cragen delyn braff (cregyn telyn praff); **thin ~,** *(T. tenuis):* cragen delyn denau (cregyn telyn tenau).

telling[1] *a.* effeithiol, trawiadol, cyrhaeddgar, grymus; ~ **blow,** ergyd drom (ergydion trymion) *f*; **~ style,** arddull rymus *f*; **with ~ effect,** yn effeithiol, yn drawiadol.

telling[2] *vn.* **1.** *(of story):* adroddiad(-au) *m*, adrodd, dweud, *occ:* traethiad(-au) *m*, traethu, datganiad(-au) *m*; *Prov:* **a tale never loses in the ~,** ni chyll chwedl o'i mynych adrodd. **2.** *(of secret):* datgeliad(-au) *m*, dadleniad(-au) *m*, datguddiad(- au) *m*. **3. there is no ~,** pwy a ŵyr? pwy all ddweud? 'does wybod; nid oes modd gwybod/dweud. **4. ~ [over],** *(= counting):* cyfrifiad(-au) *m*, cyfrif, rhifo. **5. a ~ off, = scolding; he'll get a ~ off,** fe gaiff bryd o dafod; *S:* fe gaiff e glywed blaen fy nhafod i.

tellingly *adv.* yn effeithiol, yn rymus, yn drawiadol.

tellurate *n. Ch:* t|elwrad (telwradau) *m*.

telluret *n. Ch:* = **telluride.**

telluretted *a. Ch:* telwridaidd.

tellurial *a.* daearol.

tellurian[1] *a. & n.* **1.** *a.* daearol, o'r ddaear. **2.** *n.* daearolyn (daearolion) *m*, bod(-au) daearol *m*.

tellurian[2] *n.* = **tellurion.**

telluric *a.* **1.** *Ch:* telwrig. **2.** *(= terrestrial):* daearol, o'r ddaear.

telluride *n. Ch:* t|elwrid (telwridau) *m*.

tellurion *n. Astr:* telwrion(-au) *m*.

tellurite *n. Ch: Miner:* t|elwrit *m*.

tellurium *n. Ch:* telwriwm *m*.

tellurize *v.t. Ch:* telwreiddio.

tellurometer *n.* telwromedr(-au) *m*.

tellurous *a. Ch:* telwrus.

telly *n. F:* teli(-s) *m*.

telocentric *a.* telosentrig.

telodynamic *a.* telodynamig.

telome *n. Bot:* telom(-au) *m*.

telomerization *n.* telomereiddio *vn*, telomereiddiad(-au) *m*.

telomic *a. Bot:* telomig.

telophase *n. Biol:* t|eloffas (teloffasau) *m*, terfynwedd(-au) *f*.

telophasic *a.* teloffasig, terfynweddol.

telotaxis *n.* telotacsis *m*.

telotype *n.* t|eloteip (teloteipiau) *m*.

telpher[1] *a. & n.* **1.** *a.* telffer. **2.** *n.* telffer(-au) *m*.

telpher[2] *v.t.* telfferu.

telpherage *n.* telfferu *vn*, telfferiad *m*.

telson *n. Crust: Anat:* telson(-au) *m*.

Telstar *Pr.n.* Telstar *m*.

Telugu *a. & n.* **1.** *a.* Telwgw. **2.** *n. (i) Ethn:* Telwgw(-aid) *m&f*; *(ii) Ling:* Telwgw *f, m*.

temblor *n. U.S:* = **earthquake.**

Teme *W.Pl.n.* **River ~,** [Afon *f*] Tefeidiad.

temenos *n. Arch:* temenos(-au) *m*.

temerarious *a. Lit:* byrbwyll, rhyfygus, ehud.
temerariously *adv.* yn fyrbwyll *&c.*
temerariousness *n.* = **temerity.**
temerity *n.* byrbwylltra *m*, rhyfyg *m*, ehofndra *m*, hyfdra *m*, digywil|ydd-dra *m*, *Lit:* ehudrwydd *m*.
temp *n. F:* gweithiwr (gweithwyr) (*m*) dros dro, gw|eithwraig (gweithwragedd) (*f*) dros dro.
Tempean *a. Gr.Ant:* Tempeaidd.
tempeh *n. Cu:* tempe *m*.
temper[1] *n.* **1.** *Metall:* caledwch *m*, hydwythedd *m*, tymer *f*, temper *mf*; **to draw the ~, to let down the ~ (of a tool),** caledu, tymheru (teclyn); *(of steel):* **to lose its ~,** meddalu. **2.** *(of pers.):* tymer *f*; **to keep/control one's ~,** rheoli'ch/cadw'ch tymer; **to lose one's ~,** colli arnoch eich hun, colli'ch tymer, gwylltio, mynd o'ch cof, *N.W:* colli'ch limpin, mynd ohoni, mynd i bangau, *occ:* cael y mŷll, myllio, *S.W:* mynd i natur; **to get s.o.'s ~ up,** gwylltio rhn, *S.W:* codi natur rhn; **apt to lose one's ~,** gwyllt eich tymer, *S:* naturus, *N: F:* fel matsien, fel tân i'r carth; **bad ~,** tymer ddrwg, drwg dymer, hwyl ddrwg *f*, hwyliau drwg *pl*, *N.E: occ:* cam-hwyl *f*, *N: occ:* tempar uchel *m*, drwg natur *f*, *S.E:* mas natur *f*, *S.W:* natur [ddrwg] *f*; **he's in a bad ~ with me,** *N:* mae o wedi gwylltio wrtha' i; mae o'n flin efo fi; *S:* mae e'n grac 'da fi; **to go/fly into a ~,** colli'ch tymer, *N.W:* mynd ohoni, *S.E:* mynd i natur, pango, mynd mas natur, mynd o'ch croen, *S.W:* codi natur, mynd i damp, mynd i nwyde, tampo, tampan; **to try s.o.'s ~,** mynd dan groen rhn, trethu amynedd rhn; **he's in a vile ~,** *N.W:* mae o'n holics gwyllt; mae hwyl ddrwg felltigedig arno fo; *S.E:* ma' gwrych 'i ben ôl a ar 'i dalcen a; *S.W:* mae e yn y falen wyllt; mae e 'n tampan; mae e'n benwan [holics]; mae croen ei din ar ei dalcen e; **he's in a [bad] ~,** *N.W:* mae o yn yr hwyl ddrwg; mae o ynddi hi; *occ:* mae o wedi llosgi'n y top; *S:* mae'i gopa fe wedi codi; *S.W:* mae e yn 'i hen nwyde; **outburst of ~,** pwl (pyliau) (*m*) o dymer, hwrdd (hyrddiau) (*m*) o dymer, ffrwydrad(-au) (*m*) o dymer; **to take out one's ~ on s.o.,** bwrw'ch tymer ddrwg ar rn, *S.E:* cael eich gwŷn mas ar rn. **3.** *(= temperament):* natur *f*, anian *f*, cymeriad *m*, tueddfryd *m*, naws *f*; **even ~,** natur gymedrol *f*, cymedroldeb *m*, gwastadrwydd *m*; **of even ~,** cymedrol, digyffro, gwastad, tawelfrydig, addfwyn; **to have a good ~,** bod yn dda eich tymer/natur; bod yn dirion/hynaws/ rhadlon; *N.W: occ:* bod yn ddiridan[n]o; **to be out of ~,** bod â hwyl ddrwg arnoch, bod mewn hwyliau drwg, bod yn yr hwyl ddrwg, bod yn sorllyd, *N:* bod yn flin, *S:* bod yn grac, bod mas o hwyl.
temper[2] *v.t.* **1.** *(a) (mortar &c):* tempro, tempru, tymheru, *S.E:* distwytho; *(paints, colours):* tymheru, cymysgu; *(b) Metall:* tempro, tymheru. **2.** *(spirit, passion):* tymheru, cymedroli, lleddfu, nawseiddio, mwyneiddio; **to ~ severity with gentleness,** lleddfu llymder â mwyneidd-dra. **3.** *Mus:* tymheru, ardymheru.
tempera *n. Art:* t|empera *m*; **egg ~,** tempera wy.
temperability *n.* tymeradwyedd *m*.
temperable *a.* tymeradwy.
temperament *n.* **1.** *(mental): (a)* anian(-au) *f*, anianawd (anianodau) *m*, cymeriad *m*, tymer *f*, natur *f*, *Lit: occ:* ardymer *f*; **to follow one's ~,** *S.W:* dilyn eich elfen (*f*); *(b) (= moodiness, petulance):* oriogrwydd *m*, cysêt *m*, piwisrwydd *m*; *(c) (= spiritedness):* asbri *m*, nwyf *m*, nwyfiant *m*, nwyfusrwydd *m*. **2.** *Mus:* ardymer *f*; **equal/even ~,** tiwnio (*vn*) cyfartal, ardymer gyfartal.
temperamental *a.* **1.** *(= pertaining to temperament):* anianol, o ran anian. **2.** *(= moody, erratic):* oriog, cysetlyd, piwis, di-ddal, anwadal.
temperamentally *adv.* **1.** o ran cymeriad/anian/natur; **~ unsuited,** anaddas o ran cymeriad. **2.** *(= moodily):* yn oriog *&c.*
temperance *n.* **1.** cymedroldeb *m*, cymedrolaeth *f*, ymatal *vn*, sobreiddiwch *m*, sobrwydd *m*. **2.** *(= abstinence from liquor):* dirwest *mf*, *occ:* dirwestiaeth *f*. **~ hotel, ~ house** *n.* tŷ (tai) (*m*) dirwest, dirwesty (dirwestai) *m*, gwesty (gwestai) dirwestol *m*, *F:* temprans(-ys) *m*. **~ league** *n.* cymdeithas (*f*) ddirwest/ddirwestol (cymdeithasau dirwest/dirwestol). **~ man** *n.m.* dirwestwr (dirwestwyr). **~ movement** *n.* mudiad(-au) (*m*) dirwest, mudiad dirwestol. **~ pledge** *n.* llw(-on) (*m*) dirwest; **to take the ~ pledge,** *F:* seinio dirwest. **~ society** *n.* = **temperance league.**
temperate *a.* **1.** *(pers.):* cymedrol, sobr; *(= abstaining from drink):* dirwestol. **2.** *(of climate &c):* tymherus, tymheraidd, mwyn, tyner, claear; **cool ~,** claear-dymherus; **warm ~,** cynnes-dymherus; **~ grassland,** glaswelltir(-oedd) tymherus *m*; **~ zone,** cylchfa dymherus (cylchfaoedd/cylchfâu/cylchf|eydd tymherus) *f*.
temperately *adv.* **1.** yn gymedrol *&c.* **2.** *Geog:* yn dymherus.
temperateness *n.* **1.** cymedroldeb *m*, cymedrolder *m*, sobrwydd *m*; *(= abstinence from drink):* dirwest *mf*, *occ:* dirwestiaeth *f*. **2.** *(of climate):* tymerusrwydd *m*, mwynder *m*.
temperature *n.* *(a)* tymheredd (tymereddau) *m*, *occ:* ardymheredd *m*; *abs. (= heat):* gwres *m*, *S:* naws *f*; **to take s.o.'s ~,** mesur tymheredd/gwres rhn; **at a ~ of...,** ar dymheredd o...; **the ~ was in the thirties,** 'roedd y gwres yn y tridegau; *Med:* **he's got/running a high ~,** mae gwres mawr arno; **he's got a ~ of forty,** mae ei dymheredd yn ddeugain gradd; *(b)* **to judge the ~ of the meeting,** gweld sut mae hi'n chwythu yn y cyfarfod, mesur gwres/tymheredd y cyfarfod; **accumulated ~,** tymheredd cronedig; **body ~,** gwres/tymheredd y corff; **critical ~,** tymheredd critigol; **effective ~,** tymheredd effeithiol; **fundamental ~,** tymheredd sylfaenol; **maximum ~,** uchafbwynt (*m*) tymheredd, tymheredd uchaf; **mean ~,** tymheredd cymedrig; **minimum ~,** isafbwynt (*m*) tymheredd, tymheredd isaf; **room ~,** gwres/tymheredd ystafell; **at room ~,** ar wres/dymheredd ystafell; **sensible ~,** tymheredd synhwyraidd. **~ gradient** *n.* rhediad(-au) (*m*) tymheredd, graddiant (graddiannau) (*m*) tymheredd. **~-humidity index** *n.* mynegrif (*m*) tymheredd-lleithder. **~-inversion** *n.* gwrthdro(-eon) (*m*) tymheredd, gwrthdroad(-au) (*m*) tymheredd. **~-range** *n.* amrediad(-au) (*m*) tymheredd.
tempered *a.* **1.** *(steel):* tymeredig, wedi'i dempru/dymheru/ddistwytho. **2.** *Mus:* **equally ~ scale,** graddfa (graddf|eydd) (*f*) ardymer gyfartal, graddfa ardymherus/ardymeredig. **3. bad-~,** drwg eich tymer, piwis, *S.W:* naturus, *N:* blin, milain; **even-~,** digyffro, llonydd, sad; **he's bad-~ at home, but genial away from it,** mae'n angel pen ffordd a diawl pen tân/pentan; **good-~,** da eich tymer, rhadlon, â thymer dda arnoch; **mild-~,** hynaws, mwynaidd, tyner, tirion, llariaidd; **quick-~,** gwyllt(-ion) [eich tymer], *F:* fel matsien; **sour-~,** sur, surbwch, surbwchlyd.
-temperedly *adv.* **bad-~,** yn wyllt, yn biwis *&c*; **good-~,** yn hynaws *&c.*
temperer *n.* **1.** *(of steel &c):* temprwr (temprwyr) *m*, tymherwr (tymherwyr) *m*, distwythwr (distwythwyr) *m*, ardymherwr (ardymherwyr) *m*. **2.** *(of wrath &c):* lleddfwr (lleddfwyr) *m*, lliniarwr (lliniarwyr) *m*.
tempering *vn.* = **temper[2]**. **~ colours** *n.pl. Metalw:* lliwiau tymheru.
tempersome *a.* = **tempered (bad-).**
tempest[1] *n.* **1.** tymestl (tymhestloedd) *f*, storm(-ydd) *f*, drycin(-oedd) *f*, *Lit: occ:* rhyferthwy *m*; *Lit:* **The T~,** Y Dymestl. **2.** *Fig:* storm, helynt(-ion) *f*, cynnwrf *m*, terfysg(-oedd) *m*, cythrwfl *m*, cyffro *m*, trybestod *m*, rhyferthwy. *U.S:* **~ in a teapot,** *See* **storm[1]**.
tempest[2] *v.t. Poet:* cynhyrfu, cyffr|oi, cythryblu, terfysgu (rhth); aflonyddu (ar rth).
tempestuous *a.* **1.** *(weather):* tymhestlog, stormus, terfysglyd, gwyllt(-ion), garw (geirwon), gerwin; **to become ~,** codi'n storm, tymhestlu, *N.W:* codi'n dywydd mawr, *S.W:* garwino. **2.** *F: (emotion, meeting &c):* stormus, terfysglyd, cythryblus, gwyllt(-ion). **3.** *(pers.):* nwydwyllt, nwydus.
tempestuously *adv.* **1.** yn dymhestlog *&c.* **2.** yn nwydwyllt *&c.*
tempestuousness *n.* **1.** tymhestlogrwydd *m*, stormusrwydd *m*, gerwindeb *m*, gerwinder *m*. **2.** *(of meeting &c):* stormusrwydd, gwylltineb *m*, cynnwrf *m*. **3.** *(of pers):* nwydwylltineb *m*, nwyfusrwydd *m*.
Templar *n.* **1.** *Hist:* **[Knight] ~,** Temlydd(-ion) *m*, Marchog(-ion) (*m*) y Deml. **2. Good Templars,** *n.pl.* Temlwyr Da. **3.** *Jur:* temlwr (temlwyr) *m*, temlydd(-ion) *m*.
Templarism *n.* Temlyddiaeth *f*.
template *n.* **1.** *Const:* templed(-i) *m*, patrymlun(-iau) *m*; **dovetail ~,** patrymlun cynffonnog; **mitre ~,** patrymlun meitr. **2.** *N.Arch:* lletem(-au) *f*, templed(-i) *m*.
temple[1] *n. Rel: Arch:* teml(-au) *f*; **Knights of the T~,** Marchogion y Deml, Temlyddion; *Jur:* **Inner T~,** Y Deml Fewnol; *Jur:* **the Middle T~,** y Deml Ganol. **~-block** *n. Mus:* blocyn (blociau) Tsieineaidd *m*. **~-like** *a.* temlaidd.

temple² *n. Anat:* arlais (arleisiau) *f*, *Lit: occ:* eneidrwydd(-au) *m*; *U.S: (of spectacles):* braich (breichiau) *f*.
temple³ *n. Weaving:* canwe(-oedd) *f*.
templed *a.* temlog.
templet *n.* = **template.**
Templeton *W.Pl.n.* Tred|eml *f*.
tempo 1. *Mus:* tempo (tempi) *m*, amseriad(-au) *m*. **2.** *Fig:* cyflymder *m*, cyflymdra *m*, rhythm(-au) *m*; **the ~ of city life,** rhythm bywyd dinas.
temporal¹ *a. & n.* **1.** *a. Anat:* arleisiol; ~ **artery,** rhedweli (rhedwelïau) arleisiol *f*; ~ **bone,** asgwrn (esgyrn) arleisiol *m*, asgwrn arlais (esgyrn arleisiau); ~ **lobe,** llabed(-i) arleisiol *f*, llabed yr arlais. **2.** *n.* arlais (arleisiau) *f*, asgwrn (*m*) arlais (esgyrn arleisiau).
temporal² *a. & n.* **1.** *a. (a) (= secular, of this life):* tymhorol, amserol, bydol, lleyg, s|eciwlar; **the lords ~ and spiritual,** yr arglwyddi tymhorol ac ysbrydol; **~ affairs,** pethau'r byd [hwn]. **2.** *(of, or denoting time):* amserol, amser; ~ **and spatial,** amserol a gofodol; *Gram:* ~ **adverb,** adferf(-au) (*f*) amser; ~ **conjunction,** cysylltair (cysyllteiriau) (*m*) amser. **2.** *n. (usu.pl.)* = **temporality 2.**
temporality *n.* **1.** = **temporariness. 2.** *pl. Ecc:* tymorolion, meddiannau tymhorol, eiddo bydol/tymhorol *m*.
temporalize *v.t.* tymoroli.
temporally *adv.* yn dymhorol *&c*; dros amser.
temporalness *n.* tymoroldeb *m*.
temporarily *adv.* dros dro, am y tro.
temporariness *n.* **1.** *(= provisional nature):* tymoroldeb *m*. **2.** *(= briefness):* byrhoedledd *m*.
temporary *a. & n.* **1.** *a. (a) (= provisional):* dros dro, am y tro; *(b) (= short-lived)* dros dro, dros amser, cyfnod byr, tymhorol, byrhoedlog, byrbarhaol; **the improvement is but ~,** gwelliant dros dro yn unig ydyw. **2.** *n.* gweithiwr (gweithwyr) (*m*) dros dro, gw|eithwraig (gweithwragedd) (*f*) dros dro.
temporization *n.* **1.** *(= delay):* oediad(-au) *m*. **2.** *(= compromise):* cyfaddawd(-au, cyfaddodau) *m*, cyfaddawdu *vn*.
temporize *v.i.* **1.** *(= gain time):* llusgo traed, oedi, ymdr|oi, anwadalu, tin-droi, gogor-droi. **2.** *(= compromise for a while):* cyfaddawdu dros dro.
temporizer *n.* **1.** *(= delayer):* oedwr (oedwyr) *m*, llusgwr (llusgwyr) (*m*) traed. **2.** *(= compromiser):* cyfaddawdwr (cyfaddawdwyr) *m*.
temporizing *a.* **1.** oediog. **2.** cyfaddawdol.
temporo-facial *a. Anat:* arleisiol-wynebol.
Tempsiter *Eng.Pl.n. Hist:* Dyffryn (*m*) Tefeidiad/Tefeidiog.
tempt *v.t.* **1.** temtio, *occ:* hudo, denu, *Lit: occ:* llithio; **to ~ s.o. to do sth,** temtio/hudo rhn i wneud rhth; **to allow oneself to be tempted,** ildio i demtasiwn, cymryd eich temtio; **I'm tempted to go,** 'rwy'n cael fy nhemtio i fynd. **2.** *(a) A: B: (= test):* profi; *B:* **to ~ God/Providence,** rhyfygu.
temptability *n.* natur demtiadwy *f*.
temptable *a.* temtiadwy, hudadwy, denadwy, llithiadwy.
temptation 1. *n.* temtasiwn (temtasiynau) *mf*, temtiad(-au) *m*, *Lit: occ:* hudiad(-au) *m*, deniad(-au) *m*, hudoliad(-au) *m*, llithiad(-au) *m*; *B:* **the T~,** *(of Christ):* y Temtiad; **to throw ~ in s.o.'s way,** ceisio temtio rhn; **to yield to ~,** ildio i demtasiwn. **2.** profedigaeth(-au) *f*; *B:* **and lead us not into ~,** ac nac arwain ni i brofedigaeth; *B:* **watch and pray, that ye enter not into ~,** gwyliwch a gweddïwch, fel nad eloch i brofedigaeth.
tempter *n.* temtiwr (temtwyr) *m*, hudwr (hudwyr) *m*, llithiwr (llithwyr) *m*, denwr (denwyr) *m*; **the T~,** y Diafol *m*, y Temtiwr.
tempting *a.* dengar (*pronounced* ng-g), deniadol, atyniadol, hudolus, *N.W: occ:* temtlyd.
temptingly *adv.* yn ddengar (*pronounced* ng-g) *&c*.
temptingness *n.* dengarwch (*pronounced* ng-g) *m*, hudolrwydd *m*, swyn *m*.
temptress *n.f.* t|emtwraig (temtwragedd), hudoles(-au).
tempura *n. Cu:* tempwra *m*.
tempus fugit *Lt.phr.* amser a ffy; ehed amser.
ten *num. a. & n.* **1.** *a.* deg, *foll. by sing. noun or by* o + *n.pl.:* ~ **houses,** deg tŷ, deg o dai; ~ **girls,** deg geneth, deg o enethod; ~ **people,** deg o bobl; *before* m-, *and occ. before a vowel,* deg *is replaced by* deng; deng *is also foll. by the nasal mutation of* blynedd, blwydd, diwrnod: ~ **minutes,** deng munud; ~ **months,** deng mis; ~ **hours,** deg/deng awr; ~ **fingernails,** deg/deng ewin; ~ **days,** deng niwrnod, deg diwrnod; ~ **years,** deng mlynedd; ~ **years old,** dengmlwydd oed, deg oed; **nine times out of ~,** naw gwaith o bob deg; ~ **times,** dengwaith; ~ **times greater,** cymaint ddengwaith, ddengwaith gymaint; **the ~ times table,** y tabl deg; ~ **seconds,** deng eiliad; ~ **pounds,** *(money):* decpunt, deg punt; *(weight):* decpwys, deg pwys; ~ **yards,** decllath, deg llath; ~ **miles,** deng milltir; ~ **shillings,** decswllt, deg swllt, *F:* chweugain (chweugeiniau) *m*; ~ **shilling note,** papur(-au) decswllt *m*, papur chweugain; ~ **pence,** deg ceiniog; *B:* **the T~ Commandments,** y Deg Gorchymyn, *occ:* y Dengair Deddf; ~ **thousand,** deng mil, *Lit: occ:* myrdd(-oedd) *m*, myrddiwn (myrddiynau) *m*; *B:* ~ **thousand times ~ thousand stood before him,** a myrdd fyrddiwn a safent ger ei fron; ~ **men,** deg dyn, deg o ddynion, *Lit: occ:* dengwr, dengnyn; ~ **people,** deg o bobl; ~ **o'clock,** deg o'r gloch; **at 9.10,** am ddeng munud wedi naw; **line of ~ syllables,** llinell ddecsill/ddecsillafog, llinell ddeg sillaf. **2.** *n.* deg(-au) *m*; **in tens,** fesul deg, yn ddegau, wrth y degau; ~ **of us,** deg ohonom; **the ~ of us,** ni'n deg, y deg ohonom; **the top/upper ~,** y deg uchaf; **tens and units,** degau ac unedau; **the odds are ~ to one,** deg i un yw'r ods; *F:* **it's ~ to one she'll accept,** mi fetia' i unrhyw beth y bydd hi'n derbyn. **~-gallon hat** *n. Cost:* het (*f*) ddeg galwyn (hetiau deg galwyn). **~-stringed** *a.* dectant. **~-week stock** *n. Hort: See* **stock¹ 8. ~-weekly** *a.* dengwythnosol, bob deng wythnos. **~-yearly** *a.* dengmlynyddol, dengmlwyddol, bob deng mlynedd.
tenability *n.* **1.** natur ddaliadwy *f*; **I doubt the ~ of such a position,** 'rwy'n amau a ellir dal y fath safbwynt. **2.** *(of theory):* posibilrwydd *m*, dichonoldeb *m*, hygrededd *m*.
tenable *a.* **1.** *(position):* daliadwy. **2.** *(theory):* daliadwy, dichonol, cynaliadwy, posibl, credadwy, tybiadwy, diffynadwy, cynaliadwy.
tenableness *n.* = **tenability.**
tenably *adv.* **1.** yn ddaliadwy. **2.** yn ddichonol.
tenace *n. Cards:* tenas(-au) *m*.
tenacious *a.* **1.** *(grip &c):* diollwng, anollyngol, diymollwng, tyn[n], cadarn, di-syfl. **2.** ~ **memory,** cof da/cryf. **3.** *(pers.): (= persistent, obstinate):* dygn, gafaelgar, tyn[n] eich gafael; taer, cyndyn, di-droi, di-droi'n ôl, di-syfl; **to be ~ of one's opinion,** glynu/dal at eich barn, dal at eich proffes. **4.** *(glue &c):* glynol, gludiog, ymlynol.
tenaciously *adv.* yn dyn[n] *&c*, yn afaelgar *&c*, yn gyndyn *&c*.
tenaciousness *n.* = **tenacity.**
tenacity *n.* **1.** *(of grip):* tyndra *m*, cadernid *m*, cryfder *m*. **2.** *(of memory):* cryfder *m*. **3.** *(= persistence):* dycnwch *m*, taerni *m*, cyndynrwydd *m*. **4.** *(of adhesive):* natur lynol *f*, glynoldeb *m*.
tenaculum *n. Surg:* bachyn (bachau) *m*
tenancy *n.* tenantiaeth(-au) *f*, *occ.* deiliadaeth(-au) *f*; **expiration of ~,** diwedd (*m*) tenantiaeth; **freehold ~,** deiliadaeth rydd (deiliadaethau rhydd); **joint ~,** cyd-denantiaeth(-au) *f*, tenantiaeth ar y cyd; **protected ~,** tenantiaeth warchodedig (tenantiaethau gwarchodedig); **service ~,** tenantiaeth swydd; ~ **at sufferance,** tenantiaeth yn ôl goddefiad; ~ **in common,** tenantiaeth mewn cyffredinedd, tenantiaeth rhwng cydraddwyr; **during my ~,** yn ystod fy nghyfnod fel tenant; **life ~,** tenantiaeth am oes.
tenant¹ *n.* tenant(-iaid) *m*, *occ:* deiliad (deiliaid) *m*; **joint ~,** cyd-denant(-iaid) *m*, tenant(-iaid) ar y cyd; **~ in possession, sitting ~,** tenant meddiannol, tenant mewn meddiant; **sub-~, under-~,** is-denant(-iaid) *m*; **~ in chief,** prif denant; **~ at will,** tenant wrth ewyllys; **~ by the courtesy,** tenant yn ôl y cwrteisi; **~ for life, life ~** tenant am oes; **~ for years, for a term of years,** tenant dros flynyddoedd, tenant dros dymor o flynyddoedd; **~ from year to year, yearly ~,** tenant o flwyddyn i flwyddyn, tenant blynyddol; **~ in chief,** prif ddeiliad (~ ddeiliaid); **tenants in common,** tenantiaid mewn cyffredinedd, tenantiaid cydradd; **~ in tail,** tenant mewn entael. **~ farmer** *n.* ffermwr-denant (ffermwyr-denantiaid) *m*, tenant fferm (tenantiaid ffermydd). **~ right** *n.* hawl (*f*) tenant, hawl denantiaethol.
tenant² *v.t.* dal (rhth) fel tenant, rhentu/dal (rhth) ar osod.
tenantable *a.* gosodadwy, addas i'w osod, addas i denant; *Jur:* tenantiaethol; **in ~ repair,** mewn cyflwr gosodadwy, mewn cyflwr i'w osod, mewn trwsiad tenantiaethol.
tenantless *a.* didenant, diddeiliad, heb ddeiliad/denant, gwag (gweigion), anghyfannedd.
tenantry *n.* tenantiaid *pl.*

tenantship *n.* tenantiaeth(-au) *f.*

Tenby *W.Pl.n.* Dinbych-y-pysgod. ~ **daffodil** *n. Bot:* cenhinen (cennin) *(f)* Dinbych.

tench *n. Ich:* ysgreten(-nod) *f,* ysgretan(-od) *f,* gwrachen(-nod, gwrachod) *f, (N.B.* gwrachen *is also used for the loach, wrasse, sea-bream)*; **golden ~,** ysgreten euraidd/aur; **sea-~,** *(= black sea-bream):* gwrachen y môr, gwrachen ddu (gwrachod duon), môr-wrachen (~-wrachod) *f.*

tenchweed *n. Bot:* = **pondweed (broad-leaved).**

tend *v.t.&i.* **1.** *v.t. (patient):* gofalu (am rn), *N: F:* tendio (rhn, ar rn); *(wound):* trin; *(children, machine):* gwarchod, gwylio; *(sheep):* bugeilio, gwarchod, gwylio; *(garden):* trin (gardd), gofalu (am ardd). **2.** *v.i. (= wait):* **to ~ [up]on s.o.,** gweini ar rn, *F:* tendio ar rn, *N.W: occ:* tendiad ar rn.

tend² *v.i.* **1.** *(a) (of course &c):* mynd, arwain, gogwyddo, cyfeirio, tueddu (**towards a place,** i le, at le, tuag at le); **(the road) tends downwards,** (mae'r ffordd) yn mynd/arwain ar i waered, yn mynd ar i lawr; *F:* **where do these plans ~?** beth yw nod/diben/tuedd/ pwrpas y cynlluniau hyn? **a doctrine that tends toward socialism,** athrawiaeth sy'n tueddu/gogwyddo at sosialaeth; **blue tending to green,** glas ag arlliw o wyrdd; *(b)* **examples that ~ to undermine morality,** enghreifftiau sy'n tueddu i danseilio moesoldeb; **to ~ to the success of an enterprise,** cyfrannu at lwyddiant menter. **2.** *(= be inclined):* **to ~ to do sth,** tueddu i wneud rhth, bod yn dueddol o wneud rhth, bod yn chwannog i wneud rhth, *N.E:* bod o natur gwneud rhth; **things ~ to go wrong,** mae tuedd i bethau fynd o chwith; y duedd yw i bethau fynd o chwith.

tendance *n.* gofal *m* (o rn), sylw *m* (i rn), *F:* tendans *m* (ar rn).

tendency *n.* tuedd(-iadau) *f,* tueddiad(-au) *m, occ:* tueddfryd *m,* tueddbeniad(-au) *m,* gogwydd *m,* gogwyddiad(-au) *m,* tueddrwydd *m, N.W: occ:* asgen *f,* elfen *f,* [y]sbrydiaeth *f, N.E:* natur *f;* **~ to drink,** hoffter *(m)* o ddiod/ddiota, tuedd/tueddiad at/i yfed; **he has a ~ to pilfer,** mae tuedd i ddwyn ynddo; *N.W:* mae rhyw elfen/asgen ynddo fo i ddwyn; mae rhyw ysbrydiaeth ynddo fo am ddwyn; *N:* mae yna natur dwyn ynddo fo; **there is a ~ for the poor to get poorer,** mae tuedd i'r tlodion fynd yn dlotach; *Com:* **strong upward ~,** tueddiad cryf i godi; *Pol:* **the Militant T~,** y Tueddiad Milwriaethus; **central ~,** canolduedd *f,* tuedd ganolog *f.*

tendential, tendentious *a. Pej:* tueddiadol, unochrog, awgrymiadol, gogwyddog, a gogwydd ynddo/iddo.

tendentiously *adv.* yn dueddiadol.

tendentiousness *n.* gogwydd *m,* unochredd *m,* tueddiad(-au) *m,* natur dueddiadol *f.*

tender¹ *n.* **1.** *esp. U.S:* gofalwr (gofalwyr) *m;* **bar ~,** barman: barmon (barmyn) *m.* **2.** *Nau:* llong *(f)* dendio (llongau tendio), bad(-au) *(m)* tendio, cwch (cychod) *(m)* tendio, *F:* tendar(-s) *m, Lit: occ:* heilfad(-au) *m; (on a boat carried by yacht):* **"~ to Swallow",** "cwch/bad Gwennol"; **aircraft ~,** cerbyd(-au) *(m)* tendio awyrennau, tendar awyrennau; *(b) Rail:* wagen *(f)* lo (wagenni glo), tendar.

tender² *a.* **1.** *(meat):* brau; *(human flesh):* tyner, meddal. **2.** *(= sore):* tyner, llidus, dolurus, poenus, briw, *S:* tost, *N:* tendar, *occ:* twtsus, *M.W:* tejws; **~ spot,** man dolurus; **(~) to the touch,** (tyner) i'w gyffwrdd, i'r cyffyrddiad; *(b) (= sensitive):* tyner, teimladwy, meddal; **a ~ heart,** calon dyner/feddal *f.* **~ conscience,** cydwybod dyner *f.* **3.** *(a) (plant &c): (= not hardy):* tyner, meddal, *Lit: occ:* masw; **~ shoots of corn,** *N.W:* egin main ŷd; *(b)* **child of ~ years/age,** plentyn ifanc (plant ifainc) *m.* **4.** *(= affectionate):* annwyl, tirion, tyner, cariadus, addfwyn, serchog; **~ loving care,** gofal cariadus tyner; *Iron:* **(she was left) to his ~ mercies,** (gadawyd hi) ar ei fawr drugaredd ef, ar ei drugaredd dirion ef. *B:* **through the ~ mercies of our God,** trwy dirion drugareddau ein Duw. **5.** *(= solicitous e.g. of one's good name):* gofalus, ystyriol, gwyliadwrus (**of sth,** o rth); pryderus (ynghylch rhth); *S:* carcus (o rth). **6.** *(= requiring careful handling):* anodd, tringar *(pronounced* ng-g), s|ensitif. **7.** *Nau: (ship):* simsan, ansad, tueddol i wegian, gweglyd, *S:* tueddol i foelyd. **8. ~ blue,** glas golau. **~ eyed** *a.* â llygaid mwyn/tyner *&c.* **~ hearted** *a.* â chalon dyner, tyner [o galon], tynergalon, calondyner, tirion, addfwyn, hynaws. **~ heartedly** *adv.* yn dyner, yn galondyner *&c.* **~ heartedness** *n.* calondynerwch *m,* tynerwch *(m)* calon, tiriondeb *m,* tirionwch *m,* addfwynder *m,* hynawsedd *m,* calonfeddalwch *m.*

tender³ *n.* **1.** *Com: (= offer):* cynnig (cynigion) *m,* tendr(-au) *m;* **to put sth out to ~,** gosod gwaith ar gynnig/dendr; **to make a ~ for work, put/send in a ~ for work,** gwneud cynnig/tendr am waith, tendro am rth, cyflwyno/rhoi/gwneud tendr am waith; **by ~,** trwy gynnig/dendr. **2. legal ~,** *(money):* arian cyfreithlon *m;* **~ of payment,** cynnig talu; **plea of ~,** ple(-dion) *(m)* cyflwyno, ple tendro; **~ of amends,** tendriad(-au) *(m)* o iawn.

tender⁴ *v.t.&i.* **1.** *v.t. (a) Jur:* **to ~ an oath to s.o.,** rhoi rhn ar ei lw, peri i rn dyngu llw, gweinyddu llw i rn; *(b) (services, money &c):* cynnig. **2.** *v.i. Com:* **to ~ for sth,** ymgynnig, cynnig, tendro, rhoi/cyflwyno/gwn|eud cynnig/tendr (am rth).

tenderable *a.* cynigiadwy.

tenderer *n.* **1.** cynigiwr (cynigwyr) *m,* cynigydd(-ion) *m,* cyflwynwr (cyflwynwyr) *m.* **2.** *Ind: (for contract &c):* cynigiwr (cynigwyr) *m.*

tenderfoot *n.* newyddian(-od) *m,* dyn(-ion) dibrofiad *m.*

tenderization *n.* tyneriad *m,* breuad *m; vn.* = **tenderize.**

tenderize *v.t. Cu:* tyneru, meddalu, breuo (rhth); gwn|eud (rhth) yn dyner/freuach.

tenderizer *n.* meddalwr (meddalwyr) *m,* tynerwr (tynerwyr) *m,* breuwr (breuwyr) *m,* tynerydd(-ion) *m,* sudd(-ion) *(m)* breuo/ tyneru.

tenderloin *n.* canol *(m)* lwyn, lwyn ganol (lwynau canol) *f,* tyner-lwyn (~-lwynau) *f; (of pork):* canol lwyn, *S:* cwningen [fach] *f,* llygoden *f, S.E:* gwythïen wen *f.*

tenderly *adv.* yn dyner *&c.*

tenderness *n.* **1.** *(of skin):* tynerwch *m,* dolurusrwydd *m.* **2.** *(of plant &c):* tynerwch, meddalwch *m.* **3.** *(of feelings):* tynerwch, addfwynder *m,* mwynder *m,* llari|eidd-dra *m,* hynawsedd *m,* tiriondeb *m,* tirionwch *m;* **try a little ~ with her,** bydd yn dirion wrthi. **4.** *(of meat):* breuder *m.*

tenderometer *n.* mesurydd(-ion) *(m)* tynerwch.

tendinitis *n. Med:* tendinitis *m.*

tendinous *a.* gewynnol, gewynnaidd, gewynnog, gieulyd, gieuog, gieuol; llawn gewynnau.

tendon *n. Anat:* gewyn(-nau) *m,* giewyn: gieuyn (gïau) *m,* llinyn(-nau) *m,* tendon(-au) *m;* **Achilles ~,** gwäell/gweyllen *(f)* y ffêr (gweyll fferau); **contracted tendons,** crebachdod *(m)* y gewynnau, gewynnau tynion; **tendons of origin and insertion,** tendonau tarddol a thendonau mewniad; **tendons of the neck,** gweyll y gwddf. **~ sheath** *n.* gewynwain (gewynweiniau) *f,* gwain *(f)* tendon (gweiniau tendonau).

tendril *n.* **1.** *Bot:* tendril(-iau) *m.* **2.** *(of hair):* cudyn(-nau) dedwydd *m.*

tendriled, tendrillar, tendrilled, tendrilous *a.* tendrilog.

Tenebrae *n.pl. R.C.Ch:* Tenebrae. ~ **Wednesday** *n.* dydd *(m)* Mercher y brad.

tenebrionid *a. & n. Ent:* **1.** *a.* tenebrionaidd. **2.** *n.* tenebrionid(-au) *m,* chwilen dywyll (chwilod tywyll) *f.*

tenebrious *a.* = **tenebrous.**

tenebriousness *n.* = **tenebrosity.**

Tenebrism *n. Art:* Tenebriaeth *f.*

Tenebrist *n. Art:* Tenebriad (Tenebriaid) *m&f.*

tenebrosity *n.* tywyllwch *m, Lit:* caddug *m.*

tenebrous *a.* tywyll, du(-on), dudew, *Lit:* caddugol.

tenebrousness *n.* = **tenebrosity.**

tenement *n.* **1.** *Jur:* daliad(-au) *m,* rhandir(-oedd) *m;* **dominant ~,** rhandir trech; **servient ~,** rhandir caeth. **2.** *esp. Scot:* **[building] ~,** t|enement (tenementau) *m.* **~ house** *n.* tŷ (tai) *(m)* fflatiau, bloc(-iau) *(m)* fflatiau.

tenemental, tenementary *a. Jur:* daliadol, rhandirol.

tenency *n. See* **locum.**

tenesmus *n. Med:* tenesmws *m.*

tenet *n.* daliad(-au) *m,* credo(-au) *mf.*

tenfold *a. & n.* **1.** *a.* decplyg. **2.** *adv.* ddengwaith [cymaint], yn ddecplyg, ar ei ddegfed.

tenia *n.* = **taenia, tapeworm.**

tennantite *n. Miner:* t|ennantit *m.*

tenné *a. & n. Her:* melynddu(-on) *(m),* brown *(m).*

tenner *n. Num:* papur(-au) *(m)* decpunt.

tennis *n.* **1. [lawn] ~,** tennis *(m)* lawnt; **deck ~,** tennis dec; **table ~,** tennis bwrdd, *S:* tennis bord. **2. royal ~, real ~, court ~,** tennis cwrt, tennis rheiol, *A: or Lit: occ:* human *f.* **~ arm** *n.* ysigiad *(m)*

penelin, llid (*m*) ar y penelin, penelin llidiog *m*. **~-ball** *n*. pêl (*f*) dennis (peli tennis). **~-court** *n*. cwrt (cyrtiau) (*m*) tennis; *Hist:* **the T~ Court Oath,** Llw(*m*)'r Cwrt Tennis. **~ elbow** *n*. = **tennis arm**. **~-player** *n*. chwaraewr (chwaraewyr) (*m*) tennis, chwar|aewraig (chwaraewragedd) (*f*) tennis; *(of royal tennis): Lit: occ:* humanydd(-ion, humanwyr) *m*. **~-racket** *n*. raced (*f*) dennis (racedi tennis). **~-shoe** *n*. esgid (*f*) dennis (esgidiau tennis).
tenno *n*. ymherodr/ymerawdwr (ymerodron) (*m*) Japan.
tenny *a*. & *n*. = **tenné**.
Tennysonian *a*. & *n*. **1.** *a*. Tennysonaidd, yn null Tennyson. **2.** *n*. Tennysoniad (Tennysoniaid) *m&f*, edmygwr (edmygwyr) (*m*) Tennyson.
tenon[1] *n*. *Carp: Metalw:* tyno(-au) *m*, tenon(-au) *m*, *N.W: occ:* tenwm *m*; **barefaced ~**, tyno unysgwyddog; **double ~**, tyno dwbl; **stub ~**, tyno pwt. **~ saw** *n*. llif (*f*) dyno (llifiau tyno).
tenon[2] *v.t.* *Carp:* &c: **1.** *(= join by a tenon):* cysylltu/uno (rhth) â thyno. **2.** *(= provide with a tenon):* gosod/rhoi/dodi tyno (ar rth, yn rhth); **to ~ and mortise,** gwn|eud tyno a morteisio, cysylltu/uno â thyno a mortais.
tenoner *n*. tynöwr (tynowyr) *m*, tenonwr (tenonwyr) *m*.
Tenonian *a*. *Anat:* Tenonaidd.
tenonitis *n*. *Med:* = **tendinitis**.
tenor *n*. **1.** *(a) Jur: (= exact copy):* copi (copïau) cywir *m*; *(b) (= exact wording of an act):* union eiriad *m*; *(of a letter):* swm (*m*) a sylwedd *m*, perwyl *m*; *(c) (of life &c):* cwrs *m*, cyfeiriad *m*, hynt *f*. **2.** *Mus:* tenor(-iaid) *m*. **~ bell** *n*. cloch (*f*) denor (clychau tenor), y gloch fwyaf (clychau mwyaf). **~ clef** *n*. cleff(-iau) (*m*) tenor. **~ horn** *n*. corn (cyrn) (*m*) tenor. **~ stave** *n*. erwydd(-i) (*m*) tenor. **~ voice** *n*. llais (*m*) tenor (lleisiau tenor/tenoriaid).
tenorite *n*. *Min:* t|enorit *m*.
tenorless *a*. heb denor, didenor.
tenorrhaphy *n*. *Surg:* gwnïad (gwniadau) (*m*) gïau, tenorhaffi (tenorhaffïau) *m*.
tenosynovitis *n*. *Med:* gewynbilennwst *f*, tenosynofitis *m*.
tenotomy *n*. *Surg:* trychiad(-au) (*m*) gïau, ten|otomi (tenotomïau) *m*.
tenovaginitis *n*. *Med:* gewynweinwst *f*, tenofaginitis *m*; **~ stenosans,** gewynweinwst creithiol.
tenpence *n*. deg ceiniog *f*, deg (*m*) o geiniogau; *(coin):* pis[h]yn (pisiau) (*m*) deg ceiniog, darn(-au) (*m*) deg ceiniog.
tenpenny *a*. deg ceiniog.
tenpin *n*. *Sp:* decbin(-nau) *m*. **~ bowling** *vn*. bowlio decbinnau.
tenrec *n*. *Z:* tenrec(-iaid,-od) *m*.
tense[1] *n*. *Gram:* amser(-au) *m*.
tense[2] *a*. **1.** *(cord &c):* tyn[n] (tynion). **2.** *F: (nerves, relations &c):* dan straen, dirdynnol, dirdynedig; **(I was) ~,** ('roeddwn) ar bigau'r drain, yn dyn[n] drwof; **~ silence,** distawrwydd annifyr/dirdynnol *m*; **a ~ voice,** llais dirdynedig *m*.
tense[3] *v.t.&i.* **1.** *v.t.* *(a) (cord &c):* tynh|au (rhth), gwn|eud (rhth) yn dyn[n]; *(b)* **I tensed myself,** tynheais fy nghorff; fe'm tynhawyd fy hun. **2.** *v.i.* tynhau, mynd yn dynnach; *(of pers.):* **to ~ up,** mynd yn dyn[n] drwoch; **the animal tensed up and listened,** aeth yr anifail yn dyn[n] drwyddo a chlustfeinio; **all the competitors were very tensed up,** yr oedd y cystadleuwyr i gyd ar bigau'r drain.
tensely *adv*. yn ddirdynedig, yn ddirdynnol; **(she spoke) ~,** (siaradodd) dan straen, yn angerddol, yn ddwys.
tenseness, tensity *n*. **1.** *(of cord &c):* tyndra *m*, tynder *m*. **2.** *(of relations):* tyndra, tensiwn *m*, dwyster *m*.
tensile *a*. **1.** *(metal &c):* hydyn, hydwyth, estynadwy; **high ~ steel,** dur tra hydwyth *m*. **2.** **~ strain,** straen dynnol (straeniau tynnol) *f*; **~ stress/load,** diriant (diriannau) tynnol *m*; **~ stretch,** ymestyn tynnol *m*, ymestyniad(-au) tynnol *m*.
tensility *n*. hydwythder *m*, hydwythedd *m*, hydynrwydd *m*.
tensimeter *n*. *Ph:* manomedr(-au) *m*.
tensiometer *n*. *Aer: Ph:* mesurydd(-ion) (*m*) tyndra.
tension[1] *n*. **1.** *(of cord, muscles, nerves &c):* tyndra (tyndrâu) *m*, tynder(-au) *m*, tensiwn (tensiynau) *m*; *(of gas):* pwysedd *m*, gwasgedd *m*; *Pol:* &c: tyndra, tensiwn. **2.** *Mec.E:* tyniant (tyniannau) *m*. **~ bar** *n*. *Metalw:* bar(-rau) (*m*) tyniant. **~ bolt** *n*. *Metalw:* bollt/bollten (*f*) dyniant (bolltiau tyniant). **~ pulley, ~-roller** *n*. *Mec.E:* &c: chwerfan (*f*) dyniant (chwerfanau tyniant), pwli (pwlïau) (*m*) tyniant. **~ spring** *n*. *Metalw:* sbring (*mf*) tyniant/dyniant (sbringiau tyniant).
tension[2] *v.t.* tensiynu, tyniannu.
tensional *a*. tyniannol, tensiynol.
tensioner *n*. tynhäwr (tynhawyr) *m*, tyniannwr (tynianwyr) *m*, tensiynwr (tensiynwyr) *m*.
tensionless *a*. heb densiwn, heb dyndra, llac, didensiwn.
tensity *n*. = **tension**[1].
tensive *a*. tynhaol.
tenson *n*. *Lit: Hist:* **1.** *(competition):* tenson(-au) *mf*, ymryson(-au) (*m*) trwbadwriaid, eisteddfod(-au) *f*. **2.** *(verse):* tenson(-au) *mf*.
tensor *n*. *Anat: Mth:* tensor(-au) *m*.
tent[1] *n*. pabell (pebyll) *f*, *F:* tent(-iau,-i) *f*, *S.W: occ:* tilt *m*, *B: Lit: occ:* lluest(-au) *m*; **to pitch a ~,** codi/gosod pabell. **~-bed** *n*. gwely(-au) (*m*) pabell/tent. **~-caterpillar** *n*. *Ent:* lindysyn (lindys) pabellog *m*. **~ coat** *n*. *Cost:* côt lydan (cotiau llydain) *f*, côt dent (cotiau tent). **~ dress** *n*. *Cost:* gwisg lydan (gwisgoedd llydain) *f*, gwisg dent (gwisgoedd tent). **~-fly** *n*. llabed (*fm*) pabell (llabedi/llabedau pebyll). **~-peg** *n*. peg (*m*) pabell (pegiau pebyll). **~-pegging** *vn*. *Sp:* codi pegiau. **~-stitch** *n*. *Needlew:* pwyth(-au) (*m*) pabell. **~-theatre** *n*. *Th:* theatr(-au) (*f*) dan gynfas, theatr babell (theatrau pabell).
tent[2] *v.t.&i.* pabellu.
tent[3] *n*. *Surg:* goreth(-au,-i) *m*.
tent[4] *v.t.* *Surg:* gorethu, goreithio, gwarethu.
tent[5] *n*. *Vit:* gwin coch *m*.
tentacle *n*. *Nat.Hist:* tentacl(-au) *m*.
tentacled *a*. tentaclog.
tentaclelike, tentacular *a*. tentaclaidd.
tentaculate *a*. tentaclog.
tentage *n*. **1.** *(= tents):* pebyll *pl*, tentiau *pl*. **2.** *(equipment):* offer (*pl*) gwersylla.
tentation *n*. dull (*m*) profion.
tentative *a*. & *n*. **1.** *a*. petrus. **2.** *n*. cynnig (cynigion) petrus *m*, ymgais (ymgeisiau) *m*.
tentatively *adv*. yn betrus.
tentativeness *n*. petruster *m*, petrusedd *m*.
tented[1] *a*. *(= with tents):* pabellog.
tented[2] *a*. *Surg:* gorethog.
tenter[1] *n*. *Tex:* deintur(-[i]au) *m*. **~-frame** *n*. ffrâm (*f*) ddeintur (fframiau deintur).
tenter[2] *v.t.* *Text:* deinturio.
tenter[3] *n*. *Ind:* **1.** *(of machines):* gofalwr (gofalwyr) *m*, tendiwr (tendwyr) *m*. **2.** *(= workman's attendant):* cynorthwywr (cynorthwywyr) *m*.
tenterhook *n*. bach (*m*) deintur (bachau deintur/deinturiau); *F:* **on tenterhooks,** ar bigau drain, ar binnau bach.
tenth *num. a.* & *n*. **1.** *a*. degfed; **the ~ man,** y degfed dyn; degfed *is foll. by the soft mut. of a fem. noun and then mutates after the article:* **the ~ mile,** y ddegfed filltir; **my ~ birthday,** fy negfed pen blwydd, fy mhen blwydd yn ddeg [oed], pen fy mlwydd yn ddeg [oed]; **~ anniversary,** dengmlwyddiant (dengmlwyddiannau) *m*. **2.** *n*. *(a)* degfed(-au) *m&f*; **Louis the T~,** Lewis y Degfed; *(b) Mth:* degfed(-au) *mf*, degfed ran (*f*), un rhan (*f*) o ddeg; **nine tenths of the voters,** naw o bob deg o'r pleidleiswyr; *(c) Mus:* degfed(-au) *m*; *(d)* **the ~ of May, May the ~,** y degfed o Fai, Mai'r degfed. **~-rate** *a*. degfed radd. **~-rater** *n*. un (rhai) (*m*) degfed radd, un (*f*) ddegfed radd (rhai degfed radd).
tenthly *adv*. yn ddegfed.
tentless *a*. heb babell/bebyll, dibabell, dibebyll.
tentmaker *n*. pabellwr (pabellwyr) *m*, gwneuthurwr (gwneuthurwyr) (*m*) pebyll.
tenuis *n*. *Ling:* ffrwydrol(-ion) dilais *m*.
tenuity *n*. **1.** *(of thread):* meinder *m*, meindra *m*, teneuedd *m*, teneuder *m*, teneuwch *m*, teneudra *m*. **2.** *(of liquid, gas):* teneuwch, teneuder, teneudra.
tenuous *a*. **1.** *(web, thread):* tenau, main (meinion). **2.** *(a) (gas):* tenau; *(b) (distinction &c):* main; *(c) (connection):* tenau, disylwedd, ansylweddol.
tenuously *adv*. yn fain, yn denau &c; **~ related to sth,** â chysylltiad tenau â rhth.
tenure *n*. *Jur:* daliadaeth(-au) *f*, deiliadaeth(-au) *f*; **[land] ~,** tirddaliadaeth *f*; **~ of office,** cyfnod (*m*) dal swydd, daliadaeth swydd; **during his ~ of office,** yn ystod ei gyfnod yn [dal] y swydd, tra'r oedd ef yn dal ei swydd; **copyhold ~,** deiliadaeth

gopiho[w]ld (deiliadaethau copiho[w]ld); **freehold ~,** deiliadaeth rydd (deiliadaethau rhydd); **incidents of ~,** nodweddion deiliadaeth; **leasehold ~,** deiliadaeth brydles (deiliadaethau prydles); **life ~,** deiliadaeth am oes; **security of ~,** sicrwydd (*m*) daliadaeth/deiliadaeth.

tenured *a.* â daliadaeth/deiliadaeth.

tenurial *a.* deiliadol.

tenurially *adv.* yn ddeiliadol.

tenuto *a. & adv. Mus:* **1.** *a.* cynaledig. **2.** *adv.* yn gynaledig.

tenzon *n.* = **tenson.**

teocalli *n. Archeol:* teocali (teocaliau) *m*, teml(-au) *f.*

teonanacatl *n. Fung:* teonanac|atl *m.*

teosinte *n. Bot:* teosinte *m.*

tepa *n. Ch:* tepa *m.*

tepal *n. Bot:* tepal(-au) *m.*

tepary bean *n. Bot: (Phaseolus acutifolius):* ffeuen/ffäen feinddail (ffa meinddail) *f.*

tepee *n.* pabell (pebyll) *f.*

tepefaction *n.* claearu *vn*, claeariad(-au) *m.*

tepefy *v.t.&i.* claearu.

tephra *n. U.S: Geol:* teffra *m*, lludw *m.*

tephrite *n. Miner:* teffrit *m.*

tephritic *a. Miner:* teffritig.

tepid *a.* **1.** *(water):* claear, claearaidd, lled dwym/gynnes, gweddol gynnes/dwym. **2.** *Fig:* llugoer, claear, laodiceaidd.

tepidarium *n. Rom.Ant:* ystafell(-oedd) (*f*) dŵr claear, tepidariwm (tepidaria) *m.*

tepidity *n.* claearder *m*, claearineb *m*, claearedd *m.*

tepidly *adv.* **1.** yn glaear. **2.** yn llugoer *&c.*

tepidness *n.* = **tepidity.**

tequila *n.* tecila *m.*

terai *n. Cost:* het (*f*) gantel (hetiau cantel).

terakihi *n.* = **tarakihi.**

terametre *n. Meas:* terametr(-au) *m.*

teraph *n.* teraff(-im) *m*, delw(-au) *f.*

teratism *n.* anghenfil (angenfilod) *m.*

teratogen *n. Biol:* ter|atogen (teratogenau) *m.*

teratogenesis *n. Biol:* teratog|enesis *m.*

teratogenic *a. Biol:* teratogenig.

teratogenicity *n. Biol:* teratogenedd *m.*

teratogeny *n. Biol:* teratog|enesis *m.*

teratoid *a. Biol:* angenfilaidd.

teratologic[al] *a. Biol:* teratolegol.

teratologist *n. Biol:* teratolegydd: teratolegwr (teratolegwyr) *m.*

teratology *n.* **1.** *Lit:* teratoleg(-au) *f.* **2.** *Biol:* teratoleg, angenfileg *f.*

teratoma *n. Med:* teratoma(-ta) *m.*

teratomatous *a. Med:* teratomataidd.

terbia *n. Ch:* terbia *m.*

terbic *a. Ch:* terbig.

terbium *n. Ch:* terbiwm *m.* **~ metals** *n.pl.* elfennau prin.

terce *n. Ecc:* ters *m*, gwasanaeth (*m*) y drydedd awr, gwasanaeth awr anterth/echwydd.

tercel *n. Orn:* ceiliog (*m*) hebog (ceiliogod hebogau/hebogiaid), hebog (-au,-iaid) gwryw *m*, gwalch (gweilch) gwryw *m.* **~ gentle** *n.* ceiliog (*m*) curyll (ceiliogod curyllod).

tercentenary *a. & n.* **1.** *a.* trichanmlwydd, trichanmlynyddol. **2.** *n.* trichanmlwyddiant (trichanmlwyddiannau) *m.*

tercentennial *a. & n.* **1.** *a.* trichanmlynyddol, bob tri chan mlynedd. **2.** *n.* = **tercentenary**[2].

tercet *n.* **1.** *Pros:* triban(-nau) *m.* **2.** *Mus:* tripled(-i) *f.*

tercimal *a. & n. Mth:* **1.** *a.* trïol. **2.** *n.* triolyn (triolion) *m.*

terebene *n.* = **terebine.**

terebic *a. Ch:* terebig.

terebine *n. Ch:* t|erebin *m.*

terebinth *n. Bot: (Pistacia terebinthus):* coeden (*f*) dyrpant (coed tyrpant), t|erebinth (terebinthau) *mf.*

terebinthic, terebinthine *a.* tyrpantaidd, terebinthig.

terebra *n. Ent:* terebra (terebrâu) *m.*

terebrant *a. Ent:* terebrog.

teredo *n. Moll:* taradr (terydr) (*m*) môr.

Terence *Pr.n.m.* Terens.

Terentian *a. Lit:* Terensaidd.

terephthallic *a. Ch:* tereffthalig.

terete *a. Biol:* **1.** *(= slender and smooth):* llyfn a main. **2.** *(= cylindrical):* silindraidd, silindrig.

tergal *a.* cefnol.

tergite *n. Ent:* tergit(-au) *m.*

tergiversate *v.i.* **1.** *(= shilly-shally):* anwadalu, *F:* bod yn Sioni bob ochr, bod yn chwit-chwat, chwarae'r ffon ddwybig. **2.** *(= turn renegade):* gwrthgilio, troi['ch] cefn, troi yn eich cogwrn/carn, troi'ch côt, newid eich lliw.

tergiversation *n.* **1.** *(= shilly-shallying):* anwadalwch *m*, chwit-chwatrwydd *m*, anwadalu *vn.* **2.** *(= apostasy):* gwrthgiliad(-au) *m.*

tergiversator *n.* **1.** *(= shilly-shallier):* anwadalwr (anwadalwyr) *m.* **2.** *(= apostate):* gwrthgiliwr (gwrthgilwyr) *m.*

tergum *n. Z:* cefn(-au) *m.*

teriyaki *a. & n. Cu:* **1.** *a.* teriaci. **2.** *n.* cig(-oedd) teriaci *m.*

term[1] *n.* **1.** *(a) (= boundary, limit, esp. of time):* terfyn(-au) *m*; **to set/put a ~ (to sth),** gosod/pennu terfyn (ar rth); *(b) Com: (of bill of exchange):* dyddiad(-au) terfynol *m.* **2.** *(a) (= duration):* cyfnod(-au) *m*, tymor (tymhorau) *m*; **banishment for a ~ of ten years,** alltudiaeth (*f*) am gyfnod/dymor o ddeng mlynedd; **during his ~ of office,** yn ystod ei gyfnod/dymor yn y swydd; tra bo *or* bu yn y swydd, tra bo'n/bu'n dal y swydd; **a term's rent,** rhent tri mis; **in the long ~,** yn y pen draw, yn y tymor hir, yn yr hirdymor; **medium ~,** cyfnod canolig, tymor canol, *occ:* canoldymor *m*; **in the medium ~,** am gyfnod, yn y dyfodol agos, cyn bo hir; **short ~,** cyfnod byr *m*, tymor byr, *occ:* byrdymor *m*; **in the short ~,** am y tro, am hyn o dro; *Com:* **~ structure of interest rates,** adeiledd (*m*) tymhorol cyfraddau llog; *(b) Sch:* tymor, *S:* chwarter(-i) (*m*) ysgol; *(c) Jur:* tymor; **to keep one's terms,** cadw tymhorau; **to eat one's terms,** mynychu'r ciniawau tymhorol; **~ of/for years,** tymor o/am flynyddoedd; *(d) (of pregnancy):* **full ~,** cyfnod llawn *m*, amser *m*, amod *mf*, *Lit: & S:* tymp *m*; **to be about to come to ~ with a baby,** *S.E:* mynd i'r gwely, mynd i'r gwelyfod. **3.** *usu.pl. (of a contract): (= conditions):* amodau *pl*; *(esp. financial):* telerau *pl*; *Fin:* **terms and conditions (of an issue),** amodau a thelerau (mater); **on these terms (I accept),** ar y telerau hyn, ar yr amodau hyn ('rwyf yn derbyn); **by the terms of article 49,** yn unol ag amodau erthygl 49, yn ôl amodau erthygl 49; **to dictate terms to s.o.,** gosod/gorfodi amodau ar rn; **to come to terms, to make terms (with s.o.),** dod i delerau, dod i ddealltwriaeth, dod i gytundeb (â rhn) (*not* dod i dermau); **to come to terms with sth,** derbyn rhth, ymostwng i rth, cynefino/ dygymod â rhth, dod i delerau â rhth; *S.a.* **reference 1**; **terms (of payment),** amodau, telerau (taliad); **terms inclusive,** pris(-iau) cynhwysol/hollgynhwysol; **to buy sth on easy terms,** prynu rhth ar delerau hawdd/ffafriol; **not on any terms,** ddim am bris yn y byd, ddim ar unrhyw gyfrif, ddim ar gyfrif yn y byd, dros eich crogi, ddim o gwbl; **his terms are 5 pounds a lesson,** ei ffi/delerau yw 5 punt y wers; mae'n codi 5 punt y wers. **4.** *pl. (= relationship):* perthynas *f*, telerau; **to be/live on good/friendly terms (with s.o.),** bod/byw ar delerau da, bod yn gyfeillgar, byw'n gyfeillgar (â rhn); **they're on bad terms,** mae pethau'n ddrwg/wael rhyngddynt; 'does fawr o Gymraeg rhyngddynt; **they are not on speaking terms,** nid ydynt yn siarad â'i gilydd; 'does dim Cymraeg rhyngddynt. **5.** *(a) (of an equation, syllogism):* term(-au) *m*; **to express one quantity in terms of another,** gosod/rhoi un swm yn nhermau'r llall; **in terms of X,** yn nhermau X; **in practical terms,** yn ymarferol; *F:* **to reckon happiness in terms of worldly success,** mesur hapusrwydd yn ôl llwyddiant bydol; **in financial terms,** o ran arian; **contradiction in terms,** croeseb(-au) *f*, croesosodiad(-au) *m*, croesddywediad(-au) *m*, gwrthddywediad(-au) *m*, gwrtheb(-ion,-au) *f*; **terms of reference,** cylch (*m*) gorchwyl, cylch perthnasol; *(b)* **terms of a problem,** geiriad(-au) (*m*) problem; *(c)* **terms of trade,** cymhareb (*f*) fasnachol, cymhareb allforion a mewnforion. **6.** *(a) (= word, expression):* term(-au) *m*, gair (geiriau) *m*, ymadrodd(-ion) *m*; **in set terms,** mewn geiriau pendant, yn bendant; **in terms,** yn blaen, yn eglur; **legal terms,** termau cyfreithiol; **(letter couched) in these terms,** (llythyr wedi ei eirio) fel hyn, yn y geiriau hyn, fel a ganlyn; **in terms of mathematics,** mewn termau mathemategol, yn iaith mathemateg; *(b) pl. (in language):* iaith *f*; **how dare you use such terms to me?** sut y meiddiwch chi siarad fel'na â mi? sut y meiddiwch chi ddweud y fath bethau wrthyf i? sut y meiddiwch chi arfer y fath iaith â mi? 7. = **terminus 2.** **~-card** *n. Lib:* cerdyn (cardiau) (*m*) term. **~-entry** *n. Lib:* cofnod(-ion) (*m*) term. **~ insurance** *n.* yswiriant (*m*) tymor. **~ paper** *n. Sch: U.S:* papur(-au) (*m*) tymor. **~-time** *n.* tymor *m*; **in ~-time,** yn ystod y tymor.

term² *v.t.* galw, enwi; **he termed himself a professor,** fe'i galwai ef ei hun yn athro.

termagancy *n.* anynadrwydd *m.*

Termagant¹ *Pr.n. Lit:* T|ermagant *m.*

termagant² *n. & attrib.* **1.** *n.* cecren(-nod) *f*, gwr|aig (gwragedd) anynad *f*, arthes(-au) *f*. **2.** *attrib.* cecrus, rhinclyd, cegog, stwrllyd, anynad.

termagantly *adv.* yn gecrus *&c.*

termer *n.* **1. a first ~,** rhn ar ei dymor/thymor cyntaf. **2.** *Jur:* = **termor.**

terminability *n.* terfynadwyedd *m*, terfynadwyaeth *f*, natur derfynadwy *f*.

terminable *a.* terfynadwy.

terminableness *n.* = **terminability.**

terminably *adv.* yn derfynadwy.

terminal *a. & n.* I. *a.* **1.** terfynol; **~ (illness),** (afiechyd) terfynol, angheuol, marwol; **~ figure, = terminus 2**; **~ point,** pen(-nau) eithaf *m*; **~ velocity,** cyflymder terfynol *m*; **~ velocity stretch,** hyd(-oedd,-au) (*m*) cyflymder terfynol. **2.** *(a) Nat.Hist:* [ar y] pen, [ar y] blaen, terfynol. **~ bud,** penflaguryn (penflagur) *m*, blaguryn (blagur) (*m*) blaen/pen; *(b) Geol:* **~ moraine,** marian terfynol *m*; *(c) Rail: &c:* **~ [station],** gorsaf derfynol (gorsafoedd terfynol) *f*, t|erminws (t|ermini) *m*, terfynfa (terfynf|eydd) *f*, pen draw(*m*)'r lein; *W.Tel:* **~ amplifier,** mwyhäwr (mwyhawyr) terfynol *m*; *(d) El: Tg:* terfynol; *(e) (= final): (letter &c):* olaf, diwethaf, terfynol. **3.** *Sch: &c: (= termly):* tymhorol, chwarterol, pob tymor; **~ examination,** arholiad pen tymor. II. *n.* **1.** *El: Cmptr:* terfynell(-au) *f*; **dumb ~,** terfynell fud (terfynellau mud); **intelligent ~,** terfynell ddeallus (terfynellau deallus). **2.** *Gram:* terfyniad(-au) *m.* **3.** *Rail:* gorsaf derfynol (gorsafoedd terfynol) *f*, terfynfa (terfynf|eydd) *f*; *S.a.* **air, passenger. 4.** *Geog:* eithaf(-oedd) *m.* **~ building** *n.* adeilad(-au) (*m*) terminws. **~ room** *n. Cmptr:* terfynellfa (terfynellf|eydd) *f*. **~ station** *n.* gorsaf derfynol (gorsafoedd terfynol) *f*, t|erminws (t|ermini) *m.*

terminalization *n.*, **terminalize** *v.t.* terfynoli.

terminally *adv.* **1.** *(= finally):* yn derfynol; *Med:* **he is ~ ill,** mae afiechyd terfynol/angheuol/marwol arno; mae yn ei waeledd olaf; **the ~ ill,** cleifion terfynol wael.

terminate¹ *a.* â therfyn, â therfyniad, terfynedig; **~ decimal,** degol(-ion) terfynol *m.*

terminate² *v.t.&i.* I. *v.t.* **1.** *(= delimit):* ffinio, gosod/pennu ffin, gosod/pennu terfyn, gosod/pennu ffiniau/terfynau (rhth, ar rth); pennu terfyn/terfynau/ffin/ffiniau (rhth). **2.** *(a) (= put end to):* terfynu, diweddu, dibennu (rhth); rhoi terfyn/diwedd/pen (ar rth); *(b) (= be at end of sth):* terfynu, dibennu, diweddu, cloi (rhth); bod ar ddiwedd/derfyn/ben (rhth). II. *v.i.* **1.** *(of word &c):* terfynu, dibennu, diweddu, gorffen (**in sth,** yn rhth); *(of line &c):* dod i ben, terfynu, dibennu.

terminated *a.* terfynedig; ar ben.

terminating *a.* dibennol, terfynol; *Mth:* terfynus; **non-~,** annherfynol, diderfyn; *Mth:* annherfynus, heb derfyn.

termination *n.* **1.** *(a)* terfyniad(-au) *m*, dibeniad(-au) *m*, diwedd(-au) *m*, diweddiad(-au) *m*, darfyddiad(-au) *m*, llwyrbeidiad(-au) *m*; *S.a.* **terminate²**; *Jur: (of contract &c):* terfyniad, diddymiad(-au) *m*; **to bring sth to a ~, to put a ~ to sth,** terfynu/diweddu rhth, rhoi terfyn/pen ar rth; **~ of employment,** terfyniad cyflogaeth; *(b)* **~ of pregnancy,** terfyniad beichiogrwydd, erthyliad *m.* **2.** *Gram:* terfyniad(-au) *m.* **~ reaction** *n.* adwaith (adweithiau) terfynol *m.*

terminational *a.* terfynol, terfyniadol, dibeniadol.

terminative *a.* terfynol, diweddol, dibennol.

terminatively *adv.* yn ddiweddol *&c.*

terminator *n.* **1.** *(of contract &c):* terfynwr (terfynwyr) *m*, terfynydd(-ion) *m*, dibennwr (dibenwyr) *m.* **2.** *Astr:* llinell (*f*) derfyn (llinellau terfyn).

terminer *n. Jur:* **oyer and ~,** gwrando a therfynu, ***oyer*** a ***terminer***.

terminism *n. Theol:* terfyniaeth *f*.

terminist *n. Theol:* terfyniaethydd (terfyniaethwyr) *m.*

terminological *a.* termegol, terminolegol, termyddol; **a ~ inexactitude,** anfanylder (*m*) [mewn] termau.

terminologically *adv.* yn dermegol *&c*; o ran termau.

terminologist *n.* termegydd: termegwr (termegwyr) *m.*

terminology *n.* **1.** *(= system of terms):* ieithwedd(-au) *f*, geirfa(-oedd) *f*, terminoleg(-au) *f*, termau *pl.* **2.** *(= science of terms):* termeg *f*, terminoleg.

terminus *n.* **1.** *(station):* t|erminws (t|ermini) *m*, terfynfa (terfynf|eydd) *m*, gorsaf derfynol (gorsafoedd terfynol) *f*, *F:* pen draw(*m*)'r lein; *(of journey):* pen (*m*) taith. **2.** *Sculp:* terminws. **3.** *occ: (= goal):* nod(-au) *mf*, amcan(-ion) *m*, diben(-ion) *m.* **~ *a quo*** *Lt.phr.* man(-nau) (*m*) cychwyn, cychwynfan(-nau) *mf*, dyddiad(-au) cychwynnol *m.* **~ *ad quem*** *Lt.phr.* nod, dyddiad terfynol. **~ *ante quem*** *Lt.phr.* terfyn(-au) *m*, terfynbwynt(-iau) *m.* **~ *post quem*** *Lt.phr.* cychwyn(-iadau) *m*, cychwyniad(-au) *m.*

termitarium, termitary *n.* twmpath(-au) (*m*) termitiaid.

termite *n. Ent:* termit(-iaid) *m*, morgrugyn gwyn (morgrug gwynion) *m.*

termless *a.* *(a) (= unconditional):* diamod, didelerau. *(b) (= boundless):* diderfyn, diderfynau, annherfynol, diddiwedd.

termly *a. & adv.* **1.** *a.* tymhorol. **2.** *adv.* bob tymor, o dymor i dymor, yn dymhorol.

termor *n. Jur:* tirddeiliad (tirddeiliaid) (*m*) dros dymor.

tern¹ *n. Orn:* **common ~,** *(Sterna hirundo):* gwennol (gwenoliaid) (*f*) y môr, môr-wennol (~-wenoliaid) *f*, *N.W:* aderyn (adar) (*m*) penwaig, chwidlwr (*m*) penwaig; **Arctic ~,** *(S. paradisaea):* môr-wennol y Gogledd, ysgräell(-od) (*f*) y Gogledd, ysgräen(-nod) *f*; **black ~,** *(Chlidonias niger):* môr-wennol ddu (~-wenoliaid duon), corswennol ddu (corswenoliaid duon) *f*, ysgräell ddu (ysgräellod duon), ysgräen ddu/ddulwyd (ysgräennod duon/dulwydion), gwylan fechan (gwylanod bychain) *f*; **bridled ~,** *(S. anaethetus):* môr-wennol ffrwynog; **Caspian ~,** *(Hydroprogne caspia):* y fôr-wennol fwyaf (y môr-wenoliaid mwyaf), môr-wennol Caspia; **Forster's ~,** *(S. forsteri):* môr-wennol Forster; **gull-billed ~,** *(Gelochelidon nilotica):* môr-wennol ylfinbraff (môr-wenoliaid gylfinbraff); **lesser crested ~,** *(S. bengalensis):* y fôr-wennol gopog leiaf (y môr- wenoliaid copog lleiaf); **little ~,** *(S. albifrons minuta):* môr-wennol fach/fechan (môr-wenoliaid bach/bychain), y fôr-wennol leiaf (y môr-wenoliaid lleiaf); **marsh ~,** *(Chlidonias):* corswennol (corswenoliaid) *f*; **[Irish] roseate ~,** *(S. dougallii):* môr-wennol wridog/rosliw (môr-wenoliaid gwridog/rhosliw); **royal ~,** *(S. maxima):* môr-wennol fawr/frenhinol (~-wenoliaid mawrion/brenhinol); **Sandwich ~,** *(S. sandvicensis):* môr-wennol bigddu (~-wenoliaid pigddu) *f*; **sooty ~,** *(S. fuscata):* môr-wennol fraith (~-wenoliaid brithion); **swift ~,** *(S. bergii):* môr-wennol bigfelen (~-wenoliaid pigfelyn); **whiskered ~,** *(Ch. hybrida):* corswennol farfog (corswenoliaid barfog); **white-cheeked ~,** *(S. repressa):* môr-wennol fochwen (~-wenoliaid bochwyn); **white-winged black ~,** *(Ch. leucopterus):* corswennol adeinwen (corswenoliaid adeinwyn).

tern² *a. & n.* **1.** *a.* **= ternate. 2.** *n.* *(= set of three):* triawd(-au) *m*, tri(-oedd) *m.*

Tern³ *Pr.n. Geog:* **[the river] ~,** [Afon] Tren *f*.

ternary *a. & n.* **1.** *a.* triphlyg, teiran, t|eir-ran, *occ:* triol, triaidd; *Mus:* teiran, teir-ran; *Ph:* **~ fission,** ymholltiad(-au) triol *m*; *Mus:* **~ form,** ffurf deiran (ffurfiau teiran) *f*; *Mth:* **~ logarithm,** logarithm(-au) triaidd *m*; **~ number,** rhif(-au) triaidd *m.* **2.** *n.* triawd(-au) *m.*

ternate *a.* t|eir-ran, teiran, triol; *Bot:* teirdalen.

ternately *adv.* fesul tri, yn driol *&c.*

terne *n. Metalw:* **~[-plate],** tunplat pŵl *m*, ternblat *m.*

ternion *n.* triawd(-au) *m*, tri(-oedd) *m.*

terotechnology *n.* terotechnoleg *f*.

terpene *n. Ch:* terpen(-au) *m.*

terpenic *a. Ch:* terpenig.

terpenoid *a. & n. Ch:* **1.** *a.* terpenaidd. **2.** *n.* terpenoid(-au) *m.*

terpinene *n. Ch:* t|erpinen (terpinenau) *m.*

terpin[e]ol *n. Ch:* terp|inol *m.*

terpolymer *n. Ch:* terp|olymer (terpolymerau) *m.*

Terpsichore *n. Gr.Civ:* awen (*f*) y ddawns, Terpsichore *f*.

Terpsichorean *a.* Terpsichoreaidd.

terra *n.* pridd *m*; **~ *alba*,** pibglai *m*, pridd gwyn *m*; **~ *firma*,** tir sych *m*, daear gadarn *f*; **~ *incognita*,** gwlad (gwledydd) anhysbys *f*, tir(-oedd) anhysbys *m*; **~ *Japonica*,** gambier *m*; *Art:* **~ *negra*,**

lliw du *m*; *~ **rossa,** ~ **roxa,*** pridd coch, clai coch *m*; *Art: ~ **verde,*** pridd gwyrdd, lliw gwyrdd *m*.

terrace¹ *n.* **1.** *Const: (= patio, flat ground outside house):* teras(-au) *mf.* **2.** *(= row of houses):* rhes(-i,-au) *f*, rhes dai (rhesi tai), rhesaid (rheseidiau) *f*, teras(-au) *m*, rhesdai *f*, *N:* rhesiad (rheseidiau) *f*, *S:* rhestr(-i) *f*; **five houses in a ~,** pum tŷ mewn rhes, rhes/rhesaid o bum tŷ; *Sp: (of seats):* teras. **3.** *Geog: (= raised beach):* cyfordraeth(-au) *m*; **river ~,** cerlan (cerlannau) *f*; **paired terraces,** cerlannau cymharus/cyfatebol; **unpaired terraces,** cerlannau anghymharus/anghyfatebol. **~ house** *n.* tŷ (tai) *(m)* teras, tŷ [mewn] rhes/rhesaid.

terrace² *v.t.* **1. to ~ a garden,** terasu gardd, gosod gardd yn derasau. **2.** *Geog:* terasu, cerlannu.

terraced *a. (a) (garden, hillside):* terasog, yn derasau; *(b) (houses, seats &c):* mewn rhes; **~ house,** tŷ teras, tŷ [mewn] rhes/rhesaid; **~ houses,** tai rhes/teras; **~ roof,** to fflat.

terraceless *a.* dideras.

terracette *n.* terasét (terasetau) *m*.

terracing *vn.* **1.** terasiad(-au) *m*, terasu. **2.** *Geog:* cerlan(-nau) *f*, cerlannu.

terracotta *n. & attrib. Cer:* **1.** *n.* ***terracotta*** *m.* **2.** *attrib.* melyngoch(-ion) *m (pronounced* ng-g).

terrain *n. Mil: Geog:* tir(-oedd) *m*.

terramara, terramare *n. Archeol:* **1.** *(deposit):* terramara *m*. **2.** *(= lake-dwelling):* llyndy (llyndai) *m*; *(= lake settlement):* llyndref(-i) *f*.

Terramycin *n. R.t.m:* Teramysin *m*.

terrane *n. Geol:* tirwedd(-au) *f*, tirffurf(-iau) *f*.

terraneous *a.* tirol.

terrapin *n. Rept:* crwban(-od) *(m)* dŵr croyw, t|erapin (terapiniaid) *m*. **~ hut** *n. Const:* caban(-au) *(m)* terapin, cwt (cytiau) *(m)* terapin.

terraqueous *a.* tirddyfrol, daearddyfrol, sy'n cynnwys tir a dŵr.

terrarium *n.* terariwm (teraria) *m*.

terrazzo *n. Const:* teraso *m*.

terrene *a.* daearol.

terreplein *n. Fort:* pridd llanw *m*.

terrestrial *a. & n.* **1.** *a. (a) (= of the earth):* daearol; **the ~ globe,** y ddaear *f*; **a ~ globe,** glôb (globau) *m*; **~ magnetism,** magnetedd *(m)* y ddaear, magnetedd daearol; **~ planet,** planed ddaearol (planedau daearol) *f*; **~ telescope,** t|elesgop (telesgopau) daearol *m*; *(b) (= worldly):* bydol; *(c) (= of land):* tirol, y tir; **~ transport/transportation,** cludiant *(m)* ar draws tir, cludiant dros dir; *(d) Bot:* daeardrig, daeardrigiannol. **2.** *n.* daearolyn (daearolion) *m*.

terrestrially *adv.* yn ddaearol, yn fydol *&c.*

terret *n. Harn:* dolen *(f)* cyfrwy (dolennau cyfrwy/cyfrwyon), tered(-au) *m*.

terrible *a.* **1.** *(= exciting terror):* ofnadwy, arswydus, arswydlon, brawychus, erchyll, echrydus, echryslon, dychrynllyd. **2.** *F: (in weakened sense, = very bad, very poor, very great):* ofnadwy, gwael, difrifol, affwysol, enbydus, enbyd, alaethus, *N: F:* trybeilig, sobor, *S.W:* ombeidus; **he's a ~ talker,** mae'n siaradwr ofnadwy; **I'm ~ at maths,** un gwael [ddifrifol] ydw i mewn mathemateg; 'rydw i'n ddifrifol mewn mathemateg; **he's a ~ bore,** mae'n un diflas ofnadwy; **it's a ~ thing,** mae'n beth ofnadwy/enbyd; mae'n sobor o beth; *S.E:* mae'n beth imbed; *S.W:* mae'n burdan *(m)*.

terribleness *n.* natur ofnadwy *&c f*, erchyllltra *m*, ofnadwyedd *m*, ofnadwyaeth *f*, echryslondeb *m*, echryslonder *m*.

terribly *adv.* **1.** yn arswydus *&c.* **2.** *F: (intensive):* yn ofnadwy, dros ben, dychrynllyd, tu hwnt, *N.W: occ:* ar y naw, coblyn, coblynedig, aflawen, pricsiwn, trybeilig *S.W:* aflan, caramedd; **(it's) ~ good,** (mae'n) dda ofnadwy, dda ar y naw, ofnadwy o dda, dda tu hwnt, dda dros ben, dda ddychrynllyd, enbyd o dda, dda drybeilig, andros o dda, dda gythreulig, dda aflan *&c*; **I am ~ sorry,** mae'n ddrwg iawn gen i; mae'n wir ddrwg gen i; mae'n flin ofnadwy gen i; mae'n ofnadwy o flin gen i; mae'n ddrwg sobor gen i *&c*; **that's ~ kind of you,** 'rydych chi'n rhy garedig; 'rydych chi'n garedig iawn/ofnadwy.

terricolous *a.* daeardrig, daeardrigiannol.

terrier¹ *n.* **1.** *(dog):* daeargi (daeargwn) *m*; **black-&-tan ~,** daeargi melyn a du; **bull-~,** daeargi tarw; **cairn ~,** daeargi byrgoes; **fox ~,** daeargi, ci (cŵn) *(m)* codi llwynog/cadno; **Irish ~,** daeargi Gwyddelig; **Maltese ~,** daeargi Melita; **Scotch ~,** daeargi Albanaidd/Sgotaidd; **Sealyham ~,** daeargi Sealyham; **Skye ~,** daeargi Heledd; **toy ~,** corddaeargi (corddaeargwn) *m*; **Yorkshire ~,** daeargi Efrog. **2.** *Mil: F:* Terier(-s) *m*.

terrier² *n. (book):* tirlyfr(-au) *m*, llyfr(-au) *(m)* tiroedd/stent.

terrific *a.* **1. = terrible 1. 2.** *F: (= immense):* aruthrol, ofnadwy. **3.** *F: (= excellent):* aruthrol [dda], bendigedig, gwych, ardderchog, anfarwol, campus, p|enigamp: penig|amp, i'w ryfeddu; *int.* **~!** gwych! bendigedig! anfarwol! campus! go dda!

terrifically *adv.* **1.** yn arswydus *&c.* **2.** *F:* yn aruthrol *&c.* **3.** *F:* yn wych *&c.*

terrified *a.* dychrynedig, mewn dychryn/arswyd/ofn; **I'm ~ of mice,** 'rwy'n arswydo rhag llygod; mae arnaf ofn/arswyd llygod; mae llygod yn codi ofn/arswyd arnaf; **to be ~,** dychryn, arswydo **(by/of sth,** rhag rhth); **I was ~,** 'roeddwn i wedi dychryn am fy mywyd.

terrifier *n.* dychrynwr (dychrynwyr) *m*, brawychwr (brawychwyr) *m*, dychrynydd(-ion) *m*.

terrify *v.t.* dychryn, dychrynu, brawychu, arswydo (rhn); peri ofn, codi ofn, codi arswyd/dychryn/braw (ar rn); **to ~ (s.o. into doing sth),** dychryn, dychrynu, brawychu (rhn hyd at wneud rhth, nes iddo wneud rhth); **to ~ s.o. out of his wits,** dychryn rhn ar ei hyd, codi ofn ofnadwy ar rn, dychryn rhn i ffitiau; **to be terrified,** dychryn, dychrynu, arswydo; **to be terrified of s.o.,** ofni rhn, bod ag ofn rhn, arswydo rhag rhn; **I was terrified at the sight of it,** dychrynais/arswydais wrth ei weld; cefais fraw/ddychryn wrth ei weld; **people were terrified of him,** 'roedd ar bobl/bawb ei ofn; *occ:* ofnid ef fel gŵr â chleddyf.

terrifying *a.* arswydus, brawychus, dychrynllyd, sy'n codi ofn/braw/arswyd *&c*, *S.E:* aethus.

terrifyingly *adv.* yn arswydus *&c.*

terrigenous *a.* o'r ddaear, daearanedig; *Geol:* gwaddodol.

terrine *n.* **1.** *(= pot, dish):* dysgl *(f)* bridd (dysglau pridd). **2.** *Cu:* terîn (terinau) *m*. **3. = terret.**

territorial *a. & n.* **1.** *a.* tiriogaethol; **the T~ Army,** y Fyddin Diriogaethol *f*, Byddin y Tiriogaethwyr. **2.** *n. Mil:* **T~,** Tiriogaethwr (Tiriogaethwyr) *m*.

territorialism *n.* tiriogaetholdeb *m*.

territorialist *n.* tiriogaetholwr (tiriogaetholwyr) *m*.

territoriality *n.* tiriogaethedd *m*.

territorialization *n.*, **territorialize** *v.t.*, tiriogaethu *vn.*

territorially *adv.* yn diriogaethol; o ran tiriogaeth.

territoried *a.* tiriogaethog.

territory *n.* **1.** tiriogaeth(-au) *f*, tir(-oedd) *m*, *occ:* rhandir(-oedd) *mf*, rhanbarth(-au) *m*; **dependency ~,** tiriogaeth ddibynnol (tiriogaethau dibynnol); **trusteeship ~,** tiriogaeth ymddiriedol. **2.** *Geog:* **the Northern T~,** Tiriogaeth y Gogledd, Gogledd *(m)* Awstralia. **3.** *F:* **commercial traveller's ~,** ardal(-oedd) *(f)* trafaeliwr; *F:* **that's not my ~,** nid dyna fy maes *(m)* i.

terror *n.* **1.** arswyd(-au,-ion) *m*, braw(-iau) *m*, dychryn(-iadau) *m*, ofn(-au) *m*, *S:* aeth(-au) *m*, *Lit: occ:* dychryndod(-au) *m*, dychrynfa (dychrynfâu, dychrynf|eydd) *f*; **to be in ~,** dychryn, dychrynu, arswydo, bod ag/mewn arswyd, bod ag/mewn ofn, cael braw, cael ofn [mawr]; **to be in ~ of one's life,** dychryn am eich bywyd/hoedl; *F:* **to go in ~ of one's life,** ofni am eich bywyd, byw mewn ofn; **to go in ~ of s.o.,** ofni rhn, arswydo rhag rhn, ofni rhn fel gŵr â chleddyf; **he has a holy ~ of working,** mae arno ofn gweithio; **I have a ~ of mice,** mae arna' i ofn llygod; mae arswyd llygod arna' i; *Fr.Hist:* **the [Reign of] T~,** Teyrnasiad *(m)* Braw. **(the bandits began) a reign of ~,** (cychwynnodd y gwylliaid) gyfnod brawychus, gyfnod o fraw/ddychryn/arswyd; *B:* **the king of terrors,** brenin *(m)* dychryniadau. **2.** *(a)* **he was the ~ of the countryside,** codai arswyd ar y wlad; yr oedd yn ddychryn gwlad; ofnid ef fel gŵr â chleddyf drwy'r wlad; *Pol: Hist:* **the red ~,** y braw coch; **the white ~,** y braw gwyn; *(b) F:* **a little ~, a holy ~,** cenau (cenawon) bach *m*, cnaf(-on) bach *m*, ellyll(-on) bach *m*, bwbach(-od) bach *m*, hen andros bach *m*, mawrddrwg *m*, bredych *m*, cwtrin *m*, *V:* cythraul (cythreuliaid) bach *m*, diawl(-iaid) bach *m*; **he was a ~ for always being late,** 'roedd yn gythraul am fod yn hwyr. **~-stricken, ~ struck** *a.* mewn arswyd, dychrynedig, wedi cael braw/ofn, wedi'ch dychryn ar eich hyd.

terrorism *n.* brawychiaeth *f*.

terrorist *n. & attrib.* **1.** *n.* brawychwr (brawychwyr) *m*, dychrynwr (dychrynwyr) *m*, dychrynydd(-ion) *m (not* terfysgwr = **rioter**). **2.** *attrib.* **there have been several ~ attacks,** bu sawl ymosodiad

gan frawychwyr; ~ **bombing,** bomio gan frawychwyr; **a ~ group,** mintai/criw o frawychwyr.
terroristic *a.* brawychol, brawychiaethol, gan frawychwyr, ar ran brawychwyr, o du brawychwyr.
terrorization *n.*, **terrorize** *v.t.* brawychu, dychrynu, dychryn (rhn); codi braw/dychryn/arswyd (ar rn).
terrorized *a.* brawychedig.
terrorizer *n.* brawychwr (brawychwyr) *m*, dychrynwr (dychrynwyr) *m*.
terrorless *a.* diarswyd, diddychryn, di-ofn, di-fraw.
terry *a.* & *n.* *Tex:* ter[r]i *m*.
Tersanctus *n.* *Ecc:* = **sanctus.**
terse *a.* **1.** *(= concise):* cryno, byr (*f.* ber, *pl.* byrion), diwastraff. **2.** *(= brusque):* swta, cwta, di-lol.
tersely *adv.* **1.** yn gryno *&c.* **2.** yn swta *&c.*
terseness *n.* **1.** *(= concision):* crynoder *m*, byrdra *m*. **2.** *(= brusqueness):* dull swta *m*, natur swta *f*, tôn swta *f*.
tertial *a.* & *n.* *Orn:* **1.** *a.* trydyddol. **2.** *n.* plufyn (pluf) trydyddol *m*, pluen drydyddol (plu trydyddol) *f*.
tertian *a.* ~ **ague/fever,** teirton: teirthon *f*, *usu.* y deirton, y deirthon *f*, cryd (*m*) tridiau, twymyn (*f*) dridiau, *S.W:* y ddritod *f*.
tertiary *a.* & *n.* **1.** *a.* trydyddol. **2.** *n.* *(a)* *Orn:* = **tertial**; *(b)* **T~**, *Ecc:* Tertiad (Tertiaid) *m*; *(c)* *Geol:* y cyfnod trydyddol cenosöig *m*.
tertio *adv.* yn drydyddol.
tertium quid *n.* trydydd peth *m*, trydydd dewis *m*.
tertius *a.* *Sch:* **Smith ~,** Smith y trydydd.
tervalent *a.* *Ch:* = **trivalent.**
terylene *n.* *Tex:* *R.t.m:* t|erylen *m*.
terza rima *n.* *Pros:* ***terza rima*** *mf*.
terzetto *n.* *Mus:* triawd(-au) *m*.
tesla *n.* *El:* *Meas:* tesla (teslâu) *m*. **T~ coil** *n.* torch(-au) (*f*) Tesla.
tessellar, tessellate[1] *a.* = **tessellated.**
tessellate[2] *v.t.* brithweithio, brithosod, brithaddurno, teselu.
tessellated *a.* **1.** *Const:* brithweithiog, brithweithiol, brithaddurnedig, teselog. **2.** *Bot:* *Z:* sgwarog, siecrog.
tessellation *n.* *Const:* brithwaith (brithweithiau) *m*, teseliad(-au) *m*, teselu *vn*.
tessera *n.* *Const:* t|esera (teserâu) *m*.
tesseract *n.* *Mth:* t|eseract (teseractau) *m*.
tesseral *a.* t|eserol, t|eseraidd.
tessitura *n.* *Mus:* amrediad(-au) *m*, tesitwra (tesitwrâu) *m*.
test[1] *n.* **1.** prawf (profion) *m*; **to put s.o. to the ~, to put s.o. through a ~,** rhoi rhn ar brawf, rhoi prawf ar rn; **to undergo a ~,** sefyll prawf, cael prawf; **to pass/stand a ~,** llwyddo mewn prawf, mynd/dod trwy brawf; **a method that has stood the ~ of time,** dull sydd wedi sefyll/dal prawf amser; **absurdities ~,** prawf afresymolion; **the acid ~,** *(i)* *Ch:* y prawf asid; *(ii)* *Fig:* y prawf eithaf/terfynol; **activation ~,** prawf actifiant; **analogies ~,** prawf cydweddiadau; **aptitude ~,** prawf dawn, prawf tueddfryd; **attainment ~,** prawf cyraeddiadau; **attitude ~,** prawf agwedd/agweddiad/ymagweddiad; **battery of tests,** clwm o brofion; **bench ~,** prawf mainc, prawf ar fainc; **block design ~,** prawf blociau; **blood ~,** prawf gwaed; **breath ~,** prawf [ar] anadl; **check ~,** prawf gwirio; **classification ~,** prawf dosbarthiad; **code ~,** prawf côd; **completion ~,** prawf llenwi bylchau; **comprehension ~,** prawf amgyffred; **control ~,** prawf gwirio; **digit span ~,** prawf rhif rhychwant; **directions ~,** prawf cyfarwyddiadau; **disarranged sentence ~,** prawf aildrefnu brawddeg; **driving ~,** prawf gyrru; **endurance ~,** *(of material):* prawf gwytnwch; *(of soldier &c):* prawf gwytnwch/dycnwch; **eye ~,** prawf ar y golwg, prawf [ar y] llygaid; **field ~,** prawf maes; **forced whisper ~,** prawf sibrwd grymus; **group ~,** prawf grŵp; **individual ~,** prawf unigolyn; **intelligence ~,** prawf deallusrwydd; **laboratory ~,** prawf labordy; **linguistic aptitude ~,** prawf dawn iaith; **mazes ~,** prawf drysfa; **multiple choice ~,** prawf aml-ddewis; **non-language ~,** prawf anieithyddol; **non-parametric ~,** prawf amharametrig; **non-verbal reasoning ~,** prawf rhesymu dieiriau; **non-verbal ~,** prawf dieiriau; **nuclear ~,** prawf niwclear; **~ of compliance,** prawf cydsyniad; **~ of significance,** prawf arwyddocâd; **omnibus type ~,** prawf omnibws; **one tail ~,** prawf unben; **opposites ~,** prawf cyferbyniadau; **oral ~,** prawf llafar; **performance ~,** gweithbrawf (gweithbrofion) *m*; **performance intelligence ~,** gweithbrawf deallusrwydd; **picture completion ~,** prawf gorffen darlun; **picture interpretation ~,** prawf dehongli darlun; **preliminary ~,** rhagbrawf (rhagbrofion) *m*; **readiness ~,** prawf parodrwydd; **road ~,** prawf [pen] ffordd; **Rorschach [inkblot] ~,** prawf blotyn inc, prawf [smotyn du] Rorschach; **screen ~,** prawf ffilmio, sgrîn-brawf (~-brofion) *m*; **similarities ~,** prawf cyffelybion; **special ability ~,** prawf gallu arbennig; **synonym-antonym ~,** prawf cyfystyr-gwrthystyr; **two tail ~,** prawf deuben; **urine ~,** prawf troeth, prawf dŵr; **verbal intelligence ~,** prawf deallusrwydd geiriol; **verbal ~,** prawf geiriol, prawf siarad; **2.** *(a)* = **reagent**; *(b)* = **cupel**[1]. **T~ Act** *n.* *Rel.Hist:* Deddf (*f*) y Prawf. **~ ban** *n.* gwaharddiad(-au) (*m*) ar arbrofi. **T~ Ban Treaty** *n.* Cytundeb (*m*) Gwahardd Arbrofi. **~ bar** *n.* prawfar(-rau) *m*. **~ bed, ~ bench** *n.* mainc (meinciau) (*f*) arbrofi. **~ car** *n.* car (ceir) (*m*) arbrofi. **~ card** *n.* *T.V:* cerdyn (cardiau) (*m*) prawf, *S:* carden (*f*) brawf (cardiau prawf). **~ case** *n.* *Jur:* achos(-ion) (*m*) prawf. **~ certificate** *n.* tystysgrif (*f*) brawf (tystysgrifau prawf). **~-drive**[1] *n.* taith (*f*) brawf (teithiau prawf), tro(-eon) (*m*) prawf. **~-drive**[2] *v.t.* **to ~-drive a car,** gyrru car ar brawf, rhoi prawf ar gar, prawf-yrru car, mynd am dro prawf mewn car. **~ engine** *n.* motor(-au) (*m*) arbrofi. **~ flight** *n.* *Av:* ehediad(-au) (*m*) prawf. **~-fly** *v.t.* hedfan (awyren) ar brawf, prawf-hedfan (awyren). **~ match** *n.* *Cr:* gêm (*f*) brawf (gemau prawf), gornest (*f*) brawf (gornestau prawf). **~ meal** *n.* pryd(-au) (*m*) prawf. **~ paper** *n.* **1.** *Ch:* papur(-au) (*m*) profi. **2.** *Sch:* papur prawf. **~ pattern** *n.* patrwm (patrymau) (*m*) prawf. **~-piece** *n.* *Mus:* darn(-au) (*m*) prawf. **~ pilot** *n.* *Av:* peilot(-iaid) (*m*) prawf/profi. **~ run** *n.* rhediad(-au) (*m*) prawf. **~ strip** *n.* stribyn (stribiau) (*m*) prawf. **~-tube** *n.* tiwb(-iau) (*m*) prawf, profdiwb(-iau) *m*. **~-tube baby** *n.* baban(-od) (*m*) profdiwb. **~-tube rack** *n.* rhesel (*f*) diwbiau prawf (rheseli tiwbiau prawf).
test[2] *v.t.* **1.** *(a)* **to ~ s.o.,** rhoi (rhn) ar brawf, rhoi prawf (ar rn), *occ:* profi (rhn); *(= tax patience &c severely):* trethu; **the problem tested my powers to the utmost,** trethodd y broblem fy ngalluoedd i'r eithaf; *(b)* *(weights and measures):* gwirio; **to ~ s.o.'s sight,** rhoi prawf ar olwg/lygaid rhn; *(water &c):* profi, dadansoddi; *(c)* *v.ind.t.* **to ~ out a scheme,** rhoi cynllun ar brawf, rhoi prawf ar gynllun; *(d)* *Sch:* **to ~ a class in algebra,** profi dosbarth mewn algebra, rhoi prawf algebra i ddosbarth; *(e)* **flight-~,** profi, prawf-hedfan (awyren); hedfan (awyren) ar brawf; **road-~,** rhoi prawf [pen] ffordd (ar gar); **screen-~,** rhoi prawf ffilmio, rhoi sgrîn-brawf (i rn); sgrîn-brofi (rhn). **2.** *(a)* = **cupellate**; *(b)* *(= assay):* **to ~ for alkaloids,** gwn|eud prawf alcaloidau (ar rth).
test[3] *n* *Nat.Hist:* *(of seed):* plisgyn (plisg) *m*, amwisg(-oedd) *f*; *(of mollusc):* cragen (cregyn) *f*.
testa *n.* *Bot:* hadgroen (hadgrwyn) *m*, gwisg(-oedd) *f*, plisgyn (plisg) *m*.
testability *n.* natur brofadwy *f*, profadwyedd *m*.
testable *a.* profadwy.
testacean *n.* = **mollusc.**
testaceous *a.* **1.** *Z:* cragennaidd, cragennog, cregynnog. **2.** *Bot:* *Z:* rhuddgoch(-ion), cochlyd.
testacy *n.* cyflwr ewyllysiog *m*, ewyllysiogrwydd *m*.
testament *n.* **1.** *Jur:* ewyllys(-iau) *mf*, *occ:* llythyr(-au,-on) (*m*) cymyn; **to make one's [last will and] ~,** gwneud eich ewyllys; **the last will and ~ of X,** ewyllys olaf X. **2.** *B:* t|estament (testamentau) *m*; **the Old T~,** yr Hen Destament; **the New T~,** y Testament Newydd.
testamentary *a.* ewyllysiol, cymynnol, testamentaidd; *S.a.* **letter**; *Jur:* **~ capacity,** cymhwyster (cymwysterau) ewyllysiol/testamentaidd *m*; **~ guardian,** gwarcheidwad (gwarcheidwaid) testamentaidd/ewyllysiol *m*.
testate *a.* & *n.* **1.** *a.* [sydd *or* a oedd] wedi gadael ewyllys, a adawodd ewyllys, gydag ewyllys, ewyllysiog; **~ succession,** etifeddiad(-au) ewyllysiol *m*. **2.** *n.* un (rhai) a wnaeth/adawodd ewyllys, un a chanddo/chanddi ewyllys, ewyllysiog(-ion) *m&f*.
testation *n.* gwn|eud (*vn*) ewyllys.
testator *n.* ewyllys[i]wr (ewyllyswyr) *m*, *occ:* cymynnwr (cymynwyr), testamentwr (testamentwyr) *m*.
testatrix *n.f.* ewyll|yswraig (ewyllyswragedd), *occ:* cym|ynwraig (cymynwragedd).
testatum *n.* *Jur:* testatwm (testata) *m*.
testcross[1] *n.* prawfgroesiad(-au) *m*.

testcross² *v.t.* prawfgroesi.
teste *Lt.adv.phr.* ***teste,*** fel y tystia (rhn), yn ôl tystiolaeth (rhn), tyst o (rn).
tested *a.* profedig, a brofwyd; **a tried and ~ method,** dull hollol sicr, dull profedig; *S.a.* **milk; you want your head ~,** mae eisiau darllen/chwilio/edrych dy ben di; *S.E:* mae isha dyhaedda dy ben.
testee *n.* profedig(-ion) *m&f.*
tester¹ *n. A.Furn:* c|anopi (canopïau) *m*, gortho(-au) *m*, nenlen(-ni) *f.* **~ bed** *n.* gwely(-au) (*m*) gortho.
tester² *n.* **1.** *Ind: (pers.):* profwr (profwyr) *m*, profiedydd(-ion) *m.* **2.** *(machine):* peiriant (peiriannau) (*m*) profi.
tester³ *n. Num:* swllt (sylltau) (*m*) arian.
testicle *n. Anat:* caill (ceilliau) *f*, *F:* carreg (cerrig) *f*, *N: S.W: F:* aren(-nau) *f* (*also = kidney*), *N.W: occ:* eiren (eirin) *f.*
testicular *a. Anat:* ceilliol.
testiculate *a. Anat: Bot:* ceilliog.
testification *n.* tystio *vn*, tystiolaethu *vn*, tystiolaethiad(-au) *m*, tystiolaeth(-au) *f.*
testifier *n.* tyst(-ion) *m*, tystiwr (tystwyr) *m*, tystiolaethwr (tystiolaethwyr) *m*, t|ystwraig (tystwragedd) *f.*
testify *v.t.&i.* **1.** *v.t.* **to ~ one's regret,** datgan/cyhoeddi eich gofid. **2.** *v.i. Jur: (a)* tystio, tystiolaethu, rhoi tystiolaeth; *(b) v.ind.t.* **to ~ to a fact,** tystio i rth, bod yn dyst i rth.
testily *adv.* yn biwis *&c.*
testimonial *a. & n.* **1.** *a.* cymeradwyol, tystiolaethol. **2.** *n. (a) (= letter of recommendation):* geirda *m*, tystlythyr(-au,-on) *m*, llythyr(-au,-on) (*m*) cymeradwyaeth, *F:* c|aritor(-s) *m.* **3.** *(gift):* tysteb(-au) *f.*
testimonialize *v.t.* tystebu (rhn), cyflwyno tysteb (i rn).
testimonium *a.* **~ clause,** cymal(-au) tystiolaethol *m.*
testimony *n.* **1.** tystiolaeth(-au) *f*; **unsworn ~,** tystiolaeth ddi-lw (tystiolaethau di-lw); **to bear ~ to sth,** tystio i rth, bod yn dyst i rth, dwyn tystiolaeth i rth; **to be ~ to sth,** amlygu rhth, tystio i rth; **in ~ whereof. . .,** yn dystiolaeth o'r hyn. . .; *Jur:* **to produce ~ (of/to a statement),** rhoi tystiolaeth, tystio, tystiolaethu (am osodiad). **2.** *B: (a) (= Decalogue):* y Deg Gorchymyn *m*, y Dengair (*m*) Deddf; *(b) pl.* yr Ysgrythur *f*, yr Ysgrythurau *pl.*
testiness *n.* piwisrwydd *m*, pigogrwydd *m*, llidio[w]grwydd *m*, croendeneurwydd *m*, croendeneuwch *m*, natur gas/bigog *&c f*, ffromder *m.*
testing¹ *a.* anodd.
testing² *vn.* **= test².**
testis *n. Anat:* caill (ceilliau) *f.*
teston, testoon *n. Num:* teston(-au) *m.*
testosterone *n. Bio-Ch:* test|osteron *m.*
testudinal *a.* crwm (*f.* crom, *pl.* crymion), bwaog, cragenffurf, crwbanaidd.
testudinate *a.* cragennog.
testudo *n. Rom.Ant:* cadgragen (cadgregyn) *f.*
testy *a.* piwis, llidiog, pigog, anynad, croes, ffrom, croendenau, *N:* blin, *N.W:* piglyd, main [eich tymer], *S.W: occ:* pointog, pointus; **~ woman,** *N.W: occ:* peunes(-au) *f*, *S.W:* siswrn *f*, sgrapen *f.*
tetanal *a. Path:* tetanol.
tetanic[al] *a. Path:* tetanig.
tetanically *adv.* yn detanig.
tetanization *n. Med:* tetaneiddio *vn*, tetaneiddiad(-au) *m.*
tetanize *v.t. Med:* tetaneiddio.
tetanoid *a. Med:* tetanaidd.
tetanus *n. Med:* t|etanws *m*, genglo *m*, gengload *m* (*both pronounced* ng-g).
tetany *n. Med:* tetanedd *m*, dirdyndra *m*; *S.a.* **grass¹**.
tetartohedral *a. Cryst:* tetartohedrol.
tetartohedralism, tetartohedrism *n. Cryst:* tetartohedredd *m.*
tetchily *adv.* **= testily.**
tetchy *a.* **= testy.**
tête-à-tête *adv. & n.* **1.** *adv.* yn breifat, rhwng dau/dwy, yn gyfrinachol, *N.W: occ:* glust yng nghlust, geg yng ngheg. **2.** *n. (a)* **1.** ***tete-à-tete*** *m*, sgwrs breifat (sgyrsiau preifat) *f*, sgwrs wyneb yn wyneb, ymgom gyfrinachol (ymgomion cyfrinachol) *f*, ymgom rhwng dau/dwy; ***~-à-~*** **dinner,** cinio preifat, cinio i ddau/ddwy; **to have a *~-à-~*,** rhoi'ch pennau ynghyd, *S.W:* cwnsela; **there they are, having a *~-à-~*,** dacw nhw'n cael sgwrs; dacw nhw glust yng nghlust; dacw nhw geg yng ngheg; *(b) (sofa):* soffa(-s) (*f*) sgwrsio.
tête-bêche *a. & adv. Philately:* **1.** *a.* penben. **2.** *adv.* yn benben.
tête-de-mouton *n.* gwallt cyrliog/cwrlog/modrwyog *m.*
tête de pont *n.* pen (*m*) pont (pennau pontydd).
teth *n. Hebrew Alph:* [y llythyren] tèth (tethau) *f.*
tether *n.* tennyn (tenynnau) *m*, rhaff(-au) *f*, rheffyn(-nau) *m*, cebystr(-au,-on) *m*; **I'm at the end of my ~,** 'rwyf ar ben fy nhennyn; 'rwyf wedi dod i ben fy nhennyn; mae hi wedi mynd i'r pen arnaf.
tether² *v.t.* clymu, rhwymo, *S:* cebystru, cebystro.
tethered *a.* ar dennyn.
tetrabasic *a. Ch:* tetrabasig.
tetrabasicity *n. Ch:* tetrabasigedd *m.*
tetrabranchiate *a. Ich:* pedrydagellog.
tetracaine *n. Ch:* t|etracen *m.*
tetrachloride *n. Ch:* tetraclorid(-au) *m.*
tetrachloroethylene *n. Ch:* tetracloro|ethylen *m.*
tetrachord *n. Mus:* t|etracord (tetracordiau) *m.*
tetracid *n. Ch:* tetrasid(-au) *m.*
tetracyclic *a. Bot: Ch:* tetrasyclig.
tetracycline *n. Pharm:* tetrasyclin *m.*
tetrad *n.* **1.** *(= group of four):* pedwarawd(-au) *m*, pedwariad (pedwariaid) *m.* **2.** *(= the number four):* pedwar(-au,-oedd) *m.* **3.** *Ch:* tetrad(-au) *m.* **~ difference** *n. Ch:* gwahaniaeth(-au) (*m*) tetrad. **~ equation** *n. Ch:* hafaliad(-au) (*m*) tetrad.
tetradactyl *a. & n. Z:* **1.** *a.* pedwarbys, pedryfys, pedwarbyseddog. **2.** *n.* anifail (anifeiliaid) pedwarbyseddog *m*, pedryfysiad (pedryfysiaid) *m.*
tetradactylous *a. Z:* **= tetradactyl 1.**
tetradic *a. Ch:* tetradig.
tetradrachm *n. Num:* tetradrachma (tetradrachmâu) *f.*
tetradymite *n. Miner:* tetradymit *m.*
tetradynamous *a. Bot:* tetradynamaidd.
tetraethyl *a. Ch:* tetra-ethyl.
tetrafluoride *n. Ch:* tetrafflworid (tetrafflworidau) *m.*
tetrafluoroethylene *n. Ch:* tetrafflworo-|ethylen *m.*
tetragon *n.* pedrongl(-au) *f.*
tetragonal *a.* pedronglog.
tetragonally *adv.* yn bedronglog.
tetragram *n.* **1.** *(word):* gair (geiriau) (*m*) pedair llythyren, t|etragram (tetragramau) *m.* **2. T~, = Tetragrammaton.**
Tetragrammaton *n. Rel:* Tetragr|amaton *m.*
tetragynous *a. Bot:* pedwarpistilog.
tetrahedral *a. Geom:* tetrahedrol.
tetrahedrally *adv. Geom:* yn detrahedrol.
tetrahedrite *n. Miner:* tetrahedrit *m.*
tetrahedron *n. Geom:* tetrahedron(-au) *m.*
tetrahydrate *n. Ch:* tetrahydrad(-au) *m.*
tetrahydrated *a. Ch:* tetrahydradol.
tetrahydrocannabinol *n. Ch:* tetrahydrocanabinol *m.*
tetrahydrofuran *n. Ch:* tetrahydroffwran *m.*
tetrahydroxy *attrib. Ch:* tetrahydrocsi.
tetralogy *n. Th:* pedwarawd(-au) *m*, cyfres(-i) (*f*) o bedair.
tetramer *n. Bio-Ch:* t|etramer (tetramerau) *m.*
tetrameric *a. Bio-Ch:* tetramerig.
tetramerism *n. Bio-Ch:* tetrameredd *m.*
tetramerous *a. Bot:* ped|eir-ran.
tetrameter *a. & n. Pros:* **1.** *a.* tetrametrig. **2.** *n.* mesur (*m*) pedwar corfan, tetramedr(-au) *m.*
tetramethyl *a. Ch:* tetramethyl.
tetramethyldiarsine *n. Ch:* tetramethyldiarsin *m.*
tetramorph *n. Cryst:* t|etramorff (tetramorffau) *m.*
tetramorphic, tetramorphous *a. Cryst:* tetramorffig.
tetramorphism *n. Cryst:* tetramorffedd *m.*
tetrandrous *a. Bot:* pedeirbrigerog.
tetrapetalous *a. Bot:* pedwarpetalog.
tetraplegia *n. Med:* **= quadriplegia.**
tetraploid *a. & n. Biol:* **1.** *a.* t|etraploid, tetraploidaidd. **2.** *n.* t|etraploid (tetraploidau) *m.*
tetrapod *a. & n.* **1.** *a.* pedwartroedog, tetrapodaidd. **2.** *n.* pedwartroedog(-ion) *m*, t|etrapod (tetrapodau) *m.*
tetrapodic *a. Pros:* pedwar-corfannog.
tetrapodous *a.* pedwartroedog.
tetrapody *n. Pros:* pedwar corfan *m*, tetr|apodi (tetrapodïau) *m.*

tetrapterous *a. Ent:* pedeiradeiniog.
tetrapyrrole *n. Ch:* tetrapyrol(-au) *m.*
tetrarch *n. Hist:* tetrarch(-iaid) *m.*
tetrarchate *n.* = **tetrarchy.**
tetrarchic[al] *a. Hist:* tetrarchaidd.
tetrarchy *n. Hist:* tetrarchiaeth(-au) *f.*
tetrasporangium *n. Bot:* tetrasborangiwm (tetrasborangia) *m.*
tetraspore *n. Bot:* t|etrasbor (tetrasborau) *m.*
tetrasporic, tetrasporous *a. Bot:* tetrasborig, tetrasboraidd.
tetrastich *n. Pros:* pennill (penillion) (*m*) pedair llinell.
tetrastichal, tetrastichic *a. Pros:* â phedair llinell.
tetrastichous *a. Bot:* pedeir-resog.
tetrastyle *a. & n. Arch:* **1.** *a.* t|etrastyl, pedwarpilerog. **2.** *n.* t|etrastyl (tetrastylau) *m.*
tetrasyllabic[al] *a.* pedeirsill, pedeirsillafog, pedair sillaf.
tetrasyllable *n.* gair (geiriau) pedeirsill *&c m.*
Tetrateuch *n. B:* y Pedwarllyfr *m.*
tetratomic *a. Ch:* tetratomig.
tetravalent *a. Ch:* tetrafalent, pedwarfalent.
tetrazolium *n. Ch:* tetrasoliwm (tetrasolia) *m.*
tetrode *n. El.E:* tetrod(-au) *m.*
tetrodotoxin *n. Ch:* tetrodotocsin *m.*
tetromino *n. Mth:* tetr|omino(-s) *m.*
tetrose *n. Ch:* tetros(-au) *m.*
tetroxid[e] *n. Ch:* tetrocsid(-au) *m.*
tetryl *n. Ch:* tetryl *m.*
tetter *n. A: Med:* tarddiant *m*, tarddwreinyn *m*, cructardd *m*, cructarddiad *m*, marchwreinyn (m|archwraint) *m.*
tetterberry *n. Bot:* eirinen (eirin) (*f*) Gwion.
tetterwort *n. Bot:* = **celandine (greater).**
Teucrian *a. & n.* = **Trojan.**
Teutomania *n.* Tiwtomania *m.*
Teutomaniac *a. & n.* **1.** *a.* Tiwtomanaidd. **2.** *n.* Tiwtomaniad (Tiwtomaniaid) *m&f.*
Teuton *n. & attrib.* **1.** *n.* Tiwton(-iaid) *m*, Tiwtones(-au) *f.* **2.** *attrib.* = **Teutonic.**
Teutonic *a. & n.* **1.** *a.* Tiwtonaidd, Tiwtonig; ~ **Cross,** Croes Diwtonig (Croesau Tiwtonig) *f*; ~ **Knight,** Marchog(-ion) Tiwtonaidd *m*; **the ~ Order,** yr Urdd Diwtonig *f.* **2.** *n. Ling:* Tiwtoneg *f, m.*
Teutonically *adv.* yn Diwtonaidd.
Teutonicism, Teutonism *n.* Tiwtoniaeth *f.*
Teutonist *n.* Tiwtonydd(-ion) *m.*
Teutonization *n.* Tiwtoneiddio *m*, Tiwtoneiddiad *m.*
Teutonize *v.t.* Tiwtoneiddio.
Teutophil[e] *a. & n.* **1.** *a.* Tiwtongarol, Tiwtongar (*both pronounced* ng-g). **2.** Tiwtongarwr (Tiwtongarwyr) *m* (*pronounced* ng-g).
Teutophobe *a. & n.* **1.** *a.* Tiwtoffobig, gwrth-Diwtonaidd. **2.** *n.* Tiwtongasäwr (Tiwtongasawyr) *m* (*pronounced* ng-g).
Teutophobia *n.* Tiwtoffobia *m*, Tiwtongasineb *m* (*pronounced* ng-g).
Texan *a. & n.* **1.** *a.* Tecsanaidd, o Decsas. **2.** *n.* Tecsaniad (Tecsaniaid) *m&f.*
Texas *Pr.n. Geog:* Tecsas *f.*
Tex-Mex *a.* Tecs-Mecs.
text *n.* testun(-au) *m.* **~-hand** *n.* ysgrifen fras *f.*
textbook *n. Sch:* gwerslyfr(-au) *m*; **a ~ example,** enghraifft glasurol (enghreifftiau clasurol) *f.*
textbookish *a.* gwerslyfrol, fel gwerslyfr.
textile *a. & n.* **1.** *a.* *(a)* ~ **industry,** diwydiant (*m*) gwehyddu, diwydiant gwehyddol; *(b) (material):* gweadwy, gweol, gweëdig, wedi ei wau. **2.** *n.* brethyn(-nau) *m*, defnydd/deunydd (defnyddiau) gweol *m*, *occ:* gweolyn (gweolion) *m*, tecstil(-au) *m.*
textless *a.* heb destun, didestun.
textual *a.* testunol.
textualism *n.* testunoliaeth *f.*
textualist *n.* **1.** testunolwr (testunolwyr) *m.* **2.** *(= one well versed in the Scriptures):* ysgrythurwr (ysgrythurwyr) *m.*
textually *adv.* yn destunol; o ran testun.
textuary *a. & n.* **1.** *a.* testunol. **2.** *n.* = **textualist.**
textural *a.* gweadol.
texturally *adv.* gweadol, o ran gwead.
texture[1] *n.* **1.** *(of cloth &c):* gwe(-oedd) *f*, gwead(-au) *m*, swmp (sympau) *m*, *occ:* gweadedd (-au) *m*, gweadwaith (gweadweithiau) *m*; **coarse ~,** gwead bras/garw; **rough ~,** garwedd *m*; **smooth ~,** gwead llyfn, llyfnder *m*; **close ~,** gwead clòs, closrwydd *m*; **loose ~,** gwead llac, llacrwydd *m*; **soft ~,** gweadedd main/ meddal. **2.** *(of wood):* graen *m*, ansawdd (ansoddau) *mf*; *(of rock, soil):* ansawdd, adeiledd *m*; *(of skin):* teimlad *m*, llyfnder *m*; *Art:* saerniaeth *f*, cymhlethiad *m*; *Mus: Cu:* ansawdd.
texture[2] *v.t.* gweadu.
textured *a.* gweadog, gweadol, ansoddedig; ~ **thread,** edau â gwead; ~ **vegetable protein,** protein (*m*) llysiau ansoddedig.
textureless *a.* diwead.
textus receptus *n.* testun(-au) safonol *m.*
Thai *a. & n.* **1.** *a.* T[h]ai, Siamaidd. **2.** *n.* *(a) Ethn:* T[h]ai(-aid) *m&f*, Siamiad (Siamiaid) *m&f*; *(b) Ling:* T[h]ai *f, m*, Siameg *f, m.*
Thailand *Pr.n. Geog:* Gwlad (*f*) y T[h]ai, Siám *f.*
thalamencephalon *n. Anat:* = **diencephalon.**
thalamic *a. Anat:* thalamig.
thalamically *adv. Anat:* yn thalamig.
thalamus *n.* **1.** *Gr.Ant: Anat:* th|alamws (th|alami) *m.* **2.** *Bot:* th|alamws, torws (torysau) *m.*
thalassemia *n. Path:* thalasemia *m.*
thalassemic *a. Path:* thalasemig.
thalassic *a.* morol.
thalassocracy *n. Pol:* môr-lywodraeth(-au) *f*, môr-deyrnas(-oedd) *f.*
thalassocrat *n.* môr-deyrn(-edd) *m.*
thalassographer *n.* eigionegwr (eigionegwyr) *m*, eigionydd(-ion) *m.*
thalassographic *a.* eigionegol.
thalassography *n.* eigioneg *f.*
thale-cress *n. Bot: (Arabidopsis thaliana):* berwr (*m*) y fagwyr.
thaler *n. Hist:* doler(-i) Almaenaidd *f*, thaler(-i,-au) *f.*
thalidomide *n. Pharm:* thal|idomid *m.* **~ baby** *n.* baban(-od) (*m*) [anffurfiedig gan] thalidomid.
thallic, thallous *a. Ch:* thalig.
thallium *n. Ch:* thaliwm *m.*
thallogen *n.* = **thallophyte.**
thalloid *a. Bot:* thaloid, thalig.
thallophyte *n. Bot:* th|aloffyt (thaloffytau) *m.*
thallophytic *a. Bot:* thaloffytig.
thallous *a. Ch:* thalus.
thallus *n. Bot:* thalws (thali) *m.*
thalofide *a. El:* th|aloffid.
thalweg *n. Geog: Jur:* talweg(-au) *m.*
Thames *Pr.n. Geog:* Tafwys *f*; **Father ~,** Hen Afon Tafwys, yr Hen Dafwys; *F:* **she will never set the ~ on fire,** ni wnaiff hi byth unrhyw gamp ohoni. **~-side** *n.* Glannau (*pl*) Tafwys.
than *conj. & quasi-prep.* **1.** *conj.* *(a) (in comparison of inequality): (before consonants):* na + *spirant mut.*; *(before vowels):* nag; **I have more ~ you,** mae gen i fwy na chi; **more ~ twenty,** mwy nag ugain; **more ~ ten,** mwy na deg; **more ~ once,** mwy nag unwaith; **he's taller ~ I [am];** *F:* **he's taller ~ me,** mae ef yn dalach na mi; **you had better speak to him ~ write,** byddai'n well i chi siarad ag ef nag ysgrifennu ato; **rather ~,** yn hytrach na[g], rhagor na[g], chwedl na[g]; **(she would do anything) rather ~ let him suffer,** (fe wnâi hi unrhyw beth) yn hytrach na gadael iddo ddioddef, *N:* chwedl na gadael iddo ddioddef; **no sooner had we entered ~ the music began,** cyn gynted ag yr aethom i mewn, dechreuodd y gerddoriaeth; nid cynt yr aethom i mewn, nag y cychwynnodd y gerddoriaeth; *(b)* **(any person) other ~ himself,** (unrhyw un) heblaw [amdano] ef ei hunan, ar wahân iddo ef ei hunan, ac eithrio ef ei hun, yn hytrach nag ef ei hun; **(it is not known elsewhere) ~ in Britain,** (ni wyddys amdano yn unman/ unlle) ond ym Mhrydain, ar wahân i Brydain, amgen na Phrydain; **it was none other ~ his old friend,** nid oedd neb amgen na'i hen gyfaill; *(c) (in illiterate usage after* **different***):* i + *soft mut.*; **she is different ~ her sister,** mae hi'n wahanol i'w chwaer. **2.** *quasi-prep.* **a man ~ whom no one was more respected,** dyn nad oedd neb yn uwch ei barch nag ef.
thanage *n. Hist:* barwniaeth *f*, brehyriaeth *f.*
thanatology *n.* angeueg *f.*
thanatophobia *n.* ofn (*m*) marwolaeth/marw, thanatoffobia *m.*
thanatophobic *a.* sy'n ofni marw, thanatoffobig.

thanatopsis *n.* syniad(-au) (*m*) o farwolaeth, thanatopsis *m*, barn(-au) (*f*) ar farwolaeth.
Thanatos *Pr.n. Myth:* Angau *mf.*
thane *n. Hist:* brëyr (brehyrion) *m*, arglwydd(-i) *m*, pendefig(-ion) *m*; *Lit:* **the T~ of Cawdor,** Pendefig Cawdor.
thanedom, thaneship *n.* brehyriaeth (breyriaethau) *f*, pendefigaeth(-au) *f*, arglwyddiaeth(-au) *f*.
Thanet *Eng.Pl.n.* Ynys (*f*) Daned.
thank[1] *n., usu.pl.* **thanks,** diolch(-iadau) *m*; **give him my thanks,** rhowch ddiolch iddo drosof i *or* ar fy rhan i; rhowch fy niolch[-iadau] iddo; diolchwch iddo drosof i *or* ar fy rhan i; talwch fy niolch iddo; **[very] many thanks!** *F:* **thanks very much! thanks awfully!** diolch yn fawr [iawn]! llawer [iawn] o ddiolch! mawr ddiolch! *occ:* can diolch! diolch yn ofnadwy! *Joc:* diolch yn dew! diolch yn dalpiau! *F:* **(thanks) for your letter, for coming,** (diolch ichi) am eich llythyr, am ddod; *F:* **no thanks,** [na] dim diolch; dim diolch yn fawr; **thanks but no thanks,** diolch ond dim diolch; **to give thanks (to s.o. for sth),** diolch, rhoi diolch (i rn am rth); **to return thanks,** *(after a meal):* diolch am y bwyd; **to give thanks,** *(= say grace):* gofyn bendith; **to propose a vote of thanks to s.o.,** cynnig pleidlais o ddiolch/ ddiolchgarwch i rn; **thanks be to God!** diolch [fo] i Dduw! i Dduw y bo'r diolch! *F:* **that's all the thanks I get,** dyna'r diolch 'rwy'n ei gael; **it's no thanks to you that the house wasn't burnt down,** 'does dim diolch i chi na losgwyd mo'r tŷ; *S.W:* 'dym ni naws diolch i chi na losgwyd mo'r tŷ. **~ offering** *n. B:* diolch-offrwm (~-offrymau) *m.*
thank[2] *v.t.* **1. to ~ s.o. for sth,** diolch i rn am rth, talu/rhoi diolch i rn am rth; **to ~ s.o. effusively,** diolch yn wresog/llaes i rn; **~ God! ~ heaven! ~ goodness!** diolch i Dduw! diolch byth! diolch i'r Nefoedd! diolch i'r mawredd! diolch i'r drefn! diolch fo! *S.a.* **star[1] 1.** *(b)* **[I] ~ you;** *F:* **thanking you,** diolch i ti (chi); **~ you for coming,** diolch i chi am ddod; **(will you have some tea?) - no ~ you,** (gymerwch chi de?) - na chymeraf diolch, na dim diolch; **[yes] ~ you,** cymeraf diolch; **~ you very much,** diolch yn fawr iawn iti (ichi). **2. I will ~ you to close the door,** byddai'n dda gen i petaech chi'n cau'r drws; mi fyddwn i'n falch petaech chi'n cau'r drws; *often Iron: O:* **I'll ~ you to mind your own business,** mi fyddai'n dda gen i petaet ti ddim yn busnesu; **3. you have me to ~ for it,** i mi y mae'r diolch amdano; i mi y dylech ddiolch amdano; fi biau'r diolch amdano; *F:* **you have only yourself to ~ for it,** arnoch chi'ch hun y mae'r bai am hyn; ellwch chi feio neb ond chi'ch hun am hyn; chi'ch hunan sydd i'w feio *or* sydd ar fai am hyn; *F:* **without as much as a ~-you,** heb gymaint â diolch yn fawr, heb air o ddiolch. **~-you job** *n. F:* swydd(-i) (*f*) diolch yn fawr, gwaith (*m*) diolch yn fawr, swydd/gwaith am ddim. **~-you note** *n.* nodyn (nodau) (*m*) diolch.
thankee *int.* diolch.
thanker *n.* diolchwr (diolchwyr) *m*, di|olchwraig (diolchwragedd) *f*.
thankful *a.* diolchgar; **let us be ~ (that we are alive),** diolchwn, byddwn ddiolchgar, gadewch inni ddiolch (ein bod ni'n fyw); **be ~ for small mercies,** diolchwch am fân drugareddau.
thankfully *adv.* yn ddiolchgar, â/gyda diolch; **she went away ~,** aeth ymaith yn ddiolchgar; *(qualifying a whole clause):* **~ (she was saved),** diolch byth, diolch i'r drefn, diolch [fo] am hynny, yn ffodus (fe'i hachubwyd hi).
thankfulness *n.* diolchgarwch *m*, diolch *m*.
thankless *a.* diddiolch.
thanklessly *adv.* yn ddiddiolch.
thanklessness *n.* **1.** *(= ingratitude):* anniolchgarwch *m.* **2.** *(of task):* natur ddiddiolch *f*; **I realized the ~ of the job,** gwelais mor ddiddiolch oedd y gwaith.
thanksgiver *n.* diolchwr (diolchwyr) *m*, di|olchwraig (diolchwragedd) *f*.
thanksgiving *n.* diolchgarwch *m.* **T~ Day** *n.* Diwrnod (*m*) Diolchgarwch.
thankworthy *a.* sy'n haeddu diolch, clodwiw, haeddiannol.
thar *n. Z:* = **tahr.**
that[1] *dem.pron., dem.a. & dem.adv.* I. *dem.pron., pl.* **those,** *(a) with ref. to indef. object not within sight:* hynny, hyn yna, *F:* hynna; *with ref. to masc. object not within sight:* hwnnw (y rhai hynny, *F:* y rheiny); *with ref. to fem. object not within sight;* honno (y rhai hynny, *F:* y rheini); *with ref. to masc. object within sight:* hwn yna (y rhai yna), *F:* hwnna (y rhai yna, *F:* y rheina), hwnacw, 'nacw (y rhai acw); *with ref. to fem. object within sight:* honyna (y rhai yna), honacw (y rhai acw), *F:* 'nacw, honna (y rheina); **give me ~,** rho(-wch) hwnna/honna i mi; tyrd (dewch/dowch) â hwnna/honna i mi; **what is ~?** beth yw hwnna/honna/hynna? *(with ref. to sth just alluded to):* beth yw hynny? **who is ~?** pwy yw hwnna/honna? *N:* pwy ydi 'nacw? *S:* pwy yw hwnco manco (*m*) *or* honco fanco (*f*)? **~'s Mr. Thomas,** Mr Thomas yw hwnna; dyna/dacw Mr Thomas; **~'s Mrs.Thomas,** Mrs.Thomas yw honna/'nacw; dyna/dacw Mrs.Thomas; *N.B.* dyna, dacw *are foll. by the soft mut.:* **~ is a pity,** dyna drueni; **~'s a cat over there,** dacw gath; **is ~ you, Ann?** [ai] ti sydd yna, Ann? **are those your children?** ai'ch plant chi yw'r rheina? ai dyna'ch plant chi? **~ is my opinion,** dyna fy marn i; **those are my things,** fy mhethau i yw'r rheina; dyna/ dacw fy mhethau i; **those are my orders,** dyna fy ngorchmynion; **is ~ all your luggage?** ai dyna'ch holl fagiau chi? ai'r rheina yw'ch holl fagiau chi? **~'s where he lives,** dyna'r lle y mae'n byw; **after ~,** wedi hynny, wedyn; **before ~,** cyn hynny, cynt; **~ was two years ago,** dwy flynedd yn ôl y bu hynny; bu hynny ddwy flynedd yn ôl; **with ~ (she ran into the house),** gyda hynny, ar hynny (rhedodd i'r tŷ); **(what do you mean) by ~?** (beth wyt ti'n ei feddwl) gan/wrth, gan/wrth y fath beth? **they all think ~,** dyna y mae pawb ohonynt yn ei feddwl; maent i gyd yn meddwl hynny; dyna feddwl/farn pawb ohonynt; **like ~,** fel yna, fel'na; **she's like ~,** un fel'na yw hi; **he did it just like ~,** fe'i gwnaeth yn y fan a'r lle; fe'i gwnaeth heb drafferth yn y byd; **have things come to ~?** a yw pethau wedi dod i hynny? ai i hynny y daeth pethau? ai dyna fel y mae hi bellach? ai fel'na y mae ei deall hi bellach? **1066 and all ~,** 1066 ac yn y blaen; *F:* **I bought some groceries and ~,** mi brynais i fwydydd a phethau; *S.a.* **all, for[1]** I. **9.** *(b) (stressed):* **and so ~ is settled,** dyna hi; dyna fe/fo; dyna ni'n gytûn; dyna ben ar y mater felly; dyna setlo'r mater; dyna'i setlo hi; **(he is only a clerk, and a poor one) at ~,** (dim ond clerc yw ef, ac un gwael) hefyd, yn ogystal, at hynny; **I wouldn't give ~ for her chances,** ni rown i ddim/mo hynna am ei gobeithion hi; *F:* **(will you help me?) - ~ I will!** (a wnei di fy helpu i?) - mi wnaf! gwnaf [siŵr]! siŵr iawn! **(they are pretty girls) - they are ~! ~ they are!** (maen nhw'n ferched pert!) - ydyn' yn wir! ydyn' hefyd! **~'s more like it!** dyna well! dyna welliant! **~'s right! ~'s it!** dyna fe/fo! dyna hi! iawn! yn hollol! *S:* yn gwmws! **~'s all,** dyna'r cwbl; dyna'r cyfan; *S:* 'na i gyd; **~ will do,** dyna ddigon; dyna hen ddigon; **~'s my boy!** da 'ngwas i! **~'s my girl!** da 'ngeneth i! **~'s strange!** dyna ryfedd! dyna beth rhyfedd! mae hynny'n [beth] rhyfedd! *N:* am ryfedd! am beth rhyfedd! **and ~'s ~! so ~'s ~!** a'dyna hi! a dyna ni! a dyna ben arni! dyna'i diwedd hi! **and ~ was ~,** ac felly y bu hi; **~'s enough of ~,** dyna ddigon o/ar hynna; **this is new and ~ is old,** mae hwn yn newydd a hwnna'n hen; *S.a.* **this** I. **2. 2.** *(indefinite; as antecedent to a relative):* **what's ~ (you're holding)?** beth yw hwnna, beth yw'r peth yna ('r wyt ti'n ei ddal)? **those ~ I saw,** y rhai hynny a welais i, *F:* y rheini a welais i; **one of those (who were present),** un o'r rhai hynny, *F:* un o'r rheini (a oedd yn bresennol); **those (of whom I speak),** y rhai hynny, y rheini (yr wyf yn sôn amdanynt); **there are those who think ~...,** y mae rhai sy'n meddwl...; **I'm not one of those who...,** nid wyf yn un o'r rhai hynny sydd...; nid wyf yn un o'r rheini sydd...; *(with relative understood):* **all those present at the wedding,** pawb a oedd yn bresennol yn y briodas; **there was ~ in her which commanded respect,** 'roedd rhywbeth ynddi a oedd yn ennyn parch. II. *dem.a. (pl.* **those***): (a) (after masc.n.):* hwnnw (*pl.* hynny), *F:* yna, 'na; acw, *pl.* rheini; *(after fem. n.):* honno (hynny), *F:* yna, 'na, acw (*pl.* rheini); **~ book,** y llyfr hwnnw, *F:* y llyfr yna; *(within sight):* y llyfr acw; **those books,** y llyfrau hynny, *F:* y llyfrau yna; *(within sight):* y llyfrau acw; **(compare ~ edition) with these two,** (cymharwch yr argraffiad hwnnw/yna) â'r ddau hyn, *F:* â'r ddau yma. **~ one,** *(masc.):* hwnyna, *F:* hwnna *m*; *(fem.):* honyna, *F:* honna; **at ~ time, in those days,** bryd hynny, yn y dyddiau hynny, yr adeg honno (*f*); **(everybody is agreed) on ~ point,** (mae pawb yn gytûn) ar hynny o beth, ar y pen hwnnw; **I only saw him ~ once,** hwnnw oedd yr unig dro imi ei weld; dim ond y tro hwnnw y gwelais ef; *S.a.* **this** II; **~ fool of a gardener,** y ffŵl garddwr hwnnw; *(b) (followed by "of mine", "of his" &c):* *F: Hum: or Pej:* **well, how's ~ leg of yours?** a sut mae'r goes 'na? sut mae'r goes 'na sy' gen' ti? a sut mae dy goes di? **it's ~ wife of his who's**

to blame, y wraig 'na sydd ganddo sydd ar fai; *(c)* **those people (who take an interest in these things),** y bobl hynny, y rhai hynny, *F:* y rheini (sy'n ymddiddori yn y pethau hyn); **all those flowers you have there,** yr holl flodau yna sydd gen ti fan yna; **I am not one of those people who...,** nid wyf yn un o'r bobl hynny sydd...; nid wyf yn un o'r rheini sydd...; **what about ~ those five pounds you owe me?** a beth am y pum punt 'na sydd arnat ti i mi? III. *dem.adv.* **1.** *(with a. or adv. of quantity):* mor ... â hynny/hynna; cyn + *equative degree*... â hynny/hynna; *F:* **~ high,** mor uchel â hynny/hynna, cyn uched â hynny/hynna, *S: F:* mor uchel â 'na; **(can you run) ~ far, as far as ~?** (fedri di redeg) cyn belled â hynny, mor bell â hynny? **2. is she ~ tall?** a yw hi mor dal â hynny? a yw hi cyn daled â hynny? *S.a.* **much 3.**

that² *rel.pron. sing. & pl, standing for pers. or thing to introduce a defining clause (in English often omitted in rapid speech), S.a.* **who. 1.** *(a) (for subject):* yr hwn *m or* yr hon *f (pl.* y rhai) a + *soft mut. + inflected form of verb (in all tenses), or (in present time only)* yr hwn, yr hon *(pl.* y rhai) sydd yn + *vn.*; **~ not,** yr hwn/hon *(pl.* y rhai) ni[d] *or* na[d] + *inflected form of vb*; ni, na *are foll. by soft mut. of* b, d, g, ll, rh *and spirant mut. of* p, t, c.; yr hwn, yr hon, y rhai *are now usually omitted; in idiomatic Welsh every relative pronoun introducing an affirmative clause is followed by a verb in the 3rd person singular:* **these are the men ~ did the work,** dyma'r dynion *(pl.)* a wnaeth *(sing.)* y gwaith; **we saw the men ~ were there,** gwelsom y dynion *(pl.)* a oedd *(sing.)* yno; *however in negative relative clauses the relative usually agrees with its antecedent in person and in number and this is occasionally seen in affirmative clauses e.g.* **I like you, ~ were not unkind to me,** yr wyf yn eich hoffi chwi, na fuoch yn gas wrthyf; **(the house) ~ stands (at the corner),** (y tŷ) a saif, sy'n sefyll, sydd yn sefyll (wrth y gornel); **he ~ does not bend,** y sawl nad yw'n plygu, *Lit:* y sawl ni phlygo; **the letter ~ came yesterday,** y llythyr a ddaeth ddoe; **this is he ~ brought the news,** dyma'r un a ddaeth â'r newyddion; **you're the only person ~ can help me,** ti yw'r unig un a all fy helpu; **fool ~ I am!** on'd ydw i'n ffŵl! ffŵl ag [yr] ydw i! dyna ffŵl ydw i! y ffŵl finnau! *N:* am ffŵl ydw i! **miser ~ he was, he would not pay,** ni fynnai dalu, yr hen gybydd iddo. **these are the men ~ didn't do the work,** dyma'r dynion na wnaethant y gwaith; **~ is, ~ are,** *are translated by* yr hwn/hon *(pl.* y rhai) sydd; **~ is not,** nad yw, nad ydyw, *F: N:* nad ydi o/hi ddim, *S: F:* nad yw e/hi ddim *(not* na sydd); **~ are not,** nad ydynt, nad ŷnt, *F:* nad ydyn nhw ddim *(not* na sydd); **there is no one ~ does not sin,** nid oes neb nad yw'n pechu; **~ was,** a oedd; **~ were,** a oeddynt; **~ was not,** nad oedd; **~ were not,** nad oeddynt; *the mood of the verb after* **that** *is indicative in relative clauses whose action is marked as a fact:* **this is the best book ~ has appeared,** dyma'r llyfr gorau sydd wedi ymddangos; *the subjunctive is occasionally used in generic clauses where the action is viewed as prospective or indefinite, i.e. unrealized (in English often indicated by* **should, might, may, whoever, whichever, wherever, however, whosoever, whomsoever**) *or following a negative main clause*; **hurt not the hand ~ stretches out,** na friwa'r llaw a estynno; *B:* **thou shalt not fear from the arrow ~ flieth by day,** nid ofni y saeth a ehedo y dydd; **try to invent sth ~ shall be better,** ceisiwch ddyfeisio rhth a fo'n well; *Prov:* **hateful is he [~] loves not the land that bred him,** cas gŵr ni charo'r wlad a'i maco; **it's not everyone ~ can afford a car,** nid pawb sy'n gallu fforddio car; *(b) (for object):* a; **~ not,** na + *soft mut. of* b, d, g, ll, rh, m; nas + *spirant mut. of* p, t, c; **the letter [~] I sent you,** y llythyr a anfonais atat; *S.a.* **whom; the country ~ I didn't see,** y wlad na welais [mohoni], y wlad na welais i ddim arni/ohoni, *Lit:* y wlad nas gwelais. **2.** *(governed by prep. which always follows* **that**)*:* y *(*yr *before vowels) often preceded for the sake of clarity by* yr hwn, yr hon, y sawl, yr un *(pl.* y rhai); *S.a.* **whose, whom; the envelope [~] I put it in,** yr amlen y rhoddais ef ynddi, *Lit: occ:* yr amlen ym mha un y rhoddais ef, yr amlen yn yr hon y rhoddais ef; **the man [~] we are speaking of/about,** y dyn/sawl yr ydym yn sôn amdano, *Lit: occ:* y dyn am ba un yr ydym yn sôn, y dyn am yr hwn yr ydym yn sôn *(not* yr ydym yn siarad am); **the person ~ I gave it to,** yr un y'i rhoddais ef iddo, *Lit: occ:* yr un i'r hwn y rhoddais ef, yr un i ba un y rhoddais ef; **the girl ~ you spoke of,** y ferch y soniaist amdani; **no one has come ~ I know of,** ni ddaeth neb y gwn i amdano; ni ddaeth neb hyd y gwn i. **3.** *(after expression of time, place):* **the place ~ you saw her,** y lle y gwelaist ti hi [ynddo], y man lle/ble y gwelaist ti hi; **the night [~] we went to the theatre,** y noson yr aethom i'r theatr; **the time ~ I saw him,** y tro [hwnnw] y gwelais ef, y tro [hwnnw] pan welais ef, yr adeg y gwelais ef, yr adeg pan welais ef, *Lit: occ:* yr adeg [pan] y'i gwelais; **during the years ~ he had spent in prison,** yn ystod y blynyddoedd a dreuliasai yn y carchar.

that³ *conj.* **1.** *introducing dependent noun clauses of statement: after verbs of saying, thinking, denying, hoping, perceiving, knowing, remembering, showing, verbs expressing emotion:* **it is possible, it may be, it must be, perchance, perhaps, it is true, it is certain &c**; *(a) introducing clauses whose verb refers to a posterior i.e. future or conditional time: (i) in affirmative, unemphatic clauses:* y *(before consonant),* yr *(before vowel) preceding a verb in the future or conditional tense:* **he says ~ he will be there,** dywed y bydd yno *(not* dywed bydd yno); **she hoped ~ she would be there,** gobeithiai y byddai hi yno *(not* gobeithiai byddai); gobeithiai fod yno; **she denies ~ she'll go,** mae'n gwadu yr aiff hi; mae'n gwadu y bydd hi'n mynd; **he knew ~ she would go,** fe wyddai ef yr âi hi; fe wyddai y byddai hi'n mynd; **I believed ~ I would succeed,** credwn y llwyddwn. *(ii) in affirmative, emphatic clauses (inverted order):* mai (taw *in S.)* + *future or conditional form:* **I hope ~ it'll be me that'll be elected,** gobeithio mai fi *(S:* taw fi) a etholir; **she asserted ~ the house would be hers,** honnai/honnodd mai hi *(S:* taw hi) fyddai biau'r tŷ; **he said ~ it would be here he would call,** fe ddywedodd mai yma *(S:* taw yma) y galwai; *(iii) in negative unemphatic clauses:* na + *spirant mut. (*nad *before vowel):* **she said ~ she wouldn't go home,** fe ddywedodd nad âi hi adref; **it's likely ~ they won't agree,** tebyg na chytunant hwy ddim; *(iv) in negative emphatic clauses:* nad *(before consonants and vowels):* **(she claims) ~ it's not she who'll be to blame,** (mae'n honni) nad arni hi y bydd y bai, nad hyhi a fydd ar fai; *(b) introducing clauses whose verb refers to the same time as the verb in the main clause: (i) in affirmative unemphatic clauses:* fod *(after finite forms),* bod *(after verb nouns):* **I know ~ the man is old,** gwn fod y dyn yn hen; **here's hoping ~ dinner is ready,** gobeithio bod cinio yn barod; **she believed ~ her husband was safe,** credai fod ei gŵr yn ddiogel; *before impersonal forms,* y/yr *must be used:* **I know ~ he's often seen,** gwn y gwelir ef yn aml; **I know ~ he used to go there,** gwn yr arferai fynd yno; *Neg:* **I know ~ he's not often seen,** gwn na welir ef yn aml; *Emphatic:* **I think ~ it's the lark one hears,** credaf mai *(S:* taw) yr ehedydd a glywir; *neg:* **I think ~ it's not the lark one hears,** credaf nad yr ehedydd a glywir; *if the subject of the subordinate clause is a pronoun,* bod *must be preceded by a possessive adjective, and is mutated accordingly:* **I admit ~ I am guilty,** 'rwy'n cyfaddef fy mod yn euog; **you ~,** *(sing.)* **claimed you understood,** honnaist dy fod yn deall; **she had thought ~ she was right,** credasai ei bod hi'n gywir; **he will deny ~ he is lazy,** bydd yn gwadu ei fod yn ddiog; **we had hoped ~ we were succeeding,** 'roeddem yn gobeithio ein bod yn llwyddo; **I think ~ you** *(pl.)* **are wise,** 'rwy'n credu eich bod yn ddoeth; **they say ~ they are poor,** maent yn dweud eu bod yn dlawd; *(ii) in affirmative, emphatic clauses:* mai *(S:* taw) + *appropriate tense:* **I knew ~ it was Dafydd who was right,** gwyddwn mai Dafydd oedd yn iawn; *(c) introducing clauses whose verb refers to a time anterior to the verb in the main clause: either (i)* **i** + *soft mut.* + *subject* + *vn. (with soft mut.):* **you will know ~ we did our best,** byddwch yn gwybod inni wneud ein gorau; **I believe ~ the thief escaped,** credaf i'r lleidr ddianc; **[it's] no wonder ~ men despaired,** nid rhyfedd i ddynion anobeithio; **(it was lucky) ~ they were seen,** (lwc, 'roedd yn ffodus) iddynt gael eu gweld; *neg:* **I believe ~ the thief didn't escape,** credaf na ddihangodd y lleidr; credaf na fu i'r lleidr ddianc; **(it was lucky) ~ they were not seen,** (lwc, 'roedd yn ffodus) na welwyd mohonynt, iddynt beidio â chael eu gweld; *or (ii)* bod/fod + *subject* + wedi + *vn.*; **I believe ~ the train has gone,** 'rwy'n credu bod/fod y trên wedi mynd; *when the subject is a pronoun,* bod *must be preceded by a possessive adjective (See above, (b) (i)):* **she'll be hoping ~ they've arrived,** bydd hi'n gobeithio eu bod wedi cyrraedd; *or (iii) Lit: vb. + vn. + o + subj. + obj.:* **it is said ~ he performed miracles,** dywedir gwneuthur ohono wyrthiau; *(iv) before impersonal forms,* y[r] *must be used in unemphatic statements:* **we think ~ it will be seen,** credwn y gwelir ef; **we think ~ it was opened,** credwn yr agorwyd ef; *neg:* **we think ~ it was not lost,** credwn na chollwyd ef; **we think ~ it was not opened,** credwn nad agorwyd ef; *in emphatic statements:* **I know ~ it was Gwyn ~ was appointed,** gwn mai Gwyn a benodwyd; *neg:* **I know ~ it was not Gwyn ~ was appointed,** gwn nad Gwyn a benodwyd. **2. it was for this ~ they fought,** dyma'r rheswm paham y buont yn ymladd; dyma paham y bu iddynt ymladd; am y rheswm hwn y buont yn ymladd; dros hyn y buont yn ymladd; **(never a year goes by) ~ he doesn't write to us,** (nid â blwyddyn heibio) heb iddo ysgrifennu atom, na fydd yn ysgrifennu atom; **not ~,** *See* **not**; **but ~,** *See* **but 1. 3.** *in purpose clauses:* **so ~,** *Lit: (before consonant)*; fel y, *(before vowel):* fel yr + *subjunctive, occ:* modd y[r] + *subjunctive*; *neg:* fel na + *soft mut. of* b, d, g, ll, rh, m, + *spirant mut. of* p, t, c; fel nad *before vowels or* rhag i + *subject* + *vn.*; **so ~ you may see the garden,** fel y gweloch yr ardd, [er mwyn] ichwi weld yr ardd; **so ~ he may not feel cold,** fel na theimla'n oer, rhag iddo deimlo'n oer, [er mwyn] iddo beidio â theimlo'n oer; **so ~ she wouldn't catch cold,** fe na châi hi annwyd, rhag iddi gael annwyd, er mwyn iddi beidio â chael annwyd; *in the spoken language and in ordinary written Welsh* fel y, fel na *&c are foll. by the indicative, or* i + *subject* + *vn., or* er mwyn i + *subject* + *vn.* (*neg.* rhag, er mwyn peidio); **(come nearer) so ~ I may see you,** (tyrd yn nes) [er mwyn] imi gael dy weld di, fel y ca' i dy weld di, *F: occ:* gael imi gael dy weld di; **(give him money) so ~ he may buy food,** (dyro arian iddo) er mwyn iddo brynu bwyd, fel y caiff brynu bwyd, *Lit:* fel y pryno fwyd, fel y gallo brynu bwyd, *F: occ:* gael iddo brynu bwyd; **(look after her) so ~ she's not lonely,** (gofalwch amdani) rhag iddi fod yn unig, fel na fydd hi'n unig, er mwyn iddi beidio â bod yn unig, *Lit:* fel na bo/byddo hi'n unig; *See* **lest. 4.** *in result clauses:* **so ~,** *(before consonant):* fel y, *(before vowel):* fel yr + *indicative*; *(before consonant):* nes y, *(before vowel):* nes yr + *indicative*; *neg:* fel na, fel nad; *or* nes i + *subject* + *vn. (mutated)* **(he'd worked so hard) ~ he'd forgotten about food,** ('roedd wedi gweithio mor galed) fel yr anghofiodd am fwyd, nes iddo anghofio am fwyd; **(I was so tired) ~ I didn't notice them,** ('roeddwn mor flinedig) fel na sylwais i ddim arnynt, nes i mi beidio â sylwi arnynt; **what have I done ~ you should ignore me?** pa beth a wnes i fel eich bod yn f'anwybyddu? **5.** *(a) after verbs of wishing and ordering:* i + *subj.* + *mutated vn.*; **I wish ~ they go,** 'rwy'n dymuno iddynt fynd; **I wished ~ they would go,** 'roeddwn yn dymuno iddynt fynd; **he ordered ~ they should be freed,** gorchmynnodd iddynt gael eu rhyddhau; gorchmynnodd eu rhyddhau; **would ~ they had gone!** o na baent wedi mynd! **she wished ~ she were in Paris,** hiraethai am fod ym Mharis; dymunai fod ym Mharis; **I would ~ I could go there,** byddai'n dda gennyf pe gallwn fynd yno; mi hoffwn fynd yno; **I wished ~ I could have gone there,** buasai'n dda gennyf pe gallaswn fynd yno; *(b) N.B: special forms of* bod *after pl, translating* **~ I were,** *&c. sing:* **1.** pet|awn *or* pe bawn (*neg:* pe na bawn). **2.** pet|ait, pet|aet, pe bait/baet (*neg:* pe na bait/baet). **3.** pet|ai, pe bai (*neg:* pe na bai). *pl.* **1.** pet|aem, pe baem (*neg:* pe na baem). **2.** pet|aech, pe baech (*neg:* pe na baech). **3.** pet|aent, pe baent (*neg:* pe na baent); *(c) N.B. special forms of* **bod** *after* **pe** *translating* **~ I had been** *&c: sing.* **1.** petaswn, pe buaswn (*neg:* pe na buaswn). **2.** petasit, petaset, pe buasit/buaset (*neg:* pe na buasit/buaset). **3.** petasai, pe buasai (*neg:* pe na buasai). *pl.* **1.** petasem, pe buasem (*neg:* pe na buasem). **2.** petasech, pe buasech (*neg:* pe na buasech). **3.** petasent, pe buasent (*neg:* pe na buasent). **6. in ~,** yn gymaint â + *vn.*, oherwydd i + *soft mut.* + *vn.*, gan i + *soft mut.* + *vn.*, am i + *soft mut.* + *vn.*; **(I regret my remark) in ~ it offended you,** (mae'n ddrwg gennyf am fy sylw) gan iddo eich tramgwyddo, yn gymaint ag iddo eich tramgwyddo. **7.** *in concessive clauses; See* **although, despite, though; for all ~ she's silly, yet I like her,** er [gwaethaf] ei bod hi'n wirion, eto 'rwy'n ei hoffi. **8.** *esp. Lit: (exclamatory) (a) (expressing sorrow, indignation &c):* **~ he should behave like this!** a meddwl ei fod yn ymddwyn fel hyn! a'i fod yn ymddwyn fel hyn! **~ it should come to this!** a meddwl mai i hyn y daeth hi! *(b) (expressing desire):* **oh ~ it were possible!** o na bai/byddai hynny'n bosib! **would ~ it were true!** o na byddai'n/bai'n wir! **would ~ it were not so!** o nad felly y bai/ byddai! **would ~ it were not possible,** o na bai/byddai ddim yn bosibl!

thatch[1] *n.* **1.** *(of roof):* gwellt *m* [toi]; **bundle of ~,** töen (toennau) *f*, toad(-au) *m*, *S.W:* pendo(-au) *m*, *S.E:* belysan: b'lysan (belis, belys) *f*, cloigen *f*, cloigyn *m*, cloig (cloigod, cloigion, clohigod) *mf.* **2.** *F: (= hair):* gwallt *m.*

thatch[2] *v.t.* toi (rhth) [â gwellt], rhoi to gwellt (ar rth).

thatched *a.* â tho gwellt *&c*; **~ cottage,** bythyn(-nod) *(m)* to gwellt, *occ:* bwthyn to cawn; **~ roof,** to(-eau,-eon) *(m)* gwellt, *occ:* to cawn.

thatcher *n.* töwr (towyr) *m.* **~'s stick** *n.* pric(-iau) *(m)* toi, tobren(-nau) *m.*

Thatcherism *n. Pol:* Thatcheriaeth *f.*

Thatcherite *a. & n. Pol:* **1.** *a.* Thatcheraidd. **2.** *n.* Thatcheriad (Thatcheriaid) *m&f.*

thatching *vn. & n.* **1.** *vn.* gwaith *(m)* töwr, toi *vn.* **2.** *n. (= thatch[1]):* toad *m.* **~-rope** *n.* rhaff *(f)* doi (rhaffau toi). **~-spar** *n.* pric(-iau) *(m)* toi, pric tas, pric to, *S.E:* sgolpyn (sgolpiau) *m.*

thatchless *a.* **1.** heb do [gwellt], di-do. **2.** *F:* = **bald.**

thatchy *a.* gwelltog.

thaumatological *a.* gwyrthegol, thawmatolegol.

thaumatology *n.* gwyrtheg *f*, thawmatoleg *f.*

thaumatrope *n. Opt:* th|awmatrop (thawmatropau) *m.*

thaumaturge *n. Rel:* gwneuthurwr (gwneuthurwyr) *(m)* gwyrthiau, gwyrthwneuthurwr (gwyrthwneuthurwyr) *m.*

thaumaturgic[al] *a. Rel:* gwyrthwneuthurol, gwyrthiol.

thaumaturgist *n. Rel:* = **thaumaturge.**

thaumaturgy *n. Rel:* gwneuthur/cyflawni *(vn)* gwyrthiau.

thaw[1] *n.* meiriol *m*, meirioliad *m*, *S:* dadleithad *m*, dadlaith *m*, *N:* dadmer *m*, dadmeriad *m*; **silver ~,** glasrew *m*; **the ~ is setting in,** mae hi'n dechrau meirioli/ dadlaith/dadmer *&c.*

thaw[2] *v.t.&i.* **1.** *v.t.* toddi; *(snow, ice &c):* meiriol, meirioli, *N:* dadmer, *S:* dadlaith; **to ~ out,** *(frozen foods &c):* dadmer, dadlaith, dadrewi; *(b)* **to ~ s.o., to s.o.'s reserve,** tynnu rhn allan o'i gragen, dadrewi rhn, *Lit: occ:* datoddi rhn. **2.** *v.i. (a) (of snow &c):* meiriol, meirioli, toddi, *N:* dadmer, *S:* dadlaith, *S.E: occ:* datod; *(of frozen meat &c):* **to ~ out,** dadrewi, dadmer, dadlaith; *(b) impers.* **it is thawing,** mae'n dadlaith/ dadmer/meirioli; *F:* **(come in) and ~ out,** (dewch i mewn) i dwymo, i gael gwres.

Thaw[3] *Pr.n. W.Geog:* [Afon] Ddawan *f*, *formerly* Afon Naddawan *f.*

thawless *a.* rhewedig, rhewllyd, diddadmer, diddadlaith, difeiriol, difeirioli.

thawy *a.* dadleithiol, dadmerol, meiriolaidd.

the[1] *def.art.* y, yr, 'r. **1.** *(a)* y *is foll. by soft mut. of fem. sing. nouns; but* ll, rh *do not mutate*; *(b) before vowels and diphthongs (except consonantal* w*) and (before* h*):* yr; **~ goat,** yr afr; **~ hand,** y llaw; **~ spade,** y rhaw; **~ lamb,** yr oen; **~ story,** yr hanes; **~ face,** yr wyneb; *(c) (before consonants and consonantal* w*):* y; **~ people,** y bobl; **~ wire,** y weiren; **~ mothers,** y mamau; *(d) (after a vowel or diphthong):* 'r; **~ father and mother,** y tad a'r fam *(N.B. repetition of article)*; **to ~ house,** i'r tŷ; **climbing ~ mountains,** dringo'r mynyddoedd; *(e)* dau, dwy, *always mutate after* y: **~ two men,** y ddau ddyn, *occ:* y ddeuddyn; **~ two girls,** y ddwy eneth. **2.** *(particularizing):* **on ~ Monday,** ar y dydd Llun; **in ~ year 1938,** yn y flwyddyn 1938, yn/ym 1938; **~ Alps,** yr Alpau; **you'll be ~ loser,** ti a fydd yn colli; ti a fydd ar dy golled; *with vn:* **a story that gains in ~ telling,** stori sy'n ennill wrth ei hadrodd; **~ killing continued,** aeth y lladd ymlaen; **~ Jones', ~ Joneses,** y Jonesiaid; **~ Morris brothers,** y brodyr Morris; *P:* **~ wife,** y wraig [acw], 'nacw, *S:* hon'co; **how's ~ knee?** sut mae'r pen-glin? **3.** *(a) not to be translated before a noun foll. by* **of** *or* **'s**; **~ roof of ~ house,** to'r tŷ; **~ roof of a house,** to tŷ; **~ England of today,** Lloegr heddiw; **~ lion's head,** pen y llew; *Contrast:* a lion's head, pen llew; **~ Wales of tomorrow,** Cymru yfory, Cymru fydd; *(b) may be translated when the genitive is appositional:* **~ problem of suffering,** problem dioddefaint, y broblem o ddioddefaint; **~ institution of a university,** y sefydliad o brifysgol; **~ idea of freedom,** y syniad o ryddid; **~ subject of education,** pwnc addysg, y pwnc o addysg. **4.** *in titles: (a) names foll. by ordinals:* **Henry ~ Eighth,** Harri'r Wythfed; *(b) in names, foll. by adj. or noun the adj/noun usu. mutates even after a masc. noun.* **Hywel ~ Good,** Hywel Dda; **Alexander ~ Great,** Alecsandr Fawr; **Richard ~ Lionheart,** Rhisiart Galon Llew; **St. David ~ Waterman,** Dewi Ddyfrwr; **Llywelyn ~ Great,** Llywelyn Fawr; *but* **Rhodri ~ Great,** Rhodri Mawr. **5.** *(a) the def. article is to be supplied in many proper names where there is no def. article in English:* **Heaven,** y Nef/

Nefoedd; **Sunday,** y Sul; **space,** *(= outer space)*, y gofod; **Affrica,** yr Affrig; **Jesus,** yr Iesu; **Italy,** yr Eidal; **Egypt,** yr Aifft; **America,** yr Amerig; **Rhyl,** y Rhyl; **Scotland,** yr Alban; **[~] Hay,** Y Gelli; **Bala,** Y Bala; **Blaenau,** y Blaenau; **Mold,** Yr Wyddgrug; **Porth,** Y Porth; **Snowdon,** yr Wyddfa; **Christmas,** y Nadolig; **Easter,** y Pasg; **Spring,** y Gwanwyn; **Summer,** yr Haf; **Autumn,** yr Hydref; **Winter,** y Gaeaf; **Lent,** y Grawys; **Advent,** yr Adfent; *it is often incorrectly inserted in* **Ireland,** yr Iwerddon; **Shrewsbury,** yr Amwythig; y, yr *in W.Pl.ns. are usually capitalized when writing addresses; they need not be capitalized in discourse*; *(b) formerly names of rivers and brooks were not (as in English) preceded by the def. article, but this is now regarded as pedantic ; however,* **~ Menai Straits,** y Fenai; **the River Jordan,** yr Iorddonen; *(c) (in names of ailments):* **measles,** y frech goch; **melancholia,** y felan; **mumps,** *N:* y clwyf pennau, *S:* y dwymyn doben; **rheumatism,** y crydcymalau/gwynegon; **toothache,** y ddannoedd; **shingles,** yr eryr/eryrod; **whooping cough,** y pâs, *occ:* y deubas. **6.** *(a) the def. article is supplied in some expressions where there is none in English:* **in bed,** yn y gwely; **to go to bed,** mynd i'r gwely; **in chapel,** yn y capel; **in church,** yn yr eglwys; **in hospital,** yn yr ysbyty; **in gaol/prison,** yn y carchar; **to market,** i'r farchnad; **in school,** yn yr ysgol; **to go to school,** mynd i'r ysgol; **in space,** yn y gofod/gwagle; **by train,** yn/ar y trên; **at work,** yn y gwaith; **at home,** gartref, yn y cartref; **at university,** yn y brifysgol; *(b)* y, yr, 'r *are used before titles*: **Councillor Martin,** y Cynghorydd Martin; **Doctor Griffiths,** *(academic):* y Doethur Griffiths; *(medicine):* y Doctor/Meddyg Griffiths; **Father Harris,** y Tad Harris; **Judge Daniel,** y Barnwr Daniel; **King James,** y Brenin Iago; **Prince Charles,** y Tywysog Siarl; **Professor Thomas,** yr Athro Thomas; **Lord Cledwyn,** yr Arglwydd Cledwyn; *when* Arglwydd *is foll. by place-name, the article is omitted:* **Lord Maelor,** Arglwydd Maelor; **Pope John Paul,** y Pab Ioan Pawl; **Queen Elizabeth,** y Frenhines Elisabeth; **Sister Mary,** y Chwaer Mair; **President Truman,** yr Arlywydd Truman *&c*; *and before the vowels of female saints*; **Saint Mary,** y Santes Fair; **Saint Bride,** y Santes Ffraid, *but not before names of male saints; (c)* y, yr, 'r *must precede nouns qualified by* **the, that, these, those; this time,** y tro hwn, y tro yma; **in that house,** yn y tŷ hwnnw; **those days,** y dyddiau hynny; **these days,** y dyddiau hyn; *(d) the article is often supplied in roughly denoting age:* **she's about forty,** mae hi tua'r deugain oed; **he's getting on for sixty,** mae'n tynnu at y trigain oed. **7. he is not ~ person (to do that),** nid efe yw'r un, nid yw ef yn un (i wneud hynny); **~ bitch!** yr [hen] ast [iddi]! **~ swine!** y cythraul! yr hen gythraul [iddo]! *S:* y cythraul ag e! **~ impudence of it!** hyfdra'r peth! y fath hyfdra! dyna hyfdra! dyna ddigywilydd! *N:* am hyfdra! am ddigywilydd! **~ shame of it!** o'r gwarth! y fath warth! dyna warth o beth! **he hasn't ~ patience to wait,** nid oes ganddo mo'r amynedd i aros; **I didn't have ~ heart to tell him,** 'doedd gen i ddim calon i ddweud wrtho. **8.** *(used in forming nouns from adjs.): (i) occ. sing. with ref. to abstract qualities:* **~ beautiful,** y prydferth *m*, y cain *m*; *(ii) the def. article is optional in the names of languages:* **Welsh,** Cymraeg, y Gymraeg; **English,** [y] Saesneg; **Irish,** Gwyddeleg, yr Wyddeleg; **French,** [y] Ffrangeg; **translated from ~ Russian,** wedi'i gyfieithu o'r Rwseg; *(iii) usu. with pl. with ref. to people:* **~ poor,** y tlodion; **~ rich,** y cyfoethogion; **~ Chinese,** y Tsieineaid. 10. *(generalizing):* **~ dog is our best friend,** y ci yw'n ffrind gorau; **~ owl sees well at night,** mae'r dylluan yn gweld yn dda yn y nos; **who invented ~ wheel?** pwy a ddyfeisiodd yr olwyn? **there is ~ odd/occasional error,** mae ambell wall. 11. *(distributive): (a)* **sixpence ~ pound,** chwe cheiniog y pwys; **(he's employed) by ~ day,** (cyflogir ef) yn ddyddiol, o ddydd i ddydd, fesul diwrnod, yn ôl y dydd; **(twenty-five miles) to ~ gallon,** (pum milltir ar hugain) y galwyn, i'r galwyn; *(b) it is used where English uses the indefinite above:* **a shilling a yard,** swllt y llath; **twice a month,** dwywaith y mis; **a penny each,** ceiniog yr un; **ten pounds a week,** decpunt yr wythnos; **fifty pence a go,** hanner can ceiniog y tro; **eighteen pounds a pair,** deunaw punt y pâr; *(c) (stressed):* **her father is *the* Professor X,** yr enwog Athro X yw ei thad; **he is *the* surgeon here,** ef yw'r prif lawfeddyg yma; ef yw'r llawfeddyg pennaf yma; **Burton's is *the* shop for clothes,** siop Burton yw'r un orau am ddillad; siop Burton yw *y* siop am ddillad.

the² *adv. (preceding an adj. or adv. in the comparative degree): (a)* **it will be ~ easier for him as he is young,** bydd gymaint â hynny'n haws iddo gan ei fod yn ifanc; **I am all ~ more glad that...,** 'rwyf gymaint â hynny'n falchach fod...; **I am all ~ less glad that ...,** 'rwyf gymaint â hynny'n llai balch fod ...; **he ran all ~ faster,** rhedodd gymaint â hynny'n gyflymach; rhedodd yn fwyfwy cyflym; *(b)* po + *soft mut.* + *equative degree:* **~ sharper the point (~ better the needle),** po fwyaf miniog y blaen, po finioca'r blaen (gorau oll yw'r nodwydd); **~ sooner ~ better,** gorau po gyntaf; **~ fewer ~ better,** gorau po leiaf; **~ less said about it ~ better,** lleia'n y byd y sonnir am y peth, gorau oll; gorau oll po leiaf y sonnir am y peth; **~ more one drinks, the thirstier one gets,** mwya'n y byd yr yfwch, mwya'n y byd eich syched; po fwyaf yr yfwch, mwyaf eich syched; *S.a.* **more 4, worse** 1.

thé dansant *n.* dawns(-iau) *(f)* amser te.

theaceous *a. Bot:* teaidd.

thealogical *a.* duwiesyddol.

thealogist *n.* duwiesydd(-ion) *m.*

thealogy *n.* duwiesyddiaeth(-au) *f.*

theandric *a. Rel:* duwddynol.

theanthropic[al] *a. Rel:* duwddynol, dwyfol-ddynol.

theanthropism *n. Rel:* duwddynoliaeth *f.*

theanthropist *n. Rel:* duwddynolydd(-ion) *m.*

thearchic *a. Rel:* thearchaidd.

thearchy *n. Rel:* thearchaeth(-au) *f.*

Theatine *a. & n. Ecc:* **1.** *a.* Theataidd. **2.** *n.* Theatiad (Theatiaid) *m&f.*

theatre *n.* **1.** *(building):* theatr(-au) *f*, *Lit: occ:* chwaraedy (chwaraedai) *m*; *(activity):* theatr *m*; **arena ~, ~ in the round,** theatr arena, theatr gylch; **canvas ~,** theatr dan gynfas; **children's ~,** theatr plant; **civic ~,** theatr ddinesig (theatrau dinesig); **community ~,** theatr gymuned (theatrau cymuned); **festival ~,** theatr ŵyl (theatrau gŵyl); **film ~, picture ~,** s|inema (sinemâu) *mf*; **fringe ~,** theatr ymylol, theatr yr ymylon; **intimate ~ ,** theatr gartrefol (theatrau cartrefol); **legitimate ~,** theatr go iawn, theatr ddilys; **puppet ~,** theatr bypedau (theatrau pypedau); **repertory ~,** theatr cwmni; **tent ~,** theatr babell (theatrau pabell), theatr dan gynfas. **2.** *(a)* **lecture ~,** darlithfa(-oedd, darlithf|eydd) *f*; *(b)* **= operating-theatre. 3.** *Mil:* **the ~ of war,** maes *(m)* y gad. **4.** *Mil: attrib.* **~ missile,** taflegryn (taflegrau) maes y gad. **~ bill** *n.* bil(-iau) *(m)* theatr. **~-goer** *n.* mynychwr (mynychwyr) *(m)* theatr, myn|ychwraig *(f)* theatr; **she's a keen ~-goer,** mae hi'n hoff iawn o'r theatr; mae hi'n un o ffyddloniaid/selogion y theatr; mae hi'n un arw am ddrama. **~-going** *vn. & a.* **1.** *vn.* mynd i'r theatr, mynychu'r theatr. **2.** *a.* **~-going public,** mynychwyr theatr. **~ licence** *n.* trwydded(-au) *(f)* theatr. **~ manager** *n.* rheolwr (rheolwyr) *(m)* theatr. **~ sister** *n. Med:* goruch|wylwraig (goruchwylwragedd) *(f)* theatr.

theatric[al] *a. & n.pl.* **1.** *a.* theatraidd, theatrig; **~ company,** cwmni (cwmnïau) *(m)* theatr; **~ performance,** perfformiad(-au) *(m)* theatr; *Pej:* perfformiad theatraidd. **2.** *n.pl.* perfformiadau *(pl)* theatr; **amateur ~,** theatr amatur *f.*

theatricalism, theatricality *n.* natur theatraidd *f*, theatraeth *f*, theatredd *m.*

theatricalization *n.* dramaeiddiad(-au) *m.*

theatricalize *v.t.&i.* **1.** *v.t.* dramaeiddio, theatreiddio. **2.** *v.i. Pej:* dramaeiddio, munudio, gwneud ystumiau, *N: F:* gwneud migmars.

theatrically *adv.* yn theatraidd.

theatricalness *n.* **= theatricality.**

Thebaic *a.* **= Theban 1.**

Thebaid *Pr.n. Lit:* Y Thebäis *f.*

thebaine *n. Pharm:* thebäin *m.*

Theban *a. & n.* **1.** *a.* Thebaidd, Thebäig; *Lit:* **the ~ Plays,** Dramâu Thebae. **2.** *n.* Thebiad (Thebiaid) *m&f*; **the Thebans,** pobl Thebae.

Thebes *Pr.n.* Thebae *f.*

theca *n. Bot: Anat: Z:* gwain (gweiniau) *f*, amglawr (amgloriau) *m.*

thecal *a. Bot: Anat: Z:* gweiniol, amgloriol.

thecodont *a. & n. Rept:* **1.** *a.* thecodontaidd. **2.** *n.* th|ecodont (thecodontiaid) *m.*

thee *pers.pron., objective case, Dial: & Poet: in Eng. but the Welsh* *forms are in current intimate use to address friends, relatives, children, animals and God.* **1.** ti, di; *as object of verb or verb noun (whether followed by pronoun or not): always* di; **I adore ~,** addolaf di; 'rwy'n d'addoli di; **he sees ~,** mae ef yn dy weld di; **sit ~ down,** eistedd [i lawr]; **~, Lord, we worship,** Ti, o Arglwydd, a addolwn. **2.** *before verb, as infixed pronoun:* 'th + *soft mut.*: **she will guide ~,** hi a'th dywys [di]; **he will not punish ~,** ni'th gosba [di]; **where did I see ~?** ym mha le y'th welais [i di]? **why did he not believe ~?** paham na'th gredodd di? **he did not release ~ because he believed ~ not,** ni'th ollyngodd yn rhydd am na'th gredodd. **3.** *(a)* ti *is used after prepositions and* fel, *except as in (b)* **to ~,** wrthyt ti, atat ti, i ti; **like ~,** fel ti; **he gave it to ~,** rhoes ef i ti *or* iti; **there is no one like ~,** 'does neb yn debyg i ti *or* iti; *(b)* thi *(aspirate mut.) is used after prepositions* â, efo, tua, gyda, *and* na = **than**; *for prepositional forms, See* **on, of, to** *&c.* **4.** *(stressed):* dyd|i; *B:* **O righteous Father, the world hath not known ~,** y tad cyfiawn, nid adnabu'r byd dydi; **with ~,** gyda thydi; **saving ~,** eithr/hebl|aw tydi. **5.** *conjunctive pronoun:* tithau; **and ~, ~ too,** a thithau.

theelin *n. Bio-Ch:* = **oestrone.**

theelol *n. Bio-Ch:* = **oestriol.**

theft *n.* lladrad(-au) *m*, ysbeiliad(-au) *m*, dwyn *vn*, lladrata *vn*, *F:* dwgyd *vn*; *Jur:* **aggravated ~,** lladrad gwaethedig; **attempted ~,** ymgais *(f)* i ladrata, ceisio *(vn)* lladrata; **petty ~,** mân-ladrad (~-ladradau); **T~ Act 1968,** Deddf *(f)* Ddwyn 1968.

theftless *a.* diladrad.

thegn *n.* = **thane.**

thein[e] *n. Ch:* theïn *m.*

their *poss.a.* **1.** *(a)* eu *often written* 'u *in representing dialogue, reflecting the pronunciation which is always* u *or* i *in the N. and* i *in the S.; in the literary style the noun may be followed by* hwy; *in the spoken language the n. is usu. foll. by* nhw; eu *prefixes* h- *before vowels;* **~ area,** eu hardal [hwy], *F:* eu hardal nhw; **~ own area,** eu hardal hwy eu hunain, *F:* eu hardal nhw'u hunain; *after* i **their** *is translated by* 'w; **~ brother,** eu brawd [hwy/nhw]; **to their brother,** i'w brawd [hwy], *F:* i'w brawd [nhw]; *after* i'w, *words beginning with vowels prefix* h-; **to their district,** i'w hardal [hwy/nhw]; 'u *after vowels or diphthongs:* **~ father and mother,** eu tad a'u mam [hwy] *(not* eu tad a mam); **in ~ favour,** o'u plaid [hwy]; **to wash ~ clothes,** golchi'u dillad; *in Northern Welsh* eu *is usu. foll. by the mutation of* m, n, to mh, nh; *e.g.* **~ mother(-s),** eu mham(-au); **~ grandmother(s),** eu nhain (eu nheiniau); **~ daughter(-s),** eu mherch(-ed); **~ niece(-s),** eu nhith(-od); **~ nephew,** eu nhai (eu nheiaint); *this is considered incorrect in the standard language*; *(b)* **~ Majesties,** eu Mawrhydi; **~ Excellencies,** eu Hardderchowgrwydd. **2.** *F: irregularly referring to a singular pronoun:* ei + *soft mut. (not* eu): **nobody in ~ senses would do this,** ni ddywedai neb yn ei iawn bwyll mo hyn; **would everyone bring ~ book to me,** a wnaiff pawb ddod â'i lyfr ataf i; **everyone said ~ prayers,** dywedodd pawb ei bader.

theirs *poss.pron.pred.* eu ... hwy, *Lit: occ:* eiddynt [hwy]; *See* **their** *for construction*; **this house is ~,** eu tŷ hwy yw hwn; hwy [sydd] biau'r tŷ hwn; *F:* eu tŷ nhw ydi hwn; nhw [sy] biau'r tŷ yma; *Lit:* hwynt-hwy biau'r tŷ hwn; *occ:* eiddynt hwy y tŷ hwn; eiddynt hwy yw'r tŷ hwn; **she is a friend of ~,** ffrind iddynt hwy yw hi; un o'i ffrindiau hwy yw hi; *F:* ffrind iddyn nhw ydi hi; un o'u ffrindiau nhw ydi hi; **a relative of ~,** perthynas iddynt hwy, un o'u perthnasau hwy, *F:* perthynas iddyn nhw, un o'u perthnasau nhw; **a novel of ~,** un o'u nofelau hwy/nhw, nofel o'u heiddo hwy/nhw; **(your house is larger) than ~,** (mae'ch tŷ chi'n fwy) na'u tŷ hwy/nhw, *Lit:* na'r eiddynt hwy; *B:* **~ is the kingdom of heaven,** eiddynt yw teyrnas nefoedd; **it is not ~ to decide,** nid hwy, nid hwy/nhw biau penderfynu; nid hwy/nhw a ddylai benderfynu; **that pride of ~,** yr hen falchder yna sydd ynddyn nhw; **it is no fault of ~,** nid eu bai hwy/nhw ydyw; **ours and ~,** ein heiddo ni a'u heiddo hwythau, ein hun ni a'u hun nhw; *pl.* ein rhai ni a'u rhai nhw; **(that old horse) of ~,** (yr hen geffyl yna) sydd ganddyn nhw, sydd piau nhw, *S:* sy gyda/'da nhw.

theism *n. Rel:* theistiaeth *f*, duwiaeth *f.*

theist *n. Rel:* theistiad (theistiaid) *m.*

theistic[al] *a. Rel:* theistig, duwiaethol.

theistically *adv. Rel:* yn theistig, yn dduwiaethol.

thelitis *n. Path:* llid *(m)* ar y ddiden, didennwst *m.*

them *pers.pron.pl. objective case. Lit:* hwy, hwynt, hwynt-hwy, *F:* nhw; *S.a.* **they. 1. I saw ~ all,** gwelais hwy/hwynt i gyd, gwelais bob un ohonynt; **I shall tell ~ so,** fe ddywedaf i wrthynt; *F:* mi ddyweda' i wrthyn nhw; **call ~,** galwch arnynt; *F:* galwch arnyn nhw; **give ~ a chance,** *F:* rhowch gyfle iddyn nhw; **forget ~,** *F:* anghofiwch amdanyn nhw; **forgive ~,** *F:* maddeuwch iddyn nhw; **leave ~,** *F:* gadwch nhw; gadwch iddyn nhw; **speak to ~,** siaradwch â hwy/nhw; **they took the keys away with ~,** aethant â'r allweddi gyda hwy; **let ~ suffer,** boed iddynt ddioddef. **2.** *(stressed):* **it's ~!** nhw sydd 'na! nhw ydyn nhw! dyna nhw! dacw nhw! **~ I do not admire,** nhw/hwy yw'r rhai nad wyf yn eu hedmygu. **3. many of ~,** llawer ohonynt, *F:* llawer ohonyn nhw; **both of ~ saw me,** gwelodd y ddwy/ddau ohonynt fi; gwelsant fi ill dau/dwy; **the three of ~,** y tri/tair ohonynt, ill tri/tair; **give me half of ~,** rhowch eu hanner i mi; **every one of ~ was killed,** lladdwyd pob un ohonynt; **neither of ~ spoke,** ni siaradodd yr un ohonynt; ni siaradodd y naill na'r llall ohonynt; **none of ~ spoke,** ni siaradodd neb ohonynt; **I saw ~ both,** fe'u gwelais ill dau/dwy; gwelais y ddau/ddwy ohonynt; **I caught the three of ~,** deliais hwy ill tri/tair; deliais y tri/tair ohonynt. **4.** *(a) if the verb governing* **them** *is preceded by a subject pronoun or particles such as* fe, mi, a, y, ni, oni, pe, na, *or if* **them** *is governed by a verb noun, then the infixed object pronoun* eu *(after* i, *the infixed pronoun* 'w) *must be inserted before the verb or verb noun:* **we were watching ~,** 'roeddem yn eu gwylio nhw; **who saw ~?** pwy a'u gwelodd [hwy/nhw]? **one will see ~,** fe'u gwelir [hwy/nhw]; **I tried to persuade ~,** mi geisiais eu darbwyllo [hwy/nhw]; **she came to see ~,** daeth i'w gweld [hwy/nhw]; **you saw ~,** fe'u gwelaist [hwy/nhw]; **I'll punish ~,** *Lit:* myfi a'u cosbaf [hwy]; *F:* mi'u cosba' i nhw; **when I heard ~,** pan y'u clywais; pan glywais i hwy/nhw; **don't you believe ~?** oni'u credwch hwy? 'dydych chi ddim yn eu credu hwy/nhw? **if we had seen ~,** pe'u gwelsem; petaem wedi eu gweld [hwy/nhw]; **where shall I get ~?** pa le y'u caf hwy? *F:* ble caf i nhw? *(b) the neg. particles* ni, na, oni, *and the conditional particle* pe, *become* nis, nas, onis, pes, *respectively before verbs governing* **them**; **they were there but I didn't see ~,** yr oeddynt yno ond nis gwelais; **I believed she didn't like ~,** credwn nas hoffai hi; **didn't he catch ~,** onis daliodd ef? **if he had seen ~,** pes gwelsai ef. **5.** *F: (= those):* **them's my sentiments,** dyna fy marn i; **~ [there] sheep,** *(in sight):* y defaid acw, y defaid 'cw, y defaid rheicw; **~ sheep,** *(remoter): N:* y defaid rheini, *S:* y defaid 'ny. **6.** *conjunctive pronoun:* **~ too, and ~,** hwythau, *F:* nhwtha, nhwthe.

thema *n.* thema (themâu) *f.*

thematic *a.* thematig.

thematically *adv.* yn thematig, o ran thema.

theme *n.* **1.** thema (themâu) *f*; *Pej:* **s.o's constant ~,** byrdwn *(m)* rhn, hen gân *(f)* rhn. **2.** *Sch: U.S:* traethawd (traethodau) *m.* **3.** *Mus:* thema. **4.** *Gram:* bôn (bonion) *m.* **5.** *Hist: (= province):* talaith (taleithiau) *f.* **~ park** *n.* parc(-iau) *(m)* thema. **~ song, ~ tune** *n.* arwyddgan(-euon) *f.*

themselves *pers.pron.* hwy eu hunain; *See* **self** 4.

then *adv., conj., quasi-n.* I. *adv.* **1.** *(a) (= at that time):* y pryd hwnnw/hynny *m*, ar y pryd, bryd hynny, yr adeg honno *f*; **the ~ existing system,** y drefn bryd hynny, y drefn ar y pryd, y drefn yr adeg honno; **~ and there,** yn y fan a'r lle, ar unwaith, yn ddiymdr|oi; **Sir Winston, ~ Mr Churchill,** Syr Winston, neu Mr Churchill fel yr oedd yr adeg honno *or* bryd hynny; **now and ~,** yn awr ac yn y man, weithiau, o bryd i'w gilydd, ar adegau, ar dro, bob hyn a hyn, o dro i dro, *N:* rŵan ac yn y man; *(b)* **now good, ~ bad,** weithiau'n dda, weithiau'n ddrwg; *S.a.* **now** I. **1. 2.** *(= afterwards):* yna, wedyn, wedi hynny, ar ôl hynny, *S:* wedi 'ny; **and ~,** a wedyn, *Lit:* a chwedyn; **what ~?** a beth wedyn? beth ynteu? *F:* beth 'te? **3.** *(= moreover):* yn ogystal, pa un bynnag, beth bynnag, ar ben hynny, *S:* 'ta beth, *S.W:* achodyn, ochodyn; **~ [again], there are the children to consider,** yn ogystal, rhaid ystyried y plant; **(I haven't the time) and ~ (it isn't my business),** ('does gen i mo'r amser) a pha beth bynnag, a ph'run bynnag, ac wedi'r cwbwl, a 'ta beth (nid fy musnes i ydyw). II. *conj. (= so, accordingly):* felly, ynteu, oherwydd hynny, o achos hynny, o'r herwydd, gan hynny; **~ you should have said so,** yna fe ddylasech fod wedi dweud hynny; **go ~,** *Lit:* ewch felly/ynteu; *S:* ewch 'te; *N:* cerwch 'ta; **but ~,** ond wedyn; **take it ~, if you must,** cymerwch ef ynteu, os oes raid ichi; **you**

knew ~? fe wyddech felly/ynteu? **~ it is no use your going,** felly ni waeth i chi heb â mynd; **(the new governor), ~, (came prepared),** felly, gan hynny (daeth y llywodraethwr newydd yn barod); **now ~!** dyna ddigon! *S.a.* **now** I. **2.** III. *quasi-n.* hynny *m*, yr adeg honno *f*, y pryd hwnnw *m*, yr amser hwnnw *m*; **before ~,** cyn hynny; **by ~ they had gone,** erbyn hynny yr oeddynt wedi mynd; yr oeddynt eisoes wedi mynd; **till ~,** hyd hynny, tan hynny; **[ever] since ~,** [byth] ers hynny, [byth] oddi ar hynny; **between now and ~,** *(future):* cyn hynny, erbyn hynny, rhwng 'nawr a hynny. IV. *quasi-a.* y pryd hynny, bryd hynny, ar y pryd; **the ~ king,** y brenin [a deyrnasai] bryd hynny, y brenin ar y pryd, y brenin y pryd hwnnw. **~ clause** *n. Gram:* prif gymal(-au) *m.*

thenar *a. & n. Anat:* **1.** *a.* cledrol. **2.** *n. (= palm of hand):* cledr(-au) *f*; *(= sole of foot):* gwadn(-au) *fm*; *(= ball of the thumb):* tor *(f)* y fawd.

thenardite *n. Miner:* th|enardit *m.*

thence *adv. A: & Lit:* **1.** *(= from there):* oddi yno, oddi yna, *F:* o'no, o'na. **2.** *(= from then on):* o'r adeg honno, o'r pryd hwnnw, o hynny ymlaen, ar ôl hynny, wedi hynny, wedyn. **3.** *(= therefore):* felly, oherwydd hynny, gan hynny, o'r herwydd, am hynny, o ganlyniad i hynny; **it ~ appears,** mae'n ymddangos felly.

thenceforth, thenceforward *adv.* ers hynny, oddi ar hynny, o hynny ymlaen, o hynny allan, o'r amser hwnnw, o'r adeg honno, o'r pryd hwnnw [allan].

theobromine *n. Ch:* theobromin *m.*

theocentric *n. Rel:* duwganolog, duwganolaidd, duwgreiddiol, theosentrig.

theocentricity, theocentrism *n. Rel:* duwganol|eidd-dra *m*, duwgreiddioldeb *m*, theosentigrwydd *m.*

theocracy *n. Rel:* theocratiaeth(-au) *f*, duwlywodraeth(-au) *f.*

theocrasy *n. Rel:* duwgyfuniad *m.*

theocrat *n. Rel:* theocrat(-iaid) *m&f.*

theocratic[al] *a. Rel:* theocrataidd, theocratig.

theocratically *adv. Rel:* yn theocrataidd, yn theocratig.

Theocritan, Theocritean *a. Lit:* Theocritaidd.

theodicean *a. Phil:* theodiceaidd.

theodicy *n. Phil:* theodiciaeth *f.*

theodolite *n. Surv:* the|odolit (theodolitau) *m.*

theodolitic *a. Surv:* theodolitig.

Theodore *Pr.n.m.* Tewdwr.

Theodoric *Pr.n.m.* Tewdrig.

Theodosian *a. Hist:* Theodosaidd; *Jur: Hist:* **the ~ Code,** Deddflyfr *(m)* Theodosiws.

Theodosius *Pr.n.m.* Theodosiws.

theogonic *a. Myth:* theogonig.

theogony *n. Myth:* the|ogoni (theogoniau) *f*, theogoneg *f.*

theologian *n.* diwinydd(-ion) *m.*

theologic[al] *a.* diwinyddol.

theologically *adv.* yn ddiwinyddol.

theologist *n.* diwinydd(-ion) *m.*

theologization *n.* diwinydda *vn.*

theologize *v.i.&t.* diwinydda.

theologizer, theologue *n.* diwinydd(-ion) *m.*

theology *n.* diwinyddiaeth(-au) *f.*

theomachy *n. Myth:* dwyfryfel(-oedd) *m*, rhyfel(-oedd) dwyfol *m*, rhyfel rhwng y duwiau.

theomancy *n. Rel:* duwddewiniaeth *f.*

theomania *n. Theol:* dwyfloerigrwydd *m.*

theomaniac *a. & n. Theol:* **1.** *a.* dwyfloerig. **2.** *n.* dwyfloerigyn (dwyfloerigion) *m.*

theomorphic *a. Myth:* duwffurf, theomorffig, ar lun/ffurf/wedd duw.

theomorphism *n. Myth:* theomorffedd *m.*

theonomous *a. Rel:* dwyflywodraethol.

theonomously *adv. Rel:* yn ddwyflywodraethol.

theonomy *n. Rel:* dwyflywodraeth(-au) *f*, dwyfol lywodraeth(-au) *f.*

Theopaschite *n. Rel:* Theopaschiad (Theopaschiaid) *m&f.*

theopathetic, theopathic *a. Rel:* theopathig.

theopathy *n. Rel:* the|opathi *m.*

theophagy *n. Rel:* dwyfysiad *m.*

theophanic *a. Theol:* theoffanig.

theophany *n. Theol:* the|offani (theoffaniau) *m*, ymddangosiad(-au) *(m)* Duw/duw.

theophobia *n. Rel:* duwgasineb *m*, casáu *(vn)* Duw, casineb *(m)* at Dduw.

theophobiac *n. Rel:* duwgasäwr (duwgasawyr) *m.*

theophoric *a. Rel:* theofforig, dwyfenwol.

theophylline *n. Ch:* the|offylin *m.*

theopneust *a. Theol:* a ysbrydolir/ysbrydolwyd gan Dduw, Duwysbrydoledig, o ddwyfol ysbrydoliaeth.

theorbist *n. A: Mus:* theorbydd(-ion) *m*, archliwtiwr (archliwtwyr) *m.*

theorbo *n. Mus:* liwt fawr (liwtiau mawr) *f*, theorbo(-i) *m*, archliwt(-iau) *f.*

theorem *n. Geom:* theorem(-au) *f*, damcaneb(-ion) *f*; **converse ~,** theorem gyfdro; **central limit ~,** theorem y terfyn canol.

theorematic *a.* theorematig.

theoretic[al] *a.* damcaniaethol, *occ:* damcanol.

theoretically *adv.* yn ddamcaniaethol, mewn theori, mewn egwyddor.

theoretician *n.* **= theorist.**

theoretics *n.pl.* damcaniaetheg *f.*

theorist *n.* damcaniaethwr (damcaniaethwyr) *m*, *occ:* damcanwr (damcanwyr) *m.*

theorization *n.* damcaniaethu *vn*, damcanu *vn*, damcaniaethau *pl.*

theorize *v.i.* damcaniaethu, *occ:* damcanu.

theorizer *n.* damcaniaethwr (damcaniaethwyr) *m*, damcanwr (damcanwyr) *m.*

theory *n.* **1.** damcaniaeth(-au) *f*, tybiaeth(- au) *f*, *occ:* theori (theoriau) *f*; **in ~,** mewn egwyddor, o ran egwyddor, yn ddamcaniaethol. **2.** *(= exposition of the principles of a science):* theori, , egwyddor(-ion) *f*, hanfod(-ion) *m*, elfennau *pl*; **the ~ of music,** elfennau cerddoriaeth; **broad ~,** theori eang; **Central Place T~,** Theori Man Canol; **information ~,** damcaniaeth hysbysrwydd; **multiple factor ~,** theori amlffactor; *Mth:* **number ~, ~ of numbers,** damcaniaeth rhifau; **reinforcement ~,** damcaniaeth atgyfnerthu; **substantive ~,** theori ddiriaethol; **~ of games, games ~,** theori gemau; **~ of probability,** theori tebygolrwydd; **two factor ~,** theori'r ddau ffactor. **~ test** *n.* prawf (profion) *(m)* theori.

theosopher *n. Phil:* theosoffydd(-ion) *m.*

theosophic[al] *a. Phil:* theosoffaidd, theosoffyddol.

theosophically *adv. Phil:* yn theosoffaidd.

theosophist *n. Phil:* theosoffydd(-ion) *m.*

theosophistic[al] *a.* **= theosophical.**

theosophize *v.i.* theosoffeiddio.

theosophy *n. Phil:* the|osoffi *m.*

theralite *n. Miner:* th|eralit *m.*

therapeusis *n.* **= therapeutic 2.**

therapeutic[al] *a. & n.pl.* **1.** *a. Med:* gwellhaol, triniaethol, therapiwtig. **2.** *n.pl.* therapiwteg *f.*

therapeutically *adv.* trwy driniaeth, yn therapiwtig.

therapeutist, therapist *n. Med:* therapydd(-ion) *m.*

therapsid *a. & n. Rept:* **1.** *a.* therapsaidd. **2.** *n.* therapsid(-au) *m.*

therapy *n.* triniaeth(-au) *f*, th|erapi (therapïau) *m*; **occupational ~,** therapi gwaith; **speech ~,** therapi lleferydd.

there *adv., int. & quasi-n.* I. *adv.* **1.** *(a) (within sight):* acw, yn [y] fan acw, yn [y] fan yna, *F:* [yn y] fancw, [yn y] fanna, *S:* [yn] fanco, manco; **through ~,** drwodd yn [y] fanna; **in ~,** yn [y] fanna, yn [y] fancw; **out ~,** allan yn [y] fanna, *S:* mas fanco; **under ~,** dan [y] fanna/fancw; **up ~,** i fyny yn [y] fanna/fancw, *S:* lan fanco; **from ~,** o['r] fanna, o['r] fancw, *S:* o fanco; **past ~,** heibio i'r fanna/fancw; **put it [down, over] ~,** rhowch ef [yn] fanna; *S:* dodwch e fanco/manco; *(remote, not in sight):* **[down over] ~,** yno, yna, yn y fan honno, [yn y] fanno, *S: occ:* man 'ny; **she is still ~,** mae hi yno/yna o hyd; **from ~,** oddi yna, oddi yno, *F:* o'no, o'na, o fanno; **hurry up ~!** tyrd (dewch) o'na! **they're over ~ in Ireland,** maen nhw draw yn Iwerddon; **we are ~,** *(= arrived):* 'rydym ni yno/yna; dyma ni wedi cyrraedd; *F:* **we've been ~ before,** dyma ni yn yr un hen fan eto; *F:* **he is all ~,** mae ef yna i gyd; mae'n hen ben; mae'n hir ei ben; mae'n graff; *S. W:* fe dynnith e'i fara mas o'i gawl; *F:* **he is not all ~,** mae rhyw goll arno; mae colled arno; 'dyw e ddim yn ei lawn bwyll; 'dyw e ddim yn llawn llathen; 'dyw e ddim yna i gyd; *S.a.* **here 6, then** I. **1;** *(b)* **I am going ~,** 'rwy'n mynd yno/yna; 'rwy'n mynd i['r] fanna; **a hundred miles ~ and back,** can milltir yno ac yn ôl;

you'll get ~ in the end, fe lwyddwch yn y pen draw; fe gyrhaeddwch y nod; *S.a.* **get** II. **2.**; *(c) F: (emphatic):* acw, yna, 'na, 'cw, *S:* 'co; **that man ~, that ~ man,** y dyn yna, y dyn acw, y dyn 'na, y dyn 'cw, *S:* y dyn 'co; **those people ~,** y bobl yna/acw, y bobl 'na/'cw; *(d) (calling attention to s.o./sth):* **~ is, ~ are,** dyna, dacw, + *soft mut.*; **it's a pity (but ~ it is),** mae'n drueni, dyna drueni (ond dyna hi); **~ they are!** dacw nhw! dyna nhw! **~'s the bell ringing,** dyna'r gloch yn canu; **~ she goes!** dacw hi'n mynd! dyna hi'n mynd! i ffwrdd â hi! *S:* bant â hi! **~ she blows!** dacw hi'n chwythu! **~'s a good boy!** dyna [iti] fachgen da! **and ~ you are!** a dyna chi! **2.** *(unstressed): (a)* **~ is; ~ are,** [y] mae; **~ is a cow in the field,** [y] mae buwch yn y cae; [y] mae yna fuwch yn y cae; **~ are cows in the field,** [y] mae gwartheg yn y cae; [y] mae yna wartheg yn y cae; **~ isn't,** nid oes, *occ:* + *soft mut.*; *F:* 'does dim; **~ is no sugar,** nid oes dim siwgwr; *F:* 'does dim siwgwr; 'does 'na ddim siwgwr; **~ was, ~ were,** yr oedd; bu; **~ wasn't,** nid oedd; ni bu/fu; *F:* 'doedd dim; 'doedd 'na ddim; fu dim; fuo 'na dim; **~ wasn't a competition,** nid oedd dim cystadleuaeth; ni bu cystadleuaeth; *F:* 'doedd dim cystadleuaeth; 'doedd na dim cystadleuaeth; fu dim cystadleuaeth; **~ was once a king,** yr oedd unwaith frenin; yr oedd brenin unwaith; **what is ~ for dinner?** beth sydd 'na i ginio? **~ was singing and dancing,** yr oedd canu a dawnsio; yr oedd yna ganu a dawnsio; bu canu a dawnsio; buwyd yn canu a dawnsio; cafwyd canu a dawnsio; *(b) (subject of verb, anticipating the true subject): not usu. to be translated*; **~ comes a time when. . .,** daw amser/adeg pan. . .; mae yna amser/adeg pan. . .; **~ arose a storm,** cododd storm; fe gododd storm. **3.** *(a) (stressed): (= on that point):* yn hynny [o beth], yn [y] fanna, dyna ble, dyna'r fan; **~ you are mistaken,** yn hynny [o beth] 'rydych chi'n anghywir; **~ (we differ),** ar hynna, ar hynny, yn fanna ('rydym yn anghytuno); dyna'r fan lle 'rydym ni'n anghytuno; **~'s the difficulty,** dyna ble mae'r anhawster; yn fanna mae'r anhawster; *F:* **~ you have me!** dyna chi wedi fy nal i 'nawr! alla' i mo'ch ateb chi! II. *int. (stressed):* **~ [now]!** dyna ni! *S:* 'nawr te! *N:* rŵan 'ta! **I'm not going, so ~!** 'dydw i ddim yn mynd, felly dyna hi! **~, take this book,** dyma iti'r (dyma ichi'r) llyfr 'ma; hwde (hwdiwch) y llyfr 'ma; *S: occ:* hwre (hwriwch) y llyfr 'ma; *N: F:* ynda (yndwch) y llyfr 'ma'; **~, ~ (don't worry),** dyna ti/chi, 'nawr te (paid (peidiwch) â phoeni); **but ~ [it is], what is the good of talking?** ond dyna hi/fe/fo, pa werth yw siarad? **~, I've finished!** dyna fi wedi darfod! **~, the work's done!** dyna gwblhau'r gwaith! dyna ben ar y gwaith! **close the door, ~'s a dear,** cau'r drws, wnei di cariad; **~ you are,** *F:* **~ you go,** dyna ti/chi. III. *quasi-n.* **he left ~ last night,** fe aeth oddi yno neithiwr; **he got ~ in two hours,** cyrhaeddodd yno mewn dwyawr; **in ~,** i mewn yn [y] fanna; yna; yno; **up ~,** i fyny acw, *N:* i fyny fancw, *S:* lan manco, lan fry.

thereabouts *adv.* **1.** *(= near that place):* gerll|aw, yn y cyffiniau, oddi amgylch, tua'r fan honno, *N:* yn ymyl [y fan honno], *S:* ar bwys [y fan honno]. **2. ten miles or ~,** deng milltir fwy neu lai, tua deng milltir, rhyw ddeng milltir, oddeutu['r] deng milltir, *N: F:* ar draws y deng milltir, *S. W: occ:* marce deng milltir; **it is four o'clock or ~,** mae hi tua phedwar o'r gloch; mae hi'n rhyw bedwar o'r gloch; *S. W: occ:* mae hi marce pedwar.

thereafter *adv.* wedyn, yna, ar ôl hynny, wedi hynny.

thereanent *adv. Scot:* ynglŷn â hynny, yngh|ylch hynny.

thereat *adv. Lit:* **1.** *(= after that):* ar hynny, wedyn; *(= there):* yna. **2.** *(= on that account):* o'r herwydd, o achos hynny.

thereby *adv.* **1.** o ganlyniad, trwy hynny, o'r herwydd. **2. ~ hangs a tale,** mae stori ynglŷn â hynna; mae stori yngh|l|wm wrth hynna.

therefor *adv. A: (= for that purpose):* i'r diben hwnnw.

therefore *adv. (= consequently):* gan hynny, am hynny, felly, o ganlyniad, *F: occ:* wedyn; **I think, ~ I am,** 'rwy'n meddwl, felly 'rwy'n bod.

therefrom *adv. Lit:* oddi yno.

therein *adv. Lit:* **1.** *(= in that respect):* yn hynny [o beth], yng nghyswllt hynny, ynglŷn â hynny. **2.** *(= within):* yno, ynddo/ynddi/ynddynt, yn y lle hwnnw.

thereinafter *adv.* o hynny allan, o hynny yml|aen, yn hwyrach.

thereinbefore *adv.* cyn hynny, yngh|ynt.

thereinto *adv.* i'r lle hwnnw, i'r fan honno, iddo/iddi/iddynt.

theremin *n. Mus:* th|eremin (thereminau) *m.*

thereof *adv. Lit: (= of that/those):* o'r peth hwnnw, ohono/ohoni/ohonynt; **the property, or any part ~,** yr eiddo, neu unrhyw ran ohono; *B:* **in the day thou eatest ~,** yn y dydd y bwytei di ohono.

thereon *adv. Lit:* = **thereupon**.

thereout *adv. A:* oddi yno.

therethrough *adv. A:* drwy hynny, drwodd.

thereto *adv. Lit:* arno/arni/arnynt, iddo/iddi/iddynt; **he put his signature ~,** rhoes ei lofnod arno; torrodd ei enw arno; **and ~ I pledge thee my troth,** ac ar hynny yr ydwyf yn rhoddi i ti fy nghred.

theretofore *adv.* cyn hynny, cyn yr adeg honno, gynt, yngh|ynt.

thereunder *adv.* 1. = **thereafter. 2.** *(= under the terms/authority of sth):* dan y pennawd/pen hwnnw, yn ôl y gofynion hynny.

thereunto *adv. A:* ato/ati/atynt, iddo/iddi/iddynt.

thereupon *adv.* **1.** gyda hynny, ar hyn/hynny, wedi hynny, yn ddisymwth. **2.** *Lit:* **(there is much to be said) ~,** (mae llawer i'w ddweud) am hynny, ar y testun hwnnw, ar y pen hwnnw.

therewith *adv. Lit:* **1.** *(= with that):* â hwnnw/honno/hynny, gyda hwnnw/honno/hynny. **2.** *(= moreover):* yn ogystal, hefyd, ymhellach.

therewithal *adv. A:* yn ogystal, hefyd, yn ychwanegol, gyda hynny, at hynny.

theriac *n. A: Pharm:* gwrthwenwyn(-au) *m.*

theriacal *a. A: Pharm:* gwrthwenwynol.

therianthropic *a. Rel:* therianthropig.

therianthropism *n. Rel:* therianthropedd *m.*

theriomorphic, theriomorphous *a. Rel:* ar lun/ffurf/wedd anifail, theriomorffig.

therm *n. Ph: Meas:* therm(-au) *m*; *Com: (in gas advert):* **Mr T~,** Fflamddwyn *m.*

thermae *n.pl.* **1.** *(= hot springs):* ffynhonnau twym/brwd/poeth. **2.** *Gr. & Rom. Ant:* baddondy (baddondai) cyhoeddus *m*, baddon(-au) cyhoeddus *m.*

therm[a]esthesia *n. Physiol:* thermesthesia *m.*

thermal *a. & n.* **1.** *a. (a) (= hot):* twym, brwd, poeth(-ion); **~ spring,** ffynnon boeth/dwym/frwd (ffynhonnau poeth/twym/brwd) *f*; *(b) Ph:* thermol, gwresol; *Aer:* **~ barrier,** rhwystr(-au) thermol *m*, gwahanfur(-iau) thermol *m*; **~ capacity,** cynhwysedd (cynwyseddau) thermol *m*; **~ composition,** cyfansoddiad(-au) thermol *m*; **~ conductivity,** dargludedd(-au) thermol *m*; **~ decomposition,** dadelfeniad(-au) thermol *m*, dadelfennu (*vn*) thermol; **~ diffusion,** trylediad(-au) thermol *m*, tryledu (*vn*) thermol; **~ dissociation,** daduniad(-au) thermol *m*, daduno (*vn*) thermol; **~ efficiency,** effeithlonedd thermol *m*; **~ equator,** cyhydedd(-au) thermol *m*, cynhydedd gwres; **~ insulation,** ynysu (*vn*) gwres, ynysiad thermol/gwresol *m*; **~ neutron,** niwtron(-au) thermol *m*; **~ pollution,** halogiad (*m*) â gwres, halogi (*vn*) â gwres; **~ reactor,** adweithydd(-ion) thermol *m*; **~ shock,** ysgytwad(-au) thermol *m*; **~ underware,** dillad isaf thermol *pl*; **~ unit,** uned(-au) thermol *f.* **2.** *n. Av: Meteor:* **~ [wind],** gwynt(-oedd) twym/poeth *m*, thermal(-au) *m*, thermol(-ion) *m.*

thermalize *v.t. Ph:* thermoleiddio.

thermally *adv.* yn thermol; o ran gwres, gyda gwres.

therman[a]esthesia *n. Physiol:* thermanesthesia *m.*

thermic *a. Ph:* = **thermal; ~ lance,** ffon (*f*) losgi (ffyn llosgi).

thermically *adv.* = **thermally.**

Thermidor *n. Fr.Hist:* Th|ermidor *m*; *Cu:* **lobster t~,** cimwch (*m*) thermidor.

Thermidorian *a. Fr.Hist:* Thermidoraidd; **the ~ reaction,** yr adwaith Thermidoraidd *m*, adwaith Th|ermidor.

thermion *n. Ph:* thermion(-au) *m.*

thermionic *a. Ph:* thermionig, **~ emission,** allyriant (allyriannau) thermionig *m.*

thermionics *n.pl. Ph:* thermioneg *f.*

thermistor *n. El:* thermistor(-au) *m.*

thermit[e] *n.* thermit *m.*

thermobarograph *n. Ph:* thermob|arograff (thermobarograffau) *m.*

thermobarometer *n. Ph:* thermobaromedr(-au) *m.*

thermo-cautery *n. Surg:* serio *vn.*

thermochemical *a. Ch:* thermocemegol.

thermochemist *n. Ch:* thermocemegydd: thermocemegwr (thermocemegwyr) *m.*

thermochemistry *n. Ch:* thermocemeg *f.*

thermocline *n. Geog:* th|ermoclein (thermocleinau) *m.*
thermocoagulation *n.* gwresgeulo *vn,* gwresgeulad(-au) *m.*
thermo-couple *n. El:* th|ermocwpl (thermocyplau) *m.*
thermoduric *a.* thermodwrig.
thermodynamic[al] *a. Ph:* thermodynamig.
thermodynamically *adv. Ph:* yn thermodynamig.
thermodynamicist *n. Ph:* thermodynamegwr: thermodynamegydd (thermodynamegwyr) *m.*
thermodynamics *n.pl. Ph:* thermodynameg *f.*
thermo-electrical *a.* thermo-electrig, thermodrydanol. **~-~ couple, = thermo-couple.**
thermo-electrically *adv. Ph:* yn thermodrydanol *&c.*
thermo-electricity *n. Ph:* thermodrydan *m.*
thermoelectromotive *a. Ph:* thermo-electromotif.
thermoelectron *n. Ph:* thermo-electron(-au) *m.*
thermoelement *n.* thermo-elfen(-nau) *f.*
thermoform *n.* th|ermoffurf (thermoffurfiau) *f.*
thermoformable *a.* thermoffurfiadwy.
thermogene *n. R.t.m:* [wadin] th|ermogen *m.*
thermogenesis *n. Ph:* cynhyrchu *(vn)* gwres.
thermogenetic, thermogenic, thermogenous *a. Ph:* thermogenig, gwresgynhyrchol.
thermogram *n. Ph:* th|ermogram (thermogramau) *m.*
thermograph *n. Ph:* th|ermograff (thermograffau) *m.*
thermographer *n. Ph:* thermograffydd (thermograffwyr) *m.*
thermographic *a. Ph:* thermograffig; *Lib:* **~ copying,** gwres-gopïo *vn.*
thermographically *adv.* yn thermograffig.
thermography *n.* therm|ograffi *m,* gwres-gopïo.
thermohaline *a.* thermohalinaidd.
thermojunction *n. El: Ph:* thermogydiad(-au) *m.*
thermolabile *a. Bio-Ch:* thermolabilaidd.
thermolability *n. Bio-Ch:* thermolabiledd *m.*
thermologist *n.* thermolegwr: thermolegydd (thermolegwyr) *m.*
thermology *n.* thermoleg *f.*
thermoluminescence *n. Ph:* thermo-oleuedd.
thermoluminescent *a. Ph:* thermo-oleuol.
thermolysis *n. Physiol:* therm|olysis *m.*
thermolytic *a. Physiol:* thermolytig.
thermomagnetic *a. Ch:* thermomagnetig.
thermomagnetically *adv. Ph:* yn thermomagnetig.
thermometer *n.* thermomedr(-au) *m, occ:* gwresfesurydd(-ion) *m;* **maximum & minimum ~,** thermomedr uchafbwynt ac isafbwynt; **wet bulb ~,** thermomedr bwlb gwlyb; **the ~ stood at 100 degrees,** 'roedd y thermomedr ar 100 gradd; dangosai'r thermomedr gan gradd.
thermometric[al] *a. Ph:* thermometrig.
thermometrically *adv. Ph:* yn thermometrig.
thermometry *n. Ph:* thermometreg *f.*
thermomotion *n. E:* thermosymudiad(-au) *m.*
thermomotive *a. E:* thermomotif, thermosymudol.
thermomotor *n. E:* thermomotor(-au) *m.*
thermonuclear *a. Ph:* thermoniwclear.
thermoperiodicity, thermoperiodism *n.* thermogyfnodedd *m.*
thermophil[e] *a. & n. Biol:* **1.** *a.* gwresgar. **2.** *n.* gwresgarwr (gwresgarwyr) *m.*
thermophilic, thermophilous *a.* gwresgar.
thermophone *n. Ph:* th|ermoffon (thermoffonau) *m.*
thermopile *n. El:* th|ermopeil (thermopeiliau) *m.*
thermoplastic *a. & n.* **1.** *a.* thermoplastig. **2.** *n.* thermoplastig(-au) *m.*
thermoplasticity *n.* thermoplastigrwydd *m.*
thermoreceptor *n. Biol:* thermodderbynnydd (thermodderbynyddion) *m.*
thermoregulation *n. Biol:* thermoreoli *vn,* thermoreolaeth *f.*
thermoregulator *n. Biol:* thermoreolydd(-ion) *m,* thermoreolwr (thermoreolwyr) *m.*
thermoregulatory *a. Biol:* thermoreoliadol.
thermoremanence *n. Ph: Geol:* thermoddargadwaeth *f.*
thermoremanent *a. Ph: Geol:* thermoddargadwol.
Thermos *n. R.t.m:* Thermos(-au) *mf.*
thermoscope *n. Ph:* th|ermosgop (thermosgopau) *m.*
thermoscopic[al] *a. Ph:* thermosgopig.
thermoscopically *adv. Ph:* yn thermosgopig.
thermoset *n.* thermoresin(-au) *m.*
thermosetting *a. Ph:* thermo-osodol, thermogaledol.
thermosiphon *n. Ph:* thermoseiffon(-au) *m.*
thermosphere *n. Meteor:* th|ermosffer (thermosfferau) *m.*
thermospheric *a. Meteor:* thermosfferig.
thermostability *n.* thermosefydlogrwydd *m.*
thermostable *a.* thermosefydlog.
thermostat[1] *n. El:* th|ermostat (thermostatau) *m.*
thermostat[2] *v.t. El:* thermostatio.
thermostatic *a. El:* thermostatig.
thermostatically *adv. El:* yn thermostatig; **~ controlled,** dan reolaeth th|ermostat.
thermostatics *n.pl. Ph:* thermostateg *f.*
thermotactic *a. Biol:* thermotactig.
thermotaxic *a. Biol:* thermotacsig.
thermotaxis *n. Biol:* thermotacsis *m.*
thermotensile *a. E: Ph:* thermodynnol.
thermotherapy *n. Med:* thermoth|erapi *m,* triniaeth *(f)* â gwres.
thermotropic *a. Biol:* thermotropig.
thermotropism *n. Biol:* thermotropedd *m.*
theroid *a.* bwystfilaidd, anifeilaidd.
therologist *n.* mamalegwr: mamalegydd (mamalegwyr) *m.*
therology *n.* mamaleg *f.*
therophyte *n. Bot:* th|eroffyt (theroffytau) *m.*
theropod *n. Rept:* th|eropod (theropodau) *m.*
theropodan *a. & n. Rept:* **1.** *a.* theropodaidd. **2.** *n.* **= theropod.**
thesaural *a.* thesawrol, trysorfaol.
thesaurus *n.* thesawrws (thesawrysau) *m,* trysorfa (trysorfâu, trysorf|eydd) *f.*
Thesbian *n. B:* Thesbiad *m.*
these *a. & pron. See* **this.**
Thesean *a. Gr.Myth:* Theseaidd.
Theseus *Pr.n.m. Gr.Myth:* Thesews.
thesis *n.* **1.** *(a) Sch: Log: (= proposition, argument):* gosodiad(-au) *m, occ:* pwnc (pynciau) *m;* **to uphold/defend a ~,** cynnal/amddiffyn gosodiad; *Rel.Hist:* **the Ninety Five Theses,** y Naw Deg a Phum Pwnc. **2.** *Sch:* traethawd (traethodau) *(m)* ymchwil, thesis(-au, theses) *m.* **3.** *Pros:* sillaf ddiacen (sillafau diacen) *f,* disgyniad(-au) *m,* gostyngiad(-au) *m.* **~ play** *n.* drama *(f)* bwnc (dramâu pwnc).
Thespian *a. & n.* **1.** *a.* Thesbiaidd, theatrig, theatraidd. **2.** *n.* actor(-ion) *m,* actores(-au) *f,* Thesbiad (Thesbiaid) *m&f.*
Thessalian *a. & n.* **1.** *a.* Thesalaidd. **2.** *n.* Thesaliad (Thesaliaid) *m&f.*
Thessalonian *a. & n.* **1.** *a.* Thesalonaidd. **2.** *n. (a)* Thesaloniad (Thesaloniaid) *m&f; (b) pl. B:* Thesaloniaid.
Thessaly *Pr.n. Geog:* Thesalia *f.*
theta *n. Gr.Alph:* [y llythyren] theta (thetâu) *f.*
thetic[al] *a.* **1.** *Pros:* acennol. **2.** *(= positive):* pendant, cadarn, awdurdodol.
thetically *adv.* yn bendant *&c.*
theurgic[al] *a.* dewinol, dewiniol, swyngyfareddol *(pronounced* **ng-g)**
theurgically *adv.* yn ddewiniol *&c.*
theurgist *n.* dewin(-iaid) *m,* dewines(-au) *f.*
theurgy *n.* **1.** *Rel:* dwyfolwaith *m.* **2.** *(= sorcery):* dewiniaeth *f,* dewindabaeth *f,* swyngyfaredd *f (pronounced* ng-g).
thewless *a.* diegni, llipa.
thews *n.pl. (a)* cyhyrau, gewynnau *pl;* **he has ~ of steel,** mae cyn galeted â haearn Sbaen; mae'n hen ewin [o ddyn]; mae'n wydn fel cortyn; *(b) Fig:* grym *m,* nerth *m,* ynni *m.*
thewy *a. (a)* cyhyrog, gewynnog; *(b) Fig:* grymus, nerthol, cryf *(f.* cref, *pl.* cryfion).
they *pers.pron. & indef.pron.* **1.** *pers.pron.nom.pl. (a) in the literary language the 3rd person ending of finite verb forms suffices to translate* **they,** *and so too in the spoken language in single word answers to questions; the final -t is not usually pronounced in ordinary speech: e.g.* **will ~ come? - ~ will,** a ddônt? - dônt; **may ~? - ~ may,** a gânt hwy? - cânt; *in the Biblical and older style, the verb is preceded by the pronoun + relative pronoun* hwy a *or followed by* hwy, hwynt: **~ shall see,** hwy a welant; gwelant hwy; *in speech and often in the literary style, the verb is preceded by* fe *in the S., by* mi *in the N., and followed by* nhw *(but* maent, maen *are not preceded by* fe/mi); **~'ll be disappointed,** fe gân nhw eu siomi; fe'u siomir nhw; *Lit:* cânt eu siomi; **~ are rich people,** pobl gyfoethog ydyn nhw; maen

nhw'n bobl gyfoethog; y maent yn bobl gyfoethog; **so ~ say,** felly maen nhw'n dweud; **there ~ come,** dyma/dacw nhw'n dod; **if I were ~,** petawn i yn eu lle hwy/nhw, petawn i yn eu hesgidiau hwy/nhw; *(b) emphatic form: Lit:* hwynt-hwy, *F:* [y] nhw. *conjunctive form:* **and ~, ~ too,** *Lit:* [a] hwythau, *F:* a nhwtha/nhwthe; **it is ~,** y nhw sydd yno; y nhw ydyn nhw; **~ alone, only ~ (can do it),** *Lit:* hwynt-hwy'n unig, *F:* [y] nhw'n unig, dim ond [y] nhw (a all ei wneud); **~ themselves,** hwynt-hwy eu hunain, hwynt-hwythau, *F:* y nhw eu hunain; **we are as rich as ~ are,** 'rydym ni mor gyfoethog â hwythau; *(c) (with dem. force): Lit:* **~ who believe,** y rhai [hynny] a gred, y rhai [hynny] sy'n credu. **2.** *(a) indef.pron.* **~ say that...,** fe ddywedir bod...; mae sôn bod...; maen nhw'n dweud bod...; **or so ~ say,** neu o leiaf dyna a ddywedir; dyna y maen nhw'n ei ddweud; *(b) (after indef.pron): incorrectly for* **he/she** *referring back to* **anyone, anybody, no-one, nobody**; *F:* **if anyone/anybody has a query, ~ are welcome to ask,** os oes gan rywun gwestiwn, mae croeso iddo/iddi ofyn; **(nobody ever admits) ~ are to blame,** ('does neb byth yn cyfaddef) mai ef/hi sydd ar fai, *less correctly:* mai [y] nhw sydd ar fai, mai arnynt hwy [y] mae'r bai.

they'd = they had, they would.

they'll = they will.

they're = they are.

they've = they have.

thiabendazole *n. Ch:* thiab|endasol *m.*

thiaminase *n. Bio-Ch:* thi|aminas *m.*

thiamin[e] *n. Bio-Ch:* thïamin *m.*

thiazide *n. Pharm:* thïasid (thiasidau) *m.*

thiazine *n. Bio-Ch:* thïasin (thiasinau) *m.*

thiazole *n. Ch:* thïasol (thiasolau) *m.*

Thibet *Pr.n. Geog:* = **Tibet.**

Thibetan *a.* = Tibetan.

thick *a., n. & adv.* I. *a.* **1.** *(in most contexts):* trwchus, tew(-ion), *S.E: occ:* braisg (breisgion); *(wall):* trwchus; *(book):* trwchus, swmpus; *(thread):* tew, bras (breision); *(rope):* tew; *(cloth):* trwchus, tew, tewban, bras, swmpus, *N.W:* cyn dewed â chlust eidion, tew fel troed oen; *(lips):* tew; *(rod, stick):* praff, *occ:* ffyrf; **a wall that is two feet ~,** mur dwy droedfedd o drwch; **the ~ end of a stick,** pen praffaf ffon, *Fig:* y gwaethaf o'r fargen, pen trymaf y baich; **to have a ~ skin,** bod yn dew eich croen, bod yn groendew, bod mor ddideimlad â ffenestr; *Typ: &c:* **~ stroke,** strôc drwchus (strociau trwchus) *f*; *Fig:* **a ~ ear,** *(= clout):* bonclust *fm*, clusten *f*, twll *(m)* clust. **2.** *(forest, beard):* trwchus, *Lit: occ:* tewdrwch; *(foliage):* trwchus, *Lit:* tewfrig, caeadfrig, tewfrigog; **~ hair,** gwallt trwchus, *occ:* gwallt ffluwch/ffluwchog, ffluwch *(m)* o wallt. **3.** *(a) (liquid):* tew, trwchus, trioglyd; *(paste, mustard):* tew, trwchus, tewychus; *(wine):* cymylog, *S.W: occ:* trwblus; *(mist, dust):* tew, trwchus; *(darkness):* dudew; *Cu:* **~ sauce,** saws tew/trwchus; **~ soup,** cawl tew/trwchus; **~ flank,** ystlys dew (ystlysau tewion) *f*; **air ~ with smoke,** awyr fyglyd, awyr lawn mwg; *Prov:* **blood is thicker than water,** mae gwaed yn dewach na dŵr; tewach gwaed na dŵr; cynt y twymith gwaed na dŵr; nes penelin nag arddwrn; nesaf i bawb ei nesaf; *(b) (voice):* bloesg, safndrwm; *(tongue):* tew, bloesg; **to be ~ of speech,** siarad yn floesg/safndrwm, siarad â thafod tew; **he had a ~ head,** *(from drinking):* 'roedd ganddo ben mawr; **a ~ accent,** llediaith drom *f*; *(c) F:* = **stupid; to have a ~ head,** bod yn dwp *&c*; **as ~ as two short planks, as ~ as a lump of wood,** fel bwrdd, *S:* mor dwp â stên, mor dwp â slej, *N.W:* dwl fel slej, dwl fel bat, cyn ddyled â thwrch daear, *S.W:* mor dwp â phen lletwad, mor ddwl â chambren, *S.E:* mor hanercall â thylluan wryw. **4.** *F:* **to be very ~ with s.o.,** bod yn llawiau [mawr] â rhn, bod yn gyfeillgar iawn â rhn, bod yn agos iawn at rn; **they are as ~ as thieves,** maen nhw'n gryn lawiau; ti a thithau yw hi rhyngddyn nhw; maen nhw yng nghegau ei gilydd; maen nhw cyn agosed â bys yr uwd a'r bawd; *S.E:* maen nhw drwyn yn nhrwyn; *S:* maen nhw'n rhwto'n fudur yn 'i gilydd; *S.W:* maen nhw'n fwrdis mawr; *V:* maen nhw'n cachu trwy'r un twll. **5.** *F:* **that's a bit ~!** mae hynna'n afresymol! mae hynna'n ormod braidd! dyna fynd dros ben llestri! II. *n.* **1.** *(a) (of leg):* croth *f*, tewdwr *m*, trwch *m*; *(b) (of forest &c):* trwch, canol *m*, perfeddion *pl*; *(of a fight):* canol; **in the ~ of the fight,** yng nghanol yr ymladd; **in the ~ of it/things,** yn ei chanol hi. **2. to go through ~ and thin (for s.o.),** mynd drwy'r tew a'r tenau, mynd drwy'r trwch (dros rn); **(to follow s.o., to stick to s.o.) through ~ and thin,** (dilyn rhn, glynu at rn) drwy'r tew a'r tenau, doed a ddelo, yn ddi-droi'n ôl, yn benderfynol, er gwaethaf popeth. III. *adv.* **1.** yn dew, yn drwchus, yn drwch, yn haen drwchus; **snow lay ~ on the ground,** gorweddai'r eira'n drwch ar lawr; 'roedd trwch o eira ar lawr; **snow was falling ~,** syrthiai'r eira'n drwm; **don't spread the butter too ~,** peidiwch â thaenu'r 'menyn yn rhy drwchus; peidiwch â rhoi gormod o fenyn; **to cut bread ~,** torri bara'n dew; *S.a.* **lay on 2. 2. (his blows fell) ~ and fast, ~ as peas,** (syrthiai ei ergydion) yn aml ac yn fynych, yn dew ac yn aml, cyn amled â'r cenllysg. **~-branched** *a.* tewfrig, â brigau trwchus. **~-butted** *a.* bondew(-ion). **~-edged** *a.* mindew(-ion). **~-knee** *n. Orn:* = **curlew (stone); Senegal ~-knee,** rhedwr *(m)* S|enegal. **~-leaved** *a.* tewddail. **~-lipped** *a.* gweflog, gwefldew, gwefusdew, â gweflau/gwefusau tewion, *S.E: occ:* gwepsog. **~-ribbed** *a.* eisdew(-ion). **~-skinned** *a.* **1.** croendew(-ion), tew eich croen. **2.** *Fig:* croendew, croengaled *(pronounced* ng-g), dideimlad. **~-skulled** *a.* pendew(-ion); *S.a.* **stupid. ~-stemmed** *a.* coesbraff, â choesyn tew/praff. **~-witted** *a.* = **stupid. ~-wittedness** *n.* = **stupidity.**

thickback *a.* praff (preiffion).

thicken *v.t.&i.* **1.** *v.t.* *(a) (most general senses):* tewh|au, tewychu, *occ:* ffyrfh|au, ffyrffu, praffu, *N:* twchu; *(b) Cu: (sauce, gravy):* tewhau, tewychu; *(c) (cloth, wool):* pannu. **2.** *v.i.* *(a)* tewhau, *occ:* ffyrfhau; *(b) (of sauce):* tewhau, tewychu; **the crowd thickens,** mae'r dorf yn mynd yn fwy; mae'r dorf yn cynyddu; *(c)* **the plot thickens,** mae'r stori'n mynd yn fwy cymhleth; mae'r plot yn mynd yn fwy dyrys; mae'r plot yn cymhlethu.

thickener *n. Cu:* tewychwr (tewychwyr) *m*, tewychydd(-ion) *m*, peth(-au) *(m)* tewychu.

thickening *vn. & n.* **1.** *vn.* tewychiad *m*, tewhad *m*; *S.a.* **thicken. 2.** *n. Cu:* = **thickener.**

thicket *n.* llwyn(-i) *m*, prysglwyn(-i) *m*, dryslwyn(-i) *m*, drysgoed *pl.*

thicketed *a.* prysglwynog.

thickhead *n.* **1.** = **blockhead, fool[1]. 2.** *Orn:* chwibanwr (chwibanwyr) *m.*

thickheaded *a.* = **stupid.**

thickheadedness *n.* = **stupidity.**

thickish *a.* tewaidd, tewlyd, lled dew, go dew, go drwchus, lled drwchus, eithaf trwchus/tew, go braff, eithaf praff, lled braff.

thickleaf *n. Bot:* = **stonecrop (English), wall-pepper.**

thickly *adv.* **1.** yn dew, yn drwchus, yn drwch, yn haen drwchus; *(of grass):* **to grow ~,** tyfu'n drwch. **2. snow fell ~,** 'roedd hi'n bwrw eira'n drwm/drwch. **3. to speak ~,** siarad yn dew/floesg/safndrwm, siarad â thafod tew.

thickness *n.* **1.** *(a)* trwch *m*; *(of rod):* trwch, praffter *m*, ffyrfdra *m*; *(of lips &c):* tewdra *m*, tewder *m*; *(b) (of forest):* trwch; *(of hair):* trwch; *(c) (of liquid):* tewdra, trwch; *(of mist):* trwch; *(d) (of voice):* bloesgni *m*; *(e) (of hearing):* trymder *m*. **2.** *(of paper &c):* trwch, *occ:* tew(-iau) *m*; **double ~,** dau drwch, trwch dwbl, dau dew; **three thicknesses of cardboard,** tri thrwch/thew o gardbord; *(of slate):* tew, haen(-au) *f.*

thicknesser *n.* tewychwr (tewychwyr) *m.*

thickset *a. & n.* **1.** *a.* *(a) (hedge, forest &c):* trwchus, clòs; **~ trees,** coed yn tyfu'n dyn[n] yn ei gilydd *or* yn glòs at ei gilydd; *(b) (pers.):* byrdew(-ion); **a short and ~ fellow,** dyn byrdew, pwt/pwtyn *(m)* o ddyn, *N:* stwc/stwcyn *(m)* o ddyn, stordyn *(m)* o ddyn, tordyn *(m)* o ddyn, *occ:* torpwth *(m)* o ddyn. **2.** *n.* = **thicket.**

thief *n.* **1.** lleidr (lladron) *m*, lladrones(-au) *f*, lladratwr (lladratwyr) *m*, ysbeiliwr (ysbeilwyr) *m*, *N: F:* bachwr (bachwyr) *m*, sbachwr (sbachwyr) *m*, *S.E: occ:* canddo *m*, blewgi (blewgwn) *m*; **he's a ~,** mae'n lleidr; mae'n llaw flewog; mae ganddo ddwylo blewog; *S.W:* mae ei 'winedd e'n rhy hir; **an arrant/notorious ~,** carn-lleidr (~-lladron) *m*, pen-lleidr (~-lladron) *m*; **a confessed ~,** lleidr cyfaddef, lleidr ar ei gyffes ei hun; **hotel ~,** lleidr [mewn] gwesty; **petty ~,** chwiwleidr (chwiwladron) *m*; **stop ~!** lleidr! ar ôl y lleidr! daliwch/stopiwch y lleidr! *Prov:* **set a ~ to catch a ~,** rhaid wrth leidr i ddal lleidr; **honour among thieves,** anrhydedd ymysg lladron; **procrastination is the ~ of time,** lleidr amser, gohirio; amser a goller, y gwaith ni ddaw'n ôl i ddyn eilwaith; **thieves' Latin,**

iaith (*f*) lladron; *S.a.* **kitchen 1, thick I.** 4. **2.** *F: (in candle):* huddygl *m*, lleidr (lladron) *m*, *N:* fflacsen (fflacs) *f*. **~ ant** *n. Ent:* morgrugyn (morgrug) lladronllyd *m*. **~-taker** *n. Hist:* maglwr (maglwyr) (*m*) lladron, daliwr (dalwyr) (*m*) lladron.
thieve *v.t.&i.* = **steal.**
thievery *n.* lladrata *vn.*
thieving[1] *a.* lladronllyd; **~ hands,** dwylo blewog.
thieving[2] *vn.* lladrad(-au) *m*, lladrata; **petty ~,** mân-ladrad(-au) *m*, chwiwladrad(-au) *m*, chwiwladrata.
thievish *a.* lladronllyd.
thievishly *adv.* yn lladronllyd *&c.*
thievishness *n.* lladradgarwch *m*, natur ladronllyd *f*.
thigh *n.* clun(-iau) *f*, *occ:* morddwyd(-ydd) *f*; **to smite s.o. hip and ~,** taro rhn glun a morddwyd. **~-bone** *n. Anat:* asgwrn (*m*) clun, asgwrn y glun (esgyrn cluniau). **~-boot** *n. Cost:* botasen (*f*) glun (botasau cluniau). **~-piece** *n. A: Arms:* coesarn(-au) *m*, clunarfogaeth *f*.
-thighed *a.* â chlun, â chluniau, cluniog.
thigmotactic *a. Biol:* thigmotactig.
thigmotaxis *n. Biol:* thigmotacsis *m*.
thigmotropic *a. Biol:* thigmotropig.
thigmotropism *n. Biol:* thigmotropedd *m*.
thill *n.* llorp(-iau) *f*. **~-horse** *n.* ceffyl(-au) (*m*) gwedd/bôn/ôl, carfarch (carfeirch) *m*.
thiller *n.* = **thill-horse.**
thimble *n.* **1.** *Needlew:* gwniadur(-on,-iau) *mf*; *Games:* **hunt the ~,** hela'r gwniadur. **2.** *Mch: (= ferrule):* amgarn(-au) *m*. **3.** *Mch: Nau: (= ring)* modrwy(-au) *f*. **~ case** *n.* cas(-ys) (*m*) gwniadur. **~-like** *a.* fel gwniadur.
thimbleberry *n. Bot: (Rubus occidentalis):* afanen (afan) (*f*) y gorllewin, mafonen (mafon) (*f*) y gorllewin.
thimbleful *n.* llond (*m*) gwniadur(-on,-iau), gwniaduraid (gwniadureidiau) *mf*.
thimblerig[1] *n.* tric (*m*) y tri gwniadur.
thimblerig[2] *v.t.* twyllo (rhn) [â'r tri gwniadur].
thimblerigger *n.* twyllwr (twyllwyr) *m* [â'r tri gwniadur].
thimblerigging *vn. F:* = **thimblerig[2].**
thimbleweed *n. Bot:* blodyn (blodau) (*m*) gwniadur.
thimblewit *n. U.S:* = **fool[1], dunce.**
thimblewitted *a. U.S:* = **silly.**
thimerosal *n. Ch:* thim|erosal *m*.
thin[1] *a. & n.* I. *a.* **1.** tenau (teneuon), (*comp. forms:* teneued, teneuach, teneuaf), main (meinion) (*comp. forms:* meined meinach, meinaf), *occ: (animal):* cul(-ion); *(paper):* tenau; *(thread &c):* tenau, main; *(material):* tenau, main, ysgafn; **the ~ end of the wedge,** blaen (*m*) y gyllell; *Cu:* **~ flank,** ystlys denau (ystlysau tenau) *f*; *Typ:* **~ space,** bylchyn main *m*; *Typ:* **~ stroke,** strôc fain (strociau main) *f*; *Phot:* **~ negative,** negydd(-ion) tenau *m*; **to grow/become thinner,** teneuo, meinh|au, mynd yn denau/fain/deneuach/feinach, *occ:* culh|au, gwisgo; *(of rod):* meinhau, culhau; *F:* **(as ~) as a lath/rake,** (tenau) fel cribyn; *N.W:* (main) fel cangen haf, fel 'styllen, ag esgyrnyll, fel milgi; (cyn feined) â brwynen, â choes robin goch, â'r gawnen, â phryf genwair; (cyn deneued) â welffan/waffan/waffar, â dim wy, â brân, â brân dyddyn, â iâr yn 'i thalcen, â rasel; tenau fel chwip post, â glastwr llefrith, â llaeth gafr, â blewyn pen; (mor denau) â brân ar ei thalcen; *Joc:* (main) fel llinyn trôns, *S.E:* (mor fain) â llysŵen, mor denau â latsen, â sgimren, *S.W:* fel astell (o denau); **she's tall and ~,** llyng[h]yren fain yw hi; *N.W:* mae hi fel sglodyn; *S.W:* mae hi'n 'sgaran o fenyw; *N: V:* mae hi fel llathen o biso; **a ~ person,** *N.W:* slimyn *m*, sbrigyn *m*, slentyn *m*, slenten *f*, slingyn *m*, stringan *f*, *S.W:* sbrilyn *m*, sbrilen *f*; *S.a.* **ice[1] 1. 2.** *(hair, wheat &c):* tenau, prin; *(population, audience):* bach, tenau, prin; **a ~ beard,** barf denau; **his hair was getting ~; he was getting ~ on top,** 'roedd ei wallt yn teneuo; 'roedd yn colli'i wallt; 'roedd yn dechrau moeli; *Th: &c:* **there was a ~ house/audience,** 'roedd y gynulleidfa'n denau/brin; go denau oedd hi yno; **~ on the ground,** prin ac anaml; **to vanish into ~ air,** diflannu [i'r gwynt], mynd i ganlyn y gwynt; *S.a.* **wedge[1]. 3.** *(a) (liquid, blood &c):* tenau, dyfrllyd, *occ:* fel glastwr, glastwraidd; **~ soup,** cawl tenau/dyfrllyd, *S.W:* cawl lifftan; *(b)* **a ~ voice,** llais main/tila. **4.** *F: (a) (= unconvincing):* tila, gwan (gweinion), gwantan; **a ~ excuse,** esgus tila/gwael/gwan/gwantan; **that's a bit ~!** choelia' i fawr; *(b)* **they had a ~ time of it,** bu'n fain arnynt. II. *adv.* **1. to cut (sth) ~,** torri (rhth) yn denau/fain; **to cut bread ~,** torri bara'n denau, *N.W:* torri bara fel deilen tafolen. **2.** *(of crop &c):* **wheat ~ sown,** gwenith wedi'i hau'n gynnil/denau. **3. to wear ~,** mynd yn denau, treulio'n denau, gwisgo at yr edau; *Fig:* **my patience is wearing ~,** mae f'amynedd i bron ar ben; 'rwy'n colli pob amynedd. III. *n. See* **thick** II. **2. ~-butted** *a.* bonfain (bonfeinion). **~-face** *a. Typ:* main. **~-film** *a.* haen denau. **~-lipped** *a.* minfain (minfeinion). **~-skinned** *a.* croendenau. **~-stemmed** *a.* coesfain.
thin[2] *v.t.&i.* **1.** *v.t. (a)* teneuo, meinh|au; **to ~ [down] a board,** meinhau astell; *(b)* **to ~ [down]** *(paint, sauce &c):* teneuo, gwanh|au; *(c)* **to ~ [out]** *(trees &c):*, teneuo; **to ~ out swedes,** *N:* tynnu rwdins, *S.W: occ:* cwympo swêds. **2.** *v.i. (a) (of pers.):* teneuo, meinh|au, mynd yn denau/fain/deneuach/feinach, gwisgo, colli pwysau, *occ: (of animals):* culh|au; *(after illness):* gwaelu, gwisgo, *N.W:* stricio, *N.E:* curio, culhau, *S.W:* torri, shifo; *(b) (of trees, crowd, hair &c):* teneuo, mynd yn denau; **his hair is thinning,** mae ei wallt yn teneuo; mae'n moeli; mae'n colli ei wallt; *(c) (of liquid):* teneuo.
thinclad *n. Sp: U.S:* rhedwr (rhedwyr) *m*.
thine *poss.pron. & a.* **1.** *poss.pron. (a) Lit:* [yr] eiddot [ti], d'eiddo di, *A: & Poet:* tau *(following n.)*; *B:* **for T~ is the Kingdom,** canys eiddot Ti yw y deyrnas; *(b) (= thy kindred):* **for thee and ~,** i ti ac i'th anwyliaid/geraint/berthnasau; *(c) (= thy property):* **what is mine is ~,** mae'r hyn sy'n eiddo i mi yn eiddo i ti/tithau; **it is ~,** ti a'i piau; d'eiddo di ydyw; *Joc:* **what's mine is mine and what's ~ is mine also,** fi piau'r eiddof fi a'r eiddot tithau hefyd. **2.** *poss.a. (a)* dy + *soft mut. before noun*; *A: & Poet:* tau *(after noun)*: **~ book,** dy lyfr, *A: & Poet:* y llyfr tau; *(b) after a vowel:* 'th; **when I look into ~ eyes,** pan edrychaf i'th lygaid; *S.a.* **thy.**
thing *n.* **1.** *(a)* peth(-au) *m*, *Coll:* petheuach *m*, *S:* pethach *m*; **a ~ of beauty,** peth hardd; **all things,** pob peth, popeth *m*; **to go the way of all things,** mynd i ffordd yr holl ddaear; *(b) F:* **what's that ~?** beth yw hwnna? beth yw'r peth yna? *(c) usu.pl.* **tea things,** llestri te; **to clear away the things,** clirio'r llestri, clirio'r bwrdd bwyd; *(d) pl. (= clothes):* dillad; **to take off one's things,** tynnu'ch dillad, tynnu [oddi] amdanoch, dadwisgo, *S:* matryd; **winter things,** dillad gaeaf; **bring along your swimming things,** dewch â'ch gwisg nofio; *(e) pl. (= effects):* pethau, *occ:* gêr, geriach, *S:* petheuach; **I forbid you to touch my things,** paid di â chyffwrdd â'm pethau i; **to pack [up] one's things,** pacio'ch pethau, hel eich pac; **to put one's things away,** rhoi'ch pethau i gadw; *(f) Jur:* **things personal/real,** pethau personol/real, eiddo personol/real *m*; **things in action,** pethau i'w hawlio; **things in possession,** pethau mewn meddiant. **2.** *(a) F: (pers.): (with adj. expressing pity, contempt &c):* creadur (-iaid) *m*, creadures(-au, creaduriaid) *f*, peth(-au) *mf*; **poor ~!** y peth bach! y beth fach! druan ohono/ohoni! druan bach! druan fach! **poor old ~!** yr hen greadur [truan] ! yr hen druan! yr hen greadures (druan)! yr hen dlawd! *S.W:* yr hen garan! **you silly ~!** y ffŵl iti! **that silly ~,** *(of woman):* yr hen beth wirion honno; **poor little things!** druain bach! y trueiniaid bach! y pethau bach! **she's a dear old ~,** mae hi'n hen wreigan annwyl; *N:* mae hi'n hen beth ffeind; mae hi'n hen greadures glên; *P:* **I say, old ~!** clyw'r/gwrando'r hen law/ddyn/frawd/chwaer! *N:* clyw'r/gwranda'r hen goes! *S.W:* gronda 'achan! *(b) (in horror story, film):* anghenfil (angenfilod) *m*, erchyllbeth(-au) *m*, peth(-au) *m*. **3.** *(a) (action, fact &c):* **that was a silly ~ to do,** dyna beth twp i'w wneud; **(how could you do) such a ~?** (sut y gallech chi wneud) y fath beth, peth o'r fath, y ffasiwn beth, *S:* shwt beth? **to do the decent ~ by s.o.,** trin rhn yn anrhydeddus, gwneud chwarae teg â rhn, gwneud yn iawn â rhn; **you take things too seriously,** 'rwyt ti'n cymryd pethau ormod o ddifrif; **she's interested in things political/Welsh &c,** mae ganddi ddiddordeb mewn materion gwleidyddol/Cymreig *&c*; **to make a [big] ~ of sth,** *(= get excited):* gwneud môr a mynydd o rth; **they make a great ~ of Christmas,** mae'r Nadolig yn uchel ŵyl ganddynt; mae'r Nadolig yn beth mawr ganddynt; **to expect great things of the new treatment,** disgwyl pethau mawr gan y driniaeth newydd; **the great ~ is (it's so cheap),** y fendith fawr (*f*), y peth gorau, y peth mawr/pwysicaf (yw ei fod mor rhad); **to be all things to all men,** bod yn bopeth i bawb; **of all things to do!** gwneud hynna o bob dim! gwneud hynna o bopeth! **of all things (she bought a car),** o bob peth dan haul, o bopeth ar

[wyneb] y ddaear (fe brynodd hi gar); **he gets things done,** mae'n gofalu y gwneir pethau; mae'n llwyddo i gael y maen i'r wal; mae'n gweld ei waith; **to think things over,** meddwl dros bethau, troi pethau yn y meddwl, cysidro; **it was just one of those things,** fel'na mae hi; fel'na gwelwch chi hi; fel'na mae hi'n digwydd; **(to talk) of one ~ and another,** (siarad) am hyn a'r llall, am y peth yma a'r peth arall; **that's the very ~,** dyna'r union beth; **that's the ~ for me,** dyna'r peth i mi; dyna a wnaiff y tro i mi; **the ~ is to find a substitute,** y peth pwysig yw dod o hyd i ddirprwy; *F: Lit:* **the play's the ~,** yr actio yw'r peth; y ddrama sy'n cyfrif/bwysig; **the ~ is this . . .,** i hyn y mae hi'n dod. . .; y peth yw hyn. . .; **the ~ is, I haven't got any money,** y peth yw, 'does gen i'r un geiniog; **the only ~ left to you is to confess,** 'does gen ti ond cyfaddef; elli di wneud dim ond cyfaddef; **that's quite another ~,** mater/peth arall yw hynny; mae hynny'n beth cwbl/hollol wahanol; **it's neither one ~ nor another,** nid yw'n un peth na'r llall; nid yw'r naill beth na'r llall; **what with one ~ and another,** rhwng y naill beth a'r llall, rhwng popeth, rhwng pob dim; **for one ~, it is too good to be true,** yn un peth, mae'n rhy dda i fod yn wir (*not* am un peth); **for another ~ (I know it's false),** ar ben hynny, yn ogystal, a pheth arall (mi wn nad yw'n wir); **he makes a good ~ out of it,** mae'n talu'n dda iddo; mae'n elwa'n dda arno; mae o fudd mawr iddo; **(I'll do it) first ~,** (fe'i gwnaf) ar unwaith, gyntaf peth, y peth cyntaf, yn syth, o flaen popeth, yn anad dim; **tomorrow first ~,** ben bore yfory, bore fory'r peth cyntaf; *S.a.* **good** I. 1; *(d) F:* **he's on to a good ~,** mae wedi'i gweld hi; mae mewn lle da; **if you're on to a good ~, make the most of it,** os gwelwch chi dwmpath, gwnewch o'n fwy; **it's one ~ to talk, another to write,** un peth yw siarad, peth arall yw ysgrifennu; **it would be a good ~ to go there,** byddai'n syniad/beth da mynd yno; da o beth fyddai mynd yno; **I don't know a ~ about algebra,** wn i mo'r peth lleiaf am algebra; wn i affliw o ddim am algebra; **I didn't get a ~ out of that play,** chefais i ddim byd, chefais i ddim o werth (o'r ddrama yna); **(what did you buy?) - not a ~,** (beth a brynaist ti?) - yr un dim, dim byd, dim yw dim; *V:* **not a damn ~,** affliw/uffern/diawl o ddim; *F:* **he knows a ~ or two,** mae'n gwybod/deall ei bethau; mae'n ei deall hi i'r dim; mae'n hir ei ben; mae'n un craff/bachog/llygadog; nid yw'n un i dorri cnau gweigion; mae'n dipyn o aderyn/bryfyn; *F:* mae'n dipyn o giamstar/giamblar; **to put s.o. up to a ~ or two,** rhoi rhn ar ben ffordd ynglŷn ag ambell beth; **to put s.o. wise to a ~ or two,** dweud wrth rn sut mae ei deall hi; *F:* **he's got a ~ about that; it's a ~ with him,** mae ganddo ryw chwilen/bryf yn ei ben ynglŷn â'r peth; **I have a ~ about cats,** mae cathod yn codi ofn/arswyd arna' i; alla' i ddim dioddef cathod; dda gen i mo cathod; **to do your own ~,** gwneud fel y mynnoch chi, mynd eich ffordd eich hun, dilyn eich mympwy eich hun; **I could tell you a ~ or two,** mi allwn ddweud mwy nag un stori wrthyt ti; *S.a.* **first** I.1, **last³** I. 1, **right¹** I.2. *(b) pl.* **things,** pethau, *occ:* hi *f*; **as things are,** fel y mae hi, fel y mae pethau; **things are going badly,** mae pethau'n mynd yn wael; **the song does ~ for me,** mae'r gân yn fy nghynhyrfu i; mae'r gân yn rhoi ias i mi; **since that is how ~ are,** gan mai felly y mae hi; gan mai felly y saif pethau; gan ei bod hi felly; **he's made a mess of ~,** mae wedi gwneud llanast ohoni; mae wedi'i chawlio hi; **how are ~?** *F:* **how's ~?** sut mae hi? sut mae pethau? pa hwyl? **4. the latest ~ in shoes,** yr esgidiau diweddaraf, esgidiau yn y ffasiwn diweddaraf; **it's the [very] latest ~,** dyna'r [peth] diweddaraf un; dyna'r ffasiwn ddiweddaraf. **5.** *F:* **the ~ to do,** y peth iawn/cywir i'w wneud; **it's not the [done] ~,** mae hynna'n anghwrtais; nid yw hynna'n beth i'w wneud; ni ddylid gwneud hynna; ni ddylech wneud hynna; **it's quite the ~ nowadays,** dyna [sydd] piau hi heddiw; dyna sy'n mynd â hi heddiw; dyna'r ffasiwn heddiw; dyna'r arfer bellach; **he is not feeling quite the ~ this morning,** nid yw'n teimlo'n rhy dda y bore 'ma. **~-in-itself** (*pl.* **things-in-themselves)** *n. Phil:* peth ei hun, peth ynddo'i hun/hunan (pethau ynddynt eu hunain), hanfod(-ion) (*m*) bod.

thing² *n. Pol:* cynulliad(-au) *m.*

thingamy, thingumabob, thingumbob, thingummy, thingumajig, thingy *n.* **1.** *N:* pethma *m*, *S:* bechingalw *m* (*pronounced* ng-g). **2.** *(pers.):* pwy'na *m.*

think¹ *n.* **to have a quiet ~ about sth,** meddwl am rth, ystyried rhth, cysidro ynghylch rhth; rhoi'ch meddwl ar waith ynghylch rhth; **you've got another ~ coming,** fe gei di weld peth arall; fe fydd yn rhaid i ti ailfeddwl; *N:* mi gei di ail. **~-piece** *n. Journ:* ysgrif(-au) ystyriol *f.* **~-tank** *n.* seiat (*f*) ddoethion (seiadau doethion).

think² I. *v.t.&i.* **1.** *(= reflect):* meddwl; **he thinks for himself,** mae ef yn meddwl drosto'i hun; mae ganddo ei feddwl ei hun; **to ~ hard,** meddwl/ystyried yn ddwys/galed; **he does not say much but he thinks a lot,** nid yw'n dweud llawer ond mae'n meddwl llawer; **I don't know what to ~,** wn i ddim beth i'w feddwl (*not* beth i feddwl); **I know what you are thinking,** mi wn beth sy'n mynd trwy'ch meddwl chi; **(to act) without thinking,** (gweithredu) heb ystyried, yn ddifeddwl, yn anystyriol; **~ before you speak,** meddyliwch/ystyriwch/pwyllwch cyn siarad; *Joc:* **~ before you ink,** meddyliwch *&c* cyn rhoi gair ar bapur; **give me time to ~,** rhowch amser imi feddwl; gadewch imi feddwl; **his name was - (let me ~) - there, I've forgotten,** ei enw oedd - (arhoswch funud, dewch imi weld, *S:* sefwch funud) - 'dawn i byth o'r fan, dyma fi wedi anghofio; **to ~ big,** anelu'n uchel, bod yn uchelgeisiol, meddwl am bethau mawr i ddod, gwneud melin ac eglwys; **to ~ again,** ailfeddwl, ailystyried, meddwl eilwaith; *F:* **~ again!** meddyliwch eto! **to ~ aloud,** lleisio'ch meddyliau, siarad â chi eich hun, meddwl yn uchel; **to ~ back,** bwrw'ch/taflu'ch meddwl yn ôl, meddwl yn ôl; **to ~ ahead,** meddwl ymlaen llaw, parat|oi, ymbarat|oi, rhagbarat|oi (am rth). **2.** *(= imagine, suppose):* tybio, meddwl, *occ:* tybied, synied; *(= understand):* dirnad, amgyffred; **I can't ~ what you mean,** 'does gen i ddim syniad beth sy' gennych chi; alla' i ddim dirnad/synied/meddwl beth 'rydych chi'n ei feddwl; alla' i ddim deall eich meddwl chi; **one would have thought that. . .,** byddai rhn wedi meddwl/tybio/credu bod. . .; **anyone would ~ (that he was asleep),** fe gredai unrhyw un, fe dybiai dyn, byddai unrhyw un yn meddwl/tybio (ei fod yn cysgu); **who'd have thought it!** pwy a feddyliai! pwy a fyddai wedi meddwl! **just ~! only ~!** meddylia (meddyliwch)! **to ~ that he is only twenty!** ac yntau ond yn ugain oed! ac yntau'n ddim ond ugain oed! a meddwl/chofio/ystyried nad yw ond yn ugain oed! **3.** *(a)* **I have been thinking that. . .,** mi fûm yn meddwl bod. . .; mi gefais i'r syniad fod. . .; fe ddaeth y syniad i'm meddwl bod. . .; **thinking to do sth,** *(= intending):* ar feddwl/fwriad gwneud rhth, gyda'r bwriad o wneud rhth, gan fwriadu gwneud rhth; *(b)* meddwl, cofio; **did you ~ to bring any money?** wnest ti feddwl am ddod ag arian? gofiaist ti ddod ag arian? **4.** *(a) (= opine):* **then you ~ that. . .,** felly 'rydych chi'n credu/tybio/tybied fod. . .; felly 'rydych chi o'r farn fod. . .; **it is better, (don't you ~,) to get it over?** gwell darfod â'r peth, (onidê, *N: F:* yntê, *S:* yndyfe/ondefe)? **what do you ~ I ought to do?** beth feddyliwch/gredwch chi y dylwn i ei wneud? **I thought all was over,** 'roeddwn i'n credu/meddwl/tybio bod popeth ar ben; **he thinks he may do anything,** mae'n meddwl/credu/tybio y caiff wneud fel y myn[n]; **I ~ so,** felly yr wyf i'n meddwl; dyna fy marn i; dyna 'rwy'n ei feddwl; 'rwy'n meddwl felly; rwy'n credu mai/taw e; **I should hardly ~ so,** go brin, feddyliwn/dybiwn i; mae'n anodd gen i gredu hynny; mae'n annhebyg iawn, greda i; *N. W:* digon o waith, 'ddyliwn i; **I don't ~ so,** choelia' i fawr; mae'n amh|eus gen i; **I should [just] ~ so!** ie, debyg gen i! mi goelia' i! gallwn i feddwl yn wir! buaswn i'n meddwl yn wir! *S. W:* gwléi! ginta! *S.E:* feginta! *N. W:* 'ddyliwn i! decin-i! debycswn i! *Iron: P:* **I don't ~ so!** byth bythoedd! choelia' i fawr! *Iron:* **good idea, I don't ~,** syniad da, myn brain i! *N: F:* syniad da, ar y naw! syniad da, o faw! *V:* syniad da, o ddiawl! *(b) Pred:* gweld, meddwl, credu, tybio, bod o'r farn; **I ~ her pretty,** 'rwy'n ei gweld/chael hi'n brydferth; **to ~ fit to do sth,** gweld yn dda wneud rhth; **if you ~ fit,** os gwelwch yn dda; os bernwch yn ddoeth/gymwys/briodol; **I hardly ~ it likely that. . .,** mae'n annhebyg, mi gredaf i, fod. . .; *S:* digwydd, 'wedwn i, fod. . .; **you thought her [to be] a fool,** 'roeddech chi'n meddwl/credu/tybio ei bod hi'n ffŵl; 'roeddech chi'n ei chyfrif hi'n ffŵl; ffŵl oedd hi yn eich golwg/barn chi; 'roeddech chi o'r farn mai ffŵl oedd hi; **they were thought to be rich,** fe'u hystyrid/cyfrifid hwy'n gyfoethog; fe gredid eu bod yn gyfoethog; y farn/gred/dyb oedd eu bod yn gyfoethog; *S.a.* **best¹ 2. 5. I little thought to see him again,** prin y tybiais/meddyliais/credais/tybiwn/meddyliwn/credwn y gwelwn ef drachefn; nid oeddwn yn disgwyl ei weld drachefn; bychan a feddyliwn y gwelwn ef drachefn; 'doeddwn i fawr meddwl y gwelwn ef drachefn; **I thought as much; I thought so,** 'rown i'n meddwl braidd. II. ~

of/about *v.ind.t.* **1.** meddwl (am rth); **we are thinking of you,** 'rydym yn meddwl amdanoch; **one can't ~ of everything,** allwch chi ddim meddwl am bopeth; **I have so much to ~ about/of,** mae gen i gymaint ar fy meddwl; **I can't ~ of the right word,** ni allaf feddwl am y gair priodol; **the best thing I can ~ of,** y peth gorau y gallaf i feddwl amdano; **[now that I] come to ~ of it, [when you] come to ~ of it,** erbyn meddwl [amdano], o feddwl am y peth; **that is worth thinking about,** mae hynny'n werth ei ystyried; mae hynny'n werth meddwl amdano; fe dâl hynny ei ystyried; *(in exasperation):* **what am I thinking about!** beth sydd ar fy mhen i! beth sydd arna' i! **what were you thinking of, to do such a thing!** ble 'roedd eich meddwl chi yn gwneud y fath beth! beth oedd ar eich pen chi'n gwneud y fath beth! **2.** *(= imagine):* dychmygu, meddwl; **~ of me having to beg!** meddyliwch amdanaf i'n gorfod cardota! welwch-chi fi'n cardota! *F:* **just ~ of that!** meddyliwch am y peth! **3.** *(= consider):* ystyried; **to ~ of s.o.'s feelings,** ystyried teimladau rhn; **to ~ of the expense,** ystyried y gost; **4. to ~ of/about (doing sth),** meddwl/ystyried/bwriadu/pwrpasa (gwneud rhth); **I'm thinking of emigrating,** 'rwy'n meddwl ymfudo; mae yn fy mryd ymfudo; **I couldn't ~ of it!** allwn i ddim ystyried y peth! **5.** *(a) v.t. (= have opinion):* meddwl (o rth); **what do you ~ of/about it?** beth ydych chi'n ei feddwl ohono? beth yw'ch barn chi amdano? **to ~ too much of oneself,** meddwl gormod ohonoch eich hun/hunan, bod yn llawn ohonoch eich hun/hunan, eich addoli'ch hun, bod â gormod o feddwl ohonoch eich hun/hunan, *F:* bod yn fi fawr, *S.W:* bod yn fras/gestog/wyntog; **he thinks too much of himself,** mae'n ei feddwl ei hun ormod; mae ganddo ormod o feddwl ohono'i hun; *F:* mae'n dipyn o fi fawr; *S.W:* mae e'n un bras/gwyntog; *S.E:* mae gormod o stumog 'da fe; **to ~ too much of sth,** rhoi gormod o bwys ar rth; **I told him what I thought of him,** mi ddywedais wrtho beth oeddwn i'n ei feddwl ohono; *N.W: occ:* mi ddywedais i ei achau wrtho; *(b)* **to ~ well (of s.o.),** meddwl llawer (o rn), bod â thipyn o feddwl (o rn), bod â pharch (at rn), *S.W:* bod â thipyn o gewc/olwg/bip (ar rn); **I ~ ill of her,** 'does gen i fawr o feddwl ohoni; 'does gen i fawr o barch ati; 'does gen i fawr i'w ddweud wrthi; **he thinks little/nothing of walking twenty miles,** nid yw cerdded ugain milltir yn ddim ganddo/iddo; nid yw'n ddim ganddo/iddo gerdded ugain milltir; *S.W:* 'dyw e'n edrych dim ar gerdded ugain milltir; **think nothing of it!** anghofia fe/fo (anghofiwch e/o)! **I thought nothing of it,** ni feddyliais i ddim yn ei gylch; **he thinks no small beer of himself,** mae'n meddwl llawer ohono'i hun; mae ganddo feddwl mawr ohono'i hun; *V:* mae'n credu bod yr haul yn codi yn rhych ei din; **they didn't ~ much of each other,** 'doedd ganddynt fawr o feddwl o'i gilydd; *S:* 'doedd fawr o olwg/gewc/bip 'da nhw ar ei gilydd; **he is well thought of,** mae ef yn uchel/fawr ei barch; mae cryn barch iddo; mae'n gymeradwy gan bobl; *S.a.* **better**[1] **3, much 3** *(c)*. **~ out** *v.t.* **1. to ~ out a plan,** dyfeisio cynllun, meddwl am gynllun; **a carefully thought out answer,** ateb pwyllog; **that wants thinking out,** mae eisiau pendroni dros hynny. **2. he thinks things out for himself,** mae'n meddwl drosto'i hun. **~ over** *v.t.* myfyrio, synfyfyrio, pendroni (ynghylch rhth); meddwl (am rth); ystyried (rhth); *F:* stydio (rhth); **I'll ~ it over,** mi feddyliaf amdano; mi gaf i weld; *S:* fe stydia' i fe; **~ it over,** meddyliwch dros y peth. **~ through** *v.t.* **to ~ sth through,** ystyried y cyfan o rth, ystyried rhth hyd at ei ben, ystyried rhth hyd at y pen draw, ystyried rhth yn ofalus/fanwl, meddwl yn ofalus/fanwl am rth, rhoi ystyriaeth fanwl i rth. **~ up** *v.t.* dyfeisio (rhth), meddwl (am rth). **~ upon** *v.t. Lit:* meddwl (am rth).

thinkable *a.* meddyliadwy, dychmygadwy, tybiadwy, credadwy, dirnadwy, coeliadwy, amgyffredadwy, dichonol, dichonadwy; **is it ~ that...?** a ellir credu fod...? a yw'n gredadwy/ddichonol fod...? a ddichon fod...?

thinker *n.* meddyliwr (meddylwyr) *m*, medd|ylwraig (meddylwragedd) *f.*

thinking[1] *a.* sy'n meddwl, deallus, meddylgar, ystyriol; *F:* **the ~ man's crumpet,** pisyn pert y dyn deallus.

thinking[2] *vn.* **1.** *(= reflection):* meddwl (meddyliau) *m*, meddyliad(-au) *m*, myfyrdod(-au) *m*, tyb(-iau,-iadau) *mf*, tybiaeth(-au) *f*; **that's good ~!** dyna syniad da! dyna gall! *F:* **to put one's ~ cap on,** rhoi'ch meddwl ar waith; **that's wishful ~,** breuddwyd *(f)* gwrach yn ôl ei hewyllys yw hynny. **2.** *(= opinion):* barn *f*, tyb; **current ~ on this question,** y farn heddiw ar y pwnc hwn; **to my ~,** yn fy marn i, i'm meddwl i, i'm tyb i; **that is my way of ~,** dyna sut 'rwyf i'n gweld pethau; **what is your ~ on this question?** beth yw'ch barn chi ar y cwestiwn hwn? beth 'rydych yn ei feddwl o'r cwestiwn hwn? sut y gwelwch yw'r mater hwn?

thinly *adv.* **1.** *(= scarcely):* prin, o'r braidd; **~ clad,** mewn dillad ysgafn/meinion; heb lawer o ddillad amdanoch; **~ disguised contempt,** dirmyg lled amlwg/eglur; **~ veiled allusion,** cyfeiriad lled amlwg/eglur. **2.** *(= sparsely):* yn denau; **~ spread butter,** haen denau o ymenyn; **~ spread population,** poblogaeth wasgaredig/wasgarog/denau; **country ~ populated,** gwlad denau ei phoblogaeth. **3.** *(= cuttingly, sharply):* yn llym, yn finiog, yn fain.

thinner *n.* teneuwr (teneuwyr) *m.*

thinness *n.* **1.** *(a)* teneuwch *m*, teneuder *m*, meinder *m*, *occ: (of animals):* culni *m*, gwachulrwydd *m.* **2.** *(of hair &c):* teneuwch, teneuder. **3.** *(of liquid):* teneuder, teneuwch, ysgafnder *m.* **4.** *F: (of an excuse):* natur dila *f*, tiläwch *m.*

thinning[1] *a.* **~ hair,** gwallt tenau, gwallt sy'n teneuo, gwallt sy'n prinh|au.

thinning[2] *vn.* **1. ~ [down],** teneuad *m*, meinhad *m*, teneuo *vn*, meinh|au; *(of liquid):* teneuad, teneuo. **2. ~ [out],** *(of young plants):* teneuo.

thinnish *a. F:* eithaf tenau/main, go denau/fain, braidd yn denau/fain.

thioacetic *a. Ch:* thioasetig.

thioacid *n. Ch:* thioasid(-au) *m.*

thioalcohol *n. Ch:* thio|alcohol *m.*

thioaldehyde *n. Ch:* thio|aldehyd (thioaldehydau) *m.*

thioamide *n. Ch:* thioamid(-au) *m.*

thiocarbamide *n. Ch:* thioc|arbamid *m.*

thiocyanate *n. Ch:* thiosyanad(-au) *m.*

thiocyanic *a. Ch:* thiosyanig.

thioether *n. Ch:* thio-ether *m.*

thiofuren *n. Ch:* thioffwren *m.*

thioguanine *n. Ch:* thiogwanin *m.*

Thiokol *n. R.t.m:* Thiocol(-au) *m.*

thiol *n. Ch:* thiol(-au) *m.*

thiolic *a. Ch:* thiolig.

thionate *n. Ch:* thïonad (thionadau) *m.*

thionic *a. Ch:* thionig.

thionine *n. Ch:* thionin (thioninau) *m.*

thionyl *attrib.* thïonyl.

thiopental/thiopentone sodium *n. Ch:* sodiwm-p|entothal *m.*

thiophen[e] *n. Ch:* thioffen *m.*

thiophosphate *n. Ch:* thioffosffad(-au) *m.*

thiophosphoric *a. Ch:* thioffosfforig.

thiosinamine *n. Ch:* thios|inamin *m.*

thiosulphate *n. Ch:* thiosylffad(-au) *m.*

thiosulphuric *a. Ch:* thiosylffwrig.

thiotepa *n. Ch:* thiotepa *m.*

thio-uracil *n. Ch:* thio-wrasil *m.*

thiourea *n. Ch:* thio-wr|ea *m.*

third *num. a. & n.* **1.** *a. m.* trydydd, *f.* trydedd; **the ~ man,** y trydydd dyn; trydedd *is foll. by the soft mut. of a fem. noun, and itself mutates after the article:* **the ~ daughter,** y drydedd ferch; *Gram: Jur:* **~ person,** trydydd person; **every ~ Monday,** bob yn drydydd [dydd] Llun; **~ party,** trydydd person, trydedd blaid; **the T~ World,** y Trydydd Byd; *Fr.Hist:* **the T~ Estate,** y Drydedd Ystad; *Pol:* **the T~ International,** y Drydedd Gymdeithas Gydwladol *f*, y Comintern *m*; **the T~ Reich,** y Drydedd Reich *f*; *Fr.Hist:* **the T~ Republic,** y Drydedd Weriniaeth *f*; **~ class,** trydydd dosbarth; **to travel ~ [class],** teithio yn y trydydd dosbarth; *Sp:* **~ base,** trydydd bas *m*; **~ baseman,** trydydd baswr *m*; **~ force,** trydydd grym *m*; **~ gear,** trydedd gêr; **the ~ time,** y drydedd waith, y trydydd tro; **to give s.o. the ~ degree,** holi rhn yn llym, arteithio/poenydio rhn; **the ~ of April, April the ~,** y trydydd o Ebrill, Ebrill y trydydd. **2.** *n.* trydydd *m*, trydedd *f*; *(a)* **he came ~,** daeth ef yn drydydd; **she came ~,** daeth hi'n drydedd; **Edward the T~,** Edward y Trydydd; *(b) Mth:* trydedd ran *f*, un rhan *(f)* o dair, traean(-au) *m*; **two thirds,** y deuparth *m*, dwy ran o dair; *(c) Mus:* trydydd(-au) *m*; *(d) Aut:* trydedd gêr *f*. **~-best 1.** *a.* trydedd radd. **2.** *n.* peth(-au) *(m)* trydedd radd. **~-class** *attrib.* trydedd radd, trydydd dosbarth. **~-degree** *attrib.* **1.** *Med:* trydedd radd, mwyaf difrifol. **2.** *(interrogation):* mwyaf llym. **~-former** *n.* disgybl(-ion) *(m)* trydydd dosbarth. **~-party** *attrib.* trydydd person. **~-rate** *attrib.* trydedd radd. **~-rater** *n.* un (rhai) *(m)* trydedd radd, un *(f)* drydedd radd (rhai trydydd gradd).

thirdly *adv.* yn drydydd.

thirst¹ *n.* syched *m*; **to quench a ~,** torri syched; **to quench s.o.'s ~,** disychedu rhn; **(I'm dying) of ~** ('rwyf bron â marw) o syched, o eisiau diod; *N.W: occ:* ('rydw'i dest a golau/thagu) o isio diod; *S.W:* ('rw' i boitu tagu/marw) o ise tracht i'w yfed; *S.E:* ('rw' i bron trengi) o ishe diod. **~-quencher** *n.* torrwr (torwyr) *(m)* syched.

thirst² *v.i.* sychedu (**after/for sth,** am rth).

thirster *n.* sychedwr (sychedwyr) *m*, sychedig(-ion) *m&f.*

thirstily *adv.* yn sychedig.

thirstiness *n.* syched *m.*

thirsting *a. & vn.* **1.** *a.* sychedig (**for sth** am rth). **2.** *vn.* = **thirst¹.**

thirstless *a.* disyched.

thirsty *a.* **1.** sychedig, â syched arnoch; **I am ~,** mae syched arnaf; 'rwyf yn sychedig; mae arnaf eisiau diod; *(less correctly):* 'rwyf eisiau diod; *S:* mae eisiau tracht i'w yfed arna' i; **to make s.o. ~,** codi syched ar rn. **2.** *(earth):* sychedig, sych (*f. occ:* sech, *pl.* sychion), cras. **3.** *F:* **this car is a ~ one,** mae'r car 'ma'n llyncu petrol.

thirteen *num. a. & n.* **1.** *a. m.* tri ar ddeg, *f.* tair ar ddeg, *less idiomatically* un deg tri/tair, un deg a thri/thair, *foll. by sing. noun or by* o + *n.pl.:* **~ men,** tri dyn ar ddeg, tri ar ddeg o ddynion, un deg a thri dyn, un deg a thri o ddynion, un deg tri dyn, un deg tri o ddynion; **~ women,** tair gwraig ar ddeg, tair ar ddeg o wragedd, un deg a thair gwraig, un deg a thair o wragedd, un deg tair gwraig, un deg tair o wragedd; tri *is foll. by the spirant mut. of* p-, t-, c-: **~ fields,** tri chae ar ddeg; *W.Myth:* **the T~ Treasures of the Island of Britain,** Tri Thlws ar Ddeg Ynys Prydain; **~ houses,** tri thŷ ar ddeg; **~ pounds,** *(weight):* tri phwys ar ddeg; *(money):* tair punt ar ddeg; tair *does not mutate after the article and does not mutate the noun following:* **the ~ girls,** y tair merch ar ddeg (*not* y dair merch ar ddeg); **~ years,** tair blynedd ar ddeg; **~ years old,** tair blwydd ar ddeg, teirblwydd ar ddeg [oed], tair ar ddeg [oed]; **~ miles,** tair milltir ar ddeg; **~ shillings,** tri swllt ar ddeg; **~ yards,** tair llath ar ddeg; **~ pence,** tair ceiniog ar ddeg; **~ inches,** tair modfedd ar ddeg; **~ days,** tri diwrnod ar ddeg; **~ nights,** tair nos ar ddeg; **~ weeks,** tair wythnos ar ddeg; **~ months,** tri mis ar ddeg. **2.** *n.* tri *(m)* ar ddeg, tair *(f)* ar ddeg, un deg a thri/thair, un deg tri/tair; **unlucky ~,** tri ar ddeg anlwcus; tri *is foll. by the spirant mut. of an adj., or by the unmutated form:* **the first ~,** y tri cyntaf/chyntaf ar ddeg *or more usually* y tri ar ddeg cyntaf; tair *is foll. by the soft mut. of an adj:* **~ pretty girls,** tair bert ar ddeg, *more usually* tair ar ddeg o rai pert; **the year 1300,** y flwyddyn mil tri chant; **the year 1357,** y flwyddyn mil tri pump saith; **in 1913,** ym mil naw un tri; **the ~ hundreds,** degawd cynta'r bedwaredd ganrif ar ddeg; **at 5.13,** am dri/dair munud ar ddeg wedi pump.

thirteenth *num. a. & n.* **1.** *a. & n. m.* trydydd ar ddeg, *f.* trydedd ar ddeg, *less idiomatically* un deg a thrydydd/thrydedd, un deg trydydd/trydedd; **the ~ man,** y trydydd dyn ar ddeg; trydedd *mutates after the article and mutates the fem. noun following:* **the ~ sheep,** y drydedd ddafad ar ddeg; **the ~ century,** y drydedd ganrif ar ddeg; **my ~ birthday,** fy mhen blwydd yn dair ar ddeg [oed], fy mhen blwydd yn deirblwydd ar ddeg [oed]; **Louis the T~,** Lewis y Trydydd ar Ddeg; **the ~ of June, June the ~,** y trydydd ar ddeg o Fehefin, Mehefin y trydydd ar ddeg; *Mus:* **chord of the ~,** cord(-iau) *(m)* trydydd ar ddeg. **2.** *n. Mth:* un rhan *(f)* o dair ar ddeg.

thirteenthly *adv.* yn drydydd ar ddeg.

thirtieth *num. a. & n.* **1.** *a. & n.* degfed ar hugain, *less idiomatically* tri degfed; **the ~ day,** y degfed dydd/diwrnod ar hugain; degfed *mutates a following fem. noun and itself mutates after the article:* **the ~ mile,** y ddegfed filltir ar hugain; **the ~ time,** y ddegfed waith ar hugain; **the ~ year,** y ddegfed flwyddyn ar hugain; **my ~ birthday,** fy mhen blwydd yn ddeg ar hugain [oed]; **~ anniversary,** dengmlwyddiant *(m)* ar hugain. **2.** *n. Mth:* un rhan *(f)* o ddeg ar hugain, un rhan o dri deg.

thirty *num. a. & n.* **1.** *a.* deg ar hugain, *less idiomatically* tri deg; *foll. by sing. noun or by* o + *n.pl.:* **~ houses,** deg tŷ ar hugain, deg ar hugain o dai, tri deg tŷ, tri deg o dai; *Hist:* **the T~ Tyrants,** y Deg Teyrn ar Hugain; deg *is replaced by* deng *before* m- *and occ. before vowels and elsewhere:* **~ miles,** deng milltir ar hugain; **~ hours,** deng awr ar hugain; **~ times,** dengwaith ar hugain; *also before* blwydd, blynedd, diwrnod, *which take the nasal mut.:* **~ days,** deng niwrnod ar hugain; **~ years,** deng mlynedd ar hugain; **~ years old,** dengmlwydd ar hugain oed, deg ar hugain oed; *Hist:* **the T~ Years War,** y Rhyfel Deng Mlynedd ar Hugain; **~ yards,** decllath ar hugain; **~ pounds,** *(money):* decpunt ar hugain; *(weight):* decpwys ar hugain; **~ days hath September,/April, June and November;/February hath twenty-eight alone,/and all the rest have ~-one,/Unless that leap-year do combine,/and give to February twenty-nine:** tri deg sy'm mis Ebrill a Medi heb weddill/A Thachwedd er cynnull ei bennill i ben;/Mehefin fis hyfryd 'run gyfrif mae'n gymryd,/I eraill un arall a rifen./Ond Chwefror fis chwerw dau ddeg ac wyth hoyw/A gymer i lanw 'rwy'n bwrw er budd;/Ond blwyddyn naid hynod mynn chwaneg un diwrnod,/Yn barod i'w bennod ef beunydd. **2.** *n.* deg *(m)* ar hugain (~ ar hugeiniau), tri deg(-au) *m*; **she's in her thirties,** mae hi dros ei deg ar hugain; mae hi yn ei thri degau; **the Thirties,** *(era):* y Tri Degau; **in thirties,** fesul deg ar hugain; **12.30,** hanner awr wedi deuddeg; *(afternoon):* hanner awr wedi hanner dydd; *(after midnight):* hanner awr wedi hanner nos; **the year 1730,** y flwyddyn mil saith tri dim. **~-eight** *a. & n.m.* deunaw ar hugain, tri deg [ac] wyth, *foll. by sing. noun or by* o + *n.pl.:* **~-eight men,** deunaw gŵr ar hugain, deunaw ar hugain o wŷr, tri deg [ac] wyth gŵr, tri deg [ac] wyth o wŷr; **~-eight girls,** deunaw geneth ar hugain, deunaw ar hugain o enethod, tri deg [ac] wyth geneth, tri deg [ac] wyth o enethod; deunaw *is foll. by the nasal mut. of* blynedd, blwydd, diwrnod; **~-eight years,** deunaw mlynedd ar hugain; **~-eight years old,** deunaw mlwydd ar hugain oed; **~-eight days,** deunaw niwrnod ar hugain. *for the construction after* wyth, *See* **eight**; **the year 1938,** y flwyddyn mil naw tri wyth; **at 10.38,** am ddwy/ddau funud ar hugain i un ar ddeg. **~-eighth 1.** *a. & n.* deunawfed ar hugain, tri deg [ac] wythfed; **the ~-eighth day,** y deunawfed diwrnod ar hugain, y tri deg [ac] wythfed diwrnod; deunawfed *and* wythfed *mutate a fem. noun, and* deunawfed *is mutated after the article:* **the ~-eighth year,** y ddeunawfed flwyddyn ar hugain; **my ~-eighth birthday,** fy mhen blwydd yn dri deg [ac] wyth [oed]. **2.** *n. Mth:* un rhan *(f)* o dri deg [ac] wyth. **~-fifth 1.** *a. & n.* pymthegfed ar hugain, tri deg a phumed, tri deg pumed; **the ~-fifth day,** y pymthegfed dydd/diwrnod ar hugain, y tri deg a phumed dydd/diwrnod; pymthegfed *and* pumed *mutate a fem. noun, and are themselves mutated after the article:* **the ~-fifth year,** y bymthegfed flwyddyn ar hugain; **her ~-fifth birthday,** ei phen blwydd yn dri deg a phump [oed]. **2.** *n. Mth:* un rhan *(f)* o dri deg a phump. **~-first 1.** *a. & n.* unfed ar ddeg ar hugain, tri deg [ac] unfed; **the ~-first day,** yr unfed dydd/diwrnod ar ddeg ar hugain; unfed *mutates a fem. noun:* **the ~-first year,** yr unfed flwyddyn ar ddeg ar hugain; **your ~-first birthday,** eich pen blwydd yn un ar ddeg ar hugain [oed] *or* yn dri deg [ac] un [oed]. **2.** *n. Mth:* un rhan *(f)* o dri deg [ac] un. **~-five** *a. & n.m.* pymtheg ar hugain, tri deg a phum[p], tri deg pum[p]; *foll. by a sing. noun or by* o + *n.pl.:* **~-five pence, ~-five pennies,** pymtheg ceiniog ar hugain, tri deg a phum ceiniog, pymtheg ar hugain o geiniogau, tri deg a phump o geiniogau; *the form* pymtheng *is used befoe* m- *and before* blynedd, blwydd, diwrnod: **~-five years,** pymtheng mlynedd ar hugain; **~-five days,** pymtheng niwrnod ar hugain; **~-five years old,** pymtheng mlwydd ar hugain oed, pymtheg ar hugain oed; **~-five minutes,** pymtheng munud ar hugain; *in* tri deg a phum, *or* tri deg pum, *the form* pum *is used before all nouns,* pump/phump *only when foll. by* o + *n.*; *however in the South the forms using* pump/phump *are used in all positions*; pum *is foll. by the nasal mutation of* blynedd, blwydd *and occ. of* diwrnod: **~-five years,** tri deg a phum mlynedd; **~-five years old,** tri deg a phum mlwydd oed; **~-five days,** tri deg a phum niwrnod/diwrnod; **the year 1235,** y flwyddyn mil dau tri pump; **at 3.35,** am bum munud ar hugain i bedwar. **~-four 1.** *a. m.* pedwar ar ddeg ar hugain, *f.* pedair ar ddeg ar hugain, tri deg a phedwar/phedair, tri deg pedwar/pedair; *neither* pedwar *nor* pedair *are mutated after the article, and neither mutates a following noun*; *foll. by sing. noun or by* o + *n.pl.:* **~-four days,** pedwar diwrnod ar ddeg ar hugain, tri deg a phedwar diwrnod, tri deg a phedwar o ddiwrnodiau; **~-four pounds,** *(money):* pedair punt ar ddeg ar hugain, tri deg a phedair punt, tri deg a phedair o bunnoedd; **the year 1534,** y flwyddyn mil pump tri pedwar; **at 7.34,** am chwe munud ar hugain i wyth. **2.** *n.* pedwar ar ddeg ar hugain *m*, tri deg a phedwar *m*, tri deg pedwar *m*. **~-fourth 1.** *a. m.* pedwerydd ar ddeg ar hugain, *f.* pedwaredd (*f*) ar ddeg ar hugain, tri deg a phedwerydd/phedwaredd, tri deg pedwerydd/pedwaredd; **the ~-fourth day,** y pedwerydd diwrnod ar ddeg ar hugain; pedwaredd *mutates a fem. noun and is mutated after the article:* **the ~-fourth night,** y bedwaredd nos ar ddeg ar hugain; **his ~-fourth birthday,** ei ben blwydd yn bedair ar ddeg ar hugain [oed]. **2.** *n. Mth:* un rhan (*f*) o dri deg a phedair. **~-nine 1.** *a. m.* pedwar ar bymtheg ar hugain, *f.* pedair ar bymtheg ar hugain, tri deg [a] naw, *Lit: occ:* deugain namyn un, *foll. by sing. noun or by* o + *n.pl.:* **~-nine houses,** pedwar tŷ ar bymtheg ar hugain, pedwar ar bymtheg ar hugain o dai, tri deg [a] naw tŷ, tri deg [a] naw o dai; pedair *does not mutate after the article nor mutate a fem. noun:* **the ~-nine steps,** y pedair gris ar bymtheg ar hugain, y tri deg a naw gris; *Ecc:* **the T~-nine Articles,** y Namyn Un Deugain Erthyglau; *however* naw *is foll. by the nasal mut. of* blynedd, blwydd, diwrnod: **~-nine years,** tri deg a naw mlynedd; **~-nine years old,** tri deg a naw [mlwydd] oed; **~-nine days,** tri deg a naw niwrnod; **the year 1939,** y flwyddyn mil naw tri naw; **at 9.39,** am un munud/funud ar hugain i ddeg; *for the construction after* deugain, *See* **forty**. **~-ninth 1.** *a. & n. m.* pedwerydd ar bymtheg ar hugain, *f.* pedwaredd ar bymtheg ar hugain, tri deg [a] nawfed, *Lit: occ:* deugeinfed namyn un; **the ~-ninth day,** y pedwerydd diwrnod ar bymtheg ar hugain, y tri deg a nawfed dydd; y deugeinfed dydd namyn un; pedwaredd, nawfed *and* deugeinfed *mutate a fem. noun, and then* pedwaredd *and* deugeinfed *mutate after the article:* **the T~-ninth Article,** y Ddeugeinfed Erthygl Namyn Un; **the ~-ninth sheep,** y bedwaredd ddafad ar bymtheg ar hugain; **your ~-ninth birthday,** eich pen blwydd yn dri deg [a] naw [mlwydd oed]. **2.** *n. Mth:* un rhan (*f*) o dri deg [a] naw. **~-one** *a. & n.* un ar ddeg ar hugain, tri deg [ac] un; *foll. by sing. noun or by* o + *n.pl.:* **~-one days,** un diwrnod ar ddeg ar hugain, tri deg ac un diwrnod, tri deg ac un o ddiwrnodiau; un *mutates a fem. noun:* **~-one times,** unwaith ar ddeg ar hugain, tri deg ac unwaith; *but* ll-, rh- *do not mutate:* **~-one ships,** un llong ar ddeg ar hugain; **~-one spades,** un rhaw ar ddeg ar hugain; un *is foll. by the nasal mut. of* blynedd *and* blwydd: **~-one years,** un mlynedd ar ddeg ar hugain; **~-one years old,** un mlwydd ar ddeg ar hugain oed; **the year 1231,** y flwyddyn mil dau tri un; **at 6.31,** am naw munud ar hugain i saith. **~-second 1.** *a. & n.* deuddegfed ar hugain, tri deg ac ail; **the ~-second day,** y deuddegfed diwrnod ar hugain; deuddegfed *mutates a fem. noun and itself mutates after the article:* **the ~-second time,** y ddeuddegfed waith ar hugain; ail *mutates both masc. and fem. nouns:* **the ~-second house,** y tri deg ac ail dŷ; *(forms such as* y dri deg ac ail ferch *are best avoided)*; **your ~-second birthday,** dy ben blwydd yn ddeuddeg ar hugain [oed] *or* yn dri deg [a] dwy [oed]; *Mus:* **~-second note, = demi-semi-quaver. 2.** *n. Mth:* un rhan (*f*) o dri deg [a] dwy. **~-seven** *a. & n. m.* dau ar bymtheg ar hugain, *f.* dwy ar bymtheg ar hugain, tri deg [a] saith, *foll. by sing. noun or by* o + *n.pl.: both* dau/dwy *mutate after the article and mutate both masc. and fem. nouns:* **the ~-seven years,** y ddwy flynedd ar bymtheg ar hugain; **the ~-seven houses,** y ddau dŷ ar bymtheg ar hugain; saith *is foll. by the nasal mut. of* blynedd, blwydd *and occ. of* diwrnod: **~-seven years,** tri deg a saith mlynedd; **~-seven years old,** tri deg a saith mlwydd oed; **~-seven days,** tri deg a saith niwrnod; *otherwise* saith *may be foll. by the unmutated form, or by the mutated form of a noun (not those beginning with* d-, m-*):* **~-seven pence,** tri deg a saith geiniog; **~-seven pounds,** *(money):* tri deg a saith bunt; *(weight):* tri deg a saith bwys; *but* **~-seven men,** tri deg a saith dyn; **~-seven girls,** tri deg a saith merch; **the year 1937,** y flwyddyn mil naw tri saith; **at 1.37,** am ddau/ddwy funud ar hugain i ddau o'r gloch. **~-seventh 1.** *a. & n.* ail ar bymtheg ar hugain, tri deg [a] seithfed; ail *mutates both masc. and fem. nouns:* **the ~-seventh year,** yr ail flwyddyn ar bymtheg ar hugain; **the ~-seventh month,** yr ail fis ar bymtheg ar hugain; seithfed *mutates a fem. noun but forms such as* y dri deg a seithfed flwyddyn *are best avoided*; **your ~-seventh birthday,** eich pen blwydd yn dri deg [a] saith [oed]. **2.** *n. Mth:* un rhan (*f*) o dri deg [a] saith. **~-six** *a. & n.m.* un ar bymtheg ar hugain, tri deg [a] chwe[ch], *foll. by sing. noun or by* o + *n.pl.:* **~-six houses,** un tŷ ar bymtheg ar hugain, un ar bymtheg ar hugain o dai, tri deg a chwe thŷ; *the form* chwech *is used before* o: tri deg [a] chwech o dai; un *is foll. by the soft mut. of a fem. noun:* **~-six pence,** un geiniog ar bymtheg ar hugain; *(but not of nouns beginning with* ll-, rh-*)*; **~-six ships,** un llong ar bymtheg ar hugain; **~-six rows,** un rhes ar bymtheg ar hugain; chwe *is foll. by the spirant mut.:* **~-six houses,** tri deg a chwe thŷ; **~-six pounds,** *(money):* tri deg a chwe phunt; **~-six horses,** tri deg a chwe cheffyl; **~-six years,** un mlynedd ar ddeg ar hugain, tri deg a chwe blynedd; **~-six years old,** un [flwydd] ar bymtheg ar hugain oed, tri deg chwech oed, tri deg chwe blwydd oed; **~-six days,** un diwrnod ar bymtheg ar hugain, tri deg a chwe diwrnod; **the year 1636,** y flwyddyn mil chwech tri chwech; **at 5.35,** am bedwar/bedair munud ar hugain i chwech. **~-sixth 1.** *a. & n.* unfed ar bymtheg ar hugain, tri deg [a] chweched; **the ~-sixth book,** yr unfed llyfr ar bymtheg ar hugain, y tri deg [a] chweched llyfr; unfed *and* chweched *mutate a fem. noun:* **the ~-sixth tree,** yr unfed goeden ar bymtheg ar hugain; *but forms such as* y dri deg [a] chweched goeden *are best avoided*; **his ~-sixth birthday,** ei ben blwydd yn dri deg a chwech [oed]. **2.** *n. Mth:* un rhan (*f*) o dri deg [a] chwech. **~-third 1.** *a. & n. m.* trydydd ar ddeg ar hugain, *f.* trydedd ar ddeg ar hugain, tri deg a thrydydd/thrydedd, tri deg trydydd/trydedd; **the ~-third day,** y trydydd diwrnod/dydd ar ddeg ar hugain, y tri deg a thrydydd dydd/diwrnod; trydedd *mutates after the article and mutates a fem. noun:* **the ~-third time,** y drydedd waith ar ddeg ar hugain; *forms such as* y dri deg a thrydedd waith *are best avoided*; **her ~-third birthday,** ei phen blwydd yn dair ar ddeg ar hugain [oed] *or* yn dri deg a thair [oed]. **2.** *n. Mth:* un rhan (*f*) o dri deg a thair. **~-three** *a. & n. m.* tri ar ddeg ar hugain, *f.* tair ar ddeg ar hugain, tri deg a thri/thair, *foll. by sing. noun or by* o + *n.pl.:* **~-three men,** tri dyn ar ddeg ar hugain; **~-three girls,** tair merch ar ddeg ar hugain; tri *is foll. by the spirant mut. of* p-, t-, c-: **~-three houses,** tri thŷ ar ddeg ar hugain, tri deg a thri thŷ, tri ar ddeg ar hugain o dai, tri deg a thri o dai; **~-three horses,** tri cheffyl ar ddeg ar hugain, tri deg a thri cheffyl; **~-three children,** tri phlentyn ar ddeg ar hugain, tri deg a thri phlentyn, tri deg a thri o blant; tair *does not mutate after the article nor mutate the noun following:* **the year 1933,** y flwyddyn mil naw tri tri; **at 11.33,** am saith munud ar hugain i ddeuddeg. **~-two** *a. & n.* deuddeg ar hugain, *m.* tri deg [a] dau, *f.* tri deg [a] dwy; *foll. by sing. noun or by* o + *n.pl.:* **~-two books,** deuddeg llyfr ar hugain, deuddeg ar hugain o lyfrau; deuddeg *is foll. by the nasal mut. of* blynedd, blwydd, diwrnod; *and is itself replaced by* deuddeng: **~-two years,** deuddeng mlynedd ar hugain; **~-two years old,** deuddeng mlwydd ar hugain oed; **~-two days,** deuddeng niwrnod ar hugain; deuddeng *is used before* m- *and occ. before vowels and elsewhere:* **~-two miles,** deuddeng milltir ar hugain; **~-two minutes,** deuddeng munud ar hugain; **~-two times,** deuddengwaith ar hugain, deuddeg gwaith ar hugain; **~-two hours,** deuddeng awr ar hugain; dau/dwy *are foll. by the soft mut.:* **~-two horses,** tri deg a dau geffyl, tri deg [a] dau o geffylau; **~-two sheep,** tri deg a dwy ddafad, tri deg [a] dwy o ddefaid; *forms such as* y dri deg a dwy ddafad *are best avoided*; **the year 1632,** y flwyddyn mil chwech tri dau; **at 4.32,** am wyth munud ar hugain i bump. **~-twomo** *a. & n. Bookb:* **1.** *a.* deuddeg ar hugeinplyg. **2.** *n.* llyfr(-au) deuddeg ar hugeinplyg *m.*

this *dem.pron., dem.a. & dem.adv.* I. *dem.pron. (pl.* **these**). **1.** *(with ref. to masc. noun):* hwn *m*; *(with ref. to fem. noun):* hon *f*; *(with ref. to pl. or indeterminate n.):* hyn, y rhai hyn *pl*, y rhain *pl*; **~ and that; ~, that and the other,** hyn a'r llall, y peth yma a'r peth arall; **these,** y pethau hyn, y rhai hyn, *F:* y rhain; **~ I knew,** mi wyddwn hyn; **like ~,** fel hyn, *F:* fel yma, felma; **everybody go like ~,** pawb i wneud fel hyn (*not* i fynd fel hyn); **who is ~?** pwy yw hwn/hon? *(on phone):* pwy sydd yna? pwy sy' 'na? **what's all ~?** beth yw hyn? **you will be sorry for ~,** fe fydd yn edifar gennych am hyn; **after ~,** ar ôl hyn, o hyn ymlaen; *(in past time):* ar ôl hynny, wedi hynny, wedyn; **with ~,** gyda hyn; *(= in past tense):* ar hynny, gyda hynny; **it ought to have been done before ~,** dylid bod wedi ei wneud cyn hyn; **~ is a free country,** gwlad rydd yw hon; mae hon yn wlad rydd; **~ is curious,** dyma ryfedd; dyma beth rhyfedd; *(with emphasis on* **this**): hyn/hwn/

dyma sy'n rhyfedd; **~ is Mr Smith,** dyma Mr Smith; Mr Smith yw hwn; *(with emphasis on* **this***):* hwn yw Mr Smith; **is ~ Mr Smith?** ai dyma Mr Smith? ai hwn yw Mr Smith? ai Mr Smith yw hwn? **~ is the one,** dyma'r un; hwn/hon yw'r un; dyma fe/fo/hi; **~ is where he lives,** dyma ble y mae'n byw; dyma'r lle mae'n byw; hwn yw'r lle y mae'n byw; **it was like ~,** fel hyn yr oedd/bu hi; dyma sut yr oedd/bu hi; **the thing is ~;** y peth yw hyn; **~ is it,** dyma'r peth; *int.* **~ is it!** dyma hi! *(of time):* **you ought to be ready before ~,** dylech fod yn barod erbyn/cyn hyn; **in ~, their first campaign,** yn hon, eu hymgyrch gyntaf. **2.** *(opposed to "that"):* hwn [yma], hon [yma], hyn [yma]; *pl.* y rhai hyn [yma], y rhain [yma]; **will you have ~ or that?** hwn/hon ynteu hwnna/honna gymerwch chi? (*not, in questions:* hwn/hon neu hwnna/honna); *F:* **put ~ and that together,** rhowch y ddau beth at ei gilydd; **I prefer these to those,** mae'r rhai hyn *or* y rhain yn well gennyf na'r rhai acw/yna *or F:* na'r rheina/rheicw. II. *dem.a.* (*pl.* **these**); *(a)* hwn *m*, hon *f*, hyn *pl*, *F:* yma, *S: F:* hyn *m,f,pl*; *N.B: that these adjs follow the noun:* **~ man,** y dyn hwn, *N: F:* y dyn yma, *S: F:* y dyn hyn; **~ woman,** y wraig hon, *N: F:* y ddynes yma, *S: F:* y wraig hyn; **~ book,** y llyfr hwn, *N:* y llyfr yma, *S: F:* y llyfr hyn; **these books,** y llyfrau hyn, y llyfrau yma, *S: F:* y llyfrau hyn; **(come here) ~ minute,** (tyrd yma) ar unwaith, y funud 'ma; **in these days,** y dyddiau hyn, heddiw; **it's cold these mornings,** mae hi'n oer [yn] y boreau 'ma; mae'r boreau 'ma'n oer; **~ house of mine,** y tŷ hwn/'ma sydd gen i, y tŷ hwn/'ma sy'n eiddo imi, y tŷ hwn o'm heiddo i, *Lit:* y tŷ hwn sydd imi; **~ cold of yours,** yr annwyd 'ma sydd arnat ti *or* arnoch chi; **~ car of hers,** y car 'ma sydd ganddi, y car hwn o'i heiddo hi, y car hwn sy'n eiddo iddi; **~ comedy of Molière's,** y gomedi hon gan Molière, y gomedi hon o eiddo Molière; **action ~ day,** gweithreder heddiw; **~ day last year,** y diwrnod hwn llynedd; **as of ~ day,** o hyn allan, o hyn ymlaen, o heddiw ymlaen, o'r dydd heddiw allan; **~ day fortnight,** pythefnos i heddiw; **to run ~ way and that,** rhedeg i bob cyfeiriad, rhedeg i'r naill gyfeiriad a'r llall, *S. W:* rhedeg fan hyn a fanco, rhedeg y ffordd hyn a'r ffordd 'co; **[for] ~ once,** am y tro hwn, am hyn o dro; **from ~ place,** oddi yma, o'r lle hwn; **in ~ place,** yma, yn y lle hwn; **to speak of ~ and that,** sôn am hyn a'r llall; **he went to ~ doctor and that,** aeth at y naill feddyg a'r llall; **on ~ side and on that,** ar y naill ochr a'r llall, o'r ddeutu, o bob tu; *S.a.* **one** III; **~ evening,** y noson hon *f*, heno; **~ night,** heno; **~ morning,** y bore hwn *m*, y bore 'ma, bore heddiw, *N.E:* heddiw'r bore; **~ year,** y flwyddyn hon, eleni; **at ~ time,** *(= now)* ar hyn o bryd (*not* ar y foment); *(in the past):* y pryd hynny, bryd hynny, ar y pryd, yr adeg honno; **at ~ time (Caesar was in Gaul),** ar y pryd, bryd hynny, yr adeg honno (yr oedd Cesar yng Ngâl); *(b)* **I've been watching you these ten minutes,** 'rwyf yn eich gwylio ers deng munud; mae deng munud ers pan yr wyf i'n eich gwylio. III. *dem.adv.* **~ high,** cyn daled â hyn, mor dal â hyn, heb fod yn uwch/dalach na hyn; hyn; **I knew him when he was ~ high,** 'roeddwn i'n ei adnabod pan oedd yn ddim o beth; **~ far,** cyn belled â hyn, mor bell â hyn, hyd yn hyn; **he is not likely to get ~ far,** nid yw'n debyg o gyrraedd hyd yma; *S.a.* **much** 3. **~-worldliness** *n.* bydolrwydd *m.* **~-worldly** *a.* bydol.

thisness *n. Phil:* hynrwydd *m.*

thistle *n. Bot:* ysgallen (ysgall) *f*, ysgellyn (ysgall) *m*; **the Order of the T~,** Urdd *(f)* yr Ysgallen; **common ~, bull ~, spear ~,** *(Cirsium vulgare):* marchysgallen (marchysgall) *f*, ysgallen y blaidd, ysgallen wyllt (ysgall gwyllt), *S. W: occ:* gwidman(-od) *m*, *A:* llawagor: llawegor *m*; **Alpine ~,** *(Carduus defloratus):* ysgallen yr Alpau; **Apennean ~,** *(Carduus chrysacanthus):* ysgallen eurddrain; **blessed ~,** *(Centaurea benedicta):* ysgallen fendigaid (ysgall bendigaid); **brook ~,** *(Cirsium rivulare):* ysgallen y nentydd; **cabbage ~,** *(Cirsium oleraceum):* ysgallen ddail bresych (ysgall dail bresych); **Canada/creeping/field ~,** *(Cirsium arvense):* ysgallen y maes, ysgallen yr âr, *Lit: occ:* llawegar *m*, *S. W: occ:* gwidw (gwidwod) *f*; **carline ~,** *(Carlina vulgaris):* gellast (gelleist) *f*, ysgallen ddreinwen (ysgall dreinwyn), ysgallen Siarl, ysgallen y calch; **acanthus-leaved carline ~,** *(Carlina acanthifolia):* ysgallen ddail acanthws (ysgall dail acanthws); **carline-leaved ~,** *(Carduus carlinifolius):* ysgallen ddail gellast (ysgall dail gellast); **Carnic ~,** *(Cirsium carniolicum):* ysgallen Carniola; **corymbose ~,** *(Carduus affinis):* ysgallen fflurbennog; **cotton ~,** *(Onopordum acanthium):* ysgallen gotymog (ysgall cotymog); **distaff ~,** *(Cirsium lanatum):* ysgallen gogail (ysgall cogail), ysgallen felen (ysgall melyn); **dwarf ~, stemless ~,** *(Cirsium acaule):* ysgallen ddigoes (ysgall digoes); **stemless cotton ~,** *(O. acaulon):* ysgallen gotymog ddigoes (ysgall cotymog digoes); **Fuller's ~, = teasel**[1]; **globe ~,** *(Echinops sphaerocephalus):* ysgallen bengron (ysgall pengrwn) (*pronounced* ng-g); **golden ~,** *(Scolymus hispanicus):* ysgallen euraid; **holy ~, lady's ~, = milk-thistle**; **Italian ~,** *(Carduus litigiosus):* ysgallen yr Eidal; **marsh ~,** *(Cirsium palustre):* ysgallen y gors; **great marsh ~,** *(Carduus personata):* ysgallen fawr y gors (ysgall mawr y gors); **meadow ~,** *(Cirsium dissectum):* ysgallen y ddôl; **melancholy ~,** *(Cirsium heterophyllum):* ysgallen fwyth (ysgall mwyth); **yellow melancholy ~,** *(Cirsium erisithales):* ysgallen fwyth felen (ysgall mwyth melyn); **milk ~,** *(Silybum marianum):* ysgallen Fair (ysgall Mair), ysgallen wen (ysgall gwynion), ysgallen fraith (ysgall brith), cribau *(pl)* Mair; *S.a.* **sowthistle**; **musk ~,** *(Carduus nutans):* ysgallen ogwydd (ysgall gogwydd); **Plymouth ~,** *(Carduus pycnocephalus):* ysgallen bengryno (ysgall pengryno) (*pronounced* ng-g); **Pyrenean ~,** *(Carduus pyrenaicus):* ysgallen y Pyreneau; **pale yellow Pyrenean ~,** *(Cirsium glabrum):* ysgallen felen y Pyreneau; **Russian ~, = saltwort; St. Barnaby's ~, = yellow star-thistle**; **Scotch ~, = thistle (cotton)**; **slender ~,** *(Carduus tenuiflorus):* ysgallen flodfain (ysgall blodfain); **south-eastern ~,** *(Carduus carduelis):* ysgallen y de-ddwyrain; **sow-~,** *(Sonchus oleraceus):* llaethysgallen (llaethysgall) *f*, ysgallen y moch, mochysgallen (mochysgall) *f*, ysgallen laethog (ysgall llaethog); **spring/spiny sow-~,** *(Sonchus asper):* llaethysgallen arw (llaethysgall geirwon); **spiniest ~,** *(Cirsium spinosissimum):* ysgallen ddreiniog (ysgall dreiniog); **cockspur star-~,** *(Centaurea melitensis):* sêr-ysgallen ysbardunog; **rough star-~,** *(Centaurea asperea):* sêr-ysgallen arw (~-ysgall geirwon); **red star-~,** *(Centaurea calcitrapa):* sêr-ysgallen goch (~-ysgall cochion); **yellow star-~,** *(Centaurea solstitialis):* sêr-ysgallen felen (~-ysgall melyn); **stemless ~,** *(Cirsium acaulon):* ysgallen ddigoes (ysgall digoes); **swamp ~,** *(Cirsium muticum):* ysgallen y wern; **tuberous ~,** *(Cirsium tuberosum):* ysgallen oddfog (ysgall oddfog); **Valerian ~, = teasel**[1]; **Waldstein's ~,** *(Cirsium Waldstein):* ysgallen Waldstein; **Watling Street ~, = eryngo (field)**; **weather ~ = thistle (carline)**; **welted ~,** *(Carduus crispus):* ysgallen grech (ysgall crych); **woolly ~,** *(Cirsium eriophorum):* ysgallen ben gwlanog (ysgall pen gwlanog); **yellow ~,** *(Cnicus horridulus):* ysgallen felen (ysgall melyn). **~ funnel** *n. S:* twndis[h](-iau) *(m)* ysgall, *N:* twmffat(-iau) *(m)* ysgall. **T~ Reef** *W.Pl.n.* Maen *(m)* yr Ysgall. **~ weed** *n.* **= cocklebur.**

thistledown *n.* plu *(pl)* ysgall, had *(pl)* ysgall, gwlaniach *(pl)* ysgall, dreinblu *pl*; **as light as ~,** cyn ysgafned â phluen.

thistlelike *a.* ar ffurf ysgallen, tebyg i ysgallen.

thistly *a.* ysgallog, llawn ysgall.

thither *adv. & a. Lit:* **1.** *adv. (expressing motion):* yno, tuag yno, tua'r fan honno, i'r lle hwnnw; **hither and ~,** yma ac acw, yn ôl ac ymlaen, yma a thraw, hwnt ac yma, y fan hyn a'r fan draw, fan hyn fan draw. **2.** *a.* pellaf, draw, hwnt; **on the ~ side of the mountain,** yr ochr draw/arall i'r mynydd, y tu hwnt i'r mynydd.

thitherto *adv.* hyd [at] hynny, hyd at yr adeg honno, hyd at y pryd hwnnw.

thitherwards *adv.* [tuag] yno.

thixotropic *a. Ch:* thicsotropig.

thixotropy *n. Ch:* thicsotropedd *m.*

tho *adv. & conj.* **= though.**

thole[-pin] *n. Nau:* **1.** tolyn (tolion) *m*, rhwyfbin(-nau) *m.* **2. = rowlock.**

tholobate *n. Arch:* th|olobat (tholobatau) *m.*

tholos *n. Gr.Ant:* tholos (tholoi) *m.*

Thomas *Pr.n.m.* Tomos, *A: occ:* Tomas; *B:* Thomas; *S.a.* **Tom, Tommy**; **~ Aquinas,** Tomos o Acwin/Acwino; **doubting ~,** amheuwr (amheuwyr) *m.*

Thomaschurch *W.Pl.n.* Llandomas *f.*

Thomastown *W.Pl.n.* Tredomas *f.*

Thomism *n. Phil:* Tomistiaeth *f.*

Thomist *n. & attrib.* **1.** *n.* Tomistiad (Tomistiaid) *m&f.* **2.** *attrib.* Tomistig.

Thomistic[al] *a.* Tomistig.

thong *n.* carrai (careiau) *f*; *Bot:* **sea-~**, *(Chorda filum):* ysnoden *(f)* fôr (ysnodenni môr), carrai *(f)* fôr (careiau môr).

thonged *a.* careiog.

thongweed *n. Bot: (Himanthalia elongata):* gwymon *(m)* lledr, ysnoden *(f)* fôr.

thoracal, thoracic *a. Anat:* thorasig, afellaidd.

thoracically *adv. Anat:* yn thorasig.

thoracicolumbar *a. Anat:* thorasicolymbar.

thoracoplasty *n. Surg:* thoracoplasti (thoracoplastïau) *m*.

thoracotomy *n. Surg:* thorac|otomi (thoracotomïau) *m*.

thorax *n.* **1.** *(a) Anat:* dwyfron(-nau) *f*, thoracs(-au) *m*, afell(-au) *f*, *Lit: occ:* bronglwyd(-au) *f (pronounced* ng-g), *F:* brest *f*; *(b) Ent:* thoracs. **2.** *Gr.Ant:* = **breastplate, cuirass.**

thoria *n. Ch:* thoria *m*.

thorianite *n. Miner:* th|orianit *m*.

thoric *a. Ch:* thorig.

thoride *n. Ch:* thorid(-au) *m*.

thorite *n. Miner:* thorit *m*.

thorium *n. Ch:* thoriwm *m*.

thorn *n.* **1.** *(a)* draenen (drain) *f*; **to hedge/dress (sth) with thorns,** dreinio (rhth); *F:* **to be on thorns,** bod ar bigau['r] drain, *N.W: occ:* bod ar y drain, bod ar ddrain, taflu'ch enaid ar y drain; **buckler ~, = Christ's ~; camel ~,** *(Alhagi camelorum):* draenen y camel; **Christ's ~,** *Paliurus spina-Christi):* draenen Crist; **goat's ~,** *(Astragalus tragacanthus):* draenen y geifr, draenen yr afr; **to be a ~ in the flesh,** bod yn swmbwl yn y cnawd, bod yn ddraenen yn yr ystlys; *(b)* **~ [bush], ~ [tree],** draenen (drain) *f*, llwyn(-i) *(m)* drain, draenllwyn(-i) *m*, dreinllwyn(-i) *m*; *S.a.* **blackthorn, hawthorn. 2.** *(name of OE & Icelandic letter):* eth(-au) *f*. **~-apple** *n.* **1.** *Bot: (Datura stramonium):* afal(-au) dreiniog, afal y diafol, *Lit: occ:* afal meiwyn, dalen *(f)* meiwyn. **2.** *(= haw):* afal drain. **~ branch** *n.* drysien (drysi) *f*. **~ bush** *n.* = **thorn[1]**. *(b).* **~ hedge** *n.* perth *(f)* ddrain (perthi drain), *occ:* perthen *(f)* ddrain (perthi drain). **~ insect** *n. Ent:* pryf(-ed) *(m)* y drain. **~ lizard** *n. Z:* moloch(-iaid,-od) *m*. **~ moth** *n. Ent:* gwyfyn(-od) *(m)* y drain. **~ tree** *n.* = **hawthorn, acacia, thorn[1]** *(b).*

thornback *n.* **1.** *Ich: (Raia clavata):* morgath bigog (morgathod pigog) *f*, morgath arw (morgathod garw), *N.W:* cath *(f)* fôr stŷds (cathod môr stŷds). **2.** *Crust:* cranc(-od) dreiniog *m*.

thornbill *n. Orn:* aderyn (adar) dreinbig *m*.

Thornbury *Eng.Pl.n.* Y Gaer *f*.

Thornhill *W.Pl.n.* Draenen *(f)* Pen-y-graig.

thornily *adv.* yn ddreiniog.

thorniness *n.* natur ddreiniog *f*, dreiniogrwydd *m*, natur bigog, pigogrwydd *m*.

thornless *a.* heb ddrain, di-ddrain, heb bigau, moel(-ion).

thornlike *a.* fel drain, dreinllyd, dreiniog.

thornproof *a.* gwrth-ddrain.

thorntail *n. Orn:* aderyn (adar) dreingwt *m (pronounced* ng-g).

thorny *a.* **1.** dreiniog, pigog, dreinllyd, draenllyd, llawn drain. **2.** *Fig: (question &c):* anodd, dyrys, tringar *(pronounced* ng-g).

thoron *n. Ch:* thoron *m*.

thorough *a.* & *n.* **1.** *a. (a)* manwl, trwyadl, trylwyr, llwyr; *(b)* **a ~ Welshman,** Cymro i'r carn/gwr|aidd, Cymro pybyr, Cymro glân, Cymro o waed coch cyfan; **she's a ~ nuisance,** mae hi'n bla hollol; mae hi'n niwsans glân; **a ~ republican,** gweriniaethwr pybyr/rhonc/digymrodedd, gweriniaethwr i'r gwr|aidd; **a ~ scoundrel,** dihiryn rhonc/noeth/digymysg. **2.** *n. Hist:* **Policy of T~,** Polisi Trwyadl/Trylwyr *m*. **~ bass** *n. Mus:* cont|inwo (cont|inwi) *m*, bas(-au) rhifedig/rhifoledig *m*, drysawd(-au) *m*. **~-brace** *n. Veh:* torgengl(-au) *f*. **~-paced** *a.* **1.** *(horse):* hyfforddedig, hywedd. **2.** *(scoundrel):* rhonc, llwyr; **a ~-paced thief,** carn-l[l]eidr (~-l[l]adron) *m*; **a ~-paced traitor,** carn-fradwr (~-fradwyr) *m*. **~-pin** *n. Vet:* chwyddi(*m*)'r gar, coden *(f)* y gar (codennau'r/codenni'r gar), trwybin *m*.

thoroughbred *a.* & *n.* **1.** *a. (horse, dog):* p|edigri, o frid/waed pur, o dras, o waed coch cyfan, o waedoliaeth [dda], rhywiog, o rywogaeth dda, *Lit:* tryryw, diledryw. **2.** *n. (horse):* ceffyl(-au) *(m)* pedigri; *(pers.):* **she's a ~,** mae hi'n ferch/eboles o frid.

thoroughfare *n.* ffordd *(f)* drwodd (ffyrdd trwodd), tramwyfa (tramwyf|eydd) *f*, heol(-ydd) agored *f*, ffordd agored; *P.N:* **no ~,** dim ffordd drwodd.

thoroughgoing *a.* **1.** = **thorough-paced. 2.** *(worker &c):* trwyadl, diflino, trylwyr, cydwybodol.

thoroughly *adv.* **1. (to do sth) ~,** (gwneud) rhth yn drwyadl/drylwyr/llwyr/fanwl, drwyddo draw; *B:* yn llwyrddwys; **(the towel has dried) ~,** (mae'r lliain wedi sychu)'n llwyr/sych/drwyddo, *S.W:* 'n lân, mas, adre; **(to understand sth) ~,** (deall rhth) i'r dim, yn hollol/berffaith/iawn/llwyr; **you should be ~ ashamed,** dylai fod arnat gywilydd o'r mwyaf; **(to renew sth) ~,** (adnewyddu rhth) yn llwyr/drwyadl, yn gyfan gwbl. **2.** *(qualifying adjective):* hollol + *soft mut. (precedes a.)*, cwbl + *soft mut. (precedes a.)*, *occ:* llwyr + *soft mut. (precedes a.)*; **~ angry,** wedi gwylltio'n gandryll, wedi gwylltio'n lân; **~ bad,** cwbl/hollol ddrwg, *occ:* llwyrddrwg; **~ clean,** hollol lân; **~ content,** hollol/cwbl fodlon; **a ~ spoilt child,** plentyn wedi ei ddifetha'n llwyr/lân, *occ:* plentyn wedi ei ddifetha'n bot; **~ tired,** hollol flinedig, wedi blino'n lân; **a ~ mistaken idea,** syniad cwbl/hollol gyfeiliornus; **~ unsatisfactory,** hollol/cwbl anfoddhaol; **~ unsuccessful,** wedi methu'n lân, wedi methu'n llwyr, hollol/cwbl aflwyddiannus, yn fethiant llwyr.

thoroughness *n.* trylwyredd *m*, trwyadledd *m*, llwyrdeb *m*, llwyredd *m*, llwyrni *m*.

thoroughwort *n. Bot: (Eupatorium perfoliatum):* byddon drydoll *f*.

thorow-wax *n. Bot: (Bupleurum rotundifolium):* paladr trwyddo *m*; **false ~,** *(B. subovatum):* y ffug baladr trwyddo; **narrow ~,** *(B. lancifolium):* paladr trwyddo culddail.

thorp, thorpe *n. A:* pentref(-i) *m*.

those *a.* & *pron. See* **that[1]** I, II.

thou[1] *pers.pron. A: & Poet: N.B. whereas* thou, thee, thine *&c are archaic, poetic, or dialectal in English,* ti, di, tithau *&c are in use in everyday literary and spoken Welsh.* **1.** *in the literary language and also in single word answers to questions,* **thou** *may simply be expressed by the second person singular inflection of the verb*; **~ art,** [yr] wyt; **~ seest,** gweli; **~ knowest,** *(i)* gwyddost; *(ii)* adwaenost. **2.** *as (optional) subject pronoun before verb: (a) in the literary language:* ti a + *soft mut., emphatic* tydi a + *soft mut.*; **~ knewest,** ti [a] wyddet, tydi [a] wyddet; *(b) (i) in the spoken language* ti, tydi *have now been replaced by* fe + *soft mut. in the S. and by* mi + *soft mut. in the N., usu. reinforced by postverbal* ti *(after endings in* -t) *or* di *after endings in* -i; **~ heardest,** *S:* fe glywaist ti; *N:* mi glywaist ti; **~ shalt see,** fe gei di weld; *after imperatives always* di, dithau; **go ~,** dos di/dithau; *(ii) however* ti, *Lit:* tydi *are maintained in emphatic sentences + 3rd pers.*; **thou** *(not s.o. else)* **shalt go,** ti a fydd yn mynd; **~ art to blame** *(not s.o. else)*, ti sydd ar fai; **'tis ~ knowest** *(and no-one else)*; **~ art the one that knoweth,** ti/tydi a ŵyr. **4.** *conjunctive use:* tithau, *(after verb):* dithau; **and ~, ~ too,** a thithau; **as ~ wast passing,** a thithau'n mynd heibio; **and ~ too wast tired,** 'roeddet tithau'n flinedig. **5.** *(a) as object pronoun:* di; *See* **thee**; *after prepositions and* dyma, dyna: ti; **there ~ art,** dyna ti; *after impersonal forms corresponding to the passive construction:* di; **~ wast followed,** dilynwyd di; fe'th ddilynwyd di; **~ art loved,** cerir di; *(b) as infixed pronoun preceding the verb in Welsh, if the verb is preceded by particles such as* a, fe, mi, y, pan y, *or if* **thee** *is governed by a verb noun:* 'th + *soft mut.*: **~ art loved,** fe'th gerir; **~ wast seen,** fe'th welwyd. **6.** *stressed pronoun:* ti, tydi + *a soft mut. + 3rd person vb.*; **~ wast the master, we were the servants,** ti/tydi oedd y meistr, a ninnau oedd y gweision. **7. ~ rogue!** y cnaf iti! **~ fool!** yr hen ffŵl iti! y ffŵl ag wyt ti!

thou[2] *v.t.&i.* tydïo (rhn), galw "ti" (ar rn), galw (rhn) yn "ti", dweud "ti" wrth rn.

thou[3] *n. F.* = **thousand, thousandth.**

though *conj.* & *adv.* I. *conj.* **1.** *See* **although 1**; er y + *indicative (negative:* er na + *soft mut.)* (er nad *before vowel*), *Lit:* serch y + *indicative (negative:* serch na(d) + *soft mut. + indicative)*, *Lit: occ:* cyd + *subjunctive*, (*negative:* cyd na(d) + *soft mut. + subj*); *in the present & future tense the usual construction in affirmative clauses is a noun clause containing* bod, *mutated according to person*; **~ I am,** er fy mod; **~ thou art,** er dy fod; **~ he is,** er ei fod; **~ she is,** er ei bod; **~ we are,** er ein bod; **~ you are,** er eich bod; **~ they are,** er eu bod; **~ I'll be there tomorrow (I'll not stay long),** er fy mod i yno yfory, *occ:* er fy mod i yno yfory (nid arhosaf yn hir); *in negative clauses:* er na(d) + *inflected form of verb:* **~ she could see nothing,** er na welai hi ddim; **~ I won't be there,** er na fyddaf yno; **~ she is not poor,** er nad yw hi'n dlawd; **~ they do not know,** er na wyddant hwy ddim; *in emphatic clauses:* er mai (*S:* er taw) *(negative* er na(d)); **~ it was at night**

that she'd been there before, er mai/taw yn y nos y buasai hi yno o'r blaen; **~ it wasn't the man he expected who was there,** er nad y gŵr a ddisgwyliai a oedd yno; *in past time the usual construction is* er i + *soft mut.* + *vn.*, *Lit:* er + *vn.* + o + *n./pron.*; **~ I went,** er imi fynd, er fy mod i wedi mynd, *Lit:* er mynd ohonof; **~ she agreed,** er iddi gytuno, er ei bod hi wedi cytuno, *Lit:* er cytuno ohoni. **2.** *(a) with adjectives:* er + *poss.pron.* + *equative degree:* **~ small (he is nonetheless brave),** er ei fod yn fychan, er ei leied/fychaned (y mae'n ddewr iawn); **~ poor (she is proud),** er ei thloted, er ei bod hi'n dlawd (mae hi'n falch); **~ my debt is/be great,** er cymaint fy nyled, er bod fy nyled yn fawr; **strange ~ it may be...,** er rhyfedded yw, ryfedded yw, er mor rhyfedd yw, er ei bod yn rhyfedd; **vice is infamous ~ it may be in a prince,** mae drygioni yn gywilyddus hyd yn oed pan fo mewn tywysog; **even ~,** *(= even if):* [hyd yn oed] pe + *imperfect tense: N.B: special forms:* **[even] ~ I were,** pet|awn, pe bawn; **[even] ~ thou wert,** petaet, pe bait; **[even] ~ he/she were,** petai, pe bai; **[even] ~ we were,** petaem, pe baem; **[even] ~ you were,** petaech, pe baech; **[even] ~ they were,** petaent, pe baent; **I will do it [even] ~ it cost me a fortune,** fe'i gwnaf pe costiai ffortiwn imi; *B:* **~ I speak with the tongues of men,** pe llefarwn â thafodau dynion; **even ~ I could...,** hyd yn oed pe gallwn...; *B:* **~ he slay me, yet will I trust in him,** pe lladdai efe fi, eto mi a obeithiaf ynddo ef; *B:* **yea, ~ I walk through the valley of the shadow of death,** ie, pe rhodiwn ar hyd glyn cysgod angau; *B:* **~ it be but a man's covenant,** cyd na byddo ond amod dyn; *(b)* **what ~ (the way be long)!** pa wahaniaeth, *F:* pa ots (bod y ffordd yn faith)! beth os yw'r ffordd yn faith! **3. as ~,** *(= as if):* fel pe bai, fel petai; **it looks as ~ he had gone,** mae fel pe bai wedi mynd; mae'n ymddangos ei fod wedi mynd; **as ~ nothing had happened,** fel pe na bai dim wedi digwydd, *Lit:* fel pe na ddigwyddasai dim. **4.** *(introducing what is virtually an independent sentence):* er; **(I have no doubt he will understand) - ~ you never know,** ('rwy'n siŵr y bydd yn deall) - ond wyddoch chi ddim, er na wyddoch chi ddim; **she read on, ~ not to the very end,** darllenodd yn ei blaen, er nad hyd at y diwedd. II. *adv. (a) (= however): usu. at end of sentence;* er hynny, serch hynny, *(after neg.):* ychw|aith, chwaith; **I don't know, ~!** wn i ddim chwaith! **I wish you'd told me, ~!** byddai'n dda gen i petaet wedi dweud wrthyf, er hynny! **he didn't reply - he did ~!** atebodd e ddim - do fe wnaeth! *(b) (exclamatory):* **did she ~!** a wnaeth hi, wir! *S:* os do fe! **she's pretty - isn't she ~!** mae hi'n ddel/bert - on'd ydi hi hefyd!

thought[1] *n.* **1.** meddwl (meddyliau) *m*; *N.B. that* meddwl *is also a verb noun:* **~ is free,** rhydd i bawb ei farn; **it is capable of ~,** mae'n gallu meddwl; **deep in ~,** mewn myfyrdod dwys/dwfn, mewn dwys/dwfn fyfyrdod, *Lit: occ:* mewn dwys/dwfn fyfyr; **(quick) as ~,** (cyn gyflymed) â'r gwynt, â mellten *&c*; *See* **quick. 2.** *(a) (= idea, notion):* syniad(-au) *m*; **a happy ~,** syniad gwych/campus/ardderchog, gwych o syniad/beth. *(b)* **gloomy thoughts,** meddyliau digalon; *F:* **a penny for your thoughts,** beth sydd ar dy feddwl di? am beth 'rwyt ti'n meddwl? be sy'n mynd trwy dy feddwl di? meddwl am rth 'rwyt ti? **to read s.o.'s thoughts,** darllen meddwl rhn; *(c)* **the mere ~ of it was enough,** 'roedd dim ond meddwl amdano yn ddigon; **at the ~ of it,** o feddwl amdano/amdani, o feddwl am y peth; **I didn't give it another ~,** feddyliais i ddim rhagor amdano; *(d) pl.* **to collect one's thoughts,** ystyried o ddifrif, hel eich meddyliau, crynhoi'ch/casglu'ch meddyliau [at ei gilydd]; **you are always in my thoughts,** 'rwyt ti yn fy meddwl i'n wastad; **her thoughts were elsewhere,** 'roedd ei meddwl hi yn rhywle arall; 'roedd ei meddwl hi'n bell; *(e) pl. (= opinion):* barn *f*; **I will tell you my thoughts on the matter,** fe ddywedaf wrthych fy marn i ar y pwnc. **3.** *(a) (= consideration):* ystyriaeth *f*; **to take ~ (how to do sth),** ystyried, meddwl, pwyso a mesur, rhoi sylw/ystyriaeth i (sut mae gwneud rhth); **to give ~ to sth,** rhoi ystyriaeth i rth, ystyried rhth, mesur a phwyso rhth, *F:* cysidro rhth; **want of ~,** diofalwch *m*, diystyrwch *m*, esgeulustod *m*, diffyg *(m)* meddwl/ystyriaeth; **after [much] ~,** ar ôl meddwl/pendroni/ystyried/synfyfyrio [llawer]; **he has no ~ for his mother,** ni fydd byth yn ystyried ei fam; nid yw'n hidio dim am ei fam; nid yw'n ystyried dim ar ei fam; **on second thoughts,** erbyn meddwl, erbyn ailfeddwl, o ailfeddwl, o ailystyried; **with no ~ of self,** heb ei ystyried ef ei hun, heb ofalu dim drosto'i hun; **to take no ~ for the morrow,** peidio â meddwl am yfory, *B:* peidio â gofalu dros yfory; *B:* **take therefore no ~ for the morrow,** na ofalwch gan hynny dros yfory; *B:* **take no ~ for your life,** na ofalwch am eich bywyd; *(b)* **lost/deep in ~,** myfyriol, dwfn, mewn dwys/dwfn fyfyrdod, wedi ymgolli, *Lit:* mewn dwfn fyfyr. **4.** *(a) (= intention):* bwriad(-au) *m*, meddwl *m*; **to have thoughts of (doing sth),** meddwl, bwriadu, ystyried, *N: occ:* pwrpasa, darofun (gwneud rhth); **I had no ~ of offending you,** nid oedd yn fy mwriad eich tramgwyddo; 'doeddwn i ddim wedi bwriadu/pwrpasa/darofun/ eich tramgwyddo; **his one ~ is to get money,** nid yw'n meddwl am ddim ond am gael arian; cael arian sy'n mynd â'i holl fryd; cael arian yw ei unig ystyriaeth; **with the ~ of...,** gyda'r bwriad o...; **we had some ~ of going,** 'roeddem yn rhyw feddwl mynd; *(b) (usu.neg.):* **I had no ~ of meeting you here,** 'doeddwn i ddim wedi meddwl/breuddwydio y byddwn yn taro arnoch chi yma; feddyliais i ddim i y gwelwn i chi yma; 'doeddwn i ddim yn disgwyl eich gweld chi yma. **5.** *adv.phr. F: (= a little):* ychydig [bach], mymryn, fymryn, braidd, dipyn; **the ribbon is a ~ too blue,** mae'r rhuban ychydig/dipyn/braidd yn rhy las. **~ police** *n.* heddlu *(m)* meddwl. **~-provoking** *a.* pryfoclyd, yn ysgogi meddwl, yn peri i rn feddwl. **~-reader** *n.* darllenydd (darllenwyr) *(m)* meddwl/meddyliau. **~-reading** *vn.* tel|epathi *m*, darllen meddyliau. **~ transference** *n.* trosglwyddo *(vn)* meddwl/meddyliau, telepathi. **~-wave** *n.* ton delepathig (tonnau telepathig) *f*.

thought[2] *p.p. See* **think[2]**; **she's well ~-of,** mae hi'n uchel ei pharch; mae iddi enw da; **an ill-~-out scheme,** cynllun a ddyfeisiwyd yn wael, cynllun gwael.

thoughtful *a.* **1.** *(a) (= meditative):* meddylgar, synfyfyriol, myfyrgar, myfyriol; *(b) (= prudent):* ystyriol, pwyllog. **2.** *(= considerate):* ystyriol, gofalus; **to be ~ of others,** bod yn ystyriol o eraill, ystyried eraill, meddwl am [bobl] eraill; **he was so ~ as to notify me,** bu'n ddigon ystyriol i roi gwybod imi.

thoughtfully *adv.* **1.** yn feddylgar *&c.* **2.** yn bwyllog. **3.** *(= considerately):* yn ystyriol.

thoughtfulness *n.* **1.** *(= meditation):* meddylgarwch *m*, myfyrgarwch *m*, myfyrdod *m*, synfyfyrdod *m*. **2.** *(= deliberation):* pwyll *m*. **3.** *(= consideration):* gofal *m* (dros rn), ystyrioldeb *m* (o rn).

thoughtless *a.* **1.** *(= due to lack of thought):* difeddwl, anystyriol, heb feddwl, anfeddylgar, *S.W:* difwrw. **2. ~ (of others),** anystyriol, difater, difeddwl, dihidio, di-hid, *S:* dihidans (o eraill, ynghylch eraill).

thoughtlessly *adv.* yn ddifeddwl *&c.*

thoughtlessness *n.* diffyg *(m)* meddwl; *(= heedlessness):* diofalwch *m*, diystyrwch *m*, diffyg *(m)* ystyriaeth, esgeulustra *m*, anystyriaeth *f*, difrawder *m*, difaterwch *m*, *F:* dihidrwydd *m*, dihidiaeth *f*, dihitiaeth *f*.

thousand *num. a. & n.* mil(-oedd) *f*, *occ: m*, *now usu. foll. by* o + *soft mut.*; **a ~ men,** mil o ddynion; **the ~,** y fil, *occ:* y mil; **ten ~,** deng mil; **fifteen ~,** pymtheng mil; **a hundred ~,** can mil; **a ~ ~,** mil o filoedd, milfil(-oedd) *f*, miliwn (miliynau) *f*; **three hundred ~ men,** tri chan mil o ddynion; **the year 4,000 B.C.**, y flwyddyn pedair mil C.C; **[the year] one ~ nine hundred and twenty,** [y flwyddyn] mil naw cant ac ugain; **a ~ years,** mil o flynyddoedd; **thousands of people,** miloedd o bobl; **many thousands,** miloedd lawer, miloedd ar filoedd; **many a thousand,** llawer mil; **thousands upon thousands,** miloedd ar filoedd, *occ:* myrdd ar fyrdd; **in thousands,** yn filoedd, wrth y miloedd, fesul miloedd; **in their thousands,** yn eu miloedd; **he is one in a ~,** mae'n un mewn mil; mae'n un o fil; **a ~ apologies!** ymddiheuriadau fil! *F:* **(I've) a ~ and one (things to do),** (mae gen i) gant a mil, fyrdd, beth wmbredd, lond gwlad (o bethau i'w gwneud); *F:* **(I've got) a ~ and one things (to ask you),** (mae gen i) gant a mil o bethau, fyrdd o bethau (i'w gofyn ichi); *Lit:* **The ~ and One Nights,** y Fil Noswaith ac Un; **~ and first,** y cyntaf (m) *or* y gyntaf (f) ar ôl y mil/fil; **a ~ times,** milwaith, *adv.* filwaith; **no, no, a ~ times no!** na, na, byth bythoedd! **a ~ times better,** mil [gwaith] gwell, milwaith yn well; **a ~ times more,** milwaith eto, milwaith yn rhagor, *occ:* mil mwy; **a ~ greetings,** cyfarchion fil, cyfarchion lu; *Cu:* **hundreds and thousands,** *See* **hundred. ~-headed kale** *n. Bot:* bresych amlbennog *m*. **T~ Island dressing** *n. Cu:* dresin *(m)* y Mil Ynysoedd. **~ Islands** *Pr.n. Geog:* Y Mil Ynysoedd. **~-legger** *n. Z:* **= millipede.**

thousandfold *a. & n.* **1.** *a.* milplyg. **2.** *adv.* ar ei filfed, filwaith [drosodd], fil gwaith [drosodd].

thousandth *num. a. & n.* **1.** *a.* milfed; **the ~ man,** y milfed dyn; milfed *mutates a fem. noun and itself mutates after the article:* **the ~ mile,** y filfed filltir; **~ anniversary,** milflwyddiant (milflwyddiannau) *m.* **2.** *n.* milfed(-au) *m&f*; *Mth:* milfed ran, un rhan (*f*) o fil.

Thrace *Pr.n. Geog:* Thracia *f.*

Thracian *a. & n.* **1.** *a.* Thraciaidd. **2.** *n.* *(i) Ethn:* Thraciad (Thraciaid) *m&f*; *(ii) Ling:* Thraceg *f, m.*

Thraco-Illyrian *a. & n. Ling:* **1.** *a.* Thraco-Ilyraidd. **2.** Thraco-Ilyreg *f, m.*

Thraco-Phrygian *a. & n. Ling:* **1.** *a.* Thraco-Phrygiaidd. **2.** *n.* Thraco-Phryceg *f, m.*

thraldom *n. Lit:* caethiwed *m*, caethwasiaeth *f.*

thrall[1] *n. A:* = **slave**; **in ~ to sth,** yn gaeth i rth.

thrall[2] *v.t.* = **enslave, enthrall.**

thrash[1] *n.* **1. with a ~ of his legs,** gan gicio'i goesau, gan ymrwyfo â'i goesau; **with a ~ of his tail,** gan chwipio'i gynffon. **2.** = **beating[2] 2. 3.** *(= rave):* parti (partïon) gwyllt *m.*

thrash[2] *v.t.&i.* I. *v.t.* **1.** curo, dyrnu, pwyo *&c*; *See* **beat[2]**; *N: F:* dobio, pannu, stwyo, colbio, waldio, sgwrio, sgrafellu, stido, golchi, byrddio, leinio, stanio, malurio, ffustio, cwrbannu, cwrbitsio, cwrbio, weirio, coedio, *S:* bwrw, ffusto, hemo, wado, colbo, golchi, *S.E:* dellto, afladd; **to ~ an opponent,** curo rhn yn llwyr/racs, maeddu rhn yn racs, llorio rhn, sychu'r llawr â rhn, *S.W:* rhoi sychad i rn. **2.** *(a) Husb:* = **thresh**; *(b) Swim:* **to ~ the water,** corddi'r/curo'r dŵr; **to ~ one's arms and legs about,** ymrwyfo, corddi â'ch breichiau a'ch coesau. **3.** *abs. (a) Nau:* **to ~ to windward,** curo'r ffordd yn nannedd y gwynt; *(b) Mec.E:* crynu, dirgrynu. II. *v.i. (a) (of water):* curo, corddi; *(b) (of pers.):* **to ~ about,** ymrwyfo. **~ out** *v.t.* **to ~ out a topic,** trin a thrafod pwnc, gwyntyllu pwnc; **to ~ out a problem,** datrys anhawster; **to ~ out a solution to sth,** datrys rhth; **to ~ out an agreement,** dod i gytundeb.

thrasher[1] *n.* **1.** = **beater. 2.** *Husb:* = **thresher 1.**

thrasher[2] *n. Orn:* tresglen gynffonhir (tresglod cynffonhir) *f.*

thrashing[1] *a.* corddol, ymrwyfus.

thrashing[2] *n. (a)* = **beating[2] 2, threshing**; *(b) (of rain):* curiad *m*; *(c) Mec.E:* cryndod(-au) *m*, dirgryniad(-au) *m.*

thrasonical *a.* = **boastful.**

thrasonically *adv.* = **boastfully.**

thrave *n. Meas:* drefa (drefâu) *f.*

thread[1] *n.* **1.** *(a) (of silk, plant &c):* edau (edefion, edeifion) *f*, edefyn (edeifion) *m*, *occ:* edaf (edefion, edeifion); *(the pl.* edafedd = **knitting wool**); *F:* **to hang by a ~,** hongian/crogi ar edau; *(b) (of light):* llygedyn *m*; *(of water):* ffrwd fain (ffrydiau meinion) *f.* **2.** *(a) Needlew:* **linen ~,** edau lin, edau gyfrodedd; **sewing ~,** edau nodwydd; **air ~,** = **gossamer; basting ~,** edau frasbwytho, edau gowni; **button-hole ~,** edau gyfrodedd; **carpet ~,** edau garped; **coarse ~,** edau fraisg; **cotton ~,** edau gotwm; **flaxen ~,** = **linen thread**; **gold ~,** edau aur; **hempen ~,** edau gywarch; **lisle ~,** edau leil; **lurex ~,** edau lwrecs; **pack ~,** edau bynnau, edau bynorio; **point ~, shoemaker's ~,** edau crydd, *M.W:* edau bwyntrid, *S:* pwyntrhedyn *m*; **selvedge threads,** edefion selfais; **silk ~,** edau sidan; **silver ~,** edau arian; **single ~,** edau sengl, edau ungor (*pronounced* ng-g); **three-stranded ~,** edau deircainc (edefion/edeifion teircainc); **twisted ~,** edau gyfrodedd; **untwisted ~,** = **single thread**; **warp threads,** edefion ystof; **waxed ~,** edau gwyr (edefion cwyr); **weft threads,** edefion anwe; **woollen ~,** edau wlân, edefyn gwlân; *(b) Tex: (of warp, weft):* edefion *pl*; *Needlew:* **drawn ~ work,** brodwaith tynnu edau; **to draw a ~,** tynnu edau; **he didn't have a ~ of clothing on him,** 'doedd ganddo'r un edefyn/cerpyn amdano, *occ:* 'doedd ganddo'r un cinnyn amdano; **she didn't have a dry ~ on her,** 'roedd hi'n wlyb at ei chroen; *(of argument, conversation &c):* llinyn *m*, rhediad *m*, *S.E: occ:* ffwyl *m*; **I lost the ~ of the conversation after that,** collais rediad y sgwrs wedi hynny; mi gollais ben llinyn wedi hynny; *N. W: occ:* mi gollais y rôl arni hi wedyn; **the ~ of life,** llinyn bywyd, edau bywyd; **to pick/take up the thread of sth, to resume the ~ of sth,** ailafael yn rhth, ailgychwyn ar rth; **to gather up the threads of a story,** cau pen mwdwl stori, dod â phennau llinynnau stori at ei gilydd; *Fig:* **~ and thrum,** edau ac eddi, popeth, y gwych a'r gwachul; *(c)* **(length of) ~,** pwythyn *m*, nodwyddiad(-au) *m*; **~ by ~,** pwythyn wrth bwythyn, fesul pwythyn. **3.** *Tchn: (of screw, bolt &c):* edau *f*; **acme ~,** edau acme; **buttress ~,** edau fwtres; **drunken ~,** edau chwil; **female ~,** edau fenyw; **unified ~,** edau unol. **4.** *Geol: (of ore):* gwythïen (gwythiennau) *f.* **~ angle gauge** *n. Tls:* medrydd(-ion) (*m*) pitsh sgriw. **~-cell** *n. Biol:* edeugell(-oedd) *f*, cn|idoblast (cnidoblastau) *m.* **~-cutter** *n. Tls:* torrwr (torwyr) (*m*) edau. **~-cutting screw** *n. Tls:* sgriw(-iau) (*f*) torri/codi edau. **~-forming screw** *n. Tls:* sgriw ffurfio/codi edau. **~-hole** *n. Needlew:* twll (tyllau) (*m*) edau. **~-lace** *n. Needlew:* les (*f*) edau. **~ mark** *n. Paperm:* ôl (olion) (*m*) edau. **~-marking** *vn. Needlew:* pwytho llwybr. **~-paper** *n.* papur(-au) (*m*) edau. **~-plants** *n.pl. Bot:* edaflysiau.

thread[2] *v.t.&i.* **1.** *v.t. (a)* **to ~ a needle,** rhoi/dodi edau (mewn nodwydd, gwthio edau trwy nodwydd, *occ:* nodwyddo/nodwyddu edau; *(b) (pearls):* **to ~ pearls,** rhoi/gosod/dodi perlau ar linyn, llinynnu perlau; *(c) (string, thread):* gwthio (llinyn, edau) trwy rth. **2.** *v.t.* **to ~ one's way (through a crowd),** ymlwybro, treiddio, dolennu, ymwthio, sleifio (trwy dyrfa). **3.** *v.t. Tchn: (a) (screw &c):* codi edau (ar sgriw); *(a hole):* taradru (twll). **4.** *v.i. (a) (of screw &c):* **to ~ into sth,** mynd/ffitio i rth; *(b) Cu: (of syrup):* edafeddu. **~-the-needle** *n. Games:* chwarae (*vn*) edau nodwydd.

threadbare *a. (a) (clothes):* hendraul, wedi treulio, treuliedig, llwm (*f.* llom, *pl.* llymion), wedi gwisgo [at yr edau], digotwm, ag ôl gwisgo, ag ôl traul, llwm eu cotwm, wedi mynd at y cotwm, wedi colli eu graen, tenau, *occ:* yn dangos eu dannedd; *(b) (subject, argument &c):* treuliedig, hendraul, ystrydebol; **that's a ~ topic,** dyna hen dôn/diwn/gainc; dyna beth y bu llawer o rygnu arno.

threadbareness *n.* ôl (*m*) traul/treulio, golwg dreuliedig *f*, teneuwch *m.*

threader *n.* edafwr (edafwyr) *m.*

threadfin *n. Ich:* asgell (esgyll) edafog *f.*

threadfish *n. Ich:* pysgodyn (pysgod) edafog *m.*

threadiness *n.* edafogrwydd *m.*

threading *vn.* = **thread[2]. ~-hook** *n.* bach(-au) (*m*) edafu.

threadless *a.* diedau.

threadlike *a.* edafaidd, fel edau, main (meinion).

threadmarking *vn. Metalw:* pwytho llwybr.

threadmoss *n. Bot:* edeufwsogl *m.*

threadtail *n. Ich:* grenadwr (grenadwyr) cynffonfain *m.*

threadworm *n. Ann: Med:* llyng[h]yren (llyngyr) (*f*) edau, edeulyng[h]yren (edeulyngyr) *f.*

thready *a.* **1.** edafog, edafaidd. **2. a ~ voice,** llais main *m.*

threat *n.* bygythiad(-au) *m*, bygwth (bygythion, bygythiau) *m*; **to utter threats,** chwythu bygythion; **idle ~,** bygythiad ofer/gwag; *(b)* **there is a ~ of rain,** mae hi'n bygwth [bwrw] glaw; mae glaw ynddi; mae hi'n addo glaw; mae hi'n darogan glaw; *S: occ:* mae'n briweddu/byrweddu glaw.

threaten *v.t.* **1.** bygwth, *occ:* bygythio; **to ~ s.o. with sth,** bygwth rhth ar rn, bygwth rhn â rhth; **(to be) threatened with sth,** bod tan fygythiad rhth, cael eich bygwth â rhth *or* gan rth; **apt to ~,** bygythlyd, bygythus; **he threatened him with dismissal,** bygythiodd ei ddiswyddo; **sth threatened with extinction,** rhth mewn perygl o gael ei ddifa; rhth a thranc yn ei fygwth, rhth dan fygythiad cael ei ddifa; **the threatened strike didn't come off,** ni fu streic er gwaetha'r bygwth; **to ~ to do sth,** bygwth gwneud rhth; **he threatened to resign,** bygythiodd ymddiswyddo; **the situation threatens to become worse,** mae perygl i'r sefyllfa waethygu; *abs.* **a storm is threatening,** mae storm yn codi; mae'n codi'n storm; *S.W:* mae'n macsu am storom; **a thuderstorm is threatening,** *N.W:* mae hi am derfysg; mae terfysg ynddi.

threatened *a.* **1.** *(= under threat):* dan fygythiad. **2.** *(= intended):* a fygythir, bygythiedig; **the ~ closure of the factory,** y bygythiad i gau'r ffatri.

threatener *n.* bygythiwr (bygythwyr) *m*, *occ:* bygylwr (bygylwyr) *m.*

threatening *a.* bygythiol, *occ:* bygylog, bygylus.

threateningly *adv.* yn fygythiol *&c.*

threatless *a.* difygythiad, difygwth.

three *num. a. & n.* **1.** *a. m.* tri, *f.* tair (*f*), *foll. by sing. noun or by* o + *n.pl.:* **~ men,** tri dyn, tri o ddynion, *Lit: occ:* tridyn, trigwr, triwyr; **~ girls,** tair geneth, tair o enethod; **~ people,** tri o bobl; tri *is foll. by the spirant mut. of* p-, t-, c-: **~ horses,** tri cheffyl, tri o geffylau; ~ **heads,** tri phen, tri o bennau; ~ **houses,** tri thŷ, tri o dai; tair *does not mutate after the article nor mutate the noun following:* **the ~ sheep,** y tair dafad; *but* tair *as a noun, meaning* **three women** *or other fem. noun, is foll. by a mutated adj.:* ~ **good women,** tair dda; ~ **times,** tair gwaith, teirgwaith; *adv.* dair gwaith, deirgwaith; **the ~ times table,** y tabl tri. **2.** *n.* tri(-oedd) *m*; **we ~, the ~ of us,** ni'n tri/tair, ni ill tri/tair, y tri/tair ohonom; **you ~, the ~ of you,** chi'ch tri/tair, chi ill tri/tair, y tri/tair ohonoch; **they ~, the ~ of them,** hwy eu tri/tair, hwy ill tri/tair, y tri/tair ohonynt; *Theol:* **the T~ in One,** y Tri yn Un. ~ **(consecutive) days,** tri diwrnod, tridiau; ~ **(consecutive) nights,** tair noson, teirnos; ~ **books,** tri llyfr, tri o lyfrau; ~ **hundred,** tri chant, trichant *m*; *(before noun):* tri chan, trichan; ~ **hundred thousand,** tri chan mil, tri chanmil; ~ **months,** tri mis, trimis *m*; **every ~ months,** bob tri mis; ~ **pounds** , *(money):* tair punt, teirpunt *f*; *(weight):* tri phwys, triphwys *m*; ~ **times,** teirgwaith *f*, tair gwaith *f*; *adv.* deirgwaith; **two or ~ times,** dwywaith neu dair; *Lit:* **the Three Musketeers,** y Tri Mysgedwr; ~ **parts,** ~ **quarters,** tri chwarter *m*; ~ **years,** tair blynedd, teirblwydd *f*; ~ **years old,** tair blwydd oed, teirblwydd oed; **(to enter) ~ by ~, in threes,** (mynd i mewn) fesul tri/tair, bob yn dri/dair, bob yn drioedd; **to give one ~ times ~ [cheers],** rhoi tair banllef deirgwaith; ~ **sheets in the wind,** = **drunk;** ~ **star (hotel, brandy),** (gwesty, brandi) tair seren; *Mth:* **rule of ~,** rheol y tri rhif; *Pol:* **the Big T~,** y Tri [Grym] Mawr; *Theol:* **the T~ Chapters,** Y Tri Phennawd. **~-act** *attrib. Th:* tair act. **~-acter** *n. Th:* drama (*f*) dair act (dramâu tair act). ~ **arm stake** *n. Tchn:* bonyn (bonion) (*m*) teirbraich. **~-ball** *attrib.* tair pêl. **~-bladed** *attrib. (knife):* trillafn; *(propellor):* tair palf, tair pâl. **~-bracted** *a. Bot:* tribract. **~-branched** *a.* teircainc. **~-capsuled** *a. Bot:* trichibog. **~-card brag** *n. Cards:* brag (*m*) tri cherdyn. **~-card trick** *n.* tric (*m*) y tri cherdyn, *S:* tric y tair carden. ~ **cheers** *n.* teirbloedd *f*, tair hwrê *f*. **T~ Cocks** *W.Pl.n.* Aberllynfi *f*. **~-colour[ed]** *a.* trilliw. **~-colour process** *n. Phot:* proses (*f*) drilliw. **~-cornered** *a.* trionglog, teironglog, tair cornel, tri chornel, trichornelog, trichonglog; **~-cornered hat,** het (*f*) dair gwalc (hetiau tair gwalc), het dri chornel (hetiau tri chornel); *Pol:* **~-cornered discussion,** trafodaeth (*f*) rhwng tri/tair; **~-cornered fight,** brwydr (*f*) rhwng tri/tair. **~-course** *attrib. Cu:* tri chwrs. **T~ Crosses** *W.Pl.n.* Y Crwys *pl.* **~-decked** *a. Nau:* tribwrdd. **~-decker** *n.* **1.** *Nau:* llong dribwrdd (llongau tribwrdd) *f*. **2.** *(novel):* nofel (*f*) dair cyfrol (nofelau tair cyfrol). **3.** *(sandwich):* brechdan (*f*) dair haen (brechdanau tair haen), brechdan driphlyg (brechdanau triphlyg) *f*. **~-dimension[al]** *a.* tri dimensiwn. **~-edged** *a.* trionglog, â thri/thair ymyl. **~-element, ~-electrode** *attrib. W.Tel:* tair elfen, tri electrod; **~-electrode lamp,** lamp drïod (lampau triod) *f*. **~-engined** *a. Av:* tri motor. **~-field system** *n. Agr:* y gyfundrefn drimaes *f*, cyfundrefn y tri maes. **~-fingered** *a.* tribys. **~-footed** *a.* trithroed, trithroediog, teirtroed. **~-four time** *n. Mus:* amseriad (*m*) tri-phedwar. **~-gaited** *a. (horse):* tricham. **~-halfpence** *n.* ceiniog (*f*) a dimai, *N.W: occ:* niwc a mag. **~-halfpenny** *a.* ceiniog a dimai. **~-handed** *a.* **1.** *Cards:* **~-handed game,** gêm (*f*) rhwng tri/tair, gêm i dri/dair. **2.** *Th:* **~-handed play,** drama i dri actor *or* i dair actores. **~-headed** *a.* triphen. **~-lane** *attrib.* tair lôn. **~-leaved** *a.* teirdalen. **~-legged** *a. (stool &c):* teircoes, trithroed; *Ent:* **~-legged bug,** pryf(-ed) (*m*) teircoes; *Games:* **~-legged race,** ras deircoes (rasys teircoes) *f*. **~-line octave** *n. Mus:* wythfed(-au) (*m*) tair llinell. **~-line whip** *n. Pol:* gwŷs (*f*) dair llinell (gwysiau tair llinell). **~-lobed** *a.* trillabedog. **~-master** *n. Nau:* llong (*f*) dri mast (llongau tri mast). **~-mile limit** *n. Pol: Nau:* terfyn (*m*) tair milltir. ~ **month old** *a.* trimis oed; ~ **month old animal,** trimisyriad (trimisyriaid) *m*. **~-monthly** *a.* trimisol. **~-outs** *n. Baseball:* tri allan *m*. **~-pair** *n. & attrib.* triphar *m*; **~-pair back,** triphar blaen; **~-pair back,** triphar ôl *m*. **~-per-cents** *n.pl. Fin:* bondiau tri y cant. **~-petalled** *a. Bot:* triphetalog. **~-phase** *attrib. El.E:* teirgwedd. **~-piece** *attrib.* tridarn; *Cost:* **~-piece suit,** siwt dridarn (siwtiau tridarn) *f*; *Furn:* **~-piece suite,** set dridarn (setiau tridarn) *f*, swît dridarn (switiau) tridarn *f*, tridarn eistedd. **~-pile** *attrib.* teircainc. **~-ply** *attrib.* **1. ~-ply wood,** pren tri thew/thrwch, pren tair haen. **2. ~-ply thread,** edau deircainc (edefion/edeifion teircainc); **~-ply wool,** edafedd teircainc; **~-ply rope,** rhaff deircainc (rhaffau teircainc) *f*. **~-point** *a. Av:* **~-point landing,** glanio (*vn*) ar dair olwyn; *Aut:* **~-point turn,** troad(-au) (*m*) trithro, troad ar drithro. **~-pointed** *a.* triphwynt, tri phigyn, triphig. **~-pronged** *a.* tridaint. **~-quarter 1.** *attrib.* tri chwarter; *Rugby Fb:* **~-quarter [back],** trichwarterwr (trichwarterwyr) *m*; **~-quarter length coat,** côt (*f*) dri chwarter (cotiau tri chwarter); *Bookb:* **~-quarter binding,** rhwymiad(-au) (*m*) tri chwarter. **~-quarter bound book,** llyfr(-au) (*m*) clawr thri chwarter; **~-quarter face portrait,** portread(-au) (*m*) tri chwarter wyneb; **~-quarter fiddle,** ffidil (*f*) dri chwarter (ffidlau tri chwarter). **2.** *adv.* **the room was ~-quarter[s] full,** 'roedd yr ystafell yn dri chwarter llawn; 'roedd yr ystafell yn llawn at ei thri chwarter; 'roedd tri chwarter llond yr ystafell. **3.** *n.* **~-quarter[s],** tri chwarter(-i,-au) *m*. **~-ring circus** *n.* syrcas (*f*) dri chylch (syrcasau tri chylch). **~-seater** *n. Aut:* car (ceir) (*m*) tair sedd, car i dri, car a lle i dri ynddo. **~-second rule** *n.* rheol (*f*) y tair eiliad. **~-seeded** *a. Bot:* trihadog. **~-sided** *a.* teirochrog, triochrog, teironglog, teironglaidd, trionglog, trionglaidd; **~-sided conversation,** sgwrs rhwng tri/tair. **~-sixty** *n. Skating:* tro(-eon) llawn *m*, troad(-au) llawn *m*. **~-speed** *attrib.* tair gêr, *F:* tri sbîd. **~-spined stickleback** *n. Ich:* crothell (*f*) dri phigyn (crethyll tri phigyn). **~-square** *a. Tchn:* trisgwar, trionglog, teironglog. **~-storey[ed]** *a.* trillawr. **~-stranded** *a.* teircainc. **~-stringed** *a.* trithant. **~-syllable[d]** *a.* teirsill, teirsillafog, trisill, trisillafog. **~-toed** *a.* tribys. **~-valued** *a. Ch:* trifalent. **~-veined** *a.* tair gwythïen. **~-way** *attrib.* **1.** *El: &c:* teirffordd. **2.** *(discussion &c):* tairochrog. **~-wheeled** *a.* tair olwyn, â thair olwyn. **~-wheeler** *n. (a) Aut:* cerbyd(-au) (*m*) tair olwyn, car (ceir) (*m*) tair olwyn; *(c) (= tricycle):* beic(-iau) (*m*) tair olwyn, treisigl(-au) *m*. **~-yearly** *a.* teirblynyddol, bob tair blynedd.

threefold *a. & adv.* **1.** *a.* triphlyg, tridyblyg. **2.** *adv.* yn driphlyg, cymaint deirgwaith, deirgwaith drosodd; **to increase ~,** treblu.

threepence *n.* tair ceiniog *f*; ~ **halfpenny,** tair a dimai.

threepenny *attrib.* tair ceiniog. ~ **bit/piece** *n.* darn(-au) (*m*) tair [ceiniog], *F:* pis[h]yn (pisiau) (*m*) tair [ceiniog]; **silver ~ bit,** pis[h]yn tair gwyn. ~ **worth** *n.* gwerth tair [ceiniog], tairceiniogwerth *f*.

threescore *a. & n. Lit:* trigain *m*, chwe deg *m*; ~ **and ten,** deg a thrigain; ~ **and ten [years]** dengmlwydd a thrigain.

threesome *a. & n.* **1.** *a.* i dri/dair. **2.** *n.* triawd(-au) *m*, grŵp (grwpiau) (*m*) o dri/dair.

thremmatology *n. Biol:* gwyddor (*f*) bridio.

threnetic[al] *Lit: a.* galarus, alaethus, galarnadol, marwnadol.

threnode *a.* = **threnody**.

threnodic *a.* galarnadol.

threnodist *n. Lit:* galarwr (galarwyr) *m*, galarnadwr (galarnadwyr) *m*, marwnadwr (marwnadwyr) *m* (*usu. pronounced* marnadwr).

threnody *n. Lit:* galarnad(-au) *mf*, m|arwnad (marwnadau) *f* (*usu. pronounced* marnad), galargan(-au) *f*.

threonine *n. Ch:* thr|eonin *m*.

thresh *v.t.* **1.** *(corn):* dyrnu; *(with flail):* ffusto, ffustio, curo. **2.** *(of ship's screw, whale's tail &c):* corddi, curo, troelli, ymrwyfo.

thresher *n.* **1.** *Husb: (a) (pers.):* dyrnwr (dyrnwyr) *m*, dyrnydd(-ion) *m*, ffustiwr (ffustwyr) *m*; *(with machine):* dyn(-ion) (*m*) dyrnwr, dyn [canlyn] injan ddyrnu; *(b)* = **threshing-machine. 2.** *(a) Ich: (shark):* llwynog(-od) (*m*) [y] môr, môr-lwynog(-od) *m*; *(b) Orn:* = **thrasher.**

threshing *vn.* dyrnu *vn*, dyrniad *m*, ffusto *vn*; *See* **thresh. ~-cake** *n. Cu:* cacen(-ni) (*f*) popty mawr, cacen injan ddyrnu. **~-floor** *n.* llawr (lloriau) (*m*) dyrnu, talwrn (talyrnau) *m*. **~-machine** *n.* peiriant (peiriannau) (*m*) dyrnu, *F:* injan (*f*) ddyrnu (injans dyrnu), dyrnwr (dyrnwyr) *m*, dyrnwr mawr, *N: occ:* dyrnwr tân.

threshold *n.* **1.** *(of door):* trothwy(-au,-on) *m*, [r]hiniog(-au) *m*, carreg (*f*) y drws, *S.W:* trothin *m*, trothyn *m*; **on the ~,** ar garreg y drws, ar drothwy'r drws, ar y rhiniog, ar ben y drws; **to cross the ~,** croesi'r trothwy. **2.** *Fig: Psy: Physiol: &c:* trothwy; **on the ~ of life,** ar drothwy bywyd. ~ **energy** *n. Ph:* egni (*m*) trothwy. ~ **population** *n.* poblogaeth (*f*) drothwy.

threw *v. See* **throw**[2].

thrice *adv. A: & Lit:* teirgwaith, deirgwaith, tair gwaith, dair gwaith; **twice or ~,** dwywaith neu dair; ~ **as great,** teirgwaith yn fwy, teirgwaith mwy; ~ **as much,** teirgwaith cymaint, cymaint deirgwaith; **~-blessed,** tra dedwydd, dedwydd dros ben; **~-told tale,** chwedl (*f*) a adroddwyd yn aml.

thridace *n. Pharm:* sudd (*m*) letys.

thrift *n.* **1.** *(= economy):* cynildeb *m,* darbodaeth *f,* darbodusrwydd *m; Lit:* **~, ~, Horatio!** darbodaeth, Horatio! **2.** *Bot:* **sea ~,** *(Armeria maritima):* clustog (*f*) Fair, archmain *m;* **Haller's ~,** *(A. halleri):* clustog Fair flewog; **Jersey ~,** *(A. arenaria):* clustog Fair y tywod; **mountain ~,** *(A. alpina):* clustog Fair y mynydd; **plantain-leaved ~,** *(A. plantaginea):* clustog Fair dail llyriad. **~ account** *n.* cyfrif(-on) (*m*) cadw. **~ institution** *n. U.S:* banc(-iau) (*m*) cynilion. **~ shop** *n.* siop rad (siopau rhad) *f,* siop ail law.

thriftily *adv.* **1.** *(= economically):* yn ddarbodus, yn gynnil, yn ddiwastraff; **to live ~,** byw'n gynnil *&c,* byw ar ychydig. **2.** *(= prosperously):* yn ffyniannus.

thriftiness *n.* = **thrift 1**.

thriftless *a.* **1.** *(= extravagant):* gwastraffus, afradlon, afrad, afradus, anghynnil. **2.** *(= improvident):* annarbodus, anghynnil, diddarbod, diddarbodaeth, *S:* didoreth.

thriftlessly *adv.* **1.** yn wastraffus *&c.* **2.** yn ddidoreth *&c.*

thriftlessness *n.* **1.** *(= extravagance):* gwastraff *m,* afradlonrwydd *m,* afradlondeb *m,* anghynildeb *m.* **2.** *(= improvidence):* annarbodaeth *f.*

thrifty *a.* darbodus, cynnil, diwastraff, *N.W: S.W:* fforddiol, *S.E:* rhatus, drud.

thrill[1] *n.* **1.** gwefr(-au) *f,* ias(-au) *f,* cyffroad(-au) *m,* cyffro *m,* cynnwrf *m, S:* aeth(-au) *m;* **~ of pleasure,** ias o foddhad; **thrills and spills,** *See* **spill**[1]. **2.** *Med:* dirgryniad(-au) *m,* cryndod(-au) *m.*

thrill[2] *v.t.&i.* **1.** *v.t.* cynhyrfu, gwefreiddio, cyffr|oi (rhn); rhoi ias/gwefr (i rn); *S.a.* **thrilled**. **2.** *v.i. esp. Lit:* *(a)* cynhyrfu, ymgynhyrfu, ymgyffr|oi, teimlo ias/gwefr/cyffro; **they thrilled to her voice,** rhoes ei llais wefr iddynt; teimlasant wefr ei llais; **we thrilled at the news,** parodd y newydd gyffro inni; rhoes y newydd ias/gyffro inni; *(b)* **fear thrilled through my veins,** aeth ias o ofn drwy fy ngwaed.

thrilled *a.* cyffröedig, gwefreiddiedig, mewn cyffro, wedi'ch cyffr|oi/cynhyrfu/gwefreiddio (**at sth,** o achos rhth, gan rth); **to be ~ with joy,** bod uwch ben eich digon; **she's ~ with her new car,** mae hi wrth ei bodd gyda'i char newydd; **I'm ~ for you,** 'rwyf wrth fy modd drosoch; 'rwyf yn falch drosoch; **to be ~ at the sight of sth,** teimlo gwefr/ias wrth/o weld rhth.

thriller *n. F: (novel):* nofel gyffr|ous (nofelau cyffr|ous) *f,* nofel ias a chyffro; *(film):* llun(-iau) cyffrous *m,* ffilm gyffrous (ffilmiau cyffrous) *f,* ffilm ias a chyffro; *(play):* drama gyffrous (dramâu cyffrous) *f,* drama ias a chyffro.

thrilling *a.* cyffr|ous, cynhyrfus, cynyrfiadol, gwefreiddiol, iasol, trydanol.

thrillingly *adv.* yn wefreiddiol, yn gyffr|ous *&c.*

thrillingness *n.* natur gyffr|ous *&c f,* gwefr *f,* gwefreiddioldeb *m.*

thrips *n. Ent:* thrips(-od) *m,* pryf(-ed) (*m*) taranau.

thrive *v.i.* ffynnu; *(of child, plant):* prifio, ffynnu, dod yml|aen; *(of business &c):* ffynnu, bod yn llewyrchus, dod ymlaen; **he thrives on it,** mae'n fwyd a diod iddo; **he thrives on other people's misfortunes,** mae trafferthion pobl eraill yn fêl ar ei fysedd.

thriver *n.* ffynnwr (ffynwyr) *m; (child, animal):* prifiwr (prifwyr) *m.*

thriving *a. (pers., plant &c):* sy'n prifio, sy'n dod yn ei flaen yn dda/iawn; *(pers., business):* llwyddiannus, ffyniannus, llewyrchus.

thrivingly *adv.* yn ffyniannus *&c.*

thrivingness *n.* ffyniant *m,* llwyddiant *m,* prifiant *m.*

thro' *prep. F:* = **through.**

throat[1] *n.* **1.** *(a) Anat: (= front of neck*[1]*):* gwddf (gyddfau) *m, N: usu. pronounced* gwddw (gyddfau) *m, S.W:* gwddwg (gyddygau) *m, N.E: F:* clag, *S: occ:* cecas *f, N: occ:* tagell(-i) *f;* **to grip/take s.o. by the ~,** cydio/gafael yng ngwddf rhn; cydio/gafael yn rhn gerfydd ei wddf, *N.W:* cydio yn nhagell rhn; **to cut s.o.'s ~,** torri [corn] gwddf rhn, *N.W: occ:* agor gwddw rhn; *N.B: that* torri'ch gwddf *can also mean* **to break one's neck;** torri corn gwddf *is less ambiguous; Fig:* **he is cutting his own ~,** mae'n torri'i ben ei hun; mae'n rhoi'r cortyn am ei wddw ei hun; mae'n rhoi ei ben i'w dorri; **they were at each other's ~; they were at one another's throats,** 'roeddynt yng ngyddfau'i gilydd; 'roeddynt wddf yng ngwddf; *S.E: F:* 'roedden nhw inc-anc â'i gilydd; **to lie in one's ~,** dweud celwydd yn eich dannedd, dweud celwydd noeth; **to give s.o. the lie in his ~,** taflu celwydd i ddannedd rhn; *(b) (= gullet):* corn (*m*) gwddf (cyrn gyddfau), llwnc *m;* **it sticks in my ~,** mae'n anodd i mi ei lyncu; mae'n glynu yng nghorn fy ngwddf i; *occ:* mae'n glynu yn fy nglasog i; **the words stuck in his ~,** tagodd ar ei eiriau; *N.W:* aeth y geiriau'n sownd yn ei wddw; **I have a sore ~; I have a clergyman's ~,** *N:* mae gen i ddolur gwddw; mae dolur gwddw arna' i; *S:* ma' gwddwg/llwnc tost 'da fi; **he had a frog in his ~,** 'roedd yn gryg/gryglyd/crygu; **to clear one's ~,** carthu'ch [corn] gwddf, *S.E:* crafu cecas; *F:* **to moisten one's ~,** gwlychu'ch llwnc/pig; **to jump down s.o.'s ~,** arthio ar rn, *N.W:* haffio ar rn, *occ:* cipio rhn; **to ram/thrust sth down s.o.'s ~,** gwthio rhth i lawr corn gwddf rhn. **2.** *(a) (of harbour):* genau (geneuau, geneuoedd) *m; (b) Nau: (of sail):* blaen uchaf *m,* gwddf. **3.** *(of blast surface, chimney):* ceg(-au) *f,* gwddf. **4.** *(of tennis racket):* gwddf. **~-lash, ~-latch** *n. Harn:* carrai (*f*) ceg (careiau cegau), carrai ên (careiau genau). **~ lozenge** *n. S.W:* losinen (losin) (*f*) gwddwg, *N:* da-da (*m*) dolur gwddw, peth(-au) da (*m*) dolur gwddw. **~-microphone** *n.* m|eicroffon: m|icroffon (m[e]icroffonau) (*m*) gwddf. **~-plate** *n.* gyddfblat(-iau) *m.* **~-spray** *n. Med:* chwistrell(-au) (*f*) gwddf, tasgydd(-ion) (*m*) gwddf. **~-strap** *n. Harn:* carrai ên.

throat[2] *v.t.* yngan/llefaru/lleisio (rhth) yn yddfol/gryg/gryglyd, crygleisio (rhth).

-throated *a.* **deep-~,** dwfn (*f.* dofn, *pl.* dyfnion), dyfnlais; **full-~,** *(song &c):* llafar, llafardon, soniarus; **white-~,** â gwddf gwyn.

throatily *adv.* yn yddfol; *(= hoarsely):* yn gryg/gryglyd.

throatiness *n.* natur yddfol *f; (= hoarseness)* crygni *m.*

throatwort *n. Bot: (Campanula latifolia):* clychlys llydanddail *m,* clychlys mawr; **blue ~,** *(C. trachelium):* clychlys dan|ad-ddail.

throaty *a.* **1.** gyddfol; *(= hoarse):* cryg, cryglyd. **2.** *(of animal, having loose skin about the throat):* tagellog.

throb[1] *n.* **1.** *(of heart &c):* curiad(-au) *m, Lit: occ:* dychlamiad(-au) *m;* **heart-~,** *(a) Physiol:* curiad calon, *M.W:* calon (*f*) guro; *(b) Fig: (= idol):* eilun(-od) *m;* **~ of pleasure,** ias(-au) (*f*) o bleser; *(of machine):* curiad, dirgryniad(-au) *m.* **2. ~ of pain,** plwc (plyciau) (*m*) o boen, gwayw (gwewyr) *m,* gwŷn (gwyniau) *mf, N:* cur *m.*

throb[2] *v.i. (of heart &c):* curo, dyrnu, dychlamu; *(of engine &c):* curo, dyrnu; **to ~ with joy,** curo/llamu/dychlamu gan/o lawenydd; **a city throbbing with activity,** dinas sy'n fwrlwm o weithgaredd; *(b) (with pain)* gwynio, *S:* gwyniad, gwynegu; **my finger is throbbing,** *N.W:* mae fy mys i'n plycio; *S.W:* mae fy mys i'n plwcan; *(of tooth):* plycio, *S.W:* plwcan, *S:* gwynio; **my head is throbbing,** mae gwayw yn fy mhen i; mae fy mhen i'n gwynio/pwyo; *N:* mae cur yn fy mhen i.

throbber *n.* curwr (curwyr) *m.*

throbbing[1] *a.* **1.** *(heart &c):* curiadol, dychlamol; *(machine):* dirgrynol, sy'n curo/dyrnu. **2.** *(pain):* gwyniog, gwyniol, *N.W:* plyciog, prociog; **~ pain,** gwayw (gwewyr) *m,* gwŷn (gwyniau) *mf,* plwc (plyciau) (*m*) o boen, *N:* cur *m.*

throbbing[2] *vn.* **1.** *(of heart &c):* curiad(-au) *m,* dychlamiad(-au) *m; (of engine):* dirgryniad(-au) *m,* curiad, sŵn (*m*) dyrnu/cur; *(b) (of finger &c): N.W:* plycio, *S.W:* plwcan; *S.a.* **throb**[2].

throbbingly *adv.* yn ddychlamol *&c.*

throes *n.pl.* gwewyr, pangf|eydd, poenau; **the ~ of childbirth,** gwewyr esgor; *F:* **we're in the ~ of moving house,** 'rydym ar ganol mudo; 'rydym yn ei chanol hi yn mudo.

thrombin *n. Bio-Ch:* thrombin *m.*

thrombocyte *n. Biol:* thr|ombosyt (thrombosytau) *m.*

thrombocytic *a. Biol:* thrombosytig.

thrombocytopenia *n. Path:* thrombosytopenia *m.*

thrombocytopenic *a. Path:* thrombosytopenig.

thromboembolic *a. Path:* thrombo-embolig.

thromboembolism *n. Path:* thrombo-emboledd(-au) *m.*

thrombogen *n. Bio-Ch:* thr|ombogen (thrombogenau) *m.*

thrombokinase *n.* = **thromboplastin.**

thrombophlebitis *n. Path:* thrombofflebitis *m.*

thromboplastic *a. Biol:* thromboplastig.

thromboplastically *adv. Biol:* yn thromboplastig.

thromboplastin *n. Biol:* thromboplastin *m.*

thrombose *v.t.&i. Med:* thrombosio.

thrombosis *n. Path:* thrombosis(-au) *m,* ceulad(-au) *m,* tolcheniad(-au) *m;* **coronary ~,** thrombosis coronaidd, c|oronari (coronarïau) *f.*

thrombotic *a. Med:* thrombotig, ceulol, tolchennol.

thrombus *n. Path:* thrombws (thrombysau) *m,* tolchen(-ni) *f,* ceulad(-au) *m.*

throne[1] *n.* gorsedd(-au) *f, occ:* gorseddfa(-oedd) *f,* gorseddfainc (gorseddfeinciau) *f,* brenhinfainc (breninfeinciau) *f;* **to come to the ~, to ascend/mount the ~,** esgyn i'r orsedd; **the power behind the ~,** y grym y tu ôl i'r orsedd; **the ~ of grace,** gorsedd gras; **~ of judgement,** gorsedd barn, brawdle(-oedd) *m.* **~-room** *n.* gorseddle(-oedd) *m,* gorseddfan(-nau) *mf.*

throne[2] *v.t.* gorseddu.

throneless *a.* diorsedd, heb orsedd.

throng[1] *n.* torf(-|eydd) *f,* tyrfa(-oedd) *f,* cynulliad(-au) *m,* llu(-oedd) *m, F:* fflyd (fflydoedd) *f, S.W:* crugyn *m* [o bobl].

throng[2] *v.i.&t.* **1.** *v.i.* tyrru, heidio, ymgasglu, ymgrynh|oi, ymdyrru, llifo, dod yn llu, *F:* dod yn fflyd, *S.W:* crynh|oi, *occ:* twrro. **2.** *v.t.* **1.** *(= congest):* gorlenwi, gordyrru.

thronged *a.* llawn, gorlawn; **(the room was) ~,** ('roedd yr ystafell) yn orlawn, dan ei sang, yn llawn dop, *N: F: occ:* yn llawn joc/joch.

thronging *a.* heidiol, niferus; **~ streets,** strydoedd llawn/gorlawn.

throstle *n. Orn:* bronfraith [fach] (bronfreithod [bach]) *f.* **~ frame** *n. Tex:* gwŷdd (gwyddion) *(m)* cyfrodeddu, peiriant (peiriannau) *(m)* nyddu.

throttle[1] *n.* **1.** *F:* = **throat, gullet. 2.** *Mec.E: (a) Mch: I.C.E:* **~[-valve],** falf *(f)* dagu (falfiau tagu), falf reoli (falfiau rheoli); *(b) I.C.E:* **~[-pedal],** throtl(-au) *mf,* sbardun(-au) *mf;* **to open out the ~,** agor y throtl, gwasgu'r sbardun, rhoi tân arni/dani, *S.W:* ei hagor hi mas, *N: F:* codi sbîd; **to close the ~,** llacio'r sbardun, cau'r throtl.

throttle[2] *v.t.* **1.** tagu, llindagu, *S.E:* cego. **2.** *(a) Mch: I.C.E:* cyfyngu (ar rth), throtlo (rhth); *abs.* **to ~ back/down,** arafu.

through *prep. & attrib.adv.* I. *prep.* **1.** *(a)* trwy, drwy *(+ soft mut.) (with inflected forms):* **~ me,** trwof i; **~ thee,** trwot ti; **~ it, ~ her,** trwyddi hi; **~ it, ~ him,** trwyddo ef/fe; **~ us,** trwom ni; **~ you** trwoch chi; **~ them,** trwyddynt hwy; **~ a hedge,** trwy glawdd; **to come/go ~ sth,** dod/mynd trwy/drwy rth; **to look ~ a window,** edrych trwy ffenestr; *F:* **to go ~ s.o.'s pockets,** chwilio/mynd trwy bocedi rhn, chwilio pocedi rhn; *Aut:* **to go ~ a red light,** mynd trwy olau coch, mynd heibio i olau coch; *F:* **he's been ~ it; he's been ~ a lot,** mae wedi bod drwyddi; mae wedi'i chael hi; mae wedi cael llaw galed; bu'n galed arno; mae wedi cael loes; fe gafodd lawer loes; **to speak ~ one's nose,** siarad trwy'ch trwyn; **he is ~ his examination,** fe lwyddodd yn ei arholiad; fe aeth trwy ei arholiad; *F:* **to put s.o. ~ it,** rhoi rhn drwy'r felin, ei rhoi hi i rn; **I am half ~ this book,** 'rwyf hanner y ffordd drwy'r llyfr hwn; 'rwyf ar hanner y llyfr hwn; **I have got ~ this book,** 'rwyf wedi darllen y llyfr hwn; *S.a.* **put**[2] I. **5, run through**; *(b) (= throughout):* ar hyd, trwy, trwy gydol, gydol, yn ystod; **all ~ his life,** trwy gydol ei oes/fywyd, yn ystod ei holl fywyd, ar hyd ei fywyd/oes; *esp. U.S:* **Monday ~ Friday,** o ddydd Llun hyd ddydd Gwener; **to sleep the night ~,** cysgu [trwy] gydol y nos; **all ~ the night,** ar hyd y nos. **2.** *(= by intermediary of):* **~ s.o.,** trwy law rhn; **to send sth ~ the post,** anfon rhth trwy'r/drwy'r post. **3.** *(a) (= by reason of):* trwy rth, oherwydd rhth, o achos rhth, ar gyfrif rhth, o ganlyniad i rth, *Lit:* oblegid rhth, *F:* ar gownt rhth, *occ:* ar gorn rhth; **~ ignorance,** oherwydd/trwy anwybodaeth, o achos anwybodaeth; **absent ~ illness,** yn absennol oherwydd *or* o achos salwch, *F:* absennol ar gownt salwch; **to act ~ fear,** gweithredu oherwydd ofn; *(b)* **it all happened ~ him,** ef oedd achos y cyfan; digwyddodd y cyfan o'i achos/herwydd/blegid ef. II. *adv.* **1.** *(a)* trwodd, drwodd *(not* trwyddo); **the water poured ~,** rhedodd y dŵr drwodd *(not* drwyddo); **to let s.o. ~,** gadael i rn fynd drwodd/heibio *(not* drwyddo); **his trousers are ~ at the knees,** *N:* mae ei bennau gliniau allan trwy'i drywsus; mae ei drywsus yn dwll/dyllau yn y pennau gliniau; *S.W:* mae'i bengliniau mas trwy'i drowser; *F:* **Wales are ~ to the final,** mae Cymru drwodd i'r rownd derfynol; *(b)* **~ and ~,** trwyddo/drwyddo draw; **he's a Tory ~ and ~,** mae'n Dori rhonc; mae'n Dori i'r carn; **to run s.o. ~ (with one's sword),** trywanu rhn, rhoi'ch cleddyf trwy rn; *S.a.* **wet**[1] **1**; *(c)* **(to read a book) [right] ~,** (darllen llyfr) o glawr i glawr, o'i gwr, o'r naill ben i'r llall, o'r dechrau i'r diwedd, drwodd, drwyddo; **to see/carry sth ~,** mynd â'r maen i'r wal, gweld terfyn rhth, gweld pen ar rth, canlyn rhth i'w derfyn/ben; **we must go ~ with it,** mae'n rhaid inni fynd ymlaen ag ef; rhaid inni fynd ag ef i'r pen; mae'n rhaid inni weld ei ddiwedd; **the lesson is half ~,** mae'r wers ar ei hanner; **to be ~ with sth,** *(i) (= have finished)* gorffen/darfod â rhth; *S:* cwpla/dibennu gyda rhth; *(ii)* **I'm ~ with him,** *(= have/had enough):* 'rwyf wedi darfod ag ef; *S:* 'rw' i wedi cwpla 'dag e; **are you ~ with your work?** a wyt ti wedi gorffen/darfod/cwblhau/cwpla/dibennu dy waith? **I am ~ with you; we're ~,** *(i)* 'rwyf wedi darfod â thi; *S:* 'rw' i wedi cwpla 'da ti; *(ii)* mae hi ar ben rhyngom ni; dyna'i diwedd hi rhyngom ni; *U.S: Tp:* **are you ~?** ydych chi wedi darfod? *(ii) F:* **I'm ~,** *(done for):* mae hi ar ben arna' i; mae hi wedi darfod arna' i; mae hi wedi canu arna' i; *F:* mae hi wedi w[h]ech arna' i; *S: F:* mae'n ddominô arna' i; *S.a.* **through 2, pull through. 2.** *(a) (= directly):* **(the train runs) ~ to Paris,** (mae'r trên yn mynd) yn syth i Baris, drwodd i Baris, yn syth drwodd i Baris; *(b)* **to get ~ to s.o.,** *(i) Tp:* dod/mynd i gysylltiad â rhn, cysylltu â rhn, cyrraedd rhn; *(ii) F:* **am I getting ~ to you?** ydych chi'n fy neall i? **I can't get ~ to her,** ni allaf gael ganddi ddeall; *Tp:* **I'm putting you ~ to the secretary,** 'rwy'n eich cysylltu â'r ysgrifennydd; 'rwy'n eich rhoi drwodd i'r ysgrifennydd; **you are ~,** dyna chi [trwodd/drwodd]; *Rugby:* **to cut ~,** torri trwodd/drwodd. III. *attrib.* **1.** *Tchn: (bolt &c):* trwodd. **2.** *(train, road, ticket):* bob cam, trwodd; *Rail:* **~ carriage/coach for Paris,** cerbyd syth i Baris, cerbyd trwodd i Baris; **~ passenger to Paris,** teithiwr [bob cam] i Baris; **~ traffic,** trafnidiaeth drwodd, traffig trwodd; *P.N:* **no ~ road,** dim ffordd drwodd; *U.S:* **~ street,** stryd *(f)* [i drafnidiaeth] drwodd. **~ bass** *n. Mus:* = **thorough bass. ~ care** *n.* gofal pellach *m,* gofal trwyadl. **~ communication** *n. Rail:* cydgysylltiad(-au) *m.* **~-composed** *a. Mus:* trwy-gyfansawdd. **~-stone** *n. Const:* carreg *(f)* gloi (cerrig cloi) *f,* pwyth(-au) *m, occ:* pwyth drwy'r mur. **~ saw-cut** *n. Carp:* llifiad(-au) *(m)* drwodd.

throughout *prep. & adv.* **1.** *prep. (a)* trwy/drwy *(for forms see* **through**); **~ the country,** trwy'r wlad i gyd, o'r naill ben i'r wlad i'r llall, trwy'r holl wlad, ledled y wlad, trwy hyd a lled y wlad, trwy'r wlad benbwygilydd, trwy'r wlad drwyddi draw, *S.W:* trwy'r wlad bentigili, *Lit:* trwy'r wlad benbaladr; *(b)* **~ the year,** trwy'r flwyddyn, trwy gydol y flwyddyn, gydol y flwyddyn, trwy'r flwyddyn i gyd, ar hyd y flwyddyn, o'r naill ben i'r flwyddyn i'r llall, drwy'r flwyddyn gron gyfan; **~ the eighteenth century,** trwy'r ddeunawfed ganrif, trwy gydol y ddeunawfed ganrif. **2.** *adv. (a)* drwodd/drwyddo/drwyddi/drwyddynt; **(a house) with electric light ~,** (tŷ â golau trydan) drwyddo/trwyddo draw, *occ:* o ben bwygilydd; **leather-lined ~,** wedi ei leinio drwodd â lledr; *(b) (= all the time):* trwy'r amser, trwy gydol yr amser, gydol yr amser, ar hyd yr amser.

throughput *n.* mewnbwn *m,* trwygyrch *m.*

throughway *n.* tramwyfa (tramwyf|eydd) *f,* heol(-ydd) agored *f,* traffordd (traffyrdd) *f, U.S:* modurffordd (modurffyrdd) *f; P.N:* **no ~,** dim ffordd drwodd.

throve *v. See* **thrive.**

throw[1] *n.* **1.** *(a) Games: Sp: &c:* tafliad(-au) *m, N: occ:* lluch *m, S.W:* twlad *f,* towlad *f;* **foul ~,** camdafliad(-au) *m; (b) (= chance):* cyfle(-oedd) *m; Fig:* **it was his last ~,** dyna oedd ei gyfle olaf; *(c) F:* **to sell sth at 10 pounds a ~,** gwerthu rhth am ddecpunt yr un; *(d) Wr: (of opponent):* tafliad, codwm (codymau) *m.* **2.** *Geol:* tafliad, ffawt(-iau) *mf.* **3.** *Mec.E: (of piston &c):* tafliad, tafledd(-au) *m.* **~ line** *n. Th:* cortyn(-nau) *(m)* fflat. **~ rug** *n.* carthen(-ni) *f,* rỳg (rygiau) *mf.* **~-stick** *n. (= sling):* ffon dafl (ffyn tafl) *f; (to be thrown):* ffon daflu (ffyn taflu).

throw[2] *v.t.* **1.** *(a) (a ball):* taflu, *occ:* taflyd, *Lit:* bwrw, *N.W:* lluchio, twlu, taflyd, *S.W:* twlu, towlu, towlyd, *S.E:* sieto, sioto; *Prov:* **people who live in glass houses shouldn't ~ stones,** rhaid cael genau glân i oganu; y neb a heuo ddrain, na cherdd yn droednoeth; *abs.* **he can ~ a hundred yards,** gall daflu [hyd at] ganllath; **to ~ the helve after the hatchet,** taflu'r goes ar ôl y fwyell; **to ~ the baby out with the bathwater,** taflu'r llo a chadw'r brych, cadw'r brych a lluchio'r babi, llosgi'r gwely/fatres i ladd chwannen; **to ~ good money after bad,** taflu arian da ar ôl arian drwg; **to ~ stones at s.o.,** *(i)* taflu/lluchio/pledu cerrig at rn, pledu rhn â cherrig; *B:* llabyddio rhn; *(ii) Fig:* lladd ar rn, ymosod ar rn, rhoi rhn dan lach, rhoi rhn dan yr ordd; **to ~ s.o. a kiss,** taflu cusan at rn; **to ~ one's voice,**

tafluʼch llais; **to ~ a glance at s.o.,** llygadu rhn, taflu/bwrw cipolwg ar rn, *S: F:* cewco/cewcan ar rn, *S. W:* twlu llygad ar rn; *T. V: &c:* **to ~ focus,** taflu ffocws; **to ~ temptation in s.o.ʼs way,** temtio rhn; **to ~ the blame on s.o.,** bwrwʼr/rhoiʼr/dodiʼr/ tafluʼr bai ar rn, beio rhn; *Sp:* **to ~ the hammer,** tafluʼr ordd; **to ~ the discus,** tafluʼr ddisgen; **to ~ a punch,** taflu/anelu dyrnod; **to ~ a spanner in the works,** rhoi sbrag/sbrogen yn yr olwyn; *S.a.* **money 1., mud;** *(b)* **to ~ a cover over sth,** taflu llen dros rth, gorchuddio rhth â llen; **to ~ a shawl over oneʼs shoulders,** taflu/ taro siôl dros eich ysgwyddau; **to ~ oneself into sth,** ymdaflu/ ymfwrw i rth, eich bwrwʼch hun i rth; **to ~ s.o. out,** taflu rhn allan/mas, dangos y drws i rn, taflu rhn dros y drws; **to ~ oneself on s.o.ʼs generosity,** eich tafluʼch hun ar haelioni rhn; **to be thrown upon oneʼs own resources,** gorfod dibynnu ar eich adnoddau eich hun, gorfod sefyll ar eich traed eich hun; **to ~ two rooms into one,** gwn|eud dwy ystafell yn un, uno dwy ystafell, *S. W:* bwrw dwy ystafell yn un; **to ~ open a door,** agor drws led y pen, agor drws yn llydan agored; *S.a.* **gear[1] 3, work[1] 4. 2.** *(a)* **to ~ a bridge over a river,** codi/adeiladu/gwneud/taflu pont dros afon; *(b)* **to ~ a picture on a screen,** taflu/dangos llun ar sgrîn; **to ~ a lustre over sth,** *F:* gwyngalchu rhth *(pronounced* ng-g), cuddio pechodau rhth. **3.** *F:* **to ~ a fit,** cael ffit, *occ:* mynd i ffit, cael gwasgfa, colli arnoch eich hun, *N: occ:* cael cynfylsiwn, *S. W:* mynd i nwydau; **to ~ a party,** rhoi parti, cael parti. **4.** *(a) Wr:* **to ~ an opponent,** taflu/llorio/lluchio gwrthwynebydd, rhoi codwm i wrthwynebydd; *(b) (of horse):* **to ~ its rider,** tafluʼr marchog/marchogwr. **5.** *Cer:* **to ~ a pot,** llunio llestr; *Carp:* **to ~ wood,** turnio pren. **6.** *(= disconcert):* drysu, syfrdanu, synnu (rhn); bwrw (rhn) oddi ar ei echel; gwneud (rhn) yn fud; **his question threw me for a moment,** dryswyd fi ennyd gan ei gwestiwn. **7.** *(of domestic animal): (= give birth):* bwrw, cael; **to ~ out the womb,** *N. W:* tafluʼr llestr, bwrwʼr llestr, *S. W:* bwrwʼr llawes. **8.** *(of snake):* **to ~ skin,** bwrw croen, bwrw hengroen *(pronounced* ng-g). **9.** *Tex:* **to ~ (silk),** cyfrodeddu, cordeddu (sidan). 10. *U.S:* **to ~ a fight,** colli ymladdfa/gornest o fwriad. **~ about/around 1. (to ~ sth) about/around,** (taflu rhth) ar hyd y lle, o gwmpas, oddi amgylch, *S:* aboitu, omboitu *&c;* **to ~ oneʼs money about,** gwastraffuʼch/afraduʼch arian, *N: F:* hauʼch pres iʼr pedwar gwynt. **2.** *(a)* **to ~ oneʼs arms about,** chwifioʼch breichiau; **to ~ oneself about,** ymdaflu, ymrwyfo, *N: occ:* swalpio; **to ~ oneʼs weight about,** rhodresa, torsythu, ymdorsythu, bod yn deyrn, tafluʼch pwysau o gwmpas; *F:* **he throws his weight about,** mae rhyw hen rodres ynddo; maeʼn ddyn pwysig iawn/ofnadwy; maeʼn dipyn o deyrn. **~ aside** *v.t.* taflu/lluchio (rhth) oʼr neilltu, oʼr naill du, iʼr naill ochr. **to ~ away** *v.t.* **1.** *(= discard):* taflu/ lluchio (rhth), *N. W:* rhoi lluch (i rth), *S:* rhoi fflingad/weind (i rth); *Cards:* taflu, lluchio. **2.** *(= squander):* gwastraffu, afradu; **to ~ away a chance,** gwastraffu cyfle, taflu cyfle iʼr gwynt, colli cyfle, gadael i gyfle fynd i ganlyn y gwynt; **to ~ away oneʼs life,** difethaʼch bywyd, aberthuʼch bywyd yn ddi-fudd/ofer; *(of girl):* **sheʼs thrown herself away,** mae hi wedi priodi rhn annheilwng ohoni; mae hi wedi priodi rhn is na hi; mae hi wediʼi gwastraffuʼi hun; **the advice was thrown away on him,** gwastraffwyd y cyngor arno. **3.** *Th:* **to ~ away a line,** taflu llinell wrth fynd heibio. **~-away 1.** *a. (a) (= disposable):* tafladwy, untro; *(b) Th: (= underemphasized):* wrth fynd heibio, ffwrdd â hi, dros ysgwydd, dibwyslais, didaro. **2.** *n. (a)* peth(-au) tafladwy *m,* peth untro, peth iʼw daflu (pethau iʼw taflu); *(b) (= leaflet):* taflen(-ni) *f.* **~ back 1.** *v.t. (a) (fish, ball):* taflu/ lluchio (rhth) yn ei ôl; **to ~ fish back into the water,** taflu pysgodyn yn ei ôl iʼr dŵr, dychwelyd pysgodyn iʼr dŵr; *(light):* ad-daflu, adlewyrchu; *(b)* **to ~ back oneʼs shoulders,** sythuʼch gwar; *(c) (= delay progress of sth):* arafu (rhth), bwrw (rhth) yn ôl; *(d)* **to be thrown back upon s.o.,** gorfod troi yn eich ôl at rn, gorfod dibynnu ar rn; **I was thrown back on my own company,** buʼn rhaid imi fodloni ar fod yn unig. **2.** *v.i. (of breed):* atchwelyd. **~-back** *n.* **1.** *(in progress):* rhwystr(-au) *m,* atalfa (atalf|eydd) *f.* **2.** *Biol:* atchweliad(-au) *m; Fig:* **this fashion is a ~-back to the sixties,** adlais oʼr chwe degau ywʼr ffasiwn hon; dychweliad iʼr chwe degau ywʼr ffasiwn hon. **~ down** *v.t.* **1.** taflu/lluchio (rhth) i lawr; **to ~ down oneʼs arms,** tafluʼch arfau, gollwng eich arfau, ildio, gildio; *Ind:* **to ~ down oneʼs tools,** mynd ar streic, streicio, rhoiʼch pethau i lawr; **to ~ down the gauntlet (to s.o.),** herio (rhn), rhoi her (i rn); **(a river) that throws down mud,** (afon) syʼn dod â mwd/llaid iʼw chanlyn, syʼn cario llaid i lawr, syʼn dod â llaid i lawr, syʼn cario/dyddodi llaid. **~ in** *v.t.* **1.** taflu/lluchio (rhth) i mewn. **2.** *(= add to bargain):* ychwanegu, cynnwys (rhth); rhoi (rhth) yn ychwanegol/gynwysedig; rhoi (rhth) dros ben; **(a new car) with free radio thrown in,** (car newydd) gan gynnwys radio am ddim, a radio am ddim iʼw ganlyn; **Iʼll ~ in the book for free,** fe gewch y llyfr gen i am ddim; *M. W:* fe gewch y llyfr gen i yn feindin; *(b)* **to ~ in a word,** ychwanegu gair, dweud gair yn ychwanegol, rhoi gair i mewn, dweud eich pwt. **3. to ~ in oneʼs lot with s.o.,** bwrwʼch coelbren gyda rhn. **4.** *(a)* **to ~ in oneʼs hand** *or* **oneʼs cards** *or* all the cards *or* the towel *or* the sponge, rhoiʼr gorau iddi, rhoiʼr ffidil yn y to, cyfaddef i chi gael eich trechu, *S.E: occ:* dodiʼr delyn yn y llwyn; *(b) Fb: Cr:* **to ~ in,** taflu [i] mewn; **~-in** *n. Fb:* tafliad(-au) *(m)* i mewn, mewndafliad(-au) *m.* **~ off** *v.t.* **1.** *(a) (vapour):* gollwng; *(b) (clothes):* taflu, tynnu, *Lit:* diosg, dihatru; **to ~ off oneʼs clothes,** tafluʼch dillad oddi amdanoch; **to ~ off a bad habit,** cael gwared â chast drwg; **to ~ off fatigue,** bwrwʼch blinder; *S.a.* **yoke[1] 1. 2.** *(a)* **to ~ a train off the rails,** bwrw/taflu trên oddi ar y cledrau; *(b)* **to ~ dogs off the scent,** arwain cŵn oddi ar y trywydd; *S.a.* **guard[1] 1.; they threw off their pursuers,** cawsant wared âʼu herlidwyr; taflasant eu herlidwyr oddi ar eu trywydd. **3. to ~ off (a poem),** llunio/gwneud/cyfansoddi (cerdd) yn sydyn/fyrfyfyr, llunio (cerdd) ffwrdd-â-hi. **3.** *v.i. Ven:* cychwyn [hela]. **~-off** *n. Ven:* cychwyn *m,* cychwyniad *m.* **~ on** *v.t.* **1. to ~ wood on the fire,** taflu/lluchio coed ar y tân; *F:* **to ~ on a coat,** taro côt amdanoch. **~ out** *v.t.* **1.** *(= discard):* taflu/ lluchio (rhth) (allan/mas); cael gwared (â rhth), *Lit:* bwrw (rhth) ymaith. **2.** *(heat):* rhoi, taflu; **to ~ out sparks,** gwreichioni, taflu/tasgu gwreichion; **to ~ out beams of light,** pelydru, tywynnu. **3.** *(a) (= reject):* gwrthod (rhth), taflu (rhth) allan/mas, bwrw (rhth) oʼr neilltu; *(= expel s.o. from club &c):* diarddel; *(b) Aut:* **to ~ out the clutch,** pwyso/gwasgu ar y cydiwr, datgydio, mynd oʼr afael; *F:* **to ~ the baby out with the bathwater,** tafluʼr llo a chadwʼr brych, cadwʼr brych a lluchioʼr babi, llosgiʼr gwely i ladd chwannen. **4.** *(a)* **to ~ out oneʼs chest,** torsythu, chwyddo, tafluʼr frest allan, *S. W:* sgwaro, siesto, *N. W: occ:* brestio, chwyddo fel bwngi *(pronounced* ng-g); *(b) Mil:* **to ~ out (skirmishers),** anfon, gyrru, *S:* hala (ysgarmeswyr) ar y blaen. **5. to ~ out (suggestions),** codi, cynnig, taflu (awgrymiadau); rhoi (awgrymiadau) ger bron; **to ~ out insinuations,** ensynio, gwneud ensyniadau, *S: F:* sbengan, *N: F:* taflu/lluchio weips. **6. to ~ out,** *(= confuse):* drysu (rhn), bwrw (rhn) oddi ar ei echel. **7.** *Cr: Baseball:* taro/bwrw (rhn) allan/mas. **8.** *(wing of building, pier):* ychwanegu. **~-outs** *n.pl. Com:* gwastraff *(m)* iʼw daflu/luchio, sborion *(pl)* iʼw taflu/lluchio. **~ over** *v.t.* **1.** *Fig:* **to ~ s.o. over,** cefnu ar rn, troi cefn ar rn, troi/bwrw rhn heibio, troi/bwrw rhn oʼr naill du, gadael rhn ar y clwt, rhoiʼr gorau i rn, *N: occ:* rhoiʼr hwi i rn; *(esp. sweetheart):* rhoi cawell i rn; **to ~ a plan over,** rhoiʼr gorau i gynllun. **2.** *Mec.E: (a lever):* gwthio; *S.a.* **point[1] II. 4. ~ together** *v.t.* **1.** *(= assemble hastily):* taflu/lluchio (rhth) at ei gilydd, dodi/rhoi (rhth) ynghyd yn frysiog. **2. chance had thrown us together,** ʼroedd ffawd wedi ein taflu at ein gilydd; siawns aʼn taflodd at ein gilydd; trwy siawns y bu inni daro ar ein gilydd. **~ up** *v.t.* **1. (to ~ sth) up,** (taflu/ lluchio rhth) iʼr awyr, i fyny, *S:* lan; **to ~ up oneʼs eyes,** codiʼch/ dyrchafuʼch llygaid; *S.a.* **sponge[1] 1. 2.** *(= vomit):* chwydu, cyfogi (rhth); taflu (rhth) i fyny, *S. W:* cael (rhth) yn ei ôl, twlu (rhth) lan, gloesi (rhth), *N:* taflyd (rhth) i fyny, *N. W: occ:* gleisio (rhth). **3. to ~ up a house,** codi/adeiladu tŷ ar frys, *N: F:* taflu tŷ ar ei draed. **4.** *(= disclose):* datgelu (rhth), dwyn (rhth) i olau dydd, dwyn (rhth) iʼr golau, *N: F:* dod (â rhth) iʼr fei. **5.** *(= renounce):* rhoiʼr gorau (i rth), cefnu (ar rth). **~-up** *n. Netball:* cydnaid (cydneidiau) *f.*

thrower *n.* taflwr (taflwyr) *m,* lluchiwr (lluchwyr) *m, occ:* taflydd(-ion) *m,* tafliedydd(-ion) *m.*

throwing *vn.* **~-stick** *n. (= sling):* ffon *(f)* dafl (ffyn tafl); *(to be thrown):* ffon daflu (ffyn taflu).

thrown *a.* **1.** tafledig, a deflir, a daflwyd, wedi ei daflu. **2.** *Tex:* **~ silk,** sidan cyfrodedd *m.*

throwster *n. Tex:* cyfrodeddwr (cyfrodeddwyr) *m,* cordeddwr (cordeddwyr) *m,* cyfrodeddydd(-ion) *m.*

thrum[1] *n.usu.pl.* **1.** *Tex:* eddi *pl,* pen *(m)* edefyn (pennau edeifion/

edafedd), *S.W:* edi *pl*; *Fig:* **thread and ~,** edau ac eddi, popeth, y gwych a'r gwachul. **2.** *(= fringe):* eddi, rhidens *pl*, *Lit: occ:* sider(-ion) *m*. **3.** *Nau:* pennau (*pl*) rhaffau. **~-eyed** *a.* brigerlygadog.

thrum² *v.t.* eddïo.

thrum³ *n.* = **strum¹**.

thrum⁴ *v.t.&i.* = **strum²**.

thrummy *a.* eddïog.

thrumwort *n.* *Bot:* *(Damasonium alisma):* dyfrlyriad (dyfrlyriaid) sêr-ffrwythog *m*.

thruppence *n.* tair ceiniog *f*.

thrush¹ *n.* *Orn:* *(Turdus):* bronfraith (bronfreithod) *f*, aderyn (adar) (*m*) bronfraith, *occ:* tresglen (tresglod) *f*; **black-throated ~,** *(T. ruficollis atrogularis):* bronfraith yddfddu (bronfreithod gyddfddu); **blue-rock ~,** *(Monticola solitarius):* bronfraith las y graig; **dusky ~,** *(T. naumanni euonomus):* bronfraith dywyll (bronfreithod tywyll); **eyebrowed ~,** *(T. obscurus):* bronfraith aeliog; **grey-cheeked ~,** *(Catharus minimus):* bronfraith fochlwyd (bronfreithod bochlwyd); **hermit ~,** *(Hylocichla guttiata):* bronfraith unig; **missel ~, mistle ~,** *(T. viscivorus):* tresglen, tresglen y crawel, y dresglen fwyaf, tresglen lwyd, bronfraith fawr, pen (*m*) [y] llwyn, sgrechgi (sgrechgwn) *m*, crec (*m*) y coed, cragell/crogell (*f*) y coed, crecer(-od) *f*, brych (*m*) y coed, sgrad (*m*) y coed, *N.W: occ:* crogyn *m*; **Naumann's ~,** *(T. naumanni):* bronfraith Naumann; **olive-backed ~,** *(C. ustulatus):* bronfraith gefnwyrdd (bronfreithod cefnwyrdd); **red-throated ~,** *(T. ruficollis):* bronfraith yddfgoch (bronfreithod gyddfgoch); **rock ~,** *(M. saxatilis):* bronfraith y graig; **Siberian ~,** *(T. sibiricus):* bronfraith Siberia; **song ~,** *(T. philomelus):* y fronfraith, crecer(-od) *m*, bronfraith y grug, aderyn bronfraith, bronfraith fawr (bronfreithod mawrion); **Tickell's ~,** *(T. unicolor):* bronfraith Tickell; **White's ~,** *(Zoothera daiema):* bronfraith White.

thrush² *n.* **1.** *Med:* y llindag *m*, gân *mf*, yr ân *f*, *S.E:* gên *f*. **2.** *Vet:* clwy (*m*) bywyn y carn, trysgli *f*.

thrushlike *a.* bronfreithaidd, fel bronfraith, fel tresglen.

thrust¹ *n.* **1.** *(a) (= push):* gwth(-iau, gythiau) *mf*, gwthiad(-au) *m*, hwb (hybiau, hybiadau) *m*, hwrdd (hyrddiau) *mf*, hyrddiad(-au) *m*, hergwd (hergydiau) *mf*; *(b) (of sword &c):* trywaniad(-au) *m*, gwân (gwanau) *mf*, gwaniad(-au) *m*, brath(-au) *m*, brathiad(-au) *m*; *Fenc:* gwaniad, gwân; **sword ~,** cleddyfod(-au) *m*; **~ and parry,** gwaniad ac ataliad (*m*); **lance-~,** gwaniad/gwân â gwaywffon; **direct ~,** gwaniad union; **cut and ~,** trychu a gwanu; **the cut and ~ of politics,** taro a gwrthdaro gwleidyddiaeth; *Fig:* **a shrewd ~,** trawiad craff *m*, ergyd graff *f*; **that was a ~ at you,** ergyd i ti oedd honna. **2.** *(a) Arch: Mec.E:* gwthiad(-au) *m*, gwthiant (gwthiannau) *m*; *(b) Geol:* gwthiad; **over ~,** gorwthiad(-au) *m*. **3.** *(= theme, gist):* byrdwn *m*, pwyslais *m*, swm (*m*) a sylwedd *m*, cnewyllyn *m*, hanfod(-ion) *m*; **the main ~ of her argument,** prif bwyslais ei dadl. **4.** *Metalw:* gwth *m*. **5.** *(= vigour):* egni *m*. **~ bearing** *n.* *Metalw:* gwthferyn(-nau) *m*. **~-block** *n.* *Mec.E:* gwthflocyn (gwthflociau) *m*. **~-cap** *n.* cap(-iau) (*m*) gwthio. **~-fault** *n.* *Geol:* ffawt(-iau) ymwthiol *mf*. **~-hoe** *n.* chwynnogl (*fm*) wthio/gwthio (chwynnoglau gwthio), hof (*f*) wthio (hofiau gwthio). **~-stage** *n.* *Th:* llwyfan(-nau) ymwthiol *mf*.

thrust² *v.t.&i.* **1.** *v.t.* *(a)* gwthio, *S:* hwpo, saco; **to ~ one's hands into one's pockets,** gwthio'ch dwylo i'ch pocedi, *S:* hwpo'ch/saco'ch dwylo yn eich pocedi; **to ~ a dagger into s.o.'s back,** gwthio dagr i gefn rhn, plannu dagr yng nghefn rhn, *Lit:* gwanu/trywanu rhn yn ei gefn; **to ~ sth down s.o.'s throat,** gwthio rhth i lawr corn gwddf rhn; *(b)* **to ~ oneself (upon s.o.),** ymwthio, eich gwthio'ch hun, *S.W:* eich hwpo'ch hun (ar rn); **to ~ oneself into sth, to ~ one's nose into sth,** ymyrryd/busnesa/busnesu yn rhth, gwthio'ch trwyn i rth, *F:* rhoi'ch bys yn y brywes; *(c)* **to ~ one's way (through a crowd),** gwthio'ch ffordd, ymwthio (trwy dorf). **2.** *v.i.* **to ~ at s.o.,** anelu ergyd at rn; *Fenc:* gwanu; **~ aside/away** *v.t.* gwthio (rhth) o'r neilltu, gwthio (rhth) i'r naill ochr, *Lit:* cilwthio (rhth). **~ out 1.** *v.t.* gwthio (rhth) allan, *S:* hwpo (rhth) mas; **to ~ out one's tongue,** tynnu'ch tafod; **to ~ out one's hand,** estyn eich llaw. **2.** *v.i.* ymwthio allan/mas.

thruster *n.* **1.** *(pers.):* ymwthiwr (ymwthwyr) *m*, ym|wthwraig *f*, *F:* ceffyl(-au) blaen *m*, *N: occ:* stwffiwr (stwffwyr) *m*, st|wffwraig *f*. **2.** *(of rocket):* gwthiwr (gwthwyr) *m*.

thrusting *a.* ymwthiol, ymwthgar.

thud¹ *n.* **1.** *(of mallet, machine &c):* pwyad(-au) *m*, dyrnod(-iau) *mf*, cnoc(-iau) *f*, clep(-iau,-iadau) *f*, trwst *m*. **2. to fall with a ~,** syrthio'n drwm, syrthio'n glewt.

thud² *v.i.* cnocio, dyrnu, clepian, trystio; *(of heart, drum):* dyrnu, curo.

thudding *a.* *(heart, drum):* yn curo, sy'n curo, curiadol.

thug *n.* **1.** *Hist:* llindagwr (llindagwyr) *m*. **2.** *F:* llabwst (llabystiaid) *m*, colbiwr (colbwyr) *m*, *N.W:* jero(-s) *m*.

thuggee *n.* *Hist:* thygî *m*, llindagwriaeth *f*.

thuggery *n.* llabysteiddiwch *m*, cieiddiwch *m*, ymosodiadau *pl*.

thuggish *a.* llabystaidd, ciaidd.

thuggishly *adv.* yn llabystaidd *&c*.

thuggishness *n.* cieiddiwch *m*, llabysteiddiwch *m*.

thuggism *n.* llindagwriaeth *f*, thygïaeth *f*.

thuja *n.* *Bot:* pinwydden (pinwydd) (*f*) thwia, coeden (coed) (*f*) thwia.

Thule *Pr.n.* *Geog: Myth:* **Ultima ~,** pen (*m*) draw'r byd, pen pella'r byd, pellafoedd/eithafoedd (*pl*) y ddaear.

thulia *n.* *Ch:* thwlia *m*.

thulium *n.* *Ch:* thwliwm *m*.

thumb¹ 1. *n.* bawd (bodiau) *fm*, bys(-edd) (*m*) bawd, *occ:* bodfys(-edd) *m*, bys bodfys; *F:* **he has ten thumbs; his fingers are all thumbs,** mae'n fodiau i gyd; *S.W:* mae e'n fysedd i gyd; **to be under s.o.'s ~,** bod dan fawd rhn, *occ:* bod dan bawen rhn, *S.W:* bod dan y wab, bod dan stwc rhn; **to bite one's thumbs,** cnoi'ch bysedd; **to twiddle one's thumbs,** troi'ch bodiau; **to give sth the thumbs down,** gwrthod rhth; **to give sth the thumbs up,** cymeradwyo rhth, rhoi sêl bendith ar rth; *P:* **thumbs up!** gwych! campus! *N: F:* siort ora'! **rule of ~,** synnwyr (*m*) y fawd; **it sticks out like a sore ~,** mae mor amlwg â'r dydd; mae mor amlwg â golau dydd; mae mor amlwg â llaid ar farch gwyn; *Lit:* **by the pricking of my thumbs, something wicked this way comes,** gwn wrth y pigo yn fy mawd, dynesa rhywbeth drwg ei ffawd; **Tom ~,** *See* **Tom**. **2.** *Arch:* |ofolo (|ofoli) *m*. **~-gauge** *n.* *Carp:* medrydd(-ion) (*m*) bawd. **~-index¹** *n.* mynegai (mynegeion) (*m*) [pen] bawd, bysle(-oedd) *m*. **~-index²** *v.t.* **to ~-index a book,** rhoi bysleoedd mewn llyfr. **~-latch** *n.* *Carp:* clicied (*f*) fawd (cliciedau/cliciedi bawd). **~-mark** *n.* ôl (*m*) bawd (olion bodiau). **~-nut** *n.* *Mech:* nyten (*f*) fawd (nytiau bawd), nyten ben bawd (nytiau pen bawd). **~-piece** *n.* *(of latch):* clicied. **~-pot** *n.* pot(-iau) (*m*) blodau bach, potyn (potiau) (*m*) blodau bach. **~-stall** *n.* bysledr(-au) *m*, byslen(-ni) *f*, bysle(-oedd) *m*, *N.W:* maneg (*f*) fawd (menyg bodiau), myslen(-ni) *f*, byslaw *m*;

thumb² *v.t.* **1.** bodio, byseddu; **a well-thumbed book,** llyfr ac ôl bodio arno. **2. to ~ [through] a book,** troi dalennau llyfr, bodio trwy lyfr. **3. to ~ a lift, to ~ one's way,** bodio pas, ei bodio hi, ffawdheglu, cymryd y fawd. **4. to ~ one's nose at s.o.,** wfftio rhn. **~-through** *n.* *F:* **to have a quick ~-through,** bodio'n frysiog (trwy lyfr), cael cipolwg brysiog (trwy lyfr).

thumbless *a.* di-fawd, heb fawd, heb fys bawd.

thumblike *a.* fel bawd, ar ffurf bawd, ar lun bawd.

thumbnail *n.* ewin (*mf*) bawd (ewinedd bodiau); **~ description,** disgrifiad(-au) cryno *m*.

thumbprint *n.* ôl (*m*) bawd (olion bodiau).

thumbscrew *n.* **1.** *Hist:* bawd-droell(-au) *f*. **2.** *Mec.E:* bodsgriw(-iau) *f*, sgriw(-iau) adeiniog *f*, sgriw ben bawd (sgriwiau pen bawd).

thumbtack *n.* *U.S:* = **drawing-pin**.

thummim *n.pl.* *B:* *See* **Urim**.

thump¹ *n.* **1.** *(of machine):* [sŵn *m*] dyrnu *m*, (sŵn) curo *m*, curiad(-au) *m*, dobiad(-au) *m*, [sŵn] cnocio *m*, cnoc(-iau) *f*. **2.** *(= heavy blow):* dyrnod(-iau) *mf*, ergyd(-iau,-ion) *mf*, pwniad(-au) *m*, cnoc(-iau) *f*, dobiad(-au) *m*, trawiad(-au) *m*, cledren *f*; *See* **blow⁵**.

thump² *v.t.&i.* **to ~ (s.o.),** colbio, dyrnu, pannu, dobio, waldio, pwnio, curo, pwyo, *S:* bwrw, cledro, pwno, *Lit:* dulio, dyrnodio; **to ~ on the table,** dyrnu'r bwrdd; **to ~ out a tune,** dyrnu tôn, *S:* bwmpan cân; **my heart was thumping,** 'roedd fy nghalon yn curo/mynd fel gordd; **to ~ the Bible,** dyrnu'r Beibl; **to ~ the tub,** prygowthan, rhefru.

thumper *n.* **1.** *P:* *(a) (= enormous thing):* peth(-au) anferth *m*, clamp(-iau) *m*, clompyn (clompiau) *m*, clobyn (clobiau) *m*, cloben *f*, clompen *f*; **isn't it a ~!** onid yw'n beth anferth! *(b)* **to tell thumpers,** palu celwyddau, rhaffu celwyddau, dweud anwiredd mawr, dweud celwydd golau, dweud celwydd noeth, *N.W: F:* dweud logiau [o gelwyddau]. **2.** *(pers.):* dyrnwr (dyrnwyr) *m*; **tub-~,** prygowthwr (prygowthwyr) *m*, **Bible-~** pregethwr (pregethwyr) *(m)* tân a brwmstan.

thumping[1] *a. F:* aruthrol, anferth; **a ~ big thing,** = **thumper 1**; **a ~ lie,** clamp *(m)* o gelwydd, anferth o gelwydd.

thumping[2] *vn.* = **thump[2] Bible-~,** pregethu tân a brwmstan. **tub-~** *a. & vn.* **1.** *a.* prygowthlyd. **2.** *vn* prygowthan.

thunder[1] *n.* **1.** *(a) N:* taranau *pl*, *S:* tyrfau *pl*, trwstau *pl*, trystau *pl*; **a peal of ~,** taran(-au) *f*, taraniad(-au) *m*, clec *(f)* taran, twrw *(m)* taran, sŵn *(m)* taran, *S:* twrf *m*, trwst *m*; **there is ~ in the air,** mae hi'n argoeli taranau; *N.W:* mae terfysg ynddi; mae hi'n hel terfysg; *S.W:* mae naws tyrfau 'da hi; **~ and lightning,** mellt a tharanau, *S:* tyrfau a lluched, *S.E:* tyrfau a goleuni, trystau a lluched; *(b)* **~ of applause,** cymeradwyaeth fyddarol *f*; *F:* **what the/in ~...?** beth ar y ddaear...? beth gythraul...? be' gebyst...? be' gynllwyn...? *F:* **to steal s.o.'s ~,** dwyn clodydd rhn; *S.a.* **black[1] 1, blood and thunder; by ~!** myn cythraul i! myn uffern i! myn uffach i! ar f'enaid i! mawredd mawr! myn brain i! *S:* ar f'encos i! *S.W:* hawyr bach! **~-bird** *n.* aderyn (adar) *(m)* y daran, aderyn taranau. **~-box** *n. F:* bocs(-ys) *m* taranau. **~-fly** *n. Ent:* = **thrips. T~ Hole** *W.Pl.n.* Y Twll *(m)* Twrw. **~ machine** *n. Th:* peiriant (peiriannau) *(m)* taranau/tyrfau. **~-peal** *n.* = **thunderclap. ~-shake** *n. Carp:* hollt *(f)* daran (holltau taran). **~-sheet** *n. Th:* dalen *(f)* daranau (dalennau taranau). **~-shower** *n.* glaw *(m)* taranau, *N: occ:* glaw terfysg, *S:* glaw tyrfau, *S.W:* glaw trwstau. **~-stick** *n.* chwyrnes(-i) *f*, chwyrnell(-au) *f*. **~-stone** *n.* carreg *(f)* fellt (cerrig mellt).

thunder[2] *v.i.&t.* **1.** taranu, *N: occ:* terfysgu; *S:* trwsto, tyrfo; **the sea thunders under our windows,** mae'r môr yn rhuo o dan ein ffenestri. **2.** *F:* **to ~ [out] threats,** taranu/rhuo (bygythion); **to ~ out (an order),** rhuo, bloeddio (gorchymyn). **3. his voice thundered in my ears,** taranai ei lais yn fy nghlustiau; **the train thundered past,** taranodd/rhuodd y trên heibio.

thunderbolt *n. N:* mellten (mellt) *f*, *S:* llucheden (lluched) *f*, *Lit:* taranfollt(-au) *f*, bollt/bollten *(f)* taran (bolltiau taranau).

thunderclap *n.* taraniad(-au) *m*, clec *(f)* taran (cleciau taranau), trwst *(m)* taran, taran(-au) *f*, *S:* twrf (tyrfau) *m*, *Lit: occ:* taranglep(-iau) *f* (*pronounced* ng-g).

thundercloud *n.* cwmwl (cymylau) *(m)* taranau/tyrfau.

thunderer *n.* taranwr (taranwyr) *m*.

thunderhead *n. Meteor:* cwmwl (cymylau) *(m)* taranau/tyrfau.

thundering *a.* **1.** taranllyd; *Hist: Ecc:* **the T~ Legion,** Lleng *(f)* y Daran. **2.** *F:* **to be in a ~ rage,** bod yn gynddeiriog, bod yn gandryll ulw, bod o'ch cof yn lân, bod o'ch cof yn las ulw, *S.W:* bod yn benwan holics, *N:* bod yn [wyllt] gacwn ulw; **what a ~ nuisance!** am andros/gythraul o drafferth! am felltith o beth! **3.** *adv.* **a ~ great fish,** clamp/clampyn/clobyn *(m)* o bysgodyn [mawr], pysgodyn anferth/anferthol, anferth o bysgodyn.

thunderless *a.* didaran, didaranau, heb daranau, heb dyrfau.

thunderous *a.* **1.** taranllyd, terfysglyd, stormus, trystfawr. **2.** *(voice, applause): occ:* byddarol, trystfawr, fel taran, taranol, taranog.

thunderously *adv.* yn daranllyd; fel taran; yn fyddarol.

thunderstorm *n. Meteor:* storm(-ydd) *(f)* o daranau, storm o fellt a tharanau, storm o law taranau, *N:* terfysg(-oedd,-au) *m*, *S:* storm o luched [a thrystau/thyrfau], storm *(f)* o law tyrfau.

thunderstruck *a.* syn, syfrdan, wedi'ch synnu [ar eich hyd], wedi rhyfeddu, wedi cael ysgytwad, ysgytiedig; **to be ~,** cael eich synnu/syfrdanu.

thundery *a.* taranllyd, terfysglyd.

thurible *n. Ecc:* thuser(-au) *f*.

thurifer *n. Ecc:* thuserwr (thuserwyr) *m*.

thuriferous *a.* thusddwyn, arogldarthog.

thurification *n.* arogldarthu *vn*.

Thuringia *Pl.n.* Thwringia *f*.

Thuringian *a. & n.* **1.** *a.* Thwringaidd, [o] Thwringia; **the ~ forests,** coedwigoedd Thwringia. **2.** *n.* Thwringiad (Thwringiaid) *m&f*.

Thuringite *n. Miner:* Thwringit *m*.

Thursday *n.* dydd(-iau) *(m)* Iau, *N: occ:* Difiau *m*, *S:* dydd Iou; **[on] Thursdays,** bob dydd Iau, *N: occ:* Ddifiau; **~ week,** wythnos i ddydd Iau; **[on] ~ evening,** nos Iau, *N: occ:* nos Ddifiau; *Ecc:* **Ascension ~,** Dydd Iau['r] Dyrchafael, Difiau Dyrchafael, *Lit: occ:* Difiau Cyfarchafael; **Maundy ~,** Dydd Iau Cablyd, Difiau Cablyd, *occ:* Dydd Iau Cardod, *S.W:* Dydd Iau'r Gofid; **Holy ~,** *(i)* = **Ascension Thursday**; *(ii) R.C.Ch:* Dydd Iau'r Grog, Dydd Iau cyn y Pasg, Dydd Iau'r Pasg; **black ~,** y Difiau du; *F:* **when three Thursdays come together,** byth bythoedd, ddydd Sul y Pys, pan ddaw Nadolig yn yr haf, *S.W:* pan fydd da'n hedfan, bore ffair niwl, *N:* yn oes Dafydd.

thus *adv.* **1.** *(= in this way):* fel hyn, fel yma, yn yr un modd, yn y modd hwn. **2.** *(= accordingly):* yna, felly, gan hynny, o'r herwydd. **3. ~ far,** hyd yma; **~ much is certain,** mae cymaint â hyn yn sicr.

thusness *n.* fel-hynrwydd *m*.

thuya *n. Bot:* = **thuja.**

thwack[1,2] *n. & v.t.* = **whack[1,2]**.

thwacker *n.* dyrnwr (dyrnwyr) *m*, dobiwr (dobwyr) *m*, ffustwr (ffustwyr) *m*, colbiwr (colbwyr) *m*, *N:* stidwr (stidwyr) *m*, leiniwr (leinwyr) *m*, *S:* wadwr (wadwyr) *m*.

thwart[1] *n.* **1.** *N.Arch:* sêt (seti) *(f)* ystlys, mainc groes (meinciau croes/croesion) *f*, sêt groes (seti croes/croesion), ystlysfainc (ystlysfeinciau) *f*.

thwart[2] *v.t.* rhwystro, atal, llesteirio; **to ~ s.o.'s plans,** difetha/rhwystro cynlluniau rhn, rhoi sbrag/sbrogen/strocen yn olwyn rhn, *N.W: occ:* nadu cynlluniau rhn.

thwart[3] *adv. & prep.* = **athwart**; **~-ship** *a.* ar draws llong. **~-ships** *adv.* ar draws llong.

thwarted *a.* rhwystredig, ataliedig, llesteiriedig, wedi'ch rhwystro &c.

thwarter *n.* rhwystrwr (rhwystrwyr) *m*, ataliwr (atalwyr) *m*, llesteiriwr (llesteirwyr) *m*.

thy *poss.a.* (**thine** *before a vowel sound*), *A: & Lit: (in English)*, dy + *soft mut.*; *may be emphasized by* di *after the noun*; *Lit: occ: (after noun):* tau; **~ service,** dy wasanaeth [di]; **~ money,** d'arian di, *Lit: occ:* yr arian tau; *the infixed pronoun* 'th *replaces* dy *after the following prepositions and conjunctions:* a (**and**); â, gyda, efo (**with**); tua (**towards**), na (**nor**), i (**to**), o (**of**) *&c*; 'th *is followed by the soft mutation:* **to ~ house,** i'th dŷ; **~ brother and sister,** dy frawd a'th chwaer (*not* dy frawd a chwaer); **one of ~ friends,** un o'th ffrindiau di; *B:* **~ will be done,** gwneler dy ewyllys; *B:* **honour ~ father and ~ mother,** anrhydedda dy dad a'th fam; **~ own son,** dy unig fab.

Thyestean *a. Lit:* Thyesteaidd.

thyine wood *n. B:* coed thynon *m*.

thylacine *n. Z:* blaidd (bleiddiaid) *(m)* Tasmania.

thyme *n. Bot: (Thymus serpyllum):* teim *m*, *Lit: occ:* gruw *m*, gruwlys *m*; **basil ~,** *(Ascinos arvensis):* brenhinl[l]ys *(m)* y maes; **cat-~,** *(Teucrium marum):* d|erwlys *(m)* y gath; **crimson-flowered ~,** *(Serpyllum coccineus):* teim pengoch (*pronounced* ng-g); **garden ~,** *(Th. vulgaris):* teim y gerddi; **glabrescent ~,** *(Th. glabrescens):* teim llyfn; **golden-leaved ~,** *(S. aureum):* teim euraidd; **creeping/hairy/shepherd's ~, mother of ~,** *(Th. praecox):* teim gwyllt; **larger wild ~,** *(Th. pulegioides):* teim gwyllt mawr; **lemon ~,** *(S. citriodorus):* teim lemonaidd; **silver-leaved ~,** *(S. argenteus):* teim ariannaidd; **woolly-leaved ~,** *(S. lanuginosus):* teim gwlanog. **~-leaved** *a.* gruwddail.

thymelaea *n. Bot:* thymelea(-u) *m*.

thymelaeaceous *a. Bot:* thymeleaidd.

thymic *a.* **1.** *Bot. (= pertaining to thyme):* teimaidd. **2.** *Anat: (= of the thymus):* thymwsaidd.

thymidine *n. Bio-Ch:* th|ymidin *m*.

thymidylic *a. Bio-Ch:* thymidylig.

thymine *n. Bio-Ch:* thymin *m*.

thymol *n. Pharm:* thymol *m*.

thymus *n. Anat:* **~ [gland],** thymws (thymysau) *m*.

thymy *a.* llawn teim, teimlyd, teimaidd.

thyratron *n. El.E:* th|yratron (thyratronau) *m*.

thyristor *n. El.E:* thyristor(-au) *m*.

thyrocalcitonin *n. Bio-Ch:* thyrocalsitonin *m*.

thyroglobulin *n. Bio-Ch:* thyrogl|obwlin *m*.

thyroid *a. & n. Anat:* **1.** *a.* thyroid, thyroidaidd. **2.** *n.* chwarren (chwarennau) thyroid *f*. **~-stimulating hormone** *n. Bio-Ch:* thyrotropin *m*.

thyroidectomy *n. Surg:* thyroid|ectomi (thyroidectomïau) *m*, tynnu(*vn*)'r thyroid, codi(*vn*)'r thyroid.
thyroidism *n. Med:* thyroidedd *m*.
thyroidless *a.* heb thyroid, dithyroid.
thyroiditis *n. Med:* llid (*m*) [ar] y thyroid, thyroiditis *m*.
thyrotoxicosis *n. Med:* thyrotocsicosis *m*, gorthyroidedd *m*.
thyrotrophic *a.* thyrotroffig.
thyrotropin *n. Bio-Ch:* thyrotropin *m*.
thyroxin[e] *n. Bio-Ch:* thyrocsin *m*.
thyrse *n. Bot:* = **thyrsus.**
thyrsoid[al] *a. Bot:* thyrsaidd.
thyrsus *n. Ant: Bot:* thyrsws (thyrsi) *m*.
thysanuran *a. & n. Ent:* **1.** *a.* arianbryfol. **2.** *n.* arianbryf(-ed) *m*.
thysanurous *a. Ent:* arianbryfol.
thyself *pers.pron.* **1.** *(subject of verb): (a) after verb forms in* t: ti dy hun, ti dy hunan; **thou ~ hast seen,** gwelaist ti dy hun/hunan; *(b) otherwise:* di dy hun/hunan; **thou ~ shalt see,** fe weli di dy hun/hunan. **2.** *(object of verb):* [di] dy hun, [di] dy hunan; *after the particles* a, fe, mi, ni, oni, y, pe *&c, the infixed pronoun* 'th *must precede the verb:* **thou dost not see ~,** ni'th weli di dy hun; **3.** *conjunctive pron.* tithau; **thou ~ hast been there,** buost tithau yno; **and ~, ~ too,** a thithau.
ti[1] *n.* **1.** *Bot: (Cordyline terminalis):* coeden (*f*) di (coed ti).
ti[2] *n. Mus:* = **te.**
tiara *n.* **1.** coronig(-au,-ion) *f*, tiara(-s, tiarâu) *mf*, *A:* talaith (taleithiau) *f*. **2.** *(of pope)* coron driphlyg *f*. **3.** *Fig: (= Papacy):* y Babaeth *f*.
tiara'd *a.* mewn tiara, yn gwisgo tiara, *A:* taleithiog.
Tiber *Pr.n. Geog:* Tiber *m*.
Tiberias (Lake) *Pr.n. Geog: B:* Môr (*m*) Galilea.
Tiberius *Pr.n.m.* Tiberiws.
Tibet *Pr.n. Geog:* Tib|et *f*.
Tibetan *a. & n.* **1.** *a.* Tibetaidd, o Dib|et; **the ~ mountains,** mynyddoedd Tib|et; **he's ~,** Tibetiad ydyw; un o Dibet ydyw; *(in language):* Tibeteg. **2.** *n. (a) Ethn:* Tibetiad (Tibetiaid) *m&f*; *(b) Ling:* Tibeteg *f, m*.
Tibeto-Burman *a. & n. Ling:* **1.** *a.* Tibeto-Byrmanaidd. **2.** *n.* Tibeto-Byrmaneg *f, m*.
tibia *n. Anat:* crimog(-au) *f*.
tibial *a. Anat:* crimogol.
tibiale *n.* **1.** *Anat:* asgwrn (*m*) [y] ffêr (esgyrn fferau), migwrn (migyrnau) *m*. **2.** *Bot: (Astragalus):* llaethwyg *m*, geub|erwraidd *m*.
tibiofibula *n. Z:* tibioff|ibwla (tibioffibwlâu) *m*.
tibiotarsus *n. Anat: Orn:* tibiotarsws (tibiotarsi) *m*.
tic *n. Med:* **1.** tic(-iau) *m*, gwingiad(-au) *m*. **2.** *(tic douloureux):* gwŷn dolurus *m*, *F:* tic dolerŵ *m*.
tical *n. Num: Meas:* tical(-au) *m*.
tick[1] *n.* **1.** *(a)* tip(-iadau) *m*, tipiad(-au) *m*, tipian *vn*, tic(-iau,-iadau) *m*, tician *vn*; *F:* **on the ~,** i'r funud, yn brydlon; **on the ~ of seven,** ar ben saith o'r gloch; *(b) F:* eiliad(-au) *fm*, amrantiad *m*, chwinciad(-au) *m*, chwinc(-iau) *mf*, *S:* wincad *m*; **in a few ticks,** o fewn ychydig eiliadau; **(I'm coming) in a ~,** ('rwy'n dod) mewn eiliad, mewn chwinciad, *S:* mewn wincad; *int.* **half a ~!** hanner eiliad! aros (arhoswch) funud/eiliad! un eiliad! **(he'll do it) in two ticks,** (fe'i gwnaiff) mewn eiliad/ chwinciad, chwap. **2.** *(mark):* tic(-iau) *m*. **~-tack[1], ~-tock** *n.* tic-toc *m*, tipian *vn*, tician *vn*. **~-tack[2]** *n. Rac:* tic-tac *m*. **~-tack man** *n. Rac:* rhedwr (*m*) bwci (rhedwyr bwcis), dyn(-ion) (*m*) tic-tac. **~-tack-toe, ~-tack-too** *n. U.S: (= noughts and crosses):* chwarae (*vn*) ocso, gêm ocso, *S.W: occ:* chwarae dic-dac-do.
tick[2] *v.i.&t.* **1.** *v.i. (of clock):* tipian, ticio, tician; *F:* **what makes her ~?** beth sy'n ei gyrru hi? sut mae ei meddwl hi'n gweithio? **2.** *v.t.* ticio, marcio. **~ away** *v.t.* tipian, tician. **~ by** *v.i.* mynd heibio; **the hours ticked by,** aeth yr oriau heibio. **~ off** *v.t.* **1.** *(list, name):* marcio, ticio. **2.** *F:* = **scold[2].** **~ out** *v.t. (of telegraph):* tician. **~ over** *v.i. I.C.E: (of engine):* troi'n araf, tician, tipian; *F:* **everything is ticking over smoothly,** mae popeth yn mynd yn hwylus.
tick[3] *n.* **1.** *Arach:* trogen (trogod) *f*; **sheep-~,** hisleuen (hislau, hislod) *f*. **2.** *F: (= despicable pers.):* sinach(-od) *m*. **~ bean** *n. Bot:* ffeuen/ffäen fechan (ffa bychain) *f*. **~-bird** *n. Orn: (= ox-pecker):* aderyn (adar) (*m*) trogod, pigwr (pigwyr) (*m*) ychen. **~-clover** *n.* = **tick-trefoil.** **~-fever** *n. Med:* clefyd (*m*) trogod. **~ trefoil** *n. Bot: (Desmodium): (= beggarticks):* meillionen ludiog (meillion gludiog) *f*, meillionen gynghafog (meillion cynghafog). **2.** = **tickseed.**
tick[4] *n. P: (= credit):* coel *f*, credyd *m*, hen gownt *m*; **to buy sth on ~,** prynu rhth ar goel/gredyd, prynu rhth ar hen gownt, *S.W:* prynu rhth a thalu eto, *N.W:* prynu rhth ar lab, labio rhth.
tick[5] *n. (of mattress):* gorchudd(-ion) *m*, *F:* ticyn (ticiau) *m*; *(of bolster):* tudded(-au) *f*.
ticker *n.* **1.** *(a) F:* = **watch**; *(b) F:* = **heart. 2.** *(= tape machine):* peiriant (peiriannau) (*m*) tâp. **~-tape** *n.* tâp (*m*) papur.
ticket[1] *n.* **1.** *Lit:* tocyn(-nau) *m*, *F:* ticed(-i) *m*; *Lib:* **reader's ~,** tocyn darllen, tocyn darllenydd (tocynnau darllenwyr); **complimentary ~,** tocyn cyfarch; **to get/buy a ~,** codi tocyn/ ticed; **to get a ~,** *(for parking &c):* cael ticed; *Rail: &c:* **return ~,** tocyn/ticed dwyffordd, tocyn/ticed pob ffordd, tocyn/ticed mynd a dod. **2.** *Com:* **[price-]~,** label(-i) *m* pris, ticed. **3.** *Pol: U.S: F: (a) (= list of candidates):* rhestr (*f*) ymgeiswyr; **to vote a straight ~,** pleidleisio dros restr gyfan; **to vote a split ~,** rhannu'ch pleidlais; *Pol: (= programme):* rhaglen(-ni) *f*. **4.** *(a) Mil: Nau:* **to get one's ~,** cael eich rhyddh|au, cael eich ticed; *(b) Nau:* **to get one's [master's] ~,** codi'n gapten, cael eich ticed capten; *Av:* **to get one's [pilot's] ~,** codi'n beilot, cael eich ticed peilot; *Nau:* **to lose one's ~,** colli'ch ticed; *(c) See* **leave[1] 2. 5.** *P:* **that's the ~!** i'r dim! dyna'r peth! dyna'r union beth! dyna hi i'r dim! dyna'r ateb! **~-collector** *n. Rail:* casglwr (casglwyr) (*m*) tocynnau, tocynnwr (tocynwyr) *m*. **~-day** *n. St.Exch:* dydd (*m*) tocynnau. **~-holder** *n.* daliwr (dalwyr) (*m*) tocynnau. **~-inspector** *n.* archwiliwr (archwilwyr) (*m*) tocynnau. **~ office** *n. U.S:* = **booking-office. ~ of leave** *n. Hist:* tocyn rhyddhad. **~-of-leave man** *n. Hist:* carcharor(-ion) (*m*) ar ryddhad. **~-porter** *n. Hist:* porter(-iaid) trwyddedig *m*. **~-punch** *n. Rail:* tyllwr (tyllwyr) (*m*) ticedi/tocynnau.
ticket[2] *v.t. Com:* rhoi ticed/label (ar rth), labelu (rhth).
tickety-boo *a. F:* iawn, i'r dim; **all ~-~,** popeth yn berffaith iawn.
ticking[1] *vn.* = **tick[2] 1.**
ticking[2] *n. Tex:* cotwm caerog *m*, ticin *m*; *S.a.* **tick[5]**
tickle[1] *n.* goglais (gogleisiau) *m*, gogleisiad(-au) *m*, cosfa (cosf|eydd) *f*, *S: F:* coglais, coglish *m*; **to give s.o. a ~,** goglais/ gogleisio/cosi rhn; **I've a ~ in my throat,** *S:* mae 'ngwddwg i'n byta; *N:* mae 'ngwddw i'n cosi; mae gen i gosi yn fy ngwddw.
tickle[2] *v.t.&i.* **1.** *v.t. (a)* goglais, gogleisio, *S: F:* coglais, coglish, *N:* cosi (rhn); codi goglais (ar rn); *(of food):* **to ~ the palate,** codi blys/awydd/chwant bwyd, codi archwaeth, *F:* codi stumog; **to ~ s.o.'s fancy,** mynd â bryd rhn, goglais ffansi rhn, codi awydd/blas ar rn; **to ~ s.o.'s ribs,** goglais rhn; *(b) F:* **I was tickled to death at it,** 'roeddwn bron â marw chwerthin am ei ben; **she was tickled pink (with the present),** 'roedd hi wrth ei bodd, 'roedd hi uwchben ei digon (â'r anrheg); **something is tickling me, but perhaps it is a blade of hay,** *S.E:* ma' rhywbeth yn fy ngherdded i, ond 'falla' taw gweiryn yw e; *(c)* **to ~ a carburettor,** goglais carbwradur; *(d)* **to ~ a fish,** goglais pysgodyn; *(e) F:* **to ~ the ivories,** canu'r piano. **2.** *v.i.* goglais, cosi; **my hand tickles,** mae fy llaw i'n cosi; mae cosi ar fy llaw i; *S.W:* mae'n llaw i'n byta; **to ~ up** *v.t. F:* goglais, cynhyrfu, cyffr|oi.
tickler *n.* **1.** *(pers.):* gogleisiwr (gogleiswyr) *m*, gogl|eiswraig *f*, *N:* coswr (coswyr) *m*, c|oswraig *f*. **2.** *(= delicate question):* mater(-ion) anodd/gogleisiol *m*, mater tringar (*pronounced* ng-g) *m*, *N.W: occ:* mater twtsus. **3.** *U.S: (= a memorandum book):* llyfr(-au) (*m*) nodiadau. **4. rib-~,** stori ogleisiol/ddigrif/ ddoniol (straeon gogleisiol/digrif/doniol) *f*. **5.** *I.C.E: (of carburettor):* botwm (botymau) *m*. **6.** *Ent: U.S: (Monohammus titillator):* gogleisiwr (gogleiswyr) *m*, pryf(-ed) (*m*) goglais. **7.** *F: (= cane):* cansen(-ni, cânsi) *f*. **~-coil** *n. El.E:* torch (*f*) oglais (torchau goglais).
tickling[1] *a.* gogleisiol, coslyd, sy'n goglais/cosi; **~ feeling,** = **tickle[1]**; **rib-~,** doniol, digrif, [y]smala.
tickling[2] *vn.* = **tickle[1],[2].**
ticklish *a.* **1.** gogleisiog, llawn goglais; **are you ~?** oes gen ti oglais? *S:* oes coglish arnat ti? **2.** *Fig: (a) (pers.):* teimladwy, tringar (*pronounced* ng-g), croendenau; *(b) (task):* tringar, anodd, *M.W:* tejws.
ticklishly *adv.* **1.** yn ogleisiog. **2.** yn dringar (*pronounced* ng-g).
ticklishness *n.* **1.** *(a) (physical):* gogleisiogrwydd *m*; *(of temperament):* croendeneurwydd *m*, croendeneuwch *m*,

tringarwch *m* (*pronounced* ng-g); *(b) (of a task):* tringarwch, anhawster *m*.

tickly *a.* **1.** *(= that causes a tickle):* gogleisiol. **2.** *(= that feels a tickle):* gogleisiog, coslyd.

tickseed *n. Bot: (Coreopsis):* trogenllys *m*, blodyn (blodau) (*m*) trogod.

ticpolonga *n. Rept:* gwiber gadwynog (gwiberod cadwynog) *f*.

tic-tac *n.* = **tick-tack.**

tidal *a.* **1.** llanw, llanwol, [y] llanw; **~ air,** aer (*m*) cyfnewid, awyr (*f*) gyfnewid; **~ basin, ~ dock,** doc(-iau) (*m*) llanw; **~ bore,** eger (egrau) *m*; **~ current,** cerrynt (cerhyntau) (*m*) llanw; **~ datum,** seilnod(-au) (*m*) llanw; **~ door, ~ gate,** llifddor(-au) *f*; **~ flat,** fflat(-iau) (*m*) llanw; **~ flow,** llif(-oedd) (*m*) llanw; **~ friction,** ffrithiant (*m*) llanw; **~ lagoon,** morlyn(-noedd) (*m*) llanw; **~ range** amrediad(-au) (*m*) llanw; **~ river,** afon lanw/lanwol (afonydd llanw/llanwol) *f*; **~ volume,** cyfaint (*m*) cyfnewid; **~ wave,** *(i) Geog:* ton (*f*) lanw (tonnau llanw); *(ii) Fig: (of enthusiasm, anger):* ton [anferth], ymchwydd *m*.

tidally *adv.* gan lanw, trwy lanw.

tidbit *n.* = **titbit.**

tiddledy-wink *n. U.S:* = **tiddly-wink.**

tiddler *n.* **1.** *Ich: F:* = **stickleback. 2.** *(= very small thing):* peth(-au) bach *m*, peth bychan (pethau bychain) *m*.

tiddley, tiddly *a.* = **drunk, merry 1.** *(b)*.

tiddly-wink¹ *n.* botwm (botymau) *m*, tidli-winc(-s) *m*.

tiddly-wink² *v.t.&i.* tidliwincio.

tiddly-winks *n.* tidli-wincs *m*, chwarae (*vn*) clecian botymau.

tide¹ *n.* **1.** *A: (= time):* adeg(-au) *f*, gwyl (gwyliau) *f*, tymor (tymhorau) *m*; *S.a.* **Christmas-tide, Eastertide. 2.** *(of sea):* llanw(-au) *m*; **double ~,** dau lanw; **ebb ~, low ~,** trai *m*, distyll(-iau,-ion) *m*, *S.E:* distyll y don; **flood ~,** llif (*m*) llanw; **high ~,** penllanw *m*, top (*m*) llanw, llanw mawr, *N.W:* top gorllanw, gorllan *m*; **neap ~,** llanw isel, nêp *m*, iselfor *m*, llanw bach, *N.W:* marddwr *m*, marwal *m*; **at ~ tide,** *N.W:* ar farddwr; **rip ~,** *See* **rip**; **slack ~,** marddwr, ertrai *m*; **spring ~,** llanw mawr, gorllanw, gorllan, *N.W: occ:* sbring gref *f*; **the turn of the ~,** troad (*m*) y llanw, tro(*m*)'r llanw, blaen (*m*) y llanw; **when the ~ is in,** pan fo'r llanw i mewn, pan fo'r llanw ar lawr, pan fo hi'n llanw, ar lanw, *N.W:* pan fydd y llanw ar y lan; **when the ~ is out,** ar drai, pan fo'r môr ar drai, pan fo'r môr yn treio, pan fo hi'n drai, *S:* pan fo'r llanw mas; **to work double tides,** gweithio dau dwrn, dyblu'r ymdrech, gweithio'n ddwbl drebl. **3.** *Fig: (of opinion &c):* llif, llanw; **against the ~,** yn erbyn y llif/llanw; **to go with the ~,** mynd gyda'r llanw/llif; **the ~ of battle turned,** newidiodd cwrs y frwydr, trodd y frwydr; **time and ~ wait for no man,** amser a llanw nid arhosant am neb; nid erys amser am neb; ni saif amser er gwrando cân; pawb yn aros yr amser, a'r amser nid erys ar neb; nid yw amser ddim yn segur. **~ change** *n.* tro(-eon) (*m*) yn y llanw. **~-gate** *n.* llifddor(-au) *f*, fflodiard: fflodiart (fflodiardau) *mf*. **~-gauge** *n.* mesurydd(-ion) (*m*) [trai a] llanw. **~-lock** *n.* loc (*f*) fôr (lociau môr). **~-mill** *n.* melin (*f*) lanw (melinau llanw). **T~-Mill Pool** *W.Pl.n.* Llyn (*m*) Melin Tysilio. **~ race** *n.* ras(-ys) *f*. **~-rip[s]** *n.* dŵr garw *m*, ffrydiau *pl*, crychdon (*f*) llanw. **T~-rip Rocks** *W.Pl.n.* Ynysoedd (*pl*) y Ffrydiau. **~ water** *n.* dŵr (*m*) llanw.

tide² *v.t.&i.* **1.** *v.t.* **driftwood tided up the river,** daeth broc môr i ganlyn y llanw ar hyd yr afon. **2.** *v.i. Nau:* **to ~ [it] into port,** mynd i borthladd gyda'r llanw, mynd i borthladd ar y llanw, canlyn y llanw i borthladd; **to ~ [it] out of port,** gadael porthladd gyda'r llanw, gadael porthladd ar y llanw. **~ over** *v.t.* **to ~ s.o. over,** *(a difficulty):* tynnu rhn o'r gors, cynorthwyo rhn i ddod trwy anhawster, cario rhn dros anhawster; **this money will ~ you over,** bydd yr arian hwn yn gymorth iti dros dro; bydd yr arian hwn yn dy gynnal di dros dro.

tideland *n. Geog: U.S:* tir(-oedd) (*m*) llanw.

tideless *a.* heb lanw, dilanw, llonydd, marwaidd.

tidemark *n.* **1.** *(made by high tide):* llinell (*f*) lanw (llinellau llanw), llinell benllanw (llinellau penllanw). **2.** *(on person's body):* ôl (olion) (*m*) ymolchi.

Tidenham *Eng.Pl.n.* Ystrad (*m*) Hafren.

tidetable *n.* tabl(-au) (*m*) llanw/llanwau.

tidewaiter *n. Hist:* ecseismon (ecseismyn) *m*, porthwyliwr (porthwylwyr) *m*, porthwylydd(-ion) *m*.

tidewater plain *n. Geog: U.S:* gwastadedd(-au) arforol *m*.

tidewave *n.* ton (*f*) benllanw (tonnau penllanw).

tideway *n.* sianel(-i,-au,-ydd) *f*, ffordd (*f*) lanw (ffyrdd llanw).

tidily *adv.* yn daclus *&c*; **~ dressed,** trwsiadus, fel pin mewn papur.

tidiness *n.* taclusrwydd *m*, trefnusrwydd *m*, destlusrwydd *m*, twtrwydd *m*, cymhendod *m*.

tidings *n.pl.* newydd *m*, newyddion *pl*; **good ~, glad ~,** newyddion da, *Lit:* llawen chwedl *f*, llonchwedl *f*; *B:* **good ~ of great joy,** newyddion da o lawenydd mawr.

tidy¹ *a.* **1.** taclus, destlus, twt, trefnus, cymen, del, *F:* fel pin mewn papur, *S.W:* teidi, *occ:* pacar, syber. **2.** *F: (= quite good, fairly good):* eithaf, go lew, *S:* teidi, *N.W:* del; **to go at a ~ pace,** mynd yn eithaf cyflym, brysio, prysuro, hastu, mynd ar frys, *N.W:* mynd yn ddel; **a ~ fortune,** cryn ffortiwn, ffortiwn fach; **a ~ sum,** swm taclus, swm sylweddol, swm go dda, *S.W:* swm bach teidi, *N:* swm bach, swm reit ddel; **to cost a ~ penny,** costio ceiniog neu ddwy, *S.W:* costu ceiniog fach; **it's a good day's ~ work,** mae'n gryn ddiwrnod o waith. **~-tips** *n.pl. Bot: (Lavia platyglossa):* blodyn (blodau) (*m*) blaenau gwynion.

tidy² *n.* **1.** *(a)* **sink ~,** hidlwr (*m*) sinc (hidlwyr sinciau); *(b) Needlew:* basged fach (basgedi bach) *f*; *(c)* **street ~,** bin(-iau) (*mf*) [y]sbwriel. **2.** *U.S: (= cover):* gorchudd(-ion) *m*.

tidy³ *v.t.* tacluso, twtio (rhth); rhoi trefn (ar rth); gwn|eud (rhth) yn daclus/ddestlus/dwt *&c*; *S:* cymoni, cymhennu, teidio, *S.E:* clirio, trefnu, cryn[h]|oi, cryn[h]oddi, cym[h]wyso, strico (rhth); **to ~ oneself [up],** eich tacluso'ch/twtio'ch hun, ymdacluso, ymdwtio; **to ~ away books,** clirio llyfrau, rhoi llyfrau i gadw, rhoi llyfrau i'w cadw, rhoi llyfrau o'r neilltu; *abs.* **to ~ [things] up,** rhoi trefn ar bethau, tacluso, twtio, cymhennu *&c*, *S.W: occ:* gwneud y dwt.

tie¹ *n.* **1.** *(a) (= bond):* cwlwm (cylymau, clymau) *m*, rhwymyn(-nau, rhwymau) *m*; *Mount:* **waist ~,** cwlwm gwasg; *Needlew:* **loop and ~,** dolen a chwlwm; **family ties,** rhwymau teuluol; **ties of friendship,** cwlwm/rhwymau cyfeillgarwch; **blood ties,** clymau gwaed; *(b) (= hindrance):* llyffethair (llyffetheiriau) *f*, cloffrwym(-au) *m*. **2.** *Cost:* tei(-s) *mf*; *S.a.* **bow-tie; collar and ~,** coler a thei. **3.** *Const: &c: (beam):* ewinbren(-nau) *m*, tynlath(-au) *f*; *S.a.* **anchor¹**; *Rail: U.S:* = **sleeper 2** *(b)*. **4.** *Mus:* clwm (clymau) *m*. **5.** *(a) Sp: (= draw):* gêm gyfartal (gemau cyfartal) *f*; *(b) (= championship match):* pencampwriaeth(-au) *f*; *S.a.* **cup-tie;** *(c)* **the election ended in a ~,** fe ddaeth yr ymgeiswyr yn gyfartal. **~-and-dye** *n.* = **tie-dyeing. ~ award** *n.* gwobr ranedig (gwobrau rhanedig) *f*. **~-back** *n. Furn: U.S:* llinyn(-nau) (*m*) rhwymo. **~-bar** *n. Const:* clymfar(-rau,-iau) *m*. **~-beam** *n. Const:* ewinbren(-ni,-nau) *m*, tynlath(-au) *f*, trawst(-iau) (*m*) rhwymo, rhwymbren(-nau) *m*. **~-break[er]** *n.* **1.** *Ten:* gêm (*f*) benderfynu (gemau penderfynu); **to play a ~-break,** chwarae'r datglwm. **2.** *(question in quiz):* cwestiwn (cwestiynau) (*m*) torri'r ddadl. **~-clasp, ~-clip** *n. Cost:* clip (*m*) tei (clipiau teis). **~-dye** *v.t.* clymliwio. **~-dyed** *a.* clymliwiedig. **~-dyeing** *vn.* clymliwio. **~-in** *n.* cysylltiad(-au) *m*; *U.S:* **~-in sale,** bargen (*f*) gymell (bargeinion cymell). **~-line** *n.* **1.** *Tp:* llinell breifat (llinellau preifat). **2.** *Th:* clymlin(-au) *f*. **~-off screw** *n. Mec.E:* sgriw (*f*) gwlwm (sgriwiau cwlwm). **~-on** *attrib.* clymu. **~-piece** *n.* darn(-au) (*m*) cyswllt. **~-pin** *n. Cost:* pin (*m*) tei (pinnau teis). **~-rod** *n. Mec.E:* rhoden (*f*) gyswllt (rhodiau cyswllt). **~-silk** *n. Tex:* sidan (*m*) teis. **~-wig** *Cost:* wig (*f*) glymu (wigiau clymu).

tie² *v.t&i.* I. *v.t.* **1.** *(a)* **to ~ sth (to sth),** clymu rhth (yn rhth, i rth, wrth rth), rhoi rhth ynghl|wm (yn rhth, wrth rth), *N:* rhoi rhth yn sownd (yn rhth, wrth rth); **to ~ two things together,** clymu dau beth [ynghyd], rhoi dau beth ynghlwm [wrth/yn ei gilydd], rhoi dau beth yn sownd yn ei gilydd; **to ~ and dye,** clymu a lliwio; *F:* **his hands are tied,** mae ei ddwylo ynghlwm; mae ei ddwylo wedi eu clymu; **to be tied and bound, to be tied hand and foot,** cael eich clymu draed a dwylo, bod â'ch traed a'ch dwylo ynghlwm; *Fig:* **fit to be tied,** *(= angry):* cynddeiriog, gwyllt; *Fig:* **tied to his mother's apron-strings,** ynghlwm wrth linyn ffedog/barclod ei fam; **to be tied to one's bed,** *(through illness):* bod yn gaeth i'ch gwely, bod yn orwe[i]ddiog, gorfod cadw'r gwely; **to be tied to one's work,** bod yn gaeth i'ch gwaith, bod yn glwm wrth eich gwaith, bod ynghlwm wrth eich gwaith; *(b) (a lace, string):* clymu, *S.W:* clwmu, laso; *(a knot, tie):* clymu (rhth); gwn|eud cwlwm, *N.W:* rhoi cwlwm, *occ:* taro cwlwm (ar rth); *Fig:* **to ~ the knot** *(= marry):* *(i) (= perform marriage ceremony):* priodi; *(ii) (= get married):* ymbriodi, priodi. **2.** *Const: (= reinforce):* cryfh|au, atgyfnerthu, clymu; *Carp:* **to ~**

rafters, rhoi cleddau ar ddistiau. **3.** *Mus:* clymu. II. *v.i. Sp: &c:* **to ~ (with s.o.),** dod yn gyfartal/gydradd, *occ:* cyfartalu, cael gêm/gornest gyfartal (â rhn); *(of candidate):* dod yn gyfartal (â rhn); *Sch:* **to ~ for first place (with s.o.),** dod yn gydradd gyntaf (â rhn). **~ down** *v.t. (a)* **to ~ s.o. down,** rhwymo rhn [yn sownd]; *(to duties &c):* caethiwo (rhn), dal (rhn) yn gaeth (**to sth,** i rth); *(b)* **tied down to one's duties,** caeth i'ch dyletswyddau; **to ~ s.o. down to a task,** gorfodi rhn i wneud rhth, clymu rhn wrth dasg; **tied down to one's job,** caeth i'ch swydd. **~ in 1.** *v.t.* cysylltu; **to ~ in sth with sth,** cysylltu rhth â rhth. **2.** *v.i.* cysylltu, ymgysylltu, cyd-fynd, cydweddu, bod yn gyson (**with sth,** â rhth). **~-in** *n. U.S:* cysylltiad(-au) *m.* **~ on** *v.t.* **to ~ on sth,** clymu rhth (i rth, ar rth). **~-on** *a.* **~-on label,** label (*mf*) clymu/glymu (labeli clymu). **~ up 1.** *v.t. (parcel &c):* clymu; *(injured arm &c):* rhwymo (braich *&c*), rhoi rhwymyn (ar fraich *&c*). **2.** *(horse):* clymu (ceffyl), rhoi (ceffyl) yn sownd (**to sth,** wrth rth); *(boat):* clymu (cwch/bad), gwneud/rhoi (cwch/bad) yn sownd. **3.** *Fin: (capital):* rhwymo, clymu, cloi. **4.** *(a) F:* **to get tied up,** *(by work &c):* cael eich llyffetheirio, cael eich cloffrwymo (gan waith *&c*); **(at the moment), I'm tied up,** (ar hyn o bryd), 'rwy'n dra phrysur, 'rwy'n rhy brysur; *(b) U.S:* **the traffic was tied up,** 'roedd tagfa yn y drafnidiaeth; 'roedd y drafnidiaeth wedi tagu; 'roedd y drafnidiaeth yn un dagfa. **5.** *v.i. (= be associated):* cysylltu, bod yn gysylltiedig (â rhth); *(= be consistent):* cyd-fynd, cydweddu, bod yn gyson (**with sth,** â rhth); **that ties up with what I was just saying,** mae a wnelo hynny â'r hyn yr wyf newydd ei ddweud. **6.** *v.i. Nau:* clymu. **~-up** *n.* **1.** *U.S: Nau:* clymu *vn*, clymiad(-au) *m.* **2.** *U.S: (of traffic):* tagfa (tagf|eydd) *f.* **3.** *F: (= link):* cysylltiad(-au) *m*, dolen (*f*) gyswllt (dolennau cyswllt).

tied *a.* **1.** *(to one's work &c):* ynghl|wm (wrth rth), caeth (i rth); **to keep s.o. close ~,** cadw rhn yn gaeth, caethiwo rhn. **2. ~ cottage,** bwthyn (bythynnod) clwm *m*; **~ house,** tŷ (tai) clwm *m*; **~ [public] house,** tafarn glwm (tafarnau clwm) *f.* **3.** *Mus:* **~ notes,** nodau clwm. **~ up** *a.* **1.** *F:* rhwymedig, clymedig, clwm, ynghlwm; *F:* **to be ~ up,** bod ynghlwm (wrth rth), bod yn glwm (wrth rth, i rth); *(= busy):* prysur.

tiemannite *n. Miner:* t|iemannit *m.*

tier¹ *n.* **1.** *(a) (of seats &c):* rhes(-i) *f*, rhenc(-iau) *f*, rheng(-oedd) *f*; *(b) (= layer, level):* haen(-au) *f*, lefel(-au) *f*; **two-~,** dau ddosbarth, dwy lefel, deuris, dwyradd; **two-~ postal service system,** gwasanaeth post dau ddosbarth, gwasanaeth post dwy lefel. **2.** *Nau: (= coil):* torch(-au) *f*, *N.W: occ:* cersiad(-au) *m.* **~ table** *n. Furn:* bwrdd (byrddau) (*m*) silffoedd, *S:* bord(-ydd) (*f*) silffoedd.

tier² *v.t.* gosod/dodi (rhth) mewn rhesi; rhencian, rhencio (rhth).

tier³ *n.* **1.** *(= one who ties):* clymwr (clymwyr) *m.* **2.** *U.S:* = **apron, pinafore.**

tierce *n.* **1.** = **terce. 2.** *Cards:* tri(-oedd) *m*, triawd(-au) *m.* **3.** *Fenc:* y trydydd safle *m*; **~ and quart,** symudiad tri a phedwar. **4.** *A: Meas:* traean *m.*

tiercel *n.* = **tercel.**

tiercet *n.* = **tercet.**

tiered *a. (a)* rhenciog, yn rhenciau, yn rhesi, yn rhengoedd; *(b)* **three-~ cake,** teisen/cacen dridarn (teisennau/cacenni tridarn) *f*; **three-~ skirt,** sgert renciog (sgerti rhenciog) *f*; **three-~ stand,** stand tridarn/dridarn (standiau tridarn) *mf.*

tierra caliente *n. Geog:* tir poeth *m.*

tierra fria *n. Geog:* tir oer *m.*

tierra templada *n. Geog:* tir tymherus *m.*

tiers état *n. Fr.Hist:* y drydedd ystad *f.*

tiff¹ *n.* ffrae fach (ffraeau bach) *f*, cweryl(-on) bach *m*; **lover's ~,** ffrae fach rhwng cariadon.

tiff² *v.i.* ffraeo, cael ffrae fach.

tiffany *n. Tex:* t|iffani *m.*

tiffin¹ *n.* pryd(-au) (*m*) bwyd.

tiffin² *v.i.* cael bwyd, bwyta, cael pryd o fwyd.

tig *n. Games:* chwarae (*vn*) tic, chwarae cis.

tige *n.* = **shaft, stem, stalk.**

tiger *n.* **1.** *(a) Z:* teigr(-od) *m*; **American ~,** = **jaguar;** *(b) Fig: (of pers.):* **he's a real ~,** mae ef fel teigr; teigr o ddyn ydyw; **to work like a ~,** gweithio nerth deng ewin, gweithio fel lladd nadroedd, *F:* gweithio fel blac; **a paper ~,** teigr papur. **2.** *Ent:* **garden ~ moth,** *(Arctia caja):* gwyfyn(-od) (*m*) teigr, teigr yr ardd, torgoch(-iaid) (*m*) yr ardd; **garden ~ [larva],** siani flewog *f*, teiliwr blewog *m*; **cream-spot ~,** *(A. villica):* teigr smotiau melyn; **Jersey ~,** *(Euplagia quadripunctaria):* teigr Dyfnaint, teigr pedwar smotyn; **plain ~,** *(Danaus chrysippus):* teigr y gwastadedd; **ruby ~,** *(Phragmatobia fuliginosa):* teigr torgoch; **scarlet ~ moth,** *(Panaxia/Callimorpha dominula):* teigr ysgarlad; **wood ~ moth,** *(Parasemia plantaginis):* teigr y coed. **~-beetle** *n. Ent: (Cicindela):* chwilen (*f*) deigr y coed (chwilod teigr y coed). **~-bird** *n. Orn:* aderyn (adar) *m* teigr. **~-bittern** *n. Orn:* aderyn y bwn rhesog. **~-cat** *n. Z:* cath deigraidd (cathod teigraidd) *f.* **~['s]-eye** *n. Lap: Cer:* llygad (*m*) teigr (llygaid teigrod). **~ flower** *n. Bot: (Tigrida favonia):* glaswellt undydd *m.* **~ lily** *n. Bot: (Lilium tigrinum):* lili fannog (liliau mannog) *f*, lili fraith (liliau brithion). **~ moth** *n. Ent:* = **tiger 2. ~ salamander** *n. Rept:* salamandr(-od,-iaid) rhesog *m.* **~ shark** *n. Ich: (Galeocerdo cuvieri):* morgi (morgwn) rhesog *m.* **~ shell** *n. Moll: (Cupraea tigris):* cragen fraith (cregyn brithion). **~-snake** *n. Rept: (Notechis scutatus):* neidr deigraidd (nadroedd teigraidd). **~ swallowtail** *n. Ent:* cynffon (*f*) gwennol resog (cynffonnau gwenoliaid rhesog). **~-wood** *n. Carp:* pren rhesog *m*, coed rhesog *m.*

tigerfish *n. Ich:* pysgodyn (pysgod) rhesog *m*, teigr(-od) (*m*) môr.

tigerish *a.* teigraidd, fel teigr; *(= fierce):* ffyrnig.

tigerishly *adv.* yn deigraidd *&c.*

tigerishness *n.* natur deigraidd *f*, teigreiddiwch *m*, ffyrnigrwydd *m.*

tigerlike *a.* teigraidd.

tight *a. & adv.* I. *a.* **1.** *(in most senses):* tyn(-ion), tynn (tynion) (*comp. forms:* tynned, tynnach, tynnaf); *(joint):* tyn[n], solet; **the nut is ~,** mae'r nyten yn dyn[n]/sownd; **hand-~,** llawdyn[n]; *(ship):* diddos; *S.a.* **airtight, finger-tight, watertight; to draw a cord ~,** tynh|au cortyn, tynnu cortyn yn dyn[n]; **to keep a ~ hand/hold over s.o.,** gafael yn dyn[n] yn rhn, cydio'n dyn[n] yn rhn, dal eich gafael yn dyn[n] yn rhn, dal rhn yn sownd; **(my shoes are) too ~,** (mae f'esgidiau) yn rhy dyn[n], yn gwasgu, yn rhy fach i mi; 'rwyf mewn carchar crydd; *F:* **a ~ corner, a ~ spot, a ~ squeeze,** cyfyng-gyngor *m*, helbul(-on) *m*, helynt(-ion) *f*, trafferth(-ion) *f*, penbleth *m*, caethgyfle(-oedd) *m*, *F:* twll (tyllau) *m*, strach(-od) *m*, picil *m*; **a ~ race,** ras glòs/dyn[n]; **a ~ schedule,** rhaglen dyn[n]/gyfyng; *(= constricted):* cyfyng; **it's a ~ squeeze for us in here,** mae hi'n gyfyng arnom ni yma; *S.a.* **fit³. 2.** *(a) (money, credit):* prin(-ion); *F:* **money's a bit ~ with me; I'm a bit ~ for money,** mae hi dipyn yn dyn[n]/fain arna' i am arian; **a ~ money market,** marchnad brin o arian; *(b)* = **stingy, miserly. 3.** *P:* = **drunk. 4.** *Med: (chest):* caeth, tyn[n], myglyd. II. *adv.* yn dyn[n]; **a door shut ~, a door ~ shut,** drws wedi ei gau'n dyn[n]/sownd; **eyes shut ~, eyes ~ shut,** llygaid yngh|au'n dyn[n]/sownd, llygaid wedi eu cau'n dyn[n]/sownd; **to sleep ~,** cysgu'n drwm/sownd; *int.* **sleep ~,** cysga'n dawel! **to hold sth ~,** dal rhth yn dyn[n], cydio/gafael yn rhth yn dyn[n]; **to hold s.o. ~,** gwasgu/cofleidio rhn yn dyn[n]; **hold ~!** dal(-iwch) yn dyn[n]/sownd! **to screw a nut up ~,** sgriwio nyten yn dyn[n]/sownd, sgriwio nyten i'w lle; **to pump a tyre ~,** pwmpio teiar yn dyn[n]; **to fit ~,** ffitio'n dyn[n]; *S.a.* **hold² II. 1, sit I. 1. ~-end** *n. Fb:* chwaraewr (chwaraewyr) (*m*) pen tyn[n]. **~-fisted** *a. F:* = **miserly. ~-fitting** *a.* tyn[n] (tynion). **~-knit** *a.* clòs, o wead clòs. **~-laced** *a.* **1.** *(corset):* wedi ei lasio'n dyn[n]. **2.** *F:* = **strait-laced. ~-lipped, ~-mouthed** *a.* mingaead (*pronounced* ng-g), *N.W: occ:* bantgaead.

tighten *v.t.&i.* **1.** *v.t. (a) (screw, knot):* tynh|au, *S.W:* teito; *(belt, elastic, rope &c):* tynhau, tynnu (rhth) yn dynn; **to ~ one's belt,** *(i)* tynhau'ch belt/gwregys; *(ii) Fig:* codi'r rhesel, gwn|eud ar lai, *S.W:* tolio; **to ~ the screws,** *See* **screw¹ 1.** *(c).* *(b)* **to ~ [up] a blockade,** cryfh|au/tynhau gwarchae; **to ~ restrictions on sth,** cyfyngu'n dynnach ar rth; *(= curtail):* cyfyngu (ar rth); cwtogi, lleih|au, tocio (rhth). **2.** *v.i.* tynhau, mynd yn dynnach; **his lips tightened,** caeodd/tynhaodd ei wefusau.

tightener *n.* tynhäwr (tynhawyr) *m.*

tightening *vn. (of knot &c):* tynhad *m*, tynh|au; *Fin: (of credit &c):* cyfyngiad(-au) *m* (ar rth).

tightly *adv.* yn dyn[n]; *See* **tight II; we were ~ packed,** 'roeddem wedi'n pacio'n/gwasgu'n glòs [fel penwaig mewn halen]; **~-knit** *a.* clòs.

tightness *n.* **1.** *(a) (of rope, string, clothes &c):* tyndra *m*; *S.a.* **airtightness;** *(b) Med: (of chest):* tyndra *m*, caethni *m*; **to feel a ~ across the chest,** teimlo tyndra yn y frest, teimlo'n gaeth,

teimlo'r anadl yn gaeth. **2.** *(of ship &c):* diddosrwydd *m.* **3.** *Fin: (of money):* prinder *m.*
tightrope *n.* rhaff dyn[n] (rhaffau tynion) *f.* **~-walker** *n.* rhaff-gerddwr (~-gerddwyr) *m*, cerddwr (cerddwyr) *(m)* ar raff, rhaff-gerddwraig *f*, cerddwraig ar raff. **~-walking** *vn.* cerdded rhaff, cerdded ar raff.
tights *n.pl. Cost:* trywsanau, teits; **fish-net ~,** trywsanau rhwyllog.
tightwad *n. F:* **= miser.**
tiglic *a. Ch:* tiglig.
tigon *n. Z:* teiglew(-od) *m*, teiglewes(-au) *f.*
tigress *n. Z:* teigres(-au,-od) *f.*
Tigrinya *n. Ling:* Tigrinia *f, m.*
Tigris [the] *Pr.n. Geog:* [Afon] Tigris *f.*
tike[1] *n.* **= tyke.**
tike[2] *n. Anthr:* tici (ticïau) *m*, swynogl(-au) *f.*
til *n.* **1.** *Bot:* s|esame *m.*
tilapia *n. Ich:* tilapia(-id) *m.*
tilbury *n. Veh: Hist:* tilbri(-s) *m.*
tilde *n. Typ:* tild(-[i]au) *m.*
tile[1] *n.* **1.** *(of roof &c):* teilsen: teilen (teils) *f, Lit:* priddlech(-i,-au) *f, Lit: occ:* peithynen (peithynau) *f*; **crest ~, ridge ~,** teilsen grib (teils crib), *Lit:* cefnbeithynen (cefnbeithynau) *f*, trumbeithynen (trumbeithynau) *f*; *F:* **to spend a night on the tiles,** cael noson ar y criws/sbri; *F:* **he has a ~ loose/missing,** nid yw'n llawn llathen; mae rhyw goll arno; mae colled arno; *N:* 'dydi o ddim yna i gyd; *occ:* 'dydi o ddim llawn adref. **2.** *P:* **= hat. 3. floor ~, flooring-~,** teilsen lorio (teils llorio); **wall ~,** teilsen wal; **bonnet ~,** teilsen fonet (teils bonet); **roofing-~,** teilsen doi (teils toi). **~ floor** *n.* llawr (lloriau) *(m)* teils. **~-kiln** *n.* odyn *(f)* deils (odynau teils). **~-like** *a.* fel teilsen, fel teils. **~ tea** *n.* bloc(-iau) *m* te.
tile[2] *v.t.* **1.** *(a) (roof):* toi [to] (â theils &c); teilsio, *S.W:* llechu (to); *(b) (floor &c):* llorio (rhth) â theils, teilsio. **2.** *(in Freemasonry):* gwarchod; **to ~ a lodge,** gwarchod cyfrinfa. **~ in** *v.t.* amg|au (rhth) â theils, teilsio am rth *or* o gwmpas rhth.
tiled *a.* teilsiog; **~ roof,** to teils; **~ floor,** llawr teils.
tilefish *n. Ich: (Lopholatilus chamaeleonticeps):* pysgodyn (pysgod) sofrennog *m.*
tiler *n.* **1.** *(a)* teilsiwr (teilswyr) *m*; *(of roof):* töwr (towyr) *m, Lit: occ:* priddlechwr (priddlechwyr) *m*, llechdöwr (llechdowyr) *m.* **2.** *(in Freemasonry):* drysor(-ion) *(m)* cyfrinfa, porthor(-ion) *m.*
tilery *n.* gwaith (gweithf|eydd) *(m)* teils.
tilestone *n. Geol:* llechfaen (llechfeini) *m.*
tileworks *n.* gwaith (gweithydd, gweithf|eydd) *(m)* teils.
tiliaceous *a. Bot:* gwaglwyfaidd.
tiling *vn. & n.* **1.** *vn.* **= tile**[2]. **2.** *n. Coll:* teils *pl.*
till[1] *v.t.* trin, troi, braenaru, *S.W: occ:* ffaethu, *Lit:* amaethu, arddu, diwyllio.
till[2] *n. Com:* drâr/drôr (drariau/droriau/drôrs/drârs) *(fm)* arian, til(-iau,-s) *m*; *F:* **to be caught with one's hand in the ~,** cael eich dal yn dwyn arian, cael eich dal a'ch llaw yn y god/til.
till[3] *prep. & conj.* **1.** *prep. (a)* hyd + *soft mut.*, hyd at + *soft mut.*, tan + *soft mut.*, *S.W: occ:* is; **~ tomorrow,** tan yfory, hyd at yfory; **~ now,** hyd yn hyn, hyd yn awr; **~ then,** tan hynny, hyd hynny; **~ Easter,** hyd at y Pasg, tan y Pasg, *S.W: occ:* is y Pasg; **from morning ~ night,** o fore [gwyn] tan nos; **good-bye ~ Thursday,** da bot ti tan ddydd Iau; **to wait ~ after the holidays,** aros tan ar ôl y gwyliau; *(b)* **not ~ Easter,** nid cyn y Pasg, nid tan y Pasg, nid o flaen y Pasg; **he will not come ~ after dinner,** ni ddaw tan ar ôl cinio; **I'd never heard of it ~ now,** nid oeddwn erioed wedi clywed amdano cyn hyn; dyma'r tro cyntaf imi glywed amdano; **he did not begin ~ 1880,** ni ddechreuodd tan/hyd 1880. **2.** *conj.* + *inflected form of verb: (a)* nes y/yr, hyd nes y/yr, tan y/yr, *Lit:* oni/onid, hyd oni/onid + *soft mut. of* b, d, g, ll, rh, m, + *spirant mut. of* p, t, c; *in future, present and past time,* **till** *may be translated by* [hyd] nes i + *pron.* + *vn:* **(wait) ~ you see her,** (aros) nes iti ei gweld hi, nes y gweli di hi; **(she slept) ~ s.o. woke her,** (cysgodd) nes i rn ei deffro, nes y deffrôdd rhn hi; **I'll work ~ I'm tired,** mi weithiaf nes imi flino; *in future time,* [hyd] nes y/yr *may be followed by the indicative or (in the literary language) by the subjunctive:* **(to wait) ~ the doors are shut,** (aros) [hyd] nes bo'r drysau ar gau, [hyd] nes y bydd y drysau ar gau, tan y bydd y drysau wedi eu cau; *in past time* [hyd] nes *may be followed by the indicative:* **(he worked) ~ it grew dark,** (fe weithiodd) nes y tywyllodd hi, nes iddi dywyllu; **(to laugh) ~ one cried,** (chwerthin) hyd at ddagrau, nes ichi wylo, nes wylo; **(he ran) ~ he fell,** (fe redodd) nes cwympo, nes iddo gwympo; **(she will not come) ~ you invite her, ~ she is invited,** (ni ddaw) hyd nes eich bod chi'n ei gwahodd, cyn ichi ei gwahodd, nes ichi ei gwahodd, hyd oni wahoddwch chi hi; **~ death us do part,** hyd oni wahaner ni gan angau; **~ there are enough people,** hyd nes bo digon o bobl; **(we shall have to wait) ~ we get a chance,** bydd rhaid inni aros [hyd] nes y cawn ni gyfle, *S.W:* is bo ni'n cael cyfle, *Lit:* hyd oni chawn gyfle.
till[4] *n. Geol:* cl|og-glai *m*, til *m*; **ablation ~,** til abladiad; **glacial ~,** rhewglai *m*; **lodgement ~,** til glyniad.
tillable *a.* âr, hydrin, amaethadwy, ffaeth.
tillage *n.* **1.** *(= farming):* amaethu, trin *(vn)* tir, *Lit:* arddu; **land in ~,** tir âr, tir dan gnydau. **2.** *n. (land):* tir(-oedd) âr *m*, tir tro, grwndir(-oedd) *m*, tyndir(-oedd) *m.*
tillandsia *n. Bot:* mwsog *(m)* Sbaen/Ffl|orida.
tilled *a.* troëdig, âr, *F:* coch; **a newly ~ field,** cae newydd ei droi/gochi.
tiller[1] *n. Nau:* llyw(-iau) *m*, braich *(f)* llyw (breichiau llywiau), hegl *(f)* llyw (heglau llywiau); **to put the ~ hard over,** troi'r llyw reit drosodd. **~-chain** *n. Nau:* cadwyn *(f)* llyw (cadwyni llyw/llywiau). **~-line** *n. Row:* llywraff(-au) *f.* **~-rope** *n. Nau:* rhaff *(f)* llyw (rhaffau llyw/llywiau), llywraff. **~-wheel** *n. Nau:* olwyn *(f)* llyw (olwynion llywiau). **~-yoke** *n. Row:* iau *(f)* llyw (ieuau/ieuoedd llywiau).
tiller[2] *n. Husb:* amaethwr (amaethwyr) *m.*
tiller[3] *n. Hort: (= sucker, shoot): N:* cadair (cadeiriau) *f*, crachgoeden (crachgoed) *f*, *S:* stôl (stolau) *f.*
tiller[4] *v.i. Hort: N:* cadeirio, *S:* stolo.
tillerless *a. Nau:* heb lyw.
tillite *n. Geog:* tilfaen (tilfeini) *m.*
tilt[1] *n.* **1.** gogwydd(-ion) *m*, gwyriad(-au) *m*; **to be on the ~,** gogwyddo, bod ar ogwydd/ŵyr, gwyro, plygu drosodd; **to give (a cask) a ~,** rhoi (casgen) ar ogwydd; troi, gogwyddo (casgen); **a lance held at the ~,** gwaywffon ar ogwydd. **2.** *(a) A: (= joust):* ymwan(-iadau) *m*; *(b) A: (= thrust):* gwaniad(-au) *m*, gwân (gwanau) *m*, ymosodiad(-au) *m*; *F:* **to have/take a ~ at s.o.,** anelu ergyd at rn, ymosod ar rn; *(c)* **[at] full ~,** ar eich pen, yn bendramwnwgl, yn bendraphen, *F:* yn bwcs, yn bwtsh; **to ride [at] full ~,** marchogaeth ceffyl ar garlam [wyllt] *or* nerth ei garnau. **~-hammer** *n. Metall:* gordd (gyrdd) *(f)* siglo. **~-yard** *n.* maes (meysydd) *(m)* paledu/ymwan.
tilt[2] *v.i.&t.* **1.** *v.i. (a)* gogwyddo, gwyro, bod/mynd ar ogwydd/ŵyr; **to ~ over,** *(i) (= incline):* gogwyddo, gwyro, plygu drosodd; *(ii) (= overturn):* troi [drosodd], dymchwel, *S:* moelyd, *S.W:* diwel; *(of seat &c):* **to ~ up,** codi; *(b) A:* **= joust**[2]; **to ~ at the ring,** anelu at y fodrwy; **to ~ at windmills,** anelu at felinau gwynt, ymosod ar felinau gwynt; **to ~ at s.o.,** *Fig:* ymosod ar rn. **2.** *v.t. (a)* **to ~ one's hat over one's eyes,** gwthio'ch/tynnu'ch het dros eich llygaid; **to ~ a chair/seat back,** gwthio/gwyro cadair yn ei hôl; **to ~ the back of a lorry,** codi tu ôl lorri; *(b)* **to ~ stones out of a cart,** arllwys/tywallt cerrig o gert, *N.W: occ:* llympio cerrig o drol; *(c) Metall:* **to ~ steel,** morthwylio/gorddio dur.
tilt[3] *n. Veh: Nau: (= canvas cover):* llywionen(-nau) *f*, llywanen(-nau) *f*, cynfas(-au) *mf*, gorchudd(-ion) *m*, cysgodlen(-ni) *f.*
tiltable *a.* gogwyddadwy.
tilted *a.* cam (ceimion), ar ogwydd, ar oleddf, goleddfol, gogwyddol, gŵyr, ar ŵyr, yn gwyro, yn goleddfu; **~ shelf,** silff ogwyddol (silffoedd gogwyddol) *f*; *S.a.* **tip-tilted.**
tilter *n.* **1.** *A:* **= jouster. 2.** *Brew: &c:* gogwyddwr (gogwyddwyr) *m.* **3.** *Metall:* morthwyliwr (morthwylwyr) *m.*
tilth *n. Agr:* **1. = tillage;** *S.a.* **fallow. 2.** *(depth, condition, of arable soil):* rhywiogrwydd *m*, tymer *f*, trwch *m*, breuder *m*, *S.W:* ffaethni *m*; **fine ~,** trwch mân, pridd mân/brau/rhywiog *m*; **to reduce soil to a fine ~,** troi tir yn bridd mân, *S.W: occ:* ffaethu tir.
tilting[1] *a.* **= tilted.**
tilting[2] *vn.* **= tilt**[1],[2].
tiltmeter *n.* mesurydd(-ion) *(m)* gogwydd.
Tim *Pr.n.m. F: (a) (abbr. for Timothy):* Tim; *(b) Tp:* y cloc llafar *m.*
timbal *n.* **1.** *A: Mus:* **= kettledrum. 2.** *Ent:* timbal(-au) *m.*
timbale *n. Cu:* timbal(-au) *m.*

timber[1] *n.* **1.** *(a) Carp:* coed *m*, pren *m*; *(b) (= trees):* **standing ~,** coed tal *pl*, coed sy'n sefyll, coed ar eu traed, coed heb eu torri, coedwydd *pl*; **to put (land) under ~,** coedwigo (tir), plannu (tir) â choed, plannu coed (ar dir), troi (tir) yn goedwig; *int. (as warning shout):* gwyliwch! *N:* tendiwch!! **2.** *(a)* **[piece of] ~,** coedyn (coed) *m*, pren(-iau) *m*, darn(-au) (*m*) o bren; *(= beam):* trawst(-iau) *m*; *(b) N.Arch:* asen(-nau) *f*, cwpl (cyplau) *m*; *pl.* eisgoed *pl*; **shiver my/me timbers!** diawl a'm cipio/codo/dyco! diawl i f'enaid! **3.** *U.S:* deunydd *m*; **he is managerial ~,** mae deunydd rheolwr ynddo; fe wnaiff reolwr da; **belly-~,** rhth i lenwi cylla/stumog/bol. **4.** *attrib. (a)* **the ~ trade,** y fasnach (*f*) goed; *(b) (= made of wood):* pren; **a ~ cabin,** caban pren. **~-cart** *n.* cert (*f*) goed (certi/ceirt coed), *S:* cart (certi/ceirt) (*m*) coed, *N:* wagen (*f*) goed (wagenni coed). **~-doodle** *n. Orn: U.S:* **= woodcock.** **~-framed** *a.* [â] ffrâm goed. **~-framing** *n.* fframwaith (*m*) coed. **~-head** *n. N.Arch:* pen (*m*) postyn (pennau pyst). **~-hitch** *n. Nau:* cwlwm (c[y]lymau) (*m*) coed. **~ merchant** *n.* masnachwr (masnachwyr) (*m*) coed. **~-stacking** *vn.* pentyrru coed. **~-toe[s]** *n. F:* **1.** *(leg):* coes bren (coesau pren) *f*, *N:* coes glec (coesau clec), *occ:* coes gorcyn (coesau corcyn). **2.** *(pers.):* dyn(-ion) (*m*) â choes bren, dyn coes bren. **~-wolf** *n. Z:* blaidd llwyd (bleiddiaid llwydion) *m*. **~-yard** *n.* **1.** iard (*f*) goed (iardiau/ierdydd coed).

timber[2] *v.t.* coedio.

timbered *a. (a) (house &c):* coediog; **half-~,** ffrâm bren; **a half-~ building,** adeilad ffrâm bren; *(b) (land):* coediog, coedog, â choed yn tyfu [arno *&c*].

timbering *n.* **1.** *Coll:* coed *m or pl*, gwaith (*m*) coed. **2.** *Const:* **half-~,** ffrâm (*f*) bren (fframiau pren).

timberland *n. U.S:* coetir(-oedd) *m*.

timberless *a.* heb goed, di-goed, moel(-ion).

timberline *n. For:* coedlin(-[i]au) *f*.

timberman *n.m.* **1.** *For:* coed[i]wr (coedwyr) *m*, cymynwr (cymynwyr) *m*. **2.** *Ent:* chwilen hirgron (chwilod hirgrwn) *f*.

timberwork *n.* **1.** gwaith (*m*) coed, *occ:* coedwaith *m*. **2.** *Carp:* gwaith coed.

timbre *n. Mus:* ansawdd (ansoddau) *m*, soniaredd(-au) *m*, *timbre m*.

timbrel *n. Mus:* **= tambourine.**

Timbuktu *Pr.n. Geog:* Timbyctŵ *f*.

time[1] *n.* **1.** *(in general sense, as philosophical or scientific concept, long duration):* amser *m*; **work of ~,** gwaith sy'n gofyn amser maith; *Jur:* **~ is of the essence,** mae amser yn hanfodol; **[Father] T~,** y Tad Amser, yr Hen Ŵr Amser; **for all ~,** am byth, am dragwyddoldeb; **once upon a ~,** unwaith, un waith, gynt, ers talwm, ers llawer dydd; *Prov:* **~ will show/tell,** amser a ddengys; *Prov:* **~ tarries for no man; ~ and tide wait for no man,** nid erys amser; pawb yn aros yr amser, a'r amser nid erys ar neb; *See* **tide**[1]; **~ is passing,** mae'r amser yn dirwyn; mae'r amser yn mynd rhagddo; **~ flies,** ehed amser; **how ~ flies!** onid yw'r amser yn mynd heibio'n gyflym! *Prov:* **~ is money,** amser a gollir byth nid enillir; mae amser yn arian; **~ [is] no object,** ni waeth ddim am ba hyd; ni waeth faint o amser a gymer; **in [the course of] ~, in process of ~, as ~ goes on,** ymhen yr hir a'r hwyr, gydag amser, ymh|en amser, yn nhrefn amser, *Lit:* gyda threigl amser, ymhen y rhawg; *Prov:* **~ is a great healer; for every wound the salve of ~,** nid meddyg fel amser; rhag pob clwyf eli amser; **it was a race against ~,** cael a chael oedd hi; 'roedd hi'n gyfyng/fain [arnaf, arnom *&c*] am amser; 'roedd yr amser yn brin [imi, inni *&c*]; 'roedd hi'n ras yn erbyn amser. **2. in a short ~,** o fewn ychydig, ymhen ychydig, cyn pen dim, yn fuan, mewn byr amser, mewn byr [o] dro; **in three weeks' ~,** mewn tair wythnos, ymhen tair wythnos, o fewn tair wythnos; **in a month's ~,** ymhen mis [o amser], o fewn mis; *F:* **(to do sth) in no ~ [at all], in next to no ~,** (gwneud rhth) mewn dim o dro, mewn chwinciad; **within the required ~,** o fewn yr amser penodol; *Mth: &c:* **in a given ~,** mewn cyfnod penodol/penodedig; **to take a long ~ (over sth),** treulio cryn amser, treulio amser maith, bod wrthi am amser maith (yn gwneud rhth); *S.E:* hela'ch plwyf (dros rth); **she took a long ~ to do it,** bu'n hir yn ei wneud; **for a long ~ to come,** am gryn [dipyn o] amser i ddod, am amser maith eto; **(we haven't seen him) for a long ~ past,** (nid ydym wedi ei weld) ers amser maith, ers tro [byd], *N:* ers talwm [iawn], ers cantoedd, ers allan o hydion, *N: occ:* ers allanodion, *S:* 'slawer dydd; **for some ~ [past],** ers peth amser, ers tipyn, ers tro, *S.E:* ers cetyn; **I've not seen her for some ~ today,** nid wyf wedi ei gweld ers meityn; **for some ~ [to come],** am gryn amser i ddod, am dro byd eto; **since ~ immemorial, since ~ out of mind,** ers cyn cof; **the ~ to come,** yr amser a ddaw, yr amser sydd i ddod, y dyfodol; **after a short ~, a short ~ after,** ychydig ar ôl hynny, o fewn byr [o] dro, yn fuan wedyn, yn fuan ar ôl hynny, ymhen ychydig, *N:* toc wedyn; *S.a.* **short**[1] **2**; **after a ~,** ar ôl ychydig, ymhen ychydig, ar ôl peth amser; **some ~ ago,** dro'n ôl, beth amser yn ôl; **after a long ~,** wedi amser maith, ar ôl hir amser, ymhen yr hir a'r hwyr; *F:* **long ~ no see,** *N:* dyma ddyn diarth! dyma ddynes ddiarth! sut mae hi ers talwm/cantoedd/allanodion? *S:* shwt mae hi 'slawer dydd? **they are a long ~ arriving,** maent yn hir iawn yn cyrraedd; mae'n hwyr glas iddynt gyrraedd; *S.a.* **long**; **all this ~,** drwy gydol yr amser, yn y cyfamser; **all the ~,** *(= continually):* drwy gydol yr amser, byth a beunydd, byth a hefyd, [yn] wastad, yn wastadol, trwy'r amser, *F:* trwy'r adeg, o hyd ac o hyd, *N.W: F:* rownd y bedlan, ar hyd y bedlan, rownd y rîl, *S:* rownd-ab|owt; **all the ~ that...,** *(conj.)* tra...; *See* **while**[3]; *Sp:* **to keep the ~,** amseru, gwylio'r amser; **official ~,** amser swyddogol; *Cin:* **running ~,** hyd (*m*) y ffilm. **3.** *(a) (= free, spare time):* amser [rhydd] *m*, hamdden *f*, oriau rhyddion *pl*; **my ~ is my own,** fi biau f'amser; mae gen i ddigon o oriau hamdden; 'rwy'n rhydd i wneud fel y mynnaf/mynnwyf; **when I have the ~,** pan fydd gen i amser, pan gaf yr amser, pan gaf y cyfle; **to have ~ on one's hands,** bod â digonedd o amser hamdden; **~ hangs/lies heavy on his hands,** mae'n gweld yr amser yn hir; mae ei ddwylo'n segur; **I have no ~ to do it,** nid oes gennyf mo'r amser i'w wneud; *P:* **I've no ~ for her,** dda gen i mohoni; mae hi'n dân ar fy nghroen i; 'does gen i ddim amynedd â hi; **to gain ~,** ennill amser; **to make good ~,** mynd yn gyflym; cyrraedd yn brydlon; **we've made good ~ so far,** 'rydym wedi dod yn eithaf da hyd yn hyn; *Sp: &c:* **to play for ~,** chwarae i ennill amser; **to fill in ~,** llanw'r amser, lladd amser; **to while away the ~, to pass the ~ away,** lladd yr amser, bwrw'r/treulio'r/difyrru'r amser, *S.E:* hala'ch cetyn; **to bide one's ~,** aros eich cyfle; **to idle one's/the ~ away,** gwastraffu'ch/afradu'ch amser, hamddena, gwagswmera, ofera, segura, *S:* bradu'ch amser; **to take ~ by the forelock,** achub eich cyfle; **we're pressed for ~,** 'rydym ar frys; 'rydym yn brin o amser; mae hi'n fain/dyn[n] arnom am amser; **to lose ~,** colli amser; **to make up for lost ~,** adennill amser, gwneud iawn am amser a gollwyd; **to lose no ~ in doing sth,** gwneud rhth ar unwaith, brysio/prysuro/rhuthro i wneud rhth, *S:* hastu i wneud rhth, *N: F:* gafael ynddi; **I lost no ~ (in replying),** nid oedais/arhosais i, ni phetrusais i (cyn ateb); **to waste ~,** gwastraffu amser, *S:* bradu amser; *Mil:* **to mark ~,** troedio yn eich unfan; *Fig:* cicio'ch sodlau; *S.a.* **mark**[2] **4.** *(a)*; **to make ~ to do sth,** cael/neilltuo amser i wneud rhth; **it takes ~,** mae'n cymryd/gofyn amser; rhaid wrth amser; **to take one's ~ over sth,** cymryd amser dros rhth, gwneud rhth yn araf, *S.E:* bod fel dau o'r gloch yn gwneud rhth; **take your ~,** araf deg piau hi; gan bwyll; cymer d'amser (cymerwch eich amser); paid (peidiwch) â brysio *&c*; cymer(-wch) bwyll; **given ~ (it can be done),** gydag amser, o gael amser, os ceir amser (gellir ei wneud); **in ~, with ~,** *(= gradually):* bob yn dipyn, o dipyn i beth, fesul tipyn, gydag amser, *S.W:* o hyn i beth; *F:* **it will take you all your ~ to do that,** byddwch yn eich gwaith yn gwneud hynna; fe gymer hydoedd ichi wneud hynna; **to stay beyond one's ~ doing sth,** aros yn rhy hir yn gwneud rhth; **past the ~,** tros amser, heibio'r amser; *int. Box:* **~!** ewch ati! **~'s up!** mae'r amser ar ben! dyna'r diwedd! *(in public house):* **~, gentlemen, please!** amser cau, gyfeillion! *Fb: &c:* **to play extra ~,** chwarae dros yr amser, chwarae amser dros ben; *(b) (= set period):* cyfnod(-au) *m*, tymor (tymhorau) *m*; **a convict nearing the end of his ~,** carcharor yn tynnu/nesáu at ddiwedd ei dymor; *P:* **to do/serve ~,** bwrw/gwneud eich cyfnod/tymor yn y carchar, bod yn garcharor; **to serve one's ~ [of apprenticeship],** bwrw'ch prentisiaeth, gwneud eich prentisiaeth, bwrw'ch tymor/cyfnod fel prentis, gwneud eich tymor/cyfnod fel prentis; *Mil:* **to serve ~,** gwasanaethu, gwneud eich gwasanaeth; *Mil:* **I've had my ~,** mi fûm i drwyddi; 'rwyf wedi bod drwyddi; **the house will last our ~,** fe bery'r tŷ tra byddwn ni; **if I had my ~ over again,** pe cawn i fyw fy mywyd eto, pe cawn i f'oes eto; *(c) (of bearing young):* amod *mf*, tymp *m*, adeg (*f*) esgor; **she is near her ~,** *(i) (of woman):* mae hi'n barod i esgor; mae'n hi'n agos at ei hamod;

mae hi'n agos i'w thymp; *(ii) (of cow &c):* mae hi'n halu/dywyddu; mae hi ar ben ei hâl. **5.** *(a) usu.pl. (= period, epoch):* amser(-au,-oedd) *m*, oes(-au,-oedd) *f*, adeg(-au) *f*, cyfnod(-au) *m*; **a sign of the times,** arwydd o'r amserau, un o arwyddion yr amserau, arwydd o'r oes [bresennol]; **in ~/times past, in olden times, in former ~/times, in times gone by,** gynt, yn yr hen ddyddiau, ers talwm, ers llawer dydd, yn y dyddiau [a] fu, yn yr oes o'r blaen, yn y gorffennol, ddyddiau [a] fu; **the good old times,** yr hen ddyddiau dedwydd/braf/difyr gynt, y dyddiau [a] fu, yr hen ddyddiau gynt; **those were happy times for us,** dyddiau dedwydd oedd y rheini; 'roedd hi'n braf arnom bryd hynny; **in times to come,** rhyw ddydd [a ddaw], yn y dyfodol, yn y dyddiau a ddaw/fydd; **[the] times have changed,** daeth tro ar fyd; mae'r oes wedi newid; **in my ~ it was different,** 'roedd hi'n wahanol yn fy nghyfnod/nyddiau i; **in the ~ of Napoleon,** yn oes Napoleon, yng nghyfnod Napoleon; **in our times, in these times,** [yn] y dyddiau hyn, [yn] yr oes hon, heddiw 'ma, yn yr oes sydd ohoni, *Lit:* y dwthwn hwn; **the times we live in,** ein cyfnod ni, yr oes sydd ohoni, y dwthwn hwn; **the life and times of X,** bywyd ac amserau X; **the earliest times,** y cyfnodau cynharaf *pl*; *(b)* **to be ahead of one's ~, to be in advance of one's ~,** bod o flaen eich oes/amser; **to move with the times,** canlyn yr oes, symud gyda'r oes, dilyn y ffasiwn, bod ynddi hi; **he was a child of his ~,** 'roedd yn blentyn ei oes/cyfnod; 'roedd yn blentyn i'w oes/gyfnod; **to be behind the times,** bod ar ôl yr oes, bod ar ei hôl hi; **as times go,** fel y bydd yr oes; **bad times,** adfyd *m*, cyni *m*, tlodi *m*, dyddiau drwg/main; **good times and bad,** hawddfyd ac adfyd; **times are bad/hard,** mae hi'n adeg o dlodi/gyni; mae hi'n ddrwg/fain/galed [arnom]; mae hi'n gyfnod drwg; *N. W: occ* mae 'na dwrn go gaeth arnom ni; **to fall on bad times,** mynd i drafferthion/dlodi/gyni, bod yn anffodus/anlwcus, taro ar ddyddiau drwg; **good times,** *(= prosperity):* [cyfnod (*m*) o] ffyniant *m*, oes (*f*) o lawnder, oes ffyniannus, blynyddoedd breision, hawddfyd *m*; *Journ:* **The Banner and Times of Wales,** Baner ac Amserau Cymru. **6.** *(a) (= occasion, specific point in time):* pryd(-iau) *m*, adeg(-au) *f*; *(a)* **~ of arrival,** adeg (*f*) cyrraedd; **at the ~ of. . .,** pan + *verb*; **at the ~ of her arrival,** *(past):* pan gyrhaeddodd hi, *(future):* pan gyrhaedda hi; **(I was absent) at the/that ~,** (nid oeddwn yno) ar y pryd, bryd hynny, yr adeg honno (*not* yr amser hwnnw); **in ~ of war,** [ar] adeg rhyfel; **about Christmas ~,** tua'r Nadolig, tuag adeg y Nadolig; **at Easter ~,** adeg y Pasg; **at the present ~,** ar hyn o bryd, ar hyn o dro, ar y funud (*not* ar y foment); **at this moment in ~, = now; at a given ~,** ar adeg benodol; **at the ~ fixed,** ar yr adeg benodedig; **at one ~ . . ., at another ~,** ar un adeg. . ., ar adeg arall. . .; ar un pryd. . ., bryd arall. . .; weithiau. . ., dro arall. . .; **at one ~ (it used not to be so),** gynt, ers talwm, ers llawer dydd (nid felly yr oedd hi); (nid felly y bu hi) erioed; **[at] one ~ priest of this parish,** offeiriad gynt yn y plwyf hwn, cyn-offeiriad y plwyf hwn; *Lit:* **~ was when. . .,** bu adeg pan/pryd. . .; ar un adeg. . .; gynt. . .; **(remember the ~) she fainted?** (a gofiwch chi'r tro) pan lewygodd hi/y llewygodd hi? **the ~ she used to work there,** yr adeg pan/yr oedd hi'n gweithio yno; **at no ~,** *(i) (in past time):* ni/nid. . . erioed; ni/nid. . . ar unrhyw adeg; **at no ~ have I ever said so,** ni ddywedais i erioed y fath beth; ni ddywedais i ar unrhyw adeg y fath beth (*not* ni ddywedais byth mo'r fath beth); *(ii) (in present & future time):* byth; **at no ~ do I go there,** ni fyddaf byth yn mynd yno; *N.B: that* byth *in past time* = **[not] yet; at times,** weithiau, ar adegau, ar brydiau, bob hyn a hyn, ambell waith, ambell dro, ar dro, ar droeon; **there were times when I despaired,** bu adegau pan oeddwn i'n anobeithio; **at various times,** ar wahanol adegau; **at all times,** *(i) (= always):* bob amser, bob adeg, yn wastad; *(ii) (= at any time):* ar unrhyw adeg; **at any ~,** unrhyw bryd, ar unrhyw adeg; **(do call) at any ~,** (galwch heibio) pryd bynnag y mynnoch/mynnwch chi, unrhyw bryd/adeg; *P.N:* **[not] at any ~,** ddim o gwbl; **between times,** *(i) (= in the meantime):* yn y cyfamser; *(ii) (= from time to time):* o bryd i'w gilydd, o dro i dro, o bryd i bryd, 'nawr ac yn y man, *N:* rŵan ac yn y man; **[at] any ~ [you like],** pan fynnoch chi, pa bryd bynnag y mynnwch/mynnoch chi; **he may turn up at any ~,** gall gyrraedd unrhyw amser/bryd/adeg; *F:* fe all ddod fel huddygl i botes; **if at any ~,** *(i) (in present & future time):* os byth, pe. . . rywdro; os . . . ar unrhyw adeg [o gwbl]; **if at any ~ you call,** os byth y gelwi di; pe baet ti'n galw rywdro; *(ii) (in past time):* os . . . erioed; pe. . . . erioed; **if at any ~ you loved me,** os ceraist ti fi erioed; **if at any ~ you had gone,** petaet ti erioed wedi mynd; **[at] some ~ or other,** r[h]ywbryd neu'i gilydd, r[h]yw ben neu'i gilydd, r[h]yw adeg neu'i gilydd, r[h]yw ddydd neu'i gilydd; **some ~ (next month),** r[h]ywbryd, r[h]yw ben (y mis nesaf); (y mis nesaf) ryw ben; **this ~ next year,** yr adeg yma'r flwyddyn nesaf, ymhen y flwyddyn, flwyddyn i hyn, *N. W:* ymhen blwyddyn i rŵan; **this ~ tomorrow,** yr adeg hon yfory; **by the ~ that. . .,** erbyn i + *soft mut.* + *subject* + *soft mut.* + *vn*; **by the ~ [that] I get/got there,** erbyn imi gyrraedd; **from ~ to ~,** o bryd i'w gilydd, bob hyn a hyn, yn awr ac eilwaith, yn awr ac yn y man, *N:* rŵan ac yn y man, *S. W:* 'nawr a lŵeth; **from that ~ onwards,** byth oddi ar hynny, o hynny allan, ar ôl hynny, wedi hynny; **from this ~ onwards,** o hyn ymlaen, *Lit:* o'r awron ymlaen; **(to do sth) when the ~ comes,** (gwneud rhth) yn ei bryd, pan ddaw hi'n bryd; **at the proper ~,** ar yr adeg iawn/briodol/gyfaddas, ar yr union adeg, ar yr iawn bryd, pan fo'n briodol; **now is the ~ for us to go,** dyma'r adeg inni fynd; **it's [high] ~ for us to go,** mae'n [hen] bryd inni fynd; mae'n hwyr glas inni fynd; **now's the ~!** dyma'r cyfle! 'nawr amdani! *N:* rŵan amdani! rwân piau hi! **to choose one's ~ to do sth,** dewis eich amser/adeg i wneud rhth; **the ~ has come to leave,** daeth yr adeg i ymadael; daeth yr awr (*f*) i ymadael; **this is no ~, this is not the ~ (for joking),** nid dyma'r adeg, nid dyma'r funud (i lolian); **I'll see you another ~,** fe'ch gwelaf chi rywbryd/rywdro eto; *(b)* **in due ~ and place,** ar adeg briodol ac mewn lle priodol; **there's a ~ and [a] place for everything,** mae i bopeth ei amser a'i le; **(you will hear from me) [all] in good ~,** (fe glywch gennyf) mewn da bryd, cyn bo hir; **at the right ~,** ar yr adeg orau/gywir/iawn, ar yr union adeg; **at the wrong ~,** ar yr adeg anghywir, *occ:* ar gamamser; **in his own good ~,** wrth ei bwysau, pan wêl orau, pan wêl yn dda, yn ei amser da ei hun. **7.** *(a) (on clock, watch &c):* **Greenwich mean ~,** amser Greenwich; **standard ~,** amser safonol; **summer ~, daylight saving ~,** amser haf; *(b) (o'clock):* **what is the ~?** faint o'r gloch yw hi? faint yw hi o'r gloch? (*not* beth yw'r amser?) **what is the ~ correctly? what is the right ~?** faint yw hi o'r gloch yn gywir/iawn/union? faint yw hi o'r gloch ar amser? *N. W:* faint ydi hi o'r gloch ar yr amser iawn? **what ~ do you make it?** faint [o'r gloch] yw hi gennych chi? faint wnaiff hi [o'r gloch]? *N. W: occ:* faint wneith hi ar ei gwyneb hi? **how's the ~? = what is the time? to look at the ~,** edrych/gweld faint o'r gloch yw hi; **a clock that keeps [good] ~,** cloc sy'n cadw amser; **(a clock) that loses ~,** (cloc) sydd yn colli [amser], sydd ar ôl, sydd ar ei hôl hi; **~ of day,** [yr] adeg o'r dydd, yr awr o'r dydd; *F:* **to know the ~ of day,** gwybod beth yw beth; *F:* **he doesn't know the ~ of day or night,** ŵyr ddim beth yw beth; **at any ~ of the day or night,** ar unrhyw adeg/awr o'r dydd neu'r nos; **for the ~ being,** am y tro, am hyn o dro; *F:* **to pass the ~ of day with s.o.,** dweud ambell air wrth rn, dymuno dydd da i rn, cyfarch rhn, cyfarch gwell i rn, dweud helô wrth rn; **I wouldn't give her the ~ of day,** ni fyddwn yn gwastraffu amser arni; ni fyddwn yn cymryd sylw ohoni; **at this ~ of day/night,** yr awr/adeg hon o'r dydd/nos; *(c)* **dinner-~,** amser (*m*), cinio, awr (*f*) ginio; **(to arrive) before [one's] ~, ahead of one's ~,** (cyrraedd) cyn pryd, yn gynnar; **(to arrive) up to ~, on ~,** (cyrraedd) mewn pryd, yn brydlon; **on ~,** *(of clock):* ar amser, yn cadw amser; **dead on ~,** ar amser i'r eiliad, mewn union bryd, yn brydlon, yn llygad yr amser; **to arrive in ~ for dinner,** cyrraedd mewn pryd i gael cinio; **I was just in ~ to see it,** 'roeddwn mewn union bryd i'w weld; **I was only just in ~ to catch the train,** cael a chael fu hi imi ddal y trên; **in the nick of ~,** dim ond cael a chael, mewn union bryd, ar y funud olaf, ar yr unfed awr ar ddeg, *N. W: F:* dest mewn pryd, yn ben set; *Prov:* **a stitch in ~ saves nine,** mae pwyth mewn llaw yn arbed naw; pwyth rhag llaw a arbed naw; **(to set off) in good ~,** (cychwyn) yn brydlon, yn gynnar, mewn da bryd, mewn digon o bryd; **it is ~ we left,** mae'n bryd inni gychwyn/ymadael/fynd; *F:* **it's high ~! and about ~ too!** mae'n hen bryd! mae'n hwyr bryd! mae'n llawn bryd! mae'n hwyr glas! hen bryd hefyd! **not before ~!** nid cyn pryd! hen bryd! *(d) (= season, appointed or fit time to do sth):* adeg; **~ of the year,** adeg o'r flwyddyn, tymor (tymhorau) *m*; **at this ~ of the year,** yr adeg hon o'r flwyddyn, *N. W:* yr adeg yma ar y flwyddyn; **~ of life,** oed *m*, oedran *m*; **at my ~ of life,** *F:* **at my ~ of day,** yn f'oed i, yn f'oedran i; *F:* **it's her ~ of life** *(= menopause):* ei hoedran hi ydyw; y newid oes sydd arni; **sowing ~,** tymor hau, adeg hau; **in the day-~,** yn ystod y dydd, gefn dydd golau; **in the night-~,** yn y nos, gefn nos, gefn trymedd nos, liw nos, yn hwyr; *(e)* **to die before one's ~,** marw cyn pryd; **his ~ had not yet come,** ni ddaethai ei dro eto. **8.** *Ind: &c:* **to be paid by ~,** cael eich talu yn ôl yr awr; **~ and a half,** amser a hanner; **to put in ~,** treulio amser, gweithio am hyn a hyn o amser, gwneud hyn a hyn o waith, rhoi hyn a hyn o waith iddi; **to put in one's ~ reading,** treulio'ch/bwrw'ch amser yn darllen; **to work short ~, to be on short ~,** gweithio oriau byrion; **~ and motion,** amser a symud. **9.** *F:* **to have a good ~ [of it],** cael hwyl (*f*), cael mwynhad (*m*), eich mwynh|au'ch hun, *F:* cael sbort, *S:* joio; **we had a good ~,** fe gawsom amser da; fe gawsom hwyl dda; **to have a high old ~,** cael hen hwyl [arni], cael hwyl aruthrol/anfarwol, cael hwyl a hanner; **we're going to have a hot ~,** 'rydym amdani; fe fydd 'na helynt/le; fe fydd hi'n enbyd arnom; 'rydym ni'n ei haros hi; **I had a bad/rough ~ [of it],** mi gefais drafferth/helynt; fe fu hi'n galed/arw/fain arnaf; cefais amser helbulus; mi'i cefais/gwelais i hi; **to give s.o. a rough ~,** camdrin rhn, bod yn gas wrth rn, rhoi camdriniaeth i rn, ei rhoi hi'n arw i rn, *N. W:* hambygio rhn, *S. W:* llabyddio rhn; **to be given a rough ~ by s.o.,** cael llaw galed gan/gyda rhn, *S. W:* gweld tywydd gyda rhn. **10.** (*after numbers,* **many, few, several** *&c*): *(= occasion, repetition):* gwaith (gweithiau) *f,* tro(-eon) *m, See* **once, twice, thrice; two or three times,** dwywaith neu dair; **three or four times,** teirgwaith neu bedair; **four or five times,** pedair gwaith neu bump *&c;* **five times,** pum gwaith, *Lit: occ:* pum waith, pumwaith; **nine times out of ten,** naw gwaith o bob deg, naw gwaith allan o ddeg; **this is the third ~,** dyma'r trydydd tro; dyma'r drydedd waith; **the first ~,** y tro cyntaf; **the last ~ I saw her,** *(i) (= most recent):* y tro diwethaf imi ei gweld; *(ii) (= last ever):* y tro olaf imi ei gweld; **third ~ lucky,** tri thro i Gymro, *N. W:* y drydedd waith bydd coel; **another ~,** tro arall, *adv.* dro arall; **next ~,** y tro nesaf; **that ~,** y tro hwnnw; **the ~ before, the previous ~,** y tro o'r blaen, y tro cynt; **this ~,** y tro hwn, y tro yma; **there's always [a] next ~,** daw tro arall; daw tro eto; daw cyfle arall; **(I'll see you) another ~,** (fe'ch gwelaf chi) rywbryd eto/arall, ryw dro eto/arall; **the first ~ I saw him,** pan welais ef gyntaf, pan welais ef am y tro cyntaf, y tro cyntaf imi ei weld, y tro cyntaf y gwelais ef; **(to succeed) the very first ~,** (llwyddo) ar y cynnig cyntaf un, y tro cyntaf un; **(to do sth) several times over,** (gwneud rhth) sawl gwaith [ar ôl ei gilydd], drosodd a throsodd, drosodd a thro, droeon; **one more ~,** unwaith eto; **four times running,** pedair gwaith ar ôl ei gilydd, pedair gwaith yn olynol; **many times,** lawer gwaith, sawl tro, sawl gwaith, droeon; **(I saw her) a few times,** (fe'i gwelais hi) dro neu ddau, ychydig o droeon; **~ and ~ again, ~ after ~,** dro ar ôl tro, sawl gwaith, droeon, drosodd a throsodd, drach|efn a thrachefn; **I've told him many times,** 'rwyf wedi dweud wrtho droeon; **times out of number,** sawl tro, droeon; **(I've been there) heaps of times,** (bûm yno) sawl tro/gwaith, filoedd/laweroedd o weithiau; **(I've been there) many a ~,** (bûm yno) lawer gwaith, sawl gwaith, lawer tro, droeon; **he succeeds every ~,** mae'n llwyddo bob tro/gafael; **every ~ that...,** bob tro y...; **(to do two things) at a ~,** (gwneud dau beth) ar yr un pryd, ar unwaith; **(bring that) at the same ~,** (dewch â hwnna) ar yr un pryd, *occ:* dan [yr] un, i'ch canlyn; **(to run upstairs) four at a ~,** (rhedeg i fyny'r grisiau) bedwar ar y tro, bob yn bedwar, fesul pedwar; **for weeks at a ~,** am wythnosau ar y tro, am wythnosau bwygilydd; **it costs me six pounds a ~ to have my hair done,** mae'n costio chwe phunt y tro imi gael trin fy ngwallt; **four times two is eight,** mae pedair gwaith dau yn wyth; mae pedwar dau yn gwneud wyth; **three times as big as...,** cymaint deirgwaith â ..., teirgwaith yn fwy na...; **four times as big as...,** cymaint bedair gwaith â ..., pedair gwaith yn fwy na...; **six times as much,** cymaint chwe gwaith, chwe gwaith cymaint, *Lit:* chwe chymaint. **11.** *adv.phr.* **at the same ~,** *(a)* ar yr un pryd, ar unwaith; **(you arrived) at the same ~ as me,** (fe ddaethoch) [ar] yr un pryd â minnau, ar unwaith â mi; *(b)* **at the same ~, you must remember...,** ar yr un pryd, rhaid ichi gofio.... **12.** *(a) Mus: (of note):* hyd *m,* parhad *m; (b) Mus: (= timing):* amseriad(-au) *m,* amser(-au) *m;* **common ~,** amseriad/amser cyffredin; **compound ~,** amseriad cyfansawdd; **duple ~,** amseriad dyblyg; **quadruple ~,** amseriad pedwarplyg; **quintuple ~,** amseriad pumplyg; **simple ~,** amseriad syml; **triple ~,** amseriad triphlyg; **to beat ~,** cadw amser, curo amser; *(c)* **in strict ~,** mewn amseriad [caeth]; **to keep ~, to be in ~,** cadw amser; **to get out of ~,** colli'r amseriad, ei cholli hi; *I.C.E:* **the ignition is out of ~,** mae'r amseriad allan ohoni; *(d) Mus:* **to quicken the ~,** cyflymu'r amseriad; **to slow the ~,** arafu'r amseriad; *Gym: &c:* **to march in ~,** cydgamu. **13.** *F:* **the big ~,** bri *m,* llwyddiant *m,* y brig *m,* yr uchelfannau *pl;* **to be in the big ~, to have made the big ~, to hit the big ~,** cyrraedd y brig, ennill bri, llwyddo; **big-~** *attrib.* pwysig, ar y brig; *Cmptr:* **access ~,** amser cyrchu; *Th:* **acting ~,** hyd perfformiad; *Astr:* **apparent ~,** amser haul; **astronomical ~,** amser y sêr, amser seryddol; **civil ~,** amser cyffredin/swyddogol; **close ~,** amser caeëdig; *Ph:* **dead ~,** egwyl farw *f;* **elapsed ~,** amser a aeth heibio, amser darfodedig; **good-~** *a.* hoff o hwyl; *Pej:* rafin, rafinllyd; **good-~ boys,** *N. W:* hogiau am hwyl/sbri, *S. W:* bois am joio; **good-~ girl,** merch hoff o'i hwyl; **half-~,** *Sp: &c:* hanner amser; **long-~** *a.* hirsefydlog, ers cyfnod hir; **mean ~,** amser cymedr; **reaction ~,** amser adwaith/adweithio; **seek ~,** amser ymofyn; **sidereal ~,** amser serol; **solar ~,** amser [yr] haul, amser heulol; *Sch:* **word reaction ~,** amser geiradwaith. **~-allowance** *n. Rac:* lwfans (*m*) amser. **~-and-motion** *attrib.* amser a symudiad, amser a symud. **~ assets** *n.pl. Com:* asedau amser. **~ average** *n.* cyfartaledd (*m*) amser. **~-ball** *n.* pêl (peli) (*f*) amser. **~-bargain** *n.* bargen (bargeinion) (*f*) dros gyfnod, bargen gyfnodol (bargeinion cyfnodol). **~-barred** *a. Jur:* amser-ataliedig, amser-waharddedig. **~-base** *n.* amserlin(-[i]au) *f.* **~-belt** *n. Geog:* = **time-zone.** **~ bill** *n. Fin:* bil(-iau) (*m*) dros gyfnod. **~-book** *n. Th:* llyfr(-au) (*m*) amseru. **~ bomb** *n.* bom(-iau) (*mf*) amser. **~ capsule** *n.* capsiwl(-au) (*m*) amser. **~-card** *n.* cerdyn (cardiau) (*m*) amser, *S:* carden (cardiau) (*f*) amser. **~ chart** *n.* taflen(-ni) (*f*) amser, siart(-iau) (*f*) amser. **~ clause** *n. Gram:* cymal(-au) (*m*) amser. **~-clock** *n. Ind:* cloc(-iau) (*m*) amseru. **~ code** *n. T.V:* amsernod(-au) *m.* **~ constant** *n.* cysonyn (cysonion) (*m*) amser. **~-consuming** *a.* llafurus, trafferthus, araf deg, sy'n gofyn/cymryd amser, sy'n mynd ag amser. **~ deposit** *n. Bank:* adnau (adneuoedd) (*m*) dros gyfnod. **~ dilation/dilatation** *n. Ph:* helaethiad (*m*) amser. **~ draft** *n. Fin:* drafft(-iau) (*m*) dros gyfnod. **~-expired** *a. (appreciation &c):* wedi mynd dros amser, rhy hwyr, rhy ddiweddar; *(soldier):* wedi bwrw/cwblhau ei dymor/gyfnod. **~ exposure** *n. Phot:* goleuad(-au) (*m*) araf, dadleniad(-au) araf *m.* **~ factor** *n.* ffactor(-au) (*m*) amser. **~-fuse** *n.* ffiws(-iau) (*fm*) amser, ffiwsen (ffiwsiau) (*f*) amser. **~-honoured** *a. (custom &c):* oesol, hynafol, hen a pharchus, traddodiadol. **~-killer** *n.* **1.** *(pers.):* rhn (rhai) sy'n lladd amser. **2. = diversion, pastime.** **~-lag** *n.* oediad *m,* oedi *vn.* **~-lapse** *attrib.* **~-lapse photography,** ffotograffiaeth oediog *f.* **~-limit** *n.* terfyn(-au) (*m*) amser. **~-limited** *a.* o fewn amser penodol. **~-loan** *n. Fin:* benthyciad(-au) (*m*) dros gyfnod. **~-lock** *n.* clo(-eau,-eon) (*m*) amser. **~-machine** *n.* peiriant (peiriannau) (*m*) amser. **~ money** *n. Fin:* arian (*m*) dros gyfnod. **~-names** *n.pl.* enwau amser/rhythm. **~ note** *n. Fin:* nodyn (nodion) dyddiedig *m.* **~ off** *n.* amser rhydd *m, F:* amser i'r brenin. **~ out** *n.* saib (seibiau) *m,* seibiant (seibiannau) *m,* hoe(-au) *f.* **~-rate** *n.* cyfradd(-au) (*f*) amser. **~ reversal** *n. Ph:* gwrthdroad (*m*) amser. **~-saver** *n.* arbedwr (arbedwyr) (*m*) amser, peth(-au) (*m*) arbed amser. **~-saving** *a.* [sy'n] arbed amser, hwylus. **~-scale** *n.* graddfa (graddf|eydd) (*f*) amser. **~-series** *n.* cyfres(-i) (*f*) amser. **~-served** *a.* ar ben eich cyfnod, wedi bwrw'ch prentisiaeth. **~-server** *n.* ameniwr (amenwyr) *m,* cydymffurfiwr (cydymffurfwyr) *m,* cynffonnwr (cynffonwyr) *m,* Sioni(-s) (*m*) bob ochr, Siôn plesio pawb. **~-serving** *vn.* amenio, cydymffurfio, cynffonna, plesio pawb. **~-share** *n.* cyfran gyfnodol (cyfrannau cyfnodol) *f,* cyfran amser. **~-sharing** *vn.* rhannu amser. **~-sheet** *n. Ind:* taflen(-ni) (*f*) amser, dalen(-nau) (*f*) amser, awrlen(-ni) *f.* **~-signal** *n. W.Tel: &c:* amsernod(-au) *m.* **~-signature** *n. Mus:* arwydd(-ion) (*m*) amseriad. **~-stamp**[1] *n.* stamp(-iau) (*m*) amser, amsernod. **~-stamp**[2] *v.t.* amsernodi. **~-switch** *n.* switsh(-iau,-is) (*m*) amser. **~-tested** *a.* profedig gan amser, a safodd brawf amser, amser-brofedig. **~-travel** *n.,* **~-travelling** *vn.* teithio (*vn*) mewn/drwy amser. **~-traveller** *n.* teithiwr (teithiwr) (*m*) [mewn/drwy] amser, t|eithwraig (teithwragedd) (*f*) [mewn/drwy] amser. **~ trial** *n.* prawf (profion) (*m*) amser. **~-value** *n. Mus:* gwerth (*m*) amseriad; *Com:* **~-value concept,** cysyniad (*m*) gwerth-amser. **~-warp** *n.* ystumdro(-eon) (*m*) amser. **~-work** *n.* gwaith (*m*) amser, gwaith yn ôl yr awr. **~-worker** *n.* gweithiwr (gweithwyr) (*m*) yn ôl yr awr. **~-worn** *a.* treuliedig gan amser, amser-dreuliedig; *(= ancient):* hynafol, oesol, hen a pharchus. **~ zone** *n.* cylchfa(-oedd, cylchfâu) *(f)* amser, rhanbarth(-au) *(m)* amser.

time² *v.t.* **1.** *(a)* amseru; **to ~ one's arrival to coincide with one's friends,** trefnu cyrraedd ar yr un adeg â'ch ffrind; **to ~ how long it takes s.o. to do sth,** gweld faint [o amser] a gymer i wneud rhth; *(b) (clock):* rhoi (cloc) ar amser, cywiro (cloc); *(c) I.C.E: (ignition, valves &c):* amseru, *occ:* rheoleiddio.

timed *a.* mesuredig, amseredig; **well-~,** amserol; **ill-~,** anamserol, anghyfl|eus, annhymig, *occ:* ar gamamser.

timekeeper *n.* **1.** *Sp: Ind: &c:* amserwr (amserwyr) *m*, cofnodwr (cofnodwyr)*(m)* amser. **2. this clock is a good ~,** mae'r cloc 'ma'n cadw amser yn dda; mae'r cloc 'ma'n un da am gadw amser.

timekeeping *vn.* cadw amser, amseru.

timeless *a.* diamser, digyfnewid, tragwyddol, bythol, didymhorau.

timelessly *adv.* yn ddigyfnewid *&c.*

timelessness *n.* natur ddigyfnewid *f &c*, bytholrwydd *m.*

timeliness *n.* amseroldeb *m.*

timely *a. & adv.* **1.** *a.* amserol, cyfamserol, mewn pryd; **a ~ word,** gair yn ei bryd; **I made a ~ escape,** llwyddais i ddianc yn union mewn pryd. **2.** *adv.* yn amserol, mewn pryd.

timepiece *n.* amserydd(-ion) *m.*

timepleaser *n.* **= time-server.**

timer *n.* **1.** *(pers.):* amserwr: amserydd (amserwyr) *m*, cofnodwr (cofnodwyr) *(m)* amser. **2.** *(device):* amserydd(-ion) *m*; **ticker-~,** amserydd ticio; *Dom.Ec:* **egg-~,** peth(-au) *(m)* berwi wy.

timetable¹ *n.* amserlen(-ni) *f*, taflen(-ni) *(f)* amser.

timetable² *v.t.* amserlennu; **block timetabling,** amserlennu bloc.

timid *a.* swil, ofnus, gwangalon *(pronounced* ng-g), dihyder, *occ:* diniwed, llywaeth.

timidity *n.* swildod *m*, ofnusrwydd *m*, diffyg *(m)* hyder, gwangalondid *m (pronounced* ng-g).

timidly *adv.* yn swil *&c.*

timidness *n.* **= timidity.**

timing *vn.* amseru, amseriad *m.* **~-chain** *n.* cadwyn(-i) *(f)* amseru.

timocracy *n.* timocratiaeth(-au) *f.*

timocratic[al] *a.* timocratig.

timorous *a.* ofnus.

timorously *adv.* yn ofnus.

timorousness *n.* ofnusrwydd *m*, ofn *m.*

Timothy¹ *Pr.n.m.* Timoth|eus, *F:* Tim, *F: occ:* Teimoth.

timothy² [grass] *n. Bot:* cynffon *(f)* y gath, rhonwellt *m*, rhonwellt y gath.

timpanist *n. Mus:* tympanydd(-ion, tympanwyr) *m.*

timpano *Mus:* tympan(-au) *m.*

tin *n.* **1.** *Metall:* tun *m*, *Lit: occ:* alcam *m*; *F:* **that puts the ~ hat/lid on it,** dyna'i diwedd hi; dyna goroni'r cwbl; *S:* dyna'i chapso hi. **2.** *(= container):* tun(-iau) *m*, can(-iau) *m.* **3.** *P: (= money):* arian *m*, *N.W:* pres *m*, *occ:* mags *pl*, *S:* tocins *pl*, arian pen, pens *pl.* **~-bearing** *a. Miner:* tunddwyn. **~ disease** *n. Metall:* pydredd *(m)* tun, clefyd *(m)* tun. **~ ear** *n.* clust fyddar (clustiau byddar) *f*, clust dun (clustiau tun). **~ fish** *n. Nau: F:* **= torpedo. ~ foil** *n.* tunffoil *m*, papur arian *m.* **~-glaze** *n.* gwydredd *(m)* tun. **~ god** *n.* eilun(-od) *m*, duw(-iau) bach *m.* **~ hat** *n.* helmed *(f)* dun (helmedau tun). **~ Lizzie** *n. F:* hen groc(-s) *m*, hen siandri(-s) *mf*, hen sgrag(-s) *mf.* **~ loaf** *n.* torth(-au) *(f)* sgwâr, torth dun (torthau tun). **~-opener** *n.* peth(-au) *(m)* agor tun/tuniau. **~-pan** *n.* padell *(f)* dun (padellau/padelli/pedyll tun). **T~-pan Alley** *n.* Stryd *(f)* y Sŵn. **~-pest, ~-plague** *n.* **= tin disease. ~ roof** *n.* to(-eau) *(m)* sinc; **like a cat on a hot ~ roof,** fel iâr yn sengi ar farwor, ar bigau drain. **~ soldier** *n.* soldiwr(-s) *(m)* tun. **~-tack** *n.* tuntac(-s) *mf.* **~ whistle** *n.* chwisl *(f)* dun (chwislau tun), *Lit:* chwibanogl *(f)* dun (chwibanoglau tun).

tin² *v.t.* **1.** *Metall:* tunio. **2.** *(sardines &c):* dodi/rhoi/pacio (rhth) mewn tun/tuniau; tunio, canio (rhth).

tinamou *n. Orn:* t|inamw (tinamŵod, tinamŵaid) *m.*

tincal *n. Miner:* tincal *m*, boracs crai *m.*

tinct *a. Poet:* **= tinted.**

tinctorial *a.* arlliwiol.

tinctorially *adv.* yn arlliwiol.

tincture¹ *n.* **1.** *(a) Pharm:* tintur(-iau) *m*, trwyth(-i) *m.* *(b) F: (= drink):* tropyn *m*, joch(-iau) *mf.* **2.** *(= slight touch, tinge):* arlliw(-iau) *m*, naws(-au) *f*; **he has a ~ of Latin,** mae ganddo ryw grap/glem ar Ladin. **3.** *Her:* lliwiau *pl.*

tincture² *v.t.* arlliwio, lliwio.

tinctured *a.* arlliwiedig.

tinder *n.* golosged *m*, gosgymon *mf*, *N.W: occ:* poethfel *m*, tendar *m*; **a piece of ~,** golosgedyn *m.* **~-box** *n.* **1.** blwch (blychau) *(m)* tân, goleuar(-au) *m.* **2.** *Fig:* **the forest was a ~-box,** 'roedd y goedwig yn sych fel carthen; **the Middle East is a ~-box,** mae'r Dwyrain Canol yn barod i ffrwydro. **~ fungus** *n. Fungus:* golosged *(m)* y coed. **~-like** *a.* **= tindery.**

tindery *a.* crinsych(-ion).

tine *n.* **1.** *(of fork):* dant (dannedd) *m.* **2.** *Ven:* pigyn (pigau) *m.*

tinea *n. Med: Fung:* derwreinen (d|erwraint) *f*; **~ capitis,** derwreinen y pen; **~ circinata,** derwreinen gron; **~ cruris,** derwreinen yr afl; **~ pedis,** derwreinen y troed.

tineal *a. Med: Fung:* derwreiniol.

tined *a.* danheddog, deintiog.

tineid moth *n. Ent:* gwyfyn(-od) *(m)* dillad, pryf(-ed) *(m)* dillad.

tinful *n.* llond *(m)* tun(-iau), tunaid (tuneidiau) *m*, *N:* tyniad (tyneidiau) *m.*

ting¹ *n.* tincian *vn*, tinc(-iau) *m*, tinciad(-au) *m*, tincial *vn.*

ting² *v.i.* tincian, tincial. **~-a-ling 1.** *n.* ting-ling *m*, ding-ling *m.* **2.** *adv.* ting-ling, ding-ling.

tinge¹ *n.* arlliw(-iau) *m*, gwawr(-iau) *f*, naws(-au) *f*; **a ~ of irony,** arlliw o eironi, awgrym *(m)* o eironi, blas *(m)* eironi.

tinge² *v.t.* arlliwio; **sky tinged with pink,** awyr a gwawr binc arni; *F:* **words tinged with malice,** geiriau ac awgrym/arlliw o falais ynddynt; **memories tinged with sadness,** atgofion a naws drist iddynt.

tinged *a.* arlliwiedig, â gwawr, ag arlliw, â naws.

tingle¹ *n.* **1. a ~ in the ears,** cloch fach *f*, tincial *m*, tincian *m* [yn y glust/clustiau], merwindod *m*, merwindeb *m*, merwinedd *m*, merwin *m* [yn y glust/clustiau], *S.W:* rhyw fyta *(m)* yn y clustiau. **2.** *(of skin):* ysfa (ysf|eydd) *f*, pigo *vn*, pigiadau *pl*, pinnau bach *pl*, goglais (gogleisiau) *m*, gogleisiad(-au) *m*; **to have a ~ (in one's legs),** bod â phinnau bach, bod â phryfed mân (yn eich coesau). **3.** *(of excitement):* ias(-au) *f*, gwefr(-au) *f* [o gyffro]; **a ~ of impatience,** ysfa *f.*

tingle² *v.i.&t.* **1.** *v.i.* *(a) (of ears):* canu, merwino, *S.W:* byta; *(b) (of skin):* gogleisio, goglais, *N.W:* cosi, *S.W:* byta; **to ~ with impatience to do sth,** ysu am wneud rhth; **to ~ with suspense,** bod ar bigau drain; **my skin tingled,** 'roedd pinnau bach ar fy nghroen; 'roedd fy nghroen yn ysu; **my eyes are tingling,** mae fy llygaid yn pigo/goglais/cosi; *S.W:* mae fy llygaid i'n byta; **my fingers are tingling to box his ears,** mae fy mysedd yn ysu am gael rhoi bonclust iddo; **a breeze that makes the blood ~,** awel sy'n gyrru gwefr/ias trwy'r gwaed; *S.W:* awel sy'n hala ysgryd trwoch. **2.** *v.t.* *(ears):* merwino; *(eyes):* pigo, dwysbigo; *(blood):* iasu (gwaed), gyrru ias (trwy waed).

tingling¹ *a.* *(ears):* yn canu, merwin; *(eyes):* yn goglais/cosi, coslyd, pigog; **~ fingers,** bysedd a phinnau bach ynddynt, bysedd coslyd/gogleisiog; **~ sensation,** teimlad ysol/gogleisiol/iasol, merwindod *m*, ysfa *f*; **a ~ fresh feeling,** teimlad iasol [o] lân; **~ teeth,** dannedd iasol o lân; *(blood, veins):* iasog.

tingling² *vn.* **= tingle¹,².**

tinglingly *adv.* yn ysol *&c.*

tingly *a.* **= tingling¹.**

tinhorn *a. & n.* **1.** *a.* pitw, ceiniog a dimai. **2.** sbrigyn(-nod) *m*; *attrib.* **~ gambler,** betiwr *(m)* ceiniog a dimai.

tinily *adv.* yn fychan.

tininess *n.* bychander *m.*

tinker¹ *n.* **1.** tincer(-iaid) *m*, *occ:* cowper(-iaid) gwyn *m*, *N: occ:* saer gwyn (seiri gwynion) *m*; **I don't care a ~'s damn/cuss,** nid wy'n malio'r un ffeuen/ddam/daten; nid wy'n malio botwm corn; **to fight like tinkers,** ymladd yn benben, ymladd fel eurychod, ymladd fel dau dincer/eurych. **2.** *Ich: U.S:* macrell bychan (mecryll bychain) *m*, tincer(-iaid) *m.* **3. to have a ~ at sth,** rhoi cynnig ar atgyweirio rhth, potsian/stwna/piltran â rhth. **~'s cake** *n. Cu:* teisen *(f)* dincer (teisennau tincer).

tinker² *v.t.&i.* **1.** *v.t.* **to ~ (sth) up,** ailwampio, atgyweirio, clytio, *N:* trwsio. **2.** *v.i.* **to ~ about,** tincera, tincran, tincro, chwarae, *N.W:* piltran, stwna, po[i]tsio, po[i]tsian, *S.E:* ffwlffachan (**with sth,** â rhth, gyda rhth, *N:* efo rhth).

tinkerbird *n. Orn:* tincer(-iaid) *m*, aderyn (adar) *(m)* y tinc.

tinkerer *n.* tincrwr (tincrwyr) *m*, piltrwr (piltrwyr) *m*, stwnwr (stwnwyr) *m*, po[i]tsiwr (po[i]tswyr) *m*.

tinkle¹ *n.* **1.** tinc(-iau) *mf*, tincial *vn*, tincian *vn*, tinciad(-au) *m*, tonc(-iau) *f*; *F:* **to give (s.o.) a ~,** rhoi caniad (*m*), rhoi tonc (i rn). **2.** *F:* **to have a ~,** *(= urinate):* gwn|eud dŵr.

tinkle² *v.t.&i.* tincial, tincian.

tinkling¹ *a.* tinciog, tincialog, tinclyd.

tinkling² *vn.* = **tinkle¹**; *B:* **making a ~ with their feet,** gan drystio â'u traed.

tinktinkie *n. Orn:* drywdelor(-iaid) *m*.

tinlike *a.* fel tun.

tinman *n.m.* tuniwr (tunwyr), saer gwyn (seiri gwynion), gof gwyn (gofaint gwynion), tunman (tunmyn), cowper gwyn (cowperiaid gwynion).

tinned *a.* **1.** *(= covered with tin or solder):* tun. **2.** *(food):* [mewn] tun/tuniau; **~ food,** bwyd(-ydd) (*m*) tun; **~ music,** miwsig (*m*) tun.

tinner *n.* *(= tinman):* tuniwr (tunwyr) *m*; *(miner):* gweithiwr (gweithwyr) (*m*) [gwaith] tun.

tinnily *adv.* yn wichlyd *&c.*

tinniness *n.* *(taste):* blas metalaidd *m*, blas tun; *(of music):* sŵn gwichlyd/tunllyd *m*; *(of car &c):* golwg (*f*) tun, golwg duniog/dunllyd (ar rth).

tinnitus *n. Med:* cloch fach *f*, canu *vn* [yn y glust].

tinny *a.* **1.** *(earth &c):* llawn tun. **2. a ~ taste,** blas tun, blas metalaidd. **3. a ~ sound,** sŵn gwichlyd/main/metalaidd/tunaidd/tunllyd. **4. a ~ [looking] car,** car sy'n dun i gyd, car yn domen o dun, car tuniog/tunllyd.

tinplate¹ *n.* tunplat(-iau) *m*. **tinplate²** *v.t. Metalw:* tunplatio.

tinpot *a.* pitw, tila, ceiniog a dimai; **~ dictator,** unben (*m*) pot jam.

tinsel¹ *n. & attrib.* **1.** *(a) Dressm:* tinsel *m*, *Lit: occ:* eurwe *f*; *(b) Fig:* coegwychder *m*. **2.** *attrib.* tinselaidd, coegwych. **~-like** *a.* fel tinsel, tinselaidd.

tinsel² *v.t.* **1.** rhoi/dodi/gosod tinsel (ar rth), addurno (rhth) â thinsel. **2.** *(style):* coegwychu.

tinselled, tinselly *a.* tinselog, tinselaidd; **tinselled finery,** ffrils *pl*, *S.W: F:* jingilarins (*pronounced* ng-g).

tinsmith *n.* = **tinman.**

tinsnips *n.pl. Tls:* siswrn (sisyrnau) (*m*) tun.

tinstone *n. Miner:* carreg (*f*) dun, cas|iterit *m*, *Lit:* mwyn (*m*) alcam/tun.

tint¹ *n.* **1.** arlliw(-iau) *m*, gwawr(-iau) *f*, *S.W: occ:* tonnen *f*; *S.a.* **flesh-tints, half-tint. 2.** *(in line engraving):* cysgod llwyd *m*. **3.** *(for hair):* arlliw, lliwiad(-au) *m*, lliw(-iau) ysgafn *m*. **4.** *Typ: (background for printing):* cefndir(-oedd) lliw *m*. **~-block** *n.* bloc(-iau) (*m*) arlliw. **~-drawing** *n.* **1.** *vn.* arlunio unlliw. **2.** *n.* darlun(-iau) unlliw *m*. **~ tool** *n.* offeryn (offer) (*m*) arlliwio.

tint² *v.t.* **1.** *(hair &c):* lliwio, arlliwio, tintio; lliwio (rhth) yn ysgafn. **2.** *Engr:* cysgodi, tywyllu, llinellu, croeslinellu, graddliwio.

Tintagel *Cornish Pl.n.* Dindagwl *m*.

tinted *a.* arlliw, arlliwiedig.

tinter *n.* arlliwiwr (arlliw-wyr) *m*.

Tintern *W.Pl.n.* Tyndyrn *m*, Dintarn *m*.

tintinnabular[y] *a.* clochaidd, tinciog.

tintinnabulation *n.* tincian *vn*, tincial *vn*, sŵn (*m*) cloch/clychau.

tintinnabulous *a.* clochaidd, tinciog.

tintless *a.* heb arlliw, heb wawr, diarlliw.

tintometer *n. R.t.m:* tintomedr(-au) *m*.

tintype *n. Phot:* tunteip(-iau) *m*.

tiny *a.* bychan (*f.* bechan, *pl.* bychain) [bach], (*comp. forms:* lleied, llai, lleiaf), *S.W:* didla, pitw bach, *S.E:* bach bitw; mân + *soft mut. (usu. precedes pl.n. only):* **~ things,** pethau bychain bach, mân bethau; **the tiniest things,** y pethau lleiaf oll.

tip¹ *n.* **1.** blaen(-au) *m*; **felt ~,** blaen ffelt; **on the tips of the toes,** ar flaenau'ch traed; **(an artist) to the finger-tips,** (artist) o flaen ei fys i gopa'i ben, hyd at flaenau'i fysedd; **on the ~ of one's tongue,** ar flaen eich tafod; **tea tips,** deilflagur (*pl*) te; **the ~ of an iceberg,** crib (*f*) rhewfryn, blaen/pigyn (*m*) rhewfryn; *Fig:* **it's just the ~ of the iceberg,** mae mwy i hyn nag a welir. **2.** *(a) (of a stick &c):* blaen; *(= ferrule):* ffurel(-au) *m*; *(of boot):* blaen, trwyn(-au) *m*; *Bill: (of cue):* blaen, cap(-iau) *m*. **~-tilted** *a.* *(nose):* smwt.

tip² *v.t.* *(shoe &c):* dodi/rhoi/gosod blaen (ar esgid *&c*); **to ~ sth with gold,** rhoi/dodi aur ar flaen rhth; *(= to serve as the tip of sth):* bod yn flaen (rhth, i/ar rth); **~ in** *v.t. Bookb:* blaenlynu.

tip³ *n.* **1.** *(= tilt):* goleddf *m*. **2.** *(= light stroke): Baseball:* tip(-iau) *m*; **foul ~,** tip annheg. **3.** *(money):* cildwrn (cildyrnau) *m*. **4.** *Turf: &c: (= piece of advice):* tip(-s) *m*, awgrym(-iadau) *m*, cyngor (cynghorion) *m*; *(= rumour):* achlust *m*, sibrwd (sibrydion), *N:* hỳm(-s) *mf*; **hot ~,** si (sïon) sicr *m*, awgrym/achlust o le da; **household tips,** awgrymiadau/syniadau da ar gyfer y cartref; **if you take my ~,** os gwrandewch ar fy nghyngor i, os gwrandewch arnaf i; *F:* **straight ~,** cyngor plaen *m*, siarad (*vn*) plaen. **5.** *Civ.E: &c: (for rubbish):* tomen(-ni,-nydd) *f*, tip(-iau) *m*; **coal ~,** tomen lo (tomenni/tomennydd glo), tip glo; **lead ~,** *M.W:* hulog: hylog(-od,-ydd); **rubbish ~,** tomen sbwriel, *N.W:* tomen [y] byd, *S.W: occ:* tomen fflwcs, *S.W:* bagans *pl*; **slate ~,** tomen lechi (tomenni/tomennydd llechi). **~-cart** *n. N.W:* trol (*f*) lympio (troliau llympio), trol fowntio (troliau mowntio), *S:* cart (ceirt) (*m*) tipio/dymchwel. **~-truck** *n.* lorri (*f*) dipio (lorïau tipio), *N: occ:* lorri lympio (lorris llympio); *Min: N.W:* wagen (*f*) riglo (wagenni rhiglo), wagan dipio (wagenni tipio).

tip⁴ *v.t.&i.* I. *v.t.* **1.** *(a)* **to ~ sth over,** troi (rhth) drosodd, taflu (rhth) drosodd, *occ:* dymchwel, dymchwelyd, *S:* moelyd, diwel, *N.E: M.W:* towlu; *(b)* **to ~ up a seat:** codi sêt/sedd; **to ~ up a cart,** codi blaen cert/trol; *(c)* **to ~ passengers into the ditch,** bwrw/lluchio/taflu teithwyr i'r ffos; **to ~ sth out,** taflu rhth allan/mas; **to ~ rubbish,** *S:* arllwys sbwriel, *N:* tywallt sbwriel; *(d)* **to ~ the scale[s] at a hundred pounds,** pwyso can pwys; **to ~ the scales/balance,** troi'r fantol; **to ~ a hat over one's eyes,** gwthio/tynnu het dros eich llygaid; **to ~ one's hat,** codi'ch het. **2.** *(a) (= touch lightly):* cyffwrdd (rhth) yn ysgafn, *Lit: occ:* cinithio; **~ and run,** taro a ffoi; **~ and run attack,** ymosodiad(-au) (*m*) taro a ffoi; *(b)* **to ~ s.o. the wink,** rhoi achlust (*m*) i rn; **to ~ one's hand,** dangos eich bwriad; *(c) (= give money to):* rhoi cildwrn (i rn), *S:* rhoi cwpwl o docins i rn. **3.** *Turf: &c:* **to ~ a winner,** tipio enillydd; **he is tipped for promotion,** mae si/achlust/sibrwd y dyrchefir ef. II. *v.i.* *(a)* **to ~ [over],** troi [drosodd], *occ:* dymchwel, *S:* moelyd, diwel; *(b) (= incline):* gwyro, gogwyddo. **~ off** *v.t.* **to ~ off (s.o.),** rhoi achlust/gwybod/rhybudd (i rn), rhybuddio (rhn), dweud (wrth rn). **~-off** *n.* **1.** achlust(-iau) *m*, rhybudd(-ion) *m*, *N.W: F:* hỳm(-s) *mf*; **to give s.o. a ~-off (about sth),** rhoi achlust i rn (o rth); rhoi gwybod i rn, dweud wrth rn (am rth). **2.** *Baseball:* cydnaid *f*, cydneidio *vn*. **~ up** *v.t.&i.* codi. **~-up** *attrib.* codi; **~-up seat,** sedd (*f*) godi (seddau codi).

tipcat *n. Games:* cath glap *f*, cetyn *m*, *S:* cat *m*, cati *m*; **to play ~,** chwarae cat, chwarae'r gath, *N.E:* dogio cath glap, *S.E:* chwarae pren a chati.

tipi *n.* = **tepee.**

tipped *a.* **1.** â blaen; **gold-~,** â blaen aur; **sharp-~,** pigfain, â blaen main/miniog; **cork-~,** â blaen corc. **2. horse hotly ~ as a winner,** ceffyl y mae disgwyl mawr iddo ennill.

tipper *n.* **1.** *(of waste): (a)* arllwyswr (arllwyswyr) *m*, tywalltwr (tywalltwyr) *m*, *N.W: occ:* llympiwr(-s) *m*; *(b) Min:* dyn(-ion) (*m*) pen y domen. **2. ~ [truck],** wagen (*f*) godi (wagenni codi), lorri (*f*) godi (lorïau codi), *N.W: occ:* lorri lympio (lorris llymio), llympar(-s) *m*. **3.** *(of money):* rhoddwr (rhoddwyr) (*m*) cildwrn, un (rhai) (*m*) sy'n rhoi cildwrn; **a good ~,** un da/dda am [roi] cildwrn.

tippet *n. Cost: esp. Ecc:* tiped(-au,-i) *m*, gyddfdorch(-au) *f*.

tipping¹ *a.* *(= tilting):* sy'n dymchwel; sy'n codi.

tipping² *vn.* = **tip²**; **1.** *P.N:* **no ~ [of waste],** dim sbwriel. **2. ~ at discretion of customer,** cildwrn yn ôl dymuniad y cwsmer.

tipple¹ *n.* diod(-ydd) *f*.

tipple² *v.i.&t.* **1.** *v.i.* diota, codi'r bys bach, llymeitian, slotian, potio. **2.** *v.t.* yfed, llymeitian.

tipple³ *n. Min:* tröwr (trowyr) *m*.

tippler *n.* diotwr (diotwyr) *m*, meddwyn (meddwon) *m*, llymeitiwr (llymeitwyr) *m*, codwr (codwyr) (*m*) bys bach, slotiwr (slotwyr) *m*, potiwr (potwyr) *m*; *N: F:* **the doctor is a ~,** creadur gwlyb yw'r doctor.

tipsify *v.t.* lledfeddwi.

tipsily *adv.* yn lled feddw *&c.*

tipsiness *n.* m|eddwdod *m*, lledf|eddwdod *m*.

tipstaff *n.* **1.** *Jur: (attendant in a law court):* rhingyll(-iaid) *m*, ceisbwl (ceisbyliaid) *m*, tipstaff(-iaid) *m*. **2.** *(= staff tipped with*

metal): ffon (ffyn) (*f*) rhingyll, ffon beneuraid (ffyn peneuraid), ffon ben arian (ffyn pen arian).
tipster *n. Turf: &c:* tipiwr (tipwyr) *m.*
tipsy *a.* lled feddw, hanner meddw, wedi cael diferyn yn ormod, *S.E:* hanner sliw, sliw, *S.W:* go lawen, *occ:* shirobin; *S.a.* **drunk; to become ~,** meddwi, *S:* cnapo; *Cu:* **~ cake,** cacen (*f*) ddiod (cacenni diod), teisen (*f*) ddiod (teisennau diod).
tiptoe[1] *n.* blaen (*m*) troed (blaenau traed); *adv.* **on ~,** ar flaenau'r traed.
tiptoe[2] *v.i.* cerdded ar flaenau'r traed.
tiptop *a., adv. & n.* **1.** *a.* p|enigamp: penig|amp, campus, tan gamp. **2.** *adv.* yn benigamp, yn gampus, dan gamp. **3.** *n.* peth(-au) penigamp *&c m.*
tirade *n.* araith lem (areithiau llymion) *f* **(against sth,** yn erbyn rhth), ymosodiad(-au) llym *m* (ar rth), *F:* pregeth(-au) *f* (yn erbyn rhth); **a ~ of invective,** llif (*f*) o enllibion.
tirailleur *n.* = **sharpshooter, skirmisher.**
tire[1] *v.t.&i.* **1.** *v.t.* blino, *Lit: occ:* lluddedu; **to ~ s.o. out,** blino rhn yn lân/llwyr. **2.** *v.i.* blino, ymlâdd; **to ~ of sth,** blino ar rth, alaru ar rth.
tire[2] *n. A:* = **attire**[1], **head-dress.**
tire[3] *v.t.* = **attire**[2].
tire[4] *n.* (*of wheel*)*:* cylch(-au) *m*, cylchyn(-nau) *m*, cantel(-au) *m*, cant(-au) *m*, cameg(-au, cemyg) *f*; *S.a.* **tyre**[1].
tire[5] *v.t.* (*= put tire*[4] *on a wheel*)*:* cantio, cylchu, cylchio (olwyn); rhoi cylch/cylchyn ar olwyn; *S.a.* **tyre**[2].
tired *a.* blinedig, wedi blino, *Lit:* lluddedig, blin; **~ out, ~ to death,** wedi ymlâdd, blinedig iawn, wedi blino'n lân, *S.W:* wedi palo'n deg/whip, *S:* wedi ffago [mas], wedi pego [mas], wedi ffwndo, *N.W:* wedi hario'n lân, wedi fflarbio, *S.E:* wedi cyffio, *N.E:* wedi ffagio, *S.E:* **I'm ~ out,** 'rw i'n gèg; *F:* **he makes me ~,** mae'n fy mlino/niflasu i; **I'm ~ of it,** 'rwyf wedi blino/alaru arno; **to get/grow ~ (of doing sth),** blino, diflasu (gwneud rhth, ar wneud rhth), alaru (ar wneud rhth), *S.W:* danto (gwneud rhth), *S.E:* stwnno (gwneud rhth); **I have grown ~ of waiting for her,** *N:* 'rydw i wedi 'laru disgwyl amdani; *S:* 'rw i wedi danto disgwyl amdani, *S.W:* 'rw i wedi dygnu wrth ddisgwyl amdani; **I was so ~ I could hardly stand,** *N.W:* wyddwn i ddim pwy biau 'nhraed i; *(b) (= hackneyed):* ystrydebol, treuliedig; *(c)* **~-looking lettuce,** letysen lipa [yr olwg].
tiredly *adv.* yn flinedig.
tiredness *n.* blinder *m*, *Lit:* lludded *m.*
tireless *a.* diflino, dyfal, dygn, diwyd.
tirelessly *adv.* yn ddiflino *&c.*
tirelessness *n.* dycnwch *m*, dyfalbarhad *m*, diwydrwydd *m*, diflinder *m.*
tiresome *a.* diflas, syrffedus, plagus, poenus, blinderus, *S:* tiris; **a ~ person,** syrffed *m&f*, poen (*mf*) o ddyn/ddynes *&c*, pla (*m*) o ddyn/ddynes, pigyn (*m*) clust; **she's ~,** mae hi fel barn; **how ~!** dyna ddiflas! dyna beth diflas! **how ~ of you!** on'd wyt ti'n ddiflas!
tiresomely *adv.* yn ddiflas *&c.*
tiresomeness *n.* diflastod *m*, diflasrwydd *m*, natur syrffedus *f &c.*
tirewoman *n.f. A:* gwisgyddes(-au), morwyn wisgo (mor[w]ynion gwisgo).
tiring[1] *a.* blinedig, *occ:* blin, blinderus; **~ work,** lladdfa *f*; **it was ~ work in the garden,** 'roedd hi'n lladdfa gweithio yn yr ardd.
tiring[2] *vn.* **~ irons** *n.* camglo(-eon,-eau) *m* (*pronounced* ng-g). **~ room** *n.* ystafell (*f*) wisgo (ystafelloedd gwisgo).
tiro *n.* newyddian(-od) *m*, nofis(-iaid) *m*, dechreuwr (dechreuwyr) *m*, rhn (rhai) dibrofiad *m.*
Tirol, Tirolean, Tirolese = Tyrol *&c.*
'tis = it is.
tisane *n.* trwyth(-i) *m*, *F:* te *m.*
tissue *n.* **1.** *(a) (of cotton &c):* gwe(-oedd) *f*, meinwe(-oedd) *f*; *(b)* **face ~,** hances (*f*) bapur (hancesi papur); *S.a.* **handkerchief;** *Com:* **toilet ~,** *(i) (for make-up):* papur(-au) (*m*) sidan; *(ii) (for W.C):* papur tŷ bach, papur toiled, *N:* papur lle chwech; *F:* **~ of lies,** gwe o gelwyddau, rhes (*f*) o gelwyddau, llwyth (*m*) o gelwyddau, celwyddau (*pl*) i gyd; **to tell a ~ of lies,** palu/rhaffu celwyddau, dweud celwyddau, *S:* rhaffo celwyddau, *S.W:* dweud celwydd yn un rheffyn *or* yn r|ibidires; **her story was a ~ of lies,** *N:* 'roedd ei stori'n uwd o gelwyddau. **2.** *Biol: (muscular &c):* meinwe(-oedd) *f*, cnodwe(-oedd) *f*; **adipose ~,** meinwe flonegog (meinweoedd blonegog); **connective ~,** meinwe gyswllt (meinweoedd cyswllt); **culture ~,** meinwe feithrin (meinweoedd meithrin); **muscular ~,** meinwe gyhyrol (meinweoedd cyhyrol); **nervous ~,** meinwe nerfol; **scar ~,** meinwe craith (meinweoedd creithiau), meinwe greithiol (meinweoedd creithiol). **~-culture** *n.* **1.** *Biol: (process):* meithrin (*vn*) meinwe[-oedd]. **2.** *(sample):* meinwe feithrin (meinweoedd meithrin), meithriniad (*m*) meinwe (meithriniadau meinweoedd). **~ fluid** *n. Med:* hylif(-au) meinweol/cnodweol *m.* **~-paper** *n.* papur (*m*) sidan.
tit[1] *n. Orn:* = **titlark, titmouse.**
tit[2] *n. in the phr.* **~ for tat,** cast am gast, her am her, dant am ddant; **to give s.o. ~ for tat,** talu'r pwyth yn ôl i rn, talu'n ôl i rn, talu drwg am ddrwg i rn, rhoi dau chwech am swllt i rn.
tit[3] *n.* **1.** *(= nipple):* tethen (tethi) *f*, teth(-i) *f*, diden(-nau) *f.* **2.** *V: usu.pl. (= female breast):* bron(-nau) *f*; *V:* **he gets on my tits,** mae'n dân ar fy nghroen i; *S.W:* mae'n tynnu fy nghlustiau i.
Titan *n.* **1.** *Myth:* Titan(-iaid) *m.* **2.** *Fig:* cawr (cewri) *m.* **~ crane** *n. Const:* craen(-iau) (*m*) Titan.
titanate *n. Ch:* t|itanad (titanadau) *m.*
Titanesque *a.* = **titanic 1.**
Titaness *n.f.* **1.** *Myth:* Titanes(-au). **2.** *Fig:* cawres(-au).
titanic *a.* **1.** *(= gigantic):* anferth, anferthol, cawraidd, aruthrol, titanig. **2.** *Ch:* titanig.
titanically *adv.* yn anferth/anferthol *&c.*
titaniferous *a. Miner:* sy'n cynnwys titaniwm, titanddwyn.
Titanism *n.* Titaniaeth *f*, gwrthryfelgarwch *m.*
titanite *n. Min:* t|itanit *m.*
titanium *n. Ch:* titaniwm *m.*
Titanomachy *n. Gr.Myth:* Gwrthryfel (*m*) y Cewri.
titanosaur, titanosaurus *n. Rept:* tit|anosor (titanosoriaid) *m.*
titanothere *n. Z:* tit|another (titanotheriaid) *m.*
titanous *a. Ch:* titanus.
titbit *n.* tamaid (tameidiau) blasus *m.*
titer *n. U.S:* = **titre.**
titfer *n. P:* = **hat.**
tithable *a.* degymadwy.
tithe[1] *n.* **1.** *Ecc: Hist:* degwm (degymau) *m*; **agistment ~,** degwm porfelaeth; **appropriate tithes,** degymau adfedd; **commutation of ~,** cymudiad (*m*) degwm; **payer of tithes,** degymwr (degymwyr) *m.* **2.** *Fig:* y ddegfed ran *f*, *occ:* degwm; *F:* **I don't believe a ~ of what she says,** 'dwyf i ddim yn credu'r ddegfed ran o'r hyn y mae hi'n ei ddweud. **~ apportionment** *n.* pennu (*vn*) degwm. **~ barn** *n.* ysgubor (*f*) ddegwm (ysguboriau degwm). **~ redemption** *n. Ecc:* atbryniad(-au) (*m*) degymau, atbrynu (*vn*) degymau. **T~ War (the)** *n. W.Hist:* Rhyfel (*m*) y Degwm
tithe[2] *v.t. n.* degymu.
tithed *a.* degymedig.
titheless *a.* diddegwm.
tither *n.* degymwr (degymwyr) *m.*
tithing *vn.& n.* **1.** *vn.* degymiad(-au) *m*, degymu. **2.** *n. Adm: Hist: (district):* tref (*f*) ddegwm (trefi degwm), dectref(-i) *f.*
tithingman *n.m.* dectrefwr (dectrefwyr), dectrefydd(-ion).
titi *n.* **1.** *Z: Orn:* titi (titïod, titïaid) *m.* **2.** *Bot:* titi (titïau) *f*, coeden (*f*) diti (coed titi).
titial *a. Physiol: (= of lung):* **~ volume,** cyfaint (*m*) cyfnewid yr ysgyfaint.
Titian *a.* **~ red,** fflamgoch(-ion).
Titianesque *a.* yn null/arddull Titian, Titianaidd.
titillate *v.t.* goglais, gogleisio.
titillation *n.* gogleisiad(-au) *m*, goglais *vn*, gogleisio *vn.*
titillative *a.* gogleisiol.
titivate *v.t.&i.* **1.** *v.t.* twtio, addurno, tacluso, harddu, prydferthu, *F:* sbriwsio. **2.** *v.i.&pr.* **to ~ oneself,** eich twtio'ch hun, ymdwtio, ymbincio, ymdacluso, ymdrwsio, *F:* pincio, *S.W:* jimoni, *S.E:* twtan, jimo.
titivation *n.* ymdwtiad(-au) *m*, ymdwtio *&c*; *S.a.* **titivate.**
titlark *n. Orn:* = **pipit; meadow ~,** = **pipit (meadow).**
title[1] *n.* **1.** *(most senses):* teitl(-au) *m*; **persons of ~,** pobl deitlog *f or pl*, pendefigion, uchelwyr, bonedd *m*, gwŷr bonheddig, gwŷr mawr, pobl fawr. **2.** *Typ:* **bastard ~,** rhagdeitl(-au) *m*; *S.a.* **half-title; 3.** *(a) Jur:* teitl(-au) *m*, hawl(-iau) *f*; **absolute ~,** teitl absoliwt; **clear ~,** teitl diymwad; **covenant for ~,** cyfamod unioni teitl; **qualified ~,** teitl amodol; **possessory ~,** teitl meddiannol; **report on ~,** adroddiad ar deitl; **~ by adverse**

possession, teitl trwy feddiant gwrthgefn; *F:* **~ to fame,** hawl i enwogrwydd; *(b)* **= title-deed. 4.** *(of gold):* titr(-au) *m.* **5.** *Ecc:* teitl, hawl; **Feast of T~,** Gŵyl *(f)* Enw. **6.** *(= credit in film):* cydnabyddiaeth(-au) *f,* teitl. **7.** *Sp:* pencampwriaeth(-au) *f,* teitl. **~-a-line catalogue** *n. Lib:* catalog(-au) *(m)* teitlau un llinell. **~-deed** *n. Jur:* gweithred(-oedd) *(f)* eiddo. **~-edging¹** *n. T.V: n.* llinell *(f)* am eiriau. **~-edging²** *vn. T.V:* llinellu am eiriau. **~-holder** *n.* **1.** *Sp:* pencampwr (pencampwyr) *m,* penc|ampwraig (pencampwragedd) *f,* daliwr/deiliad (deiliaid) *(m)* teitl. **2.** *(of hereditary ~):* daliwr/deiliad (deiliaid) teitl *m.* **~-page** *n. Typ:* tudalen *(f)* deitl (tudalennau teitl). **~-piece** *n.* darn(-au) *(m)* teitl. **~ part, ~ role** *n. Th:* prif ran(-nau) *f,* rhan deitl (rhannau teitl).

title² *v.t.* **to ~ (a book),** dodi/rhoi teitl (ar lyfr *&c*), teitlo/enwi (llyfr), galw (llyfr) yn rhth.

titled *a.* â theitl, â theitlau, teitlog.

titleless *a.* heb deitl, di-deitl.

titling¹ *n. Orn:* **= pipit, titmouse.**

titling² *vn. Bookb:* teitlo.

titmouse *n. Orn: (Parus):* titw(-od) *m,* [y]swidw(-od) *mf,* [y]swigw(-od) *mf,* penlöyn(-nod) *m,* lleian(-od) *f,* pela(-on) *m;* **azure ~,** *(P. cyanus):* titw llwydlas; **British blue ~,** *(P. caeruleus obscurus):* titw tomos las, [y]swidw, [y]swigw, glas bach *(m)* y wal, [y]swidw glas, cap *(m)* y lleian, gwas *(m)* y dryw, pela, glas dwl, glas y pared, pela glas [bach], sywidw(-od) *f,* glasyn bach *(m)* y pared, [y]swigw las fach (yswigwod glas bach) *f,* pen *(m)* pali; **bearded ~,** *(P. biarmicus):* titw barfog, [y]swidw farfog *f,* barfog *(m)* y cawn; **British coal ~,** *(P. ater britannicus):* titw penddu, [y]swidw benddu *f,* [y]swidw du/ddu *mf,* penlöyn llygliw, glas bach penddu, pela llwydwyn, pela bach penddu, llygoden (llygod) *(f)* y derw; **Continental blue ~,** *(P. caeruleus caeruleus):* titw glas Ffrainc; **crested ~,** *(P. cristatus):* titw cribog; **Scottish crested ~,** *(P. cristatus scotius):* [y]swidw gribog ([y]swidwod cribog) *f,* [y]swidw copog *m;* **great ~,** *(P. major newtoni):* titw mawr, penlöyn, penlöyn mawr, glas mawr, pela glas mawr, [y]swigw'r coed, [y]swidw'r coed, yswidw fawr *f;* **long-tailed ~,** *(Aegithalos caudatus rosaceus):* titw cynffon-hir, [y]swidw gynffon-hir *f,* [y]swigw hirgwt, lleian gynffonhir, gwas y dryw, glas cynffon hir, penlöyn cynffon hir; **marsh ~,** *(P. palustris dresseri):* titw'r wern, [y]swidw lwyd *f,* [y]swidw llwyd *m,* titw'r gors, pela'r gors, [y]swidw*(f)*'r wern, [y]swidw*(f)*'r gors, penlöyn y gors; **penduline ~,** *(Remiz pendulinus):* titw pendil; **Siberian ~,** *(P. cinctus):* titw Siberia; **sombre ~,** *(P. lugubris):* titw tywyll; **willow ~,** *(P. montanus):* titw'r helyg, [y]swidw'r helyg.

Titoism *n. Pol: Hist:* Titoaeth *f.*

Titoist *a. & n.* **1.** *a.* Titoaidd. **2.** *n.* Titöydd (Titoyddion) *m.*

titrate¹ *n. Ch:* titrad(-au) *m.*

titrate² *v.t.&i. Ch:* titradu, titro.

titrated *n. Ch:* titredig.

titration *n. Ch:* titradiad(-au) *m; (action): vn.* **= titre².**

titre *n. Ch:* titr(-au) *m.*

titter¹ *n.* piff(-iau) *m,* piffiad(-au) *m,* piffian *vn.*

titter² *v.i.* piffian [chwerthin].

tittering¹ *a.* piffiog, pifflyd.

tittering² *vn.* piffian.

titteringly *adv.* gan biffian.

tittivate *v.t.* **= titivate.**

tittle *n.* gronyn *m,* mymryn *m,* iota *mf,* iod *f,* tipyn *m,* chwithryn *m;* **not one ~,** yr un iod, yr un gronyn, yr un blewyn, yr un ffeuen, yr un botwm corn; **to a ~,** i'r dim; *B:* **one jot or one ~ shall in no wise pass from the law,** nid â un iod nac un tipyn o'r gyfraith heibio.

tittlebat *n.* **= stickleback.**

tittle-tattle¹ *n.* clecs *pl; S.a.* **gossip¹ 2** *(b).*

tittle-tattle² *v.i.* hel clecs; *S.a.* **gossip².**

tittle-tattler *n.* **= gossip¹ 1.**

tittup¹ *n.* tuth(-iau) *m,* ffullttuth(-iau) *m.*

tittup² *v.i.* tuthio, ffullttuthio.

tittuppy *a.* tuthiog, ffullttuthiog.

titty *n. F:* **= tit³.**

titubation *n. Med:* ansadrwydd *m,* honcian *vn;* **lingual ~, = stammer[ing], stutter[ing].**

titular *a. & n.* **1.** *a.* mewn enw, o ran teitl, yn rhinwedd teitl, teitlog; **~ bishop,** esgob(-ion) teitlog *m;* **~ saint,** nawddsant (nawddseintiau) *m.* **2.** *n. (a) Ecc: (bishop):* teitlog(-ion) *m; (b)* **= titular saint;** *(c) (church):* eglwys deitlog (eglwysi teitlog) *f.*

titularly *adv.* mewn enw, o ran enw.

titulary *a.* **= titular².**

tizzy *n. F:* ffwdan *f,* cynnwrf *m;* **in a ~, all of a ~,** ffwdanus, ffwdanllyd, llawn ffwdan, ar bigau drain, fel gafr ar daranau, *N.W: F:* ffrwcslyd, cynhyrflyd; **to get into a ~,** cynhyrfu, mynd i ffwdan, *N.W: F:* ffrwcsio, mynd i ffrwcs.

tmesis *n. Gram:* toriad(-au) *m,* trychiad(-au) *m,* trycheb(-au) *f.*

to *prep. & adv.* **I.** *prep.* **1.** i + *soft mut.,* at + *soft mut.; the prep.* i *has the following personal forms: literary form: sing:* **1.** im, imi; **2.** it, iti; **3.** *m* iddo, *f.* iddi; *pl:* **1.** in, inni; **2.** ichwi; **3.** iddynt; *spoken form: sing:* **1.** i mi, imi, *S:* i fi; **2.** i ti, iti, *N.W: F:* i chdi; **3.** *m.* iddo fe/fo, *f.* iddi hi; *pl:* **1.** i ni, inni; **2.** i chi, ichi; **3.** iddyn nhw; *the prep.* at *has these personal forms: sing:* **1.** ataf; **2.** atat; **3.** *m.* ato, *f.* ati; *pl..* **1.** atom; **2.** atoch; **3** atynt; *(a) (conveying motion towards or into a place):* **(she went) ~ church, ~ chapel, ~ school, ~ hospital, ~ gaol,** (fe aeth hi) i'r eglwys, i'r capel, i'r ysgol, i'r ysbyty, i'r carchar; **to go ~ work,** mynd i'r gwaith, mynd i weithio; **to go ~ sea,** mynd yn forwr, mynd ar y môr, mynd i'r môr; **to go ~ college,** mynd i'r coleg; **to go ~ bed,** mynd i'r gwely; **what school do you go ~?** i ba ysgol 'rwyt ti'n mynd? **(he went) ~ France, ~ Japan, ~ India,** (fe aeth) i Ffrainc, i Japan, i'r India; (bu) yn Ffrainc, yn Japan, yn yr India; **I am going ~ the grocer's,** 'rwy'n mynd i siop y groser (*not* i'r groser); **the road ~ London,** y ffordd i Lundain; **journeys ~ and from the Continent,** teithiau i'r Cyfandir ac yn ôl; **the road ~ ruin,** llwybr *(m)* dinistr, ffordd *(f)* distryw, y ffordd i ddistryw; **it is twenty miles ~ Cardiff,** mae'n ugain milltir i Gaerdydd; *(b) (before nouns representing people, conveying idea of* **"up to"***):* at; **she ran ~ her mother,** rhedodd at ei mam; (*contrast:* rhedodd i'w mam, **she ran into her mother**); **come ~ your father!** tyrd/dere at dy dad! **(she returned) ~ her family,** (dychwelodd, aeth yn ôl) at ei theulu; **I'll go ~ the doctor/dentist** *&c,* mi af at y meddyg/deintydd *&c* (*not* i'r meddyg/deintydd *&c*); **to send a letter ~ s.o.,** anfon llythyr at rn (*not* i rn); (*contrast:* **to send a letter ~ Paris,** anfon llythyr i Baris). **2.** *(denoting direction):* i + *soft mut.,* tua + *spir. mut.,* tuag *(before vowels),* am + *soft mut.,* tuag at + *soft mut;* **~ the east,** i'r dwyrain, tua'r dwyrain; **~ the boat!** i'r cwch/bad! **I couldn't get ~ the boat,** methais fynd at y cwch; methais gyrraedd y cwch; (*contrast:* methais fynd i'r cwch, **I couldn't get into the boat**); **~ horse!** ar gefn eich ceffyl! i'r cyfrwy! **the house looks ~ the south,** mae'r tŷ'n wynebu'r de; **feet ~ the fire,** traed at y tân. **3. elbow ~ elbow,** penelin wrth benelin; **back ~ back,** cefn wrth gefn, cefngefn, yn gefngefn (*both pronounced* ng-g); **face ~ face,** wyneb yn wyneb; **to fight man ~ man,** ymladd dyn yn erbyn dyn, ymladd wyneb yn wyneb; **a man ~ man talk,** sgwrs blaen, sgwrs heb flewyn ar dafod, sgwrs rhwng dau ddyn a'i gilydd; **to clasp s.o. ~ one's heart,** cofleidio rhn, gwasgu rhn atoch. **4.** *(of time): (a)* **from morning ~ night,** o fore [gwyn] tan nos, o fore hyd nos/hwyr; **from day ~ day,** o ddydd i ddydd; *(b)* **ten minutes ~ six,** deng munud i chwech, *S:* deg muned rhynti a whech. **5.** *(a)* **wet ~ the skin,** gwlyb [hyd] at y croen; **shaken ~ the foundations,** wedi ei siglo [hyd] at y sail/seiliau; **(to see s.o.) ~ the end of the street,** (hebrwng/danfon rhn) i ben y stryd, [hyd] at ben y stryd; **~ this day,** hyd heddiw, i'r dydd hwn, hyd y dydd hwn; **(to count) up ~ ten,** (rhifo/cyfrif) [hyd] at ddeg, i ddeg; **they were killed ~ a man,** fe'u lladdwyd i gyd; fe'u lladdwyd bob un; lladdwyd pob un ohonynt; lladdwyd pob copa walltog ohonynt; *occ:* fe'u lladdwyd bob yn/yr un; **they fought ~ the last man,** ymladdasant hyd at y dyn olaf; *(b)* **~ a high degree,** i raddau pell, yn ddirfawr; **generous ~ a fault,** rhy hael o lawer, hael hyd at fai; **accurate ~ an inch,** cywir i'r fodfedd; **a year ~ the day,** blwyddyn i'r diwrnod; **(correct) ~ a hair's breadth,** (cywir) o fewn trwch y blewyn, i drwch y blewyn, i'r dim; **to be punctual ~ the minute,** bod yn brydlon i'r funud; **goods ~ the value of 100 pounds,** nwyddau gwerth canpunt. **6.** *(a) (to denote purpose):* **~ this end,** i'r diben hwn; **to come ~ s.o.'s aid,** cynorthwyo/helpu rhn, dod i gynorthwyo/helpu rhn, dod i roi cymorth i rn; **to sentence s.o. ~ death,** dedfrydu rhn i farwolaeth; **to break a horse in ~ the saddle,** dofi ceffyl i'w farchogaeth, torri ceffyl; *(b)* **~ my despair,** er fy ngofid, er gofid i mi, er mawr ofid i mi; **~ my mind,** yn fy marn i; **~ my surprise,** er mawr syndod i mi; **~ the**

general surprise, er syndod i bawb; **~ be honest,** a dweud y gwir, a bod yn onest (*not* i ddweud y gwir). **7.** *(a)* **to run ~ seed,** hedeg, *S.W:* hadu; **(the house went) ~ ruin,** (aeth y tŷ) yn adfeilion, â'i ben iddo, rhwng y cŵn a'r brain; **put s.o. ~ flight,** gyrru rhn ar ffo; *(b)* **take s.o. ~ wife,** cymryd rhn yn wraig. **8. to take wine ~ one's lunch,** cymryd gwin gyda'ch cinio; **to sing sth ~ the tune of sth,** canu rhth ar dôn rhth. **9. Charles brother ~ John,** Charles brawd [i] John; **heir ~ s.o.,** etifedd rhn, etifedd i rn; **heir ~ an estate,** etifedd i ystâd; **ambassador ~ the king of Sweden,** llysgennad (llysgenhadon) (*m*) i frenin Sweden, llysgennad brenin Sweden; **ambassador ~ the Court of St. James's,** llysgennad i Lys Sant Iago; **secretary ~ the manager,** ysgrifennydd y rheolwr, ysgrifennydd i'r rheolwr. **10.** *(a) (effecting a comparison):* na + *spirant mut. (before a consonant),* nag *(before a vowel)*; **preferable ~ . . .,** dewisach na. . .; **superior ~,** gwell na. . .; **inferior ~,** gwaeth na. . .; **(that's nothing) ~ what I have seen,** (nid yw hynny'n ddim) o'i gymharu â'r hyn a welais i, wrth yr hyn a welais i; **corresponding ~ the original,** yn cyfateb i'r gwreiddiol, yn unol/unffurf â'r gwreiddiol; *(b)* **three is ~ six as six is ~ twelve,** mae tri i chwech fel y mae chwech i ddeuddeg; **six votes ~ four,** chwe phleidlais i bedair, chwe phleidlais yn erbyn pedair; **three goals ~ nil,** tair gôl i ddim; **to bet ten ~ one,** betio/dal deg yn erbyn un; **(one house) ~ the square mile,** (un tŷ) i bob milltir sgwâr, i'r filltir sgwâr; **thirteen ~ the dozen,** tri ar ddeg yn y dwsin; **to talk nineteen ~ the dozen,** siarad pymtheg [yn] y dwsin; **(thirty miles) ~ the gallon,** (deng milltir ar hugain) y galwyn, i'r galwyn. **11. ~ all appearances,** yn ôl pob golwg, i bob golwg; **to write ~ s.o.'s dictation,** ysgrifennu yn ôl arddywediad rhn; **~ the best of my remembrance,** hyd y cofiaf, hyd y gallaf gofio; **~ the best of my abilities,** orau y gallaf, hyd at eithaf fy ngallu; **~ the best of my knowledge,** hyd y gwn i, am a wn i. **12. hail ~ thee!** henffych i ti! **to build an altar ~ s.o.,** codi allor i rn; **to drink ~ s.o.,** yfed iechyd rhn, yfed iechyd da i rn, *Lit: occ:* yfed at rn; **to tell sth ~ s.o.,** dweud rhth wrth rn (*not* i rn). **13.** *(a) (= concerning):* **what did he say ~ my suggestion?** beth a ddywedodd am fy awgrym? beth oedd ei ateb/ymateb i'm hawgrym? **what do you say ~ that?** beth a feddyli di o hynny? **what do you say ~ a pint?** beth am beint? **that's all there is ~ it,** dyna'r cyfan/cwbl sydd; **there's nothing ~ it,** mae'n ddigon rhwydd/hawdd; 'does dim byd ynddi; *(b) (on bill):* **~ repairing roof,** am atgyweirio'r to; **~ goods,** am nwyddau. **14.** *(a) (used to form the dative): (a)* **to give sth ~ s.o.,** rhoi rhth i rn; **the man I gave it ~,** y dyn y rhoddais ef iddo; **what is that ~ you?** beth yw hynny i chi? pa fusnes yw hynny i chi? pa wahaniaeth/ots yw hynny i chi? **what is life ~ me?** pa werth yw bywyd i mi? **to say sth ~ s.o.,** dweud rhth wrth rn (*not* i rn, *except in a few set expressions translating* **tell**; *See* **tell**); **I said ~ myself,** dywedais wrthyf fi fy hun; meddwn i wrthyf fy hun; **he talked ~ me,** sgwrsiodd/siaradodd â mi; *(b) (= towards):* i + *soft mut.*, tuag at, + *soft mut.*, wrth + *soft mut.* **favourable ~ s.o.,** ffafriol i rn; **good ~ all,** caredig wrth bawb, caredig tuag at bawb; **kind ~ s.o.,** caredig wrth rn; **nasty ~ s.o.,** cas wrth rn; *(c)* **known ~ the ancients,** hysbys i'r henfyd; **those who are born ~ a fortune,** y rhai a aned i ffortiwn. II. **to** *with the infinitive: the vn. in W. is not preceded by* i *and thus* **to** *is not to be translated except when it means* **in order to**; *See* **3** *below*; **~ be or not ~ be,** ai bod ai peidio â bod; bod ynteu peidio â bod; **~ think I once loved her!** a meddwl y bûm yn ei charu hi! (*not* i feddwl. . .); **~ tell the truth, I'd forgotten,** a dweud y gwir, 'roeddwn i wedi anghofio (*not* i ddweud y gwir). **1.** *(a) (purpose, expressing result):* i, er mwyn; **he came ~ help me,** daeth i'm cynorthwyo; daeth er mwyn fy nghynorthwyo; **(we must eat) [in order] ~ live,** (rhaid inni fwyta) i fyw, er mwyn byw; **so ~ speak,** fel petai; **I did nothing ~ rouse his anger,** ni wneuthum ddim i'w ddigio; **~ ask s.o. ~ do sth,** gofyn i rn wneud rhth (*not* gofyn i rn i wneud rhth, *nor* gofyn i rn am wneud rhth); *(b)* **happy ~ do sth,** balch o wneud rhth (*not* balch i wneud rhth); **ready ~ listen,** parod i wrando; **old enough ~ go ~ school,** digon hen i fynd i'r ysgol; **(you are foolish) ~ believe that,** ('rydych yn ffôl) os credwch hynny, yn credu hynny; **it would be foolish ~ believe that,** peth ffôl fyddai credu hynny; ffolineb fyddai credu hynny; **what a queer chap ~ be mayor,** dyna un rhyfedd i fod yn faer; **sth good ~ eat,** rhth da i'w fwyta; **sth too hot ~ drink,** rhth rhy dwym/boeth i'w yfed; **it's too dark ~ see,** mae'n rhy dywyll i weld; *(c) (i)* **~ look at her (one would think. . .),** o edrych arni, ar ei golwg hi, o'r olwg arni (fe dybiai rhn. . .) (*not* i edrych arni); *(ii) (expressing subsequent fact):* **I arrived ~ find the shop shut,** cyrhaeddais a chael y siop ar gau; **she is gone never ~ return,** mae hi wedi mynd ac ni ddaw yn ei hôl. **2.** *(a) (infin. with adjectival function)*; **I have a letter ~ write,** mae gen i lythyr i'w ysgrifennu; **you have much ~ do,** mae gen ti lawer i'w wneud; **nothing ~ speak of,** dim [byd] gwerth sôn amdano; **there is no one ~ see us,** *(i) (= we cannot be seen):* nid oes neb a all ein gweld; *Lit:* nid oes neb a'n gwêl/gwelo; *(ii) (e.g. at surgery):* nid oes neb i'n gweld; **he is not a man ~ forget his friends,** nid yw ef yn un/ddyn i anghofio'i ffrindiau; **he is not a man ~ be trusted,** nid yw'n ddyn y gellir ymddiried ynddo; **the first ~ complain,** y cyntaf i gwyno; **the third ~ arrive,** y trydydd i gyrraedd; **a house ~ be sold,** tŷ ar werth, tŷ i'w werthu; **the English Plato is still ~ be,** ni aned Platon y Saeson eto; **bride ~ be,** darpar wraig (~ wragedd) *f*; **the Wales ~ be,** Cymru fydd; **prime minister ~ be,** darpar brif weinidog(-ion) *m*; *(b)* **a desire ~ do sth,** awydd gwneud rhth, *occ:* awydd i wneud rhth; **a tendency ~ do sth,** tuedd i wneud rhth; **this is the time ~ do it,** dyma'r amser/adeg i'w wneud. **3.** *(infin. used as noun):* **~ lie is shameful; it is shameful ~ lie,** peth cywilyddus yw dweud celwydd; mae dweud celwydd yn gywilydd o beth; **~ know her is ~ love her,** ei hadnabod yw ei charu. **4.** *(infin. = finite clause):* **I wish him ~ do it,** dymunaf iddo ei wneud; **you would like it ~ be true,** fe hoffech chi iddo fod yn wir; byddai'n dda gennych petai'n wir. **5.** *(expressing futurity, obligation): (in headline):* **a hundred employees ~ go,** cant o weithwyr i'w diswyddo; cant o weithwyr i gael eu diswyddo; diswyddo cant o weithwyr. **6.** *(with ellipsis of verb):* **(I did not want ~ look) but I had ~,** (nid oedd arnaf eisiau edrych) ond bu raid imi, ond ni allwn beidio; **(take it) - it would be absurd not ~,** (cymerwch ef) - byddech yn ffôl yn gwrthod, byddech yn ffôl i beidio; **you ought ~,** fe ddylet (ddylech); **I want ~,** mae arnaf eisiau; mi hoffwn; **you're not supposed ~,** 'dwyt ti ddim i fod [i wneud] (*not* 'dwyt ti ddim i fod i). **7.** *(expressing agreement):* **I cannot do it ~ his liking,** nid wyf yn gallu ei wneud wrth ei fodd. **8.** *(expressing relative position):* **one line parallel ~ another,** un llinell yn gyfochrog ag un arall; **(to draw sth) ~ scale,** (tynnu llun rhth) wrth raddfa, yn ôl graddfa. **10. they may argue ~ all eternity,** fe gânt ddadlau hyd dragwyddoldeb; **a room ~ myself,** ystafell i mi fy hun; *Sp:* **game ~ Borg,** gêm i Borg; **it's true ~ life,** mae'n hollol naturiol; mae'n debyg i fywyd go iawn; **~ tear sth ~ pieces,** rhwygo rhth yn ddarnau, tynnu rhth yn gareiau (*not* i ddarnau *&c*); **there is no end ~ it,** 'does dim diwedd arno; **he has not a halfpenny ~ his name,** 'does ganddo'r un ddimai ar ei elw; **the dog was tied ~ the chair,** 'roedd y ci'n sownd wrth y gadair; 'roedd y ci wedi ei glymu wrth y gadair. III. *adv. (stressed):* **1. ship moored head ~,** *(= ~ the wind):* llong wedi ei hangori at y gwynt; **to put the horses ~,** *(= ~ the carriage):* harneisio ceffylau i gerbyd; **to come ~,** *(= regain consciousness):* dadebru, deffro, dihuno, dod atoch eich hun; **to pull shutters ~,** cau caeadau; **to push a door ~,** hanner cau drws; **to turn/fall ~ (with a will),** mynd ati, bwrw iddi (o ddifrif); gafael ynddi. **2. ~ and fro,** yn ôl a blaen, yn ôl ac ymlaen, *occ:* [yn] ôl a gwrthol; **the busy hurrying ~ and fro,** yr holl fynd a dod, yr holl dramwy. **~-be 1.** *a.* dyfodol, a ddaw; **mother ~-be,** merch feichiog (merched beichiog) *f*, darpar fam(-au) *f*, mam â gobaith magu; **bride ~ be,** darpar wraig (~ wragedd) *f*. **2.** *n.* **the ~-be,** y dyfodol *m*, yr hyn sydd i ddod. **~-do** *n. F:* trafferth(-ion) *f*, ffwdan *f*, cyffro *m*, byd *m*, miri *m*, cynnwrf *m*, helynt *f*, stŵr *m*, *S.W:* helger *m*, hergel *m*, ffair (*f*) a ffwndwr (*m*), cnec *f*, *N.W: occ:* ffwndwr; **to make a ~-do,** creu stŵr, codi helynt; **there was a great ~-do at the wedding,** 'roedd llawer o ffwdan yn y briodas.

toad *n. (a)* **common ~,** *(Bufo vulgaris):* llyffant du (llyffantod/llyffaint duon) *m*, llyffant [du] dafadennog, *N.W: occ:* llyffant tail; **natterjack ~,** *(B. calamita):* llyffant y brwyn, llyffant gwineuddu; **a ~ under the harrow,** llyffant dan yr og, llyffant dan y maen; *(b) P: (= disgusting pers.):* mochyn (moch) *m*, *N:* ysglyfaeth(-od) *f*; **you little ~!** y sinach bach! **~-eater** *n.* = **toady**[1]. **~-in-the-hole** *n. Cu:* sosej/selsig (*f*) [mewn] cytew. **~-rush** *n. Bot: (Juncus bufonius):* brwynen (brwyn) (*f*) y llyffant. **~-spawn** *n. Amph:* grifft (*m*) llyffant du. **~-spit** *n. Nat.Hist:* poeri(*vn*)'r gog/gwcw, poeryn (*m*) y gog/gwcw, poer (*m*) y gog/gwcw.

toadfish *n. Ich:* môr-lyffant(-od, ~-lyffaint) *m*, llyffant(-od, llyffaint) (*m*) môr, *Lit: occ:* llyffantbysg(-od) *m*; **oyster ~,** môr-lyffant (*m*) yr wystrys.

toadflax *n. Bot:* **common/yellow ~,** *(Linaria vulgaris):* llin (*m*) y llyffant, llin y forwyn, y gingroen fechan *f* (*pronounced* ng-g); **Alpine ~,** *(L. alpina):* llin llyffant y mynydd; **Balkan ~,** *(L. dalmatica):* llin llyffant Balcanaidd; **bastard ~,** *(Thesium humifusum):* geulin (*m*) y forwyn; **bergamasque ~,** *(L. tonzigii):* llin llyffant yr Eidal; **daisy-leaved ~,** *(Anarrhinum bellidifolium):* llin llyffant dail asbygan; **greater ivy-leaved ~,** *(L. pallida):* llin y fagwyr mwyaf; **ivy-leaved ~,** *(Cymbalaria muralis):* trwyn (*m*) y llo eiddewddail, llin y fagwyr; **Jersey ~,** *(L. pelisseriana):* llin llyffant Ffrengig; **pale ~,** *(L. repens):* llin llyffant llwyd, llin llyffant rhesog, y gingroen borffor welw; **prostrate ~,** *(L. supina):* llin llyffant gorweddol; **purple ~,** *(L. purpurea):* llin llyffant porffor, y gingroen gochlas; **Pyrenean ~, = toadflax (prostrate); sand ~,** *(L. arenaria):* llin llyffant y twyni; **small ~,** *(Chaenorhinum minus):* llin llyffant bychan; **striped ~, = toadflax (pale).**

toadish *a.* fel llyffant, llyffantaidd.

toadlet *n. Amph:* llyffant bychan (llyffantod/llyffaint bychain) *m*.

toadlike *a.* = **toadish.**

toadling *n.* = **toadlet.**

toadstone *n. Miner:* llyffanfaen (llyffanfeini) *m*.

toadstool *n. Fung:* caws (*m*) llyffant, bwyd (*m*) y boda, bwyd llyffant, bwyd y barcud, bwyd [yr] ellyllon, *Lit: occ:* bwyd llelo, *S: occ:* madarch *m*, madalch *m*, *S.W:* bwyd y broga, *N.W: occ:* caws neidr, ambarél (*m*) bwgan, caws ceffyl; *N.B: that these names have traditionally been used both for* **mushrooms** *and* **toadstools; haymaker's ~,** *(Panaeolus foenisecii):* cap llwyd (*m*) y gwair; **soap-scented ~,** *(Tricholoma saponaceum):* caws sebonllyd; *S.a.* **aniseed.**

toady[1] *n.* gwenieithiwr (gwenieithwyr) *m*, cynffonnwr (cynffonwyr) *m*, cynffongi (cynffongwn) *m* (*pronounced* ng-g), sebonwr (sebonwyr) *m*, ffalsiwr (ffalswyr) *m*, llyfwr (llyfwyr) *m*, crafwr (crafwyr) *m*, cynffones(-au) *f*, cynff|onwraig (cynffonwragedd) *f*, *Lit:* truthiwr (truthwyr) *m*.

toady[2] *v.t.&i.* **to ~ ([to] s.o.),** seboni (rhn); ffalsio, cynffonna, cynffonni, cynffonlonni (ar rn); truthio (i/wrth rn); *S.W:* rhwto (yn rhn); llïo (rhn); cwtwslonni (ar rn); *N.W: occ:* swatio (i rn); *N.E: occ:* rhonellu (i rn).

toadyish *a.* gwasaidd, taeogaidd, gwenieithus, sebonllyd, cynffongar (*pronounced* ng-g), cynffonllyd, ffals, *S: occ:* cwtwslon, *Lit:* truthiol.

toadyism *n.* gwas|eidd-dra *m*, taeogrwydd *m*, truth *m*, gweniaith *f*; *vn.* = **toady[2].**

toast[1] *n.* **1.** tost *m*, *occ:* tostyn *m*, bara (*m*) crasu, *S.E: occ:* crimp *m*; *F:* **I'll have him on ~,** fe'i gwna' i hi'n boeth/dwym iddo; *F:* **warm as ~,** cynnes/twym fel tost/tostyn, cynnes fel maneg, *N:* cynnes fel llefrith. **2.** *(a) (pers.):* testun (*m*) edmygedd; **she was the ~ of the town,** edmygid hi gan bawb; 'roedd hi'n destun edmygedd pawb; 'roedd hi'n arwres gan bawb; *(b) (= call to drink):* llwncdestun(-au) *m*; **to give/propose a ~,** cynnig llwncdestun, yfed [i] iechyd (rhn). **~-list** *n.* rhestr(-au) (*f*) llwncdestunau. **~-rack** *n.* rhesel (*f*) dost (rheseli tost), peth(-au) (*m*) dal tost. **-water** *n.* dŵr (*m*) tost.

toast[2] *v.t.&i.* **1.** *v.t. (a) (bread):* crasu, tostio; *F:* **to ~ one's feet,** cynhesu'ch/twymo'ch/tostio'ch traed; *(b)* **to ~ s.o.,** *(in drink):* yfed [i] iechyd rhn, yfed iechyd da rhn, cynnig llwncdestun i rn, *Lit: occ:* yfed at rn. **2.** *v.i.* crasu, tostio.

toasted *a.* cras, tostiedig; **(sth) ~,** (rhth) a graswyd/dostiwyd, wedi ei grasu/dostio.

toaster *n.* craswr (craswyr) *m*, tostiwr (tostwyr) *m*.

toastie *n. Cu:* brechdan (*f*) grasu (brechdanau crasu).

toasting *vn.* **~-fork** *n.* fforc (*f*) grasu (ffyrc crasu), fforc dostio (ffyrc tostio).

toastmaster *n.* tostfeistr(-i) *m*.

toat *n. Carp:* dolen(-ni) *f*.

tobacco *n.* baco *m*, *occ:* tybaco *m*; **chewing ~,** baco cnoi; **plug ~,** baco caled, baco plwg; **shag ~,** baco siag; **ship ~,** baco melys; **twist ~,** baco main. **~ heart** *n. Med:* calon (*f*) dybaco/faco. **~-jar** *n.* pot(-iau) (*m*) baco, jar (*f*) faco (jariau baco). **~ mosaic virus** *n. Hort:* clefyd (*m*) dail brith tybaco. **~ moth** *n. Ent:* gwyfyn(-od) (*m*) baco/tybaco. **~-pipe** *n.* pibell (*f*) faco (pibellau baco), *S:* pib (*f*) faco (pibau baco), *N:* cetyn (catiau) (*m*) baco. **~-plant** *n. Bot:* blodyn (blodau) (*m*) tybaco. **~ shop** *n.* siop (*f*) dybaco/faco (siopau tybaco/baco). **~-stopper** *n.* stopiwr (stopwyr) (*m*) baco, stopell (*f*) faco (stopellau baco).

tobacconist *n.* gwerthwr (gwerthwyr) (*m*) baco/tybaco; **~'s [shop],** *n.* siop (*f*) faco/dybaco (siopau baco/tybaco).

toboggan[1] *n.* sled (slediau) *f*, tobogan(-au) *m*. **~-run, ~-shoot** *n.* llwybr(-au) (*m*) slediau/toboganau.

toboggan[2] *v.i.* **1.** mynd ar sled, mynd ar dobogan, sledio, toboganio. **2.** *U.S: (a) (of prices):* cwympo, disgyn, syrthio; *(b) (of one's fortune):* llithro, dirywio, mynd ar i waered, mynd ar i lawr.

tobogganer, tobogganist *n.* slediwr (sledwyr) *m*, sl|edwraig (sledwragedd) *f*, toboganiwr (toboganwyr) *m*, tobog|anwraig (toboganwragedd) *f*.

Toby[1] *Pr.n.m.* Tobi. **~ jug** *n.* jwg (jygiau) (*m*) tobi, jwg (*f*) dobi (jygiau tobi). **~ collar** *n. S:* coler(-i) crychog *m*, *N:* coler grychog (coleri crychog) *f*.

toby[2] *n. Ich:* chwyddbysgodyn (chwyddbysgod) *m*.

Toc H *Pr.n.* Toc H *m*.

toccata *n. Mus:* tocata (tocatâu) *f*.

Tocharian *a. & n.* **1.** *a.* Tocharaidd; *(in language):* Tochareg. **2.** *n. (i) Ethn:* Tochariad (Tochariaid) *m&f*; *(ii) Ling:* Tochareg *f*, *m*.

tocher[1] *n.* = **dowry.**

tocher[2] *v.t.* = **endow.**

tocology *n.* = **obstetrics.**

tocopherol *n. Bio-Ch:* toc|offerol *m*.

tocsin *n.* cloch (*f*) rybudd (clychau rhybudd).

tod[1] *n. Meas:* chwarter (*m*) cant.

tod[2] *n. F:* **on one's ~,** ar eich pen eich hun.

today *adv. & n.* heddiw *m*, *Lit: occ:* y dydd heddiw, y dwthwn hwn *m*; **~ week,** wythnos i heddiw; *F:* **he is here ~ and gone tomorrow,** aderyn brith, aderyn y nos; *F:* **never put off till tomorrow what you can do ~,** na ad tan yfory yr hyn y gelli ei wneud heddiw; heddiw piau hi nid yfory.

toddle[1] *n.* **1.** *(of child):* cam(-au) bach *m*. **2.** *F: (= walk):* tro(-eon) bach *m*, *S:* wâc/wacen fach (wacs bach) *f*.

toddle[2] *v.i.* trotian, *N.W:* haldio, haldian, ffadlian, crewtio mynd; *F:* **I must be toddling,** mae'n rhaid i mi ei throi hi.

toddler *n.* plentyn bach (plant bach, plantos) *m*, crwtyn (crwts) *m*, crwt(-s) *m*, croten (crotesi) *f*, crotes(-i) *f*, *N.W: occ:* twdlyn *m*, shwlyn *m*, *S.W: occ:* twlsyn *m*, twlsen *f*, *S.E: occ:* shwli *m*.

toddy *n. Cu:* **1.** *(of palm):* arac *m*, palmwin *m*, todi *m*. **2.** *(spirits & water):* wisgi poeth/twym *m*, grog *m*, todi *m*.

tody *n. Orn:* todi (todïaid) *m*.

toe[1] *n.* **1.** bys (*m*) troed (bysedd traed); **great/big ~,** bawd (*f*) troed (bodiau traed), *S.W:* bys mawr (*m*) troed (bysedd mawr traed); *Joc:* modryb y fawd *f*; **little ~,** bys bach troed; *Joc:* bys bychan bach *m*, modryb yr ewin bach; **tip of a ~,** blaen bys troed; **on the tips of one's toes,** ar flaenau'ch traed; *P:* **to turn up one's toes,** mynd yn fwyd i'r twrch daear, gadael y fuchedd hon, marw, mynd i'r twll mawr, mynd dan y dywarchen, *N:* estyn y goes, estyn y fer, mynd i'r bocs, mynd i'ch aped; **to tread (on s.o.'s toes),** sathru, sengi, *S:* damsiel (ar draed rhn); sathru (traed rhn); **to be on one's toes,** bod ar flaenau'ch traed; **to keep s.o. on his toes,** cadw rhn ar flaenau'i draed; **from head to ~,** o'r corun i'r sawdl, o flaen eich traed i gopa'r pen; **heel and ~ walking,** cerdded blaen a sawdl; **he's had it away on his toes,** mae wedi'i bachu/heglu hi; mae wedi cymryd y goes. **2.** *(of shoe/sock &c):* blaen(-au) *m*. **~-clip** *n. Cy:* clip (*m*) troed (clipiau traed). **~ crack** *n. Vet:* hollt(-au) (*f*) blaen y carn. **~ dance** *n. U.S:* dawns(-iau) (*f*) blaenau traed. **~-hold** *n.* **1.** troedle(-oedd) *m*, lle(-oedd) (*m*) [blaen] troed. **2.** *Wr:* gafael (*f*) troed. **~-in** *n. Veh:* mewndro *m*. **~ piston** *n. Mus:* piston (*m*) troed (pistonau traed). **~-shoe** *n. U.S: Danc:* esgid (*f*) blaen troed (esgidiau blaenau traed).

toe[2] *v.t.* **1.** *(a)* **to ~ a sock/shoe,** rhoi blaen ar hosan/esgid; **2. to ~ the line/mark,** *Sp:* sefyll wrth y llinell; *Fig:* cydymffurfio, cydffurfio, ufuddh|au, cadw at y rheolau; **to ~ the party line,** cadw at bolisi'r blaid, glynu wrth bolisi'r blaid. **3.** *Danc: F:* **to ~ and heel it,** dawnsio, ei throedio hi. **4.** *(a) Fb:* **to ~ a ball,** rhoi blaen troed i bêl, cicio pêl â blaen troed. **5.** *Golf:* **to ~ a ball,** taro pêl â blaen ffon. **~ in** *v.i. (of pers.):* troi'ch traed at i mewn; *(of wheels):* troi at i mewn. **~ out** *v.i. (of pers.):* troi'ch traed at allan, *S:* troi'ch traed mas; *(of wheels):* troi at allan, troi mas.

toecap *n.* blaen (*m*) esgid (blaenau esgidiau), trwyn (*m*) esgid (trwynau esgidiau), *S.W:* capandrwyn(-au) *m.*
toed *a.* **1. two-~,** â dau fys [troed], deufys, â dwy fawd [troed]; **three-~,** tribys, â thri bys [troed], *N:* â thair bawd troed. **2. ~ shoe,** esgid a blaen iddi.
toeless *a.* heb fysedd traed, heb fodiau traed.
toelike *a.* fel bys troed, fel bawd troed.
toenail *n.* **1.** *Anat:* ewin (*fm*) troed (ewinedd troed/traed); **his toenails,** ewinedd ei draed; **ingrowing ~,** *S.E:* casewin(-edd) *m*, *N:* ewin yn tyfu i'r byw. **2.** *Carp:* hoelen gam (hoelion ceimion) *f.*
toff[1] *n. P:* dyn(-ion) crand *m*, gŵr (gwŷr) bonheddig *m*, swancyn (swancs) *m*, *N.W: occ:* toffar(-s) *m*; *pl.* **toffs,** *N:* byddigions, *Pej:* crach *m*, crachach *m*, swancs *pl.*
toff[2] *v.t. F:* **to ~ oneself up/out,** gwisgo'n grand, gwisgo fel gŵr bonheddig, gwisgo mewn steil, swancio, *S:* swancan.
toffee *n.* cyflaith *m*, taffi *m*, toffi *m*, *S.E:* taffan (*f*) dant (taffins/ taffis dant), loshin (*pl*) dant; *N.W:* **a slab of ~,** taffi sglent *m*; *N.W:* **stick of ~,** taffi stic *m*; **treacle ~,** cyflaith du, taffi triog; **he can't shoot for ~,** nid yw'n medru saethu am ffortiwn *or* dros ei grogi; 'does ganddo ddim clem am saethu. **~-apple** *n.* afal(-au) (*m*) taffi. **~-nosed** *a.* ffroenuchel, trwynsur; **~-nosed person,** hen drwyn(-au) *m.*
toft *n.* tyddyn(-nod) *m*, tofft(-ydd) *m.*
tog[1] *n. F:* dilledyn (dillad) *m.*
tog[2] *v.t.&i.* **1.** *F:* gwisgo (rhn, am rn). **2. to ~ [oneself] up/out,** gwisgo amdanoch mewn steil, eich gwisgo'ch hun mewn steil, gwisgo'ch dillad gorau; **to get togged out anew,** cael dillad newydd.
toga *n. Cost: Rom.Ant:* toga (togâu) *f.*
toga[e]d *a.* mewn toga.
togated *a.* **1. = toga[e]d; 2.** *Fig:* urddasol, aruchel.
together *adv.* ynghyd, gyda'ch gilydd, ar y cyd; *S.a.* **altogether; ~ with s.o.,** *(= as well as):* ynghyd â rhn, yn ogystal â rhn; **I am selling the house ~ with the furniture,** 'rwy'n gwerthu'r tŷ yn ogystal â'r dodrefn; **to gather ~,** *(i) v.t.* casglu/crynhoi/ cynnull/dwyn (pethau) ynghyd *or* at ei gilydd; *(ii) v.i.* ymgasglu, ymgynnull, ymgrynh|oi, dod at eich gilydd, dod ynghyd; **to strike two things ~,** taro/bwrw dau beth yn ei gilydd *or* yn erbyn ei gilydd; **to bring two things ~,** dod â dau beth at ei gilydd *or* ynghyd, dwyn dau beth at ei gilydd *or* ynghyd; **to act ~,** cydweithredu, cydweithio, gweithio/gweithredu gyda'ch gilydd *or* ar y cyd; **all ~,** pawb gyda'i gilydd; **they go/belong ~,** maent yn mynd/perthyn gyda'i gilydd; **we stand or fall ~,** fe safwn neu fe syrthiwn gyda'n gilydd; **to sail ~,** hwylio gyda'ch gilydd, cyd-hwylio; **to agree ~,** cytuno, cyd-fynd; **to build ~,** cydadeiladu; **to conspire ~,** cydgynllwynio, cydfwriadu; **to converse ~,** cydsgwrsio, cydymddiddan, cydymddiddanu; **to grow ~,** cyd-dyfu; **to gather ~,** cyd-gasglu, cydgrynh|oi, cydgynnull; **to join ~,** cydgysylltu, cyduno, cyfuno, cydasio, uno; **to lodge ~,** cydletya; **to lie ~,** cydorwedd; **to live ~,** cyd-fyw; **to meet ~,** cydgyfarfod; **to mix ~,** cydgymysgu; **to pull ~,** cyd-dynnu; **to recite ~,** cydadrodd; **to rejoice ~,** cydlawenh|au; **to share ~,** cydrannu; **to sing ~,** cydganu; **to sit ~,** cydeistedd; **to stand ~,** cydsefyll; **to strive ~,** cydymdrechu; **to travel ~,** cyd-deithio; **to work ~,** gweithio ar y cyd, cydweithio; **to worship ~,** cydaddoli; **to walk ~,** cydgerdded; **to yoke ~,** cydieuo; **(for months) ~,** (am fisoedd) ar ôl ei gilydd, bwygilydd, yn ddi-dor, *S:* o'r bron; *(= simultaneously):* gyda'ch gilydd, ar yr un pryd, *S.W:* ar unwaith; **(you cannot have both) ~,** (ni cllwch gael y ddau) gyda'i gilydd, ar yr un pryd, *S.W:* ar unwaith; *(= reciprocally):* **(to multiply two numbers) ~,** (lluosogi dau rif) gyda'i gilydd, ynghyd; **(to sew two things) ~,** (gwnïo dau beth) gyda'i gilydd, wrth ei gilydd, ynghyd, yn sownd yn ei gilydd; **(to tie two things) ~,** (clymu dau beth) gyda'i gilydd, wrth ei gilydd, ynghyd, yn sownd yn ei gilydd; *F:* **(to put two and two) ~,** (rhoi dau a dau) ynghyd, at ei gilydd; *See* **act**[1].
togetherness *n.* cydberthynas *f*, agosrwydd *m*, agosatrwydd *m.*
toggery *n. F:* dillad *pl.*
toggle[1] *n.* peg(-iau) croes *m*, togl(-au) *m*, pin(-nau) croes *m*, rhwyllbin (-nau) *m*; **bar ~,** togl bollt. **~ iron** *n. Fish:* tryfer groes (tryferi croes) *f.* **~-joint** *n. Mec.E:* cymal(-au) (*m*) togl, togl(-au) *m.* **~-lever** *n. I.C.E: &c:* lifer(-i) (*m*) togl. **~-pin** *n.* **= toggle. ~-rail** *n. Th:* rheilen (rheiliau) (*f*) esgidiau. **~-switch** *n.* switsh(-is) (*m*) togl.
toggle[2] *v.t.* toglo.
Togo, Togoland *Pr.n. Geog:* Togo *f.*
Togolese *a. & n. Ethn:* **1.** *a.* Togoaidd, o Dogo; **the ~ President,** Arlywydd Togo. **2.** *n.* Togoliad (Togoliaid) *m&f*, Togoad (Togoaid) *m&f.*
togs *n.pl. F:* dillad; *Nau:* **harbour ~, long ~,** dillad mynd i'r lan.
toheroa *n. Moll: Cu:* toheroa (toheroâu) *m.*
toil[1] *n.* **1.** *(= work):* gwaith *m*, llafur *m*, llafurwaith *m*, trymwaith *m*, ymdrech(-ion) *mf*, *F: Pej:* slafdod *m*; *S.a.* **son. 2.** *Ven:* **= toils. ~-worn** *a.* lluddedig, blinedig.
toil[2] *v.i.* llafurio, ymlafnio, gweithio'n galed, ymdrafferthu, *F:* slafio, bustachu, dygnu arni; **to ~ and moil,** bustachu; **to ~ up a hill,** dringo rhiw yn llafurus, ymlwybro/stryffaglo/stryffaglan/ bustachu i fyny rhiw; **to ~ at sth,** llafurio dros rth.
toile *n.* **1.** *Tex:* lliain main *m.* **2.** *(pattern):* patrwm (patrymau) (*m*) mwslin.
toiler *n.* gweithiwr (gweithwyr) *m*, gw|eithwraig (gweithwragedd) *f*, llafurwr (llafurwyr) *m*, llaf|urwraig (llafurwragedd) *f*, ymlafniwr (ymlafnwyr) *m*, *N: F:* bustachwr (bustachwyr) *m.*
toilet *n.* **1.** *(= washing, dressing &c):* **to make one's ~,** ymbarat|oi, ymdrwsio, ymdacluso, ymwisgo, ymolchi, ymbincio, parat|oi; **a cat making its ~,** cath yn ymolchi, cath yn ei glanh|au'i hun. **2.** *(= lavatory):* tŷ (tai) bach *m*, *N:* lle(-fydd) (*m*) chwech, *Adm:* toiled(-au,-i) *m.* **3.** *Med:* *(= cleansing):* glanhad *m*, glanhau *vn.* **4. = toilet-set, toiletry. 5. = dressing-table. 6.** *A:* **= dress**[1]. **~ basin** *n.* basn(-au) (*m*) ymolchi. **~ case** *n.* cas(-ys) (*m*) ymolchi. **~-cover** *n.* gorchudd(-ion) (*m*) toiled. **~ pan** *n.* powlen (powliau) (*f*) tŷ bach, powlen toiled. **~-paper** *n.* papur (*m*) tŷ bach, papur toiled, *N:* papur lle chwech. **~ powder** *n.* powdwr (powdrau) (*m*) talcwm. **~ rail** *n.* canllaw(-iau) (*fm*) toiled. **~-roll** *n.* rholyn (rholiau) (*m*) toiled, rholyn papur tŷ bach, rholyn papur lle chwech. **~-set, ~ service** *n.* pethau (*pl*) ymolchi, set(-iau) (*f*) ymolchi. **~ soap** *n.* sebon(-au) (*m*) ymolchi, *F:* sebon sent. **~-table** *n.* bwrdd (byrddau) (*m*) gwisgo, *S:* bord (*f*) wisgo (bordydd gwisgo). **~-training** *vn.* dysgu mynd i'r toiled. **~ water** *n.* dŵr (dyfroedd) pêr *m*, *F:* dŵr sent.
toiletry *n.* pethau (*pl*) ymolchi.
toilette *n.* **= toilet 1.**
toilful *a.* **1.** *(= hardworking):* llafurus, gweithgar, ymdrechgar. **2. = toilsome.**
toilfully *adv.* yn llafurus *&c.*
toils *n.pl. Ven:* rhwyd(-i) *f*, magl(-au) *f.*
toilsome *a.* *(= tiring):* blinderus, blinderog, llafurus, *S:* slafus; **~ work,** caledwaith, llafurwaith *m*, slafdod *m.*
toilsomely *adv.* yn flinderus *&c.*
toilsomeness *n.* llafurusrwydd *m*, natur lafurus/flinderus *f*, *F:* slafdod *m.*
toilworn *a.* blinderog, blinderus.
toing *vn.* **~ and froing,** mynd a dod.
tokay[1] *n. Rept:* **= gecko.**
Tokay[2] *n (wine):* (gwin *m*) Tocái *m.*
token *n. & attrib.* **1.** *n. (of respect &c):* arwydd(-ion) *m*; **in ~ of sth, as a token of sth,** fel/yn arwydd o rth; **to give ~ of sth,** rhoi arwydd o rth, dangos/dynodi/arwyddo rhth; **by the same ~,** *(i) (= similarly):* yn yr un modd; *(ii) (= moreover):* yn ogystal; *(iii) (in corroboration):* mewn cadarnhad, i gadarnh|au. **2.** *n. (a) Num: (disc-like coin):* tocin(-s) *m*, tocyn(-nau) (*m*) haearn/pres/copor *&c*; *(c)* **book ~,** tocyn llyfr/llyfrau; **bus ~,** tocyn bws. **3.** *attrib.* **~ payment,** rhan-dal (~-daliadau) *m*, ernes(-au) *f*; **~ resistance,** gwrthsafiad symbolaidd *m*, gwrthsafiad er mwyn sioe, esgus (*m*) o wrthsafiad; **~ strike,** streic(-iau) symbolaidd *f*; *Parl:* **~ vote,** pleidlais symbolaidd *f*; **~ negro,** *(member of committee &c):* dyn du symbolaidd, dyn du er mwyn sioe; **~ woman,** benyw symbolaidd, benyw er mwyn sioe. **~ economy system** *n.* cyfundrefn (*f*) docynnau. **~ money** *n.* arian (*m*) tocynnau.
tokenism *n. Pol:* symboleiddiaeth *f.*
Tokharian *a.* **= Tocharian.**
toko *n.* **= toco.**
tokology *n.m* **= obstetrics.**
tola *n. Meas:* tola (tolâu) *m.*
tolan[e] *n. Ch:* tolan *m.*
tolbooth *n. Scot:* **= town hall, gaol.**
tolbutamide *n. Ch:* tolb|wtamid *m.*

told *p.p. See* **tell**; **1. an oft-~ story,** hanes a adroddwyd yn aml, hen hanes/stori, hanes cyfarwydd; **twice-~,** a adroddwyd ddwywaith. **2. all ~,** i gyd, rhwng popeth.
tole *n. Art:* tôl *m.*
tolerable *a. (a) (= endurable):* dioddefadwy, goddefadwy; *(b) (= not bad):* rhesymol [dda], gweddol [dda], cymedrol, canolig, go lew, eithaf da; **it's ~,** fe wnaiff y tro; **they enjoy a ~ amount of freedom,** cânt ryddid rhesymol; maent yn cael rhywfaint o ryddid; *F:* **he is in ~ health,** mae ef mewn iechyd eithaf da; mae'n lled dda ei iechyd; 'dyw ei iechyd ddim yn rhy ddrwg.
tolerableness *n.* **1.** natur oddefadwy/ddioddefadwy *f.* **2.** gweddolder *m,* gweddoldra *m,* rhesymoldeb *f,* natur weddol *&c f.*
tolerably *adv.* **1.** *(= endurably):* yn ddioddefadwy/oddefadwy. **2. ~ good,** gweddol dda, eithaf da, go lew o dda; **~ [well],** yn weddol dda, yn eithaf da, yn o lew [o dda].
tolerance *n.* **1.** *Med: (of drug &c):* goddefiad *m* (o rth); cynefinder *m,* cynefindra *m* (â rhth). **2.** *(religious &c):* goddefgarwch *m,* goddefiad *m,* goddefiant *m.* **3.** *Mec.E:* = goddefiant (goddefiannau) *m.* **~ limit** *n.* terfyn(-au) *(m)* goddefiant.
tolerant *a.* **1.** goddefgar, *occ:* goddefol, goddefus. **2.** *Med:* goddefgar (o rth), cynefin (â rhth).
tolerantly *adv.* yn oddefgar.
tolerate *v.t.* **1.** *(pain, contradiction):* goddef, caniatáu (rhth); cydymddwyn (â rhth). **2.** *Med:* goddef.
toleration *n.* **1.** *(of religion):* goddefgarwch *m,* goddefiad *m;* **Act of T~,** Deddf *(f)* Goddefiad. **2.** *Med:* goddefiad, goddefiant *m,* goddefedd *m.*
tolerationism *n. Pol:* goddefiadaeth *f.*
tolerationist *n. Pol:* goddefiadwr (goddefiadwyr) *m.*
tolerative *a.* goddefol.
tolerator *n.* goddefwr (goddefwyr) *m,* godd|efwraig (goddefwragedd) *f.*
tolidine *n. Ch:* t|olidin *m.*
toll[1] *n.* **1.** *(= payment):* toll(-au) *f; Jur:* **~ through,** toll drwodd; **~ traverse,** toll ar draws, toll breifat. **2.** *Fig: (= damage):* difrod *m,* niwed *m;* **rent takes a heavy ~ of one's income,** mae'r rhent yn gwneud twll mawr yn eich incwm; mae'r rhent yn gwneud tolc yn eich incwm; mae'r rhent yn mynd â chyfran fawr o'ch incwm; **the ~ of the roads,** y lladdfa *(f)* ar y ffyrdd, y marwolaethau *(pl)* ar y ffyrdd; **a heavy ~ of lives,** colledion niferus, nifer fawr o laddedigion/farwolaethau/golledigion, colli *(vn)* llawer o fywydau, colli bywydau lawer; **this holiday has taken its ~,** mae llawer wedi eu lladd yn ystod y gwyliau hyn; **drink had taken its ~ of his health,** gwnaethai'r ddiod ddifrod/niwed mawr i'w iechyd. **3.** *Tp:* tâl (taliadau) *m;* **trunk ~,** tâl galwad bell. **~-bar** *n.* tollborth (tollbyrth) *m,* tollglwyd(-i) *f, F:* tyrpeg *m.* **~-booth** *n. Scot:* **= tolbooth. ~-bridge** *n.* tollbont(-ydd) *f.* **~-call** *n. Tp:* galwad(-au) hirbell *f.* **~-collector** *n.* casglwr (casglwyr) *(m)* tollau, tollwr (tollwyr) *m,* tollydd(-ion) *m.* **~-gate** *n.* **= toll-bar. ~-house** *n.* tolldy (tolldai) *m,* tollfa (tollf|eydd) *f.* **~-keeper** *n.* ceidwad *(m)* tolldy (ceidwaid tolldai), casglwr tollau, tollwr. **~-road** *n.* tollffordd (tollffyrdd) *f, F:* ffordd *(f)* dyrpeg (ffyrdd tyrpeg).
toll[2] *v.t.* tolli (rhn), codi toll (ar rn).
toll[3] *n. (of bell):* cnul(-iau) *m,* clul(-iau) *m.*
toll[4] *v.t.&i.* **1.** *v.t. (bell):* cnulio. **2.** *v.i. (of bell):* cnulio, canu cnul.
tollage *n.* **= tallage.**
tolling[1] *a.* cnuliog.
tolling[2] *vn.* **= toll**[1],[2].
tolpis *n. Bot: (Tolpis staticifolia, or Hieracium staticifolium):* heboglys môr lafantaidd *m.*
Toltec *a. & n. Ethn:* **1.** *a.* Toltecaidd. **2.** *n.* Toltec(-iaid) *m&f.*
Toltecan *a. Ethn:* Toltecaidd.
tolu *n. Pharm:* tolw *m.*
toluate *n. Ch:* tolwad(-au) *m.*
toluene *n. Ch:* tolwen *m.*
toluic *a. Ch:* tolwig.
toluid[e] *n. Ch:* tolwid(-au) *m.*
toluidin[e] *n. Ch:* t|olwidin (tolwidinau) *m.*
toluol[e] *n. Ch:* tolwol *m.*
toluyl *attrib. Ch:* **~ group/radical,** grŵp (grwpiau) tolwyl *m.*
tolyl *attrib. Ch:* **~ group/radical,** grŵp (grwpiau) tolyl *m.*
Tom 1. *Pr.n.m. (dim. of Thomas)* Twm, Tom, Twmi, Tomi; *F:* **any ~, Dick or Harry,** unrhyw un; unrhyw Dwm, Dic neu Harri; **peeping ~,** Twm Pip, sbeciwr (sbecwyr) *m.* **2. t~ cat,** *S:* cwrcath: gwrcath(-od) *m,* cwrcyn(-nod, cwrcod) *m, S: occ:* cwrci (cwrcïod) *m,* gwrci (gwrcïod) *m, N:* cath wryw (cathod gwryw) *f;* **t~ turkey,** ceiliog(-od) *(m)* twrci. **~ and Jerry** *n. Cu:* Tom a Jeri *m,* rỳm poeth *(m)* ac wyau. **~ of Bedlam** *n. Hist:* lloerigyn (lloerigion) *m.* **~ Thumb** *n.* **1.** *Pr.n.m.* Twm Pwt, Twm Bawd. **2.** *Bot:* = **trefoil** 1. **~ Tiddler's ground** *n. (children's game):* [chwarae] tir neb *m.*
tomahawk[1] *n.* bwyell (bwyeill, bwyellau, bwyelli) *f,* cadfwyall (cadfwyeill) *f; F:* **to bury the ~,** cymodi, anghofio cynnen.
tomahawk[2] *v.t.* **1.** taro/bwrw (rhn) â bwyell/chadfwyell, bwyellu rhn, rhoi bwyellod i rn. **2.** *Fig:* rhoi'r fwyell (ar rth), beirniadu (rhth) yn hallt, ymosod (ar rth) yn ffyrnig.
tomalley *n. Cu:* bloneg *(m)* cimwch, tomali *m.*
tomato *n.* tomato(-s) *m, Lit: occ:* afal(-au) *(m)* cariad; **currant ~,** *(Lycopersicon pimpinelifolium): (a) (fruit): (b)* cordomato(-s) *m; (tree):* coeden *(f)* gordomatos (coed cordomatos); **tree ~,** *(Cyphomandra betacea): (a) (shrub):* llwyn(-i) *(m)* tomatos; *(b) (fruit):* tomato'r llwyn (tomatos y llwyn). **~ sauce** *n.* saws/sôs *(m)* tomato[s], *F: occ:* sôs coch.
tomb *n.* bedd(-au, *occ:* -i) *m, occ:* beddrod(-au) *m.*
tombac *n. Metall:* tombac *m.*
tombless *a.* heb fedd, di-fedd.
tomblike *a.* fel bedd, ar lun bedd.
tombola *n.* tombola *m.*
tombolo *n. Geog:* graeandir(-oedd) *m,* grodir(-oedd) *m.*
tomboy *n.* merch fachgennaidd (merched bachgennaidd) *f,* tomboi(-aid) *f, Lit:* hoeden(-nod) *f,* rhampen(-nod) *f,* hobi (hobïod) *f, M.W:* hoeten(-nod) *f, S:* gwilhersen *f,* rhonten(-ni) *f, N.W:* hampar(-s) *f,* cadi(-s) *(f)* hogiau, *S.W:* ffrwlen (ffrwlod) *f,* rhompen(-nod) *f,* rhonden(-ni) *f, S.E:* ffrolen(-nod) *f.*
tomboyish *a.* tomboiaidd, bachgennaidd, hogynnaidd.
tomboyishness *n.* tomboieiddiwch *m,* natur domboiaidd/fachgennaidd *f,* ymddygiad tomboiaidd/bachgennaidd *m,* bachgeneiddiwch *m,* hogyneiddiwch *m.*
tombstone *n.* carreg *(f)* fedd (cerrig beddau/beddi), *Lit: occ:* beddfaen (beddfeini) *m.*
tomcod *n. Ich: (Microgadus):* tomcodyn (tomcod) *m.*
tome *n.* cyfrol(-au) *f.*
tomentose, tomentous *a. Anat: Bot: Ent:* cedenog, casnodog, casnachog, manflewog.
tomentum *n. Bot:* ceden(-au) *f,* casnod *m,* casnach *m,* manflew *pl.*
tomfool *n. & attrib. F:* **1.** *n.* **= fool**[1]. **2.** *attrib.* hurt, gwirion, ynfyd, hanner pan, twp, *S:* hanner call a dwl.
tomfoolery *n. F:* ffwlbri *m,* lol *f,* lolian *vn,* dwli *m.*
Tommy *Pr.n.m. (dim. of Thomas):* Tomi, Twmi; *Mil: F:* **~ Atkins,** Tomi(-s) *m; S.a.* **silver**[1]. **t~ bar** *n. F:* tomi-bar(-rau) *m,* twmfar(-rau) *m.* **t~ bread** *n. Ind.Hist:* bara(m)'r gwaith, bara tomi. **t~-gun** *n.* tomi-gwn (~-gynnau) *m.* **t~ rot** *n. F:* **= nonsense. t~ shop** *n. Ind.Hist:* siop *(f)* y gwaith (siopau gweithf|eydd).
tomnoddy *n.* **= fool**[1].
tomogram *n. Med:* t|omogram (tomogramau) *m.*
tomography *n. Med:* tomograffeg *f.*
tomorrow *adv. & n.* yfory *m, F:* fory *m;* **~ morning,** bore yfory; **first thing ~,** yfory nesaf; **first thing ~ morning,** ben bore yfory; **~ night,** nos yfory; **~ week,** wythnos i yfory; **the day after ~,** trennydd *m;* **two days after ~,** tradwy *m; Prov:* **~ is another day,** bydd yfory'n ddiwrnod arall; gŵr dieithr yw yfory; *F:* **like there's no ~,** fel 'tae'r byd ar ben; **~ come never,** yfory Siôn Grydd, dydd Sul y Pys, *S.W:* bore ffair niwl; **~ will/can take care of itself; ~ can look after itself,** caiff yfory ofalu amdano'i hun; *Lit:* **~ and ~ and ~ , creeps in this petty pace from day to day...,** ymlusg yfory ac yfory fyth yn y cerdded salw hwn o ddydd i ddydd.
tompion *n.* **= tampion.**
tompot *n.* **= blenny.**
tomtit *n. Orn:* **= titmouse (blue).**
tomtom[1], **tom-tom**[1] *n.* tom-tom(-s) *m,* tabwrdd (tabyrddau) *m,* drwm (drymiau) *m.*
tomtom[2], **tom-tom**[2] *v.i.* curo'r tom-tom, drymio, drymian, *Lit:* tabyrddu.
ton[1] *n. Meas:* **1.** tunnell (tunelli) *f;* **long ~, gross ~,** *(2240 lb):*

tunnell hir (tunelli hirion); **short ~, net ~,** *(2000 lb):* tunnell fer (tunelli byrion); **deadweight/displacement ~,** tunnell farw (tunelli marw); **register ~,** tunnell ar dystysgrif; **freight ~, measurement ~,** tunnell fesur (tunelli mesur), tunnell lwytho (tunelli llwytho); *F:* **there's tons of it,** mae yna dunelli/lwythi/lawer/ddigonedd ohono; mae 'na hen ddigon ohono; mae 'na faint a fynnir ohono; **(I've asked him) tons of times,** ('rwyf wedi gofyn iddo) ddegau/ugeiniau o weithiau, sawl gwaith; **tons (of people),** lluoedd, llaweroedd, *N:* fflŷd *f*, *S.W:* crugyn *m* (o bobl); **tons (of money),** tunelli, pentwr *m*, llwyth *m*, digonedd *m*, llond (*m*) gwlad, peth wmbredd (*m*) o arian; **to come down on s.o. like a ~ of bricks,** syrthio ar war rhn fel tunnell o frics; **this bag weighs a ~,** mae'r bag 'ma'n pwyso tunnell. **2.** *(a) Aut:* **to do the ~,** gwneud can milltir yr awr, mynd gan milltir yr awr; *(b) (= hundred pounds sterling):* canpunt *m*, cant (*m*) o bunnau; *(c) Cr:* cant *m*. **~-mile** *n. Meas:* milltir (*f*) dunnell (milltiroedd tunnell). **~-up** *attrib.* **~ up kid,** bachgen (bechgyn) (*m*) motor-beic.

ton² *n. (= fashion):* ffasiwn (ffasiynau) *m*.

tonal *a. Phon:* tonaidd, tonyddol; *Mus:* cyweiraidd; **~ answer,** ateb(-ion) cyweiraidd *m*; **~ centre,** canolbwynt(-iau) cyweiraidd *m*; **~ sequence,** dilyniant (dilyniannau) cyweiraidd *m*; **~ series,** rhes gyweiraidd (rhesi cyweiraidd) *f*.

tonalist *n.* tonyddwr (tonyddwyr) *m*.

tonality *n. Mus:* tonyddiaeth(-au) *f*.

tonally *adv.* yn donyddol, yn gyweiraidd; o ran tonyddiaeth.

tonde *n. Art:* *tonde m*.

tondo *n. Art:* tondo (tondi) *m*, llun crwn (lluniau crynion) *m*.

tone¹ *n.* **1.** *(of voice, bell):* tôn (tonau) *f*, tinc(-iau) *m*, sain (seiniau) *f*; **~ quality,** ansawdd (*m*) tôn; *Tp:* **ringing ~,** sŵn (*m*) galw. **2.** *(a) (= voice):* llais (lleisiau) *m*, goslef(-au) *f*, tinc(-iau) *m*, *occ:* tôn *f*; **in an impatient ~,** â thinc diamynedd yn eich llais, mewn llais diamynedd, â goslef ddiamynedd; **a lively ~,** tinc bywiog, goslef fywiog; **to alter one's ~,** newid eich tôn/tiwn; *(b)* **to give a serious ~ to a discussion,** difrifoli trafodaeth; **to raise/lower the ~ of the conversation,** codi/gostwng lefel (*f*) y sgwrs; *Fin:* **the prevailing ~,** y duedd gyffredinol *f*; *Fin:* **the ~ of the market,** tuedd y farchnad, cyflwr (*m*) y farchnad; *(c) Med: (of muscles):* ffyrfder *m*, ffyrfiant *m*, ffyrfdwr *m*; **want of ~,** meddalwch *m*, llipäwch *m*; *(of pers.):* **to lose ~,** meddalu, gwanh|au, mynd yn llipa/feddal; **to recover ~,** grymuso, ffyrfh|au. **3.** *Mus: Ac:* tôn (tonau) *m*; *to distinguish this meaning from* tôn = **tune¹**; **~ and semitone,** tôn a hanner tôn; *Aut:* **two-~ horn,** corn (cyrn) deudon *m*; **whole ~,** tôn cyfan; **whole ~ scale,** graddfa(*f*)'r tonau cyfan. **4.** *Art: Phot: &c:* arlliw(-iau) *m*, gwawr(-iau) *f*, graddliw(-iau) *m*; *S.a.* **half-tone**. **~-arm** *n. Gram:* braich *f* [gramaffon]. **~ cluster** *n. Mus:* clwstwr (clystyrau) (*m*) nodau. **~ control** *n. Mus:* rheolaeth (*f*) ar dôn. **~ colour** *n. Mus:* ansawdd (*mf*) sain, seinliw(-iau) *m*. **~-deaf** *a.* byddar i donau, tôn-fyddar. **~-deafness** *n. a.* tôn-fyddardod *m*. **~ language** *n. Ling:* iaith donyddol (ieithoedd tonyddol) *f*, iaith dôn (ieithoedd tôn). **~ poem** *n. Mus:* cathl(-au) symffonig *f*, cerdd(-i) symffonig *f*. **~-row, ~ series** *n. Mus:* rhes(-i) (*f*) nodau. **~-value** *n. Mus: Ling:* gwerth(-oedd) (*m*) tôn.

tone² *v.t.&i.* **1.** *v.t.* *(a) Mus:* cyweirio; *(b) Art:* arlliwio; *(c) Phot:* tonyddu, arlliwio. **2.** *v.i.* **to ~ [in] with sth,** ymdoddi i rth, cytgordio/cydweddu â rhth; **the curtains don't ~ [in] with the wallpaper,** nid yw'r llenni'n cyd-fynd/cydweddu â'r papur ar y wal. **~ down 1.** *v.t.* lleddfu, lliniaru, tymheru, tyneru. **2.** *v.i.* *(of pers.):* tawelu, ymdawelu. **~ up** *v.t. Med: (muscles, skin):* tynh|au, ffyrfh|au; *(pers., health):* iachuso, hoenuso.

toneburst *n.* tôn-ffrwydrad(-au) *m*.

toned *a.* **1.** *Ac:* seiniog; **high-~,** uchel, uchelsain, uchelseiniog; **a full-~ voice,** llais soniarus; **silver-~,** arianllais. **2.** *Med: (muscles, skin):* tynnach, ffyrfach. **3.** *Art: Phot:* arlliwiedig.

toneless *a.* **1.** *(colour):* diarlliw, di-sglein, pŵl, afloyw(-on). **2.** *(voice):* undonog, difynegiant, di-liw, dioslef.

tonelessly *adv.* yn undonog, yn ddioslef; heb oslef.

tonelessness *n.* undonedd *m*, diffyg (*m*) goslef.

toneme *n. Ling:* tonem(-au) *mf*.

tonemic *a. Ling:* tonemig.

toner *n. Toil: Art: Phot:* arlliw(-iau) *m*, arlliwiwr (arlliw-wyr) *m*, arlliwydd(-ion) *m*.

tonetic *a. Ling:* tonetig, tonol, goslefol.

tonetics *n.pl.* goslefeg *f*, toneteg *f*.

tonette *n. Mus:* tonet(-au) *m*.

tong¹ *n. Mus: (Chinese gong):* tong(-iau) *m*.

tong² *v.i.* gefeilio (rhth), cydio/gafael (yn rhth) â gefail.

tonga¹ *n. Veh:* tonga (tongâu) *m* (*pronounced* ng-g), cerbydan(-au) *m*.

Tonga² *Pr.n. Geog: or* **The ~ Islands,** [Ynysoedd *pl*] Tonga *f Lit: occ:* Yr Ynysoedd Cyfeillgar.

Tongan *a. & n.* **1.** *a.* Tongaidd; **the ~ King,** brenin Tonga. **2.** *n. (a) Ethn:* Tongiad (Tongiaid) *m&f*; *(b) Ling:* Tongeg *f*, *m*.

tongs *n.pl.* **[a pair of] ~,** gefel (gefeiliau) *f*; *F:* **I wouldn't touch it with a pair of ~,** ni fyddwn i'n cyffwrdd ag ef â pholyn lein; *F:* **(to go at s.o.) hammer and ~,** (ymosod ar rn) â dannedd ac ewinedd, nerth deng ewin; **bolt ~,** gefel follt (gefeiliau bolltau); **close mouth ~,** gefel gegdyn[n] (gefeiliau cegdyn[n]); **crucible ~,** gefel grwsibl (gefeiliau crwsibl); **curling ~,** haearn (heyrn) (*m*) cwicio, haearn crychu, haearn gwallt, *S:* pocer(-i) (*m*) cwrlo; **dog ~,** gefel (*f*) gŵn (gefeiliau cŵn); **double hollow bit ~,** gefel geg gron ddwbl (gefeiliau ceg gron dwbl); **draw ~,** gefel dynnu (gefeiliau tynnu); **fire ~,** gefel dân (gefeiliau tân); **forging ~,** gefel ofannu (gefeiliau gofannu); **hollow bit ~,** gefel geg gron (gefeiliau ceg gron); **open flat ~,** gefel fflat agored; **open mouth ~,** gefel gegagored (gefeiliau cegagored); **pick-up ~,** gefel godi (gefeiliau codi); **side mouth ~,** gefel geg ochr (gefeiliau ceg ochr); **square mouth ~,** gefel gegsgwar (gefeiliau cegsgwar); **sugar ~,** gefel siwgwr; **round shank ~,** gefel garan gron (gefeiliau garan gron).

tongue¹ *n.* **1.** *(a) Anat:* tafod(-au) *m*; **the back of the ~,** bôn (*m*) y tafod, cefn (*m*) y tafod; **the tip of the ~,** blaen (*m*) y tafod; **the blade of the ~,** llafn (*m*) y tafod; **the front of the ~,** rhaglafn (*m*) y tafod; **to put out one's ~ (at s.o.),** tynnu'ch tafod, rhoi'ch tafod allan (ar rn); **with one's ~ hanging out,** â'ch tafod allan, yn dyh|eu, *N.W: occ:* yn dyhefod; *(b)* **he has a ready/glib ~,** mae'n barod/llithrig/rhwydd ei dafod; mae'n dafotrydd; *N.W: occ:* mae'n frac ei dafod; mae'n un ffetus; **a slip of the ~,** llithriad (*m*) tafod, gair (*m*) o'i le; **to keep a watch on one's ~,** gwylio ar eich gair, cael dant i atal tafod; **to hold one's ~,** dal eich tafod, atal eich tafod, cnoi'ch tafod, brathu'ch tafod, dal dant ar eich tafod; **hold your ~!** taw (tewch)! **to wag one's ~,** clepian, prepian, clapan, bod yn hen geg, bod yn glepgar, bod yn brysur eich tafod; **she's lost her ~,** mae hi wedi colli ei thafod; **to find one's ~ again,** cael hyd i'ch tafod [eto]; **he'll get a taste of my ~,** caiff flas fy nhafod i; caiff dafod drwg gen i; *S:* caiff bryd o dafod gen i; **to keep a civil ~ in one's head,** cadw ffrwyn ar eich tafod, siarad yn suful; **a silver ~,** tafod arian, tafod huawdl, huodledd *m*; **(to speak) with one's ~ in one's cheek,** (siarad) â'ch tafod yn eich boch, â'ch tafod/genau am eich dant; **she always has her ~ in her cheek,** nid yw byth yn siarad o ddifrif; cellwair y bydd hi yn wastad; **the tongues of rumour,** stryd (*f*) y glep, teulu(*m*)'r glep, tafodau (*pl*) gwenwyn; *(of hounds):* **to give ~,** udo, codi cyfarth; *F:* **I wouldn't give ~ to such gossip,** nid awn i ddim i'w ddweud ar eu holau nhw; ni fyddwn i'n ailadrodd y fath straeon. **2.** *(= language):* iaith (ieithoedd) *f*; **the German ~,** [yr iaith] Almaeneg *f*, iaith yr Almaen; **mother ~,** mamiaith (mamieithoedd) *f*; *B:* **the confusion of tongues,** cymysgu'r ieithoedd; **the gift of tongues,** dawn (*f*) ieithoedd, y ddawn ieithyddol; *B:* **to speak with tongues,** llefaru â thafodau. **3.** *(of land, fire, shoe, bell &c):* tafod(-au) *m*; *Carp:* **loose [feather] ~,** tafod rhydd; *Carp:* **~ and groove joint,** uniad (*m*) tafod a rhigol/rhych; *Vet:* **wooden ~,** *S.W:* llyffant (*m*) tafod, clefyd (*m*) y gwt; *Bot:* **mother-in-law's ~,** tafod (*m*) mam yng nghyfraith. **~-bit** *n. Harn:* genfa (*f*) dafod (genfâu tafodau). **~-bone** *n. Anat:* asgwrn (esgyrn) hyoid *m* asgwrn [y] tafod (esgyrn tafodau). **~-depressor** *n. Surg:* ysbodol (*f*) dafod (ysbodolau tafodau), atalydd (*m*) tafod (atalyddion tafodau). **~ graft** *n. Hort:* = **whip graft**. **~-in-cheek** *attrib.* eironig. **~ lash** *v.t.* tafodi (rhn), gollwng [eich] tafod (ar rn). **~-lashing** *vn.* tafodiad(-au) *m*, llond (*m*) ceg, pryd (*m*) o dafod, tafodi *vn.* **~-rail** *n. Rail:* tafod(-au) *m*. **~-tie** *n.* cwlwm (c[y]lymau) (*m*) tafod. **~-tied** *a.* mud(-ion), tafodrwym, tafotglwm, tafotgaeth, tafotrwm. **~-twister** *n.* cwlwm (c[y]lymau) (*m*) tafod.

tongue² *v.t. (a) Carp:* **to ~ and groove,** tafodi a rhigoli; *(b) Mus:* **to ~ a passage,** tafodi darn.

tongued *a.* â thafod, tafodog; **sharp-~,** miniog eich tafod, â thafod miniog; **smooth-~,** llyfn/llithrig eich tafod, â thafod llyfn/llithrig; **silver-~,** â thafod arian, huawdl.

tongueless *a.* didafod, tawedog, dileferydd, mud(-ion).
tonguing *vn. Mus:* tafodiad(-au) *m*, tafodi; **double ~,** tafodi dwbl; **flutter ~,** cryndafodi, rhuglo tafod; **triple ~,** tafodi triphlyg.
tonic *a. & n.* **1.** *a. (a) Med:* cryfhaol, atgyfnerthol, tonig; **~ spasm,** gwrwst tonig *m*, dirdyniad tonig *m*; **~ water,** dŵr tonig *m*; *(b) Ling: Mus:* tonig, tonyddol; **~ sol-fa,** sol-ffa *m*. **2.** *n. (a) Med:* tonig(-au) *m*, ffisig cryfhaol/atgyfnerthol *m*, moddion cryfhaol/atgyfnerthol *m or pl*; *(of news &c):* **to act as a ~ on s.o.,** bod yn iechyd/falm i galon rhn, bod yn donig i rn; *(b) Mus:* tonydd(-ion) *m*. **~ accent** *n.* aceniad *(m)* y tonydd (aceniadau'r tonydd). **~ chord** *n.* cord *(m)* y tonydd (cordiau'r tonydd). **~ major** *n.* graddfa fwyaf (graddf|eydd mwyaf) *(f)* y tonydd. **~ minor** *n.* graddfa leiaf (graddf|eydd lleiaf) y tonydd.
tonically *adv.* yn donyddol.
tonicity *n. Physiol: &c:* tonedd *m*, tonigrwydd *m*.
tonight, to-night *adv. & n.* heno *f*.
tonish *a.* ffasiynol, mewn steil, crand, steilus.
tonite *n. Expl:* tonit *m*.
tonka *n. Bot:* **~ [bean],** ffeuen *(f)* donca (ffa tonca).
Tonkin, Tongking *Pl.n.* Tonc|in *f*.
Tonkin[g]ese *a. & n. Geog:* **1.** *a.* Toncinaidd, o Donc|in. **2.** *n.* Tonciniad (Tonciniaid) *m&f*.
tonnage *n.* **1.** *Nau:* tunelledd(-au) *m*; **dead weight ~,** tunelledd llwyth; **displacement ~,** tunelledd dadleoliad; **freshwater ~,** tunelledd dŵr croyw; **registered ~,** tunelledd cofrestredig; **saltwater ~,** tunelledd dŵr heli. **2.** *Fin: Hist:* **~ and poundage,** treth *(f)* ar gasgen a threth yn y bunt. **~ deck** *n. N.Arch:* ail ddec(-iau) *m*. **~ duty** *n.* treth *(f)* dunelledd.
tonne *n.* tunnell fetrig (tunelli metrig) *f*; *See* **tun.**
tonneau *n. Aut:* cefn *(m)* car (cefnau ceir).
-tonner *n. comb.fm.* **forty-~ [lorry],** lorri *(f)* ddeugain tunnell (loriau deugain tunnell); **a thousand-~ [ship],** llong fil o dunelli (llongau mil o dunelli), llong fil tunnell (llongau mil tunnell).
tonometer *n. Mus: Ph:* tonomedr(-au) *m*, tonomedrydd(-ion) *m*.
tonometric *a.* tonometrig.
tonometry *n.* tonometreg *f*.
tonoplast *n. Bot:* t|onoplast (tonoplastau) *m*.
tonsil *n.* tonsil(-[i]au,-s) *m*, cilchwarren (cilchwarennau) *f*, *S:* cilwrnen (cilwrnau) *f*; *Med:* **enlarged tonsils,** cilchwarennau chwyddedig.
tonsillar *a.* tonsilaidd, cilchwarennol, cilchwyrnol.
tonsillectomy *n. Surg:* tonsil|ectomi (tonsilectomïau) *m*, codi(*vn*)'r cilchwarennau, *F:* tynnu tonsils.
tonsillitic *a. Med:* tonsilitig.
tonsillitis *n. Med:* tonsilitis *m*, cilchwyrnwst *m*.
tonsillotomy *n. Surg:* tonsil|otomi (tonsilotomïau) *m*.
tonsorial *a. Joc:* barbwrol; **~ artist,** barber(-iaid) *m*.
tonsure[1] *n.* tonsur(-iau) *m*.
tonsure[2] *v.t.* eillio pen (rhn), tonsurio (rhn).
tonsured *a.* penfoel, corunfoel, tonsuredig.
tontine *n. Ins:* tontin(-au) *m*.
tonus *n. Med:* tonws *m*, tonedd *m*, ystwythder *m*.
Tony[1] *Pr.n.m. (dim. of Antony):* Toni.
tony[2] *a.* **= tonish.**
too *adv.* **1.** *(= exceedingly):* rhy + *soft mut.*, gor- + *soft mut.*; **~ careful, ~ cautious,** gorofalus, rhy ofalus; **~ eager,** gorawyddus, rhy awyddus; **~ fond,** gor-hoff, gorhoff, rhy hoff; **~ full,** gorlawn, rhy lawn; **~ difficult a job,** gwaith rhy anodd; **~ little of sth,** rhy ychydig *(m)* o rth; **~ much,** gormod *m*, *adv.* ormod; **too much money,** gormod o arian; **to work ~ much,** gweithio [g]ormod, gorweithio; **to grow ~ much,** gordyfu; **to work ~ little,** gweithio rhy ychydig; **to spend ~ much,** gorwario, gwario gormod; **ten shillings ~ much,** deg swllt yn ormod; **to pay ~ much,** gordalu, talu gormod; **~ ripe,** goraeddfed, rhy aeddfed; **the task is ~ much for me,** mae'r gwaith yn ormod i mi; mae'r gwaith yn rhy anodd i mi; mae'r gwaith yn drech na mi; **it's ~ good to be true,** mae'n rhy dda i fod yn wir; **gifts ~ numerous to mention,** rhoddion rhy niferus i'w henwi; **it was all/only ~ true,** nid oedd ond yn rhy wir; yr oedd yn rhy wir ysywaeth; **I know him all ~ well,** 'rwy'n ei adnabod yn rhy dda o lawer; **you can have ~ much of a good thing,** gormod o ddim nid yw dda; *F:* gormod o bwdin dagith gi; **he was ~ much for me;** *F:* **he was one ~ many for me,** 'roedd yn drech na mi; 'roedd yn rhy gryf i mi; *F:* **that last group was just ~ much!** 'roedd y grŵp diwethaf na'n fendigedig! **the hole was ~ narrow for a mouse to get through,** 'roedd y twll yn rhy gul i lygoden ddod trwyddo; **she was none ~ pleased,** 'doedd hi ddim yn rhy fodlon; 'doedd hi ddim yn rhyw fodlon iawn; 'doedd hi ddim yn orfodlon; *F:* **you are ~ kind,** 'rydych chi'n garedig dros ben; 'rydych chi'n rhy garedig; **~ thrilling for words,** rhy gynhyrfus i'w roi mewn geiriau. **2.** *(= also):* hefyd, yn ogystal; **I want some ~,** mae arnaf innau eisiau peth hefyd. **3.** *(= moreover):* hefyd, ar ben hynny, yn ogystal; **the work was achieved (~) at small cost,** fe wnaed y gwaith (yn ogystal, ar ben hynny) ar gost fechan. **~-too** *a. & adv. F:* rhy... o lawer.
toodle-oo, toodle-pip *int.* ta-ta tan toc! da bo ti/chi (= da bo i ti/chi)! hwyl fawr! dan dy fendith (eich bendith)!
took *p.p. See* **take[2].**
tool[1] *n.* **1.** arf(-au) *m*, erfyn (arfau) *m*, offeryn (offer) *m*, celficyn (celfi) *m*, teclyn (taclau) *m*, *F:* twlsyn (tŵls) *m*, *N.W: occ:* ceryn (cêr) *m*, twlyn (tŵls) *m*; **edge/edged ~,** erfyn awch/miniog; **machine tools,** offer peiriannol; **right-hand ~,** erfyn llaw dde; **left-hand ~,** erfyn llaw chwith; **right-facing ~,** erfyn wynebu'r de; **left-facing ~,** erfyn wynebu'r chwith; **boring ~,** erfyn tyllu; **chamfer ~,** erfyn siamffer/siamffro; **diameter ~,** erfyn diamedr; **facing ~,** erfyn wynebu; **fine finishing ~,** erfyn gorffennu manwl; **form ~,** erfyn ffurfio; **internal screw-cutting ~,** erfyn torri edau fewnol; **knife ~,** erfyn cyllell; **knurling ~,** erfyn nwrlio; **parting ~,** erfyn partio/gwahanu; **press ~,** erfyn gwasgu; **radius ~,** erfyn radiws; **recessing ~,** erfyn cilannu; **roughening ~,** brasnaddell(-au) *f*; **round nose cutting ~,** brasnaddell drwyn crwn (brasnaddellau trwyn crwn); **straight nose cutting ~,** brasnaddell drwynsyth (brasnaddellau trwynsyth); **a bad workman always blames his tools; a bad workman finds fault with his tools,** saer gwael sy'n gweld bai ar ei arfau; **to down tools,** rhoi'r gorau i weithio; *Fig:* **to play with edged tools,** chwarae â chyllyll, chwarae â thân. **2.** *F:* offeryn (offer) *m*, *F:* pric(-iau) pwdin *m*; **to make a ~ of s.o.,** gwneud/cymryd rhn yn bric pwdin; **he was a mere ~ in their hands,** nid oedd ond teclyn yn eu dwylo. **3.** *V:* **= penis. 4.** *F:* **= gun[1]. ~-bag** *n.* bag(-iau) *(m)* offer/arfau/tŵls. **~-basket** *n.* basged(-i) *(f)* offer/arfau, basged dŵls (basgedi tŵls). **~-bit** *n.* bit(-iau) *(m)* offer. **~-box, ~-chest,** *n.* cist(-iau) *(f)* offer/arfau, cist dŵls (cistiau tŵls). **~-holder** *n.* daliwr (dalwyr) *(m)* offer/arfau. **~-house** *n.* tŷ (tai) *(m)* offer/arfau. **~-outfit** *n.* set(-iau) *(f)* offer/arfau, set dŵls (setiau tŵls). **~-post** *n.* post (pyst) *(m)* offer/arfau. **~-pusher** *n.* gwthiwr (gwthwyr) *(m)* offer. **~-rest** *n.* daliwr (dalwyr) *(m)* offer/arfau, rhesel(-i) *(f)* offer/arfau. **~-room** *n.* ystafell(-oedd) *(f)* offer/arfau. **~-shed** *n.* cwt (cytiau) *(m)* offer/arfau. **~-steel** *n.* dur *(m)* offer/arfau.
tool[2] I. *v.t.* **1.** *(a) Bookb:* offeru, addurno, euro, gweithio; *(b) Stonew:* naddu; *(c) E: Metalw:* offeru. **2.** *U.S:* **~ [up],** *(= equip):* offeru. **~ along** *v.i. F:* mynd yn hamddenol, mynd yn araf deg [braf], mynd gan bwyll [bach], mynd o dow i dow. **~ off** *v.i.* mynd, ymadael, ei throi hi. **~ up** *v.i.* **1.** *(of factory &c):* ymofferu, cael/gosod offer. **2.** *F: (of crook, policeman):* **to get tooled up,** cael gwn/dryll.
tooled *a. Bookb:* addurnedig, offeredig.
tooler *n.* offerwr (offerwyr) *m*.
tooling *vn.* **1. = tool[2]. 2.** *Bookb:* addurnwaith *m*, addurniad(-au) *m*, addurno *vn*; **blind ~,** addurnwaith dall/gwag; **gold ~,** offeru aur, addurniad aur, eurwaith *m*. **~-gouge** *n.* gaing *(f)* gau (geingiau cau) offeru, cowjen (cowjis) *(f)* offeru. **-leaf** *n.* dalen(-nau) *(f)* offeru. **~-leather** *n.* lledr *(m)* offeru.
toolmaker *n.* offerwr (offerwyr) *m*, gwneuthurwr (gwneuthurwyr) *(m)* offer/arfau. **~'s clamp** *n. Bookb:* clamp(-iau) *(m)* offerwr.
toolmaking *vn.* gwn|eud *(m)* offer/arfau.
toon *n.* **1.** *Bot: (Cedrela toona):* coeden *(f)* dwna (coed twna). **2.** *Carp:* twna *m*.
toot[1] *n.* caniad(-au) *m*, sŵn *m*; *Aut:* bib-bib *m*.
toot[2] *v.t.&i.* **1.** *v.t. F:* **to ~ a horn/trumpet,** canu corn/trymped. **2.** *v.i. (of horn &c):* rhoi caniad, rhoi bib-bib, seinio; *(of pers.):* rhoi caniad, rhoi bib-bib [ar gorn].
tooter *n.* canwr *(m)* corn (canwyr cyrn) *F:* bib-bibiwr (~-bibwyr) *m*.
tooth[1] *n.* **1.** dant (dannedd) *m*; **front ~, incisor ~, fore-~,** dant blaen (dannedd blaen) *m*, minddant (minddannedd) *m*, blaenddant (blaenddannedd) *m*; **back ~, molar ~,** cilddant (cilddannedd) *m*, dant ôl, dant cnoi, bochddant

(bochddannedd) *m*; *S.a.* **back[1]**; **eye ~, canine ~,** dant llygad (dannedd llygaid), ysgithrddant (ysgithrddannedd) *m*, *F:* dant ci; **permanent ~,** dant parhaol; **wisdom ~,** dant helbul, dant gofid, dant cefn, cefnddant (cefnddannedd) *m*; **first teeth, sucking teeth, milk teeth,** dannedd cyntaf, dannedd sugno, dannedd babi; **second teeth,** ail ddannedd; **a fine set of teeth,** dannedd da; **rotten/rotting ~,** dant drwg, *S:* dant pwdr; **false/artificial teeth,** *N:* dannedd gosod, *S:* dannedd dodi; **set of false teeth,** pâr (parau) (*m*) o ddannedd gosod/dodi; **to cut one's teeth,** torri'ch dannedd; **to have a ~ out,** cael tynnu dant (*not* cael eich dant wedi ei dynnu); **to set s.o.'s teeth on edge,** codi dincod ar ddannedd rhn, *S. W:* hala dincod ar rn; *F:* **to cast/throw sth in s.o.'s teeth,** taflu rhth ar draws dannedd rhn, bwrw rhth i ddannedd rhn, bwrw rhth yn nannedd rhn, edliw/dannod rhth i rn; **to have sth cast/thrown in your teeth,** cael rhth ar draws eich dannedd; **in the teeth of all opposition,** yn nannedd pob gwrthwynebiad; **to escape by/with the skin of one's teeth,** dianc â chroen eich dannedd; **in the teeth of a gale,** yn nannedd drycin; **to show one's teeth,** ysgyrnygu [dannedd], dangos eich dannedd, *S. W:* sgyrnachu; **armed to the teeth,** yn llawn/gwbl arfog, yn llawn arfau; **to fight ~ and nail,** ymladd ewinedd a dannedd, ymladd nerth deng ewin, ymladd fel llew; **we went at it ~ and nail,** aethom ati fel lladd nadredd; **to kick s.o. in the teeth,** cicio rhn yn ei ddannedd, rhoi cic yn nannedd rhn; **sth to get one's teeth into,** rhth i roi'ch dannedd ynddo, rhth i'w roi dan eich dant, rhth sylweddol/swmpus, rhth a swmp iddo; **to put teeth into a law,** rhoi dannedd i ddeddf; **to set one's teeth,** gwasgu'ch dannedd; **(to mutter sth) between one's teeth, through clenched teeth,** (mwmial rhth) dan eich gwynt, dan eich dannedd; *F:* **he's a bit long in the ~,** mae'n hen braidd; mae'n mynd ar ei hen sodlau; **I have a sweet ~,** mae gen i ddant melys; mae gen i ddant at bethau melys; *N:* alla' i ddim maddau i bethau melys. **2.** *(of saw, comb, fork &c):* dant (dannedd) *m*; *(of a wheel):* dant, cocsyn (cocos) *m*, cocosen (cocos) *f*. **3.** *Const:* = **toothing-stone**. **~-back** *n. Ent: (Notodontida):* deintgefn(-au) *m*. **~-billed** *a. Orn:* danheddbig. **~-comb** *n.* crib(-au) mân *m*, crib fân (cribau mân) *f*. **~-edge** *n.* dincod *m*. **~-fungus** *n. Fung: (Hydnum):* cosyn danheddog *m*. **~-glass** *n.* gwydryn (gwydrau) (*m*) glanh|au dannedd. **~-mug** *n.* mwg (mygiau) (*m*) glanh|au dannedd. **~-powder** *n. Toil:* powdwr (powdrau) (*m*) dannedd, deintlwch *m*. **~ shell** *n. Conch: (Dentalium agile):* corn (*m*) y fuwch, dant eliffant.

tooth[2] *v.t.&i.* **1.** *v.t.* rhoi dannedd (i rth); danheddu (rhth). **2.** *v.i. (of cog-wheels):* danheddu.

toothache *n.* dannoedd *f*, *usu.* y ddannoedd *f*, *S. W: occ:* gwyniau (*pl*) dannedd, dannedd (*pl*) gwynio; **I have ~,** mae'r ddannoedd arnaf. **~-grass** *n. Bot: (Ctenium americanum):* glaswellt (*m*) y ddannoedd. **~ tree** *n. Bot: (Xanthoxylon fraxineum):* onnen bigog (ynn pigog) *f*.

toothbrush *n.* brws(-ys) (*m*) [glanh|au] dannedd. **~ moustache** *n.* mwst|ash (mwstashis) (*m*) brws dannedd. **~ tree** *n. Bot: (Salvadora persica):* coeden (coed) (*f*) glanhau dannedd.

toothed *a.* danheddog; **~ wheel,** olwyn (*f*) gocos (olwynion cocos); *Z:* **~ whale,** morfil(-od) danheddog *m*; **gap-~,** â dannedd bylchog, dantrwth, mantach, â bwlch yn y dannedd; **long-~,** danheddog, hirddant, hirddaint, â dannedd hirion; **sabre-~,** ysgithrog; **white-~,** â dannedd gwynion, gwynddant, gwynddaint; **saw-~,** llifddanheddog, â dannedd llif; **small-~,** mân-ddanheddog, â dannedd mân; **sweet-~,** â dant melys, hoff o bethau melys.

toothflower *n. Bot: (Dentella repens):* blodyn (blodau) danheddog *m*.

toothful *a.* llymaid (llymeidiau) *m*, llond (*m*) gwniadur(-on).

toothily *adv.* yn ddanheddog.

toothing *vn.* danheddiad *m*, danheddu. **~-plane** *n. Tls:* plaen(-iau) danheddog *m*. **~-stone** *n. Const:* dant (dannedd) *f*, carreg (*f*) ddanheddu (cerrig danheddu).

toothless *a.* diddannedd.

toothlet *n.* dant bychan (dannedd bychain) *m*.

toothlike *a.* fel dant.

toothpaste *n.* pâst (pastiau) (*m*) dannedd.

toothpick *n.* deintbig(-au) *m*. **~ plant** *n. Bot: (Ammi magus):* moronen wyllt fwyaf (moron gwyllt mwyaf) *f*.

toothsome *a.* danteithiol, at eich dant, amheuthun, blasus.

toothsomely *adv.* yn ddanteithiol.

toothsomeness *n.* blasusrwydd *m*, danteithrwydd *m*, ameuthunder *m*.

toothwort *n. Bot: (Dentaria):* deintlys cennog *m*.

toothy *a.* danheddog.

tootle *v.i.* **1.** *(of bird):* yswitio, yswitian, trydar; **to ~ on a flute,** rhoi tonc ar ffliwt. **2. to ~ along/around,** bwhwman/gwibio o gwmpas; **to ~ off,** ei throi hi, mynd ar wib; **to ~ off in a car,** mynd am dro mewn car.

tootler *n.* **1.** yswitiwr (yswitwyr) *m*, tonciwr (toncwyr) *m*.

tootsie *n.* = **sweetheart.**

tootsies *n.pl. Childish:* twtws *pl*, bysedd (*pl*) traed.

tootsy[-wootsy] *n.* troed (traed) *mf*.

top[1] *n. & attrib.* I. *n.* **1.** *(of hill, tree):* pen(-nau) [uchaf] *m*, *F:* top(-iau) *m*; *(of hill, mountain):* pen, copa(-on, copâu) *mf*, crib(-au) *mf*, *S. W:* cribyn *m*; *(of tree):* brig(-au) *m*, pen; *(of valley):* blaen(-au) *m*; *(of head):* corun(-au) *m*; **at the ~ of the stairs,** ar ben y grisiau, *S:* ar dop y stâr; **at the ~ of a tree,** *(i)* ar ben coeden, ar frig coeden; *(ii) Fig:* ar y brig; **to come/get to the ~, to be on ~, to come out on ~,** cyrraedd y brig, ennill, dod yn uchaf/gyntaf/orau, bod ar y blaen, bod yn flaenaf, bod ar y brig, rhagori, dod i fri; **he's getting thin on ~,** mae'n dechrau moeli; **to talk out of *or* off the ~ of one's head,** siarad ar antur, siarad ar amcan, bwrw amcan, siarad o'r frest; **he answered off the ~ of his head,** atebodd ar antur; **at the ~ of a ladder,** ar ben ysgol; **from ~ to bottom,** o'r brig i'r bôn, o'r top i'r gwaelod; **from ~ to toe,** o'r corun i'r sawdl; **(to put the best apples) on ~,** (rhoi'r afalau gorau) yn uchaf, ar ben y lleill, ar yr wyneb, ar y top; **he's on ~ of his job,** mae ar war ei waith; mae'n feistr ar ei waith; **we are on ~,** 'rydym ar y blaen; ni sy'n ennill; ni sydd flaenaf/drechaf; ni sydd ar y blaen; ni piau hi; *F:* **one thing happened on ~ of another,** daeth un peth ar ôl/ben y llall; **(to go to bed) on ~ of one's supper,** (mynd i'r gwely) yn syth ar ôl swper, ar ben eich swper; **on ~ of a camel/horse,** ar gefn camel/ceffyl; **on ~ of it all,** ar ben y cyfan, ar ben popeth, i goroni'r cwbl, ar ben pob dim; **this work is getting on ~ of me,** mae'r gwaith hwn yn mynd yn drech na mi; mae'r gwaith hwn yn ormod i mi; mae'r gwaith hwn yn fy llethu i; **to be/feel on ~ of the world,** bod uwch ben eich digon, teimlo'n gawr, bod wrth eich bodd, *M. W:* bod ar frig y byd; *Th:* **to play on ~ of 'em,** actio ar eu pennau nhw; **they were on ~ of each other,** 'roeddynt ar bennau ei gilydd; **to go over the ~,** *(i) Mil:* mynd dros yr ymyl, mynd amdanyn nhw; *(ii) Fig:* mynd dros ben llestri. **2.** *(= surface):* wyneb(-au) *m*; **the ~ of the milk,** hufen (*m*) llaeth, top (*m*) llaeth; **~ of beer,** ewyn *m*, coler *f*; **oil comes to the ~,** mae olew'n codi i'r wyneb; *(of bus &c):* llawr uchaf *m*, top; **to climb on ~,** mynd/dringo i'r llawr uchaf. **3.** *Cost:* top(-iau) *m*; *(of boot, shoe):* rhan(-nau) uchaf *f*; *(of box, saucepan):* caead(-au) *m*, *S:* clawr (cloriau) *m*; *(of pen):* cap(-iau) *m*; *(of fishing-rod):* blaen(-au) *m*; *(of stocking):* top, pen, brig, *S:* brigyn (brigau) *m*; *(of car):* to(-eau) *m*; **to blow one's ~,** gwylltio, colli'ch tymer, colli'ch limpin, *S. W:* mynd i natur, *N:* mynd i ben y caetsh, myllio, cael myll, cael [y] gwyllt. **4.** *(of page &c).* pen uchaf, brig, top, *occ:* talar(-au) *f*; *Bookb:* **gilt ~,** pen aur. **5.** *(of table): (= surface):* wyneb; *(= upper end):* pen uchaf; *(of street):* pen pellaf, pen draw, pen uchaf; *Sch:* **to be [at] the ~ of the form,** bod ar ben y dosbarth; **to keep sth on ~ line,** cadw rhth [i fynd] ar ei orau; **to be [at] the ~ of the bill,** bod ar ben y rhaglen; *F:* **she's the tops!** hi yw'r orau! **to take it from the ~,** cychwyn/dechrau o'r cwr (*m*), dechrau o'r dechrau (*m*). **6. to shout/sing at the ~ of one's voice,** gweiddi/canu nerth [esgyrn] eich pen; **he ran at the ~ of his speed,** rhedodd nerth ei draed; **the horse ran at the ~ of its speed,** rhedodd y ceffyl nerth ei garnau; **to be on ~ of one's form,** bod ar eich gorau; **to enjoy oneself to the ~ of one's bent,** eich mwynhau'ch hun i'r eithaf, *S. W:* joio mas draw; *Aut: F:* **to climb a hill in ~ [gear],** dringo rhiw yn y gêr uchaf; *Nau:* **the ~ of the flood/tide,** penllanw(-au) *m*, *N. W: occ:* top g|orlanw; *F:* **[the] ~ of the morning [to you]!** bore da [i ti/chi]! **7.** *Bot:* **flowering ~,** pen blodeuog; *Hort:* **turnip tops,** pennau maip; **carrot tops,** pennau moron. **8.** *Nau:* top(-iau) *m*; **fore ~,** top blaen; **main ~,** top canol; **mizzen ~,** top ôl; *Navy:* **director ~,** top cyfeirio. **9.** *pl.. Cards:* cardiau uchaf. **10. the big ~,** y babell fawr *f*, y brif babell; *Fig:* y syrcas *f*. II. *attrib.* **1.** *(after noun):* uchaf, blaenaf, pennaf; *occ: (before noun):* pen-; *Tp:* **~ copy,** copi uchaf; **the ~ stones,** y cerrig uchaf; **~ drawer,** *(i) Furn:* drôr uchaf *f*; *(ii) Fig:* y dosbarth uchaf *m*, y bendefigaeth *f*, *F:* y byddigions; **the ~ floor/storey,** y llawr uchaf *m*; **he's weak in the ~ storey,** 'does dim llawer yn ei ben; *Hort:* **~ fruit,** ffrwythau pen coed; **~ stair/step,** gris uchaf; **a ~ garment,** dilledyn uchaf; *Mus:* **~ note,** nodyn uchel/uchaf; *Cu:* **~ ribs,** asennau blaen; **car with a ~ speed of 150 km.p.h.**, car â chyflymdra uchaf o 150 km. yr a.; **at ~ speed,** *See* **speed¹ 1;** *Adm:* **~ secret,** tra chyfrinachol; **to be/feel on ~ form,** bod ar eich gorau; **he's on ~ form today,** mae ar ei orau heddiw; mae ar ei uchelfannau heddiw; *Aut:* **~ gear,** gêr uchaf *f*, *F:* gêr fawr; *U.S: F:* **~ banana,** *(i) Th:* prif ddigrifwr (~ ddigrifwyr) *m*, prif gomic(-s) *m*; *(ii) (= boss):* prif ddyn (prif ddynion) *m*, *occ:* pen-dyn(-ion) *m*, giaffar(-s) *m*; **~ dog,** ceiliog(-od) *(m)* pen y domen, meistr(-i) corn *m*, buddugwr (buddugwyr) *m*, y trechaf *m*; *inv.* **to be ~ dog,** bod yn drech, bod yn feistr corn, cael y llaw uchaf; **~ people,** mawrion *pl*, pobl fawr *f or pl*, gwŷr mawr *pl*, *F:* byddigions *pl*; *F:* **~ brass,** *(i) Mil:* y prif swyddogion; *(ii)* **= top people;** *Sch:* **the ~ boy,** y bachgen gorau; **one of the world's ~ ten players,** un o ddeg chwaraewr gorau'r byd, un o ddeg prif chwaraewr y byd; **the ~ ten,** y deg uchaf; **the ~ twenty,** yr ugain uchaf; **~ quality** *attrib.* o'r safon/ansawdd orau/uchaf. **~-boot** *n. Cost:* esgid(-iau) uchel *f*, botasen (botasau) *f*, *N.W:* bwtsiasen (bwtsias) *f*. **~-bracket** *a.* o'r radd uchaf/flaenaf, dethol. **~ coat** *n.* **1.** **= topcoat. 2.** *(of paint):* côt (cotiau) uchaf *f*, haen(-au) uchaf *f*. **~-down** *a. U.S:* trefnus, mewn trefn. **~-drawer** *attrib.* o'r dosbarth uchaf, dethol, uchelwrol, pendefigaidd. **~-dress** *v.t. Agr:* gwrteithio/teilo/achlesu ar yr wyneb. **~-dressing 1.** *vn.* gwrteithiad *(m)*/achlesiad *(m)* ar yr wyneb, gwrteithio/achlesu *(vn)* ar yr wyneb, gwrtaith *(m)* ar yr wyneb, achles *(f)* ar yr wyneb. **2.** *n.* gwrtaith *(m)*/achles *(f)*/tail *(m)* ar yr wyneb. **~-end** *n.* pen(-nau) uchaf *m*. **~-fashion** *attrib.* [yn] y ffasiwn eithaf/diweddaraf. **~-flight** *a.* o'r radd uchaf/flaenaf, p|enigamp: penig|amp, gorau oll, gorau un, di-ail, dihafal. **~-hamper** *n.* **1.** *Nau:* rigin uchaf *m*. **2.** *Const: (of bridge &c):* uwchadeiledd *m*. **~ hat** *n. Cost:* het(-iau) *(f)* silc. **~-hatted** *a.* â het silc [am eich pen]; **a ~-hatted man,** dyn het silc. **~-heaviness** *n.* pendrymder *m*. **~-heavy** *a.* pendrwm (*f.* pendrom, *pl.* pendrymion); **to get ~-heavy,** pendrymu. **~-hole** *a. P:* tan gamp, gwych, ardderchog, penigamp, campus. **~-lantern** *n. Nau:* golau (goleuadau) top *m*, uwch-olau (~-oleuadau) *m*. **~-level** *a.* [ar y] lefel/gwastad uchaf. **~ light** *n.* golau (goleuadau)*(m)*'r top. **~-line** *attrib.* tra phwysig, penigamp, di-ail, dihafal. **~ milk** *n.* hufen *(m)* llaeth. **~-notch** *attrib. P:* penigamp, tan gamp, di-ail, digymar, dihafal, dihefelydd, heb eich ail, heb eich tebyg. **~-notcher** *n.* rhn (rhai) penigamp *m*, pencampwr (pencampwyr) *m*, arbenigwr (arbenigwyr) *m*, *F:* giamstar(-s) *m*. **~-priority** *attrib.* **~ priority message,** neges a'r flaenoriaeth fwyaf iddi, neges a'r brys mwyaf iddi. **~ rake** *n.* gogwydd(-au) *(m)* uchel. **~-rank[ing]** *a.* uchelradd, o uchel radd, o'r radd uchaf, o'r rheng uchaf. **~ round** *n. Cu:* top *(m)* morddwyd (topiau morddwydydd). **~-sawyer** *n.* llifiwr (llifwyr) uchaf *m*. **~-secret** *a.* tra chyfrinachol. **~ sergeant** *n. Mil:* uwchsarsiant(-iaid) *m*, uwchringyll(-iaid) *m*. **~ shell** *n. See after* **top³.**

top² *v.t.* **1.** *(tree &c):* difrigo, brigdorri, blaendorri, tocio; torri brig/blaen (rhth); *N.W: occ:* barbro; **to ~ and tail currants,** plicio cyrains, torri coesau a blaenau cyrains, glanh|au cyrains, *S:* torri pennau a chwtau cyrains. **2.** *(a) (= surmount):* **to ~ sth with sth,** coroni rhth â rhth, rhoi rhth ar ben rhth; **a statue tops the column,** saif/mae cerflun ar ben y golofn; **a house tops the hill,** saif tŷ ar gopa'r bryn; mae tŷ yn coroni'r bryn; *(b)* **he topped off his dinner with a cup of tea,** ar ben ei ginio yfodd gwpanaid o de; **and to ~ it all...,** ac i goroni'r cyfan...; ac ar ben popeth...; *(c) Cu:* **to ~ a cake with sth,** rhoi haen/haenen/caenen o rth ar ben teisen. **3.** *(= excel, surpass):* **to ~ sth in height,** bod/sefyll yn uwch na rhth, bod/sefyll uwchben rhth; **the takings have topped a thousand pounds,** derbyniwyd mwy na mil o bunnoedd; **he tops me by a head,** mae hyd pen yn dalach na mi; mae'n dalach na mi o hyd pen. **4. to ~ a hill,** *(= reach summit):* cyrraedd copa/pen bryn; **the squadron topped the ridge,** llwyddodd y sgwadron i gyrraedd y grib *or* i glirio'r grib *or* i fynd dros y grib. **5. to ~ a list,** bod ar ben rhestr; **to ~ a class,** bod ar flaen/ben dosbarth. **6.** *Golf:* **to ~ a ball,** taro/topio pêl; **to ~ a stroke,** topio trawiad. **~ out** *v.t. (a building):* dodi/gosod y maen/garreg olaf, dodi'r maen copa, dodi'r garreg gopa (ar adeilad). **~ up** *v.t. (battery, tank &c):* llenwi (rhth) yn llawn dop, llenwi (rhth) i'r ymyl/ymylon, *S:* llenwi (rhth) hyd y fyl; **to ~ up a glass,** ail-lenwi gwydryn [hyd yr ymyl, hyd y fyl]; *F:* **let me ~ you up,** gad i mi lenwi dy wydryn di; *F:* **will you ~ that up?** gymeri di beth am ben hwnna?

top³ *n.* **1.** *(= spinning toy):* top(-iau) *m* [tro], topyn (topiau) *m* [tro], *occ:* chw[y]rligwgan(-od) *m*, *N.W:* top/topyn sgwrs, pipi-down(-s) *m*, *S.W:* Dai dwl *m*, Twm dwl *m*; **to spin a ~,** troi top, *occ:* troelli top; *See* **sleep² 1.** *(a)*; **humming ~,** *See* **humming 2. 2.** *F:* **old ~,** *(= old chap):* yr hen goes *f*, yr hen ddyn/gyfaill/frawd *m*. **~-shell** *n. Moll:* top(-iau) *(m)* môr, topyn (topiau) *(m)* môr, cragen *(f)* grib (cregyn crib); **grey ~-shell,** top [môr] llwyd; **large ~-shell,** top [môr] mawr; **purple ~-shell,** top [môr] porffor; **thick ~-shell,** top [môr] trwchus; **common/painted ~-shell,** *N.W:* trwyn *(m)* fy nain.

toparch *n. Gr.Ant:* brenin (brenhinoedd) lleol *m*, brenhinyn *m*, toparch (-iaid) *m*.

topaz *n.* **1.** *Lap:* topas(-au) *m*; **false ~,** ffug-dopas(-au) *m*; **oriental ~,** saffir(-au) melyn *m*. **2.** *Orn:* topas(-au,-iaid) *m*.

topazolite *n. Lap:* top|asolit (topasolitau) *m*.

topcoat *n.* **1.** *Cost:* côt fawr (cotiau mawrion) *f*, *S: occ:* côt drom (cotiau trymion), *N.W: F:* top-côt (topiau-cotiau) *f*. **2.** *Paint:* côt uchaf, haen(-au) uchaf *f*.

topcross *n. Breed:* topgroesiad(-au) *m*.

tope¹ *v.i. F: O:* diota, meddwi, llymeitian, *F:* potio, slotian, codi'r bys bach.

tope² *n.* **= grove.**

tope³ *n. Buddhism:* **= stupa.**

tope⁴ *n. Ich:* ci glas (cŵn gleision) *m*, morgi glas (morgwn gleision) *m*.

topee *n. Cost:* **[sola] ~,** helmed(-au,-i) *(f)* haul.

toper *n.* **= drunkard.**

topful[l] *a.* **= brimful.**

topgallant *a. Nau:* uchaf, pennaf, brigalant; **~ mast,** hwylbren(-nau) brigalant *m*; **~ sail,** hwyl frigalant (hwyliau brigalant) *f*.

tophaceous *a. Geol:* calchfeinig.

Tophet *n. B:* Tophet *m*, uffern *f*.

tophus *n.* **1.** *Med:* toffws (toffi, toffysau) *m*, calchrud(-iau) *m*. **2.** *Dent:* tartar *m*, deintgen *m*. **3.** *Geol:* **= tufa.**

topi¹ *n.* **= topee.**

topi² *n. Z:* topi (topïaid, topïod) *m*.

topiarian *a.* tocweithiol.

topiarist *n.* tocweithiwr (tocweithwyr) *m*.

topiary *a. & n.* **1.** *a.* tocweithiol; **~ artist,** tociwr (tocwyr) *m*, tocweithiwr (tocweithwyr) *m*. **2.** *n.* **~ [work],** tocwaith *m*.

topic *n.* pwnc (pynciau) *m*, testun(-au) *m*, mater(-ion) *m*; **topics of the day,** pynciau'r dydd, materion cyfoes; **~ of conversation,** pwnc/testun trafod, testun sgwrs. **~ sentence** *n.* brawddeg *(f)* bwnc (brawddegau pwnc).

topical *a.* **1.** *(= local):* lleol; *Med:* **~ remedy,** meddyginiaeth leol/argroenol/arwynebol *f*. **2.** *(= current):* amserol, cyfamserol, *occ:* pynciol, cyfeiriadol.

topicality *n.* amseroldeb *m*, cyfamseroldeb *m*, natur amserol/gyfamserol *f*.

topically *adv.* **1.** *Med: &c:* yn lleol. **2.** yn amserol.

topkick *n. Mil: U.S:* **= top¹-sergeant.**

topknot *n.* **1.** *A: Cost:* penclwm (penclymau) *m*. **2.** *(a) (of bird):* crib(-au) *fm*; *(b)* **= chignon. 3.** *Ich: (Zeugopterus punctatus):* lleden *(f)* benclwm (lledod penclwm); **Bloch's/Eckström's ~,** *(Phrynorhombus regius):* lleden benclwm Bloch/Eckström; **Norwegian ~,** *(Ph. norvegicus):* lleden benclwm Norwy.

topless *a. (dancer &c):* bronnoeth; **~ dress,** gwisg ddi-dop, gwisg heb dop iddi.

toploftily *adv.* yn fawreddog *&c.*

toploftiness *n.* mawreddogrwydd *m*, ffroenuchelder *m*, mawr|eidd-dra *m*.

toplofty *a.* ffroenuchel, mawreddog, talog.

topman *n.m.* **1.** *Nau:* topman (topmyn). **2. = top¹-sawyer.**

topmast *n. N.Arch:* uwch-hwylbren(-ni) *m*, topmast(-iau) *m*.

topminnow *n. Ich: (Gambusia affinis):* top-bilcodyn (~-bilcod) *m*.

topmost *a.* uchaf, *occ:* goruchaf; **to reach the ~ height,** cyrraedd y man uchaf, cyrraedd y brig.

topocentric *a.* toposentrig.

topograph *n.* t|opograff (topograffau) *m*.

topographer *n.* topograffwr: topograffydd (topograffwyr) *m*.

topographic[al] *a.* topograffig, topograffaidd.
topographically *a.* yn dopograffig *&c.*
topography *n.* topograffeg *f*, top|ograffi *m*, tirwedd *f*, tirffurf(-iau) *f*, daearyddiaeth leol *f.*
topologic[al] *a.* topolegol.
topologically *adv.* yn dopolegol.
topologist *n.* topolegwr: topolegydd (topolegwyr) *m.*
topology *n.* topoleg *f.*
toponym *n.* enw (*m*) lle (enwau lleoedd), t|oponym (toponymau) *m.*
toponymic[al] *a.* toponymig.
toponymy *n.* toponymeg *f.*
topos *n. Lit:* topos (topoi) *m*, ystrydeb(-au) *f.*
topotype *n. Bot:* t|opoteip (topoteipiau) *m.*
~-topped *a.* **1. cloud-~ peak,** copa â chap o gymylau. **2. ivory-~ stick,** ffon â phen ifori.
topper *n. F:* **1.** *(pers.):* rhn (rhai) p|enigamp/penig|amp, rhn ardderchog/bendigedig/campus/gwych *&c*; *(thing):* peth(-au) penigamp *&c m.* **2.** *Cost:* **= top hat. 3.** *(= coat):* côt (cotiau) uchaf *f.* **4.** *Cu:* **toast ~,** enllyn (*m*) tost, peth (*m*) i'w roi ar dost, topin (*m*) tost.
topping *a. & n.* **1.** *a.* ardderchog, campus, p|enigamp: penig|amp, rhagorol *&c.* **2.** *n. (a) Cu: &c:* caenen (caenau) *f*, haenen (haenau) *f*, enllyn *m*, topin(-s) *m*; **cream ~,** haen uchaf o hufen, cap(-iau) (*m*) [o] hufen; *(b) Constr:* uwch-haen(-au) *f*, haen uchaf *f.* **~-lift** *n. Nau:* rhaff (*f*) godi pen (rhaffau codi pen). **~-out** *vn.* **~-out ceremony,** seremoni (*f*) gosod carreg gopa.
topple *v.i.&t.* **1.** *v.i. (a)* **to ~ [down, over],** troi [drosodd], cwympo, syrthio, disgyn, dymchwel, *Lit:* ymchwelyd, ymhoelyd, *S.W:* twmlo [i] lawr, moelyd, diwel; **to bring the government toppling down,** dymchwel y llywodraeth; *(b)* **= stagger** I. **1, totter 1. 2.** *v.t.* **to ~ sth down/over,** dymchwel, *Lit:* ymchwelyd, ymhoelyd.
topsail *n. Nau:* brig-hwyl(-iau) *f.*
topset *attrib. Geol:* **~ bed,** gwely(-au) (*m*) uwch-haen.
topside *n. & adv.* **1.** *n. (a) Nau: (= freeboard):* ochr(-au) uchaf *f*, rhan(-nau) uchaf *f*, tu uchaf *m*; *Cu:* ochr orau'r forddwyd, ochr orau'r rownd. **2.** *adv.* [ar] yr ochr uchaf, [ar] y tu uchaf.
topsoil¹ *n.* pridd(-oedd) uchaf *m*, uwchbridd(-oedd) *m*, haen uchaf (*f*) y pridd, *N.W: occ:* y brown *m.*
topsoil² *v.t.* **1.** *(= spread topsoil):* priddo. **2.** *(= remove topsoil):* difrigo, dibriddo.
topspin *n. Cr:* topsbin *m.*
topstitch¹ *n. Needlew:* wyn|eb-bwyth (wyneb-bwythau) *m.*
topstitch² *v.t. Needlew:* wyneb-bwytho.
topsy-turvily *adv.* yn bendraphen *&c.*
topsy-turviness *n.* tryblith *m*, anhrefn lwyr *f*, dryswch *m.*
topsy-turvy *a. & adv.* plith-draphlith, pendraphen; **(to turn everything) ~-~,** (troi popeth) a'i ben i lawr, a'i wyneb i waered, a'i din am ei ben, ben ucha'n isa, blith-draphlith, bendraphen; creu anhrefn lwyr; *occ:* tryblitho popeth; **the whole world's [turned] ~-~,** mae'r byd mewn anhrefn lwyr; mae'r holl fyd a'i ben i lawr, **(everything is)** [illegible], **(mae popeth) mewn anhrefn,** *F:* a'i ben i lawr, yn blith-draphlith, yn bendraphen, yn dinben-drosben, yn dinben-strellach, yn strim-stram-strellach, yn dibyn-dobyn, *N:* bob sut, ar gychwyn, fel siop siafins, fel tŷ Jeroboam, *S:* yn siang-di-fang.
topsy-turvydom *n.* **= topsy-turviness.**
toque 1. *Cost:* toc(-iau) *m*, capan(-au) *m*, *Lit: occ:* het gola (hetiau cola) *f.* **2.** *Z:* mwnci (mwncïod) capanog *m.*
toquilla *n.* **1.** *Bot:* tocila (tocilâu) *m.* **2.** *Tex:* tocila *m.*
tor *n.* **1.** *Geog:* moel(-ydd) *f*, bryn(-iau) *m*, twr (tyrrau) *m.* **2. ~ grass** *n. Bot:* glaswelltyn (*m*) twr (*not* tŵr).
Torah *n. Jew.Rel:* Tora *m.*
torbernite *n. Miner:* t|orbernit *m.*
torch¹ *n.* **1.** *(not electric):* ffagl(-au) *f*, ffaglen(-nau) *f*, *Lit: occ:* tors (tyrs) *mf* (*not* torch **= coil**); *Fig:* **to carry a/the ~ for a cause,** cynnal y fflam dros achos; *Fig:* **she carried a ~ for him,** carai ef [o bell] yn ofer; llosgai ei chariad ato yn fud; cadwai fflam ei serch ato yngh|yn[n]; *Fig:* **to hand on the ~,** trosglwyddo'r fflam. **2. [electric] ~,** fflashlamp(-au) *f*, tortsh(-is) *m.* **3.** *Metalw:* **brazing-~,** tortsh efyddu; **welding-~,** tortsh asio. **4.** *U.S:* **= arsonist, blowlamp. ~-fishing** *vn.* ffaglu afon, lampio afon. **~-race** *n.* ras(-ys) (*f*) ffaglau. **~ singer** *n.* serchgantores(-au) *f.* **~ song** *n.* cân (caneuon) (*f*) serch. **~-thistle** *n. Bot: (Cereus):* ysgallen (*f*) gwyr (ysgall cwyr).
torch² *v.t.* ffaglu, tanio, cynnau, *S:* ffaglo.
torchbearer *n.* **1.** cludwr (*m*) ffagl (cludwyr ffaglau), fflamgludydd(-ion) *m.* **2.** *Fig:* **he's a ~ for the cause,** mae'n cynnal fflam yr achos.
torchbearing *a.* fflamddwyn, sy'n dwyn fflam.
torchère *n. Furn:* canhwyllfwrdd (canwyllfyrddau) *m.*
torchier, torchière *n. Furn:* torsier(-au) *m.*
torchlight *n. & attrib.* **1.** *n.* golau (*m*) ffagl. **2.** *attrib.* **a ~ procession,** gorymdaith â ffaglau, gorymdaith wrth olau ffaglau. **torchlit** *a.* **= torchlight 2.**
torchon *n. Tex:* **~ [lace],** les *f* [bobin] fras, les torsion.
torchwood *n. Bot:* coeden (coed) (*f*) ffaglau.
tore¹ *v. See* **tear³.**
tore² *n.* **= torus.**
toreador *n.* t|oreador (toreadoriaid) *m*, ymladdwr (ymladdwyr) (*m*) teirw.
torero *n.* torero(-s) *m.*
toreutic *a.* naddol, boglynnol.
toreutics *n.* boglynwaith *m.*
torgoch *n. Ich:* torgoch(-iaid) *m.*
toric *a. Anat: Arch: Geom:* torig.
torii *n.inv. Arch:* torii *m inv*, porth (pyrth) *m.*
torment¹ *n.* **1.** *esp. Lit:* artaith (arteithiau) *f*, arteithboen(-au) *f*, poenedigaeth(-au) *f*, gwayw (gwewyr) *m*, poen(-au) *f*, cystudd(-iau) *m*, gloes(-au) *f*; **he suffered torments,** dioddefodd yn enbyd; **to be in ~,** bod mewn gwewyr/artaith. **2.** *F: (in weakened sense) (pers.):* poen, pla *m*, poendod(-au) *m*; **that child is a ~,** mae'r plentyn 'na'n boen/bla/boendod.
torment² *v.t.* **1.** *(a) esp. Lit:* poenydio, cystuddio, arteithio; *(b) (in weakened sense): (people, cats &c):* pryfocio, plagio, *N:* hambygio, tyrmentio, *S:* bigit[i]an.
tormented *a.* arteithiedig, dan artaith, dioddefus, ingol, mewn ing, mewn gwewyr.
tormenter *n.* **= tormentor.**
tormentil *n. Bot: (Potentilla erecta):* tresgl(-au) *m*; **[common] ~,** tresgl y moch, tresgl yr eithin, melyn (*m*) yr eithin, ysgras *m*, tresgl melyn, melyn y twynau, seithnalen *f*, crimp (*m*) y dryw, triagl (*m*) y tlodion; **trailing ~,** *(P. anglica):* tresgl ymlusgol.
tormentor *n.* **1.** *(a) (= torturer):* poenydiwr (poenydwyr) *m*, cystuddiwr (cystuddwyr) *m*, arteithiwr (arteithwyr) *m*; *(b) (= teaser):* pryfociwr (pryfocwyr) *m*, pryf|ocwraig *f*, plagiwr (plagwyr) *m*, *N: F:* tyrmentiwr (tyrmentwyr) *m*, tyrm|entwraig *f*, hambygiwr (hambygwyr) *m.* **2.** *Th:* encilydd(-ion) *m.* **3.** *Cin:* panel(-i) (*m*) mygu sain.
torn *a.* rhwygedig; *See* **tear³.**
tornadic *a.* tornadig, tornadoaidd, brochus, gwyllt.
tornado *n.* **1.** *Meteor:* tornado(-s) *m*, corwynt(-oedd) *m*, trowynt(-oedd) *m*, hyrddwynt(-oedd) *m*, gyrwynt(-oedd) *m*, awel dro (awelon tro) *f.* **2.** *Fig: (of missiles):* cawod(-ydd) *f*, cenllif *f*; *(of cheers):* hyrddiau *pl*, rhyferthwy *m.*
tornillo *n. Bot:* **screw-bean, mosquito bean.**
torniquot *n. Med:* rhwymyn(-nau) (*m*) tynh|au, ***torniquot(-s)*** *m.*
toroid *n. Mth:* toroid(-au) *m.*
toroidal *a. Mth:* toroidaidd.
toroidally *adv. Med:* yn doroidaidd.
torose *a. Bot: Z:* gwrymiog, cnyciog, cnotiog.
torosity *n. Bot: Z:* gwrymiogrwydd *m*, cnyciogrwydd *m*, cnotiogrwydd *m.*
torpedo¹ *n.* **1.** *Ich:* **~ [fish],** sythbysg(-od) *m*, morgath drydanol (morgathod trydanol) *f.* **2.** *Navy: Mil: Av:* torpido(-s) *m.* **3.** *U.S: Exp:* ffrwydryn (ffrwydron) *m.* **4.** *U.S: F:* **= assassin, gunman. ~-boat** *n.* llong (*f*) dorpidos (llongau torpidos). **~-bomber** *n.* awyren (*f*) dorpidos (awyrennau torpidos). **~-boom** *n. Navy:* daliwr (*m*) torpido (dalwyr torpidos). **~-line** *a.* fel torpido. **~-net[ting]** *n.* rhwyd (*f*) dorpidos (rhwydi torpidos). **~-tube** *n.* tiwb(-iau) (*m*) torpidos.
torpedo² *v.t.* **1.** torpidio (rhth), taro/suddo (rhth) â thorpido, rhoi/dodi torpido (dan rth); **our ship was torpedoed,** trawyd ein llong gan dorpido; cafodd ein llong dorpido. **2.** *Fig:* tanseilio, dinistrio, chwalu, drysu.
torpefy *v.t.* **= benumb.**
torpid *a.* cysglyd, swrth, marwaidd, disymud.
torpidity *n.* syrthni *m*, marw|eidd-dra *m*, cysgadrwydd *m*; **to arouse oneself from ~,** ymysgwyd o'ch syrthni.
torpidly *adv.* yn swrth *&c.*

torpidness, torpor *n.* = **torpidity.**
torquate *a. Z:* torchog.
torque[1] *n.* **1.** *Archeol:* torch(-au) *f*, gyddfdorch(-au) *f*. **2.** *Mec: Ph: &c:* trorym(-oedd) *m*, torc(-iau) *m*. ~ **converter** *n. E:* troswr (troswyr) (*m*) trorym. ~ **wrench** *n. Tls:* tyndro(-eon) (*m*) trorym.
torque[2] *v.t.* trorymu.
torques *n. Archeol:* torch(-au) *f*.
torr *n. Ph: Meas:* torr(-au) *m*.
torrefaction *n.* crasu *vn*, crasiad(-au) *m*.
torrefied *a.* cras (creision).
torrefy *v.t.* crasu.
torrent *n.* llifeiriant (llifeiriaint) *m*, ffrwd (ffrydiau) *f*, llif(-ogydd) *m*, cenllif(-oedd) *mf*, ffrydlif(-oedd) *f*, afon(-ydd) *f*; **it's raining in torrents,** mae'n tywallt/arllwys y glaw; *N. W:* mae hi'n tresio bwrw glaw *&c*; *See* **rain[1],[2]**. ~ **tract** *n. Geog:* blaendir(-oedd) (*m*) afon. **T~ Walk** *W.Pl.n.* Llwybr (*m*) Cenllif.
torrential *a.* llifeiriol, ffrydwyllt; ~ **rain,** cenllif (*mf*) o law.
torrentially *adv.* yn llifeiriol *&c.*
Torricellian *a.* Torricelaidd.
torrid *a. (a) (sun, earth &c):* cras, crasboeth, chwilboeth; *(earth):* cras, crasgoch(-ion); ~ **zone,** cylchfa grasboeth (cylchfaoedd/cylchfâu crasboeth) *f*; *(b) (love, passion):* tanbaid, nwydwyllt, poeth, eiriasboeth, chwilboeth.
torridity *n.* **1.** crasboethder *m*. **2.** *(of passion &c):* tanbeidrwydd *m*.
torridly *adv.* **1.** yn grasboeth *&c.* **2.** yn danbaid *&c.*
torridness *n.* = **torridity.**
torsade *n. Cost:* hetdorch(-au) *f*.
torse *n. Her:* = **wreath.**
torsibility *n. Meas:* troadwyedd *m*.
torsion *n.* dirdro(-eon) *m*, dirdroad(-au) *m*; ~ **of intestine,** dirdro'r perfedd, *F:* cwlwm (*m*) perfedd; *Med:* ~ **of testis,** dirdro/dirdroad caill. ~ **balance** *n.* clorian ddirdro (cloriannau dirdro) *f*. ~ **bar** *n.* trofar(-rau) *m*. **~-free** *a.* diddirdro. ~ **pendulum** *n.* pendil(-iau) (*m*) dirdro.
torsional *a.* dirdröol, dirdro.
torsionally *adv.* yn ddirdröol.
torsk *n. Ich:* torsg(-iaid) *m*.
torso *n.* corff (cyrff) *m*, torso(-au) *m*.
tort *n. Jur:* camwedd(-au) *m*; **executor de son ~,** ysgutor yn ei gamwedd.
torte *n. Cu:* teisen(-nau) (*f*) siocled.
tortellini *n.pl. Cu:* tortelini.
tortfeasor *n. Jur:* camweddwr (camweddwyr) *m*.
torticollis *n. Med:* pengemi *m*, pengamedd *m*, pengamrwydd *m* (*all pronounced* ng-g).
tortile *a.* mewn torch, troelledig, troellog.
tortilla *n. Cu:* tortila(-s) *f*, bara crimp *m*.
tortillon *n. Art:* = **stump[1] 5.**
tortious *a. Jur:* camweddus.
tortiously *adv. Jur:* yn gamweddus.
tortoise *n.* **1.** *Rept:* crwban(-od) *m*; **box ~,** crwban cloriog; **Eastern box ~,** crwban cloriog y Dwyrain; **Herman's ~,** crwban Herman; **Horsfield's ~,** crwban Horsfield; **pancake ~,** crwban cramwyth; **spur-thighed ~,** crwban sbardunog. **2.** *Rom.Ant:* cadgragen (cadgregyn) *f*. ~ **beetle** *n. Ent:* chwilen grwbanog (chwilod crwbanog) *f*. ~ **bug** *n. Ent:* lleuen grwbanog (llau crwbanog) *f*. **~-like** *a.* crwbanaidd, fel crwban.
tortoiseshell *n. & attrib.* **1.** *n.* cragen (*f*) crwban (cregyn crwbanod); **~-rimmed spectacles,** sbectol drilliw (sbectols trilliw) *f*. **2.** *attrib.* trilliw, crwbanog. ~ **butterfly** *n. Ent:* glöyn(-nod) trilliw; **small ~ [butterfly],** *(Aglais urtical):* glöyn trilliw bach, glöyn trilliw'r danadl, iâr fach amryliw (ieir bach amryliw) *f*; **larger ~ [butterfly],** *(Nymphalis polychloros):* glöyn trilliw'r llwyfen, glöyn trilliw mawr, iar fawr amryliw (ieir mawr amryliw). ~ **cat** *n.* cath drilliw (cathod trilliw) *f*. ~ **turtle** *n. Rept:* môr-grwban(-od) gwalchbig *m*.
tortoni *n. Cu:* tortoni *m*.
tortricid *a. Ent:* tortricaidd.
tortrix *n. Ent:* ~ **[moth],** deilroliwr (deilrolwyr) *m*.
tortuosity *n.* **1.** *(of road &c):* troellogrwydd *m*, dolenogrwydd *m*. **2.** *Fig: (of mind &c):* trofauster *m*, natur drof|aus *f*.
tortuous *a.* **1.** *(road):* troellog, dolennog; **2.** *Fig: (policy &c):* trof|aus.
tortuously *adv.* **1.** yn droellog *&c.* **2.** yn drof|aus.
tortuousness *n.* = **tortuosity.**
torturable *a.* arteithiadwy.
torture[1] *n.* **1.** *(physical):* artaith (arteithiau) *f*, poenydiad(-au) *m*, dirdyniad(-au) *m*, dirboen(-au) *f*, poenedigaeth(-au) *f*; **to put s.o. to [the] ~,** arteithio rhn; **instrument of ~,** offeryn (offer) (*m*) arteithio. **2.** *(= distress):* ing(-oedd) *m*, gwewyr *pl*, artaith, dirboen. ~ **chamber** *n.* arteithle(-oedd) *m*, poenydfa (poenydf|eydd) *f*.
torture[2] *v.t.* **1.** arteithio, poenydio, dirboeni, dirdynnu; **2.** *Fig: (= distort):* gwyrdr|oi, ystumio, camystumio.
tortured *a.* **1.** *(body, conscience):* arteithiedig, mewn artaith; *(expression):* ingol, dioddefus; **2.** *Fig: (style):* ystumiedig, annaturiol.
torturer *n.* arteithiwr (arteithwyr) *m*, poenydiwr (poenydwyr) *m*, dirdynnwr (dirdynwyr) *m*.
torturing, torturous *a.* arteithiol, dirboenus, dirdynnol, ingol.
torturously *adv.* yn arteithiol *&c.*
torula *n. Fung:* t|orwla (torwlâu) *m*.
torus *n. Mth:* torws (torysau) *m*.
Tory *n. & attrib.* **1.** *n.* Tori (Torïaid) *m*. **2.** *attrib.* Torïaidd.
Toryism *n.* Torïaeth *f*.
tosh *n.* = **nonsense.**
toss[1] *n.* **1.** *(a) (of ball, coin &c):* tafliad(-au) *m*, lluchiad(-au) *m*; *Cr:* **full ~,** lluchiad di-dor; *S.a.* **full[1]**; ~ **of a coin,** tafliad ceiniog, *N. W: O:* hwsgip *m*, *S. W: occ:* perlad *m*; **to argue the ~,** amau'r dyfarniad; *abs.* taeru; **to win the ~,** galw'n gywir; **to lose the ~,** galw'n anghywir; *(b) (given by bull):* corniad(-au) *m*, *N. W:* twlc(-iau) *m*, twlciad(-au) *m*, *occ:* twrc(-iau) *m*, twrciad(-au) *m*. **2. a~ of the head,** tafliad pen; **with a ~ of her head,** gan daflu ei phen. **3.** *(= fall):* codwm (codymau) *m*, *S:* cwympad(-au) *m*, *N: occ:* clefren (clefrod) *f*; **to take a ~,** cael codwm, cwympo, syrthio.
toss[2] *v.t.&i.* **1.** *v.t. (a)* taflu, lluchio; *(of bull):* cornio, *N.W:* twlcio, twrcio; **the horse tossed its rider,** taflodd y ceffyl ei farchog [oddi ar ei gefn]; **a bull given to tossing,** *N. W:* tarw twlciog; **to ~ sth to s.o.,** taflu/lluchio rhth i rn; **to ~ sth at s.o.,** taflu/lluchio rhth at rn; **to ~ s.o. in a blanket,** taflu rhn i'r awyr mewn planced; **to ~ salad,** troi a throsi salad; **to ~ a pancake,** troi crempog/ffroisen [drosodd]; **to ~ sth (in breadcrumbs),** troi a throsi rhth, gorchuddio rhth, ysgeintio rhth (mewn briwsion); *Row:* **to ~ oars,** codi rhwyfau; *Sp:* **to ~ the caber,** taflu'r boncyff/ceibr; *(b)* **to ~ a coin,** taflu ceiniog, *N. W: O:* hwsgipio, rhoi hwsgip, *S. W: occ:* perlo; *abs.* **to ~ for sth,** taflu ceiniog i benderfynu rhth; **who's going to pay? - I'll ~ you for it,** pwy sy'n mynd i dalu? - fe dafla' i [geiniog] inni gael gweld; **to ~ for sides,** taflu [ceiniog] i ddewis ochr; *(c)* **to ~ one's head,** taflu'ch pen yn [ei] ôl; *(d) (= shake):* taflu, ysgwyd, siglo; **we were tossed about on the waves,** teflid ni yma a thraw gan y tonnau; *B:* **children tossed to and fro,** plantos yn bwhwman. **2.** *v.i. (a)* **to ~ and turn, to ~ about,** *(in bed):* troi a throsi. *(b)* **to ~ [about] on the waves,** cael eich taflu yma a thraw ar y tonnau; *(of ship):* **to pitch and ~,** ymdaflu, tindaflu; *(c) (of waves):* ymdaflu, dygyfor, ymchwyddo. ~ **off 1.** *v.t. (i) (drink):* yfed, llowcio, llyncu (diod); *N. W: F:* clecian, cofftio (diod); rhoi clec (i ddiod); **he tossed off his drink,** yfodd/llyncodd ei ddiod ar ei dalcen. *(ii)* **to ~ off a task,** *(= finish):* gwn|eud tasg yn gyflym, *F:* rhoi clec i dasg; *(iii)* **to ~ off an article,** sgriblan ysgrif, sgrifennu ysgrif yn gyflym. **2.** *v.i. V:* = **masturbate.** ~ **up** *v.i.* **1. to ~ up for sth,** taflu ceiniog am rth. **2. to ~ up a meal,** gwneud pryd brysiog, *S:* gwneud cinio shifft, *M.W:* gwneud pryd ffordd agosaf. **~-up** *n. (of coin): See* **toss[1] 1**; **it's a ~-up,** mae'n gwestiwn; mae'n amh|eus.
tossed *a.* tafledig, lluchiedig; ~ **salad,** salad cymysg [mewn dresin]; *S.a.* **storm[1]**.
tosser *n.* **1.** taflwr (taflwyr) *m*, lluchiwr (lluchwyr) *m*. **2.** *V:* = **wanker.**
tossing[1] *a. (sea):* aflonydd, brochus, oriog, garw.
tossing[2] *vn.* = **toss[2]**.
tosspot *n.* meddwyn (meddwon) *m*, diotyn: diotwr (diotwyr) *m*, llymeitiwr (llymeitwyr) *m*, slotiwr (slotwyr) *m*, potiwr (potwyr) *m*.
tot[1] *n.* **1. [tiny] ~,** plentyn bach (plant bach, plantos), *S:* crwtyn (crwts, cryts) *m*, croten(-nod) *f*, crotes(-i) *f*, cronnen *f*, los gron *f*, *N. W: occ:* twdlyn (twdlod) *m*, twdlen (twdlod) *f*. **2.** *(of*

whiskey &c): diferyn bach *m*, gwydraid (gwydreidiau) bach *m*, glasiad (glaseidiau) bach *m*, tropyn *m*, joch(-iau) *mf*, *N:* cropar(-s) *m*.

tot² *v.t.&i.* **1.** *v.t.* **to ~ sth up,** adio/symio rhth, *N.W: occ:* clandr[i]o rhth; **he has totted up 25,000 hours flying time,** mae wedi gwneud 25,000 o oriau hedfan i gyd; **you just ~ it up,** gwna di'r swm. **2.** *v.i.* *(of expenses &c)*: **to ~ up,** gwn|eud cyfanswm (o rth), *F:* dod i swm (o rth).

tot³ *n.* *(= stuff retrieved from refuse dump)*: lloffion *pl.*

total¹ *a.* & *n.* **1.** *a.* *(a)* *(= whole, entire)*: holl + *soft mut.* *(precedes noun)*; cyfan (cyfain), *Lit:* oll; **the ~ population,** yr holl boblogaeth, y boblogaeth gyfan, y boblogaeth gyda'i gilydd, y boblogaeth i gyd, y boblogaeth oll; **~ amount,** cyfanswm (cyfansymiau) *m*; **the ~ number/amount of people,** cyfanswm y bobl; *(b)* llwyr *(can precede noun + soft mut.)*: **~ ignorance,** anwybodaeth lwyr; **~ abstainer,** llwyr ymwrthodwr; **~ depravity,** llwyr lygredigaeth *f*; *Astr:* **~ eclipse,** llwyr ddiffyg *m*, ecl|ips (eclipsiau) cyflawn *m* **(of sth,** ar rth); *Mus:* **~ chromatic,** llwyr gromatig, cwbl gromatig; **~ failure,** methiant llwyr *m*; *Ph:* **~ heat,** = **enthalpy**; **~ immersion,** llwyrdrochiad(-au) *m*; **~ internal reflection,** adlewyrchiad mewnol cyflawn/llwyr *m*; *Mus:* **~ organization,** trefnyddiaeth lwyr *f*; **~ pressure,** gwasgedd cyflawn *m*; **~ recall,** cof perffaith *m*, argof cyflawn *m*; **~ replacement,** amnewid/amnewidiad cyfan/llwyr *m*; **~ utility,** cyfanswm (*m*) defnyddioldeb; **~ war,** rhyfel diarbed/diymatal *m*; **to wage ~ war,** rhyfela'n ddiarbed/ddiymatal. **2.** *n.* cyfanswm (cyfansymiau) *m*, cyfanrif(-au) *m*, y cyfan *m*, y cwbl *m*, crynswth *m*; **the ~ amounts to 100 pounds,** mae'r cyfan yn ganpunt; **grand ~, sum ~,** cyfanswm [crwn/terfynol].

total² *v.t.&i.* **1.** *v.t.* adio (rhth) at ei gilydd; cyfansymio, symio (rhth). **2.** *v.i.* **to ~ [up to] 100,** dod yn gant, gwn|eud cyfanswm o gant; **the visitors totalled 400,** daeth cyfanswm yr ymwelwyr yn bedwar cant; cyfanswm/swm yr ymwelwyr oedd pedwar cant. **3.** *U.S: F:* = **destroy.**

totalism *n.* = **totalitarianism.**

totalistic *a.* = **totalitarian.**

totalitarian *a.* & *n.* *Pol:* **1.** *a.* totalitaraidd. **2.** *n.* totalitarydd (totalitarwyr) *m*, totalitariad (totalitariaid) *m&f*.

totalitarianism *n.* *Pol:* totalitariaeth *f*.

totalitarianize *v.t.* totalitareiddio.

totality *n.* cyfan *m*, cyfanrwydd *m*, crynswth *m*, cyfanswm *m*, cyfangorff *m* (*pronounced* ng-g), holl *m*.

totalization *n.* cyfansymio *vn.*

totalizator *n.* *Turf:* cyfansymiwr *m*.

totalize *v.t.* cyfansymio.

totalizer *n.* *U.S:* cyfansymiwr (cyfansymwyr) *m*, peiriant (peiriannau) (*m*) adio/cyfansymio.

totally *adv.* **1.** *(before a.)*: hollol, cyfan gwbl, llwyr, perffaith; **~ adequate,** hollol ddigonol, perffaith ddigonol. **2.** *(before verb, p.p.)*: yn llwyr; **it was ~ destroyed,** dinistriwyd ef yn llwyr; fe'i llwyr ddinistriwyd.

totaquin[e] *n.* *Pharm:* t|otacwin *m*.

totara *n.* **1.** *Bot:* t|otara (totarâu) *f*, coeden (*f*) d|otara (coed t|otara). **2.** *Carp:* pren (*m*) t|otara.

tote¹ *n.* *Turf:* *F:* y tôt *m*.

tote² *v.t.* *U.S:* *F:* cario. **~ bag** *n.* *U.S:* bag(-iau) (*m*) cario. **~ box** *n.* *U.S:* bocs(-ys) (*m*) cario.

totem *n.* totem(-au) *m*. **~-pole** *n.* polyn (polion) (*m*) totem.

totemic *a.* totemaidd, totemig.

totemism *n.* totemiaeth *f*.

totemist *n.* totemydd(-ion) *m*.

totemistic *a.* totemyddol.

toter *n.* *U.S:* cariwr (carwyr) *m*.

tother, t'other *a.* & *pron.* *Dial:* & *F:* = **the other**; *Joc:* **to tell ~ from which,** dweud y gwahaniaeth rhwng y naill a'r llall.

totipalmate *a.* *Orn:* cyfandroed.

totipalmation *n.* *Orn:* cyfandroededd *m*.

totipotency *n.* *Biol:* llwyralluogrwydd *m*, llwyrallu *m*.

totipotent *a.* *Biol:* llwyralluog.

totter¹ *n.* gwegiad(-au) *m*, gwegian *vn*, siglad(-au) *m*, honciad(-au) *m*, hwntiad(-au) *m*, simsaniad(-au) *m*.

totter² *v.i.* gwegian, simsanu, siglo, honcian, honcio, *N.W: occ:* rhoncian, rhoncio.

totter³ *n.* *F:* *(= rag and bone man)*: dyn(-ion) (*m*) racs, lloffwr (lloffwyr) *m*, cribiniwr (cribinwyr) *m*, cymowtwr (cymowtwyr) *m*.

tottering *a.* simsan, sigledig, siglog, gweglyd, ansad, an-sad, *S.W: occ:* crinyll.

totteringly *adv.* yn simsan *&c.*

tottery *a.* = **tottering.**

totting *vn.* casglu racs ac esgyrn, cribinio sbwriel.

toucan *n.* *Orn:* twcan(-iaid) *m*.

toucanet *n.* *Orn:* twcari bychan (twcarïaid bychain) *m*, t|wcaned (twcanedau) *m*.

touch¹ *n.* **1.** cyffyrddiad(-au) *m*, cyffwrdd *vn*, *F:* twtsh(-is) *m*; **to give sth a ~,** cyffwrdd â/yn rhth, *F:* twtsiad/twtsio rhth, rhoi twtsh i rth; **I felt a ~ on my arm,** teimlais gyffyrddiad ar fy mraich; teimlais rn yn cyffwrdd â'm braich; **at the ~ of her lips,** dan gyffyrddiad ei gwefusau; **the engine starts at the first ~,** 'does dim ond eisiau cyffwrdd y botwm i'r motor danio. **2.** **[sense of] ~,** y cyffwrdd *m*, y cyffyrddiad *m*; **sth hard to the ~,** rhth caled i'w gyffwrdd/deimlo. **3.** *(= feel)*: teimlad *m*; **the cold ~ of marble,** teimlad oer marmor. **4.** *(a)* **to give a horse a ~ of the spurs,** sbarduno ceffyl, rhoi proc/prociad sbardun i geffyl; *(b)* **to add a few touches to a picture,** rhoi ambell gyffyrddiad/frwsiad i lun; **to add/put the final/finishing touch[es] to sth,** caboli, cwblh|au, gorffen, perffeithio (rhth); rhoi'r cyffyrddiad olaf i rth. **5.** *(a)* **a sculptor with a bold/light ~,** cerflunydd â chŷn/chyffyrddiad eofn/ysgafn; **a delicate ~ (with/of a brush),** cyffyrddiad ysgafn (â brws), brwsiad ysgafn; **the Nelson ~,** llaw gadarn *f*, cyffyrddiad meistrolgar *m*, meistrolaeth *f*; **he's lost his ~,** mae wedi colli'i law/afael; **to write with a light ~,** ysgrifennu â chyffyrddiad ysgafn; **this room shows a woman's ~,** mae ôl (*m*) llaw gwraig ar yr ystafell hon; mae cyffyrddiad gwraig ar yr ystafell hon; *(b)* *Mus:* **she has a light ~ (on the piano &c),** mae ganddi law/gyffyrddiad ysgafn (ar y piano *&c*); *(c)* *Typewr:* trawiad(-au) *m*. **6.** *(a)* *(= small quantity)*: tipyn *m*, peth *m*, ychydig *m*, awgrym *m*, blas *m*, y mymryn(-nau) lleiaf *m*, naws(-au) *f*, arlliw(-iau) *m*, *F:* twtsh(-is) *m*; **a ~ (of salt &c),** tipyn, pinsiad *m*, gronyn *m* (o halen *&c*); **a ~ (of garlic),** tipyn, mymryn, blesyn (*m*) (o arlleg); peth garlleg; **~ of satire,** proc/prociad dychanol *m*; **there's a ~ of pink in her cheeks,** mae mymryn/arlliw o binc yn ei bochau hi; **a ~ of bitterness (in her voice),** tinc chwerw (*m*), awgrym chwerw, tinc/awgrym o chwerwedd (yn ei llais); **the first touches of autumn,** arwyddion cyntaf yr hydref; **a ~ of spring in the air,** blas/naws gwanwyn yn yr awyr; **a ~ of originality,** rhywfaint/ychydig o wreiddioldeb, rhywbeth gwreiddiol, rhyw gyffyrddiad bach gwreiddiol; **~ of nature,** nodwedd naturiol *f*; **a ~ of class,** tipyn o safon. *(b)* **a ~ (of flu),** pwl (pyliau) *m*, tipyn, *F:* twtsh (o ffliw); *N:* llucheden *f*, natur (*f*) ffliw, chwiw (*f*); **a ~ of the sun,** *(= slight sunstroke)*: twtsh o'r haul, trawiad haul bach; *(= a little sunlight)*: llygedyn (*m*) o haul; *(c)* *adv. use.* **he aimed a ~ too low,** anelodd ronyn/flewyn/fymryn/dipyn/ychydig yn rhy isel. **7.** cyswllt *m*, cysylltiad(-au) *m*; **to be in ~ with s.o.,** bod mewn cyswllt/cysylltiad â rhn; **to get in ~ (with s.o.),** cysylltu, ymgysylltu, mynd/dod i gysylltiad (â rhn); **I'll be in ~,** mi ddof i gysylltiad â chi; mi ddof i'r afael â chi eto; cewch glywed gen i eto; **to put s.o. in ~ (with s.o.),** rhoi rhn mewn cysylltiad, cysylltu rhn (â rhn); **to keep in ~ (with s.o.),** aros/cadw mewn cysylltiad, cadw cysylltiad (â rhn); **I'm out of ~ nowadays,** 'dwyf i ddim ynddi bellach; 'rwyf i allan ohoni bellach; wn i ddim beth sy'n digwydd bellach; **to be out of ~ with foreign affairs,** colli gafael ar faterion tramor; **I'm out of ~ with her; I've lost ~ with her,** 'rwyf wedi colli golwg arni; 'rwyf wedi colli cysylltiad â hi; *M.W:* 'rwyf wedi colli cyd|it arni; **the personal ~,** y cysylltiad/cyffyrddiad personol; **the common ~,** y cyffyrddiad gwerinol. **8.** *Rugby Fb:* ystlys(-au) *f*; **to kick into ~,** cicio dros yr ystlys; **to kick for ~,** cicio am yr ystlys. **9.** *(a)* **it was ~ and go, it was a near ~ (whether we would catch the train),** cael a chael a fu hi (inni ddal y trên); **it was ~ and go with him,** cael a chael oedd hi iddo ddod drwyddi; fe fu ar lan/fin y bedd; fe fu'n agos iawn iddo'i chael hi; *(b)* **a ~ and go affair,** mater tringar (*pronounced* ng-g), mater ansicr *m*. 10. *F:* **to make a ~, to put the ~ (on s.o.),** benthyca arian (gan rn), mynd i lawes (rhn) am arian, mynd ar ofyn (rhn) am arian; **he's an easy ~; he's a soft ~,** mae'n hawdd benthyca arian ganddo; mae'n hawdd agor ei bwrs. **~-and-go** *attrib.* tringar (*pronounced* ng-g), ansicr. **~ and run** *n.* *Games:* chwarae (*vn*) cis/tic. **~ body, ~ corpuscle** *n.* *Biol:*

corffilyn (corffilod) (*m*) cyffwrdd. ~ **football** *n. Sp: U.S:* pêl-droed (*m*) cyffwrdd. ~**-hole** *n.* twll (tyllau) (*m*) tanio. ~**-in-goal** *n. Fb:* ystlys (*f*) y geisfa (ystlysau'r geisfa). ~**-judge** *n. Fb:* ystlyswr (ystlyswyr) *m.* ~**-line** *n. Fb:* llinell (*f*) ystlys (llinellau ystlys/ystlysau); *Fig:* **to stand on the ~-line,** sefyll ar y cyrion. ~**-mark** *n. Com:* nod (*m*) gwneuthurwr (nodau gwneuthurwyr). ~**-needle** *n.* nodwydd (*f*) brofi (nodwyddau profi). ~**-paper** *n.* papur(-au) (*m*) tanio. ~**rugby** *n. Sp:* rygbi (*m*) cyffwrdd. ~ **system** *n. Typewr:* = **touch-typing.** ~**-type** *v.i.,* ~**-typing** *vn.* cyffyrdd-deipio. ~**-typist** *n.* cyffyrdd-deipydd(-ion) *m*, cyffyrdd-deipyddes(-au) *f.*

touch² *v.t.&i.* **1.** *v.t.* *(a)* cyffwrdd (rhth, â rhth, *occ:* yn rhth); *S:* cwrdd (â rhth), cwrdd a (rhth); *N: F:* twtsio, twtsiad (rhth); **she loved to ~ the silk,** carai fodio'r/fyseddu'r sidan; **to ~ (sth) lightly,** cyffwrdd (â rhth) yn ysgafn, *occ:* taro cis (ar rth), cnithio (rhth); **he touched his hat to me,** cododd ei het i mi; **he swears he never touched the child,** mae'n taeru na roddodd gymaint a'i fys bach ar y plentyn; ~ **wood!** gyda lwc! gobeithio'n wir! hei lwc! *Lit: occ:* a Duw yn y blaen! *Fig:* **to ~ pitch,** baeddu'ch bysedd/dwylo, difwyno'ch bysedd/dwylo; **don't ~!** paid (peidiwch) â chyffwrdd! paid â'i fodio! gad(-ewch) lonydd iddo! *N.W:* cadw dy fachau (cadwch eich bachau)! paid â rhoi dy hen fysedd arno! *N:* paid â hel dy fysedd ar hyd-ddo! **I wouldn't ~ it with a bargepole;** *U.S:* **I wouldn't ~ it with a ten foot pole,** wnawn i mo'i gyffwrdd â pholyn lein; awn i ddim ar ei gyfyl. *(of ship):* **to ~ the bottom,** *abs.* **to ~,** taro'r gwaelod, crafu'r gwaelod, taro; **to ~ land,** glanio, tirio; **his garden touches mine,** mae ei ardd am y clawdd/ffens/terfyn â'm gardd i; mae ei ardd yn ffinio/terfynu â'm gardd i; *(c)* **to ~ a harp,** canu telyn; **to ~ a bell,** pwyso ar gloch, canu cloch; **to ~ a spring,** gweithio sbring; *Equit:* **to ~ a horse with the spur,** ysbarduno ceffyl; *(d) v.ind.t.* **to ~ on a subject,** cyffwrdd â phwnc, crybwyll pwnc, cyfeirio at bwnc, sôn [wrth fynd heibio] am bwnc; **his action touched on treason,** 'roedd ei weithred yn ymylu ar frad; bron nad oedd ei weithred yn frad; *(e) Fenc:* taro; **the law can't ~ him,** ni all y gyfraith roi bys arno; ni all y gyfraith gyffwrdd ag ef; **the curtains ~ the floor,** mae'r llenni'n cyrraedd [hyd] at y llawr; **no one can ~ him in comedy,** 'does neb tebyg iddo am gomedi; 'does neb a ddaw'n agos iddo mewn comedi; 'does mo'i hafal mewn comedi; mae'n ddihafal mewn comedi; 'does yr un ato mewn comedi; **the speedometer touched 80,** 'roedd nodwydd y cloc ar 80 milltir yr awr; *(f)* **I never ~ wine,** ni fyddaf i byth yn yfed gwin; ni fyddaf yn cyffwrdd â gwin; **he never touches his violin now,** ni bydd byth yn cydio yn ei ffidil bellach. **2.** *(= effect):* effeithio ar (rth), cael effaith ar (rth); **few reagents will ~ gold,** prin yw'r adweithyddion sy'n effeithio ar aur; *F: (of remedy &c):* **to ~ the spot,** mynd at wreiddyn y drwg; **that drink touched the spot,** y ddiod 'na oedd yr union beth oedd ei eisiau; **to ~ s.o. on a raw/tender spot,** brifo rhn i'r byw, taro ar wendid rhn, taro rhn ar/yn ei fan gwan/dolurus; **I couldn't ~ the algebra paper,** ni allwn i wneud dim â'r papur algebra. **3.** *(emotions):* cynhyrfu, cyffr|oi; **I was touched by her kindness,** cyffyrddwyd a'm calon gan ei charedigrwydd; mi deimlais ei charedigrwydd i'r byw; **I was greatly touched,** cynhyrfwyd fi'n fawr; **he was touched by her appeal,** gwnaeth ei hapêl argraff arno; **to ~ s.o. to the quick,** anafu/brifo rhn i'r byw. **4.** *O: (= concern):* ymwn|eud (â rhn); **the question touches you closely,** mae'r mater yn ymwneud yn agos â chi; mae a wnelo'r peth lawer â chi. **5. flowers touched by the frost,** blodau a ddeifiwyd gan farrug/lwydrew. **6.** *F:* **to ~ s.o. for a fiver,** mynd ar ofyn rhn am bumpunt, benthyca pumpunt gan rn. **7. (morality) touched with emotion,** (moesoldeb) yn gymysg â theimlad, ag arlliw o deimlad. II. *v.i.* *(a) (of two things):* cydgyffwrdd, cyffwrdd â'i gilydd, *Lit:* ymgyffwrdd, *S:* cyd-gwrdd, cwrdd â'i gilydd; **the two ships touched,** cyffyrddodd y ddwy long â'i gilydd; *(b)* **to ~ at port,** troi i mewn i borthladd, ymweld â phorthladd, galw mewn porthladd. ~ **down** *v.i.* **1.** *Av:* glanio. **2.** *Rugby: Fb:* llorio'r bêl. ~ **in** *v.t. Art: &c:* **to ~ sth in on a picture,** twtsio/twtsiad rhth i mewn ar lun. ~ **off** *v.t.* **1.** *(cannon, mine):* tanio. **2.** *Fig: (argument &c):* cynnau, cychwyn. **3. to ~ off a sketch,** tynnu llun brysiog. ~ **up** *v.t.* **1.** *(a) (picture, paint):* rhoi llyfiad o baent (i rth); *(b) (article):* caboli, twtio, cywiro, ailwampio. **2.** *(a) (horse):* rhoi clec/slaes i geffyl; *(b) (memory):* rhoi proc (i'r cof); *(c) (= sexually molest):* byseddu, bodio, *S.W:* twro. ~**-and-go** *a.* ansicr, amh|eus; **it was ~-and-go,** cael a chael oedd hi. ~**-me-not** *n. Bot: (Impatiens noli me tangere):* ffromlys *m*, balsam melyn *m.*

touchable *a.* cyffyrddadwy.

touchback *n. U.S: Fb:* ôl-loriad(-au) *m.*

touchdown *n.* **1.** *Av:* glaniad(-au) *m*, glanio *vn.* **2.** *Rugby Fb:* lloriad(-au) *m.*

touché *int. touché.*

touched *a.* **1.** *F: (= slightly crazy):* **he's ~,** mae rhyw goll ynddo; mae colled arno; mae'n colli arni; nid yw'n llawn llathen *&c; See* **crazy. 2.** *(= grateful):* diolchgar; *(= moved to pity):* tosturus, llawn tosturi **(by sth,** o achos rhth); *S.a.* **touch² 3.**

toucher *n.* **1.** *(pers.):* cyffyrddwr (cyffyrddwyr) *m*, byseddwr (byseddwyr) *m*, bodiwr (bodwyr) *m.* **2.** *Bowls:* pêl (*f*) gyffwrdd (peli cyffwrdd). **3.** *F:* **I came within a ~ of falling,** bu bron imi gwympo.

touchily *adv.* yn bigog *&c.*

touchiness *n.* pigogrwydd *m*, piwisrwydd *m*, croendeneuwch *m*, croendeneurwydd *m.*

touching *a. & prep.* **1.** *a.* *(= pathetic):* teimladwy, pathetig; *(= affecting):* gwefreiddiol; **a ~ scene,** golygfa deimladwy; **he had a ~ faith in his doctor,** 'roedd ganddo ffydd ryfedd/ddiniwed yn ei ddoctor. **2.** *prep.* *(= concerning):* ynglŷn (â rhth), yngh|ylch (rhth), am (rth), mewn perthynas (â rhth), gyda golwg (ar rth), *Lit:* parthed (rhth).

touchingly *adv.* yn deimladwy *&c.*

touchstone *n.* **1.** maen (meini) (*m*) prawf. **2.** *Fig:* safon(-au) *f*, maen prawf.

touchwood *n.* golosged *m*, coed crin *pl*, pren pwdr *m*, *Lit: occ:* gosgymon *m.*

touchy *a.* pigog, piwis, croendenau, teimladwy; **he's very ~ (on that point),** mae'n hawdd codi'i wrychyn, mae'n hawdd ei bechu, mae'n hawdd troi'r drol (ar y pen yna); **that's a ~ subject,** dyna bwnc tringar; *(pronounced* ng-g); dyna bwnc anodd/pigog/dreiniog; *M.W:* dyna bwnc tejws.

tough¹ *a. & n.* **1.** *a.* *(meat &c):* gwydn, *S.W:* gwyddyn, *S.E:* gwthyn; *(skin):* caled, gwydn; *(rock):* caled; **as ~ (as old boots),** mor wydn, cyn wytned (â lledr); mor wydn (â gwadn esgid). **2.** *(pers.):* gwydn, caled, garw (geirwon), *N:* durol; **to become ~,** caledu, ymgaledu; **a ~ guy,** dyn caled/garw, *N.W: F:* hen jero(-s) *m*, hen asgen *f.* **3.** *(= inflexible):* cyndyn, caled, pengaled *(pronounced* ng-g); **he's a ~ customer,** un anodd ei drin yw ef; **to be/get ~ with s.o.,** troi'r tu min at rn, bod yn llym gyda rhn, bod yn galed ar rn. **4.** *F: (a) (task &c):* caled, anodd; **I found it a ~ job,** fe'i cefais hi'n anodd/galed; *(b)* **that's ~! ~ luck! ~ cheese!** hen dro! dyna bechod! trueni! **that's ~!** druan â thi/chi! **it's ~ on her,** mae hi'n galed arni! druan â hi! **5.** *n.* dyn(-ion) caled *m*, llabwst (llabystiaid) *m*, *N.W: F:* hen jero(-s) *m.* ~**-minded** *a.* caled, garw (geirwon), dis|entiment, pengaled, penderfynol, di-sigl. ~**-mindedly** *adv.* yn galed *&c.* ~**-mindedness** *n.* caledwch *m*, pengaledwch *(pronounced* ng-g) *m*, penderfynoldeb *m.* ~ **shank** *n. Fung:* coes wydn (coesau gwydn) *f*; **clustered ~-shank,** coes wydn glystyrog (coesau gwydn clystyrog); **greasy ~-shank,** coes wydn (coesau gwydn) seimlyd; **spotted ~-shank,** coes wydn fraith (coesau gwydn brith).

tough² *v.t.* **to ~ it out,** ei dioddef hi i'r pen/eithaf, ymgaledu, ymgyndynnu, cyndynnu.

toughen *v.t.&i.* **1.** *v.t.* caledu, cryfh|au (rhth); gwn|eud (rhth) yn galed/wydn; *occ:* gwydnh|au, gwydnu, gwydno (rhth). **2.** *v.i.* mynd yn wydn/wytnach, mynd yn galed/galetach, caledu, cryfh|au, *Lit:* ymgaledu, ymgryfh|au.

toughened *a.* gwydn, caled, gwytnach, caletach; ~ **glass,** gwydr gwydn.

toughener *n.* caledwr (caledwyr) *m*, gwydnwr (gwydnwyr) *m.*

toughie, toughy *n.* = **tough¹ 5.**

toughish *a.* gwydnaidd, lled wydn/galed/arw, go wydn/galed/arw, digon gwydn/caled/garw, braidd yn wydn/galed/arw, eithaf gwydn/caled/garw.

toughly *adv.* yn wydn, yn galed, yn arw.

toughness *n.* gwydnwch: gwytnwch *m*, caledwch *m.*

toupee, toupet *n. Hairdr:* gwallt(-iau) gosod *m.*

tour¹ *n.* **1.** taith (*f*) bleser (teithiau pleser), cylchdaith (cylchdeithiau) *f*, tro(-eon) *m*, *F:* twr(-s) *m*; **conducted/guided ~,** taith dywysedig (teithiau tywysedig), taith dan arweiniad;

motor ~, cylchdaith mewn car; **package ~**, *U.S:* **all-expense ~**, gwyliau (*pl*) pecyn, gwyliau trefnedig, gwyliau wedi eu trefnu; **walking ~**, taith gerdded (teithiau cerdded), gwyliau cerdded, gwyliau ar droed; **a ~ of Italy**, tro yn yr Eidal; *Hist:* **the Grand Tour**, y Daith Fawr. **2.** *(a)* tro(-eon); *S.a.* **turn; ~ of inspection**, ymweliad(-au) (*m*) arolygu/archwilio; **~ of duty**, *Mil:* tymor (tymhorau) (*m*) dyletswydd; **to serve a ~ of duty**, bwrw tymor dyletswydd; *(b) Th:* taith; *Th: &c:* **on ~**, ar daith; *(of actor):* ar daith, yn canlyn drama. **3. ~** ***de force***, camp fawr (campau mawr) *f*, gorchest(-ion) *f*, gorchestwaith (gorchestweithiau) *m*, ***tour(-s) de force*** *m*; **~ operator** *n.* trefnydd(-ion) (*m*) teithiau.

tour² *v.t.&i.* **to ~ [in] a country**, mynd am dro i/trwy wlad, teithio trwy wlad, teithio o amgylch gwlad, teithio gwlad, *F:* twrio gwlad.

touraco *n. Orn:* twraco(-d) *m.*

tourbillion, tourbillon *n.* **1. = whirlwind. 2.** *Pyr:* troell(-au) *f.*

tourer *n.* **1.** *(pers.):* teithiwr (teithwyr) *m*, t|eithwraig (teithwragedd) *f.* **2. = touring car;** *(= caravan):* carafán (*f*) deithio (carafannau teithio).

touring *a. Th: &c:* teithiol, ar daith. **~ car** *n.* car (ceir) (*m*) teithio.

tourism *n.* twristiaeth *f.*

tourist *n. & attrib.* **1.** *n.* twrist(-iaid) *m&f*, ymwelydd (ymwelwyr) *m.* **2.** *attrib.* twristaidd. **~ agency** *n.* swyddfa (*f*) deithiau (swyddf|eydd teithiau). **~ board** *n.* bwrdd (byrddau) (*m*) croeso, bwrdd twristiaeth. **~ card** *n. U.S:* cerdyn (*m*)/carden (*f*) ymwelydd (cardiau ymwelwyr). **~ centre** *n.* cyrchfan(-nau) (*fm*) ymwelwyr, canolfan(-nau) (*m*) twristiaeth, canolfan (*f*) dwristiaeth (canolfannau twristiaeth). **~ class** *n.* y dosbarth rhataf *m*; **to travel ~ class**, teithio yn y dosbarth rhataf, teithio yn nosbarth yr ymwelwyr. **~ court** *n. U.S:* **= motel. ~ home** *n. U.S:* tŷ (tai) (*m*) ymwelwyr. **~ industry** *n.* diwydiant (*m*) ymwelwyr/twristiaeth. **~ information bureau** *n.* canolfan croeso/groeso (canolfannau croeso). **~ trade** *n.* masnach (*f*) ymwelwyr.

touristic *a.* twristaidd.

touristically *adv.* yn dwristaidd.

touristy *a.* twristaidd.

tourmaline *n. Miner:* t|wrmalin (twrmalinau) *m*, trydanfaen (trydanfeini) *m.*

tourmalinic *a. Miner:* twrmalinig.

tourn *n. Hist:* twrn (tyrnau) *m*; **sheriff's ~**, cwrt (*m*) y siryf, twrn siryf.

tournament *n.* t|wrnamaint (twrnameintiau) *m*, t|wrneimant (twrneimantau) *m.*

tournedos *n. Cu:* **~ steak**, stecen(-nau,-ni, stêcs) (*f*) ***tournedos***

tourney¹ *n.* **= tournament.**

tourney² *v.i.* chwarae/cystadlu mewn twrnamaint, *Lit: occ:* ymwan.

tourniquet *n.* **1.** *Med:* llindag(-au) *m*, rhwymyn(-nau) (*m*) tynh|au. **2.** *Carp:* **~ [bow saw]**, tynhäwr (tynhawyr) *m.*

tousle *v.t.* drysu, annibennu, anhrefnu, *N.W:* chwalu, *F:* blerio, *S.W: F:* shwfflo.

tousled *a.* dryslyd, blêr, afler, aflêr, anniben, anhrefnus, ar chwâl, fel pen mop; **a woman with ~ hair**, gwraig â'i gwallt am ei dannedd.

tous-les-mois *n.* **1.** *Bot:* canna bwytadwy *m.* **2.** *Cu:* startsh (*m*) canna.

tout¹ *n. Turf:* towt(-iaid) *m.*

tout² *v.i.&t.* **1.** *v.i. Turf: F: (a)* towtio, towtian; *Com:* pedlera, *S:* hocan, hocio, *Lit:* edwica; *(b)* **to ~ for customers**, towtio am gwsmeriaid, hel/hela cwsmeriaid, ceisio denu cwsmeriaid, hwrjo rhth ar gwsmeriaid. **2.** *v.t.* **to ~ sth [for sale]**, pedlera, *N:* hwrjo, *S:* hwcstera, hocan, hocio; **it was touted as the best buy**, fe'i canmolid fel y fargen orau.

tout court *adv.* yn fyr, ar fyr, mewn byr eiriau.

tout ensemble *n.* y cyfan/cwbl (*m*) gyda'i gilydd, y cyfanbeth *m.*

touter *n.* **= tout¹.**

tow¹ *n.* **1.** *(= rope, cable):* rhaff(-au) (*f*) halio, llusgraff(-au) *f*; *(= chain):* cadwyn(-au,-i) (*f*) halio. **2.** haliad(-au) *m*; **to take (a car) in ~**, tynnu, halio, *F:* towio, *N.W: occ:* tuo (car); **to give s.o. a ~**, *(of car):* tynnu [car] rhn, *F:* rhoi tow i rn, *N.W: occ:* tuo [car] rhn; *(of boat):* halio [cwch] rhn; *(on car):* **on ~**, ar raff; *F:* **he always has his family on ~**, mae'n wastad yn llusgo'i deulu i'w ganlyn; mae bob amser â'i deulu wrth ei gynffon/gwt; *F:* **he was taken in ~ by a friendly native**, cymerodd brodor cyfeillgar ef dan ei adain; cymerodd brodor cyfeillgar drugaredd arno; *S.a.* **ski-tow. 3.** *(a)* **a ~ of boats**, rhes (*f*)/cynffon (*f*) o gychod/fadau; **a tug and her seven tows**, tynfad a'r saith cwch/bad a dynnai; *(b)* **= tugboat. ~-bar** *n.* bar(-rau) (*m*) halio, tinbren(-nau,-ni) *m*, bonbren(-nau,-ni) *m*. **~-boat** *n.* tynfad(-au) *m*, cwch (cychod) (*m*) halio/tynnu, bad(-au) (*m*) halio/tynnu. **~-car** *n. U.S:* **= breakdown lorry. ~-hook** *n.* bach(-au) (*m*) halio. **~-bar** *n.* bar(-rau) (*m*) halio. **~-line** *n.* rhaff(-au) (*f*) halio, llusgraff(-au) *f*. **~-net** *n. Fish:* llusgrwyd(-i) *f*. **~-path** *n.* llwybr(-au) (*m*) halio. **~-rope** *n.* **= tow-line. ~-truck** *n. U.S:* **= breakdown lorry.**

tow² *v.t.&i.* **1.** *v.t.* halio, llusgo, *F:* towio, *N.W: occ:* tuo; **my car's been towed away by the police**, mae'r heddlu wedi halio fy nghar i ymaith. **2.** *v.i. U.S:* **a boat that tows behind a car**, cwch/bad i'w halio y tu ôl i gar.

tow³ *n. (of flax, hemp):* carth *m*, breisgion *pl.* **~-coloured** *a.* melyn (*f.* melen, *pl.* melynion). **~-head** *n.* gwallt melyn *m*, gwallt dryslyd. **~-headed** *a.* **1.** *(= blond):* penfelyn (*f.* penfelen, *pl.* penfelynion), golau. **~ sack** *n. U.S:* **= gunnysack.**

towage *n. (a) (= towing):* haliad(-au) *m*, halio *vn. (b) (fee):* tâl (taliadau) (*m*) [am] halio.

toward *prep. Lit:* **= towards.**

towards *prep.* **1.** *(place):* at + *soft mut.* (*with inflected forms: sing.* **1.** ataf; **2.** atat; **3.** *m.* ato, *f.* ati; *pl.* **1.** atom; **2.** atoch; **3.** atynt); tua + *spirant mut.*; tuag at + *soft mut.*; i gyfeiriad (rhth); am + *soft mut.* (*with forms sing.* **1.** amdanaf; **2.** amdanat; **3.** *m.* amdano, *f.* amdani; *pl.* **1.**amdanom; **2.** amdanoch; **3.** amdanynt); **~ the town**, [tuag] at y dref, am y dref, i gyfeiriad y dref, *S:* sha'r dre; **he came ~ me**, daeth [tuag] ataf; daeth amdanaf; daeth i'm cwrdd; *N: F:* daeth i'm cwfwr. **2.** *(of emotions &c):* [tuag] at + *soft mut.*, ynghylch (*with personal forms): sing.* **1.** yn fy nghylch; **2.** yn dy gylch; **3.** *m.* yn ei gylch, *f.* yn ei chylch; *pl.* **1.** yn ein cylch; **2.** yn eich cylch; **3.** yn eu cylch); **(his feelings) ~ me**, (ei deimladau) yn fy nghylch, [tuag] ataf i. **3.** *(= for the purpose of):* ar gyfer (rhth), [tuag] at (rth), *Lit: occ:* gogyfer â + *spirant mut.*; **(to save) ~ a holiday**, (cynilo) ar gyfer gwyliau, tuag at wyliau; **to give sth ~ a cause**, rhoi rhth [tuag] at achos. **4.** *(of time):* oddeutu (rhth), o gwmpas (rhth), tua + *spirant mut.*; **~ evening**, gyda'r nos, ym min nos, fin nos, ym mrig yr hwyr, ym min yr hwyr, gyda'r hwyr, wrth iddi nosi; **~ three o'clock**, tua thri o'r gloch, oddeutu tri o'r gloch, o gwmpas tri o'r gloch, *N: F:* ar draws tri o'r gloch; **it draws ~ evening**, mae'n dechrau nosi; *Lit:* mae hi'n hwyrh|au; **it draws ~ dawn**, mae'r wawr ar dorri; **~ the end of his life**, tua therfyn ei oes; **he's coming up ~ the age of sixty**, mae'n tynnu at/am ei drigain oed; mae'n codi'n drigain oed; mae'n gyrru ar ei drigain oed; *F: occ:* mae ar ddannedd trigain oed.

towboat *n.* **= tug².**

towel¹ *n.* lliain (llieiniau) *m* [sychu], tywel(-i,-ion) *m*, *S.W: occ:* canfas(-au) *m*, cynfas(-au) *m*; **Turkish ~, rough ~**, lliain bras; **to throw in the ~**, rhoi'r gorau iddi, rhoi'r ffidil yn y to; **roller ~**, lliain rhôl; **tea ~, dish ~**, lliain sychu llestri; *S.a.* **sanitary. ~-horse** *n.* hors (*f*) lieiniau (horsys llieiniau). **~-rail** *n.* rheilen (*f*) lieiniau/dyweli (rheiliau llieiniau/tyweli).

towel² *v.t.&i.* **1.** *v.t. (a)* sychu/rhwbio (rhth) [â lliain]; **to ~ oneself [dry]**, eich sychu'ch hun[an] [â lliain]; *(b) F:* **= thrash². 2.** *v.i.* eich sychu'ch hun.

towelling *vn. & n.* **1.** *vn.* **= towel². 2.** *n. Tex:* defnydd (*m*) llieiniau/tyweli. **~-robe** *n. Cost:* **= bath-wrap.**

tower¹ *n.* **1.** *(a) Arch:* tŵr (tyrau) *m*; *B:* **the T~ of Babel**, Tŵr Babel; **the T~ of London**, Y Tŵr Gwyn, Tŵr Llundain; **the Bloody T~**, y Tŵr Gwaedlyd; **church ~**, tŵr eglwys (tyrau eglwysi), clochdy (clochdai) *m*, *occ:* clochdwr (clochdyrau) *m*; **clock ~**, tŵr cloc (tyrau clociau), clocdwr (clocdyrau) *m*; *Hyd.E:* **water ~**, tŵr dŵr; *Nav:* **conning-~**, tŵr llywio; *Av:* **control ~**, tŵr rheoli; *Fig:* **a ~ of strength**, tŵr cadarn, tŵr o nerth, cefn [mawr] *m*; **he's been a ~ of strength to her**, bu'n gefn mawr iddi; *Ind: Ch:* **fractioning ~**, tŵr ffracsiynu; *Rail: U.S:* **signal ~**, caban(-au) (*m*) signalau; **~ of silence**, tŵr mudandod. **~ block** *n.* blocdwr (blocdyrau) *m*. **~ crane** *n.* craen(-iau) tyrog *m*. **~ cress** *n. Bot: (Arabis turrita):* berwr (*m*) y graig, twrged blewog *m*. **T~ Hill** *Pl.n. (i) (in London):* Y Gwynfryn *m*; *(ii) (Abergele):* Gallt (*f*) y Felin Wynt. **~ house** *n.* tŷ (tai) caerog *m*. **~ mustard** *n. Bot: (Arabis glabra):* twrged llyfn/esmwyth *m*. **~ shell** *n. Conch:* cragen (cregyn) (*f*) agor, cragen sgriw. **~**

waggon *n. Rail: &c:* wagen dyrog (wagenni tyrog) *f*, wagen godi (wagenni codi).

tower² *v.i.* **1. to ~ (above/over sth),** sefyll, ymgodi, ymddyrchafu (uwchb|en rhth, uwchl|aw rhth); *Fig:* **he towered above his contemporaries,** safai ben ac ysgwyddau yn uwch na'i gyfoedion; 'roedd yn gawr o'i gymharu â'i gyfoedion. **2.** *(of bird):* = **soar, hover.**

tower³ *n.* *(= one who tows):* haliwr (halwyr) *m.*

towered *a.* tyrog; **high-~,** â thyrau uchel; **many-~,** amldyrog.

towering *a.* **1.** *(a)* aruthrol, aruchel, goruchel, dyrchafedig; *(clouds):* tyrog; *(b) Lit: (ambition &c):* aruthrol. **2.** *(rage):* cynddeiriog, enbyd; **(he was) in a ~ rage,** (yr oedd) yn wyllt gynddeiriog, mewn tymer enbyd, yn gandryll ulw, yn ynfyd wallgo.

toweringly *adv.* yn aruthrol *&c.*

towery *a.* tyrog.

towhee *n. Orn:* pinc(-od) llygatgoch *m*, towhî (towhïod, towhïaid) *m.*

towie *n. Cards:* towi *m.*

towing *vn.* = **tow².** **~-path** *n.* = **tow-path.**

town *n.* **1.** *(a)* tref(-i,-ydd) *f*; **in ~,** yn y dref; **county ~,** tref(-i) sirol, prif dref *(f)* sir; **Dolgellau was the county ~,** Dolgellau oedd prif dref y sir; **country ~,** tref wledig (trefi gwledig); **~ and country,** gwlad a thref; **~ and gown,** y coleg a'r dref; **fortified ~,** tref gaerog (trefi caerog); **market ~,** tref farchnad (trefi marchnad); *F:* **one-horse ~,** twll *(m)* o dref; **to go out on the ~,** cael noson i'r brenin, mynd ar sbri; **it's the talk of the ~; the whole ~ is talking about it,** mae'n chwedl gwlad; mae'n destun siarad gan bawb; *N.W: occ:* mae ar ben sgwrs/stori pawb; **a man about ~,** cymdeithaswr (cymdeithaswyr) *m*; *Pej:* **woman of the ~,** merch(-ed) *(f)* o'r stryd; **he's out of ~; he's not in ~,** mae oddi cartref; **who's in ~ tonight?** pwy sydd o gwmpas y dref 'ma heno? *Fig:* **to go to ~ on sth,** mynd ati o ddifrif ar rth, mynd i'r afael â rhth o ddifrif. **2.** *(usu. with capital T): (= London):* y Ddinas *f*, Llundain *f.* **3.** *attrib.* trefol. **~ car** *n.* car (ceir) *(m)* trefol *m.* **~ centre** *n.* canol *(m)* tref (canolau trefi); **the ~ centre,** canol y dref. **~ clerk** *n.* clerc *(m)* tref (clercod trefi). **~ council** *n.* cyngor *(m)* tref (cynghorau trefi), cyngor dinesig/trefol. **~ councillor** *n.* cynghorwr: cynghorydd (cynghorwyr) trefol/ dinesig *m.* **~ crier** *n.* criwr (criwyr) *(m)* tref, criwr cyhoeddus/ cyffredin. **~ gas** *n.* nwy *(m)* glo. **~ hall** *n.* neuadd *(f)* tref (neuaddau trefi); **the ~ hall,** neuadd y dref. **~ hall clock** *n. Bot:* = **moschatel.** **~ house** *n.* tŷ (tai) *(m)* yn y dref, tŷ tref; *(of country gentlemen):* plas *(m)* yn y dref. **~-major** *n. Hist: Mil:* uwchgapten (uwchgapteiniaid) trefol *m*, uwchgapten tref (uwchgapteiniaid trefi). **~ mayor** *n.* maer *(m)* tref (meiri trefi). **~ meeting** *n. U.S:* cynulliad(-au) trefol *m.* **~ planner** *n.* cynlluniwr (cynllunwyr) *(m)* trefol/trefi. **~ planning** *vn.* cynllunio trefol; **~ and country planning,** cynllunio gwlad a thref.

townee, townie *n. Pej:* trefwr (trefwyr) *m*, tr|efwraig (trefwragedd) *f*, dyn(-ion) *(m)* o'r dref, merch(-ed) *(f)* o'r dref, gwr|aig (gwragedd) *(f)* o'r dref, menyw(-od) *(f)* o'r dref, *N.W: F:* co' *(m)* dre' (cofis dre'); *S:* bachan *(m)* o'r dre', boi(-s) *(m)* o'r dre'; *pl.* pethau/taclau o'r dre'.

townless *a.* di-dref.

townlet *n.* treflan(-nau) *f*, trefan(-au) *f.*

townscape *n.* treflun(-iau) *m*, trefwedd(-au) *f.*

townsfolk *n.pl.* trefolion, dinasyddion, pobl *(f or pl)* tref; **the ~,** pobl y dref.

township *n.* **1.** *Hist:* trefgordd(-au) *f.* **2.** *(e.g. in S. Africa):* treflan(-nau) *f*, maestref (maestrefi) *f.*

townsman *n.* trefwr (trefwyr) *m*, gŵr (gwŷr) *(m)* o'r dre, dyn(-ion) *(m)* o'r dref, dyn tref.

townspeople *n.pl.* = **townsfolk.**

townswoman *n.f.* gwr|aig (gwragedd) *(f)* o'r dref, merch(-ed) *(f)* o'r dref, *N:* dynes (merched) *(f)* o'r dref, *S:* menyw(-od) *(f)* o'r dref.

townward[s] *a. & adv.* tua'r dref, tuag at y dref, i gyfeiriad y dref, am y dref.

townwear *n. Coll:* dillad *(pl)* tref.

towpath *n.* llwybr(-au) *(m)* halio.

towrope *n.* rhaff(-au) *(f)* halio, llusgraff(-au) *f.*

towy¹ *a.* *(= like tow³): (hair):* fel llin, melyn *(f.* melen, *pl.* melynion).

Towy² *Pr.n. W.Geog:* (Afon) Tywi *f.*

Towyn *W.Pl.n.* Tywyn *m.* **~ Bay** *W.Pl.n. (in Anglesey):* y Borthwen *f.*

toxaemia *n. Med:* gwenwyn *(m)* gwaed, tocsemia *m.*

toxaemic, toxemic *a. Med:* tocsemig.

toxalbumin *n. Bio-Ch:* tocs|albwmin (tocsalbwminau) *m.*

toxaphene *n. Ch:* t|ocsaffen *m.*

toxic *a.* gwenwynig, gwenwynol, gwenwynllyd.

toxically *adv.* yn wenwynig.

toxicant *a. & n.* **1.** *a.* gwenwynig, gwenwynllyd. **2.** *n.* gwenwyn(-au) *m.*

toxicity *n.* gwenwyndra *m*, gwenwynder *m*, gwenwynigrwydd *m*, natur wenwynig *f.*

toxicogenic *a. Med:* gwenwynig, gwenwyn-gynhyrchiol, tocsicogenig, tocsigenig.

toxicologic[al] *a. Med:* gwenwynegol.

toxicologically *adv. Med:* yn wenwynegol.

toxicologist *n. Med:* gwenwynegydd: gwenwynegwr (gwenwynegwyr) *m*, tocsicolegydd: tocsicolegwr (tocsicolegwyr) *m.*

toxicology *n. Med:* gwenwyneg *f*, tocsicoleg *f.*

toxicomania *n. Med:* caethiwed *(m)* i wenwyn, gwenwyn-gaethiwed *m*, tocsicomania *m.*

toxicosis *n. Med:* gwenwyniad(-au) *m*, gwenwynedd(-au) *m.*

toxigenic *a.* = **toxicogenic.**

toxigenicity *n.* = **toxicity.**

toxin *n. Bio-Ch:* gwenwyn(-au) *m*, tocsin(-au) *m.* **~-antitoxin** *n. Bio-Ch:* gwenwyn-wrthwenwyn(-au) *m.*

toxocara *n. Ann:* tocsocara (tocsocarâu) *f*, llyng[h]yren (llyngyr) *f.*

toxocariasis *n. Vet:* tocsocariasis *m.*

toxoid *n. Med:* tocsoid(-au) *m.*

toxophilite *n.* saethydd(-ion) *m*, saethyddes(-au) *f.*

toxophily *n.* saethyddiaeth *f.*

toxoplasma *n. Z:* tocsoplasma (tocsoplasmâu) *m.*

toxoplasmic *a. Z:* tocsoplasmig.

toxoplasmosis *n. Med:* tocsoplasmosis *m.*

toy¹ *n. & attrib.* **1.** *n.* tegan(-au) *m.* **2.** *attrib.* tegan, teganaidd; *(a)* **~ soldier,** milwr (milwyr) *(m)* plwm, *Fig: Pej:* milwr cogio bach, milwr smalio, milwr chwarae [plant]; **~ theatre,** theatr(-au) *(f)* chwarae bach/plant, theatr degan (theatrau tegan); **~ gun,** gwn (gynnau) *(m)* plentyn, gwn chwarae plant, gwn cogio/smalio bach, gwn tegan; **~ horse,** ceffyl(-au) *(m)* pren; **~ tea set,** llestri te tŷ bach, llestri te i blant, llestri tegan; *(b) (= small):* bychan *(f.* bechan, *pl.* bychain), bach, teganaidd; **~ breed,** brid bychan (bridiau bychain) *m*; **~ dog,** ci (cŵn) *(m)* arffed, *S.W:* ci côl; **~ poodle,** pwdl(-s) *(m)* arffed/côl. **~-box** *n.* blwch (blychau) *(m)* teganau, bocs(-ys) *(m)* teganau. **~-boy** *n.* *F:* cariad(-on) bach *m*, cariadlanc(-iau) *m.* **~-library** *n.* lle(-oedd) *(m)* benthyg teganau. **~-like** *a.* tebyg i degan, fel tegan, teganaidd. **~-shop** *n.* siop *(f)* deganau (siopau teganau).

toy² *v.i.* **1. to ~ with sth,** chwarae gyda rhth; **to ~ with one's food,** chwarae gyda'ch bwyd, *N.W:* stwna/piltran/sbodlian efo'ch bwyd, pigo'ch bwyd, pigo bwyta, sbranu'ch/sborioni'ch bwyd, *S.W:* tolach eich bwyd.

toyer *n.* chwaraewr (chwaraewyr) *m.*

toyless *a.* didegan, heb deganau.

toyon *n. Bot:* toion(-au) *m.*

Toytown *Pr.n.* **1.** Tre(*f*)'r Teganau. **2.** *attrib.* **~ soldiers,** milwyr plwm, milwyr plant bach, milwyr chwarae, milwyr cogio bach.

trabeate, trabeated *a. Arch:* trawstiog.

trabeation *n. Arch:* trawstiad(-au) *m*, trawstio *vn.*

trabecula *n. Anat: Bot:* trab|ecwla (trabecwlâu) *m.*

trabecular, trabeculate *a. Anat: Bot:* trab|ecwlaidd.

tracasserie *n.* trafferth(-ion) *f*, helynt(-ion) *f*, trafferthwch *m*, helbul(-on) *m*, *N: F:* strach(-od) *mf*, stryffig *mf.*

trace¹ *n.* **1.** *(a) (= track of animal &c):* ôl (olion) *m*, trywydd *m*, ôl troed (ôl/olion traed); *(b) (of recording instrument):* olin(-[i]au) *f.* **2.** *(a) (= vestige, sign):* ôl, arlliw(-iau) *m*, argoel(-ion) *m*; **there was no ~ of it,** 'doedd dim o'i ôl; 'doedd dim golwg ohono; 'doedd dim argoel ohono; *occ:* 'doedd dim lliw *(m)* ohono; **to sink/vanish without ~,** suddo/diflannu heb adael ôl; *(b) (= slight quantity, hint):* ôl, arlliw, mymryn [lleiaf] *m*, naws *f*, awgrym *m*; **a ~ of a smile,** awgrym o wên, arlliw gwên, cysgod *(m)* gwên. **~ element** *n. Ch:* elfen(-nau) *(f)* hybrin.

trace² *v.t.* **1.** *(= outline):* amlinellu; **he traced the words with a**

shaking hand, lluniodd y geiriau'n araf â llaw grynedig. **2. to ~ [over],** trasio, *occ:* dargopïo, argopïo. **3. to ~ an animal,** dilyn trywydd/ôl anifail, mynd ar drywydd anifail, olrhain anifail; **to ~ lost goods,** olrhain/olrheinio nwyddau colledig, dod o hyd i nwyddau colledig; **they traced him (as far as Chester),** dilynasant ei lwybr/drywydd, olrheiniasant ef (cyn belled â Chaer). **4. (to ~ an evil) to its source,** (olrhain drwg) i'w darddiad, i lygad y ffynnon; **I can't ~ any reference to it,** ni allaf olrhain/ganfod unrhyw gyfeiriad ato; ni allaf weld/gael unrhyw ôl ohono. **5. to ~ an old path,** dilyn ôl hen lwybr, troedio hen lwybr; **one can still ~ the outline of the old walls,** gellir canfod eto olion/amlinell yr hen furiau; **(I traced my way) home,** (dilynais fy llwybr, ymlwybrais) tuag adref, *S:* tua thre. **6.** *Tchn: (= mark out):* olinio. **~ back** *v.t.* **to ~ sth back to its source,** olrhain/olrheinio rhth at ei darddiad *or* i'w darddiad, cael hyd i wreiddyn rhth, mynd at wr|aidd rhth, mynd i lygad y ffynnon; **to ~ one's family back to Glyndŵr,** olrhain eich teulu yn ôl at Lyndŵr.

trace³ *n.usu.pl.* **1.** *Harn:* gweddau *pl*, tresen *f*, tres(-i,-au) *f*, tid (-au) *f*, gêr (*m*) tynnu, *S.W: occ:* gweddifen (gweddau, gweddeifau, gweddeifon) *f*, trasen (trasys) *f*, *N.W: occ:* drec(-s) *f*, trec(-s) *f*; **in the traces,** rhwng y tresi, yn y tresi, dan y wedd; *F:* **to kick over the traces,** cicio dros y tresi, codi dani, strancio, gwingo yn erbyn y symbylau. **2.** *Fish:* blaenllinyn(-nau) *m*, gŷt (gytiau) *m*; **3.** *Bot:* tres(-i) *f*. **4.** *Mch:* siafft(-iau) *f*. **~ horse** *n.* ceffyl(-au) (*m*) gwedd.

traceability *n.* = **traceableness.**

traceable *a.* olrheiniadwy.

traceableness *n.* olrheiniadwyedd *m*, natur olrheiniadwy *f*; **(I was convinced) of its ~,** (yr oeddwn yn sicr) y gellid ei olrhain, bod modd ei olrhain; **(I doubt) its ~,** ('rwy'n amau) a ellir ei olrhain, a oes modd ei olrhain.

traceably *adv.* yn olrheiniadwy.

traceless *a.* heb [adael] ôl, di-ôl, diarlliw ohono/ohoni *&c.*

tracelessly *adv.* heb [adael] ôl, yn ddi-ôl.

tracer *n.* **1.** *Rad. A: (isotope):* traswr (traswyr) *m*. **2.** *Mil:* **~ bullet,** bwled(-i) tanllyd *m*; **~ fire,** tanio (*vn*) tanllyd; **~ shell,** ffrwydryn(-nau) tanllyd *m*. **3.** *(a) (= tracker):* olrheiniwr (olrheinwyr) *m*; *(b) (= investigation):* ymholiad(-au) *m*. **4.** *(of diagram &c):* amlinellwr (amlinellwyr) *m*, trasiwr (traswyr) *m*, dargopïwr (dargopiwyr) *m*.

traceried *a.* rhwyllog, patrymog.

tracery *n.* *Arch:* rhwyllwaith (rhwyllweithiau) *m*, delltwaith (delltweithiau) *m*, treswaith (tresweithiau) *m*; *(of insect's wing &c):* patrwm (patrymau) *m*; **bar-~,** rhwyllwaith barrog; **geometric ~,** rhwyllwaith patrymog; **plate ~,** rhwyllwaith trydyllog.

trachea *n.* *(a) Anat:* pibell (*f*) wynt (pibelli gwynt), breuant (breuannau) *m*, tracea (traceâu) *m*, *F:* corn (*m*) gwddf (cyrn gyddfau); *(b) Bot: Z: Ent:* tracea, dwythell (*f*) wynt (dwythellau gwynt), corn gwynt.

tracheal, tracheary *a.* *Anat:* breuannol; *Ent: Z:* traceol.

tracheate[d] *a.* *Anat:* breuannog; *Ent: Z:* traceog.

tracheid *n.* *Bot:* traceid(-au) *m*.

tracheidal *a.* *Bot:* traceidol.

tracheitis *n.* *Med:* breuanwst *m*, llid (*m*) ar y breuant.

tracheobronchial *a.* *Anat:* breuanfronciol, traceol-fronciol.

tracheole *n.* *Ent:* traceol(-au) *m*.

tracheophyte *n.* *Bot:* tr|aceoffyt (traceoffytau) *m*.

tracheoscopic *a.* *Med:* traceosgopig.

tracheoscopist *n.* *Med:* traceosgopydd(-ion) *m*.

tracheoscopy *n.* *Med:* trace|osgopi (traceosgopïau) *m*.

tracheostomy *n.* *Surg:* trace|ostomi (traceostomïau) *m*.

tracheotomy *n.* *Surg:* breuan-drychiad(-au) *m*, trace|otomi (traceotomïau) *m*. **~ tube** *n.* *Surg:* pibell(-au) (*f*) anadlu.

trachoma *n.* *Med:* tracoma(-ta, tracomâu) *m*.

trachomatous *a.* *Med:* tracomaidd.

trachyte *n.* *Geol:* tracyt(-au) *m*, ysgyrgraig (ysgyrgreigiau) *f*.

trachytic *a.* *Geol:* tracytig.

tracing *n. & vn.* **I.** *n.* **1.** *(of diagram):* dargopi (dargopïau) *m*, trasiad(-au) *m*. **2.** *Ling:* olrhead(-au) *m*; **kymograph tracings,** olrheadau cymograff. **II.** *vn.* = **trace².** **~-cloth** *n.* lliain (llieiniau) (*m*) dargopïo/trasio. **~-paper** *n.* papur(-au) (*m*) dargopïo/trasio. **~-punch** *n.* *Tls:* pwnsh(-is) (*m*) olinio. **~-wheel** *n.* *Needlew:* olwyn(-ion) (*f*) olinio.

track¹ *n.* **1.** *(a) Ven:* trywydd(-au) *m*, ôl (olion) *m*, *N.W: occ:* rhip(-iau) *m*; *(b) (of pers.):* ôl, ôl troed (olion traed), *Lit:* camre *m* (*not* camrau); *(of ship):* ôl; *(of comet):* ôl, llwybr(-au) *m*; **on s.o.'s ~,** ar drywydd rhn, ar warthaf rhn, ar ôl rhn, ar sodlau rhn, ar war rhn; **to leave tracks,** gadael ôl, *S.E:* llwybro; **to throw s.o. off the ~,** taflu/bwrw rhn oddi ar y trywydd; *F:* **to be off the ~,** cyfeiliorni, mynd ar gyfeiliorn, colli'r trywydd, crwydro oddi ar y pwnc; **you're on the right ~,** 'rydych ar y trywydd iawn/cywir; **(you're) on the wrong ~,** ('rydych) ar y trywydd anghywir, ymhell oddi wrth y gwir, ymhell ohoni hi, yn cyfeiliorni, ar gyfeiliorn, ymhell o'ch lle, yn ei methu hi'n arw; **(to put s.o.) on the right ~,** (rhoi rhn) ar ben y ffordd, ar y trywydd iawn/cywir; **to put s.o. on the wrong ~,** camarwain rhn, arwain rhn ar gyfeiliorn; **to cover one's tracks,** cuddio'ch ôl; **to keep ~ of s.o.,** dilyn trywydd rhn, cadw golwg ar rn, cadw cyfrif o rn, dilyn hynt rhn; **I lost ~ of the lecture,** methais â dilyn y ddarlith; mi gollais drywydd y ddarlith; **I've lost ~ of him,** 'rwyf wedi colli cysylltiad ag ef; 'rwyf wedi colli adnabod arno; *M.W:* 'rwyf wedi colli cadít/cydít arno; **to lose ~ of the time,** colli cyfrif o'r amser, anghofio pa faint yw hi o'r gloch; *F:* **to make tracks,** mynd, cychwyn, ei throi hi, ei chychwyn hi, ei hel hi, hel eich traed, troi'ch traed, codi'ch pac, hel eich pac, rhoi traed yn y tir; *F:* **to make tracks (for Cardiff),** anelu, cyfeirio'ch camre/camau, *F:* ei gwneud hi (am Gaerdydd); **to stop in one's tracks,** sefyll yn stond, stopio'n stond, sefyll/stopio yn eich unfan; **the beaten ~,** y llwybr sathredig; *Lit:* **The Beaten T~,** Ffordd yr Holl Ddaear; **off the beaten ~,** *(house):* diarffordd, anghysbell, *N.W: occ:* dinad-man; *(area):* disathr, didramwy; **the ~ of life,** llwybr bywyd, hynt (*f*) bywyd. **2.** *(a) (= path):* llwybr(-au) *m*, lôn (lonydd) *f*; **cart ~,** *N:* ffordd (*f*) drol (ffyrdd troliau), lôn (*f*) drol (lonydd troliau), *S:* hewl (*f*) gart (hewlydd cartiau); **farm ~,** *M.W:* wtra *f*, wtre(gydd) *f*, *S.W:* meidr(-au) *f*, beidr(-au) *f*, *usu.* feidr(-au) *f*; **mule ~,** llwybr mulod; **sheep ~,** llwybr defaid; *P.N:* **single ~,** ffordd gul (ffyrdd culion) *f*. **3.** *Sp: (for running, racing):* rhedfa (rhedfâu) *f*, trac(-iau) *m*; **cycle ~,** llwybr beiciau. **4.** *Rail:* trac(-iau) *m*, cledrau *pl*, ffordd (ffyrdd) (*f*) haearn; **single ~,** *attrib.* untrac; **double ~,** *attrib.* deudrac; **multiple ~,** *attrib.* amldrac; **the train left the tracks,** aeth y trên oddi ar y cledrau; **(he was born) on the wrong sde of the tracks, across the tracks,** (ganed ef) ym mhen tlotaf y dref; **he has a one-~ mind,** un peth sydd ganddo ar ei feddwl; nid yw'n meddwl am ddim ond un peth; *Mec.E: &c: (= distance between car wheels):* trac(-iau) *m*; *(on record):* trac(-iau) *m*; *Cin:* **sound-~,** trac sain. **5.** *Veh: (of tank, tractor):* trac(-iau) *m*; **half-~ vehicle,** cerbyd(-au) (*m*) hanner-trac. **6.** *U.S: Sch: (= course of study):* ffrwd (ffrydiau) *f*. **~ event** *n.* *Sp:* ras (*f*) redeg (rasys rhedeg), gornest(-au) (*f*) rasio. **~-laying** *attrib.* *Veh:* traciog, â thrac. **~ meet** *n.* *Sp: U.S:* cyfarfod(-ydd) (*m*) mabolgampau. **~ racing** *vn.* *Sp:* rhedeg ras, rasio. **~ record** *n.* hanes *m* [gyrfa]; **he has a good ~ record,** mae wedi rhedeg gyrfa dda. **~ shoe** *n.* *Sp: Cost:* esgid (*f*) redeg (esgidiau rhedeg), esgid bigog (esgidiau pigog). **~ suit** *n.* *Sp: Cost:* siwt (*f*) redeg (siwtiau rhedeg), tracsiwt(-iau) *f*, tracwisg(-oedd) *f*. **~ system** *n.* *U.S: Sch:* system(-au) (*f*) ffrydio.

track² *v.t.&i.* **1.** *v.t.* *(a)* **to ~ an animal/criminal,** dilyn trywydd/ôl anifail/troseddwr; **to ~ a satellite,** dilyn hynt lloeren; *(b) U.S: (= leave dirty tracks):* gadael ôl, *S: occ:* llwybro. **2.** *v.i.* *(a) (of car, wheels &c):* tracio, llwybro, rhedeg yn syth; *(b) Gramophone: (of stylus):* dilyn y rhigol, llwybro, ymlwybro; *(c) Cin: T.V: (of camera):* tracio; **~ back,** cilio, mynd yn ôl. **~ down** *v.t.* **1. to ~ down an animal *or* a criminal,** dilyn anifail/troseddwr i'w wâl, dod o hyd i anifail/droseddwr. **2.** *Fig:* **to ~ down a reference,** dod o hyd i gyfeiriad.

track³ *v.t.&i.* **1.** *v.t.* *(= tow):* halio, llusgo, tynnu. **2.** *v.i.* ymlwybro.

trackage *n.* *Rail: U.S:* **1.** *(= length of track):* hyd(-au) *m*, cledrau *pl*. **2.** *(= right of passage):* hawl (*f*) tramwyo. **3.** *(fee):* tâl (taliadau) (*m*) tramwyo.

tracked *a.* **1.** *(tank, tractor):* â thrac/thraciau, traciog; **half-~,** hanner-trac. **2.** *(= travelling on rails):* ar gledrau.

tracker *n.* **1.** olrheiniwr (olrheinwyr) *m*, traciwr (tracwyr) *m*. **2.** *Mus: (of organ):* cysylltbren(-nau,-ni) *m*. **~ action** *n.* *Mus:* arwaith (*m*) cysylltbren (arweithiau cysylltbrennau). **~ dog** *n.* ci (cŵn) (*m*) olrhain, ci trywydd, ci synhwyro, olrhead (olrheaid) *m*.

tracking *vn.* **1.** = **track**[2]. ~ **shot** *n. Cin:* cip(-iau,-ion) symudol *m,* cip symud. ~ **station** *n.* gorsaf(-oedd) (*f*) olrhain. ~ **system** *n.* system(-au) (*f*) olrhain.

tracklayer *n. esp. U.S: Rail:* **1.** *(pers.):* fforddoliwr (fforddolwyr) *m.* **2.** *(machine):* peiriant (peiriannau) (*m*) gosod cledrau.

tracklaying *vn. Rail:* gosod cledrau.

tracklement *n. Cu:* jeli (jeliau) *m.*

trackless *a.* **1.** *(forest &c):* dilwybr, didramwy, ansathredig. **2.** *U.S:* ~ **trolley,** = **trolleybus.**

trackman *n.* = **tracklayer 1.**

trackrod *n.* tracrod(-iau) *m.*

trackside *attrib.* min trac.

tracksuit *n. Sp:* tracwisg(-oedd) *f,* tracsiwt(-iau) *f,* siwt (*f*) redeg (siwtiau rhedeg).

trackwalker *n. Rail:* fforddoliwr (fforddolwyr) *m.*

trackway *n.* llwybr(-au) *m,* ffordd (ffyrdd) *f; (esp. historic):* sarn(-au) *f;* **prehistoric ~,** llwybr cynhanesiol, sarn.

tract[1] *n.* **1.** *(a) (= indefinitely vast area):* ehangder (eangderau) *m; (b) (= allotted plot of land):* llain (lleiniau) *f,* rhandir(-oedd) *m,* parth(-au) *m,* rhanbarth(-au) *m,* ardal(-oedd) *f; (c) Geog:* **plain ~,** gwastatir(-oedd) (*f*) afon; **torrent ~,** blaendir(-oedd) (*m*) afon; **valley ~,** dyffryndir(-oedd) (*m*) afon. **2.** *Anat:* llwybr(-au) *m,* pibell(-au) *f;* **digestive ~,** llwybr treuliad/traul; **pyramidal ~,** colofn byramidaidd (colofnau pyramidaidd) *f;* **respiratory ~,** pibellau (*pl*) anadlu. ~ **house** *n. U.S:* tŷ (tai) (*m*) ystad.

tract[2] *n. (= pamphlet):* pamffledyn (pamffledi) *m,* traethodyn(-nau) *m.*

tract[3] *n. R.C.Ch: Mus:* anthem(-au) *f.*

tractability *n.* = **tractableness.**

tractable *a.* **1.** hydrin, hawdd eich trin/trafod, hydyn, tringar (*pronounced* ng-g); *(esp. horse):* hywedd, dof.

tractableness *n.* hyw|edd-dra *m,* hydrinedd *m.*

tractably *adv.* yn hydrin.

Tractarian *a.* & *n. Rel.Hist:* **1.** *a.* Tractaraidd. **2.** *n.* Tractariad (Tractariaid) *m&f.*

Tractarianism *n. Rel.Hist:* Tractariaeth *f.*

tractate *n.* traethawd (traethodau) *m,* ymdriniaeth(-au) *f.*

tractile *a.* hydyn, tynadwy.

tractility *n.* hydynrwydd *m.*

traction *n.* **1.** *Mec.E:* tyniant (tyniannau) *m,* tyniad(-au) *m;* **the wheels were losing ~,** 'roedd yr olwynion yn colli eu gafael; **steam ~,** tyniant [ag] ager. **2.** *Med:* tyniant; **a leg in ~,** coes dan dyniant. **~-cable** *n.* rhaff (*f*) dynnu (rhaffau tynnu), tynraff(-au) *f.* **~-engine** *n.* peiriant (peiriannau) (*m*) tynnu, *F:* tracsion: tracsiwn(-s) *m.* **~-splint** *n.* ysgyren (*f*) dynnu (ysgyrion tynnu). **~-wheel** *n.* olwyn (*f*) dynnu (olwynion tynnu).

tractional, tractive *a.* tyniannol, tyniadol; *Ph:* ~ **force,** grym(-oedd) tyniadol *m.*

tractor *n.* tractor(-s,-au) *m;* **pull-apart ~,** tractor datod, tractor ffitio, tractor tynnu'n rhydd. ~ **propellor** *n. Av:* sgriw (*f*) dynnu (sgriwiau tynnu), propelor(-au) (*m*) tynnu.

tractrix *n.* tractrics(-au) *m.*

trad *a.* & *n. Mus: F:* **1.** *a.* traddodiadol. **2.** *n.* jas traddodiadol *m.*

tradable *a.* = **tradeable.**

trade[1] *n.* **1.** *(a) (= skilled handicraft):* crefft(-au) *f;* **to follow a ~, to carry on a ~,** dilyn crefft; **to learn a ~,** dysgu crefft; **(he's a plumber) by ~,** (plymer yw ef) o ran ei grefft, wrth ei grefft, wrth ei waith; **everyone to his ~,** pawb â'i grefft; pawb at y peth y bo; *S.a.* **jack**[1] II. 1; **a trick of the ~,** un o driciau'r grefft; **I'm in the ~,** 'rwyf innau yn y grefft. **2.** *(a) (= commerce):* masnach(-au) *f,* busnes(-au) *m,* gwerthiant *m, S: occ:* cwstwm *m,* trafnidiaeth *f;* **how much ~ do you do?** faint o fusnes/werthiant a wnewch chi? *Jur:* **in restraint of ~,** yn llyffetheirio masnach; **to carry on ~,** masnachu; **there's not much passing ~,** 'does fawr o brynu gan gwsmeriaid sy'n mynd heibio; **he does a good ~ in books,** mae ganddo fusnes da yn gwerthu llyfrau; **there was brisk ~ in sterling,** bu llawer o brynu a gwerthu ar y bunt; **he's doing a roaring ~,** mae'n ei gwneud hi'n dda; *S:* mae cwstwm bach net 'da fe; **it's good for ~,** mae'n denu cwsmeriaid; mae'n gwneud lles i'r fasnach/busnes; *Adm: Hist:* **Board of T~,** Bwrdd (*m*) Masnach; **domestic/home/inland ~,** y fasnach gartref; **fair ~,** masnach deg; **foreign ~,** y fasnach dramor; **I'm in ~,** masnachwr ydw i; **balance of ~,** mantolen (*f*) fasnach; **tea-cup ~,** paned-fasnach *f; S.a.* **free trade;** *(b) U.S: (= swap*[1]*):* cyfnewidiad(-au) *m.* **3.** *Coll: (= traders):* masnach *f,* masnachwyr *pl;* **the ~ won't stand for it,** bydd y fasnach/masnachwyr yn ei wrthod; ni fyn[n] y fasnach/masnachwyr mohono. **4.** *pl.* = **trade-winds. 5.** *attrib.* masnachol, ar gyfer y fasnach. ~ **acceptance** *n.* derbyniad(-au) masnachol *m.* ~ **agreement** *n.* cytundeb(-au) masnachol *m.* ~ **book** *n.* llyfr(-au) masnachol *m,* llyfr ar gyfer y farchnad. ~ **card** *n.* cerdyn (cardiau) (*m*) busnes/masnach, carden fusnes/fasnach (cardiau busnes/masnach). ~ **cycle** *n.* cylchdro(-eon) masnachol *m.* ~ **description** *n.* disgrifiad(-au) masnachol *m,* disgrifiad masnach. **T~ Descriptions Act** *n.* Deddf (*f*) Disgrifiadau Masnachol. ~ **directory** *n.* cyfarwyddiadur(-on) masnachol *m.* ~ **discount** *n.* gostyngiad(-au) masnachol *m,* gostyngiad ar gyfer y fasnach. ~ **dispute** *n.* anghydfod(-au) diwydiannol *m.* ~ **dollar** *n.* doler (*f*) fasnachu (doleri masnachu). ~ **edition** *n.* argraffiad(-au) masnachol *m,* argraffiad ar gyfer y fasnach/farchnad. ~ **effluent** *n.* carthffrwd fasnachol (carthffrydiau masnachol) *f.* **T~ Facilities Act** *n.* Deddf (*f*) Hyrwyddo Masnach. ~ **fixtures** *n.pl.* gosodion masnach/masnachol. ~ **gap** *n.* bwlch (bylchau) masnachol *m.* ~ **journal** *n.* = **trade paper.** ~ **language** *n.* iaith (*f*) fasnach/fasnachu/fasnachol (ieithoedd masnach/masnachu/masnachol). ~ **mark** *n.* nod(-au) (*m*) masnach/masnachu/masnachol, nod gwneuthurwr/gwneuthuriad, marc(-iau) (*m*) masnach/masnachol; *Fig:* arwyddnod(-au) *m.* ~ **name** *n.* enw(-au) masnachol *m.* ~ **paper** *n.* papur(-au) masnachol *m,* papur ar gyfer y fasnach. ~ **plate** *n.* plât (platiau) masnachol *m,* plât y fasnach. ~ **price** *n.* pris(-iau) masnachol *m,* pris ar gyfer y fasnach. ~ **reference** *n.* canolwr (canolwyr) masnachol *m.* ~ **route** *n.* llwybr(-au) masnachol *m,* llwybr masnach. ~ **secret** *n.* cyfrinach fasnachol (cyfrinachu masnachol) *f,* cyfrinach y grefft/fasnach; **it's a ~ secret,** mae'n un o gyfrinachau'r grefft/fasnach. ~ **school** *n.* ysgol (*f*) fasnach/fasnachol (ysgolion masnach/masnachol). **~/trades union** *n.* undeb(-au) (*m*) llafur. **Trades Union Congress** *n.* Cyngres (*f*) yr Undebau Llafur. ~ **unionism** *n.* undebaeth (*f*) lafur. ~ **unionist** *n.* undebwr (undebwyr) (*m*) llafur. ~ **wind** *n. Geog:* gwynt(-oedd) cyson *m.*

trade[2] *v.i.* &*t.* **1.** *v.i. (a) Com:* masnachu, marchnata, delio (**in sth,** mewn rhth); *(b)* **to ~ on s.o.'s ignorance,** manteisio/elwa ar anwybodaeth rhn; *(c) U.S: (i) (= shop*[2]*):* siopa; *(ii) (= exchange):* cyfnewid, *N:* ffeirio, *S:* trwco (**with s.o.,** gyda rhn, â rhn). **2.** *v.t.* **to ~ (sth for sth),** cyfnewid, *N:* ffeirio, *S:* trwco (rhth am rth); *U.S:* **to ~ places with s.o.,** newid lle â/gyda rhn; **they were trading blows,** 'roeddynt yn dyrnu ei gilydd; **they traded insults,** buont yn enllibio/difenwi ei gilydd. ~ **down** *v.t.* gwerthu i brynu rhth rhatach, cyfnewid rhth am rth rhatach. ~ **in** *v.t.* **to ~ sth in for sth,** cyfnewid/ffeirio/trwco rhth am rth. **~-in** *n. Aut:* car (ceir) (*m*) cyfnewid. **~-last** *n. U.S:* cyfnewid (*vn*) canmoliaeth. ~ **off** *v.t.* cyfnewid (rhth am rth). **~-off** *n.* cyfaddawd(-au) *m.* ~ **up** *v.i.* cyfnewid (rhth) am rth gwell.

tradeable *a.* gwerthadwy, marchnatadwy; *(= exchangeable):* cyfnewidiadwy, ffeiriadwy.

trader *n.* **1.** masnachwr (masnachwyr) *m, occ:* marsiandwr (marsiandwyr) *m,* marsiandïwr (marsiandïwyr) *m.* **2.** *(ship):* llong (*f*) fasnach (llongau masnach), *occ:* masnachlong(-au) *f,* cludlong(-au) *f.*

tradescantia *n. Bot:* = **spiderwort.**

tradesfolk *n.* = **tradespeople.**

tradesman *n.m.* **1.** *(= craftsman):* crefftwr (crefftwyr). **2.** *Com:* siopwr (siopwyr) *m,* masnachwr (masnachwyr) *m;* **tradesmen's entrance,** drws (drysau) (*m*) cefn.

tradespeople *n.pl.* masnachwyr.

trading[1] *a.* masnachol.

trading[2] *vn.* masnach *f,* masnachu, y farchnad *f;* **fair ~,** masnachu teg; ~ **is brisk,** mae gwerthu/mynd mawr ar bethau; mae'r farchnad yn brysur; ~ **is slack,** 'does dim llawer o werthu; 'does dim llawer o fynd ar bethau; *F:* 'does fawr o ffrwt yn y farchnad; mae'r farchnad yn araf. ~ **certificate** *n.* tystysgrif (*f*) fasnachu (tystysgrifau masnachu). ~ **company** *n.* cwmni (cwmnïau) (*m*) masnachu. ~ **estate** *n.* ystâd fasnachol (ystadau masnachol) *f,* ystâd fasnach/fasnachu (ystadau masnach/masnachu). **~-post** *n.* gorsaf (*f*) fasnachu (gorsafoedd masnachu). ~ **stamp** *n.* stamp(-iau) (*m*) masnachu. ~ **year** *n.* blwyddyn fasnachol (blynyddoedd masnachol) *f.*

tradition *n.* traddodiad(-au) *m*; **~ has it...,** yn ôl [y] traddodiad...; **oral ~,** traddodiad llafar.
traditional *a.* traddodiadol.
traditionalism *n.* traddodiadaeth *f.*
traditionalist *n.* traddodiadwr (traddodiadwyr) *m.*
traditionalistic *a.* traddodiadol, traddodiadgarol.
traditionalize *v.t.* troi (rhth) yn draddodiad.
traditionally *adv.* yn draddodiadol, yn ôl traddodiad.
traditionary, traditive *a.* = **traditional.**
traditor *n. Rel.Hist:* bradychwr (bradychwyr) *m.*
traduce *v.t. O: (a) (= malign):* cablu, athrodi, enllibio, difenwi, absennu, pardduo; *(b) (= misrepresent):* camliwio, pardduo; *(c)* **to ~ a principle of law,** bradychu/treisio egwyddor gyfreithiol.
traducement *n. (a) (= calumny):* difenwad(-au) *m*, cabl(-au) *m*, athrod (-ion) *m*, enllib(-ion,-iau) *m*, absen(-nau) *m*; *(b) (= misrepresentation):* camliwiad(-au) *m.*
traducer *n.* difenwr (difenwyr) *m*, cablwr (cablwyr) *m*, athrodwr (athrodwyr) *m*, enllibiwr (enllibwyr) *m*, absennwr (absenwyr) *m*, camliwiwr (camliw-wyr) *m.*
traducian *n. Theol:* traddugwr (traddugwyr) *m.*
traducianism *n. Theol:* traddugiaeth *f.*
traducianist *n.* = **traducian.**
traducianistic *a.* traddugol.
traducingly *adv.* yn gableddus *&c.*
traduction *n. Phil:* traddwythiad *m.*
traffic[1] *n.* **1.** *(= dealings):* masnach(-au) *f*, trafnid *m*; **the ~ in arms,** y fasnach arfau; **the drug ~,** y fasnach gyffuriau; **telephone ~,** teleffonio *vn*, galwadau *(pl)* ffôn; **~ of ideas,** cyfnewid *(vn)* syniadau, cylchrediad *(m)* syniadau. **2.** *(= movement of vehicles):* trafnidiaeth *f*, traffig *m*, tramwyo *vn*; **there is much ~ along this road,** mae llawer o dramwyo/drafnidiaeth/draffig ar hyd y ffordd hon; **air ~,** awyrennau *pl*, awyrdeithiau *pl*, awyrdeithio *vn*, trafnidiaeth awyr; **essential ~,** trafnidiaeth orfod, traffig gorfod; **optional ~,** traffig diorfod, trafnidiaeth ddiorfod; **goods ~,** trafnidiaeth nwyddau; **heavy ~,** trafnidiaeth drom, traffig trwm; *(= heavy vehicles):* cerbydau trymion *pl*; **ocean ~,** llongau *pl*, mordeithiau *pl*, mordeithio *vn*, mordwyo *vn*, trafnidiaeth fôr; **passenger ~,** teithwyr *pl*, teithiau *pl*, teithio *vn*; **passenger ~ rose this year,** cynyddodd nifer y teithwyr eleni; **pedestrian ~,** cerddwyr *pl*, troedwyr *pl*; **rail ~,** trafnidiaeth/teithiau ar y rheilffordd; **road ~,** trafnidiaeth/traffig ar y ffordd/ffyrdd, cerbydau'r ffordd fawr; **through ~,** traffig trwodd; *P.N:* **all ~ to the left,** pob cerbyd i'r chwith. **~ control** *n.* rheolaeth *(f)* ar drafnidiaeth/draffig, rheoli *(vn)* trafnidiaeth/traffig. **~ circle** *n. U.S:* = **roundabout. ~ cone** *n.* côn (conau) *(m)* traffig. **~ cop** *n. F:* = **traffic policeman. ~ court** *n.* llys(-oedd) *(m)* [troseddau] moduro. **~ engineer** *n.* peiriannwr: peiriannydd (peirianwyr) *(m)* trafnidiaeth/traffig. **~ engineering** *n.* peirianneg *(f)* trafnidiaeth/traffig. **~ island** *n.* ynys *(f)* groesi (ynysoedd croesi). **~ jam** *n.* tagfa *(f)* geir (tagf|eydd ceir), tagfa draffig/drafnidiaeth (tagfeydd traffig/trafnidiaeth). **~-lights** *n.pl.* goleuadau traffig/trafnidiaeth. **~ manager** *n.* rheolwr (rheolwyr) *(m)* traffig/trafnidiaeth. **~ pattern** *n.* patrwm (patrymau) *(m)* traffig/trafnidiaeth. **~ police** *n.* heddlu *(m)* traffig/trafnidiaeth. **~ policeman** *n.* plisman (plismyn) *(m)* traffig/trafnidiaeth, *F:* plisman ceir. **~ regulation** *n.* rheoliad(-au) *(m)* traffig/trafnidiaeth. **~ sign** *n.* arwydd(-ion) *(m)* traffig/trafnidiaeth. **~-signal** *n.* golau (goleuadau) *(m)* traffig/ trafnidiaeth. **~ superintendent** *n.* arolygwr (arolygwyr) *(m)* traffig/trafnidiaeth. **~ warden** *n.* warden (wardeiniaid) *(m)* traffig/trafnidiaeth.
traffic[2] *v.t.&i.* **1.** *Pej:* masnachu, marchnata, delio. **2.** *(= travel over):* tramwyo (rhth), teithio (ar hyd rhth, dros rth); **heavily trafficked highways,** ffyrdd prysur iawn, ffyrdd â llawer o dramwyo/draffig/drafnidiaeth arnynt.
trafficable *a.* **1.** *(goods):* marchnatadwy, gwerthadwy. **2.** *(road):* teithiadwy, tramwyadwy, agored i draffig/drafnidiaeth.
trafficator *n. Aut: O:* cyfeiriwr (cyfeirwyr) *m*, bys(-edd) *(m)* cyfeirio.
trafficker *n. Pej:* masnachwr (masnachwyr) *m*, deliwr (delwyr) *m.*
trafficless *a.* didramwy, didramwyaeth, didraffig, didrafnidiaeth.
tragacanth *n. Bot: (Astragalus):* **1.** draenen (drain) *(f)* y geifr, draenen yr afr, dragant *m.* **2.** *(gum):* gwm *(m)* dragant.
tragedian *n.* **1.** *(author):* trasiedïwr (trasiediwyr) *m*, awdur(-on) *(m)* trasiedïau, awdures(-au) *(f)* trasiedïau. **2.** *Th: (actor):* trasiedydd(-ion) *m*, actor(-ion) trasig *m.*
tragedienne *n.f. Th:* trasiedyddes(-au) *f*, actores drasig (actoresau trasig) *f.*
tragedy *n.* **1.** *Th: Lit:* tr|asiedi (trasiedïau) *f.* **2.** *F: (= disaster):* trychineb(-au) *mf*, trasiedi; *F:* **to make a ~ out of sth,** gwneud môr a mynydd o rth; **the ~ of his death,** trasiedi/trychineb/trueni ei farwolaeth.
tragic[al] *a. Th: Lit:* trasig, *occ:* trasiedïol; **~ actor,** trasiedydd(-ion) *m*, actor(-ion) trasig *m*; **~ actress,** trasiedyddes(-au) *f*, actores drasig (actoresau trasig) *f*; *F:* **to put on a ~ act,** tynnu wyneb hir, edrych yn druenus; **~ flaw,** gwendid(-au) trasig *m*, nam(-au) trasig *m*, ffawt trasig/drasig (ffawtiau trasig) *mf*; **~ irony,** eironi trasig *m*; **the comic and the ~,** y digrif a'r dwys, y llon a'r lleddf; *(b) (event):* alaethus, trist, enbyd, trychinebus, truenus, trasig; **the ~ side of the story is...,** tristwch *(m)* y stori yw....
tragically *adv.* yn drasig, yn enbyd, yn drychinebus *&c*; **he died ~ young,** bu farw'n druenus o ifanc.
tragicomedy *n. Th:* trasic|omedi (trasicomedïau) *f.*
tragicomic[al] *a. Th:* trasicomig, trasicomedïol.
tragion *n. Anat:* tragion(-au) *m.*
tragopan *n. Orn:* ffesant(-od, ffesynt) corniog *m.*
tragus *n. Anat:* **1.** *(= ear):* tragws (tragi) *m*, *F:* clust(-iau) *f.* **2.** *(hair):* blewyn *(m)* clust (blew clust/clustiau).
trail[1] *n.* **1.** *(a) (of blood &c):* ôl (olion) *m*; *(of comet, rocket):* ôl, cynffon(-nau) *f*, *S:* cwt(-au) *f*; *(of smoke):* cwmwl hir (cymylau hirion) *m*, strimyn(-nau) *m*, ôl; *(b) Artil: (of gun carriage):* cynffon, cwt; *(c) Cost: (of dress):* cynffon, godre(-[u]on) *m*, cwt; *(d)* **~ of admirers,** rhes(-i) *(f)* o edmygwyr; *(e) Mil:* **arms at the ~,** arfau ar lusg. **2.** *(a) Ven: &c: (of animal):* ôl, trywydd(-au) *m*; *(of snail):* ôl, *S: occ:* llys *m*; **to pick up a ~,** codi trywydd; **a false ~,** trywydd ffug; **to be on the ~ of s.o.,** bod ar drywydd/warthaf/war rhn; **to leave a ~ of destruction,** gadael dinistr o'ch ôl; *(b) (= path):* llwybr(-au) *m*; **to hit the ~,** ei chychwyn hi, cychwyn, mynd ar daith; **to blaze a ~ through a forest,** torri/agor/arloesi llwybr trwy goedwig; **archaeological ~,** llwybr archeolegol; **campaign ~,** hynt *(f)* ymgyrch; **forest ~,** rhodfa (rhodf|eydd) *(f)* mewn coedwig, llwybr coedwig; **nature ~,** llwybr natur. **~-bike** *n.* beic(-iau) *(m)* gwlad. **~-blazer** *n.* arloeswr (arloeswyr) *m*, arl|oeswraig (arloeswragedd) *f.* **~-blazing[1]** *a.* arloesol. **~-blazing[2]** *vn.* arloesi, torri cwys newydd. **~-breaker** *n.* = **trail-blazer. ~ enamelling** *vn. Mec.E:* enamlo llusg. **~ head** *n. U.S:* pen *(m)* llwybr (pennau llwybrau). **~-less** *a.* dilwybr, didramwy. **~-net** *n. Fish:* llusgrwyd(-i) *f.* **~-rope** *n. Artil: Aer:* llusgraff(-au) *f.*
trail[2] *v.t.&i.* I. *v.t.* **1.** *(a)* **to ~ sth along,** llusgo rhth ar eich ôl, llusgo rhth o'ch ôl, llusgo rhth y tu ôl i chwi; *(of car):* tynnu, halio; *S.a.* **tow[2]**; *Fig:* **to ~ one's coat,** llusgo'ch mantell, ceisio codi cynnen/cythrwfwl, chwilio am helynt; *(b) Mil:* **to ~ arms,** llusgo arfau. **2.** *Ven:* **to ~ an animal,** dilyn trywydd anifail, mynd ar drywydd anifail; *S.a.* **track[2]**. II. *v.i. (a)* llusgo, *occ:* ymlusgo; **your skirt is trailing (on the ground),** mae eich sgert yn llusgo (ar lawr, ar hyd y llawr); **to ~ in the mud,** llusgo yn y mwd, llusgo trwy'r mwd, *N.W: occ:* caglu; **a car came with a caravan trailing behind,** daeth car gan lusgo carafan o'i ôl; *(b) (of pers.):* **to ~ along,** ymlwybro, dod linc-di-lonc, dod o dow i dow; **to ~ behind,** dod/llusgo ar ôl y gweddill, dod/llusgo ar ôl pawb arall, *S:* dod yn y gwt, dod wrth y gwt; *Fig: (of team &c):* bod ar ei hôl hi; *(of voice):* **to ~ away/off,** tewi, gwanh|au, darfod; **his voice trailed away/off,** gwanhaodd/tawodd/darfu ei lais [yn araf]; *(c) (of plant):* ymgripio, ymlusgo.
trailer[1] *n.* **1.** *Ven: (= tracker):* dilynwr (dilynwyr) *(m)* trywydd, olrheiniwr (olrheinwyr) *m.* **2.** *Hort: (plant):* planhigyn (planhigion) ymlusgol *m.* **3.** *Veh: &c:* ôl-gerbyd(-au) *m*, olgert(-i) *f*, *F:* trelar(-s) *m*; *U.S:* carafán (carafannau) *mf.* **4.** *Cin: T.V:* rhaglun(-iau) *m*, hysbyslun(-iau) *m*, rhagflas *m.* **~-library** *n.* llusglyfrgell(-oedd) *f*, llyfrgell *(f)* garafán (llyfrgelloedd carafán).
trailer[2] *v.t.&i.* **1.** *v.t.* cario/cludo (rhn) (mewn ôl-gerbyd, mewn carafán). **2.** *v.i.* byw/teithio mewn carafán; **a boat that trailers easily,** cwch/bad sy'n hawdd ei gludo ar ôl-gerbyd, cwch/bad hawdd ei halio.
trailerable *a.* haliadwy, cludadwy [ar ôl-gerbyd].
trailerist, trailerite *n. U.S:* carafanwr (carafanwyr) *m.*

trailing *a.* **1.** *Hort: (plant):* ymlusgol, ymgripiol; **~ arbutus,** *(Epigaea repens):* blodyn (blodau) *(m)* Mai, mefusbren(-nau) ymlusgol *m.* **2.** *Rail:* **~ wheel,** olwyn lusg (olwynion llusg) *f; Av:* **~ edge,** ymyl(-on) ôl *mf;* **~ vortex drag,** llusgiant *(m)* ôl-droellau. **3.** *(skirt &c):* llaes(-ion), llusg.

trailside *attrib.* min llwybr, ymyl llwybr, ochr llwybr, hyd llwybr.

train[1] *n.* **1.** *(of dress):* godre(-on,-uon) *m, S:* cwt(-au) *f, N:* cynffon (-nau) *f, Lit: occ:* pwrffil(-au) *m; (of peacock, comet):* cynffon, cwt. **2.** *(with prince &c): (a)* gosgordd(-ion) *f,* mintai (minteioedd) *f,* canlynwyr *pl;* **to be in s.o.'s ~,** dilyn [yn ôl] rhn, canlyn rhn; *(b)* **the evils that follow in the ~ of war,** y drygau sy'n dod yn sgil *(m)* rhyfel. **3.** *(a) (of wagons &c):* llinyn(-nau) *m,* llinell(-au) *f,* cadwyn(-i) *f; Mil:* **baggage ~,** cludfenni *pl,* cludfintai (cludfinteioedd) *f; (of thought):* cadwyn, dilyniad *m,* llinyn *m, S.E: occ:* ffwyl *m; (of events):* cyfres(-i) *f,* cadwyn, dilyniant *m; (of waves):* dilyniant; **in ~,** mewn trefn, un ar ôl y llall, y naill ar ôl y llall, yn un llinyn; *(b) Min: (of gunpowder):* llinell(-au) *f; (c) O:* **to set (sth) in ~,** cychwyn/dechrau (rhth). **4.** *Tchn: (of gears):* geriad *m;* **wheel ~,** olwynwaith *m.* **5.** *(a) Rail:* trên (trenau) *m, occ: f, Lit: occ: or Joc:* cerbydres(-i) *f;* **excursion ~,** trên gwibdaith, *F:* trên sgyrsion; **express ~,** trên cyflym, trên tra chyflym; **goods ~,** trên nwyddau; **passenger ~,** trên teithwyr; **pullalong ~,** trên llusgo; **relief ~,** trên ychwanegol; **slow/stopping ~,** trên araf; *Hist:* **Parliamentary ~,** trên rhad; **on the ~,** ar/yn y trên; **to get into a ~,** mynd/esgyn i drên; **to travel by ~,** teithio/mynd ar y trên, teithio/mynd gyda'r trên; **the ~ is in,** mae'r trên yn yr orsaf; mae'r trên wedi cyrraedd. **~-bearer** *n.* **1.** cludydd *(m)* pwrffil (cludyddion pwrffilau). **2.** *Orn:* aderyn (adar) y si cynffonnog *m,* sïedn (siednod) cynffonnog *m.* **~ case** *n. U.S:* blwch (blychau) *(m)* ymolchi. **~-dispatcher** *n. U.S:* anfonwr (anfonwyr) *(m)* trenau. **~-ferry** *n. N:* cwch *(m)* trên (cychod trenau), *S:* bad *(m)* trên (badau trenau). **~ journey** *n.* taith *(f)* drên (teithiau trên), taith ar drên, taith mewn trên. **~-mile** *n.* milltir *(f)* drên (milltiroedd trên). **~-oil** *n. See after* **trainman.** **~-spotter** *n.* nodwr (nodwyr) *(m)* trenau, gwyliwr (gwylwyr) *(m)* trenau. **~-spotting** *vn.* nodi trenau, gwylio trenau.

train[2] *v.t.&i.* **1.** *v.t. (a)* hyfforddi, dysgu; **to ~ up a child,** hyfforddi plentyn, magu a meithrin plentyn, codi plentyn; **(to ~ s.o.) for the ministry, for the priesthood,** (hyfforddi/parat|oi rhn) ar gyfer y weinidogaeth, ar gyfer yr offeiriadaeth; **to ~ s.o. to do sth,** hyfforddi/dysgu/addysgu rhn i wneud rhth; **to ~ s.o. in the use of a weapon,** hyfforddi/dysgu rhn sut i ddefnyddio arf; *(b) Sp:* hyfforddi; *(c) Hort:* hyfforddi, cyfeirio, arwain. *(d) Artil: (cannon, binoculars):* anelu, cyfeirio **(sth on sth,** rhth at rth); *(e)* = **trail[2], drag[2].** **2.** *v.i. Sp: Mil: &c: (= exercise):* ymarfer; **to ~ down,** ymarfer i golli pwysau; *(= receive instruction):* derbyn hyfforddiant; **to ~ (as a typist),** derbyn hyfforddiant, cael eich hyfforddi (i fod yn deipydd/deipyddes); **to ~ as a teacher,** hyfforddi'n athro/athrawes; *(c) (= go by train):* mynd gyda'r trên, mynd ar y trên, mynd mewn trên.

trainability *n.* hyddysgedd *m,* hyddysgrwydd *m,* dysgadwyedd *m,* natur hyfforddadwy *f.*

trainable *a.* dysgadwy, hyfforddadwy.

trainband *n. Hist:* cartreflu(-oedd) *m,* milisia (milisiâu) *m,* mintai (minteioedd) *(f)* araë.

trained *a.* **1.** *(pers., animal):* hyfforddedig, hyfforddi, wedi'ch hyfforddi, hyddysg, medrus; **~ nurse,** nyrs(-ys) hyfforddedig *f; (eye):* cyfarwydd, craff; **badly-/ill-~ troops,** milwyr dihyfforddiant, milwyr gwael eu hyfforddiant; **a well-~ worker,** gweithiwr tra hyfforddedig; **a well-~ dog,** ci wedi ei ddysgu'n/hyfforddi'n dda, ci ufudd. **2.** *Hort:* arweiniedig, hyfforddedig.

trainee *n. & attrib.* **1.** *n.* hyfforddedig(-ion) *m&f,* prentis(-iaid) *m,* gŵr (gwŷr) *(m)* dan hyfforddiant, gwr|aig (gwragedd) *(f)* dan hyfforddiant. **2.** *attrib.* **~ accountant,** cyfrifydd(-ion) *(m)* dan hyfforddiant; **~ doctor,** disgybl-feddyg(-on) *m.*

traineeship *n.* swydd(-i) *(f)* dan hyfforddiant.

trainer *n.* **1.** *Sp: &c:* hyfforddwr (hyfforddwyr) *m,* hyff|orddwraig (hyfforddwragedd) *f.* **2.** *Artil: U.S:* anelwr (anelwyr) *(m)* magnelau. **3.** *Av:* **~ [aircraft],** awyren(-nau) *(f)* hyfforddi. **4.** *pl. Cost:* esgid(-iau) *(f)* ymarfer.

trainful *a.* llond *(m)* trên (~ trenau).

training *vn.* **1.** hyfforddiant *m,* hyfforddi *vn;* **physical ~,** addysg gorfforol *f,* ymarfer *(mf)* corff; **vocational ~,** hyfforddiant galwedigaethol; **I'm a historian by ~,** 'rwyf yn hanesydd wrth fy nghrefft. **2.** *Sp: (= exercise):* ymarfer *mf;* **to go into ~,** dechrau ymarfer; **I'm in ~ for a fight, ~,** 'rwy'n parat|oi/ymbarat|oi/ymarfer ar gyfer gornest; **he's out of ~,** nid yw'n ddigon heini/'tebol; mae heb ymarfer digon. **~-base, ~-centre** *n.* canolfan(-nau) *(mf)* hyfforddi. **~-college** *n.* coleg(-au) *(m)* hyfforddi. **~-ground** *n. Sp:* maes (meysydd) *(m)* ymarfer. **~-hospital** *n.* ysbyty (ysbytai) *(m)* hyfforddi. **~-school** *n.* ysgol(-ion) *(f)* hyfforddi. **~-ship** *n. Navy:* llong(-au) *(f)* hyfforddi. **~-table** *n.* bwrdd (byrddau) *(m)* athletwyr.

trainload *n.* llond *(m)* trên (~ trenau), llwyth *(m)* trên (llwythi trenau).

trainman *n.m. U.S: Rail:* dyn trên (dynion trenau).

train-oil *n.* olew *(m)* morfil.

trainsick *a.* sâl [mewn] trên.

trainsickness *n.* salwch *(m)* trên.

traipse *v.i. F:* = **trudge[2], gad[1].**

trait *n.* nodwedd(-ion) *f,* nod(-au) amgen *mf; pl.* **traits,** teithi.

traitor *n.* bradwr (bradwyr) *m, occ:* bradychwr (bradychwyr) *m; (guilty of high treason):* teyrnfradwr (teyrnfradwyr) *m;* **arch-~,** carnfradwr (carnfradwyr) *m,* pen-bradwr (~-bradwyr) *m;* **to turn ~,** troi'n fradwr.

traitorous *a.* bradwrus, *occ:* bradychus, bradwraidd.

traitorously *adv.* yn fradwrus *&c.*

traitorousness *n.* brad *m,* bradwriaeth *f,* natur fradwrus *f.*

traitress *n.f.* bradwres(-au).

trajectory *n.* **1.** *(of shell, comet &c):* llwybr(-au) *m.* **2.** *Mth: Geom:* tafl-lwybr(-au) *m.*

tra-la *int.* tra-la, ffal-di-ral.

Trallong *W.Pl.n.* Trallwng *(m)* Llywelyn.

tram[1] *n.* **1.** *Veh:* tram(-iau) *m.* **2.** *Min: S:* dram(-iau,-s) *f, N:* wagen(-ni) *f, N.E:* dram(-iau,-s) *f,* twb (tybiau) *m;* **to load a ~,** *S:* dramo, llwytho dram, *N:* llwytho wagen, llwytho twb/dram.

tram[2] *v.i.* **1.** *(= go by tram):* mynd ar dram, mynd mewn tram. **2.** *Min:* dramio, *S:* dramo, *N:* llwytho wagen, llwytho twb/dram.

tram[3] *n. Tex:* **~ [silk],** edau *(f)* sidan ddwbl (edefion sidan dwbl), anwe gyfrodedd (anweoedd cyfrodedd) *f.*

tramcar *n.* tram(-iau) *m.*

tramlines *n.pl.* **1.** rheiliau tram/tramiau/tramffordd/tramffyrdd, tramleiniau. **2.** *Ten:* ystlyslinau *&c.*

tramlining *vn. Agr:* tramleinio.

trammel[1] *n.* **1.** *Fish:* **~ [net],** rhwyd driphlyg (rhwydi triphlyg) *f,* crogrwyd(-i) *f,* rhwyd hir, llusgrwyd(-i) *f.* **2.** *pl. (= impediment[s]):* llyffethair (llyffetheiriau) *f,* cloffrwym(-au) *m,* llestair (llesteiriau) *m,* hual(-au) *m.* **3.** *esp. U.S: (= hook in fireplace):* bachyn (bachau) *(m)* crochan. **4.** *(a) Geom: (for drawing ellipses):* hirgylchwr (hirgylchwyr) *m; (b)* = **compass (beam)**; *(c) (gauge):* medrydd(-ion) *m.*

trammel[2] *v.t.* **1.** *Fish:* rhwydo. **2.** *Fig:* llyffetheirio, rhwystro, hualu, lluddias, llesteirio; **trammelled by prejudices,** caeth i'ch rhagfarnau.

tramontana *n. Meteor:* tramontana *m,* gwynt *(m)* y gogledd.

tramontane *a. & n.* **1.** *a.* y tu draw i fynydd, yr ochr draw i fynydd, trosfynyddig; *(= alien):* estron. **2.** *n. (a)* trosfynyddwr (trosfynyddwyr) *m,* estron(-iaid) *m; (b)* = **tramontona.**

tramp[1] *n.* **1.** *(a) (of feet):* troediad(-au) *m,* sŵn *(m)* traed, sŵn trampio, tramp *m; (of horse):* sŵn carnau, tramp. **2.** *(= walk):* tramp *m,* tro(-eon) *m,* crwydrad(-au) *m,* taith *(f)* gerdded (teithiau cerdded); **to be on the ~,** bod ar grwydr/dramp. **3.** *(pers.): (a)* crwydryn (crwydriaid) *m,* trempyn (tramps, trampiaid) *m,* tramp(-s,-iaid) *m, N.W: occ:* trampar(-s) *m, S.W: occ:* rhodni(-s) *m, S.E: occ:* sgelffyn (sgelffod) *m; (b) U.S: P:* = **prostitute.** **4.** *Nau:* **[ocean] ~, ~ steamer,** llong *(f)* gargo (llongau cargo), tramp(-s,-iaid) *m.* **5.** *(on sole of boot, on spade):* clem(-iau) *(f)* haearn.

tramp[2] *v.i.&t.* **1.** troedio'n drwm, cerdded yn drwm, clocsio, clocsian, trampio, trampan. **2.** = **trample[2].** **3.** *(a)* mynd am dro, cerdded, mynd ar droed, mynd ar dramp, *F:* trampio, trampan; **to ~ the country,** crwydro'r wlad, teithio'r wlad ar droed; **to ~ wearily along,** llusgo cerdded.

tramper *n.* = **tramp[1] 3.**

trampette *Sp: n.* trampet(-au) *m.*

trample[1] *n.* = **trampling.**

trample[2] *v.i.&t.* **1.** *v.i.* **to ~ (on sth),** *N:* sathru (rhth, ar rth); *S:* damsang, damsgen, damsiel (ar rth). **2.** *v.t.* **to ~ sth underfoot,**

sathru, mathru, damsang, sarnu (rhth) [dan draed]; **to ~ [down] (grass),** *N.W:* migno, mwtro, ffagio, stompio, *S:* bacsan, bacsach, bacsu, stablan, stablad, *occ:* stabaldeinio, sgathru (glaswellt).
trampled *a.* sathredig, mathredig.
trampler *n.* sathrwr (sathrwyr) *m*, mathrwr (mathrwyr) *m*, sangwr (sangwyr) *m*.
trampling *n.* sathriad(-au) *m*, sangiad(-au) *m*, mathriad(-au) *m*, *S:* damsielad *m*, *Lit: occ:* sathrfa *f*, sathr *m*, mathrfa *f*.
trampoline¹ *n.* tr|ampolin: trampolîn (trampolinau) *m*.
trampoline² *v.i.* trampolinio.
trampoliner *n.* trampolinwr (trampolinwyr) *m*, trampol|inwraig *f*.
trampolining *vn.* trampolinio, neidio ar dr|ampolin/drampolîn.
trampolinist *n.* = **trampoliner**.
tramroad, tramway *n.* tramffordd (tramffyrdd) *f*, ffordd (*f*) dramiau (ffyrdd tramiau); *Min:* lein fach (leins bach) *f*.
trance¹ *n.* *Med:* llesmair (llesmeiriau) *m*, perlesmair (perlesmeiriau) *m*, perlewyg(-on) *m*, swyngwsg *m* (*pronounced* ng-g); *Fig:* **in a ~,** mewn breuddwyd, *S.E:* mewn soc.
trance² *v.t.* = **entrance²**.
trancelike *a.* llesmeiriol, tebyg i berlewyg/lesmair.
Tranch *W.Pl.n.* Y Transh *m*.
tranche *n.* *St.Exch:* cyfran(-nau) *f*, tafell(-i,-au) *f*.
tranchet axe *n.* *Archeol:* bwyell (*f*) dafell (bwyeill tafell).
tranny *n.* *F:* radio(-s) *f*, trani(-s) *m*.
tranquil *a.* tawel, llonydd, digyffro, digynnwrf, tangnefeddus, heddychlon.
tranquillity *n.* tawelwch *m*, llonydd *m*, llonyddwch *m*, tangnefedd *m*, heddwch *m*.
tranquillization *n.*, **tranquillize** *v.t.* tawelu, llonyddu.
tranquillizer *n.* *Med:* tawelyn(-nau) *m*, *occ:* tawelydd(-ion) *m*.
tranquilly *adv.* yn dawel *&c.*
tranquilness *n.* = **tranquillity.**
transact *v.t.* trafod, trin, gwn|eud (rhth); dwyn (rhth) ymlaen; *(= complete):* dwyn (rhth) i ben; **to ~ business (with s.o.),** trafod/gwneud busnes, masnachu, delio (gyda rhn); **the business was successfully transacted,** ducpwyd y busnes i ben yn foddhaol.
transactinide *attrib. a.* transactinaidd.
transaction *n.* **1.** *(= management):* trafod *vn*; rheolaeth *f* (ar rth); **I left the ~ of the matter to her,** gadewais iddi hi drafod y mater. **2.** *(a)* **[business] ~,** gweithrediad(-au) masnachol, *m* deliad(-au) *m*, trafodion (*pl*) busnes; **cash ~,** *(i) (sale):* gwerthiant (gwerthiannau) (*m*) am arian parod; *(ii) (purchase):* pryniant (pryniannau) (*m*) am arian parod. **3.** *pl. (of learned society):* trafodion. **~ card** *n.* *Lib:* cerdyn (cardiau) (*m*) trosglwyddo. **~ charging** *vn.* *Lib:* system (*f*) gofnodi benthyciadau trwy gerdyn. **~ processing** *vn.* *Mth:* prosesu trafodaethol.
transactional *a.* gweithrediadol, trafodaethol; **~ analysis,** dadansoddi (*vn*) trafodaethau.
transactor *n.* masnachwr (masnachwyr) *m*.
transalpine *a.* trawsalpaidd, dros yr Alpau, y tu hwnt i'r Alpau.
trans-American *a.* traws-Americanaidd.
transaminase *n.* *Bio-Ch:* trans|aminas (transaminasau) *m*.
transamination *n.* *Bio-Ch:* transaminiad *m*.
transatlantic *a.* trawsatlantig, trawsiwerydd, dros Iwerydd, dros yr Atlantig.
transaxle *n.* *Mec.E:* trawsechel(-ydd) *f*.
transcalency *n.* *Ph:* gwresgludedd *m*.
transcalent *a.* *Ph:* gwresgludol.
Transcaucasia *Pr.n.* *Geog:* Trawsgawcasia *f*.
Transcaucasian *a.* & *n.* **1.** *a.* Trawsgawcasaidd. **2.** *n.* Trawsgawcasiad (Trawsgawcasiaid) *m&f*.
transceiver *n.* trosdderbynnydd (trosdderbynyddion) *m*.
transcend *v.t.&i.* **1.** bod, mynd, codi (y tu hwnt i rth, uwchlaw rhth); *Phil:* trosesgyn, trosesgynnu, trosgynnu (rhth). **2.** *(= excel):* rhagori, tra-rhagori (ar rth).
transcendence, transcendency *n.* **1.** *Phil:* trosgynoldeb *m*. **2.** *(= excellence):* rhagoriaeth *f*, tra-rhagoriaeth *f* (ar rth).
transcendent *a.* **1.** *Phil:* trosgynnol. **2.** *(= excellent):* rhagorol, tra-rhagorol.
transcendental *a.* & *n.* **1.** *a.* *Phil:* trosgynnol. **2.** *n.* *Mth:* rhif(-au) trosgynnol *m*, trosgynolyn (trosgynolion) *m*.
transcendentalism *n.* *Phil:* trosgynoliaeth *f*.
transcendentalist *n.* & *attrib.* **1.** *n.* trosgynolwr: trosgynolydd (trosgynolwyr) *m*. **2.** *attrib.* trosgynolaidd.
transcendentalize *v.t.* trosgynoli.
transcendentally *adv.* yn drosgynnol.
transcendently *adv.* **1.** *Phil:* yn drosgynnol. **2.** *(= excellently):* yn rhagorol, yn dra-rhagorol.
transcendentness *n.* trosgynoldeb *m*.
transcontinental *a.* trawsgyfandirol.
transcribe *v.t.* **1.** *(a)* copïo, adysgrifio, adysgrifennu; *(b) (shorthand, foreign alphabet):* trosi, trawsgrifio, trawslythrennu. **2.** *(a)* *Mus:* trawsgrifio; *(b)* *Bio-Ch:* trosi.
transcribed *a.* adysgrifedig, trawsgrifiedig.
transcriber *n.* **1.** *(a)* adysgrifwr: adysgrifydd (adysgrifwyr) *m*, trawsgrifwr: trawsgrifydd (trawsgrifwyr) *m*, copïwr: copïydd (copïwyr) *m*, adysgrifennwr (adysgrifenwyr) *m*; *(b) (of shorthand, foreign alphabet):* troswr (troswyr) *m*, trawslythrennwr (trawslythrenwyr) *m*, trawsgrifwr, trawsgrifydd. **2.** *Mus:* trawsgrifwr, trawsgrifydd.
transcript *n.* *(a)* trawsgrifiad(-au) *m*, adysgrif(-au) *f*, adysgrifiad(-au) *m*, copi (copïau) *m*; *Jur:* trawsgript(-iau) *m*; **bishop's transcripts,** adysgrifau'r esgob; *(b) (of shorthand, foreign alphabet &c):* trosiad(-au) *m*, trawsgrifiad, trawslythreniad(-au) *m*.
transcriptase *n.* *Bio-Ch:* transgriptas *m*.
transcription *n.* = **transcript, transcribe.**
transcriptional *a.* **1.** adysgrifol, trawsgrifol, trawsgrifiadol, trawslythrennol. **2.** *Bio-Ch:* trosiadol.
transcriptionally *adv.* yn adysgrifol *&c.*
transcriptionist *n.* **1.** = **transcriber**. **2.** *Bio-Ch:* trosiadwr (trosiadwyr) *m*.
transcriptive *a.* = **transcriptional.**
transcrystalline *a.* traws[g]risialaidd.
transculturation *n.* cynefino, trawsgynefino.
transcurrent *a.* croes, traws.
transcutaneous *a.* *Med:* trawsgroenol, trwy'r croen.
transcutaneously *adv.* trwy'r croen.
transduce *v.t.* *El.E: Ph:* trosi.
transducer *n.* *El.E: Ph:* troswr (troswyr) *m*.
transductant *n.* *Bio-Ch:* troswr (troswyr) *m*, trosglwyddwr (trosglwyddwyr) *m*.
transduction *n.* *Biol:* trosglwyddiad(-au) *m*, trosglwyddo *vn*, trosi *vn*, trosiad(-au) *m*.
transductional *a.* *Biol:* trosiadol, trosglwyddol.
transductor *n.* *El:* troswr (troswyr) *m*.
transect¹ *n.* trawslun(-iau) *m*.
transect² *v.t.* trawslunio, trawsrannu, trawsdorri.
transection *n.* trawsraniad(-au) *m*, trawsdoriad(-au) *m*; *vn.* = **transect²**.
transenna *n.* *Ecc: Arch:* rhwyll (*f*) farmor (rhwyllau marmor).
transept *n.* *Ecc: Arch:* ale groes (aleau croes) *f*, adenydd (*pl*) eglwys, transept(-au) *m*, croesfa (croesfâu) *f*.
transeptal *a.* transeptol, [yn] y transept, [yn] yr ale groes.
transeptally *adv.* ar ffurf croes.
transeunt *a.* *Phil:* allgyrchol.
trans-Europe, trans-European *a.* traws-Ewropeaidd, ar draws Ewrop.
transexual *a.* & *n.* = **transsexual.**
transfer¹ *n.* **1.** *(a) (= relocation):* trosglwyddiad(-au) *m*, adleoliad(-au) *m*, trosglwyddo *vn*, adleoli *vn*; *(b) Jur: Fin: Bank: Fb:* trosglwyddiad; **[capital] ~ tax,** treth (*f*) ar drosglwyddo cyfalaf; *(c) U.S: Trans:* tocyn(-nau) (*m*) newid/trosglwyddo. **2.** *(a) Jur:* **[deed of] ~,** trosglwyddiad(-au) *m*, trosgludiad(-au) *m*, gweithred (*f*) drosglwyddo/drosgludo (gweithredoedd trosglwyddo/trosgludo). **3.** *(a) Lith: Needlew: Cer: (= coloured picture):* troslun(-iau) *m*, trosglwyddyn (trosglwyddion) *m*; **iron-on ~,** trosglwyddyn gwreslynol; **smocking ~,** trosglwyddyn smocwaith. **~-book** *n.* *Jur: Fin: &c:* llyfr(-au) (*m*) trosglwyddo. **~ charge call** *n.* *Tp:* galwad (*f*) drosglwyddo tâl (galwadau trosglwyddo tâl). **~ company** *n.* *U.S:* cwmni (cwmnïau) (*m*) trosglwyddo. **~ factor** *n.* *Bio-Ch:* ffactor(-au) (*m*) trosglwyddo. **~ fee** *n.* *Fb:* tâl (taliadau) (*m*) trosglwyddo. **~ ink** *n.* *Lith:* inc(-iau) (*m*) troslunio. **~ list** *n.* *Fb:* rhestr (*f*) drosglwyddo (rhestrau trosglwyddo). **~-paper** *n.* *Lith: Phot:* papur(-au) (*m*) troslunio. **~ passenger** *n.* teithiwr (teithwyr) (*m*) yn newid awyren,

teithiwr trosglwyddo. ~ **payment** *n. U.S:* budd-dâl (~-daliadau) *m*. ~ **price** *n.* pris(-iau) (*m*) trosglwyddo. ~ **RNA** *n. Bio-Ch:* RNA (*m*) trosglwyddo. ~ **table** *n. U.S:* amserlen(-ni) (*f*) newid [trên/awyren *&c*]. ~ **ticket** *n. U.S: Trans:* tocyn(-nau) (*m*) trosglwyddo/newid.

transfer² *v.t.&i.* **1.** *v.t.* *(a)* trosglwyddo, symud, adleoli; **to ~ sth from one hand to the other,** symud/newid rhth o'r naill law i'r llall; **to ~ a civil servant,** symud/adleoli gwas gwladol; *(b) Jur:* trosglwyddo; *(c) Bank:* trosglwyddo, symud. **2.** *v.i.* *(a)* **to ~ from one place to another,** symud/mynd o'r naill le i'r llall; **to ~ from one train to another,** newid trên/trenau; *(b) Lith: Phot: Needlew:* trosglwyddo, troslunio.

transferability *n.* **1.** *Jur: Bank: &c:* natur drosglwyddadwy/adleoladwy *f*; **I'm not sure of its ~,** nid wy'n siŵr a ellir ei drosglwyddo. **2.** *Lith: Phot: Needlew:* natur drosluniadwy *f*.

transferable *a.* **1.** *Jur: Bank: &c:* trosglwyddadwy, adleoladwy, symudadwy; *(on ticket &c):* **not ~,** ni ellir ei drosglwyddo; anhrosglwyddadwy. **2.** *Lith: Phot: Needlew:* trosluniadwy.

transferase *n. Bio-Ch:* tr|ansfferas (transfferasau) *m*.

transferee *n.* trosglwyddedig(-ion) *m&f*.

transference *n.* trosglwyddiad(-au) *m*, adleoliad(-au) *m*, trosglwyddo *vn*, adleoli *vn*.

transferential *a.* trosglwyddol.

transferor *n.* = **transferrer**.

transferral *n.* trosglwyddiad(-au) *m*; **ask for a ~,** gofynnwch am gael eich symud/trosglwyddo.

transferrer *n.* trosglwyddwr (trosglwyddwyr) *m*, *occ:* adleolwr (adleolwyr) *m*.

transferrin *n. Bio-Ch:* tr|ansfferin (transfferinau) *m*.

transfiguration *n. Theol:* gweddnewidiad(-au) *m*, gweddnewid *vn*; *Ecc:* **the T~,** y Gweddnewidiad.

transfigure *v.t.* gweddnewid.

transfigurement *n.* = **transfiguration.**

transfinite *a. Mth:* trawsfeidraidd.

transfix *v.t.* **1.** *(with spear &c):* trywanu, *occ:* gwanu. **2.** *(with fear &c):* parlysu; **I was transfixed with fear,** ni allwn syflyd/symud gan ofn; parlyswyd fi gan ofn; 'roeddwn yn delwi gan ofn.

transfixed *a.* **1.** *(by spear &c):* trywanedig. **2.** *(with fear):* syfrdan, syn, disymud, yn delwi, fel delw; **to be ~ (with fear),** sythu, delwi (gan ofn).

transfixion *n.* **1.** *(with spear):* trywaniad(-au) *m*, trywanu *vn*. **2.** *(with fear):* parlys *m*, sythder *m* (gan ofn).

transfluence *n. Geog:* trawslifiant (trawslifiannau) *m*.

transform¹ *n. Mth: Ling:* trawsffurf(-iau) *f*; *Mth:* ~ **integral equation,** hafaliad(-au) integrol trawsffurfiol *m*.

transform² *v.t.&i.* **1.** trawsnewid, trawsffurfio, gweddnewid; newid (rhth) yn llwyr. **2.** *(a) Ch: Mec:* trawsffurfio, newid, trawsnewid (**sth into sth,** rhth yn rhth); *(b) El: (current):* newid, trawsnewid.

transformability *n.* trawsffurfiadwyedd *m*, natur drawffurfiadwy *&c f*.

transformable *a.* trawsffurfiadwy, trawsnewidiadwy, newidiadwy.

transformation *n.* *(a)* trawsnewid(-iadau) *m*, trawsnewidiad(-au) *m*, trawsffurfiad(-au) *m*, gweddnewidiad(-au) *m*, newid(-iadau) llwyr *m*; *(b) Ch: Mec: Ling: &c:* trawsffurfiad, trawsffurfiant (trawsffurfiannau) *m*; *(c) El: (of current):* newidiad, newid *vn*, trawsnewidiad, trawsnewid *vn*. ~ **scene** *n. Th:* golygfa (*f*) drawsnewid (golygf|eydd trawsnewid).

transformational *a. Ling:* trawsffurfiol, trawsffurfiadol.

transformationalist *n. Ling:* trawsffurfiolwr (trawsffurfiolwyr) *m*.

transformative *a.* trawsffurfiol, trawsnewidiol, trawsffurfiadol.

transformer *n.* **1.** *(pers.):* trawsnewidiwr (trawsnewidwyr) *m*, trawsffurfiwr (trawsffurfwyr) *m*, gweddnewidiwr (gweddnewidwyr) *m*. **2.** *El:* newidydd(-ion) *m*, trawsnewidydd(-ion, trawsnewidwyr) *m*, trawsffurfiwr (trawsffurfwyr) *m*; **step-down ~,** newidydd gostwng; **step-up ~,** newidydd codi. ~ **station** *n.* gorsaf (*f*) drawsnewid (gorsafoedd trawsnewid).

transforming¹ *a.* = **transformative, transformational**.

transforming² *vn.* = **transform², transformation**.

transformism *n. Biol:* trawsffurfiaeth *f*.

transformist *n. Biol:* trawsffurfydd(-ion) *m*, trawsffurfiaethwr (trawsffurfiaethwyr) *m*.

transfuse *v.t.* **1.** *(a) (= pour):* arllwys, tywallt; *(b) Fig: (= permeate):* hydreiddio. **2.** *Med:* trosglwyddo, trallwyso.

transfuser *n. Med:* trallwysydd: trallwyswr (trallwyswyr) *m*.

transfusible *a.* **1.** *(a) (= that can be poured):* arllwysadwy, tywalltadwy; *(b) (= permeable):* hydraidd. **2.** *Med:* trallwysadwy.

transfusion *n.* **1.** *(a) (= pouring):* arllwysiad(-au) *m*, tywalltiad(-au) *m*, arllwys *vn*, tywallt *vn*; *(b) Fig: (= permeation):* hydreiddiad *m*, hydreiddio *vn*. **2.** *Med:* ~ **[of blood],** trallwysiad(-au) *m* [gwaed], trallwyso *vn* [gwaed].

transfusional, transfusive *a.* **1.** *(a)* arllwysol, tywalltol; *(b) Fig: (= pervasive):* hydreiddiol. **2.** *Med:* trallwysol.

transgress *v.t.&abs.* **1.** *v.t.* **to ~ a rule,** torri rheol; **to ~ the bounds of prudence,** mynd y tu hwnt i derfynau pwyll, mynd dros ben llestri. **2.** *abs. Rel: &c:* troseddu, camweddu, tramgwyddo, *F:* pechu.

transgression *n.* **1.** trosedd(-au) *m*, tramgwydd(-au) *m*, tramgwyddiad(-au) *m*; *esp. Rel:* camwedd(-au) *m*, camwriaeth(-au) *f*, camweithred(-oedd) *f*, drwgweithred (-oedd) *f*, pechod(-au) *m*; ~ **of the law,** trosedd yn erbyn y gyfraith. **2.** *Geol:* tresmasiad(-au) *m*.

transgressive *a.* troseddol, camweddog, camweddus, tramgwyddus; *Rel:* pechadurus; ~ **segregation,** trawsddidoliad(-au) *m*.

transgressor *n.* troseddwr (troseddwyr) *m*, tros|eddwraig (troseddwragedd) *f*, tramgwyddwr (tramgwyddwyr) *m*; *esp. Rel:* camweddwr (camweddwyr) *m*, drwgweithredwr (drwgweithredwyr) *m*; *Rel:* pechadur (-iaid) *m*, pechadures(-au) *f*.

tranship *v.t.* = **transship.**

transhipment *n.* = **transshipment**.

transhumance *n. Husb:* trawstrefa *vn*, hafota (*vn*) a hendrefa *vn*.

transhumant *a. & n. Husb:* **1.** *a.* trawstrefol, hafodol. **2.** *n.* trawstrefwr (trawstrefwyr) *m*.

transience, transiency *n.* byrhoedledd *m*, byr barhad *m*.

transient *a. & n.* **1.** *a. (= passing):* dros dro, byrhoedlog; *U.S:* ~ **guest,** gwestai (gwesteion) (*m*) dros dro, gwestai byrarhosol; *Mus:* ~ **note,** nodyn byrbarhaol, nodyn cysylltol; ~ **visitor,** ymwelydd (ymwelwyr) *m* [dros dro]; *(life, hope &c):* diflannol, diflanedig, darfodedig, byrhoedlog. **2.** *n.* *(a) (worker):* gweithiwr (gweithwyr) (*m*) dros dro; *(b) El: (current):* foltedd(-au) byr *m*, cerrynt (cerhyntau) byr *m*, osgiliad(-au) byr *m*.

transiently *adv.* dros dro.

transientness *n.* = **transience**.

transilience *n.* **1.** gwibioldeb *m*, gwibiogrwydd *m*. **2.** *Geol:* trosneidioldeb *m*.

transilient *a.* **1.** gwibiol, gwibiog. **2.** *Geol:* trosneidiol.

transilluminate *v.t.* trawsoleuo.

transillumination *n.* trawsoleuad(-au) *m*, trawsoleuo *vn*.

transilluminator *n.* trawsoleuwr (trawsoleuwyr) *m*.

transire *n. Cust:* trwydded(-au) *f*.

transisthmian *a. Geog:* trosguldirol.

transistor *n. El:* transistor(-au) *m*. ~ **radio,** ~ **set** *n.* set (*f*) dransistor (setiau transistor), radio (*f*) dransistor (radios transistor).

transistorization *n.*, **transistorize** *v.t.* transistoreiddio.

transistorized *a.* transistoraidd, transistoreiddiedig.

transit¹ *n.* **1.** *(a) (= crossing):* tramwyad(-au) *m*, tramwy *vn*, taith (teithiau) *f* [ar draws rhth], mynediad(-au) *m* [ar draws rhth], trawstaith (trawsteithiau) *f*, croesiad(-au) *m*; **we had two days for the ~ of the lake,** yr oedd gennym ddeuddydd i groesi'r llyn; *(b) (= route):* llwybr(-au) *m*, taith; **the overland ~,** y llwybr/daith ar draws gwlad, y llwybr/daith dros y tir. **2.** *(= transport):* cludiant *m*; **methods of ~,** dulliau cludo; **in ~,** ar y daith, ar y ffordd; **(goods lost) in ~,** (nwyddau a gollwyd) ar [y] daith, ar y ffordd, wrth gael eu cludo, ar eu hynt drwodd; **damage in ~,** niwed a wnaed ar [y] daith. **3.** *Cust:* tramwy *vn*, trawsgludiad *m*, trawstaith *f*. **4.** *Astr:* croesiad, trawstaith. **5.** *Surv:* cwmpawd (cwmpodau) (*m*) cylchdro. ~ **camp** *n. Adm:* gwersyll(-oedd) (*m*) tramwy. ~**-circle** *n. Astr:* cylch(-au) (*m*) croesiad. ~**-compass** *n. Surv:* = **transit 5.** ~**-duty** *n. Cust:* toll (*f*) dramwy (tollau tramwy). ~**-instrument** *n. Astr:* t|elesgop (telesgopau) (*m*) croesiad. ~ **lounge** *n. Av:* lolfa (*f*) dramwy (lolf|eydd tramwy). ~ **region** *n. Geog:* rhanbarth(-au) (*m*) tramwy. **~-theodolite** *n. Surv:* = **transit 5.** **~ visa** *n. Adm:* fisa (*f*) dramwy (fisâu tramwy).

transit² *v.t.&i.* **1.** croesi (rhth); teithio, tramwy, tramwyo, (dros rth, trwy rth, ar draws rhth); *occ:* trawsteithio (rhth). **2.** *(a) Astr: (of planet):* croesi, trawsteithio; *(b) (of telescope):* troi, cylchdr|oi.

transition *n.* **1.** *(a) (= change):* newid *vn,* newidiad(-au) *m,* trawsnewid *vn,* trawsnewidiad(-au) *m; Arch:* **the T~,** y Trawsnewidiad; **we live in an age of ~,** 'rydym yn byw mewn oes o newid/newidiadau. **2.** *Mus: (= change of key):* trawsgyweiriad(-au) sydyn *m; (= connecting passage):* pont(-ydd) *f.* **3.** *Ph:* trosiad(-au) *m,* trosiant (trosiannau) *m.* **~ element** *n. Ch:* elfen drosiannol (elfennau trosiannol) *f.* **~ metal** *n.* metel(-au,-oedd) trosiannol *m.* **~ period** *n.* cyfnod(-au) (*m*) o drawsnewid, cyfnod(-au) pontio. **~ piece** *n.* darn(-au) (*m*) cyfnewid. **~ point** *n. Ph:* pwynt(-iau) (*m*) trosi, trosbwynt(-iau) *m.* **~ state** *n.* cyflwr (cyflyrau) trosiannol *m.* **~ temperature** *n. Ph:* tymheredd (tymereddau) (*m*) trosi.

transitional *a.* trawsnewidiol, newidiol, byrhoedlog, dros dro, trosiannol; *Jur:* traws-symudol, trosiannol; **~ provisions,** darpariaethau trosiannol; *(movement):* trawsfudol; *Geog:* rhyngbarthol; **~ stage,** = **transition stage;** **~ zone,** cylchfa ryngbarthol (cylchfâu rhyngbarthol) *f; Arch:* **~ style,** arddull drawsnewidiol *f.*

transitionally *adv.* yn drawsnewidiol *&c;* dros dro.

transitionary *a.* = **transitional.**

transitive *a.* **1.** *Gram:* anghyflawn. **2.** *Log: Mth:* trosaidd.

transitively *adv.* yn anghyflawn *&c.*

transitiveness *n.* **1.** *(of verb):* anghyflawnder *m.* **2.** *Log: Mth:* troseiddiwch *m,* natur drosaidd *f.*

transitivity *n.* = **transitiveness.**

transitorily *adv.* dros dro.

transitoriness *n.* byrhoedledd *m,* byr barhad *m.*

transitory *a.* **1.** byrhoedlog, dibara, dibarhad, dros dro, darfodedig, diflannol, diflanedig; **~ pleasure,** pleser y funud, pleser munud awr, pleser byr ei barhad. **2.** *Jur:* **~ action,** achos(-ion) rhyngwladol *m.*

Trans-Jordan *Pr.n. Geog:* [Gwlad *f*] Iorddonen *f.*

Trans-Jordanian *a.* & *n.* = **Jordanian.**

Transkei *Pr.n. Geog:* Y Transgei *m.*

Transkeian *a.* & *n.* **1.** *a.* Transgeiaidd, o'r Transgei; **~ courts,** llysoedd Transgei. **2.** *n.* Transgeiad (Transgeiaid) *m&f.*

translatability *n.* natur gyfieithiadwy/drosiadwy *f,* trosiadwyedd *m;* **I'm convinced of its ~,** 'rwy'n sicr y gellir ei drosi/gyfieithu; **I doubt its ~,** 'rwy'n amau a ellir ei drosi/gyfieithu.

translatable *a.* cyfieithiadwy, trosadwy.

translatableness *n.* = **translatability.**

translatably *adv.* yn gyfieithiadwy *&c.*

translate *v.t.&i.* **1.** cyfieithu, trosi, troi; *Fig:* **to ~ ideas into action,** troi syniadau yn weithredoedd; *(= interpret):* dehongli. **2.** *Ecc:* symud, dyrchafu, trosglwyddo; *B:* **Enoch was translated,** Enoch a symudwyd. **3.** *Ph: Mec:* trawsfudo. **4.** *Bio-Ch:* trosi.

translation *n.* **1.** *(a) (action): (= translate):* cyfieithu, trosi; **simultaneous ~,** cyfieithu ar y pryd; *(b) (= translated work):* cyfieithiad(-au) *m,* trosiad(-au) *m.* **2.** *(a) Ecc:* symudiad(-au) *m,* trosglwyddiad(-au) *m,* dyrchafiad(-au) *m,* symud *vn,* trosglwyddo *vn,* dyrchafu *vn; (b) B: (to heaven &c):* dyrchafiad, dyrchafu. **3.** *(a) Ph: Mec:* trawsfudiad(-au) *m,* trawsfudo *vn; (b) Bio-Ch:* trosiad(-au) *m,* trosi *vn.*

translational, translative *a.* **1.** *Ling:* cyficithiadol, trosiadol. **2.** *Ecc: B:* dyrchafol, dyrchafiadol. **3.** *(a) Ph:* trawsfudol; *(b) Bio-Ch:* trosiadol.

translator *n.* **1.** cyfieithydd: cyfieithwr (cyfieithwyr) *m,* cyfi|eithwraig (cyfieithwragedd) *f,* troswr (troswyr) *m,* tr|oswraig (troswragedd) *f.* **2.** *T.V: (= relay transmitter):* trosglwyddydd(-ion) *m.*

translatory *a. Ph: Mec:* trawsfudol.

transliterate *v.t.* trawslythrennu.

transliteration *n.* trawslythrennu *vn,* trawslythreniad(-au) *m.*

transliterator *n.* trawslythrennwr: trawslythrennydd (trawslythrenwyr) *m.*

translocate *v.t. Bot:* trawsleoli.

translocation *n. Bot:* trawsleoliad(-au) *m,* trawsleoli *vn.*

translucence, translucency *n. Ph:* tryleuder *m,* lled-dryloywder *m.*

translucent *a. Ph:* tryleu, lled dryloyw.

translucently *adv.* yn dryleu, yn lled dryloyw.

translucid *a.* = **translucent.**

translucidity *n.* = **translucence.**

translunary *a.* **1.** trawsloerol, y tu hwnt i'r lleuad. **2.** *Fig:* arallfydol.

transmarine *a.* tramor.

transmembrane *a.* trawsbilennol.

transmeridional *a. Geog:* trawshydredol, trawsnawnlinol.

transmigrant *a.* & *n.* **1.** *a.* = **transmigratory. 2.** *n.* = **transmigrator.**

transmigrate *v.t.&i.* trawsfudo.

transmigration *n.* trawsfudiad(-au) *m,* trawsfudo *vn.*

transmigrator *n.* trawsfudwr (trawsfudwyr) *m,* trawsf|udwraig (trawsfudwragedd) *f.*

transmigratory *a.* trawsfudol.

transmissibility *n.* natur drosglwyddadwy *f;* **I'm convinced of its ~,** 'rwy'n sicr y gellir ei drosglwyddo; **I doubt its ~,** 'rwy'n amau a ellir ei drosglwyddo.

transmissible *a.* trosglwyddadwy.

transmission *n.* **1.** *(a) (of message, parcel &c):* trosglwyddiad(-au) *m,* trosglwyddo *vn; Cmptr:* **data ~,** trosglwyddo data; *(b) Ph: &c: (of heat, sound &c):* trawsyriant (trawsyriannau) *m,* trawsyrru *vn,* trosglwyddiad, trosglwyddo; *(c) W.Tel:* darllediad(-au) *m,* darlledu *vn; T.V:* telediad(-au) *m,* teledu *vn.* **2.** *Aut:* **~ [gear, system],** trawsyriant, gêr (geriau) (*mf*) trawsyrru, system (*f*) drawsyrru (systemau trawsyrru). **~ line** *n. El:* llinell (*f*) drosglwyddo/drawsyrru (llinellau trosglwyddo/trawsyrru). **~ shaft** *n. Mec.E:* gwerthyd (*f*) drawsyrru (gwerthydau trawsyrru), siafft (*f*) drawsyrru (siafftiau trawsyrru).

transmissive *a. Ph:* trosglwyddol, trawsyrrol.

transmissivity *n. Ph: Meas:* trosglwyddedd *m,* trawsyrredd *m.*

transmissometer *n. Ph:* trawsyromedr(-au) *m.*

transmit *v.t.&i.* **1.** *(a) (message, parcel):* anfon (*not* danfon = **deliver**), trosglwyddo; *(disease, order):* trosglwyddo. **2.** *Ph: &c: (light &c):* trosglwyddo, trawsyrru; *Mec.E:* **to ~ a motion to sth,** trosglwyddo mudiant i rth; *(c) W.Tel: (programme):* trosglwyddo, trawsyrru, darlledu; *T.V:* teledu.

transmittable, transmittible *a. (message, disease, motion):* trosglwyddadwy; *(message, radiation):* trawsyradwy; *W.Tel:* darlledadwy; *T.V:* teledadwy.

transmittal *n.* = **transmission.**

transmittance *n.* **1.** = **transmission. 2.** *Ph:* trawsyriannedd *m.*

transmitter *n.* **1.** *(of disease, genes &c):* trosglwyddwr (trosglwyddwyr) *m.* **2.** *Tg: W.Tel: &c:* trosglwyddydd(-ion) *m.* **~-receiver** *n. Tg: W.Tel:* trawsyrrydd-dderbynnydd (trawsyryddion-dderbynyddion) *m.*

transmitting *vn.* = **transmit. ~-station,** gorsaf (*f*) drosglwyddo (gorsafoedd trosglwyddo).

transmogrification *n. Joc:* gweddnewidiad(-au) *m,* gweddnewid *vn,* trawsffurfiad(-au) *m,* trawsffurfio *vn.*

transmogrify *v.t. Joc:* gweddnewid, trawsffurfio.

transmontane *n.* = **tramontane.**

transmountain *a. (tunnel):* trwy fynydd; *(road):* tros fynydd.

transmundane *a.* trawsfydol.

transmutability, transmutableness *n.* natur drawsnewidiadwy *f;* **he believed in the ~ of lead into gold,** credai y gellid trawsnewid plwm yn aur; **I doubt the ~ of lead into gold,** 'rwy'n amau a ellir trawsnewid plwm yn aur.

transmutably *adv.* yn drawsnewidiadwy.

transmutation *n. Biol: Ch: Ph:* trawsnewidiad(-au) *m,* trawsnewid *vn.*

transmutational *a.* trawsnewidiol.

transmutationist *n. Biol:* trawsnewidiadwr (trawsnewidiadwyr) *m.*

transmutative *a. Ch: Ph: Biol:* trawsnewidiol.

transmute *v.t.&i.* trawsnewid.

transmuter *n.* trawsnewidiwr (trawsnewidwyr) *m.*

transnational *a.* rhyngwladol.

transnatural *a.* goruwchnaturiol.

transnormal *a.* anarferol, goruwchnormal.

transoceanic *a.* trawsforol, trawsgefnforol.

transom *n.* **1.** *Arch: Const:* croeslath(-au) *f,* trawslath(-au) *f.* **2.** *N.Arch:* croeslath, transom(-au) *m.* **~ window** *n. Const: (a) (divided by transom 1):* ffenestr groeslathog (ffenestri

croeslathog) *f*; *(b) (placed above transom 1):* ffenestr(-i) (*f*) linter.
transomed *a.* croeslathog, â thransom.
transonic *a.* = **trans-sonic.**
transpacific *a.* trawsbasiffig, dros y Môr Tawel, dros y Tawelfor.
transpadane *a.* trawsbadanaidd, y tu hwnt i Afon Po.
transparence, transparency *n.* **1.** tryloywder *m*, tryloywedd *m*; *(of lies, pretence):* eglurder *m*, amlygrwydd *m*. **2.** *Phot:* tryloywlun(-iau) *m*, sleid(-iau) *f*, *common but less correct:* tryloywder(-au) *m*; **colour ~**, tryloywlun lliw.
transparent *a.* **1.** tryloyw(-on), clir. **2.** *Fig:* eglur, amlwg, plaen.
transparentize *v.t.* tryloywi.
transparently *adv.* **1.** yn dryloyw *&c.* **2.** yn eglur.
transpersonal *a.* trawsbersonol, goruwchbersonol, y tu hwnt i'r personol.
transpicuous *a.* = **transparent.**
transpicuously *adv.* = **transparently.**
transpierce *v.t.* trywanu.
transpirable *a.* **1.** *(= sweatable):* chwysadwy, nawsadwy. **2.** *Biol:* trydarthadwy, nawsadwy.
transpiration *n.* **1.** = **sweat**[1],[2]. **2.** *Biol:* trydarthiad(-au) *m*, trydarthu *vn*, nawsio *vn*. **~ stream** *n.* llif(-oedd) trydarthol *m*.
transpiratory *a.* **1.** chwysol, nawsol. **2.** *Biol:* trydarthol, nawsol.
transpire *v.t.&i.* **1.** *v.t.* *(= sweat*[2]*):* chwysu; *(of plant):* trydarthu, nawsio. **2.** *v.i.* *(a) Physiol:* chwysu; *Bot:* trydarthu, nawsio; *(b) (of news, secret):* dod i'r golwg, mynd ar led, dod yn hysbys, dod i'r golau; **it transpired that the thief had been caught,** daeth yn hysbys fod y lleidr wedi ei ddal; *(c) (= happen):* digwydd, bod; **his account of what transpired,** ei hanes ef am beth a fu.
transplacental *a.* *Med:* trawsfrychol, trwy'r brych.
transplacentally *adv.* *Med:* trwy'r brych.
transplant[1] *n.* *Hort:* *Surg:* trawsblaniad(-au) *m*, trawsblannu *vn*, impiad(-au) *m*, impio *vn*.
transplant[2] *v.t.* trawsblannu, impio.
transplantability *n.* natur drawsblanadwy/impiadwy *f*; **I'm convinced of its ~**, 'rwy'n sicr y gellir ei drawsblannu; **I doubt its ~**, 'rwy'n amau a ellir ei drawsblannu.
transplantable *a.* trawsblanadwy, impiadwy.
transplantation *n.* trawsblaniad(-au) *m*, trawsblannu *vn*, impiad(-au) *m*, impio *vn*.
transplanted *a.* trawsblanedig, impiedig.
transplanter *n.* trawsblannwr (trawsblanwyr) *m*, impiwr (impwyr) *m*.
transpolar *a.* trawsbegynol.
transponder *n.* trawsatebwr (trawsatebwyr) *m*.
transponible *a.* = **transposable.**
transpontine *a.* y tu hwnt i bont, tros bont.
transport[1] *n.* **1.** *(a) (of goods &c):* cludiant (cludiannau) *m*; *(b) F:* **the ~ has arrived,** mae'r cerbyd (*m*) wedi cyrraedd; **do you have ~ to the party?** a gewch chi bas gan rn i'r parti? oes 'na rywun a aiff â chi i'r parti? oes gennych chi gar i fynd i'r parti? **2.** *Nau:* **~ [ship],** cludlong(-au) *f*; *Av:* **~ [plane],** awyren (*f*) gludo (awyrennau cludo). **3.** *(of joy):* llesmair (llesmeiriau) *m*, perlesmair (perlesmeiriau) *m*, perlewyg(-on) *m*, gorawen *f*; **she was in transports of joy,** 'roedd hi'n gorawenu/perlesmeirio; 'roedd hi yn y seithfed nef; 'roedd hi wedi cael modd i fyw; **in a ~ of rage,** yn wyllt gynddeiriog, mewn pwl (*m*) o gynddaredd. **4.** *Hist:* *(convict):* carcharor(-ion) alltud *m*, alltud(-ion) *m*, trawsgludedig(-ion) *m&f*. **5.** *(= mechanism for moving tape):* symudydd(-ion) *m*, cludwr (cludwyr) *m*, cludydd(-ion) *m*. **T~ and General Workers' Union (the)** *Pr.n.* Undeb (*m*) y Gweithwyr Trafnidiol a Chyffredinol. **~ agent** *n.* cludwr (cludwyr) *m*. **~ café** *n.* caffi(-s) (*m*) gyrwyr loriau, caffi pen ffordd. **~ number** *n.* *Ch:* rhif(-au) (*m*) cludo, cludrif(-au) *m*. **~ plane** *n.* *Av:* awyren (*f*) gludo (awyrennau cludo). **~ ship** *n.* *Nau:* cludlong(-au) *f*. **~ worker** *n.* gweithiwr (gweithwyr) (*m*) [mewn] cludiant.
transport[2] *v.t.* **1.** *(a) (goods, people):* cludo, cario; *(b) Cmptr:* *(card, tape):* symud, rhedeg. **2.** *(usu. passive):* **to be transported (with joy),** llesmeirio, perlewygu, perlesmeirio, gorawenu, gorawenu (gan lawenydd); llawenh|au'n ddirfawr; bod mewn afiaith/gorawen. **3.** *Hist:* *Jur:* *(convict):* alltudio, trawsgludo, trawsforio (carcharor); anfon/gyrru (carcharor) dros y môr.
transportability *n.* natur gludadwy *f*, *Lit: occ:* hygludedd *m*; **I'm convinced of its ~**, 'rwy'n sicr y gellir ei gludo; **I doubt its ~**, 'rwy'n amau a ellir ei gludo.
transportable *a.* **1.** cludadwy, hawdd ei gludo, *Lit: occ:* hyglud. **2.** *Hist:* *(offence, offender):* alltudiadwy, trawsgludadwy.
transportation *n.* **1.** *Jur:* *Hist:* alltudiaeth(-au) *f*, trawsgludiaeth(-au) *f*, trawsforiad(-au) *m*; *vn.* = **transport**[2] **3. a convict sentenced to ~**, carcharor a ddedfrydwyd i'w alltudio, carcharor dan ddedfryd alltudiaeth. **2.** *(a) incorrectly for* **transport**[1] **1**; *(b) U.S:* *(= ticket):* tocyn(-nau) *m*.
transportational *a.* cludiannol.
transported *a.* **1.** cludedig, wedi ei gludo/gario; **~ soil,** clutbridd *m*. **2. ~ with joy,** perlesmeiriol [gan lawenydd], gorawenus, mewn gorawen; **~ with anger,** gwyllt gynddeiriog, ynfyd wallgo; **~ with fear,** mewn dychryn enbyd.
transporter *n.* **1.** *(a) (pers.):* cludwr (cludwyr) *m*, cariwr (cariwyr) *m*; *(b) (vehicle):* lorri (*f*) gario/gludo (loriau cario/cludo), lorri nwyddau; **car ~**, lorri gario ceir (loriau cario ceir); *Mil:* **tank ~**, cludwr tanciau. **~ bridge** *n.* pont (*f*) lwyfan (pontydd llwyfan), pont gludo (pontydd cludo). **~ crane** *n.* craen(-iau) (*m*) cludo.
transposable *a.* **1.** *Ling:* *Mth:* *&c:* trawsosodadwy, trawsddodadwy. **2.** *Mus:* trawsnodadwy, trawsgyweiriadwy.
transposal *n.* = **transposition, transpose**[2].
transpose[1] *n.* *Mth:* trawsddodyn (trawsddodion) *m*.
transpose[2] *v.t.* **1.** *Ling:* *Mth:* *Med:* trawsddodi, trawsosod, trawsleoli; **to ~ letters,** trawsosod/ad-drefnu llythrennau. **2.** *Mus:* *(a) (= change position):* trawsosod; *(b) (= change pitch):* trawsnodi, trawsgyweirio.
transposer *n.* *Mus:* trawsnodwr (trawsnodwyr) *m*, trawsgyweiriwr (trawsgyweirwyr) *m*.
transposing[1] *a.* *Mus:* **~ instrument,** offeryn(-nau) (*m*) trawsosod/trawsgyweirio; **~ piano,** piano(-s) (*mf*) trawsosod/trawsgyweirio.
transposing[2] *vn.* *Mus:* trawsgyweirio, trawsosod, trawsosodiad(-au) *m*, trawsnodi, trawsnodiad(-au) *m*.
transposition *n.* **1.** *Ling:* *Mth:* *Med:* trawsddodiad(-au) *m*, trawsosodiad(-au) *m*, trawsleoliad(-au) *m*; *(of letters):* ad-drefniad(-au) *m*, ad-drefnu *vn*. **2.** *Mus:* trawsgyweiriad(-au) *m*, trawsgyweirio *vn*, trawsosodiad(-au) *m*, trawsosod *vn*, trawsnodiad(-au) *m*, trawsnodi *vn*. **3.** *Tp:* *(of lines):* croesiad(-au) *m* [llinellau]. **~ cipher** *n.* seiffr(-au) (*m*) ad-drefnu.
transpositional, transpositive *a.* **1.** *Ling:* *Mth:* trawsddodol, trawsosodol, ad-drefniadol. **2.** *Mus:* trawsgyweiriol, trawsosodol, trawsnodol.
transputer *n.* *Cmptr:* trawsgyfrifiadur(-on) *m*.
transsexual *Psy:* **1.** *a.* trawsrywiol. **2.** *n.* rhn (rhai) trawsrywiol, trawsrywiolyn (trawsrywiolion) *m*, trawsrywiolen *f* (trawsrywiolion).
transsexualism *n.* trawsrywioledd *m*.
transship *v.t.&i.* **1.** *v.t.* trawslwytho. **2.** *v.i.* newid llong.
transshipment *n.* trawslwytho *vn*.
trans-Siberian *a.* traws-Siberaidd.
trans-sonic *a.* traws-sonig.
transthoracic *a.* trawsthorasig, trwy'r thoracs.
transthoracically *adv.* trwy'r thoracs.
transubstantial *a.* *Theol:* traws-sylweddol, trawselfennol.
transubstantiate *v.t.&i.* *Theol:* traws-sylweddu, trawselfennu.
transubstantiation *n.* *Theol:* traws-sylweddiad(-au) *m*, trawselfeniad(-au) *m*, traws-sylweddu *vn*, trawselfennu *vn*.
transudate *n.* naws(-au) *f*, trynawsiad(-au) *m*.
transudation *n.* trynawsiad(-au) *m*, trynawsio *vn*.
transudatory *a.* trynawsol.
transude *v.t.&i.* trynawsio.
transumpt *n.* *Jur:* = **transcript.**
transuranian, transuranic *a.* & *n.* *Ch:* **1.** *a.* trawswranig. **2.** *n.* elfen drawswranig (elfennau trawswranig) *f*.
transuranium *attrib.* *Ch:* trawswranig.
Transvaal (The) *Pr.n.* *Geog:* Y Transfâl *m*. **~ daisy** *n.* *Bot:* *(Gerbera jamesoni):* llygad dydd (*m*) y Transfâl, llygad dydd ysgarlad.
Transvaaler *n.* Transfaliad (Transfaliaid) *m&f*.
Transvaalian *a.* o'r Transfâl, Transfalaidd.
transvaluate *v.t.* ailbrisio.
transvaluation *n.* ailbrisio *vn*, ailbrisiad(-au) *m*.

transvalue *v.t.* ailbrisio.
transvaluer *n.* ailbrisiwr (ailbriswyr) *m.*
transversal *a.* & *n.* **1.** *a.* = **transverse 1. 2.** *n. Geom:* ardrawslin(-[i]au) *f.*
transversality *n.* trawslinedd *m.*
transversally *adv.* ar draws, yn groes, ar letraws, ar letgroes.
transverse 1. *a.* ardraws, argroes, traws, croes, trawslin; *Geog:* ~ **coastline,** morlin(-[i]au) ardraws *f*; ~ **colon,** colon (*f*) drawslin (colonau trawslin); *Mus:* ~ **flute,** ffliwt draws (ffliwtiau traws) (*f*); ~ **magnet,** magnet(-au) traws *m*; ~ **muscle,** cyhyr(-au) traws *m*; ~ **process,** cnap(-iau) traws *m*, cnepyn (cnapiau) traws *m*; *T.V:* ~ **scan [quadruplex],** [pedrawd *m*] trawsddarllen *vn*; ~ **section,** toriant (toriannau) trawslin *m*; ~ **wave,** ton drawslin (tonnau trawslin) *f*. **2.** *n.* trawslin(-[i]au) *f*, ardrawslin(-[i]au) *f*.
transversely *adv.* = **transversally.**
transvest *v.t. Psy:* trawswisgo, trawsddilladu.
transvestism *n. Psy:* trawswisgaeth *f*, trawswisgo *vn*, trawsymddilladu *vn*.
transvestist, transvestite *n.* & *attrib.* **1.** *n.* trawswisgwr (trawswisgwyr) *m*, trawsw|isgwraig (trawswisgwragedd) *f*. **2.** *attrib.* trawswisgol.
Transylvania *Pr.n. Geog:* Transylfania *f*.
Transylvanian *a.* & *n.* **1.** *a.* Transylfanaidd, o Dransylfania; **the ~ Alps,** Alpau Transylfania. **2.** *n.* Transylfaniad (Transylfaniaid) *m&f*.
tranter *n. Dial:* = **carrier, hawker.**
trap[1] *n.* **1.** *(a) Ven:* magl(-au) *f*, trap(-iau) *m*; *(occ: for birds):* croglath(-au) *f*, hoenyn(-nau) *m*; *S.W: (for salmon):* byddagl(-au) *f*; *S.E: occ: (for moles & mice):* dolystum(-iau) *m*; **mouse ~,** trap llygod; *Mil:* **tank ~,** trap tanciau; **police ~,** trap heddlu. **2.** *(a) (i)* = **trapdoor**; *(ii) Min:* drws (drysau) (*m*) aer; *(b) Th:* trap(-iau) *m*; **bristle ~,** trap gwrychyn; **grave ~,** trap bedd; **stage ~,** trap llwyfan; **star ~,** trap seren; *(c) P:* **shut your ~!** cau dy geg (*f*)! *N:* cau dy hopran (*f*)! *occ:* cau dy safn! *S:* cau dy ben! gad dy glep/lap! gad hi! **3.** *(in pigeon shed):* trap(-iau) *m*. **4.** *Tchn: Plumb: (for water, oil &c):* dalfa (dalf|eydd) *f*, trap(-iau) *m*, soddfa (soddf|eydd) *f*; **sink ~,** trap sinc. **5.** *Veh:* trap(-iau) *m*. **6.** *Sp: Rac:* trap(-iau) *m*. **7.** *pl. esp. U.S: Mus:* **traps,** offerynnau (*pl*) taro. **~-ball** *n. Games:* trap-bêl *m*, *F:* trabôl *m*. **~-shooter** *n.* saethwr (saethwyr) (*m*) colomennod clai. **~-shooting** *vn.* saethu colomennod clai. **~-valve** *n.* trapfalf(-iau) *f*.
trap[2] *v.t.&i.* **1.** *(a) v.t. (= catch):* maglu, dal, trapio, rhwydo; **to ~ one's finger (in the door),** dal eich bys, cau'ch bys (yn y drws); **I was trapped into doing it,** cefais fy rhwydo i'w wneud; *(b) abs. (= set traps):* gosod/dodi maglau; *(c) v.i. U.S: Can:* trapio, maglu [anifeiliaid]. **2.** *v.t. Fb:* stondio, trapio. **3.** *v.t. Tchn: (gas &c):* dal; **to ~ a drain,** dodi/rhoi dalfa/trap mewn traen.
trap[3] *n. Geol:* ~ **rock,** grisgraig (grisgreigiau) *f*.
trap[4] *v.t. (= furnish with trappings):* addurno. **~-cut** *a.* = **step-cut.**
trapdoor *n.* trapddor(-au) *mf*, *Lit: occ:* brad-ddôr (~-ddorau) *f*. **~ spider** *n. Arach:* copyn(-nod) (*m*) trapddor, corryn (corynnod) (*m*) trapddor.
trapes *v.i.* = **traipse.**
trapeze *n.* trapîs (trapisau) *m*; **flying ~,** trapîs siglog; **to perform on the [flying] ~,** gwn|eud campau ar y trapîs. **~ artist** *n.* = **trapezist.**
trapeziform *a.* ar ffurf trapesiwm, trapesffurf.
trapezist *n.* trapiswr: trapisydd (trapiswyr) *m*, trap|iswraig (trapiswragedd) *f*.
trapezium *n. Geom:* trapesiwm (trapesia, trapesiymau) *m*.
trapezius *n. Anat:* trapesiws (trapesiysau) *m*.
trapezohedron *n. Cryst:* trapesohedron(-au) *m*.
trapezoid *n. Geom: Anat:* trapesoid(-au) *m*.
trapezoidal *a.* trapesoidaidd.
trapnest[1] *n.* nyth(-od) (*m*) trap, nyth (*f*) drap (nythod trap), trapnyth(-od) *mf*, nythdrap(-iau) *m*.
trapnest[2] *v.t.* nythdrapio.
trappean *a. Geol:* grisgreigaidd.
trapped *a.* wedi'ch dal, yn y fagl, yn garcharor, caeth; **he looked ~,** 'roedd golwg dyn wedi ei gornelu arno; *F: occ:* 'roedd golwg fel cath mewn cortyn arno.
trapper *n.* maglwr (maglwyr) *m*, trapiwr (trapwyr) *m*, daliwr (dalwyr) *m*.
trappiness *n. F:* anhawster (anawsterau) *m*, perygl(-on) *m*.
trappings *n.pl.* **1.** *Harn:* = **harness**[1]. **2.** *Fig: (= ornamental accessories):* addurniadau; *Pej:* geriach *m*, *N.W:* ffigiari[n]s.
Trappist *n.* & *attrib.* **1.** *n.* Trapydd(-ion) *m*. **2.** *attrib.* Trapaidd.
Trappistine *n.* & *attrib.* **1.** *n.f.* Trapyddes(-i,-au) *f*. **2.** *attrib.* Trapyddesaidd.
trappy *a. F:* anodd, twyllodrus, peryglus.
Traprain Law *Scot.Pl.n.* Din Pelydr *m*.
traprock *n. Geol:* = **trap**[3].
traps *n.pl. F:* pethau [personol], bagiau, paciau, eiddo *m*, clud *m*; **to pack [up] one's ~,** hel eich pac/paciau, hel eich pethau at ei gilydd, pacio'ch bagiau, *N.W: occ:* hel eich pîls.
trapunto *n. Needlew:* trapwnto(-s) *m*.
trash[1] *n.* **1.** *(a) (= worthless book &c):* sothach *m*, *N: F:* 'nialwch *m*, rwtsh *m*; *(b) (= loppings of trees):* tocion *pl*, *N.W: occ:* brwgaetsh *m*; **cane-~,** siaffrwd (*m*) câns, sgrwff (*m*) câns, soeg (*m*) câns. *(c)* = **nonsense**; **2.** *(= worthless pers.):* rhn diwerth/diffaith, rhn da i ddim, *S:* pwdryn *m*, rhepsyn *m*; *(= worthless people): Coll:* taclau [diwerth], gwehilion (*pl*) cymdeithas, ciwed *f*, bawiach *m*, baw isaf (*m*) y domen, *N: F: occ:* garsiwn *m*, epil/hepil *m*, sbreds: sbretsh *m*, *S.W:* rheps pl, bawach *pl*; *U.S:* **white ~,** taclau gwynion *pl*. **~-can** *n. U.S:* = **dustbin. ~-farming** *vn.* ffermio sofl. **~ fish** *n. Coll:* pysgod diwerth *pl*. **~-ice** *n. Geog:* llwtrach (*m*) rhew, slwtsh (*m*) rhew, slwtsh (*m*) iâ.
trash[2] *v.t.* **1.** *(a) (sugar-cane, leaves &c):* plicio, tocio, difrigo, *N.W:* barbro; *(b) (= discard):* taflu (rhth) ar y domen. **2.** *(a)* = **wreck**[2]; *(b)* = **attack**[2].
trasher *n.* tociwr (tocwyr) *m*, difrigwr (difrigwyr) *m*.
trashery *n.* = **trash**[1].
trashily *adv.* yn sothachlyd.
trashiness *n.* natur sothachlyd *f*.
trashman *n.m. U.S:* dyn(-ion) y lludw/biniau.
trashy *a.* diwerth, sothachlyd, da i ddim; **~ novel,** sothach o nofel, nofel sothachlyd/rwtshlyd.
trass *n. Geol: Const:* tràs *m*, tarras *m*.
traste *n. Mus:* cribell(-au) *f*.
trattoria *n.* tratoria (tratoriâu) *f*, bwyty (bwytai) Eidalaidd *m*.
trauma *n. Med:* **1.** *(= injury):* anaf(-iadau) *m*, archoll(-ion) *f*. **2.** *Psy:* trawma (trawmâu) *m*, ysgytwad(-au) *m*, ysgytiad(-au) *m*.
traumatic *a.* **1.** *Med:* trawmatig, niweidiol, clwyfol. **2.** *F:* trawmatig, ysgytiol, ingol, dirdynnol.
traumatically *adv.* yn glwyfol, yn drawmatig, yn ysgytiol *&c*.
traumatism *n.* trawmatedd(-au) *m*, anafusrwydd *m*, clwyfusrwydd *m*.
traumatization *n.*, **traumatize** *v.t.* anafu, brifo, clwyfo, trawmateiddio.
traumatology *n. Med:* trawmatoleg *f*.
travail[1] *n.* **1.** *A:* llafur(-iau) *m*, ymdrech(-ion) *mf*. **2.** *A: & Lit: (of childbirth):* gwewyr (*pl*) esgor; **woman in ~,** gwraig yng ngwewyr esgor.
travail[2] *v.i.* **1.** *A:* llafurio, ymdrechu, ymegnïo, ymlafnio. **2.** *A: & Lit: (in childbirth):* bod mewn gwewyr esgor, bod yng ngwewyr esgor.
trave *n.* **1.** *Const: (= beam):* trawst(-iau) *m*. **2.** *(= bay):* duad(-au) *m*, deuad(-au) *m*. **3.** *Farr:* ffrâm (*f*) bedoli (fframiau pedoli).
travel[1] *n.* **1.** *(a)* teithiau *pl*, teithio *vn*; **~ broadens the mind,** mae teithio'n ehangu'r meddwl; mae gweld y byd yn ehangu'r meddwl; *(b) pl.* **(I met him) on** *or* **in the course of my travels,** (cwrddais ag ef) yn ystod fy nhaith/nheithiau, ar fy nhaith/nheithiau, ar fy nghrwydradau, ar fy hynt (*f*). **2.** *Mec: Mch: Ball:* symudiad(-au) *m*, cwrs (cyrsiau) *m*, llwybr(-au) *m*. **3.** *(of satellite):* cylchdro(-eon) *m*, hynt(-iau) *f*, cylchdaith (cylchdeithiau) *f*, taith (teithiau) *f*. **~ agency/bureau** *n.* swyddfa (*f*) deithio (swyddf|eydd teithio). **~ agent** *n.* trefnydd: trefnwr (trefnwyr) (*m*) teithiau. **~ book** *n.* llyfr(-au) (*m*) taith/teithio. **~ brochure** *n.* pamffled(-i) (*m*) teithio, pamffledyn (pamffledi) (*m*) teithio. **~ bureau** *n.* = **travel agency. ~-sick** *a.* sâl wrth deithio, *S:* tost wrth deithio. **~-sickness** *n.* salwch (*m*) teithio. **~-stained** *a.* ac ôl teithio arnoch. **~ warrant** *n. Mil: &c:* warant (*f*) deithio (warantau teithio). **~-weary** *a.* blinedig/lluddedig gan deithio.
travel[2] *v.i.&t.* I. *v.i.* **1.** *(a)* teithio, mynd ar daith, *F:* trafaelio, trafeilio; **to ~ round the world,** teithio'r byd, trafeilio'r byd, teithio/trafeilio o gwmpas y byd, crwydro'r byd, tramwyo'r

byd; **to ~ light,** teithio heb lawer o baciau, teithio'n ysgafn; *(b) (of light):* symud, mynd, teithio, trafaelio, trafeilio; *(of news/ rumour):* mynd ar led, cerdded, ymledu, teithio; **light travels faster than sound,** mae golau yn mynd yn gyflymach na sŵn; **the train was travelling at 100 miles per hour,** 'roedd y trên yn mynd gan milltir yr awr; **we travelled 200 miles in a day,** gwnaethom [daith o] ddau can milltir mewn diwrnod; **his eye travelled over the scene,** crwydrodd/aeth ei lygad dros yr olygfa; **this wine travels badly,** gwin gwael yw hwn am deithio; *Fig:* **to ~ out of the record,** mynd ar gyfeiliorn, cyfeiliorni, mynd ar ôl ysgyfarnog; **a car that can ~,** car sydd a thipyn o fynd ynddo, *F:* car â thraed tano. **2.** *Com:* **to ~ (for a firm),** trafaelio, trafeilio, *S:* trafaelu (dros gwmni); **to ~ in wine,** bod yn drafaeliwr/drafeiliwr gwin. **3.** *Mec.E: (of part):* symud, trafaelio, trafeilio. **4.** *Basketball:* symud gyda'r bêl. II. *v.t.* **1. to ~ the country,** teithio'r wlad, teithio trwy'r wlad; **to ~ a road,** teithio ar hyd ffordd, dilyn ffordd; **to ~ miles out of your way,** mynd filltiroedd o'ch ffordd; **to ~ the shows,** dilyn/canlyn y sioeau. **2.** *(of salesman):* **to ~ a district,** gweithio/teithio ardal, trafeilio/trafaelio ardal.

travelator *n. (= stairs):* grisiau symudol *pl*; *(of carpet):* llwybr(-au) symudol *m.*

travelled *a. (a) (pers.):* wedi teithio; **a widely-~ man,** teithiwr profiadol; dyn wedi teithio llawer, dyn wedi gweld y byd; **a much-~ author,** llenor â phrofiad helaeth o deithio, llenor wedi teithio llawer, llenor wedi gweld y byd; *(b) (road &c):* **a well-~ highway,** priffordd a dramwyir gan lawer, priffordd a llawer o fynd/deithio/dramwy/dramwyo arni *or* ar hyd-ddi.

traveller *n.* **1.** teithiwr (teithwyr) *m,* t|eithwraig (teithwragedd) *f, Lit: occ:* ymdeithydd (ymdeithwyr) *m,* tramwywr (tramwywyr) *m*; **fellow-~,** cyd-deithiwr (~-deithwyr) *m,* cyd-d|eithwraig (~-deithwragedd) *f, occ:* cyd-fforddolyn (~-fforddolion) *m.* **2. [commercial] ~,** trafaeliwr (trafaelwyr) *m,* trafeiliwr (trafeilwyr) *m*; *Com:* **our ~ is out,** mae ein trafaeliwr ar ei rownd. **3.** *(of slide-rule):* rhedwr (rhedwyr) *m.* **4.** *N.Arch:* modrwy *(f)* redeg (modrwyau rhedeg), rhedwr. **5.** *(crane):* craen(-iau) symudol *m.* **~'s cheque** *n.* siec *(f)* deithio (sieciau teithio). **~'s joy** *n. Bot:* **= clematis. ~'s tale** *n.* stori *(f)* teithiwr (straeon teithwyr); *(= incredible tale):* stori anhygoel, stori gelwydd golau (straeon celwydd golau), stori pysgotwr (straeon pysgotwyr). **~'s tree/palm** *n. Bot: (Ravenala madagascariensis):* coeden (coed) *(f)* y teithiwr, palmwydden (palmwydd) *(f)* y teithiwr.

travelling[1] *a.* **1.** teithiol, ar daith, sy'n teithio, crwydrol; **~ salesman,** trafaeliwr (trafaelwyr) *m,* trafeiliwr (trafeilwyr) *m.* **2.** *Mec.E: (stairs &c):* symudol; **~ platform,** llwyfan(-au) symudol *mf*; **~ crane,** craen(-iau) symudol *m*; *Cin:* **~ shot,** ciplun(-iau) symudol *m,* cip(-iau) symudol *m*; *Ph:* **~ wave,** ton deithiol (tonnau teithiol) *f.*

travelling[2] *vn.* teithio, teithiau *(pl)*. **~-bag** *n.* bag(-iau) *(m)* teithio. **~-cap** *n.* cap(-iau) *(m)* teithio. **~ clock** *n.* cloc(-iau) *(m)* teithio. **~ companion** *n.* cydymaith (cymdeithion) *m,* cydymeithes(-au) *f,* cymdeithes(-au) *f,* cydymdeithes(-au) *f.* **~ expenses** *n.pl.* costau teithio. **~ fellowship** *n. Sch:* cymrodoriaeth *(f)* deithio (cymrodoriaethau teithio). **~-rug** *n.* rŷg *(f)* deithio (rygiau teithio), carthen *(f)* deithio (carthenni teithio). **~ scholarship** *n. Sch:* ysgoloriaeth *(f)* deithio (ysgoloriaethau teithio).

travelogue *n. Cin:* ffilm *(f)* deithio (ffilmiau teithio), teithlun(-iau) *m.*

traversable *a.* **1.** *(bridge):* croesadwy; *(road):* tramwyadwy. **2.** *Jur:* gwadadwy.

traversal *n.* croesiad(-au) *m,* croesi *vn.*

traverse[1] *n.* **1.** *Mount: (a) (action):* tramwyad(-au) *m,* croesiad(-au) *m,* croesi *vn,* trawstaith (trawsteithiau) *f*; *(place):* croesfan(-nau) *mf*; *(b) (of lathe-carriage):* tramwy(-on) *m,* tramwyad(-au) *m*; *(c) Artil:* trawsaneliad *m,* trawsanelu *vn.* **2.** *(a) Geom:* trawslin(-[i]au) *f,* ardrawslin(-[i]au) *f*; *(b) (area surveyed):* trawsliniad(-au) *m.* **3.** *Mec.E: Constr: &c: (a) (= crossbeam):* croeslath(-au) *f.* *(b) (= gallery of church):* oriel groes (orielau croes) *f.* **4.** *(a) Fort:* croesfur(-iau) *m*; *(b) Mil: (in trench):* igam-ogamiad(-au) *m.* **5.** *Nau: Ski:* llwybr(-au) igam-ogam *m.* **6.** *Jur:* gwadiad(-au) *m,* gwadu *vn.* **7.** *Agr:* gwely(-au) *m,* grwn (grynnau) *m.* **~ jury** *n. Jur:* **= petty jury. ~ rod** *n.* rhoden groes (rhodiau croes) *f.* **~ table** *n.* **1.** *Nau:* tabl(-au) *(m)* traws-hwylio. **2.** *Rail:* llwyfan *(mf)* croesi/groesi (llwyfannau croesi).

traverse[2] *v.t.&i.* I. *v.t.* **1.** *(a) Lit:* **to ~ (a country),** croesi (gwlad); mynd, teithio, tramwyo (ar draws gwlad, trwy wlad); **to ~ a bridge/sea,** croesi pont/môr, mynd dros bont/fôr; *(b) abs. Mount:* croesi [wysg eich ochr], mynd ar draws. **2.** *Artil:* **to ~ a cannon,** trawsanelu canon. **3.** *Fig:* **to ~ a topic,** mynd dros bwnc; *Jur:* gwadu. **4.** *(of light):* treiddio, mynd (trwy rth). II. *v.i. (a) Nau:* igam-ogamu, traws-hwylio; *Ski:* igam-ogamu; *(b) Equit:* **a horse that traverses,** ceffyl sy'n cerdded ar osgo, ceffyl sy'n cerdded wysg ei ochr, ceffyl sy'n cerdded ar letraws, ceffyl sy'n gwyro; *(c) (of compass needle):* troi.

traverse[3] *a.* croes, traws; **~ curtains,** llenni traws.

traverser *n.* **1.** *(pers.):* croeswr (croeswyr) *m.* **2.** *Rail:* **= traverse table 2.**

traversing *vn.* **~-bridge** *n. Civ.E:* pont *(f)* dynnu (pontydd tynnu).

travertine *n. Geol:* tr|afertin (trafertinau) *m.*

travesty[1] *n.* parodi (parodïau) *m,* camddarluniad(-au) *m,* camddarlun(-iau) *m*; *Fig:* ystumiad(-au) *m,* gwawdlun(-iau) *m.*

travesty[2] *v.t. Lit:* parodïo, camddarlunio, ystumio.

travois *n. Veh:* car (ceir) llusg *m.*

trawl[1] *n.* **1.** *Fish: (a)* **~[-net],** treillrwyd(-i,-au) *f,* llusgrwyd(-i,-au) *f*; *(b)* **~[-line],** cefnen(-ni) *f,* ffunen *(f)* bysgota (ffunenni pysgota). **2.** *(for mines):* cebl(-au) *(m)* ysgubo. **3. to go on a ~, to have a ~ (for sth),** mynd i bysgota (am rth); *Fig:* mynd i hela, mynd ar gym|owt, mynd ar sgawt (am rth).

trawl[2] *v.i.&t.* treillio; *(in ordinary parlance):* pysgota.

trawler *n. Fish:* **1.** *(pers.):* treilliwr (treillwyr) *m*; *(in ordinary parlance):* pysgotwr (pysgotwyr) *m.* **2.** *(ship):* tre|ill-long (treill-longau) *f*; *(in ordinary parlance):* llong *(f)* bysgota (llongau pysgota).

trawlerman *n.* **= trawler** 1.

tray *n.* **1.** *(a) (for food, drink):* hambwrdd (hambyrddau) *m, S.E: occ:* weitar(-s) *m, Lit: occ:* heilyr(-ion,-on) *m*; **butter ~,** ciler(-i,-au) *f,* noe(-au) *f*; **milk ~,** ceulor(-au) *m*; **counting-~,** hambwrdd rhifo; **drip ~,** hambwrdd diferion, padell *(f)* ddiferion (padelli/padellau diferion); **mixing-~,** padell gymysgu (padelli/padellau cymysgu), hambwrdd cymysgu; **nesting/stacking trays,** hambyrddau tasu/pentyrru; **number ~ set,** set(-iau) *(f)* hambwrdd rhifo; *(b)* **a ~ (of sandwiches),** hambyrddaid *(m)*, llond *(m)* hambwrdd (o frechdanau); *(c) (in trunk):* estyllen (estyllod, estyll) *f,* astell(-i, estyllod, estyll) *f*; *(d) (in office, for correspondance):* basged(-i) *f,* blwch (blychau) *m*; **in-~,** basged i mewn; **out-~,** basged allan. **2.** *Phot: &c:* dysgl(-au) *f*; **developing-~,** dysgl *(f)* ddatblygu (dysglau datblygu); *S.a.* **ashtray. ~-cloth** *n.* lliain *(m)* hambwrdd (llieiniau hambwrdd/hambyrddau).

trayful *n.* **1.** *(of food, drink):* hambyrddaid (hambyrddeidiau) *m,* llond *(m)* hambwrdd (~ hambyrddau). **2.** *(of letters, in office):* basgedaid (basgedeidiau) *f,* blychaid (blycheidiau) *m.* **3.** *Phot:* dysglaid (dysgleidiau) *f.*

treacherous *a.* **1.** *(pers.):* bradwrus, dichellgar, twyllodrus, ffals; **~ as a cat,** ffals fel y gath. **2.** *(stairs, ice &c):* twyllodrus, peryglus; **a ~ memory,** cof di-ddal *m.*

treacherously *adv.* **1.** yn fradwrus *&c.* **2.** yn beryglus.

treacherousness *n.* **1. = treachery. 2.** *(of ice, rocks):* perygl *m,* peryglon *pl,* natur beryglus *f.*

treachery *n.* brad(-au) *m,* bradwriaeth(-au) *f*; **act of ~,** brad *m,* gweithred fradwrus (gweithredoedd bradwrus) *f,* gweithred o frad; *Myth:* **the T~ of the Long Knives,** Brad y Cyllyll Hirion; *W.Hist:* **the T~ of the Blue Books,** Brad y Llyfrau Gleision.

treacle *n.* **1.** *Cu:* triagl [du] *m,* triogl [du] *m, F:* triog [du] *m, occ:* tregl *m,* trêg *m*; *(= golden syrup):* triagl melyn. **2.** *Fig: (= blandishments):* sebon *m,* gweniaith *f.* **~ mustard** *n. Bot: (Erysimum cheiranthoides):* triagl-arfog *m*; **decumbent ~-mustard,** *(E. decumbens/dubium/ochroleucum):* triagl-arfog melynwyn; **hawkweed-leaved ~-mustard,** *(E. hieracifolium/ strictum):* triagl-arfog syth; **hoary ~ mustard,** *(E. inconum):* triagl-arfog llwydwyn; **wood ~ mustard,** *(E. sylvester):* triagl-arfog y coed. **~ tart** *n. Cu:* tarten *(f)* driog (tartenni triog), cacen *(f)* driog (cacenni triog). **~ toffee** *n.* taffi *(m)* triog.

treacliness *n.* natur driaglyd/drioglyd *f.*

treacly *a. (a)* trioglyd, triaglog, triaglaidd, fel triog; *(b) Fig:*

siwgraidd, siwgwraidd; ~ **sentimentality,** sentimentalrwydd siwg[w]raidd/gorfelys.

tread[1] *n.* **1.** *(a)* cam(-au) *m*, troediad(-au) *m*, *occ:* camre *m*, sang(-au) *f*, sangiad(-au) *m*; **heavy ~,** camau trymion, troediad trwm; **to walk with measured ~,** troedio'n bwyllog, mesur eich camau wrth gerdded; *(b) (= footfall):* sŵn (*m*) troed (~ traed) *m*, troediad(-au) *m*; *(c) (= mark of foot):* ôl (*m*) troed (olion traed). **2.** *(a) (of step on stairs):* tu uchaf *m*, gris *m*, sangfa (sangfâu, sangf|eydd) *f*; ~ **and riser,** gris ac wyneb, gris a thu blaen; *Carp:* **tapered ~,** gris taprog; *(b) (of shoe):* gwadn(-au) *mf*; *(c) (on ladder):* ffon (ffyn) *f*; *(d) (of tyre):* gwadn, wyneb(-au) *m*; **non-skid ~,** gwadn anllithrog; **caterpillar ~,** gwadn [d]di-dor; *(e) Rail: (of rail):* wyneb, sangfa. **3.** *Cy: (= distance between pedals):* lled *m*. **4.** *Veh: (= width of road):* lled ffordd. **5.** *(of male bird): (i) (action):* cocwyad(-au) *m*, cocwyo *vn*, sathriad(-au) *m*, sathru *vn*; *(ii) (= sperm in egg):* rhith (*m*) ceiliog (rhithiau ceiliogod), sathriad.

tread[2] *v.i.&t.* **1.** *v.i.* *(a) (= step, pace, walk):* camu, cerdded, troedio, *occ:* sengi, sangu; **to ~ on air,** bod yn ysgafndroed, troedio'n ysgafn; **to ~ carefully/lightly,** troedio'n ofalus/ysgafn; *Fig:* **to ~ on eggs/eggshells,** troedio/cerdded yn ofalus, sengi ar farwor; **to ~ on s.o.'s heels,** sathru ar sodlau rhn; *Fig: (of event &c):* **to ~ on the heels of sth,** dilyn rhth yn glòs, dod ar sodlau rhth, dod ar war rhth; **to ~ on s.o.'s neck,** rhoi'ch troed ar wegil rhn; *S.a.* **delicate 2, angel; to ~ in s.o.'s footsteps,** dilyn camre rhn. **2.** *v.t.* *(a)* **to ~ a path,** troedio llwybr; **to ~ a measure,** dawnsio; *Th:* **to ~ the stage/boards,** troedio'r llwyfan; *(b)* **to ~ (sth) underfoot, to ~ (on sth),** *N:* sathru (rhth, ar rth); *S:* damsang, damsiel, damsgen (rhth, ar rth); *S.W: occ:* maeddu, sgathryd, sgablu (rhth); stablad (ar rth); *S.E:* bacsan, bacsach (rhth); *Lit:* sarnu, mathru (rhth); **to ~ [out] grapes,** sathru/mathru grawnwin [dan draed]; *Swim:* **to ~ water,** troedio'r dŵr, nofio yn eich unfan; **to ~ on s.o.'s corns/toes,** sathru *&c* ar gyrn/draed rhn, sathru cyrn/traed rhn; *(c) Orn:* **to ~ (a hen),** sathru, ceiliogi, cocwyo, cwcwyo (iâr). **~ down** *v.t. (earth &c):* sathru *&c*. **~ in** *v.t.* sathru (rhth i rth). **~ out** *v.t.* **to ~ out a fire,** sathru *&c* ar dân i'w ddiffodd, diffodd tân trwy sathru arno; *Fig:* **to ~ out a revolt,** sathru *&c* ar wrthryfel, mygu gwrthryfel. **~-board** *n. Carp: (of step):* troedlath(-au) *f*, tu uchaf *m*, pen (*m*) stepen. **~-wheel** *n. Hist: Jur:* olwyn (*f*) draed (olwynion traed).

treadle[1] *n.* troedlath(-au) *f*, troedlas(-au) *f*, *F:* tradl(-au) *f*.

treadle[2] *v.i.* gweithio troedlath, *F:* tradlo.

treadler *n.* troedlathwr (troedlathwyr) *m*.

treadmill *n.* **1.** *Jur: Hist:* melin (*f*) draed (melinau traed). **2.** *Fig:* undonedd *m*.

Treago *Eng.Pl.n.* Tre-Iago *f*.

Trearddur Bay *W.Pl.n.* Tywyn (*m*) y Capel.

treason *n. Jur:* brad *m*, bradwriaeth(-au) *f*; **high ~,** teyrnfradwriaeth(-au) *f*, uchel frad *m*; *Hist:* **petit/petty ~,** mân fradwriaeth. **~-felony** *n. Jur:* brad-ffleloni *m*, brad-ffeloniaeth *f*.

treasonable *a.* bradwrus.

treasonableness *n.* bradwrusrwydd *m*, natur fradwrus *f*.

treasonably *adv.* yn fradwrus *&c*.

treasonous *a.* = **treasonable.**

treasonously *adv.* = **treasonably.**

treasurable *a.* trysoradwy, gwerthfawr.

treasure[1] *n.* trysor(-au) *m*; *F:* **she's a ~,** mae hi'n drysor; mae hi'n werth y byd; **art treasures,** campweithiau celf, trysorau celfyddyd. **~-house** *n.* trysorfa (trysorf|eydd) *f*, trysordy (trysordai) *m*. **~ hunt** *n.* helfa (*f*) drysor (helfâu/helf|eydd trysorau). **~-hunting** *vn.* hela trysor/trysorau. **T~ Island** *Pr.n. Lit:* Ynys (*f*) y Trysor. **~ trove** *n.* trysor(-au) cudd/cuddiedig; *Jur:* trysor darganfyddedig.

treasure[2] *v.t.* trysori.

treasured *a.* a drysorir/drysorid/drysorwyd, gwerthfawr, annwyl, hoff, cu; **my most ~ books,** y llyfrau anwylaf gennyf, y llyfrau mwyaf hoff/gwerthfawr gennyf, y llyfrau a drysoraf fwyaf; **some ~ possessions,** rhai hoff feddiannau, rhai meddiannau hoff/annwyl/gwerthfawr; **a ~ recollection,** atgof cu.

treasurer *n.* trysorydd(-ion) *m*; *Hist:* **Lord High T~,** Arglwydd Brif Drysorydd (Arglwyddi Brif Drysoryddion) *m*.

treasurership *n.* trysoryddiaeth(-au) *f*.

treasury *n.* **1.** *(a)* trysorfa (trysorf|eydd) *f*, *occ:* trysordy (trysordai) *m*; *(b) Pol: Adm:* **the T~,** y Trysorlys *m*; **the Lords of the T~,** Arglwyddi'r Trysorlys; **the First Lord of the T~,** Prif Arglwydd y Trysorlys, y Prif Weinidog *m*. **2.** *(a)* **~ of verse,** trysorfa o gerddi; **golden ~,** eurgrawn (eurgronau) *m*; *(b) Theol:* **~ of merits,** trysorfa haeddiant. **T~ bench** *n. Pol:* mainc (*f*) y Trysorlys, mainc y gweinidogion, mainc flaen y llywodraeth. **T~ bill** *n. Fin:* bil(-iau) (*m*) Trysorlys, papur(-au) (*m*) Trysorlys. **T~ bond** *n. Fin:* bond(-iau) (*m*) Trysorlys. **T~ certificate** *n. Fin: U.S:* tystysgrif(-au) (*f*) Trysorlys. **T~ note** *n. Fin:* nodyn (nodau) (*m*) Trysorlys. **~ tag** *n.* dolen(-nau) *f*, cysylltwr (cysylltwyr) *m*.

treasuryship *n.* = **treasurership.**

treat[1] *n.* **1.** *(a) (= delicacy):* peth(-au) amheuthun *m*, dantaith (danteithion) *m*, danteithfwyd(-ydd) *m*, *Lit:* amheuthun (ameuthunion) *m*, *S:* moethyn (moethau) *m*; *(= feast):* gwledd(-oedd) *f*; *(= party):* parti(-s, partïon) *m*; *(b) P:* **I'll stand ~ all round,** mi dala' i dros bawb; mi dretia' i bawb; **it's my ~,** fi sy'n talu; mi dala' i; mi wnaf i dalu. **2.** *(= a pleasure):* peth amheuthun, pleser(-au) *m*, peth braf, *F:* peth neis, trêt(-s, tretiau) *m*, trît(-s, tritiau) *m*; **it would be a ~ to go to the theatre,** fe fyddai'n braf cael mynd i'r theatr; byddwn wrth fy modd cael mynd i'r theatr; **to give oneself a ~,** eich difetha'ch hun, eich sbwylio'ch hun, rhoi moethau i chi'ch hun, eich mwytho'ch hun, *F:* eich tretio'ch hun; **it was a ~ to see her,** 'roedd hi'n braf/bleser/hyfrydwch ei gweld hi; *S.W: occ:* 'roedd hi'n bregeth i'w gweld hi; **a ~ for the eye,** gwledd (*f*) i'r llygad; **a ~ in store,** pleser sydd eto i ddod, rhth i edrych ymlaen ato; **there's a ~ in store for you,** mae yna bleser yn eich aros chi; **a ~ for the children,** *(i) (= food):* rhth da/neis [i'w fwyta] i'r plant; *(ii) (= outing):* trip(-iau) (*m*) i'r plant, diwrnod(-iau) (*m*) allan i'r plant; *S.a.* **Dutch. 3.** *P: adv.phr.* **a [fair] ~,** yn berffaith, i'r dim, i'w ryfeddu, yn burion, *N: F:* siort ora', *S:* reit i wala.

treat[2] *v.i.&t.* I. *v.i.* **1.** *(= negotiate):* trafod, cynnal trafodaethau, cyd-drafod, *Lit: occ:* cyflafareddu; **to ~ for peace,** trafod heddwch, ceisio heddwch. **2.** *(of book &c):* **to ~ of a subject,** trafod pwnc, sôn am bwnc, traethu ar bwnc, ymdrin â phwnc, trin pwnc, trin a thrafod pwnc. II. *v.t.* **1.** *(= behave towards):* trin, *S:* trafod; **to ~ s.o. well,** trin rhn yn dda, *S:* trafod rhn yn dda; **to ~ s.o. roughly,** camdrin rhn; **my father still treats me like a child,** mae fy nhad yn dal i'm trin i fel plentyn; **to ~ sth as a joke,** ystyried rhth yn ddigrif, cymryd rhth yn ysgafn, cymryd rhth yn/fel jôc. **2.** *(= entertain &c):* diddanu, difyrru (rhn); rhoi pleser (i rn); *F:* tretio (rhn); **to ~ s.o. to the theatre,** mynd â rhn i'r theatr; **you can ~ me to a cake,** fe gei di brynu teisen i mi; **I'll ~ you all,** mi dala' i dros bawb ohonoch; mi'ch tretia' i chi i gyd; **to ~ oneself to wine,** prynu gwin i chi'ch hun, *F:* eich tretio'ch hun i win; *(b) Hist:* **to ~ electors,** rhoi gwledd i etholwyr. **3.** *(a) Med:* **to ~ a patient,** trin claf, rhoi triniaeth i glaf; **to ~ a disease,** trin afiechyd; **to ~ s.o. (for measles),** rhoi triniaeth i rn, trin rhn (ar gyfer y frech goch); **how do you ~ a sprained ankle?** sut mae trin rhn wedi troi'i ffêr? **he was treated in hospital,** cafodd driniaeth yn yr ysbyty; *(b) Ch:* **to ~ metal,** trin metel; **to ~ wood with creosote,** trin pren â chreosot. **4.** *Lit: Mus: &c:* **to ~ (a subject/theme),** trin, trafod (pwnc/thema); ymdrin (â phwnc/thema).

treatability *n.* hydrinedd *m*, natur hydrin *f*; **I'm convinced of its ~,** 'rwy'n sicr y gellir ei drin; 'rwy'n sicr bod modd ei drin; **I doubt its ~,** 'rwy'n amau a ellir ei drin.

treatable *a.* triniadwy, trafodadwy, y gellir ei drin/drafod, *Lit:* hydrin.

treater *n.* **1.** triniwr (trinwyr) *m*, trafodwr (trafodwyr) *m*, ymdriniwr (ymdrinwyr) *m*. **2.** *(who gives treats):* tretiwr (tretwyr) *m*.

treatise *n.* traethawd (traethodau) *m*.

treatment *n.* **1.** *Med: &c:* triniaeth(-au) *f*; **his ~ of his friends,** ei ddull o drin ei ffrindiau; **the leather is now ready for ~,** mae'r lledr yn barod i'w drin; *Carp:* **final ~,** triniaeth derfynol. **2.** *(of a topic):* ymdriniaeth(-au) *f* (â rhth). **~ plan** *n.* cynllun (*m*) triniaeth/trin.

treaty *n.* cytundeb(-au) *m*; **~ obligations,** rhwymau cytundebol; **to sell sth by private ~,** gwerthu rhth trwy gytundeb preifat; **to be in ~ with s.o. for sth,** trafod gyda rhn i gael rhth. **~ port** *n. Hist:* porthladd(-oedd) (*m*) cytundeb.

treatyless *a.* heb gytundeb.

Trebanos *W.Pl.n.* Trebannws *f.*
treble[1] *a., adv. & n.* I. *a.* 1. triphlyg, *occ:* tridyblyg; *Fb:* **the ~ chance,** y siawns driphlyg *f.* **2.** *Mus:* **~ voice,** llais (lleisiau) (*m*) soprano, *Lit:* meinllais *m*; **~ clef,** allwedd (*f*) y trebl (allweddi'r trebl), cleff (*m*) y trebl (cleffiau'r trebl); **~ string,** *(of harp):* cildant (cildannau) *m.* II. *adv.* tair gwaith, teirgwaith [cymaint]; **(he earns) ~ my salary,** (mae'n ennill) tair gwaith fy nghyflog i, tair gwaith cymaint â mi. III. *n.* **1.** teirgwaith *f*, tri chymaint *m.* **2.** *(a) Mus:* trebl(-au) *m*, uwchalaw(-on) *f*; **to sing the ~,** canu'r uwchalaw; **[crotchet] plain ~,** trebl syml; *(b) (voice):* llais (*m*) soprano, *Lit: occ:* meinllais *m*; *(pers.)* soprano(-s) *m&f*; *(c) El.Mus:* **~ control,** rheolydd(-ion) (*m*) y trebl. **3.** *Rac: Darts:* trebl(-au) *m.*
treble[2] *v.t.&i.* treblu.
trebled *a.* trebledig, wedi treblu; *Her:* tridyblyg.
trebly *adv.* teirgwaith/deirgwaith [cymaint, mwy, yn fwy].
Trebover *W.Pl.n.* Trebwfer *f.*
trebuchet, trebucket *n.* **1.** *Hist:* magnel(-au) *f.* **2.** *(= balance):* clorian(-nau) *f.*
Trecastle *W.Pl.n.* Trecastell *f*, *A:* Castell (*m*) Teirtud. **~ Beacon** *W.Pl.n.* Y Fan Fawr *f.*
trecentist *n. Art: Lit:* trecentydd(-ion) *m.*
trecento *n. Art: Lit:* y bedwaredd ganrif (*f*) ar ddeg.
Trecilla *Eng.Pl.n.* Trecelli *f.*
tredecillion *n. Mth:* tridegiliwn (tridegiliynau) *m.*
Tredeon *W.Pl.n.* Tre'rdeon *f.*
Tredoughan *Eng.Pl.n.* Tredwchan *f.*
Tredunnock *W.Pl.n.* Tredynog *f.*
tree[1] *n.* **1.** *(a)* coeden (coed) *f*, *occ:* pren(-nau) *m*, *S: occ:* colfen(-ni,-nau) *f*, *Lit: occ: (in pl.):* gwŷdd; **fruit ~,** coeden ffrwythau; **apple ~,** pren afalau, coeden afalau, *S:* colfen afalau, *Lit: occ:* afallen (-nau) *f*; **Christmas ~,** coeden Nadolig; *Bot:* **~ of heaven,** *(Ailanthus altissima):* coeden y nefoedd; **timber ~,** coeden i'w chwympo (coed i'w cwympo); **to climb a ~,** dringo coeden; *Fig:* **to get to the top of the ~,** cyrraedd y brig; **money doesn't grow on trees,** 'dyw arian ddim yn tyfu ar goed [cwsberis]; 'dyw arian ddim yn syrthio o'r nefoedd; **he can't see the wood for the trees,** mae'n methu gweld y coed gan brennau; *F:* **up a [gum] ~,** mewn cornel, mewn twll, mewn caethgyfle; *S.a.* **bark[1] 1**; *(b) B:* **the ~ of life,** pren y bywyd; **the ~ of knowledge,** pren gwybodaeth. **2. family ~,** achres(-i) *f*, achrestr(-au) *f*, cart(-iau) (*mf*) achau, *N.W: F:* cardiachau *m.* **3.** *(a) A:* **gallows ~,** crocbren(-nau,-ni) *m*; *(b) Rel:* Croes (*f*) Crist. **4.** *(a) O: Const: Min:* post: postyn (pyst) *m*; *(b)* **[shoe-]~,** pren esgidiau; *(c)* **butcher's ~,** cambren(-nau,-ni) *mf.* **~ agate** *n. Miner:* agat canghennog *m.* **~ border** *n. Th:* borden (*f*) goed (bordenni coed). **~ calf** *n. Bookb:* rhwymiad(-au) rhisglog *m.* **~ diagram** *n.* d|iagram (diagramau) canghennog *m.* **~-dozer** *n. U.S: Civ.E:* tarw (teirw) (*m*) coed. **~ farm** *n. U.S:* fferm (*f*) goed (ffermydd coed). **~-feller** *n.* cymynwr (cymynwyr) *m* [coed]. **~-fern** *n. Bot:* coedredynen (coedredyn) *f.* **~-frog** *n. Amph:* llyffant(-od, llyffaint) dringol *m*, broga (brog|aid) dringol *m.* **~-goose** *n. Orn:* = **goose (barnacle).** **~ heath** *n. Bot:* = **briar. ~-hopper** *n. Ent:* chwannen (chwain) (*f*) y coed, sbonciwr (sboncwyr) (*m*) y coed. **~-house** *n.* tŷ (*m*) pen coeden (tai pen coed). **~ kangaroo** *n. Z:* cangarŵ(*m*)'r coed (cangarŵod y coed) (*pronounced* ng-g). **~-line** *n.* = **timberline. ~ mallow** *n. Bot:* = **mallow (tree). ~-milk** *n.* llaeth (*m*) coed. **~ moss** *n. Bot:* mwsogl (*m*) y coed, *S:* mwswm (*m*) y coed. **~ mouse** *n. Z:* llygoden (llygod) (*f*) y coed. **~ onion** *n. Bot: (Allium proliferum):* garlleg cnydiog. **~ peony** *n. Bot: (Paeonia suffruticosa):* llwyn(-i) (*m*) rhosyn mynydd, llwyn peion/peiam, llwyn cysgadur. **~ pipit** *n. Orn:* = **pipit (tree). ~-ring** *n.* cylch(-oedd) (*m*) coeden/pren. **~ runner** *n. Orn:* rhedwr (rhedwyr) (*m*) y coed. **~-shrew** *n. Z:* chwistlen (chwistlod) (*f*) y coed, llŷg (llygod) (*f*) y coed. **~ snail** *n. Moll:* malwen (malwod) (*f*) y coed, malwoden (malwod) (*f*) y coed. **~ snake** *n. Rept:* neidr (nadroedd) (*f*) y coed. **~ sparrow** *n. Orn:* golfan(-od) (*m*) y coed, golfan y mynydd, aderyn (adar) (*m*) y mynydd. **~ surgeon** *n.* meddyg(-on) (*m*) coed, dyn(-ion) (*m*) trin coed. **~ surgery** *n.* triniaeth (*f*) ar goed, trin (*vn*) coed. **~-toad** *n.* = **tree-frog. ~ tomato** *n. Bot: (Cyphomandra betacea):* coeden (*f*) domato (coed tomatos). **~-trunk** *n.* boncyff(-ion) *m*, bôn (*m*) coeden (bonau coed), *S:* colfen(-ni) *f.* **~ wallaby** *n.* = **tree kangaroo. ~ wasp** *n. Ent:* cacynen (cacwn) (*f*) y coed.

tree[2] *v.t.* **1. to ~ an animal,** gyrru anifail i ben coeden. **2. to ~ a shoe,** ymestyn esgid ar bren.
treecreeper *n. Orn:* dringwr (dringwyr) bach *m*, aderyn (adar) (*m*) pen bawd, cropiedydd(-ion) *m*, crepianog(-ion) *m*, cripianydd(-ion) *m*, ymlusgydd(-ion) (*m*) y coed, dringhedydd (dringedyddion) bach *m*; **short-toed ~,** dringwr troedfyr.
treed *a.* coediog.
treeless *a.* di-goed, moel(-ion).
treelike *a.* tebyg i goeden, fel coeden.
treen *n.* dysglau pren *pl.*
treenail *n.* hoelen bren (hoelion pren) *f.*
treetop *n.* brig (*m*) coeden (brigau coed), pen (*m*) coeden (pennau coed); **at ~ height,** cyfuwch/gyfuwch â brigau'r coed.
Tre-evan *Eng.Pl.n.* Tre-Ifan *f.*
trefa *a. Jew.Rel:* aflan, treffa.
Trefethin *W.Pl.n.* Trefddyn *f.*
Treffgarne *W.Pl.n.* Trefgarn *f.* **~ Owen** *W.Pl.n.* Trefgarnowen *f.*
Trefloyne *W.Pl.n.* Treflwyn *f* [Teilo].
Trefnanney *W.Pl.n.* Trefnannau *f.*
trefoil *n. Bot: (Trifolium):* meillionen (meillion) *f*, meillionen y meirch, llysiau(*pl*)'r meheryn; **Alpine bird's-foot ~,** *(Lotus alpinus):* pys (*pl*) ceirw'r mynydd; **bean ~,** *(Anagyris foetida):* drewgoed *pl*; **bird's-foot ~,** *See* **bird**; **hop ~,** *(T. campestre):* meillionen hopysaidd, hop[y]sen goeg (hop[y]s coeg) *f*; **Hungarian ~,** *(T. pannonicum):* meillionen Hwngaraidd (*pronounced* ng-g); **large hop ~,** *(T. aureum):* meillionen euraidd, clofer (*m*) hop[y]s, y we felen *f*; **largefoot ~,** *(L. pedunculatus):* pys ceirw blewog; **lesser [yellow] ~,** *(T. dubium):* meillionen felen fechan (meillion melyn bychain), y we felen fechan; **marsh ~,** *(T. palustre):* meillionen y gors; **milk/moon ~,** *(Cytisus):* = **broom[1]**; **pitch ~,** *(Psoralea bituminosa):* meillionen byglyd (meillion pyglyd); **prairie ~,** *(L. americanus):* pys ceirw'r paith; **red ~,** *(T. rubens):* meillionen bengoch (meillion pengoch) (*pronounced* ng-g); **scented ~,** = **melilot**; **slender [yellow] ~,** *(T. micranthum):* meillionen felen eiddil (meillion melyn eiddil); **soft [knotted] ~,** *(T. striatum):* meillionen rychog (meillion rhychog); **subterranean ~,** *(T. subterraneum):* meillionen wen gudd (meillion gwyn cudd); **suffocated ~,** *(T. suffocatum):* meillionen fygedig (meillion mygedig); **tick ~,** *(Desmodium):* meillionen gynghafog (meillion cynghafog), meillionen ludiog (meillion gludiog); **shrubby ~,** *(Ptelea trifoliata):* coeden (coed) *f* hop[y]s; **sweet ~,** *(Trigonella):* = **bird's foot trefoil**; **woolly ~,** *(T. tomentosum):* meillionen wlanog (meillion gwlanog); **yellow ~,** = **medick (black). 2.** *Arch: Her:* teirdalen(-nau) *f.*
trefoiled *a.* teirdalen, teirdalennog.
Trefroyan *W.Pl.n.* Trefreuan *f.*
Tregare *W.Pl.n.* Tre'r Gaer *f.*
Tregoyd and Velindre *W.Pl.n.* Tregoed (*f*) a'r Felindre *f.*
Treguff *W.Pl.n.* Tre-gof *f.*
trehala *n. Cu: Ent:* trehala *m.*
trehalase *n. Bio-Ch:* tr|ehalas (trehalasau) *m.*
trehalose *n. Bio-Ch:* tr|ehalos *m.*
Tre-hill *W.Pl.n.* Tre-hyl *f.*
treillage *n.* = **trellis[1]**.
trek[1] *n.* **1.** hirdaith (hirdeithiau) *f*, ymdaith (ymdeithiau) *f.* **2.** *(in weakened sense):* taith (teithiau) *f*; **it's quite a ~,** mae'n [daith] eithaf pell; mae'n dipyn o daith; mae'n bellter.
trek[2] *v.i.* ymdeithio, ymlwybro, teithio, hirdeithio.
trekker *n.* hirdeithiwr (hirdeithwyr) *m*, ymdeithiwr (ymdeithwyr) *m*, ymlwybrwr (ymlwybrwyr) *m*; **pony-~,** merlotwr (merlotwyr) *m*, merl||otwraig (merlotwragedd) *f.*
trekking *vn.* = **trek[2]**; **pony-~,** merlota.
Trelasdee *Eng.Pl.n.* Tre (*f*) Lewis Ddu.
Treleck *W.Pl.n.* Tryleg *f.*
trellis[1] *n.* dellt *pl*, delltwaith (delltweithiau) *m*, *occ:* rhwyllwaith (rhwyllweithiau) *m*, cledrwaith (cledrweithiau) *m.* **~-like** *a.* fel dellt, delltaidd. **~-window** *n.* ffenestr (*f*) ddellt (ffenestri dellt). **~-work** *n.* = **trellis[1]**.
trellis[2] *v.t.* **1.** *(wall, window):* delltu, rhwyllo, eisio. **2. to ~ a vine,** clymu/plethu gwinwydden ar ddellt.
trellised *a.* delltog, rhwyllog.
Trelough *Eng.Pl.n.* Tre-lwch *f.*
Tremadoc *W.Pl.n.* Tremadog *f*; **~ Cliffs,** Creigiau'r Dre.

trematode *n. & attrib.* **1.** *n. Z:* tr|ematod (trematodau) *m.* **2.** *attrib.* trematodaidd.

tremble¹ *n.* **1.** cryndod(-au) *m, occ:* crynfa (crynfâu, crynf|eydd) *f; (with cold):* rhyndod(-au) *m, S: occ:* ysgryd(-ion) *m;* **I was all of a ~,** 'roeddwn yn crynu drwof; 'roeddwn yn gryndod drwof; *S:* 'roedd ysgryd arnaf. **2.** *pl. Vet:* y cryd *m,* y crynu *vn.*

tremble² *v.i. (of pers.): crynu; (with cold):* crynu, rhynnu, ysgrytian; *(of building &c):* ysgwyd, crynu; **to ~ like a leaf,** ysgwyd/crynu fel deilen; **(I trembled) for her safety,** ('roeddwn i'n crynu) drosti, o achos y perygl iddi; **I ~ at the thought,** 'rwy'n crynu wrth feddwl am y peth; **to ~ with fear,** crynu gan ofn; **to ~ with cold,** rhynnu/crynu/ysgrytian gan oerfel; **to ~ in the balance,** siglo yn y fantol.

tremblement *n.* = **tremble¹**.

trembler *n.* crynwr (crynwyr) *m.*

trembling¹ *a.* crynedig; *(with cold):* rhynllyd; **~ bog,** siglen(-nydd) *f;* **~ poplar,** = **aspen.**

trembling² *vn.* = **tremble¹; in fear and ~,** mewn ofn a dychryn.

trembly *a.* = **trembling¹**.

tremendous *a.* **1.** = **frightful, terrible. 2.** *F: (= very great):* aruthrol, anferth, anferthol; *(size):* enfawr, dirfawr; **a ~ lot (of sth),** cruglwyth *m,* llwythi *pl* (o rth); **there was a ~ crowd,** 'roedd yna dorf aruthrol/enfawr; *F:* 'roedd yna andros o dyrfa; **a ~ concert,** cyngerdd gwych/campus/rhagorol; **a ~ success,** llwyddiant ysgubol *m; int.* **~!** gwych! ardderchog! ysgubol! anfarwol!

tremendously *adv.* **1.** = **terribly. 2.** *F:* yn aruthrol *&c,* i'w ryfeddu; **(it was) ~ successful,** ('roedd) yn llwyddiant ysgubol, yn aruthrol [o] lwyddiannus, yn llwyddiannus i'w ryfeddu.

tremendousness *n.* aruthredd *m.*

tremolando *adv. Mus:* tremolando.

tremolant *n.* = **tremulant.**

tremolite *n. Miner:* tr|emolit *m.*

tremolitic *a. Miner:* tremolitig.

tremolo *n. Mus:* tr|emolo(-s, tr|emoli) *m.*

tremor *n.* **1.** *(a) Med: &c:* cryndod(-au) *m, occ:* crynfa (crynf|eydd, crynfâu) *f; (of delight, fear):* ias(-au) *f;* **intention ~,** ysmudiad(-au) *m,* cryndod bwriad. **2.** *Meteor:* **earth ~,** dirgryniad(-au) *(m)* daear, crynfa (crynf|eydd, crynfâu) *(f)* daear, daeargryniad(-au) *m,* daeargrynfa (daeargrynf|eydd, daeargrynfâu) *f,* daeargryn (daeargrynfeydd, daeargrynfâu) *f.*

tremorless *a.* digryndod, llonydd.

tremulant *n. Mus:* tr|emwlant (tremwlantau) *m,* crynydd(-ion) *m.*

tremulous *a.* crynedig.

tremulously *adv.* yn grynedig.

tremulousness *n.* crynedigrwydd *m.*

trenail *n.* = **treenail.**

trench¹ *n.* **1.** *Agr: Hort:* ffos(-ydd) *f,* rhych(-au) *f,* cwys(-i) *m; (esp. for draining):* ffos, cwter(-i,-ydd) *f,* ffos ddŵr (ffosydd dŵr); **water/irrigation ~,** ffos ddyfrio (ffosydd dyfrio), *S: occ:* clais (cleisiau) *(m)* dŵr. **2.** *Mil:* ffos; **communication ~,** ffos gyswllt (ffosydd cyswllt). **~-cart** *n.* cert(-i) *(m)* ffosydd, trol(-iau) *(f)* ffosydd. **~ coat** *n. Cost:* côt (cotiau) *(f)* gabardîn. **~ fever** *n. Med:* twymyn *(f)* y ffosydd. **~ foot** *n. Med:* dolur *(m)* traed y ffosydd. **~ knife** *n.* cyllell *(f)* glun (cyllyll clun). **~ mortar** *n.* morter(-i) *(m)* ffosydd. **~ mouth** *n. Med:* dolur *(m)* ceg y ffosydd, ceg dost *(f)* y ffosydd. **~ plough** *n. Husb:* aradr *(f)* gwysi (erydr cwysi), aradr gwys (erydr cwysi). **~ warfare** *n. Mil:* ymladd *(vn)* mewn ffosydd, rhyfela *(vn)* mewn ffosydd.

trench² *v.t.&i.* **1.** *v.t.* torri ffos/ffosydd, agor ffos/ffosydd, cloddio ffos/ffosydd, *occ:* rhychu, ffosi, ffosio, cwteru. **2.** *v.i. (a)* agor ffos/ffosydd, torri ffos/ffosydd, cloddio ffos/ffosydd; *(b)* **to ~ on s.o.'s property,** tresmasu ar dir rhn.

trenchancy *n.* miniogrwydd *m.*

trenchant *a.* miniog.

trenchantly *adv.* yn finiog.

trenched *a.* ffosiog, llawn ffosydd, *occ:* rhych[i]og, cwterog.

trencher¹ *n. A: (= wooden platter):* trensiwr (trenswyr) *m,* treinsiwr (-s, treinswyr) *m,* plât (platiau) pren *m.* **~-cap** *n.* = **mortarboard. ~-fed** *a.* **a ~-fed hound,** ci anwes.

trencher² *n. (= digger of trenches):* cloddiwr (cloddwyr) *(m)* ffosydd, agorwr (agorwyr) *(m)* ffosydd, torrwr (torwyr) *(m)* ffosydd, ffoswr (ffoswyr) *m.*

trencherman *n.m.* **good/stout ~,** bwytäwr (bwytawyr) da/mawr, *N.W:* claddwr (claddwyr) bwyd, sglaffiwr (sglaffwyr) bwyd.

trend¹ *n.* **1.** *(= direction):* cyfeiriad(-au) *m; (of fashion, public opinion &c):* tuedd(-iadau) *mf,* gogwydd(-ion) *m,* gogwyddiad(-au) *m;* **current trends,** argoelion presennol. **2.** *(= fashion, fad):* ffasiwn (ffasiynau) *mf,* chwiw(-iau) *f;* **that's the latest ~,** dyna'r chwiw ddiweddaraf; dyna sy'n mynd â hi bellach. **~ surface analysis** *n. Geog:* dadansoddiad(-au) *(m)* arwyneb tuedd.

trend² *v.i.* tueddu, gogwyddo **(to/towards sth,** tuag at rth).

trendily *adv.* yn ffasiynol; *Pej:* yn goegffasiynol, yn chwiwgar *&c.*

trendiness *n.* chwiwgarwch *m,* coegffasiyndod *m.*

trendsetter *n.* arweiniwr (arweinwyr) *(m)* ffasiwn, gosodwr (gosodwyr) *(m)* ffasiwn.

trendy *a. & n.* **1.** *a. F:* ffasiynol, ynddi hi, gyda'r oes, efo'r oes, *Pej:* coegffasiynol, ffasiynllyd, chwiwgar, trendi. **2.** *n.* dilynwr (dilynwyr) *(m)* ffasiwn, chwiwgarwr (chwiwgarwyr) *m,* trendi(-s) *m.*

Trent *Pr.n. Geog:* (Afon) Trannon *f.*

trental *n. R.C.Ch:* trental(-au) *m,* tridegol(-ion) *m.*

Tre-oes *W.Pl.n.* Tre-os *f.*

Treorchy, Treorky *W.Pl.n.* Treorci *f.*

trepan¹ *n. Surg: Min:* taradr (terydr) *m,* trepan(-nau) *m; also: Surg:* cylchlif(-iau) *f.*

trepan² *v.t. Surg:* cylchlifio, taradru, trepanio, trepannu.

trepan³ *n.* = **trap¹, snare¹**.

trepan⁴ *v.t.* = **trap², snare²**.

trepanation *n. Surg:* taradriad(-au) *m,* trepaniad(-au) *m,* cylchlifiad(-au) *m.*

trepang *n. Z:* chwerddwr (chwerddyfroedd) *(m)* môr, trepang(-au) *m.*

Trepewet *W.Pl.n.* Tre-boeth *f.*

trephination *n. Surg:* tryffiniad(-au) *m,* tryffinio *vn.*

trephine¹ *n. Surg:* tryffin(-iau) *m.*

trephine² *v.t. Surg:* tryffinio.

trepid *a.* = **timorous.**

trepidant *a.* = **timid, trembling.**

trepidation *n.* **1.** *(= perturbation):* anesmwythder *m,* anesmwythdra *m,* anniddigrwydd *m,* anesmwythyd *m.* **2.** *Med:* cryndod(-au) *m.*

treponema *n. Bact:* treponema(-ta) *m.*

treponemal, treponematous *a. Bact:* treponemaidd.

treponematosis *n. Med:* treponematosis *m.*

treponeme *n. Med:* = **treponema.**

Trerado *Eng.Pl.n.* Tre'r adwy *f.*

Trereece *Eng.Pl.n.* Tre-rhys *f.*

Treseck *Eng.Pl.n.* Tre-isac *f.*

trespass¹ *n.* **1.** *Theol: &c: (= offence):* camwedd(-au) *m,* tramgwydd (-au,-iadau) *m,* trosedd(-au) *f; B:* **forgive us our trespasses,** maddau i ni ein dyledion. **2.** *Jur: (on land):* tresmasiad(-au) *m,* tresbasiad(-au) *m,* tresmas(-au,-ion) *m,* tresbas(-au) *m,* tresmasu *vn,* tresbasu *vn.*

trespass² *v.i.* **1.** *A: & Lit:* troseddu'r gyfraith, torri'r gyfraith; *B:* **as we forgive them that ~ against us,** fel y maddeuwn ninnau i'n dyledwyr. **2.** *Jur:* **to ~ upon s.o.'s rights/property,** tresmasu/tresbasu ar hawliau/dir rhn; *O:* **I don't wish to ~ on your time,** ni fynnwn i fynd â'ch amser chi; **to ~ on s.o.'s kindness,** manteisio ar garedigrwydd rhn.

trespasser *n.* **1.** *Theol:* dyledwr (dyledwyr) *m,* pechadur(-iaid) *m,* tramgwyddwr (tramgwyddwyr) *m.* **2.** *Jur:* tresmaswr (tresmaswyr) *m,* tresbaswr (tresbaswyr) *m; P.N:* **trespassers will be prosecuted,** erlynir tresmaswyr/tresbaswyr; dim tresmasu/tresbasu.

trespassing *vn.* tresmasiad(-au) *m,* tresbasiad(-au) *m,* tresmasu, tresbasu.

tress¹ *n. (a)* tres(-i) *f,* cudyn(-nau) *m, Lit:* llyweth(-au) *f; (b) Lit:* **tresses,** tresi *pl,* gwallt *m; S.a.* **lady.**

tress² *v.t. (hair):* trefnu, trwsio, gosod.

tressed *a.* cudynnog, llywethog; **gold-~,** eurwallt, penfelyn (*f.* penfelen, *pl.* penfelynion); **long-~,** llaeswallt, hirwallt, llaes eich tresi.

tressure *n. Her:* ffasgudyn(-nau) *m.*

tressy *a.* = **tressed.**

trestine *n. Ven:* osgl(-au) brenhinol *m.*

trestle *n.* trestl(-au) *m.* **~-bed** *n.* gwely(-au) *(m)* trestl. **~-bridge** *n.* pont *(f)* drestl (pontydd trestl). **~-table** *n.* bwrdd (byrddau) *(m)* trestl, bwrdd estyllod, *S:* bord *(f)* drestl (bordydd trestl).

trestletree *n. N.Arch:* trawsbren(-nau) *m.*
trestlework *n.* trestlwaith (trestlweithiau) *m.*
tret *n. Hist:* traul (treuliau) *f,* pwysgoll *m.*
Trethal *Eng.Pl.n.* Tre-ithel *f.*
Tretire *Eng.Pl.n.* Rhyd-hir *f.*
Tretower *W.Pl.n.* Tre-tŵr *f.*
Trevace *Eng.Pl.n.* Tre-faes *f.*
trevally *n. Ich:* trefali (trefalïaid) *m.*
Trevalyn *W.Pl.n.* Trefalun *f.*
Trevaughan *W.Pl.n.* Trefychan *f.*
Trevecka *W.Pl.n.* Trefeca *f.*
Trevethin *W.Pl.n.* Trefddyn *(f)* Catwg.
Treville *Pl.n.* **1.** *W.Pl.n.* Trefil *f.* **2.** *Eng.Pl.n.* Trefelin *f.*
Trevine *W.Pl.n.* Tre-fin *f.*
Trevor *W.Pl.n.* Trefor *f.*
Trevranon *Eng.Pl.n.* Trefaranon *f,* Trefranwen *f.*
Trewent Point *W.Pl.n.* Pen *(m)* Trewen.
trews *n.pl. Cost:* trywsus(-au) *(m)* sgots plod, *S:* trwser(i) *(m)* sgots plod.
trey *n. Dice: Cards:* tri(-oedd) *m.*
triable *a.* profadwy, hybrawf.
triableness *n.* profadwyedd *f,* natur brofadwy *f,* hybrofedd *m.*
triacetate *n. Ch:* tri|asetad (triasetadau) *m.*
triacid *a. & n. Ch:* **1.** *a.* triasidaidd. **2.** *n.* triasid(-au) *m.*
triad[1] *n.* **1.** *(= group of three):* tri(-oedd) *m,* triawd(-au) *m; W.Lit:* **the Triads of the Island of Britain,** Trioedd Ynys Prydain. **2.** *Ch: Mus:* triad(-au) *m;* **primary ~,** prif driad, triad sylfaenol. **3.** *T.V:* trinod(-au) *m.*
Triad[2] *n. (= Chinese secret society):* Triad(-au) *m.*
triadelphous *a. Bot:* triadelffus.
triadic *a.* teiran, tridarn, triawdaidd; **~ relationships,** cysylltiadau teiran.
triadically *adv.* yn deiran *&c,* bob yn dri/dair, fesul tri/tair, yn drioedd.
triage *n.* dosbarthu *vn,* dosbarthiad(-au) *m,* blaenoriaethu *vn.*
trial[1] *n.* **1.** *Jur:* treial(-on) *m;* prawf (profion) *m is often used in this sense, but also means* **proof;** achos(-ion) *m* **(= case)** *is also used loosely in this sense;* **to bring s.o. to ~,** dwyn rhn i brawf; *Jur:* dwyn rhn i dreial, gwn|eud achos ar rn *or* ar ben rhn; **to go for ~,** mynd i dreial; **to stand ~,** sefyll eich prawf; **they were sent for ~,** fe'u hanfonwyd i sefyll eu prawf; **~ by jury,** treial ger bron rheithgor, treial gan reithgor; **~ for conspiracy, conspiracy ~,** treial am gynllwyn, achos cynllwynio; **summary ~,** treial diannod, treial gan ynadon, treial o flaen ynadon; *S.a.* **commit 2; criminal ~,** prawf trosedd; *Hist:* **~ by battle/combat,** prawf gornest, prawf trwy ornest. **2.** *(= testing):* prawf (profion) *m* **(of sth,** ar rth); **a ~ of strength,** prawf ar gryfder/nerth, cystadleuaeth am y cryfaf, *occ:* chwarae *(vn)* mi trech; *Lit:* **to make a ~ of s.o.'s courage,** rhoi dewrder rhn ar brawf, profi dewrder rhn, rhoi prawf ar ddewrder rhn; **the ~ of the Pyx,** y prawf ar y Gistan, prawf y Gistan; **shop ~, = bench test; speed ~,** prawf cyflymdra; *(b)* **to give sth/s.o. a ~,** rhoi prawf ar rth/rn, rhoi rhth/rhn ar brawf, rhoi cynnig ar rth/rn; **on ~,** ar brawf; **to proceed by ~ and error,** symud ymlaen trwy brofi a methu; *(c) Artil:* **gun trials,** cystadleuaeth *(f)* saethu, treialon saethu; **sheepdog trials,** treialon cŵn defaid, *N: F:* ras *(f)* gŵn, rasys *(pl)* cŵn. **3.** *(a) (= hardship, trouble):* profedigaeth(-au) *f,* helbul(-on) *m,* helynt(-ion) *f,* trallod(-ion) *m,* treial(-on) *m,* trybini *m,* byd *m,* poendod *m,* trafferth(-ion) *f; (b) (pers.):* bwrn *m,* poendod *m,* trafferth *f,* poen *fm;* **he's a [great] ~ (to his parents),** mae'n boen [enaid], mae'n boendod/fwrn/drafferth i'w rieni; mae'n dreth ar ei rieni. **4.** *attrib.* prawf, arbrofol. **~ balance** *n. Book-k:* mantoliad(-au) *(m)* prawf, mantoli *(vn)* prawf; prawfweddill(-ion) *m.* **~ balloon** *n.* **1.** *Meteor:* balŵn (balwnau) *(m)* prawf. **2.** *Fig:* **to fly a ~ balloon,** hedfan barcud/barcutan, codi cynnig i'r gwynt. **~ court** *n. Jur:* llys(-oedd) *(m)* prawf. **~ eights** *n.pl. Row:* wythau prawf. **~ examiner** *n. Jur:* archwiliwr (archwilwyr) *(m)* prawf. **~ flight** *n. Av:* ehediad(-au) *(m)* prawf, hedfaniad(-au) *(m)* prawf. **~ heat** *n. Sp: Rac:* ras *(f)* brawf (rasys prawf), rhagras(-ys) *f,* ras ragbrofol (rasys rhagbrofol), rhagbrawf (rhagbrofion) *m.* **~ horse** *n. Rac:* ceffyl(-au) *(m)* prawf. **~ jury** *n. Jur:* rheithgor(-au) *(m)* prawf. **~ lawyer** *n. Jur:* twrnai (twrneiod) *(m)* treialon. **~ level** *n. Min:* lefel *(f)* brawf (lefelau prawf). **~ marriage** *n.* priodas *(f)* brawf (priodasau prawf). **~ match** *n. Sp:* treial(-on) *m,* gêm *(f)* brawf (gemau prawf). **~ order** *n. Com:* archeb *(f)* brawf (archebion prawf). **~ proof** *n. Engr:* proflen *(f)* brawf (proflenni prawf), argraffiad(-au) *(m)* prawf. **~ run** *n. Aut: Com:* taith *(f)* brawf (teithiau prawf), taith brofi (teithiau profi); **to give sth a ~ run,** rhoi prawf ar rth. **~ shot** *n.* **1.** *Sm.a:* saethiad(-au) *(m)* prawf. **2.** *Fig:* cynnig (cynigion) *m* (ar rth). **~ trip** *n. Nau:* taith brawf/brofi.
trial[2] *a. Gram:* triol.
trialogue *n.* trialog(-au) *m.*
triamcinolone *n. Pharm:* triams|inolon *m.*
triandrous *a. Bot:* trifrigerog.
triangle *n.* **1.** *Geom: Mus:* triongl(-au) *m,* teirongl(-au) *f;* **acute-angled ~,** triongl ongl lem; **equilateral ~,** triongl hafalochrog; **isosceles ~,** triongl isosgeles, triongl dwy ochr hafal; **obtuse-angled ~,** triongl aflym-onglog, triongl ongl aflem; **right-angled ~,** triongl sgwâr-onglog, triongl ongl sgwâr, triongl iawn-onglog; **scalene ~,** triongl anhafalochrog; **spherical ~,** triongl sfferig; *Mec:* **~ of forces,** triongl grymoedd; **~ of velocities,** triongl cyflymderau; *Phon:* **the vowel ~,** triongl y llafariaid; *F:* **the eternal ~,** y triongl tragwyddol, y triawd tragwyddol *m.* **2.** *(a) Draw: U.S:* **= set square;** *(b) pl. Physiol:* **triangles of the neck,** trionglau'r gwddf; *(c) Astr:* **the ~,** y Triongl; *(d) Ent:* **the ~,** y triongl, trionglog *m.* **~ inequality** *n. Mth:* anhafaledd(-au) trionglog *m.* **~ play** *n. Th:* drama *(f)* driongl (dramâu triongl).
triangular *a.* trionglog; *(treaty &c):* teiran, t|eir-ran, rhwng tri; *(= triple):* triphlyg; *Mth:* **~ compasses,** cwmpas trithroed *m.*
triangularity *n.* triongledd *m,* teironglедd *m.*
triangularly *adv.* yn drionglog, yn deironglog.
triangulate[1] *a. Z:* trionglog, teironglog.
triangulate[2] *v.t. Surv:* triongli (rhth), rhannu (rhth) yn drionglau.
triangulately *adv.* yn drionglog *&c.*
triangulation *n. Surv:* triongli *vn,* triongliant (triongliannau) *m.* **~ pillar** *n. Surv:* piler(-i) *(m)* triongli.
trianguloid *a.* trionglog, teironglog.
Triangulum *n. Astr:* y Triongl *m.*
triantelope *n. Arach:* tri|antelop (triantelopau) *m.*
triapsidal *a.* trichromfannol.
triarchy *n. Pol:* **= triumvirate.**
trias *n. Geol:* trias *m.*
Triassic *a. & n. Geol:* **1.** *a.* Triasig; **the ~ period,** y cyfnod Triasig *m.* **2.** *n.* y [cyfnod] Triasig *m.*
triatic stay *n. Nau:* stae triatig *m.*
triatomic *a. Ch:* triatomig.
triaxial *a.* triechelog, teirechelog, â thair echel.
triaxiality *n.* triecheledd *m,* teirecheledd *m.*
triazin[e] *n. Ch:* trïasin (triasinau) *m.*
triazoic *a. Ch:* triasöig.
triazole *n. Ch:* trïasol (triasolau) *m.*
tribade *n.f.* **= lesbian.**
tribadism *n.* **= lesbianism.**
tribal *a.* llwythol; **a ~ chief,** pennaeth llwyth.
tribalism *n. (a) (system):* cyfundrefn *(f)* lwythol, cyfundrefn llwyth, llwythyddiaeth *f; (b) (loyalty):* teyrngarwch llwythol *m (pronounced* ng-g), teyrngarwch i lwyth, llwythgarwch *m,* llwytholdeb *m,* llwythyddiaeth *f.*
tribalist *n.* llwythydd(-ion) *m,* llwythgarwr (llwythgarwyr) *m.*
tribalistic *a.* llwythyddol, llwythgar, llwythgarol.
tribalize *v.t.* llwytholi.
tribally *adv.* yn llwythol *&c;* yn ôl llwyth, fesul llwyth.
tribasic *a. Ch:* tribasig.
tribe *n.* **1.** llwyth(-au) *m, S.E: occ:* nasiwn *f; F:* **(a father) with a whole (~ of children),** (tad) â llwyth, â haid, a llond gwlad (o blant); *Pej:* **the scribbling ~,** yr haid *(f)* sy'n sgriblan, y giwed *(f)* sy'n sgriblan, y crachlenorion *pl,* y coegawduron *pl.* **2.** *Nat.Hist:* llwyth(-au) *m.*
tribeless *a.* di-lwyth, heb lwyth.
tribesman *n.m.* llwythddyn(-ion), llwythwr (llwythwyr), aelod(-au) *(m)* o lwyth; *(loosely):* brodor(-ion) *m;* **fellow-~,** cydfrodor(-ion) *m.*
triblet *n. Tls:* mandrel(-au) *m.*
triboelectric *a. Ph:* tribodrydanol.
triboelectricity *n. Ph:* tribodrydan *m.*
tribolet *n.* **= triblet.**
tribologist *n. Ph:* tribolegwr: tribolegydd (tribolegwyr) *m.*
tribology *n. Ph:* triboleg *f.*

triboluminescence *n. Ph:* tribo-oleuedd *m.*
triboluminescent *a. Ph:* tribo-oleuol.
tribometer *n. Ph:* tribomedr(-au) *m.*
tribophysics *n.pl. Ph:* triboffiseg *f.*
tribrach *n.* **1.** *Pros:* corfan trwm (corfannau trymion) *m*, corfan o dair sillaf fer, corfan teirsill byr. **2.** *Archeol:* tribraich (tribreichiau) *m.*
tribrachial, tribrachic *a. Pros:* teirsill byr, tribraich.
tribromide *n. Ch:* tribromid(-au) *m.*
tribromoethanol *n. Ch:* tribromo-|ethanol *m.*
tribulate *v.t.* trallodi, cystuddio.
tribulation *n.* trallod(-ion) *m*, cystudd(-iau) *m*, caledi *m*, gorthrymder(-au) *m*, profedigaeth(-au) *f.*
tribunal *n.* **1.** *(= judgement-seat):* brawdle(-oedd) *m*, mainc (*f*) barnwr (meinciau barnwyr). **2.** *(= court):* tribiwnlys(-oedd) *m*; **Tribunals of Inquiry (Evidence) Act,** Deddf Tribiwnlysoedd Ymchwiliad (Tystiolaeth); *Fig:* **before the ~ of public opinion,** o flaen barn y bobl.
tribunary *a.* tribiwnaidd.
tribunate *n.* **1.** = **tribuneship. 2.** *(= body of tribunes):* tribiwniaid *pl*, tribiwniaeth *f*, cyngor (*m*) y tribiwniaid.
tribune[1] *n. Rom.Hist:* tribiwn(-iaid) *m.*
tribune[2] *n.* **1.** *Pol: Hist: (= rostrum):* areithfa(-oedd, areithfâu, areithf|eydd) *f*, areithle(-oedd) *m*; *(= platform):* llwyfan(-nau) *mf*; *(= pulpit):* pulpud(-au) *m.* **2.** *Ecc: (of bishop):* gorsedd(-au) *f.*
tribuneship *n.* tribiwniaeth(-au) *f.*
tribunicial, tribunician, tribunitial *a.* tribiwnaidd, tribiwnol.
tributarily *adv.* yn gyfroddol *&c.*
tributariness *n.* cyfroddoldeb *m.*
tributary *a. & n.* **1.** *a.* cyfroddol, cyfrannol, dan dreth, trethadwy, teyrngedol (*pronounced* ng-g); **~ region,** rhanbarth(-au) ategol *f*; *(stream): See* **tributary 2** *(b).* **2.** *n. (a)* cyfroddwr (cyfroddwyr) (*m*) dan dreth/deyrnged, trethedig(-ion) *m*; *(b) Geog:* isafon(-ydd) *f*, llednant (llednentydd) *f*, rhagnant (rhagnentydd) *f*; **right bank ~,** llednant glan dde, isafon dde (isafonydd de).
tribute *n.* **1.** *Hist:* **~ [money],** treth(-i) *f*, teyrnged(-au) *f* (*pronounced* ng-g), arian (*m*) treth/teyrnged; **under ~,** dan dreth, trethedig. **2.** *(= homage):* teyrnged, gwrogaeth *f*; **to pay a last ~ of respect to s.o.,** talu'r deyrnged/gymwynas olaf i rn; **floral ~,** blodeuged(-au) *f*, tusw(-au) (*m*) o flodau; *(at National Eisteddfod):* aberthged *f.* **3.** *Min: (of ore):* cyfran(-nau) *f.* **~ work** *n.* gwaith (*m*) am gyfran.
tricapsular *a. Bot: Z:* trichibynnog, teircodennog.
tricar *n.* car (ceir) (*m*) tair olwyn, treicar (treiceir) *m.*
tricarboxylic *a. Bio-Ch:* tricharbocsylig.
tricarpellary, tricarpellate *a. Bot:* tricharpelog.
tricarpous *a. Bot:* triffrwyth.
trice[1] *n. only in the phr.* **in a ~,** mewn eiliad, mewn munud, mewn dim o amser, mewn chwinciad, ar amrantiad, *F:* chwipyn, chwap, crec, *S.W:* bowns, whap, mewn jiffad.
trice[2] *v.t. Nau:* **to ~ [up] a sail,** halio a chlymu hwyl, treisio hwyl.
tricel *n. & attrib. R.t.m:* trisel *m*, tricel *m.*
tricentenary, tricentennial *a. & n.* = **tercentenary.**
tricephalous *a.* triphen.
triceps *a. & n. Anat:* **~ muscle,** cyhyr(-au) triphen *m.*
triceratops *n. Rept:* trichorn (trichyrn) *m*, trichornfil(-od) *m.*
trichiasis *n. Path:* triciasis *m*, blew ceimion *pl.*
trichina *n. Z:* tricina (tricinâu) *mf*, blewlyng[h]yren (blewlyngyr) *f.*
trichinal *a. Z:* tricinol, blewlyng[h]yrol.
trichiniasis *n. Path:* triciniasis *m.*
trichinization *n.*, **trichinize** *v.t.* tricineiddio.
trichinosis *n. Path:* tricinosis *m.*
trichinotic *a. Path:* tricinotig.
trichinous *a.* tricinaidd.
trichite *n. Miner:* tricit(-au) *m.*
trichitic *a. Miner:* tricitig.
trichlorid[e] *n. Ch:* triclorid(-au) *m.*
trichlorfon *n. Ch:* triclorffon *m.*
trichloroacetic *a. Ch:* tricloroasetig.
trichloroethylene *n. Ch:* tricloro-|ethylen *m.*
trichloronitromethane *n. Ch:* tricloronitromethan *m.*
trichocyst *n. Z:* tr|icosyst (tricosyst[i]au) *m.*
trichocystic *a. Z:* tricosystig.
trichogen *n.* tr|icogen (tricogenau) *m.*
trichogenous *a.* blewdyfol, tricogenaidd.
trichogyne *n. Bot:* tr|icogyn (tricogynau) *m.*
trichoid *a.* blewynnaidd.
trichologist *n.* tricolegydd: tricolegwr (tricolegwyr) *m.*
trichology *n.* tricoleg *f.*
tricholoma *n. Fung:* **soap ~,** caws (*m*) sebon.
trichome *n. Bot:* blewyn (blew) *m.*
trichomic *a. Bot:* blewynnol.
trichomonacidal *a. Pharm:* tricomonladdol.
trichomonacide *n. Pharm:* tricomonleiddiad (tricomonleiddiaid) *m.*
trichomonad *a. & n. Z:* **1.** *a.* tricomonadaidd. **2.** *n.* tricomonad(-au) *m.*
trichomonadal, trichomonal *a. Z:* tricomonol.
trichomonas *n. Z:* = **trichomonad.**
trichomoniasis *n. Path:* tricomoniasis *m.*
trichopathic *a. Med:* tricopathig.
trichopathy *n. Path:* tricopatheg *f.*
trichoptera *n.pl. Ent:* tric|optera.
trichopteran *a. & n. Ent:* **1.** *a.* tricopteraidd. **2.** *n.* tricopteriad (tricopteriaid) *m&f.*
trichord *a. & n. Mus:* **1.** *a.* trithant. **2.** *n.* trithant (trithannau) *m.*
trichosis *n. Path:* tricosis *m.*
trichotomic *a.* = **trichotomous.**
trichotomize *v.t.* rhannu (rhth) yn dair ran, teirannu.
trichotomous *a.* t|eir-ran, teiran, tripharthol.
trichotomously *adv.* yn d|eir-ran *&c.*
trichotomy *n.* teiraniad(-au) *m*, tripharthiad(-au) *m.*
trichroic *a. Opt: Cryst:* trilliw.
trichroism *n. Opt: Cryst:* trilliwedd *m.*
trichromat *n. Opt:* trilliwiad (trilliwiaid) *m&f.*
trichromatic *a. Phot: &c:* trilliw.
trichromation *n. Opt:* trilliwedd *m.*
trichromatopsia *n. Opt:* golwg trilliw *m*, tricromatopsia *m.*
trick[1] *n.* **1.** cast(-iau) *m*, tric(-iau) *m*, *S.E:* cnac(-sau,-au) *m*; *(= deceit):* twyll *m*, ystryw(-iau) *mf*, *Lit: occ:* hoced(-ion) *f*; **to obtain sth by a ~,** cael rhth trwy dwyll/ystryw/dric; **my eyes must have been playing tricks on me,** mae'n rhaid fod fy llygaid yn fy nhwyllo i; mae'n rhaid fod fy llygaid yn chwarae triciau arna' i; **the tricks of the trade,** triciau'r grefft, cyfrinachau'r grefft, cyfrinion y grefft; **he knows all of the tricks of the trade,** mae'n deall ei grefft i'r dim; mae'n ei deall hi i'r dim; *F:* **he knows a ~ or two; he's up to every ~,** mae'n dipyn o bryfyn/bryf/dderyn/giamstar/giamblar; mae'n hir ei ben; mae'n un craff/cyfrwys; mae'n gwybod aml i gast; mae'n un castiog; **I know a ~ worth two of that,** mae gen i well syniad na hwnna; *N: F:* mae gen i well patent na hwnna; **he knows the ~ of it,** mae'n ei deall hi i'r dim; mae'r ddawn ganddo; **that'll do the ~,** fe wnaiff hynna'r tro; fe weithith hynna. **2.** *(= practical joke):* cast, tric, tro(-eon) *m*; **a shabby/nasty/mean/dirty/scurvy/knavish ~,** tro gwael, hen dro dan din, tro sâl, *N.W:* tro ffadin, tro Gwyddel, tro fflemp, tro Wesle, *S.E:* cnac(-au) brwnt *m*; *S.a.* **confidence**; **to play a ~ on s.o.,** *(i)* gwn|eud tro gwael/sâl *&c* â rhn; *(ii)* chwarae cast ar rn; *U.S:* **~ or treat,** cast ynteu ceiniog? **she's been up to her old tricks again,** mae hi wedi bod wrthi eto; mae hi wedi bod yn mynd trwy ei champau/hantics eto; mae hi wedi bod yn gwneud ei hen gastiau/giamocs arferol; **I'm up to her little tricks,** mi wn i'n iawn am ei chastiau hi; **monkey tricks,** castiau mwnci, castiau drwg, drygau, drygioni *m*, *N.W: F:* castiau mul, giamocs, misdimanars; **none of your monkey tricks!** dim o dy lol di! **little knavish tricks,** mân gastiau, *S:* cwircs *pl*; **he is full of tricks,** mae'n llawn castiau; mae'n un castiog; *S.W: occ:* mae lot o ddic ynddo fe; *S.E:* mae'n un cnacsog; *occ:* mae'n llawn melltith; **~ for ~,** cast am gast. **3.** *(= feat of skill):* camp(-au) *f*; **to teach a dog tricks,** dysgu campau/triciau i gi, dysgu i gi wneud campau/triciau; *Prov:* **it is difficult to cure an old horse of a ~,** anodd tynnu cast o hen geffyl; **you cannot teach an old dog new tricks,** anodd dysgu hen gostog; anodd diddyfnu hen; **that's a good ~ if you can manage it,** dyna gamp iti os llwyddi di; **card ~,** tric cardiau; **conjuring ~,** tric consurio, *occ:* cast dewin, cast hud; *F:* **the whole bag of tricks,** y cyfan *m*, y cwbl *m*, yr holl sioe *f*, yr holl gabŵj/gabŵd *m*; **he doesn't miss a ~,** nid yw'n methu dim; nid yw'n un i dorri cnau

gweigion; *F:* **how's tricks?** *(i)* pa hwyl? sut mae hi? smâi? sut mae hi'n mynd? sut mae pethau? *S:* shw' mae'n ceibo? *(ii) (= what news?)* pa newydd? *S.a.* **flying² 1, parlour. 4.** *(= mannerism):* tric, cast, arfer(-ion) *mf*, arferiad(-au) *m*; **he has a ~ of repeating himself,** mae ganddo gast/arfer/arferiad o ail-ddweud pethau. **5.** *Cards:* tric; **the odd ~,** tric dros ben; **to take a ~,** ennill tric. **6.** *Nau:* **~ at the wheel,** tro(-eon) *(m)* wrth y llyw. **~-cyclist** *n.* **1.** campfeiciwr (campfeicwyr) *m*, beiciwr (beicwyr) *(m)* gwneud campau. **2.** *F:* **= psychiatrist. ~-line** *n. Th:* lein(-iau) chwim *f*. **~ photography** *n.* twyll-ffotograffiaeth *f*. **~ riding** *vn.* campfarchogaeth. **~ scene** *n.* golygfa *(f)* dwyll (golygf|eydd twyll). **~ wig** *n.* wig *(f)* godi (wigiau codi).

trick² *v.t.* **1.** chwarae cast/tric *&c* (ar rn); *(= deceive):* twyllo, *F:* gwn|eud, *Lit:* hocedu, *N.W:* trin, rogio; **to ~ s.o. into doing sth,** twyllo rhn i wneud rhth; **to ~ s.o. (out of sth),** twyllo, gwneud, *N.W:* rogio, trin (rhn o rth). **2.** *F: O:* **to ~ s.o. out/up in sth,** addurno/gwisgo rhn â rhth, gwisgo rhn yn rhth.

tricker *n.* **= trickster.**

trickery *n.* ystryw(-iau) *mf*, twyll *m*, dichell(-ion) *f*, *Lit:* hoced(-ion) *f*, dichelldro(-eon) *m*; **piece of ~,** dichellwaith *m*; dichelldro(-eon) *m*; **by ~,** trwy dwyll.

trickily *adv.* **1.** yn gyfrwys *&c.* **2. a task ~ completed,** tasg a gwblhawyd gydag anhawster.

trickiness *n.* **1.** *(= craftiness):* ystrywgarwch *m*, castiogrwydd *m*. **2.** *(of task):* tringarwch *m* *(pronounced* ng-g), astrusi *m*, anhawster *m*.

trickish *a.* castiog, ystrywgar, cyfrwys, cyfrwysddrwg, dichellgar, dichellddrwg, ystumddrwg, *S.E:* cnacog, cnacsog.

trickishly *adv.* yn gastiog *&c.*

trickishness *n.* **= trickiness.**

trickle¹ *n.* ffrwd fain (ffrydiau meinion) *f*, diferiad(-au) *m*; **the traffic slowed to a ~,** arafodd llif y drafnidiaeth. **~-charger** *n. El.E:* llwythwr (llwythwyr) araf *m*.

trickle² *v.i.&t.* **1.** *v.i.* *(a)* diferu, llifo'n araf, *occ:* hidlo, dihidlo, diferyd, defnynnu, diferynnu, dafnu, dafnio, distyllio, *N.W: occ:* nawsio; **tears trickled down her face,** diferai/llifai dagrau dros ei hwyneb; **sand trickled through my fingers,** llifai tywod rhwng fy mysedd; *(b)* **the ball just trickled into the hole,** treiglodd/ymdreiglodd y bêl i'r twll; aeth y bêl yn araf bach i'r twll. **2.** *v.t.* **to ~ drops into s.o.'s ear,** gollwng/diferu diferion i glust rhn; **she trickled sand through her fingers,** gollyngai dywod rhwng ei bysedd; gadawai i dywod lifo rhwng ei bysedd.

trickless *a.* di-gast, heb gast, heb ystryw *&c.*

trickling¹ *a.* diferol, diferllyd.

trickling² *n.* **1. = trickle¹,²**; diferiad(-au) *m*. **2.** *pl.* hidlon, diferion, dafnau.

trickly *a.* **= trickling¹.**

tricksily *adv.* yn gastiog *&c.*

tricksiness *n.* castiogrwydd *m*, natur gastiog *f*, direidi *m*.

trickster *n.* castiwr (castwyr) *m*, twyllwr (twyllwyr) *m*, chwaraewr (chwaraewyr) *(m)* triciau/castiau, *N.W: F:* rogiwr (rogwyr) *m*.

tricksy *a.* castiog, direidus.

tricktrack *n. Games:* trictrac *m*.

tricky *a.* **1.** *(= crafty):* castiog, ystrywgar, ystrywgall, ystrywiog, ystrywus, cyfrwys, llawn triciau/castiau *&c*, ystumiog, ystumddrwg; *F:* **~ Dick,** cythraul (cythreuliaid) castiog *m*, diawl(-iaid) clyfar *m*; *F:* **he's a ~ customer,** mae'n un castiog/ystumddrwg; mae'n hen gadno/lwynog [o ddyn]. **2.** *F: (task, mechanism &c):* tringar *(pronounced* ng-g), anodd, cymhleth, dyrys, astrus; **a ~ job,** gwaith anodd/manwl.

triclad *a. & n. Z:* **1.** *a.* tricladaidd. **2.** *n.* triclad(-au) *m*.

triclinic *a. Cryst:* triclinig, tairechelin.

triclinium *n. Rom.Ant:* **1.** *(table & couches):* gorweddfainc (gorweddfeinciau) *f*, tricliniwm (triclinia) *m*. **2.** *(room):* ystafell *(f)* fwyta (ystafelloedd bwyta).

tricolette *n. Tex:* tricolét *m*.

tricolour *a. & n.* **1.** *a.* trilliw. **2.** *n. (flag):* baner drilliw (baneri trilliw) *f*.

tricoloured *a.* trilliw.

tricorn[e] *a. & n.* **1.** *a.* trichorn, trichorniog; *(hat):* tair gwalc, tair cornel, tri chornel. **2.** *n.* *(a) (hat):* het *(f)* dair gwalc (hetiau tair gwalc), het dri chornel (hetiau tri chornel); *(b) Myth: (animal):* trichorn (trichyrn) *m*, trichornfil(-od) *m*.

tricorporal, tricorporate *a.* trichorffog.

tricostate *a. Bot: Z:* teirasennog, â thair asen.

tricot *n. Tex:* brethyn cartref *m*, brethyn caerog, gwlanen gaerog *f*, trico *m*. **~ stitch** *n. Needlew:* pwyth(-au) *(m)* trico.

tricoteuse *n.f. Fr.Hist:* gw|euwraig (gweuwragedd).

tricotine *n. Tex:* tr|icotin *m*.

tricotyledonous *a. Bot:* tricotyledonaidd.

tricresol *n. Ch:* tricresol *m*.

tricrotic *a. Med:* trichuriad.

trictrac *n. Games:* trictrac *m*.

tricuspid *a. & n. Dent:* **1.** *a.* **= tricuspidal, tricuspidate. 2.** *n.* **~ [tooth],** dant (dannedd) triphig *m*.

tricuspidal *a. Dent:* triphig, â thri phig, â thair pig.

tricuspidate *a. Anat:* teirlen, teirllabedog, teiran, t|eir-ran; **~ murmur,** murmur(-on) teirlen *m*; **~ valve,** falf deirlen (falfiau teirlen) *f*.

tricycle *n.* treisigl(-au) *m*, treisicl(-au) *m*, beic(-iau) *(m)* tair olwyn; **carrier ~,** treisigl cludo/cario.

tricycle² *v.i.* mynd ar gefn treisigl, treisiglo.

tricyclic *a.* trichylchol.

tricyclist *n.* treisiclydd: treisiclwr (treisiclwyr) *m*.

tridactyl[ous] *a. Z:* tribys.

trident *a, n. & attrib.* **1.** *a.* tridant, tridaint, trideintiog, â thri dant, â thri phig, â thair pig. **2.** *n. Fish: &c:* tryfer(-i) *f*, picell driphen (picelli triphen) *f*, arf(-au) tridaint *m*, tridant (tridaint) *m*. **3.** *attrib.* **T~ missile,** taflegryn (taflegrau) *(m)* Trident.

tridentate *a.* tridant, trideintiog.

Tridentine *a. & n. Rel.Hist:* **1.** *a.* Tridentaidd, uniongred *(pronounced* ng-g). **2.** *n.* Catholig(-ion) uniongred *m&f*.

tridigitate *a.* tribys.

tridimensional *a.* tri dimensiwn.

tridimensionality *n.* tridimensiynoldeb *m*.

tridimensionally *adv.* mewn tri dimensiwn.

triduo, triduum *n. R.C.Ch:* tridiau *(pl)* gweddi.

tridymit *n. Miner:* tr|idymit *m*.

triecious *a. Bot:* **= trioecious.**

tried *p.p.* **~ and tested,** profedig, sicr, di-ffael, dibynadwy; *See* **try².**

triene *n. Ch:* trien(-au) *m*.

triennial *a. & n.* **1.** *a.* *(= every three years):* bob tair blynedd, teirblwydd, teirblwyddol, teirblynyddol; **~ act,** deddf *(f)* deirblwydd (deddfau teirblwydd); **~ parliament,** senedd *(f)* dair blynedd (seneddau tair blynedd); **~ plant,** *See foll.* **2.** *n.* *(a) Bot:* planhigyn (planhigion) teirblwydd *m*; *(b) Ecc:* ymweliad(-au) teirblynyddol *m*.

triennially *adv.* bob tair blynedd.

triennium *n.* tair blynedd *f*.

trier *n.* **1.** *F:* *(pers.):* ymdrechwr (ymdrechwyr) *m*, ymdr|echwraig *f*; *F:* **he's a ~,** mae'n gwneud ei orau. **2.** *Tail:* **~-on,** *(of clothes):* trïwr (triwyr) *m*. **3.** *Jur: Ecc: Tchn:* profwr (profwyr) *m*.

trierarch *n. Gr.Ant:* trierarch(-iaid) *m*.

trierarchy *n. Gr.Hist:* trierarchaeth(-au) *f*.

triethyl *a. Ch:* triethyl.

triethylamine *n. Ch:* tri|ethylamin *m*.

trifacial *a. & n.* **= trigeminal.**

triffid *n. Lit: Myth:* triffid(-iaid) *m*.

trifid *a. Bot: Z:* t|eir-ran, teiran, teirhollt, teirholltog, trifforchog, trifforch.

trifle¹ *n.* **1.** *(a) (= trivial thing):* peth(-au) dibwys/bach *m*, y nesaf peth i ddim *m*; *pl.* manion, manion bethau; **the merest ~ puts him out,** mae'r peth lleiaf yn tarfu arno; **ten pounds, a mere ~!** decpunt, beth yw hynny! **it was sold for a mere ~,** gwerthwyd ef am y nesaf peth i ddim; **to stick at trifles,** ymboeni ynghylch manion, degymu'r mintys; **it's no ~,** nid peth dibwys mohono; *(b) (= small amount):* mymryn *m*, tipyn bach *m*, *occ:* gronyn bach *m*; **to give a beggar a ~,** *N:* rhoi cymyn *(m)* i gardotyn; **I didn't get the smallest ~,** chefais i mo'r mymryn lleiaf; *N.W:* ches i ddim cymaint ag a rown i'n fy llygad; ches i ddim ond cymaint â llond llygad iâr; *(c) adv.phr.* **a ~,** ychydig, fymryn, damaid, dipyn; **a ~ too narrow,** fymryn/ychydig yn rhy gul, tamaid bach bach yn rhy gul; *(= rather):* **a ~ dear,** braidd/fymryn/dipyn/ychydig yn ddrud. **2.** *Cu:* treiffl(-s,-au) *m*.

trifle² *v.i.&t.* **1.** *v.i.* *(a) (= refuse to treat seriously):* **to ~ (with s.o.),** gwamalu, cellwair, chwarae (â rhn); **to ~ with one's health,** peryglu'ch iechyd; *(b) (= occupy oneself idly):* **to ~ (with sth),**

potsian, piltran, stwna, tincran, tincera (â rhth); **to ~ with an idea,** chwarae â syniad; **to ~ with food,** chwarae â bwyd, pigo bwyd, pigo bwyta, *S. W: occ:* blewynna, *N. W:* sbranu/sborioni bwyd. **2.** *v.t.* **to ~ one's time away,** gwastraffu'ch amser, *S:* bratu'ch amser; *abs.* gwamalu, ofera, segura, gwagswmera, *N.E:* ffritian, *S. W:* pencawna; **to ~ money away,** gwastraffu/afradu arian.

trifler *n.* gwamalwr (gwamalwyr) *m, F:* piltrwr (piltrwyr) *m; (= waster):* oferwr (oferwyr) *m,* segurwr (segurwyr) *m.*

trifling[1] *a.* **1.** *(pers.):* gwamal, ofer, penwan, penchwiban. **2.** *(matter):* dibwys, diwerth, pitw, tila; **a ~ thing,** *S:* ffrit *(m)* o beth, *N: occ:* sili-ffrit o beth; **~ jobs,** mân swyddi o waith, *S.E:* hen dwt *(m)* o waith; **of ~ value,** bron yn ddiwerth, heb fawr/lawer o werth; **a ~ error,** gwall bychan *m; Iron:* **the ~ sum of 10,000 pounds,** y swm pitw o 10,000 o bunnoedd; *Phil:* **~ propositions,** gosodiadau dibwys; **a ~ story,** stori *(f)* wamal.

trifling[2] *vn. (= badinage):* gwamalrwydd *m,* gwamalu *vn,* gwag-siarad *m.*

triflingly *adv.* **1.** yn wamal *&c.* **2.** yn ddibwys *&c.*

triflingness *n.* **1.** *(of conversation):* gwamalrwydd *m,* gwamaldra *m.* **2.** *(of sum of money):* bychander *m,* bychandra *m.*

trifloral, triflorous *a. Bot:* triblodeuol, triblodeuog.

trifluralin *n. Ch:* triffl|wralin *m.*

trifocal *a. & n.* **1.** *a.* triffocol. **2.** *n.pl.* sbectol driffocol (sbectols triffocol) *f.*

trifoliate[d] *a. Bot:* teirdalen.

trifoliolate *a. Bot:* teirdalenigol.

trifolium *n. Bot:* **~ clover = trefoil.**

triforium *n. Ecc.Arch:* trifforiwm (trifforia) *m.*

triforme[d] *a.* triphlyg, teirffurf.

trifurcate[1]**, trifurcated** *a.* trifforchog, trifforch.

trifurcate[2] *v.t.&i.* **1.** *v.t.* rhannu (rhth) yn dri, rhannu (rhth) yn dair rhan, trifforchio. **2.** *v.i.* fforchio'n dri, trifforchio, ymrannu'n dri, ymrannu'n dair rhan.

trifurcation *n.* trifforchio *vn,* trifforchiad(-au) *m.*

trig[1] *n.* plocyn (plociau) *m,* tagen(-ni) *f, S. W:* sgotsh(-is) *mf, N. W:* stroc(-iau) *f,* strocen (strociau) *f.*

trig[2] *v.t.* atal, rhwystro, *N. W:* strocio, *S. W:* sgotsio.

trig[3] *a. Dial:* taclus, trwsiadus, destlus.

trig[4] *v.t.* **to ~ oneself out,** ymdaclu, ymdrwsio, ymbincio.

trig[5] *n. Sch: P: (= trigonometry):* trig *m.*

trigamist *n. Jur: (man):* trigamydd(-ion) *m,* teirgwreiciwr (teirgwreicwyr) *m; (woman):* trigamyddes(-au) *f.*

trigamous *a.* **1.** *Jur: (= thrice married):* teirgweddog, trigamus; *(man):* â thair gwraig; *(woman):* â thri gŵr. **2.** *Bot:* trigamus.

trigamy *n. Jur:* trigamiaeth *f.*

trigeminal *a. & n. Anat:* **1.** *a.* teircainc, trig|eminol. **2.** *n.* nerf *(f)* deircainc (nerfau teircainc).

trigeminus *n. Anat:* nerf *(f)* deircainc (nerfau teircainc).

trigesimo-secundo *a. & n. Bookb:* llyfr(-au) deuddeg ar hugeinplyg.

trigger[1] *n. Mec.E: Sm.a:* clicied(-au,-i) *f;* **hair-~,** clicied ysgafn; **he's quick on the ~,** mae'n saethwr/daniwr sydyn. **~-finger** *n.* **1.** bys(-edd) *(m)* tanio, bys saethu. **2.** *Med:* bawd *(f)* glicied (bodiau cliciedau/cliciedi). **~ action** *n.* symudiad *(m)* clicied. **~-fish** *n. Ich:* pysgodyn (pysgod) *(m)* clicied. **~-guard** *n. Sm.a:* giard *(m)* clicied (giardiau cliciedau/cliciedi). **~-happy** *a.* parod [iawn] i saethu, rhy barod i saethu. **~-mechanism** *n.* cliciedwaith (cliciedweithiau) *m.* **~-plant** *n. Bot: (Stylidium):* glaswellt cliciedig *m.* **~-tacker** *n.* gwn (gynnau) *(m)* tacio. **~-thumb** *n.* bawd *(fm)* glicied/glicied (bodiau clicied).

trigger[2] *v.t. (a)* **to ~ a gun,** tanio gwn; **to ~ a trap,** cau trap; **to ~ a mechanism,** cychwyn mecanwaith; *(b)* **to ~ [off],** *(explosion):* achosi, peri, ennyn; *(revolution &c):* tanio, cychwyn, dechrau.

triggered *a.* cliciedig, â chlicied.

triggerless *a.* heb glicied.

triggerman *n.m.* saethwr (saethwyr).

triglot *a.* tairieithog.

triglyceride *n. Bio-Ch:* trigl|yserid (triglyseridau) *m.*

triglyph *n. Arch:* triglyff(-au) *m.*

triglyphal, triglyphic[al] *a.* triglyffig.

trigo *n. U.S:* **= wheat, wheatfield.**

trigon *n.* **1.** *Mth:* **= triangle. 2.** *Dent:* trigon(-au) *m.* **3.** *Mus:* telyn deirongl (telynau teirongl) *f.*

trigonal *a.* **1.** *Mth: Z:* **= triangular. 2.** *Cryst: Bot:* trigonol; **~ bipyramid,** deub|yramid (deubyramidiau) trigonol *m.*

trigonally *adv.* **1.** yn drionglog. **2.** yn drigonol.

trigone *n. Anat:* trigon(-au) *m.*

trigonia *n. Moll:* cragen deirongl (cregyn teirongl) *f.*

trigonic *a.* **= trigonal.**

trigonitis *n. Path:* trigonwst *m,* trigonitis *m.*

trigonometer *n.* **1.** *(instrument):* trigonomedr(-au) *m.* **2.** *(pers.):* trigonometrydd(-ion) *m.*

trigonometric[al] *a.* trigonometrig.

trigonometrically *adv.* yn drigonometrig.

trigonometry *n. Mth:* trigonometreg *f.*

trigonous *a. Bot:* teirochrog.

trigram *n. Ling:* trigram(-au) *m.*

trigraph *a. Phon:* trigraff(-au) *m,* teirsain (teirseiniau) *f.*

trigraphic *a. Phon:* trigraffig, teirseiniol.

trigynous *a. Bot:* teirbenyw, teirbenywaidd.

trihedral *a. & n. Geom:* **1.** *a.* triwynebog, trihedrol. **2.** *n.* ongl drihedrol (onglau trihedrol) *f.*

trihedron *n. Geom:* trihedron(-au) *m.*

trihybrid *n. Biol:* trihybrid(-au) *m.*

trihydrate *n. Ch:* trihydrad(-au) *m.*

trihydric *a. Ch:* trihydrig.

trihydroxy- *a. Ch:* trihydrocsi-, trihydrig.

triiodothyronine *n. Pharm:* triiodothyronin *m.*

trijet *a. & n. Av:* **1.** *a.* trijet. **2.** *n.* awyren drijet (awyrennau trijet) *f.*

trijugate, trijugous *a. Bot:* teirieuog.

Trikaya *n. Buddhism:* Tri Chorff *(m)* [y Bwdha].

trike[1] *n. F:* treic(-iau) *m.*

trike[2] *v.i. F:* treicio.

trilabiate *a.* teirgwefusog, teirgweflog.

trilaminar *a.* trilaminaidd, trillafnaidd.

trilateral *a. & n. Geog:* **1.** *a.* teirochrog, teirochrol. **2.** *n.* triongl(-au) *m.*

trilaterality *n.* teirochredd *m.*

trilaterally *adv.* yn deirochrog *&c.*

trilby *n. Cost:* **~ [hat],** het feddal (hetiau meddal) *f,* het drilbi (hetiau trilbi).

trilemma *n. Phil:* trilema(-ta, trilemâu) *m.*

trilene *n. Ch:* trilen *m.*

trilinear *a. Mth:* trillinol.

trilingual *a. & n.* **1.** *a.* teirieithog. **2.** *n.* teirieithog(-ion) *m&f,* rhn (rhai) teirieithog.

trilingualism, trilinguality *n.* teirieithogrwydd *m,* teirieithedd *m.*

trilingualist *n.* **= trilingual 2.**

trilingually *adv.* yn deirieithog, mewn tair iaith.

triliteral *a. & n.* **1.** *a.* tair llythyren. **2.** *n.* gair (geiriau) *(m)* tair llythyren.

triliteralism, triliterality *n. Gram:* teirllythrennedd *m.*

trilith *n. Archeol:* trilith(-au) *mf,* cromlech(-i) *f.*

trilithic *a.* trilithig.

trilithon *n.* **= trilith.**

trill[1] *n.* **1.** *Mus: (a)* crychnod(-au) *m,* crychlais (crychleisiau) *m,* crychiad(-au) *m,* siglnod(-au) *m,* tril(-iau) *m.* **2.** *(of bird &c):* trydar *m,* crychlais, cwafr(-au) *m,* cwafriad(-au) *m.* **3.** *Phon:* dirgryniad(-au) *m,* cwafr, cwafriad. **~ consonant** *n. Phon:* cytsain grech (cytseiniaid crych) *f.*

trill[2] *v.i.&t.* **1.** *v.i. (a) Mus:* cwafrio, crychleisio, trilio; *(b) (of bird &c):* trydar, crychleisio, cwafrio. **2.** *v.t. (a) Mus: (a note):* cwafrio, crychleisio; *(b) Phon:* trilio'r/seinio'r/rholio'r "r", *N. W: F:* trymolio'r "r".

trilled *a. Phon:* dirgrynedig, cwafr[i]og, cwafr[i]ol.

triller *n.* crychleisiwr (crychleiswyr) *m; (bird):* trydarwr (trydarwyr) *m,* cwafriwr (cwafriwyr) *m.*

trilling[1] *a.* trydarol, cwafriog, cwafriol.

trilling[2] *vn.* **= trill**[1,2]**.**

trilling[3] *n. Cryst:* tririsial(-au) *m.*

trillion *n. Mth:* triliwn (triliynau) *m.*

trillionth *a. & n.* **1.** *a.* triliynfed. **2.** *n.* triliynfed(-au) *mf.*

trillium *n. Bot:* **1.** triliwm (triliymau) *m,* triphetal(-au) *m.* **2.** *U.S:* **= cuckoo-pint.**

trilobate *a. Bot:* trillabedog.

trilobation *n. Bot:* trillabediad(-au) *m.*

trilobed *a. Bot:* **= trilobate.**

trilobite *n. Z:* tr|ilobit (trilobitau) *m,* trillabedog(-ion) *m.*

trilobitic *a.* trilobitig, trillabedog.
trilocular, triloculate *a.* teircell, â thair cell, teircellog.
trilogy *n.* cyfres(-i) *(f)* o dri/dair, triawd(-au) *m*, trioleg(-au) *f.*
trim[1] *n.* **1.** *(a)* cyflwr *m*, trefn *f*; **in good ~,** mewn cyflwr [cadw] da; **(everything was) in perfect ~,** ('roedd popeth) mewn trefn berffaith, yn daclus, fel pin mewn papur; **ship in fighting ~,** llong barod i frwydro; *(b)* **he's in good ~,** mae'n iach a heini; mae graen *(m)* arno; *N: F:* mae'n eitha 'tebol; mae cas *(m)* cadw da arno. **2.** *Nau: Av: (= inclination to horizontal):* gogwydd *m*, gogwyddiad(-au) *m*, goleddfiad *m*, goleddf *m*; *(= balance):* sadrwydd *m*, gwastadrwydd *m*. **3.** *Hairdr:* toriad(-au) *m*, tociad(-au) *m*, trim(-iau) *m*, trimiad(-au) *m*, *S:* trimad *m*, cropad bach *m*; **to have a ~,** cael torri'ch gwallt. **4.** *(of car, furniture &c):* addurn(-au) *m*, addurniad(-au) *m*, *F:* trim(-s,-iau) *m*: **wheel ~,** cylch(-oedd) gloyw *m*, trim olwyn (trimiau olwynion).
trim[2] *a.* trwsiadus, taclus, destlus, twt, fel pin mewn papur, del; **a ~ figure,** corff gosgeiddig/lluniaidd/siapus/main, ffig[i]wr da; **a ~ little garden,** gardd fach dwt/ddestlus; **a ~ little hat,** *N.W: F: occ:* het fach smêc; **a ~ little house,** tŷ bach twt, *N.W: occ:* tŷ bach smêc.
trim[3] *v.t.&i.* **1.** *(a) (= make tidy):* tacluso, destluso, twtio (rhth); rhoi trefn (ar rth); gwn|eud (rhth) yn daclus/ddestlus *&c*; *S:* cymhennu, cymoni (rhth); *(b) (hedge, bush &c):* tocio, *occ:* brigdorri; *N.W:* sgwtsio, barbro (rhth); rhoi sgwtsh (ar rth); *S:* trasio, cropo (rhth); *S.W:* cadw (rhth) dan gryman; *(tree):* tocio; *(timber):* naddu; *(stones):* naddu, trin; *Hairdr:* **to ~ hair,** torri/tocio gwallt [yn fyr], *S.W:* clipo/cropo gwallt; *Hairdr:* **~ and clip,** tocio/trimio a chlipio; *Phot:* **to ~ (a print),** tocio (llun), torri ymylon (llun); **to ~ one's nails,** torri'ch ewinedd; **to ~ the wick of a lamp,** tocio/torri wic lamp, *B:* trwsio lamp; *Bookb:* **to ~ [down] the edges of a book,** torri/tocio/llyfnu ymylon llyfr; *Cu:* **to ~ fat (off meat),** torri cig gwyn, torri braster (oddi ar gig). **2.** *Dressm: &c: (= adorn):* trimio, addurno; **to ~ with lace,** *Lit: occ:* sideru; *Nau:* **to ~ (cargo),** *(= adjust balance):* trimio, sadio, gwastatáu (cargo). **3.** *(a) (= stow):* storio, stowio; *(b)* **to ~ sails,** trosi/troi hwyliau i'r gwynt, cyweirio/cyfeirio hwyliau [i ddal y gwynt]; **ship trimmed by the head,** llong drymach yn y pen blaen; **ship trimmed by the stern,** llong drymach yn y starn. **4. = thrash[2], cheat[2], worst[2], rebuke[2]. 5.** *(of shoal):* **to ~ the shore,** mynd gyda'r glannau. **6.** *v.i. Pol: Fig:* trosi/troi hwyliau i'r gwynt, chwarae'r ffon ddwybig. **~ up** *v.t.* **1.** *(hat &c):* addurno; **to ~ oneself up,** ymbincio, ymdaclu. **2.** *Carp:* naddu. **~ angle** *n.* ongl(-au) *(f)* gogwyddiad. **~ size** *n. Bookb:* maint tociedig *m*, maint ar ôl tocio. **~ tab** *n. Av:* tab(-iau) *(m)* sadio.
trimaran *n. Nau:* tr|imaran (trimaranau) *f.*
trimensual *a.* trimisol.
trimer *n. Ch:* trimer(-au) *m.*
trimeric *a. Ch:* trimerig.
trimerous *a. Bot: Ent: &c:* teiran, t|eir-ran.
trimester *n. Sch:* tri mis *m*, tymor (tymhorau) *m*, trimis(-oedd) *m.*
trimestral, trimestrial *a.* trimisol, bob tri mis.
trimeter *n. Pros:* llinell *(f)* driban (llinellau triban).
trimetric[al] *a. Geom: Cryst:* trimetrig.
trimetrogon *n.* trim|etrogon (trimetrogonau) *m.*
trimly *adv.* yn daclus, yn dwt *&c.*
trimmer *n.* **1.** *(a) (of stone, wood):* naddwr (naddwyr) *m*; *(b) (of hat &c):* addurnwr (addurnwyr) *m*; *(c) Nau: (= stower):* stowiwr (st|ow-wyr) *m*, storiwr (storwyr) *m*; *(d) Av: Nau:* sadiwr (sadwyr) *m*, gwastatwr (gwastatwyr) *m*; *(e) Pol: F:* Sioni(-s) *(m)* bob ochr, troswr (troswyr) *(m)* hwyliau, anwadalwr (anwadalwyr) *m*, trimiwr (trimwyr) *m*. **2.** *(of hair, hedge):* tociwr (tocwyr) *m*; *Paperm: Bookb:* cyllell (cyllyll) *f*, bwyell (bwyeill) *f*, tociwr. **3.** *Arch:* distyn (distiau) *(m)* fframio. **4.** *W.Tel:* tiwniwr (tiwnwyr) *m.*
trimming *vn. & n.* **1.** *vn.* **= trim[2]. 2.** *n.usu.pl. (a) (of hair, grass &c):* tocion *pl*, torion *pl*; *(b) (= adornments):* addurnau *pl*, addurniadau *pl*, *F:* trimins *pl*. **3.** *(= rebuke):* cerydd(-on) *m*, dwrdiad(-au) *m*, pryd *(m)* o dafod, *S.W:* trimad *f*. **4.** *Cu:* **= dressing. 5.** *U.S:* **= defeat[1], beating 2.**
trimness *n.* **1.** taclusrwydd *m*, destlusrwydd *m*, twtrwydd *m*, trefn *f*, trefnusrwydd *m*, *Lit: occ:* cymhendod *m*. **2.** *(of body, figure):* lluni|eidd-dra *m*, gosgeiddigrwydd *m*, gosgeiddrwydd *m*, meinder *m*, meindra *m.*
trimolecular *a. Ch:* trimolecylaidd.
trimonthly *a., adv. & n.* **1.** *a.* trimisol, bob tri mis. **2.** *adv.* yn drimisol, bob tri mis, bob yn drimis. **3.** *n. (magazine &c):* trimisolyn (trimisolion) *m.*
trimorph *n. Cryst:* teirffurf(-iau) *f*, trimorff(-au) *m.*
trimorphic *a. Cryst:* trimorffig, teirffurf.
trimorphism *n. Z: Bot: Cryst:* teirffurfedd *m*, trimorffedd *m.*
trimorphous *a. Cryst:* **= trimorphic.**
trimotor *n. Av:* awyren *(f)* drimotor (awyrennau trimotor).
Trimurti *n. Hindu Rel:* Trindod *(f)* y Duwiau, y Tri Duw *m.*
Trinacrian *a. Lit:* Sisilaidd.
trinal *a.* triol, triphlyg; *Astr: Astrol:* triannol.
trinary *a.* **= ternary.**
trine *a. & n.* **1.** *a. (a)* triphlyg; *Ecc:* **~ aspersion,** taenelliad triphlyg *m*; *Ecc:* **~ immersion,** trochiad triphlyg *m*; *(b) Astrol:* triannol. **2.** *n. (a)* **= triad**; *(b) Theol:* **the T~,** y Drindod *f*; *(c) Astr: Astrol:* triant (triannau) *m.*
trinervate *a. Bot:* teirasennog.
tringle *n.* **1.** *Arch:* petryal(-au) *m*. **2.** *Furn: (= rod):* ffon (ffyn) *f*, rhoden (rhodiau) *f.*
Trinidad *Pr.n. Geog:* Tr|inidad *f*; **~ and Tobago,** Trinidad a Thobago.
Trinidadian *a. & n.* **1.** *a.* Trinidadaidd, o Dr|inidad; **the ~ parliament,** senedd Trinidad. **2.** *n.* Trinidadiad (Trinidadiaid) *m&f.*
Trinitarian *a. & n. Theol:* **1.** *a.* Trindodaidd, Trindodol. **2.** *n.* Trindodwr (Trindodwyr) *m*, Trindodiad (Trindodiaid) *m&f.*
Trinitarianism *n. Theol:* Trindodaeth *f.*
trinitrin[e] *n. Pharm:* trinitrin *m.*
trinitrobenzene *n. Ch:* trinitrobensen *m.*
trinitrocresol *n. Ch:* trinitrocresol *m.*
trinitrotoluene, trinitrotoluol *n. Exp:* trinitrotolwen *m*, trinitrotolwol *m.*
trinity *n. (a)* trindod(-au) *f*, *occ:* triawd(-au) *m*; *(b) Theol:* **the T~,** y Drindod; **the Blessed T~,** y Drindod Fendigaid; **the Holy T~,** y Drindod Sanctaidd. **T~ Brethren** *n.pl.* Brodyr y Drindod. **T~ College** *Pr.n.* Coleg *(m)* y Drindod. **T~ House** *n.* Tŷ*(m)*'r Drindod. **T~ Sunday** *n.* Sul *(m)* y Drindod. **T~ term** *n. Sch:* tymor *(m)* y Drindod.
Trinitytide *n. Ecc:* tymor *(m)* y Drindod.
trinket[1] *n.* tlws (tlysau) *m*, addurn(-au) *m*. **~-box** *n.* blwch (blychau) *(m)* tlysau, cistan *(f)* dlysau (cistanau tlysau).
trinketry *n. Coll:* mân dlysau *pl*, manion bethau *pl*, petheuach *pl.*
trinkums *n.pl.* **= trinkets.**
trinocular *a.* trillygadog, â thair lens.
trinodal *a. Bot: &c:* trichymalog.
trinomial *a. & n.* **1.** *a. Mth:* trinomaidd. **2.** *n. (a) Mth:* trinomiad(-au) *m*, trinomial(-au) *m*; *(b) Biol: Bot:* trydydd enw(-au) *m.*
trinomialism *n.* trienwad *m.*
trinomially *adv.* yn drinomaidd *&c.*
trinucleotide *n. Bio-Ch:* triniwcleotid(-au) *m.*
trio *n. Mus:* **1.** *(a) (= group of three):* triawd(-au) *m*. **2.** *(movement)* trio(-s) *m.*
triode *a. & n.* **1.** *a. El:* triodaidd. **2.** *n. El:* triod(-au) *m.*
trioecious *a. Bot:* triecaidd.
triol *n. Ch:* triol(-au) *m.*
triolein *n. Ch:* triolein *m.*
triolet *n. Pros:* trioled(-au) *f.*
Triones *n.pl. See* **plough[1] 2.**
triose *n. Ch:* trios *m.*
trioxid[e] *n. Ch:* triocsid(-au) *m.*
trip[1] *n.* **1.** *(= journey):* taith (teithiau) *f*, tro(-eon) *m*, *Lit:* pleserdaith (pleserdeithiau) *f*, gwibdaith (gwibdeithiau) *f*, *F:* trip(-iau) *m*; *(on drug):* trip; **business ~,** taith fusnes (teithiau busnes), *N.W: occ:* trafal *f*; **the ~ takes two hours,** mae'n ddwy awr o daith; mae'n daith dwyawr; mae'n waith dwy awr o deithio; **car ~,** tro/trip mewn car; **ego ~,** *See* **ego 2**; *Nau:* **maiden ~,** mordaith gyntaf (mordeithiau cyntaf) *f*; **round ~,** taith gron (teithiau crynion). **2.** *(a) (= stumble):* bagl[i]ad(-au) *m*; *(b)* **= blunder[2], mistake[2]**; *(c) (= nimble step):* cam(-au) heini/gwisgi *m*. **~ recorder** *n. Aut: (of speedometer):* cloc(-iau) *(m)* gwibdaith, cloc tripiau.
trip[2] *v.i.&t.* **1.** *v.i. (a)* **to ~ [along],** cerdded yn ysgafn/wisgi/heini, cerdded ar flaenau'ch traed; *(b) (= stumble):* baglu, cwympo

[dros eich traed eich hun], *F:* tripio, tripo, *S.W:* talgwympo, dalgwympo, camsengid, clenco, clinco, *S.E:* twmlo, *N.W: occ:* sodli; *(of horse):* **= shy² 1; to ~ over sth,** baglu dros rth; *(c) F:* **to ~ [up],** *(= make mistake):* gwn|eud camgymeriad/ camsyniad, camgymryd, cymryd/rhoi cam gwag, cyfeiliorni, methu; **to catch s.o. tripping,** dal/dala rhn ar ei fai; *(d) (of anchor):* codi; *(e) Mec.E: (of catch &c):* rhyddh|au, ymryddh|au, gollwng. **2.** *v.t. (a) (i)* **to ~ s.o. [up],** baglu rhn; *(ii) F: (= catch out):* dal/dala rhn ar ei fai; *(b) Nau:* **to ~ an anchor,** codi angor [yn rhydd]; **to ~ a yard,** troi/tynnu hwyllath; **to ~ a mast,** codi/hosio hwylbren; *(c) Mec.E:* **to ~ (a mechanism),** gollwng, rhyddhau, cychwyn, tripio (mecanwaith). **3.** *Lit: occ:* **to ~ a measure,** dawnsio, ei throedio hi; **to ~ the light fantastic,** dawnsio'n ysgafndroed. **~-gear** *n. Mec.E:* clicied(-au,-i) *f,* tripiwr (tripwyr) *m,* trip(-iau) *m.* **~-hammer** *n. Mec.E:* morthwyl(-ion) *(m)* siglo, tripforthwyl(-ion) *m.* **~-wire** *n. Mil:* weiren *(f)* faglu (weiers baglu).

tripack *n. Phot:* tripac(-iau) *m.*

tripalmitin *n. Ch:* tripalmitin *m.*

triparted, tripartite *a.* **1.** *Nat.Hist: &c:* teiran, t|eir-ran. **2.** tridarn; **~ indenture,** *(a) Jur:* indentur tridarn; *(b) W.Hist:* **the Tripartite Indenture,** y Cytundeb Tridarn *m;* **~ system,** cyfundrefn deiran (cyfundrefnau teiran) *f.*

tripartitely *adv.* yn deiran, yn dri darn *&c.*

tripartition *n.* teir-raniad(-au) *m,* teirannu *vn,* rhannu*(vn)*'n dri/dair.

tripe *n.* **1.** *Cu:* treip *m, Lit: occ:* pennyg *pl, N.E:* tripyn *m, N.W:* treipan *f, S.E:* tripa *m;* **calf ~,** *S:* bwced *(m)* llo; *(of pig):* bola *(m)* mochyn. **2.** *F:* **= nonsense. ~ fungus** *n. Fung:* clustiau*(pl)*'r llwyfen. **~-de-roche** *n. Fung:* pennyg y graig, tripa'r graig.

tripedal *a.* teirtroed, trithroed, trithroediog.

tripeman *n.m.* treipiwr (treipwyr).

tripersonal *a. Theol:* triphersonol, triunol.

tripersonality *n. Theol:* triundod *m.*

tripery *n.* treipfa (treipf|eydd) *f.*

tripetalous *a. Bot:* triphetalog.

triphase *a. El:* teirgwedd.

triphenylmethane *n. Ch:* triffenylmethan *m.*

triphibian, triphibious *a. & n. Mil:* **1.** *a.* triffibaidd; ar fôr, ar dir ac yn yr awyr. **2.** *n.* awyren driffibaidd (awyrennau triffibaidd) *f.*

triphosphate *n. Ch:* triffosffad(-au) *m.*

triphosphopyridine nucleotide *n.* niwcliotid(-au) *(m)* triffosffop|yridin.

triphthong *n. Phon:* teirsain (teirseiniaid) *f.*

triphthongal *a. Phon:* teirsain, teirseiniol.

triphthongize *v.t. Phon:* teirseinio.

triphylite *n. Miner:* tr|iffylit *m.*

triphyllous *a. Bot:* teirdalen, teirdalennog.

tripinnate, tripinnated *a. Bot:* teiradeiniog, teirasgellog.

tripinnately *adv. Bot:* yn deiradeiniog *&c.*

triplane *a. & n. Av:* **1.** *a.* teiradeiniog. **2.** *n.* awyren deiradeiniog (awyrennau teiradeiniog) *f.*

triple¹ *a. & n.* **1.** *a.* triphlyg, *occ:* tridyblyg; *Hist:* **the T~ Alliance,** y Cynghrair Triphlyg *m,* y Gynghrair Driphlyg *f; Ch:* **~ bond,** bond(-iau) triphlyg *m; Mus:* **~ concerto,** *concerto (concerti)* triphlyg *m; Mus:* **~ counterpoint,** gwrthbwynt(-iau) triphlyg *m; Rugby: Fb:* **the T~ Crown,** y Goron Driphlyg *f; Pol: Hist:* **the T~ Entente,** y Cytundeb Triphlyg *m; Mus:* **~ fugue,** ffiwg driphlyg (ffiwgiau triphlyg) *f; Mus:* **~ harp,** telyn deires (telynau teires) *f; Sp:* **~ jump,** naid driphlyg (neidiau triphlyg) *f; Mus:* **~ measure,** amser *(m)* tri; *Baseball:* **~ play,** chwarae triphlyg *m; Ph:* **~ point,** pwynt triphlyg *m; Mth:* **~ ratio,** cymhareb driphlyg (cymarebau triphlyg) *f; Pros:* **~ rhyme,** odl driphlyg (odlau triphlyg) *f; Mus:* **~ stopping,** gwasgiad(-au) triphlyg *m; Fb:* **~ threat,** perygl(-on) triphlyg *m; Mus:* **~ time,** amseriad triphlyg *m,* amseriad tri. **2.** *n.* triphlyg(-ion) *m,* triawd(-au) *m.* **~-expansion** *attrib.* tri-ehangiad. **~-headed** *a.* triphen. **~-header** *n. Sp:* triawd(-au) *m* [o gampau]. **~-nerved** *a. Bot:* teirasennog. **~-screw** *attrib.* teirsgriw. **~-space** *v.t. Typewr:* trigofodi. **~ tonguing** *vn.* tafodi triphlyg.

triple² *v.t.&i.* **1.** *v.t.* treblu. **2.** *v.i.* treblu, tyfu/cynyddu deirgwaith.

triplet *n.* **1.** *(= set of three):* triawd(-au) *m; esp. (a) Mus:* tripled(-i) *f; (b) Pros:* triban(-nau) *m; (c) Opt:* **~ lens,** lens *(f)* dripled (lensys tripled). **2.** *usu.pl. (babies):* tripled(-au,-i) *m&f,* un o dri gefaill.

tripletail *n. Ich:* pysgodyn (pysgod) teircwt *m,* teircwtiad (teircwtiaid) *m.*

triplex *a. & n.* **1.** *a.* teiran, t|eir-ran, triphlyg; *(flat):* trillawr; *(plank):* tri thrwch, tair haen, tri thew. **2.** *n. (a) R.t.m:* **T~ [glass],** gwydr Triplex, gwydr tair haen; *(b) U.S:* **~ [apartment],** fflat *(f)* drillawr (fflatiau trillawr).

triplicate¹ *a. & n.* **1.** *a.* triphlyg. **2.** *n.* triphlyg(-ion) *m,* tri chopi *m;* **agreement in ~,** cytundeb [mewn] tri chopi.

triplicate² *v.t.* **1.** *(= treble):* treblu. **2.** *(a document &c):* triphlygu (rhth), gwn|eud tri chopi (o rth).

triplication, triplicature *n.* trebliad(-au) *m,* treblu *vn,* triphlygiad(-au) *m,* triphlygu *vn.*

triplicity *n.* **1.** *(= trio):* triawd(-au) *m.* **2.** *(= triple state):* triphlygrwydd *m,* natur driphlyg *f.*

triplite *n. Miner:* triplit *m.*

triploblastic *a. Bot:* triploblastig.

triploid *a. & n. Biol:* **1.** *a.* triploid, triploidaidd. **2.** *n.* triploid(-au) *m.*

triploidy *n.* triploidedd *m.*

triply *adv.* yn driphlyg, deirgwaith cymaint.

tripod *n.* trybedd(-au) *f;* **folding ~,** trybedd blyg (trybeddau plyg). **~ mast** *n.* hwylbren(-nau) trithroed *m.* **~ stand** *n.* stand *(f)* drithroed (standiau trithroed). **~ walking-aid** *n.* ffon *(f)* drithroed (ffyn trithroed).

tripodal, tripodic *a.* trithroed, teirtroed, trithroediog.

tripody *n. Pros:* trichorfan(-nau) *m.*

Tripoli *Pr.n. Geog:* Tr|ipoli *f.* **~ compound** *n.* sebon *(m)* Tripoli. **~ powder** *n.* powdwr *(m)* Tripoli. **~ stone** *n.* **= rotten-stone.**

Tripolitania *Pr.n. Geog:* Tripolitania *f.*

Tripolitanian *a. & n.* **1.** *a.* Tripolitanaidd; **the ~ shores,** glannau Tripolitania. **2.** *n.* Tripolitaniad (Tripolitaniaid) *m&f.*

tripos *n. Sch:* tripos *m.*

tripper *n.* **1.** gwibdeithiwr (gwibdeithwyr) *m,* pleserdeithiwr (pleserdeithwyr) *m,* twrist(-iaid) *m&f,* ymwelydd (ymwelwyr) *m;* **day-~,** ymwelydd undydd; **they're just day-trippers,** dim ond am y dydd y maen nhw yma. **2.** *Mec.E:* **= trip-gear.**

tripperish, trippery *a. Pej:* twristaidd.

trippet *n. Mec.E:* triped(-au,-i) *m.*

tripping *a. (a) (= nimble):* gwisgi, ysgafndroed; *(b)* **= fluent.**

trippingly *adv.* **1.** yn wisgi *&c.* **2.** **= fluently;** *Lit:* **speak the speech ~ on the tongue,** traethwch y darn yn rhugl ac yn rhwydd.

tripple¹ *n. Equit:* tuth(-iau) *m.*

tripple² *v.i.* tuthio.

triptane *n. Ch:* triptan *m.*

tripterous *a. Bot:* teiradeiniog, teirasgellog.

triptych *n. Art:* triptych(-au) *m*

triptyque *n. Aut: Cust:* triptyc(-iau) *m.*

triquetra *n. Art:* tribwa (tribwâu) *m,* tricwetra (tricwetrâu) *m.*

triquetral *a. & n.* **1.** *a.* teirochrog, teironglog, trionglog; *Bot:* triminiog, trichornelog. **2.** *n. Anat:* tricwetral(-au) *m.*

triquetrous *a.* **= triquetral¹.**

triquetrously *adv.* yn deirochrog *&c.*

triradiat|ed| *a. Biol:* trirheiddiog, triphelydrog.

triradiately *adv.* yn drirheiddiog *&c.*

triradical *a.* trirheiddiol.

trireme *n. Gr.Ant:* rhwyflong d|eir-res (rhwyflongau t|eir-res) *f,* teir-rhwyflong(-au) *f.*

trisaccharide *n. Ch:* tris|acarid (trisacaridau) *m.*

Trisagion *n. Ecc:* [yr emyn *m*] "Sanct, Sanct, Sanct" *m,* y Trisagion *m.*

trisect *v.t. Geom: &c:* teir-rannu, rhannu (rhth) yn dri/dair, hollti (rhth) yn dri/dair.

trisecting *a.* traeanol, teir-rannol.

trisection *n. Geom:* traeaniad(-au) *m,* traeanu *vn,* teir-raniad(-au) *m,* teir-rannu *vn.*

trisectional *a. Geom:* teir-rannol.

trisector *n. Geom:* teir-rannydd (~-ranyddion) *m.*

trisepalous *a. Bot:* trisepalog.

triseptate *a. Bot: Z: Anat:* tripharwydol, tritheisbanol.

triserial, triseriate *a. Bot:* t|eir-res, teires, mewn tair rhes.

trishaw *n. Veh:* trisio(-s) *m.*

triskaidekaphobia *n.* ofn *(m)* tri ar ddeg, triscaidecaffobia *m.*

triskaidekaphobic *a.* yn ofni tri ar ddeg, triscaidecaffobig.

triskelion, triskel|e| *n. Art:* trisgel(-au) *m.*

trismic *a. Path:* gên-gloëdig, gên-glöol, trismig.

trismus *n. Path:* = **lockjaw.**
trisoctahedral *a.* triwythochrog.
trisoctahedron *n.* triwythochron(-au) *m.*
trisodium *attrib.* trisodiwm.
trisome *n. Biol:* trisom(-au) *m.*
trisomic *a. Biol:* trisomig.
trisomy *n. Biol:* trisomedd *m.*
trispermous *a. Bot:* trisbermol, trihadol.
trisporic, trisporous *a.* trisborig.
Tristan *Pr.n.m.* Trystan.
triste *a.* trist.
tristearin *n. Ch:* stearin *m.*
tristeza *n. Hort:* tristesa *m*, pydredd (*m*) gwr|aidd.
tristich *n. Pros:* tristich(-au) *m*, pennill (penillion) (*m*) tair llinell.
tristichic *a. Pros:* teirllinellog, tair llinell.
tristichous *a. Bot:* t|eir-res, teires.
tristigmatic *a. Bot:* tristigmatig.
tristimulus *attrib. Opt:* ~ **values,** gwerthoedd trist|imwlws.
Tristram *Pr.n.m.* Trystan.
tristylous *a. Bot:* tristylus, â thair colofnig.
trisubstituted *a. Ph:* tridisodlol.
trisulcate *a.* **1.** *Bot: Z:* teir-rychog. **2.** *Z:* tribys.
trisulphide *n. Ch:* trisylffid(-au) *m.*
trisyllabic[al] *a.* teirsill, teirsillafog.
trisyllabically *adv.* yn deirsill *&c.*
trisyllable *n.* gair (geiriau) teirsill *m.*
tritagonist *n. Th:* trydydd actor(-ion) *m.*
tritanope *n. Opt:* tritanopiad (tritanopiaid) *m&f.*
tritanopia *n. Opt:* tritanopia *m.*
trite *a.* ystrydebol, *occ:* hendraul; **a ~ remark,** ystrydeb(-au) *f.*
tritely *adv.* yn ystrydebol.
triteness *n.* cyffredinedd *m*, ystrydebedd *m*, ystrydebiaeth *f.*
triternate *a. Bot:* trithriphlyg.
tritheism *n. Rel:* triduwiaeth *f.*
tritheist *n. & a. Rel:* **1.** *a.* triduwiaethol. **2.** *n.* triduwiad (triduwiaid) *m&f.*
tritheistic[al] *a. Rel:* triduwiaethol.
tritiate *v.t. Ch:* tritiadu.
tritiated *a. Ch:* tritiadus.
tritiation *n. Ch:* tritiadu *vn.*
triticale *n. Bot: Husb:* rhygwenith *m.*
triticum *n. Bot:* gwenith(-oedd,-au) *m.*
tritium *n. Ch:* tritiwm *m.*
trito-Isaiah *Pr.n. B:* y trydydd Eseia *m.*
tritoma *n. Bot:* = **poker (red hot).**
Triton[1] *Pr.n. & n.* **1.** *Pr.n.m. Myth:* Triton. **2.** *n.* *(a) F:* **a ~ among the minnows,** cawr ym mysg y corachod; *(b) Moll:* triton(-au,-iaid) *m.*
triton[2] *n. Ch:* triton(-au) *m.*
tritone *n. Mus:* trithon(-au) *m*; **false relation of the ~,** gau berthynas (*f*) y trithon, amherthynas (*f*) y trithon.
triturable *a.* pyloradwy, maluriadwy.
triturate[1] *n.* pylor(-ion) *m*, malurion *pl.*
triturate[2] *v.t.* **1.** pylori, malurio; malu (rhth) yn fân. **2.** = **chew**[2].
trituration *n.* pyloriad(-au) *m*, pylori *vn*, maluriad(-au) *m*, malurio *vn.*
triturator *n.* pylorwr (pylorwyr) *m*, peiriant (peiriannau) (*m*) pylori/malurio, maluriwr (malurwyr) *m.*
triumph[1] *n.* **1.** *Rom.Ant:* gorydaith orfoleddus (gorymdeithiau gorfoleddus) *f*, gorfoleddiad(-au) *m.* **2.** *(a) (= victory):* buddugoliaeth(-au) *f*, goruchafiaeth *f* **(over s.o,** ar rn); *(= success):* llwyddiant (llwyddiannau) *m*; *(= exultation):* gorfoledd *m*; **in ~,** mewn gorfoledd; *(c) (= feat):* camp(-au) *f*, gorchest(-ion) *m*, campwaith (campweithiau) *m*; **his plays are a ~ of dramatic art,** mae ei ddramâu'n gampweithiau.
triumph[2] *v.i.* **1.** *Rom.Ant:* gorymdeithio'n orfoleddus, gorymdeithio mewn gorfoledd. **2.** *(a)* **to ~ over (an enemy),** trechu, gorchfygu (gelyn); ennill buddugoliaeth (ar elyn); **experience triumphed (in the end),** (yn y diwedd) profiad a fu'n drech, profiad a orfu/enillodd, profiad a aeth â hi; *(b) (= exult):* gorfoleddu. ~ **card** *n.* = **trump**[2].
triumphal *a.* gorfoleddus; ~ **arch,** porth (pyrth) (*m*) gorfoledd/gorchest/buddugoliaeth; ~ **car,** ~ **chariot,** cerbyd(-au) (*m*) gorfoledd/gorchest/buddugoliaeth; ~ **crown,** coron fuddugol (coronau buddugol) *f*, coron buddugoliaeth.
triumphalism *n.* gorchestiaeth *f*, ymorchestu *vn.*
triumphalist *a. & n.* **1.** *a.* gorchestaidd, ymorchestol. **2.** *n.* ymorchestwr (ymorchestwyr) *m.*
triumphant *a.* buddugoliaethus; **the Church T~,** yr Eglwys Fuddugoliaethus *f.*
triumphantly *adv.* yn orfoleddus *&c*; mewn gorfoledd.
triumpher *n.* buddugwr (buddugwyr) *m*, gorchfygwr (gorchfygwyr) *m*, enillydd (enillwyr) *m*; *(= exulter):* gorfoleddwr (gorfoleddwyr) *m.*
triumvir *n. Hist:* triwriad (triwriaid) *m.*
triumviral *a. Hist:* triwrol.
triumvirate *n. Hist: (institution):* triwriaeth(-au) *f*, triwyriaeth(-au) *f*; *(persons):* tri gŵr *pl*, triwyr *pl.*
triune *a. & n. Theol:* **1.** *a.* tri yn un, triunol, triol; *esp.* **the ~ Godhead,** y Duw triunol, y tri yn un, y triol Dduw. **2.** *n.* = **Trinity.**
triungulin larva *n. Ent:* lleuen (*f*) y mêl (llau'r mêl), larfa (larfâu) triwngwlin *m* (*pronounced* ng-g).
triunitarian *n. Theol:* triundodwr (triundodwyr) *m.*
triunity *n. Theol:* triundod *m.*
trivalence, trivalency *n. Ch:* trif|alensi *m.*
trivalent *a. & n.* **1.** *a. Ch:* trifalent. **2.** *n. Biol:* trifalent(-au) *m.*
trivalve *a. & n. Moll:* **1.** *a.* teirfalf, trichloriog, trichlawr. **2.** *n.* trichloriog(-ion) *m*, cragen drichlawr (cregyn trichlawr) *f.*
trivet *n. Dom.Ec:* trybedd(-au) *f*, trybed(-au) *f*, *N: occ:* diogyn(-nod) *m*; **as right as a ~,** cyn iached â'r gneuen/glain, cyn sowndied â chloch y Bala. ~ **table** *n. N:* bwrdd (byrddau) (*m*) trithroed, *S:* bord deirtroed (bordydd teirtroed) *f.*
trivia *n.pl.* pethau dibwys/diwerth, manion bethau.
trivial *a.* **1.** *(a) (matter):* pitw, dibwys, distadl, disylw, dinod; bychan (*f.* bechan, *pl.* bychain); ~ **offence,** trosedd fechan (troseddau bychain) *f*, mân-drosedd(-au) *f*; *(b) (pers.):* gwamal. **2.** *A: (= commonplace):* cyffredin, digyfnewid; **the ~ round [of daily life],** trefn arferol (*f*) bywyd pob dydd, rhigolau (*pl*) bywyd. **3.** *Biol: Ch: (a) (= popular):* poblogaidd, cyffredin; *(b) (= specific):* penodol, rhywogaethol. **4.** *Mth:* didrafferth, hawdd, anniddorol.
triviality *n.* **1.** *(of offence &c):* bychander *m*, natur ddibwys *f*, dibwysedd *m*, dinodedd *m*, distadledd *m*, diffyg (*m*) pwys; *(of remark, observation &c):* gwamalrwydd *m.* **2.** *(= trifle):* peth(-au) dibwys *m*; *(remark):* sylw(-adau) gwamal/dibwys *m*; **to talk polite trivialities,** mân-siarad.
trivialization *n.*, **trivialize** *v.t.* trin (rhth) yn wamal; distadlu, bychanu (rhth).
trivially *adv.* **1.** = **slightly. 2.** *(= flippantly):* yn wamal.
trivialness *n.* = **triviality.**
trivium *n. Hist:* y trifiwm *m*, y tair gwyddor *f.*
tri-weekly *a., adv. & n.* **1.** *(a) a. (= every three weeks):* teirwythnosol, pob tair wythnos; *(b) adv.* bob tair wythnos. **2.** *a. & adv. (= three times a week): (a) a.* teirgwaith yr wythnos; *(b) adv.* deirgwaith yr wythnos. **3.** *n.* teirwythnosolyn (teirwythnosolion) *m.*
troat[1] *n. Ven:* hyddfref(-au,-iadau) *f*, hyddfrefiad(-au) *m*, bref(-au,-iadau) *f.*
troat[2] *v.i. Ven:* hyddfrefu, brefu.
trocar *n. Surg:* gwehynnydd (gwehynyddion) *m*, trocar(-au) *m.*
trochaic *a. & n.* **1.** *a. Pros:* troc[h]äig. **2.** *n. Pros:* corfan(-nau) rhywiog *m.*
trochal *a. Z:* olwynol, olwynffurf.
trochanter *n. Anat: Z:* trocantr(-au) *m.*
trochanteral, trochanteric *a. Anat: Z:* trocantrol.
troche *n. Pharm:* tabled(-i) *f.*
trochee *n. Pros:* corfan(-nau) rhywiog *m.*
trochelminth *n. Z:* trocelminth(-au) *m.*
trochilus *n. Orn:* = **hummingbird, warbler.**
trochlea *n. Anat:* troclea (trocleâu) *m*, chwerfan(-nau) *f.*
trochlear *a. Anat: Bot:* trocleol, chwerfannol.
trochleariform *a. Anat: Bot:* troclearaidd, chwerfanffurf.
trochleate *a.* = **trochlear.**
trochoid *a. & n.* **1.** *a. Geom: Anat:* trocoidol. **2.** *n. (a) Geom:* trocoid(-au) *m*; *(b) Moll:* = **top**[3]**-shell.**
trochoidal *a. Geom: Anat:* trocoidol.
trochoidally *adv. Geom: Anat:* yn drocoidol.
trochometer *n.* trocomedr(-au) *m.*
trochophore, trochosphere *n. Z:* tr|ocoffor (trocofforau) *m.*

trochus *n. Moll:* = **top**[3]**-shell.**

trodden *p.p. See* **tread**[2]; **a well-~ path,** llwybr sathredig; **rarely-~,** ansathredig, disathr.

troffer *n. El.E:* troffr(-au) *m.*

trog[1] *n.* = **troglodyte, slogger, swot**[1].

trog[2] *v.i.* = **trudge**[2], **slog**[2], **swot**[2].

troglodyte *n.* **1.** *(a) (= cave-dweller):* un sy'n byw mewn ogof, dyn *(m)* ogof (dynion ogof|eydd), ogofdrigiannydd (ogofdrigianwyr) *m*, ogofwr (ogofwyr) *m*; *(b) Fig: (= hermit):* meudwy(-aid,-od) *m.* **2.** *Z: (= anthropoid ape):* epa(-od) *m.*

troglodytic[al] *a.* *(a)* yn byw mewn ogof, ogofdrig, ogofdrigiannol; *(b) Fig:* fel meudwy, meudwyaidd.

troglodytism *n.* byw *(vn)* mewn ogof/ogof|eydd.

trogon *n. Orn:* trogon(-iaid) *m.*

troika *n.* **1.** *Veh:* troica (troicâu) *mf.* **2.** *Pol:* triwriaeth(-au) *f.*

troilism *n. Psy:* troiledd *m.*

troilite *n. Miner:* troilit *m.*

Troilus *Pr.n.* & *n.* **1.** *Pr.n.m. Lit:* Troelus; **~ and Cressida/Criseyde,** Troelus a Chresyd; **as true as ~,** cyn ffyddloned â Throelus. **2.** *n.* **t~**, *Ent:* troelus(-iaid) *m.*

Trojan *a.* & *n.* **1.** *a.* o Droea, o Gaerdroea, Troeaidd, Caerdroeaidd; **the ~ war,** rhyfel *(m)* Caerdroea/Troea; *Astr:* **the ~ group,** y grŵp Troeaidd *m*; **the ~ horse,** ceffyl pren Troea/Caerdroea. **2.** *n.* *(a) Hist:* Troead (Troeaid) *m&f*, Caerdroead (Caerdroeaid) *m&f*; **Trojans,** *Lit: occ:* gwŷr Tro; *F:* **to work like a ~,** gweithio'n galed, gweithio fel blac/slaf, *S.W:* gweithio fel slecs; **to fight like a ~,** ymladd yn ddygn/ddewr, ymladd fel llew/teigr.

troll[1] *n.* **1.** *Mus:* cân *(f)* gylch (caneuon cylch), cylchgan (cylchganeuon) *f.* **2.** *Fish: (= line):* ffunen *(f)* bysgota (ffunennau/ffunenni pysgota), lein *(f)* bysgota (leins pysgota); *(~ spoon):* llwy(-au) *f*; *(= bait):* abwydyn (abwyd) *m.*

troll[2] *v.t.&i.* **1.** *v.t.&i. Mus:* canu, lwlian. **2.** *v.i. Fish:* pysgota, trolio, *Lit: occ:* treillio.

troll[3] *n. Myth:* ellyll(-on) *m.*

troll-madam *n. A: Games:* chwarae *(vn)* nawtwll.

troller *n. Fish:* pysgotwr (pysgotwyr) *m*, *Lit: occ:* treilliwr (treillwyr) *m.*

trolley[1] *n.* troli (troliau) *m*; *F:* **he's off his ~,** mae'n drysu; mae'n colli arni; mae rhyw golled arno. **~-car** *n. U.S:* tram(-iau) *m.* **~-lace** *n. Needlew:* les *(f)* troli. **~-pole** *n.* polyn (polion) *(m)* troli. **~-wheel** *n.* olwyn *(f)* droli (olwynion troli). **~-wire** *n.* gwifren *(f)* droli (gwifrau troli).

trolley[2] *v.t.&i.* **1.** *v.i.* mynd ar dram. **2.** *v.t.* cludo (rhth) ar dram.

trolleybus *n.* bỳs (bysys, bysus) *(m)* trydan, tr|olibws (trolibysiau) *m.*

trolleyless *a.* didroli.

trolling *vn.* = **troll**[2]. **~-spoon** *n.* llwy *(f)* bysgota (llwyau pysgota).

trollop *n.* **1.** *(= slattern):* slwt(-iaid) *f*, slwten (slwtiaid) *f*, slebog(-iaid) *f*, strebog(-iaid) *f.* **2.** = **prostitute**[1].

trollopish, trollopy *a.* **1.** slebogaidd, strebogaidd, slwtennaidd, fel slwt *&c.* **2.** putein|lyd.

trolly *n. Cu:* trolen(-nau) *f*, troli (troliod) *f.*

tromba marina *n. Mus:* feiol(-au) undant *f.*

trombidiasis *n. Vet:* trombidiasis *m.*

trombidium *n. Ent:* trombidiwm (trombidia) *m.*

trombone *n. Mus:* trombôn (trombonau) *m*; **bass ~,** trombôn bas, is-drombôn (~-drombonau) *m*; **bass ~ player,** bas-drombonydd (~-drombonwyr) *m*; **tenor ~,** trombôn tenor; **valve ~,** trombôn falf. **~-player** *n.* trombonydd (trombonwyr) *m.*

trombonist *n. Mus:* trombonydd (trombonwyr) *m.*

trommel *n. Min:* gogr(-au) tro *m.*

tromometer *n.* tromomedr(-au) *m.*

trompe *n. Metall:* chwythwr (chwythwyr) *m*, tromp(-au) *m.*

trompe l'oeil *a.* & *n. Art:* ***trompe l'oeil*** *(m).*

trona *n. Miner:* trona *m.*

troop[1] *n.* **1.** *(of people):* torf(-|eydd,-oedd) *f*, tyrfa(-oedd) *f*, criw(-iau) *m*, haid (heidiau) *f*, llu(-oedd) *m*, mintai (minteioedd) *f*, *N.W: F:* fflyd(-oedd) *f*, *N.W: Pej:* haflug *m*; **in troops,** yn llu, yn lluoedd, yn un fflyd, yn heidiau. **2.** *Mil: (a) pl.* **troops,** milwyr; **that's the stuff to give the troops,** dyna'r union beth i'w roi i'r bechgyn/hogiau; **to raise troops,** codi byddin; **household troops,** gosgordd(-ion) *f*; **shock troops,** milwyr ymosod; **storm troops,** cyrchfilwyr; *(b) (= unit): (of cavalry):* marchoglu(-oedd) *m*; **to get one's ~,** codi'n gapten. **3.** *(of boy scouts):* trŵp (trwpiau) *m.* **4.** *(of actors):* = **troupe**[1]. **~-carrier** *n. Mil:* **1.** *Av:* awyren *(f)* filwyr (awyrennau milwyr). **2.** *U.S: Veh:* cludwr (cludwyr) *(m)* milwyr. **~-horse** *n. Mil:* ceffyl(-au) *(m)* marchoglu. **~-ship** *n. Mil:* llong *(f)* filwyr (llongau milwyr), llong filwrol (llongau milwrol). **~-train** *n. Mil:* trên (trenau) *(mf)* milwyr, trên milwrol/filwrol (trenau milwrol).

troop[2] *v.i.&t.* **1.** *v.i.* *(a)* **to ~ together, to come trooping up,** tyrru, heidio, ymgasglu, ymgynnull, ymdyrru, dod ynghyd, dod at eich gilydd; *(b)* **to ~ in/out/off,** heidio/tyrru i mewn/allan/ymaith; *(c) Mil:* ymfyddino, ymgasglu'n fyddin *&c.* **2.** *v.t. Mil:* **to ~ the colour,** cyflwyno'r faner.

trooper *n. Mil: (a)* marchfilwr (marchfilwyr) *m*; *F:* **old ~,** hen warier(-s) *m*, hen law(-iau) *f*; *S.a.* **swear**[2] **2**; *(b) F: Mil:* = **troop-horse, troop-ship**; *(c) U.S. Austr:* milwr (milwyr) *m*, milisiad (milisiaid) *m*, *F: occ:* milisyn (milisiaid) *m*; *S.a.* **state**[1], **storm**[1].

troostite *n. Miner:* tröostit *m.*

troostitic *a. Miner:* tröostitig.

tropaeolin *n. Dy:* tropeolin(-au) *m.*

tropaeolum *n. Bot:* tropeolwm (tropeola) *m.*

trope *n.* **1.** *Rh:* trosiad(-au) *m*, troell(-au) *(f)* ymadrodd. **2.** *Ecc:* trofeg(-au) *f.*

trophallactic *a. Ent:* troffalactig.

trophallaxis *n. Ent:* troffalacsis *m.*

trophic *a. Physiol:* troffig, maethol.

trophically *adv. Physiol:* yn droffig.

trophied *a.* **1.** *(wall &c):* addurnedig â throffïau, troffïog. **2.** *(poet &c):* tlysog, coronog, arobryn, aml ei wobrau.

trophoblast *n. Biol:* tr|offoblast (troffoblastau) *m.*

trophoblastic *a. Biol:* troffoblastig.

trophoneurosis *n. Path:* troffoniwrosis *m.*

trophoplasm *n. Biol:* tr|offoplasm *m.*

trophozoite *n. Biol:* troffosöit(-au) *m.*

trophy[1] *n.* **1.** *(of war, hunt &c):* troffi (troffïau) *m.* **2.** *Sp: &c:* troffi, tlws (tlysau) *m.*

trophyless *a.* didroffi, heb droffi.

tropic *n.* & *a.* **1.** *n.* *(a) Astr: Geog:* trofan(-nau) *m*; **T~ of Cancer,** Trofan y Cranc; **T~ of Capricorn,** Trofan C|apricorn, Trofan yr Afr. **2.** *a. Geog:* trofannol; *Biol:* tropig, tropeddol. **~ bird** *n. Orn:* aderyn (adar) *(m)* y trofannau, aderyn trofannol.

tropical *a.* **1.** *(a) Astr: Geog:* trofannol; **inter-~,** rhyng-drofannol; **~ year,** blwyddyn heulol *f*; *(b) Fig:* = **passionate, luxuriant.** **2.** *Rh:* trosiadol, trofegol. **~-continental** *a.* trofannol-gyfandirol. **~-maritime** *a.* trofannol-arforol.

tropicalize *v.t.* trofanoli.

tropically *adv.* **1.** yn drofannol. **2.** *Fig:* = **passionately, luxuriantly.**

tropicopolitan *a.* & *n. Nat.Hist:* **1.** *a.* trofannol. **2.** *n.* trofanoliad (trofanoliaid) *m&f.*

tropin[e] *n. Ch:* tropin *m.*

tropism *n. Biol:* tropedd(-au) *m*, atroad(-au) *m.*

tropismatic *a.* tropeddol, atroadol.

tropist *n. Rh:* trofegwr (trofegwyr) *m.*

tropistic *a. Biol:* tropeddol, atroadol.

tropocollagen *n. Ch:* tropoc|olagen *m.*

tropologic[al] *a. Rh:* trosiadol.

tropologically *adv. Rh:* yn drosiadol.

tropology *n. Rh:* trosiadeg *f.*

tropomysin *n. Bio-Ch:* tropomysin *m.*

troponin *n. Bio-Ch:* tr|oponin *m.*

tropopause *n. Meteor:* tr|opopos (tropoposau) *m*, tropoffin(-iau) *f.*

tropophilous *a. Bot:* tropoffilaidd.

tropophyte *n. Bot:* tr|opoffyt (tropoffytau) *m.*

tropophytic *a. Bot:* tropoffytig.

troposphere *n. Meteor:* tr|oposffer (troposfferau) *m.*

tropospheric *a. Meteor:* troposfferig.

tropotaxis *n. Biol:* tropotacsis *m.*

troppo *adv. Mus:* gormod, yn ormod, yn ormodol; **ma non ~,** heb fod ormod, heb fod yn ormodol.

trot[1] *n.* *(a) Equit: &c:* tuth(-iau,-iadau) *m*, trot(-iau,-iadau) *m*, *Lit: occ:* rhygyng (-au) *m*, *S.W: occ:* ffaden *f*; **slow/gentle ~,** tuth araf, *N: F:* cagl-drot *m*, *Lit: occ:* goduth *m*; **to go at a slow ~, to go at an easy ~,** goduthio, mynd ar oduth, *N.W:* mynd ar gagl-drot, cagl-drotian; **to go at a ~,** trotio, trotian, tuthio, mynd ar duth/drot, *occ:* mynd ar ffullt, *S.W: occ:* mynd ar ryw [hanner] ffaden, mynd ar ryw ffaden drot fach; **to break into a ~,** dechrau tuthio/trotian; *F:* **to keep s.o. on the ~,** cadw rhn yn brysur, cadw rhn ar fynd, *M.W:* cadw rhn ar gêt; *F:* **(she's won three times) on the ~,** (mae hi wedi ennill dair gwaith) yn olynol, ar ôl ei gilydd, *S:* o'r bron; *S.a.* **jog-trot**; *(b) pl. F:* **the trots,** = **diarrhoea**; *(c)* = **trotting-race**.

trot[2] *v.i.&t.* **1.** *v.i. Equit: &c:* tuthio, tuthian, trotian, trotio, mynd ar duth/drot, *S.W: occ:* ffado; **to ~ gently/slowly,** trotian yn araf, *N:* cagl-drotian; **to ~ briskly,** ffulltuthio, trotian yn gyflym, mynd ar ffulltuth; **to ~ short,** tuthio'n fân ac yn fuan; *(of athlete):* haldian, loncian, trotian *&c*; *F: O:* **I must be trotting,** rhaid imi ei throi hi. **2.** *v.t. (a) (a horse):* tuthio, trotian, trotio *&c*; *(b) F: O:* **to ~ s.o. (round),** mynd â rhn, tywys rhn (o gwmpas). **~ out 1.** *v.i.* estyn eich cam, brasgamu, ffulltuthio. **2.** *v.t. (a)* **to ~ out a horse,** trotian ceffyl; *(b) F:* **to ~ out one's knowledge,** dangos eich gwybodaeth; *F:* **he can always ~ out excuses,** mae bob amser yn barod â'i esgusion; mae'i esgusion yn wastad ar flaen ei dafod; mae'n un da am stribedu esgusion; mae ganddo'i esgusion bob amser.

Trot[3] *n. F: Pol: (= Trotskyite):* Trot(-s,-iaid) *m.*

troth *n. A: & Lit:* **by my ~!** ar fy ngair! ar fy llw! ar fy ngwir! myn fy nghred! *S.a.* **plight[2]**. **2.** *(= truth):* gwirionedd *m*; **in ~,** mewn gwirionedd, yn wir.

Trothy *W.Pl.n.* [Afon] Troddi *f.*

trotline *n. Fish:* = **trawl[1]-line.**

Trotsky *Pr.n.m.* Trotsci.

Trotskyism *n. Pol:* Trotscïaeth *f.*

Trotskyist, Trotskyite *n. & attrib.* **1.** *n.* Trotscïad (Trotsciaid) *m&f.* **2.** *attrib.* Trotscïaidd.

trotter *n.* **1.** *(horse):* tuthfarch (tuthfeirch) *m*; *(horse, pers.):* tuthiwr (tuthwyr) *m*, trotiwr (trotwyr) *m*; *S.a.* **globe-trotter. 2.** *pl. (a) Cu:* **pig's trotters,** traed moch/mochyn; *(b) F: Hum: (= feet):* traed. **3.** *Orn:* **lily-~, = jacana.**

trotting[1] *a.* tuthiol, tuthiog.

trotting[2] *vn.* = **trot[2]**. **~-race** *n.* ras *(f)* duthio (rasys tuthio), ras drotian (rasys trotian).

trottoir *n.* = **pavement.**

trotyl *n. Ch:* trotyl *m.*

troubador *n.* trwbadŵr (trwbadwriaid) *m.*

trouble[1] *n.* **1.** *(= worry, mental woe):* pryder(-on) *m*, gofid(-iau) *m*, blinder(-au) *(m)*, ing(-oedd) *m*, gwae(-au) *mf*, poen (-au) *(f)* meddwl; **he told me his troubles,** soniodd wrthyf am ei bryderon/ofidiau/boenau/waeau; arllwysodd ei gwd wrthyf; *S: F:* dywedodd ei fola berfedd wrthyf; *Prov:* **a ~ shared is a ~ halved,** ysgafnu'r baich yw ei rannu; *Lit:* **double double toil and ~,** dwbwl, dwbwl drin a thrwbwl; *Lit:* **to take arms against a sea of troubles,** ymarfogi yn erbyn môr o ofidiau; *B:* **man is born unto ~, as the sparks fly upward,** dyn a aned i flinder, fel yr eheda gwreichionen i fyny; **his troubles are over,** mae ei ofidiau ar ben. **2.** *(= difficulty):* anhawster (anawsterau) *m*, trafferth(-ion) *f*, helynt(-ion) *f*, byd *m*, helbul(-on) *m*, trwbwl *m*, trybini *m*, *N.W: F:* stryffig *m*, strach *mf*, dormach *m*, trafferthwch *m*, helcyd *m*, *S.E:* dial *m*, cymbolach *m*; **money troubles,** trafferthion/helbulon/helyntion ariannol; **what's the ~?** beth sy'n bod? **he's out to make ~,** mae'n ysu am greu helynt; mae'n chwilio am helynt/drwbwl *&c*; mae â'i fryd ar greu trafferth; **we must get to the root of the ~,** rhaid mynd at wreiddyn y drwg; **the ~ is. . .,** y drwg *(m)* yw. . .; y drafferth/trwbwl yw. . .; **you will have ~ with him,** fe gewch chi drafferth/fyd/helynt/drwbwl gydag ef; fe fydd yn creu trafferth *&c* ichi; *S.E:* fe gewch law fudur gydag e; **it must be a great ~ to you,** mae'n rhaid ei fod yn boendod/drafferth/ddormach ichi; mae'n rhaid ei fod yn fwrn *(m)* arnoch; *Prov:* **troubles never come singly,** pan ddêl gofidiau, dônt yn lluoedd; anffawd ni ddaw ei hunan; *Prov:* **everyone knows his own troubles,** pawb â'i fys lle bo'i ddolur; pawb a ŵyr gwlwm ei gwd ei hun. *(b)* **to get into ~,** mynd i helynt/drybini/drafferth, *S.E:* mynd i blwnsh; **to get into ~ with the police,** mynd i helynt gyda'r heddlu; **to get s.o. into ~, to make ~ for s.o.,** creu/peri/achosi helynt/trafferth i rn, creu trafferth i rn; *F:* **to get a girl into ~,** cael merch i helynt, *V:* rhoi clec/cyw i ferch, rhoi'r fawr i ferch, tynnu merch dros y ffordd; **to get out of ~,** dod allan/mas ohoni, dod o drybini *&c*; **to get s.o. out of ~,** tynnu/cael rhn o drafferth/helynt *&c*; **to be in ~,** bod mewn helbul/picil/hobl *&c*, *N.W:* bod â'ch pen dan ddŵr, bod mewn byd, bod dan y don, *S.W:* bod o dani, *S.E:* bod dani-ddi; **he is looking/asking for ~,** mae'n gofyn am helynt; *F:* mae'n gofyn amdani; *S.W:* mae'n macsu amdani; **to make ~,** creu/codi helynt, codi/creu stŵr, *S.E:* dechrau mwstwr; **there was ~ after the meeting,** bu trafferthion ar ôl y cyfarfod; *N: F:* fe aeth hi'n flêr ar ôl y cyfarfod; **to make ~ for oneself,** tynnu helynt yn eich pen; **to make ~ between A and B,** codi helynt rhwng A a B, gwn|eud drwg rhwng A a B, creu cynnen rhwng A a B, gyrru A a B yn benben, *S.E:* dodi rhwng A a B, gwneud tân bach rhwng A a B; *(= misfortune):* helynt, trallod(-ion) *m*, trafferth, helbul, trybini, anffawd (anffodion) *f*; **to be in ~,** bod mewn helynt/trafferth/trybini, cael trafferthion/helyntion. **3.** *(= bother, pains):* trafferth; **to take the ~, to go to the ~, to give oneself the ~ (to do sth),** mynd i'r drafferth (o wneud rhth); trafferthu, ymdrafferthu (gwneud rhth); *M.W:* ponsio (gwneud rhth), *S.W:* panso (gwneud rhth), *N.W:* cyboli (gwneud rhth); **it is not worth the ~,** nid yw'n werth y drafferth; **to put oneself to a lot of ~, to give oneself a lot of ~,** mynd i drafferth fawr; **to spare no ~ (to do sth),** mynd i drafferth [fawr], gwneud pob ymdrech, peidio ag arbed unrhyw drafferth, rhoi pob ewin ar waith, gweithio nerth deng ewin (i wneud rhth); **he thinks nothing too much ~,** 'does dim sy'n ormod o drafferth ganddo; 'does dim yn ormod ganddo; **to have [some] ~ doing sth,** cael trafferth/gwaith gwneud rhth, bod yn eich gwaith yn gwneud rhth; **we had ~ moving the clock,** cawsom drafferth [i/yn] symud y cloc; **it is no ~ to make,** nid yw'n drafferth o gwbl i'w wneud; mae'n ddidrafferth i'w wneud; *F:* **it's no ~,** nid yw'n drafferth o gwbl; dim trafferth yn y byd; **you've had all your ~ for nothing,** bu eich trafferth yn ofer; buoch yn ymdrafferthu'n ofer. **4.** *Med:* trafferth, anhwylder(-au) *m*; **digestive troubles,** diffyg *(m)* traul; **eye ~,** trafferth gweld, trafferth â'r llygaid; **teething troubles,** *(i) Dent:* gwyniau [yn y] dannedd, poenau magu dannedd; *(ii) Fig:* trafferthion cychwynnol; **to have heart ~,** cwyno â'r galon; **~ of mind,** gwewyr *(pl)* meddwl, gofid meddwl, poenedigaeth *f*, anesmwythyd *m*, anniddigrwydd *m*; **what is the ~?** beth sy'n eich poeni chi? beth sy'n bod arnoch chi? beth yw'r gŵyn? ble mae'r boen? beth sy'n anafu? beth sy'n brifo? *(b) Aut: &c:* **engine ~,** trafferth gyda'r motor; *(c) Ind:* **labour troubles,** trafferthion/helyntion gyda'r gweithwyr, helyntion/anghydfodau diwydiannol; **there was ~ in the streets,** bu helynt/stŵr/terfysg/cythrwfl yn y strydoedd; *(d) Ir.Hist:* **the Troubles,** yr Helyntion, yr Heldrin *(mf)*; **~ and strife,** helynt a chynnen. **~-free** *a.* didrafferth, dihelbul. **~-spot** *n.* man(-nau) cythryblus *m*, *N: F:* lle(-oedd) [drwg] *(m)* am dwrw.

trouble[2] *v.t.&i.* **1.** *v.t. (a) (= worry):* poeni, gofidio, *S:* becso; **to be troubled about s.o.,** poeni/gofidio/becso am rn *or* ynghylch rhn; **that doesn't ~ him much,** nid yw hynny'n rhyw lawer o ofid iddo; **don't let it ~ you!** paid (peidiwch) â phoeni am hynny! **to ~ one's head,** ymboeni, poeni, gofidio; *(b) (of disease, ailment):* poeni, *occ:* poenydio; **how long has this cough been troubling you?** ers faint y mae'r peswch 'ma arnoch chi? ers faint y buoch chi'n dioddef gan y peswch 'ma? ers faint y mae'r peswch 'ma'n eich poeni chi? *(c) (= inconvenience):* aflonyddu, tarfu (ar rn); poeni, trwblu (rhn); peri trafferth (i rn); *S:* becso (rhn); **I am sorry to ~ you,** mae'n ddrwg gen i beri trafferth i chi; mae'n ddrwg gen i'ch poeni/trwblu/becso chi; **I shall not ~ you with the details,** wna' i mo'ch blino/poeni chi gyda'r manylion; *usu. Iron:* **may I ~ you to shut the door?** ga' i ofyn i ti gau'r drws? a fyddai'n rhth gen ti gau'r drws? a fyddai'n drafferth i ti gau'r drws? **may I ~ you for the salt?** a allech chi estyn yr halen imi os gwelwch yn dda? **to ~ oneself about sth,** ymdrafferthu/ymboeni ynghylch rhth; **to ~ oneself to do sth,** mynd i'r drafferth o wneud rhth, ymdrafferthu i wneud rhth; *(d)* **to ~ water,** cynhyrfu dŵr, troi dŵr yn llwyd. **2.** *v.i. (a)* poeni, ymboeni, gofidio, *S:* becso (**about sth,** ynghylch rhth, am rth); **don't ~ about it,** peidiwch â phoeni yn ei gylch/amdano; *(b) (= inconvenience oneself):* mynd i drafferth, ymdrafferthu; **(about sth,** ynghylch rhth); *N: F:* cyboli, *M.W:* ponsio, *S:* becso; **don't ~ to write,** peidiwch a thrafferthu ysgrifennu.

troubled *a.* **1.** *(liquid):* llwyd, cymylog, trwblus, cynhyrfus, lleidiog; *F:* **to fish in ~ waters,** pysgota mewn dŵr llwyd; *Fig:* **to put oil on ~ waters,** lleddfu llid; *B:* datr|oi llid. **2.** *(a) (mind):* anniddig, gofidus, cythryblus, anesmwyth, trwblus; **~ sleep,**

cwsg anesmwyth. *(b) Pol: Hist:* **a ~ period,** cyfnod aflonydd/cythryblus [mewn hanes].
troublemaker *n.* **1.** codwr (codwyr) *(m)* twrw, rhn (rhai) trafferthus *m*, ci (cŵn) *(m)* twrw, achoswr (achoswyr) *(m)* trwbl. **2.** *esp. Pol:* terfysgwr (terfysgwyr) *m*.
troubler *n.* tarfwr (tarfwyr) *(m)* **(of sth,** ar rth).
troubleshooter *n.* **1.** *Mec.E: (= corrector of faults):* cywirwr (cywirwyr) *(m)* diffygion. **2.** *Pol: Ind: &c:* datryswr (datryswyr) *(m)* problemau.
troubleshooting *vn.* **1.** *Mec.E:* cywiro diffygion. **2.** *Pol: Ind:* cymodi.
troublesome *a.* trafferthus, *occ:* blinderus.
troublesomely *adv.* yn drafferthus.
troublesomeness *n.* natur drafferthus/flinderus *f*.
troublous *a. A:* helbulus, cythryblus, terfysglyd, trwblus.
troublously *adv. A:* yn helbulus.
troublousness *n. A:* natur helbulus *f*.
trou-de-loup *n. Mil: A:* twll (tyllau) ystanciog *m*, pydew(-au) ystanciog *m*.
trough *n.* **1.** cafn(-au) *m*; **drinking-~,** cafn dŵr; **book-~,** cafn llyfrau; **feeding-~,** cafn bwyd; **salting-~,** noe(-au) *f*; *S.a.* **horse-trough, kneading-trough. 2.** *Geol: Meteor:* cafn; **~ of low pressure,** cafn o wasgedd isel; **~'s end,** blaen *(m)* cafn. **3.** *Nau: Ph: (of wave):* pant(-iau) *m*. **~-battery** *n. El:* batri(-s) rhigolog *m*. **~-shell** *n. Moll:* cragen (cregyn) *(f)* noe, noe *(f)* fôr (noeau môr); **rayed ~-shell,** cragen noe resog (cregyn noe rhesog), noe fôr resog (noeau môr rhesog); **thick ~-shell,** cragen noe drwchus (cregyn noe trwchus), noe fôr drwchus (noeau môr trwchus).
troughful *n.* cafnaid (cafneidiau) *m*, llond *(m)* cafn(-au), noeaid (noeidiau) *f*, llond noe(-au).
troughlike *a.* cafnog, cafniog, cafnol, fel cafn, tebyg i gafn.
trounce *v.t.* = **thrash.**
trouncer *n.* = **thrasher.**
trouncing *vn.* = **thrashing.**
troupe[1] *n. Th:* cwmni (cwmnïau) *m*.
troupe[2] *v.i. Th:* teithio.
trouper *n.* **1.** *Th:* actor(-ion) profiadol *m*, hen law(-iau) *f*, actores brofiadol (actoresau profiadol) *f*. **2.** *Fig: (= colleague):* cyd-weithiwr (cyd-weithwyr) *m*, hen law, trwper(-s) *m*.
troupial *n. Orn:* trwpial(-od) *m*.
trouser[1] *n. Cost:* **[pair of] trousers,** trywsus(-au) *m*, trowsus(-au) *m*, *occ:* clos (closau) *m*, *S:* trwser(-i) *m*, *Lit:* llodrau *pl*, *Lit: occ:* llawdr (llodrau) *m*; **long trousers,** *N:* trywsus llaes, *S:* trwser hir; **short trousers,** *N:* trywsus cwta, trywsus bach, *S:* trwser byr; **corduroy trousers,** *N:* trywsus melfaréd, *S:* trwser rib; *F:* **she's the one who wears the trousers,** hi sy'n gwisgo'r clos; *N.W: occ:* hi sy'n gwisgo'r bais a'r clos; *F:* **to be caught with one's trousers down,** cael eich dal ar y gamfa, cael eich dal yn troi clos, *V:* cael eich dal yn din-noeth. **~-clip** *n.* clip(-iau) *(m)* trywsus/trwser. **~ pocket** *n.* poced *(f)* drywsus/drwser (pocedi trywsus/trwser). **~-press** *n.* gwasg *(f)* drywsus/drwser (gweisg trywsus/trwser). **~-suit** *n. Cost:* siwt *(f)* drywsus/drwser (siwtiau trywsus/trwser).
trousered *a.* trywsusog, trwserog, â thrywsus/thrwser [amdanoch], mewn trywsus/trwser, yn gwisgo trywsus/trwser.
trouserless *a.* didrywsus, heb drywsus, didrwser, heb drwser.
trousseau *n. (chest):* cist *(f)* briodi (cistiau priodi); *Cost:* dillad *(pl)* priodi; *(linen):* llieiniau *(pl)* priodi, trwso(-s) *m*; **to add sth to one's ~,** rhoi rhth yn eich cist briodi.
trout[1] *n.inv. Ich: (Salmo trutta):* **brown/grey/river ~,** brithyll (-od,-iaid) *m*, *N.W:* pysgodyn (pysgod) *(m)* yr afon; **bastard ~,** *(Cynoscian nothus):* coegfrithyll(-od,-iaid) *m*; **brook ~,** *(Salvelinus fontinalis):* torgoch(-iaid) *(m)* y nant; **cutthroat ~,** *(S. clarkii):* brithyll gyddfgoch; **golden ~,** *(S. aqua bonita):* brithyll euraid; **lake ~,** *(S. ferox):* brithyll y llyn; **rainbow ~,** *(S. irideus):* brithyll seithliw; **red-bellied ~,** *(S. salvelinus):* torgoch(-iaid) *m*; **rock ~,** *(Chirus constellatus):* brithyll y cerrig; **slob ~,** brithyll yr aber; **spotted ~,** *(Cynoscion nebulosus):* brithyll brych; **Welsh black-finned ~,** brithyll du; *S.a.* **salmon-trout, sea-trout. 2.** *Pej: (= old woman):* **old ~,** *N.W:* hen iâr (~ ieir) *f*, hen het(-iau) *f*, hen gogail (~ gogeiliau) *f*, hen greadures(-au) *f*, hen lyffantes *f*, hen garmones *f*, hen gyrbiben *f*. **~-coloured** *a.* brith (*f.* braith, *pl.* brithion). **~-fly** *n.* **1.** *Ent:* pryf(-ed) *(m)* brithyll. **2.** *Fish:* pluen (plu) *(f)* brithyll. **~ lily** *n. Bot:* = **violet (dog's tooth). ~-like** *a.* fel brithyll, brithyllaidd. **~-perch** *n. Ich: (Percopsis guttatus):* draenog brith (draenogiaid brithion) *m*.
trout[2] *v.i. Fish:* brithylla, pysgota am frithyll.
troutlet, troutling *n.* brithyll bach (brithyllod bychain), brithyllyn *m*.
trouty *a.* brithyllog, llawn brithyll.
trouvaille *n. Fr:* caffaeliad(-au) *m*, darganfyddiad(-au) *m*.
trouvé *a.* hapgael; ***objet ~,*** gwrthrych(-au) hapgael *m*.
trouvère *n. Fr.Lit:* trwfêr (trwferiaid) *m*.
trove *a.* **treasure ~,** trysor cudd/cuddiedig *m*; *Jur:* trysor darganfyddedig.
trover *n. Jur:* trofer *m*.
trow[1] *n. Nau:* **Severn ~,** cwch (cychod) *(m)* Hafren, bad(-au) *(m)* Hafren.
trow[2] *v.t. A:* tybio, tybied, meddwl, credu; *(added to question):* ys gwn i, tybed; *(before or after question):* **what ails him, I ~?** beth sy'n ei boeni, tybed? ys gwn i beth sy'n ei boeni?
trowel[1] *n. Const: Hort:* trywel(-i) *mf*, *Lit: occ:* llwyarn(-au, llwyerni) *f*, *S.W:* llwy *(f)* forter (llwyau morter); *S.a.* **lay on 2.**
trowel[2] *v.r.* rhoi/gosod (rhth) â thrywel, trywelu, llwyarnu.
trowelful *n.* trywelaid (tryweleidiau) *mf*, llond *(m)* trywel(-i), llond llwy forter (~ llwyau morter).
troweller *n.* trywelwr (trywelwyr) *m*.
troy[1] *a.* **~ [weight],** pwysau aur; *S.a.* **ounce**[1] **1.**
Troy[2] *Pl.n.* **1.** *A: Geog: (= town):* Caerdroea *f*, Troea *f*, *occ:* Tro *f*; **2.** *W.Pl.n.* Troddi *f*.
truancy *n. Sch: &c:* triwanta *vn*, triwantiaeth *m*, chwarae *(vn)* triwant, *S: F:* mitsio *vn*, *N.E:* chwarae triwels.
truant[1] *n. & attrib.* **1.** *n. Sch: &c:* triwant(-iaid) *m*, plentyn (plant) *(m)* sy'n colli'r ysgol, chwaraewr (chwaraewyr) *(m)* triwant, *S:* mitsiwr(-s) *m*; **to play ~,** colli'r ysgol, chwarae triwant, *S:* mitsio, *N.E:* chwarae triwels. **2.** *attrib.* absennol, crwydrol, cyfeiliorn, ofer, di-ddal; *F:* **~ thoughts,** meddyliau crwydrol. **~ officer** *n. U.S: Sch: Adm:* swyddog(-ion) *(m)* triwantiaeth, *F:* plisman/plismon (plismyn) *(m)* plant, *N: F:* dyn(-ion) *(m)* hel plant i'r ysgol. **~-school** *n. Hist:* ysgol(-ion) *(f)* plant drwg.
truant[2] *v.i.* chwarae triwant, *S:* mitsio, *N.E:* chwarae triwels.
truantry *n.* = **truancy.**
truce *n.* cadoediad(-au) *m*; *Hist:* **the T~ of God,** Cadoediad Duw; *F:* **a ~ to jesting!** gad(-wch) inni roi'r gorau i gellwair! digon o gellwair! dim mwy o gellwair! *S.a.* **flag**[4] **1. ~-bearer** *n. Mil:* cymodwr (cymodwyr) *m*. **~-breaker** *n.* **1.** torrwr (torwyr) *(m)* cadoediad. **2.** *B:* torrwr cyfamod.
truceless *a.* digymrodedd, di-baid.
trucial *a. Pol:* cadoediadol; **the T~ States,** Gwladwriaethau'r Cadoediad.
truck[1] *n.* **1.** *(= exchange):* cyfnewidiad(-au) *m*, cyfnewid *vn*, *N.W:* ffeirio *vn*, *S:* trwco *vn*, trwcad *m*. **2.** *Hist:* **the T~ Act,** y Ddeddf er Gwahardd Trwco. **3.** *F: O:* **I have no ~ with her,** ni fyddaf yn gwneud dim â hi; ni fyddaf yn ymhel â hi. **4.** = **odds and ends, rubbish, nonsense. 5.** *U.S: (= vegetable produce):* llysiau *pl*. **~ farm** *n. U.S:* fferm *(f)* farchnad (ffermydd marchnad), fferm fasnach (ffermydd masnach). **~ farmer** *n. U.S:* masnach-ffermwr (~-ffermwyr) *m*, masnach-arddwr (~-arddwyr) *m*. **~ farming** *vn. U.S:* masnach-ffermio. **~-gardener** *n. U.S:* = **truck-farmer. ~ shop** *n. Ind: Hist:* siop *(f)* y gwaith (siopau gwaith), *S:* siop drwco (siopau trwco). **~ system** *n.* cyfundrefn *(f)* ffeirio/drwco.
truck[2] *v.i.&t.* **1.** *v.i. (a) (= barter):* cyfnewid, *S:* trwco, *N:* ffeirio; *(b) (= deal):* delio, masnachu. **2.** *v.t.* cyfnewid, *S:* trwco, *N:* ffeirio **(sth for sth,** rhth am rth).
truck[3] *n.* **1.** *(a) Rail: &c:* trŷc (tryciau) *m*, wagen(-ni) *f*; *Th:* **boat ~,** trŷc llwyfan; **fork-lift ~,** wagen fforch godi; **gyro-drive ~,** tryc geiro/gyro; **tug-along ~,** wagen lusgo (wagenni llusgo), wagen i'w thynnu/llusgo (wagenni i'w tynnu/llusgo), trŷc i'w dynnu/lusgo (tryciau i'w tynnu/llusgo), wagen/trŷc ar linyn; *(b) Min:* wagen, *N.W:* twb (tybiau) *m*, *S:* dram(-iau) *f*; *(c) U.S:* **= lorry;** *U.S:* **wrecking ~,** lorri *(f)* ddamweiniau (lorïau damweiniau); *S.a.* **cattle-truck. ~ bolster** *n.* gobennydd *(m)* wagen (gobenyddiau wagenni). **~-driver** *n. U.S:* **= lorry-driver.**
truck[4] *v.i. U.S:* gyrru lorri.
truck[5] *n. N.Arch:* cap *(m)* polyn (capiau polion).
truckage *n.* **1.** *(= conveyance fee):* tâl *(m)* cludiant. **2.** *(= haulage):* cludiant *m*, cludiad(-au) *m*.

trucker *n.* **1.** *(= exchanger):* cyfnewidiwr (cyfnewidwyr) *m, N.W:* ffeiriwr (ffeirwyr) *m, S:* trwcwr(-s, trwcwyr) *m.* **2.** *U.S:* = **market-gardener. 3.** *U.S:* = **lorry-driver.**
truckful *n.* **1.** wagenaid (wageneidiau) *f*, llond (*m*) wagen/trỳc (~ wagenni/tryciau), trycaid (tryceidiau) *m*, llwyth (*m*) wagen/ trỳc (llwythi wagenni/tryciau). **2.** *U.S:* llond (*m*) lorri (~ lorïau), llwyth (*m*) lorri (llwythi lorïau), lorïaid (lorieidiau) *f.*
trucking *vn.* = **truck²,⁴.**
truckle¹ *v.i.* **to ~ (to s.o.),** plygu, ymostwng, ymgreinio (i rn); amenio (rhn).
truckle² *n.* *(= caster):* olwyn(-ion) *f.* **~-bed** *n. Furn:* gwely(-au) treigl *m*, gwely trol, gwely trolbad/trolbat.
truckler *n.* = **groveller.**
truckline *n. U.S:* cwmni (cwmnïau) (*m*) lorïau.
truckload *n.* = **truckful.**
truckman *n.m. U.S:* **1.** = **trucker. 2.** *(in fire brigade):* trycmon (trycmyn).
truculence, truculency *n.* ffyrnigrwydd *m*, mileindra *m*, sarugrwydd *m*, ymosodoldeb *m*, ffromder *m*, ymladdgarwch *m.*
truculent *a.* ffyrnig, milain, mileinig, sarrug, ymosodol, ffromllyd, ffrom, ymladdgar.
truculently *adv.* yn ffyrnig *&c.*
trudge¹ *n.* **a long ~,** taith lafurus *f*, lladdfa (*f*) o daith, *N.W: occ:* hen helcyd *m*; **at a steady ~,** gan droedio'n llafurus, ar gamre llafurus, yn droetrwm; **we can do it at a steady ~,** fe'i gwnawn ni hi wrth ei chymryd hi'n ara deg.
trudge² *v.t.&i.* **1.** *v.i.* troedio, ymlwybro, *N.W: occ:* trajan. **2.** *v.t.* troedio, cerdded.
trudgen *n. Swim:* **~ [stroke],** nofio (*vn*) siswrn.
trudger *n.* troediwr (troedwyr) *m*, ymlwybrwr (ymlwybrwyr) *m.*
true¹ *a., adv. & n.* I. *a.* **1.** *(= not false):* gwir, cywir; **if it be ~ that...,** os yw'n wir/gywir bod...; **is that ~ or false?** a yw hynny'n gywir ynteu'n anghywir? ai gwir ynteu anwir yw hynny? ai gwir ai gau yw hynny? (*not:* a yw'n wir neu'n anwir?) *Com:* **~ and fair view,** barn wir a theg *f*; **~ adventures,** anturiaethau gwir, anturiaethau go iawn; **strange but ~,** rhyfeddol ond gwir; **it's only too ~,** mae'n ddigon gwir; *S:* mae'n wir 'i wala; **as ~ as the Gospel,** cyn wired â'r Efengyl/ pader; **it is ~ that...,** mae'n wir bod...; **so ~ is it that...,** mor wir/gywir yw hi fel bod...; **~!** gwir! digon gwir! *(of wish &c):* **to come ~,** dod yn wir; **it's too good to be ~!** mae'n rhy dda i fod yn wir! **the same holds ~ in respect of...,** mae hynny'n wir hefyd am...; **~ to form/type,** yn ôl eich arfer, yn ôl y disgwyl; **~ to time,** prydlon, cywir; *S.a.* **bill⁴ 6, life** 1. **2.** *(= genuine):* gwir, cywir; *Anat:* **~ rib,** hirasen (hirais) *f*, asen hir (asennau hirion) *f*; **to form a ~ estimate of the situation,** mesur y sefyllfa i'r dim, dehongli'r sefyllfa'n gywir/iawn, iawn ddehongli'r sefyllfa; **his ~ nature,** ei wir gymeriad; **if not in ~ need do not buy,** na phryn oni bydd gwir angen. **3.** *Mec.E: &c: (a) (= accurate):* cywir, gwir; *Nau:* **~ longitude,** hydred cywir *m*; **~ north,** gogledd cywir *m*; **~ length,** hyd cywir *m*, gwir hyd; **~ shape,** gwir ffurf *f*; **~ time,** amser cywir *m*, *F:* amser go iawn; *(b) (= even, level):* gwastad, unionsyth, union; **to make a piece ~,** unioni darn, *F:* triwio darn; **the table isn't ~,** nid yw'r bwrdd yn wastad. **4.** *(= loyal):* ffyddlon, cywir, cywirgalon, *F:* triw (**to s.o.,** i rn); **a ~ friend,** gwir gyfaill, cyfaill cywir, *F:* cyfaill triw; *Lit:* **to thine own self be ~,** bydd driw i ti dy hun; **to be ~ to oneself,** bod yn chi'ch hun, bod yn driw/ffyddlon i chi'ch hun; **to be ~ to a promise,** cadw addewid, *Lit:* cywiro addewid; **he's a ~ blue,** mae'n Dori i'r carn; mae'n Dori rhonc; *Jur:* **a jury of twelve good men and ~,** rheithgor o ddeuddeg gŵr da a chywir; **~ to life,** gwirioneddol, tebyg i fywyd, realistig, tebyg i'r gwir. **5.** *(voice, instrument):* cywir. **6.** *Biol:* **~ to type,** o'r iawn ryw, o wir deip. II. *adv.* **1.** yn wir; **tell me ~,** dywedwch yn wir wrthyf. **2.** *(a)* **to sing ~,** canu'n gywir, canu mewn tiwn; **to aim ~,** anelu'n gywir; *(of story):* **to ring ~,** swnio'n wir; *(of wheel):* **to run ~,** rhedeg yn gywir; **the wheel is not running ~,** mae'r olwyn yn taflu; mae'r olwyn allan ohoni; mae'r olwyn yn gam; *(b)* **to breed ~,** bridio'n gywir. III. *n. a.phr. & adv.phr.* **out of ~,** cam (ceimion); *(cylinder &c):* heb fod yn grwn; *(wheel):* cam, allan ohoni, yn taflu; **to run out of ~,** taflu, rhedeg yn gam, bod yn gam, bod allan ohoni. **~-blue 1.** *a.* rhonc, i'r carn. **2.** *n.* Tori (Torïaid) rhonc *m*, Tori i'r carn, Tori o'r iawn ryw, Tori go iawn. **~-born** *a.* **a ~-born Englishman,** Sais o waed coch cyfan, Sais go iawn, Sais o'i eni, Sais o'r iawn ryw. **~-bred** *a.* o frid, o waed coch cyfan, o dras iawnwaed, p|edigri. **~-breed** *n.* *(animal):* anifail (anifeiliaid) iawnryw *m.* **~-false test** *n. Sch: Psy:* prawf (profion) (*m*) gwir ai gau/anwir. **~-hearted** *a.* calon-gywir, cywirgalon, cywir eich calon, diffuant, didwyll. **~-heartedness** *n.* ffyddlondeb *m*, didwylledd *m*, diffuantrwydd *m*, cywirdeb (*m*) calon. **~-life** *a.* *U.S:* cywir, realistig, geirwir, ffyddlon i'r gwirionedd, go iawn. **~-love** *n.* **1.** cariad(-on) cywir *m*, gwir gariad(-on) *m&f.* **2.** *Bot:* llysiau (*pl*) Paris, cwlwm (*m*) cariad. **~-love[r's] knot** *n.* cwlwm cariad cywir, cwlwm caredig.
true² *v.t.* **to ~ sth [up],** unioni, triwio, lefelu (rhth).
trueness *n.* **1.** *(= truth):* gwirionedd *m.* **2.** *(= accuracy, loyalty):* cywirdeb *m*; *Biol:* **~ to type,** gwirdeiprwydd *m.*
truepenny *n. A: Lit:* **art thou there, ~?** wyt ti yna, 'ngwas i? a wyt ti fan yna, gywir un?
truffle *n.* **1.** *Fung:* **[summer] ~,** cloronen (cloron) (*f*) y moch, cyloryn (clôr) (*m*) y moch, ffwng (ffyngoedd) (*m*) y moch, cyloren (clôr) (*f*) y moch; **French/Périgord ~,** cloronen Ffrengig; **to hunt for truffles, to dig up truffles,** clora, cylori. **2.** *Cu:* **chocolate ~,** pelen (*f*) jocled (peli tsiocled). **~-dog, ~-hound** *n.* ci (cŵn) (*m*) clora. **~-hunter** *n.* clorwr (clorwyr) *m*, cylorwr (cylorwyr) *m.* **~-pig** *n.* mochyn (moch) (*m*) clora.
trug *n. Hort:* cawell (cewyll) *m*, cafn(-au) *m.*
truism *n.* gwireb(-au,-ion) *f.*
truistic[al] *a.* gwirebol.
truly *adv.* **1.** *(a) (= genuinely, sincerely):* yn wir, yn gywir; **to love s.o. ~,** gwir garu rhn, caru rhn yn gywir; *(qualifying a.):* gwir, gwirioneddol; **a ~ difficult situation,** sefyllfa wirioneddol anodd; **I am ~ grateful,** 'rwy'n wir ddiolchgar; **I ~ believe that...,** 'rwy'n credu'n wir fod...; 'rwy'n credu o ddifrif fod...; 'rwy'n gwir/gwirioneddol gredu fod...; *(b) Corr:* **[I am] yours [very] ~,** yr eiddoch yn gywir [iawn]; *F:* **(no one knows it better) than yours ~,** (nid oes neb a'i gŵyr yn well) na mi, na mi fy hun, na'ch ufudd was. **2.** *(= really):* mewn gwirionedd, yn wir, o ddifrif; *B:* **~, this man was the Son of God,** yn wir, Mab Duw oedd y dyn hwn; **~ (it would be difficult for me to say...),** a dweud y gwir, heb air o gelwydd, mewn difrif, mewn gwirionedd (fe fyddai'n anodd i mi ddweud...); *F:* **[really and] ~?** o ddifrif? ar dy wir (ar eich gwir)? go iawn? heb air o gelwydd? go wir? wir, nawr? *N: F:* wir-yr? **3.** *(= accurately, faithfully):* yn ffyddlon, yn gywir *&c.* **4.** *(= rightly):* **it may ~ be called tragic,** gellir yn wir/gywir ei alw'n drychineb.
trumeau *n. Arch:* piler(-i) *m.*
trump¹ *n. A: & Lit:* utgorn (utgyrn) *m*; **the last ~, the ~ of doom,** yr utgorn olaf; **at the last ~,** wrth yr utgorn olaf.
trump² *n.* **1.** *Cards:* **~ [card],** trwmp: trỳmp (trympiau) *m*, cerdyn (cardiau) (*m*) trwmp, carden gref (cardiau cryfion) *f*, *A:* y fuddug/fuddig *f*; **to play trumps,** chwarae trympiau; **spades are trumps,** rhawiau yw'r cardiau cryfaf; rhawiau sydd gryfaf; rhawiau sydd i arwain; **to call "no trumps",** galw "dim trympiau"; **master ~,** prif drwmp; *Fig:* **to play one's ~ card,** chwarae'ch cerdyn cryfaf; *F:* **he always turns up trumps,** *(i) (= always lucky):* mae'n ddi-ffael o lwcus; *(ii) (= dependable):* gellwch ddibynnu arno; mae'n ddi-ffael; mae'n drwmp; *(iii) (= better than expected):* mae'n wastad yn well na'r disgwyl; **despite our fears, he turned up trumps,** er gwaethaf ein hofnau, fe'n siomodd o'r ochr orau; *Fig:* **to put s.o. to his trumps,** gyrru rhn i'w noddfa olaf, gyrru rhn i gyfyng-gyngor/gaethgyfle. **2.** *F: (pers.):* dyn(-ion) triw *m*, merch driw (merched triw) *f*, *N:* hen foi(-s) iawn *m*, hen siort/siortyn iawn *m*, trỳmp(-s) *m*, *S:* hen fachan ffein *m*, trwmp(-s) *m*; **she's a ~,** mae'n hen drỳmp, mae hi'n hen fenyw/hogen iawn.
trump³ *v.t.* **1.** *Cards:* trympio. **2. to ~ up an excuse,** hel/gwn|eud/ ffugio/dyfeisio esgus; **to ~ up a charge,** dyfeisio/ffugio cyhuddiad.
trumped *a.* **~-up** *a.* ffug, gwn|eud, celwyddog; **~-up charge,** cyhuddiad(-au) ffug/celwyddog *m*, ffug-gyhuddiad(-au) *m.*
trumpery *n. & attrib.* **1.** *n.* = **frippery, nonsense. 2.** *attrib.* coegwych, diwerth, gwacsaw, ceiniog a dimai, pitw.
trumpet¹ *n.* **1.** *Mus:* *(a)* trymped(-i) *m*, trwmped(-au) *m*, corn (cyrn) (*m*) pres, utgorn (utgyrn) *m*; **bass ~,** utgorn/trymped bas; **keyed ~,** utgorn/trymped cygnog/bysellog; **marine ~,** feiol(-au) undant *f*; **natural ~,** utgorn/trymped naturiol; **slide ~,** utgorn/trymped llithr; **valve ~,** utgorn/trymped falf; *Jew.Rel:* **the Feast of Trumpets,** Gwledd (*f*) yr Utgyrn; **flourish of**

trumpets, utganiad(-au) *m*, caniad(-au) (*m*) utgyrn; *F:* **to publish sth with a flourish of trumpets,** datgan rhth ar gyrn a phibau; *F:* **to blow one's own ~,** canu'ch telyn fach eich hun, chwythu'ch corn eich hun, eich canmol eich hunan; *(b)* = **trumpeter. 2.** *(a)* **[ear-]~,** corn clust (cyrn clustiau), corn clywed; *S.a.* **speaking-trumpet**; *(b) O: (of gramophone &c):* corn; *(c) (of elephant, swan):* utganiad; *(d) Moll:* **sea-~,** triton(-iaid) *m*. **~-call** *n.* **1.** utganiad. **2.** *Fig:* **a ~-call to action,** galwad (*f*) i'r gad. **~-conch** *n. Moll:* triton. **~-creeper** *n. Bot: (Campsis radicans):* gwinwydden (gwinwydd) chwibolog *f*. **~-fish** *n. Ich: (Centriscus):* giach(-od) (*m*) môr. **~-flower** *n. Bot: (Campsis):* blodyn (blodau) chwibolog *m*. **~-honeysuckle** *n. Bot: (Lonicera sempervirens):* gwyddfid chwibolog *f*. **~-leaf** *n. Bot: (Sarracenia feava):* deilen (dail) chwibolog *f*. **~-like** *a.* fel trymped, fel utgorn, utgornaidd, chwibolog. **~-major** *n. Mil:* prif drympedwr (~ drympedwyr) *m*, prif utganwr (~ utganwyr) *m*. **~ player** *n.* chwaraewr (chwaraewyr) (*m*) utgorn/trymped, chwar|aewraig (*f*) utgorn/trymped, trympedwr (trympedwyr) *m*, trymp|edwraig *f*, utganwr (utganwyr) *m*, utg|anwraig *f*. **~-shell** *n. Moll:* = **sea-trumpet. ~-snail** *n. Z:* malwoden (*f*) gorn (malwod corn). **~-tree** *n. Bot: (Cecropia peltata):* utgornwydden (utgornwydd) *f*. **~-vine** *n. Bot:* = **trumpet-creeper**.

trumpet² *v.i.&t.* **1.** *v.i.* *(a)* chwythu utgorn/trymped, canu utgorn/trymped, utganu, trympedu; *(b) (of elephant):* rhuo, utganu; *(of swan):* utganu. **2.** *v.t. F:* cyhoeddi/datgan (rhth) [ag utgorn]; **to ~ good news forth/abroad,** cyhoeddi/datgan newyddion da ar gyrn a phibau.

trumpeter *n. Mil: Orn: Ich:* trympedwr (trympedwyr) *m*, *Lit:* utganwr (utganwyr) *m*; *(pigeon):* colomen facsiog (colomennod bacsiog) *f*. **~ finch** *n. Orn:* cornor(-ion) (*m*) y graig. **~ swan** *n. Orn:* alarch (elyrch) utganol/pigddu *m*.

trumpeting¹ *a. (elephant, swan):* utganol.

trumpeting² *vn.* = **trumpet²**.

trumpetless *a.* heb utgorn/drymped.

trumpetweed *n. Bot:* = **joe-pyeweed.**

truncal *a.* boncyffiol.

truncate¹ *a.* = **truncated.**

truncate² *v.t.* **1.** *(tree &c):* tocio, brigdorri, blaendorri, difrigo; torri brig/blaen (rhth) *&c*; *(cone):* trychu. **2.** *Fig: (speech &c):* cwtogi, byrh|au, talfyrru, tocio.

truncated *a.* **1.** *(leaf, cone &c):* cwta (*f.* cota, *pl.occ:* cwteuon), cwtog, blaendoredig, brigdoredig, trychedig; *Geom:* **~ cone,** côn (conau) trychedig *m*, côn cwta, bonyn (*m*) côn (bonion conau). **2.** *Fig: (speech &c):* cwta, byrrach, talfyredig, a gwtogwyd, wedi ei thocio. **3.** *Geog:* **~ soil,** pridd(-oedd) uwchdor *m*; **~ spur,** [y]sbardun(-au) blaendor/trwyndwn *m*.

truncately *adv.* yn gwta *&c*.

truncation *n.* **1.** cwtogiad(-au) *m*, byrhad(-au) *m*, trychiad(-au) *m*. **2.** *Fig: (of speech &c):* talfyriad(-au) *m*, cwtogiad, byrhad; *S.a.* **truncate¹**.

truncature *n. Z:* cwteurwydd *m*, blaendoriad(-au) *m*, brigdoriad(-au) *m*.

truncheon¹ *n.* **1.** *(of policeman):* pastwn (pastynau) *m*. **2.** *Her:* ffon (ffyn) *f*.

truncheon² *v.t.* pastynu.

trundle¹ *n.* **1.** *Furn:* olwyn fechan (olwynion bychain) *f*. **2.** *(= stave):* cingl(-au) *f*, cengl(-au) *f*, bar(-rau) *m*, ffon (ffyn) *f*. **~-bed** *n. Furn:* = **truckle-bed.**

trundle² *v.t.&i.* **1.** *v.t.* *(a) (hoop &c):* powlio, gyrru, rowlio, rholio, treiglo; *Cr: F:* bowlio; *(b) (wheelbarrow &c):* gwthio, powlio, hwylio, rowlio, *N: occ:* trolio. **2.** *v.i.* powlio, rowlio, *N: occ:* trolio.

trundler *n.* powliwr (powlwyr) *m*, troliwr (trolwyr) *m*, rholiwr (rholwyr) *m*, treiglwr (treiglwyr) *m*, hwyliwr (hwylwyr) *m*, rowliwr (rowlwyr) *m*; *Cr: F:* bowliwr (bowlwyr) *m*.

trunk *n.* **1.** *(a) (of tree):* boncyff(-ion) *m*, *S: occ:* colfen(-nau,-ni) *f*. *(b) (of body):* trwnc (tryncIau) *m*, bongorff (bongyrff) *m* (*pronounced* ng-g), corff (cyrff) *m* [heb ben a heb aelodau]; *(c) Rail:* prif linell(-au) *f*, prif lein(-iau) *f*, lein fawr (leiniau mawrion) *f*; *Tp:* **~ connections,** cysylltiadau rhyngdrefol, prif gysylltiadau; *(d) Arch:* paladr (pelydr) *m*, boncyff. **2.** *(a) (= chest, box):* cist(-iau) *f*, coffr(-au) *m*, coffor (coffrau) *m*; **wardrobe ~,** cist ddillad (cistiau dillad); *S.a.* **cabin-trunk**; *(b) Aut: U.S:* = **boot¹ 2. 3.** *(of elephant):* trwnc (tryncIau) *m*, *F:* trwyn(-au) *m*; *Ich:* **elephant ~,** = **trunkfish 1.** *Bot:* **elephant ~ plant,** planhigyn (planhigion) uncorn *m*. **4.** *pl. Cost:* *(a) (= underpants) N:* trôns (tronsiau) *m*, clos (closau) bach *m*, *S:* drafers(-i) *m*, trafers(-i) *m*, drofers(-i) *m*; *(b) Swim:* trywsus(-au) (*m*) nofio, *S:* trwser(-i) (*m*) noefad/oefad; *(c) Box:* trywsus bocsio/paffio, trwser bocsio/paffio; *(d)* = **trunk hose. ~-cabin** *n. N.Arch:* caban hir (cabanau hirion) *m*. **~ call** *n. Tp:* galwad bell (galwadau pell) *f*, galwad o bell. **~-curl** *n. Gym:* eistedd (*vn*) i fyny. **~ dialling** *vn. Tp:* deialu galwadau pell. **~-drawers** *n.pl.* = **trunks** *above*. **~ hose** *n. A: Cost:* llawdr (llodrau) (*m*) hosan, clos (closau) (*m*) hosanau. **~-line** *n. Rail: Tp:* prif lein/linell, *F:* lein fawr. **~-maker** *n.* cist[i]wr (cistwyr) *m*, coffrwr (coffrwyr) *m*, gwneuthurwr (gwneuthurwyr) (*m*) cistiau/coffrau. **~-nail** *n. Carp:* hoelen (*f*) bres (hoelion pres). **~-piston** *n. Mch:* piston(-au) llaes *m*. **~-road** *n.* priffordd (priffyrdd) *f*, cefnffordd (cefnffyrdd) *f*. **~-stream** *n.* prif ffrwd (~ ffrydiau) *f*.

trunkfish *n. Ich:* **1.** *(Gnathonemus):* mormyrid(-au) trwynog *m*. **2.** *(Ostracion):* cloerbysgodyn (cloerbysgod) *m*.

trunkful *n.* cist[i]aid (cisteidiau) *f*, coffraid (coffreidiau) *m*, llond (*m*) cist(-iau), llond (*m*) coff[o]r (~ coffrau).

trunking *n.* **1.** *(= conduits):* cwndidau *pl*. **2.** *Tp:* prif linellau *pl*, prif rwydwaith *m*.

trunnel *n.* = **treenail.**

trunnion *n. Artil: Mch:* pegwn (pegynau) *m*, trynion(-au) *m*; *S.a.* **axe¹**.

trunnioned *a.* pegynog, â thrynion[-au].

truss¹ *n.* **1.** *(of hay &c):* bwndel(-i) *m*, swp (sypiau) *m*, sypyn(-nau) *m*, potel(-i) *f*, bwrn (byrnau) *m*, sopen(-ni) *f*. **2.** *(a) Const: (i) (of brace, girder &c):* craffrwym(-au) *m*, cramp(-iau) *m*, ategrwym(-au) *m*; *(ii) (of roof, bridge):* cyplau *pl*, ategion *pl*, cyplysau *pl*, ategrwymau *pl*, craffrwymau *pl*; *(iii) (of arch):* = **soffit**; *(iv) (= girder):* trawst(-iau) *m*, cwpl (cyplau) *m*, cwplws (cyplysau) *m*; **cruck ~,** cwpl bongam (*pronounced* ng-g); **kingpost ~,** brenhinbost (brenhinbyst) *m*; **queenpost ~,** banonbost (banonbyst) *m*; *(v)* = **corbel¹**. **3.** *Nau:* cylchyn(-au) *m*, cylchrwy(-au) *m*, gwregys(-au) *m*, gwasgrwym(-au) *m*. **4.** *Med:* gwasgrwym, torgengl(-au) *f*. **5.** *(of flowers, fruit):* clwstwr (clystyrau) *m*. **6.** *Cu:* trysiad(-au) *m*. **~-bridge** *n. Civ.E:* pont gyplog (pontydd cyplog) *f*. **~-frame** *n. N.Arch:* ffrâm (*f*) gyplau (fframiau cyplau). **~-girder** *n.* rhwymdrawst(-iau) *m*.

truss² *v.t.* **1.** *(hay):* bwndelu, sypynnu; rhwymo/clymu (gwair) yn fwndeli *&c*. **2.** *Const: (a beam):* ategrwymo, craffrwymo. **3.** *Cu:* gwäellu, clymu, rhwymo; *F:* **to ~ s.o. up like a fowl,** clymu/rhwymo rhn draed a dwylo.

trussed *a.* **1.** *Const: (roof):* cypledig, cyplog, cyplysog. **2.** *Cu:* clymedig, rhwymedig.

trusser *n.* **1.** *(= tier):* clymwr (clymwyr) *m*, rhwymwr (rhwymwyr) *m*. **2.** *Husb: (of hay):* bwndelwr (bwndelwyr) *m*, sypynnwr (sypynwyr) *m*.

trussing *vn. Civ.E:* ategrwymau *pl*, cyplau *pl*, cyplysau *pl*; *S.a.* **truss¹,²**.

trust¹ *n.* **1.** hyder *m*, ymddiriedaeth *f*, ffydd *f* (**in sth,** yn rhth); coel *f* (ar rth); **to put one's ~ in s.o.,** ymddiried yn rhn; **to take sth on ~,** derbyn rhth heb ei amau, cymryd/derbyn rhth ar goel; **I took her on ~,** fe'i cymerais i hi ar ei gair; fe'i credais i hi; *B:* **put not your ~ in princes,** na hyderwch ar dywysogion. **2.** *(= hope):* gobaith *m*, hyder; **it is my firm ~ that...,** hyderaf fod/mai...; mae gobaith sicr gennyf mai/bod...; **he is our sole ~,** ynddo ef yn unig yr ymddiriedwn; ef yw ein hunig obaith. **3.** *Com:* **(to sell goods) on ~,** (gwerthu nwyddau) ar goel, *N. W: F:* ar lab. **4.** *(a) (= responsibility):* cyfrifoldeb *m*; **position of ~,** swydd gyfrifol *f*; **to desert one's ~,** cefnu ar eich cyfrifoldeb; *(b) (= care):* gofal *m*, cadwraeth *f*; **to commit sth to the ~ of s.o.,** rhoi rhth yng ngofal rhn, ymddiried rhth i ddwylo/ofal rhn; **a sacred ~,** adnau (adneuon) cysegredig; *S.a.* **breach¹ 1. 5.** *(a) Jur:* ymddiriedolaeth(-au) *f*; **to hold sth in ~,** dal rhth mewn ymddiriedolaeth; **on ~,** ar ymddiriedolaeth; **on the statutory trusts,** ar yr ymddiriedolaethau statudol; **imperfect ~,** ymddiriedolaeth amherffeithiedig; **perfect ~,** ymddiriedolaeth berffeithiedig; **~ for sale,** ymddiriedolaeth i werthu; *(b)* **the National T~,** yr Ymddiriedolaeth Genedlaethol. **6.** *(a) Ind: &c:* cartel (cartelau) *m*, s|yndicet (syndicetiau) *m*, trŷst (trystiau) *m*; *St.Exch:* **investment ~,** ymddiriedolaeth fuddsoddi (ymddiriedolaethau buddsoddi); **unit ~,** cwmni (cwmnïau) (*m*) buddsoddi; *(b)* **brains ~,** seiat (seiadau) (*f*) holi. ~ **accounts** *n.pl.* cyfrifon ymddiriedolaeth. ~ **company** *n.* cwmni ymddiriedolaeth. ~ **corporation** *n.* trŷst-gorfforaeth(-au) *f.* ~**-deed** *n. Jur:* gweithred(-oedd) (*f*) ymddiriedolaeth, dogfen(-nau) (*f*) ymddiriedolaeth. ~ **fund** *n.* cronfa (cronf|eydd) (*f*) ymddiriedolaeth. ~ **house** *n.* tŷ (tai) (*m*) ymddiriedolaeth. ~ **instrument** *n. Jur:* offeryn(-nau) (*m*) ymddiriedolaeth. ~ **territory** *n. Pol:* tiriogaeth(-au) ymddiriedol *f.*

trust² *v.t.&i.* **1.** *v.t.* *(a)* ymddiried, bod â ffydd, *occ:* hyderu (yn rhn); *F:* trystio (rhn); **he is not to be trusted,** ni ddylid ymddiried ynddo; nid oes dim dal arno; ni ellir ei gredu; ni ellir dibynnu arno; *N: F:* dydi o ddim yn drŷst; **I want s.o. I can ~,** mae arnaf angen rhn y gallaf ymddiried ynddo; **if we may ~ his word,** os gallwn gredu ei air, os gallwn goelio'i air, os gellir dibynnu ar ei air, os gellir ymddiried yn ei air; **I can scarcely ~ my own eyes/ears,** prin y gallaf gredu'r hyn a welaf/glywaf; prin y gallaf goelio fy llygaid/nghlustiau; **to ~ s.o. with a task,** ymddiried tasg i rn; **to ~ s.o. with sth,** ymddiried rhth i rn, ymddiried rhth i ddwylo/ofal rhn; **to ~ s.o. to do sth,** ymddiried yn rhn i wneud rhth, dibynnu ar rn i wneud rhth; *Iron: F:* ~ **him, to say the wrong thing!** fe fyddai e'n dweud y peth anghywir! **I couldn't ~ myself to speak,** ni feiddiwn i ddweud gair; *F:* **she won't ~ him out of her sight,** thyn[n] hi mo'i llygaid oddi arno; mae'n cadw llygad barcud arno; *(b)* **to ~ sth to/with s.o.,** ymddiried rhth i ddwylo/ofal rhn, rhoi rhth yng ngofal rhn; *(c) Com: F:* **to ~ a client,** rhoi credyd/coel i gwsmer; *(d) (= hope):* gobeithio, hyderu; *Corr:* **I ~ to hear from you,** gobeithiaf glywed gennych; **I ~ he is not ill,** gobeithio nad yw'n wael; **we ~ you will agree,** hyderwn y cytunwch. **2.** *v.i.* *(a)* ymddiried, bod â ffydd, *occ:* hyderu (**in sth,** yn rhth, ar rth); *(b) (= place one's hopes):* **to ~ to chance/luck,** ei gadael hi yn nwylo ffawd, dibynnu ar ffawd, ymddiried mewn ffawd; **to ~ in God,** ymddiried yn Nuw, bod â ffydd yn Nuw; **to ~ to the future,** bod yn ffyddiog am y dyfodol, edrych yn ffyddiog i'r dyfodol.

trustability *n.* natur ddibynadwy *f,* dibynadwyaeth *f,* dibynadwyedd *m;* **I'm convinced of his ~,** 'rwy'n sicr y gellir ymddiried ynddo; **I doubt his ~,** 'rwy'n amau a ellir ymddiried ynddo.

trustable *a.* dibynadwy, ymddiriedadwy, y gellir ymddiried ynddo/ynddi/ynddynt.

trustbuster *n. U.S:* trystdorrwr (trystdorwyr) *m.*

trustbusting *vn. U.S:* torri trystiau.

trusted *a.* dibynadwy, sicr, cywir, y gellir ymddiried ynddo/ynddi/ynddynt, y gellir rhoi ffydd ynddo/ynddi/ynddynt, y gellir dibynnu arno/arni/arnynt; **a tried and ~ method,** dull profedig a sicr; **a ~ servant,** gwas ffyddlon.

trustee¹ *n.* **1.** *Jur:* *(a)* *(of estate):* ymddiriedolwr (ymddiriedolwyr) *m,* ymddiried|olwraig *f;* **the Public T~,** yr Ymddiriedolwr Gwladol. **T~ Savings Bank** *n.* Banc (*m*) Cynilion Ymddiriedol.

trustee² *v.t.* ymddiried (rhth i rn).

trusteeship *n.* **1.** ymddiriedolaeth(-au) *f.* **2.** *Pol:* = **trust territory.**

truster *n.* ymddiriedwr (ymddiriedwyr) *m,* ymddiri|edwraig *f.*

trustful *a.* ymddiriedus, ffyddiog.

trustfully *adv.* yn ffyddiog *&c.*

trustfulness *n.* ffyddiogrwydd *m,* natur ffyddiog/ymddiriedus *f,* ymddiriedaeth *f,* ffydd *f,* hyder *m,* ymddiriedusrwydd *m.*

trustification *n.*, **trustify** *v.t. Com: Fin:* trysteiddio.

trustily *adv.* yn ffyddlon, yn gywir.

trustiness *n.* ffyddlondeb *m,* cywirdeb *m,* teyrngarwch *m* (*pronounced* ng-g).

trusting *a.* = **trustful.**

trustingly *adv.* = **trustfully.**

trustingness *n.* = **trustfulness.**

trustless *a.* **1.** = **deceitful. 2.** = **distrustful.**

trustworthily *adv.* **1.** yn ffyddlon *&c.* **2.** yn ddibynadwy *&c.*

trustworthiness *n.* **1.** *(of pers.):* natur ddibynadwy *f,* ffyddlondeb *m,* cywirdeb *m,* didwylledd *m,* dibynadwyaeth *f,* dibynadwyedd *m.* **2.** *(= credibility):* hygrededd *m,* credadwyedd *m.*

trustworthy *a.* **1.** *(pers.):* dibynadwy, cywir, teilwng o ymddiriedaeth, y gellir dibynnu arno/arni/arnynt, y gellir ymddiried ynddo/ynddi/ynddynt, y mae'n wiw dibynnu arno/arni/arnynt. **2.** *(information &c):* credadwy, dibynadwy, y gellir ei gredu/chredu, y gellir dibynnu arno/arni/arnynt; *(testimony):* dibynadwy, cadarn, sicr, diymwad.

trusty *a. & n.* **1.** *a. A:* ffyddlon, cywir, dibynadwy; **my ~ steed,** fy march cywir/ffyddlon; **my ~ sword,** fy nghleddyf cadarn; ~ **and well-beloved,** ffyddlon a thra annwyl. **2.** *n. F:* trysti(-s) *m&f.*

truth *n.* gwir *m,* gwirionedd *m;* **the ~ [of the matter] is, to tell the ~ (I've forgotten it),** y gwir [amdani] yw, y gwirionedd yw, a dweud y gwir ('rwyf wedi ei anghofio); y gwir amdani yw (fy mod i wedi ei anghofio); **the Four Aryan Truths,** Pedwar Gwirionedd yr Arya; **to speak/tell the ~,** dweud y gwir; **to tell you the ~,** a dweud y gwir wrthych (*not* i ddweud y gwir); **if the ~ were but told, ~ to say, ~ to tell,** *A:* **in ~, of a ~,** yn wir, a dweud y gwir, mewn gwirionedd; *Jur:* **the ~, the whole ~, and nothing but the ~,** y gwir, yr holl wir, a dim ond y gwir; **the real/plain/unvarnished/honest/naked ~,** y gwir plaen/moel/syml/moel/[g]onest/golau; **the very ~,** calon (*f*) y gwir; **it's the Gospel ~,** mae cyn wired â'r pader/Efengyl; dyna'r cyfiawn wir; *S.W:* mae mor wir â bod efengyl yn Ffos y Ffin; **half-~,** hanner gwirionedd(-au) *m;* *Prov:* ~ **does not lose its weight,** ni chyll y gwir ei bwysau; *Prov:* **all truths are not to be told,** llawer gwir, gorau ei gelu; **there is some ~ (in that),** mae rhyw wirionedd, mae elfen o wirionedd, mae peth gwirionedd (yn hynny); *Prov:* ~ **will out,** fe ddaw'r gwir i'r golau; taer yw'r gwir am y golau; **tell the ~ and shame the devil,** dywed y gwir nes cocho'r cythraul; **to tell s.o. some home truths,** dweud y caswir (*m*) wrth rn. ~ **drug,** ~ **serum** *n.* cyffur(-iau) (*m*) cyffesu, cyffur dweud y gwir. ~ **set** *n. Mth:* set (*f*) ddatrysiad (setiau datrysiad). ~ **table** *n. Mth:* gwirlen(-ni) *f.* ~**-value** *n. Mth:* gwirwerth(-oedd) *m.*

truthful *a.* **1.** *(pers.):* geirwir, [g]onest. **2.** *(testimony &c):* cywir, geirwir; *(portrait):* cywir.

truthfully *adv.* **1.** yn eirwir *&c.* **2.** yn gywir *&c.*

truthfulness *n.* **1.** *(of pers.):* geirwiredd *m,* geirwirdeb *m,* [g]onestrwydd *m.* **2.** *(of testimony &c):* gwirionedd *m,* cywirdeb *m,* geirwiredd; *(of portrait &c):* cywirdeb *m.*

truthless *n.* anwir, anwireddus, celwyddog, gau.

try¹ *n.* **1.** ymgais (ymgeisiadau) *mf,* ymdrech(-ion) *f,* cais (ceisiadau) *m,* cynnig (cynigion) *m,* tro(-eon) *m;* **to have a ~ at [doing] sth,** rhoi cynnig/tro ar rth *or* ar wneud rhth, gwn|eud ymgais i wneud rhth; **to have another ~,** rhoi ail gynnig, rhoi tro arall arni, *S. W:* cymryd ail-hêt ati; **let's have a ~,** beth amdani? beth am roi cynnig arni? dewch inni roi cynnig arni; **at the first ~,** ar y cynnig cyntaf un. **2.** *Rugby Fb:* cais (ceisiadau) *m;* **to score a ~,** sgorio cais; **converted ~,** trosgais (trosgeisiau) *m;* **to convert a ~,** trosi cais.

try² *v.t.&i.* I. *v.t.* **1.** *(a) (= test):* rhoi (rhth) ar brawf, profi (rhth); **to ~ s.o.'s patience,** trethu amynedd rhn; **to ~ s.o.'s courage,** profi dewrder rhn, rhoi dewrder rhn ar brawf; **he was tried and found wanting,** profwyd ef a'i gael yn brin; *(b) Lit:* **to ~ s.o.,** *(= afflict, subject to suffering):* cystuddio rhn, peri dioddef i rn, peri i rn ddioddef; **a people sorely tried,** cenedl a ddioddefodd lawer, cenedl a gafodd brofedigaethau blin; *(c)* **to ~ one's eyes by reading too much,** blino'ch llygaid wrth ddarllen gormod. **2.** *(= sample):* profi, blasu (rhth); rhoi cynnig (ar rth); **to ~ a dish,** profi/blasu saig; *(new restaurant, pastime &c):* rhoi prawf/tro/cynnig (ar rth); trio (rhth), profi (rhth), *S:* trial/treial (rhth); **to ~ [out] a medicine upon an animal,** rhoi moddion/ffisig ar brawf ar anifail, trio/profi moddion/ffisig ar anifail; ~ **this,** rhowch gynnig ar hwn; *F:* triwch hwn; ~ **this (for size),** gwisgwch hwn, rhowch hwn amdanoch, triwch hwn (ichi gael gweld); *Fig:* rhowch gynnig ar hwn. **3.** *(machinery):* rhoi prawf (ar beiriant), trio (peiriant); *(rope):* rhoi prawf ar raff, gweld a ddeil rhaff; **to ~ a door,** gweld a yw drws wedi ei gau, trio drws; **to ~ a window,** gweld a yw ffenestr wedi ei chau, trio ffenestr. **4.** *Jur:* rhoi (rhn) ar brawf/dreial; **to be tried for theft,** sefyll eich prawf am ladrata. **5. to ~ an experiment,** gwneud arbrawf; **to ~ one's hand at doing sth,** rhoi cynnig ar wneud rhth; **to ~ one's luck,** mentro'ch siawns/lwc; **to ~ one's strength against s.o.,** mesur eich nerth yn erbyn rhn; **to ~ conclusions with s.o.,** cystadlu/cydymgeisio â rhn; ~ **and see how far you can throw the ball,** edrychwch ba mor bell y gallwch daflu'r bêl; **to ~ one's hand at sth,** rhoi cynnig/tro ar rth; **if it's stuck, ~ a little grease,** os yw'n sownd, rhowch/triwch dipyn o saim arno; **he doesn't live here, ~ next door,** nid yw'n byw yma, ewch/triwch y drws nesaf. **6. to ~ to do sth,** *F:* **to ~ and do sth,** ceisio/trio gwneud rhth, rhoi cynnig ar wneud rhth, gwneud ymgais/ymdrech i wneud rhth, *Lit:* ymdrechu/ymgeisio i wneud rhth; **I tried to open the window but it was jammed,** ceisiais agor y ffenestr ond 'roedd yn sownd; **I tried opening the window, but it was still hot in the room,** er imi agor y ffenestr, yr oedd eto'n dwym yn yr ystafell; **she tried to smile,** ceisiodd wenu; gwnaeth ymdrech i wenu; **~ to remember,** ceisia/tria gofio; **~ not to forget,** ceisia/tria beidio ag anghofio; **not to ~,** peidio â thrio; **to ~ not to,** trio peidio; **he tried his best/hardest to save them,** gwnaeth ei orau glas i'w hachub; **to ~ again,** rhoi ail gynnig arni, ceisio unwaith eto/eilwaith, *M.W:* cymryd ail-hêt ati; **you must ~ harder,** mae'n rhaid ichi wneud mwy o ymdrech; mae'n rhaid ichi ymdrechu'n galetach; *F:* mae'n rhaid ichi drio mwy; **he's not trying,** nid yw'n trio; nid yw'n gwneud unrhyw ymdrech; **I wasn't trying,** 'doeddwn i ddim yn trio; *Prov:* **if at first you don't succeed, ~ and ~ again,** dyfal donc a dyrr y garreg; tri chynnig i Gymro; *F:* **you had better not ~!** gwell ichi beidio! **it's worth trying,** mae'n werth rhoi cynnig arno/arni *&c.* II. *v.i.* **to ~ for sth,** ceisio/ymgeisio am rth, mynd/anelu am rth; **never give up trying,** paid (peidiwch) â digalonni. **~ back** *v.i. Th: &c:* mynd yn ôl, troi'n ôl, ailgychwyn; gwneud (golygfa) o'r cwr. **~ on** *v.t.* **1.** *(garment):* rhoi (rhth) amdanoch [i weld], gwisgo rhth [i weld], trio rhth amdanoch. **2.** *F:* **to ~ it on with s.o.,** ceisio twyllo/trin/dallu rhn, herian rhn, ei thrio hi â rhn; **you're just trying it on!** herian 'rwyt ti! 'dwyt ti ddim o ddifrif! **~-on** *n. F:* **1.** *(= bluff):* ymgais *(m)* i dwyllo. **2.** *(= proposal):* awgrym(-iadau) *m*, awgrymiad(-au) *m*, cynnig (cynigion) *m.* **~ out 1.** *v.t.* *(a) (= test):* rhoi (rhth) ar brawf, rhoi prawf/cynnig (ar rth); *(b) Ind: (metal):* coethi, puro. *(c) Cu: (fat):* toddi, puro. **2.** *v.i. U.S: Sp:* cystadlu [am le]. **~-out** *n.* prawf (profion) *m*, arbrawf (arbrofion) *(m)* **(of sth,** ar rth). **~ over** *v.t. Mus:* **to ~ over a piece of music,** rhoi cynnig ar chwarae darn o gerddoriaeth. **~-pot** *n.* pot(-iau) *(m)* toddi. **~-square** *n. Tls: Carp:* sgwâr (sgwariau) *(m)* profi. **~ up** *v.t. Carp:* llyfnu. **~ works** *n.pl.* ffwrnais *(f)* botiau (ffwrneisi potiau).

trying[1] *a.* **1.** *(= difficult):* anodd, caled, blinderus; **a ~ position,** sefyllfa anodd/annifyr. **2.** *(= vexing):* diflas, annioddefol, blin, plagus, poenus, sy'n dreth/fwrn/boendod (ar rn), sy'n dân ar eich croen; **~ times,** amseroedd blin; **~ light,** golau cas/blinedig i'r llygaid.

trying[2] *vn.* = **try[2]**. **~-plane** *n. Tls:* trymplaen(-iau) *m*, plaen hir (plaeniau hirion) *m.*

tryingly *adv.* **1.** yn galed *&c.* **2.** yn annioddefol *&c.*

tryingness *n.* poendod *m*, natur annioddefol *f*, annioddefoldeb *m*, annifyrwch *m.*

tryma *n. Bot:* tryma(-ta) *m.*

trypaflavine *n. Ch:* trypafflafin *m.*

trypanosome *n. Bio-Ch:* tryp|anosom (trypanosomau) *m.*

trypanosomiasis *n. Path:* trypanosomiasis *m*, clefyd *(m)* cysgu.

trypanosomic *a. Path:* trypanosomig.

tryparsamide *n. Pharm:* tryp|arsamid *m.*

trypsin *n. Bio-Ch:* trypsin(-au) *m.*

trypsinogen *n. Bio-Ch:* tryps|inogen *m.*

tryptamine *n. Ch:* tr|yptamin *m.*

tryptic *a. Bio-Ch:* tryptig.

tryptophan[e] *n. Bio-Ch:* tr|yptoffan *m.*

trysail *n. Nau:* treihwyl(-iau) *f.*

tryst[1] *n. Lit:* oed(-au) *m*, cyfarfod(-ydd) *m*; **lovers' ~,** oed cariadon; **to keep ~,** cadw oed; **to break ~,** torri oed.

tryst[2] *v.i.* trefnu oed.

tryster *n.* cadwr (cadwyr) *(m)* oed, un (rhai) sy'n cadw oed.

trysting *a. Lit:* **a ~ day,** dydd *(m)* oed. **~-place** *n.* man(-nau) *(m)* cwrdd/cyfarfod/oed.

tsamma *n. Bot:* tsama (tsamâu) *m.*

tsar *n. Pol: Hist:* tsar(-iaid) *m.*

tsardom *n. Pol: Hist:* tsariaeth(-au) *f.*

tsarevitch *n. Pol: Hist:* ts|arefits (tsarefitsiaid) *m.*

tsarevna *n.f. Pol: Hist:* tsarefna (tsarefnâu).

tsarina *n.f. Pol: Hist:* tsares(-au), tsarina (tsarinâu).

tsarism *n. Pol: Hist:* tsariaeth *f.*

tsarist *a. & n. Pol: Hist:* **1.** *a.* tsaraidd. **2.** *n.* tsarydd(-ion) *m.*

tsaritsa *n.f.* = **tsarina.**

tsetse *n. Ent:* **~[-fly],** pryf(-ed) *(m)* tsetse.

tsunami *n. Geog:* ts|wnami (tswnamïau) *f.*

tsunamic *a. Geog:* tswnamig.

tsutsugamushi disease *n. Path:* teiffws *(m)* y llwyn.

Tswana *a. & n.* **1.** *a.* Tswana, Tswanaidd. **2.** *n.* *(a) Ethn:* Tswana(-id) *m&f*; *(b) Ling:* Tswana *f, m.*

Tuamotu *n. Ling:* Twamotw *f, m.*

Tuareg *a. & n.* **1.** *a.* Twareg, Twaregaidd. *n.* **2.** *(a) Ethn:* Twareg(-iaid) *m&f*; *(b) Ling:* Twareg *f, m.*

tuatara *n. Rept:* twatara(-id) *m.*

tub[1] *n.* **1.** *(a)* twb (tybiau) *m*, twbyn (tybiau) *m*, twba (twbâu) *m*, *N:* crwc (cryciau) *m*, celwrn (celyrnau) *m*, *S.W: occ:* cife *f*; *F:* **a tale of a ~,** chwedl *(f)* gwrach, chwedl hen wrach, stori *(f)* asgwrn pen llo; *Prov:* **let every ~ stand on its own bottom,** pawb drosto'i hun piau hi; *S.a.* **washtub**; *(b) (of washing-machine):* twb; *(c) Com: (of ice-cream &c):* twb, twbyn, tybiaid (tybieidiau) *m.* **2.** *(a)* **[bath-]~,** twb ymolchi, *S.W:* twba 'molchyd, twba mawr, *Lit:* baddon(-au) *m*; *(b)* **to have a ~,** cael bath, ymolchi mewn twb/twba, ymolchi/baddo/bathio mewn twb/twbyn, mynd i'r twbyn. **3.** *Min:* twb; *S.a.* **truck[3] 1.** *(b).* **4.** *(a) Nau: F:* **an old ~ [of a boat],** hen dwb sinc, hen gwch mwd; *(b) Row:* **~ four,** twb pedwar; **~ pair,** twb pâr. **5.** = **tubful.** **~ chair** *n. Furn:* cadair *(f)* dwb (cadeiriau twb). **~-seat** *n. Aut:* = **bucket-seat.** **~-thumper** *n. F:* brygowthwr (brygowthwyr) *m*, rhefrwr (rhefrwyr) *m.* **~-thumping 1.** *a.* brygowthlyd. **2.** *vn. F:* brygowtha, prygowtha, pregowthan, prygowthan, rhefru. **~-wheel** *n.* olwyn *(f)* olchi (olwynion golchi).

tub[2] *v.t.&i.* **1.** *v.t.* *(a)* **to ~ a plant,** plannu/rhoi/gosod/dodi planhigyn mewn twba/twb; *(b) (= wash):* golchi (rhth) mewn twb/twba. **2.** *v.i.* ymolchi [mewn twb/twba], mynd i'r twbyn.

tuba *n. Mus:* tiwba (tiwbâu) *m.* **~ player** *n.* canwr (canwyr) *(m)* tiwba.

tubal, tubar, tubate *a. Anat:* pibennol, tiwbaidd, tiwbol, chwibolol; **~ chain,** cadwyn bibennol (cadwyni pibennol) *f*; **~ ligation,** clymiad *(m)* y pibenni, clymu *(vn)* pibenni.

tubbable *a.* twbiadwy.

tubber *n.* **1.** = **cooper.** **2.** *(= bather):* ymolchwr (ymolchwyr) *m*, ym|olchwraig (ymolchwragedd) *f.*

tubbily *adv.* **~ built,** = **tubby.**

tubbiness *n.* **1.** *F: (of pers.):* boliogrwydd *m.* **2.** *(of violin &c):* sŵn byddar *m.*

tubbish, tubby *a.* **1.** *F: (pers.):* boliog, boldew(-ion), byrdew(-ion), cestog, cestiog, llond eich croen, byrdew(-ion). **2.** *(violin &c):* byddar.

tube[1] *n.* **1.** *(a)* tiwb(-iau) *m*, tiwben (tiwbiau) *f*, piben(-ni) *f*, pibell(-au,-i) *f*, *N.W: occ:* chwibol(-au) *f*; **angle ~, bent ~,** tiwb elinog; *(b) (of toothpaste, paint &c):* tiwb, tiwbyn *m*; *(c) W.Tel: Rad-A: El: &c:* tiwb; **picture ~, television ~,** tiwb teledu; *F: U.S:* **the ~,** y teledu *m*; *(d) Aut: Cy:* **inner ~,** tiwb gwynt/aer; *Mch: &c:* **boiler ~,** *(i) (= fire-tube):* pibell *(f)* dân (pibellau/pibelli tân); *(ii) (= water tube):* pibell ddŵr (pibellau/pibelli dŵr); *(e) Surg: &c:* **drainage-~,** draenbib(-au) *f*; **stomach ~,** tiwb stumog; **uterine ~,** tiwb croth, tiwb y groth; *(f) Ch: Ph: &c:* **test-~,** tiwb prawf, profdiwb(-iau) *m*; **boiling-~,** tiwb berwi; *(g) Cost:* **boob ~,** brondiwb(-iau) *m.* **2.** *Anat:* tiwb, pibell, piben; **bronchial tubes,** pibellau'r frest, tiwbiau bronciol/bronciaidd; *F:* **it's my tubes,** fy mrest i sydd; yr hen fegin sydd; **delivery ~,** tiwb cludo; **Eustachian ~,** tiwb Eustachio; **Fallopian tubes,** pibenni/tiwbiau Fallopio, pibenni/tiwbiau Ffalopaidd. **3.** *F:* **the T~,** *(= tube-railway):* y Tiwb *m*; **(we came) in the T~, by T~,** (daethom) ar y Tiwb. **4.** *F: (= can of beer):* can(-iau) *m*, tun(-iau) *m* [o gwrw]. **~ colour** *n.* paent(-iau) *(m)* tiwb. **~-fed** *a.* tiwb-borthedig. **~-flower** *n. Bot: (Clerondendron siphonanthus):* tiwblys(-iau) *m.* **~-foot** *n. Echin:* tiwbdroed (tiwbdraed) *m.* **~-railway** *n. Rail:* rheilffordd danddaearol (rheilffyrdd tanddaearol) *f*; *(in London):* y Tiwb *m.* **~-shell** *n. Conch:* chwibol *(f)* fôr (chwibolau môr). **~-station** *n.* gorsaf danddaearol (gorsafoedd tanddaearol) *f*, gorsaf y Tiwb. **~ worm** *n. Ann:* tiwblyng[h]yren (tiwblyngyr) *f*; **coiled ~-worm,** tiwblyng[h]yren dorchog (tiwblyngyr torchog).

tube[2] *v.t. Civ.E: Surg:* tiwbio.

tubectomy *n. Surg:* tiwb|ectomi (tiwbectomïau) *m.*

tubed *a.* tiwbiog, pibellog, pibennog, chwibolog.

tubeless *a.* di-diwb, heb diwb.

tubelike *a.* tiwbaidd, fel tiwb, pibellaidd, fel pibell, fel piben, pibennaidd, chwibolog.

tuber *n.* **1.** *Bot:* cloronen (cloron) *f.* **2.** *Anat: Med: (= swelling):* chwydd(-au) *m.*

tubercle *n.* **1.** *Path:* twbercwl (twbercylau) *m.* **2.** *Bot:* = **tubercule.**

tubercled *a. Path:* twbercylog.
tubercular *a. & n.* **1.** *a. (a) Bot:* twbercylaidd, oddfog, oddfol, cnapiog; *(b) Path:* darfodedigaethol, twbercylaidd. **2.** *n.* claf (cleifion) twbercylaidd *m*, claf o'r ddarfodedigaeth/diciâu *&c.*
tubercularization *n.* = **tuberculization.**
tubercularize *v.t.&i.* = **tuberculize.**
tubercularly *adv.* yn dwbercylaidd.
tuberculate *a.* **1.** *Bot:* cnapiog. **2.** *Path:* twbercylaidd.
tuberculation *n. Bot:* cnapiad(-au) *m.*
tubercule *n. Bot:* cnepyn(-nau) *m*, cnap(-iau) *m.*
tuberculin *n. Med:* twb|ercwlin (twbercwlinau) *m*; **~ tested milk,** llaeth ardystiedig *m.*
tuberculinization *n.* = **tuberculization.**
tuberculinize *v.t.&i.* = **tuberculize.**
tuberculization *n.* twbercwleiddiad *m*, twbercwleiddio *vn.*
tuberculize *v.t.&i.* twbercwleiddio.
tuberculoid *a.* twb|ercwloid, twbercylaidd.
tuberculose *a.* = **tuberculate.**
tuberculosed *a. Path:* twbercylaidd, darfodedig.
tuberculosis *n. Path:* y ddarfodedigaeth *f*, y darfodedigaeth *m*, twbercwlosis *m*, *F:* y pla gwyn, y diciâu *m*, y dicléin *m*; **~ attested herd,** buches ardystiedig *f.*
tuberculous *a.* = **tubercular.**
tuberculously *adv.* = **tubercularly.**
tuberiferous *a.* clorog, oddfog, cnapiog.
tuberose *a. & n.* **1.** *a.* = **tuberous. 2.** *n. Bot:* tiwbros(-od) *m.*
tuberosity *n. Anat:* cnepyn (cnapiau) *m*, chwyrnell(-au) *f*, cambwl (cambylau) *m.*
tuberous *a. Bot:* clorog, oddfog, cnapiog, cnyciog; **~ comfrey,** cyfardwf oddfog *f*; **~ pea,** ytbysen oddfog/gnapiog (ytbys oddfog/cnapiog) *f*; **~ root,** gwreiddyn (gwr|aidd) oddfog *m*, cnapwreiddyn (cn|apwraidd) *m*; **~ thistle,** ysgallen (ysgall) oddfog *f*. **~-rooted** *a.* â gwraidd oddfog, cnapwreiddiog.
tuberousness *n.* = **tuberosity.**
tubfish *n. Ich:* ysgyfarnog(-od) (*f*) y môr.
tubful *n.* twbaid (twbeidiau) *m*, llond (*m*) twb (~ tybiau) *&c, occ:* celyrnaid (celyrneidiau) *m*, llond celwrn (~ celyrnau).
tubicolous *a.* tiwbdrig, tiwbdrigiannol.
tubicorn *a. & n.* **1.** *a.* tiwbgorn. **2.** *n.* tiwbgorn (tiwbgyrn) *m.*
tubifex *n. Ann:* tiwblyng[h]yren (tiwblyngyr) *f.*
tubificid *a. & n. Ann:* **1.** *a.* tiwblyng[h]yrol. **2.** *n.* = **tubifex.**
tubiform *a.* tiwbffurf, chwibolaidd, chwibolog.
tubilingual *a.* tiwbdafodog.
tubing *n.* **1.** = **tube[1]**. **2.** *Coll:* tiwbiau *pl*, pibellau *pl*, pibau *pl.*
tubocurarine *n. Pharm:* tiwbocwrarin *m.*
tubular *a.* **1.** tiwbaidd, pibennaidd, pibellaidd, *N.W: occ:* chwibolog; *Mus:* **~ bells,** tiwbglychau *pl*; **~ bridge,** pont (*f*) diwb (pontydd tiwb); **the Britannia T~ Bridge,** Pont Britannia, *F:* Pont y Tiwb. **2.** *Med:* pibellog, tiwbaidd.
tubularity *n.* ffurf diwbaidd *f*, tiwbeiddiwch *m.*
tubularly *adv.* yn diwbaidd.
tubulate[1] *a.* = **tubular.**
tubulate[2] *v.t.* pibellu, tiwbio.
tubulation *n.* pibelledd(-au) *m*; *vn.* = **tubulate[2]**.
tubulator *n.* pibellwr (pibellwyr) *m.*
tubule *n.* tiwbyn(-nau) *m*, pibell(-au) *f*, tiwbwl (tiwbylau) *m*; **Malpighian tubules,** tiwbylau Malpighi; **proximal convoluted ~,** y biben arennol agosaf *f*; **seminiferous ~,** tiwbwl semen; **urine ~, uriniferous ~,** tiwbyn/tiwbwl troeth.
tubuliflorous *a. Bot:* tiwbynflodeuog.
tubulose, tubulous *a.* = **tubular.**
tubulure *n.* tiwbwliad(-au) *m.*
Tucana *n. Astr:* Y Twcan *m.*
tuck[1] *n.* **1.** *Dressm:* twc (tyciau) *m*, pleten (pletiau) *f*, crychiad(-au) *m*, plŷg (plygion) *m*, plygiad(-au) *m*, *N.W:* cwtyn *m*; **cross ~,** twc croes; **inverted ~,** twc gwrthdro; **pin ~,** twc pin; **shadow ~,** twc cysgod; **shell ~,** twc cragen; **wide ~,** twc llydan; **to make a ~, to take up a ~ (in a garment),** pletio, twcio (dilledyn); rhoi/dodi twc/pleten mewn dilledyn; *(= to shorten):* byrh|au, cwtáu, *N:* cwteuo, *S:* cwtanu (dilledyn). **2.** *Sch: F:* bwyd *m*, teisennau *pl*, pethau da *pl*. **~-box** *n.* tun(-iau) (*m*) bwyd. **~-shop** *n. Sch: F:* siop (*f*) fwyd (siopau bwyd). **~-jump** *n. Sp: Swim:* naid (*f*) gwrcwd (neidiau cwrcwd). **~-net** *n. Fish:* rhwyden(-ni) *f*, rhwyd fach (rhwydau/rhwydi bach) *f*. **~-pointing** *vn. Const:* tycbwyntio.
tuck[2] *v.t.* **1.** *Dressm: (a) (= pleat):* pletio, twcio; dodi/rhoi pletiau/tyciau (mewn dilledyn); *(b) (= shorten):* byrh|au, cwtáu, *N:* cwteuo, *S:* cwtanu. **2. to ~ one's legs under one's chair,** plygu'ch coesau dan eich cadair; **she tucked her arm in[to] mine,** rhoddodd/dododd ei braich yn fy mraich i; **to ~a rug round s.o.,** lapio rỳg am rn, lapio rhn mewn rỳg; **to ~ a table-napkin under one's chin,** gwthio napcyn i mewn dan eich gên; **the bird tucked its head under its wing,** cuddiodd yr aderyn ei ben dan ei aden; **to ~ sth away in a drawer,** lapio rhth a'i roi mewn drôr, gwthio/pwnio rhth i ddrôr, rhoi rhth i'w gadw mewn drôr, taro rhth o'r neilltu mewn drôr; **to ~ savings away,** celcio arian; **a village tucked away at the far end of the valley,** pentref yn swatio/gorwedd ynghudd ym mhen draw'r cwm. **~ in 1.** *v.t. (a)* lapio, plygu; troi (rhth) i mewn; **to ~ in a flap,** *(in folding document &c):* troi llabed at i mewn, lapio llabed; **to ~ in the bedclothes,** lapio dillad gwely [i mewn]; *(b)* **to ~ s.o. in,** lapio dillad am rn [yn ei wely], lapio rhn yn glyd [yn y gwely], swatio rhn [yn ei wely]. **2.** *v.i.* claddu bwyd, *N:* bwyta'n harti, sglaffio/haffio bwyd, estyn at fwyd, estyn ato, lleibio/cythru bwyta, llempio bwyd, cael sgram, *N.W: occ:* styrgajo; **~ in!** estyn(-nwch) ato! *N.W: occ:* tâl (talwch) iddo fo! *S.W:* byta (bytwch) bant! **~-in** *n. F:* **1.** *(= feast):* gwledd(-oedd) *f*, *N: F:* sgram(-s) *f*, ffidan (ffidins) *f*, *S.W:* ffest(-au,-i,-ys) *f*; **to have a good ~-in,** bwyta llond eich bol/bola, *Joc:* claddu dan yr hen drefn, *N.W: occ:* styrgajo. **2.** *(of blouse, bedsheet):* godre(-on) *m*; *(flap):* llabed(-au) *fm*. **~ into** *v.i. F:* **to ~ into food,** claddu bwyd *&c*, dechrau bwyta *&c*, *S.W: occ:* dechrau conio arni; *See* **tuck in. ~ up** *v.t. (skirt, sleeve):* torchi; **to ~ s.o. up in bed,** = **to ~ s.o. in; to ~ oneself up in bed,** swatio yn y gwely, swatio dan y dillad gwely, *N.W:* eich lapio'ch hun yn eich gwely.
tuck[3] *n. A: (= rapier):* twca(-od, twceiod) *m.*
tuckahoe *n.* **1.** *Bot:* tycaho *m*, bara(*m*)'r Indiaid. **2.** *U.S: F:* = **Virginian.**
tucked *a. Needlew:* twciog.
tucker[1] *n.* **1.** *A: Cost:* crychliain (crychlieiniau) *m*; *S.a.* **bib[1]**. **2.** *Austr: F:* = **food. 3.** *(of sewing-machine):* pletiwr (pletwyr) *m*, tyciwr (tycwyr) *m*. **~-bag** *n.* bag(-iau) (*m*) bwyd. **~-box** *n.* tun(-iau) (*m*) bwyd.
tucker[2] *v.t. F:* blino; **tuckered out,** blinedig, wedi blino'n lân, wedi blino'ch enaid, wedi ymlâdd, wedi diffygio, *N: F:* wedi fflarbio, wedi hario, *S:* wedi ffwndo.
tucotuco *n. Z:* twcotwco(-aid) *m.*
tucum *n. Bot:* twcwm(-au) *m.*
tucutucu *n. Z:* = **tucotuco.**
Tudor *Pr.n. & attrib.* **1.** *Pr.n.* Tudur(-iaid) *m*; **Owen ~,** Owain Tudur; **Henry ~,** Harri Tudur. **2.** *attrib.* Tuduraidd; **the ~ period,** cyfnod y Tuduriaid, y cyfnod Tuduraidd; **~ Wales,** Cymru oes y Tuduriaid; **the ~ dynasty,** llinach (*f*) y Tuduriaid, y llinach Duduraidd, *occ:* llinach Penmynydd, wyrion (*pl*) Eden; *Arch:* **~ arch,** bwa Tuduraidd; **~ flower,** y feillionen Duduraidd *f*, meillionen y Tuduriaid; **~ rose,** y rhosyn Tuduraidd *m*, rhosyn y Tuduriaid; *Arch:* **~ style,** arddull Duduraidd *f.*
Tuesday 1. *n.* [dydd(-iau) *m*] Mawrth *m*; *(for phrases cf.* **Friday**); *S.a.* **Hock, Shrove 2**; **on ~,** ar y dydd Mawrth, ar ddydd Mawrth, d[d]ydd Mawrth; **on Tuesdays,** ddydd Mawrth, ar ddydd Mawrth, bob dydd Mawrth.
tufa *n. Geol: (a)* twffa (twffâu) *m*; *(b)* = **tuff.**
tufaceous *a. Geol:* twffaidd.
tuff *n. Geol:* twff (tyffau) *m*. **~-cone** *n. Geol:* côn (conau) (*m*) twff.
tuffaceous *a. Geol:* tyffaidd.
tuffet *n.* **1.** *Furn:* = **footstool, hassock. 2.** *A:* = **tuft[1] 1.** *(a)*, **mound.**
tuft[1] *n.* **1.** *(of grass, feathers, wool):* tusw(-au) *m*, twffyn (twff[i]au) *m*, *Lit: occ:* siobyn(-nau) *m*, cobyn(-nau) *m*. **2.** *(a) (= goatee): F:* locsyn *m*, locsen *f*, *Lit:* barfan(-nau) *f*, cudyn (*m*) gafr; *(b) (of hair):* tusw, cudyn(-nau) *m*, twffyn, *S.E:* fflwcsyn (fflwcs) *m*, *Lit: occ:* siobyn(-nau) *m*. **3.** *(a) (of bonnet &c):* tosl(-au) *m*, toslyn(-nau) *m*, pompon(-au) *m*, twffyn, cobyn, *Lit: occ:* siobyn; *(b) A: Sch:* myfyriwr (myfyrwyr) bonheddig *m*. **4.** *Fung:* **feather-~,** tusw (*m*) plu. **~-hunter** *n.* snob(-iaid) *m&f*, crachaddolwr (crachaddolwyr) *m*, crachadd|olwraig *f*. **~-hunting** *vn.* snobyddiaeth *f*, cynffonna *vn*, addoli(*vn*)'r crach/crachach.
tuft[2] *v.t.&i.* **1.** *v.t. (wool):* cribo, cardio; *(mattress):* pwytho, cudynnu. **2.** *v.i.* tyfu'n gudynnau, tuswo.

tufted *a.* **1.** tuswog, *Lit:* siobynnog, cobynnog; *(bonnet):* â phompon, toslog; *Bot:* ~ **forget-me-not,** ysgorpionllys siobynnog *m*; *Bot:* ~ **vetch,** gwygbys: gwycbys *pl*, gwygbysen: gwycbysen *f*, tagwyg *m*. **2.** *Orn:* copog, cribog; ~ **duck,** hwyaden gopog (hwyaid copog) *f*; ~ **heron,** crëyr (crehyrod) copog *m*.

tufty *a.* **1.** = **tufted. 2.** *See* **cow.**

tug[1] *n.* **1.** *(a)* plwc (plyciau, plyciadau) *m*, tyniad(-au) *m*, tynfa (tynf|eydd); **to give a good ~,** rhoi plwc da/iawn, tynnu'n galed; **he gave a ~ at the bell,** tynnodd raff y gloch; rhoddodd blwc ar raff y gloch; **I felt a ~ at my sleeve,** teimlais rn yn tynnu fy llawes; teimlais blwc sydyn yn fy llawes; *(b) F:* **I felt a ~ at my heartstrings,** teimlais rth yn tynnu ar linynnau fy nghalon; clywais rth yn dirdynnu fy mron; aeth rhyw wayw drwy fy nghalon; teimlais ryw bigyn dan fy mron; **the ~ of love,** croestynnu (*vn*) cariad. **2.** *(a) Nau:* tynfad(-au) *m*, *F:* tŷg (tygiau) *fm*, *N:* cwch (cychod) (*m*) tynnu, *S:* bad(-au) (*m*) tynnu; **salvage ~,** tynfad achub; *(b) Av:* awyren (*f*) dynnu (awyrennau tynnu). **3.** *Harn:* = **trace**[3]. **~-drawn** *a.* a halir/halid/ haliwyd gan dynfad, haliedig gan dynfad, yn dilyn tynfad. **~ of war** *n.* *(i) Sp:* tynnu (*vn*) rhaff, tynnu torch, gornest (*f*) dynnu (gornestau tynnu); *(ii) Fig:* tynnu torch, ymryson(-au) *m*. **~-of-war rope** *n.* rhaff (*f*) dynnu (rhaffau tynnu).

tug[2] *v.t.&i.* **1.** tynnu, llusgo, halio; **to ~ at sth,** tynnu yn rhth, rhoi plwc ar/i rth; **to ~ at the oars,** tynnu'r rhwyfau, tynnu wrth/yn y rhwyfau; **to ~ [at] one's moustache,** tynnu [yn] eich mwstash; *F:* **the recollection tugged at his heartstrings,** 'roedd yr atgof yn dirdynnu ei fron. **~-along** *attrib.* llusgo, ar linyn, i'w dynnu/ halio.

tugboat *n.* = **tug**[1] **2.** *(a).*

tugger *n.* haliwr (halwyr) *m*, llusgwr (llusgwyr) *m*, tynnwr (tynwyr) *m*.

tugman *n.m. Nau: Lit:* tynfadwr (tynfadwyr), *F:* tygiwr (tygwyr) *m*.

tui *n. Orn:* twi(-aid,-od) *m*, melysor(-ion) *m*.

tuism *n. Phil:* tiaeth *f*.

tuition *n.* hyfforddiant *m*; **private ~,** gwersi preifat *pl*.

tuitional, tuitionary *a.* hyfforddiadol, hyfforddiannol.

tuitionless *a.* dihyfforddiant, anhyfforddedig, *Lit:* anhyffordd.

tula *n.* **~-work,** = **niello.**

tularaemia *n. Path:* twlaremia *m*, twymyn (*f*) y cwningod.

tularaemic *a. Path:* twlaremig.

tulchan *n. Scot.Hist:* ~ **bishop,** esgob(-ion) (*m*) mewn enw.

tule *n. Bot: (Scirpus californicus):* clwbfrwynen (clwbfrwyn) (*f*) California.

tulip *n. Bot.* tiwlip(-au) *m*. **~-like** *a.* fel tiwlip, tiwlipaidd. **~-root** *n. Agr:* chwydd (*m*) bonion. **~-tree** *n. Bot:* tiwlipwydden (tiwlipwydd) *f*, coeden (*f*) diwlip (coed tiwlip). **~-wood** *n. Carp:* pren (*m*) tiwlip, coed (*m*) tiwlip.

tulipomania *n.* tiwlipomania *m*.

tulipomaniac *n.* tiwlipomaniad (tiwlipomaniaid) *m&f*.

tulle *n. Tex:* tiwl *m*.

tullibee *n. Ich:* t|ylibi (tylibïaid) *m*.

tulwar *n.* = **sabre.**

tum[1] *n. Mus: (sound of banjo):* su *m*, tonc(-iau) *f*.

tum[2] *n. F:* = **belly**[1], **stomach**[1].

tumble[1] *n.* **1.** codwm (codymau) *m*, *occ:* cwdwm (cydymau) *m*, cwymp(-au,-iadau) *m*, *S.W:* twmlad(-au) *f*, *N: occ:* clefren (clefrod) *f*; **he had a nasty ~,** cafodd godwm cas; *S:* fe gwympodd yn gas. **2.** *Gym:* tin-dros-ben *m*, camp(-au) *f*. **3.** *(= disorder):* llanast *m*, anhrefn *f*, dryswch *m*, blerwch *m*, aflerwch *m*, tryblith *m*; **her hair was a ~,** 'roedd ei gwallt yn flêr/ anniben; 'roedd ei gwallt am ben ei dannedd; **(everything was) in a ~,** ('roedd popeth) yn un llanast, mewn anhrefn, ar draws y lle, blith draphlith, a'i ben i lawr, *F:* yn siang-di-fang, yn draed moch, ar gychwyn, bob sut, *V:* a'i din am ei ben. **4.** *(= tumbled heap):* tryblith, pentwr (pentyrrau) anniben/blêr *m*. ~ **turn** *n. Swim:* tro (*m*) tinben drosben.

tumble[2] *v.t.&i.* **1.** *v.i.* *(a)* **to ~ [down, over],** *S:* cwympo, *N:* syrthio, cael codwm, *occ:* codymu; **(a building) that is tumbling down,** (adeilad) sy'n adfeilio, sy'n mynd a'i ben iddo, sy'n cwympo/ syrthio [i lawr]; **her hair came tumbling down,** ymdonnai/ ymdreiglai ei gwallt dros ei gwar; *(b) (of dogs, children &c):* **to ~ about,** ymdreiglo, ymdaflu, rholio ar y llawr, *N.W: occ:* drenglo; **to toss and ~ in bed,** troi a throsi yn y gwely; *(c)* **he came tumbling along,** daeth dan honcian/hwntio/wegian; daeth yn siglog; **to ~ into bed,** *F:* **to ~ in,** syrthio/rholio/powlio i mewn i'r gwely; **to ~ downstairs,** cwympo/syrthio i lawr y grisiau, mynd *or* dod bendraphen/bendramwnwgl i lawr y grisiau; **to ~ into one's clothes,** taro'ch dillad amdanoch; **to ~ up the stairs,** baglu'ch ffordd i fyny'r grisiau; *F:* **to ~ (on sth),** taro (ar rth), dod (ar draws rhth); **they were tumbling over one another,** 'roeddynt yn baglu ar draws ei gilydd; *(d) (of acrobat, pigeon):* gwn|eud campau, gwneud tin dros ben, *N.W: occ:* mynd dinben drosben, mynd dibyn dobyn, *S.E: occ:* mynd fagle [i] fynydd, *S.W:* mynd dwmbwr dambar; *(e) F:* **to ~ (to sth),** *(= understand):* cael gafael/crap (ar rth), deall (rhth), dod i ddeall (rhth); **he suddenly tumbled to it,** yn sydyn fe'i gwelodd hi; yn sydyn fe wawriodd arno; *(f) Nau:* **to ~ home/in,** mynd ar oleddf, goleddfu. **2.** *v.t.* *(a)* **to ~ sth down/ over,** dymchwel rhth, troi rhth drosodd; *S.W:* moelyd/diwel (rhth), *M.W: occ:* disgyn rhth; *(b) (= disorder):* gwneud llanast (o bethau), *S.W:* twmlo (pethau) lan; **don't ~ my hair,** paid â drysu fy ngwallt i; paid â gwneud fy ngwallt i'n flêr/ anniben; *N: occ:* paid â blerio fy ngwallt i; *(c) Th:* **to ~ a curtain,** bwndlo llen; *(d)* **to ~ a girl in the hay,** rholio merch yn y gwair; *(e) (of river):* **to ~ stones &c,** treiglo cerrig *&c*. **~-drier** *n.* sychdaflwr (sychdaflwyr) *m*, taflwr (taflwyr) (*m*) sychu. **~-dry** *v.t.* sychdaflu. **~-gear** *n. Mch:* gêr (*m*) siglo. **~-home** *n. Nau:* goleddf(-au) *m*, goleddfiad(-au) *m*. **~-switch** *n. El:* switsh(-is) (*m*) siglo.

Tumble *W.Pl.n.* Y Tymbl *m*.

tumblebug *n. Ent:* chwilen (chwilod) (*f*) y dom.

tumbled *a. (hair &c):* dryslyd, anniben, blêr, aflêr, afler; *(rocks):* cwympiedig, syrthiedig, treigledig, plith draphlith.

tumbledown *a.* adfeiliedig, mewn adfeilion; **an old ~ house,** tŷ (*m*) wedi mynd a'i ben iddo, murddun(-od) *m*, hen adfail (*m*) o dŷ.

tumbler *n.* **1.** *A:* = **acrobat. 2.** *Orn:* ~ **pigeon,** colomen (*f*) din-dros-ben (colomennod tin-dros-ben). **3.** *(= glass):* gwydr(-au) *m*, gwydryn (gwydrau) *m*, tymbler(-i) *m*. **4.** *(device): (a) El.E:* siglwr (siglwyr) *m*; *(b) (of lock):* ataliad(-au) *m*; *(c) (of gunlock):* siglwr, corddyn(-au) *m*. **5.** *(toy):* siglwr. **6.** = **tumbling-barrel.**

tumblerful *n.* llond (*m*) gwydryn/gwydr (~ gwydrau), gwydraid (gwydreidiau) *m*, tymbleraid (tymblereidiau) *m*.

tumbleweed *n. Bot: (Amaranthus):* |amaranth gwyn *m*, chwyn treigl *m*, pelen (*f*) chwyn.

tumbling *a.* **1.** *(hair):* anhrefnus, di-drefn, dryslyd, plith draphlith. **2.** *(waters):* aflonydd, sy'n cwympo'n bendramwngl/bendraphen. **~-barrel** *n.* casgen(-ni) (*f*) sgwrio, casgen dro (casgenni tro). **~-box** *n.* blwch (blychau) (*m*) sgwrio, blwch tro. **~-bay** *n.* pwll (pyllau) (*m*) arllwys. **~-bob** *n. Mch:* bob(-iau) siglog *m*. **~-wheel** *n. Mch:* = **tumbling-barrel.**

tumbrel, tumbril *n. Hist: Agr:* trol(-iau) *f*, cert(-i) *f*; *S.a.* **tip-cart.**

tumefacient *a.* chwyddol.

tumefaction *n. Med:* chwyddiant *m*, chwyddo *vn*.

tumefactive *a.* chwyddol.

tumefy *v.t.&i.* **1.** *v.t.* chwyddo. **2.** *v.i.* chwyddo, ymchwyddo, codi'n chwydd.

tumescence *n.* chwydd(-au) *m*, chwyddi *m*, chwyddiad(-au) *m*, chwyddni *m*.

tumescent *a.* chwyddedig, chwyddog, chwyddol, ymchwyddol.

tumid *a.* **1.** *Med:* chwyddedig. **2.** *O: (style &c):* chwyddedig, rhwysgfawr, gwyntog.

tumidity *n.* chwyddedigaeth *f*; *(of style &c):* chwyddedigrwydd *m*, gwyntogrwydd *m*, rhwysgfawredd *m*.

tumidly *adv.* yn chwyddedig *&c*.

tumidness *n.* = **tumidity.**

tummy *n.* = **belly**[1] **stomach**[1]. **~-ache** *n.* = **belly-ache**[1]. **~-button** *n. F:* = **navel.**

tumoral *a.* = **tumorous.**

tumorigenesis *n. Path:* = **carcinogenesis.**

tumorigenic *a.* = **carcinogenic.**

tumorigenicity *n.* = **carcinogenesis.**

tumorlike *a.* fel tiwmor, tiwmorol, tiwmoraidd.

tumorous *a.* tiwmorol, tiwmorog, tiwmoraidd.

tumour *n. Med:* tyfiant (tyfiannau) *m*, tiwmor(-au) *m*, *F:* chwydd(-au) *m*; **benign ~,** tyfiant diniwed; **malignant ~,** tyfiant niweidiol, *F:* tyfiant gwyllt; **primary ~,** tyfiant cynradd; **simple ~,** tyfiant araf. ~ **cyst** *n.* coden(-nau) (*f*) tyfiant.

tump *n.* twmpath(-au) *m*, twmp (tympiau) *m*, twmpyn (tympiau) *m*; *S.a.* **mound, clump**[1].
Tumpa (the) *W.Pl.n.* Pen (*m*) y Twmpa.
tumpline *n. Harn:* brongengl(-au) *f* (*pronounced* brong-gengl).
tumtum *n.* **1.** *Mus:* = **tum**[1]. **2.** *Cu:* twmtwm *m*. **3.** *Veh:* = **dogcart.**
tumulary *a. Archeol:* carneddol.
tumulose, tumulous *a.* twmpathog.
tumult *n.* **1.** *(= commotion):* terfysg(-oedd) *m*, trybestod *m*, cynnwrf (cynhyrfau, cynhyrfoedd) *m*, cythrwfl (cythryflon) *m*, cythrwbwl (cythryblau) *m*, cyffro(-adau) *m*, cyffroad(-au) *m*, stŵr *m*, aflonyddwch *m*, berw *m*, *F:* comosiwn *m*, mwstwr *m*. **2.** *(of mind, feelings &c):* cynnwrf, cythrwfl.
tumultuary *a.* **1.** *(troops):* terfysglyd, cythryblus, di-drefn, anystywallt, afreolus, annisgybledig, diddisgyblaeth, direol. **2.** *(= hasty):* brysiog, ar antur.
tumultuous *a. (meeting &c):* cythryblus, terfysglyd, aflonydd; *(applause):* gwyllt, afreolus, byddarol; *(feelings):* cythryblus, cynhyrfus, llawn cynnwrf.
tumultuously *adv.* yn gythryblus *&c.*
tumultuousness *n.* natur derfysglyd/gythryblus *f &c; S.a.* **tumult.**
tumulus *n.* carnedd(-au,-i) *f*, t|wmwlws (t|wmwli) *m*.
tun[1] *n.* **1.** *(= cask):* casgen(-ni,-nau) *f*, baril(-au) *mf*. **2.** *Brew: (= vat):* cerwyn(-au,-i) *f*, *S. W: occ:* cife *f*.
tun[2] *v.t.* casgennu, barilo.
tuna[1] *n. Ich:* **1.** *(= tunny):* **~ fish,** tiwna(-od) *m*. **2.** *(eel):* llysywen (*f*) diwna (llysywod tiwna).
tuna[2] *n. Bot:* tiwna (tiwnâu) *m*, gellygen bigog (gellyg pigog) *f*.
tunability *n.* = **tunableness.**
tunable *a.* **1.** tiwniadwy, cyweiriadwy. **2.** *A: (= in tune):* persain, cyweirber.
tunableness *n.* natur diwniadwy/gyweiriadwy *f*.
tunably *adv.* yn diwniadwy *&c.*
tundish *n. Metall:* twndis[h](-iau) *m*; *S.a.* **funnel**[1].
tundra *n. Geog:* twndra (twndrâu) *m*.
tune[1] *n.* **1.** *(= melody):* tôn (tonau) *f*, tiwn(-iau) *f*, alaw(-on) *f*; *F:* **give us a ~!** rho(-wch) donc inni! **to call the ~,** *(i)* galw'r dôn; *(ii) Fig:* **he's the one who calls the ~,** fe sy'n dweud sut mae hi i fod; *S.a.* **piper; to change one's ~, to sing another ~,** newid eich cân/tiwn; **to be fined to the ~ of fifty pounds,** cael hanner canpunt o ddirwy; **to some ~,** i gryn raddau, i raddau rhyfeddol. **2.** *(a) Mus:* cywair *m*, tiwn *f*; **the piano is in ~,** mae'r piano mewn cywair/tiwn; **the piano is out of ~,** mae'r piano allan o gywair/diwn; mae'r piano'n ddigywair; *S:* mae'r piano mas o diwn; **to get out of ~,** mynd allan/mas o gywair/diwn, colli cywair/tiwn, mynd allan/mas ohoni; *(of singer, player):* **to be out of ~,** bod allan ohoni, bod allan o diwn/gywair; **to sing in ~,** canu mewn cywair/tiwn, canu'n bersain; **to sing out of ~,** canu allan ohoni, canu allan/mas o diwn, canu'n amhersain; *(b) I.C.E:* **an engine in perfect ~,** motor mewn cywair perffaith, *F:* injan wedi'i thiwnio i'r dim. **3.** *(a) (= harmony):* cytgord *m*; **to be in ~ (with one's time),** cytgordio, bod mewn cytgord (â'ch oes); *(b) W.Tel:* **to be in ~,** bod ar y donfedd; **to get into ~,** cael hyd i'r donfedd.
tune[2] *v.t.&i.* **1.** *Mus: (instrument):* tiwnio, cyweirio, tonyddu; rhoi (rhth) mewn cywair/tiwn; **to fine-~,** manwl gyweirio, manwl diwnio. **2.** *El.E: W.Tel:* **to ~ one circuit to another,** cyseinio/tiwnio dau gylched; *W.Tel:* **to ~ in[to] a station,** codi gorsaf [radio]; **to ~ into Paris,** codi/cael/clywed Paris; **to ~ into a programme,** gwrando ar raglen; *abs.* **tonight, remember to ~ in,** cofiwch wrando heno; **to ~ out a station,** diffodd gorsaf. **3.** *I.C.E:* **to ~ [up] an engine,** tiwnio motor. **4.** *Poet: (of bird &c):* tiwnio, canu, trydar, pyncio. **~ up** *v.i. (of orchestra):* tiwnio. **~-up** *n. Aut:* tiwniad(-au) *m*.
tuned *a.* cyweiriedig, tiwniedig, mewn cywair/tiwn, wedi ei diwnio/gyweirio; **finely -~,** manwl gyweiriedig, manwl diwniedig; *W.Tel:* **~ circuit,** cylched cysain/cyseiniol. **~-in** *a. F:* ynddi hi.
tuneful *a.* persain, melodaidd, seinber.
tunefully *adv.* yn bersain *&c.*
tunefulness *n.* perseinedd *m*.
tuneless *a.* **1.** *(= unmelodious):* amhersain, ansoniarus, cras. **2.** *(= silent):* di-dôn, mud.
tunelessly *adv.* yn amhersain *&c.*
tuner *n.* **1.** *(pers.): (a) Mus:* cyweiriwr (cyweirwyr) *m*, tiwniwr (tiwnwyr) *m*; **piano ~,** *F:* dyn(-ion) (*m*) tiwnio pianos; *(b) (of engine &c):* tiwniwr. **2.** *(device): W.Tel:* cyseiniwr (cyseinwyr) *m*.
tunesmith *n.* tiwniwr (tiwnwyr) *m*, cyfansoddwr (cyfansoddwyr) *m*.
tung *n. Bot:* twng *m*. **~ oil** *n.* olew (*m*) twng. **~ tree** *n. Bot:* coeden (*f*) dwng (coed twng).
tungstate *n. Ch:* tyngstad(-au) *m*.
tungsten *n. Ch:* tyngsten *m*, twngsten *m*. **~ carbide** *n. Ch:* carbid (*m*) tyngsten. **~ lamp** *n.* lamp (*f*) dyngsten (lampau tyngsten). **~ light** *n. T.V:* golau (*m*) lamp. **~ steel** *n. Ch:* dur (*m*) tyngsten.
tungstenic, tungstenous, tungstic *a. Ch:* tyngstenig.
tungstite *n. Miner:* tyngstit *m*.
Tungus *n.* **1.** *Ethn:* Twngws(-iaid) *m&f*, Twngwsiad (Twngwsiaid) *m&f* (*pronounced* ng-g). **2.** *Ling:* Twngwseg *f*, *m*.
Tungusic, Tungusian *a. & n.* **1.** *a.* Twngwsaidd (*pronounced* ng-g); *(in language):* Twngwseg. **2.** *n. Ling:* Twngwseg *f*, *m*.
tunic *n.* **1.** *Cost:* tiwnig(-au) *f*. **2.** *Nat.Hist:* tiwnig, pilen(-nau) *f*, amwisg(-oedd) *f*, plisgyn (plisg) *m*. **3.** *Ecc:* = **tunicle. ~ flower** *n. Bot: (Petrorhagia saxifraga):* sebonllys tormaenaidd *m*.
tunica *n. Nat.Hist:* = **tunic 2.**
tunicate *a. & n. Z:* **1.** *a.* tiwnigog. **2.** *n.* tiwnigog(-ion) *m&f*; **star ~,** chwistrell(-au) serennog *f*.
tunicated *a.* pilennog.
tunicle *n. Ecc:* tiwnigl(-au) *f*.
tuniness *n.* = **tunefulness.**
tuning *vn.* **1.** *See* **tune**[2]; *Mus:* cyweiriad *m*, cyweirio, tiwnio; **fine ~,** cyweirio/tiwnio manwl, manwl gyweirio, manwl diwnio. **~-coil** *n. W.Tel:* torch (*f*) diwnio (torchau tiwnio). **~-condenser** *n. W.Tel:* cyddwyswr (cyddwyswyr) (*m*) tiwnio. **~-dial** *n. W.Tel:* deial(-au) (*m*) tiwnio. **~-fork** *n. Mus:* trawfforch (trawffyrch) *f*. **~-hammer** *n. Mus:* morthwyl(-ion) (*m*) cyweirio/tiwnio. **~-key** *n. Mus:* cyweirgorn (cyweirgyrn) *m*. **~-note** *n. Mus:* cyweirdant (cyweirdannau) *m*. **~-peg, ~-pin** *n. Mus:* ebill(-ion) (*m*) cyweirio/tiwnio. **~-pipe** *n. Mus:* trawbib(-au) *f*, corn (cyrn) (*m*) tiwnio. **~-string** *n. Mus:* cyweirdant (cyweirdannau) *m*.
Tunis *Pl.n.* Tiwnis *f*.
Tunisia *Pr.n. Geog:* Tiwnisia *f*.
Tunisian *a. & n.* **1.** *a.* Tiwnisaidd; **the ~ government,** llywodraeth Tiwnis; **she's ~,** Tiwnisiad yw hi; un o Diwnis yw hi. **2.** *n.* Tiwnisiad (Tiwnisiaid) *m&f*.
tunnage *n.* = **tonnage.**
tunnel[1] *n.* twnnel(-au,-i) *m*, tynel(-au,-i) *m*; **light at the end of the ~,** goleuni ym mhen draw'r twnnel; **to drive a ~,** gyrru/turio/tyllu/torri twnnel; *(in coal-mine):* gyrru i'r byw, *S:* hala/dreifo hedin; **road ~,** twnnel/tynnel ffordd; **wind ~,** twnnel/tynnel gwynt. **~-borer** *n.* twnelwr (twnelwyr) *m*, tynelwr (tynelwyr) *m*. **~ diode** *n. El.E:* deuod(-au) (*m*) twnnel. **~ effect** *n. Ph:* effaith (*f*) dynelu. **~-net** *n. Fish:* rhwyd (*f*) dwnnel (rhwydi/rhwydau twnnel). **~ sickness** *n.* clefyd (*m*) y tynelwyr. **~-vault** *n.* = **barrel-vault. ~ vision** *n.* **1.** *Opt:* gwelediad (*m*) twnnel. **2.** *Fig:* = **narrow-mindedness.**
tunnel[2] *v.t.&i.* **to ~ [through/into] a hill,** twnelu, tynelu, turio, tyllu (trwy/i fryn); torri/gyrru twnnel (trwy fryn); **rats had tunnelled under the foundations,** 'roedd llygod mawr wedi turio/cloddio dan y sylfeini.
tunneller *n.* twnelwr (twnelwyr) *m*, tynelwr (tynelwyr) *m*, turiwr (turwyr) *m*.
tunny[-fish] *n. Ich: (Thunnus thynus):* tiwna(-od) *m*; **little ~,** *(Gymnosarda alleterata):* tiwna bach; **long-finned ~,** *(Th. alalunga):* tiwna asgellog, tiwna asgell hir; **yellowfin ~,** *(Th. albacares):* tiwna melyn, |albacor (albacoriaid) *m*.
tuny *a.* = **tuneful.**
tup[1] *n.* **1.** = **ram**[1] *(a)*. **2.** *Mec.E: (of pile-driver):* gordd (gyrdd) *f*.
tup[2] *v.t.* hwrdda, maharenna, rhidio, gofyn hwrdd/maharen.
Tupamaro *n. Pol:* Twpamaro(-s) *m&f*.
tupelo *n. Bot:* t|wpelo (twpeloau) *f*, coeden (*f*) d|wpelo (coed t|wpelo).
Tupi *a. & n. Ethn:* **1.** *a.* Twpïaidd; *(in language):* Twpïeg. **2.** *n. (a) Ethn:* Twpi (Twpïaid) *m&f*; *(b) Ling:* Twpi *f*, *m*, Twpïeg *f*, *m*. **~-Guarani** *n. Ethn:* Twpi-Gwarani (~-Gwaranïaid) *m&f*; *Ling:* Twpi-Gwaranïeg *f*, *m*. **~-Guaranian** *n. Ling:* Twpi-Gwaranïeg.
Tupian *a. Ethn:* Twpïaidd.
tuppence *n. F:* = **twopence.**
tuppenny *a. F:* = **twopenny. ~-halfpenny** *a.* = **twopenny-halfpenny.**
tuque *n. Cost:* cap(-iau) (*m*) gweu.

tu quoque *Lt.phr.* a thithau, tithau hefyd.
turaco *n. Orn:* twraco(-aid) *m.*
Turanian *a. & n. Ethn:* **1.** *a.* Twranaidd; *(in language):* Twraneg. **2.** *n. (a) Ethn:* Twraniad (Twraniaid) *m&f*; *(b) Ling:* Twraneg *f*, *m.*
turban *n. Cost:* tyrban(-au) *m*, twrban(-au) *m*, *Lit: occ:* pendorch(-au) *f.* **~-like** *a.* fel tyrban, tyrbanaidd. **~ lily** *n. Bot: (Lilium pompanium):* lili dyrbanog (lilïau tyrbanog) *f.* **~-shell** *n. Conch:* cragen dyrbanog (cregyn tyrbanog) *f.* **~-stone** *n.* carreg dyrbanog (cerrig tyrbanog) *f.*
turbaned *a.* tyrbanog.
turbanless *a.* didyrban, heb dyrban.
turbary *n.* **1.** *Jur:* **[common of] ~,** hawl (*f*) torri mawn. **2.** *(land):* mawnog(-ydd) *f*, mawndir(-oedd) *m*, mawnfa (mawnf|eydd) *f*, mawnbwll (mawnbyllau) *m.*
turbellaria *n. Ann: Coll:* tyrbelariaid *pl.*
turbellarian *a. & n. Ann:* **1.** *a.* tyrbelaraidd. **2.** *n.* tyrbelariad (tyrbelariaid) *m.*
turbid *a.* **1.** *(water &c):* lleidiog, mwdlyd, llwyd(-ion), cymylog. **2.** *Fig:* dryslyd, cymysglyd.
turbidimeter *n.* tyrbidimedr(-au) *m*, mesurydd (-ion) (*m*) tyrfedd.
turbidimetric *a.* tyrbidimetrig.
turbidimetrically *adv.* yn dyrbidimetrig.
turbidimetry *n.* tyrbidimetreg *f.*
turbidite *n. Geol:* t|yrbidit *m.*
turbidity *n.* **1.** cymylogrwydd *m*, lleidiogrwydd *m*, llwydni *m*; *Geog:* tyrfedd *m.* **2.** *Fig:* dryswch *m*, tryblith *m.* **~ current** *n.* cerrynt (cerhyntau) (*m*) tyrfedd. **~ test** *n.* prawf (profion) (*m*) tyrfu, prawf tyrfedd.
turbidly *adv.* **1.** yn gymylog *&c.* **2.** yn ddryslyd *&c.*
turbinal *a. & n.* **1.** *a.* cogyrnog. **2.** *n. Anat:* t|yrbinal (tyrbinalau) *m*, cogwrn (cogyrnau) *m.*
turbinate *a. & n.* **1.** *a. Nat.Hist:* cogyrnog. **2.** *n. Conch: Anat:* cogwrn (cogyrnau) *m.*
turbinated *a.* = **turbinate 1.**
turbination *n.* cogyrniad(-au) *m.*
turbine *n. (a) (water-wheel):* olwyn (*f*) ddŵr (olwynion dŵr); *(b) (driven by air, gas, steam):* tyrbin(-au) *m*; **action ~, impulse ~,** tyrbin ergydiant; **pressure ~, reaction ~,** tyrbin adwaith. **~ boat** *n.* cwch (cychod) (*m*) tyrbin, *S:* bad(-au) (*m*) tyrbin. **~ chamber** *n. E:* siambr (*f*) dyrbin (siambrau tyrbinau). **~-driven** *a. E:* a yrrir/weithir gan dyrbin, tyrbin-yredig. **~ engine** *n. Mec.E:* motor(-au) (*m*) tyrbin, injan (*f*) dyrbin (injans tyrbin).
turbiniform, turbinoid *a.* cogyrnog, troellog.
turbit *n. Orn:* colomen ylfinfer (colomennod gylfinfer) *f*, twrbit (-iaid) *mf.*
turbo *n. E: F:* tyrbo(-s) *m.* **~-blower** *n. Mec.E:* = **turbocharger. ~-electric** *a.* tyrbodrydanol.
turbocar *n.* tyrbo-gar (~-geir) *m.*
turbocharge *v.t.* tyrbochwythu.
turbocharged *a.* tyrbochwythedig.
turbocharger *n.* tyrbochwythwr (tyrbochwythwyr) *m.*
turbocompressor *n. Mec.E:* tyrbogywasgwr (tyrbogywasgwyr) *m.*
turbodynamo *n. El.E:* tyrbodynamo(-s) *m.*
turbofan *n.* tyrbo-ffan(-iau) *m.*
turbogenerator *n. El.E:* tyrbogeneradur(-on) *m.*
turbojet *n.* tyrbo-jet(-iau) *f.*
turbomotor *n. Mch:* tyrbomotor(-au) *m.*
turboprop, turbopropeller *n. Av:* tyrbobropelor(-au) *m*, *F:* tyrbo-brop(-s) *m.*
turbopump *n. Mec.E:* tyrbo-bwmp (~-bympiau) *m.*
turboramjet *n. Av:* tyrbo-ramjet(-s,-iau) *f.*
turboshaft *n. Mec.E:* tyrbo-siafft(-iau) *f.*
turbosupercharged *a. Mec.E:* tyrbo-drachwythedig.
turbosupercharger *n. Mec.E:* tyrbo-drachwythwr (~-drachwythwyr) *m.*
turbot *n. Ich:* lleden (lledod) chwith *f*, lleden arw (lledod garw), torbwt (torbytiaid) *m.*
turbotrain *n. Rail:* tyrbo-drên (~-drenau) *mf.*
turbulence *n.* **1.** *(a) (= tumult):* terfysg(-oedd) *m*, cythrwfl (cythryflau) *m*, cynnwrf (cynyrfiadau) *m*, anhrefn *f*, trybestod *m*, *F:* comosiwn *m*, stŵr *m*, mwstwr *m*; *(b) (= insubordination):* anuf|udd-dod *m*, afreolusrwydd *m*, gwrthryfelgarwch *m.* **2.** *(a) (of air, water &c):* cynnwrf, aflonyddwch *m*; *(in technical parlance): Meteor: Av:* tyrfedd *m*; *(b) I.C.E:* **[high] ~ combustion chamber,** siambr (*f*) danio dyrfedd uchel.
turbulent *a.* **1.** *(a) (= tumultuous):* terfysglyd, cythryblus; *(b) (= insubordinate):* anufudd, anystywallt, afreolus. **2.** *(a) (air, water):* aflonydd, trwblus; *(in technical parlance):* Meteor: *Av:* tyrfus, tyrfol; *I.C.E:* **~ cylinder-head,** pen (*m*) silindr tyrfus/tyrfol; **~ flow,** llif(-oedd) tyrfol *m.*
turbulently *adv.* **1.** *(a)* yn derfysglyd *&c*; *(b)* yn anystywallt *&c*; yn aflonydd *&c.* **2.** yn aflonydd, yn dyrfus, yn dyrfol.
Turco *n. Mil.Hist:* Tyrco(-aid,-s) *m.*
Turcoman *a. & n. Ethn:* **1.** *a.* Tyrcomanaidd. **2.** *n.* T|yrcoman (Tyrcomaniaid) *m&f*, Tyrcomaniad (Tyrcomaniaid) *m&f.*
Turcophil[e] *a. & n.* **1.** *a.* Tyrcgarol, Tyrcgar. **2.** *n.* Tyrcgarwr (Tyrcgarwyr) *m.*
Turcophilism *n.* Tyrcgaredd *m*, Tyrcgarwch *m.*
Turcophobe *a. & n.* **1.** *a.* **1.** Tyrcgasaol. **2.** *n.* Tyrcgasäwr (Tyrcgasawyr) *m.*
Turcophobia *n.* Tyrcgasineb *m.*
turd *n. V:* **1.** rholyn (rholiau) (*m*) o gachu, lwmp: lwmpyn (lympiau) (*m*) o gachu, talp(-iau) (*m*) o gachu. **2.** *(pers.):* cachwr (cachwyr) *m.*
turdiform, turdine, turdoid *a. Orn:* fel bronfraith, fel tresglen, tresglaidd.
tureen *n.* **soup ~,** dysgl (*f*) gawl (dysglau cawl), dysgl gaead (dysglau caead).
turf¹ *n.* **1.** *(a) (= greensward):* glaswellt *m*; *(b) (= sod):* tywarchen (tyweirch, tywyrch) *f*, *N.W: occ:* topen (topi[n]s) *f*, tolpyn (tolpiau, tolpis) *m*, *S:* clotsyn (clots, clyts) *m*, clotsen (clots, clyts) *f.* **2.** *(a) (= peat):* mawn *m*; *(b)* **a ~ of peat,** mawnen (mawnau) *f*, *S.W: occ:* maten (matau) *f.* **3.** *Rac:* **the ~,** *(a) (= racecourse):* cae(-au) (*m*) rasio, cae ras (caeau rasys); *(b) (= racing world):* byd (*m*) rasio, rasio (*vn*) ceffylau. **~ accountant** *n.* = **bookmaker 2. ~-cutter** *n. Tls:* **1.** torrwr (torwyr) (*m*) tyweirch. **2.** *(for peat):* rhaw (*f*) fawn (rhawiau/rhofiau mawn). **~ drain** *n. Agr:* ffos (*f*) dyweirch (ffosydd tyweirch). **~-moor** *n.* mawnog(-ydd) *f*, mawndir(-oedd) *m*, gwaun (*f*) fawn (gweunydd mawn), mawnfa (mawnf|eydd) *f.* **~-ski** *n. Sp:* sgi (*f*) laswellt (sgïau glaswellt). **~-skiing** *vn.* sgïo ar laswellt.
turf² *v.t.* **1.** tywarchu. **2.** *F:* **to ~ s.o. out,** lluchio/taflu rhn allan/mas.
turfiness *n.* natur laswelltog *f.*
turfing *vn.* = **turf². ~-iron** *n.* haearn (heyrn) (*m*) didonni/gwthio.
turfite *n. Rac:* mynychwr (mynychwyr) (*m*) rasys, canlynwr (canlynwyr) (*m*) rasys.
turfless *a.* dilaswellt.
turflike *a.* fel glaswellt.
turfman *n.m.* = **turfite.**
turfy *a.* **1.** glaswelltog. **2.** *Rac:* **~ characters,** cymeriadau'r byd rasio.
turgescence, turgescency *n.* **1.** chwyddiant *m*, chwyddo *vn*, chwyddni *m.* **2.** *Fig: (of language):* chwyddiaith *f*, gwyntogrwydd *m.*
turgescent, turgescible *a.* **1.** *Med:* chwyddedig. **2.** *(style):* chwyddedig, chwyddieithog, gwyntog, rhwysgfawr.
turgid *a.* **1.** chwyddedig; *Biol: &c:* chwydd-dyn[n]. **2.** *(style):* chwyddedig, gwyntog, rhwysgfawr.
turgidity *n.* **1.** *Med:* chwyddiant *m*, chwyddni *m*, chwyddedigaeth *f*; *Bot:* chwydd-dyndra *m.* **2.** *(of style):* chwyddedigaeth *f*, chwyddedigrwydd *m*, gwyntogrwydd *m.*
turgidly *adv.* yn chwyddedig *&c.*
turgidness *n.* = **turgidity.**
turgite *n. Miner:* tyrgit *m.*
turgor *n.* chwydd-dyndra *m.*
Turing machine *n.* peiriant (peiriannau) (*m*) Turing.
turion *n. Bot:* blaguryn (blagur) *m*, [y]sbardun(-au) *mf*, twrion(-au) *m.*
turioniferous *a. Bot:* blagurog, [y]sbardunog.
Turk *n.* Twrc (Tyrciaid) *m*; *S.a.* **young; ~'s-cap lily** *n. Bot:* lili (lilïau) (*f*) m|artagon, llysiau (*pl*) martagon, lili ogwydd (lilïau gogwydd), cap (*m*) Twrc; **~'s head** *n. F:* **1.** *(= long broom):* pen (*m*) Twrc (pennau Tyrciaid). **2.** *Nau:* **~'s head knot,** cwlwm (*m*) pen Twrc; **flattened ~'s head,** pen Twrc penfflat. **3.** *Cu:* tun(-iau) (*m*) pobi.

Turkess *n.f.* Tyrcen(-nod), Twrcen(-nod), Tyrces(-i), Twrces(-i).
Turkestan *Pr.n. Geog:* Tyrcest|an *f.*
Turkey[1] *Pr.n. Geog:* Twrci *f.* **~ carpet** *n.* carped(-i) (*m*) Twrci *or* o Dwrci. **~-corn** *n. Hist:* ŷd (*m*) Twrci. **~ leather** *n.* lledr(-au) (*m*) Twrci. **~ oak** *n. Bot:* derwen (derw) (*f*) Twrci. **~ red** *a. & n.* coch (*m*) Twrci. **~ stone** *n.* carreg (*f*) Dwrci (cerrig Twrci).
turkey[2] *n.* **1.** *Orn:* twrci (twrcïod, twrcïaid, tyrcwn) *m*; **hen-~,** twrcen(-nod) *f*, tyrcen(-nod) *f*, iâr (*f*) dwrci (ieir tyrcwn). **2.** *U.S: F:* = **fool[1], flop;** *U.S. F:* **to talk ~,** siarad yn gall, siarad o ddifrif; *U.S: F:* **cold ~ [treatment],** [triniaeth *f*] croen gŵydd. **~ buzzard, ~ vulture** *n. Orn: U.S:* fwltur(-iaid) pengoch *m* (*pronounced* ng-g). **~-cock** *n.m.* **1.** *Orn:* ceiliog(-od) twrci; **as red as a ~-cock,** cyn goched â chrib ceiliog. **2.** *Fig: (pers.):* cocyn(-nod) *m*, swegryn(-nod) *m*. **~-hen** *n.f.* = **hen-turkey. ~-shoot** *n.* gornest(-au) (*f*) saethu [tyrcwn]. **~-trot** *n. Danc:* tyrci-trot *mf*.
Turki, Turkic *a. & n. Ling:* **1.** *a.* Tyrcig. **2.** *n.* Tyrcïeg *f*, *m*.
Turkish *a. & n.* **1.** *a.* Twrcaidd, Tyrcaidd, o Dwrci; **the ~ army,** byddin Twrci; **he's ~,** Twrc ydyw; un o Dwrci ydyw; *(in language):* Tyrceg; **~ bath,** baddon(-au) Twrcaidd *m*, baddon ager; **~ coffee,** coffi (*m*) Twrci; *Cu:* **~ delight,** melysyn (*m*) Twrci; *Hist:* **the ~ Empire,** Ymerodraeth (*f*) Twrci; **~ tobacco,** baco (*m*) Twrci; **~ towel,** lliain bras (llieiniau breision) *m*. **2.** *n. Ling:* Tyrceg *f*, *m*.
Turkism *n.* ymadrodd(-ion) Tyrcaidd *m*.
Turkistan *n.* = **Turkestan.**
Turkman *n.* = **Turkoman.**
Turkmen *n. Ling:* Tyrcmeneg *f*, *m*.
Turkmenian *a.* Tyrcmenaidd.
Turkmenistan *Pr.n. Geog:* Tyrcmenist|an *f.*
Turkoman *n.* = **Turcoman.**
turlough *n. Nat.Hist:* hafn(-au) *f*, *N.W: occ:* clwt (clytiau) (*m*) Marsli.
turmalin[e] *n.* = **tourmaline.**
turmeric *n. Bot: Cu:* t|yrmerig *m*, saffrwm (*m*) yr India.
turmoil *n.* *(a)* cynnwrf *m*, cythrwfl *m*, cyffro *m*, berw *m*, helynt(-ion) *f*, helbul(-on) *m*, trybestod *m*; **mind in ~,** meddwl cythryblus, meddwl yn corddi, meddwl mewn cynnwrf; *(b) (of water &c):* cynnwrf, berw, aflonyddwch *m*, bwrlwm (byrlymau) *m*, chwyrndro *m*; *(of storm):* rhyferthwy *m*.
turn[1] *n.* **1.** *(of wheel &c):* tro(-eon) *m*, troad(-au) *m*; **half ~,** hanner tro, lletro(-eon) *m*; **with a quick ~ of the wrist,** gyda thro sydyn ar yr arddwrn, gan droi'r arddwrn yn sydyn; **(meat done) to a ~,** (cig wedi'i goginio) i'r dim, yn berffaith; *F:* **to give another ~ to the screw,** rhoi tro arall i'r sgriw, tynh|au'r sgriw. **2.** *(a) (= change of direction):* troad(-au) *m*, tro(-adau) *m*, troi *vn*; *Nau:* gwyriad(-au) *m*; *Aut:* **to make/take a ~ to the right,** troi i'r dde; **no right/left ~,** dim tro i'r dde/chwith; **U-~,** tro pedol; **in two turns,** ar ddeudro; **in three turns,** ar drithro; **three-point ~,** tro ar deirgwaith, tro trithro; *Ski:* **kick ~,** cic-dro(-eon) *m*; **~ of the wind,** tro yn y gwynt, troad gwynt; *F:* **at every ~,** bob tro, bob cyfle, bob gafael, bob cynnig; *(b) (of business, life &c):* tro(-eon) *m*; **a ~ of events,** digwyddiad(-au) *m*; **events took a tragic ~,** daeth tro trychinebus ar bethau; aeth pethau o ddrwg i waeth; **a tragic ~ of events,** tro trasig [ar fyd], digwyddiad trasig/trychinebus, trychineb(-au) *mf*; **a happy ~ of events,** digwyddiad ffodus, newid(-iadau) ffodus *m*, newid er gwell; **to take a ~ for the better,** gwella, troi ar wella, newid er gwell; **the weather took a ~ for the worse,** gwaethygodd y tywydd; aeth y tywydd o ddrwg i waeth; **to give a favourable ~ to a business,** rhoi gwell golwg/gwedd ar fusnes; *(c)* **~ of the tide,** tro/troad y llanw; **the tide is on the ~,** mae'r llanw'n troi; **the milk is on the ~,** mae'r llaeth yn dechrau troi/suro; mae'r llaeth ar droi; *N: occ:* mae'r llaeth yn torri; **~ of the scale,** siglad (*m*) y glorian, tro'r glorian; **at the ~ of the century,** ar droad y ganrif, *occ:* ar dro'r ganrif; **at the ~ of the year,** *(i) (= end):* ar ben y flwyddyn; *(ii) (= start):* ar drothwy'r flwyddyn; *(d) (= shock):* ysgytwad *m*, braw *m*; **it gave me quite a ~,** rhoddodd gryn ysgytwad i mi; **you gave me such a ~!** fe roddaist y fath fraw i mi! mi dychrynaist fi! fe ddychrynaist ti fi! *(e) (= attack, fit):* pwl (pyliau) *m*; **she had one of her turns yesterday,** cafodd un o'i phyliau ddoe; *(f) Fin:* **jobber's ~,** elw(*m*)['r] jobiwr. **3.** *(= walk):* tro(-eon) *m*, *S:* wâc(-s) *f*; **to take a ~ (in the garden),** mynd am dro, *S:* mynd am wâc (yn yr ardd). **4.** *(a) (i) (of order):* tro, twrn *m*; **it's your ~,** dy dro/dwrn di yw hi; ti sydd i fynd; **it will be my ~ some day,** *(i)* fe daw fy nhro/nghyfle i ryw ddydd; *(ii) (revenge):* mi gaf fy nial ryw ddiwrnod; **in ~, by turns,** yn eich tro, un ar ôl y llall, y naill ar ôl y llall, bob yn ail; **everyone in ~,** pawb yn ei dro; **to speak in one's ~,** siarad yn eich tro/twrn; **to play out of one's ~,** chwarae allan o drefn; **~ and ~ about,** bob yn ail, pob un yn ei dro, pawb yn ei dro, pawb â'i dwrn; **to take turns in/at doing sth,** gwneud rhth yn eich tro, cymryd eich tro/twrn i wneud rhth, gwneud rhth bob yn ail; **to take it in turns to steer,** cymryd eich tro wrth y llyw, llywio bob yn ail; **to take turns with s.o.,** mynd/gweithio bob yn ail â rhn, cyfnewid/ymgyfnewid â rhn; *(b) Th:* **music-hall ~,** act(-au) *f*, eitem(-au) *mf*, perfformiad(-au) *m*. **5.** *(a) (= service):* tro(-eon) *m*, cymwynas(-au) *f*; **to do s.o. a [good] ~,** gwneud tro da â rhn, gwneud cymwynas â rhn; **to do s.o. a bad ~,** gwneud tro gwael/sâl â rhn, gwneud cam â rhn; *Prov:* **one good ~ deserves another; ~ for ~,** cân di bennill mwyn i'th nain, fe gân dy nain i tithau; cymwynas am gymwynas; *(b) (= purpose):* diben(-ion) *m*, pwrpas(-au) *m*; **it will serve my ~,** fe wnaiff y tro i mi; fe wnaiff fy nhro i; fe fydd yn ateb fy niben i. **6.** *(a) (= disposition):* **~ of mind,** meddylfryd *m*, tueddfryd *m*, natur *f*, anian *f*, tro (*m*) meddwl, meddwl *m*; **a humorous ~ of mind,** meddwl digrif/doniol; **she has a ~ for mathematics,** mae ynddi duedd at fathemateg; mae elfen (*f*) mathemateg ynddi; *N.W: occ:* mae asgen (*f*) mathemateg ynddi; *(b) (= form):* **~ of phrase,** ymadrodd(-ion) *m*, troad(-au) (*m*) ymadrodd; **the ~ of her arm,** tro ei braich, ystum(-iau) (*mf*) ei braich; *(c)* **a car with a good ~ of speed,** car cyflym, car â thraed tano. **7.** *(a) (of road &c):* tro, troad; **a sudden/sharp ~,** tro cas, tro sydyn; **a path full of twists and turns,** llwybr troellog, llwybr trof|aus; *(b) (of rope):* tro, troad, torch(-au) *f*, *N.W: occ:* ceirsiad (-au) *m*; *Ph:* **turns in a coil,** troadau mewn torch. **8.** *Mus:* troad, troell(-au) *f.* **9.** *Typ:* llythyren wrthdro (llythrennau gwrthdro) *f.*
turn[2] *v.t.&i.* I. *v.t.* **1.** troi; **to ~ a key in a lock,** troi allwedd mewn clo; *(with passive force):* **it won't ~,** wnaiff e/hi ddim troi; mae'n cau â throi; *S:* mae'n pallu troi; **to ~ a knife in the wound,** troi'r gyllell yn y briw; **to ~ a light low,** troi golau yn is, troi golau i lawr, lleih|au/gostwng/pylu golau. **2. to ~ [over] a page,** troi dalen/tudalen, troi drosodd; **newly turned soil,** tir newydd ei droi/aredig; **to ~ a garment inside out,** troi dilledyn o chwith, troi dilledyn y tu chwith/chwithig allan; **to ~ sth outside in,** troi rhth y tu mewn allan, troi tu mewn rhth [y tu] allan; **to ~ everything upside down,** troi popeth â'i wyneb i waered, dymchwel popeth, troi pob dim â'i ben i lawr, *S.W:* diwel popeth; **to ~ hay,** troi gwair; **to ~ the tables,** troi'r byrddau; **to ~ sth loose,** gollwng (rhth) yn rhydd, rhyddh|au (rhth); **he turned the body over,** fe droes y corff drosodd; **to ~ one's back on s.o.,** troi cefn ar rn, cefnu ar rn; **when s.o.'s back is turned,** wedi cael cefn rhn; *F:* **without turning a hair,** heb gyffr|oi/gynhyrfu dim, heb droi blewyn, yn ddigynnwrf; **eggs ~ my stomach,** mae wyau'n troi arnaf i; mae wyau'n codi pwys/cyfog arnaf i. **3. to ~ one's horse,** troi pen eich ceffyl; **to ~ one's steps,** troi'ch traed, ei throi hi; **he turned his steps homewards,** fe'i troes hi am adre; *S:* aeth tua thre; *Lit:* cyfeiriodd ei gamau tuag adref; ymlwybrodd tuag adref; **to ~ tail,** ffoi, *S:* codi cwt, cwnnu cwt; **he can ~ his hand to anything,** gall droi ei law at unrhyw beth; mae'n un deh|euig/amcanus; *N. W:* mae'n un ffetus/bachog; **he never turned anyone from his door,** ni yrrodd/throdd erioed neb o'i ddrws; **to ~ [aside] a blow,** troi/bwrw ergyd heibio; **to ~ the conversation,** troi'r stori/sgwrs, *occ:* troi'r siarad, troi'r gath yn y badell; **to ~ one's thoughts to God,** troi'ch meddwl at Dduw. **4.** *(head, eyes &c):* troi (**towards,** at, tuag at); **~ your face this way,** tro dy ben at yma; tro dy ben [tuag] ataf i; **to ~ a telescope on a star,** anelu telesgop at seren; *B:* **to ~ the other cheek,** troi'r rudd arall; **to ~ a blind eye to sth,** anwybyddu rhth, esgus peidio â gweld rhth, cau llygad ar rth; troi llygad dall i rth; **to ~ a deaf ear,** troi clust fyddar i rth, esgus peidio â chlywed rhth, cymryd arnoch beidio â chlywed rhth. **5. to ~ the laughter against s.o.,** troi'r chwerthin yn erbyn rhn; **to ~ s.o.'s argument against himself,** troi dadl rhn yn ei erbyn ef ei hun; **he turns everyone against him,** mae'n tynnu pawb yn ei ben; mae'n gwneud i bawb droi yn ei erbyn; **to ~ the trick,** ei chlensio hi. **6.** *(a)* **to ~ a corner,** troi cornel; *(of car):* troi cornel, cornelu; *Mil:* **to ~ [the flank/position of] an army,** mynd heibio i fyddin; *(b)* **he is/has turned forty,** mae dros ei ddeugain oed; mae heibio'r deugain oed; mae wedi troi'r deugain; mae'n ddeugain oed a throsodd;

it is turned seven o'clock, mae hi wedi saith [o'r gloch]; mae'n saith [o'r gloch] wedi troi; mae hi ar ôl saith [o'r gloch]. **7.** *(a) (= convert):* troi, newid (**to/into sth,** yn rhth); **to ~ water into wine,** troi dŵr yn win; **his love was turned to hate,** aeth/troes ei gariad yn gasineb; **to ~ Latin into English,** trosi o Ladin i Saesneg; **to turn a theatre into a cinema,** troi theatr [i fod] yn sinema; gwneud sinema o theatr, gwneud theatr yn sinema; *(b)* **to ~ milk sour,** troi/suro llaeth; **autumn turns the leaves yellow,** mae'r hydref yn melynu'r dail; mae'r hydref yn troi'r dail yn felyn; *(c)* **success has turned his head,** mae llwyddiant wedi mynd i'w ben. **8.** *(a) Carp: (table-leg &c):* turnio; *Lit:* **to ~ a poem,** eilio/llunio cerdd; *(b) Knit:* **to ~ a heel,** troi sawdl. II. *v.i.* **1.** *(a) (of wheel &c):* troi, *occ:* cylchdr|oi; **to ~ in a complete circle,** troi'n grwn, gwneud tro cyfan/crwn, *F:* troi reit rownd; **my head is turning,** mae 'mhen i'n troi; mae'r bendro arna' i; mae pensyfrdandod arna' i; *(b)* **everything turns on your answer,** mae popeth yn troi/dibynnu ar eich ateb chi; **the conversation turned on many topics,** bu'r sgwrs yn ymh|el â sawl pwnc; trodd y sgwrs ar sawl pwnc. **2.** *(a)* **to toss and ~,** troi a throsi; *(b)* **to ~ upside down, to ~ turtle,** *(of boat &c):* troi drosodd, dymchwel, *S:* moelyd, *S.W:* diwel; *(c) (of edge of tool):* **to ~ [up, over],** troi [i fyny/drosodd]. **3. to ~ short,** troi ar eich sawdl, troi'n sydyn; **he turned to look at the landscape,** fe drodd i edrych ar yr olygfa. **4.** *(a)* **she turned to the left,** fe drodd hi i'r chwith; *Mil:* **right ~!** i'r dde! **left ~!** i'r chwith! **the path turns to the left,** mae'r llwybr yn troi i'r chwith; **he turned towards home,** *S:* fe drodd tua thre; *N:* mi drodd am adre; *Nau:* **to ~ sixteen points, to ~ [in] a half-circle,** troi un pwynt ar bymtheg, troi mewn hanner cylch; **the wind is turning,** mae'r gwynt yn troi; mae'r gwynt yn newid cyfeiriad; *(b)* **my thoughts often ~ to this subject,** bydd fy meddwl yn troi yn aml at y pwnc hwn; **to ~ to a document,** troi at ddogfen; **to ~ to another subject,** troi at bwnc arall, newid pwnc, *F:* troi'r gath yn y badell; **(I don't know) which way to ~, where to ~,** (wn i ddim) i ble i droi, ba ffordd i droi; **to ~ to s.o.,** troi at rn. **5.** *(a)* **the tide is turning,** mae'r llanw'n troi; **her luck has turned,** mae'i lwc hi wedi newid; *(b)* **to ~ against s.o.,** troi yn erbyn rhn. **6.** *(a) (= change):* troi, newid, mynd, dod (**into sth,** yn rhth); **it is turning to rain,** mae hi am law; mae hi'n mynd i fwrw [glaw]; mae hi'n mynd i lawio; mae hi'n troi'n law; **everything he touches turns into gold,** mae popeth yn troi'n aur dan ei law; **the affair was turning into tragedy,** 'roedd yr achos yn troi'n drychineb; *(b)* **to ~ acid,** troi'n sur, mynd yn sur; *occ:* asideiddio, asidio; **the milk has turned [sour],** mae'r llaeth/llefrith wedi suro/troi; **it's turning cold,** mae hi'n [dechrau] oeri; mae hi'n mynd yn oer; **his head has turned with success,** mae llwyddiant wedi mynd i'w ben; **the leaves are beginning to ~,** mae'r dail yn dechrau newid lliw; mae'r dail yn dechrau melynu; *F:* **to ~ all colours of the rainbow,** mynd yn bob lliw dan haul; **to ~ yellow,** melynu, troi'n felyn, mynd yn felyn; **to ~ black,** duo, troi'n ddu, mynd yn ddu; **to ~ red,** gwrido, cochi, mynd yn goch; **to ~ blue,** glasu, troi'n las, mynd yn las, **to ~ green,** troi'n wyrdd, mynd yn wyrdd, *occ:* gwyrddu; *(of grass, leaves):* glasu, gwyrddlasu; **to ~ pale,** *(of face):* gwelwi, llwydo, mynd yn welw/llwyd; *(of colour, light):* pylu; *(of sky):* goleuo; **to ~ white,** troi'n wyn; *(of hair):* gwynnu, britho; *(c)* **to ~ socialist,** troi'n sosialydd; **to ~ soldier,** mynd yn filwr, listio. **~ about 1.** *v.i.* troi, hanner troi, troi yn eich unfan, troi ar eich sawdl, *F:* troi rownd; *Mil:* **about ~!** trowch! **2.** *v.t.* troi (rhth) yn ei gylch, *F:* troi (rhth) rownd. **~-about** *n. Pol: &c:* newid(-iadau) *(m)* polisi, tro ar eich sawdl, tro yn eich carn. **~ around** *v.t.&i.* = **turn about.** **~ aside 1.** *v.t.* **to ~ sth aside,** troi rhth heibio, troi rhth o'r naill du; *B: Lit:* datr|oi rhth. **2.** *v.i.* troi ymaith, troi draw, *S.W:* troi bant (**from sth,** rhag rhth). **~ away 1.** *v.t. (a)* **to ~ one's eyes away,** edrych draw, troi'ch golygon draw; *(= avert): B: Lit:* datroi; *B:* **a soft answer turneth away wrath,** ateb arafaidd a ddetry lid; *(b) (= dismiss):* anfon/gyrru (rhn) ymaith, *S:* hala (rhn) bant; **to ~ people away,** troi pobl ymaith, gwrthod pobl wrth y drws, gwrthod mynediad i bobl. **2.** *v.i.* troi ymaith, troi'r naill du, troi o'r neilltu, troi i'r naill ochr, *S:* troi bant, *N:* troi i ffwrdd; **to ~ away from s.o.,** *(i)* troi rhag rhn, troi oddi wrth rn; *(ii) (= abandon):* troi cefn ar rn, cefnu ar rn. **~ back 1.** *v.t. (a)* **to ~ (s.o.) back,** troi, gyrru, anfon (rhn) yn ei ôl; *(page of book &c):* troi (rhth) yn ei ôl; *(b) (sleeves):* torchi, *S.W:* troi (rhth) lan. **2.** *v.i.* troi'n ôl, mynd yn ôl, dychwelyd. **~ down** *v.t.* **1.** *(collar &c):* troi/plygu (rhth) i lawr. **2.** *Cards:* **to ~ a card down,** troi cerdyn â'i wyneb i lawr; **to ~ down bedclothes,** troi dillad gwely i lawr. **3.** *(gas &c):* troi (rhth) i lawr, troi (rhth) yn is, gostwng (rhth). **4.** *F: (= refuse):* gwrthod; **she turned me down flat,** gwrthododd hi fi'n bendant *or* ar fy mhen. **~-down** *attrib.* **~-down collar,** coler *(mf)* plygu/blygu (coleri plygu), coler troi i lawr. **~ in 1.** *v.t. (a) (= fold towards):* troi/plygu (rhth) at i mewn; *(edge of garment):* troi/lapio (rhth) at i mewn; *(b)* **to ~ one's toes in,** troi'ch traed at i mewn, troi bysedd eich traed at i mewn; *(c) F: (= hand in, return):* dychwelyd (rhth), rhoi (rhth) yn ei ôl; *(d) F: (= stop):* rhoi'r gorau (i rth); **~ it in!** rho'r gorau iddi! dyna ddigon! *(e) F: esp. U.S:* **to ~ s.o. in,** *(to the police):* rhoi rhn yn nwylo'r heddlu; *(= betray):* bradychu; **to ~ oneself in (to the police),** ildio, gildio, eich gildio'ch hun (i'r heddlu); *(f) Sp:* **to ~ in a good score,** sgorio'n dda, cael sgôr dda; *Th: &c:* **to ~ in a good performance,** rhoi perfformiad da, perfformio'n dda. **2.** *v.i. (a)* **his toes ~ in,** mae ei draed yn troi at i mewn; *(b) F:* **to ~ in,** *(= go to bed):* ei throi hi am y gwely, mynd i glwydo, mynd i noswylio, *N: F:* mynd i'r ciando, mynd i'r cae sgwâr; *(c)* **he turned in at the doorway,** fe drodd i mewn wrth y drws. **3. to ~ in on oneself,** mynd yn fewnblyg, *F:* mynd i'ch cragen. **~ off** I. *v.t.* **1.** *(water, gas &c):* troi (rhth) i ffwrdd; atal, stopio, *occ:* cau (rhth); *(light):* diffodd, *S:* troi (rhth) bant. **2.** *(employee):* troi (rhn) o'i swydd, diswyddo (rhn). **3.** *P: (= disgust):* **it turns me off,** mae'n codi cyfog/pwys arna' i; mae'n troi arna' i; mae'n ffiaidd/gas gen i; *(= bore):* mae'n lladd fy niddordeb i, mae'n ddiflas gen i, mae'n fy niflasu i; *N: F:* mae'n codi pip arna' i; mae'n codi'r felan arna'i. II. *v.i.* **1.** troi; **I turned off to the left,** mi drois i'r chwith; cymerais dro i'r chwith. **2. the car turned off the main road,** troes y car oddi ar y ffordd fawr; fe adawodd y car y ffordd fawr; **(a small street) that turns off the High Street,** (stryd fach) sy'n troi oddi ar y Stryd Fawr, sy'n arwain o'r Stryd Fawr. **~-off** *n. (= bore):* peth(-au) diflas *m,* diflastod *m;* *(= disgusting object):* peth ffiaidd/cas *m.* **~ on 1.** *v.t. (a) (tap):* agor; *(water, gas, electricity &c):* troi/dodi (rhth) arnodd/ymlaen (*not* arno, *and not* ar); *(radio, T.V. &c):* rhoi/dodi (rhth) i fynd, troi/dodi/rhoi (rhth) ymlaen/arnodd; **~ on the radio, will you,** rho'r radio, wnei di; *(light, fire):* goleuo, cynnau; **shall I ~ on the light?** ga' i roi'r golau? *(fountain, machine):* cychwyn; **the gas/water/current is turned on,** mae'r nwy/dŵr/trydan yn llifo; *(b) F:* **to ~ s.o. on,** tanio, cyffr|oi, cynhyrfu (rhn); *P: (sexually):* cynhyrfu, cyffr|oi (rhn); codi blys/awydd/chwant (ar rn). **2.** *v.i. (prep. use)* **to ~ on s.o.,** *(= attack):* troi ar rn, troi yn erbyn rhn, ymosod ar rn; *Fb:* **to ~ on the ball,** troi ar y bêl. **~ out** I. *v.t.* **1.** *(a)* **to ~ s.o. out [of doors],** anfon/gyrru rhn allan/mas o'r tŷ, dangos y drws i rn, *N:* hel rhn allan, troi rhn dros y drws, *S:* troi rhn mas; **to ~ out a tenant,** gyrru/troi/hel/bwrw tenant allan, *N.W:* hel rhn i'r lôn, dangos y lôn i rn, *S:* troi rhn mas; **to ~ out a servant,** cael gwared/ymadael â gwas, diswyddo gwas, *F:* rhoi'r droed i was, rhoi'i gardiau i was, *N.W:* rhoi'r wib/hwi i was; **to ~ out a government,** dymchwel llywodraeth; *(b)* **to ~ cattle out,** *N:* troi gwartheg allan i bori, *S:* troi da mas i bori; *S.a.* **grass[1] 2;** *(c) Nau: (= rouse):* codi, deffro; *Mil:* **to ~ out troops,** troi/galw milwyr allan/mas; *(d) Cu:* **to ~ out a jelly,** troi jeli allan/mas. **2.** *(drawer, pocket, room &c):* gwagio, gwacáu. **3.** *(= produce):* cynhyrchu. **4. well turned out,** *(pers.):* twt, taclus, trwsiadus, destlus, fel pin mewn papur; *(product):* crefftus, graenus, gorffenedig, o ansawdd/safon dda. **5.** *(gas, light &c):* diffodd. **6. to ~ out one's toes,** troi'ch traed [at] allan, troi bodiau'ch traed [at] allan; *F:* cerdded â'ch traed ar chwarter i dri. II. *v.i.* **1.** *(a)* dod allan/mas, troi allan/mas, ymddangos; *(b) (of workmen):* **to ~ out [on strike],** mynd ar streic, streicio, dod allan/mas ar streic; *(c) F: (= get up):* codi, *S:* cwnnu [o'r gwely]. **2. his toes ~ out,** mae ei draed yn troi allan/mas. **3.** *(a) (= result):* diweddu, digwydd, darfod, bod; **things have turned out well,** mae pethau wedi diweddu'n dda; **to ~ out badly,** diweddu'n wael; **it will ~ out all right,** fe fydd popeth yn iawn; fe ddaw popeth i'w le; **(I don't know) how it will ~ out,** (wn i ddim) sut y bydd hi, beth fydd y canlyniad; **as it turned out,** fel y digwyddodd hi; **his son turned out badly,** fe dyfodd ei fab yn ddyn drwg; **the weather has turned out fine,** mae'r tywydd wedi codi'n braf; *(b)* **the dog turned out to be mine,** fe gafwyd mai fy nghi i oedd y ci; fel y digwyddodd hi, fi oedd biau'r ci; fy nghi i ydoedd yn y diwedd; **it turns out that...,** mae'n ymddangos mai...; mae'n digwydd bod mai.... **~ over 1.** *v.t. (a)* troi (rhth) [drosodd]; **to ~ over the pages of a book,** troi dalennau/tudalennau llyfr; **please ~ over,** trowch drosodd; trowch y tudalen; *S.a.* **leaf**[1] **2**; *Agr:* **to ~ over soil,** troi/aredig pridd; **to ~ an idea over in one's mind,** myfyrio dros syniad, ystyried syniad yn ddwys, troi syniad yn eich pen, troi a throsi syniad; *(b)* **he turns over 500 pounds a week,** mae'n gwneud pum can punt o fusnes yr wythnos; mae ei drosiant yn bum can punt yr wythnos; *(c)* **to ~ sth over to s.o.,** trosglwyddo rhth i rn; **the thief was turned over to the police,** rhoddwyd y lleidr yn nwylo'r heddlu; *(d) Typ:* **to ~ a letter over,** troi llythyren â'i phen i lawr/waered. **2.** *v.i.* troi [drosodd]; *(of vehicle):* troi drosodd, dymchwel, *N.W: occ:* mowntio, *S:* moelyd, *S.W:* diwel. **~ round 1.** *v.t.* troi (rhth) yn ei gylch, *F:* troi (rhth) rownd; *Com:* **to ~ a ship/lorry round,** dychwelyd llong/lorri, dadlwytho ac ail-lwytho llong/lorri. **2.** *v.i. (a)* troi ar eich sawdl, troi yn eich unfan, *F:* troi rownd; **to ~ round and round,** troi a throelli, *F:* troi rownd a rownd; **~ round (and let me see your face),** tro'r ffordd yma, tro ata' i, tro rownd (imi gael gweld dy wyneb di); *(b) (in one's opinions &c):* troi yn eich carn, *occ:* troi yn eich cogwrn. *(c) F:* **to ~ round on s.o.,** troi/ymosod ar rn. **~-round** *n. Com: (of ships, lorries):* dychweliad(-au) *m.* **~ to** *v.i. F: (= begin work):* troi at eich gwaith, mynd at eich gwaith, bwrw iddi, mynd ati, dechrau gweithio, cychwyn gwaith, cychwyn gweithio, dechrau/cychwyn arni, *S.W:* clatsho bant; **~ to, lads!** hai ati, fechgyn! **~ up I.** *v.t.* **1.** *(a) (collar):* troi (coler) i fyny, *S:* troi (coler) lan; *(sleeve):* torchi (llawes), *S:* troi (llawes) lan; **a turned-up nose,** trwyn smwt; *F:* **to ~ up one's nose at sth,** troi'ch trwyn ar rth, *N.W: occ:* trwynio ar rth; **he turned up his eyes,** cododd ei lygaid; trodd ei lygaid at i fyny; *(b) (soil &c):* troi, tyrchu; *(= disinter):* datgladdu (rhth), tyrchu (rhth) i'r wyneb; **the gardener has turned up some old bones,** mae'r garddwr wedi tyrchu rhyw hen esgyrn i'r wyneb; *(c)* **to ~ up a word in the dictionary,** edrych gair mewn geiriadur, dod o hyd i air mewn geiriadur; *(d) F:* **= sicken. 2.** *(light &c):* codi (golau), troi (golau) yn uwch, *N:* troi (golau) i fyny, *S:* troi (golau) lan; *(sound, volume):* troi (sain) yn uwch *or* i fyny *or* lan. **II.** *v.i.* **1.** *(of nose, toes &c): N:* troi at i fyny, *S:* troi lan; **his nose turns up,** mae ganddo drwyn smwt. **2.** *(a)* **the ten of diamonds turned up,** daeth y deg o ddiemyntau allan/mas; daeth y deg o ddiemyntau i'r golwg; *(b)* **to ~ up (at s.o.'s house),** dangos eich wyneb, ymddangos (yn nhŷ rhn); cyrraedd tŷ rhn [yn annisgwyl, yn sydyn]; **he turned up ten minutes late,** fe gyrhaeddodd ddeng munud yn hwyr; **it will ~ up (sometime),** fe ddaw i'r golwg, *N:* fe ddaw i'r fei, *S:* fe ddaw ar glawr (rywbryd); **sth is sure to ~ up,** fe ddaw rhth, mae'n siŵr; mae rhth yn siŵr o ddod; fe ddaw cyfle arall, mae'n siŵr; **until sth better turns up,** nes y daw rhth gwell i'r golwg, nes y daw cyfle arall. **~-about** *n.* **1.** *(= change in policy):* troad(-au) *m*, newid(-iadau) *m*, gwrthdroad(-au) *m*, gwrthdro(-eon) *m*, tro(-adau) *(m)* ar eich sawdl. **2.** = **turncoat. 3.** = **retaliation. 4.** = **merry-go-round. ~-around** *n.* = **turn-about, turn-round. ~-bench** *n. Clockm:* mainc *(f)* durnio (meinciau turnio). **~-cap** *n. Const:* cap(-iau) *(m)* tro. **~-down** *a.* **~-down collar,** coler(-i) *(m)* plyg/plygu, coler *(f)* blyg/blygu (coleri plyg/plygu). **~-indicator** *n. Av:* deial(-au) *(m)* tro. **~-screw** *n.* = **screwdriver. ~-up** *n.* **1.** *(of trousers):* godre(-on) *m.* **2.** *(at cards):* troad *m*, *F:* **what a ~-up [for the book],** dyna [beth] annisgwyl! dyna inni lwc!

turnable *a.* troadwy.

turnbuckle *n.* bwcl (byclau) *(m)* tro.

turncoat *n. Pol: &c:* gwrthgiliwr (gwrthgilwyr) *m*, bradwr (bradwyr) *m*; **don't be a ~,** paid â throi dy gôt.

turncock *n.* **1.** *Adm:* dyn(-ion) *(m)* troi tapiau. **2.** *Tls:* allwedd(-i) *(f)* troi dŵr, *N:* agoriad(-au) *(m)* troi dŵr.

turned *a.* **1. lathe ~, machine ~,** turniedig; **well-~,** *(leg &c):* lluniaidd, siapus, *Lit: occ:* pert ei thro; *(sentence):* lluniaidd; *(compliment):* deheuig, gosgeiddig. **2.** *Needlew: (collar &c):* o chwith. **3.** *Typ:* **~ comma,** atalnod gwrthdro/gwrthdröedig. **~ on** *a. F: (= in the fashion):* ynddi hi. **2.** *(= excited):* mewn cyffro, cyffröedig. **~ out** *a.* **well ~ out,** taclus, twt, cymen, destlus, trwsiadus, fel pin mewn papur. **~ up** *a.* **a ~ up nose,** trwyn smwt, trwyn [yn] troi i fyny.

turner *n.* **1.** *(in general sense):* tröwr (trowyr) *m.* **2.** *Ind:* turniwr (turnwyr) *m.* **3.** *Orn:* colomen *(f)* dro (colomennod tro). **4.** *Gym: U.S:* mabolgampwr (mabolgampwyr) *m.*

turnery *n.* **1.** *(work):* turnoriaeth *f*, gwaith *(m)* turnio. **2.** *(place):* gwaith *(m)* (gweithydd/gweithfeydd) turnio.

turning[1] *a.* sy'n troi, tro, *occ:* tröol.

turning[2] *vn. & n.* **1.** *vn. (a) (of wheel):* tro(-adau) *m*, troad(-au) *m*, cylchdro(-eon) *m*, cylchdroad(-au) *m*; *(b) (of car &c):* troad, troi; *(c) (of garment, soil):* troad; *Dressm:* **double ~,** troad dwbl; **single ~,** troad sengl; **turnings allowed,** troadau'n gynwysedig; *(d)* **~ of the tide,** troad y llanw; *(e) (= conversion):* tröedigaeth(-au) *f.* **2.** *vn. (= work on lathe):* turnio, turnoriaeth *f*, gwaith *(m)* turnio; **parallel ~** , turnio cyflin/p|aralel. **3.** *n. (of road):* tro(-eon) *m*, troad(-au) *m*; **take the ~ on the left,** trowch i'r chwith; cymerwch y tro/troad i'r chwith. **4.** *n.pl. (of lathe):* naddion. **~ allowance** *n.* lwfans *(m)* troad/troadau. **~-chisel** *n. Tls:* gaing *(f)* durnio (geingiau turnio). **~-circle** *n. Aut:* cylch(-oedd) *(m)* troi, trogylch(-oedd) *m.* **~-lathe** *n.* = **lathe 1. ~-point** *n.* trobwynt(-iau) *m.*

turnip *n.* **1.** *Hort: N:* meipen (maip) *f*, *S:* erfinen (erfin) *f*; **Swedish ~,** = **swede**[2]. **2.** *Clockm:* watsh fawr (watshis mawrion) *f.* **~-cabbage** *n.* colrabi *m*, meipfresychen (meipfresych) *f*, erfinfresychen (erfinfresych) *f.* **~-fly** *n. Ent:* pryf(-ed) *(m)* maip/erfin. **~-like** *a.* fel erfinen/meipen. **~-moth** *n. Ent:* gwyfyn(-od) *(m)* y maip, gwyfyn yr erfin. **~-top** *n. Cu:* dail *(pl)* meipen/erfin.

turnipy *a.* a blas erfin/maip arno/arni/arnynt.

turnix *Orn:* sofliar dribys (soflieir tribys) *f.*

turnkey *n. A:* = **warder.**

turnout *n.* **1.** *(of people):* cynulliad(-au) *m*; **there was a large ~-out at his funeral,** fe ddaeth llawer iawn o bobl i'w angladd; fe ddaeth tyrfa fawr i'w angladd. **2.** *Ind:* cynnyrch *m*; *(= production):* cynhyrchiad(-au) *m*, cynhyrchu *vn*, gwneuthuriad *m.* **3.** *Mil: &c: (a) (= appearance):* ymddangosiad *m*, golwg *f*; *(b)* = **equipment. 4.** *(= cleaning of room &c):* glanhad llwyr *m.*

turnover *n.* **1.** *(of vehicle):* dymchweliad(-au) *m*; *(b) Parl: &c:* **a ~ of four votes,** newid *(m)* barn o bedair pleidlais. **2.** *Com: Ind: (of capital, workers):* trosiant (trosiannau) *m*; **sales ~,** trosiant gwerthu. **3.** *Cu:* pasten(-ni) *f*; **apple ~,** teisen(-nau) *(f)* afal/afalau ar y maen, lechfaen afal/afalau (teisennau llechfaen ~/~), *S: F:* teisen lychwan afal/afalau (teisennau llychwan ~/~). **~ board** *n.* bwrdd (byrddau) *(m)* dymchwel. **~ bridge** *n.* pont(-ydd) *(f)* newid ochr.

turnpike *n.* **1.** *Hist: (gate):* tollborth (tollbyrth) *m*, tyrpeg(-au) *m.* **2.** *Hist: & U.S:* **~[-road],** ffordd *(f)* dyrpeg (ffyrdd tyrpeg). **~ trust** *n.* cwmni (cwmnïau) *(m)* tyrpeg.

turnplate *n. Rail:* = **turntable.**

turnsick, turnside *n. Vet:* y bendro *f.*

turnsole *n. Bot:* blodyn (blodau) heuldro *m*, heuldro(-eon) *m.*

turnspit *n.* **1.** *A: (dog):* bergi (bergwn) *m.* **2.** *(pers.):* bêr-droellwr (~-droellwyr) *m.*

turnstile *n.* giât *(f)* dro (giatiau tro), llidiart (llidiardau) *(m)* tro; *F:* **ten thousand came through the turnstiles today,** fe ddaeth deng mil drwy'r giatiau heddiw; fe ddaeth deng mil i'r maes heddiw.

turnstone *n. Orn:* hutan(-od) *(m)* y dŵr/môr, cwtiad (cwtiaid) *(m)* y traeth.

turntable *n. Rail: &c:* bwrdd (byrddau) *(m)* tro, bwrdd troi, trofwrdd (trofyrddau) *m.*

turnverein *n. Sp:* clwb (clybiau) *(m)* mabolgampau.

turpentine[1] *n.* tyrpant *m*, twrpant *m*, t|yrpentin *m.* **~ tree** *n. Bot:* pren(-nau) *m* tyrpant, coeden *(f)* dyrpant (coed tyrpant).

turpentine[2] *v.t.* rhoi/dodi tyrpant (ar rth).

turpentinic, turpentinous *a.* tyrpentinig, tyrpentinaidd, fel tyrpant.

turpeth *n. Bot: Pharm:* tyrpeth *m.*

turpis causa *n. Lt.phr. Jur:* achos(-ion) drwg *m.*

turpitude *n.* ysgelerder *m*, gwarthusrwydd *m.*

turps *n. Com: F:* = **turpentine. ~ substitute** *n.* sbirit gwyn *m.*

turquoise *n. & attrib.* **1.** *n. Lap:* glasfaen (glasfeini) *m*, maen glas (meini gleision) *m.* **2.** *a. & n.* **~[-blue], ~[-green],** gwyrddlas *(f.* gwerddlas, *pl.* gwyrddleision), glaswyrdd *(f.* glaswerdd, *pl.* glaswyrddion).

turret *n. Arch: Mec.E: &c:* tyred(-i,-au) *m*; *Arch: occ:* tŵr bach (tyrau bychain); **bell-~,** clochdwr (clochdyrau) *m.* **~ head** *n. Mec.E:* pen(-nau) tyredog *m*, tyredben(-nau) *m.* **~-headed** *a.*

pen tyred, tyredbennog. ~ **lathe** *n.* = **lathe (capstan).** ~**-ship** *n.* llong (*f*) dyredog (llongau tyredog), tyredlong(-au) *f*.
turreted *a.* **1.** *Arch:* tyredog. **2.** *Conch:* troellog.
turretless *a.* didyred.
turrical, turriculate, turriculated *a.* tyredog.
turtle[1] *n.* crwban(-od) (*m*) y môr, môr-grwban(-od) *m*; *S.a.* **mock turtle; alligator ~, = turtle (snapping); green ~,** môr-grwban gwyrdd; **hawksbill/imbricated ~,** môr-grwban gwalchbig; **helmeted/sideneck ~,** môr-grwban coch; **coriaceous/leathery/leatherback trunk ~,** môr-grwban lledraidd; **loggerhead ~,** môr-grwban pendew; **Kemp's loggerhead ~, Atlantic Ridley ~,** môr-grwban pendew Kemp; **snapping ~,** môr-grwban brathog; **spotted ~,** môr-grwban mannog; *F:* **to turn ~,** *(of boat):* troi drosodd, dymchwel, troi wyneb i waered, *S:* moelyd, *S.W:* diwel. ~ **cowrie** *n. Moll:* cragen (*f*) grwban (cregyn crwban). ~**-grass** *n. Bot:* = **eel-grass.** ~**-head** *n. Bot:* pen (*m*) crwban. ~**-neck** *a.* & *n. Cost: U.S:* = **polo-neck.** ~ **shell** *n. Rept: Anat:* cragen crwban (cregyn crwbanod). ~ **soup** *n. Cu:* cawl (*m*) crwban.
turtle[2] *v.i.* hela (*vn*) môr-grwbanod.
turtle[3]**-dove** *n. Orn:* turtur(-od) *f*, colomen (*f*) Fair (colomennod Mair).
turtleback *n.* ~ **[deck]** *n. N.Arch:* cefn (*m*) crwban (cefnau crwbanod).
turtlebug *n. Ent:* lleuen grwbanog (llau crwbanog) *f*.
turtledeck *n.* = **turtleback [deck].**
turtler *n.* môr-grwbanwr (~-grwbanwyr) *m*.
turtling *vn.* hela môr-grwbanod.
Tuscan *a.* & *n.* **1.** *a.* Tysganaidd, Tysgaidd; *(in language):* Tysganeg, Tysgeg; ~ **straw,** gwellt (*pl*) gwenith. **2.** *n. (i) Ethn:* Tysganiad (Tysganiaid) *m&f*, Tysgiad (Tysgiaid) *m&f*; *(ii) Ling:* Tysganeg *f*, *m*, Tysgeg *f*, *m*.
Tuscany *Pr.n. Geog:* T|wsgani: T|ysgani *f*.
Tuscarora *n.* **1.** *Ethn:* Tysgarora(-id) *m&f*; *(in language):* Tysgaroreg. **2.** *Ling:* Tysgaroreg *f*, *m*.
tusche *n. Art: Lith:* twsh *m*.
tush[1] **1.** *int.* & *n.* *A:* twt! pw! twt lol! wfft! naw wfft (*usu.pronounced* nawfft).
tush[2] *v.i.* twtian, twt-twtian, wfftio, naw wfftio (*usu.pronounced* nawfftio).
tush[3] *n.* = **tusk**[1].
tushery *n. Lit:* coeg-hynafiaeth *f*, ffug-hynafiaeth *f*.
tusk[1] *n.* **1.** ysgithr(-edd,-au) *m*, ysgwthr (ysgythrau) *m*, *F:* dant (dannedd) *m*. **2.** *Carp: Agr: (of harrow, tenon &c):* dant. ~**shell** *n. Moll:* corn (*m*) y fuwch, dant (*m*) eliffant. ~ **tenon** *n. Carp:* tyno(-au) danheddog *m*.
tusk[2] *v.t.* tyrchu, ysgithru.
tusked *a.* ysgithrog, ysgythrog, danheddog.
tusker *n.* **1.** *(elephant):* |eliffant (cliffantod) ysgithrog *m*. **2.** *(boar):* baedd(-od) ysgithrog *m*.
tuskless *a.* diddannedd, heb ysgithrau.
tusklike *a.* ysgithrol, ysgithraidd.
tusky *a.* ysgithrog, danheddog.
tussah *n.* = **tussore.**
tussal *a. Med:* pesychol, pesychaidd, pesychlyd.
tusser *n. Tex:* = **tussore.**
tussis *n. Med:* pesychiad(-au) *m*, peswch *m*.
tussive *a. Med:* pesychol, pesychlyd.
tussle[1] *n.* ysgarmes(-oedd,-au) *f*, *N: F:* cwffas[t] *f*; **a ~ ensued,** fe aeth hi'n daro; **to have a ~,** ysgarmesu, ymdaro.
tussle[2] *v.i.* ymdaro, ysgarmesu, ymgodymu.
tussock *n.* **1.** *(of grass &c):* tusw(-au) *m*, twffyn (twffiau) *m*, swp: sypyn (sypiau) *m*, twmpath(-au) *m*. **2.** *(of hair &c):* cudyn(-nau), *m*, twffyn, *S. W:* cwlffyn (cwlffau) *m*. ~ **caterpillar** *n. Ent:* lindysyn (lindys) tuswog *m*, *F:* siani flewog (sianis blewog) *f*. ~**-grass** *n. Bot:* gweunwellt *m*. ~**-moth** *n. Ent:* gwyfyn(-od) tuswog *m*. ~**-sedge** *n. Bot: (Carex):* hesgen rafunog (hesg rhafunog) *f*; **fibrous ~-sedge,** *(C. appropinquata):* hesgen edafeddog; **greater ~-sedge,** *(C. paniculata):* yr hesgen rafunog fwyaf (yr hesg rhafunog mwyaf); **lesser ~-sedge,** *(C. diandra):* yr hesgen rafunog leiaf (yr hesg rhafunog lleiaf).
tussocky *a.* twmpathog, tuswog.
tussore *n.* **1.** *Ent:* ~ **moth,** gwyfyn(-od) (*m*) tysôr. **2.** ~ **[silk]** *n.* sidan (*m*) tysôr.
tut[1] *int.* twt! pw! pach! ~**-~!** twt, twt! twt lol!
tut[2] *v.i.* **to ~[-~] at sth,** twt-twtian rhth, gwaredu at rth.
tut[3] *n. Min:* tasg(-au) *f*. ~**-work** *n. Min:* gwaith (*m*) ar dasg.
tutee *n.* disgybl(-ion) [tiwtoraidd] *m*.
tutelage *n.* gwarchodaeth *f*, gwarcheidwadaeth *f*, nawdd *m*, *Jur:* tiwtelaeth *f*.
tutelar, tutelary *a.* & *n.* **1.** *a.* gwarcheidiol; ~ **saint,** nawddsant (nawddseintiau) *m*, nawddsantes(-au) *f*; *S.a.* **god. 2.** *n.* gwarchodwr (gwarchodwyr) *m*, gwarcheidwad (gwarcheidwaid) *m*.
tutenag *n. Metall:* twtnag *m*, copor gwyn *m*.
tutiorism *n. Theol:* diogelyddiaeth *f*.
tutiorist *n. Theol:* diogelydd(-ion) *m*.
tutor[1] *n.* **1.** *Sch:* tiwtor(-iaid) *m*, *Lit: occ:* dysgawdr (dysgodron) *m*. **2.** *(book):* llawlyfr(-au) *m*. **3.** *Jur:* = **guardian.** ~**-librarian** *n.* tiwtor-lyfrgellydd (~-lyfrgellwyr) *m*.
tutor[2] *v.t.&i.* hyfforddi, dysgu, addysgu; **to ~ s.o. in Latin,** dysgu Lladin i rn, hyfforddi rhn mewn Lladin, rhoi gwersi Lladin i rn; *abs.* tiwtora.
tutorage *n.* = **tutorship.**
tutoress *n.f.* tiwtores(-au), hyff|orddwraig (hyfforddwragedd), *Lit: occ:* dysgodres(-au) *f*.
tutorial *a.* & *n.* **1.** *a.* addysgol, addysgiadol, hyfforddiadol, athrawol, tiwtoraidd; ~ **system,** cyfundrefn/trefn (*f*) diwtorial. **2.** *n. Sch:* tiwtorial(-au) *m*, dosbarth(-iadau) tiwtorial *m*.
tutorially *adv.* yn addysgol *&c*; gyda thiwtor.
tutorless *a.* didiwtor, diathro, heb diwtor/athro.
tutorship *n.* **1.** tiwtoriaeth(-au) *f*, swydd (*f*) tiwtor (swyddi tiwtoriaid). **2.** *Jur:* gwarchodaeth *f*, gwarcheidwadaeth *f*.
tutsan *n. Bot: (Hypericum androsaemum):* eirinllys *m*, dail (*pl*) y fendigaid/fyddigad, dail twrch, gwaed (*m*) y gŵyr, dail y Beiblau, y greulys fendigaid *f*; **stinking ~,** *(H. hircinum):* eirinllys drewllyd; **tall ~,** *(H. inodorum):* eirinllys tal.
Tutsi *n. Ethn:* = **Watusi, Watutsi 1.**
tutti *a., adv.* & *n. Mus:* **1.** *a.* & *adv.* oll ynghyd; pawb gyda'i gilydd; oll; i gyd. **2.** *n.* twti (twtïau) *m*.
tutti-frutti *n. Comest:* twti-ffrwti *m*, hufen iâ (*m*) ffrwythau.
tutto *a. Mus:* i gyd; y cwbl *m*, y cyfan *m*.
tutty *n. Ch:* tyti *m*.
tutu[1] *n. Cost:* twtw(-au) *m*.
tutu[2] *n. Bot:* twtw(-au) *m*.
tuum *n. See* ***meum***
Tuvalu *Pr.n. Geog:* Twfalw *f*.
Tuvaluan *a.* & *n.* **1.** *a.* Twfalwaidd; **the ~ governor,** llywodraethwr Twfalw; *(in language):* Twfaleg. **2.** *n. (a) Ethn:* Twfalwad (Twfalwaid) *m&f*; *(b) Ling:* Twfalweg *f*, *m*.
tu-whit, tu-whoo *int.* & *n.* **1.** *int.* tw-whit, tw-hw. **2.** *n.* hŵt (hwtiadau) *m*, hwtiad(-au) *m*, hwtian *vn*, hwtio *vn*, cri (*fm*) tylluan.
tuxedo *n. Cost: U.S:* = **dinner-jacket.**
tuyère *n. Metall:* *tuyère(-s)* *m*, chwythell(-au) *f*.**twachel** *n. Fish:* = **earthworm.**
Twaddell degree *n. Ch:* gradd(-au) (*f*) Twaddell.
twaddle[1] *n.* = **nonsense.**
twaddle[2] *v.t.&i.* *(= talk nonsense):* *See* **nonsense.**
twaddler *n.* *(= talker of nonsense):* *See* **nonsense.**
twaddly *a.* = **nonsensical.**
twain *a.* & *n. Lit:* dau (deuoedd) *m*, dwy(-oedd) *f*; **in ~,** yn ddau [ddarn/hanner], yn ddwy [ran]; **to cleave a giant in ~,** hollti cawr yn ddau, hollti cawr yn ei hanner; **we ~,** ni'n dau/dwy, *occ:* ni ill dau/dwy; **ye ~,** chwi'ch dau/dwy, chwi ill dau/dwy; **they ~,** hwy'u dau/dwy, hwy ill dau/dwy.
twang[1] *n.* **1.** *(of bowstring):* plyciad(-au) *m*, twang(-iadau) *m*, atsain (atseiniau) *f*. **2. nasal ~,** sain drwynol *f*, twang; **to speak with a ~,** siarad trwy'ch trwyn. **3.** *(= affected accent):* llediaith *f*.
twang[2] *v.t.&i.* **1.** *v.t.* *(harpstrings &c):* plycio, plicio, tynnu; **to ~ a guitar,** *v.i.* **to ~ [on] a guitar,** plycio [tannau] gitâr. **2.** *v.i.* *(a) (of string &c):* atseinio; *(b) (of pers.):* siarad trwy'ch trwyn.
twang[3] *n.* = **tang.**
twangle *v.t.&i.* = **twang**[2].
twangy *a.* **1.** *Mus:* atseiniol. **2.** *(= nasal):* trwynol; *(accent):* lledieithog.
twankay *n.* te gwyrdd *m*.
'twas *A: Poet:* = **it was.**
twat *n.* **1.** *V:* *(= vulva):* cont(-iau) *mf*. **2.** = **fool**[1].

twayblade *n. Bot: (Listera ovata):* dwyddalen *f*, gef|ell-lys *m*, caineirian *m*; **lesser ~,** *(L. cordata):* caineirian bach.
tweak¹ *n.* plwc (plyciau) *m*, plyciad(-au) *m*.
tweak² *v.t.* plycio, tynnu.
twee *a.* mursennaidd.
tweed¹ *n.* **1.** *Tex:* brethyn caerog *m*, brethyn cartref. **2.** *pl. (clothes):* dillad brethyn; *(single suit):* siwt (*f*) frethyn; *(cloths):* brethynnau.
Tweed² *Pr.n. Geog:* [Afon] Tuedd *f*.
tweediness *n.* brethynogrwydd *m*, natur frethynnog *f*; golwg frethynnog *f* (ar rn/rth).
tweedle *n. Mus:* yswitiad(-au) *m*, yswitian *vn*, yswitio *vn*.
Tweedledum and Tweedledee *Pr.n.* Huwcyn (*m*) a Ffowcyn *m*.
tweedy *a.* **1.** *(clothes):* brethyn, brethynnog. **2.** *(pers.):* brethynnog.
'tween *adv. & prep. A: & Poet:* = **between. ~-decks** *Nau:* = **between-decks.**
tweeny *n.* morwyn fach (morwynion bach) *f*.
tweet¹ *n.* yswitiad(-au) *m*.
tweet² *v.i.* yswitian, yswitio, pipian, trydar, pyncio.
tweeter *n.* yswitiwr (yswitwyr) *m*, ysw|itwraig *f*. **~-woofer** *n. El: Mus:* seinydd(-ion) (*m*) uchel-isel, yswitiwr-chwyrnwr (yswitwyr-chwyrnwyr) *m*.
tweeze *v.t.* gefeilio, plicio, tynnu.
tweezer¹ *n.usu.pl.* **1.** *Toil:* pliciwr (plicwyr) *m*, plyciwr (plycwyr) *m*. **2.** *(for stamps &c):* gefel (gefeiliau) *f*.
tweezer² *v.t.* plicio, plycio, tynnu, gefeilio.
twelfth *num. a. & n.* **1.** *a.* deuddegfed; **the ~ man,** y deuddegfed dyn; deuddegfed *mutates a fem. noun and itself mutates after the article:* **the ~ mile,** y ddeuddegfed filltir; **T~ Night,** Nos Ystwyll; **T~ Day,** Dygwyl Ystwyll; *Cu:* **T~ cake,** teisen(-nau) (*f*) Ystwyll; **my ~ birthday,** fy neuddegfed pen blwydd, fy mhen blwydd yn ddeuddeg [oed] *or* yn ddeuddengmlwydd oed, pen fy mlwydd yn ddeuddeg [oed] *&c*; **~ anniversary,** deuddengmlwyddiant (deuddengmlwyddiannau) *m*. **2.** *n.* deuddegfed(-au) *m&f*; *Mus:* deuddegfed(-au) *m*; *Mth:* un rhan (*f*) o deuddeg; **the ~ of August, August the ~,** y deuddegfed o Awst, Awst y deuddegfed; **the Glorious T~,** y Deuddegfed Gogoneddus *m*; **Louis the T~,** Lewis y Deuddegfed. **~-rate** *attrib.* deuddegfed radd.
twelfthly *adv.* yn ddeuddegfed.
Twelfthtide *n. Ecc:* yr Ystwyll *m*.
twelve *num. a. & n.* **1.** *a.* deuddeg, *less idiomatically* un deg [a] dau/dwy, *foll. by a sing. noun or by* o + *n.pl.:* **~ men,** deuddeg dyn, deuddeg o ddynion; **~ people,** deuddeg o bobl; deuddeg *is replaced by* deuddeng + *nasal mut. of* blynedd, blwydd, diwrnod: **~ years,** deuddeng mlynedd; **~ years old,** deuddeng mlwydd oed; **~ days,** deuddeng niwrnod/diwrnod; deuddeng *is used before* m-, n- *and is occ. used before vowels:* **~ hours,** deuddeng awr; **~ miles,** deuddeng milltir; **~ nights,** deuddeng noson, deuddengnos; **the ~ signs of the Zodiac,** deuddeng arwydd y Sidydd; deuddeng + *soft mut. of* g- *occurs:* **~ times,** deuddeng waith, deuddengwaith; **the ~ times table,** y tabl deuddeg; **~ men,** deuddengwr, deuddeg gŵr; **the T~ Apostles,** y Deuddeg/Deuddeng Apostol; *Rom.Hist:* **the T~ Tables,** y Deuddeg Tabl *m*, y Deuddeg Llech *f*, Deuddeg Llech y Gyfraith; *B:* **the T~ Tribes,** y Deuddeg Llwyth, y Deuddecllwyth *m*; *for the construction after* un deg dau/dwy, *See* **two. 2.** *n.* deuddeg(-au) *m*; **the ~ of us, us ~,** ni'n deuddeg, y deuddeg ohonom; **at ~ o'clock,** am ddeuddeg o'r gloch; *(noon):* am hanner dydd; *(midnight):* am hanner nos. **~-note, ~-tone** *attrib. Mus:* deuddeng nodyn, dodecaffonig; **~-tone technique,** techneg (*f*) deuddeng nodyn, dod|ecaffoni *m*.
twelvefold *a. & adv.* **1.** *a.* deuddecplyg. **2.** *adv.* deuddengwaith, ddeuddeg gwaith [drosodd], ar ei ddeuddegfed.
twelvemo *a. & n. Bookb:* **1.** *a.* deuddecplyg. **2.** *n.* llyfr(-au) deuddecplyg *m*.
twelvemonth *n.* blwyddyn (blynyddoedd) *f*; **this day ~,** *(in future):* flwyddyn i heddiw, ymh|en blwyddyn; *(in past):* flwyddyn i heddiw, flwyddyn yn ôl.
twelvepence *n.* swllt (sylltau) *m*.
twelvepenny *attrib.* swllt, gwerth swllt.
twentieth *num. a. & n.* **1.** *a.* ugeinfed; **the ~ day,** yr ugeinfed dydd/diwrnod; ugeinfed *is foll. by the soft mut. of fem. nouns:* **the ~ sheep,** yr ugeinfed ddafad; **her ~ birthday,** ei phen blwydd yn ugain [oed]; **~ anniversary,** ugeinmlwyddiant (ugeinmlwyddiannau) *m*. **2.** *n.* ugeinfed(-au) *m&f*; *Mth:* un rhan (*f*) o ugain; **March the ~, the ~ of March,** Mawrth yr ugeinfed, yr ugeinfed o Fawrth.
twenty *num. a. & n.* **1.** *a.* ugain, *less idiomatically* dau ddeg, *foll. by sing. noun or by* o + *n.pl.:* **~ men,** ugain dyn, ugain o ddynion; **~ girls,** ugain geneth, ugain o enethod; **~ people,** ugain o bobl; ugain *is foll. by the nasal mutation of* blynedd, blwydd, diwrnod; **~ years,** ugain mlynedd; **~ years old,** ugain [mlwydd] oed, ugeinmlwydd oed; **~ days,** ugain niwrnod; **~ pounds,** *(weight):* ugain pwys, ugeinpwys *m*; **~ times,** ugain gwaith, ugeinwaith; **four and ~,** pedwar/pedair ar hugain; *See* **twenty-four; four and ~ blackbirds,** pedair mwyalchen ar hugain; **five and ~,** pum[p] ar hugain; *See* **twenty-five;** *for the construction after* dau ddeg, *See* **ten. 2.** *n.* ugain (ugeiniau) *m*, dau ddeg(-au) *m*; **she's in her twenties,** mae hi yn ei hugeiniau, mae hi yn ei dau ddegau; mae hi dros ei hugain; **the Twenties,** *(era):* y Dau Ddegau; **the Roaring Twenties,** y Dau Ddegau Gwyllt; **the year 1720,** y flwyddyn mil saith gant ac ugain, y flwyddyn mil saith dau ddeg; **the 1720's,** dau ddegau'r ddeunawfed ganrif; **at 9.20,** am ugain munud wedi naw; **at ~ to two,** am ugain munud i ddau. **~-eight 1.** *a. & n.m.* wyth ar hugain, *less idiomatically* dau ddeg [ac] wyth, *foll. by sing. noun or by* o + *n.pl.:* **~-eight men,** wyth dyn ar hugain, wyth ar hugain o ddynion; *for construction after* wyth, *See* **eight**; wyth *is foll. by the nasal mut. of* blynedd, blwydd, *and occ.* diwrnod: **~-eight years,** wyth mlynedd ar hugain; **~-eight years old,** wyth [mlwydd] ar hugain oed; **~-eight days,** wyth niwrnod ar hugain; wyth *does not mutate* m-, d-, *but may mutate other consonants:* **~-eight hundred,** wyth gant/cant ar hugain; **~-eight pence,** wyth geiniog/ceiniog ar hugain. **the year 1428,** y flwyddyn mil pedwar dau wyth; **at 8.28,** am wyth munud ar hugain wedi wyth. **~-eighth 1.** *a. & n.* wythfed ar hugain, *less idiomatically* dau ddeg [ac] wythfed; wythfed *is foll. by the soft mut. of a fem. noun:* **the ~-eighth year,** yr wythfed flwyddyn ar hugain; **my ~-eighth birthday,** fy mhen blwydd yn wyth ar hugain [oed]; **February the ~-eighth, the ~-eighth of February,** yr wythfed ar hugain o Chwefror, Chwefror yr wythfed ar hugain. **2.** *n. Mth:* un rhan (*f*) o wyth ar hugain, un rhan o ddau ddeg [ac] wyth. **~-fifth 1.** *a. & n.* pumed ar hugain, *less idiomatically* dau ddeg a phumed, dau ddeg pumed; **the ~-fifth day,** y pumed dydd ar hugain; pumed *is foll. by the soft mut. of a fem. noun:* **the ~-fifth row,** y bumed res ar hugain; **her ~-fifth birthday,** ei phen blwydd yn bump ar hugain [oed]; **the ~-fifth year,** y bumed flwyddyn ar hugain; **December the ~-fifth, the ~-fifth of December,** y pumed ar hugain o Ragfyr, Rhagfyr y pumed ar hugain. **2.** *n. Mth:* un rhan (*f*) o bump ar hugain. **~-first 1.** *a. & n.* unfed ar hugain, *less idiomatically* dau ddeg [ac] unfed; **the ~-first house,** yr unfed tŷ ar hugain; unfed *is foll. by the soft mut. of a fem. noun:* **the ~-first year,** yr unfed flwyddyn ar hugain; **her ~-first birthday,** ei phen blwydd yn un ar hugain [oed]; **the ~-first century,** yr unfed ganrif ar hugain; *F:* **it's her ~-first today,** mae hi'n un ar hugain heddiw; **September the ~-first, the ~-first of September,** Medi'r unfed ar hugain, yr unfed ar hugain o Fedi. **2.** *n. Mth:* un rhan (*f*) o un ar hugain. **~-five 1.** *a.* pum ... ar hugain, *less idiomatically* dau ddeg a phum ..., dau ddeg pum ..., *foll. by sing. noun or* pump ar hugain + o + *n.pl.*, *or* dau ddeg a phump *or* dau ddeg pump + o + *n.pl*; **~-five houses,** pum tŷ ar hugain, pump ar hugain o dai, dau ddeg a phum tŷ, dau ddeg a phump o dai, dau ddeg pump o dai; pum *is foll. by the nasal mut. of* blynedd, blwydd *and occ. of* diwrnod: **~-five years,** pum mlynedd ar hugain; **~-five years old,** pum mlwydd ar hugain oed; **~-five days,** pum niwrnod/diwrnod ar hugain; *otherwise* pum *is foll. by the unmutated form of the noun.* **2.** *n.* pump (*m*) ar hugain, dau ddeg a phump *m*, dau ddeg pum *m*; **the year 1125,** y flwyddyn mil un dau pump; **at 3.25,** am bum munud ar hugain wedi tri. **~-four 1.** *a. m.* pedwar ar hugain, *f.* pedair ar hugain, *less idiomatically* dau ddeg a phedwar/phedair, dau ddeg pedwar/pedair; *foll. by sing. noun or by* o + *n.pl.*; **~-four hours,** pedair awr ar hugain; **~-four months,** pedwar mis ar hugain; *W.Lit:* **the T~-four Measures,** y Pedwar Mesur ar Hugain; *neither* pedwar *nor* pedair *mutate after the article or mutate a following noun whether masc. or fem.*: **the ~-four sheep,** y pedair dafad ar hugain. **2.** *n.* pedwar (*m*) ar hugain, dau ddeg a phedwar *m*, dau

ddeg pedwar *m*; **in 1824,** ym mil wyth dau pedwar; **at 9.24,** am bedair/bedwar munud ar hugain wedi naw. **~-fourth 1.** *a. & n. f.* pedwerydd ar hugain, *f.* pedwaredd ar hugain, *less idiomatically* dau ddeg a phedwerydd/phedwaredd, dau ddeg pedwerydd/pedwaredd; **the ~-fourth house,** y pedwerydd tŷ ar hugain; pedwaredd *mutates after the article and mutates a fem. noun:* **the ~-fourth sheep,** y bedwaredd ddafad ar hugain; **one's ~-fourth birthday,** eich pen blwydd yn bedair ar hugain [oed]; **the ~-fourth time,** y bedwaredd waith ar hugain; **the ~-fourth of January, January the ~-fourth,** y pedwerydd ar hugain o Ionawr, Ionawr y pedwerydd ar hugain; dau ddeg *mutates after the article.* **2.** *n. Mth:* un rhan (*f*) o bedair ar hugain, un rhan o ddau ddeg a phedair. **~-nine** *a. & n.m.* naw ar hugain, *less idiomatically* dau ddeg [a] naw; *foll. by a sing. noun or by* o + *n.pl.:* **~-nine houses,** naw tŷ ar hugain, naw ar hugain o dai, dau ddeg [a] naw tŷ, dau ddeg [a] naw o dai; naw *is foll. by the nasal mut. of* blynedd, blwydd, diwrnod: **~-nine years,** naw mlynedd ar hugain; **~-nine years old,** naw [mlwydd] ar hugain oed; **~-nine days,** naw niwrnod ar hugain; dau ddeg [a] naw *mutates after the article*; **in 1829,** ym mil wyth dau naw; **at 7.29,** am naw munud ar hugain wedi saith. **~-ninth 1.** *a. & n.* nawfed ar hugain, *less idiomatically* dau ddeg [a] nawfed; **the ~-ninth day,** y nawfed diwrnod ar hugain; nawfed *is foll. by the soft mut. of a fem. noun:* **the ~-ninth chair,** y nawfed gadair ar hugain; **my ~-ninth birthday,** fy mhen blwydd yn naw ar hugain [oed]; dau ddeg *mutates after the article;* **February the ~-ninth, the ~-ninth of February,** Chwefror y nawfed ar hugain, y nawfed ar hugain o Chwefror. **2.** *n. Mth:* un rhan (*f*) o naw ar hugain, un rhan o ddau ddeg [a] naw. **~-one** *a. & n.m.* un ar hugain, *less idiomatically* dau ddeg [ac] un; *foll. by sing. noun or by* o + *n.pl.:* **~-one days,** un diwrnod ar hugain, un ar hugain o ddiwrnodiau, dau ddeg [ac] un diwrnod, dau ddeg [ac] un o ddiwrnodiau; un *is foll. by the soft mut. of a fem. noun:* **~-one cats,** un gath ar hugain; **~-one sheep,** un ddafad ar hugain; **~-one mothers,** un fam ar hugain; *but not of* ll-, rh-: **~-one spades,** un rhaw ar hugain; **~-one ships,** un llong ar hugain; un *is foll. by the nasal mut. of* blynedd, blwydd; **~-one years,** un mlynedd ar hugain; **~-one years old,** un [flwydd] ar hugain oed; dau ddeg *mutates after the article*; **in 1621,** ym mil chwech dau un; **at 3.21,** am un munud/funud ar hugain wedi tri. **~-second 1.** *a. & n.* ail ar hugain; *less idiomatically* dau ddeg ac ail; ail *mutates both masc. and fem. nouns:* **the ~-second day,** yr ail ddydd ar hugain; **the ~-second ship,** yr ail long ar hugain; dau ddeg *mutates after the article*; **May the ~-second, the ~-second of May,** Mai yr ail ar hugain, yr ail ar hugain o Fai. **2.** *n. Mth:* un rhan (*f*) o ddwy ar hugain. **~-seven** *a. & n.m.* saith ar hugain, *less idiomatically* dau ddeg [a] saith, *foll. by sing. noun or by* o + *n.pl.:* **~-seven months,** saith mis ar hugain; **~-seven girls,** saith merch ar hugain; saith *may be foll. by the soft mut. (but not of* m-, d-); **~-seven pence,** saith geiniog ar hugain; **~-seven pounds,** *(weight):* saith bwys ar hugain, *(money):* saith bunt ar hugain; saith *is foll. by the nasal mut. of* blynedd, blwydd *and occ. of* diwrnod; **~-seven years,** saith mlynedd ar hugain; **~-seven years old,** saith [mlwydd] ar hugain oed; **~-seven days,** saith niwrnod ar hugain; dau ddeg *always mutates after the article:* **the ~-seven men,** y ddau ddeg [a] saith dyn; **in the year 827,** yn y flwyddyn wyth gant dau ddeg a saith; **at 7.27,** am saith munud ar hugain wedi saith. **~-seventh 1.** *a. & n.* seithfed ar hugain, *less idiomatically* dau ddeg [a] seithfed; **the ~-seventh day,** y seithfed diwrnod ar hugain; seithfed *mutates a fem. noun:* **the ~-seventh chapter,** y seithfed bennod ar hugain; dau ddeg *mutates after the article:* **the ~-seventh day,** y ddau ddeg [a] seithfed diwrnod; **his ~-seventh birthday,** ei ben blwydd yn saith ar hugain [oed]; **November the ~-seventh, the ~-seventh of November,** y seithfed ar hugain o Dachwedd, Tachwedd y seithfed ar hugain. **2.** *n. Mth:* un rhan (*f*) o saith ar hugain, un rhan o ddau ddeg [a] saith. **~-six 1.** *a.* chwe . . . ar hugain, *less idiomatically* dau ddeg [a] chwe . . ., *foll. by sing. noun, or* chwech ar hugain + o + *n.pl.*, *or* dau ddeg [a] chwech + o + *n.pl.:* **~-six days,** chwe diwrnod ar hugain, dau ddeg [a] chwe diwrnod, chwech ar hugain o ddyddiau, dau ddeg [a] chwech o ddyddiau; chwe *is foll. by the spirant mut. of* p-, t-, c-; **~-six houses,** chwe thŷ ar hugain; **~-six pounds,** *(weight):* chwephwys ar hugain; *(money):* chwephunt ar hugain; **~-six pence,** chwecheiniog ar hugain; *otherwise it is foll. by the unmutated form:* **~-six years,** chwe blynedd ar hugain; **~-six years old,** chwe blwydd ar hugain oed; dau ddeg *always mutates after the article:* **the ~-six men,** y ddau ddeg [a] chwe dyn. **2.** *n.* chwech (*m*) ar hugain, dau ddeg [a] chwech *m*; **in 1926,** ym mil naw dau chwech; **at 3.26,** am chwe munud ar hugain wedi tri. **~-sixth 1.** *a. & n.* chweched ar hugain, *less idiomatically* dau ddeg [a] chweched; **the ~-sixth house,** y chweched tŷ ar hugain; chweched *is foll. by the soft mut. of a fem. noun:* **the ~-sixth sheep,** y chweched ddafad ar hugain; dau ddeg *always mutates after the article:* **the ~-sixth book,** y ddau ddeg [a] chweched llyfr; **her ~-sixth birthday,** ei phen blwydd yn chwech ar hugain [oed]; **June the ~-sixth, the ~-sixth of June,** Mehefin y chweched ar hugain, y chweched ar hugain o Fehefin. **2.** *n. Mth:* un rhan (*f*) o chwech ar hugain, un rhan o ddau ddeg a chwech. **~-third 1.** *a. & n. m.* trydydd ar hugain, *f.* trydedd ar hugain, *less idiomatically* dau ddeg a thrydydd/thrydedd, dau ddeg trydydd/trydedd; **the ~-third book,** y trydydd llyfr ar hugain; trydedd *mutates after the article and mutates the fem. noun:* **the ~-third sheep,** y drydedd ddafad ar hugain; dau ddeg *mutates after the article and before masc. and fem. nouns:* **his ~-third birthday,** ei ben blwydd yn dair ar hugain [oed]; **the ~-third psalm,** y drydedd salm ar hugain; **Pope John the T~-third,** y Pab Ioan y Trydydd ar Hugain; **April the ~-third, the ~-third of April,** Ebrill y trydydd ar hugain, y trydydd ar hugain o Ebrill. **2.** *n. Mth:* un rhan (*f*) o dair ar hugain, un rhan o ddau ddeg a thair. **~-three** *a. & n. m.* tri ar hugain, *f.* tair ar hugain, *less idiomatically* dau ddeg a thri/thair, dau ddeg tri/tair, *foll. by sing. noun or by* o + *n.pl.:* **~-three apples,** tri afal ar hugain, tri ar hugain o afalau, dau ddeg a thri afal, dau ddeg a thri o afalau; **~-three nuts,** tair cneuen ar hugain, tair ar hugain o gnau, dau ddeg a thair cneuen, dau ddeg a thair o gnau; tri *is foll. by the spirant mut. of* p-, t-, c-: **~-three cars,** tri char ar hugain; **~-three houses,** tri thŷ ar hugain; **~-three fishes,** tri physgodyn ar hugain; dau ddeg *always mutates after the article*; **the year 2023,** y flwyddyn dwy fil dau tri; **at 8.23,** am dri/dair munud ar hugain wedi wyth. **~-twenty** *attrib. Opt:* ugain-ugain, perffaith. **~-two** *a. & n. m.* dau ar hugain, *f.* dwy ar hugain, *less idiomatically* dau ddeg [a] dau/dwy, *foll. by sing. noun or by* o + *n.pl.*; dau/dwy *always mutate after the article and mutate the noun following:* **the ~-two men,** y ddau ddyn ar hugain; **the ~-two girls,** y ddwy ferch ar hugain; dau ddeg *always mutates after the article and before both masc. and fem. nouns:* **the ~-two sheep,** y ddau ddeg a dwy ddafad; **in 1922,** ym mil naw dau dau; **at 11.22,** am ddau/ddwy funud ar hugain wedi un ar ddeg.

twentyfold *a. & adv.* **1.** *a.* ugeinplyg. **2.** *adv.* ugeinwaith, ugain gwaith, ar ei ugeinfed.

twentyfourmo *Bookb:* **1.** *a.* pedwar ar hugeinplyg. **2.** *n.* llyfr(-au) pedwar ar hugeinplyg *m*.

twentymo *a. & n. Bookb:* **1.** *a.* ugeinplyg. **2.** *n.* llyfr(-au) ugeinplyg *m*, dalen(-nau) ugeinplyg *f*.

'twere *A. Poet.* = **it were.**

twerp *n. F:* = **fool**[1].

Twi *n.* **1.** *Ethn:* Twi (Twïaid) *m&f*. **1.** *Ling:* Twi *f, m*.

twibill *n. Arms: Agr:* twybil(-au) *m*.

twice *adv.* dwywaith, ddwywaith, *occ:* eilwaith; **~ or thrice,** dwywaith neu dair; **once or ~,** unwaith neu ddwy; **~ as big as. . .,** cymaint ddwywaith â. . ., dwywaith gymaint â . . ., *occ:* dau cymaint â. . .; **I am ~ your age,** 'rwyf i ddwywaith d'oed di; **~ as slow,** cymaint ddwywaith arafach, dwywaith yn arafach; **~ over,** dwywaith, eilwaith; *F:* **to think ~ (before doing sth),** ailfeddwl, meddwl dwywaith/eilwaith (cyn gwneud rhth); **that made him think ~,** fe wnaeth hynny iddo feddwl eilwaith; **he did not have to be asked ~,** ni fu raid gofyn eilwaith iddo; ni fu raid gofyn iddo eto; ni fu raid gofyn iddo fwy nag unwaith; *F:* **(he did it) at/in ~,** (fe'i gwnaeth) ar ddeudro, ar ddwy [waith], mewn dau. **~-laid** *a.* eilbleth. **~-told** *a.* **a ~-told tale,** hanes a ddywedwyd/adroddwyd o'r blaen, hen hanes(-ion).

twicer *n. F:* twyllwr (twyllwyr) *m*, *N.W: F:* rogiwr(-s, rogwyr) *m*.

twiddle[1] *n.* tro(-adau) *m*, troad(-au) *m*; **to give sth a ~,** troi rhth, rhoi tro i/ar rth.

twiddle[2] *v.t.&i.* troi a throsi (rhth); chwarae, ffidlan (â rhth); byseddu, bodio (rhth); **to ~ [with] sth,** chwarae, *N: F:* stwna, piltran (â rhth); **to ~ one's thumbs,** troi'ch bodiau; **to ~ a knob,** troi bwlyn.

twiddler *n.* tröwr (trowyr) *m*, *N.W: F:* piltrwr (piltrwyr) *m*, stwnwr (stwnwyr) *m*.
twiddling *a.* **~-line,** llinyn(-nau) (*m*) tynnu.
twiddly *a.* **the ~ bits,** y mân ddarnau, y darnau mân.
twig[1] *n.* **1.** brigyn(-nau, brigau) *m*, [y]sbrigyn ([y]sbrigau) *m*. **2.** *(dowser's):* gwialen (*f*) ddewinio (gwiail dewinio), ffon (*f*) ddewinio (ffyn dewinio). **3.** *F:* **to hop the ~,** *(i) See* **hop**[2] **it;** *(ii) (= die):* marw *&c*; *See* **die**[2].
twig[2] *v.t.&i. P: (= understand):* ei deall hi, ei gweld hi; **now I ~ it!** nawr 'rwy'n ei gweld hi! **I soon twigged his little game,** buan y deallais i beth oedd e'n trio'i wneud.
twigged, twiggy *a.* brigog.
twigless *a.* difrigau, heb frigau *&c.*
twiglike *a.* brigynnog, fel brigyn *&c.*
twilight[1] *n. & attrib.* **1.** *n.* cyfnos(-au) *m*, hwyrddydd *m*, llwydolau *m*, min (*m*) nos, llwydnos(-au) *f*, gwyll *m*, *Lit: occ:* cyflychwr *m*; *(morning):* cyfddydd(-iau) *m*, gwawr *f* [y bore]; **the Celtic T~,** y Cyfnos/Cyflychwr Celtaidd; *Norse Myth:* **the T~ of the Gods,** Cyfnos y Duwiau; **in the [evening] ~,** fin nos, ym min nos, yn yr hwyrddydd, gyda'r hwyr; wrth iddi nosi, rhwng dau olau; **in the ~ of life,** yn hwyrddydd eich oes, yn hwyr yn eich oes. **2.** *attrib.* **1.** cyfnosol, hwyrol, rhwng dau olau, llwydolau; *(morning):* cyfddyddiol; *Z:* cyfnosol. **~ arc, ~ arch, ~ curve** *n. Meteor:* cromlin (*f*) y cyfnos, cylch (*m*) y cyfnos. **~ sleep** *n. Obst:* ysgafngwsg *m* (*pronounced* ng-g). **~ zone** *n.* **1.** *(of ocean):* dyfnder llwydolau *m*. **2.** *Meteor: (of eclipse &c):* gogysgod *m*, cylchfa ledolau/gyfnosol. **3.** *Fig: (= any intermediate zone):* tir (*m*) neb, tir llwydolau *m*. **4.** *(of town):* ardal lwydolau (ardaloedd llwydolau) *f*;
twilight[2] *v.i.* cyfnosi, nosi, llwydoleuo.
twilighted *a.* = **twilit.**
twilightless *a.* digyfnos, heb gyfnos.
twilit *a.* llwydolau, llwyd(-ion), rhwng dau olau, cyfnosol.
twill[1] *n. Tex:* brethyn(-nau) caerog *m*, twil *m*; **cavalry ~,** brethyn c|afalri.
twill[2] *v.t. Tex:* gwau (rhth) yn gaerog.
'twill *A: & Poet:* = **it will.**
twilled *a. Tex:* caerog.
twin[1] *n. & attrib.* **1.** *n.* gefell (gefeilliaid) *m&f*, gefeilles(-au) *f*; **the twins,** *often* yr efeilliaid; **~ brother,** gefell (gefeilliaid) *m*; **~ sister,** gefeilles(-au) *f*; **dizygotic twins,** gefeilliaid deuwy; **fraternal twins,** gefeilliaid brawdol; **identical twins,** gefeilliaid unfath, gefeilliaid un ffunud; **monozygotic twins,** gefeilliaid unwy; **non-identical twins,** gefeilliaid annhebyg/gwahanol [i'w gilydd]; **Siamese twins,** gefeilliaid Siamaidd; *Astr:* **the Twins,** y Gefeilliaid. **2.** *a. (a)* **~ bed,** gwely(-au) gefell; **~ beds,** pâr (*m*) o welyau; **~ columns,** pâr o golofnau; **~ ships,** pâr o longau; **~ town,** gefelldref(-i) *f*, chwaerdref(-i) *f*; *(b) Bot: Cryst: &c:* gefeillaidd; **~ birth,** geni (*vn*) gefeilliaid, genedigaeth ddwbl (genedigaethau dwbl) *f*; **~ cylinder,** silindr(-au) dwbl *m*; **~-engine** *attrib. Av:* deufotor. **~ jet** *attrib.* **~ jet aeroplane,** awyren (*f*) ddwyjet (awyrennau dwyjet). **~ lamb disease** *n. Vet:* clefyd (*m*) yr eira, clwy(*m*)'r eira, clwy'r efeilliaid, clwy'r defaid cyfeb, pensyndod *f*. **~-like** *a.* gefeillaidd. **~-plate process** *n.* proses ddeublat *f*. **~-screw steamer** *n.* llong ddwysgriw (llongau dwysgriw) *f*. **~ set** *n. Cost:* twinset(-iau) *fm*. **~-tub** *attrib. Laund:* dau dwb, twb dwbl.
twin[2] *v.t.&i.* I. *v.t.* **1.** *(towns):* gefeillio. II. *v.i.* **1. to ~ (with sth),** gefeillio, pario (â rhth). **2.** *(= bear twins):* geni gefeilliaid, rhoi genedigaeth i efeilliaid. **3.** *Cryst:* gefeillio.
twinborn *a.* cydanedig, gefell-anedig.
twine[1] *n.* **1.** llinyn(-nau) *m*, cortyn(-nau, cyrt) *m*, *S.W:* twein *m*. **2. twines of a snake,** torch(-au) (*f*) neidr, cylch(-au) (*m*) neidr; *(of river):* dolen(-nau) *f*, doleniad(-au) *m*, ymddoleniad(-au) *m*, *occ:* ystum(-iau) *f*, ystumdro(-eon) *m*.
twine[2] *v.t.&i.* **1.** *v.t. (thread &c):* cyfrodeddu, cordeddu, plethu, cydblethu; *(fingers &c):* plethu, *occ:* cydblethu; **she twined her arms (round me),** fe blethodd/lapiodd ei breichiau (o'm cwmpas i, amdanaf i). **2.** *v.i. (a)* gwau, ymgordeddu, cordeddu, ymddirwyn, ymrolio, ymlapio, torchi, ymdorchi, amdorchi, nydd-droi, ymdroelli, ymnyddu (**about sth,** am rth); *(b) (of road &c):* troelli, ymdroelli, troi a throi; *(of river):* ymddolennu, ymdroelli, troelli.
twineberry *n. Bot:* = **partridge-berry.**
twiner *n.* **1.** *Tex:* cyfrodeddwr (cyfrodeddwyr) *m*, cordeddwr (cordeddwyr) *m*, cydblethwr (cydblethwyr) *m*. **2.** *Bot:* cordeddwr.
twinflower *n. Bot:* blodyn (blodau) deuben *m*, gefell-flodyn (~-flodau) *m*.
twinge[1] *n.* **1.** pigyn (pigion) *m*, pigiad(-au) *m*, *occ:* gwŷn (gwyniau) *m*, brath(-au) *m*, brathiad(-au) *m*; **~ of conscience,** pigiad, brath, cno(-eon) *m* (cydwybod). **2.** cnofa (cnof|eydd) *f*, *Lit: occ:* atgno(-eau,-eon) *m*, atgnofa (atgnof|eydd) *f*.
twinge[2] *v.i. S:* gwynio, anafu, *N:* brifo; **his conscience twinges,** mae ei gydwybod yn ei bigo/frathu.
twining *a.* **1.** *Bot:* cordeddog. **2.** *(path &c):* troellog.
twiningly *adv.* **1.** yn gordeddog. **2.** yn droellog.
twink[1] *n.* = **twinkle**[1]**, twinkling**[2].
twink[2] *v.i.* = **twinkle**[2].
twinkle[1] *n.* **1.** *(= sparkle):* pefriad(-au) *m*, pefrio *vn*, caneitiad(-au) *m*, caneitio *vn*; **with a ~ in his eye,** a'i lygad yn pefrio. **2.** *(= blink, wink):* chwinciad(-au) *m*, amrantiad(-au) *m*, *occ:* [y]smiciad(-au) *m*; **in a ~,** ar amrantiad, mewn chwinciad.
twinkle[2] *v.i.&t.* **1.** *v.i. (a) (= sparkle):* pefrio, disgleirio, caneitio. *(b) (of feet):* gwibio. **2.** *v.t.* **to ~ one's eyes,** wincio, amrantu, [y]smicio'ch llygaid; **to ~ a light,** fflachio goleuni.
twinkler *n.* pefriwr (pefrwyr) *m*, fflachiwr (fflachwyr) *m*.
twinkling[1] *a. (eyes, light &c):* pefriol; *(feet):* gwibiog.
twinkling[2] *vn.* = **twinkle**[1] **2; in a ~, in the ~ of an eye,** ar amrantiad [llygad], ar drawiad amrant [llygad], mewn chwinciad, mewn chwinc, mewn eiliad, *S:* mewn wincad.
twinned *a.* gefeilliedig, wedi gefeillio.
twirl[1] *n.* **1.** *(of dancer, skirt):* chwyrlïad (chwyrliadau) *m*, troelliad(-au) *m*, pirwét (pirwetau) *m*; *F:* **give us a ~!** tro(-wch) rownd inni weld! *(of cane):* chwifiad(-au) *m*, chwyrlïad, troelliad(-au) *m*. **2.** *(a) (of smoke &c):* chwyrlïad(-au) *m*, cylch(-au) *m*, troelliad(-au) *m*, troell(-au) *f*; *(b) Conch:* troad(-au) *m*, troell, troelliad; *(c) (in writing):* chwyrlïad, addurndro(-eon) *m*, *F:* cwafr(-au) *m*, cwafer (cwafrau) *m*, cwafar(-s) *m*.
twirl[2] *v.t.&i.* **1.** *v.t. (a) (stick &c):* chwifio, chwyrlïo, troelli, cylchdr|oi; *(skirt &c):* chwyrlïo, troelli; *(b) (moustache &c):* troi, troelli; **to ~ one's thumbs,** troi'ch bodiau. **2.** *v.i.* chwyrlïo, chwyrndr|oi, cylchdroi, chwyrndroelli, troelli, troellwibio; *(of dancer):* chwyrlïo, chwildr|oi, pirwetio.
twirler *n. (of stick):* chwyrlïwr (chwyrliwyr) *m*, chwifiwr (chwifwyr) *m*; *(of moustache):* troellwr (troellwyr) *m*.
twirling, twirly *a.* troellog, chwyrndroellog, chwyrlïog, chwyrlïol, chwyrnellog.
twirp *n.* = **twerp.**
twist[1] *n.* **1.** *(a) (= twisted thread/rope):* darn(-au) cyfrodedd *m*, cyfrodeddiad(-au) *m*, cordeddiad(-au) *m*; *(thread):* edau (*f*) gyfrodedd; *(rope):* rhaff deircainc (rhaffau teircainc) *f*; *(b) (of hair):* torch(-au) *f*, plethen (plethau, plethi) *f*, pleth(-au,-i) *f*, troellen (troellau) *f*; **a ~ of paper,** corn (cyrn) (*m*) papur; **a ~ (of lemon peel),** darn *m*, stribyn *m* (o groen lemon); *(of wool &c):* cengl(-au) *f*; *(c) (of tobacco):* rholyn (rholion, rholiau) *m*; **~[-tobacco],** baco main *m*; **2.** *(a) (= turn):* tro(-eon) *m*, troad(-au) *m*; **to give sth a ~,** troi rhth, rhoi troad/tro i/ar rth; **to give one's ankle a ~,** troi'ch ffêr, *N:* streifio'ch ffêr, *S:* troi'ch pigwrn; **don't get your knickers in a ~,** paid â chynhyrfu, *S:* paid gwylltu; *(b) (of strands of rope):* n|ydd-dro (nydd-droeon) *m*, cordeddiad, cyfrodeddiad; *(of rifling):* troelliad(-au) *m*; *(c) Sp: (of cricket ball):* tro, troad, troelli *vn*; **with a ~ of the wrist,** gyda throad arddwrn, gyda thro ar yr arddwrn; *F:* **to learn the ~ of the wrist,** dysgu'r grefft o wneud rhth; *(d) (of face &c):* ystum(-iau) *m*, dirdyniad(-au) *m*. **3.** *(a) (= coil):* nydd-dro, torch, tro, troad, *N.W:* ceirsiad, cersiad(-au) *m*; **the twists of a serpent,** torchau/cylchau neidr; *(b) (of road, river):* doleniad(-au) *m*; **the road takes a ~,** mae'r ffordd yn gwyro/troi; mae tro/troad yn y ffordd; **road full of twists and turns,** ffordd sy'n troi a throelli, ffordd lawn troadau, ffordd droellog/drofl|aus; **a final ~ in a story,** tro annisgwyl ar ddiwedd stori, tro yng nghynffon/nghwt stori. **4.** *(a) (of timber &c = warp):* ystum(-iau) *mf*, camystum(-iau) *mf*, camdroad(-au) *m*, crymiad(-au) *m*, crymedd(-au) *m*; *(in metal sheet):* crychiad(-au) *m*, crymiad, plygiad(-au) *m*, ysigiad(-au) *m*, camystum; *(b) (of meaning &c):* ystumiad(-au) *m*, gwyrdroad(-au) *m*, gwyrdro(-eon) *m*, llurguniad(-au) *m*; *(c) (i) (= propensity):* tuedd(-iadau) *m*, tueddiad(-au) *m*, tueddbeniad(-au) *m*,

gogwyddiad(-au) *m*; **a criminal ~,** tueddiad at drosedd, tueddiad i gyflawni trosedd; *(ii)* **mental ~,** gwyrdroad meddwl/meddyliol; **his queer ~ of mind,** ei feddwl gwyrdroëdig; **he has some ~ in his character,** mae tro yn ei gynffon; *F:* **she's round the ~,** 'dyw hi ddim hanner call; 'dyw hi ddim yn llawn llathen; mae hi'n drysu; *N: F:* mae hi'n eu cael nhw *&c*; *See* **crazy. 5.** *(drink):* **gin ~,** jin-twist *mf.* **6.** *Danc:* **the ~,** y twist *m.* **~-bit** *n. Tls:* ebill(-ion) *(m)* tro. **~-drill** *n. Tls:* dril(-iau) dirdro *m.* **~-grip** *n. Cy:* gafael *(f)* dro (gafaelion tro).

twist² *v.t.&i.* **1.** *v.t.* *(a) Tex: &c:* cyfrodeddu, cordeddu, *occ:* nydd-droi, dirdr|oi; **to ~ [up] a handkerchief,** crychu hances; **to ~ flowers into a garland,** plethu blodau'n goron, *occ:* coronblethu blodau; **to ~ sth round sth,** clymu/plethu/lapio rhth o gwmpas rhth; **to ~ a rope (round sth),** troi rhaff, eilio rhaff, *N.W:* ceirsio/cersio rhaff (am rth); *F:* **to ~ s.o. round one's little finger,** troi rhn o gwmpas eich bys bach; *(b) (arm &c):* troi, ysigo, *N.W: occ:* streifio; **to ~ one's ankle,** troi'ch ffêr/pigwrn; **to ~ s.o.'s arm,** troi braich rhn; *(with pain):* dirdynnu; **a face twisted by pain,** wyneb a ddirdynnir gan boen; *(c) (words, meaning):* gwyrdr|oi, camliwio, llurgunio, ystumio; **to ~ the truth,** ystumio'r/gwyrdroi'r gwir; *(d) Sp: (ball):* rhoi tro (ar bêl); troi, troelli (pêl). **2.** *v.i.* *(a) (of worm &c):* troi a throelli, ymddolennu, ymdroelli; ymgordeddu, cordeddu, ymnyddu; **to ~ about,** *(of fidgety child):* gwingo, cynrhoni, ymnyddu, ystwyrian. *(b) (of smoke):* troelli, codi'n gylchoedd, mynd yn gylchoedd; *(of tendril, rope):* troelli, ymgordeddu, cordeddu, nydd-droi; **to get all twisted up,** mynd yn glymau i gyd; *(c) (of road &c):* troi, troelli, dolennu, ymddolennu; **to ~ and turn,** troi a throelli, igam-ogamu; *(e)* **to ~ round in one's seat,** troi yn eich sedd; *(f) Danc:* twistio.

twistability *n.* troadwyedd *m*, natur droadwy/blethadwy *f.*

twistable *a.* **1.** *(rope &c):* troadwy, plethadwy. **2.** *(truth):* gwyrdroadwy.

twisted *a.* **1.** *(a) (rope, thread):* cyfrodedd, dirdro; **~ thread,** edau gyfrodedd *f*; **~ cord,** cordyn dirdro *m*; **~ hair,** gwallt plethedig *m*; *(b) (= spiral):* troellog; *Arch:* **~ pillar,** colofn droellog. **2.** *(= warped):* gwyrdroëdig, ystumiedig, llurguniedig; *(tree, lines):* cam (ceimion), *occ:* crwca; *(meaning, mind &c):* gwyrdroëdig, gwyrgam.

twister *n.* **1.** *(of rope &c):* cyfrodeddwr (cyfrodeddwyr) *m*, cordeddwr (cordeddwyr) *m*, tröwr (trowyr) *m*; *(of yarn):* nyddwr (nyddwyr) *m*, nydd-dröwr (~-drowyr) *m*, n|yddwraig (nyddwragedd) *f.* **2.** *F:* = **swindler. 3.** *F: O: (= hard question):* problem(-au) *f*, cwestiwn (cwestiynau) dyrys *m*, pos(-au) *m*; **that's a ~ for you!** dyna gamp ichi! *S.a.* **tongue-twister. 4.** *U.S: F:* = **tornado. 5.** *Cr: (ball):* pêl *(f)* dro (peli tro).

twisting¹ *a. (path &c):* troellog, trof|aus, igam-ogam, dolennog; *(child):* aflonydd, gwingl[l]yd.

twisting² *vn.* = **twist¹,².**

twistingly *adv.* yn droellog *&c.*

twisty *a.* **1.** troellog, trof|aus, igam-ogam. **2.** *F: (= crooked):* anonest, dichellgar, llawn twyll, trof|aus, ystumddrwg.

twit¹ *v.t.* **1.** = **tease². 2. to ~ s.o. with sth,** dannod/edliw/lliwied rhth i rn, herian rhn o achos rhth *or* ynglŷn â rhth.

twit² *n.* = **nitwit.**

twitch¹ *n.* **1.** *(= jerk):* plwc (plyciau) *m*, plyciad(-au) *m.* **2.** *(of pain):* plwc, plyciad, brath(-au) *m*, brathiad(-au) *m*, gwayw (gwewyr) *m*, gwŷn (gwyniau) *mf*; **~ of conscience,** brath cydwybod, cnofa *(f)* cydwybod, *Lit: occ:* atgno *(m)* cydwybod. **3.** *(of face, limbs):* plwc, plyciad, gwingiad(-au) *m*, crebachiad(-au) *m.* **4.** *Vet:* twitsh(-is) *m*, gefel *(f)* drwyn (gefeiliau trwyn).

twitch² *v.t.&i.* **1.** *v.t.* *(a) (rope &c):* plycio (rhth), rhoi plwc (i/ar rth); *(face):* ystumio, crychu, crebachu, dirdynnu; *(arm, leg):* rhoi plwc (i fraich/goes); **a horse that twitches its ears,** ceffyl sy'n moeli'i glustiau. **2.** *v.i.* *(a) (of face):* gwingo, [y]smicio, plycio, crebachu, crychu, ystumio; *(of hands, limbs):* gwingo, plycio; *(of eyelids):* [y]smicio; **that made him ~,** gwnaeth hynny iddo wingo; rhoddodd hynny ysgytwad iddo.

twitch³ *n. Bot:* = **couch³-grass.**

twitcher *n.* **1.** plyciwr (plycwyr) *m.* **2.** *Orn: F:* gwyliwr (gwylwyr) *(m)* adar, sbeciwr (sbeciwyr) *m* ar adar.

twitchily *adv.* yn aflonydd, yn anniddig *&c.*

twitching *a.* = **twitchy.**

twitchingly *adv.* = **twitchily.**

twitchy *a. (pers.):* aflonydd, anniddig, gwingl[l]yd; *(face):* plyciog, dirdynedig, ystumiedig; *(limb):* aflonydd, plyciog.

twite *n. Orn:* llinos(-od) *(f)* y mynydd, golfan dingoch (golfanod tingoch) *f (pronounced* ng-g).

twitter¹ *n.* **1.** *(of bird):* trydar *m*, [y]switian *vn*, trydariad(-au) *m*, [y]switiad(-au) *m*, chwît (chwitiau) *f*, pyncio *vn*, chwitio *vn*, chwitian *vn*, *Lit: occ:* ffrill(-ion) *m*, grill *m.* **2.** *F:* **she was all of a ~,** 'roedd hi'n gyffro i gyd; 'roedd hi wedi ei chynhyrfu'n lân.

twitter² *v.t.&i.* **1.** *(of bird):* trydar, [y]switian, [y]switio, pyncio, chwitian, *Lit: occ:* ffrillio, ffrillian, grillian. **2.** *(of pers.):* parablu, prepian, preblian; *S.a.* **prattle², titter².**

twitterer *n.* **1.** *(bird):* [y]switiwr (yswitwyr) *m*, pynciwr (pyncwyr) *m*, trydarwr (trydarwyr) *m.* **2.** *(pers.):* prepiwr (prepwyr) *m*, pr|epwraig (prepwragedd) *f*, parablwr (parablwyr) *m*, paldaruwr (paldaruwyr) *m.*

twittering¹ *a. (bird):* trydarol, [y]switiol, chwitiol; *(pers.):* parablus, preplyd.

twittering² *vn.* = **twitter¹,².**

twitteringly *adv.* yn [y]switiol *&c*; gan drydar *&c.*

twittery *a.* = **twittering¹.**

twittingly *adv.* yn goeglyd, yn herllyd.

'twixt *prep. Poet:* = **betwixt 1.**

two *num. a. & n.* dau (deuoedd) *m*, dwy(-oedd) *f*; *both* dau *and* dwy *mutate after the def. article:* **the ~ men,** y ddau ddyn, *occ:* y ddeuddyn; **the ~ girls,** y ddwy ferch; dau *and* dwy *are followed by the soft mut. (although occ. followed by radical, e.g.* deucant, deuparth *&c)*; **~ arms,** dwyfraich *f*; **~ banks,** *(of river):* dwylan *f*; **~ days,** deuddydd *m*; **~ ears,** dwyglust *f*; **~ edges,** deufin *m*; **~ ends,** deuben: deupen *m*; **on your own ~ feet,** ar eich deudroed/dwydroed; **~ fingers,** deufys *m*; **~ fists,** deuddwrn *m*; **~ hands,** dwylaw, dwylo *pl*, *S.W: occ:* dwyfun *f*; **~ hours,** dwyawr *f*; **~ hundred,** deucan, deucant, deugant *mf*; **~ hundredweight,** deucan pwys *m*; **~ legs,** dwygoes *f*; **~ men,** deuddyn *m*, deuwr *m*; **~ months,** deufis *m*; **~ notes,** *(of cuckoo):* deunod *m*; **the ~ parties, the ~ sides,** y ddwyblaid *f*; **~ pence,** dwy geiniog *f*; **~ pieces/parts,** deuddarn *m*; **~ persons,** deuddyn *m*; **~ pounds,** *(lbs):* deubwys *m*; **~ pounds,** *(money):* dwybunt *f*; **~ syllables,** dwysill *f*; **~ things,** deubeth: deupeth *m*; **~ times,** dwywaith *f*; **~ turns,** deudro *m*; **~ words,** deuair *m*; **~ yards,** dwylath *f*; **~ years old,** dwyflwydd oed, *F:* dwy oed; **no ~ men are alike,** 'does dim dau yr un fath; **the ~ of us,** ni'n dau/dwy, y ddau/ddwy ohonom, ninnau ein dau/dwy; ni ill dau/dwy; **the ~ of you, you ~,** ch[w]i'ch dau/dwy, chwithau eich dau/dwy, ch[w]i ill dau/dwy; **(to break/fold) sth in ~,** (torri/plygu rhth) yn ddau, yn ddau hanner, yn ddwy ran; **(to walk) in twos, ~ by ~, ~ and ~,** (cerdded) fesul dau, bob yn ddau/ddwy, yn ddau a dau, yn ddwy a dwy, [bob] yn ddeuoedd; *F:* **to put ~ and ~ together,** rhoi dau a dau at ei gilydd; *F:* **that makes ~ of us,** dyna ddau/ddwy ohonom ni felly; a minnau'r un fath; *Prov:* **~ heads are better than one,** gwell dau ben nac un; *Prov:* **~'s company, three's a crowd,** dedwydd deuddyn, nid tri; digon deuddyn heb drydydd, **they're ~ a penny,** maen nhw'n rhad fel baw; maen nhw'n gyffredin iawn; **~ fours are eight; four twos are eight,** mae dwy waith pedwar yn wyth, mae dau bedwar yn wyth; **~ can play at that game,** gall dau chwarae'r tric/gêm yna; **at ~ [o'clock],** am ddau [o'r gloch], ar ben dau [o'r gloch]; **I know a thing or ~,** mi wn i ambell beth; mi wn i beth neu ddau; **a mother of ~,** mam i ddau (o blant); **in ~ shakes, in ~ ticks, in ~ twos,** mewn chwinciad, mewn dim o dro, cyn pen dim, cyn ichi droi rownd; *Hist:* **the T~ Sicilies,** y Ddwy Sisilia; **~ bits,** chwarter *(m)* doler; **~ cents,** *(a)* dwy senten *f*; *(b) Fig:* **for ~ cents I'd punch him,** hidiwn i ddim/damaid â'i daro; ni fyddai'n ddim gen i ei daro; **I got in my ~ cents worth,** cefais ddweud fy mhwt; cefais ddweud fy marn; cefais roi fy mhig i mewn; *Th:* **~ lines and a spit,** manion; *(for other phrases see* **eight)**; *S.a.* **game¹ 1, mind¹ 2. ~-bit** *attrib. U.S:* pitw, diwerth, di-ddim, gwerth grôt, [gwerth] ceiniog a dimai. **~-bladed** *a.* deulafn. **~-by-four 1.** *a. Carp: &c:* dwy [fodfedd] wrth bedair. **2.** *n. Carp:* coedyn (coed) *(m)* dwy wrth bedair. **~-cleft** *a. Bot:* deuhollt. **~-colour** *attrib.* deuliw. **~-cycle** *attrib. U.S:* dwystroc, deugylch. **~-dimensional** *a.* **1.** dau-ddimensiwn, dau-ddimensiynol. **2.** *Fig:* arwynebol. **~-dimensionality** *n.* **1.** dau-ddimensiynoldeb *m.* **2.** *Fig:* arwynebolrwydd *m.* **~-door** *attrib. Aut:* dau ddrws, deuddrws. **~-edged** *a.* deufin, deufiniog. **~-engine[d]** *a.* deufotor, dau fotor. **~-faced** *a.* dauwynebog, rhagrithiol. **~-facedly** *adv.* yn ddauwynebog *&c.* **~-facedness** *n.* rhagrith *m,* natur ddauwynebog *f,* dauwynebogrwydd *m.* **~-fisted** *a.* **1.** = **clumsy. 2.** *U.S: F:* = **vigorous. ~-flowered** *a. Bot:* deuflodeuog. **~-foot rule** *n. Carp:* dwy droedfedd(-au,-i) *f.* **~-footed** *a.* deudroed, deudroediog, deutroed, dwydroed, dwydroediog. **~-four** *a. Mus:* **~-four time,** amser (*m*) dau pedwar. **~-handed** *a.* **1.** *(sword):* deuddwrn; **~-handed saw,** llif draws (llifiau traws) *f,* llif groes (llifiau croes). **2.** *Z: &c:* dwylawog, dwylawiog, dwylofiog, â dwy law; *S.a.* **ambidextrous. 3.** *Cards: &c:* dwy law, rhwng dau, i ddau. **5.** *Th: (play):* i ddau actor, i ddwy actores. **~-handedness** *n.* dwylawogrwydd *m.* **~-handled** *a.* deugarn, â dau garn. **~-headed** *a.* deupen, deuben, deubennog, â dau ben. **~-horse** *attrib.* dau geffyl. **~-legged** *a.* dwygoes, â dwy goes. **~-line** *attrib. Mus:* **~-line octave,** wythfed (*m*) dwy linell. **~-line[d]** *a. Typ:* dwy linell. **~-master** *n. Nau:* llong ddeufast (llongau deufast) *f.* **~-part** *a. Mus:* deulais; **~-part song,** deuawd(-au) *f.* **~-party** *a.* dwyblaid; **~-party system,** cyfundrefn ddwyblaid (cyfundrefnau dwyblaid) *f.* **~-penny** *a.* = **twopenny. ~-pennyworth, ~-penn'orth** *n.* dwygeiniogwerth *f.* **~-petalled** *a. Bot:* deubetalog. **~-phase** *attrib. El.E:* dwy wedd, deudro, chwarter gwedd. **~-piece** *attrib.* deuddarn; **[lady's] ~-piece costume,** siwt ddeuddarn (siwtiau deuddarn) *f.* **~-piecer** *n.* = **two-piece costume. ~-pin** *attrib.* deubin. **~-ply** *attrib.* **1.** *(rope &c):* dwy gainc, dwygainc, dwygeinciog. **2. ~-ply wood,** pren (*m*) dwy haen, pren dau blyg, pren dau dew. **~-pole** *attrib. El:* deubegwn, deubegynol. **~-pronged** *a.* deuddant, deuddaint, dau bigyn. **~-seater 1.** *n. Av:* awyren (*f*) i ddau, awyren â lle i ddau; *Aut:* car (*m*) i ddau, car â lle i ddau. **2.** *attrib.* dwy sedd. **~-shot** *n. T.V:* deuawd(-au) *f,* dau saethiad *m.* **~-sided** *a.* **1.** dwyochrog, dwyochrol; *(contract &c):* rhwng dwy blaid. **2.** *(question, argument &c):* â dwy ochr, dwyochrog. **~-speed** *attrib.* dwy gêr. **~-spot** *n. Cards:* dau (deuoedd) *m.* **~-spotted** *a.* deufannog, deusmotiog. **~-stemmed** *a. Bot:* deufrigog. **~-step[1]** *n. Danc: Mus:* dwystep *f.* **~-step[2]** *v.i. Danc:* dawnsio'r ddwystep. **~-stroke** *attrib. I.C.E:* deudrawiad, dwystroc. **~-styled** *a. Bot:* deugolofnig. **~-suiter** *n. Cards:* dyrnaid (dyrneidiau) (*m*) dwyres. **~-tailed** *a.* dwygynffonnog. **~-tier** *a.* deuris, dwyradd. **~-time** *v.t.&i.* twyllo. **~-timer** *n.* twyllwr (twyllwyr) *m,* tw|yllwraig (twyllwragedd) *f.* **~-timing[1]** *a.* twyllodrus, anffyddlon. **~-timing[2]** *vn.* twyllo. **~-tone** *a. (a) (painting, car &c):* deuliw; *(b) (sound):* dwy dôn, deusain. **~-toned** *a.* = **two-tone. ~-tongued** *a.* twyllodrus. **~-up** *n. Games:* taflu (*vn*) dwy geiniog. **~-way** *attrib.* dwyffordd. **~-wheeled** *a.* â dwy olwyn. **~-wheeler** *n.* **1.** *Veh:* trap(-iau) *m.* **2.** *Cy:* beic(-iau) (*m*) dwy olwyn, *Lit: occ:* deurodur(-on) *m,* deurod(-au) *f.* **~-winged** *a.* dwyadeiniog, dwyasgellog. **~-year old 1.** *a.* dwyflwydd. **2.** *n.* dwyflwyddiad (dwyflwyddiaid) *m&f*; *(child):* plentyn (plant) dwyflwydd [oed] *m*; *(horse):* ceffyl(-au) dwyflwydd *m*; *(mare):* caseg ddwyflwydd (cesig dwyflwydd) *f*; *F:* **like a ~-year old,** fel ebol/eboles. **~-yearly** *a.* bob dwy flynedd, bob yn eilflwydd, bob yn ail flwyddyn.

twofer *n. U.S: Th:* tocyn(-nau) rhad *m,* tocyn hanner pris.

twofold *a. & adv.* **1.** *a.* deublyg, dwbl, deudrwch; *(rope):* dwygainc, dwygeinciog. **2.** *adv.* yn ddeublyg, ddwywaith; **kindness returned ~,** caredigrwydd a dalwyd yn ôl yn ddwbl.

twoness *n.* deublygrwydd *m,* dybledd *m,* deudod(-au) *m.*

twopence *n.* dwy geiniog *f*; *F:* **it isn't worth ~,** nid yw'n werth dim; nid yw'n werth yr un geiniog goch; **penny plain, ~ coloured,** ceiniogwerth blaen, dwygeiniogwerth bob lliw.

twopenny *attrib.* **1.** [gwerth] dwy geiniog. **2.** *Fig: (= almost worthless):* [gwerth] ceiniog a dimai, gwerth grôt, diwerth, tila, pitw. **~-halfpenny** *attrib.* **1.** [gwerth] dwy [geiniog] a dimai. **2.** = **twopenny 2. ~ worth** *n.* dwygeiniogwerth *f,* gwerth (*m*) dwy geiniog, *F:* dwygnegwerth *f.*

twosome *a. & n.* deuddyn *pl (mutates after article:* y ddeuddyn), cwpl: cwpwl (cyplau) *m,* pâr (parau) *m*; *Golf: &c:* deuawd(-au) *mf.*

twot *n. V:* = **twat.**

'twould *v. Poet:* = **it would.**

twyer *n. Metall:* = **tuyère.**

Tyburn *Eng.Pl.n.* Tybwrn *m.* **~ ticket** *n.* tocyn (*m*) Tybwrn, tocyn y crocbren. **~ tree** *n.* crocbren(-ni,-nau) *mf.*

Tyche *Pr.n. Gr.Myth:* Ffawd *f.*

tychism *n. Phil:* ffodiaeth *f.*

Tychonian, Tychonic *a. Astr:* Tychonig.

tycoon *n. F:* teicŵn (teicwniaid) *m.*

tyke *n. P:* **1.** *(= cur):* mwngrel(-iaid) *m (pronounced* ng-g), *Lit: occ:* costowci (costowcwn) *m.* **2.** = **boor, lout. 3. Yorkshire ~,** = **Yorkshireman. 4.** *U.S:* = **child (small).**

tyle *n.* = **tile.**

tyler *n.* = **tiler 2.**

tylopod *a. & n. Z:* **1.** *a.* tylopodaidd. **2.** *n.* t|ylopod (tylopodau) *m.*

tylopodous *a. Z:* tylopodaidd.

Tylorstown *W.Pl.n.* Pendyrus *m.*

tylose *n. Bot:* tylos(-au) *m.*

tylosis *n. Bot:* tylosis(-au) *m.*

tymbal *n. Mus:* tymbal (tymbalau) *m.*

tympan *n.* **1.** *Mus: (= drum):* tympan(-au) *m,* tabwrdd (tabyrddau) *m.* **2.** *Typ:* tympan, tabyrddlen(-ni) *f.* **3.** *Arch:* = **tympanum.**

tympanic *a. Anat:* tympanig.

tympanist *n. Mus:* = **timpanist.**

tympanites *n. Med:* bolchwyddi *m,* tympanites *m, F:* y dropsi sych *m,* y dropsi gwynt.

tympanitic *a. Med:* tympanitig.

tympanitis *n. Med:* tympanwst *m,* llid (*m*) ar y tympan.

tympano *n. Mus:* = **timpano.**

tympanum *n.* **1.** *Anat:* tympan(-au) *m,* t|ympanwm (t|ympana) *m.* **2.** *Arch:* tympanwm. **3.** *Hyd.E:* olwyn (*f*) lwyau (olwynion llwyau), tympanwm.

tympany *n.* = **tympanites.**

typal *a.* mathol.

type[1] *n.* **1.** *(a) (= kind[1] 2.):* math(-au) *m, occ:* bath(-au) *m, F:* teip(-iau) *m,* siort(-iau) *f*; **people of this ~,** pobl o'r fath, pobl o'r math hwn, y math hwn o bobl, pobl debyg i hyn, *Lit:* y cyfryw bobl; **people of every ~,** pob math ar/o bobl, pobl o bob math, *F:* pobl o bob siort, pobl o bob lliw a llun; *F:* **she's not my ~,** 'dyw hi ddim fy nheip i; **true to ~,** *See* **true**; **trueness to ~,** gwirdeiprwydd *m*; *(b) F: (= chap):* **the ~ with the red beard,** y dyn/bachan â'r farf goch. **2.** *Typ:* teip(-iau) *m,* print *m*; **bold ~,** print du; **large ~,** print bras, llythrennau breision; **in ~,** cysodedig, mewn teip, wedi'i osod/gysodi; **to distribute the ~,** rhannu'r teip; **to set ~,** gosod teip, cysodi. **3.** *Biol:* teip(-iau) *m.* **4.** *(= characteristic specimen):* enghraifft berffaith (enghreifftiau perffaith) *f,* teip(-iau) *m.* **5.** *(= model):* cynddelw(-au) *f,* model(-au) *m.* **6.** *B: (= symbolic or prophetic event):* rhaglun(-iau) *m.* **~-bar** *n. Typ:* teipfar(-rau) *m.* **~-basket** *n. Typewr:* basged (*f*) deip (basgedi teip). **~-facsimile** *n.* teip-adlun(-iau) *m.* **~-founder** *n.* teipluniwr (teiplunwyr) *m.* **~-foundry** *n.* ffowndri (*f*) deip (ffowndriau teip). **~ genus** *n. Biol:* teipdylwyth(-au) *m.* **~-high** *a. & adv. Typ:* teip-gyf|uwch. **~-metal** *n. Typ:* teipfetel *m,* metel (*m*) teip. **~-ornament** *n.* teipaddurn(-au) *m.* **~-page** *n.* tudalen (*mf*) teip/deip (tudalennau teip), tudalen cysodedig/gysodedig (tudalennau cysodedig). **~ site** *n. Archeol:* teipsafle(-oedd) *m.* **~ species** *n. Biol:* teiprywogaeth(-au) *f.* **~ specimen** *n. Biol:* teipsb|esimen (teipsbesimenau) *m.* **~-station** *n.* gorsaf (*f*) deip (gorsafoedd teip), teiporsaf(-oedd) *f.* **~-wheel** *n.* olwyn (*f*) deip (olwynion teip).

type[2] *v.t. Typewr:* teipio.

type[3] *v.t. Med: &c:* **to ~ (blood),** teipio, grwpio (gwaed).

typecast[1] *v.t. Th:* teipgastio.

typecast[2] *p.p. Th:* teipgastiedig, wedi'ch teipgastio.

typeface *n.* teip(-iau) *m,* wyneb(-au) *m.*

typescript *n.* teipysgrif(-au) *f.*

typeset *a.* cysodedig.

typesetter *n.* cysodwr (cysodwyr) *m,* cysodydd(-ion) *m.*

typesetting *vn.* cysodi, cysodiad(-au) *m.*

typewrite *v.t.* teipio.

typewriter *n.* teipiadur(-on) *m.*

typewriting *vn.* teipio.

typewritten *a.* teipiedig.

typhlitic *a. Med:* tyfflitig.

typhlitis *n. Med:* tyfflitis *m.*

typhlology *n. Med:* tyffloleg *f.*

typhlosole *n. Z:* t|yfflosol (tyfflosolau) *m.*

typhoean *a. Gr.Myth:* Tyffoeaidd.

typhogenic *a. Med:* tyffogenig.

typhoid *a. & n. Med:* **1.** *a.* teiffoid[aidd]. **2.** *n.* teiffoid *m.*

typhoidal *a. Med:* teiffoidaidd.

typhoidin *n. Med:* teiffoidin *m.*
typhomalarial *a. Med:* teiffomalaraidd.
typhonic *a. Meteor:* teiffonig.
typhoon *n. Meteor:* gyrwynt(-oedd) *m*, corwynt(-oedd) *m*, teiffŵn (teiffwnau) *m.*
typhous *a. Med:* teiffus.
typhus *n. Med:* teiffws *m.*
typical *a.* nodweddiadol.
typicality *n.* nodweddiadoldeb *m.*
typically *adv.* yn nodweddiadol.
typification *n.* **1.** nodweddu *vn*, nodweddiad(-au) *m.* **2.** *(= foreshadowing):* rhaglun(-iau) *m*, rhagluniad(-au) *m.*
typifier *n.* nodweddiadwr (nodweddiadwyr) *m.*
typify *v.t.* nodweddu.
typing *vn.* teipio; **audio-~**, clywdeipio; *S.a.* **touch**[1]. **~-pool** *n.* carfan (*f*) deipyddion (carfanau teipyddion).
typist *n.* teipydd(-ion) *m*, teipyddes(-au) *f*; **audio-~**, clywdeipydd(-ion) *m*, clywdeipyddes(-au) *f.* **copy-~**, copi-deipydd(-ion) *m*, copi-deipyddes(-au) *f.* **shorthand ~**, teipydd llaw-fer, teipyddes law-fer (teipyddesau llaw-fer).
typo *n. F:* = **typographer, typographical error**.
typograph *v.t.* argraffu.
typographer *n.* **1.** *Typ:* argraffwr: argraffydd (argraffwyr) *m*, teipograffydd (teipograffwyr) *m*, *F:* printiwr (printwyr) *m.* **2.** *Ent:* chwilen (*f*) risgl (chwilod rhisgl).
typographic[al] *a.* argraffol, argraffyddol, teipograffyddol, teipograffaidd; **~ error,** gwall(-au) (*m*) argraffu, cam-brint (-iadau) *m.*
typographically *adv.* yn argraffyddol/deipograffyddol/deipograffaidd, o ran argraffwaith.
typography *n.* **1.** *(process):* argraffwaith *m*, argraffu *vn*, printio *vn.* **2.** *(style, appearance of print):* argraffwaith *m*, teipograffiaeth *f*, teipograffeg *f.*
typological *a.* teipolegol.
typologically *adv.* yn deipolegol.
typologist *n.* teipolegydd: teipolegwr (teipolegwyr) *m.*
typology *n.* teipoleg *f.*
typonym *n. Biol:* teipenw(-au) *m.*
typonymal, typonymic *a.* teipenwol.
typothetae *n.pl. U.S:* argraffwyr.
tyramine *n. Ch:* t|yramin *m.*
tyrannical *a.* gormesol, gorthrymus, gormesgar, fel teyrn.
tyrannically *adv.* yn ormesol *&c.*
tyrannicalness *n.* gormesoldeb *m*, natur ormesol *f.*
tyrannicidal *a.* teyrnladdol.
tyrannicide *n.* **1.** *(crime):* teyrnladdiad *m.* **2.** *(pers.):* teyrnleiddiad (teyrnleiddiaid) *m&f*, teyrnladdwr (teyrnladdwyr) *m.*
tyrannize *v.t.&i.* gormesu, gorthrymu (rhn); tra-arglwyddiaethu (ar rn).
tyrannized *a.* gorthrymedig, gormesedig, dan ormes/orthrwm.
tyrannizer *n.* = **tyrant.**
tyrannizingly *adv.* yn ormesol, yn orthrymus.
tyrannosaur, tyrannosaurus *n.* tyr|anosor (tyranosoriaid) *m.*
tyrannous *a.* gormesol, gormesgar, gorthrymus.
tyrannously *adv.* yn ormesol *&c.*
tyrannousness *n.* gormesgarwch *m*, gorthrymustra *m.*
tyranny *n.* **1.** *(= despotic rule):* gormes *f*, gorthrwm *m.* **2.** *(= state ruled by tyrant):* gormesdeyrnas(-au) *f.*
tyrant *n.* **1.** *Pol: Hist:* teyrn(-edd) *m*, gormeswr (gormeswyr) *m*, gormesydd(-ion) *m*, gorthrymwr (gorthrymwyr) *m*, gormesdeyrn: gormesteyrn(-edd,-iaid) *m*, *B:* teirant (teiraniaid) *m.* **2.** *F:* **he's a real ~,** mae'n deyrn o ddyn; mae'n rêl teyrn. **~-bird, ~-flycatcher** *n. Orn:* teyrnwybedog(-ion) *m.*
tyre[1] *n.* teiar(-s) *m*; **balloon ~**, teiar meddal; **cross-ply ~**, teiar croesgainc/cyfrodedd; **radial ply ~**, teiar rheiddiol/rheidd-haenog; **non-skid ~**, teiar gwrthsglefrio/gwrthlithro; *S.a.* **pressure 1.** **~-cement** *n. Aut: Cy:* rwber (*m*) trwsio teiars, toddiant (*m*) rwber. **~-chain** *n. Aut:* cadwyn(-i) (*f*) eira. **~-cover** *n. Aut:* gorchudd (*m*) teiar (gorchuddion teiars). **~-gauge** *n. Aut:* mesurydd(-ion) (*m*) gwynt teiars. **~-inflator** *n.* = **tyre-pump.** **~-lever** *n. Tls:* lifer(-i) (*mf*) tynnu teiar[s]. **~-pump** *n.* pwmp (pympiau) (*m*) teiars.
tyre[2] *v.t.* gosod teiar[s] (ar rth).
tyred *a.* â theiar[s]; **solid-~**, â theiars solet.
Tyre *Pr.n. Geog:* Tyrus *f.*
Tyrian *a. & n.* **1.** *a.* Tyriaidd, o Dyrus; **~ purple,** porffor (*m*) Tyrus. **2.** *n.* Tyriad (Tyriaid) *m&f.*
tyro *n.* = **tiro.**
tyrocidin[e] *n. Bio-Ch:* tyr|osidin *m.*
Tyrol *Pr.n. Geog:* Y Tyr|ol *m.*
Tyrolean, Tyrolese *a. & n.* **1.** *a.* Tyrolaidd; **~ songs,** caneuon y Tyr|ol. **2.** *n.* Tyroliad (Tyroliaid) *m&f.*
Tyrolienne *n.* **1.** *Danc:* ***tyrolienne(-s)*** *f*, tyrolddawns(-iau) *f.* **2.** *Mus:* *tyrolienne*, tyrolgan(-au) *f.*
tyrosinase *Bio-Ch:* tyr|osinas *m.*
tyrosine *n. Bio-Ch:* t|yrosin *m.*
tyrothricin *n. Bio-Ch:* tyrothrisin *m.*
tyrotoxicon *n. Bio-Ch:* tyrot|ocsicon *m.*
Tyrrhene, Tyrrhenian *a. & n.* = **Etruscan**; *Geog:* **The ~ [Sea],** Môr (*m*) Tyren.
tystie *n. Orn:* = **guillemot (black).**
tzar *n. &c.* = **tsar** *&c.*
tzatziki *n. Cu:* ts|atsici *m.*
tzetze *n.* = **tsetse.**
tzigane, tzigany *a. & n.* = **gipsy.**

U

U, u *n.* & *a.* I. *n.* [y llythyren] U, u(-au) *f*, *S:* U gwpan, U bedol; *Tp:* **u for uncle,** u am uwd. **U.D.C.** *abbr.* **1.** *(Universal Decimal Classification):* D.D.C. *m* (Dosbarthiad Degol Cyffredinol). **2.** *(Urban District Council):* C.D.T. (C'au D.T.) *m* (Cyngor Dosbarth Trefol). **U.D.I.** *abbr.* *(Unilateral Declaration of Independence):* D.A.U. (Datganiad Annibyniaeth Unochog); *F:* **to declare U.D.I.,** cyhoeddi'ch annibyniaeth. **U-bend** *n.* **1.** *(in road):* tro(-eon) (*m*) pedol, tro U. **2.** *Plumb:* peipen (*f*) bedol (peipiau pedol), peipen U, pibell (*f*) bedol (pibellau/pibelli pedol), pibell U. **U-boat** *n.* llong (*f*) danfor (llongau tanfor). **U-bolt** *n.* *Mec.E:* bollten (bolltiau) (*f*) U. **U film** *n.* *Cin:* ffilm(-iau) (*f*) U, llun(-iau) (*m*) U, ffilm/llun [agored] i bawb. **U.F.O.** *abbr.* *See* **ufo. U.H.F.** *abbr.* *(Ultra High Frequency):* A.U.I. (Amledd Uchel Iawn). **U.K.** *abbr.* *(United Kingdom):* y D.U. (y Deyrnas Unedig). **U-matic** *a.* *T.V:* U[wch]-matig. **U.N.** *abbr.* *(United Nations:)* y C.U. (y Cenhedloedd Unedig). **U.S.** *abbr.* *(United States):* yr U.D. (yr Unol Daleithiau), *occ:* y T.U. (y Taleithiau Unedig); *F:* **the U.S. President,** Arlywydd America. **U.S.A.** *abbr.* *(United States of America):* U.D.A. (Unol Daleithiau America) (*not* yr U.D.A.). **U-shape** *n.* ffurf(-iau) (*f*) U, cwpan(-au) *mf*, pedol(-au) *f*. **U-shaped** *a.* cwpanog, pedol, pedolog, ffurf U, siâp U. **U.S.S.R.** *abbr.* *Hist:* *(Union of Soviet Socialist Republics):* yr Undeb Sofietaidd. **U-turn** *n.* *Aut:* tro(-eon) (*m*) yn ôl, tro pedol, tro U, tro i wynebu'r ffordd arall, hanner-tro(-eon) *m*, tro yn eich unfan, tro o amgylch; *P.N:* **no U-turns,** dim troi'n ôl; dim troeon U; *F:* **to do a U-turn,** troi yn eich carn. **U-tube** *n.* tiwb(-iau) (*m*) pedol, tiwb U. **U.V.** *abbr.* = **ultra violet**. II. *a.* *F:* *(= socially acceptable &c):* derbyniol, syber, llednais; **non-U,** annerbyniol, isel, comon, ansyber, aflednais; **U and non-U,** bonheddig ac anfonheddig, iawn ac an-iawn. derbyniol ac annerbyniol, syber ac ansyber.

uacari *n.* *Z:* wacari (wacarïod, wacarïaid) *m*.

ubac *n.* *Mount:* llechwedd(-au) (*f*) mewn cysgod, cil(-iau) (*m*) haul.

uberrima fides *n.* yr ymddiriedaeth lwyraf *f*.

ubi sunt? *Lt.Phr.* ble maent?

ubiety *n.* lleoliad(-au) *m*.

ubiquinone *n.* *Bio-Ch:* wbicwinon *m*.

ubiquitarian *n.* & *a.* *Theol:* **1.** *n.* hollbresenolwr: hollbresenolydd (hollbresenolwyr) *m*. **2.** *a.* hollbresennol.

ubiquitarianism *n.* *Theol:* hollbresenoliaeth *f*.

ubiquitous *a.* hollbresennol, ym mhobman; **a ~ person,** Sioni(*m*)-bob-man.

ubiquitously *adv.* yn hollbresennol, ym mhobman.

ubiquitousness, ubiquity *n.* hollbresenoldeb *m*.

udal *n.* *Jur:* rhydd-ddaliad(-au) *m*.

udaller, udalman *n.* *Jur:* rhydd-ddeiliad (~-ddeiliaid) *m&f*.

udder *n.* *S:* cadair (cadeiriau) *f*, *N:* pwrs (pyrsau, pyrsiau) *m*, *S.E:* piw(- od) *m*, piwyn (piwod) *m*.

uddered *a.* *N:* pyrsiog, *S:* cadeiriog.

udderless *a.* *N:* heb bwrs, di-bwrs, *S:* heb gadair, digadair.

udo *n.* *Bot:* *(Aralia cordata):* wdo *m*.

udometer *n.* wdomedr(-au) *m*, glawfesurydd(-ion) *m*.

ufo *n.* peth(-au) hedegog anhysbys *m*, iwffo(-s) *m*.

ufological *a.* iwffolegol.

ufologist *n.* iwffolegwr: iwffolegydd (iwffolegwyr) *m*.

ufology *n.* iwffoleg *f*.

Uganda *Pr.n.* *Geog:* Wganda *f*, Uganda *f*.

Ugandan *a.* & *n.* **1.** *a.* Wgandaidd, Ugandaidd; **the ~ government,** llywodraeth Wganda/Uganda; **he's ~,** Wgandiad/Ugandiad yw ef. **2.** *n.* *Ethn:* Wgandiad (Wgandiaid) *m&f*, Ugandiad (Ugandiaid) *m&f*.

Ugaritic *a.* & *n.* **1.** *a.* Wgaritig; *(in language):* Wgariteg. **2.** *n.* *Ling:* Wgariteg *f*, *m*.

ugh *int.* **1.** ych [a fi], ach [a fi]. **2. ~, it's cold!** ew/ow, mae hi'n oer!

ugli *n.* *Bot:* (*)oren garw/arw (orennau geirwon) *mf*.

uglification *n.* hagriad(-au) *m*, hacriad(-au) *m*, anharddiad(-au) *m*; *S.a.* *foll.*

uglify *v.t.* hagru, hacru, anharddu.

uglily *adv.* yn hyll *&c*.

ugliness *n.* hagrwch: hacrwch *m*, hyllter *m*, hylltra *m*, hylltod *m*, hyllni *m*.

ugly *a.* *(a)* *(pers.):* hyll (*f.occ:* hell, *pl.* hyllion), hagr, *S:* salw, *occ:* gwrthun; *(as euphemism):* diolwg; **to become ~,** mynd yn hyll *&c*, hyllio, hagru, hacru, *S:* salwino; **as ~ as sin,** hyll fel pechod, hyll fel diawl, mor hyll â'r diafol; **an ~ person,** rhn hyll/hagr/diolwg, *S.W:* *occ:* ebwch (ebychau) *m&f*; **an ~ duckling,** hwyaden fach hyll/salw (hwyaid bach hyll/salw) *f*; *F:* **an ~ customer,** rhn peryglus/milain/annifyr/cas [yr olwg], cythraul mewn croen, *S.W:* *occ:* r[h]epsyn (r[h]eps) *m*, corgi (corgwn) *m*, *N:* hen jero(-s) *m*, hen gono(-s) *m*, hen eurach *m*, hen elach *m*; **to turn ~, to cut up ~ (with s.o.),** troi'r tu min (at rn), troi'n gas/filain (wrth rn), dangos eich cilddannedd (i rn), *S.W:* troi pen y pigau (ar rn); *(= become angry):* gwylltio, digio, cynddeiriogi (wrth rn); colli'ch tymer, *S:* mynd yn grac (gyda rhn), *N.W:* cael y gwyllt, myllio (hefo rhn); *(b)* *(incident, scene, rumour, suspicion):* cas, annifyr, annymunol; **~ suspicions,** amheuon cas; **an ~ wound,** clwyf cas/hyll [yr olwg]; **~ weather,** tywydd cas/mawr/drwg/gwael/gerwin; **things look ~,** mae hi'n edrych yn ddu; mae golwg wael/hyll ar bethau; mae pethau'n edrych yn wael/hyll; *N:* *F:* mae hi'n edrych yn flêr; **an ~ look,** edrychiad cas/milain *m*, cilwg (cilygon) *m*, gwg *m*, cuwch (cuchiau) *m*; **to give s.o. an ~ look,** edrych yn ddu/gas/hyll/ddig/filain ar rn, cilwgu/gwgu/cuchio ar rn, edrych dan eich sgafell ar rn; **the ~ truth,** y gwir cas *m*, y caswir *m*; **he was in an ~ mood,** 'roedd hwyl ddrwg arno; 'roedd mewn hwyliau cas/mileinig/drwg; *W.Pl.n.* **the U~ House,** y Tŷ Hyll *m*. **~-fish** *n.* *Ich:* = **muskellange, maskalonge.**

Ugrian *a.* & *n.* *Ethn:* **1.** *a.* Wgriaidd. **2.** *n.* Wgriad (Wgriaid) *m&f*.

Ugric *a.* & *n.* **1.** *a.* Wgraidd, Wgrig; *(in language):* Wgreg. **2.** *n.* *Ling:* Wgreg *f*, *m*.

Ugro-Finnic *n.* *Ling:* Wgro-Ffinneg *f*, *m*.

uh *int.* y!

uh-huh *int.* a-ha!

uhlan *n.* *Mil:* wlan(-iaid) *m*, marchoglüwr (marchogluwyr) *m*.

Uighur, Uigur *n.* **1.** *Ethn:* Wigwr(-iaid) *m&f*. **2.** *Ling:* Wigwreg *f*, *m*.

uintahite, uintaite *n.* *Miner:* |uintahit *m*.

Uitlander *n.* ***Uitlander(-s)*** *m&f*, estron(-iaid) *m*, estrones(-au) *f*.

ukase *n.* *Pol:* *Hist:* gorchymyn (gorchmynion) *m*.

uke *n.* = **ukulele.**

Ukraine *Pr.n.* *Geog:* [yr] Wcráin *f*.

Ukrainian *a.* & *n.* **1.** *a.* Wcreinaidd; *(in language):* Wcreineg. **2.** *n.* *(a)* *Ethn:* Wcreiniad (Wcreiniad) *m&f*; *(b)* *Ling:* Wcreineg *f*, *m*.

ukulele *n.* *Mus:* iwcalili(-s) *mf*.

ulcer *n.* *Med:* briw(-iau) *m*, dolur(-iau) *m*, llinoryn (llinor) *m*, wlser(-au,-i) *m*, crawniad(-au) *m*, *N:* anafod(-au) *m*; **gastric ~,** briw ar y stumog; *Vet:* *N:* crwn *m*, *N:* *occ:* cancr(-au) *m*.

ulcerable *a.* doluriadwy, briwiadwy.

ulcerate *v.t.&i.* **1.** *v.t.* briwio. **2.** *v.i.* ymfriwio, mynd yn friw.

ulcerated *a.* dolurus, anafodus, llinorog, wlserog, briwiog; **he has an ~ stomach,** mae ganddo friw ar y stumog.

ulceration *n.* doluriad(-au) *m*, wlseriad(-au) *m*, anafodiad(-au) *m*; *S.a.* **ulcerate.**

ulcerative *a.* dolurus, wlserol, anafodol, briwiol; ~ **colitis,** llid (*m*) briwiol y coluddyn.
ulcered *a.* = **ulcerous.**
ulcerogenic *a.* wlserogenig.
ulcerous *a.* dolurus, wlserog, briwiog, anafodus, llinorog.
ulcerously *adv.* yn ddolurus *&c.*
ulcerousness *n.* dolurusrwydd *m*, natur ddolurus, natur anafodus *f.*
Ulema *n. Moslem Rel:* **1.** *Coll:* |Wlema *mf.* **2.** *n.* |Wlema(-id) *m.*
ulex *n. Bot:* eithinen (eithin) *f.*
ulexite *n. Min:* |wlecsit *m.*
uliginose, ulignous *a.* **1.** corsiog, lleidiog. **2.** *Bot:* corsdrig, y corsydd, y gors.
ullage *n. Wine-m: Dist:* gwagle *m* [mewn casgen]; **[dry]** ~, colled *f* [o gasgen]; *Cust:* diffyg *m* [mewn casgen]. ~ **rocket** *n.* roced(-i) atodol *f.*
ulmaceous *a. Bot:* llwyfaidd.
ulna *n. Anat:* asgwrn (*m*) cyfelin (esgyrn cyfelinau), asgwrn elin (esgyrn elinoedd/elinau), wlna (wlnâu) *m.*
ulnar *a. Anat:* elinol, wlnäol; ~ **nerve,** nerf y penelin, nerf elinol.
ulotrichous *a.* pengrych(-ion) (*pronounced* ng-g), crychwallt.
ulotrichy *n.* pengrychni *m* (*pronounced* ng-g).
Ulster[1] *Pr.n. Geog:* Wledd *f*, Wlaidd *f*, Wleth *f*, Ulster *f*, Wlster *f*; ~ **Defence Regiment,** Catrawd (*f*) Amddiffyn Wlster; ~ **Volunteer Force,** Corfflu (*m*) Gwirfoddol Wlster; *S.a.* **unionist, unionism.**
ulster[2] *n. Cost:* côt (cotiau) (*f*) Wlster.
Ulsterian *a.* Wlsteraidd.
Ulsterman *n.m.* Gwyddel o Wlster, Wlsteriad (Wlsteriaid).
Ulsterwoman *n.f.* Gwyddeles(-au) o Wlster, Wlsteres(-au) *f.*
ult. *abbr.* = **ultimo.**
ulterior *a.* **1.** *(= farther &c):* pellach, eithaf. **2.** *(= secret):* cudd, cuddiedig.
ulteriorly *adv.* **1.** ymhellach. **2.** yn gudd.
ultima *n.* sillaf(-au) olaf *f.* ~ ***ratio*** *n. Lt.Phr.* y ddadl derfynol *f.* **U~ Thule** *Pl.n.* pen (*m*) draw'r byd, pen pella'r byd, pellafoedd/eithafoedd (*pl*) y ddaear.
ultimacy *n.* eithafrwydd *m.*
ultimate *a. & n.* **1.** *a. (a) (= final):* terfynol; *(b) (= fundamental):* sylfaenol, gwaelodol; *(c) Ling: (syllable):* olaf, terfynol; *(d) (= maximum):* mwyaf, eithaf; ~ **tensile strength,** cryfder tynnol eithaf *m*; *(e) (= best):* gorau; **the ~ car,** y car gorau posibl. **2.** *n. (a)* yr eithaf *m*; *(= farthest point):* yr eithaf, y pen draw *m*, y terfyn *m*, y pen pellaf; *(b)* **the ~ in dictionaries,** y geiriadur gorau posibl, y geiriadur gorau erioed; **the ~ in luxury,** y moethusrwydd mwyaf posibl/erioed, y moethusrwydd eithaf; **it's the ~ in elegance,** dyna'r peth ceinaf erioed; dyma'r peth mwyaf cain erioed.
ultimately *adv. (a) (= in the end):* yn y diwedd, yn y pen draw; *(= later):* yn ddiweddarach; *(b) (= fundamentally):* yn y bôn, yn y pen draw, yn sylfaenol.
ultimateness *n.* eithafrwydd *m*, terfynolrwydd *m.*
ultimatum *n.* wltimatwm (wltimata) *m*, cynnig (cynigion) terfynol/olaf *m*, rhybudd(-ion) olaf *m.*
ultimo *adv. Com:* o'r mis diwethaf; **on the tenth ~,** [ar] y degfed o'r mis diwethaf.
ultimogeniture *n. Jur:* olafanedigaeth *f.*
ultra[1] *a. & n. Pol:* **1.** *a.* eithafol. **2.** *n.* eithafwr (eithafwyr) *m*, eith|afwraig (eithafwragedd) *f.*
ultra[2] *pref.* **1.** *(= beyond, on the other side of):* tra + *asp. mut.*, y tu hwnt i + *soft mut.*, y tu draw i + *soft mut.*, *occ:* uwch; ~ **vires** *Lt.phr.* y tu hwnt i awdurod, heb awdurod. **2.** *(= extremely):* tra *(+ asp. mut.) e.g.* **ultra-pure,** tra phur. **~-ambitious** *a.* tra uchelgeisiol. **~-credulous** *a.* tra hygoelus. **~-critical** *a.* tra beirniadol. **~-high** *a.* = **ultrahigh.** **~-refined** *a.* tra choeth. **~-rich** *a.* tra chyfoethog. **~-royalist** **1.** *a.* tra brenhingar (*pronounced* ng-g). **2.** *n.* brenhinwr (brenhinwyr) eithafol *m*, brenh|inwraig (breninwragedd) eithafol *f.* **~-short** *a.* tra byr (*f.* ~ ber, *pl.* ~ byrion). **~-total** *a. Log: &c:* gorgyfan. **~-violet** *a.* = **ultraviolet.**
ultrabasic *a. & n. Ch: Geol:* **1.** *a.* wltrabasig. **2.** *n.* wltrabasigyn (wltrabasigion) *m.*
ultracentrifugal *a.* uwchallgyrchol.
ultracentrifuge *n. & v.t.* **1.** *n.* uwchallgyrchydd(-ion) *m.* **2.** *v.t.* uwchallgyrchu.
ultraconfident *a.* tra hyderus.
ultraconservatism *n.* ceidwadaeth ronc/eithafol *f*, archgeidwadaeth *f.*
ultraconservative *a. & n.* **1.** *a.* tra cheidwadol. **2.** *n.* archgeidwadwr (archgeidwadwyr) *m*, archgeidw|adwraig (archgeidwadwragedd) *f*, archgeidwades(-au) *f*, ceidwadwr (ceidwadwyr) rhonc/eithafol *m*, ceidwadwraig ronc/eithafol (ceidwadwragedd rhonc/eithafol) *f*, ceidwades ronc/eithafol (ceidwadesau rhonc/eithafol).
ultrafashionable *a.* tra ffasiynol.
ultrafiche *n.* wltramicro-lun(-iau) *m.*
ultrafiltration *n.* trahidliad(-au) *m*, trahidlo *vn*, uwch-hidlo *vn.*
ultrahigh *a.* tra uchel; ~ **temperature treated milk,** llefrith/llaeth gwres uchel.
ultraism *n. Pol:* eithafiaeth *f.*
ultraist *n. Pol:* eithafwr (eithafwyr) *m*, eith|afwraig (eithafwragedd) *f.*
ultraistic *a. Pol:* eithafol.
ultraliberal *a.* tra rhyddfrydol.
ultraloyal *a.* tra ffyddlon, tra theyrngar (*pronounced* ng-g).
ultraloyalist *n.* rhn (rhai) tra ffyddlon/theyrngar (*pronounced* ng-g), archdeyrngarwr (archdeyrngarwyr) *m*, archdeyrng|arwraig *f.*
ultramafic *a.* = **ultrabasic.**
ultramarine *a. & n.* **1.** *a.* tramor. **2.** *a. & n. (colour):* dulas (*m*).
ultramicro *a.* wltramicro.
ultramicrobalance *n.* wltramicroglorian(-nau) *f.*
ultramicrometer *n.* wltramicromedr(-au) *m.*
ultramicroscope *n.* wltram||[e]icrosgop (wltram[e]icsosgopau) *m.*
ultramicroscopic *a.* wltram[e]icrosgopig, tra mân, tra bychan.
ultramicroscopy *n.* wltram[e]icr|osgopi *m.*
ultramicrotome *n.* wltra|microtom (wltramicrotomau) *m.*
ultramicrotomy *n.* wltramicr|otomi *m.*
ultraminiature *a.* tra bychan (*f.* bechan, *pl.* ~ bychain); *(with n.pl.):* tra mân.
ultraminiaturization *n.* tra-lleih|au, tra-lleihad *m.*
ultramodern *a.* tra chyfoes, tra modern, wltramodern.
ultramodernism *n.* tra-moderniaeth *f*, wltramoderniaeth *f.*
ultramodernist *n.* tra-modernydd(-ion) *m*, wltramodernydd(-ion) *m.*
ultramodernistic *a.* tra modernaidd, wltramodernaidd.
ultramodernity *n.* tra-modernedd *m*, tra-modernrwydd *m*, wltramodernedd *m*, wltramodernrwydd *m*, tra-chyfoesedd *m.*
ultramontane *a. & n.* **1.** *a.* tros fynydd, y tu draw i fynydd, trosfynyddol, tra mynydd; *Theol: Pol:* wltramontanaidd. **2.** *n. Theol: Pol:* wltramontanydd (wltramontanwyr) *m.*
ultramontanic *a.* wltramontanaidd.
ultramontanism *n. Theol: Pol:* wltramontaniaeth *f.*
ultramontanist *n.* wltramontanydd (wltramontanwyr) *m.*
ultramundane *a.* y tu hwnt i'r byd.
ultranational *a.* tra gwlatgar, tra chenedlgarol.
ultranationalism *n.* gwladgarwch/cenedlaetholdeb pybyr/rhonc/penboeth/eithafol *m*
ultranationalistic *a.* tra gwlatgar, tra chenedlgarol, tra chenedlaetholaidd, eithafol wlatgar/genedlgarol/genedlaetholaidd.
ultraradical *a. & n.* **1.** *a.* tra sylfaenol; *Pol:* tra radicalaidd, eithafol radicalaidd. **2.** *n. Pol:* radical(-iaid) eithafol *m&f.*
ultrarapid *a.* tra chyflym, tra chwim.
ultrarational *a.* tra rhesymegol.
ultrareligious *a.* tra chrefyddol.
ultrasensitive *a.* tra s|ensitif, tra theimladwy, tra-hydeiml.
ultrasonic *a. & n.* **1.** *a.* uwchsonig, wltrasonig. **2.** *n. (a)* uwchsonig(-ion) *mf*; *(b) pl.* **ultrasonics,** wltrasoneg *f*, uwchsoneg *f.*
ultrasonographic *a.* wltrasonograffig.
ultrasonography *n.* wltrasonograffeg *f.*
ultrasound *n.* uwchsain (uwchseiniau) *f.*
ultrastructural *a.* wltra-adeileddol.
ultrastructure *n. Bio-Ch:* wltra-adeiledd(-au) *m.*
ultratropical *a.* wltratrofannol, y tu allan i'r trofannau.
ultraviolet *a.* uwchfioled.
ultravirus *n.* wltraf[e]irws (wltraf[e]irysau) *m.*
ultroneous *a.* digymell, gwirfoddol.
ultroneously *adv.* yn ddigymell, o'ch gwirfodd, yn wirfoddol.
ultroneousness *n.* gwirfoddolrwydd *m*, digymhellrwydd *m.*

ululant *a.* udol, oernadus.
ululate *v.i.* = **hoot², howl², wail².**
ululation *n.* = **hoot¹,², howl¹,², wail¹,².**
ulva *n. Bot:* = **sea lettuce.**
Ulysses *Pr.n.m.* Wlysses.
um *int.* ym.
umbel *n. Bot:* wmbel(-au) *m.*
umbellar, umbellate *a. Bot:* wmbelog.
umbellately *adv.* yn wmbelog.
umbellifer *n. Bot:* wmb|eliffer (wmbelifferau) *m.*
umbelliferous *a. Bot:* wmbelifferaidd.
umbelliform *a.* wmb|eliffurf.
umbellule *n. Bot:* wmbelyn(-nau) *m.*
umber¹ *n. Ich:* = **grayling.**
umber² *Art:* **1.** *a.* melynddu(-on), brown tywyll, gwinau (gwineuon), [lliw] wmbr. **2.** *n. (a)* melynddu *m*, brown tywyll *m*, gwinau, [pigment] wmbr *m*; **burnt ~,** wmbr llosg; *(b) Ent:* gwinau (gwineuon) *m*; **barred ~,** *(Plagodis pulveraria):* gwinau rhesog; **dark ~,** *(Philereme transversata):* gwinau tywyll; **mottled ~,** *(Erannis defoliaria):* gwinau brith; **scarce ~,** *(Agriopis aurantiaria):* gwinau prin. **raw ~,** wmbr crai. **~-bird** *n. Orn: (Scopus umbretta):* crëyr (crehyrod) brown *m.*
umber³ *v.t. Art:* wmbro.
umbilic *a. Ph: Mth:* wmbilig.
umbilical *a.* **1.** bogeiliol, y bogail; **~ cord,** llinyn *(m)* bogail (llinynnau bogeiliau). **2.** *Aer:* **~ connector,** llinyn cyswllt.
umbilicate, umbilicated *a.* bogeiliog; *S.a.* **liverwort.**
umbilication *n.* bogail (bogeiliau) *m in N,f in S*, bogeiliad(-au) *m*, bogeilio *vn.*
umbilicus *n. Anat: Bot: Z: Geom: &c:* bogail (bogeiliau) *f in S, m in N.*
umbiliferous *a.* wmbilifferaidd.
umbiliform *a.* bogeiliol, bogeilffurf.
umbles *n.pl.* ysgyfaint, syrth.
umbo *n.* **1.** *(of shield):* bogail (bogeiliau) *f in S, m in N*, both(-au) *f* [tarian]. **2.** *Bot: Z: Anat: &c:* boglyn(-nau) *m*, boglwm (boglymau) *m*, cnap(-iau) *m*, cnepyn(-nau) *m*; *(of shell):* pig(-au) *mf.*
umbonal, umbonate, umbonic *a.* bogeiliol, bogeiliog, boglynnog, cnapiog.
umbra¹ *n. Astr:* cysgod du (cysgodion duon) *m.*
umbra² *n. Ich:* wmbra(-id) *m.*
umbrage *n.* **1.** *(= offence):* soriant *m*, pwd *m*, dicter *m*, *M.W:* penc *m*; **to give ~ to s.o.,** tramgwyddo, digio (rhn); pechu (yn erbyn rhn); peri tramgwydd (i rn); **to take ~ (at sth),** digio (wrth rth); sorri, pwdu, cymryd atoch (o achos rhth); *M.W:* monni, cymryd y penc, pencio (o achos rhth); **he took no ~ at their friendship,** ni ddigiodd oherwydd eu cyfeillgarwch. **2.** *A: or Poet: (= shade):* cysgod(-ion) *m.*
umbrageous *a.* **1.** *Poet: (= shady):* cysgodol. **2.** *(pers.):* hawdd eich tramgwyddo, croendenau.
umbrageously *adv.* **1.** yn gysgodol. **2.** yn groendenau.
umbrageousness *n.* **1.** *(= shadiness):* natur gysgodol *f*, cysgod *m*, cysgodolrwydd *m.* **2.** *(of pers.):* croendeneurwydd *m*, croendeneuwch *m.*
umbral *a. Astron:* wmbrol.
umbrella¹ *n.* **1.** *(a) N:* ambarél(-s, ambarelau, ambareli) *mf*, ymbarél(-s, ymbarelau, ymbareli) *mf*, *S:* ymbrelo(-s) *m*, ymbrela(-s, ymbrelau) *m*, ambrelo(-s, ambrelau) *m*, *F:* brelo(-s) *m*, brela(-s, brelau) *m*, *Lit:* g[w]lawlen(-ni) *f*, *S.W: occ:* marela(-s) *m*; **to put up one's ~,** agor eich ambarél *&c*; **to put down one's ~, to fold [up] one's ~,** cau'ch ambarél *&c*; *(b)* **under the ~ of the United Nations,** dan nawdd/gysgod/adain y Cenhedloedd Unedig; *(c) Mil: Av:* **air ~, aerial ~** , ambarél awyr, amddiffyniad(-au) *(m)* awyr; **nuclear ~,** ambarél/amddiffyniad niwclear. **2.** *Coel: (of jellyfish):* cloch (clychau) *f.* **~-bird** *n. Orn:* aderyn (adar) *(m)* ambarél. **~ pine** *n. Bot:* **1.** = **stone pine.** **2.** pinwydden (pinwydd) *(f)* ambarél *&c.* **~-plant** *n. Bot: (Cyperus alternifolius):* planhigyn (planhigion) *(m)* ambarél. **~-shaped** *a.* [ar] ffurf ambarél *&c.* **~[-shell]** *n. Moll:* cragen (cregyn) *(f)* ambarél. **~-stand** *n.* stand(-iau) *(mf)* ambaréls *&c*, peth(-au) *(m)* dal ambaréls. **~-stick** *n.* coes(-au) *(f)* ambarél *&c*, coesyn (coesau) *(m)* ambarél *&c.* **~ tree** *n. Bot: (Magnolia tripetala):* coeden (coed) *(f)* ambarél *&c.*
umbrella² *v.t.* cysgodi (ag/dan ambarél/ymbarél *&c*).
umbrellaed *a.* ambarelog, ymbarelog.
umbrette *n.* = **umber-bird.**
Umbria *Pr.n. Geog:* Wmbria *f.*
Umbrian *a. & n.* **1.** *a.* Wmbriaidd; *(in language):* Wmbreg. **2.** *n. (a) Ethn:* Wmbriad (Wmbriaid) *m&f*; *(b) Ling:* Wmbreg *f, m.*
umbriferous *a.* cysgodol.
umiak *n.* wmiac(-au) *m.*
umlaut¹ *n.* **1.** *Phon:* gwyriad *m.* **2.** *Typ:* didolnod(-au) *m.*
umlaut² *v.t.* gwyro.
umph! *int.* hymff!
umpirage *n. Sp: &c:* dyfarniad *m.*
umpire¹ *n.* **1.** *Sp:* dyfarnwr (dyfarnwyr) *m.* **2.** *Jur:* canolwr (canolwyr) *m.*
umpire² *v.i.&t.* **1.** *v.i. (a) Sp: &c:* dyfarnu; *(b) Jur: &c:* canoli, dyddio. **2.** *v.t.* **to ~ a match,** dyfarnu mewn gêm, bod yn ddyfarnwr mewn gêm.
umpireship *n.* **1.** *Sp: &c:* dyfarnwriaeth(-au) *f.* **2.** *Jur: &c:* canolwriaeth(-au) *f.*
umpteen *a. F:* cant a mil, wn i ddim faint/sawl, dyn a ŵyr faint/sawl *(precede n.)*; di-rif, dirifedi *(follow n.).*
umpteenth *a.* cant a milfed; **for the ~ time, stop it,** sawl gwaith sydd raid imi ddweud "paid"?
un- *pref. (before adjectives and derivatives of adjectives):* an-. **~-American** *a.* anamericanaidd, an-Americanaidd. **~-Americanism** *n.* anamericaniaeth *f*, an-Americaniaeth *f.* **~-Americanness** *n.* anamericaneiddrwydd *m*, an-Americaneiddrwydd *m*, natur anamericanaidd *&c f.* **~-British** *a.* amhrydeinig, am-Mhrydeinig. **~-Celtic** *a.* angheltaidd, ang-Ngheltaidd. **~-English** *a.* anseisnig, an-Seisnig, anseisnigaidd, an- Seisnigaidd. **~-Englishness** *n.* anseisnigrwydd *m*, an-Seisnigrwydd *m.* **~-French** *a.* anffrengig, an-Ffrengig. **~-Frenchness** *n.* anffrengigrwydd *m*, an-Ffrengigrwydd *m.* **~-German** *a.* analmaenaidd, an-Almaenaidd, analmaenig, an-Almaenig. **~-Germanness** *n.* analmaenigrwydd *m*, an-Almaenigrwydd *m*, analmaeneiddiwch *m*, an-Almaeneiddiwch *m*, natur analmaenig *&c f.* **~-ionized** *a.* anïonaidd, anïoneiddiedig. **~-Irish** *a.* anwyddelig, an-Wyddelig. **~-Irishness** *n.* anwyddeligrwydd *m*, an-Wyddeligrwydd *m*, natur anwyddelig *&c f.* **~-Russian** *a.* anrwsiaidd, an-Rwsiaidd. **~-Russianness** *n.* anrwsieiddiwch *m*, an-Rwsieiddiwch *m*, natur anrwsiaidd *&c f.* **~-Scottish** *a.* analbanaidd, an-Albanaidd. **~-Scottishness** *n.* analbaneiddiwch *m*, an-Albaneiddiwch *m*, analbanrwydd *m*, an-Albanrwydd *m*, natur analbanaidd *&c f.* **~-Welsh** *a.* anghymr|eig, ang-Nghymr|eig. **~-Welshness** *n.* anghymreictod *m*, ang-Nghymreictod *m*, anghymreigrwydd *m*, ang-Nghymreigrwydd *m*, natur anghymreig *&c f.*
unabashed *a.* difalio.
unabashedly *adv.* yn ddifalio, heb falio dim *&c.*
unabated *a.* diosteg, heb osteg, di-baid, dibaid, di-ball, diball, parh|aus, di- dor, didor, *Lit:* didawl, di-dawl.
unabatedly *adv.* yn ddi-baid *&c*; heb osteg *&c.*
unabating *a.* = **unabated.**
unabbreviated *a.* annhalfyredig, cyfan (cyfain), llawn(-ion).
unable *a.* analluog, *occ:* anabl; **to be ~ to do sth,** methu gwneud rhth; **we are ~ to help you,** ni allwn mo'ch helpu.
unabolished *a.* anniddymedig; **an ~ law,** deddf heb ei diddymu, deddf nas diddymwyd.
unabraded *a.* anhreuliedig.
unabridged *a.* cyflawn, cyfan (cyfain), annhalfyredig.
unabrogated *a.* anniddymedig; **an ~ treaty,** cytundeb heb ei ddiddymu, cytundeb nas diddymwyd.
unabsorbed *a.* anamsugnedig.
unabsorbent *a.* anamsugnol.
unacademic *a.* anacademaidd.
unacademically *adv.* yn anacademaidd.
unaccented, unaccentuated *a.* **1.** *Phon: Mus:* diacen; **~ passing note,** nodyn (nodau) *(m)* camu diacen, nodyn cyplad diacen. **2.** *Fig:* dibwyslais, heb bwyslais.
unacceptability *n.* annerbynioldeb *m.*
unacceptable *a.* annerbyniol.
unacceptably *adv.* yn annerbyniol.
unacceptance *n.* annerbyniad *m*, gwrthod *vn*, gwrthodiad *m.*
unaccepted *a.* annerbyniedig, nas derbynnir/derbynnid/derbyniwyd *&c.*

unacclaimed *a.* anghydnabyddedig, digydnabod, digydnabyddiaeth, heb eich cydnabod.
unacclimated, unacclimatized *a. U.S:* anghynefin, anghyfarwydd, heb gynefino, heb ymgyfarwyddo (â rhth); heb ymaddasu (i rth).
unaccommodated *a.* **1.** *(= homeless):* heb lety, dilety, heb gartref, digartref. **2.** *(= unconciliated):* heb gymodi.
unaccommodating *a.* digymwynas, anghymwynasgar, byr eich cymwynas.
unaccompanied *a.* **1.** ar eich pen eich hun, digwmni, digwmnïaeth, heb gwmni, heb gydymaith; **~ by anyone,** heb neb gyda chwi. **2.** *Mus:* digyfeiliant; **~ by anyone,** heb neb yn cyfeilio i chwi; **~ singing,** *occ:* canu sych.
unaccomplished *a.* **1.** *(project, work):* anghyflawn, anghyflawnedig, heb ei gyflawni, heb ei gwblh|au, heb ei orffen, heb ei ddibennu. **2.** *(pers.):* di-ddawn, anfedrus, anneheuig, *F:* di-glem.
unaccountability *n.* **1.** *(of phenomenon, behaviour):* natur anesboniadwy *f*, hynodrwydd *m*. **2.** *(= lack of responsibility):* anatebolrwydd *m*.
unaccountable *a.* **1.** *(phenomenon, behaviour):* anesboniadwy, anegluradwy, dirgel, rhyfedd, hynod (*comp. forms:* hynoted, hynotach, hynotaf). **2.** *(= not answerable):* anatebol, heb fod yn atebol, anghyfrifol, heb fod yn gyfrifol (**for sth,** dros rth); *Pol: &c:* heb fod yn atebol i neb.
unaccountableness *n.* = **unaccountability.**
unaccountably *adv.* **1.** yn anesboniadwy *&c.* **2.** heb fod yn atebol, heb fod yn gyfrifol.
unaccounted *a.* **1.** *(= unrecorded &c):* digofnod, heb gofnod, heb gyfrif amdano; **five of the passengers are still ~ for,** nid oes hanes/gyfrif am bump o'r teithwyr; mae pump o'r teithwyr yn dal ar goll; mae pump o'r teithwyr heb gyfrif ohonynt. **2.** *(= unexplained):* anesboniadwy, diesboniad.
unaccredited *a.* **1.** *(= unauthorized &c):* anawdurdodedig, heb awdurdod, anghydnabyddedig, answyddogol; *(cattle):* anachrededig, anardystiedig, anwarantedig. **2.** *(envoy &c):* answyddogol, anachrededig.
unacculturated *a.* anghymathedig.
unaccustomed *a.* **1.** *(= unusual):* anarferol, anghyffredin, eithriadol. **2.** *(= unused):* **~ to sth, ~ to doing sth,** anghyfarwydd/anghynefin â [gwneud] rhth, heb arfer â [gwneud] rhth; **~ as I am to public speaking,** a minnau heb arfer â siarad yn gyhoeddus.
unaccustomedly *adv.* yn anarferol, yn groes i'r arfer; **to do sth ~,** gwneud rhth yn groes/wahanol i'ch arfer.
unaccustomedness *n.* **1.** *(= unusualness):* anarferoldeb *m*. **2.** *(= unfamiliarity):* anghynefindra *m*.
unachievable *a.* anghyraeddadwy, amhosibl, annichon, anghyflawnadwy, anwireddadwy, annichonadwy.
unachieved *a.* **1.** *(task &c):* anghyflawn, anghyflawnedig, nas cyflawnir/cyflawnid/cyflawnwyd, nas cwblh|eir/cwblh|eid/cwblhawyd. **2.** *(ambition):* nas gwireddir/gwireddid/gwireddwyd *&c*, aflwyddiannus, anghyraeddedig. **3.** *(destination &c):* anghyraeddedig, nas cyrhaeddir/cyrhaeddid/cyrhaeddwyd *&c.*
unacknowledged *a.* **1.** *(a) esp. Jur: (child &c):* anghydnabyddedig, anarddeledig, nas arddelir/arddelid/arddelwyd, nas cydnabyddir/cydnabyddid/cydnabyddwyd; **an ~ son,** *A:* cyswynfab (cyswynfeibion) *m*; *(b) (sin):* anaddefedig, nas addefir/addefid/addefwyd, nas cyffesir/cyffesid/cyffeswyd; *(c) (quotation):* dienw, heb enwi'r awdur, heb gydnabod yr awdur. **2.** *(a) (letter, greeting &c):* heb ateb, nas atebir/atebid/atebwyd, nas cydnabyddir *&c*, heb ei gydnabod.
una corda *a. & adv. Mus:* ***una corda,*** gan wasgu'r pedal chwith.
unacquainted *a.* anghyfarwydd, anghydnabyddus (**with s.o./sth,** â rhn/rhth); **I am ~ with her,** nid wyf i'n ei hadnabod hi; mae hi'n ddieithr i mi; nid adwaen i mohoni; nid wy'n gydnabyddus â hi; *(with sth):* anghyfarwydd, anghynefin, anghydnabyddus (â rhth).
unacquired *a.* nas ceir/ceid/cafwyd, anghaffaeledig.
unacquitted *a.* **1.** *(debt):* nas telir/telid/talwyd, heb ei thalu *&c*, annhaledig. **2.** *Jur:* nas dieuogir/dieuogid/dieuogwyd.
unactable *a.* anactadwy, amherfformiadwy.
unacted *a.* nas perfformir/perfformid/perfformiwyd, nas actir/actid/actiwyd, heb ei hactio *&c*, anactedig.
unactionable *a. Jur:* anathrodus, anenllibus.
unactuated *a.* anysgogedig.
unadaptable *a.* anghyfaddas, anaddasadwy.
unadapted *a.* anaddas, anaddasedig, anghymwys, anghymwysedig, heb ei addasu/gymhwyso *&c.*
unaddressed *a.* heb gyfeiriad, digyfeiriad, anghyfeiriedig; *N: occ: (letter):* heb ddrecsiwn.
unadjourned *a.* nas gohirir/gohirid/gohiriwyd *&c*, anohiriedig.
unadjudicated *a.* **1.** *(= entry in competition):* nas beirniadwyd, heb ei feirniadu, heb feirniadaeth. **2.** *Jur:* nas dyfarnwyd.
unadjusted *a.* **1.** *(to circumstances &c):* anghyfaddas, heb ymaddasu (i rth); heb gynefino, heb ymgynefino, anghynefin (â rhth). **2.** *(a) Mus:* nas cyweiriwyd, na chyweiriwyd, heb ei gyweirio; *(b) (tool, meter &c):* nas addaswyd, nas unionwyd, heb ei addasu, heb ei unioni; *(c) (hat, dress):* heb ei sythu, heb ei hunioni.
unadmired *a.* anedmygedig, nas edmygir/edmygid/edmygwyd.
unadmiring *a.* anedmygol, anedmygus, diedmygedd.
unadmitted *a.* **1.** *(= not stated):* anaddefedig. **2.** *(claim &c):* a wrthodir/wrthodid/wrthodwyd, gwrthodedig. **3.** *(to club &c):* nas derbynnir/derbynnid/derbyniwyd.
unadoptable *a.* anfabwysiadwy.
unadopted *a.* nas mabwysiedir/mabwysiedid/mabwysiadwyd, heb ei fabwysiadu, anfabwysiedig.
unadorned *a.* diaddurn, moel(-ion), syml (*f.* seml); **the ~ truth,** y gwir plaen/moel/syml/diaddurn/noeth.
unadult *a.* *(in age):* ifanc; *(= immature):* anaeddfed, plentynnaidd, llencynnaidd.
unadulterated *a.* pur, digymysg, *occ:* anghymysg, dilwgr.
unadvantageous *a.* anfantcisiol.
unadventurous *a.* diantur, difenter, ananturus, anfentrus.
unadvertised *a.* nas hysbysebir/hysbysebid/hysbysebwyd, anhysbys.
unadvisable *a.* **1.** *(= inadvisable):* annoeth. **2.** *(= not open to advice):* amharod i dderbyn cyngor, byddar i gynghor, digyngor, diwrando; **he's ~,** 'dydi o'n gwrando dim.
unadvised *a.* **1.** *(= rash):* annoeth, byrbwyll, anystyriol, difeddwl. **2.** *(= not having had advice):* digyngor.
unadvisedly *adv.* yn annoeth *&c.*
unadvisedness *n.* annoethineb *m*, byrbwylltra *m*, diffyg *(m)* meddwl.
unaesthetic *a.* **1.** anesthetaidd. **2.** *(= in bad taste):* anatyniadol, annymunol, di-chwaeth.
unaffected *a.* **1.** *(a) (= free from affectation):* dirodres, di-lol, diymhongar (*pronounced* ng-g), anfursennaidd, naturiol, syml (*f.* seml), *occ:* difalch; *(= sincere):* diffuant, didwyll; **~ joy,** gorfoledd pur *m*; *(b) (= unconcerned):* didaro, difater, dihidio, di-hid, dihidans, difraw (**by sth,** yngh|ylch rhth, tuag at rth); *(c)* **she is ~ by his influence,** nid oes ganddo ddylanwad arni hi. **2.** **(an organism) ~ by poison,** (organedd) sy'n gwrthsefyll gwenwyn, nad effeithir arno gan wenwyn; **(sth) ~ by air or water,** (rhth) nad effeithir arno gan awyr na dŵr, nas newidir gan awyr na dŵr, nad yw awyr na dŵr yn effeithio arno; **metal ~ by acid,** metal nad effeithir arno gan asid.
unaffectedly *adv.* yn ddirodres, yn ddidwyll *&c.*
unaffectedness *n.* **1.** *(= lack of affectation):* diymhongarwch *m*, anymhongarwch *m* (*both pronounced* ng-g), diffyg *(m)* rhodres, dirodreswydd *m*, naturioldeb *m*, symlrwydd *m*; *(= sincerity):* diffuantrwydd *m*, didwylledd *m*; *(of style &c):* symlder *m*, naturioldeb, plaender *m*, plaendra *m*. **2.** *(= indifference):* difaterwch *m*, difrawder *m*, dihidrwydd *m*, dihitrwydd *m*.
unaffecting *a.* dieffaith, aneffeithiol.
unaffectionate *a.* diserch, di-serch, anserchog, anserchus, anghariadus, digariad, oeraidd, anghynnes.
unaffectionately *adv.* yn ddiserch *&c.*
unaffiliated *a.* digysylltiad, heb gysylltiad (**to sth,** â rhth).
unaffluent *a.* = **poor.**
unaffordable *a.* rhy ddrud, amhosibl ei fforddio, na ellir ei fforddio, y tu hwnt i gyrraedd rhn, allan o gyrraedd rhn, y tu hwnt i boced rhn, *S: occ:* rhy brid.
unafraid *a.* di-ofn, diofn, heb ofn, di-fraw, difraw, eofn.

unageing *a.* nad yw'n heneiddio, anheneiddiol, dihenaint, bythol ifanc, bythol ieuanc; *Fig:* bytholwyrdd.
unaggressive *a.* anymosodol, diniwed, anymwthiol.
unaided *a.* **1.** ar eich pen eich hun, heb gymorth neb, heb help neb, digymorth, digynhorthwy. **2. (to see sth) with the eye ~,** (gweld rhth) â'r llygad ei hun, â[’r] llygad noeth.
unaimed *a.* nas anelir/anelid/anelwyd, heb ei anelu, diannel.
unair-conditioned *a.* heb system dymheru awyr, annhymeredig, annhymherus.
unaired *a.* **1.** *(clothes):* nas caledwyd, nas temprwyd, nas eiriwyd, nas craswyd *&c*, heb eu caledu/tempru/crasu/eirio, *N:* heb fod yn eirin; **2.** *(opinion):* nas gwyntyllir/gwyntyllid/gwyntyllwyd.
unakin *adv. & pred.a.* *(= not related):* *(a)* *(thing):* amherthynol, heb fod yn perthyn **(to sth,** i rth); heb berthynas, diberthynas, anghytras (â rth); *(= unalike):* annhebyg (i rth); anghydwedd, heb fod o'r un natur (â rhth).
unakite *n. Geol:* |wnacit *m.*
unalienable *a.* = **inalienable.**
unalienated *a.* **1.** *Jur:* anaralledig, anhrosglwyddedig, nas arallwyd, nas trosglwyddwyd. **2.** *(= unestranged):* annieithriedig, nas dieithriwyd. **3.** = **unoffended.**
unaligned *a.* **1.** *(= not lined up):* heb fod mewn rhes. **2.** *(= not in line with sth):* anghyfunion, anghyflin (â rhth); heb fod yn union/syth. **3.** *Pol:* = **non-aligned.**
unalike *adv. & pred.a.* annhebyg, gwahanol, *Lit:* anghyffelyb (i rth).
unalive *a.* **~ to sth,** heb wybod am rth, heb sylweddoli rhth, heb fod yn ymwybodol o rth, heb ymwybod o rth *or* â rhth.
unallayed *a. Lit:* diosteg, diesmwythad, nas lleddfir/lleddfid/lleddfwyd, nas llinierir/llinierid/lliniarwyd.
unalleviated *a.* digymysg, *occ:* diesmwythad, di-dor, nas llinierir/llinierid/lliniarwyd, nas lleddfir/lleddfid/lleddfwyd; **~ boredom,** diflastod pur/digymysg; **an ~ diet of sth,** cruglwyth *(m)* o rth.
unallied *a.* diberthynas, digysylltiad, heb berthynas, heb gysylltiad (â rhth).
unallocated *a.* **1.** *(= not distributed):* nas dosberthir/dosberthid/dosbarthwyd, annosbarthedig, heb ei d[d]osbarthu; *Fin:* nas dyrennir/dyrennid/dyrannwyd, annyranedig; **2.** *(= not assigned, not earmarked):* nas clustnodir/clustnodid/clustnodwyd, nas neilltuir/neilltuid/neilltuwyd, heb ei glustnodi, heb ei neilltuo, anghlustnodedig, anneilltuedig.
unallotted *a.* **1.** *(time &c):* rhydd. **2.** = **unallocated.**
unallowable *a.* annerbyniol, annerbyniadwy, anoddefol, anghaniataol, na ellir/ellid/allwyd mo'i ganiatáu.
unalloyed *a.* digymysg, pur; *Fig:* **~ happiness,** dedwyddwch pur/digymysg/perffaith/digwmwl.
unalterability *n.* natur ddigyfnewid *f;* **he maintained the ~ of the rule,** daliai na ellid newid y rheol.
unalterable *a.* digyfnewid, annewidiadwy, amhosibl ei newid, na ellir/ellid/allwyd mo'i newid.
unalterableness *n.* = **unalterability.**
unalterably *adv.* yn ddigyfnewid *&c.*
unaltered *a.* digyfnewid, dinewid.
unamazed *a.* didaro, digyffro, disyndod, difraw, heb eich synnu, heb eich syfrdanu.
unambiguous *a.* diamwys, digamsyniol, eglur, clir.
unambiguously *adv.* yn ddiamwys *&c.*
unambiguousness *n.* diamwysedd *m,* digamsynioldeb *m,* pendantrwydd *m.*
unambitious *a.* **1.** *(pers.):* heb uchelgais, diuchelgais, anuchelgeisiol. **2.** *(plan):* anuchelgeisiol.
unambivalence *n.* pendantrwydd *m,* diamwysedd *m,* digamsynioldeb *m.*
unambivalent *a.* pendant, diamwys, penodol, digamsyniol.
unambivalently *adv.* yn bendant *&c.*
unamenable *a.* **1.** anhydrin, anodd eich trin, ystyfnig, cyndyn, anhydyn; **he is ~ to reason,** mae'n amharod i wrando ar reswm; **she was very ~,** *N. W: F:* wnâi hi na thwsu na thagu; **she is ~ to discipline,** ni chymer ddisgyblaeth; ni chymer mo'i disgyblu; nid oes dim disgyblu arni; mae'n anufudd i ddisgyblaeth. **2.** *Jur:* anatebol (i rn am rth).
unamended *a.* anniwygiedig, heb ei newid/ddiwygio.
unamiable *a.* anhoffus, annymunol, anghynnes, diserch, di-serch, anserchog, annifyr, angharuaidd, anhawddgar, *Lit:* anghyweithas, anhygar, anhoff.
unamiableness *n.* anhoffusrwydd *m,* annymunoldeb *m,* anghynhesrwydd *m,* diserchо[w]grwydd *m,* anserchо[w]grwydd *m,* anhawddgarwch *m.*
unamiably *adv.* yn annymunol *&c.*
unamicable *a.* anghyfeillgar.
unamicably *adv.* yn anghyfeillgar.
unamortized *a.* **1.** *Jur:* nas amorteiddir/amorteiddid/amorteiddiwyd. **2.** *(debt):* nas clirir/clirid/cliriwyd, heb ei chlirio.
unamplified *a.* **1.** *(narrative &c):* nas helaethir/helaethid/helaethwyd, nas ehangir/ehangid/ehangwyd, anhelaethedig, heb helaethu arno/arni, heb ei helaethu, heb ei [h]ehangu. **2.** *(sound):* heb ei chwyddo, nas chwyddir/chwyddid/chwyddwyd, anchwyddedig.
unamused *a.* ansiriol, anniddan, nas diddenir/diddenid/diddanwyd, heb eich diddanu.
unamusing *a.* annoniol, annigrif, nad yw'n ddoniol/ddigrif, nad yw'n eich diddanu, nad yw'n ddigrif, heb fod yn ddoniol, heb fod yn ddigrif.
unanaesthetized *a.* heb anesthetig, nas anestheteiddir/anestheteiddid/anestheteiddiwyd.
unanalysable *a.* annadansoddadwy.
unanalysed *a.* nas dadansoddir/dadansoddid/dadansoddwyd, annadansoddedig.
unanchor *v.t.&i.* dadangori, codi angor.
unaneled *a. A: or Lit:* heb ennaint gras.
unanesthetized *a.* = **unanaesthetized.**
unanimated *a.* diynni, marwaidd, difywyd, di-fynd, llesg, swrth.
unanimity *n.* unfrydedd *m.*
unanimous *a.* unfrydol, unfryd, *occ:* unfarn, unllais, llwyr gytûn.
unanimously *adv.* yn unfrydol *&c.*
unanimousness *n.* unfrydedd *m.*
unannotated *a. Lib:* ananodiadol, heb nodiadau.
unannounced *a.* **1.** *(news &c):* anghyhoeddedig, nas cyhoeddir/cyhoeddid/cyhoeddwyd, heb ei gyhoeddi/chyhoeddi. **2.** *(pers.):* dirybudd, annisgwyl; **she arrived ~,** cyrhaeddodd yn ddirybudd/annisgwyl; cyrhaeddodd heb air o rybudd; *occ:* cyrhaeddodd fel huddyg i botes.
unanswerability *n.* **1.** *(= unaccountability):* anatebolrwydd *m* **(to s.o. for sth,** i rn am rth). **2.** *(a)* *(of question &c):* natur anatebadwy *f,* astrusi *m;* **the ~ of the question was obvious,** yr oedd yn amlwg na ellid ateb y cwestiwn; *(b)* *(of argument):* natur ddiwrthbrawf *f.*
unanswerable *a.* **1.** *(= unaccountable):* anatebol, heb fod yn atebol, heb fod yn gyfrifol **(to s.o. for sth,** i rn am rth). **2.** *(a)* *(question):* anatebadwy, amhosibl ei ateb; *(b)* *(argument):* anatebadwy, diwrthbrawf, anwadadwy, di-ddadl, anwrthwynebol, diymwad.
unanswerableness *n.* = **unanswerability.**
unanswerably *adv.* **1.** yn anatebol. **2.** *(a)* yn anatebadwy. *(b)* yn ddiwrthbrawf *&c.*
unanswered *a.* heb ateb, anatebedig, diateb, nas atebir/atebid/atebwyd; **an ~ letter,** llythyr heb ei ateb.
unanticipated *a.* annisgwyl, anrhagweledig, dirybudd.
unanticipatedly *adv.* yn annisgwyl *&c.*
unapologetic *a.* anymddiheurol, heb ymddiheuriad, anymesgusodol, diymddiheuriad.
unapologetically *adv.* heb ymddiheuriad, yn anymddiheurol *&c.*
unapologizing *a.* = **unapologetic.**
unapostolic *a.* anapostolaidd.
unapostolically *adv.* yn anapostolaidd.
unappalled *a.* **1.** *abs.* difraw, di-ofn, diddychryn, heb ddychryn. **2.** heb ddychryn, heb ffieiddio **(by sth,** at rth).
unapparent *a.* anamlwg, aneglur, heb fod yn amlwg, heb fod yn eglur.
unappealable *a. Jur: &c:* anapeliadwy.
unappealableness *n.* natur anapeliadwy *f.*
unappealing *a.* anneniadol, anatyniadol, annymunol.
unappealingly *adv.* yn anneniadol *&c.*
unappeasable *a.* **1.** *(enemy &c):* anghymodlon, anghymodol, anghymodadwy, annyhuddol, digymod, annyhuddadwy, diwrthdro, di-ildio; *S.a.* **implacable**. **2.** *(fury &c):* anostegol, annyhuddol, annyhuddadwy, na ellir/ellid/allwyd ei dawelu/lonyddu/ostegu/ddyhuddo. **3.** *(hunger &c):* anniwall.

unappeasably *adv.* **1.** yn anghymodlon. **2.** yn anostegol. **3.** yn anniwall.
unappeased *a.* **1.** *(enemy):* anghymodlon, digymod, nas cymodwyd. **2.** *(fury):* diosteg, annyhuddedig. **3.** *(hunger &c):* anniwall.
unappetizing *a.* anneniadol, annymunol.
unappetizingly *adv.* yn anneniadol *&c.*
unapplauded *a.* heb gymeradwyaeth, digymeradwyaeth.
unapplied *a.* anghymwysedig.
unappointed *a.* amhenodedig, anapwyntiedig, nas penodir/penodid/penodwyd, nas apwyntir/apwyntid/apwyntiwyd, heb eich penodi/apwyntio.
unappreciated *a.* diwerthfawrogiad, di-ddiolch, nas gwerthfawrogir/gwerthfawrogid/gwerthfawrogwyd, na roddir/roddid/roddwyd gwerth/pris arno, a ddiystyrir/ddiystyrid/ddiystyriwyd.
unappreciation *n.* = **unappreciativeness.**
unappreciative *a.* anwerthfawrogol, diystyriol, anystyriol.
unappreciatively *adv.* yn anwerthfawrogol *&c.*
unappreciativeness *n.* diffyg (*m*) gwerthfawrogiad, diystyrwch *m.*
unapprehended *a.* **1.** *(= not understood):* nas deëllir/deëllid/deallwyd. **2.** *(= not caught):* nas delir/delid/daliwyd, heb [gael] eich dal, *F:* a'ch traed yn rhydd.
unapprehensive *a.* di-ofn, diofn, diarswyd, dibryder, dibetrus.
unapprehensively *adv.* yn ddi-ofn *&c.*
unapprehensiveness *n.* hyder *m*, diffyg (*m*) ofn.
unapprised *a.* heb wybod **(of sth,** am rth).
unapproachability *n.* **1.** *(a) (of place):* anhygyrchedd *m*, natur anhygyrch *f* (lle); anhawster (*m*) mynd (at le); *(b) (of pers.):* pellter *m*; anhawster (*m*) mynd (at rn). **2.** *(= incomparability):* dihafalrwydd *m*, anghymaroldeb *m*, digyffelybrwydd *m.*
unapproachable *a.* **1.** *(a) (place):* anhygyrch, anodd mynd ato; *(b) (pers.):* pell, anodd mynd ato, *F: occ:* saf draw. **2.** *(= incomparable):* di-ail, heb ei ail, dihafal, anghymharol, digyffelyb, digymar, heb ei ail, heb ei gyffelyb, heb yr un ato.
unapproachably *adv.* yn anhygyrch; yn bell *&c.*
unapproached *a.* nas eir/eid/aethpwyd ato.
unappropriated *a.* **1.** *(= not possessed):* nas meddiennir/meddiennid/meddiannwyd; *Jur:* nas cyfeddir/cyfeddid/cyfeddwyd. **2.** *(= not earmarked for purpose):* nas neilltuir/neilltuid/neilltuwyd, nas clustnodir/clustnodid/clustnodwyd, rhydd(-ion), ar gael, caffaeladwy. **3.** *(seat &c):* rhydd(-ion).
unapproved *a.* anghymeradwy, heb ei gymeradwyo, nas cymeradwyir/cymeradwyid/cymeradwywyd, heb gael sêl bendith.
unapt *a.* **1.** *(= inappropriate):* anaddas, amhriodol, anghymwys. **2.** *(= unlikely, not inclined to do sth):* annhebygol. **3.** *(= dull, backward):* araf, anncallus, diddeall.
unaptly *adv.* **1.** yn anaddas *&c.* **2.** yn annhebygol. **3.** yn araf *&c.*
unaptness *n.* **1.** anaddasrwydd *m*, amhriodoldeb *m*, anghymhwyster *m.* **2.** annhuedd *m*, annhebygolrwydd *m.* **3.** arafwch *m*, annealluswydd *m.*
unarguable *a.* di-ddadl, annadleuadwy, sicr, di-au, diymwad, diamau, diamheuol, diamheuaeth, pendant, digamsyniol; *S.a.* **irrefutable; it is ~,** mae'n ddi-ddadl *&c*; *F:* 'does dim dwywaith; 'does dim dau.
unarguableness *n.* sicrwydd *m*, pendantrwydd *m*, digamsynioldeb *m*, annadleuadwyedd *m*, diymwadrwydd *m*, diamheuoldeb *m.*
unarguably *adv.* yn ddi-ddadl *&c*; heb unrhyw ddadl/amheuaeth.
unargued *a.* **1.** nas dadleuir/dadleuid/dadleuwyd, annadleuedig. **2.** = **unarguable.**
unarm *v.t.* diarfogi.
unarmed *a.* anarfog, heb arfau, diarfau, di-arf, diamddiffyn; *(bomb):* anarfog; **~ combat,** ymladd heb arfau.
unarmoured *a.* heb arfogaeth, heb arfwisg, diarfogaeth, diarfwisg.
unaroused *a.* digyffro, llonydd.
unarrogant *a.* dirodres, gostyngedig, diymhongar (*pronounced* ng-g), gwylaidd, difalch, annhrah|aus, *Lit: occ:* didraha.
unartful *a.* anghyfrwys, diddichell, diniwed.
unartfully *adv.* yn anghyfrwys *&c.*
unarticulated *a.* anghroyw, dilafar, dileferydd, *occ:* aflafar.
unartistic *a.* **1.** *(= unskilled):* anghelfydd, anghywrain, anfedrus. **2.** *(= not concerned with art):* anartistig.
unary *a. Ch: &c:* unaidd, unol.
unascendable *a.* annringadwy, anesgynadwy, amhosibl ei ddringo, na ellir ei ddringo.
unascended *a.* nas dringir/dringid/dringwyd, anesgynedig, heb ei ddringo.
unascertainable *a.* amhrofadwy, anwiriadwy, anghadarnadwy, anghanfyddadwy, amhosibl ei brofi/wireddu/wirio/sicrh|au/gadarnh|au.
unascertained *a.* digadarnhad, disicrwydd, amhrofedig, anwireddedig, anghadarnhäedig, anhysbys, heb ei wireddu/gadarnh|au/brofi/sicrh|au; **~ facts,** ffeithiau heb eu cadarnh|au.
unashamed *a.* **1.** *(= unscrupulous):* digydwybod, digywilydd, heb gywilydd. **2.** *(= unembarrassed): (gluttony, pleasure &c):* diedifar, wynebgaled, digywilydd, heb gywilydd.
unashamedly *adv.* **1.** yn ddigydwybod *&c.* **2.** yn ddiedifar *&c.*
unasked *a.* **1.** *(a)* **(to do sth) ~,** (gwneud rhth) yn wirfoddol, o'ch gwirfodd, ohonoch eich hun, yn ddigymell, heb eich gofyn, heb i neb ofyn; **(she came to help us) quite ~,** (daeth hi i'n helpu ni) o'i gwirfodd, heb i ni ofyn iddi, ohoni ei hun; *(b) (= uninvited):* heb wahoddiad, heb eich gwahodd, yn ddiwahoddiad, nas gwahoddir/gwahoddid/gwahoddwyd. **2. ~ [for],** *(gift &c):* na ofynnir/ofynnid/ofynnwyd amdano, di-ofyn-amdano. **3.** *(question &c):* heb ei ofyn, nas gofynnir/gofynnid/gofynnwyd.
unaspirated *a.* **1.** *Phon:* dianadl. **2.** *Med:* anallsugnedig.
unaspiring *a.* diuchelgais, anuchelgeisiol, gwylaidd, gostyngedig.
unassailability *n.* **1.** *(of fortress &c):* cadernid *m*, anorchfygolrwydd *m.* **2.** *(of conclusion):* natur (*f*) ddiwrthbrawf/ddi-ddadl/ddiymwad *&c.* **3.** *(of reputation):* natur ddiargyhoedd/ddilychwin *f.*
unassailable *a.* **1.** *(fortress, position):* anorchfygol, anoresgynnol, anorthrech, cadarn (cedyrn), diysgog, di-syfl. **2.** *(conclusion, proof, right):* diymwad, diwrthbrawf, anwadadwy, di-ddadl, anwrthwynebol; *Jur:* **~ right,** hawl ddiymwad *f*; **his reputation is ~,** nid yw'n bosibl pardduo'i gymeriad; mae ei gymeriad yn ddilychwin.
unassailably *adv.* yn anorchfygol *&c.*
unassailed *a.* **1.** *(fortress):* anoresgynedig. **2.** *(conclusion, proof, right):* cadarn (cedyrn), diysgog, diymwad.
unassembled *a.* **1.** *(= dispersed):* gwasgaredig, ar wasgar, heb ymgynnull, heb ymgasglu. **2.** *(apparatus &c):* heb ei roi ynghyd, heb ei gydosod.
unassertive *a.* anymwthgar, gwylaidd, swil, addfwyn, dirodres.
unassertively *adv.* yn ddirodres *&c.*
unassessed *a.* heb ei fesur [a'i bwyso], heb ei gloriannu; *occ: Sch: Adm:* heb ei asesu, nas asesir/asesid/aseswyd, diasesiad.
unassignable *a.* **1.** *Jur:* anhrosglwyddadwy. **2.** *(= undatable):* annyddiadwy. **3.** *(= inexplicable):* anesboniadwy.
unassigned *a.* **1.** *Jur:* nas aseinir/aseinid/aseiniwyd. **2.** *Fin: (funds):* nas neilltuir/neilltuid/neilltuwyd, nas clustnodir/clustnodid/clustnodwyd, heb ei neilltuo, heb ei glustnodi. **3.** *(worker):* nas penodir/penodid/penodwyd. **4.** *(task):* nas pennir/pennid/pennwyd. **5.** *(artefact &c):* diddyddiad, dileoliad, nas dyddir/dyddid/dyddiwyd, nas lleolir/lleolid/lleolwyd, heb ei ddyddio/leoli.
unassimilable *a.* **1.** *(a) (immigrant):* anghymathadwy; *(b) (food &c):* anhreuliadwy; *(c) (knowledge &c):* annirnadwy, annirnad, diamgyffred, annysgadwy, anamgyffredadwy. **2.** *Phon: (consonants):* anghymathadwy.
unassimilated *a.* **1.** *(a) (immigrant):* anghymathedig, anghymath (â rhth); heb ymdoddi (i rth); *F:* heb blwyfo; *(b) (food &c):* anhreuliedig; *(c) (knowledge):* annirnad, diamgyffred. **2.** *Phon: (consonants):* anghymathedig.
unassisted *a.* = **unaided.**
unassociated *a.* heb gysylltiad, digysylltiad, anghysylltiedig, anghysylltiol (â rhth).
unassorted *a.* annosbarthedig, heb eu dosbarthu.
unassuageable *a.* anniwall, anniwalladwy.
unassuaged *a.* anniwall.
unassumed *a.* **1.** *(duty, crown):* annerbyniedig. **2.** *(= not supposed):* annhybiedig, anrhagdybiedig.
unassuming *a.* diymhongar (*pronounced* ng-g), gwylaidd, difalch, dirodres.
unassumingly *adv.* yn ddiymhongar (*pronounced* ng-g) *&c.*
unassumingness *n.* diymhongarwch *m* (*pronounced* ng-g), gwyl|eidd-dra *m*, difalchder *m.*

unassured *a.* **1.** *(= insecure):* ansicr. **2.** *(= without insurance):* anyswiriedig, diyswiriant, heb yswiriant; *(pers.):* heb eich yswirio.
unathletic *a.* anathletaidd.
unatoned *a.* **~ for,** na wnaed iawn amdano, heb iawn [wedi ei wneud] amdano.
unattached *a.* **1.** *(to regiment, club &c):* heb fod ynghl|wm, nad yw/oedd/fu ynghlwm (wrth rth); annibynnol (ar rth); heb gysylltiad, digyswllt (â rhth); rhydd(-ion) (o rth). **2.** *(= not engaged/married):* rhydd(-ion), sengl, a'ch llaw yn rhydd, dibriod, nad yw'n canlyn [neb], nad yw'n caru [gyda neb], nad yw wedi dyweddïo (â neb). **3.** *Jur: U.S:* nas atafaelir/atafaelid/atafaelwyd [yn feichiau].
unattainability, unattainableness *n.* natur anghyraeddadwy *f*; **I became convinced of the ~ of the aim,** deuthum i gredu na ellid cyrraedd y nod.
unattended *a.* **1.** *(a) (pers.):* ar eich pen eich hun, digydymaith, digwmni, heb gydymaith, heb gwmni; *(royalty &c):* heb osgordd; *(b)* **to leave one's car ~ ,** gadael eich car heb neb i ofalu amdano; **a journey not ~ by danger,** taith nid heb berygl i'w chanlyn; *P.N:* **do not leave your luggage ~,** cadwch eich bagiau gyda chi [bob amser]; *(patient &c):* heb ofal, heb dendans. **2. ~ [to],** *(= neglected): (task):* heb ei gwn|eud, wedi ei hesgeuluso. **3.** *(meeting):* heb neb yn bresennol, heb neb yno; *(radio studio &c):* heb oruchwyliwr, dioruchwyliaeth.
unattenuated *a.* nas teneuir/teneuid/teneuwyd, dwys, trwchus.
unattested *a. (a) Jur: &c: (= unwitnessed):* annhystiedig, di-dyst, didystion, heb dyst[-ion], heb dystiolaeth iddo/ohono; *(b) Vet:* anardystiedig, heb ardystiad; *(c) Mil: (= not sworn in):* heb dyngu llw, heb listio.
unattired *a.* heb wisgo [amdanoch], heb eich gwisgo.
unattractive *a.* **1.** anneniadol, annengar (*pronounced* ng-g) anatyniadol, annymunol, diatyniad. **2.** *Ph:* anatynnol.
unattractively *adv.* yn anneniadol *&c.*
unattractiveness *n.* **1.** annengarwch (*pronounced* ng-g), natur anneniadol *&c f.* **2.** *Ph:* anatyniad *m.*
unattributable *a.* amhriodoladwy, na ellir/ellid/allwyd ei briodoli.
unattributed *a.* amhriodoledig, heb ei briodoli.
unattuned *a.* **1.** *Mus: (instrument &c):* digywair, anghydgordiol, nas cyweirir/cyweirid/cyweiriwyd, heb ei gyweirio. **2. I'm ~ to his ideas,** nid wyf mewn cytgord â'i syniadau.
unau *n. Z:* wnaw(-iaid,-od) *m*, diogyn(-nod) deufys *m.*
unaudited *a.* anarchwiliedig, nas archwilir/archwilid/archwiliwyd.
unaugmented *a.* diychwanegiad.
unauthentic *a.* annilys.
unauthenticated *a.* nas gwirir/gwirid/gwiriwyd, heb ei wirio.
unauthenticity *n.* annilysrwydd *m.*
unauthoritative *a.* anawdurdodol, diawdurdod.
unauthorized *a.* *(action, text &c):* anawdurdodedig, heb awdurdod, diawdurdod; *(pers.):* anghymwys, heb hawl [ganddo/ganddi *&c*], anhrwyddedig, heb drwydded, didrwydded, heb ganiatâd/gennad (**to do sth,** i wneud rhth); **no entry to ~ persons; no ~ entry,** dim mynediad heb ganiatâd.
unautomated *a.* anawtomataidd.
unavailability *n.* diffyg *m*, prinder *m*, absenoldeb *m*; **all booksellers report the ~ of this book,** dywed pob llyfrwerthwr nad yw'r llyfr hwn ar gael; **his ~ is a bit of a nuisance,** tipyn o niwsans yw nad yw byth ar gael.
unavailable *a.* **1.** heb fod ar gael, nad yw/oedd ar gael, na fu ar gael. **2. ticket ~ for certain trains,** tocyn di-rym ar gyfer rhai trenau.
unavailing *a.* ofer, seithug, aneffeithiol, dieffaith, anfuddiol, annhyciol, di-fudd, di- les, dibwrpas, heb effaith, nad yw'n tycio, nad oedd yn tycio, na fu'n tycio.
unavailingly *adv.* yn ofer *&c*; i ddim diben/pwrpas.
unavailingness *n.* oferedd *m*, aneffeithiolrwydd *m*, anfuddioldeb *m*, seithugrwydd *m*, seithuctod *m.*
unavenged *a.* annialedig, heb ei ddial.
unaverage *a.* anghyffredin, anarferol, eithriadol, neilltuol.
unavertable *a.* = **unavoidable 1.**
unavoidable *a.* **1.** anochel, anocheladwy, anorfod, anosgoadwy, diosg|oi. **2.** *Jur:* annirymadwy.
unavowed *a.* anaddefedig, anghyffesedig.
unawakened *a.* ynghwsg, nas deffr|oir/deffr|oid/deffrowyd, nas dihunir/dihunid/dihunwyd, heb ddeffro, heb ddihuno, *Lit: occ:* annihun.
unawarded *a. (a) (prize &c):* annyfarnedig, heb ei [d]dyfarnu, nas dyfernir/dyfernid/dyfarnwyd; *(b) (pers.):* heb wobr, anwobrwyedig, di-wobr.
unaware *a.* anymwybodol (o rth); nad yw'n gwybod, heb wybod (rhth, am rth); **to be ~ (of sth),** peidio â gwybod, bod heb wybod (rhth, am rth); **I was ~ that...,** ni wyddwn i fod...; **I am not ~ of that [fact],** mi wn i hynny'n iawn; nid wyf i heb wybod hynny; nid wyf na wn i hynny.
unawarely *adv.* yn anymwybodol, heb yn wybod, yn ddiarwybod (i rn).
unawareness *n.* anymwybyddiaeth *f*, anymwybod *m* (o rth).
unawares *adv.* **1.** yn ddiarwybod, heb yn wybod (i rn); yn anymwybodol. **2. [at] ~,** yn annisgwyl; **(to catch/take s.o.) ~,** (dal rhn) yn ddiarwybod, yn annisgwyl iddo, ar y gamfa.
unawed *a.* diarswyd, di-ofn, diofn, di-fraw, difraw, diddychryn, didaro; **~ by sth,** heb eich dychryn gan rth.
unawesome *a.* anarswydus, diddychryn, diarswyd.
unbacked *a.* **1.** *(pers., proposal):* digefnogaeth, heb gefnogaeth, *occ:* heb gefn. **2.** *(chair, photo &c):* heb gefn [iddo/iddi/iddynt]. **3.** *Equit: (= never ridden):* heb ei farchogaeth. **4.** *Rac: (= not betted on):* **~ horse,** ceffyl heb bres/arian arno.
unbag *v.t.* dadfagio.
unbailable *a. Jur:* anfechniadwy.
unbaited *a.* heb abwyd, diabwyd.
unbaked *a.* **~ (bread),** (bara) llaith, heb ei bobi; **~ cake,** (teisen/cacen) heb ei phobi.
unbalance[1] *n.* = **imbalance.**
unbalance[2] *v.t.* **1.** *Ph: (wheel &c):* anghytbwyso (rhth), gyrru (rhth) oddi ar ei echel. **2.** *(mind):* drysu.
unbalanced *a.* **1.** *(a) Ph: (wheel &c):* anghytbwys, unsad, an-sad; *(b) (forces &c):* anghytbwys, anghyfartal; *(c) (pers., mind):* dryslyd, sigledig, an-sad; **he's ~,** mae wedi drysu; mae'n colli arno'i hun, mae wedi colli ei bwyll; *S:* mae colled arno; *N:* mae rhyw goll ynddo. **2.** *Book-k: (account):* anghyfartal, anghytbwys.
unbaled *a.* heb ei fyrnio, heb fod yn fwrn/fyrnau.
unballasted *a.* heb falast, difalast.
unballasting *vn. Nau:* gollwng balast.
unbandage *v.t.* dadrwymo, dadlapio.
unbank *v.t.* dadanhuddo, dadenhuddo.
unbaptized *a.* difedydd, anfedyddiedig, heb eich bedyddio.
unbar *v.t.* dadfario, datgl|oi.
unbarbed *a.* heb adfachau, heb bigau.
unbarbered *a. (hair):* heb ei dorri, llaes, aflêr, anniben, *F:* heb weld barbwr/siswrn.
unbarred *a.* **1.** *(= opened):* agored, ar agor. **2.** *(= not marked with bars):* heb farrau.
unbarricaded *a.* heb faricâd, heb faricadau.
unbashful *a.* heb fod yn swil, hyderus, eofn, anwylaidd, digywilydd, diswildod, wynebgaled, talsyth, penuchel, gwarsyth, *S:* ewn.
unbated *a.* = **unabated.**
unbathed *a.* heb ymolchi.
unbearable *a.* annioddefol, annioddefadwy, llethol; *F:* **he made himself ~,** fe'i gwnaeth ei hun yn fwrn.
unbearably *adv.* yn annioddefol *&c.*
unbearded *a.* difarf, heb farf, heb locsyn.
unbeatable *a.* diguro, anorchfygol, *S.E: occ:* difaeddu; *Com:* **our ~ prices,** ein prisiau diguro ni.
unbeaten *a.* **1.** *(earth, metal):* heb ei guro, heb ei bwyo; *(track):* didramwy, disathr, ansathredig *m.* **2.** *(champion, record):* diguro, anorchfygedig, anorchfygol.
unbeauteous *a.* = **unbeautiful.**
unbeautified *a.* anharddedig, heb ei harddu, nas harddwyd.
unbeautiful *a.* anolygus, anhardd, amhrydferth, diolwg, heb fod yn hardd.
unbeautify *v.t.* anharddu.
unbecoming *a.* **1.** *(= unseemly):* anweddus, anweddaidd, amhriodol, nad yw'n gweddu; **conduct ~ of a gentleman,** ymddygiad anneilwng o ŵr bonheddig, ymddygiad ansyber, ansyberwyd *m.* **2.** *(= unflattering):* anaddas; **that dress is ~ to her,** nid yw'r wisg yna'n gweddu iddi.

unbecomingly *adv.* **1.** yn anweddus, yn anaddas *&c.* **2.** *(= unflatteringly):* **~ dressed,** mewn gwisg nad yw'n gweddu.

unbecomingness *n.* **1.** anwedduster *m*, anwedd|eidd-dra *m*, *A:* ansyberwyd *m.* **2.** *(= unflattering appearance):* anaddasrwydd *m.*

unbed *v.t.* troi (rhn) o'r gwely.

unbefitting *a.* = **unbecoming 1.**

unbefriended *a.* heb gyfaill, digyfaill.

unbegged *a.* **1. (to do sth) ~,** (gwneud rhth) heb i rn ofyn ichwi, heb eich gofyn. **2. an ~ gift,** rhodd na chrefir/chrefid/chrefwyd amdani, rhodd heb ei cheisio, rhodd ddi-ofyn-amdani.

unbegotten *a.* anghenedledig.

unbegun *a.* heb gychwyn, heb ddechrau, heb ei gychwyn, heb ei ddechrau, nas cychwynnir/cychwynnid/cychwynwyd, nas dechreuir/dechreuid/dechreuwyd.

unbeholden *a.* heb ddyled.

unbeknown *a. & adv.* **1.** *a. Lit:* = **unknown. 2.** *adv. also F:* **unbeknownst, (to do sth) ~ to anyone,** (gwneud rhth) yn ddiarwybod i bawb, heb yn wybod i neb.

unbelief *n.* anghrediniaeth *f*; *(esp. religious):* anffyddiaeth *f*, *A:* anghred *f*; *S.a.* **disbelief.**

unbelievable *a.* anhygoel, anghredadwy.

unbelievably *adv.* yn anhygoel *&c.*

unbelieved *a.* nas credir/credid/credwyd, heb goel/gred arno/arni *&c.*

unbeliever *n.* anghredadun(-ion,-iaid, anghredinwyr) *m*, anghrediniwr (anghredinwyr) *m*, anffyddiwr (anffyddwyr) *m*, anff|yddwraig (anffyddwragedd) *f*, *Lit: occ:* anghred *m & inv*.

unbelieving *a.* anghrediniol; *esp. Rel:* di-gred, anghred, anghredadun, anffyddiol.

unbelligerent *a. (a) (= unwarlike, unaggressive):* anymosodol, anfilwrol, anymladdgar, anrhyfelgar, anymrafaelus; *(b) (= uninvolved in war):* anymladdol, heb fod mewn rhyfel.

unbeloved *a.* digariad.

unbelt *v.t.* **to ~ a coat,** datod belt/gwregys côt.

unbelted *a.* **an ~ coat,** côt â'r belt wedi ei ddatod.

unbemused *a.* heb eich drysu.

unbend *v.t.&i.* **1.** *v.t. (a) (bow, pipe &c):* unioni, sythu; *(b) Nau:* datod. **2.** *v.i. (a) (of pers. = be less austere):* tirioni, sirioli, meddalu, tyneru, llarieiddio, ystwytho; **he never unbends,** nid yw byth yn llacio'r ffrwyn; *(after exertion):* ymlacio, dadflino, bwrw'ch blinder; *(b) (of bow, limb):* ymestyn, sythu, ymunioni.

unbendable *a.* anhyblyg, amhlygadwy, anystwyth.

unbending[1] *a. (a) (tree, pipe &c):* anhyblyg, anystwyth; *(b) (character):* anhyblyg, anystwyth, diwyro, *occ:* diblyg, di-blyg.

unbending[2] *a. (= relaxing):* sy'n ymlacio, sy'n dadflino; *(= being less austere):* tirion, tirionach, siriol, siriolach, tyner, tynerach, ystwythach.

unbendingly[1] *adv.* yn anhyblyg *&c.*

unbendingly[2] *adv.* yn dirion, yn dirionach *&c.*

unbendingness *n. (of bow &c):* anhyblygrwydd *m*; *(of spirit &c):* annhiriondeb *m.*

unbeneficed *a.* heb fywoliaeth, difywoliaeth.

unbeneficial *a.* aflesol, niweidiol, andwyol, di-les, diles, di- fudd, difudd.

unbenefited *a.* heb fuddiant, heb gael budd.

unbenevolent *a.* anhaelfrydig, anhaelionus, angharedig, anghymwynasgar; *(= uncharitable):* anelusengar (*pronounced* ng-g).

unbent *a.* heb blygu, heb ei blygu, nas plygir/plygid/plygwyd.

unbeseeming *a. A:* = **unbecoming.**

unbeseemingly *adv. A:* = **unbecomingly.**

unbeseemingness *n. A:* = **unbecomingness.**

unbesought *a. A:* = **unsought.**

unbespoken *a. A:* = **unspoken.**

unbetrayed *a.* **1.** nas bradychir/bradychid/bradychwyd. **2.** *(secret):* nas bradychir *&c*, nas datgelir/datgelid/datgelwyd, annatgeledig, heb ei bradychu/datgelu.

unbetrothed *a.* di-briod, anweddog, annyweddïedig, annyweddïol.

unbetterable *a.* diguro, di-ail, dihafal, heb ei well, heb ei ragorach, *S.E: occ:* difaeddu.

unbettered *a.* diguro, heb ragori arno/arni.

unbevelled *a.* dibefel, heb befel.

unbewildered *a.* anryslyd, diddryswch, heb eich drysu.

unbiased, unbiassed *a.* **1.** diduedd, amhleidiol, annhueddol, amhartïol; *(esp. pers.):* diragfarn. **2.** *Mth: Ph:* di-fïas.

unbiblical *a.* anfeiblaidd, heb fod yn y Beibl.

unbiddable *a.* anystywallt, anhydrin, di-ddweud, ystyfnig, cyndyn.

unbidden *a.* **1.** *(= not invited):* diwahodd, diwahoddiad, heb wahoddiad, heb eich gwahodd. **2.** *(= spontaneous):* digymell, o'ch gwirfodd, gwirfoddol, *occ:* diorchymyn; **(to do sth) ~,** (gwneud rhth) heb i neb ofyn ichwi, yn ddigymell, o'ch gwirfodd, yn ddiorchymyn, yn wirfoddol.

unbigoted *a.* = **unbias[s]ed 1.**

unbind *v.t. (a) (prisoner):* rhyddh|au, dadrwymo; datod rhwymau (rhn); *(b) (bandage &c):* datod, *occ:* dadrwymo, datglymu.

unbirthday *a. Hum:* **~ gift,** anrheg heb fod ar ben-blwydd, anrheg amhen-blwydd.

unbitted *a. (horse):* heb ffrwyn, heb enfa, di-ffrwyn; *(pers.):* penrhydd(- ion), afreolus.

unbleached *a. Tex:* crai, heb ei gannu, heb ei wynnu; **~ hair,** gwallt o liw naturiol, gwallt heb ei wynnu.

unblemished *a.* dilychwin, difrycheyn, di-nam, di-fai, di-fefl, di-freg.

unblended *a.* digymysg.

unblessed, unblest *a.* difendith.

unblinded *a. Fig:* heb eich dallu.

unblinking *a.* digyffro, digryndod, digryn.

unblinkingly *adv.* yn ddigyffro *&c.*

unblock *v.t.* rhyddh|au, clirio, dadflocio; *Cards:* rhyddhau.

unblocked *a.* rhydd(-ion), clir, dadflociedig.

unblooded *a.* dibrofiad.

unbloodied, unbloody *a.* heb fod yn waedlyd, diarcholl, dianaf; **~ hands,** dwylo heb waed arnynt/hyd-ddynt.

unblotted *a.* heb flot, di-flot, heb flotiau.

unblown *a. (flower):* heb ymagor, heb flodeuo.

unblunted *a.* miniog, heb fod yn bŵl, heb golli awch/min.

unblushing *a.* **1.** heb gochi, di wrid, heb wrido. **2.** *(= unashamed):* digywilydd, diedifar, wynebgaled, eofn, hyf(-ion), *S:* ewn, *N: F:* powld.

unblushingly *adv.* heb wrido; yn ddigywilydd.

unboastful *a.* diymhongar (*pronounced* ng-g), diymffrost, gwylaidd.

unbodied *a.* anghorfforol.

unboiled *a.* heb ei ferwi.

unbolt *v.t.* dadfolltio (rhth), tynnu bollten/bolltiau (rhth).

unbolted[1] *a. (= not fastened):* agored, â'r follten wedi ei thynnu.

unbolted[2] *a. (= not sifted):* **~ grain,** grawn heb ei nithio/ogrwn.

unboned *a.* **1.** *(= boneless):* diasgwrn, diesgyrn. **2.** *(= with bones not removed):* heb dynnu'r asgwrn/esgyrn.

unbonnet *v.t.* tynnu bonet (rhn).

unbonneted *a.* pennoeth, heb fonet.

unbooked *a.* **1.** *(seat, ticket):* heb ei gadw, nas cedwir/cedwid/cadwyd. **2.** *(halt, journey):* heb ei drefnu, annisgwyl. **3.** *(act, performer):* nas trefnir/trefnid/trefnwyd.

unboot *v.t.* tynnu esgidiau (rhn).

unborn *a.* heb eich geni; **~ child,** plentyn heb ei eni, plentyn yn y groth; **generations yet ~,** cenedlaethau [sydd] i ddod, cenedlaethau'r dyfodol.

unbosom *v.t. A: & Lit:* **to ~ oneself to s.o.,** dweud eich cyfrinach/cyfrinachau wrth rn, agor eich calon i rn, ymddiried cyfrinach i rn, *N:* bwrw'ch bol wrth rn, *S:* arllwys eich cwd o flaen rhn.

unbottle *v.t.* gwagio/gollwng (rhth) o botel, dadbotelu (rhth).

unbought *a.* amhrynedig, heb ei brynu, nas prynir/prynid/prynwyd.

unbound *a.* **1.** *(prisoner):* rhydd(-ion), heb hualau, dihualau, dilyffethair, a ryddheir/ryddheid/ryddhawyd. **2.** *(book):* heb rwymiad, heb ei rwymo, dirwymiad.

unbounded *a. (space):* diderfyn, diderfynau, heb derfynau; *(conceit, ambition &c):* diderfyn, di-ben-draw; **his ambition was ~,** nid oedd derfynau i'w uchelgais; nid oedd ben draw i'w uchelgais; *Mth:* diarffin.

unboundedly *adv.* yn ddiderfyn *&c.*

unboundedness *n.* annherfynoldeb *m*, dibendrawdod *m.*

unbowed *a.* penuchel, heb ostwng eich pen, balch (beilchion), heb ymgrymu, heb blygu glin.
unbox *v.t. U.S:* tynnu (rhth) o focs/flwch, dadbacio (rhth).
unboxed *a.* heb fod mewn bocs/blwch.
unbrace *v.t.* llacio, datod, rhyddh|au; *(nerves, muscles):* llacio, llaesu.
unbranched *a.* digangen.
unbreakable *a.* annhoradwy, na ellir mo'i dorri/falu, amhosibl ei dorri/falu, *Lit: occ:* anhydor, anhyfriw; **an ~ will,** ewyllys gadarn/ddi-ildio.
unbreathable *a.* ananadladwy, na ellir mo'i anadlu, amhosibl ei anadlu.
unbreathing *a.* dianadl.
unbribable *a.* anllygradwy.
unbridgeable *a.* amhontiadwy.
unbridged *a.* di-bont, heb bont.
unbridle *v.t.* datffrwyno, diffrwyno (rhth); tynnu ffrwyn (rhth).
unbridled *a.* **1.** *(horse):* di-ffrwyn, heb ffrwyn. **2.** *(passion):* penrhydd.
unbroken *a.* **1.** *(a) (glass &c):* cyfan (cyfain), annhoredig, didoriad, nas torrir/torrid/torrwyd, heb ei dorri, *Lit: occ:* difreg, di-freg; *(b)* **~ spirit,** ysbryd diwyro, dewrder diwyro; *(c) (rule, promise):* nas torrir/torrid/torrwyd, heb ei dorri; *Sp:* **an ~ record,** record ddiguro, record heb ei thorri; **an ~ series,** cyfres ddi-fwlch/ddi-dor; *(d) (sleep, peace, silence):* di-dor; **an ~ sheet of ice,** haen ddi-fwlch o rew; *(e) Cmptr:* **~ line,** llinell ddi-dor (llinellau di-dor) *f.* **2. an ~ horse,** ceffyl heb ei dorri/ddofi, *Lit: occ:* ceffyl annofedig, ceffyl anhywedd; **an ~ spirit,** ysbryd anorchfygedig *m* (*Cp.* **1.** *(b)*). **3.** *Agr:* **~ ground,** tir heb ei aredig/droi/dorri/gochi, gwndwn: gwyndwn: gwyndon *m.*
unbrotherliness *n.* anfrawdoldeb *m.*
unbrotherly *a.* anfrawdol.
unbruised *a.* di-glais.
unbrushed *a.* **1. an ~ floor,** llawr heb ei ysgubo. **2. ~ hair,** gwallt heb ei frwsio, gwallt nas brwsiwyd, *F:* gwallt heb weld brwsh.
unbuckle *v.t.* agor, datod, dadfylchu, dadfwclo.
unbudgeable *a.* = **immoveable.**
unbudgeted *a.* **~ for,** annisgwyl, nas rhagwelir/rhagwelid/rhagwelwyd, nas cyllidebir/cyllidebid/cyllidebwyd, heb arian/ddarpariaeth ar ei gyfer, diddarpariaeth.
unbuild *v.t.* chwalu, dymchwel.
unbuilt *a.* **an ~ house,** tŷ heb ei godi, tŷ heb ei adeiladu, tŷ nas adeiladwyd; **~-on ground,** tir na bu adeiladu arno.
unburden *v.t.* **1.** *(a)* **to ~ s.o.,** ysgafnu baich rhn, tynnu baich rhn, gwared rhn o'i faich; *(b)* **to ~ the mind,** ysgafnu'r/rhyddh|au'r meddwl; **to ~ oneself, to ~ one's heart,** ymagor, dweud eich cyfrinach, dweud eich cwyn, dweud eich meddwl, *F:* bwrw'ch bol, arllwys eich cwd; **to ~ oneself to s.o.,** agor eich calon i rn; **to ~ oneself of a secret,** gollwng cyfrinach; **to ~ one's sorrows to s.o.,** dweud eich cwyn wrth rn.
unburdened *a.* heb bwysau, heb lwyth, heb faich, ysgafn, ysgafnach, *occ:* gweilydd, gweili.
unburied *a.* *(body):* di-fedd, na chleddir/chleddid/chladdwyd, nas cleddir/cleddid/claddwyd, heb eich claddu, anghladd, anghladdedig.
unburnished *a.* di-sglein, afloyw(-on), anghaboledig, digabol.
unburnt *a.* heb losgi, heb ei losgi, anllosgedig.
unburst *a.* nas torrir/torrid/torrwyd, heb dorri, heb ffrwydro.
unbury *v.t.* datgladdu.
unbusinesslike *a.* di-glem, di-drefn, di-lun, heb grebwyll busnes, anfasnachol.
unbuttered *a.* difenyn, heb ymenyn, *F:* heb fenyn.
unbutton *v.t.* datod botymau (rhth), dadfotymu (rhth).
unbuttoned *a.* agored; **to come ~,** agor, datod.
uncage *v.t.* gollwng/rhyddh|au (rhth) o'i gawell.
uncaged *a.* rhydd [o gawell/gaets].
uncalcined *a.* heb losgi'n ulw.
uncalculated *a.* anfwriadol, anfwriadus, digynllun, difwriad, nas bwriadwyd; *S.a.* **spontaneous.**
uncalculating *a.* diamcan; *(= innocent):* diniwed, diddichell, di-feddwl-ddrwg.
uncalled *a.* **1.** heb eich galw; *Fin:* **~ capital,** cyfalaf nas gelwir/gelwid/galwyd. **2. an ~-for remark,** sylw di-alw-amdano, sylw diangen, sylw nad oes/oedd gofyn amdano, sylw nad oes/oedd raid wrtho.
uncandid *a.* annidwyll.
uncandidly *adv.* yn annidwyll.
uncandour *n.* annidwylledd *m.*
uncannily *adv.* yn annaearol, yn rhyfedd; **she is ~ like my sister,** mae hi'n rhyfedd o debyg i'm chwaer.
uncanniness *n.* annaearoldeb *m.*
uncanny *a.* annaearol, rhyfedd.
uncanonical *a.* anghanonaidd.
uncanonized *a.* heb eich canoneiddio.
uncap *v.t.* tynnu cap (rhth), agor cap (rhth).
uncared-for *a.* esgeulusedig, a esgeulusir/esgeulusid/esgeuluswyd, *S: F:* digadwraeth; **an ~-for child,** plentyn diymgeledd; **an ~-for garden,** gardd wedi mynd â'i phen iddi.
uncaring *a.* esgeulus, diofal, dihitio, dihidio, di-hid; *(= unloving):* digariad, di- serch.
uncarpeted *a.* digarped, heb garped, moel(-ion).
uncase *v.t.* tynnu (rhth) o gas, dadbacio (rhth).
uncashed *a.* **an ~ cheque,** siec nas newidiwyd [am arian], siec heb ei newid.
uncatalogued *a.* **1.** *(book):* heb fod mewn catalog, heb ei gatalogio. **2.** *(story, tradition):* nas cofnodwyd, digofnod, anghofnodedig.
uncatchable *a.* di-ddal, annaliadwy.
uncategorical *a.* amhendant, amhenodol, anghategorig, anghategorïaidd.
uncaught *a.* nas delir/delid/daliwyd, heb eich dal, *occ:* a'ch traed yn rhydd.
uncaused *a.* diachos, heb achos.
unceasing *a.* di-baid, dibaid, gwastadol, di-ball, diball, diatal, di-dor, parh|aus, *F:* di-stop.
unceasingly *adv.* yn ddibaid *&c;* heb ball.
uncelebrated *a.* **1.** *(festival, success &c):* nas dethlir/dethlid/dathlwyd; annathledig. **2.** *(= obscure):* anenwog, di-sôn-amdano, di-sôn-amdani *&c.*
uncensored *a.* **1.** *(conduct):* digerydd. **2.** *(book, film):* ansensoredig, nas sensorir/sensorid/sensorwyd, heb ei sensro.
uncensorious *a.* anfeirniadol, anfarnllyd, heb fod yn llym.
uncensured *a.* digerydd.
unceremonious *a.* dis|eremoni, di-rwysg, di-lol.
unceremoniously *adv.* yn ddis|eremoni *&c;* heb ddim/unrhyw lol.
unceremoniousness *n.* diffyg *(m)* s|eremoni.
uncertain *a.* **1.** *(a)* ansicr; *(time, amount):* ansicr, amhenodol; *(b) (result):* ansicr, amh|eus, amhendant; **it's ~ (who will win),** mae'n ansicr, nid oes dal, nid oes sicrwydd, nid oes ddweud (pwy fydd yn ennill); *(c)* **an ~ outline,** amlinell ansicr/annelwig. **2.** *(a) (future):* ansicr, amhendant, aneglur, annelwig; **~ steps,** camau petrus/siglog; **~ health,** iechyd ansicr/simsan; **an ~ temper,** natur oriog/wyllt/anwastad; **(he told him) in no ~ terms,** (dywedodd wrtho) yn blwmp ac yn blaen, heb flewyn ar ei dafod; *(b)* **his memory is ~,** mae ei gof yn ansicr/sigledig/gloff; mae pall ar ei gof; **to be ~ what to do,** cloffi rhwng dau feddwl, bod yn ansicr beth i'w wneud, petruso; **I'm ~ whether to go,** ni wn yn iawn a ddylwn fynd.
uncertainly *adv.* yn ansicr *&c.*
uncertainty *n.* **1.** ansicrwydd *m*, amhendantrwydd *m*; **to be in a state of ~,** petruso, bod mewn ansicrwydd, bod mewn cyfyng-gyngor, bod ar eich cyfyng-gyngor, bod rhwng dau feddwl; *Jur:* **void for ~,** dirym oherwydd ansicrwydd; *Ch: &c:* **~ principle,** egwyddor *(f)* ansicrwydd. **2. I prefer a certainty to an ~,** mae'n well gennyf fod yn sicr na bod yn ansicr; mae'n well gennyf wybod na pheidio â gwybod.
uncertificated, uncertified *a.* heb dystysgrif, didystysgrif.
unchain *v.t.* **to ~ (s.o.),** gollwng/rhyddh|au (rhn) o gadwynau, datod/tynnu cadwynau (rhn), datgadwyno (rhn); *Lit:* **to ~ one's passions,** rhoi rhwydd hynt i'ch nwydau, rhoi'r ffrwyn i'ch nwydau.
unchained *a.* digadwyn; rhydd(-ion) [o'ch cadwynau].
unchallengeable *a.* diymwad, anwadadwy, di-nag.
unchallenged *a.* diwrthwynebiad, di-her, heb her, heb eich herio, heb wrthwynebiad.
unchallenging *a.* hawdd, rhwydd, di-her, heb her, disialens, heb sialens.
unchancy *a.* anaddawol, peryglus.
unchangeable *a.* digyfnewid, annewidiadwy, sefydlog.
unchangeably *adv.* yn ddigyfnewid.

unchanged, unchanging *a.* digyfnewid, dinewid, dinewidiad, anghyfnewidiol, sefydlog.
unchangingly *adv.* yn ddigyfnewid *&c.*
unchaperoned *a.* diwarchodaeth, heb warch|odwraig.
uncharacteristic *a.* annodweddiadol.
uncharacteristically *adv.* yn annodweddiadol.
uncharged *a.* **1.** **~-for,** di-dâl, heb dâl amdano, am ddim. **2.** *Jur: (land):* heb arwystl. **3.** *El:* di-wefr, heb lwyth.
uncharismatic *a.* angharismataidd, digarisma.
uncharitable *a.* angharedig, anfaddeugar, difaddau, llym (*f.* llem, *pl.* llymion), didrugaredd, didostur.
uncharitableness *n.* angharedigrwydd *m*, anfaddeugarwch *m*, llymder *m.*
uncharitably *adv.* yn angharedig *&c.*
uncharming *a.* = **charmless.**
uncharred *a.* nas llosgwyd yn golsyn.
uncharted *a.* nas mapiwyd, anhysbys, dieithr.
unchartered *a.* **1.** di-siartr, heb siartr, ansiartredig. **2.** *(= lawless):* direol, afreolus.
unchaste *a.* anniwair.
unchastely *adv.* yn anniwair.
unchastened *a.* diedifar, eofn.
unchasteness *n.* anniweirdeb *m.*
unchastised *a.* di-gosb, digerydd.
unchastity *n.* anniweirdeb *m.*
uncheckable *a.* **1.** *(advance, disease &c):* anataliadwy. **2.** *(account, story &c):* anwiriadwy, na ellir mo'i [g]wirio/[h]edrych.
unchecked *a.* **1.** *(advance, disease):* dirwystr, diatal, dilyffethair. **2.** *(account, precautions &c):* nas gwiriwyd, nas edrychwyd.
uncheered *a.* *(performance &c):* digymeradwyaeth.
uncheerful *a.* digalon, *occ:* aflawen.
uncheerfully *adv.* yn ddigalon *&c.*
uncheerfulness *n.* digalondid *m.*
uncheering *a.* **1.** *(news &c):* digalon. **2.** *(crowd):* digymeradwyaeth.
unchic *a.* *U.S:* anffasiynol, ar ôl yr oes, heb fod ynddi hi, heb fod hefo'r oes.
unchildish *a.* amhlentynnaidd.
unchilled *a.* heb oeri, heb ei oeri, anoeredig.
unchipped *a.* di-dolc, di-fwlch.
unchiselled *a.* di-nadd, an-naddedig, heb ei naddu.
unchivalrous *a.* anghwrtais, digwrteisi, difoes, di-foes, ansifalraidd, ansifalrig, anfoneddigaidd, anfonheddig, anfarchogaidd.
unchivalrously *adv.* yn anghwrtais *&c.*
unchlorinated *a.* **~ water,** dŵr heb ei glorineiddio.
unchosen *a.* annethol, annewisol.
unchristened *a.* **1.** *Rel:* difedydd, anfedyddiedig, heb gael bedydd. **2.** *(= unnamed):* dienw, heb gael enw.
unchristian *a.* **1.** anghristnogol. **2.** **I had to get up at an ~ hour,** bu'n rhaid imi godi ar awr annaearol; bu'n rhaid imi godi'n annuwiol o fore.
unchristianly *adv.* yn anghristnogol.
unchronicled *a.* digofnod, digronicl, heb ei gofnodi/groniclo, heb gofnod ohono *&c.*
unchronological *a.* anghronolegol.
unchurch *v.t.* diarddel, esgymuno.
unchurched *a.* esgymun.
uncial *a.* *& n.* **1.** *a.* wnsial, bras. **2.** *n.* wnsial(-au) *f*, llythyren (llythrennau) wnsial *f.*
uncially *adv.* yn wnsial.
unciform *a.* *& n.* *Anat:* **1.** *a.* bachog, adfachog; *(= crooked):* cam (ceimion). **2.** *n.* **~ [bone],** asgwrn (esgyrn) bachog *m.*
uncinal *a.* = **unciform.**
uncinaria *n.* *Med:* = **hookworm 2.**
uncinariasis *n.* *Path:* = **ancylostomiasis.**
uncinate *a.* *Z:* = **unciform.**
uncinus *n.* *Z:* bachyn (bachau) *m.*
uncircumcised *a.* dienwaededig, dienwaediad.
uncircumcision *n.* dienwaediad *m*; *B:* **the U~,** y Cenhedloedd, y Dienwaededig.
uncircumscribed *a.* diderfyn, heb derfynau, digyfyngiad.
uncircumspect *a.* diofal, anamgall.
uncited *a.* nas dyfynnir/dyfynnid/dyfynwyd, annyfynedig, heb ei ddyfynnu.
uncivil *a.* anghwrtais, anfoesgar, di-foes, difoes, *F:* difaners, *Lit:* ansyber.
incivility *n.* anghwrteisi *m*, anfoesgarwch *m*, *Lit:* ansyberwyd *m.*
uncivilized *a.* anwar, anwaraidd, anwareiddiedig, anniwylliedig, diddiwylliant, barbaraidd.
uncivilizedly *adv.* yn anwaraidd *&c.*
uncivilizedness *n.* anwar|eidd-dra *m*, anwaredd *m*, anwarineb *m*, anwareiddiwch *m*, barbareiddwch *m.*
uncivilly *adv.* yn anghwrtais *&c.*
uncivilness *n.* = **uncivility.**
unclad *a.* noeth(-ion), heb ddillad.
unclaimed *a.* heb ei hawlio, na hawliwyd mohono, nas hawlir/hawlid/hawliwyd.
unclamp *v.t.* **1.** llacio, *occ:* datglampio, datgraffu. **2.** *(jaws, teeth):* llacio, *occ:* dadwasgu.
unclarified *a.* **1.** *(question &c):* heb ei glirio, astrus, aneglur. **2.** *(oil, butter &c):* heb ei glirio, heb fod yn loyw, afloyw(-on).
unclarity *n.* *U.S:* tywyllwch *m*, amwysedd *m.*
unclasp *v.t.* **1.** *(bracelet &c):* datod, dadfachu, agor. **2.** *(hand):* gollwng.
unclassed *a.* diddosbarth, heb fod mewn dosbarth, annosbarthedig.
unclassifiable *a.* annosbarthadwy.
unclassified *a.* **1.** diddosbarth, annosbarthedig; *Sch:* *F:* **an ~,** gradd ddiddosbarth; **~ road,** ffordd (ffyrdd) annosbarthedig *f.* **2.** **~ information,** gwybodaeth anghyfrinachol *f.*
uncle *n.* **1.** ewythr(-od,-edd) *m*, *F:* ewyrth(-od) *m*, dewyrth(-od) *m*, wncl *m*, *S:* *F:* ewa: owa *m*; **maternal ~,** ewythr brawd mam, ewythr ar/o ochr y fam; **paternal ~,** ewythr brawd tad, ewythr ar/o ochr y tad; *Lit:* **U~ Tom's Cabin,** Caban F'ewythr Twm; *F:* *Pej:* **U~ Tom,** f'Ewythr Twm; *(in Welsh context):* Dic Siôn Dafydd(-ion) *m*; **and Bob's your ~,** a dyna ti/chi i'r dim; a dyna hi iti/ichi; **to talk to s.o. like a Dutch ~,** ei dweud hi wrth rn, dweud y drefn wrth rn, rhoi pryd o dafod i rn. **2.** *F:* *O:* **my watch is at my ~'s,** 'rwyf wedi ponio fy watsh.
unclean *a.* **1.** *B:* *Theol:* aflan; **~ spirit,** ysbryd aflan. **2.** *Lit:* = **dirty.**
uncleaned *a.* heb ei lanh|au, nas glanh|eir/glanh|eid/glanhawyd.
uncleanliness *n.* aflendid *m*, amhurdeb *m*, bryntni *m*, budreddi *m*, butrwch *m.*
uncleanly[1] *adv.* yn aflan *&c.*
uncleanly[2] *a.* = **unclean.**
uncleansed *a.* halogedig.
unclear *a.* **1.** nas cliriwyd, heb ei glirio. **2.** *(= obscure):* aneglur; *(speech):* myngus.
unclearly *adv.* yn aneglur; **to speak ~,** siarad yn fyngus.
unclench *v.t.* **to ~ one's fist,** agor eich dwrn, llacio'ch dwrn.
unclerical *a.* anghlerigol.
unclimbable *a.* annringadwy.
unclimbed *a.* **an ~ mountain,** mynydd heb ei ddringo, mynydd nas dringwyd.
unclinch *v.t.* = **unclench.**
unclipped *a.* heb ei docio.
uncloak *v.t.&i.* **1.** *v.t.* tynnu clogyn (rhn); *Fig:* *(= reveal):* datgelu, dinoethi. **2.** *v.i.* tynnu'ch clogyn, tynnu oddi amdanoch, *Lit:* *occ:* ymddihatru.
unclog *v.t.* = **unblock.**
unclose *v.t.&i.* **1.** *v.t.* agor. **2.** *v.i.* agor, ymagor.
unclosed *a.* heb gau, anghaëedig.
unclothe *v.t.&i.* **1.** *v.t.* dadwisgo, tynnu dillad (rhn). **2.** *v.i.* dadwisgo, diosg eich dillad, tynnu [oddi] amdanoch, *Lit:* *occ:* ymddihatru, *S.W:* matryd.
unclothed *a.* noeth(-ion), heb ddillad, dadwisgedig.
unclouded, uncloudy *a.* **1.** *(sky):* digwmwl, clir, *Poet:* digymylau. **2.** *(liquid):* clir.
uncloying *a.* ansyrffedus.
unclubbability *n.* natur anghymdeithasol/annerbyniol *f*, anghlybgarwch *m*, anghymdeithasoldeb *m.*
unclubbable *a.* *(= unsociable):* anghymdeithasol, anghlybgar, anghlybadwy; *(= unacceptable):* annerbyniol.
uncluttered *a.* **1.** *(room &c):* clir, dilanastr, heb lanastr. **2.** *(style):* moel, diaddurn.
unco *a., n. & adv.* *Scot:* **1.** *a.* hynod. **2.** *n.* *(a)* = **stranger;** *(b)* *pl.* = **news. 3.** *adv.* yn hynod; **the ~ guid,** y saint *pl.*

uncoagulated *a.* heb geulo, angheuledig.
uncoated *a.* heb gôt, di-gôt.
uncock *v.t.* datgocio; *Golf:* dadwalcio, unioni'r arddyrnau.
uncoffined *a.* di-arch, heb arch.
uncoil *v.t.&i.* **1.** *v.t.* dad-ddirwyn, didorchi, datgeirsio; *(hair):* datblethu. **2.** *v.i.* *(of snake &c):* dadrolio, datgordeddu, dad-droelli, dadymdorchi; *(of hair):* datblethu, ymddatod, datod, dadrolio.
uncoiled *a.* dadroliedig, dad-ddirwynedig, wedi ei dad-ddirwyn, wedi ei ddadrolio *&c*; *(hair):* llaes.
uncoined *a.* anfathedig, nas bathwyd, heb ei fathu; **~ gold,** aur clamp, aur yn y clamp.
uncollated *a.* nas coladwyd, heb ei goladu, heb ei gydosod, angholadedig, anghydosodedig.
uncollected *a.* anghasgledig, nas cesglir/cesglid/casglwyd, heb ei gasglu, nas crynhöir/crynhöid/crynhowyd, heb ei grynh|oi, nas helir/helid/heliwyd, heb ei hel, *occ:* heb ei gywain.
uncoloured *a.* **1.** di-liw, anlliwiedig, heb liw, heb ei liwio, nas lliwiwyd. **2.** *Fig:* **an ~ report,** adroddiad heb ei orliwio, adroddiad plaen.
uncombed *a.* heb ei gribo, nas cribwyd, *F:* heb weld crib.
uncombined *a.* anghyfun, anghyfunedig, heb ei gyfuno, nas cyfunir/cyfunid/cyfunwyd.
uncome-at-able *a. F:* amhosibl ei gyrraedd, nad oes modd mynd ato.
uncomeliness *n.* **1.** anharddwch *m*, plaendra *m*. **2.** = **unseemliness.**
uncomely *a.* **1.** diolwg, plaen, anhardd, anolygus, anhyfryd. **2.** = **unseemly.**
uncomfortable *a.* **1.** *(chair, room &c):* anghysurus, anghyfforddus, anghyffyrddus; *(room, house &c):* digysur. **2.** **to make things ~ for s.o.,** gwneud pethau'n anodd/annifyr i rn, ei gwneud hi'n anodd/annifyr i rn, peri trafferth i rn, rhoi rhn mewn lle cas/anodd, gwneud i rn deimlo'n anesmwyth/annifyr; **it makes things ~,** mae'n gwneud pethau'n anodd/ddiflas; mae'n creu annifyrrwch; **~ news,** newydd annymunol/annifyr. **3.** *(pers., feeling):* anesmwyth, anniddig, annifyr, anghysurus; **I was starting to feel ~,** 'roeddwn yn dechrau anesmwytho/anniddigo; 'roeddwn yn dechrau teimlo'n anesmwyth/anniddig/annifyr/anghysurus.
uncomfortableness *n.* **1.** *(of bed &c):* natur anghyfforddus *&c f*, anghyfforddusrwydd *m*, anghysur *m*. **2.** *(of pers., feeling):* annifyrrwch *m*, anniddigrwydd *m*, anghysur.
uncomfortably *adv.* **1.** yn anghysurus *&c*. **2.** *Fig:* **the enemy were ~ close,** 'roedd y gelyn yn hyll/annifyr o agos.
uncommanded *a.* **1.** *(obedience &c):* digymell. **2.** *(troops):* heb arweinydd, diarweiniad.
uncommanding *a.* anawdurdodol, diawdurdod.
uncommendable *a.* anghymeradwy.
uncommendably *adv.* yn anghymeradwy.
uncommercial *a.* anfasnachol, heb fod yn fasnachol, nad yw'n fasnachol.
uncommercially *adv.* yn anfasnachol.
uncommissioned *a.* **1.** *Mil:* heb gomisiwn, digomisiwn. **2.** *(work &c):* anghomisiynedig, heb ei gomisiynu, nas comisiynir/comisiynid/comisiynwyd, a wneir/wneid/wnaethpwyd heb gomisiwn, a wneir *&c* heb ofyn amdano.
uncommitted *a.* **1.** *(time &c):* rhydd(-ion). **2.** *esp. Pol:* diymrwymiad, heb ymrwymiad, anymrwymedig, amhleidiol, di-blaid, didueddiad. **3.** *Mil:* *(troops &c):* rhydd(-ion), nas bwrid/bwrir/bwriwyd i'r frwydr. **4.** *(crime):* nas cyflawnwyd.
uncommon *a. & adv.* **1.** *a.* anghyffredin, anarferol, hynod. **2.** *adv. F:* yn hynod.
uncommonly *adv.* **1.** **not ~,** yn gyffredin, yn fynych, yn aml. **2.** **~ good,** hynod [o] dda, anghyffredin/anarferol o dda, tan gamp, campus, rhagorol, p|enigamp: penig|amp, da odiaeth.
uncommonness *n.* anghyffredinedd *m*, anarferoldeb *m*, hynodrwydd *m*.
uncommunicable *a.* = **incommunicable.**
uncommunicated *a.* *(message):* nas anfonir/anfonid/anfonwyd, nas trosglwyddir/trosglwyddid/trosglwyddwyd.
uncommunicating, uncommunicative *a.* = **incommunicative.**
uncommunicatively *adv.* = **incommunicatively.**
uncommunicativeness *n.* = **incommunicativeness.**
uncompact, uncompacted *a.* anghryno, heb ei grynh|oi.
uncompanionable *a.* anghymdeithasol, anghymdeithasgar, anghyfeillgar, anniddan.
uncompanionably *adv.* yn anghymdeithasol *&c*.
uncompassionate *a.* digydymdeimlad, anghydymdeimladol, didostur, anhrugarog, didrugaredd.
uncompassionately *adv.* yn ddigydymdeimlad.
uncompelled *a.* **1.** *(obedience):* digymell, gwirfoddol. **2.** **to do sth ~,** gwneud rhth o'ch gwirfodd, yn ddigymell *&c*.
uncompensated *a.* **1.** *(pers.):* *(for injury &c):* heb gael iawn. **2.** *Ph: Ch:* *(loss of weight &c):* digyfadferiad, nas cyfadferir/cyfadferid/cyfadferwyd.
uncompetitive *a.* anghystadleuol.
uncomplaining *a.* di-gŵyn.
uncompleted *a.* anghyflawn, anghyflawnedig, heb ei gyflawni, heb ei gwblh|au.
uncompliant *a.* anhyblyg, anghydsyniol, anhydrin, cyndyn, ystyfnig.
uncomplicated *a.* anghymhleth, syml (*f.* seml), annyrys; *(pers.):* syml, unplyg.
uncomplimentary *a.* anghanmoliaethus.
uncompounded *a.* anghymysg, digymsyg, anghyfun, heb ei gymysgu, heb ei gyfuno.
uncomprehended *a.* annirnad, annirnadedig, annealledig, diamgyffred, nas deëllir/deëllid/deallwyd.
uncomprehending *a.* anneallus, diddeall, diddirnad, *F:* di-weld.
uncomprehensive *a.* anghynhwysfawr.
uncompressed *a.* anghywasgedig, heb ei gywasgu.
uncompromising *a.* digyfaddawd, digymrodedd.
uncompromisingly *adv.* yn ddigyfaddawd *&c*; **~ honest,** di-dderbyn-wyneb.
unconcealed *a.* agored, amlwg, gweladwy, anghuddiedig, anghudd, heb ei guddio, heb ei gelu, *Lit:* di-gêl.
unconceded *a.* **1.** *(land &c):* nas ildiwyd/ildid/ildir. **2.** = **unadmitted.**
unconceivable *a.* = **inconceivable.**
unconceivably *a.* = **inconceivably.**
unconceived *a.* *(possibility &c):* diamgyffred.
unconcern *n.* dihidrwydd *m*, difrawder *m*, difaterwch *m*, dibristod *m*.
unconcerned *a.* **1.** = **indifferent 1. 2.** *(= not involved in sth):* heb gysylltiad (â rhth), nad oes a wnelo (â rhth).
unconcernedly *adv.* = **indifferently 1.**
unconcernedness *n.* = **unconcern.**
unconcerted *a.* anghyd-drefnus.
unconciliating, unconciliatory *a.* anghymodlon, digymod, digymrodedd.
unconcluded *a.* anghyflawn, nas terfynir/terfynid/terfynwyd, nas cwblh|eir/cwblh|eid/cwblhawyd, heb ei derfynu, heb ei gwblh|au.
uncondemned *a.* nas condemnir/condemnid/condemniwyd, heb ei gondemnio, anghondemniedig, digondemniad, digollfarn.
uncondensed *a.* **1.** *(story &c):* llawn, anghryno, nas crynh|oir/crynh|oid/crynhowyd, heb ei chrynh|oi. **2.** *Ph: Ch:* nas cyddwyswyd, anghyddwysedig, heb ei gyddwyso.
unconditional *a.* diamod, diamodol; **an ~ refusal,** gwrthodiad pendant *m*; **~ surrender,** ildiad diamod *m*, ildio (*vn*) diamod; *Cmptr:* **~ branch instruction,** cyfarwyddyd (*m*) cangen/canghennu diamodol; *Cmptr:* **~ jump instruction,** cyfarwyddyd naid/neidio diamodol; *Cmptr:* **~ transfer instruction,** cyfarwyddyd trosglwyddo diamodol.
unconditionality *n.* diamodrwydd *m*, natur ddiamod *f*.
unconditionally *adv.* yn ddiamod, heb amodau.
unconditionalness *n.* diamodrwydd *m*, natur ddiamod *f*.
unconditioned *a.* **1.** = **unconditional**; *Theol:* **the U~,** y Diamod. **2.** *(= not conditioned):* *(= innate, natural):* digymell, naturiol, cynhenid, greddfol, nas cyflyrwyd, digyflyriad, anghyflyredig; **~ reflex,** atgyrch greddfol.
unconducive *a.* anffafriol, *occ:* anogwyddol, anhueddol.
unconfessed *a.* **1.** *(crime):* anaddefedig, anghyffesedig, heb ei addef/gyfaddef/gyffesu. **2.** *(pers.):* heb gyfaddef, heb gyffesu, digyffes.
unconfident *a.* dihyder, anhyderus, heb hyder.
unconfiding *a.* anymddiriedol, diymddiried.
unconfinable *a.* anghyfyngadwy.
unconfined *a.* = **unbounded; let joy be ~!** llawenh|ewch!

unconfirmed *a.* **1.** *(report &c):* nas cadarnh|eir/cadarnh|eid/cadarnhawyd, heb ei gadarnh|au. **2.** *Ecc:* heb gael bedydd esgob, di-fedydd esgob.

unconformable *a.* **1.** *Ecc:* anghydffurfiol. **2.** *Geol:* anghydffurfiadwy; **~ beds,** haenau anghydffurfiadwy.

unconformableness, unconformity *n.* anghydffurfioldeb *m*; *Geol:* anghydffurfedd *m*.

unconformably *adv.* yn anghydffurfiol, yn anghydffurfiadwy.

unconfused *a.* diddryswch, heb eich drysu.

unconfusedly *adv.* yn ddiddryswch, yn drefnus.

unconfutable, unconfuted *a.* diymwad.

uncongealed *a.* angheuledig, heb geulo.

uncongenial *a.* **1.** *(pers.):* anghydnaws, gwrthnysig, anghymharus, anghynnes, annifyr. **2.** *(a) (weather):* anffafriol; *(b) (work):* anghydnaws, annymunol, annifyr.

uncongeniality *n.* **1.** *(of pers.):* anghynhesrwydd *m*, anghydnawsedd *m*. **2.** *(a) (of weather):* anffafrioldeb *m*. *(b) (of work):* anghydnawsedd, annymunoldeb *m*, annifyrrwch *m*.

uncongenially *adv.* yn anghydnaws *&c.*

unconjecturable *a.* annyfaladwy, annychmygadwy.

unconjectured *a.* annyfaledig, annychmygedig.

unconjugated *a.* *Gram:* diredïad.

unconnected *a.* digyswllt, digysylltiad, anghysylltiol, anghysylltiedig, heb gysylltiad, heb eich cysylltu.

unconquerable *a.* anorchfygol, anorchfygadwy, *Lit: occ:* anorthrech.

unconquerably *adv.* yn anorchfygol *&c.*

unconquered *a.* didrech, anorchfygedig, anorchfygol, anorthrech, heb eich trechu **(by s.o.,** gan rn).

unconscientious *a.* anghydwybodol, digydwybod.

unconscientiously *adv.* yn anghydwybodol *&c.*

unconscientiousness *n.* diffyg (*m*) cydwybod, anghydwybodoldeb *m*.

unconscionable *a.* **1.** *A: or Lit:* = **unscrupulous. 2.** *(= unreasonable, excessive):* afresymol, gormodol.

unconscionableness *n.* afresymoldeb *m*.

unconscionably *adv.* yn afresymol, yn ormodol; **~ long,** rhy hir o lawer.

unconscious *a. & n.* **1.** *a.* *(= unaware):* anymwybodol **(of sth,** o rth); **to be ~ of doing sth,** gwneud rhth yn ddiarwybod, gwneud rhth heb [yn] wybod, gwneud rhth yn anymwybodol; **to become ~,** colli ymwybyddiaeth, mynd yn anymwybodol; **to knock s.o. ~,** taro rhn yn anymwybodol. **2.** *n.* *Psy:* **the ~,** yr anymwybod *m*.

unconsciously *adv.* yn ddiarwybod, heb yn wybod, yn anymwybodol, heb fod yn ymwybodol.

unconsciousness *n.* anymwybyddiaeth *f*, anymwybod *m*.

unconsecrated *a.* anghysegredig.

unconsenting *a.* anghytunol, anghydsyniol.

unconsidered *a.* **1.** *(remark):* difeddwl, diofal. **2.** *(= disregarded):* disylw, dibwys, isl|aw sylw, **a snapper-up of ~ trifles,** un cogud am fargeinion.

unconsoled *a.* digysur, heb eich cysuro, heb dderbyn cysur.

unconsolidated *a.* **1.** *(= unstrengthened):* anghyfnerthedig. **2.** *(= uncombined):* anghyfunedig, anghyfunol.

unconstitutional *a.* anghyfansoddiadol.

unconstitutionality *n.* anghyfansoddiadoldeb *m*; **I argued the ~ of such a course of action,** dadleuais y byddai gweithredu o'r fath yn anghyfansoddiadol.

unconstitutionally *adv.* yn anghyfansoddiadol.

unconstrained *a.* **1.** *(= voluntary):* digymell, o'ch gwirfodd, ewyllysgar, gwirfoddol, heb raid [arnoch]. **2.** *(= at ease):* ysgafala, didaro, rhwydd.

unconstrainedly *adv.* yn ddigymell *&c.*

unconstraint *n.* ysgafalwch *m*.

unconstricted *a.* anghyfyngedig, digyfyngiad, heb gyfyngu/gyfyngiad arnoch, heb eich cyfyngu; *Fig:* dilyffethair.

unconstructive *a.* anadeiladol.

unconsulted *a.* nad ymgynghorir/ymgynghorid/ymgynghorwyd ag ef *&c*, heb i neb ymgynghori ag ef *&c.*

unconsumed *a.* **1.** *(food):* nas bwyt|eir/bwyt|eid/bwytawyd, heb ei fwyta. **2.** *(by fire):* nas ysir/ysid/yswyd, heb ei ysu, heb ei losgi'n ulw.

unconsummated *a.* anghyflawn, anghyflawnedig, heb ei gyflawni.

uncontainable *a.* **1.** anghynwysadwy. **2.** = **unrestrainable.**

uncontained *a.* **1.** anghynwysedig. **2.** = **unrestrained.**

uncontaminated *a.* pur, heb ei lygru, heb ei ddifwyno, dilwgr; *S.a.* **untainted.**

uncontemplated *a.* *(= unexpected):* annisgwyl; *(= not planned):* anarfaethedig.

uncontentious *a.* annadleuol.

uncontentiously *adv.* yn annadleuol.

uncontentiousness *a.* natur annadleuol *f*, annadleuoldeb *m*.

uncontested *a.* **1.** *(claim &c):* di-ddadl, diwrthwynebiad. **2.** *Pol: (election):* diwrthwynebiad; *(seat):* diymgeisydd, heb ei hymladd.

uncontracted *a.* *(hand, spring &c):* anghrebachog, heb grebachu.

uncontradictable, uncontradicted *a.* **1.** *(argument &c):* diymwad, di- ddadl. **2.** *(pers.):* diwrthwynebiad, heb eich gwrthwynebu, heb eich croes-ddweud.

uncontrollability *n.* afreolusrwydd *m*, gwylltineb *m*.

uncontrollable *a.* afreolus, afreoladwy, dilywodraeth, aflywodraethus, anystywallt, gwyllt(-ion).

uncontrollably *adv.* yn afreolus *&c.*

uncontrolled *a.* **1.** dilywodraeth, afreolus, direol, direolaeth, aflywodraethus, dilyffethair; **~ liberty,** rhyddid llwyr *m*, penrhyddid *m*, tragwyddol heol *f*; **~ passions,** nwydau diymatal. **2.** *(experiment):* afreoledig.

uncontroversial *a.* annadleuol.

uncontroversially *adv.* yn annadleuol; heb unrhyw ddadl.

uncontroverted *a.* diymwad.

uncontrovertibility *n.* natur ddiymwad *f*.

uncontrovertible *a.* diymwad, di-ddadl.

uncontrovertibly *adv.* yn ddiymwad, yn ddi-ddadl.

unconventional *a.* anghonfensiynol.

unconventionality *n.* anghonfensiynoldeb *m*.

unconventionally *adv.* yn anghonfensiynol.

unconversant *a.* anghyfarwydd, anghynefin **(with sth,** â rhth).

unconverted *a.* **1.** *(a) (pagan):* didroëdig, annychweledig, heb [gael] eich troi, heb gael tröedigaeth, nas tröwyd at grefydd, heb droi at grefydd; *(b)* = **unconvinced. 2.** *(cash, metal &c):* digyfnewid, nas newidir/newidid/newidiwyd, heb ei newid, heb ei drosi. **3.** *Rugby: (try):* nas troswyd, methiannus.

unconvertible *a.* **1.** *(to religion):* anhroadwy, annychweladwy, di-droi, amhosibl eich troi. **2.** *(cash, metal):* annewidiadwy, anhrosadwy.

unconvicted *a.* anghollfarnedig, heb eich collfarnu.

unconvinced *a.* anargyhoeddedig, heb eich argyhoeddi, heb eich darbwyllo, amh|eus.

unconvincing *a.* anargyhoeddiadol, anhygoel, annhebygol.

unconvincingly *adv.* yn anargyhoeddiadol *&c.*

uncooked *a.* amrwd, heb ei goginio.

uncool *a.* *F: (= not relaxed):* yn ferw, cynhyrflyd, wedi cyffr|oi, yn gynnwrf i gyd, anesmwyth; *(= unpleasant):* annymunol, cas.

uncooled *a.* nas oerir/oerid/oerwyd, heb ei oeri, heb fod yn oer.

uncooperative *a.* anghydweithredol, digydweithrediad.

uncooperatively *adv.* yn anghydweithredol *&c.*

uncooperativeness *n.* anghydweithrediad *m*.

uncoordinated *a.* **1.** *(movement of body):* lletchwith, afrosgo. **2.** *(attacks &c):* di-drefn, anhrefnus, anghyd-drefnus, anghyfundrefnus, anghytrefn.

uncopied *a.* nas copïwyd, heb ei gopïo.

uncoquettish *a.* anhoedennaidd.

uncord *v.t.* dadrwymo, datod.

uncordial *a.* anghynnes, anserchog, anghalonnog.

uncork *v.t.* **1. to ~ a bottle,** tynnu corcyn o botel, agor potel. **2.** *Fig:* **to ~ one's feelings,** bwrw'ch bol, bwrw'ch tu mewn, arllwys eich cwd, rhoi rhwydd hynt i'ch teimladau.

uncorrected *a.* anghywiredig, heb ei gywiro, nas cywirwyd.

uncorrelated *a.* anghydberthynol, anghymathedig.

uncorroborated *a.* digadarnhad, diateg, digyfnerthiad, heb ei gadarnh|au/chadarnh|au, heb gadarnhad.

uncorrupted *a.* anllygredig, dilwgr, dihalog, pur, nas llygrir/llygrid/llygrwyd.

uncorseted *a.* **1.** heb staes, heb gorsed, di-staes, digorsed. **2.** *Fig:* = **unconstricted.**

uncostly *a.* rhad, di-gost.

uncounselled *a.* digyngor, heb gael cyngor.

uncountable *a.* **1.** anghyfrifadwy. **2.** = **countless.**
uncounted *a.* **1.** anghyfrifedig, digyfrif, nas cyfrifir/cyfrifid/cyfrifwyd, heb eu cyfrif. **2.** = **countless.**
uncounteracted *a.* nas gwrthweithir/gwrthweithid/gwrthweithiwyd, heb ei wrthweithio.
uncouple *v.t.* **1.** *(dogs):* dadfachu, gollwng, rhyddh|au. **2.** *Rail: (wagons):* dadfachu.
uncoupled *a.* ar wahân, a ollyngwyd, a ddadfachwyd, rhydd(-ion).
uncourted *a. (success):* nas canlynir/canlynid/canlynwyd, nas ceisir/ceisid/ceisiwyd; *(esp. girl):* heb gariad, digariad, heb fod yn canlyn, heb neb yn ei chanlyn.
uncourteous, uncourtly *a.* anfoesgar, anghwrtais, ansyber.
uncouth *a.* anwaraidd, garw (geirw, geirwon), anfoesgar, difoes, aflednais, ansyber, dreng.
uncouthly *adv.* yn anwaraidd *&c.*
uncouthness *n.* natur anwaraidd *f,* anfoesgarwch *m,* ansyberwyd *m,* afledneisrwydd *m.*
uncovenanted *a.* digyfamod, anghyfamodol.
uncover *v.t. (a)* dadorchuddio; *(plot &c):* dinoethi, datgelu (rhth); dod â (rhth) i'r amlwg; **to ~ one's head,** tynnu'ch het; **to ~ one's eyes,** tynnu'r gorchudd oddi ar eich llygaid; *(b) Chess:* **to ~ a piece,** dod â darn i'r golwg.
uncovered *a.* **1.** noeth(-ion), diorchudd; *(= bare-headed):* pennoeth; **to remain ~,** dal yn bennoeth. **2.** *Bank: (debt &c):* anniogel; **to be ~ by insurance,** bod heb yswiriant, bod heb eich yswirio.
uncovering *vn.* dadorchuddiad *m,* dadorchuddio.
uncovetous *a.* dichwant, di-chwant.
uncracked *a.* di-grac, anghracedig, heb ei gracio.
uncramped *a.* anghyfyng.
uncreasable *a.* anghrychadwy.
uncreatable *a.* anghreadwy.
uncreate *v.t.* difa, difodi.
uncreated *a.* anghreëdig, digreëdig, nas crëir/crëid/crewyd, tragwyddol, bythol.
uncreative *a.* anghreadigol.
uncreativeness *n.* anghreadigolrwydd *m.*
uncreditable *a.* anghlodforus.
uncredited *a.* **1.** di-glod. **2.** *(= unbelieved):* heb goel arno/arni *&c,* nas coelir/coelid/coeliwyd, nas credir/credid/credwyd.
uncrippled *a.* holliach, heb eich cruplo.
uncritical *a.* anfeirniadol.
uncriticized *a.* difeirniadaeth.
uncropped *a.* **1.** *(hair):* llaes, hir, *F:* heb weld siswrn. **2.** *(grass):* heb ei bori, heb ei dorri *&c.*
uncross *v.t.* datgroesi.
uncrossed *a.* **1.** *(cheque, river, bridge):* nas croeswyd, heb ei groesi/chroesi *&c*; **an ~ cheque,** siec heb ei chroesi. **2.** *(= not wearing a cross):* heb groes.
uncrowded *a.* heb ormod o bobl, â digon o le.
uncrown *v.t.* digoroni (rhn), cipio'r goron (oddi ar rn).
uncrowned *a.* digoron, heb goron, anghydnabyddedig; *F:* **the ~ king of rugby,** brenin y cae rygbi [mewn popeth ond enw].
uncrumple *v.t.* llyfnu, llyfnh|au.
uncrushable *a. (a) Tex:* anghrychadwy; *(b) (spirit &c):* anorchfygol, anorthrech.
uncrystallized *a.* anghrisialog, anghrisialedig.
unction *n.* **1.** *Ecc:* eneiniad(-au) *m*; **extreme ~,** yr eneiniad olaf, eneiniad y claf, olew *(m)* ac angen *m,* yr olew olaf. **2.** *(= ointment):* ennaint (eneiniau) *m,* eli (eliau, elïoedd) *m.* **3.** *Fig: (a)* **to speak with ~,** siarad gydag eneiniad; *(b)* **to relate gossip with ~,** hel straeon gydag afiaith.
unctuous *a.* **1.** *(ointment):* seimlyd, seimllyd, ireidlyd, ireiddlyd. **2.** *(a) (preacher):* eneiniedig, ysbrydoledig; *(b) Pej:* sebonllyd, seimlyd, seimllyd.
unctuously *adv.* **1.** gydag eneiniad. **2.** *Pej:* yn sebonllyd *&c.*
unctuousness *n.* **1.** eneiniad *m.* **2.** *Pej:* natur sebonllyd *&c f,* dull sebonllyd *&c m.*
unculled *a.* **~ sheep,** *N:* defaid heb eu cwlio, *S:* defaid heb eu cwlino/cwlingo.
uncultivable *a.* anniwylliadwy, anamaethadwy, anhriniadwy.
uncultivated *a.* **1.** *(land):* heb ei drin, heb ei amaethu, heb ei droi, heb ei aredig. **2.** *(pers., society):* anniwylliedig.
uncultured *a.* diddiwylliant, anniwylliedig.
uncurb *v.t.* tynnu'r ffrwyn o ben (rhth), diffrwyno (rhth), rhoi ffrwyn ar war (rhth).
uncurbed *a.* penrhydd, diatal, diymatal, nas atelir/atelid/ataliwyd.
uncured *a.* **1. an ~ disease,** clefyd heb ei wella, clefyd difeddyginiaeth/diwellhad/diwella. **2. ~ hide,** croen amrwd, croen heb ei farcio; **an ~ fish,** pysgodyn heb ei gochi; **~ meat,** cig heb ei drin/halltu.
uncurl *v.t.&i.* **1.** *v.t. (hair):* datgrychu, datgyrlio, sythu. **2.** *v.i.* ymsythu; *(of snake):* dadymdorchi; *(of hedgehog):* dadrowlio, dadbelennu.
uncurtailed *a.* nas cwtogir/cwtogid/cwtogwyd, heb ei gwtogi.
uncurtain *v.t.* dadlennu.
uncurtained *a.* heb lenni, dilenni, di-len.
uncus *n.* bach(-au) *m.*
uncustomary *a.* anarferol, croes i'r arfer, *occ:* annefodol.
uncustomed *a.* di-doll, heb fod trwy'r doll.
uncut *a.* **1. an ~ crop,** cnwd heb ei fedi; **~ grass,** glaswellt heb ei dorri; **an ~ hedge,** gwrych heb ei docio; **~ hay,** gwair heb ei ladd. **2.** *(pages, diamond):* heb ei dorri *&c,* nas torrwyd; *(play):* cyfan, heb ei thorri, heb ei thalfyrru, heb ei chwtogi.
uncynical *a.* ansinigaidd.
undamaged *a.* diddifrod, annifrodedig, cyfan (cyfain, *occ:* cyfeuon), heb niwed, heb falu, heb ddifrod, nas difrodwyd, nas niweidiwyd, na ddifrodwyd mohono, na niweidiwyd mohono, heb ei niweidio, heb ei ddifrodi, heb ei falu, *Lit:* difreg; **an ~ reputation,** enw glân/diargyhoedd/dilychwin.
undamped *a.* **1.** *Ph: W.Tel: (oscillation &c):* angwanychol. **2.** *(hopes &c):* anniffygiol, di-ball.
undarned *a. (stocking):* heb ei thrwsio, heb ei gwnïo *&c*; *See* **darn**[2].
undashed *a. (hopes &c):* nas drylliwyd, nas chwalwyd.
undated *a.* **1.** *(letter &c):* heb ddyddiad, diddyddiad; **2.** *(relic &c):* nas dyddiwyd, annyddiedig.
undauntable, undaunted *a.* diofn, di-ofn, eofn, diddychryn, digryn, digryndod, *Lit: occ:* dihafarch.
undebatable *a.* di-ddadl, diymwad, annadleuadwy.
undecadent *a.* annirywiedig.
undecagon *n. Geom:* hend|ecagon (hendecagonau) *m,* undegochron(-au) *m.*
undecaying *a.* nad yw'n pydru, na phydra, dilwgr, anllygredig.
undeceive *v.t.* didwyllo, agor llygaid, dadrithio (**s.o. concerning sth,** rhn ynghl|ylch rhth); **to ~ oneself,** ymddidwyllo, ymddadrithio, agor eich llygaid eich hun.
undeceived *a.* heb eich twyllo, nas twyllir/twyllid/twyllwyd.
undecided *a. (a) (question &c):* ansicr, heb ei benderfynu, heb ei ddatrys; *(colour &c):* amhendant, ansicr; *(b) (pers.):* ansicr, amhenderfynol, dibenderfyniad, amhendant, petrus, rhwng dau feddwl, ar eich cyfyng-gyngor, mewn cyfyng-gyngor; **an ~ look,** *F:* golwg be' wna'-i.
undecidedly *a.* yn ansicr *&c.*
undecillion *n. Mth:* undegiliwn (undegiliynau) *f.*
undecipherable *a.* annealladwy, annatrysadwy, annehongliadwy.
undecipherably *adv.* yn annealladwy *&c.*
undeciphered *a.* heb ei ddatrys, heb ei ddehongli, annatrys, annatrysedig, annehongledig.
undecked *a.* diaddurn.
undeclared *a.* **1.** *(war):* nas cyhoeddwyd, heb ei gyhoeddi, anghyhoeddedig; *(love):* heb ei ddatgan. **2.** *Cust:* **~ goods,** nwyddau heb eu datgelu.
undecomposed *a.* **1.** *(body):* dilwgr, anllygredig, heb bydru, heb fadru, heb fraenu. **2.** *Ch:* heb [ei] ddadelfennu.
undecorated *a.* **1.** *(= unadorned):* diaddurn. **2.** *(with medal &c):* heb eich anrhydeddu.
undecorticated *a.* eisinog, masglog.
undecylene *n. Bio-Ch:* wnd|eslien *m.*
undecylenic *a. Bio-Ch:* wndesilenig.
undedicated *a.* **1.** *(pers.):* diymroddiad, anymroddedig, anymroddgar; **2.** *(church):* nas cysegrwyd. **3.** *(book):* digyflwyniad, heb gyflwyniad.
undefeated *a.* anorchfygedig, anorchfygol, anorthrech.
undefended *a.* diamddiffyn, heb amddiffyniad; **an ~ case,** achos nas amddiffynnir.
undefiled *a.* dihalog, dilychwin, glân, pur, nas halogir/halogid/halogwyd, nas difwynir/difwynid/difwynwyd.

undefinable *a.* anniffiniadwy, anniffiniol.

undefined *a.* anniffiniedig, anniffiniol, amhenodol, amhendant.

undeify *v.t.* dad-ddwyfoli.

undelegated *a.* heb eich dirprwyo, annirprwyedig.

undeliverable *a. Com:* annanfonadwy.

undelivered *a.* **1.** *Com: &c:* annanfonedig, nas danfonwyd; *Post:* **~ letter,** llythyr heb ei ddanfon/drosglwyddo; **if ~, please return to sender,** onis danfonir, dychweler at yr anfonydd os gwelwch yn dda. **2.** *(speech &c):* annhraddodedig, nas traddodir/traddodid/traddodwyd; *(blow, missile):* nas anelir/anelid/anelwyd.

undeluded *a.* heb eich twyllo, nas twyllir/twyllid/twyllwyd.

undemanding *a.* diymdrech, ysgafn (ysgeifn), hawdd, nad yw'n gofyn ymdrech, heb fod yn gofyn digon.

undemocratic *a.* annemocrataidd.

undemocratically *adv.* yn annemocrataidd.

undemonstrated *a. (= unproven):* nas profir/profid/profwyd, heb ei brofi; *(= not displayed):* nas dangosir/dangosid/dangoswyd; nas mynegir/mynegid/mynegwyd, heb ei fynegi/ddangos.

undemonstrative *a.* annangosol, difynegiant, di-ddangos-teimlad[-au], nad yw'n dangos teimlad[-au].

undemonstratively *adv.* yn annangosol, heb ddangos teimlad[-au].

undemonstrativeness *n.* natur annangosol *f*; **he spoke of the ~ of the Welsh,** soniodd nad yw'r Cymry'n arfer dangos eu teimladau.

undeniable *a.* diymwad, anwadadwy, sicr, diamheuol, di-ddadl, diamau, di-nâg.

undeniableness *n.* natur ddiymwad *f &c.*

undeniably *adv.* yn ddiymwad *&c.*

undenominational *a.* anenwadol.

undenominationalism *n.* natur anenwadol *f*, anenwadoldeb *m.*

undenominationally *adv.* yn anenwadol.

undependable *a.* annibynadwy, na ellir dibynnu arno, anwadal, di- ddal, di-saf, nad oes dim dal/saf arno.

undependably *a.* yn annibynadwy.

undepreciated *a. (strength &c):* heb leih|au, heb fod yn llai, heb fod yn wannach; *(value):* heb ostwng mewn gwerth, heb golli gwerth.

undepressed *a.* heb fod yn ddigalon, heb ddigalonni.

under *prep., adv., attrib. & comb.fm.* I. *prep.* **1.** tan, dan + *soft mut.*, o dan + *soft mut.*, oddi tan + *soft mut.*, isl|aw. *(a)* **the dog is ~ the table,** mae'r ci [o] dan y bwrdd; **~ the sun,** *(i) (desert &c):* yn llygad yr haul, dan yr heulwen; *(ii) Fig:* **(the loneliest place) ~ the sun,** (y lle mwyaf unig) dan haul, ar wyneb daear; **~ water,** tan ddŵr, dan ddŵr, dan y dŵr; *S.a.* **swim**[2] **1. 1**; **put them ~ it,** rhowch hwy oddi tano/tani; **(the village lies) ~ a mountain,** (mae'r pentre) wrth droed mynydd, yng nghesail mynydd, ar odre mynydd; *S.a.* **foot**[1] 1. *(c)*, **nose**[1] **1**; **she pulled a stool out from ~ the table,** tynnodd stôl oddi tan y bwrdd/ford; **~ way** *adv.* yn cychwyn, ar fynd, yn mynd, ar dro, *M. W:* ar gêt; **to get ~ way,** cychwyn, ei cychwyn hi; **~ the counter, ~ the table** *a.* dan y cownter, dirgel, llechwraidd; **(to speak) ~ one's breath,** (siarad) dan eich anadl, dan eich gwynt, mewn islais; *(b) (= less than):* **(all their books were) ~ five pounds,** ('roedd eu llyfrau i gyd) [o] dan bumpunt, yn costio llai na phumpunt; **(salaries) ~ 5,000 pounds,** (cyflogau) llai na phum mil o bunnoedd, dan bum mil o bunnoedd; **she is ~ thirty,** mae hi dan ei deg ar hugain; mae hi dan ddeg ar hugain oed; **people ~ thirty, the ~-thirties,** pobl dan eu deg ar hugain oed; **in ~ ten minutes,** mewn llai na deng munud; **(she was back) in ~ ten minutes,** (daeth hi yn ôl) cyn pen deng munud, mewn llai na deng munud; **the total is ~ what was expected,** mae'r swm yn llai/is na'r hyn a ddisgwylid; mae'r swm isl|aw'r disgwyliadau. **2.** *(a)* **~ lock and key,** dan glo; **visible ~ the microscope,** gweladwy trwy'r microsgop; **to be ~ sentence of death,** bod dan ddedfryd marwolaeth; **to be ~ orders to do sth,** bod dan orchymyn i wneud rhth; **~ the circumstances,** yn/dan yr amgylchiadau; **~ these conditions,** ar yr amodau hyn; **~ the terms of the agreement,** yn ôl amodau'r cytundeb, yn unol ag amodau'r cytundeb; **~ his father's will,** yn ôl ewyllys ei dad, yn unol ag ewyllys ei dad; **she wrote it ~ a pseudonym,** fe'i hysgrifennodd dan ffugenw; **look ~ the word "fire",** edrychwch dan y gair "fire"; **it's catalogued ~...,** fe'i catalogwyd dan...; **to be ~ the necessity of doing sth,** gorfod gwneud rhth, *occ:* bod dan orfod gwneud rhth; *S.a.* **fire**[1] **4, obligation, sail**[1] **1.** *(b)*, **spell**[1] **2, way**[1] **9**; *(b)* **to be ~ s.o.,** bod dan rn, bod dan awdurdod rhn; **he has a hundred men ~ him,** mae ganddo gant o ddynion oddi tano; mae'n ben/bennaeth ar gant o ddynion; **(he fought) ~ Wellington,** (bu'n ymladd) gyda/dan Wellington, dan arweiniad Wellington; **~ Llywelyn the Great,** adeg Llywelyn Fawr, yn nheyrnasiad Llywelyn Fawr, dan lywodraeth Llywelyn Fawr; **~ government control,** dan reolaeth y llywodraeth; **to be/come ~ the authority of the Home Office,** bod dan awdurdod y Swyddfa Gartref; *P.N:* **~ new managment,** dan reolwr newydd; *F:* **to be ~ the doctor,** bod dan law'r meddyg; **to be ~ the influence of alcohol,** *F:* **to be ~ the influence,** bod dan ddylanwad diod, bod yn eich diod; **a crime forbidden ~ pain of death,** trosedd a waherddir ar boen eich dienyddio; *(c)* **to be ~ a violent emotion,** bod dan bwysau teimlad cryf. **3.** *(a)* **a house ~ repair,** tŷ yn cael ei atgyweirio, *N. W:* tŷ yn cael ei drin/ail-drin, *S. W:* tŷ yn cael ei helpu, tŷ yn cael ei riparo; **house ~ construction,** tŷ yn cael ei godi/adeiladu; **patients ~ observation/treatment,** cleifion dan wyliadwriaeth/driniaeth; **~ review,** dan adolygiad, a adolygir. **(the question is) ~ examination,** (mae'r mater) dan sylw, yn cael ei ystyried, yn cael ystyriaeth; *(b) Agr:* **a field ~ corn,** cae lle tyfir ŷd, *S:* cae llafur, *N:* cae ŷd, *Lit:* ydfaes (ydfeysydd) *m.* II. *adv.* **1.** tanodd, oddi tanodd, isod; *Com: &c:* **as ~,** fel isod, fel a geir isod, fel a ganlyn; **to stay ~ for two minutes,** aros dan y dŵr am ddau funud; **to go ~,** *(of ship):* mynd dan y dŵr, mynd i lawr, mynd o'r golwg, boddi, suddo; *(of diver):* plymio; *F:* **(to get out) from ~,** (dianc) oddi tani hi, o bicil, o le anodd, o dwll, o gaethgyfle; **children seven years old and ~,** plant saith oed ac iau; *S.a.* **down**[3] I. 2. **2.** yn eich lle, yn ddarostyngedig; **to keep s.o. ~,** cadw rhn yn ei le, cadw rhn yn ddarostyngedig, *F:* cadw rhn dano; **to keep (a rebellion) ~,** darostwng, gwastrodi, mygu, lladd (gwrthryfel). **3.** *(in compounds):* rhy ychydig, *e.g.* **underpay,** talu rhy ychydig. III. *attrib. & comb.fm.* **1.** *(= lower):* is-, is, isaf. **2.** *(= insufficient):* annigonol, rhy wan, is-, tan-; e.g. **an ~ dose,** dogn rhy wan.

underachieve *v.i.* methu â gwn|eud digon, methu â chyrraedd y nod, tangyflawni, tangyrraedd (*both pronounced* ng-g); methu â chyflawni potensial, cyflawni llai na'ch gallu.

underachievement *n.* tangyflawniad *m*, tangyflawni *m* (*both pronounced* ng-g).

underachiever *n.* tangyflawnwr: tangyflawnydd (tangyflawnwyr) *m* (*pronounced* ng-g).

underachieving *a.* tangyflawnol (*pronounced* ng-g), nad yw'n cyflawni potensial, yn cyflawni llai na'i allu.

underact *v.t.&i.* actio'n rhy gynnil, tanactio.

underactive *a.* heb fod yn ddigon gweithredol, llai gweithredol/bywiog na'r disgwyl, tanweithredol; *(= lazy):* diog, segur.

underactivity *n.* tanweithgaredd *m*, nam (*m*) ar eich bywiogrwydd, pall (*m*) bywiogrwydd.

under-age *a. & adv.* tan oed.

under-agent *n.* is-asiant(-iaid) *m*, is-weithredwr (~-weithredwyr) *m*, is-gynrychiolydd (~-gynrychiolwyr) *m*; *(of estate):* is-stiward(-iaid) *m.*

underappreciated *a.* nas gwerthfawrogir/gwerthfawrogid/gwerthfawrogwyd/ ddigon.

underarm *adv., attrib. & n.* **1.** *adv. Cr: Ten:* dan ysgwydd. **2.** *attrib.* *(a) Cr:* **~ [bowl],** bowliad(-au) (*m*) dan ysgwydd; *Ten:* **~ [serve],** serfiad(-au) (*m*) dan ysgwydd; *(b)* **~ deodorant,** diaroglydd(-ion) (*m*) dan gesail, sent(-iau) (*m*) dan gesail. **3.** *n.* cesail (ceseiliau) *f.*

underbelly *a. (a) (of animal):* tor(-rau) *f*, *N:* bol(-iau) *m*, *S:* bola (boliau) *m*; *(b) (= weak point):* gwendid(-au) *m*, man(-nau) gwan *m.*

underbid[1] *n. Cards: &c:* cynnig (cynigion) is *m.*

underbid[2] *v.t.&i.* cynnig llai, gwn|eud cynnig is (na rhn).

underblanket *n.* isblanced: isflanced(-i) *fm.*

underbody *n.* **1.** *Z:* tor(-rau) *f.* **2.** *Aut: &c:* gwaelod(-ion) *m*, tu isaf *m*, ochr(-au) isaf *f.*

underbred *a.* **1.** *(= ill-bred):* di-foes, difonedd, aflednais; *S.a.* **ill-bred**. **2.** *Breed:* lledryw, cymysgryw.

underbridge *n.* isbont(-ydd) *f.*

underbrim *n.* isgantel(-au) *m.*

underbrush *n.* = **undergrowth.**

underbudgeted *a.* â chyllideb annigonol, heb gyllid digonol.

underbuild *v.t.* adeiladu dan (rth).
under-builder *n.* is-adeiladwr (~-adeiladwyr) *m.*
under-bush *n. U.S:* = **undergrowth.**
under-butler *n.* isfwtler(-iaid) *m.*
under-buy *v.t.* prynu rhy ychydig (o rth), tanbrynu (rhth); **to ~-buy s.o.,** prynu'n rhatach na rhn.
undercall *v.t.&i. Cards:* = **underbid**[2].
undercapitalization *n. Econ:* diffyg (*m*) cyfalaf, rhy ychydig (*m*) o gyfalaf, tangyfalafu *vn* (*pronounced* ng-g).
undercapitalized *a.* heb gyfalaf digonol, heb ddigon o gyfalaf, tangyfalafog (*pronounced* ng-g).
undercarriage *n.* **1.** *Av:* **[retractable] ~,** offer (*pl*) glanio, isffram(-iau) *f.* **2.** *Aut:* tu isaf *m*, isffram.
undercart *n.* = **undercarriage 1.**
undercharge[1] *n.* taliad(-au) rhy isel *m.*
undercharge[2] *v.t.* **1.** *Com: &c:* **to ~ s.o.,** codi rhy ychydig ar rn. **2.** *(a) El: &c:* **to ~ a battery,** trydanu/gwefru rhy ychydig ar fatri, rhoi trydaniad/gwefr annigonol i fatri, rhoi rhy ychydig o wefr mewn batri; *(b)* **to ~ a gun,** rhoi llwyth annigonol mewn dryll.
undercharged *a. (battery):* heb ddigon o wefr, *F:* rhy wan.
underclad *a.* heb ddigon o ddillad [amdanoch].
underclass *n.* isddosbarth(-iadau) *m.*
underclassman *n. U.S:* = **freshman.**
underclay *n. Geol:* isglai *m.*
under-clerk *n.* is-glerc(-od) *m.*
undercliff *n. Geog:* isglogwyn(-i) *m*, tanglogwyn(-i) *m* (*pronounced* ng-g).
underclothe *v.t.* rhoi rhy ychydig o ddillad (am rn).
underclothed *a.* = **underclad.**
underclothes *n.pl.*, **underclothing** *n.* dillad isaf *pl*, dilladau isaf *pl.*
undercoat[1] *n.* **1.** côt (cotiau) isaf *f.* **2.** *(of animal):* blew isaf *pl*, côt isaf, isflew *pl.* **3.** *(a) (= coat of paint):* côt isaf/gyntaf, haen isaf/gyntaf *f*; *(b) (= kind of paint):* isbaent(-iau) *m.*
undercoat[2] *v.t.* rhoi'r gôt isaf/gyntaf (ar/i rth), isbaentio/isbeintio (rhth).
undercoating *n.* isbaent(-iau) *m.*
undercook *v.t.* coginio rhy ychydig (ar rth).
undercooked *a.* heb goginio digon, heb wn|eud digon, heb ei goginio/wneud ddigon, *S:* heb ddigoni.
undercool *a.* = **supercool.**
undercount[1] *n.* tangyfrif(-on) *m* (*pronounced* ng-g).
undercount[2] *v.t.* tangyfrif (*pronounced* ng-g).
undercover *a.* cudd, cuddiedig, cêl, tan gudd, dan gudd, dan gochl; **~ agent,** cudd-weithredwr (~-weithredwyr) *m.*
undercroft *n.* = **crypt.**
undercurrent *n.* islif(-au,-ogydd) *m*, isgerrynt (isgerhyntau, isgerhyntoedd) *m.*
undercut[1] *n.* **1.** *Cu:* = **fillet. 2.** *Box:* is-ddyrnod(-iau) *f.* **3.** *For:* isdoriad(-au) *m*, tandoriad(-au) *m.*
undercut[2] *v.t.* **1.** *Sculp: For:* tandorri. **2.** *Golf:* slaesio pêl, taro pêl oddi tanodd; *Ten: &c:* tandorri. **3. to ~ s.o.'s wages,** talu cyflogau is na rhn; **to ~ s.o.'s prices,** codi prisiau is na rhn; **to ~ s.o.,** gwerthu'n rhatach na rhn.
undercut[3] *a.* isdoredig, tandoredig; *Geog:* **~ bank,** torlan(-nau, torlennydd) *f*, ceulan(-nau, ceulennydd) *f.*
underdeck *n. N.Arch:* isfwrdd (isfyrddau) *m*, isddec(-iau) *m.*
underdeveloped *a.* **1.** *(most senses):* heb ddatblygu digon, annatblygedig, isddatblygedig. **2.** *(child):* heb ddatblygu digon, ar ei hôl hi, araf ei dwf; **an ~ country,** gwlad araf ei thwf, gwlad heb ddatblygu lawer, gwlad isddatblygedig, gwlad wan ei datblygiad.
underdevelopment *n.* twf araf *m*, datblygiad araf *m*, diffyg (*m*) datblygiad, datblygiad annigonol *m*, isddatblygiad *m.*
underdifferentiation *n. Ling:* tanwahanoliad *m.*
underdog *n.* y gwannaf *m*, y gwan *m*, y truan *m*, dioddefwr (dioddefwyr) *m*, collwr (collwyr) *m*, gorchfygedig(-ion) *m&f*, gorthrymedig(-ion) *m&f*, gormesedig(-ion) *m&f*, rhn (rhai) dan orthrwm, rhn dan ormes.
underdone *a. Cu: (a) (= not cooked enough):* heb ei wn|eud ddigon, heb ei goginio ddigon, *S:* heb ddigoni; *(b) (= not overcooked):* heb ei wneud ormod, heb ei goginio ormod.
underdose[1] *n.* rhy ychydig, dogn rhy wan *m*, dôs rhy wan *fm.*
underdose[2] *v.t.* rhoi rhy ychydig, rhoi dogn/dos rhy wan (i rn).
underdrain[1] *n.* ffos gudd (ffosydd cudd) *f*, ffos gaeëdig (ffosydd caeëdig) *f*, cwter gudd (cwteri/cwterydd cudd) *f.*
underdrain[2] *v.t.* cwteru.
underdrainage *n.* cwterydd cudd *pl*, ffosydd cudd *pl.*
underdraw *v.t.* **1.** *Art:* dylunio/portreadu (rhth) yn annigonol. **2.** *Const:* **to ~ a ceiling,** gorchuddio nenfwd, cau nenfwd.
underdrawers *n.pl. U.S: Cost:* = **pants.**
under-dress *n. Th:* is-wisg(-oedd) *f.*
under-dress[2] *v.t.&i.* gwisgo rhy ychydig [amdanoch].
undereducated *a.* diaddysg, anaddysgedig, heb gael digon/fawr o addysg.
underemphasis *n.* dim digon o bwys/bwyslais, rhy ychydig o bwys/bwyslais (ar rth); tanbwyslais (tanbwysleisiadau) *m.*
underemphasize *v.t.* pwysleisio rhy ychydig (ar rth), tanbwysleisio rhth.
underemphasized *a.* heb ddigon o bwyslais.
underemploy *v.t.* tangyflogi (*pronounced* ng-g).
underemployed *a.* **1.** *(pers.):* heb ddigon o waith, heb waith digonol. **2.** *(resources):* heb ddigon o ddefnyddio arnynt, nas defnyddir/defnyddid/defnyddiwyd ddigon.
underemployment *n.* **1.** *(of pers.):* diffyg (*m*) gwaith, gwaith annigonol *m*, tangyflogaeth *f* (*pronounced* ng-g). **2.** *(of resources):* diffyg (*m*) defnydd (ar rth), tanddefnydd (*m*) (o rth, ar rth).
underestimate[1] *n.* amcangyfrif(-on) (*pronounced* ng-g) rhy isel *m.*
underestimate[2] *v.t. (a)* amcangyfrif (*pronounced* ng-g) (rhth) yn rhy isel, rhoi amcan/amcangyfrif rhy isel o rth; *Artil:* **to ~ the range,** anelu'n fyr, anelu'n rhy fyr; *(b) (= underrate):* tanbrisio (rhth), prisio (rhth) yn rhy isel, peidio â sylweddoli maint/gwerth *&c* (rhth), synied/meddwl yn rhy fach/isel am rth, bychanu rhth; **to ~ difficulties,** bychanu anawsterau; **to ~ s.o.'s ability,** synied yn rhy isel am allu rhn.
underestimated *a. (height):* rhy isel; *(distance):* rhy fyr; *(size):* rhy fach, rhy fychan; *(depth):* rhy fas.
underestimation *n.* amcangyfrif(-on) (*pronounced* ng-g) rhy isel *m*, *occ:* tanbrisiad(-au) *m.*
underexploit *v.t. (resources &c):* peidio â manteisio digon (ar rth), tanecsbloetio (rhth); **this is unexploited,** ni fanteisir digon ar hyn.
underexpose *v.t. Phot:* tanddinoethi (rhth), dinoethi (rhth) yn annigonol.
underexposed *a. Phot:* wedi'i danddinoethi, tanddinoethedig, heb ei ddinoethi ddigon, heb gael digon o olau, rhy dywyll.
underexposure *n. Phot:* tanddinoethiad(-au) *m*, dinoethiad(-au) annigonol *m*, diffyg (*m*) goleuni.
underface *n. Metalw:* tanwyneb(-au) *m.*
underfed *a.* heb gael digon o fwyd, llwglyd, newynog, ar eich cythlwng.
underfeed *v.t.* **1.** rhoi rhy ychydig o fwyd (i rn), llwgu (rhn). **2.** *(boiler &c):* porthi (rhth) oddi tanodd.
underfeeding *vn.* **1.** = **underfeed. 2.** *(of boiler):* porthiant (*m*) oddi tanodd, porthi (*vn*) oddi tanodd.
underfelt *n. Furn:* isffelt *m.*
underfinanced *a.* heb gyllid digonol, heb arian digonol, heb ddigon o gyllid/arian; **the project is ~,** ni neilltuwyd/roddwyd digon o arian i'r cynllun *or* ar gyfer y cynllun.
underfire *n. Metalw:* tân (*m*) ffwrn-danio.
underfloor *a.* tan y llawr, dan y llawr, tanlawr.
underflow *n.* islif(-au) *m*, tanlif(-au) *m.*
underfoot *adv.* dan draed.
underfunction *v.i.* **the organ was underfunctioning,** nid oedd yr organ yn gweithio'n iawn; nid oedd yr organ yn gweithio'n ddigon cryf.
underfund *v.t.* rhoi rhy ychydig o arian (at rth, ar gyfer rhth); *F:* llwgu (rhth) [o arian].
underfunded *a.* = **underfinanced.**
underfur *n.* blew isaf *pl*, isflew *pl.*
under-gardener *n.* isarddwr (isarddwyr) *m.*
undergarment *n.* dilledyn (dillad) isaf *m*, isddilledyn (isddillad) *m.*
undergird *v.t. (a)* **to ~ a load &c,** tordresu llwyth *&c*; *(b) Fig: (= strengthen, support):* cryfh|au, atgyfnerthu, cynnal, ategu.
underglaze *a. & n.* **1.** *a.* dan wydredd. **2.** *n.* lliw(-iau) (*m*) dan wydredd.
undergo *v.t.* **1.** mynd (trwy rth); *(ordeal &c):* dioddef; **to ~ change,** newid; **she underwent change,** daeth newid i'w rhan; daeth newid drosti; fe newidiodd; **the ship is undergoing**

repairs, mae'r llong yn cael ei hatgyweirio/thrwsio; **to ~ a test/trial,** cael prawf, cael eich profi; **to ~ examination,** *(i) (medical &c):* cael archwiliad, cael eich archwilio, *F:* mynd o flaen doctor; *(ii) Sch:* sefyll arholiad; *Med:* **to ~ an operation,** cael llawdriniaeth, *F:* mynd dan y gyllell; **to ~ treatment,** cael triniaeth, mynd dan driniaeth. **2.** *(= suffer):* dioddef; **to ~ disappointment,** cael siom, cael eich siomi; **she has undergone much suffering,** mae hi wedi dioddef llawer; mae hi wedi cael profedigaethau; *F:* mae hi wedi mynd trwy bethau mawr.
undergraduate *n. & a.* **1.** *n. F: abbr.* **undergrad,** myfyriwr (myfyrwyr) *m* [heb radd], myfyriwr israddedig, myfyriwr di-radd, myf|yrwraig (myfyrwragedd) *(f)* heb radd, myfyrwraig israddedig, myfyrwraig ddi-radd (myfyrwragedd di-radd); *pl.* **undergraduates,** israddedigion; *(loosely):* myfyrwyr; **in my ~ days,** pan oeddwn i'n fyfyriwr, pan oeddwn i yn y coleg, cyn i mi raddio [am y tro cyntaf], yn ystod fy nyddiau coleg; **~ life,** bywyd *(m)* myfyriwr/myfyrwyr. **2.** *a.* di-radd, heb radd, heb raddio, israddedig, anraddedig.
undergraduette *n.f. Joc:* myf|yrwraig (myfyrwragedd).
underground *adv., a. & n.* **1.** *adv.* *(a)* dan ddaear, tan y ddaear; **to work ~,** gweithio dan [y] ddaear; **to rise from ~,** codi o'r ddaear, codi oddi tan y ddaear; *(b) (= clandestinely):* yn ddirgel, yn y dirgel, ynghudd, yn danddaearol; *F:* **to go ~,** mynd o'r golwg. **2.** *a.* *(a)* tanddaearol, dan [y] ddaear; **~ railway,** rheilffordd danddaear[ol] (rheilffyrdd tanddaear[ol]) *f;* *(b) (= clandestine):* dirgel, tanddaearol, cudd; **~ fighter,** gwrthsafwr (gwrthsafwyr) *m,* gwrths|afwraig *f,* gwrthryfelwr (gwrthryfelwyr) *m,* gwrthryf|elwraig *f.* **3.** *n.* *(a) Rail:* rheilffordd danddaearol (rheilffyrdd tanddaearol) *f;* *(b) Pol: (in occupied country &c):* gwrthsafiad *m,* byddin gudd (byddinoedd cudd) *f.*
undergrounder *n. Pol:* gwrthsafwr (gwrthsafwyr) *m,* gwrths|afwraig *f.*
undergrown *a.* **1.** *(child &c):* eiddil, nychlyd, crablyd, bychan (*f.* bechan, *pl.* bychain) o'ch oed, heb dyfu['n iawn]; **an ~ child,** plentyn bychan o'i oed. **2.** *(= covered with undergrowth):* prysglwynog, llawn prysglwyn.
undergrowth *n. For:* prysgwydd *pl,* isdyfiant *m.*
underhand *adv. & a.* **1.** *adv.* *(a) Ten: Cr: &c:* dan ysgwydd; *(b) A: or Lit:* = **underhandedly**. **2.** *a.* *(a) Ten: &c:* dan ysgwydd; *(b) (= not above board):* llechwraidd, llechgïaidd, dichellgar, twyllodrus, dichellddrwg, ystumddrwg, *V:* dan din.
underhanded *a.* **1.** = **underhand 2.** *(b).* **2.** *Ind: esp. U.S: (= with too few workers):* prin o weithwyr/ddwylo, heb ddigon o weithwyr/ddwylo.
underhandedly *adv.* yn llechwraidd *&c, V:* dan din.
underhandedness *n.* dichell *f,* dichellwaith *m,* dichellgarwch *m, V:* ymddygiad dan-din *m,* dan-dinrwydd *m.*
underhanging *a.* isgrogol, sy'n crogi/hongian dan rth.
underhung *a. (jaw):* genhir, gên gam.
underinflated *a.* heb ddigon o aer/wynt, tanchwyddedig.
underinflation *n.* tanchwyddiant *m.*
underinsured *a.* heb yswiriant digonol, heb ddigon o yswiriant, tanyswiriedig.
underived *a.* anneilliedig, sylfaenol.
under-jaw *n.* gên (genau) isaf *f.*
under-king *n.* is-frenin (~-frenhinoedd) *m.*
underlaid *a.* â rhth oddi tano; **a carpet ~ with felt,** carped â ffelt oddi tano.
underlap *v.t.* tanlapio.
underlay[1] *n.* **1.** *Typ:* papur isaf *m.* **2.** *Furn:* isgarped(-i) *m.*
underlay[2] *v.t.* **to ~ sth with sth,** rhoi/gosod/dodi rhth dan rth.
underlayer *n.* is-haen(-au) *f,* haen(-au) isaf *f.*
underlayment *n.* = **underlay**[1].
underlease *n. & v.t.* = **sublease**[1,2].
underlet *v.t.* **1.** = **sublet**[2]. **2.** *(= let too cheaply):* gosod (rhth) yn rhy rad.
underlie *v.t.* **1.** bod/gorwedd dan rth. **2.** *Fig:* **the reasons underlying the crisis,** y rhesymau wrth fôn/wr|aidd yr argyfwng.
underline[1] *n.* **1.** *Typ:* *(a) (under word &c):* tanlinell(-au) *f;* *(b) (key):* tanlinellwr (tanlinellwyr) *m.* **2.** *(= caption):* isbennawd (isbenawdau) *m,* is-deitl(-au) *m.* **3.** *(of animal's body):* torlinell(-au) *f,* torlin(-au) *f.*
underline[2] *v.t.* tanlinellu.
underlinen *n.* dillad isaf *pl,* dilladau isaf *pl.*
underling *n.* gwas (gweision) bach *m.*
underlining *vn.* tanlinelliad(-au) *m,* tanlinellu.
underlip *n.* gwefus(-au) isaf *f.*
underlying *a.* **1.** dan (rth), tan (rth), *occ:* isod, gwaelod, gwaelodol; *Geog:* gwaelodol, tanfodol; **the ~ rock,** y graig waelod, y graig isod; **~ bedrock,** creigwely(-au) gwaelodol *m.* **2.** *(i) (= fundamental):* sylfaenol, gwaelodol, yn y bôn; wrth wr|aidd (rhth); **the ~ causes of an event,** achosion sylfaenol/gwaelodol digwyddiad; *(ii) (= hidden):* cudd, cuddiedig. **3.** *Jur: &c. (mortgage &c):* blaenorol.
undermanager *n.* isreolwr (isreolwyr) *m.*
undermanageress *n.f.* isre|olwraig (isreolwragedd).
undermanned *a.* **1.** *Ind:* prin o weithwyr, heb ddigon o weithwyr; *S.a.* **underhanded 2.** **2.** *Mil: Nav:* prin o griw, heb ddigon o griw.
undermentioned *a.* [a enwir/grybwyllir] isod; **the ~ persons,** y rhai a enwir isod.
undermine *v.t.* tanseilio, *occ:* tangloddio *(pronounced* ng-g); **to ~ s.o.'s health,** andwyo/difetha iechyd rhn.
undermined *a.* tanseiliedig.
underminer *a.* tanseiliwr (tanseilwyr) *m.*
undermost *a.* isaf, isaf un, isaf oll, gwaelod.
undernamed *a.* a enwir isod.
underneath *prep., adv., n. & a.* **1.** *prep.* tan + *soft mut.,* dan + *soft mut.,* o dan + *soft mut.,* oddi tan + *soft mut.;* **he pushed the letter ~ the door,** gwthiodd y llythyr dan y drws. **2.** *adv.* oddi tanodd, danodd, tanodd; **he picked up the book and found the ticket ~,** fe gododd y llyfr a chael y tocyn oddi tano; **there was nothing at all ~,** 'doedd dim byd oddi tanodd. **3.** *n.* gwaelod(-ion) *m,* tu isaf *m.* **4.** *a.* isaf, gwaelod.
undernote *v.t.* nodi (rhth) isod.
undernoted *a.* a nodir isod.
undernourish *v.t.* llwgu, hanner llwgu, lledlwgu, tanfaethu, *N.W: occ:* nych-fagu.
undernourished *a.* tanfaethedig, heb gael digon o faeth, â diffyg maeth, wedi hanner eich llwgu, *N: F:* wedi'ch nych-fagu.
undernourishment, undernutrition *n.* diffyg *(m)* maeth.
underofficer[1] *n. Mil:* is-swyddog(-ion) *m.*
underofficer[2] *v.t.* **the army is underofficered,** mae'r fyddin heb ddigon o swyddogion.
underogatory *a.* annifrïol, disarhad.
underpaid *a.* **1.** *(worker):* heb gyflog/dâl digonol, ar gyflog gwael; **~ worker,** gweithiwr [rhy] isel ei gyflog. **2.** *(parcel &c):* heb ddigon o stampiau.
underpainting *vn.* paentiad/peintiad isaf *m.*
underpants *n. Cost: N:* trôns (tronsiau) *m, S:* drafers: drofers: trafers(-i) *m, Lit:* llodrau isaf *pl.*
underpart[1] *n.* **1.** *(of animal &c):* rhan(-nau) isaf *f,* tor(-rau) *f.* **2.** *Th: &c:* rhan fechan (rhannau bychain) *f,* is-ran(-nau) *f.*
underpart[2] *v.t. Th:* isel bartio; **he was underparted in this play,** hen ran wael a gafodd yn y ddrama hon; **she felt that she was always underparted,** teimlai nad oedd hi byth yn cael rhannau teilwng ohoni.
underpass *n. Civ.E:* tanffordd (tanffyrdd) *f,* isdramwyfa (isdramwyf|eydd) *f.*
underpay *v.t.* **1. to ~ s.o.,** talu rhy ychydig i rn. **2. to ~ a tax,** talu rhy ychydig o dreth, talu treth rhy fechan.
underpayment *n.* tandaliad(-au) *m,* rhy ychydig *(m)* o dâl, tâl rhy fychan.
underpin *v.t.* **1.** *Const:* ategu, cynnal, tanategu. **2.** *(= substantiate):* bod yn sail/gynhaliaeth (i rth); bod wrth wr|aidd (rhth).
underpinning *n.* **1.** *Const: Civ.E:* ategion *pl,* ategwaith *m,* tanategion *pl,* tanategwaith *m.* **2.** *Fig: (= basis, support):* sail (seiliau) *f,* sylfaen (sylfeini) *f,* ateg(-ion) *f,* cynhaliaeth *f.* **3.** *U.S: F: usu.pl.* = **underwear, legs.**
underpitch vault *n. Arch:* cromen(-ni) *(f)* isgodiad, fowt(-iau) *(f)* isgodiad.
underplay *v.t.&i.* I. *v.t.* **1.** *Cards:* chwarae cerdyn is (na rhth); **to ~ one's hand,** cuddio'ch cardiau gorau. **2.** *(= play down):* bychanu. **3.** *Th:* **to ~ a part,** actio rhan yn rhy gynnil, tanactio. II. *v.i.* *(= underact):* actio'n rhy gynnil, tanactio.
underplot *n.* is-blot(-iau) *m.*

underpopulated *a.* tenau ei boblogaeth, prin o bobl/boblogaeth, â rhy ychydig o bobl/boblogaeth, tanboblog.
underpowered *a.* heb ddigon o nerth/bŵer, rhy wan, heb fod yn ddigon cryf.
underpraise *v.t.* canmol rhy ychydig (ar rth).
underprepared *a.* heb barat|oi digon, heb baratoi'n ddigonol, heb fod yn ddigon parod.
underprice *v.t.* prisio (rhth) yn rhy isel, rhoi pris rhy isel (ar rth).
underprivileged *a.* llai breintiedig, difreintiedig, anfreintiedig, difreintiau; *(euphemism for* **poor***)*: tlawd (tlodion), anghenog, anghenus; **the ~,** y tlodion (*pl*); **~ areas of a city,** ardaloedd tlodion dinas.
underprize *v.t.* prisio rhy ychydig (ar rth), gweld rhy ychydig o werth (yn rhth).
underproduction *n.* *Ind:* cynhyrchu (*vn*) annigonol, cynhyrchu rhy ychydig, cynnyrch annigonol *m.*
underproductive *a.* *Ind:* llai cynhyrchiol, heb fod yn ddigon cynhyrchiol, tangynhyrchiol (*pronounced* ng-g).
under-proof *a.* is na'r safon, dan y safon.
underprop *v.t.* ategu, cynnal, tanategu.
underpublicized *a.* heb gael digon o gyhoeddusrwydd, heb gael digon o sylw, rhy anhysbys, rhy ddisylw.
underqualified *a.* rhy anghymwys, heb ddigon o gymwysterau.
underquote *v.t.* **1.** *(pers.)*: nodi pris is (na rhn). **2.** *(goods &c)*: nodi pris is (am rth) (na rhn arall).
under-rate *v.t.* bychanu, tanbrisio; *S.a.* underestimate.
under-rated *a.* heb ei iawn-brisio, nas gwerthfawrogir/gwerthfawrogid/gwerthfawrogwyd ddigon, heb gael ei brisio/werthfawrogi ddigon, na chaiff/châi/chafodd ei haeddiant.
under-react *v.i.* adweithio'n annigonol, tanadweithio.
under-reaction *n.* adwaith annigonol *m*, tanadwaith *m*, *F:* claearwch *m*, diffyg (*m*) adwaith.
under-reckon *v.t.* amcangyfrif (*pronounced* ng-g) rhy ychydig (o rth), tanamcangyfrif (rhth).
under-rehearse *v.t.* ymarfer rhy ychydig (ar rth), tanymarfer (rhth).
under-rehearsed *a.* heb ei ymarfer ddigon, heb gael digon o ymarfer.
under-report *v.t.* dweud rhy ychydig (am rth).
under-represent *v.t.* cynrychioli (rhn, rhth) yn annigonol, tangynrychioli (rhn, rhth) (*pronounced* ng-g).
under-represented *a.* heb gynrychiolaeth ddigonol, heb ddigon o gynrychiolaeth, heb ei gynrychioli'n iawn.
under-representation *n.* cynrychiolaeth annigonol *f*, tangynrychiolaeth (*pronounced* ng-g).
under-resourced *a.* heb ddigon o adnoddau, heb adnoddau digonol, prin ei adnoddau.
under-ripe *a.* anaeddfed.
under-roast *v.t.* rhostio rhy ychydig (ar rth).
under-robe *n.* iswisg(-oedd) *f.*
under-run *n.* & *v.t.* **1.** *n.* *(a)* = **undercurrent**; *(b)* *(of timber &c)*: diffyg *m*, rhy ychydig *m.* **2.** *v.t.* mynd dan (rth).
undersaturated *a.* *Ph: Ch: El:* tandrwythedig, tanddirlawn.
underscore[1] *n.* **1.** = **underline[1]**; . **2.** *Mus: Cin:* cerddoriaeth achlysurol *f*, isgerddoriaeth *f.*
underscore[2] *v.t.* **1.** = **underline[2]**. **2.** *Mus: Cin:* ysgrifennu isgerddoriaeth (ar gyfer rhth).
undersea[1] *a.* tan y môr, tanfor.
undersea[2], underseas *adv.* dan y môr; *Poet:* dan y don.
underseal[1] *n.* tan-sêl (~-seliau) *f.*
underseal[2] *v.t.* tanselio.
undersell *v.t.* **1.** *(pers.)*: gwerthu rhth yn rhatach (na rhn). **2.** *(goods)*: *(for less than worth)*: gwerthu (rhth) am lai na'i werth, gwerthu (rhth) yn rhy rad, rhadwerthu (rhth); **"never knowingly undersold"**, "chewch chi neb rhatach".
under-secretariat *n.* is-ysgrifenyddiaeth(-au) *f.*
under-secretary *n.* is-ysgrifennydd (~-ysgrifenyddion) *m*, is-ysgrifenyddes(-au) *f.*
under-secretaryship *n.* swydd (*f*) is-ysgrifennydd (swyddi is-ysgrifenyddion); *S.a.* **undersecretariat**.
underseller *n.* gwerthwr (gwerthwyr) rhad *m*, rhadwerthwr (rhadwerthwyr) *m.*
undersense *n.* ymwybod mewnol *m.*
under-servant *n.* iswas (isweision) *m*, gwas (gweision) is *m*, gwas bach.
underserved *a.* heb wasanaeth digonol, na wasanaethir yn ddigonol, na wasanaethir yn ddigon da.
underset[1] *n.* **1.** *Nau:* = **undercurrent**. **2.** *Min:* is-haen(-au) *f*, iswythïen (iswythïennau) *f.*
underset[2] *v.t.* ategu (rhth), rhoi/dodi/gosod (rhth) dan rth.
undersexed *a.* anchwantus, di-chwant.
undersheet *n.* isgynfas(-au) *f.*
under-sheriff *n.* is-siryf(-on) *m.*
undershirt *n.* *Cost:* *U.S:* = **vest.**
undershoot[1] *n.* *Av:* glaniad(-au) rhy fyr *m.*
undershoot[2] *v.t.&i.* **1.** *Av:* glanio'n rhy fyr (o rth). **2.** *(of gun &c)*: saethu'n fyr.
undershorts *n.* *U.S:* = **underpants.**
undershot *a.* **1.** *(waterwheel)*: â dŵr tan y rhod. **2.** = **underhung.**
undershrub *n.* = **subshrub.**
undershrubby *a.* = **subshrubby**.
underside *n.* **1.** tu isaf *m*, ochr(-au) isaf *f*, wyneb(-au) isaf *m*. **2.** *(of animal)*: tor(-rau) *f*, tu isaf, ochr isaf.
undersign *v.t.* tanysgrifio, llofnodi.
undersigned *a.* *Jur:* tanysgrifiedig, islofnodedig; **I the ~...,** yr wyf i sydd wedi arwyddo isod...; yr wyf i sydd wedi torri f'enw isod...; **the ~ declare,** mae'r rhai a dorrodd eu henwau isod yn datgan...; mae'r rhai sydd wedi arwyddo isod yn datgan...; *Jur:* **the ~ J.P.,** yr Y.H. sydd â'i enw isod, yr islofnodedig Y.H.
undersize, undersized *a.* bychan (*f.* bechan, *pl.* bychain), corachaidd, nychlyd, crablyd, rhy fychan *&c*, llai na'r arfer, llai na'r arferol.
underskirt *n.* *Cost:* pais (peisiau) *f*, sgert(-iau,-i) isaf *f.*
undersleeve *n.* *Cost:* llawes (llewys) isaf *f.*
underslung *a.* *Aut:* crog, ynghrog, dan yr echel, is na'r echel.
undersoil *n.* isbridd(-oedd) *m.*
undersold *a.* *See* **undersell.**
undersow *v.t.&i.* hau (rhth) dan gnwd.
undersparred *a.* *Nau:* heb ddigon o rigin.
underspend *v.t.* gwario rhy ychydig, tanwario (ar rth).
underspending *vn.* tanwario.
underspent *a.* heb wario digon.
underspin *n.* = **backspin.**
understaffed *a.* prin o weithwyr/staff, heb ddigon o weithwyr/staff.
understand *v.t.&i.* I. *v.t.* **1.** *(a)* deall, *N: F:* dallt, dyall, *N.E:* deallt, *S.W:* dyall; **I don't ~ French,** nid wyf yn deall Ffrangeg; **I couldn't make myself understood by them,** ni allwn i gyfl|eu fy meddwl iddynt; ni allwn i wn|eud iddynt fy neall; ni allwn i gael ganddynt fy neall; **she can make herself understood in German,** mae hi'n medru rhywfaint/ychydig/tipyn o Almaeneg; mae ganddi grap gweddol ar yr Almaeneg; mae hi'n medru [siarad] Almaeneg yn weddol; **to ~ horses,** deall ceffylau, bod yn gyfarwydd â cheffylau, adnabod ceffylau; **to ~ driving a car,** deall sut mae gyrru car, bod yn gyfarwydd â gyrru car; **he understands his business,** fe ŵyr ei bethau; mae'n ei deall hi i'r dim; **this sentence can be understood in several ways,** mae sawl ystyr [bosibl] i'r frawddeg hon; gellir deall y frawddeg hon mewn sawl ffordd; **nobody understands me,** 'does neb yn fy neall i; *(b)* *(= comprehend, perceive)*: *(often with stated or implied neg.)*: deall, dirnad, amgyffred, gweld; **I quite ~,** 'rwy'n deall yn iawn; mi welaf; **I am at a loss to ~ it; I just can't ~ it,** alla' i ddim deall/dirnad y peth; **I can't ~ (why she went),** fedra' i ddim deall/dirnad, wela' i ddim (paham yr aeth hi); **I can ~ your being angry,** gallaf ddeall/weld pam yr ydych chi'n ddig; **is that understood?** wyt ti'n deall? ydych chi'n deall? *(c)* **I understood that I was to be paid for my work,** cefais ar ddeall y cawn dâl am fy ngwaith; **it is understood that...,** cafwyd ar ddeall...; deëllir bod...; **it is understood that children must be kept quiet,** mae'n amod y rhoir taw ar blant; **she is understood to be abroad,** deëllir ei bod hi dros y môr; **to give s.o. to ~ that...,** rhoi ar ddeall i rn fod..., hysbysu rhn fod...; *S: occ:* dodi rhn i ddeall bod...; **I have made it understood that...,** dealler/deëllwch fod *&c*...; **am I to ~ that...?** a wyf yn gywir yn meddwl bod...? a ydych yn meddwl dweud bod...? **now ~ me, I am determined...,** deëllwch chi, 'rwyf yn benderfynol.... **2.** *v.t.* *Gram:* **to ~ a word,** *(= supply mentally though not expressed)*: deall gair. **3.** *v.i.* deall, gweld; **now I ~!** 'nawr 'rwy'n deall, 'rwy'n gweld! mi wela' i! **(she left yesterday) I ~,** (fe ymadawodd hi ddoe) yn ôl a ddeallaf i, yn ôl yr hyn 'rwy'n ei ddeall/gasglu.

understandability *n.* eglurder *m*, symlrwydd *m*, natur ddealladwy *f*; **full marks for ~,** marciau llawn am fod yn ddealladwy.
understandable *a.* dealladwy, eglur, clir, syml, naturiol; *(motive &c):* rhesymol, dealladwy.
understandableness *n.* = **understandability.**
understandably *adv.* **1.** yn naturiol, yn ddealladwy. **2.** wrth reswm, fel y gallem ei ddisgwyl, a hawdd deall pam; **he was ~ pleased,** 'roedd yn bles iawn fel y gellid deall.
understanding *n. & a.* **1.** *n. (a)* deall *m*, dealltwriaeth *f*, dirnad *m*, dirnadaeth *f*, crebwyll *m*, amgyffred *m*, amgyffrediad *m*; *(= intelligence):* deallusrwydd *m*; **to have reached the age of ~,** cyrraedd oedran rhesymu; **a person of good ~,** rhn deallus; **it's beyond ~,** mae'n amhosibl ei ddeall/ddirnad/amgyffred; mae y tu hwnt i'r deall; **lacking in ~,** diddeall, anneallus, heb [fawr o] ddealltwriaeth; **according to my ~ of it,** yn ôl fel yr wyf i'n ei deall hi, yn ôl fel y gwelaf i'r peth; *(b) (= agreement):* dealltwriaeth, cyd-ddealltwriaeth *f*; **spirit of ~,** ysbryd *(m)* cytgord, ysbryd cyfeillgarwch; *Pol:* **[international] ~,** cyd-ddealltwriaeth [y gwledydd]; **we have an ~,** 'rydym yn deall ein gilydd i'r dim; **to come to an ~, to reach an ~, to arrive at an ~ (with s.o.),** dod i ddealltwriaeth, cytuno, dod i delerau, gwn|eud cytundeb, gwneud trefniant (â rhn); *(c) (= condition):* amod(-au) *mf*; **on the ~ that...,** ar yr amod bod *&c*...; **on the firm ~ that...,** yn unig ar yr amod bod..., ar yr amod benodol/glir bod.... **2.** *a.* deallgar, amyneddgar, cydymdeimladol, goddefgar, sy'n deall, sy'n cydymdeimlo, llawn cydymdeimlad, caredig; **an ~ smile,** *(= kind):* gwên ddeallgar/gydymdeimladol/garedig.
understandingly *adv.* yn ddeallgar *&c.*
understate *v.t.* **to ~ sth,** dweud rhy ychydig am rth, dweud yn gynnil am rth, dweud fod rhth yn llai nag ydyw, tanddatgan/tanosod rhth.
understated *a.* cynnil, rhy gynnil, gorgynnil, heb ddigon o bwyslais, dibwyslais; *(facts):* heb eu llwyr/iawn fynegi, tanddatganedig, tanosodedig.
understatedly *adv.* yn gynnil, heb bwyslais.
understatement *n.* dweud *(vn)* rhy ychydig, dweud cynnil, tanosodiad(- au) *m*, tanddatganiad(-au) *m* (am rth); *(= litotes):* lleihad *m*; **that's an ~!** a dweud y lleiaf! dyna hanner y stori! **that's an ~ of the facts,** dyna ddweud llai na'r gwirionedd; **the ~ of the century,** dweud mwyaf cynnil y ganrif, tanosodiad y ganrif.
understeer[1] *n.* tro(-oeon) llac *m.*
understeer[2] *v.i.* troi rhy ychydig, troi'n llac, llywio'n llac, tanlywio.
under-steward *n.* is-stiward(-iaid) *m*, *F.* stiward(-iaid) bach *m.*
under-stitching *vn.* tanbwytho.
under-stratum *n.* = **substratum.**
understock *v.t.* cyflenwi rhy ychydig [o stoc]; **we are understocked,** nid oes gennym ddigon o stoc.
understood *a. Gram: &c:* dealledig; *F:* **that's ~ then,** dyna ni'n deall ein gilydd, **badly ~, ill-~,** annealledig, nas deellir/deellid/deallwyd yn iawn; **well-~,** *(message &c):* eglur, a ddeëllir *&c* i'r dim; *(process, technique &c):* a ddeëllir *&c* i'r dim, a feistrolwyd yn llwyr.
understory *n. For:* = **undergrowth.**
understrapper *n.* gwas (gweision) *m*, iswas (isweision) *m*, gwas bach *m*, *occ:* isafiad (isafiaid) *m.*
understratum *n. Geol:* = **substratum.**
understrength *a.* diffygiol, gwan; *(= understaffed):* prin o staff, prin o weithwyr.
understudy[1] *n. Th:* dirprwy actor(-ion) *m*, dirprwy actores(-au) *f*, dirprwy(-on) *m.*
understudy[2] *v.t.&i. Th:* dirprwyo (ar gyfer rhan, dros actor).
undersubscribed *a. Fin: &c:* heb ddigon o brynwyr, heb ei werthu'n llwyr, heb ei brynu i gyd.
undersupply *n.* diffyg(-ion) *m*, prinder(-au) *m*, cyflenwad(-au) annigonol *m.*
under-surface *n. & a.* **1.** *n.* = **underside 1. 2.** *a.* tan yr wyneb, tanwyneb; *(= underwater):* tan y dŵr, tanddwr.
undertake *v.t.* **1. to ~ a journey,** mynd ar daith. **2.** *(a)* **to ~ a task,** ymgymryd â thasg, ymr|oi i dasg; **he has undertaken to do this work,** mae wrthi'n gwneud y gwaith hwn; **to ~ a responsibility,** ymgymryd â chyfrifoldeb, derbyn/ysgwyddo cyfrifoldeb; *(b)* **to ~ to do sth,** ymgymryd â gwneud rhth, ymrwymo i wneud rhth, addo gwneud rhth; *(c)* **to ~ that...,** addo/sicrh|au y bydd *&c*....
undertaker *n.* **1.** *Hist: (and in general senses):* ymgymerwr (ymgymerwyr) *m.* **2.** *(of funerals):* trefnydd(-ion) *(m)* angladdau, trefnwr (trefnwyr) *(m)* angladdau, *F:* saer (seiri) *(m)* eirch, *S: occ: F:* coffinwr (coffinwyr) *m.*
undertaking *vn. & n.* **1.** *vn. (a) (in general senses):* ymgymeriad(-au) *m*, ymgymryd (â rhth); *(b) (of funerals):* trefnu angladdau. **2.** *n. (= enterprise):* menter (mentrau) *f*, camp(-au) *f*; **it's quite an ~,** mae'n gryn fenter; mae'n gryn gamp. **3.** *(= promise):* addewid(-ion) *mf*, ymrwymiad(-au) *m*; **he gave an ~ to do it; he gave an ~ that he would do it;** addawodd ei wneud, ymgymerodd â'i wneud; **to give a solemn ~,** addo'n ddifrifol, rhoi'ch gair, ymrwymo.**~-tenancy** *n.* is-denantiaeth(-au) *f.***~-tenant** *n.* is-denant(-iaid) *m&f.*
underthings *n.pl.* = **underclothes.**
underthrust[1] *n. Geol:* isymwthiad(-au) *m.*
underthrust[2] *v.t. Geol:* isymwthio (dan greigiau eraill).
undertint *n. Art:* isarlliw(-iau) *m*, iswawr(-oedd) *f.*
undertone *n.* **1.** *(sound):* islais *m*; **(to speak) in an ~,** (siarad) mewn islais, dan eich anadl, dan eich gwynt. **2.** *Fig: (a)* **an ~ of discontent,** islais/awgrym *(m)* o anfodlonrwydd, anfodlonrwydd cudd, anfodlonrwydd dan yr wyneb; *(b) (colour):* isliw(-iau) *m*, arlliw(-iau) *m*, gwawr(-oedd) *f*; **grey with blue undertones,** llwyd ag arlliw/awgrym/gwawr/naws *(f)* o las oddi tano.
undertow *n. Nau:* sugn *m* *(usu. pronounced* sigin).
undertrick *n. Cards:* tric byr (triciau byrion) *m.*
underuse *v.t.* = **underutilize.**
underused *a.* nas defnyddir/defnyddid/defnyddiwyd ddigon, anarferedig, heb ddigon o ddefnydd arno, heb ei ddefnyddio ddigon; **this is greatly ~,** ni ddefnyddir digon ar hyn.
underutilization *n.* defnydd annigonol *m* (ar/o rth).
underutilize *v.t.* defnyddio rhy ychydig (ar rth), peidio â defnyddio digon (ar rth), gwneud defnydd annigonol (ar/o rth), tanddefnyddio (rhth).
underutilized *n.* = **underused.**
undervaluation *n.* tanbrisiad(-au) *m*, iselbrisiad(-au) *m*, amcangyfrif(-on) *(pronounced* ng- g) rhy isel *(m)* o werth rhth, gwerthfawrogiad annigonol *m* (o rth), pris annigonol *(m)* (ar rth); *vn.* = **undervalue.**
undervalue *v.t.* **to ~ sth,** tanbrisio rhth, isclbrisio rhth, amcangyfrif *(pronounced* ng-g) gwerth rhth yn rhy isel, gosod gwerth rhy isel (ar rth), peidio â gwerthfawrogi rhth yn iawn, peidio â rhoi digon o bwys ar rth.
undervalued *a.* **this plan is ~,** ni roir digon o bwys ar y cynllun hwn; ni roir y pwys priodol ar y cynllun hwn.
undervest *n.* = **vest**[1] **2** *(a).*
underwater *a. & adv.* **1.** *a.* tan y dŵr, tanddwr. **2.** *adv.* danddwr, dan y dŵr.
underway *a.* wrth fynd, wrth deithio.
underwear *n.* dillad isaf *pl*, dilladau isaf *pl*, **an item of ~,** dilledyn isaf *m.*
underweight *n. & a.* **1.** *n.* pwysau *(m or pl)* annigonol, pwysau rhy isel. **2.** *a.* rhy ysgafn, tan bwysau, llai na'r pwysau iawn, o bwysau annigonol, nad yw'n pwyso digon, sy'n pwyso rhy ychydig, heb fod yn pwyso digon, rhy fyr o bwysau; *(pers.):* **she's ~,** nid yw hi'n pwyso digon; mae hi dan ei phwysau; mae hi dan y pwysau iawn.
underwent *v. See* **undergo.**
underwhelm *v.t. Joc:* **I was underwhelmed by it,** 'roeddwn yn llai na bodlon arno; **we were underwhelmed by the response,** 'roedd yr ymateb yn llai na syfrdanol inni; 'roedd yr ymateb ymhell o'n llethu.
underwing *n. & a.* **1.** *n. Ent: (a) (= hind wing):* adain (adenydd) ôl *f*; *(b)* **~ [moth],** *(Catocala):* isadain (isadenydd) *f*; **yellow ~ [moth],** isadain felen (isadenydd melyn). **2.** *a.* tan yr adain.
underwood *n.* = **undergrowth.**
underwool *n.* bonflew *pl.*
underworld *n.* **1.** *Myth:* isfyd(-oedd) *m*; *W.Myth:* Annwfn: Annwn *m.* **2.** *(= criminal society):* byd *(m)* lladron, *occ:* yr isfyd.
underwrap *n. Needlew:* islap(-iau) *m.*
underwrite *v.t.&i.* **1.** *v.t. Fin: &c: (stock, loan &c):* gwarantu; *(b) (= insure):* yswirio; *(c) (= to write below):* ysgrifennu rhth

isod, llofnodi isod; **the underwritten names,** yr enwau [a ygrifennwyd] isod. **2.** *v.i.* yswirio llongau.
underwriter *n.* **1.** *Fin:* gwarantwr (gwarantwyr) *m*, gwarantydd(-ion) *m*, tanysgrifennwr (tanysgrifenwyr) *m*, tansgrifennwr (tansgrifenwyr) *m*; **the underwriters,** y gwarantwyr. **2.** *Ins:* **marine ~,** yswiriwr (yswirwyr) (*m*) llongau.
underwriting *n.* **1.** *Fin:* gwarant(-au) *f*, gwarantiad(-au) *m*, gwarantu *vn*, tansgrifeniad(-au) *m*. **2.** *Ins: (a) (of risk &c):* yswiriad(-au) *m*, yswiriant (yswiriannau) *m*, yswirio *vn*; *(b) (business):* yswiriant, yswirio.
underwritten *a.* **1.** *Fin:* gwarantedig, dan warant, sicr, tanysgrifenedig. **2.** *Ins:* yswiriedig.
undescended *a.* heb ddod i lawr, heb ddisgyn; *Med:* **~ testis,** caill gudd (ceilliau cudd) *f*.
undescribable *a.* = **indescribable.**
undeserved *a.* anhaeddiannol, dihaeddiant.
undeservedly *adv.* ar gam, yn anhaeddiannol.
undeserving *a.* anhaeddiannol, annheilwng; *abs.* dihaeddiant; **~ of sth,** annheilwng o rth; **~ of attention,** nad yw'n teilyngu sylw, nad yw'n haeddu sylw, nad yw'n deilwng o sylw, annheilwng o sylw, nad yw'n werth sylw.
undesignated *a.* nas dynodir/dynodid/dynodwyd, nas enwir/enwid/enwyd, heb ei ddynodi, heb ei enwi.
undesigned *a.* anfwriadol, difwriad.
undesignedly *adv.* yn anfwriadol *&c.*
undesigning *a.* didwyll, diddichell, diffuant, di-feddwl-ddrwg.
undesirability *n.* annymunoldeb *m*, annymunolrwydd *m*, natur annymunol *&c f*.
undesirable *a.* & *n.* **1.** *a.* annymunol, anhyfryd, annewisol, annerbyniol, *N:* anghynnes, *S.W: occ:* digynnig; *Jur:* **~ alien,** estron(-iaid) annymunol *m*. **2.** *n.* cymeriad(-au) annymunol/annifyr/anghynnes; *Coll:* pobl annymunol *&c f or pl.*
undesirableness *n.* = **undesirability.**
undesirably *adv.* yn annymunol *&c.*
undesired *a.* annymunol, annymunadwy, nas dymunir/dymunid/dymunwyd, nas chwenychir/chwenychid/chwenychwyd, na ddymunwyd mohono, na chwenychwyd mohono.
undesirous *a.* anawyddus, diawydd, amharod, anchwannog (**of doing sth,** i wneud rhth).
undespairing *a.* heb anobeithio, gobeithiol, ffyddiog.
undetectable *a.* anghanfyddadwy, ansynwyradwy, anolrheiniadwy, anlleoladwy, annatgeladwy.
undetectably *adv.* yn anghanfyddadwy *&c.*
undetected *a.* **1.** *(error &c):* nas canfyddir/canfyddid/canfuwyd, disylw, nas gwelir/gwelid/gwelwyd, na sylwir/sylwid/sylwyd arno, heb ei weld; **to pass ~,** osg|oi sylw; **this mistake has passed ~,** ni sylwodd neb ar y gwall hwn. **2.** *(criminal):* nas delir/delid/daliwyd, nas olrheinir/olrheinid/olrheiniwyd, nas adnabyddir/adnabyddid/adnabuwyd, heb ei ddal.
undeterminable *a.* = **indeterminable.**
undetermined *a.* **1.** *(quantity, quality, date):* amhenodol, amhendant, ansicr. **2.** *(question):* annatrys, amhenderfynedig. **3.** *(pers.):* amhenderfynol, dibenderfyniad, *F:* be' wna'-i; *S.a.* **irresolute.**
undeterred *a.* heb eich atal (**by sth,** gan rth); *abs.* diatal, di-droi'n-ôl, penderfynol; **~, (she went on),** heb falio dim, er gwaethaf popeth (aeth yn ei blaen); **~ by the weather he went for a walk,** fe aeth am dro er gwaetha'r tywydd.
undeveloped *a.* *Geog: Phot: &c:* annatblygedig, heb ddatblygu, nas datblygir/datblygid/datblygwyd; **industry still ~,** diwydiant sydd eto heb ddatblygu.
undeviating *a.* **1.** *(rod, stream):* diwyro, union, syth, uniongsyth. **2.** *(pers.):* diwyro.
undeviatingly *adv.* yn syth, yn union, yn ddiwyro.
undevout *a.* annuwiol, annuwiolfrydig, annefosiynol.
undevoutly *adv.* yn annuwiol *&c.*
undevoutness *n.* annuwioldeb *m*.
undexterous *a.* anneheuig, lletchwith.
undexterously *adv.* yn anneheuig *&c.*
undiagnosed *a.* diadnabod, anghanfyddedig, heb ei ddiagnosio, nas adwaenir/adwaenid/adnabuwyd, heb ei adnabod, heb ei ganfod/ddarganfod, nas diagnosir/diagnosid/diagnosiwyd.
undialectical *a.* annilechdidol.
undictated *a.* digymell, gwirfoddol.
undidactic *a.* annidactig, anhyfforddol, anathrawiaethol, anaddysgol.
undies *n.pl. F:* dillad isaf, dilladau isaf.
undifferentiated *a.* diwahaniaeth, heb wahaniaeth; nas gwahaniaethir/gwahaniaethid/gwahaniaethwyd (oddi wrth rth).
undigested *a.* nas treulir/treulid/treuliwyd, heb ei dreulio, anhreuliedig.
undigestible *a.* = **indigestible.**
undignified *a.* anurddasol, diurddas.
undignify *v.t.* anurddasu.
undiligent *a.* anniwyd, diog.
undiluted *a.* **1.** *Ch:* pur, digymysg, nas teneuir/teneuid/teneuwyd, nas gwanh|eir/gwanh|eid/gwanhawyd, heb ei wanh|au/deneuo. **2.** *(= nonsense &c):* pur, digymysg, llwyr.
undiminished *a.* cymaint, yr un mor fawr, heb fod yn llai, dim llai, heb leih|au, na leihaodd, dileihad; **my respect for him remains ~,** ni leihaodd fy mharch tuag ato ddim; nid yw fy mharch tuag ato ddim llai.
undimmed *a.* heb bylu, heb dywyllu, nas pylir/pylid/pylwyd, nas tywyllir/tywyllid/tywyllwyd, yr un mor llachar, yr un mor ddisglair.
undine *n.f.* dyfrforwyn(-ion, dyfrforynion).
undiplomatic *a.* anniplomataidd; *F:* di-dact, annoeth, amhwyllog.
undiplomatically *adv.* yn anniplomataidd *&c.*
undipped *a. Aut:* **(to drive) with ~ headlights,** (gyrru) heb ostwng y goleuadau, a'r goleuadau heb eu gostwng, â goleuadau mawr/llawn.
undirected *a.* **1.** *(= unaimed):* diamcan, digyfeiriad, nas cyfeirir/cyfeirid/cyfeiriwyd, diannel, heb ei anelu. **2.** *(letter &c):* digyfeiriad, heb gyfeiriad. **3.** *(= not supervised &c):* digyfarwyddyd, nas cyfarwyddir/cyfarwyddid/cyfarwyddwyd, heb eich cyfarwyddo.
undiscernible *a.* anghanfyddadwy, annirnadwy, anweladwy.
undiscerning *a.* **1.** *(in intelligence):* annhreiddgar, annirnadol, di-weld, diddirnadaeth, diddeall, anghraff, heb graffter, heb ddirnadaeth, diamgyffred, heb amgyffred, heb sythwelediad. **2.** *(taste):* anwahaniaethol, annethol.
undischarged *a.* **1.** *(bankrupt, soldier, patient &c):* heb ei ryddh|au, heb ei ollwng, nas rhyddhawyd. **2. ~ debt,** dyled (*f*) nas talwyd/cliriwyd, dyled na thalwyd mohoni. **3. ~ duty,** dyletswydd (*f*) nas cyflawnwyd, dyletswydd na chyflawnwyd mohoni.
undiscipline *n.* = **indiscipline.**
undisciplined *a.* annisgybledig, diddisgyblaeth, afreolus, aflywodraethus, diwahardd, *S: occ:* anwardd, an-wardd, *S.W:* diwardd, *S.E: occ:* diddysg.
undisclosed *a.* annatguddiedig, annatgudd, cudd, cuddiedig, cêl, nas dadlennir/dadlennid/dadlennwyd, nas datguddir/datguddid/datguddiwyd, nas datgelir/datgelid/datgelwyd.
undiscountable *a.* **1.** *Fin:* na ellir ei ddisgowntio, annisgowntiadwy. **2. an ~ rumour,** si gredadwy, si na ellir mo'i hanwybyddu, si a choel arni.
undiscounted *a.* **1.** *Fin:* nas disgowntiwyd. **2.** *(rumour):* credadwy.
undiscourageable *a.* penderfynol, di-droi'n-ôl.
undiscouraged *a.* heb ddigalonni, heb ddiffygio, heb anobeithio, heb wangalonni (*pronounced* ng-g), heb eich digalonni.
undiscoverable *a.* na ellir ei ddarganfod, na ellir ei ganfod, annarganfyddadwy, anghanfyddadwy.
undiscovered *a.* nas darganfyddir/darganfyddid/darganfuwyd, nas canfyddir/canfyddid/canfuwyd *&c*, annarganfyddedig, anghanfyddedig.
undiscriminating *a.* = **undiscerning.**
undiscriminatingly *adv.* yn ddiwahaniaeth.
undiscussed *a.* nas trafodir/trafodid/trafodwyd, heb ei drafod.
undisfigured *a.* nas anharddwyd/anffurfiwyd, heb ei anharddu/anffurfio.
undisguisable *a.* anghuddiadwy, amlwg, na ellir/ellid/allwyd mo'i guddio.
undisguisably *adv.* yn amlwg *&c.*
undisguised *a.* amlwg, agored, diargel, di-gêl, anghuddiedig, nas cuddir/cuddid/cuddiwyd; *(= candid):* diffuant, diragrith, didwyll.

undisguisedly *adv.* yn agored *&c.*

undisheartened, undismayed *a.* eofn, di-ofn, diofn, diarswyd, heb eich digalonni, di-siom, disiomiant, ansiomedig, nas siomir/siomid/siomwyd, heb eich siomi; **he was quite ~ by his failure,** nid oedd ei fethiant wedi'i ddigalonni/siomi o gwbl; nid oedd ei fethiant yn mennu dim arno; **(he continued) ~,** (aeth yn ei flaen) heb droi blewyn, heb falio dim.

undispersed *a.* heb ei chwalu, anwasgaredig.

undisposed *a.* amharod, anawyddus, anchwannog.

undisputable *a.* = **indisputable.**

undisputed *a.* diddadl, diamheuol, diamau, cydnabyddedig.

undissembled *a.* = **undisguised.**

undissembling *a.* diffuant, didwyll.

undissipated *a.* nas chwelir/chwelid/chwalwyd; *(fortune):* nas gwerir/gwerid/gwariwyd yn ofer.

undissociated *a.* **1.** nas datgysylltir/datgysylltid/datgysylltwyd, nas gwahenir/gwahenid/gwahanwyd, nas ysgerir/ysgerid/ysgarwyd (oddi wrth rth); annatgysylltiedig, heb ei ddatgysylltu *&c.* **2.** *Ch:* nas dadelfennir/dadelfennid/dadelfennwyd, heb ei ddadelfennu.

undissolved *a.* **1.** *(substance):* heb doddi, heb ymdoddi, annhoddedig, nas toddir/toddid/toddwyd. **2.** *(parliament):* nas diddymwyd, nas caewyd, nas terfynwyd, heb ei ddiddymu *&c.*

undistinghuishable *a.* = **indistinguishable.**

undistinguished *a.* cyffredin, di-nod, dinod, distadl, disylw, anhynod, canolig, diddrwg-d[d]idda; **an ~ performance,** perfformiad(-au) di-fflach *m.*

undistorted *a.* **1.** *(shape &c):* heb fod yn gam, syth(-ion), union, nas plygir/plygid/plygwyd, nas anffurfir/anffurfid/anffurfiwyd, nas llurgunir/llurgunid/llurguniwyd, nas ystumir/ystumid/ystumiwyd, nas camystumir/camystumid/camystumiwyd, heb ei blygu, nad yw'n gam, nad yw'n wyrgam. **2.** *(facts &c):* cywir, gwir, nas gwyrdröir/gwyrdröid/gwyrdröwyd, nas camliwir/camliwid/camliwiwyd, nas ystumir/ystumid/ystumiwyd, nas llurgunir/llurginid/llurguniwyd; **~ information,** gwybodaeth gywir *f.*

undistracted *a.* *(attention &c):* nas tynnir/tynnid/tynnwyd, nas gwrthdynnir/gwrthdynnid/gwrthdynnwyd, heb ei dynnu; *(pers.):* nas llygad-dynnir/llygad-dynnid/llygad-dynnwyd; **(to work) ~,** (gweithio) heb ddim i dynnu eich sylw, heb ddim i darfu arnoch.

undistressed *a.* diofid, heb eich gofidio.

undistributed *a.* **1.** *(= not given out):* nas rhennir/rhennid/rhannwyd, nas dosrennir/dosrennid/dosrannwyd, nas dosberthir/dosberthid/dosbarthwyd, heb eu rhannu/dosrannu/dosbarthu; *Com:* **~ earnings,** elw (*m*) heb ei ddosbarthu. **2.** *(= not spread out):* anwasgaredig, heb ei wasgaru, heb ei daenu, heb ei ledaenu, nas gwasgerir/gwasgerid/gwasgarwyd, nas dosberthir/dosberthid/dosbarthwyd, nas taenir/taenid/taenwyd, nas lledaenir/lledaenid/lledaenwyd; *Log:* **~ middle,** canol annosranedig *m.*

undisturbed *a.* **1.** *(a) (sleep, water, surface, quiet):* tawel, llonydd, digyffro; **I remained ~ all afternoon,** ni tharfodd *or* nid aflonyddodd dim/neb arnaf drwy'r prynhawn; cefais lonydd trwy'r prynhawn; **she was ~ (by the rumours),** ni chynhyrfwyd hi, ni tharfwyd arni (gan y sïon). **2. ~ ground,** tir nas tröwyd, tir heb ei droi; **~ papers,** papurau mewn trefn, papurau trefnus; **(we found everything) ~,** (cawsom bopeth) mewn trefn, yn ei le, yn drefnus, yn daclus, yn ddigyffwrdd, yn anghyffwrdd.

undiverted *a.* **1.** *(stream, traffic):* diwyro, diwyriad, nas ailgyfeirir/ailgyfeirid/ailgyfeiriwyd, nas dargyfeirir/dargyfeirid/dargyfeiriwyd, heb ei ailgyfeirio, heb ei ddargyfeirio. **2.** = **unamused, undistracted.**

undiverting *a.* anniddorol, annigrif, heb fod yn ddiddorol, heb fod yn ddigrif.

undivided *a.* **1.** *(= unseparated):* anwahanedig, diwahân, anrhanedig, heb ei rannu. **2.** *(= whole):* cyfan, anrhanedig; **give me your ~ attention!** a gaf i eich holl sylw! gwrandewch yn astud [arnaf i]! **3. ~ opinion,** barn unfryd/unfrydol *f.*

undivulged *a.* = **undeclared.**

undo *v.t.&i.* I. *v.t.* **1.** *(work, mistake &c):* dadwn|eud, *Lit:* dadwneuthur; **to ~ the mischief,** dadwneud y drwg; *Prov:* **what is done cannot be undone; you cannot ~ the past,** a wnaed a wnaed; rhy hwyr edifaru ar ôl llosgi'r tŷ; rhy hwyr galw doe yn ôl; ni ddaw i neb ddoe yn ôl; dydd oedd a diwedd iddo. **2.** *(knot, shoes &c):* datod, *occ:* datglymu, *S.E: occ:* mysgu. **3.** *O: (= ruin):* dinistrio, difetha; **I am undone!** mae hi ar ben arnaf! II. *v.i.* datod, agor.

undoable *a.* **1.** *(act, mistake):* dadwneuthuradwy, y gellir ei ddadwn|eud. **2.** *(knot &c):* datodadwy.

undocile *a.* gwyllt(-ion), annof, afreolus, anystywallt, *Lit:* anhydrin, diwahardd, anhywedd, *S:* di-wardd, an-wardd, *S.W: occ: F:* anstiwart.

undock *v.i.&t.* **1.** *v.i.* gadael doc, ymadael â doc. **2.** *v.t.* gollwng, rhyddh|au, dadfachu, datgyplu, datgysylltu.

undoctored *a.* **1.** *(a) (patient):* heb gael triniaeth, heb gael meddyg; *(b) (drink &c):* digymysg; *(c) F: (= not castrated):* cyfan, annisbaidd, nas ysbaddwyd, na thorrwyd arno, heb ei ysbaddu, heb dorri arno, heb ei gyweirio. **2.** *(accounts &c):* digyffwrdd, nas ffugiwyd, nas altrwyd.

undoctrinaire *a.* annysgedigaethol, annysgodrol, anathrawiaethus, amhedantig; *(loosely):* ymarferol, rhydd.

undocumented *a.* annogfenedig, nas dogfennir/dogfennid/dogfennwyd, heb ei ddogfennu.

undoer *n.* **1.** dadwneuthurwr: dadwneuthurydd (dadwneuthurwyr) *m.* **2.** *(of knot):* datodwr: datodydd (datodwyr) *m.*

undogmatic *a.* annogmatig, annogmataidd.

undogmatically *adv.* yn annogmataidd *&c.*

undoing *vn.* **1.** *(a) (= loosening):* datod, agor, datodiad(-au) *m,* agoriad(-au) *m;* *(b) (= annulment, reversal):* dadwn|eud, dadwneuthur, diddymu, dil|eu, dirymu, dadwneuthuriad(-au) *m,* diddymiad(-au) *m,* dilead(- au) *m,* dirymiad(-au) *m.* **2.** *(= ruin):* distryw *m,* dinistr *m;* **drink was his ~,** y ddiod a'i dinistriodd/difethodd; diod oedd ei ddiwedd; y ddiod oedd achos ei gwymp/fethiant

undomestic *a.* **1.** *(thing):* anghartrefol, annheuluol, annomestig. **2.** *(pers.):* nad yw'n hoff o'r cartref, anghartrefol, annheuluaidd.

undomesticated *a.* **1.** *(animal):* gwyllt(-ion), nas dofwyd, heb ei ddofi, *occ:* anhywedd. **2.** *F: (pers.):* **he's completely ~,** nid yw'n gwneud swydd o waith o gwmpas y tŷ; nid yw'n gwneud dim yn y tŷ; nid yw'n dda i ddim yn y tŷ.

undone *a.* **1.** *(a) (= unfastened):* ar agor, wedi datod, wedi agor; **to come ~,** datod, agor; **something come ~,** rhywbeth ar agor, rhywbeth wedi agor, rhywbeth wedi datod; *(b) O: Hum:* **I am ~!** mae hi ar ben arnaf! **2.** *(= not done):* heb ei wn|eud, nas gwnaethpwyd; **(to leave some work) ~,** (gadael gwaith) heb ei wneud, heb ei orffen, ar ei hanner; **to leave nothing ~ which might help,** gwneud popeth a allai fod o help/fudd; *Ecc:* **we have left ~ those things which we ought to have done,** gadawsom heb eu gwneuthur y pethau y dylasem eu gwneuthur.

undotted *a.* heb ddot, di-ddot; *Mus:* **~ note,** nodyn (nodau) syml *m,* nodyn di- ddot.

undouble *v.t.&i.* = **unfold, unclench.**

undoubled *a.* nas dyblir/dyblid/dyblwyd, heb ei ddyblu.

undoubtable, undoubted *a.* diamau, diamheuol, diamheuaeth, sicr.

undoubtedly *adv.* yn ddiamau, yn ddiamheuol, heb [unrhyw] amheuaeth, yn ddi-au, yn sicr, yn ddilys, yn bendant, heb os nac onib|ai, heb os, yn ddi-os, *Lit:* yn ddiau; **~, (she is wrong),** 'does dim dwywaith/amheuaeth (nad yw hi'n anghywir); heb [unrhyw] amheuaeth, yn sicr, yn bendant, heb os nac onibai (mae hi'n anghywir); *S:* 'does dim dau (nad yw hi'n anghywir).

undrained *a.* **1. ~ land,** tir heb ei sychu/ddraenio, tir corsiog/corslyd. **2. ~ resources,** adnoddau dihysbydd; *(battery):* heb ei ddihysbyddu, heb ei wagio, byw, a phŵer ynddo.

undramatic *a.* annramatig, anniddorol, anhrawiadol, di-fflach.

undramatically *adv.* yn annramatig *&c.*

undramatized *a.* **1. an ~ novel,** nofel nas dramateiddiwyd, nofel heb ei dramateiddio, nofel nas tröwyd yn ddrama, nofel heb ei throi'n ddrama. **2.** *(event):* nas gorliwiwyd, heb ei orliwio, nas chwyddwyd, na wnaed môr a mynydd ohono.

undrape *v.t.* dadorchuddio, dadwisgo, dadlennu.

undraped *a.* diorchudd, heb orchudd, heb len, heb lenni, di-len, noeth(-ion), heb ei orchuddio.

undraw *v.t.* **1.** = **withdraw. 2. the curtains were still undrawn,** 'roedd y llenni'n dal heb eu hagor.

undreamed *a.* **~-of,** annychmygadwy, annirnadwy, nas

dychmygir/dychmygid/dychmygwyd; **~-of riches,** cyfoeth tu hwnt i ddychymyg [neb]; **this was ~ of (at that time),** (yr adeg honno) ni freuddwydiai neb am hynny, ni allai neb ddychymygu hynny.
undreaming *a.* difreuddwyd.
undreamt *a.* = **undreamed.**
undress[1] *n.* **1.** *Cost: A: Lit: (for women):* gŵn (gynau) (*m*) llofft, ***négligé(-s)*** *m, F: occ:* desabîl *m.* **2.** *Mil: Navy:* **~ [uniform],** gwisg(-oedd) anffurfiol *f,* gwisg gyffredin (gwisgoedd cyffredin) *f.* **3.** *F:* **in a state of ~,** heb [fawr] ddim byd amdanoch, heb ddillad amdanoch, noeth(-ion), noethlymun, *occ:* yn eich desabîl.
undress[2] **1.** *v.t. & pr.* tynnu [dillad] oddi amdanoch, tynnu amdanoch, tynnu'ch dillad, dadwisgo, *Lit:* ymddiosg, ymddihatru, ymddihatryd, *S.W:* matru, matryd, datryd, *S.E:* atryd. **2.** *v.t.* *(a)* tynnu dillad (oddi am rn), tynnu dillad (rhn), dadwisgo (rhn); *(b)* **to ~ a wound,** tynnu'r rhwymyn/plastr oddi ar glwyf.
undressed *a.* **1.** *(a) (= naked):* heb ddillad amdanoch, noeth(-ion), noethlymun, wedi tynnu [dillad] oddi amdanoch; *(b) (= wearing négligé &c):* mewn gwisg anffurfiol, mewn ***négligé***, *F: occ:* mewn desabîl, yn eich desabîl. **2.** *(a)* **~ fabric,** deunydd crai, deunydd garw, deunydd heb ei drin; **~ (timber),** (pren) garw, heb ei drin, heb ei naddu; **~ (stone),** (maen) brasnadd, brasnaddedig, garw, heb ei naddu, heb ei drin, heb ei lyfnu; **~ (leather),** (lledr) heb ei drin, heb ei farcio; *(b) Agr: (land):* diwrtaith, diachles, di-dail, heb wrtaith/achles/dail, nas gwrteithiwyd, nas teiliwyd, nas achleswyd, heb ei wrteithio *&c*, heb wrtaith &c [arno]; *(c) (wound):* heb ei rwymo, heb ei drin, heb ei gyweirio, clwyf cignoeth; *(d) Cu: (meat, fish):* nas paratowyd, nas triniwyd; *(salad):* heb ddresin.
undried *a.* nas sychir/sychid/sychwyd, heb ei sychu, ansychedig.
undrilled *a.* **1. ~ (wood),** (pren) heb dwll, na thorrwyd twll ynddo, nas tyllwyd, na ddriliwyd twll ynddo, na thuriwyd trwyddo, heb ei ddrilio, heb ei dyllu; *(hole):* nas torrwyd, nas turiwyd, nas driliwyd, heb ei dorri. **2.** *Mil: (soldier):* anhyfforddedig, nas hyfforddwyd, nas ymarferwyd, nas driliwyd, heb ei hyfforddi *&c*, heb gael dril, heb ei ddrilio.
undrinkable *a.* anyfadwy.
undrowned *a.* nas boddir/boddid/boddwyd, anfoddedig, heb ei foddi.
undrunk *a.* nas yfir/yfid/yfwyd, anyfedig, heb ei yfed.
undue *a.* **1.** *(= excessive):* gormodol, afraid, di-alw-amdano, mwy na rhaid; *Jur:* **~ influence,** dylanwad gormodol; **~ haste,** gormod o frys, brys gormodol, gormod brys, brys heb angen, brys diangen; **~ emphasis,** gorbwyslais *m*; **~ optimism,** gorffyddiogrwydd *m*, gormod (*m*) gobaith, gorhyder *m*, gorobaith *m*, hyder di-sail *m*; **to take ~ risks,** mentro'n fyrbwyll. **2.** *Lit: (= inappropriate):* amhriodol, anaddas; **in an ~ manner,** mewn modd amhriodol. **3.** *(= not owed):* annyledus.
undug *a.* **an ~ garden,** gardd heb ei phalu; **an ~ hole,** twll heb ei dorri; **an ~ grave,** bedd heb ei dorri.
undulant *a.* tonnol; *Med:* **~ fever,** y dwymyn donnol *f.*
undulate[1] *a.* tonnog.
undulate[2] *v.t.&i.* **1.** *v.t.* tonni. **2.** *v.i.* ymdonni, tonni.
undulately *adv.* yn donnog.
undulating *a.* tonnog, tonnol; **~ country,** gwlad donnog/fryniog, tir tonnog/pantiog, gwlad/tir o bant a bryn, *N: occ:* tir sy'n bonciau ac yn bantiau.
undulation *n.* **1.** *(= wavy motion):* toniad(-au) *m*, ymdoniad(-au) *m*, tonni *vn*, ymdonni *vn.* **2.** *n.* *(a) (= wave):* ton(-nau) *f*; *(b) (of land):* toniad(-au) *m*, pant (*m*) a bryn (*m*) (pantiau a bryniau).
undulative *a.* = **undulatory.**
undulator *n.* tonnwr (tonwyr) *m*, ymdonnwr (ymdonwyr) *m.*
undulatory *a.* tonnog, tonnol; *Opt: Ph:* **~ theory,** y ddamcaniaeth donnol *f.*
undulled *a.* **1.** *(a) (pers.):* heb [ei] hurtio; *(mind, spirit):* heb ei bylu, nas pylwyd, heb golli ei awch, heb golli ei fin. **2.** *(tool):* heb golli awch, heb golli min, miniog, awchlym (*f.* awchlem, *pl.* awchlymion), *S.W:* hawchus. **3.** *(a) (sound):* clir, eglur, nas pylir/pylid/pylwyd, nas lleddfir/lleddfid/lleddfwyd; *(colour):* llachar, disglair, nas pylwyd *&c*, heb ei bylu, heb bylu, heb dywyllu; *(metal):* heb bylu, gloyw(-on), llachar; *(weather):* braf, heulog, heb ddylu; *(b) (pain):* di-baid, nad yw'n lleih|au, nad yw'n pylu; *(pleasure):* na phyla/phylai/phylodd. **4.** *(hearing):* main, heb drymh|au; *(sight):* clir, heb bylu; *(senses):* effro, heb bylu.
unduly *adv.* **1.** *(a) (= without entitlement):* heb hawl; *(b) (= needlessly):* heb fod angen, yn ddiangen, yn ddi-raid, yn afraid, y tu hwnt i reswm, yn afresymol, heb fod eisiau, yn ddieisiau; **~ frightened,** wedi dychryn heb fod angen; *(c) (= excessively): (before a.):* rhy... + *soft mut.*, gor- + *soft mut.*; *(with verb):* yn ormodol; **an ~ high price,** pris rhy uchel; **~ generous,** gor-hael; **~ optimistic,** rhy obeithiol, gorobeithiol, gorffyddiog, gorhyderus, rhy hyderus; **(she worries) ~, (she's worried) ~,** (mae hi'n poeni) gormod, yn ormodol, heb fod raid *&c.*
unduplicated *a.* annyblygedig, heb ddyblygiad, heb gopi/gopïau, nas dyblygir/dyblygid/dyblygwyd, nas lluosogir/lluosogid/lluosogwyd, heb ei ddyblygu, heb ei luosogi.
undutiful *a.* anghydwybodol, anufudd, diofal, esgeulus o'ch dyletswydd, *occ:* anystig.
undutifully *adv.* yn anghydwybodol *&c.*
undutifulness *n.* diffyg (*m*) cydwybod, anuf|udd-dod *m*, anufuddgarwch *m.*
undy[1] *a. Her:* tonnog, dyfriog, wndi.
Undy[2] *W.Pl.n.* Gwndy *m.*
undyed *a.* anlliwiedig, di-liw, nas lliwir/lliwid/lliwiwyd, heb ei liwio, *N:* heb ei lifo.
undying *a.* bythol, oesol, anfarwol, di-dranc, difarw, tragwyddol, diderfyn, diddiwedd, di-baid; **~ hatred,** casineb bythol/oesol/diderfyn.
undyingly *adv.* yn fythol, yn ddi-baid *&c.*
undynamic *a.* digychwyn, annynamig, diegni, diynni, di-fynd, digynnig, marwaidd, swrth, difywyd, *F:* di-ffrwt.
unearned *a.* **1.** *(fame, reward, punishment):* anhaeddiannol, dihaeddiant. **2.** *(income &c):* nas enillir/enillid/enillwyd, anenilledig, heb ei ennill; **~ income,** incwm heb ei ennill; **~ increment,** ychwanegiad heb ei ennill.
unearth *v.t.* **1.** *(a) (bones &c):* datgladdu (rhth), codi (rhth) o'r pridd, tyrchu (rhth) i'r wyneb, tyrchu (rhth) i'r golwg. **2.** *Fig:* dwyn (rhth) i'r golwg, dod (â rhth) i'r golwg, dod o hyd (i rth), cael hyd (i rth); *F:* **where did you ~ that hat?** ble cawsoch chi hyd i'r het yna? o ble y daeth yr het yna? **3. to ~ a badger,** codi broch [o'i wâl].
unearthliness *n.* **1.** annaearoldeb *m.* **2.** *F: (of hour, reason, din):* afresymoldeb *m.*
unearthly *a.* *(a)* annaearol; *(b) F:* **at an ~ hour,** ar awr annaearol, yn oriau mân y bore; *F:* **an ~ din,** cythraul o dwrw/stŵr; **for some ~ reason,** am ryw reswm anesboniadwy/annealladwy.
unease *n.* anesmwythder *m*, anesmwythdra *m*, anniddigrwydd *m*, pryder *m*, *Lit:* anesmwythyd *m.*
uneasily *adv.* yn anesmwyth *&c.*
uneasiness *n.* = **unease.**
uneasy *a.* *(a) (pers.):* anesmwyth, anniddig; *(b) (= anxious):* annifyr, pryderus; **I had an ~ feeling she was right,** 'roedd gennyf deimlad annifyr ei bod hi'n iawn; *(sleep):* anesmwyth, aflonydd; **to pass an ~ night,** cael noson anesmwyth/annifyr; **to be ~ in one's mind (about sth),** teimlo'n anniddig/anesmwyth/bryderus, anesmwytho, poeni (ynglŷn â rhth); *(c)* **there was an ~ silence,** cafwyd distawrwydd annifyr.
uneatable *a.* anfwytadwy.
uneaten *a.* heb ei fwyta, anfwytedig, nas bwyt|eir/bwyt|eid/bwytawyd; **~ food,** gweddillion (*pl*) bwyd, sbarion (*pl*) bwyd.
uneclipsed *a.* diachludd, nas eclipsir/eclipsid/eclipsiwyd, nas achluddir/achluddid/achluddwyd, *F:* nas cymylir/cymylid/cymylwyd.
uneconomic *a.* aneconomaidd, nad yw'n talu.
uneconomical *a.* **1.** *(a) (pers.):* annarbodus, anghynnil, gwastraffus, afrad; *(b) (method &c):* gwastraffus.
uneconomically *adv.* **1.** yn aneconomaidd. **2.** yn annarbodus *&c.*
unedible *a.* anfwytadwy.
unedifying *a.* annyrchafol, diraddiol, gwarthus, cywilyddus.
unedited *a.* **1.** *(= not cut):* annhalfyredig, cyfan. **2.** *(= not edited):* nas golygwyd, heb ei olygu, anolygedig.
uneducatable *a.* = **ineducable.**
uneducated *a.* *(a) (pers.):* annysgedig, anaddysgedig, di-ddysg; *(b) (speech &c):* sathredig, annysgedig, *F:* comon.

uneducational *a.* anaddysgol.
uneffaced *a.* annileëdig, nas dilëir/dilëid/dilewyd.
unelaborated *a.* anfanwl.
unelapsed *a.* nad aeth heibio, anhreuliedig.
unelated *a.* digalon, diafiaith, aflawen, iselfrydig.
unelected *a.* anetholedig.
unemancipated *a.* **1.** *Pol:* heb ryddfraint, anrhyddfreiniedig. **2.** *Fig:* hualog, llyffetheiriog, caeth.
unembarrassed *a.* diembaras, dichwithdod, *Lit: occ:* anwylaidd, diwylder.
unembellished *a.* diaddurn, anaddurnedig, moel(-ion), heb ei addurno.
unembittered *a.* heb chwerwi, heb fod yn chwerw (**by sth,** o achos rhth).
unembodied *a.* anghorfforedig.
unembraced *a.* nas cofleidir/cofleidid/cofleidiwyd.
unemotional *a.* dideimlad, diemosiwn, anemosiynol, heb emosiwn, anghynnes, oeraidd, oerllyd, digynnwrf, digyffro, *N.W: F: occ:* côm.
unemotionally *adv.* yn ddideimlad *&c.*
unemphatic *a.* dibwyslais, heb bwyslais.
unemphatically *adv.* yn ddibwyslais.
unemployability *n.* anghyflogadwyedd *m*; **the ~ such a person is obvious,** mae'n amlwg na ellir cyflogi rhywun o'r fath; **~ supplement,** atodiad (*m*) i'r anghyflogadwy.
unemployable *a.* anghyflogadwy.
unemployed *a.* **1.** *Ind:* segur, di-waith, heb waith, allan o waith, *Adm: occ:* anghyflogedig, *F:* ar y clwt, ar y domen; **two hundred were made ~,** rhoddwyd dau gant ar y clwt; diswyddwyd dau gant; collodd dau gant eu gwaith/swyddi; *n.Coll.* **the ~,** y di-waith. **2.** *(capital, time):* segur.
unemployment *n. Ind:* diweithdra *m*, diffyg (*m*) gwaith; *Adm: occ:* anghyflogaeth *f*; **casual ~,** diweithdra ysbeidiol; **localized ~,** diweithdra lleol. **~ benefit** *n.* budd-dâl: b|udd-dal (budd-daliadau) (*m*) diweithdra/di-waith. **~ figures** *n.pl.* ffigurau diweithdra, nifer (*m*) y di-waith. **~ fund** *n.* cronfa(*f*)'r di-waith.
unemptied *a.* nas gwagwyd, heb ei wagio.
unenclosed *a.* agored, anamgaeëdig, heb fod yn amgaeëdig; *Jur:* diamgaead, diamgáu.
unencouraged *a.* digefnogaeth, heb galonogiad, heb eich calonogi.
unencumbered *a.* **1. ~ by luggage,** heb faich paciau, heb fod dan bwysau paciau. **2.** *abs.* dilestair, dilyffethair; *Jur:* **~ estate,** eiddo dilyffethair *m.*
unendearing *a.* anhoffus, anserchog, anenillgar, di-swyn, anneniadol.
unendearingly *adv.* yn anhoffus *&c.*
unended *a.* anorffen, anorffenedig, heb orffen, heb ddod i ben, diderfyn, diddiwedd, diorffen.
unending *a.* diddiwedd, diderfyn, annherfynol, diorffen, diddarfod, di- baid; **~ complaints,** cwynion diddiwedd/ tragwyddol.
unendingly *adv.* yn ddiddiwedd *&c*; byth a hefyd, o hyd ac o hyd, am byth, hyd byth, hyd dragwyddoldeb.
unendingness *n.* annherfynoldeb *m*, natur ddiddiwedd *&c f.*
unendorsed *a.* **1.** *(cheque, licence):* heb arnodiad, heb gefnodiad, anarnodedig, anardystiedig. **2.** *(opinion, candidate):* heb gefnogaeth.
unendowed *a.* diwaddol, anwaddoledig, digynhysgaeth.
unendurable *a.* = **unbearable.**
unendurably *adv.* = **unbearably.**
unenduring *a.* dibarhad, dibara, byrhoedlog, diflanedig, byr ei oes.
unenforceable *a.* anorfodadwy, anghymelladwy, anymarferol, na ellir ei roi ar waith, na ellir ei orfodi.
unenforced *a.* **1.** *(law &c):* nas gorfodir/gorfodid/gorfodwyd, anghymelledig. **2.** *(applause &c):* digymell.
unenfranchised *a.* heb etholfraint, heb bleidlais.
unengaged *a.* rhydd(-ion), heb ymrwymiad.
unengaging *a.* = **unendearing.**
unenjoyable *a.* annifyr, annymunol, amhleserus, diflas.
unenlarged *a.* heb ei chwyddo, heb ei fwyh|au, nas chwyddir/ chwyddid/chwyddwyd, anchwyddedig, nas mwyh|eir/ mwyh|eid/mwyhawyd.
unenlightened *a.* anoleuedig, anwybodus.
unenlightening *a.* anoleuol, camarweiniol.
unenlisted *a.* nas listiwyd, heb listio.
unenlivened *a.* nas bwyiogir/bywiogid/bywiogwyd, heb ei fywiogi.
unenquiring *a.* anymofyngar (*pronounced* ng-g), anymchwilgar, anchwilfrydig.
unenriched *a.* nas cyfoethogir/cyfoethogid/cyfoethogwyd, heb ei gyfoethogi.
unenrolled *a.* anghofrestredig, heb gofrestru, nas cofrestrwyd, heb ei gofrestru.
unentailed *a. Jur:* dientael.
unentered *a.* **1.** *(item on list):* heb ei restru/rhestru. **2.** *(room &c):* nad aethpwyd i mewn iddo/iddi.
unenterprising *a.* difenter, anfentrus, digynnig.
unentertaining *a.* anniddan, anniddanus.
unenthusiastic *a.* llugoer, anfrwdfrydig, difrwdfrydedd, di-sêl, anselog, diawydd, aneiddgar, di-aidd, laodiceaidd.
unenthusiastically *adv.* yn llugoer *&c*; heb frwdfrydedd.
unenticing *a.* anneniadol, annengar (*pronounced* ng-g).
unentitled *a.* heb hawl, heb deitl (**to sth,** i rth).
unenviable, unenvied *a.* **1.** *(task &c):* annymunol, amhleserus, diflas, cas, nas chwenychir. **2.** *(pers.):* na chenfigennir wrtho, nad eiddigeddir wrtho, nad oes eiddigedd wrtho.
unenvious *a.* digenfigen, anghenfigennus, diwenwyn.
unenviously *adv.* yn ddigenfigen *&c*, heb genfigen, heb wenwyn.
unequable *a.* anwastad, cyfnewidiol.
unequal *a.* **1.** *(a) (size, amount):* anghyfartal, anghynifer, *occ:* anhafal; **of ~ size,** anghymesur; *(two numbers):* anunfaint; **~ of age,** anghyfoed; **of ~ standard,** anghydradd; *Mus:* **~ temperament,** ardymer anghyfartal; *(b)* **he was ~ to the job,** 'roedd y gwaith yn ormod iddo; nid oedd yn abl/atebol/ gymwys i'r gwaith; ni oedd yn gyfartal â'r dasg; **to be ~ to doing sth,** methu â gwneud rhth, ei chael hi'n amhosibl gwneud rhth; *(c)* **an ~ contest,** cystadleuaeth annheg/anghyfartal. **2.** *(terrain &c):* anwastad.
unequalize *v.t.* anghyfartalu.
unequalized *a.* anghyfartal, nas cyfartelir/cyfartelid/cyfartalwyd.
unequalled *a.* digymar, digyffelyb, dihafal, di-ail, heb ei ail/hail, heb ei hafal, heb ei debyg/thebyg, *occ:* heb yr un ato/ati *&c.*
unequally *adv.* yn anghyfartal *&c.*
unequipped *a.* **1.** *(factory &c):* heb offer. **2.** *Fig: (= unfitted):* anaddas, anghymwys.
unequitable *a.* annheg, anghyfiawn; *Jur:* anecwitïol.
unequivocal *a.* digamsyniol, diamwys, pendant, clir.
unequivocally *adv.* yn ddigamsyniol *&c.*
unequivocalness *n.* pendantrwydd *m*, diamwysedd *m.*
uneradicated *a.* annilëedig, nas dil|eir/dil|eid/dilewyd.
unerisis *n.* wnerisis *m.*
unerotic *a.* anerotig.
unerring *a.* di-feth, di-ffael, difethiant, anffaeledig; **to shoot with ~ aim,** saethu'n ddi-feth.
unerringly *adv.* yn ddi-feth.
unerringness *n.* cywirdeb *m*, anffaeledigrwydd *m.*
unescapable *a.* = **inescapable.**
unescorted *a.* **1.** *(= without armed men):* heb osgordd, diosgordd. **2.** *(= without partner):* heb bartner, heb bartneres, heb gwmni, digwmni.
unespied *a.* anweledig, nas canfyddir/canfyddid/canfuwyd, anghanfyddedig.
unessential *a. & n.pl. a.* **1.** dianghenraid, diangen, anhanfodol, dieisiau, afraid, hepgorol, hepgoradwy; *Mus:* **~ notes,** nodau afraid/hepgoradwy/hepgor. **2.** *n.pl.* **unessentials,** afreidiau, pethau dianghenraid.
unestablished *a.* ansefydlog, ansefydledig.
unesthetic *a.* anesthetaidd.
unestimated *a.* nas amcangyfrifir/amcangyfrifid/ amcangyfrifwyd, diamcangyfrif, heb ei amcangyfrif (*all pronounced* ng-g).
unethical *a.* anfoesol, anegwyddorol, dianrhydedd.
unethically *adv.* yn anfoesol.
unevaluated *a.* heb ei bwyso a'i fesur, na wyddys mo'i werth, heb bennu/fesur ei werth, heb ei brisio.
unevangelical *a.* anefengylaidd.
unevaporated *a.* heb anweddu.
uneven *a.* **1.** *(a) (surface, road):* anwastad; **~ growth rings,**

cylchoedd tyfiant anwastad; *P.N:* **~ crossing: risk of grounding,** croesfan (*f*) arw: perygl taro'r ddaear; *(b)* **~ breathing,** anadlu afreolaidd; **an ~ temper,** natur oriog; *Sch:* **his work is very ~,** anwastad/anghyson/bratiog iawn yw ei waith. **2.** *Mth: (number):* anwastad, od; **~ number,** odrif(-au) *m.*

unevenly *adv.* **1.** *(surfaced):* yn anwastad *&c*; **an ~ distributed load,** llwyth anwastad. **2.** *(matched &c):* yn anghyfartal.

unevenness *n.* *(a) (of ground &c):* anwastadrwydd *m*; *(b) (of breathing):* afreol|eidd-dra *m*; *(c) Sch:* anghysondeb *m.*

uneventful *a.* digynnwrf, digyffro, diddigwyddiad, diddigwydd, tawel, llonydd.

uneventfully *adv.* yn ddigyffro *&c.*

uneventfulness *n.* tawelwch *m*, llonyddwch *m*, diffyg (*m*) cyffro, diffyg digwydd.

unevolved *a.* **1.** heb ddatblygu, annatblygedig. **2.** *Biol:* heb esblygu, anesblygedig.

unexacting *a.* = **undemanding.**

unexaggerated *a.* heb ei orliwio, nas gorliwir/gorliwid/gorliwiwyd.

unexamined *a.* heb ei archwilio, anarchwiliedig, nas archwilir/archwilid/archwiliwyd.

unexampled *a.* unigryw, digymar, digyffelyb, heb ei debyg.

unexcavated *a.* **1.** *(buried object):* heb ei ddatgladdu, nas datgladdwyd. **2. ~ site,** safle na bu cloddio arno.

unexceeded *a.* **1.** *(strength, beauty):* di-ail, dihafal, mwy na dim, cryfach na dim *&c.* **2.** *(limit, record, figure):* diguro, nad aethpwyd y tu hwnt iddo, na wnaethpwyd rhagor nag ef, na ragorwyd arno.

unexcelled *a.* diguro, heb ei ragorach, heb ei well, digymar, dihafal, di- ail, nad oes/oedd/fu gwella arno.

unexceptionable *a.* di-fai, cwbl dderbyniol, hollol foddhaol, cymeradwy, diargyhoedd.

unexceptionableness *n.* derbynioldeb *m*, natur ddi-fai *&c f.*

unexceptionably *adv.* yn ddi-fai *&c.*

unexceptional *a.* aneithriadol, cyffredin, anhynod.

unexceptionally *adv.* yn aneithriadol *&c.*

unexchangeable *a.* anghyfnewidiadwy, na ellir ei gyfnewid.

unexcitable *a.* digynnwrf, digyffro, llonydd, claear.

unexcited *a.* digyffro, digynnwrf, claear, heb eich cyffr|oi, heb eich cynhyrfu.

unexciting *a.* *(life):* digyffro, anniddorol, undonog, diflas; *(food, clothes &c):* anniddorol, diflas.

unexclusive *a.* anghyfyngedig, anghaeëdig; *(= common):* cyffredin.

unexclusively *adv.* yn anghyfyngedig *&c.*

unexclusiveness *n.* natur anghyfyngedig *f*, cyffredinrwydd *m.*

unexcused *a.* heb esgus, diesgus, nas esgusodir/esgusodid/esgusodwyd.

unexecuted *a.* **1.** *(pers.):* heb ei ddienyddio, nas dienyddiwyd. **2.** *(plan):* heb ei gyflawni, nas cyflawnir/cyflawnid/cyflawnwyd, nas rhoddwyd ar waith, heb ei roi ar waith.

unexemplified *a.* dienghraifft, nad oes enghraifft ohono.

unexercised *a.* **1.** *(muscles &c):* diymarfer, heb gael [digon o] ymarfer, nas ymarferir/ymarferid/ymarferwyd [ddigon]. **2.** *(authority &c):* anarferedig.

unexhausted *a.* **1.** *(resources):* anhysbydd, anhysbyddedig. **2.** = **untired.**

unexorcized *a.* **1.** *(spirit):* heb ei fwrw allan/mas, nas bwriwyd allan/mas. **2. an ~ house,** tŷ a'r ysbryd/bwgan yn dal ynddo.

unexotic *a.* anecsotig, cyffredin, cynefin, hysbys, cartrefol.

unexpanded *a.* *(business):* heb ymledu; *(balloon, chest):* heb ymchwyddo, anchwyddedig.

unexpansive *a.* anymledol.

unexpected *a.* & *n.* **1.** *a.* annisgwyl, annisgwyliadwy, annisgwyliedig, dirybudd. **2.** *n.* yr annisgwyl *m.*

unexpectedly *adv.* yn annisgwyl *&c*; heb eich disgwyl.

unexpectedness *n.* natur annisgwyl *f.*

unexpended *a.* heb ei wario/dreulio, nas gwerir/gwerid/gwariwyd, anhreuliedig, nas treulir/treulid/treuliwyd.

unexperienced *a.* **1.** = **inexperienced. 2.** *(pain &c):* nas profir/profid/profwyd.

unexpiated *a.* nas iawndalwyd, na wnaed iawn amdano.

unexpired *a.* heb ddarfod, annarfodedig, heb ddod i ben, mewn grym.

unexplainable *a.* anesboniadwy.

unexplained *a.* anesboniadwy, diesboniad, heb esboniad, heb eglurhad, heb ei egluro, heb ei esbonio.

unexplicit *a.* amhenodol, anfanwl, anechblyg, anesblyg, amhendant, aneglur, anghroyw, amwys, cuddiedig.

unexploded *a.* heb ffrwydro, anffrwydredig, *F:* heb chwythu.

unexploited *a.* anecsbloetiedig, anghyffwrdd, nas defnyddir/defnyddid/defnyddiwyd, na fanteisir/fanteisid/fanteisiwyd arno, nad elwir/elwid/alwyd arno.

unexplored *a.* anhysbys, anchwiliedig; **~ (country),** (gwlad) nad anturiodd neb iddi, nas chwiliwyd gan neb, na fu fforiwr ynddi.

unexposed *a.* **1.** *Phot: (film):* heb gael golau, heb ei goleuo, nas defnyddiwyd, heb ei dinoethi. **2.** *(dishonesty &c):* cudd, cuddiedig, annatgeledig, nas datgelir/datgelid/datgelwyd, heb ei ddatgelu/ddinoethi, heb ei ddwyn i'r golau, heb ei ddwyn i olau dydd.

unexpressed *a.* heb ei fynegi, anfynegedig, nas mynegir/mynegid/mynegwyd, difynegiant, mud, *occ:* dilafar, dileferydd.

unexpressible *a.* = **inexpressible.**

unexpressive *a.* difynegiant, mud, dywedwst.

unexpressively *adv.* yn ddifynegiant.

unexpressiveness *n.* diffyg (*m*) mynegiant, mudandod *m.*

unexpurgated *a.* nas sensorwyd, ansensoredig, cyflawn, cyfan, heb ei chwynnu, *Lib:* **~ edition,** argraffiad diymyrraeth *m.*

unextended *a.* heb ei estyn, heb ymestyn, diymestyn, anestynedig.

unextenuated *a.* diesgus.

unextinguishable *a.* anniffoddadwy, anniffodd.

unextinguished *a.* anniffoddedig, heb ei ddiffodd, nas diffoddir/diffoddid/diffoddwyd.

unfaded *a.* **1.** *(flower):* anwywedig, heb wywo, *Lit:* anwyw. **2.** *(colour, memory):* heb bylu.

unfading *a.* anniflannol, anniflanedig, anniflan.

unfadingly *adv.* yn anniflannol *&c.*

unfailing *a.* **1.** *(accuracy &c):* di-feth, di-ffael. **2.** *(humour, supply, spring):* gwastad, gwastadol, di-ball, cyson, dibynadwy, bythol, dihysbydd; **~ good humour,** hwyliau da di-feth.

unfailingly *adv.* yn ddi-feth, yn ddi-ffael, bob gafael, bob tro, bob amser, yn wastad, yn wastadol; **he was ~ polite,** 'roedd yn gwrtais bob amser.

unfailingness *n.* sicrwydd *m*, cysondeb *m.*

unfair *a.* **1.** annheg (**to s.o.,** â rhn); **to be ~ to s.o.,** gwneud cam â rhn, bod yn annheg â rhn; **it's ~!** nid yw'n deg! chwarae teg! **~ behaviour,** camymddygiad *m*, camymddwyn *vn.* **2.** *(price):* annheg, afresymol.

unfairly *adv.* yn annheg; **she has been ~ treated,** mae hi wedi cael cam; **I was ~ accused,** cyhuddwyd fi ar gam; cefais fai ar gam; camgyhuddwyd fi.

unfairness *n.* annhegwch *m*, anghyfiawnder *m.*

unfaith *n.* anghrediniaeth *f*, diffyg (*m*) ffydd.

unfaithful *a.* & *n.* **1.** *a.* *(= disloyal):* anffyddlon (**to s.o.,** i rn); **2.** *a.* *(= inaccurate):* anghywir. **3.** *n. Coll.* **the ~,** yr anffyddloniaid *pl.*

unfaithfully *adv.* **1.** yn anffyddlon. **2.** yn anghywir.

unfaithfulness *n.* **1.** anffyddlondeb *m.* **2.** anghywirdeb *m.*

unfallen *a.* anghwympedig, ansyrthiedig, heb gwympo, heb syrthio; *Theol:* ansyrthiedig, di-gwymp.

unfalsified *a.* nas ffugiwyd, dilys.

unfaltering *a.* *(voice):* digryndod, difloesgni, dibetrus, penderfynol, pendant; **~ (steps),** (camau) dibetrus, sicr, pendant, penderfynol.

unfalteringly *adv.* yn ddibetrus.

unfamed *a.* anenwog, di-nod, dinod, di-sôn-amdano/amdani *&c.*

unfamiliar *a.* **1.** *(= little known):* dieithr, anadnabyddus, anghyfarwydd, anhysbys, anghynefin, *F:* diarth. **2.** *(pers.):* **I am ~ with it,** mae'n ddieithr i mi; yr wyf yn anghyfarwydd/anghynefin ag ef; nid wyf yn gydnabyddus ag ef; **I'm totally ~ with this town,** mae'r dref hon yn gwbl ddieithr i mi; **he is quite ~ with the subject,** ni ŵyr odid ddim am y pwnc; mae'r pwnc yn hollol anghyfarwydd iddo.

unfamiliarity *n.* **1.** *(of a place &c):* dieithrwch *m.* **2.** *(= ignorance):* anghynefindra *m* (**with sth,** â rhth), anwybodaeth *f* (o rth).

unfamiliarized *a.* anghyfarwydd, anghynefin (**with sth,** â rhth).

unfamiliarly *adv.* yn anghyfarwydd *&c.*

unfanatical *a.* amhenboeth, heb fod yn benboeth.
unfancied *a.* annewisol.
unfanciful *a.* anffansïol, annychmygus.
unfancy *a.* diaddurn, syml, plaen.
unfanned *a.* nas gwyntyllir/gwyntyllid/gwyntyllwyd.
unfashionable *a.* anffasiynol, hen ffasiwn.
unfashionably *adv.* yn anffasiynol *&c.*
unfashioned *a.* digynllun, di-siâp, di-lun, afluniaidd.
unfasten *v.t.* **1.** *(button, shirt &c):* datod, agor; **to become unfastened,** agor, datod, dod yn rhydd. **2.** *(door, safe &c):* agor.
unfastenable *a.* agoradwy, datodadwy.
unfastened *a.* wedi datod, *occ:* datodedig; *(door):* agored, ar agor.
unfastidious *a.* annicra, anfursennaidd, anghymengar (*pronounced* ng-g), anghymengoeg (*pronounced* ng-g), *Lit:* hyfodd, *N.W: occ:* ddim yn fisi.
unfathered *a.* **1.** di-dad. **2.** *Fig:* **~ rumours,** sibrydion di-sail.
unfatherly *a.* annhadol, heb fod yn dadol.
unfathomable *a.* **1.** *(mystery):* annirnadwy, anesboniadwy, annealladwy, annirnad, annhreiddiadwy, anegluradwy, anneongladwy. **2.** *(ocean):* diwaelod, amhlymiadwy; *(darkness):* anhydraidd.
unfathomed *a.* = **unfathomable.**
unfatigued *a.* diflino, heb flino, diflinder, anniffygiol, diddiffygio, anflinedig, di-ball, diball.
unfatiguing *a.* anflinderus.
unfavourable *a.* anffafriol; **to appear in an ~ light,** rhoi argraff anffafriol.
unfavourably *adv.* yn anffafriol.
unfavoured *a.* **1.** di-ffafr. **2.** *Rac:* **~ horse,** ceffyl nad yw'n ffefryn, ceffyl heb lawer o obaith.
unfazed *a.* = **undisturbed, unperturbed.**
unfeared *a.* nas ofnir/ofnid/ofnwyd, anofnedig, a neb ei ofn.
unfearful *a.* di-ofn, diofn, eofn, difraw, di-fraw.
unfearfully *adv.* yn ddi-ofn *&c*; heb ofn.
unfeasibility *n.* annichonoldeb *m,* annichonolrwydd *m,* anymarferoldeb *m.*
unfeasible *a.* anymarferol, annichonadwy, annichonol, annichon.
unfeathered *a.* heb blu, di-blu.
unfed *a.* heb gael bwyd, heb eich bwydo.
unfederated *a.* anffederal.
unfeed *a.* annhaledig, heb gael tâl, di-dâl.
unfeeling *a.* dideimlad, caled, oer, oeraidd.
unfeelingly *adv.* yn ddideimlad *&c.*
unfeelingness *n.* dideimladrwydd *m,* diffyg (*m*) teimlad.
unfeigned *a.* gwirioneddol, didwyll, diffuant.
unfeignedly *adv.* yn wirioneddol *&c.*
unfeignedness *n.* didwylledd *m,* diffuantrwydd *m.*
unfeigning *a.* = **unfeigned.**
unfelled *a.* anghwympedig, anghymynedig.
unfelt *a.* annheimladwy, nas teimlir/teimlid/teimlwyd, heb ei deimlo.
unfeminine *a.* anfenywaidd.
unfenced *a.* heb ffens, di-ffens, heb ei ffensio, *N: occ:* heb gaead.
unfermentable *a.* aneplesadwy.
unfermented *a.* **1.** heb eplesu, heb weithio. **2.** *Fig:* **~ (ideas),** (syniadau) amrwd, crai, heb ddatblygu.
unfertile = **infertile.**
unfertilized *a.* **1.** *(egg, flower):* heb ei ffrwythloni, nas ffrwythlonwyd. **2.** *(land):* nas gwrteithiwyd, nas achleswyd, diwrtaith, diachles, heb dail, heb wrtaith, heb achles, heb dom.
unfetter *v.t.* = **unchain.**
unfettered *a.* *Lit:* dilyffethair, rhydd, diymatal; **to give ~ expression to one's feelings,** bwrw'ch tu mewn, mynegi'ch teimladau'n ddiymatal.
unfigured *a.* diaddurn, anaddurnedig, dibatrwm.
unfiled *a.* heb ei ffeilio, nas ffeiliwyd.
unfilial *a.* anfabol, anfabaidd, annhebyg i fab, anferchaidd, annhebyg i ferch.
unfilially *adv.* yn anfabol *&c.*
unfillable *a.* anllanwadwy.
unfilled *a.* gwag (gweigion), heb ei lenwi, nas llenwir/llenwid/llanwyd.
unfilleted *a.* heb ei ffiledu.
unfilmed *a.* nas ffilmiwyd.
unfilterable *a.* anhidladwy.
unfiltered *a.* heb ei hidlo, anhidledig.
unfindable *a.* annarganfyddadwy, na ellir dod o hyd iddo, anghanfyddadwy, amhosibl ei gael/ganfod/ddarganfod, amhosibl dod o hyd iddo.
unfinishable *a.* anorffenadwy.
unfinished *a.* anorffenedig, *Lit:* anorffen.
unfired *a.* **1.** *(gun):* heb ei danio, nas taniwyd; *(bullet):* heb ei saethu, nas saethwyd. **2.** *Cer:* **~ clay,** clai heb ei grasu. **3.** = **unenthusiastic.**
unfirm *a.* ansicr, ansad, simsan, sigledig.
unfirmly *adv.* yn ansicr *&c.*
unfished *a.* heb ei bysgota.
unfit[1] *a.* **1.** *(a)* (= *unsuitable*): anaddas, *occ:* anghyfaddas; **sth ~ for [human] consumption,** rhth anaddas i'w fwyta, ymborth anaddas i ddyn; **sth ~ to drink,** rhth anaddas i'w yfed; **sth ~ for publication,** rhth anaddas i'w gyhoeddi; **a house ~ for habitation,** tŷ anaddas i fyw ynddo; **a road ~ for heavy traffic,** ffordd anaddas i drafnidiaeth drom; *(b)* (= *not qualified*): anghymwys; **~ for military service,** anghymwys i wasanaethu yn y fyddin; **~ to rule,** anghymwys i lywodraethu; *Jur:* **~ to plead,** anghymwys i bledio; **I am ~ to pass judgement,** nid fy lle i yw lleisio barn; 'dwyf i ddim yn deilwng i farnu. **2.** *(physically):* *(a)* anabl, anatebol, heb fod yn ddigon iach; **she's ~ to travel,** nid yw hi mewn cyflwr i deithio; mae hi'n rhy wan/wael i deithio; *F:* 'dyw hi ddim yn ddigon atebol i deithio; **~ for duty,** rhy wael i weithio; *abs.* anystwyth, anheini, heb fod yn heini, gwachul, llegach; **I've become very ~,** rwyf wedi mynd yn anystwyth iawn; *(b) Mil:* **to be discharged as ~,** cael eich gollwng o'r fyddin oherwydd afiechyd; **he was declared ~,** datganwyd ei fod yn rhy wachul; datganwyd nad oedd yn ddigon atebol/heini/ystwyth.
unfit[2] *v.t.* anghymwyso.
unfitly *adv.* yn anaddas *&c.*
unfitness *n.* **1.** *(of remark &c):* anaddasrwydd *m,* anaddaster *m.* **2.** **~ (for sth), ~ (to do sth),** anghymhwyster *m,* anaddaster, anaddasrwydd (ar gyfer rhth, i wneud rhth); *Jur:* **~ to plead,** anghymhwyster i bledio. **3.** *(of health):* ddiffyg (*m*) ffitrwydd, anffitrwydd *m,* cyflwr afiach/anheini *m.*
unfitted *a.* **1.** = **unfit 1** *(b).* **2.** (= *not furnished with fittings*): heb ei ffitio; (= *not fitted in place*): heb ei osod, anosodedig.
unfitting *a.* anaddas, anghymwys, amhriodol.
unfittingly *adv.* yn anaddas *&c.*
unfix *v.t.* datod, tynnu, *Mil:* **to ~ bayonets,** tynnu'r bidogau.
unfixed *a.* ansefydlog, rhydd(-ion), heb ei osod.
unfixity *n.* ansefydlogrwydd *m,* simsanrwydd *m,* siglogrwydd *m.*
unflagging *a.* diflino, diflin, diwyd, dyfal, di-ball, diball, anniffygiol, diddiffygio.
unflaggingly *adv.* yn ddiflino *&c.*
unflanked *a.* anystlysog; **a procession by police,** gorymdaith heb heddlu o bobtu iddi.
unflappability *n.* llonyddwch *m,* natur ddigyffro *f,* natur ddigynnwrf *f,* gwastadrwydd *m, N.W: occ:* comrwydd *m.*
unflappable *a.* llonydd, digyffro, gwastad, digynnwrf, *N: occ:* côm; **he's ~,** 'does dim cynhyrfu arno.
unflappably *adv.* yn ddigyffro *&c*; heb droi blewyn.
unflattened *a.* anwastad, an-fflat.
unflattered *a.* heb eich seboni, nas sebonir/sebonid/sebonwyd.
unflattering *a.* **1.** *(words):* anwenieithus, diweniaith. **2.** *(photo &c):* anffafriol, angharedig, didrugaredd, anhrugarog.
unflatteringly *adv.* **1.** yn ddiweniaith. **2.** yn anffafriol *&c.*
unflavoured *a.* **1.** di-flas, heb flas. **2.** (= *without special flavouring*): digyflasyn, heb gyflasyn.
unflawed *a.* di-nam, di-fefl, diddiffyg, diddiffygion, difrychau, perffaith, difreg, *S.W: occ:* dïen.
unfledged *a.* **1.** *(bird):* di-blu, heb blu, noeth(-ion). **2.** *Lit:* *(pers.):* dibrofiad, glas, anaeddfed, heb adnabod y byd.
unfleshed *a.* (= *inexperienced*): dibrofiad.
unfleshly *a.* anghnawdol, ysbrydol.
unflickering *a.* llonydd, digryndod, heb ysmicio, nad yw'n ysmicio.
unflinching *a.* diysgog, disyflyd, diwrthgil, digryn, pybyr.
unflinchingly *adv.* yn ddiysgog *&c*; heb wingo, heb gilio.

unfloored *a.* di-lawr, heb lawr, heb ei lorio.
unfluctuating *a.* digyfnewid, anamrywiol, sefydlog, anymdonnol, diymdoniad, anendonnol, diendoniad.
unflurried *a.* di-ffrwst, hamddenol.
unflushed *a.* **1.** *(cheeks &c):* heb wrido, di-wrid, heb gochi. **2.** *(toilet):* heb dynnu dŵr.
unfluted *a. Arch: &c:* anffliwtiog.
unflyable *a.* anhedfanadwy, anhedadwy.
unfocused, unfocussed *a.* anffocysedig, diffocws, allan o ffocws.
unfold[1] *v.t., v.i. & pr.* **1.** *v.t. (a) (newspaper, cloth &c):* agor; **to ~ one's arms,** agor eich breichiau, lledu'ch breichiau; *(b)* **to ~ a secret,** datgelu/datguddio cyfrinach. **2.** *v.i. & pr. (of flower, landscape):* ymagor; **as the story unfolded,** fel y datblygodd y stori, wrth i'r stori ddatblygu, fel yr aeth y stori rhagddi.
unfold[2] *v.t.* **to ~ sheep,** gollwng defaid [allan] o'r gorlan/ffald.
unfoldment *n. U.S:* ymagoriad(-au) *m.*
unfond *a.* anhoff.
unforbearing *a.* diamynedd, byr eich amynedd, anamyneddgar, anfaddeugar.
unforbidden *a.* anwaharddedig, diwahardd, diwarafun.
unforced *a.* digymell, gwirfoddol, o'ch gwirfodd, naturiol.
unfordable *a.* anrhydadwy.
unforded *a.* **an ~ river,** afon nas croeswyd/rhydwyd; *(not having a ford):* afon heb ryd.
unforeseeable *a.* anrhagweladwy, annisgwyliadwy.
unforeseeably *a.* yn anrhagweladwy.
unforeseen *a.* annisgwyl, anrhagweledig; **~ circumstances,** amgylchiadau [cwbl] annisgwyl.
unforested *a.* digoedwig, difforest, di-goed.
unforetold *a.* = anrhagddywededig, amhroffwydedig, annaroganedig, heb ei ragdd|weud/broffwydo/ddarogan; *S.a.* **unforeseen.**
unforfeitable *a.* anfforffedadwy.
unforgeable *a.* **1. ~ iron,** haearn na ellir mo'i weithio/yrru/ofannu, haearn anweithiadwy. **2.** *Fig:* **~ links,** dolennau heb eu creu. **3.** *(document):* anffugiadwy.
unforged *a.* **1. ~ iron,** haearn heb ei weithio/yrru/ofannu. **2.** *Fig: (link):* digyswllt. **3.** *(document):* anffugiedig, dilys.
unforgettable *a.* bythgofiadwy, *Lit:* diangof, *F: occ:* anfarwol.
unforgettably *adv.* yn fythgofiadwy.
unforgivable *a.* anfaddeuol, anfaddeuadwy.
unforgivably *adv.* yn anfaddeuol *&c.*
unforgiven *a.* **1.** *(crime):* anfaddeuedig, difaddeuant, nas maddeuir/maddeuid/maddeuwyd. **2.** *(pers.):* na faddeuir/faddeuid/faddeuwyd iddo.
unforgiving *a.* anfaddeugar, difaddau, difaddeuant.
unforgotten *a.* diangof, heb fynd yn angof, nas anghofir/anghofid/anghofiwyd, bythgofiadwy.
unforked *a.* anfforchog.
unformed *a.* anffurfiedig, anaeddfed, heb ymffurfio, heb ddatblygu, heb gymryd ffurf, afluniaidd, di-ffurf, di-siâp.
unformulated *a.* diff|ormiwla, heb ei osod allan.
unforsaken *a.* anwrthodedig, nas gadewir/gadewid/gadawyd.
unforthcoming *a.* tawedog, tawel, dywedwst, di-ddweud, diymateb.
unfortified *a.* **1.** *(town &c):* anghaerog, diamddiffyn, heb amddiffynf|eydd. **2. ~ wine,** gwin heb ei rymuso.
unfortunate *a. & n.* **1.** *a. (a) (pers.):* anffodus, anlwcus, *occ:* anffortunus; *(b) (thing):* anffodus; **it is ~ that she has to go,** mae'n resyn/drueni/anffodus bod yn rhaid iddi fynd; **how [very] ~!** dyna resyn [o beth]! dyna drueni! *N: F:* bechod! **how ~ for him!** druan ohono! druan bach! druan ag o/e! *Lit:* druan [g]ŵr! **2.** *n.* **a poor ~,** anffodusyn (anffodusion) *m,* truan (trueiniaid) *m,* truanes(-au) *f, N:* creadur(-iaid) *m,* creadures(-au) *f.*
unfortunately *adv.* **1.** *(modifying a single word):* yn anffodus; **an ~ worded statement,** datganiad anffodus ei eiriad, datganiad a eiriwyd yn anffodus; **~ for him,** yn anffodus iddo ef. **2.** *(modifying a clause): (= worse luck):* yn anffodus, gwaetha'r modd, *Lit:* ysywaeth; **~ I missed the bus,** gwaetha'r modd mi gollais y bws.
unfortunateness *n.* anffodusrwydd *m.*
unfossiliferous *a.* anffosilifferaidd.
unfossilized *a.* anffosilaidd, anffosileiddiedig.
unfought *a.* nas ymleddir/ymleddid/ymladdwyd, heb ei ymladd/hymladd, anymladdedig.
unfounded *a.* di-sail, disylfaen, heb sylfaen, heb garn.
unframed *a.* di-ffrâm, heb ffrâm, heb ei fframio.
unfranchised *a.* **1. = unenfranchised. 2.** *U.S: Com:* didrwydded.
unfranked *a.* heb ddilead post.
unfrantic *a.* digyffro, diffwdan, digynnwrf, di-frys, di-ffrwst.
unfree *a.* caeth(-ion), rhwymedig, heb fod yn rhydd.
unfreeze *v.t.* dadrewi, *N:* dadmer, *S:* dadlaith; *S.a.* **thaw[2] 1.**
unfrequented *a.* ansathredig, *Lit:* didramwy, disathr.
unfretted *a. Mus:* digribell, anghribellog.
unfriended *a.* digyfaill, digyfeillion, heb gyfaill/gyfeillion.
unfriendliness *n.* anghyfeillgarwch *m,* agwedd anghyfeillgar *f,* natur anghyfeillgar *f.*
unfriendly *a.* **1.** anghyfeillgar **(to s.o.,** â rhn, wrth rn). **2.** *(circumstances):* anffafriol, anffodus; **an ~ welcome,** croeso oeraidd, glas groeso.
unfrightened *a.* annychrynedig, heb ddychryn, heb eich dychryn; *S.a.* **unafraid.**
unfrock *v.t.* **to ~ a priest,** diurddo/diarddel offeiriad.
unfrocked *a.* diurddedig, diarddeledig.
unfrosted *a.* **1.** difarrug, heb farrug, dilwydrew, heb lwydrew. **2.** *(window):* clir.
unfrowning *a.* di-wg, anwgus.
unfrozen *a. (a) (liquid):* heb rewi; *(b) (credit):* rhydd(-ion).
unfruitful *a.* **1.** *(land, tree):* anffrwythlon, diffrwyth. **2.** *(labour, search):* ofer, seithug, di-fudd.
unfruitfulness *n.* **1.** anffrwythlonrwydd *m,* anffrwythlondeb *m,* diffrwythdra *m.* **2.** *(of search &c):* seithugrwydd *m,* oferedd *m.*
unfrustrated *a.* anrhwystredig.
unfuelled *a.* didanwydd, heb danwydd.
unfulfilled *a. (a) (prophecy):* nas gwireddir/gwireddid/gwireddwyd, anghyflawn, nas cyflawnir/cyflawnid/cyflawnwyd, na ddaeth yn wir; *(b) (desire):* rhwystredig, nas bodlonir/bodlonid/bodlonwyd; **to feel ~,** teimlo'n rhwystredig; *(prayer):* anatebedig, diateb, heb ei hateb, nas atebir/atebid/atebwyd; *(c)* **an ~ duty,** dyletswydd heb ei gwn|eud/chyflawni; **an ~ promise,** addewid heb ei chyflawni/chywiro.
unfunctional *a.* answyddogaethol.
unfunded *a.* heb arian, di-nawdd, heb nawdd ariannol, heb gyllid, digyllid, heb gronfa o arian.
unfunnily *adv.* yn annigrif *&c.*
unfunny *a.* heb fod yn ddigrif, heb fod yn ddoniol, annigrif, annoniol.
unfurl *v.t.&i.* **1.** *v.t.* **to ~ a sail,** lledu hwyl; **to ~ an umbrella,** agor/dadrolio ambarél; **to ~ a flag,** cyhwfan baner. **2.** *v.i.* ymledu, ymagor, dadrolio.
unfurled *a. (sail):* ar led, ar daen; *(umbrella):* ar agor, agored; *(flag):* yn cyhwfan.
unfurnished *a. N:* heb ddodrefn, diddodrefn, annodrefnedig, *S:* heb gelfi, digelfi.
unfurred *a.* di-flew.
unfurrowed *a.* di-rych, llyfn (*f.* llefn, *pl.* llyfnion).
unfused *a.* **1.** *(= not melted):* heb doddi. **2.** *(= without a fuse):* heb ffiws, di-ffiws.
unfussily *a.* yn ddiffwdan *&c.*
unfussiness *n.* diffyg *(m)* ffwdan, diffwdandod *m.*
unfussy *a.* diffwdan, di-lol.
ungag *v.t.* datod/tynnu safnrwym (rhn, oddi ar rn), dadgagio (rhn).
ungagged *a.* heb safnrwym.
ungainful *a.* digyflog, dielw.
ungainliness *n.* lletchwithdod *m.*
ungainly *a.* afrosgo, trwsgl, lletchwith.
ungallant *a.* anfoneddigaidd.
ungallantly *adv.* yn anfoneddigaidd.
ungallantry *n.* anfoneddigeiddrwydd *m.*
ungarbled *a.* clir, diddryswch, angharbwl, anghymysglyd.
ungarnered *a.* nas cyweiniwyd, heb ei gywain.
ungarnished *a.* diaddurn; *Cu:* heb garnis.
ungarrisoned *a.* heb [g]arsiwn.
ungartered *a.* heb ardys/ardas, diardys.
ungathered *a.* anghasgledig, heb eu casglu/hel, nas cesglir/cesglid/

casglwyd, nas crynhöir/crynhöid/cronhöwyd, nas cyweinir/cyweinid/cyweiniwyd.
ungauged *a.* anfesuredig.
ungelded *a.* nas ysbaddwyd, anysbaddedig.
ungeneralizable *a.* na ellir mo'i gyffredinoli.
ungenerous *a.* crintachlyd, crintach, cybyddlyd, cynnil, llawgaead, an-hael, anhaelionus, *S:* tyn[n].
ungenerously *adv.* yn grintachlyd *&c.*
ungenerousness *n.* crintachrwydd *m*, anhaelioni *m*, cynildeb *m.*
ungenial *a.* anrhadlon, afrywiog, anhynaws, anserchog, di-serch, digroeso, anfwyn, annhirion.
ungeniality *n.* anrhadlonrwydd *m*, ansercho[w]grwydd *m*, anrhadlonder *m*, anrhadlondeb *m*, annhirionwch *m.*
ungenially *adv.* yn anrhadlon *&c.*
ungenteel *a.* anfonheddig, ansyber, ansydêt.
ungenteelness *n.* ansyberwyd *m*, anfoneddigeiddrwydd *m*, ansydetrwydd *m.*
ungentle *a.* annhirion, anhynaws, anfwyn.
ungentleness *n.* annhiriondeb *m*, anhynawsedd *m*, anfwynder *m.*
ungentlemanliness *n.* anfoneddigeiddrwydd *m.*
ungentlemanly *a.* anfonheddig, anfoneddigaidd.
ungerminated *a.* heb egino.
unget-at-able *a. F:* anodd mynd ato, anodd cael ato, anodd cael gafael arno, pell o gyrraedd, anghyraeddadwy, anhygyrch.
ungifted *a.* di-ddawn, didalent.
ungild *v.t.* dicuro.
ungilded, ungilt *a.* aneuredig.
ungimmicky *a.* plaen, di-lol, digimic[s].
ungird *v.t.* dadrwymo, dadwregysu, tynnu gwregys (rhn).
ungirt *a.* diwregys, heb wregys.
ungirth *v.t.* digenglu.
ungirthed *a.* di-gengl, heb gengl, heb dordres.
ungiven *a.* anrhoddedig, heb ei r[h]oi, heb ei r[h]oddi, nas rhoddir/rhoddid/rhoddwyd.
unglamorized, unglamourous *a.* dihudoliaeth, plaen, anglamoraidd, anglamoreiddiedig.
unglazed *a.* **1.** *(window):* heb wydr, di-wydr. **2.** *(a) Phot:* **~ paper,** papur di-sglein/anwydrog; *(b) Cer:* **~ china,** tsieni anwydrog/diwydredd.
unglorified *a.* anogoneddus, diogoniant.
unglove *v.t.&i.* tynnu menig (rhn).
ungloved *a.* heb faneg/fenig, difaneg, difenig.
unglue *v.t.* dadlynu.
ungodlike *a.* annwyfolaidd, annhebyg i dduw.
ungodliness *n.* annuwioldeb *m*; *(= wickedness):* drygioni *m.*
ungodly *a.* *(a)* annuwiol; *(= wicked):* drygionus, pechadurus; *n. Coll:* **the ~,** yr annuwiolion, y rhai annuwiol; *(b) F:* **an ~ row,** twrw cythreulig/dieflig/uffernol, cythraul o dwrw, *V:* twrw diawledig, diawl o dwrw.
ungovernable *a.* afreolus, aflywodraethus, gwyllt(-ion); *(country):* anrheoladwy.
ungovernably *adv.* yn afreolus *&c.*
ungoverned *a.* dilywodraeth, heb lywodraeth.
ungraced *a.* diaddurn, heb ei addurno, heb ei harddu.
ungraceful *a.* anosgeiddig, lletchwith, anurddasol, diurddas, *Lit: occ:* annillyn.
ungracefully *adv.* yn anosgeiddig, yn ddiurddas.
ungracefulness *n.* lletchwithdod *m*, natur anosgeiddig *f*, anosgedd *m.*
ungracious *a.* anrasol, anraslon, anrhadlon, di-ras, diras.
ungraciously *adv.* yn anrasol *&c.*
ungraciousness *n.* anraslonrwydd *m.*
ungraded *a.* anraddedig.
ungraduated *a.* **1.** *(gauge &c):* anraddedig. **2.** *Sch:* heb raddio.
ungrafted *a.* animpiedig.
ungrammatical *a.* anramadegol.
ungrammatically *adv.* yn anramadegol.
ungranted *a.* nas caniat|eir/caniat|eid/caniatawyd; nas rhoddir/rhoddid/rhoddwyd.
ungraspable *a.* *(theory &c):* annealladwy, annirnad, anodd ei ddirnad.
ungraspably *adv.* yn annealladwy.
ungrasped *a.* **1.** *(theory):* nas deëllir/deëllid/deallwyd. **2.** *(chance):* nas cipir/cipid/cipiwyd.
ungrateful *a.* **1.** anniolchgar, diddiolch. **2.** *(soil):* digynnyrch, anffrwythlon.
ungratefully *adv.* yn anniolchgar *&c.*
ungratefulness *n.* anniolchgarwch *m.*
ungratified *a.* *(desire):* anniwall, anniwalledig, heb ei d[d]iwallu, heb ei fodloni/bodloni, nas boddh|eir/boddh|eid/boddhawyd.
ungratifying *a.* anfoddhaol, anfoddh|aus, nad yw'n plesio, amhleserus, dibleser.
ungreased *a.* di-saim, heb ei iro.
ungreedy *a.* cymedrol, anfarus, heb fod yn farus/rheibus, anrheibus.
ungroomed *a.* anniben, aflêr, anhrwsiadus.
unground *a.* heb ei falu, heb ei felino.
ungrounded *a.* **1.** *(objection):* di-sail, di-garn. **2.** *(ship):* heb daro tir, heb daro'r gwaelod.
ungrudged *a.* diwarafun.
ungrudging *a.* dirwgnach, diwarafun, diomedd, hael, dibrin.
ungual *a.* **1.** *(a) (= like nail):* ewinol; *(b) (= having nails):* ewinog. **2.** *(a) (= like a hoof):* carnol; *(b) (= hoofed):* carnog.
unguarded *a.* **1.** *(a)* diamddiffyn, diwarchod; **to leave the goal ~,** gadael y gôl yn agored; *(b) Chess: Cards: (card, piece):* diamddiffyn. **2.** *(remark):* anystyriol, difeddwl, esgeulus; **in an ~ moment,** ar funud esgeulus. **3.** *Ind: (machine):* heb giard.
unguardedly *adv.* yn ddifeddwl.
unguardedness *n.* **1.** *(of place):* diamddiffynrwydd *m.* **2.** *(of remark):* anystyrwch *m.*
unguent *n.* ennaint (eneiniau) *m*, eli (elïau, elïoedd) *m.*
unguentary *a.* eliaidd, eneinaidd.
unguessed *a.* annyfaledig, nas dyfelir/dyfelid/dyfalwyd.
unguiculate *a.* = **ungual.**
unguidable *a.* anarweiniadwy, anllywiadwy.
unguided *a.* diarweiniad.
unguirious *a.* olewaidd, oeliog.
unguis *n.* **1.** *Z: (= hoof):* carn(-au) *m*; *(= nail):* ewin(-edd) *m.* **2.** *Bot:* bôn/bonyn (*m*) petal (bonion petalau).
ungula *n. Z:* = **hoof, claw, talon**; *Geom:* carn (*m*) côn (carnau conau).
ungular *a.* carnol.
ungulata *n.pl. Z:* carnolion.
ungulate *a. & n. Z:* **1.** *a.* carnol, carnog. **2.** *n.* carnolyn (carnolion) *m.*
unguligrade *a.* carn-gerddol.
ungum *v.t.* = **unglue.**
ungummed *a.* heb lud, di-lud.
unhackneyed *a.* anystrydebol, gwreiddiol.
unhailed *a.* di-glod.
unhair *v.t.* tynnu gwallt, plicio gwallt (rhth).
unhallowed *a.* anghysegredig; *(= wicked, ungodly):* drygionus, annuwiol; *(= devilish):* dieflig, cythreulig.
unhampered *a.* dilyffethair, dilestair, heb eich llyffetheirio/llesteirio.
unhand *v.t.* gollwng.
unhandicapped *a.* heb anfantais.
unhandily *adv.* yn anfedrus *&c.*
unhandiness *n.* anfedrusrwydd *m*, anneheurwydd *m.*
unhandled *a.* heb ei drin, heb ei drafod, nas trinir/trinid/triniwyd.
unhandsome *a.* anolygus, diolwg, amhrydferth, an-hardd.
unhandsomely *adv.* yn anolygus *&c.*
unhandsomeness *n.* anharddwch *m.*
unhandy *a.* anfedrus, anhylaw, annehau, anneh|euig, annechau, annethau, trwsgl.
unhang *v.t.* *(picture &c):* dadfachu.
unhanged *a.* *(criminal):* heb ei grogi; **one of the greatest rogues ~,** un o'r dihirod pennaf â'u traed yn rhydd.
unhappily *adv.* **1.** *(= sadly):* yn drist, yn anhapus *&c.* **2.** *(= unfortunately):* yn anffodus.
unhappiness *n.* anhapusrwydd *m*, annedwyddwch *m*, aflawenydd *m*, tristwch *m*, digalondid *m.*
unhappy *a.* **1.** *(a) (= sad):* anhapus, annedwydd, digalon, trist, penisel, aflawen; **I'm ~ at leaving; I'm ~ to be leaving,** mae'n chwith gen i ymadael; *(b)* anesmwyth; **I'm ~ about leaving the house empty,** mae'n chwith gennyf adael y tŷ'n wag; nid yw'n dda gennyf adael y tŷ'n wag. **2.** *(remark &c):* anffodus, anffortunus.

unharbour *v.t. Ven:* **to ~ a deer from a covert,** codi/gyrru carw o gwfert.
unhardened *a.* heb galedu.
unharmed *a.* dianaf, diogel, heb gael niwed.
unharmful *a.* diniwed.
unharmonious *a.* **1.** *(sound):* aflafar. **2.** *(relationship):* anghytûn, anghytgordiol.
unharmoniously *adv.* **1.** yn aflafar. **2.** yn anghytûn.
unharness *v.t.* tynnu harnais, dadharneisio, diharneisio (rhth); rhyddh|au (rhth) o'i harnais; tynnu'r harnais (oddi ar rth).
unharrowed *a.* **~ ground,** tir heb ei ogedu/lyfnu.
unharvested *a.* heb ei gynaeafu/fedi/gywain.
unhasp *v.t.* datod, agor.
unhatched *a.* heb ddeor, anneoredig.
unhazardous *a.* diberygl.
unhealable *a.* anwelladwy, diwellhad, diwella.
unhealed *a.* **1.** *(wound):* heb wella. **2.** *Fig:* **an ~ breach,** rhwyg heb ei chyfannu.
unhealthful *a.* = **unhealthy.**
unhealthily *adv.* yn afiach *&c.*
unhealthiness *n.* **1.** *(of climate, mind):* natur afiach *f*, afiachusrwydd *m.* **2.** *(of pers.):* cyflwr afiach *m*, iechyd gwael *m*, gwaeledd *m.*
unhealthy *a.* **1.** *(place, mind):* afiach. **2.** *(pers.):* afiach, gwael, claf, gwantan, llegach, gwachul, symol.
unheard *a.* **1.** *(music &c):* nas clywir/clywid/clywyd, *occ:* anghlywedig, anghlyw; **(to condemn s.o.) ~,** (collfarnu rhn) heb ei glywed, heb wrando arno, heb wrandawiad, yn ddiwrandawiad. **2. ~-of** *(a) (author &c):* anadnabyddus, di-sôn-amdano, heb sôn amdano, di-sôn, di-nod, anenwog; *(b) (= unparalleled):* heb ei debyg, anhygoel, na chlywyd/chlybuwyd mo'i debyg; **that's ~-of!** mae hynny'n anhygoel! ni chlywais i erioed y fath beth! *N: F:* chlywais i ffasiwn beth: *S: F:* chlywais i shwt beth!
unhearing *a.* diwrando, diglywed.
unheated *a.* heb wres, di-wres, heb ei wresogi/gynhesu.
unhedged *a.* **1.** *(field &c):* heb wrych[-oedd], heb berth[-i], *S.W:* heb glawdd/gloddiau. **2.** *(= unconditional):* diamod.
unheeded *a.* heb gael sylw, disylw; **to pass ~,** mynd heibio'n ddisylw, osg|oi sylw.
unheedful, unheeding *a.* diofal, didaro, dihidio, dihitio, digyffrif, *F:* di-feind, di- hid, dihidans.
unheedingly *adv.* yn ddiofal *&c.*
unhelmeted *a.* heb helmed, pennoeth.
unhelped *a.* digymorth, digynhorthwy, di-gefn; **(to do sth) ~,** (gwneud rhth) ar eich pen eich hun, heb gael cymorth, heb gymorth, heb gynhorthwy.
unhelpful *a.* *(criticism, advice):* di-fudd, da i ddim, diwerth, diddefnydd, annefnyddiol, anghynorthwyol; *(pers.):* digymwynas, anghymwynasgar, da i ddim, gwrthnysig, amharod eich cymwynas, byr eich cymwynas, *Joc:* di-dwrn-da; **he's ~,** un prin/cyndyn/byr ei gymwynas yw ef; nid yw'n fawr o help/gymorth/gynhorthwy; **don't be so ~!** gwna rywbeth da ti (gwnewch rywbeth da chi)!
unhelpfully *adv.* **1.** yn ddi-fudd *&c.* **2.** yn ddigymwynas *&c.*
unhelpfulness *n.* **1.** anfuddioldeb *m.* **2.** anghymwynasgarwch *m*, amharodrwydd (*m*) i gynorthwyo.
unhemmed *a.* heb hem, heb ei hemio.
unheralded *a.* *Lit:* heb ragflaenydd; *S.a.* **unannounced, unforeseen.**
unheroic[al] *a.* anarwrol; *(= cowardly):* llwfr, anwrol.
unheroically *adv.* yn anarwrol *&c.*
unhesitant, unhesitating *a.* dibetrus, parod.
unhesitatingly *adv.* yn ddibetrus, heb betruso.
unhewn *a.* **~ stone,** carreg heb ei naddu.
unhidden *a.* anghuddiedig, annirgel, amlwg, gweladwy, di-gêl.
unhindered *a.* dirwystr, heb rwystr, dilyffethair, dilestair, diomedd, rhydd.
unhinge *v.t.* **1.** *(door &c):* dadfachu (drws), tynnu/codi (drws) oddi ar ei golynnau/golfachau. **2.** *(mind):* drysu.
unhinged *a.* dryslyd, wedi drysu, gwallgof, o'ch cof.
unhired *a.* anhuredig, anllogedig, heb ei hurio/logi, nas hurir/hurid/huriwyd, nas llogir/llogid/llogwyd.
unhistorical *a.* anhanesyddol.
unhistorically *adv.* yn anhanesyddol.
unhitch *v.t.* datglymu, dadfachu.
unholiness *n.* diefligrwydd *m*, ansancteiddrwydd *m*, annuwioldeb *m*, anfadrwydd *m.*
unholy *a.* **1.** dieflig, ansanctaidd, annuwiol, anfad. **2.** *F:* **an ~ muddle,** llanast cythreulig/uffernol/ofnadwy/*N:* trybeilig, *V:* cythraul o lanast, diawl o lanast, llanast diawledig; **an ~ alliance,** cynghrair anfad.
unhomelike *a.* anghartrefol.
unhomeliness *n.* anghartrefolrwydd *m*, natur anghartrefol *f.*
unhomely *a.* anghartrefol.
unhonoured *a.* dianrhydedd, heb anrhydedd, nas anrhydeddir/anrhydeddid/anrhydeddwyd.
unhook *v.t.* dadfachu.
unhoped *a.* **~-for,** annisgwyl, annisgwyliedig, croes i bob gobaith.
unhopeful *a.* diobaith, heb obaith, mewn anobaith.
unhopefully *adv.* yn ddiobaith.
unhoping *a.* = **unhopeful.**
unhorse *v.t. esp. Lit:* **to ~ a rider,** taflu marchog; **to be unhorsed,** cael eich taflu.
unhospitable *a.* digroeso.
unhouse *v.t.* troi (rhn) o'i gartref, *occ:* digartrefu (rhn).
unhoused *a.* digartref.
unhouseled *a. A:* heb dderbyn cymun, digymun.
unhuman *a.* = **inhuman.**
unhumanize *v.t.* annynoli.
unhumourous *a.* dihiwmor.
unhung *a.* **1. an ~ murderer,** llofrudd heb ei grogi. **2. an ~ picture,** llun heb ei hongian, *Lit:* llun heb ei grogi.
unhunted *a.* nas helir/helid/heliwyd.
unhurried *a.* hamddenol, di-frys, difrysio, araf, di-ffrwst.
unhurriedly *adv.* yn hamddenol *&c.*
unhurrying *a.* = **unhurried.**
unhurryingly *adv.* = **unhurriedly.**
unhurt *a.* **1.** *(pers.):* dianaf, heb niwed, heb anaf, heb gael anaf/niwed, *Lit: occ:* diarcholl; **(to escape) ~,** (dianc) yn groeniach, yn iach eich croen, heb anaf, yn gyfan. **2.** *(thing):* cyfan, heb niwed.
unhurtful *a.* anniweidiol.
unhusbanded *a.* nas cynilir/cynilid/cynilwyd.
unhusk *v.t.* digibo, difasglu.
unhydrated *a. Ch:* anhydradol.
unhygienic *a.* anlanwaith, budr, aflan.
unhyphenated *a.* diwahannod, anheiffenedig, heb heiffen/wahannod.
unialgal *a. Biol:* unalgaidd.
uniat, uniate *a. & n. Rel:* **1.** *a.* uniadol. **2.** *n.* uniadwr (uniadwyr) *m.*
uniaxial *a.* unechelog, un echel.
unicameral *a.* unsiambrog, un siambr.
unicellular *a. Biol:* ungell, ungellog (*both pronounced* ng-g).
unicity *n.* **1.** *(= oneness):* uniaeth *f.* **2.** *(= uniqueness):* unigrywiaeth *f*, unigrywedd *m*, unigrywdod *m.*
uniclinal *a.* unglinol.
unicoloured *a.* unlliw, [o] un lliw.
unicorn *n.* **1.** *Myth:* ungorn (ungyrn) *m* (*pronounced* ng-g), uncorn (uncyrn) *m.* **2.** *Z:* **~ whale, sea ~, = narwhal. ~ moth** *n. Ent:* gwyfyn(-od) uncorn *m.* **~ shell** *n. Conch:* cragen (cregyn) (*f*) uncorn.
unicostate *a. Bot:* unasennog.
unicursal *a.* ungwrsaidd (*pronounced* ng-g).
unicuspid *a.* unbig.
unicycle *n.* beic(-iau) (*m*) un olwyn.
unidea'd *a.* disyniad, disyniadau, heb syniadau.
unideal *a.* annelfrydol.
unidealistic *a.* diddelfryd, annelfrydgar.
unidentifiable *a.* anadnabyddadwy.
unidentified *a.* anadnabyddus, anhysbys, heb ei adnabod; **~ flying object,** gwrthrych(-au) hedegog anhysbys *m*, peth(-au) hedegog anhysbys *m*, ehedbeth(-au) anhysbys *m.*
unidimensional *a.* un dimensiwn.
unidiomatic *a.* anidiomatig, annaturiol, croes i deithi'r iaith, annheithïaidd, annheithïol.
unidiomatically *adv.* yn anidiomatig *&c.*
unidirectional *a.* unffordd, un cyfeiriad.
unifiable *a.* unadwy.

unific *a.* unol.
unification *n.* uniad(-au) *m*, uno *vn.*
unified *a.* unedig, unol; ~ **thread,** edau unol *f.*
unifier *n.* unwr (unwyr) *m.*
unifiliar *a.* ungor, ungainc (*both pronounced* ng-g).
uniflorous *a. Bot:* unflodeuog.
unifoliate *a. Bot:* **1.** *(= one-leaved):* unddalennog. **2.** = *foll.*
unifoliolate *a.* unddalenigol.
uniform *a. & n.* **1.** *a. (colour, style, appearance):* unffurf, unwedd; *Com:* ~ **costing,** costio (*vn*)/costiad(-au) (*m*) unffurf; *Lib:* ~ **heading,** pennawd (penawdau) unffurf *m*; ~ **title,** teitl(-au) unffurf *m*; *Metalw: &c:* ~ **pitch,** pits unffurf *m*; ~ **strength,** cryfder unffurf *m*; *(temperature, speed):* cyson, digyfnewid; **non-~,** anunffurf, anwastad, anghyson; **of ~ size,** unfaint, o'r un faint; **to make sth ~,** unffurfio rhth. **2.** *n. (a) Mil: Sch:* gwisg(-oedd) unffurf *f*, swyddwisg(-oedd) *f*, urddwisg(-oedd) *f*, unffurfwisg(-oedd) *f*; **school ~,** gwisg ysgol; *(b) Mil:* lifrai (lifreion) [milwrol] *m*, gwisg filwrol (gwisgoedd milwrol) *f*, *F:* |iwnifform (iwnifformau) *f*, dillad (*pl*) so[w]ldiwr, siwt (*f*) so[w]ldiwr (siwtiau so[w]diwrs); *(c) (of nurse &c):* gwisg; **out of ~,** yn eich dillad pob dydd, yn eich dillad eich hun.
uniformed *a.* mewn gwisg unffurf, mewn ffurfwisg *&c; Mil:* mewn lifrai, lifreiog, lifrog.
uniformitarian *n. & attrib. Geol:* **1.** *n.* unffurfiadwr (unffurfiadwyr) *m.* **2.** *attrib.* unffurfiadol.
uniformitarianism *n. Geol:* unffurfiadaeth *f.*
uniformity *n.* **1.** unffurfiaeth(-au) *f*, unffurfedd(-au) *m*; *Mth:* unffurfedd; *Hist:* **Act of U~,** Deddf Unffurfiaeth; *Log:* ~ **of nature,** unffurfiaeth natur; *(of current):* cysondeb *m.*
uniformly *adv.* **1.** yn unffurf. **2.** *(= constantly):* yn gyson, yn wastad, yn wastadol.
unify *v.t.&i.* **1.** *v.t.* uno, *occ:* unoli. **2.** *v.i.* uno, ymuno, dod ynghyd, dod yn un, mynd yn un, dod at eich gilydd.
unigeniture *n.* uniganedigaeth *f.*
unignited *a.* heb ei danio, nas taniwyd.
unijugate *a. Bot:* unieuog.
unilabiate *a.* unweflog, unwefusog.
unilateral *a.* unochrog, *occ:* unochrol, untu; *Phon:* untu; ~ **declaration of independence,** datganiad unochrog/unochrol (*m*) o annibyniaeth; ~ **disarmament,** diarfogi (*vn*) unochrog/unochrol/untu, diarfogi gan un ochr.
unilateralism *n.* unochroldeb *m*; *Pol:* diarfogi (*vn*) unochrog.
unilateralist *n. & attrib.* **1.** *n.* unochrydd (unochrwyr) *m*; *(disarmer):* diarfogwr (diarfogwyr) unochrog *m*, diarf|ogwraig unochrog *f.* **2.** *attrib.* **a ~ policy,** polisi o ddiarfogi unochrog.
unilaterally *adv.* ar un ochr, o un tu, yn unochrog/unochrol.
unilineal *a. Theol:* unllinellog.
unilingual *a.* uniaith, unieithog.
unilingualism *n.* unieithedd *m*, unieithrwydd *m.*
uniliteral *a.* unllythrennog, un llythyren.
unilluminated *a.* **1.** *(room &c):* diolau, dioleuni, heb olau/oleuni, heb ei goleuo. **2.** *(manuscript):* diaddurn.
unilluminating *a.* anoleuol.
unillustrated *a.* diddarlun, heb ddarlun, heb ddarluniau.
unillustrative *a.* annarluniadol.
unilocular *a. Bot: Z:* unsiambrog.
unimaginable *a.* annychmygadwy, annirnadwy, annychmygol, anhygoel, y tu hwnt i'r dychymyg; **defeat is ~,** ni ellir dychmygu methiant; mae methu yn amhosibl.
unimaginably *adv.* yn annychmygadwy *&c*; y tu hwnt i ddychymyg.
unimaginative *a.* diddychymyg.
unimaginatively *adv.* yn ddiddychymyg.
unimaginativeness *n.* diffyg (*m*) dychymyg.
unimagined *a.* annychmygol, annychmygedig.
unimbued *a.* heb ei drwytho.
unimodal *a. &c:* unfodd.
unimodular *a.* unfodylaidd.
unimolecular *a. Ph: Ch:* unfolecylaidd.
unimpaired *a.* diamhariad, di-fefl, cystal ag erioed, heb fod yn wannach, heb amharu arno, heb ei amharu; ~ **health,** iechyd llawn, llawn iechyd; ~ **strength,** cryfder llawn; **with faculties ~,** yn eich llawn/iawn bwyll.
unimpassioned *a.* diangerdd, digynnwrf.
unimpeachability *n.* **1.** *(of character):* natur ddiargyhoedd *&c f*; **(I became convinced) of his ~,** (deuthum yn argyhoeddedig) na ellid cael bai arno, na safai cyhuddiad yn ei erbyn. **2.** *(of right, source):* natur ddi-ddadl *f*, sicrwydd *m*, pendantrwydd *m.*
unimpeachable *a.* **1.** *(character):* diargyhoedd, di-fefl, dilychwin. **2.** *(right, source):* sicr, pendant, diymwad, di-ddadl: **(I had it) from an ~ source,** (fe'i cefais) o ffynhonnell sicr/dda, o le da.
unimpeded *a.* = **unhindered.**
unimpededly *adv.* yn ddilyffethair, yn ddilestair, yn ddiomedd.
unimportance *n.* amhwysigrwydd *m.*
unimportant *a.* dibwys, *occ:* amhwysig.
unimposing *a.* anhrawiadol, difawredd, anfawreddog, cyffredin.
unimpressed *a.* **I was ~ by his speech,** ni chafodd ei araith fawr o argraff arnaf.
unimpressible, unimpressionable *a.* anodd gwn|eud argraff arnoch, anodd eich mo[w]ldio.
unimpressive *a.* anhrawiadol, cyffredin, diargraff, di-wn|eud-argraff.
unimpressively *adv.* yn anhrawiadol.
unimprisoned *a.* heb fod mewn carchar, rhydd(-ion).
unimprovable *a.* *(= that cannot be improved):* anwelladwy, na ellir mo'i wella; *(= that cannot be improved on):* nad oes gwella arno, nad oes mo'i well.
unimproved *a.* **1.** heb ei wella, heb wella, diwelliant. **2.** ~ **land,** tir heb ei drin/droi/ddefnyddio/ddatblygu.
unimproving *a.* annyrchafol.
unimpugnable, unimpugned *a.* diargyhoedd.
unimpulsive *a.* anfyrbwyll.
uninclined *a.* annhueddol, heb duedd.
uninclosed *a.* = **unenclosed.**
unincorporated *a.* anghorfforedig.
unincreased *a.* heb gynyddu, yr un faint ag o'r blaen.
unincumbered *a.* = **unencumbered.**
unindebted *a.* diddyled, heb ddyled, heb fod yn ddyledus.
unindemnifed *a.* **1.** = **uncompensated. 2.** *Jur: Ins:* heb indemneb, heb eich gwarantu.
unindented *a.* di-fwlch, di-dor, heb dolc, di-dolc, heb ei dolcio; *Typ:* heb ei dynnu i mewn, heb ei gilosod, llawn.
unindexed *a.* *(item):* heb fod mewn mynegai; *(book):* heb fynegai, difynegai.
unindicated *a.* heb ei nodi, nas nodir/nodid/nodwyd, diarwydd.
unindorsed *a.* = **unendorsed.**
unindustrious *a.* anniwyd, anweithgar.
uninflamed *a.* heb lidio, heb lid, anllidiog, di-lid.
uninflammability *n.* anhylosgedd *m*, anhyfflamedd *m.*
uninflammable *a.* anhylosg, anhyfflam, nad yw'n llosgi'n hawdd.
uninflated *a.* anchwyddedig.
uninflected *a.* *(form):* anffurfdroëdig; *(language):* diffurfdro, diffurfdroadau, anffurfdroadol.
uninfluenced *a.* ~ **by sth,** heb fod dan ddylanwad rhth.
uninfluential *a.* diddylanwad, annylanwadol, heb ddylanwad.
uninformative *a.* anaddysgiadol, anhysbyslon, difynegiant, nad yw'n dweud llawer wrthych, *F:* di-ddweud.
uninformed *a.* anwybodus, anhyddysg.
uninhabitable *a.* amhreswyliadwy, annhrigiadwy, anghyfaneddol; **this house is ~,** mae'n amhosibl byw yn y tŷ hwn; mae'r tŷ hwn yn anaddas i fyw ynddo.
uninhabited *a.* anghyfannedd, heb neb yn byw ynddo.
uninheritable *a.* anetifeddadwy, na ellir ei etifeddu.
uninhibited *a.* diymatal, penrhydd, di-ffrwyn, dirwystr.
uninhibitedly *adv.* yn ddiymatal *&c.*
uninitiated *a. & n.pl.* **1.** *a. (into society &c):* heb eich ynydu, heb eich derbyn, heb eich urddo, annerbyniedig, anurddedig. **2.** *a. (= ignorant):* anhyddysg, anghyfarwydd, anghynefin, anwybodus, diwybod. **3.** *n. Coll:* **the ~,** yr anghyfarwydd *&c.*
uninjured *a.* **1.** *(pers.):* dianaf, heb gael anaf, *Lit:* di-glwyf, diarcholl. **2.** *(thing):* cyfan, heb gael niwed.
uninoculated *a.* anfrechedig.
uninquiring, uninquisitive *a.* anholgar, anymholgar, anchwilfrydig.
uninscribed *a.* anarysgrifedig, diarysgrif, heb arysgrif.
uninspired *a.* anysbrydoledig, diysbrydoliaeth, diawen, di-fflach.
uninspiring *a.* nad yw'n ysbrydoli, di-fflach.
uninstructed *a.* anhyddysg, dihyfforddiant, anhyffordd, anhyfforddedig.

uninstructive *a.* anaddysgiadol.
uninsulated *a.* anynysedig, heb ei ynysu, heb ei insiwleiddio.
uninsurable *a.* anyswiriadwy.
uninsured *a.* diyswiriant, heb yswiriant, anyswiriedig, heb eich yswirio.
unintegrated *a.* anghyfunedig, anintegredig, heb ei gyfuno (â rhth).
unintellectual *a.* anneallusol.
unintelligent *a.* anneallus, diddeall, *F:* di-glem, di-weld.
unintelligently *adv.* yn anneallus *&c.*
unintelligibility *n.* aneglurder *m*, natur annealladwy *f*; **ten marks off for ~,** colli deng marc am fod yn annealladwy.
unintelligible *a.* annealladwy, aneglur.
unintelligibly *adv.* yn annealladwy *&c.*
unintended, unintentional *a.* anfwriadol, difwriad.
unintentionally *adv.* yn anfwriadol *&c*; heb fwriadu.
uninterested *a.* difater, difraw, didaro, dihidio, difalio **(in sth,** yngh|ylch rhth), dididdordeb (yn rhth).
uninterestedly *adv.* yn ddifater *&c.*
uninterestedness *n.* difaterwch *m*, difrawder *m*, diffyg (*m*) diddordeb.
uninteresting *a.* anniddorol, diflas.
uninterestingly *adv.* yn anniddorol *&c.*
uninterestingness *n.* natur anniddorol *f*, diflastod *m*.
unintermitted, unintermittent *a.* di-baid, di-dor.
uninterpretable *a.* annehongladwy, annealladwy.
uninterred *a.* anghladdedig, di-fedd.
uninterrupted *a.* di-dor, didor, di-baid, dibaid, didoriad, di-fwlch, difwlch, di-ball, diball, parh|aus, cyson.
uninterruptedly *adv.* yn ddi-dor *&c.*
uninterruptedness *n.* natur ddi-dor *&c.*
unintimidated *a.* di-ofn, diofn, di-fraw, difraw, diddychryn, heb eich dychryn.
unintoxicating *n.* anfeddwol.
unintroduced *a.* heb [gael] eich cyflwyno.
uninucleate *a.* ungnewyllog (*pronounced* ng-g).
uninured *a.* heb ymgaledu **(to sth,** i rth); anghyfarwydd, heb gynefino, anghynefin, heb arfer (â rth).
uninvaded *a.* anoresgynedig.
uninvented *a.* annyfeisiedig, heb ei ddyfeisio, nas dyfeisiwyd.
uninventive *a.* annyfeisgar, diddyfais.
uninventively *adv.* yn annyfeisgar *&c.*
uninventiveness *n.* annyfeisgarwch *m*, diffyg (*m*) dyfeisgarwch.
uninvested *a.* anfuddsoddedig, heb ei fuddsoddi, nas buddsoddir/buddsoddid/buddsoddwyd.
uninvestigable *a.* na ellir ei archwilio, na ellir ymchwilio/ymholi iddo, anymchwiliadwy, anarchwiliadwy.
uninvestigated *a.* heb ei archwilio, heb ymchwilio/ymholi iddo.
uninvited *a.* diwahoddiad, diwahodd, heb wahoddiad, heb eich gwahodd.
uninviting *a.* anneniadol, anwahoddgar, annymunol, *N:* anghynnes.
uninvitingly *adv.* yn anneniadol *&c.*
uninvoked *a.* = **uncalled.**
uninvolved *a.* **1.** *(in crime &c):* anghyfrannog (o rth), heb ran (yn rhth); **she was ~ in the plot,** nid oedd ganddi ran yn y cynllwyn. **2.** *(= simple):* anghymhleth, syml, clir.
union *n.* **1.** *(a) (= marriage):* uniad(-au) *m*, priodas(-au) *f*; *(b) (= harmony):* cytgord *m*; **to live in perfect ~,** byw'n berffaith gytûn; *(c) (= act of uniting):* uniad *m*, uno *vn.* **2.** *(a) Pol: Hist: Ind:* undeb(-au) *m*, *occ: f*; **the [American] U~,** Unol Daleithiau America; *Hist:* **the Soviet U~,** yr Undeb Sofietaidd, Undeb y Sofietau; *Hist:* **Act of U~,** Deddf(-au) (*f*) Uno; *Rel:* **Congregational U~,** Undeb yr Annibynwyr; *Ecc:* **Baptist U~,** Undeb y Bedyddwyr; *Sch:* **the Oxford U~,** Undeb Rhydychen; *W.Hist:* **New Wales U~,** Undeb Cymru Fydd; **customs ~,** undeb tollau; **poor law ~,** undeb deddfau'r tlodion; **~ workhouse,** tloty (tlotai) (*m*) undeb, *F:* wyrcws *mf*; *(b)* **trade[s] ~,** undeb(-au) (*m*) llafur; **the Transport and General Workers' U~,** Undeb y Gweithwyr Trafnidiol a Chyffredinol; **the Municipal and General Workers' U~,** Undeb y Gweithwyr Trefol a Chyffredinol; **the National U~ of Mineworkers,** Undeb Cenedlaethol y Glowyr; **the National U~ of Teachers,** Undeb Cenedlaethol yr Athrawon; **the Welsh National U~ of Teachers,** Undeb Cenedlaethol Athrawon Cymru; **the National Farmers' U~,** Undeb Cenedlaethol yr Amaethwyr; **the Farmers' U~ of Wales,** Undeb Amaethwyr Cymru; **the National U~ of Public Employees,** Undeb Cenedlaethol y Gweithwyr Cyhoeddus; **U~ of Shop Workers, Distribution and Allied Trade,** Undeb Gweithwyr Siopau, Dosbarthu a Gwaith Perthynol; **~ member,** undebwr (undebwyr) *m*, und|ebwraig *f*; **~ regulations,** rheolau undeb/undebol; **non-~ workers,** gweithwyr heb berthyn i undeb, gweithwyr diundeb, gweithwyr anundebol; *U.S:* **~ shop,** gweithdy (gweithdai) undebol *m*. **3.** *Mec.E:* **~ [joint],** cyswllt (cysylltau) *m*, uniad(-au) *m*; **~ tee,** uniad t; *Mth:* **~ of sets,** uniad setiau. **4. U~ Jack,** Jac (*m*) yr Undeb (Jaciau'r Undeb), *F:* Iwnion Jac(-s) *mf.* **5.** *U.S: Cost:* **~ suit, = combinations. 6.** *Lib:* **~ catalogue,** c|atalog (catalogau) cyfun *m*; **~ finding list,** rhestr (*f*) leoli gyfun (rhestrau lleoli cyfun); **~ list,** rhestr (*f*) gyfun (rhestrau cyfun). **7.** *attrib.* undebol.
unionism *n.* **1.** *Ind:* **trades ~,** undebaeth (*f*) lafur. **2.** *Pol: (e.g. in Ulster):* undebwriaeth *f*, undeboliaeth *f*.
unionist *n.* **1.** *Ind:* undebwr (undebwyr) *m*, und|ebwraig *f*; **trade-~,** undebwr llafur; **2.** *Pol: (e.g. in Ulster):* unoliaethwr (unoliaethwyr) *m*; *Hist:* Liberal Unionists, Rhyddfrydwyr Unoliaethol. **3.** *attrib.* *(a) Ind:* undebol; *(b) Pol:* undebwriaethol, unoliaethol; **the Conservative and U~ Party,** y Blaid Geidwadol ac Unoliaethol *f*.
unionistic *a.* **1.** *Ind:* undebol. **2.** *Pol:* unoliaethol, undebwrol.
unionization *n.*, **unionize** *v.t.* undeboli.
unionized *a.* undebol.
uniparous *a. Biol:* unesgorol.
unipartite *a.* anrhanedig, cyfan.
uniped *a. & n.* **1.** *a.* untroed. **2.** *n.* untroediad (untroediaid) *m&f.*
unipersonal *a. Rel:* [yn] un person.
unipetalous *a.* unbetalog.
uniplanar *a.* unblanar.
unipod *n. Phot:* coes(-au) *f*.
unipolar *a.* unbegynol.
unique *a.* unigryw, digymar, anghymar, dihafal, ar ei ben ei hun; *Phil:* gorunig; **it is ~,** mae ar ei ben ei hun; *Mth:* **~ factorization domain,** parth (*m*) ffactoriad unigryw.
uniquely *adv.* yn unigryw *&c*; **she is ~ qualified to do the job,** mae ganddi gymwysterau unigryw i wneud y gwaith.
uniqueness *n.* unigrywiaeth *f*; *Theol:* unigrywder *m*.
uniramous *a.* ungainc (*pronounced* ng-g), unganghennog (*pronounced* ung-ganghennog), un gangen.
unironed *a.* heb ei smwddio, heb ei stilo *&c*; *See* **iron²**.
unirradiated *a.* anarbelydredig, heb ei arbelydru.
unirrigated *a.* annyfredig.
uniseptate *a.* ag un deisban, undeisbannog.
uniseriate *a.* un haen, unhaenog.
unisex *a. & n.* **1.** *a.* neillryw, neillrywiol, i'r ddwy/ddau ryw. **2.** *n.* neillrywiaeth *f*.
unisexual *a.* un rhyw, unrhywiol.
unisexuality *n.* unrhywdod *m*, unrhywedd *m*.
unisexually *adv.* o un rhyw, yn unrhywiol.
unison *n. & attrib.* **1.** *n. (a) Mus:* unsain (unseiniau) *f*; **(they replied) in ~,** (atebasant) ag un llais, yn unllef; *(b) Fig:* cytgord *m*; **to be in ~ with s.o.,** cytuno â rhn, cyd-dynnu â rhn, cytgordio â rhn, bod yn un â rhn; **to act in ~ with s.o.,** gweithredu ar y cyd â rhn; *(c) Sp:* **in ~,** yn gyfun; **to work in ~,** gweithio'n gyfun. **2.** *attrib.* unsain; **~ singing,** canu unsain.
unisonal, unisonant, unisonous *a.* unsain.
unissued *a.* heb ei gyhoeddi.
unit *n.* **1.** uned(-au) *f*; *Mth:* **tens and units,** degau ac unedau; **arbitrary units,** unedau mympwyol; **~ price,** pris (*m*) uned. **2.** *(of weight, length, measurement):* uned fesur (unedau mesur); *Ph:* **~ of mass,** uned màs (unedau màs); **thermal ~,** uned wres; *Needlew:* **~ of design,** uned patrwm; *Mec:* **~ of energy,** uned ynni; **~ of work,** uned gwaith; **~ of velocity,** uned cyflymder; *Tp:* **~ charge,** tâl fesul uned; *Fin:* **monetary ~,** uned ariannol; **divisible units,** unedau rhanadwy; **indivisible units,** unedau anrhanadwy; **marginal units,** unedau ffiniol. **3.** *(a)* **information ~,** canolfan(-nau) (*mf*) hysbysrwydd; *Med:* **intensive care ~,** uned gofal arbennig; **administrative ~,** uned weinyddol (unedau gweinyddol); **auxiliary units,** unedau wrth gefn; **conveying ~,** uned gludo (unedau cludo); **fighting ~,** *U.S:* **combat ~,** carfan(-au) (*f*) o filwyr; **air force ~,** uned o'r awyrlu;

(b) Mec.E: **control ~,** uned reoli; **standardized units,** unedau safonedig; *Aut:* **motor ~,** uned fotor (unedau motor); *Cmptr:* **central processing ~,** uned brosesu ganolog (unedau prosesu canolog); **input/output ~,** uned fewnbwn/allbwn (unedau mewnbwn/allbwn); **visual display ~,** uned ddangos weladwy (unedau dangos gweladwy); **kitchen ~,** uned gegin (unedau cegin); **sink ~,** uned sinc; **tying ~,** uned glymu (unedau clymu); *Cin:* **sound ~,** uned sain; *(d) Rail:* **electric multiple ~,** trên (trenau) *(m)* trydan, trên *(f)* drydan (trenau trydan). **~ character** *n. Biol:* nodwedd(-ion) *(f)* uned/unedol. **~ card** *n. Lib:* cerdyn (cardiau) sylfaenol *m.* **~ construction** *n.* adeiladwaith unedol *m*, adeiladu *(vn)* fesul uned. **~ cost** *n.* cost(-au) *(f)* uned. **~ entry** *n. Lib:* cofnod(-ion) sylfaenol *m.* **~ factor** *n. Biol:* = **gene.** **~ furniture** *n.* dodrefn/celfi unedol *pl.* **~-holder** *n.* deiliad (deiliaid) *(m&f)* unedau. **~ organ** *n. Mus:* organ(-au) *(f)* un rhes. **~ pole** *n. Ph:* pegwn (pegynau) *(m)* uned. **~ process** *n. Ind:* proses(-au) unedol *f.* **~ rule** *n.* rheol unedol *f.* **~ trust** *n. Fin:* cwmni (cwmnïau) *(m)* buddsoddi; **to buy ~ trusts,** prynu unedau buddsoddi.

unitage *n.* unededd(-au) *m.*

Unitarian *a. & n. Rel:* **1.** *a.* Undodaidd, *F:* Sosinaidd. **2.** *n.* Undodwr (Undodwyr) *m*, Undodiad (Undodiaid) *m&f*, Und|odwraig *f*, *F:* Sosin(-iaid) *m&f.*

Unitarianism *n. Rel:* Undodiaeth *f*, *F:* Sosiniaeth *f.*

unitarianize *v.t.&i. Rel:* troi (rhn) at Undodiaeth, troi (rhn) yn Undodwr.

unitary *a.* unedol; **~ authority,** awdurdod(-au) unedol *m*; **~ method,** dull *(m)* uned/unedol; **~ state,** gwladwriaeth(-au) unedol *f.*

unite *v.t.&i.* **1.** *v.t. (a)* uno, *occ:* cyfuno, ieuo; **to ~ a/one country to/with another,** uno dwy wlad, dod â dwy wlad ynghyd, dod â dwy wlad at ei gilydd, uno un wlad â gwlad arall; *Surg:* **to ~ (a wound),** pwytho, cau (anaf); **to ~ idealism with common sense,** cyfuno/ieuo delfrydiaeth â synnwyr cyffredin; *(b) (= link):* cysylltu, cyplysu, ieuo (dau beth); *(c)* **to ~ a man and a woman in marriage,** uno/priodi/ieuo gŵr a gwraig. **2.** *v.i. (a) (= join):* uno, ymuno (â rhth); *(b) (of two or more persons or things):* dod ynghyd, ymgyfuno; **to ~ (in doing sth),** ymuno, dod ynghyd (i wneud rhth).

united *a.* unedig, unol, cyfun, cyfunol; **~ efforts,** cydymdrechion, ymdrechion ar y cyd; **~ we stand, divided we fall,** mewn undeb y mae nerth; **to present a ~ front,** sefyll ynghyd; *Rel:* **the U~ Brethren,** y Morafiaid; *Adm:* **~ district,** dosbarth(-au) unedig *m*; *Pol:* **the U~ Kingdom,** y Deyrnas Unedig/Gyfun; *Theol:* **~ service,** gwasanaeth undebol *m*; **U~ Society for Christian Literature,** Cymdeithas *(f)* Unedig Llenyddiaeth Gristnogol; **the U~ States,** yr Unol Daleithiau, *occ:* y Taleithiau Unedig; **the U~ States of America,** Unol Daleithiau Am|erica, *occ:* Unol Daleithiau'r Amerig; *Hist:* **the U~ Provinces,** y Taleithiau Unedig; *Hist:* **the U~ Arab Republic,** y Weriniaeth Arabaidd Unedig *f*; **the U~ Nations,** y Cenhedloedd Unedig; **U~ Nations Educational, Scientific and Cultural Organization,** Corff *(m)* Addysgol, Gwyddonol, a Diwylliannol y Cenhedloedd Unedig; *Ecc:* **the U~ Reformed Church,** yr Eglwys Ddiwygiedig Unedig *f.*

unitedly *adv.* yn unedig *&c*; ar y cyd.

uniterm *a. Lib:* **~ index,** mynegai *(mf)* allweddair.

unitive *a.* cyfunol, unol; *Theol:* **the U~ Way,** Ffordd *(f)* yr Uno.

unitively *adv.* yn gyfunol, yn unol.

unity *n. (= concord):* undod *m*, unoliaeth *f*; **to live in ~,** byw'n gytûn, byw mewn undod, byw mewn cytgord; **we are at ~ with his ideas,** yr ydym yn cytuno/cyd-fynd â'i syniadau; *Prov:* **~ is strength,** mewn undeb *(m)* y mae nerth; **there is no ~ in his work,** nid oes cysondeb yn ei waith; mae ei waith yn llawn anghysonderau; *Th:* **the dramatic unities,** yr undodau dramatig; **the unities of time, place and action,** undodau amser, lle a gweithred; *Jur:* **~ of possession,** undod meddiant.

univalency *n. Ch:* unf|alensi *m.*

univallate *a. Archeol:* unclawdd.

univalent *a. Ch:* unfalent.

univalve *a. & n.* **1.** *a.* ungloriog, ungragennog *(both pronounced* ng-g). **2.** *n. Moll:* cragen (cregyn) ungloriog *f.*

universal *a. & n.* **1.** *a. (a)* cyffredinol, *occ:* hollgyffredinol; *(= world-wide):* yr hollfyd, ar draws y byd, y byd yn grwn, byd-eang, cyfanfydol; **~ language,** iaith ryngwladol/fyd-eang *f*; **~ suffrage,** pleidlais gyffredinol *f*, pleidlais i bawb; **~ time,** amser byd-eang/cyffredinol *m*; *Log:* **~ class,** dosbarth cyffredinol *m*; *Log:* **~ proposition,** gosodiad cyffredinol *m*; *F:* **she is a ~ favourite,** mae hi'n annwyl gan bawb; mae pawb yn ei hoffi hi; *(b) Mec.E:* **~ joint,** cymal(-au) cyffredinol *m*; *(c) Lib:* **~ bibliography,** llyfryddiaeth fyd-eang *f*; **U~ Decimal Classification,** Cynllun Dosbarthu Degol Cyffredin *m*; *(d) Med:* **~ donor,** rhoddwr (rhoddwyr) cyffredinol *m*; *Ch:* **~ indicator,** dangosydd(-ion) *(m)* pH, dangosydd cyffredinol; **~ recipient,** derbynnydd (derbynyddion) cyffredinol *m*; *(e)* **U~ Copyright Convention,** Confensiwn *(m)* Hawlfraint Bydeang; *(f) Ph: Mth:* **~ set,** set gynhwysol (setiau cynhwysol) *f.* **2.** *n. Log:* cyffredinol(-ion) *m*, cyffredinolyn (cyffredinolion) *m.*

universalism *n. Theol:* cyffredinoliaeth *f*, hollgyffredinoliaeth *f. Pol:* cyfanfydedd *m*; *Adm:* cyffredinoledd *m.*

universalist *n. Theol:* cyffredinolwr: cyffredinolydd (cyffredinolwyr) *m*, hollgyffredinolwr: hollgyffredinolydd (hollgyffredinolwyr) *m*; *Pol:* cyfanfydwr (cyfanfydwyr) *m.*

universalistic *a. Theol:* cyffredinolaidd, hollgyffredinolaidd; *Pol:* cyfanfydol.

universality *n.* cyffredinolrwydd *m*, hollgyffredinolrwydd *m*, cyffredinoldeb *m*, cyffredinolder *m*; *Pol:* cyfanfydaeth *f.*

universalize *v.t.* cyffredinoli.

universally *adv.* yn gyffredinol; **to be ~ accepted,** bod yn dderbyniol gan bawb, bod wrth fodd calon pawb.

universe *n. (a) (= cosmos):* bydysawd(-au, bydysodau) *m*, cyfanfyd(- oedd) *m*, cyfanfod *m*, cread *m*, creadigaeth *f*; **the wonders of the ~,** rhyfeddodau'r greadigaeth; *(b) (in weakened sense):* byd(-oedd) *m*, cyfanfyd *m.*

university *n.* prifysgol(-ion) *f*, *Lit: occ:* prifathrofa (prifathrof|eydd) *f*; **she's been to ~; she's had a ~ education,** mae hi wedi cael addysg prifysgol; *F:* mae hi wedi cael coleg; **at ~,** yn y brifysgol, yn y coleg; **the U~ of Wales,** Prifysgol Cymru; *S.a.* **college; the Open U~,** y Brifysgol Agored.

univocal *a.* diamwys; *Log:* unystyr.

univocally *adv.* yn ddiamwys.

unjaded *a.* heb ddiflasu, anniflasedig, diflino.

unjaundiced *a.* digenfigen, difalais, diwenwyn.

unjealous *a.* digenfigen, diwenwyn, aneiddigeddus, dieiddigedd, heb eiddigedd/genfigen/wenwyn.

unjoin *v.t.* datgysylltu, datod.

unjoined *a.* rhydd(-ion), datgysylltiedig, datodedig, ar wahân.

unjoint *v.t.* datgymalu.

unjointed *a.* digymal, datgymaledig; *Fig:* digyswllt, anghysylltiol.

unjoyful *a.* aflawen, dilawenydd.

unjudged *a.* nas bernir/bernid/barnwyd, heb eich barnu, anfarnedig.

unjudging *a.* di-farn, anfarnol.

unjudicial *a.* anfarnwrol, anynadol.

unjust *a. & n.pl.* **1.** *a.* anghyfiawn, annheg. **2.** *n.pl.* yr anghyfiawn, y rhai anghyfiawn.

unjustifiable *a.* anghyfiawnadwy, digyfiawnhad, direswm, amhosibl i'w gyfiawnh|au, amhosibl ei gyfiawnhau, na ellir ei gyfiawnhau, nad oes gyfiawnhau arno.

unjustifiably *adv.* ar gam, yn ddireswm, yn anghyfiawnadwy.

unjustified *a.* **1.** digyfiawnhad; **he was absolutely ~ in doing that,** nid oedd ganddo gyfiawnhad o gwbl dros wneud hynny. **2.** *Theol:* heb eich cyfiawnh|au. **3.** *Typ:* heb ei unioni, anunionsyth.

unjustly *a.* yn anghyfiawn *&c*; **I was ~ accused,** cyhuddwyd fi ar gam; cefais fy nghyhuddo ar gam; camgyhuddwyd fi; cefais fai ar gam.

unjustness *n.* anghyfiawnder *m*, annhegwch *m.*

unkempt *a.* blêr, anniben, aflêr; **~ hair,** gwallt heb ei gribo, *F:* gwallt heb weld crib; **she looked ~,** 'roedd ei gwallt am ben ei dannedd.

unkennel *v.t.* **1. to ~ a fox,** codi cadno/llwynog o'i ddaear. **2.** *Fig:* datgelu (rhth), dwyn (rhth) i'r golwg.

unkept *a.* nas cedwir/cedwid/cadwyd, heb ei gadw.

unkind *a.* **1.** *(pers.):* angharedig, cas; **that was very ~ of him,** 'roedd hynny'n angharedig ar ei ran; **to be ~ to s.o.,** bod yn gas wrth rn *(not* i rn), trin rhn yn gas; *S.a.* **cut**[1]. **2.** *(climate):* gerwin, garw.

unkindled *a.* **an ~ fire,** tân heb ei gynnau, tân nas cynheuwyd.

unkindly[1] *adv.* yn angharedig; **to take ~ to sth,** digio wrth rth,

cymryd rhth o chwith; **don't take it ~ (if I disagree),** peidiwch â chymryd atoch, peidiwch â digio, peidiwch â bod yn ddig (os byddaf yn anghytuno); **I won't take it ~,** ni fyddaf ddim dicach.
unkindly² *a.* **1.** *(pers.):* angharedig, annymunol, annifyr, cas. **2.** *(climate):* garw, gerwin.
unkindness *n.* **1.** *(of pers.):* angharedigrwydd *m.* **2.** *(of climate):* gerwinder *m.*
unkingly *a.* anfrenhinol.
unkink *v.t.* sythu, unioni.
unkissed *a.* digusan, heb eich cusanu, nas cusenir/cusenid/cusanwyd.
unknightly *a.* anfarchogaidd.
unknit *v.t.* datod.
unknot *v.t.* datglymu, datod.
unknowable *a. & n.* **1.** *a. (a) (pers.):* anadnabyddadwy, anodd eich adnabod; **she is ~,** mae'n anodd/amhosibl ei hadnabod; *(b) (thg):* anwybodadwy, amhosibl ei wybod; *Theol:* annirnadwy. **2.** *n.* yr anwybodadwy *m.*
unknowing *a.* **1.** anwybodus, diarwybod. **2.** *Theol:* **the cloud of ~,** cwmwl y diwybod.
unknowingly *adv.* yn ddiarwybod, heb [yn] wybod, heb sylweddoli.
unknown *a., adv. & n.* **1.** *a. (a) (pers.):* anadnabyddus, anhysbys, dieithr; **~ person,** dieithryn (dieithriaid) *m;* **the U~ Soldier,** y Milwr Dienw *m,* y Gwron Dienw *m; Jur:* **verdict against person or persons ~,** dedfryd yn erbyn person neu bersonau anhysbys; *(b) (thg):* anhysbys; *Mth:* **~ quantity,** swm anhysbys *m; F:* **she's an ~ quantity,** mae hi'n dipyn o ddirgelwch. **2.** *adv.* **(he did it) ~ to me,** (fe'i gwnaeth) yn ddiarwybod i mi, heb i mi wybod, heb [yn] wybod i mi. **3.** *n. (a) (pers.):* un (rhai) anhysbys *m&f,* dieithryn (dieithriaid) *m; (b) Mth:* anhysbysyn (anhysbysion) *m; (c)* **the ~,** yr anhysbys *m; Theol:* yr anadwaenedig.
unlabelled *a.* heb label, dilabel.
unlaborious, unlaboured *a.* anllafurus, dilafur, rhwydd, esmwyth, diymdrech.
unlace *v.t.* datod; **to ~ one's shoes,** datod careiau eich esgidiau.
unlade *v.t.* dadlwytho.
unladen *a.* di-lwyth, heb lwyth, gweilydd, gweili; *Veh:* **~ weight,** pwysau gweili.
unladylike *a. O:* anfoneddigaidd, anfoneddigesaidd, diurddas.
unlaid *a.* **1. an ~ ghost,** ysbryd heb ei fwrw allan, ysbryd heb ei ostegu. **2. an ~ carpet,** carped heb ei osod. **3. an ~ egg,** ŵy heb ei ddodwy. **4. an ~ rope,** rhaff wedi ei datod/datgordeddu.
unlamented *a.* di-alar-amdano; **the late ~ Adolf Hitler,** y diweddar ddi-alar-amdano Adolf Hitler; **he was ~,** ni fu hiraeth/hiraethu amdano; ni fu galaru ar ei ôl; ni fu'n chwith gan neb ar ei ôl; ni bu dim colled ar ei ôl.
unlanded *a.* di-dir, annhiriog.
unlash *v.t.* datglymu, dadrwymo, rhyddh|au.
unlatch *v.t.* **to ~ a door,** codi clicied drws.
unlaunched *a.* heb ei lansio, nas lansiwyd.
unlawful *a.* anghyfreithlon.
unlawfully *adv.* yn anghyfreithlon.
unlawfulness *n.* anghyfreithlondeb *m.*
unlay *v.t. Nau:* **to ~ a rope,** datod/datblethu rhaff.
unlead *v.t. Typ:* tynnu'r plwm (o rth).
unleaded *a.* heb blwm, di-blwm.
unlearn *v.t.* dad-ddysgu.
unlearned *a.* **1.** *(= ignorant):* di-ddysg, annysgedig. **2.** *(a) (= unversed):* anghyfarwydd, anghynefin **(in sth,** â rhth); *(b)* **an ~ lesson,** gwers heb ei dysgu, gwers na ddysgwyd mohoni, *Lit:* gwers nas dysgwyd.
unlearnt *a.* = **unlearned 2.** *(b).*
unleased *a.* heb fod ar les.
unleash *v.t.* **1. to ~ a dog,** gollwng/rhyddh|au ci oddi ar dennyn. **2.** *Fig:* **to ~ one's emotions,** gollwng y ffrwyn ar eich teimladau, rhoi'r ffrwyn i'ch teimladau; **to ~ a war,** cychwyn rhyfel.
unleavened *a.* croyw(-on), crai, cri, dilefain, dilefeiniedig; **~ bread,** bara croyw; *Jew.Rel:* **the feast of U~ Bread,** gŵyl *(f)* y Bara Croyw.
unled *a.* diarweiniad, heb arweiniad.
unless *conj.* **1.** *(a) before consonant:* oni, os na + *soft mut. of* b, d, g, *and aspirate mut. of* p, t, c + *indicative; (b) before vowels:* onid, os nad + *indicative; or* oni bai, oddieithr + bod + yn + *vn; (c) in the literary style:* onis; *(i) (before verbs having him/her/it/them as object):* **~ I see them,** onis gwelaf; **~ you get it,** onis cei/cewch; *(ii) (before impersonal verbs translating a passive construction in English):* **~ he/she/it/they are found,** onis ceir; **~ I go,** onid af; heb fy mod i'n mynd; heb imi fynd; **(he will do nothing) ~ you ask him,** (ni wna ddim) oni ofynnwch iddo, oddieithr eich bod yn gofyn iddo, oni bai eich bod yn gofyn iddo, heb ichi ofyn iddo; **~ I'm mistaken,** onid wyf yn camgymryd, os nad wyf yn camgymryd, oni bai fy mod yn camgymryd, heb fy mod yn camgymryd; **~ and until the committee has considered it,** heb fod y pwyllgor wedi ei ystyried a chyn iddo wneud hynny; **~ I hear to the contrary,** oni chlywaf yn wahanol, os na chlywaf yn wahanol, oni bai i mi glywed yn wahanol, oni bai fy mod yn clywed yn wahanol. **2.** *introducing emphatic sentences:* onid, oni bai mai, oddieithr mai; **~ it be a ghost that I saw,** onid ysbryd a welais, oni bai mai ysbryd a welais; **~ she be Welsh,** oni bai mai Cymraes yw hi, oni bai ei bod yn Gymraes.
unlessened *a.* dileihad, heb fod ddim llai.
unlet *a.* **an ~ house,** tŷ heb ei osod, tŷ nas gosodwyd.
unlettable *a.* anosodadwy, na ellir ei osod.
unlettered *a.* anllythrennog, annysgedig, *occ:* dilythyren.
unliberated *a.* heb ei ryddh|au, nas rhyddh|eir/rhyddh|eid/rhyddhawyd.
unlicensed *a.* didrwydded, heb drwydded, annhrwyddedig.
unlicked *a. (lollipop, wound &c):* heb ei lyfu, *S:* heb ei lyfo, heb ei lapo; **an ~ cub,** cenau di-lun *m.*
unlidded *a.* digaead, di-glawr, heb gaead/glawr.
unlifelike *a.* annhebyg i beth byw.
unlighted *a.* diolau, heb olau, heb oleuni.
unlikable = unlikeable.
unlike *a., prep. & n.pl.* **1.** *a. (a)* annhebyg (i rth), gwahanol (i rth), heb fod yn debyg (i rth); **they're completely ~,** maent yn gwbl wahanol i'w gilydd; **he's not ~ his sister,** nid yw'n annhebyg i'w chwaer: *(b)* **it's ~ him to do such a thing,** mae'n rhyfedd/anarferol iddo ef wneud y fath beth; **that was very ~ him!** peth rhyfedd iddo ef! **2.** *prep.* **~ his father, he's generous,** yn wahanol i'w dad, y mae e'n hael. **3.** *n.pl.* pethau annhebyg/gwahanol i'w gilydd.
unlikeable *a.* anhoffus, annymunol, anghynnes, annifyr.
unlikelihood, unlikeliness *n.* annhebygolrwydd *m,* annhebygrwydd *m.*
unlikely *a.* **1.** *(a)* annhebygol, annhebyg; *int.* **most ~! highly ~!** go brin! go annhebyg! digon prin! annhebyg i'r eithaf! *N.W: F:* digon o waith! **it's not [at all] ~,** mae'n eithaf tebygol; **it's ~ to rain,** go brin y daw'n law; go brin y bydd glaw; *(b)* **he is ~ to come,** prin y daw; go brin y daw; nid yw'n debyg y daw. **2. he's an ~ man for the job,** mae'n anaddas/anghymwys i'r swydd; prin mai ef sy'n gymwys i'r swydd; **we found the ring in a most ~ place,** cawsom hyd i'r fodrwy mewn lle annisgwyl iawn; *F:* **she wears the most ~ clothes,** mae hi'n gwisgo'r dillad mwyaf anhygoel.
unlikeness *n.* annhebygrwydd *m* **(to sth,** i rth); gwahaniaeth *m.*
unlimber *v.t.* **to ~ a gun,** codi canon oddi ar ei gar.
unlimited *a. (a)* diderfyn, diddiwedd, di-ben-draw, annherfynol; *(patience, possibilities):* di-ben-draw, diddiwedd, diderfyn; **(there was) ~ (beer),** ('roedd) digonedd, faint a fynnid, llond gwlad (o gwrw); *(b) Com:* **~ company,** cwmni anghyfyngedig/digyfyngiad *m;* **~ liability,** rhwymedigaeth anghyfyngedig *f;* **cars for hire with ~ mileage,** ceir ar log heb derfyn ar bellter teithio.
unlined¹ *a. Tail: &c: (= without lining):* heb leinin, dileinin.
unlined² *a. (paper):* heb linellau, dilinellau, anllinellog, plaen; *(face &c):* heb rychau, llyfn *(f.* llefn, *pl.* llyfnion).
unlink *v.t.* datgysylltu, dadfachu.
unliquidated *a. Jur:* **~ damages,** iawndal amhenodedig.
unlisted *a.* heb ei restru, anrhestredig, heb fod ar restr; *S.a.* **ex-directory**; *Com:* **~ security,** gwarant *(f)* ddi-restr.
unlistened *a.* **~ to,** diwrandawiad, nas gwrandewir/gwrandewid/gwrandawyd arno, y troir/troid/tröwyd clust fyddar iddo, heb gael sylw, heb gael gwrandawiad.
unlistening *a.* clustfyddar, diwrando.
unlit *a.* = **unlighted; an ~ cigarette,** sigarét heb ei thanio.
unliterary *a.* anllenyddol.
unlivable *a.* anfywiadwy, amhosibl, anhyfyw.

unload *v.t.&i.* **1.** *(a) (cargo, boat, lorry):* dadlwytho; *Mil: Av: (bomb):* gollwng; *(b) Fig:* cael gwared (â rhth, ar rth); *St.Exch:* **to ~ stock on the market,** gollwng stoc ar y farchnad. **2. to ~ a rifle,** gwagio reiffl.
unloaded *a.* **1.** *(cargo, boat, lorry):* wedi ei d[d]adlwytho; dadlwythedig. **2.** *(boat, lorry):* heb lwyth, di-lwyth, gwag (gweigion), *occ:* gweilydd, gweili. **3. an ~ rifle,** reiffl heb ei lenwi/lwytho.
unlocated *a.* dileoliad, anlleoledig, heb ei leoli, nas lleolir/lleolid/lleolwyd.
unlock *v.t.* **1.** *(lock):* datgl|oi, agor; **to ~ a door,** datgloi drws, agor clo drws; *(wheel, type):* datgloi, rhyddh|au. **2.** *(secret):* datgloi, datgelu, datguddio.
unlocked *a.* **an ~ door,** drws heb ei gloi, drws wedi ei ddatgloi, drws heb glo [arno], drws â'i glo wedi ei agor.
unlooked *a.* **~ for,** heb ei geisio, annisgwyl, annisgwyliadwy.
unlooped *a.* datodedig, wedi ei ddad-ddolennu, diddolen.
unloose *v.t.* **1. to ~ one's hold,** gollwng eich gafael, llacio'ch gafael. **2. to ~ one's tongue,** llacio'ch tafod. **3.** *(shoes):* datod, llacio.
unlopped *a.* heb ei docio, na thociwyd arno.
unlosable *a.* angholladwy, amhosibl i'w golli.
unlost *a.* ar gael, heb ei golli, angholledig.
unlovable *a.* anhoffus, annymunol, anhawddgar, anhygar, anserchog, anodd ei garu.
unlovableness *n.* anhoffusrwydd *m,* anhygarwch *m,* annymunoldeb *m,* anserchо[w]grwydd *m.*
unlovably *adv.* yn anhoffus *&c.*
unloved *a.* digariad, nas cerir/cerid/carwyd.
unloveliness *n.* anharddwch *m,* amhrydferthwch *m.*
unlovely *a.* anhardd, amhrydferth, diolwg.
unloving *a.* digariad, anghariadus, di-serch, diserch, oeraidd, anghynnes, anserchog, angharuaidd.
unlovingly *adv.* yn ddigariad *&c.*
unlovingness *n.* diffyg (*m*) cariad, anserchо[w]grwydd, anghynhesrwydd *m.*
unlubricated *a.* heb olew, heb ei iro.
unluckily *adv.* **1.** *(qualifying single word):* yn anffodus, trwy anlwc. **2.** *(qualifying whole clause):* gwaetha'r modd, yn anffodus.
unluckiness *n.* anlwc *m,* anffodusrwydd *m,* anffawd *f,* aflwydd *m.*
unlucky *a.* **1.** *(a) (pers.):* anffodus, anlwcus, *occ:* anffortunus; **it was ~ for him that she arrived at that moment,** yr oedd yn anffodus iddo ef iddi gyrraedd y pryd hynny. **2.** *(= malign):* **~ omen,** argoel ddrwg (argoelion drwg) *f,* drwgargoel(- ion) *f;* **~ star,** seren (sêr) (*f*) anffawd, seren anffafriol/anlwcus, seren sy'n dwyn anlwc; **don't walk under a ladder, it's ~,** peidiwch â cherdded dan ysgol, mae'n [beth] anlwcus.
unmade *a.* **1.** anwneuthuredig, heb ei wn|eud; **the bed was ~,** 'roedd y gwely heb ei wneud/gyweirio. **2. = uncreated. 3. = unmanned 4.**
unmagnified *a.* anchwyddedig, heb ei chwyddo, heb ei fwyh|au.
unmaidenly *a.* anforwynol.
unmailable *a.* amhostiadwy, na ellir ei bostio.
unmaintainable *a.* anghynaladwy, na ellir ei gynnal.
unmake *v.t.* dadwn|eud, *S.a.* **destroy, depose, annul.**
unmaker *n.* dadwneuthurwr (dadwneuthurwyr) *m.*
unmalicious *a.* difalais, anfaleisus, heb falais, diwenwyn.
unmalleability *n.* anhydrinedd *m.*
unmalleable *a.* anforthwyliadwy, anhydrin.
unmalted *a.* di-frag.
unman *v.t.* **1.** *Nau:* **to ~ a ship,** gadael llong heb griw, mynd â chriw oddi ar long. **2.** *(= weaken, discourage):* anwroli, di-wrio, gwanh|au, gwangalonni (*pronounced* ng-g).
unmanacle *v.t.* tynnu gefynnau (rhn), rhyddh|au (rhn) o'i efynnau.
unmanacled *a.* heb efynnau/hualau/gyffion, diefynnau, dihualau, digyffion.
unmanageable *a.* **1.** *(pers.):* anodd eich trin, anhydrin, anystywallt, anhydyn, anhywedd, afreolus. **2.** *(object):* anhylaw, anhydrin, anodd ei drin.
unmanageableness *n.* anhydrinedd *m,* anhawster *m.*
unmanageably *adv.* **it was ~ heavy,** 'roedd yn rhy drwm i'w drafod yn hawdd; 'roedd yn anhylaw o drwm.
unmanful *a.* llwfr, anwrol.
unmanfully *adv.* yn anwrol, heb fod yn wrol.
unmanipulated *a.* nas llawdrinir/llawdrinid/llawdriniwyd.
unmanliness *n.* llwfrdra *m,* anwroldeb *m.*
unmanly *a.* llwfr, anwrol.
unmanned *a.* **1.** *(ship &c):* heb griw [arni], di-griw. **2.** *(= uninhabited):* anghyfannedd, gwag (gweigion). **3.** *(= discouraged):* gwangalon (*pronounced* ng-g), dihyder. **4.** *(falcon):* anghynefin â dynion.
unmannered *a.* **= unmannerly.**
unmanneredly *adv.* yn anfoesgar *&c.*
unmannerliness *n.* anfoesgarwch *m,* anghwrteisi *m.*
unmannerly *a.* anfoesgar, anghwrtais, difoes, *F:* difaners, *N.W: occ:* anfanesol.
unmanufacturable *a.* anwneuthuradwy, na ellir ei wneuthur.
unmanured *a.* **~ land,** tir heb ei deilo/wrteithio/achlesu, tir heb gael tail/achles/tom/gwrtaith.
unmapped *a.* *(a) (country):* anfapiedig, heb ei mapio, heb fap ohoni, nas mapiwyd; *(b) (place):* heb fod ar fap, nad yw ar fap.
unmarked *a.* **1.** heb farc arno; *Mus:* **~ notes,** nodau plaen. **2. = unnoticed.**
unmarketability *n.* natur anwerthadwy/anfarchnatadwy *f;* **(I became convinced) of its ~,** (deuthum yn argyhoeddedig) na ellid ei werthu, nad oedd dim marchnad iddo.
unmarketable *a.* anwerthadwy, anfarchnatadwy, na ellir ei werthu/farchnata.
unmarketably *adv.* yn anwerthadwy *&c.*
unmarred *a.* diamhariad, dilychwin, difrycheulyd; nad amherir/amherid/amharwyd arno (**by sth,** gan rth).
unmarriageable *a.* amhriodadwy.
unmarried *a.* di-briod, heb briodi.
unmartyred *a.* nas merthyrwyd, heb ei ferthyru.
unmasculine *a.* anwrywaidd, anwraidd, annhebyg i ddyn.
unmask *v.t.&i.* **1.** *v.t.* *(a)* **to ~ s.o.,** tynnu masg rhn; *(b)* **to ~ a conspiracy,** dinoethi cynllwyn. **2.** *v.i.* tynnu'ch masg.
unmastered *a.* heb ei feistroli, nas meistrolir/meistrolid/meistrolwyd.
unmatchable *a.* **= unmatched 1.**
unmatched *a.* **1.** digymar, dihafal, di-ail. **2.** = *foll.*
unmatching *a.* anghymharus, anghydweddol, heb gymar, heb wn|eud pâr.
unmated *a.* digymar, nas cymharwyd.
unmaterialistic *a.* anfaterol, anfydol; *Phil:* anfaterolaidd.
unmathematical *a.* anfathemategol.
unmatured *a.* heb aeddfedu, anaeddfed.
unmeaning *a.* **1.** *(= unintentional):* anfwriadol, difwriad. **2.** *(= meaningless):* diystyr.
unmeaningly *adv.* **1.** yn anfwriadol. **2.** yn ddiystyr.
unmeaningness *n.* diffyg (*m*) ystyr.
unmeant *a.* anfwriadol, difwriad, anfwriadedig.
unmeasurable *a.* anfesuradwy.
unmeasured *a.* **1.** *(= not measured):* anfesuredig, heb ei fesur, nas mesurwyd; *(= immense):* difesur, diderfyn, annherfynol. **2.** *(in language):* diymatal, diofal. **3.** *Mus:* difesur.
unmechanical *a.* **1.** *(movement):* amheiriannol. **2.** *(pers.):* anfecanyddol; **I'm very ~,** nid wyf i'n deall rhyw lawer ar beiriannau; un gwael wyf i gyda pheiriannau.
unmechanically *adv.* **1.** yn amheiriannol. **2.** yn anfecanyddol.
unmediated *a.* digyfryngiad.
unmedical *a.* anfeddygol.
unmedicated *a.* difeddyginiaeth.
unmeditated *a.* difyfyr, byrfyfyr, anfwriadol, difwriad.
unmeditative *a.* anfyfyriol.
unmeet *a.* *A:* anaddas, anghyfaddas, anghymwys, amhriodol.
unmeetly *adv.* *A:* yn anaddas *&c.*
unmeetness *n.* *A:* anaddasrwydd *m,* anghymhwyster *m,* amhriodoldeb *m.*
unmellow, unmellowed *a.* anaeddfed, heb aeddfedu.
unmelodious *a.* amhersain, anfelodaidd, aflafar, cras.
unmelted *a.* heb doddi, annhoddedig, annhawdd.
unmelting *a.* **1.** *(ice &c):* nad yw'n toddi. **2.** *(pers.):* didrugaredd, anghynnes, oeraidd.
unmemorable *a.* anghofiadwy.
unmemorably *adv.* yn anghofiadwy.
unmemorized *a.* **an ~ speech,** araith nas dysgir/dysgid/dysgwyd ar gof, araith heb ei dysgu ar dafod leferydd.

unmendable *a.* anhrwsiadwy, anatgyweiriadwy, anghyweiriadwy, na ellir ei drwsio/atgyweirio/gyweirio, nad oes dim trwsio *&c* arno, y tu hwnt i drwsio *&c.*
unmended *a.* heb ei atgyweirio, *N:* heb ei drwsio.
unmentionable *a. & n.pl.* **1.** *a. (a)* na ellir sôn amdano, na ellir ei grybwyll, nad gwiw ei grybwyll, anghrybwylladwy; *(b) (= disgusting):* cywilyddus, gwarthus, gwaradwyddus, ffiaidd. **2.** *n.pl. Joc:* dillad isaf, *N.W: F: occ:* rigins.
unmentionableness *n. (a)* **the ~ of Trotsky's name,** y ffaith na cheir crybwyll enwi Trotsci; *(b) (= disgusting nature):* cywilyddusrwydd *m*, gwarthusrwydd *m*, ffi|eidd-dod *m*, natur gywilyddus *&c.*
unmentionably *adv.* mewn dull anghrybwylladwy.
unmentioned *a.* di-sôn-amdano, digrybwyll, anghrybwylledig, nas crybwyllir/crybwyllid/crybwyllwyd, na son[n]ir/son[n]id/soniwyd amdano.
unmercenary *a.* anariangar (*pronounced* ng-g).
unmerchantable *a.* anwerthadwy, anfarchnatadwy, anhywerth.
unmerciful *a.* anhrugarog, didrugaredd, didostur, didosturi, annhosturiol.
unmercifully *adv.* yn anhrugarog *&c.*
unmercifulness *n.* anhrugaro[w]grwydd *m*, anhrugaredd *m.*
unmerited *a.* anhaeddiannol, dihaeddiant.
unmeritedly *adv.* yn anhaeddiannol.
unmeritorious *a.* annheilwng, anhaeddiannol, di-glod, anghlodwiw.
unmetabolized *a.* anfetabolaidd.
unmetalled *a. (road):* heb fetlin.
unmethodical *a.* di-drefn, anhrefnus.
unmethodically *adv.* yn ddi-drefn *&c.*
unmetrical *a.* **1.** *Pros:* anfydryddol, di-fydr. **2.** *Meas:* anfetrig.
unmilitary *a.* anfilwrol.
unmilked *a.* **an ~ cow,** buwch heb ei godro, buwch nas godrwyd.
unmilled *a.* heb ei falu, nas malwyd, heb ei felino, nas melinwyd.
unminded *a.* diwarchod.
unmindful *a.* diofal, esgeulus, *F:* di-hid, dihidans, di-feind.
unmindfully *adv.* yn esgeulus *&c.*
unmindfulness *n.* diofalwch *m*, esgeulustod *m*, dihidrwydd *m.*
unmined *a.* **1. ~ ore,** mwyn nas cloddiwyd. **2.** *Exp:* (*cp.* **mine**[1] **2**); heb ffrwydron.
unmingled *a.* digymysg, pur.
unministerial *a.* anweinidogaethol.
unminted *a.* anfathedig, nas bathwyd.
unmissed *a.* **1.** *(absentee &c):* nas collir, na welir ei golli. **2.** *(target):* nas methir.
unmistakable *a.* digamsyniol.
unmistakableness *n.* digamsynioldeb *m.*
unmistakably *adv.* yn ddigamsyniol.
unmitigated *a.* **1.** *(pain &c):* diarbed, dileihad, afliniarus, heb ei leih|au, heb ei leddfu, heb ei liniaru. **2.** *Pej:* rhonc, o'r mwyaf, pennaf, perffaith, diledryw, pur, hollol, llwyr; *F:* **an ~ ass,** ynfytyn llwyr *m*, twpsyn hollol *m*, asyn (*m*) a dim byd arall; **an ~ lie,** celwydd noeth *m*; **an ~ crook,** carnlleidr *m*; **an ~ disaster,** trychineb llwyr; **an ~ rogue,** adyn o'r mwyaf.
unmitigatedly *adv.* **1.** yn ddiarbed *&c.* **2.** yn rhonc *&c*, i'r eithaf.
unmitigatedness *n.* **1.** natur ddiarbed *f*, eithafrwydd *m.* **2.** rhoncrwydd *m.*
unmixed *a.* digymysg, anghymysgedig, pur, diledryw.
unmixedly *adv.* yn ddigymysg.
unmixt *a.* = **unmixed.**
unmodern *a.* hen ffasiwn, heb fod yn gyfoes, anghyfoes, anfodern, yr oes o'r blaen, yr oes a fu.
unmodernize *v.t.&i.* anfoderneiddio.
unmodernized *a.* heb ei foderneiddio, nas moderneiddiwyd, hen ffasiwn, anfodern, anfoderneiddiedig.
unmodifiable *a.* annewidiadwy, anaddasadwy, digyfnewid.
unmodified *a.* nas newidiwyd, nas addaswyd, anaddasedig, annewidiedig, heb ei newid/addasu.
unmodulated *a.* anfodyledig, anghyweiriedig, heb ei gyweirio, nas cyweiriwyd.
unmolested *a.* **to go ~,** cael llonydd i fynd, mynd heb i neb eich plagio, mynd heb i neb aflonyddu arnoch; *Jur:* mynd mewn llonydd, mynd heb gael eich molestu.
unmolesting *a.* amhlagus, nad aflonydda, nad yw'n aflonyddu.
unmonitored *a.* anwyliedig, diwyliadwriaeth, diarolygaeth.
unmoor *v.t.&i.* **1.** *v.t. Nau:* **to ~ a ship,** gollwng rhaffau llong. **2.** *v.i. Nau:* codi angor.
unmoral *a.* = **amoral.**
unmorality *n.* = **amorality.**
unmorally *adv.* = **amorally.**
unmortared *a.* diforter.
unmortgaged *a.* diforgais, heb forgais [arno].
unmortified *a.* **1. ~ flesh,** cnawd heb ei farweiddio. **2.** *(= not humiliated):* talog, penuchel.
unmortised *a.* difortais.
unmotherly *a.* annhebyg i fam, anfamaidd, anfamol.
unmotivated *a.* digymhelliad, heb gymhelliad, digymell.
unmoulded *a.* nas mo[w]ldiwyd, heb ei fo[w]ldio.
unmount *v.t.&i.* **1.** *v.t. (= unfix):* dadosod. **2.** *v.i. (= dismount):* disgyn, dod i lawr (oddi ar gefn rhth).
unmounted *a.* **1.** *(gem, photograph &c):* heb ei osod. **2.** *(= not on horseback):* ar droed, ar ddeudroed, heb fod ar gefn ceffyl.
unmourned *a.* **an ~ man,** dyn di-alar-amdano; **he died ~,** bu farw heb neb i alaru drosto.
unmovable *a.* ansymudadwy, disymud, disyflyd, diysgog.
unmovably *adv.* yn ddisyflyd *&c.*
unmoved *a.* disyflyd, diysgog, heb eich symud; *(pers.):* didaro, digyffro, digynnwrf, heb eich cynhyrfu; **~ by sth,** didaro ar waethaf *or* er gwaethaf rhth, heb eich cynhyrfu gan rth; **he remained ~ by all entreaties,** ni thyciai'r holl erfyn arno ddim; ar waethaf yr holl erfyn arno, 'roedd yn dal yn ddidaro.
unmovedly *adv.* yn ddidaro *&c.*
unmoving *a.* disymud, llonydd, disyflyd.
unmown *a.* **~ grass,** glaswellt heb ei dorri; **~ hay,** gwair heb ei ladd.
unmuffle *v.t. (face):* dadorchuddio; *(bell):* datglustogi.
unmurmuring *a.* dirwgnach, digwyno, diachwyn, di-gŵyn.
unmurmuringly *adv.* yn ddirwgnach *&c.*
unmuscular *a.* eiddil, anghyhyrog.
unmusical *a.* **1.** *(sound):* aflafar, cras, amhersain, anfelodaidd. **2.** *(ear):* angherddorol, byddar i gerddoriaeth. **3.** *(pers.):* angherddorol, angherddgar.
unmusically *adv. (sound):* yn aflafar *&c.*
unmusicalness *n.* **1.** *(of sound):* aflafaredd *m*, aflafarwch *m*, amherseinedd *m*, anfelodedd *m*, craster *m*, crochder *m*, crochni *m.* **2.** *(of pers.):* angherddoroldeb *m*, natur angherddorol *f.*
unmutated *a.* **1.** *W.Gram:* didreiglad, anhreigledig. **2.** *Biol:* anwyredig, diwyriad.
unmutilated *a.* nas llurguniwyd, nas anffurfiwyd, nas haciwyd, heb ei hacio, heb ei lurgunio, heb ei anffurfio.
unmuzzle *v.t.* **1.** *(horse):* tynnu penffrwyn (ceffyl, oddi ar geffyl); *(dog):* tynnu mwsel (ci, oddi ar gi); **2.** *Fig:* **to ~ the press,** rhyddh|au'r wasg, tynnu'r ffrwyn o ben y wasg.
unmuzzled *a. (horse):* heb benffrwyn; *(dog):* heb fwsel.
unmyelinated *a.* anfyelinog.
unmystified *a.* heb eich syfrdanu, ansyfrdan, heb eich drysu, anryslyd, diddryswch.
unnail *v.t.* tynnu'r hoelion (o rth), dadhoelio (rhth).
unnameable *a.* anenwadwy.
unnamed *n.* dienw, heb enw.
unnational *a.* anghenedlaethol.
unnatural *a.* annaturiol, croes i natur.
unnaturalized *a.* anfrodoredig, anninasfreintiedig, diddinasfraint, heb ddinasfraint.
unnaturally *adv.* yn annaturiol.
unnaturalness *n.* annaturioldeb *m.*
unnavigable *a.* anfordwyadwy.
unnavigated *a.* **an ~ sea,** môr na bu mordwyo arno, môr anfordwyedig.
unnecessarily *adv.* yn ddiangen *&c*; heb raid, heb angen, heb fod rhaid/angen, fwy na rhaid.
unnecessariness *n.* afreidioldeb *m*, afreidrwydd *m*, diangenrheidrwydd *m.*
unnecessary *a.* afraid, diangen, di-alw-amdano, dianghenraid, dieisiau, nad oes mo'i angen/eisiau, heb raid, heb reswm, nad oes galw amdano; **(it is) ~ to say that...,** afraid dweud bod...; 'does dim rhaid dweud bod....
unneeded, unneedful *a.* = **unnecessary.**
unneedfully *adv.* = **unnecessarily.**
unnegotiable *a.* anhrafodadwy.

unneighbourly *a.* anghymdogol.
unnerve *v.t.* brawychu, anesmwytho.
unnerving *a.* brawychus, anesmwythol.
unnervingly *adv.* yn frawychus *&c.*
unnilhexium *n. Ch:* unnilhecsiwm *m.*
unnilpentium *n. Ch:* unnilpentiwm *m.*
unnilquadium *n. Ch:* unnilcwadiwm *m.*
unnoisy *a.* tawel, answnllyd, di-sŵn, di-drwst, difwstwr, didwrw, di-dwrf.
unnoted *a.* di-nod, dinod, disylw, di-sôn-amdano, digyfrif, annodedig.
unnoticeable *a.* disylw.
unnoticeably *adv.* yn ddisylw.
unnoticed *a.* disylw; **to pass ~,** osg|oi sylw; **to let sth pass ~,** anwybyddu rhth.
unnourished *a.* di-faeth, nychlyd, llwglyd.
unnourishing *a.* di-faeth, anfaethlon.
unnumbered *a.* **1.** *(= not counted):* heb ei gyfrif, nas cyfrifir/cyfrifid/cyfrifwyd, anghyfrifedig; *(= numberless):* di-rif, aneirif, dirifedi, dinifer. **2.** *(room, ticket &c):* heb rif, anrhifedig.
unnurtured *a.* heb ei feithrin, nas meithrinir/meithrinid/meithrinwyd.
unobjectionable *a.* di-fai, didramgwydd, diddrwg, derbyniol.
unobjectionableness *n.* derbynioldeb *m.*
unobjectionably *adv.* yn ddi-fai *&c.*
unobliged *a.* heb fod dan orfodaeth, gwirfoddol, digymell.
unobliging *a.* digymwynas, anghymwynasgar.
unobliterated *a.* annileëdig, heb ei ddil|eu, nas dilëir/dilëid/dilewyd.
unobscured *a.* di-gêl, anghuddiedig, heb ei guddio, eglur, amlwg, yn y golwg.
unobservable *a.* anweladwy, anweledig.
unobservant *a.* ans|ylwgar, anghraff, di-ddal-sylw.
unobserved *a. & pred.a.* **1.** *a.* **an ~ change,** newid na sylwir/sylwid/sylwyd arno, newid nad yw'n tynnu sylw. **2.** *pred.a.* **it happened ~,** digwyddodd heb i neb sylwi arno.
unobstructed *a., pred.a. & adv.* **1.** *a. (path &c):* dirwystr, agored; *(progress):* dirwystr, dilestair, rhwydd. **2.** *pred.a. & adv.* yn ddirwystr; **to work ~,** gweithio'n ddirwystr.
unobtainable *a.* anghaffaeladwy, amhosibl cael gafael arno, amhosibl ei gael, nas ceir, na cheir mohono, nad oes dichon ei gael.
unobtained *a.* nas ceir/ceid/cafwyd, anghaffaeledig.
unobtruding, unobstrusive *a.* anhrawiadol, anymwthgar, anymwthiol, cynnil, disylw, digyfrif.
unobtrusively *adv.* yn anhrawiadol *&c.*
unobtrusiveness *n.* natur ddisylw *f* (rhth), golwg ddisylw *f* (ar rth), anymwthgarwch *m* (rhth).
unobvious *a.* anamlwg, aneglur.
unoccupied *a.* **1.** *(= not busy):* segur. **2.** *(house):* anghyfannedd, gwag (gweigion). **3.** *(seat):* **gwag, rhydd(-ion). 4.** *(country):* heb ei goresgyn/meddiannu.
unoffended *a.* heb ddigio, heb eich tramgwyddo, heb fod yn ddicach, heb fod ddim dicach.
unoffending, unoffensive *a.* diniwed, didramgwydd, nad yw'n tramgwyddo.
unoffensively *adv.* yn ddiniwed *&c.*
unoffered *a.* heb ei gynnig, nas cynigir/cynigid/cynigiwyd.
unofficial *a.* answyddogol.
unofficially *adv.* yn answyddogol.
unofficious *a.* anymyrgar, anfusneslyd.
unofficiously *adv.* yn anymyrgar *&c.*
unoiled *a.* nas oeliwyd, heb gael oel.
unopen *a.* caeëdig, yn gaead, ar gau, heb fod ar agor.
unopenable *a.* anagoradwy.
unopened *a.* nas agorir/agorid/agorwyd, anagoredig, heb ei agor.
unopposed *a. & pred.a.* **1.** *a.* diwrthwynebiad. **2.** *pred.a.* yn ddiwrthwynebiad.
unoppressed *a.* diormes, anorthrymedig, diorthrwm.
unoppressive *a.* **1.** *(regime):* anormesol, anorthrymus. **2.** *(atmosphere):* ysgafn, heb fod yn drymaidd.
unoppressively *adv.* **1.** yn anormesol. **2.** yn ysgafn, heb fod yn drymaidd.
unordained *a.* anordeiniedig.
unordered *a.* **1.** = **unorderly. 2.** *(goods &c):* anarchebedig, nas archebir/archebid/archebwyd, heb eu harchebu.
unorderly *a.* di-drefn, anhrefnus, annosbarthus.
unordinary *a.* anghyffredin, anarferol.
unorganizable *a.* anhrefnadwy, na ellir cael trefn arno, annosbarthadwy.
unorganized *a.* **1.** *(= disorderly):* di-drefn, anhrefnus, anhrefnedig, heb ei drefnu, nas trefnir/trefnid/trefnwyd. **2.** *Ind: (labour):* heb fod mewn undeb, diundeb, anundebol. **3.** *Bio-Ch:* anorganig, anorganaidd, anghyfluniedig.
unoriginal *a.* anwreiddiol, heb fod yn wreiddiol, ystrydebol, benthyg.
unoriginality *a.* anwreiddioldeb *m.*
unoriginally *adv.* yn anwreiddiol.
unoriginated *a.* didarddiad, didarddle.
unornamented *a.* diaddurn, moel(-ion), anaddurnedig.
unorthodox *a.* anuniongred (*pronounced* ng-g).
unorthodoxly *adv.* yn anuniongred (*pronounced* ng-g).
unorthodoxy *n.* anuniongrededd *m* (*pronounced* ng-g).
unostentatious *a.* dirodres, diymhongar (*pronounced* ng-g), di-rwysg, gwylaidd.
unostentatiously *adv.* yn ddirodres *&c.*
unowned *a.* diberchen, diberchennog, nad yw'n eiddo i neb.
unoxygenated *a.* anocsigenedig.
unpacific *a.* anheddychlon.
unpacified *a.* *(country):* nas gwastrodir/gwastrodid/gwastrodwyd, nas heddychir/heddychid/heddychwyd; *(child):* nas tawelwyd; *(tribe &c):* nas dofir/dofid/dofwyd, anystywallt.
unpack *v.t.* dadbacio.
unpacked *a.* dadbaciedig, a ddadbaciwyd.
unpacker *n.* dadbaciwr (dadbacwyr) *m,* dadb|acwraig *f.*
unpaged *a.* heb rifau tudalen.
unpaid *a.* **1.** *(worker):* di-dâl, digyflog; *Jur: Joc:* **the great ~,** ynadon anghyflogedig. **2.** *(bill, wages &c):* heb ei dalu.
unpainful *a.* di-boen.
unpaintable *a.* amheintiadwy, amhaentiadwy.
unpainted *a.* heb ei baentio/beintio.
unpaired *a.* digymar, heb gymar, heb gymhares, dibartner, dibartneres, heb baru, heb ei baru/pharu; *(electrons):* digymar.
unpalatability *n.* *(a)* *(= untastiness):* anflasusrwydd *m,* blas drwg *m;* *(b)* *(= unacceptability):* annerbynioldeb *m,* annymunoldeb *m.*
unpalatable *a.* *(a)* annymunol, diflas, anflasus, a blas drwg arno; *(b)* *(truth):* annymunol, cas, annerbyniol; **an ~ truth,** caswir *m.*
unpalatableness *n.* = **unpalatability.**
unpalatably *adv.* yn annymunol *&c.*
unpalliated *a.* nas lleddfir/lleddfid/lleddfwyd, nas llinierir/llinierid/lliniarwyd.
unpampered *a.* difwythau, difaldod.
unpanelled *a.* dibanel.
unpapered *a.* heb ei bapuro, dibapur, moel(-ion).
unparallel *a.* anghyfochrog, anghyflin.
unparalleled *a.* digyffelyb, unigryw, heb ei debyg.
unparalysed *a.* dibarlys, heb ei barlysu, nas parlyswyd.
unparasitized *a.* dib|arasit.
unpardonable *a.* anfaddeuol; *(pers.):* na ellir maddau iddo; *(offence):* na ellir ei faddau, anfaddeuadwy.
unpardonably *adv.* yn anfaddeuol.
unpardoned *a.* dibardwn, difaddeuant.
unpardoning *a.* anfaddeugar, difaddau.
unparenthesized *a.* heb fod rhwng cromfachau.
unparliamentarily *adv.* yn anseneddol; *(in weakened sense):* yn anfoneddigaidd.
unparliamentariness *n.* natur anseneddol *f*; *(of language):* natur anfoneddigaidd.
unparliamentary *a.* anseneddol; *(in language):* anfoneddigaidd, sarh|aus, enllibus.
unparted *a.* **1.** anrhanedig, anwahanedig. **2.** *(hair):* heb resen wen.
unparticipating *a.* anghyfrannog (**in sth,** o rth, yn rhth).
unpartisan *a.* amhleidiol.
unpartitioned *a.* anrhanedig, diraniad, cyfan.

unpassable *a.* **1.** = **impassable. 2.** *Sch:* ~ **candidate,** ymgeisydd na ellir mo'i dderbyn/basio.
unpassed *a.* = **unsurpassed.**
unpassionate *a.* oer(-ion), oeraidd, di-nwyd, diangerdd, anangerddol.
unpassionately *adv.* yn oer *&c.*
unpasteurized *a.* amhasteuraidd.
unpastoral *a.* anfugeiliol.
unpatented *a.* dibatent.
unpathed *a.* dilwybr, heb lwybr, heb ei gerdded, disathr, ansathredig.
unpatriotic *a.* anwlatgar, anwlatgarol.
unpatriotically *adv.* yn anwlatgar *&c.*
unpatronized *a.* **1.** *(artist &c):* di-nawdd, heb nawdd/noddwr/noddwyr, digefnogaeth. **2.** *(café &c):* digwsmer, heb gwsmeriaid, nas mynychir/mynychid/mynychwyd.
unpatterned *a.* dibatrwm, amhatrymog, heb batrwm, digynllun.
unpausing *a.* di-saib, di-baid, diatal.
unpaved *a.* **1.** *(= without pavement):* dibalmant, dibafin. **2. an ~ road,** ffordd heb darmac.
unpawned *a.* anwystledig.
unpayable *a.* annhaladwy.
unpaying *a.* nad yw'n talu.
unpeaceable *a.* annhangnefeddus, anheddychlon, rhyfelgar, cynhennus.
unpedantic *a.* amhedantaidd, amhedantig.
unpedigreed *a.* di-ach, diachau, difonedd, heb ach[-au], dib|edigri.
unpeeled *a.* nas pliciwyd, nas piliwyd, yn ei groen, heb ei blicio, heb ei bilio.
unpeg *v.t.* dadbegio.
unpen *v.t. (sheep &c):* gollwng (defaid *&c*) o ffald/gorlan.
unpenetrated *a.* nas treiddiwyd, na threiddiwyd iddo, anhreiddiedig.
unpensioned *a.* dibensiwn.
unpeople *v.t.* diboblogi.
unpeopled *a.* dibobl, diboblogedig, amhoblog.
unpeppered *a.* heb bupur, dibupur.
unperceivable *a.* anghanfyddadwy.
unperceivably *adv.* yn anghanfyddadwy.
unperceived *a.* anghanfodedig, anghanfyddedig, heb ei ganfod, nas canfyddir/canfyddid/canfuwyd, anweledig, heb ei weld, nas gwelir/gwelid/gwelwyd.
unperceptive *a.* anghraff, diganfod, di-ddal-sylw, di-weld.
unperfected *a.* amherffeithiedig, nas perffeithiwyd, heb ei berffeithio, amherffaith.
unperforated *a.* didrydylliad.
unperformed *a.* amherfformiedig, nas perfformir/perfformid/perfformiwyd, heb ei berfformio.
unperfumed *a.* dibersawr.
unperishable *a.* di-dranc, didranc, bythol, annarfodadwy.
unperplexed *a.* diddryswch.
unperson *n. Pol: F:* neb *m*, amherson(-au) *m.*
unpersuadable *a.* cyndyn, amherswadadwy, annarbwylladwy, na ellir ei berswadio/ddarbwyllo, na ellir dwyn perswâd arno, di-droi; **he was ~,** nid oedd dim perswadio arno.
unpersuaded *a.* cyndyn, nas darbwyllwyd, heb ei ddarbwyllo, di-droi.
unpersuasive *a.* diberswâd, nad yw'n cymell, anghymhellgar, amherswadiol.
unpersuasively *adv.* yn ddiberswâd.
unperturbed *a.* **1.** *abs.* digyffro, digynnwrf, didaro. **2. he was ~ by the news,** ni chyffrowyd ef gan y newydd; ni fennodd y newydd ddim arno; **~ (he left),** heb ei gyffr|oi, yn ddigyffro (ymadawodd).
unperturbedly *adv.* yn ddigyffro.
unperverted *a.* heb ei wyrdr|oi, nas gwyrdrowyd, anwyrdroëdig, diwyrdro.
unphilosophical *a.* anathronyddol.
unphilosophically *adv.* yn anathronyddol.
unphonetic *a.* anffonetig.
unphotogenic *a.* anffotogenig.
unphotographed *a.* anffotograffedig, nas tynnwyd ei lun, heb gael tynnu ei lun, nas ffotograffwyd.
unphysiologic[al] *a.* anffisiolegol.
unpick *v.t. Needlew:* datod pwythau (rhth), datbwytho (rhth).
unpickable *a.* **1.** *Needlew:* datodadwy, datbwythadwy. **2. an ~ lock,** clo na ellir mo'i agor/bigo.
unpicked *a. (seam):* heb ei datod, nas datodwyd; **an ~ flower,** blodyn nas heliwyd/casglwyd.
unpicturesque *a.* amhrydferth, amhictiwrésg.
unpierced *a.* heb dwll trwyddo.
unpile *v.t.* dadlwytho, datbentyrru.
unpiloted *a.* dibeilot.
unpin *v.t.* datbinio.
unpitiable *a.* anhruenus, annhosturiadwy, na ellir tosturio wrtho.
unpitied *a.* na thosturir wrtho, heb dosturi neb, heb gydymdeimlad neb.
unpitying *a.* annhosturiol, didostur, didosturi, didrugaredd, digydymdeimlad.
unpityingly *adv.* yn annhosturiol *&c.*
unplaced *a.* heb le.
unplait *v.t.* datod, datblethu, datgordeddu.
unplanned *a.* digynllun, anghynlluniedig, nas cynllunir/cynllunid/cynlluniwyd, heb ei gynllunio, anfwriadol.
unplanted *a.* heb ei blannu, nas plannwyd.
unplastered *a.* di-blastr.
unplausible *a.* = **implausible.**
unplayable *a.* anchwaraeadwy; *Mus:* anghanadwy.
unpleasable *a.* amhosibl eich bodloni/plesio, dicra, cysetlyd, diblesio, nad oes dim plesio arnoch.
unpleasant *a.* annifyr, annymunol, anhyfryd.
unpleasantly *adv.* yn annifyr *&c.*
unpleasantness *n.* **1.** annifyrrwch *m*, anhyfrydwch *m*, annymunoldeb *m*, helynt(-ion) *f*, trafferth(-ion) *f*, helbul(-on) *m*, heldrin(-oedd) *mf*; **the late ~,** *(= strife):* yr helbulon/trafferthion diweddar *pl*, yr heldrin d[d]iweddar; **there has been some ~,** bu/cafwyd peth trafferth.
unpleased *a.* anfodlon (**with sth,** ar rth).
unpleasing *a.* annymunol, anfoddhaol, anfoddh|aus.
unpleasingly *adv.* yn annymunol *&c.*
unpledged *a.* nas addewir/addewid/addawyd, heb ei addo, anaddawedig.
unpliable *a.* = **unpliant.**
unpliancy *n.* anystwythder *m*, anhyblygrwydd *m.*
unpliant *a.* anystwyth, anhyblyg.
unploughed *a.* heb ei aredig, heb ei droi.
unplucked *a.* nas tynnwyd, heb ei dynnu, nas pliciwyd, heb ei blicio.
unplug *v.t.* datblygio, tynnu plwg, datgysylltu plwg (rhth).
unplumbed *a. Lit:* nas plymiwyd, diwaelod.
unplundered *a.* anysbeiliedig, nas ysbeiliwyd, nas anrheithiwyd.
unpocket *v.t.* tynnu (rhth) o'ch poced.
unpoetic[al] *a.* anfarddonol, diawen.
unpoetically *adv.* yn anfarddonol *&c.*
unpointed *a.* **1.** *(tool &c):* heb flaen, heb fin, heb big, di-fin. **2.** *(= unpunctuated):* heb atalnodau, diatalnod. **3.** *(written Hebrew):* heb lafarnodau, dilafarnod, amhwyntiedig. **4. ~ brickwork,** brics heb eu pwyntio.
unpolarized *a.* amholaraidd, amholareiddiedig.
unpolemic[al] *a.* annadleuol, amholemig.
unpoliced *a.* diheddlu, heb heddlu, diblismyn, heb blismyn.
unpolishable *a.* anghaboladwy, na ellir mo'i gaboli; **~ (shoes),** (esgidiau) na ellir mo'u hiro, na ellir cael sglein arnynt.
unpolished *a.* **1.** *(gem, shoe &c):* di-sglein, digabol, anghaboledig, heb sglein, heb ei loywi, heb ei bolisio; **an ~ shoe,** esgid heb gael sglein arni, esgid heb ei hiro, esgid heb gael cwyr. **2.** *(style &c):* anghaboledig, digabol, di-raen, di-lun.
unpolite *a.* = **impolite.**
unpolitic *a.* = **impolitic.**
unpolitical *a.* anwleidyddol, amholiticaidd.
unpolled *a.* **1.** *(= not in opinion poll):* nas holir/holid/holwyd. **2.** *(= not having voted):* heb bleidleisio. **3.** *U.S:* *(= not registered):* heb bleidlais.
unpolluted *a.* anllygredig, dihalog, anhalogedig, dilygredd, dilwgr, pur.
unpolymerized *a.* amholymeraidd.
unpopular *a.* amhoblogaidd.
unpopularity *n.* amhoblogrwydd *m.*
unpopularly *adv.* yn amhoblogaidd.

unpopulated, unpopulous *a.* amhoblog, amhoblogedig, dibobl, anghyfannedd, gwag (gweigion) [o bobl].
unportrayable *a.* annarluniadwy, amhortreadwy.
unportrayed *a.* heb ei bortreadu.
unposed *a. (picture &c):* naturiol.
unpossessed *a.* **1. ~ by sth,** heb fod ym meddiant rhth. **2. ~ of sth,** heb rth, heb feddu ar rth, difeddiant o rth.
unposted *a.* heb ei bostio, nas postiwyd.
unpostponable *a.* anohiriadwy.
unpowered *a.* di-rym, heb rym, heb bŵer; *(boat &c):* heb fotor.
unpractical *a.* **1.** *(plan &c):* anymarferol. **2.** *(pers.):* annehau, anneheuig, annechau, annethau, di-lun, di-sut, di-glem.
unpracticality *n.* **1.** *(of plan):* anymarferoldeb *m.* **2.** *(of pers.):* anneheurwydd *m,* dilunwch *m,* disutrwydd *m.*
unpractically *adv.* **1.** yn anymarferol. **2.** yn annehau *&c.*
unpractised *a.* **1.** *(pers.):* dibrofiad, amhrofiadol, anghyfarwydd, anghynefin. **2.** *(skill):* nas arferir/arferid/arferwyd.
unpraised *a.* di-glod, heb glod, diganmoliaeth, heb ganmoliaeth, nas clodforir/clodforid/clodforwyd, nas canmolir/canmolid/canmolwyd.
unpraiseworthy *a.* anghanmoladwy, anhyglod.
unprecedented *a.* diesiampl, heb ei debyg o'r blaen, digyffelyb, hollol newydd, digynsail, heb gynsail.
unprecedentedly *adv.* yn ddigyffelyb *&c.*
unpredictability *n.* natur anrhagweladwy *&c f;* **what made him interesting was his ~,** y peth a'i gwnâi'n ddiddorol oedd ei fod mor anrhagddywedadwy.
unpredictable *a.* anrhagweladwy, anrhagddywedadwy, anrhagfynegadwy, annaroganadwy.
unpredictably *adv.* yn anrhagweladwy *&c.*
unprefaced *a.* heb ragair, diragair, heb ragarweiniad.
unprejudiced *a.* diragfarn, heb ragfarn.
unpremeditated *a.* anfwriadol, diragfyfyr, diragfwriad, anrhagfwriadol, anrhagfwriadedig, heb fwriad, difwriad.
unpremeditatedly *adv.* yn anfwriadol.
unpremeditation *n.* anfwriadoldeb *m.*
unpreoccupied *a.* **1.** ysgafnfryd, ysgafala. **2. ~ by minor tasks,** heb faich mân dasgau.
unprepared *a.* **1. ~ food,** bwyd heb ei barat|oi, bwyd nas paratowyd, bwyd dibaratoad; **an ~ speech,** araith fyrfyfyr, araith ar y pryd, araith o'r frest; *Sch:* **~ translation,** cyfieithu (*vn*) heb ragbaratoad. **2. (to catch s.o.) ~,** (dal rhn) heb iddo fod yn barod, yn annisgwyl, yn ddiarwybod, ar y gamfa, yn ei wendid; **to go ~ into sth,** mynd i rth heb fod yn barod.
unpreparedly *adv.* yn annisgwyl, heb fod yn barod.
unpreparedness *n.* amharodrwydd *m,* cyflwr amharod *m.*
unprepossessing *a.* anneniadol, annengar (*pronounced* ng-g), anatyniadol.
unprescribed *a.* anrhagnodedig.
unpresentable *a.* anghyflwynadwy; **he's ~,** nid yw'n weddus i'w weld; *F:* nid yw'n ffit i'w weld.
unpressed *a.* anwasgedig, nas gwasgwyd, heb ei wasgu; *(trousers):* heb ei bresio; **~ pleating,** pletio rhydd.
unpressured *a.* heb bwysau arnoch, digymell, heb fod dan bwysau.
unpresuming, unpresumptuous *a.* gwylaidd, diymhongar (*pronounced* ng-g), dirodres, diymffrost.
unpretending, unpretentious *a.* *(pers.):* gwylaidd, diymhongar (*pronounced* ng-g), dirodres, di-lol; *(house &c):* dirodres, dirwysg, syml, plaen, cartrefol, di-lol.
unpretentiously *adv.* yn wylaidd *&c.*
unpretentiousness *n.* diymhongarwch *m* (*pronounced* ng-g) gwyl|eidd-dra *m;* *(of house &c):* symlrwydd *m,* plaendra *m.*
unprettily *adv.* yn anhardd *&c.*
unprettiness *n.* anharddwch *m,* amhrydferthwch *m.*
unpretty *a.* anhardd, amhrydferth, diolwg.
unprevailing *a.* annhrechol, heb fod yn drech, heb fod mewn grym, nad yw'n mynd â hi.
unpreventable *a.* anochel, anorfod, anrhwystradwy, anatal[i]adwy, na ellir ei rwystro/atal.
unpreventably *adv.* yn anochel *&c.*
unpriced *a.* heb bris.
unpriest *v.t.* torri (rhn) o'i urddau, diurddo (rhn).
unpriestly *a. & adv.* **1.** *a.* anoffeiriadol. **2.** *adv.* yn anoffeiriadol.
unprincipled *a.* diegwyddor, anegwyddorol, digydwybod, heb egwyddor[- ion].
unprincipledness *n.* diffyg (*m*) egwyddor, diffyg (*m*) cydwybod.
unprintable *a.* **1.** amhrintiadwy, anargraffadwy. **2.** *(= indecent):* anweddus, di-chwaeth.
unprintableness *n.* **1.** natur amhrintiadwy/anargraffadwy *f.* **2.** anweddustra *m,* anwedduster *m.*
unprintably *adv.* yn anweddus *&c.*
unprinted *a.* anargraffedig, amhrintiedig, nas printiwyd, nas argraffwyd.
unprivileged *a.* anfreintiedig, difreintiedig.
unprized *a.* nas trysorir.
unprocessed *a.* heb ei brosesu, nas proseswyd.
unproclaimed *a.* anghyhoeddedig, nas cyhoeddwyd, heb ei gyhoeddi.
unprocurable *a.* anghaffaeladwy, na ellir mo'i gael.
unproductive *a.* anghynhyrchiol, digynnyrch, di-fudd; *(capital):* segur; **the farm is ~,** *F:* mae'r fferm yn bwyta'i phen.
unproductiveness *n.* anghynyrchioldeb *m.*
unprofessed *a.* anaddefedig, nas addefir/addefid/addefwyd, amhroffesedig.
unprofessional *a.* amhroffesiynol.
unprofessionally *adv.* yn amhroffesiynol.
unprofitability *n.* **1.** *(of business):* diffyg (*m*) elw, amhroffidioldeb *m.* **2.** *(of search &c):* anfuddioldeb *m,* oferedd *m,* seithugrwydd *m.*
unprofitable *a.* **1.** *(business):* dielw, dibroffid, amhroffidiol. **2.** *(search &c):* di-fudd, anfuddiol, ofer, seithug.
unprofitableness *n.* = **unprofitability.**
unprofitably *a.* **1.** yn ddielw *&c.* **2.** yn ofer *&c.*
unprogrammed *a.* anrhaglenedig, nas rhaglenwyd, heb ei raglennu.
unprogressive *a. Pol:* anghynyddgar, adweithiol.
unprogressively *adv.* yn anghynyddgar *&c.*
unprohibited *a.* diwaharddiad, diwahardd, nas gwaherddir/gwaherddid/gwaharddwyd, anwaharddedig, diomedd, di-nâg, dinacâd *m.*
unprolific *a.* **1.** *(animal):* anepilgar. **2.** *(author &c):* anghynhyrchiol.
unpromising *a.* anaddawol; *(weather):* anaddawol, digynnig, diolwg.
unpromisingly *adv.* yn anaddawol.
unprompted *a.* heb anogaeth, diannog, dianogaeth, digymell, gwirfoddol, ohonoch eich hun.
unpronounceable *a.* anynganadwy, anghynanadwy, anseiniadwy, amhosibl ei ynganu.
unpronounced *a.* nas yngenir/yngenid/ynganwyd, mud, di-sain, dilais, nas seinir/seinid/seiniwyd.
unpropertied *a.* dieiddo, heb eiddo.
unprophetic *a.* amhroffwydol.
unpropitious *a.* anffafriol, anaddawol, drwgargoelus, anargoelus.
unpropitiously *adv.* yn anffafriol *&c.*
unpropitiousness *n.* anffafrioldeb *m.*
unproportionate *a.* anghymesur.
unproportioned *a.* anghymesur, anghymesuredig.
unproposed *a.* nas cynigir/cynigid/cynigiwyd, heb eich cynnig.
unprosperous *a.* anffyniannus, dilewy[r]ch, *S.W: occ:* aflwydd.
unprosperously *adv.* yn anffyniannus *&c.*
unprotected *a.* **1.** diamddiffyn, diymgeledd, heb amddiffyn. **2.** *Ind: (moving part &c):* heb gaead, heb glawr, heb orchudd, agored, heb giard, heb ffender.
unprotectedness *n.* cyflwr diamddiffyn *m.*
unprotesting *a.* dirwgnach, di-gŵyn, dibrotest.
unprovable *a.* amhrofadwy, amhosibl ei brofi.
unproved, unproven *a.* amhrofedig, nas profir/profid/profwyd, heb ei brofi.
unprovided *a.* **1.** *(resources &c):* annarparedig, heb ei ddarparu, nas darperir/darperid/darparwyd. **2. ~ with sth,** amddifad o rth, heb rth/ddim ar eich cyfer, diddarpariaeth, diadnoddau; **to be left ~ for,** cael eich gadael heb ddim ar eich cyfer.
unprovocative *a.* amhryfoclyd.
unprovocatively *adv.* yn amhryfoclyd.
unprovoked *a.* disymbyliad, nas symbylir/symbylid/symbylwyd; *(= without cause):* diachos, direswm, diesgus.

unpruned *a.* annhociedig, nas tociwyd, heb ei docio.
unpublishable *a.* anghyhoeddadwy, amhosibl ei gyhoeddi, na ellir ei gyhoeddi.
unpublished *a.* anghyhoeddedig, nas cyhoeddir/cyhoeddid/cyhoeddwyd, heb ei gyhoeddi, *Lit: occ:* anghyhoedd.
unpunctual *a.* amhrydlon, heb fod yn brydlon, hwyr, diweddar, ar ôl.
unpunctuality *n.* amhrydlondeb *m.*
unpunctually *adv.* yn amhrydlon *&c*; ar ôl.
unpunctuated *a.* heb ei atalnodi, nas atalnodwyd, diatalnod, diatalnodau.
unpuncturable *a.* annhylladwy, amhosibl gwn|eud twll ynddo.
unpunishable *a.* anghosbadwy.
unpunishably *adv.* yn anghosbadwy.
unpunished *a.* di-gosb, anghosbedig, nas cosbir/cosbid/cosbwyd, heb ei gosbi; **(to go) ~,** (mynd) heb gosb, heb gael eich cosbi, yn groeniach.
unpurchaseable *a.* amhrynadwy.
unpurchased *a.* nas prynir/prynid/prynwyd, heb ei brynu.
unpure *a.* = **impure.**
unpurged *a.* nas carthir/carthid/carthwyd, heb ei garthu.
unpurified *a.* amhuredig, amhureiddiedig, nas purir/purid/purwyd, heb ei buro.
unpursued *a.* nas dilynir/dilynid/dilynwyd, nas erlidir/erlidid/erlidiwyd, heb ei ddilyn/erlid.
unputdownable *a. F:* **an ~ book,** llyfr na ellir mo'i roi heibio, llyfr na ellir mo'i ollwng o'ch gafael, llyfr gafaelgar.
unquailing *a.* digryn, digryndod, eofn, digilio, dewr, anghilgar.
unquailingly *adv.* yn ddigryn *&c.*
unqualifiable *a.* anghymwysadwy.
unqualified *a.* **1.** *(a)* anghymwys, anaddas; *Jur:* **~ to vote,** anghymwys i bleidleisio; *(b) (doctor &c):* heb gymhwyster, digymhwyster. **2.** *(= absolute):* **an ~ statement,** datganiad diamwys/diamod/pendant *m*; **~ praise,** clod dibrin *m*; **~ success,** llwyddiant ysgubol/digymysg *m.*
unqualifiedly *adv.* yn ddiamod.
unqualifiedness *n.* **1.** anghymhwyster *m*, anaddasrwydd *m.* **2.** *(= absoluteness):* sicrwydd *m*, pendantrwydd *m.*
unqualify *v.t.* anghymhwyso, anaddasu.
unquantified *a.* anfesuredig, difesur.
unquarried *a.* nas cloddiwyd, heb ei gloddio.
unqueen *v.t.* **1.** *(a queen):* diorseddu. **2.** *Ap:* tynnu'r frenhines (o gwch gwenyn).
unqueenly *a.* annhebyg i frenhines, anfrenhinol, anfreninesaidd.
unquelled *a.* diosteg.
unquenchable *a.* **1.** *(fire):* anniffoddadwy, nas diffoddir. **2. ~ thirst,** syched anniwall/anhoradwy, syched anodd ei dorri.
unquenchably *adv.* **1.** yn anniffoddadwy. **2.** yn anniwall.
unquenched *a.* **1.** *(fire):* anniffodd. **2. ~ thirst,** syched anniwall, syched heb ei dorri.
unquestionability *n.* dilysrwydd *m*, diamheuoldeb *m*, natur ddiamau/ddiamheuaeth *f.*
unquestionable *a.* diamau, diamheuol, diamheuaeth, dilys.
unquestionableness *n.* = **unquestionability.**
unquestionably *adv.* yn ddiamau *&c*; **he was ~ guilty,** yr oedd yn ddiamheuol euog.
unquestioned *a.* **1.** diamau, diamheuol, diamheuaeth, sicr, pendant. **2. to let sth pass ~,** gadael i rth fynd heb ei amau; **to let s.o. in ~,** gadael i rn ddod i mewn heb ei holi.
unquestioning *a.* digwestiwn, dibetrus, diymholiad, heb holi.
unquestioningly *adv.* yn ddigwestiwn.
unquickened *a.* disymud, llonydd, swrth.
unquiet *a.* aflonydd, anesmwyth.
unquietly *adv.* yn aflonydd *&c.*
unquietness *n.* aflonyddwch *m*, anesmwythder *m.*
unquotability *n.* natur annyfynadwy *f.*
unquotable *a.* annyfynadwy.
unquote *v.i.* **quote... ~,** agor dyfyniad...cau'r dyfyniad.
unquoted *a.* nas dyfynnir/dyfynnid/dyfynnwyd, annyfynedig, heb ei ddyfynnu; *St.Exch:* **~ securities,** gwarantau annyfynedig, gwarantau heb eu dyfynnu.
unradical *a.* anradicalaidd, ceidwadol.
unraised *a.* nas codir/codid/codwyd, heb ei godi, annyrchafedig.
unraked *a.* nas cribiniwyd, nas rhacanwyd, heb ei gribinio, heb ei racanu.
unransacked *a.* nas anrheithiwyd, nas ysbeiliwyd, anysbeiliedig, heb ei anrheithio, heb ei ysbeilio.
unransomed *a.* nas pridwerthwyd, na thalwyd pridwerth amdano, dibridwerth.
unrateable *a.* annhrethadwy.
unrated *a. (property):* di-dreth.
unratified *a.* nas cadarnh|eir/cadarnh|eid/cadarnhawyd, heb ei gadarnh|au, digadarnhad.
unrationed *a.* nas dognir/dognid/dognwyd, heb ei ddogni; **bread was ~,** nid oedd dogni ar fara.
unravel *v.t.&i.* **1.** *v.t. (a) (knitwear):* datod; *(b) (tangle, mystery):* datrys. **2.** *v.i. (a)* datod, ymddatod, *N.W:* llyfrïo, raflio; *(b) (mystery &c):* ymddatrys.
unravelled *a.* datodedig, datrysedig, wedi ei ddatod, wedi ei ddatrys.
unraveller *n.* datodwr: datodydd (datodwyr) *m*, datryswr: datrysydd (datryswyr) *m.*
unravelment *n.* datrysiad(-au) *m.*
unravished *a.* nas treisiwyd, anhreisiedig, dihalog, dilathrudd, diwair.
unrazored *a.* aneilliedig.
unreachable *a.* anghyraeddadwy.
unreactive *a.* anadweithiol, anymadweithiol.
unread *a.* **1.** annarllenedig; **to leave sth ~,** gadael rhth heb ei ddarllen. **2.** *(pers.):* diddarllen, annysgedig, di-ddysg.
unreadability *n.* natur annarllenadwy *f*; **ten marks off for ~,** colli deng marc am fod yn amhosibl ei ddarllen.
unreadable *a.* annarllenadwy.
unreadableness *n.* = **unreadability.**
unreadably *adv.* yn annarllenadwy.
unreadily *adv.* yn amharod *&c.*
unreadiness *n.* **1.** amharodrwydd *m.* **2.** *(= unwillingness):* cyndynrwydd *m*, anfodlonrwydd *m.*
unready *a.* **1. ~ (to do sth),** amharod (i wneud rhth). **2.** *(= unwilling):* cyndyn (i/o wneud rhth), anfodlon (gwneud rhth). **3.** *Hist:* **Ethelred the U~,** Ethelred y Digyngor.
unreal *a.* **1.** afreal, anniriaethol, disylwedd, ansylweddol, anwirioneddol, dychmygol.
unrealism *n.* afrealaeth *f.*
unrealistic *a.* afrealaidd, afrealistig.
unrealisticaly *adv.* yn afrealaidd, yn afrealistig.
unreality *n.* afre|aliti *m*, afrealrwydd *m.*
unrealizable *a.* annichonol, annichonadwy, anwireddadwy, amhosibl ei wireddu.
unrealized *a.* nas gwireddir/gwireddid/gwireddwyd, heb ei wireddu; *Com:* **~ revenue,** r|efeniw (*m*) heb ei wireddu.
unreally *adv.* yn afreal.
unreaped *a.* heb ei fedi, nas medir/medid/medwyd, digywain.
unreason *n.* afreswm *m*, diffyg (*m*) rheswm; *S.a.* **abbot.**
unreasonable *a.* afresymol.
unreasonableness *n.* afresymoldeb *m*, afresymolrwydd *m.*
unreasonably *adv. (a)* yn afresymol; *(b)* **it's ~ dear,** mae'n rhy ddrud o bob/ddim rheswm (o bob/ddim rheswm *is used only following* rhy).
unreasoned *a.* afresymegol, diresymeg, heb resymeg.
unreasoning *a.* direswm, afresymol, diymresymiad, heb resymu; **~ hatred,** casineb direswm/afresymol.
unreasoningly *adv.* yn ddireswm *&c.*
unrebated *a.* diostyngiad, di-ad-daliad.
unrebuked *a.* digerydd.
unrebutted *a.* diwrthbrawf, anwrthbrofedig, heb ei wrthbrofi, nas gwrthbrofir/gwrthbrofid/gwrthbrofwyd.
unrecallable *a.* **1.** *(loan &c):* di-alw'n-ôl, diddychwel. **2.** *(= impossible to remember):* amhosibl i'w ddwyn i gof, anghofiedig.
unrecallably *adv.* yn ddi-alw'n-ôl.
unrecalled *a.* **1.** nas gelwir/gelwid/galwyd yn ôl. **2.** *(= unremembered):* anghofiedig, angof, wedi mynd dros gof, wedi mynd yn angof.
unreceipted *a.* didderbynneb.
unreceptive *a.* amharod i dderbyn, anfodlon derbyn; *(to an appeal &c):* byddar.
unreceptively *adv.* yn amharod [i dderbyn], yn anfodlon.
unreceptivity *n.* amharodrwydd *m* [i dderbyn], anfodlonrwydd *m*; *(to an appeal):* byddardod *m.*

unreciprocated *a.* an-ad-daledig, annychweledig, nas ad-delir/ad-delid/ad-dalwyd, nas dychwelir/dychwelid/dychwelwyd.
unreckonable *a.* annyfaladwy, anghyfrifadwy.
unreckoned *a.* digyfrif.
unreclaimable *a.* anadferadwy, anadenilladwy.
unreclaimed *a.* anadferedig, nas adenillir/adenillid/adenillwyd, nas adferir/adferid/adferwyd, anadenilledig.
unrecognizable *a.* anadnabyddadwy, amhosibl ei adnabod.
unrecognizably *adv.* yn anadnabyddadwy.
unrecognized *a.* **1.** *(= unknown):* anhysbys, nas adwaenir, heb eich adnabod; **(she went to the ball) ~,** (fe aeth i'r ddawns) heb gael ei hadnabod, heb i neb ei hadnabod. **2.** *(= unacknowledged):* digydnabyddiaeth, anghydnabyddedig, nas cydnabyddir, nas gwerthfawrogir, heb gael eich cydnabod/gwerthfawrogi. **3.** *(régime, ruler):* nas cydnabyddir, anghydnabyddedig.
unrecommendable *a.* anghymeradwy.
unrecompensed *a.* di-wobr, digydnabyddiaeth, anwobrwyedig.
unreconcilable *a.* = **irreconcilable.**
unreconciled *a.* digymod, nas cymodwyd, heb gymodi.
unreconstructed *a.* **1.** *(house &c):* nas ailgodwyd, nas ailgyfanwyd. **2.** *Pol: U.S:* ceidwadol, adweithiol.
unrecorded *a.* digofnod, nas cofnodwyd, anghofnodedig, heb ei gofnodi.
unrectified *a.* nas unionir/unionid/unionwyd, nas cywirir/cywirid/cywirwyd, heb ei unioni, heb ei gywiro.
unredeemable *a.* anatbrynadwy.
unredeemed *a.* **1.** *(a) Theol:* **an ~ sin,** pechod heb iawn amdano; **an ~ sinner,** pechadur heb ei achub, pechadur anachubol; *(b)* **a town of ~ ugliness,** tref o hacrwch di-dor; *(c)* **a poor performance ~ by any good qualities,** perfformiad gwael heb unrhyw rinweddau i'w achub. **2.** *(a)* anatbrynedig, diadbryn; **an ~ promise,** addewid nas cywirwyd/cadwyd, addewid heb ei chywiro/chadw; *(b)* **an ~ pledge,** gwystl nas atbrynwyd, gwystl heb ei atbrynu; *(c) Fin:* **an ~ debt,** dyled nas cliriwyd, dyled nas ad-dalwyd, dyled heb ei chlirio.
unredressed *a.* **an ~ wrong,** cam nas unionir/unionid/unionwyd, cam heb ei unioni.
unreduced *a.* nas lleihawyd, heb ei leih|au.
unreducible *a.* = **irreducible.**
unreel *v.t.&i.* dad-ddirwyn.
unreelable *a.* *(a) (= that cannot be reeled):* annirwynadwy; *(b) (= that can be unreeled):* dad-ddirwynadwy.
unreeve *v.t. Nau:* **to ~ a rope from a block,** tynnu rhaff o floc.
unrefined *a.* **1.** *(gold, oil &c):* anghoeth, amhuredig, heb ei buro, heb ei goethi, nas purwyd, nas coethwyd. **2.** *(= coarse):* aflednais, cwrs, isel, comon, difoes.
unreflected *a.* **1.** *(light):* diadlewyrchiad, nas adlewyrchir/adlewyrchid/adlewyrchwyd. **2. ~ on/upon,** heb ei ystyried, nas ystyrir/ystyrid/ystyriwyd.
unreflecting *a.* **1.** *(surface &c):* anadlewyrchol. **2.** *(pers.):* difeddwl, disytyriaeth.
unreflective *a.* difeddwl, disytyriaeth.
unreformable *a.* anniwygiadwy.
unreformed *a.* anniwygiedig.
unrefracted *a.* anwrthdroëdig.
unrefreshed *a.* **1. (to wake) ~,** (deffro) heb ddadflino, yn ddiynni, heb fwrw'ch blinder. **2.** *(= not having had refreshment):* heb gael lluniaeth. **3. an ~ memory,** cof heb ei ddeffro/symbylu.
unrefreshing *a.* heb fod yn iachusol, nad yw'n iachusol, aniachusol, anadnewyddol, anadfywhaol, blinderus, diflas.
unrefreshingly *adv.* yn flinderus *&c.*
unrefusable *a.* anwrthodadwy.
unrefuted *a.* anwrthbrofedig.
unregal *a.* anfrenhinol.
unregarded *a.* di-barch, digyfrif, disylw.
unregeneracy *n.* anachuboldeb *m*, annychweledigaeth *f.*
unregenerate *a.* anachubol, anachubedig, annychweledig, heb gael tröedigaeth.
unregenerated *a.* anailanedig, heb eich aileni.
unregenerately *adv.* yn annychweledig.
unregimented *a.* di-drefn, anhrefnus, annisgybledig, anghatrodedig, diwastrodaeth.
unregistered *a.* anghofrestredig, heb gofrestru, heb ei gofrestru.
unregretted *a.* **1.** *(decision, crime &c):* nad ydys yn edifar amdano. **2. his absence was ~,** nid oedd yn chwith gan neb ar ei ôl.
unregulated *a.* anrheoledig, direol.
unrehearsed *a.* **1.** *(play):* diymarfer, heb ymarfer, nas ymarferwyd. **2.** *(gesture, words):* byrfyfyr, difyfyr.
unreimbursed *a.* heb gael ad-daliad.
unrein *v.t.* tynnu ffrwyn (rhth), dadffrwyno.
unreined *a.* di-ffrwyn, heb ffrwyn, penrhydd, diatal, diymatal, *occ:* diffrwyn.
unreinforced *a.* heb atgyfnerthiad, heb ei atgyfnerthu, diatgyfnerthiad.
unrelated *a.* *(a) (phenomena):* digysylltiad, anghysylltiol, anghysylltiedig, digyswllt, diberthynas, heb gysylltiad/gyswllt/berthynas; *(b) (pers.):* **they are entirely ~,** nid ydynt yn perthyn dim i'w gilydd; nid oes perthynas o fath yn y byd rhyngddynt.
unrelaxed *a.* **1.** *(regulation &c):* nas llaciwyd, anystwyth, haearnaidd. **2.** *(pers., pace):* anhamddenol; *occ: (pers.):* tyn[n].
unrelaxing *a.* anhamddenol, anymlaciol.
unrelenting *a.* diarbed, di-ildio, dygn, annhosturiol, didostur.
unrelentingly *adv.* yn ddiarbed *&c.*
unrelentingness *n.* dyfalwch *m*, dycnwch *m*, diarbedrwydd *m*, annhosturi *m*, natur ddiarbed *f.*
unreliability *n.* natur annibynadwy *f*, annibynadwyaeth *f*; **(he lost his job) because of his ~,** (collodd ei swydd) am ei fod mor annibynadwy, am na ellid dibynnu arno; **the ~ of weather forecasts is well known,** gŵyr pawb na ellir dibynnu ar ragolygon tywydd.
unreliable *a.* **1.** *(machine, map &c):* annibynadwy. **2.** *(pers.):* annibynadwy, anwadal, di-ddal, chwit-chwat, chwim-chwam, *F:* di-howld, *N.W:* di-saf; **he is totally ~,** 'does dim dal arno.
unreliableness *n.* = **unreliability.**
unreliably *adv.* yn annibynadwy *&c.*
unrelieved *a.* **1.** *(a) (pers.):* diymgeledd, nas ymgeleddwyd; *(b) (pain &c):* diesmwythâd, nas lleddfwyd, heb ei leddfu, heb ei liniaru; *(c)* **~ boredom,** diflastod diarbed/llwyr/llethol *m.* **2.** *(landscape):* undonog.
unrelievedly *adv.* yn ddiarbed, yn undonog.
unreligious *a.* = **irreligious.**
unrelished *a.* annymunol.
unreluctant *a.* anghyndyn, parod, ewyllysgar.
unremarkable *a.* anhynod, cyffredin, dinod, disylw.
unremarkably *adv.* yn anhynod.
unremarked *a.* disylw.
unremembered *a.* anghofiedig, angof, nas cofir/cofid/cofiwyd, a aeth yn angof, a aeth dros gof, heb gof amdano.
unremembering *a.* anghofus.
unreminiscent *a.* anatgofus.
unremitted *a.* annychweledig.
unremittent *a* = **unremitting.**
unremittently *adv.* = **unremittingly.**
unremitting *a.* **1.** *(study &c):* diarbed, di-baid, di-dor; **~ efforts,** ymdrechion dyfal/dygn. **2.** *(pers.):* dyfal, dygn, astud; **he was ~ in his attentions to her,** talai sylw dyfal iddi.
unremittingly *adv.* yn ddiarbed *&c.*
unremittingness *n.* dycnwch *m*, dygnwch *m*, dyfalwch *m*, diarbedrwydd *m.*
unremorseful *a.* diedifar, anedifar, anedifeiriol.
unremorsefully *adv.* yn ddiedifar *&c.*
unremovable *a.* = **irremovable.**
unremoved *a.* nas symudir/symudid/symudwyd, heb ei symud.
unremunerated *a.* di-dâl, heb dâl, di-wobr, heb wobr.
unremunerative *a.* dielw, di-fudd, anfuddiol.
unremuneratively *adv.* yn ddielw *&c.*
unremunerativeness *n.* anfuddioldeb *m.*
unrendered *a.* **1. ~ fat,** saim annhoddedig, saim heb ei doddi. **2. an ~ tribute,** teyrnged heb ei thalu, teyrnged nas talwyd.
unrenewable *a.* anadnewyddadwy.
unrenounced *a.* heb ei wadu, nas gwedir/gwedid/gwadwyd.
unrenowned *a.* anenwog.
unrent *a. Lit:* anrhwygedig, di-rwyg.
unrented *a.* di-rent, heb rent, nas gosodir ar rent, na thelir rhent amdano.

unrepaid *a.* nas ad-delir/ad-delid/ad-dalwyd.
unrepair *n.* = **disrepair.**
unrepairable *a.* na ellir/ellid/allwyd ei atgyweirio, amhosibl ei atgyweirio, anatgyweiriadwy, *N:* anhrwsiadwy, na ellir (*&c*) ei drwsio.
unrepaired *a.* anatgyweiriedig, anhrwsiedig, nas atgyweirir/atgyweirid/atgyweiriwyd, heb ei atgyweirio, *N:* heb ei drwsio, nas trwsir/trwsid/trwsiwyd.
unrepayable *a.* an-ad-daladwy.
unrepealed *a.* nas diddymwyd, anniddymedig.
unrepeatability *n. (of offer, action):* unigrywiaeth *f,* natur unigryw *f*; *(of words):* anwedduster *m,* anweddustra *m*; **(his remarks will be remembered) for their ~,** (fe gofir ei sylwadau) am eu bod mor anailadroddadwy, am na ellir eu hailadrodd.
unrepeatable *a.* **1.** *(words):* anailadroddadwy, na ellir mo'u hailadrodd, nad gwiw eu hailadrodd, amhosibl i'w hailadrodd; **what he said was ~,** ni ellir ailadrodd yr hyn a ddywedodd; ni wiw ailadrodd yr hyn a ddywedodd; nid yw'r hyn a ddywedodd yn weddus/ffit i'w ailadrodd; *(= indecent):* anweddus. **2.** *(action):* na ellir mo'i ail-wn|eud; *(feat):* unigryw; **an ~ offer,** cynnig unwaith ac am byth, cynnig unigryw.
unrepeatably *adv.* **1.** *(= indecently):* yn anweddus. **2.** am un tro yn unig.
unrepelled *a.* **1. ~ attackers,** ymosodwyr nas gyrrwyd yn eu holau. **2.** *(= not disgusted):* heb eich ffieiddio **(by sth,** gan rth), heb ffieiddio **(at rth).**
unrepentance *n.* anedifeirwch *m.*
unrepentant *a.* anedifeiriol, diedifar; **to die ~,** marw heb edifarh¦au.
unrepentantly *adv.* yn anedifeiriol *&c.*
unrepenting *a.* = **unrepentant.**
unrepining *a.* di-gŵyn, dirwgnach, amyneddgar.
unreplaceable *a.* = **irreplaceable.**
unreplaced *a.* **1.** *(= not put back):* nas dodwyd yn ei ôl, nas dodwyd yn ei le. **2. a retiring worker who is ~,** gweithiwr yn ymddeol na phenodir neb yn ei le.
unreportable *a.* amhosibl ei adrodd, anadroddadwy, na ellir dweud ei hanes, na ellir sôn amdano.
unreported *a.* di-sôn-amdano, nas adroddir/adroddid/adroddwyd, di-grybwyll, na sonir/sonid/soniwyd amdano, nas crybwyllir/crybwyllid/crybwyllwyd, na cheir/cheid/chafwyd ei hanes.
unrepresentative *a.* **1.** *(= untypical):* annodweddiadol. **2.** *Pol:* anghynrychioliadol.
unrepresented *a.* digynrychiolaeth, heb gynrychiolaeth, heb eich cynrychioli.
unrepressed *a.* di-ffrwyn, anataliedig, diatal, diymatal.
unreprieved *a.* diddihenoed, heb gael dihenoed, anarbededig, heb gael arbediad, heb gael eich arbed.
unreprimanded *a.* digerydd.
unreproachful *a.* digerydd, angheryddgar, angheryddol.
unreproduced *a.* anatgynyrchedig, nas atgynhyrchir/atgynhyrchid/atgynhyrchwyd, nas copïir/copïid/copïwyd.
unreproducible *a.* unigryw, anatgynyrchadwy, anghopïadwy, amhosibl ei atgynhyrchu, amhosibl ei gopïo.
unreproved *a.* digerydd.
unrequested *a.* di-ofyn-amdano/amdani/amdanynt, di-alw amdano/amdani/amdanynt, na ofynnir/ofynnid/ofynwyd amdano, nas ceisir/ceisid/ceisiwyd.
unrequited *a.* **1.** *(service):* digydnabyddiaeth, an-ad-daledig, heb ei dalu'n ôl, nas telir/telid/talwyd yn ei ôl; *S.a.* **export**[1]. **2. ~ love,** cariad annychweledig/digydnabod/digydnabyddiaeth, cariad nas dychwelir/dychwelid/dychwelwyd, cariad nas cydnabyddir/cydnabyddid/cydnabuwyd.
unrequitedly *adv.* yn annychweledig, yn ddigydnabyddiaeth.
unrequitedness *n.* natur annychweledig *f,* diffyg (*m*) dychwelyd, diffyg cydnabyddiaeth; **he complains of the ~ of his love,** cwyna am y modd na ddychwelir ei gariad.
unresented *a.* anatgas **(by s.o.,** gan rn); nad yw'n gas (gan rn).
unresentful *a.* anniclion, heb ddal dig, di-ddig, annigofus, nad yw'n dal dig, di-ddal-dig, anfilain **(of sth,** wrth rth).
unresentfully *adv.* yn anniclion *&c*; heb ddal dig.
unresentfulness *n.* annicllonder *m,* annigofusrwydd *m.*
unresenting *a.* = **unresentful.**
unreserve *n.* plaendra *m,* anwyl|eidd-dra *m.*
unreserved *a.* **1.** *(= not shy):* eofn, agored, heb fod yn swil, diymatal, di- flewyn-ar-dafod; *(approval):* diamod, llwyr, llawn. **2. ~ seats,** seddi nas cedwir/cedwid/cadwyd, seddi heb eu cadw.
unreservedly *adv.* **1.** yn eofn *&c.* **2.** yn ddiamod &c.
unreservedness *n.* ehofndra *m,* anwyl|eidd-dra *m.*
unresistant *a.* anwrthwynebol **(to sth,** i rth).
unresisted *a.* diwrthwynebiad.
unresisting *a.* anwrthwynebol, dof(-ion), ufudd.
unresistingly *adv.* yn anwrthwynebol *&c*; heb wrthwynebu.
unresolvable *a.* annatrysadwy.
unresolved *a.* **1. an ~ mystery,** dirgelwch annatrys, dirgelwch nas datryswyd, dirgelwch heb ei ddatrys; **an ~ question,** cwestiwn/pwnc ansicr; **an ~ dispute,** dadl nas torrwyd. **2.** = **irresolute. 3.** *Mth: Ph:* anghydranedig.
unresolvedness *n.* **1.** ansicrwydd *m,* natur annatrys *f.* **2.** = **irresolution.**
unresonant *a.* ansoniarus, anatseiniol, diadlais, diatsain.
unrespectable *a.* amharchus.
unrespected *a.* di-barch, nas perchir/perchid/parchwyd.
unresponsive *a.* diymateb, anymatebol.
unresponsively *adv.* yn ddiymateb *&c.*
unresponsiveness *n.* diffyg (*m*) ymateb, anymatebolrwydd *m.*
unrest *n.* aflonyddwch *m,* anesmwythder *m,* afreolaeth *f,* anfodlonrwydd *m,* aflonyddwch *m,* anniddigrwydd *m.*
unrestful *a.* aflonydd, anesmwyth, diorffwys, anorffwyslon.
unresting *a.* diorffwys.
unrestingly *adv.* yn ddiorffwys.
unrestored *a.* anadferedig.
unrestrainable *a.* anataliadwy, diatal, diymatal.
unrestrained *a.* diatal, diymatal, diataliad, dilywodraeth, aflywodraethus, penrhydd.
unrestrainedly *adv.* yn ddiatal *&c.*
unrestraint *n.* aflywodraeth *f,* penrhyddid *m.*
unrestricted *a.* **1.** anghyfyngedig, digyfyngiad, rhydd(-ion), rhwydd; **~ choice,** dewis rhydd; **~ prospects,** posibiliadau di-ben-draw. **2. ~ road,** ffordd heb gyfyngiad arni.
unrestrictedly *adv.* yn ddigyfyngiad *&c.*
unretentive *a.* diafael, di-ddal, nad yw'n gafael, anafaelgar; **an ~ memory,** cof fel gogr, cof gwan.
unretracted *a.* na thynnwyd yn ei ôl, nas tynnir/tynnid/tynnwyd yn ei ôl.
unreturnable *a.* annychweladwy.
unreturned *a.* annychweledig, nas dychwelir/dychwelid/dychwelwyd.
unreturning *a.* annychwel, diddychwel, na ddaw yn ei ôl.
unrevealable *a.* annatguddiadwy, annatgeladwy.
unrevealed *a.* cudd, cuddiedig, nas datguddir/datguddid/datguddiwyd, heb ei ddatguddio, annatguddiedig, nas datgelir/datgelid/datgelwyd, annatgeledig, cêl, dan gêl.
unrevealing *a.* annatguddiol, anninoethol, annatgeliadol, nad yw'n datgelu/datguddio; *(dress):* gweddus, gorchuddiol.
unrevenged *a.* di-ddial, annialedig, nas dialwyd, heb ei ddial, heb gael dial.
unreverent *a.* = **irreverent.**
unreversed *a.* nas gwrthdr|oir/gwrthdr|oid/gwrthdrowyd, heb ei wrthdr|oi, heb ei droi o chwith, anwrthdro, anwrthdröedig.
unreviewed *a.* anadolygedig, diadolygiad, nas adolygir/adolygid/adolygwyd, heb ei adolygu.
unrevised *a.* anniwygiedig, heb ei ddiwygio, nas diwygir/diwygid/diwigiwyd; *Sch:* anadolygedig, heb ei adolygu.
unrevoked *a.* annirymedig, sy'n dal mewn grym, nas dirymir/dirymid/dirymwyd, heb ei dynnu'n ôl.
unrevolutionary *a.* anchwyldroadol.
unrewarded *a.* di-wobr, nas gwobrwywyd, anwobrwyedig, heb eich gwobrwyo.
unrewarding *a.* di-wobr, di-fudd, ofer, seithug, anfuddiol.
unrhetorical *a.* anrhethregol, direthreg.
unrhetorically *adv.* yn anrhethregol *&c.*
unrhymed *a.* diodl.
unrhythmic[al] *a.* di-rythm, anrhythmig.
unridable *a.* anfarchogadwy, amhosibl ei farchogaeth.
unridden *a.* nas marchogwyd, heb ei farchogaeth.
unriddle *v.t.* datrys.

unriddler *n.* datryswr: datrysydd (datryswyr) *m.*
unrifled *a.* dirigol, anrhigolog.
unrig *v.t. Nau:* dadrigio.
unrighteous *a.* **1.** *Rel:* annuwiol, anfad, anghyfiawn. **2.** *(= unjust):* anghyfiawn, annheg. **3.** *n. Coll: Rel:* yr annuwiol, yr anghyfiawn, yr annuwiolion *pl*, y rhai annuwiol/anghyfiawn *pl.*
unrighteously *adv.* yn anghyfiawn *&c.*
unrighteousness *n.* anghyfiawnder *m.*
unrightful *a.* anghyfiawn.
unrinsed *a.* nas ystreuliwyd, anystreuliedig, heb ei ystreulio.
unrip *v.t.* rhwygo['n agored].
unripe, unripened *a.* anaeddfed, heb aeddfedu.
unripeness *n.* anaeddfedrwydd *m.*
unrisen *a.* heb godi.
unrivalled *a.* digymar, digyffelyb, heb ei ail, heb ei fath, heb ei debyg, dihafal, *Lit: occ:* dihefelydd, *N.W: occ:* heb yr un ato.
unrivet *v.t.* dadrybedio, tynnu rhybed[-ion] (rhth).
unroadworthy *a.* anaddas i'r ffordd fawr, peryglus i'w yrru.
unrobe *v.t.&i.* = **undress.**
unroll *v.t.&i.* dadrolio, dadrowlio.
unromantic *a.* diramant, anrhamantus.
unromantically *adv.* yn ddiramant *&c.*
unromanticized *a.* diramant, heb ei ramanteiddio.
unroof *v.t.* di-doi, tynnu to (rhth).
unroofed *a.* heb do, di-do.
unroot *v.t.* diwreiddio, dadwreiddio.
unrope *v.t.&i.* dadrwymo, datglymu.
unrouged *a.* heb gochliw.
unround *v.t. Phon:* datgrynh|au.
unrounded *a. Phon:* anghrwn (*f.* anghron, *pl.* anghrynion), heb fod yn grwn.
unroused *a.* heb ddeffro/ddihuno, anneffro, anneffroëdig, annihunedig, nas deffrowyd, nas dihunwyd, swrth, cysglyd, ynghwsg, yn cysgu.
unroyal *a.* anfrenhinol.
unroyally *adv.* yn anfrenhinol.
unrubbed *a.* heb ei rwbio, nas rhwbiwyd, *S:* heb ei rwto, nas rhwtwyd.
unruffled *a.* **1.** *(pers., temper):* digynnwrf, digyffro, tawel. **2.** *(sea &c):* tawel, llonydd, llyfn (*f.* llefn, *pl.* llyfnion).
unruled *a.* **1.** *(paper):* heb linellau. **2.** *(= not controlled):* heb eich rheoli, nas rheolir/rheolid/rheolwyd.
unruliness *n.* afreolusrwydd *m*, anuf|udd-dod *m*, gwylltineb *m.*
unruly *a.* afreolus, anufudd, gwyllt(-ion), *Lit: occ:* anhydrin, anhywedd, *N.W:* diwah|ardd, annosbarthus, *S.W:* anw|ardd, diw|ardd; *(tongue, passions):* diymatal, aflywodraethus, direol, direolaeth, dilywodraeth.
unrumpled *a.* di-grych, llyfn (*f.* llefn, *pl.* llyfnion).
unrushed *a.* pwyllog, hamddenol, heb frys, di-frys, di-ffrwst.
unsaddle *v.t.* **1.** *(horse):* tynnu cyfrwy (oddi ar geffyl), datgyfrwyo (ceffyl). **2.** *(rider):* taflu.
unsafe *a.* peryglus, anniogel.
unsafely *a.* yn beryglus *&c.*
unsafeness, unsafety *n.* perygl *m*, anniogelwch *m*, *occ:* perygledd *m.*
unsaid *a.* heb ei ddweud, heb ei ynganu, nas dywedir/dywedid/dywedwyd, nas yngenir/yngenid/ynganwyd, diyngan, dilafar, dileferydd; **to leave sth ~,** gadael rhth heb ei ddweud.
unsaintliness *n.* ansan[c]teiddrwydd *m.*
unsaintly *a.* ansan[c]taidd.
unsalaried *a.* digyflog.
unsaleable *a.* anwerthadwy, *Lit: occ:* anhywerth.
unsalted *a.* dihalen, heb halen, anhallt, croyw, crai; *(butter):* gwyrf, *S.W:* gwyran, *F:* gwyrdd.
unsalvageable *a.* anachubadwy.
unsalvaged *a.* nas achubir/achubid/achubwyd, heb ei achub, anachubedig.
unsanctified *a.* heb ei san[c]teiddio, ansan[c]teiddiedig.
unsanctioned *a.* diganiatâd, digennad, anawdurdodedig, disancsiwn.
unsanitary *a.* aflan, afiach, *occ:* aflanwaith.
unsaponified *a.* ansebonaidd.
unsated *a.* anniwall.
unsatiated *a.* nas digonir/digonid/digonwyd, anniwall, anniwalledig, heb ei ddiwallu/ddigoni.
unsatisfactorily *adv.* yn anfoddhaol.
unsatisfactoriness *n.* natur anfoddhaol *f*, annigonoldeb *m*; **because of the ~ of the work he had to do it again,** am fod y gwaith mor anfoddhaol bu'n rhaid iddo'i ail-wneud.
unsatisfactory *a.* anfoddhaol, annigonol.
unsatisfiable *a.* anniwall, annigonadwy.
unsatisfied *a.* **1.** anfodlon **(with sth,** ar rth); **2.** *(appetite):* anniwall, nas digonir/digonid/digonwyd, heb eich digoni, heb gael eich gwala.
unsatisfying *a.* anfoddhaol, annigonol.
unsaturated *a.* **1.** anhrwythedig, heb ei drwytho, *F:* heb ei fwydo/socian. **2.** *Ch:* annirlawn, anhrwythedig.
unsavourily *adv.* yn annymunol *&c.*
unsavouriness *n.* annymunoldeb *m*, anhyfrydwch *m.*
unsavoury *a.* annymunol, cas, *occ:* anhyfryd; **an ~ smell,** drewdod *m*; **an ~ reputation,** enw amh|eus *m.*
unsay *v.t.* dad-ddweud, *Lit:* dad-ddywedyd.
unsayable *a.* anynganadwy, amhosibl ei ddweud.
unscalable *a.* **1.** *(cliff):* annringadwy, na ellir ei ddringo. **2.** *(= that can be unscaled):* digenadwy.
unscale *v.t.* digennu.
unscaled *a.* **1. an ~ cliff,** clogwyn heb ei ddringo. **2. an ~ kettle,** tecell wedi ei ddigennu.
unscanned *a.* na chraffwyd arno; *Med:* nas sganiwyd, heb ei sganio.
unscared *a.* diddychryn, difraw, di-fraw, annychrynedig, di-ofn, diofn, eofn, diarswyd, heb eich dychryn.
unscarred *a.* di-graith.
unscathed *a.* dianaf, croeniach, dihangol.
unscented *a.* diaroglau, dibersawr; *(flower):* di-sawr.
unscheduled *a.* annisgwyl, nas trefnwyd, heb ei drefnu, anhrefnedig, afreolaidd.
unscholarliness *n.* anysgolheictod *m.*
unscholarly *a.* anysgolheigaidd.
unschooled *a.* diysgol, heb gael ysgol, anhyfforddedig, dihyfforddiant.
unscientific *a.* anwyddonol.
unscientifically *adv.* yn anwyddonol.
unscorched *a.* nas deifiwyd/llosgwyd.
unscored *a. Mus:* di-sgôr.
unscoured *a. (floor, pan &c):* heb ei sgwrio; *Tex:* crai.
unscramble *v.t.* datrys.
unscrambler *n.* datryswr: datrysydd (datryswyr) *m.*
unscratched *a.* digrafiad, digripiad, disgriffiniad.
unscreened *a.* **1.** *(place):* digysgod, agored, amlwg; *(bed, condenser &c):* di-sgrîn, heb sgrîn. **2. ~ coal,** glo heb ei ogrwn/ridyllio. **3.** *(by security service):* heb eich edrych. **4. ~ film,** llun heb ei ddangos, llun heb fod ar y sgrîn.
unscrew *v.t.* dadsgriwio, llacio, tynnu.
unscripted *a. (film):* di-sgript, heb sgript, ansgriptiedig; *(interview, reply):* annisgwyl, dibaratoad, difyfyr, byrfyfyr.
unscriptural *a.* anysgrythurol.
unscripturally *adv.* yn anysgrythurol.
unscrupulous *a.* diegwyddor, anegwyddorol, digydwybod.
unscrupulously *adv.* yn ddiegwyddor *&c.*
unscrupulousness *n.* diffyg (*m*) egwyddor, diffyg cydwybod.
unscrutinized *a.* anarchwiliedig, nas archwiliwyd, nas edrychwyd, na chraffwyd arno.
unseal *v.t.* **to ~ sth,** datselio (rhth), torri sêl (rhth).
unsealed *a.* anseliedig, di-sêl, heb sêl, agored.
unseam *v.t.* dadwnïo, datod gwnïad (rhth).
unsearchable *a.* anchwiliadwy.
unsearchableness *n.* natur anchwiliadwy *f.*
unsearchably *adv.* yn anchwiliadwy.
unsearched *a.* anchwiliedig.
unseasonable *a.* **1.** *(weather, fruit):* annhymhorol, annhymhoraidd, allan o dymor. **2.** *(action):* anamserol, annhymig.
unseasonableness *n.* annhymoroldeb *m*, annhymigrwydd *m*, anamseroldeb *m.*
unseasonably *adv.* yn annhymhorol *&c*; **it is ~ warm,** mae hi'n gynnes am yr adeg hon o'r flwyddyn; *F:* **to talk ~,** sôn am Awst yng ngwyliau'r 'Dolig.

unseasoned *a.* **1.** ~ **(food),** (bwyd) heb sesnin, heb ei sesno, heb ei flasuso. **2.** *(a)* ~ **(timber),** (coed) gwyrdd, heb sychu, heb galedu; *(b) (troops &c):* dibrofiad.
unseat *v.t.* **1.** *(rider):* taflu. **2.** *Parl: Pol:* **to ~ an M.P.,** trechu A.S. mewn etholiad, disodli A.S.; **he was unseated,** collodd ei sedd.
unseaworthiness *n.* anaddasrwydd (*m*) i'r môr.
unseaworthy *a.* anaddas i'r môr.
unseconded[1] *a. (motion):* heb eilydd, nas eiliwyd, heb ei eilio.
unseconded[2] *a. (to another post):* heb eich adleoli.
unsectarian *a.* anenwadol, ansectaraidd, ansectyddol.
unsectarianism *n.* anenwadaeth *f*, anenwadolaeth *f*, ansectariaeth *f*.
unsecular *a.* anfydol, ans|eciwlar.
unsecularize *v.t.* anseciwlareiddio.
unsecured *a.* **1. an ~ boat,** cwch heb ei glymu, cwch nas clymwyd, cwch nad yw'n sownd. **2. ~ loan,** benthyciad anwarantedig; *Jur:* **~ creditor,** credydwr ansicredig.
unseduced *a.* heb eich hudo, heb eich llithio, heb eich denu.
unseeable *a.* anweladwy.
unseeded *a.* **1. ~ ground,** tir heb ei hadu. **2.** *Ten:* heb eich dethol, annethol.
unseeing *a.* di-weld, dall, anghraff; **to look at s.o. with ~ eyes,** edrych trwy rn.
unseeingly *adv.* yn ddi-weld.
unseemliness *n.* anwedd|eidd-dra *m*, anweddusrwydd *m*, anwedduster *m*, anweddustra *m*.
unseemly *a.* anweddaidd, anweddus.
unseen *a. & n.* **1.** *a.* anweledig, nas gwelir/gwelid/gwelwyd, heb ei weld; **to buy sth sight ~,** prynu rhth heb ei weld [yn gyntaf], prynu cath mewn cwd. **2.** *a. & n. Sch:* **~ [translation],** cyfieithiad(-au) dibaratoad *m*.
unsegmented *a.* anghylchrannol, ansegmennol.
unsegregated *a.* nas didolir/didolid/didolwyd, heb eu didoli/gwahanu, anwahanedig, annidoledig.
unseized *a.* **1.** na afaelwyd ynddo, nas cipiwyd, nas daliwyd, nas meddiannwyd. **2. an ~ opportunity,** cyfle nas achubwyd.
unselect, unselected, unselective *a.* annewisol, annethol.
unselectively *adv.* yn annewisol *&c*.
unselfconscious *a.* anhunanymwybodol.
unselfconsciously *adv.* yn anhunanymwybodol.
unselfconsciousness *n.* anhunanymwybod *m*.
unselfish *a.* anhunanol.
unselfishly *adv.* yn anhunanol.
unselfishness *n.* anhunanoldeb *m*.
unsensational *a.* anghyffr|ous, ansyfrdanol.
unsensationally *adv.* yn anghyffr|ous.
unsensitized *a.* ans|ensitif, heb ei sensiteiddio, dideimlad.
unsensual *a.* anghnawdol, ansynhwyrus.
unsensualize *v.t.* ansynwyruso.
unsent *a.* nas anfonir/anfonid/anfonwyd, heb ei anfon, ananfonedig.
unsentenced *a.* nas dedfrydwyd, heb ei ddedfrydu.
unsentimental *a.* disentiment, ansentimental, annheimladol.
unseparated *a.* diwahân, anwahanedig, nas gwahenir/gwahenid/gwahanwyd.
unserious *a.* annifrifol, annifrif, gwamal, heb fod o ddifrif.
unserved *a.* **1. ~ food,** bwyd heb ei weini. **2. an ~ customer,** cwsmer heb weini arno, na chafodd weini arno, na chafodd wasanaeth.
unserviceable *a.* annefnyddiadwy.
unset[1] *a.* **1.** *(gem &c):* anosodedig, nas gosodwyd, heb ei osod. **2.** *(cement, jelly &c):* heb galedu.
unset[2] *v.t. Mth: Cmptr:* dadosod.
unsettle *v.t.* **1.** *(belief &c):* siglo. **2. to ~ s.o.,** siglo, ysgwyd, cythryblu (rhn); tarfu (ar rn); bwrw (rhn) oddi ar ei echel.
unsettled *a.* **1.** *(populace):* cythryblus, ansefydlog; *(weather):* anwadal, di-ddal, cyfnewidiol, ansefydlog, *S.W:* cyfatal, cyfartal, *occ:* bratiog; *(ground):* heb sadio, ansad, ansefydlog; **the ~ state (of the weather),** ansicrwydd *m*, anwadalrwydd *m*, ansefydlogrwydd *m* (y tywydd). **2.** *(= without fixed abode):* heb gartref parhaol, ansefydlog. **3.** *(mind):* ansicr, amhenderfynol, dibenderfyniad, rhwng dau feddwl. **4.** *(a) (question):* nas atebwyd, heb ateb, diateb, penagored, nas datryswyd; *(b)* **an ~ bill,** bil nas talwyd, bil heb ei dalu. **5.** *(country):* anghyfannedd, nas gwladychwyd, diboblogaeth, nas poblogwyd, nas cyfaneddwyd, heb ei gwladychu/phoblogi/chyfaneddu.
unsettledness *n.* ansefydlogrwydd *m*.
unsettling *a. (news &c):* cythryblus, cynhyrfus, annifyrrol.
unsew *v.t.* dadwnïo (rhth), datod gwnïad (rhth).
unsex *v.t.* dadrywio; *(a woman):* dadfenyweiddio.
unsexed *a.* **1.** *(woman):* dadrywiedig, anfenywaidd. **2.** *(kitten, chicken &c):* na phennwyd ei ryw/rhyw.
unsexual *a.* afrywiol, diryw.
unshackle *v.t.* gollwng, rhyddh|au (rhn); datod cadwynau/gefynnau/rhwymau (rhn).
unshackled *a.* rhydd(-ion), wedi ei ryddh|au, dilyffethair, dihualau, digyffion.
unshaded *a.* digysgod, heb gysgod, nas cysgodir/cysgodid/cysgodwyd, heb ei gysgodi.
unshadow *v.t.* dadlennu, datgelu.
unshadowed *a.* digysgod.
unshakeable *a.* ansigladwy, disyflyd, di-sigl, diysgog.
unshakeably *adv.* yn ansigladwy *&c*.
unshaken *a.* **1.** cadarn (cedyrn), di-sigl, ansigledig, nas siglwyd, sad, diysgog, dianwadal; **~ by the experience, I went on,** heb fy siglo/ysgwyd gan y profiad, euthum yn fy mlaen. **2. ~ drink,** diod heb ei sgytian/hysgwyd/siglo.
unshaped *a.* **1.** *(= shapeless):* afluniaidd, di-lun, *F:* di-siâp, *N.E:* ansiapus. **2. an ~ plan,** cynllun heb ei lunio.
unshapeliness *n.* afluni|eidd-dra *m*.
unshapely *a. & adv.* I. *a.* **1.** afluniaidd, anffurfiedig. **2.** di-ffurf, di-lun, di-siâp. II. *adv.* yn afluniaidd, yn ddi-ffurf.
unshapen *a.* afluniaidd.
unshared *a.* nas rhennir/rhennid/rhanwyd, heb ei rannu.
unsharp *a.* di-awch, di-fin, di-flaen, pŵl.
unshaved, unshaven *a.* aneilliedig, blewog, heb eillio, a glasfarf gennych, *N:* â bonion locsyn, *F:* heb siafio, isio shêf.
unsheathe *v.t.* dadweinio.
unsheathed *a.* dadweiniedig.
unshed *a.* ~ **(tears),** (dagrau) nas gollyngwyd, heb eu gollwng; ~ **(blood),** (gwaed) nas tywalltwyd/arllwyswyd, heb ei dywallt/arllwys.
unshell *v.t.* = **shell**[2].
unsheltered *a.* digysgod, heb gysgod; *occ: (place):* amlwg; **~ from the wind,** heb gysgod rhag y gwynt, yn nannedd y gwynt.
unshielded *a.* **1.** *(= defenceless):* diamddiffyn. **2.** *(machinery, radiation &c):* anghuddiedig, diorchudd, heb ei guddio.
unshifting *a.* disymud, disyflyd, llonydd.
unship *v.t. Nau:* **1.** *(cargo):* dadlwytho. **2.** *(mast, oar):* tynnu; **~ oars!** rhwyfau i mewn! i mewn â'r rhwyfau!
unshockable *a.* ansiociadwy, anysgytiadwy.
unshocked *a.* digyffro, digynnwrf, diysgytiad.
unshod *a.* **1.** *(pers.):* troednoeth, diesgid, diesgidiau, heb esgid/esgidiau, *Lit: & S.E: occ:* diarchen. **2. an ~ horse,** ceffyl heb bedolau, ceffyl heb ei bedoli, ceffyl dibedolau.
unshoe *v.t.* tynnu esgid (rhn); *Lit:* diarchenu (rhn).
unshorn *a.* **1.** *(sheep):* nas cneifiwyd, anghneifiedig, heb ei chneifio. **2.** *(novice):* heb ei eillio.
unshortened *a.* nas byrhawyd, heb ei fyrh|au; **an ~ dress,** gwisg heb ei chwteuo/chwtanu.
unshoulder *v.t.* **to ~ a load,** gollwng baich oddi ar ysgwydd[-au], taflu baich oddi ar war.
unshrinkable *a.* anghrebachadwy, nad yw'n crebachu, nad yw'n mynd i mewn.
unshrinking *a.* eofn, dewr, diysgog, di-gryn, digryn, digryndod, diwrthgil, di- ildio.
unshrinkingly *a.* yn eofn *&c*.
unshrinkingness *n.* dewrder *m*, ehofnder *m*, diysgogrwydd *m*.
unshriven *a.* digyffes, anghyffesedig; **(to die) ~,** (marw) heb gyffesu, yn ddigyffes.
unshroud *v.t.* **1.** *(corpse):* tynnu'r amdo (oddi ar rth). **2.** *Fig:* dadorchuddio, dinoethi, datgelu.
unshuffled *a.* **~ cards,** cardiau heb eu cymysgu.
unshut *a.* heb ei gau, nas caewyd, anghaeëdig, agored, ar agor.
unshutter *v.t.* tynnu caead[-au] (rhth), tynnu clawr/cloriau (rhth).
unshuttered *a.* heb gaead[-au], heb glawr/gloriau.
unsifted *a.* heb ei nithio.
unsighted *a.* **1.** *(= not seen):* anweledig, heb ei weld, nas gwelir/gwelid/gwelwyd. **2.** *(= not having a clear view):* heb allu gweld;

I was ~, ni allwn weld. **3.** *(a) (gun):* diannel, dianelyn; *(b) (shot):* diannel, heb anelu.
unsightliness *n.* hacrwch *m,* hyllter *m,* hyllni *m,* anolygusrwydd *m,* amhrydferthwch *m.*
unsightly *a.* hyll, diolwg, amhrydferth, anolygus.
unsigned *a.* dilofnod, nas llofnodwyd, heb ei lofnodi, heb lofnod, dienw; *Cmptr:* diarwydd; *Lib:* heb nod plygiad; **~ for,** nad arwyddwyd ar ei gyfer, nas derbynebwyd, heb dderbynneb; *Cmptr:* **~ integer,** cyfanrif(-au) diarwydd *m.*
unsignifying *a.* diarwyddocâd, heb arwyddocâd.
unsilenced *a.* di-daw, heb daw [arnoch *&c*], na thewir/thewid/th|aw-wyd, nas tewir/tewid/t|aw-wyd.
unsilent *a.* di-daw, swnllyd, stwrllyd.
unsilvered *a.* diarian.
unsingable *a.* anghanadwy.
unsinged *a.* heb ei ddeifio, nas deifiwyd, anneifiedig.
unsinkability *n.* natur ansuddadwy *f*; **many believed in the ~ of the Titanic,** credai llawer fod y Titanic yn ansuddadwy.
unsinkable *a.* ansuddadwy.
unsinning *a.* dibechod.
unsisterliness *n.* natur anchwaerol *f*; **I was disappointed at my sister's ~ towards me,** 'roeddwn yn siomedig nad oedd fy chwaer yn ymddwyn fel chwaer tuag ataf.
unsisterly *a.* anchwaerol.
unsized[1] *a. (= not made to a size*[1]*, not sorted by size*[1]*):* difaintioli, anfeintiolaidd.
unsized[2] *a. (= not treated with size*[3]*):* di-lud, heb ei ludio.
unskilful *a.* anfedrus, anghelfydd, annehau, anneh|euig, *F:* annechau, annethau, di-glem, di-sut, di-lun.
unskilfully *adv.* yn anfedrus *&c.*
unskilfulness *n.* anfedrusrwydd *m,* anneheurwydd *m, occ:* disutrwydd *m,* dilunwch *m.*
unskilled *a.* anfedrus, di-fedr, di-grefft, heb grefft, anhyddysg, anhyfedr, anhyfforddedig, anhyffordd; **~ worker,** gweithiwr di-grefft *m.*
unskimmed *a.* **~ milk,** llaeth cyfan, llaeth trwyddo, llaeth heb ei sgimio.
unskinned *a.* nas blingwyd, heb ei flingo.
unslackened *a.* nas llaciwyd, heb ei lacio.
unslackening *a.* nad yw'n llacio; *(work, effort):* diarbed, di-ball, diflino, di-baid.
unslaked *a.* **1. ~ lime,** calch brwd/byw/poeth. **2. ~ thirst,** syched anniwall, syched heb ei dorri.
unsleeping *a.* di-hun, effro, di-gwsg, nad yw'n cysgu.
unslept-in *a.* **an ~-~ bed,** gwely na chysgwyd ynddo.
unsling *v.t.* **1.** *Nau: &c: (hammock &c):* dadfachu. **2.** *(rifle):* tynnu (reiffl) oddi ar eich ysgwydd.
unsmart *a.* **1.** *(= not elegant):* anhrwsiadus, anniben. **2.** *(= unfashionable):* anffasiynol.
unsmiling *a.* di-wên, heb wên, heb wenu, aflawen, ansiriol.
unsmilingly *adv.* yn ddi-wên *&c*; heb wên.
unsmilingness *n.* ansirioldeb *m.*
unsmirched *a.* dilychwin, glân, dihalog, diargyhoedd.
unsmokable *a.* anysmygadwy, amhosibl ei ysmygu.
unsmoked *a.* *(i)* **~ tobacco,** baco nas ysmygwyd, baco heb ei ysmygu; *(ii)* **~ fish,** pysgodyn heb ei gochi.
unsmooth *v.t.* garwh|au, crychu.
unsmoothed *a.* garw (geirwon), crychlyd, heb ei lyfnh|au.
unsmotherable *a.* anfygadwy.
unsmothered *a.* nas mygwyd, heb ei fygu.
unsnap *v.t.* agor, datod, gollwng.
unsnarl *v.t.* datrys, datod.
unsnubbable *a.* amhosibl troi'ch trwyn arno, nas anwybyddir.
unsnuffed *a.* anniffodd.
unsociability *n.* anghymdeithasgarwch *m.*
unsociable *a.* anghymdeithasol, anghymdeithasgar.
unsociableness *n.* anghymdeithasgarwch *m.*
unsociably *adv.* yn anghymdeithasol.
unsocial *a.* anghymdeithasol.
unsoftened *a.* nas meddalir/meddalid/meddalwyd, heb ei feddalu.
unsoftening *a.* didostur, digydymdeimlad.
unsoiled *a.* nas difwynwyd, nas baeddwyd, glân, heb ei ddifwyno, heb ei faeddu, dilychwin.
unsold *a.* nas gwerthir/gwerthid/gwerthwyd, heb ei werthu; *Journ:* **~ copies,** copïau dros ben.
unsolder *v.t.* datsodro.
unsoldierlike, unsoldierly *a.* anfilwrol.
unsolemn *a.* annifrifol, annifrif, ysgafn, gwamal.
unsolicited *a.* **1.** *(goods):* nas archebwyd, na ofynnwyd amdanynt. **2.** *(testimonial):* digymell, nas deisyfwyd, na ofynnwyd amdano. **3. (to do sth) ~,** (gwneud rhth) ohonoch eich hun, yn wirfoddol, o'ch gwirfodd, yn ddigymell, heb i neb ofyn ichwi.
unsolicitous *a.* dibryder.
unsolid *a.* **1.** disylwedd, ansylweddol, ansolet. **2. = unstable.**
unsolidity *n.* **1.** ansoletrwydd *m,* ansylweddoldeb *m.* **2. = instability.**
unsolidly *adv.* **1.** yn ansolet *&c.* **2.** yn simsan *&c.*
unsolvable *a.* **= insoluble.**
unsolved *a.* annatrysedig, annatrys, nas datryswyd, heb ei ddatrys.
unsonsy *a. Dial:* **= unlucky.**
unsophisticated *a.* **1.** *(wine):* digymysg, pur, diledryw, naturiol. **2.** *(pers.):* *(a)* ansoffistigedig; *(b) (= natural):* naturiol, dilol, dirodres.
unsophisticatedly *adv.* **1.** yn ddigymysg. **2.** yn ansoffistigedig.
unsophisticatedness, unsophistication *n.* *(a)* ansoffistigeiddrwydd *m*; *(b) (= naturalness):* naturioldeb *m,* symlrwydd *m.*
unsordid *a.* anwael, ansalw.
unsorted *a.* heb ei ddosbarthu/ddidoli, annosbarthedig, annidoledig, nas dosbarthwyd/didolwyd, amharthedig; *Cmptr:* anhrefnedig.
unsought *a.* di-gais, diofyn, dichwennych, heb ei geisio/chwennych/ofyn, nas ceisir/ceisid/ceisiwyd; *Lib:* **~ link,** dolen ddiangen.
unsound *a.* **1.** *(a) (health):* bregus, simsan, ansicr; *S.a.* **ailing; of ~ mind,** heb fod yn eich iawn bwyll; *Vet:* **~ horse,** ceffyl diffygiol, ceffyl a gwendid ynddo, ceffyl byr ei wynt; *(b) (fruit, cheese):* drwg, wedi difetha. **2.** *(a) (ice):* anniogel, gwan, peryglus; *(position, business):* simsan, ansicr, ansad, an-sad, anniogel, gweglyd; sigledig, siglog; *(b)* **~ opinions,** daliadau cyfeiliornus/anniogel/sigledig; **~ judgement,** barn anniogel/amryfus/gyfeiliornus/ansicr; **a theory that is fundamentally ~,** damcaniaeth ansad yn y bôn, damcaniaeth sylfaenol ansad; *Ins:* **an ~ life,** hoedl anniogel *f* [i'w hyswirio].
unsoundable *a.* amhlymiadwy, anchwiliadwy.
unsounded *a.* **1.** *(warning, trumpet):* nas seiniwyd, anseiniedig, heb ei seinio, heb ei ganu. **2.** *(sea, depths):* nas chwiliwyd, nas plymiwyd.
unsoundly *adv.* yn anniogel *&c.*
unsoundness *n.* **1.** *(a)* **~ of mind,** dryswch *(m)* meddwl, gwendid *(m)* meddwl, salwch *(m)* meddwl, afiechyd *(m)* meddwl; **physical ~,** gwaeledd *m,* afiechyd *m*; *(b) (of fruit &c):* pydredd *m,* cyflwr gwael *m,* cyflwr drwg. **2.** *(a) (of building &c):* ansadrwydd *m,* simsanrwydd *m,* anniogelwch *m*; *(of ice, planks):* gwendid, anniogelwch; *(b) (of ideas, judgement):* amryfusedd *m,* anniogelwch, gwyrni *m,* diffygion *pl.*
unsoured *a.* heb ei suro, nas surwyd.
unsovereign *a.* ansofran.
unsowed, unsown *a.* heb ei hau, nas heuir/heuid/heuwyd.
unsparing *a.* **1.** diarbed, diymarbed; *(= generous):* hael, dibrin; **~ in one's efforts,** diarbed/diflino eich ymdrechion; **to be ~ of one's strength,** gweithio nerth deng ewin, gweithio fel lladd nadr[o]edd; **he was ~ of himself,** ni fyddai'n arbed dim arno'i hun; rhoddai yn hael o'i amser/egnïon. **2. ~ (of others),** didostur, didrugaredd, heb drugaredd (tuag at eraill); llym (at/wrth eraill).
unsparingly *adv.* **1.** yn ddiarbed *&c*; yn hael &c; **to use sth ~,** defnyddio rhth yn hael/ddibrin. **2.** yn ddidrugaredd.
unsparingness *n. (of efforts):* diarbedrwydd *m,* natur ddiflino *f*; *(= generosity):* haelioni *m.*
unspeakable *a.* **1.** *(pain, torture &c):* anhraethol, anhraethadwy, annisgrifiadwy, *Lit: occ:* anhydraeth; **~ confusion,** dryswch annisgrifiadwy/aruthrol/ofnadwy. **2.** *(= disgusting):* cywilyddus, gwarthus, gwaradwyddus; **it's ~!** mae'n gywilydd! gwarth o beth! cywilydd o beth! *(pers.):* bondigrybwyll.
unspeakably *adv.* **1.** yn anhraethol *&c.* **2.** yn warthus *&c.*
unspecialized *a.* anarbenigol, heb arbenigo.
unspecific, unspecified *a.* amhenodol.
unspectacled *a.* disbectol, heb sbectol.

unspectacular *a.* dinod, disylw, *F:* di-sbloet.
unspeculative *a.* **1.** *(mind):* diddychymyg, anfyfyriol, difyfyr, difyfyrdod. **2.** *(business):* difenter, anfentrus, digynnig, gofalus, carcus, ansbecianol.
unspell *v.t.* **1.** *(= free from spell):* datswyno, dadreibio. **2.** *Typ:* datod, datgymalu.
unspellable *a.* ansillafadwy.
unspent *a.* anhreuliedig, nas treulir/treulid/treuliwyd.
unsphere *v.t. Lit:* dadleoli.
unspilled, unspilt *a.* nas collwyd, nas tywalltwyd, nas arllwyswyd, annhywalltedig, anarllwysedig, heb ei golli, heb ei dywallt, heb ei arllwys.
unspiritual *a.* anysbrydol.
unspiritualize *v.t.* anysbrydoli.
unspliced *a.* **1.** *(rope):* nas plethwyd, amhlethedig. **2.** *(film, timber):* diasiad, heb ei asio, nas asiwyd, digysylltiad.
unsplinterable *a. (glass):* anhydor, anysgyrionadwy.
unspoiled, unspoilt *a.* heb ei ddifetha, nas difethir/difethid/difethwyd, *S:* heb ei 'fradu; **an ~ view,** golygfa ddigyffwrdd *f.*
unspoken *a.* mud, distaw, dilafar, dileferydd, nas lleferir/lleferid/llefarwyd, nas dywedir/dywedid/dywedwyd.
unsporting *a.* annheg, gwael, di-chwarae-teg, *V:* cachwraidd, cachgïaidd, dan-din; **that's very ~ of you,** hen un gwael wyt ti; hen gachwr wyt ti; **it would be ~ not to take a side,** peth gwael fyddai peidio â chymryd ochr.
unsportingly *adv.* yn annheg *&c.*
unsportsmanlike *a.* = **unsporting.**
unspotted *a.* **1.** *(= without spots):* heb [y]smotiau, di[y]smotiau, di-staen. **2.** *(reputation):* glân, di-staen, dilychwin, difrycheulyd, diargyhoedd. **3.** *(= not noticed):* **it went ~,** aeth heb i neb sylwi arni/arno.
unsprayed *a.* nas chwistrellwyd, heb ei chwistrellu.
unspread *a.* annhaenedig, heb ei daenu, nas taenir/taenid/taenwyd.
unsprinkled *a.* heb ei ysgeintio, heb ei dasgu.
unsprung *a.* di-sbring, heb sbring[-iau].
unspun *a.* nas troellir/troellid/troellwyd, heb ei droelli, nas nyddir/nyddid/nyddwyd, heb ei nyddu.
unspurred *a.* **1.** *(horse):* nas ysbardunir/ysbardunid/ysbardunwyd. **2.** *(boot):* di[y]sbardun, heb [y]sbardun.
unsquared *a.* nas sgwariwyd, ansgwariedig.
unstable *a.* **1.** *(building, position &c):* ansafadwy, ansad, an-sad, simsan, sigledig, siglog; *Ch: &c:* ansefydlog. **2.** *(pers.):* anghyson, anwadal, simsan, siglog, sigledig, cyfnewidiol, oriog, annibynadwy, *F:* chwit-chwat, chwim-chwam, di-ddal, di-howld, di-saf, nad oes dal arno; *(mind):* simsan, ansad, an-sad, sigledig, siglog; **an ~ person,** *S.W: occ:* bridlyn *m.*
unstableness *n.* = **instability.**
unstably *adv.* yn ansafadwy *&c.*
unstack *v.t.* dadbentyrru.
unstainable *a.* di-staen, anstaeniadwy.
unstained *a.* **1.** *(= clean):* di-staen, glân. **2.** *(= not dyed):* di-staen, heb ei staenio, anstaen[i]edig. **3.** *(reputation):* di-staen, dilychwin, glân.
unstamped *a.* di-stamp, anstampiedig, heb stamp arno, nas stampiwyd.
unstandardized *a.* ansafonedig, ansafonol.
unstarched *a.* anstartsiedig, nas startsiwyd, heb starts, di-starts, heb ei startsio.
unstarted *a.* heb gychwyn, nas cychwynwyd.
unstartled *a.* diddychryn, diarswyd, annychrynedig, heb ddychryn, heb [gael] eich dychryn, nas dychrynir/dychrynid/dychrynwyd, nas brawychir/brawychid/brawychwyd.
unstartling *a.* ansyfrdanol.
unstated *a.* annatganedig, nas datgenir/datgenid/datganwyd, heb ei ddatgan/ddweud.
unstatesmanlike *a.* anwladweinyddol, annheilwng o wladweinydd.
unstatutable *a.* an[y]statudol.
unstatutably *adv.* yn an[y]statudol.
unsteadfast *a.* anwadal, annibynadwy, sigledig, di-ddal, di-saf.
unsteadfastly *adv.* yn anwadal *&c.*
unsteadfastness *n.* anwadalwch *m.*
unsteadily *adv.* **1.** yn siglog *&c.* **2.** yn anwadal *&c.* **3.** yn ansefydlog *&c.*
unsteadiness *n.* **1.** *(of table, walk &c):* ansadrwydd *m*, simsanrwydd *m*, natur siglog/sigledig *f*, siglogrwydd *m*; *(of hand):* ansicrwydd *m*, siglogrwydd. **2.** *(of character):* anwadalwch *m*, chwit-chwatrwydd *m*. **3.** *(of wind, prices):* ansefydlogrwydd *m*, cyfnewidioldeb *m*.
unsteady *a.* **1.** *(walk):* an-sad, ansad, simsan, siglog, gweglyd; *(voice, hand):* ansicr, crynedig; **to be ~ on one's legs,** gwegian/siglo/honcian ar eich traed. **2.** *(character):* ansicr, anwadal, annibynadwy, *F:* di-ddal, di-saf, chwit-chwat, chwim-chwam, di-howld, *S.W:* didoreth. **3.** *(barometer, weather):* ansefydlog, cyfnewidiol.
unsteel *v.t.* meddalu.
unsteered *a.* heb ei lywio.
unstep *v.t. Nau:* tynnu (hwylbren) oddi ar ei fôn.
unsterile *a.* **1.** *(sexually):* anniffrwyth, ffrwythlon. **2.** *Surg:* heintiol, ansteril.
unsterilized *a.* ansteril, ansterilaidd.
unstick *v.t.* dadlynu; **to come unstuck,** *(i) (of stamp &c):* dod yn rhydd; *(ii) F: (of plan):* mynd i'r gwellt, mynd yn ffliwt, methu; *(iii) (of pers.):* methu, torri, cael aflwydd, *F:* cael clec.
unstiffen *v.t.* ystwytho.
unstiffened *a.* ystwyth.
unstifled *a.* nas mygir/mygid/mygwyd, heb ei fygu.
unstilled *a.* aflonydd, nas llonyddir/llonyddid/llonyddwyd.
unstimulated *a.* digyffro, anysgogedig, diysgogiad, ansymbyledig, heb eich symbylu, heb eich ysgogi, heb eich cyffr|oi.
unstimulating *a.* anghyffr|ous, anysgogol.
unstinted *a.* hael, haelionus, helaeth, dibrin, diymarbed, diarbed, anghynnil; **to give s.o. ~ praise,** canmol rhn i'r cymylau/entrychion, rhoi clod dibrin i rn.
unstinting *a.* hael, haelionus, dibrin.
unstintingly *adv.* yn hael *&c.*
unstirred *a.* **1. ~ tea,** te heb ei droi. **2.** *(= unmoved):* digyffro, didaro, difater, heb eich cyffr|oi.
unstirring *a.* anghyffr|ous, digyffro, digynnwrf, anghynhyrfus.
unstitch *v.t.* datbwytho, datod pwyth[-au], tynnu pwyth[-au] (rhth); **to come unstitched,** datod.
unstocked *a.* heb fod mewn stoc.
unstockinged *a.* dihosan, troednoeth.
unstop *v.t.* **1.** *(blocked pipe):* clirio. **2.** *(= remove stopper):* tynnu topyn (rhth).
unstoppable *a.* diatal, anataliadwy; **he's ~ now,** 'does dim atal arno bellach.
unstoppably *adv.* yn ddiatal *&c.*
unstopped *a.* **1. an ~ pipe,** peipen wedi ei chlirio, peipen glir. **2.** *(of tooth):* **to come ~,** colli'r darn gosod, colli'r llenwad, colli'r plwm. **3.** *Phon:* parhaol, diataliad, digyfyngiad. **4.** *Pros:* **~ line,** llinell benagored. **5.** *Mus:* di-stop, anghaeëdig.
unstopper *v.t.* tynnu topyn (rhth).
unstoppered *a.* heb dopyn, didopyn.
unstraightforward *a.* cymhleth, anodd, dyrys, astrus.
unstrained *a.* **1.** *(= not under strain):* di-straen, heb straen, heb eich dirdynnu. **2.** *(= not filtered):* anhidledig.
unstrap *v.t.* dadstrapio.
unstratified *a.* anhaenedig, di-haen, dihaenau, dihaenedig.
unstreaked *a.* anrhesog, heb resen, heb resi.
unstreamed *a.* di-ffrwd, anffrydiog, anffrydiedig, heb ei ffrydio.
unstrengthened *a.* nas cryfh|eir/cryfh|eid/cryfhawyd, heb ei gryfh|au.
unstrenuous *a.* anegnïol, diymdrech, heb fod yn galed.
unstressed *a.* diacen, dibwyslais.
unstretched *a.* anestynedig, diestyn.
unstriated *a. Anat:* llyfn (*f.* llefn, *pl.* llyfnion).
unstricken *a.* heb eich taro, nas trawyd.
unstring *v.t.* **1.** *(a) (packet, puppet):* tynnu llinynnau, dadlinynnu (rhth); *(b)* **to ~ a bow,** dadanelu bwa, datod llinyn bwa. **2. to ~ pearls,** tynnu perlau oddi ar linyn, datgadwyno perlau. **3.** *Mus:* tynnu tannau (rhth). **4.** *(pers., nerves):* ysgytio; **she was unstrung by the news,** siglwyd/ ysgytiwyd hi gan y newydd; cafodd ei bwrw'n bedwar gan y newydd.
unstriped *a.* heb resi; *Anat:* llyfn (*f.* llefn, *pl.* llyfnion).
unstripped *a.* **1.** *(body):* nas dinoethwyd, heb ei ddinoethi, dilladog, yn ei ddillad. **2. ~ wood,** coed heb ei ddirisglo; *(of paint):* coed heb dynnu'r paent.

unstruck *a.* **1.** *(hour):* heb daro. **2.** *(coin &c):* nas bathwyd, heb ei fathu.
unstructured *a.* anffurfiol, digynllun, *occ:* digyfluniad; *Sociol:* **~ interview,** cyfweliad(-au) rhydd *m*; **~ situation,** sefyllfa rydd (sefyllfaoedd rhydd) *f*.
unstrutted *a. Mus:* di-ais.
unstuck *a. See* **unstick.**
unstudied *a.* **1.** *(= untaught, ignorant):* **~ in sth,** anwybodus yngh|ylch rhth. **2.** *(= easy, natural, spontaneous):* difyfyr, naturiol, rhwydd.
unstuffed *a.* anstwffiedig, heb ei stwffio.
unstuffiness *n.* anstwffiedigrwydd *m*, agosatrwydd *m*, anffurfioldeb *m*, naturioldeb *m*, rhwyddineb *m*, ansychdduwioldeb *m*.
unstuffy *a. F:* agos-atoch, di-lol, anffurfiol, naturiol, rhwydd, ansychdduwiol; **he was ~,** 'doedd dim hen lol ar ei gyfyl; *S:* 'doedd dim hen gleme 'dag e.
unstylish *a.* anghelfydd, di-steil, ansteilus.
unstylishness *n.* ansteilusrwydd *m*, diffyg (*m*) steil.
unsubduable *a.* annarostyngadwy.
unsubdued *a.* **1.** *(people):* annarostyngedig, penuchel; *(horse, passion):* gwyllt(- ion), anhywedd, diymatal. **2.** *(light):* llachar. **3.** *(noise):* di-daw.
unsubject, unsubjected *a.* annarostyngedig, nas darostyngir/darostyngid/darostyngwyd, heb fod yn ddarostyngedig.
unsubjugated *a.* gwrthryfelgar, nas dofir/dofid/dofwyd, heb fynd dan yr iau.
unsubmerged *a.* **1.** *(submarine):* ansuddedig. **2.** *(reef, wreck):* heb fod dan y dŵr.
unsubmissive *a.* diymostwng, anymostyngol, anufudd, anwasaidd, gwrthryfelgar, gwarsyth, penuchel.
unsubsidized *a.* digymhorthdal, heb gymhorthdal.
unsubstantial *a.* ansylweddol, disylwedd.
unsubstantiality *n.* ansylweddoldeb *m*.
unsubstantially *adv.* yn ansylweddol.
unsubstantiated *a.* di-sail, heb ei brofi/wirio, nas profwyd/gwiriwyd.
unsubtle *a.* anghynnil, anghyfrwys.
unsubtlety *n.* anghynildeb *m*, anghyfrwyster *m*, anghyfrwystra *m*.
unsubtly *adv.* yn anghynnil *&c.*
unsuccess *n.* aflwyddiant (aflwyddiannau) *m*, methiant (methiannau) *m*.
unsuccessful *a.* aflwyddiannus; **the negotiations were ~,** bu'r trafodaethau'n fethiant/aflwyddiannus/ofer; **to be ~,** methu, bod yn fethiant.
unsuccessfully *adv.* yn aflwyddiannus.
unsuccessfulness *n.* aflwyddiant *m*, methiant *m*, methu *vn.*
unsugared *a.* di-siwgwr, nas melyswyd, nas siwgrwyd, heb siwgwr.
unsuggestible *a.* **1.** *(pers.):* anhygoclus, anagored i awgrym, anodd eich darbwyllo. **2.** *(idea):* anawgrymadwy.
unsuggestive *a.* anawgrymog.
unsuit *v.t.* peidio â gweddu, bod yn anaddas (i rth).
unsuitability *n.* anaddasrwydd *m*, anaddaster *m*, anghymhwyster *m*, amhriodoldeb *m*, anghyfaddaster *m*, anghyfaddasrwydd *m*.
unsuitable *a.* anaddas, anghymwys, amhriodol, *occ:* anghyfaddas; *(remark):* amhriodol, anaddas, o'i le, nad yw'n taro; **sth ~ (to the occasion),** rhth anaddas/amhriodol, rhth nad yw'n gweddu (i'r achlysur); *Adm:* **~ for education,** anaddas i'w addysgu; *P.N:* **U~ for Motors,** Anaddas i Foduron; **U~ for Heavy Goods Vehicles,** Anaddas i Gerbydau Nwyddau Trwm.
unsuitableness *n.* anaddasrwydd *m*, anaddaster *m*, anghymhwyster *m*, amhriodoldeb *m*, anghyfaddaster *m*, anghyfaddasrwydd *m*.
unsuitably *adv.* yn anaddas *&c.*
unsuited *a.* = **unsuitable.**
unsullied *a.* dilychwin, difrycheulyd, dihalog, di-fefl, anhalogedig.
unsummoned *a.* di-wŷs, nas gwysiwyd; **they came ~,** daethant heb i neb ofyn iddynt.
unsung *a.* **1.** *(words, mass):* nas cenir/cenid/canwyd; **a song ~,** cân ni chanwyd. **2.** *(= not celebrated in song):* di-glod, anenwog, anhysbys, anghyhoedd.
unsunned *a.* heb gael haul.
unsunny *a.* di-haul, anheulog.
unsuperstitious *a.* anofergoelus.
unsupervised *a.* diarolygiaeth, nas arolygir/arolygid/arolygwyd, heb eich arolygu.
unsupplied *a.* nas cyflenwir/cyflenwid/cyflenwyd.
unsupportable *a.* = **insupportable.**
unsupported *a.* **1.** *(a) (statement):* di-sail, di-garn, heb garn, didystiolaeth; *(b) (pers.):* digefnogaeth, digynhaliaeth, di-gefn. **2.** *Civ.E:* diateg, digynhaliaeth, heb ddim i'w gynnal/ategu.
unsupportive *a.* anghefnogol (**of s.o.,** i rn).
unsupportively *adv.* yn anghefnogol.
unsupportiveness *n.* diffyg (*m*) cefnogaeth (**of s.o.,** i rn).
unsuppressed *a.* **1.** *(= unforbidden):* nas gwaherddir/gwaherddid/gwaharddwyd, diwahardd, anwaharddedig. **2.** *(= unconcealed):* di-gêl, hysbys, heb ei gelu, nas celir/celid/celwyd. **3.** *(bleeding, laughter):* diatal, nas atelir/atelid/ataliwyd. **4.** *(revolt):* diatal, diosteg, nas mygir/mygid/mygwyd, nas gostegir/gostegid/gostegwyd.
unsure *a.* ansicr; **I'm ~ whether to go,** ni wn i ddim yn iawn a ddylwn fynd.
unsurfaced *a.* diwyneb, heb wyneb; *(road):* heb darmac.
unsurmised *a.* annhybiedig, nas amheuir/amheuid/amheuwyd.
unsurmountable *a.* = **insurmountable.**
unsurmounted *a.* anorchfygedig.
unsurpassable *a.* diguro, p|enigamp, penig|amp.
unsurpassably *adv.* yn ddiguro *&c.*
unsurpassed *a.* diguro, digymar, dihafal, digyffelyb, heb ei well, heb ei ragorach, penig|amp, p|enigamp.
unsurprised *a.* disyndod, disyfrdandod, ansyfrdan, heb synnu, nas synnir/synnid/synnwyd, nas syfrdenir/syfrdenid/syfrdanwyd.
unsurprising *a.* ansyfrdanol; **it's ~...,** nid yw'n syndod...
unsurveyed *a.* **1.** nas arolygir/arolygid/arolygwyd, heb ei arolygu. **2.** *(land &c):* nas syrfëir/syrfëid/syrfewyd.
unsusceptible *a.* anchwannog.
unsuspected *a.* nas amheuir/amheuid/amheuwyd; **he passed ~,** aeth heibio heb i neb ei amau; *(fault, injury &c):* annisgwyl, nas rhagwelwyd *&c.*
unsuspectedly *adv.* yn annisgwyl, heb i neb amau.
unsuspectedness *n.* natur annisgwyl *f*.
unsuspectingly *adv.* yn ddiarwybod, heb amau dim.
unsuspenseful *a.* anghyffr|ous, digynnwrf, aningol, anghynhyrfus, didyndra, diwewyr.
unsuspicious *a.* **1.** *(= unsuspecting):* diarwybod, diamheuon, diamheuaeth, heb amheuon; **I was ~ of her,** nid oeddwn yn ei hamau/drwgdybio. **2.** *(= not arousing suspicion):* anamh|eus, diamh|eus, diniwed yr olwg.
unsuspiciously *adv.* **1.** heb amau dim **2.** yn ddiamh|eus.
unsustainable *a.* anghynaladwy, na ellir/ellid/allwyd mo'i gynnal.
unsustained *a.* anghynaledig, nas cynhelir/cynhelid/cynhaliwyd, byrbarhaol.
unsustaining *a.* anghynhaliol.
unswallowed *a.* nas llyncir/llyncid/llyncwyd, heb ei lyncu.
unswathe *v.t.* dadlapio, dadrwymynnu, dadgornio.
unswayed *a.* diogwydd, diduedd, di-droi, heb eich gogwyddo, heb eich tueddu; **~ by sth,** heb fod dan ddylanwad rhth; **he remained ~ by my arguments,** daliodd yn gyndyn er gwaethaf fy nadleuon; ni throwyd mohono gan fy nadleuon.
unswear *v.t.* **to ~ an oath,** dad-dyngu/didyngu llw, tynnu llw yn ei ôl.
unsweet *a.* anfelys(-ion), chwerw(-on).
unsweetened *a.* nas melyswyd, anfelys, heb ei felysu.
unswept *a.* nas ysgubwyd, heb ei ysgubo.
unswerving *a.* **1.** *(loyalty):* diwyro, cyson, digyfnewid, cadarn (cedyrn). **2.** *(path &c):* diwyro, syth(-ion), unionsyth.
unswervingly *adv.* yn ddiwyro *&c*; yn gyson *&c.*
unsworn *a.* **1.** *(oath):* nas tyngwyd, heb ei dyngu; *(testimony):* di-lw, heb fod dan lw. **2.** *(juror):* heb gymryd llw, heb eich tynghedu.
unsymbolic *a.* ansymbolaidd.
unsymmetrical *a.* anghymesurol, ansymetrig.
unsymmetrically *adv.* yn anghymesurol *&c.*
unsympathetic *a.* digydymdeimlad, anghydymdeimladol (**to sth,** â rhth); anghynnes, oeraidd (tuag at rth).

unsympathetically *adv.* yn ddigydymdeimlad *&c.*
unsympathizing *a.* = **unsympathetic.**
unsynchronized *a.* anghydamserol, anghydamseredig.
unsystematic *a.* di-drefn, anhrefnus, ansystematig.
unsystematically *adv.* yn ddi-drefn *&c*; **(to do sth) ~,** (gwneud rhth) rywsut- rywsut, unrhyw sut, bob sut.
unsystematized *a.* digyfundrefn, anghyfundrefnol.
untack *v.t.* **1.** *(poster &c):* tynnu (rhth) yn rhydd. **2.** *Needlew:* datod, datbwytho.
untactful *a.* di-dact.
untactfully *adv.* yn ddi-dact.
untactfulness *n.* diffyg *(m)* tact.
untagged *a.* di-dag, nas tagiwyd, heb dag.
untainted *a.* *(reputation):* dilychwin, dihalog, diargyhoedd, dilwgr, anllygredig, difrycheulyd, difrychau, nas halogir/halogid/halogwyd, heb ei halogi, heb ei ddifwyno; **an action ~ by any trace of self-interest,** gweithred heb ei difwyno gan unrhyw arlliw o hunan-les; *(food):* pur, glân.
untaken *a.* nas cymerir/cymerid/cymerwyd, heb ei gymryd.
untalented *a.* di-ddawn, diddoniau, didalent.
untalked *a.* **~-of,** digrybwyll, nas crybwyllir/crybwyllid/crybwyllwyd, nas trafodir/trafodid/trafodwyd, na son[n]ir amdano, di-sôn- amdano/amdani/amdanynt *&c*, nad oes/oedd/fu sôn amdano *&c.*
untameable *a.* annofadwy, na ellir ei ddofi, gwyllt(-ion), afreolus, anystywallt, anwar, *occ:* anhywedd.
untameably *adv.* yn annofadwy *&c.*
untamed *a.* nas dofwyd, heb ei ddofi, annofedig, anystywallt, afreolus.
untangle *v.t.* datrys.
untanned *a.* di-liw, heb liw [haul], gwelw(-on).
untapped *a.* **1.** *(barrel):* heb ei thapio, heb ei dwselu, heb ei hagor, nas agorwyd. **2. ~ (resources),** (adnoddau) digyffwrdd, anghyffwrdd, dihysbydd, heb eu cyffwrdd, wrth gefn, heb eu dihysbyddu.
untarnishable *a.* di-staen, dilychwin, anstaeniadwy, na ellir ei staenio/lychwino/ddifwyno.
untarnished *a.* **1.** *(metal):* gloyw(-on), glân, di-staen, heb ei ddifwyno. **2.** *(reputation):* dilychwin, glân, difrycheulyd, difrychau, diargyhoedd, dilwgr, anllygredig.
untarred *a.* di-dar, heb gol-tar, heb ei goltario, nas tariwyd, nas coltariwyd.
untasted *a.* nas profir/profid/profwyd, heb ei brofi, heb ei flasu, *occ:* anflasedig, amhrofedig; **to refuse a dish ~,** gwrthod saig heb ei phrofi.
untasteful *a.* **= distasteful, tasteless.**
untastefully *adv.* **= distastefully, tastelessly.**
untastiness *n.* anflasusrwydd *m,* blas drwg *m.*
untasty *a.* anflasus, drwg [ei flas].
untaught *a.* *(a) (pers.):* di-ddysg, annysgedig, diaddysg, dihyfforddiant; **(to do sth) ~,** (gwneud rhth) heb gael eich dysgu, heb eich hyfforddi, heb hyfforddiant; *(b) (skill):* naturiol, cynhenid, greddfol.
untaxable *a.* anhrethadwy, na ellir ei drethu.
untaxed *a.* **1.** di-dreth, anhrethedig, nas trethir/trethid/trethwyd, heb ei drethu. **2.** *(memory &c):* nas trethir *&c.*
unteach *v.t.* dad-ddysgu.
unteachability *n.* natur annysgadwy *f,* annysgadwyedd *m;* **(an hour with these pupils was enough to convince me) of their ~,** (yr oedd awr gyda'r disgyblion hyn yn ddigon i'm hargyhoeddi) na ellid byth eu dysgu, nad oedd dim dysgu arnynt.
unteachable *a.* **1.** *(pers.):* annysgadwy, anhyfforddadwy, na ellir ei ddysgu/ hyfforddi. **2.** *(subject, skill):* annysgadwy.
unteachableness *n.* natur annysgadwy *f.*
unteachably *adv.* yn annysgadwy.
untearable *a.* anrhwygadwy, na ellir ei rwygo.
untechnical *a.* annhechnegol.
untellable *a.* *(a) (story &c):* na ellir mo'i hadrodd/dweud; anadroddadwy, anhraethadwy; *(b) (= uncountable):* anrhifadwy, anghyfrifadwy, aneirif, dirifedi, di-rif.
untempered *a.* nas tymherwyd, heb ei dymheru, annhymeredig; **heat ~ by any breeze,** gwres nas tymherir gan unrhyw awel.
untempted *a.* nas temtir/temtid/temtiwyd, didemtasiwn.
untempting *a.* anneniadol, anatyniadol, diatyniad, annengar *(pronounced* ng-g), nad yw'n eich temtio.
untenability *n.* natur annaliadwy/anghynaladwy *f:* **the ~ of this standpoint soon became clear to me,** daeth yn eglur imi'n fuan na ellid dal at y safbwynt hwn.
untenable *a.* annaliadwy, anghynaladwy, na ellir mo'i ddal/gynnal.
untenably *adv.* yn annaliadwy.
untenantable *a.* **an ~ house,** tŷ anaddas i ddeiliaid/denantiaid, tŷ na ellir ei osod, tŷ na ellir byw ynddo, tŷ anhydrig/anosodadwy.
untenanted *a.* didenant, diddeiliad, heb denant, anghyfannedd, gwag (gweigion).
untended *a.* **1. an ~ garden,** gardd heb ofal neb, gardd aflêr/anniben, gardd yn mynd â'i phen iddi, gardd yn mynd rhwng cŵn a brain, gardd heb neb i ofalu amdani, gardd heb neb i'w thendio. **2.** *(a)* **an ~ patient,** claf heb neb i weini arno; *(b)* **an ~ wound,** anaf heb gael triniaeth, anaf nas trinir.
untender *a.* annhyner, annhirion, caled (celyd), dideimlad, garw (geirwon).
untendered *a.* **1.** *(resignation &c):* nas cynigir/cynigid/cynigiwyd, heb ei gynnig **2. ~-for work,** gwaith na wneir cynnig/tendr ar ei gyfer.
unterminated *a.* **1.** *(= not completed):* anorffenedig, anghyflawn, diderfyn, heb ei gwblh|au, heb ei derfynu. **2.** *(= not bounded):* nas terfynir/terfynid/terfynwyd, annherfynedig, heb derfynau, heb derfyn, diderfyn, diderfynau.
unterrified *a.* diddychryn, annychrynedig, diarswyd, di-fraw, difraw, di-ofn, diofn, dibryder.
untested *a.* nas profir/profid/profwyd, heb ei brofi, na roddwyd ar brawf, na roddwyd prawf arno, amhrofedig.
untether *v.t.* datglymu, rhyddh|au (rhth); gollwng (rhth) yn rhydd.
untethered *a.* *(a)* rhydd(-ion), heb ei glymu; *(b)* wedi ei ddatglymu, wedi ei ryddh|au, wedi ei ollwng yn rhydd.
unthanked *a.* na ddiolchir/ddiolchid/ddiolchwyd iddo, diddiolch.
unthankful *a.* anniolchgar, diddiolch.
unthankfully *adv.* yn anniolchgar *&c.*
unthankfulness *n.* anniolchgarwch *m.*
unthatch *v.t.* **to ~ a house,** tynnu to gwellt oddi ar dŷ, *occ:* di-doi tŷ.
unthatched *a.* heb do gwellt.
unthawed *a.* nas toddwyd, nas meiriolwyd, annhoddedig, heb doddi, heb ddadmer, heb ddadlaith, heb feirioli.
untheatrical *a.* antheatraidd.
untheological *a.* anniwinyddol.
unthickened *a.* nas tewychir/tewychid/tewychwyd, heb ei dewychu, annhewychedig.
unthink *v.t.* ailystyried (rhth), ailfeddwl (am rth).
unthinkability *n.* annychmygoldeb *m,* natur annychmygol *f,* annychmygadwyedd *m.*
unthinkable *a.* & *n.* **1.** *a.* annychmygadwy, annychmygol, na ellir meddwl/synied amdano, y tu hwnt i amgyffred rhn, na ellir mo'i ddychmygu; **it is ~ that he should be acquitted,** amhosibl meddwl y caiff fynd yn rhydd. **2.** *n.* **to think the ~,** dychmygu'r annychmygol.
unthinkably *adv.* yn annychmygol *&c.*
unthinking *a.* *(a) (pers.):* difeddwl, anfeddylgar, anystyriol; *(b)* **in an ~ moment,** ar eiliad ddifeddwl, ar eiliad o anystyriaeth.
unthinkingly *adv.* yn ddifeddwl *&c.*
unthinkingness *n.* anystyriaeth *f,* anystyrwch *m,* diystyrwch *m,* diffyg *(m)* meddwl, diffyg ystyriaeth.
unthought *a.* **~-of,** annisgwyl, nas dychmygir/dychmygid/dychmygwyd, na synir/synid/syniwyd amdano. **~-out** *a.* **an ~-out plan,** cynllun amherffaith/anfanwl/anhrylwyr, cynllun nas ystyriwyd yn fanwl/drwyadl, cynllun nas ystyriwyd i'w ben *or* i'r pen.
unthoughtful *a.* *(= heedless):* difeddwl, anystyriol, disytyriol, anfeddylgar; *(= not given to reflection):* anfyfyrgar.
unthoughtfully *adv.* yn ddifeddwl *&c.*
unthoughtfulness *n.* anystyrioldeb *m,* anystyrwch *m,* diffyg *(m)* meddwl; **his main weakness was ~,** ei wendid mwyaf oedd ei fod mor ddifeddwl.
unthrashed *a.* **1. = unbeaten. 2. = unthreshed.**
unthread *v.t.* **1.** *(needle, pearls):* tynnu edau (rhth); *occ:* dadedefu. **2. to ~ a maze,** dod o hyd i'ch ffordd o ddrysle. **3.** *(= disentangle):* datrys.

unthreadable *a.* **1. an ~ needle,** nodwydd na ellir rhoi edau drwyddi. **2.** *(maze):* annatrys, astrus. **3.** *(tangle):* annatrys.
unthreaded *a.* **1.** *(needle):* diedau. **2.** *(maze):* annatrys, nas datryswyd.
unthreatened *a.* difygwth, difygythiad, heb eich bygwth, nas bygythir/bygythid/bygythiwyd, heb fod dan fygythiad.
unthreatening *a.* anfygythiol.
unthreshed *a.* nas dyrnir/dyrnid/dyrnwyd, nas ffustir/ffustid/ffustiwyd, heb ei ddyrnu/ffustio.
unthrift *n.* = **unthriftiness.**
unthriftily *adv.* yn annarbodus *&c.*
unthriftiness *n.* annarbodaeth *f,* anghynildeb *m.*
unthrifty *a.* annarbodus, anghynnil, afrad, afradus, afradlon, gwastraffus, gwastrafflyd.
unthrone *v.t.* diorseddu.
unthwarted *a.* & *adv.* **1.** *a.* dilestair, heb eich llesteirio. **2.** *adv.* yn ddilestair.
untidily *a.* yn anniben *&c.*
untidiness *n.* annibendod *m,* aflerwch *m,* blerwch *m,* anhrefn *f,* llanast[r] *m; S.a.* **mess[1] 2.**
untidy[1] *a.* *(a)* anniben, aflêr, blêr, anhrefnus, di-drefn; *(b) (also pers.): S:* didoreth.
untidy[2] *v.t.* anhrefnu, annibennu (rhth); gwn|eud (rhth) yn anniben *&c; occ:* blerio (rhth).
untie *v.t., v.i. & pr.* **1.** *v.t.* datod, *occ:* datglymu, *N.W: F:* daffod, *S: occ:* mysgu, datreth. **2.** *v.i. & pr.* *(of knot):* **to ~ itself, to come untied,** datod, ymddatod, dod yn rhydd.
untied *a.* a ddatodwyd, a ddatglymwyd, wedi'i ddatod *&c,* datodedig.
until *prep. & conj.* = **till[3].**
untile *v.t.* tynnu teils (rhth, oddi ar rth).
untiled *a.* heb deils, di-deils.
untillable *a.* **~ soil,** pridd na ellir mo'i droi/aredig.
untilled *a.* **~ soil,** pridd heb ei droi/aredig.
untimbered *a.* di-goed.
untimeliness *n.* anamseroldeb *m,* annhymigrwydd *m,* annhymoreiddiwch *m.*
untimely[1] *a.* **1.** *(a) (= premature):* cyn pryd, cyn eich adeg, annhymig, cynamserol; **to come to an ~ end,** marw cyn pryd; *(b) (fruit):* cynnar, cyn pryd, cyn ei adeg, allan o dymor. **2.** *(rain &c):* annhymhorol, annhymhoraidd, allan o dymor. **3.** *(question, action):* anamserol, annhymig. **4. at an ~ hour,** ar awr annaearol.
untimely[2] *adv.* **1.** *(= prematurely):* cyn pryd, cyn ei adeg, yn rhy gynnar, yn annhymig *&c.* **2.** *(= inopportunely):* yn anamserol *&c;* ar gamadeg.
untinctured *a.* = **untinged.**
untinged *a.* heb arlliw (**by sth,** o rth).
untinned *a.* heb ei dunio.
untinted *a.* heb liw, heb arlliw (**by sth,** o rth).
untipped *a.* heb flaen.
untirable *a.* diflino.
untired *a.* anflinedig, diflino, diludded.
untiring *a.* diflino, anflinedig, diflin, anniffygiol, dilesg, dyfal, dygn.
untiringly *adv.* yn ddiflino *&c;* heb ddiffygio, heb lesgáu.
untithed *a.* diddegwm, nas degymir/degymid/degymwyd.
untitled *a.* di-deitl.
unto *prep. A: & B.Lit: (=* **to** *in certain uses):* **1.** *B:* **for ~ us a child is born,** canys bachgen a aned i ni; **to liken sth ~ sth,** cymharu rhth â rth, tebygu rhth i rth; **to be like ~ sth,** ymdebygu i rth, bod yn debyg i rth; **and I say ~ you,** ac meddaf i chwi; **let us ~ our ships,** awn at ein llongau; *B:* **suffer little children to come ~ me,** gadewch i blant bychain ddyfod ataf i. **2. to turn ~ s.o.,** troi at rn; **to come nigh ~ sth,** agosáu at rth, dod yn agos at rth; **nigh ~ death,** ar farw, bron [â] marw, ar fin marw, ar drengi. **3. ~ this day,** hyd [at] y dydd hwn, hyd heddiw, *S.W:* ys heddi.
untold *a.* **1.** *(wealth &c):* dirifedi, afrifed, aruthrol, difesur, di-ben-draw; **it is worth ~ gold,** mae'n werth arian mawr; mae'n werth swm aruthrol; **~ losses,** colledion dirifedi; **~ suffering,** dioddefaint difesur/ofnadwy. **2. an ~ tale,** hanes heb ei fynegi/draethu, hanes nas mynegwyd/adroddwyd/traethwyd, stori nas dywedwyd, stori heb ei dweud.
untormented *a.* di-boen, nas poenydir/poenydid/poenydiwyd, heb eich poenydio.
untorn *a.* anrhwygedig, di-rwyg, nas rhwygwyd, heb ei rwygo.
untortured *a.* diartaith, anarteithiedig, nas arteithir/arteithid/arteithiwyd, heb eich arteithio; *S.a.* **untormented.**
untouchability *n.* anghyffyrddadwyedd *m,* natur anghyffwrdd *f.*
untouchable *a. & n.* **1.** *a.* anghyffyrddadwy, na ellir ei gyffwrdd, na ellir cyffwrdd ag ef, *occ:* anghyffwrdd. **2.** *n.* rhn (rhai) anghyffyrddadwy *m; pl.* anghyffyrddedigion, gwehilion *pl.*
untouched *a.* **1.** heb ei gyffwrdd, nas cyffyrddwyd, na chyffyrddwyd ag ef, anghyffyrddedig, *occ:* anghyffwrdd; **food ~ by [human] hand,** bwyd heb ei gyffwrdd gan neb, bwyd na bu dwylo hyd-ddo; **he left the food ~,** gadawodd y bwyd heb ei gyffwrdd; ni chyffyrddodd â'r bwyd. **2.** *(a)* **to leave sth ~,** gadael llonydd i rth; *(b) (pers.):* byw ac iach, iach ddianaf. **3.** *(subject):* **~[-upon],** di-sôn-amdano, digrybwyll, anghrybwylledig, nas trafodir/trafodid/trafodwyd, heb ei drafod. **4.** = **unmoved.**
untoward *a.* **1.** *O: (pers.):* = **intractable. 2.** *(= unfortunate):* chwithig, anffodus, *occ:* trwstan; **(I hope) nothing ~ has happened,** (gobeithio) na fu unrhyw anffawd/ aflwydd, na fu unrhyw dro trwstan. **3.** *(season):* anffafriol, gwael. **4.** *(behaviour):* anweddaidd, afledneis.
untowardly *adv.* **1.** *O:* = **intractably. 2.** yn chwithig, yn anffodus. **3.** yn anffafriol. **4.** yn anweddaidd *&c.*
untowardness *n.* **1.** *O:* = **intractability. 2.** *(= misfortune):* anffodusrwydd *m,* chwithigrwydd *m,* anffawd (anffodion) *f,* aflwydd *m,* tro(-eon) trwstan *m.* **3.** *(of season):* anffafrioldeb *m;* **4.** *(of behaviour):* anwedd|eidd-dra *m,* afledneisrwydd *m.*
untraceable *a.* anolrheiniadwy, na ellir ei olrhain, na ellir ei ddarganfod, nad oes modd dod o hyd iddo.
untraced *a.* anolrheiniedig, nad oes mo'i ôl, nad oes ôl ohono.
untracked *a.* **1.** = **trackless. 2.** = **untraced.**
untractable *a.* = **intractable.**
untraditional *a.* anhraddodiadol.
untragic *a.* anhrasig, amhrasiedïol, didr|asiedi.
untrained *a.* dihyfforddiant, anhyfforddedig, anhyfforddd, nas hyfforddwyd, heb ei hyfforddi.
untrammelled *a.* dirwystr, dilyffethair, rhydd(-ion).
untransferable *a.* anhrosglwyddadwy, na ellir ei drosglwyddo; *Jur:* anaralladwy; *(on ticket):* hollol bersonol, anhrosglwyddadwy.
untranslatability *n.* anghyfieith[i]adwyedd *m,* natur anghyfieith[i]adwy/anhrosadwy *f;* **a characteristic of poetry is its ~,** un o nodweddion barddoniaeth yw na ellir ei chyfieithu.
untranslatable *a.* anghyfieithadwy, anhrosadwy; **this is ~,** all neb gyfieithu hwn; 'does dim cyfieithu ar hwn.
untranslatableness *n.* = **untranslatability.**
untranslatably *adv.* yn anghyfieith[i]adwy *&c.*
untranslated *a.* anghyfieith[i]edig, nas cyfieithwyd, nas troswyd, heb ei drosi, heb ei gyfieithu.
untransmutable *a.* anhrawsnewidiadwy, na ellir mo'i drawsnewid.
untransportable *a.* anghludadwy, na ellir ei gludo.
untravelled *a.* **1.** *(pers.):* heb deithio. **2.** *(region):* ansathredig, disathr, didramwy, annhramwyedig.
untraversable *a.* na ellir ei groesi.
untraversed *a.* nas croesir/croesid/croeswyd.
untreated *a.* nas trinir/trinid/triniwyd, didriniaeth, heb driniaeth, nad yw'n cael triniaeth.
untried *a.* **1.** amhrofedig, na roddir/roddid/roddwyd prawf/cynnig arno; **they left no remedy ~,** rhoddwyd cynnig ar bob meddyginiaeth; ni adawyd yr un feddyginiaeth heb roi cynnig arni. **2. ~ (troops),** (milwyr) dibrofiad, amhrofedig, heb fod drwyddi. **3.** *(prisoner):* heb sefyll prawf.
untrimmed *a.* **1.** *(= unadorned):* diaddurn, anaddurnedig, nas addurnwyd. **2.** *(hedge, hair):* heb ei docio.
untrod, untrodden *a.* ansathredig, *occ:* disathr.
untroubled *a.* **1.** *(water):* llonydd, tawel. **2.** *(= not worried):* dibryder, diofid, digyffro; **he was ~ by the news,** ni pharodd y newydd ofid iddo; ni chyffrôdd y newydd ddim arno.
untroublesome *a.* didrafferth.
untrue *a. & adv.* **1.** *a. (statement &c):* celwyddog, anghywir, *Lit: occ:* anwir, anwireddus, gau. **2.** *Tchn:* anunion, cam, allan ohoni, heb fod yn iawn. **3.** *(pers.):* anffyddlon. **4.** *adv. Mec.E:* **(a shaft) that runs ~,** (gwerthyd) sy'n troi'n gam, sydd allan ohoni.

untrueness *n.* **1.** *(of statement &c):* anghywirdeb *m*, anwiredd *m*. **2.** *Tchn:* anuniondeb *m*. **3.** *(of pers.):* anffyddlondeb *m*.

untruly *adv.* **1.** yn anwir *&c*. **2.** yn anunion, yn gam, allan ohoni. **3.** yn anffyddlon.

untruss *v.t.* dadrwymo, datglymu.

untrussed *a.* **1.** datglymedig, a ddatglymwyd *&c*. **2.** *Cu: (fowl &c):* heb ei glymu, heb ei waellu.

untrusting *a.* diymddiried, heb ymddiried, anymddiriedus.

untrustworthily *adv.* **1.** yn ddi-ddal *&c*. **2.** yn annibynadwy *&c*.

untrustworthiness *n.* **1.** *(of pers.):* natur ddiymddiried/ddi- ddal/anwadal/ddi-drŷst *f*. **2.** *(of evidence &c):* natur annibynadwy/simsan/ansicr/anwadal *f*, anwadalwch *m*, ansicrwydd *m*, simsanrwydd *m*.

untrustworthy *a.* **1.** *(pers.):* diymddiried, annibynadwy, di-ddal, nad oes dal arno, na ellir ymddiried ynddo, anwadal, *F:* di-drŷst. **2.** *(information &c):* annibynadwy, ansicr, na ellir dibynnu arno; **an ~ memory,** cof ansicr.

untruth *n.* anwiredd(-au) *m*, celwydd(-au) *m*.

untruthful *a.* **1.** *(pers.):* celwyddog, anwireddus. **2.** *(news &c):* anghywir, celwyddog.

untruthfully *adv.* yn gelwyddog *&c*.

untruthfulness *n.* **1.** *(of pers.):* celwyddgarwch *m*, natur gelwyddog *f*. **2.** *(of news):* anghywirdeb *m*, anwiredd *m*.

untuck *v.t.* **to ~ a bed,** dadlapio gwely, tynnu godreon gwely; *(sleeves):* dad-dorchi; *F:* **he untucked his legs from under him,** sythodd ei goesau.

untune *v.t.* dad-diwnio.

untuneable *a.* na ellir ei gyweirio/diwnio.

untuned *a.* **1.** *Mus: (a) (= out of tune):* allan o gywair, allan o diwn; *(b) (= not yet tuned):* heb ei gyweirio, heb ei diwnio. **2.** *Mec.E:* **an ~ engine,** motor heb ei diwnio.

untuneful *a.* amhersain, ansoniarus, aflafar.

untunefully *adv.* yn amhersain *&c*.

unturf *v.t.* didonni.

unturfed *a.* didonedig, a ddidonwyd.

unturned *a.* heb ei droi, nas trowyd; *S.a.* **stone[1] 1.**

untutored *a.* **1.** *(a) (pers.):* di-ddysg, annysgedig, diaddysg, anhyddysg, anhyffordd, anhyfforddedig; *(b)* **he is ~ in the art of...,** ni ŵyr ddim am grefft.... **2.** *(talent):* naturiol, cynhenid, greddfol.

untwine *v.t.&i.* datod, datblethu, *occ:* datgordeddu, dadnyddu.

untwist *v.t. & pr.* **1.** *v.t. (a) (thread, rope &c):* datod, datblethu, *occ:* datgordeddu, datgyfrodeddu; *Needlew: (of fibres):* gwahanu; *(b) (bottle-top):* troi. **2.** *v.t. & pr.* **to ~ [itself], to come untwisted,** datod, ymddatod.

untwisted *a.* **1.** datodedig, wedi datod. **2.** *(= not yet twisted):* heb ei gordeddu.

untypical *a.* annodweddiadol.

untypically *adv.* yn annodweddiadol, yn groes i'r arfer; **~ of her, she agreed,** yn groes i'w harfer, cytunodd.

ununiformed *a.* dilifrai, heb fod mewn lifrai.

unusable *a.* annefnyddiadwy, annefnyddiol, diddefnydd, na ellir ei ddefnyddio, heb ddefnydd iddo.

unused *a.* **1.** *(a) (i) (wood &c):* nas defnyddir/defnyddid/defnyddiwyd, annefnyddiedig, diddefnydd; *(ii)* **an ~ building,** adeilad gwag/anghyfannedd; *(b) (= new):* newydd, newydd sbon, nas defnyddiwyd, heb ei ddefnyddio. **2.** *(= unaccustomed):* anghynefin, anghyfarwydd, heb fod yn gyfarwydd **(to sth,** â rhth); **I was ~ to working so hard,** nid oeddwn wedi arfer gweithio mor galed; **to get ~ to sth,** colli adnabod ar rth, mynd yn anghynefin â rhth, anghynefino â rhth; **to get ~ to doing sth,** colli'r arfer o wneud rhth, colli'ch llaw ar rth.

unusual *a.* *(a)* anarferol, anghyffredin, eithriadol, neilltuol, dieithr; *(b)* **of ~ interest,** o ddiddordeb eithriadol/arbennig/neilltuol/anarferol.

unusually *adv.* yn anarferol *&c*; **~ tall,** eithriadol o dal, tal eithriadol, anarferol o dal, eithriadol dal; **he was ~ attentive,** 'roedd yn talu mwy o sylw nag arfer.

unusualness *n.* natur anghyffredin *&c f*, anarferoldeb *m*, dieithrwch *m*, anghyffredinedd *m*.

unutilized *a.* = **unused.**

unutterable *a.* anhraethadwy, anhraethol, annatganadwy, anynganadwy, y tu hwnt i eiriau, na ellir ei fynegi/ddatgan; *F:* **he's an ~ fool,** mae'n andros o hurtyn *&c*; *S.W:* fe yw'r twpsyn mwya' mas.

unutterably *adv.* **1.** yn anhraethadwy *&c*; *F:* **he's ~ lazy,** mae'n aruthrol [o] ddiog, mae'n ddiog y tu hwnt.

unuttered *a.* mud, anhraethedig, dileferydd, diyngan, nas lleisir/lleisid/lleisiwyd, nas mynegir/mynegid/mynegwyd, nas lleferir/lleferid/llefarwyd.

unvaccinated *a.* heb gael pigiad, heb gael brechiad, heb eich brechu, anfrechedig.

unvalued *a.* **1.** *(= of no value):* diwerth. **2.** *(= not priced):* heb bris, heb ei brisio, amhrisiedig.

unvanquishable *a.* = **unconquerable.**

unvanquished *a.* = **unconquered.**

unvaried *a.* digyfnewid, cyson, dinewid, anamrywiol, heb amrywiaeth, diamrywiaeth, unffurf.

unvariegated *a.* unlliw.

unvarnished *a.* **1.** *(wood &c):* heb farnais, difarnais, nas farneisiwyd, di-sglein. **2.** *F: (statement &c):* syml, plaen, diaddurn.

unvarying *a.* digyfnewid, unffurf, cyson, sefydlog, gwastadol, diamrywiaeth, *occ:* anamrywiol.

unvaryingly *adv.* yn ddigyfnewid *&c*; **she was ~ polite,** yr oedd hi'n gwrtais bob amser; yr oedd hi yn wastad yn gwrtais.

unveil *v.t.&i.* **1.** *v.t. (statue &c):* dadorchuddio. **2.** *v.t. (secret):* datgelu, dadlennu, datguddio (rhth); tynnu'r llen (oddi ar rth). **3.** *v.i. (= remove one's veil):* tynnu'ch fêl, codi'ch fêl.

unveiled *a.* **1.** *(a) (statue):* dadorchuddiedig, wedi ei ddadorchuddio, a ddadorchuddiwyd; *(b) (secret):* dadlenedig, wedi ei dadlennu, a ddadlennwyd. **2.** *(= not wearing a veil):* heb fêl.

unveiling *vn.* **1.** *(of statue):* dadorchuddiad(-au) *m*, dadorchuddio. **2.** *(of secret):* datguddiad(-au) *m*, dadleniad(-au) *m*, datgeliad(-au) *m*, datguddio, dadlennu, datgelu.

unvenerable *a.* dianrhydedd, anhybarch.

unvenerated *a.* dianrhydedd, di-barch, amharchedig.

unvenomous *a.* diwenwyn, anwenwynig.

unventilated *a.* **1.** diawyr, anawyredig; **an ~ room,** ystafell heb ei hawyru. **2.** *(opinion, topic &c):* heb ei wyntyllu.

unveracious *a.* = **untruthful.**

unverbalized *a.* aneiriol, dieiriau.

unverifiable *a.* anwiriadwy.

unverifiably *adv.* yn anwiriadwy.

unversed *a.* *Lit:* **~ (in sth),** anhyddysg (yn rhth); anghynefin, anghyfarwydd (â rhth); anwybodus (yngh|ylch rhth); *abs.* di-ddysg, dibrofiad.

unvexed *a.* **1.** *(= not worried):* dibryder, diofid **(by sth,** yngh|ylch rhth). **2.** *(= not angry):* heb wylltio, heb ddigio, heb fod yn ddig (o achos rhth).

unviable *a.* *(scheme &c):* annichonadwy, anymarferol; *(unit &c):* anhyfyw.

unvictualled *a.* heb fwydydd.

unvindicated *a.* nas cyfiawnh|eir/cyfiawnh|eid/cyfiawnhawyd, heb eich cyfiawnh|au.

unviolated *a.* **1.** *(temple &c):* dihalog, anhalogedig, nas halogir/halogid/halogwyd. **2.** *(= undisturbed):* annhoredig, di-dor. **3.** **an ~ woman,** gwraig heb ei threisio, gwraig nas treisiwyd.

unvirtuous *a.* anrhinweddol, dirinwedd.

unvirtuously *adv.* yn anrhinweddol *&c*.

unvisited *a.* **1.** *(region):* ansathredig; **an ~ house,** tŷ nas mynychir, tŷ nad ymwelir ag ef, tŷ na chaiff ymwelwyr, tŷ heb neb yn galw ynddo. **2.** **an ~ patient,** claf nad oes neb yn ymweld ag ef, claf na chaiff ymwelwyr.

unvitiated *a.* heb ei ddifetha.

unvitrifiable *a.* anwydradwy.

unvocal *a.* di-lais, dilais, mud, dilafar, dileferydd.

unvoice *v.t.* *Phon:* dileisio.

unvoiced *a.* **1.** *(opinion):* mud, dileferydd, aflafar, dilafar, heb gael llais/mynegiant, nas lleisir/lleisid/lleisiwyd, nas mynegir/mynegid/mynegwyd, nas lleferir/lleferid/llefarwyd. **2.** *Phon:* dilais, di-lais.

unvouched *a.* nas gwarantwyd, diwarant, anwarantedig.

unvulcanized *a.* anfylcanaidd, heb ei fylcaneiddio.

unwaged *a.* **1.** *(job):* digyflog. **2.** *(war):* heb ei ymladd.

unwakened *a.* anneffro, anneffroëdig, heb [gael] eich deffro, yn cysgu, ynghwsg.

unwalled *a.* di-glawdd, digloddiau, heb gloddiau.
unwandering *a.* di-grwydr, digrwydro, anghrwydrol, anghrwydredig, heb fod ar grwydr, sefydlog, llonydd.
unwanted *a.* **1.** *(= undesired):* nas dymunir/dymunid/dymunwyd, nad oes/oedd ei eisiau, annymunedig, anchwenychedig; **an ~ child,** plentyn nad oes [ar neb] ei eisiau; **she felt ~,** teimlai nad oedd ar neb ei heisiau; teimlai'n wrthodedig. **2.** *(= superfluous):* diangen, dieisiau, dianghenraid, dros ben; *Toil:* **~ hair,** blew annymunol/dieisiau.
unwarily *adv.* yn anwyliadwrus *&c.*
unwariness *n.* anwyliadwriaeth *f*, anochelgarwch *m*, diofalwch *m*.
unwarlike *a.* anrhyfelgar.
unwarmed *a.* heb ei dwymo, nas twymir/twymid/twymwyd, nas cynhesir/cynhesid/cynheswyd, heb ei gynhesu.
unwarned *a.* heb gael rhybudd, heb ei rybuddio, nas rhybuddiwyd, dirybudd; **~-of,** dirybudd, annisgwyl.
unwarp *v.t.* sythu, unioni.
unwarped *a.* **1.** *(wood):* union, heb gamystum, anystumiedig, *F:* heb walpio. **2.** *(judgement):* union.
unwarrantable *a. (action):* diesgus, digyfiawnhad, anesgusodol, anghyfiawnadwy, anniffynadwy, anamddiffynadwy, na ellir ei gyfiawnh|au, na ellir ei amddiffyn; *assertion:* di-sail, heb garn [iddo]; *(conduct):* anesgusodol, diesgus.
unwarrantableness *n.* natur anesgusodol *&c f.*
unwarrantably *adv.* yn anesgusodol *&c*; heb esgus, heb garn.
unwarranted *a.* **1.** *(= not guaranteed):* anwarantedig, diwarant, heb ei warantu, anawdurdodedig. **2.** *(= inexcusable):* diesgus, anesgusodol, di-alw-amdano, direswm; **I should be ~ in supposing...,** nid oes gennyf le i dybio....
unwarrantedly *adv.* yn ddiwarant *&c*; yn ddiesgus *&c.*
unwary *a.* anwyliadwrus, diwyliadwriaeth, anochelgar, diofal.
unwashed *a. & n.* **1.** *a.* heb ei olchi, nas golchwyd, anolchedig; *F: occ:* heb weld dŵr a sebon. **2.** *n. F:* **the Great U~,** y werin *pl*, y gwerinos *pl*, y gwehilion *pl.*
unwatched *a.* heb ei wylio, nas gwylir/gwylid/gwyliwyd, diwarchod, diwarchodaeth, heb ei warchod, nas gwarchodir/gwarchodid/gwarchodwyd.
unwatchful *a.* anwyliadwrus, diwyliadwriaeth, anochelgar.
unwatchfully *adv.* yn anwyliadwrus *&c.*
unwatchfulness *n.* anwyliadwriaeth *f*, anochelgarwch *m*.
unwatered *a.* heb ei ddyfrio/ddyfrh|au, heb ddŵr, di-ddŵr; **~ milk,** llaeth heb ddŵr [ynddo], llaeth heb ei lastwreiddio.
unwavering *a.* diwyro, diysgog, di-syfl, sefydlog, dianwadal, cyson; **~ fortitude,** cryfder diysgog; **~ policy,** polisi cadarn.
unwaveringly *adv.* yn ddiwyro *&c.*
unweaned *a.* nas diddyfnwyd, heb ei ddiddyfnu; *(baby only):* nas tynnwyd oddi ar y fron.
unwearable *a.* **an ~ dress,** gwisg na ellir ei gwisgo, gwisg amhosibl ei gwisgo, gwisg anwisgadwy.
unwearied *a.* diflino, *occ:* anflinedig, diflin, dilesg, anniffygiol, anlluddedig, diludded, dyfal, dygn.
unweariedly *adv.* yn ddiflino *&c*, heb flino.
unweariedness *n.* dycnwch *m*, dyfalwch *m*.
unweary, unwearying *a.* diflino, diflin, dilesg, diludded.
unwearyingly *adv.* = **unweariedly.**
unweathered *a.* heb ôl tywydd [arno *&c*], nas hindreuliwyd.
unweave *v.t.* dad|weu, datblethu, dadnyddu.
unwebbed *a.* heb we.
unwed, unwedded *a.* di-briod, sengl.
unwedge *v.t.* rhyddh|au.
unweeded *a.* **an ~ garden,** gardd heb ei chwynnu, gardd lawn chwyn.
unweighed *a.* **1.** *(cargo &c):* heb ei bwyso, nas pwysir/pwysid/pwyswyd. **2.** = **unconsidered.**
unweighted *a.* dibwysau.
unwelcome *a. (a)* **an ~ visitor,** ymwelydd nad oes croeso iddo; *(b)* annerbyniol; **a not ~ visit,** ymweliad amserol, ymweliad nid annerbyniol; *(b)* **~ news,** newydd annifyr/annymunol, newydd nad oes croeso iddo, newydd nas croesewir; **a not ~ contribution,** cyfraniad derbyniol iawn.
unwelcomed *a.* digroeso, nas croesewir/croesewid/croesawyd.
unwelcomeness *n.* annerbynioldeb *m*, annymunoldeb *m*.
unwelcoming *a.* digroeso, anghroesawgar, anghroesawus.
unwelded *a.* heb ei asio, heb ei weldio.
unwell *a.* gwael, yn cwyno, *S:* tost, anhwylus, *N:* sâl, llegach, *N: F:* cwla, ciami, *N.E: occ:* bawaidd, *Lit:* claf (cleifion); **I feel ~,** nid wyf yn teimlo'n dda; **I'm ~,** *N:* 'dydw i ddim yn dda; *M. W: occ:* 'dydw i ddim yn glên; **I hear you're ~,** *N. W:* 'rwy'n clywed cwyno ichi.
unwept *a.* **1. ~ tears,** dagrau nas wylir/wylid/wylwyd, dagrau nas gollyngir/gollyngid/gollyngwyd, dagrau nas collir/collid/collwyd. **2. ~-for,** = **unmourned.**
unwetted *a.* nas gwlychir/gwlychid/gwlychwyd.
unwhipped *a. (prisoner):* heb ei fflangellu, heb ei chwipio; **~ cream,** hufen heb ei chwipio.
unwhitened *a.* heb ei wynnu.
unwhitewashed *a.* nas gwyngalchwyd (*pronounced* ng-g), heb ei wyngalchu, heb ei galchu, diwyngalch (*pronounced* ng-g).
unwholesome *a. (a) (food &c):* afiach, afiachus, aflesol; *(b)* **~ doctrines,** athrawiaethau afiach.
unwholesomely *adv.* yn afiachus *&c.*
unwholesomeness *n.* afiachusrwydd *m*, aflesoldeb *m*, natur afiachus *&c f.*
unwieldily *adv.* yn anhylaw *&c.*
unwieldiness *n.* anhwylustod *m*, trwsgleiddiwch *m*, trwstaneiddiwch *m*, lletchwithdod *m*, natur anhylaw/anhwylus *f.*
unwieldy *a.* anhylaw, anhwylus, afrosgo, trwsgl, trwstan, lletchwith.
unwifely *a.* annhebyg i wr|aig, anwreigaidd.
unwigged *a.* heb wig, heb wallt gosod, heb berwig, diberwig, di-wig.
unwill *v.t.* **1.** anewyllysio. **2.** *Jur:* dirymu.
unwilled *a.* anwirfoddol, difwriad, anfwriadol, anfwriadedig.
unwilling *a.* **1.** amharod, anewyllysgar, anfoddog, anfoddgar, anchwannog, anfodlon. **2. to be ~ to do sth,** bod yn amharod i wneud rhth, bod yn anfodlon gwneud rhth, bod yn gyndyn o wneud rhth; **I was ~ for my wife to go,** nid oeddwn yn fodlon i'm gwraig fynd.
unwillingly *adv.* yn anewyllysgar, yn anfoddog *&c*; yn erbyn eich ewyllys; o'ch anfodd, o anfodd, gerfydd eich gwallt, yn erbyn gwallt eich pen, yn groes i'r graen, *V:* o hyd eich tin.
unwillingness *n.* **1.** anewyllysgarwch *m*. **2.** *(= reluctance):* amharodrwydd *m*, anfodlonrwydd *m*, **(to do sth,** i wneud rhth); cyndynrwydd *m* (o wneud rhth).
unwind *v.t.&i.* **1.** *v.t.* dad-ddirwyn, dadweindio; **to come unwound,** datod. **2.** *(a) v.t. (of ball of wool &c):* dad-ddirwyn, datod; *(b) v.i. F: (= relax):* dadflino, dadweindio, bwrw'ch blinder, ymlacio; *Cmptr:* datod, agor; *(of spring): occ:* gwareingio.
unwinged *a.* diadain, diadenydd, heb adain, heb adenydd, heb asgell, diasgell, diesgyll, heb esgyll.
unwinking *a.* heb ysmicio.
unwinkingly *adv.* heb ysmicio.
unwinnable *a.* anenilladwy.
unwiped *a.* heb ei sychu, nas sychir/sychid/sychwyd.
unwire *v.t.* dadweirio, diwifrio.
unwisdom *n.* annoethineb *m*, ffolineb *m*, *occ:* anghallineb *m*.
unwise *a.* annoeth, ffôl, *occ:* anghall.
unwisely *adv.* yn annoeth *&c.*
unwiseness *n.* = **unwisdom.**
unwish *v.t.* dad-ddymuno.
unwished *a.* **~[-for],** annymunedig, heb ei ddymuno, anchwenychedig, heb ei chwennych.
unwithdrawn *a.* heb ei dynnu'n ôl, nas tynnir/tynnid/tynnwyd yn ôl.
unwitherable *a.* anwywadwy.
unwithered *a.* anwywedig, heb wywo, anwyw.
unwithering *a.* anwyw, anwywol, nad yw'n gwywo, bythwyrdd, bytholwyrdd.
unwitnessed *a.* **1.** *(document):* di-dyst, heb dyst. **2.** *(scene):* nas gwelir/gwelid/gwelwyd, heb dyst ohoni, heb neb yn dyst iddi.
unwitting *a.* diarwybod, heb ymwybod, heb yn wybod **(of sth,** am rth).
unwittingly *adv.* yn ddiarwybod, heb ymwybod, heb yn wybod.
unwittingness *n.* anwybodaeth *f.*
unwomanliness *n.* anfenyw|eidd-dra *m*, anfenyweiddiwch *m*.
unwomanly *a. & adv.* **1.** *a.* anfenywaidd. **2.** *adv.* yn anfenywaidd.
unwon *a.* nas enillir/enillid/enillwyd, anenilledig, heb ei ennill.
unwonted *a.* anarferol, croes i'r arfer, eithriadol.
unwontedly *adv.* yn anarferol, yn groes i'r arfer, yn eithriadol.

unwontedness *n.* anarferoldeb *m*, natur anarferol *f.*
unwooded *a.* di-goed, heb goed.
unwooed *a.* nas canlynir/canlynid/canlynwyd, heb gariad.
unworkability *n.* anymarferoldeb *m*; **the pit was closed because of its ~,** caewyd y pwll am ei fod yn anweithiadwy.
unworkable *a.* **1.** *(plan &c):* anymarferol, anweithredadwy, na ellir ei weithredu. **2.** *(a) Min:* na ellir gweithio arno, anweithiadwy; *(b)* **~ (material),** (defnydd) anodd ei drin, *occ:* anhydrin.
unworked *a.* **1. ~ (metal),** (metel) nas triniwyd, heb ei drin. **2.** *Min:* **an ~ vein,** gwythïen heb ei gweithio.
unworkmanlike *a.* di-grefft, anghrefftus, di-lun, anghrefftwraidd, anghrefftwrus.
unworldliness *n.* **1.** anfydolrwydd *m.* **2.** *(= naïveté):* diniweidrwydd *m.* **3.** *(= otherworldliness):* arallfydolrwydd *m.*
unworldly *a.* **1.** *(a)* anfydol; *(b) (= naïve):* diniwed. **2.** *(= otherworldly):* arallfydol; *(being &c):* o fyd arall.
unworn *a.* **1.** *(rock, machinery &c):* anhreuliedig, di-draul, heb ei dreulio, heb ôl traul. **2.** *(clothes &c):* nas gwisgir/gwisgid/gwisgwyd, heb ei wisgo.
unworried *a.* dibryder, di-boen, heb fod yn poeni, heb fod yn pryderu; **~ by sth,** heb bryder yngh|ylch rhth, heb eich poeni gan rth, heb boeni ynghylch rhth.
unworshipped *a.* heb ei addoli, diaddoliad, nas addolir/addolid/addolwyd.
unworthily *adv.* yn annheilwng *&c.*
unworthiness *n.* **1.** *(= undeserving nature):* annheilyngdod *m* **(of sth,** o rth). **2.** *(= unseemliness):* anurddas *m*, diffyg *(m)* urddas.
unworthy *a.* **1.** *(= not meriting):* annheilwng **(of sth,** o rth; **to do sth,** i wneud rhth): **~ of notice,** heb fod yn haeddu sylw, annheilwng o sylw, heb deilyngu sylw. **2.** *(conduct):* anwiw, diurddas, anurddasol, dirmygadwy. **3.** *(work):* anhaeddiannol.
unwound *p.p. & a.* **1.** *(p.p. of unwind):* wedi ei ddad-ddirwyn, dad-ddirwynedig. **2.** *a. (= not wound):* heb ei ddirwyn.
unwoundable *a.* anghlwyfadwy, anarcholladwy, na ellir ei glwyfo, amhosibl ei glwyfo.
unwounded *a.* croeniach, iach ddianaf, dianaf, di-glwyf, anghlwyfedig, diarcholl, anarcholledig, nas clwyfwyd/anafwyd, heb ei anafu, heb ei glwyfo.
unwoven *a.* nas nyddwyd, heb ei nyddu, heb ei wehyddu, heb ei wau/weu.
unwrap *v.t.&i.* **1.** *v.t. (parcel &c):* agor, dadlapio, datod. **2.** *v.i.* **to ~, to become unwrapped,** agor, datod, dadlapio.
unwreathe *v.t.* = **untwist.**
unwrinkle *v.t.* llyfnu, llyfnh|au, datgrychu.
unwrinkled *a.* llyfn (*f.* llefn, *pl.* llyfnion), di-grych, heb grych.
unwritable *a.* na ellir ei ysgrifennu, anysgrifenadwy.
unwritten *a.* anysgrifenedig, heb ei ysgrifennu, *occ:* diysgrifen; *(tradition, agreement):* llafar; **the ~ rule,** y rheol anysgrifenedig/ddiysgrifen, yr arfer *mf.*
unwrought *a.* **~ iron,** haearn heb ei yrru.
unwrung *a.* heb ei wasgu, *occ:* annirwasgedig, heb ei ddirwasgu; *S.a.* **withers.**
unyielding *a.* di-ildio.
unyieldingly *adv.* yn ddi-ildio.
unyieldingness *a.* natur ddi-ildio *f.* ystyfnigrwydd *m*, caledwch *m*, cadernid *m.*
unyoke *v.t.* dadieuo, di-ieuo, datgyplysu (rhth); gollwng (rhth) o'r iau.
unyoked *a.* anieuedig, anweddog.
unyouthful *a.* heb fod yn ifanc, heb fod yn ieuanc, henaidd.
unzealous *a.* di-sêl, anselog, llugoer, claear, laodiceaidd.
unzealously *adv.* yn ddi-sêl *&c.*
unzealousness *n.* diffyg *(m)* sêl, anselogrwydd *m*, claearwch *m.*
unzip *v.t.&i.* **1.** *v.t.* agor sip/zip (rhth), datsipio (rhth). **2.** *v.i. F: (of garment):* **it unzips at the side,** mae'r sip ar yr ochr; mae'n agor ar yr ochr.
up[1] *adv., prep., attrib. & n.* I. *adv. N.B. in the case of phrasal verbs such as* **get up, take up** *&c, See occ: under* **get, take** *&c.* **1.** *(a) (motion):* i fyny, *S:* lan; **to go ~,** codi, mynd i fyny, *S:* mynd lan, cwnnu, *Lit:* esgyn; **~ went his stick,** cododd ei ffon; **my room is three flights ~,** mae f'ystafell ar y trydydd llawr i fyny; mae f'ystafell i fyny/lan ar y trydydd llawr; **to throw sth ~ [in the air],** taflu rhth i fyny, taflu rhth i'r awyr; **all the way ~, the whole way ~, right ~ [to the top],** i'r pen uchaf, yr holl ffordd i fyny, yr holl ffordd lan, i fyny'r holl fordd, lan yr holl ffordd, bob cam i fyny; **half-way ~,** hyd at yr hanner, hyd at y canol, hanner y ffordd i fyny, i fyny hanner y ffordd; **to put ~ the results,** rhoi'r canlyniadau i fyny; *S.a.* **hand**[1] **1**; *(b)* **(to walk) ~ and down,** (cerdded) yn ôl ac ymlaen, yn ôl a blaen; **to go ~ north,** mynd tua'r gogledd, mynd i fyny i'r gogledd, *S:* mynd lan i'r gogledd, mynd lan sha'r (tua'r) north; **to go ~ to town,** mynd i'r dref; **to go ~ to London,** mynd i Lundain; **to go ~ to the university,** mynd i'r brifysgol, dechrau/cychwyn yn y brifysgol; **to go ~ for an examination,** mynd i sefyll arholiad; **to come ~ before the bench,** ymddangos gerbr|on y fainc, ymddangos o flaen y fainc, mynd o flaen eich gwell; *(c) Nau:* **hard ~ with the helm!** codwch y llyw i'r pen! *(d)* **shoes from five pounds ~,** esgidiau am bum punt a throsodd; **from my youth ~,** ers pan oeddwn yn ifanc, o'm hieuenctid allan/yml|aen. **2.** *(a) (position):* i fyny, *S:* lan, *Lit:* fry; **~ there,** *N:* i fyny [yn y] fanna, *S:* lan [yn y] fanco; **~ above,** uchod, uwch ben, uwchl|aw, i fyny, lan, *Lit:* fry; **~ above sth,** uwch ben rhth, uwchlaw rhth, wrth ben rhth, y tu uchaf i rth, *N.E:* o du uchaf i rth, od uchaf rhth; *F:* **100 pounds ~ front,** canpunt o flaen llaw; **before the sun was ~,** cyn i'r haul godi, cyn codiad yr haul; **the moon is ~,** mae'r lleuad wedi codi; *Bill:* **game of a hundred ~,** gêm am sgôr o gant; **the new building is ~,** mae'r adeilad newydd wedi'i orffen; mae'r adeilad newydd ar ei draed; **the blinds are ~,** mae'r llenni wedi eu codi; **the shops had their shutters ~,** 'roedd y caeadau dros ffenestri'r siopau; *(in car):* **would you like the window ~ a bit?** a hoffech chi i mi gau ychydig ar y ffenestr? *Turf:* **Comet with Jones ~,** Comet a Jones ar ei gefn, Comet a Jones yn ei farchogaeth; **the cat's back was ~,** 'roedd y gath yn crymu'i chefn; **the tide is ~,** mae hi'n llanw; mae'r llanw i mewn; mae'r môr ar lanw; **the river is ~,** mae llif yn yr afon; mae'r afon wedi codi; mae'r afon yn uchel; **"road ~",** "ffordd ar gau", "gwaith ar y ffordd"; *Th:* **~-centre,** fyny-canol; **~-left,** fyny-chwith; **~-left-centre,** fyny-chwith-canol; **~-right,** fyny-de; **~-right-centre,** fyny-de-canol; **~-stage,** fyny'r llwyfan; *(b)* **face ~,** [â'i] wyneb at i fyny, â'r tu uchaf i fyny, o'r tu uchaf lan; *(on packing-case):* **"this side ~",** "ochr uchaf"; **turn it the other way ~,** trowch ef y ffordd arall; trowch ef â'i wyneb i waered; *(c)* **~ in London,** [draw] yn Llundain: **~ in the North,** i fyny yn y Gogledd, *S: (in Wales):* lan sha'r North; **relations ~ from the country,** perthnasau wedi dod o gefn gwlad. **3.** *(a)* **to go ~ in price,** codi mewn pris; **bread is ~ again,** mae pris bara wedi codi eto; mae bara'n ddrutach eto; **prices are 10% ~ on last year's,** mae prisiau ddeg y cant yn uwch na'r llynedd; mae prisiau wedi codi deg y cant ers y llynedd; **the temperature is going ~,** mae'r tymheredd yn codi; **things are looking ~,** mae hi'n codi; mae pethau'n edrych yn well; mae gwell golwg arni; *S:* mae pethau'n dishgwl lan; *F:* **he's something quite high ~ in the Civil Service,** mae'n uchel yn y Gwasanaeth Sifil; mae'n rhn o bwys yn y Gwasanaeth Sifil; **to be one game ~,** bod ar y blaen o un gêm, bod un gêm ar y blaen; **I'm one ~ on you,** dyna fi ar y blaen i ti; dyna fi wedi dy guro di eto; **that's one ~ for us!** dyna un i ni! ni biau honna! *S.a.* **one**; *(b)* **to screw sth ~,** sgriwio rhth yn dyn[n]/sownd, sgriwio rhth i'r pen; *Mch:* **steam is ~,** 'rydym wedi codi stêm; mae'r stêm wedi codi; **his blood was ~,** 'roedd ei waed yn berwi; 'roedd ar gefn ei geffyl; 'roedd ar gefn ei gythraul; 'roedd wedi gwylltio; *N:* 'roedd wedi cael y gwyllt; *(c)* **to be well-~ in sth,** gwybod yn dda am rth, bod yn hyddysg yn rhth; *(d) (intensive):* **to praise s.o. ~,** canmol rhn i'r cymylau; **to speak ~,** siarad yn uwch, codi'ch llais; *int.* **speak ~!** llais! gwaedda (gwaeddwch)! **sing ~!** llais! **(put it) ~ beside the other one, close ~ to the other one,** (rhowch ef) yn ymyl y llall, wrth ochr y llall, ar bwys y llall; **lean it ~ against the wall,** rhowch ef i bwyso yn erbyn y wal; **they were standing close ~ to each other,** 'roeddent yn sefyll yn dyn[n] wrth ymyl ei gilydd; **to follow s.o. ~,** dilyn yn dyn[n] wrth sodlau rhn; **to follow sth ~,** mynd ar drywydd rhth; **he came ~ with me,** fe ddaeth ataf. **4.** *(a) (rise)* **to get ~,** codi; **he's ~ and about,** *(after illness):* mae ar ei draed eto; mae wedi cael codi eto; **is he ~ yet?** ydi o wedi codi eto? ydi o ar ei draed eto? *(not* ydi o i fyny eto?); *S:* odi fe lan 'to? **let us be ~ and doing,** hai ati; awn ati; awn at y gwaith; **hold yourself ~!** saf (sefwch) yn syth! **~ guards, and at 'em!** codwch, wŷr, ac ar eu holau! *(b)* **at midnight I was still ~,** 'roeddwn yn dal ar fy nhraed am hanner

nos; **to be ~ all night,** bod ar eich traed drwy'r nos, *occ:* bod ar eich traed y nos; **to stay ~, to wait ~,** aros ar eich traed, peidio â mynd i'ch gwely, aros yn effro, aros ar ddi-hun, *S:* aros lan; **I was ~ late (this morning),** 'roedd yn hwyr arna' i'n codi, 'roeddwn yn hwyr yn codi, mi godais yn hwyr (y bore 'ma); **he's always ~ and about by seven,** mae ar ei draed am saith bob dydd; *(c)* **you are ~ against a strong man,** mae gen ti ddyn cryf yn d'erbyn; 'rwyt ti'n wynebu dyn nerthol; **to be ~ against difficulties,** bod wyneb yn wyneb â thrafferthion, wynebu trafferthion; *F:* **to be ~ against it,** bod yn ei chanol hi, bod mewn byd/lle, bod mewn trybini, cael anlwc, bod yn anlwcus/anffodus; *(d)* **~ with X!** X yw'r gorau! **5.** *(a)* **to stir ~ sediment,** aflonyddu'r gwaelodion; **to be ~ in arms/revolt (about sth),** codi dani, codi gwrychyn, cythruddo, gwylltio (ynghylch rhth); *Mil:* codi gwrthryfel (ynghylch rhth); *(b) F:* **what's ~?** beth sydd? beth sy'n bod? *occ:* beth sydd ar dro? **what's ~ with you?** beth sy'n bod arnat ti (arnoch chi)? **there is sth ~,** mae yna rth ar droed; *S.W:* mae 'na rth ar gered; *M.W:* mae 'na rth ar gêt; *F:* **time is ~,** mae'r amser ar ben; **his time is ~,** daeth ei amser i ben; **his leave is ~,** mae ei ryddhad ar ben; *F:* **the game is ~, it's all ~,** mae hi ar ben [arnoch *&c*]; mae'r cyfan drosodd; mae popeth ar ben; dyna'i diwedd hi; **it's all ~ with him,** mae hi ar ben arno; mae hi wedi darfod amdano/arno; mae hi wedi canu arno; *S: F:* mae hi wedi whech arno; mae hi wedi deuddeg arno; *F:* mae'n ddominô arno; **I thought it was all ~ with me,** meddyliais ei bod hi ar ben arnaf. **6. ~ to,** *(a)* **they advanced ~ to the walls of the city,** aethant hyd at furiau'r ddinas; **to go/come ~ to s.o.,** mynd/dod at rn; **I'm ~ to you,** *(= I've caught up with you):* mi lwyddais i'ch dal chi; dyma fi wedi'ch dal chi; dyma fi yn yr un fan â chi; **to blush ~ to the ears,** cochi hyd at eich clustiau; *S.a.* **ear[1]** 1, **neck** 1; **where are you ~ to? what page are you ~ to?** ar ba dudalen yr ydych chi? ble y cyrhaeddsoch chi ? *(b)* **~ to now, ~ to here,** hyd yn hyn, hyd yma; **~ to then,** hyd [at] hynny; **~ to this day,** hyd heddiw, hyd y dydd hwn; **to be ~ to date,** *See* **date[2] 1**; **an ~-to-date house,** tŷ modern, tŷ o'r math diweddaraf; **~ to 500 pounds,** hyd at bum can punt, *S.W:* lan ys pum can punt; **to live ~ to one's income,** gwario'ch holl incwm, byw i fyny iddi; **~ to what age?** hyd at ba oed? *(c)* **to be ~ to sth,** *(= capable of doing sth):* gallu gwneud rhth, bod yn abl i wneud rhth, bod yn atebol i wneud rhth; *F:* **she is ~ to anything,** fe all hi wneud unrhyw beth; 'does arni hi ofn dim; **to be ~ to a job,** gallu/medru gwneud gwaith, bod yn gymwys/addas i'ch swydd, bod yn alluog/abl i wneud eich gwaith; **he's not ~ to it,** nid yw hi ynddo; nid yw'n ddigon o ddyn; nid yw'n gallu ei wneud; nid yw'n ddigon abl i'w wneud; *N.W:* 'dydi o ddim digon [a]tebol; *N: F:* 'dydi o ddim digon o foi; **he's not ~ to the journey,** byddai'r daith yn ormod iddo; **I don't feel ~ to it,** 'dwyf i ddim yn teimlo y medraf ei wneud; 'dwyf i ddim yn teimlo'n ddigon abl i'w wneud; **I don't feel ~ to much,** nid wyf yn teimlo awydd gwneud llawer; nid wyf yn teimlo y galla' i wneud rhyw lawer; **it's not ~ to much,** nid yw'n fawr o beth; *F:* **to be ~ to s.o., to be ~ to s.o.'s tricks,** adnabod castiau rhn; *F:* **I'm ~ to you; I'm ~ to your tricks,** mi wn yn iawn beth ydi dy gastiau di; mi wn yn iawn beth wyt ti'n ei wneud; 'rydw i'n nabod dy gastiau di; *(d)* **what are you ~ to?** beth wyt ti'n ei wneud? **he is ~ to sth,** mae ganddo ryw ddrygioni mewn golwg; mae'n gwneud rhyw ddrygioni; mae rhth ganddo ar y gweill; mae rhth ar waith gydag ef; mae ar ryw berwyl [neu'i gilydd]; *(e) F:* **it's ~ to him to choose,** ef a ddylai ddewis; ei le ef yw dewis; *Lit:* efe biau dewis; **it's ~ to you to accept,** chi a ddylai benderfynu/ddweud pa un a ydych am dderbyn ai peidio; mater i chi yw derbyn neu beidio; II. *prep.* i fyny, lan; **1. to go ~ the stairs,** dringo'r grisiau, mynd i fyny'r grisiau, *S:* mynd lan y stâr, *M.W:* dringo'r staerau, mynd i fyny'r staerau; **the cat is ~ the tree,** mae'r gath ar ben y goeden. **2.** *(a)* **~ the river,** i fyny'r afon, lan yr afon; **it's ~ river from here,** mae'n uwch i fyny'r afon o'r fan hon; **to go ~ the street,** mynd ar hyd y stryd, *N:* mynd i fyny'r stryd, *S:* mynd lan y stryd; *(b)* **~ the yard,** ym mhen draw'r iard; *S.a.* **country** 1, **stage[1] 2.** III. *attrib.* **~ motion,** codiad(-au) *m*, symudiad(-au) *(m)* [at] i fyny; *Rail:* **~ line,** lein y dref, y lein i'r dref; **~ train,** trên y dref, y trên i'r dref; *Ph:* **~ quark,** cwarc(-iau) *(m)* codi, cwarc esgynnol. IV. *n.* **ups and downs,** *(i) (of land &c):* pantiau a bryniau, bryniau a phantiau; *(ii) F:* **the ups and downs of life,** troeon yr yrfa; **a life of ups and downs,** bywyd o ddringo a disgyn ar yn ail, bywyd llawn cyfnewidiadau, bywyd cyfnewidiol/amrywiol; *(iii) F:* **I had an ~ and a down with them,** mi gefais ffrae â nhw; **we've had our ups and downs,** fe fu hi'n well ac yn waeth rhyngom ni; fe gawsom ni ambell i ffrae; fe fuom ni'n curo ac yn caru bob yn ail. **up-and-coming** *a.* addawol, llawn addewid. **up-and-down** *attrib. (a)* i fyny ac i lawr, *S:* lan a lawr; **an ~-and-down motion,** *(i)* codi *(vn)* a gostwng *vn*, codiad *(m)* a gostyngiad *m*, symudiad(-au) *(m)* i fyny ac i lawr. **~-anchor** *v.i. Nau:* codi angor. **~-and-up** *n. F:* **to be on the ~-and-~,** *(= prospering):* bod ar i fyny, ffynnu, llwyddo; *(= be genuine):* bod yn onest, bod yn deg. **~-and-over** *a.* **~-and-over door,** drws codi [drosodd]. **~-and-under** *n. Rugby Fb:* cic *(f)* a chwrs. **~ beat** *n.* = **upbeat.** **~-bow** *n. Mus:* bwa (bwâu) *(m)* i fyny. **~-country 1.** *a.* cefn gwlad, gwledig, o gefn gwlad. **2.** *n.* cefn *(m)* gwlad. **3.** *adv.* yng nghefn gwlad; **to go ~-country,** mynd i gefn gwlad. **~-end** *v.t. (a) (barrel &c):* rhoi (rhth) i sefyll ar ei ben. **~-ended** *a.* **an ~-ended barrel,** casgen yn sefyll ar ei phen. **~-grade[1]** *n. Rail: &c:* dringfa (dringf|eydd) *f*, esgyniad(-au) *m*; *F:* **to be on the ~-grade,** *(i) (of prices):* codi; *(ii) (of business):* bod ar i fyny, codi, ailgodi, ailffynu; *(iii) (of invalid):* gwella. **~-grade[2]** *v.t.* = **upgrade.** **~-market** *attrib.* pen ucha'r farchnad, drud, drutach. **~-river 1.** *attrib.* pen ucha'r afon, i fyny'r afon, *S:* lan yr afon. **2.** *adv.* ym mhen ucha'r afon, yn uwch i fyny'r afon, lan yr afon. **~-stream** *attrib. & adv.* = **up-river.** **~-stroke** *n.* **1.** *(in writing):* llinell denau (llinellau tenau) *f.* **2.** *Mus: (of violin bow):* blaenstroc(-iau) *f.* **3.** *Mec.E: (of piston):* codiad(-au) *m*, blaenstroc; **~-to-date 1.** *attrib. F: (pers.):* ynddi hi, efo'r oes, gyda'r oes, modern, cyfoes, diweddaraf, i'r funud, *N: F:* i fyny â hi. **2. an ~-to-date hat,** het ffasiynol, het o'r math diweddaraf; **an ~-to-date model,** model o'r math diweddaraf; *S.a.* **date[2] 1.** **~-to-datedness** *n.* modernedd *m*, cyfoesedd *m*. **~-to-datedly** *adv.* yn fodern *&c.* **~-to-the-minute** *a.* diweddaraf, diweddar, newyddaf. **~-welling** *vn.* ymchwydd *m.*

up[2] *v.t.* **to ~ swans,** cyfrif elyrch.

up[3] *v.t.&i.* **1.** *v.t. (= raise):* codi. **2.** *v.i.* **and she upped and said,** a dyma hi'n dweud; a meddai hi'n swta; a meddai hi'n sydyn; **he upped with his stick,** cododd ei ffon.

Upanishad *n. Hindu Rel:* Wp|anisiad (Wpanisiadau) *mf.*

Upanishadic *a.* Wpanisiadig.

uparrow *a. Cmptr:* saeth *(f)* i fyny.

upas *n. Bot:* coeden (coed) *(f)* wpas.

upbear *v.t.* codi, cynnal, ategu.

upbearer *n.* codwr (codwyr) *m*, cynheiliad (cynheiliaid) *m&f*, cynhaliwr (cynhalwyr) *m*, cynhalydd (cynalyddion) *m.*

upbeat *n. & attrib.* **1.** *n. Mus:* curiad(-au) *(m)* i fyny. **2.** *attrib. F:* siriol, gobeithiol, calonnog, optimistaidd, sy'n codi'r galon, calongodol *(pronounced* ng-g).

upbind *v.t.* rhwymo, clymu.

upblaze *v.i.* cynnau, fflamio, ffaglu.

upbraid *v.t.* **to ~ s.o.,** ceryddu rhn; **to ~ s.o. with/for sth,** edliw/dannod/lliwied rhth i rn.

upbraider *n.* edliwiwr (edl|iw-wyr) *m*, danodwr (danodwyr) *m*, ceryddwr (ceryddwyr) *m.*

upbraiding *a. & vn.* **1.** *a.* danodus, danodol, edliwgar, edliwus, yn dannod, yn edliw. **2.** *vn.* danodiad(-au) *m*, edliwiad(-au) *m*, dannod, edliw, danodiaeth *f.*

upbraidingly *adv.* yn ddanodol *&c.*

upbringing *n.* magwraeth *f*, magiad *m*, *occ:* dygiad *(m)* i fyny; **they had a good ~,** cawsant eu magu'n dda; *N.W:* mi gawson eu codi'n dda/ddel.

upbuild *v.t.* **1.** *(a building):* adeiladu, codi. **2.** *(= develop, improve):* datblygu, gwella.

upbuilder *n.* **1.** adeiladwr (adeiladwyr) *m.* **2.** *(= developer):* datblygwr (datblygwyr) *m.*

upburst *n.* ffrwydrad(-au) *m.*

upcast[1] *n.* **1.** tafliad(-au) *(m)* i fyny. **2.** *Min:* = **air-shaft.** **3.** *Geol:* = **upthrow.**

upcast[2] *v.t.* taflu (rhth) i fyny, *S: F:* towlu (rhth) lan.

upcast[3] *p.p. & a.* a deflir/deflid/daflwyd i fyny; **~ eyes,** llygaid yn troi/syllu at i fyny; **with ~ eyes,** gan edrych i fyny, a'ch golygon i fyny.

upchuck *v.t.* = **vomit.**

upcoming *a.* = **forthcoming.**

upcountry *n., attrib. & adv.* = **up-country.**

update¹ *v.t. (a) (dictionary &c):* diweddaru; *(b) (building &c):* diweddaru, moderneiddio.
update² *n.* diweddariad(-au) *m*, y diweddaraf *m*.
updated *a.* diweddaredig, wedi ei ddiweddaru.
updraft *n.* tynfa (tynf|eydd) *f*.
upfield *a. & adv.* i fyny'r cae.
upfold *n. Geol: Geog:* uwchblyg(-iadau) *m*, plyg(-iadau) (*m*) i fyny.
upgrade *v.t.* gwella, *occ:* uwchraddio; *Cmptr:* uwchraddio.
upgrowth *n.* tyfiant (tyfiannau) *m*, twf *m*, datblygiad(-au) *m*.
uphand *a. Art:* ~ **blows,** dobiau ysgafn.
upheap *v.t.* = **heap²**.
upheaval *n.* **1.** *Geol:* brigwth(-iadau) *m*, ymgodiad(-au) *m*. **2.** *F: Pol: &c:* tryblith *m*, dygyfor *m*, ymchwydd(-iadau) *m*, dymchwelfa (dymchwelf|eydd) *f*, dymchweliad(-au) *m*, terfysg(-oedd) *m*, cyffro(- adau) *m*, cynnwrf (cynhyrfau, cynhyrfoedd) *m*, chwyldroad(-au) *m*, chwyldro(- eon) *m*.
upheave *v.* = **heave²** I.
upheld *p.p. See* **uphold.**
uphill *a., adv. & n.* **1.** *a. (a) (road &c):* sy'n dringo, *occ:* dringol, esgynnol, ar i fyny, sy'n tynnu i fyny, *N:* i fyny['r] allt, *S:* lan rhiw; *(b) (task):* anodd, llafurus, caled, blin; **it's an ~ task,** gwaith go galed ydyw; *S:* mae'n eitha' jobyn; *N: F:* mae hi'n lladdfa. **2.** *adv.* **to go ~,** dringo rhiw, dringo gallt, *N:* mynd i fyny allt, *S:* mynd lan rhiw, *S. W: occ:* mynd ar y gorifyny; *S.a.* **hill¹**. **3.** *n.* rhiw(-iau) *f*, *occ:* dringfa (dringfâu, dringf|eydd) *f*, *S. W: occ:* gorifyny *m*, *N:* gallt (gelltydd) *f*, *N. W: occ:* clip(-iau) *m*.
uphold *v.t.* cynnal, ategu; *(opinion &c):* amddiffyn, pleidio, ategu; **to ~ the law,** cynnal y gyfraith; **to ~ s.o.,** *(in an action):* pleidio rhn, cefnogi rhn, cymryd plaid rhn, cynnal breichiau rhn, cadw cefn rhn, dal dan rn; **to ~ an old tradition,** cynnal traddodiad; **to ~ a decision,** cadarnh|au penderfyniad.
upholder *n.* cynheiliad (cynheiliaid) *m&f*, cynhalydd (cynalyddion) *m*, cynhaliwr (cynhalwyr) *m*, ategwr (ategwyr) *m*; *(of opinion &c):* pleidiwr (pleidwyr) *m*, pl|eidwraig *f*, amddiffynnwr (amddiffynwyr) *m*, amddiffl|ynwraig *f*; *(of decision &c):* cadarnhäwr (cadarnhawyr) *m*.
upholster *v.t.* clustogi.
upholstered *a.* clustogog, wedi'i glustogi; ~ **in velvet,** â gorchudd melfed [arno/drosto]; *F:* **she's well ~,** mae hi'n llond ei chroen; mae cas cadw da arni; *S:* mae casyn da iddi; *N: F:* mae hi'n eneth nobl.
upholsterer *n.* clustogwr (clustogwyr) *m*. gorchuddiwr (gorchuddwyr) (*m*) dodrefn. **~-bee** *n. Ent:* (*)gwenynen ddeiliog (gwenyn deiliog) *f*.
upholstering, upholstery *n.* clustogwaith *m*. *F:* polstri *m*.
uphroe *n. Nau:* iwffro(-au) *m*.
upkeep *n.* cynhaliaeth *f*, cynnal *vn*.
upland *n. & attrib.* **1.** *n.usu.pl.* ucheldir(-oedd) *m*, uwchdir(-oedd) *m*, tir(-oedd) uchel *m*, myn|ydd-dir (mynydd-diroedd) *m*, blaenau *pl*, gwrthdir(-oedd) *m*. **2.** *attrib. (village &c):* ucheldirol, mynyddig, yn y mynyddoedd, yn yr ucheldiroedd &c; ~ **pasture,** ffridd(-oedd) *f*. ~ **cotton** *n. Bot: (Gossypium hirsutum):* cotwm (*m*) y mynydd. ~ **plover** *n. Orn: (Bartramia longicauda):* cwtiad (cwtiaid) cynffonhir *m*.
uplander *n.* ucheldirwr (ucheldirwyr) *m*.
uplift¹ *n.* **1.** *(a) (of land):* codiad(-au) *m*, ymgodiad(-au) *m*, brigwthiad(- au) *m*, dyrchafiad(-au) *m*; *(b)* ~ **bra,** bra (*m*) codi. **2. moral ~,** dyrchafiad ysbrydol: **it gave me a moral ~,** fe gododd f'ysbryd; **an ~ to our hopes,** hwb (*m*) i'n gobeithion. **3.** *Mec.E:* ymgodiad, ymgodi *vn*.
uplift² *v.t.&i.* **1.** *v.t.* codi, dyrchafu. **2.** *v.i.* ymgodi, ymddyrchafu, codi.
uplifted *a. (a) (hand &c):* a godir/godid/godwyd, ar godi, ar godiad, wedi ei godi, *Lit: occ:* dyrchafedig; ~ **plain,** lledwastad ymgodol; *(b) (= inspired):* ysbrydoledig, dyrchafedig, wedi'ch ysbrydoli, wedi'ch dyrchafu.
uplifter *n.* codwr (codwyr) *m*, dyrchafwr (dyrchafwyr) *m*.
uplifting *a.* dyrchafol.
upliftment *n.* dyrchafiad(-au) *m*.
upload *v.t. Cmptr:* llwytho (rhth) i fyny.
upmost *a.* uchaf, pennaf.
upon *prep.* = **on** I. **on** *and* **upon** *are interchangeable in meaning; in modern English* **upon** *is used more formally; in certain phrases, however,* **upon** *is preferable*; ~ **my word!** ar fy ngwir! ar fy ngair! 'tawn i'n marw! myn diain i! ~ **my soul!** ar f'enaid i! 'dawn i byth o'r fan! 'tawn i'n marw! **the enemy was ~ us,** daeth y gelyn ar ein gwarthaf; **I came ~ it (by accident),** deuthum ar ei draws, cefais hyd iddo (ar ddamwain); **you brought it ~ yourself,** fe ofynnaist amdani; fe dynnaist ti'r peth yn dy ben.
upper *a. & n.pl.* I. *a.* **1.** *(a)* uchaf; **the ~ air,** yr entrychion *pl*, entrych (*m*) awyr/nef/nen, awyr uchaf *f*; ~ **arm,** bôn (*m*) braich (bonau/bonion breichiau); ~ **atmosphere,** uwch-|atmosffer *m*; **the ~ jaw,** yr ên uchaf *f*; **the ~ branches,** yr uwch-ganghennau; **the ~ lip,** y wefus uchaf *f*; *S.a.* **lip, stiff**; **the ~ regions,** yr awyr, y nef *f*, y nefoedd *f*, *Lit:* yr wybren *f*; ~ **storey,** llawr uchaf; *Typ:* ~ **case,** y cas uchaf *m*, priflythrennau *pl*, *F:* llythrennau mawr *pl*; **~-case character/letter,** priflythyren *f*, llythyren fawr *f*; *Th:* ~ **circle,** yr uwch-gylch *m*, y cylch uchaf *m*; *Nau:* ~ **deck,** bwrdd uchaf *m*, dec uchaf *m*; ~ **edge,** ymyl uchaf *mf*; **the ~ part of sth,** rhan uchaf (*f*) rhth, tu uchaf (*m*) rhth; **the ~ world,** yr uwchfyd *m*; **temperature in the ~ twenties,** gwres yn yr ugeiniau uchel; *Nau:* ~ **works,** *(of ship):* rhan uchaf (*f*) llong; *(b)* ~ **end of a hall,** pen draw (*m*) neuadd, pen pellaf neuadd; ~ **waters/reaches of a river,** blaen (*m*) afon, parthau uchaf (*pl*) afon, rhan uchaf (*f*) afon, gorddwr (gorddyfroedd) *m*; **the ~ Severn,** blaen (*m*) Hafren; *Pol: Hist:* **U~ Canada,** Canada Uchaf *f*; **U~ Egypt,** yr Aifft Uchaf, Blaenau'r Aifft. **2.** *(in rank):* **the ~ end of the table,** pen pellaf y bwrdd, pen ucha'r bwrdd; *Jur:* **the U~ Bench,** y Fainc Uchaf *f*; *Parl:* **the U~ House,** Tŷ'r Arglwyddi, y Tŷ Uwchb|en; **the ~ classes,** *F:* **the ~ ten [thousand], the ~ crust,** y dosbarth uchaf *m*, y bonedd *m*, *F:* y bobl fawr *f or pl*, *N: F:* y byddigions *pl*, *S:* y gwŷr mowr *pl*; **the ~ middle class,** y dosbarth canol uwch; *Sch:* **the ~ school,** rhan uchaf (*f*) yr ysgol; **to get/gain/have the ~ hand of s.o.,** cael y llaw uchaf/drechaf ar rn, bod yn drech na rhn, trechu rhn; **to allow/let s.o. get the ~ hand,** gadael i rn fod yn drech na chi; *Sch:* **the ~ forms,** y dosbarthiadau uwch/uchaf, yr uwchddosbarthiadau. **3.** *Mus:* uwch, uchel; ~ **auxiliary note,** uwchnodyn (uwchnodau) tonnog/ategol *m*; ~ **partials,** uwchranseiniau, cyseiniau uwch. ~ **voice,** uwchlais (uwchleisiau) *m*, y llais (lleisiau) uchaf *m*. II. *n.pl.* **uppers,** *Bootm: (a)* lledr(-au) uchaf *m*, *A: or Lit:* lledr(-au) uchafed, uchafed(-au) *m*; *(b) (of boots):* coes(-au) *f*; *F:* **he's down on his ~,** mae hi'n dlawd/fain arno; *N.W: occ:* mae hi'n Llanllwgu arno; mae hi'n big arno; *N.E: occ:* mae o wedi mynd i Lety'r Glem; *S.W: occ:* mae e wedi mynd i Dre-din. **U~ Boat** *W.Pl.n.* Glan-bad *f* (*not* Y Bad Uchaf). **~-case 1.** *attrib.* **~-case letter,** priflythyren (priflythrennau) *f*. **2.** *v.t.* priflythrennu. **U~ Chapel** *W.Pl.n.* Capel (*m*) Dyffryn Honddu. **~-class** *a.* [o'r] dosbarth uchaf, uchelradd, uwchraddol, uchelryw, bonheddig, uchelwrol. **U~ Corris** *W.Pl.n.* Corris Uchaf, *F:* Top (*m*) Corris. **U~ Gwent** *Pr.n. W.Geog:* Gwent (*f*) Uwch Coed. **U~ Karoo** *Pr.n. Geog:* Y Carŵ Uchaf *m*. **U~ Vaenor** *W.Pl.n.* Y Faenor Uchaf *f*. **U~ Volta** *Pr.n. Geog:* Gweriniaeth (*f*) y Folta.
upperclassman *n. U.S: Sch:* ysgolor(-ion) uwchradd *m*.
uppercut¹ *n. Box:* lempan(-au) uchel *f*, clatsien uchel *f*.
uppercut² *v.t. Box:* rhoi lempan/clatsien uchel i rn.
uppermost *a. & adv.* **1.** *a. (a) (= highest):* uchaf; *(b) (= foremost):* prif *(before a. + soft mut.)*; blaenaf, pennaf, pwysicaf; **to be ~,** bod yn bwysicaf, bod ar y blaen, rhagori. **2.** *adv. (a)* **(lying) face ~,** (yn gorwedd) â'r wyneb at i fyny, *S:* â'r wyneb lan; *(b)* **his friend's fate was ~ in his thoughts,** tynged ei ffrind oedd bwysicaf/flaenaf yn ei feddwl; **the problem [which is] ~ in our minds,** y broblem sydd ar flaen ein meddyliau. . . ., y broblem bwysicaf sydd gennym.
upping *vn.* **swan ~,** cyfrif elyrch.
Uppington *W.Pl.n.* Ucheldref *f*.
uppish *a. F:* mawreddog, *N: F:* lartsh; **he's getting very ~,** mae e'n dechrau meddwl ei hun yn rhn; *N: F:* mae o'n dechrau llancio; mae o'n mynd yn dipyn o lanc; mae o'n mynd yn llanc mawr.
uppishly *adv.* yn fawreddog.
uppishness *n. F:* mawrdra *m*.
uppity *a.* = **uppish.**
uppityness *n.* = **uppishness.**
upraise *v.t.* = **raise.**
upraised *a. & p.p.* **with ~ glasses,** gan godi gwydrau.
uprear *v.t.* = **raise, rear².**
upright *a., adv. & n.* I. *a. & adv.* **1.** *(pillar &c):* syth, union,

unionsyth; ~ **freezer,** rhewgist ar ei thraed; *Const:* ~ **joint,** uniad(-au) unionsyth *m*; ~ **piano,** piano(-s) unionsyth *mf*; **to set sth ~,** unioni rhth, gosod/dodi rhth yn syth, gosod/dodi rhth ar ei draed; **"to be kept ~",** "cadwer ar ei sefyll", "cadwer yn syth"; **(to sit) bolt ~,** (eistedd) yn gefnsyth, yn syth fel procer. **2.** *(= righteous):* cyfiawn, gonest, union, cywir. II. *n.* **1. out of ~,** anunion, cam, allan ohoni, ar osgo, heb fod yn syth, *N:* allan o blwm. **2.** *Const: Carp: &c:* cilbost (cilbyst) *m*, ystlysbost (ystlysbyst) *m*; *(of a ladder):* postyn (pyst) *m*, ochr(-au) *f*; *Fb:* **the uprights,** y pyst.

uprightly *adv.* yn onest *&c.*

uprightness *n.* **1.** uniondeb *m*, union der *m*. **2.** *(of conduct):* cyfiawnder *m*, gonestrwydd *m*, cywirdeb *m*, uniondeb, unionder.

uprising *n.* gwrthryfel(-oedd) *m*, gwrthgodiad(-au) *m*, terfysg(-oedd) *m*.

upróar *n.* stŵr *m*, twrw *m*, dadwrdd (dadyrddau) *m*; **the town is in an ~,** mae'r dref yn ferw gwyllt.

uproarious *a.* stwrllyd, trystiog, mawrdrwst; ~ **comedy,** comedi anfarwol o ddigrif; **to burst into ~ laughter,** torri i weiddi chwerthin dros bob man.

uproariously *adv.* yn stwrllyd; ~ **funny,** aruthrol ddigrif/ddoniol, anfarwol o ddigrif/ddoniol; *S.a.* **laugh[2] 1.**

uproariousness *n.* **1.** *(of meeting &c):* stŵr *m*. **2.** *(of comedy):* digrifwch aruthrol *m*, donioldeb anfarwol *m*.

uproot *v.t.* **1.** diwreiddio, dadwreiddio (rhth); codi/tynnu (rhth) o'r gwr|aidd; **to feel uprooted,** teimlo'n alltud, teimlo'n ddiwreiddiedig/ddiwreiddiau. **2.** *Fig: (= eradicate):* difa, difodi.

uprooter *n.* **1.** diwreiddiwr (diwreiddwyr) *m*, dadwreiddiwr (dadwreiddwyr) *m*. **2.** *Fig:* difäwr (difawyr) *m*, difodwr (difodwyr) *m*.

uprouse *v.t.* = **arouse.**

uprush *n.* ffrwd (ffrydiau) *f*, pistylliad(-au) *m*, ymchwydd(-au) *m*.

upsadaisy *int.* ar dy draed! (ar eich traed)! *N:* dyna inni godwm! côd (codwch) rŵan! i fyny â thi (chi)! *S. W:* wp-a-dei!

upset[1] *n.* **1.** *(of car, boat &c):* dymchweliad(-au) *m*. **2.** *(a) (= disarrangement, disturbance, of order, pattern, plan):* drysu *vn*, anhrefnu *vn* (ar rth); dryswch *m*, anhrefn *f* (yn rhth); **to cause an ~ in sth,** peri/achosi anhrefn yn rhth, drysu trefn rhth; *(= unexpected defeat, setback):* siom(-au) *mf*, siomedigaeth(-au) *f*, siomiad(-au) *m*, *N:* ysgegfa *f*, ysgegiad *m*, sgeg *f*; *(b) (= little problem):* trafferth(-ion) *f*, helynt(-ion) *f*, anghaffael *m*, strach(-iau, strachf|eydd) *f*; **(that's going to) cause an ~,** (mae hynny'n mynd i) ddrysu pethau, droi'r drol, darfu'r colomennod, beri helynt; *(c) (= blow):* cynhyrfiad (cynhyrfiadau) *m*, gofid(-iau) *m*, ysgytwad(-au) *m*, ergyd(-ion) *f*; **she has had a dreadful ~,** mae hi wedi cael ysgytwad ofnadwy; mae hi wedi ei bwrw oddi ar ei hechel; mae hi wedi cymryd ati yn ofnadwy; mae hi wedi cael ergyd drom; *S. W:* mae hi wedi ei bwrw'n bedwar; *N: F:* mae hi wedi cael tipyn o sgeg/sgegfa; *(d) (of stomach &c):* anhwylder(-au) *m*, anhwyldeb(-au) *m* (ar rth). **3.** *Metalw:* = **swage**; *(= upset bar):* bar(-rau) clopaog *m*, bar penfflat, clopa(-nau) *fm*.

upset[2] *v.t.&i.* **1.** *v.t.* *(a) (vase &c):* troi (rhth) drosodd, *S:* bwrw (rhth) drosodd; *S.W:* moelyd, diwel (rhth); **to ~ a cart,** dymchwel trol/cert/cart, *N:* troi trol [drosodd], *S:* bwrw cart/cert, *S. W:* diwel cart/cert; **to ~ the apple cart,** troi'r drol; **to ~ a boat,** dymchwel cwch, troi cwch/bad drosodd; **to ~ a car,** troi car ar ei do/ben, troi car drosodd, troi car ar ei ochr; *(b) (plans &c):* drysu, anhrefnu (rhth); tarfu (ar rth); gwn|eud llanast (o rth); *(= disappoint):* siomi; *(c) (pers.):* cynhyrfu, gofidio, cyffr|oi, tramgwyddo (rhn); rhoi ysgytwad/ergyd (i rn); **he is easily ~,** mae'n un hawdd ei gynhyrfu/dramgwyddo; **don't ~ yourself,** peidiwch â chynhyrfu *&c*; *(d)* **to ~ a stomach,** codi/troi ar stumog; **beer upsets me,** mae cwrw yn fy ngwneud i'n sâl; mae cwrw'n codi/troi arnaf i; mae cwrw'n codi pwys arnaf i. **2.** *v.i.* *(of cup, contents &c):* troi, *S.W:* diwel; *(of car, boat &c):* troi [drosodd], troi ar yr ochr, troi wyneb i waered, dymchwel. **3.** *v.t. Metalw:* clopáu, clopanu.

upset[3] *a.* **1.** *(a) (mentally):* gofidus, poenus, llawn cynnwrf, yn gynnwrf i gyd, *N.W:* cynhyrfiyd; **to get ~,** cynhyrfu, gofidio, cymryd atoch; **don't be so ~,** peidiwch â chynhyrfu/gofidio gymaint; peidiwch â thorri'ch calon gymaint; *N:* peidiwch â chymryd atoch gymaint; **he looked very much ~,** 'roedd golwg boenus/ofidus iawn arno; *(b)* **my digestion is ~,** mae diffyg traul arnaf; **an ~ stomach,** anhwylder/pwys ar y stumog, diffyg *(m)* traul, diffyg treuliad, camdreuliad *m*. **2.** *(at auction):* ~ **price,** pris(-iau) *(m)* cadw. **3.** *Carp:* ~ **grain,** graen cymysg *m*.

upsettable *a.* **1.** *(vase, boat &c):* hawdd ei droi drosodd, hawdd ei ddymchwel &c, dymchweladwy. **2.** *(pers.):* hawdd eich cynhyrfu, hawdd tarfu arnoch; **she's very ~,** *N:* mae'n hawdd troi'r drol efo hi.

upsetter *n.* *(of plans):* tarfwr (tarfwyr) *m* **(of sth,** ar rth), dryswr (dryswyr) *m* (rhth).

upsetting *a.* & *vn.* **1.** *a.* annifyr, cas, annymunol, gofidus, cynhyrfol, cynhyrfiol, sy'n peri gofid *&c.* **2.** *vn.* = **upset[1,2]**; *Tchn:* clopáu.

upshift *v.i. Aut: U.S:* newid i gêr uwch.

upshot *n.* canlyniad(-au) *m*, diwedd *m*, pen draw *m*; **what will be the ~ of it?** beth fydd ei diwedd hi? beth fydd canlyniad hyn? **the ~ of it all was that he resigned,** ei diwedd hi oedd iddo ymddiswyddo; yn y diwedd fe ymddiswyddodd.

upsidaisy *int.* = **upsadaisy.**

upside *n.* tu uchaf *m*, wyneb(-au) *m*. **~-down 1.** *adv.phr. (a)* â'i ben i lawr, â'i ben ucha'n isaf, â'i wyneb i waered, â'i ben i waered, [â'i] wyneb i lawr, ar ei wyneb, â'i draed i fyny; **to turn everything ~-down,** troi popeth [â'i] ben ucha'n isa', troi popeth â'i ben i lawr *&c*, dymchwel popeth, gwn|eud llanast o bopeth, *F:* troi popeth â'i din am ei ben, troi popeth yn siang-di-fang, troi popeth yn blith draphlith/bendraphen. **2.** *a. F:* **~-down,** [â'i] ben ucha'n isa', â'i draed i fyny; **~-down ideas,** syniadau o chwith; **~-down cake,** teisen *(f)* o chwith, teisen â'i hwyneb i waered, teisen â'i phen i lawr.

upsides *adv.* **to get ~ with s.o.,** talu'r pwyth yn ôl i rn, dod yn gyfartal â rhn.

upsilon *n. Gr.Alph:* upsilon *f*.

upspring *v.i.* = **spring up.**

upstage[1] *n., adv. & attrib.* **1.** *n. Th:* cefn *(m)* y llwyfan. **2.** *adv. Th:* i fyny'r llwyfan, yng nghefn y llwyfan, *S:* lan y llwyfan. **3.** *attrib.* cefn llwyfan.

upstage[2] *v.t.* **1.** *Th:* symud (rhn) i fyny'r llwyfan, symud (rhn) i gefn y llwyfan. **2.** *Fig:* **to ~ s.o.,** gwthio rhn i'r cefndir.

upstairs *adv., a. & n.* **1.** *adv. N:* [i] fyny['r] grisiau, *M. W:* [i] fyny['r] staer, i fyny'r staeriau, *S:* lan stâr, lan lofft; *F:* **he hasn't got much ~,** 'does dim llawer yn ei ben. **2.** *(a) a. (room &c):* ar y llawr uchaf, i fyny'r grisiau *&c*; *(b) n. F:* **[the] ~,** y llawr uchaf *m*, *N:* y llofft *f*, y llofftydd *pl*.

upstanding *a.* **1.** sy'n sefyll, ar ei sefyll; **be ~,** safed pawb, pawb ar ei draed; *Jur:* **be ~ in court,** sefwch [ar eich traed]; safed y llys; y llys i sefyll; *(hair &c):* gwrychog; **a fine ~ fellow,** dyn tal cydnerth/nobl, paladr *(m)* o ddyn. **2.** *F:* = **upright 2.**

upstandingness *n.* = **uprightness.**

upstart *n. & attrib.* **1.** *n.* sbrigyn(-nod) *m*, cocyn(-nod) *m*, ceiliog(-od) *(m)* dandi, *Lit:* ysgogyn(-nod) *m*, coegyn(-nod) *m*, crachfonheddwr (crachfonheddwyr) *m*, crachfonheddig (crachfoneddigion) *m*, *F: occ:* llo *(m)* tarw (lloi teirw), cyw(*m*)'r gog. **2.** *attrib.* ceiliogaidd, cocynnaidd, sbrigynnaidd; *(= parvenu):* newydd godi.

upstate *a. adv. & n. U.S:* **1.** *a.* gwledig. **2.** *adv.* ym mhen ucha'r dalaith. **3.** *n.* pen ucha(*m*)'r dalaith, cefn *(m)* gwlad.

upstater *n.* gwladwr (gwladwyr) *m*.

upstream *a. & adv.* i fyny'r afon, lan yr afon, yn groes i'r llif.

upstretched *a.* ~ **arms,** breichiau ar estyn i fyny.

upstroke *n. Mec.E:* = **up-stroke 3.**

upsurge *n. & v.i.* **1.** *n.* ymchwydd(-iadau) *m*, codiad(-au) *m*, ton(-nau) *f*; **an ~ of interest,** cynnydd *(m)* mewn diddordeb, ton o ddiddordeb, hwrdd (hyrddiau) *(m)* o ddiddordeb. **2.** *v.i.* ymchwyddo, codi [i fyny, lan], codi'n don, ymdonni.

upsweep[1] *n.* **1.** *(= steep slope):* llechwedd(-au,-i) *f*. **2.** *Haird: &c:* uwchdro(-eon) *m*.

upsweep[2] *v.i.* ysgubo [i fyny, lan].

upswell *v.i.* ymchwyddo.

upswelling *n.* ymchwydd(-iadau) *m*, gorischwydd(-iadau) *m*.

upswept *a. Aut: Av: Haird:* uwchdroëdig, wedi ei droi/ysgubo at i fyny.

upswing[1] *n.* **1.** *(of pendulum, swing &c):* uwchbendiliad(-au) *m*. **2.** *Econ:* cynnydd *m*, gwellhad *m*, gwelliant *m*, *F:* hwrdd *f*; **(business is) on the ~,** (mae busnes) yn ailgodi, ar i fyny, yn

gwella, ar wella, yn troi ar wella; **there was an ~ in the market,** bu tro/hwrdd sydyn yn y farchnad.
upswing² *v.i.* = **swing up.**
upsydaisy *int.* = **upsadaisy.**
uptake *n.* **1. to be slow in/on the ~,** bod yn araf yn ei deall/gweld/dirnad hi; **he is quick on the ~,** mae'n un effro iawn; mae'n ei gweld hi ar ddim; mae'n graff iawn; mae'n un cyflym iawn yn ei deall hi. **2. ~ pipe,** pibell(-au,-i) *(f)* sugno; *Min:* **~ [shaft],** twll (tyllau) *(m)* aer, ffordd (ffyrdd) *(f)* aer, *S.E:* twll cwrbyn, twll main, twll bach. **3.** *Biol:* mewnlifiad(-au) *m.* **4.** *(= acceptance):* derbyniad(-au) *m.*
upthrow *n.* **1.** *Geol:* **~ side,** ochr(-au) esgynedig *f.* **2.** = **upheaval.**
upthrust *n.* **1.** *Geol:* brigwth(-iadau) *m.* **2.** = **upheaval.**
uptight *a.* **1.** *(= irritable):* croendenau, cysetlyd, piwis, pifis, ar bigau drain, pigog, cynhyrflyd, pryderus, nerfus; **to get ~ (about sth),** cysetio, mynd yn gysetlyd (yngh|ylch rhth). **2.** *(= conventional, prim and proper):* confensiynol, hen ffasiwn, sydêt, propor, parchus, gwastad. **3.** = **broke.**
uptightness *n.* **1.** cysêt *m,* natur gysetlyd *f,* croendeneurwydd *m,* croendeneuwch *m,* piwisrwydd *m,* pifisrwydd *m.* **2.** confensiynoldeb *m,* natur gonfensiynol *f.* **3.** *(= being broke):* trafferthion ariannol *pl,* diffyg *(m)* arian.
uptilt *v.t.* gogwyddo (rhth) at i fyny.
uptime *n. Cmptr:* amser *(m)* mynd.
uptown *adv. & n. esp. U.S:* **1.** *adv.* ym mhen ucha'r dref, ym mhen pella'r dref, ar gyrion y dref. **2.** *n.* pen uchaf *(m)* tref, pen pellaf tref, cyrion *(pl)* tref, pen draw tref.
uptrend *n.* tuedd(-iadau) *(f)* at i fyny, gogwydd(-ion) esgynnol *m.*
upturn¹ *n.* = **upswing.**
upturn² *v.t.&i.* **1.** *v.t. (a)* troi (rhth) i fyny, *S:* troi (rhth) lan; *(b) (ground):* troi, aredig. **2.** *v.i.* troi at i fyny, *S:* troi lan.
upturned *a.* **1.** *N:* sy'n troi at i fyny, *S:* sy'n troi lan; **~ soil,** pridd wedi ei droi/aredig; *(nose):* smwt; *(eyes):* dyrchafedig, yn edrych i fyny, yn edrych lan; **I looked into the child's ~ face,** edrychais i lawr ar/i wyneb y plentyn. **2.** = **upside-down.**
upward *a. & adv.* **1.** *a.* esgynnol, dringol, ymgodol; **~ movement,** esgyniad(-au) *m,* ymgodiad(-au) *m,* symudiad(-au) esgynnol *m,* symudiad [tuag] at i fyny, *S:* symudiad lan; **~ gradient,** dringfa (dringf|eydd) *f, S.W: occ:* gorifyny *m; Lib:* **~ reference,** cyfeiriad(-au) dyrchafol *m;* **prices show an ~ tendency,** mae prisiau'n tueddu i godi. **2.** *adv.* = **upwards; faces turned ~,** wynebau yn troi at i fyny.
upwardly *adv.* = **upwards; ~ mobile person,** esgynnwr (esgynwyr) *m,* esg|ynwraig *f.*
upwardness *n.* esgynoldeb *m.*
upwards *adv.* **1.** [ar] i fyny, at i fyny, tuag at i fyny, *S:* lan, *Lit:* fry; **the road runs ~,** mae'r ffordd yn dringo/codi; mae'r ffordd yn mynd ar i fyny; mae'r ffordd yn mynd lan. **2. (to lay sth) face ~,** (gosod rhth) â'i wyneb i fyny, â'i wyneb lan; *(of pers.):* **to lie face ~,** gorwedd ar wastad eich cefn, gorwedd wyneb i fyny; **to look ~,** edrych i fyny, *S: occ:* disgwyl *(pronounced* dishgwl) lan, *Lit:* codi'ch golygon. **3.** *(= more):* mwy na + *spirant mut.,* dros + *soft mut.,* rhagor na + *spirant mut.;* **one hundred pounds and ~,** mwy na chanpunt, canpunt a rhagor, rhagor na chanpunt, dros ganpunt; **~ of fifty pupils,** rhagor/mwy na hanner cant o ddisgyblion, dros hanner cant o ddisgyblion; **from ten [years of age] ~,** o ddeng mlwydd oed ymlaen, ar ôl deng mlwydd oed.
upwarp *n. Geol:* |anticlin (anticlinau) *m,* crychiad(-au) *(m)* i fyny.
upwell *v.i.* ffrydio, pistyllio, ffynhonni.
upwelling *vn.* ymchwydd *m.*
upwind *adv. & a.* **1.** *adv.* **(to go) ~,** (mynd) yn erbyn y gwynt, yn groes i'r gwynt, yn nannedd y gwynt, at fôn y gwynt; **he was standing ~ of us,** safai o du'r gwynt i ni. **2.** *a. (= windward):* tua'r gwynt; **~ side of house,** tu gwyntog tŷ.
uracil *n. Bio-Ch:* |wrasil *m.*
uraemia, uremia *n. Med:* wremia *m.*
uraemic *a. Med:* wremig.
uraeus *n. Archeol:* *sarfflun(-iau) *m.*
Ural *a. & Pr.n.* **1.** *a.* [yr] Wral. **2.** *Pr.n. Geog:* **the ~ [river],** [afon] Wral *f;* **the ~ mountains,** mynyddoedd yr Wral, yr Wralau. **~-Altaic 1.** *a.* Wral-Altäig; *(in language):* Wral-Altäeg. **2.** *n. (a) Ethn:* Wral-Altaigiad (~-Altaigiaid) *m&f; (b) Ling:* Wral-Altäeg *f, m.*
Uralian 1. *a.* Wralaidd; *(in language):* Wraleg. **2.** *n. (a) Ethn:* Wraliad (Wraliaid) *m&f; (b) Ling:* Wraleg *f, m.*
Uralic *a. & n.* = **Uralian.**
uralite *n. Miner:* |wralit *m.*
uralitic *a. Miner:* wralitig.
Urania *Pr.n.f. Gr.Myth:* Wrania.
Uranian¹ *a. & n.* **1.** *a. (a) Astr:* Wranaidd, o Wranws; *(b)* = **celestial, heavenly, spiritual. 2.** *n. (in science fiction):* Wraniad (Wraniaid) *m&f.*
uranic *a. Ch:* wranig.
uranide *n. Ch:* |wranid (wranidau) *m.*
uraninite *n. Ch:* wr|aninit *m.*
uranism *n.* = **homosexuality.**
uranitic *a. Ch:* wranitig.
uranium *n. Ch:* wraniwm *m;* **enriched ~,** wraniwm brasach/puredig *m.*
uranographer *n.* seryddwr (seryddwyr) *m.*
uranographic[al] *a.* seryddol.
uranographist *n.* = **uranographer.**
uranography *n.* seryddiaeth *f.*
uranologer *n.* seryddwr (seryddwyr) *m.*
uranological *a. Astr:* seryddol.
uranology *n. Astr:* seryddiaeth *f.*
uranometry *n. Astr:* wranometreg *f,* sêr-fesureg *f.*
uranous *a. Ch:* wranus.
Uranus *Pr.n.m. Myth: Astr:* Wranws, Wranos.
uranyl *n. Ch:* |wranyl *m.*
uranylic *a. Ch:* wranylig.
urao *n. Ch:* wrao *m.*
urate *n. Ch:* wrad(-au) *m.*
uratic *a. Ch:* wratig.
urban *a.* trefol, dinesig; **~ aid,** cymorth trefol *m;* **~ areas,** ardaloedd trefol; *Mus:* **~ blues,** melan y ddinas, y felan ddinesig; *P.N:* **U~ Clearway,** Clirffordd Drefol *f; Adm:* **~ community,** cymuned drefol (cymunedau trefol) *f,* cymdeithas drefol (cymdeithasau trefol) *f;* **~ district,** ardal drefol/ddinesig *f;* **~ district council,** cyngor dosbarth dinesig/trefol *m; Pol:* **~ explosion,** ffrwydrad(-au) trefol *m;* **~ field,** cylch trefol *m;* **~ fringes,** cyrion trefol; **~ guerilla,** herwfilwr (herwfilwyr) trefol *m;* **~ guerilla warfare,** herwryfela trefol; **~ hierarchy,** hierarchaeth drefol *f;* **~ library,** llyfrgell drefol (llyfrgelloedd trefol) *f;* **~ programme,** rhaglen drefol *f;* **~ revolution,** chwyldro trefol *m;* **~ renewal,** adnewyddu *(vn)* trefi, adnewyddiad(-au) trefol *m;* **~ sociology,** cymdeithaseg drefol *f;* **~ sprawl,** chwyd *(m)* y dref, blerdwf trefol *m.*
urbane *a.* boneddigaidd, cwrtais, moesgar, hynaws, wrbân, gwaraidd, gwâr.
urbanely *adv.* yn foneddigaidd *&c.*
urbaneness *n.* = **urbanity.**
urbanism *n. U.S:* bywyd dinesig/trefol *m,* trefolaeth *f.*
urbanist *n.* cynllunydd (cynllunwyr) dinesig/trefol *m,* trefolydd(-ion, trefolwyr) *m.*
urbanistic *a.* trefolyddol.
urbanite *n.* trefwr (trefwyr) *m,* dinesydd (dinasyddion) *m,* dinaswr (dinaswyr) *m,* un sy'n byw mewn tref *&c,* dyn(-ion) *(m)* tref *&c.*
urbanity *n.* boneddigeiddrwydd *m,* hynawsedd *m,* cwrteisi *m,* moesgarwch *m,* wrbaniaeth *f,* wrbaneiddiwch *m.*
urbanization *n.* trefoli *vn,* trefoliad *m.*
urbanize *v.t.* trefoli.
urbanized *a.* trefol, trefoledig.
urbanologist *n.* dinasegwr: dinasegydd (dinasegwyr) *m.*
urbanology *n.* dinaseg *f.*
urbiculture *n.* dinasddiwylliant *m,* diwylliant *(m)* dinas.
urbi et orbi *Lt.phr.* i'r ddinas ac i'r byd.
urceolate *a. Bot:* piserffurf.
urchin *n. & attrib. (a) n.* **[street] ~,** crwtyn: crwt (cryts, crytiaid, crwtiaid) *m; (b) attrib.* **~ cut,** crop *(m)* crwtyn. **2.** = **sea-urchin.**
Urdu *n. Ling:* Wrdw *f, m.*
urea *n. Bio-Ch:* wrea *m.* **~ cycle** *n.* cylchred *(f)* wrea. **~ formaldehyde** *n. Ch:* fform|aldehid *(m)* wrea.
ureal *a. Ch:* wreal, wreaidd.
urease *n. Bio-Ch:* wreas *m.*
uredial, uredinial *a. Bot:* wrediol.
uredinium, uredium *n. Bot:* wrediwm (wredia) *m.*
uredo *n.* = **hives, urticaria.**
uredosorus *n.* = **uredium.**

uredospore *n. Bot:* wr|edosbor (wredosborau) *m.*
uredostage *n. Bot:* cyfnod wrediol *m.*
ureide *n. Ch:* wreid(-au) *m.*
uremia *n.* wremia *m.*
uremic *a. Bio-Ch:* wremig.
ureotelic *a. Biol:* wreotelig.
ureotelism *n. Biol:* wreoteledd *m.*
ureter *n. Anat:* wreter(-au, wretrau) *m*, pibell (*f*) yr aren.
ureteral, ureteric *a. Anat:* wretrol, wretrig, wreterig.
urethan, urethane *n. Ch:* |wrethan *m.*
urethra *n. Anat:* wrethra (wrethrâu) *mf*, pibell (*f*) droeth (pibellau troeth), pibell y bledren.
urethral *a. Anat:* wrethrol.
urethritic *a. Path:* wrethritig.
urethritis *n. Path:* wrethritis *m*, wrethrwst *m*, llid (*m*) yr wrethra, llid (*m*) pibell y bledren.
urethrocele *n. Path:* wr|ethrosel (wrethroselau) *m.*
urethroscope *n. Med:* wr|ethrosgop (wrethrosgopau) *m.*
urethroscopic *a. Med:* wrethrosgopig.
urethroscopy *n. Med:* wrethrosgopeg *f.*
urethrotomy *n. Surg:* wrethr|otomi (wrethrotomïau) *m.*
uretic *a.* wretig.
urge[1] *n.* cymhelliad (cymelliadau) *m*, cynhyrfiad(-au) *m*, awydd(-au) *m*, ysfa (ysf|eydd) *f*; **to feel an ~ to do sth,** teimlo awydd gwneud rhth, cael eich cynhyrfu i wneud rhth; **an ~ to write,** ysfa [i] ysgrifennu.
urge[2] *v.t.* **1.** *(a)* **to ~ s.o. [on],** annog, cymell (rhn); rhoi anogaeth (i rn); **to ~ a horse forward,** annog/gyrru/hysio/hysian ceffyl yn ei flaen; **to ~ s.o. to do sth,** annog/cymell rhn i wneud rhth, pwyso/gwasgu ar rn i wneud rhth, *S: occ:* hysian rhn i wneud rhth; *(b)* **to ~ a piece of work on/forward,** annog gwaith yn ei flaen. **2.** *(= emphasize, allege as reason):* gwthio (rhth), rhoi pwys (ar rth); **to ~ an argument,** gwthio dadl, rhoi pwys ar ddadl; **he urged his youth as an excuse,** rhoes bwys ar ei ieuenctid fel esgus; **to ~ a point,** pwysleisio pwynt, tanlinellu pwynt. **3.** *(= recommend strongly, press for sth):* mynnu (rhth), pwyso (am rth); **to ~ that sth should be done,** mynnu bod rhth yn cael ei wneud, pwyso am i rth gael ei wneud; **I urged that she should go,** mynnais y dylai hi fynd; pwysais am iddi gael mynd.
urgency *n.* **1.** brys *m*; **it's a matter of ~,** mae'n frys [arnom *&c*]; mae'n fater brys; mae'n fater o frys; *Adm:* **~ order,** gorchymyn (gorchmynion) (*m*) brys. **2.** *(= pressing need):* anghenraid (angenrheidiau) *m*, angenrheidrwydd *m*. **3. the ~ in her voice,** y taerineb (*m*) yn ei llais.
urgent *a.* **1.** taer; **an ~ need,** taer angen, dwys angen, angen ar frys, angen ar fyrder; **an ~ case,** achos(-ion) (*m*) brys; **the matter is ~,** mae'n fater o frys; **the doctor had an ~ call,** cafodd y meddyg alwad brys; **an ~ entreaty,** cais taer, taer ddeisyfiad; **I have more ~ business,** mae gennyf bethau pwysicach yn galw; mae gennyf reitiach pethau i'w gwneud; **it is most ~ that the doctor should come,** mae'r brys/angen mwyaf i'r meddyg ddod; **~ needs payment,** taliad(-au) (*m*) anghenion brys. **2. they were ~ for him to go,** 'roeddent yn mynnu ei fod yn mynd; 'roeddent yn pwyso arno i fynd; 'roeddent yn daer y dylai fynd.
urgently *adv.* **1.** ar frys. **2.** yn daer *&c*; **a doctor is ~ required,** mae angen meddyg ar frys; mae taer angen meddyg; **to press ~ for sth,** mynnu'n daer gael rhth, pwyso'n daer am rth.
urger *n.* anogwr (anogwyr) *m*, an|ogwraig (anogwragedd) *f*, cymhellwr (cymhellwyr) *m*, cymh|ellwraig (cymellwragedd) *f*.
urial *n. Z:* |wrial (wrialod) *m.*
uric *a.* wrig.
uricosuric *a.* wricoswrig.
uricotelic *a.* wricotelig.
uricotelism *n.* wricoteledd *m.*
uridine *n. Bio-Ch:* |wridin *m.*
uridylic *a. Bio-Ch:* wridylig.
Urim *n. B:* **~ and Thummim,** yr Wrim a'r Twmin.
urinal *n.* **1.** *Med:* **bed ~,** troethlestr(-i) *m*. **2.** *(public):* troethfa (troethfâu, troethf|eydd) *f*, troethle(-oedd) *m*, pisdy (pisdai) *m*, *F:* lle(-oedd,-fydd) gwn|eud dŵr, lle pi-pi, *V:* lle piso.
urinalysis *n.* = **urinoscopy.**
urinanalyse *v.t. Med:* troethbrofi, profi dŵr.
urinary *a. & n.* **1.** *a.* troethol. **2.** *n.* = **urinal 2.**
urinate *v.i.* troethi, *F:* gwn|eud dŵr, gollwng dŵr, pi-pi, *V:* piso.
urination *vn.* troethi, troethiad(-au) *m.*
urinative *a.* troethol.
urine *n.* troeth *m*, trwnc *m*, wrin *m*, lleisw *m*, *F:* dŵr *m*, *V:* piso *m*; **~ analysis/test,** *F:* prawf (profion) (*m*) dŵr/troeth.
uriniferous *a.* troethddwyn; **~ tube,** tiwbyn(-nau) (*m*) troeth.
urinogenital *a.* wrinogenhedlol, troethgenhedlol.
urinology *n.* wrinoleg *f.*
urinometer *n.* wrinomedr(-au) *m*, troethfesurydd(-ion) *m.*
urinometric *a.* wrinometrig.
urinometry *n.* wrinometreg *f.*
urinoscopic *a.* wrinosgopig.
urinoscopy *n.* wrinosgopeg *f*, troethbrawf (troethbrofion) *m*, profi (*vn*) dŵr.
urinose, urinous *a.* troethog.
urn *n.* wrn (yrnau) *m*; **barrel ~,** wrn baril; **beadrim ~,** wrn glainymylog; **bucket ~,** wrn bwced; **burial ~, funereal ~,** wrn claddu; **cinerary ~,** wrn lludw; **cordoned ~,** wrn cortynnog; **encrusted ~,** wrn crammennog; **pedestal ~,** wrn p|edestal; **tea ~,** wrn te.
urnfield *n. Archeol:* maes (meysydd) (*m*) yrnau.
urnflower *n. Bot:* yrnflodyn (yrnflodau) *m.*
urning *n.* = **homosexual 2.**
urnlike *a.* fel wrn, wrnaidd, yrnaidd.
urocanic *a.* wrocanig.
urochord *n. Z:* |wrocord (wrocordiau) *m.*
urochordal *a. Z:* wrocordol, wrocordaidd.
urochordate *a. & n.* = **tunicate.**
urochrome *n.* |wrocrom *m.*
urodele *a. & n. Z:* **1.** *a.* cynffonnog. **2.** *n.* cynffonnog (cynffonogion) *m&f.*
urogenital *a. Anat:* troethgenhedlol.
urogenous *a. Physiol:* wrogenaidd.
urokinase *n. Bio-Ch:* wrocinas *m.*
urolith *n. Med:* |wrolith (wrolithau) *m.*
urolithiasis *n. Path:* wrolithiasis *m*, maen (*m*) tostedd.
urolithic *a. Path:* wrolithig.
urologic[al] *a.* wrolegol.
urologist *n.* wrolegwr: wrolegydd (wrolegwyr) *m.*
urology *n. Med:* wroleg *f.*
uronic *a.* wronig.
uropod *n.* |wropod (wropodau) *m.*
uropygial *a. Orn:* **~ gland,** chwarren (chwarennau) (*f*) olew.
uropygium *n. Orn:* cloren(-nau) *f.*
uroscopic *a.* wrosgopig.
uroscopist *n.* wrosgopydd (wrosgopwyr) *m.*
uroscopy *n. Med:* wrosgopeg *f.*
urostyle *n. Z:* |wrostyl (wrostylau) *m.*
Ursa *n. Astr:* **~ Major,** yr Arth Fawr *f*; **~ Minor,** yr Arth Fach *f.*
ursiform *a.* arthaidd, fel arth.
ursine *a.* arthaidd, fel arth. **~ dasyure** *n. Z:* = **Tasmanian devil. ~ howler** *n. Z:* udwr (udwyr) coch *m.*
Ursprache *n. Ling:* gwreiddiaith (gwreiddieithoedd) *f.*
urstromtal *n. urstromtal (urstromtäler) m.*
Ursuline *a. & n. R.C.Ch:* **1.** *a.* Wrswlaidd. **2.** *n.* Wrswliad (Wrswliaid) *f.*
urtext *n.* testun(-au) gwreiddiol *m.*
urticaceae *n.pl.* danadl.
urticaceous *a.* danhadlaidd.
urticant *a.* pigog.
urticaria *n. Med:* y ddanadfrech *f*, danadlwst *m.*
urticarial, urticarious *a.* danadfrechol.
urticate *v.t.&i.* pigo [fel danadl].
urtication *n.* llid *m*, llidiogrwydd *m* [ar y croen].
urubu *n. Orn:* wrwbw(-od,-aid) *m.*
Uruguay *Pr.n. Geog:* Wrwgwái *f*, Uruguay *f.*
Uruguayan *a. & n.* **1.** *a.* Wrwgwaiaidd, Uruguayaidd, [o] Wrwgwái/Uruguay; **the ~ government,** llywodraeth Wrwgwái *&c*; **he's ~,** un o Wrwgwái ydyw; Wrwgwaiad ydyw. **2.** *n.* Wrwgwaiad (Wrwgwaiaid) *m&f*, Uruguayad (Uruguayaid) *m&f.*
urus *n. Z:* = **aurochs.**
urushiol *n. Bot: Pharm:* wrwsiol *m.*
usability *n.* defnyddioldeb *m.*
usable *a.* defnyddiadwy.
usableness *n.* = **usability.**
usably *adv.* yn ddefnyddiadwy.

usage *n.* **1.** *(usu.pej. = misuse):* defnydd *m*, triniaeth *f*, camddefnydd *m*, camdriniaeth *f*, cam-drin *vn*; **damage caused by rough ~,** niwed a achoswyd gan gamdriniaeth; **his ~ of me,** ei ddull o'm trin i, ei driniaeth ohonof. **2.** *(a) (= custom):* arfer(-ion) *fm*, arferiad(-au) *m*; **common ~, general ~,** arfer gwlad; **sanctified by ~,** a sancteiddiwyd drwy arfer; *(b) Jur:* defnydd *m*; **according to ~ and custom,** yn ôl defnydd ac arfer, yn ôl defnydd a defod; *(c) Com:* defnyddioldeb *m*; **~ variance,** amrywiant *(m)* defnyddioldeb. **3.** *(a) Ling: (of word &c):* defnydd *m*; **modern Welsh ~,** yr arfer mewn Cymraeg diweddar, arfer Cymraeg heddiw; *(b) (on the part of writers):* arfer.

usager *n. Rel:* arferiadwr (arferiadwyr) *m*.

usance *n. Com:* iwsans *m*.

use[1] *n.* **1.** *(a)* defnydd *m* **(of sth,** o/ar rth); **in ~,** ar arfer, ar waith, mewn defnydd, ar ddefnydd; **the ~ of steel in building,** y defnydd o ddur wrth adeiladu; defnyddio dur wrth adeiladu; **to find a ~ for sth,** cael defnydd i rth, darganfod defnydd ar gyfer rth; **can you find a ~ for this?** a fyddai hwn o ryw ddefnydd iti? **to make ~ of sth,** gwneud defnydd o rth, defnyddio rhth; **to make good ~ of sth,** gwneud defnydd da o rth, defnyddio rhth yn dda; **to make bad ~ of sth, to put sth to [a] bad ~,** gwneud camddefnydd o rth, camddefnyddio rhth, camarfer rhth; **everything has a/its ~,** mae defnydd i bopeth; **to put advice to ~,** rhoi cyngor ar waith; **~ is made of this,** defnyddir hwn; **to put an article into ~,** dechrau defnyddio rhth, dechrau gwneud defnydd o rth; **an article of everyday ~,** peth a ddefnyddir bob dydd; **a word in everyday ~,** gair a ddefnyddir yn gyffredin, gair a arferir [bob dydd]; **not in ~, out of ~,** nas defnyddir, heb ddefnydd, allan o ddefnydd; *(on door of lift &c):* "na ddefnyddier"; "nid yw'n gweithio"; *(word):* anarferedig, nas arferir; **a machine that has been in ~ for ten years,** peiriant a fu mewn defnydd ers deng mlynedd; **sth fit for ~,** rhth addas i'w ddefnyddio; **ready for ~,** parod i'w ddefnyddio; **"for ~ in case of fire",** "i'w ddefnyddio rhag tân"; **for the ~ of schools,** at ddefnydd ysgolion, at ddiben ysgolion; **directions/instructions for ~,** cyfarwyddyd ynghylch sut i'w ddefnyddio; *Pharm:* **"for external ~",** "na lyncer"; *(b)* **it improves with ~,** mae'n gwella o'i ddefnyddio. **2.** *(a)* **she has the full ~ of her faculties,** mae'n meddu ar ei holl gyneddfau/synhwyrau; *F:* mae hi yn ei phethau; mae hi'n medru gwneud pob dim; **he has lost the ~ of his left leg,** ni all ddefnyddio'i goes chwith; mae ei goes chwith wedi mynd yn ddiffrwyth; *(b)* **I have the ~ of the bathroom,** 'rwy'n cael defnyddio'r ystafell ymolchi; **I should like to have the ~ of it,** hoffwn gael gwneud defnydd ohono; hoffwn gael ei ddefnyddio; *(c) Jur:* **full right of ~ of sth,** hawl lawn i ddefnyddio rhth; **the Statute of Uses,** y Statud *(f)* Ddibenion; **~ upon a ~,** diben ar ben diben; **established ~,** defnydd sefydledig; **~ and occupation,** defnydd a meddiannaeth. **3.** *(= usefulness):* defnyddioldeb *m*, defnydd *m*, budd *m*, buddioldeb *m*; **to be of ~ (for sth),** bod yn ddefnyddiol, bod o fudd, bod o ddefnydd (i rth); **can I be of any ~ to you?** a allaf fod o gymorth i chwi? **it is of no ~,** nid yw'n dda i ddim; nid yw'n werth dim; nid oes defnydd iddo; **that'll be of great ~ (to us),** bydd hynny'n ddefnyddiol iawn, bydd hynny o fudd mawr, bydd hynny'n fuddiol iawn (inni); bydd yn dda iawn (inni) wrtho; **that will be of little ~,** ni fydd llawer o ddefnydd ar/i hwnna; ni fydd hwnna o fawr werth; *F:* **a fat lot of ~ that'll be to you!** chei di fawr o ddefnydd ar hwnna! *F:* **you're a lot of ~!** dyna help wyt ti! *F:* **my car is no ~,** nid yw fy nghar i'n dda i ddim; **I have no ~ for it,** nid yw'n dda i ddim i mi; 'does arna' i mo'i angen; nid yw'n werth dim i mi; *F:* **I've no ~ for him,** alla' i mo'i ddioddef; *S:* 's 'da fi gynnig iddo fe; **I have no further ~ for it,** ni fydd ei angen arna' i bellach; **it is no ~ discussing the question,** ni waeth heb â thrafod y mater; ofer trafod y mater; **it is no ~ his writing to me,** nid oes diben/pwrpas iddo ysgrifennu ataf; ni waeth iddo heb ag ysgrifennu ataf; **what's the ~ of/in making plans?** pa ddiben/werth sydd i wneud trefniadau? **it's no ~ crying,** ni waeth heb â chrïo/llefain; **it's no ~ my talking,** pa les i mi siarad? ni waeth imi heb â siarad; **it's no ~, (I can't do it)!** [ni] waeth heb, (alla'i mo'i wneud e)! **4.** arfer *fm*, arferiad(-au) *m*; *Jur:* **according to ~ and wont,** yn ôl defnydd ac arfer/defod; **(he called) as was his ~,** (galwodd) yn ôl ei arfer, fel arfer; *Ecc:* **~ (of Bangor &c),** arfer (Bangor &c).

use[2] *v.t.* **1.** *(a)* defnyddio (rhth), gwneud defnydd (o rth), *F:* iwsio (rhth); **are you using this knife?** a ydych chi'n defnyddio'r gyllell hon? **~ your head!** paid (peidiwch) â bod mor dwp! **~ your eyes/ears!** agorwch eich llygaid/clustiau! **fat is used for frying,** defnyddir saim i ffrio; **a word no longer used,** gair anarferedig, gair nas defnyddir [bellach], gair sydd allan o ddefnydd; **I ~ that (as a hammer),** mi fydda i'n defnyddio hwnna (fel morthwyl, yn lle morthwyl); *(b)* **to ~ discretion,** gweithredu'n bwyllog/ddoeth, arfer doethineb, gwneud fel y gweloch yn ddoeth; **to ~ every means [at one's disposal],** rhoi pob dull ar waith, defnyddio pob dull posibl; *Adm:* **~ or cause or permit to be used,** defnyddio neu achosi neu ganiatáu defnyddio; *P.N:* **~ hard shoulder,** defnyddiwch yr ysgwydd galed; *(c) esp. U.S:* **I could ~ some coffee,** peth da fyddai paned o goffi; coffi fyddai'n dda; coffi fyddai'n beth da; mi allwn i wneud â phaned/dysgled o goffi; **2.** *(a)* **to ~ s.o. well,** trin rhn yn dda/deg; **to ~ s.o. ill,** trin rhn fel baw, trin rhn yn ddrwg/wael, cam-drin rhn; *S.a.* **abuse**[2]; **how is the world using you?** sut mae'r byd yn dy drin di (eich trin chi)? pa hwyl? **to ~ s.o. roughly,** cam-drin rhn; **it will last a long time if you ~ it carefully,** fe bery am amser maith ond ichi ei drin yn ofalus; *(b)* **I feel I've been used,** 'rwy'n teimlo i mi gael fy nefnyddio. **3.** *(a)* **to ~ sth [up],** denyddio'r cyfan/cwbl o rth, dihysbyddu rhth, *occ:* hysbyddu/treulio rhth; **it is all used up,** 'does 'na ddim ar ôl; 'does 'na ddim yn weddill; 'does 'na ddim rhagor; dihysbyddwyd y cyfan; mae'r cyfan wedi mynd; *(b)* **to ~ up the scraps/leftovers,** gwneud defnydd o'r gweddillion/ sbarion, defnyddio'r gweddillion/sbarion; *(c)* **to ~ up one's horse,** gorflino'ch/gorlethu'ch ceffyl. **4.** *(as aux., only in p.t.: often translated simply by the imperfect tense of the verb, or* byddwn/byddet/byddai/byddem/byddech/byddent + *vn; or* oeddwn/oeddet/oedd/oeddem/oeddech/oeddent + *vn; or imperfect of* arfer + *vn)*; **(as children) we used to play (together),** (yn blant) 'roeddem yn arfer chwarae, arferem chwarae, byddem yn chwarae, *Lit:* chwaraeem (gyda'n gilydd); **I used to do it,** arferwn ei wneud; byddwn yn ei wneud; byddwn yn arfer ei wneud; yr oeddwn yn arfer ei wneud; 'roedd yn arfer gennyf ei wneud; mi fûm yn arfer ei wneud; **my father used to tell me that...,** byddai fy nhad yn [arfer] dweud wrthyf...; **it used to be a pleasant town to live in once,** yr oedd hi'n dref braf i fyw ynddi [ers talwm] *&c*; **(things aren't) what they used to be,** (nid yw pethau) fel [ag] yr oeddent, fel y byddent gynt, fel yr oeddent ers talwm *&c*; **you don't practise as much as you used to,** nid ydych yn ymarfer gymaint ag y byddech; **she used not to like tobacco; she usen't to like tobacco,** nid oedd hi'n arfer hoffi tobaco; ni fyddai hi'n hoffi tobaco; nid oedd hi'n hoffi tobaco o'r blaen; **I used not to like him;** *F:* **I didn't use to like him,** nid oeddwn i'n arfer ei hoffi; nid oedd yn dda gen i mohono; nid oeddwn i'n hoff ohono.

used *a.* **1.** defnyddiedig, a ddefnyddir/ddefnyddid/ ddefnyddiwyd; **~ cars,** ceir ail-law, ceir a ddefnyddiwyd; **hardly ~,** bron fel newydd, heb ei ddefnyddio bron. **2. ~ up,** ar ben, wedi darfod, wedi ei ddihysbyddu; **it's all ~ up,** nid oes dim ohono ar ôl; nid oes dim yn weddill ohono. **3. to be ~ to [doing] sth,** arfer gwneud rhth, bod yn gyfarwydd/ gynefin â gwneud rhth; **I am not ~ to it,** nid wyf yn gynefin/gyfarwydd ag ef; mae'n beth anghynefin/dieithr i mi; nid wyf wedi arfer ag ef; **to get ~ (to sth),** arfer, cynefino, ymgynefino, ymgyfarwyddo, dygymod, dod yn gynefin/gyfarwydd (â rhth); **you will get ~ to it in time,** fe ddewch i arfer ag ef gydag amser.

useful *a.* **1.** defnyddiol, buddiol, o werth; **this book was very ~ to me,** bu'r llyfr hwn o ddefnydd/fudd mawr i mi; bu'r llyfr hwn yn ddefnyddiol/fuddiol iawn i mi; cefais lawer o fudd o'r llyfr hwn; bu'n dda imi wrth y llyfr hwn; **it's ~ to know,** mae'n werth/ dda cael gwybod; **it will come in very ~,** fe fydd yn ddefnyddiol iawn; fe fydd o ddefnydd mawr; fe fydd yn werth ei gael; fe fydd yn dda inni wrtho; *F:* fe fydd yn werth chweil; **here's a ~-looking piece of timber,** dyma goedyn pwrpasol yr olwg; **a ~ man to know,** dyn gwerth ei adnabod; **go on, make yourself ~,** dos ati, gwna rth; **she made herself ~,** fe aeth ati i roi help llaw; **this machine has a ~ life of ten years,** fe rydd y peiriant hwn ddeng mlynedd o wasanaeth; fe bery'r peiriant hwn am ddeng mlynedd. **2.** *(a) P:* **he's pretty ~ with his fists,** mae'n gallu codi ei ddyrnau; mae'n berygl efo'i ddyrnau; mae'n un da gyda'i ddyrnau; mae'n ddigon tebol efo'i ddyrnau; **to be ~ with a gun,** gwybod sut mae defnyddio/trin gwn; *(b) F:* **he made a ~**

goalkeeper, yr oedd yn werth ei gael fel goli; 'roedd yn goli gwerth chweil.
usefully *adv.* yn ddefnyddiol, yn fuddiol; **one might ~ write a book on. . .,** peth buddiol fyddai ysgrifennu llyfr ar. . . .
usefulness *n.* defnyddioldeb *m,* buddioldeb *m,* budd *m;* **it's outlived its ~,** nid yw o fudd bellach.
useless *a.* **1.** da i ddim, diwerth, *occ:* diddefnydd, annefnyddiol, di- fudd; *(effort, journey):* diwerth, di-fudd, ofer, seithug; **a ~ arm,** braich ddiffrwyth *f;* **a ~ eye,** llygad dall/tywyll *m,* llygad dywyll/ddall *f;* **a ~ journey,** siwrnai seithug *f;* **~ regrets,** edifeirwch ofer *m,* gwag edifeirwch; **a ~ remedy,** meddyginiaeth aneffeithiol/ddieffaith *f,* meddyginiaeth dda i ddim; **it would be ~ to go on,** ofer fyddai mynd yn ein blaenau; **a ~ person,** rhn diwerth/di-glem/diffaith, pwdryn *m; F:* **to be worse than ~,** bod yn hollol dda-i-ddim, bod yn hollol ddiwerth, bod yn fwy diwerth na diwerth. **2.** *F:* **to feel ~,** teimlo'n ddiwerth, teimlo'n dda i ddim.
uselessly *adv.* yn ofer, yn ddi-fudd, yn dda i ddim *&c.*
uselessness *n.* annefnyddioldeb *m,* anfuddioldeb *m,* diwerthedd *m; (of effort, journey):* oferedd *m,* seithugrwydd *m; (of pers.):* = **incompetence.**
user[1] *n.* defnyddiwr (defnyddwyr) *m,* defn|yddwraig (defnyddwragedd) *f;* **drug ~,** caeth(-ion) *(m)* i gyffuriau; **the right of ~ of . . .,** yr hawl i ddefnyddio . . .; *Cmptr:* **~ documentation,** dogfennaeth *(f)* defnyddiwr; *Cmptr:* **~-friendly,** hawdd ei drin; *Cmptr: Ph:* **~ group,** grŵp *(m)* o ddefnyddwyr; *Lib:* **~ relevance,** perthnasedd *(m)* i'r defnyddiwr.
user[2] *n. Jur:* defnyddiaeth *f,* defnydd *m,* mwynhad *m* [o hawl].
usher[1] *n. (a)* **[gentleman] ~,** *(at reception):* tywyswr: tywysydd (tywyswyr) *m,* cyflwynwr: cyflwynydd (cyflwynwyr) *m; Jur:* **court ~,** porthor(-ion) *(m)* llys, ystlyswr (ystlyswyr) *m; (at wedding):* ystlyswr; *(b) A: Sch:* isathro (isathrawon) *m; (c) Ent:* **spring ~,** gwyfyn(-od) *(m)* Chwefror.
usher[2] *v.t.&i.* **1.** *v.t.* **to ~ s.o. in/into a drawing room,** hebrwng/ arwain/tywys/danfon rhn i barlwr; **to ~ in a new epoch,** hebrwng cyfnod/oes newydd i mewn; **to ~ s.o. out,** mynd â rhn at y drws, danfon/hebrwng rhn at y drws. **2.** *v.i. F: (at wedding &c):* bod yn ystlyswr, arwain/tywys pobl i'w lleoedd, mynd â phobl i'w lleoedd.
usherette *n.f. Th: Cin:* tyw|yswraig (tywyswragedd), ystl|yswraig (ystlyswragedd), ystlysferch(-ed) *f.*
usherless *a.* heb dywysydd, heb borthor, heb ystlyswr *&c.*
ushership *n. A: Sch:* swydd *(f)* isathro.
Usk *W.Pl.n.* **1.** *(river):* [afon] Wysg *f.* **2.** *(town):* Brynbuga *m.*
Uskmouth *W.Pl.n.* Aber-wysg *mf.*
usnea *n. Bot:* cen barfog *m.*
usquebaugh *n. Scot: Irish:* wisgi *m.*
ustiginales *n.pl. Fung:* = **smut fungus.**
ustilagineous *a.* pendduaidd.
ustilago *n. Fung:* y penddu *m.*
ustulate *a.* llosgedig, deifiedig, seriedig.
ustulation *n.* llosgi *vn,* serio *vn,* deifio *vn.*
usual *a. & n.* **1.** *a.* arferol; **at the ~ time,** ar yr un adeg/awr ag arfer, ar yr awr/adeg arferol; **the ~ terms,** yr un telerau ag arfer, y telerau arferol; **it is ~ to pay in advance,** yr arfer yw talu o flaen llaw; mae'n arferol talu o flaen llaw; **it is the ~ practice,** dyna'r arfer; *Pol:* **the ~ channels,** y sianelau arferol; **earlier/later than ~,** yn gynharach/hwyrach nag arfer; **more than ~,** mwy nag arfer; **as ~,** fel arfer; **business as ~,** busnes fel arfer. **2.** *n. F: (in bar):* **[are you having] your ~?** yr un peth ag arfer? **the ~,** fel arfer.
usually *adv.* fel arfer, fel rheol; **I ~ get up at seven,** byddaf yn codi am saith fel arfer/rheol; **he was more than ~ polite,** 'roedd yn fwy cwrtais nag arfer.
usualness *n.* arferoldeb *m.*
usucaption *n. Jur:* meddiant *(m)* trwy arfer, hirfeddiant *m.*
usufruct[1] *n. Jur:* meddiant *(m)* (ar rth), |wswffrwct *m.*
usufruct[2] *v.t. Jur:* meddiannu (rhth) dros amser.
usufructuary *a. & n. Jur:* **1.** *a.* **~ right,** hawl *(f)* meddiannu dros amser. **2.** *n.* meddiannwr (meddianwyr) *(m)* dros amser.
usurer *n.* usuriwr (usurwyr) *m,* us|urwraig *f, A: or Lit:* ocrwr (ocrwyr) *m.*
usurious *a.* usuriaidd.
usuriously *adv.* yn usuriaidd.
usuriousness *n.* usurieiddiwch *m.*
usurp *v.t.&i.* **1.** *v.t.* trawsfeddiannu, camfeddiannu. **2.** *v.i.* **to ~ upon s.o.'s rights,** tresmasu/tresbasu ar hawliau rhn, treisio hawliau rhn.
usurpation *n.* trawsfeddiant (trawsfeddiannau) *m,* camfeddiant (camfeddiannau) *m; vn.* = **usurp.**
usurpatory *a.* trawsfeddiannol, camfeddiannol.
usurper *n.* trawsfeddiannwr (trawsfeddianwyr) *m,* camfeddiannwr (camfeddianwyr) *m.*
usurping *a.* trawsfeddiannol, camfeddiannol.
usurpingly *adv.* yn drawsfeddiannol *&c.*
usury *n.* usuriaeth *f, A: or Lit:* ocr *m,* ocraeth *f;* **to practice ~,** codi crocbris o log; *F:* **to repay a service with ~,** ad-dalu gwasanaeth ar ei ganfed.
ut[1] *n. Mus:* = **do[2].**
ut[2] *Lt.prep.* fel, megis. **~ *supra* *adv.*** fel uchod. **~ *infra* *adv.*** fel isod.
Utahan *a. & n.* **1.** *a.* Wtahaidd. **2.** *n.* Wtahiad (Wtahiaid) *m&f.*
utensil *n.* teclyn (taclau) *m,* offeryn (offer) *m,* llestr(-i) *m, occ:* celficyn (celfi) *m;* **household utensils,** offer tŷ.
uterine *a.* **1.** crothol. **2.** *(= of one mother):* unfam, o'r un groth; **~ brother,** brawd (brodyr) unfam *m,* brawd [o'r] un fam, hanner brawd (~ brodyr) *m.*
uteritis *n.* llid *(m)* ar y groth, crothwst *m.*
uterus *n. Anat:* croth(-au) *f,* |wterws (iwteri) *m, Lit:* bru(-oedd) *m;* **prolapse of the ~,** cyngwympiad *(pronounced* ng-g) *(m)* y groth, cwymp *(m)* y groth, llithriad *(m)* y groth.
Uther *Pr.n.m. Myth:* Uthr; **~ Pendragon,** Uthr Bendragon.
utile *a.* = **useful.**
utilitarian *a. & n.* **1.** *a.* iwtilitaraidd. **2.** *n.* defnyddiolwr (defnyddiolwyr) *m,* iwtilitariad (iwtilitariaid) *m&f,* llesyddwr (llesyddwyr) *m.*
utilitarianism *n.* iwtilitariaeth *f,* llesyddiaeth *f,* defnyddiol[i]aeth *f.*
utility *a. & n.* **1.** *a.* defnyddiol; *Hist:* iwt|iliti. **2.** *n. (a)* lles *m,* defnyddioldeb *m,* budd *m; (= service):* gwasanaeth(-au) *m; S.a.* **usefulness; general ~ wagon,** wagen *(f)* bob pwrpas; **~ vehicle/car,** cerbyd(-au) *(m)* pob pwrpas; *Com:* **~ goods,** nwyddau defnyddiol, nwyddau safonedig; *Cmptr:* **~ program,** rhaglen *(f)* wasanaethu (rhaglenni gwasanaethu); **~ room,** ystafell aml-bwrpas; *Th:* **to be a ~ [man],** bod yn actor pob part; *(b)* **public utilities, public ~ undertaking/service,** *U.S:* **utilities,** gwasanaeth(-au) cyhoeddus *m; (c) Econ:* defn|ydd-deb (defnydd-debau) *m;* **marginal ~,** defnydd-deb ffiniol; **Law of Diminishing Marginal U~,** Deddf Lleihad Defnydd-deb Ffiniol; **public ~,** defnydd-deb cyhoeddus; **total ~,** cyfanswm defnydd-deb *m.*
utilizable *a.* defnyddiadwy.
utilization *n.* defnydd *m, occ:* defnyddiad *m* (ar rth); *vn.* = **utilize.**
utilize *v.t.* = **use[2].**
utmost *a. & n.* **1.** *a.* eithaf, pellaf, mwyaf; **the ~ ends of the earth,** eithafoedd/eithafion y ddaear, pellafoedd byd; **to make the ~ efforts,** ymdrechu hyd yr eithaf, gwneud eich gorau glas; **the ~ poverty,** y tlodi llymaf/eithaf, dygn dlodi; **with the ~ contempt,** gyda'r dirmyg mwyaf; **it is of the ~ importance. . .,** mae o'r pwys mwyaf. . .; **with the ~ ease,** heb unrhyw anhawster. **2.** *n.* eithaf(-oedd,-ion) *m;* **to the ~,** i'r eithaf, hyd yr eithaf, i'r pen draw, hyd y carn; **I shall assist you to the ~ of my ability,** fe'ch cynorthwyaf hyd eithaf fy ngallu; **(fifty) at the ~,** (hanner cant) ar y mwyaf, fan bellaf; **to do one's ~ to do sth,** gwneud eich gorau glas i wneud rth.
Uto-Aztecan *a. & n.* **1.** *a.* Wto-Astecaidd; *(in language)*; Wto-Asteceg. **2.** *n. Ling:* Wto-Asteceg *f, m.*
Utopia *Pr.n. & n.* **1.** *Pr.n. Lit:* Wtopia (Wtopiâu) *f,* Iwtopia (Iwtopiâu) *f.* **2.** *n.* **to create utopias,** creu paradwysau.
utopian *a. & n.* **1.** *a.* [i]wtopaidd. **2.** *n.* [i]wtopydd(-ion, [i]wtopwyr) *m,* [i]wtopiad ([i]wtopiaid) *m&f.*
utopianism *n.* [i]wtopiaeth *f.*
utopism *n.* = **utopianism.**
utopist *n.* = **utopian 2.**
utopistic *a.* = **utopian 1.**
Utraquism *n. Rel.Hist:* Wtracaeth *f.*
Utraquist *a. & n. Rel.Hist:* **1.** *a.* Wtracyddol. **2.** *n.* Wtracydd(-ion) *m.*
utricle *n. Nat.Hist:* wtricl(-au) *m,* wtrigl(-au) *m,* coden(-nau,-ni) *f.*

utricular *a.* wtriclaidd, codennaidd.
utricularia *n. Bot:* = **bladderwort.**
utriculate *a.* wtriclog, codennog.
utriculitis *n. Med:* wtriclwst *m.*
utter¹ *a.* **1.** *(= complete):* llwyr, hollol; *N.B. when* hollol *qualifies an adj, it usually precedes + soft mut.*; **an ~ stranger,** dieithryn llwyr/hollol; **he is an ~ stranger,** mae ef yn hollol ddieithr; **we were in ~ darkness,** 'roeddem mewn tywyllwch dudew; **~ rubbish,** *N:* lol *(f)* botes maip, *S:* dwli pur *m*; **an ~ waste of time,** gwastraff llwyr *(m)* ar amser, gwastraff amser pur; **an ~ fool,** ynfytyn (ynfydion) llwyr *m*, twpsyn hollol *m*; **to my ~ horror,** er mawr ddychryn i mi. **2.** *Jur:* **~ Bar,** y Bar allanol *m*; **~ barrister,** bargyfreithiwr allanol *m.*
utter² *v.t.&i.* **1.** *v.t.* **to ~ a cry,** rhoi gwaedd, rhoi cri, gweiddi; **to ~ a word,** dweud/yngan/torri gair; *(words, threats):* yngan, yngenyd; **never ~ her name (in his presence),** peidiwch byth ag yngan ei henw, peidiwch byth â chrybwyll ei henw (yn ei ŵydd ef); **not to ~ a word,** peidio â dweud dim, peidio ag yngan yr un gair, peidio ag agor eich ceg, bod yn dawedog; *(b) (sentiments):* mynegi, lleisio; *(lies):* dweud. **2.** *v.t. Jur: (documents, forged coins &c):* cyhoeddi (rhth), rhoi (rhth) mewn cylchrediad. **3.** *v.i.* **he looked at me without uttering,** edrychodd arnaf heb yngan gair.
utterable *a.* ynganadwy, traethadwy.
utterableness *n.* natur ynganadwy *f.*
utterance¹ *n.* **1.** *(of sentiments &c):* mynegiant *m*, mynegiad *m*, lleisio *vn*, traethu *vn*; **to give ~ to one's feelings,** mynegi'ch/lleisio'ch/cyfl|eu'ch teimladau, rhoi llais i'ch teimladau. **2.** *(= enunciation):* lleferydd *m*, ynganiad(-au) *m*, geiriad *m*, cynaniad(-au) *m*, ymadrodd *m*, parabl(-au) *m*; **to have a clear ~,** yngan yn glir, lleisio'n glir, geirio'n glir. **3.** *Ling:* ymadrodd(-ion) *m.* **4.** *pl.* **utterances,** ymadroddion, geiriau, sylwadau.
utterance² *n. Lit:* eithaf *m*; **to fight to the ~,** ymladd hyd yr eithaf, ymladd hyd at angau, ymladd i'r pen.
utterer *n.* **1.** lleisiwr (lleiswyr) *m*, traethwr (traethwyr) *m*, llefarwr (llefarwyr) *m*, mynegwr (mynegwyr) *m.* **2.** *Jur:* cyhoeddwr (cyhoeddwyr) *m*, cylchredwr (cylchredwyr) *m.*
utterless *a.* = **unutterable.**
utterly *adv.* yn hollol + *soft mut.*, yn llwyr + *soft mut.*, yn gyfan gwbl + *soft mut.*
uttermost *a.* & *n.* = **utmost.**
utterness *n.* llwyrdeb *m*, llwyredd *m*, llwyrni *m.*
uvarovite *n. Miner:* wf|arofit *m.*
uvea *n. Anat:* wfëa(-u) *mf.*
uveal, uveious *a. Anat:* wfëol.
uveitic *a. Med:* wfëitig.
uveitis *n. Path:* wfëwst *m*, wfeitis *m.*
uvula *n. Anat:* tafod(-au) bach *m*, |wfwla (wfwlâu) *m*, tafodig(-au) *m*, *occ:* cloch *(f)* yr ymadrodd, caead *(m)* y geg.
uvular *a.* & *n.* **1.** *a.* tafodigol, wfwlaidd; *Ling:* **~ r,** r dafodigol *f*, r dew. **2.** *n. Ling:* sain (seiniau) wfwlaidd *f.*
uvularly *adv.* yn dafodigol *&c.*
uvulitis *n. Med:* wfwlwst *m*, llid *(m)* y tafodig.
uxorial *a.* gwreigaidd.
uxoricidal *a.* gwreigleiddiol.
uxoricide *n.* **1.** *(crime):* gwreigladdiad(-au) *m.* **2.** *(criminal):* gwreigleiddiad (gwreigleiddiaid) *m.*
uxorious *a.* gwr|eig-gar.
uxoriously *adv.* yn wr|eig-gar.
uxoriousness *n.* gwr|eig-garwch *m.*
Uzbeg, Uzbek *a.* & *n.* **1.** *a.* Wsbecaidd, Wsbegaidd; *(in language)*' Wsbeceg, Wsbegeg. **2.** *n.* *(a) Ethn:* Wsbegiad (Wsbegiaid) *m&f*, Wsbeciad (Wsbeciaid) *m&f*, Wsbec(-iaid) *m&f*; *(b) Ling:* Wsbeceg: Wsbegeg *f*, *m.*
Uzbekistan *Pr.n. Geog:* Wsbecist|an *f.*

V

V, v *n.* [y llythyren] V, v (*pronounced* fi, *pl.* -au) *f*; *Tp:* **V for Victor,** V am Victor. **V.A.T.** *n.* *(value added tax):* T.A.W. *f* (treth ar werth). **V-base** *n. Mec.E:* bas (*m*) V. **V-cut** *n. Carp:* toriad(-au) (*m*) V, canwyriad(-au) *m*; **to make a V-cut,** canwyro. **V gear** *n.* gêr cyplog/gyplog *mf.* **V.H.F.** *n.* *(Very High Frequency):* tonfedd (*f*) uchel iawn. **V.I.P.** *n.* *(Very Important Person):* Rhywun Pwysig Iawn *m* (Pobl Bwysig Iawn *f or pl*). **V.I.P. lounge** *n.* lolfa (lolfeydd) (*f*) Pobl Bwysig Iawn. **V-joint** *n. Carp:* uniad(-au) (*m*) V. **V-neck[ed]** *n. Dressm:* gwddf (gyddfau) (*m*) V; **V-neck[ed] dress,** ffrog (*f*) wddf V. **V-pulley** *n. Carp:* chwerfan(-nau) (*m*) V, pwli (pwlïau) (*m*) V. **V-shaped** *a.* ar ffurf V, ar siâp V, deufin, fforchog; **V-shaped earmarks,** cannwyr (canwyrau) *m*, *N:* gwennol *f*, *N.W:* cnoead: cnwyad *m*, *S.W:* llysenfforch *f*. **V-sign** *n.* *(i) Hist:* arwydd(-ion) (*m*) V; *(ii) V:* arwydd dau fys; **to make/give the V- sign to s.o.,** codi dau fys ar rn. **V-type engine, V8** *n.* motor(-au) cyplog *m*. **V-weapon** *n.* arfa(-au) (*m*) V, arf dial.

vaagmar *n. Ich:* = **dealfish.**

vac[1] *n.* **1.** = **vacation. 2.** = **vacuum cleaner.**

vac[2] *v.t.&i.* hwfro, facio (rhth); rhoi'r hwfer/fac (ar rth).

vacancy *n.* **1.** *(= emptiness):* gwacter(-au) *m*, gwagle(-oedd) *m*; *Geog:* gwagfan(-nau) *mf*; **to stare into ~,** syllu i'r gwacter/gwagle, syllu ar ddim, edrych i'ch unfan, delwi. **2.** *(of mind):* gwacter. **3.** *(a) (= vacant post):* swydd wag (swyddi gweigion) *f*, *F:* lle [gwag] lleoedd [gweigion] *m*; *(b) (at hotel, camping-site):* lle [gwag], lle ar gael; *P.N:* **"vacancies",** "lle ar gael"; **"no vacancies",** "llawn"; "dim lle".

vacant *a.* **1.** gwag (gweigion); **~ possession,** meddiant (*m*) gwag, meddiant dirwystr; **~ succession,** olyniaeth (*f*) wag. **2.** *(mind):* gwag; *(expression, face):* difynegiant; **to look with a ~ stare,** syllu'n gegrwth, edrych i'ch unfan, delwi.

vacantly *adv.* yn wag *&c.*

vacantness *n.* gwacter *m*.

vacatable *a.* gwagadwy.

vacate *v.t.* **1.** *(a)* **to ~ a post,** gadael swydd, rhoi'r gorau i swydd; *(b)* **to ~ a seat,** gadael sedd, codi o'ch sedd; **to ~ a house,** gadael tŷ, symud o dŷ, ymadael o dŷ; *Jur:* **to ~ the premises,** ymadael â'r fan. **2.** *Jur:* = **annul.**

vacating *vn.* ymadawiad(-au) *m*, ymadael; *Jur:* **~ receipt,** taleb (*f*) glirio (talebau clirio), taleb morgais, ad-drawsgludiad(-au) *m*.

vacation[1] *n.* **1.** gwyliau *pl.* **2.** *(of office, house):* ymadawiad *m*, ymadael *vn* (â swydd, o dŷ). **~ land** *n. U.S:* tir(-oedd) (*m*) gwyliau.

vacation[2] *v.i. U.S:* treulio gwyliau, cael gwyliau, bwrw gwyliau, mynd ar wyliau.

vacationer, vacationist *n. U.S:* ymwelydd (ymwelwyr) *m*, rhn ar ei wyliau (rhai ar eu gwyliau).

vaccinal *a.* brechiadol.

vaccinate[1] *v.t. Med:* brechu (rhn), *F:* rhoi pigiad (i rn); *(with cowpox):* buchfrechu (rhn), *F:* rhoi'r cowpog (i rn); **to be vaccinated,** cael eich brechu, cael brechiad, *F:* cael pigiad; *(with cowpox):* cael cowpog.

vaccinate[2] *n.* = **vaccinee.**

vaccinated *a.* brechedig, wedi cael brechiad, wedi'ch brechu, *F:* wedi cael pigiad.

vaccination *n. Med:* brechiad(-au) *m*, *F:* pigiad(-au) *m*; **cowpox ~,** buchfrechiad(-au) *m*, *F:* cowpog: cwpog(-au) *mf*.

vaccinationist *n.* brechiadwr (brechiadwyr) *m*.

vaccinator *n.* brechwr (brechwyr) *m*.

vaccine *a.* & *n.* **1.** *a.* *(= pertaining to cows):* buchol. **2.** *n. Med:* brechlyn(-nau) *m*; **oral ~,** brechlyn geneuol, brechlyn i'w lyncu, brechlyn trwy'r genau/geg; **triple ~,** brechlyn triphlyg. **~ point** *n. Med:* pigyn (pigau) (*m*) brechu.

vaccinee *n. U.S:* rhn (rhai) a frechwyd, rhn brechedig, brechedig(-ion) *m&f*.

vaccinia *n.* = **cowpox.**

vacciniaceous *a. Bot:* llusol.

vaccinial *a.* brechol, brechiadol.

vaccinization *n. Med:* brechu *vn*, brechiadu *vn*.

vacherin *n. Cu:* ***vacherin(-s)*** *m*.

vacillate *v.i.* **1.** *(of flame &c):* chwifio; *S.a.* **sway[2], oscillate. 2.** *(between two opinions):* petruso, pendilio, bwhwman, anwadalu, gwegian, simsanu.

vacillating *a.* & *vn.* **1.** *a.* amhenderfynol, dibenderfyniad, simsan, ansicr, petrus, sigledig, anwadal, ansad; *(flame):* aflonydd. **2.** *vn.* = **vacillation, vacillate.**

vacillatingly *adv.* yn amhenderfynol *&c.*

vacillation *n.* **1.** *(= hesitation):* petruster *m*, petrustod *m*, ansicrwydd *m*, anwadalwch *m*, petruso *vn*, anwadalu *vn*. **2.** *(of flame):* siglad *m*, siglo *vn*, aflonyddwch *m*.

vacillator *n.* petruswr (petruswyr) *m*, anwadalwr (anwadalwyr) *m*.

vacuity *n.* gwacter(-au) *m*.

vacuolar *a. Bot:* gwagolaidd.

vacuolate, vacuolated *a. Bot:* gwagolog.

vacuolation *n. Bot:* **1.** *(process):* gwagoliad *m*, gwagoli *vn*. **2.** *(state):* gwagoledd *m*.

vacuole *n. Biol:* gwagolyn (gwagolion) *m*; **contractile ~,** gwagolyn cyfangol.

vacuous *a.* penwag, penwan, difeddwl; **a ~ laugh,** chwerthin/chwerthiniad gwag.

vacuously *adv.* yn benwag *&c.*

vacuousness *n.* penwegi *m*, penwendid *m*.

vacuum *n.* **1.** *Ph:* gwactod(-au) *m*; **[very] high ~,** gwactod eithaf; **2.** *Fig:* *(= gap):* bwlch (bylchau) *m*, gwagle(-oedd) *m*, gwacter(-au) *m*, lle gwag (lleoedd gweigion) *m*. **~ bottle** *n. U.S:* = **vacuum flask. ~ brake** *n.* brêc (breciau) (*m*) gwactod. **~-chamber** *n.* cell (*f*) wactod (celloedd gwactod). **~-clean** *v.t.&i. F:* hwfro, facio (rhth); rhoi'r hwfer/fac (ar rth). **~ cleaner** *n.* sugnwr (sugnwyr) (*m*) llwch, sugnlanhäwr (sugnlanhawyr) *m*, *F:* hwfer(-s) *m*, fac(-s) *m*. **~-crystallization** *n. Ch:* gwag-grisialu *vn*. **~-distillation** *n. Ch:* gwag-ddistyllu *vn*. **~-fan** *n.* ffan(-iau) (*f*) sugno, sugnwyntyll(-au) *f*. **~-filtration** *n. Ch:* sugn-hidlo *vn*. **~ flask** *n.* fflasg (*f*) wactod (fflasgiau gwactod), fflasg thermos. **~-feed tank** *n. Aut:* tanc(-iau) (*m*) porthiant sugno. **~-gauge** *n. Tls:* mesurydd(-ion) (*m*) gwactod. **~-lamp** *n.* lamp (*f*) wactod (lampau gwactod), gwaglamp(-au) *f*. **~-packed** *a. Ind: Com:* a baciwyd dan wactod. **~-packing** *vn.* pacio dan wactod. **~-pan** *n.* padell (*f*) wactod (pedyll/padellau/padelli gwactod). **~ pump** *n.* pwmp (pympiau) (*m*) gwagio/gwactod. **~ tube** *n.* tiwb(-iau) (*m*) gwactod.

vacuumize *v.t.* **1.** *Ph:* gwactodi. **2.** = **vacuum-clean. 3.** *(= pack in a vacuum):* gwagbacio.

vade mecum *n.* arweinlyfr(-au) *m*, llawlyfr(-au) *m*, ***vade mecum*** *m*.

vadose *a. Geog:* bas, arwynebol, beisleol, uwch lefel trwythiad.

Vaenor *W.Pl.n.* Y Faenor *f*.

vagabond[1] *a.* & *n.* **1.** *a.* crwydrol, crwydraidd, crwydr, crwydrog, crwydredig, crwydrus, ansefydlog. **2.** *n.* *(a)* crwydryn (crwydriaid) *m*, crwydrwr (crwydrwyr) *m*, crwydren(-nod) *f*, *Lit: occ:* crwydrgi (crwydrgwn) *m*, crwytgi (crwytgwn) *m*, *N.W: occ:* strowlyn *m*; *(b) F:* = **scamp, rascal.**

vagabond[2] *v.i.* crwydro, mynd ar ddisberod, mynd ar grwydr, mynd ar dreigl.

vagabondage *n.* **1.** bywyd crwydrol *m*, bywyd crwydryn, bywyd ar ddisberod, crwydredigaeth *f*, crwydri *m*, crwydreiaeth *f*, crwydro *vn*. **2.** = **vagabond.**

vagabondish *a.* = **vagabond[1] 1.**
vagabondism *n.* = **vagabondage.**
vagabondize *v.i.* crwydro, byw bywyd crwydrol.
vagal *a. Anat:* fagol.
vagally *adv.* yn fagol.
vagarious *a.* mympwyol, afreolaidd, anwadal.
vagariously *adv.* yn fympwyol *&c.*
vagary *n.* mympwy(-on) *m*, chwiw(-iau) *f*; **the vagaries of fortune,** troeon ffawd.
vagile *a.* rhydd [i symud o gwmpas].
vagility *n.* rhyddid *m* [i symud o gwmpas].
vagina *n. Anat: Bot:* gwain (gweiniau) *f*, fagina (faginâu); *Vet:* gwain, *F:* llawes goch (llewys cochion) *f*, maneg (menig) *f*; *(of cow, sow): S.W:* asgell (esgyll) *f*; *(of mare): S.W:* ffenestr(-i) *f*; **prolapse of ~,** bwrw(*vn*) 'r llawes goch.
vaginal *a.* gweiniol.
vaginally *adv.* yn weiniol, yn y wain *&c.*
vaginismus *n. Med:* gweindyndra *m.*
vaginitis *n. Med:* gweinwst *m*, llid (*m*) ar y wain.
vagotomy *n. Surg:* fagws-drychiad(-au) *m*, fag|otomi (fagotomïau) *m.*
vagotonia *n. Med:* fagotonia *m.*
vagotonic *a.* fagotonig.
vagotropic *a.* fagotropig.
vagrancy *n.* **1.** = **vagabondage. 2.** *(a) Jur:* crwydreiaeth *f*; *(b) (loosely):* cardota *vn*, begera *vn.* **3.** *U.S:* = **vagary.**
vagrant *a. & n.* **1.** *a.* crwydrol *&c*; *See* **vagabond[1]. 2.** *n. Jur: Nat.Hist:* crwydryn (crwydriaid) *m.*
vagrantly *adv.* yn grwydrol.
vague *a. (outline &c):* annelwig, amhendant, aneglur; *(meaning):* amwys, niwl[i]og, amhenodol, annelwig; *(recollection):* amhendant, niwlog, ansicr; **I have a ~ recollection,** mae gen i frith gof; *(answer):* amhendant, amwys, amhenodol; *(look):* pell; *(pers.):* amhendant, diafael, gwlanennaidd, diamcan, *N.E:* di-àm; *(thoughts):* gwasgarog, niwl[i]og; **I haven't the vaguest idea,** 'does gen i mo'r syniad lleiaf; **I had a ~ idea that he was dead,** 'roedd gen i ryw syniad ei fod wedi marw; **I have a ~ idea (of its location),** mae gen i ryw fras amcan, mae gen i syniad bras (ble y mae); **he was rather ~ about the date,** 'roedd yn ansicr/ amhendant ynglŷn â'r dyddiad; **the arrangements are rather ~,** mae'r trefniadau braidd yn amhendant/niwl[i]og.
vaguely *adv.* **1.** *(to describe, answer &c):* yn amhendant. **2. I remember her ~,** mae gennyf frith gof amdani/ohoni; **she's ~ related to me,** mae hi'n perthyn o bell i mi; mae hi'n perthyn rywsut neu'i gilydd i mi; mae hi'n rhyw frith/fudr berthyn i mi; *N.W:* mae hi'n rhyw how berthyn i mi.
vagueness *n.* **1.** *(of description, answer &c):* amhendantrwydd *m*, niwl[i]ogrwydd *m*, aneglurder *m.* **2.** *(of manner):* amhendantrwydd.
vaguish *a.* go amhendant *&c*, lled amhendant *&c*, braidd yn amhendant *&c.*
vagus *n. Anat:* fagws (fagi) *m*, nerf(-au) (*fm*) fagws, nerf grwydrol (nerfau crwydrol).
vail[1] *n.usu.pl. A:* cildwrn (cildyrnau) *m*, *A:* faels *m.*
vail[2] *v.t.&i. A: or Lit:* **1.** *v.t.* gostwng, tynnu. **2.** *v.i.* ymostwng, ildio.
vain *a.* **1.** *(hope, pleasure, boasts, triumph):* ofer, gwag (gweigion) *(can follow n. or precede n. + soft mut.)*; **~ promises,** addewidion gwag/gweigion, gwag addewidion; **~ efforts,** ymdrechion gwag/ofer; **it is ~ for you to try, you will never succeed,** ni waeth ichi heb ag ymdrechu, ni lwyddwch chi byth. **2.** *(= unavailing):* ofer, di-fudd, seithug. **3.** *(= conceited):* balch, *occ:* ffroenuchel, coegfalch, *N:* lartsh; **as ~ as a peacock,** balch fel paun; **a ~ man,** paun (peunod) *m*, *S: F:* ffrwmpyn(-nod) *m*; **a ~ woman,** peunes(-od) *f*, coegen(-nod) *f*, *S: F:* ffrwmpen(-nod) *f*, *S.W: occ:* cocynoren(-nau) *f*; **she was ~ of her beauty,** 'roedd hi'n falch o'i harddwch. **4.** *adv.phr.* **in ~,** yn ofer; **to labour in ~,** llafurio'n ofer; **it was all in ~,** 'roedd y cyfan yn ofer; **to take God's name in ~,** cymryd enw Duw yn ofer, cablu enw Duw; *F:* **who's taking my name in ~?** pwy sy'n siarad amdanaf i? pwy soniodd amdanaf i? pwy sy'n cymryd f'enw i'n ofer?
vainglorious *a.* coegfalch, ymffrostgar, rhodresgar, bostfawr, *Lit:* bocsachus, ehudfalch, gwag-ymffrostgar, gwag-orfoleddus, ynfytfalch, gwag-ogoneddus.
vaingloriously *adv.* yn goegfalch *&c.*
vaingloriousness *n.* = **vainglory.**
vainglory *n.* **1.** ymffrost *m*, coegfalchder *m*, rhodres *m*, gwag-rodres *m*, gwag-ogoniant *m*, gwag-orfoledd *m*, gorwagedd *m*, ehudfalchder *m.* **2.** = **vanity.**
vainly *adv.* yn ofer, yn seithug, yn ddi-fudd.
vainness *n.* = **vanity.**
vair *n.* **1.** *A: Cost:* blew (*pl*) gwiwer. **2.** *Her:* clychau (*pl*) asur ac arian.
Vaishnava *n. & attrib. Hindu Rel:* **1.** *n.* Faishnafa(-id) *m.* **2.** *attrib.* Faishnafaidd.
Vaishnavism *n. Hindu Rel:* Faishnafiaeth *f.*
Vaisya *n. Hindu Rel:* Faisia(-id) *m.*
valance *n. Furn:* falans(-iau) *mf*, *S.W:* faliwns *pl*; *(around bottom of bed): S.W:* ffwt-faliwns *pl.*
valanced *a.* falansiog.
vale[1] *n. A: & Lit:* glyn(-noedd) *m*, dyffryn(-noedd) *m*, cwm (cymoedd) *m*, ystrad(-au) *m*; *(esp. in place-names):* bro(-ydd) *f*; *Geog:* dyffryndir(-oedd) *m*; *A: & Lit:* fâl; **o'er field and ~,** dros bant a bryn; **the V~ of Clwyd,** Dyffryn Clwyd; **the V~ of Conway,** Dyffryn Conwy; **the V~ of Glamorgan,** Bro Morgannwg; **the V~ of Ffestiniog,** Dyffryn Maentwrog; **the V~ of Llangollen,** Dyffryn Llangollen: **the V~ of Neath,** Cwm Nedd; **the V~ of Rheidol,** Cwm Rheidol; **the V~ Royal, the Golden ~,** Y Fâl; **Ogmore V~,** Cwm Ogwr; **Merthyr V~,** Ynysowen *f*; **this ~ of tears,** y dyffryn Baca hwn; **the ~ of years,** henaint *m*, hen ddyddiau *pl.*
vale[2] *int. & n.* **1.** *int.* ffarwél, yn iach, bydd(-wch) wych. **2.** *n.* ffarwél (ffarweliau) *mf*, *Lit:* ffarwel *mf.*
valediction *n.* **1.** ffarwél (ffarweliau) *mf*, ffarweliad(-au) *m*, caniad(-au) (*m*) yn iach, canu(*vn*)'n iach, *Lit:* ffarwel. **2.** *U.S:* = **valedictory 2.**
valedictorian *n. U.S:* ffarweliwr (ffarwelwyr) *m.*
valedictory *a. & n.* **1.** *a.* ffarweliadol, ffarwél, ffarwel, ymadawol, wrth ymadael. **2.** *n. U.S: Sch:* araith (areithiau) (*f*) ffarwél, araith ymadawol.
valence[1] *n. Ch:* falens(-au) *m*, f|alensi (falensïau) *m*; *S.a.* **valency. ~ bond theory** *n.* damcaniaeth (*f*) y bond falens. **~ electron** *n.* electron(-au) (*m*) falens.
valence[2] *n.* = **valance.**
valency *n. Ch:* f|alensi (falensïau) *m.* **~ band** *n. Ph:* band(-iau) (*m*) falensi.
valent *a.* falent.
Valentine *Pr.n. & n.* **1.** *Pr.n. m&f.* Folant; **Saint ~'s Day,** Dydd(-iau) (*m*) Gŵyl Sain Folant, dydd priodas yr adar, dydd paru'r adar. **2.** *n.* **v~,** folant(-au) *f*, f|alantein(-s, falenteinau) *f*, *N:* falant(-s,-au) *f*, *S.W:* ffolant(-au) *f*; *(= sweetheart):* cariad(-on) *m&f.*
Valentinian *n. & a. Rel.Hist:* **1.** *n.* Falentiniad (Falentiniaid) *m&f.* **2.** *a.* Falentinaidd.
valentinite *n. Miner:* falentinit *m.*
valerate *n. Ch:* f|alerad (faleradau) *m.*
valerian *n. Bot: Pharm:* triaglog *f*, llysiau (*pl*) Cadwgan, gwell (*m*) na'r aur, cynffon (*f*) y capwllt, cynffon ceiliog, llysieuyn bendigedig *m*, falerian *f*, *S:* felarian *f*, *S.E:* y feddyges fach *f*; **common ~,** *(Valeriana officinalis):* triaglog gyffredin; **dwarf ~,** *(V. supina):* triaglog fechan; **elongated ~,** *(V. elongata):* triaglog hir; **entire-leaved ~,** *(V. saliunca):* triaglog gyfanddail; **globularia-leaved ~,** *(V. globulariifolia):* triaglog lyfnddail; **marsh ~,** *(V. dioica):* triaglog y gors; **narrow-leaved ~,** *(V. angustifolia):* triaglog gulddail; **Pyrenean ~,** *(V. pyrenaica):* triaglog y Pyreneau; **red ~,** *(Centranthus ruber):* triaglog goch; **rock ~,** *(V. saxatilis):* triaglog y graig; **three-leaved ~,** *(V. tripteris):* triaglog deirdalen.
valerianaceous *a. Bot:* falerianaidd.
valerianic, valeric *Ch:* falerig, falerianig.
valet[1] *n.* **1.** gwas (gweision) *m*, ***valet(-s)*** *m*; ***~ de chambre***, gwas ystafell. **2.** *(= rack, stand):* gwas (gweision) *m*, stand(-iau) *mf*, rhesel(-i) *f*, rhestl(-au) *f*, diogyn(-nod) *m.* **~ service** *n.* gwasanaeth (*m*) gofal dillad.
valet[2] *v.t.&i.* gwasanaethu (rhn), bod yn was (i rn).
valeta *n.* = **veleta.**
valeting *vn.* **~ service,** gwasanaeth (*m*) glanh|au.

valetudinarian *a. & n.* **1.** *a. (= sickly):* nychlyd, gwanllyd, llegach, gwantan; *(= obsessed with health):* gorofalus am eich iechyd, iechydgar. **2.** *n. (= invalid):* rhn (rhai) nychlyd *&c*; *(obsessed with health):* iechydgarwr (iechydgarwyr) *m*, iechydg|arwraig *f.*
valetudinarianism *n. (= illness):* nychtod *m*, llesgedd *m*, gwaeledd *m*; *(= obsession with health):* iechydgarwch *m*, gorofal (*m*) am iechyd.
valetudinary *n. & a.* = **valetudinarian.**
valgus *n. Med:* camystum(-iau) *mf*; *(of foot):* troedgamedd(-au) *m.*
Valhalla *Pr.n. Myth:* Falhala *f.*
valiance, valiancy *n.* = **valour.**
valiant *a. & n.* **1.** *a.* dewr(-ion), gwrol, glew(-ion), eofn, *Lit:* dewrwych, gwrolwych. **2.** *n.* **1.** gwron(-iaid) *m*, dewrddyn(-ion) *m*, glew(-ion) *m.*
valiantly *adv.* yn ddewr *&c*; **to fight ~,** *B:* ymladd fel gwŷr.
valiantness *n.* dewrder *m*, dewredd *m*, gwroldeb *m*, eofnder *m*, glewder *m.*
valid *a.* dilys; **no longer ~,** annilys bellach; **that argument is no longer ~,** nid yw'r ddadl yna'n dal dŵr bellach.
validate *v.t.* dilysu, *occ:* gwirio, cadarnh|au; *Sch:* **validating procedures,** trefniadau dilysu.
validation *n.* dilysiad(-au) *m*, dilysiant (dilysiannau) *m*; *vn.* = **validate.**
validity *n.* dilysrwydd *m*; **of doubtful ~,** o werth amh|eus. **~ check** *n.* prawf (profion) (*m*) dilysrwydd.
validly *adv.* yn ddilys.
validness *n.* = **validity.**
valine *n. Bio-Ch:* falin *m.*
valise *n.* falis (falisiau) *mf.*
Valkyrie *n. Myth:* Falcyri (Falcyrïaid) *f.*
vallary *a.* murol.
vallate *a. Anat:* cantelog.
vallation *n.* canteliad *m.*
Valle Crucis *W.Pl.n.* Glyn (*m*) y Groes, *A:* Llanegwestl *f*, Glynegwestl *m.*
vallecula *n. Anat: Bot:* rhigol(-au) *f*, rhych(-au) *mf.*
vallecular, valleculate *a.* rhigolog, rhychiog, rhychog.
valley[1] *n.* **1.** dyffryn(-noedd) *m*; **[narrow] ~,** cwm (cymoedd) *m*, glyn(- noedd) *m*, *S.E:* hafn(-au) *f*, *A: or Lit:* ystrad(-au) *m*; **U-shaped ~,** dyffryn siâp U; **V-shaped ~,** dyffryn siâp V; **the Rhondda V~,** Cwm Rhondda, *occ:* Glyn Rhondda; **the Swansea V~,** Cwm Tawe; **the Rhone V~,** Dyffryn y Rhôn; *S.a.* **Golden, Happy**; *B:* **the ~ of the shadow of death,** glyn cysgod angau; **the head of a ~,** blaen (*m*) dyffryn (blaenau dyffrynnoedd); **Heads of the Valleys road,** ffordd Blaenau'r Cymoedd; **the valleys of South Wales,** cymoedd y De; **the bottom of a ~,** llawr (*m*) dyffryn, *occ:* llawr gwlad; **up ~,** i fyny'r dyffryn; **down ~,** i lawr y dyffryn; **drowned ~,** dyffryn boddedig; **hanging ~,** crognant (crognentydd) *f*; **rift ~,** dyffryn hollt; **trough-shaped ~,** dyffryn cafnog; **widely-spaced valleys,** dyffrynnoedd pell oddi wrth ei gilydd. **2.** *Constr: (of roof):* cafn(-au) *m.* **~ bench** *n.* mainc (meinciau) (*f*) dyffryn. **~ fever** *n. Path:* twymyn (*f*) y dyffryn. **~ glacier** *n.* rhewlif (*m*) dyffryn (rhewlifoedd dyffrynnoedd). **~ rafter** *n.* ceibren(-nau) (*m*) cafn. **~ roof** *n.* to(-eau) (*m*) cafnog. **~ tile** *n.* teilsen (*f*) gafn (teils cafn), *A: or Lit:* cafnbeithynen (cafnbeithyn) *f.* **~ tract** *n.* dyffryndir(-oedd) (*m*) afon, ystrad(-au) *m.* **~ train** *n.* rhes (*f*) dyffryn (rhesi dyffrynnoedd).
Valley[2] *W.Pl.n.* Y Fali *f*, *(officially):* Y Dyffryn *m.*
vallum *n. Rom. Ant:* gwrthglawdd (gwrthgloddiau) *m*, amglawdd (amgloddiau) *m*, rhagfur(-iau) *m.*
valonia *n. Tan:* cwpanau (*pl*) mes.
valor *n. U.S:* = **valour.**
valorization *n.*, **valorize** *v.t. Com: Fin:* codi (*vn*) pris/prisiau.
valorous *a.* = **valiant.**
valorously *adv.* = **valiantly.**
valorousness *n.* = **valour.**
valour *n.* dewrder *m*, gwroldeb *m*, glewder *m*, ehofnder *m*, ehofndra; **discretion is the better part of ~,** iachaf croen, croen cachgi; gwell "mi giliais" nag "efe a laddwyd".
valse *n.* ***valse(-s)*** *f*; *S.a.* **waltz.**
valuable *a. & n.* **1.** *(a)* gwerthfawr; *(b) (= able to be valued):* prisiadwy. **2.** *n.usu.pl.* **valuables,** peth(-au) gwerthfawr *m.*
valuableness *n.* gwerthfawredd *m*, gwerth uchel *m.*
valuably *adv.* yn werthfawr.
valuate *v.t.* prisio (rhth), rhoi gwerth (ar rth).
valuation *n.* **1.** prisiad(-au) *m*, prisiant (prisiannau) *m*; **actuarial ~,** prisiad actiwaraidd; **mortgage ~,** prisiad morgais/morgeisio; **to set too high/low a ~ on goods,** prisio pethau yn rhy uchel/rhy isel. **2.** *Theol:* gwerthrif(-au) *m*; **to take/accept s.o. at his own ~,** derbyn amcan rhn o'i werth ei hun. **~ list** *n.* rhestr (*f*) brisiant (rhestri prisiant).**~ officer** *n.* swyddog(-ion) (*m*) prisio.
valuational *a.* prisiadol, prisiannol.
valuationally *adv.* yn brisiadol *&c.*
value[1] *n.* **1.** gwerth(-oedd) *m*; **of great ~,** gwerthfawr; **of little ~,** bychan ei werth, o ychydig werth, heb fawr o werth; **of no ~,** diwerth; **of equal ~,** cyfwerth; **loss of ~, fall in ~,** dibrisiad(-au) *m*, cwymp (*m*) mewn gwerth; **to set a low ~ on sth,** bod yn ddibris o rth; **to set a high ~ upon sth,** *(i)* gweld gwerth mewn rhth; *(ii) Com:* prisio rhth yn uchel, rhoi pris uchel ar rth; *Ins:* **replacement ~,** gwerth prynu yn newydd, gwerth adnewyddu; *Com:* **for ~ received,** am werth a dderbyniwyd; **to get [good] ~ for money,** cael gwerth eich arian; **absolute ~,** gwerth absoliwt; *S.a.* **abandonment, disposal, nuisance**; **annual ~,** gwerth blynyddol; **net annual ~,** gwerth blynyddol cywir; **cash ~,** gwerth ariannol, gwerth mewn arian; **market ~,** gwerth ar y farchnad, gwerth marchnadol, marchnadwerth *m*; **book ~,** llyfrwerth(-oedd) *m*; *Econ:* **expected ~,** gwerth disgwyliedig; **face ~,** wynebwerth *m*, gwerth enwol *m*; **to accept sth at its face ~,** derbyn rhth ar ei olwg; **gross ~,** gwerth gros; **instrumental ~,** gwerth cyfryngol; **intrinsic ~,** gwerth cynhenid; **limiting ~,** gwerth cyfyngol; **mean ~,** gwerth cymedrig, enrhif cymedrig; **nominal ~,** gwerth enwol, gwerth mewn enw; **par ~,** gwerth par, llawnwerth *m*, parwerth *m*; **no par ~,** heb lawnwerth; **peak ~,** brigwerth *m*, uchafwerth *m*; **place ~,** gwerth lle; **rateable ~,** gwerth ardrethol, gwerth trethiannol; **surplus ~,** gorwerth(-oedd) *m.* **2.** *Mth: Ph: Ch: &c:* gwerth(-oedd) *m*, enrhif(-au) *m*, gwerthrif(-au) *m*; **principal ~,** penrhif(-au) *m*; **eigen ~,** gwerth eigen. **~ added tax (V.A.T.)** *n.* treth (*f*) ar werth (T.A.W.), treth adwerth. **~-judgement** *n.* barn(-au) (*f*) ar werth, dyfarniad(-au) (*m*) gwerth. **~ neutrality** *n. Sociol:* niwtraliaeth tuag at werth. **~ system** *n.* cyfundrefn (*f*) werthoedd (cyfundrefnau gwerthoedd).
value[2] *v.t.* **1.** *Com:* prisio (rhth), rhoi gwerth/pris (ar rth), *S.E:* falio (rhth). **2.** *(= treasure):* prisio, mawrbrisio, uchelbrisio, trysori (rhth); rhoi gwerth (ar rth); **I ~ it greatly,** mae gennyf feddwl mawr ohono; **if you ~ your life,** os oes gennych feddwl o'ch bywyd, os oes gennych barch at eich hoedl; **he doesn't ~ his skin,** nid yw'n parchu ei hoedl; **he values himself on his elegance,** mae'n meddwl yn uchel o'i wisg drwsiadus.
valued *a.* **1.** gwerthfawr, annwyl (**by s.o.,** gan rn). **2.** *Mth: &c:* enrhifedog, â gwerth. **3.** *Ins:* **~ policy,** polisi *m* [yswiriant] prisiedig.
valueless *a.* diwerth; *F: occ:* **a ~ thing,** seren (*f*) bren.
valuelessness *n.* diffyg (*m*) gwerth, diwerthedd *m*
valuer *n.* prisiwr (priswyr) *m*; **district ~,** prisiwr dosbarth, prisiwr rhanbarth[ol].
valuta *n. Fin:* **1.** *(= value):* gwerth(-oedd) (*m*) cyfnewid [arian]. **2.** *(currency):* arian(-nau) *m.*
valvate *a.* falfog.
valve *n.* **1.** *(a)* falf(-iau) *f*; **ball ~,** pêl-falf(-iau) *f*; **clack ~, flap ~,** falf glec/glep (falfiau clec/clec); **needle ~,** falf nodwyddog; *I.C.E:* **exhaust ~, outlet ~,** falf wagio (falfiau gwagio); **inlet ~,** falf i mewn, falf mewniad; **mushroom ~, overhead ~,** falf uwchb|en; **poppet ~,** poped(-i) *m*; **release ~,** falf ryddh|au (falfiau rhyddhau); **side ~,** falf ochr; **safety ~, escape ~** falf ollwng (falfiau gollwng), falf ddiogelu (falfiau diogelu); **slide ~,** falf lithro (falfiau llithro), sleidfalf(-iau) *f*; **stop ~,** falf gau (falfiau cau), stopfalf(-iau) *f.* **2.** *Anat:* falf. **3.** *Bot: Moll: Conch:* clawr (cloriau) *m*, falf; *Bot:* caead(-au) *m*, clawr. **4.** *Hyd.E:* **gate ~, [sluice] ~,** llifddor(-au) *f*, fflodiard(-au) *m.* **5.** *Mus:* falf; **~ instrument,** offeryn(-nau) (*m*) falf/falfog. **~-base** *n. El.E:* bonyn (*m*) falf (bonion falfiau). **~-box, -case, -chest** *n.* cist(-iau) (*f*) falfiau. **~-cap** *n.* cap (*m*) falf (capiau falfiau). **~-gear** *n. Mch:* gêr (*m*) falfiau. **~-holder, ~-socket** *n. W.Tel:* soced (*fm*) falf (socedi falfiau). **~-house** *n.* = **gatehouse. ~-in-head engine** *n. I.C.E:* motor(-au) (*m*) falfiau uwchben. **~-rocker** *n. I.C.E:* siglwr (*m*) falf (siglwyr falfiau). **~-snail** *n. Moll:* malwen/

malwoden gloriog (malwod cloriog) *f.* **~-spring** *n.* sbring (*mf*) falf (sbringiau falfiau).
valved *a.* **1.** falfog. **2.** *Moll:* cloriog.
valveless *a.* **1.** di-falf, heb falf. **2.** *Moll:* di-glawr.
valvelet *n.* = **valvule.**
valvitis *n. Med:* llid (*m*) y falf.
valvular *a.* falfaidd.
valvule *n.* falf fechan (falfiau bychain) *f,* falfen(-ni) *f.*
valvulitis *n. Med:* falfwst *m.*
valvulotomy, valvotomy *n. Surg:* falf|otomi (falfotomïau) *m.*
vambrace *n. A: Arm:* garbras(-au) *f,* bwmbras(-au) *f.*
vamoose *v.i.* ei bachu hi *&c; See* **beat² 1.**
vamp¹ *n.* **1.** *Bootm:* uchafed(-au) *m, S:* famp(-iau) *m.* **2.** *Mus: F:* cyfeiliant *m,* famp *m.* **3.** *(= sth patched up):* ailwampiad(-au) *m.* **4.** *Th:* drws (drysau) (*m*) ffrwst.
vamp² *v.t.&i.* **1.** *v.t. Bootm: (shoe):* ailwampio, clytio, atgyweirio, *N:* trwsio, *A: or Lit:* uchafedu. **2.** *v.t.&i. Mus:* cyfeilio, fampio.
vamp³ *n. F: O: (= seductress):* famp(-iau) *f,* fflyrt(-iaid) *f, Lit:* hudoles(-au) *f.*
vamp⁴ *F: v.t.&i. (= seduce):* denu, hudo (rhn); fflyrtian (â rhn); fampio (rhn).
vamper *n.* **1.** *Bootm:* cyweiriwr (cyweirwyr) *m.* **2.** *Mus:* cyfeilydd(-ion) *m,* fampiwr (fampwyr) *m.*
vamping *vn. Mus:* fampio.
vampire *n.* **1.** *Myth: Fig:* fampir(-od,-iaid) *mf.* **2.** *Z:* **~ bat,** ystlum(-od) (*m*) fampir, fampir(-od,-iaid) *m.*
vampiric *a.* fampiraidd.
vampirism *n.* fampiriaeth *f.*
vampish *a.* hudolus, dengar (*pronounced* ng-g), fflyrtlyd.
vamplate *n.* dyrnfol(-au) *f,* durfaneg (durfenig) *f.*
van¹ *n. Mil:* = **vanguard.**
van² *n. Veh:* **1.** *(a)* fan(-iau) *f,* men(-ni) *f;* **baker's ~,** fan fara (faniau bara); **furniture/removal ~,** fan ddodrefn (faniau dodrefn), fan fudo (faniau mudo), *S:* fan gelfi (faniau celfi); **mail-~,** fan bost (faniau post); **delivery ~,** fan ddosbarthu (faniau dosbarthu), fan ddanfon (faniau danfon); *(b)* **gipsy ~,** men sipsi/sipsiwn, carafán (carafanau) (*f*) sipsi/sipsiwn. **2.** *Rail:* cerbyd(-au) *m,* fan, men. **~-man** *n.m.* dyn fan (dynion faniau).
van³ *n. Ten: F:* mantais (manteision) *f;* **~ in,** mantais i mewn; **~ out,** mantais allan.
van⁴ *n. Min:* nithiad(-au) *m.*
Van⁵ *W.Pl.n.* Y Fan *f;* **Brecknock ~,** Pen (*m*) y Fan; **the Carmarthenshire Vans,** Bannau Sir Gâr.
vanadate *n. Ch:* f|anadad (fanadadau) *m.*
vanadic *a. Ch:* fanadig.
vanadinite *n. Ch:* fan|adinit *m.*
vanadium *n. Ch:* fanadiwm *m;* **steel ~,** dur (*m*) fanadiwm.
vanadous *a.* fanadaidd.
Van Allen belt, Van Allen layer *n. Ph:* haen(-au) (*f*) Van Allen.
vanaspati *n. Cu:* fanasbati *m.*
vanda *n. Bot:* fanda (fandâu) *m.*
vandal¹ *n. & attrib.* **1.** *n.* fandal(-iaid) *m&f.* **2.** *attrib.* fandalaidd.
Vandal² *Pr.n. & attrib.* **1.** *n.* Fandal(-iaid) *m&f.* **2.** *attrib.* Fandalaidd.
Vandalic *a.* Fandalaidd.
vandalism *n.* fandaliaeth *f.*
vandalistic *a.* fandalaidd.
vandalization *n.* fandaleiddio *vn,* fandaleiddiad *m,* difetha *vn,* difrodi *vn,* difrodiad *m.*
vandalize *v.t.* fandaleiddio, difetha, difrodi.
Van de Graaff generator *n. El:* generadur(-on) electrostatig *m.*
Van der Waals forces *n.pl. Ph:* grymoedd van der Waals.
Vandyke *Pr.n. & attrib.* **1.** *(collar):* coler(-i) (*mf*) Vandyke, coler ddanheddog (coleri danheddog). **2.** *(border points):* ymylwe (*f*) Vandyke. **3.** *(beard):* barf bigfain (barfau pigfain) *f.* **~ brown** *n. & a.* brown (*m*) Vandyke. **~ crystals** *n.pl.* crisialau Vandyke.
vandyked *a.* pigfain, danheddog.
vane *n.* **1.** *(a) (wind, weather):* ceiliog(-od) (*m*) [y] gwynt; *(b) (of ventilator, turbine, anemometer):* llafn(-au) *m.* **2.** *(of windmill):* hwyl(-iau) *f,* asgell (esgyll) *f; Ball: (of bomb, torpedo):* asgell; *(of arrow):* asgell (esgyll) *f.* **3.** *Surv:* **[sight] ~,** sylladur(-on) *m;* **slide ~,** sylladur(-on) llithr. **4.** *W.Tel:* llafn. **5.** *Orn: (of feather):* llafn.
vaned *a.* llafnog.
vaneless *a.* di-lafn.
vanessa, vanessid butterfly *n. Ent:* fanesa(-id) *f.*
vang *n. Nau:* = **guy-rope.**
vanguard *n. Mil:* blaen (*m*) y gad, blaen byddin, blaengad(-au) *f* (*pronounced* ng-g), blaencad(-au) *m,* blaenres(-i) *f,* blaeniaid *pl,* byddin flaen (byddinoedd blaen) *f, A:* cynnorf (cynhorfau) *f,* cynwan *m; Fig:* **to be in the ~ of a movement,** bod ar y blaen mewn mudiad, bod ar flaen mudiad, bod ar flaen y gad mewn mudiad.
vanguardism *n.* blaengarwch *m* (*pronounced* ng-g).
vanguardist *n.* blaenwr (blaenwyr) *m,* blaencadwr (blaencadwyr) *m,* blaeniad (blaeniaid) *m&f.*
vanilla *n.* **1.** *Cu:* [blas] fanila *m.* **2.** *Bot:* fanila *mf.* **~ bean** *n.* ffäen/ffeuen (ffa) (*f*) fanila. **~ essence** *n.* rhin (*f*) fanila. **~ ice** *n.* hufen (*m*) iâ fanila **~ pod** *n.* coden (codau) (*f*) fanila. **~ sugar** *n.* siwgwr (*m*) fanila.
vanillic *a.* fanilaidd.
vanillin *n. Ch:* fanilin *m.*
vanish¹ *n. Ling:* sain wan (seiniau gweinion) *f.*
vanish² *v.i.* diflannu; **(the old custom) has vanished,** (mae'r hen arfer) wedi diflannu, wedi darfod amdani, wedi darfod o'r tir, *occ:* wedi mynd i golli; **to ~ into thin air, to vanish into the blue,** diflannu oddi ar wyneb y ddaear.
vanished *a.* diflanedig.
vanisher *n.* diflannwr (diflanwyr) *m,* difl|anwraig *f.*
vanishing *a. & vn.* **1.** *a.* diflannol, *occ:* diflan. **2.** *vn.* diflaniad(-au) *m,* diflannu. **~-act** *n.* **1.** *Th:* act (*f*) ddiflannu (actiau diflannu). **2.** *F:* **he did the ~ act,** fe ddiflannodd; fe'i heglodd hi *&c.* **~-cream** *n. Toil: O:* hufen(-au) di-liw *m.* **~-line** *n. Art:* llinell (*f*) y gorwel. **~-point** *n.* diflanbwynt(-iau) *m;* **profits have dwindled to ~-point,** mae'r elw wedi mynd yn ddim; mae'r elw wedi gostwng hyd at ddiflannu.
Vanitory, vanitory *n. R.t.m:* f|anitori (fanitorïau) *mf.*
vanity *n.* **1.** *(= futility):* gwagedd(-au) *m,* oferedd *m, occ:* gwegi *m,* gwacter(-au) *m,* gwacsawrwydd *m; B:* **all is ~,** gwagedd yw y cwbl. **2.** *(= empty pride):* balchder(-au) *m, occ:* coegfalchder(-au) *m,* gwagymffrost *m, occ: F:* ffrwmp *m, N.W: occ: F:* lartshrwydd *m.* **3.** *(= ostentatious display):* rhodres *m.* **4.** *U.S: Furn:* = **dressing-table. ~ bag** *n. Toil:* bag(-iau) (*m*) coluro. **~ case** *n. Toil:* cês (cesys) (*m*) coluro. **V~ Fair** *n. Lit:* Ffair (*f*) Wagedd. **~ plate** *n. Aut:* rhif(-au) (*m*) porthi balchder. **~ press, ~ publisher** *n.* cyhoeddwr (cyhoeddwyr) (*m*) porthi balchder. **~ unit** *n. Toil:* uned(-au) (*f*) ymolchi.
vanquish *v.t.&i.* **1.** *v.t.* **1.** gorchfygu, trechu, maeddu, curo, concro (rhn). **2.** *v.i.* ennill, cael y maes, gorchfygu, trechu, cario'r dydd. **to be vanquished,** colli'r dydd/maes.
vanquishable *a.* gorchfygadwy, trechadwy.
vanquisher *n.* gorchfygwr (gorchfygwyr) *m,* gorchf|ygwraig *f,* trechwr (trechwyr) *m,* concwerwr (concwerwyr) *m,* concw|erwraig *f.*
vantage *n.* **1.** **[point of] ~, ~-ground, ~-point,** man(-nau) ffafriol *mf,* llecyn(-nau) manteisiol *m.* **2.** *Ten:* = **van³.** **3.** *A:* = **advantage;** *O:* **to the ~,** yn ogystal.
vanward¹ *a.* blaen.
vanward² *adv.* yml|aen, yn eich blaen *&c,* rhagoch.
vapid *a. (conversation):* diflas, marwaidd, merfaidd, difywyd, dienaid, dieneiniad, *F:* di-fynd, di-fflach, fflat; **a ~ style,** arddull ddi-fflach/ddifywyd.
vapidity *n.* diflastod *m,* merf|eidd-dra *m.*
vapidly *adv.* yn ddiflas *&c.*
vapidness *n.* = **vapidity.**
vaporescence *n.* anweddu *vn,* anweddiad *m.*
vaporescent *a.* anweddol.
vaporetto *n. Veh:* agerfad(-au) *m.*
vaporific, vaporiform *a.* anweddol, anweddog.
vaporimeter *n.* anweddfesurydd(-ion) *m,* mesurydd(-ion) (*m*) anwedd.
vaporish *a.* **1.** anweddol, tarthol, tawchlyd. **2.** = **neurotic, hysterical, depressive.**
vaporishness *n.* natur bruddglwyfus/felancolaidd/hysteraidd *f.*
vaporizable *a.* anweddadwy.
vaporization *n.* anweddiad(-au) *m,* anweddu *vn.*

vaporize *v.t.&i.* anweddu, tarthu.
vaporized *a.* anweddol, anweddedig, wedi [ei] anweddu.
vaporizer *n.* anweddwr (anweddwyr) *m.*
vaporous *a.* niwl[i]og, tarthog, tawchlyd.
vapour *n.* **1.** *(a)* tarth(-au,-oedd) *m,* tawch(-ion) *m, N.W:* anger *m (usu. pronounced* ng-g); *(b) Ch: Ph:* anwedd(-au) *m.* **2.** *pl.* **vapours,** *Med: A:* y felan *f,* y pruddglwyf *m,* hysteria *m, F:* sterics *pl,* y bliws *pl, N.W: occ:* yr horws *m.* **~ bath** *n.* baddon(-au) *(m)* ager/anwedd. **~-burner** *n.* llosgwr (llosgwyr) *(m)* anwedd. **~ density** *n.* dwysedd *(m)* anwedd. **~-engine** *n.* motor(-au) *(m)* anwedd. **~ pressure** *n.* gwasgedd *(m)* anwedd. **~ trail** *n.* llwybr(-au) *(m)* anwedd.
vapourer *n. Ent:* **~ moth, = tussock moth.**
vapourless *a.* dianwedd, heb anwedd.
vaquero *n.* **= herdsman, cowboy.**
vara *n. Meas:* fara (farâu) *m.*
varactor *n. El:* faractor(-au) *m.*
Varangian *n. Hist:* **1.** *a.* Farangaidd. **2.** *n.* Farangiad (Farangiaid) *m.*
Vardre *W.Pl.n.* Y Faerdre *f.*
varec *n. Alg:* gwymon *m.*
varia *n.pl.* amryw, amrywion; *S.a.* **miscellany.**
variability *n.* natur gyfnewidiol *f,* cyfnewidioldeb *m,* amrywioldeb(-au) *m; Econ:* amrywiant (amrywiannau) *m.*
variable *a. & n.* **1.** *a. (a)* amrywiadwy, amrywiol; *(weather &c):* cyfnewidiol, anwadal, newidiol, ansefydlog; *(pers.):* di-ddal, oriog, anwadal, di-saf; *(b) Mec.E: (at will):* rheoladwy; **~ address,** cyfeiriad(-au) newidiol *m;* **~ cost,** cost(-au) newidiol *f;* **~ current,** cerrynt (cerhyntau) newidiol *m;* **Law of V~ Proportions,** Deddf Cyfraneddau Amrywiol; **~ field,** maes (meysydd) newidiol *m;* **~ length,** hyd(-oedd) newidiol *m; Lib:* **~ mnemonic,** mnemonig(-ion) newidiol *m; Mec:* **~ motion,** mudiant (mudiannau) newidiol *m; Mth:* **~ quantity,** nifer(-oedd) newidiol *mf; Astr:* **~ [star],** seren (sêr) newidiol *f.* **2.** *n. Mth: Econ: Ling: &c:* newidyn (newidion) *m;* **continuous ~,** newidyn di-dor; **dependent ~,** newidyn dibynnol; **discrete ~,** newidyn arwahanol; **dummy ~,** newidyn ffug; **independent ~,** newidyn annibynnol; **instrumental ~,** newidyn offerynnol; **interdependent variables,** newidynnau rhyngddibynnol; **lagged ~,** newidyn oediog; **predetermined ~,** newidyn gosodedig; **qualitative ~,** newidyn ansoddol; **quantitative ~,** newidyn meintiol; **slack ~,** newidyn llacrwydd; **surplus ~,** newidyn gweddill; **random ~,** hapnewidyn (hapnewidion) *m.*
variableness *n.* **= variability.**
variably *adv.* yn gyfnewidiol *&c.*
variance *n.* **1.** *(= discord):* anghytundeb(-au) *m,* anghydfod(-au) *m,* gwahaniaeth(-au) *(m)* barn; **to be at ~ with s.o.,** anghytuno/ anghydw|eld â rhn, bod [yn] benben â rhn; **to set two people at ~,** gyrru dau [yn] benben â'i gilydd, *occ:* gyrru rhwng dau, *S: occ:* hala rhwng dau; **a theory at ~ with the facts,** damcaniaeth nad yw'n cyd-fynd â'r ffeithiau. **2.** *(a) (of temperature &c):* **= variation;** *(b) Mth: Stat: Ch: &c:* amrywiant (amrywiannau) *m;* **analysis of ~,** dadansoddiad(-au) *(m)* amrywiant; *Econ:* amrywedd *m;* **minimum ~,** yr amrywedd lleiaf. **3.** *Jur:* anghysondeb(-au) *m.* **4.** *U.S: (= permission to depart from rule):* caniatâd *m* [i dorri rheol], amrywiad(-au) *m* [ar reol], goddefiad(-au) *m.*
variant *a. & n.* **1.** *a.* gwahanol, amrywiol, amrywiaethol, amrywiadol; *Biol:* anarferol, annodweddiadol, gwahanol; **~ edition,** argraffiad(-au) amrywiaethol *m; Lit:* **~ reading,** amrywiad(-au) *m.* **2.** *n.* amrywiolyn (amrywiolion) *m; Ling:* **free ~,** amrywiolyn diamod; **non-contrastive ~,** amrywiolyn anghyferbynnol.
variate *n. Stat:* amryweb(-au) *f,* amrywedd(-au) *m.*
variation *n.* **1.** *(a)* amrywiad(-au) *m, occ:* amryweb(-au) *f;* **calculus of variations,** c|alcwlws *(m)* amrywiad; *El:* **current ~,** amrywiad cerrynt; *(b) (action):* amrywio *vn.* **2.** *Astr: Magn: &c: (= deviation):* gwyriad(-au) *m; Magn:* **magnetic ~,** gwyriad magnetig; **~ between two readings,** *(of scientific apparatus):* amrywiad/gwahaniaeth rhwng dau ddarlleniad. **3.** *Mus: Ballet:* amrywiad; **theme with variations,** thema *(f)* ag amrywiadau; **~ form,** ffurf(-iau) *(f)* alaw ac amrywiad, ffurf amrywiadol; **concomitant ~, joint ~,** cydamrywiad(-au) *m;* **direct ~,** amrywiad union/real/uniongyrchol; **inverse ~,** amrywiad gwrthdro; *Chess:* **siesta variations,** amrywiadau siesta.
variational *a.* amrywiadol.
variationally *adv.* yn amrywiadol.
varicella *n. Med:* brech *(f)* yr ieir, y frech ieir.
varicellate *a. Conch:* gwrymiog.
varicelloid *a. Path:* fel brech yr ieir.
varices *n. Med:* gwythiennau chwyddedig *pl.*
varicocele *n. Med:* far|icosel (faricoselau) *mf.*
varicoloured *a.* amryliw, *occ:* brith *(f.* braith, *pl.* brithion), brithliw.
varicose, varicosed *a. Med:* **1.** chwyddedig; **~ veins,** gwythiennau chwyddedig, *F:* gwythiennau geni, gwythiennau glas/gleision. **2. ~ stockings,** sanau at wythiennau geni.
varicosis *n. Path:* faricosis *m.*
varicosity *n. Med:* chwyddi *m,* chwyddedigrwydd *m,* faricosedd(-au) *m,* gwythïen (gwythiennau) chwyddi/chwyddedig *f.*
varicoupler *n. El:* amrygyplydd(-ion) *m.*
varied *a.* amrywiol.
variegate *v.t.* **1.** *(= diversify):* amrywio. **2.** *(= mark with differing colours):* britho, brithliwio, amryliwio, tryfritho.
variegated *a.* **1.** *(= varied):* amrywiol. **2.** *(= multicoloured):* amryliw, *occ:* brith *(f.* braith, *pl.* brithion), brithliw, brych *(f.* brech, *pl.* brychion), *N.W:* blotiog, plotiog; *Bot:* **~ leaf,** deilen fraith (dail brithion) *f. Ent:* **~ cutworm,** cymynwr (cymynwyr) brith *m.*
variegation *n.* brithni *m,* brychni *m,* brithedd(-au) *m.*
varier *n.* amrywiwr (amryw-wyr) *m.*
varietal *a.* amrywiadol, amrywiaethol, amrywogaethol.
varietally *adv.* yn amrywogaethol.
varietist *n.* gwahanolydd(-ion) *m.*
variety *n.* **1.** amrywiaeth(-au) *mf;* **to lend ~ to a menu,** amrywio bwydlen, rhoi amrywiaeth mewn bwydlen; *Prov:* **~ is the spice of life,** amrywiaeth sy'n rhoi blas ar fywyd; **for a ~ of reasons,** am nifer o resymau [amrywiol/gwahanol], am amryw/ amrywiol resymau, am sawl rheswm; **in a ~ of ways,** mewn sawl modd/dull/ffordd, mewn amryw foddau/ ddulliau/ ffyrdd. **2.** *(a) Nat.Hist: (of flower &c):* amrywiad(-au) *m,* math(-au) *m,* isrywogaeth(-au) *f,* amrywogaeth(-au) *f; (b) Th:* **~ show,** sioe(-au) amrywiaethol *f,* sioe amryfath, sioe adloniant, sioe adloniadol; **~ theatre,** theatr *(f)* fiwsig (theatrau miwsig), theatr amrywiaethol/adloniadol/ adloniant/amryfath; **~ turn,** eitem(-au) adloniadol/ amrywiaethol/amryfath; *(c) U.S:* **~ meats, = offal, sausage;** *U.S:* **~ store,** siop fawr (siopau mawrion) *f.*
variform *a.* amryffurf, amryfath, amryddull, amryfal, amryfodd.
variola *n. Med:* y frech wen *f.*
variolar *a. Med:* [fel] y frech wen, fariolaidd.
variolate[1] *a.* brechlyd.
variolate[2] *v.t. Med:* brechu.
variolation *n.* brechiad(-au) *m,* brechu *vn.*
variole *n.* **1.** *Med:* brechdwll (brechdyllau) *m.* **2.** *Geol:* gronyn(-nau) *m,* fariolyn (fariolau) *m.*
variolite *n. Geol:* f|ariolit *m,* gronynfaen (gronynfeini) *m.*
variolitic *a. Geol:* fariolitig, gronynfeinig.
variolization *n.* brechu *vn.*
varioloid *a. & n. Path:* **1.** *a.* fariolaidd, lled-fariolaidd. **2.** *n.* y frech wen fach *f.*
variolous *a.* **= variolar.**
variometer *n. Av: El:* fariomedr(-au) *m,* amryfesurydd(-ion) *m.*
variorum *attrib.* **~ edition,** argraffiad *(m)* ***variorum.***
various *a.* **1.** *(= varied):* amrywiol, gwahanol *(precedes n. in this sense), occ:* amryfal, amryfath; **~ kinds,** gwahanol fathau, amrywiol fathau, amryw fathau; **to talk about ~ things,** sôn am hyn a'r llall, sôn am wahanol bethau. **2.** *(a) (= differing, unlike):* gwahanol *(follows n. in this sense),* annhebyg, anghyson; *(b) (= numerous):* amryw + *soft mut. (before n.),* sawl + *sing. (before n.)*; **a man known under ~ names,** dyn a chanddo sawl enw; **for ~ reasons,** am nifer o resymau, am amryw resymau, am sawl rheswm, am fwy nag un rheswm, am resymau niferus; **at ~ times,** ar wahanol adegau, o bryd i'w gilydd; **in ~ ways,** mewn amryw/gwahanol/amryfal ffyrdd, mewn sawl ffordd; *Lit:* **~ readings,** amrywiadau. **3. = varicoloured.** **4.** *U.S: (= many-sided, having many aspects):* amlochrog, amrywedd.

variously *adv. (a) (= at various times):* ar wahanol adegau; *(= in various ways):* mewn sawl ffordd; *(b)* ~ **known,** ~ **named,** dan nifer o enwau, dan sawl enw, dan wahanol enwau; *(c) (= among other things):* ymhlith pethau erail; **these include, ~ . . .,** yn eu plith mae . . . .

variousness *n.* amrywioldeb *m*, amrywiaeth *f.*

variscite *n. Miner:* f|arisgit *m.*

varisized *a.* amryfaint.

varistor *n. El:* f|aristor (faristorau) *m.*

varix *n.* **1.** *Path:* gwythïen (gwythiennau) chwyddedig *f*, chwydd(- au) *m* [mewn gwythïen, mewn rhedweli]. **2.** *Conch:* gwr|ym (gwrymiau) *m.*

varlet *n.* **1.** *Hist:* macwy(-aid) *m.* **2.** *A:* = **knave.**

varletry *n.* **1.** *Hist:* macwyaid *n.pl.* **2.** *A:* = **rabble.**

varmint, varmit *n. Dial: U.S:* = **pest, rascal, vermin.**

varna *n. Hindu Rel:* farna (farnâu) *m*, dosbarth(-au) *m.*

varnish[1] *n.* **1.** farnis(-iau) *m*, farnais (farneisiau) *m*; **copal ~,** farnis copal; **polyurethane ~,** farnais polywrethan; **shellac ~,** farnais sielac; **spirit ~,** sbirit-farnis *m*, farnais gwirod; **stopping-out ~,** farnais atal; *Toil:* **nail ~,** farnis *(m)* ewinedd, lliw *(m)* ewinedd. **2.** *Fig:* sglein(-iau) [arwynebol] *f.* ~ **remover** *n.* codwr (codwyr) *(m)* farnis, peth(-au) *(m)* codi farnis. ~ **tree** *n. Bot:* coeden (coed) *(f)* farnis.

varnish[2] *v.t.* **1.** farnisio, farneisio, *A: or Lit:* llathru. **2.** *Fig: O:* **to ~ over s.o.'s faults,** rhoi'r wedd orau ar wendidau rhn, llithro dros wendidau rhn; **to ~ over the truth,** lliwio'r gwirionedd; *S.a.* **gloss**[2].

varnished *a.* farnis, farnisiog, farnisedig, wedi cael farnis/farnais, *Lit:* llathredig.

varnisher *n.* farnisiwr (farniswyr) *m*, *A: or Lit:* llathrwr (llathrwyr) *m.*

varnishing *vn.* ~ **day,** diwrnod(-iau) *(m)* farnisio/farneisio.

varnishy *a.* farnisiog, farneisiog, sgleiniog.

varsity *n. F:* **1.** = **university. 2.** *U.S: Sp:* tîm (timau) *(m)* prifysgol.

varsoviana, varsovienne *n.* ***varsoviana(-s), varsovienne(-s)*** *f.*

Varteg *W.Pl.n.* Y Farteg *f*; ~ **Hill,** Y Darren Widdon *f.*

varus *n. Med:* farws *m.*

varve *n. Geol:* farf(-au) *mf.*

varved *a. Geol:* farfog.

vary *v.t.&i.* **1.** amrywio; **to ~ one's methods,** amrywio'ch dulliau; **to ~ from sth,** bod yn wahanol i rth, gwahaniaethu oddi wrth rth; *Mth:* **Y varies directly as X,** mae Y'n amrywio'n union fel X; **Y varies inversely as X,** mae Y'n amrywio'n wrthdro i X. **2.** *Jur:* newid (rhth), rhoi ffurf wahanol (i rth); **sth as varied by . . .,** rhth yn y ffurf wahanol a roddwyd iddo gan . . . .

varying *a.* amrywiol *(can precede n. + soft mut.)*, *occ:* cyfnewidiol; ~ **hare,** ysgyfarnog gyfnewidiol (ysgyfarnogod cyfnewidiol) *f*; ~ **speed,** cyflymder amrywiol *m.*

varyingly *adv.* yn amrywiol.

vas *n. Anat:* fas(-a,-au) *m*; ~ **deferens,** fas d|efferens (fasa defferentia) *m*; ~ **efferens,** fas |efferens (fasa efferentia) *m.*

vasal *a. Anat:* fasaidd, fasal.

vascular *a.* **1.** *Anat:* gwaedlestrol, gwaedbibellol, f|asgwlaidd. **2.** *Bot:* fasgwlaidd. ~ **bundle,** sypyn(-nau) fasgwlaidd *m*; ~ **cylinder,** s|ilindr (silindrau) fasgwlaidd *mf*; ~ **plant,** planhigyn (planhigion) fasgwlaidd *m*; ~ **ray,** rheidden(-nau) fasgwlaidd *m*; ~ **system,** system(-au) fasgwlaidd *f*; ~ **tissue,** meinwe(-oedd) fasgwlaidd *f.*

vascularity *n.* fasgwlaredd *m.*

vascularization *n. Path:* fasgwlareiddio *vn.*

vasculature *n. Anat:* gwaedlestriad(-au) *m*, gwaedlestri *pl.*

vasculitis *n. Med:* fasgwlitis *m.*

vasculum *n.* f|asgwlwm (f|asgwla) *m*, blwch (blychau) *(m)* casglu.

vase *n.* fâs (fasau, fasys) *f*, *occ:* llestr(-i) *m*, *F:* pot(-iau) *m*; *Rom.Ant:* ffiol(-au) *f*, cawg(-iau) *m.*

vasectomize *v.t. Surg:* fasdorri.

vasectomy *n. Surg:* fasdoriad(-au) *m*, fas|ectomi (fasectomïau) *m.*

vaseful *n.* llond *(m)* fâs, llond llestr, llestraid (llestreidiau) *m*, ffiolaid (ffioleidiau) *f.*

vaseline[1] *n. R.t.m:* f|aselin: faselin *m.*

vaseline[2] *v.t.* rhoi f|aselin/faselîn (ar rth).

vasiform *a.* fasffurf.

vasoactive *a. Med:* fasactif.

vasoactivity *n. Med:* fasactifedd *m.*

vasoconstriction *n. Med:* fasgyfyngiad(-au) *m.*

vasoconstrictive *a. Anat:* fasgyfyngol.

vasoconstrictor *n. Anat:* fasgyfyngwr (fasgyfyngwyr) *m.*

vasodilation *n. Anat:* faslediad *m.*

vasodilator *n. Anat:* fasledwr (fasledwyr) *m.*

vasoinhibitor *n. Med:* fasatalydd(-ion) *m.*

vasoinhibitory *a. Med:* fasataliol.

vasomotor *n. & attrib. Anat:* **1.** *n.* fasreolwr (fasreolwyr) *m.* **2.** *attrib.* fasreolus.

vasopressin *n. R.t.m:* fasopresin *m.*

vasopressor *a. & n. Med:* **1.** *a.* fasgywasgol. **2.** *n.* fasgywasgwr (fasgywasgwyr) *m.*

vasospasm *n. Med:* f|asosbasm (fasosbasmau) *m.*

vasospastic *a.* fasosbastig.

vasotocin *n.* fasotosin *m.*

vasovagal *a.* fasofagol.

vassal *n.* **1.** *Hist:* deiliad (deiliaid, deiliadon) *m*, gŵr (gwŷr) *m*, gwas (gweision) *m*; **great ~,** prif ddeiliad (~ ddeiliaid), prif ŵr (~ wŷr); **rear ~,** isddeiliad (isddeiliaid) *m*; *Pol:* ~ **state,** gwladwriaeth gaeth (gwladwriaethau caeth) *f* **(of sth,** i rth). **2.** *Pej:* gwas, taeog(-ion) *m.*

vassalage *n. Hist:* deiliadaeth *f.*

vast *a. & n.* **1.** *a.* anferth, anferthol, dirfawr, enfawr, aruthrol fawr, helaeth; *(space):* eang, helaeth; **a ~ multitude of people,** torf aneirif o bobl; **his ~ knowledge,** ei wybodaeth enfawr/anferth; **a ~ majority,** mwyafrif llethol; **the ~ majority of the population,** trwch *(m)* y boblogaeth. **2.** *n. Poet:* ehangder (eangderau) *m.*

vastitude, vastity *n.* ehangder (eangderau) *m.*

vastly *adv.* **1.** yn enfawr, yn ddirfawr, yn aruthrol; **I liked it ~,** hoffais ef yn fawr/arw iawn. **2.** *(qualifying a.):* **they're ~ different,** maent yn dra gwahanol; maent yn wahanol iawn; maent yn aruthrol wahanol; mae byd o wahaniaeth rhyngddynt; **they're not ~ different,** nid oes fawr o wahaniaeth rhyngddynt; ~ **inferior,** gwaelach o bell ffordd, llawer iawn gwaelach; **a ~ inflated price,** pris rhy uchel o lawer.

vastness *n.* aruthredd *m*, dirfawredd *m*; *(of space):* ehangder (eangderau) *m.*

vasty *a.* = **vast 1.**

vat[1] *n. (a)* cerwyn(-au,-i) *f*, cafn(-au) *m*, twb (tybiau) *m*, twba (twbâu) *m*, tanc(-iau) *m*, twrnel(-i) *m*; **cheese-~,** cawslestr(-i) *m*, cawsellt(-ydd,-i,-au) *m*; **keel-~,** ciler *(f)* freci (cileri breci); *Leath:* **tan-~,** cafn(-au) *(m)* breci; *(b)* = **vatful.** ~ **[dye]** *n.* lliw(-iau) *(m)* cerwyn. **~-dyed** *a.* cerwyn-liwiedig.

vat[2] *v.t.* rhoi/dodi (rhth) mewn cerwyn; *(= steep, soak):* trwytho/mwydo (rhth) mewn cerwyn.

VAT[3] *n.* = **V.A.T.**

vatful *n.* cerwynaid (cerwyneidiau) *f*, llond *(m)* cerwyn *&c.*

vatic *a.* = **vaticinatory.**

Vatican *Pl.n. & attrib.* **1.** *Pl.n.* Y F|atican *f*; ~ **City,** Dinas *(f)* y Fatican. **2.** *attrib.* y Fatican, Faticanaidd.

Vaticanism *n.* Faticaniaeth *f.*

Vaticanist *n.* Faticanydd(-ion) *m.*

vaticinal *a.* = **vaticinatory.**

vaticinate *v.i.* darogan, brudio, proffwydo, rhagfynegi.

vaticination *n.* brud(-iau) *m*, darogan(-au) *f*, proffwydoliaeth(-au) *f.*

vaticinator *n.* brudiwr (brudwyr) *m*, daroganwr (daroganwyr) *m*, proffwyd(-i) *m*, rhagfynegwr (rhagfynegwyr) *m.*

vaticinatory *a.* daroganol, proffwydol, brudiol, rhagfynegol.

vaudeville *n. Th:* fodfil(-iau) *f*, ***vaudeville(-s)*** *f.*

vaudevillian *a. & n.* **1.** *a.* fodfilaidd. **2.** *n.* = *foll.*

vaudevillist *n. Th:* fodfilydd(-ion) *m.*

Vaudois *a. & n.* = **Waldensian, Waldenses.**

Vaughan *Pr.n.m.* Fychan(-iaid).

vault[1] *n.* **1.** *(a) Arch: (= arch):* fowt(-iau) *f*, cromen(-ni,-nau) *f*, bwa (bwâu) *(m)* maen, crymdo(-eau) *m*; **barrel ~, tunnel ~,** fowt faril (fowtiau baril); **cloister ~,** fowt glas (fowtiau clas); **cross ~,** fowt groes (fowtiau croes); **fan ~,** ffanfowt(-iau) *f*; **groined ~,** fowt rwynog (fowtiau grwynog); **ribbed ~,** fowt asennog; *Lit:* **the ~ of heaven,** entrych *(m)* nen/nef; *(b) Const: (of baker's oven):* to(-eau) *m*; *(c) Anat:* cromen; **cranial ~,** creuan(-au) *f.* **2.** *(a) (= underground chamber):* cromgell(-oedd) *f*, daeargell(-oedd) *f*; **bank ~, safety ~,** daeargell, cell(-oedd) *f*; *(b) (for wine):* seler(-i,-ydd) *f*; *(c) (for burial):* **[sepulchral] ~,** claddgell(-oedd) *f*, cell gladdu (celloedd claddu), daeargell.

vault² *v.t.&i. Arch: Const: (= build vault over):* **to ~ over sth,** gord|oi rhth.
vault³ *n. Gym: &c:* llofnaid (llofneidiau) *f; (in ordinary parlance):* naid (neidiau) *f,* llam(-au) *m, N.W: occ:* swalp(-iau) *f;* **~ with double beat,** llofnaid ddeuglap (llofneidiau deuglap); **~ with foot assisting,** llofnaid milwr; **astride ~,** llofnaid ar led; **back ~,** llofnaid gefn; **combined ~,** llofnaid gadwynol/gysylltiol (llofneidiau cadwynol/cysylltiol); **face ~,** llofnaid wyneb; **gate ~,** llofnaid glwyd (llofneidiau clwyd); **horizontal ~,** llofnaid hir; **horizontal astride ~,** llofnaid hir ar led; **horizontal/long through ~,** llofnaid fwlch hir; **pole ~,** llofnaid gyda'r polyn; **reverse ~,** llofnaid wysg y cefn; **reverse astride ~,** llofnaid ar led wysg y cefn; **reverse horizontal astride ~,** llofnaid hir ar led wysg y cefn; **round ~,** llofnaid gylch (llofneidiau cylch); **running oblique back ~,** llofnaid wellaif (llofneidiau gwellaif); **scissors ~,** llofnaid siswrn; **side ~,** llofnaid ochrol; **thief ~,** llofnaid lleidr; **through ~,** llofnaid fwlch (llofneidiau bwlch); **through ~ with double beat,** llofnaid fwlch ddeuglap; **wolf ~,** llofnaid blaidd.
vault⁴ *v.i. Gym:* llofneidio; *(in ordinary parlance):* neidio, llamu, *N.W: occ:* swalpio.
vaulted *a.* bwaog, cromennog.
vaulter *n. Gym:* llofneidiwr (llofneidwyr) *m* llofn|eidwraig *f; (in ordinary parlance):* neidiwr (neidwyr) *m,* n|eidwraig *f,* llamwr (llamwyr) *m,* ll|amwraig *f.*
vaulting¹ *n. Arch: Const:* fowtio, fowtiau *pl,* cromenni *pl,* crymdoeau *pl.*
vaulting² *a.* uchelgeisiol, hyderus; *Lit:* **~ ambition,** uchelgais ffrostus.
vaulting³ *vn. See* **vault²**. **~-horse** *n. Gym:* ceffyl(-au) *(m)* pren.
vaunt¹ *n. Lit:* = **boast¹**.
vaunt² *Lit: v.i.* = **boast²**.
vaunt-courier *n.* rhagredegydd (rhagredegwyr) *m,* rhagflaenydd (rhagflaenwyr) *m.*
vaunted *a.* clodfawr, mawr ei glod.
vaunter *n.* = **boaster.**
vauntful *a.* = **boastful.**
vauntily *adv.* = **boastfully.**
vaunting¹ *a.* = **boastful.**
vaunting² *vn.* = **boasting.**
vaunty *a. Scot:* = **boastful.**
vavasory *n. Hist:* fafasoriaeth(-au) *f.*
vavasour *n. Hist:* fafasor(-iaid) *m.*
Veadar *n. Jew:* Feadar *m.*
veal¹ *n.* **1.** *Cu:* cig *(m)* llo. **2.** *U.S:* = **vealer. ~ calf** *n.* llo(-i,-eau) tew/pasgedig *m.* **~ olives** *n.pl. Cu:* olifau cig llo.
veal² *v.t. U.S:* lladd a pharat|oi [llo].
vealer *n.* llo(-i) pasgedig *m,* llo tew (lloi tewion).
vealy *a.* **1.** fel cig llo. **2.** *Fig:* anaeddfed.
vectograph *n.* f|ectograff (fectograffau) *m.*
vectographic *a.* fectograffig.
vector¹ *n.* **1.** *Mth: Ph:* fector(-au) *m;* **column ~,** fector colofn; **compounding vectors,** cyfuno *(vn)* fectorau; **eigen ~,** fector eigen; **radius ~,** fector radiws; **row ~,** fector rhes. **2.** *Med:* cludwr (cludwyr) *m,* cariwr (cariwyr) *m.* **~ function** *n.* ffwythiant (ffwythiannau) *(m)* fector. **~ multiplication** *n.* lluosiad(-au) *(m)* fector, lluosi *(vn)* fectorau. **~ product** *n.* cynnyrch (cynhyrchion) *(m)* fector. **~ quantity** *n.* mesur(-au) *(m)* fector. **~ space** *n.* gofod(-au) *(m)* fector. **~ sum** *n.* swm (symiau) *(m)* fectorau.
vector² *v.t. Av:* cyfeirio, fectori.
vectorcardiogram *n.* fectorc|ardiogram (fectorcardiogramau) *m.*
vectorcardiographic *a.* fectorcardiograffig.
vectorcardiography *n.* fectorcardiograffeg *f.*
vectorial *a.* fectoraidd.
Veda *n. Hindu Rel:* Feda (Fedâu) *mf.*
vedalia *n. Ent:* fedalia(-id) *f.*
Vedanta *n. Hindu Rel:* Fedanta *f.*
Vedantic *a. Hindu Rel:* Fedantig.
Vedantism *n. Hindu Rel:* Fedantiaeth *f.*
Vedantist *n. Hindu Rel:* Fedantydd(-ion) *m.*
Vedda[h] *n. Ethn:* Feda(-id) *m&f.*
Veddoid *a. & n. Ethn:* **1.** *a.* Fedaidd, Fedoid. **2.** *n.* Fedoid(-iaid) *m&f.*
vedette *n. Mil:* rhagwyliwr (rhagwylwyr) *m.*
Vedic *a. & n. Ling:* **1.** *a.* Fedig. **2.** *n.* Fedeg *f, m.*

vee *n.* **1.** V *f (pronounced* fi); **~ block and clamps,** bloc V a chlampiau. **2.** *U.S: F:* papur(-au) *(m)* pum doler.
veep *n. U.S: F:* = **vice-president.**
veer¹ *n.* gwyriad(-au) *m.*
veer² *v.i.&t.* **1.** *v.i.* gwyro, troi, newid cyfeiriad; **to ~ ahead,** gwyro ymlaen; **to ~ forward,** gwyro at ymlaen; **to ~ at anchor,** troi/cylchdr|oi ar angor; *Geog:* **~ and back,** gwyro a gwrthwyro; *(of pers.):* **to ~ round,** newid barn, troi yn eich carn; **to ~ round to an option,** dod i gytuno â barn; *Fig:* **the conversation veered to politics,** troes y sgwrs at wleidyddiaeth. **2.** *v.t.* **to ~ a ship,** troi/gwyro llong, newid cwrs llong.
veer³ *v.t.&i. Nau:* **1.** *v.t. (= slacken, release):* gollwng, llacio, llaesu. **2.** *v.i.* **to ~ and haul,** llacio a halio, llacio a thynh|au.
veg *n.pl. F:* llysiau.
Vega *n. Astr:* Fega *f.*
vegan *a. & n.* **1.** *a.* feganaidd, figanaidd. **2.** *n.* fegan: figan(-iaid) *m&f,* llysfwytäwr (llysfwytawyr) caeth *m,* llysfwytäwraig gaeth *f,* cigwrthodwr (cigwrthodwyr) caeth *m,* cigwrth|odwraig gaeth *f.*
veganism *n.* feganiaeth *f,* figaniaeth *f.*
vegetable *a. & n.* **1.** *a.* llysieuol; **the ~ kingdom,** teyrnas *(f)* y planhigion, y deyrnas lysieuol; *Fig:* **to lead a ~ existence,** byw fel cabatsien, pydru byw, llusgo byw. **2.** *n. (a) Bot:* llysieuyn (llysiau) *m, occ:* bwydlysieuyn (bwydlysiau) *m,* garddlysieuyn (garddlysiau) *m,* llysieuyn ymborth; **root ~,** gwreiddlysieuyn (gwreiddlysiau) *m; (b) Pej: (pers.):* cabatsien (cabetsh) *f.* **~ butter** *n. Cu:* saim *(m)* llysiau, [y]menyn *(m)* llysiau. **~ dish** *n.* dysgl *(f)* lysiau (dysglau llysiau). **~ fly** *n. Fung:* ffwng *(m)* y lindys, aweto *m.* **~ garden** *n.* gardd *(f)* lysiau (gerddi llysiau), gardd gegin (gerddi cegin), *N.W: occ:* gardd goch (gerddi cochion). **~ glue** *n.* glud *(m)* llysiau. **~ ivory** *n.* |ifori *(m)* cnau. **~ life** *n.* bywyd llysieuol *m.* **~ marrow** *n.* pwmpen(-ni) *f,* pwmpiwn(-s) *m,* maro(-s) *m.* **~ mould** *n.* deilbridd *m.* **~ oil** *n.* oel *(m)* llysiau, olew *(m)* llysiau. **~ oyster** *n.* = **salsify. ~ parchment** *n.* memrwn *m.* **~ plate** *n.* cwrs (cyrsiau) *(m)* llysiau. **~ rack** *n.* rhesel *(f)* lysiau (rheseli llysiau). **~ silk** *n.* sidan(-au) *(m)* coed, capoc *m.* **~ slicer** *n.* tafellwr (tafellwyr) *(m)* llysiau, sleisiwr (sleiswyr) *(m)* llysiau. **~ sponge** *n. Bot:* = **loofah. ~ tallow** *n.* gwêr *(m)* llysiau. **~ wax** *n.* cwyr *(m)* llysiau.
vegetal *a.* **1.** = **vegetable 1. 2.** = **vegetative.**
vegetarian *a. & n.* **1.** *a.* llysfwytäol, cigwrthodol; **~ cookery,** coginio *(vn)* i lysfwytawyr, bwyd *(m)* llysfwytawyr. **2.** *n.* llysfwytäwr (llysfwytawyr) *m,* llysfwytäwraig *f,* cigwrthodwr (cigwrthodwyr) *m,* cigwrth|odwraig *f;* **lacto-~,** llaethlysfwytäwr (llaethlysfwytäwyr) *m;* **strict ~,** = **vegan 2.**
vegetarianism *n.* bwydlysyddiaeth *f,* cigwrthodaeth *f.*
vegetate *v.i.&t.* **1.** *v.i. (a) (of plant):* tyfu; *(b) Fig: (of pers.):* lledfyw, pydru byw, llusgo byw. **2.** *v.t.* **to ~ (a place),** tyfu/plannu planhigion (mewn lle), gorchuddio (lle) â phlanhigion.
vegetation *n.* **1.** *Bot:* planhigion *pl,* tyfiant *m, occ:* llystyfiant *m; Theol:* **~ gods,** duwiau llystyfiant. **2.** *Path:* tyfiant (tyfiannau) [afiach] *m.*
vegetational *a.* tyfiannol, llystyfiannol.
vegetationally *adv.* yn dyfiannol, yn llystyfiannol.
vegetative *a. (a) (growth):* tyfiannol, tyfol; *(b) (= vegetable):* llystyfiannol, llystyfol; **~ reproduction,** atgynhyrchu *(vn)* llystyfol; *(c) Fig:* **~ existence,** bywyd digynnwrf/segur/disymud/digyffro/llonydd, *F:* bywyd cabatsien.
vegetatively *adv.* yn llystyfol.
vegetativeness *n.* **1.** natur lystyfol/lystyfiannol *f.* **2.** *(of existence):* segurdod *m,* llonyddwch *m.*
vegetive *a.* = **vegetable, vegetative.**
vehemence *n.* chwyrndra *m,* ffyrnigrwydd *m,* angerdd *m,* tanbeidrwydd *m,* taerineb *m,* gwres *m,* cynddaredd *f,* cynddeiriogrwydd *m.*
vehement *a.* chwyrn, angerddol, ffyrnig, tanbaid, taer, gwresog, cynddeiriog.
vehemently *adv.* yn chwyrn *&c.*
vehicle *n.* **1.** *(a) Veh:* cerbyd(-au) *m;* **motor ~,** cerbyd modur; *P.N:* **~ arrestor bed,** llain *(f)* arafu cerbyd; *(at ferry):* **~ check-in,** rheolfan(-nau) *(mf)* cerbydau; *(b)* **space ~,** cerbyd(-au) *(m)* gofod; *(c) Lib:* cludydd(-ion) *m.* **2.** *(a) (= medium):* cyfrwng (cyfryngau) *m,* cludydd(-ion) *m;* **the play is a ~ for his ideas,** cyfrwng i'w syniadau yw'r ddrama; **air is the ~ of sound,**

awyr yw cyfrwng/cludydd sŵn; ar awyr y mae sŵn yn mynd; *(b) Med:* cariwr (cariwyr) *m*, cludydd. **~ watch** *n.* gwarchod (*m*) ceir.

vehicular *a.* cerbydol; **~ traffic,** trafnidiaeth gerbydol *f.*

vehmgericht *n. Hist:* ***vehmgericht*** *m.*

vehmic *a. Hist:* fehmig.

veil[1] *n.* **1.** *Cost:* fêl (feliau) *f*; *Ecc:* **to take the ~,** mynd yn lleian. **2.** *(a) Jew.Ant:* **the ~ of the temple,** llen (*f*) y deml; *(b) Lit:* **beyond the ~,** y tu draw i'r llen, y tu hwnt i'r llen. **3.** *Fig:* llen(-ni) *f*, cochl(-au) *mf*; **under the ~ of night,** dan lenni'r nos; **under the ~ of religion,** yn rhith crefydd, dan gochl crefydd; **under the ~ of secrecy,** dan gochl cyfrinachedd; **to draw/throw a ~ over sth,** tynnu'r llen dros rth. **4.** *Phot:* niwlen(-ni) *f.* **5.** *(of voice):* = **huskiness. 6.** = **velum, caul. ~-less** *a.* **1.** heb fêl, heb orchudd, heb len, heb un llen, di-len, diorchudd. **2.** *Fig:* amlwg, eglur, di-gêl.

veil[2] *v.t.* **1.** *(a) Cost:* **to ~ one's face, to ~ oneself,** gwisgo fêl dros yr wyneb; *(b)* **to ~ a picture,** rhoi gorchudd/llen dros lun, gorchuddio llun. **2.** *(= hide):* gorchuddio, cuddio, celu (rhth); rhoi (rhth) dan len.

veiled *a.* **1.** *(face):* dan fêl. **2.** *Fig:* dan orchudd, dan len, gorchuddiedig, cuddiedig, cudd; **a ~ threat,** bygythiad aneglur, awgrym (*m*) o fygythiad; **in ~ terms,** mewn geiriau awgrymog; **in thinly ~ terms,** mewn geiriau lled eglur; **a ~ reference to sth,** awgrym o gyfeiriad at rth; **~ hostility,** gelyniaeth led-guddiedig, gelyniaeth dan yr wyneb; **hardly/scarcely ~ (hostility),** (gelyniaeth) led amlwg, go amlwg, go eglur, led eglur.

veiling *n. Coll:* feliau *pl*, llenni *pl*, gorchuddion *pl.*

vein[1] *n.* **1.** *Anat: Bot: Ent:* gwythïen (gwythiennau, *occ:* gwythi) *f*; **crural ~,** mamwythïen (mamwythiennau) *f*; **jugular ~,** gwythïen y gwddf; **mesenteric ~,** gwythïen fesenterig (gwythiennau mesenterig); **portal ~,** gwythïen bortal/borthol (gwythiennau portal/porthol). **renal ~,** gwythïen arennol; *S.a.* **varicose. 2.** *Geol: Min:* gwythïen (gwythiennau) *f, N.W: occ:* faen (feini) *f*, llygad(-au) *m*, tew *m*, slont(-iau) *f.* **3.** *Fig:* cywair *m*; **the poetic ~,** y cywair barddonol; **in humorous ~,** yn gellweirus; **(other remarks) made in the same ~,** (sylwadau eraill) i'r un perwyl (*m*), yn yr un cywair; **(she went on) in this ~,** (aeth ymlaen) fel hyn, yn y dull hwn, yn yr un modd.

vein[2] *v.t. Paint:* gwythiennu.

veinal, veined *a.* gwythiennog.

veiner *n. Carp: Tls:* gaing (*f*) gau V (geingiau cau V), gaing gau fach (geingiau cau bach), *N:* cowjen fach (cowjis bach) *f.*

veining *vn.* & *n.* **1.** *vn. Paint:* = **vein**[2]. **2.** *n. Coll:* gwythiennau *pl*, gwythienwaith *m.*

veinless *a.* diwythïen.

veinlet *n.* gwythïen fach (gwythiennau bach) *f.*

veinlike *a.* tebyg i wythïen, gwythiennaidd.

veinstone *n.* = **gangue.**

veiny *a.* gwythiennog.

velamen *n. Bot:* amwisg(-oedd) *f*, gorchudd(-ion) *m.*

velamentous *a. Bot:* amwisgol.

velar *a.* & *n. Phon:* **1.** *a.* felar, felig. **2.** *n.* sain (seiniau) felar/felig *f.*

velarium *n.* felariwm (felaria) *m.*

velarization *n. Phon:* felariad *m*, felareiddiad *m*, felareiddio *vn.*

velarize *v.t.* felareiddio, felaru.

velcro *n. Tex: &c:* felcro *m.*

veld, veldt *n.* glaswelltir(-oedd) *m*, ffeld(-iau) *m.*

veldschoen *n. Cost:* esgid (*f*) groen (esgidiau crwyn).

veleta *n. Danc:* feleta(-s) *f.*

veliger *n. Moll:* f|eliger (feligerau) *m.*

velleity *n.* lled-awydd *m*, chwiw(-iau) *f.*

vellum *n.* memrwn (memrynau) *m*, felwm *m.* **~ binding** *n.* rhwymiad(-au) (*m*) felwm.

velocimeter *n.* mesurydd(-ion) (*m*) cyflymder.

velocipede *n.* **1.** *A:* ceffyl(-au) (*m*) haearn. **2.** *U.S:* beic(-iau) (*m*) tair olwyn. **3.** *(= railroad handcar): N.W: occ:* car (ceir) gwyllt *m.*

velocipedist *n. A:* marchog(-ion) (*m*) ceffyl(-au) haearn.

velocity *n.* cyflymder(-au) *m*, cyflymdra *m*, *occ:* buander(-au) *m*, buandra *m*, buanedd *m*; *Mec:* **accelerated ~,** cyflymder cyflymedig; **angular ~,** cyflymder tro, cyflymder onglog; **final ~,** cyflymder terfynol; **initial ~,** cyflymder cychwynnol; **linear ~,** cyflymder llinol; **relative ~,** cyflymder cymharol; *Econ:* **~ of circulation,** cyflymder cylchrediad; **triangle of velocities,** triongl cyflymderau. **~ ratio** *n.* cymhareb (cymarebau) (*f*) cyflymder.

velodrome *n. U.S:* trac(-iau) (*m*) beiciau, f|elodrom (felodromau) *m.*

velour[s] *n. Tex:* felôr *m*, melôr *m.* **~ hat** *n.* het (*f*) felôr (hetiau melôr).

velouté *n. Cu:* ***velouté*** *m.*

velum *n.* *(a) Anat: Bot: Z:* = **membrane;** *(b) Anat:* *(= soft palate):* taflod(-ydd) *f*; *(c) Moll:* felwm (fela) *m.*

velure *n.* **1.** = **velvet, velour[s]. 2.** *(= hat-maker's pad):* pad(-iau) (*m*) llyfnu.

velutinous *a.* melfedaidd.

velvet *n. Tex: &c:* melfed(-au) *m*; **ribbed ~, corduroy ~,** *N:* melfaréd, *S:* deunydd (*m*) rib; **uncut ~, terry ~,** melfaréd teri, rib (*m*) teri; *P:* **black ~,** melfed du, stowt a siampaen; *F:* **he's on ~,** mae'n dda ei fyd; mae'n esmwyth arno; mae'n braf arno; *Fig:* **with ~ tread,** ar ddistaw droed; **the ~ glove,** llaw (*f*) felfed; **an iron hand in a ~ glove,** llaw ddur mewn maneg sidan. **~ ant** *n. Ent:* gwenynen flewog (gwenyn blewog) *f.* **~ bean** *n. Bot: U.S:* ffeuen (*f*) felfed (ffa melfed). **~ board** *n. Laund:* bwrdd (byrddau) (*m*) melfed. **~ mite** *n. Ent:* gwiddonyn (gwiddon) melfedog *m.* **~ scoter** *n. Orn:* hwyaden ddu felfedog (hwyaid du melfedog) *f*, môr-hwyaden (~-hwyaid) (*f*) y gogledd. **~ shank** *n. Fung:* coes (*f*) felfed (coesau melfed), amanita(*m*)'r gaeaf. **~ shell** *n. Conch:* cragen felfedog (cregyn melfedog) *f.* **~ sponge** *n. Z:* sbwng (sbyngau) (*m*) melfed. **~-stemmed agaric** *n.* **velvet shank.** *S.a.* **crab**[1].

velveted *a.* melfedaidd, melfedog.

velveteen *n. Tex:* melfedîn *m*, melfed (*m*) cotwm.

velvetweed *n. Bot: U.S:* hocys (*pl*) yr India.

velvety *a.* melfedaidd, melfedog.

vena *n. Anat:* gwythïen (gwythiennau) *f*; **~ cava,** gwythïen fawr (gwythiennau mawrion), fena cafa *f*; **~ cava inferior/posterior,** fena cafa isaf; **~ cava superior,** fena cafa uchaf.

venal *a.* *(pers.):* prynadwy, llygradwy, hawdd eich prynu/llygru, *Lit: occ:* hybryn; *(conduct):* anonest, llwgr; **a ~ office,** segur-swydd(-i) *f*; **a ~ person,** gwas (gweision) (*m*) y geiniog, gwas gwobr a gwerth, rhn prynadwy, rhn hawdd ei brynu.

venality *n.* hywerthedd *m*, parodrwydd (*m*) i ymwerthu, prynadwyedd *m*, llygredd *m*; **it was then that I realized his ~,** dyna'r pryd y gwelais mor hawdd oedd ei brynu.

venally *adv.* am arian, am elw.

venatic *a.* helwriaethol, helwrol.

venation *n.* gwythieniad(-au) *m*, gwythienwaith *m*, gwythiennau *pl.*

venational *a.* gwythiennol.

vend *v.t.&i. Jur:* gwerthu.

vendable *a.* & *n.pl.* = **vendible.**

vendace *n. Ich:* gwyniad (gwyniaid) *m.*

vendee *n.* prynwr (prynwyr) *m*, pr|ynwraig *f.*

vender *n.* = **vendor.**

vendetta *n.* fendeta (fendetâu) *mf*, *A: W.Jur:* galanas(-au,-oedd) *f*; *(loosely):* cynnen (cynhennau) *f.*

vendeuse *n.f.* gw|erthwraig (gwerthwragedd), merch siop (merched siop/siopau).

vendibility *n.* hywerthedd *m.*

vendible *a.* & *n.pl.* **1.** *a.* gwerthadwy. **2.** *n.pl.* **vendibles,** nwyddau.

vendibly *adv.* yn werthadwy.

vending *vn.* gwerthiad(-au) *m*, gwerthu. **~-machine** *n.* peiriant (peiriannau) (*m*) gwerthu.

vendition *n.* gwerthiad(-au) *m*, gwerthiant (gwerthiannau) *m*, gwerthu *vn.*

vendor *n.* **1.** *(a) Com:* gwerthwr (gwerthwyr) *m*; **street ~,** gwerthwr [ar y] stryd; *(b)* = **vending-machine. 2.** *(a) Jur:* fendwr (fendwyr) *m*; *Fin:* **~'s share,** siâr (*f*) y fendwr (siariau'r fendwr); **proposed ~,** darpar fendwr (~ fendwyr) *m.*

vendue *n. U.S:* = **auction**[1].

veneer[1] *n.* **1.** *Carp:* argaen(-au) *f*, argaeniad(-au) *m*, arddalen(-nau) *f*, arwyneb(-au) *m*, wynebiad(-au) *m*, caenen(-ni,-nau) *f* [o goed], haenen(-ni,-nau) *f* [o goed], caen(-au) *f* [o goed]; **caul ~,** argaen wrthblat; **counter ~,** gwrthargaen(-au) *f*; **face ~,** argaen wyneb; **rotary cut ~,** argaen gylchdro (argaenau cylchdro); **saw-cut ~,** argaen lifdoriad (argaenau llifdoriad); **half rotary cut ~,** argaen toriad hanner cylchdro; **knife-cut ~,**

argaen gyllell-doriad. **2.** *Fig:* rhith(-iau) *m*, arwyneb, haenen, caenen; **a ~ of politeness,** cwrteisi arwynebol, haen o gwrteisi. **~-hammer** *n. Carp:* morthwyl(-ion) (*m*) argaenu. **~-moth** *n. Ent:* gwyfyn brith (gwyfynod brithion) (*m*) y meillion. **~-pin** *n.* pin(-nau) (*mf*) argaenu.
veneer² *v.t.* argaenu, arddalennu, caenu.
veneered *a.* **1.** wedi ei argaenu, argaenedig, arddalennog; **~ board,** argaenfwrdd (argaenfyrddau) *m.* **2.** *Fig:* **~ with sth,** ac arno haen/haenen o rth.
veneerer *n. Carp:* argaenwr (argaenwyr) *m.*
veneering *n. Carp:* argaeniad(-au) *m.*
venenate *v.t.&i.* gwenwyno.
venenation *n.* gwenwyniad(-au) *m*, gwenwyno *vn.*
venenous *a.* gwenwynig.
venepuncture *n. Med:* gwythïen-bigiad(-au) *m*, gwythïen-bigo *vn.*
venerability *n.* hybarchedd *m*, hybarchusrwydd *m.*
venerable *a.* *(a)* hybarch, hybarchus; *Ecc:* **the V~,** yr Hybarch; *Hist:* **the V~ Bede,** *A:* Beda Ddoeth; *(b) (= impressive through old age):* hen a pharchus, hynafol.
venerableness *n.* = **venerability.**
venerably *adv.* yn hybarch, yn hen a pharchus.
venerate *v.t.* parchu, *occ:* mawrygu, anrhydeddu, tra-anrhydeddu; *Theol:* dwysbarchu.
veneration *n.* parch *m* **(for sth,** tuag at rth), parchedig ofn *m* (o rth); *Theol:* dwysbarch (tuag at rth) *m*; **I hold him in ~,** yr wyf yn ei barchu'n fawr; mae gennyf barch mawr tuag ato; yr wyf yn ei fawr barchu.
venerator *n.* parchwr (parchwyr) *m*, mawrygwr (mawrygwyr) *m*, anrhydeddwr (anrhydeddwyr) *m.*
venereal *a. Med:* gwenerol; **~ disease,** clwyf/clefyd gwenerol *m*, *F:* yr hen glwyf/glefyd, *A: or Lit:* clwyf Ffrainc, clwyf y godinebwyr, y clwyf/clefyd anllad/drwg, brech (*f*) y Ffrancod, y frech Ffrengig, *N.W:* tinboeth *m*, *S.E:* yr hen gi.
venereally *adv.* yn wenerol.
venereological *a. Med:* gwenerolegol.
venerologist *n. Med:* gwenerolegwr: gwenerolegydd (gwenerolegwyr) *m.*
venerology *n. Med:* gwenerolegf.
venery¹ *n. A: (= hunting):* helwriaeth *f*, hela *vn.*
venery² *n. A: (= sexual indulgence):* trythyllwch *m*, anlladrwydd *m.*
venesection *n.* tynnu (*vn*) gwaed, gwaedu(*vn*)'r claf.
Venetian *a. & n. Geog:* **1.** *a.* Fenisaidd, [o] Fenis. **~ blind,** llen(-ni) (*f*) Fenis, llen ddelltog (llenni delltog); **~ carpet,** carped(-i) (*m*) Fenis; **~ glass,** gwydr (*m*) Fenis; **~ lace,** les (*f*) Fenis; **~ pearl,** perl(-au) ffug *mf*; **~ sumac,** coeden (coed) (*f*) Fenis; **~ window,** ffenestr(-i) (*f*) Fenis. **2.** *n.* *(a) Ethn:* Fenisiad (Fenisiaid) *m&f*, Fenesiad (Fenesiaid) *m&f*; *(b) Ling:* Feniseg *f, m.*
Venetic *a. & n.* **1.** *a. Hist:* Fenetaidd. **2.** *n. Ling:* Feneteg *f, m.*
Venezuela *Pr.n. Geog:* Feneswela *f*, Venezuela *f.*
Venezuelan *a. & n.* **1.** *a.* Feneswelaidd; **the ~ president,** arlywydd Feneswela; **she's ~,** un o Feneswela yw hi. **2.** *n.* Feneswelad (Feneswelaid) *m&f.*
venge *v.t.* = **avenge.**
vengeance *n.* dial(-au,-on) *m*, dialedd(-au) *m*; **to wreak one's ~ on sth,** bwrw'ch llid ar rth, dial eich llid ar rth; **to take ~ on s.o.,** dial ar rn, talu'r pwyth yn ôl i rn; **a crime that cries for ~,** trosedd sy'n mynnu dial; **to take ~ for sth,** dial rhth, dial am rth; *F:* **with a ~,** o ddifrif, heb os nac oni bai, i'r eithaf, o'i hochr hi; **it is raining with a ~,** mae hi'n tywallt y glaw; mae hi'n bwrw glaw o ddifrif; **he's a rogue with a ~,** mae'n gnaf a hanner.
vengeful *a.* dialgar.
vengefully *adv.* yn ddialgar; mewn dial, er mwyn dial, o ran dial.
vengefulness *n.* ysbryd dialgar *m*, ysbryd dial, dialgarwch *m.*
venial *a.* *(a) Theol: (sin):* ysgafn; *(b) (fault):* maddeuadwy, esgusodol, tila, pitw, bach, bychan (*f.* bechan, *pl.* bychain), dibwys; **~ sins,** mân bechodau.
veniality *n.* *(a) Theol: (of sin):* ysgafnder *m*; *(b) (of fault):* natur ddibwys *f*, natur bitw *&c*, bychander *m.*
venially *adv.* yn ysgafn, yn ddibwys *&c.*
venialness *n.* = **veniality.**
Venice *Pr.n. Geog.* Fenis *f*, Venezia *f*; *S.a.* **gold.**
venin *n.* gwenwyn(-au) *m.*
venipuncture *n.* = **venepuncture.**
venire *n. Jur:* rheithgor(-au) *m.*
venireman *n.m. Jur: U.S:* rheithiwr (rheithwyr).
venisection *n.* = **venesection.**
venison *n. Cu:* cig (*m*) carw, fenswn: feneiswn *m*, cig hel/hela *m*; **hung ~,** coch (*m*) yr wden.
Venite *n. Ecc:* ***Venite*** *f.*
venogram *n.* gwythïen-lun(-iau) *m.*
venography *n. Med:* fenograffeg *f.*
venom¹ *n.* gwenwyn(-au) *m.*
venom² = **envenom.**
venomed, venomous *a.* **1.** gwenwynig, gwenwynol. **2.** *(criticism &c):* gwenwynllyd, maleisus, sbeitlyd.
venomously *adv.* yn wenwynig *&c.*
venomousness *n.* gwenwyndra *m.*
venose *a.* gwythiennog.
venosity *n.* gwythienogrwydd *m.*
venous *a.* gwythiennol, gwythiennog, *occ:* gwythol, gwythog.
venously *adv.* yn wythiennol *&c.*
vent¹ *n.* **1.** *(a)* twll (tyllau) (*m*) awyr/aer, fent(-iau) *f*, agorfa (agorfâu, agorf|eydd) *f*, awyrdwll (awyrdyllau) *m*; *Tchn:* awyrell(-au) *f*; *(b) Ball:* = **touch-hole;** *(c) Mus:* **vents of a flute,** tyllau bysedd ffliwt; *(d) (of chimney):* = **flue;** *Geol: (of volcano):* = **fumarole;** *Aer: (of parachute):* twll awyr; *(e) Z:* = **anus. 2.** *Fig:* rhwydd hynt *m*, mynegiant *m*, gollyngdod *m*; **to give ~ to one's anger,** arllwys/tywallt/gollwng eich dicter, rhoi llais i'ch dicter; **to give ~ to a sigh,** gollwng ochenaid; **to give ~ to one's indignation,** bwrw/arllwys/tywallt eich digofaint. **~-hole** *n.* twll (tyllau) (*m*) awyr/aer. **~-peg, ~-plug** *n.* plwg (plygiau) *m.*
vent² *v.t.&i.* **1.** *v.t.* *(a) (air &c):* gwagio, gollwng, arllwys, tywallt; *(b) (= provide with vent):* gosod/gwn|eud/torri agorfa/twll awyr (mewn rhth), awyrellu (rhth); *(c) Fig:* gollwng, arllwys, mynegi; *Lit:* **to ~ one's spleen,** tywallt eich dicter, bwrw'ch llid, arllwys/tywallt eich digofaint. **2.** *v.i. (of otter, beaver):* cael awyr.
vent³ *n. Cost:* hollt(-au) *f*, holltiad(-au) *m.*
ventage *n.* twll bychan (tyllau bychain) *m.*
ventail *n. Mil: Cost:* miswrn (misyrnau) *m.*
venter *n.* **1.** *(= mother):* mam(-au) *f.* **2.** *Anat:* tor(-rau) *f.*
ventiduct *n. Arch:* llwybr(-au) (*m*) awyr.
ventifact *n.* carreg (*f*) wyntraul (cerrig gwyntraul).
ventil *n. Mus:* falf(-iau) *f*, fentil(-iau) *f.*
ventilate *v.t.* **1.** awyru, gwyntyllu; *Min:* aero, gwyntio; **ventilating fan,** gwyntyll(-au,-oedd) (*f*) awyru. **2.** *Fig:* gwyntyllu/trafod (rhth), codi (rhth) i'r gwynt.
ventilation *n.* awyru *vn*, awyriad(-au) *m*, gwyntyllu (*vn*), gwyntylliad(-au) *m*; *Med:* gwyntylliad. **~ brick** *n.* bricsen (brics) (*f*) awyru. **~ grill** *n.* dellt (*pl*) awyru. **~ plant** *n.* peiriannau awyru/gwyntyllu. **~ rate** *n. Med:* cyfradd(-au) (*f*) anadlu. **~ shaft** *n.* *(a) Min:* siafft(-iau) (*f*) awyr, *S:* ffordd (ffyrdd) (*f*) aer, *N.E:* ffordd (*f*) wynt (ffyrdd gwynt).
ventilative *a.* awyriadol, gwyntyllol.
ventilator *n.* **1.** awyrydd(-ion, awyrwyr) *m*, gwyntyll(-au,-oedd) *f*, gwyntyllwr (gwyntyllwyr) *m*, awyriadur(-on) *m.* **2.** *(in cowhouse): N.W:* sgrafell(-od) *f*, *S.E:* lownsed(-i) *m*; *(in barn):* cloer(-[i]au) *fm.* **3.** *Med:* gwyntiedydd(-ion) *m.*
ventilatory *a.* awyriadol.
ventless *a.* di-dwll.
ventral *a. Anat: Nat.Hist:* torrol, fentrol; **~ fin,** asgell dorrol, asgell y dor; **~ root,** gwreiddyn (gwreiddiau) fentrol *m*, nerf(-au) fentrol *f.*
ventrally *adv.* yn dorrol; ar y dor.
ventricle *n. Anat:* fentrigl(-au) *mf*, bolgell(-oedd) (*f*) y galon.
ventricose *a.* boliog, chwyddedig.
ventricular *a.* fentriglol, fentriglaidd; **~ volume,** cyfaint fentriglaidd *m.*
ventriculus *n.* **1.** *Anat:* = **ventricle. 2.** *Orn:* = **gizzard. 3.** *Ent:* coluddyn (coluddion) *m.*
ventriloquial *a.* tafleisiol.
ventriloquially *adv.* yn dafleisiol; gan/drwy daflu'ch llais.
ventriloquism *n.* tafleisiaeth *f*, tafleisio *vn*, taflu(*vn*)'r llais.
ventriloquist *n.* tafleisiwr (tafleiswyr) *m*, tafleisydd(-ion) *m*, tafle|iswraig (tafleiswragedd) *f*, dyn(-ion) (*m*) taflu llais, merch(- ed) (*f*) taflu llais. **~'s guy** *n.* dol(-iau) (*f*) tafleisiwr.
ventriloquistic *a.* tafleisiol.
ventriloquize *v.t.&i.* taflu llais, tafleisio.
ventriloquous *a.* tafleisiol.

ventriloquy *n.* = **ventriloquism.**
ventripotent *a. Lit:* boliog, boldew(-ion); *(= gluttonous):* glwth, barus.
ventrolateral *a.* torochrol.
ventromedial *a.* torganolig.
venture[1] *n.* **1.** menter (mentrau) *f*, antur(-iau) *f*. **2.** *Com:* menter; **joint ~,** menter ar y cyd. **3. at a ~,** ar amcan, ar antur, ar hap; **to answer at a ~,** ateb ar antur; **to draw a bow at a ~,** anelu saeth ar antur. **~ capital** *n.* cyfalaf *(m)* mentro. **V~ Scout** *n.* Sgowt(-iaid) hŷn *m.*
venture[2] *v.t.&i.* **1.** *(a)* **to ~ an opinion,** mentro [cynnig] barn; **to ~ a guess,** cynnig amcan; **to ~ an idea,** cynnig syniad; *(b)* **to ~ one's life,** mentro'ch bywyd; **to ~ one's money,** mentro'ch arian; **to ~ all,** mentro'r cyfan; **to ~ a stormy sea,** herio gerwinder y môr, mentro ar fôr stormus; *Prov:* **nothing ~ nothing gain/win/have,** oni fentrwch chi beth, nid enillwch chi ddim; digywilydd, digolled; oni heuir ni fedir. **2.** *v.i.* mentro, anturio; **to ~ (to do sth),** mentro, meiddio, beiddio, *occ:* anturio, osio (gwneud rhth); **I ~ to affirm he knew nothing about it,** mentraf/anturiaf ddweud na wyddai ef ddim amdano; **I ~ to write to you,** mentraf ysgrifennu atoch; **to ~ into unknown country,** anturio/ mentro i wlad ddieithr; **to ~ out [of doors],** mentro allan/mas, codi allan/mas, *occ:* cynnig allan, rhoi'ch pen trwy'r drws, *S:* cwnnu o'r tŷ; **to ~ too far,** mynd yn rhy bell, mynd dros ben llestri, mentro gormod, rhyfygu, rhempio; **I did not ~ to stop him,** ni feiddiwn ei atal; **I ~ to differ from you,** mentraf/ meiddiaf/beiddiaf anghytuno â chi.
venturer *n.* mentrwr (mentrwyr) *m*, m|entrwraig *f*, anturiwr (anturwyr) *m*, ant|urwraig *f*, anturiaethwr (anturiaethwyr) *m*, antur|iaethwraig *f*.
venturesome *a.* **1.** *(pers.):* mentrus, anturus, anturiaethus, beiddgar, eofn. **2.** *(action):* mentrus, beiddgar, rhyfygus, peryglus.
venturesomely *adv.* yn fentrus *&c.*
venturesomeness *n.* menter *f*, mentrusrwydd *m*, beiddgarwch *m*, ehofnder *m*, ehofndra *m*.
Venturi *n. Ph:* **~ meter,** mesurydd(-ion) *(m)* Venturi.
venturous *a.* = **venturesome.**
venturously *adv.* = **venturesomely.**
venturousness *n.* = **venturesomeness.**
venue *n.* **1.** *Jur: (of trial):* lleoliad(-au) *m*. **2.** *(= meeting-place):* man(-nau) *(mf)* cyfarfod.
venule *n. Anat:* gwythiennig (gwythienigau) *f*.
Venus *Pr.n.f. Myth: Astr:* Fenws, Gwener; *Anat:* **mount of ~,** chwydd *(m)* Fenws. **~'s comb** *n. Bot: (Scandix pecten-veneris):* crib *(f)* Gwener, crib Mair, nodwydd *(f)* y bugail, creithig *f*. **~'s flower basket** *n. Z: (Euplectella):* cawell *(m)* Gwener. **~'s flytrap** *n. Bot: (Dionaea muscipula):* magl(-au) *(f)* Gwener, hedfagl(-au) *(f)* Gwener, genau *(pl)* Fenws, gwybedfagl *f*, pennau*(pl)*'r cŵn. **~'s hair** *n. Bot:* = **maidenhair fern. ~'s looking-glass** *n. Bot: (Legousia hybrida):* clychlys *(m)* yr ŷd, drych *(m)* Gwener, drycheigiog *m*. **~'s girdle** *n. Coel: (Cestus veneris):* gwregys(-au) *(m)* Gwener. **~ shell** *n. Conch:* clust *(f)* Gwener, conc *(m)* Gwener, arglwyddes(- au, -i) *f*, cragen *(f)* y forwyn; **banded ~ shell,** cragen y forwyn belydrog; **golden ~ shell,** cragen y forwyn aur/euraidd; **oval ~ shell,** cragen y forwyn hirgron; **smooth ~ shell,** cragen y forwyn lefn; **striped ~ shell,** cragen y forwyn resog; **warty ~ shell,** cragen y forwyn ddafadennog/arw. **~'s slipper** *n. Bot:* = **lady's slipper.**
Venusian *a. & n.* **1.** *a.* Gweneraidd, Fenwsaidd. **2.** *n.* Gweneriad (Gweneriaid) *m&f*, Fenwsiad (Fenwsiaid) *m&f*.
veracious *a.* geirwir, gwir, cywir.
veraciously *adv.* yn eirwir *&c.*
veraciousness *n.* geirwiredd *m*, cywirdeb *m*.
veracity *n.* geirwiredd *m*, cywirdeb *m*, gwirionedd *m*.
veranda *n. Arch:* feranda(-s, ferandâu) *f*.
verandaed *a.* â feranda.
verandah *n.* = **veranda.**
veratric *a.* feratrig.
veratridine *n. Ch:* fer|atridin *m*.
veratrin[e] *n. Ch:* feratrin *m*.
veratrum *n. Bot:* = **hellebore.**
verb *n. Gram:* berf(-au) *f*; **intransitive ~,** berf gyflawn (berfau cyflawn); **transitive ~,** berf anghyflawn; **personal ~,** berf bersonol (berfau personol); **reflexive ~,** berf atblygol; **defective ~,** berf ddiffygiol (berfau diffygiol); **impersonal ~,** berf amhersonol; **deponent ~,** berf ddeponent (berfau deponent); **linking ~,** cyplad(-au) *m*. **~-noun** *n.* berfenw(-au) *m*.
verbal *a.* **1.** *(a) (= spoken):* llafar, geiriol, ar lafar; *Lib:* **~ extension,** estyniad geiriol *m*; **~ factor,** ffactor(-au) geiriol *m*; **~ image,** delwedd *(f)* eiriol (delweddau geiriol); **~ intelligence test,** prawf (profion) *(m)* deallusrwydd geiriol; **~ reasoning,** ymresymu llafar; **~ test,** prawf (profion) geiriol *m*; *(b)* **~ dispute,** geiriau croes *pl*; *F:* **~ diarrhoea,** llifeiriant *(m)* geiriau, dolur rhydd geiriol *m*; **he has ~ diarrhoea,** 'does dim taw arno; mae'n siarad yn rh|ibidi-res; mae'n siarad pymtheg yn y dwsin; **~ dyspraxia,** dyspracsia *(m)* lleferydd; *(c) Gram:* berfol; **~ noun,** enw(-au) berfol *m*; **~ adjective,** ansoddair (ansoddeiriau) berfol *m*;
verbalism *n.* **1.** *(= spoken phrase):* ymadrodd(-ion) llafar *m*, troad(- au) *(m)* ymadrodd. **2.** *(= cliché):* ystrydeb(-au) *f*. **3.** *(= verbal criticism):* geir|iolaeth *f*.
verbalist *n.* geiriolwr (geiriolwyr) *m*, geir|iolwraig *f*.
verbalistic *a.* geiriolaidd.
verbalization *n.* **1.** *(= putting into words):* llafaroli *vn*, geirioli *vn*, geiriad(-au) *m*, geirio *vn*, lleisio *vn*, lleisiad(-au) *m*, mynegiad(-au) *m*, mynegiant *m*, mynegi *vn*. **2.** *(= verbosity):* amleirio *vn*, amleiriad *m*, geiriogrwydd *m*. **3.** *Gram:* berfoli *vn*, berfoliad(-au) *m*.
verbalize *v.t.&i.* **1.** *v.t. (a)* geirio, lleisio, geirioli, llafaroli; mynegi (rhth) [ar lafar, mewn geiriau]; rhoi (rhth) mewn geiriau; *(b) Gram:* berfoli. **2.** *v.i.* traethu/llefaru['n eiriog], truthio, dweud truth.
verbalizer *n.* traethwr (traethwyr) *m*, tr|aethwraig *f*.
verbally *adv.* yn llafar, ar lafar, mewn geiriau.
verbatim *adv.* air am air.
verbena *n.* = **vervain; lemon[-scented] ~,** *(Aloysia citriodora):* ferfaen/ferfain lemonaidd *f*; **moss ~,** *(Verbena tenuisecta):* ferfaen/ferfain fwsoglyd.
verbenaceous *a. Bot:* ferfeinaidd.
verbiage *n.* **1.** *(= verbosity):* geiriogrwydd *m*, amleiriogrwydd *m*, amleiriaeth *f*, gormod *(m)* geiriau. **2.** *(= needless jargon): Pej:* ffiloreg *f*, truth *m*, gwag eiriau *pl*, gwag siarad *vn*.
verbicide *n. Joc:* **1.** *(crime):* lladd *(vn)* gair/geiriau, geirladdiad *m*. **2.** *(pers.):* lladdwr (lladdwyr) *(m)* geiriau, geirleiddiad (geirleiddiaid) *m&f*.
verbid *n. Gram:* berfol(-ion) *m*, berfair (berfeiriau) *m*.
verbification *n.* = **verbalization.**
verbify *v.t.* = **verbalize.**
verbigeration *n. Med:* ailadrodd *vn*.
verbile *n.* drychfeddyliwr (drychfeddylwyr) geiriol *m*.
verbose *a.* amleiriog, geiriog, goreiriog, cwmpasog, hirwyntog, gwyntog.
verbosely *adv.* yn amleiriog *&c.*
verboseness, verbosity *n.* geiriogrwydd *m*, hirwyntogrwydd *m*, amleiriogrwydd *m*, goreiriogrwydd *m*, amleiriaeth *f*.
verb[um] sap *Lt.Phr. int.* gair i gall.
verdancy *n.* gwyrddlesni *m*, glesni *m*, gwyrddni *m*, irder *m*, irlesni *m*.
verdant *a.* gwyrddlas (*f.* gwerddlas, *pl.* gwyrddleision), glas (gleision), gwyrdd (*f.* gwerdd, *pl.* gwyrddion), *Lit:* ir(-ion), iraidd, irlas (irleision), tirf(-ion), *A:* gwyrennig; *(field):* glaswelltog; *(tree):* deiliog; **to become ~,** gwyrddlasu, glasu; *(of tree):* deilio; **a ~ spot,** gwerddon(-au) *f*.
verdantly *adv.* yn wyrddlas *&c.*
verd[e] antique *n.* hen wyrdd *m*; *(= serpentine):* s|arff-faen (~-feini) gwyrdd *m*; *(= porphyry):* molafon gwyrdd *m*; *(on bronze):* rhwd gwyrdd *m*.
verderer *n.* coedwr (coedwyr) *m*, gwyrddmon (gwyrddmyn) *m*.
verdict *n.* **1.** *Jur: (a)* rheithfarn(-au) *f*; **to return a ~,** dwyn rheithfarn; **a majority ~,** rheithfarn *(f)* trwy fwyafrif; **a perverse ~,** rheithfarn wrthnysig (rheithfarnau gwrthnysig); **a sealed ~,** rheithfarn dan sêl. **2.** *(= decision):* dyfarniad(-au) *m*, barn(-au) *f*, dedfryd(-au) *f*; **the ~ of the public was in his favour,** 'roedd dyfarniad/barn y cyhoedd o'i blaid.
verdigris *n.* rhwd *(m)* copr, rhwd gwyrdd, f|erdigris *m*; **~ agaric,** *See* **agaric. ~ toadstool** *n. Fung:* caws gwyrddlas *m*.
verdin *n. Orn:* yswigw benfelen (yswigwod penfelyn) *f*.
verditer *n. Art:* gwyrddliw *(m)* copr, gwyrdd *(m)* y ddaear.

verdure *n.* gwyrddlesni *m*, glesni *m*, gwyrddni *m*, *Lit:* irder *m*, ireiddiwch *m*, irlesni *m*.
verdured, verdurous *a.* = **verdant.**
verdurousness *n.* = **verdure.**
verge[1] *n.* **1.** *(a) (of river):* glan(-nau, glennydd) *f*, *occ:* min(-ion) *m*; *(of forest):* cwr (cyrion, cyrrau) *m*; *Civ.E: (of road):* gwar(-rau) *mf*, ymyl(-on) *mf*, min, llain (lleiniau) *f*, ochr(-au) *f*; *(b) (of flower-bed):* ymyl; *(c)* **on the ~ of sixty,** ar drothwy'r trigain, yn codi'n drigain oed, yn gyrru ar y trigain; **(he is) on the ~ of bankruptcy,** (mae ef) ar fin torri, ar dorri, o fewn dim i fethdalu, bron â methdalu; **on the ~ of war,** ar fin mynd i ryfel, ar drothwy rhyfel; **on the ~ of tears,** ar fin wylo, bron â chrïo, yn ymyl dagrau; **I was on the ~ of telling him,** yr oeddwn i ar fin dweud wrtho; *N.W: occ:* yr oeddwn i ar ddŷd dweud wrtho; *(d) Arch: (of roof tiles):* bargod(-ion) *m.* **2.** *(a) Ecc: Sch:* brysgyll(-au) *m*, byrllysg(-au) *m*, swyddwialen(-ni) *f*; *(b) Clockm:* gwerthyd(-au,-on) *f.* **3.** *Hist: (= area of jurisdiction):* swyddogaeth *f.* **~-board** *n. Const:* = **barge-board.**
verge[2] *v.i.* **1.** *(of sun &c):* machlud. **2. to ~ on sth,** ymylu ar rth, bod ar fin rhth, ffinio â rhth, bod am y ffin â rhth; **(a colour) verging on red,** (lliw) sydd bron yn goch, sy'n agos at goch; **he was verging on sixty,** 'roedd ef yn tynnu am ei drigain.
verger *n.* **1.** *Ecc: (= usher):* ystlyswr (ystlyswyr) *m*, gofalwr *(m)* eglwys (gofalwyr eglwysi), clochydd(-ion) *m.* **2.** *Ecc: Sch:* byrllysgwr (byrllysgwyr) *m*, brysgyllwr (brysgyllwyr) *m.*
vergership *n.* **1.** *Ecc: (of usher):* ystlyswriaeth(-au) *f*, swydd *(f)* ystlyswr/clochydd, clochyddiaeth(-au) *f.* **2.** *Ecc: Sch:* swydd *(f)* brysgyllwr/byrllysgwr.
Vergil *Pr.n.m.* Fyrsil, *A:* Fferyll, Fferyllt.
Vergilian *a.* Fyrsilaidd.
verglas *n.* glasrew *m*, caenen *(f)* o rew/iâ, plymen *(f)* o rew/iâ.
veridical *a.* geirwir, dilys, cywir.
veridicality *n.* geirwiredd *m*, gwirionedd *m*, dilysrwydd *m*, cywirdeb *m.*
veridically *adv.* yn eirwir *&c.*
veriest *a.* llwyraf, eithaf, mwyaf.
verifiability *n.* natur wiriadwy *f*, natur brofadwy *f*; **I doubt its ~,** 'rwy'n amau a ellir ei wirio/brofi; **he showed its ~,** dangosodd fod modd ei wirio/brofi.
verifiable *a.* profadwy, gwiriadwy.
verification *n.* gwiriad(-au) *m*, gwirio *vn*, cadarnhad *m*, gwireddiad(-au) *m*, gwireddu *vn.*
verifier *n.* gwiriwr (gwirwyr) *m*, cadarnhäwr (cadarnhawyr) *m*; *Ph: Mth:* gwiredydd(-ion) *m.*
verify *v.t.* **1.** *(= check, confirm):* gwirio, cadarnh|au. **2.** *(= fulfil):* gwireddu, cadarnhau; **to ~ a promise,** cywiro addewid.
verily *adv. A: & B:* yn wir, yn ddiau; *B:* **~, ~ I say unto you,** yn wir, yn wir meddaf i chwi.
verisimilar *a.* tebygol, tebyg i'r gwirionedd, credadwy, hygred.
verisimilarly *adv.* yn debygol *&c.*
verisimilitude *n.* hygrededd *m*, tebygolrwydd *m.*
verisimilitudinous *a.* = **verisimilar.**
verism, verismo *n.* realaeth *f*, *occ:* dirweddaeth *f.*
verist *n.* realwr (realwyr) *m*, realydd(-ion) *m*, *occ:* dirweddwr (dirweddwyr) *m.*
veristic *a.* realaidd, *occ:* dirweddol.
veritable *a.* gwirioneddol, dilys, go iawn.
veritableness *n.* natur wirioneddol *f*, gwirioneddoldeb *m.*
veritably *adv.* yn wirioneddol.
verity *n.* gwir *m*, gwirionedd(-au) *m*; **of a ~,** mewn gwirionedd.
verjuice *n.* **1.** *Cu:* ferdis *m*, *A: or Lit:* gwyrddsug *m.* **2.** *Fig:* chwerwedd *m.*
verkrampte *a. Pol:* adweithiol.
verligte *a. Pol:* goleuedig.
vermeil *n.* **1.** *Poet:* = **vermilion.** **2.** *Lap:* garned(-au) melyngoch *m* *(pronounced* ng-g). **3.** *(= silver gilt):* arianolch *m*, haen *(f)* arian.
vermian *a.* llyng[h]yrol, llyng[h]yraidd.
vermicelli *n.pl. Cu: vermicelli.*
vermicidal *a.* llyngyrladdol.
vermicide *n. Pharm:* llyngyrladdwr (llyngyrladdwyr) *m*, peth(-au) *(m)* lladd llyngyr.
vermicular *a.* **1.** *(= vermiform):* llyng[h]yrol, llyng[h]yraidd. **2.** *(= like worm-tracks):* cyfrodeddog, cordeddog, nadreddog, troellog, troellennog.
vermiculate[1], **vermiculated** *a.* **1.** = **vermiform, vermicular.** **2.** *(= wormeaten):* ac ôl pryfed arno.
vermiculate[2] *v.t. Art:* nadreddu.
vermiculation *n.* **1.** *(= worm-tracks):* olion *(pl)* llyngyr; *(on wood):* ôl pryfed coed. **2.** *(= wavy lines):* llinellau troellog *pl*, llinellau cordeddog, llinellau nadreddog.
vermicule *n.* llyng[h]yren fach (llyngyr bach) *f.*
vermiculite *n. Miner:* ferm|icwlit *m.*
vermiform *a.* llyng[h]yraidd, llyng[h]|yr-ffurf, f|ermiffurf; *Anat:* **~ appendix,** coluddyn (coluddion) crog *m.*
vermifugal *a.* llyngyrwaredol, llyngyr-garthol.
vermifuge *n.* cyffur(-iau) *(m)* llyngyr, moddion *(m or pl)* llyngyr, ffisig(-on) *(m)* llyngyr, *F:* peth(-au) *(m)* lladd llyngyr.
vermilion, vermillion[1] *a. & n.* **1.** *a.* gloywgoch(-ion), fermiliwn. **2.** *n.* gloywgoch *m*, fermiliwn *m.*
vermilion, vermillion[2] *v.t.* lliwio (rhth) yn fermiliwn/loywgoch.
vermin *n. Coll: (a) (= body parasites):* pryfed *pl*, pryfetach *pl*, llau *pl*, trogod *pl*, parasitiaid *pl*; *(b) Z:* fermin *pl*, parasitiaid; *(c) Pej: (= vile people):* taclau *pl*, ciwed *f*, bawiach *m*, gwehilion *pl*, 'sgarthion *pl*, *Lit:* sorod *pl*; **he's just ~,** 'dyw e'n ddim ond baw; baw o ddyn yw e.
verminate *v.i.* pryfedu.
vermination *n.* pryfediad *m*, pryfedu *vn.*
verminous *a.* **1.** pryfedog, ferminog, *A:* trogennog. **2.** *Fig:* diwerth, bawaidd.
vermis *n. Anat:* fermis(-au) *m.*
vermivorous *a.* llyngyrysol.
vermouth *n.* fermwth *mf.*
vernacular *a. & n.* **1.** *a. Ling: (= native):* brodorol, cynhenid; *(= spoken):* llafar; **~ Welsh,** Cymraeg llafar; *Arch:* **~ architecture,** pensaernïaeth gyffredin/werinol. **2.** *n. Ling:* iaith lafar (ieithoedd llafar) *f*, llafariaith (llafarieithoedd) *f*, llafar *(m)* gwlad, iaith werinol (ieithoedd gwerinol), iaith frodorol (ieithoedd brodorol), iaith y werin; **in the ~,** ar lafar [gwlad], yn yr iaith lafar.
vernacularism *n.* llafarwedd(-au) *f*, llafarddull(-iau) *m*; *(single instance):* gair (geiriau) *(m)* llafar.
vernacularize *v.t.* cyfieithu, trosi, troi (rhth) [i'r iaith frodorol].
vernacularly *adv.* yn llafar, yn yr iaith lafar, ar lafar gwlad.
vernal *a.* gwanwynol, y gwanwyn; *S.a.* **equinox;** *Bot:* **~ grass,** perwellt *(m)* y gwanwyn; **annual ~ grass,** *(Anthoxanthum puelii):* perwellt barfog; **scented/sweet ~ grass,** *(A. odoratum):* melynwellt *m*, perwellt, eurwellt *m*, chwyth *(m)* yr ŵydd, melynwellt y gwanwyn, melynwellt pêr y gwanwyn, perwellt y gwanwyn.
vernalization *n. Hort:* rhag-oeri *vn*, gwanwyneiddio *vn*, gwanwyneiddiad *m.*
vernalize *v.t. Hort:* rhag-oeri, gwanwyneiddio.
vernally *adv.* yn wanwynol; gyda'r gwanwyn, yn y gwanwyn.
vernation *n. Bot:* *deilblygiad *m.*
vernicle *n.* = **veronica 2.** *(b).*
vernier *n.* fernier(-au) *m.* **~ scale** *n.* graddfa (graddf|eydd) *(f)* fernier. **~ calipers** *n.pl.* calip[e]rau fernier. **~ engine** *n.* motor(-au) *(m)* fernier. **~ height gauge** *n.* medrydd(-ion) *(m)* uchder fernier. **~ protractor** *n.* protractor(-au) *(m)* fernier.
veronal *n. Pharm:* f|eronal *m.*
Veronica *Pr.n. & n.* **1.** *Pr.n.f.* Fer|onica. **2. v~,** *n.* *(a) Bot:* = **brooklime, speedwell;** *(b) Ecc:* fernagl(-au) *f*, *A:* drych(-au) Meirionig *m.*
verruca *n. Med: Z:* dafaden(-nau) *f.*
verrucose *a. Med: Z:* dafadennog.
vers libre *n.* gwers rydd *f*, canu *(vn)* penrhydd, mesur penrhydd/difesur *m.*
versant *n. Geog:* llechwedd(-au,-i) *f.*
versatile *a.* **1.** *(pers.):* amryddawn, amlddoniog, amlochrog; **a ~ man,** gŵr aml ei ddoniau. **2.** *(a) (tool, machine &c):* amlbwrpas, amlddefnydd; *(b) Nat.Hist:* troadwy.
versatility *n.* **1.** *(a)* amlochredd *m*, gallu amryddawn *m*, aml/amryw ddoniau *pl*; **(his work is proof) of his ~,** (mae ei waith yn brawf) o'i ddoniau helaeth, o'i ddawn hyblyg; *(b) (of tool, machine):* amlbwrpasedd *m.* **2.** *Nat.Hist:* gallu *(vn)* troi, troadwyedd *m.*
verse *n.* **1.** *(= line of verse):* llinell(-au) *f*, *A:* gwers(-au) *f.* **2.** *(of song):* pennill (penillion) *m.* **3.** *Coll: (= poetry):* barddoniaeth *f*, prydyddiaeth *f*, cerddi *pl*; **The Oxford Book of Welsh ~,**

Blodeugerdd Rhydychen o Farddoniaeth Gymraeg; **in ~,** ar gân, ar fydr; **blank ~,** mesur moel *m*, canu diodl *m*; *W.Pros:* **free ~,** canu rhydd; **strict ~,** canu caeth, canu cynganeddol, mesurau caeth *pl.* **4.** *Ecc: (of Bible):* adnod(-au) *f*; **to quote chapter and ~,** rhoi/nodi pennod ac adnod. **5.** *attrib.* mydryddol. **~ play** *n.* drama *(f)* fydryddol (dramâu mydryddol), drama fydr (dramâu mydr).

versed¹ *a.* hyddysg **(in sth,** yn rhth), cyfarwydd (â rhth); **to be well ~ in the Bible,** bod yn olau yn eich Beibl.

versed² *a. Mth:* **~ sine,** fersin(-au) *m.*

verset *n. Mus:* fersed(-au) *m.*

versicle *n. Ecc:* gwersigl(-au) *f.*

versicoloured *a.* symudliw, amryliw.

versicular *a. Ecc:* gwersiglaidd, adnodol.

versification *n.* **1.** *(= versify):* mydryddu *vn*; *(= versified form):* mydryddiad(-au) *m.* **2.** *(= metrics):* mydryddiaeth *f.*

versifier *n.* mydryddwr (mydryddwyr) *m*, mydr|yddwraig *f*, prydydd(-ion) *m*, prydyddes(-au) *f*; *S.a.* **poet.**

versify *v.t.&i.* mydryddu.

versin[e] *n. Mth:* fersin(-au) *m.*

version *n.* **1.** *(a) (= translation):* cyfieithiad(-au) *m*, trosiad(-au) *m*; **the English ~ of the Bible,** y Beibl Saesneg; **the Authorized V~,** y Cyfieithiad Awdurdodedig; **the Revised V~,** y Cyfieithiad Diwygiedig; **the T.V. ~ of a novel,** cyfaddasiad *(m)* teledu o nofel; *(b) Sch:* darn(-au) cyfieithu *m.* **2.** *(of facts):* fersiwn (fersiynau) *mf*, dehongliad(-au) *m* (o rth); *occ:* gwedd(-au) *f* (ar rth); **she gave us a different ~ of the affair,** rhoes hi inni ochr wahanol i'r mater; rhoes inni wedd wahanol ar y mater; 'roedd ei hochr hi yn bur wahanol; **according to his ~,** chwedl yntau, meddai ef, yn ei ôl ef; **according to her ~,** yn ei hôl hi, chwedl hithau, meddai hi. **3. the military ~ of the aircraft,** y ffurf filwrol ar yr awyren, fersiwn milwrol/filwrol yr awyren. **4.** *Obst:* troad(-au) *m*, troi *vn.*

verslibrist *n. Pros:* bardd (beirdd) penrhydd *m*, un o feirdd y wers rydd; **he is a good ~,** mae ef yn feistr ar y wers rydd.

verso *n.* y tu chwith *m*, y tu ôl, *verso.*

verst *n. Meas:* ferst(-iau) *f.*

verstehen *n. Sociol:* **method of ~,** dull *(m)* ***verstehen.***

versus *prep. Jur: Sp:* yn erbyn.

vert *n. & a.* **1.** *n. Hist: Jur:* glasgoed *m*, gwyrddgoed *m.* **2.** *a. & n. Her: (a) a.* gwyrdd *(f.* gwerdd, *pl.* gwyrddion); *(b) n.* gwyrdd *m.*

vertebra *Anat: n.* f|ertebra (fertebrâu) *mf*, glain (gleiniau) *(m)* asgwrn cefn; **caudal ~,** fertebra cynffonnol; **cervical ~,** fertebra gyddfol; **lumbar ~,** fertebra meingefn[ol] *(pronounced* ng-g); **sacral ~,** fertebra crwperol/sacrol; **thoracic ~,** fertebra thorasig/afellaidd.

vertebrae *n.pl.* yr asgwrn *(m)* cefn, asgwrn y cefn.

vertebral *a. Anat:* fertebrol; **~ column,** asgwrn *(m)* cefn (esgyrn cefnau), colofn *(f)* cefn (colofnau cefnau).

vertebrate *a. & n.* **1.** *a.* fertebraidd, ag asgwrn cefn. **2.** *n.* fertebriad (fertebriaid) *m&f*, f|ertebrat (fertebratiaid) *m.*

vertex *n.* **1.** uchafbwynt(-iau) *mf*, pinacl(-au) *m*; *Mth:* fertig(-au) *m.* **2.** *Anat:* corun(-au) *m.*

vertical *a. & n.* **1.** *a. (a)* unionsyth; *Mth: Sp:* fertigol; **~ chiselling,** naddu unionsyth/fertigol; *Astr:* **~ circle,** cylch fertigol; **a ~ cliff,** craig serth *f*, clogwyn syth *m*; **~ erosion,** erydiad(-au) fertigol *m*; **~ line,** llinell *(f)* blwm (llinellau plwm), llinell fertigol, plymlin(-au) *f*, sythlin(-au) *f*; **~ line of sight,** llinell weld unionsyth; *Geom:* **~ section,** toriad(-au) fertigol *m*; *Surv: Arch:* **~ elevation,** drychiad(-au) fertigol *m*; *Geog:* **~ exaggeration,** gormodaeth fertigol *f*; *Geog:* **~ interval,** cyfwng (cyfyngau) fertigol *m*; **~ paring,** naddu fertigol; **~ perspective,** persbectif(-au) fertigol *m*; **~ plane,** plân (planau) fertigol *m*; *(b) Artil: Ball: (trajectory):* unionsyth; *(c) Geom:* **~ angles,** onglau cyferbyn; *Av:* **~ take-off,** esgyniad fertigol/unionsyth *m*; **~ landing,** glaniad fertigol/unionsyth *m.* **2.** *n. Mth:* sythlin(-au) *f*, llinell(-au) fertigol *f*; *Const:* **out of the ~,** allan o blwm, heb fod yn sythlin, heb fod yn syth.

verticality *n.* unionsythder *m*, fertigoledd *m.*

vertically *adv.* yn unionsyth, yn fertigol; *Mth:* **~ opposite angles,** onglau croesfertigol.

vertices *n.pl. See* **vertex.**

verticil *n. Bot: Anat:* troell (troellau) *f*, troellen(-nau) *f.*

verticillaster *n. Bot:* *sêr-droellen(-nau) *f.*

verticillate *a.* troellog.

vertiginous *a.* = **dizzy.**

vertigo *n.* pendro *f*, y bendro *f*, pensyfrdandod *m*, penysgafnder *m*, madrondod *m*, *occ:* y ddot *f*, *N: F:* penstandod *m.*

vertu *n.* = ***virtu.***

vervain *n. Bot: (Verbena officinalis):* y ferfaen *f*, y ferfain *f*, briw*(m)*'r march, llysiau*(pl)*'r hudol, cas *(m)* gan gythraul, gwaedlys gwyn *m*, y dderwen fendigaid *f*, llysiau *(pl)* Simeon, *S.W:* gyr *(f)* y gŵr drwg.

verve *n.* asbri *m*, afiaith *m*, hoen *f*, hoender *m*, bywyd *m*, egni *m.*

vervet *n. Z:* ferfet(-iaid,-od) *m.*

very¹ *a. & adv.* I. *a.* **1.** *A: or Lit: (= real, true):* gwir, go iawn; **the veriest fool knows that,** fe ŵyr y ffŵl mwyaf/pennaf hynny. **2.** *(emphatic use): (a)* union + *soft mut.*; **he lived in this ~ house,** bu'n byw yn yr union dŷ hwn; **the ~ man,** yr union ddyn/ŵr; **you are the ~ man I wanted to see,** chi yw'r union ddyn yr oeddwn i am ei weld; **(come here) this ~ minute!** (dewch yma) ar unwaith, y munud/funud yma! **at that ~ moment,** ar yr union eiliad hwnnw/honno; **this ~ day,** y dydd heddiw, heddiw'r dydd, heddiw'n deg; **it must be done this ~ day,** rhaid ei wneud heddiw nesaf; **I have done it this ~ day,** 'rwyf wedi ei wneud heddiw ddiwethaf; **a year ago to this ~ day,** flwyddyn gron i heddiw, union flwyddyn i heddiw; **it was a year ago to the ~ day,** yr oedd hi'n flwyddyn gron i'r diwrnod; flwyddyn union yn ôl i'r diwrnod oedd hi; **those were his ~ words,** dyna oedd ei union eiriau; *(b)* **at the ~ beginning,** yn/ar y dechrau un, ar y cychwyn cyntaf; **he knows our ~ thoughts,** mae'n gwybod ein meddyliau hyd yn oed; gŵyr ein holl feddyliau; **the ~ children knew of it,** gwyddai hyd yn oed y plant amdano; **the ~ truth,** calon *(f)* y gwir; *(c)* **the ~ idea frightens me,** mae hyd yn oed y syniad yn fy nychryn i; mae'r syniad [ynddo'i hun] yn ddigon i'm dychryn i; **I shudder at the ~ thought of it,** 'rwy'n crynu dim ond wrth feddwl am y peth; **his ~ presence was enough,** 'roedd ei fod ef yno ynddo'i hun yn ddigon; digon ei fod ef yno. II. *adv.* **1.** *(a)* iawn, dros ben *(following a.)*; *Lit:* tra + *spirant mut. (before a.)*; *(the intensive can also be expressed by repeating the adjective):* **a ~ old idea,** hen hen syniad, syniad hen iawn; **~ good,** da iawn, da dros ben; **~ ill,** gwael iawn, pur wael, go wael; **~ kind,** tra charedig, caredig iawn; **~ well,** yn dda iawn; *(in assent):* o'r gorau; dyna ni; iawn; purion; **that's ~ easily done,** hawdd iawn gwneud hynny; **that's ~ kind of you,** 'rydych chi'n garedig iawn; **the V~ Reverend John Williams,** y Gwir Barchedig John Williams; **(I took only) a ~ little,** (ni chymerais ond) ychydig iawn, ychydig bach bach; **so ~ small,** mor fychan, mor fach, cyn lleied; **so ~ little (of sth),** ychydig iawn, cyn lleied (o rth); **so ~ big,** mor fawr, cymaint; **I love her ~ much,** 'rwy'n ei charu'n fawr iawn; **~ much has been lost,** collwyd llawer iawn; **(it isn't) so ~ difficult,** (nid yw) mor anodd â hynny, cyn anodded â hynny; **she was not ~ well pleased,** nid oedd hi'n rhyw fodlon iawn; *N.W: occ:* 'doedd ganddi hi ddim bochau bodlon; **are you tired? - yes, ~,** ydych chi wedi blino? - ydw, yn fawr iawn; **he wore a ~ pleased expression,** 'roedd golwg fodlon iawn ar ei wyneb; *(b) (with past part.):* **(I was) ~ [much] (surprised),** ('roeddwn i wedi synnu)'n fawr, *Lit:* 'n ddirfawr, 'n enbyd, *N:* 'n arw; **I was ~ disappointed,** 'roeddwn i wedi fy siomi'n fawr; 'roeddwn yn dra siomedig; 'roeddwn yn siomedig iawn; *(c) (with comparatives):* **I feel ~ much better,** 'rwyf yn teimlo'n well o lawer; 'rwy'n teimlo'n llawer iawn gwell; *S.a.* **extremely. 2.** *(emphatic use):* **the ~ first,** y cyntaf un, *Lit:* y cyntaf oll; **we were the ~ first to arrive,** ni oedd y rhai cyntaf i gyrraedd; **the ~ last,** yr olaf un, yr olaf oll; **the ~ best,** y gorau un, y gorau oll; **I did the ~ best I could,** gwneuthum fy ngorau glas; gwneuthum orau y gallwn; **that was the ~ last thing I expected,** dyna'r peth olaf un a ddisgwyliwn; **the ~ next day,** y diwrnod wedyn, drannoeth; **at the ~ most,** ar y mwyaf; **at the ~ least,** fan leiaf, *S:* man lleiaf; **at the ~ latest,** fan bellaf, *S:* man pellaf; **the ~ same thing,** yn union yr un peth, yr un peth yn union [deg], *F:* yr un un peth, *S:* yr un peth yn gymwys *(pronounced* gwmws); **it's my ~ own work,** fy ngwaith i fy hun yw e; **for your ~ own,** i ti dy hun/hunan (i chwi eich hun/hunan/hunain).

Very² *Pr.n. Mil:* **~ light** *n.* golau (goleuadau) *(m)* Very. **~ [light] pistol** *n.* dryll(-iau) *(m)* Very, pistol(-au) *(m)* Very.

vesica *n.* **1.** *Anat: Z: (= bladder):* pledren(-ni,-nau) *f*, chwysigen (chwysigod) *f.* **2.** *Art:* eurgylch(-au) *m.*

vesical *a. Anat: Med:* pothellol, pledrol, chwysigol.
vesicant *a. & n. Med:* = **vesicatory.**
vesicate *v.t.* **to ~ (sth),** codi pothell[-i], codi chwysigen/chwysigod (ar rth); pothellu, chwysigennu (rhth); *N: F:* codi swigen/swigod (ar rth).
vesication *n.* pothelliad *m*, chwysigeniad(-au) *m*; *vn.* = **vesicate.**
vesicatory *a. & n.* **1.** *a. Med:* chwysigennol. **2.** *n.* chwysiglydd(-ion) *m*, pothellydd(-ion) *m*.
vesicle *n.* **1.** *Anat: Z: (a) (= bladder):* pledren(-nau,-ni) *f*, chwysigen (chwysigod) *f*, fesicl(-au) *mf*, *N: F:* swigen (swigod) *f*; *(b) (= sac, cyst):* coden(-nau) *f*; **seminal ~,** fesicl semen; *(c) Path: (= blister):* pothell(-i) *f*, chwysigen (chwysigod) *f*, *N: F:* swigen. **2.** *Geol:* ceudod(-au) *m*.
vesicular *a. (= having form of vesicle):* pothellol, chwysigol, chwysigennol; *(= characterized by vesicles):* pothellog, chwysigennog; *Geol:* ceudodol; **~ cavity,** ceudod(-au) pothellol *m*, gwagolyn(-nau, gwagolion) *m*.
vesiculate[1] *a.* = **vesical.**
vesiculate[2] *v.t.&i.* = **vesicate.**
vesiculation *n.* = **vesication.**
vesper *n.* **1.** *Poet:* yr hwyr *m*. **2.** *pl. Ecc:* **vespers,** [y] gosber *m*, [y] gosberau, hwyrol weddi *f*, gweddi brynhawnol (gweddïau prynhawnol) *f*, prynhawnol weddi; **candle ~,** gosber canhwyllau. **~-bell** *n.* cloch *(f)* osber (clychau gosber).
vesperal *n. Ecc:* **1.** *(in antiphonary):* gosberlyfr(-au) *m*, gosberganiedydd(- ion) *m*. **2.** *(cloth):* allorlen(-ni) *f*, allorliain (allorlieiniau) *m*.
vespertilionid *a. & n. Z:* **1.** *a.* ystlumol. **2.** *n.* ystlum(-od) *m*.
vespertilionine *a. Z:* ystlumol.
vespertine *a.* hwyrol.
vespiary *n.* nyth(-od) *(m)* cacwn.
vespid *n.* cacynen (cacwn) *f*.
vespine *a.* cacynaidd.
vessel *n.* **1.** *(= receptacle):* llestr(-i) *m*, dysgl(-au) *f*; *Prov:* **empty vessels make the most noise,** mwya'u trwst llestri gweigion. **2.** *Nau:* llong(-au) *f*, *occ:* llestr(-i) *m*; **fishing ~,** cwch (cychod) *(m)* pysgota; **passenger ~,** llong deithwyr (llongau teithwyr). **3.** *Anat: Bot:* llestr(-i) *m*, pibell(-i) *f*; **blood-~,** llestr gwaed, gwaedlestr(-i) *m*. **4.** *Lit: Fig:* llestr(-i) *m*. *B:* **chosen ~,** llestr dewisedig; **the weaker ~,** y llestr gwannaf.
vest[1] *n. Cost:* **1.** *Com: U.S:* = **waistcoat. 2. [under-]~,** fest(-iau,-ys) *f*, *occ:* crys(-au) isaf *m*, *M.W: occ:* siyrcyn(-nau) *m*; **string ~,** fest dyllau (festiau tyllau), fest rwyllog (festiau rhwyllog). **~-pocket 1.** *n.* poced *(f)* fest (pocedi festiau). **2.** *attrib.* bychan (*f.* bechan, *pl.* bychain), i'r boced.
vest[2] *v.t.&i.* **1.** *v.t. (a)* **to ~ s.o. (with authority),** arwisgo, urddo, breinio rhn (ag awdurdod); ymddiried (awdurdod) i rn; **in accordance with the authority vested in me,** yn unol â'r awdurdod a roddwyd imi; yn unol â'r awdurdod a ymddiriedwyd ynof; *Jur:* **to ~ s.o. with an inheritance,** breinio/seisio rhn ag etifeddiaeth; *(b)* **to ~ property in s.o.,** cyflwyno eiddo i rn, rhoi meddiant eiddo i rn; **a right vested in the Crown,** hawl yn perthyn i'r Goron; **authority vested in the people,** awdurdod yn perthyn i'r bobl; *(c) Lit: Ecc:* arwisgo, gwisgo. **2.** *v.i. (a) (of priest):* gwisgo, ymwisgo; *(b) (of property):* **to ~ in s.o.,** bod ym meddiant rhn, dod yn eiddo rhn.
vesta *n.* matsien *(f)* gŵyr (matsis cŵyr).
vestal *a. & n.* **1.** *a.* gwyryfol, diwair; *Rom.Ant:* **~ virgin,** gwyryf(-on) *(f)* Vesta. **2.** *n.* gwyryf(-on) *f*; *Ecc:* lleian(-od) *f*.
vested *a.* **1.** *Jur:* breiniedig, arhosol, sefydlog, sy'n sefyll; **~ in possession,** breiniwyd mewn meddiant: **~ in remainder,** breiniwyd mewn gweddilliad. **2. ~ interest,** buddiant (buddiannau) breintiedig; **I have a ~ interest in it,** mae imi fudd/les ohono; mae imi fy rhan ynddo; **she has a ~ interest in its success,** byddai o fantais/fudd iddi hi petai'n llwyddo; byddai hi ar ei hennill petai'n llwyddo.
vestiarian *a. Ecc.Hist:* **the V~ Controversy,** Dadl *(f)* yr Urddwisgoedd.
vestiary *a. & n.* **1.** *a.* dilladol, gwisgiadol. **2.** *n.* gwisgle(-oedd) *m*.
vestibular *a.* cynteddol.
vestibule *n.* **1.** *(a) (= hallway):* cyntedd(-au,-oedd) *m*; *(= antechamber):* rhagystafell(-oedd) *f*; *(b) (= porch of church):* porth (pyrth) *m*; *(c) N.Am: Rail:* mynedfa (mynedf|eydd) *f*, cyswllt (cysylltau) *m*; **concertina ~,** cyswllt crych; **~ train,** trên â ch|oridor. **2.** *Anat:* cyntedd.
vestibulum *n. Anat:* = **vestibule 2.**
vestige *n.* **1.** *(= trace, sign):* ôl (olion) *m*, arwydd(-ion) *mf*. **2.** *(a) (= slightest amount):* mymryn *m*, rhithyn *m*, gronyn *m*, iod *f*; **not a ~ of common sense,** yr un iod/rhithyn o synnwyr cyffredin; **he went out without a ~ of clothing,** aeth allan heb gerpyn/ddilledyn amdano; *(b) Biol:* gweddillyn (gweddillion) *m*, organ weddilliol (organau gweddilliol) *f*.
vestigial *a.* gweddilliol.
vestigially *adv.* fymryn, ychydig, y mymryn lleiaf.
vesting *a. Jur:* **~ assent,** cydsyniad(-au) *(m)* i freinio; **~ declaration,** datganiad(-au) *(m)* breinio; **~ deed,** gweithred *(f)* freinio (gweithredoedd breinio).
vestiture *n.* = **investiture.**
vestment *n. Ecc:* urddwisg(-oedd) *f*.
vestmental *a.* urddwisgol.
vestmented *a.* urddwisgog, mewn urddwisg[-oedd].
vestral *a.* festrïol.
vestry *n.* **1.** *Ecc:* festri (festrïoedd) *f*; **open ~,** festri agored; **close ~,** festri ddethol. **2.** *Adm: Hist:* cyfarfod(-ydd) *(m)* plwyf, festri. **~-book** *n.* llyfr *(m)* festri (llyfrau festri/festrïoedd). **~ clerk** *n.* clerc *(m)* festri (clercod festrïoedd).
vestryman *n.m.* festrïwr (festriwyr) *m*.
vestural *a.* gwisgol, gwisgiadol.
vesture[1] *n.* **1.** *Lit: (= clothes):* gwisgoedd *pl*, dillad *pl*, diwyg *mf*. **2.** *Jur:* cnydau *pl*, glaswellt *m*.
vesture[2] *v.t. Lit:* gwisgo.
vesuvianite *n. Miner:* fes|wfianit *m*.
Vesuvius *Pr.n. Geog:* Feswfiws *m*.
vet[1] *n.* milfeddyg(-on) *m*, *F:* ffarier(-iaid,-s) *m*.
vet[2] *v.t. F:* **1.** *Vet:* trin; **to have a horse vetted,** cael trin ceffyl. **2.** *(a) Fig: (= to examine, check):* archwilio, edrych, gwirio; *(b) (= appraise):* mesur a phwyso, pwyso a mesur, mantoli; **to ~ a candidate,** edrych/archwilio hanes ymgeisydd, mesur troed ymgeisydd; *F:* **could you ~ this car for me?** fedrwch chi daro golwg ar y car yma i mi?
vetch *n. Bot: (Vicia sativa):* ffacbysen (ffacbys) *f*, corbysen (corbys) *f*, ytbysen (ytbys) *f*, ffugbysen (ffugbys) *f*, ffugbysen faethol (ffugbys maethol), gwycbysen (gwycbys) *f*, *F:* pysen (pys) *(f)* llygod, pysen y coed, pysen y garanod, *N.W: occ:* pupys gwylltion *pl*; **American ~,** *(V. americana):* ffacbysen Am|erica; **Bithynian ~, rough podded purple ~,** *(V. bithynica):* ffacbysen ruddlas (ffacbys rhuddlas), ffugbysen ruddlas arwgodog (ffugbys rhuddlas garw-godog); **bitter ~,** *(a) (V. orobus):* pysen y coed; *(b) (Lathyrus montanus/macrorhizus):* pysen yr aran, pysen gnapwreiddiog (pys cnapwreiddiog) y coed; **black bitter ~,** *(L. niger):* pysen ddu'r coed (pys duon y coed); **broad-leaved ~, French ~,** *(V. narbonensis):* ffacbysen Ffrengig, ffacbysen lydanddail (ffacbys llydanddail); **brown ~,** *(L. setifolia):* ffacbysen felyngoch (ffacbys melyngoch) (*pronounced* ng-g); **bush ~,** *(V. speium):* ffacbysen y cloddiau; **chickling ~,** *(L. sativus):* ytbysen dragwyddol (ytbys tragwyddol); **cirrhose ~,** *(L. cirrhosus):* ytbysen gordeddog (ytbys cordeddog); **crown ~,** *(Coronilla varia):* pysen y fwyell, rhonell *(f)* y wennol, ffacbysen goronog (ffacbys coronog); **Danzig ~,** *(V. cassabica):* ffacbysen Danzig, ffugbysen fer godog (ffugbys byr codog); **false ~,** *(Astragalus monspessulanus):* llaethwyg *(pl)* Ffrengig; (*)geuffacbysen (geuffacbys) *f*; **felted ~,** *(L. pannonicus):* ffacbysen bannog (ffacbys pannog). **fine-leaved ~,** *(V. tenuifolia):* ffacbysen feinddail (ffacbys meinddail); **hairy ~, Russian ~, Siberian ~,** *(V. villosa):* ffacbysen flewog (ffacbys blewog); **hairy-flowered yellow ~,** *(V. hybrida):* ffugbysen gymysgryw (ffugbys cymysgryw); **grass ~,** *(L. nissolia):* ytbysen goch (ytbys cochion); **horseshoe ~,** *(Hippocrepis comosa):* pedol *(f)* y march, carn *(m)* y march, ewnofiau gwylltion *pl*; **kidney ~,** *(Anthyllis vulneraria):* plucen felen *f*, gwe felen *f*, bysedd *(pl)* Mair, meillionen felen (meillion melyn) *f*, ffacbysen feddygol (ffacbys meddygol); **milk ~,** *See* **milk-vetch; narrow-leaved ~,** *(V. angustifolia):* ffacbysen gulddail ruddog (ffacbys culddail rhuddog); **pale ~,** *(V. oroboides):* ffacbysen felynwen (ffacbys melynwyn); **Pyrenean ~,** *(V. pyrenaica):* ffacbysen y Pyreneau; **saw-leaved ~,** *(V. serratifolia):* ffacbysen lifddeiliog (ffacbys llifddeiliog); **scarlet ~,** *(V. fulgens):* ffacbysen ysgarlad; **scorpion ~,** *(C. coronata):* ffacbysen goronog; **small scorpion ~,** *(C. vaginalis):* ffacbysen goronog fach (ffacbys

coronog bach); **silvery ~,** *(V. argentea):* ffacbysen ariannaidd; **slender ~,** *(L. filiformis/canescens):* ffacbysen fain (ffacbys meinion); **smooth-podded sea ~,** *(V. laevigata):* ffacbysen arfor lefngodog (*pronounced* ng-g); **spring ~,** *(V. lathyroides):* ffacbysen y gwanwyn; **tufted ~,** *(V. cracca):* tagwyg *m*, tagwygbysen, gwycbysen, gwygbysen, *S. W:* ffacbysen y berth; **upright ~,** *(V. orobus):* ffacbysen unionsyth; **wood ~,** *(V. sylvatica):* ffacbysen y coed, ffugbysen y wig; **yellow ~,** *(V. lutea):* ffacbysen felen arw-godog (ffacbys melyn garw-godog), eurbysen (eurbys) *f.*
vetchlike *a.* fel ffacbys, ffacbysol.
vetchling *n. Bot:* ytbysen (ytbys) *f*; **bitter ~,** *(Lathyrus montanus):* ytbysen chwerw (ytbys chwerw); **crimson ~, grass ~,** *(L. nissolia):* ytbysen goch (ytbys coch), ffugbysen rudd (ffugbys rhudd) *f*; **hairy ~,** *(L. hirsutus):* ytbysen flewog (ytbys blewog), ytbysen flewgodog (ytbys blewgodog); **meadow ~,** *(L. pratensis):* ytbysen y waun, ytbysen y ddôl, ewinedd (*pl*) ieir; **yellow ~,** *(L. aphaca):* ytbysen felen (ytbys melyn).
veteran *n. & a.* **1.** *n. (a) Mil:* **[war] ~,** cyn-filwr (~-filwyr) *m*, hen filwr (~ filwyr) *m*, f|eteran (feteraniaid) *m*; **Veterans' Day,** Diwrnod yr Hen Filwyr; *(b) F:* hen law(-iau) *f*, feteran. **2.** *a. (a)* profiadol, profedig, henbrawf; hen + *soft mut. (precedes n.):* **a ~ actor,** actor(-ion) profiadol *m*, hen actor; *(b) Aut:* **~ car,** car (ceir) (*m*) hen ffasiwn, car tro'r ganrif.
veterinarian *n. U.S:* milfeddyg(-on) *m.*
veterinary *a.* milfeddygol; **~ medicine, ~ science,** milfeddygaeth *f*; **~ surgeon,** milfeddyg(-on) *m.*
vetiver *n. Bot: Tex:* f|etifer *mf.*
veto[1] *n.* gwaharddiad(-au) *m*, feto(-au) *f*, nacâd *m*, pleidlais (pleidleisiau) (*f*) atal; **right of ~,** hawl i wahardd, hawl nacáu; **suspensive ~,** hawl ohirio, feto ohirio.
veto[2] *v.t.* gwahardd, nacáu, nadu (rhth); rhoi feto (ar rth).
vetoer *n.* gwaharddwr (gwaharddwyr) *m*, gwah|arddwraig *f.*
vetoless *a.* diwaharddiad, heb feto.
vetting *vn.* gwiriad(-au) *m*, gwirio *vn*, archwiliad(-au) *m*, archwilio; *S.a.* **vet**[2].
vex *v.t.* **1.** *(= annoy):* digio, gwylltio, codi gwrychyn, *Lit:* llidio, cythruddo. **2.** *Lit: (= grieve, afflict):* blino, gofidio, plagio, poenydio, trallodi. **3.** *Poet: (= disturb):* aflonyddu (ar rth).
vexation *n.* **1.** *(= distress):* gofid(-iau) *m*, trallod(-ion) *m*; **~ of spirit,** blinder (*m*) ysbryd. **2.** *(= annoyed feeling):* dicter *m*, dig *m.* **3.** *(= harassment):* poenydio *vn*, plagio *vn.* **4.** *(= annoying thing):* blinder(-au) *m*, pla (plâu) *m*, trallod(-ion) *m.*
vexatious *a.* plagus, blinderus, trallodus, annifyr; *Jur:* **~ litigation,** cyfreithio (*vn*) blinderus.
vexatiously *adv.* yn blagus *&c.*
vexatiousness *n.* natur blagus/flinderus *f*, annifyrrwch *m*, annifyrdod *m*, plagusrwydd *m.*
vexed *a.* **1.** *(= angry):* dig, dicllon, ffyrnig, gwyllt, wedi digio, *F:* milain, piwis, *S: F:* crac; **to be ~ (at sth),** bod yn ddig, teimlo'n ddig (o achos rhth); **to be ~ with s.o.,** digio wrth rn, bod yn ddig/filain wrth rn, *S:* bod yn grac gyda rhn. **2.** *(topic &c):* dadleuol, dyrys, astrus.
vexedly *adv.* yn ddig, yn biwis.
vexedness *n.* **1.** = **vexation 2. 2.** *(of question):* astrusi *m*, natur ddadleuol *f.*
vexer *n.* poenwr (poenwyr) *m*, plagiwr (plagwyr) *m*, trallodwr (trallodwyr) *m.*
vexillary *n.* banerwr (banerwyr) *m*, llumanwr (llumanwyr) *m.*
vexillology *n.* astudio (*vn*) baneri, banereg *f*, llumaneg *f.*
vexillum *n.* **1.** *Rom.Ant: (a) (= banner):* baner(-i) *f*; *(b) (soldiers):* corfflu(-oedd) *m*, manipl(-au) *m.* **2.** *(a) Bot: (of flower):* petal(-au) uchaf *m*; penwn (penynau) *m*; *(b) Orn: (of feather):* pâl (palau) *f*, llafn(-au) *m.* **3.** *Ecc: (a) (= banner):* baner, penwn; *(b)* = **cross**[1] **1.**
vexing *a.* blinderus, pryfoclyd, plagus, diflas; **it's ~,** mae'n ddigon i'ch gwylltio/cynddeiriogi.
vexingly *adv.* yn flinderus *&c.*
via[1] *prep.* trwy, drwy + *soft mut.*; **he returned the letter ~ his secretary,** dychwelodd y llythyr trwy law ei ysgrifenyddes; **to Swansea ~ Carmarthen,** i Abertawe trwy/drwy Gaerfyrddin.
via[2] *n.* ffordd (ffyrdd) *f.* **V~ Dolorosa** *Pl.n. Rel:* y Ffordd Ddolurus. **~ *media*** *n.* ffordd ganol; **to find a ~ media,** torri/agor cwys ganol.
viability *n. (a) (of living thing):* hyfywdra *m*, hyfywedd *m*; *(b) (of plan &c):* dichonoldeb *m*, ymarferoldeb *m*; *Econ: &c:* hyfywedd.
viable *a. (a) (living thing):* hyfyw; *(b) (plan &c):* dichonol, dichonadwy, posibl, ymarferol.
viably *adv.* **1.** yn hyfyw. **2.** yn ddichonadwy *&c.*
viaduct *n.* traphont(-ydd) *f.*
vial *n.* ffiol(-au) *f*, costrel(-i) *f*; *B:* **pour out vials of wrath,** tywelltwch ffiolau digofaint.
vialful *n.* ffiolaid (ffioleidiau) *f*, llond (*m*) ffiol(-au).
viand *usu.pl. A: & Lit:* saig (seigiau) *f*, bwyd(-ydd) *m*; **choice ~,** danteithion *pl*, danteithfwyd(-ydd) *m*, amheuthun(-ion) *m.*
viaticum *n.* **1.** *Ecc:* cymun (*m*) angen, cymun (*m*) claf. **2.** *Rom.Ant:* teithfwyd(-ydd) *m*, gosymdaith *m*, bwyllwrw (bwyllyriau) *m.*
viator *n.* teithiwr (teithwyr) *m.*
vibes *n.pl. F:* **1.** *Mus:* = **vibraphone. 2.** *(= vibrations):* gwefr *f*, gwefrau *pl*; **I'm getting bad ~,** 'rwy'n cael teimlad annifyr; 'rwy'n cael gwefr annifyr.
vibracular *a. Z:* fflangellol.
vibraculum *n. Z: Anat:* fflangell(-au) *f.*
vibraharp *n. R.t.m: U.S:* = **vibraphone.**
vibraharpist *n. Mus:* = **vibraphonist.**
vibrance, vibrancy *n.* **1.** *(of voice &c):* soniarusrwydd *m*, soniaredd *m.* **2.** *(of personality):* nwyfusrwydd *m*, nwyf *m*, nwyfiant *m*, bywiogrwydd *m*, egni *m*; *(= sensitivity):* sensitifrwydd *m*, hydeimledd *m.*
vibrant *a.* **1.** *(a) (= vibrating):* dirgrynol; *(b) (voice &c):* soniarus, atseiniol. **2.** *(personality): (= vigorous):* nwyfus, bywiog, egnïol; *(= sensitive):* teimladwy, hydeiml, s|ensitif. **3.** **a city ~ with activity,** dinas yn ferw o brysurdeb.
vibrantly *adv.* **1.** yn soniarus *&c.* **2.** yn nwyfus *&c.*
vibraphone *n. Mus:* f|ibraffon (fibraffonau) *m*, f|eibraffon (feibraffonau) *m.*
vibraphonist *n. Mus:* f[e]ibraffonydd(-ion) *m.*
vibrate *v.i.&t.* **1.** *v.i. (a) (of voice):* crynu; *(b) Ph: Mus:* dirgrynu. **2.** *v.t.* dirgrynu.
vibratile *a.* dirgrynadwy, dirgrynol.
vibrating *a. & vn.* **1.** *a.* dirgrynol, dirgryn; **~ reed,** corsen ddirgrynol (cyrs dirgrynol) *f.* **2.** *vn.* dirgrynu.
vibration *n.* **1.** *(of voice &c):* cryndod(-au) *m.* **2.** *Ph:* dirgryniad(-au) *m*, dirgryndod(-au) *m*, *occ:* dirgryniant (dirgryniannau) *m*; *Ph:* **forced ~,** dirgryniad gorfod; *Mus:* **sympathetic ~,** dirgryniad cydseiniol; **~ waves,** tonnau dirgryn. **3.** *pl. F: (= atmosphere):* awyrgylch *m*, gwefr *f*, gwefrau; **good vibrations,** gwefrau da, gwefrau gwych, teimladau braf/da.
vibrational, vibrative *a.* dirgrynol.
vibrato **1.** *n.* ***vibrato(-s)*** *m.* **2.** *adv.* ***vibrato***; **to sing ~,** *F:* canu fel colomen wryw.
vibrator *n.* **1.** *(a) El:* dirgrynwr (dirgrynwyr) *m*; *W.Tel:* osgiladur(-on) *m*; *(b) Mus: (in reed-organ):* corsen (cyrs) *f.* **2.** *Med: &c:* dirgrynwr.
vibratory *a.* dirgryn, dirgrynol.
vibrio *n. Bact:* fibrio(-nau) *m.*
vibrioid, vibrionic *a.* fibrionig.
vibrissae *n.pl. Z:* blew garw, saethflew, gwrychyn *m*, gwrych *m*, ***vibrissae*** *pl.*
viburnum *n. Bot:* = **guelder rose, wayfaring tree.**
vicar *n.* **1.** *Anglican Ch:* ficer(-iaid) *m*, ficar(-iaid) *m*, person(-iaid) *m*, *occ:* periglor(-ion,-iaid) *m*; **~ choral,** ficer corawl, ficer [y] côr; **~ general,** ficer cyffredinol; **lay ~,** ficer lleyg. **2.** *R.C.Ch:* **~ apostolic,** ficer apostolig: **~ forane,** ficer allanol; **cardinal ~,** ficer(-iaid) cardinal. **3. the V~ of Christ,** y Pab *m.*
vicarage *n.* ficerdy (ficerdai) *m*, persondy (persondai) *m.*
vicarial *a.* ficerol.
vicariate *n.* ficeriaeth(-au) *f.*
vicarious *a.* dirprwyol, *occ:* mechnïol; *Jur:* **~ liability,** atebolrwydd (*m*) dros arall; **~ pleasure,** pleser ar ran rhn arall, pleser dirprwyol; **~ suffering,** dioddef dros eraill, dioddef mechnïol.
vicariously *adv.* yn ddirprwyol, yn lle rhn arall, yn lle eraill, dros arall, dros eraill.
vicarship *n.* = **vicariate.**
vice[1] *n.* **1.** *(= evil, depravity):* drygioni *m*, llygredd *m*, llygredigaeth *f*, *occ:* drygedd(-au) *m*, drygwaith *m*, *Lit: occ:* gwŷd (gwydiau) *m*; **virtues and vices,** rhinweddau a

gwendidau/ffaeleddau/beiau, *Lit:* rhinweddau a gwydiau; *(esp. sexual):* anfoesoldeb *m*, trythyllwch *m*, anlladrwydd *m*; *(= prostitution):* puteindra *m*; *(= single evil habit):* pechod(-au) *m*, gwendid(-au) *m*, drwg (drygau) *m*, bai (beiau) *m*, ffaeledd(-au) *m*; **avarice is a ~,** mae cybydd-dod yn bechod; **drunkenness is not among his vices,** nid yw meddwdod yn un o'i bechodau/feiau/ddrygau/ffaeleddau. **2.** *(= defect, weakness):* gwendid, drwg, diffyg(-ion) *m*, bai, nam(-au) *m*, ffaeledd. **a redeeming ~,** gwendid gwaredol. **3.** *(of horse):* cast(-iau) drwg *m*; **a horse with a ~,** ceffyl(-au) castiog, ceffyl a chast ynddo. **~-racket** *n.* masnach *(f)* buteiniaid. **~-ridden** *a.* llygredig, caeth i gastiau drwg, caeth i ddrygau, *Lit: occ:* gwydiog. **~ ring** *n.* cylch(-oedd) *(m)* puteiniaid. **~ squad** *n. Police:* heddlu *(m)* puteiniaeth.

vice² *U.S:* **vise** *n.* **1.** *Tls:* feis(-iau) *f*, gwasg (gweisg) *f*, cogwrn (cogyrnau) tro *m*; **bench ~,** feis fainc (feisiau mainc); **cast iron ~,** feis haearn bwrw; **engineer's ~,** feis b|aralel (feisiau p|aralel); **hand ~,** feis law (feisiau llaw); **instantaneous-grip ~,** feis gydio'n syth; **leg ~,** feis goes (feisiau coesau); **machine ~,** feis beiriant (feisiau peiriannau); **parallel jaw ~,** feis baralel (feisiau paralel); **pin ~,** feis bin (feisiau pin); **toolmaker's ~,** feis offerwr. **2.** = **cheese-press. ~-clamps** *n.pl.* arbedion feis. **~-jaw** *n.* genau (geneuau) *(m)* feis. **~-like** *a.* cadarn (cedyrn), tyn[n]; **a ~-like grip,** gafael dyn[n]/gadarn, gafael fel gefail.

vice³ *n. F:* = **vice-chairman.**

vice⁴ *prep.* yn lle; **~ versa** *adv.* i'r gwrthwyneb, fel arall, y ffordd arall, o chwith, yn y drefn arall, y tu ôl ymlaen.

vice⁵ *pref.* is- + *soft mut., occ:* dirprwy[-] + *soft mut.*

~-admiral *n.* is-lyngesydd (~-lyngeswyr) *m.*

~-admiralty *n.* is-lyngesyddiaeth(-au) *f.*

~-chairman *n.* is-gadeirydd(-ion) *m.*

~-chairmanship *n.* is-gadeiryddiaeth(-au) *f.*

~-chamberlain *n.* is-siambrlen(-iaid) *m.*

~-chancellor *n.* is-ganghellor (~-gangellorion) *m.*

~-chancellorship *n.* is-gangelloriaeth(-au) *f.*

~-commodore *n.* is-g|omodor: is-gomodôr (~-gomodoriaid) *m.*

~-consul *n.* is-gonswl(-iaid) *m.*

~-consulship *n.* is-gonswliaeth(-au) *f.*

~-governor *n.* is-lywodraethwr (~-lywodraethwyr) *m*, is-reolwr (~-reolwyr) *m.*

~-king *n.* = **viceroy.**

~-marshal *n.* is-farsial(-iaid) *m*; *S.a.* **air¹**.

~-master *n.* is-feistr(-i) *m.*

~-mistress *n.f.* is-feistres(-i).

~-presidency *n.* is-lywyddiaeth(-au) *f*; *(of country):* is-arlywyddiaeth(-au) *f.*

~-president *n.* is-lywydd(-ion) *m*; *(of country):* is-arlywydd(-ion) *m.*

~-presidential *a.* is-lywyddol, is-arlywyddol.

~-presidentship *n.* = **~-presidency.**

~-principal *n.* is-brifathro (~-brifathrawon) *m*, is-brifathrawes(-au) *f.*

~-principalship *n.* is-brifathrawiaeth(-au) *f.*

~-queen *n.* = **vicereine.**

~-regent *n.* = **viceroy.**

~-sheriff *n.* is-siryf(-ion) *m.*

~-warden *n.* is-warden (~-wardeiniaid) *m&f.*

vicegeral *a.* = **vicegerent 1.**

vicegerency *n.* rhaglawiaeth(-au) *f.*

vicegerent *a.* & *n.* **1.** *a.* dirprwyol, rhaglawol, rhaglofiol. **2.** *n.* rhaglaw(-iaid) *m*, dirprwy(-on) *m.*

viceless *a.* dibechod, di-fai.

vicenary *a.* ugeiniol.

vicennial *a.* ugeinmlwydd, ugeinmlwyddol, bob ugain mlynedd.

viceregal *a.* rhaglawol; **~ authority,** awdurdod rhaglaw; **the ~ palace,** palas y rhaglaw.

viceregency *n.* rhaglawiaeth(-au) *f.*

viceregent *n.* rhaglaw(-iaid) *m*, llywodraethwr (llywodraethwyr) *m.*

vicereine *n.f.* llywodr|aethwraig (llywodraethwragedd), rhaglawes(- au).

viceroy *n.* rhaglaw(-iaid) *m*, llywodraethwr (llywodraethwyr) *m.*

viceroyal *a.* = **viceregal.**

viceroyalship, viceroyalty *n.* rhaglawiaeth(-au) *f.*

vicesimal *a.* = **vigesimal.**

Vichyite *Pol.Hist: n.* & *a.* **1.** *n.* Vichyad (Vichyaid) *m&f*, un o wŷr Vichy. **2.** *a.* Vichyaidd.

vichyssoise *n. Cu:* cawl *(m)* cennin a thatws.

vicinage *n.* cymdogaeth(-au) *f*, cyffiniau *pl.*

vicinal *a.* cyfagos, cymdogol, cyffiniol, lleol, yn yr ardal.

vicinity *n.* **1.** *(= nearness):* agosrwydd *m* (**to sth,** at rth). **2.** *(= surrounding district):* cyffiniau *pl*, cylch *m*, cylchoedd *pl*, cyrion *pl*, tueddau *pl*; **in the ~ of Bangor,** yng nghyffiniau Bangor, yng nghylch Bangor, yn ardal Bangor, yn ochrau Bangor, wrth ymyl Bangor, yn ymyl Bangor, tua Bangor, ger Bangor, ar gyrion Bangor, gerll|aw Bangor, *S:* ar bwys Bangor, *N: occ:* yn ochrau Bangor, *Lit:* ym mharthau Bangor.

vicious *a.* **1.** *(= corrupt):* llygredig, llwgr, drygionus; *Theol:* gwydus, gwydlon. **2.** *(horse):* castiog, anhydrin, anhywedd. **3.** *(a) (in language, document, reasoning, = defective):* cyfeiliornus, diffygiol; *(b)* **~ spiral,** troell ddieflig *f*; **~ circle,** cylch cythreulig/anfad *m.* **4.** *(bad-tempered, spiteful):* cas, milain, mileinig, llym (*f.* llem, *pl.* llymion), *S. W:* naturus, *N: F:* blin; **she has a ~ tongue,** mae hi'n llym ei thafod; *N:* mae hi'n front ei thafod; **~ criticism,** beirniadaeth filain/lem; *(= cruel):* ciaidd, creulon, *N:* brwnt (*f.* bront, *pl.* bryntion); *(weather):* cas, egr, milain, mileinig, llym; **to give a ~ tug at a bell,** rhoi plwc chwyrn ar gloch.

viciously *adv.* **1.** yn ddrygionus *&c.* **2.** yn gastiog *&c.* **3.** yn ddiffygiol *&c.* **4.** yn gas *&c.*

viciousness *n.* **1.** *(= corruptness):* drygioni *m*, llygredd *m*, llygredigaeth *f*, natur lygredig *f.* **2.** *(= spite):* sbeit *mf*, mileindra *m*, ffyrnigrwydd *m*, cieiddiwch *m*, ci|eidd-dra *m*, creulondeb *m.*

vicissitude *n.* **1.** tro(-eon) *m*, helynt(-ion) *f*; **the vicissitudes of fortune,** troeon ffawd; **the vicissitudes of life,** troeon bywyd, helyntion bywyd, troeon yr yrfa. **2.** *A: Poet:* cyfnewid(-iadau) *m.*

vicissitudinous *a.* helyntus, cyfnewidiol.

victim *n.* **1.** *(of sacrifice):* aberth (ebyrth) *m.* **2.** *(= sufferer):* dioddefwr: dioddefydd (dioddefwyr) *m*, diodd|efwraig *f* (**of sth,** rhth, gan rth); *occ:* ysglyfaeth(-au,-od) *f* (rhth, i rth); **to be the ~ of s.o.,** mynd yn ysglyfaeth i rn, dioddef gan rn, dioddef ar law rhn; **to be the ~ of sth,** bod yn ddioddefwr rhth *or* gan rth, bod yn ysglyfaeth rhth *or* i rth; **I've been a ~ of his,** 'rwyf wedi cael/dioddef cam ar ei law; **I was the ~ of his trickery,** fe'm twyllwyd i ganddo; fe'm daliodd â'i gastiau; **the victims of the catastrophe,** anffodusion y trychineb; **he fell a ~ to his own greed,** aeth ei farusrwydd ei hun yn drech nag ef; syrthiodd i fagl ei drachwant ei hun; **he was the ~ of an accident,** fe'i hanafwyd mewn damwain; **to die a ~ to smallpox,** marw o'r frech wen; **to fall a ~ to s.o.'s charm,** ildio i swyn rhn, cael eich cyfareddu/ swyno gan rn; **the fire claimed three victims,** llosgwyd tri yn y tân; bu farw tri yn y tân.

victimization *n.* annhegwch *m* (tuag at rn); erledigaeth *f* (ar rn); gwn|eud cam (â rhn); bwrw *(vn)* dial, dial annheg *m* (ar rn); *vn.* = **victimize.**

victimize *v.t.* **1.** *(= persecute):* erlid, ymlid; *(= oppress):* gormesu; *(= treat unjustly):* gwn|eud cam (â rhn), trin (rhn) yn annheg; **he felt that he was being victimized,** teimlai ei fod yn cael cam. **2.** *(= dupe):* twyllo, *Lit:* hocedu.

victor *n.* buddugwr (buddugwyr) *m*, gorchfygwr (gorchfygwyr) *m*, trechwr (trechwyr) *m*, enillydd (enillwyr) *m*, y trechaf *m*; *Sch:* **~ ludorum,** pencampwr (pencampwyr) *m.*

Victoria *Pr.n.* & *n.* **1.** *Pr.n.f.* Victoria, Fictoria; *the W. equivalent* Buddug *is occ. used in translating street-names*; *Hist:* **Queen ~,** y Frenhines Fictoria; *Mil:* **~ Cross,** Croes *(f)* Fictoria. **2.** *n.* **v~,** *(a) Veh:* fictoria(-s) *f*; *(b) Hort:* **~ plum,** eirinen goch (eirin cochion) *f*; *(c) Bot:* lili(-s, lilïau) *(f)* Fictoria; *(d) Cu:* **~ sandwich,** teisen(-nau) *(f)* Fictoria.

Victorian *a.* & *n.* **1.** *a.* Fictoraidd, [o] oes Fictoria. **2.** *n.* Fictoriad (Fictoriaid) *m&f.*

Victoriana *n.pl.* Fictoriana, trugareddau cyfnod Fictoria, pethau oes Fictoria.

Victorianism *n.* Victorianaeth *f*, Victoriaeth *f.*

Victorine *n. Rel:* Fictoriniad (Fictoriniaid) *m&f.*

victorious *a.* **1.** *(fighter &c):* buddugol, buddugoliaethus, gorchfygol, trechaf; **to be ~ over s.o.,** curo, gorchfygu, maeddu, trechu (rhn); bod yn drech (na rhn). **2.** *(day, moment):* buddugoliaethus.

victoriously *adv.* yn fuddugoliaethus; mewn buddugoliaeth.
victory *n.* **1.** buddugoliaeth(-au) *f*, goruchafiaeth(-au) *f*, **(over s.o.,** ar rn); **to gain a/the ~,** ennill buddugoliaeth (ar rn), bod yn drech (na rhn), cario'r dydd, ennill y maes. **2.** *Art:* **the Winged V~ of Samothrace,** Buddugoliaeth Adeiniog Samothrace.
victress, victrix *n.f.* budd|ugwraig (buddugwragedd), merch fuddugol (merched buddugol), en|illwraig (enillwragedd); **victrix ludorum,** penc|ampwraig (pencampwragedd) *m.*
victual *v.t.&i.* **1.** *v.t.* porthi, diwallu (rhth); cyflenwi/arlwyo bwyd (i rth); *A: or Lit:* fitelio. **2.** *v.i. (of ship &c):* ymgyflenwi [â bwydydd], ymddiwallu, *A: or Lit:* fitelio.
victualler *n. (a)* fiteliwr (fitelwyr) *m*, fit|elwraig (fitelwragedd) *f*; *(b)* **licensed ~,** tafarnwr (tafarnwyr) *m*, taf|arnwraig (tafarnwragedd) *f*.
victualless *a.* heb fwyd[-ydd], diarlwy.
victuals *n.pl.* bwyd *m*, bwydydd, ymborth *m*, lluniaeth *f*; *A: or Lit:* fitel(- oedd) *m.*
vicuña *n.* **1.** *Z:* ficwnia(-id,-od) *mf.* **2.** *Tex:* ficwnia *m.*
vide *v.t. impers.* gweler; **~ *infra*,** gweler isod; **~ *supra*,** gweler uchod.
videlicet *adv.* hynny yw, sef.
video *n. T.V:* fideo(-s) *mf.* **~-cassette** *n.* casét (casetiau) *(m)* fideo, casét llun (casetiau lluniau), fideocasét (fideocasetiau) *m.* **~-fader** *n.* diffoddydd (diffoddwyr) *(m)* araf. **~ frequency** *n.* amledd(-au) *(m)* fideo. **~-mixer** *n.* cymysgwr (cymysgwyr) *(m)* lluniau. **~-monitor** *n.* m|onitor (monitorau) *(m)* lluniau. **~-nasty** *n. F:* fideo ffiaidd, *Joc:* ych-a-fideo(-s) *mf.* **~-record** *v.t.* fideorecordio (rhth), codi (rhth) ar fideo. **~-recorder** *n.* fideorecordydd(-ion) *m*, recordydd(-ion) *(m)* fideo, peiriant (peiriannau) *(m)* fideo. **~-recording 1.** *vn.* fideorecordio. **2.** *n.* fideorecordiad(-au) *m.* **~ signal** *n.* fideosignal(-au) *m.*
videophone *n.* f|ideoffon (fideoffonau) *m.*
videoscope *n.* f|ideosgop (fideosgopau) *m.*
videotape[1] *n.* tâp (tapiau) *(m)* fideo, tâp *(m)* llun (tapiau lluniau). **~ recorder** *n.* peiriant (peiriannau) *(m)* fideo.
videotape[2] *v.t.* fideotapio, fideorecordio; codi (rhth) ar fideo, rhoi (rhth) ar fideo.
vidicon *n. T.V:* f|idicon (fidiconau) *m.*
vidimus *n. Book-k:* cyfrif(-on) archwiliedig *m.*
vidual *a.* gweddwol.
viduity *n.* gw|eddwdod *m.*
vie *v.i.* cystadlu, ymgiprys, ymryson, bod am y gorau **(with s.o.,** â rhn); *(of two pers.):* **they vied with each other in politeness,** 'roeddynt am y mwyaf cwrtais â'i gilydd; **they ~ with one another as to who shall speak,** maent yn ymryson â'i gilydd am gael siarad.
vielle *n.* = **hurdy-gurdy.**
Vienna *Pl.n.* Fienna *f.*
Viennese *a. & n.* **1.** *a.* Fiennaidd; **~ biscuits,** bisgedi Fienna. **2.** *n.* Fieniad (Fieniaid) *m&f.*
vier *n.* cystadlwr (cystadlwyr) *m.*
Vietnam *Pr.n. Geog:* Fiet-nam *f.*
Vietnamese *a. & n.* **1.** *a.* Fietnamaidd, [o] Fiet-nam: *(in language):* Fietnameg; **she's ~,** Fietnamiad yw hi; un o Fiet-nam yw hi. **2.** *n. (a) Ethn:* Fietnamiad (Fietnamiaid) *m&f*; *(b) Ling:* Fietnameg *f*, *m*, iaith *(f)* Fiet-nam.
vieux jeu *a.* hen ffasiwn, ystrydebol.
view[1] *n.* **1.** *(= sight of sth):* golwg (golygon) *f*, *occ:* cip(-iau,-ion) *m*, cipdrem(-iau) *f* **(of sth,** ar rth); **at first ~,** ar yr olwg gyntaf, *occ:* ar gip; **I should like to get a nearer ~ of it,** mi hoffwn gael gwell golwg arno; **on ~ [to the public],** ar agor [i'r cyhoedd]; **private ~,** arddangosiad(-au) preifat *m*; *P.N:* **V~ Point,** Golygfan; **2.** *(a)* **exposed to ~, in ~,** yn y golwg; **hidden from ~,** o'r golwg, cuddiedig; **bird's eye ~,** golwg/golygfa oddi uchod, golwg o'r awyr, trem *(f)* aderyn **(of sth,** ar rth); **worm's eye ~,** golwg oddi isod; **in full ~ of the crowd,** yng ngŵydd y dorf, o flaen llygaid y dorf; **at last a hotel came into ~,** daeth gwesty i'r golwg o'r diwedd; **we were in ~ of land,** yr oeddem yng ngolwg tir; yr oeddem o fewn golwg i'r tir; 'roedd y tir i'w weld o'n blaenau; **land in ~!** tir o'n blaenau! *(of telescope):* **field of ~,** maes *(m)* gwelediad, maes arsyllu, rhychwant(-au) *m*; **angle of ~,** ongl *(f)* arsyllu, ongl gwelediad. **3.** *(= scene, prospect): (a)* golwg (ar rth), golygfa (golygf|eydd) *f* (o rth); **you'll have a good ~ of it,** cewch olwg dda arno; cewch ei weld yn iawn; **there's a good ~ here,** mae yma olygfa dda; **views of Paris,** golygfeydd o Baris; **V~,** *(in name of house or terrace):* Trem *f*; **Mountain V~,** Trem y Mynydd; *(b) Arch: Draw: (= elevation):* drychiad(-au) *m*, golwg, golygfa, gweddlun(-iau) *m*; **auxiliary ~,** golwg ategol; *Needlew:* **back ~,** cefnolwg (cefnolygon) *f*; **front ~,** blaenolwg (blaenolygon) *f*, drychiad blaen, blaenddrychiad(-au) *m* (ar rth); *Needlew:* blaenlun(-iau) *m*; **end ~, side ~,** ochr-olwg (~-olygon) *mf*, ochr-ddrychiad(-au) *m*, golwg ochrol; **oblique ~,** golwg letraws (golygon lletraws); **sectional ~,** golwg doriadol (golygon toriadol), golwg drychiadol (golygon trychiadol); **exploded ~,** golwg daenedig, darlun gwasgaredig; **surface ~,** uwcholwg (uwcholygon) *f*; *(c)* **to keep sth in ~,** cadw rhth yn y golwg, cadw rhth o fewn golwg, cadw'ch llygad/llygaid ar rth, cadw gwyliadwriaeth ar rth. **4.** *(= general survey):* arolwg (arolygon) *m* (ar rth); **to offer a general ~ of a subject,** cynnig arolwg cyffredinol ar bwnc. **5.** *(= opinion):* barn(-au) *f*, daliad(-au) *m*, syniad(-au) *m*, golygwedd(- au) *f*; **to take a right ~ of things,** gweld yn glir/gywir, barnu'n gywir; **point of ~,** safbwynt(-iau) *m*; **to express a ~,** mynegi/lleisio/datgan barn; **to take a different ~ of sth,** gweld rhth yn wahanol, barnu'n wahanol am rth; **she holds extreme views,** mae ganddi ddaliadau/syniadau eithafol; **to have decided views on sth,** arddel syniadau pendant am rth; **in my ~,** yn fy marn i, yn fy nhyb i, o'm rhan i; **what is your ~ of the matter?** sut y gwelwch chi'r peth? **in the ~ of the critics,** ym marn y beirniad, yn ôl y beirniaid; **to share s.o.'s views,** bod yn unfarn/unfryd â rhn, bod o'r un bryd/ farn/feddwl â rhn; **to take the long ~,** tremio ymhell, rhagweld/ystyried yr effeithiau pell; **to take a dim/poor ~ of sth,** gwgu/ffromi ar rth, bod â'ch gwg ar rth, anghymeradwyo rhth, *F:* drwgleicio rhth; **he took a dim ~ of their behaviour,** 'roedd â'i ŵg ar eu hymddygiad; **to take a favourable ~ of sth,** edrych yn ffafriol ar rth, cymeradwyo rhth. **6. in ~ of the weather,** gyda golwg ar y tywydd, o weld y tywydd, o gofio'r tywydd, erbyn ystyried y tywydd, o ystyried y tywydd. **7.** *(intention):* bwriad(-au) *m*, amcan(-ion) *m*; **to fall in with s.o.'s views, to meet s.o.'s views,** cyd- weld/cytuno/cyd-fynd ag amcanion rhn; **I have a journey in ~,** mae gennyf daith mewn golwg; mae yn fy mwriad fynd ar daith; mae'n fwriad gennyf fynd ar daith; **with a special object in ~,** gyda bwriad/nod arbennig mewn golwg; **with this in ~,** i'r perwyl hwn, i'r diben hwn; **with a ~ to doing sth,** gyda golwg ar wneud rhth, er mwyn [ceisio] gwneud rhth, gyda'r bwriad o wneud rhth, gan anelu at wneud rhth; **whom have you in ~?** pwy sydd gennych chi mewn golwg? **negotiations with a ~ to an alliance,** trafodaethau sy'n anelu at ffurfio cynghrair. **~-halloo** *int. Ven:* hai! dacw fe/fo! hai'r cadno! hai'r llwynog!
view[2] *v.t.&i.* **1.** *v.t. (a) (= look at):* bwrw golwg, cael golwg (dros/ar rth); syllu, edrych (ar rth); *T.V:* **to ~ (a programme),** gweld, gwylio (rhaglen); edrych (ar raglen); *(b) (= examine):* gweld, archwilio, arolygu (rhth); bwrw golwg (dros rth); **to ~ a house,** edrych ar dŷ, edrych dros dŷ, gweld tŷ, ymweld â thŷ, bwrw golwg ar dŷ. **2.** *v.t. (= consider, judge):* ystyried, barnu, gweld; **viewed in this light the plan is good,** o'i weld yn y goleuni hwn mae'r cynllun yn un da; **the plan was viewed unfavourably,** ni chafodd y cynllun fawr o groeso; **this can be viewed as a success,** gellid ystyried hyn yn llwyddiant. **3.** *v.t.* gweld; *Ven:* **to ~ a fox away,** gweld cadno/llwynog yn dianc. **4.** *v.i. T.V:* gwylio, edrych.
viewable *a.* **1.** *(house &c):* gweladwy. **2. a ~ T.V. programme,** rhaglen wyliadwy, rhaglen deledu werth ei gweld.
viewer *n.* **1.** *(pers.):* gwyliwr (gwylwyr) *m*, g|wylwraig (gwylwragedd) *f*, *occ:* syllwr (syllwyr) *m*, s|yllwraig (syllwragedd) *f* (ar rth), gwyliedydd(-ion) *m.* **2.** *(in Phot:)* (*)syllwr (syllwyr) *m.* **3.** *Min:* arolygydd (arolygwyr) *m.* **~-printer** *n.* (*)syllwr-brintiwr (syllwyr-brintwyr) *m*, golygddrych- brintiwr (golygddrychau-brintwyr) *m.*
viewfinder *n. Phot:* ffenestr(-i) *f.*
viewing *vn.* **1.** = **view[2]**; *T.V:* **~ time,** amser *(m)* gwylio. **2.** *Opt: El:* archwiliad(-au) *m.* **~ window** *n.* ffenestr(-i) *(f)* archwilio.
viewless *a.* **1.** *(= without opinion):* heb farn. **2.** *Poet: (= invisible):* anweledig, anwel.
viewpoint *n.* safbwynt(-iau) *m.*
viewy *a. F:* **1.** = **visionary. 2.** = **opinionated.**
vigesimal *a.* **1.** ugeiniol, fesul ugain. **2.** *(= twentieth):* ugeinfed.
vigesimally *adv.* fesul ugain.

vigesimo *adv. & a. Bookb:* ugeinplyg. **~-quarto** *adv. Bookb:* pedwar ar hugeinplyg.
vigia *n. Nau: Mapm:* *rhybuddnod(-au) *m.*
vigil *n.* **1.** gwyliadwriaeth(-au) *f,* gwylnos(-au) *f,* noswyl(-iau) *f,* gwylfa (gwylf|eydd) *f;* **to keep ~,** cadw gwylnos. **2.** *Ecc:* gwylnos(-au) *f.*
vigilance *n.* gwyliadwriaeth *f,* gwyliadwrusrwydd *m,* gwyliadwri *m,* effrogarwch *m; U.S:* **~ committee,** pwyllgor *(m)* gwyliadwriaeth; **~ man, = vigilante.**
vigilant *a.* gwyliadwrus, effro; *B:* **brothers, be sober, be ~,** frodyr, byddwch sobr, byddwch effro.
vigilante *n.* gwarchodwr (gwarchodwyr) *m,* gwarcheidwad (gwarcheidwaid) *m, **vigilante(-s)** m.*
vigilantism *n.* gwarcheidwadaeth *f.*
vigilantly *adv.* yn wyliadwrus *&c.*
vigilantness *n.* **= vigilance.**
vigneron *n.* gwinwyddwr (gwinwyddwyr) *m,* gwinllannwr (gwinllanwyr) *m,* gwinllannydd (gwinllanyddion) *m.*
vignette[1] *n.* **1.** *Typ:* addurn(-au) *m,* cerfaddurn(-au) *m,* deilbleth(-au) *f,* deildorch(-au) *f.* **2.** *Art: Phot: **vignette(-s)** f,* portread bychan (portreadau bychain) *m.* **3.** *Cin: T.V:* twll (tyllau) *(m)* clo. **4.** *Lit: Fig: (= pen-portrait):* portread bychan, byrbortread(-au) *m.*
vignette[2] *v.t. Phot:* **to ~ a portrait,** graddoli portread.
vignetting *vn. Phot:* graddoli goleuni.
vignettist *n.* portreadwr: portreadydd (portreadwyr) *m.*
vigor *n. U.S:* **= vigour.**
vigoro *n. Sp:* f|igoro *m.*
vigorous *a.* **1.** *(pers.):* cryf (*f.* cref, *pl.* cryfion), heini, llawn ynni, hoenus, egnïol, cadarn (cedyrn); **~ in body and mind,** heini o ran corff a meddwl. **2.** *(a) (action):* grymus, egnïol, nerthol; *(b) (colour):* cryf, llachar.
vigorously *adv.* yn gryf *&c;* yn egnïol *&c; F:* **to go at it ~,** mynd ati nerth deng ewin, mynd ati fel lladd nadroedd.
vigour *n.* grym *m,* egni *m,* hoen *f,* hoenusrwydd *m;* **the ~ of youth,** hoen ieuenctid; **(a man) of ~,** (gŵr) grymus, egnïol, llawn egni; **to die in the full ~ of manhood,** marw ym mlodau'ch dyddiau.
vigourless *a.* diegni, diasbri, di-ffrwt, llipa, diffrwyth, difywyd, marwaidd, disymud, digychwyn.
vihara *n. Buddhist Rel:* teml(-au) *f,* mynachlog(-ydd) *f.*
vihuela *n. Mus:* fihwela(-s) *f.*
Viking *a. & n. Hist:* **1.** *a.* Llychynnig, Llychlynnaidd, Ficingaidd. **2.** *n.* Llychlynnwr (Llychlynwyr) *m,* Llychl|ynwraig (Llychlynwragedd) *f,* Llychlynes(-au,-i) *f,* Ficing(-iaid) *m&f; pl.* **Vikings,** *W.Hist: A:* y Llu Du *m,* y Cenhedloedd Duon, y Paganiaid.
vilayet *n. Adm:* talaith (taleithiau) *f.*
vile *a.* **1.** *A: & Lit: (= worthless):* diwerth, gwael. **2.** *(= despicable):* ffiaidd, dirmygadwy, gwael, cywilyddus; **how ~!** cywilydd o beth! **3.** *F: (= awful):* ofnadwy, erchyll, echrydus, arswydus, dychrynllyd; *(taste):* ffiaidd, ofnadwy, cas, drwg; *(temper):* milain, mileinig; *(weather):* ffiaidd, ofnadwy, sobr, garw, dychrynllyd, *N:* budr, mawr.
vilely *adv.* yn ffiaidd *&c.*
vileness *n.* ffi|eidd-dra *m,* ffieiddrwydd *m.*
vilification *n.* difenwad(-au) *m,* enllibiad(-au) *m,* athrodiad(-au) *m; vn.* **= vilify.**
vilifier *n.* enllibiwr (enllibwyr) *m,* enll|ibwraig (enllibwragedd) *f,* difenwr (difenwyr) *m,* dif|enwraig (difenwragedd) *f,* athrodwr (athrodwyr) *m,* athr|odwraig (athrodwragedd) *f,* goganwr (goganwyr) *m,* gog|anwraig (goganwragedd) *f.*
vilify *v.t.* lladd (ar rn); enllibio, difenwi, difrïo, pardduo, *occ:* drygeirio (rhn); siarad yn ddifrïol (am rn).
vilipend *v.t. A: or Lit:* **= disparage, vilify.**
vill *n. Hist:* treflan(-nau) *f.*
villa *n. (a)* fila(-s, filâu) *f; (b) Rom.Hist:* fila, ystâd (ystadau) *f.*
villadom *n.* maestrefi *pl.*
village *n.* pentref(-i,-ydd) *m, Lit: occ:* llan(-nau) *f.* **~ green** *n.* clwt (clytiau) *(m)* pentre, clwt llan, grîn (griniau) *(f)* pentref, *S: occ:* ton(-nau) *(m)* pentref. **~ hall** *n.* neuadd *(f)* bentref (neuaddau pentref). **~ inn** *n.* tafarn *(f)* bentref (tafarnau pentref), *A:* ty'n y llan. **~ pump** *n.* pwmp *(m)* y llan (pympiau'r llan).
villager *n.* pentrefwr (pentrefwyr) *m,* pentr|efwraig (pentrefwragedd) *f.*
villain *n. (a)* dyn(-ion) drwg *m,* cnaf(-on) *m,* dihiryn (dihirod) *m,* adyn(-od) *m; F:* **you little ~!** y gwalch bach! y mawrddrwg! y cenau bach! *(b) Th:* **the ~ of the piece,** y bradwr *m,* y dyn drwg *m;* **so you're the ~ of the piece!** ti yw'r drwg yn y caws, felly! ti sydd ar fai!
villainess *n.f.* benyw ddrwg (benywod drwg), gwr|aig ddrwg (gwragedd drwg), merch ddrwg (merched drwg), dynes ddrwg (merched drwg), cnawes(-au,-i), *A: or Lit:* cnafes(-au) *f,* dihiren(-nod) *f.*
villainous *a.* **1.** drwg, *Lit:* ysgeler, anfad, drygionus, cnafaidd. **2.** *F:* **= vile.**
villainously *adv.* **1.** yn ddrwg, yn ysgeler *&c.* **2.** *F:* **= vilely.**
villainousness *n.* **= villainy1.**
villainy *n.* **1.** *(= villainous nature):* anfadwch *m,* anfadrwydd *m,* ysgelerder *m,* drygioni *m,* dihirwch *m,* mileindra *m,* cnaf|eiddiwch *m,* cnaf|eidd-dra *m.* **2.** *(= villainous act):* gweithred(-oedd) ysgeler *f,* anfadwaith *m,* drygwaith *m.*
villanelle *n. Pros:* filanél (filanelau) *f, **villanelle(-s)** f.*
Villanovan *a. & n.* **1.** *a.* Villanovaidd. **2.** *n.* Villanoviad (Villanoviaid) *m&f.*
villeggiatura *n.* arhosiad *(m)* yn y wlad; *(= holidays):* gwyliau *(pl)* yn y wlad.
villein *n. Hist:* bilain: bilaen (bileiniaid) *m,* bileines: bilaenes(-au) *f,* taeog(-ion) *m,* taeoges(-au) *f,* mab (meibion) *(m)* aillt, merch(-ed) *(f)* aillt.
villeinage *n.* bileiniaeth *f.*
villiform, villose *a. Bot: Anat:* manflewog, cedenog, cedenaidd.
villosity *n. Anat: Bot:* blewogrwydd *m,* ceden(-au) *f.*
villous *a.* **= villiform.**
villus *n. Bot: Anat:* filws (fili, filysau) *m.*
vim *n. F:* **= vigour.**
vimen *n. Bot:* blaguryn (blagur) *m,* brigyn (brigau) *m,* sbrigyn (sbrigau) *m.*
vimineous *a. Bot:* blagurog, brigynnog, sbrigynnog.
vinaceous *a.* gwingoch *(pronounced* ng-g), lliw gwin, o liw gwin.
vinaigrette *n. Cu:* finegrét *mf, **vinaigrette** mf.*
Vincentian *a. Theol:* **~ Canon,** Canon *(m)* Vincent/Finsent.
vincibility *n.* natur drechadwy *f;* **I was convinced of its ~,** yr oeddwn yn sicr bod modd ei drechu.
vincible *n.* trechadwy, gorchfygadwy, hydrech.
vinculum *n.* **1.** *(a)* **= bond[1], link[1];** *(b) Anat:* l|igament (ligamentau) *mf.* **2.** *(a) Typ:* **= brace[1] 6;** *(b) Mth:* arlinell(-au) *f.*
vindicable *a.* cyfiawnadwy.
vindicate *v.t.* **1.** cyfiawnh|au, amddiffyn, achub cam (rhn), *A:* diheuro. **2. to ~ one's rights,** amddiffyn eich hawliau, sicrh|au'ch hawliau, sefydlu'ch hawliau; **to ~ one's character,** eich cyfiawnhau'ch hun.
vindication *n.* amddiffyniad(-au) *m,* cyfiawnhad *m, A:* dilheuriad *m.* **in ~ of his action,** er mwyn cyfiawnhau yr hyn a wnaeth.
vindicative *a.* cyfiawnhaol, amddiffynnol, *A:* diheurol.
vindicator *n.* cyfiawnhäwr (cyfiawnhawyr) *m,* amddiffynnwr: amddiffynnydd (amddiffynwyr) *m.*
vindicatory *a.* **= vindicative.**
vindictive *a.* dialgar, milain, mileinig; *Jur:* **~ damages,** iawndal dialgar *m.*
vindictively *adv.* yn ddialgar *&c.*
vindictiveness *n.* dialgaredd *m,* dialgarwch *m,* mileindra *m.*
vine *n.* **1. [grape] ~,** gwinwydden (gwinwydd) *f;* **arrowhead ~, = goose-foot plant; Russian ~,** gwinwydden Rwsia; **silver lace ~,** gwinwydden arian; *F:* **a clinging ~,** gwden *(f)* grog; *F:* **to wither on the ~,** gwywo ar y gangen. **2.** *(of hop):* coes(-au) *fm,* coesyn(-nau) *m.* **~-borer** *n. Ent:* tyllwr (tyllwyr) *(m)* gwinwydd. **~-dresser** *n.* gwinwyddwr (gwinwyddwyr) *m,* gwinllannwr (gwinllanwyr) *m,* gwinllannydd (gwinllanyddion) *m.* **~-mildew** *n.* llwydni *(m)* gwinwydd.
vinegar *n.* **1.** finegr *m, N:* finag *m, N.W: occ:* sur *m, S.E: occ:* wicws *m;* **malt ~,** finegr brag. **2.** *U.S: F:* **= vigour. ~ eel** *n.* llyng[h]yren (llyngyr) *(f)* finegr. **~ fly** *n. Ent:* **= fruit-fly. ~ plant** *n. Bact:* bacteriwm *(m)* finegr.
vinegarish, vinegary *a.* sur, finegraidd.
vinegarroon *n. Z:* finegarŵn (finegarwniaid) *m,* sgorpion(-au) *(m)* chwip.
vineleaf *n.* gwinddeilen (gwinddail) *f,* deilen *(f)* gwinwydden (dail gwinwydd).
vinery *n.* gwinw|ydd-dy (~-dai) *m.*
vineyard *n.* gwinllan(-noedd,-nau) *f.*

vingt-et-un *n. Cards:* pontŵn *m.*
vinic *a.* gwinol.
vinicultural *a.* sy'n tyfu gwinwydd.
viniculture *n.* tyfu (*vn*) gwinwydd.
vinification *n.* gwn|eud (*vn*) gwin.
vinificator *n.* cyddwyswr (cyddwyswyr) (*m*) gwin.
vino *n. F:* gwin(-oedd) *m.*
vinosity *n.* gwinolrwydd *m*, gwinogrwydd *m.*
vinous *a.* **1.** *(a) (taste):* fel gwin, gwinol, gwinaidd, gwinog, gwinllyd; *(b) (colour):* gwinlliw, gwingoch (*pronounced* ng-g). **2.** = **bibulous.**
vint[1] *v.t.&i.* gwn|eud gwin.
vint[2] *n. Cards:* fint *mf.*
vintage *n.* **1.** *(crop, harvest):* cynhaeaf (*m*) gwin, cynhaeaf grawnwin. **2.** *(a)* blwyddyn (blynyddoedd) *f* [cynhaeaf da]; **the 1964 ~,** gwin cynhaeaf 1964, gwin [y flwyddyn] 1964; *(b) attrib.* p|enigamp, ardderchog, rhagorol, rhywiog, o'r rhyw orau. **~ wine,** gwin penigamp; **a ~ year,** blwyddyn dda/ benigamp [am win *&c*], blwyddyn rywiog; **bicycle of 1920 ~,** beic o'r flwyddyn 1920; *Aut:* **~ car,** car o dras, car o frid; **~ rally,** rali ceir tras; **this is ~ Shaw,** dyma Shaw ar ei orau.
vintager *n.* cynaeafwr (cynaeafwyr) (*m*) grawnwin.
vintner *n.* gwinwr (gwinwyr) *m*, gwinydd(-ion) *m*, gwerthwr (gwerthwyr) (*m*) gwin/gwinoedd; **vintners,** siop (*f*) win (siopau gwin).
vintnery *n.* y fasnach (*f*) win.
vinum *n. Pharm:* gwinwm (gwinymau) *m.*
viny *a.* gwinwyddog.
vinyl *n. Ch:* finyl *m.* **~ resin** *n.* resin (*m*) finyl.
vinylidene *n. Ch:* fin|yliden *m.*
vinylite *n. Ch:* f|inylit *m.*
viol *n. Mus:* feiol(-au) *f*, fiol(-au) *f*, *B:* nabl(-au) *m*; **bass ~,** f[e]iol fas (f[e]iolau bas); **bass ~ player,** bas-f[e]iolydd(-ion, bas-f[e]iolwyr) *m*, bas- f[e]iolyddes(-au) *f*; **tenor ~,** f[e]iol denor (f[e]iolau tenor); **tenor ~ player,** tenor-f[e]iolydd(-ion, ~-f[e]iolwyr) *m*, tenor- f[e]iolyddes(-au) *f*; **treble ~,** f[e]iol drebl (f[e]iolau trebl); **treble ~ player,** trebl-f[e]iolydd(-ion, ~-f[e]iolwyr) *m*, trebl- f[e]iolyddes(-au) *f.* **~ player** *n.* f[e]iolydd(-ion, f[e]iolwyr) *m*, f[e]iolyddes(-au) *f.*
viola[1] *n. Mus:* fiola (fiolâu) *f*, ffidil (*f*) denor (ffidlau tenor); ***~ da braccio,*** fiola ysgwydd, fiola *da braccio*; ***~ da gamba,*** fiola ***da gamba***; ***~ d'amore,*** fiola ***d'amore.*** **~ player** *n.* fiolydd(-ion, fiolwyr) *m*, fiolyddes(-au) *f*, chwaraewr (chwaraewyr) (*m*) fiola, chwar|aewraig (chwaraewragedd) (*f*) fiola.
viola[2] *n. Bot:* **1.** = **pansy. 2.** *(genus):* fioled(-au) *f*, fiola (fiolâu) *f.*
violability *n.* natur doradwy/dreisiadwy *f.*
violable *a.* toradwy, treisiadwy.
violaceous *a.* **1.** = **violet 2. 2.** *Bot:* fioledaidd.
violate *v.t.* **1. to ~ a secret,** bradychu/torri cyfrinach; **to ~ a convention,** torri/herio confensiwn, troseddu yn erbyn confensiwn; **to ~ rights,** treisio hawliau; **to ~ a temple,** halogi teml; **to ~ a rule,** torri rheol; **to ~ a law,** torri cyfraith; **to ~ s.o.'s privacy,** tarfu ar breifatrwydd rhn, ymyrryd â phreifatrwydd rhn. **2. to ~ a woman,** treisio gwraig.
violation *n.* **1.** *vn.* = **violate;** *(of oath, law, promise):* toriad(-au) *m*, torri *vn*; *occ: (in combination):* tor-; *e.g.* **~ of an agreement,** tor-cytundeb(-au) *m*; *(of holy place):* halogiad(-au) *m*, halogi *vn*; **a ~ of human rights,** ymyriad(-au) (*m*) â hawliau dynol, trais (*m*) ar hawliau dynol, cam (*m*) yn erbyn hawliau dynol; **~ of s.o.'s privacy,** ymyrraeth (*f*) â phreifatrwydd rhn, ymyriad(-au) â phreifatrwydd rhn, tarfu (*vn*) ar rn; **in ~ of previous agreements,** yn groes i gytundebau blaenorol, gan dorri cytundebau blaenorol. **2.** *(of woman):* trais *m.* **3.** *Sp:* trosedd(-au) *m.*
violative *a. U.S:* treisiol.
violator *n.* **1.** *(of promise, oath):* torrwr (torwyr) *m*; *(of law):* torrwr; **a ~ of the law,** troseddwr (troseddwyr) *m*; *(of temple):* halogwr: halogydd (halogwyr) *m*; *(of privacy):* ymyrrwr (ymyrwyr) *m* (â rhth). **2.** *(of woman):* treisiwr (treiswyr) *m.*
violence *n.* **1.** *(a) (of attack):* ffyrnigrwydd *m*; *(of wind &c):* ffyrnigrwydd, rhyferthwy *m*, gwylltineb *m*, grym *m*, nerth *m*, chwyrndra *m*; *(of explosion):* nerth, grym; *(of passion):* angerdd *m*, tanbeidrwydd *m*, grym, gwres *m*; *(of disease):* dirdra *m*, ffyrnigrwydd; *(b)* **to use ~ to open a door,** agor drws trwy rym, agor drws trwy nerth bôn braich; **to die by ~,** cael eich lladd; **he died by ~,** lladdwyd ef; cafodd ei ladd; **to do ~ to one's feelings,** treisio'ch teimladau. **2.** *Jur: (= criminally violent act, injury &c):* trais *m*; **to commit acts of ~, to resort to ~,** troi at drais, defnyddio trais; **robbery with ~,** ysbeilio (*vn*) trwy drais, ysbeiliad (*m*) trwy drais, ymosod (*vn*) ac ysbeilio.
violent *a.* **1.** *(wind, attack):* ffyrnig, gwyllt, chwyrn; *(explosion):* nerthol, grymus, aruthrol. **2.** *(a) (physical attack, action):* treisiol, treisgar; **to lay ~ hands on s.o.,** ymosod ar rn; **to lay ~ hands on oneself,** eich lladd eich hun, ceisio'ch lladd eich hun; *(b) (pers.):* gwyllt, ffyrnig, ymladdgar, treisgar; *(temper):* gwyllt, ffyrnig; **a ~ death,** marwolaeth (*f*) drwy drais; **to die a ~ death,** cael eich lladd; **the ~ death of the leader set off rioting,** bu lladd yr arweinydd yn gychwyn terfysg; **in a ~ temper,** yn ffyrnig, yn wyllt, mewn tymer wyllt; *(of pers.):* **to become ~,** gwylltio, ffyrnigo, mynd yn wyllt gacwn, mynd yn ffyrnig. **3.** *(a) (= extreme): (pain):* enbyd, dybryd, dirfawr, arteithiol, ingol; *(passion):* gwyllt, nwydwyllt, angerddol; **a ~ aversion,** gwrthwynebiad ffyrnig (**to sth,** i rth); **a ~ cold,** annwyd trwm; **~ colours,** lliwiau llachar/tanbaid; **a ~ controversy,** dadl wyllt/ chwyrn/ffyrnig; **a ~ dislike,** atgasedd/casineb chwyrn (**for sth,** tuag at rth); **a ~ fever,** twymyn wyllt; **in a ~ hurry,** ar frys gwyllt; **hair of a ~ red,** gwallt coch coch, gwallt fflamgoch.
violently *adv.* **1. he spoke ~,** siaradodd yn wyllt/ffyrnig/chwyrn; **(his heart was beating) ~,** ('roedd ei galon yn curo)'n wyllt, fel gordd. **2.** *(= extremely):* yn enbyd, yn ddirfawr, yn fawr, yn eithriadol, yn angerddol; **to become ~ ill,** cyfogi, chwydu, *N:* mynd yn swp sâl, mynd yn sâl fel ci; **I am ~ opposed to it,** 'rwy'n ei wrthwynebu'n ffyrnig; 'rwy'n ei wrthwynebu i'r eithaf; 'rwy'n wyllt yn ei erbyn; **to fall ~ in love with s.o.,** syrthio dros eich pen a'ch clustiau mewn cariad â rhn.
violet *n. & a.* **1.** *n. (a) Bot:* **common/dog ~,** *(Viola riviniana):* fioled(-au) *f*, llysiau(*pl*)'r drindod, *N:* sodlau(*pl*)'r gwcw, sanau(*pl*)'r gog, sanau'r gwcw, esgidiau'r gog, *S.W:* esgidiau(*pl*)'r gwcw, blodau(*pl*)'r gwcw, *A: or Lit:* crinllys *m*, meddyges *f*, meddygyn *m*, millynen (mill) *f*, millyn (mill) *m*, gwiolydd *f*; *F:* **a shrinking ~,** blodyn swil *m*; **African ~,** *(Saint Paulia):* fioled yr Affrig, fioled |Affrica; **Austrian ~,** *(V. ambigua):* fioled Awstria; **bog ~,** *(Pinguicula vulgaris):* = **butterwort; Calathian ~,** *(Gentiana pneumonanthe):* chwerwlys (*m*) y gors; **Canadian ~,** *(V. canadensis):* fioled C|anada; **Cape ~,** *(Ionidium capense):* fioled y Penrhyn; **dame's ~,** *(Hesperis matronalis):* fioled ddamasg bêr (fioledau damasg pêr); **dog's tooth ~,** *(Erythronium dens-canis):* dant (*m*) y ci; **early dog-~,** *(V. reichenbachiana):* fioled gynnar (fioledau cynnar); **fen ~,** *(V. persicifolia):* fioled y merddwr; **finger-leaved ~,** *(V. pinnata):* fioled fysddeiliog (fioledau bysddeiliog); **green ~,** *(Hybanthus):* crinllys gwyrdd, fioled werdd (fioledau gwyrddion); **hairy ~,** *(V. hirta):* crinllys blewog, gwiolydd flewog; **heath dog-~,** *(V. canina):* fioled y cŵn, crinllys y cŵn, pen (*m*) y neidr; **hill ~,** *(V. collina):* fioled y bryniau; **marsh ~,** *(V. palustris):* crinllys y gors, gwiolydd y gors, fioled y gors; **meadow ~,** *(V. pumila):* fioled y maes; **northern ~,** *(V. selkirkii):* fioled y gogledd, fioled Llychlyn; **pale wood ~, pale dog-~,** *(V. lactea):* crinllys y goedwig, gwiolydd y goedwig; **Pyrenean ~,** *(V. pyrenaica):* fioled y Pyreneau; **sweet ~,** *(V. odorata):* esgid (*f*) y gog, fioled bêr (fioledau pêr), crinllys pêr; **Teesdale ~,** *(V. rupestris):* fioled y cerrig; **water ~,** *(Hottonia palustris):* fioled y dŵr (fioledau'r dŵr), crinllys y dŵr, gwiolydd; **white ~,** *(V. alba):* fioled wen (fioledau gwynion); **yellow [wood] ~,** *(V. biflora):* fioled felen (fioledau melynion) *f*, crinllys y mynydd. **2.** *a.* **~ [-colour],** [o liw] fioled, *F:* piws, *Lit: occ:* dulas, rhuddlas, porffor, porfforlas. **~-wood** *n. Carp: (= kingwood):* coed (*m*) fioled.
violin *n. Mus:* ffidl: ffidil (ffidlau) *f*, feiolín (feiolinau) *f*, fiolín (fiolinau) *f.*
violinist *n. Mus:* ffidler(-iaid) *m*, ffidleres(-au) *f*, f[e]iolinydd(-ion, f[e]iolinwyr) *m*, f[e]iolinyddes(-au) *f.*
violist *n. Mus:* fiolydd(-ion, fiolwyr) *m*, fiolyddes(-au) *f.*
violoncellist *n. Mus:* sielydd(-ion) *m*, soddgrythor(-ion) *m.*
violoncello *n. Mus:* sielo(-au) *m*, soddgrwth (soddgrythau) *m.*
violone *n. Mus:* fiolon (fiolonau) *m.*
viper *n. (a) Rept:* gwiber(-od) *f*, neidr ddu (nadroedd duon) *f*; *(b) Fig: (pers.):* sarff (seirff) *f*, sarffes(-au) *f*, neidr (nadroedd, nadredd) *f*, gwiberes(-au) *f*, gwiber; **to cherish a ~ in one's bosom,** coleddu neidr yn eich mynwes. **~'s bugloss** *n. Bot: See*

bugloss. ~'s grass *n. Bot: (Scorzonera hispanica):* gwellt (*m*) y wiber, s|alsiffi du *m*, sgorsonera *m*.
viperiform, viperine *a.* = **viperlike.**
viperish *a.* maleisus, gwiberaidd, gwiberllyd, sarffaidd, fel sarff, mileinig; **a ~ tongue,** tafod (*m*) sarff (tafodau seirff).
viperlike *a.* gwiberog, gwiberol, tebyg i wiber.
viperous *a.* = **viperine, viperish.**
viraginous *a.* **1.** = **shrewish. 2.** *A: or Lit:* = **mannish.**
virago *n.* **1.** *(= loud, overbearing woman):* arthes(-au) *f*, cecren(-nod) *f*, *N.W:* ceilioges(-au) *f*, cownsler(-iaid) *f*, cownsleres(-au) *f*, styrmant(-od) *f*, dytsias *f*, hen beth wryw (hen bethau gwryw) *f*, *S.E:* ceiliogiar *f*; *S.a.* **shrew, scold, battle-axe. 2.** *A: or Lit: (= mannish woman):* gwrforwyn(-ion, gwrforynion) *f*, gwrferch(-ed) *f*, gwraig wraidd (gwragedd gwraidd) *f*.
viral *a.* f[e]irol, f[e]irysol, f[e]iraol.
virally *adv.* yn firol, yn firysol; trwy firws.
virelay *n. Lit:* f|irelai(-s) *f*, ***virelai(-s)*** *f*.
virement *n. Fin:* hawl (*f*) trosglwyddo arian, trosglwyddiad(-au) (*m*) arian, ***virement(-s)*** *m*.
viremia *n. Med:* firemia *m*.
viremic *a. Med:* firemig.
vireo *n. Orn:* fireo(-d) *m*.
virescence *n.* **1.** *(= greenness):* gwyrddni *m*, gwyrddlesni *m*, irlesni *m*, glesni *m*. **2.** *Bot:* gwyrddiad *m*, gwyrddu *vn*, gwyrddio *vn*, glasu *vn*.
virescent *a. (= becoming green):* gwyrddiol, yn gwyrddio; *(= greenish):* gwyrddaidd, lledwyrdd, gwyrddwawr, irlas; **to become ~,** gwyrddlasu, irlasu, glasu.
virga *n. Meteor:* godre (*m*) cwmwl (godreon cymylau), briwlaw *m*, smwclaw *m*.
virgate[1] *a. Bot: Z:* unionsyth.
virgate[2] *n. Meas:* firgat(-au) *mf*.
Virgil *Pr.n.m.* Fyrsil, *A:* Fferyll, Fferyllt.
Virgilian *a.* Fyrsilaidd.
virgin *n. & a.* **1.** *n. (a)* gwyryf(-on) *f*, *occ: m*, *A: or Lit:* morwyn(-ion, morynion) *f*; **the [Blessed] V~ [Mary],** y [Fendigaid] Forwyn [Fair], Mair Forwyn, Mair Wyryf [Fendigedig], *occ:* y Forwyn Fendigedig, y Forwyn Fendigaid; *(b) Astr:* = **Virgo. 2.** *a. (a)* gwyryf, gwyryfol, gwyryfaidd, morwynol, diwair, *Lit: occ:* gwyrf; *(= untouched):* digyffwrdd, dihalog, dilychwin, difrycheulyd; *(b)* **~ birth,** *(i) Theol:* genedigaeth wyryfol *f*, geni (*vn*) gwyrthiol, geni o forwyn, genedigaeth wyrthiol; *(ii) Biol:* genedigaeth wyryfol, geni o wyryf; *(c) (honey, oil, wax &c):* gwyryf; **~ clay,** clai crai *m*, clai heb ei grasu; **~ comb,** *Ap:* dil(-iau) (*m*) mêl gwyryf; **~ forest,** coedwig wyryfol *f*; **~ gold,** aur pur/coeth/dilin/digymysg *m*; **~ honey,** mêl gwyryf *f*; *Geog:* **the V~ Islands,** Ynysoedd y Wyryf; **~ land,** tir gwyryfol *m*; **~ metal,** metel naturiol/crai *m*; **~ olive oil,** olew olewydd gwyryf/pur/coeth *m*; **~ queen,** *Ap:* brenhines wyryfol (breninesau gwyryfol) *f*; *Hist:* **the V~ Queen,** y Forwyn Frenhines *f*; **~ soil,** pridd heb ei droi, pridd heb ei aredig, tir an âr; *S.a.* **fallow; ~ snow,** eira glân, eira purlan/purwyn, eira claerwyn; **~ wax,** cwyr gwyryf; **~ wool,** gwlân gwyryf *m*.
virginal *a. & n.* **1.** *a. (a)* gwyryf, gwyryfol, morwynol. **2.** *n. Mus:* **virginal[s], pair of virginals,** organ (*f*) dannau (organau tannau), f|irdsinal (firdsinalau) *m*. **~ player** *n. See foll.*
virginalist *n.* firdsinalydd(-ion, firdsinalwyr) *m*.
virginally *adv. (a)* yn wyryfol, yn forwynol, yn ddiwair; fel gwyryf, fel morwyn.
virginhood *n.* = **virginity.**
Virginia *Pr.n. Geog.* **1.** Virginia *f*. **2. ~ [tobacco],** baco (*m*) Virginia. **~ creeper** *n. Bot: (Parthenocissus quinquefolia):* gwinwydden (gwinwydd) (*f*) Virginia. **~ pine** *n. Bot: (Pinus virginiana):* pinwydden (pinwydd) (*f*) Virginia. **~ rail** *n. Orn:* rhegen fochlwyd (rhegennod bochlwyd) *f*. **~ reel** *n. Danc:* rîl (riliau) (*f*) Virginia. **~ snakeroot** *n. Bot: (Aristolochia serpentaria):* esgorllys (*m*) Virginia. **~ stock** *n. Bot: (Malcolmia maritima):* murwyll (*m*) Virginia.
Virginian *a. & n.* **1.** *a.* Virginiaidd, [o] Virginia. **2.** *n.* Virginiad (Virginiaid) *m&f*.
virginity *n.* **1.** *(sexual):* gwyryfdod *m*, morwyndod *m*, *occ:* diweirdeb *m*. **2.** *Fig: (of soil, clay &c):* cyflwr digyffwrdd *m*, natur ddigyffwrdd *f*; *(of metal, = purity):* purdeb *m*, coethder *m*; *(of snow &c):* claerwynder *m*, glendid *m*, dihalogrwydd *m*.
virginium *n. Ch:* = **francium.**
Virgo *Pr.n. & n.* **1.** *(a) Pr.n. Astr: Astrol:* y Forwyn *f*, y Wyryf *f*, *A:* y Cwpan Euraid *m*; *(b) Astrol:* = **virgoan. 2.** *n. Med:* **~ *intacta, virgo intacta (virgines intactae)*** *f*.
Virgoan *a. & n.* **1.** *a.* Firgoaidd. **2.** *n.* Firgoad (Firgoaid) *m&f*, Morwyniad (Morwyniaid) *m&f*.
virgulate *a.* gwialennaidd.
virgule *n. Typ:* dewisnod(-au) *m*, lletraws(-iau) *m*.
viricidal *a.* firwsleiddiol.
viricide *n.* firwsleiddiad (firwsleiddiaid) *m*.
virid *a.* = **verdant.**
viridescence *n.* gwawr werdd *f*, lledwyrddni *m*.
viridescent *a.* gwyrddaidd, lledwyrdd (*f.* lledwerdd, *pl.* lledwyrddion), go wyrdd, gwyrddwawr.
viridian *a. & n.* **1.** *a.* gwyrddlas (*f.* gwerddlas, *pl.* gwyrddleision), glaswyrdd (*f.* glaswerdd, *pl.* glaswyrddion), firidian. **2.** *n. Art:* firidian *m*, gwyrddlas *m*, gwyrdd crôm *m*.
viridity *n.* = **greenness.**
virile *a.* **1.** *(= masculine):* gwrol, gwraidd, gwrywaidd; *A: or Lit:* **~ member,** = **penis. 2.** *(= vigorous):* egnïol; **a ~ old age,** henaint egnïol *m*, henaint llawn egni, henaint heini.
virilely *adv.* yn wrol, yn egnïol *&c.*
virilism *n. Med:* gwrywiaeth *f*.
virility *n.* **1.** gwrywdod *m*. **2.** *Fig:* = **vigour.**
virion *n. Bio-Ch:* firion(-au) *m*.
viroid *n. Bio-Ch:* firoid(-au) *m*.
virologic[al] *a. Bio-Ch:* firolegol.
virologically *adv. Bio-Ch:* yn firolegol.
virologist *n.* firolegwr: firolegydd (firolegwyr) *m*.
virology *n. Bio-Ch:* firoleg *f*.
virtu *n.* **1.** hoffter (*m*) o'r cain, chwaeth (*f*) at y cain, ceingarwch *m* (*pronounced* ng-g), celfgarwch *m*; **an article/object of ~,** ceinbeth(-au) *m*, peth(-au) cain *m*, ceinion (*pl*) celf. **2.** = **virtuosity.**
virtual *a.* **1.** *(a) (= for all practical purposes):* ymarferol, i bob diben, i bob pwrpas, yn ymarferol, gwir, mewn gwirionedd; **he is the ~ head of the business,** mae ef cystal â bod yn ben y cwmni; ef yw pennaeth y cwmni i bob diben/pwrpas; ef yw gwir bennaeth y cwmni; cystal dweud *or* [ni] waeth dweud *or* yr un man dweud mai ef yw pennaeth y cwmni. **2.** *Opt:* rhithwir; **~ image,** delwedd rithwir (delweddau rhithwir) *f*. **3.** *Cmptr:* allanol, drychol, ymddangosol. **4.** *Mech: Ph:* **~ state,** cyflwr rhithwir *m*; **~ work,** gwaith rhithwir *m*.
virtualism *n. Theol:* galluaeth *f*.
virtuality *n.* **1.** = **essence. 2.** = **potentiality.**
virtually *adv. (a) (= almost entirely):* cystal â bod, bron, bron/agos â bod, am y dim â bod, bron yn hollol, bron yn llwyr, bron yn gyfan gwbl; *(b) (= to all intents and purposes):* yn ymarferol, mewn gwirionedd, i bob diben, i bob pwrpas [ymarferol], cystal â bod; **(I am) ~ (certain of it),** ('rwyf i) bron [â bod], yn agos â bod, cystal â bod (yn sicr yn ei gylch).
virtue *n.* **1.** *(= moral quality):* rhinwedd(-au) *mf*; **the four cardinal virtues,** y prif rinweddau, y pedwar/pedair prif rinwedd; **the theological virtues,** y rhinweddau diwinyddol; **a woman of easy ~,** merch lac ei moesau; **to make a ~ of necessity,** troi rhaid yn rhinwedd. **2.** *(= advantage):* mantais (manteision) *f*, rhinwedd, pwynt *m*, diben *m*; **there's no ~ in holding out,** nid oes pwynt/diben mewn cyndynnu; **the hotel has the ~ of being cheap,** mantais/rhinwedd y gwesty hwn yw ei fod yn rhad; un peth da am y gwesty hwn yw ei fod yn rhad. **3.** *(of plant &c):* priodoledd(-au) *f*, rhinwedd; **there is no ~ in these drugs,** 'does dim lles (*m*) yn y cyffuriau hyn; mae'r cyffuriau hyn yn ddi-les. **4.** *prep.phr.* **by ~ of sth,** yn rhinwedd rhth; **by/in ~ of one's office,** yn rhinwedd eich swydd; **by ~ of his being the only one,** gan mai ef yw'r unig un.
virtueless *a.* heb rinwedd, dirinwedd, anrhinweddol, ofer, dibwynt, anfanteisiol, difantais; *(drug &c):* dieffaith, aneffeithiol, di-les.
virtuosa *n.f. Mus:* penc|ampwraig (pencampwragedd), arben|igwraig (arbenigwragedd), perff|ormwraig feistrolgar, meistres ar ei chrefft, pencerddores(-au), ***virtuosa (virtuose)*** *f*.
virtuosic *a.* = **virtuoso 3.**
virtuosity *n.* **1.** *Art:* celfgarwch *m*, ceingarwch *m* (*pronounced* ng-g). **2.** *Mus: &c: (= great skill):* hyfedredd *m*, meistrolaeth [ryfeddol] *f*, rhagoriaeth *f*, medr *m*, campwriaeth *f*, dawn *f*.
virtuoso *n. & attrib.* **1.** *A:* = **connoisseur. 2.** *n. Mus: &c:* rhn

penigamp, rhn meistrolgar *&c*, perfformiwr (perfformwyr) meistrolgar *m*, meistr (*m*) ar ei grefft, pencerddor(-ion) *m*, pencampwr (pencampwyr) *m*, ***virtuoso (virtuosi)*** *m*. **3.** *attrib.* p|enigamp: penig|amp, meistrolgar, tan gamp, diahafal, di-ail.
virtuosoship *n.* = **virtuosity.**
virtuous *a.* rhinweddol, daionus, *S.E: occ:* addwyn.
virtuously *adv.* yn rhinweddol *&c.*
virtuousness *n.* rhinwedd *f*, rhinweddoldeb *m.*
virucidal *a. Bio-Ch:* firwsleiddiol.
virucide *n. Bio-Ch:* firwsleiddiad (firwsleiddiaid) *m.*
virulence, virulency *n.* **1.** *(of pers. disease)*: gwenwyndra *m*, mileindra *m.* **2.** *(of pers., temper &c)*: ffyrnigrwydd *m*, mileindra; *S.a.* **rancour.**
virulent *a.* **1.** *(= poisonous)*: gwenwynig, gwenwynllyd. **2.** *(disease, infection)*: gwenwynig, gwenwynllyd, ffyrnig, enbyd, angheuol. **3.** *Fig: (feeling &c)*: gwenwynig, maleisus, milain, gwenwynllyd, chwerw, ffyrnig.
virulently *adv.* yn wenwynig *&c.*
viruliferous *a.* heintus, heintiol.
virus *n. Med: Bio-Ch:* f[e]irws (f[e]irysau) *m.*
visa[1] *n.* fisa (fisâu) *f*, teitheb(-au) *f.*
visa[2] *v.t.* **to ~ sth,** rhoi teitheb (ar rth).
visage *n.* **1.** *Lit: (=face, countenance)*: wyneb(-au) *m*, wynepryd *m.* **2.** *U.S: (= aspect, appearance)*: gwedd(-au) *f*, golwg (golygon) *f*, ymddangosiad(-au) *m.*
vis-a-vis *n., adv. & prep.* **1.** *n.* *(a) Danc: &c: (=partner)*: partner(-iaid) *m*, partneres(-au) *f*, cymar (cymheiriaid) *m&f*, cymhares (cymaresau) *f*; *(b) (= opposite number)*: cyfatebwr: cyfatebydd (cyfatebwyr) *m*, cyferbyniad (cyferbyniaid) *m&f*, dyn(-ion) cyferbyn *m*, merch gyferbyn (merched cyferbyn) *f*, gwr|aig gyferbyn (gwragedd cyferbyn) *f.* **2.** *adv.* *(= opposite)*: gyferbyn. **3.** *prep.* *(a) (= face to face with)*: gyferbyn (â rhn); **(to sit) ~-a-~ s.o.,** (eistedd) gyferbyn â rhn, gan wynebu rhn; *(b) (= in relation to)*: mewn perthynas, mewn cysylltiad, ynglŷn (â rhth); o ran, parthed (rhth); o berthynas (i rth); *(c) (= as compared with)*: o['i] gymharu â (rhth), *N.W: F:* ch[w]adal [â] (rhth), *S.W: occ:* i ateb (rhth).
Visayan *a. & n.* **1.** *a.* Fisaiaidd; *(in language)*: Fisaieg. **2.** *n.* *(a) Ethn:* Fisaiad (Fisaiaid) *m&f*; *(b) Ling:* Fisaieg *f*, *m.*
viscacha *n. Z:* fiscatsia(-id) *m.*
viscera *n.pl.* ymysgaroedd, perfedd *m*, perfeddion, coluddion; *Z:* fisgera.
visceral *a.* **1.** *Anat:* perfeddol, [y] perfedd, ymysgarol, [yr] ymysgaroedd; **~ nerve,** nerf y perfedd. **2.** *(feeling, conviction &c)*: o'r galon, o bwll/ddwfn/eigion y galon, o waelod yr enaid; dwfn, dwys, llwyr, angerddol. **3.** *(= instinctive)*: greddfol.
viscerally *adv.* **1.** yn y perfedd *&c.* **2.** *Fig:* o'r galon.
visceromotor *a.* perfeddsymudol, coluddsymudol.
viscerotonic *a.* cymdeithasgar.
viscid *a.* gludiog.
viscidity *n.* gludiogrwydd *m.*
viscidly *adv.* yn ludiog *&c.*
viscoelastic *a.* fisgo-elastig.
viscoelasticity *n.* fisgo-elastigedd *m.*
viscometer *n.* fisgomedr(-au) *m*, gludfesurydd(-ion, gludfesurwyr) *m.*
viscometric *a.* fisgometrig, gludfesurol.
viscometry *n.* fisgometreg *f*, gludfesureg *f.*
viscose *n.* fisgos *m.*
viscosimeter *n.* = **viscometer.**
viscosimetric *a.* = **viscometric.**
viscosity *n.* gludiogrwydd *m*; *Ph: Cu: &c:* gludedd *m.*
viscount *n.* is-iarll (~-ieirll) *m.*
viscountcy *n.* is-iarllaeth(-au) *f.*
viscountess *n.f.* is-iarlles(-au,-i).
viscountship, viscounty *n.* is-iarllaeth(-au) *f.*
viscous *a.* gludiog, *F:* trioglyd.
viscously *adv.* yn ludiog, *F:* yn drioglyd.
viscousness *n.* = **viscosity.**
viscus *n. Anat:* organ(-au) *f*, coluddyn (coluddion) *m*, perfeddyn (perfedd) *m.*
vise[1] *n. U.S:* = **vice**[2].
vise[2] *n.* = **visa.**
visibility *n.* *(a) (= visible nature)*: amlygrwydd *m*, natur weladwy/ amlwg *f*, *occ:* hyweledd *m*, gweledigrwydd *m*; *(b) Meteor: Nau: &c:* gwelededd *m*; **good ~,** gwelededd da; **bad ~,** gwelededd gwael; **~ was good,** gellid gweld ymh|ell; yr oedd [yr awyr] yn glir; **~ was poor,** ni ellid gweld ymhell; yr oedd hi'n anodd gweld; **~ was down to a few yards,** ni ellid gweld ond am ychydig lathenni; *(c)* **a car with good front and rear ~,** car y gellir gweld yn glir ohono o'r tu blaen ac o'r tu ôl; car â golwg glir i'r tu blaen a'r tu ôl.
visible *a.* *(a) (= seeable)*: gweladwy, gweledig; *(= obvious)*: amlwg, eglur; **to become ~,** dod i'r golwg, ymddangos, dod yn weladwy/amlwg/glir/ eglur, cael eich canfod; **with ~ satisfaction,** â bodlonrwydd amlwg; **he has no ~ means of support,** nid oes ganddo ddim modd i'w gynnal ei hun i bob golwg; *Theol:* **the V~ Church,** yr Eglwys Weladwy *f*; *Lib:* **~ index,** mynegai dangosol *m*; *(b) F:* **I'm not ~,** 'dwyf i ddim yn ffit i'm gweld; 'dwyf i ddim yn weddus i weld neb; alla' i ddim gweld neb.
visibleness *n.* = **visibility** *(a).*
visibly *adv.* **1.** yn weladwy, yn weledig. **2.** *(= obviously)*: yn amlwg, yn eglur.
Visigoth *n. Hist:* F|isigoth (Fisigothiaid) *m&f.*
Visigothic *a. Hist:* Fisigothig.
vision[1] *n.* **1.** *(a) (= ability to see)*: golwg *m*, *occ:* gwelediad *m*; **within the range of ~,** o fewn golwg; **beyond our ~,** y tu hwnt i'n golwg, allan o'n golwg; **angle of ~,** ongl(-au) *(f)* gwelediad; **field of ~,** maes (meysydd) *(m)* gwelediad, *occ:* rhychwant *m*; **the accident had impaired his ~,** 'roedd y ddamwain wedi amharu ar ei olwg/lygaid; *Med:* **double ~,** golwg dwbl, gweld *(vn)* dau; **binocular ~,** golwg deulygad; *(b) (= foresight)*: gweledigaeth *f*, dychymyg *m*, craffter *m*, gwelediad, rhagwelediad *m*; **a man of ~,** dyn pell ei welediad, dyn â gweledigaeth, dyn a chanddo weledigaeth. **2.** *(a) (= thing seen)*: gweledigaeth(-au) *f*, breuddwyd(-ion) *mf*; **a ~ of God,** gweledigaeth o Dduw; **he sees visions,** y mae'n gweld/cael gweledigaethau; mae'n gweld pethau; *F:* mae'n eu gweld nhw; **she had visions of wealth,** gwelai gyfoeth mawr yn ei dychymyg; gwelai gyfoeth mawr trwy lygad dychymyg; dychmygai gyfoeth mawr; **I had visions of being arrested,** fe'm gwelwn fy hun yn cael fy restio; *W.Lit:* **The Visions of the Sleeping Bard,** Gweledigaethau'r Bardd Cwsg; *(b) (= pers. &c of unusual beauty)*: **she was a ~ of loveliness,** 'roedd hi'n hardd i'w ryfeddu; 'roedd hi'n weledigaeth hardd. **3.** *Cin: T.V: &c:* llun(-iau) *m*; **sound and ~,** sain a llun. **~ control** *n. T.V:* rheoli *(vn)* lluniau. **~ mixer** *n. T.V:* detholwr (detholwyr) *(m)* lluniau.
vision[2] *v.t.* darlunio.
visional *a.* gweledigaethol; *(= phantom)*: drychiolaethus; *(= unreal)*: afreal, ansylweddol, dychmygol.
visionally *adv.* yn weledigaethol *&c.*
visionariness *n.* natur weledigaethol *f*; **I liked it because of its passion and ~,** yr oeddwn yn ei hoffi am fod ynddo angerdd a gweledigaeth.
visionary *a. & n.* **1.** *a.* gweledigaethol. **2.** *n.* gweledydd(-ion) *m.*
visioned *a.* **1.** *(= seen in vision)*: gweledigaethol, dychmygol. **2.** *(= inspired)*: â gweledigaeth, ysbrydoledig.
visionist *n.* = **visionary 2.** *(a).*
visionless *a.* diweledigaeth, diwelediad, diddychymyg, heb weledigaeth.
visit[1] *n.* **1.** *(a)* **[social] ~,** ymweliad(-au) *m*; **a courtesy ~,** ymweliad o ran cwrteisi; **a flying ~,** tro sydyn **(to s.o.,** am rn), ymweliad gwib/gwibiol (â rhn); *F:* **this is only a flying ~,** dim ond galw/ taro heibio; **to pay s.o. a ~,** ymw|eld â rhn, galw heibio i rn, rhoi tro am rn, edrych am rn; **to pay s.o. a flying ~,** taro/galw/picio heibio i rn; *Hist:* **an official ~,** gofwy(-on) *m*; *S.a.* **visit**[2]; *F:* **to pay a ~,** mynd i'r tŷ bach, mynd i rywle, *N:* mynd i'r lle chwech, *occ:* mynd i edrych am modryb; **to return s.o.'s ~,** ymweld â rhn yn eich tro, ad-dalu ymweliad â rhn; *(b)* **(doctor's) round of visits,** rownd(-iau) *f*, galwadau *pl*, ymweliadau *pl* (meddyg); **~ of a commercial traveller,** galwad/ymweliad gan drafeiliwr; *(c) U.S: (= chat)*: sgwrs (sgyrsiau) *f*, ymgom(-iau) *f.* **2.** *(= stay)*: arhosiad (arosiadau) *m*, ymweliad; **to be on a ~ to friends,** aros gyda ffrindiau; **during his second ~ to Wales,** ar ei ail ymweliad â Chymru, yr ail dro iddo aros yng Nghymru, yr eildro iddo ymweld â Chymru. **3.** *(= inspection)*: ymweliad, archwiliad(-au) *m*; *Jur:* **~ to the scene of a crime,** ymweliad â'r man lle y cyflawnwyd y trosedd, ymweliad â man y trosedd;

Nau: **right of ~ [and search],** hawl i ymweld [ac archwilio]; **domiciliary (~),** (ymweliad) â chartref, â'r cartref.

visit² *v.t.&i.* **1. to ~ s.o.,** ymw|eld â rhn, *F:* edrych am rn, taro/galw heibio i rn, rhoi tro am rn, *S.W: occ:* mynd i wledda at rn; *Com: (of traveller):* **to ~ a customer,** ymweld â chwsmer, galw ar gwsmer, galw heibio i gwsmer; *(place):* ymweld (â lle), mynd i weld (lle); *U.S:* **to ~ with s.o.,** *(i)* aros gyda rhn; *(ii)* = **chat².** **2.** *(of official):* ymweld â rhth, archwilio rhth; *Hist:* **to ~ officially,** gofwyo; *Jur:* **to ~ the scene of a crime,** ymweld â'r man [lle] y cyflawnwyd y trosedd, ymweld â man y trosedd. **3.** *(= punish):* **to ~ s.o. with sth,** cystuddio/cosbi rhn â rhth; *B: A:* ymweld â rhth ar rn; *B:* **he visiteth the sins of the fathers upon the children,** ymweled y mae ag anwiredd y tadau ar y plant.

visitable *a.* ymweladwy, y gellir ymweld ag ef *&c.*

visitandine *n. Rel:* ymweles(-au) *f.*

visitant *n.* ymwelydd (ymwelwyr) *m.*

visitation *n.* **1.** ymweliad(-au) *m,* ymw|eld *vn, A: or Lit:* gofwy(-on) *m,* gofwyad(-au) *m;* **episcopal ~,** gofwy esgob; **~ of the sick,** ymweliad â'r claf, gofwy'r claf; **right of ~,** hawl ymweld; **~ queries and answers,** holiaduron ac atebion gofwy. **2.** *(a) Ecc:* **[Feast of the] V~ [of the Blessed Virgin Mary],** Gŵyl *(f)* yr Ymweliad, Dydd *(m)* yr Ymweliad, Ymweliad Mair [Forwyn], Gofwy Mair [Fendigaid/Fendigedig]. *R.C.Ch:* **Nuns of the V~,** Lleianod *(pl)* yr Ymweliad; **divine ~,** ymweliad dwyfol; **pastoral ~,** ymweliad bugeiliol; **Order of V~,** Urdd *(f)* Ymweld. **3.** *(a) A:* **~ [of God],** ymweliad, cystudd(-iau) *m,* cosb(-au) *f* [oddi wrth Dduw]; *(b) (= calamity):* trychineb(-au) *m,* trallod(-ion,-au) *m,* adfyd *m.* **4.** *Z:* ymfudiad(-au) *m.*

visitational, visitatorial *a.* ymweliadol.

visiting *a.* ymweliadol, ar ymweliad, yn ymw|eld; *Sp:* **~ team,** tîm *(m)* yr ymwelwyr (timau'r ymwelwyr), yr ymwelwyr *pl; Sch:* **~ teacher,** athro (athrawon) *(m)* ymweld; **~ lecturer,** darlithydd (darlithwyr) gwadd *m;* **~ professor,** athro gwadd; *U.S:* **~ nurse,** nyrs(-us) *(f&m)* ardal; *U.S: F:* **~ fireman,** ymwelydd (ymwelwyr) pwysig *m.*

visiting² *vn.* ymw|eld *vn;* **they are on ~ terms,** maent yn ymweld â'i gilydd. **~-book** *n.* llyfr(-au) *(m)* ymwelwyr. **~-card** *n.* cerdyn (cardiau) *(m)* ymweld, carden (cardiau) *(f)* ymweld. **~ hours** *n.* oriau ymweld.

visitor *n. (a) (to one's home):* ymwelydd: ymwelwr (ymwelwyr) *m, F:* dyn(- ion) dieithr *m,* gwr|aig ddieithr (gwragedd dieithr) *f,* dynes ddieithr (merched dieithr) *f; Coll:* pobl ddieithr *f or pl;* **we have visitors at home,** mae acw bobl ddieithr; *(b) (at resort, museum &c):* ymwelydd; *(at hotel):* gwestai (gwesteion) *m,* ymwelydd; **visitors' tax,** treth *(f)* [ar] ymwelwyr; **health ~,** ymwelydd iechyd; *(of college):* ymwelydd.

visitorial *a.* = **visitatorial.**

visne *n. Hist: Jur:* finai *m.*

visor *n. (a) Arm: A:* miswrn (misyrnau) *m; (b) esp. U.S: (of cap): Aut: &c:* cysgod(-ion) *(m)* llygaid, fisor(-au) *(m)* haul.

visored *a.* **1.** *Arm: A:* â miswrn, misyrnog. **2.** fisorog.

visorless *a.* **1.** heb fiswrn. **2.** heb fisor.

vista *n.* golygfa (golygf|eydd) *f,* persbectif(-au) *m,* fista (fistâu) *f;* **a long ~ of beech trees,** rhesaid/rhes hir *(f)* o goed ffawydd; *Arch:* **to open vistas,** agor fistâu, creu/agor golygfeydd; *Fig:* **to open up new vistas,** agor gorwelion [newydd]. **~-dome** *n.* cromen *(f)* olygfa (cromenni golygfa).

vistaed *a.* fistaog.

vistaless *a.* dibersbectif, diolygfa.

visual *a.* **1.** gweledol, *occ:* golygol; *S.a.* **audio-visual; ~ aid,** cymorth (cymhorthion) gweledol *m,* cynhorthwy (cynorthwyon) gweledol *m;* **~ axis,** echel weledol (echelydd gweledol) *f;* **~ defects,** diffygion gweld/gweledol; **~ display unit,** uned(-au) *(f)* arddangos gweledol, *F:* sgrîn (sgriniau) *f;* **~ fields,** maes (meysydd) *(m)* gwelediad, maes gweledol, rhychwant *(m)* yr olwg; *Ch:* **~ purple,** porffor gweledol. **2.** = **visible.**

visuality *n.* gweledolrwydd *m.*

visualization *n.,* **visualize** *v.t.* dychmygu, darlunio, *occ:* delweddu.

visualizer *n.* dychmygwr: dychmygydd (dychmygwyr) *m, occ:* delweddwr (delweddwyr) *m.*

visually *adv.* yn weledol.

visuo-motor ability *n.* gallu *(m)* gweld corfforol.

vita *n.* buchedd(-au) *f.*

vitaceous *a.* gwinwyddol.

vital *a. & n.pl.* I. *a.* **1.** *(= necessary for life):* bywydol, bywiol; **~ capacity of lungs,** cyfaint anadlol yr ysgyfaint. **2.** *(= essential):* hanfodol, anhepgor; **a question of ~ importance,** mater o'r pwys mwyaf/pennaf, mater hanfodol bwysig; **it is ~ that . . .,** mae hi'n hanfodol bwysig fod . . .; **~ statistics,** *(i) (= births, deaths &c):* ystadegau bywyd; *(ii) (of woman):* mesuriadau hollbwysig. **3.** *(= fatal):* marwol, angheuol; *(= dangerous):* peryglus, enbyd. **4.** = **vivacious; a ~ spark,** gwreichionen fyw *f.* II. *n.pl. Anat:* **vitals,** organau hanfodol, organau bywydol.

vitalism *n.* bywydoliaeth *f,* bywydaeth *f.*

vitalist *n.* bywydolydd(-ion, bywydolwyr) *m.*

vitalistic *a.* bywydolaidd.

vitality *n.* **1.** bywioldeb *m,* bywiogrwydd *m,* egni *m,* bywyd *m.* **2.** *(of pers., style &c):* bywiogrwydd, sioncrwydd *m,* hoen *f,* nwyf *m,* nwyfiant *m,* asbri *m,* mynd *vn;* **I wish I had her ~,** fe hoffwn i fod yn un mor fywiog/hoenus â hi; fe hoffwn i pe bai gen i gymaint o egni â hi.

vitalization *n.* bywhad *m,* bywiocâd *m,* bywiogi *vn,* bywiocáu *vn,* bywioli *vn,* bywh|au *vn.*

vitalize *v.t.* bywiogi, bywiocáu, bywioli, bywh|au.

vitalizing *a.* bywhaol, bywiocaol.

vitally *adv.* yn hanfodol, yn anhepgorol; **~ important,** hanfodol bwysig.

vitamin *n. Bio-Ch:* f|itamin (fitaminau) *m.* **~ deficiency** *n.* diffyg *(m)* fitamin, diffyg fitaminau. **~ drops** *n.pl.* dafnau fitamin. **~ supplement** *n.* fitaminau atodol *pl.*

vitaminize *v.t.* fitamineiddio.

vitascope *n. Cin: Hist:* f|itasgop (fitasgopau) *m.*

vitellary *a.* = **vitelline.**

vitellin *n. Bio-Ch:* fitelin *m.*

vitelline *a. Biol:* fitelaidd, melynwyol; **~ membrane,** pilen(-nau) *(f)* melynwy, *N.W: occ:* dim *(m)* ŵy.

vitellogenesis *n. Biol:* fitelog|enesis *m.*

vitellus *n. Biol:* melynwy(-au) *m,* fitelws (fiteli) *m.*

vitiable *a.* difethadwy, llygradwy, difwynadwy, halogadwy.

vitiate *v.t.* **1.** difetha, llygru, halogi, difwyno, drygu, gwaethygu (rhth); amharu (ar rth); gwn|eud drwg (i rth). **2.** *Jur:* dirymu.

vitiated *a.* llygredig, halogedig, a ddifethwyd; *(contract):* di-rym, dirym.

vitiation *n.* **1.** llygriad(-au) *m,* halogiad(-au) *m,* difwyniad(-au) *m, vn.* = **vitiate. 2.** *Jur:* dirymiad(-au) *m,* dirymu *vn.*

vitiator *n.* niweidiwr (niweidwyr) *m,* llygrwr (llygrwyr) *m,* difwynwr (difwynwyr) *m,* halogwr (halogwyr) *m.*

viticultural *a.* gwinwyddol.

viticulturalist *n.* gwinwyddwr (gwinwyddwyr) *m,* gwinllannwr (gwinllanwyr) *m,* gwinllannydd (gwinllanyddion) *m.*

viticulturally *adv.* yn winwyddol.

viticulture *n.* tyfu *(vn)* gwinwydd, gwinwyddaeth *f.*

vitiligo *n. Med:* fitiligo *m.*

vitrectomy *n. Med:* fitr|ectomi (fitrectomïau) *m.*

vitreous *a. Ch: Geol:* gwydrog, gwydraidd, gwydrol, gwydrin; *Anat:* **~ body, ~ humour,** hylif gwydrog *m; El:* **~ electricity,** trydan p|ositif/gwydraidd *m;* **~ enamel,** enamel gwydrog *m.*

vitreousness *n.* gwydredd *m,* gwydroldeb *m.*

vitrescence *n.* gwydroledd *m.*

vitrescent *a.* gwydrolaidd.

vitric *a.* = **vitreous.**

vitrifaction *n.* gwydroliad *m,* gwydroli *vn,* gwydrogi *vn,* gwydreiddiad *m,* gwydreiddio *vn.*

vitrifiable *a.* gwydroladwy, gwydreiddiadwy.

vitrification *n.* = **vitrifaction.**

vitrified *a.* gwydrog, gwydredig, gwydrin.

vitriform *a.* gwydrffurf, gwydraidd, tebyg i wydr.

vitrify *v.t.&i.* **1.** *v.t.* gwydroli, gwydreiddio, gwydrogi (rhth); troi (rhth) yn wydr. **2.** *v.i.* troi'n wydr, ymwydreiddio.

vitrine *n.* cwpwrdd (cypyrddau) *(m)* gwydr.

vitriol *n.* **1.** *Ch:* fitriol *m;* **[oil of] ~,** [oel *m*] fitriol, asid sylffwrig *m; S.a.* **green, blue. 2.** *Fig:* bustl *m.*

vitriolic *a.* **1.** *Ch:* fitriolaidd, fitriolig. **2.** *Fig:* deifiol, brathog, hallt, miniog, bustlaidd.

vitriolize *v.t.* fitrioli, fitrioleiddio.

Vitruvian *a. Arch:* **~ scroll,** sgrôl (sgroliau) Fitrwfaidd *f,* troell(-au) *(f)* Vitruvius.

vitta *n.* **1.** *Bot:* pibell(-au) *(f)* olew. **2.** *Z: (= stripe):* rhesen (rhesi) *f.*

vittate *a. Z:* rhesog.
vituperate *v.t.&i.* **1.** *v.t.* difrïo, difenwi, dilorni, cablu, sarh|au, tafodi, dwrdio. **2.** *v.i.* **to ~ (against s.o.),** lladd (ar rn); difrïo, difenwi, sennu, dilorni, condemnio (rhn).
vituperation *n.* difrïaeth *f,* difenwad *m,* sarhad *m,* cabl *m; vn.* = **vituperate.**
vituperative *a.* difrïol, sarh|aus; *S.a.* **abusive.**
vituperatively *adv.* yn ddifrïol *&c.*
vituperator *n.* difrïwr (difriwyr) *m,* difenwr (difenwyr) *m,* sarhäwr (sarhawyr) *m,* cablwr (cablwyr) *m.*
vituperatory *a.* = **vituperative.**
Vitus *Pr.n.m. Ecc:* **Saint ~,** Sant Fitus/Fitws; *Med:* **Saint ~'s dance,** dawns (*f*) Sant Fitus/Fitws, corea *m.*
viva[1] *int. & n.* **viva Fidel!** hir oes i Fidel! Fidel am byth!
viva[2] *n. & v.t.&i. Sch: F:* **1.** *n.* arholiad(-au) (*m*) llafar. **2.** *(a) v.t.* arholi (rhn) ar lafar; *(b) v.i. F:* **he viva'd well,** yr oedd yn dda yn ei arholiad llafar; cafodd hwyl ar ei arholiad llafar.
vivace *adv. & n. Mus:* **1.** *adv.* yn fywiog, yn sionc. **2.** *n.* darn(-au) bywiog *m,* symudiad(-au) bywiog *m.*
vivacious *a.* bywiog, sionc, llawn bywyd, llawn mynd, llawn asbri, *Lit:* hoenus, nwyfus.
vivaciously *adv.* yn fywiog *&c.*
vivaciousness, vivacity *n.* bywiogrwydd *m,* sioncrwydd *m,* hoen *f,* hoenusrwydd *m,* hoender *m,* asbri *m,* nwyf *m,* nwyfiant *m,* nwyfusrwydd *m.*
vivarium *n.* milodfa (milodf|eydd, milodfâu) *f,* fifariwm (fifaria) *m.*
viva voce *adv., a. & n.* **1.** *adv.* ar lafar. **2.** *a.* llafar. **3.** *n. Sch:* arholiad(-au) (*m*) llafar, prawf (profion) (*m*) llafar.
vivat *int. & n.* = ***viva***[1].
vivax *n. Path:* **~ malaria,** fifacs malaria *m.*
viverra *n. Z:* pergath(-od) *f.*
viverrid *a. & n. Z:* **1.** *a.* fiferidaidd, pergathaidd. **2.** *n.* fiferid(-iaid) *m,* pergath(-od) *f.*
viverrine *a.* fiferidaidd, pergathaidd.
vives *n. Vet:* y cilchwyrn *pl.*
vivid *a.* **1.** *(light, colour):* llachar, tanbaid, disglair; **a ~ flash of lightning,** mellten lachar (mellt llachar) *f.* **2.** *(a) (pers.):* bywiog, nwyfus, llawn asbri, llawn bywyd; *(b) (imagination, description, recollection):* byw.
vividly *adv.* **1.** *(to shine &c):* yn llachar, yn danbaid, yn ddisglair. **2. to describe sth ~,** disgrifio rhth yn fyw.
vividness *n.* **1.** *(of light, colour):* tanbeidrwydd *m,* disgleirdeb *m,* llacharedd *m.* **2.** *(of style, recollection, description):* bywiogrwydd *m,* eglurder *m.*
vivific *a.* = **vivifying.**
vivification *n.* bywhad *m,* bywiocâd *m,* bywiogiad *m,* adfywiad *m; vn.* = **vivify.**
vivifier *n.* bywhäwr (bywhawyr) *m,* bywiocäwr (bywiocawyr) *m,* bywiogwr (bywiogwyr) *m.*
vivify *v.t.* bywiogi, bywh|au, bywiocáu, adfywio (rhth); rhoi mwy o fywyd (yn rhth).
vivifying *a.* bywhaol, bywiocaol, bywiogol.
viviparity *n. Z: Bot:* bywesgoredd *m.*
viviparous *a. Z: Bot:* bywesgorol; *S.a.* **fescue.**
vivisect *v.t.* bywddyrannu, bywddifynio.
vivisection *n.* bywddyraniad(-au) *m,* bywddifyniad(-au) *m,* bywddifyniaeth *f; vn.* = **vivisect.**
vivisectional *a.* bywddyrannol, bywddifynol.
vivisectionist, vivisector *n.* bywddyrannwr (bywddyranwyr) *m,* bywddifynwr (bywddifynwyr) *m.*
vivo *adv. Mus:* yn fywiog.
Vivod *W.Pl.n.* Y Feifod *f.*
vixen *n.* **1.** *Z: N:* llwynoges(-au,-i) *f, S:* cadnöes (cadnoesau) *f,* cadnawes(-au) *f, S.E: occ:* gast (geist) (*f*) cadno. **2.** *F: (= unpleasant woman):* cenawes(-au) *f,* gast (geist) *f,* 'sguthan(-od) *f.*
vixenish, vixenly *a.* = **shrewish.**
viz *adv. when reading aloud usu. pronounced as if* **namely,** *(abbr. for* **videlicet***),* hynny yw, sef, *Lit:* sef yw hynny, nid amgen.
vizcacha *n.* = **viscacha.**
vizier *n. Hist:* fisir(-iaid) *m,* gweinidog(-ion) *m;* **grand ~,** prif weinidog, uchel fisir.
vizierate *n.* fisiriaeth(-au) *f.*
vizierial *a.* fisirol.
viziership *n.* fisiriaeth(-au) *f.*
vizor *n.* = **visor.**
vizsla *n. Z:* fishla(-od) *m.*
Vlach *a. & n. Ethn:* **1.** *a.* Flachaidd. **2.** *n.* Flach(-iaid) *m&f.*
vlei *n. Geog:* pantle(-oedd) *m,* pant(-iau) *m,* llac(-iau) *m.* **~ mouse** *n. Z:* llygoden (llygod) (*f*) y pantiau.
vocab *n. Sch: F:* geirfa(-oedd, geirfâu) *f.*
vocable *n.* gair (geiriau) *m.*
vocabular *a.* geiriol.
vocabulary *n.* geirfa(-oedd, geirfâu) *f.*
vocal *a. & n.* I. *a.* **1.** *(a) (sound, music):* lleisiol, llafar; *Mus:* **~ score,** sgôr (sgorau) lleisiol *m; (b) Anat:* **~ cords,** tannau'r llais, llinynnau'r llais, tannau lleisiol, llinynnau lleisiol; **~ lips,** gweflau(*pl*)'r llais; *(c)* **~ communication,** cyfathrebu (*vn*) geiriol/llafar; *(d) Ling:* = **voiced 2. 2.** *(a) (pers.):* llafar, huawdl, uchel eich cloch, *F: Pej:* cegog; *(b) (= sonorous):* soniarus, seinfawr. II. *n. (a) Phon:* llafarsain (llafarseiniau) *f,* llafariad (llafariaid) *f,* sain leisiol (seiniau lleisiol) *f; (b) Mus:* cân (caneuon) *f,* cerddoriaeth leisiol *f.*
vocalic *a. & n. Ling:* **1.** *a.* llafarog, llafarol, lleisiol. **2.** *n.* llafarog(-ion) *f.*
vocalically *adv. Ling:* yn llafarog.
vocalism *n.* **1.** *Mus: &c:* lleisio *vn,* llefaru *vn.* **2.** *Ling:* cyfundrefn (*f*) lafariaid (cyfundrefnau llafariaid), system (*f*) lafariaid (systemau llafariaid).
vocalist *n. Mus:* datgeiniad (datgeiniaid) *m,* canwr (canwyr) *m,* cantor(-ion) *m,* cantores(-au) *f.*
vocality *n.* lleisiolrwydd *m,* llafarogrwydd *m.*
vocalization *n. vn.* = **vocalize.**
vocalize *v.t.&i.* **1.** *v.t. (a) (= utter):* yngan, ynganu, dweud, llefaru, lleisio; *(tune):* canu; *Mus:* lleisio; *(b) Phon:* **to ~ a consonant,** lleisioli cytsain. **2.** *(= write (Hebrew) with vowel points):* llafarnodi, llafariadu. **3.** *v.i. Mus:* canu, lleisio.
vocalizer *n.* lleisiwr (lleiswyr) *m,* ll|eiswraig *f,* llefarydd (llefarwyr) *m; S.a.* **vocalist.**
vocally *adv.* yn llafar, ar lafar; *(= vociferously):* yn uchel eich cloch.
vocation *n.* **1.** *Rel: &c:* galwad(-au) *f;* **he has no ~ for literature,** nid yw'n teimlo galwad at lenyddiaeth; **he has no sense of ~,** nid yw'n teimlo unrhyw alwad. **2.** *(= occupation):* galwedigaeth(-au) *f,* swydd(-i) *f;* **you've missed your ~,** 'dwyt ti ddim yn y gwaith iawn; 'rwyt ti yn y gwaith/swydd anghywir; 'rwyt ti yn yr alwedigaeth anghywir.
vocational *a.* galwedigaethol, gyrfäol; *Sch:* **~ adviser,** *U.S:* **~ guidance counsellor,** cynghorwr (cynghorwyr) (*m*) gyrfaoedd; **~ aptitude test,** prawf (profion) (*m*) tueddfryd galwedigaethol; **~ bias,** gogwydd (*m*) at alwedigaeth; **~ guidance,** cyfarwyddyd galwedigaethol *m,* cyfarwyddyd gyrfa; **~ selection,** dewisiad(-au) (*m*) galwedigaeth[ol]; **~ test,** prawf (profion) (*m*) galwedigaethol; **~ training,** hyfforddi (*vn*) galwedigaethol, hyfforddiant galwedigaethol *m.*
vocationalism *n. Sch:* galwedigaethedd *m.*
vocationalist *n. Sch:* galwedigaethwr (galwedigaethwyr) *m,* galwedig|aethwraig *f.*
vocationally *adv.* yn alwedigaethol; o ran galwedigaeth.
vocative *a. & n. Gram:* **~ [case],** [cyflwr] cyfarchol *m.*
vocatively *adv.* yn gyfarchol.
vociferance *n.* = **vociferation.**
vociferant *a.* = **vociferous.**
vociferate *v.t.* gweiddi, bloeddio, crochlefain, crochleisio.
vociferation **1.** *n.* gwaedd(-au,-iadau) *f,* bloedd(-iau,-iadau) *f,* crochlef(-au) *f.* **2.** *vn.* = **vociferate.**
vociferator *n.* gwaeddwr (gwaeddwyr) *m,* bloeddiwr (bloeddwyr) *m,* crochlefwr (crochlefwyr) *m,* crochleisiwr (crochleiswyr) *m.*
vociferous *a.* croch, uchel eich cloch, bloeddfawr, swnllyd, stwrllyd, trystiog, trystfawr.
vociferously *adv.* yn groch *&c.*
vociferousness *n.* crochni *m,* crochder *m,* trystiogrwydd *m.*
vocoder *n.* lleisgodwr (lleisgodwyr) *m.*
vodka *n.* fodca *m.*
vogue *n.* ffasiwn (ffasiynau) *mf,* bri *m;* **in ~,** mewn ffasiwn, yn y ffasiwn, yn ffasiynol, mewn bri; **it's in ~,** mae mewn bri; mae bri arno; mae mynd arno; dyna sy'n mynd â hi; dyna piau hi; **to bring sth into ~,** rhoi bri ar rth, gwn|eud rhth yn ffasiynol.

~-word *n.* gair (geiriau) ffasiynol *m*, gair sy'n mynd heddiw, gair sydd piau hi heddiw, ffasiynair (ffasiyneiriau) *m*.
voguish *a.* ffasiynol, ffasiynaidd, mewn bri.
voguishness *n.* ffasiynoldeb *m*, ffasiyneiddiwch *m*, bri *m*.
Vogul *a. & n. Ethn:* **1.** *a.* Fogwlaidd; *(in language):* Fogwleg. **2.** *n.* *(a) Ethn:* Fogwl(-iaid) *m&f*; *(b) Ling:* Fogwleg *f*, *m*.
voice[1] *n.* **1.** llais (lleisiau) *m*; **at the top of one's ~,** nerth [esgyrn] eich pen, ar ucha'ch llais; **to raise one's ~,** codi'ch cloch; *Mus: (of singer):* **she's in good ~,** mae hi'n canu'n dda; **she's not in [good] ~,** nid yw hi'n canu'n dda; nid yw hi ar ei gorau; nid yw ei llais hi ar ei orau; *B:* **a still small ~,** llef ddistaw fain *f*; **the ~ of one crying in the wilderness,** llef un yn llefain yn y diffeithwch. **2.** *(a) (= say):* llais, *occ:* pleidlais (pleidleisiau) *f*; **I count on your ~,** 'rwyf yn disgwyl eich cefnogaeth/pleidlais; **we have no ~ in the matter,** nid oes gennym ni ddim llais/dweud yn y peth; *(b)* **to give ~ (to sth),** lleisio, mynegi (rhth); **with one ~,** yn unllais, ag un llais, yn unfrydol, yn unfryd. **3.** *Gram:* stâd (stadau) *f*; **the active ~,** y stâd weithredol; **the passive ~,** y stâd oddefol; **middle ~,** y stâd ganol/ganolig *f*. **4.** *Ling:* llais. **~-box** *n.* = **larynx.** **~ frequency** *n. W.Tel:* amledd(-au) *(m)* llais. **~-over** *n.* *Cin: T.V:* llais *(m)* sylwebydd, lleisio *vn*. **~-part** *n. Mus:* rhan(-nau) *(f)* i'r llais. **~-print** *n.* lleisbrint(-iau) *m*. **~-production** *n.* *Mus:* cynhyrchu *(vn)* llais; *Th:* llefaru. **~-test** *n.* prawf (profion) *(m)* llais. **~-vote** *n. U.S:* pleidlais lafar (pleidleisiau llafar) *f*.
voice[2] *v.t.* **1.** *(opinion &c):* lleisio, mynegi. **2.** *Mus:* **to ~ organ pipes,** cyweirio pibau organ. **3.** *Phon:* lleisioli, lleisio.
voiced *a.* **1.** *with a. prefixed:* **low-~,** *(pers.):* â llais isel, isel eich llais; *(reply &c):* mewn sibrwd; **deep-~,** â llais dwfn, *occ:* dyfnlais; **loud-~,** â llais cryf/uchel, cryf eich llais, uchel eich llais; **sweet-~,** â llais melys/pêr/peraidd/persain/hyfryd, melyslais, hyfrydlais, pereiddlais. **2.** *Phon:* lleisiol.
voicedness *n.* lleisiolrwydd *m*, lleisioldeb *m*.
voiceful *a. Lit:* llafar, lleisiol, soniarus.
voicefulness *n.* soniarusrwydd *m*.
voiceless *a.* **1.** *(= mute):* mud, di-lais, dilais, heb lais. **2.** *Phon:* di-lais, dilais.
voicelessly *adv.* yn fud, yn ddi-lais, heb lais.
voicelessness *n.* **1.** mudandod *m*, mudaniaeth *f*, diffyg *(m)* llais. **2.** *Phon:* dileisedd *m*.
voicer *n.* **1.** lleisiwr (lleiswyr) *m*, ll|eiswraig *f*, mynegwr (mynegwyr) *m*, myn|egwraig *f*. **2.** *(of organ):* cyweiriwr (cyweirwyr) *m*.
voicing *vn.* lleisio.
void[1] *a. & n.* I. *a.* **1.** *(= empty):* gwag (gweigion); **~ space,** gwagle(-oedd) *m*, gwacter(-au) *m*, lle gwag (lleoedd gweigion) *m*; *Cards:* **~ suit,** siwt wag (siwtiau gwag/gweigion) *f*; **to fall ~,** mynd yn wag. **2.** *Jur: (deed, contract):* **null and ~,** di-rym, dirym; **to make sth ~,** dirymu rhth; **~ for uncertainty,** dirym oherwydd amwysedd/amhendantrwydd; **~ [voting] paper,** papur(-au) [pleidleisio] di-rym *m*. **3.** *Poet: (= vain):* ofer, seithug, di-fudd, diwerth, diddim, gwageddus. **4.** **~ of (sth),** heb + *soft mut.*, di- + *soft mut.*, amddifad o (rth), rhydd o (rth), **a proposal ~ of reason,** cynnig heb ynddo rithyn o synnwyr, cynnig disynnwyr/afresymol, cynnig amddifad o synnwyr; **his style is ~ of affectation,** y mae ei arddull yn ddirodres; **a nature ~ of all malice,** natur *(f)* ddifalais, natur rydd o falais, natur heb falais ar ei chyfyl. II. *n.* gwagle(-oedd) *m*, gwacter(-au) *m*, lle gwag (lleoedd gweigion) *m*; *Cards:* bwlch (bylchau) *m*; **to fill the ~,** llenwi'r gwagle/bwlch; **the aching ~ in his heart,** y gwacter poenus yn ei galon; *F:* **I have an aching ~,** 'rwyf ar lwgu; 'rwyf ar fy nghythlwng; 'rwyf yn marw o eisiau bwyd; mae rhaib angau arnaf; *S.a.* **ravenous.**
void[2] *v.t.* **1.** *Jur:* dirymu, dil|eu, diddymu. **2.** *(= evacuate, excrete):* ysgarthu, gollwng.
voidable *a.* dirymadwy.
voidableness *n.* natur ddirymadwy *f*.
voidance *n.* **1.** *(a) Jur:* dirymiad(-au) *m*, dirymu *vn*. **2.** *Ecc: (of benefice):* gwacter *m*, gwagle *m*. **3.** *(= excretion):* ysgarthiad *m*, gwacâd *m*.
voided *a.* **1.** a ddirymwyd, di-rym. **2.** *Her:* ceuog, ceuol.
voider *n.* *(= basket): M.W:* foeder(-au) *f*, *N:* bwydiar: boediar(-au) *f*.
voidness *n.* = **void 2.**
voile *n. Tex:* ***voile*** *mf*.
voir dire *n. Jur:* llw *(m)* geirwiredd, ***voir dire*** *m*.

volant *a.* **1.** *Z: Her:* hedegog, ehedol. **2.** *Lit:* buan, chwim, gwisgi, heini.
volante *a. & adv.* **1.** *a.* chwim. **2.** *adv.* yn chwim.
volar *a. Anat:* **1.** *(of the palm):* cledrol. **2.** *(of the sole):* gwadnol.
volatile *a. & n.* I. *a.* **1.** *Ch: &c:* anweddol; *also: Cu:* ehedol; *Tchn:* hedegog. **2.** *(= flighty):* gwamal, anwadal, di-ddal, oriog, cyfnewidiol, chwit-chwat, chwim-chwam. **3.** *(= easily inflamed):* hawdd eich gwylltio, fel matsien, gwyllt, ymfflamychol, fflamllyd, tanllyd, *Lit:* cyflym i lid. II. *n. Ch: Ph:* anweddolyn (anweddolion) *m*, defnydd(-iau) anweddol *m*.
volatileness, volatility *n.* **1.** *Ch: Ph:* anweddolrwydd *m*, ehedolrwydd *m*. **2.** *(= inconsistency):* anwadalrwydd *m*, anwadalwch *m*, oriogrwydd *m*, cyfnewidioldeb *m*, chwit-chwatrwydd *m*, chwim-chwamrwydd *m*. **3.** *(of temper &c):* natur ymfflamychol/wyllt *f*, gwylltineb *m*, parodrwydd *(m)* i wylltio, ffrwydroldeb *m*.
volatilizable *a.* anweddadwy.
volatilization *n.* anweddiad(-au) *m*, anweddu *vn*.
volatilize *v.t.* anweddu.
vol-au-vent *n.* ***vol-au-vent(-s)*** *m*.
volcanic *a. & n.* **1.** *a.* *(a) Geol: &c:* folcanig, *A: or Lit:* llosgfynyddol; **~ ash,** lludw folcanig *m*; **~ dyke,** camlas (camlesi) folcanig *f*; **~ landforms,** tirffurfiau folcanig; **~ spine,** nodwydd(-au) folcanig *f*; *(b) Fig:* ffrwydrol, ymfflamychol, gwyllt(-ion), tanbaid; **2.** *n.* craig (creigiau) folcanig *f*, folcanigau *pl*.
volcanically *adv.* **1.** yn folcanig. **2.** *Fig:* yn ffrwydrol *&c.*
volcanicity, volcanism *n.* folcanigrwydd *m*, folcanedd *m*.
volcanize *v.t.* folcaneiddio.
volcano *n.* llosgfynydd(-oedd,-au) *m*, mynydd(-oedd) *(m)* tân, mynydd llosg, folcano(-au) *m*; **active ~,** llosgfynydd byw; **dormant ~,** llosgfynydd mud; **extinct ~,** llosgfynydd marw; **mud ~,** llosgfynydd llaid; **shield ~,** llosgfynydd tarian.
volcanological *a.* = **vulcanological.**
volcanologist *n.* = **vulcanologist.**
volcanology *n.* = **vulcanology.**
vole *n. Z:* **field ~, short-tailed ~,** llygoden (llygod) *(f)* y gwair, llygoden gota (llygod cwta), *occ:* llygoden ddŵr fach (llygod dŵr bach); **water ~,** llygoden y dŵr, llygoden ddŵr (llygod [y] dŵr); **bank ~,** llygoden goch (llygod coch); **Skomer ~,** llygoden Sgomer (llygod Sgomer); **mole ~,** *llygoden [y] ddaear (llygod daear).
volet *n. Ecc: Art:* ***volet(-s)*** *m*, panel(-i,-au) *m*, asgell (esgyll) *f*.
volitant *a.* = **volant.**
volition *n.* ewyllys *m*, ewyllysiad(-au) *m*, penderfyniad(-au) *m*, dewisiad(- au) *m*, ewyllysio *vn*, penderfynu *vn*, dewis *vn*; **of one's own ~,** o'ch gwirfodd, o'ch dewis eich hun, ohonoch eich hun.
volitional, volitive *a.* ewyllysiadol, ewyllysol, ewyllysiol.
volkslied *n. Mus:* cân *(f)* werin (caneuon gwerin).
volley[1] *n.* **1.** *(of firearms):* taniad(-au) *m*; **to fire/discharge a ~ (at s.o.),** tanio (ar/at rn). **2.** *(of abuse, stones, blows):* cawod(-ydd) *f*, hwrdd (hyrddiau) *mf*. **3.** *Sp:* foli (folïau) *f*; **half ~,** hanner *(m)* foli (~ folïau); *Ten:* **stop ~,** foli stop, stop-foli (~-folïau) *f*.
volley[2] *v.t.&i.* **1.** *v.t.* *(a) Mil:* tanio (rhth) (ar/at rn); *(b) Sp:* folïan, folïo. **2.** *v.i.* *(a) (of guns):* cyd-danio, tanio, taranu; *(b) (of missiles &c):* saethu, hedfan.
volleyball *n. Sp: (a) (game):* pêl foli *m*; *(b) (ball):* pêl (peli) *(f)* foli.
volleyer *n.* folïwr (folïwyr) *m*.
volplane[1] *n. Aer:* gleid(-iau) *m*.
volplane[2] *v.i. Aer:* gleidio.
Volscian *a. & n.* **1.** *a.* Folsgiaidd; *(in language):* Folsgeg. **2.** *n.* *(a) Ethn:* Folsgiad (Folsgiaid) *m&f*; *(b) Ling:* Folsgeg *f*, *m*.
Volsteadism *n. Pol: U.S:* Volsteadiaeth *f*.
volt[1] *n. & v.i. Equit: Fenc:* **1.** *n.* naid *(f)* ochel (neidiau gochel), naid osg|oi, folt(-iau) *f*. **2.** *v.i.* neidio [i osgoi], foltio.
volt[2] *n. El.Meas:* folt(-iau) *fm*. **~-ampere** *n. El: Meas:* folt-amper(-au) *m*.
volta *n. Mus:* tro(-eon) *m*, gwaith (gweithiau) *f*.
voltage *n.* foltedd(-au) *m*.
voltaic[1] *a. O:* foltäig, galfanig.
Voltaic[2] *a. Pol:* **~ Republic,** Gweriniaeth *(f)* y Folta.

Voltairean *a.* & *n.* **1.** *a.* Voltairaidd. **2.** *n.* Voltairiad (Voltairiaid) *m&f.*
Voltaireanism *n.* Voltairiaeth *f.*
Voltairian *a.* & *n.* = **Voltairean.**
voltaism *n.* = **galvanism.**
voltameter *n. El:* foltamedr(-au) *m.*
voltametric *a. El:* foltametrig.
voltammeter *n. El:* foltammedr(-au) *m.*
volte *n.* = **volt**[1].
volte-face[1] *n.* tro(-eon) (*m*) pedol, tro ar eich sawdl, newid(-iadau) llwyr *m*, newid cyfeiriad/p|olisi; **to make a ~-~,** = ***volte-face***[2].
volte-face[2] *v.i.* troi o chwith, gwn|eud tro pedol, troi'r ffordd arall, newid (p|olisi *&c*) yn llwyr, troi fel cwpan mewn dŵr, troi yn eich carn, troi yn eich cogwrn.
voltmeter *n.* foltmedr(-au) *m.*
volubility *n.* huodledd *m*, parodrwydd (*m*) tafod, rhwyddineb (*m*) ymadrodd, rhuglder *m*, parabl rhwydd *m.*
voluble *a.* **1.** *(pers.):* huawdl, siaradus, parablus, rhugl, tafodrydd, brac eich tafod. **2.** *Bot:* gwdennog.
volubleness *n.* = **volubility.**
volubly *adv.* yn huawdl *&c*; **(to speak) ~,** (siarad) yn huawdl, *F:* yn r|ibidi-res, *N: F:* fel cyfrif llyfrithen, fel melin bupur, fel melin malu metlin, *S: F:* fel pwll y môr.
volume[1] *n.* & *a.* I. *n.* **1.** *(= book):* cyfrol(-au) *f*, llyfr(-au) *m*; **~ one,** y gyfrol gyntaf; **~ two,** yr ail gyfrol; **it speaks volumes for him,** mae'n glod mawr iddo; **to speak volumes (about sth),** dweud llawer, llefaru'n huawdl, dweud cyfrolau, (am rth). **2.** *pl.* **volumes of smoke,** cwmwl (*m*) o fwg, cymylau o fwg, torch (*f*) o fwg, torchau o fwg; **volumes of water,** llif (*m*) o ddŵr, llifogydd o ddŵr, llifeiriant (*m*) o ddŵr; **the sheer ~ (of his work),** maint *m*, crynswth *m*, swmp *m* (ei waith); yr holl waith a wnaeth. **3.** *(a) Ch: Ph:* cyfaint (cyfeintiau) *m*; **unit of ~,** uned (*f*) gyfaint (unedau cyfaint); **densities for equal volumes,** dwyseddau i gyfeintiau cyfartal; *I.C.E:* **~ of charge [of engine],** cyfaint motor; *(b)* **the ~ of the brain,** cyfaint yr ymennydd, maint yr ymennydd; **the ~ of a reservoir,** cynhwysedd (*m*) cronfa, maint/cyfaint cronfa. **4.** *Mus: W.Tel: (of sound, voice):* uchder(-au) *m*; *W.Tel:* **to turn the ~ up,** codi'r sain, troi'r sain i fyny; **to turn the ~ down,** lleih|au'r sain, gostwng y sain; **turn the ~ down, please!** llai o'r sŵn/twrw 'na, os gwelwch yn dda! rhowch yr hen beth 'na i lawr! *Mus:* **to give ~ to the tone,** chwyddo'r dôn. **5.** *Com:* **~ (of business, exports),** maint, swm *m*; (busnes/masnach/allforion). II. *a.* sylweddol. **~ control** *n. (i)* rheolaeth (*f*) ar sain, rheoli (*vn*) sain; *(ii) (= knob):* rheolydd(-ion) (*m*) sain, *N:* nobyn (nobiau) (*m*) sain/sŵn, *S:* bwlyn(-nau) (*m*) sain/sŵn. **~ resistivity** *n. El:* gwrthedd(-au) cyfeintiol *m*. **~ unit** *n.* uned (*f*) gyfaint (unedau cyfaint).
volume[2] *v.i.&t.* **1.** *v.i.* *(of smoke):* codi'n gwmwl/gymylau/dorchau/donnau, byrlymu. **2.** *v.t.* arllwys/tywallt *&c* yn helaeth/hael.
volumed *comb.a.* **1. three-~ book,** llyfr mewn tair cyfrol. **2.** *(smoke)* cymylog, torchog, yn gymylau, yn dorch, yn dorchau.
volumeter *n. Ch: Ph:* foliwmedr(-au) *m.*
volumetric[al] *a. Ch: Ph:* cyfeintiol; **~ flask,** fflasg safonol.
volumetrically *adv.* yn gyfeintiol.
volumetry *n. Ch: Ph:* cyfeintioleg *f*, foliwmetreg *f.*
voluminosity *n.* **1.** *(of author):* swmp *m*, swmpusrwydd *m*, toreithiogrwydd *m*, cynhyrchiolrwydd *m*. **2.** *(a) (= bulk):* swmp, swmpusrwydd, maint *m*, helaethrwydd *m*, toreth *f*; *(b) (of dress &c):* helaethrwydd.
voluminous *a.* **1.** *(a) (literary work):* swmpus, mewn sawl cyfrol, amlgyfrolog; *(b) (author):* toreithiog, cynhyrchiol, aml eich cyfrolau. **2.** *(= extensive):* helaeth, sylweddol, cynhwysfawr; *(= bulky):* swmpus; *(drapery &c):* helaeth, llaes.
voluminously *adv.* yn doreithiog, yn helaeth *&c.*
voluminousness *n.* = **voluminosity.**
voluntarily *adv.* *(a)* o'ch gwirfodd, ohonoch eich hun, o wirfodd, yn wirfoddol, yn ddigymell, heb orfodaeth, yn ewyllysgar; *(b) (= without pay):* am ddim, heb dâl.
voluntariness *n.* gwirfoddoldeb *m*, gwirfoddolrwydd *m*, ewyllysgarwch *m.*
voluntarism *n. Phil:* gwirfoddoliaeth *f.*
voluntarist *n.* gwirfoddoliaethwr (gwirfoddoliaethwyr) *f.*
voluntaristic *a.* gwirfoddoliaethol.
voluntary *a.* & *n.* **1.** *a.* *(a)* gwirfoddol, o wirfodd, ewyllysgar, o wirfodd calon, digymell, nas gorfodir/gorfodid/gorfodwyd; **~ service,** gwasanaeth(-au) gwirfoddol *m*; **~ organization,** mudiad(-au) gwirfoddol *m*, cymdeithas wirfoddol (cymdeithasau gwirfoddol) *f*; **~ centre,** canolfan [g]wirfoddol (canolfannau gwirfoddol) *mf*; **~ offer,** cynnig (cynigion) digymell *m*; *Jur:* **~ bill [of indictment],** bil gwirfoddol *m* [o inditiad]; *Jur:* **~ conveyance/disposition,** trawsgludiad(-au) gwirfoddol *m*, trawsgludiad o wirfodd; *Jur:* **~ settlement,** setliad(-au) gwirfoddol *m*; **V~ Aid Detachment,** Mintai (*f*) Gymorth Gwirfoddol (Minteioedd Cymorth Gwirfoddol); *(b) Physiol: (nerve, muscle):* ewyllysiol, rheoledig; **~ muscle,** cyhyr(-au) rheoledig *m*, cyhyr rhesog. **2.** *n.* *Ecc: Mus:* offrymddarn(-au) *fm*, unawd(-au) *f*; **organ ~,** unawd ar yr organ.
voluntaryism *n.* = **voluntarism.**
voluntaryist *n.* = **voluntarist.**
volunteer[1] *n.* *(a) Mil: &c:* gwirfoddolwr (gwirfoddolwyr) *m*, gwirfodd|olwraig *f*; **~ service,** gwasanaeth gwirfoddol *m*; **~ army,** byddin wirfoddol (byddinoedd gwirfoddol) *f*, byddin o wirfoddolwyr; **any volunteers [for sth]?** oes rhn am ei gynnig ei hun [i wn|eud rhth]? rhn am gynnig [gwneud rhth]? oes rhywun yn barod [i wneud rhth]? **there were no volunteers (to do sth),** ni wnaeth neb ei gynnig ei hun, ni wnaeth neb ymgynnig, 'doedd neb yn barod (i wneud rhth); *(b) attrib. Bot:* **~ [plant],** *gwirfoddolyn (gwirfoddolion) *m*, planhigyn (planhigion) gwirfoddol *m*, planhigyn sy'n tyfu'n wirfoddol, planhigyn sy'n tyfu ohono'i hun.
volunteer[2] *v.t.&i.* **1.** *v.t.* cynnig. **2.** *v.i.* *(a)* **to ~ (to do sth),** cynnig (gwneud rhth) [o'ch gwirfodd]; ymgynnig, eich cynnig eich hun (ar gyfer rhth); gwirfoddoli (i wneud rhth); *(b) Mil:* gwirfoddoli, ymuno o wirfodd, ymrestru/listio [yn y fyddin], ymuno [â'r fyddin] fel gwirfoddolwr.
volunteerism *n.* = **voluntarism.**
voluptuary *a.* & *n.* **1.** *a.* trythyll, blysig, chwantus, moethgar, plesergar, glwth, cnawdol. **2.** *n.* trythyllwr (trythyllwyr) *m*, ymbleserwr (ymbleserwyr) *m*, moethgarwr (moethgarwyr) *m*, dyn (dynion) cnawdol *&c m.*
voluptuous *a.* synhwyrus, nwydus, cnawdol.
voluptuously *adv.* yn synhwyrus, yn nwydus.
voluptuousness *n.* nwydusrwydd *m.*
volute *n.* & *a.* **1.** *n.* *(a) Arch:* troell(-au) *f*, sgrôl droellog (sgroliau troellog) *f*, foliwt(-iau) *mf*; *(b) Z: (of shell):* troell; *(c) Moll:* cragen droellog (cregyn troellog) *f*, troell fôr (troellau môr). **2.** *a. Bot: &c:* troellog.
voluted *a. Arch: Moll:* troellog.
volutin *n. Bio-Ch:* folwtin *m.*
volution *n.* **1.** *(motion):* ymdroelliad(-au) *m*, ymdroelli *vn*. **2.** *(= whorl, spiral convolution):* troell(-au) *f.*
volva *n. Bot:* folfa (folfâu) *f.*
volvox *n. Biol:* folfocs(-au) *m*, amlen(-ni) *f*, ambilen(-ni) *f.*
volvulus *n. Med:* cwlwm (c[y]lymau) (*m*) perfedd.
vomer *n. Anat:* fomer(-au) *m*, asgwrn (esgyrn) (*m*) swch.
vomerine *a. Anat:* fomeraidd.
vomit[1] *n.* **1.** *(matter):* cyfog *m*, chŵyd (chwydion) *m*, chwydfa (chwydf|eydd) *f*, *N: F:* chŵd *m*, *S: F:* whŵd *m*, *N: occ:* gloesion *pl*. **2.** *(action):* cyfogiad(-au) *m*, chwydfa, chwydiad(-au) *m.*
vomit[2] *v.t.&i.* *(a)* chwydu, cyfogi, *N: F:* taflu/taflyd (rhth) i fyny, *S:* cael (rhth) yn ei ôl, taflu (rhth) lan, *N.W: occ:* gloesi, gloesio, *S.W: occ:* gloeshi, *S.E: occ:* cael stumog yn ôl; **an inclination to ~,** *N.W: occ:* pwys (*m*) gloesion/gloesi; **to make s.o. [want to] ~,** codi cyfog ar rn, *N:* codi pwys ar rn; *(b) (of chimney, volcano &c):* chwydu/poeri (rhth) allan.
vomiter *n.* cyfogwr (cyfogwyr) *m*, chwydwr (chwydwyr) *m.*
vomitorium, vomitory *n.* **1.** *Med:* moddion (*pl or m*) cyfogi, ffisig(-au) (*m*) cyfogi, cyfoglyn(-nau) *m*. **2.** *Rom.Ant:* tramwyfa (tramwyf|eydd) *f*, mynedfa (mynedf|eydd) (*f*) allan, allanfa (allanf|eydd) *f.*
vomitus *n.* = **vomit**[1] **1.**
voodoo[1] *n. Anthr: Rel:* **1.** fwdw *m*. **2.** *(a)* **~ [doctor, priest],** dewin(-iaid) (*m*) fwdw; *(b) (= spell, charm):* swyn(-ion) *f.*
voodoo[2] *v.t. Anthr:* rheibio, *F:* witsio.
voodooism *n. Anthr:* fwdŵaeth *f.*

voodooist *n.* fwdŵydd (fwdwyddion) *m*, dewin(-iaid) (*m*) fwdw, dyn(-ion) (*m*) fwdw.
voodooistic *a.* fwdŵaidd.
voracious *a.* gwancus, rheibus, barus, awchus, anniwall, bwyt|eig; *(reader):* awchus, anniwall, brwd.
voraciously *adv.* yn wancus *&c*; gydag awch; **to eat ~,** bwyta fel ceffyl, llowcio bwyd, lleibio bwyta, cythru bwyta, bwyta'n awchus, bwyta fel petaech ar lwgu/newynu, bwyta fel petai rhaib yr angau arnoch, *N: occ:* conio arni, sglaffio bwyta, bwyta fel Siôn Hafarch, bwyta fel petaech wedi dod o warchae, *Joc:* claddu dan yr hen drefn; **to read ~,** darllen yn awchus, darllen gydag awch, lleibio llyfrau.
voraciousness, voracity *n.* gwanc *m*, gwancusrwydd *m*, rhaib *f*, rheibusrwydd *m*, barusrwydd *m*, awch *m*, *N: occ:* bariaeth *f*.
-vore *suff.* -ysor(-ion) *m*.
vorlage *n. Ski:* pwyso (*vn*) yml|aen, ***vorlage*** *m*.
Vorlan *W.Pl.n.* Y Forlan *f*.
-vorous *a. suff.* -ysol.
vortex *n. (a) Ph:* fortecs(-au) *m*, chwyrlïad (chwyrliadau) *m*; **~ ring,** cylch(-oedd) (*m*) fortecs; *(b) (of air, dust, smoke &c):* torch(-au) *f*, troell(-au) *f*, chwyrlïad; *(c) (= whirlpool):* trobwll (trobyllau) *m*; *Fig:* **the ~ of politics,** trobwll gwleidyddiaeth.
vortical *a.* troellog, chwyrlïol.
vortically *adv.* yn droellog.
vorticella *n. Z: Biol:* fortisela (fortiselâu) *mf*.
vorticism *n. Art: Phil:* fortisiaeth *f*.
vorticist *n. Art: Phil:* fortisydd(-ion) *m*.
vorticity *n. Ph:* fortisedd *m*.
vorticose, vorticular *a.* = **vortical.**
Vortigern *Pr.n.m. Hist:* Gwrth|eyrn [Gwrthenau].
Vortimer *Pr.n.m. Hist:* Gwrthefyr [Wyn/Fendigaid].
Voryd *W.Pl.n.* Y Foryd *f*.
votable *a.* pleidleisiadwy.
votaress *n.f.* **1.** *Rel: (under vow):* add|unwraig (addunwragedd), diofr|ydwraig (diofrydwragedd) (**of s.o.,** rhn, i rn). **2.** *F: (= follower, worshipper):* add|olwraig (addolwragedd); *(= follower &c):* dil|ynwraig (dilynwragedd), cefn|ogwraig (cefnogwragedd), pl|eidwraig (pleidwragedd) (rhn, i rn).
votarist, votary *n.* **1.** *Rel: (under vow):* addunwr (addunwyr) *m*, addunedwr (addunedwyr) *m*, diofrydwr (diofrydwyr) *m* (**of s.o.,** rhn, i rn). **2.** *(= worshipper):* addolwr (addolwyr) *m*; *(= follower &c):* dilynwr (dilynwyr) *m*, cefnogwr (cefnogwyr) *m*; *(= advocate):* pleidiwr (pleidwyr) *m*; *pl.* **votaries,** selogion, ffyddloniaid (rhn, i rn).
vote¹ *n.* **1.** *(a) (= poll):* pleidlais (pleidleisiau) *f*, *F:* fôt (fotiau, fôts) *f*; **casting ~,** pleidlais fwrw (pleidleisiau bwrw), pleidlais fantol (pleidleisiau mantol); **card ~,** pleidlais gardiau (pleidleisiau cardiau); **single transferable ~,** pleidlais sengl drosglwyddadwy (pleidleisiau sengl trosglwyddadwy); *S.a.* **block; to put a question to the ~, to take a ~ on sth,** pleidleisio ar fater, rhoi mater i bleidlais; **to take the ~, to move on to the ~,** symud i['r] bleidlais, cymryd y bleidlais; *U.S:* **voice ~,** pleidlais lafar (pleidleisiau llafar); **to give/cast a ~,** rhoi pleidlais, bwrw pleidlais, pleidleisio; **~ of censure,** pleidlais o gerydd; **~ of confidence,** pleidlais o ffydd/hyder; **~ of no confidence,** pleidlais o ddiffyg ffydd/hyder; **to carry a ~,** ennill pleidlais; *(b) (= franchise):* y bleidlais, yr hawl (*f*) i bleidleisio, yr etholfraint (etholfreintiau) *f*; **votes for women!** pleidlais i ferched!
vote² *v.i.&t.* **1.** *v.i. (a)* pleidleisio, bwrw pleidlais, *F:* fotio (**for s.o.** i rn, dros rn, o blaid rhn); **to ~ by a show of hands,** pleidleisio trwy godi llaw/dwylo; **to ~ communist,** pleidleisio dros y comiwnydd[-ion], rhoi'ch pleidlais i'r comiwnydd[-ion]; *Fig:* **to ~ with one's feet,** pleidleisio â'ch traed, lleisio'ch barn trwy ymadael. **2.** *v.t. (a) Parl: Hist:* **to ~ a sum (for sth),** penderfynu rhoi swm, pleidleisio/cytuno i roi swm, dyfarnu swm (ar gyfer rhth); *(b) F:* **I ~ that we go,** 'rwy'n cynnig ein bod ni'n mynd; **the idea was voted a good one,** penderfynwyd/cytunwyd bod y syniad yn un da. **3.** *v.t. (a)* **to ~ down a motion,** gwrthod/trechu cynnig; *(b)* **to ~ s.o. in,** ethol rhn.
voteless *a.* dibleidlais, heb bleidlais, heb hawl pleidleisio.
voter *n. (a) (= one who is voting):* pleidleisiwr (pleidleiswyr) *m*, pleidl|eiswraig *f*, *F:* fotiwr (fotwyr) *m*, f|otwraig *f*; **~ registration,** cofrestru (*vn*) pleidleiswyr; *(b) (= elector):* etholwr (etholwyr) *m*, eth|olwraig *f*.
voting *a. & vn.* **1.** *a.* sy'n pleidlesio, â phleidlais, â'r hawl i bleidleisio. **2.** *vn.* = **vote¹,².** **~-machine** *n.* peiriant (peiriannau) (*m*) pleidleisio. **~-paper** *n.* papur(-au) (*m*) pleidleisio. **~ stock** *n. Com:* stoc (*m*) pleidleisio.
votive *a.* addunedol, diofrydol, *occ:* addunol; *Theol:* **~ offering,** offrwm (offrymau) (*m*) diofryd/adduned/addunedol, offrymiad(-au) *m*; *S.a.* **deposit¹.**
votively *adv.* yn addunedol *&c*.
votiveness *n.* addunoldeb *m*.
Votyak *a. & n.* **1.** *a.* Fotiacaidd; *(in language):* Fotiaceg. **2.** *n. (a) Ethn:* Fotiac(-iaid) *m&f*; *(b) Ling:* Fotiaceg *f*, *m*.
vouch *v.i. (a)* **to ~ for the truth of sth,** tystio i wirionedd rhth, gwarantu gwirionedd rhth; **I can ~ for it,** gallaf ei warantu; *F:* **I'll ~ for that!** mi af ar fy llw drosto! *(b)* **to ~ for s.o.,** ateb dros rn, gwarantu rhn, tystio o blaid rhn, tystio dros rn, rhoi gair dros rn.
vouchee *n.* gwarantedig(-ion) *m&f*.
voucher¹ *n.* **1.** tocyn(-nau) *m*, taleb(-au) *f*; **gift ~,** tocyn rhodd; **luncheon ~,** tocyn bwyd; *Mil:* **travel ~,** tocyn teithio. **2.** *(pers.):* gwarantwr (gwarantwyr) *m*.
voucher² *v.t.* = **vouch.**
vouchsafe *v.t.&i. Lit:* **1.** *v.t.* **to ~ s.o. sth,** caniatáu/rhoddi/rhoi rhth i rn. **2.** *v.i.* **to ~ to do sth,** gweld yn dda wneud rhth, ymostwng i wneud rhth; bod cystal â gwneud rhth, cytuno i wneud rhth.
vouchsafement *n.* **1.** *vn.* = **vouchsafe. 2.** *(= gift, grant):* rhodd(-ion) *m*, consesiwn (consesiynau) *m*.
voussoir *n. Arch:* maen (meini) (*m*) bwa, carreg (*f*) fwa (cerrig bwa), ***voussoir(-s)*** *mf*.
vow¹ *n.* adduned(-au) *f*, diofryd(-au) *m*, llw(-on) *m*; **baptismal vows,** addunedau bedydd; **lovers' vows, marriage vows,** llw cariadon, llw priodas, addunedau priodas; **monastic vows,** diofryd mynach; **to take one's vows,** gwn|eud eich addunedau, cymryd diofryd, diofrydu; **to take a ~ of poverty,** cymryd arnoch ddiofryd tlodi; **to fulfil a ~,** cywiro adduned; **to break a ~,** torri adduned.
vow² *v.t.* addunedu, adduno, diofrydu, addo; **to ~ (to do sth),** addunedu, addo (gwneud rhth); rhoi'ch llw/gair (y gwnewch rth).
vowel *n. Phon:* llafariad (llafariaid) *f*; **back ~,** llafariad ôl; **cardinal ~,** llafariad safonol; **close ~,** llafariad gaead (llafariaid caead); **epenthetic ~,** llafariad ymwthiol, llafariad lusg (llafariaid llusg); **front ~,** llafariad flaen (llafariaid blaen); **natural ~, obscure ~,** llafariad dywyll (llafariaid tywyll), sain dywyll (seiniau tywyll) *f*; **semi-~,** llafariad gytseiniol (llafariaid cytseiniol), llafariad ansillafog. **~ affection** *n.* affeithiad(-au) *m*. **~ fracture** *n.* toriad (*m*) llafariaid. **~ gradation** *n.* graddiad llafariaid. **~ mutation** *n. W.Gram:* gwyriad(-au) *m*. **~ harmony** *n.* cytgord (*m*) llafariaid. **~-point** *n.* llafarnod(-au) *m*. **~ reversion** *n. W.Gram:* dychweliad(-au) *m*. **~ rhyme** *n.* odl Wyddelig (odlau Gwyddelig) *f*. **~ sound** *n.* sain lafarog (seiniau llafarog) *f*. **~ triangle** *n.* triongl (*m*) y llafariaid.
vowelize *v.t.* llafarnodi, llafarïadu.
vowelled *a. Ling:* llafarog.
vowelless *a. Ling:* dilafariad.
Vowmynd *Eng.Pl.n.* Mynydd Brith *m*.
vox *n.* **~ *angelica*** *n.* ***vox angelica*** *f*. **~ *humana*** *n.* ***vox humana*** *f*. **~ *populi*** *n.* llais (*m*) y werin, llais y wlad, barn (*f*) y bobl. **vox pop** *n. T.V:* barn (*f*) y bobl; **to do a ~ ~,** holi/gofyn barn y bobl.
voyage¹ *n.* **[sea] ~,** mordaith (mordeithiau) *f*; *(by air, in space):* taith (teithiau) *f*, siwrnai (siwrneiau, siwrneioedd) *f*; **~ by air,** taith awyr, taith mewn awyren.
voyage² *v.t.&i. Lit: (by sea):* morio, mordeithio, mordwyo, teithio; *(otherwise):* teithio.
voyager *n. (at sea):* mordeithiwr (mordeithwyr) *m*, mord|eithwraig *f*, mordwywr (mordwywyr) *m*, mord|wywraig *f*; *(otherwise):* teithiwr (teithwyr) *m*, t|eithwraig *f*, *occ:* siwrneiwr (siwrneiwyr) *m*, siwrn|eiwraig *f*.
voyageur *n.* tywysydd(-ion) *m*, ***voyageur(-s)*** *m*.
voyeur *n.* llygadwr (llygadwyr) *m*, sbeciwr (sbecwyr) *m*, ***voyeur(-s)*** *m*.
voyeurism *n.* llygadu *vn*, sbecian *vn*, voyeuriaeth *f*.
voyeuristic *a.* voyeuraidd.
voyeuristically *adv.* yn voyeuraidd.
vraic *n.* gwymon *m*.

Vro *W.Pl.n.* Y Fro *f.*
Vron *W.Pl.n.* Froncysyllte *f.*
vroom *v.i. & n.* **1.** *v.i.* chwyrnellu, chwyrn-droi, brwm-brwmian. **2.** *n.* brwm-brwm *m.*
Vulcan *Pr.n.m. Astron: Myth:* Fwlcan.
vulcanian *a.* fylcanaidd.
vulcanic *a.* = **volcanic.**
vulcanicity, vulcanism *n.* fylcanedd *m*, fylcanigrwydd *m.*
vulcanist *n. Geol:* fylcanydd(-ion, fylcanwyr) *m.*
vulcanite *n.* fylcanit *m.*
vulcanizable *a.* fylcaneiddiadwy.
vulcanization *n.*, **vulcanize** *v.t.* fylcaneiddio.
vulcanized *a.* fylcaneiddiedig, fylcanaidd.
vulcanizer *n.* fylcaneiddiwr (fylcaneiddwyr) *m.*
vulcanological *a.* fylcanolegol.
vulcanologist *n.* fylcanolegwr: fylcanolegydd (fylcanolegwyr) *m.*
vulcanology *n.* fylcanoleg *f.*
vulgar *a.* **1.** *Pej:* di-chwaeth, cwrs, *F:* comon, coman, *Lit:* di-foes, ansyber, fwlgar, fwlgaraidd, aflednais, iselwael; **a ~ display of wealth,** sioe ddi-chwaeth o gyfoeth; **~ expressions,** dywediadau sathredig/aflednais/priddlyd/comon/di-chwaeth; **to be ~ in one's speech,** bod yn aflednais/gwrs/arw/fudr eich siarad/sgwrs, *S.E:* bod yn gras eich sgwrs; *A:* **the ~ herd, the ~,** y lliaws *m*, y werin *f*, y werin gaws, y gwerinos *pl*, y cyffredin *m*, y gyffredin bobl *f or pl*, y bobl gyffredin; *S.a.* **abuse. 2.** *(a) (= common, widespread):* cyffredin; **~ errors,** camsyniadau cyffredin; *(b)* **the ~ tongue,** yr iaith lafar *f*, iaith y wlad; **~ Latin,** Lladin *(m)* llafar, Lladin gwerinol, Lladin isel; *(c)* **the ~ era,** y cyfnod Cristnogol *m*, oed Crist *m*; *(d) Mth:* **~ fraction,** ffracsiwn (ffracsiynau) cyffredin *m.*
vulgarian *n.* fwlgarydd (fwlgarwyr) *m*, rhn cwrs/comon/ansyber *&c.*
vulgarism *n.* **1.** = **vulgarity. 2.** *(expression):* fwlgarair (fwlgareiriau) *m*, afledneiseb(-au,-ion) *f*, gair bras (geiriau breision) *m.*
vulgarity *n.* fwlgareiddiwch *m*, fwlgariaeth *f*, afledneisrwydd *m.*
vulgarization *n.* **1.** *(= make vulgar 1):* fwlgareiddio, diraddio. **2.** *(= popularize):* poblogeiddio.
vulgarize *v.t.* **1.** fwlgareiddio, diraddio. **2.** poblogeiddio.
vulgarizer *n.* **1.** *(who makes vulgar):* fwlgareiddiwr (fwlgareiddwyr) *m.* **2.** *(= popularizer):* poblogeiddiwr (poblogeiddwyr) *m.*
vulgarly *adv. n.* **1.** *(= coarsely):* yn aflednais, *F:* yn gomon, yn gwrs *&c.* **2.** *(= commonly):* yn gyffredin, ar lafar, ar lafar gwlad.
vulgate *n. B:* **the V~,** y Fwlgat *m*; *Lit:* **the V~ Cycle,** Cylch *(m)* y Fwlgat.
vulnerable *a.* bregus, hawdd eich clwyfo/anafu/brifo *&c*, agored i'ch clwyfo *&c*, gwan (gweinion), clwyfadwy, archolladwy, *Lit: occ:* hyglwyf; *Sociol:* agored i niwed; **~ to criticism,** hawdd eich beirniadu, croendenau; **~ spot,** gwendid(-au) *m*, man gwan (mannau gweinion) *m.*
vulnerably *adv.* yn glwyfadwy *&c.*
vulnerary *a. & n.* **1.** *a.* iachaol, briwiachaol, clwyfiachaol, sy'n gwella clwyfau, da at/i wella clwyfau. **2.** *n.* *(a) Med:* cyffur(-iau) briwiachaol *m*, eli (elïon, elïau) briwiachaol *m*; *(b) Bot:* briwlys *m.*
vulpine *a.* llwynogaidd, cadnoaidd; *(= crafty):* cyfrwys, ystrywgar; ystumddrwg.
vulture *n.* **1.** *Orn:* fwltur: fultur(-iaid,-od) *mf*, *Lit:* barcutgi (barcutgwn) *m.* **2.** *Fig:* **his heirs were like vultures round him,** 'roedd ei etifeddion fel adar corff o'i amgylch; **culture ~,** lleibiwr (lleibwyr) *(m)* diwylliant, lleibiwr llên.
vulturine, vulturous *a.* fwlturaidd, fylturaidd.
vulva *n. Anat:* fylfa (fylfâu) *f*; *Vet:* y llawes goch *f.*
vulval *a. Anat:* fylfol.
vulvitis *n. Med:* llid *(m)* y fylfa.
vulvovaginitis *n. Med:* fylfaweinwst *m.*
vying *vn. See* **vie.**
Vyrnwy *W.Pl.n.* **river ~,** [Afon] Efyrnwy; **Lake ~,** Llyn Llanwddyn, Llyn Efyrnwy.

W

W, w *n.* [y llythyren] W, w *f* (*pl.* ŵau); *Tp:* **W for Willy,** W am Wil. **w.c.** *n.* tŷ (tai) bach *m*, *N:* lle(-fydd) (*m*) chwech. **W.E.A.** *n.* Cymdeithas (*f*) Addysg y Gweithwyr. **W.J.E.C. (the)** *abbr.* (*Welsh Joint Education Committee*)*:* C.B.A.C. (Cyd-bwyllgor Addysg Cymru). **W.I. (the)** *n.* Sefydliad (*m*) y Merched. **W.P.C.** *n.f.* heddferch(-ed), heddforwyn(-ion, heddforynion), *F:* plismanes: plismones(-au). **W.R.U. (the)** *abbr.* (*Welsh Rugby Union*)*:* Undeb (*m*) Rygbi Cymru.

wabble *v.i.* = **wobble.**

wacke *n. Geol:* pilergraig (pilergreigiau) *f*.

wackily *adv. U.S: F:* = **crazily.**

wackiness *n. U.S: F:* = **craziness.**

wacky *a. U.S: F:* = **crazy.**

wad[1] *n.* **1.** (*a*) (*of cotton wool, cartridge*)*:* wad(-iau) *fm*, *occ:* topyn(-nau) *m*; (*b*) (*of banknotes &c*)*:* dyrnaid (dyrneidiau) *m*, sypyn(-nau) *m*. **2.** *F:* = **bun, sandwich.**

wad[2] *v.t.* **1. to ~ a firearm,** wadio dryll/gwn, *occ:* topio dryll/gwn. **2.** *Dressm: Needlew:* **to ~ a sleeve,** rhoi wadin mewn llawes, padio llawes.

wadable *a.* rhydiadwy.

wadding *n.* wadin *m*, gwlân (*m*) cotwm.

waddle[1] *n.* honc(-iau) *f*, honciad(-au) *m*, siglad(-au) *m*.

waddle[2] *v.i.* honcian [cerdded], siglo [cerdded], ffadl[i]an [cerdded], cerdded o glun i glun, cerdded fel hwyaden, *N.W: occ:* rhoncian, rhoncio.

waddler *n.* honciwr (honcwyr) *m*, honcen(-nod) *f*.

waddling *a.* & *vn.* **1.** *a.* honclyd, rhonclyd, rhonciog. **2.** *vn.* = **waddle**[2].

waddlingly *adv.* yn honclyd *&c*; gan honcian *&c*.

waddy *n. Austr:* pastwn (pastynau) *m*.

wade *v.i.&t.* **1.** *v.i.* cerdded trwy ddŵr, *Lit: occ:* beisio dŵr, *S.W:* bracso, bracsan, bracsyd; **to ~ across a stream,** rhydio afon, cerdded trwy afon; **to ~ (through a book),** llafurio, bustachu, stryffaglio, straffaglu (trwy lyfr); **to ~ in,** (*i*) (*to water*)*:* mynd i'r dŵr; (*ii*) *F:* (*to a task*)*:* ymdaflu, plymio, mynd ar eich pen (i rth); bwrw i ganol (rhth); (*iii*) *F:* (*to a fight*)*:* ymdaflu, mynd ar eich pen (i ymladdfa); *F:* **to ~ into s.o.,** ymosod ar rn, mynd i'r afael â rhn, mynd i ben rhn. **2.** *v.t.* rhydio (rhth), cerdded (trwy rth).

wader *n.* **1.** *Orn:* aderyn (adar) hirgoes *m*, rhydiwr (rhydwyr) *m*. **2.** (*pers.*)*:* rhydiwr (rhydwyr) *m*. **3.** *usu.pl.* **waders,** esgid (*f*) bysgota (esgidiau pysgota), botasen (*f*) bysgota (botsias/botasau pysgota).

wadi *n. Geog:* sychnant (sychnentydd) *f*, wadi (wadïau) *mf*.

wading *a.* sy'n mynd i'r dŵr, rhydiol; **~ bird,** = **wader 1**; **~-pool,** pwll (pyllau) (*m*) golchi traed.

wadmal, wadmel, wadmol *n. Tex:* brethyn bras *m*.

wadset *n. Jur:* = **mortgage.**

wafer *n.* **1.** *Cu:* waffer(-s,-i) *f*, *N: occ:* waffen *f*; **~ biscuit,** bisgeden grimp (bisgedi crimp) *f*; **to cut sth ~ thin,** torri rhth yn dafelli tenau tenau; **his party has a ~ thin majority in parliament,** mae gan ei blaid fwyafrif main iawn yn y senedd; mae mwyafrif ei blaid cyn deneued â dim ŵy. **2.** *Ecc:* afrllad(-au) *f*, afrlladen(-nau) *f*. **3.** (*a*) *Hist:* (*= disc of dried paste*)*:* llethen(-nau) *f*; (*b*) *Jur:* (*on document*)*:* sêl goch (seliau cochion) *f*.

wafery *a.* **~ thin,** main (meinion), fel waffer, tenau iawn, main iawn, *N:* fel dim ŵy, fel trwch asgell cacwn, fel trwch asgell gwybedyn.

Waaf *n.f. Mil:* Waff(-iaid).

waffle[1] *n. Cu:* waffl(-au) *mf*. **~-iron** *n.* haearn (heyrn) (*m*) gwn|eud wafflau.

waffle[2] *n.* malu (*vn*) awyr, siarad (*vn*) gwag, gwag-siarad *vn*, *F:* baldordd *m*, truth *m*, ffiloreg *f*, *N: F:* rwdl *mf*, *S:* chwaldod: whaldod *m*.

waffle[3] *v.i. F:* malu awyr, siarad ar eich cyfer, gwag-siarad, *N.W: F:* moedro, mwydro, rwdl[i]an, paldaruo, stwnsio, stwnsian, cabarlatsio, cabarlatsian, dallgeibio, *S:* chwaldodi, whaldodi.

waffler *n.* malwr (malwyr) (*m*) awyr, m|alwraig (*f*) awyr, baldorddwr (baldorddwyr) *m*, bald|orddwraig (baldorddwragedd) *f*, truthiwr (truthwyr) *m*, tr|uthwraig *f*, paldaruwr (paldaruwyr) *m*, paldaruwraig *f*, *N:* moedrwr (moedrwyr) *m*, moedren(-nod) *f*, rwdlyn(-nod) *m*, rwdlen(-nod) *f*, *S:* chwaldodwr (chwaldodwyr) *m*, whaldodwr (whaldodwyr) *m*.

waffling, waffly *a.* geiriog, amleiriog, hirwyntog, baldorddus.

waft[1] *n.* **1.** *Lit:* chwa(-on) *f*. **2.** *Nau:* arwydd(-ion) (*m*) helbul.

waft[2] *v.t.&i.* **1.** *v.t. Lit:* chwythu, *occ:* awelu. **2.** *v.i.* **to ~ along,** mynd fel awel, hedfan.

wafter *n.* awyrwr (awyrwyr) *m*, awelwr (awelwyr) *m*.

wag[1] *n. O:* (*= joker*)*:* dyn(-ion) digrif/ysmala/doniol *m*, wag(-iaid) *m*.

wag[2] *n.* (*of head, tail*)*:* siglad(-au) *m*, ysgydwad(-au) *m*; (*of flag*)*:* chwifiad(-au) *m*; **with a ~ of his tail,** gan ysgwyd ei gynffon, gan siglo'i gynffon.

wag[3] *v.t.&i.* **1.** *v.t.* (*tail*)*:* siglo, ysgwyd; (*of dog*)*:* **to ~ its tail,** siglo'i gynffon, ysgwyd ei gynffon, *S:* siglo'i gwt, *N: occ:* cynffonlonni, *S.W: occ:* cwtwslonni; **to ~ one's tongue,** clebran, clepian; **to ~ one's finger at s.o.,** codi bys at rn; **to ~ one's head,** *N:* ysgwyd eich pen, *S:* siglo'ch pen. **2.** *v.i.* **his tongue was beginning to ~,** 'roedd ei dafod yn dechrau llacio; **their affair set tongues wagging,** aeth eu carwriaeth yn destun siarad; aeth sôn am eu carwriaeth ar led; aeth eu carwriaeth yn chwedl gwlad; *F:* **it's a case of the tail wagging the dog,** mae'n enghraifft o'r gynffon yn siglo'r ci; **that's how the world wags,** dyna ffordd yr holl fyd; fel'na mae ei gweld hi; fel'na y gwelwch chi hi.

wage[1] *n.* cyflog(-au) *m*, *occ:* pae *m*, enillion *pl*, *N.W: Min:* tâl (taliadau) *m*, *S: Min:* hur(-oedd) *f*; (*the English pl. is translated by the Welsh sing.*); *S.a.* **pay**[1]. **basic ~,** cyflog sylfaenol; **minimum ~,** isrif(-au) *m* [cyflog], cyflog lleiafswm; **nominal ~,** cyflog enwol; **real ~,** gwir gyflog; **to earn a living ~,** ennill eich bywoliaeth (*f*), ennill eich tamaid (*m*), ennill digon at eich byw; *B:* **the wages of sin is death,** cyflog pechod yw marwolaeth; *Econ:* **Subsistence Theory of Wages,** Damcaniaeth Cyflogau Cynhaliol; **Wages Fund Theory,** Damcaniaeth Cronfa Gyflogau; *Adm:* **wages in lieu of notice,** cyflog yn lle rhybudd. **~-claim** *n.* cais (ceisiadau) (*m*) am godiad cyflog. **~/wages council** *n.* cyngor (*m*) cyflogau. **~ cut** *n.* gostyngiad(-au) (*m*) [mewn] cyflog, toriad(-au) (*m*) [mewn] cyflog. **~ drift** *n. Econ:* tra-chyflog *m*. **~-earner** *n.* gweithiwr (gweithwyr) cyflogedig *m*, gŵr (gwŷr) (*m*) cyflog; **is she a ~-earner?** ydi hi'n ennill? **who is the ~-earner in the family?** pwy sy'n cynnal y teulu? **~ freeze** *n.* rhewi (*vn*) cyflogau, ataliad(-au) (*m*) ar gyflogau. **wages inspection** *n. Adm:* archwiliad (*m*) cyflogau. **Wages Inspectorate** *n. Adm:* Adran (*f*) Archwilio Cyflogau. **~-packet** *n.* paced(-i) (*m*) cyflog, paced pae, *S.W:* pacyn (*m*) pae. **~-price spiral** *n. Com: &c:* troell (*f*) prisiau a chyflogau. **~-rate** *n.* = **wage-scale. wages regulation orders** *n.pl. Adm:* mesurau rheoli cyflogau. **~ restraint** *n.* ffrwyno (*vn*) cyflogau. **~-scale** *n.* cyfradd (*f*) gyflogau (cyfraddau cyflogau). **~-sheet** *n.* dalen (*f*) gyflogau (dalennau cyflogau). **~ slave** *n.* caethwas (caethweision) (*m*) cyflog, caethferch (caethferched) (*f*) cyflog, slafiwr (slafwyr) *m*, sl|afwraig (slafwragedd) *f*. **~-slip** *n.* papur(-au) (*m*) cyflog, papur pae. **~ stop** *n.* ataliad(-au) (*m*) cyflog. **~-worker** *n. U.S:* = **wage-earner.**

wage² *v.t.* **to ~ war,** rhyfela, gwn|eud rhyfel, cynnal rhyfel, mynd i ryfel (**on s.o.,** ar rn, yn erbyn rhn); **to ~ a campaign,** ymgyrchu, codi/cynnal ymgyrch.

waged *a.* cyflogedig, mewn swydd; **the ~ and the unwaged,** y cyflogedig a'r digyflog.

wageless *a.* digyflog, heb gyflog.

wager¹ *n.* **1.** *(= bet):* bet(-iau) *fm, A: or Lit:* cyngwystl(-au,- on) *m;* **to lay/make a ~ about/on sth,** betio ar rth, rhoi/mentro arian ar rth. **2.** *Jur: Hist:* **~ of battle,** cyngaws *(m)* trwy ymladd; *Jur:* **~ of law,** cyngaws trwy gyfraith.

wager² *v.t.* **to ~ [money],** betio, rhoi/mentro/dal [arian] (**on sth,** ar rth); **I'd ~ (that he understands),** mi fetia' i, mi ddalia' i, mi fentra' i (ei fod yn deall).

wagger *n.* siglwr (siglwyr) *m.*

waggery *n.* ysmaldod *m,* ffraethineb *m,* cellwair *vn.*

wagging *a. (tail):* siglog, aflonydd; *(tongue):* llac, aflonydd, clepgar; *(finger):* ceryddol, siarsiol; *S.a.* **tail-wagging.**

waggish *a.* ysmala, ffraeth, cellweirus, digrif, doniol.

waggle *v.t.&i. F:* = **wag²**.

waggly *a.* siglog.

waggon, wagon *n. (the spelling* **waggon** *is now rare except for* **1.** *(a).)* **1.** *(a) (usu. horse-drawn):* wagen(-i) *f,* gwagen(-i) *f, occ:* men(-ni) *f,* certwain (certweiniau) *f,* certwyn(-i) *f;* **covered ~,** wagen do (wageni to), wagen â tho, wagen dan do; *(b) F:* **to be on the [water-]~,** ymwrthod â diod, mynd ar y wagen ddŵr, rhoi'r gorau i'r botel, *N: F:* sychu ar y lein; *(c)* **= wag[g]on-load. 2.** *(a) Rail:* wagen; **goods ~,** wagen nwyddau; **water-~,** wagen ddŵr (wageni dŵr); *(b) Rail: Min:* dram(-iau) *f.* **~-headed** *a. Arch:* crwm (*f.* crom, *pl.* crymion). **~-roof, ~-vault** *n. Arch:* crymdo(-eau) *m.* **~-soldier** *n. U.S: Mil:* magnelwr (magnelwyr) *m.* **~-train** *n.* mintai (minteioedd) *(f)* [o] wagenni.

wag[g]oner *n.* [g]wagenwr ([g]wagenwyr) *m,* certmon (certmyn) *m,* [g]wagner(-iaid) *m, S.W: occ:* [g]w|aginer ([g]wagineriaid) *m.*

wag[g]onette *n. Veh:* wagonét (wagoneti, wagonetiau) *f.*

wag[g]onload *n.* llond *(m)* [g]wagen, llond cert/cart, llwyth(-i) *(m)* [g]wagen *&c,* [g]wagenaid ([g]wageneidiau) *f,* cartaid (carteidiau) *m,* certaid (certeidiau) *mf.*

Wagnerian *a. & n. Mus:* **1.** *a.* Wagneraidd. **2.** *n.* Wagneriad (Wagneriaid) *m&f.*

wagon-lit *n. Rail:* cerbyd(-au) *(m)* cysgu.

wagtail *n. Orn:* sigl-i-gwt *m,* tinsigl(-od) *mf,* siglen(-nod) *f,* sigldin(-au) *m, S.E: occ:* brithyn (brithion) *(m)* y garn, *Lit: occ:* gwingdin(-au) *f;* **blue-headed ~,** siglen benlas (siglennod penlas); **grey ~,** siglen lwyd (siglennod llwyd), siglen las (siglennod gleision), tinsigl lwyd (tinsiglod llwyd), brith(-od) *(m)* y fuches [llwyd]; **pied ~,** tinsigl brith/frith (tinsiglod brith), siglen fraith (siglennod brithion), sigldin y gŵys, brith y fuches, brith yr oged, sigwti fach *(f)* y dŵr, *N.W: occ:* cachwr(-s, cachwyr) *(m)* pen rhaw; **white ~,** siglen wen (siglennod gwynion), tinsigl wen; **yellow ~,** siglen felen (siglennod melyn), brith y fuches melyn, tinsigl melyn.

Wahabi, Wahhabi *n. Moslem Rel:* Wahabi (Wahabïaid) *m&f.*

wahine *n. N.Z:* gwr|aig (gwragedd) *f.*

wahoo¹ *n. Bot: (Euonymus atropurpureus):* pisgwydden ddulasgoch (pisgwydd dulasgoch) *f; (Ulmus alata):* llwyfen (llwyfain) adeiniog *f; (Tilia heterophylla):* gwaglwyfen (gwaglwyfain) amryddail *f.*

wahoo² *n. Ich:* wahŵ(-od) *m.*

waif *n.* **1.** *Jur: (= flotsam & jetsam):* broc *(m)* môr. **2.** *(child):* plentyn (plant) digartref *m,* plentyn amddifad; **waifs and strays,** plant digartref.

wail¹ *n. (a)* nâd (nadau) *f,* cri (crïoedd) *fm, Lit:* llef(-au) *f,* dolef(-au) *f,* oernad(-au) *f,* oergri (oergrïoedd) *fm,* oerlais (oerleisiau) *m;* **with a ~ of disappointment,** yn wylo gan siom, gan wylofain yn siomedig, gan oernadu'n siomedig; *(b) (esp. of new-born child):* nâd; *(c) (of mourning):* galarnad(-au) *f.*

wail² *v.i.* nadu, galaru, llefain, *Lit:* oernadu, dolefain, wylofain; **to ~ over sth,** galaru dros rth.

wailer *n.* nadwr (nadwyr) *m,* n|adwraig *f,* oernadwr (oernadwyr) *m,* oern|adwraig *f,* dolefwr (dolefwyr) *m,* dol|efwraig *f; (at funeral):* galarwr (galarwyr) *m,* galarnadwr (galarnadwyr) *m,* gal|arwraig (galarwragedd) *f.*

wailful, wailing¹ *a.* dolefus, wylofus, galarus.

wailing² *vn.* = **wail²**; *B:* **~ and gnashing of teeth,** wylofain a rhincian dannedd; **the W~ Wall,** Mur *(m)* yr Wylofain, Wal *(f)* yr Wylofain; **~ women,** galarwragedd.

wain *n.* **1.** *Veh:* **= waggon. 2.** *Astr:* **Charles's W~,** *See* **bear¹ 1.** *(b).*

wainscot¹ *n.* **1.** *Const:* wensgod: wensgot(-iau) *mf,* palis(- au) *m,* gwaith *(m)* coed, paneli *pl.* **2.** *Ent:* **smoky ~,** gwyfyn(-od) *(m)* wensgod/wensgot tywyll. **~ bed** *n.* gwely(-au) *(m)* wensgod/ wensgot, gwely cwpwrdd.

wainscot² *v.t.* wensgotio (rhth), gosod wensgod/wensgot (ar rth).

wainscotted *a.* wensgotiog, panelog.

wainscotting *n.* **= wainscot¹ 1.**

wainwright *n.* saer (seiri) *(m)* wageni, saer menni, saer troliau, *Lit: occ:* mensaer (menseiri) *m.*

waist *n. (a) (of pers., dress):* canol(-au) *m,* gwasg(-au) *mf,* gwast(-au) *f, Lit:* meingorff (meingyrff) *m (pronounced* ng-g); **~-high, down to the ~, up to the ~,** hyd at y canol; **to slip one's arm round s.o.'s ~,** rhoi'ch braich am ganol rhn; **he was wearing a belt round his ~,** yr oedd yn gwisgo gwregys am ei ganol; *(b) (of hourglass, violin):* canol, meingorff; *(c) Nau: (of ship)·* canol, man(-nau) canol *m; (d) U.S: Cost:* **= blouse. ~-belt** *n.* gwregys(-au) *(m)* am y canol. **~-cloth** *n.* **= loincloth. ~-deep, ~-high** *adv.* [hyd] at y canol. **~-lock** *n. Wr:* gafael *(f)* am y canol. **~ measurement** *n.* mesur(- iadau) *(m)* am y canol. **~ seam** *n. Needlew:* sêm *(f)* wasg (semau gwasg). **-tie** *n.* cwlwm (c[y]lymau) *(m)* gwasg.

waistband *n.* llinyn *(m)* gwasg (llinynnau gwasgau), llinyn gwast (llinynnau gwastiau), band(-iau) *(m)* gwasg, *N.W:* gwasband(- iau) *m;* **stiffened ~,** band gwasg wedi'i gyfnerthu; **unstiffened ~,** band gwasg heb ei gyfnerthu.

waistcoat *n. Cost:* **1.** gwasgod(-au,-ion) *f.* **2. strait-~, = strait-jacket.**

waisted *a. Cost:* â chanol, â gwasg, â gwast; **long-~,** hirwasg; **narrow-~,** culwasg; **short-~,** byrwasg.

waistline *n.* gwasg (gwasgau) *mf,* gwast(-au) *f,* canol(-au) *m; Needlew:* llinell *(f)* wasg (llinellau gwasg); *F:* **I must watch my ~,** rhaid i mi beidio ag ennill pwysau.

wait¹ *n.* **1.** *(a)* arhosiad (arosiadau) *m,* gwaith *(m)* aros; **we had a long ~,** bu'n rhaid inni aros am/yn hir; cawsom waith aros mawr; **there's a twenty minute ~ between trains,** mae gwaith ugain munud o aros rhwng y trenau; *(b)* **to lie in ~ for s.o.,** cuddio'n barod am rn, *N.W: occ:* [g]wardio'n barod am rn. **2.** *usu.pl. Mus:* **waits,** carolwyr.

wait² *v.i.&t.* **1.** *v.i. (a)* aros, disgwyl (rhth, am rth), *N:* gweitiad, gwitsiad, *occ:* arhosyd (am rth); (disgwyl *carries more of a sense of anticipation*); **~ a moment/minute/bit,** aros (arhoswch) [am] eiliad/funud; **~ there!** aros di (arhoswch chi) fan yna! *Aut:* **when red light shows, ~ here,** pan welwch olau coch, arhoswch/ sefwch yma; **we were waiting for him to arrive,** 'roeddem yn aros/disgwyl iddo ddod; **~ for it!** bydd(-wch) yn barod [amdani]! *F:* **just you ~ [and see]!** fe gei di (fe gewch chi) weld! aros di (arhoswch chi)! **to keep s.o. waiting,** gadael/gwn|eud i rn ddisgwyl; **I was kept waiting for half an hour,** bu'n rhaid imi aros/ ddisgwyl am hanner awr; **to ~ for s.o.,** disgwyl rhn, disgwyl am rn, aros am rn, *occ:* aros rhn; **I'll be late so don't ~ up for me,** byddaf yn hwyr felly peidiwch ag aros ar eich traed i'm disgwyl; **we were waiting to be served,** yr oeddem yn disgwyl am wasanaeth; yr oeddem yn aros i gael gwasanaeth; **he did not ~ to be told twice,** ni fu'n rhaid dweud wrtho ddwywaith; **a parcel waiting to be called for,** parsel yn aros i'w gasglu; **I shall ~ until he's ready,** mi ddisgwyliaf/arhosaf nes y bydd yn barod; *Com:* **repairs while you ~,** atgyweirio yn y fan a'r lle; *F:* **I couldn't ~ to leave,** 'roeddwn yn ysu am gael mynd; 'roeddwn bron â marw eisiau mynd; *S.W:* 'roeddwn i'n gwynddasu eisiau mynd; **everything comes to him who waits; he who waits, wins,** caiff amynedd ei gwobr; **we must ~ and see,** cawn weld; caffed amynedd; 'does ond aros a gweld; bydd raid inni aros nes gweld beth a ddaw; amser a ddengys; **~ and see,** aros i ti (arhoswch i chi) gael gweld; aros ac fe gei (arhoswch ac fe gewch) weld; **a ~-and-see policy,** polisi amser-a-ddengys; **that can ~,** fe gaiff hynny aros; **it's a thing that can't ~,** mae'n achos brys; *(b)* **to ~ at table,** *U.S:* **to ~ on table,** gweini [wrth y bwrdd]; **to ~ on s.o.,** *(i) (at table):* gweini ar/i rn; *(ii) (= attend on, visit):* ymw|eld â rhn. **2.** *v.t. (a)* **= await 1;** *(b)* **don't ~ dinner for me,** peidiwch ag oedi'ch/gohirio'ch cinio o'm herwydd i. **~ on/ upon** *v.ind.t. (a) (at table &c):* gweini (ar rn), *Lit:* gwasanaethu rhn yn ddiwall; **to ~ (on s.o.) hand and foot,**

dawnsio tendans (ar rn); *N:* tendio, dand[l]wn, *occ:* tinpwl, timpwl (rhn); *(b) (= call on s.o.):* ymweld â rhn, galw heibio i rn; *(c) Lit: (= follow, be result of):* dilyn, hebryngu. ~ **up** *v.i.* aros ar eich traed. ~**-a-bit** *n. Bot:* = **greenbrier, smilax.**

waiter *n.* **1.** gweinydd(-ion) *m*, gwas (gweision) *m*, *F:* wetar(-s) *m*; **head ~,** prif weinydd, pen-gweinydd. **2. dumb ~,** *(a) (= movable table):* bwrdd (byrddau) *(m)* gweini; *(b) (= lift):* lifft *(f)* lestri (lifftiau llestri). *S.a.* **tide-waiter.**

waiting *vn.* **1.** aros, disgwyl. **2.** *(a)* ~ **[at table],** gweini; *(b)* **gentleman-in-~,** gwrda (gwyrda) preswyl *m*, gwrda at alwad; **lady-in-~,** boneddiges breswyl (boneddigesau preswyl) *f*; **lord-in-~,** arglwydd(-i) *(m)* preswyl. ~ **day** *n. Adm:* diwrnod *(m)* aros. ~**-game** *n.* gêm *(f)* ddisgwyl (gemau disgwyl), gêm aros. ~**-list** *n.* rhestr *(f)* ddisgwyl (rhestrau disgwyl), rhestr aros. ~ **restriction** *n.* cyfyngiad(-au) *(m)* parcio. ~**-room** *n.* ystafell *(f)* ddisgwyl (ystafelloedd disgwyl), ystafell aros. ~ **time** *n. Cmptr:* amser(-au) *(m)* disgwyl/aros.

waitress *n.f.* morwyn [fwrdd] (mor[w]ynion [bwrdd]), *occ:* gweinyddes [fwrdd] (gweinyddesau [bwrdd]). ~ **service** *n.* gwasanaeth *(m)* wrth y bwrdd.

waive *v.t.* **to ~ a right,** ildio hawl; **to ~ a condition,** hepgor amod.

waiver *n. Jur:* ildiad(-au) *(m)* hawl, ildio *(vn)* hawl; ~ **of a claim,** ildio hawliad.

Wakashan *a. & n.* **1.** *a.* Wacasiaidd; *(in language):* Wacasieg. **2.** *n. (i) Ethn:* Wacasiad (Wacasiaid) *m&f*; *(ii) Ling:* Wacasieg *f*, *m.*

wake[1] *n. (a) Nau:* ôl (olion) *(m)* llong; **in the ~ of the storm,** yn sgil *(m)* y storm, wedi'r storm; *(b)* **to follow in s.o.'s ~,** dilyn ôl traed rhn, dilyn yn ôl rhn, dilyn y tu ôl i rn, *Lit:* dilyn yng nghamau rhn.

wake[2] *n.* **1.** *(in Ireland):* gwylnos(-au) *f*. **2.** *(a) Hist: Rel:* **parish ~,** gwylmabsant: gwylfabsant(-au) *f*; **to keep a ~,** gwylmabsanta; *(b) (in N. England):* **wakes week,** wythnos *(f)* y gwyliau. **3.** *Danc:* **Oswestry W~,** Dawns *(f)* Croesoswallt.

wake[3] *v.i.&t.* **1.** *v.i. (a) (= to be awake):* bod yn effro; *(b)* **to ~ up,** *N:* deffro, *S:* dihuno; *(from a faint):* dadebru, dod atoch eich hun; **to ~ up with a start,** dadebru'n/deffro'n/dihuno'n sydyn; **to ~ up to find oneself famous,** deffro/dihuno a chael eich bod yn enwog; **he is waking up to the truth,** mae'r gwirionedd yn gwawrio arno; mae'n dechrau gweld y goleuni; mae'n dechrau agor ei lygaid i'r gwirionedd; *(c) (in Ireland):* cadw gwylnos. **2.** *v.t.* **to ~ s.o. [up],** *N:* deffro rhn, *S:* dihuno rhn. ~**-robin** *n. Bot:* = **cuckoo-pint.**

wake[4] *a. Hist:* **Hereward the W~,** Hereward y Gwyliadwrus.

wakeful *a.* **1.** *(a)* effro, ar ddi-hun; *(b)* **a ~ night,** noson effro/ddi-gwsg, noson ar ddi-hun, noson o anhunedd. **2.** *(= vigilant):* effro, gwyliadwrus.

wakefully *adv.* yn effro, ar ddi-hun *&c.*

wakefulness *n.* **1.** *(= insomnia): Lit:* anhunedd *m*, *F:* methu *(vn)* cysgu; *(= being awake):* effröwch *m*, cyflwr effro *m*. **2.** *(= alertness):* gwyliadwriaeth *f*, effrogarwch *m.*

waken *v.t.&i.* = **awake, wake[3]**

waker *n. N:* deffröwr (deffrowyr) *m*, *S:* dihunwr (dihunwyr) *m.*

wakey-wakey *int. F:* ~-~! *N:* deffro(-wch)! *S:* dihuna (dihunwch)!

waking[1] *a.* effro, ar ddi-hun; ~ **hours,** eich oriau effro.

waking[2] *vn.* **1. between sleeping and ~,** rhwng cwsg ac effro; *S.a.* **dream[1]. 2.** ~ **[up],** *N:* deffroad(-au) *m*, *S:* dihuniad(-au) *m.*

Walach *a. & n.* = **Vlach.**

Walachia *Pr.n. Geog:* Walachia *f.*

Walachian *a. & n.* = **Vlach.**

Waldenses *n.pl. Rel.Hist:* Waldensiaid.

Waldensian *a. & n. Rel.Hist:* **1.** *a.* Waldensaidd. **2.** *n.* Waldensiad (Waldensiaid) *m&f.*

waldgrave *n. Adm: Hist:* coedwigwr (coedwigwyr) *m*, coedmon (coedmyn) *m.*

wale[1] *n.* **1.** = **weal[2]. 2.** *(on material &c):* gwr|ym (gwrymiau) *m*; *Nau:* cantel(-au) *m.* ~**-knot** *n. Nau:* crimgwlwm (crimg[y]llymau) *m.*

wale[2] *v.t.* gwrymio (rhth), codi gwrymiau (ar rth), hemio (rhth).

waled *a.* gwrymiog.

Wales *Pr.n. Geog:* Cymru *f*, *Poet: or Iron:* Gwalia [wen] *f*, yr henwlad *f*, gwlad *(f)* y gân, gwlad y menig gwynion, gwlad y diwygiadau, gwlad y cymanfaoedd, gwlad y breintiau mawr; *Lit:* **Wild ~,** Gwyllt Walia; **New South ~,** De *(m)* Cymru Newydd, Y Deheubarth Newydd *m*; *S.a.* **north, south; England and ~,** Cymru a Lloegr; ~ **for ever!** Cymru am byth! ~ **and the Welsh,** Cymru a'r Cymry, Cymru a'i phobl; ~ **for the Welsh!** Cymru i'r Cymry! *W.Hist: Pol:* **Young ~,** Cymru Fydd. ~ **T.U.C.** *n.* Cyngres *(f)* Undebau Llafur Cymru.

Walian *n.* Cymro (Cymry) *m*, Cymr|aes (Cymraesau, Cymryesau) *f*; **North ~,** Gogleddwr (Gogleddwyr) *m*, Gogl|eddwraig (Gogleddwragedd) *f*, un (rhai) o'r Gogledd, *F:* un o'r North, Northman (Northmyn) *m*, Northyn *m*, Northen *f*, *S: Pej:* Gog(-s) *m*; *Coll:* pobl *(f or pl)* y Gogledd, *F:* pob[o]l y North; **South ~,** Deheuwr (Deheuwyr) *m*, Deh|euwraig (Deheuwragedd) *f*, *F:* un o'r De, *N: F:* un o'r Sowth, Sowthyn *m*, Sowthen *f*, *N: Pej:* Hwntw(-s) *m*; *Coll:* pobl y De, *F:* pob[o]l [y] Sowth.

waling *n.* **1.** gwrymiau *pl.* **2.** *Nau:* cantelau *pl.*

walk[1] *n.* **1. it's half an hour's ~ from here,** mae'n waith hanner awr o gerdded o'r fan yma; **it's quite a ~ (to the town),** mae tipyn o waith cerdded i'r dref; *F:* mae'n dipyn o step/stepen i'r dre. **2.** tro(-eon) *m*, *S:* wâc(-s) *f*; **to take a ~, to go for a ~,** mynd am dro, *S:* mynd am wâc, mynd i waco, *Lit: occ:* mynd i rodio; **sponsored ~,** taith *(f)* gerdded noddedig; **to take s.o. for a ~,** mynd â rhn am dro; **to take the dog for a ~,** mynd â'r ci am dro, rhoi tro gyda'r ci. **3.** *(a)* cerddediad *m*, osgo *m*; **I know him by his ~,** 'rwy'n nabod ei osgo/gerddediad; 'rwyf yn ei adnabod ar/wrth ei gerddediad; 'rwy'n ei adnabod wrth y ffordd y mae'n cerdded; *(b)* **to move/go at a ~,** mynd wrth eich pwysau, mynd yn hamddenol, *N: F:* mynd dow-dow; **to win in a ~,** ennill yn hawdd/ddidrafferth, ei cherdded hi, ennill ar eich cerdded, *S.W:* ennill o hewl; **to drop into a ~,** arafu'ch camau; *(of horse):* arafu; *Bio-Ch:* **random ~,** hapgerddediad *m*. **4.** *(= path in garden &c):* rhodfa (rhodf|eydd) *f*, llwybr(-au) *m*; *U.S: (= crossing):* croesfan(-nau) *mf*. **5.** ~ **of life,** *(i) (social):* safle(-oedd) cymdeithasol *m*, cefndir(- oedd) *m*; *(ii) (= career):* gyrfa (gyrfaoedd, gyrfâu) *f*; **people from all walks of life,** pobl o bob math/cefndir/gradd, pobl o bob lliw a llun. **6.** *(of gamecock, sheep):* cynefin(-oedd) *m*; *S.a.* **cock[1]. 7.** *(of hawker, postman):* rownd(-iau) *f*, llwybr(-au) *m*, rhawd(-iau, rhodiau) *f.*

walk[2] *v.i.&t.* I. *v.i.* **1.** cerdded, *Lit: occ:* rhodio; **(to ~) on/in the road,** (cerdded) [yn] y ffordd, ar y ffordd, ar hyd y ffordd; **to ~ two paces forward,** cymryd dau gam ymlaen; **to ~ tall,** cerdded yn benuchel/falch, torsythu, gwarsythu; **I was walking on air,** 'roeddwn yn y seithfed nef; 'roeddwn wrth fy modd; 'roeddwn ar/uwch ben fy nigon; **to ~ on all fours,** mynd/cropian ar eich pedwar; **to ~ with s.o.,** cydgerdded â rhn, mynd gyda rhn; ~ **a little way with me,** dewch i'm danfon i beth o'r ffordd; dewch ran o'r ffordd gyda mi; **to ~ in one's sleep,** cerdded yn eich cwsg, *N.W: occ:* cerdded trwy'ch hun, *Lit: occ:* cwsgrodio; **I'll ~ with you to the door,** mi ddof i'ch danfon/hebrwng at y drws; **to ~ with a limp,** cerdded yn gloff/herciog, hercian [cerdded], hencian [cerdded], hobian [cerdded]; *U.S: P.N:* ~! croeswch! **don't ~!** arhoswch! **2.** *(a) (as opposed to ride, drive &c):* cerdded, ei cherdded hi, ei throedio hi, mynd ar droed, mynd ar eich dwydroed/deudroed, rhoi traed iddi, *N: occ:* mynd efo'r trên dau; **to ~ home,** cerdded adref, ei cherdded hi adref; *(b) (for exercise, pleasure):* cerdded, mynd am dro; **I enjoy walking,** byddaf yn mwynhau mynd am dro. **3.** *(of horse):* cerdded, camu. **4.** *(of ghost):* cerdded, *occ:* rhodio, ymddangos. II. *v.t.* **1. to ~ the streets,** cerdded y strydoedd, crwydro'r strydoedd; **you'll ~ it in ten minutes,** fe'i cerddwch/gwnewch chi hi mewn deng munud; *F:* **you'll ~ it,** *(= win easily):* fe enillwch yn hawdd; *occ:* fe enillwch ar eich cerdded; *S.W:* fe enillwch o hewl; **to ~ miles,** cerdded milltiroedd; **we'll have to ~ it,** bydd raid inni ei cherdded/throedio hi; 'does dim ond traed amdani; **to ~ one's beat/round,** mynd ar eich rownd/rhawd; *Th:* **to ~ the boards,** troedio'r llwyfan, mynd ar y llwyfan; *S.a.* **hospital 1, plank[1]. 2.** *(a)* **to ~ a drunkard (to sober him),** tywys meddwyn, gwn|eud i feddwyn gerdded (i'w sobri); *(b)* **he walked me off my feet/legs,** fe'm blinodd yn llwyr yn cerdded; fe'm hanner lladdodd yn cerdded; fe'm cerddodd nes oeddwn bron â syrthio; *(c)* **to ~ a horse,** arwain/tywys ceffyl; *(d)* **to ~ the dog,** mynd â'r ci am dro; *(e) U.S:* **to ~ s.o. home,** danfon rhn adref. ~ **about** *v.i.* cerdded o gwmpas *&c* (*See* **about**), crwydro, *Lit:* rhodianna; *(idly):* cerddetian, gwagswmera; **to ~ about town before breakfast,** mynd am dro rownd y dref cyn brecwast. ~ **along** *v.i.* **1.** cerdded, cerdded yn eich blaen. **2. to ~ along the pavement,** cerdded ar hyd y palmant; **to ~ along the river bank,** dilyn glan yr afon, mynd gyda glan yr afon. **~ away** *v.i.* cerdded ymaith, *N:* cerdded i ffwrdd, *S:* cerdded bant; *Sp:* **to ~ away from a competitor,** gadael cystadleuydd ymhell y tu ôl i chwi, gadael cystadleuydd ymhell ar eich ôl, bod ymhell ar y blaen i gystadleuydd; **to ~ away from a problem,** rhedeg i ffwrdd oddi wrth broblem, troi cefn ar broblem; *F:* **to ~ away with sth,** mynd â rhth [ymaith], gweld eich gwyn ar rth; *S.a.* **steal[2]**; *F:* **to ~ away with a prize,** cipio/ennill gwobr yn hawdd, ennill gwobr ar eich cerdded. **~-away** *n. Sp: F:* buddugoliaeth rwydd (buddugoliaethau rhwydd) *f*, buddugoliaeth hawdd; **it was a ~-away for Gwyn,** fe enillodd Gwyn yn rhwydd/hawdd; fe enillodd Gwyn ar ei gerdded; fe enillodd Gwyn dan ganu. **~ in** *v.i.* cerdded i mewn, mynd i mewn; *(on office door):* **"please ~ in"**, "dewch i mewn [os gwelwch yn dda]". **~ into** *v.i.* **1. to ~ into a room,** mynd/cerdded i mewn i ystafell. **2. to ~ into s.o.,** *(a)* taro ar rn, mynd i rn, bwrw yn erbyn rhn, *F:* mynd yn bwcs i rn; *(b)* **= attack[2]**; *(c)* **he walked into a hail of criticism,** fe ddaeth dan lach beirniaid. **~ off 1.** *v.i.* cerdded i ffwrdd, ymadael, *S:* cerdded bant; *F:* **my keys have walked off,** mae f'allweddi i wedi magu traed; mae f'allweddi i wedi diflannu; *F:* **to ~ off with sth,** mynd â rhth [ymaith], gweld eich gwyn ar rth; *S.a.* **steal[2]**; **to ~ off with a prize,** *See* **walk away. 2.** *v.t. (a)* **to ~ s.o. off to prison,** mynd â rhn i'r carchar (*not* cymryd rhn i garchar); *(b)* **to ~ off one's lunch,** mynd am dro i dreulio'ch cinio; **to ~ off a hangover,** mynd am dro i glirio'ch pen; *(c)* **I've been walked off my feet,** 'rydw i wedi cerdded nes blino'n lân; *N.W: F:* wn i ddim pwy bia' fy nhraed i; 'rydw i wedi cerdded fy nhraed yn bytiau. **~ on[1]** *v.i. (a)* dal i gerdded, cerdded ymlaen; *(b) Th:* ymddangos [ar y llwyfan], rhodio; **~-on[2] 1.** *n.* part(-iau) (*m*) rhodio, rhan (*f*) rodio (rhannau rhodio), part bychan (partiau bychain), rhan fechan (rhannau bychain). **2.** *attrib.* **to have a ~-on part,** chwarae rhan fechan, cerdded i mewn ac allan. **~ out[1]** *v.i. (a)* mynd allan, cerdded allan, *S:* mynd mas, cerdded mas; *F:* **to ~ out on s.o.,** gadael rhn [ar y clwt], mynd a gadael rhn; *(b) O: F:* **to ~ out with s.o.,** *(= court[2]):* canlyn rhn, mynd gyda rhn, *N:* mynd efo rhn; *(c) Ind: (of workmen):* mynd ar streic, streicio. **~-out[2]** *n. Ind:* streic(-iau) *f*. **~ over[1]** *v.i. Sp:* **to ~ over [the course],** ennill heb gystadleuaeth, cerdded y cwrs. **~-over[2]** *n. Sp:* buddugoliaeth(-au) (*f*) heb gystadleuaeth/ras; **it was a ~-over,** 'doedd dim cystadleuaeth; 'doedd neb arall yn y ras; bu'n fuddugoliaeth rwydd/hawdd; fe enillwyd ar gerdded; fe enillwyd dan ganu. **~ through** *v.i. Th:* cerdded drwyddi. **~ up[1] 1.** *v.i.* **to ~ up to s.o.,** mynd at rn; **to ~ up and down,** cerdded i fyny ac i lawr, cerdded yn ôl a blaen; *(at fair &c):* **~ up! ~ up!** dewch ymlaen! **2.** *v.t.* **to ~ a horse up and down,** ymarfer ceffyl, cerdded ceffyl yn ôl a blaen. **~-up[2]** *attrib. U.S:* adeilad(-au) (*m*) heb lifft.

walkable *a.* cerddadwy, troediadwy.

walkabout *n. (a) Austr: (of aborigines):* crwydriad(-au) *m*, crwydrad(- au) *m*; *(b)* **the Prime Minister went on a ~,** aeth y Prif Weinidog i gwrdd â phobol.

walkaway *n.* **= walk-over.**

walker *n.* **1.** cerddwr (cerddwyr) *m*, c|erddwraig (cerddwragedd) *f*; **she's a fast/slow ~,** mae hi'n cerdded yn gyflym/araf; **I'm not the ~ I used to be,** alla' i ddim cerdded fel yr arferwn i. **2. baby-~,** ffrâm (*f*) gerdded (fframiau cerdded). **~-on** *n. Th:* rhodiwr (rhodwyr) *m*, rh|odwraig *f*; *pl.* mân actorion.

walkie-talkie *n.* set(-iau) (*f*) [radio] symud a siarad.

walking[1] *a. (traveller):* ar droed, ar draed, ar ddeudroed; *Mil:* **~ wounded,** clwyfedig(-ion) (*m*) yn gallu cerdded, clwyfedig ar draed; **he's a ~ dictionary,** mae'n eiriadur ar ddwy goes; mae ganddo eiriadur yn ei ben; mae wedi llyncu geiriadur; *Jazz Mus:* **~ bass,** bas(-au) araf *m*; **~ delegate,** cynrychiolydd (cynrychiolwyr) teithiol *m*; *Bot:* **~ fern,** rhedynen deithiol (rhedyn teithiol) *f*; *Th:* **~ gentleman, ~ lady, = walker-on**; **~ leaf,** *(a)* **= walking fern**; *(b)* **= leaf-insect.**

walking[2] *vn.* cerdded; **two hours' ~,** gwaith (*m*) dwy awr o gerdded; **it's within ten minutes' ~ distance,** gellir cerdded yno mewn deng munud; *Th:* **~-on part, = walk-on[2]**; *F:* **to give s.o. his ~ orders/papers,** dweud wrth rn am fynd, dweud wrth rn am hel ei bac, dangos y drws i rn, *N.W: F: occ:* rhoi'r hwi i rn, rhoi'r lôn i rn; **at [a] ~ pace,** ar gerdded; **to drive at ~ pace,** gyrru'n araf deg. **~-aid** *n.* cymorth (cymhorthion) (*m*) cerdded. **~ boot/shoe** *n.* esgid (*f*) gerdded (esgidiau cerdded), esgid gref (esgidiau cryfion). **~-frame** *n.* ffrâm (*f*) gerdded (fframiau cerdded). **~ race** *n. Sp:* ras (*f*) gerdded (rasys cerdded). **~-stick** *n.* **1.** ffon (ffyn) *f*. **2. = stick-insect. ~-tour** *n.* taith (*f*) gerdded (teithiau cerdded), gwyliau (*pl*) cerdded, gwyliau ar draed.

walkway *n.* rhodfa (rhodf|eydd) *f*, tramwyfa (tramwyf|eydd) *f*, llwybr(- au) *m*.

wall[1] *n.* **1.** *(a)* mur(-iau) *m*, wal(-iau, *S: occ:* welydd) *f*, *Lit: occ:* gwal(-iau) *m*; *(internal only):* pared (parwydydd) *m*; *(external only): Lit: & S:* magwyr(-ydd) *f*; **a picture hanging on the ~,** darlun yn hongian ar y pared; **a blank ~,** mur moel (muriau moelion), mur heb ddrws; *Biol:* **cross ~,** croesfur(-iau) *m*; **curtain ~,** cysylltfur(-iau) *m*; **hanging ~,** crogfur(-iau) *m*, crogwal(-iau) *f*; **party ~,** wal gydrannol (waliau cydrannol); **stone ~,** clawdd (cloddiau) *m* [cerrig], wal (*f*) gerrig (waliau cerrig); **retaining ~,** wal gynnal (waliau cynnal), mur cynhaliol, ategfur(-iau) *m*, cynhalfur (cynalfuriau) *m*; **surrounding ~,** wal/mur amgylchynol, amglawdd (amgloddiau) *m*, amgylchfur(-iau) *m*; **low [stone] ~,** gwarglawdd (gwargloddiau) *m*, gorglawdd (gorgloddiau) *m*; **dry [stone] ~,** clawdd sych (cloddiau sychion), clawdd o gerrig sychion, wal gerrig (waliau cerrig); **sea ~,** morglawdd (morgloddiau) *m*, *N:* cob(-iau) *m*; **to leave only four walls standing,** gadael dim ond y gragen; **within these four walls,** rhwng y muriau hyn; *F:* **walls have ears,** mae gan gloddiau glustiau; mae gan foch bach glustiau hirion; *F:* **I might as well talk to a brick ~,** ni waeth i mi siarad â'r wal ddim; ni waeth i mi siarad â'r gwynt; ni waeth i mi ddweud wrth ddarn o bren; ni waeth i mi ddweud carreg â thwll; ni waeth i mi ymryson â gof yn ei efail; *F:* **to run one's head against a brick ~,** cyrraedd mur diadlam, dod at droed craig, dod at graig rwystr, dod at faen tramgwydd, *S: occ:* dod i frest y wal; *F:* **he can see through a brick ~,** mae'n medru gweld trwy waliau; mae'n un llygadog iawn; *F:* **a fly on the ~,** pryf ar y pared; **I had my back to the ~,** 'roeddwn mewn caethgyfle; 'roeddwn mewn lle anodd; 'roedd hi'n gyfyng arna' i; 'roeddwn i â 'nghefn at y wal; wyddwn i ddim pa ffordd i droi; **to go to the ~,** mynd i'r clawdd/wal, mynd rhwng cŵn a brain, torri, methu, mynd yn fethiant, *F:* mynd yn ffliwt; *Prov:* **the weakest goes to the ~,** trechaf treisied, gwannaf gwichied; caiff y gwannaf ei wthio i'r wal; **to turn one's face to the ~,** troi'ch wyneb at y pared; **the house has ~ to ~ carpet[ing],** mae'r tŷ wedi'i garpedu trwyddo; *esp. U.S: F:* **a ~ to ~ grin,** gwên o glust i glust; *(b)* **the town walls,** muriau'r dref; **the Great W~ of China,** Mur Mawr Tsieina; **Hadrian's W~,** Mur Hadrian, *occ:* Mur Adrian; **the Antonine ~,** Mur Antwn, Mur Gwawl; **the W~ of Severus,** Gwal Sefer; *S.a.* **wailing**; *Pol.Econ:* **tariff ~,** mur tollau, tollfur(-iau) *m*; **the writing's on the ~,** mae'r ysgrifen ar y mur; **to drive s.o. up the ~,** gyrru rhn yn wallgof, gwylltio rhn, *S:* hala rhn yn benwan. **2.** *(of tyre, boiler):* ochr(-au) *f*. **3.** *(of the chest):* parwyden(-nau) *f*. **~-barley** *n. Bot: (Hordeum murinum):* haidd gwyllt *m*, heiddwellt (*m*) y cloddiau. **~-bars** *n.pl. Gym:* walfariau, walfarrau. **~-board** *n. Const:* walbord(-iau) *m*, walford(-ydd) *f*. **~-bracket** *n.* braced(-i) (*m*) pared. **~-brown, ~ butterfly** *n. Ent:* llwyd(-iaid) (*m*) y fagwyr/mur. **~-clock** *n.* cloc(-iau) (*m*) pared. **~-creeper** *n. Orn:* dringwr (dringwyr) (*m*) y muriau. **~-cress** *n. Bot: (Arabis):* berwr (*m*) y fagwyr/mur. **~-fern** *n. Bot:* **= polypody**; *S.a.* **fern. ~-fruit** *n.* **1.** murffrwyth(-au) *m*. **2. = snails. ~-fumitory** *n. Bot: (Fumaria muralis):* mwg (*m*) daear y cloddiau. **~ game** *n. Sp:* gêm (*f*) y clawdd. **~-germander** *n. Bot: (Teucrium chamaedrys):* derlys (*m*) y fagwyr, derlys y mur, llysiau (*pl*) Cadwaladr, chw|erwlys (*m*) y mur. **~-hanging** *n.* croglen(-ni) *f*, croglun(-iau) *m*. **~-hawkweed** *n. Bot: (Hieracium murorum):* heboglys (*m*) y fagwyr, torllwyd (*m*) y mur. **~-lamp** *n.* lamp (*f*) bared (lampau pared). **~-less** *a.* di-fur, heb fur, heb furiau, *Lit:* difagwyrydd. **~-lettuce** *n. Bot: (Latuca muralis):* gwylaeth (*m*) y fagwyr. **~-lizard** *n. Rept:* madfall(-od) (*f*) y muriau. **~-map** *n.* murfap(-iau) *m*, map(-iau) (*m*) pared. **~-mustard** *n. Bot: (Sinapis muralis):* mwstard (*m*) y tywod, mwstard y muriau. **~-painting** *n.* murlun(-iau) *m*. **~-pepper** *n. Bot: (Sedum acre):* pupur (*m*) y fagwyr, claearllys *m*, y fywfyth leiaf *f*, bywlys *m*, bywydog boeth *f*, *S.W:* suddig (*m*) y cerrig. **~-plate** *n. Const:* walblad(-iau) *f*, gwalblaid (gwalbleidiau) *f*. **~-plug** *n. El:* plwg (plygiau) (*m*) pared. **~-reeve** *n.* rif (*m*) y muriau. **~-rocket** *n. Bot: (Diplotaxis tenuifolia):* mwstard (*m*) y twyni; **~-rue** *n. Bot:*

(Asplenium ruta-muraria): duegredynen (duegredyn) *(f)* y muriau, gorddon *(f)* y muriau, rhedynen *(f)* y mur, rhuw*(m)*'r muriau, diddueg *m*, iau bach *m*. **~-seat** *n.* sedd(-au) *(f)* yn erbyn y wal. **~-shelf** *n.* silff *(f)* bared (silffoedd pared). **~-speedwell** *n. Bot: (Veronica arvensis):* mur-rwyddlwyn *m*, rhwyddlwyn *(m)* y muriau/mur/fagwyr. **~-system** *n.* silffoedd *pl*. **~-to-wall** *a.* o'r naill fur/wal i'r llall; **a house with ~-to-~ carpet,** tŷ â charpedi drwyddo.

wall² *v.t.* **to ~ sth in,** codi mur/wal o gwmpas rhth; *(city):* amgaeru; **to ~ up a window,** cau ffenestr â brics.

wallaby *n.* **1.** *Z:* w|alabi (walabïod, walabïaid) *m*, cor-gangarŵ(-od) *m (pronounced* ng-g); *F:* **on the ~ track,** ar grwydr. **2.** *pl. Sp:* **the Wallabies,** y Walabïaid, yr Awstraliaid *pl*.

Wallace's line *n. Biol:* llinell *(f)* Wallace.

wallah *n. (a) (= servant):* gwas (gweision) *m*; **box-~, = dealer, pedlar; competition ~,** gwas (gweision) *(m)* trwy arholiad; **punkah-~,** gwyntyllwr (gwyntyllwyr) *m*; *(b) F:* **= chap⁴ 2.**

wallaroo *n. Z:* walarŵ(-od) *m*.

wallcovering *n. Com:* **= wallpaper.**

walled *a.* **1.** *(a)* **~ garden,** gardd â chlawdd/wal/mur o'i chwmpas; *(b)* **~ town,** tref gaerog/amgaerog, tref â mur o'i chwmpas; *Astr:* **~ plain,** gwastadedd(-au) caerog *m*. **2.** *(with a. or n. prefixed):* **double-~,** â wal ddwbl; **a brick-~ house,** tŷ brics.

Wallerian *a.* **~ degeneration,** ymddatod *(vn)* Walleraidd/Waller.

wallet *n.* waled(-i) *f*.

wal-eye *n.* **1.** *Anat: (opaque):* llygad brith/gwyn/gorwyn (llygaid brithion/gwynion/gorwynion) *m*; *(squinting):* llygad tro. **2.** *Ich:* penhwyad (penhwyaid) llygadrwth *m*, llygadrythwr (llygadrythwyr) *m*.

wall-eyed *a.* **1.** â llygad brith/gwyn/tro, â llygaid brithion/gwynion/tro, llygadfrith, llygadwyn (*f.* llygadwen, *pl.* llygadwynion); *Ich:* **~ pike, = walleye. 2. = squinting.**

wallflower *n.* **1.** *Bot: (Cheiranthus cheiri):* melyn *(m)* y gaeaf, blodyn *(m)* y fagwyr (blodau'r fagwyr), fioled felen (fioledau melyn) *(f)* y gaeaf, murwyll *m*, llawlys(-iau) *m*, llysiau*(pl)*'r llaw, *N: S.W:* jiniffl*ŵ*ar(-s) *m*, *S.W:* siaced fraith *f*; **Siberian ~,** *(Ch. allionii):* murwyll Siberia; **Alpine/fairy ~,** *(Erysimum):* murwyll bychan, murwyll yr Alpau; **Western ~,** *(E. asperum):* murwyll y Gorllewin. **2.** *F: (at dance):* blodyn *(m)* pared (blodau parwydydd).

walling *vn.* **1. = wall². 2.** *Coll:* muriau *pl*, waliau *pl*, magwyrydd *pl*, cloddiau *pl*; **dry stone ~,** codi *(vn)* cloddiau sychion.

Wallington *W.Pl.n.* Gwalint *mf*.

Walloon *a. & n.* **1.** *a.* Walwnaidd; *(in language):* Walwneg. **2.** *n.* *(i)* Walwniad (Walwniaid) *m&f*, Walŵn (Walwniaid) *m&f*; *(ii) Ling:* Walwneg *f*, *m*.

wallop¹ *n.* **1.** *F:* **thump¹. 2.** *P:* **= beer.**

wallop² *v.t. F:* **= thump².**

walloper *n. F:* colbiwr (colbwyr) *m*, ffust[i]wr (ffustwyr) *m*, pannwr (panwyr) *m*, waldiwr (waldwyr) *m*, wadwr (wadwyr) *m*.

walloping *a. & vn. F:* **1.** *a. O:* aruthrol; **a ~ great lie,** clamp *(m)* o gelwydd, andros *(m)* o gelwydd. **2.** *vn.* **= beating² 2, hiding.**

wallow¹ *n.* **1.** *(for animals):* trybola (trybolâu) *m*, ymdreiglfa (ymdreiglf|eydd) *f*, ymdrochfa (ymdrochf|eydd) *f*. **2.** *F:* **to have a ~ in bed,** gorweddian yn y gwely.

wallow² *v.i. (of animal):* ymdrochi, ymdreiglo, ymdrybaeddu, ymdryboli, *S.W: occ:* grinad; *Fig:* **to ~ in vice,** ymdrybaeddu mewn budreddi; *(of pers.):* **to ~ in blood,** ymdrochi/nofio mewn gwaed; *(of boat):* **to ~ in the water,** ymdreiglo/rowlio yn y dŵr; **to ~ in bed,** gorweddian yn y gwely; *F:* **he's wallowing in money,** mae'n graig o arian; **to ~ in luxury,** mwynh|au pob moethusrwydd; **to ~ in nostalgia,** ymdrybaeddu mewn hiraeth.

wallower *n.* ymdrybaeddwr (ymdrybaeddwyr) *m*.

wallpaper *n.* papur *(m)* papuro, papur wal.

wally *n. F:* **= fool¹.**

walnut *n. Bot:* **1.** *(nut):* cneuen (cnau) Ffrengig *f*. **2.** *(tree):* collen (cyll) Ffrengig *f*. **3.** *(wood):* pren/coed *(m)* collen Ffrengig.

Walpurgis *Pr.n.f.* **~ night,** noswyl *(f)* Calan Mai.

walrus *n. Z:* walrws (walrysod) *m*, morfarch (morfeirch) *m (also = sea-horse)*. **~ moustache** *n.* mwst|ash (mwstashis) llaes *m*.

Walter *Pr.n.m.* Gwallter; **~ Map,** Gwallter Map.

Walterston *W.Pl.n.* Trewallter *f*.

Walton *W.Pl.n.* Waltwn *f*; **East ~,** Dwyrain Waltwn; **West ~,** Gorllewin Waltwn.

waltz¹ *Danc: Mus:* wals(-is,-iau) *f*, walts(-iau) *f*.

waltz² *v.t.&i.* walsio, waltsio; *F:* **to ~ off,** ei throi hi, ei heglu hi, ei bachu hi.

waltzer *n.* walsiwr (walswyr) *m*, w|alswraig (walswragedd) *f*.

waltzing *a. Z:* **~ mouse,** llygoden *(f)* ddawnsiol (llygod dawnsiol).

waltzlike *a.* fel wals/walts.

Walwyn *Pr.n.m.* Gwalchmai. **~'s Castle** *W.Pl.n.* Castell *(m)* Gwalchmai.

wamble¹ *n.* cyfog *m*.

wamble² *v.i.* **1.** *(= feel nausea):* teimlo cyfog; *(of stomach):* **= rumble. 2. = reel² 2, stagger².**

wambling, wambly *a.* **= sick¹ 2, rumbling, reeling, staggering¹ 1.**

wammus *n.* **= wamus.**

wampum, wampumpeag *n.* **= beads, money.**

wampus, wamus *n. U.S: Cost:* **= cardigan, jacket.**

wan¹ *a. (face, smile):* gwelw(-on), llwyd(-ion), llwydaidd, *occ:* piglwyd(-ion), piglas (pigleision); *(light):* gwelw, llwyd, gwan (gweinion), pŵl, gwanllyd, gwannaidd, llwydaidd; *(voice):* gwan, gwanllyd, gwannaidd; **to grow ~,** *(of light):* gwelwi, pylu; **a ~ smile,** glaswen(-au) *f*; **to wear a ~ smile,** glaswenu.

wan² *v.t.&i. Poet:* gwelwi.

wand¹ *n.* **1.** *(of fairy, magician):* hudlath(-au) *f*, ffon (ffyn) *(f)* hud. **2.** *(= staff of office):* ffon (ffyn) *f*, swyddwialen (swyddwiail) *f*, gwialen(-ni,-nau) *f*; *(of conductor):* ffon. **~-like** *a.* fel ffon, fel gwialen.

wand² *v.t. (bar-codes &c):* darllen, pwyntilio.

wander¹ *n.* crwydriad(-au) *m*, crwydrad(-au) *m*; **to go for a ~,** mynd am dro, mynd i grwydro, mynd ar grwydr, *N:* mynd ar gymówt.

wander² *v.i.&t.* **1.** *v.i.* *(a)* crwydro, mynd ar grwydr, *N:* cymowtio, cymowta, *S:* cerddetian; **to ~ [about] aimlessly,** mynd yn wysg eich trwyn, crwydro'n wysg eich trwyn, crwydro o gwmpas; **to ~ about the world,** crwydro'r byd; **his eyes wandered over the scene,** crwydrodd ei lygaid dros yr olygfa; **to let one's thoughts ~,** gadael i'ch meddyliau grwydro, rhoi rhwydd hynt i'ch meddyliau; *(b)* **to ~ from the subject,** crwydro oddi ar y testun; **my thoughts were wandering,** 'roedd fy meddyliau'n bell; *(c)* **to ~ [in one's mind],** *(= be delirious):* ffwndro, *N.W: occ:* hwntio. **2.** *v.t. A: & Lit:* **to ~ the world,** rhodio'r byd, teithio'r byd, teithio trwy'r byd.

wanderer *n.* crwydryn (crwydriaid) *m*, crwydren (crwydriaid) *f*, teithiwr (teithwyr) *m*, t|eithwraig *f*, *occ:* crwydrwr (crwydrwyr) *m*.

wandering¹ *a.* **1.** *(a)* crwydrol, ar ddisberod; **~ minstrel,** cerddor(-ion) crwydrol *m*; *W.Lit: Hist:* clerwr (clerwyr) *m*; *Coll:* clêr *f*; *Biol:* **~ cell,** cell grwydrol (celloedd crwydrol) *f*; *(b) (mind):* pell. **2.** *(a) Med: (= delirious):* dryslyd, ffwndrus; *(b) (speech):* digyswllt, ar draws ac ar led, ar ddisberod. **~ Jack, ~ Jenny** *n. Bot:* **= wandering Jew 2. ~ Jew** *n.* **1.** *Myth:* Iddew(-on) crwydrad *m*, *S.W: occ:* Iddew gwib. **2.** *Bot: (a)* **= toadflax (ivy-leaved).** *(b) (Tradescantia):* Iddew crwydrad *m*. **~ sailor** *n. Bot:* **= moneywort. ~ snail** *n. Moll. N.* malwen grwydrol (malwod crwydrol) *f*, *S:* malwoden grwydrol (malwod crwydrol) *f*.

wandering² *vn.* **1.** *(= aimless travel, digression):* crwydrad(-au) *m*, crwydriad(-au) *m*, crwydro *vn*. **2.** *(a) (= reverie):* synfyfyrdod(-au) *m*; *(b) Med:* dryswch *m*, ffwndro *vn*.

wanderingly *adv.* yn ddryslyd *&c*.

wanderlust *n.* blys *(m)* crwydro, ysfa *(f)* [i] grwydro.

wanderoo *n. Z:* wanderŵ(-od,-aid) *m*.

wandoo *n. Bot:* gymwydden wen (gymwydd gwynion) *f*, coeden (coed) *(f)* wandŵ.

wane¹ *n.* **1.** *(of moon):* cil *m*, gwendid *m*; **a moon on the ~,** lleuad yn ei gwendid, lleuad ar gil; **to be on the ~,** lleihau, gwanh|au, cilio; *(of civilization):* mynd ar drai; *(of beauty):* pylu, edwino, diffygio; **his star is on the ~,** mae ei seren yn pylu/diffodd; mae ei haul bron mynd i lawr; mae llai o lewy[r]ch arno [nag a fu]. **2.** *Carp:* pefel *m*.

wane² *v.i. (of moon):* lleih|au, gwanh|au, mynd ar gil, mynd ar wendid; *(of power &c):* lleihau, cilio; *(of enthusiasm):* oeri, pylu, treio, mynd ar drai, *N.W: occ:* lorio; **his glory is waning,** mae ei ogoniant ar drai/ddarfod.

waney *a.* anwastad, heb fod yn sgwâr; **a ~ edge,** ymyl d[d]i-lif (ymylon di-lif) *mf*.

wangle¹ *n.* ystryw(-iau) *mf*, sgêm (sgemiau) *f*, tric(-iau) *m*, sgiâm(-iau) *f*, sgil(-iau) *m*.

wangle² *v.t.&i.* **1. to ~ (a day off),** sgemio/sgamio, ei gweithio hi (i gael diwrnod o wyliau). **2. to ~ accounts,** ffugio cyfrifon.

wangler *n.* ystrywiwr (ystr|yw-wyr) *m*, castiwr (castwyr) *m*, *F:* sgemiwr(-s) *m*, sgamiwr(-s) *m*, *N.W: F:* ffliar(-s) *m*.

wangling *a.* ystrywgar, castiog, *F:* sgilgar, sgemllyd, sgamllyd.

wanigan *n.* *U.S:* car (ceir) (*m*) ymochel.

waning *a.* & *vn.* **1.** *a.* *(moon):* ar ei gwendid, ar ei chefn, ar gil, *S.W:* ar ei thraul; *(light):* pŵl, sy'n gwanh|au; *S.a.* **slope¹**. **2.** *vn.* = **wane²**.

wank¹ *n.* *V:* wanc(-iau) *f*.

wank² *v.i.* *V:* wancio, halio.

wanker *n.* *V:* wanciwr(-s) *m*, haliwr(-s) *m*.

wanly *adv.* **1.** yn welw, yn wanllyd *&c*; *See* **wan. 2. to reply ~,** ateb yn wannaidd, ateb mewn llais gwan.

wanness *n.* **1.** gwelwder *m*, llwydni *m*. **2.** *(of voice):* gwendid *m*.

wannish *a.* gwelwaidd, llwydaidd.

want¹ *n.* **1.** *(a) O: (= shortage, lack):* diffyg *m*, prinder *m*, eisiau *m*; **~ of reason,** afreswm *m*, afresymoldeb *m*; **~ of sense,** hurtrwydd *m*, gwiriondeb *m*, diffyg (*m*) synnwyr; **for ~ of money,** oherwydd diffyg arian, o ddiffyg arian; **for ~ of a better idea,** yn niffyg gwell syniad; **for ~ of sth to do,** o ddiffyg rhth i'w wneud; **to make up for the ~ of sth,** gwn|eud iawn am ddiffyg rhth; *Prov:* **for ~ of a nail the shoe was lost, for ~ of a shoe the horse was lost,** 'wnelo hoelen collwyd pedol, 'wnelo pedol collwyd march; *(b) O: (now usu. = need):* angen (anghenion) *m*; **I'm in ~ of help,** mae angen cymorth arnaf; *esp. U.S: Journ:* **~ adverts,** hysbysebion "yn eisiau". **2.** *abs. (= poverty):* tlodi *m*, cyni *m*, eisiau *m*, angen *m*, angenoctid *m*; **to be in ~,** bod mewn angen/eisiau; **a war on ~,** rhyfel yn erbyn tlodi. **3.** *(= need):* angen (anghenion) *m*, anghenraid (angenrheidiau) *m*; **wants list,** rhestr(-au) (*f*) anghenion/angenrheidiau; **to minister/attend to s.o.'s wants,** tendio ar rn, diwallu anghenion rhn, gweini ar raid rhn; **a long-felt ~,** bwlch (*m*) i'w lenwi, hir ddiffyg (rhth).

want² *v.i.&t.* **1.** *v.i.* *(a) (= lack):* gweld eisiau (rhth); **we ~ for bread,** yr ydym heb fara; mae eisiau/angen bara arnom; 'rydym yn brin o fara; mae'n fain arnom am fara; *Fig:* newynu; *Prov:* **waste not, ~ not,** yng ngenau'r sach mae cynilo; afrad pob afraid; **we ~ for nothing,** nid oes eisiau/angen dim arnom; nid ydym yn brin/fyr o ddim; *(b)* **her family will see to it that she doesn't ~,** bydd ei theulu'n gofalu na bydd angen dim arni; *(c) esp. U.S: F:* **if you ~ in (there's nothing stopping you),** os ydych am ymuno, os ydych am ddod i mewn ('does dim i'ch rhwystro); **I ~ in,** 'rwyf am ymuno; rhaid imi gael fy rhan; **I ~ out,** 'rwyf am roi'r gorau iddi. **2.** *v.t.* *(a) O: (= be without):* gweld eisiau (rhth), bod yn brin (o rth), bod heb (rth); **to ~ patience,** bod yn ddiamynedd; **what's wanted is a bit of patience,** tipyn o amynedd sydd eisiau; yr hyn sydd eisiau yw tipyn o amynedd; **I ~ one card,** mae arnaf eisiau/angen un cerdyn; **this book wants a page; this book is wanting a page,** mae tudalen ar goll o'r llyfr hwn; *U.S:* **it wanted an hour to dinner-time,** 'roedd awr i fynd cyn cinio; 'roedd awr rhyngddi ac amser cinio; *(b) (= desire, need):* **I ~ peace and quiet,** mae arnaf eisiau llonydd; *Lit:* 'rwy'n dymuno/ymofyn llonydd; *S:* 'rwy'n mo'yn llonydd; *N.B:* eisiau (*usu. pronounced as if* isio, isie) *is a noun, not a verb*; *the common constructions* 'rwy' eisiau, wyt ti isio? *&c are incorrect*; **she wants a new hat,** mae arni hi eisiau het newydd; *S:* mae hi'n mo'yn het newydd; mae hi am gael het newydd; **a situation that wants tactful handling,** sefyllfa sy'n gofyn/hawlio triniaeth bwyllog; **this work wants a steady hand,** mae angen/eisiau/gofyn llaw sicr ar gyfer y gwaith hwn; **I shall ~ you later on,** bydd arnaf eich eisiau/angen yn nes ymlaen; **have you everything you ~?** a yw popeth gennych? **we've more than we ~,** mae gennym hen ddigon; mae gennym fwy nag sydd arnom ei angen/eisiau; **you shall have as much as you ~,** fe gewch chi faint bynnag a fynnoch; **(the goods can be sent) as [and when] they are wanted,** (gellir anfon y nwyddau) yn ôl y galw, yn ôl yr eisiau, yn ôl yr angen, fel y bo galw amdanynt, fel y bo eu hangen, fel y bo eu heisiau; **everyone saw in the evidence just what he wanted to see,** gwelai pawb yn y dystiolaeth yr union beth y mynnai ei weld; **that's just what I wanted,** dyna'r union beth yr oedd arnaf ei eisiau/angen; **(I have) the very thing you ~,** (y mae gennyf) yr union beth i chi, yr union beth ar eich cyfer; **the very man we ~,** yr union ddyn ar ein cyfer; **(let me know) if I'm wanted,** (rhowch wybod imi) os bydd gofyn amdanaf, os bydd f'eisiau i, os bydd f'angen i; **you are wanted in the hall,** mae eisiau i chi fynd i'r neuadd; mae galw amdanoch yn y neuadd; **wanted, a gardener,** yn eisiau, garddwr; **to ~ a job,** chwilio am waith; *Journ:* **~ ad,** mân-hysbyseb(-ion) *f*, hysbyseb(-ion) (*f*) "yn eisiau"; **he's wanted by the police,** mae'r heddlu'n chwilio amdano; *(c)* **you ~ to be on your guard,** gwell ichi gymryd gofal; gwell ichi fod yn wyliadwrus; mae eisiau i chwi fod yn wyliadwrus; **your hair wants cutting,** mae eisiau torri dy wallt di; mae'n hen bryd iti gael torri dy wallt (*not* iti gael dy wallt wedi ei dorri); **that plug wants mending,** mae eisiau trwsio'r plwg yna; **she wants a good talking-to,** mae hi'n haeddu pryd o dafod; dylai rhywun ddweud y drefn wrthi; *F:* **you don't ~ to do that,** gwell i chi beidio â gwneud hynny; **it wants some doing,** nid yw mor hawdd â hynny; mae'n gofyn tipyn o waith; *(d) (= desire, wish for):* dymuno (rhth), bod â'ch bryd (ar rth); *Lit:* chwennych, chwenychu (rhth); rhoi'ch bryd (ar rth); **he knows what he wants,** mae'n gwybod ei feddwl ei hun; *Prov:* **the more you get, the more you ~,** mwya' gewch chi, mwya' fynnwch chi; **is that all you ~?** ai dyna'r cwbl/cyfan sydd arnoch ei eisiau? **what more do you ~?** pa beth arall fynnwch chi? pa beth arall sydd ei eisiau arnoch? **how much do you ~ for these books? - I ~ 50 pounds,** faint ydych chi'n ei ofyn am y llyfrau hyn? - 'rwy'n gofyn hanner can punt; *Iron:* **you don't ~ much!** 'rwyt ti'n hawdd dy blesio! **you're wanted on the phone,** mae rhywun ar y ffôn i chi; mae rhywun yn gofyn amdanoch ar y ffôn; **you're not wanted here,** 'does dim croeso i chi yma; **they don't ~ anything to do with me,** ni fynnant wneud dim â mi; nid ydynt am wneud dim â mi; **what does he ~ with me?** beth sydd arno ei eisiau gen i? **I ~ sth from them,** mae arna' i eisiau rhth ganddyn' nhw (*not* oddi wrthyn' nhw); **what do you ~ of him?** beth ydych am ei gael ganddo? beth fynnwch chi ganddo? **I ~ to tell you,** mae arna' i eisiau/awydd dweud wrthych; **he could have done it if he had wanted to,** gallasai ei wneud petai wedi dymuno hynny; gallai fod wedi'i wneud pe bai eisiau arno; **(don't come) if you don't ~ to, unless you ~ to,** (peidiwch â dod) os nad oes arnoch eisiau/awydd; **I don't ~ it known,** nid wyf am i neb wybod amdano; fynnwn i ddim i neb wybod amdano; **what do you ~ done?** beth fynnwch imi ei wneud? beth sydd eisiau ei wneud arnoch chi? **I don't ~ you making a mess,** nid wyf am ichi wneud llanast; **I ~ her to go,** mae arna' i eisiau iddi fynd. **~ for** *v.i.* bod yn brin (o rth).

wantage *n.* *U.S:* diffyg(-ion) *m*.

wanted *a.* **1.** yn eisiau; **it is sth much ~ by us,** mae'n rhth y mae ei fawr eisiau/angen arnom. **2. he is ~ by the police,** mae'r heddlu'n chwilio amdano.

wanter *n.* dymunwr (dymunwyr) *m*, chwenychwr (chwenychwyr) *m*.

wanting *pred.a.* & *prep.* **1.** *pred.a.* *(a) (= lacking):* yn eisiau, ar goll, yn ddiffygiol, yn brin; **(there's sth) ~,** (mae rhth) yn eisiau, ar goll, yn brin; **a month ~ two days,** deuddydd yn brin o fis, mis ond deuddydd, mis namyn deuddydd; *(b) (of pers.):* **to be ~ in sth,** bod heb rth, bod yn ddiffygiol mewn rhth, bod yn fyr/brin o rth, bod yn amddifad o rth; **~ in intelligence,** anneallus, diddeall, digrebwyll; **~ in judgement,** annoeth, annosbarthus, gwallus eich barn; *Lit:* **he was tried and found ~,** fe'i pwyswyd ac fe'i cafwyd yn brin. **2.** *prep. (= without):* heb + *soft mut.*, *occ:* yn amddifad o + *soft mut.*; **he arrived ~ both money and accomodation,** cyrhaeddodd heb [nac] arian na llety.

wanton¹ *a.* & *n.f.* **1.** *a.* *(a) O: (esp. sexually):* hoedennaidd, pryfoclyd, *Lit:* trythyll, anllad; *(b) (= sportive):* chwar|eus, direidus, nwyfus; **a ~ wind,** awel chwareus; **to cast a ~ eye at s.o.,** taflu llygad gafr ar rn; *(c) (= gratuitous):* anesgusodol, diesgus, diachos, diamcan, direswm; **~ cruelty,** creulondeb er mwyn creulondeb, creulondeb er ei fwyn ei hun. **2.** *n.f.* *O:* hoeden(-nod).

wanton² *v.i.* *(= flirt):* hoedenna, fflyrtio, fflyrtian; *(of wind &c):* chwarae.

wantoner *n.* hoedennwr (hoedenwyr) *m*.

wantonly *adv.* **1.** *O: (= provocatively):* yn hoedennaidd *&c*. **2.** *(= playfully):* yn chwar|eus, yn nwyfus. **3.** *(= gratuitously):* yn ddireswm, heb achos, heb fod gofyn.

wantonness *n.* **1.** *O:* hoedendod *m*, hoedeniaeth *f*, anlladrwydd *m*, anniweirdeb *m*, trythyllwch *m*. **2.** *(= playfulness)*: natur chwar|eus *f*, chwareusrwydd *m*, nwyf *m*, nwyfusrwydd *m*, nwyfiant *m*. **3.** *(of destruction)*: afresymoldeb *m*, enbydrwydd *m*.

wapentake *n. Hist:* cantref(-i) *m*, hwndrwd (hwndrydau) *m*.

wapiti *n. Z: U.S:* wapiti (wapitïod, wapitïaid) *m*, elc(-od) *m*.

wapperjaw *n. U.S: F:* gên fawr (genau mawrion) *f*.

wapperjawed *a. U.S:* genog, genfawr.

war[1] *n. (a)* rhyfel(-oedd) *m*, *occ: f*, *A: or Lit:* cad(-au) *f*; **to wage a ~, to go to ~,** mynd i ryfel, rhyfela, *Lit:* mynd i'r gad; **at ~,** mewn rhyfel, yn rhyfela; **to declare ~ on s.o.,** cyhoeddi rhyfel ar rn; **the art of ~,** crefft (*f*) rhyfela, milwriaeth *f*, *A: or Lit:* cadofyddiaeth *f*; **limited ~,** rhyfel cyfyngedig; **total ~,** rhyfel diarbed/diymatal; **~ of attrition,** rhyfel athreuliol; **cold ~,** rhyfel oer; **holy ~,** rhyfel sanctaidd; **hot ~,** rhyfel twym/poeth; **shooting ~,** rhyfel saethu; **civil ~,** rhyfel cartref; **gang ~,** brwydro (*vn*) rhwng gangiau, rhyfel rhwng gangiau, rhyfel ciwed; *Fig:* **to hold a council of ~,** ymgynghori, cydymgynghori, rhoi'ch pennau ynghyd, cwnsela; *Fig:* **to carry the ~ into the enemy's camp,** mynd â'r rhyfel at y gelyn; **~ of nerves,** rhyfel nerfau, rhyfel seicolegol; **~ of words,** ymryson geiriol *m*; **~ of movement,** rhyfel symudol; **in a state of ~,** yn rhyfela; **~ of the elements,** rhyferthwy (*m*) gwynt a glaw; **the ~ on want,** y rhyfel yn erbyn tlodi; **in time of ~,** adeg rhyfel, pan fo rhyfel; **a ~ footing,** parodrwydd (*m*) i ryfela; **on a ~ footing,** parod i ryfela, parod ar gyfer rhyfel; **to place a unit on a ~ footing,** paratoi uned ar gyfer rhyfel; *F:* **I had a good ~,** mi gefais i ryfel braf/difyr/llwydiannus; *Lit:* **to let slip the dogs of ~,** gollwng cŵn rhyfel; **you look as if you've been in the wars,** 'rwyt ti'n edrych fel petaet ti wedi bod trwy'r felin/drin; *F:* **the phoney ~,** y rhyfel ffug, yr esgus o ryfel; *A: or Lit:* **to go to the wars,** mynd i ryfel, mynd yn filwr; *S.a.* **article[1] 2, memorial 2; I did my ~ work in a hospital,** treuliais y rhyfel yn gweithio mewn ysbyty; *(b) Hist:* **the Anglo-Dutch W~,** Rhyfel Lloegr a Holand; **the Trojan W~,** Rhyfel Caerdroea; **the Gallic Wars,** y Rhyfeloedd yng Ngâl; **the Thirty Years' W~,** y Rhyfel Deng Mlynedd ar Hugain; **the Six Days' W~,** y Rhyfel Chwe Niwrnod; **the Wars of the Roses,** Rhyfeloedd y Rhosynnau, *occ:* Rhyfeloedd y Rhos; **the Civil W~,** y Rhyfel Cartref; **the Seven Years' W~,** y Rhyfel Saith Mlynedd; **the Hundred Years' W~,** y Rhyfel Can Mlynedd; **the Great Northern Wars,** Rhyfeloedd Gogledd Ewrop; **the Franco- Prussian W~,** Rhyfel Ffrainc a Phrwsia; **the Austro-Prussian W~,** Rhyfel Awstria a Phrwsia; **the W~ of the Austrian Succession,** Rhyfel Olyniaeth Awstria; **the W~ of the Polish Succession,** Rhyfel Olyniaeth Pwyl; **the W~ of the Spanish Succession,** Rhyfel Olyniaeth Sbaen; **the W~ of Liberation,** y Rhyfel Ymryddhad; **the Wars of Religion,** Rhyfeloedd Crefydd; **the Crimean W~,** Rhyfel y Crimea; **the Opium W~,** y Rhyfel Opiwm; **the Cod W~,** Rhyfel y Penfras; **the Boer W~, the South African W~,** Rhyfel y Boeriaid, Rhyfel De Affrica, *F:* Rhyfel Transvaal; **the W~ of the Grand Alliance,** Rhyfel y Cynghrair Mawr; *W.Hist:* **the Tithe W~,** Rhyfel y Degwm; **the Peninsular W~,** Rhyfel Iberia; **the American Civil W~,** *U.S:* **the W~ between the States, the W~ of Secession,** Rhyfel Cartref America; **the W~ of American Independence,** Rhyfel Annibyniaeth America; **the Great W~,** *(1914-1918)*: y Rhyfel Mawr; **the First World W~,** y Rhyfel Byd Cyntaf; **the Second World W~,** yr Ail Ryfel Byd; **the W~ of Jenkins' Ear,** Rhyfel Clust Jenkins; *(c) (loosely, = conflict)*: rhyfel, gwrthdrawiad(-au) *m*, gwrthdaro *vn*; **class ~,** rhyfel dosbarth/dosbarthiadau; *Pol.Ec:* **price ~,** rhyfel prisiau; *S.a.* **want[1] 2; to wage ~ on/against sth,** milwrio yn erbyn rhth. **~ baby** *n.* baban(-od) (*m*) adeg rhyfel. **~-band** *n.* rhyfelwyr *pl*, cadlu(-oedd) *m*, *W.Hist:* teulu(-oedd) *m*, gosgordd(-ion) *f*. **~-bonnet** *n.* penwisg (*f*) ryfela (penwisgoedd rhyfela). **~ bride** *n.* priodasferch(-ed) (*f*) adeg rhyfel. **~-cemetery** *n.* mynwent filwrol (mynwentydd milwrol) *f*, mynwent ryfel (mynwentydd rhyfel), mynwent filwyr (mynwentydd milwyr). **~ chest** *n.* cist (*f*) ryfel, cronfa (*f*) ryfel. **~-cloud** *n. Fig:* cwmwl (cymylau) (*m*) rhyfel, bygwth (bygythion) (*m*) rhyfel. **~-club** *n.* pastwn (pastynau) *m*. **~ correspondent** *n.* gohebydd(-ion, gohebwyr) (*m*) rhyfel. **~ crime** *n.* trosedd(-au) (*m*) rhyfel. **~ criminal** *n.* troseddwr (troseddwyr) (*m*) rhyfel. **~-cry** *n.* cadlef(-au) *f*, bloedd (*f*) ryfel (bloeddiau/bloeddiadau) rhyfel, cadfloedd(-iau) *f*, rhyfelgri (rhyfelgrïoedd) *mf*. **~ damage** *n.* difrod (*m*) rhyfel. **~-dance** *n.* dawns (*f*) ryfel (dawnsiau rhyfel). **W~ Department** *n. Pol:* Adran (*f*) Ryfela (Adrannau Rhyfela). **~-fever** *n.* cyffro (*m*) rhyfel, twymyn (*f*) ryfel, rhyfelgarwch *m*. **~-game** *n.* gêm (*f*) ryfel (gemau rhyfel). **~-gaming** *vn.* chwarae gêm ryfel, chwarae gemau rhyfel, chwarae rhyfela. **~-gas** *n.* nwy(-on) (*m*) rhyfela. **~-god** *n.* duw(-iau) (*m*) rhyfel. **~ grave** *n.* bedd(-au) milwrol *m*. **~-hawk** *n.* rhyfelgarwr (rhyfelgarwyr) *m*, rhyfelgi (rhyfelgwn) *m*. **~-horse** *n.* march (meirch) (*m*) rhyfel, cadfarch (cadfeirch) *m*, rhyfelfarch (rhyfelfeirch) *m*; *F:* **an old ~-horse,** hen wariar(-s) *m*. **~ loan** *n. Fin:* benthyciad(-au) (*m*) rhyfel. **~-lord** *n.* cadlywydd(-ion) *m*, arglwydd(-i) (*m*) rhyfel, pennaeth (penaethiaid) (*m*) rhyfel, pen-rhyfelwr (~-rhyfelwyr) *m*, archryfelwr (archryfelwyr) *m*, cateyrn(-edd) *m*. **~ memorial** *n.* cofgolofn (*f*) ryfel (cofgolofnau rhyfel), cofeb (*f*) ryfel (cofebau rhyfel). **~-nose** *n. Exp:* blaen(-au) ffrwydrol *m*. **W~ Office** *n.* Swyddfa (*f*) Ryfel (Swyddf|eydd Rhyfel). **~-paint** *n.* paent (*m*) rhyfel; *F:* **to put on one's ~-paint,** rhoi'ch powdwr a'ch paent, ymbincio, *S.E: F:* jimo. **~-path** *n.* **she's on the ~-path,** mae hi am waed rhn. **~ pension** *n.* pensiwn (pensiynau) (*m*) rhyfel. **~ pensioner** *n.* pensiynwr (pensiynwyr) (*m*) rhyfel. **~-plane** *n.* awyren (*f*) ryfel (awyrennau rhyfel). **~ poem** *n.* cerdd (*f*) ryfel (cerddi rhyfel). **~ poet** *n.* bardd (beirdd) (*m*) rhyfel. **~-song** *n.* cân (*f*) ryfel (caneuon rhyfel), rhyfelgan(-au) *f*. **~-weary** *a.* wedi blino ar ryfela, wedi blino'n rhyfela, blinedig ar ryfel. **~-whoop** *n.* = **war-cry. ~-widow** *n.f.* gweddw milwr (gweddwon milwyr). **~-work** *n.* gwaith (*m*) rhyfel. **~-worn** *a.* = **war-weary. ~-zone** *n.* ardal(-oedd) (*f*) y brwydro, cylchfa (*f*) ryfel (cylchf|eydd rhyfel).

war[2] *v.i.* rhyfela, *occ:* milwrio.

waratah *n. Bot:* warata(-s) *f*, coeden (coed) (*f*) warata.

warble[1] *n.* sŵn (*m*) telori, sŵn trydar.

warble[2] *v.t.&i. (a)* telori, trydar, pyncio, tiwnio; *(b) F: (of pers., instrument)*: trydar.

warble[3] *n. Vet:* chwydd(-au) *m*. **~-fly** *n. Ent:* pryf(-ed) (*m*) gweryd, *occ:* cacynen (cacwn) (*f*) y cŵn/geifr/meirch, cacwn yr ych, gwybedyn (gwybed) (*m*) pennau, pryf(-ed) (*m*) buwch, Robin (*m*) y gyrrwr, gwyrfil(-od) *m*.

warbled *a. Vet:* **~ cow,** buwch a chwydd gweryd arni.

warbler *n.* **1.** *Orn:* telor(-iaid) *m*; **aquatic ~,** telor y dŵr; **Arctic ~,** telor yr Arctig; **barred ~,** telor rhesog; **black-cap ~,** Twm (*m*) cap du, telor penddu; **black poll ~,** telor tinwyn; **Blue Mountain ~,** telor y Mynydd Glas; **Bonelli ~,** telor Bonelli; **chiffchaff ~,** = **chiffchaff; Dartford ~,** telor yr eithin, telor Dartford; **garden ~,** telor yr ardd, telor y berllan, llwyd (*m*) y berllan; **golden ~,** telor melyn, telor yr haf; **grass ~,** telor y glaswellt; **grasshopper ~,** telor y gwair, y nyddreg *f*, nyddwr (nyddwyr) bach *m*, gwich-hedydd(-ion) *m*, troellwr (troellwyr) bach *m*, yr anhywel *m*; **greenish ~,** telor gwyrdd; **icterine ~,** telor aur; **leaf-~,** = **greenish warbler, willow-warbler; magnolia ~,** telor y magnolia; **marsh-~,** telor y gors, telor y gwerni; **melodious ~,** telor pêr; **moustached ~,** telor barfog; **olivaceous ~,** telor llwyd; **palm-~,** telor y palmwydd; **pensile ~,** telor crog; **Radde's ~,** telor Radde; **reed-~,** telor y cyrs, telor y cawn, telor y gors, aderyn (adar) (*m*) y cyrs, cwinc(-od) (*m*) y cyrs; **great reed-~,** telor mawr y cyrs; **river ~,** telor yr afon; **Sardinian ~,** telor Sardinia; **Savi's ~,** telor Savi; **sedge-~,** telor yr hesg, telor y dŵr, telor yr helyg, llwyd yr hesg, llwyd y gors, llwyd yr helyg, ehedydd (*m*) yr helyg, dryw(*mf*)'r hesg, dryw'r helyg; **subalpine ~,** telor brongoch (*pronounced* ng-g); **willow-~,** dryw wen (drywod gwynion) *f*, dryw felen (drywod melyn) *f*, dryw'r helyg, Siân fach (*f*) yr hesg, cethlydd(- ion) (*m*) y coed, dryw'r ddaear, dryw bach y ddaear; **wood ~,** telor y coed, dryw'r coed, dryw felen, dryw'r ddaear, gwrach *f*, gwarchell(-od) (*f*) y coed; **yellow ~,** telor melyn; **yellow-browed ~,** telor aelfelyn. **2.** *F:* cantores(-au) *f*, tel|orwraig (telorwragedd) *f*.

warbling *a. & vn.* **1.** *a.* pynciol, persain, teloraidd, sy'n telori, sy'n trydar *&c.* **2.** *vn.* = **warble[1],[2]**.

ward[1] *n.* **1.** *(a) A:* gward *m*; **to keep watch and ~,** cadw gwyliadwriaeth; *A: Jur:* **Master of the Wards,** Meistr (*m*) y Gwardiau; *(b) (pers.)*: ward(-iaid) *m&f*; *Jur:* **in Chancery ~, ~ of court,** ward llys. **2.** *(a) (in hospital)*: ward(-iau) *f*; **emergency ~,** ward achosion brys; **to walk the wards,** derbyn hyfforddiant, gweithio ar y wardiau; *(b) (in prison)*: adran(-nau) *f*. **3.** *Adm:* **electoral ~,** ward(-iau) (*f*) etholiad/etholiadol, **4.** *pl.* **wards,** *(of a lock)*: rhiciau, hiciau. **~-heeler** *n. U.S: Pol:*

canfasiwr (canfaswyr) *m*, canf|aswraig (canfaswragedd) *f*. **~-maid** *n.* merch (*f*) lanh|au (merched glanh|au).

ward[2] *v.t.* *(a)* *A:* **= defend;** *(b)* **to ~ off a blow,** troi ergyd heibio; **to ~ off disaster,** atal trychineb; **to ~ off an illness,** cadw salwch draw, osg|oi salwch; **to ~ off a cold,** cadw rhag anwyd, cadw'r annwyd draw, *N.W:* *occ:* bwrw annwyd.

warded *a.* *(lock, key):* rhiciog, hiciog, rhwyllog.

warden[1] *n.* **1.** warden (wardeiniaid) *m&f*, *occ:* ceidwad (ceidwaid) *m*, gwarcheidwad (gwarcheidwaid) *m*; **fire ~,** gwyliwr (gwylwyr) (*m*) tân; **game-~,** ciper(-iaid) *m*; **W~ of the Cinque Ports,** Ceidwad (*m*) y Pum Porthladd; *Aut:* **traffic ~,** warden traffig; **air-raid ~,** warden cyrchoedd awyr; **~-controlled accomodation,** llety (*m*) dan reolaeth warden. **2. = churchwarden.**

warden[2] *n.* *Hort:* *Cu:* gellygen (*f*) goginio (gellyg coginio), peren (*f*) goginio (pêrs coginio).

wardenry, wardenship *n.* wardeiniaeth(-au) *f*, swydd (*f*) warden.

warder *n.* **1.** *(= gaoler):* gwarcheidwad (gwarcheidwaid) *m*, ceidwad (ceidwaid) *m*, gwarchodwr (gwarchodwyr) *m*; **female ~, = wardress. 2.** *Hist:* *(= staff of authority):* swyddwialen(-ni) *f*.

wardian *a.* *Bot:* **~ case,** blwch (blychau) gwydr *m*, blwch Ward.

warding *vn.* wardio. **~ file** *n.* ffeil(-iau) (*f*) wardio.

wardmote *n.* *Hist:* [g]wardlys(-oedd) *m*.

wardress *n.f.* gwarch|odwraig (gwarchodwragedd), ceidwades(-au), gwarcheidwades(-au).

wardrobe *n.* **1.** *Furn:* wardrob(-au) *f*, cwpwrdd (cypyrddau) (*m*) dillad, gwardrob(-au) *f*, dilladfa (dilladf|eydd) *f*; **to plan a ~,** cynllunio wardrob. **2.** *Coll:* *(= clothing):* dillad *pl*, dilladau *pl*, gwisgoedd *pl*. **~ bed** *n.* gwely(-au) (*m*) plygu. **~ dealer** *n.* gwerthwr (gwerthwyr) (*m*) dillad ail-law. **~ keeper, ~ master** *n.* *Th:* meistr(-iaid) (*m*) y gwisgoedd. **~ mistress** *n.f.* *Th:* meistres y gwisgoedd (meistresi'r gwisgoedd). **~ trunk** *n.* cist (*f*) ddillad (cistiau dillad).

wardroom *n.* *Navy:* ystafell(-oedd) (*f*) y swyddogion.

wardship *n.* *Jur:* [g]wardiaeth *f*, gwarchodaeth *f*.

ware[1] *n.* **1.** *Coll:* nwydd(-au) *m*, *occ:* wâr *f*; **cast-iron ~,** llestri (*pl*) haearn bwrw; **hollow-~,** ceunwyddau *pl*; **pottery ~,** crochenwaith *m*. **2.** *pl.* **wares,** nwyddau.

ware[2] *int.* *esp.* *Ven:* gwylia (gwyliwch)! *N:* tendia (tendiwch)! enbyd! *S:* gwachel(-wch)!

ware[3] *pred.a.* *Poet:* **= aware.**

warehouse[1] *n.* warws (warysau) *mf*, [y]stordy ([y]stordai) *m*, [y]storfa ([y]storf|eydd) *f*; **bonded ~,** [y]storfa'r tollau.

warehouse[2] *v.t.* cadw/storio (rhth) mewn warws.

warehouseman *n.m.* ceidwad (ceidwaid) warws, gweithiwr (gweithwyr) mewn warws, warwsmon (warwsmyn).

warfare *n.* rhyfel *m*, rhyfela *vn*, *occ:* rhyfeliant *m*, milwriaeth *f*; **aerial ~,** rhyfela yn yr awyr, rhyfel awyrennau; **gang ~,** rhyfel rhwng gangiau; **guerilla ~,** herwryfela *vn*; **class ~,** rhyfel dosbarth; **conventional ~,** rhyfela confensiynol; **germ ~,** rhyfela bacterol; **global ~,** rhyfela byd-eang; **naval ~,** rhyfela ar y môr, rhyfel llongau, rhyfela llyngesol; **static ~,** rhyfela sefydlog; **total ~,** rhyfel llawn/diymatal; **trench ~,** ymladd/rhyfela mewn ffosydd.

warfarin *n.* *R.t.m:* *Pharm:* w|arffarin *m*.

warhead *n.* arfben(-nau) *m*, pen(-nau) ffrwydrol *m*.

warily *adv.* yn ochelgar *&c*, *F:* â'ch llygad ar eich ysgwydd.

wariness *n.* gochelgarwch *m*, pwyll *m*, gwyliadwrusrwydd *m*, pwyllogrwydd *m*.

warlike *a.* rhyfelgar.

warlock *n.* **= sorcerer, wizard.**

warlord *n.* **= war-lord.**

warm[1] *a.* *&* *n.* I. *a.* **1.** cynnes (*with comp. forms* cynhesed, cynhesach, cynhesaf), *S:* twym; **slightly ~,** claear; *S.a.* **tepid; the water's only just ~,** nid yw'r dŵr ond yn glaear; **as ~ as toast,** cynnes/clyd fel pathew, *N.W:* cynnes fel llefrith, cynnes fel tostyn; **to get ~,** cynhesu, twymo, *occ:* ymgynhesu, ymdwymo, ennill eich gwres, *N:* codi gwres; *Games:* **you're getting warmer,** 'rydych chi'n nes ati; 'rydych chi'n poethi; *F:* **to keep a place ~ for s.o.,** cadw sedd i rn; *Com:* **"to be kept in a ~ place",** "i'w gadw'n dwym", "i'w gadw mewn man cynnes"; **it's getting warmer,** mae hi'n cynhesu/tyneru; *N:* *occ:* mae hi'n tymheru, *S.W:* mae hi'n nawseiddio; *Ven:* **~ scent,** trywydd twym. **2.** *(a)* *(welcome &c):* brwd, twym, twymgalon, cynnes, calonnog, gwresog; **~ applause,** cymeradwyaeth frwd; **~ passion,** teimladau angerddol *pl*, angerdd *m*; *(b)* **a ~ heart,** calon gynnes/dwym; *Prov:* **cold hands, warm heart,** dwylo oer a chalon gynnes; **~ thanks,** diolchiadau gwresog; **a ~ smile,** gwên braf/radlon; **warmest congratulations!** llongyfarchiadau brwd/calonnog/gwresog! *(c)* **it was ~ work,** 'roedd yn waith caled; 'roedd yn lladdfa; **the warmest spot in the battle,** man poethaf/twymaf y frwydr; *F:* **to make things/it ~ (for s.o.),** ei gwneud hi'n boeth/dwym i rn; **the argument was getting ~,** 'roedd y ddadl yn poethi; *F:* 'roedd pethau'n poethi; **they were ~ with wine,** 'roeddent yn wresog gan win; **a ~ contest,** cystadleuaeth frwd; *(d)* *(colour):* cynnes, twym. **3.** *esp.* *N.Eng:* *F:* *(= wealthy):* cefnog, esmwyth eich byd, da eich byd. II. *n.* **1.** twymiad(-au) *m*, cynhesiad (cynesiadau) *m*; **to have a ~,** cynhesu, ymgynhesu, ymdwymo, codi gwres; **come and have a ~,** dewch i dwymo/gynhesu; **come into the ~,** dewch i mewn i'r gwres (*m*)/cynhesrwydd (*m*). **2.** *Mil:* **British ~,** côt fawr gynnes/dwym (cotiau mawr cynnes/twym) *f*. **~ air mass** *n.* *Geog:* awyrglwm cynnes *m*. **~-blooded** *a.* **1.** twymwaed, [â] gwaed twym/cynnes, twym/cynnes eich gwaed. **2.** *Fig:* nwydus, nwydwyllt. **~-hearted** *a.* twymgalon, calon-gynnes, rhadlon, calonnog, gwresog, caredig. **~-heartedly** *adv.* yn dwymgalon *&c*. **~-heartedness** *n.* cynhesrwydd *m* [calon], caredigrwydd *m*, rhadlonrwydd *m*, rhadlondeb *m*. **~ restart** *n.* *Cmptr:* ailgychwyniad cynnes *m*. **~ sector** *n.* *Geog:* sector(-au) cynnes *m*. **W~ Temperate Zone** *n.* *Geog:* Cylchfa Dymherus Gynnes *f*.

warm[2] *v.t.&i.* **1.** *v.t.* *(a)* **to ~ sth up,** cynhesu/twymo rhth; **to ~ oneself up,** twymo, cynhesu, *occ:* ymdwymo, ymgynhesu; *Th:* **to ~ up a spot,** dwysáu sbot; *(b)* **news that warms the heart,** newydd sy'n iechyd/hwb/eli i'r galon, newydd calonogol; **this'll ~ the cockles of your heart,** fe wnaiff hwn fyd o les i chi; fe fydd hwn yn cynhesu'ch calon chi; *F:* **to ~ s.o.'s ears,** rhoi bonclust i rn; **to ~ food up/over,** aildwymo/ailgynhesu bwyd. **2.** *v.i.* *(a)* cynhesu, twymo, codi gwres, *occ:* ymgynhesu, ymdwymo; **to ~ to s.o.,** cynhesu at/wrth rn, closio at rn, cael eich denu at rn; **he warmed to his topic,** fe dwymodd iddi; fe aeth i hwyl gyda'i bwnc; fe gafodd hwyl ar ei bwnc; fe gafodd wynt dan adain gyda'i bwnc. **~ up[1]** **1.** *v.t.* twymo, cynhesu; *(food):* aildwymo, ailgynhesu; **to ~ up an audience,** cynhesu cynulleidfa, codi hwyl cynulleidfa, rhoi cynulleidfa yn yr hwyl. **2.** *v.i.* *(a)* twymo, cynhesu, codi gwres; *occ:* ymdwymo, ymgynhesu; *Fig:* codi hwyl, mynd i hwyl, twymo iddi; *(b)* *(of party &c):* bywiogi, sirioli; *(c)* *Sp:* parat|oi, ymbarat|oi, codi gwres. **~-up[2]** *n.* *Sp:* paratoad(-au) *m*, ymbaratoad(-au) *m*; *T.V:* *&c:* codi (*vn*) hwyl. **~-up comedian** *n.* codwr (codwyr) (*m*) hwyl. **~-up match[1]** *n.* gêm ragbaratöol (gemau rhagbaratöol) *f*. **~-suit** *n.* **= tracksuit.**

warmed *a.* **= warm[1]; ~-over, ~-up,** eildwym; *F:* **like death ~-up,** fel angau eildwym.

warmer *n.* cynheswr (cynheswyr) *m*, twymwr (twymwyr) *m*; *S.a.* **bed, dish, foot, plate.**

warming *a.* *&* *vn.* **1.** *a.* cynhesol, twymol, gwresogol. **2.** *vn.* *(a)* **= warm[2]**; twymiad *m*, cynhesiad *m*; **global ~,** cynhesu byd-eang, codi (*vn*) gwres y ddaear; *(b)* **= beating[2] 2.** *(a)*. **~-pan** *n.* padell boeth (padelli poeth) *f*, padell dwymo (padelli twymo). **~-up** *vn.* **1.** twymo, cynhesu. **2.** *Sp:* ymbaratoadau *pl*, ymarfer *vn*.

warmish *a.* braidd yn dwym/gynnes, go dwym/gynnes, lled dwym/gynnes.

warmness *n.* cynhesrwydd *m*.

warmonger *n.* rhyfelgi (rhyfelgwn) *m*, heuwr (heuwyr) (*m*) rhyfel.

warmongering *a.* *&* *vn.* **1.** *a.* rhyfelgar. **2.** *vn.* rhyfelgarwch *m*.

warmth *n.* **1.** *(of sun, fire):* gwres *m*, cynhesrwydd *m*, twymder *m*, twymdra *m*. **2.** *(of welcome &c):* gwresogrwydd *m*, rhadlonrwydd *m*; **~ [of feeling],** gwres, brwdaniaeth *f*, brwdfrydedd *m*, sêl *f*, arddeliad *m*, angerdd *m*.

warn *v.t.* **1.** rhybuddio; **(to ~ s.o.) of a danger,** (rhybuddio rhn) o berygl, rhag perygl; **to ~ s.o. against sth,** rhybuddio rhn rhag rhth; *(= advise, charge):* rhybuddio, siarsio; **(he warned her) against going, not to go,** (fe'i rhybuddiodd/siarsiodd hi) rhag mynd, i beidio â mynd, nad oedd hi i fynd; **you have been warned!** 'rwyt ti ('rydych chi) wedi cael rhybudd! **be warned!** gofala (gofalwch)! cymer di ofal (cymerwch chi ofal)! gan bwyll! **I shan't ~ you again,** ddyweda' i ddim wrthych chi eto; chewch chi ddim rhybudd arall gen i. **2.** *(= inform):* rhoi gwybod, rhoi ar ddeall (i rn); **to ~ the police of sth,** dweud wrth yr heddlu am rth. **3. to ~ s.o. off,** rhybuddio rhn i gadw draw; *Turf:* diarddel rhn.

warning[1] *a.* rhybuddiol; *Navy:* **~ shot,** taniad(-au) rhybuddiol *m.*

warning[2] *n.* rhybudd(-ion) *m*, *F:* siars *f*; **to sound a note of ~,** seinio rhybudd; **without ~,** yn ddirybudd, yn ddisymwth, heb rybudd; **he was let off with a ~,** cafodd ddianc gyda rhybudd; *Jur:* rhybuddiad(-au) *m*; **~ to a caveat,** rhybuddiad i gafeat; **I'm giving you fair ~,** 'rwyf yn rhoi digon o rybudd i chi; **let this be a ~ to you,** boed hyn yn wers i chi; **air-raid ~,** rhybudd rhag cyrch awyr; **danger ~,** rhybudd rhag perygl; **gale ~,** rhybudd storm; **strike ~,** rhybudd [o] streic. **~-bell** *n.* cloch (*f*) rybudd (clychau rhybudd). **~-coloration** *n. Nat.Hist:* lliw(-iau) (*m*) rhybuddio. **~-device** *n.* dyfais (*f*) rybuddio (dyfeisiau rhybuddio). **~-off** *n. Turf: (of jockey):* diarddeliad(-au) *m*, diarddel *vn.* **~-lamp** *n.* lamp (*f*) rybuddio (lampau rhybuddio). **~-sign** *n. Aut:* arwydd(-ion) (*m*) rhybudd. **~-signal** *n.* arwydd rhybuddio, signal(-au) (*m*) rhybuddio; *(audible):* caniad(-au) (*m*) rhybudd/rhybuddio; *Min:* corn (cyrn) (*m*) rhybudd. **~-system** *n.* system (*f*) rybuddio (systemau rhybuddio); **early ~ system,** system rybuddio cynnar, system ragrybuddio (systemau rhagrybuddio).

warningly *adv.* yn rhybuddiol.

warp[1] *n.* **1.** *Tex:* ystof(-au) *mf*, *occ:* dylif(-au) *m*; **~ threads,** edefion ystof; **~ and weft,** ystof ac anwe. **2.** *Nau:* rhaff(-au) *f* [halio]. **3.** *(a) (in plank):* camdroad(-au) *m*, camdra *m*, camdro(-eon) *m*, camystum(-iau) *m*, ystumdro(-eon) *m*; **time-~,** ystumdro amser; *(b) (in character):* tro(-eon) *m*, camdro, gwyrni *m*, gwyrdroad(- au) *m*. **4.** *Geog: (= alluvial deposit):* dyddodion *pl*, dyfrllaid *m*. **~-end** *n. Tex:* pen (*m*) ystof. **~-knitted** *a. Tex:* ystofedig, ystofweol. **~-loom** *n. Tex:* gŵydd (gwyddion) (*m*) ystofi. **~-reel** *n. Tex:* car (ceir) (*m*) ystofi.

warp[2] *v.t.&i.* I. *v.t.* **1.** *(a) (wood &c):* camu, ystumio, camystumio, anffurfio, camdr|oi; *(b) (s.o.'s mind):* gwyrdr|oi, anffurfio. **2.** *Tex:* **to ~ cloth,** ystofi defnydd. **3.** *Nau:* halio. **4.** *Geog: Geol:* **to ~ (land),** dyddodi, dyfrleidio (tir); **to ~ a channel,** cau/tagu sianel â dyddodion. II. *v.i.* **1.** camu, mynd yn gam, ystumio, camystumio, anffurfio, *N.W:* *F:* warpio, walpio; *Geog:* crychu. **2.** *Nau:* **to ~ out of port,** cael eich halio o borthladd.

warped *a.* **1.** *(wood &c):* cam (ceimion), ystumiedig, camystumiedig, wedi camu, wedi warpio/walpio. **2.** *(mind &c):* gwyrdroëdig.

warper *n. Tex:* ystofiwr (ystofwyr) *m*, yst|ofwraig (ystofwragedd) *f*.

warping *vn.* = **warp[2]. ~ mill** *n. Tex:* melin(-au) (*f*) ystofi, melin ddylifo (melinau dylifo). **~-tray** *n. Tex:* ystofen(-ni,-nau) *f*.

warpland *n. Geog: Geol:* gwaddotir(-oedd) *m*.

warragal *a. & n.* = **warrigal.**

warrant[1] *n.* **1.** *(= security, guarantee):* [g]warant(-au,-oedd) *f*, sicrhad *m*; **our strength is our ~,** ein cryfder yw ein sicrhad/gwarant; **I will be your ~,** byddaf yn gefn (*m*)/nawdd (*m*) i chwi; mi af yn feichiau (*m*) drosoch; **to be/stand ~ for s.o.'s good conduct,** gwarantu/sicrh|au ymddygiad da rhn, bod yn feichiau dros ymddygiad da rhn, bod yn ernes (*f*) o ymddygiad da rhn. **2.** *(of report, rumour, = basis):* sail *f* (i rth), carn *f*; **there's no ~ for the rumour,** nid oes sail/garn i'r si; nid oes sicrwydd bod y si'n wir; *(= justification, authority):* hawl(-iau) *f*, awdurdod *m*; **you have no ~ for this action,** nid oes gennych hawl/awdurdod i wneud hyn. **3.** *(a) Jur:* gwarant(-au) *f*; **~ for arrest,** gwarant i [a]restio; **arrest by ~,** [a]restio tan warant; **there's a ~ out against her; there's a ~ out for her arrest,** mae hi dan warant i'w harestio; fe godwyd gwarant i'w harestio; **~ of appointment,** gwarant benodi; **~ of attorney,** gwarant twrnai; **~ of execution [of judgement],** gwarant i weithredu [barngyflawniad]; **bench ~,** gwarant o'r fainc; **committal ~,** gwarant draddodi [i garchar]; **death-~,** gwarant ddienyddio (gwarantau dienyddio), gwarant farwolaeth (gwarantau marwolaeth); *Fig:* **he signed his own death-~,** fe'i condemniodd ei hun; **distress-~,** gwarant atafael; **dividend ~,** gwarant ddifid|end (gwarantau difidend); **general ~,** gwarant gyffredinol (gwarantau cyffredinol); **search ~,** gwarant chwilio; **to execute a ~,** gweithredu gwarant; **to issue a ~,** cyhoeddi gwarant, arwyddo gwarant; *(b) (= certificate):* **warehouse ~,** tystysgrif(-au) (*f*) warws/ystorio; *(c) Adm:* **~ for payment,** taleb(-au,-ion) *f*; **travel ~,** gwarant deithio (gwarantau teithio); **royal ~,** caniatâd brenhinol *m*, gwarant frenhinol (gwarantau brenhinol). **~-officer** *n. Mil: Navy:* swyddog(-ion) gwarantedig *m*, gwarantswyddog(- ion) *m*.

warrant[2] *v.t.* **1.** *(= guarantee):* gwarantu, sicrh|au; **(it won't happen again) I ~ you,** (ni fydd yn digwydd eto) mi'ch gwaranta' i chi, yn siŵr i chi, gallaf eich sicrhau; *Iron:* **yes, I'll ~,** ie, mi wranta'. **2.** *(= justify):* cyfiawnh|au, esgusodi.

warrantable *a.* **1.** *Com: (goods &c):* gwarantadwy. **2.** *(= justifiable):* cyfiawnadwy; **a ~ conclusion,** casgliad cyfiawnadwy/rhesymol/rhesymegol. **3.** *Ven:* **~ stag,** carw heliadwy, carw digon hen i'w hela.

warranted *a.* **1.** *Com:* gwarantedig, gwarantol; *Com:* **colours ~ fast,** lliwiau anniflan/parhaol gwarantedig. **2.** *(= justified): (conduct &c):* cyfiawn, cyfiawnadwy, a rheswm da drosto; **he was ~ in doing that,** 'roedd ganddo reswm dros wneud hynny.

warrantee *n.* gwarantedig(-ion) *m&f*.

warrantless *a.* = **unwarranted.**

warrantor *n. Jur:* gwarantydd: gwarantwr (gwarantwyr) *m*.

warranty *n.* **1.** *(= justification):* **~ for doing sth,** awdurdod (*m*) i wneud rhth, cyfiawnhad (*m*) dros wneud rhth; **is there a ~ for the accusation?** a oes carn (*f*)/sail (*f*) i'r cyhuddiad? **2.** *Com:* warantî (warantïau) *f*, gwarantiad(-au) *m*; *Jur:* **express ~,** warantî ddatganedig; **implied ~,** warantî oblygedig (warantïau goblygedig); **~ of title,** ardystiad (*m*) teitl.

warren *n.* **1. [rabbit-]~,** cwningar(-oedd) *f*. **2.** *Fig:* drysle(-oedd) *m*, dryswch *m*, drysfa (drysf|eydd) *f*, drysni *m*; **the area was a real ~ of streets,** 'roedd yr ardal yn ddryswch o strydoedd.

warrener *n.* cwningwr (cwningwyr) *m*.

warrigal *a. & n. Austr:* **1.** *a.* gwyllt(-ion). **2.** *n.* *(a)* = **dingo;** *(b) (= wild horse):* ceffyl gwyllt (ceffylau gwylltion) *m*; *(c)* = **aboriginal 2.**

warring *a. & vn.* **1.** *a.* sy'n rhyfela, rhyfelgar, cynhennus, ymrysongar (*pronounced* ng-g), anghytûn; **~ factions,** carfanau croes/cynhennus/anghytûn. **2.** *vn.* rhyfela.

warrior *n. & attrib.* **1.** *n.* gwron(-iaid) *m*, rhyfelwr (rhyfelwyr) *m*, milwr (milwyr) *m*; **the Unknown W~,** y Milwr Anhysbys, y Gwron Anhysbys. **2.** *attrib.* rhyfelgar; **~ tribe,** llwyth(-au) rhyfelgar *m*. **~ ant** *n. Ent:* morgrugyn (morgrug) rhyfelgar *m*.

Warsaw *Pl.n.* Warsaw *f*. **~ Pact (the)** *n. Hist:* Cytundeb (*m*) Warsaw.

warship *n.* llong (*f*) ryfel (llongau rhyfel), *Lit:* cadlong(-au) *f*.

wart *n.* dafaden(-nau) *f*, *F:* dafad (defaid) *f*; **cancerous ~,** dafad wyllt (defaid gwylltion) *f*; *F:* **(to paint s.o.) warts and all,** (portreadu/darlunio/peintio/paentio rhn) fel y mae, gyda'i holl ffaeleddau, yn ei lawn liwiau. **~-biter** *n. Ent:* dafad-frathwr (~-frathwyr) *m*. **~-cress** *n. Bot:* = **swine-cress. ~ disease** *n.* clefyd (*m*) y ddafaden, clafr du *m*. **~-grass** *n. Bot:* = **spurge (sun). ~-hog** *n. Z:* baedd(-od) dafadennog *m*, mochyn (moch) dafadennog *m*. **~-weed, ~-wort** *n.* = **spurge (sun).**

warted *a.* = **warty.**

wartily *adv.* yn ddafadennog.

wartime *n.* amser (*m*) rhyfel, adeg (*f*) rhyfel, **in ~,** ar adeg rhyfel.

wartiness *n.* dafadenogrwydd *m*; golwg ddafadennog *f* (ar rth).

wartlet anemone *n.* an|emoni (anemonïau) dafadennog *m*.

warty *a.* dafadennog.

Warwick *Eng.Pl.n.* Warwig *f*.

Warwickshire *Pr.n. Eng.Geog:* Swydd (*f*) Warwig.

wary *a.* *(a)* gochelgar, pwyllog, gwyliadwrus, *S:* gwachelog, *S.W:* carcus; **to keep a ~ eye on s.o.,** gwylio rhn yn ofalus, cadw llygad barcud ar rn; *(b)* **to be ~ of sth,** gwylio/gochel rhag rhth, amau rhth; **be ~ of strangers,** gwyliwch rhag dieithriaid.

was *v.* *See* **be.**

wash[1] *n.* **1.** *(a)* golchiad(-au) *m*, golchfa (golchf|eydd) *f*, golchi *vn*; **to give sth a ~,** golchi rhth, rhoi golchiad &c i rth; *(b) (of pers.):* **to have a ~,** ymolchi; **to have a ~ and brush up,** ymolchi ac ymdwtio, *occ:* ymgeleddu; *(c)* **the ~, clothes for the ~,** dillad i'w golchi, y golch *m*, *S.E:* yr olch *f*; **(to send clothes) to the ~,** (anfon dillad) i'w golchi, i'r golch; *F:* **it will all come out in the ~,** fe ddaw'r cyfan i'r golwg/golau yn hwyr neu'n hwyrach; *(d) (= place for washing):* golchfa (golchf|eydd) *f*; *Aut:* **car ~,** lle(-oedd) (*m*) golchi ceir. **2.** *Med:* trwyth(-au) *m*, golch(-ion) *m*, golchdrwyth(-au) *m*; **hair ~,** golch gwallt; *Hort: (= insecticide):* trwyth lladd pryfed. **3.** *(a) (paint):* **colour ~,** dyfrlliw(-iau) *m*, golch lliw; *(b) (= light layer of paint):*

golchiad, haenen *f*, haen(-au) *f*; **lime ~,** gwyngalchiad *m* (*pronounced* ng-g); *Art:* **line and ~,** llinell a golchiad; **black ~,** golch du, haenen graffit. **4.** *(a) (of waves):* llepian *m*; *(b) (of ship):* adlif *m*, crychddwr *m*; *(c) Av:* **propellor ~,** gwynt (*m*) propelor, chwa (*f*) propelor. **5.** *(= alluvium):* dyddodion *pl*. **6.** **= sandbank.** **7.** *(= slops, swill):* golchion *pl*, *S.W:* golchan *m*. **8.** *(= weak liquid):* dŵr golchi llestri; **this tea is mere ~,** te slot yw hwn; mae'r te 'ma wedi gweld plismon; mae'r te 'ma fel piso dryw. **9.** *Brew:* brag *m*. **10.** *Geog: U.S:* **dry ~,** sychnant (sychnentydd) *f*. **~-and-wear** *a*. golchi a gwisgo. **~-basin** *n*. basn(-au) (*m*) ymolchi, powlen(-ni) (*f*) ymolchi. **~-boiler** *n*. = **copper¹ 2.** *(a)*. **~-bottle** *n*. *Ch:* potel (*f*) olchi (poteli golchi). **~ code** *n*. *Laund:* côd (codau) (*m*) golchi. **~-drawing** **1.** *n*. *Art:* golchlun(-iau) *m*. **2.** golchlunio. **~-hand** *attrib*. **~-hand basin,** = **wash-basin.** **~-house** *n*. golchdy (golchdai) *m*, tŷ (tai) (*m*) golchi. **~-leather** *n*. lledr(-au) (*m*) golchi, lledr bwff. **~-on** *n*. *Aer:* mewnlif(-oedd) *m*. **~-out** *n*. = **washout.** **~-sale** *n*. *St.Exch: U.S:* gwerthiant (gwerthiannau) (*m*) golch, arwerthiant (arwerthiannau) (*m*) golchi, golchwerthiant (golchwerthiannau) *m*. **~-slope** *n*. *Geog:* golchlethr(-au) *f*. **~-stand** *n*. **1.** *Furn:* bwrdd (byrddau) (*m*) ymolchi. **2.** *Aut: U.S:* = **washing-bay.** **~-tint** *n*. *Art:* golchliw(-iau) *m*. **~-trading** *vn*. *St.Exch: U.S:* *golchwerthu *vn*.

wash² *v.t., v.pr. & v.i.* I. *v.t.* **1.** *(a)* golchi; **to ~ one's hair,** golchi'ch pen, golchi'ch gwallt; **to ~ one's hands,** *(i)* golchi'ch dwylo; *F:* **to ~ one's hands of sth,** golchi'ch dwylo o rth; *(ii) (= go to lavatory):* mynd i rywle, mynd i'r lle chwech; **to be washed of one's sins,** cael golchi'ch pechodau; *(b) Med:* **to ~ a wound,** golchi/glanh|au clwyf. **2.** *(a) (linen):* golchi; **hand ~ only,** i'w olchi â'r dwylo'n unig, i'w olchi â llaw yn unig; *(b) (with passive force): (of fabric):* **material that washes well,** defnydd hawdd ei olchi, defnydd sy'n golchi'n rhwydd, *S.W:* defnydd sy'n golchi fel rhacsyn; **material that won't ~,** defnydd na chymer ei olchi, defnydd nad oes modd ei olchi; defnydd sy'n colli ei liw; *F:* **that story won't ~!** ni thâl y stori yna! ni thycia'r stori yna ddim! ni wnaiff y stori yna mo'r tro! ni waeth i chi heb â dweud stori fel'na! 'does 'na ddim lliw i'r stori yna! **3.** *Ind:* **to ~ coal,** golchi glo; **to ~ gas,** golchi/puro nwy. **4.** *(a)* **to ~ a wall,** *(e.g. with whitewash):* lliwio/golchi mur [â gwyngalch *&c*], rhoi golchiad [o baent] ar fur; *(b)* **to ~ a metal with gold,** euro/ goreuro metel; *(c) Art:* **to ~ a drawing,** golchi lliw dros ddarlun. **5.** *(of river, sea):* **to ~ the shores,** golchi'r glannau. **6.** **to ~ s.o. ashore,** golchi rhn i'r lan; **a sailor was washed overboard,** golchwyd/ysgubwyd morwr dros fwrdd y llong. II. *v.pr.&i.* **1.** **to ~ oneself,** ymolchi, *S:* ymolch; **2.** **the waves washed over the deck,** golchodd/ysgubodd/torrodd y tonnau dros fwrdd y llong; **the water washed against the rock,** golchodd/ torrodd/llepiodd y dŵr yn erbyn y graig. **~ away** *v.t.* golchi (rhth) ymaith; **to ~ one's sins away,** golchi beiau rhn ymaith, golchi beiau rhn yn lân; **he was washed away by the tide,** fe'i hysgubwyd ymaith gan y llanw. **~ down** *v.t.* *(a)* **to ~ down a wall,** golchi pared yn lân; *(b) (of rain):* golchi (rhth) i lawr; *F:* **to ~ down one's dinner with a glass of beer,** cael gwydraid o gwrw i dreulio'ch cinio, cael gwydraid o gwrw ar ben eich cinio. **~-down** *n*. golchfa lwyr (golchf|eydd llwyr) *f*, golchiad(-au) llwyr *m*. **~-off** *v.t.* *(a stain):* golchi, codi, glanh|au, dil|eu; *(with passive force):* **it will ~ off,** fe olcha'n lân; fe ddaw'n lân o'i olchi; gellir ei olchi'n lân. **~ out¹** *v.t.* *(a)* **to ~ sth out,** golchi rhth yn lân; *Lit:* **to ~ out an insult in blood,** golchi sarhad mewn gwaed, dial am sarhad trwy ladd; *F:* **we must ~ out the whole business,** cystal i ni anghofio am yr holl beth; **you can ~ that right out,** ni waeth ichwi anghofio am hynny; ni waeth ichwi heb â dibynnu ar hynny; *(b) F:* **(I was) completely washed out,** ('roeddwn) wedi blino'n lân, wedi ymlâdd; **she looked washed-out,** 'roedd golwg flinedig arni; *(c) Min:* **to ~ out gold from ore,** golchi aur o'r mwyn; *(d) Art:* **to ~ out a colour,** graddio lliw; **washed out,** *(colour, material):* graddedig; *(e) Sp:* **the game was washed out,** rhoes glaw derfyn ar y gêm; aeth y glaw yn drech na'r gêm; fe aeth y gêm yn stomp; fe aeth y gêm yn un foddfa; *(f) (with passive force): (of stain, colour):* **it will ~ out,** fe ddaw allan wrth ei olchi *or* o'i olchi. **~-out²** *n*. = **washout.** **~ up** **1.** *v.t.&i.* *(a)* **to ~ up [the dishes],** golchi'r llestri; *(b) (of sea):* golchi (rhth) i'r lan; **wreckage washed up by the sea,** broc (*m*) môr, *occ:* drec (*m*) môr; *(c) F:* **you're [all] washed up,** mae hi ar ben arnoch; mae hi wedi canu arnoch; **the plan's all ~ up,** mae'r cynllun wedi mynd i'r gwellt. **2.** *v.i.* **the water washed up on the bank,** llifodd/golchodd/ tasgodd y dŵr dros y lan.

washability *n*. golchadwyedd *m*, natur olchadwy *f*; **the advantage of this material is its ~,** mantais y defnydd hwn yw y gellir ei olchi.

washable *a*. golchadwy, y gellir ei olchi; **hand ~,** golchadwy â llaw; **machine ~,** golchadwy â pheiriant.

washableness *n*. = **washability.**

washboard *n*. [y]styllen (*f*) olchi ([y]styllod golchi), bwrdd (byrddau) (*m*) sgwrio, golchwr (golchwyr) *m*.

washbowl *n*. = **washbasin.**

washcloth *n*. = **dish-cloth, face-flannel.**

washday *n*. diwrnod(-au,-iau) (*m*) golchi.

washed *a*. golchedig, wedi ei olchi. **~ out** *a*. **1.** *(= colourless):* di-liw; *(complexion):* llwyd(-ion), llwydaidd. **2.** *F:* *(= tired):* blinedig, wedi ymlâdd, llipa, *N.W:* *F:* wedi fflarbio, wedi ffagio; **I was ~ out,** *N.W:* *F:* 'roeddwn i fel brechdan; *S.a.* **wash².**

washer¹ *n*. **1.** *(a) (pers.):* golchwr (golchwyr) *m*, g|olchwraig (golchwragedd) *f*, golchyddes(-au) *f*; *Myth:* **the W~ at the Ford,** yr Olchyddes wrth y Rhyd; *S.a.* **washerwoman;** *(b)* **~-up,** *F:* **~-upper,** golchwr/golchwraig llestri. **2.** *(a) Laund:* peiriant (peiriannau) (*m*) golchi, golchydd(-ion) *m*, *N.W:* *F:* *occ:* injan (*f*) olchi (injans/injeini golchi); *Phot:* **plate-~, print-~,** basn(-au) (*m*) golchi; *(b) Aut:* **windscreen ~,** golchwr ffenestr flaen; **rear window ~,** golchwr ffenestr ôl/gefn.

washer² *n*. *Mec.E:* wasier(-i) *f*; **copper ~,** wasier gopr (wasieri copr); **fibre ~,** wasier ff[e]ibr; **locking ~,** wasier gloi (wasieri cloi); **plain ~,** wasier blaen (wasieri plaen); **shake-proof ~,** wasier wrthgryn (wasieri gwrthgryn); **spring ~,** wasier sbring; **tab ~,** wasier dafod (wasieri tafod).

washerman *n.m.* = **washer¹ 1.**

washerwoman *n.f.* g|olchwraig (golchwragedd), *occ:* golchyddes(- au).

washery *n*. *Min: &c:* golchfa (golchf|eydd) *f*.

washily *adv*. yn wan, yn lastwraidd *&c*.

washiness *n*. glastwreiddiwch *m*.

washing *vn*. **1.** *(action):* golchiad(-au) *m*, golchi; *(of oneself):* ymolchiad(-au) *m*, ymolchi; **colour that won't stand any ~,** lliw na chymer ei olchi; *St.Exch:* **share-~,** golchi cyfrannau. **2.** *(a)* gwaith (*m*) golchi, *S:* golch *m*; **to do the ~,** golchi'r dillad, golchi, gwneud y gwaith golchi, *S.W:* gwneud y golch; *F:* **to get on with the ~,** peidio â gwastraffu amser, peidio â llaesu dwylo, dygnu arni, pydru arni, *occ:* golchi arni; *(b) (= linen to be washed):* dillad (*pl*) i'w golchi, y golch *m*, *S.E:* yr olch *f*; **to hang out the ~,** rhoi'r dillad ar y lein, rhoi'r dillad allan; *F:* **to take in one another's ~,** helpu'r naill y llall, helpu'ch gilydd, cneifio defaid eich gilydd. **3.** *Ind:* *(a) (of carbon, minerals):* golchiad, golchi; *(b) pl.* **washings,** golchion. **4.** *Art:* golchliwio. **~-bay** *n*. *Aut:* lle (*m*) golchi car (lleoedd golchi ceir), golchfa (golchf|eydd) *f* [i geir]. **~-bottle** *n*. *Ch:* potel (*f*) olchi (poteli golchi). **~ cycle** *n*. *Laund:* cylchred (*f*) olchi. **~-day** *n*. diwrnod(-au,-iau) (*m*) golchi. **~ facilities** *n.pl.* *Adm:* cyfleusterau golchi/ ymolchi. **~-machine** *n*. peiriant (peiriannau) (*m*) golchi, *Lit:* *occ:* golchydd(-ion) *m*, *N.W:* *F:* *occ:* injan (*f*) olchi (injans/ injeini golchi), *S:* mashîn(-s) (*m*) golchi; **central agitator ~-machine,** golchydd tyrfell ganol; **front loader ~-machine,** golchydd blaenlwytho; **fully automatic ~-machine,** golchydd awtomatig; **rotary ~-machine,** golchydd tro; **semi-automatic ~-machine,** golchydd lled-awtomatig; **single-tub ~-machine,** golchydd twb sengl; **top loader ~-machine,** golchydd top-lwytho; **twin tub ~-machine,** golchydd twb dwbl. **~-place** *n*. golchfa (golchf|eydd) *f*. **~-powder** *n*. powdwr (powdrau) (*m*) golchi. **~ products** *n.pl.* *Laund:* nwyddau golchi. **~-programme** *n*. *Laund:* rhaglen (*f*) olchi (rhaglenni golchi). **~-soda** *n*. soda (*m*) golchi. **~-solution** *n*. *Laund:* toddiant (*m*) golchi. **~-up** *vn*. **to do the ~- up,** golchi'r llestri; *F:* **a load of ~-up,** llwyth o lestri budron, llwyth o lestri i'w golchi; **~-up bowl,** powlen (*f*) olchi llestri (powlenni golchi llestri); **~-up water,** dŵr (*m*) golchi llestri, dŵr llestri, golchion *pl*. **~-up machine,** peiriant (peiriannau) (*m*) golchi llestri; *S.a.* **washing-machine.**

Washington palm, Washingtonia *n*. *Bot:* palmwydden (palmwydd) (*f*) Washington.

Washingtonian *a. & n.* **1.** *a*. [o] Washington. **2.** *n*. rhn o

Washington, dinesydd (dinasyddion) (*m*) o Washington, Washingtoniad (Washingtoniaid) *m&f*.

washland *n. Geog:* golchdir(-oedd) *m*.

washout *n. F:* **1.** *(= failure):* methiant (methiannau) *m*, trychineb(-au) *m*, llanast[r](-au) *m*, *S.W: occ:* ffradach *m*; **the play was a ~,** bu'r ddrama'n fethiant/llanast [llwyr/hollol]; **the scheme was a ~,** bu'r cynllun yn fethiant [llwyr/hollol]; fe aeth y cynllun i'r gwellt; fe aeth y cynllun yn ffradach; **the match was a ~,** fe aeth y gêm yn stomp/llanast/foddfa; fe ddaeth y gêm i ben oherwydd glaw; **the Bank Holiday was a ~,** bu Gŵyl y Banc yn stomp/drychineb/drychinebus/alaethus. **2.** *(pers.):* **he's a ~,** nid yw'n dda i ddim; mae'n fethiant hollol; mae'n gwbl ddiglem; mae'n drychinebus. **3.** *(= landslide):* tirlithriad(-au) *m* [o achos glaw]. **4.** *Med:* allolchiad(-au) *m*. **5.** *Aer:* |all-lif(-oedd) *m*.

washpot *n. Bot:* crochan(-au) (*m*) golchi.

washrag *n. U.S:* clwt (clytiau) (*m*) golchi.

washroom *n.* **1.** ymolchfa (ymolchf|eydd) *f*, ystafell(-oedd) (*f*) ymolchi. **2.** *esp. U.S:* **= toilet.**

washstand *n.* **1.** *Furn:* bwrdd (byrddau) (*m*) ymolchi. **2.** *U.S: Aut:* **= washing-bay.**

washtub *n. Dom.Ec:* twb: twbyn (tybiau) (*m*) golchi, *S:* twba(-nau) (*m*) golchi, *occ:* celwrn (celyrnau) *m*, *M.W: occ:* tynen *f*; *Laund:* **~ symbol,** symbol (*m*) twb golchi.

washup *n.* ymolchiad(-au) *m*; *U.S:* **to have a ~,** ymolchi.

washy *a. F:* **1.** *(liquid):* gwan (gweinion), glastwraidd, glastwrllyd, dyfrllyd; **~ tea,** te slot *m*; **(this beer's) ~,** (mae'r cwrw 'ma) fel dŵr golchi llestri, *V:* fel piso cath, fel piso dryw bach, fel piso bronwen, *S.W: occ:* fel piso 'ffeirad. **2.** *(colour):* di-liw, llwydaidd, gwan, gwannaidd, gwanllyd.

wasn't *v.* **= was not;** *See* **be.**

wasp[1] *n. Ent:* **[common] ~,** gwenynen (*f*) feirch (gwenyn meirch), cacynen (*f*) feirch (cacwn meirch), cacynen y geifr, cacynen fach (cacwn bach), cacynen y cythraul, *S.W:* picwnen (picwns) *f*, piffgi (piffgwn) *m*, piffgwnen (piffgwns) *f*, *M.W:* cacynen frith (cacwn brith); **digger ~,** cacynen durio (cacwn turio); **wood-boring ~,** cacynen durio coed (cacwn turio coed). **~-bee** *n. Ent:* gwenynen gacynaidd (gwenyn cacynaidd). **~-beetle** *n. Ent:* chwilen gacynaidd (chwilod cacynaidd) *f*. **~-fly** *n. Ent:* pryf(-ed) cacynaidd *m*. **~-orchid** *n. Bot:* tegeirian(-au) cacynaidd *m*. **~-waist** *n.* gwasg main/fain (gwasgau meinion) *mf*, gwast fain (gwastau meinion) *f*, canol main (canolau meinion) *m*. **~-waisted** *a.* meinwasg, meinganol (*pronounced* ng-g), gwasgfain (gwasgfeinion), canolfain (canolfeinion).

Wasp[2] *n. U.S: (acronym of White Anglo-Saxon Protestant):* Wasp(-iaid) *m&f*.

waspish *a.* **1.** pigog, piwis, pifis, fel cacynen, fel cacwn, cacynaidd. **2. W~,** *U.S:* Waspaidd.

waspishly *adv.* yn bigog *&c*.

waspishness *n.* **1.** pigogrwydd *m*, piwisrwydd *m*, pifisrwydd *m*. **2. W~,** *U.S:* Waspiaeth *f*.

wasplike, waspy *a.* **1.** cacynaidd. **2. Waspy** *U.S:* Waspaidd.

wassail[1] *n.* gwasael (gwaseiliau) *f*, gwasel(-au) *f*, cyfeddach *f*. **~ bowl** *n.* llestr(-i) (*m*) gwasael. **~ cup** *n.* ffiol (*f*) wasael (ffiolau gwasael).

wassail[2] *v.i.* gwasaela, gwaseilio, canu gwasael, cynnal cyfeddach, *S:* canu cwnsela.

wassailer *n.* gwasaeliwr (gwasaelwyr) *m*.

wast *v. See* **be.**

wastable *a.* gwastraffadwy.

wastage *n. (a) (of heat &c):* colled(-ion) *f*, coll *m*, colli *vn*; **to reduce staff by natural ~,** lleihau staff trwy golli'n naturiol; *(b) (= waste):* gwastraff *m*, *F:* wast *m*, *S.E:* afradaeth *m*, *F:* bratath *m*.

waste[1] *a.* **1.** *(land, ground):* diffaith, anial, *S.W: occ:* gorest; *Lit:* **the W~ Land,** y Tir Diffaith *m*; *(of ground):* **to lie ~,** gorwedd yn ddiffaith; **to lay a country ~,** diffeithio/anrheithio gwlad. **2.** *(paper &c):* gwastraff, *F:* gwast, wast; **~ paper basket,** basged(-i) (*f*) [y]sbwriel; **~ product,** cynnyrch (cynhyrchion) (*m*) gwastraff; **~ waters,** golchion *pl*, golchionach *m or pl*; *Carp:* **~ side,** ochr (*f*) wastraff.

waste[2] *n.* **1.** *(region):* anialwch *m*, diffeithwch *m*, diffeithdir(-oedd) *m*, anialdir(-oedd), diffeithle(-oedd) *m*; **a ~ of waters,** ehangder (eangderau) (*m*) o ddyfroedd; **the wastes of Siberia,** eangderau/diffeithleoedd/diffeithwch Siberia. **2.** *(of money, materials, efforts):* gwastraff *m* (ar/o rth), *F:* wast *m* (ar/o rth), *N: occ:* difethdod *m* (o rth); **~ of time,** gwastraff [ar] amser; *F:* **you're a ~ of space,** 'dych chi'n dda i ddim; **to run/go to ~,** *(i) (of liquid):* mynd yn wastraff; *(ii) (of land, garden):* mynd yn ddiffaith, mynd yn ddiffeithwch, mynd rhwng cŵn a brain, *S.W: occ:* mynd yn orest. **3.** *(= scraps, shreds, waste material):* gwastraff, gweddillion *pl*, sborion *pl*; **radioactive ~,** gwastraff ymbelydrol; **cotton ~,** gwastraff cotwm; **wool ~,** gwlaniach *m*; **fine ~,** baw mân *m*. **~-basket, ~-paper basket** *n.* basged(-i) (*f*) [y]sbwriel. **~ disposal** *n.* cael (*vn*) gwared ag ysbwriel, cael gwared â sbwriel, gwaredu [y]sbwriel. **~ disposal unit** *n.* melin(-au) (*f*) [y]sbwriel, malwr (malwyr) (*m*) [y]sbwriel. **~-mantle** *n. Geog:* caen(-au) (*f*) erydion. **~-pipe** *n.* pibell (*f*) wastraff (pibelli gwastraff), peipen (*f*) wastraff (peipiau gwastraff), piben (*f*) wastraff (pibau gwastraff). **~-weir** *n. Hyd.E:* gofer(-oedd,-ydd) *m*.

waste[3] *v.t.&i.* I. *v.t.* **1.** *Med:* **to ~ body tissues,** nychu'r cnawd; **a patient wasted by disease,** claf nychlyd/curiedig, claf yn nychu/curio gan glefyd, *S:* claf yn diharpo, *S.W:* claf yn difa; **2.** *(time, money &c):* gwastraffu, *occ:* difetha, *S.E:* afradu, *S: F:* bratu, bradu; **to ~ money,** gwastraffu arian, gwario arian yn afradlon, *S:* afradu arian; **to ~ an opportunity,** colli/methu cyfle; **don't ~ the opportunity,** peidiwch â cholli'r cyfle; daliwch ar y cyfle; **to ~ time,** gwastraffu amser, colli amser, *S.W:* pencawna, bradu amser; *Prov:* **~ not, want not,** yng ngenau'r sach mae cynilo; afrad pob afraid; **nothing is wasted,** nid â dim yn ofer; ni wastreffir dim; **I've no time to ~ on him,** 'does gen i ddim amser iddo; 'does gen i ddim amynedd ag ef; **he's wasted in that job,** mae'n rhy dda i'r swydd yna; nid yw'r swydd yna'n ddigon da iddo; nid yw'r swydd yna'n deilwng ohono; mae'n cael ei wastraffu yn y swydd yna; **to ~ one's words,** siarad yn ofer, malu awyr, llefain yn y diffeithwch; **don't ~ your breath on her,** paid â thrafferthu siarad â hi; **the joke was wasted on him,** nid oedd yn deall y jôc. II. *v.i.* **1.** *(of thing):* mynd yn wastraff. **2.** *(of pers.):* **to ~ away,** dihoeni, nychu, *S:* difa, diharpo, *N:* curio.

wastebin *n.* bin(-iau) (*mf*) [y]sbwriel.

wasted *a.* **1.** *(country):* anrheithiedig, diffeithiedig. **2.** *(body, patient):* nychlyd, teneuach, curiedig, wedi curio, wedi dihoeni, *M.W: occ:* wedi harpio, *S.W: occ:* wedi diharpo; **a ~ limb,** aelod diffrwyth/gwyw. **3.** *(money, time):* gwastraff, gwastraffedig, wedi'i wastraffu, *F:* wast; **~ time,** amser colledig, amser wedi ei golli, amser a gollwyd/wastraffwyd; **a ~ life,** bywyd ofer; *Tchn:* **~ energy,** ynni (*m*) wedi'i wastraffu; **a ~ journey,** siwrnai (siwrneiau) seithug *f*.

wasteful *a.* gwastraffus, gwastrafflyd, afradlon, *N: occ:* difethgar **(of sth,** o rth), *S:* ofer (â rhth); **~ habits,** afradlonedd *m*, afradlondeb *m*; **don't be so ~ with the hot water!** peidiwch â gwastraffu'r dŵr poeth! *S:* peidiwch â bod yn ofer â'r dŵr poeth!

wastefully *adv.* yn wastraffus *&c*.

wastefulness *n.* gwastraff *m*, afradlondeb *m*, afradlonedd *m*.

waster *n. (a) (of time, resources &c):* gwastraffwr (gwastraffwyr) *m*, gwastr|affwraig *f*, afradwr (afradwyr) *m*, afr|adwraig *f*, afradlonwr (afradlonwyr) *m*; *(b)* **= wastrel.**

wasting[1] *a.* **1.** nychlyd, curiedig; **~ disease,** nychdod *m*, darfodedigaeth *f*, clefyd(-au) (*m*) nychu. **2.** *Com:* treuliedig; **~ asset,** ased(-au,-ion) darfodol *m*.

wasting[2] *vn.* **1. = waste[3]. 2.** *Med:* **~ [away],** nychdod *m*, nychu *vn*; *(of limb):* gwywo *vn*.

wastrel *n.* dyn(-ion) ofer/diffaith/afrad *m*, *Lit: occ:* oferddyn(-ion) *m*, oferwr (oferwyr) *m*, afradwr (afradwyr) *m*, afradlonwr (afradlonwyr) *m*.

watch[1] *n.* **1.** *A: (= division of the night):* gwylfa (gwylfâu, gwylf|eydd) *f*, gwyliadwriaeth(-au) *f*; **morning ~,** gwyliadwriaeth fore/foreol; **middle ~,** gwyliadwriaeth ganol; **night ~,** gwylfa nos, gwyliadwriaeth y nos; *(still so used in):* **in the watches of the night,** yn y nos, gefn trymedd nos, yn oriau mân y bore, yn nhywyll oriau'r nos; **to pass as a ~ in the night,** mynd heibio fel gwyliadwriaeth nos, mynd heibio fel ddoe, mynd yn angof, mynd i ebargofiant. **2.** *(= surveillance):* gwyliadwriaeth; **to be on the ~,** gwylio, bod ar wyliadwriaeth; **he was on the ~,** 'roedd â'i lygad ar ei ysgwydd; *A: or Lit:* **to keep ~ and ward,** gwylio ddydd a nos, cadw gŵyl a gward, cadw gwyliadwriaeth; **to be on the ~ for s.o.,** gwylio am rn, disgwyl gweld rhn; **to keep a close ~ on/over s.o.,** cadw llygad barcud ar rn, gwylio rhn yn ofalus/astud; **to keep ~ by a sickbed,** aros ar eich traed, bod ar eich traed nos, bod wrth erchwyn gwely rhn; **to keep a good ~ on one's tongue,** gwylio ar eich gair, cadw ffrwyn yn eich pen, brathu'ch tafod; **to set a ~ on s.o.,** rhoi rhn i wylio rhn, cadw rhn dan wyliadwriaeth. **3.** *Coll: Hist:* **the ~,** y noswylwyr *pl,* y gwyliedyddion *pl,* y gwarchodwyr *pl,* y gwarchodlu *m.* **4.** *Nau: (a) (= spell of duty):* gwylfa, gwyliadwriaeth; **~ below,** gwylfa rydd, gwylfa dan y dec; **dog-~,** gwylfa fach (gwylfâu bach); **anchor ~,** gwylfa angori; **to set the watches,** gosod trefn y gwylfeydd; **the officer of the ~,** prif swyddog yr wylfa; **to have ~ and ~,** gwylio bob yn ail, gwylio ar yn ail; *S.a.* **relieve 4**; *(b) (men):* gwylwyr *pl*; *Mil:* **the Black W~,** y Gwarchodlu Du *m.* **~ cap** *n. U.S:* cap(-iau) *(m)* tywydd mawr. **W~ Committee** *n. (a). Adm:* Pwyllgor(-au) *(m)* Adolygu; *(b) Jur:* Pwyllgor yr Heddlu. **~-fire** *n.* tân (tanau) *(m)* gwylnos. **~-house** *n. Hist:* gwyldy (gwyldai) *m.* **~-night** *n.* gwylnos(-au) *f.* **~-tower** *n.* tŵr (tyrau) *(m)* gwylio, gwylfa (gwylf|eydd) *f,* gwyldwr (gwyldyrau) *m,* gwarchdwr (gwarchdyrau) *m,* disgwylfa(-oedd, disgwylf|eydd) *f*; *Rel:* **the W~-tower Movement,** Mudiad *(m)* y Ddisgwylfa.

watch[2] *v.i.&t.* **1.** *v.i. (a)* gwylio, cadw gwyliadwriaeth, bod ar wyliadwriaeth; **I watched all night,** bûm ar wyliadwriaeth trwy'r nos; *(b)* **to ~ by a sick person,** gwylio claf, gwarchod claf, cadw cwmni i glaf, bod ar eich traed y nos gyda chlaf, bod wrth wely claf; *(c)* **to ~ [out],** bod yn wyliadwrus, *occ:* bod ar eich gocheliad; **~ out!** bydd(-wch) yn ofalus! gwylia (gwyliwch)! gan bwyll! cymer(-wch) ofal! *N.W:* tendia (tendiwch)! *S:* gwachel/gwachla (gwachelwch)! *Lit:* gochel(-wch)! **~ out you don't fall; ~ out lest you fall,** gwylia (*&c*) rhag iti syrthio/gwympo; gwylia na syrthi/chwympi di [ddim]; *S: F:* gofala na gwympi di; **~ out for X!** gwyliwch rhag X! **to ~ [out] for s.o.,** *(i) (= expect):* disgwyl am rn, cadw golwg am rn; *(ii) (= be wary of):* gochel rhn, gwylio rhag rhn, *N:* tendio rhag rhn. **2.** *v.t. (a) (= look after):* gwarchod (rhn), gofalu (am rn), *N:* tendio (rhn, ar rn); *the Anglicisms* edrych ar ôl rhn, disgwyl ar ôl rhn, *are in common use but not recommended*; *(b) (= observe, gaze at):* gwylio (rhth); edrych, syllu (ar rth); *S: occ:* disgwyl (*usu. pronounced* dishgwl) (ar rth); *N: F:* gwatsiad (rhn, rhth); *Prov:* **a watched pot never boils,** hir pob aros; **to ~ s.o. closely,** syllu ar rn, cadw llygad barcud ar rn; **to have s.o. watched,** peri gwylio rhn, rhoi rhn dan wyliadwriaeth; **to ~ birds,** gwylio adar, syllu/edrych ar adar, *S: occ:* disgwyl ar adar; *S.a.* **birdie**; **to ~ television,** gwylio'r teledu, edrych ar y teledu, *S: occ:* disgwyl ar y teledu; *(c)* **we shall have to ~ expenses,** bydd raid inni fod yn ofalus o'n treuliau; bydd raid inni gadw llygad ar ein treuliau; **to ~ one's weight,** cadw golwg/llygad ar eich pwysau; **to ~ the clock,** cyfrif yr oriau; **we had to ~ every penny,** bu'n rhaid inni edrych yn llygad pob ceiniog; **~ the step!** gwyliwch y stepen/gris! byddwch yn ofalus o'r stepen/gris! **~ your step! ~ yourself!** *(i)* gwylia rhag iti gwympo (gwyliwch rhag ichi gwympo)! tendia (tendiwch) syrthio! *(ii) Fig:* bydd(-wch) yn ofalus! cymer(-wch) ofal! gan bwyll! gwylia ar dy gerddediad (gwyliwch ar eich cerddediad)! *N.W:* tendia (tendiwch)! *F:* **~ it!** gofala di (gofalwch chi)! cymer di['r] ofal (cymerwch chi['r] ofal)! *N:* gwatsia di (gwatsiwch chi)! tendia di (tendiwch chi)! *S:* carca di (carcwch chi)! **I watched her (working),** gwyliais hi, edrychais arni (wrth ei gwaith, yn gweithio); *Jur:* **to ~ a case,** gwarchod buddiannau rhn mewn achos, gwylio achos; *(d)* **to ~ one's opportunity,** aros/disgwyl eich cyfle, gwylio am eich cyfle.

watch[3] *n. (timepiece):* watsh(-is) *f, Lit:* oriawr (oriorau) *f*; **it's six o'clock by my ~,** mae hi'n chwech o'r gloch ar fy watsh i. **~-case** *n.* cloriau *(pl)* watsh (~ watshis), cas *(m)* watsh (casys watshis). **~-chain** *n.* cadwyn *(f)* watsh (cadwyni watshis), *F:* tshaen *(f)* watsh (tshaeniau watshis), giard *(f)* watsh (giards/giardiau watshis). **~-crystal, ~-glass** *n.* gwydr/gwydryn *(m)* watsh (gwydrau watshis). **~-guard** *n.* = **watch-chain. ~-key** *n.* allwedd *(f)* watsh (allweddi watshis), *N:* agoriad *(m)* watsh (agoriadau watshis). **~-oil** *n.* oel *(m)* watsh. **~-pocket** *n.* poced *(f)* watsh (pocedi watshis). **~-spring** *n.* sbring *(mf)* watsh (sbringiau/sbrings watshis). **~-strap** *n.* strap *(fm)* watsh (strapiau watshis), strapen *(f)* watsh (strapiau watshis).

watchable *a.* gwyliadwy, gwerth ei wylio.

watchband *n.* = **watch-strap.**

watchdog *n.* ci (cŵn) *(m)* gwarchod, gwarchotgi (gwarchotgwn) *m*; *F:* **~ committee,** pwyllgor(-au) *(m)* gwarchod/gwarchodol; *F:* **~ of public morality,** ceidwad (ceidwaid) *(m)* moes.

watcher *n.* **1.** *(of patient):* gwarchodwr (gwarchodwyr) *m,* gwarch|odwraig (gwarchodwragedd) *f.* **2.** *(a) (of birds, television &c):* gwyliwr (gwylwyr) *m,* g|wylwraig (gwylwragedd) *f*; **bird-~,** adarwr (adarwyr) *m,* adarydd(-ion) *m*; *(b)* **fire-~,** gwyliwr tân; *(c)* **weight-~,** collwr (collwyr) *(m)* pwysau.

watchful *a.* gwyliadwrus, effro, *Lit: occ:* esgud; **to be ~ of s.o.,** bod yn wyliadwrus o rn.

watchfully *adv.* yn wyliadwrus *&c.*

watchfulness *n.* gwyliadwrusrwydd *m, Lit: occ:* esgudrwydd *m.*

watching[1] *a.* gwyliadwrus.

watching[2] *vn.* = **watch[2]**; *Jur:* **~ brief,** briff *(m)* gwylio, briff i wylio; **weight-~,** colli pwysau.

watchmaker *n.* gwneuthurwr (gwneuthurwyr) *(m)* watshis, *A: or Lit:* oriadurwr (oriadurwyr) *m*; **~'s,** *(shop):* siop(-au) *(f)* watshis, siop oriadurwr (siopau oriadurwyr), lle(-oedd) *(m)* gwerthu/trwsio watshis.

watchmaking *vn.* gwn|eud watshis.

watchman *n.m.* gwyliedydd(-ion), gwyliwr (gwylwyr), gwarchodwr (gwarchodwyr); **night-~,** gwyliwr nos.

watchword *n.* **1.** *(= motto):* arwyddair (arwyddeiriau) *m,* slogan(-au) *mf.* **2.** = **password.**

water[1] *n.* **1.** dŵr (dyfroedd) *m, Lit: occ:* dwfr (dyfroedd) *m*; **hard ~,** dŵr caled; **soft ~,** dŵr meddal; **salt ~,** dŵr hallt, dŵr a halen, heli *m*; **sea ~,** dŵr [y] môr, heli; *Ph:* **heavy ~,** dŵr trwm; **running ~,** dŵr rhedegog; *(in house, also)*; dŵr tap, dŵr o'r tap; **sparkling ~,** dŵr byw, *Lit:* gloywddwr *m*; **spring ~,** dŵr ffynnon, dŵr codi; **stagnant ~,** marddwr: merddwr *m,* dŵr llonydd/marw; **still ~,** *(i)* dŵr llonydd/tawel; *(ii) (not effervescent):* plaen, heb aer; *B:* **beside the still waters,** gerllaw y dyfroedd tawel; **still waters run deep,** po ddyfnaf fo'r afon, lleiaf oll ei thrwst; po lyfnaf y bo'r dŵr, dyfnaf fydd y rhyd; **Welsh W~,** Dŵr Cymru; *S.a.* **mineral, barley; boiling ~,** dŵr berw/berwedig, *S: occ:* dŵr brwd; **distilled ~,** dŵr distylledig; **drinking ~,** dŵr yfed; *Adm:* **Welsh W~,** Dŵr Cymru; **fresh ~,** *(i) (= newly drawn):* dŵr newydd/ffres/glân; *(ii) (= not salt):* dŵr croyw, *S.W:* dŵr crai; *Cu:* **milk and ~,** glastwr *m*; **buttermilk and ~,** glastwr llaeth enwyn; **~ off oatmeal,** *N:* gloywon *(pl)* llymru, *S.W:* gloywon sucan, whigwi *m*; *F:* **to get into hot ~,** mynd i helynt/helyntion/drybini, mynd i ddŵr poeth/twym; **you'll get into hot ~,** fe'i cei di hi; fe gei di ddrwg; fe gei di helynt; **to pour cold ~ on a scheme,** taflu dŵr oer am ben cynllun; **to put ~ in one's wine,** rhoi dŵr yn llygad eich gwin; *Prov:* **you can lead a horse to ~, but you cannot make him drink,** nid yf march er ei dywys at ddŵr; *B:* **cast thy bread upon the waters,** bwrw dy fara ar wyneb y dyfroedd; **my shoes let in ~,** mae f'esgidiau'n gollwng [dŵr]; **to take in ~,** *(i) (of ship):* gollwng [dŵr]; *(ii) (of locomotive):* cymryd/cael/codi/derbyn dŵr; *(of ship):* **to make ~,** gollwng dŵr; *S.a.* **hold[2] 7, hot[1] 1; holy ~,** dŵr san[c]taidd, dŵr swyn, dŵr bendigaid; **mains ~,** dŵr pibell, dŵr tap, dŵr o'r tap; **we have ~ laid on,** mae gennym ddŵr yn y tŷ; **to wash sth in two or three waters,** golchi rhth mewn dŵr ddwywaith neu dair, rhoi ail neu drydydd dŵr i rth; *F:* **to spend money like ~,** gwario fel dyn gwirion, gwario arian fel [y] dŵr, gwario arian fel lli'r afon; **it's written in ~,** ysgrifennwyd ef mewn dŵr. **2.** *(= mineral spring):* ffynnon (ffynhonnau) *f*; **to drink/take the waters,** yfed o'r ffynhonnau, *occ:* cymryd y dyfroedd. **3.** *(a)* **~ of crystallization,** dŵr crisialu; *(b)* **on land and ~,** ar dir a môr, ar fôr a thir; **on the other side of the ~,** dros y dŵr/môr/don, yr ochr draw i'r don; **we went to the island by ~,** croesasom y dŵr i'r ynys; aethom i'r ynys mewn cwch; hwyliasom i'r ynys; *(of waterfowl &c):* **to take to the ~,** mynd i'r dŵr, dechrau nofio; *S.a.* **fish[1] 1, tread[2] 2; it's all ~ under the bridge now; it's all water over the dam now,** mae'n hen [hen] hanes bellach; **a lot of ~ has flowed under the bridge since then,** bu llawer tro ar fyd oddi ar hynny; *(of pers.):* **to get into deep ~,** mynd i ddyfroedd dyfnion, mynd i drafferthion; *B:* **the waters of strife,** dyfroedd y gynnen; *S.a.* **trouble[1]**; *Fig:* **the waters of forgetfulness,** *(i) (= oblivion):* dyfroedd angof, afon *(f)* angof; *(ii) (= death):* afon Angau; *(c)* **high ~,** penllanw *m*; **low ~,** distyll *m, N.W:* distyll trai; **he is in low ~,** mae hi'n fain/galed arno; mae dan y dŵr; *Nau:* **in home**

waters, yn nyfroedd y famwlad; *Nau:* **what ~ does the ship draw?** beth yw dyfnder dŵr y llong? faint o ddŵr mae'r llong yn ei dynnu? **4.** *(a) Med:* **~ on the brain,** dŵr ar yr ymennydd; **~ on the knee,** dŵr ar y pen-glin, chwydd gwyn *m*; *(b) Obst:* **breaking of the waters,** toriad (*m*) y dyfroedd, colli (*vn*) dŵr; *(c) (= saliva):* **it brings ~ to one's mouth,** mae'n tynnu dŵr [glas] o'ch dannedd; *(d)* **to make/pass ~, = urinate;** *(e) Husb:* **black ~,** dŵr du, *S.W:* y clefyd du *m*; **red ~,** *Vet:* dŵr coch, *N.W:* y clwyf (*m*) dŵr, piso (*vn*) gwaed. **5.** *(of diamond):* tryloywder(-au) *m*, gradd(-au) *f*; **a diamond of the first ~,** deimwnt o'r radd flaenaf; *F: O:* **(a liar) of the first ~,** (celwyddgi) heb ei ail, o'r radd flaenaf, heb ei debyg, na bu ei waeth. **~ avens** *n. Bot: (Geum rivale):* mabgoll (*m*) glan y môr, llysiau (*pl*) f'anwylyd. **~-bag** *n.* bag(-iau) (*m*) dŵr. **~-bailiff** *n.* **1.** *(on river):* ciper(-iaid) (*m*) afon. **2.** *Hist: Cust:* ceisiad (ceisiaid) (*m*) porthladd, beili (beilïaid) (*m*) dŵr. **~ ballast** *n. Nau:* balast (*m*) dŵr. **~-bath** *n. Ch: Cu:* baddon(-au) (*m*) dŵr. **~-bear** *n. Arach:* copyn(-nod) blewog *m*, corryn (corynnod) blewog, arth fach (eirth bach) (*f*) y ffos. **~-bearer** *n.* **= water-carrier.** **~-bearing** *a. Geol:* dyfrddwyn. **~-bed** *n.* gwely(-au) (*m*) dŵr. **~ beetle** *n. Ent:* chwilen (chwilod) (*f*) y dŵr, chwilen ddŵr (chwilod dŵr). **~ betony** *n. Bot: (Scrophularia aquatica):* danhogen (dannog) (*f*) y dŵr, gwrnerth (*m*) y dŵr, y benddu *f*. **~-biscuit** *n.* bisgeden grimp (bisgedi crimp) *f*. **~-blister** *n.* swigen (*f*) ddŵr (swigod dŵr), pothell (*f*) ddŵr (pothellau/pothelli dŵr), *S: occ:* chwydalen (chwydalau) *f*. **~-bloom** *n. See* **bloom[1]**. **W~ Board** *n.* Bwrdd (Byrddau) (*m*) Dŵr. **~-boatman** *n. Ent: (a) (Corixa punctata):* ceffyl(-au) (*m*) dŵr bolwyn, cychwr (cychwyr) bolwyn *m*; *(b) (Notonecta glauca):* cychwr cefnwyn, ceffyl dŵr cefnwyn. **~-borne** *a.* a gludir/gludid/gludwyd gan ddŵr, *occ:* ar nawf, nofiol. **~-bottle** *n.* potel (*f*) ddŵr (poteli dŵr); **hot ~ bottle,** potel ddŵr poeth (poteli dŵr poeth). **~-brain** *n. Vet:* y bendro *f*. **~-brash** *n. Med:* dŵr poeth *m*. **~-breaker** *n.* casgen (*f*) ddŵr (casgenni dŵr). **~-buck** *n.* bwch (*m*) dŵr (bychod dŵr), bwch yr afon. **~-buffalo** *n.* ych(-en) (*m*) yr afon. **~-bug** *n. Ent:* llysleuen (*f*) y dŵr (llyslau'r dŵr), pryf(-ed) (*m*) y dŵr, cychwr (cychwyr) *m*. **~ bus** *n.* bŷs (bysys) (*m*) dŵr, *Lit: Adm:* bws (bysiau) (*m*) dŵr. **~-butt** *n.* casgen (*f*) ddŵr (casgenni dŵr). **~-can** *n.* piser(-i) *m*. **~-cannon** *n.* canon(-au) (*m*) dŵr. **~-carriage** *n.* cludiant (*m*) ar ddŵr, cludo (*vn*) ar ddŵr. **~-carrier** *n.* dyfrwr (dyfrwyr) *m*, cariwr (cariwyr) (*m*) dŵr, cludwr (cludwyr) (*m*) dŵr; *Astr:* **the W~-carrier,** y Dyfrwr *m*. **~-cart** *n. S:* cart (certi/ceirt) (*m*) dŵr, *M.W:* cert (*f*) ddŵr (certi dŵr), *N:* wagen (*f*) ddŵr (wagenі dŵr). **~ channel** *n.* **1.** *(natural):* ffos(-ydd) *f*, dyfrffos(-ydd) *f*, sianel (*f*) ddŵr (sianelau/sianeli dŵr), *S: occ:* rhewyn(-au) *m*. **2.** *(of mill &c):* cafn(-au) (*m*) dŵr, ffrwd (*f*) melin (ffrydiau melinau). **~ chestnut** *n. Bot:* castan (*f*) ddŵr (castanau dŵr), cneuen (*f*) ddŵr (cnau dŵr). **~ chickweed** *n. Bot:* **= water starwort.** **~-clock** *n.* cloc(-iau) (*m*) dŵr. **~-closet** *n.* **= toilet 2.** *(a).* **~-cock** *n.* dwsel(-au,-i) *m*. **~-colour** *n. Art:* dyfrlliw(-iau) *m*; *(painting):* llun(-iau) dyfrlliw *m*. **~-colourist** *n.* dyfrlliwiwr (dyfrlliw-wyr) *m*. **~-content** *n.* cynhwysiad (*m*) dŵr. **~-cooled** *a.* a oerir â dŵr, a oerir gan ddŵr, dŵr-oeredig, dyfroeredig. **~-cooler** *n.* tanc(-iau) (*m*) oeri dŵr. **~-course** *n. Geog:* cwrs (cyrsiau) (*m*) dŵr. **~-cracker** *n. U.S:* **= water-biscuit.** **~-craft** *n.* **1.** *(= skill in sailing):* crefft (*f*) hwylio. **2.** *(= boat):* cwch (cychod) *m*, bad(-au) *m*, llong(-au) *f*. **~-crake** *n. Orn:* **1. = water-ouzel. 2. = crake (spotted).** **~-crane** *n. Rail:* craen(-iau) (*m*) dŵr. **~-cress** *n.* **= watercress.** **~-cricket** *n. Ent:* cricsyn (crics) (*m*) y dŵr, cric[i]edyn (criciaid) (*m*) y dŵr. **~-crowfoot** *n. Bot: (Ranunculus aquatilis):* crafanc (*f*) y dŵr, egyllt (*m*) y dŵr, egyllt yr afon; **brackish ~-crowfoot,** *(R. baudotii):* egyllt y mordir; **fan-leaved ~-crowfoot,** *(R. circinatus):* egyllt cylch|ol-ddail; **pond ~-crowfoot,** *(R. peltatus):* crafanc y pyllau; **river ~-crowfoot,** *(R. fluitans):* crafanc hirddail; **stream ~-crowfoot,** *(R. penicillatus):* crafanc y nant; **thread-leaved ~-crowfoot,** *(R. trichophyllus):* egyllt dail edafaidd. **~-culture** *n.* dwfrfeithriniad *m*, dwfrfeithrin *vn*. **~-cure** *n.* **= hydropathy.** **~-cycle** *n.* cylch (*m*) dŵr. **~-deficit** *n.* diffyg (*m*) dŵr. **~-diviner** *n.* dewin(-iaid) (*m*) dŵr. **~-divining** *vn.* dewin[i]o dŵr. **~-dog** *n.* **= spaniel.** **~-drinker** *n.* llwyrymwrthodwr (llwyrymwrthodwyr) *m*, *A: or Lit:* dyfrwr (dyfrwyr) *m*. **~-dropwort** *n. Bot: (Oenanthe):* dibynlor *m*, cegid *m*; **corky-fruited ~-dropwort,** *(O. pimpinelloides):* dibynlor corcffrwythog; **fine-leaved ~-dropwort,** *(O. aquatica):* cegid manddail y dŵr; **hemlock ~-dropwort,** *(O. crocata):* cegid y dŵr, gysblys *m*, dibynlor cegidaidd; **narrow-leaved ~-dropwort,** *(O. silaifolia):* dibynlor meinddail; **parsley ~-dropwort,** *(O. lachenalii):* dibynlor perllysddail, persli(*m*)'r dŵr; **river ~-dropwort,** *(O. fluviatilis):* cegid y nant; **tubular ~-dropwort,** *(O. tubulosa):* dibynlor pibellaidd. **~-elder** *n. Bot:* **= guelder rose.** **~-fennel** *n. Bot:* **= water-dropwort (fine-leaved).** **~-figwort** *n. Bot:* **= water betony.** **~-finder** *n.* **= water-diviner.** **~-flea** *n. Ent:* chwannen (chwain) (*f*) y dŵr. **~-fly** *n. Ent:* pryf(-ed) (*m*) dŵr. **~-fowl** *n.* **= waterfowl.** **~-front** *n.* **= waterside.** **~-gap** *n. Geog:* bwlch (bylchau) (*m*) dŵr. **~-gas** *n. Ch:* nwy (*m*) dŵr. **~-gate** *n.* fflodiart (fflodiardau) *f*, llifddor(-au) *f*. **~-gauge** *n.* mesurydd(-ion) (*m*) dŵr. **~-glass** *n.* **1.** *Ch:* dŵr (*m*) s|ilicad, toddiant (*m*) silicad. **2.** *(= glass tube):* gwydryn(-nau) tanddwr *m*. **~-gnat** *n. Ent:* gwybedyn (gwybed) (*m*) y dŵr. **~-gum** *n. Bot: (Nyassa sylvatica):* gymwydden (gymwydd) (*f*) y gors. **~-hammer** *n.* sŵn (*m*) dyrnu dŵr, sŵn dŵr yn dyrnu. **~-heater** *n.* twymydd(-ion) (*m*) dŵr, twymwr (twymwyr) (*m*) dŵr, gwresogydd(-ion) (*m*) dŵr; **instant ~-heater,** twymwr dŵr sydyn. **~-hemlock** *n. Bot:* **= cowbane.** **~-hen** *n. Orn:* iâr (*f*) ddŵr (ieir dŵr); *S.a.* **moor-hen 1.** **~-hole** *n.* pwll (pyllau) (*m*) dŵr, pydew(-au) *m*; *(in desert):* ffynnon (ffynhonnau) *f*. **~-hog** *n. Z:* **= capybara.** **~ hyacinth** *n. Bot: (Eichhornia crassipes):* hiasinth (*m*) y dŵr (hiasinthau'r dŵr), hiasinth yr afon (hiasinthau'r afon). **~-ice** *n. Cu:* **= sorbet.** **~-jacket** *n. I.C.E: &c:* siaced (*f*) ddŵr (siacedi dŵr), siaced oeri. **~-jug** *n.* jwg (*mf*) d[d]ŵr (jygiau dŵr). **~-jump** *n. Rac:* naid (neidiau) (*f*) dros ddŵr. **~-laid** *a. (rope):* teircainc. **~-lens** *n.* lens (*f*) ddŵr (lensiau/lensys dŵr). **~-level** *n.* lefel(-au) (*f*) dŵr. **~-lily** *n. Bot: (Nymphaeacea):* lili(*f*)'r dŵr (lilïau'r dŵr), lili ddŵr, alaw *m*; **fringed ~-lily,** *(Nymphoides peltatum):* ffeuen/ffäen (*f*) y gors (ffa'r gors) eddïog; **least ~-lily,** *(Nuphar pumila):* lili ddŵr fach (lilïau dŵr bach), y bwltws/bwltys lleiaf *m*; **white ~-lily,** *(Nymphaea alba):* lili ddŵr wen (lilïau dŵr gwynion), alaw gwyn, y fagwyr wen *f*; **yellow ~-lily,** *(Nuphar lutea):* lili ddŵr felen (lilïau dŵr melyn), *A:* bwltws: bwltys *m*. **~-line** *n. Nau:* llinell (*f*) ddŵr (llinellau dŵr), noflin(-au) *f*. **~-lobelia** *n. Bot: (Lobelia dortmanna):* bidoglys (*m*) y dŵr. **~-louse** *n. Crust:* lleuen (*f*) ddŵr (llau dŵr). **~-main** *n. Hyd.E:* prif bibell (*f*) ddŵr (prif bibellau/bibelli dŵr). **~-meadow** *n.* llifddol(-ydd) *f*. **~-measure** *n. Meas:* mesur (*m*) dŵr. **~-measurer** *n. Ent:* **= water-gnat.** **~-melon** *n.* melon(-au) (*m*) dŵr, dyfrfelon(-au) *m*. **~ meter** *n.* mesurydd(-ion) (*m*) dŵr, mcidrydd(-ion) (*m*) dŵr. **~ milfoil** *n. Bot: (Myriophyllum):* m|yrdd-ddail *pl*, myrddail *pl*; **alternate ~-milfoil,** *(M. alterniflorum):* myrddail bob yn ail; **spiked ~-milfoil,** *(M. spicatum):* myrddail tywysennaidd; **whorled ~-milfoil,** *(M. verticillatum):* myrddail troellog. **~-mill** *n.* melin (*f*) ddŵr (melinau dŵr). **~-mint** *n. Bot: (Mentha aquatica):* mint[ys] (*m*) y dŵr, mint[ys] blewog. **~-mite** *n. Ent:* gwiddonyn (gwiddon) (*m*) y dŵr. **~-moccasin** *n. Rept: U.S:* gwiber (*f*) ddŵr (gwiberod dŵr). **~-mole** *n. Z:* **1. = platypus. 2.** *(= desman):* twrch (tyrchod) (*m*) dŵr, gwadd (*f*) ddŵr (gwaddod dŵr), desman(-od) *m*. **~-monkey** *n.* costrel(-au,-i) *f*, fflagen(-ni,-nau) *f*. **~-moth** *n. Ent:* **= caddis-fly.** **~-nymph** *n. Myth:* nymff (*f*) y dŵr (nymffau'r dŵr). **~-oak** *n. Bot: U.S: (Quercus nigra):* derwen ddu (derw duon) *f*. **~ of Ayr stone** *n. Metalw:* carreg (*f*) Ayr. **~-ouzel** *n. Orn:* **= dipper 1.** **~-ox** *n.* **= water-buffalo.** **~-parsnip** *n. Bot:* **lesser ~-parsnip, narrow-leaved ~-parsnip,** *(Berula erecta):* panasen (pannas) (*f*) y dŵr, dyfrforonen gulddail (dyfrforon culddail) *f*; **greater ~-parsnip,** *(Sium latifolium):* panasen lydanddail (pannas llydanddail) y dŵr, dyfrforonen lydanddail. **~-parting** *n.* **= watershed.** **~-pepper** *n. Bot: (Polygonum hydropiper):* tinboeth *f*, poethlys (*m*) y dŵr, pengoch *f* (*pronounced* ng-g), llysiau(*pl*)'r din; **small ~-pepper,** *(P. minus):* clymog bychan *m*; **tasteless ~-pepper,** *(P. mite):* penboeth di-flas *m*. **~-pheasant** *n. Orn:* **= jacana, pintail, goosander.** **~-pimpernel** *n. Bot:* **= brookweed 1.** **~-pipe** *n.* pibell (*f*) ddŵr (pibellau/pibelli dŵr), peipen (*f*) ddŵr (peipiau dŵr), *S:* piben (*f*) ddŵr (pibau dŵr). **~-pistol** *n.* gwn (gynnau) (*m*) dŵr. **~-plane** *n. Nau:* plân (planau) (*m*) dŵr. **~-plantain** *n. Bot: (Alisma plantago-aquatica):* dŵr-lyriad *m*, llyriad (*m*) y dŵr; *S.a.* **plantain.** **~-platter** *n.* **= victoria 2.** *(d).* **~ polo** *n. Sp:* polo (*m*) dŵr. **~-potential** *n.* potensial (*m*) dŵr. **~-power** *n.* grym (*m*) dŵr. **~ purslane** *n. Bot: (Peplis portula):* troed (*mf*) y gywen, porpin: pwrpin *m.* **~-rail** *n. Orn:* rhegen(-nod) (*f*) y dŵr, rhegen y gors, corsiar (corsieir) *f*, cotiar (cotieir) *f*, cwtiar (cwtieir) *f*, cas (*m*) gan ffowler. **~-ram** *n.* hyrddiadur(-on) (*m*) dŵr, hwrddbeiriant (hwrddbeiriannau) (*m*) dŵr. **~-rat** *n. Z:* = **water-vole**. **~-rate** *n.* treth (*f*) ddŵr (trethi dŵr), treth y dŵr (trethi'r dŵr). **~-repellent, ~-resistant** *a.* anhydraidd, diddos [rhag dŵr], gwrth-ddŵr. **~-right** *n. usu.pl.* hawl(-iau) (*f*) i ddefnyddio dŵr, hawliau (*pl*) dŵr. **~-sac** *n.* coden (*f*) ddŵr (codennau dŵr). **~-sail** *n. Nau:* hwyl (*f*) ddŵr (hwyliau dŵr). **~-sapphire** *n. Miner:* saffir(-au) (*m*) dŵr. **~-scorpion** *n. Ent:* sgorpion (*m*) y dŵr (sgorpionau'r dŵr, sgorpioniaid y dŵr). **~-seal** *n. Hyd.E:* sêl (*f*) ddŵr (seliau dŵr). **~-shield** *n. Bot:* *(Brasenia):* tarian (*f*) ddŵr (tarianau dŵr). **~-shoot** *n.* gofer(-ydd,-oedd) *m*, cafn(-au) (*m*) dŵr. **~-shrew** *n. Z:* chwistlen (*f*) ddŵr (chwistlod dŵr). **~-sick** *a. Husb:* dyfrglaf. **~-side** *n.* = **waterside**. **~-singer** *n. Ent:* cantor(-ion) (*m*) y dŵr. **~-skater** *n. Ent:* rhiain (rhianedd) (*f*) y dŵr. **~-ski¹** *n.* sgi (*f*) ddŵr (sgis dŵr). **~-ski²** *v.i.* sgïo ar ddŵr, sgïo dŵr. **~-skier** *n.* sgïwr (sgïwyr) (*m*) dŵr, sg|iwraig (*f*) ddŵr (sgiwragedd dŵr). **~-skiing** *vn.* sgïo dŵr. **~-skin** *n.* bag(-iau) (*m*) dŵr. **~-slater** *n.* = **water-louse**, **~-snail** *n. Moll:* malwen (*f*) ddŵr (malwod dŵr), malwoden (*f*) ddŵr (malwod dŵr). **~-snake** *n.* neidr (*f*) ddŵr (nadroedd dŵr). **~-soak** *v.t.&i.* socian [â/mewn dŵr]. **~-softener** *n.* meddalydd(-ion) (*m*) dŵr. **~-softening plant** *n. Laund:* cyfarpar (*m*) meddalu dŵr. **~-soldier** *n. Bot:* *(Stratiotes aloides):* alaw(-on) diosgo *m*. **~-soluble** *a.* toddadwy/hydawdd [mewn dŵr]. **~ souchy** *n. Cu:* pysgodyn (pysgod) (*m*) trwy ddŵr. **~-spaniel** *n.* sbaengi (sbaengwn) (*m*) dŵr (*pronounced* ng-g). **~-sparrow** *n. Orn:* = **reed bunting**. **~-speedwell** *n. Bot:* **blue ~-speedwell,** *(Veronica anagallis-aquatica):* graeanllys (*m*) y dŵr; **pink ~-speedwell,** *(V. catenata):* graeanllys y dŵr rhuddgoch. **~-splash** *n.* pwll (pyllau) (*m*) dŵr, rhyd(-au,-iau) *f*, rhydle(- oedd) *m*. **~-spider** *n. Arach:* copyn(-nod) (*m*) dŵr, corryn (corynnod, corrod) (*m*) dŵr, *S.W:* corryn y llyn, *Lit: occ:* march (meirch) (*m*) y dŵr, carw(*m*)'r dŵr (ceirw'r dŵr), gafr (geifr) (*f*) y dŵr. **~-sprite** *n. Myth:* ysbryd(-ion) (*m*) dŵr. **~ starwort** *n. Bot:* *(Callitriche):* br|igwlydd (*m*) y dŵr, llinesg (*m*) y dŵr; **autumnal ~ starwort,** *(C. hermaphroditica):* brigwlydd cynaeafol; **blunt-fruited ~ starwort,** *(C. obtusangula):* brigwlydd ffrwyth aflym; **intermediate ~ starwort,** *(C. intermedia):* brigwlydd cyfryngol; **various-leaved ~ starwort,** *(C. polycarpa):* brigwlydd y gwanwyn. **~ stick-insect** *n. Ent:* pryf(-ed) (*m*) pric y dŵr, ffon (*f*) gerdded (ffyn cerdded) y dŵr. **~-strider** *n.* = **pond-skater**. **~-supply** *n.* cyflenwad(-au) (*m*) dŵr. **~-system** *n.* system (*f*) ddŵr (systemau dŵr). **~-table** *n. Geol:* lefel(-au) (*f*) trwythiad. **~-thrush** *n. Orn: U.S:* tresglen (tresglod) (*f*) y dŵr. **~-thyme** *n. Bot:* **curly ~ thyme,** *(Lagarosiphon major):* pibflodyn (pibflodau) crych *m*. **~-tiger** *n. Ent:* teigr(-od) (*m*) dŵr. **~-tight** *a.* = **watertight**. **~ torture** *n.* artaith (*f*) ddŵr, artaith y dŵr. **~-tower** *n. Hyd.E:* tŵr (tyrau) (*m*) dŵr. **~-vapour** *n.* anwedd (*m*) dŵr, *N:* angar *m* [dŵr] (*pronounced* ng- g). **~-vascular system** *n.* system (*f*) f|asgwlaidd ddyfrol. **~-violet** *n. Bot:* *(Hottonia palustris):* pluddalen(-nau) *f*, fioled (*f*) y dŵr (fioledau'r dŵr). **~-vole** *n. Z:* llygoden (llygod) (*f*) y dŵr, llygoden (*f*) ddŵr (llygod dŵr). **~-wagon** *n.* wagen (*f*) ddŵr (wageni dŵr). **~ wagtail** *n. Orn:* = **wagtail (pied)**. **~-wave¹** *n. Haird:* ton (*f*) ddŵr (tonnau dŵr). **~-wave²** *v.t. Haird:* tonni (gwallt) â dŵr. **~-weed** *n.* chwynnyn (chwyn) (*m*) dŵr. **~-wheel** *n.* olwyn (*f*) ddŵr (olwynion dŵr), *occ:* rhod (*f*) ddŵr (rhodau dŵr). **~-wings** *n.pl.* adenydd nofio. **~-witch** *n.* = **water-diviner**. **~-worn** *a.* dŵr-dreuliedig, wedi ei dreulio gan ddŵr.

water² *v.t.&i.* **1.** *v.t.* *(a)* **to ~ a plant,** dyfrio/dyfrh|au planhigyn, rhoi dŵr i blanhigyn, *S.W:* dwrh|au planhigyn; *(b)* **to ~ wine,** ychwanegu dŵr at win, rhoi dŵr am ben gwin, teneuo gwin, gwanh|au gwin; **to ~ milk,** glastwreiddio llaeth, troi llaeth yn lastwr, rhoi dŵr am ben llaeth; *Fin:* **to ~ the capital,** teneuo'r cyfalaf; *(c)* **to ~ animals,** dyfrio anifeiliaid, rhoi dŵr i anifeiliaid; *(d) Tex:* **to ~ silk,** symudliwio sidan. **2.** *v.i.* *(a) (of eyes &c):* dyfrio; **to make s.o.'s mouth ~,** tynnu'r dŵr o ddannedd rhn, tynnu dŵr glas o ddannedd rhn; *(b) Nau: (of ship):* codi dŵr; *(c) (of horse &c):* yfed. **~ down** *v.t.* *(a)* = **water² 1.** *(b)*; *(b)* **to ~ down a statement,** gwanh|au/cymedroli/amodi/glastwreiddio gosodiad.

watercourse *n.* dyfrffos(-ydd) *f*, sianel(-au,-i) *f*.

watercress *n. Bot:* *(Rorippa nasturtium-aquaticum):* berwr (*m*) y dŵr, berwr y ffynhonnau, *F:* berw (*m*) dŵr; **fool's ~,** *(Apium nodiflorum):* dyfrforonen (dyfrforon) sypflodeuog *f*; **narrow-fruited ~,** *(Nasturtium microphyllum):* y berwr dŵr lleiaf.

watered *a.* **1.** *(garden &c):* a ddyfriwyd, dyfriedig, wedi cael dŵr. **2.** *(= covered with water):* dyfrllyd. **3.** *Tex:* **~ silk,** sidan symudliw *m*. **~-down** *a.* glastwraidd, glastwreiddiedig; *(statement &c):* mwy cymedrol.

waterfall *n.* rhaeadr(-au, rhëydr) *f*, *S:* sgwd *m*.

waterfowl *n. Coll:* adar (*pl*) dŵr.

wateriness *n.* **1.** *(of soup &c):* teneuwch *m*, natur ddyfrllyd *f*. **2.** *(of eyes):* lleithder *m*.

watering¹ *a.* **~ eyes,** llygaid llawn dagrau, llygaid dagreuol/llaith/dyfrllyd, llygaid yn rhedeg.

watering² *vn.* **1.** *(a)* = **water² 1.** *(a)*; dyfrhad *m*; *(of fields, land):* = **irrigation**. **2.** *(of wine):* teneuad *m*, teneuo *vn*; *(of milk):* glastwreiddiad *m*, glastwreiddio *vn*; *Fin:* **~ of capital,** teneuad (*m*) cyfalaf. **3.** *(of animals):* dyfrhad, dyfrio *vn*. **4.** *(of silk):* symudliwio *vn*. **5.** *(of eyes):* dyfrio. **~-can** *n.* can(-iau) (*m*) dŵr. **~-cart** *n.* = **water-cart**. **~-place** *n.* **1.** *(for cattle &c):* lle(-oedd) (*m*) yfed, dyfrfan(-nau) *mf*, dyfrle(-oedd) *m*. **2.** *F:* *(= resort):* tref (*f*) wyliau (trefi gwyliau), cyrchfan(- nau) (*f*) gwyliau; *(= spa):* tref(-i) (*f*) ffynhonnau.

waterless *a.* di-ddŵr, sych(-ion), hysb (*f.* hesb, *pl.* hysbion).

waterlogged *a.* **1.** *(a) Nau: (ship &c):* llawn dŵr, dwrlawn, dyfrlawn, *F:* sy'n nofio gan ddŵr; *(b) (wood):* llawn dŵr. **2.** *(ground):* dan ddŵr, llawn dŵr; **the pitch was ~,** 'roedd y cae dan ddŵr; 'roedd y cae'n nofio [gan ddŵr].

Waterloo *Pr.n.* **to meet one's ~,** taro ar eich trech.

waterman *n.m. N:* cychwr (cychwyr), *S:* badwr (badwyr).

watermark¹ *n.* **1.** *Nau:* = **water-line**. **2.** *Paperm:* dyfrnod(-au) *m*.

watermark² *v.t.* dyfrnodi (rhth), rhoi dyfrnod (ar rth).

waterproof¹ *a. & n.* **1.** *a.* sy'n dal dŵr, *occ:* dyfrglos, dwrglos, gwrth-ddŵr; *(roof, tent &c):* diddos; **~ ink,** inc gwrth-ddŵr; *S.a.* **sheeting 1**. **2.** *n. Cost:* côt (*f*) law (cotiau glaw).

waterproof² *v.t.* diddosi; **to ~ a coat,** gwn|eud i gôt ddal dŵr, dyfrglosio côt; *(roof, tent &c):* diddosi.

waterproofed *a.* = **waterproof¹ 1.**

watershed *n.* **1.** *Ph: Geog:* cefn(-au) (*m*) deuddwr, gwahanfa (*f*) ddŵr (gwahanf|eydd dŵr), gwahaniad(-au) (*m*) dyfroedd, *S.W: occ:* diwelfa (diwelfâu, diwelf|eydd) *f*. **2.** *Fig:* trobwynt(-iau) *m*.

waterside *n.* glan(-nau) *f*; **on the ~,** ar lan y dŵr, ar y lan; **~ flowers,** blodau glan dŵr; *U.S:* **~ workers,** docwyr *pl*.

waterspout *n.* **1.** *Meteor:* colofn (*f*) ddŵr (colofnau dŵr), sbowt(-iau) (*m*) dŵr. **2.** *(pipe):* *N.W:* peipen (*f*) landar (peipiau landar/lander/landerydd), *S:* piben (*f*) ddŵr (pibau dŵr).

watertight *a.* sy'n dal dŵr, dwrglos, *Lit: occ:* dyfrglos; **to be ~,** dal dŵr; **~ regulations,** rheoliadau hollgynhwysol/cynhwysfawr; **a ~ argument,** dadl anatebadwy/ddiwrthbrawf/sicr, dadl na ellir ei gwrthbrofi; *Fig:* **to keep things in ~ compartments,** cadw pethau mewn adrannau digyswllt.

waterway *n.* dyfrffordd (dyfrffyrdd) *f*, camlas (camlesi) *f*.

waterweed *n. Bot:* **Canadian ~,** *(Elodea canadensis):* alaw (*m*) C|anada; **Nuttall's ~,** alaw Nuttall.

waterwheel *n.* olwyn (*f*) ddŵr (olwynion dŵr).

waterworks *n.pl.* gwaith (gweithf|eydd) (*m*) dŵr; *F: Med:* y gwaith dŵr; *F:* **to turn on the ~,** dechrau wylo/crio, dechrau gollwng dagrau, troi'r tap.

waterworn *a.* a dreuliwyd gan ddŵr, dŵr-dreuliedig.

waterwort *n. Bot:* **eight-stamened ~,** *(Elatine hydropiper):* gwybybyr wythfrigerog *m*; **six-stamened ~,** *(E. hexandra):* gwybybyr chwebrigerog, *F:* dail (*pl*) llosg tân.

watery *a.* **1.** *(a)* dyfrllyd, dyfriog, llawn dŵr; **~ clouds,** cymylau llwythog/trwm gan law; **~ eyes,** llygaid llawn dagrau, llygaid llaith; **~ potatoes,** tatws dyfrllyd, tatws gwlybion, *N: F:* tatws slwtshlyd; *(b) (weather):* gwlyb, glawog; **a ~ moon,** lleuad welw, lleuad yn boddi, *N.W: occ:* lleuad glwyfus; *(c) Poet:* **to find a ~ grave,** cael bedd dan y don, boddi, mynd i ddyfrllyd fedd. **2.** *(a) (soup):* dyfrllyd, tenau; *(b) (colour):* gwelw, gwan, di-liw; *(c) (ground):* pyllog, dyfrllyd, corslyd.

watsonia *n. Bot:* watsonia(-s) *m*.

watt *n. El.Meas:* watt(-iau) *mf*. **~-hour** *n. El.E:* watt-awr (~-oriau) *f*. **~-second** *n. El.E:* = **joule**.

wattage *n. El.E:* wat[t]edd(-au) *m*.

Watteau *Pr.n. Cost:* ~ **back,** cefn(-au) (*m*) Watteau; ~ **bodice,** bodis(-iau) (*m*) Watteau; ~ **hat,** het(-iau) (*f*) Watteau.

wattle[1] *n.* **1. ~[-work],** bangorwaith *m* (*pronounced* ng-g), plethwaith *m;* ~ **and daub,** bangorwaith/plethwaith a dwb/chlai; ~ **fence,** adwy (*f*) wrysg (adwyau gwrysg), ffens bleth (ffensiau pleth) *f;* ~ **wall,** wal bleth (waliau pleth) *f,* bangor(-au) *fm* (*pronounced* ng-g). **2. ~[-hurdle],** clwyd(-i) *f,* clwyden(-nau,-ni) *f,* pleiden(-ni) *f, N.W: S.W: occ:* adwy(-au,-on) *f.*

wattle[2] *v.t.* plethu, bangori (*pronounced* ng-g), *occ:* eilio.

wattle[3] *n.* **1.** *(of bird, fish):* tagell(-au,-i, tegyll) *f.* **2.** *Bot:* **= acacia, mimosa.**

wattlebird *n. Orn:* aderyn (adar) tagellog *m.*

wattled *a.* tagellog.

wattmeter *n. El.E:* wattmedr(-au) *m.*

Watusi, Watutsi *a. & n.* **1.** *a.* Watw[t]sïaidd; *(in language):* Watw[t]sïeg. **2.** *n. (i) Ethn:* Watw[t]si (Watwsïaid) *m&f; (ii) Ling:* Watw[t]sïeg *f, m; (iii)* **watutsi,** *Danc:* watwtsi *f.*

waul *v.i.* **= caterwaul.**

wave[1] *n.* **1.** *Nau:* ton(-nau) *f;* **on the crest of a ~,** ar frig ton; **a ~ (of enthusiasm),** ton, pwl (pyliau) *m,* hwrdd (hyrddiau) *m* (o frwdfrydedd); **the new ~,** y wedd newydd *f,* y don newydd; **new-~ music,** cerddoriaeth newydd wedd, canu'r don ddiweddaraf; *S.a.* **brainwave, heatwave, crime;** *Mus:* seindon(-nau) *f; S.a.* **light**[1] **1.** *(a);* **long-~ radio,** radio tonfedd hir, **short-~ radio,** radio tonfedd fer; *Aer:* **shock ~,** siocdon(-nau) *f,* ton(-nau) (*f*) ysgytwad; *F:* **the news sent shock waves through the nation,** ysgytwyd y genedl yn enbyd gan y newydd; **he has waves,** mae ganddo wallt tonnog; mae ei wallt yn donnau; mae ei wallt yn tonni; **she has a natural ~ in her hair,** mae ei gwallt yn tonni'n naturiol; *Haird:* **blow-~,** chwythdon(-nau) *f.* **2.** chwifiad(-au) *m;* **with a ~ of his hand,** gan chwifio'i law. **~-band** *n.* **= waveband. ~-cut** *a. Geog:* **~-cut platform,** llyfndir(-oedd) (*m*) tonnau. **~-detector** *n. W.Tel:* tonleolwr (tonleolwyr) *m.* **~ equation** *n. Mth:* tonhafaliad(-au) *m.* **~-form 1.** *n.* tonffurf(-iau) *f.* **2.** *a.* tonffurf. **~-front** *n.* blaendon(-nau) *f.* **~ function** *n. Mth:* tonffwythiant (tonffwythiannau) *m.* **~-guide** *n. El.E:* tondiwb(-iau) *m.* **~-length** *n.* **= wavelength. ~ machine** *n. Ph:* peiriant (peiriannau) (*m*) [gwn|eud] tonnau. **~ mechanics** *n.* tonfecaneg *f.* **~-meter** *n.* tonfesurydd(-ion) *m.* **~ moth** *n. Ent:* gwyfyn(-od) tonnog *m;* **grass ~-moth,** gwyfyn tonnog y gwair; **smoky ~-moth,** gwyfyn tonnog llwydfrown. **~-motion** *n.* mudiant (*m*) ton/tonnau, symudiad (*m*) ton/tonnau, tonfudiant (tonfudiannau) *m.* **~-moulding** *n.* mo[w]ldin tonnog *m,* tonfo[w]ldin(-au) *m.* **~ number** *n.* tonrif(-au) *m.* **~-off** *n. Av:* nacâd (nacadau) *m.* **~-packet** *n.* tonbaced(-i) *m.* **~-shape** *n.* **= wave-form. ~ theory** *n.* damcaniaeth (*f*) tonnau. **~ train** *n.* dilyniant (dilyniannau) (*m*) tonnau, tonres(-i) *f.*

wave[2] *v.i.&t.* I. *v.i.* **1.** *(of flag):* chwifio, *occ:* chwythu, *Lit:* cyhwfan; *(of wheat &c):* tonni, ymdonni, siglo. **2. to ~ to s.o.,** codi llaw ar rn; **I waved to him (to stop),** codais fy llaw arno, amneidiais arno (i stopio); rhoddais arwydd iddo (stopio). **3. my hair waves naturally,** mae fy ngwallt yn naturiol donnog, mae fy ngwallt yn tonni'n naturiol; mae tonnau naturiol yn fy ngwallt. II. *v.t.* **1.** *(handkerchief):* chwifio, ysgwyd, *S:* siglo; **to ~ one's hand,** codi'ch llaw; **to ~ one's arms about,** siglo'ch/chwifio'ch breichiau. **2.** *(a)* **to ~ goodbye to s.o.,** codi'ch llaw ar rn mewn ffarwel, codi'ch llaw i ffarwelio â rhn; *(b)* **to ~ s.o. away,** chwifio rhn draw/ymaith, amneidio ar rn iddo fynd ymaith, troi rhn ymaith ag amnaid; *(dismissively):* anwybyddu/diystyru rhn, troi rhn heibio'n swta; **to ~ aside/away an objection,** anwybyddu/diystyru gwrthwynebiad; **he waved us on,** chwifiodd ar inni fynd yn ein blaenau; rhoes arwydd inni fynd ymlaen; amneidiodd arnom inni fynd ymlaen; **he waved me back,** rhoes arwydd imi fynd yn f'ôl; **to ~ down a car,** codi llaw i stopio car. **3.** *Haird:* **to ~ hair,** rhoi ton mewn gwallt, tonni gwallt; **to have one's hair waved,** cael rhoi ton yn eich gwallt, cael tonni'ch gwallt (*not* cael eich gwallt wedi ei donni).

waveband *n.* tonystod(-au,-ion) *f.*

waved *a. (hair &c):* tonnog.

wavelength *n. Ph:* tonfedd(-i) *f; F:* **we're not on the same ~,** 'dydym ni ddim ar yr un donfedd.

waveless *a.* di-don, didonnau, heb don, heb donnau, llyfn (*f.* llefn, *pl.* llyfnion).

wavelet *n.* ton fechan (tonnau bychain) *f; pl.* **wavelets,** mân donnau; *Ph: &c:* tonnell(-au) *f.*

waver *v.i.* **1.** *(of flame):* crynu, neidio, siglo. **2.** *(a) (of pers.):* anwadalu, simsanu, gwamalu, gwegian, petruso, cloffi rhwng dau feddwl, bwhwman; *(of voice):* gwanh|au, pallu; *(of courage):* diffygio, pallu; *(b) Mil: (of troops):* cilio, gwanhau.

waverer *n.* anwadalwr (anwadalwyr) *m,* anwad|alwraig *f,* simsanwr (simsanwyr) *m,* sims|anwraig *f,* gwamalwr (gwamalwyr) *m,* gwam|alwraig *f.*

wavering *a.* **1.** *(flame):* crynedig, neidiol, siglog, aflonydd. **2.** *(a) (pers.):* anwadal, petrus, simsan, sigledig, gwamal; *(voice):* petrus; *(courage):* diffygiol; *(b) Mil:* **a ~ line of battle,** cadres simsan/sigledig.

waveringly *adv.* yn grynedig *&c,* yn betrus *&c.*

wavily *adv.* yn donnog.

waviness *n.* tonnau *pl,* natur donnog *f,* tonogrwydd *m.*

waving *a.* siglog; *(wheat):* tonnog.

wavy[1] *a.* tonnog.

wavy[2], **wavey** *n. Orn:* **= snow-goose.**

wa-wa *n. Mus:* pedal(-au) (*m*) wa-wa.

wawl *v.i.* **= waul.**

wax[1] *n.* cwyr(-au) *m,* gwêr (gwerau) *m; S.a.* **beeswax; candle ~,** gwêr cannwyll; **a cake of ~,** cwyren(-nau) *f;* **finishing ~,** cwyr gorffennu; **the lost ~ process,** y dull colli/gollwng cwyr; **sealing-~,** cwyr selio, cwyr coch; **to mould s.o. like ~,** trin rhn fel clai, mo[w]ldio cymeriad rhn; **to be ~ in s.o.'s hands,** bod fel clai yn nwylo rhn; **mineral ~,** gwêr mynydd; **vegetable ~,** cwyr planhigion; **paraffin ~,** cwyr p|araffin/paraffin. **~-bean** *n. Bot:* ffeuen/ffäen (*f*) gwyr (ffa cwyr). **~ candle** *n.* cannwyll (*f*) gwyr (canhwyllau cwyr), cannwyll wêr (canhwyllau gwêr). **~-cap** *n. Fung:* cap(-iau) (*m*) cwyr. **blackening ~-cap,** *(Hygrophorus nigrescens):*cap cwyr duol; **conical ~-cap,** *(Hygrocybe conica):* cap cwyr pigfain; **crimson ~-cap,** *(Hygrocybe punicea):* cap cwyr rhuddgoch; **goatmoth ~-cap,** *(Hygrocybe cossus):* cap cwyr drewllyd; **ivory ~-cap,** *(Hygrophorus eburneus):* cap cwyr ifori; **meadow ~-cap,** *(Hygrocybe pratensis):* cap cwyr y ddôl; **parrot ~-cap,** *(Hygrocybe psittacina):* cap cwyr seithliw; **snowy ~-cap,** *(Hygrocybe nivea):* cap cwyr gwyn. **~-chandler** *n.* cwyrwr (cwyrwyr) *m,* canhwyllwr (canhwyllwyr) *m.* **~ doll** *n.* dol (*f*) gwyr (doliau cwyr). **~-end** *n. Bootm:* edau (*f*) gwyr (edafedd cwyr). **~-eye** *n. Orn:* aderyn (adar) llygadwyn *m.* **~-insect** *n. Ent:* pryf(-ed) (*m*) cwyr. **~-light** *n.* **= wax candle, wax taper. ~-moth** *n. Ent:* cwyrwyfyn(-od) *m.* **~-museum** *n.* **= waxworks. ~-myrtle** *n. Bot:* cwyrfyrtwydden (cwyrfyrtwydd) *f.* **~-painting 1.** *n.* cwyrbaentiad: cwyrbeintiad(-au) *m.* **2.** *vn. (action):* cwyrbaentio, cwyrbeintio. **~-palm** *n. Bot: (Ceroxylon andicola):* cwyrbalmwydden (cwyrbalmwydd) *f.* **~-paper** *n.* papur cwyrog *m,* papur cwyr. **~-plant** *n. Bot: (Hoya carnosa):* llwyn(-i) cwyrog *m.* **~-pocket** *n. Ent: Anat:* coden (*f*) gwyr (codennau cwyr). **~-pod** *n. Bot:* ffeuen/ffäen (*f*) gwyr (ffa cwyr). **~-polish 1.** *n.* cwyrgabol *m,* llathrydd (*m*) cwyr, cwyr cabol/llathru/gloywi/polisio. **2.** *v.t.* cwyrgaboli. **~ taper** *n. Ecc:* tapr(-au) (*m*) cwyr. **~ tree** *n. Bot:* coeden (*f*) gwyr (coed cwyr), cwyrwydden (cwyrwydd) *f.* **~-vesta** *n.* matsien (*f*) gwyr (matsis cwyr).

wax[2] *v.t.* **1.** cwyro (rhth), rhoi cwyr (ar rth). **2.** *F:* **to ~ a song,** recordio cân, rhoi cân ar ddisg.

wax[3] *v.i.* **1.** *(of the moon):* tyfu, cynyddu, mynd ar ei chynnydd; **to ~ and wane,** mynd ar gynnydd ac ar gil, tyfu a lleih|au. **2.** *esp. Lit:* **to ~ eloquent,** bod yn eich afiaith, mynd i hwyl, traethu'n huawdl, bwrw drwyddi, ymhuodli; **to ~ facetious,** cellwair, gwn|eud hwyl; **to ~ fat,** tewychu, pesgi; **he waxed lyrical about his homeland,** canodd glodydd ei famwlad; parablodd yn huawdl am wlad ei eni; telynegodd am wlad ei eni; **to ~ merry,** sirioli, mynd i hwyl; **to ~ old,** mynd yn hen, heneiddio; **to ~ angry/indignant,** digio, gwylltio.

wax[4] *n. (= anger):* **to get into a ~,** gwylltio, colli'ch limpin, *S: F:* mynd yn grac, *S.W:* colli natur.

waxberry *n. Bot: (a) (tree):* cwyrfyrtwydden (cwyrfyrtwydd) *f; (b) (fruit):* cwyraeronen (cwyraeron) *f.*

waxbill *n. Orn:* cwyrbig(-au) *m.*

waxcloth *n.* cwyrliain (cwyrlieiniau) *m, F:* oelcloth *m,* orcloth *m.*

waxed *a.* cwyrog, cwyredig; **~ thread,** edau (*f*) gwyr.

waxen *a.* cwyraidd, gwerog, fel cwyr/gwêr, tebyg i gwyr/wêr.

waxer *n.* cwyrwr (cwyrwyr) *m*, c|wyrwraig (cwyrwragedd) *f.*
waxiness *n.* natur gwyrol/gwyraidd *f*, cwyreiddiwch *m.*
waxing *a.* & *vn.* **1.** *a. (moon &c):* ar gynnydd, cynyddol, yn llanw/ llenwi; *S.a.* **moon. 2.** *vn.* cynnydd *m*, twf *m.*
waxwing *n. Orn:* aden (*f*) gwyr (adenydd cwyr), cynffon(-nau) (*f*) sidan, sidan-gynffon(-nau) *f.*
waxwork *n.* **1.** *(craft):* cwyrwaith *m.* **2.** *(dummy):* delw (*f*) gwyr (delwau cwyr), cwyrddelw(-au) *f*; *pl.* **waxworks,** arddangosfa (*f*) gwyr, sioe (*f*) gwyr (sioeau cwyr), delwau (*pl*) cwyr, cwyrddelwau *pl.*
waxy *a.* **1.** = **waxen; a ~ surface,** wyneb(-au) (*m*) cwyr, arwynebedd cwyraidd *m.* **2.** *F:* = **angry.**
way[1] *n.* **1.** ffordd (ffyrdd) *f*, *occ:* llwybr(-au) *m*, heol(-ydd) *f*; *S.a.* **milky; public ~,** ffordd gyhoeddus (ffyrdd cyhoeddus), llwybr cyhoeddus; **over/across the ~ from the chapel,** gyferbyn â'r capel, dros y ffordd â'r/i'r capel, *occ:* am y ffordd â'r capel; **the house across the ~,** y tŷ gyferbyn, y tŷ dros y ffordd; *Rail:* **permanent ~,** ffordd haearn, cledrau *pl*; *S.a.* **companion**[2]. **2.** *(a) (= route):* **the ~ to the station,** y ffordd [sy'n arwain] i'r orsaf *or* at yr orsaf; **to show s.o. the ~,** dangos y ffordd i rn, dweud y ffordd wrth rn, rhoi rhn ar ben y ffordd; **to ask one's ~ to a place,** gofyn y ffordd i le; **it found its ~ into my hands,** fe ddaeth i'm dwylo i; **he found his ~ to Paris,** llwyddodd i gyrraedd Paris; daeth i ben ei daith ym Mharis; **to lose one's ~,** colli'r ffordd, mynd ar goll, mynd ar gyfeiliorn; **to go the wrong ~,** camgymryd y ffordd, mynd ar gyfeiliorn; **modern poetry has lost its ~,** mae barddoniaeth fodern wedi mynd ar ddisberod/ gyfeiliorn; **to wing one's ~ home,** hedfan/ehedeg adref; **that's the ~ to ruin,** dyna'r ffordd i ddistryw; **to go the shortest/nearest ~,** cymryd llwybr tarw, mynd y ffordd gyntaf/fyrraf/agosaf; **to know one's ~ about,** adnabod yr ardal; *F:* **she knows her ~ around/about,** mae hi'n ei deall hi i'r dim; **to prepare the ~,** paratoi'r ffordd, arloesi'r ffordd, *occ:* braenaru'r tir; *(with discovery):* arloesi; **to start on one's ~,** cychwyn ar eich taith, *F:* ei chychwyn hi; **on the ~,** ar y ffordd, wrth fynd heibio, ar eich taith, *N: F:* ar eich hald, *Lit:* ar eich hynt; **(I'll drop by) on the ~,** (mi alwaf) ar fy hald, wrth fynd heibio; **to stop on the ~,** torri'ch siwrnai; **on my ~ home,** ar fy ffordd adref, wrth imi fynd adref, *S:* wrth imi fynd sha thre; **she's well on the ~ to finishing,** mae hi ar fin darfod; mae hi ar fedr darfod; mae hi ar orffen; mae hi bron â gorffen; *F:* **there's a baby on the ~,** mae hi'n disgwyl babi; mae 'na fabi i fod/ddod; **it went the ~ of all good things,** fe ddiflannodd *or* fe aeth ar goll *or* fe aeth ar ddifancoll, fel pob peth da arall; **to go the ~ of all things** *or* **of all flesh** *or* **of all the earth** *or* **of nature,** mynd i ffordd yr holl ddaear; **to go one's ~,** ymadael, ei throi hi, mynd, mynd ar eich hynt, dilyn eich llwybr; **to go one's own ~,** mynd eich ffordd eich hun, mynd i'ch ffordd eich hun, torri'ch cwys eich hun, dilyn eich llwybr eich hun; **this is the parting of the ways for us,** dyma ble mae'n llwybrau'n gwahanu; **they went their separate ways,** aeth pob un i'w ffordd ei hun; ymwahanasant; bu iddynt wahanu; aeth pawb ar wahân; **to go out of one's ~ (to help s.o.),** mynd i drafferth [arbennig], mynd [allan/mas] o'ch ffordd (i helpu rhn); **she seems to go out of her ~ to look for difficulties,** mae hi fel petai'n mynd/gwn|eud ati i chwilio am anawsterau; **the village is rather out of the ~,** mae'r pentref braidd yn anghysbell/ddiarffordd/anhygyrch; **it's a rather out of the ~ object,** mae'n beth eithaf anarferol; **that's nothing out of the ~,** mae hynny'n beth digon cyffredin; **his talent is nothing out of the ~,** nid yw ei ddawn yn eithriadol; *Ecc:* **the W~ of the Cross,** Ffordd y Groes; *Theol:* **Illuminative W~,** Ffordd y Goleuo; **Negative W~,** y Ffordd Negyddol; **Purgative W~,** Ffordd y Puro; **Unitive W~,** Ffordd yr Uno; **the Five Ways,** y Pum Llwybr/Ffordd; *(b)* **~ in,** y ffordd i mewn, mynedfa (mynedf|eydd) *f*; **on the ~ in,** wrth fynd i mewn; **~ out,** y ffordd allan/mas, *Adm: occ:* allanfa (allanf|eydd) *f*; **on the ~ out,** *(i)* wrth fynd allan/mas; *(ii) (= obsolescent)* ar ddarfod, yn mynd o'r ffasiwn, yn mynd i golli, yn mynd allan o arfer, yn peidio â bod, yn mynd o fod; **to look for a ~ out of a problem,** chwilio am ddihangfa rhag problem; **to leave s.o. a ~ out,** gadael dihangfa'n agored i rn, gadael ffordd ymwared i rn; **the easy ~ out,** yr ateb hawdd/rhwydd *m*, y ddihangfa hawdd/rwydd *f*, y ffordd hawdd/rwydd allan ohoni; **be on your ~!** ymaith â thi (chi)! *N:* ffwrdd â thi! ffwrdd ti! *S:* bant â thi! **~ through,** y ffordd drwodd; **~ up,** *N:* y ffordd i fyny, *S:* y ffordd lan; **to look for a ~ into a building,** chwilio am ffordd i mewn i adeilad; **which is the ~ in?** sut mae mynd i mewn? **to go s.o.'s ~,** mynd yr un ffordd â rhn; *Fig:* **things aren't going my ~,** nid yw pethau'n mynd fel y dymunwn; nid yw pethau'n mynd wrth fy modd; nid yw pethau'n mynd yn rhy dda i mi; nid wyf i'n cael llawer o hwyl ar bethau; *(c)* **to find one's ~ to a place,** dod o hyd i le, cael hyd i le; **can you find your ~ out?** a wyddoch chi sut i fynd allan? a wyddoch chi sut mae mynd allan? **however did it find its ~ into print?** sut ar y ddaear y cafodd ei argraffu? sut ar y ddaear y daethpwyd i'w argraffu? **to make/take one's ~ towards a place,** ymlwybro/cyrchu tua rhywle, mynd/anelu/unioni am rywle; **to make/work/push one's ~ through a crowd,** ymwthio trwy dorf; **he made his ~ into the house,** llwyddodd i fynd i'r tŷ; **to make one's ~ back,** mynd yn eich ôl, dychwelyd; **how to make one's ~ (in the world),** sut i lwyddo, sut i ddod yml|aen, sut i ddod yn eich blaen (yn y byd); **to work one's ~ up,** ymddyrchafu, cael dyrchafiad, codi yn y byd, gweithio'ch ffordd i fyny; **to pay one's ~,** talu'ch ffordd; **a company that pays its ~,** cwmni sy'n gallu ymgynnal, cwmni sy'n cadw'i ben; **to see one's ~ [clear] to doing sth,** gweld eich ffordd yn glir i wneud rhth; **couldn't you see your ~ to doing it?** oni allech chi gytuno i'w wneud? **as soon as I see my ~ to sth better,** y funud y caf rywbeth gwell; *S.a.* **clear**[2] I. 3, **feel**[2] 1; *(d)* **to stand in s.o.'s ~,** sefyll ar/yn ffordd rhn, rhwystro/atal rhn; **in the ~,** ar y ffordd; **to stand in the ~ of a scheme,** rhwystro/atal cynllun; **the obstacles that stand in our ~,** y rhwystrau sydd o'n blaenau, y rhwystrau ar ein ffordd; **to put difficulties in s.o.'s ~,** creu/peri anawsterau i rn, rhoi rhwystrau ar lwybr rhn; **to give ~ to pressure,** ildio i bwysau; *P.N:* **give ~,** ildiwch; *(of bridge &c):* **to give ~,** ysigo, plygu, torri, rhoi; **the bridge gave ~ under the strain,** ysigodd/plygodd/torrodd y bont dan y straen; **to get in one another's ~,** mynd/baglu ar draws eich gilydd; mynd/bod dan draed eich gilydd; **to get out of s.o.'s ~,** mynd o ffordd rhn, gadael lle i rn, ildio lle i rn; *F:* **to put s.o. out of the ~,** cael gwared â rhn; **[get] out of the ~!** allan/mas o'r ffordd! **to get s.o. out of the ~,** cael gwared â rhn, cael ymadael â rhn; **to keep out of the ~,** mynd o'r ffordd, cadw draw; **to keep out of s.o.'s ~,** osg|oi rhn, cadw draw rhag rhn, cadw/mynd o ffordd rhn; **to make ~ for s.o.,** gwneud lle i rn; *S.a.* **harm**[1]; *(e) Jur:* **right of ~,** hawl (*f*) tramwy, *F:* hawl ffordd; *Aut:* blaenoriaeth *f* **(over s.o.,** ar rn). **3.** *(= distance):* **to go a little ~ with s.o., to go part of the ~ with s.o.,** mynd ran o'r ffordd gyda rhn, hebrwng/danfon rhn beth o'r ffordd; **all the ~,** yr holl ffordd, i ben y daith, i'r pen draw, bob cam [o'r ffordd]; *(= until the end):* hyd y diwedd, hyd yr eithaf, i'r pen [draw]; **(to go) all the ~,** (mynd) yr holl ffordd, i'r eithaf, i'r pen draw; **I flew most of the ~,** mi ehedais i'r rhan fwyaf o'r ffordd; mi euthum y rhan fwyaf o'r ffordd mewn awyren; **half ~,** hanner y ffordd; **part of the ~,** peth o'r ffordd; **(I've come) a long ~,** ('rwyf wedi dod) o bell, ffordd bell, bellter ffordd; *F:* **he's come a long ~,** mae ef wedi codi'n uchel; mae ef wedi gwneud yn dda; mae wedi llwyddo; **it's a long ~ to London; London is a long ~ from here,** mae Llundain yn bell oddi yma; mae Llundain gryn bellter oddi yma; mae hi'n ffordd/daith bell i Lundain; **it's a long ~ from Cardiff to Holyhead,** mae cryn bellter rhwng Caerdydd a Chaergybi; **it's a long ~ from perfection,** nid yw'n berffaith o bell ffordd; mae ymhell o fod yn berffaith; mae llawer rhyngddo a bod yn berffaith; **it's quite a ~ (to the town),** mae'n dipyn o ffordd/daith/siwrnai, *F: occ:* mae'n dipyn o stepen (i'r dref); **we have a long ~ to go,** mae cryn daith/bellter/ siwrnai o'n blaenau; **a little/short ~ off there was a tree,** heb fod ymhell yr oedd coeden; **it's a little/short ~ off,** nid yw'n bell [oddi yma]; nid yw ymhell [oddi yma]; mae'n eithaf agos; *Lit:* nid yw nepell oddi yma; *Fig:* **he'll go a long ~,** fe â ymhell; **a little praise goes a long ~,** mae ychydig o ganmoliaeth yn mynd yn bell; mae ychydig o ganmoliaeth yn gwneud gwahaniaeth mawr; **his name goes a long ~,** mae ei enw o bwys mawr; mae ei enw'n cyfrif; **a little goes a long ~,** mae ychydig yn para'n hir; mae mymryn yn mynd ymhell; **to make one's money go a long ~,** edrych yn llygad y geiniog, gwario'ch arian yn ddarbodus; **by a long ~,** o bell ffordd, o lawer, *S. W:* o hewl; **not by a long ~,** nid o bell ffordd; **you're a long ~ out; you're out by a long ~,** 'rydych chi'n bell ohoni; **a long ~ behind,** ymhell ar ôl, ymhell ar ei hôl hi. **4.** *(= direction):* *(a)* cyfeiriad(-au) *m*, tu(-oedd) *m*; **which ~ (is the wind blowing)?** sut, pa ffordd, o ble, o ba gyfeiriad (y mae'r gwynt yn chwythu)? *F:* **so that's the ~ the**

wind's blowing! ai felly y mae ei deall hi? ai fel 'na y mae pethau? **(he ran) this ~ and that,** (rhedodd) i bob cyfeiriad, yma a thraw, yma ac acw, ar draws ac ar hyd, ar hyd ac ar led; *P.N:* **"this ~ out"**, "ffordd allan", "allanfa"; **step this ~,** dewch gyda mi; *F:* dewch y ffordd hyn; **is that the ~?** ai dyna'r ffordd? **which ~ (did you come)?** sut, o ba gyfeiriad, pa ffordd (y daethoch chi)? **which ~ (did she go)?** i ble, i ba gyfeiriad, pa ffordd (yr aeth hi)? **she went that ~,** y ffordd yna/acw yr aeth hi; **which ~ (do we go)?** i ba gyfeiriad, pa ffordd (yr awn ni)? **she didn't know which ~ to look,** ni wyddai hi ddim ble i edrych; **to look the other ~,** edrych draw, troi'r llygaid heibio, edrych i gyfeiriad arall, troi llygad dall [i rth]; anwybyddu (rhth); **(I've nothing to say) one ~ or the other,** (nid oes gennyf ddim i'w ddweud) y naill ffordd na'r llall, o blaid nac yn erbyn; **they set off, each going his own ~,** aeth pawb i'w ffordd ei hun; **I'm going your ~,** 'rwy'n mynd i'r un ffordd/cyfeiriad â chi; **the next time you're down that ~,** y tro nesaf y byddwch chi yn y cyffiniau/cyfeiriad/parthau yna; *F:* **down our ~,** yn ein hardal ni, acw, y ffordd acw; **(she lives) Bala ~,** (mae hi'n byw) tua'r Bala, yng nghyffiniau'r Bala, yn ochrau'r Bala; **(I'll take anything) that comes my ~,** (mi gymeraf unrhyw beth) a gaf, a ddaw, sy'n ymgynnig; **such people have not come my ~,** nid wyf wedi dod ar draws y fath bobl; **everything that comes his ~,** popeth sy'n dod i'w ran; **if the chance comes your ~,** os daw'r cyfle, os cewch chi'r cyfle; *S.a.* **inclined 2, parting[2] 1;** *(b)* **it's the right ~ round,** mae'r ffordd iawn; *occ:* mae o ddethau; **it's the wrong ~ round,** mae'r ffordd/tu chwith; mac o chwith; **to understand sth the wrong ~, to take sth the wrong ~,** camddeall rhth, cymryd rhth o chwith, cymryd rhth yn groes; **(to brush) sth the wrong ~,** (brwsio rhth) o chwith, yn groes; *F:* **to rub s.o. up the wrong ~,** codi gwrychyn rhn; **(to set sth) down the right ~ up,** (gosod rhth) â'i du uchaf i fyny, â'i ben i fyny, yn gywir; **(to set sth down) the wrong ~ up,** (gosod rhth) â'i ben i lawr, â'i ben i waered, â'i ben ucha'n isa', â'i ben chwith i fyny, â'i draed i fyny; **(to hold sth) the right ~ up,** (dal rhth) yn iawn, y ffordd iawn i fyny, y ffordd iawn lan; **two-~ switch,** switsh dwyffordd; *(c)* **to split a sum of money three ways,** rhannu swm o arian rhwng tri. **5.** *(= means):* modd(-ion) *m*; **to find a ~ of doing sth,** cael modd i wneud rhth; *Parl:* **Committee of Ways and Means,** Pwyllgor Ffyrdd a Moddau, Pwyllgor Cyllid. **6.** *(a) (= manner):* dull(-iau) *m*, modd(-au,-ion) *m*, *the use of* ffordd (ffyrdd) *f in this sense is an anglicism in wide use*; **in this ~,** fel hyn, fel yma; **in that ~,** fel yna, felly; **in every ~,** ym mhob dull, ym mhob ffordd; **in every possible/conceivable ~,** ym mhob dull a modd, ym mhob ffordd bosibl; **way** *need not be translated after an adjective in this sense: the corresponding adverbial form* yn + *a. should be used*; **in a friendly ~,** yn gyfeillgar, mewn dull cyfeillgar; **speaking in a general ~,** a siarad yn gyffredinol/fras; **ways and means,** dulliau; **there are ways and means of getting s.o. to do sth,** mae sawl dull o gael Wil i'w wely; mae mwy nag un dull o gael Wil i'w wely; mae llawer sgil i gael Wil i'w wely; *U.S: F:* **(I didn't know) she was that ~ about him,** (wyddwn i ddim) ei bod hi'n teimlo fel 'na tuag ato, ei bod hi'n ei garu, ei bod hi'n ei ffansio; *Pej:* **he's that ~ inclined,** dyna yw ei dueddiad; dyna sut y mae'n tueddu; un fel'na ydyw; **that ~, I can see it better,** fel'na, mi alla' i ei weld yn haws; **in such a ~ as to succeed,** yn y fath fodd ag i lwyddo; **it is this ~, this is the ~ it is,** fel hyn y mae hi; dyma sut/fel y mae hi; **in no ~ can it be true,** ni all fod yn wir o gwbl; *F:* **no ~!** byth bythoedd! go brin! digon o waith! *N:* dim ffiars [o beryg]! dim peryg! dim o'r fath beth! **there's no ~ he'll come,** 'does dim dichon y daw; ddaw o/e ddim o gwbl; *F:* **there's no ~ I'll do that,** wna' i mohono dros fy nghrogi; wna' i mohono ar gyfrif yn y byd; wna' i mohono am bris yn y byd; *Prov:* **where there's a will there's a ~,** ceffyl da yw ewyllys; **without in any ~ wishing to criticize,** heb fynnu beirniadu mewn unrhyw fodd; **that's the ~!** fel yna mae ei gwneud hi! dyna sut mae ei gwneud hi! **she cooked the dinner in such and such a ~,** coginiodd y cinio fel a'r fel; **(to go/set about it) the right ~,** (mynd ati) yn y dull cywir, *F:* yn y ffordd iawn, *occ:* o ddethau; **to do sth in the best ~ one can,** gwneud rhth orau y gellwch chi; **you're going the right ~ to make him angry,** dyna'r union ffordd i'w wylltio; **the best ~ is to say nothing,** taw piau hi; tewi sydd orau; **in one ~ or another,** rywfodd neu'i gilydd, rywsut neu'i gilydd, y naill ffordd neu'r llall; *S.a.* **show[2] 2.** *(a)*; **there are no two ways about it,** 'does dim dwywaith [amdani]; 'does dim amheuaeth [amdani]; *S:* 'does dim dau; 'does dim nôl a mlaen ambiti fe; **(to go on) in the same old ~,** (mynd ymlaen) yn yr un hen ffordd, yn yr un rhigol; **it's the ~ of the world,** dyna ffordd y byd; dyna fel y mae hi; dyna fel y mae pethau; fel'na gweli di hi; **I don't like things the ~ they are going,** nid wyf yn hoffi'r olwg/wedd sydd ar bethau; **(they'll never finish it) the ~ things are going,** (ni ddôn' nhw byth i ben) fel y mae pethau, fel y mae'r drefn, gyda phethau fel y maen' nhw, yn y drefn sydd ohoni; **our ~ of living,** ein dull ni o fyw; **the Welsh ~ of life,** y bywyd Cymreig, y ffordd Gymreig o fyw; **his ~ of looking at things,** ei agwedd tuag at bethau, ei olwg ar bethau, yr olwg sydd ganddo ar bethau, ei ddull o weld pethau; **it's not what he says, it's the ~ he says it,** nid yr hyn a ddywed sy'n bwysig, yn gymaint â'i ddull o'i ddweud; **he has a ~ of leaving debts unpaid,** mae'n arfer/gast ganddo beidio â thalu ei ddyledion; **to my ~ of thinking,** i'm tyb i, yn fy marn i; **that's not my ~ of doing things,** nid dyna fy null i; nid felly y byddaf i'n gwneud pethau; **that's her ~,** dyna'i ffordd hi; felly y mae hi; un fel'na yw hi; **that's always the ~ with her,** felly y bydd hi bob amser/gafael/cynnig; **things have a ~ of turning out badly,** mae pethau'n tueddu i fynd o chwith; **that's the ~ it is,** fel'na mae hi; *F:* fel'na gwelwch chi hi; *occ:* dyna'r fel; **(to do things) in one's own ~,** (gwneud pethau) yn eich ffordd eich hun, yn ôl eich mympwy eich hun; **in his own sweet ~,** yn ei ddull dihafal ei hun, yn ei ffordd fach ei hun; **he's a genius in his ~,** mae'n athrylith o'i fath; **(I help them) in my small ~,** (byddaf yn eu helpu) hynny a allaf, hyd eithaf fy ngallu, i'r graddau y gallaf; **you'll soon get into our ways,** buan y dewch chi i arfer â ni; buan y dewch yn gynefin â'n dulliau/harferion ni; **to get/fall into the ~ of doing sth,** mynd/dod i'r arfer o wneud rhth, magu'r arfer o wneud rhth, dysgu/arfer gwneud rhth, ymgynefino â gwneud rhth; **you'll get into the ~ of it,** fe ddewch chi i'r arfer; **that's one ~ of looking at it!** dyna un olwg arni! *(b)* **engaging ways,** ffyrdd hawddgar, anwyldeb *m*, hawddgarwch *m*; **(I know) his little ways,** (mi wn i) am ei ystrywiau/driciau, am ei ddull o wneud pethau; **she has a ~ with her,** mae hi'n ddengar (*pronounced* ng-g); mae hi'n gallu denu pobl; mae ganddi hi ffordd; **she has a ~ with children,** mae hi'n gwybod sut i drin plant; mae hi'n un dda gyda phlant; *B:* **the ~ of a man with a maid,** ffordd gŵr gyda morwyn; *(c)* **the good old ways,** hen arferion gwych yr oes o'r blaen; *(d)* **to have/get one's own ~,** cael eich ffordd eich hun, cael gwneud fel y mynnoch; **if I had my ~,** pe cawn i ddewis, pe cawn i fy ffordd, pe bai'r peth yn fy nwylo i, pe bai pethau o fewn fy ngallu i; **have it your ~!** gwna fel y mynni di (gwnewch fel y mynnoch chi)! rhyngot ti a'th bethau (rhyngoch chi a'ch pethau)! **he had it all his own ~,** cafodd rwydd hynt; cafodd dragwyddol heol; **you can't have it both ways,** ni ellwch chi mo'i chael hi bob ffordd; ni chewch chi mo'r afal i chwarae ac i'w fwyta. **7.** *(= respect):* **in many ways,** ar sawl cyfrif, ar lawer cyfrif, ar fwy nag un cyfrif, o ran sawl peth, o sawl safbwynt; **in some ways,** ar sawl cyfrif, o ran rhai pethau; **in all ways,** ar bob cyfrif; **she's pretty in a ~,** nid yw hi ddim nad yw hi'n brydferth; mae hi'n brydferth mewn rhyw ffordd; **you can go either ~,** gellwch fynd y naill ffordd neu'r llall; **either ~ (you stand to gain),** sut bynnag y bydd hi, y naill ffordd neu'r llall, ni waeth beth a ddigwyddo (byddwch yn elwa); **in one ~,** ar un wedd, ar un ystyr, rywsut; **in more ways than one,** mewn sawl ffordd; **(you're right) in a ~,** ('rydych chi'n iawn) ar un ystyr, i raddau, rywsut; **(he was a gentleman) in every ~,** ('roedd yn ŵr bonheddig) o'r iawn ryw, ym mhob ffordd. **8.** cwrs *m*, ystod *f*; **(I met him) in the ordinary ~ of business,** (cyfarfûm ag ef) yng nghyswllt busnes, yn ystod fy musnes, yn fy ngwaith, wrth fy ngwaith; **in the ordinary ~ I am home by five o'clock,** fel arfer/rheol byddaf gartref erbyn pump o'r gloch. **9.** *(a)* **the flood is making ~,** mae'r llifogydd yn codi; *(b) Nau:* **(ship) under ~,** (llong) ar gerdded, ar ei hynt, dan hwyl; **to gather ~,** cyflymu, magu cyflymder, magu gwib, *F:* codi sbîd; *(in rowing):* **give ~,** cyflymu, rhwyfo'n galed; *S.a.* **give[2] I. 10; to get under ~,** *(i) Nau:* hwylio, cychwyn, dechrau symud; *(ii) (of meeting &c):* cychwyn; **an experiment is under ~,** mae arbrawf yn cael ei gynnal; mae arbrawf wedi cychwyn; mae arbrawf ar droed. **10.** *(a) (= state, condition):* cyflwr *m*, stad *f*; **we're all in the same ~,** mae hi'r un fath ar bawb; **to be in good/bad ~,** bod mewn cyflwr da/gwael, bod yn dda/wael eich byd; **things seem in a bad ~,** mae hi'n edrych yn ddu; mae golwg wael/ddu ar bethau; nid yw pethau i'w gweld yn dda; **he's in a**

bad ~ of business, mae hi'n fain ar ei fusnes; **he's in a good ~ of business,** mae hi'n dda arno; mae'n ei gwneud hi'n dda; **he's in a bad ~ of health,** mae'n wael ei iechyd; *N:* mae'n cwyno; *(b) F:* **he's in a fine ~ about it,** *(= angry):* mae wedi digio'n bwt; mae'n ddig iawn; *S:* mae e'n grac iawn; *(c)* **they're in a fair ~ to succeed,** mae pob argoel y byddant yn llwyddo; maen' nhw'n debyg iawn o lwyddo; **to put s.o. in the ~ of earning a few pounds,** rhoi cyfle i rn ennill ychydig bunnoedd. **11. we're in a small ~ of business,** masnach fechan sydd gennym; masnach ar raddfa fechan sydd gennym; busnes bach sydd gennym; **he lives in a small ~,** mae'n byw'n gynnil. **12.** *(a)* **by the ~,** *(i) (= en route):* ar y ffordd, wrth fynd, ar eich taith, *F:* ar eich hald; *(ii) (= incidentally):* gyda llaw, wrth fynd heibio; **all this is by the ~,** peth/mater arall yw hyn; *(b)* **by ~ of,** *(i) (= via):* trwy/drwy + *soft mut.*; **we came here by ~ of Newtown,** daethom yma trwy'r Drenewydd; **by ~ of the market,** heibio i'r farchnad, trwy'r farchnad; *(ii)* **by ~ of warning,** o ran rhybudd, yn rhybudd, fel rhybudd, fel math o rybudd; *(iii)* **what do you have by ~ of fruit?** beth sy gennych chi o ran ffrwythau? pa ffrwythau sydd gennych chi? *(iv) (followed by gerund):* **she's by ~ of being a socialist,** mae hi'n rhyw fath o sosialydd; mae hi'n rhyw lun ar sosialydd; mae hi'n osio at y sosialwyr; **by ~ of changing the conversation,** er mwyn troi'r sgwrs, i droi'r sgwrs. **13.** *N.Arch:* **[bilge-]ways,** crudau *pl*; *Mec.E: (of machine):* cledrau *pl*, llwybr(-au) *m.* **~-bent** *n.* = **wall-barley. ~-bill** *n. Com:* teithrestr(-au) *f.* **~-leave** *n. Min: Jur: &c:* ffordd-fraint (ffyrdd-freintiau) *f*, hawl(-iau) *(f)* tramwy. **~-station** *n. Rail: U.S:* arhosfa (arosfâu, arosf|eydd) *f.* **~-train** *n. U.S: Rail:* trên (trenau) *(mf)* aros, trên araf, trên l[l]eol (trenau lleol). **~-worn** *a.* wedi blino, blinedig, lluddedig [ar ôl taith].

way[2] *adv. F: esp. U.S:* **~ back in the thirties,** ymhell yn ôl yn y tridegau; **~ back when,** amser maith yn ôl, yn y dyddiau a fu, ers talwm iawn; **~ down south,** yn mhellafoedd y de; **~ out,** *(i) (= bizarre):* rhyfedd, anarferol; **you're ~ out,** *(= mistaken):* 'rwyt ti'n bell ohoni.

waybread *n. Bot:* = **plantain (broad-leaved).**

wayfarer *n.* fforddolyn (fforddolion) *m*, teithiwr (teithwyr) *m*, t|eithwraig (teithwragedd) *f*, tramwywr (tramwywyr) *m*, tram|wywraig (tramwywragedd) *f.*

wayfaring *a.* teithiol, ar daith; **~ man** = **wayfarer. ~ tree** *n. Bot: (Viburnum lantana):* gwifwrnwydden (gwifwrnwydd) *f.*

waylay *v.t.* aros/disgwyl i ddal/ddala (rhn), aros/disgwyl am (rn), *N:* byrddio (rhn), *S. W:* dallgipio (rhn), *A:* rhagod (rhn); **to be waylaid,** cael eich dal/dala, cael eich byrddio [ar y ffordd, ar yr heol].

waymark *n.* *cyfeirbwynt(-iau) *m.*

wayside *n.* ymyl *(mf)* ffordd (ymylon/ymylau ffordd/ffyrdd), ymyl heol (ymylau heol/heolydd), min *(m)* ffordd (minion ffordd/ffyrdd), min heol (minion heol/heolydd); **(to fall) by the ~,** (syrthio) wrth ymyl y ffordd, ar fin y ffordd; **~ pub,** tafarn(-au) *(f)* min ffordd; **~ flowers,** blodau'r gwrychoedd, blodau'r perthi, blodau min ffordd.

wayward *a. (a) (= stubborn):* penderfynol, cyndyn, ystyfnig, gwrthnysig, *N: occ:* di-ddweud; *(b) (= capricious):* gwamal, anwadal, di-ddal, chwit-chwat, chwim-chwam.

waywarden *n.* warden (wardeiniaid) *(m&f)* ffyrdd.

waywardly *adv.* **1.** yn benderfynol *&c.* **2.** yn wamal *&c*; **to act ~,** anwadalu, gwamalu, bwhwman.

waywardness *n. (a) (= stubbornness):* penderfynoldeb *m*, ystyfnigrwydd *m*, gwrthnysigrwydd *m*, cyndynrwydd *m*; *(b) (= capriciousness):* gwamalrwydd *m*, anwadalwch *m*, chwitchwatrwydd *m.*

wayzgoose *n.* ysbleddach *fm.*

we *pers.pron.pl.nom.* **1.** *(simple form):* ni; *S.a.* **us. 2.** *(a) in literary Welsh, and (in the spoken language) in single word answers to questions,* **we** *is expressed by the 1st. pl. ending of the verb:* **~ are,** *Lit:* ŷm, ydym, *F:* ydyn, yden, ydan, *S:* ŷn, *S: occ:* odyn, otyn; **are you? - yes ~ are,** ydych chi? - ydym; **~ could see,** gwelem; **~ may/can,** gallwn; **do you see? - ~ do;** a welwch chi? - gwelwn; **~ did,** gwnaethom *&c*; **~ two,** ni'n dau/dwy, *occ:* ni ill dau/dwy; **~ three,** ni'n tri/tair, *occ:* ni ill tri/tair; *(b) in the Biblical and older literary language the verb is preceded by* ni a + *soft mut.:* **~ know,** ni a wyddom; *(c) when* **~** *is heavily emphasized, the construction is* ni *a* + *soft mut.* or ni sydd yn *(or* sy'n), fydd yn *&c* + *vn.:* **~ say,** ni a ddywed; ni sydd yn dweud; ni sy'n dweud; **~ will decide that,** ni fydd yn penderfynu hynny; *(d) usually in spoken Welsh and often in the modern literary language, the verb is preceded by* fe *or* mi + *soft mut. and may be followed by an auxiliary pronoun,* ni: **~ shall come,** fe/mi ddown [ni]; ni *also follows* dyma, dyna, dacw; **here ~ are!** dyma ni! **here ~ come,** dyma ni'n dod; *(in distance):* dacw ni'n dod; oeddem *is preceded by* yr, 'r, *and may be reinforced by* mi *in spoken Welsh:* **~ were,** [mi] 'roeddem [ni]; *(e) questions are introduced by the particle* a + *soft mut. before the verb form, without a preceding pronoun but with a pronoun following a verb;* a *is often omitted:* **did ~ come?** [a] ddaethom ni? **didn't ~ come?** *Lit:* oni ddaethom ni? *F:* ddaethon ni ddim? **didn't ~ go?** *Lit:* onid aethom ni? *F:* aethon ni ddim? *(f) (after impersonal forms, corresponding to the passive construction):* **~ were followed,** dilynwyd ni; **will ~ be forgiven?** a faddeuir inni? **3.** *(infixed pronoun preceding the impersonal form):* 'n; **~ were seen,** fe'n gwelwyd; *aspirates vowel:* **~ were rescued,** fe'n hachubwyd ni. **4.** *(emphatic reduplicated forms): Lit:* nyni, *F:* y ni; *constructed with* a *(often omitted in speech) + soft mut. + verb, or (in present tense) with* sydd yma; **it is ~ who have to suffer,** *Lit:* nyni sy'n gorfod dioddef; *F:* [y] ni sy'n gorfod dioddef; *(N.B. no verb-subject concord).* **5.** *(conjunctive forms, translating* **and I, I also, I too,** *or to contrast with an unemphatic pronoun): Lit:* ninnau, *N:* ninna *&c*, *S:* ninne *&c*; **they took the blue and ~ took the red,** cymerasant hwy'r un glas a chymerasom ninnau'r un coch; **if you fail, ~ will fail too,** os methwch chwi, fe fethwn ninnau; **~ came too,** fe ddaethom ninnau [hefyd]; **they are as poor as ~ are,** maent hwy cyn dloted â ninnau; **as ~ were passing,** a ninnau'n mynd heibio; **~ Welsh,** ninnau'r Cymry, ni'r Cymry; **cheers! as ~ say,** hwyl! chwedl ninnau. **6. ~ all make mistakes sometimes,** mae pawb yn methu weithiau. **7.** *(royal or editorial):* ni.

weak *a. & n.* I. *a.* **1.** *(a) (in most general senses): (light, sight &c):* gwan (gweinion, gweiniaid), egwan, *occ:* gwanllyd; *(body):* gwan, egwan, eiddil, gwachul, tila; *(health):* gwan, gwachul, gwanllyd, musgrell, *N: F:* gwantan, llegach; **a ~ stomach,** stumog wan/wantan/dila; **a ~ voice,** llais gwan/egwan; **~ nerves,** nerfau gweinion; *F:* **I felt all ~ at the knees,** teimlwn yn sigledig braidd; **to feel ~,** teimlo'n wan/llegach/llesg; **to grow ~,** mynd yn wan, mynd yn wannach, gwanh|au, *occ:* gwanio, llesgáu; **~ with hunger,** gwan gan newyn; **(to feel) as ~ as a kitten,** (teimlo)'n wan fel cath, *F:* fel cadach, fel brechdan, cyn wanned â chath, cyn wanned â diod o ddŵr, *S. W:* mor wan â brwynen, mor wan â chlwtyn [llestri], 'n wan fel blewyn; *F:* **~ in the head,** penwan; **the weaker sex,** y rhyw deg *f*, y rhyw wannaf. **2.** *(a) (style):* gwan, gwanllyd, di-liw, diegni, llipa; *(decision, character):* gwan, llipa; **in a ~ moment,** ar awr wan; **s.o.'s ~ spot,** gwendid rhn, man gwan rhn; **the weaker pupils,** y disgyblion gwannach, y disgyblion llai galluog; **the weaker brethren,** y brodyr/cyfeillion gwannach; **to be ~ in French,** bod yn wan mewn Ffrangeg. **3.** *(a) (liquid):* gwan, dyfrllyd, glastwraidd; **~ tea,** te gwan, *N: occ:* te slot; *Ph:* **~ field ligand,** ligand *(m)* maes gwan; *Ph:* **~ interaction,** rhyngweithiad gwan *m.* **4.** *(a) Gram:* **~ verb,** berf wan (berfau gweinion) *f*; *(b) Pros:* **~ syllable,** sillaf wan (sillafau gweinion) *f*, sillaf ddiacen (sillafau diacen) *f.* II. *n. Coll:* **the ~,** y gwan; *(in competition &c):* y gweiniaid, y gweinion; *S.a.* **wall[1]. ~-hearted** *a.* gwangalon *(pronounced* ng-g). **~-kneed** *a.* glingam *(pronounced* ng-g); *Fig:* llipa, di-asgwrn-cefn, dibenderfyniad, lliprynnaidd, llwfr, gwangalon. **~-kneedly** *adv.* yn llipa *&c.* **~-kneedness** *n.* llipäwch *m*, llipryndod *m.* **~-minded** *a.* penwan, gwirion, hurt. **~-mindedly** *adv.* yn benwan *&c.* **~-mindedness** *n.* penwendid *m*, gwiriondeb *m*, hurtrwydd *m.* **~-nerved** *a.* nerfus, ofnus, gwangalon, anwrol, â nerfau gwan/gweinion. **~-sighted** *a.* gwan eich golwg, â golwg gwan/egwan. **~-stomached** *a.* â stumog wan, distumog, *N:* dicra. **~-willed** *a.* gwan eich ewyllys, ag ewyllys wan, dibenderfyniad, llipa.

weaken *v.t.&i.* **1.** *v.t.* gwanychu, gwanh|au (rhth); gwn|eud (rhth) yn wan; *occ:* gwanio (rhth); *I.C.E:* **to ~ the mixture,** gwanhau'r cymysgedd. **2.** *v.i.* gwanhau; *occ:* gwanio, pallu, diffygio; **his courage weakened,** pallodd/diffygiodd ei ddewrder.

weakened *a.* a waniwyd, wedi ei wanio/wanh|au, gwannach; *Phil:* **a ~ conclusion,** casgliad(-au) ysig *m.*

weakening[1] *a. (with transitive force):* gwanhaol, gwanychol; *(intransitive):* sy'n gwanh|au, gwannach.

weakening² *vn.* gwanhad *m*, gwanychiad *m*, gwanh|au *vn*, gwanio *vn.*
weakfish *n. Ich:* pysgodyn (pysgod) meddal *m.*
weakish *a.* gwannaidd, gwanllyd, gwantan.
weakling *n.* dyn gwan (dynion gweinion) *m*, merch wan (merched gweinion) *f*, llipryn(-nod) *m*, ewach(-od) *m*, swbach(-od) *m*, *N. W:* pabwyr (*m*) o ddyn, *S. W:* clerchyn (clerchod) *m*, clerchen (clerchod) *f*, llepyn *m*, shildyn *m*, shilden *f.*
weakly¹ *a.* = **weak** 1.
weakly² *adv.* yn wan *&c.*
weakness *n. (a)* gwendid(-au) *m*; *(physical):* gwendid, eiddilwch *m*; *(from ill-health):* llesgedd *m*, musgrellni *m*, gwendid; *(b) (= weak spot):* man gwan *m*; **I have a ~ for cheese,** caws yw fy ngwendid i; *N:* alla' i ddim maddau i gaws; 'rydw i'n sgut am gaws; *S.a.* **defect¹**.
weal¹ *n. Lit:* lles *m*, budd *m*; **~ and woe,** lles ac afles; **for ~ or for woe,** er gwell neu er gwaeth; **the common ~,** lles y wlad, lles y cyhoedd, y lles cyffredin.
weal² *n. (= scar):* gwr|ym (gwrymiau) *m*, ôl (olion) (*m*) chwip/ffon/ffonnod.
Weald *Pr.n. Geog:* y Weald *m.*
wealth *n.* **1.** *(= riches):* cyfoeth *m*, *Lit:* golud *m*, *occ:* modd *m*; **he's rolling in ~,** mae'n graig o arian; mae'n gefnog iawn. **2.** *(= abundance):* helaethrwydd *m*, digonedd *m*, llawnder *m*, toreth *f.* **~ tax** *n.* treth (*f*) ar gyfoeth.
wealthy *a. & n.* **1.** *a.* cyfoethog, ariannog, cefnog, da eich byd, *Lit:* goludog, *S: F:* abl. **2.** *n. Coll:* **the ~,** y cyfoethogion, y rhai cyfoethog.
wean¹ *n. Scot:* plentyn (plant) *m.*
wean² *v.t. (a)* diddyfnu, diddwyn, *N. W: F:* dyfnu, *S. W:* diddwn, tynnu; *(b)* **to ~ s.o. [away] from a bad habit,** diddyfnu rhn o arfer drwg, tynnu cast o rn.
weaner *n. (calf):* llo (lloi) (*m*) diddwyn; *(piglet):* porchell (perchyll) (*m*) diddwyn.
weaning *vn.* diddyfniad *m*, diddyfnad *m*, diddyfnu *vn*; *S.a.* **wean²**.
weanling *n.* plentyn (plant) (*m*) diddwyn.
weapon *n.* erfyn (arfau) *m*, arf(-au) *m*; **offensive ~,** erfyn niweidiol. **~-hand** *n. Fenc:* llaw(*f*)'r arf.
weaponless *a.* heb arfau, di-arf, diarfau.
weaponry *n. Coll:* arfau *pl*, arfogaeth *f.*
wear¹ *n.* **1.** *(a) (= clothes):* dillad *pl*, gwisgoedd *pl*, *occ:* dilladau *pl*; **dresses for evening ~,** gwisgoedd ar gyfer gyda'r nos; **shoes for country ~,** esgidiau i'w gwisgo yn y wlad; **clothes in ~,** dillad a wisgir fel arfer; **clothes in general ~,** dillad sydd yn y ffasiwn; *(b)* **material that can stand hard ~,** defnydd a ddeil ei dreulio/wisgo, defnydd parhaol/durol, defnydd a phara/gwisgo ynddo; **these socks still have some ~ in them,** fe bery'r sana 'ma dipyn eto; fe ellir gwisgo rhywfaint ar y sanau 'ma eto; mae peth defnydd ar ôl yn y sanau 'ma. **2. ~ [and tear],** traul *f*; **~ and tear,** ôl (*m*) traul [a gwisgo]; *Jur:* **fair ~ and tear,** traul normal/dderbyniol *f*; **this dress is the worse for ~,** mae ôl traul ar y wisg hon; **(he escaped) none the worse for ~,** (dihangodd) yn groeniach, yn ddianaf, heb fod ddim gwaeth; *F:* **I felt the worse for ~,** 'roeddwn i'n teimlo'n waeth o lawer; *F:* **I felt none the worse for ~ next day,** nid oeddwn i'n teimlo ronyn/fymryn yn waeth drannoeth.
wear² *v.t.&i.* **1.** *v.t. (clothes):* gwisgo; **she was wearing a blue frock,** 'roedd hi'n gwisgo ffrog las; 'roedd ganddi ffrog las [amdani]; **he wore a hat,** 'roedd hi'n gwisgo het; 'roedd ganddo het am ei ben (*not* ar ei ben); **she wore a belt,** 'roedd hi'n gwisgo gwregys; 'roedd ganddi wregys am ei chanol; **to ~ black,** gwisgo dillad duon, gwisgo du, bod mewn du, *occ:* *(esp. for mourning):* bod yn eich du; **to ~ a sword,** gwisgo/cario/dwyn cleddyf; **I've nothing [fit] to ~,** nid oes gennyf ddim i'w roi amdanaf; **he was wearing brown shoes,** 'roedd [ganddo] esgidiau brown am ei draed; **to ~ one's hair long,** tyfu'ch gwallt yn llaes; *F:* **mother wears the trousers in our house,** mam sy'n gwisgo'r clos yn ein tŷ ni; **to ~ one's heart on one's sleeve,** bod yn galonagored, dangos eich teimladau; **to ~ sth in one's heart,** rhoi'ch calon i rth, cario rhth yn eich calon; **she wears her age well,** mae hi'n cario'i hoed yn dda; *F:* **I won't ~ it,** chymera' i mohono; **she wore a sour look,** 'roedd golwg surbwch arni. **2.** *v.t. (= abrade):* treulio, *N:* gwisgo, *S: occ:* tynnu, *S: F:* wero; **(to ~ a coat) threadbare,** (gwisgo/treulio côt) hyd at yr edau, hyd at y cotwm; **to ~ a hole in sth,** gwneud twll yn rhth, treulio rhth yn dwll, *N:* gwisgo twll yn rhth, gwisgo rhth yn dwll, *S: F:* wero twll yn rhth; **to ~ oneself out (doing sth),** ymlâdd, eich lladd eich hun (yn gwneud rhth); **worn with anxiety,** wedi'ch blino gan ofid, gofidus; **to ~ a surface flat,** gwastatáu rhth. **3.** *(with passive force): (a) (of garment):* treulio; *(of garment):* **to ~ into holes,** treulio'n dyllau, mynd yn dyllau, gwisgo'n dyllau, mynd yn dyllog; **(to ~) threadbare,** (treulio/gwisgo) hyd at yr edau, hyd at y cotwm; *(of stone):* **to ~ smooth,** mynd yn llyfn, treulio'n llyfn, gwisgo'n llyfn; **my patience was wearing thin,** 'roeddwn bron â cholli amynedd; *(of pers.):* **I'm worn to a shadow/frazzle,** 'rwyf wedi ymlâdd; 'rwyf wedi blino'n llwyr; *N. W: F:* 'rydw i wedi fflarbio/ffagio; 'rydw i wedi blino'n racs; *S. W: F:* 'rw i wedi blino'n siwps; *(b)* **to ~ well,** *(i) (of material):* gwisgo'n dda, parh|au'n dda, para'n dda, peidio â threulio, *S. W: F:* wero'n dda; **this coat has worn well,** mae'r gôt hon wedi para'n dda; *(ii) (of pers.):* cadw'n dda, cadw'n ifanc [yr olwg], *N:* cadw'ch oed yn dda; **their friendship has worn well,** fe ddaliodd/barhaodd eu cyfeillgarwch yn dda; **it will ~ for ever,** fe bery am byth; *S. W:* mae para ynddo. **4.** *v.i.* **to ~ through the day,** para hyd derfyn y dydd. **~ away 1.** *v.t. (a) (= abrade):* treulio; **she's worn away to a shadow,** 'does dim ond cysgod ohoni; 'does ond ei chysgod ar ôl; *(b) (= efface):* dil|eu. **2.** *v.i.* treulio, *N:* gwisgo, *S: F:* wero; **to ~ away with grief,** nychu/dihoeni gan ofid; **the lettering is worn away,** mae'r llythrennau wedi gwisgo/diflannu; mae'r llythrennau wedi eu treulio/dileu; *S. W: F:* mae'r llythrennau wedi wero bant; **~ down 1.** *v.t.* **to ~ one's heels down,** treulio'ch sodlau['n ddim], *S. W: F:* wero'ch sodlau; **to ~ down the enemy,** blino'r gelyn. **2.** *v.i.* treulio. **~ off 1.** *v.t.* treulio. **2.** *v.i. (of headache &c):* mynd, diflannu. **~ on** *v.i. (of time):* treiglo, mynd heibio; **as the morning wore on,** fel yr âi'r bore ymll|aen/rhagddo; **the day wore on,** ymlusgodd y dydd i'w derfyn; aeth y dydd rhagddo. **~ out 1.** *v.t. (a)* **to ~ out one's clothes,** treulio'ch dillad yn dyllau; *(b)* **to ~ oneself out (doing sth),** ymlâdd, eich lladd eich hun (yn gwneud rhth); **to ~ oneself out with work,** gorweithio, gweithio gormod; *(c) Lit:* **to ~ out one's days in captivity,** treulio gweddill eich oes mewn caethiwed; *(d)* **to ~ out one's welcome,** difetha'ch croeso. **2.** *v.i.* treulio; *(of patience &c):* dod i ben, pallu; **material that won't ~ out,** defnydd anhreuliadwy, defnydd a bery am byth.
wear³ *v.t.&i. Nau:* gwyro rhag y gwynt.
wearable *a. (clothes):* gwisgadwy.
wearer *n.* gwisgwr (gwisgwyr) *m*, g|wisgwraig *f*; **clothes too heavy for the ~,** dillad rhy drwm i'w gwisgo.
weariless *a.* diflino.
wearily *adv.* yn flinedig *&c.*
weariness *n.* **1.** blinder *m*, lludded *m.* **2.** *(= boredom):* diflastod *m*, syrffed *m* **(of sth,** ar rth).
wearing *a. & vn.* **1.** *a.* = **wearisome; a very ~ day,** diwrnod diflas/blinderus iawn, lladdfa (*f*) o ddiwrnod. **2.** *vn.* = **wear²; ~ apparel,** dillad *pl.*
wearisome *a.* diflas, blinderus, blin.
wearisomely *adv.* yn ddiflas *&c.*
wearisomeness *n.* diflastod *m.*
weary¹ *a.* **1.** blinedig, wedi blino, *Lit:* lluddedig, llesg; *F:* **a ~ Willie,** diogyn(-nod) *m*; **he's a ~ Willie,** *S: occ:* mae Lorens/Lawrens ar ei gefen e. **2.** wedi'ch diflasu; **she was ~ of life,** 'roedd hi wedi diflasu/blino ar fywyd; 'roedd hi wedi cael digon ar fyw; 'roedd hi wedi hen alaru ar fyw; **to grow ~ of waiting,** blino/alaru ar ddisgwyl. **3.** *(= tiring):* blinderus, blinderog, llafurus.
weary² *v.i.&t.* **1.** *v.i.* blino; **to ~ (of doing sth),** blino (ar rth, ar wneud rhth); **to be ~ of s.o.,** diflasu ar gwmni rhn. **2.** *v.t. (a)* blino; *Lit: occ:* lluddedu; *(b)* **she wearies me with her complaints,** mae hi'n fy niflasu â'i chwynion; mae ei chwynion yn fwrn arnaf i.
wearying *a.* = **wearisome.**
wearyingly *adv.* = **wearisomely.**
weasand *n. A:* = **windpipe, gullet.**
weasel¹ *n. Z:* gwenci (gwencïod) *f*, bronwen(-nod) *f.* **~-faced** *a.* trwynfain, ag wyneb main, gwencïaidd [yr olwg], â golwg wenci. **~'s snout** *n. Bot:* = **snapdragon (lesser). ~-word** *n. N. W: occ:* gair (geiriau) slec *m.*
weasel² *v.i.* **to ~ out of a duty,** osg|oi dyletswydd; **to ~ on a debt,** osgoi talu dyled.

weather[1] *n. (a)* tywydd *m (occ: f in N.W.), Lit: occ:* hin *f; S.a.* **clerk 3; in all weathers,** ym mhob tywydd, ar bob tywydd, yn y gwynt a'r glaw; **it's great ~,** mae'n wych o dywydd; mae'n dywydd gwych (*not* tywydd mawr *which = foul weather*); **fine ~,** tywydd teg, *N:* tywydd braf, *S:* tywydd ffein, *Lit:* hindda *f,* hinon *f;* **bad ~, foul ~,** tywydd mawr, tywydd garw, tywydd gwael, *N:* tywydd budr, tywydd sobor, *N.W: occ:* andywydd *m,* tywydd gwan, *occ:* tywydd cymysglyd, *S.W:* tywydd ffrit, camdywydd *m;* **in spite of bad ~,** er gwaetha'r tywydd; **if there's a break in the ~,** os bydd y tywydd yn newid, os try'r tywydd; **in such ~, in this ~,** yn/ar y fath dywydd; **under stress of ~,** oherwydd y tywydd, oherwydd stormydd; **~ permitting,** os bydd y tywydd yn caniatáu, os bydd hi'n braf; *(b) Nau:* **heavy ~,** tywydd mawr, tywydd garw, *N:* tywydd budr; *(of ship):* **to make heavy/bad ~ of it,** stryffaglio, mynd i drafferth; **the ship made good/bad ~ of it,** daeth y llong drwyddi'n dda/wael; *(of pers.):* **to make heavy ~ of sth,** cael trafferth [yn] gwneud rhth, bustachu/stryffaglio/chwysu gwneud rhth; *(c) F:* **she's under the ~,** 'dyw hi ddim yn teimlo'n rhy dda; mae hi dan y don; *N.W: F:* mae hi'n teimlo'n gwla/giami; *N.E: F:* mae hi'n teimlo'n farwaidd; *(d) Nau:* **= windward;** *Fig:* **to keep a ~ eye open,** gwylio'n ofalus, bod â llygad ar eich ysgwydd. **~-beam** *n. Nau:* **on the ~-beam,** o gyfeiriad y gwynt. **~-beaten** *a.* **1.** curiedig gan y tywydd, ag ôl tywydd; *(coast &c):* drycinog. **2.** *(a) (complexion):* o liw'r tywydd, â lliw tywydd; *(b) (timber &c):* hindreuliedig. **~-board** *n.* [e]styllen *(f)* ddŵr ([e]styllod dŵr), *S.W: occ:* arffed(- au) *f,* gwaddan (gwaddnau) *mf.* **~-bound** *a.* caeth gan y tywydd, wedi'ch dal/rhwystro gan y tywydd. **~-box** *n.* **= weather-house. ~ bulletin** *n.* **= weather report. ~-bureau, ~-centre** *n.* swyddfa *(f)* dywydd (swyddf|eydd tywydd). **~-chart** *n.* map(-iau) *(m)* tywydd. **~-contact, ~-cross** *n. Tp:* croesgyffwrdd *(m)* o achos tywydd. **~-deck** *n. Nau:* dec(-iau) agored *m.* **~-dog** *n. Meteor:* ci (cŵn) *(m)* drycin. **~ forecast** *n.* rhagolygon *(pl)* y tywydd; **and now the ~ forecast,** ac yn awr y tywydd; **what's the ~ forecast?** beth maen' nhw'n ei addo? **~ forecaster** *n.* proffwyd(-i) *(m)* tywydd, *F:* dyn(-ion) *(m)* tywydd. **~-gall** *n.* **= weather-dog. ~-gauge** *n. Nau:* mantais *(f)* y gwynt. **~-glass** *n.* **= barometer. ~-house** *n.* tŷ (tai) *(m)* dweud tywydd, *F:* tŷ Siôn a Siân. **~-map** *n.* **= weather-chart. ~-moulding** *n.* **= dripstone. ~ prophet** *n.* proffwyd(-i) *(m)* tywydd. **~ report** *n.* adroddiad(-au) *(m)* tywydd. **~-service** *n.* gwasanaeth(-au) *(m)* tywydd. **~-ship** *n.* llong *(f)* dywydd (llongau tywydd). **~-shore** *n. Nau:* glan *(f)* y gwynt. **~-station** *n.* gorsaf *(f)* dywydd (gorsafoedd tywydd). **~-strip[1]** *n.* stribyn(-nau) diddos *m.* **~-strip[2]** *v.t.* stribynnu (rhth) rhag tywydd. **~-stripping** *n. Coll:* stribynnau diddos *pl.* **~-tile** *n.* teilsen ddiddos (teils diddos) *f.* **~-vane** *n.* **= weathercock. ~-wise** *a.* hinddoeth, hingall (*pronounced* ng-g), hinddaroganol. **~-worn** *a.* hindreuliedig, ag ôl tywydd.

weather[2] *v.t.&i.* **1.** *v.t. Geol:* hindreulio. **2.** *Nau: (a)* **to ~ a headland,** mynd heibio i benrhyn, hwylio y tu gwyntog i benrhyn; *(b) Nau:* **to ~ [out] a storm,** dod drwy storm; *Fig:* **to ~ the/a storm,** dod drwy'r gwaethaf, dod drosti, dod drwyddi, *F:* ei weddro hi. **3.** *Const: Carp:* dal tywydd; **to ~ tiles,** gord|oi teils; **4.** *v.i. (a) (of rock):* hindreulio, treulio [gan dywydd, o achos tywydd]; *(b) (of copper):* magu croen, croenio.

weatherboarding *n. Const:* estyll *(pl)* tywydd.

weatherclock *n.* cloc(-iau) *(m)* tywydd, Siôn *(m)* a Siân *f.*

weathercock *n. (a)* ceiliog(-od) *(m)* [y] gwynt; *(b) F: (pers.):* Sioni *(m)* bob ochr; **to be a ~,** bod/troi/anwadalu fel ceiliog gwynt, troi gyda'r gwynt, cael eich chwythu gan bob gwynt/awel, troi fel cwpan mewn dŵr.

weathered *a.* ag ôl tywydd, hindreuliedig.

weathering *vn. Geog:* hindreuliad *m,* hindreulio. **~ agent** *n.* cyfrwng (cyfryngau) *(m)* hindreulio.

weatherliness *n. Nau:* agosrwydd *(m)* i'r gwynt.

weatherly *a. Nau:* agos i'r gwynt.

weatherman *n.m. F:* dyn(-ion) [y] tywydd.

weatherproof[1] *a.* diddos, diogel rhag tywydd garw, gwrthdywydd.

weatherproof[2] *v.t.* diddosi (rhth), diogelu (rhth) rhag tywydd garw.

weatherproofing *vn.* diddosiad *m,* diddosi *vn.*

weatherproofness *n.* diddosrwydd *m,* diogelwch *(m)* rhag tywydd.

weatherside *n. Nau:* tu(*m*)'r gwynt, y tu gwyntog *m.*

weave[1] *n. Tex:* gwead(-au) *m,* gwehyddiad(-au) *m,* gwe(-oedd) *f;* **basket ~,** gwehyddiad basged; **corded ~,** gwehyddiad cordynnog; **even ~,** gwehyddiad llyfn; **herring-bone ~,** gwehyddiad asgwrn pennog/pysgodyn; **jacquard ~,** gwehyddiad ***jacquard***; **looped ~,** gwehyddiad dolennog; **patterned ~,** gwehyddiad patrymog; **plain ~,** gwehyddiad plaen; **pile ~,** gwehyddiad peil; **rib ~,** gwehyddiad rhesog; **satin ~,** gwehyddiad satin; **twill ~,** gwehyddiad caerog.

weave[2] *v.t.&i.* **1.** *v.t. (a) Tex:* gwehyddu; *(b) Fig:* **to ~ a plot,** gwau/gweu plot, cyfrodeddu plot, eilio plot; **a skilfully woven plot,** plot cywrain [ei wead], plot o wead cywrain; *Poet:* **to ~ a poem,** eilio cerdd; **to ~ a spell,** bwrw hud; *(c) (garland, basket osiers):* plethu, *Lit: occ:* eilio, bangori (*pronounced* ng-g); *(d) Box:* gwau; *(e) Danc:* gwau; **weaving in Lord of Caernarfon,** gwau drwy'r gwŷdd; **weaving in Oswestry Wake,** gwau igam-ogam. **2.** *v.i. (a) Tex:* mynd yn wehydd, dilyn crefft gwehydda; *(b)* **to ~ through the traffic,** gwau trwy'r traffig; *Aut:* **weaving section,** rhan(-nau) *(m)* gweu; *(c) F:* **to get weaving,** mynd ati, bwrw iddi, gafael ynddi, ymr|oi iddi; **get weaving!** dos (ewch) ati! hai ati! *N.W: F: occ:* ceirch iddi! tân arni!

weaver *n.* **1.** *Tex:* gwëydd (gweyddion) *m,* gwehydd(-ion) *m,* gwehyddes(-au) *f.* **2.** *Lit:* **a ~ of poetry,** plethwr (plethwyr) *(m)* cerddi, eiliwr (eilwyr) *(m)* cân/cerdd. **~[-bird]** *n. Orn:* gwehydd(-ion) *m.* **~'s knot/hitch** *n.* cwlwm *(m)* gwehydd.

weaving *vn. & n.* **1.** *vn.* **= weave[2]. 2.** *n. (as profession):* gwehyddiaeth *f,* gwehydda *vn.*

web[1] *n.* **1.** *Tex:* gwe(-oedd) *f;* **a ~ of lies,** rhaff *(f)* o gelwyddau. **2. = cobweb. 3.** *Nat.Hist:* gwe. **4.** *Tchn:* gwe, plât (platiau) *m;* **lead ~,** gwe blwm (gweoedd plwm). **5.** *Paperm:* rholyn (rholiau). **~-fingered** *a. Z:* gwe-fyseddog. **~-fingers** *n.pl.* bysedd gweog, *F:* bysedd hwyaden. **~-foot** *n.* troed (traed) *(m)* gweog, cyfandroed (cyfandraed) *m, F:* troed hwyaden. **~-footed, ~-toed** *a.* troedweog, cyfandroed. **~-offset** *n. Typ:* gwe-offset *m.* **~-press** *n. Typ:* gwasg *(f)* roliau (gweisg rholiau). **~-spinner** *n. Ent:* gwe-nyddwr (~-nyddwyr) *m.* **~-wheel** *n.* olwyn(-ion) undarn *f,* olwyn weog (olwynion gweog). **~-worm** *n. Ent:* lindysyn (lindys) gweog *m.*

web[2] *v.t.* (= *cover with web*): gorchuddio (rhth) [â gwe].

webbed *a.* gweog.

webbing *n.* webin(-au) *m.* **~-stretcher** *n.* estynnwr (estynwyr) *(m)* webin.

webby *a.* gweog, fel gwe.

weber *n. Magn: Meas:* weber(-au) *m.*

webfed *a. Typ:* rholborthedig.

webfoot *n.* anifail (anifeiliaid) troedweog *m.*

weblace *n. Tex:* chwiplas *m.*

weblike *a.* gweog, fel gwe.

Websterian *a. Lit:* Websteraidd.

Webtree *Eng.Pl.n.* Anergyng *f.*

wed[1] *v.t.&i.* **1.** *v.t. (a)* priodi (rhn, â rhn), *Lit: occ:* ymbriodi (â rhn); *(b) (of priest):* priodi; **to ~ a couple,** priodi pâr/deuddyn; *(of parent):* **to ~ a daughter,** rhoi merch mewn priodas, rhoi merch i'w phriodi; *(c)* **to ~ two qualities,** cyfuno dau/dwy ansawdd; **I'm wedded to this opinion,** 'rwyf yn dal y farn hon yn ddiysgog. **2.** *v.i.* priodi, ymbriodi.

wed[2] *p.p.* **1.** *a.* priod, wedi priodi. **2.** *n.pl.* **newly-weds,** pâr (parau) *(m)* newydd briodi; **the happy newly-weds,** y ddeuddyn ddedwydd *f.*

we'd *v.* = *(i)* **we had,** *See* **have[2]**; *(ii)* **we would,** *See* **will[3]**.

wedded *a.* **1.** priod; **my [lawful] ~ wife,** fy ngwraig briod [gyfreithlon]. **2.** *(life, bliss):* priodasol. **3.** *Fig:* **to be completely ~ to an opinion,** bod yn hollol gaeth i farn, glynu wrth farn; **he was ~ to the cause,** 'roedd yn gwbl ymroddedig i'r achos.

wedding *n.* priodas(-au) *f;* **diamond ~,** priodas ddeimwnt *&c* (priodasau deimwnt *&c*); **golden ~,** priodas aur/euraid; **ruby ~,** priodas ruddem (priodasau rhuddem); **silver ~,** priodas arian. **~ anniversary** *n.* pen-blwydd (penblwyddi) *(m)* priodas; **our ~ anniversary,** pen-blwydd ein priodas. **~ bells** *n.pl.* clychau priodas, *Lit: occ:* clych priodas. **~ breakfast** *n.* neithior(-au) *f,* gwledd *(f)* briodas (gwleddoedd priodas). **~ cake** *n.* cacen *(f)* briodas (cacennau/cacenni priodas), teisen *(f)* briodas (teisennau/teisenni priodas). **~ card** *n.* cerdyn (cardiau) *(m)* priodas, *S:* carden *(f)* briodas (cardiau priodas). **~ day** *n.* diwrnod(-iau) *(m)* priodas, dydd(-iau) *(m)* priodas; **our ~ day,** dydd/diwrnod ein priodas. **~ dress** *n.* gwisg *(f)* briodas (gwisgoedd priodas). ~ **feast** *n.* = **wedding breakfast**. ~ **guest** *n.* gwestai (gwesteion) *(m&f)* [priodas]; *pl.* gwahoddedigion [priodas]. ~ **march** *n. Mus:* ymdeithgan briodasol (ymdeithganau priodasol) *f.* ~ **night** *n.* noson/nos (nosweithiau) *(f)* priodas, noson gyntaf priodas (nosweithiau cyntaf priodasau). ~ **present** *n.* anrheg *(f)* briodas (anrhegion priodas), *F:* presant(-au) *(m)* priodas. ~ **reception** *n.* = **wedding breakfast**. ~ **ring** *n.* modrwy *(f)* briodas (modrwyau priodas).

wedeln¹ *v.i. Ski:* tinsiglo.

wedeln² *n. Ski:* tinsiglad *m.*

wedge¹ *n.* **1.** *Tchn: Mec.E:* lletem(-au) *f*, cŷn (cynion) *m*, *S:* gaing (geingiau) *f*, *S.E:* gwrthaing (gwrtheingiau) *f*; **splitting** ~, cŷn hollt; **to drive in a** ~, gyrru cŷn; *Fig:* **to drive a** ~ **between two factions**, gyrru hollt rhwng dwy garfan; hollti dwy garfan; *Fig:* **the thin end of the** ~, blaen *(m)* y gyllell. **2.** *(a) (of cake &c):* talp(-iau) *m*, darn(-au) *(m)*, cwlffyn (cylffau) *m*, *S: occ:* gaing, sleisyn (sleisys) *m*; *(of a tennis-racket):* triongl(-au) *m*; *(b)* **the seats are arranged in wedges**, mae'r seddau wedi'u trefnu'n drionglau; *(c) Golf:* lletem. ~**-heel** *n. Bootm:* sawdl (sodlau) *(mf)* lletem. ~**-heeled** *a.* â sawdl lletem. ~**-shaped** *a.* trionglog, lletemffurf, deufin, geingffurf, cynffurf; *S.a.* **chisel¹**. ~**-shell** *n. Conch: (Donax variegatus):* cragen *(f)* letem fraith (cregyn lletem brith); **banded** ~**-shell**, *(D. vittatus):* cragen letem gylchog (cregyn lletem cylchog), ewin *(m)* y Forwyn, ewin Fair. ~**-tailed** *a. Orn:* cynffonfain, cynffon letem, â chynffon letem.

wedge² *v.t.* **1.** *Tchn:* lletemu (rhth), rhoi lletem (dan rth, yn rhth); **to** ~ **a wheel**, rhoi gwadn *(mf)* dan olwyn, rhoi sbrag *(m)* dan olwyn, *N.W:* strocio olwyn, rhoi stroc *(m)* dan olwyn, rhoi strocen *(f)* dan olwyn. **2. to** ~ **[up] a piece of furniture**, rhoi gwadn/pren dan un pen i ddodrefnyn; **to** ~ **open a door**, rhoi plocyn i ddal drws ar agor. **3. to** ~ **sth in sth**, gwthio rhth i rth; **I was wedged in (between two others)**, 'roeddwn i wedi fy ngwasgu'n dyn[n], 'roeddwn i'n sownd (rhwng dau arall). **4. to** ~ **sth apart**, gyrru rhth ar wahân. **5.** *Cu:* torri (rhth) yn lletemau.

wedged *a.* **1.** = **wedge-shaped**. **2.** *(= jammed):* yn sownd, wedi ei wasgu, wedi ei ddal.

wedging *n.* lletemiad(-au) *m.*

wedgy *a.* lletemaidd.

wedlock *n. Jur:* priodas *f*, y stad briodasol *f*; **he was born out of** ~, plentyn anghyfreithlon ydyw; *F:* plentyn siawns ydyw.

Wednesday *n.* dydd(-iau) *(m)* Mercher, Mercher(-au) *m*; **on Wednesdays**, ar ddydd Mercher; **every** ~, bob dydd Mercher; **Ash** ~, dydd Mercher y Lludw.

wee¹ *a. F:* bychan *(f.* bechan, *pl.* bychain), bach; **a** ~ **bit**, tamaid (tameidiau) [bach] *m*, mymryn [bach] *m*, y mymryn lleiaf, tameidyn *m*; **a** ~ **drop of whiskey**, llond *(m)* llygad 'deryn o wisgi, y diferyn *(m)* lleiaf o wisgi, joch bach/fach *(mf)* o wisgi, llymaid bach *(m)* o wisgi. **W~ Frees** *n.pl. Rel:* y ***Wee Frees***.

wee², **wee-wee** *n.* & *v.i.* **1.** *n.* pi-pi *m*, wi-wi *m*; **to have a** ~, [gwn|eud] pi-pi, [gwneud] wi-wi. **2.** *v.i.* [gwneud] pi-pi, [gwneud] wi-wi.

weed¹ *n.* **1.** *Bot:* chwynnyn (chwyn) *m*, *S.W: (in corn):* ffwcsyn (fflwcs) *m*; **a little** ~, *N.W: occ:* chwynogyn *m.* **2.** *F:* = **tobacco, marijuana**. **3.** *(pers.):* llipryn(-nod) [main] *m*, ewach(-od) *m*, llyng[h]yryn (llyng[h]yrod) *m*, *N.W: occ:* slingyn *m*, stringyn *m*, clùl main *m*, clulbo *m*; *S.a.* **runt 2**. ~**-grown** *a.* llawn chwyn, *occ:* chwynllyd, chwynnog. ~**-killer** *n.* chwynladdwr (chwynladdwyr) *m*, peth(-au) *(m)* lladd chwyn.

weed² *v.t.&i.* **1.** *v.t.* chwynnu, *Lit: occ:* chwynogli; **to** ~ **out weak candidates**, chwynnu ymgeiswyr gwan, *occ:* cwlio ymgeiswyr gwan; **to** ~ **out the bad [from the good]**, nithio'r/didoli'r drwg oddi wrth y da. **2.** *v.i.* chwynnu, tynnu chwyn, *Lit: occ:* chwynogli.

weeder *n.* chwynnwr (chwynwyr) *m*, chw|ynwraig *f*, *Lit: occ:* chwynoglwr (chwynoglwyr) *m.*

weediness *n.* **1.** *(of garden &c):* cyflwr chwynnog *m*, chwynogrwydd *m.* **2.** *(of pers. &c):* eiddilwch *m*, meinder *m*, llipryndod *m.*

weeding *vn.* chwyniad(-au) *m*, chwynnu. ~**-hook** *n.* chwynnogl (chwynoglau) *mf.*

weedless *a.* di-chwyn, rhydd o chwyn.

weedlike *a.* chwynnaidd, chwynnog, fel chwyn, tebyg i chwyn.

weeds *n.pl. O:* **[widow's]** ~, gwisg ddu *f*, gwisg(-oedd) *(f)* galar, galarwisg(-oedd) *f.*

weedy *a.* **1.** *(garden &c):* llawn chwyn, *occ:* chwynnog, chwynllyd. **2.** *(pers., horse):* eiddil, tila, main, lliprynnaidd; **a** ~ **pers.**, *See* **weed¹ 3**.

week *n.* wythnos(-au) *f*; ~ **in**, ~ **out**, o wythnos i wythnos, wythnos ar ôl wythnos, y naill wythnos ar ôl y llall, wythnosau bwygilydd; **(I haven't seen him) for weeks**, *U.S:* **in weeks**, ('dwyf i ddim wedi'i weld) ers wythnosau; **a** ~ **of Sundays**, tragwyddoldeb *m*; **never in a** ~ **of Sundays/weeks**, byth bythoedd, hyd ddydd Sul y pys; *B:* **feast of weeks**, gŵyl *(f)* yr wythnosau; *Ecc:* **Easter W~**, Wythnos y Pasg; *Ecc:* **Holy W~, Passion W~**, yr Wythnos cyn y Pasg, yr Wythnos Gysegredig; *F:* yr Wythnos Fawr; *P:* **to knock s.o. into the middle of next** ~, bwrw rhn yn bedwar, dyrnu rhn yn galed, dyrnu rhn nes ei fod yn canu/cletsian, rhoi anferth o ddyrnod i rn; **once/twice a** ~, unwaith/ddwywaith yr wythnos; **every** ~, bob wythnos; **within a** ~, o fewn [yr] wythnos, cyn pen [yr] wythnos; **a** ~ **from now, today** ~, **in a** ~**'s time**, wythnos i heddiw, ymhen yr wythnos; **tomorrow** ~, wythnos i yfory; **yesterday** ~, wythnos i ddoe; **Tuesday** ~, wythnos i ddydd Mawrth; **in a** ~ **or so**, ymhen rhyw wythnos, ymhen wythnos neu ddwy, ymhen wythnos neu bythefnos; **in six weeks time**, ymhen chwe wythnos; **a** ~ **ago today**, wythnos i heddiw, wythnos union yn ôl; **(I'm taking) a week's holiday, a** ~ **off**, ('rwyf am gymryd/gael) wythnos o wyliau; **to be paid by the** ~, cael cyflog bob/fesul wythnos, cael eich talu yn ôl yr wythnos; **I never go there in the** ~, fyddaf i byth yn mynd yno yn ystod yr wythnos. ~**-long** *a.* gydol yr wythnos, drwy'r wythnos. ~**-night** *n.* = **weeknight**.

weekday *n.* dydd(-iau) *(m)* o'r wythnos, diwrnod *(m)* o'r wythnos (diwrnodiau'r wythnos), *occ:* dydd/diwrnod gwaith; **on weekdays**, yn ystod yr wythnos, *occ:* ar ddyddiau gwaith. ~ **evening** *n.* noson/noswaith *(f)* waith (nosweithiau gwaith), noson/noswaith o'r wythnos.

weekend¹ *n.* penwythnos(-au) *m*; **over the** ~ dros y Sul, fwrw'r Sul; **to spend a** ~ **in a place**, bwrw'r Sul mewn lle; **to have one's weekends free**, cael y Sadwrn a'r Sul yn rhydd, cael eich bwrw Suliau'n rhydd. ~ **bag** *n.* bag(-iau) *(m)* penwythnos, bag dros y Sul. ~ **cottage** *n.* tŷ (tai) *(m)* haf, tŷ bwrw Sul. ~ **return** *n. Rail:* tocyn(-nau) *(m)* dros y Sul.

weekend² *v.i.* bwrw'r Sul, treulio'r penwythnos.

weekender *n.* **1.** *(pers.):* ymwelydd (ymwelwyr) *(m)* dros y Sul. **2.** = **weekend bag**.

weekends *adv.* dros y Sul[-iau], fwrw'r Sul[-iau].

weekly *a., n. & adv.* **1.** *a. (a) (payment, visit &c):* wythnosol; *(b) Sch:* ~ **boarder**, lletywr (lletywyr) *(m)* am wythnos. **2.** *n.* wythnosolyn (wythnosolion) *m*, papur(-au) wythnosol *m.* **3.** *adv.* yn wythnosol, bob wythnos, fesul wythnos; **twice** ~, ddwywaith yr wythnos; **(to be paid)** ~, (cael tâl) bob wythnos, fesul wythnos, yn ôl yr wythnos.

weeknight *n.* noson/noswaith *(f)* waith (nosweithiau gwaith), noson o'r wythnos.

weeknights *adv.* ar noson waith, ar nosweithiau gwaith, gyda'r nos yn ystod yr wythnos.

weekwork *n. Hist:* wythnoswaith *m.*

ween *v.t. A: Poet:* tybio, tebygu, meddwl.

weeny *a. F: See* **teeny-weeny**. ~**-bopper** *n. F:* crotes(-i) *f*, croten(-nod) *f*, p|opwraig fechan (popwragedd bychain) *f.*

weep¹ *n.* **to have a good** ~, wylo dagrau'n lli, *S:* llefain y glaw, *N:* crio'n iawn, crio llond bol; **to have a little** ~, colli deigryn, wylo deigryn. ~**-hole** *n.* = **weeping-hole**.

weep² *v.i.&t.* **1.** *v.i.* wylo, *S:* llefain (*usu. pronounced* llefen), *Lit:* wylofain; *S.a.* **cry²**; **to** ~ **bitterly**, wylo dagrau hallt, *Lit:* wylo'n chwerw dost; **to** ~ **for joy**, wylo o/gan lawenydd; **to** ~ **buckets**, beichio wylo, wylo fel y glaw, wylo'r dagrau'n lli, *S:* llefain y glaw; **to** ~ **for s.o.**, wylo ar ôl rhn; **no one will** ~ **for him**, ni bydd neb yn wylo ar ei ôl; *B:* ~ **not; she is not dead but sleepeth**, nac wylwch; nid marw hi, eithr cysgu y mae; **Jesus wept**, *(i) B:* yr Iesu a wylodd; *(ii) int. V:* Iesu Grist! Iesu Gwyn! *N:* Duw o'r Sowth! **that's nothing to** ~ **over/about**, nid yw hynny'n werth colli dagrau drosto; **to** ~ **for one's lost youth**, galaru/wylo dros eich ieuenctid coll; **it's enough to make you** ~, mae'n ddigon i dorri'ch calon chi; **I could have wept to see it**, 'roeddwn i bron â thorri 'nghalon o'i weld; *(b) (of wall, rock):* chwysu, nawsio; *(of tree, sore):* diferu; **the smoke was making my eyes** ~, 'roedd y mwg yn tynnu dŵr o'm llygaid. **2.** *v.t.* **to** ~ **tears of joy**, wylo dagrau o lawenydd; **to** ~ **oneself to sleep**, mynd i gysgu dan wylo, mynd i gysgu yn eich dagrau; **to ~ one's heart/eyes out,** wylo'ch calon/enaid; **to ~ away the time,** treulio'ch amser yn wylo.

weeper *n.* **1.** *(mourner, statue):* galarwr (galarwyr) *m*, gal|arwraig (galarwragedd) *f*, wylwr (wylwyr) *m.* **2.** *pl. Cost: Hist:* dillad (*pl*) galar, arwydd(-ion) (*m*) galar. **3.** *pl. (= sidewhiskers):* locsyn (locsys) *m.* **4.** *Z:* **= capuchin monkey. 5. = weeping-hole.**

weepie *n.* llun(-iau) dagreuol *m*, ffilm ddagreuol (ffilmiau dagreuol) *f.*

weeping[1] *a.* **1.** *(child &c):* wylofus, sy'n wylo, mewn dagrau; *Bot:* **~ willow,** helygen wylofus (helyg wylofus). **2.** *(wall, rock, tree):* diferol; **3.** *Med:* **~ eczema,** |ecsema diferol *m.* **4.** *Hist:* **~ cross,** croes(-au) (*f*) wylofain, croes benyd (croesau penyd); *Fig:* **to come home by ~ cross,** dychwelyd yn edifar. **~ widow** *n. Fung:* dagrau(*pl*)'r weddw.

weeping[2] *vn.* **1.** wylo, wylofain, *S:* llefain, *N: F:* crïo, dagrau *n.pl.* **2.** *(of wall &c):* diferu *vn*, diferiad *m*, chwysu *vn*, chwysiad *m*, nawsiad *m.* **~-hole** *n.* twll (tyllau) (*m*) diferu.

weepy *a. F: (eyes):* dagreuol, llaith, llawn dagrau; *(film &c):* dagreuol, dagreullyd.

weever *n. Ich:* pysgodyn (pysgod) (*m*) bwyell, môr-wiber(-od) *f*, *N: F:* pysgodyn wyallt; **greater ~,** *(Trachinus draco):* môr-wiber fawr (~-wiberod mawrion) *f*, y wiber fôr fwyaf (y gwiberod môr mwyaf); **lesser ~,** *(T. ripera):* môr-wiber fach (~-wiberod bychain), y wiber fôr leiaf (y gwiberod môr lleiaf).

weevil *n. Ent:* gwiddonyn (gwiddon) *m*, euddonyn (euddon) *m*, gwyfyn(- od) (*m*) yr ŷd; *pl.* **weevils,** euon; **grain ~,** gwiddonyn ŷd; **pea/bean ~,** gwiddonyn pys; **rice ~,** gwiddonyn reis.

weeviled, weevily *a.* llawn gwiddon, gwiddonllyd.

weft *n. Tex:* **1.** *(a)* anwe(-oedd) *f*; *(b)* **~ [yarn],** edau groes (edafedd croes) *f*; *S.a.* **warp[1]. 2.** *(= something woven):* gwead (*m*) brethyn (gweadau brethynnau). **3.** *Basketmaking:* stribedi (*pl*) llanw. **~ threads** *n.pl.* edefion anwe. **~-knitted** *a.* croes-weëdig.

weigela *n. Bot:* weigela(-s) *m.*

weigh[1] *n. Nau:* **to get a ship under ~,** hwylio, cychwyn.

weigh[2] *v.t.&i.* **1.** *v.t. (a)* pwyso, *occ:* cloriannu, tafoli, mantoli; **to ~ sth in one's hand,** pwyso rhth yn eich llaw, *N.W: occ:* symio/swmio rhth, *S.W:* swmpo rhth; *(b)* **to ~ one's words,** pwyso a mesur eich geiriau, dewis a dethol eich geiriau; **to ~ sth in one's mind,** ystyried rhth, pwyso a mesur rhth yn eich pen; **to ~ every penny carefully,** edrych yn llygad y geiniog; *(c) Nau:* **to ~ anchor,** codi angor. **2.** *v.i. (a)* pwyso; **to ~ heavy/light,** pwyso'n drwm/ysgafn; **it weighs two kilos,** mae'n pwyso dau gilo; *(b)* **it's weighing on my mind,** mae'n pwyso ar fy meddwl; mae'n faich arnaf; **to ~ heavily on the finances,** bod yn dreth ar y boced, tyllu'r boced; *(c)* **that doesn't ~ with me,** 'dyw hynny fawr o bwys gen i; **the point that weighs with me is . . .,** y peth sy'n cyfrif gen i yw . . . . **~ down** *v.t.* **1. to ~ down the scales,** troi'r glorian, troi'r dafol. **2. they weighed the body down with stones,** rhoed cerrig yn bwysau wrth y corff; **she was weighed down with parcels,** 'roedd hi dan ei baich/phwn o barseli; **the branch was weighed down by fruit,** yr oedd y gangen yn plygu dan bwysau'r ffrwythau; yr oedd y gangen yn drymlwythog o ffrwythau; *S:* yr oedd y gangen yn pyngad o ffrwythau. **I was weighed down by heavy responsibilities,** yr oedd cyfrifoldebau trymion yn fy llethu i; **to be weighed down by sorrow,** bod dan faich o dristwch, bod mewn galar llethol, cael eich llethu gan alar. **~ in[1]** *v.i. (a) (of jockey, boxer):* pwyso; *(b) F: (of pers.):* bwrw iddi, mynd ati; **to ~ in,** *(with an argument &c):* dwyn dadl ymlaen, cyflwyno dadl, torri ar draws sgwrs gyda dadl; **to ~ in with a contribution to a fund,** dod i'r bwlch gyda chyfraniad at gronfa. **~-in[2]** *n. Box: Turf:* pwyso *vn*; **(he was 12 stone) at the ~-in,** (yr oedd yn ddeuddeg stôn) yn y pwyso, wrth ei bwyso. **~ out** *v.t.* pwyso mesur (o rth). **~ up** *v.t. F:* pwyso a mesur, ystyried, *occ:* cloriannu, tafoli; **to ~ s.o. up,** mesur hyd a lled rhn, pwyso a mesur rhn, *N.W: occ:* mesur troed rhn. **~-beam** *n.* trawst(-iau) (*m*) pwyso; *S.a.* **steelyard. ~-house** *n.* tŷ (tai) (*m*) pwyso, pwysdy (pwysdai) *m.* **~-lock** *n. Hyd.E:* loc (*f*) bwyso (lociau pwyso).

weighable *a.* pwysadwy.

weighbridge *n.* pont (*f*) bwyso (pontydd pwyso), pont dafol (pontydd tafol).

weighed *a.* wedi'i bwyso.

weigher *n.* pwyswr (pwyswyr) *m.*

weighing *vn.* **1.** *(a)* pwyso; *(b)* **~-in,** *(of jockey, boxer):* pwyso; **~-in room,** ystafell bwyso (ystafelloedd pwyso). **2.** *Nau: (of anchor):* codi. **~ enclosure** *n. Turf:* corlan (*f*) bwyso (corlannau pwyso). **~-machine** *n.* peiriant (peiriannau) (*m*) pwyso.

weighman *n.m.* pwyswr (pwyswyr).

weight[1] *n.* **1.** *(a)* pwysau *m or pl*; **to feel/try the ~ of sth,** clywed pwysau rhth, *S.W:* swmpo rhth; **to sell by ~,** gwerthu wrth y pwysau, gwerthu yn ôl y pwysau; **to give good/short ~,** rhoi pwysau hael/byr; **to be of full ~,** bod yn ei bwysau; **it's ten pounds in ~,** mae'n pwyso deg pwys; mae'n ddeg pwys; **it's worth its ~ in gold,** mae'n werth ei bwysau mewn aur; **what a ~!** dyna drwm! am drwm! dyna bwysau! am bwysau! *(of pers.):* **to lose ~,** colli pwysau, teneuo, meinio, *N: occ:* gwisgo, curio, *S.E:* tynnu pwysau i lawr; **to gain ~, to put on ~,** ennill pwysau, tewh|au, tewychu, *N.W:* twchu (*not* rhoi pwysau ymlaen); **to cut down the ~ of sth,** ysgafnu/ysgafnh|au rhth; **summer ~ clothes,** dillad haf ysgafn; **winter ~ clothes,** dillad gaeaf trymion; **to throw one's ~ about,** taflu'ch pwysau o gwmpas, *N: F:* llancio; *Fig:* **to pull one's ~,** tynnu'ch pwysau; *Turf:* **to carry ~,** cario pwysau, bod dan anfantais; **dead ~,** *(of vehicle):* pwysau marw; **catch weights,** pwysau agored; *S.a.* **bantamweight, cruiserweight, featherweight, flyweight, heavyweight, lightweight, middleweight, welterweight** *&c.* **2.** *(= single piece of metal for measuring weight):* pwysyn(-nau) *m*; *(of clock):* pwysau; *(of sash-window):* llygoden (llygod) *f*; **weights and measures,** pwysau a mesurau; *Sp:* **putting the ~,** taflu'r pwysau, taflu'r maen, bwrw maen; **weights and dumbells,** pwysau codi pwysau; *F:* **to hang a ~ around one's neck,** rhoi maen melin am eich gwddf; **to do ~-training,** ymarfer codi pwysau. **3. to put the ~ on a beam,** rhoi pwysau/llwyth ar drawst; **to give way under the ~ of sth,** methu [â] dal o dan bwysau rhth; **that takes a ~ off my mind,** mae hynna'n mynd â baich oddi ar fy meddwl; **the ~ of years,** baich (*m*) y blynyddoedd; **the ~ of responsibility,** baich cyfrifoldeb; **to take the ~ off one's feet,** cymryd seibiant, rhoi'ch/dodi'ch pwysau i lawr. **4.** *(= force):* pwysau, grym *m*, nerth *m*; **a blow with no ~ behind it,** ergyd heb nerth/rym y tu ôl iddi. **5.** *(= importance):* pwysigrwydd *m*, pwys *m*; **men of ~,** dynion o bwys, dynion pwysig, dynion pwysfawr; **to give ~ to an argument,** cryfh|au dadl; **what he says carries ~,** mae'i eiriau ef yn cyfrif llawer; **he doesn't carry much ~ with the committee,** 'does ganddo ddim llawer o ddylanwad ar y pwyllgor; **it's of no ~,** nid yw o bwys; nid yw'n bwysig. **~ check** *n. Aut:* man(-nau) (*fm*) pwyso. **~-cloth** *n. Rac:* carthen(-ni) (*f*) â phwysau. **~-density** *n. Ph:* dwysedd (*m*) pwysau. **~-lifter** *n. Gym:* codwr (codwyr) (*m*) pwysau, dyn(-ion) (*m*) codi pwysau, gwr|aig (gwragedd) (*f*) codi pwysau. **~-lifting** *vn.* codi pwysau. **~ limit** *n.* cyfyngu (*vn*) pwysau, cyfyngiad(-au) (*m*) ar bwysau; **over the ~ limit,** yn rhy drwm. **~ man** *n.m. Gym:* taflwr (taflwyr) pwysau. **~-watcher** *n.* collwr (collwyr) (*m*) pwysau, teneuwr (teneuwyr) *m*, ten|euwraig (teneuwragedd) *f.*

weight[2] *v.t.* **1.** *(a) (cane, horse, fabric &c):* gosod/dodi/rhoi pwysau (ar rth, yn rhth, wrth rth *&c*); *Turf:* **to ~ a horse,** rhoi pwysau ar geffyl; *(b) (= make more heavy):* trymh|au; **to ~ sth down,** rhoi rhth trwm ar rth, rhoi pwysau i ddal rhth i lawr; *Fig:* **weighted down with cares,** dan faich o ofalon, yn drwm gan ofalon, wedi'ch llethu gan ofalon; *(c) Fig:* **the circumstances are weighted in his favour,** mae amgylchiadau yn drwm o'i blaid; mae'r gwynt yn chwythu o'i blaid/ochr ef. **2.** *Paperm: Tex:* trymhau, llwytho. **3.** *Stat:* pwysoli. **4.** *(a)* **= weigh[1]**; *(b) (= feel weight of):* teimlo/clywed pwysau rhth, *S.W:* swmpo rhth.

weighted *a. (a)* trymach, wedi'i drymh|au; *(walking-stick &c):* a phwysau ynddi/arni; *(b) Stat:* pwysol, pwysedig; **~ sample,** sampl bwysedig (samplau pwysedig) *f*; *(c) Paperm: Tex:* trwm, llwythog; *(d) Geog:* pwysol; *(e) Cmptr:* pwysol; *(f) Com:* **~ average cost of capital,** cost (*f*) gyfartalog gymhwysol cyfalaf.

weightily *adv.* yn bwysfawr.

weightiness *n.* **1.** pwysau *pl.* **2.** *Fig:* pwys *m*, pwysfawredd *m*, pwysigrwydd *m.*

weighting *n. (a) (on fishing-net, walking-stick):* pwysau *m or pl*; *(made from lead):* plwm *m*; *(b) Mth: Stat: Cmptr:* pwysiad(-au) *m*, pwysoliad(-au) *m*, llwythiad(- au) *m*; **well-defined**

weightings, pwysiadau da-ddiffiniedig; *Adm:* **London ~,** lwfans(-au) (*m*) Llundain.
weightless *a.* ysgafn (ysgeifn), dibwysau.
weightlessness *n.* ysgafnder *m*; *(in space):* diffyg (*m*) pwysau.
weighty *a.* **1.** *(= heavy):* trwm (*f.* trom, *pl.* trymion). **2.** *(reason):* grymus, pwysig, difrifol; *(argument):* grymus, cryf (*f.* cref, *pl.* cryfion), pwysfawr, dylanwadol, o bwys; *(discussions, matters):* pwysig, pwysfawr.
Weimaraner *n.* ci (cŵn) (*m*) Weimaraner.
weir *n.* cored(-au) *f.* **~-keeper, ~-man** *n.* coredwr (coredwyr) *m.*
weird[1] *a. & n.* **1.** *a. F:* rhyfedd, od, dieithr, hynod, annaearol; **the ~ sisters** *(i)* = **the Fates;** *(ii)* = **witches. 2.** *n.* = **fate 1.**
weirdie *n. F:* rhn rhyfedd *&c m*, creadur(-iaid) rhyfedd *m*, creadures ryfedd (creaduriaid rhyfedd) *f.*
weirdly *adv.* **1.** yn annaearol. **2.** *F:* yn rhyfedd, yn od.
weirdness *n.* **1.** annaearoldeb *m.* **2.** *F:* odrwydd *m*, hynodrwydd *m.*
weirdo, weirdy *n. F:* = **weirdie.**
Weismannism *n.* Weismanniaeth *f.*
weka *n. Orn:* weca(-od) *m.*
Welch *a. var. of* **Welsh.**
welcome[1] *a.* **1.** *(a)* **to make s.o. ~,** rhoi croeso i rn, croesawu rhn; **you're always ~,** mae croeso i chi bob amser; *(b) as int.* **~!** croeso! **2.** *(thg):* derbyniol [iawn], i'w groesawu; **this is ~ news,** mae hyn yn newydd calonogol; dyma newydd i'w groesawu; **this cheque is most ~,** mae'r siec yma'n dderbyniol iawn; mae'r siec yma i'w chroesawu'n fawr. **3. you're ~ to call,** mae croeso ichi alw; **you're ~ to it,** *(i)* croeso iti (ichi) wrtho/ohono; can croeso iti (ichi) ei gael/gymryd; *(ii)* **may I have that? - you're ~!** a gaf i hwnna? - â chroeso; **you're ~ to try,** croeso iti (ichi) roi cynnig arni/arno; **he's quite ~ to go,** can croeso iddo fynd; rhwydd hynt iddo fynd; *S:* fe all fynd i wala.
welcome[2] *n.* croeso *m*; **to outstay/overstay one's ~, to wear out one's ~,** mynd yn hyfach na'ch croeso, aros yn hwy na'ch croeso; **a cold ~,** glasgroeso *m*, croeso oeraidd. **~ mat** *n. U.S:* mat(-iau) (*m*) sychu traed; **to put out the ~ mat for s.o.,** rhoi croeso cynnes i rn.
welcome[3] *v.t.* croesawu; **although it is to be welcomed,** er mai da o beth ydyw; **to ~ s.o. frigidly,** glasgroesawu rhn.
welcomeness *n.* derbynioldeb *m.*
welcomer *n.* croesäwr: croesawydd (croesawyr) *m*, *occ:* croesawferch(-ed) *f.*
welcoming *a. & vn.* **1.** *a.* croesawgar, croesawus, llawn croeso, parod eich croeso. **2.** *vn.* croesawiad(-au) *m*, croeso *m*, croesawu *vn.*
weld[1] *n.* asiad(-au) *m*, weld(-iau) *mf*, weldiad(-au) *m*; **butt ~,** bôn-asiad(-au) *m*; **fillet ~,** lleinasiad(-au) *m.*
weld[2] *v.t.&i. Metalw:* *(a)* asio, weldio; **fillet ~,** lleinasio, lleinweldio; **fire ~,** tân-asio, tân- weldio; **spot ~,** sbotweldio; *S.a.* **arc-weld;** *(b) Fig:* asio, uno, cyfuno.
weld[3] *n. Bot:* *(Reseda luteola):* cynffon (*f*) titw, y felengu *f* (*pronounced* ng-g), llysiau (*pl*) lliw, llwlys *m.*
weldable *a.* asiadwy, weldiadwy.
welded *a.* asiedig, weldiedig, wedi ei asio/weldio.
welder *n.* **1.** asiwr (aswyr) *m*, weldiwr (weldwyr) *m.*
welding *vn.* asio, weldio; **electric arc ~,** asio/weldio arc drydan; **spot ~,** sbotasio, sbotweldio. **~ torch** *n.* tortsh(-is) (*f*) asio/weldio.
welfare *n.* lles *m*, budd *m*, llesiant (llesiannau) *m*, nawdd *m*; **I have her ~ at heart,** mae ei lles hi'n agos at fy nghalon; meddwl am ei lles hi yr wyf; **maternity and child ~,** lles mamau a phlant; **child ~, infant ~,** lles plant; **public ~,** lles/budd y cyhoedd, lles cyhoeddus. **~ authority** *n.* awdurdod(-au) (*m*) lles. **~ centre** *n.* canolfan(-nau) (*mf*) nawdd cymdeithasol. **~ department** *n.* adran (*f*) les (adrannau lles). **~ food** *n.* bwyd(-ydd) (*m*) [gwasanaeth] lles. **~ legislation** *n.* deddfwriaeth (*f*) les. **~ mother** *n. U.S:* mam(-au) (*f*) ar fudd-dâl. **~ payment** *n.* budd-dâl (~-daliadau) *m.* **~ rights** *n.pl.* hawliau lles. **~ service** *n.* gwasanaeth(-au) (*m*) lles. **~ society** *n.* cymdeithas (*f*) les (cymdeithasau lles). **W~ State** *n.* Gwladwriaeth (*f*) Les (Gwladwriaethau Lles). **~ work** *n.* gwaith cymdeithasol *m.* **~ worker** *n.* gweithiwr (gweithwyr) cymdeithasol *m*, gw|eithwraig gymdeithasol (gweithwragedd cymdeithasol).
welfarism *n.* llesolaeth *f.*
welfarist *n. & attrib.* **1.** *n.* llesolwr (llesolwyr) *m.* **2.** *attrib.* llesolaidd.
welkin *n. Lit: Poet:* [y] ffurfafen *f*, [y] nen *f*, [yr] wybren *f*; **to make the ~ ring,** gwneud i'r nen ddiasbedain, gweiddi/canu *&c* hyd entrych nef.
well[1] *n.* **1.** *(a)* ffynnon (ffynhonnau) *f*, *occ:* pistyll(-oedd) *m*, pydew(-au) *m*; **to drive/sink a ~,** agor/torri/cloddio ffynnon; **artesian ~,** ffynnon (ffynhonnau) artesiaidd; **[fish-]~,** pwll (pyllau) (*m*) pysgod; *(b) Fig:* *(= source):* ffynhonnell (ffynonellau) *f*, ffynnon. **2.** *(a)* *(of lift, stairs):* siafft(-iau) *f*; *(b)* *(of courtroom):* tu blaen *m*, llawr (lloriau) *m*; *(c)* = **cockpit;** *(d)* *(of sump):* gwaelod(-ion) *m*; *(e) Nau:* **[pump] ~,** siafft y pwmp; *(f)* *(for gravy &c in dish):* pant(-iau) *m*, cafn(-au) *m*; *Metalw: Carp: &c.* **~ of bench,** cafn mainc; *(for doormat):* cafn; *(g) Av:* **[landing gear] ~,** cilfach (*f*) offer glanio; *(h) Cu:* **to make a ~ in the flour,** gwneud pant yn y blawd, *S.E:* agor gwâl/llygad yn y blawd. **3.** *Ph:* pant(-iau) *m*, pantle(-oedd) *m.* **~-deck** *n. Nau:* canol (*m*) y prif ddec. **~-head** *n.* *(i)* *(= source):* llygad (*m*) ffynnon (llygaid ffynhonnau), tarddle(-oedd) *m*; *(ii)* *(= top of well):* pen (*m*) ffynnon (pennau ffynhonnau). **~-spring** *n.* = **~-head** *(i).*
well[2] *v.i.&t.* **1.** *v.i.* **to ~ up/out,** *(of spring):* tarddu, ffrydio, llifo, ffynhonni; *(of tears):* llifo, ffrydio; **longing welled up in his heart,** cododd hiraeth yn ei galon; yr oedd hiraeth yn dygyfor yn ei galon. **2.** *v.t.* ffrydio.
well[3] *adv., pred.a. & n.* I. *adv.* *(comp.* **better,** *sup.* **best,** *q.v.)* yn dda; **as ~,** cystal; *adv.* gystal. **1.** *(a)* **to work ~,** gweithio'n dda, gweithio'n iawn; **to do as ~ as one can,** gwneud eich gorau [glas], gwneud y gorau a fedroch/alloch, gwneud ymdrech deg; **she will do ~,** fe aiff hi ymhell; fe wnaiff hi'n dda; **~ done!** da iawn [ti, chi]! go dda [ti, chi]! da dros ben! da iawn wir! *A: or Lit:* **~ met!** henffych well! go dda ti (chi)! hawddamor! **~ played!** dyna sut mae chwarae! dyna chwarae da! campus! *Prov:* **~ begun is half done,** deuparth gwaith [yw] ei ddechrau; *F:* **to do oneself ~,** gofalu/ymorol amdanoch eich hunan, cymryd gofal da ohonoch eich hun, *S: occ:* eich tolach eich hunan, *N: F:* eich dand[l]wn eich hun; **it wouldn't look ~ (if we refused),** ni fyddai golwg rhy dda, byddai'n edrych yn wael (petaem ni'n gwrthod); **you would do ~ to go,** byddai'n beth da/doeth ichi fynd; byddai'n well/gallach/rheitiach/ddoethach ichi fynd; cystal ichi fynd; **we cannot very ~ refuse,** anodd fyddai inni wrthod; ni allwn yn hawdd iawn wrthod; **you may ~ ask,** hawdd/da y gellwch chi ofyn; byddai'n deg ichi ofyn; **it may ~ be (that you are right),** efallai'n wir, dichon yn wir (mai chi sy'n iawn); **to wish s.o. ~,** dymuno'n dda i rn, dymuno pob bendith i rn, dymuno pob bendith ar ben rhn; dymuno popeth o'r gorau i rn; **I think ~ of her,** mae gennyf feddwl uchel/mawr ohoni; 'rwyf yn ei hedmygu; **(he accepted) as ~ he might,** (fe dderbyniodd) fel y gallech ddisgwyl, yn ôl y disgwyl; **one might as ~ say (that black is white),** ni waeth ichi ddweud, cystal ichi ddweud (bod du yn wyn); **you might [just] as ~ stay,** ni waeth ichwi aros ddim; *S:* man a man ichi aros; **you could just as ~ have stayed,** gallasech fod wedi aros yr un mor hawdd; ni fuasai waeth ichi aros ddim; **it's just as ~,** mae'n llawn cystal; gorau oll; gorau yn y byd; **we might as ~ go,** ni waeth inni fynd ddim; [llawn] cystal inni fynd; *S:* man a man inni fynd; **very ~!** o'r gorau! iawn! cytuno! *Lit:* purion! *(b)* **everyone speaks ~ of him,** mae pawb â gair da iddo; **to receive s.o. ~,** rhoi croeso da i rn; **to do ~ by s.o.,** trin rhn yn dda, bod yn hael tuag at rn; **he stands ~ with them,** mae'n uchel ei barch gyda nhw; *S:* mae gyda nhw olwg da arno; mae golwg mawr gyda nhw arno; **it speaks ~ for her,** mae'n glod iddi; **she deserves ~ of you,** mae hi'n haeddu'r gorau gennych; mae hi'n haeddu ei thrin yn dda gennych; mae'n haeddu'ch diolch; **he meant it ~,** nid oedd wedi meddwl/bwriadu dim drwg; fe'i bwriadodd er y gorau; *(c)* *(= happily):* **you're ~ out of it,** mae'n dda ichi nad ydych yn ei chanol hi; 'rydych yn ffodus nad ydych ar ei chyfyl hi; **you're ~ rid of them,** gwynt teg ar eu hôl/holau nhw; gwared da ar eu hôl/holau nhw; mae'n dda ichi fod wedi cael gwared arnyn nhw; mae'n dda ichi fod wedi cael eu cefnau nhw; mae'n well ichi [gael] eu lle nhw; **to come off ~,** *(of pers.):* bod yn ffodus, llwyddo, bod yn llwyddiannus; **the fête went off ~,** bu'r ffair yn llwyddiant mawr; **it went ~,** fe aeth hi'n dda. **2.** *(intensive): often not translated or conveyed by emphasis on the apposite word:* **it's ~ worth trying,** mae hi'n werth rhoi cynnig arni; **it's ~**

after six, mae hi ymh|ell wedi chwech; **till ~ on into the small hours,** hyd at oriau mân y bore; **he's ~ over fifty,** mae e'n bell dros ei hanner cant; **look ~ to it,** dos (ewch) ati o ddifrif! *N:* tân arni! ceirch iddi! **he's ~ on in life,** mae'n dipyn o oed; *S:* mae e'n bwrw/tynnu 'mlaen; *(of very old pers.):* mae mewn gwth o oedran; **~ in the lead,** ymhell ar y blaen; **he's ~ away** *(i) (of runner, horse):* mae ymhell ar y blaen; *S. W:* mae ar y blaen o hewl; *(ii) F: (of raconteur):* **he was ~ away,** 'roedd yn ei hwyliau gorau; 'roedd ar ei uchelfannau; *(iii)* **= drunk;** *(iv) (= comfortably rich):* mae hi'n dda/ braf/gysurus arno; mae'n dda ei fyd; **to be ~ up in one's subject,** bod yn hyddysg yn eich pwnc, adnabod eich pwnc yn dda/drwyadl; *F:* gwybod eich pethau; **~ and truly,** heb os nac oni bai, yn bendant, yn ddiamau, heb unrhyw amheuaeth, yn bendifaddau, yn derfynol, *N: F:* yn sownd, *S: F:* reit i wala; **they were ~ and truly beaten,** cawsant eu curo'n llwyr; *S:* fe gawson eithaf crasfa; fe gawson sychad; *N:* mi gawson gweir go iawn; **I declare this ship ~ and truly launched,** 'rwy'n cyhoeddi bod y llong hon yn bendant wedi ei lansio; **to be ~ aware of sth,** gwybod rhth yn iawn, gwybod rhth o'r gorau, bod yn dra ymwybodol o rth, bod yn ymwybodol iawn o rth; **~ do I know,** da y gwn i; **we're ~ on the way to success,** 'rydym ar ben y ffordd i lwyddiant; **~ below the standard,** ymhell islaw'r safon; **this may ~ be so,** dichon yn wir mai felly y mae hi; fe all mai felly y mae hi'n wir; **this may ~ be possible,** gall hyn fod yn ddigon posibl; gall hyn yn hawdd fod yn bosibl. **3.** *(with qualifying adv.):* **pretty ~ all,** *(i) (things):* **pretty ~ all the houses,** bron y cyfan/cwbl o'r tai, y tai bron i gyd, bron bob tŷ; **pretty ~ all was destroyed,** dinistriwyd y cyfan bron; dinistriwyd bron y cyfan; *(ii)* **pretty ~ everyone,** pawb bron, bron bawb; **the work's pretty ~ finished,** mae'r gwaith bron â bod ar ben; mae'r gwaith bron wedi ei orffen; **he's pretty ~ done for,** mae hi cystal â bod ar ben arno; ni waeth dweud ei bod ar ben arno; mae hi agos/bron â bod ar ben arno; cystal dweud ei bod ar ben arno; *F:* **it serves him damn/jolly ~ right!** eithaf peth iddo! eithaf gwaith iddo! eithaf gwaith ag ef! dyna beth sydd i'w gael! **4.** *(a)* **as ~,** hefyd, yn ogystal; **(take me) as ~,** (ewch â minnau) hefyd, yn ogystal; **I need some as ~,** mae arnaf innau angen peth hefyd; *(b)* **as ~ as sth,** yn ogystal â rhth; **by day as ~ as by night,** ddydd a nos fel ei gilydd. **5.** *(a) (introducing remark):* wel; *(concession):* **~, (come if you like),** wel, o'r gorau, iawn (dewch os mynnwch chi); *(resumption of talk):* **~, (where was I?)** *S:* nawr 'te, *N:* rwan 'ta (ble 'roeddwn i?) *(qualified recognition of point):* **~, (but what about Jones?)** iawn, wel 'te/'ta, (ond beth am Jones?) *(b) (exclamatory):* wel! taw (tewch)! **[oh] ~! [ah] ~!** o, wel! dyna ni 'te! **~, I never,** wel, 'dawn i byth o'r fan! **~ then,** wel ynteu; **~ then, why worry about it?** os felly, pam poeni am y peth? II. *pred.a.* **1.** *(= in good health):* **to be ~,** bod yn iach, bod mewn iechyd da, *occ:* bod yn iawn; **to be perfectly ~,** bod yn iach fel y gneuen, bod yn holliach; **(how are you?) - very ~ thank you,** (sut 'rwyt ti ?) - da iawn diolch, *N. W: occ:* 'dwi'n reit ddygn/ddel diolch, *S. W: occ:* 'rwy'n oilin fach diolch; *S.E: occ:* 'rwy' fel cricsyn diolch; **you look ~,** 'rwyt ti'n edrych yn dda; mae golwg dda arnat ti; *F:* **a ~ person,** rhywun iach; **I don't feel ~,** 'dwyf i ddim yn teimlo'n dda; *N. W: occ:* 'dydw i ddim yn ffetus iawn; *S. W: occ:* 'rwy'n eitha tolciog; **she's not very ~,** *S: occ:* 'dyw hi ddim yn hwylus; *N: occ:* 'dydi hi ddim yn dda iawn; digon symol/tila ydi hi; 'dydi hi ddim yn dda sut yn y byd; *N.E: occ:* mae hi'n ddigon bawaidd; *M.W: occ:* 'dydi hi ddim yn glên; **to get ~,** gwella, mendio, *occ:* cael eich cefn atoch, *N. W: occ:* hybio, fflonsio, criwtio; *F:* **he's not a ~ man,** nid yw'n ddyn iach; nid yw'n dda [ei iechyd]; 'dyw ei iechyd e dim yn dda; *N:* mae o'n cwyno. **2.** *(a) (= advisable):* **it would be ~ to ...,** peth da fyddai ...; fe fyddai'n beth da ...; **it would be just as ~ if you were present,** cystal fyddai i chi fod yno; **you might as ~ be there,** efallai y byddai'n llawn cystal ichi fod yno; ni waeth ichi fod yno ddim; *S:* man a man i chi fod yno; *(b) (= lucky):* **it was ~ for him that nobody saw him,** lwc iddo na welwyd mohono; yn ffodus/lwcus iddo ni welwyd mohono; *(c) (= satisfactory):* **all's ~ that ends ~,** popeth yn dda a ddiweddo'n dda; da popeth a ddiweddo'n dda; *Prov:* **leave ~ alone,** na ddeffro'r ci sy'n cysgu; gad(-|ewch) lonydd! gadawer llonydd! gadawer yn llonydd! **all's ~!** popeth yn dda! popeth yn iawn! *(d)* **that's all very ~ [and good], but ...,** purion, ond ...; popeth yn iawn, ond ...; 'tae waeth am hynny; **he's all very ~ in his way,** 'does dim yn ei erbyn rywsut, ond ...; mae'n iawn, ond ...; **it's all very ~ for you to say that,** mae'n hawdd iawn i ti (chi) ddweud hynny; hawdd y gelli di (gellwch chi) ddweud hynny; **~ and good!** iawn! campus! gwych! purion! dyna ni 'te! popeth yn dda! popeth yn iawn! III. *n.* **1.** *pl.* **the ~ and the sick,** yr iach a'r cleifion, **2. to wish s.o. ~,** dymuno'n dda i rn, dymuno pob hwyl i rn, dymuno llwyddiant i rn. **~-accepted** *a.* hen dderbyniedig, derbyniol. **~-accomplished** *a.* **1.** *(task):* cyflawn. **2.** *(pers.):* tra hyfedr, tra hyddysg. **~-accustomed** *a.* hen gynefin, tra chynefin (**to sth,** â rhth). **~-acknowledged** *a.* tra chydnabyddedig, hen gydnabyddedig. **~-acquainted** *a.* tra chynefin, tra chyfarwydd, hen gynefin, hen gyfarwydd (**with sth,** â rhth). **~-acted** *a.* a chwaraeir/chwaraeid/chwaraewyd yn dda, campus, tan gamp, medrus. **~-adapted** *a.* cyfaddas, tra addas, wedi hen addasu. **~-adjusted** *a.* wedi ymaddasu'n dda, ymaddasedig, cytbwys. **~-administered** *a.* **1.** *(territory &c):* dan weinyddiaeth dda. **2.** *F: (kick &c):* nerthol, di-feth. **~-advertized** *a.* tra hysbys, wedi ei hysbysebu'n dda. **~-advised** *a.* call, doeth, synhwyrol, synhwyrgall, pwyllog. **~-affected** *a.* ffafriol, pleidiol, teyrngar (*pronounced* ng-g). **~-aimed** *a.* di-feth, a anelir/anelid/anelwyd yn gywir, cywir/sicr ei annel. **~-aired** *a.* **1. ~-aired clothes,** dillad temprus, dillad wedi eu tempru'n dda, dillad eirin; *S.a.* **air², aired. 2. a ~-aired opinion,** barn a wyntyllir/wyntyllid/wyntyllwyd yn drylwyr. **~-applied** *a.* tra chymwysedig. **~-appointed** *a.* â phob cyfleuster, â phob anghenraid. **~-argued** *a.* **a ~-argued case,** achos â dadleuon da o'i blaid, achos a ddadleuir/ddadleuid/ddadleuwyd yn fedrus. **~-armed** *a.* llwyr arfog, mewn llawn arfogaeth. **~-arranged** *a.* trefnus, taclus. **~-assorted** *a.* cymharus, cydwedd, cydweddol. **~-assured** *a.* tra sicr. **~-attended** *a.* â chynulleidfa fawr, niferus, lluosog. **~-attested** *a.* a chryn dystiolaeth iddo. **~-attired** *a.* taclus eich gwisg, trwsiadus. **~-authenticated** *a.* tra dilysedig, llwyr ddilysedig, a thystiolaeth dda drosto *&c.* **~-aware** *a.* tra ymwybodol, ymwybodol iawn. **~-balanced** *a.* **1.** *(diet &c):* cytbwys, cymesur. **2.** *(pers.):* cytbwys, cymesur, pwyllog, call, *occ:* sad. **~-behaved** *a.* **1.** *(child):* ufudd, da, *N. W: F: occ:* suful, *S.E: occ:* fforddus. **2.** *(crowd):* trefnus. **~-being** *n.* *(= comfort):* cysur *m*; *(= benefit):* lles *m*, daioni *m*, ffyniant *m*. **~-beloved 1.** *a.* annwyl, anwylaf, hoff *(can precede n. + soft mut.)*, *Lit: occ:* cu. **2.** *n.* anwylyd (anwyliaid) *m&f.* **~-blessed** *a.* wedi'ch bendithio'n helaeth. **~-born** *a.* bonheddig, diledryw, diledach, o deulu da, o dras dda, o waed da, o waedoliaeth dda. **~-bound** *a.* wedi ei rwymo'n dda/gadarn, o rwymiad da, cadarn ei rwymiad. **~-bred** *a.* **1.** *(pers.):* moesgar, cwrtais. **2.** *(dog):* o frid, p|edigri. **~-built** *a.* **1.** *(house):* cadarn (cedyrn), solet, *S:* diogel (*pronounced* jogel). **2.** *(pers.):* cydnerth, cyhyrog, ysgwyddog, *N: F:* nobl. **~-calculated** *a.* tra amcanus. **~ chosen** *a.* dethol. **~-clad, ~-clothed** *a.* mewn dillad da. **~-coached** *a.* tra hyfforddedig. **~-compensated** *a.* **~-compensated efforts,** ymdrechion a gydnabyddir yn hael, ymdrechion sy'n cael cydnabyddiaeth hael. **~-composed** *a.* **a ~-composed letter,** llythyr wedi ei eirio'n dda, llythyr graenus; **a ~-composed song,** cân wedi ei chyfansoddi'n dda. **~-concealed** *a.* wedi ei guddio'n dda. **~-conditioned** *a.* **1.** *(physically):* mewn cyflwr da, graenus. **2.** *(morally):* bucheddol, rhinweddol, moesol. **~-conducted** *a.* trefnus. **~-confirmed** *a.* tra phendant. **~-connected** *a.* â chysylltiadau da. **~-considered** *a.* **1.** *(pers.):* uchel eich parch. **2.** *(action):* tra ystyriol. **~-constructed** *a.* **= well-built 1, well-composed. ~-contented** *a.* tra bodlon (**with sth,** ar rth). **~-controlled** *a.* dan reolaeth lwyr. **~-covered** *a.* dan orchudd da, wedi ei orchuddio'n dda. **~-cultivated** *a.* **1.** *(land):* wedi ei drin yn dda. **2.** *(pers.):* tra diwylliedig. **~-cut** *a.* *Tail: &c:* o doriad da, wedi ei dorri'n dda. **~-defended** *a.* ag amddiffynf|eydd da, a amddiffynnir/amddiffynnid/amddiffynnwyd yn dda. **~-defined** *a.* eglur, diffiniedig, pendant, penodol. **~-demonstrated** *a.* a ddangosir/ddangosid/ddangoswyd yn dda. **~-described** *a.* a ddisgrifir/ddisgrifid/ddisgrifiwyd yn dda, **~-deserved** *a.* [tra] haeddiannol. **~-designed** *a.* pwrpasol, da ei gynllun, a gynllunir/gynllunid/gynlluniwyd yn fedrus, o gynllun da. **~-developed** *a.* datblygedig iawn, aeddfed, llawn dwf. **~-devised** *a.* tra dyfeisgar, tra chywrain. **~-digested** *a.* a dreulir/dreulid/dreuliwyd yn dda. **~-directed** *a.* **1. = well-aimed. 2.** *(film, play &c):* dan gyfarwyddyd da. **3.** *Sch:* pwrpasol, wedi ei gymwys gyfeirio. **~-disciplined** *a.* tra disgybledig. **~-disguised** *a.* dan gochl da, wedi ei guddio'n dda. **~-disposed** *a.* **1. = well-arranged. 2.** *(pers.):* ffafriol, pleidiol, caredig, ewyllysgar. **~-documented** *a.* **= well-attested. ~-doer** *n.* gwneuthurwr (gwneuthurwyr) (*m*) daioni, gwneuth|urwraig (*f*) daioni, cymwynaswr (cymwynaswyr) *m*, cymwyn|aswraig *f.* **~-doing** *vn.* gwn|eud/gwneuthur daioni, gwneud cymwynasau, cymwynasgarwch *m.* **~ done** *a.* **1. ~ done meat,** cig wedi ei wneud yn dda, cig wedi ei rostio'n dda. **2. a ~ done task,** tasg wedi ei chwblh|au'n foddhaol. **~-drawn** *a.* **a ~-drawn picture,** llun a dynnwyd yn dda, llun tra chywir. **~-dressed** *a.* trwsiadus, *Lit: occ:* dillyn eich gwisg. **~-dried** *a.* tra sych, wedi ei sychu'n dda, **~-drilled** *a.* tra threfnus, tra disgybledig. **~ earned** *a.* haeddiannol. **~-educated** *a.* wedi cael addysg dda. **~-employed** *a.* **1.** *(worker):* sy'n gweithio'n fuddiol. **2.** *(skill):* a ddefnyddir/ddefnyddid/ddefnyddiwyd yn fedrus/ ddeheuig. **~-endowed** *a.* **1.** *(financially):* tra gwaddolog, â gwaddol/ gwaddoliad da, â chryn waddol/gynhysgaeth. **2.** *(physically):* lluniaidd. **~-equipped** *a.* llawn offer, ag offer da, wedi ei offeru'n dda; *Fig:* â phob cymhwyster, cymwys iawn. **~-established** *a.* sefydledig, sefydlog, cadarn, wedi hen ymsefydlu, wedi hen ennill ei blwyf; *(fact):* sefydledig, profedig, diymwad. **~-esteemed** *a.* uchel eich parch, hybarch. **~-fashioned** *a.* lluniaidd. **~-favoured** *a.* golygus, teg, hardd, prydferth, prydweddol. **~-feathered** *a.* pluog iawn, tra phluog, â llawer o blu. **~-fed** *a.* porthiannus, *occ:* pwyntus, llond eich croen, graenus. **~-filled** *a.* tra llawn, gorlawn, llawn dop. **~-financed** *a.* tra ariannog, â digon o arian y tu cefn iddo; *(scheme &c):* â digon o gyllid. **~-finished** *a.* tra gorffenedig, tra chaboledig. **~-firmed** *a.* *Th:* cadarn. **~-fitted** *a.* tra addas/ chymwys (**for sth,** ar gyfer rhth). **~-fitting** *a.* sy'n ffitio'n dda. **~-flavoured** *n.* blasus. **~-formed** *a.* lluniaidd. **~-fortified** *a.* *(castle &c):* tra chadarn, ag amddiffynf|eydd cedyrn. **~-fought** *a.* a ymleddir/ymleddid/ymladdwyd yn ddygn. **~-found** *a.* â phob anghenraid. **~ founded** *a.* a sail dda iddo, ar sail dda, rhesymol, cadarn (cedyrn), solet, teg. **~-framed** *a.* *(physically):* lluniaidd, cydnerth; *(words):* pwrpasol, addas, priodol, dethol. **~-furnished** *a.* llawn dodrefn/celfi, â dodrefn/ celfi da. **~-governed** *a.* dan lywodraeth dda. **~-groomed** *a.* **1.** *(pers.):* trwsiadus, graenus, da ei drwsiad, fel pin mewn papur; *(hair &c):* llyfn (*f.* llefn, *pl.* llyfnion), â phob blewyn yn ei le. **2. a ~-groomed horse,** ceffyl wedi ei ysgrafellu'n dda, ceffyl graenus yr olwg. **~ grounded** *a.* **1. = well founded. 2. = well-trained. ~-grown** *a.* llawn dwf, ar lawn dwf, aeddfed, wedi tyfu'n llawn, wedi llawn dyfu. **~-guarded** *a.* dan wyliadwriaeth ofalus, a gedwir/gedwid/gadwyd yn ofalus; **a ~-guarded secret,** cyfrinach glòs. **~-handled** *a.* **1. a ~-handled affair,** mater a drinir/drinid/driniwyd yn fedrus/ddeheuig, mater wedi ei drin yn fedrus *&c*; *(ii)* **~-handled goods,** *(= shop-soiled):* nwyddau a fyseddwyd, nwyddau wedi eu byseddu. **~-heeled** *a.* *F:* cefnog, ariannog, da eich byd, a digon o fodd gennych, â digon wrth gefn. **~-housed** *a.* mewn cartref/cartrefi da, mewn tŷ/tai da. **~ hung** *a.* **1. ~-hung meat,** cig wedi ei hongian ers tro. **2. a ~-hung door,** drws wedi ei hongian yn iawn, drws yn hongian yn iawn. **3.** *V:* **a ~-hung man,** dyn ceilliog, dyn â cheilliau mawr. **~-illustrated** *a.* â darluniau da, a ddarlunir/ddarlunid/ ddarluniwyd yn dda, â digon o ddarluniau. **~-inclined** *a.* ffafriol, pleidiol (**to sth,** i rth). **~-informed** *a.* [tra] hyddysg, hyddysg iawn (**about sth,** yn rhth); llawn gwybodaeth (am rth); cydnabyddus (â rhth); **to be ~-informed on a subject,** adnabod pwnc yn drylwyr/drwyadl. **~-instructed** *a.* wedi'ch cyfarwyddo'n ddeheuig, tra chyfarwydd (**in sth,** â rhth); tra hyffordd (yn rhth). **~-intended** *a.* **a ~-intended action,** gweithred dda ei bwriad; gweithred a fwriedir/fwriedid/ fwriadwyd er gwell *or* yn dda. **~-intentional** *a.* da eich bwriad, da eich amcan. **~-intentioned** *a.* llawn bwriadau da. **~-judged** *a.* craff, amcanus. **~-justified** *a.* tra chyfiawn, tra chyfreithlon, a phob cyfiawnhad drosto/drosti *&c.* **~-kept** *a.* **1.** *(garden):* cymen, twt, taclus, destlus. **2. ~-kept hands,** dwylo ac ôl gofal arnynt. **3. a ~-kept secret,** cyfrinach wedi ei chadw'n dda. **~-knit** *a.* cydnerth. **~-known** *a.* **1.** *(fact):* tra hysbys, tra chyfarwydd; **it is ~-known that . . . ,** fe ŵyr pawb fod . . . ; mae'n hysbys fod . . . . **2.** *(pers.):* adnabyddus, enwog (**for sth,** am rth); o fri. **~-liked** *a.* hoff gan bawb, cymeradwy gan bawb, *Lit:* cu. **~-looking** *a.* golygus, hardd, prydweddol. **~-loved** *a.* annwyl gan bawb, a gerir/gerid/garwyd gan bawb. **~ made** *a.* **1.** *(goods):* graenus, rhywiog, a graen arnynt, wedi eu llunio'n dda, o wneuthuriad da. **2.** *(pers., animal):* lluniaidd, graenus, cydnerth. **~-managed** *a.* trefnus, a reolir yn dda, dan reolaeth dda. **~-mannered** *a.* cwrtais, moesgar, boneddigaidd, *S.W:* syber, *N.W: occ:* manesol. **~ marked** *a.* amlwg, pendant, eglur. **~-matched** *a.* cymharus; *(teams &c):* gweddol gyfartal. **~-meaning** *a.* da eich bwriad, â bwriadau da, â'r bwriadau gorau, llawn bwriadau da. **~ meant** *a.* da ei fwriad, da ei amcan, wedi'i fwriadu'n dda. **~-merited** *a.* haeddiannol. **~-mixed** *a.* wedi ei gymysgu'n dda. **~-motivated** *a.* **1. = well-meant. 2.** *(student, worker):* ewyllysgar, brwdfrydig, selog, awyddus. **~-mounted** *a.* **1.** *(on horse):* yn eistedd yn dda. **2. a ~-mounted picture,** llun wedi ei osod yn dda. **3.** *(campaign):* deheuig, effeithiol. **~-named** *a.* addas eich enw, a enwir/enwyd yn addas, ag enw addas/da. **~-nigh** *adv.* **= almost. ~-noted** *a.* tra nodedig. **~-off** *a.* **1.** cefnog, da eich byd, a digon o fodd gennych, *N.W: occ:* codog, abl; *S.E: occ:* a byd net arnoch; **you don't know when you're ~ off,** ni wyddoch chi mo'ch geni; **better off,** elwach, ar eich ennill, gwell eich byd, ar eich mantais; **you'll be no better off,** ni fyddwch chi ddim elwach/callach; man a man y byddwch chi. **2. we're ~-off for tea,** mae digon/digonedd o de gennym. **~ oiled** *a.* **1.** *(machinery):* llyfn (*f.* llefn, *pl.* llyfnion), sy'n mynd yn esmwyth. **2.** *F:* *(= drunk):* wedi cael oel; *S.a.* **drunk. ~-ordered, ~-organized** *a.* trefnus, cymen, taclus, destlus. **~ paid** *a.* **1.** *(job):* â chyflog da; **a ~-paid job,** *F:* swydd arian mawr. **2.** *(pers.):* yn ennill/cael cyflog da. **~-painted** *a.* a baentiwyd/beintiwyd yn dda. **~-phrased** *a.* wedi ei cirio'n dda. **~-placed** *a.* mewn lle da, wedi ei leoli'n dda. **~-planned** *a.* wedi ei gynllunio'n dda, celfydd ei gynllun, cynlluniedig. **~-planted** *a.* wedi ei blannu'n dda. **~-played** *a.* a chwaraeir/chwaraeid/ chwaraewyd yn dda, medrus, deheuig; *int.* **~ played!** chwarae da! **~-polished** *a.* tra chaboledig, tra disglair. **~-practised** *a.* **1.** *(pers.):* hen gyfarwydd, hen gynefin (**in sth,** â rhth). **2.** *(speech, performance):* wedi ei barat|oi'n ofalus, wedi ei ymarfer yn ofalus. **~-prepared** *a.* gofalus, wedi ei barat|oi'n dda; **he came ~-prepared,** fe ddaeth yno wedi paratoi; fe ddaeth yno'n barod amdani. **~-presented** *a.* a gyflwynir/gyflwynid/gyflwynwyd yn raenus, o safon [dda], da ei gyflwyniad, wedi ei gyflwyno'n dda *&c.* **~-preserved** *a.* mewn cyflwr da, wedi ei gadw'n dda, *F:* mewn cas cadw da; **she's ~-preserved,** mae hi'n cadw'i hoed yn dda. **~-printed** *a.* wedi ei argraffu'n/brintio'n gymen. **~-produced** *a.* graenus, o safon, a graen arno, wedi ei gynhyrchu'n dda/raenus. **~-proportioned** *a.* cymesur, cytbwys. **~-protected** *a.* dan warchodaeth dda, wedi ei warchod/ amddiffyn yn dda. **~-provided** *a.* **~-provided with sth,** â chyflenwad da o rth, â digon/digonedd o rth; **~-provided for,** a darpariacth dda ar eich cyfer; **(hc left his family) ~-provided for,** (gadawodd ei deulu) uwchlaw angen, yn dda/gyfforddus eu byd, â digon wrth gefn, *F:* â hen hosan go dda. **~-put** *a.* **= well-stated. ~-qualified** *a.* â chymhwyster da, â chymwysterau da, tra chymwys, â phob cymhwyster. **~-read** *a.* **1.** *(pers.):* wedi darllen yn helaeth, golau mewn llyfrau, darllengar (*pronounced* ng-g). **2. a ~-read book,** llyfr ac ôl darllen arno. **3.** *(speech, poem):* a ddarllenir/ddarllenid/ddarllenwyd yn dda. **~-reasoned** *a.* **a ~-reasoned argument,** dadl wedi ei rhesymu'n ddeheuig, dadl resymegol, dadl gadarn ei hymresymiad. **~-received** *a.* derbyniol iawn, cymeradwy iawn, sy'n cael croeso da, y mae croeso da iddo; **his speech was ~-received,** bu croeso i'w araith; cafodd ei araith groeso. **~-recognized** *a.* tra hysbys, tra chyfarwydd, tra adnabyddus. **~-recommended** *a.* a gair da iddo, tra chymeradwy. **~-regarded** *a.* uchel eich parch. **~-regulated** *a.* tra rheoledig, trefnus. **~-rehearsed** *a.* *(pers.):* wedi ymarfer yn dda; *(performance):* wedi ei ymarfer yn dda. **~-remembered** *a.* cofiadwy, a gofir/gofid/gofiwyd yn dda, *occ:* cofus. **~-represented** *a.* â chynrychiolaeth dda, a gynrychiolir/ gynrychiolid/ gynrychiolwyd yn dda. **~-respected** *a.* uchel eich parch. **~-reviewed** *a.* sy'n cael adolygiad[-au] ffafriol; **the book was ~ reviewed,** croesawyd y llyfr gan yr adolygwyr; cafodd y llyfr groeso gan yr adolygwyr; cafodd y llyfr adolygiadau da/ ffafriol/caredig. **~-rigged** *a.* wedi ei rigio'n dda; **a ~-rigged ship,** llong â rigin da. **~-ripened** *a.* digon aeddfed, wedi llawn aeddfedu. **~-rounded** *a.* cryno, crwn a chryno, cymesur; *(personality):* crwn (*f.* cron, *pl.* crynion), cyflawn, cymesur, cytbwys. **~-said** *int.* clywch, clywch! dyna galon y gwir! dyna hi! gwir bob gair! ie'n wir! **~-satisfied** *a.* tra bodlon (**with sth,** ar rth). **~-seasoned** *a.* **1.** *(wood):* wedi sychu'n iawn, wedi sesno'n iawn. **2.** *(food):* â digon o sesnin, wedi ei sesno'n dda. **~-secured** *a.* tra sicr, tra gwarantedig; **a ~-secured boat,** cwch wedi ei glymu'n sownd. **~-served** *a.* **a ~-served meal,** pryd wedi ei weini'n dda. **~ set** *a.* **1.** mewn lle da; *(batsman):* cyfarwydd, cynefin. **2. ~ set up,** cydnerth, cyhyrog. **~-shaped** *a.* lluniaidd, siapus. **~-sharpened** *a.* *(rapier, spear):* blaenllym (*f. occ:* blaenllem, *pl.* blaenllymion), tra llym, tra miniog; **a ~-sharpened razor,** rasel a min/awch da arni, rasel wedi ei hogi'n iawn/dda; **a ~-sharpened pencil,** pensel a min da arni. **~-shod** *a.* **1.** *(pers.):* ac esgidiau da am eich traed. **2.** *(horse):* â phedolau da. **~-situated** *a.* mewn lle da; *(house &c):* mewn llecyn braf. **~ spent** *a.* **1. ~ spent money, money ~ spent,** arian wedi ei wario'n dda, arian a werir/werid/wariwyd yn dda/ofalus. **2. ~ spent time,** amser wedi'i dreulio'n dda/fuddiol, amser a dreulir/dreulid/dreuliwyd yn dda/fuddiol; **his time was ~ spent,** treuliodd ei amser yn fuddiol. **~-spoken** *a.* **1.** *(pers.):* ag acen fonheddig, coeth ei leferydd. **2. ~-spoken words,** geiriau a leferir/leferid/lefarwyd yn dda/groyw/ huawdl, geiriau wedi eu llefaru'n huawdl/groyw. **~-stacked** *a.* **1.** *(goods):* mewn pentwr taclus, wedi eu pentyrru'n daclus. **2.** *F: (girl):* lluniaidd, siapus. **~-stated** *a.* a fynegir/fynegid/fynegwyd yn dda/groyw. **~-stocked** *a.* â stoc dda, â chyflenwad da (**with sth,** o rth); stocus (mewn/yn rhth). **~-structured** *a.* trefnus, da ei saernïaeth, o adeiladwaith da/cadarn; *Sch:* coeth, celfydd. **~-suited** *a.* cymwys, tra addas, tra chyfaddas, tra chymwys. **~-supplied** *a.* â chyflenwad da (**with sth,** o rth), â digon (o rth), **~-supported** *a.* a chefnogaeth dda iddo. **~-sustained** *a.* a gynhelir/gynhelid/gynhaliwyd yn dda. **~-tailored** *a.* trwsiadus, wedi ei dorri'n dda, da ei doriad/thoriad, o doriad da. **~-taken** *a.* **= justifiable.** **~-tanned** *a.* **1.** *(leather):* wedi ei farcio'n dda. **2.** *(skin):* â lliw haul da, â digon o liw haul. **~-taught** *a.* a ddysgir/ddysgid/ddysgwyd yn dda/effeithiol, yn cael ei ddysgu'n dda; **French is ~-taught at this school,** fe ddysgir Ffrangeg yn dda yn yr ysgol hon. **~-tempered** *a.* tirion, mwyn, mwynaidd, gwastad eich tymer, da eich tymer, o dymer dda/wastad. **~ thought of** *a.* cymeradwy. **~ thought out** *a.* *(plan &c):* gofalus, a gynllunir/gynllunid/gynlluniwyd yn ofalus; *(argument &c):* ag ymresymiad cadarn. **~ thumbed** *a.* ac ôl bodio arno. **~-timbered** *a.* â choed da. **~ timed** *a.* amserol, cyfamserol, mewn pryd. **~-to-do** *a.* **= well-off.** **~-told** *a.* a adroddir/adroddid/adroddwyd yn dda/effeithiol, wedi ei [h]adrodd yn dda *&c.* **~-trained** *a.* **1.** *(worker):* tra hyfforddedig, wedi ei hyfforddi'n iawn/dda. **2.** *(dog):* tra ufudd. **~-travelled** *a.* *(pers.):* sy'n teithio llawer, wedi teithio llawer, wedi gweld y byd, wedi gweld llawer o'r byd; *(road):* a llawer o dramwy arni, a llawer o fynd a dod arni. **~-treated** *a.* sy'n cael ei drin yn dda, a drinir/drinid/driniwyd yn dda. **~-tried** *a.* profedig. **~-trimmed** *a.* a dociwyd yn ddestlus; **a ~-trimmed beard,** barf ddestlus/dwt. **~-trodden** *a.* tra sathredig. **~-tuned** *a.* mewn cywair da, mewn tiwn. **~ turned** *a.* crefftus, deheuig; **a ~-turned sentence,** brawddeg wedi ei geirio'n fedrus. **~-understood** *a.* tra dealledig, a ddeëllir/ddeëllid/ddeallwyd yn dda. **~-used** *a.* sy'n cael llawer o ddefnydd, a ddefnyddir/ddefnyddid/ddefnyddiwyd yn helaeth, a defnydd helaeth arno/arni *&c.* **~-ventilated** *a.* **1.** *(room &c):* a awyrir/awyrid/awyrwyd yn dda; **a ~- ventilated room,** ystafell sy'n cael digon o awyr, ystafell â digon o awyr iach. **2.** *(opinion):* a wyntyllir/wyntyllid/wyntyllwyd yn drwyadl. **~-verified** *a.* a wirir/wirid/wiriwyd yn ofalus. **~-versed** *a.* hyddysg (**in sth,** yn rhth); cynefin, cyfarwydd (â rhth); *(in the Bible):* golau (yn eich Beibl). **~-warmed** *a.* tra chynnes, tra thwym, wedi ei gynhesu'n iawn, wedi ei dwymo'n iawn. **~-watered** *a.* sy'n cael digon o ddŵr, dyfriog, dyfrog. **~-wisher** *n.* dymunwr (dymunwyr) *(m)* da, ewyllysiwr (ewyllyswyr) *(m)* da, ewyll|yswraig dda *f.* **~-wooded** *a.* coediog iawn, tra choediog, llawn coed. **~-worded** *a.* wedi ei eirio'n dda. **~ worked out** *a.* dyfeisgar, wedi ei gynllunio'n fanwl. **~-worn** *a.* **1.** treuliedig, wedi ei dreulio, ac ôl traul arno, hendraul. **2.** *(argument):* hen *(precedes n. + soft mut.)*, ystrydebol. **~-written** *a.* wedi ei eirio'n dda, wedi ei ysgrifennu'n dda. **~-wrought** *a.* crefftus, cywrain, graenus, a wneir/wneid/wnaed yn grefftus/fedrus/gywrain, o wneuthuriad da/cywrain *&c*, cywrain *&c* ei wneuthuriad.

we'll *v.* **= we will, we shall;** *See* **will[3], shall.**

Wellerism *n.* Welleriaeth(-au) *f.*

wellies *n. F:* **= wellingtons.**

welling *vn.* tarddiad(-au) *m*, tarddu, pistylliad(-au) *m*, pistyllio, ffrwd (ffrydiau) *f*, ffrydio.

Wellingtonia *n. Bot:* **= sequoia.**

wellington *n. Cost: (also):* **wellington boot,** esgid (*f*) law (esgidiau glaw), w|elin[g]ton(-s) *f*, *occ:* welin[g]tonsen (welin[g]tons) *f*, *N.W: occ:* bwtsiasen (bwtsias) *f.*

Wellsian *a. Lit:* Wellsaidd.

wels *n. Ich:* **= sheat-fish.**

Welsh[1] *a. & n.* **1.** *a.* Cymr|eig, o Gymru; **the ~ mountains,** mynyddoedd Cymru; **he's ~,** mae'n Gymro; Cymro ydyw; **she's ~,** mae hi'n Gymr|aes; Cymraes yw hi; *occ: (in attitude):* Cymreigaidd, Cymroaidd; *(in language):* Cymr|aeg; *(in accent):* Cymreigaidd. **~ cake,** cacen gri (cacenni cri) *f*, teisen gri (teisennau cri) *f*, *S:* pic(-e) (*f*) ar y maen, picen (pice) (*f*) ar y maen, teisen ar y maen, teisen lechfaen (*usu. pronounced as if* lychwan) (teisennau llechfaen), picen fach (pice bach); **~ Arts Council,** Cyngor *(m)* Celfyddydau Cymru; *Agr:* **~ black,** buwch ddu Gymreig (buchod/gwartheg/da duon Cymreig); **~ Black Cattle Association,** Cymdeithas y Gwartheg Duon Cymreig; **~ Courts Act 1942,** Deddf (*f*) Llysoedd Cymru 1942; **~ Courts (Oaths and Interpreters) Rules 1943,** Rheolau *(pl)* Llysoedd Cymru (Llwon a Lladmeryddion) 1943; **~ corgi,** corgi (corgwn) *m*; **~ dresser,** dreser: dresel: tresel(-i,-ydd,-au) *f*, seld(-au) *f*; *Pol:* **the ~ Grand Committee,** yr Uwchbwyllgor Cymreig *m*; **~ harp,** telyn deires (telynau teires) *f*, telyn Gymreig (telynau Cymreig); **~ Hospitals Board,** Bwrdd Ysbytai Cymru; **~ Joint Education Committee,** Cyd-bwyllgor *(m)* Addysg Cymru; **~ lamb,** [cig *m*] oen Cymreig *m*, [cig] oen cartref; **~ Language Act 1993,** Deddf yr Iaith Gymraeg 1993; **~ League of Youth,** Urdd (*f*) Gobaith Cymru, *F:* yr Urdd; **~ Library Association,** Cymdeithas (*f*) Llyfrgelloedd Cymru; **~ medium studies,** astudiaethau trwy gyfrwng y Gymraeg, astudiaethau cyfrwng Cymraeg; *Husb:* **~ mule,** dafad groesryw Gymreig (defaid croesryw Cymreig); **~ Office,** y Swyddfa Gymreig *f*; **~ onion,** sibolsen (sibols) *f*, *S:* shibwnsyn (shibwns) *m*; **~ poppy,** pabi melyn *m*; **~ rabbit, ~ rarebit,** caws *(m)* ar dost, caws pob/pobi; *Pol: F:* **~ Secretary,** Ysgrifennydd Cymru; **~ terrier,** daeargi (daeargwn) Cymreig *m*; **~ Tourist Board,** Bwrdd Croeso Cymru, *F:* y Bwrdd Croeso; **~ wool,** gwlân *(m)* Cymru, edafedd *(m)* Cymru; **~ Water,** Dŵr Cymru. **2.** *n.* *(a) Coll:* **the ~,** y Cymry *pl*; *(b) Ling:* Cymr|aeg *f, m*; *thus* **the ~ language,** y Gymraeg *f, but with an adjective* Cymraeg *is masc., e.g.* **good ~,** Cymraeg da; *similarly with the names of all other languages*; **Dyfed ~,** Dyfedeg *f, m*; **Gwent ~,** Gwenhwyseg *f, m*; **Gwynedd ~,** Gwyndodeg *f, m*; **Powys ~,** Powyseg *f, m.* **~ Bicknor** *W.Pl.n.* Llangystennin (*f*) Garth Benni (*pronounced* ng-g), Llan (*f*) y Deuddeg Saint. **~ Saint Donats** *W.Pl.n.* Llanddunwyd *f.* **~-speaker** *n.* Cymro (Cymry) *m*, Cymr|aes (Cymraesau, *occ:* Cymryesau) *f*, siaradwr (siaradwyr) *(m)* Cymraeg, siar|adwraig (*f*) Cymraeg, un sy'n medru Cymraeg; **a fluent ~- speaker,** Cymro rhugl; *(usu. if a Welshman):* Cymro glân gloyw. **~-speaking** *a.* yn medru/siarad Cymraeg, Cymraeg eich iaith; **a ~- speaking Welshman,** Cymro Cymraeg; **a ~-speaking Welshwoman,** Cymraes Gymraeg (Cymraesau/Cymryesau Cymraeg); **a ~-speaking Englishman,** Sais Cymraeg, Sais sy'n medru Cymraeg, Sais wedi dysgu Cymraeg.

welsh[2] *v.i.* **to ~ on a debt,** dianc rhag talu dyled; **to ~ on a promise,** torri'ch gair, torri'ch addewid.

welsher *n.* twyllwr (twyllwyr) *m*, *N: F:* rogiwr(-s, rogwyr) *m.*

Welshified *a.* Cymreigedig.

Welshify *v.t.* Cymreigio.

Welshman *n.m.* Cymro (Cymry); **a Welsh-speaking ~,** Cymro Cymraeg; **a non-Welsh-speaking ~,** Cymro di-Gymraeg; **a staunch ~,** Cymro i'r carn. **~'s button** *n. Ent:* **= caddis-fly.**

Welshpool *W.Pl.n.* Y Trallwng *m*, *F:* y Trallwm *m*, *A:* Trallwng Llywelyn, y Trallwng Coch ym Mhowys.

Welshry *n. Hist:* brodoraeth(-au) *f*, ardal(-oedd) (*f*) y Cymry, bro(*f*)'r Cymry.

Welshwoman *n.f.* Cymr|aes (Cymra|esau, *occ:* Cymryesau), *occ:* Cymreiges(-au); **a Welsh-speaking ~,** Cymraes Gymraeg (Cymraesau/Cymryesau Cymraeg); **a non-Welsh-speaking ~,** Cymraes ddi-Gymraeg (Cymraesau/Cymryesau di-Gymraeg); **a staunch ~,** Cymraes i'r carn.

welt¹ *n.* **1.** *Bootm: Dressm:* gwaltas(-au, gwaltesi) *mf*, gwald(-iau) *m.* **2.** *(=* **weal²***):* gwr|ym (gwrymiau) *m.*
welt² *v.t.* **1.** *Bootm: Dressm:* gwaldysu, gwalteisio, gwaldio. **2.** *F: (= thrash):* waldio, chwipio, ffonodio.
Weltanschauung *n.* bydolwg *fm*, ***Weltanschauung*** *m.*
welted *a. (shoe):* gwaldasedig, gwaldasog.
welter¹ *n.* **1.** *(= disorder):* anhrefn *f*, llanast[r] *m.* **2.** *(= mixture):* tryblith *m*, cybolfa *f*, cawdel *m*, cymysgfa *f*, cymysgedd *mf*, cymysgwch *m.*
welter² *v.i. esp. Lit: (in mud, water):* ymdrybaeddu, ymdryboli, ymdreiglo; **to be weltering in one's blood,** nofio yn eich gwaed eich hun, bod yn waed yr ael.
welter³ *n.* **1.** = **welterweight. 2.** *F: (a)* = **blow;** *(b)* = **whopper. ~ race** *n.* ras(-ys) *(f)* pwysau trwm.
welterweight *n. (a) Box:* pwysau *(m or pl)* welter; **he's a ~,** bocsiwr/paffiwr pwysau welter ydyw; *(b) (rider):* marchog(-ion) trwm *m*; *(c) (= additional weight):* pwysau ychwanegol.
Weltpolitik *n.* ***Weltpolitik*** *m.*
Weltschmerz *n.* byd-ludded *m*, ***Weltschmerz*** *m.*
welwitschia *n. Bot:* welwitschia(-s) *m.*
wen¹ *n. Med:* crangen (cranghennau) *f*, y wen *f*, *Lit: occ:* llyngranc(-od) *m (pronounced* ng-g).
wen² *n. (runic letter):* [y llythyren] wen *f.*
wench¹ *n. A: or Joc:* merch ifanc (merched ifainc) *f*, geneth(-od) *f*, *N:* hogen(-nod) *f*, *S:* lodes(-i) *f*, croten (crotesi) *f*; **serving ~,** morwyn(-ion, morynion) *f*; **kitchen ~,** morwyn fach (morwynion/morynion bach) *f.*
wench² *v.i. F:* mercheta, *N:* hel merched, *S:* menwota, cwrso menywod.
wencher *n.* merchetwr (merchetwyr) *m*, *S:* menwotwr (menwotwyr) *m.*
wend¹ *v.t. Lit:* **to ~ one's way,** ymlwybro, cyfeirio'ch camre.
Wend² *n. Ethn:* Wend(-iaid) *m&f.*
Wendic, Wendish¹ *a.* Wendaidd; *(in language):* Wendeg.
Wendish² *n. Ling:* Wendeg *f, m.*
Wenlock *Eng.Pl.n.* **Much ~,** Gweunllwg *f*, Llanfaelien *f*. **~ Edge** *Pr.n. Geog:* Cefn *(m)* Gweunllwg.
wenny *a.* cranghennog, cranghennaidd.
went *v. See* **go².**
wentletrap *n. Moll:* cragen risiog (cregyn grisiog) *f.*
Wentloog *W.Pl.n.* Gwynllŵg *f.*
Wentwood *W.Pl.n.* Coed *(m)* Gwent.
Wenvoe *W.Pl.n.* Gwenfô *f.*
Weobley *Eng.Pl.n.* Weblai *m.*
Wepre *W.Pl.n.* Gwepra *mf.*
wept *v. See* **weep².**
were *v. See* **be.**
we're *v.* = **we are,** *See* **be.**
weregeld, weregild *n.* gwrwerth *m.*
weren't *v.* = **were not,** *See* **be.**
werewolf *n. Myth:* bl|eidd-ddyn(-ion) *m*, blaidd-ddyn(-ion) *m.*
wert *v. See* **be.**
Wertherian *a. Lit:* Wertheraidd.
Wertherism *n. Lit:* Wertheriaeth *f.*
Wervilbrook *W.Pl.n.* Ffynnon *(f)* Weirful.
weskit *n.* = **waistcoat.**
Wesleyan *a. & n.* **1.** *a.* Wesleaidd, *F:* Wesle. **2.** *n.* Weslead (Wesleaid) *m&f*, *F:* Wesle(-aid) *m&f.*
Wesleyanism *n.* Wesleaeth *f.*
west *n., adv. & a.* **1.** *n. (a)* y gorllewin *m*; **to the ~ of sth,** i'r gorllewin i/o rth, ar ochr orllewinol rhth; **the Far W~,** y Gorllewin Pell; **the Middle W~,** y Gorllewin Canol; **the Wild W~,** y Gorllewin Gwyllt. **2.** *adv.* tua'r gorllewin, i'r gorllewin; **(to travel) ~,** (teithio/mynd) tua'r gorllewin, i'r gorllewin, am y gorllewin; **to go ~** *(i)* mynd tua'r gorllewin, mynd i'r gorllewin, mynd am y gorllewin; *(ii) (= die):* marw, mynd i'ch crogi, mynd i ebargofiant, mynd i'ch aped, cael y farwol; **(there's another plate) gone ~,** (dyna blât arall) wedi'i chael hi, wedi mynd i'w grogi, wedi cael angau; **go ~ (young man)!** tua'r gorllewin, y gorllewin amdani, y gorllewin piau hi (ŵr ifanc)! **3.** *a. (a)* y gorllewin, gorllewinol; **~ wind,** gwynt(-oedd) *(m)* y gorllewin, *Lit: occ:* gorllewinwynt(-oedd) *m*; **the W~ Bank,** *(of Jordan):* y Lan Orllewinol; **the W~ Country,** De-orllewin *(m)* Lloegr; **the W~ Midlands,** Gorllewin Canolbarth Lloegr. **the W~ End,** y West End; *Th:* **W~ End technique,** techneg *(f)* West End; *U.S:* **the W~ Side,** y West Side; *Ling:* **W~ Germanic,** Germaneg *(f, m)* y Gorllewin; **W~ Saxon** *(i) Ethn:* Sacson(-iaid) *(m)* y Gorllewin; *(ii) Ling:* Sacsoneg *(f, m)* y Gorllewin; *(b) (in Pr.n. Geog.):* **W~ Africa,** Gorllewin yr Affrig, Gorllewin Affrica; *Hist:* **W~ Berlin,** Gorllewin Berlin; *Hist:* **W~ Germany,** Gorllewin yr Almaen; *Hist:* **W~ German** *(a) a.* o Orllewin yr Almaen; *(b) n.* Almaenwr (Almaenwyr) *(m)* o'r Gorllewin, Almaenes(-au) *(f)* o'r Gorllewin; **W~ Glamorgan,** Gorllewin *(m)* Morgannwg; **the W~ Indies,** Ynysoedd y Caribî, India*(f)*'r Gorllewin; **~ Indian** *(a) a.* Caribïaidd; *(b) n.* Caribïad (Caribïaid) *m&f*, un o India'r Gorllewin. **~-north-~** *n.* gorllewin-ogledd-orllewin *m.* **~ by north** *n.* gogledd-orllewin *m.* **~ by south** *n.* de-orllewin *m.* **~-south-~** *n.* gorllewin-dde-orllewin *m.*
westabout *adv.* = **westwards.**
westbound *a.* yn mynd tua'r gorllewin, yn mynd i gyfeiriad y gorllewin, am y gorllewin; *Aut:* **~ traffic straight ahead,** traffig i'r gorllewin syth ymlaen.
wester¹ *n.* gwynt(-oedd) *(m)* o'r gorllewin, storm(-ydd) *(f)* o'r gorllewin, *Lit: occ:* gorllewinwynt(-oedd) *m.*
wester² *v.i.* **1.** *(of sun &c):* machlud, *occ:* gorllewino; **the westering sun,** yr haul machludol, yr haul yn y gorllewin, *occ:* yr haul tan ei gaerau. **2.** *(of wind):* symud i gyfeiriad y gorllewin, gorllewino.
westering *a.* machludol, sy'n machlud; *S.a.* **wester².**
westerly *a., adv. & n.* **1.** *a. (a)* y gorllewin, gorllewinol; **~ wind,** gwynt(-oedd) *(m)* y gorllewin, *Lit: occ:* gorllewinwynt(-oedd) *m*; **~ current,** cerrynt *(m)* y gorllewin; *(b) (= from the west):* o'r gorllewin, y gorllewin. **2.** *adv. (a)* tua'r gorllewin, i'r gorllewin, yn orllewinol; *(b) (esp. of wind):* o'r gorllewin. **3.** *n. (wind): usu.pl.* **westerlies,** gwynt(-oedd) *(m)* y gorllewin, *Lit: occ:* gorllewinwynt(-oedd) *m.*
western *a. & n.* **1.** *a.* y gorllewin, gorllewinol; **W~ Europe,** Gorllewin *(m)* Ewrop; *Pol:* **W~ European Union,** Undeb Gorllewin Ewrop; *Pol:* **the W~ powers,** pwerau'r Gorllewin; *Hist:* **the W~ Front,** Ffrynt y Gorllewin; **the W~ Church,** Eglwys *(f)* y Gorllewin, yr Eglwys Orllewinol; **the W~ Empire,** Ymerodraeth *(f)* y Gorllewin, yr Ymerodraeth Orllewinol; *Sp:* **~ roll,** rholiad *(m)* y gorllewin; **~ saddle,** = **stock saddle. 2.** *n. (a) Cin:* ffilm *(f)* gowboi[-s] (ffilmiau cowbois), llun(-iau) *(m)* cowbois; *(b) (novel):* nofel *(f)* gowboi[-s] (nofelau cowbois).
westerner *n.* gorllewinwr (gorllewinwyr) *m*, gorllew|inwraig (gorllewinwragedd) *f*, dyn(-ion) *(m)* o'r gorllewin, gwr|aig (gwragedd) *(f)* o'r gorllewin.
westernization *n.*, **westernize** *v.t.* gorllewineiddio.
westernized *a.* gorllewinaidd, gorllewinedig.
westernmost *a.* pellaf i'r gorllewin, mwyaf gorllewinol; **the ~ point of Wales,** eithaf gorllewin Cymru.
westing *n. Nau:* gorllewiniad(-au) *m.*
Westminster *Eng.Pl.n.* Westminster *mf*; *(= Parliament):* San Steffan *mf.*
Weston Madoc *W.Pl.n.* Gwestun *(mf)* Madog.
Westphalia *Pr.n. Geog:* Westffalia *f.*
Westphalian *a. & n.* **1.** *a.* Westffalaidd. **2.** *n.* Westffaliad (Westffaliaid) *m&f.*
westward *a., adv. & n.* **1.** *a.* gorllewinol. **2.** *adv.* = **westwards. 3.** *n.* gorllewin *m*; **to ~,** i'r gorllewin, tua'r gorllewin.
westwards *adv.* tua'r gorllewin, i'r gorllewin, am y gorllewin, i gyfeiriad y gorllewin.
wet¹ *a.* **1.** *(a)* gwlyb *(f. occ:* gwleb, *pl.* gwlybion); **to get ~,** gwlychu, *occ:* cael gwlychfa; **to get one's feet ~,** gwlychu'ch traed, *S: F: occ:* siwpso'ch traed; **~ through, ~ to the skin, dripping ~, wringing ~, sopping ~, soaking ~,** gwlyb at eich croen, gwlyb diferu/diferyd/diferol, gwlyb domen [dail], gwlyb sopen, gwlyb socian, gwlyb siwps, *S.E:* gwlyb potsh, siwc siac, *S.W:* gwlyb stecs; **ink still ~,** inc heb sychu; *Fig:* **~ behind the ears,** anaeddfed, heb eich diddyfnu, fel llo gwlyb; *(b)* **~ weather,** tywydd gwlyb/llaith/glawog, *S.W:* tywydd gwlyborog, glypin *m*, *N.W: occ:* tywydd budr; **~ three days,** tridiau o law; **when it's ~,** pan fydd hi'n glawio, pan fydd hi'n bwrw glaw, pan fydd hi'n wlyb; *(c) El:* **~ bulb,** bylb(-iau) gwlyb *m*; **~ and dry bulb thermometer,** thermomedr(-au) *(m)* bylb sych a gwlyb; **~ cell,** cell wlyb (celloedd gwlybion) *f*; *Ch:* **~ process,** dadansoddi *(vn)* gwlyb; *(d) (i) P:* **he's a bit ~,** tipyn o lo gwlyb ydyw; *(ii) Pol:* cymedrol, *F:* gwlyb. **2.** *F: (= where*

alcohol is permitted): gwlyb; **a campaign to turn Wales ~,** ymgyrch i agor y tafarnau yng Nghymru ar y Sul; *U.S.:* **a ~ candidate,** ymgeisydd dros y ddiod gadarn; *U.S.:* **a ~ driver,** *(= drunk):* gyrrwr meddw; **a ~ bargain,** bargen pot peint; **~ blanket,** *F:* rhn (rhai) wyneplaes, [hen] Jeremeia(-s) *m*, wyneb(-au) (*m*) ffidil, cadach(-au) gwlyb *m*, *S.W:* rhn (rhai) sychbrin; **don't be such a ~ blanket,** paid â bod yn gymaint o Jeremeia; paid â thaflu dŵr oer dros bob dim; **~ dock,** doc(-iau) gwlyb *m*; **~ dream,** breuddwyd gwlyb/wleb (breuddwydion gwlyb) *mf*; *Fish:* **~ fly,** pluen wlyb/wleb (plu gwlybion) *f*; **~ look,** sglein *m*; *Med:* **~ pack,** rhwymiad(-au) gwlyb *m*; *Geog:* **~ point,** safle(-oedd) gwlyb *m*; **~ rot [fungus],** pydredd gwlyb *m*, gwlyb-bydredd *m*, braen gwlyb *m*. **~-nurse¹** *n.* llaethfam(-au) *f*, mamaeth(-od) *f* [yn rhoi sugn]. **~-nurse²** *v.t.* **1.** magu (plentyn) ar y fron, rhoi sugn (i blentyn). **2.** *Fig:* maldodi; *(= mother excessively):* dand[l]wn, babïo, tolach, *N: occ:* tinpwl.

wet² *n.* **1.** *(= wetness):* gwlybaniaeth *m*, lleithder *m*, *occ:* gwlybni *m*, gwlypwch *m*, gwlypter *m*. **2.** *(= rain):* glaw *m*, gwlybaniaeth *m*, *S: occ:* gwlybanwch *m*, *S.W:* gwlyborwch *m*; **(to go out) in the ~,** (mynd allan) yn y glaw, pan fo hi'n wlyb; **come in out of the ~,** tyrd (dewch) i mewn o'r glaw. **3.** *P:* **to have a ~,** gwlychu'ch pig, *S.W:* gwlychu'ch whît. **4.** *F: (pers.):* llo(-eau) gwlyb *m*; *Pol:* gwlybyn (gwlybion) *m*; **the Tory Wets,** y Toriaid Gwlybion; *U.S:* pleidiwr (pleidwyr) (*m*) y fasnach ddiod, annirwestwr (annirwestwyr) *m*.

wet³ *v.t.&i.* gwlychu; **to ~ one's whistle,** torri'ch syched, gwlychu'ch pig, gwlychu'ch llwnc, *S.W:* gwlychu'ch whît; **to ~ a bargain,** yfed i selio bargen; **to ~ the baby's head,** yfed iechyd y babi; **~ down** *v.t.* taflu dŵr (dros rth).

weta *n. Ent:* weta(-od) *m*.

wetback *n. U.S:* mewnfudwr (mewnfudwyr) anghyfreithlon *m*, (*)rhydiwr (rhydwyr) *m*.

wether *n. Husb:* mollt: molltyn (myllt) *m*, maharen (meheryn) *m*, llwdn (*m*) dafad (llydnod defaid), llwdn maharen (llydnod meheryn), gwedder (gweddrod) *m*.

wetland *n.* tir gwlyb (tiroedd gwlybion) *m*, cors(-ydd) *f*, corstir(-oedd) *m*, tir corsiog.

wetness *n.* gwlybaniaeth *m*, lleithder *m*, gwlybni *m*, gwlypter *m*, gwlybyrwch *m*.

wettability *n.* natur wlychadwy *f*.

wettable *a.* gwlychadwy.

wetter *n.* gwlychwr (gwlychwyr) *m*, gwl|ychwraig *f*.

wetting *vn. & n.* **1.** *vn.* gwlychu. **2.** *n.* gwlychfa (gwlychf|eydd) *f*, gwlychiad(-au) *m*, trochfa (trochf|eydd) *f*, trochiad(-au) *m*. **~ agent** *n. Ch:* gwlychwr (gwlychwyr) *m*.

wettish *a.* llaith, lled wlyb, go wlyb, braidd yn wlyb.

wetwhite *n. Th:* gwlyb-gwyn *m*.

we've *v.* = **we have,** *See* **have².**

Wexford *Ir.Pl.n.* Llwch (*m*) Garmon.

wey *n. A: Meas:* telbwys(-i) *m*.

Weythel *W.Pl.n.* Gwaeddel *f*.

whack¹ *n. & int. F:* **1.** *n.* *(a)* = **thump¹, wallop¹**; *(b)* **to have a ~ at sth,** rhoi cynnig (*m*) ar rth; *U.S:* **at one ~,** ar un cynnig, ar un tro; *(c) (= share):* cyfran(-nau) *f*, rhan(-nau) *f*, *F:* siâr (siarau) *f*; **to give s.o. a ~ of cake,** rhoi cwlff *m*/cwlffyn *m* o deisen i rn. **2.** *int.* clec! chwap! whap! clatsh!

whack² *v.t.&i.* = **beat², thump², wallop²**; *Nau:* **to ~ her up to twenty knots,** ei thanio hi hyd at ugain milltir yr awr; *U.S:* **to ~ sth up,** *(= divide into shares):* rhannu rhth yn gyfrannau, dosrannu rhth.

whacked *a. F:* wedi ymlâdd, wedi diffygio, wedi blino'n llwyr, *N.W:* wedi fflarbio, wedi ffagio.

whacker *n.* **1.** *F:* clamp(-iau) *m*, clampyn *m*, clampen *f*, coblyn *m*, andros *m*, clobyn *m*, cloben *f*. *S:* whomp(-s) *m*, whompyn *m*, whompen *f*, *N.W: occ: F:* homar *m*; **what a ~! isn't it a ~!** am glamp o un! am un anferth! dyna goblyn o un mawr! *&c.* **2.** *O: (lie):* clamp o gelwydd/anwiredd; **what a ~!** mae hwnna'n anodd ei lyncu! celwydd noeth!

whacking¹ *a. & adv. F:* anferth, anferthol, aruthrol, aruthrol fawr; **a ~ great lie,** clamp o gelwydd, anferth o gelwydd; **to tell whacking great lies,** dweud logiau o gelwyddau.

whacking² *vn. F:* = **beating² 2.**

whacko *int. P: O:* go dda! campus! gwych! bendigedig!

whacky *a.* = **crazy.**

whale¹ *n.* **1.** *Z:* morfil(-od) *m*; **beluga ~,** morfil gwyn (morfilod gwynion); **blue ~,** morfil glas (morfilod gleision); **bottle-nosed ~,** morfil trwyn potel; **caaing/pilot ~,** morfil pengrwn (*pronounced* ng-g), morfil du (morfilod duon); **humpback ~,** morfil cefngrwm (*pronounced* ng-g); **killer ~,** morfil danheddog, morfil ffyrnig; **right ~, Greenland ~,** morfil cywir, morfil walbon, morfil yr Ynys Las; **sei ~,** morfil sei; **sperm ~,** c|asialot (casialotiaid) *m*, morfil pensgwar; **white ~,** belwga(-od) *m*, morfil gwyn (morfilod gwynion). **2.** *F:* **we had a ~ of a time,** fe gawsom ni hwyl aruthrol/anfawrol; fe gawsom ni hen hwyl; fe gawsom ni hwyl a hanner; **he's a ~ for work,** mae'n weithiwr diarbed; mae'n goblyn am ei waith; **he has a ~ of a cold,** mae'n un swp o annwyd; mae ganddo andros o annwyd; **a ~ of a difference,** byd o wahaniaeth. **~-back** *n.* **1.** *(= hump):* crwmach (crymachau) *m*, cefn(-au) crwm *m*, crwbi (crwbïod) *m*; *Nau:* **~-back deck,** dec cefngrwm *m*. **2.** *Fish:* cwch (cychod) cefngrwm *m*, bad(-au) cefngrwm *m*. **~-bird** *n. Orn:* aderyn (adar) (*m*) y morfil. **~-boat** *n.* cwch (cychod) (*m*) morfila, bad(-au) (*m*) morfila, cwch/bad hela morfilod. **~-calf** *n.* llo (*m*) morfil (lloi morfilod), cyw (*m*) morfil (cywion morfilod), morfil bach (morfilod bychain). **~-cow** *n. Z:* morfiles(-au) *f*. **~-head** *n. Orn:* = **shoebill.** **~-hunter** *n.* = **whaler 1, 2.** **~-oil** *n.* olew (*m*) morfil. **~-shark** *n. Ich:* morgi (morgwn) morfilaidd *m*.

whale² *v.i.* morfila, hela morfilod.

whale³ *v.t.* = **beat², thrash.**

whalebone *n.* asgwrn (*m*) morfil, walbon *m*. **~ whale** *n.* morfil(-od) (*m*) walbon.

whaleman *n.m. U.S:* = **whaler 1, 2.**

whaler *n.* **1.** *(man):* pysgotwr (pysgotwyr) (*m*) morfilod, heliwr (helwyr) (*m*) morfilod. **2.** *(ship):* llong (*f*) forfila (llongau morfila), llong hela morfilod. **3.** *Ich:* morfilgi (morfilgwn) *m*.

whaling¹ *vn.* morfila, hela morfilod; **~ fishery, ~-ground** *n.* pysgodfa (pysgodf|eydd) (*f*) morfilod. **~- gun** *n.* gwn (gynnau) (*m*) saethu morfilod. **~-master** *n.* capten (*m*) llong forfila (capteiniaid llongau morfila). **~-ship** *n.* = **whaler 2.**

whaling² *vn. & n. U.S:* = **beating² 2.**

wham¹ *int. & n.* **1.** *int. F:* clec! chwap! clatsh! **2.** *n.* chwap *m*, clatsh *m*, clec *f*.

wham² *v.t.&i.* dyrnu, dobio, *N:* waldio, *S:* clatsio, *Lit: occ:* dulio.

whame *n. Ent:* **~ fly,** = **horsefly.**

whammy *n. U.S:* = **jinx.**

whang¹ *n.* = **wham¹.**

whang² *v.t.&i.* = **wham².**

whang³ *n.* = **thong.**

whangee *n. Bot: &c:* cansen (cans) (*f*) wangî (*pronounced* ng-g).

whap *v. & n. See* **whop.**

whare *n.* = **hut.**

wharf¹ *n.* cei(-au,-oedd) *m*, glanfa (glanf|eydd) *f*; *Com:* **ex ~,** [i'w gasglu] o'r cei. **~-rat** *n.* **1.** *Z:* llygoden fawr (llygod mawr) (*f*) Norwy. **2.** *F:* cymowtwr (cymowtwyr) *m* [ar/hyd y ceiau].

wharf² *v.t.* **to ~ a ship,** angori llong wrth gei/lanfa; **to ~ goods,** storio nwyddau ar gei/lanfa.

wharfage *n.* **1.** *(payment):* porthdal(-iadau) *m*, tâl (taliadau) (*m*) glanio. **2.** *Coll: (= wharves):* ceiau *pl*, ceioedd *pl*, glanf|eydd *pl*.

wharfie *n.* dociwr (docwyr) *m*.

wharfinger, wharfmaster *n.* glanfäwr (glanfawyr) *m*, perchennog (*m*) glanfa (perchenogion glanf|eydd).

wharve *n. Weaving:* chwerfan(-nau) *f*.

what *a. & pron.* **I.** *a.* **1.** *(relative):* hynny (o rth) . . . a; **I'll give you ~ money I can,** mi roddaf ichi hynny o arian a allaf. **2.** *(interrogative, direct or indirect):* pa + *soft mut.*; **~ time is it?** [pa] faint o'r gloch yw hi? [pa] faint yw hi o'r gloch? **tell me ~ books you bought,** dywedwch wrthyf ba lyfrau a brynasoch; **~ right has he to give orders?** pa hawl sydd ganddo i roi gorchmynion? **~ good/use is this?** i ba beth y mae hwn yn dda? pa ddefnydd sydd i hwn? **~ news?** pa newydd[-ion] [sydd]? *occ:* pa ryw newydd/hanes? **~ day of the month is it?** [pa] beth yw'r dyddiad heddiw? pa ddyddiad yw hi heddiw? pa ddydd o'r mis yw hi? **~ sort of [a] book is it?** pa fath [o] lyfr ydyw? **~ colour/size is it?** pa liw/faint yw ef? [pa] beth yw ei liw/faint? **3.** *(exclamatory):* dyna + *soft mut.*, *N:* am + *soft mut.*; **~ an idea!** dyna syniad! *N:* am syniad! *Lit:* y fath syniad! **~ a fool he is!** dyna ffŵl yw e! *N:* am ffŵl ydi o! **~ silly fools we have all been!** dyna ffyliaid a fuom ni! **~ a fuss about nothing!** dyna helynt am ddim byd! dyna helynt ynghylch dim! **~ a question!** dyna [inni] gwestiwn! am gwestiwn! **~ a man!** am ddyn! dyna [inni] ddyn! **~ a pity!** dyna drueni! *N: F:* bechod! **~ a [long] time you are getting dressed!** on'd ydych chi'n hir yn gwisgo amdanoch! II. *pron.* **1.** *(relative): (= that which): (a) (relative): (subject of verb): (i) (positive):* yr hyn, y peth + sydd + yn + *vn. or a.*; *or* yr hyn, y peth + a + *soft mut. + conjugated verb form*; *(ii) (negative):* yr hyn, y peth nad yw *or* nad ydyw + yn + *vn.*; *or* yr hyn, y peth na + *soft mut. of* b, d, g, *spirant mut. of* p, t, c, + *conjugated verb form*; **~ counts is this,** y peth sy'n cyfrif yw hyn; dyma beth sy'n cyfrif; **~ didn't happen was this,** dyma'r hyn na ddigwyddodd; *Prov:* **~ is done cannot be undone,** a wnaed a wnaed; rhy hwyr edifaru ar ôl llosgi'r tŷ; rhy hwyr galw doe yn ôl; ni ddaw i neb ddoe yn ôl; **~ is remarkable is that . . . ,** yr hyn sydd yn hynod yw bod . . . ; **come ~ may,** deued/doed a ddelo; deued/doed a ddêl; **this is ~ it is all about,** dyma'r hyn sydd dan sylw; *(b) (object of verb): (i) (positive):* yr hyn, y peth + a + *soft mut. + conjugated verb form*; **~ I like is music,** yr hyn yr wyf i'n ei hoffi yw cerddoriaeth; cerddoriaeth 'rwyf i'n ei hoffi; *(ii) (negative):* yr hyn, y peth na + *soft mut. of* b, d, g, *spirant mut. of* p, t, c, + *conjugated verb form*, nad *before vowels*; **but that's not ~ I said,** ond nid dyna [beth] a ddywedais i; nid dyna'r hyn a ddywedais i; **~ she didn't hear,** yr hyn na chlywodd hi, y peth na chlywodd hi, *Lit:* yr hyn nas clywodd hi; **~ I don't know isn't knowledge,** yr hyn na wn i, nid gwybodaeth mohono; **~ I see is this,** y peth a welaf i yw hyn; y peth yr wyf i'n ei weld yw hyn; **say ~ he will,** dyweded a fynno; dyweded beth bynnag a ddywedo; ni waeth iddo heb â dweud; **he never speaks of ~ he has gone through,** ni fydd byth yn sôn am yr hyn y mae wedi bod trwyddo; *(c)* **~ with golf and ~ with tennis, I have no time to write,** rhwng chwarae golff a thennis, nid oes gennyf mo'r amser i ysgrifennu; **(not a day) but ~ it rains,** (nid â diwrnod heibio) heb ei bod yn glawio, heb iddi lawio; *P:* **to give s.o. ~ for,** ei rhoi hi i rn, rhoi rhn yn ei le, dweud wrth rn sut mae 'i deall hi, dweud ei hyd a'i lled hi wrth rn, dweud wrth rn faint sydd tan y Sul/'Dolig; *(d) P:* **= who, which**; **2.** *(interrogative): (a)* pa beth (pa *is often omitted*), *foll. by* sydd + yn/wedi + *vn, or* a + *soft mut. + conjugated verb form*; (a *is often omitted, but not the mutation*); *F:* be'; **~ has happened?** [pa] beth sydd wedi digwydd? **~'s happening?** [pa] beth sy'n digwydd? **~ on earth (are you doing here)?** [pa] beth ar wyneb y ddaear, beth yn y byd [mawr] (yr wyt ti'n ei wneud yma) **you did ~?** *beth* wnaethoch chi? fe wnaethoch chi *beth*? **~ is it?** *(i)* pa beth yw ef? pa beth ydyw? *S:* beth yw e? *N:* be ydi o? *(ii) (= what's the matter)* beth sydd? beth sy'n bod? **~ is that?** [pa] beth yw hwnna? **~'s that you're telling me?** pa beth 'rwyt ti'n ei ddweud wrthyf i? **~ will become of him?** [pa] beth [a] ddaw ohono? **~ is the matter?** beth sydd? beth sy'n bod? beth sydd o'i le? *F:* **~ do you say we go home?** *U.S:* **~ say we go home?** beth am inni fynd adref? **~'s that to you?** pa beth/fusnes yw hynny i chi? **~ is there to see in this town?** beth sydd 'na i'w weld yn y dref hon? **~'s the good/use?** i beth? i ba ddiben? i [ba] beth? pa werth/les? *F:* pa iws? be' ydi'r iws? **~ good is it to say?** [pa] beth a dâl dweud . . . ? **~ do you want?** [pa] beth sy' arnat ti (arnoch chi) ei eisiau? **~'s to be done?** [pa] beth [a] wnawn ni? [pa] beth sydd i'w wneud? [pa] beth [a] wneir? **~ did I tell you?** [pa] beth [a] ddywedais i wrthyt ti? **~ will people say?** [pa] beth fydd pobl yn ei ddweud? [pa] beth [a] ddywed pobl? **~'s the French for "dog"?** sut mae dweud "ci" yn Ffrangeg? beth yw'r gair Ffrangeg am "ci"? **~ else could I say?** [pa] beth arall a allwn ei ddweud? **~ could be more beautiful?** [pa] beth [a] allai fod yn harddach? **~ the better are they for that?** pa les fydd hynny iddynt? faint elwach/callach fyddant? **~ do seven and eight make?** [pa] faint yw saith ac wyth? **~ is the rent?** [pa] faint yw'r rhent? **~ are potatoes today?** [pa] faint yw tatws/tato heddiw? **~ do I owe you?** [pa] faint sydd arnaf i chi? **~ is he like?** sut un yw ef? **(~) do you take me for?** (pwy, [pa] beth) 'rydych chi'n ei feddwl ydw i? **~'s it made of?** o ba beth y gwnaed ef? **~ are you thinking of?** beth sy'n mynd trwy dy feddwl di? am ba beth yr wyt ti'n meddwl? (*not* beth 'rwyt ti'n meddwl am?); **~ are you looking for?** am beth 'rwyt ti'n chwilio? (*not* beth 'rwyt ti'n chwilio am?); **~'s it all about?** am [ba] beth y mae'n sôn? [pa] beth sydd dan sylw? beth yw'r helynt? **~ about the ten pounds I lent you?** beth am y decpunt a fenthyciais iti? **~ about a walk?** beth am fynd am dro? **~ about you?** a beth amdanat ti (amdanoch chi)? a thithau (chithau)? **well, ~ about it?** *(i)* wel, beth amdano/amdani? *(ii) (= so what):* wel, beth am hynny? **~ is that for?** ar gyfer beth mae hwnna? i beth mae hwnna'n dda? **~ did he do that for?** pam y gwnaeth ef hynny? am ba reswm y gwnaeth ef hynny? **~ on earth for?** pam yn y byd [mawr]? pam ar wyneb y ddaear? **and ~ if she hears about/of it?** a beth petai hi'n clywed amdano? **~ then,** beth wedyn? a wedyn? *F:* **do you think I'm mad or ~?** meddwl fy mod i'n colli arni yr wyt ti? wyt ti'n meddwl 'mod i'n wallgof neu rywbeth *or* ynteu beth? **(paper and ink) and ~ not, and ~ have you,** (papur ac inc) ac yn y blaen, a phethau felly, ac ati, *N: F: occ:* a ballu; **~ though we are poor?** pa wahaniaeth ein bod yn dlawd? *F:* pa ots ein bod ni'n dlawd? **~ [did you say]?** beth [a ddywedaist ti]? sut? **~ of it? ~ of that?** pa ots? pa wahaniaeth? beth am hynny? beth amdano/amdani? *(b) (indirect):* yr hyn, [pa] beth; **tell me ~ is happening,** dywed wrthyf [pa] beth sy'n digwydd; **I don't know ~ you want,** wn i ddim beth sy' arnat ti ei eisiau; **I don't know ~ to do/say,** wn i ddim beth i'w wneud/ddweud; **I saw you know ~,** mi welais i fe wyddost ti (wyddoch chi) beth; *F:* mi welais i wsti-be; **there were books and I don't know ~,** 'roedd yno lyfrau ac wn i ddim beth [arall]; **tell me ~ you are crying for,** dywed wrthyf paham yr wyt ti'n crio; **I'll tell you ~ . . . ,** mi ddywedaf wrthyt ti beth . . . ; clyw(- ch) . . . ; gwrando (gwrandewch) . . . ; **he knows ~'s ~,** mae'n gwybod ei bethau; mae'n gwybod beth yw beth; mae'n gwybod be' ydi be'; nid yw'n un i dorri cnau gweigion; **I'll show you ~'s ~,** fe gei di weld gen i beth yw beth; **he's got ~ it takes to be a good businessman,** mae'r gallu ganddo/ynddo i fod yn ddyn busnes da; mae deunydd dyn busnes da ynddo. **3.** *(exclamatory): (a)* **~ he has suffered!** gymaint y mae wedi ei ddioddef! **~ next!** [pa] beth nesaf! **~'s new?** [pa] beth sy'n newydd? pa newydd? *(b)* **~! (you can't come)!** sut! beth! (fedrwch chi ddim dod)! *P:* **(nice little girl) ~!** (merch fach ddymunol) *N:* ynte, *S:* ontefe, yndyfe! **~ d'you-call-'em, ~ you may call 'em** *n. N:* pwy 'na *m*, *S:* pwychingalw [nhw], bechingalw [nhw] (*both pronounced* ng-g). **~ d'you-call-him** *n. N:* pwy 'na, pwychingalw, *S:* bechingalw [fe]. **~ d'you-call-her** *n. N:* pwy 'na, *S:* bechingalw hi. **~ d'you-call it, ~ you may call it** *n. N:* pethma *m*, pethna *m*, *S:* bechingalw [fe], bethtingalw [fe]. **~-ho** *int. P:* hei-di-ho! pa hwyl! sut mae hi? *F:* s'mâi! **~'s-her/-his/-its name** *n. F:* **= what-d'you-call-her/-him/-it.**

whate'er *pron. Poet:* **= whatever.**

whatever *pron. & a.* (*cp.* **what ever** *under* **ever 3.**) **1.** *pron. (a) (relative):* pa beth bynnag *m*, popeth *m*, unrhyw beth *m*; **do ~ you like,** gwnewch ba beth bynnag a fynnoch chi; gwnewch bopeth a fynnoch chi; gwnewch unrhyw beth; *N. W:* gwnewch beth fyw fyd fynnoch chi; *Lit:* gwnewch a fynnoch; **he shall have ~ he wants,** fe gaiff ba beth bynnag a ddymuna/ddymuno; *(b) (in indef. concessive clause):* pa beth bynnag + *subjunctive (in the literary style)*, + *indicative (in the less literary style)*; **~ it is, ~ it may be,** [pa] beth bynnag y bo; **~ happens, keep calm,** [pa] beth bynnag a ddigwyddo, peidiwch â chynhyrfu; **~ she says, ~ she may say,** [pa] beth bynnag a ddywedo; dyweded hi [yr hyn] a fynno; **~ for?** i beth [yn y byd mawr]? *(c)* **(cats, dogs) or ~,** (cathod, cŵn) neu beth bynnag y bo, neu unrhyw bethau felly. **2.** *a. (a)* pa + *soft mut.* . . . bynnag + *subjunctive (in the literary style), or indicative (in the less literary style)*; **~ price they are asking,** pa bris bynnag y bônt/maent yn ei ofyn; **(~ mistakes) I [may] have made,** (pa gamgymeriadau bynnag) a wneuthum, y bu imi eu gwneud; **an agreement of ~ sort,** cytundeb o ba fath bynnag y bo; *(b) (with negative explicit or implied)*; *(i)* **(he has no chance) ~,** ('does ganddo'r un gobaith) o gwbl, o fath yn y byd; **none ~,** dim [un] o gwbl; **nothing ~,** dim byd o gwbl, *S:* dim yw dim; **he won't say anything ~,** mae'n gwrthod dweud yr un gair; *(ii)* unrhyw + *soft mut.*; **has he any chance ~?** a oes ganddo unrhyw obaith? a oes ganddo obaith o gwbl?

whatnot *n.* **1.** *Furn:* stand(-iau) *(fm)* silffoedd. **2. = whatsit.**

whatsit *n. F: N:* peth'ma *m*, *S:* bechingalw *m* (*pronounced* ng-g).

whatsoever *pron. & a.* **= whatever.**

whaup *n. Orn:* **= curlew.**

wheal *n.* **= weal.**

wheat *n.* gwenith(-oedd,-au) *m*; *S.a.* **buckwheat; grain of ~,** gwenithen (gwenith) *f*, tywysen(-nau, tywys) *f*; **~ in the ear,** gwenith yn tywysennu/ehedeg; **~-growing land,** tir(-oedd) *(m)* gwenith, gwenithdir(-oedd) *m*; **to plant land with ~,** hau gwenith, hau tir â gwenith; **to divide the ~ from the chaff,**

nithio'r grawn oddi wrth yr us; **the ~ and the tares,** y gwenith a'r efrau; **bearded ~,** gwenith barfog, *N:* gwenith coliog, gwenith col; **beardless ~, bald ~, grey pollard ~,** gwenith llwyd cwta; **hare's ~, = quaking-grass; holy ~,** gwenith bendigaid; **Lammas ~,** gwenith Awst; **Roman ~, tiphe ~,** gwenith Rhufain; **rough-eared ~,** gwenith garw; **short-stemmed ~,** gwenith gwyn bach. **~-ale** *n.* gwenithgwrw *m,* cwrw (*m*) gwenith. **~-belt** *n.* gwenithdir(-oedd) *m.* **~-bulb fly** *n.* pryf(-ed) (*m*) chwydd gwenith. **~-flour** *n.* blawd (*m*) gwenith, blawd gwyn, *S:* fflŵr gwyn *m,* fflŵr gwenith, can *m.* **~ germ** *n.* bywyn (*m*) gwenith, *S.E:* can garw *m.* **~-grass** *n.* = **couch-grass. ~-rust** *n.* rhwd (*m*) gwenith. **~-sheaf** *n.* ysgub (*f*) wenith (ysgubau gwenith). **~-stalk** *n.* gwelltyn (gwellt) (*m*) gwenith. **~-straw** *n. Coll:* gwellt (*m*) gwenith.

wheatear *n. Orn:* cynffonwen *f,* tinwyn(-ion) *m,* tinwen(-nod) *f,* tinwen y cerrig, tinwen/tinwyn y garn.

wheaten *a.* gwenith, o wenith, gwenithaidd; **~ flour,** = **wheat-flour; ~ bread,** bara (*m*) gwenith, bara can, *occ:* bara peilliaid.

wheatings *n.pl.* rhuchion gwenith.

wheatmeal *n.* = **wheat-flour. ~ bread** *n.* = **wheaten bread.**

wheatworm *n.* llyng[h]yren (llyngyr) (*f*) y gwenith.

wheedle *v.t.&i.* **1.** *v.t.* *(a)* perswadio, *Lit:* llithio, truthio, *N:* swcro, perswadio (rhn) yn glên, chwidlo, *S:* cocsio; **to ~ s.o. into doing sth,** cael gan rn wneud rhth, dwyn perswâd ar rn i wneud rhth, cocsio rhn i wneud rhth, weindio rhn i wneud rhth; **to ~ money from s.o.,** mynd i lawes rhn i gael arian ganddo, progio/naddu am arian gan rn, cynio ar rn am arian. **2.** *v.i.* *(= flatter):* gwenieithio, seboni, truthio.

wheedler *n.* perswadiwr (perswadwyr) *m,* pers|wadwraig *f,* denwr (denwyr) *m,* d|enwraig *f,* cocsiwr (cocswyr) *m,* gwenieithiwr (gwenieithwyr) *m,* gwen|ieithwraig *f,* sebonwr (sebonwyr) *m,* seb|onwraig *f,* truthiwr (truthwyr) *m,* tr|uthwraig *f,* chwidlwr (chwidlwyr) *m,* ch|widlwraig *f.*

wheedling[1] *a.* gwenieithus, sebonllyd, gwên-deg, truthiog, truthiol, truthgar.

wheedling[2] *vn.* cocsio, perswâd clên *m,* gweniaith *f,* sebon *m,* truth *m,* chwidlo.

wheedlingly *adv.* yn wenieithus *&c.*

wheel[1] *n.* **1.** olwyn(-ion) *f, Lit: occ:* rhod(-au) *f,* troell(-au) *f, S.W: F:* w[h]ilsen (w[h]îls) *f;* *(a) Veh:* **back ~,** olwyn ôl; **front ~,** olwyn flaen (olwynion blaen); **to run on wheels,** mynd ar olwynion; *Fig:* mynd yn llyfn/rhwydd/ddidrafferth; **meals on wheels,** pryd o'r stryd, pryd ar glud, gwasanaeth danfon prydau; *F:* **my wheels,** fy ngherbyd; *Aut:* **spare ~,** olwyn sbâr; **wire ~,** olwyn wifrog (olwynion gwifrog), *F:* olwyn weiars; **the fifth ~,** yr olwyn sbâr; *Av:* **ground ~, landing ~,** olwyn lanio (olwynion glanio); **nose ~,** olwyn flaen (olwynion blaen); *S.a.* **disc 1, fly[1]** *(a),* **shoulder[1] 1, track[1] 2;** *(b) Mec.E:* **fixed ~,** olwyn sefydlog, olwyn gaeth (olwynion caeth); **free ~,** olwyn rydd (olwynion rhydd), olwyn weili (olwynion gweili); **loose ~,** olwyn lac (olwynion llac), olwyn weili; **toothed ~, gear-~, cog-~,** olwyn (*f*) gocos (olwynion cocos), olwyn ddanheddog (olwynion danheddog); *F:* **there are wheels within wheels,** mae 'na olwyn mewn olwyn; mae hi'n stori gymhleth iawn; **the wheels of government,** peirianwaith (*m*) llywodraeth; *S.a.* **sprocket 2;** *(c) Aut: Av: Nau:* **steering-~, control-~,** llyw(-iau) *m,* olwyn lywio (olwynion llywio); **to take the ~,** cymryd y llyw; **to be at the ~,** *(i) Aut:* gyrru, bod wrth y llyw; *(ii) Nau:* bod wrth y llyw, llywio; *(iii) Fig:* bod wrth y llyw, rhedeg pethau; **the man at the ~,** *(i) Aut:* y gyrrwr *m;* *(ii) Nau:* llywiwr (ll|yw-wyr) *m;* *(iii) F:* y rheolwr (y rheolwyr) *m,* y dyn sydd wrth y llyw, *Joc:* y dyn sydd biau'r drol; *(d)* **grinding-~,** olwyn lifanu (olwynion llifanu), maen (meini) (*m*) hogi; **carborundum ~,** olwyn hogi; **spinning-~,** troell *f* [nyddu], *S.W:* rhod (*f*) nyddu; *(e)* **banding-~,** olwyn fandio (olwynion bandio); **change ~,** olwyn newid; **cutting-~,** olwyn dorri (olwynion torri); **idle/idler ~,** olwyn gyswllt (olwynion cyswllt); *Metalw: Sch:* **number ~,** olwyn rifau (olwynion rhifau); *Cu:* **pastry ~,** olwyn does (olwynion toes); **trundle ~,** olwyn fesur (olwynion mesur); *Needlew:* **tracing-~,** olwyn ddargopïo (olwynion dargopïo), olwyn drasio (olwynion trasio); **~ of life,** *(i)* = **zoetrope;** *(ii) Buddhist Rel:* rhod bywyd; **~ of fortune,** olwyn ffawd, rhod ffawd, troell (*f*) ffawd; **bucket ~,** olwyn fwcedi (olwynion bwcedi); **big ~, 1.** *(i) (at fair):* olwyn fawr (olwynion mawr), olwyn ffair; *(ii) U.S: F:* pwysigyn (pwysigion) *m.* **2.** *Hist:* **to break s.o. on the ~,** torri rhn ar yr olwyn; *Fig:* **to break a butterfly on the ~,** torri cneuen â gordd. **3.** *U.S: F:* = **bicycle. 4.** *Mil: &c:* tro(-adau) *m,* troad(-au) *m,* gwyriad(-au) *m;* **left/right ~,** tro i'r chwith/dde; **5.** *Pros.* esgyll *pl.* **~-animalcule** *n. (= rotifer):* rhodfilyn (rhodfilod) *m.* **~-back** *n. Furn:* cadair gefngron (cadeiriau cefngrwn) *f (pronounced* ng-g). **~-base** *n.* = **wheelbase. ~-brace** *n.* carn(-au) (*m*) tro olwynion. **~-bug** *n. Ent:* (*)lleuen gopog (llau copog) *f.* **~-disc** *n. Aut:* disg (*m*) olwyn (disgiau olwynion). **~-gear** *n. Mec.E:* olwynion cocos. **~-horse** *n.* ceffyl(-au) (*m*) bôn. **~-house** *n. Nau:* caban (*m*) llyw/llywio, *F:* whilws *m.* **~ hub** *n. Aut:* both(-au) (*f*) olwyn. **~ jack** *n. Aut:* jac(-iau) *m.* **~ load** *n. Aut:* llwyth(-i) (*m*) olwyn. **~-lock** *n.* **1.** *Sm.a:* dryll(-iau) (*m*) olwynglo (*pronounced* ng-g). **2.** *Aut:* clo(-eau) (*m*) ar y llyw. **~ nut** *n. Aut:* nyten (nytiau) (*f*) olwyn. **~-ore** *n. Miner: (= bournonite):* bournonit *m.* **~-race** *n. Mec.E:* olwynres(-i) *m.* **~-track** *n.* rhigol(-au) *f, N: occ:* rhowt(-iau) *f.* **~-train** *n. Mec.E:* olwynwaith *m,* olwynres *f.* **~-tree** *n. Bot:* coeden (coed) olwynog *f.* **~ trim** *n.* cylch(-oedd) gloyw *m.* **~ window** *n. Arch:* ffenestr gron (ffenestri crynion) *f,* ffenestr olwyn.

wheel[2] *v.t.&i.* **1.** *v.t.* *(a)* troi, troelli, amdr|oi, cylchdr|oi, treiglo, troi o gwmpas; **to ~ round one's chair,** troi a throi'ch cadair, troi'ch cadair rownd a rownd; *Mil:* **to ~ a line of men,** troi rhes o filwyr; *(b) (wheelbarrow):* gwthio, powlio, gyrru, *N:* hwylio, rowlio, *S:* hala; **to ~ sth in a barrow,** powlio rhth mewn berfa/whilber *&c.* **2.** *v.i.* *(a)* troi, troelli, *occ:* olwyno; *(b) Mil:* *(i)* troi, gwyro; **to ~ about,** troi at yn ôl; *(ii)* **left ~!** [trowch] i'r chwith! *(c) (of pers.):* **to ~ about/round,** troi [ar eich sawdl]; *(d) Rugby:* **to ~ the scrum,** olwyno'r sgrym; *F:* **to ~ and deal,** sgemio a sgilio.

wheelbarrow *n. N:* berfa (berfâu, *occ:* berféi) *f, S:* whilber(- i) *f.*

wheelbarrowful *n. N:* berf|aid (berfeidiau) *f,* berfâd (berfadau) *f,* llond (*m*) berfa *&c, S:* whilberaid (whilbereidiau) *f,* llond whilber.

wheelbase *n. Veh: Rail:* pellter (*m*) rhwng echelydd.

wheelchair *n.* cadair (cadeiriau) (*f*) olwyn/olwynion.

wheeled *a.* **1.** olwynog, ar olwynion, ag olwynion. **2.** *(with a. prefixed):* **two-~,** [â] dwy olwyn; **three-~,** â thair olwyn, tair olwyn.

wheeler *n.* **1.** *(of wheelbarrow &c):* powliwr (powlwyr) *m.* **2.** *(horse):* ceffyl(-au) (*m*) bôn. **3.** *Veh: (with number prefixed):* **two-~,** cerbyd(-au) (*m*) dwy olwyn; **three-~,** cerbyd tair olwyn. **4.** = **wheelwright. 5. ~ and dealer,** sgemiwr a sgiliwr (sgemwyr a sgilwyr) *m.*

wheelie *n. F:* (*)olwyn(-ion) stond *f.*

wheeling[1] *a.* troellog.

wheeling[2] *vn.* troelli, troi.

wheelless *a.* diolwyn, diolwynion, heb olwyn/olwynion.

wheelman *n.m.* **1.** = **cyclist. 2.** *(= steersman):* llywiwr (ll|yw-wyr), gyrrwr (gyrrwyr).

wheelsman *n.m.* = **wheelman 2.**

wheelwork *n.* olwynion *pl.*

wheelwright *n.* saer (seiri) (*m*) olwynion.

wheeze[1] *n.* **1.** gwich(-iau) *f,* gwichiad(-au) *m,* gwichian *vn,* gwichio *vn;* **2.** *F: P: (= idea, ploy):* sgâm (sgamiau) *f,* sgêm (sgemiau) *f,* sgil(-iau) *m;* **a good ~,** syniad da *m.* **3.** *Th:* = **gag 3.** *(b).*

wheeze[2] *v.i.&t.* **1.** *v.i.* gwichian, gwichio. **2.** *v.t.* **to ~ out sth,** dweud rhth dan wichian, dweud rhth yn wichlyd, gwichian rhth.

wheezer *n.* gwichiwr (gwichwyr) *m,* gw|ichwraig *f.*

wheezily *adv.* yn wichlyd *&c.*

wheeziness *n.* sŵn gwichlyd *m,* gwich *f,* gwichian *vn.*

wheezing[1] *a.* gwichlyd, gwichiog.

wheezing[2] *vn.* = **wheeze[1] 1.**

wheezy *a.* gwichlyd, gwichiog.

whelk[1] *n. Moll:* gwichiad (gwichiaid) (*m*) moch; **common ~, buckie ~,** gwichiad môr, mochyn (moch) (*m*) môr; **dog-~,** *See* **dog[1]; edible ~,** y gragen (*f*) foch fwyaf (y cregyn moch mwyaf); **red ~,** cragen foch goch (cregyn moch cochion), gwichiad moch coch (gwichiaid moch cochion).

whelk[2] *n.* = **pimple.**

whelked *a.* = **pimpled.**

whelm *v.t. Poet:* = **overwhelm.**

whelp[1] *n.* **1.** *A: & Lit:* *(a)* colwyn(-od) *m,* cenau (cenawon) *m,* cenawes(-au) *f;* *Prov:* **an old dog will not play with a ~,** ni chwery hen gi â cholwyn; **lion's ~,** cenau llew, llew(-od) bach *m*; *(b) F: Pej: (= ill-bred youth):* cenau (cnafon) *m*, *occ:* chwelp(-od) *m*, chwelpyn(-nod) *m*, cerlyn(-nod) *m*. **2.** *Nau: usu.pl.* asen(-nau) *f*, gwr|ym (gwrymiau) *m*. **3.** *Mch:* = **sprocket.**

whelp[2] *v.t.&i.* **1.** *v.t.&i. (of bitch, lioness &c):* bwrw cenau, dod â chenau, esgor ar genau. **2.** *v.t. Fig: (= originate):* esgor (ar rth), cychwyn (rhth).

when *adv., conj., pron. & n.* I. *adv.* **1.** *(interrog.):* pa bryd? pryd? pa adeg? ar ba adeg? **~ will you go?** pa bryd y byddwch chi'n mynd? pa bryd yr ewch chi? **I wonder ~ he will go,** ys gwn i pa bryd yr aiff ef; **~ is the meeting?** pa bryd mae'r cyfarfod? **~ (do the trees blossom)?** ar ba adeg, pa bryd (y bydd y coed yn blodeuo)? **~ (was she in Egypt)?** ar ba adeg, pa bryd (y bu hi yn yr Aifft)? **~ ever will he come? ~ on earth will he come?** pryd ar [wyneb] y ddaear y daw ef? pryd yn y byd mawr y mae am ddod? **~ ever (did that happen)?** ym mha oes, ar ba adeg (y bu hynny)? *F: (when pouring drinks):* **say ~!** dywed(-wch) faint! II. *conj.* pan + *soft mut.* + *indicative*; *or, where* **when = whenever** + *the subjunctive.* **1. ~ I came home,** pan ddeuthum adref; **~ he was born,** pan anwyd ef, adeg ei eni; **~ she was married,** pan briododd hi, adeg ei phriodas; **~ I was young,** pan oeddwn yn ifanc; **~ the children were small,** pan oedd y plant yn fach, *S. W:* amser o'dd y plant yn fân; **~ one is young,** pan fydd dyn yn ifanc, yn eich ieuenctid, yn eich llencyndod *(N.B:* pan yn ifanc *is not regarded as correct)*; **(he will speak) ~ I have done,** (bydd ef yn siarad) wedi *or* ar ôl imi ddarfod, pan fyddaf i wedi darfod, gydag y byddaf i wedi darfod; **he looks in ~ passing,** bydd yn taro i mewn wrth fynd heibio; **~ I think what I offered her!** pan feddyliaf i ba beth a gynigiais i iddi! *(elliptical):* **~ writing (I get tired),** wrth ysgrifennu, pan fyddaf yn ysgrifennu (byddaf yn blino); **~ at school,** tra bo/bydd (rhn) yn yr ysgol; *Cu:* **~ cool, turn out onto a dish,** ar ôl iddo oeri, trowch ef allan ar ddysgl. **2.** *(relative): (a)* **the day ~ I met you,** y diwrnod y cyfarfûm â thi, y diwrnod pan gyfarfûm â thi, *occ:* y diwrnod y bu i mi dy gyfarfod; **one day ~ I was there,** un diwrnod pan oeddwn yno; **at the very time ~ . . . ,** ar yr union bryd/adeg pan . . . ; **now is ~ I need him most,** dyma'r adeg y mae arnaf fwyaf o'i angen; *(b) (= and then):* **(he will arrive on the 10th) ~ he will open the new building,** (bydd yn cyrraedd ar y degfed) a bydd yn agor yr adeilad newydd, i agor yr adeilad newydd. **3. he walked there ~ he could have taken the car,** cerddodd yno er y gallai fod wedi mynd yn y car; **what's the good of telling you ~ you won't listen to me?** pa ddiben dwcud wrthyt a thithau'n gwrthod gwrando arnaf? III. *pron.* **1.** *(interrog.):* **until ~ (can you stay)?** hyd ba bryd, hyd ba adeg, am ba hyd, am faint, tan ba bryd (y medrwch aros)? **since ~ (have you been living here)?** ers pryd, ers [pa] faint (yr ydych chi'n byw yma, y buoch chi'n byw yma)? **2.** *(relative):* **since ~ (I have always bought a car of that make),** byth er hynny, byth oddi ar hynny, o hynny ymlaen ('rwyf wedi prynu car o'r math hwnnw); **until ~ (I shall stay here),** hyd hynny, tan hynny (mi arhosaf yma). IV. *n.* **tell me the ~ and the how of it,** dywedwch wrthyf sut a pha bryd y bu hi; **the hows and whens of life,** dulliau ac adegau bywyd; **have they fixed the where and ~?** a ydynt wedi trefnu'r lle/man a'r pryd?

whenas *conj. A:* = **when, whereas.**

whence *adv., pron. & n.* **1.** *adv. & pron. A: & Lit:* o ba le? *F:* o ble? *(a) (interrog.):* **(do you know) [from] ~ she comes?** (a wyddoch chi) o ble y mae hi'n dod? un o ble yw hi? *(b) (rel. & conj.):* o ba un, o ba le; **the land ~ ye are come,** y wlad y daethoch ohoni, *A:* y wlad o ba un/ le y daethoch; **~ I conclude that . . . ,** o hyn/ hynny yr wyf yn casglu bod . . . . **2.** *n. (= source):* tarddiad(-au) *m*, dechreuad(-au) *m*, cychwyniad(-au) *m*, cychwyn *m*; **we know neither our ~ nor our whither,** ni wyddom mo'n dyfodiad na'n mynediad; ni wyddom na chychwyn na phen ein taith.

whencesoever *adv.conj.* o ba le bynnag.

whenever, *Poet:* **whene'er** *conj. & adv. (a)* pa bryd bynnag y, bob tro y + *indicative or subjunctive*; **~ I see it (I think of you),** pa bryd bynnag y byddaf yn ei weld, bob tro y byddaf yn ei weld (byddaf yn meddwl amdanat ti); **(I go) ~ I can,** (byddaf yn mynd) [pa] bryd bynnag y medraf, cyn amled ag y gallaf, bob tro y gallaf; *(b)* **(you may come) ~ you like,** (cewch ddod) pa bryd bynnag y mynnoch, pryd y mynnoch, unrhyw adeg, unrhyw bryd, *F:* unrhyw ben; **Sunday, Monday, or ~,** dydd Sul, dydd Llun, neu unrhyw adeg; *(c)* **~ (did he say that)?** pryd ar wyneb y ddaear, pryd yn y byd (y dywedodd hynny)?

whensoever, *Poet:* **whensoe'er** *adv.conj.* = **whenever.**

where *adv., rel.conj. & n.* **1.** *adv. (interrog.): (a)* ym mha le [y]? pa le [y]? *F:* lle? ble [y]? **~ am I?** ble'r wyf i? **tell me ~ she is,** dywedwch wrthyf ym mha le y mae hi; **~ did you put it?** ble y rhoddaist ti ef? **~ ever (have you been)?** ble yn y byd, ble ar wyneb y ddaear (y buoch chi)? *N.W: Joc:* lle buost ti'n hel gwair i dy gŵn? **now, ~ were we?** *(after interruption)*, **~ did we leave off,** *(reading &c):* 'nawr, ble'r 'roeddem ni arni? **~ have you got to? ~ are you?** *(i)* ble'r ydych chi arni? pa le 'rydych chi? *(ii) (in book &c):* ar ba dudalen yr ydych chi? ble 'rydych chi arni? **~ should I be if I had followed your advice?** ble byddwn i petawn i wedi cymryd eich cyngor chi? *(b)* **~ is the way out?** ble mae'r ffordd allan? *(c)* **~ do you come from?** *(i)* o ble y daethoch chi? *(ii) (country):* o ble'r ydych chi'n dod? un o ble ydych chi? (*not* ble 'rydych chi'n dod o); **~ are you going to?** i ble 'rydych chi'n mynd? i ble'r ewch chi? (*not* ble 'rydych chi'n mynd i); *(d)* **~ is the use/good of it?** pa beth yw diben [gwneud] hynny? **~ can be the harm in doing it?** pa ddrwg all fod o wneud hynny? **2.** *rel.conj. & adv. (a)* **[there] ~,** [yno] lle . . . ; *F:* ble . . . ; + *indicative or occ: subjunctive*; **I shall stay ~ I am,** mi arhosaf ble'r/lle'r ydwyf; **go ~ you like,** ewch i le y mynnoch; ewch lle fyd fynnoch chi; ewch i ba le bynnag y mynnoch chi; **I go ~ I like,** mi af ble y mynnaf; *(b)* **that is ~ we've got to,** dyna'r lle'r ydym arni; **(that is ~ you are) mistaken,** (dyna'r lle'r ydych) yn ei methu hi, yn anghywir, yn camgymryd; **~ you are mistaken is . . . ,** y lle yr ydych yn ei methu hi yw . . . ; *(c)* **he came to [the place] ~ I was fishing,** daeth i'r fan lle'r oeddwn i'n pysgota; **go past [~] the mill stands,** ewch heibio'r fan lle saif y felin; **I can see it from ~ we stand,** gallaf ei weld o'r fan/lle yr ydym yn sefyll ynddo; *(on form):* **delete ~ inapplicable,** dilëer lle nad yw'n gymwys; *(d)* **the house ~ I was born,** y tŷ lle'm ganwyd/ganed i; **they went to Paris ~ they stayed a week,** aethant i Baris ac aros yno am wythnos. **3.** *n.* **the ~ and when of his birth are unknown,** mae man *(mf)* a dyddiad *(m)* ei eni yn anhysbys; *S.a.* **anywhere, elsewhere, everywhere, nowhere, somewhere.**

whereabout *adv.* = **whereabouts.**

whereabouts *adv., conj. & n.* **1.** *adv. & conj.* ym mha le, ymhle, o gwmpas pa le, o gwmpas ble, tua lle, *F:* ble; **~ (did it happen)?** ym mha le, o gwmpas ble (y bu hyn)? **2.** *n. (a) (of thing):* lleoliad(-au) *m*; **the ~ of the treasure are known,** fe wyddys lleoliad y trysor; fe wyddys ble mae'r trysor; *(b) (of pers.):* **no one knows his ~,** ni ŵyr neb ble mae.

whereafter *rel.adv. A: & Lit:* ac ar ôl hynny, ar ôl pa un, a chwedyn.

whereas *conj.* **1.** *Jur: &c:* yn gymaint â (ag *before vowel*) + *vn.*; gan weld bod/fod, gan fod. **2.** tra *(correctly not followed by any mut., erroneously with spirant mut.)*; *neg.* tra na + *soft mut. of* b, d, g, *spirant mut. of* p, t, c (tra nad *before vowel*); **(one came) ~ the others didn't,** (daeth un ohonynt,) tra na ddaeth y lleill, ond ni ddaeth y lleill.

whereat *adv. & conj. A: & Lit:* [ac] ar hynny, [ac] ar hyn; **he stopped, ~ everyone laughed,** tawodd, ac ar hynny chwarddodd pawb; **~ he replied that . . . ,** ar hynny, atebodd . . . .

whereby *adv. & conj.* **1.** *A: & Lit: (interrog.): (= how?):* sut? ym mha fodd? ym mha ddull? **2.** *Lit: Jur: (rel.):* trwy ba un, yn ôl pa un, yn ôl yr hwn/hon/hyn, trwy'r hwn/hon/hyn; **a decision ~ parking is banned,** penderfyniad yn ôl pa un ni cheir parcio, penderfyniad yn ôl yr hwn ni cheir parcio, penderfyniad sy'n gwahardd parcio.

wherefore *adv. & n.* **1.** *adv. A: & Lit: (a) (interrog.)* pah|am [y]? pam [y]? am ba reswm [y]? **~ do you laugh?** pam yr ydych yn chwerthin? *Lit:* **~ art thou Romeo?** paham wyd Romeo di? *(b) (rel.):* = **therefore. 2.** *n.* **the whys and wherefores of sth,** y rhesymau dros rth.

wherefrom *adv. & conj. A:* o ba le.

wherein, whereinsoever *adv. & conj. Lit:* **1.** *(interrog.):* ym mha beth? ym mha bethau? sut? **~ (have we offended you)?** ym mha beth, sut (y bu inni eich digio)? **2.** *(rel.):* ym mha un, yn yr hwn/hon/hyn; **the room ~ they slept,** yr ystafell yn yr hon *or* ym mha un y buont yn cysgu; yr ystafell y buont yn cysgu ynddi; **the month ~ the event took place,** y mis y bu hynny; **~ the difficulty lies, no one knows,** ni ŵyr neb ble mae'r anhawster.

whereinto *adv. & conj.* i ba un (i ba rai), i'r hwn/hon/hyn (i'r rhai).

whereof *adv. & conj. A: & Lit:* **1.** *(interrog.):* o ba beth? â pha beth? **~ (is it made)?** o ba beth, â pha beth (y gwnaethpwyd ef)? **2.** *(rel.):* o ba un (*pl.* o ba rai), o'r hyn/hon/hwn; **metals ~ jewellery is made,** metelau y gwneir gemwaith ohonynt.
whereon *adv. & conj. A: & Lit:* **1.** *(interrog.):* ar ba beth? **2.** *(rel.):* ar ba un (ar ba rai), ar yr hwn/hon/hyn (ar y rhai); **(the day) ~ I saw her,** (y diwrnod) y gwelais i hi, ar ba un y gwelais i hi; **that is ~ we differ,** dyna'r lle y mae'r gwahaniaeth rhyngom. **3. ~ he left us,** ar hynny fe'n gadawodd.
-wheres *U.S: F: var. of* **-where.**
wheresoever, *Poet:* **wheresoe'er** *adv. & conj. esp. Lit:* **= wherever.**
whereto, whereunto *adv. & conj.* **1.** *(interrog.):* i ba le? *F:* i ble? **2.** *(relative):* i ba un (i ba rai), i ba le, i ba beth.
whereupon *adv. & conj. Lit:* **1. = whereon 1. 2.** *(a)* **= whereon 2;** *(b)* **~ (he left us),** ac ar hyn, ar hynny (fe'n gadawodd).
wherever, *Poet:* **where'er** *adv. & conj.* (*cp.* **where ever** *under* **ever 3**). **1.** pa le bynnag y/yr, i ba le bynnag y/yr, *F:* ble bynnag y/yr. o ble bynnag y/yr; + *indicative or occ. subjunctive*; **~ I go I see ...,** i ba le bynnag yr af, mi welaf ...; **I will go ~ you want me to,** mi af i ba le bynnag yr hoffech imi fynd; **~ possible,** ble bynnag y bo modd; *F:* **(at home, in the office), or ~,** (gartref, yn y swyddfa), neu ble bynnag, neu yn unrhyw fan, neu yn unrhyw le; **~ you may be, ~ you are,** ble bynnag y boch. **2. ~ they come from they have done very well,** o ba le bynnag y daethant maent wedi gwneud yn dda iawn; **he comes from Glossop, ~ that may be,** mae'n dod o Glossop, ble bynnag y mae/bo hwnnw.
wherewith *adv. & conj. & n. A: & Lit:* **1.** *(interrog.):* â pha beth? sut? **2.** *(a) (rel.):* â'r hwn/hon/hyn, â pha un (â pha rai); y ... ag ef/hi; **the weapon ~ he killed them,** yr arf â pha un y lladdodd hwynt; yr arf y lladdodd hwynt ag ef; *(b)* **= whereupon 2.** *(b).* **3.** *n.* **= wherewithal; I shall have ~ to answer him,** fe fydd gennyf fodd i'w ateb ef.
wherewithal *adv. & n.* **1.** *adv. A:* **= wherewith. 2.** *n. F:* **the ~,** y modd *m*, yr arian *m*, yr adnoddau [ariannol] *pl.* **I hadn't the ~ to pay for a dinner,** nid oedd gennyf mo'r arian/modd i dalu am ginio; **to have the time and the ~,** bod â'r amser â'r arian/modd.
wherry *n. (a)* ysgraff(-au) *f*, ceubal(-au) *m*, cwch (cychod) *(m)* rhwyfo, bad(-au) *(m)* rhwyfo; *(b) U.S:* **= skiff.**
wherryman *n.m.* **1.** ysgraffwr (ysgraffwyr), ceubalwr (ceubalwyr), cychwr (cychwyr), badwr (badwyr). **2.** *Nat.Hist:* **= water-boatman.**
whet[1] *n. (of tool):* hogiad(-au) *m*; *Fig:* **a ~ to the appetite,** rhth i roi awch bwyd i rn; *(= appetizer):* diod(-ydd) *(f)* archwaeth, ***apéritif(-s)*** *m*; *S.a.* **dram.**
whet[2] *v.t.* **1.** *(tool &c):* hogi, *Lit: occ:* miniogi (rhth); *N:* rhoi min (ar rth); *S:* rhoi [h]awch (ar rth). **2.** *F:* **to ~ s.o.'s appetite,** codi awch bwyd ar rn, codi archwaeth ar rn; **to ~ one's desire,** codi awydd/blys ar rn. **3. to ~ one's whistle,** *See* **wet[2].**
whether *conj.* **1.** *(a) (introducing an indirect question):* a + *soft mut.* (*not* os); **I don't know ~ it is true or not,** ni wn a yw'n wir ai peidio; **it's doubtful/uncertain ~ she'll come,** mae'n amheus a ddaw hi; **I wonder ~ she is right,** os gwn i a yw hi'n iawn; tybed a yw hi'n iawn; **I want to know ~ ... or ~ ...,** carwn wybod pa un ai ... ai/ynteu ...; **it depends upon ~ you are in a hurry or not,** mae'n dibynnu a oes brys arnoch ai peidio; **the question was ~ or not to take her with him,** y cwestiwn oedd a ddylai fynd â hi gydag ef ai/ynteu peidio; *(b) (introducing an emphatic indirect question):* ai; **I asked ~ it was Gwyn who won or not,** holais ai Gwyn a enillodd ai nage. **2.** *(conditional):* **~ it rains or ~ it snows, he always goes out,** pa un a fydd yn glawio ai ynteu'n bwrw eira, bydd yn mynd allan; **we shall all die, ~ today or tomorrow,** byddwn i gyd yn marw, [pa] un ai heddiw neu yfory; **~ he comes or not, ~ or not he comes (we shall leave),** (byddwn yn gadael) pa un a ddaw neu beidio; **~ or not it be so,** bydded felly neu beidio.
whetstone *n.* carreg (cerrig) *(f)* hogi, maen (meini) *(m)* hogi, *occ:* agalen(-nau,-ni) *f*, hogfaen (hogfeini) *m*, *N.W: occ:* calan *(f)* hogi.
whetter *n.* hogwr (hogwyr) *m.*
whew *int.* whiw! chwiw!
whey *n.* maidd *m*, *occ:* gloywon *pl*, gleision *pl*; **to seek ~,** meidda; **first ~,** *(from cheese):* maidd syml, llaeth syml; **second ~,** *(from curds):* maidd glas, gleision; **curds and ~,** meiddion *pl*, caws *(m)* a gleision, caws maidd, ceuled *(m)* a maidd; **~ cheese,** caws maidd, *S.W: occ:* fflwchdri *m*; **to separate ~ from curds,** difaeddo/dyfeiddo maidd. **~-face** *n.* wyneb gwelw *m.* **~-faced** *a. A: or Lit:* gwelw(-on).
wheyey, wheyish, wheylike *a.* meiddlyd, gleisionog, fel maidd *&c.*
which *a. & pron.* I. *a.* **1.** *(interrogative):* pa + *soft mut.*, *F: occ:* pwy + *soft mut.*; **~ colour do you like best?** pa liw sydd orau gennych? **say ~ one you saw,** dywed ba un a welaist; **~ way do we go?** pa ffordd yr awn ni? **~ way is the wind [blowing]?** pa ffordd y mae'r gwynt yn chwythu? o ba gyfeiriad y mae'r gwynt [yn chwythu]? **~ one?** pa un? *F:* pa 'run? p'run? p'un? **~ ones?** pa rai? *F: occ:* pwy rai? **~ one of us?** pa un ohonom? *U.S: F:* **every ~ way,** bob sut. **2.** *(relative):* **he was armed with a revolver, ~ weapon I had not observed before,** 'roedd ganddo wn, arf nad oeddwn wedi sylwi arno o'r blaen; **he stayed here two weeks during ~ time he never left the house,** arhosodd yma am bythefnos heb adael y tŷ unwaith; **he came at noon, at ~ time I'm usually in the garden,** daeth am hanner dydd, adeg pan fyddaf i fel arfer yn yr ardd; **look ~ way you will ...,** edrychwch ba ffordd bynnag a fynnoch chi .... II. *pron.* **1.** *(interrogative):* pa un (pa rai)? *F:* pa 'run? p'run? p'un? **~ have you chosen?** pa un 'rydych chi wedi ei ddewis/dewis (pa rai 'rydych chi wedi eu dewis)? **~ of the ladies has come?** pa un o'r gwragedd sydd wedi dod? **~ of you can answer?** pa un ohonoch a all ateb? **of ~ is he speaking?** am ba un [ohonynt] y mae e'n sôn? (*not* pa un y mae'n sôn am?); **~ would you rather have?** pa un fyddai orau gen ti [ei gael]? **(tell me) ~ is ~,** (dywedwch) ba un yw pa un, *F:* p'un yw p'un; **I don't know ~ to choose,** ni wn ba un i'w ddewis; **I don't mind ~,** nid oes wahaniaeth gennyf ba un [ohonynt]; ni waeth gennyf ba un. **2.** *(a) (relative): (adj. clauses): S.a.* **that[2]**; *(i) (subject):* yr hwn/hon a + *soft mut.* + *conjugated verb form*; *or (in present tense):* sydd + yn + *vn.* *(often contracted to* sy'n + *vn.):* **the bell ~ rings,** y gloch sydd yn canu, y gloch sy'n canu; **the house ~ is to be sold,** y tŷ sydd i'w werthu, *Lit: occ:* y tŷ yr hwn sydd i'w werthu; *(ii) (object):* a + *soft mut.* + *conjugated verb form:* **the book ~ I bought yesterday,** y llyfr a brynais i ddoe; **the thing ~ I need,** y peth y mae ei angen arnaf; *B:* **our Father ~ art in Heaven,** ein Tad yr hwn wyt yn y Nefoedd; *(b) (continuative clauses):* **(he looked like a retired clerk) ~ indeed he was,** (edrychai fel clerc wedi ymddeol) a dyna ydoedd, yr hyn ydoedd, sef y peth ydoedd, ac yn wir dyna ydoedd; **(I bought many things) all of ~ were cheap,** (mi brynais sawl peth) a'r rheini i gyd yn rhad, a phob un ohonynt yn rhad; **(if this happens) ~ God forbid ...,** (os digwydd hyn) a Duw a'n gwaredo rhag y fath beth ..., *Lit:* yr hyn na ato Duw ...; **(he was back in London) ~ I didn't know,** ('roedd yn ei ôl yn Llundain) yr hyn na wyddwn i, peth na wyddwn i; **(she bites her nails) ~ I detest,** (mae hi'n cnoi ei hewinedd) peth sy'n gas gen i, yr hyn sy'n gas gen i. **3.** *(relative pron. governed by a prep.):* pa un (pa rai); *(a)* **at ~,** ym mha un (ym mha rai); y/yr ... ynddo/ynddi/ynddynt; **to ~,** at ba un (at ba rai); y/yr ... ato/ati/atynt; **with ~,** â pha un (â pha rai); y/yr ... ag ef *or* â hi/hwy/hwynt. **to ~,** i ba un (i ba rai); i'r hwn/hon/hyn; y ... (yr *before vowels*) iddo/iddi/iddynt; at ba un (at ba rai); at yr hwn/hon/hyn; y/yr ... ato/ati/atynt; **from ~,** o ba un, o ba rai; o'r hwn/hon/hyn; y/yr ... ohono/ohoni/ohonynt; **(the house) of ~ I speak,** (y tŷ) yr wyf yn sôn amdano, *Lit: occ:* am ba un yr wyf yn sôn (*not* yr wyf yn sôn am); **(the book) on the cover of ~ there is a picture,** (y llyfr) y mae darlun ar ei glawr, *Lit: occ:* ar glawr pa un y mae darlun; **(the countries) to ~ we going, ~ we are going to,** (y gwledydd) yr ydym yn mynd iddynt (*not* yr ydym yn mynd i), *Lit: occ:* i ba rai yr awn; **(the hotels) at ~ we stayed,** (y gwestyau) y buom yn aros ynddynt, *Lit: occ:* ym mha rai y buom yn aros (*not* y buom yn aros yn); **I have nothing with ~ to write,** nid oes gennyf ddim i ysgrifennu ag ef; **the town in ~ we live,** y dref yr ydym yn byw ynddi, y dref lle'r ydym yn byw; *(b) (continuative clauses):* **(he demands that an actor should have talent) in ~ he is right,** (mae'n mynnu y dylai fod gan actor ddawn) yn yr hyn y mae'n gywir, ac yn hyn o beth mae'n gywir; **there are no trains on Sunday, ~ I had not remembered,** ni fydd trenau ar y Sul, rhth nad oeddwn i'n ei gofio; **after ~ he went out,** ar ôl hynny aeth allan.
whichever *rel.pron. & a. (a) pron.* pa un bynnag (pa rai bynnag); **take ~ you like best,** cymer ba un bynnag (ba rai bynnag) sydd orau gennyt; **~ of you comes in first,** pa un bynnag ohonoch a ddaw i mewn yn gyntaf; **~ you choose, you will have a good bargain,** pa un bynnag a ddewiswch/ ddewisoch, cewch fargen

dda; *(b) a.* pa + *soft mut.* + *n.* ... bynnag; **take ~ book you like best,** cymerwch ba lyfr bynnag sydd orau gennych; **~ way he turned he saw nothing but sand,** pa ffordd bynnag y trôi ni welai ddim ond tywod.

whichsoever *pron.* = **whichever.**

whicker *v.i.* = **snigger², titter², neigh², whinny².**

whidah *n.* **~-bird,** = **whydah.**

whiff¹ *n.* **1.** *(a)* chwa(-on,-oedd, chwâu) *f*, *occ:* chwiff(-iau) *f*, chwiffiad(-au) *m*, pwff (pyffiau) *m*, chwyth *m*, chwythiad(-au) *m*, chwythad(-au) *m*; **there wasn't a ~ of wind,** nid oedd yr un mymryn o awel; nid oedd yr un chwa o wynt; *Fig:* **not a ~ (of scandal),** dim awgrym *(m)*, dim si *(m)*, dim achlust *(m)* (o sgandal); **(to go out) for a ~ of fresh air,** (mynd allan) am wynt, am chwa o awyr iach; *(b) F: (= bad smell):* drewdod *m*, *N:* oglau (ogleuon) drwg *m*, *S:* gwynt(- oedd) drwg *m*; *(c) Fig:* **a ~ of grape-shot,** gwynt *(m)* powdwr gwn, gwynt taniad. **2.** *(a) (= quick smoke):* whiffen *f*, chwiffen *f*, pwff (pyffiau) *mf*, mygyn bach sydyn *m*; *(b) (= small cigar):* sigâr fach/fechan (sigârs bychain) *f*. **3.** *Row:* = **skiff. 4.** *Ich: (= sail-fluke, megrim):* lleden (lledod) *(f)* Mair.

whiff² *v.i.&t.* **1.** *v.i.* *(a) (= puff²):* chwythu, pwffian, *occ:* chwiffio; *(b) (= smell badly):* drewi, *N:* ogleuo, *S:* gwynto'n ddrwg. **2.** *v.t.* chwythu, pwffian, chwiffio.

whiffer *n.* pwffiwr (pwffwyr) *m*, p|wffwraig *f*, chwiffiwr (chwiffwyr) *m*, chw|iffwraig *f*, ysmygwr (ysmygwyr) *m*, ysm|ygwraig *f*, smociwr (smocwyr) *m*, sm|ocwraig *f*.

whiffet *n.* *U.S:* **1.** *(dog):* ci (cŵn) bach *m*. **2.** *F: (pers.):* = **whippersnapper.**

whiffle *v.t.&i.* *(a) (of wind):* pwffian; *(of ship):* igam-ogamu; *(of flames, leaves &c):* siffrwd; *(b) Fig: (of pers.):* anwadalu, bwhwman, troi gyda phob awel, troi fel cwpan mewn dŵr, troi fel ceiliog gwynt.

whiffler *n.* **1.** *(= waverer):* anwadalwr (anwadalwyr) *m*, anwad|alwraig *f*, rhn (rhai) anwadal/oriog/chwit-chwat *&c.* **2.** *Hist:* rhagflaenor(-iaid) *m*.

whiffletree *n.* = **swingle tree.**

whiffy *a. F:* drewllyd.

whig¹ *n. (drink):* maidd sur *m*, chwig *m*, chwigws *m*.

Whig² *a. & n. Pol.Hist:* **1.** *a.* Chwigaidd. **2.** *n.* Chwig(-iaid) *m&f*.

Whiggery *n. Pol.Hist:* Chwigiaeth *f*.

Whiggish *a. Pol.Hist:* Chwigaidd.

Whiggishly *adv. Pol.Hist:* yn Chwigaidd.

Whiggishness, Whiggism *n. Pol.Hist:* Chwigiaeth *f*.

while¹ *n.* **1.** *(a)* ysbaid (ysbeidiau) *mf*, amser *m*, *F:* sbel *f*, sbelen *f*, *A: or Lit:* ennyd *mf*, talm *m*, encyd *mf*; **after a ~,** ar ôl ysbaid, ar ôl ennyd, ar ôl ychydig [o amser]; yn y man, gyda hyn, ym mhen tipyn; **for a [short] ~,** am ennyd, am ysbaid, am dipyn [bach], am ychydig [amser], am gyfnod byr, am fyr o dro, yn ystod cyfnod byr; **in a short/little ~,** mewn byr o dro, mewn byr amser, o fewn ychydig, ymhen tipyn [bach], ymhen ychydig, cyn pen dim, gyda hyn/hynny; **I'll be with you in a ~,** *N:* mi fydda' i efo chi toc; **a short/little ~ ago,** ychydig yn ôl, gynnau [fach], *S.W: occ:* stwetha fach; **a long ~,** amser maith *m*, cyfnod maith *m*, *F:* sbel, sbelen; **for a long ~ past,** ers amser maith, ers tro, ers cryn amser, *S:* ers llawer dydd, *S.W:* ers cetyn mawr, *N:* ers talwm bellach, ers talwm byd; **a good ~,** cryn amser, tipyn go lew o amser, ysbaid go hir, sbel, sbelen; **I've not seen her for a ~,** *(today):* welais i mohoni ers meitin; **it will be a good ~ before you see him again,** bydd hi'n sbel go lew cyn y gwelwch chi ef eto; *Lit:* ni welwch mohono eto yrh|awg; **a good ~ ago,** amser maith yn ôl, dro'n ôl, *F:* sbel yn ôl; **it will take me quite a ~ to do,** fe gymer gryn amser imi ei wneud; **stay a [little] ~,** arhoswch am ychydig/dipyn; **all the ~,** trwy'r adeg, [trwy] gydol yr amser, yn wastad[ol], *N: F:* ar hyd y bedlan, rownd y rîl, ar hyd y beit, *S.W: occ:* rown robin; **once in a ~,** ambell dro, yn awr ac yn y man, ambell waith, unwaith yn y pedwar amser, o bryd i'w gilydd; *(b) adv.phr.* **the ~,** *(= meantime):* yn y cyfamser. **2. to be worth one's ~,** bod yn werth eich trafferth; **I will make it worth your ~,** mi dalaf i ichi; fe'i gwnaf hi'n werth eich trafferth; *F:* fe'i gwnaf yn werth chweil i chi; **it is perhaps worth ~ pointing out that ...,** efallai ei bod hi'n werth nodi bod ....

while² *v.t.* **to ~ away time,** treulio/bwrw amser, difyrru'r amser; **I played cards to ~ away the time,** difyrrais yr amser drwy chwarae cardiau.

while³ *conj.* **1.** *(a) (= during the time that):* tra *(usu. followed by indicative mood, but in the literary style by the subjunctive when referring to an indefinite time)*; *neg.* **while ... not,** tra na + *spirant mut. of* p, t, c, *soft mut. of* b, d, g; tra nad *before vowel*; tra *is occ. followed by soft mut. of the forms of* bod *in the Biblical style*; **~ he was here, ~ here (he studied a great deal),** tra oedd yma ('roedd yn astudio cryn lawer); **~ in Paris,** tra ydych/byddwch ym Mharis; **(he died) ~ eating his dinner,** (bu farw) wrth fwyta'i ginio, tra oedd yn bwyta'i ginio; ac yntau'n bwyta'i ginio (bu farw); **~ reading (I fell asleep),** (euthum i gysgu) wrth ddarllen; tra oeddwn yn darllen, a minnau'n darllen (mi euthum i gysgu); **~ this was going on,** yn ystod hyn, tra oedd hyn yn digwydd, yn y cyfamser; *(b) (= as long as):* tra; cyhyd â/ag; **~ I live (you shall lack nothing),** (cei bopeth) tra byddaf i byw, cyhyd ag y byddaf i byw; **~ there's life there's hope,** tra bydd bywyd, bydd gobaith. **2.** *(concessive):* tra, er, er gwaethaf; *S.a.* **though; ~ I admit, ~ admitting (the thing is difficult, I do not think it impossible),** er fy mod yn cyfaddef, tra ydwyf yn cyfaddef (fod y peth yn anodd, [ar yr un pryd] nid wyf yn meddwl ei fod yn amhosibl). **3.** *(= whereas):* **(one of the sisters was dressed in white) ~ the other was all in black,** ('roedd un o'r ddwy chwaer mewn gwisg wen) a'r llall mewn du, tra oedd y llall mewn du.

whilom *a. & adv. Lit:* ar un adeg; **his ~ friend,** un a fu gynt yn gyfaill iddo, cyfaill iddo unwaith, cyfaill iddo ar un adeg, ei gyn-gyfaill.

whilst *conj.* = **while³.**

whim *n.* **1.** mympwy(-on) *m*, ffansi (ffansïau, ffansïoedd, ffansïon) *f*, *occ:* chwimp *m*, chwim *m*, *N:* chwiw(-iau) *f*, chwilen(-nod, chwilod) *f*, *S.W:* chŵen: hŵen *f*. **2.** *Min:* chwimsi (chwimsïau) *m*.

whimbrel *n. Orn:* coegylfinir(-od) *m*, *occ:* coeg-chwibanogl(-au) *f*.

whimper¹ *n.* nâd (nadau) *f*, nadu *vn*, swnian *vn*, gerain *vn*, griddfaniad(-au) *m*, *N.W: occ:* cnewiad(-au) *m*, cyrnewiad(-au) *m*, cnewian *vn*, cyrnewian *vn*.

whimper² *v.i.&t.* **1.** *v.i.* gwn|eud nadau, nadu, snwffian [crïo], mwmian crïo, griddfan, *N.W:* cnewian, cyrnewian; *S.a.* **whine. 2.** *v.t.* dweud (rhth) yn gwynfanllyd.

whimperer *n.* nadwr (nadwyr) *m*, n|adwraig *f*.

whimpering¹ *a.* cwynfanllyd, snwfflyd, cwynfan[n]us, griddfanus, griddfanllyd.

whimpering² *vn.* nadu, nadau *pl*, swnian, *N.W: occ:* cnewian, cyrnewian.

whimperingly *adv.* yn gwynfanllyd *&c.*

whimsey *n.* = **whim.**

whimsical *a.* **1.** *(= capricious):* mympwyol, gwamal, ysmala. **2.** *(= fanciful, odd):* hynod, od, rhyfedd, *occ:* ffansïol.

whimsicality *n.* **1.** *(= capriciousness):* mympwyoldeb *m*, gwamalrwydd *m*. **2.** *(of thing):* hynodrwydd *m*, odrwydd *m*.

whimsically *adv.* **1.** *(= capriciously):* yn fympwyol *&c.* **2.** *(= oddly):* yn hynod *&c.*

whimsicalness *n.* = **whimsicality.**

whimsied *a.* = **whimsical.**

whimsy *n.* **1.** = **whim 1. 2.** *Art: Lit: &c:* ysmaldod(-au) *m*.

whin¹ *n. Bot:* = **furze, gorse.**

whin² *n. Geol:* = **whinstone.**

whinberry *n. Bot:* = **bilberry.**

whinchat *n. Orn:* crec *(mf)* yr eithin (creciau'r eithin), *occ:* clochdar(-od) *(m)* yr eithin, clap: clep *(f)* yr eithin (clapiau'r/clepiau'r eithin), clec *(f)* yr eithin (cleciau'r eithin), coch(-ion) *(m)* yr eithin, tinwen gwynfanllyd (tinwennod cwynfanllyd) *f*, tinwyn(-ion) cwynfanllyd *m*.

whine¹ *n.* **1.** *(of child, dog):* nâd (nadau) *f*, swnian *vn*, *N.W: occ:* cnewian *vn*, cyrnewian *vn*; *(of machinery):* sŵn *m*, grŵn *m*, gerain *vn*; *(of bullet):* si *m*, suad *m*, sïad *m*. **2.** = **complain.**

whine² *v.i.&t.* **1.** *v.i.* *(a)* nadu, swnian, swnan, *N: occ:* crewtio, crewtian, gerain, gerian [crïo], cyrnewian, cnewian; *(b)* = **complain;** *(c) (of machinery):* swnian, gerain, grwnan; *(of bullet):* sïo. **2.** *v.t.* dweud (rhth) yn gwynfanllyd.

whiner *n.* **1.** nadwr (nadwyr) *m*, n|adwraig *f*. **2.** *(= complainer):* cwynwr (cwynwyr) *m*, c|wynwraig *f*, achwynwr (achwynwyr) *m*, ach|wynwraig *f*, swnyn(-nod) *m*, swnen(-nod) *f*, *occ:* crewtyn *m*.

whinge *v.* = **whine².**

whingeing *a.* = **whining.**

whining[1] *a. (child, dog, voice):* cwynfanllyd, cwynfan[n]us, ceintachlyd, *F:* crewtlyd, *N.W: occ:* snwfflyd, cyrnewllyd; *(machinery):* swnllyd; *(bullet):* sïol, suol.

whining[2] *vn.* = whine[2].

whiningly *adv.* yn gwynfanllyd *&c.*

whinny[1] *n.* gweryriad(-au) *m.*

whinny[2] *v.t.&i.* gweryru, *S.E:* gwererid, gwrad, *S.W:* gwhwrad, gwhwri, gwilrhin.

whinsill *n. Geol:* sil(-iau) (*m*) grisgraig.

whinstone *n. Geol:* grisgraig (grisgreigiau) *f.*

whiny *a.* = **whining**[1].

whip[1] *n.* **1.** *(a)* chwip(-iau) *f, Lit: occ:* ffrewyll(-au) *f,* fflangell(-au) *f;* **riding-~, coachman's ~, driving-~,** chwip, *N.W: occ:* hoit(-iau) *mf; F:* **to get a fair crack of the ~,** cael cyfle teg; *(b)* = **coachman. 2.** *Parl: (a) (pers.):* **[chief] ~,** [prif] chwip(-iaid) *m&f; (b)* **three-line ~,** gwŷs (*f*) dair llinell (gwysion tair llinell); *(c)* **to take the Labour ~,** derbyn chwip Llafur; **to resign the Labour ~,** ymwrthod â chwip Llafur. **3.** *(of cable &c):* chwip, chwipiad(-au) *m,* slaes(-iau) *f; Metalw: (of shaft, beam):* ysgogiad *m,* chwipiad. **4.** *(of windmill):* asgell (esgyll) *f,* hwyl(-iau) *f, N.W:* chwip. **5.** *Nau:* chwip. **6.** *Cu: (a)* hufen (*m*) chwip, hufen [wedi ei] chwipio; **instant ~,** hufen chwip sydyn, *Joc:* pwdin (*m*) hen lanc; *(b) (= utensil):* chwip(-iau) *fm,* chwisg(-iau) *fm.* **~-bird** *n. Orn:* aderyn (adar) (*m*) chwip. **~-crane** *n. Mec.E:* craen(-iau) bach *m.* **~-fish** *n. Ich:* pysgodyn (pysgod) (*m*) chwip. **~-gin** *n. Nau:* chwip(-iau) *f.* **~-graft** *n. Hort:* impyn (impiau) (*m*) cawio. **~ hand** *n.* llaw (dwylo) (*f*) chwip; **to have the ~ hand of/over s.o.,** bod yn feistr corn ar rn, bod â'r llaw uchaf ar rn. **~ pan**[1] *n. T.V:* chwimiad(-au) *m.* **~ pan**[2] *v.i. T.V:* chwimio. **~-ray** *n. Ich:* = **sting-ray. ~-saw**[1] *n. Carp:* chwiplif(-iau) *f.* **~-saw**[2] *v.t.&i. F:* rogio, twyllo. **~-scorpion** *n.* sgorpion(-au) (*m*) chwip, sgorpion cynffonnog. **~-snake** *n. Rept:* neidr (nadroedd) (*f*) chwip. **~-stitch** *n. Needlew:* pwyth(-au) (*m*) chwipio. **~-stock** *n.* carn (*m*) chwip (carnau chwipiau).

whip[2] *v.t.&i.* I. *v.t.* **1.** *(a)* chwipio (rhn/rhth), rhoi chwip (i rn/rth); **to ~ a top,** chwipio top, *occ:* troelli top; **to ~ sth into shape,** cael trefn/siâp ar rth; *(b) Cu:* chwipio, curo; *(c) Fish:* **to ~ a river,** chwipio afon; *(d) F: (= trounce):* curo, trechu, maeddu, gorchfygu (rhn, rhth) [yn llwyr], *N:* stido, *S:* wado. **2.** *(a) Nau: &c: (rope, fishing-rod &c):* chwipio, cawio, boncawio, rhwymo, cylchrwymo; *(b) Needlew:* **to ~ a seam,** trawsbwytho gwnïad, pwytho dros ben gwnïad, chwipio gwnïad. **3. he whipped the revolver out of his pocket,** chwipiodd y gwn o'i boced; tynnodd y gwn o'i boced fel mellten *or* ar amrantiad. **4.** *Nau: (yard &c):* halio, codi, *N.W: occ:* hosio. II. *v.i.* **1.** chwipio; **the rain whipped against the window,** curai'r/chwipiai'r glaw yn erbyn y ffenestr. **2.** *(of pers.):* **to ~ behind the door,** gwibio/bachu y tu ôl i'r drws; **to ~ down the stairs,** gwibio/bachu i lawr y grisiau; **to ~ round the corner,** gwibio/rhuthro/bachu rownd y gornel. **3.** *Mec.E: (of shaft &c):* chwipio. **~ in** *v.t. Ven:* **to ~ in hounds,** chwipio cŵn at ei gilydd; *abs.* **to ~ in,** bod yn chwipiwr, chwipio. **~ off** *v.t.* tynnu, cipio, chwipio (rhth oddi ar rth); **to ~ off one's hat,** cipio'ch het oddi am eich pen. **~ on** *v.t.* **to ~ a horse on,** chwipio ceffyl yn ei flaen. **~ out** *v.t. (gun &c):* chwipio (rhth) allan/mas, tynnu (rhth) allan/mas yn gyflym; **to ~ the laziness out of s.o.,** chwipio'r diogi allan/mas o rn. **~ round**[1] **1.** *v.t. abs.* **to ~ round for money,** gwn|eud casgliad. **2.** *v.i.* troi ar eich sawdl. **~-round**[2] *n.* casgliad(-au) *m.* **~ up** *v.t.* **1.** *(horse):* chwipio. **2.** *Parl:* gwysio, cynnull. **3.** *Cu: (eggs &c):* chwipio, curo, ffusto. **4.** *(= snatch):* cipio (rhth); gafael, cydio (yn rhth). **5.** *(= produce quickly):* gwneud (rhth) yn gyflym/sydyn; **I'll ~ you up sth to eat,** mi wna' i damaid sydyn iti; *F:* **to ~ up one's friends,** cynnull/hel eich ffrindiau [at ei gilydd]; **to ~ up support for sth,** codi/ennyn/hel cefnogaeth i rth.

whipcord *n. Tex:* chwipgord *m.*

whiplash[1] *n.* **1.** carrai (*f*) chwip (careiau chwipiau), slaes (*f*) chwip (slaesiau/slaesys chwipiau). **2.** *(= blow of whip):* chwipiad(-au) *m,* slaes(-iau,-ys) *f,* llach(-iau) *f;* **a tongue like a ~,** tafod miniog, tafod fel ffrewyll.

whiplash[2] *v.i.* chwipio['n ôl], atchwipio; **~ injury,** anaf(- iadau) (*m*) atchwipio.

whipped *a.* **~ cream,** hufen (*m*) chwip, hufen wedi'i chwipio, S: ffusto; *S.a.* **seam**[1].

whipper *n.* chwipiwr (chwipwyr) *m,* chw|ipwraig *f.* **~-in** *n. Ven:* chwipiwr (chwipwyr) *m.*

whippersnapper *n.* cocyn(-nod) *m,* ysgogyn(-nod) *m,* corgi (corgwn) *m, N.W:* cyrnopyn(-nod) *m,* cornepyn(-nod) *m.*

whippet *n.* milgi (milgwn) bach *m,* ci (cŵn) (*m*) rasio, ci cwrso, corfilgi (corfilgwn) *m.*

whippily *adv.* yn ystwyth, fel chwip.

whippiness *n.* ystwythder *m.*

whipping *vn.* **1.** *(a) (of horse, cream &c):* chwipiad(-au) *m,* chwipio; *(b) (of pers.):* chwipiad, chwip(-iau) *f,* chwipio, *Lit: occ: (= flogging):* fflangelliad(-au) *m,* ffrewylliad(-au) *m,* fflangellu, ffrewyllu; *F: (of naughty child):* chwip (*f*) din, *S.W:* crasfa *f, S.E: occ:* chwipsi; **to give (a child) a ~,** rhoi chwip din, rhoi'r wialen fedw (i blentyn). **2.** *(a) (of rain &c):* curo; *(b) Mec.E: (of shaft &c):* chwipiad, chwipio. **3.** *(a) Nau: &c: (of rope, fishing-rod &c):* boncawiad(-au) *m,* cawiad(- au) *m,* rhwymiad(-au) *m,* cylchrwymiad(-au) *m,* chwipiad, cawio, boncawio, rhwymo, cylchrwymo, chwipio; *(b) Needlew:* trawsbwythiad(-au) *m,* chwipiad, trawsbwytho, chwipio. **~-boy** *n.* *(i) Hist:* gwas (gweision) (*m*) chwipio; *(ii) Fig:* = **scapegoat. ~-cream** *n.* hufen (*m*) chwipio. **~-post** *n.* postyn (pyst) (*m*) chwipio. **~-top** *n.* top(-iau) (*m*) chwipio.

whippletree *n.* = **swingle-bar, swingle-tree.**

whippoorwill *n. Orn:* whiparwhîl (whiparwhilod) *m,* troellwr (troellwyr) (*m*) Am|erica.

whippy *a.* **1.** ystwyth. **2.** *(= fast):* cyflym, bachog, *S:* cloi, clou.

whipster *n.* = **whippersnapper.**

whipworm *n. Z:* chwiplyng[h]yren (chwiplyngyr) *f.*

whir *n. & v.i.* = **whirr**[1,2].

whirl[1] *n. (a) (of wheel &c):* chwyrlïad (chwyrliadau) *m,* chwyrlïo *vn,* troelli *vn;* **my head is in a ~,** mae fy mhen i'n troi; mae'r bendro arna' i; *(b) (of social life, politics &c):* bwrlwm *m,* miri *m,* berw *m;* **the social ~,** bwrlwm cymdeithas, y bwrlwm cymdeithasol, yr hwrlibwrli cymdeithasol; **a ~ of pleasure,** bwrlwm o bleser; *(c) U.S:* **to give sth a ~,** rhoi cynnig (*m*) ar rth.

whirl[2] *v.i.&t.* **1.** *v.i.* *(a)* **to ~ [round],** *(i)* chwyrlïo, troi, troelli, *Lit: occ:* chwyldr|oi, chwyrndr|oi, chwyrndroelli, chwyrnellu, *N.W: occ:* troi fel chw[y]rligwgan, troi fel pipi-down, troi'n chwidl, troi fel chwidl y gwynt; **my head is whirling,** mae fy mhen i'n troi; mae'r bendro arna' i; *(b)* **to ~ along,** chwyrlïo mynd, rhuthro, mynd ar ras wyllt, mynd ar garlam gwyllt, mynd fel cath ar dân, mynd fel cath i gythraul, mynd fel mellten i bren, *N:* chwipio/slanu/stido mynd, mynd fel ruban, *S.E:* ei ffarnu hi. **2.** *v.t.* *(a) (dead leaves &c):* chwyrlïo, troelli; *(b)* **the train whirled us along,** âi'r trên â ni ar ras wyllt; âi'r trên â ni nerth ei olwynion *&c.*

whirligig *n.* **1.** *(a) Toys:* chwirligwgan: chwyrligwgan: chwrligwgan(-od) *m,* chwyrnell(-au) *f, N.W: occ:* chwrlibwgan(-od) *m; (b)* = **merry-go-round. 2.** *(= whirling motion):* chwyrlïad (chwyrliadau) *m,* chwyldroad(-au) *m,* chwyrndroad(-au) *m,* chwyrnelliad(-au) *m,* troelliad(-au) *m; Fig:* **the ~ of time,** chwyrligwgan amser. 3. *Ent:* **~ [beetle],** chwyrligwgan, chwilen (*f*) fwgan (chwilennod/chwilod bwganod).

whirling *a.* chwyrlïol, troellog; **~ dervish,** derfis(-iaid) chwyrlïol *m.*

whirlpool *n.* trobwll (trobyllau) *m,* pwll (pyllau) (*m*) tro, llyn(-noedd) (*m*) tro, *occ:* llynclyn(-noedd) *m.*

whirlwind *n. & attrib.* **1.** *n.* troellwynt(-oedd) *m,* corwynt(-oedd) *m,* chwyrlwynt(-oedd) *m,* trowynt(-oedd) *m, occ:* awel (*f*) dro (awelon tro), *S.W: occ:* cwthwm (cythymau) (*m*) tro; **to come in like a ~,** rhuthro i mewn fel corwynt; **to sow the wind and reap the ~,** hau'r gwynt a medi'r corwynt; *B:* **for they have sown the wind, and they shall reap the whirlwind,** canys gwynt a heuasant, a chorwynt a fedant. **2.** *attrib.* corwyntog, brysiog, gwyllt; **a ~ courtship,** carwriaeth frysiog/garlamus *f,* corwynt o garwriaeth; **a ~ tour,** taith frysiog *f.*

whirly *a. & n.* **1.** *a.* chwyrlïol, chwyrlïog. **2.** *n.* trowynt(-oedd) bach *m.*

whirlybird *n.* = **helicopter.**

whir[r][1] *n. (of wings):* si *m,* sïad(-au) *m,* curiad(-au) *m,* curo *vn,* sŵn (*m*) curo; *(of machine, propellor &c):* grŵn *m,* su *m,* grwndi *m,* grwnan *vn,* grwnian *vn,* grwnial *vn, Lit: occ:* chwyrndro(-eon) *m.*

whir[r]² *v.i. (of wings):* curo; *(of machine, propellor &c):* suo, grwnan, grwnian, grwnial, *Lit: occ:* chwyrndr|oi, chwyrnellu.
whish¹ *n.* = **swish¹, whizz¹.**
whish² *v.t.* = **swish², whizz².**
whisk¹ *n.* **1.** *(= quick movement): (of tail):* chwifiad(-au) *m,* chwipiad(-au) *m,* ysgytiad(-au) *m; (of duster):* ysgubiad(-au) *m.* **2.** *(for dusting, shooing flies &c):* ysgubell(-au,-i) *f.* **3.** *Dom.Ec: (for eggs &c):* chwisg(-iau) *fm,* chwip(-iau) *f,* curwr (curwyr) *m.*
whisk² *v.i.&t.* **1.** *v.i.* ysgubo, gwibio, saethu. **2.** *v.t. (a) (of cow):* **to ~ its tail,** chwipio'i chynffon; *(b)* **to ~ sth (away, off),** chwipio/cipio/ysgubo rhth (ymaith); **to ~ away a fly,** ysgubo pryf ymaith; *(c) Cu:* chwipio, chwisgo, curo, corddi, chwyrlïo, *S.W:* ffusto, pwno, *N:* cnocio, *M.W:* dulio, *S.E:* dapo.
whisker *n. usu.pl.* blewyn (blew) *m, F:* wisgeren (wisgers) *f;* **whiskers,** *(of men):* blew *(pl)* barf, barf(-au) *f, N:* locsyn (locsys, locsiau, locs) *m; (untidy):* blewiach *pl; (of cat, mouse &c):* wisgeren (wisgers) *f, Lit: occ:* gweflflewyn (gweflflew) *m;* **side-whiskers,** cernflew *pl, N:* locsyn *(m)* clust (locsys/locsiau clustiau); **billy-goat whiskers, whiskers on lower chin,** cudyn(-nau) *(m)* [bwch] gafr; *F:* **she thinks she's the cat's whiskers,** mae hi'n ei meddwl ei hun; *V:* mae hi'n meddwl bod yr haul yn codi yn ei thin hi; *N:* mae hi'n ei gosod ei hun; *S.W:* mae hi'n meddwl taw hi yw top y tebot; *Sp: F:* **(to win) by a ~,** (ennill) o drwch y blewyn, *N.W:* o drwch asgell gwybedyn, o drwch dim ŵy; *F:* **that one's got whiskers on,** hen hen stori yw honna; mae honna'n hen ddihenydd.
whiskered, whiskery *a.* barfog, blewog, wisgerog, *F: occ:* locsiog.
whiskey, whisky *n.* wisgi(-s) *m, Lit: occ:* chwisgi *m,* whisgi *m.* **~-jack** *n. Orn:* wisgi-jac(-s) *m,* sgrech *(f)* coed C|anada. **~-seat** *n. Th:* sedd(-au) *(f)* slip. **~-sour** *n.* wisgi lemon, wisgi sur.
whisper¹ *n.* **1.** *(a)* sibrwd (sibrydion) *m,* sibrydiad(-au) *m,* sisial *vn,* islais (isleisiau) *m,* murmur(-on) *m;* **to speak in a ~, to speak in whispers,** sibrwd, sisial; **this was said in a ~,** sibrydwyd hyn; dywedwyd hyn yn ddistaw bach; dywedwyd hyn mewn islais; *S.a.* **stage whisper;** *(b) Lit: (of leaves):* sisial *vn,* siffrwd *m, occ:* chwithrwd *m; S.a.* **rustle¹;** *(of water):* murmur, sibrwd, sisial. **2.** = **rumour¹, hint².**
whisper² *v.i.&t.* **1.** *v.i.* sibrwd, sisial; *(of water):* sisial, murmur; *(of leaves):* siffrwd, *occ:* chwithrwd; *S.a.* **rustle²;** **to ~ to s.o.,** sibrwd wrth rn, rhoi gair yng nglust rhn; **they are whispering together,** *N.W: occ:* maen' nhw glust yng nghlust. **2.** *v.t. (a)* **to ~ sth to s.o.,** sibrwd rhth wrth rn, dwcud rhth yng nghlust rhn; **whispered conversation,** sibrwd (sibrydion) *m,* sgwrs (sgyrsiau) *(f)* mewn islais, siarad distaw; *(b)* **it is whispered that . . .,** mae |yna| si/sôn/sibrydion |ar led| fod . . . .
whispered *a.* mewn islais; **a ~ warning,** sibrydiad *(m)* o rybudd.
whisperer *n.* sibrydwr (sibrydwyr) *m,* sibr|ydwraig *f,* sisialwr (sisialwyr) *m,* sis|ialwraig *f.*
whispering¹ *a.* sibrydol; *(leaves):* sy'n siffrwd, siffrydol; **~ campaign,** ymgyrch(-oedd) *(f)* sibrydion; **~ gallery,** oriel(-au) *(f)* sibrydion, oriel atseiniol.
whispering² *vn.* = **whisper¹,².**
whisperingly *adv.* yn sibrydol, mewn sibrwd, mewn islais, yn isel, dan eich anadl.
whispery *a.* sibrydol, llawn sibrydion.
whist *n. Cards:* chwist *m;* **dummy ~,** chwist i dri, chwist mudan; **knock-out ~,** chwist dil|eu. **~-drive** *n.* gyrfa (gyrfâu, gyrfaoedd) *(f)* chwist.
whistle¹ *n.* **1.** *(sound):* chwiban(-au) *mf,* chwibaniad(-au) *m, S.W: occ:* chwît (chwitiau) *f,* whît (whitau) *f,* chwid (chwidiau) *f, M.W: N.E:* chwislad(-au) *m, S.E:* w[h]islad(-au) *m.* **2.** *(instrument): (a)* chwibanogl(-au) *f,* chwiban, *S.W:* chwît, whît, *N:* pib (pibau) *f, M.W: N.E:* chwisl(-au) *f, S.E:* w[h]isl(-au) *f;* **pea ~,** chwiban pysen; *F:* **to blow the ~ (on sth),** *(i) (= disclose):* canu cloch, seinio rhybudd (yngh|ylch rhth); dinoethi, datgelu (rhth); tynnu sylw (at rth); *(ii) (= put a stop to):* atal (rhth), rhoi stop/pen/terfyn/taw (ar rth); **to blow the ~ on s.o.,** cyhuddo rhn, dinoethi rhn, canu cloch ar rn; *(b)* **tin ~, penny ~,** chwiban geiniog (chwibanau ceiniog), *N:* chwisl dun (chwislau tun), *M.W: N.E:* chwisl geiniog (chwislau ceiniog), *S.E:* w[h]isl geiniog (w[h]islau ceiniog), *S.W:* chwît/whît geiniog (chwitau/whitau ceiniog); **as clean as a ~,** yn lân, yn llwyr; **(a bone) broken as clean as a ~,** (asgwrn) wedi ei dorri'n lân, *N:* wedi torri'n gratsh/glatsh/glatsian; **as dry as a ~,** cyn syched â'r carth, cyn syched â chorcyn, cyn syched â sglodyn. **3.** *P:* **to wet/whet one's ~,** gwlychu'ch pig, gwlychu'ch llwnc, *S.W: occ:* gwlychu'ch whît. **~-blower** *n.* cyhuddwr (cyhuddwyr) *m,* cyh|uddwraig *f,* dinoethwr: dinoethydd (dinoethwyr) *m,* achwynwr (achwynwyr) *m,* ach|wynwraig *f; (= traitor):* bradwr (bradwyr) *m,* bradwres(-au) *f,* bradychwr (bradychwyr) *m,* brad|ychwraig *f.* **~-blowing** *vn.* cyhuddo, achwyn, dinoethi, brad *m,* bradwriaeth *f,* bradychu. **~-stop²** *n. U.S: (a) Rail:* arhosfa (arosf|eydd) *f; (b) (= brief halt):* ymweliad(-au) *(m)* gwib; *attrib.* **~-stop tour,** taith *(f)* wib (teithiau gwib); **~-stop²** *v.i.* teithio ar wib, gwn|eud taith wib.
whistle² *v.i.&t.* **1.** *v.i.* chwibanu, *S.W:* w[h]ibanu, w[h]iban, w[h]itan, *N.E: M.W:* chwislo, chwislan, *S.E:* w[h]islan, w[h]ipan, w[h]itan; **to ~ to/for one's dog,** chwibanu ar eich ci; **the wind is whistling,** mae'r gwynt yn chwibanu; *S.E: occ:* mae cnul ar y gwynt; *F:* **she may ~ for her money,** fe gaiff hi ganu am ei harian; fe gaiff hi fynd i ganu am ei harian; *F:* **you can ~ for it!** dos/cer i ganu! **the bullet whistled past his ear,** sïodd y fwled heibio i'w glust; *Nau:* **to ~ for a wind,** chwibanu am awel/wynt; *Fig:* **to ~ in the dark,** chwibanu yn y tywyllwch; *Rail:* **to ~ for the road,** chwibanu i gael mynd ymlaen. **2.** *v.t. (a) (a tune &c):* chwibanu *&c; (b) Falconry:* **to ~ down the wind,** gollwng hebog yn rhydd; *Fig:* **to ~ (sth) down the wind,** gollwng (rhth), cael gwared (â rhth, ar rth); *(c) F:* **I'll ~ up a few friends,** mi ga' i afael ar ychydig o ffrindiau; **can you ~ up some more tea?** a ellwch chi gael rhagor o de? oes 'na ragor o de i'w gael?
whistler *n.* chwibanwr (chwibanwyr) *m,* chwib|anwraig *f, Lit: occ:* chwibanydd(-ion) *m, N.E: M.W:* chwislwr (chwislwyr) *m, S.E:* w[h]islwr (w[h]islwyr) *m.*
whistling¹ *a. (bird &c):* sy'n chwibanu, chwibanllyd, chwibanog, chwibanol; **~ sound,** sŵn *(m)* chwibanu; **~ kettle,** tegell(-au,-i) *(m)* chwibanu; *Orn:* **~ swan,** alarch (elyrch) chwibanog *m; Nau:* **~ buoy,** bwi(-au) chwibanog *m; W.Pl.n.* **W~ Sands,** Porthor *m.*
whistling² *vn.* chwibaniad(-au) *m, N.E: M.W: S.E:* chwislad(-au) *m,* w[h]islad(-au) *m, S.W:* chwitiad(-au) *m,* whitiad(-au) *m,* witbanad *f; S.a.* **whistle².**
whit¹ *n. (usu.neg.)* iod: iot *mf,* mymryn *m,* tamaid *m,* gronyn *m,* blewyn *m,* tipyn *m,* rhithyn *m, S.W:* bydyn *m, S.E:* ifflyn *m;* **not a ~, never a ~, no ~,** dim o gwbl, dim iod, yr un iod *&c;* **she is not a ~ the better for it,** 'dyw hi ddim mymryn (&c) elwach o'i herwydd; **every ~,** pob iot, pob tipyn *&c.*
Whit² *a.* **~ Sunday,** y Sulgwyn *m;* **~ Monday,** y Llungwyn *m (pronounced* ng-g), dydd *(m)* Llun y Sulgwyn; **~ Tuesday** *&c,* dydd *(m)* Mawrth [ar ôl] y Sulgwyn; **~ week,** wythnos *(f)* [y] Sulgwyn; **~ weekend,** penwythnos *(m)* [y] Sulgwyn; **to spend the ~ weekend,** bwrw'r Sulgwyn.
Whitchurch *Pl.n.* **1.** *W.Pl.n. (a) (in Denbigh):* yr Eglwys Wen *f,* Llanfarchell *f; (b) (nr. Cardiff):* yr Eglwys Newydd *f; (c) (in Pembrokeshire):* Tre-groes *f.* **2.** *Eng.Pl.n. (in Herefordshire):* Llandywynnog *f; (in Shropshire):* yr Eglwys Wen *f; S.a.* **Whitechurch.**
white *a. & n.* **I.** *a.* **1.** gwyn *(f.* gwen, *pl.* gwynion); **off-~,** llwydwyn *(f.* llwydwen, *pl.* llwydwynion), lledwyn *(f.* lledwen, *pl.* lledwynion); **to become ~, to turn ~,** gwynnu, mynd yn wyn; **to make sth ~,** gwynnu rhth, *occ:* cannu rhth; **he is going ~,** mae'n britho; mae ei wallt yn gwynnu; **(as ~) as snow,** (cyn wynned, mor wyn) â'r eira, â charlwm, â'r cam[b]rig, â'r galchen, â pheilliad; **we had a ~ Christmas,** cawsom eira adeg y Nadolig; cawsom Nadolig gwyn. **2.** *(a)* **~ bread,** bara gwyn *m, occ:* bara can, bara peilliad; **~ blood cells,** celloedd/corffilod gwyn y gwaed; *Geog:* **The W~ Sea,** Y Môr Gwyn *m;* **~ wine,** gwin gwyn (gwinoedd gwynion) *m; (b) (= white-skinned):* gwyn, *occ:* croenwyn *(f.* croenwen, *pl.* croenwynion); **~ people,** pobl wynion *f or pl; F:* **play the ~ man!** byddwch yn deg! **the ~ man's burden,** baich *(m)* y dyn gwyn; *(c)* **~ with fear,** gwyn [fel y galchen, fel corff, fel camrig], gwelw gan ofn; **to turn/go ~,** troi'n wyn, gwelwi; **as ~ as a ghost, as ~ as a sheet,** gwyn fel y galchen, cyn wynned â'r galchen, *S: occ:* gwyn/gwelw fel cannwyll corff; **in a ~ rage,** yn wynias, yn eirias [gan lid], yn gwyndasu, yn gwyniasu, yn gynddeiriog, yn gandryll, o'ch cof [yn ulw, yn lân], yn wyllt gacwn, yn gacwn gwyllt/ulw; *Fig:* **to bleed s.o. ~,** gwaedu rhn yn wyn, blingo rhn, mynd â'r ddimai olaf oddi ar rn. **3.** *(reputation &c):* da, di-fefl, dilychwin, di-staen. **II.** *n.* **1.** gwyn *m,* lliw gwyn *m;* **dead ~,** gwyn pŵl, gwyn

afloyw; **off-~,** llwydwyn(-ion) *m*, lledwyn(-ion) *m*; *Carp:* **wood in the ~,** coed gwyn, pren gwyn, coed/pren heb ei baentio/beintio. **2.** *Com:* **Chinese ~, zinc ~,** gwyn (*m*) sinc. **3. dressed in ~,** mewn dillad gwyn[-ion], yn gwisgo [dillad] gwyn, yn eich gwyn; *Com:* **~ sale,** arwerthiant llieiniau; *pl.* **whites** *(i) Com: (= linen):* llieiniau gwynion; *Com:* **to wash your whites with X,** golchi'ch dillad gwynion ag X; *(ii) Sp:* trowsus gwyn (trowsusau gwynion) *m*, *S:* trwser gwyn (trwseri gwynion) *m*. **4.** *(pers.):* dyn gwyn/croenwyn (dynion gwyn[-ion]/croenwynion), merch wen/groenwen (merched gwyn[-ion]/croenwyn) *f*; *pl.* pobl wynion; **poor ~,** dyn gwyn tlawd (dynion gwynion tlawd); *Coll:* tlodion gwynion *pl.* **5.** *(a)* **~ of egg,** gwyn (*m*) ŵy, gwynwy (*m*) ŵy; *(b)* **~ of the eye,** gwyn (*m*) y llygad; *F:* **to turn up the whites of one's eyes,** *(i)* dangos gwyn eich llygaid, troi'ch/rholio'ch llygaid, *S.E:* ymol llygaid; *(ii) (= faint):* llewygu, cael gwasgfa. **6.** *Typ:* gofod gwyn (gofodau gwynion) *m*. **7.** *Ent:* glöyn gwyn (gloynnod gwynion) *m*; *Coll:* gwynion *pl*; **Bath ~,** iâr fach frech (ieir bach brych), iâr wen frech (ieir gwyn brych); **black-veined ~,** iâr wen wythïen ddu (ieir gwynion gwythiennau duon); **green-veined ~,** iâr wen wythiennog (ieir gwynion gwythiennog); **large ~,** iâr wen fawr (ieir gwynion mawr); **marbled ~,** iâr fach gleisiog (ieir bach cleisiog), glöyn (gloynnod) gwyn cleisiog *m*; **small ~,** iâr fach wen (ieir bach gwynion), glöyn bach gwyn. **8.** *Sp: (billiards &c):* pêl wen (peli gwynion) *f*; *F:* **the ~,** y wen; *(chess &c): (player):* y gwyn *m*; *(piece):* darn gwyn (darnau gwynion) *m*. **9.** *Pol:* gwyn(-ion) *m*, adweithiwr (adweithwyr) *m*. **10.** *pl. Med:* **whites = leucorrhoea. 11.** *Husb:* **large ~,** mochyn gwyn (moch gwynion) mawr *m*. **~ admiral** *n. Ent:* mantell wen (mentyll gwynion) *f*. **~ amur** *n. Ich:* **= grass-carp**[1]. **~ ant** *n. Ent:* **= termite. ~ bear** *n. Z:* arth wen (eirth gwynion) *f*. **~-bellied** *a.* bolwyn (*f.* bolwen, *pl.* bolwynion), torwyn (*f.* torwen, *pl.* torwynion). **~ birch** *n. Bot:* bedwen (bedw) (*f*) arian, bedwen wen (bedw gwynion). **~-blooded** *a.* gwaedwyn (*f.* gwaedwen, *pl.* gwaedwynion). **~-caps** *n.pl. (= breakers):* brigau tonnau, brigau gwynion, defaid gwynion, defaid Dafydd Jôs, defaid Gwenhidwy, cesig gwynion. **~ coal** *n. Fig:* glo gwyn *m*. **~-collar** *attrib.* coler wen; **~-collar worker,** gweithiwr (gweithwyr) (*m*) [mewn] swyddfa, gweithiwr coler wen (gweithwyr coleri gwynion). **W~ Continent (the)** *n. Geog:* y Cyfandir Gwyn *m*, Ant|arctica *f*. **~ corpuscle** *n.* corffilyn gwyn (corffilod gwynion) *m*. **~-created** *a.* brigwyn (*f.* brigwen, *pl.* brigwynion). **~-crowned** *a.* penwyn (*f.* penwen, *pl.* penwynion). **~ dragon** *n.* **1.** draig wen (dreigiau gwynion) *f*. **2.** *Rept:* salamandr gwyn (salamandriaid gwynion) *m*. **~ dwarf** *n. Astr:* corrach gwyn (corachod gwynion) *m*. **~ elephant** *n.* **1.** *Z: & Fig:* |eliffant gwyn (eliffantod gwynion) *m*. **2.** *Th:* trimins (*pl*) barclod. **~ ensign** *n.* lluman gwyn (llumanau gwynion) *m*. **~ ermine** *n. Ent:* mannog gwyn (manogiaid gwynion) *m*. **~-eye** *n. Orn:* aderyn (adar) llygadwyn *m*. **~-eyed** *a.* llygadwyn (*f.* llygadwen, *pl.* llygadwynion). **~-faced** *a.* [ag wyneb] gwelw, ag wyneb gwyn, *occ:* wynebwyn (*f.* wynebwen). **~ fish** *n. Fish:* pysgodyn gwyn (pysgod gwynion) *m*; *S.a.* **whitefish**. **~ flag** *n.* **1.** baner wen (baneri gwynion) *f*, fflag wen (fflagiau gwynion) *f* **2.** *Bot:* gellesgen wen (gellesg gwynion) *f*. **~ flax** *n. Bot:* cydllin *m*. **~ flight** *n. U.S:* ffoëdigaeth (*f*) y bobl wynion. **~ flour** *n. Cu:* blawd gwyn *m*, can *m*. **~-fly** *n. Ent:* pryf gwyn (pryfed gwynion) *m*, cleren wen (clêr gwynion) *f*; **cabbage ~-fly,** pryf gwyn y bresych; **greenhouse ~-fly,** pryf gwyn y tŷ gwydr. **~-footed** *a.* troedwyn (*f.* troedwen, *pl.* troedwynion). **W~ Friar** *n. Rel:* Brawd Gwyn (Brodyr Gwynion) *m*. **~-front** *n.* **= goose (white-fronted). ~ frost** *n.* **= hoarfrost. ~ gas[oline]** *n. U.S:* petrol di-blwm *m*, petrol heb blwm. **~ gold** *n.* aur gwyn *m*. **~ goods** *n.pl. Com:* nwyddau gwynion. **~ grouse** *n. Orn:* **= ptarmigan. ~ grub** *n. Ent:* cynrhonyn gwyn (cynrhon gwynion) *m*. **~ gum** *n. Bot:* gymwydden wen (gymwydd gwynion) *f*. **~-haired** *a.* penwyn (*f.* penwen, *pl.* penwynion); **~-haired boy, = white-headed boy. ~-handed** *a.* â dwylo gwynion; *Fig:* diniwed, dieuog, glân eich dwylo. **~ hands** *n.pl.* **1.** dwylo gwynion *pl.* **2.** *Fig:* diniweidrwydd *m*, dieuogrwydd *m*. **~-headed** *a.* penwyn (*f.* penwen, *pl.* penwynion); *F:* **~-headed boy,** ffefryn(-nod) *m*, bachgen gwyn (bechgyn gwynion) *m*; *Lit:* **The W~-headed Boy,** 'Y Machgen Gwyn I. **~-heart** *attrib. See* **cabbage, cherry1. ~ heat** *n.* gwyniasedd *m*, eiriasedd *m*; gwres gwynias/eirias *m*. **~ hope** *n.* **the [great] ~ hope,** gobaith mawr (*m*) y ganrif. **W~ Horde (the)** *n. Hist:* y Llu Gwyn *m*. **~ horses** *n.pl.* **1.** ceffylau gwynion. **2.** *Fig: (= white-crested waves):* cesig gwynion *pl*, defaid Dafydd Jôs, defaid Gwenhidwy. **~-hot** *a. Metall: &c:* gwynias, eirias, eiriaswyn, eiriasboeth; **to make sth ~-hot,** gwyniasu rhth, gwyndasu rhth. **W~ House (the)** *n. U.S:* y Tŷ Gwyn *m*. **~ iron** *n.* haearn gwyn *m*. **~ knight** *n.* **1.** marchog gwyn (marchogion gwynion). **2.** *Fig:* gwaredwr (gwaredwyr) *m*. **~ land** *n.* tir amaethyddol *m*. **~ lead** *n. Metall:* plwm gwyn *m*. **~ leather** *n.* lledr gwyn *m*. **~ leg** *n. Med:* coes wen *f*, clwy(*m*)'r goes wen. **~-legged** *a.* coeswyn (*f.* coeswen, *pl.* coeswynion). **~-legged damsel fly** *n. Ent:* mursen goeswen (mursennod coeswyn) *f*. **~ lie** *n.* celwydd(-au) diniwed/golau/gwyn *m*; **a teller of ~ lies,** Wil (*m*) celwydd golau. **~ light** *n.* goleuni gwyn *m*. **~ line** *n.* llinell wen (llinellau gwynion) *f*, rhesen wen (rhesi gwynion) *f*. **~-lipped** *a.* â gwefusau gwynion/gwelw. **~ list** *n. U.S:* rhestr wen (rhestrau gwynion) *f*. **~-livered** *a.* llwfr, ofnus, di-iau, di-asgwrn-cefn, *N.W: occ:* heb iau [ynoch]. **~ matter** *n. Anat:* sylwedd gwyn *m*, gwynnin *m*. **~ meat** *n.* cig gwyn *m*. **~ metal** *n.* metel gwyn *m*, aloi (aloeon) gwyn *m*. **W~ Monk** *n. Ecc:* Mynach Gwyn (Mynachod/Myneich Gwynion) *m*, Sistersiad (Sistersiaid) *m*. **~ mustard** *n. Bot:* mwstard gwyn *m*. **~ night** *n.* noson ddi-gwsg (nosweithiau di-gwsg) *f*. **~ noise** *n.* sŵn gwyn *m*. **W~ Nun** *n.* **1.** Lleian Wen (Lleianod Gwynion) *f*. **2. ~ nun,** *Orn:* **= smew. ~ oil** *n.* olew gwyn *m*. **~-out** *n. Meteor:* storm(-ydd) (*f*) eira, *eirwyndra *m*, *eirwynder(-au) *m*. **W~ Paper** *n. Parl:* Papur Gwyn (Papurau Gwynion) *m*. **~ paternoster** *n. Rel:* y pader gwyn *m*, breuddwyd (*mf*) Mair. **~ perch** *n. Ich:* draenogiad gwyn (draenogiaid gwynion) *m*. **~ pine** *n. Bot:* pinwydden wen (pinwydd gwynion) *f*. **~ plague** *n. Med: F:* y pla gwyn *m*, y diciâu *m*, *S:* y dicléin. **~ poplar** *n. Bot:* **= abele. ~ prominent** *n. Ent:* cudynnog gwyn (cudynogion gwynion) *m*. **~ pudding** *n. Cu:* poten wen *f*, pwdin gwyn *m*. **~ rainbow** *n. Meteor:* **= fog-bow. ~ rhinoceros** *n. Z:* rhin|oseros (rhinoserosiaid) ceglydan *m*. **~ rot** *n. Bot:* **= pennywort. ~-rumped** *a.* tinwyn (*f.* tinwen, *pl.* tinwynion). **W~ Russia** *Pr.n. Geog:* Belorwsia *f*. **W~ Russian** *a. & n.* **= Belorussian. ~ rust** *n. Fung:* rhwd gwyn *m*. **~ sale** *n.* arwerthiant (arwerthiannau) (*m*) llieiniau. **~ sauce** *n. Cu: (i) (sweet):* menyn melys *m*, *occ:* melyn melys *m*, menyn toddi; *(ii) (not sweet):* menyn toddi. **~ sea bass** *n. Ich:* draenogiad gwyn (draenogiaid gwynion) *m*. **~ shark** *n.* morgi gwyn (morgwn gwynion) *m*. **~ sheet** *n.* lliain gwyn (llieiniau gwynion); *(for bed):* cynfas wen (cynfasau gwynion) *f*; *Fig:* **to stand in a ~ sheet,** sefyll mewn sachliain a lludw. **~-skinned** *a.* croenwyn (*f.* croenwen, *pl.* croenwynion). **~ slave** *n.* putain (*f*) gaeth (puteiniaid caeth). **~-slaver** *n.* masnachwr (masnachwyr) (*m*) puteiniaid [caeth]. **~ slavery** *n.* puteindra caeth *m*, caethbuteindra *m*. **~ space** *n. Typ:* gofod gwyn (gofodau gwynion) *m*. **~ spirit** *n.* gwirod gwyn *m*, gwirod wen *f*, sbirit gwyn *m*. **~ squall** *n. Meteor:* sgôl wen (sgoliau gwynion) *f*. **~-stemmed** *a.* coeswyn (*f.* coeswen, *pl.* coeswynion, coesau gwynion). **~ stock** *n. Cu:* isgell gwyn *m*, stoc gwyn *m*. **~ sucker** *n. Ich:* sugnwr gwyn (sugnwyr gwynion) *m*. **~ supremacist** *n.* goruchafwr gwyn (goruchafwyr gwynion) *m*. **~ supremacy** *n.* goruchafiaeth (*f*) y dyn gwyn, goruchafiaeth pobl wynion. **~-tailed** *a.* cynffonwyn (*f.* cynffonwen, *pl.* cynffonwynion), tinwyn (*f.* tinwen, *pl.* tinwynion), rhonwyn (*f.* rhonwen, *pl.* rhonwynion). **W~ Terror** *n. Hist:* y Braw Gwyn *m*. **~-throated** *a.* gyddfwyn (*f.* gyddfwen, *pl.* gyddfwynion). **~ trash** *n. U.S: Pej:* dyn gwyn tlawd (dynion gwynion tlawd) *m*; *Coll:* gwehilion gwynion *pl*, taclau gwynion *pl.* **~ vine** *n. Bot:* **= clematis. ~ vitriol** *n. Ch:* sylffad (*m*) sinc. **~ walnut** *n. Bot:* **= butter-nut. ~ war** *n.* rhyfel(-oedd) (*m*) heb dywallt gwaed, rhyfel di-waed, rhyfel economaidd, rhyfel gwyn (rhyfeloedd gwynion). **~ ware** *n. Com:* llestri gwynion, llestri porslen. **~ water** *n.* dŵr gwyn *m*, dŵr ewynnog, brigwyn *m*. **~ wedding** *n.* priodas wen (priodasau gwynion) *f*. **~ weed** *n. Bot:* **1.** *U.S:* **= ox-eye daisy. 2.** *(Sertularia cupressina):* rhedyn (*pl*) môr. **~ whale** *n. Z:* morfil gwyn (morfilod gwynion) *m*. **~-winged** *a.* adeinwyn (*f.* adeinwen, *pl.* adeinwynion). **~ witch** *n.* gwr|aig (gwragedd) hysbys *f* (*not* gwrach wen). **~ worm** *n. Z:* llyng[h]yren wen (llyngyr gwynion) *f*.

whitebait *n. Ich: Cu:* silod mân *pl.* **W~ Island** *W.Pl.n.* Ynys (*f*) y Gored Goch.

whitebeam *n. Bot:* cerddinen/cerdinen wen (cerddin/cerdin gwynion) *f*, criafolen wen (criafol gwynion) *f*; **broad-leaved ~,**

cerddinen lydanddail (cerddin llydanddail); **English ~,** cerddinen Seisnig; **lesser ~,** y gerddinen wen leiaf (y cerddin gwyn lleiaf); **Ley's ~,** cerddinen y Darren Fach; **rock ~,** cerddinen y graig; **Swedish ~,** cerddinen Sweden.
whitebeard *n.* henwr (henwyr) *m,* hen ŵr (hen wŷr) *m,* hynafgwr (hynafgwyr) *m.*
Whitebrook *W.Pl.n.* Abergwenffrwd *f.*
Whitecastle *W.Pl.n.* Castell Gwyn *m.*
Whitechapel *n.* **1. ~ cart,** *N:* berfa-drol(-iau) *f, S:* cart (certi, ceirt) (*m*) dwy olwyn, cert (*f*) ddwy olwyn (certi/ceirt dwy olwyn). **2.** *Cards:* un cerdyn/garden ar y blaen; ***Whitechapel(-s)*** *mf.* **3.** *Bill:* potio (*vn*) pêl eich gwrthwynebwr, ***Whitechapel(-s)*** *mf.*
Whitechurch *W.Pl.n.* Eglwys Wen *f; S.a.* **Whitchurch.**
whited *a. B:* **~ sepulchres,** beddau wedi eu gwynnu, beddau wedi eu gwyngalchu (*pronounced* ng-g).
whiteface *n.* **1.** *Agr:* buwch wynebwen (buchod wynebwyn) *f,* tarw (teirw) wynebwyn *m, Coll:* gwartheg/da wynebwyn *pl.* **2.** *Th: (= make-up):* colur gwyn *m.*
whitefish *n. Ich: (Coregonus):* gwyniad (gwyniaid) *m; S.a.* **white fish.**
Whitehall *Pl.n.* **1.** *occ: translated as* Y Neuadd Wen *f.* **2.** *Fig:* y Weinyddiaeth *f,* y Llywodraeth [Seisnig/Brydeinig] *f,* Llywodraeth L[l]oegr/Prydain.
whitehead *n. Med:* = **milium.**
whitely *adv.* yn wyn, yn welw *&c.*
whitemeat *n.* gwynnod *m.*
Whitemill *W.Pl.n.* Y Felin Wen *f.*
whiten *v.t.&i.* **1.** *v.t. (hair, cloth &c):* gwynnu, *Lit: occ:* cannu, gwynh|au; *S.a.* **whitewash**[2]. **2.** *v.i. (a) (of hair &c):* gwynnu, troi'n wyn, mynd yn wyn, britho; *(b) (of face, pers.):* gwelwi, mynd yn welw, mynd yn wyn, gwelwlasu, gwynlasu, troi'n wyn.
whitener *n.* cannwr (canwyr) *m,* gwynnwr (gwynwyr) *m,* gwynnydd (gwynyddion) *m.*
whiteness *n.* gwynder(-au) *m,* gwyndra *m; S.a.* **paleness.**
whitening *n.* = **whiting**[1].
whitepot *n. Cu:* chwipod *m.*
Whitesand Bay *W.Pl.n.* Porth Mawr *m.*
whitesmith *n. (= tinsmith):* gof gwyn (gofaint gwynion) *m.*
whitethorn *n. Bot:* = **hawthorn.**
whitethroat *n. Orn:* **1.** *(Sylvia communis):* **[common] ~,** llwydfron(-nau) *f, occ:* bronwen(-nod) (*f*) y llwyn, gwddf/gwddw gwyn (gyddfau gwyn/gwynion) *m,* barfog(-iaid) *m,* llwyd(-iaid) (*m*) y danadl, dryw wen (drywod gwynion) *f,* dryw(*mf*)'r drysni (drywod y drysni), cegwen(-nod) *f,* cegwyn(-nod) *m,* sgrâd *m;* **lesser ~,** llwydfron fach (llwydfronnau bach), *occ:* y fronwen leiaf (y bronwennod lleiaf), y cegwyn lleiaf, y gwddf/gwddw gwyn lleiaf. **2.** *U.S: (= white-throated sparrow): (Zondrichia albicollis):* llwyd(-iaid) gyddfwyn *m.*
whitewall *n. U.S:* **~ [tire],** teiar(-s) (*m*) ochr wen.
whitewash[1] *n.* **1.** gwyngalch *m* (*pronounced* ng-g); *S.E: occ:* myngalch *m* (*pronounced* ng-g); *N: occ:* chw[e]it-wash *m;* **to give a wall a [coat of] ~,** rhoi gwyngalch ar wal, gwyngalchu wal, rhoi gwyngalchiad i wal. **2.** *Fig: (of pers., blame, report):* gwyngalch *m,* gwyngalchiad(- au) *m;* **the report was a ~,** gwyngalch[iad] oedd yr adroddiad; 'roedd yr adroddiad yn cuddio'r gwir; 'roedd yr adroddiad yn lliwio'r ffeithiau. **3.** *Sp: F:* buddugoliaeth lwyr (buddugoliaethau llwyr) *f* (ar rn); *S:* crasfa *f, N:* cweir *m, S.W:* sychad *f* (i rn).
whitewash[2] *v.t.* **1.** *(a)* gwyngalchu (*pronounced* ng-g), *S.E: occ:* myngalchu (*pronounced* ng-g), cannu, *N: occ: F:* chw[e]itwasio; *(b) (pers.):* gwyngalchu (rhn), cuddio beiau (rhn); *(facts &c):* lliwio. **2.** *(a) Sp: F:* rhoi cweir/crasfa iawn (i rn), curo/trechu (rhn) yn llwyr, *S.W:* rhoi sychad (i rn); *(b) (= bankrupt):* torri rhn.
whitewashed *a.* gwyngalchog, gwyngalchedig, gwyngalch, *S.E: occ:* myngalchog (*all pronounced* ng-g).
whitewasher *n.* gwyngalchwr (gwyngalchwyr) *m,* gwyng|alchwraig *f* (*both pronounced* ng-g), *N: occ:* chw[e]itwasiwr (chw[e]itwaswyr) *m, S.E: occ:* myngalchwr (myngalchwyr) *m* (*pronounced* ng-g).
whitewashing *vn. (a)* gwyngalchiad(-au) *m,* gwyngalchu (*both pronounced* ng-g), *N: occ:* chw[e]itwasio, *F:* chw[e]itwasiad(-au) *m, S.E: occ:* myngalchu (*pronounced* ng-g), cannu, *S.E: occ:* myngalchad(-au) *m* (*pronounced* ng-g).
Whitewell *W.Pl.n.* Is-coed *m.*
whitewing *n. U.S:* ysgubwr gwyn (ysgubwyr gwynion) *m.*
whitewood *n. Carp: Com:* pren gwyn *m.*
whitey *a. & n.* **1.** *a.* = **whity** *n. U.S: Pej: (i)* dyn gwyn (dynion gwynion) *m,* gwr|aig wen (gwragedd gwynion) *f; (ii) Coll:* pobl wynion *f or pl,* y bobl wynion, [y] gwynion *pl.*
Whitford *W.Pl.n.* Chwitffordd *f.*
whither *adv. & conj. A: & Lit:* **1.** *interrog.adv.* i ba le, *F:* i ble; **(~) democracy?** (i ble, i ba gyfeiriad, pa ffordd) yr â democratiaeth? **2.** *rel.adv. & conj.* [i'r] lle; **(I shall go) ~ Fate leads me,** (mi af) [i'r] lle y bydd Ffawd yn f'arwain, i ba le bynnag y bydd Ffawd yn f'arwain; *S.a.* **whence.**
whithersoever *adv. A: & Lit:* lle bynnag, ble bynnag, i ba le bynnag.
whiting[1] *n. Com:* sialc *m, F:* wheitin *m.*
whiting[2] *n. Ich:* **1.** pysgodyn gwyn (pysgod gwynion) *m,* môr-wyniad (~-wyniaid) *m,* gwyniad (gwyniaid) (*m*) y môr, gwyniedyn (gwyniaid) *m, N: occ:* chwitlyn(-nod) gwyn *m;* **blue ~,** swtan glas. **~ pout** *n. Ich:* swtan(-od) *m.* **2.** = **silver-hake.**
whitish *a.* go wyn, braidd yn wyn, lled wyn, lledwyn, gwynnaidd.
Whitland *W.Pl.n.* [Yr] Hendy-gwyn (*m*) ar Daf, [Yr] Hen Dŷ Gwyn ar Daf.
whitleather *n.* lledr gwyn *m.*
whitlow *n. Med: N:* ewinor *f,* winor *f,* bystwn: bystwm: bostwm: bostwn: postwn: postwm *m, N.W: occ:* cwinedd callod *pl,* dolur dieithr *m, occ:* byddiged: byddigaid *f, F:* y ddiged/ddigedd *f,* myddiged *f, S:* ffelwm: ffalwm: ffelwn *m, S: occ:* clefyd (*m*) y frenhines, *S.W: occ:* gwlithen *f.* **~-grass** *n. Bot: (Erophila verna syn. Draba verna):* llysiau(*pl*)'r bystwn, llysiau'r ewinor. **Austrian ~-grass,** *(Draba dubia):* llysiau bystwn/ewinor Awstria; **bald white ~-grass,** *(D. fladnizensis):* llysiau bystwn/ewinor moel gwyn; **Carinthian ~-grass,** *(D. carinthiaca):* llysiau bystwn/ewinor Carinthia; **Engadine ~-grass,** *(D. ladina):* llysiau bystwn/ewinor yr |Engadin (*pronounced* ng-g); **hoary ~-grass,** *(D. incana):* llwydlys (*m*) y bystwn, llwydlys yr ewinor; **Pyrenean ~-grass,** *(D. pyrenaica):* llysiau bystwn/ewinor y Pyreneau; **rock ~-grass,** *(D. norvegica):* llysiau bystwn/ewinor y cerrig; **round-podded ~-grass,** *(E. spathulata):* llysiau bystwn/ewinor cryn-godog; **Sauter's ~-grass,** *(D. sauteri):* llysiau bystwn/ewinor Sauter; **spring ~-grass,** *(D. verna):* llysiau'r bystwn/ewinor; **starry ~-grass,** *(D. stellata):* llysiau'r bystwn/ewinor serennog; **twisted ~-grass,** = **hoary whitlow-grass; wall ~-grass,** *(D. muralis):* llysiau bystwn/ewinor y muriau, llysiau bystwn/ewinor y tagwyr; **woolly-fruited ~-grass,** *(D. lasiocarpa):* llysiau bystwn/ewinor gwlanog; **yellow ~-grass,** *(D. aizoides):* llysiau bystwn/ewinor melyn.
Whitsun *n.* y Sulgwyn *m.*
Whitsuntide *n.* = **Whitsun.**
Whittington *Eng.Pl.n.* Y Dre-wen *f.*
whittle *v.t.* **1. to ~ [down],** *(stick &c):* naddu. **2.** *Fig:* erydu, treulio; **to ~ down/away s.o.'s allowance,** cwtogi['n barh|aus] ar lwfans rhn; cwtogi/torri/gostwng lwfans rhn i ddim byd; **to ~ away one's capital,** gwario'ch cyfalaf i gyd o dipyn i beth, treulio'ch cyfalaf yn ddim.
whittler *n.* naddwr (naddwyr) *m,* n|addwraig *f.*
whittling *vn.* **1.** naddiad(-au) *m.* **2.** *(= chip):* nadd(-ion) *m; S.a.* **flake**[1], **chip**[1].
Whitton *W.Pl.n.* Llanddewi (*f*) yn Hwytyn.
whity *a.* lledwyn (*f.* lledwen, *pl.* lledwynion), gwynnaidd; **~-blue,** glas golau, glaswyn (*f.* glaswen, *pl.* glaswynion), gwynlas (*f.* gwenlas, *pl.* gwynleision); **~-green,** gwyrddwyn (*f.* gwyrddwen, *pl.* gwyrddwynion); **~-red,** cochwyn (*f.* cochwen, *pl.* cochwynion), gwyngoch (*f.* gwengoch, *pl.* gwyngochion) (*pronounced* ng-g); **~-yellow,** melynwyn (*f.* melynwen, *pl.* melynwynion), gwynfelyn (*f.* gwynfelen, *pl.* gwynfelynion).
whiz[z][1] *n.* **1.** *(of bullet &c):* si *m.* **2.** *esp. U.S:* **she is a ~ (at sth),** mae hi'n dda iawn (am rth); mae hi'n chwip o dda (am rth); mae ganddi ddawn (at rth); mae hi'n dipyn o law (ar rth); *N:* mae hi'n giamstar/giamblar (ar rth).
whizz[2] *v.i.* **1.** *(of bullet &c):* sïo, hisian. **2.** *(of car &c):* chwyrnellu, chwyrlïo, *N.W: F: occ:* slanu mynd, sgrialu mynd, mynd ar sgrîn. **~-bang** *n. Artil: Pyr:* pelen(-ni) (*f*) si-glec. **~-kid**

n. athrylith ifanc (athrylithoedd ifainc) *m*, llanc(-iau) tra dawnus *m*, *Pej:* (*)Wil (*m*) ar wib.
whizza *n.* **1.** *Pyr:* sïwr (sïwyr) *m*. **2.** *(= dryer):* sychwr (sychwyr) (*m*) tro, hisiwr (hiswyr) *m*.
whizzing *a.* sïol, hisiol.
who *pers.pron.nom.* **1.** *(a) (interrog.):* pwy a + *soft mut.* + *conjugated verb form, or* pwy + sydd + yn + *vn*; *(b) (before forms of* bod = *to be): before present tense forms:* pwy; *before other tense forms:* pwy a + *soft mut. (the* a *is often omitted in speech)*; *(c) negative:* pwy na + *soft mut. of* b, d, g, m, ll, rh, *spirant mut. of* p, t, c; **~ is Siôn,** pwy yw Siôn? **~ is that man?** pwy yw'r dyn yna? **~ was she,** pwy oedd hi? **~ will she be?** pwy fydd hi? *(relative clause, with adjective, verbal noun, adverb or indefinite noun):* **~ is ready?** pwy sy'n barod? pwy sydd yn barod? **~ is speaking?** pwy sy'n siarad? **~ is here?** pwy sydd yma? **~ is a student?** pwy sy'n fyfyriwr? **~ was here?** pwy oedd yma? **~ will be here?** pwy fydd yma? **~ isn't here?** pwy sy heb fod yma? pwy nad yw yma? **~ wasn't here?** pwy oedd heb fod yma? pwy nad oedd yma? **~ can sing?** pwy [a] all ganu? pwy sy'n gallu/medru canu? pwy [a] fedr ganu? **~ sang?** pwy [a] ganodd? **~ didn't sing?** pwy na chanodd [ddim]? *N:* pwy na wnaeth ganu? *N: F:* pwy ddaru ddim canu? *F:* **~ is it? ~ is there?** pwy sydd yna? *F:* pwy sy' 'na? **ask him ~ won,** gofyn iddo pwy [a] enillodd; **tell me ~ is ~,** dywed wrthyf fi pwy yw pwy; *F:* **~ does she think she is?** pwy [y] mae hi'n ei feddwl yw hi? **~ did I see but Ifor,** dyma fi'n gweld Ifor; pwy a welais i ond Ifor; **~ am I that I should object?** pwy ydw i i wrthwynebu? pa hawl sy' gen i i wrthwynebu? **it was Mr. W~?** Mr. Pwy oedd yna? **Siân ~?** Siân pwy? pa Siân? **~ goes there?** pwy sy' 'na? **a ~-does-what strike/dispute,** streic/anghydfod pwy-sy'n-gwneud-beth; **~ else?** pwy arall? **~ ever told you that?** pwy ar y ddaear a ddywedodd hynny wrthych chi? **~ ever can it be?** pwy yn y byd y gall e/o/hi fod? **~ ever would have thought it?** pwy [yn y byd] a fuasai wedi meddwl? *(d) F: (used incorrectly for* **whom***):* **~ do you see?** pwy [a] weli di? pwy wyt ti'n ei weld? **~ did you see?** pwy [a] welaist ti? **~ will you see?** pwy [a] weli di? pwy [y] byddi di'n ei weld? **~ don't you see?** pwy na weli di? pwy nad wyt ti'n ei weld? *(governed by a preposition):* **~ are you writing to?** at bwy yr ydych chi'n ysgrifennu (*not* pwy yr ydych chi'n ysgrifennu at)? **~ is she talking to?** â phwy y mae hi'n siarad (*not* pwy mae hi'n siarad â)? **~ is the parcel for?** i bwy y mae'r parsel? ar gyfer pwy y mae'r parsel? **2.** *(relative): S.a.* **that**[2]; *(a) positive:* a + *soft mut.* + *conjugated verb form, now usu. sing.* (a *itself is often omitted in speech) or* sydd + yn + *vn*; **the man ~ came yesterday,** y dyn a ddaeth ddoe; **the girl ~ is in the kitchen,** y ferch sydd yn y gegin; **~ was, ~ were,** [a] oedd; **~ will/shall be,** [a] fydd; **the girl ~ loved him,** y ferch [a] oedd yn ei garu, y ferch a'i carai; **the children ~ will be writing to you,** y plant a fydd yn ysgrifennu atoch; *(b) negative:* na *(before consonant)* + *spirant mut. of* c, p, t, *soft mut. of* b, d, g, m, ll, rh; nad *(before vowel)*; *in the negative, the verb agrees with the subject in number*; **those ~ cannot sing,** y rhai na fedrant ganu, y rhai nad ydynt yn medru canu, *F:* y rhai nad ydyn' nhw ddim yn medru canu, *F: occ:* y rhai sydd ddim yn medru canu; *(the construction* na sy'n medru canu *is not recommended)*; **the boy ~ did not go,** y bachgen nad aeth; *passive/impersonal:* na, nad, *occ:* nas; **a man ~ was not seen,** dyn nas gwelwyd, dyn na welwyd mohono; *(c) indirect speech:* **there is no-one ~ we can believe is competent,** nid oes neb y credwn ei fod yn atebol; *(d) in certain constructions, and to avoid ambiguity:* yr hwn *m* (yr hon *f*, y rhai *pl*) a ... *(positive)*, na[d] ... *(negative):* hwnnw *m*, (honno *f*, y rheini *pl*); **the farmer had a wife ~ was old,** 'roedd gwraig gan y ffermwr, yr hon oedd yn hen; 'roedd gan y ffermwr wraig a oedd yn hen; 'roedd gwraig gan y ffermwr a honno'n hen; **three witnesses were called, ~ declared ...,** galwyd tri thyst, y rhai a ddatganodd ...; galwyd tri thyst, a datganodd y rheini ...; **the father of the girl, ~ is very rich,** tad y ferch, yr hwn sy'n gefnog iawn; tad y ferch, dyn cefnog iawn; *(e) (= whoever):* y sawl a, y neb a, pwy bynnag a, yr hwn/ hon (*pl.* y rhai) a + *indicative or (in the literary style) the subjunctive*; y sawl a, pwy bynnag a, yr un a, *Lit:* y neb a; *Prov:* **he ~ kills will be killed,** a laddo a leddir; **(I would like to tell) the person ~ (did this),** (fe hoffwn i ddweud wrth) y sawl, y neb, yr un, bwy bynnag (a wnaeth hyn); **~ eats must pay,** rhaid i'r sawl/hwn/neb a fwytao dalu; **deny it ~ may,** gwaded pwy bynnag a fynno; gwaded a wado.

whoa *int.* *(a) (to horse):* **~ [back]!** wê! *(b) F: (to pers.):* wê! gan bwyll! aros (arhoswch) [funud, eiliad]! ara' deg! dal(-iwch) arni!
whodun[n]it *n. F:* **1.** *(story):* stori (*f*) lofruddiaeth (straeon llofruddiaeth), stori ddítectif (straeon ditectif), stori ddatgelu (straeon datgelu); *(novel):* nofel (*f*) lofruddiaeth (nofelau llofruddiaeth), nofel dditectif (nofelau ditectif), nofel ddatgelu (nofelau datgelu). **2.** *Th:* drama (*f*) lofruddiaeth (dramâu llofruddiaeth).
whoever *pron.nom.* **1.** pwy bynnag a + *soft mut.* + *conjugated verb form (indicative or subjunctive), or* pwy bynnag sydd + yn + *vn. (in present tense only)*, *Lit:* y sawl a, y neb a; *or* y sawl sydd, y neb sydd; **~ sees it may keep it,** caiff pwy bynnag a'i gwêl ei gadw. **2. ~ you are, speak!** pwy bynnag ydych/foch, llefarwch! **~ wrote that letter is a fool,** mae'r sawl a ysgrifennodd y llythyr yna yn ffŵl; **he shall be punished, ~ he may be,** cosbir ef, pwy bynnag fo; **~ else objects (I do not),** [ni] waeth pwy arall sy'n gwrthwynebu, pwy bynnag arall sy'n gwrthwynebu, *S:* ta' pwy arall sy'n gwrthwynebu (nid wyf i ddim); **~ she is (she's not coming in),** [ni] waeth pwy yw hi, pwy bynnag yw hi, *S:* ta' pwy yw hi (chaiff hi ddim dod i mewn). **3.** *occ: (replacing* **whomever** *in ordinary conversation):* **~ she marries will be lucky,** bydd y dyn y mae hi'n ei briodi yn un lwcus; **~ you like,** pwy bynnag a fynni di, *Lit:* pwy bynnag a fynnot ti.
whole *a. & n.* I. *a.* **1.** *(a) A: (= healthy):* iach, holliach; *B:* **thy faith hath made thee ~,** dy ffydd a'th iachaodd; *(b) (pers.): (= uninjured):* dianaf, iach eich croen; *(thing): (= intact):* cyfan (cyfain), heb dorri; *(= with nothing removed):* cyflawn; **~ blood,** gwaed coch cyfan *m*; **~ leather,** lledr cyflawn *m*; **~ milk,** llaeth cyflawn *m*, llaeth trwyddo; *U.S:* **~ note,** = **semibreve;** *Phot:* **~ plate,** plât llawn *m*, plât cyflawn; *Mus:* **~ rest,** saib cyfan (seibiau cyfain) *m*; *Mus:* **~ step, ~ tone,** tôn gyfan (tonau cyfain) *f*; **~ tone scale,** graddfa (*f*) tonau cyfain. **2.** *(a)* cyfan (cyfain), cwbl, cyfan gwbl, hollol, llwyr; holl; i gyd; **the ~ family,** y teulu cyfan, y teulu'n gyfan, y teulu i gyd, yr holl deulu, y cyfan/cwbl o'r teulu, pawb o'r teulu (*not* i gyd o'r teulu); **an ox roasted ~,** ych wedi'i rostio'n gyfan; **he swallowed it ~,** fe'i llyncodd yn gyfan; fe lyncodd y cwbl; **he swallowed the story ~,** fe lyncodd y stori gyrn, croen a charnau; *Jur:* **a relative of the ~ blood,** perthynas o waed [coch] cyfan/cyflawn; **~ brother,** brawd unfam undad, brawd cyfan; **~ cloth,** brethyn cyfan, brethyn llawn maint; *U.S:* **it's out of ~ cloth,** celwydd noeth yw; *Meteor:* **~ gale,** tymestl gyfan (tymhestloedd cyfain) *f*; **~ number,** cyfanrif(-au) *m*, rhif cyfan (rhifau cyfain) *m*; **the ~ bag of tricks, the ~ caboodle, the ~ shooting-match,** y cwbl [lot] *m*, y cyfan *m*, yr holl sioe *f*; **to go the ~ hog,** mynd i'r eithaf, mynd i'r pen draw, gwn|eud rhth yn drylwyr/drwyadl; **the ~ duty of man,** holl ddyletswydd dyn; **the ~ man,** y dyn cyflawn *m*; **a ~ holiday,** diwrnod cyfan (*m*) o wyliau; **she spent the ~ time sunbathing,** treuliodd ei holl amser yn torheulo; bu hi'n torheulo trwy gydol yr amser; *(b)* **to tell the ~ truth,** dweud y gwir i gyd, dweud y gwir bob gair, dweud yr holl wir; **the ~ world,** y cyfanfyd *m*, y byd cyfan *m*, y byd i gyd, y byd [i gyd] yn grwn; **to last a ~ week,** parhau am wythnos gyfan/gron; **the flower grew a ~ foot,** tyfodd y blodyn droedfedd gyfan; **a ~ hour,** awr gyfan/gron *f*; **two ~ days,** deuddydd cyfan; **three ~ days,** tridiau cyfan; **a ~ year,** blwyddyn gron/gyfan *f*, *occ:* blwyddyn gron gyfan; *F:* **the ~ lot of you,** pob un [enaid] ohonoch, pob copa walltog ohonoch chi, *Lit:* chi oll; **~ families died of it,** bu'n angau i deuluoedd cyfain; **~ life insurance,** yswiriant (*m*) oes gyfan; **I never saw him the ~ evening,** ni welais i mohono drwy gydol y noson; **she spent a ~ day there,** bu yno o fore gwyn tan nos; bu yno am ddiwrnod cyfan; **a ~ lot,** *(of people &c):* llu mawr *m*, criw mawr *m*, llond (*m*) gwlad, peth wmbredd *m*, torf *f* (o bobl *&c*), *S.W:* golwg *mf*; *(of things):* llwyth *m*, pentwr *m*, cruglwyth *m*, tomen *f*, peth myrdd *m*, peth wmbredd; **with one's ~ heart,** o waelod [eich] calon, â'ch holl galon; **the ~ school,** yr ysgol yn gyfan, yr ysgol i gyd, yr ysgol drwyddi; **to give sth your ~ attention,** rhoi'ch holl sylw i rth; **the ~ idea is to help,** helpu yw'r holl amcan; **that's the ~ idea,** dyna'r bwriad; dyna'r amcan; dyna'r union fwriad/amcan; **that's the ~ point,** yn hollol; yn union; yn gymwys; dyna'r peth; dyna hi. II. *n.* *(a)* cyfan *m*, cwbl *m*, crynswth *m*, swm *m*, cyfanswm *m*, cyfanwaith *m*, yr oll *m*; **the ~ of our resources,** y cyfan/cwbl o'n hadnoddau, ein hadnoddau i gyd, crynswth ein hadnoddau;

the ~ amounts to . . ., y cyfanswm yw . . .; swm y cwbl yw . . .; **he spent the ~ of the year (in London),** treuliodd y cyfan o'r flwyddyn, treuliodd y flwyddyn gron/gyfan, treuliodd y flwyddyn ar ei hyd (yn Llundain); **the ~ of the town knows it,** mae'r dref oll yn ei wybod; mae'r dref yn gyfan yn ei wybod; mae'r dref i gyd yn ei wybod; *(b) (= whole body):* cyfangorff *m (pronounced* ng-g), cyfanwaith *m*; **as a ~,** fel cyfanwaith; **on the ~,** at ei gilydd, ar y cyfan; **the book taken as a ~,** y llyfr o'i gymryd fel cyfangorff/cyfanwaith; **the ~ and the parts,** y cyfan/cyfangorff/cyfanwaith a'r rhannau; **Nature is a ~,** cyfangorff *(m)* yw Natur. **~-coloured** *a.* unlliw. **~-hearted** *a.* calonnog, brwd, brwdfrydig. **~-heartedly** *adv.* yn galonnog, â'ch holl galon. **~-hogger** *n. F:* eithafwr (eithafwyr) *m*, eith|afwraig *f*. **~-hoggism** *n. F:* eithafiaeth *f*, eithafrwydd *m*. **~-hoofed** *a.* cyfangarn, cyfangarnog, cyfangarnol *(all pronounced* ng-g). **~-length** *a.* llawn hyd. **~-souled** *a.* = **whole-hearted**. **~-time** *a.* llawn amser. **~-tone** *a. Mus:* tôn-gyfan. **~ scale** *n. Mus:* graddfa*(f)*'r tonau cyfartal.

wholefood *n.* bwyd(-ydd) cyflawn *m*.

wholegrain *attrib.* grawn cyflawn.

wholemeal *attrib.* gwenith cyflawn, gwenith trwyddo.

wholeness *n.* cyfanrwydd *m*, cyflawnder *m*, cyfander *m*.

wholesale *n., a. & adv.* **1.** *n.* cyfanwerthu *vn*, cyfanwerth *m*; **~ and retail,** cyfanwerth ac adwerth, cyfanwerthu ac adwerthu, cyfanwerth a manwerth; **~ and retail distribution,** dosrannu cyfanwerth ac adwerth. **2.** *a. (a)* cyfanwerth, cyfanwerthol; **~ dealer, ~ merchant,** cyfanwerthwr (cyfanwerthwyr) *m*, cyfanw|erthwraig *f*; **~ price,** pris(-iau) *(m)* cyfanwerth, pris cyfanwerthol; **~ warehouse,** warws (warysau) *(mf)* cyfanwerthu; *(b) Fig:* eang, ar raddfa eang; **~ slaughter,** lladd *(vn)* diatal/diwahân, cyflafan(-au) *f*; **by ~ borrowing,** trwy fenthyca'n ffri. **3.** *adv. (a) Com:* ar gyfanwerth; *(b) Fig:* **(to do) sth ~,** (gwneud rhth) yn ffri, ar raddfa eang, yn ddiymatal, yn ddirwystr, yn ddilyffethair.

wholesaler *n.* cyfanwerthwr (cyfanwerthwyr) *m*, cyfanw|erthwraig *f*.

wholesome *a. (air, climate, food):* iachusol, iachus, iach; *(food):* maethlon; *(literature &c):* iach, iachus, llesol, buddiol; *(remedy):* iachusol, iachaol.

wholesomely *adv.* yn iachusol *&c*.

wholesomeness *n.* iachusrwydd *m*.

wholewheat *attrib.* gwenith cyflawn, gwenith trwyddo.

wholly *adv.* **1.** yn llwyr, yn hollol, yn gyfan gwbl, yn gwbl, i gyd; **~ exhausted,** wedi blino'n llwyr/lân/deg; **I'm ~ at a loss to explain it,** ni wn o gwbl sut i'w egluro; **~ or mainly,** yn gyfan gwbl neu yn bennaf; **~ or partly,** yn llwyr neu'n rhannol, yn gyfan neu mewn rhan. **2.** *before adjective:* hollol + *soft mut.*, cwbl + *soft mut.*, llwyr + *soft mut.*; **a ~ ridiculous idea,** syniad hollol wirion.

whom *pers.pron., objective case, used of pers.* **1.** *(interrog.):* pwy a + *soft mut.*; *for construction See* **who; ~ do you see?** pwy [a] weli di? pwy wyt ti'n ei weld? *(with preposition):* **of ~ are you speaking?** am bwy 'rydych chi'n sôn *(not* pwy 'rydych chi'n sôn am)! **I don't know to ~ to turn,** wn i ddim at bwy i droi; **~ else?** pwy arall? **2.** *(relative): (a) (direct obj.) positive:* a + *soft mut.*: **the man [~] you see,** y dyn [a] weli di, y dyn yr wyt ti'n ei weld; *negative: before consonant:* na + *spirant mut. of* c, p, t, *soft mut. of* g, b, d, m, ll, rh; *before vowel:* nad; **the man [~] you do not see,** y dyn na weli di [mohono], y dyn nad wyt ti'n ei weld; *(b) (indirect obj. and after prep.): positive:* y . . . iddo/iddi/iddynt, y . . . ohono/ohoni/ohonynt *&c*; *A: Lit:* i'r hwn y . . ., o'r hwn y . . . *&c*; **(she wanted to find s.o.) to ~ she might talk,** (mynnai gael hyd i rn) y câi siarad ag ef, *Lit: occ:* â'r hwn y câi siarad; **the beggar to ~ you gave a penny,** y cardotyn y rhoddaist ti geiniog iddo, *Lit: occ:* y cardotyn i'r hwn y rhoddaist ti geiniog; **the men between ~ she was sitting,** y dynion yr eisteddai hi rhyngddynt, *Lit: occ:* y dynion rhwng pa rai yr eisteddai; **the girl of ~ I speak,** y ferch yr wy'n sôn amdani, *Lit: occ:* y ferch am yr hon y soniaf, y ferch am ba un y soniaf *(not* y ferch 'rwy'n sôn am); **these two men, both of ~ were old, could remember them,** gallai'r ddau ddyn hyn, a oedd ill dau yn hen, eu cofio; *negative:* na/nad . . . iddo/iddi/iddynt, na/nad . . . ohono/ohoni/ohonynt *&c*, *A: Lit:* i'r hwn/hon na/nad . . ., o'r hwn/hon ni/nid . . . *&c*; i ba un (i ba rai) . . . na/nad *&c*; **(the woman) to ~ you did not speak,** (y wraig) na siaredaist ti â hi, *Lit: occ:* â'r hon ni siaredaist ti, â pha un ni siaredaist ti. **3.** *(independent rel.): (= whomever):* a . . ., yr hwn *(m)* a . . ., yr hon *(f)* a . . ., y rhai *(pl)* a . . .; **~ the gods love die young,** a garo'r duwiau a gaiff fedd cynnar.

whomever *pers.pron.acc.* = **whomever, whom.**

whomp[1] *n.* = **crash[1], crunch[1], slap[1], thud[1], thump[1].**

whomp[2] *v.t.* = **thump[2], slap[2].**

whomsoever *pers.pron. esp. Lit:* **1.** y sawl a + *soft mut.*, y neb a + *soft mut.*, pwy bynnag a + *soft mut.*, [ni] waeth pwy a + *soft mut.*; **~ they choose will be well paid,** caiff y sawl a ddewisant gyflog da. **2.** pwy bynnag a + *soft mut.*, ni waeth pwy a + *soft mut.*, *S:* F: ta' pwy a + *soft mut.*; **~ they choose, he's not coming here,** ni waeth pwy a ddewisant, ni chaiff ddod yma.

whoop[1] *int. & n.* **1.** *int.* hwi! hŵa! **2.** *n. (a)* gwawch(-iau) *f*, bloedd(-iau,-iadau) *f*, gwaedd(-au) *f*, cri (crïau) *mf*, llef(-au) *f*, wbain *vn*, *Lit: occ:* bonllef: banllef(-au) *f*; *(b) Med:* wbain *vn*, hŵp *mf*; *(c) U.S:* = **hoot[1]**; *U.S:* **not worth a ~,** da i ddim, diwerth, cwbl ddiwerth, yn werth dim, dim gwerth ffeuen.

whoop[2] *v.i.&t.* I. **1.** *v.i. Ven: &c:* bloeddio, gweiddi, wbain, ubain. **2.** *Med:* wbain, ubain, hwpan, hwpian. **3.** *U.S: (of owl):* hwtian. **4.** *U.S:* **to ~ by,** rhuthro/gwibio heibio; **the measure whooped through both houses,** chwipiodd y mesur trwy'r ddau dŷ. II. *v.t.* **1.** bloeddio, gweiddi. **2.** *(= agitate):* ymgyrchu (dros rth/rn), pleidio achos (rhth/rhn). **3.** *(prices &c):* codi, chwyddo, cynyddu; *F:* **to ~ it up,** cael sbri, cael noson fawr, cael hwyl anfarwol, cael hen hwyl, cael hwyl a hanner; *U.S: (= make a stir):* codi twrw, cadw reiat, creu helynt, creu terfysg; *U.S: (= stir up enthusiasm):* codi hwyl. **~-de-doo** *n. U.S:* miri *m*, sbloet *fm*, hwb-dwb *m*, halibalŵ *m*.

whoopee *int. & n.* **1.** *int.* wpi! hwrê! **2.** *n. F: O:* **to make ~,** cael hwyl fawr *(f)*, cael sbri *(fm)*, cael sbort *(mf)* a sbri, *S: F:* joio.

whooper *n.* **1.** bloeddiwr (bloeddwyr) *m*, bl|oeddwraig *f*, gwaeddwr (gwaeddwyr) *m*, gw|aeddwraig *f*, *Lit: occ:* bonllefwr (bonllefwyr) *m*, bonll|efwraig *f*. **2.** *Orn:* = **whooping swan.**

whooping[1] *a. (crowd):* bloeddfawr, bloeddgar, swnllyd; *(bird):* ubanol. **~ crane** *n. Orn:* crëyr (crehyrod) ubanol *m*. **~ swan** *n. Orn:* alarch (elyrch) gwyllt *m*, alarch chwibanol, alarch y Gogledd.

whooping[2] *vn.* = **whoop[2]**. **~ cough** *n. Med:* y pâs *m*, *M.W: occ:* y deubas *m*.

whoopla *n.* sbloet *fm*, miri *m*, hwyl *f*, sbort *(mf)* a sbri *f*.

whoops *int.* wps.

whoosh[1] *n.* ffrwst *m*, sgwd *m*, rhuthr *m*.

whoosh[2] *v.i.* ffrystio, rhuthro, ymarllwys, ymdywallt.

whop *v.t. P:* = **hit[2], beat[2], thrash.**

whopper *n. P:* **1.** *(= enormous thing):* clamp *m*, coblyn *m*, clobyn *m*, cloben *f*, clompen *f*, clampen *f*, anferth o beth *mf*, un enfawr/anferth, *N.W: occ:* slabyn *m*, *S.W:* slashyn *m*. **2.** *(= lie):* clamp o anwiredd/gelwydd, celwydd(-au) noeth *m*.

whopping *a.* **~ [great],** anferth, anferthol, enfawr, aruthrol, aruthrol fawr, *Lit:* dirfawr; *S.a.* **whopper; a ~ lie,** clamp *&c* o gelwydd, log *(m)* o gelwydd, celwydd aruthrol; **to tell ~ lies,** palu celwyddau, rhaffu celwyddau, dweud logiau o gelwyddau.

whore[1] *n.* putain (puteiniaid) *f*, merch ddrwg (merched drwg) *f*, geneth ddrwg (genethod drwg) *f*, *V:* hŵr: hwren: hwrsen (hwrod, hŵrs) *f*, *occ:* huren: huran *f*, *N: V:* hwran gaws, *occ:* strapar(-s) *f*, strybiban *f*, *S.E: occ:* trwmpan *f*, wran *f*, *S.W: occ:* hafren *f*, *Lit: occ:* cyffoden(-nod) *f*; *B:* **the great ~,** y butain fawr; **an arrant ~,** carnbutain.

whore[2] *v.i.* puteinio, *V:* hwrio, hwrian, *occ:* hwra; *S.a.* **whoring.**

whoredom *n.* puteindra *m*.

whorehouse *n.* puteindy (puteindai) *m*, *V:* hwrdy (hwrdai) *m*.

whoremaster, whoremonger *n.* puteiniwr (puteinwyr) *m*, puteinfeistr(-i) *m*, *V:* hwrgi (hwrgwn) *m*, hwriwr (hwrwyr) *m*.

whoreson *n. A: V:* hwrswn: hwrsiwn: hwrs[y]n: horswn(-s) *m*, bastard(- iaid) *m*.

whoring *vn.* puteindra *m*, puteinio, *V:* hwrio, hwrian, hwra; *B:* **to go a-~ after strange gods,** puteinio ar ôl eilunod.

whorish *a.* puteinllyd, puteiniol, puteinig, *V:* hwrllyd.

whorl *n.* troell(-au) *f*, troellen(-ni) *f*, *Biol:* sidell(-i) *f*; *Bot:* **water ~-grass,** brigwellt dyfrdrig *m*.

whorled *a.* troellog, troellennog, *Lit: occ:* sidellog.

whortleberry *n. Bot: (= bilberry):* llusen ddu fach (llus/llusau/

llusi duon bach) *f*; **great bog ~,** lluswydden fawr (lluswydd mawr) *f*; **red ~,** llusen y geifr, llusen goch (llus *&c* coch).

whose *poss.pron.* **1.** *(interrogative):* pwy? pwy biau? *(future):* pwy fydd biau...? *imperfect:* pwy oedd biau...? *&c* **~ are these gloves?** menig pwy yw'r rhain? pwy biau'r menig yma? **~ were these gloves?** menig pwy oedd y rhain? pwy oedd biau'r menig yma? **~ daughter are you?** merch pwy wyt ti? merch i bwy wyt ti? **~ book did you take?** llyfr pwy a gymeraist ti? **~ was it?** pwy oedd piau/biau fo/fe/hi? un pwy oedd e/o/hi? **tell me ~ it is,** dywed wrthyf pwy [a'i] piau [fo/fe]. **2.** *(relative): (a) (positive):* y[r] ... ei ...; **the pupil ~ work I showed you,** y disgybl y dangosais ei waith i ti; *(negative):* na/nad ... ei/mo'i ...; **(the pupil) ~ work I didn't show you,** (y disgybl) na ddangosais ei waith iti, na ddangosais mo'i waith iti; *(b) (after preposition): (positive):* y/yr ... i'w/o'i *&c*; **the man to ~ wife I gave the money,** y dyn y rhoddais yr arian i'w wraig; **a girl of ~ name I had no idea,** merch nad oedd gennyf syniad am ei henw; **the man with ~ wife I was talking,** y dyn yr oeddwn i'n siarad â'i wraig; *(negative):* na/nad ... i'w/o'i *&c*; **the woman at ~ house I did not call,** y wraig na elwais yn ei thŷ [hi].

whoseso, whosesoever *pron. A:* pwy bynnag y/yr ... ei *&c*; *B:* **whosesoever sins ye remit,** pwy bynnag y maddeuoch eu pechodau.

whoso, whosoever *pron. esp. Lit: A:* = **whoever.**

whump *n. & v.i.* = **thump**[1],[2], **bang**[1],[2].

why *adv., n. & int.* **1.** *adv. (a)* pam? am ba reswm? *Lit:* pah|am? *F:* am be[th]? i be[th]? *occ: (not regarded as correct):* am pam? *neg.* pam na...? + *soft mut.* of b, d, g, ll, rh, m, *spirant mut. of* p, t, c; pam nad *before vowels*; *note:* pam *is correctly followed by conjugated forms* (y mae, yr wyt *&c*) *but often incorrectly by the vn.* bod, fy mod, eich bod *&c*; **~ is she coming here?** paham/pam y mae hi'n dod yma? *F:* pam ei bod hi'n dod yma? **~ didn't you say so?** paham/pam na ddywedaist ti [ddim]? **~ don't you go?** paham/pam nad ei di? **~ not?** *(= why not do it?):* pam lai? **~ not me?** pam nad fi? **she's not come - ~ not?** ddaeth hi ddim - pam? **~ so?** pam hynny? sut felly? **~ on earth...?** pam yn y byd [mawr]...? pam ar [wyneb] y ddaear [fawr]...? pam ar wyneb daear...? *occ:* pam ar groen y greadigaeth...? *(b) (relative):* pam, *occ:* am ba un; **that is [the reason] ~ ...;** dyna pam ...; dyna'r rheswm pam ...; **~ he should always be late I do not understand,** 'dwyf i ddim yn deall pam y mae'n hwyr o hyd; **I'll tell you ~,** mi ddyweda' i wrthyt ti pam. **2.** *n.* [y rheswm] pam/paham *m*, rheswm (rhesymau) *m* (dros rth); *S.a.* **wherefore** 2; **to reason ~,** gofyn/holi pam/paham, gofyn y cwestiwn pam/paham, ceisio gwybod pam/paham. **3.** *int. (a) (surprise):* **~ (it's Jones)!** *N:* duwcs, dew, *S:* jiw jiw, de (Jones sy 'na)! **~ of course!** wel wrth gwrs! debyg iawn! **~, she even came on a Sunday,** yn wir i ti/chi, fe ddaeth hi ar y Sul hyd yn oed; *(b) (protest):* **~, you're not afraid, are you?** pam? 'does arnat ti ddim ofn, nac oes? **~, you're not crying, are you?** 'dwyt ti ddim yn crio, wyt ti? **~, what's the matter?** pam? beth sydd? **~, what's the harm?** beth sy o'i le ar hynny, ynteu? *(c) (hesitation):* **~, I really don't know,** wn i ddim wir; **~ yes, I think so,** wel ie/ydi/oes/do *&c*, 'rwy'n meddwl; **~ no, of course not,** wel na; wel nac ydyw; wel nac oes *&c*; naddo *&c* wrth gwrs; *(d) (introducing apodosis):* **if this doesn't do, ~, we must try sth else,** os na fydd hyn yn tycio, yna rhaid inni roi cynnig ar rth arall.

whydah *n. Orn:* gwehydd du (gwehyddion duon) *m*, wida du (widaoed duon) *m*.

wich-alder *n.* = **wych-alder**.

wich-elm *n.* = **wych-elm**.

wich-hazel *n.* = **wych-hazel**.

wick[1] *n.* **1.** *(of lamp, candle):* wic: wig(-iau) *mf*; *(of rush candle):* pabwyryn (pabwyr) *m*, *S: occ:* carth(-au) *m*, carthen(-ni) *f*. **2.** *Med:* wic(-iau) *mf*, stribyn(-nau) (*m*) draenio. **3.** *P:* **she gets on my ~,** mae hi'n fy ngwylltio i; mae hi'n mynd dan fy nghroen i; mae hi'n dân ar fy nghroen i. **~-holder** *n. (in miner's lamp): S.E:* pill *m* [lamp].

wick[2] *v.t. Med:* **to ~ [away],** sugno, draenio, gwagio.

wick[3] *n. Curling:* adwy(-au) *f*.

Wick[4] *W.Pl.n.* Y Wig *f*.

wicked *a.* **1.** *(pers.):* drwg, *Lit:* drygionus, ysgeler, anfad; *(in religious context):* annuwiol; *(crime):* ysgeler, anfad; *(lie):* maleisus, anfaddeuol. **2.** *(a) (temper):* milain, mileinig, cas, cythreulig; *(weather):* garw, gerwin, enbyd, mawr, du, ofnadwy, erchyll, dychrynllyd, *N: F:* trybeilig, *S.W:* ombeidus, *V:* cythreulig, uffernol; *(pain):* ofnadwy, creulon, annioddefol, enbyd; *(b) (= roguish):* drwg, drygionus, direidus, chwar|eus; *F: (to child):* **you ~ little thing!** y cenau/gwalch/trychfil bach [drwg] iti! y mawrddrwg (*usu. pronounced* mwrddrwg) [bach] [iti]! **a ~ grin,** gwên chwareus/ddrygionus/ddireidus *f*; *(c)* **it's ~ to waste so much food,** mae'n bechod [ofnadwy] gwastraffu cymaint o fwyd; **it's a ~ shame (that...),** mae'n gywilydd [o beth], mae'n gywilyddus, mae'n resyn [o beth], mae'n warth, mae'n bechod ac yn gywilydd (bod *&c*...). **3.** *F: (= masterly, excellent, skilful):* tan gamp, gwych, rhagorol, campus, heb ei debyg; **she makes a ~ apple tart,** mae hi'n gwneud y darten afalau orau a welsoch chi erioed; mae hi heb ei thebyg am wneud tarten afalau.

wickedly *adv.* **1.** yn ysgeler *&c*. **2.** *(a) (= terribly):* yn ofnadwy *&c*. *(b) (= maliciously):* yn faleisus. *(c) (= roguishly):* yn ddireidus.

wickedness *n.* **1.** *(of pers.):* drygioni *m*, malais *m*, ysgelerder *m*; *Rel:* annuwioldeb *m*; *(of crime):* ysgelerder, anfadrwydd *m*. **2.** *(of weather):* enbydrwydd *m*, gerwinder *m*.

wicker *n. & attrib.* **1.** *n.* = **wickerwork**. **2.** *attrib.* **~ chairs,** cadeiriau gwiail/gwellt.

wickerwork *n. (a)* plethwaith (*m*) gwiail, gwaith (*m*) gwiail, gwaith basged, gwialenwaith *m*, basgedwaith *m*, clwydwaith *m*; *(b) Fort: &c:* bangorwaith *m* (*pronounced* ng-g), cledrwaith *m*, pl|ethwrysg *m*.

wicket *n.* **1.** *(= hatch in door &c):* agorfa (agorf|eydd) *f*. **2.** *(a) (in large door):* **~[-door],** drws (drysau) bach *m*, gwiced(-au) *f*, *occ:* gorddrws (gorddrysau) *m*, gorddor(-au) *f*, rhagddrws (rhagddrysau) *m*; *(b) (in garden &c):* **~[-gate],** gwiced, pennor (penorau) *f*, clwyd fechan (clwydi bychain/bach) *f*; *S.a.* **gate;** *(c) (of level crossing &c):* clwyd. **3.** *Cr: (a)* wiced(-i) *f*; **to keep ~,** cadw wiced; **to break the ~,** torri'r wiced; **at the ~,** wrth y wiced, yn batio; **the ~ is down/lost/taken,** mae'r wiced wedi syrthio; mae'r wiced wedi'i chymryd; **wickets pitched (at 12 o'clock),** y gêm yn dechrau, y gêm i ddechrau (am hanner dydd); **a sticky ~,** wiced anodd; *Fig:* **I was batting on a sticky ~,** 'roeddwn ar dir sigledig/siglog iawn; **I was batting on a good ~,** 'roeddwn ar dir cadarn/diogel. **4.** *U.S: (in bank):* desg(-iau) *f*, safle(-oedd) *m*. **5.** *U.S: (in croquet):* bwa (bwâu) *m*. **6.** *U.S: Nav:* = **sluice**[1] 1. **~-gate** *n.* = **wicket** 1. **~-keeper** *n. Cr:* wicedwr (wicedwyr) *m*.

wickiup *n. U.S:* wiciyp(-au) *mf*, cwt (cytiau) (*m*) gwellt.

wickopy *n. Bot:* = **basswood, leatherwood, willow-herb.**

widdershins *adv.* = **withershins.**

wide *a. & adv.* I. *a.* **1.** llydan (llydain) (*comp. forms* lleted/cyfled, lletach, lletaf); **to make sth wider,** lledu rhth, gwneud rhth yn lletach, *S.W:* llydanu rhth; (*not* lledaenu = **spread**); **the road is 12 feet ~,** mae'r ffordd yn ddeuddeg troedfedd o led; **how ~ is the room?** beth yw lled yr ystafell? faint o led yw'r ystafell? pa mor llydan yw'r ystafell? **to give a ~ yawn,** agor eich ceg yn llydan, dylyfu gên yn llydan; **open ~, ~ open,** ar led, llydan agored, agored led y pen; **a mouth as ~ as the Mersey tunnel,** *N.W:* ceg cyn lleted â drws melin; **he's as ~ as he is tall,** mae yr un hyd a'r un led; mae yr un hyd â'i led. **2.** *(range, experience, knowledge &c):* eang (*comp. forms* ehanged, ehangach, ehangaf), helaeth; **the [whole] ~ world,** y byd mawr crwn, y byd crwn cyfan; **there is a ~ difference between ...,** mae gwahaniaeth mawr/sylweddol rhwng ...; mae byd o wahaniaeth rhwng...; *Fig:* **a ~ margin,** lwfans helaeth (*m*) o le, rhimyn llydan *m*; **in a wider sense,** mewn ystyr ehangach; **of ~ distribution,** eang ei ddosbarthiad, ar wasgar yn eang, ar gael mewn sawl man; **a man of ~ fame,** gŵr o fri eang, gŵr eang ei glod; **a woman of ~ reading,** gwraig sydd wedi darllen yn eang; **a ~ assortment,** amrywiaeth helaeth *f*; **~ generalization,** cyffredinoli cynhwysfawr; **a ~ variation,** amrywiaeth helaeth *m*. **3.** *(a) (clothes):* llydan, llac; *(b) (opinions):* eang, eangfrydig, rhyddfrydig. **4.** *(a)* pell, ymh|ell [ohoni]; **to be ~ of the mark,** bod yn bell ohoni, bod ymhell ohoni; **a ~ guess,** bras amcan(-ion) *m*, trawsamcan(-ion) *m*, cynnig (cynigion) bras *m*; **to give s.o. a ~ berth,** osg|oi rhn, cadw draw oddi wrth rn; **to the ~,** yn llwyr; **broke to the ~,** heb yr un ddimai; **dead to the ~,** anymwybodol; *(b) Cr:* **a ~ [ball],** pêl bell (peli pell) *f*, ***wide***. **5.** *P:* **a ~ boy,** 'deryn (adar) *m*, sbif(-iaid) *m*, *N.W:* ffleiar(-s) *m*. II. *adv.* **1.** *(a)* **far and ~,** ar hyd ac ar led, ymhell ac agos, dros bob man; **nation-~**, ledled y wlad, drwy'r wlad, drwy'r wlad benbaladr, o'r naill ben i'r wlad i'r llall; *(b)* **~ apart**, ar led. **2. (to fling a door) open ~, ~ open,** (agor drws) led y pen, yn llydan agored; **(to open one's eyes) ~**, (agor eich llygaid) yn fawr, led y pen; *Box:* **to leave oneself ~ open,** eich gadael eich hun yn hollol agored; **to leave oneself ~ open to criticism,** rhoi digon o le i eraill eich beirniadu; **to be ~ awake,** bod yn gwbl/hollol effro, bod yn effro fel y gog; **to take a bend ~**, cymryd/gwn|eud gormod o dro; **to shoot ~**, saethu heibio i'r nod; **to fall ~ of the target,** methu'r nod yn lân, bod yn bell ohoni. **~ angle**[1] *n. Phot:* ongl lydan (onglau llydain) *f.* **~-angle**[2] *a. T.V:* **~-angle lens,** lens(-ys) ongl lydan *f.* **~ awake** *a.* hollol/cwbl effro, yn llwyr ar ddi-hun. **~-band** *attrib.* ystod eang. **~-eyed** *a.* llygadrwth, syfrdan, syn. **~-mouthed** *a.* cegfawr; *(in awe &c):* cegrwth. **~-ranging** *a.* eang, pellgyrhaeddol, llydan/eang ei gwmpas. **~ screen**[1] *n. Cin:* sgrîn lydan (sgriniau llydain) *f.* **~-screen**[2] *attrib.* sgrîn lydan. **~ shot** *n. T.V:* saethiad llydan *m*, siot lydan. **~-spread** *a.* = **widespread**. **~-spreading** *a. (tree):* canghennog, llydanfrig, *occ:* cadeiriog. **~ text** *n. Cmptr:* testun llydan *m.*

wideawake *a.* **~ [hat]**, *N:* het *(f)* gantel (hetiau cantel), *S:* hat *(f)* gantel (hatau cantel).

widely *adv.* yn eang, yn helaeth; **a ~-read (newspaper),** (papur newydd) a mynd/darllen mawr arno, a ddarllenir yn eang, a ddarllenir gan lawer; **she is ~-read,** mae hi wedi darllen llawer; **~-known,** adnabyddus [i/gan lawer]; tra hysbys, tra chyfarwydd [i lawer]; **~-held opinions,** daliadau cyffredin; **(he has travelled) ~**, (mae wedi teithio)'n helaeth/bell, llawer, ar draws ac ar led; **~ different versions,** fersiynau gwahanol iawn [i'w gilydd]; **~ fluctuating (incomes),** (cyflogau) amrywiol iawn, sy'n amrywio'n fawr.

widen *v.t.&i.* **1.** *v.t. (roads, garment):* lledu (rhth), gwn|eud (rhth) yn lletach, *S.W:* llydanu (rhth) *(not* lledaenu = **spread**); *(limits, influence &c):* lledu, ehangu, estyn, helaethu; **to ~ the bounds/limits of sth,** estyn terfynau rhth; **to ~ the terms of a law,** ehangu/estyn cwmpas deddf; **to ~ one's influence,** ehangu'ch dylanwad, estyn eich dylanwad. **2.** *v.i.* ymledu, ehangu, lledu, ymehangu; **the breach is widening,** mae'r bwlch yn ymledu/ymagor/ehangu; mae'r bwlch yn mynd yn fwy; *(of influence &c):* ymestyn, ehangu, lledu, ymledu, mynd ar led.

widener *n.* lledwr (lledwyr) *m*, estynnwr (estynwyr) *m*, ehangwr (ehangwyr) *m*, helaethwr (helaethwyr) *m.*

widening[1] *a.* ymledol; **a ~ disparity,** bwlch *(m)*/gwahaniaeth *(m)* cynyddol, mwy o fwlch/wahaniaeth.

widening[2] *vn.* **1.** llediad(-au) *m*, ymlediad(-au) *m*, lledu. **2.** *(of influence):* estyniad *m*, ehangiad *m*, lledaeniad *m*, ymlediad; *S.a.* **widen**.

widespread *a.* **1.** *(wings, tail):* ar led, ar daen; *(plain &c):* eang. **2.** *(disease, opinion, influence &c):* cyffredin, ar led, ar daen, *occ:* taenedig; **a ~ infection,** haint sydd ar led; **a ~ opinion,** barn gyffredin; **~ damage,** difrod helaeth, difrod dros ardal helaeth.

widgeon *n. Orn:* chwiwell(-au) *f*, chwiw(-iaid) *f*; **American ~**, chwiwell Am|erica.

widget *n. F:* = **gadget**.

Widigada *W.Pl.n. Hist:* Gwidigada *f.*

widish *a.* gweddol lydan, go lydan, eithaf llydan, gweddol eang &c.

widow[1] *n.* **1.** *(a)* gweddw(-on) *f*, gwr|aig weddw (gwragedd gweddw[-on]) *f*, *S:* gwidw (gwidŵod, gwidŵon) *f*, widw (widŵod) *f*; *N.B: S:* gweddw *occ:* = **spinster; war-~**, gweddw milwr (gweddwon milwyr); **grass ~**, gweddw/gwidw dros dro, *S.W: S: M.W:* gwidw/widw bi- witsh; **golf &c ~**, gweddw/gwidw golff &c; **~'s benefit,** budd-dâl *(m)* gwraig weddw (~-daliadau gwragedd gweddwon); **~'s pension,** pensiwn *(m)* gwraig weddw (pensiynau gwragedd gweddwon); *B:* **~'s cruse,** ystên *(f)* y wraig weddw; *B:* **~'s mite,** hatling *(f)* y wraig weddw; *(b) Arach:* **black ~**, gweddw ddu (gweddwon duon) *f.* **2.** *Cards: N:* cerdyn (cardiau) gweddw *m*, *S:* carden weddw (cardiau gweddw). **3.** *Typ:* llinell weddw (llinellau gweddw) *f*, llinell ar wahân. **~-bird** *n. Orn:* = **whydah**. **~'s peak** *n.* pigyn (pigau) *(m)* gweddw, *S.E:* cudyn gwidw. **~'s walk** *n.* oriel *(f)* gweddw (orielau gweddwon). **~'s weeds** *n.* galarwisg *(f)* gweddw (galarwisgoedd gweddwon).

widow[2] *v.t.* **1.** gwn|eud (rhn) yn weddw, *Lit: occ:* gweddwi (rhn); **to be widowed,** colli'ch priod/gŵr/gwr|aig/cymar, cael eich gwneud/gadael yn weddw. **2.** *occ:* = **deprive**.

widowed *a.* gweddw; **she was ~ early,** fe'i gwnaed yn weddw yn gynnar; collodd ei gŵr yn gynnar; **~ mother's allowance,** lwfans *(m)* mam weddw.

widower *n.* gŵr (gwŷr) gweddw *m*, *S:* gwidwer(-od) *m*, gwidman(-od) *m*; **grass ~**, gŵr gweddw dros dro.

widowerhood, widowhood *n.* gweddwdod *m (pronounced* gw|edd-dod).

width *n.* **1.** *(of road, cloth &c):* lled(-au) *m*; **to be four yards in ~,** bod yn bedair llath o led; **what is the ~ of . . .?** beth yw lled . . .? faint o led yw . . .? **the lane was only three yards ~,** dim ond tair llath oedd lled y lôn; **equal in ~, of equal ~ (to sth),** cyfled, yr un l[l]ed, o'r un l[l]ed (â rhth). **2.** *(of ideas &c):* ehangder *m*, ehangdra *m*, eangfrydedd *m*, rhyddfrydigrwydd *m.*

widthways, widthwise *adv.* ar draws.

wield *v.t. esp. Lit: (sword, pen &c):* trin, trafod; *(sceptre):* dal, dala; **to ~ influence,** meddu ar ddylanwad, bod â dylanwad, arfer dylanwad, dylanwadu.

wielder *n.* triniwr (trinwyr) *m*, trafodwr (trafodwyr) *m*, rhn sy'n trin &c; **a ~ of the sword,** cleddyfwr (cleddyfwyr) *m*; **a ~ of power,** rhn â grym yn ei ddwylo; **a ~ of influence,** dylanwadwr (dylanwadwyr) *m.*

wieldy *a.* hylaw, hydrin.

wiener *n. U.S: Com:* ***frankfurter(-s)*** *fm*; **~ roast,** ***frankfurters*** rhost; **W~ Schnitzel,** ***Wiener Schnitzel*** *m.*

wienerwurst *n. Comest:* ***wienerwurst*** *m.*

wienie *n. U.S: F:* ***frankfurter(-s)*** *f.*

wife *n.f.* **1.** gwr|aig (gwragedd), gwraig briod (gwragedd priod), *occ:* priod; **common-law ~**, cymhares [gydnabyddedig] (cymaresau [cydnabyddedig]) *f*, gwraig arfer gwlad, *Lit:* cywely(-au) *f*, *N: F:* gwraig byw tali; **battered wives,** gwragedd sy'n cael eu curo, gwragedd cleisiog, gwragedd dan eu cleisiau; **farmer's ~**, ff|ermwraig (ffermwragedd) *f*, gwraig fferm; **all the world and his ~**, y byd a'r betws, pawb a'i wraig, pawb a'i briod; *F:* **to take a ~**, priodi gwraig, cymryd gwraig; **to take s.o. to ~**, priodi rhn, cymryd rhn yn wraig; *P:* **the ~**, y wraig acw, y misus/musus, *N: F: occ:* 'nacw *f*, *S: F:* honco s' 'da fi. **2.** *(a) Lit:* **The Merry Wives of Windsor,** Gwragedd Llon Windsor; *(b)* **old wives' tale,** hen goel(-ion) *f*, coel *(f)* gwrach (coelion gwrach/gwrachod); **old wives' remedy,** hen feddyginiaeth(-au) *f*, meddyginiaeth gŵr/gwraig hysbys. **~-beater** *n.m.* curwr ei wraig (curwyr gwragedd), gŵr sy'n curo'i wraig (gwŷr sy'n curo'u gwragedd). **~-swapping** *vn. F:* cyfnewid/ffeirio gwragedd.

wifehood *n.* gwreictod *m*, stâd *(f)* gwr|aig, bod *(vn)* yn wraig.

wifeless *a.* di-wr|aig, dibriod, heb wraig.

wifelike *a.* = **wifely**.

wifeliness *n.* gwreig|cidd-dra *m*, gwreigeiddrwydd *m.*

wifely *a.* fel gwr|aig, gwreigaidd, gwreigiol.

wig[1] *n.* **1.** *(a) F:* wig(-iau) *f*, *N:* gwallt(-iau) *(m)* gosod, *S: occ:* gwallt(-au) dodi, *Lit: occ:* ffugwallt(-[i]au) *m*; *(b) A: Cost: (of judge &c):* perwig(-iau) *f.* **2.** *Cu:* wicsen (wics) *f.* **~-block, ~-stand** *n.* pren(-nau) *(m)* dal wig[-iau], stand *(mf)* wig (standiau wigiau). **~ maker** *n.* gwneuthurwr (gwneuthurwyr) *(m)* wigiau.

wig[2] *v.t.* dweud y drefn, ei dweud hi (wrth rn); ceryddu, dwrdio, tafodi (rhn); rhoi pryd o dafod (i rn).

wigan *n. Tex:* wigan *m.*

wigeon *n. Orn:* = **widgeon.**

wigged *a.* â pherwig, yn gwisgo perwig.

wigging *n.* ceryddd(-on) *m*, dwrdiad(-au) *m*, tafod *m*, pryd *(m)* o dafod; **to give s.o. a good ~**, dweud y drefn yn hallt wrth rn, rhoi [eitha] pryd o dafod i rn, ceryddu/dwrdio rhn [yn hallt], *S: occ:* cymhennu rhn, *N: occ:* dondio rhn.

wiggle[1] *n.* **1.** siglad(-au) *m*, wiglad(-au) *m*; **to give sth a ~**, siglo rhth; *U.S: F:* **to get a ~ on,** styrio, brysio, gafael ynddi, rhoi traed arni/dani, hastu. **2.** *U.S: Cu:* wigl *m*, pysgodyn *(m)* mewn saws hufen gyda phys.

wiggle[2] *v.t.&i.* **1.** *v.t.* siglo, wiglo; *F:* **to ~ one's hips,** siglo'ch/wiglo'ch cluniau, siglo'ch/wiglo'ch pen ôl, tinsiglo. **2.** *v.i.* gwingo, ymnyddu; **to try to ~ out of it,** ceisio dianc, ceisio dod allan/mas ohoni, ceisio osg|oi'ch cyfrifoldeb; **to ~ [one's way] out (of a difficulty),** gwingo [allan], dianc, ymryddh|au (o anhawster). **~-waggle** *n. & v.* = **wiggle**[1,2].

wiggler *n.* siglwr (siglwyr) *m*, s|iglwraig (siglwragedd) *f*, wiglwr (wiglwyr) *m*, w|iglwraig (wiglwragedd) *f.*

wiggling, wiggly *a.* aflonydd, gwinglyd, gwingol, gwingog; *(hips):* siglog, wiglog. **~[-line]** *a.* tonnog.
wight *n. A: or Joc:* creadur(-iaid) *m*; **a luckless ~,** creadur anlwcus.
wiglet *n.* wig fach (wigiau bach) *f.*
wigwag¹ *n.* chwifiad(-au) *m,* chwifio *vn.*
wigwag² *v.t.&i.* chwifio.
wigwam *n.* wigwam(-iau,-s) *f.*
wilco *int. esp. U.S: W.Tel: (= will comply):* gwnaf, mi wnaf.
Wilcrick *W.Pl.n.* Chwilgrug *m.*
wild *a., n. & adv.* **1.** *a. (a)* gwyllt(-ion); **to grow ~,** *(of plant &c):* tyfu'n wyllt; **to run ~,** mynd yn wyllt; **~ animal,** anifail gwyllt (anifeiliaid gwylltion) *m, Lit: occ:* gwylltfil(-od) *m*; *F:* **~ horses wouldn't drag it out of me,** [ni] ddywedwn i mohono dros fy nghrogi; **~ land,** tir gwyllt (tiroedd gwylltion) *m, Lit: occ:* gwylltir(-oedd) *m*; **the W~ West,** y Gorllewin Gwyllt *m*; **~ with joy,** gorfoleddus, gwyllt gan orfoledd; **~ [with rage],** *See* **angry; to be ~ [with admiration] about sth,** gwirioni/ffoli/dotio ar rth; **I'm not ~ about it,** 'dwyf i ddim yn rhyw hoff iawn ohono; 'does gen i fawr o olwg arno; 'does gen i fawr i'w ddweud wrtho; 'dwyf i ddim ar dân drosto; **I'm ~ to go there,** 'rwy'n ysu am gael mynd yno; **to be ~ with s.o.,** bod yn ddig wrth rn, *S:* bod yn grac gyda rhn; **to drive (s.o.) ~,** gwylltio, cythruddo, cynddeiriogi (rhn); gyrru (rhn) o'i gof [yn lân]; gyrru rhn yn gandryll/gynddeiriog; *S:* hala (rhn) yn grac/benwan; *(b) (idea, talk):* gwyllt, ffôl, hurt, gwirion, ynfyd, gwallgof, hanner call; **a ~ rumour,** si(-on) gwyllt/di-sail *m*; **to make a ~ guess at sth,** bwrw amcan yn wyllt am rth; *(c)* **~ card,** cerdyn (cardiau) gwyllt *m,* carden wyllt (cardiau gwyllt) *f.* **2.** *n. (of animal):* **in the ~,** yn y gwyllt, yn ei gynefin; **the call of the ~,** galwad natur wyllt, galwad y bywyd gwyllt; *pl.* **wilds,** tiroedd gwylltion, lleoedd gwylltion, mannau gwylltion, gwylltiroedd; **to live in the wilds of Africa,** byw ym mhellafoedd Affrica; **~ candytuft** *n. Bot:* beryn [chwerw] *m.* **~-eyed** *a.* â llygaid gwylltion, gwyllt eich llygad/llygaid, llygadwyllt. **~-goose chase** *n.* siwrnai (siwneiau) seithug *f,* taith (teithiau) ofer *f*; **(to send s.o.) on a ~-goose chase,** *S:* (anfon rhn) i chwilio am nyth cwhwrw, *N: occ:* (gyrru rhn) i chwilio am nyth gwehyran, i chwilio am ebill dwbl/deudwll. **~ indigo** *n. Bot: U.S:* banadl *(pl)* y lliwydd. **~ liquorice** *n. Bot:* = **milk-vetch. ~ track** *n. T.V:* trac(-iau) *(m)* ar wahân. **3.** *adv.* **to run ~,** rhedeg yn wyllt.
wildcat¹ *n. & attrib.* **1.** *n. (a) Z:* cath *(f)* goed (cathod coed), cath wyllt (cathod gwyllt/gwylltion); *(b) (pers.):* **she's a real ~,** mae hi fel cath wyllt. **2.** *attrib.* **~ bank,** banc anniogel *m*; **~ scheme,** cynllun gwallgof/lloerig *m*; **~ strike,** streic wyllt (streiciau gwylltion) *f*; **~ [oil] well,** ffynnon *(f)* olew ar antur.
wildcat² *v.i.* **to ~ (for gold/oil &c),** drilio/turio ar antur, fforio (am aur/olew *&c*).
wildcatter *n.* fforiwr (fforwyr) *m,* turiwr (turwyr) *(m)* ar antur, driliwr (drilwyr) *(m)* ar antur [am aur/olew *&c*].
wildebeest *n. Z:* gnw(-od) *m.*
wilderness *n. (a)* diffeithwch *m,* anialwch *m,* anialdir(-oedd) *m,* anial(- oedd) *m,* gwylltir(-oedd) *m*; **a voice in the ~,** *B:* **the voice of one crying in the ~,** llef un yn llefain yn y diffeithwch; *F: (of politician, party):* **in the ~,** yn y diffeithwch, yn yr anialwch, allan o rym, heb rym, heb ddylanwad; *(b) (of garden &c):* llain wyllt (lleiniau gwylltion) *f,* tir gwyllt (tiroedd gwylltion) *m,* rhan wyllt (rhannau gwylltion) *f,* darn gwyllt (darnau gwylltion) *m*; **~ area,** ardal wyllt (ardaloedd gwyllt) *f,* ardal naturiol.
wildfire *n.* **1.** tân gwyllt *m*; **to spread like ~,** ymledu/lledu fel tân gwyllt. **2.** *Hist: = Greek fire.* **3.** = **will-o'-the-wisp. 4.** *Biol: (= tobacco disease):* clefyd *(m)* tân gwyllt.
wildfowl *n. F: (a)* aderyn (adar) *(m)* hela, aderyn helwriaeth; *(b) (= waterfowl):* aderyn dŵr.
wildfowler *n.* adarwr (adarwyr) *m, F:* ffowl[i]wr (ffowlwyr) *m,* heliwr (helwyr) *(m)* adar [dŵr], ffowler(-s) *m.*
wildfowling *vn.* adara, ffowlera, saethu/hela adar [dŵr], *S:* ffowla, *N:* ffowlio.
wilding *n.* **1.** planhigyn (planhigion) gwyllt *m*; *S.a.* **crab-apple. 2. Devonshire ~ [apple],** chwiblyn glas *m.*
wildish *a.* go wyllt, braidd yn wyllt, eithaf gwyllt.
wildlife *n.* bywyd gwyllt *m,* pethau gwyllt *m.*
wildling *n.* = **wilding.**
wildly *adv.* **1.** yn wyllt. **2. ~ inaccurate,** hollol anghywir, ymh|ell ohoni; **~ happy,** yn llawen afieithus, gorfoleddus, uwchben eich digon; **~ excited,** wedi'ch cynhyrfu'n lân; *F:* **I'm not ~ enthusiastic about it,** 'dwyf i ddim ar dân drosto; 'dwyf i ddim wedi gwirioni arno.
wildness *n.* **1.** *(of land, animal):* gwylltineb *m.* **2.** *(of ideas, words):* gwylltineb, gwallgofrwydd *m,* ffolineb *m.*
wildscape *n.* gwylltlun(-iau) *m,* gwylltwedd(-au) *f.*
wildwood *n.* coedwig(-oedd) *f.*
wile¹ *n. usu.pl.* cast(-iau) *m,* ystryw(-iau) *mf,* hudoliaeth *f.*
wile² *v.t.* **to ~ s.o. away,** denu/hudo rhn ymaith, hud-ddenu rhn ymaith; **to ~ s.o. into sth,** denu/hudo rhn i rth.
wilful *a.* **1.** *(= self-willed, headstrong):* penderfynol, di-droi'n-ôl, pengaled(-ion, pengelyd) *(pronounced* ng-g), pengryf *(f.* pengref, *pl.* pengryfion) *(pronounced* ng-g), *F:* penstiff, *N.W: occ:* di-ddweud. **2.** *(action):* bwriadol, bwriadus, o fwriad, gwirfoddol, o'ch bodd, o wirfodd, o'ch gwirfodd; *Jur:* **~ murder,** llofruddiaeth *(f)* fwriadol, llofruddiaeth o fwriad; **~ damage,** difrod *(m)* bwriadol, difrod o fwriad.
wilfully *adv.* **1.** *(= headstrongly):* yn benderfynol *&c.* **2.** *(= intentionally &c):* yn fwriadol, o fwriad, yn wirfoddol, o wirfodd, o'ch gwirfodd.
wilfulness *n.* **1.** *(of pers.):* penderfynoldeb *m,* pengaledwch *m (pronounced* ng-g), *F: occ:* penstiffni *m.* **2.** *(of action):* natur fwriadol *f.*
wilga *n. Bot:* wilga (wilgâu) *f.*
wiliness *n.* cyfrwyster *m,* cyfrwystra *m, occ:* ffelder *m,* ystrywgarwch *m.*
will¹ *n.* **1.** *(= volition, will-power):* ewyllys(-iau,-ion) *usu.f*; **a ~ of iron, an iron ~,** ewyllys haearn/haearnaidd, ewyllys ddurol, penderfyniad *m,* penderfynoldeb *m*; **strength of ~,** cryfder *(m)* ewyllys, nerth *(m)* ewyllys, grym *(m)* ewyllys, ewyllys gref, penderfyniad, cadernid *m*; **he has a ~ of his own,** mae'n un penderfynol; mae'n gwn|eud fel y mynno; *Rel:* **the ~ of all,** ewyllys y lliaws; **the ~ to win,** y penderfyniad i ennill, yr ewyllys i ennill; **to take the ~ for the deed,** cyfrif bwriad yn weithred, ystyried bod bwriad gystal â gweithred, cymryd mai'r bwriad yw'r weithred; *Prov:* **where there's a ~, there's a way,** ceffyl da yw ewyllys; *Phil:* **free ~,** ewyllys rydd, rhydd-ewyllys *f,* rhyddid *(m)* ewyllys; *(b)* **to work with a ~,** gweithio'n ddiwyd/ddyfal/ddygn/ewyllysgar. **2.** *(a) B:* **Thy ~ be done,** gwneler Dy ewyllys; *A:* **what is your ~?** beth yw d'ewyllys ('ch ewyllys)? beth a fynni di (fynnwch chi)? *(b)* dymuniad(-au) *m,* ewyllys, bodd; **to impose/work one's ~ on s.o.,** gorfodi'ch dymuniad/ewyllys ar rn; **at ~,** wrth eich ewyllys, yn ôl eich dymuniad, fel y mynnoch, yn ôl eich dewis; **tenant at ~,** *See* **tenant; to have one's ~,** cael eich dymuniad, cael yr hyn a fynnoch, cael gwneud fel y mynnoch; **(to do sth) of one's own free ~,** (gwneud rhth) o'ch bodd, o'ch gwirfodd, yn ddigymell, yn wirfoddol; **(to do sth) against one's ~,** (gwneud rhth) o'ch anfodd, yn erbyn eich ewyllys, yn groes i'ch ewyllys, ar eich gwaethaf eich hun; **to act against s.o.'s ~,** mynd yn groes i ddymuniad/ewyllys rhn. **3. good ~,** ewyllys da *m (N.B.* ewyllys *in this sense is masculine)*; **ill ~,** drwgewyllys *m,* malais *m,* mileindra *m,* gelyniaeth *f* **(towards s.o.,** tuag at rn); cenfigen (i rn) *f*; **to bear s.o. ill ~,** cenfigennu wrth rn, *F: occ:* bod â dant i rn; **with the best ~ in the world,** gyda phob ewyllys da yn y byd. **4.** *Jur:* ewyllys(-iau) *usu.f, occ:* llythyr(-au,-on) cymyn *m*; **the last ~ and testament of ...,** ewyllys a thestament olaf ...; **nuncupative ~,** ewyllys lafar; **original ~,** ewyllys wreiddiol; **~ annexed,** ewyllys ynghlwm. **~-less** *a.* diewyllys, heb ewyllys. **~-power** *n.* ewyllys *mf,* grym *(m)* ewyllys; **lack of ~-power,** diffyg *(m)* ewyllys, diffyg penderfyniad, amhenderfynoldeb *m.*
will² *v.t.* **1.** *(a)* mynnu, ewyllysio; **God has willed it so,** felly yr ewyllysiodd Duw iddi fod; **Fate willed [it] that he should die,** mynnodd Ffawd iddo farw; **those who willed the war,** y rhai a ewyllysiodd y rhyfel, y rhai a fynnodd gael y rhyfel; **as you ~,** fel y mynni di (mynnoch chi); *(b)* **to ~ s.o. to do sth, to will s.o. into doing sth,** ewyllysio i rn wneud rhth; **to ~ oneself (to do sth),** ymwroli, magu plwc, eich cymell eich hun, eich gorfodi'ch hun (i wneud rhth). **2.** *Jur:* cymynnu, cymynroddi (rhth); gadael (rhth) mewn ewyllys; **to ~ one's property away from s.o.,** dietifeddu rhn.
will³ *modal aux. v. def. (used only as follows):* **I/you/he/she/we &c will;** *A:* **thou wilt;** *p.t. & condit.* **would;** *A:* **thou wouldst/wouldest; (I will, he will** *&c are often contracted into* **I'll, he'll**

&c; **I would, they would** &c *to* **I'd, they'd** *&c*; **will not** *to* **won't, would not** *to* **wouldn't**). I. mynnu; **1.** *(a) A:* **what wilt thou?** beth a fynni di? **what you ~,** pa beth bynnag a fynnoch; **what would they?** beth a fynnant hwy? *(b) esp. Lit:* **do as you ~,** gwna fel y mynni di (gwnewch fel y mynnoch chi); **what would you have me do?** beth y mynni di imi ei wneud? beth y mynnet ti imi ei wneud? beth yr wyt ti am i mi ei wneud? beth a fynni di imi/gennyf ei wneud? **I would have it understood that . . .,** mi hoffwn roi ar ddeall . . .; **say what you ~,** dywedwch [beth] a fynnoch chi; dywedwch pa beth bynnag a ddywedoch; dywedwch a fynnoch; ni waeth pa beth a ddywedoch; **look which way you ~,** i ba gyfeiriad bynnag yr edrychoch . . .; *(c) (optative):* **[I] would [that] I were a bird!** [o] na bawn i'n aderyn! **would to God/heaven it were not true!** [o] na bai/byddai hyn ddim yn wir! o pe na bai/byddai hyn yn wir! **2.** *(consent):* **the great "I ~",** y "gwnaf" mawr; **I ~ not do it,** ni fynnaf i mo'i wneud; 'rwy'n gwrthod ei wneud; **I ~ not have it said that . . .,** ni fynnaf i neb ddweud bod . . .; ni chaiff neb ddweud bod *&c* . . .; **I wouldn't do it for anything,** ni fynnwn i ei wneud er dim; ni wnawn i mohono dros fy nghrogi; ni wnawn i mohono am bris yn y byd; **(he could) if he would,** (fe allai) pe mynnai, pe bai'n fodlon, pe bai arno eisiau; *F:* **~ do!** o'r gorau! iawn! mi wna' i! mi wnaf! **that ~ do!** *(i)* dyna ddigon! *(ii)* fe wnaiff hynna'r tro! **the wound would not heal,** ni wnâi'r briw wella; nid oedd dim gwella ar y briw; **the engine won't start,** wnaiff yr injan ddim tanio; nid yw'r injan am gychwyn/danio; **just wait, ~ you?** aros, wnei di (arhoswch, wnewch chi)? **would you kindly pass the mustard?** a wnewch chi estyn y mwstard os gwelwch chi'n dda? **he will have none of it,** ni fyn[n] mohono; **he would have none of it,** ni fynnai mohono; **I ~ not have it!** ni wnaiff hyn mo'r tro gen i! ni chymera' i mohono! **won't you sit down?** eisteddwch; 'wnewch chi ddim eistedd? **~ you be quiet? ~ you hold your tongue?** taw (tewch)! wnei di (wnewch chi) fod yn ddistaw? bydd(-wch) ddistaw! **3.** *(emphatic):* **accidents ~ happen,** 'does dim [modd] osgoi damweiniau; mae damweiniau yn mynnu digwydd; mae damweiniau'n rhwym o ddigwydd; 'does dim osgoi ar ddamweiniau; **he ~ go out in spite of his cold,** mae'n mynnu mynd allan er bod annwyd arno; **boys ~ be boys,** fel'na mae/bydd bechgyn; rhaid i fechgyn gael gwneud drygioni; **she ~ have it that I was wrong,** mae hi'n mynnu mai fi oedd ar fai; **he ~ have his little joke, ~ the doctor,** mae'n rhaid i'r meddyg gael tipyn o hwyl; **(I quite forgot) - you would [forget]!** (mi anghofiais i'n lân) - do, debyg! do, mae'n siŵr! *N:* do, mwn! *S:* do, gwl|ei! **4.** *(habitual use):* **this hen ~ lay up to six eggs a week,** bydd yr iâr hon yn dodwy hyd at chwe ŵy bob wythnos; **she would often think of home,** fe fyddai hi'n aml yn meddwl am ei chartref; meddyliai'n aml am ei chartref; **he would go (to school every day),** fe âi, byddai'n mynd, arferai fynd (i'r ysgol bob dydd). **5.** *(of conjecture):* **this ~ be your cousin?** ai eich cefnder yw hwn? eich cefnder yw hwn, mae'n siŵr/debyg? **you'll be tired,** mae'n siŵr/debyg eich bod chi wedi blino; 'rydych chi wedi blino, siŵr o fod. II. *(used as aux. v. forming future tenses):* **1.** *(still expressing some of the speaker's will; so used in the 1st pers.; for 2nd and 3rd pers. See* **shall***):* **I ~ not be caught again; I won't be caught again,** chaiff neb fy nal i eto; ddalian' nhw mohonof i eto; chymeraf i mo fy nal eto. **2.** *(simple future): used in the 2nd and 3rd pers.; for the 1st pers. See* **shall**; *expressed in Welsh in one of three ways: (a) the simple/present tense (or in the case of* bod = **to be,** *the future or habitual tense); (b) future tense of* bod (byddaf *&c*) + yn + *verbal noun; (c) future/present tense of* gwneud = **to do** (gwnaf *&c*) + *(soft mut.)* + *verbal noun: this last way is slightly more emphatic. N.B.* **"yes"** *and* **"no"** *with verbs in the simple future or present tense, are generally forms of* gwneud, *e.g.* gwnaf = **yes [I will],** na wnei = **no [you won't],** *with certain exceptions:* bod, dod, mynd, gallu, medru, clywed, gweld, credu, gwybod, adnabod, tybied; *(a)* **~ she be there? - yes she ~,** a fydd hi yno? - bydd [fe fydd]; **no, she ~ not; no, she won't,** na fydd, [ni fydd hi ddim]; **but I shall fail! - no you won't,** ond mi fetha' i! - na wnei [di ddim] (na wnewch [chi ddim]); **you won't forget, ~ you?** wnei di ddim anghofio, na wnei (wnewch chi ddim anghofio, na wnewch)? **you ~ write to me (won't you)?** fe ysgrifenni di ata' i (oni wnei)? fe wnei di ysgrifennu ata' i (oni wnei, *F:* yn gwnei)? mi fyddi di'n ysgrifennu ata' i (oni fyddi, *F:* yn byddi)? **he told me he would be there,** fe ddywedodd wrthyf i y byddai yno; **(I don't think) [that] she ~ come,** (nid wyf i'n credu) y daw hi, y bydd hi'n dod, *N: F:* y gwneith/gwnaiff hi ddod; *(b) (immediate future): forms of* cael (caf, cei, caiff, cawn, cewch, cânt); **I shall do the dishes and you ~ clear up,** mi olcha' i'r llestri ac fe gei dithau dacluso; **Mr Roberts ~ say a few words,** caiff Mr Roberts ddweud ychydig o eiriau; *(c) (in injunctions):* **you ~ be here at three o'clock!** fe fyddi di (fyddwch chi) yma am dri o'r gloch; bydd(-wch) yma am dri o'r gloch! *(d) (in Scot. and N. of Eng.* **I will = I shall**); **we ~ be there,** byddwn ni yno. **3.** *(conditional): conditional tense of verb, or of* bod, byddwn, byddet, byddai, byddem, byddech, byddent + yn + *vn:* **he would come (if you invited him),** fe ddôi, fe fyddai'n dod (petaech yn ei wahodd, pe byddech yn ei wahodd); **had he let go, if he had let go (he would have fallen),** pe bai/byddai wedi gollwng ei afael, petai wedi gollwng ei afael (byddai wedi disgyn/cwympo).

Will[4] *Pr.n.m. (dim. of William):* Wil. **w~-o'-the-wisp** *n.* **1.** Jac (*m*) y lantar[n], cannwyll (*f*) y gors, tân (*m*) ellyll, *A: or Lit:* hudlewy[r]n *m*, ellylltan *m*, ellyll-dân *m*, tân annwn. **2.** *Fig: (= elusive pers./thing)* rhn/rhth diflanedig, rhth anodd ei ddal/gael. **w~-o'-the-wispish** *a. F:* ansylweddol, diflanedig, anodd ei ddal/gael.

willable *a.* ewyllysiadwy.

willed *a.* **1.** bwriadol; *S.a.* **wilful 1. 2. strong-~,** penderfynol, di-ildio, diysgog, di-syfl. **weak-~,** dibenderfyniad, amhenderfynol.

willemite *n. Miner:* w|ilemit *m.*

willet *n. Orn:* pibydd(-ion) brith *m.*

willful *a.* = **wilful.**

willfully *adv.* = **wilfully.**

willfulness *n.* = **wilfulness.**

William *Pr.n.m.* **1.** Gwilym, Wiliam; *Hist:* **~ the Conqueror,** Gwilym Goncwerwr; **~ Rufus,** Gwilym Goch; **~ de Breos,** Gwilym Brewys; **~ the Silent,** Gwilym Dawedog; **~ of Orange,** Gwilym o Orange; *Lit:* **~ Tell,** Gwilym Tel. **2.** *Bot:* **sweet ~,** penigan barfog *m*, *F:* Wili bach *m*, *occ:* Wiligandi *m*, *A: or Lit:* chwegwilym *m.*

Williams *Pr.n.* Williams(-iaid), *occ:* Wiliam(-iaid), ap Gwilym(-iaid), *N.W:* Wilias(-iaid). **~ pear** *n. Hort:* calon gywir *f*, gellygen (gellyg) (*f*) Williams.

Williamstown *W.Pl.n.* Dinas Isaf *f*, Trewiliam *f.*

Willie *Pr.n.m. (dim. of William):* Wili.

willies *n.pl. F:* ofn *m*; **it gives me the ~,** mae'n mynd drwydda' i; *N:* mae'n codi ofn arna' i; *N: occ:* mae'n codi'r acsus arna' i; *S:* mae'n hala ysgryd arna' i.

willing *a.* **1.** parod, *occ:* ewyllysgar, ymroddgar, cymwynasgar. **2.** *used pred.* bodlon, parod; **to be ~ to do sth,** bod yn fodlon gwneud rhth, bod yn barod i wneud rhth; *S.a.* **ready; ~ to oblige,** cymwynasgar, parod eich cymwynas, gwasanaethgar, ymroddgar; **I'm ~ for her to go,** fe gaiff hi fynd o'm rhan i; 'rwyf yn fodlon iddi fynd; **~ or not,** o fodd neu o anfodd; **God ~,** os myn[n] Duw, os Duw a'i myn[n]. *F:* **ready and ~,** parod a bodlon; *F:* **to show ~,** dangos parodrwydd.

willingly *adv.* yn barod, yn ewyllysgar, o wirfodd, o wirfodd calon, o'ch gwirfodd, yn llawen; **half ~,** rhwng bodd ac anfodd; **I shall pay ~,** mi dalaf yn llawen; byddaf yn barod iawn i dalu; **(will you help?) - ~,** (wnewch chi helpu?) - wrth gwrs! siŵr iawn! â chroeso! ar bob cyfrif! yn llawen!

willingness *n.* parodrwydd *m*, *occ:* ewyllysgarwch *m*; **with the utmost ~,** yn dra pharod, gyda phob ewyllys [da], gyda'r parodrwydd mwyaf.

willow[1] *n.* **1.** *Bot: (Salix):* helygen (helyg) *f*, coeden (coed) (*f*) helyg, *Lit:* pren(-nau) (*m*) helyg, *occ:* helygen y gwinllannoedd; *S.a.* **osier, sallow**[1]; **almond ~,** *(S. triandra):* helygen Ffrengig, helygen ddu (helyg duon), helygen drigwryw hirddail (helyg trigwryw hirddail); **Alpine ~,** *(S. hegetschweileri):* helygen yr Alpau; **ambiguous ~,** *(S. ambigua):* helygen amh|eus; **Apuan ~,** *(S. crataegifolia):* helygen Apua; **Austrian ~,** *(S. mielichhoferi):* helygen Awstria; **bay ~, laurel-leaved ~,** *(S. pentandra):* helygen bêr (helyg pêr), *S.W:* helygen sawr; **Bedford ~,** *(S. russeliana):* helygen Bedford; **black ~,** *(S. nigra):* helygen ddu (helyg duon); **blue-leaved ~,** *(S. caesia):* helygen lasddeiliog (helyg glasddeiliog); **bluish ~,** *(S. glauca):* helygen las (helyg gleision); **brittle ~,** = **crack willow**; **contorted ~,** *(S.*

matsudana): helygen gam (helyg ceimion); **crack ~,** *(S. fragilis):* helygen frau (helyg brau), helygen glec (helyg clec); **creeping ~,** *(S. repens):* corhelygen (corhelyg) *f*, helygen y cŵn; **cricket-bat ~,** *(S. caeruleus):* helygen werddlas (helyg gwyrddleision); **dark-leaved ~,** *(S. nigricans):* helygen dywyll (helyg tywyll); **desert ~,** *(Chilopsis linearis):* helygen yr anialwch, helygen flodeuog (helyg blodeuog); **downy ~,** *(S. lapponum):* helygen fân-flewog (helyg mân-flewog); *S.a.* **dwarf¹**; **eared ~,** *(S. aurita):* helygen glustiog (helyg clustiog); **finely-toothed ~,** *(S. breviserrata):* helygen fân-ddanheddog (helyg mân-ddanheddog); **flowering ~, = desert willow**; **French ~,** = *(a)* almond willow; *(b)* **willow-herb**; **goat ~,** *(S. caprea):* helygen y geifr, yr helygen grynddail fwyaf (yr helyg crynddail mwyaf), helygen wydn (helyg gwydn); **golden ~,** *(S. alba, ssp. vitellina):* helygen euraidd, helygen sur, helygen felen (helyg melyn), merhelygen (merhelyg) *f*; **golden weeping ~,** *(S. chrysocoma):* helygen wylofus euraidd; **grey ~,** *(S. cinerea, ssp. oleifolia):* helygen lwyd (helyg llwydion); **hairless ~,** *(S. glabra):* helygen foel (helyg moelion); **hoary ~,** *(S. elaeagnes syn. candida):* helygen lwydwen (helyg llwydwynion); **Lagger's ~,** *(S. laggeri):* helygen Lagger; **Lapland ~, = downy willow**; **large-stipuled ~,** *(S. hastata):* helygen stipylog; **least ~,** *(S. herbacea):* yr helygen leiaf (yr helyg lleiaf), helygen y f|ydwraig; **long-leaved ~,** *(S. calodendron):* helygen hirddail; **long-leaved triandrous ~, = almond willow**; **mountain ~,** *(S. arbuscula):* helygen y mynydd; **net-leaved ~, netted ~,** *(S. reticulata):* helygen rwydog (helyg rhwydog); **osier ~,** *(S. viminalis):* helygen wiail (helyg gwiail); **Persian ~, = rose-bay willow-herb**; **polar ~,** *(S. polaris):* helygen yr Arctig, helygen Llychlyn; **purple ~,** *(S. purpurea):* helygen gochlas (helyg cochlas); **pussy ~,** *(S. discolor):* helygen y gors; **Pyrenean ~,** *(S. pyrenaica):* helygen y Pyreneau; **retuse-leaved ~,** *(S. retusa):* helygen aflymddail; **river ~,** *(S. fluviatilis):* helygen yr afon; **sea ~, = buckthorn (sea)**; **silky ~,** *(S. glaucoserica):* helygen sidanaidd; **silky sand ~,** *(S. argentea):* helygen ariannaidd, helygen sidanaidd y tywyn; **sweet ~, = bay willow**; **Swiss ~,** *(S. helvetica):* helygen y Swistir; **tea-leaved ~,** *(S. phylicifolia):* helygen dail te; **violet ~,** *(S. daphnoides):* helygen borffor (helyg porffor); **water ~, = osier willow**; **weeping ~,** *(S. babylonica):* helygen wylofus, helygen B|abilon; **white ~,** *(S. alba):* helygen wen (helyg gwynion); **whortle-leaved ~,** *(S. myrsinifolia):* helygen dail llus, helygen lusddail; **woolly ~,** *(S. lanata):* helygen wlanog (helyg gwlanog). **2.** *Cr:* bat(-iau) *m*. **3.** *Tex:* heislan(-au) *f*. **~-bed, ~-grove** *n.* llwyn(-i) *(m)* helyg, helyglwyn(-i) *m*. **~ grouse** *n. Orn:* = **grouse (red)**. **-herb** *n. Bot: (Epilobium):* helyglys *m*; **Alpine ~-herb,** *(E. anagallidifolium syn. alpinum):* helyglys yr Alpau; **American ~-herb,** *(E. ciliatum):* helyglys Am|erica; **bog ~-herb,** *(E. palustre):* helyglys y gors; **broad-leaved ~-herb,** *(E. montanum):* helyglys llydanddail; **chickweed ~-herb,** *(E. alsinifolium):* helyglys gwlyddynddail; **glaucous ~-herb,** *(E. lamyi):* helyglys llwydwyrdd; **[great] hairy ~-herb,** *(E. hirsutum):* helyglys pannog, helyglys pêr; **small-flowered hairy ~-herb, lesser hairy ~-herb, pale smooth-leaved ~-herb, hoary ~-herb,** *(E. parviflorum):* helyglys mân-flodeuog, helyglys lledlwyd; **marsh ~-herb, round-stalked ~-herb, = bog willow-herb**; **mountain ~-herb, = broad-leaved willow-herb**; **New Zealand ~-herb,** *(E. brunescens):* helyglys gorweddol; **nodding ~-herb,** *(E. nutans):* helyglys siglog; **pale ~-herb, pedicelled ~-herb,** *(E. roseum):* helyglys deilgoesog; **pimpernel-leaved ~-herb, = Alpine willow-herb**; **rosebay ~-herb,** *(Chamaenerion angustifolium):* helyglys hardd, *N.W: occ:* llysiau*(pl)*'r Santes Fair; **scarce ~-herb, = glaucous willow-herb**; **short-fruited ~-herb,** *(E. obscurum):* helyglys byrgodog; **spear-leaved ~-herb,** *(E. lanceolatum):* helyglys gwaywddail; **square-stemmed ~-herb,** *(E. adnatum):* helyglys pedrongl; **thin-runner ~-herb, = short-fruited willow-herb**; **Western ~-herb,** *(E. duriaei):* helyglys y Gorllewin; **whorled-leaved ~-herb,** *(E. alpestre):* helyglys troellog. **~-leaved** *a.* helygddail. **~-like** *a.* helygaidd, fel helygen, fel helyg. **~-pattern** *n.* patrwm *(m)* helyg; **~-pattern dishes,** *F:* llestri gleision. **~-warbler, ~-wren** *n. Orn:* helygddryw(-od) *mf*; *S.a.* **warbler**. **~-ware** *n.* llestri *(pl)* pren helyg.

willow² *v.t. Tex:* heislanu.

willower *n. Tex:* heislan(-au) *f*.

willowherb *n. Bot:* = **willow-herb.**

willowish, willowy *a.* *(a) (place):* helygog, llawn helyg; *(b) (pers.): (= supple):* ystwyth; *(= slender, graceful):* main (meinion), gosgeiddig.

Willy *Pr.n.m.* = **Willie.**

willy-nilly¹ *adv.* o fodd neu o anfodd.

willy-nilly² *n. Meteor:* trowynt(-oedd) *m*.

wilt¹ *n. Hort:* clefyd *(m)* gwywo.

wilt² *v.i.&t.* **1.** *v.i.* *(a) (of plant):* gwywo, pendrymu; *(b) (of pers.): (from grief &c):* dihoeni, edwino, nychu; *(c) F: (in shame &c):* crebachu; *(from exhaustion):* diffygio, ymlâdd. **2.** *v.t.* gwywo; **the heat wilted the plants,** gwywodd y planhigion gan y gwres; gwnaeth y gwres i'r planhigion wywo.

wilt³ *v. See* **will.**

wilting¹ *a.* **1.** *(plant):* sy'n gwywo, gwywlyd, gwywllyd, gwyw. **2.** *(pers.): (from heat, exhaustion):* sy'n diffygio, lluddedig, llipa.

wilting² *vn.* **~ coefficient,** cyfernod(-au) *(m)* gwywo.

wily *a.* cyfrwys, castiog, ystrywgar, hengall *(pronounced* ng-g), hirben, ystumddrwg.

wimble¹ *n. Tls:* ebill(-ion,-iau) *m*, gwimbled(-i) *f*.

wimble² *v.t.* ebillio.

wimp¹ *n. Cmptr:* wimp.

wimp² *n.* llipryn(-nod) *m*.

wimpish *a.* lliprynnaidd.

wimpishness *n.* llipryndod *m*, llipryneiddiwch *m*.

wimple¹ *n. Cost:* gwimpl(-au) *f*, gwempl(-au) *f*, miswrn (misyrnau) *m*.

wimple² *v.t.&i.* **1.** *v.t.* gorchuddio [â gwimpl]. **2.** *v.i.* syrthio'n blygion, disgyn yn blygion.

win¹ *n. Sp:* buddugoliaeth(-au) *f*, ennill *vn*; **to have three wins in a row,** ennill deirgwaith ar ôl ei gilydd, *S:* ennill deirgwaith o'r bron; **to back a horse for a ~,** betio ar geffyl i ennill; **three games without a ~,** tair gêm heb ennill.

win² *v.t.&i.* ennill; **to ~ a victory,** ennill [buddugoliaeth], cael buddugoliaeth; **to ~ the day/field,** cario'r dydd, ennill y dydd, ennill y maes, mynd â hi; **(to ~) easily,** (ennill) yn hawdd, yn braf, o ddigon, *occ:* dan ganu, ar eich cerdded, *S.W:* o hewl; **who's winning?** pwy sydd ar y blaen? *Cr:* **to ~ by an innings,** ennill o fatiad; **(to ~ money) from s.o.,** (ennill arian) gan rn, oddi ar rn; *Rac:* **(to ~) by a length,** (ennill) o hyd ceffyl, o un hyd; **to ~ by a short head,** ennill o hanner lled pen; *F:* **you can't ~ them all,** fedrwch chi ddim ennill bob tro; mae'n rhaid ichi golli weithiau; **to ~ acceptance,** ennill cymeradwyaeth, dod yn dderbyniol, dod yn gymeradwy, cael eich derbyn; *(of newcomer, neologism):* ennill eich plwyf; **to ~ s.o. away from sth,** denu/troi rhn oddi wrth rth; **see whether you can ~ her over,** ceisiwch ei throi hi; ceisiwch ddwyn perswâd arni; *occ:* ceisiwch fynd drosti hi; **I won him round to my point of view,** mi lwyddais i'w droi i'r un farn â mi; mi lwyddais i'w ennill drosodd; **he won his way to the top,** llwyddodd i gyrraedd y brig; **to ~ through,** llwyddo, dod drwyddi, mynd â hi, ennill yn y pen draw; *O:* **to ~ coal,** tynnu glo.

wince¹ *n.* gwingiad(-au) *m*, gwingo *vn*; **without a ~,** heb wingo, heb droi blewyn.

wince² *v.i.* gwingo, *S.W:* gwachlyd.

wince³ *n. Tex:* rhôl (rholiau) *f*, rholer(-i) *mf*.

wincey *n. Tex:* winsi *m*.

winceyette *n. Tex:* winsiét *m*.

winch¹ *n. Mec.E:* winsh(-is) *f*, *Lit: occ:* dirwynlath(-au) *mf*, dirwynydd(-ion) *m*.

winch² *n. v.t. Mec.E:* winsio.

wincher *n.* winsiwr (winswyr) *m*.

Winchester *n. Eng.Pl.n.* Caer-wynt *f*. **~ disk** *n. Cmptr:* disg(-iau) *(m)* Winchester.

wind¹ *n.* **1.** *Meteor:* gwynt(-oedd) *m*; *(a)* **light ~,** awel(-on) *f*; **fair ~,** gwynt teg; **high ~,** gwynt cryf; **the ~ is high,** mae'n wynt mawr; **north ~,** gwynt y gogledd, *Lit:* gogleddwynt(-oedd) *m*, *S.E:* y gwynt lan; **north-west ~,** gwynt y gogledd-orllewin, *N: occ:* gwynt y creigiau; **south ~,** gwynt y de, *Lit:* deheuwynt(-oedd) *m*, *S.E:* y gwynt lawr; **east ~,** gwynt y dwyrain, *F:* gwynt traed y meirw, *Lit:* dwyreinwynt(-oedd) *m*, *S: O:* gwynt ffroen yr ych, *N: F: occ:* gwynt coch Amwythig, *M.W:* gwynt yr hen Bengwern *(pronounced* ng-g), *S: O:* gwynt Senghennydd; **west ~,** gwynt y gorllewin, *Lit:* gorllewinwynt(-oedd) *m*; **brave west**

winds, gwyntoedd braf y gorllewin; **a house exposed to all the winds,** tŷ agored i'r pedwar gwynt, tŷ mewn lle amlwg/egr/noethlwm/digysgod; **a gust of ~,** chwa(-on) *(f)* o wynt, hwrdd (hyrddiau) *(m)* o wynt, *occ:* cawod *(f)* wynt (cawodydd gwynt), *S:* cwthwm (cythymau) *m,* chwythwm (chwythymau) *m, N:* sgôl *(f)* o wynt; **~ and weather,** gwynt a glaw; *Fig:* **to see** *or* **to find out which way the ~ blows/lies,** gweld sut mae'r gwynt yn chwythu; *F:* **the ~ is in that particular quarter,** fel'na mae'r gwynt yn chwythu; fel'na mae'i deall hi; **there's sth in the ~,** mae rhth yn y gwynt; mae rhth ar droed; mae rhth ar ddigwydd; *B:* mae rhyw sŵn ym mrig y morwydd; **(to scatter sth) to the four winds,** (chwalu rhth) i'r pedwar gwynt, i bob cyfeiriad; **in the wind's eye,** yn llygad y gwynt; **(to go) like the ~,** (mynd) fel y gwynt, *F:* fel cath i gythraul, *N:* fel ruban, *S. W:* fel yr awel; **to sow the ~ and reap the whirlwind,** hau'r gwynt a medi'r corwynt; *P:* **to raise the ~,** *(= raise a loan):* codi arian benthyg, cael benthyg arian; *F:* **to get the ~ up,** dychryn, cael braw, cael ofn ar eich hyd; **to put the ~ up s.o.,** codi ofn/braw ar rn, *S:* hala ofon ar rn; **the winds of change,** gwyntoedd cyfnewidiadau; *(b) Nau:* **head ~,** gwynt wrth gefn, gwynt ffafriol; **dominant ~,** y gwynt cryfaf; **ice-cold ~,** rhewynt(-oedd) *m;* **inblowing ~,** gwynt mewnchwyth; **outblowing ~,** gwynt allchwyth; **prevailing ~,** gwynt cyffredin, y gwynt mynychaf, prifwynt(-oedd) *m;* **side ~,** gwynt croes (gwyntoedd croesion) gwynt o'r ochr, croeswynt(-oedd) *m,* asgellwynt(-oedd) *m,* ystlyswynt(-oedd) *m;* **trade ~,** gwynt cyson; **to sail against the ~,** hwylio yn erbyn y gwynt, *Fig:* nofio yn erbyn y llif; **to sail/run before the ~,** hwylio o flaen y gwynt; **to sail down the ~,** hwylio gyda'r gwynt; **to sail off the ~,** hwylio oddi ar y gwynt; *Nau:* **on a ~,** yn erbyn gwynt; **in the teeth of the ~,** yn nannedd y gwynt; **to sail into the ~,** hwylio i ddannedd y gwynt; *F:* **to sail close to the ~, to sail near the ~,** hwylio'n agos i'r gwynt, hwylio'n agos at y gwynt, *Fig: N. W:* naddu'n agos i'r drafal; *F:* **to take the ~ out of s.o.'s sails,** tynnu'r gwynt o hwyliau rhn, rhoi pin yn swigen rhn, torri crib rhn; **between ~ and water,** ar wyneb y dŵr, rhwng dŵr ac awel; *(c) F:* gwynt, gwag siarad *m,* malu *(vn)* awyr; **these promises are merely ~,** 'dyw'r addewidion hyn ond gwynt. **2.** *Ven:* aroglau (arogleuon) *m,* sawr(-au) *m, S:* gwynt(-oedd) *m; F:* **to get/take ~ of sth,** synhwyro rhth, cael achlust o rth, *S:* gwyntu rhth; *(rumour &c):* clywed si am rth, cael clust ar rth, *N. W:* cael rhyw hŷm o/ar rth. **3.** *Med: (= flatulence):* gwynt *m;* **the baby has ~,** mae gwynt ar y babi; **to break ~,** *(= fart²):* gollwng gwynt, *V:* taro/rhoi rhech, rhechain *(not* torri gwynt = **belch);** **to bring up ~,** torri gwynt. **4.** *(= breath):* anadl *fm,* gwynt; **he's in good ~, he has plenty of ~,** mae'n heini/atebol; mae ei anadl yn dda; **broken ~,** prinder *(m)* anadl, diffyg *(m)* anadl, gwynt toredig *m;* **to get one's second ~,** cael eich ail wynt; **let me get my ~,** gadewch imi gael fy ngwynt ataf; *Fig:* **sound in ~ and limb,** cyn iached â'r glain/gneuen. **5.** *Mus: pl.* **the winds,** yr offerynnau chwyth. **~ band** *n. Mus:* band(-iau) *(m)* chwyth. **~-brace¹** *n. Const:* ateg *(f)* wynt (ategion gwynt), cynheiliad (cynheiliaid) *(m)* gwynt. **~-brace²** *v.t.* cynnal/ategu (rhth) rhag gwynt. **~-break** *n.* cysgod(-ion) *(m)* rhag gwynt, atalfa *(f)* wynt (atalfeydd gwynt). **~-broken** *a. Vet:* **a ~-broken horse,** ceffyl wedi torri ei wynt, ceffyl byr ei wynt/anadl, ceffyl anadlfyr. **~-chest** *n. Mus:* cist *(f)* wynt (cistiau gwynt). **~-chill** *n.* oerfel *(m)* gwynt. **~-chimes** *n.* clychau *(pl)* gwynt. **~-cone** *n.* = **wind-sock. ~ deflector** *n. Aut:* gwyrydd(-ion) *(m)* gwynt. **~-egg** *n.* ŵy (wyau) *(m)* clwc, ŵy clonc, cloncwy(-au) *m,* ŵy gorllyd, meddalwy(-au) *m.* **~-flower** *n.* = **anemone. ~-force** *n.* grym *(m)* gwynt. **~-gag** *n. T. V:* maneg *(f)* wynt (menyg gwynt). **~-gall** *n.* **1.** *Vet:* coden *(f)* wynt (codennau gwynt). **2.** *Meteor:* ci (cŵn) *(m)* drycin. **~-galled** *a.* â choden wynt. **~-gap** *n.* bwlch (bylchau) *(m)* gwynt, adwy *(f)* wynt (adwyon gwynt), oerddrws (oerddrysau) *m.* **~-grass** *n. Bot:* maeswellt *(m)* y gwynt. **~-gauge** *n.* mesurydd(-ion) *(m)* gwynt. **~-harp** *n. Mus:* telyn(-au) *(f)* awelon. **~-indicator** *n. Av:* deial(-au) *(m)* gwynt. **~ instrument** *n. Mus:* offeryn(-nau) *(m)* chwyth, chwythofferyn(- nau) *m.* **~-jammer** *n.* = **windjammer. ~ machine** *n. Th:* peiriant (peiriannau) *(m)* gwynt. **~-pollinated** *a.* gwyntbeilliedig. **~-pollination** *n.* gwyntbeilliad *m,* gwyntbeillio *vn,* peillio *(vn)* gan wynt. **~-quartet** *n. Mus:* pedwarawd(-au) *(m)* chwyth. **~-rose** *n.* seren *(f)* wynt (sêr gwynt). **~-row** *n.* = **windrow. ~-sail** *n. Nau:* gwynt-hwyl(-iau) *f,* hwyl *(f)* wynt (hwyliau gwynt). **~-scale** *n.* graddfa *(f)* wyntoedd (graddfeydd gwyntoedd). **~-shake** *n. Carp:* gwynt-hollt(-au) *f;* **there's ~-shake in the wood,** mae'r pren 'ma wedi gwynt-hollti. **~-sock, ~-sleeve** *n.* hosan *(f)* wynt (hosanau gwynt). **~-sucker** *n. Equit:* llyncwr (llyncwyr) *(m)* gwynt. **~-swept** *a. (place):* gwyntog; *(hair):* yn y gwynt. **~-tee** *n.* ti (tïau) *(m)* gwynt. **~-tunnel** *n.* twnel(-i) *(m)* gwynt. **~-vane** *n.* ceiliog(-od) *(m)* [y] gwynt, saeth *(f)* wynt (saethau gwynt).

wind² *v.t.* **1. to ~ the horn,** canu'r/chwythu'r/seinio'r corn. **2.** *(a) Ven: (of hounds):* **to ~ a fox,** *N:* synhwyro llwynog, cael aroglau llwynog, *occ:* sawrio llwynog, *S:* gwynto cadno; *(b)* **to ~ s.o.,** taro rhn ym mhwll ei galon; **he was winded by the fall,** aeth y codwm â'i wynt; 'roedd yn methu cael ei wynt ato ar ôl syrthio; collodd ei wynt ar ôl cael codwm; cafodd godwm nes colli ei wynt; *(c) (i)* **to gallop a horse to ~ him, to ~ a horse,** carlamu ar gefn ceffyl iddo dynnu ei wynt; *(ii)* **we paused to ~ the horses,** arosasom er mwyn i'r ceffylau gael eu gwynt atynt.

wind³ *v.i.&t.* I. *v.i.* **1.** *(of path, river):* troelli, ymdroelli, ymddolennu; **the plant winds round the pole,** mae'r planhigyn yn ymgordeddu am y polyn; **the play was winding to a close,** 'roedd y ddrama'n dirwyn i ben. **2.** *(of thread &c):* **to ~ (round sth),** ymgordeddu, ymnyddu (o gwmpas rhth, am rth); **(to ~ s.o.) round one's finger,** (troi rhn) am eich bys, o gwmpas eich bys. II. *v.t.* **1.** *(wool &c):* dirwyn, troi; **to ~ (wool into a ball),** dirwyn, rholio, *occ:* cenglu (edafedd yn bellen); **to ~ cotton on a reel,** lapio edau am rîl, dirwyn y llinyn i mewn; **she wound her arms round the child,** lapiodd/plethodd ei breichiau am y plentyn. **2. to ~ a bobbin,** lapio edau am werthyd; *El:* **to ~ a dynamo,** gwifrio deinamo. **3. to ~ a clock/watch,** weindio cloc/watsh; **to ~ a [grandfather] clock,** codi pwysau cloc. **4.** *Min:* **to ~ coal,** codi glo. **~ up¹ 1.** *v.t. (a) (rope &c):* dirwyn, *F:* weindio, *N. W: occ:* ceirsio; *(spring):* tynhau; *(b) (clock):* weindio; *F:* **I was all wound up,** 'roeddwn ar bigau drain; 'roeddwn wedi cynhyrfu; *(c) Jur: Com:* **to ~ up a company,** dirwyn cwmni i ben; **to ~ up a meeting,** terfynu/diweddu cyfarfod, dirwyn cyfarfod i ben, *F:* cau pen y mwdwl; **to ~ up a speech,** cloi araith; *(d) F:* **are you winding me up?** wyt ti'n fy herian i? wyt ti o ddifrif? **2.** *v.i. (a) F:* dod i ben, diweddu, *N:* gorffen, *S:* cwpla, 'bennu; **how does the play ~ up?** sut y mae'r ddrama'n gorffen? sut mae'r ddrama'n dod i ben? **he wound up shooting himself,** ei ddiwedd fu iddo'i saethu'i hun; **he'll ~ up in prison,** yn y carchar y bydd e yn y pen draw; carchar fydd ei ddiwedd e; carchar fydd ei diwedd hi iddo; *(b)* **the company wound up,** daeth y cwmni i ben. **~-up** *n.* **1.** diwedd *m,* terfyn *m* (rhth); pen *m* (ar rth). **2.** *F: (= legpull):* herian *vn,* pryfocio *vn.*

wind⁴ *n. (= turn):* troad(-au) *m; (of clock):* weindiad(-au) *m; (of string):* dolen(-nau) *f.*

windage *n. Sm.a: &c:* *gwyntiad *m.*

windbag *n.* **1.** *Mus:* cwdyn (cydau) *(m)* gwynt. **2.** *F:* malwr (malwyr) *(m)* awyr, clebryn(-nod) *m,* clebrwr (clebrwyr) *m,* paldaruwr (paldaruwyr) *m, Lit:* baldorddwr (baldorddwyr) *m.*

windblown *a.* a chwythir/chwythid/chwythwyd gan y gwynt; dan awel/chwa o wynt; **a girl with ~ hair,** geneth â'i gwallt yn y gwynt.

windborne *a.* a garir/garid/gariwyd gan y gwynt, a gludir/gludid/gludwyd gan y gwynt.

windbound *a.* caeth gan wynt, caeth gan y gwynt, gwyntrwym, gwyntrwystredig, wedi'ch dal/rhwystro gan y gwynt.

windbreaker *n. U.S: R.t.m:* = **windcheater.**

windburn *n.* llosg *(m)* gwynt.

windburned, windburnt *a.* wedi'ch llosgi gan wynt, a llosg gwynt arnoch; gwyntlosgedig.

windcheater *n. Cost:* côt *(f)* wynt (cotiau gwynt).

winded *a.* wedi colli'ch gwynt, dianadl, allan o wynt; **he was winded,** 'roedd wedi colli'i wynt [yn lân].

winder *n.* **1.** *(a) Tex:* cengliadur(-on) *m, F:* cliniadur(-on) *m,* cenglwr (cenglwyr) *m; (b) Fish:* rîl (riliau) *f; (c) (of clock, watch):* tolyn (tolion) *m; (d) Aut: (of window):* dwrn (dyrnau) *m,* handlen(-ni, handlau, handls) *f.*

windfall *n.* **1.** *(fruit):* ffrwyth(-au) cwymp/cwympedig *m;* **a ~ apple,** afal(- au) *(m)* cwymp, afal wedi cwympo/syrthio. **2.** *Fig:* lwc annisgwyl *f,* arian annisgwyl *m; Com: &c:* ffawdelw *m;* **~ profit,** elw annisgwyl *m; Fig:* **the Government's disappointment was a ~ for the Opposition,** 'roedd siom y Llywodraeth yn fêl ar fysedd yr Wrthblaid; **to have a ~**, cael arian annisgwyl, *S:* cael poced fach, *occ:* cwnnu taplen.

windflower *n. Bot:* blodyn (*m*) [y] gwynt (blodau'r gwynt), an|emone (anemoneau) *m*; **snowdrop ~**, anemone eirlysaidd *m*.

windhover *n. Orn:* = **kestrel.**

windily *adv.* **1.** yn wyntog. **2.** *F:* = **fearfully.**

windiness *n.* **1.** gwyntogrwydd *m.* **2.** *F:* = **cowardice, fearfulness.**

winding[1] *a. (path, river):* troellog, dolennog; **~ stairs/staircase,** grisiau (*pl*) tro; *S.a.* **staircase**; *Carp:* **~ strip,** estyllen syth (estyllod sythion) *f*, ymyl(-on) syth *mf*.

winding[2] *vn. & n.* **1.** *vn. See* **wind**[3]. **2.** *n. usu.pl. (a) (of river):* dolen(-nau) *f*, doleniad(-au) *m*, *occ:* ystum(-iau) *f*; *(of path):* troad(-au) *m*; *(b) El: (of coil &c):* weindiad(-au) *m*, dirwyniad(-au) *m*. **~-engine, ~-gear** *n. Min:* offer (*m*) weindio, injan(-s) (*f*) weindio, olwynion (*pl*) codi, olwynion [pen] pwll. **~-hole** *n. (on canal):* pwll (pyllau) (*m*) troi. **~-machine** *n. El.E: Tex:* peiriant (peiriannau) (*m*) dirwyn/weindio. **~-shaft** *n. Min:* siafft (*f*) ddirwyn (siafftiau dirwyn), siafft weindio, siafft godi (siafftiau codi). **~-sheet** *n.* = **shroud. ~-up** *n.* terfyniad(-au) *m*; *(of speech &c):* terfyn *m*, terfyniad, diweddglo(-eon) *m*, sylw(-adau) (*m*) clo; *Jur:* **~-up order,** gorchymyn (*m*) dirwyn i ben.

windjammer *n.* **1.** *Nau:* llong(-au) (*f*) hwyliau. **2.** = **windcheater.**

windlass[1] *n.* **1.** *Mec.E:* = **winch**[1]. **2.** *(= lock-key): N:* agoriad(-au) *m*, *S:* allwedd(-i) *f*.

windlass[2] *v.t. Mec.E:* = **winch**[2].

windless *a.* di-wynt, diawel, llonydd.

windlestraw *n. A:* gwelltyn sych (gwellt sychion) *m*.

windmill[1] *n.* melin (*f*) wynt (melinau gwynt), *S.W: occ:* rhod (*f*) wynt (rhodau gwynt); *F:* **to fight/tilt at windmills,** ymladd â melinau gwynt; **disused ~,** melin wynt segur; **~ in use,** melin wynt yn gweithio; *Fig:* **to throw one's cap over the ~,** taflu clocsen dros yr Wyddfa.

windmill[2] *v.i.* troelli, chwyrlïo, melino, melinwyntio.

window *n.* ffenestr(-i) *f*, *F:* ffenest(-ri) *f*; **to look out of the ~,** edrych [allan/mas] drwy'r ffenestr; **to look in at the ~,** edrych [i mewn] drwy'r ffenestr; *F:* **you make a better door than a ~,** fe wnei di well drws na ffenest; 'rwyt ti'n fwy o ddrws nag o ffenest; **bay ~,** ffenestr fae (ffenestri bae); **blank ~, blind ~, false ~,** ffenestr dywyll (ffenestri tywyll), ffenestr ffug; **bow-~,** ffenestr (*f*) fwa (ffenestri bwa), ffenestr fwaog (ffenestri bwaog), ffenestr grom (ffenestri crwm/crymion); **casement ~,** ffenestr adeiniog, ffenestr gasment (ffenestri casment); **dormer ~,** ffenestr ddormer (ffenestri dormer); **French ~,** ffenestr Ffrengig, drws-ffenestr(-i) *f*; **lancet ~,** ffenestr lansed, ffenestr lownsed, ffenestr bigfain (ffenestri pigfain); **lattice ~,** ffenestr ddellt (ffenestri dellt), ffenestr rwyllog (ffenestri rhwyllog); **oriel ~,** ffenestr oriel; **overhanging ~,** ffenestr ordo (ffenestri gordo), ffenestr fargod (ffenestri bargod); **recessed ~,** ffenestr gilan (ffenestri cilan); **rose-~,** ffenestr ros (ffenestri rhos), ffenestr gron (ffenestri crwn/crynion); **sash-~,** ffenestr godi (ffenestri codi), ffenestr ddalennog (ffenestri dalennog), ffenestr redeg (ffenestri rhedeg), ffenestr sash; **pivoted sash-~,** ffenestr godi golynnog (ffenestri codi colynnog); **shop-~,** ffenestr siop (ffenestri siopau); **stained-glass ~,** ffenestr liw (ffenestri lliw), ffenestr liwiedig (ffenestri lliwiedig); *Fig:* **~ of opportunity,** cyfle(-oedd) *m*, adeg gyfl|eus (adegau cyfl|eus) *f*. **~-box** *n.* bocs (*m*) ffenestr (bocsys ffenestri). **~-cleaner** *n.* glanhäwr (glanhawyr) (*m*) ffenestri, dyn(-ion) (*m*) glanh|au ffenestri. **~-cleaning** *vn.* glanhau ffenestri. **~-display** *n.* arddangosfa (arddangosf|eydd) (*f*) mewn ffenestr[- i], sioe (*f*) ffenestr (sioeau ffenestri). **~-dresser** *n.* addurnwr (addurnwyr) (*m*) ffenestri, add|urnwraig (addurnwragedd) (*f*) ffenestri. **~-dressing** *vn.* **1.** addurno ffenestri, gosod ffenestri. **2.** *Fig:* rhoi popeth yn y ffenest; **it's all ~-dressing,** sioe (*f*) yw'r cyfan; mae popeth yn y ffenest. **~ envelope** *n.* amlen(-ni) ffenestrog *f*, amlen ffenestr. **~-flat** *n. Th:* fflat(-iau) (*mf*) ffenestr. **~ fly** *n.* pryf(-ed) (*m*) ffenestr. **~-frame** *n.* ffrâm (*f*) ffenestr (fframiau ffenestri). **~-glass** *n.* gwydr (*m*) ffenestr (gwydrau ffenestr/ffenestri). **~-ledge** *n.* = **window-sill. ~-midge** *n. Ent:* gwybedyn (gwybed) (*m*) ffenestr. **~-pane** *n.* gwydr (*m*) ffenestr (gwydrau ffenestr/ffenestri), paen (*m*) ffenestr (paenau ffenestr[-i]) *occ:* cwarel(-au) *m*, chwarel(-au,-i) *m*, *S.W:* pâm (*m*) ffenestr (pamau ffenestr[-i]). **~-plant** *n.* blodyn (blodau) (*m*) ffenestr, planhigyn (planhigion) (*m*) ffenestr; *S.a.* **star. ~-sash** *n.* dalen (*f*) ffenestr (dalennau ffenestr/ffenestri). **~-seat** *n.* sedd (*f*) ffenestr (seddau ffenestri). **~-shopper** *n.* edrychwr (edrychwyr) (*m*) ffenestri [siopau], crwydrwr (crwydrwyr) (*m*) siopau. **~-shopping** *vn.* edrych ffenestri [siopau], gweld beth sydd mewn ffenestri [siopau], crwydro siopau. **~-sill** *n.* sil (*f*) ffenestr (siliau ffenestri), silff (*f*) ffenestr (silffoedd ffenestri), *S:* arffed (*f*) ffenestr (arffedi ffenestri), *N.W:* linter (*mf*) ffenestr (linteri ffenestri), lintel (*mf*) ffenestr (linteli ffenestri). **~-tax** *n. Hist:* treth (*f*) ar ffenestri.

windowless *a.* diffenestr, heb ffenestr, heb ffenestri.

windpipe *n. Anat:* corn (*m*) gwddf (cyrn gyddfau), *occ:* corn gwynt, pibell (*f*) wynt (pibellau gwynt), breuant (breuannau) *m*, *S: occ:* cegen (*f*) wynt (cegennau gwynt), *S.E:* cecan (*f*) y gwddwg main (cecau'r gwddwg main).

windproof *a.* gwrthwynt, diddos, gwyntglos, anhydraidd; **~ clothing,** dillad gwyntglos, *N.W: occ:* dillad cobog.

windpump *n.* pwmp (pympiau) (*m*) gwynt.

windrode *a. Nau:* **a ~ ship,** llong â'i phen yn y gwynt, llong yn *gwyntrodio.

windrow[1] *n.* rhenc(-iau) *f*, carfan(-au) *f*, gwanaf(-au, gwaneifiau) *f*.

windrow[2] *v.t.* rhencio, carfanu, gwanafu, gwaneifio.

windrower *n.* rhenciwr (rhencwyr) *m*, gwanafwr (gwanafwyr) *m*, gwaneifiwr (gwaneifwyr) *m*, carfanwr (carfanwyr) *m*.

windscreen *n.* **1.** *Hort: &c:* cysgod(-ion) (*m*) rhag y gwynt, sgrîn (*f*) wynt (sgrinau/sgriniau gwynt). **2.** *Aut:* sgrîn wynt, ffenestr flaen (ffenestri blaen) *f*. **~-wiper** *n.* sychwr (*m*) ffenestr (sychwyr ffenestri), sychwr glaw, *occ:* pendil(-iau) (*m*) glaw, *F:* weipar(-s) *m*, peth(-au) (*m*) sychu ffenest.

windshear *n. Meteor:* croesrym (*m*) gwynt.

windshield *n. U.S:* = **windscreen 2.**

windstorm *n.* storm (*f*) wynt (stormydd gwynt).

windsurfer *n. Sp:* = **sailboard, sailboarder.**

windsurfing *vn.* bordhwylio.

windswept *a. (place):* gwyntog, amlwg, digysgod, yn nannedd y gwynt, a'r gwynt yn ysgubo drosto, agored i'r gwynt; *(hair):* yn y gwynt.

windtight *a.* = **windproof.**

windward *a., n. & adv.* **1.** *a.* tua'r gwynt, ym môn y gwynt; **~ side,** ochr y gwynt, y tu gwyntog, yr ochr wyntog; *Geog:* **the W~ Islands,** Ynysoedd y Gwynt. **2.** *n.* bôn (*m*) y gwynt, y tu gwyntog *m*, yr ochr wyntog *f*; **lying to [the] ~ of sth,** bod/gorwedd ar ochr y gwynt i rth. **3.** *adv.* tua'r gwynt, at y gwynt, ym môn y gwynt.

windy *a.* **1.** gwyntog, *S.E: occ:* fflit; **it's very ~,** mae hi'n wyntog iawn; *F:* mae hi'n wynt mawr; mae hi'n chwythu'n arw/egr; **to keep on the ~ side of the law,** cadw y tu iawn i'r gyfraith. **2.** *F:* = **cowardly, fearful.**

wine[1] *n.* gwin(-oedd) *m*; **sparkling ~,** gwin byrlymus/byrlymog, gwin pefriol/pefriog; **~ in the wood,** gwin mewn casgen; *F:* **to be in ~,** bod mewn diod, bod yn feddw, bod yn llawn gwin; *Prov:* **good ~ needs no bush,** afraid gwahodd at gwrw da; *Fig:* **new ~ in old bottles,** gwin newydd mewn hen gostrelau; **wines and spirits,** gwinoedd a gwirodydd. **~-apple** *n. Hort:* gwinafal(-au) *m*, gwinogyn *m*. **~-bar** *n.* tafarn (*f*) win (tafarnau gwin), gwindy (gwindai) *m*. **~-bibber** *n. Lit:* yfwr (yfwyr) (*m*) gwin. **~-bin** *n.* bin(-iau) (*m*) gwin. **~-biscuit** *n.* bisgeden (*f*) win (bisgedi gwin). **~-bottle** *n.* potel (*f*) win (poteli gwin). **~-butler** *n.* gweinydd(-ion) (*m*) gwin, *A:* menestr(-i) *m*. **~-cellar** *n.* seler (*f*) win (seleri/selerydd gwin), *occ:* gwindy (gwindai) *m*. **~-coloured** *a.* lliw gwin, o liw['r] gwin, gwineugoch. **~-cooler** *n.* oerwr (oerwyr) (*m*) gwin. **~-cooper** *n.* gwinwerthwr (gwinwerthwyr) *m*, gwerthwr (gwerthwyr) (*m*) gwin. **~-gallon** *n. Meas:* galwyn(-i) (*m*) gwin. **~-glass** *n.* gwydr(-au) (*m*) gwin. **~-glassful** *n.* llond (*m*) gwydr gwin. **~-grower** *n.* gwinllannwr (gwinllanwyr) *m*. **~-growing**[1] *a.* gwinllannol. **~-growing**[2] *vn.* tyfu gwinwydd. **~-list** *n.* rhestr (*f*) winoedd (rhestrau gwinoedd). **~-merchant** *n.* masnachwr (masnachwyr) (*m*) gwin[-oedd]. **~-palm** *n.* palmwydden (*f*) win (palmwydd gwin), gwinbalmwydden (gwinbalmwydd) *f*. **~-taster** *n.* blaswr (blaswyr) (*m*) gwin. **~-tasting** *vn.* blasu gwin. **~-vault** *n.* = **wine-cellar, wine-bar. ~-waiter** *n.* tywalltwr (tywalltwyr) (*m*) gwin, gweinydd(-ion) (*m*) gwin.

wine[2] *v.t.* **to ~ and dine s.o.,** rhoi gwin a chinio i rn.

wineberry *n. Bot:* **[Japanese] ~,** *(Rubus phoenicolasius):* mafonen *(f)* win (mafon gwin), mafonen flewgoch (mafon blewgoch).
wineless *a.* di-win, heb win.
winepress *n.* gwinwasg (gwinweisg) *f,* gwinwryf(-au,-oedd) *m,* gwasg *(f)* win (gweisg gwin).
winery *n.* gwindy (gwindai) *m.*
winesap *n. Hort: U.S:* gwinafal(-au) *m.*
wineskin *n.* costrel *(f)* groen (costreli croen).
winestone *n.* cen *(m)* gwin, gwaddotgen *m.*
wing[1] *n.* **1.** adain (adenydd) *f, less correctly:* aden(-ydd) *f, occ:* asgell (esgyll) *f;* **to take s.o. under one's ~,** cymryd rhn dan eich adain; **to stretch one's wings,** lledu'ch esgyll; *Lit:* **fear lent him wings,** rhoes ofn adenydd iddo; **on the wings of the wind,** ar adain/adenydd y gwynt; *Fig:* **to clip s.o.'s wings,** torri adenydd rhn; **on wings of song,** ar adain/adenydd cân. **2.** *(= flight):* [e]hediad(-au) *m;* **(to shoot a bird) on the ~,** (saethu aderyn) yn hedfan, yn yr awyr, ar ei ehediad, ar yr adain; *(of bird):* **to be on the ~,** ehedeg, hedfan; **to take ~,** codi, hedfan, ehedeg ymaith, cael gwynt dan adain. **3.** *(a) (of building):* asgell, adain; *(b) Mil: Av: (airforce unit):* asgell. **4.** *(a) Aut:* = **mudguard;** *(b) (of windmill):* hwyl(-iau) *f.* **5.** *(a) Th:* **the wings,** yr esgyll; **to wait in the wings,** *(i) Th:* disgwyl yn yr esgyll; *(ii) Fig:* disgwyl eich tro; *(b) Fb:* asgell; *(player):* asgellwr (asgellwyr) *m;* **~ forward,** blaenasgellwr (blaenasgellwyr) *m;* **~ half,** hanerwr (hanerwyr) *m* [asgell]; **~ three-quarter,** asgellwr (asgellwyr) *(m)* tri chwarter; *adv. Nau:* **~ and ~,** â dwy hwyl ar led. **~ attack** *n. Netball: &c:* ymosodwr (ymosodwyr) *(m)* asgell. **~-beat** *n.* curiad(-au) *(m)* adenydd. **~-bow** *n.* rhesen *(f)* adain (rhesi adenydd). **~-brace** *n. Th:* bres *(m)* asgell (bresi esgyll). **~-case** *n. Ent:* cloradain (cloradenydd) *f.* **~-chair** *n. Furn:* cadair (cadeiriau) asgellog *f.* **~-collar** *n.* coler(-i) adeiniog *m in S, f in N* **~ commander** *n. Mil: Av:* asgell-gomander(-iaid) *m,* is-gyrnol(-iaid) *m.* **~-compass** *n* cwmpas(-au) adeiniog/asgellog *m.* **~-covert** *n. Orn: See* **covert**[2] **2.** **~-dam** *n. U.S:* = **groyne.** **~ defence** *n. Netball: &c:* gwarchodwr (gwarchodwyr) *(m)* asgell. **~-float** *n. Av:* arnofyn *(m)* adain/asgell (arnofion adenydd/esgyll). **~-floods** *n.pl. Th:* llifolau *(m)* esgyll. **~-footed** *a. Lit:* buandroed, adeindroed. **~-game** *n. Coll:* adar *(pl.)* hela. **~-loading** *n. Av:* llwyth *(m)* adenydd, adeinlwyth *m.* **~-man** *n.m. Th:* dyn(-ion) esgyll. **~ mirror** *n.* drych(-au) *(m)* ystlys, drych adain. **~-nut, ~-screw** *n.* nyten (nytiau) adeiniog/asgellog *f.* **~-rib** *n. Cu:* asen(-nau) *(f)* syrlwyn. **~-sheath** *n.* = **wing-case.** **~-shot** *n. Ven:* taniad(-au) ehedol *m.* **~-span** *n. Av:* lled *(m)* esgyll/adenydd. **~-spar** *n. Av:* braich *(f)* asgell (breichiau esgyll). **~-spread** *n.* = **wing-span.** **~-stroke** *n.* = **wing-beat.** **~-tip** *n.* blaen *(m)* asgell/adain (blaenau esgyll/adenydd).
wing[2] *v.t.&i.* **1.** *(a)* **to ~ (an arrow),** asgellu, adeinio (saeth); cyweirio (saeth) ag adenydd, rhoi esgyll (ar saeth); **to ~ an arrow at a mark,** anelu saeth at nod; *(b) Lit: (= speed):* cyflymu; **fear winged his steps,** rhoes ofn adenydd iddo; rhoes ofn adenydd i'w draed; cyflymodd ofn ei gamre; *(c) (of bird): Lit:* **to ~ the air, to ~ its way,** [e]hedeg, hedfan. **2.** *Ven:* **to ~ a bird,** taro/clwyfo/saethu/clipio aderyn yn ei adain; *Mil: F:* **I've winged him,** 'rwyf wedi ei glipio [yn ei fraich].
wingding *n. U.S: F:* **1.** parti (partïon) gwyllt *m, F:* sesh(-is) *mf;* **it was a real ~,** 'roedd hi'n sesh anfarwol. **2.** = **seizure.**
winged *a.* **1.** *(a)* adeiniog, asgellog, ag adenydd, ag esgyll; *Lit:* **~ words,** geiriau adeiniog/hedegog; *(b) (with a. prefixed):* **white-~,** ag esgyll/adenydd gwynion. **2.** *Ven: (= hit by shot):* clwyfedig.
winger *n.* **1.** *Fb: &c:* asgellwr (asgellwyr) *m;* **to play ~,** chwarae ar yr asgell. **2.** *Pol:* **left-~,** asgellwr chwith, un o wŷr/bobl yr asgell/adain chwith, dyn(-ion) *(m)* y chwith; **right-~,** asgellwr de, un o wŷr/bobl yr asgell/adain dde, dyn y dde.
wingless *a.* diadain, diadenydd, diasgell, diesgyll, heb adenydd, heb esgyll.
winglessness *n.* diffyg *(m)* adenydd/esgyll.
winglet *n.* asgellig(-au) *f.*
winglike *a.* fel adain, fel asgell.
wingover *n. Aer:* *adeindro(-eon) *m.*
Winifred *Pr.n.f.* Gwenfrewi; **St. ~'s Well,** Ffynnon Wenfrewi.
wink[1] *n. Lit:* amrantiad(-au) *m, F:* chwinciad(-au) *m,* winc(-iau) *f;* **in a ~,** ar amrantiad, mewn chwinc, mewn chwinciad [llygad llo]; **he answered with a ~,** atebodd gyda winc; *F:* **to give the ~ to s.o.,** *F:* **to tip s.o. the ~,** rhoi achlust *(m)* i rn, wincio ar rn, rhybuddio rhn, rhoi rhybudd i rn; **without the ~ of an eyelid,** heb gyffr|oi, yn ddigyffro, heb gyffro amrant; **to have forty winks,** cael cyntun *(m),* cau llygaid, cael hoe fach *(f),* hepian, *N:* pendwmpian, *S.W: occ:* swmera; **I didn't sleep a ~,** ni chysgais i'r un winc/hunell; *Prov:* **a nod's as good as a ~ to a blind horse,** hanner gair i gall.
wink[2] *v.t.&i.* wincio, wincian, amrantu, ysmicio, *N:* chwincian, chwincio; **to ~ at s.o.,** wincio ar rn, rhoi winc ar rn; *F:* **to ~ at an abuse,** cau'ch llygaid ar gamarfer; *(of light):* fflachio, wincio; **to ~ assent,** wincio i gytuno, rhoi winc o gytundeb, cytuno â chwinciad.
wink[3] *n. (in tiddlywinks):* botwm (botymau) *m.*
winker *n.* **1.** *Aut: F:* fflachiwr (fflachwyr) *m,* golau (goleuadau) *(m)* fflachio. **2.** *pl.* = **blinker. 3.** *(pers.):* winciwr (wincwyr) *m,* w|incwraig *f.*
winking[1] *a.* ysmiciog, winciog.
winking[2] *vn.* = **wink**[2]**; as easy as ~,** hawdd fel dŵr/baw, hawdd fel tynnu llaw dros wyneb; *F:* **like ~,** mewn chwinciad, ar amrantiad.
winkle[1] *n. Moll:* gwichiad (gwichiaid) *m,* gwichyn (gwichiaid) *m,* gwichen (gwichiaid) *f;* **dog-~,** gwichiad y cŵn; **freshwater ~,** gwichiad yr afon, malwen (malwod) *(f)* yr afon; **sting ~,** *See* **drill**[1] **1.** *(b)* gwichiad coliog. **~-picker** *n. usu.pl. F:* esgid bigfain (esgidiau pigfain) *f, N.W: occ:* esgid trwyn gast (esgidiau trwynau geist).
winkle[2] *v.t.* **to ~ sth out,** tynnu/turio rhth allan/mas; **to ~ a secret out of s.o.,** cocsio cyfrinach o rn, cael cyfrinach allan o rn, cael cyfrinach o groen rhn.
winnable *a.* enilladwy.
winner *n. (a) (of prize, lottery):* enillydd: enillwr (enillwyr) *m,* en|illwraig *f; (in fight, war):* buddugwr (buddugwyr) *m;* **the ~ of the race,** enillydd y ras, y sawl a enillodd y ras; **to back a ~,** *(i) Turf:* betio ar geffyl buddugol; *(ii) F:* taro'n lwcus; *(at fair):* **every time a ~!** gwobr bob tro! rhywun yn ennill bob tro! *(b)* **this book will be a ~,** bydd y llyfr hwn yn llwyddiant mawr *(m).*
winning[1] *a.* **1.** buddugol; *Sp:* **~ streak,** pwl (pyliau) lwcus *m,* cyfnod(-au) lwcus *m,* cyfnod o lwc, cyfres *(f)* o lwyddiannau. **2.** *(smile &c):* dengar *(pronounced* ng-g), enillgar, deniadol, atyniadol, hudolus.
winning[2] *vn. & n.pl.* **1.** *vn.* = **win**[1],[2]**; the ~ of a battle,** buddugoliaeth *(f)* mewn brwydr, ennill brwydr. **2.** *n.pl.* **winnings,** enillion. **~-post** *n.* postyn (pyst) *(m)* terfynol.
winnow *v.t.* **1.** *(a) Agr:* gwyntyllio, gwyntyllu, nithio; **to ~ the chaff from the grain,** nithio'r us a'r grawn; *(b)* **to ~ the evidence,** nithio'r dystiolaeth, pwyso a mesur y dystiolaeth; **to ~ [out] the truth from the false,** nithio'r gwir a'r gau. **2.** *Poet: (= fan*[2]*):* gwyntyllu.
winnower *n.* nithiwr (nithwyr) *m,* gwyntyllwr (gwyntyllwyr) *m.*
winnowing *vn. & n.pl.* **1.** *vn.* = **winnow 1;** nithiad(-au) *m.* **2.** *n.pl.* **winnowings,** nithion. **~-fan** *n.* gwyntyll(-au) *(f)* nithio. **~-machine** *n.* = **winnower.** **~-sheet** *n.* nithlen(-ni) *f,* carthlen(-ni) *f,* llywanen(-nau) *f,* llywionen(-nau) *f.*
wino *n. F:* alcoholig(-ion) *m&f,* weino(-s) *m&f.*
winsome *a.* dengar *(pronounced* ng-g), serchog, enillgar, deniadol, tirion, swynol.
winsomely *adv.* yn ddengar *(pronounced* ng-g) *&c.*
winsomeness *n.* dengarwch *m (pronounced* ng-g), sercho[w]grwydd *m,* enillgarwch *m,* tiriondeb *m,* anwyldeb *m.*
winter[1] *n.* gaeaf(-au) *m;* **the latter part of ~,** yr hirlwm *m;* **in ~,** yn y gaeaf; **in the depths of ~,** gefn gaeaf, berfedd gaeaf, yng nghanol y gaeaf, ym mhwll y gaeaf, yn nhwll y gaeaf; **a winter's day,** diwrnod o aeaf, gaeafddydd(-au) *m;* **a winter's night,** noson o aeaf, gaeafnos(-au) *f; Lit:* **in the ~ of one's life,** yn eich henaint, yng ngaeaf eich bywyd; *Prov:* **a green ~ makes a fat churchyard,** gaeaf glas, mynwent fras. **~ aconite** *n. Bot: (Eranthus hiemalis):* |aconit *(m)* y gaeaf, bl|eidd-dag *(m)* y gaeaf. **~ apple** *n. Hort:* afal(-au) *(m)* cadw. **~ cherry** *n. Bot: (Physalis alkekengi):* ceiriosen (ceirios) *(f)* y gaeaf, sirianen godog (sirian codog) *f.* **~ cress** *n. Bot: (Barbarea vulgaris):* berwr *(m)* y gaeaf, berwr Caersalem; **American ~ cress,** *(B. verna):* berwr tir; **medium-flowered ~ cress,** *(B. intermedia):* berwr gaeaf canolig; **small-flowered ~ cress,** *(B. stricta):* berwr talsyth. **~-fallow** *n.* braenar *(m)* gaeaf. **~-feed** *v.t.* = **winter**[2] **2. ~**

flowering *a.* gaeaf-flodeuol. ~ **fungus** *n. Fung: (Flammilina velutipes):* coes (*f*) felfed (coesau melfed). ~ **garden** *n.* gardd (*f*) aeaf (gerddi gaeaf). ~**-hardy** *a.* caled. ~ **heliotrope** *n. Bot: (Petasites fragans):* h|eliotrop (*m*) y gaeaf (heliotropau'r gaeaf). ~ **jasmine** *n. Bot: (Jasminum nudiflorum):* jasmin (*m*) y gaeaf. ~ **keep** *n. Husb:* bwyd (*m*) gaeaf. ~**-kill** *v.t. U.S:* rhewi/deifio, gaeafladd. ~ **let** *n.* gosodiad(-au) (*m*) am y gaeaf, gosod (*vn*) am y gaeaf. ~ **moth** *n. Ent:* gwyfyn(-od) (*m*) y gaeaf. **W~ Olympics** *n.pl.* Campau/Gemau Olympaidd y Gaeaf. ~ **quarters** *n.pl.* **1.** *Mil:* lluesty (lluestai) (*m*) gaeaf, gaeafle *m*, gaeafleoedd. **2.** *Husb:* hendref(-i) *f*, gaeafdy (gaeafdai) *m*, gaeafod(-au) *m*; **to take up one's ~ quarters,** hendrefu. ~ **resort** *n.* lle(-oedd) (*m*) gwyliau'r gaeaf. ~ **rose** *n. Bot: (Helleborus niger):* rhosyn (*m*) y gaeaf (rhosynnau'r gaeaf). ~ **sleep** *n.* gaeafgwsg *m*. ~ **solstice** *n.* byrddydd (*m*) gaeaf, y dydd byrraf (*m*), heulsafiad (*m*) y gaeaf, *A: or Lit:* Alban (*m*) Arthan. ~ **sport** *n.* chwarae (*m*) gaeaf (chwaraeon [y] gaeaf). ~**-tide,** ~**-time** *n.* tymor (*m*) y gaeaf. ~ **tilth** *n.* gaeafar(-au) *m*. ~ **visitor** *n.* ymwelydd (ymwelwyr) (*m*) [y] gaeaf. ~**-weight** *a. Cost:* ~**-weight clothes,** dillad gaeaf. ~ **wheat** *n. Bot:* gwenith (*m*) [y] gaeaf. ~ **wind** *n.* gaeafwynt(-oedd) *m*.

winter² *v.i.&t.* **1.** *v.i.* gaeafu, gaeafa, hendrefu, hendrefa, treulio'r gaeaf, bwrw'r gaeaf. **2.** *v.t. (stock &c):* gaeafu (gwartheg/da); cadw, porthi (gwartheg/da) trwy'r gaeaf.

winterberry *n. Bot: (Ilex verticillata):* celynnen (celyn) (*f*) y gaeaf.

winterbourne *n.* nant (nentydd) hafesb *f*, gaeafnant (gaeafnentydd) *f*.

wintergreen *n. Bot:* **common** ~, **lesser** ~, *(Pyrola minor):* coedwyrdd bychan *m*, y coedwyrdd lleiaf, gwyrdd (*m*) y coed, glesyn (*m*) y gaeaf, gwyrdd y gaeaf; **chickweed** ~, *(Trientalis europaea):* gwerddig *m*; **intermediate** ~, *(P. media):* coedwyrdd cyfryngol, coedwyrdd canolig; **larger** ~, **round-leaved** ~, *(P. rotundifolia):* coedwyrdd crynddail; **nodding** ~, = **serrated wintergreen**; **one-flowered** ~, *(Moneses uniflora):* coedwyrdd unflodeuog; **pale green** ~, *(P. chlorantha):* coedwyrdd melynwyrdd; **serrated** ~, **toothed** ~, *(P. secunda):* coedwyrdd bylchog/danheddog; **umbellate** ~, *(Chimaphila pyrola umbellata):* coedwyrdd wmbelog; **yellow** ~, *(P. chlorantha):* coedwyrdd melyn.

wintering *vn.* gaeafu, gaeafiad *m*.

winterish *a.* = **wintry.**

winterize *v.t. U.S:* addasu (rhth) at y gaeaf, gaeafu (rhth).

winterless *a.* diaeaf, heb aeaf/aeafau.

winterly *a.* gaeafol, gaeafaidd.

wintersweet *n. Bot: (Chimonanthus praecox):* gaeaflys pêr *m*.

wintrily *adv.* yn aeafol.

wintriness *n.* gaeafoldeb *m*.

wintry *a.* gaeafol, gaeafaidd; *(smile):* oer, oeraidd.

winy *a.* gwinaidd.

winze *n. Min:* twll (tyllau) (*m*) awyr/aer.

wipe¹ *n.* **1.** *(a)* sychiad(-au) *m*, rhwbiad(-au) *m*; **to give sth a ~ with a cloth,** sychu rhth â lliain, taro lliain ar rth, tynnu lliain dros rth; **to give the dishes a ~,** sychu'r llestri; *(b) Cin: T.V:* disodliad(-au) *m*. **2.** *F:* = **swipe¹, handkerchief.**

wipe² *v.t.&i.* **to ~ sth dry,** sychu rhth [yn sych]; *Fig:* **to ~ s.o.'s eye,** achub y blaen ar rn; *Fig:* **to ~ the slate clean,** ailgychwyn, ailddechrau, troi dalen newydd, dechrau o'r dechrau eto; *F:* **to ~ the floor with s.o.,** llorio rhn, rhoi crasfa/curfa i rn, *S. W:* rhoi sychad i rn; *T.V: (video):* disodli; *(tape):* dil|eu; ~ **away** *v.t. (tears &c):* sychu; *(mark):* rhwbio, dileu. ~ **off** *v.t. (a) (mark):* dileu, rhwbio; *(a debt):* dileu, talu; *F:* **that'll ~ the smile off his face,** bydd hynny'n tynnu'r wên oddi ar ei wyneb; **to ~ a town off the map,** dinistrio/dileu tref yn llwyr; *(b) Phot:* sychu. ~ **out** *v.t. (a) (bath &c):* sychu (rhth) yn lân, glanh|au; *(debt):* dileu, clirio, talu; *(past, memory):* dileu, anghofio; *(b) (an army):* dinistrio, difa, chwalu, difodi, dileu; **the fire wiped out the whole district,** llosgwyd yr holl ardal yn ulw gan y tân. ~**-out** *n.* **1.** *W.Tel:* ymyrraeth *f*. **2.** *Surfing:* codwm (codymau) *m*. ~ **up** *v.t.&i.* **1.** *(mess):* glanh|au, clirio, sychu. **2. to ~ up the dishes,** sychu'r llestri.

wiper *n.* **1.** *(= rag, cloth):* clwt: clwtyn (clytiau) *m*, sychwr (sychwyr) *m*, *occ: (in technical senses):* sychydd(-ion) *m*; *Aut:* **windscreen ~,** sychwr ffenestr (sychwyr ffenestri), sychwr glaw, *occ:* pendil(-iau) (*m*) glaw, *F:* weipar(-s) *m*, peth(-au) (*m*) sychu ffenestr. **2.** *Mec.E:* cam(-au,-iau) *m*; *I.C.E:* **ignition ~,** cam tanio; *El.E:* contact(-iau) symudol *m*. ~ **lubrication** *vn.* iro â sychwr/sychydd. ~**-shaft** *n. Mec.E:* echel (*f*) gamog (echelau/echelydd camog).

wiping *vn.* sychiad *m*, sychu; ~ **out,** *(of a debt, memory):* dilead *m*, dil|eu *vn.*

wire¹ *n.* **1.** *(a) Lit:* gwifren (gwifrau) *f*, *F:* weiren (weirs) *f*, weiar(-s) *f*, *occ:* wirsen (wirs) *f*; *Metalw:* **binding-~,** gwifren/weiren rwymo (gwifrau/weirs rhwymo); **bare ~,** gwifren noeth; **copper ~,** gwifren/weiren gopr/gopor/goprog (gwifrau/weirs copr/copor/coprog); **fine brass ~,** gwifren/weiren bres fain (gwifrau/weirs pres main); **stranded** ~, gwifren/weiren gyfrodedd (gwifrau/weirs cyfrodedd); **twin** ~, gwifren/weiren ddwbl (gwifrau/weirs dwbl); **cheese ~,** gwifren/weiren gaws (gwifrau/weirs caws); *(b)* **telegraph** ~, gwifren/weiren delegraff (gwifrau/weirs telegraff); **by ~,** dros y wifren delegraff, drwy'r telegraff; **private ~,** eich lein eich hun; *(c)* **puppet ~,** llinyn (*m*) pyped (llinynnau pypedau); **to pull the wires,** tynnu'r llinynnau/gwifrau; *(d) F:* **to get one's wires crossed,** camddeall rhth, drysu; **live ~,** *(i)* gwifren fyw (gwifrau byw); *(ii) F:* **he's a real live ~,** mae'n llawn mynd/egni/ynni; *N.W: occ:* mae o fel m|iriman; *(e) (in circus):* **the high ~,** y rhaff uchel *f*. **2.** *F:* = **telegram.** ~**-bird** *n. Orn:* cwtiad (cwtiaid) (*m*) y gweunwellt. ~**-board** *n. Laund:* bwrdd (byrddau) (*m*) weiar. ~**-brush** *n.* brwsh(-is) (*m*) weiars. ~**-cloth** *n.* lliain (llieiniau) (*m*) weiars, lliain gwifrog. ~**-coil** *n. Ph:* torch (*f*) wifrau (torchau gwifrau), torch wifrog (torchau gwifrog) *f*, coil(-iau) (*m*) gwifren. ~**-cutter** *n. Tls:* torrwr (torwyr) (*m*) gwifrau, peth(-au) (*m*) torri gwifrau. ~**-dancer** *n.* dawnsiwr (dawnswyr) (*m*) ar raff/wifren, d|awnswraig (dawnswragedd) (*f*) ar raff/wifren. ~**-dancing** *vn.* dawnsio ar raff/wifren. ~ **detector** *n. Aut: &c:* datgelydd(-ion) gwifrog *m*. ~**-draw** *v.t. Metalw:* tynnu weiar, tynnu gwifren. ~**-drawer** *n.* gwifrwr (gwifrwyr) *m*, tynnwr (tynwyr) (*m*) weiar. ~**-drawing** *vn.* tynnu weiar. ~**-drawn** *p.p. Fig:* gorfanwl, rhy fanwl, rhy fain. ~**-edge** *n.* ymyl [g]wifrog (ymylon gwifrog) *mf*. ~ **gauge** *n.* medrydd(-ion) (*m*) weiar. ~**-gauze** *n.* gwifrwe(-oedd) *f*, gwe wifrog (gweoedd gwifrog) *f*. ~**-glass** *n.* gwydr gwifrog *m*. ~**-grass** *n. Bot: (Poa compressa):* gweunwellt *m*. ~**-gun** *n.* gwn (gynnau) (*m*) weiars. ~**-haired** *a.* gwrychog. ~ **lines** *n.pl.* gwifrlinellau. ~**-man** *n.m.* dyn(-ion) trydan/letrig. ~**-mark** *n. Paperm:* nod(-au) (*m*) weiren. ~ **mattress** *n.* matres(-i) (*f*) weiars. ~**-mesh** *n.* rhwyll wifrog (rhwyllau gwifrog) *f*, rhwyll wifrau/weiars. ~**-mesh support** *n.* cynhaliwr (cynhalwyr) (*m*) rhwyll wifrau. ~**-nail** *n.* hoelen gron (hoelion crynion) *f*. ~ **netting** *n.* rhwyd (*f*) wifrau (rhwydi gwifrau), *F:* weiren netin, weiar-netin *m*. ~**-photo** *n.* teleff|otograff (teleffotograffau) *m*. ~ **printer** *n. Cmptr:* gwifren-argraffydd(-ion) *m*. ~**-puller** *n. F:* tynnwr (tynwyr) (*m*) llinynnau, tynnwr gwifrau/weiars, t|ynwraig (*f*) llinynnau *&c*. ~**-pulling** *vn.* tynnu llinynnau, tynnu gwifrau/weiars. ~ **rope** *n.* rhaff (*f*) wifrau (rhaffau gwifrau). ~**-service** *n.* gwasanaeth (*m*) newyddion. ~ **stitch** *n.* gwifrbwyth(-au) *m*. ~ **strainer** *n.* hidlwr (hidlwyr) (*m*) weiars/gwifrau. ~**-tapper** *n.* tapiwr (tapwyr) (*m*) ffôn, clustfeiniwr (clustfeinwyr) *m*. ~**-tapping** *vn.* clustfeinio ar y ffôn, tapio ffôn. ~**-walker** *n.* cerddwr (cerddwyr) (*m*) ar raff/wifren, c|erddwraig (cerddwragedd) (*f*) ar raff/wifren. ~ **wheel** *n.* olwyn(-ion) (*f*) weiars, olwyn wifrog (olwynion gwifrog). ~ **wool** *n.* gwlân (*m*) dur. ~**-worm** *n. Ent:* hoelen (*f*) ddaear (hoelion daear). ~**-wove** *a. Paperm:* heb linellau, plaen.

wire² *v.t.* **1.** *(= bind with wire):* rhwymo (rhth) â gwifren/weiar; **to ~ sth to sth,** clymu rhth â gwifren wrth rth, *N: F:* weirio rhth yn sownd yn rhth. **2. to ~ a house,** gosod trydan mewn tŷ, *F:* weirio tŷ; **to ~ a hall for sound,** gosod system sain mewn neuadd. **3.** *F: (= telegraph²):* anfon t|elegram (at rn). **4.** *(= snare):* maglu, trapio, dal. **5.** *Croquet:* atal, rhwystro. **6.** *Cmptr:* gwifro. **7.** *Agr:* weirio (rhth), gosod weiren (ar rth). ~ **in** *v.t. (= enclose):* cau (tir) â gwifren/weiar, *F:* weirio (tir). ~ **up** *v.t. El.E: (batteries &c):* cyplysu (rhth) â gwifren/weiar.

wired *a.* gwifrog; ~ **for sound,** â gwifrau sain, gwifrog ar gyfer sain; *Metalw:* ~ **edge,** ymyl [g]wifrog (ymylon gwifrog) *mf*.

wireless¹ *a.* & *n.* **1.** *a.* di-wifr, diwifrau, heb wifrau. **2.** *n. O:* ~ **[radio],** *F:* w|eiarles (weiarlesi) *f*, radio(-s) *f*, *Lit: O:* di-wifr *m*; **I heard it on the ~,** fe'i clywais ar y radio. ~ **set** *n.* set(- iau) (*f*) radio.

wireless² *v.t.* anfon neges dros/ar y radio, anfon neges drwy'r radio.
wirework *n.* gwifrwaith *m.*
wirily *adv.* fel gwifren/weiren; **~ built, = wiry** *(b).*
wiriness *n. (a) (of hair):* gwrychni *m; (b) (of build):* gwytnwch *m.*
wiring *vn. & n.* **1.** *vn.* = **wire²**. **2.** *n. Lit:* gwifriad *m, F:* weiriad *m,* weirin *m.*
Wirral *Pr.n. Geog:* Cilgwri *m.*
wiry *a. (a) (hair):* gwrychog; *(b) (pers., build):* gwydn, gewynnog, gieulyd, gieuog.
wisdom *n.* doethineb *m,* callineb *m; B:* **the W~ of Solomon,** Doethineb Solomon; *B:* **the W~ of Jesus, the son of Sirach,** Doethineb Iesu mab Sirach. **W~ Literature** *n.* Llenyddiaeth *(f)* Ddoethineb, Llên *(f)* Ddoethineb. **~ tooth** *n.* cilddant (cilddannedd) olaf *m,* cefnddant (cefnddannedd) *m, M.W:* dant (dannedd) *(m)* gofid, *S.E:* dant helbul.
wise¹ *a.* **1.** doeth, call, *Lit: occ:* synhwyrgall, hirben; **a ~ saw,** dihareb (diarhebion) *f,* hen air (hen eiriau) *m;* **a ~ man,** *(i)* doethyn (doethion) *m,* doethwr (doethwyr) *m,* gŵr (gwŷr) doeth; *(ii) (= sorcerer):* dyn(-ion) hysbys *m,* gŵr (gwŷr) hysbys *m,* dewin(- iaid) *m;* **~ woman,** *(i)* d|oethwraig (doethwragedd) *f; (ii) (= sorceress, village midwife):* gwr|aig (gwragedd) hysbys *f,* dewines(-au) *f; B:* **the W~ Men from the East,** y Doethion o'r Dwyrain; *Lit:* **the Seven W~ Men,** y Saith D[d]oethion; **he's ~ beyond his years,** mae'n hengall (*pronounced* ng-g); mae'n henffel; **to get/grow wiser,** *(i) (= less foolish):* ymbwyllo, callio; *(ii) (= more experienced):* cael/ennill profiad; *Prov:* **~ after the event,** doeth drannoeth y drin. **2.** *(a)* **she looked ~,** 'roedd golwg ddoeth/ddifrifol arni; *(b)* **I'm no wiser than you,** nid wyf i fawr callach na chwithau; ni wn i fawr fwy na chwithau; **he's none the wiser for it; he's not any the wiser for it,** nid yw ddim/fawr callach o'r herwydd; nid yw ddim/fawr callach o ganlyniad; nid yw wedi dysgu dim; **(to do sth) without anyone being the wiser,** (gwneud rhth) yn ddiarwybod i bawb, heb i neb wybod, heb yn wybod i neb, heb gael eich dal, heb gael eich gweld; *(c) F:* **to get ~ to sth,** dod i wybod am rth, clywed am rth, dod yn ymwybodol o rth; **to put s.o. ~ to sth,** rhoi gwybod i rn am rth, rhoi rhth ar ddeall i rn; *P:* **a ~ guy,** rhn sy'n gwybod popeth, rhn sy'n gwybod y cyfan/cwbl; **~ guy, huh?** trio bod yn glyfar, ie?
wise² *n. Lit: (= way):* modd *m,* ffordd *f,* gwedd *f;* **in no ~,** ddim mewn unrhyw fodd, ddim o gwbl.
wise³ *v.t. F:* **to ~ s.o. up,** dweud wrth rn am rth, sôn am rth wrth rn, rhoi gwybod i rn am rth, hysbysu rhn o rth, rhoi rhth ar ddeall i rn, rhoi rhn ar ben y ffordd.
-wise⁴ *a. & adv.* **1.** *(= in the direction of):* gyda ..., yn wysg ..., llwrw ...; -wedd; **crosswise,** ar draws; **lengthwise,** ar ei hyd, yn ei hyd, gyda'r hyd; **clockwise,** clocwedd, *adv.* yn glocwedd, gyda'r cloc, yr un ffordd â bysedd y cloc, i'r dde. **2.** *(= as regards):* o ran; **healthwise,** o ran iechyd, o safbwynt iechyd; **salarywise,** o ran cyflog &c; **she is nowise better,** nid yw hi ronyn/fymryn/damaid yn well; nid yw hi ronyn/fymryn/damaid well.
wiseacre *n.* doethyn (doethion) *m,* doethinebwr (doethinebwyr) *m.*
wisecrack¹ *n.* ateb(-ion) parod *m,* gair (geiriau) ffraeth *m,* sylw(-adau) ffraeth *m,* [y]smaldod(-au) *m,* ffraetheb(-ion) *f, F:* jôc(-s) *f.*
wisecrack² *v.i.* dweud jôc, siarad yn ffraeth, siarad yn [y]smala, cellwair, ffraethebu, dweud pethau digrif/doniol/[y]smala, *F:* cracio jôc[-s].
wisecracker *n.* gŵr (gwŷr) ffraeth *m,* dyn(-ion) [y]smala *m,* dyn dweud jôcs, jociwr (jocwyr) *m,* ffraethebwr (ffraethebwyr) *m,* cellweiriwr (cellweirwyr) *m.*
wisecracking¹ *a.* [y]smala, ffraeth, siarp, parod eich tafod, joclyd, cellweirus.
wisecracking² *vn.* = **wisecrack²**.
wisely *adv.* yn ddoeth &c.
wisent *n. Z:* ych gwyllt (ychen gwylltion) *m.*
wish¹ *n. (a) (= desire):* awydd(-au) *m,* dyhead(-au) *m,* dymuniad(-au) *m, occ:* deisyfiad(-au) *m,* awch *m,* blys(-iau) *m, S:* chwant(-au) *m, Lit:* eidduniad *m,* eidduned *f;* **I have no ~ to go to see it,** nid oes arnaf flys/awydd/chwant mynd i'w weld; nid wyf yn dymuno'i weld; nid yw'n ddymuniad gennyf ei weld; **the ~ to please,** awydd plesio, yr awydd i blesio, blys am blesio; **by my father's ~,** yn ôl dymuniad fy nhad; *Prov:* **if wishes were horses, beggars would ride,** pe bai'r Wyddfa'n gaws fe fyddai'n haws cael cosyn; *Prov:* **the ~ is father to the thought,** breuddwyd gwrach yn ôl ei hewyllys; **(it was done) against my wishes, contrary to my wishes,** (fe'i gwnaed) yn groes i'm dymuniad i, ar fy ngwaethaf i, yn groes i'm hewyllys i; *(b) (= request):* dymuniad, *Lit: occ:* eidduned; **you shall have your ~,** fe gewch eich dymuniad; fe gewch yr hyn a fynnwch; **to make a ~,** dymuno, gwneud dymuniad; **your ~ will come true,** fe ddaw'ch dymuniad yn wir; fe wireddir eich dymuniad; **to send all good wishes to s.o.,** dymuno'n dda i rn, dymuno'r gorau i rn, dymuno popeth o'r gorau i rn, cofio at rn, anfon cofion at rn; **send your brother my best wishes,** cofiwch fi'n garedig at eich brawd. **~-fulfilment** *n.* cyflawni *(vn)* dyhead[-au], eiddun-gyflawniad *m,* gwireddu *(vn)* breuddwyd.
wish² *v.ind.t. & v.t.* **1.** *v.ind.t.* **to ~ (for sth),** dymuno, *Lit:* chwennych, chwenychu, eidduno, deisyf (rhth); *occ:* blysu (rhth, am rth); *S: occ:* chwant[i]o (rhth); **I couldn't ~ for anything better,** ni allwn ddymuno dim gwell; **what more can/do you ~ for?** beth fwy/ychwaneg sydd arnoch ei eisiau? *F:* beth gewch chi well? **2.** *v.t. (a)* **to ~ to do sth,** dymuno gwneud rhth, bod ag awydd gwneud rhth; **I do not ~ it,** ni fynnaf mohono; nid wyf i ddim yn ei ddymuno; nid oes arnaf mo'i awydd/chwant; **I ~ to add one point,** carwn ychwanegu un sylw; **I ~ it to be done,** dymunaf iddo gael ei wneud; *F:* 'rwyf am iddo gael ei wneud; *(b)* **I ~ I were a bird!** o na bawn i'n aderyn! **I ~ I were in your place,** byddai'n dda gen i fod yn eich lle chi; o na chawn i fod yn eich lle chi! **I ~ I'd said that,** mi hoffwn i fod wedi dweud hynna; fe fyddai'n dda gen i fod wedi dweud hynna; **I ~ I had never been born!** gwae fi fy ngeni! o na bawn heb fy ngeni! fe fyddai'n dda gennyf pe na chawswn fy ngeni! **I ~ I hadn't left so early,** mae'n edifar/ddrwg gennyf imi adael mor gynnar; **I ~ she would come!** mi hoffwn pe gallai ddod! byddai'n dda gennyf pe gallai ddod! byddai'n dda gennyf ei gweld yn dod! byddai'n dda gennyf petai hi'n dod! paham na ddaw hi? *Lit:* o na ddeuai! **how I ~ I could [do it]!** o na allwn i [ei wneud]! gresyn na allwn i [ei wneud]! mi hoffwn i pe gallwn ei wneud! *F:* **to ~ one's life away,** dymuno'ch oes, deisyfu'ch oes/einioes; *(c)* **it is to be wished that ...,** rhaid gobeithio bod ...; *F:* **don't you ~ you may get it!** fe fyddet yn falch ohono, oni fyddet! *F:* **it's been wished on/upon me,** fe'i gwthiwyd arnaf i; bu'n rhaid imi ei dderbyn; fe'm gorfodwyd i'w dderbyn; nid oedd gennyf ddewis ond ei dderbyn; **I ~ it may not prove true,** ni allaf ond gobeithio na fydd yn wir; *(d)* **to ~ s.o. well,** dymuno'n dda i rn, *Lit: occ:* eidduno'n dda i rn; **I ~ you joy of it!** a phob hwyl ichi gydag e! **he wishes nobody ill/harm,** nid yw'n dymuno dim drwg i neb; **to ~ s.o. good night,** dymuno nos da i rn, *N: F:* dweud nos dawch wrth rn; **to ~ s.o. goodbye,** canu'n iach i rn; **to ~ s.o. a Merry Christmas,** dymuno Nadolig Llawen i rn.
wishbone *n.* asgwrn (esgyrn) *(m)* tynnu, *A: or Lit:* asgwrn gwenydd.
wished *a.* **~-for,** dymunedig, a ddymunir/ddymunid/ddymunwyd, chwenychedig, a chwenychir/chwenychid/chwenychwyd.
wisher *n.* dymunwr (dymunwyr) *m,* dym|unwraig *f, occ:* eiddunwr (eiddunwyr) *m,* eidd|unwraig *f;* **well-~,** dymunwr daioni, ewyllysiwr da.
wishful *a.* **1.** *(= desirous):* awyddus, eiddgar, chwannog; **~ to do sth, ~ of doing sth,** awyddus i wneud rhth. **2.** *(= longing):* hiraethus, llawn dyhead; **~ thinking,** gobaith (gobeithion) ofer *m,* coel(-ion) *(f)* blys, blysgoelio *vn,* breuddwyd *(mf)* gwrach, eiddun-synio *vn,* breuddwydio *(vn)* wrth ewyllys.
wishfully *adv.* yn awyddus &c; gyda dyhead, yn hiraethus.
wishing *vn.* = **wish²**. **~-well** *n.* ffynnon *(f)* ofuned (ffynhonnau gofuned).
wish-wash *n.* slops *pl,* slot *m,* golchion *pl,* golchionach *m.*
wishy-washy *a. F: (liquid, taste):* glastwraidd, diflas, golchionaidd, golchlyd, merfaidd, gwan (gweinion), gwannaidd, gwanllyd, gwantan; *(colour):* di-liw, llwydaidd, gwan; *Fig:* gwantan, tila, llipa.
wisp *n. (a) (of straw, hair):* tusw(-au) *m,* sypyn(-nau) *m,* twffyn (tyffiau) *m; (b) (of smoke):* pwff (pyffiau) *m,* chwiff(-iau) *f,* pluen (plu) *f,* plufyn (plu) *m,* chwiffiad(-au) *m; (c)* **a little ~ of a**

girl, merch fechan fach (merched bychain bach), pluen (*f*) o ferch.
wisplike, wispy *a.* eiddil, tila, disylwedd, ansylweddol; *(hair):* tuswaidd.
wist *v. See* **wit**[3]; **~ ye not?** oni wyddost (wyddoch)?
wistaria, wisteria *n. Bot:* wistaria(-s) *f*, wisteria(-s) *f*.
wistful *a.* hiraethus, hiraethlon, llawn dyhead, dwys, chwith.
wistfully *adv.* yn hiraethus &c.
wistfulness *n.* hiraeth *m*, dyhead *m*, chwithdod *m*.
Wiston *W.Pl.n.* Cas-wis *m*.
wit[1] *n.* **1.** *(often pl.):* synnwyr *m*, meddwl *m*, deall *m*, crebwyll *m*; **mother ~, native ~,** synnwyr cyffredin [cynhenid]; **he hasn't the ~/wits to see it,** nid yw'n ddigon deallus i'w weld; **he has slow wits,** meddwl araf sydd ganddo; **she has quick wits,** mae ganddi feddwl craff/chwim; mae hi'n un esgud; *N:* mae hi'n un sgut; **to lose one's wits,** drysu, gwallgofi, mynd yn wallgof, mynd yn lloerig, lloerigo, colli arnoch eich hun, colli pob rheswm, colli'ch synnwyr, mynd o'ch cof; **to collect one's wits,** ymbwyllo, eich meddiannu'ch hun, cael gafael arnoch/ynoch eich hun, hel eich meddyliau at ei gilydd; **to be scared out of one's wits,** dychryn am eich bywyd/hoedl, dychryn ar eich hyd; **to sharpen s.o.'s wits,** miniogi deall rhn; **to have/keep one's wits about one,** cadw'ch pwyll, peidio â cholli arnoch, peidio â cholli'ch pen, *N.W:* peidio â ffrwcsio, *S:* peidio â gwylltu; **he has all his wits about him,** mae'n gwybod beth yw beth; mae ganddo lygaid yn ei ben; mae e/o yna i gyd; mae'n ddigon hengall (*pronounced* ng-g); nid yw'n un i dorri cnau gweigion; **I'm at my wits' end,** wn i ddim beth i'w wneud nesaf; wn i ddim at bwy/beth i droi; **a battle of wits,** gornest am y craffaf; **to engage in a battle of wits,** cystadlu am y craffaf; **the remedy is past the ~ of man to devise,** mae'r feddyginiaeth y tu hwnt i ddyfeisgarwch/allu dyn; **to live by one's wits,** byw ar eich ystryw/ystrywiau; **he lived on his wits,** 'roedd yn byw ar beth bynnag a gâi; **to put one's wits to work on a problem,** rhoi'ch meddwl ar waith i ddatrys anhawster; ymr|oi i ddatrys problem. **2.** *(= wittiness):* ffraethineb *m*, ysmaldod *m*, arabedd *m*; **a conversation sparkling with ~,** sgwrs yn pefrio gan ffraethineb.
wit[2] *n. (pers.):* dyn(-ion) ffraeth *m*, gŵr (gwŷr) ffraeth *m*, merch(-ed) ffraeth *f*, gwr|aig (gwragedd) ffraeth *f*.
wit[3] *v.t. A:* gwybod; *Jur: &c:* **to ~,** sef . . ., hynny yw . . .; **God wot,** Duw a ŵyr.
witan *n. Eng.Hist:* henaduriaid *pl*, **witan** *f*.
witch[1] *n.* *(a)* *(= sorceress):* dewines(-au) *f*, rheibes(-au) *f*, s|wynwraig (swynwragedd) *f*, dew|inwraig (dewinwragedd) *f*, gwiddan: gwiddon(-od) *f*, gwiddones(-au) *f*, *F:* witsh(-is) *f*; gwrach(-od, *occ:* -ïod) *f (= hag, crone) is commonly used in this sense, though not historically justified*; **the pretty young girl was found to be a witch,** cafwyd mai dewines oedd y ferch ifanc dlos; *B:* **the W~ of Endor,** Dewines Endor; **male ~,** dewin(-iaid) *m*, gŵr (gwŷr) hysbys *m*, dyn(-ion) hysbys *m*; **white ~,** gwr|aig (gwragedd) hysbys *f*; **he was burnt as a ~,** llosgwyd ef am fod yn ddewin (*not* yn wrach); *(b)* *F:* *(in weaker sense):* **old ~,** hen wrach, hen sguthan(-od) *f*, *S.E:* hen gansen *f*, *N.W:* hen gnawes(-au) *f*; *(c)* *(= seductive woman):* hudoles(-au) *f*; *(d)* *Ich:* lleden (lledod) (*f*) witsian, pysgodyn (pysgod) (*m*) witsian; *(e)* *Mth:* cromlin(-au) *f*; **~ of Agnesi,** cromlin Agnesi. **~-alder** *n. Bot:* **= wych-alder**. **~ ball** *n.* pelen (*f*) ellyll (peli ellyllon). **witches' broom, witches' besom** *n. Nat.Hist:* ysgubellau(*pl*)'r witshis. **witches' butter** *n. Fung:* ymenyn (*m*) y witshis. **~-doctor** *n. Anthr:* dyn(-ion) (*m*) hysbys, gŵr (gwŷr) hysbys *m*. **~-elm** *n. Bot:* **= wych-elm.** **~-finder** *n.* ceisiwr (ceiswyr) (*m*) dewiniaid. **~-hazel** *n. Bot:* **= wych-hazel**. **~-hunt** *n.* helfa (*f*) ddewiniaid (helf|eydd dewiniaid); *Fig:* erledigaeth *f*. **~-hunter** *n.* heliwr/erlidiwr (helwyr/erlidwyr) (*m*) dewiniaid. **~-hunting** *vn.* hela/erlid dewiniaid; *Fig:* erledigaeth *f*. **~-like** *a.* *(face &c):* gwrachaidd, fel hen wrach. **~-meal** *n. Bot:* blawd (*m*) mwsogl. **~-moth** *n. Ent:* (*)ellyll du (ellyllon duon) *m*.
witch[2] *v.t. F:* **= bewitch.**
witchcraft *n.* dewiniaeth *f*, dewindabaeth *f*, swyngyfaredd *f* (*pronounced* ng-g); **as if by ~,** yn wyrthiol, megis trwy hudoliaeth, fel petai drwy hud.
witchery *n.* **1. = witchcraft. 2.** *(= charm):* swyn *f*, swyngyfaredd *f* (*pronounced* ng-g), hudoliaeth *f*, hud *m*.
witchet[t]y *n. Ent:* **~ [grub],** cynrhonyn (cynrhon) *m*.
witching *a.* **1.** dewinol, dewiniol; **the ~ hour, the ~ time of night,** hanner (*f*) nos; *Lit:* dewiniol dymp y nos. **2.** *(= enchanting):* hudol, swynol.
Witenagemot *n. Eng. Hist:* ***Witenagemot*** *f*.
with *prep.* gyda + *asp. mut.*, gydag *(before vowels)*, *often abbr. to* 'da, 'dag *in S*; â + *asp. mut.*, ag *(before vowels)*; *N:* efo, *occ:* efog *(before vowels)*, *N: F:* hefo, *M.W: occ:* getho. **1.** *(a)* *(expressing accompaniment):* **to work with s.o.,** cydweithio â rhn, gweithio gyda/hefo rhn, gweithio yng nghwmni rhn; **he is staying ~ friends,** mae'n aros gyda ffrindiau; **come and stay ~ us,** dewch i aros atom; **to mingle ~ the crowd,** cymysgu â'r dorf; **the king [together] ~ his retinue,** y brenin ynghyd â'i osgordd, y brenin gyda'i osgordd; **I have nobody to go out ~,** nid oes gennyf neb i fynd allan ag ef/hi; nid oes gennyf gwmni i fynd allan; **to go/walk out ~ a girl,** *(= court):* canlyn merch; **here I am ~ nobody to talk to,** dyma fi heb neb i siarad ag ef; *Mil:* **~ the colours,** yn y fyddin, dan y faner; **I'll be ~ you in a moment,** mi fydda' i gyda chi mewn eiliad; mi ddof atoch mewn eiliad; **a question that is always ~ us,** cwestiwn sydd bob amser yn ein hwynebu, cwestiwn nad yw byth yn ein gadael; **it's holiday time ~ us,** mae hi'n wyliau arnom ni; mae hi'n adeg gwyliau yma; *(b)* *(= having):* â, gyda, *neg.* heb + *soft mut.*; **a knife ~ a silver handle,** cyllell a charn arian iddi/ganddi, cyllell â charn arian, cyllell ac iddi garn arian, cyllell garn arian; **~ no money,** heb arian; **~ no hat on,** heb het am eich pen; **a girl ~ blue eyes,** merch lygatlas, merch â llygaid gleision, merch ac iddi lygaid gleision, merch a chanddi lygaid gleision; **a child ~ a cold,** plentyn dan annwyd; **a child ~ measles,** plentyn a'r frech goch arno; **~ his hat on,** yn gwisgo'i het, a'i het am ei ben (*not* ar ei ben); **~ his coat on,** â'i gôt amdano, yn gwisgo'i gôt (*not* a'i gôt ar, a'i gôt ymlaen); **~ his shoes on,** yn ei esgidiau, a'i esgidiau am ei draed; **~ your ability you'll soon master it,** gyda'ch gallu chi, buan y dewch i'w feistroli; *Jur:* **~ costs,** gyda chostau; *Jur:* **~ will annexed,** gydag ewyllys ynghlwm; **(to leave a child) ~ s.o.,** (gadael plentyn) yng ngofal rhn, dan ofal rhn; **the literary column ~ Professor Davies,** y golofn lenyddol yng ngofal yr Athro Davies; *Th:* **an evening ~ John Hughes and his band,** noson yng nghwmni John Hughes a'i fand; *Th:* **~ books,** â/gyda chopi; *Dressm:* **~ nap,** napiog; *(c)* **~ child,** beichiog, *F:* yn disgwyl, dan eich gofal; *(of animal):* llawn; **~ young,** torrog, cyfeb, cyfebr; *(mare):* cyfebol, cyfeb; *(cow, elephant, seal):* cyflo; *(sheep, goat):* cyfoen; *(sow):* torrog; *(d)* *(= having):* gan + *soft mut.* + *noun*; *pronominal forms:* gennyf, gennyt, ganddo, ganddi, gennym, gennych, ganddynt (*not* ganddom, ganddoch), *S:* gyda + *asp. mut.:* **he came in ~ a bag,** daeth i mewn a bag ganddo; **a man ~ a bag,** dyn a chanddo fag, dyn â bag; **have you a pencil ~ you?** a oes gennych chi bensel? *S:* oes pensel gyda chi? **the choice rests/lies ~ you,** chi biau dewis; mae'r dewis yn eich dwylo chi; chi sydd i ddewis; **the next move is ~ him,** ef sydd i weithredu nesaf; ef biau gweithredu nesaf; *Ecc:* **he rests ~ God,** mae'n gorffwys gyda Duw; *(e)* **~ him all men are equal,** yn ei olwg ef mae pob dyn yn gyfartal; *(f)* *(= in spite of):* **~ all his faults,** er gwaethaf ei holl wendidau, gyda'i holl wendidau; *(g)* **(what will happen to her) ~ both her parents dead?** (beth a ddaw ohoni) a'i rhieni wedi marw, a hithau wedi colli ei mam a'i thad? **2.** *(a)* *(expressing association):* **to correspond ~ s.o.,** gohebu â rhn; **to trade ~ France,** masnachu â Ffrainc; **to have to do ~ s.o.,** ymwn|eud â rhn; **what do you want ~ me?** beth fynnwch chi â mi? beth fynnwch chi gen i? **it has nothing to do ~ me,** nid oes a wnelo hyn ddim â mi; **I can do nothing ~ him,** ni fedraf wneud dim ag ef; **a subject ~ which I am not familiar,** pwnc nad wyf yn gyfarwydd ag ef, pwnc anghyfarwydd i mi; **to be patient ~ s.o.,** bod yn amyneddgar â rhn; **to be angry ~ s.o.,** gwylltio/digio wrth rn, *S:* bod yn grac gyda rhn; **to be honest ~ oneself,** bod yn onest â chwi eich hun; **to be in favour ~ s.o.,** bod yn ffafr rhn, bod yn uchel gan rn, bod yn hoff gan rn; **it's a habit ~ me,** mae'n arferiad gennyf; **to use one's influence ~ s.o.,** dylanwadu ar rn, cael dylanwad ar rn, arfer eich dylanwad ar rn; **the difficulty ~ poetry is to read it well,** y peth anodd ynghylch barddoniaeth yw ei darllen yn dda; **all is well ~ him,** mae popeth yn iawn gydag ef; **what's wrong ~ you? what's the matter ~ you?** beth sy' arnoch chi? beth sy'n bod arnoch chi? beth sy' o'i le arnoch chi? *N. W: F: occ:* be' haru chi? **there's sth wrong (~ this machine),** mae rhth yn bod, mae rhth o'i le (ar y peiriant 'ma); *F:* **what's ~ you,** be sy'n bod

arnat ti? be' sy'n dy boeni di? *(b)* **I sympathize ~ you,** 'rwy'n cydymdeimlo â chi; **be merciful ~ us!** tosturiwch wrthym! **I don't agree ~ you,** nid wyf yn cytuno â chi; **I'm ~ you,** *(i) (= I understand you):* 'rwy'n eich deall/dilyn; *(ii) (= I support you):* 'rwyf o'ch plaid/tu; 'rwy'n un ohonoch; 'rwyf gyda chi; **I'm not ~ you,** nid wyf yn eich deall; *F:* **to rise ~ the lark,** codi gyda'r wawr, codi ar doriad y dydd, *N:* codi cyn cŵn Caer; **~ these words (he departed),** gan ddweud hyn, gyda'r geiriau hyn, gyda hyn (fe ymadawodd); **~ the outbreak of war,** ar ddechrau'r rhyfel, gyda dechrau'r rhyfel, pan ddaeth hi'n rhyfel, pan ddaeth/ddechreuodd y rhyfel; **~ a smile,** gyda gwên, gan wenu; **~ a laugh,** gan chwerthin, gyda chwerthiniad; **a gap was created ~ the retirement of X,** gadawyd bwlch wedi i X ymddeol; **~ X gone (there was no-one left),** ac X wedi mynd, gydag ymadawiad X (nid oedd neb ar ôl); **~ the completion of the tunnel,** gyda chwblhau'r twnel, a'r twnel wedi ei gwblhau; **~ a shout,** gyda bloedd, gan floeddio; *(c) (= against):* **to compete ~ s.o.,** cystadlu â rhn, cystadlu yn erbyn rhn; **to wrestle ~ s.o.,** ymaflyd codwm gyda/â rhn, ymgodymu gyda/â rhn; **to fight ~ s.o.,** ymladd gyda/â rhn, ymladd yn erbyn rhn; *F:* **he can run ~ the best of them,** mae'n gallu/medru rhedeg gystal â neb ohonyn' nhw. **3.** *(dissociation):* **to part ~ sth,** ymadael â rhth, rhoi'r gorau i rth, cael gwared â rhth, cael gwared ar rth, ildio rhth, gollwng eich gafael ar rth. **4.** *(expressing instrument): (a)* **to cut sth ~ a knife,** torri rhth â chyllell; **to walk ~ [the aid of] a stick,** cerdded gyda ffon, cerdded ar bwys ffon, pwyso ar ffon wrth gerdded; **to fight ~ swords,** cleddyfa, ymladd â chleddyfau; **to pick sth up ~ one hand,** codi rhth ag un llaw; **to look at sth ~ the naked eye,** edrych ar rth â'r llygad noeth; **to strike ~ all one's might,** taro â'ch holl nerth; *(b)* **to tremble ~ rage,** crynu gan ddicter; **to be stiff ~ the cold,** fferru gan yr oerfel; **to be ill ~ a cold,** bod yn wael dan annwyd; *(c)* **to fill a pitcher ~ water,** llenwi piser â dŵr; **it's pouring ~ rain,** *N:* mae'n tywallt y glaw; *S:* mae'n arllwys y glaw. **5.** *(forming adv.phrs.):* **to work ~ a will,** gweithio'n ddygn/egnïol, gweithio gydag egni, gweithio o ddifrif, gweithio'i hochr hi, gweithio gymaint fyth. **~ that,** ar hynny; **to advance ~ great strides,** gwneud camau breision, brasgamu yn eich blaen, brasgamu ymlaen, mynd ymlaen â chamau mawrion, *F: occ:* symud tir, ei symud hi, *N.W: occ:* llamheglu yn eich blaen; **to welcome s.o. ~ open arms,** croesawu rhn â breichiau agored; **~ respect to (sth),** mewn perthynas â (rhth); **~ all due respect,** gyda phob dyledus barch; *(on packages):* **~ care,** â/gyda gofal; **~ great care,** â/gyda gofal mawr, yn ofalus iawn; **~ your permission,** gyda'ch caniatâd, os caf eich caniatâd, *occ:* gyda'ch cennad; *(on acknowledgement):* **~ thanks,** gyda diolch; **~ this object [in view],** i'r perwyl hwn, i'r diben hwn; **~ the best will in the world,** gyda phob ewyllys da yn y byd; **~ regret,** gyda gofid; **~ no exceptions,** heb unrhyw eithriad, heb eithrio dim, heb eithrio neb; **~ the exception of sth,** ac eithrio rhth; **~ very few exceptions,** gydag ychydig iawn o eithriadau, gydag eithriadau prinion iawn. **6.** *(elliptical):* **away ~ care!** ymaith â gofid! **~ with you!** ymaith â thi (chi)! *N:* ffwrdd â thi (chi)! *S:* bant â thi (chi)! *occ:* ffwrdd ti (chi)! **off ~ his head!** torrwch ei ben! ymaith â'i ben! *F:* **down ~ the tyrant!** i lawr â'r teyrn! **to hell ~ him!** naw wfft iddo! *V:* i'r diawl ag ef! i gythraul ag ef! **out ~ it!** dywedwch e! *N:* allan ag o! dywed dy bwt! *S:* mas ag e! **up ~ the ladder!** codwch yr ysgol! *N:* i fyny â'r ysgol! *S:* lan â'r ysgol!

withal *adv. & prep. A:* **1.** *adv.* yn ogystal, hefyd, ar yr un pryd. **2.** *prep.* **what shall I fill my belly ~,** â pha beth y llenwaf fy mol?

withdraw *v.t.&i.* **1.** *v.t. (a)* tynnu (rhth) yn ei ôl; **to ~ one's hand,** tynnu'ch llaw yn ôl *or* yn ei hôl; *(b)* **to ~ troops,** galw/tynnu milwyr yn ôl *or* yn eu holau; **to ~ s.o. from an influence,** diddyfnu rhn oddi wrth ddylanwad; *(c) Bank:* **to ~ money from an account,** codi arian o gyfrif, *S:* tynnu arian mas o'r banc; **to ~ coins from circulation,** tynnu arian o gylchrediad; *(d)* **to ~ a promise,** tynnu addewid yn [ei] ôl, torri addewid; **to ~ a charge,** tynnu cyhuddiad yn [ei] ôl; **to ~ an order,** *(i) Com:* diddymu archeb; *(ii) Adm:* dil|eu/dirymu gorchymyn. **2.** *v.i. (a) (of troops &c):* cilio, encilio; *(of candidate):* **to ~ in favour of s.o.,** ildio lle i ymgeisydd arall, tynnu'ch enw yn ôl er mwyn rhn arall; *Parl:* **~!** tynnwch eich geiriau'n ôl! *(b)* **to ~ into oneself,** *F:* mynd i'ch cragen; **to ~ into silence,** tewi, mynd yn dawedog.

withdrawal *n.* **1.** *(a) (of troops):* ciliad(-au) *m*, cilio *vn*; *(of money from account):* codiad(-au) *m*, codi *vn*, endyniant (endyniannau) *m*, codiant (codiannau) *m*; *(of books from library):* benthyciad(-au) *m*; *Bank:* **notice of ~,** rhybudd(-ion) (*m*) codi arian; *(b) (of accusation, promise):* diddymiad(-au) *m*, dilead(-au) *m*, gwadiad (-au) *m*; *(c) Med:* **~ symptoms,** symptomau rhoi'r gorau (i rth), symptomau diddyfnu, adwaith (*m*) diddyfnu, symptomau amddifadu/amddifadiad; *(d) Lib:* dilead(-au) *m*; **withdrawals register,** cofrestr (*f*) ddileadau (cofrestri dileadau). **2.** *(= retreat):* ciliad, enciliad(-au) *m*; **extreme ~,** ciliad eithaf. **3.** *Metalw: &c:* **~ tool,** erfyn (*m*) tynnu allan.

withdrawment *n.* = **withdrawal.**

withdrawn *a. (pers.):* tawedog, swil, di-ddweud, dywedwst, encilgar, enciliedig.

withe *n.* gwden(-ni) *f*, brigyn (brigau) (*m*) helyg, gwialen (gwiail) (*f*) helyg.

wither *v.i.&t.* **1.** *v.i. (of plant &c):* **to ~ [up, away],** gwywo, *M.W: S.W: occ:* ffiwgro; *(of leaves):* crino; *(of apple):* crebachu, gwystno, *N.W:* gwsno; *(of beauty):* edwino, gwywo; *(of pers.):* nychu, dihoeni, edwino, gwaelu, crebachu, diffygio, *S.W: occ:* diharpo, *N.W: occ:* diharffu. **2.** *v.t. (a)* crino, deifio; *Lit:* **age cannot ~ her,** anwyw ei harddwch; *(b)* **to ~ s.o. with a look,** deifio rhn ag edrychiad.

withered *a. (plant):* gwywedig; *(leaf):* crin(-ion); *(apple):* crebachlyd, gwystnog; *(arm &c):* diffrwyth, gwyw.

witheredness *n.* gwywder *m*, gwywdra *m*.

withering *a. (a) (heat, wind):* deifiol; *(b) (look):* deifiol, llym (*f.* llem, *pl.* llymion).

witheringly *adv.* yn ddeifiol.

witherite *n. Miner:* w|itherit *m*.

withers *n. Vet: Anat:* ysgwydd(-au) *f*, gwar(-rau) *mf*, cudyn (*m*) ysgwydd (cudynnau ysgwyddau); *Lit:* **our ~ are unwrung,** mae'n hysgwyddau ni'n ddigon llydain; asgre lân, diogel ei pherchen; *Vet:* **fistular/fistulous ~,** ysgwyddau llidus.

withershins *adv. esp.Scot:* o chwith.

withhold *v.t. (a) (consent &c):* gwrthod, gwarafun, gomedd; *(b) (a fact):* celu, cuddio; **to ~ the truth from s.o.,** cuddio'r/celu'r gwirionedd rhag rhn; *Jur:* **to ~ material information,** atal gwybodaeth berthnasol; *(c) Jur:* **to ~ assets,** atal asedau.

withholder *n.* ataliwr (atalwyr) *m*, celwr (celwyr) *m*.

withholding *a. U.S:* **~ tax,** treth ataliedig *f*.

within *adv. & prep.* **1.** *adv. (a) A: & Lit:* y tu mewn, oddi mewn; *Ecc:* **make me pure ~,** glanha fi oddi mewn; *(b) Th:* oddi ar y llwyfan, yn yr esgyll; *(c) adv.phr.* **from ~,** o'r tu mewn. **2.** *prep. (a) O: & Lit:* y tu mewn (i rth); **~ doors,** yn y tŷ, mewn tŷ, y tu mewn i dŷ, dan do; **~ four walls,** rhwng pedwar mur; **~ the frontier,** y tu mewn i'r ffin; **the enemy came ~ our frontiers,** daeth y gelyn dros ein ffiniau; **he thought ~ himself that . . .,** meddyliai ynddo'i hun fod . . .; **a voice ~ me,** llais oddi mewn imi, llais o'm mewn, llais y tu mewn i mi; *(b) (= not beyond):* **~ reason,** o fewn rheswm; **~ the meaning of the Act,** oddi mewn i derfynau'r Ddeddf; **to keep ~ the law,** cadw oddi mewn i'r gyfraith; **it's ~ the law,** mae'n gyfreithlon; **to live/keep ~ one's income,** byw oddi mewn i'ch incwm, llunio'r wadn fel bo'r troed; **the story is well ~ the truth,** mae'r hanes yn bur agos i'w le; **weight ~ a pound,** pwysau o fewn pwys; *(c)* **~ sight,** o fewn golwg, yn y golwg; **~ call,** o fewn cyrraedd llais, o fewn galw; **~ earshot,** o fewn clyw; **~ two miles of the town,** o fewn dwy filltir i'r dref, llai na dwy filltir o'r dref; **~ reach,** o fewn cyrraedd; **~ a radius of five miles,** o fewn cwmpas pum milltir; **we were ~ an inch of death,** daethom o fewn trwch blewyn i gael ein lladd; ond y dim na laddwyd ni; cael a chael oedd hi na laddwyd mohonom ni; *N: occ:* mi fuon drws nesa i gael ein ladd; *(d) (in expressions of time):* **~ an hour,** cyn pen awr, o fewn awr, mewn llai nag awr, yn ystod awr; **~ the month,** cyn pen y mis, o fewn mis, ymh|en y mis, yn ystod y mis; **~ a year of his death,** *(i) (= after his death):* llai na blwyddyn wedi ei farw, o fewn blwyddyn i'w farw, cyn pen blwyddyn i'w farw; *(ii) (= before his death):* o fewn blwyddyn cyn iddo farw *&c*; **~ the next week,** o fewn yr wythnos nesaf, yn ystod yr wythnos nesaf; **~ the next five years,** cyn pen y pum mlynedd nesaf, o fewn y pum mlynedd nesaf; **~ the required time,** mewn pryd, cyn pen y cyfnod penodedig; **~ a short time,** o fewn ychydig, yn fuan, cyn pen dim, mewn byr o dro, toc; **they are ~ a few months of the same age,** maent o fewn ychydig fisoedd i'w gilydd; ychydig fisoedd sydd rhyngddynt o ran oed; ~ **living memory,** o fewn cof.

without *adv. & prep.* **1.** *adv. (a) A: & Lit: (= outside):* oddi allan, y tu allan, *S:* y tu fas; **from ~,** o'r tu allan, o'r tu fas, oddi allan, oddi mas; **a prince ~, but a beggar within,** tywysog oddi allan, ond cardotyn oddi mewn; **Bishopsgate ~,** Bishopsgate y tu allan i furiau'r ddinas; *(b) F:* **to do/go ~,** byw/gwneud heb. **2.** *prep. (a) A: & Lit: (= outside):* y tu allan (i rth); **things ~ us,** pethau y tu allan inni; *(b) (= not having):* heb + *soft mut.*; **to be ~ friends,** bod heb gyfeillion; ~ **any difficulty,** heb unrhyw drafferth, yn ddidrafferth; **a tale ~ any foundation,** chwedl ddi-sail, chwedl heb unrhyw sail; **not ~ difficulty,** nid heb drafferth, gyda pheth trafferth; ~ **doubt,** yn ddiau, yn ddi-au, yn ddiamau, yn ddiamheuaeth, heb amheuaeth, *A:* or *Lit:* dioer; ~ **any shadow of a doubt,** heb unrhyw amheuaeth, heb amheuaeth o fath yn y byd; ~ **fail,** yn ddi-feth, yn ddi-ffael; ~ **warning,** yn ddirybudd, heb rybudd; ~ **prejudice,** yn ddiragfarn, heb ragfarn; *Jur: &c:* ~ **prejudice to sth,** heb niwed i rth, heb niweidio rhth; ~ **end,** yn ddiddiwedd, yn dragwyddol, heb ddiwedd, heb derfyn; **world ~ end, amen,** yn oes oesoedd, amen; **he walked by ~ seeing me,** cerddodd heibio heb fy ngweld; **(she slipped out) ~ being seen,** (llithrodd allan) yn ddisylw, heb i neb sylwi [arni]; **(he did it) ~ my knowing,** (fe'i gwnaeth) heb imi wybod, heb yn wybod imi, yn ddiarwybod imi; **it goes ~ saying that . . .,** afraid dweud bod . . .; 'does dim rhaid dweud bod . . .; **(he spoke for two hours) ~ a break,** (siaradodd am ddwy awr) yn ddi-dor, heb ball; **they are ~ any knowledge of French,** nid ydynt yn medru Ffrangeg; nid oes ganddynt Ffrangeg; *Poet:* **(stars) ~ number,** (sêr) di-rif, dirifedi, rif y gwlith; **to do ~ sth,** mynd/gwneud/byw heb rth, *occ:* hepgor rhth; *Th:* ~ **books,** heb gopi; ~ **delay,** yn ddi-oed, heb oedi; ~ **cause,** diachos, heb achos; *Jur:* ~ **due care and attention,** heb y gofal a'r sylw dyladwy.

withstand *v.t.* gwrthsefyll; *Mil:* **to ~ an attack,** gwrthsefyll ymosodiad; **to ~ pressure,** dal dan bwysau, gwrthsefyll pwysau; **to ~ the heat,** dal/goddef y gwres.

withstander *n.* gwrthsafwr (gwrthsafwyr) *m*, gwrths|afwraig *f.*

withy *n.* = **withe.**

Withybush *W.Pl.n.* Y Llwyn (*m*) Helyg.

withywind *n. Bot:* = **bindweed.**

witless *a.* hurt, twp, difeddwl, diddeall, anneallus, *N:* dwl; *S.a.* **foolish.**

witlessly *adv.* yn hurt *&c*; *S.a.* **foolishly.**

witlessness *n.* hurtwch *m*, hurtrwydd *m*, hurtni *m*, twpdra *m*, dylni *m*, diffyg (*m*) deall; *S.a.* **foolishness.**

witling *n.* = **wit[2].**

witloof *n. Bot:* = **chicory.**

witness[1] *n.* **1.** *(= testimony):* tystiolaeth(-au) *f*; **to bear ~ (to/of sth),** tystiolaethu (i rth), dwyn/rhoi tystiolaeth (am rth); *B:* **to bear false ~,** dwyn camdystiolaeth; *Jur:* **in ~ whereof,** fel tystiolaeth o hyn; **I call you to ~,** fe'ch galwaf chi'n dyst. **2.** *(pers.):* tyst(-ion) *m*; **eye-~,** = **eyewitness; may God be my ~,** boed Duw'n dyst imi; Duw a fo'n dyst imi; **as God is my ~,** petawn i'n marw, petai Duw'n fy lladd; **competency of ~,** cymhwyster (*m*) tyst; **competent ~,** tyst cymwys; **expert ~,** tyst arbenigol; *Jur:* **to call s.o. as ~,** galw rhn yn dyst, galw ar rn i dystio; ~ **for the defence,** tyst dros yr amddiffyniad; ~ **for the prosecution,** tyst dros yr erlyniad; *S.a.* **Jehovah. ~-box,** *U.S:* ~ **stand** *n.* safle(-oedd) (*m*) tystio, *F:* bocs(-ys) (*m*) tystion. ~ **mark** *n.* arwyddnod(-au) *m.* ~ **order** *n.* gorchymyn (gorchmynion) (*m*) tystiolaeth. ~ **summons** *n. Jur:* gwŷs (*f*) dystiolaeth (gwysion tystiolaeth).

witness[2] *v.t.&i.* **1.** *v.t. (= observe):* gweld, gwylio (rhth); tystio, bod yn dyst (i rth); **I witnessed the accident,** bûm yn dyst i'r ddamwain; gwelais y ddamwain; **to ~ a document,** ardystio gweithred, bod yn dyst i weithred. **2.** *v.i.* **to ~ to sth,** tystio/tystiolaethu i rth; *Jur:* **as ~ my hand,** tystied fy llaw; **to ~ against s.o.,** tystio yn erbyn rhn; **to ~ for s.o.,** tystio o blaid rhn; **[as] ~ my poverty,** fel y tystia fy nhlodi.

witnesser *n.* gwyliwr (gwylwyr) *m*, tyst(-ion) *m.*

~-witted *a.* **dim-~, dull-~,** twp, dwl, pendew, di-ddeall; **slow-~,** araf eich meddwl; **quick-~,** chwim eich meddwl; **ready-~,** effro, bywiog, parod eich ymateb.

witter *v.i. F:* = **babble[2], chatter[2].**

witterer *n.* = **babbler, chatterer.**

wittering *a.* = **babbling, chattering.**

witticism *n.* ffraetheb(-ion) *f*, digrifair (digrifeiriau) *m*, digrifeb (-ion,-au) *f.*

wittily *adv.* yn ffraeth *&c.*

wittiness *n.* ffraethineb *m*, digrifwch *m*, ysmaldod *m*, arabedd *m.*

witting *a.* ymwybodol, bwriadol, bwriadus.

wittingly *adv.* yn ymwybodol, yn fwriadus, trwy fwriad, o fwriad, gan wybod.

wittol *n.m. A:* cwcwallt(-iaid) bodlon.

witty *a.* ffraeth, parod [eich ateb/tafod], *Lit: occ:* cellweirus, arab, arabus.

wivern *n. Her:* = **wyvern.**

wives *n.pl. See* **wife.**

wizard *n. & attrib.* **1.** *n.* dewin(-iaid) *m*, swynwr (swynwyr) *m*, *Lit: occ:* hudol(-ion) *m*; *S.a.* **conjurer, magician; he's a ~ on the piano,** mae'n canu'r piano'n wych; mae'n canu'r piano fel dewin; *N: F:* mae'n giamstar (*m*) ar y piano. **2.** *attrib.* p|enigamp: penig|amp, gwych, tan gamp.

wizardlike *a.* dewinol, fel dewin.

wizardly *a.* dewinol, hudol, swynol.

wizardry *n.* **1.** *(= sorcery):* dewiniaeth *f*, dewindabaeth *f*, hudoliaeth *f*, hud *m*, lledrith *m*, hud a lledrith. **2.** *F: (= great technical mastery):* meistrolaeth *f*, dyfeisgarwch *m*, medrusrwydd *m.*

wizened *a. (face, skin):* crebachlyd; *(fruit):* wedi gwystno/cwsnio/gwsno.

wo *int.* wo! we!

woad[1] *n.* **1.** *Bot: (Isatis tinctoria):* glas *m*, glaslys *pl*, glasddu *m*, llysiau(*pl*)'r lliw, lliwlys *pl*, llasarllys *pl*, gweddlys *pl*, lliwiog las *f.* **Alpine ~,** *(I. allionii):* glaslys yr Alpau. **2.** *(colour):* lliw glas *m.*

woad[2] *v.t.* lliwio (rhth) yn las, rhoi lliw glas (i/ar rth).

woaded *a.* glas, o liw glas, a liwiwyd yn las.

woak *int.* = **wo.**

wobbegong *n. Ich:* w|obegong (wobegongiaid) *m.*

wobble[1] *n.* **1.** *(of wheel &c):* sigl[i]ad(-au) *m*, sigl(-ion) *m*, sigliad(-au) *m*, wobliad(-au) *m.* **2.** *(of voice):* = **quaver[1]. ~-board** *n. Mus:* bwrdd (byrddau) (*m*) siglo.

wobble[2] *v.i.* **1.** *(a)* siglo, woblo; *(of jelly):* crynu; *(b) (of voice):* crynu. **2.** *F: (of pers.):* petruso, simsanu, cloffi.

wobbler *n.* **1.** siglwr (siglwyr) *m*, woblwr (woblwyr) *m*; *Metalw:* wobler *m.* **2.** *F:* **to throw a ~,** bwrw'ch/taflu'ch/lluchio'ch cylchau, colli'ch limpin.

wobblesome *a.* = **wobbly.**

wobbliness *n.* simsanrwydd *m*, ansadrwydd *m*, siglogrwydd *m*, woblogrwydd *m.*

wobbling *a.* siglog, woblog, sigledig, simsan, an-sad, ansad.

wobblingly *adv.* yn sigledig *&c.*

wobbly *a.* sigledig, siglog, woblog; *(voice, jelly):* crynedig.

wodge *n.* talp(-iau) *m*; *S.a.* **chunk.**

woe *n. esp. Lit:* gwae(-au) *mf*, trallod(-ion,-au) *m*, gofid(-iau) *m*; **to tell a tale of ~,** adrodd eich gofidiau; **weal and ~,** ffawd ac anffawd; ~ **is me!** gwae fi! ~ **be unto him,** gwae efe! ~ **to me that I was ever born,** gwae fi fy ngeni! gwae fi o'm genedigaeth! ~ **betide him,** gwae iddo!

woebegone *a.* gofidus, trallodus, trist(-ion), digalon.

woeful *a. esp.Lit:* athrist, alaethus, blin, trallodus, gresynus, gofidus, llawn gwae.

woefully *adv.* yn athrist *&c*; ~ **inadequate,** gresynus/truenus o annigonol; ~ **ignorant,** gresynus/truenus o anwybodus.

woefulness *n.* tristwch *m*, digalondid *m.*

wog *n. Pej:* dyn du (dynion duon) *m*, blac(-s) *m*, wog(-iaid) *m.*

woggle *n. Scouting:* wogl(-au) *m.*

woke *v. See* **wake[3].**

wold[1] *n. Geog:* rhos(-ydd) *f*, myn|ydd-dir (mynydd-diroedd) *m*, gweundir(-oedd) *m.*

wold[2] *n. Bot:* = **weld[3], dyer's greenweed.**

wolf[1] *n.* **1.** *Z:* blaidd (bleiddiaid, *occ:* bleidd[i]au) *m*; **she-~,** bleiddast (bleiddeist) *f*, bleiddiast (bleiddieist) *f*; **prairie ~,** = **coyote; timber ~,** blaidd llwyd; **to be hungry as a ~,** bod ar eich cythlwng, bod yn wancus, bod ar lwgu; **he's as hungry as a ~,** *occ:* mae rhaib yr angau arno; *Fig:* **to cry ~!** gweiddi blaidd! **to have the ~ by the ears,** dal blaidd gerfydd ei glustiau; **that will keep the ~ from the door,** fe geidw hynny'r blaidd o'r drws; fe geidw hynny angen draw; bydd hynny rhyngom ac angen; **a ~**

in sheep's clothing, blaidd mewn croen/cnu dafad; **between dog and ~,** rhwng dau olau, yn y cyfnos, yn y gwyll, yn y llwydolau; *Prov:* **wake not a sleeping ~,** na ddeffro'r ci sy'n cysgu; **to throw s.o. to the wolves,** taflu rhn i'r bleiddiaid; **a pack (of wolves),** cnud(-iau,-oedd) *m,* haid (heidiau) *f* (o fleiddiaid). **2.** *(a) F: (= womanizer):* merchetwr (merchetwyr) *m, S:* menwotwr (menwotwyr) *m; (b) Fig:* **lone ~,** *(= loner):* aderyn (adar) unig *m.* **3.** *Mus:* = **wolf-note. ~-cub** *n.* cenau (*m*) blaidd (cenawon blaidd/bleiddiaid). **~-dog** *n.* bleiddgi (bleiddgwn) *m.* **~-eel** *n. Ich:* morflaidd (morfleiddiaid) cynffonnog *m.* **~-fish** *n. Ich:* morflaidd (morfleiddiaid) *m,* blaidd (bleiddiaid) (*m*) y môr. **~-note** *n. Mus:* nodyn (nodau) (*m*) blaidd. **~-pack** *n.* cnud(-iau,-oedd) *m;* **to form a ~-pack,** cnudo. **~-pit** *n.* bleiddbwll (bleiddbyllau) *m.* **~'s butter** *n. Fung:* ymenyn (*m*) y wrach. **W~'s Castle** *W.Pl.n.* Cas-blaidd *m.* **~'s claws, ~-foot** *n. Bot:* = **club-moss. ~'s fist** *n. Fung:* = **puff-ball. ~'s milk** *n. Bot:* = **spurge. ~ spider** *n. Arach:* bleiddgopyn(-nod) *m,* bleiddgorryn (bleiddgorynnod) *m.* **~-tooth** *n. Vet: Anat:* dant (dannedd) (*m*) blaidd. **~-whistle[1]** *n. F:* chwibaniad(-au) *m* [ar ôl merched]. **~-whistle[2]** *v.i. F:* chwibanu [ar ôl merched].

wolf[2] *v.t.* **to ~ [down] one's food,** llowcio'ch/lleibio'ch bwyd, *N.W:* sgramio'ch/sglaffio'ch bwyd.

wolfberry *n. Bot: U.S: (Symphoricarpos occidentalis):* gwyddfid (*m*) y blaidd.

wolfchop *n. Bot: (Faucaria):* safn (*f*) y blaidd.

wolfer *n.* **1.** *(of food):* llowciwr (llowcwyr) *m,* lleibiwr (lleibwyr) *m, N:* sgramiwr(-s) *m,* sglaffiwr(-s) *m.* **2.** *(= hunter):* heliwr (helwyr) (*m*) bleiddiaid.

Wolffian *a. Biol:* **~ body,** aren ganol (arennau canol) *f;* **~ duct,** dwythell(-au) Wolffaidd *f.*

wolfhound *n.* bleiddgi (bleiddgwn) *m.*

wolfish *a. (a)* bleiddaidd, fel blaidd, tebyg i flaidd, *occ:* bleiddgar, bleiddiol; *(b) (= voracious):* gwancus, rheibus; **a ~ appetite,** chwant (*m*) bwyd fel ceffyl, rhaib (*f*) yr angau.

wolfishly *adv.* fel blaidd; yn rheibus.

wolfishness *n.* rheibusrwydd *m; (of appetite):* gwanc *m,* gwancusrwydd *m.*

wolflike *a.* = **wolfish** *(a).*

wolfman *n.m.* blaidd-ddyn(-ion), bl|eidd-ddyn (bleidd-ddynion).

Wolfpits *W.Pl.n.* Pwll-y-baidd *m.*

wolfram *n. Miner:* wolffram *m,* twngsten: tyngsten *m.*

wolframic *a.* wolfframig.

wolframite *n. Miner:* w|olfframit *m.*

wolframium *n. Ch:* = **tungsten.**

wolfsbane *n. Bot:* = **monkshood.**

wollastonite *n. Ch:* w|olastonit *m.*

Wolof *n.* **1.** *Ethn:* Woloff(iaid) *m&f.* **2.** *Ling:* Woloff *f, m.*

Wolston Mynd *W.Pl.n.* Trelystan *f,* Pen-y-lan *m.*

wolver *n.* = **wolfer 2.**

wolverene, wolverine *n. Z:* bolgi (bolgwn) *m,* gwanci (gwancwn) *m,* gewai (geweiod) *m.*

wolves *n.pl. See* **wolf[1]**

Wolvesnewton *W.Pl.n.* Y Drenewydd (*f*) dan y Gaer, Llanwynnell *f.*

woman *n.f. & attrib.* **1.** *n.f.* gwr|aig (gwragedd), merch(-ed), *S:* benyw(-od), menyw(-od, *S: occ:* menwod), *N:* dynes (*pl.* merched/gwragedd); **single ~,** dynes/menyw sengl, dynes/menyw ddibriod (merched/menywod dibriod), *F:* hen ferch(-ed); **young ~,** merch ifanc (merched ifainc), geneth ifanc (genethod ifainc), gwraig ifanc (gwragedd ifainc), llances(-i), llafnes(-i), lodes(-i); **an old ~,** hen wraig, hen wreigen (*not* hen fenyw *or* hen ddynes *which are usu. pej.*); *(of man):* **he's a real old ~,** mae o fel hen ferch; *N.W:* mae o'n hen Feri Jên; **man born of ~,** dyn a aned o wraig; **to make an honest ~ of s.o.,** priodi rhn, cymryd rhn yn wraig; **to play the ~,** bod yn llwfr, bod yn ofnus; **he is a ~ in tenderness,** mae'n dyner fel gwraig; **she's a kept ~,** mae hi'n cael ei chadw/chynnal; **a ~ of the world,** gwraig brofiadol (gwragedd profiadol); **a ~'s work is never done,** mae gwaith tŷ fel tragwyddoldeb; 'does dim diwedd ar waith gwraig; mae gwaith gwraig yn ddiddiwedd. **all the ~ in her rebelled,** 'roedd popeth benywaidd ynddi yn gwrthryfela; *F:* **old ~'s remedy,** hen feddyginiaeth(-au) (*f*), meddyginiaeth gwraig hysbys; *F: O:* **the little ~,** y wraig [acw], fy ngwraig, *N: F:* nacw, *S:* hon'co s' 'da fi; **a little ~,** gwreigan/gwreigen fach; **a large ~,** *N.W:* pladres o ddynes, cloben o ddynes, tas o ddynes, llond lôn/llofft o ddynes, *S.W:* cymanfa o fenyw, slasien fawr; *(of man):* **to run after women,** mercheta, rhedeg ar ôl merched, *S:* menwota, cwrso menywod, *N.W:* hel merched, *occ:* hoetio ar ôl merched; **scarlet ~,** *(i) B:* y butain ysgarlad; *(ii) Lit: Joc:* putain (puteiniaid) *f;* **Women's Aid,** Cymorth (*m*) i Fenywod/Ferched; **~ of the street,** un o ferched y strydoedd, putain (puteiniaid) *f;* **Women's Institute,** Sefydliad (*m*) y Merched; **Women's Land Army,** Byddin (*f*) Dir y Merched; **Women's Liberation Movement,** *F:* **Women's Lib,** Mudiad (*m*) Rhyddid Menywod/Merched; **women's suffrage,** pleidlais (*f*) i ferched, pleidleisio (*vn*) gan ferched, etholfraint (*f*) i ferched, hawl (*f*) merched i bleidleisio; **women's libber,** *l|ibwraig (libwragedd) *f,* *libiwr (libwyr) *m;* **Women's [Royal] Voluntary Service,** Gwasanaeth Gwirfoddol [Brenhinol] (*m*) y Merched; **the new ~,** merch yr oes newydd; **milk-~,** *S:* menyw laeth, *N:* dynes y llefrith; **apple-~,** gw|erthwraig (gwerthwragedd) (*f*) afalau; **2.** *attrib.* **~ artist,** arl|unwraig (arlunwragedd) *f;* **~ doctor** (*pl.* **woman doctors** *or* **women doctors**) meddyges(-au) *f,* doctores(-au) *f,* gwraig o feddyg (gwragedd o feddygon); **~ driver,** mod|urwraig (modurwragedd) *f,* g|yrwraig (gyrwragedd) *f,* gwraig/dynes/menyw wrth lyw car; **it was a ~ driver,** merch oedd wrth y llyw; merch oedd yn gyrru; **~ friend,** cyfeilles(-au) *f.* **~-hater** *n.* casäwr (casawyr) (*m*) merched. **~-power** *n.* grym (*m*) gwragedd/merched.

womanhood *n.* **1.** benywdod *m,* gwreictod *m,* oedran (*m*) gwr|aig, bod (*vn*) yn wraig, *Lit: occ:* gwreigeiddrwydd *m;* **she had now grown to ~,** 'roedd hi bellach wedi cyrraedd oedran gwraig. **2.** *Coll:* gwragedd *pl,* merched *pl,* benywod *pl.*

womanish *a.* merchetaidd.

womanishly *adv.* yn ferchetaidd.

womanishness *n.* benyweiddiwch *m,* natur ferchetaidd *f* (rhn); golwg ferchetaidd *f* (ar rn).

womanize *v.t.&i.* **1.** *v.t.* benyweiddio. **2.** *v.i. (of man):* mercheta, rhedeg ar ôl merched, *N:* hel merched, *S:* menwota, cwrso menywod, *N.W: occ:* hoetio ar ôl merched.

womanizer *n.* merchetwr (merchetwyr) *m, S:* menwotwr (menwotwyr) *m.*

womankind *n.* **1.** y rhyw fenywaidd *f,* gwragedd *pl,* merched *pl,* benywod *pl.* **2. one's ~,** y gwragedd/merched/menywod yn eich teulu.

womanless *a.* heb fenyw *&c.*

womanlike *a. & adv.* **1.** *a.* – **womanly. 2.** *adv.* fel benyw, fel merch *&c.*

womanliness *n.* benyweiddiwch *m,* benyw|eidd-dra *m.*

womanly *a.* benywaidd, fel gwr|aig, fel merch, *occ:* gwreigaidd.

womb *n.* **1.** *Anat:* croth(-au) *f, F:* mam *f* (*usu.* y fam) *f, F: occ:* mamog (*usu.* y famog) *f, Lit: occ:* bru(-oedd) *m; (of animal):* croth, llestr *m, S.W:* cwd (cydau) *m;* **2.** *Fig:* crombil(-iau) *mf; Fig:* **in earth's ~,** yng nghrombil y ddaear; **events in the ~ of time,** digwyddiadau yng nghrombil y dyfodol.

wombat *n.* **1.** *Z:* wombat(-iaid,-od) *m,* arth godog (eirth codog) *f.* **2.** *F:* = **fool[1]**

wombed *a.* crothog, â chroth.

wombful *a.* crothaid (crotheidiau) *f,* llond (*m*) croth, *occ:* torraid (toreidiau) *f; Fig: occ:* crombilaid (crombileidiau) *mf.*

women *n.pl. See* **woman.**

womenfolk *n.pl.* gwragedd, merched, benywod, menywod.

wommera *n.* = **woomera.**

won *v. See* **win.**

Wonastow *W.Pl.n.* Llanwarw *f,* Llanwynoro *f.*

wonder[1] *n. & attrib.* **1.** *n. (= marvellous thing):* rhyfeddod(-au) *m,* gwyrth(-iau) *f;* **to work/do wonders,** gwneud gwyrthiau; **to promise wonders,** addo pethau mawr, addo môr a mynydd, addo gwneud tŵr melin ac eglwys; **the seven wonders of the world,** saith r[h]yfeddod y byd; **a nine days' ~,** rhyfeddod naw niwrnod, rhyfeddod byrhoedlog; **there'll be another nine days' ~ soon,** *N:* bydd rhywun arall wedi torri cynffon ei gi toc; *Iron:* **wonders [will] never cease,** pwy a feddyliai? mae rhyw newydd wyrth o hyd; **it is a ~ [that] he has not lost it,** mae'n syndod/wyrth/rhyfeddod nad yw wedi ei golli; **the ~ is that he found it,** yr hyn sy'n synnu dyn yw iddo gael hyd iddo; y rhyfeddod yw iddo gael hyd iddo; **no/little/small ~ that the scheme failed,** nid oes ryfedd i'r cynllun fethu; pa ryfedd i'r cynllun fethu? **for a ~, he was in time,** 'roedd mewn pryd am unwaith; 'roedd e mewn pryd er mawr ryfeddod; **he is ill, and no/little ~,** mae'n wael, a pha ryfedd? **a boy ~**, bachgen rhyfeddol *m*; *S.a.* **chinless. 2.** *n.* *(= astonishment)*: syndod *m*, syfrdandod *m*, rhyfeddod *m*; **to fill s.o. with ~**, rhyfeddu rhn, syfrdanu rhn. **3.** *attrib. F:* gwyrthiol, rhyfeddol; **~ drug**, cyffur(-iau) gwyrthiol *m*. **~-stricken, ~-struck** *a.* syfrdan, syn. **~-woman** *n.* *g|wyrthwraig (gwyrthwragedd) *f.* **~-worker** *n.* gwyrthweneuthurwr (gwyrthwneuthurwyr) *m*, gwyrthwneuthurydd(-ion) *m*, gwneuthurwr (gwneuthurwyr) *(m)* gwyrthiau, dewin(-iaid) *m*; *Theol:* **Gregory the W~-worker,** Grigor y Gwneuthurwr Rhyfeddodau. **~-working** *a.* gwyrthwneuthurol, sy'n gwn|eud gwyrthiau.

wonder² *v.i.&t.* **1.** *v.i.* *(= be amazed)*: rhyfeddu, synnu **(at sth,** at rth); **I do not ~ at it,** nid wyf yn rhyfeddu/synnu ato; nid yw'n rhyfeddod/syndod gen i; nid yw'n syn gen i; **can you ~ that he refused?** a yw hi'n syndod/syn gennych iddo wrthod? pa ryfedd iddo wrthod? **it's not to be wondered at that he left,** nid oes ryfedd iddo adael; **I shouldn't ~,** ni synnwn i ddim; **that set me wondering,** gwnaeth hynny imi feddwl. **2.** *v.t.* *(a)* **I ~ [that] he didn't kill you,** 'rwy'n rhyfeddu/synnu na laddodd mohonot ti; *(b)* *(= ask oneself)*: meddwl tybed, gofyn tybed + a + *soft mut.* *(not* os); **I ~ whether he will come,** ys gwn i a ddaw ef? a ddaw ef ys gwn i? tybed a ddaw ef? **one wonders!** tybed! pwy a ŵyr! **one wonders whether . . .,** mae rhn yn meddwl/gofyn tybed . . .; **I ~ who invented that,** tybed pwy a ddyfeisiodd hwnna? pwy ddyfeisiodd hwnna ys gwn i? **I ~ why!** ys gwn i pam! pam ys gwn i! pam tybed! **their son will help them - I ~!** bydd eu mab yn eu helpu - tybed? **are you going to London tonight? - why? - oh, I just wondered,** wyt ti'n mynd i Lundain heno? - pam? - o, dim ond meddwl ['roeddwn i]; **(they were wondering) what to do,** ('roeddent yn meddwl) beth i'w wneud, tybed beth a wnaent.

wonderer *n.* rhyfeddwr (rhyfeddwyr) *m*.

wonderful *a.* rhyfeddol, syfrdanol, i synnu ato, i'w ryfeddu, i ryfeddu ato; *F:* *(= excellent)*: rhagorol, ardderchog, tan gamp, campus, gwych(- ion), p|enigamp: penig|amp; **~ to relate . . .,** yn rhyfedd iawn . . ., fel y mae hi ryfeddaf . . ., rhyfedd y sôn . . ., *N.W:* o bob rhyfeddod; **she's a ~ mother,** mae hi'n fam ardderchog; mae hi'n fam dan gamp; **it was ~!** 'roedd yn ddigon o ryfeddod! **we had a ~ time,** cawsom hwyl aruthrol.

wonderfully *adv.* yn rhyfeddol *&c*; **~ well,** yn rhyfeddol o dda, yn b|enigamp/benig|amp, yn dda i'w ryfeddu.

wonderfulness *n.* rhyfeddod *m*.

wondering *a.* llawn rhyfeddod, syn, syfrdan.

wonderingly *adv.* yn syn, yn syfrdan; mewn syndod/syfrdandod.

wonderland *n.* gwlad *(f)* hud a lledrith; *Lit:* **Alice in W~,** Alys yng Ngwlad Hud.

wonderment *n. esp.Lit:* rhyfeddod *m*, syfrdandod *m*.

wonderwork *n.* gwyrthwaith *m*.

wondrous *a.* = **wonderful.**

wondrously *adv.* yn rhyfeddol *&c.*

wondrousness *n.* rhyfeddod *m*.

wonga-wonga *n.* **1.** *Orn:* wonga-wonga(-od) *m* *(pronounced* ng-g). **2.** *Bot:* wonga-wonga (~-wongâu) *f*.

wonkily *adv.* yn siglog *&c.*

wonkiness *n.* **1.** *(of chair &c)*: simsanrwydd *m*. **2.** *(of machine)*: ansicrwydd *m*, gwallusrwydd *m*.

wonky *a. F:* **1.** *(chair, table)*: simsan, sigledig, gweglyd, siglog, ansad, an-sad; *(bicycle, machine)*: ansicr, *N.W: F:* ciami, bethma: pethma. **2.** *(pers. = groggy)*: simsan, sigledig, *N.W: F:* gwantan, ciami, cwla, bethma: pethma.

wont¹ *pred.a. Lit:* **to be ~ to do sth,** arfer gwneud rhth.

wont² *n. Lit:* arfer(-ion) *mf*, arferiad(-au) *m*; **use and ~,** defnydd ac arfer; **it is my ~ to . . .,** mae'n arfer/arferiad gennyf . . .; 'rwy'n arfer . . .; f'arferiad/f'arfer i yw . . .; **according to his ~, as was his ~,** yn ôl ei arfer, yn unol â'i arfer.

won't *v. F:* = **will not,** *See* **will³**.

wonted *a. Lit:* arferol, *occ:* arferedig, cynefin.

wontedly *adv.* fel arfer.

wontedness *n.* arferoldeb *m*, cynefindra *m*.

won-ton *n. Cu:* won-ton *m*, twmplen(-ni) *f*.

woo *v.t.&i. O:* **1.** *(= pay court to)*: canlyn (rhn), ceisio cariad (rhn), ceisio llaw (rhn). **2.** *(fortune &c)*: deisyfu, deisyf. **3.** *(= solicit)*: **to ~ s.o. to do sth,** erfyn/crefu/ymbil/deisyfu ar rn wneud rhth *or* ar i rn wneud rhth.

woobut = **woolly-bear.**

wood *n.* **1.** *(= forest)*: coed *pl* *(with double pl.* coedydd), coedwig(-oedd) *f*, *Lit: Poet:* gwig(-oedd) *f*; *For:* **crowded ~,** coedwig dew (coedwigoedd tewion); **pine ~,** coed pinwydd; *F:* **you can't see the ~ for the trees,** 'rydych yn methu â gweld y coed gan brennau; **we are not yet out of the ~,** nid ydym eto allan o drafferthion/berygl; *Prov:* **don't halloo till you are out of the wood[s],** nid yn y bore y mae canmol diwrnod teg; **to take to the woods,** ffoi, ei heglu hi; *S.a.* **babe. 2.** *Carp:* *(material)*: pren *m*; **small ~,** *(for fires)*: coediach *pl*, priciau *pl*, cynnud *m*, coed mân, *occ:* coed bach; **piece of ~,** coedyn *m*, darn(-au) *(m)* o bren/goed, pren(-nau,-iau) *m*; **synthetic ~,** pren gwn|eud; **three-ply ~,** pren tair haen, pren tri thew; *S.a.* **plywood; a chunk of ~,** blocyn (blociau) *m*, plocyn (plociau) *m*, *occ:* cog(- iau) *m*, *S.W:* stoncyn *m* [pren, o bren]; **a box made of ~,** bocs pren; *F:* **touch ~!** *U.S:* **knock on ~!** gyda lwc! hei lwc! **3.** *Wine-m:* **the ~,** y gasgen *f*; **wine in the ~,** gwin yn y gasgen; **beer [drawn] from the ~,** cwrw [yn syth] o'r gasgen. **4.** *Bowls:* pelen (peli) *f*. **5.** *Mus:* = **woodwind. 6.** *Golf:* ffon *(f)* bren (ffyn pren). **~-agate** *n. Miner:* agat *(m)* pren. **~ alcohol** *n.* |alcohol *(m)* coed. **~ anemone** *n. Bot:* *See* **anemone. ~-ant** *n.* morgrugyn (morgrug) coch *m*, morgrugyn y coed. **~ avens** *n. Bot: See* **avens. ~ betony** *n. Bot:* *See* **betony. ~-block** *n.* **1.** *Engr:* blocyn (blociau) pren *m*. **2.** *Mus:* blocyn Tsieineaidd. **~-borer** *n.* pryf(-ed) *(m)* coed/pren. **~-boring** *a.* coed-dyllol, coedysol. **~ calamint** *n. Bot:* *(Calamintha sylvatica)*: erbin *(m)* y coed. **~-carver** *n.* naddwr (naddwyr) *(m)* coed/pren, n|addwraig *(f)* coed/pren, cerfiwr (cerfwyr) *(m)* coed/pren, c|erfwraig *(f)* coed/pren. **~-carving 1.** *vn.* naddu coed/pren, cerfio coed/pren. **2.** *n.* cerfiad(-au) *(m)* pren. **~-coal** *n.* coedlo *m*. **~ cow-wheat** *n. Bot: (Melampyrum arvense)*: gliniogai*(m)*'r coed. **~-cranesbill** *n. Bot: (Geranium sylvaticum)*: pig *(mf)* garan y coed, pig garan y weirglodd. **~-cricket** *n.* cricsyn (crics) *(m)* y coed, criciedyn (cricied) *(m)* y coed. **~-crowfoot** *n. Bot: (Ranunculus nemorosus)*: peneuraid *f*, egyllt *(m)* y coed. **~-cudweed** *n. Bot: (Gnaphalium sylvaticum)*: edafeddog *(m)* y goedwig.**~-cup** *n. Fung:* **green ~-cup,** *(Chlorosplenium neruginasiens)*, cwpan werdd (cwpanau gwyrdd) *f*, cwpan(-au) gwyrdd *m*. **~-duck** *n. Orn:* hwyaden (hwyaid) *(f)* y coed. **~-dye** *n.* lliw(-iau) *(m)* pren, llifyn (llifion) *(m)* pren. **~-engraver** *n.* engrafiwr (engrafwyr) *(m)* *(pronounced* ng-g) ar bren, torluniwr (torlunwyr) *(m)* pren *or* ar bren. **~-engraving 1.** *vn.* engrafio *(pronounced* ng-g) pren. **2.** *n.* engrafiad(-au) *(m)* *(pronounced* ng-g) pren, grafiad(-au) *(m)* pren, graflun(- iau) *(m)* pren. **~-evil** *n. Vet:* clwy*(m)*'r coed. **~-fibre** *n.* coedlin(-ion) *m*, ff[e]ibr(-au) *(m)* pren/coed. **~-floor** *n.* llawr (lloriau) pren *m*. **~-flour** *n.* blawd *(m)* llif, llwch *(m)* llif. **~ forget-me-not** *n. Bot: (Myosotis sylvatica)*: ysgorpionllys *(m)* y coed, sgorpion *(m)* y coed. **~-frog** *n. Amph:* llyffant (llyffaint) *(m)* y coed. **~-gas** *n.* nwy *(m)* coed. **~ groundsel** *n. Bot:* *See* **groundsel. ~ grouse** *n. Orn:* = **capercaillie. ~-hedgehog** *n. Fung: (Hydnum repondum)*: caws *(m)* draenog. **~-hyacinth** *n. Bot:* = **bluebell. ~ ibis** *n. Orn:* ibis(-iaid) *(m)* y coed. **~-leopard** *n. Ent:* gwyfyn(-od) mannog *(m)* y coed. **~-lily** *n. Bot: (Lilium philadelphicum)*: lili goch (liliau cochion) *f*. **~-lot** *n.* coedlan(-nau) *f*. **~-millet** *n. Bot: (Milium effusum)*: miled *(m)* y coed, miledwellt *m*. **~-naphtha** *n.* = **anemone. ~-notes** *n.pl.* trydar *m*, telori *vn*, cân *(f)* adar, pyncio *vn*. **~-nymph** *n.f. Myth: Ent:* nymff y coed (nymffau'r coed). **~-opal** *n. Miner:* opal(-au) *(m)* pren. **~ paper** *n.* papur *(m)* coed, papur mwydion. **~-pigeon** *n. Orn:* = **ring-dove. ~-pitch** *n.* = **wood-tar. ~-pulp** *n. Paperm:* mwydion *(pl)* coed. **~-pussy** *n. Z:* = **skunk. ~-rat** *n.* llygoden fawr (llygod mawr) *(f)* y coed. **~-ray** *n. Bot: For:* rheidden(-nau) *(f)* sylem. **~-sage** *n. Bot: See* **sage². ~ sanicle** *n. Bot: See* **sanicle. ~-scraper** *n. Carp:* crafell *(f)* goed (crafellau/crafelli coed), [y]sgrafell *(f)* goed ([y]sgrafelli coed). **~-screw** *n. Carp:* sgriw *(f)* goed (sgriwiau coed), sgriw pren; *Contrast:* **wooden screw,** sgriw bren (sgriwiau pren). **~-sedge** *n. Bot: (Carex sylvatica)*: hesgen (hesg) *(f)* y coed. **starved ~-sedge,** *(C. depauperata)*: hesgen lom; **thin-spiked ~-sedge,** *(C. strigosa)*: hesgen ysbigog denau (hesg ysbigog tenau); **oblong ~-sedge,** *(C. ipresis)*: cor-redynen flewog (~-redyn blewog) *f*. **~-shavings** *n.pl. Carp:* naddion, *F:* siafins. **~-shot** *n.* **1.** *Golf:* trawiad(-au) *(m)* â phren. **2.** *Ten: &c:* trawiad *(m)* oddi ar y pren, taro*(vn)*'r pren. **~-smoke** *n.* mwg *(m)* coed, mwg tân coed. **~ sorrel** *n. Bot: (Oxalis acetosella)*: suran *(f)* y coed, suran y gog, suran deirdalen, poer *(m)* y gog, bara*(m)*'r gog, bara can y gwcw, dringol (*m*) y coed, triagl (*m*) tair dalen, dail surion *pl*, *M.W:* bara caws y gog, *S.W:* bara caws y gwcw, *S:* grinshws *m*, *Lit: occ:* alelwia *f*; *Ent:* **speckled ~ sorrel,** coedyn brith *m*, brith (*m*) y coed, iâr fach frith (*f*) y coed, brych (*m*) y coed. **~ speedwell** *n. Bot: (Veronica montana):* rhwyddlwyn mynyddig *m*. **~ spirit** *n.* = **methanol**. **~ spurge** *n. Bot: (Euphorbia amygdaloides):* llaethlys (*m*) y coed, fflamgoed (*m*) y gwigoedd. **~-stack** *n.* = **woodpile**. **~-stitchwort** *n. Bot: (Stellaria nemorum):* tafod (*m*) edn y goedwig. **~-sugar** *n.* siwgwr (*m*) coed, sylos *m*. **~-swallow** *n. Orn:* gwennol (gwenoliaid) (*f*) y coed. **~ tar** *n.* tar (*m*) coed. **~-tick** *n. Ent:* trogen (trogod) (*f*) y coed. **~-tiger** *n. Ent:* teigr(-od) (*m*) y coed. **~ tiger-beetle** *n. Ent:* chwilen (*f*) deigr (chwilod teigr) y coed. **~-turner** *n. Carp:* turniwr (turnwyr) (*m*) pren. **~-turning** *vn. Carp:* turnio. **~-turpentine** *n.* tyrpant (*m*) coed. **~ vetch** *n. Bot: (Vicia sylvatica):* ffacbysen (*f*) y coed, ffugbysen (*f*) y wig. **~-vinegar** *n. Ch:* finegr (*m*) coed. **~-warbler** *n. Orn: See* **warbler**. **~-wasp** *n. Ent:* cacynen (cacwn) (*f*) y coed. **~-white** *n. Ent:* iâr wen (ieir gwynion) (*f*) y coed. **~ woolly-foot** *n. Fung: (Collybra peronata):* coes wydn facsiog (coesau gwydn bacsiog) *f*. **~-yard** *n.* iard (*f*) goed (iardiau/ierdydd coed).

woodbin *n.* bin (*mf*) coed/goed (biniau coed).

woodbind, woodbine[1] *n. Bot: (a)* = **honeysuckle;** *(b) U.S:* = **Virginia creeper**.

woodbine[2] *n. R.t.m:* wdbein(-s) *f*.

woodbox *n.* = **woodbin**.

Woodburytype *n. Typ:* Woodburyteip(-iau) *m*.

woodchat *n. Orn:* cigydd glas (cigyddion gleision) *m*; **lesser ~,** cigydd bach, barfog(-iaid) *m* [y coed].

woodchopper *n.* torrwr (torwyr) (*m*) coed, cymynwr (cymynwyr) *m* [coed].

woodchuck *n. Z:* twrlla(-od) llwyd *m*.

woodcock *n. Orn:* cyffylog(-od,-iaid) *m*; *S.a.* **Scotch[5] 1.** *(a)*; *Fish:* **~ and red,** cyffylog corff coch; **~ and green,** cyffylog corff gwyrdd.

woodcraft *n.* coedwriaeth *f*; **W~ Folk,** Gwerin (*f*) y Coed.

woodcraftsman *n.m.* coediwr (coedwyr).

woodcut *n.* torlun(-iau) (*m*) pren.

woodcutter *n.* **1.** *For:* torrwr (torwyr) (*m*) coed, cymynwr (cymynwyr) *m* [coed]. **2.** = **wood-engraver.**

woodcutting *vn.* **1.** *For:* torri coed, cymynu [coed]. **2.** = **wood-engraving**.

wooded *a.* coediog, coedog, llawn coed.

wooden *a.* **1.** *(= made of wood):* pren, o bren; **~ bowl,** ffiol (*f*) bren (ffiolau pren), dysgl (*f*) bren (dysglau pren); *(for hair-cutting):* ffiol wallt (ffiolau gwallt); *Weaving:* **~ fork,** fforch (*f*) ddylifo (ffyrch dylifo), pren(-nau) (*m*) ystofi; **~ horse,** ceffyl(-au) pren *m*; **~ shoe,** esgid bren (esgidiau pren) *f*; **~ spoon,** llwy bren (llwyau pren) *f*; **~ stand,** ystyllen *f*, *S.W:* car pren *m*, planc pren *m*, pren (*m*) crochan; *Fig:* **~ walls,** ceyrydd pren. **2.** *Fig: (of acting, movement, manner):* prennaidd, dienaid. **~-head** *n.* = **fool[1]**. **~-headed** *a.* twp, hurt, pendew(-ion), delffaidd. **~-headedness** *n.* twpdra *m*, hurtrwydd *m*. **~ tongue** *n. Vet:* tafod (*m*) pren.

woodenly *adv.* yn brennaidd *&c.*

woodenness *n.* natur brennaidd *f*.

woodenware *n.* celfi pren *pl*, llestri pren *pl*.

woodhouse *n.* = **wood-shed.**

woodland *n. & attrib.* **1.** *n.* coetir(-oedd) *m*, tir(-oedd) coediog *m*, coedlan(-nau) *f*. **2.** *attrib.* coedwigol, y coed, y goedwig; **~ scenery,** golygfa goedwigol *f*, golygfa mewn coedwig.

woodlander *n.* coedwigwr (coedwigwyr) *m*, coedwr (coedwyr) *m*.

woodlark *n. Orn:* ehedydd(-ion) (*m*) y coed, *Lit: occ:* yr enid *f*, ysgudogyll *m*.

woodlouse *n.* gwrach(-od) (*f*) y lludw, pryf(-ed) (*m*) lludw, gwrachen (*f*) ludw (gwrachod lludw), gwrachen y coed, mochyn (moch) (*m*) coed, pryf (*m*) tamprwydd, gwrach y coed, gwrach y twca, *N.W: occ:* crachen (*f*) ludw (crachod lludw), pryf(-ed) (*m*) twca, *S.E: occ:* crech (*f*) y lludw; **pill ~,** gwrachen belen, pryf pelen.

woodman *n.m.* **1.** *(= woodcutter):* coediwr (coedwyr), cymynwr (cymynwyr) [coed]. **2.** *(= forester):* coedwigwr (coedwigwyr), ceidwad (ceidwaid) coedwig[-oedd], coedwr (coedwyr).

woodpecker *n. Orn:* cnocell (*f*) y coed (cnocellau'r coed, cnocellod y coed), coblyn(-nod) (*m*) y coed, cymynwr (cymynwyr) *m*, tyllwr (tyllwyr) (*m*) y coed, *S:* caseg (*f*) wanwyn (cesig gwanwyn), *S.W:* cnoc (*m*) y coed (cnocau'r coed), taradr (*m*) y coed, *N:* cobler(-iaid) (*m*) y coed; **black ~,** *(Dryocopus martius):* cnocell ddu (cnocellau/cnocellod duon), coblyn du (coblynnod duon); **downy ~,** *(Dendrocopos pubescens):* coblyn gwlanog; **great spotted ~, pied ~,** *(D. dryobates major):* y gnocell fraith fwyaf (y cnocellau brith mwyaf), y coblyn brith mwyaf, y telor(-iaid,-ion) brith mwyaf *m*; **green ~,** *(Picus viridis pluvius):* cnocell werdd (cnocellau gwyrddion), coblyn gwyrdd, lloercen(-nod) *f*; **lesser spotted ~, barred ~,** *(Dendrocopus dryobates minor):* y gnocell fraith leiaf (y cnocellau brith lleiaf), y coblyn brith lleiaf, llygoden (llygod) (*f*) y derw, y telor brith lleiaf.

woodpie *n. Orn:* = **woodpecker (great spotted).**

woodpile *n.* tomen (*f*) goed (tomenni/tomennydd coed), cludair (*f*) goed (cludeiriau coed). *Fig:* **the nigger in the ~,** y drwg yn y caws.

woodruff *n. Bot: (Asperula):* mandon *f*, briwydd bêr *f*, llysiau(*pl*)'r eryr, wdron *m*; **blue ~,** *(A. arvensis):* mandon las, briwydd las; **dyer's ~,** *(A. tinctoria):* mandon y lliwydd; **Pyrenean ~,** *(A. pyrenaica):* mandon y Pyreneau, briwydd y Pyreneau; **six-leaved ~,** *(A. hexaphylla):* mandon chwedalen, briwydd chwedalen; **southern ~,** *(A. taurina):* mandon y de, briwydd y de; **sweet ~,** *(A. odorata):* llysiau(*pl*)'r eryr pêr, mandon, wdron.

woodrush *n. Bot: (Luzula):* coedfrwynen (coedfrwyn) *f*; **field ~,** *(L. campestris):* milfyw *m*, gwelltfrwynen (gwelltfrwyn) *f*, brwynen flewog (brwyn blewog) (*f*) y maes, coedfrwynen y maes; **greater ~,** *(L. sylvatica):* brwynen y goedwig fwyaf, coedfrwynen fawr (coedfrwyn mawrion); **hairy ~,** *(L. pilosa):* brwynen flewog lydanddail (brwyn blewog llydanddail), coedfrwynen flewog (coedfrwyn blewog); **many-headed ~, heath ~,** *(L. multiflora):* coedfrwynen liosben (coedfrwyn lliosben); **southern ~,** *(L. forsteri):* coedfrwynen gulddail (coedfrwyn culddail); **spiked ~,** *(L. spicata):* coedfrwynen sbigog; **white ~,** *(L. luzuloides):* coedfrwynen wen (coedfrwyn gwynion).

woodshed *n.* cwt (cytiau) (*m*) coed, sied (*f*) goed (siediau coed); *F:* **there's sth nasty in the ~,** mae 'na ryw ddrwg yn y caws.

woodsia *n. Bot:* marchredynen (marchredyn) (*f*) y mynydd.

woodsman *n.m. esp. U.S:* = **trapper.**

woodstack *n.* = **woodpile.**

woodward *n.* wdward(-iaid) *m*.

woodwaxen *n. Bot:* = **dyer's broom.**

woodwind *n. Mus:* **~ instrument,** chwythbren(-nau) *m*; **~ section,** adran(-nau) (*f*) chwythbren, y chwythbrennau *pl*.

woodwork *n.* gwaith (*m*) coed, *occ:* coedwaith *m*.

woodworker *n.* saer (seiri) (*m*) coed.

woodworm *n. Ent:* pryf(-ed) (*m*) pren, pryf coed, *S.E:* gwiddonyn (gwiddon) *m*; **this chair's got ~,** mae pryf yn y gadair 'ma.

woody *a.* **1.** *(region):* coediog, coedog, llawn coed. **2.** *Bot: (= like or of wood):* prennaidd; *S.a.* **nightshade.**

wooer *n. A: & Lit:* canlynwr (canlynwyr) *m*, cariadlanc(-iau) *m*, carwr (carwyr) *m*, carmon (carmyn) *m*.

woof[1] *n.* = **weft** *(a)*.

woof[2] *n. (of dog):* cyfarthiad(-au) *m*; *Imit:* **~-~!** bow-wow!

woof[3] *v.i. (of dog):* cyfarth, *N.W: occ:* coethi.

woofer *n. Mus:* seinydd(-ion) isel *m*, chwyrnwr (chwyrnwyr) *m*.

wool *n.* **1.** *(a) (not for knitting):* gwlân (gwlanoedd) *m*; **waste ~,** gwlaniach *m*; **to gather ~,** gwlana; **dyed in the ~,** lliwiedig yn y gwlân, lliwiedig drwyddo; *F:* **a dyed in the ~ conservative,** ceidwadwr rhonc/llwyr/digymrodedd, ceidwadwr i'r carn, ceidwadwr i'r gwr|aidd, ceidwadwr hyd at fôn ei wallt; *F:* **keep your ~ on!** paid â cholli arnat (peidiwch â cholli arnoch)! paid â cholli dy limpin (peidiwch â cholli'ch limpin)! **to lose one's ~,** colli arnoch, colli'ch limpin, *N:* cael y gwyllt, *S:* mynd yn grac; *F:* **to pull the ~ over s.o.'s eyes,** taflu llwch i lygaid rhn; **much cry and little ~,** llawer o weiddi ac ychydig o wlân, mwy o fwg nag o dân; **to go for ~ and come home shorn,** mynd i wlana a chael eich cneifio; **combed ~,** cribinion (*pl*) gwlân, gwlân wedi'i gribo/gardio; **spun ~,** edafedd (*pl*) gwlân; *(b)* **knitting ~,** edafedd *pl*, *F:* dafedd *m*, *N: occ:* edafedd gwau; **crochet ~,** edafedd crosio; **ball of ~,** pellen(-ni) (*f*) o edafedd (*not* pêl). **2.** *(a) (of animal):* gwlân, cnuf(-iau) *m*; *(b) Bot:* gwlaniach *pl*, manflew *pl*, blewiach *pl*; *(c) F: (= hair):* gwallt crych *m*. **3. cotton ~,** gwlân cotwm, cotwm (*m*) gwlân, *F:* wadin *m*; **mineral ~,** gwlân sinidr, gwlân slag; **steel ~,** gwlân dur; **wood ~,** naddion (*pl*) coed, siafins, *occ:* gwlân pren, gwlân coed, coedwlan. **~ alien** *n. Bot:* dieithryn (dieithriaid) (*m*) gwlaniach, estron(-iaid) (*m*) gwlaniach. **~-bearing** *a.* gwlanog, *occ:* gwlanddwyn. **~-carder bee** *n. Ent:* gwl|anwraig (gwlanwragedd) *f.* **~-carding** *vn.* cardio gwlân. **~-cloth** *n.* gwlanen(-ni,-nau) *f,* brethyn(-nau) *m.* **~-combing** *vn.* cribo gwlân. **~-dyed** *a.* lliwiedig yn y gwlân, lliwiedig drwyddo. **~-fat** *n.* saim (*m*) gwlân. **~-fell** *n.* gwlangroen (gwlangrwyn) *m* (*pronounced* ng-g). **~-gathering** *vn.* **1.** gwlana. **2.** *Fig:* = **daydream¹,², day-dreaming. ~ mark** *n.* nod (*m*) gwlân. **W~ Marketing Board (the)** *Pr.n.* y Bwrdd Marchnata Gwlân. **~-merchant** *n.* gwlanwr (gwlanwyr) *m,* masnachwr (masnachwyr) (*m*) gwlân. **~-oil** *n.* olew (*m*) gwlân, gwlân-olew *m.* **~-pack** *n.* **1.** sypyn(-nau) (*m*) gwlân. **2.** *Meteor:* cwmwl (cymylau) gwlanog *m.* **~-shearing** *vn.* cneifio. **~-shears** *n.* gwellaif (gwelleifiau) *m.* **~-shed** *n.* cwt (cytiau) (*m*) cneifio. **~ shop** *n.* siop (*f*) ddafedd (siopau dafedd). **~-skin** *n.* = **wool-fell. ~ sorters' disease** *n.* = **anthrax. ~-staple** *n. Hist:* marchnad (*f*) wlân (marchnadoedd gwlân). **~-stapler** *n.* graddiwr (graddwyr) (*m*) gwlân, brethynnwr (brethynwyr) (*m*). **~-waste** *n. Tex:* gwlaniach *m.* **~-work** *n. Needlew:* brodio (*vn*) edafedd, brodwaith (*m*) edafedd.

woollen *a. & n.* **1.** *a.* gwlân, gwlanen. **2.** *n.* dilledyn (dillad) (*m*) gwlân; *pl.* **woollens,** nwyddau gwlân. **~-draper** *n.* gwlanennwr (gwlanenwyr) *m.* **~ industry** *n.* diwydiant (*m*) gwlân. **~-mill** *n.* ffatri (*f*) wlân (ffatrïoedd gwlân), melin (*f*) wlân (melinau gwlân), *occ:* gwlanfa (gwlanf|eydd) *f.*

woolliness *n.* **1.** gwlanogrwydd *m,* gwlaneiddrwydd *m,* natur wlanog/wlanaidd *f.* **2.** *(of thought, style &c):* niwl[i]ogrwydd *m,* gwlanogrwydd *m.*

woolly *a. & n.* **1.** *a.* *(a) (sheep, jumper, fruit):* gwlanog; **~ hair,** gwallt crych; *Ent:* **~ aphid,** llysleuen wlanog (llyslau gwlanog) *f*; *Ent: F:* **~-bear,** siani flewog (sianis blewog) *f, occ:* jini flewog (jinis blewog) *f*; *F:* **wild and ~,** gwyllt a garw, gwyllt ac anwar; *(b) (fruit):* gwlanog, *occ:* cedennog, manflewog, cotymog; *(c) (thought, style):* niwl[i]og, gwlanog; *W.Tel:* **~ reproduction,** atgynhyrchiad aneglur. **2.** *n.* dilledyn (dillad) (*m*) gwlân/gwlanen.

Woolo *Pr.n.m.* Gwynllyw; *W.Pl.n.* **St. Woolo's,** Eglwys (*f*) Wynllyw.

woolsack *n.* **1.** sach (*fm*) [g]wlân (sachau gwlân). **2.** *Pol:* **the W~,** y Sach (*f*) Wlân/Gwlân, sedd (*f*) yr Arglwydd Ganghellor.

woomera *n. Austr:* ffon (*f*) daflu (ffyn taflu).

woozily *adv.* yn ddryslyd, yn feddw, yn chwil.

wooziness *n.* **1.** *(= confusion):* dryswch *m.* **2.** *(= drunkenness):* m|eddwdod *m* (*usu. pronounced* m|edd-dod).

woozy *a.* **1.** *(= confused):* dryslyd. **2.** *(= drunk):* meddw, *N: F:* chwil.

Wop *n. P: Pej:* Wop(-s,-iaid) *m.*

Worcester *Eng.Pl.n.* Caerwrangon *f.* **~ sauce** *n. Cu:* saws (*m*) Caerwrangon.

Worcestershire *Eng.Pl.n.* Swydd (*f*) Gaerwrangon.

word¹ *n.* **1.** gair (geiriau) *m*; **a small ~,** geiryn(-nau) *m*; **to repeat sth ~ for ~,** ailadrodd rhth air am air; **at a ~,** ar y gair, mewn munud, ar unwaith; **a play on words,** chwarae (*vn*) ar eiriau, defnyddio (*vn*) geiriau mwys, mwyseirio *vn*; **in a ~, in one ~,** mewn gair, ar fyr, yn fyr; **in a few words,** mewn ychydig eiriau, mewn byr eiriau; **in other words,** mewn geiriau eraill, hynny yw, sef; **(I told him) in so many words,** (dywedais wrtho) heb flewyn ar dafod, yn blwmp ac yn blaen; **not in so many words,** heb ddweud rhth ar ei ben; **in the full sense of the ~,** yng ngwir ystyr y gair; **he doesn't know a ~ of Latin,** nid oes ganddo air o Ladin; ni ŵyr yr un gair o Ladin; **I have no words for it,** ni allaf mo'i ddisgrifio; **bad isn't the ~ for it,** nid digon ei alw'n ddrwg; nid drwg yw'r gair i'w ddisgrifio; **a household ~,** gair cyffredin, gair ar lafar gwlad; **to let s.o. have the last ~,** gadael i rn gael y gair olaf, gadael i rn gloi'r ddadl. **in the words of Voltaire,** chwedl Voltaire, yng ngeiriau Voltaire, ys dywedodd Voltaire, fel y dywedodd Voltaire; **to put sth into words,** rhoi rhth mewn geiriau, mynegi rhth yn llafar; **I can't put it into words,** ni wn i sut i'w fynegi; ni wn sut i sôn amdano; ni wn sut i'w ddisgrifio; **to ask s.o. to say a few words,** gofyn i rn ddweud gair, *F:* gofyn i rn ddweud pwt; **to suit the action to the words,** gwn|eud yn ogystal â dweud; **a man of few words,** gŵr tawedog, gŵr cynnil ei eiriau; **a man of many words,** gŵr siaradus; **(to speak) without mincing words,** (siarad) yn blwmp ac yn blaen, heb flewyn ar dafod; **I can't get a ~ out of her,** mae hi'n gwrthod siarad â mi; ni wnaiff hi ddweud yr un gair wrthyf; mae hi'n nacáu siarad hefo mi; **I couldn't get a ~ in edgeways,** ni allwn i gael gair i mewn [ar ei gil]; ni allwn i gael fy mhig i mewn; **to eat one's words,** llyncu'ch geiriau; **he didn't say a ~,** nid yngandodd air; *F:* ni ddywedodd air o'i ben; ni ddywedodd na bw na be; *N: occ:* ddywedodd o ddim pwmp; **she didn't have a ~ to throw at a dog,** 'doedd ganddi'r un gair i'w gynnig; ni ddywedodd air o'i phen; **mum's the ~; not a ~ about this,** taw piau hi; dim gair wrth neb; **not a ~ of it,** dim un gair; **with these words, he went,** gyda hynny o eiriau, fe aeth; **without a ~, she left,** heb ddweud gair, fe aeth hi; **you're putting words in my mouth,** 'rydych chi'n rhoi geiriau yn fy ngheg i; **you've taken the words out of my mouth,** fe ddywedsoch yr hyn yr oeddwn i am ei ddweud; dyna chi wedi dweud yr union eiriau oedd gen i; **words fail me!** wn i ddim beth i'w ddweud! geiriau a ballant! **conduct beyond words,** ymddygiad annisgrifiadwy; **too stupid for words,** rhy wirion o'r hanner; **too beautiful for words,** eithriadol o brydferth, cyfareddol o brydferth, *Lit:* anhraethadwy o brydferth; **fine words,** geiriau teg; *S.a.* **butter, parsnip**; *S.a.* **last²** I. **1**; **may I have a ~ with you?** a gaf i air â chi? **a ~ in your ear,** gair o gyngor; **I'll have a ~ with him about it,** mi soniaf wrtho am y peth; **he'll have a ~ to say about this!** bydd ganddo air neu ddau am hyn! **to put in a good ~ for s.o.,** rhoi geirda i rn, siarad o blaid rhn, dweud gair o blaid rhn; **he hasn't a good ~ for anyone,** nid oes ganddo air da i neb; **a ~ in season,** gair mewn pryd, gair yn ei bryd, cyngor amserol; *Prov:* **a ~ to the wise [is sufficient],** hanner gair i gall. **2. in ~ or in thought,** ar air neu ar feddwl; **(to hear sth) by ~ of mouth,** (clywed rhth) ar lafar, ar lafar gwlad; **hard/high words,** ffrae(-on) *f,* cweryl(-on) *mf,* geiriau cas; **words were running high,** 'roedd pethau'n poethi; fe aeth hi'n godiad; **to have words (with s.o.),** ffraeo, cael ffrae (â rhn); **words passed between them,** bu ffrae rhyngddynt; **a battle of words,** dadl(-euon) *f,* ymdaeru *vn,* ymdderu *vn,* ffrae; *S.a.* **war¹. 3.** *(= message):* neges(-i,-euon) *f,* newydd(-ion) *m,* hanes(-ion) *m,* si *m,* sôn *m*; **to send s.o. ~ of sth,** rhoi gwybod i rn am rth; **the ~ went round,** aeth y si/sôn ar led; **we received ~ (that ...),** daeth y newydd/neges, daeth yr hanes, clywsom/cawsom neges, cawsom wybod, daeth gair (fod ...); **the ~ is that they've separated,** mae sôn eu bod wedi ymwahanu; y sôn/ stori/si yw eu bod wedi ymwahanu; **to leave ~ that ...,** gadael neges fod .... **4. to give s.o. one's ~,** addo i rn, rhoi'ch gair i rn, *A: occ:* rhoi'ch cred (*f*) i rn; **to keep one's ~,** cadw'ch gair, cadw at eich gair, cywiro'ch addewid; **to break one's ~,** torri'ch gair, torri'ch addewid, torri amod; **~ of honour,** llw(-on) *m, A: occ:* llw a chred; **I give you my ~; [you can] take my ~ for it,** coeliwch chi fi; credwch chi fi; mi af ar fy llw; gellwch gymryd fy ngair; **I'll take your ~ for it,** mi'ch coelia' i chi; mi'ch creda' i chi; mi gymeraf eich gair drosto; **he's a man of his ~,** mae'n ddyn ei air; mae'n ddyn a geidw at ei air; mae'n ŵr dibynadwy; **his ~ is as good as his bond,** cystal ei air â'i addewid; **upon my ~!** ar fy llw! ar fy ngair! brensiach! 'rargian! 'rachlod! **my ~!** ar fy ngair! ar f'enaid i! 'dawn i byth o'r fan! dew! dewcs! iechyd! iesgwn! 'tawn i'n marw! **she was as good as her ~,** 'roedd hi gystal â'i gair. **5. a ~ of command,** gorchymyn (gorchmynion) *m*; **to give the ~ to do sth,** *(i) (= order):* rhoi gorchymyn i wneud rhth; *(ii) (= permit):* rhoi caniatâd (*m*) i wneud rhth; *F:* **sharp's the ~!** gafael(-wch) ynddi! *S:* siapa (siapwch) hi! *N:* styria (styriwch)! tân arni/iddi/dani! **say the ~!** rhowch y gair! dywed di (dywedwch chi)! **just say the ~, and I'll go,** mi af i, ond ichwi ddweud. **6.** *Theol: B: (a)* **the W~ of God,** Gair Duw; *(b)* **in the beginning was the W~,** yn y dechreuad yr oedd y Gair. **~-blind** *a.* geirddall. **~-blindness** *n.* geirddallineb *m.* **~-break** *n. Typ:* toriad (*m*) gair (toriadau geiriau). **~-class** *n. Ling:* dosbarth(-iadau) (*m*) geiriau. **~-deaf** *a.* geirfyddar. **~-deafness** *n.* geirfyddardod *m.* **~ frequency** *n.* amlder (*m0* geiriau. **~-group** *n.* ymadrodd(-ion) *m.* **~-length** *n. Cmptr:* hyd (*m*) gair; **fixed ~-length,** hyd gair penodol; **variable ~-length,** hyd gair newidiol. **~ order** *n.* trefn (*f*) [g]eiriau, trefn eiriol. **~-orientated** *a.* geiriol-gyfeiriedig. **~-painter** *n.* darluniwr (darlunwyr) (*m*) mewn geiriau. **~-painting** *n.* darlun(-iau) (*m*) [mewn] geiriau, darlun geiriol; *Mus:* lliwio (*m*) geiriau. **~-perfect** *a.* **she's ~-perfect,** mae hi'n gwybod ei geiriau i'r dim; mae hi'n airberffaith; mae hi'n medru ei rhan ar dafod leferydd. **~-picture** *a.* darlun(-iau) geiriol *m.* **~-play** *n.* chwarae (*vn*) ar eiriau, mwyseirio *vn.* **~ processing** *vn.* prosesu geiriau, geirbrosesu. **~ processor** *n.* prosesydd(-ion) (*m*) geiriau, geirbrosesydd(-ion) *m.* **~-square** *n.* sgwâr (sgwariau) (*m*) geiriau. **~-stress** *n.* aceniad(-au) *m.* **~ wrap** *n. Cmptr:* geirlap(-iau) *m.*

word² *v.t.* geirio; **a letter thus worded,** llythyr wedi ei eirio fel hyn; **it's well-worded,** mae wedi ei eirio'n dda.

wordage *n. Coll:* geiriau *pl.*

wordbook *n.* geirlyfr(-au) *m*, geirfa (geirfâu) *f.*

wordily *adv.* yn eiriog, yn amleiriog.

wordiness *n.* geiriogrwydd *m*, amleiriogrwydd *m*, *occ:* amleiriaeth *f.*

wording *n.* geiriad *m*, geirio *vn.*

wordless *a.* di-air, dieiriau, heb eiriau, dileferydd, diyngan, distaw, mud.

wordlessly *adv.* yn fud *&c*; heb air, heb ddweud gair.

wordlessness *n.* distawrwydd *m*, mudandod *m.*

wordlist *n.* rhestr (*f*) eiriau (rhestrau geiriau).

wordsmith *n.* crefftwr (crefftwyr) (*m*) geiriau.

Wordsworthian *a. Lit:* Wordsworthaidd.

wordy *a.* geiriog, amleiriog.

wore *v. See* **wear²**.

Worganston *W.Pl.n.* Treworgan *f.*

work¹ *n.* **1.** gwaith *m*, *Lit:* llafur *m*; **to be at ~,** gweithio, bod wrth eich gwaith; *(= be employed):* bod mewn gwaith; **a ~-to-rule,** gweithio (*vn*) i reol; **the forces at ~,** y grymoedd sydd ar waith; **to set sth to ~,** *N:* rhoi rhth ar waith, *S:* dodi rhth ar waith; **to be hard at ~,** bod wrthi'n galed, gweithio'n galed, llafurio; **he was hard at ~ gardening,** 'roedd wrthi'n galed yn garddio; 'roedd yn gweithio'n galed yn yr ardd; *Prov:* **many hands make light ~,** ysgafnu'r baich yw ei rannu; *Prov:* **all ~ and no play makes Jack a dull boy,** (*)gwaith heb ŵyl a wna Huw'n ddi-hwyl; **to start ~, to set to ~,** mynd ati, mynd at waith, bwrw iddi, dechrau gweithio, dechrau arni, ymr|oi i'ch gwaith; **to stop ~, to knock off ~,** rhoi'r gorau i weithio, rhoi'r gorau i'ch gwaith, rhoi'r gorau iddi; *(for the evening):* noswylio; **(to set a machine) to ~,** (rhoi peiriant) ar fynd, i fynd, i weithio; **to go the right way to ~,** mynd ati'r ffordd iawn, mynd ati yn y dull cywir; **the ~ is suspended,** rhoir y gorau i'r gwaith am y tro. **2.** *(a) (= task):* gwaith, tasg(-au) *f*, gorchwyl(-ion) *m*; **I've ~ to do,** mae gennyf waith i'w wneud; mae gennyf waith ar fy nwylo; **to make ~ for oneself,** tynnu gwaith yn/am eich pen; **to get through a lot of ~,** gweithio'i hochr hi, dygnu arni, *N:* pydru arni, hemio arni, slanu gweithio; **a piece/job of ~,** tasg, gorchwyl, *N: F:* joben (*f*) o waith, *S:* jobyn (*m*) o waith; **to give s.o. a piece/job of ~,** rhoi gorchwyl/gwaith i rn, gosod tasg i rn; *F:* **he's a nasty piece of ~,** dyn cas/annymunol yw e; hen declyn/gerlyn cas ydi o; *N: F:* hen jero cas ydi o; hen elach/eurach drwg ydi o; **let's get down to ~!** hai ati! at ein gwaith! gwaith piau hi! gadewch inni afael ynddi! gwaith amdani! mae'r gwaith yn galw! yn ôl at y gaib a'r rhaw! **a fine piece of ~,** gwaith cain; **the brandy has done its ~,** mae'r brandi wedi gwneud ei waith; mae'r brandi wedi cael effaith; mae'r brandi wedi gweithio; **he made short ~ of it,** ni fu fawr o dro yn ei wneud; **I had my ~ cut out,** 'roeddwn yn fy ngwaith; *N.W: F:* 'roedd gen i ddigon ar fy nhrensiwr; **I'll have my ~ cut out to finish on time,** byddaf yn fy ngwaith i ddarfod mewn pryd; mi caf hi'n anodd darfod mewn pryd; **you'll have your ~ cut out with her,** fe gewch chi drafferth ofnadwy gyda hi; fe fyddwch yn eich gwaith gyda hi; **a day's ~,** diwrnod o waith, gwaith diwrnod; **it's all in a day's ~,** mae'n rhan o'r gwaith; **two hours' ~,** gwaith dwy awr; **to do s.o.'s dirty ~,** gwneud gwaith budr rhn, carthu tail rhn drosto; **good ~!** go dda! da iawn ti (chi)! *(b)* **it was thirsty ~,** 'roedd yn waith sychedig; **it was bloody ~,** 'roedd yn waith gwaedlyd; **tiring ~,** gwaith llafurus/blinderus, llafurwaith *m*, *F:* lladdfa *f*, *N.W:* strach *mf.* **3.** gweithred(-oedd) *f*; *(a)* **the works of God,** gweithredoedd Duw; **good works,** gweithredoedd da; **works of mercy,** gweithredoedd trugarog; *(b) (literary):* gwaith (gweithiau) *m*; **selected poetical works of Tudur Aled,** detholiad o waith barddonol Tudur Aled; **the complete poetical works of Ceiriog,** holl weithiau barddonol Ceiriog; **minor ~,** gwaith bychan (gweithiau bychain); **a minor ~ of Shakespeare,** un o weithiau bychain Shakespeare, un o fân weithiau Shakespeare; **a ~ of art,** celfyddydwaith (celfyddydweithiau) *m*, gwaith celfyddyd, gwaith o gelfyddyd; **his paintings are a ~ of art,** mae ei baentiadau'n gelfydd/gywrain iawn; *(c) F:* **[all] the works,** yr holl sioe *f*, yr holl fusnes *m*, yr holl gybôl *m*; *P:* **to give s.o. the works,** ei rhoi hi i rn; *esp. U.S:* **to shoot the works,** mynd i'r pen, mynd i'r eithaf. **4.** *(a) (= employment):* swydd(-i) *f*, gwaith; **she's in ~,** mae hi'n gweithio; mae hi mewn gwaith; mae hi mewn swydd; mae ganddi waith; **she's off ~,** mae hi adref o'i gwaith; **he's out of ~,** mae heb waith; mae'n ddi-waith; mae'n segur; *N. F:* mae o ar y clwt; *S:* mae e mas o waith; **to throw s.o. out of ~,** taflu rhn ar y clwt, *N. W: F:* rhoi'r hwi i rn; **what ~ do you do?** beth yw'ch gwaith chi? **a craftsman at ~,** crefftwr wrth ei waith; **field ~,** gwaith maes; *(b)* **to go to ~ every morning,** mynd i'r gwaith *or* i'ch gwaith bob bore; **he's not at ~ today,** nid yw yn y gwaith heddiw; nid yw wrth ei waith heddiw (*not* mewn gwaith = **in employment**). **5.** *pl. Mil:* **works,** cloddiau *pl*, cloddwaith (cloddweithiau) *m*, amddiffynfa (amddiffynf|eydd) *f*; **defensive works,** cloddiau amddiffyn/amddiffynnol, amddiffynfeydd; **field works,** cloddiau dros dro. **6.** *pl. Civ.E: (on road &c):* **works,** gwaith *m*; **public works,** gwaith cyhoeddus; **clerk of works,** clerc(-od) (*m*) gwaith, goruchwyliwr (goruchwylwyr) (*m*) gwaith; *P.N:* **road works ahead!** *U.S:* **~ zone!** gwaith ar y ffordd o'ch blaen! **7.** *pl.* **works,** *(of watch &c):* treuliau *pl*, peirianwaith *m*, *F: occ:* perfedd *m.* **8.** *pl. (often with sg. const.) (= place of work, factory &c):* gwaith (gweithf|eydd) *m*, gweithdy (gweithdai) *m*, ffatri (ffatrïoedd) *f*; **works council,** cyngor gwaith, cyngor gweithwyr; **works entrance/access,** mynedfa (*f*) waith (mynedf|eydd gwaith); **works traffic,** traffig (*m*) [i'r] gwaith, trafnidiaeth (*f*) [i'r] gwaith; **works unit,** uned (*f*) waith (unedau gwaith); *Com:* **ex works,** o'r gwaith; **dye-works,** gwaith lliwio; **engineering works,** ffatri beirianyddol (ffatrïoedd peirianyddol) *f*; *S.a.* **steelworks**. **9. chased ~,** gwaith cŷn a morthwyl, cynwaith *m*; **carved ~,** gwaith cerfiedig *m*, gwaith cerfio; *S.a.* **artwork**. **10.** *Nau:* **upper works,** rhan uchaf *f*, tu uchaf *m.* **11.** *Ph:* gwaith; **internal ~,** gwaith mewnol. **~-area** *n. Cmptr:* ardal (*f*) weithio (ardaloedd gweithio), ardal waith (ardaloedd gwaith). **~-bag** *n. Needlew:* bag(-iau) (*m*) gwnïo, *N.W: occ:* wyrpaig *mf.* **~-basket** *n. Needlew:* basged (*f*) wnïo (basgedi gwnïo), *S. W: occ:* fflasged (*f*) wnïo (fflasgedi gwnïo). **~-bench** *n.* = **workbench**. **~-box** *n. Needlew:* bocs(-ys) (*m*) gwnïo, basged wnïo. **~-camp** *n.* gwersyll(-oedd) (*m*) gwaith. **~-card** *n. N:* cerdyn (cardiau) (*m*) gwaith, cerdyn tasg, *S:* carden (*f*) waith (cardiau gwaith). **~-day** *n.* diwrnod(-iau) (*m*) gwaith. **~ ethic** *n.* etheg (*f*) gwaith. **~-function** *n. Ph:* ffwythiant (*m*) gwaith. **~-group** *n. Sociol:* grŵp (grwpiau) (*m*) gwaith. **~-hardening** *vn.* gweithgaledu. **~-horse** *n.* ceffyl(-au) (*m*) gwaith, ceffyl gwedd. **~-in** *n. Ind:* meddiannu (*vn*) gwaith; **to hold a ~-in,** meddiannu gwaith. **~-in-progress** *n. Com.* gwaith (*m*) ar droed. **~-over** *n.* archwiliad(-au) *m.* **~-room** *n.* ystafell (*f*) waith/weithio (ystafelloedd gwaith/gweithio). **~-shy** *a.* diog, *occ:* diosgo, diffaith, diafael; **he's ~-shy,** 'does dim gwaith yn ei groen o/e; mae arno ofn gwaith, mae'n gas ganddo waith; 'dyw gwaith ddim yn mynd trwy'i ddwylo fe; 'dyw gwaith ddim yn dygymod ag e; 'does dim golwg gwaith arno fe; 'dyw gwaith ddim yn un o'i bethau; 'dyw e ddim yn or-hoff o waith. **~-space** *n.* lle (*m*) gwaith. **~-station** *n. Cmptr:* gweithfan(-nau) *mf.* **~ study** *n.* astudiaeth (*f*) o waith, astudio (*vn*) gwaith. **~-surface** *n.* man(-nau) (*mf*) gweithio; *Cu:* arwyneb(-au) (*m*) gwaith. **~-table** *n. N:* bwrdd (byrddau) (*m*) gweithio, *S:* bord (*f*) waith (bordydd gwaith); *Needlew:* bwrdd gwnïo, bord wnïo (bordydd gwnïo). **~-tape** *n. Comptr:* tâp (tapiau) (*m*) gweithio, tâp gwaith.

work² *v.i.&t.* I. *v.i.* **1.** *(a)* gweithio, gwn|eud gwaith, *Lit:* llafurio; **to ~ with s.o.,** gweithio gyda rhn, cydweithio â rhn; **to ~ hard, to ~ like a navvy/slave/horse,** gweithio'n galed/ddygn, dygnu arni, *N: F:* pydru arni, slanu gweithio, *S: F:* hemo arni, *S.E:* wafo, *S.W:* slafo bant; **to ~ laboriously,** bustachu [gweithio], gweithio fel blac; **I am working at a shawl,** 'rwy'n gweithio ar siôl; **to ~ days,** gweithio'r dydd, gweithio yn y dydd; **to ~ nights,** gweithio'r nos, gweithio yn y nos; **to ~ overtime,** gweithio dros amser, gweithio'n hwyr, gweithio yml|aen, gweithio heibio i'ch amser; **to ~ to capacity,** gweithio i'r eithaf; *Ind:* **to ~ to rule,** gweithio i reol, gweithio yn ôl rheol; **to ~ in leather/brass &c,** gwneud gwaith lledr/pres *&c*; **to ~ on a newspaper,** gweithio i bapur newydd; **he's working on a dictionary,** mae'n llunio/darparu/parat|oi geiriadur; mae'n gweithio ar eiriadur; **she worked until seven o'clock,** bu hi wrthi tan saith o'r gloch; *(b)* **to ~ for a good cause,** gweithio dros achos da, gweithio ar ran achos da; **to ~ for an end,** gweithio ar gyfer rhth, gweithio i gyrraedd nod, cyrchu at nod, gweithio i bwrpas; **to ~ against s.o.,** gweithio/cynllwynio yn erbyn rhn; **working from the principle that . . . ,** gan gychwyn o'r egwyddor fod . . . , ar sail yr egwyddor fod . . . . **2.** *(a) (of machine, system):* gweithio, mynd, *occ:* gweithredu; **the lift isn't working,** mae'r lifft wedi torri; 'dyw'r lifft ddim yn gweithio; **these tools ~ by gas,** mae'r offer hyn yn gweithio/mynd/dibynnu ar nwy; *(b)* **a drug that works,** cyffur sy'n gweithio, cyffur effeithiol; **his plan didn't ~,** ni weithiodd ei gynllun; methodd ei gynllun; methu a wnaeth ei gynllun; methiant oedd/fu ei gynllun; *F:* **that won't ~ with me!** ni thycia hynny ddim gyda mi! ni thâl hynny ddim gyda mi! **3.** *(of yeast, wine &c):* gweithio. **4.** *(a) O: (of face, features):* crychu, gwingo, ystumio; **her mouth was working,** 'roedd ei cheg yn mingamu (*pronounced* ng-g); 'roedd ei cheg yn mynd i gyd; *(b) (of sailing-ship):* **to ~ to windward,** hwylio yn erbyn y gwynt; **the wind has worked round,** mae'r gwynt wedi troi; *(of angler):* **to ~ upstream,** pysgota yn erbyn y llif, pysgota yn groes i'r llif, gweithio'ch ffordd i fyny'r afon, gweithio'ch ffordd lan yr afon. **5.** *(of nut &c):* **to ~ loose,** datod, ymddatod, dod yn rhydd. II. *v.t.* **1.** gweithio (rhth), gwneud (i rth) weithio; **he works his staff too hard,** mae'n gorweithio'i weithwyr; **to ~ one's fingers to the bone,** gweithio'ch bysedd hyd at yr esgyrn; gweithio'ch dwylo'n bytiau; **to ~ oneself to death,** eich lladd eich hun â gwaith, eich lladd eich hun yn gweithio, ymlâdd wrth weithio. **2. to ~ a machine/ship** *&c*, gweithio peiriant/llong *&c*; **it's worked by steam/electricity** *&c*, mae'n mynd/gweithio ar ager/drydan *&c*; **to ~ a scheme,** gweithio cynllun. **3. to ~ miracles,** gwneud gwyrthiau, cyflawni gwyrthiau; **to ~ one's will on s.o.,** gwneud fel y mynnoch chi â rhn, dylanwadu ar rn; **to ~ mischief,** gwneud drygioni, gwneud drygau, gwneud drwg, creu helynt; **his keys worked a hole in his pocket,** gwnaed/treuliwyd twll yn ei boced gan ei allweddi; gwnaeth ei allweddi dwll yn ei boced; **the destruction wrought by the fire,** y difrod a wnaed/achoswyd gan y tân; **I'll ~ things (so that . . .),** mi drefnaf bethau, fe'i gweithiaf i hi (fel bod . . .); **to ~ a sum,** gwneud swm; **to ~ a trick,** gweithio cast. **4. to ~ a design on a cloth,** brodio/gweithio cynllun ar liain; **the flowers are worked in silk,** sidan yw deunydd y blodau; â sidan y brodiwyd y blodau; gwneir y blodau o sidan; **sth worked with silver,** rhth a gwaith arian arno; **to ~ a shawl,** gweu/gwneud siôl. **5.** *(a)* **to ~ an incident into a book,** dod â digwyddiad i lyfr, dwyn digwyddiad i lyfr, gweithio digwyddiad i lyfr; *(b)* **to ~ one's hands free,** rhyddh|au'ch dwylo, tynnu/cael eich dwylo'n rhydd; *(c)* **to ~ one's way up a rock,** dringo craig yn araf, ymgripio i fyny craig, gwneud eich ffordd i fyny craig, gweithio'ch/crafangu'ch ffordd i fyny craig; **to ~ one's way up in the world,** codi yn y byd, dod ymlaen yn y byd, gwella'ch stad, ymddyrchafu; **to ~ one's way through a crowd,** ymwthio/ymlwybro trwy dorf; **he was working his way through college,** 'roedd yn gweithio'i ffordd drwy'r coleg. **6.** *(a)* **to ~ wood,** saernïo/llunio/naddu pren; **to ~ butter,** gwneud/trin/cyweirio ymenyn, *S:* cweirio/cwiro/cwyro/cywiro menyn, *S.E:* cwyrnedu menyn, gwitho menyn, *S.W: occ:* trefnu menyn, tynnu menyn; **to ~ leather,** trin/cyweirio/barcio lledr; **to ~ clay/dough,** tylino clai/toes; *(b)* **to ~ iron into a horseshoe,** gweithio/ffurfio/llunio haearn yn bedol; *(c)* **to ~ oneself [up] into a frenzy,** dechrau corddi [gan ddicter], dechrau gwylltio, mynd yn wyllt, mynd yn orffwyll, gorffwyllo, *S:* mynd i natur, *N.W: F:* myllio, cael mỳll; *(d)* **to ~ (sth) over,** *(= redo):* ail-wneud, ailwampio (rhth); *F:* **to ~ s.o. over,** *(= beat up):* rhoi curfa/cweir/crasfa *&c* i rn, ei rhoi hi i rn; *S.a.* **beat²**. **7.** *(a)* **to ~ a mine,** cloddio [mewn] pwll, gweithio pwll; *(b) Com: (of representative):* **to ~ the south-east,** trafaelio'r de- ddwyrain, gweithio trwy'r de-ddwyrain. **8.** *Nau:* **to ~ one's passage,** gweithio'ch taith. **~ away** *v.i.* **1.** *(= keep working):* gweithio, dal i weithio, dal ati. **2.** *(from home):* gweithio oddi cartref. **~ in 1.** *v.t.* **to ~ currants into dough,** cymysgu cyraints â thoes; **to ~ a character into a novel,** dwyn cymeriad i mewn i nofel, gweithio cymeriad i mewn i nofel, gwneud lle i gymeriad mewn nofel. **2.** *v.i.* ymdreiddio, treiddio. **~ off 1.** *v.t.* cael gwared (ar rth, â rhth); **to ~ off one's anger on s.o.,** bwrw'ch llid ar rn; **to ~ off fat,** gweithio i golli pwysau/bloneg. **2.** *v.i. (of nut &c):* datod, ymddatod, llacio, dod yn rhydd. **~ on** *v.i.* **1.** dal i weithio; *abs.* dal ati. **2.** *(a)* **(have you any evidence) to ~ on?** (a oes gennych dystiolaeth) yn sail, i weithio arni? *(b)* **to ~ on s.o.,** *(= weigh on):* pwyso ar rn, dwyn pwysau ar rn; *(= affect):* effeithio ar rn, cael effaith ar rn; *(= persuade):* dwyn perswâd ar rn; *(of drug &c):* **it doesn't ~ on me,** nid yw'n gweithio arna' i. **~ out¹ 1.** *v.t.* *(a) B:* **to ~ out one's own salvation,** gweithio allan eich iachawdwriaeth eich hun; **to ~ out one's own destiny,** torri'ch cwys eich hun; penderfynu eich tynged eich hun; *(of apprentice):* **to ~ out one's time,** bwrw'ch cyfnod; *(b)* **to ~ out an idea,** gweithio syniad i'w ben/derfyn; **to ~ out a plan,** gwneud cynllun manwl; **the plan is being worked out,** mae'r cynllun ar y gweill; *(c) (calculation, price):* gweithio; **to ~ out a problem,** cael ateb i broblem, datrys problem; *Nau:* **to ~ out one's position,** gweithio allan ble 'rydych chi, *N.W: F:* clandro ble 'rydych chi; *(d)* **the pit has been worked out,** mae'r pwll wedi'i ddihysbyddu; mae'r pwll wedi darfod. **2.** *v.i.* *(a) (of nail &c):* datod, dod yn rhydd, ymddatod; *(b)* **I wonder how it will all ~ out,** ys gwn i beth fydd ei diwedd hi; ys gwn i beth fydd ei phen draw hi; ys gwn i sut y daw'r cyfan i ben; tybed sut y bydd y cyfan yn diweddu? **it worked out very well for me,** fe aeth popeth yn dda i mi; daeth popeth i'w le yn dda iawn i mi; fe weithiodd popeth er y gorau i mi; **everything will ~ out for the best,** bydd popeth yn gweithio er daioni; *(c)* **how much does it all ~ out at?** pa faint fydd y cyfan? **the total cost works out at 20 pounds,** ugain punt yw'r cyfanswm; **it works out at 10 pounds a head,** mae'n costio decpunt y pen; mae'n dod yn ddecpunt y pen; *(d) Gym: Sp:* ymarfer, ystwytho. **~-out²** *n. Gym: Sp:* sesiwn (sesiynau) *(f)* ymarfer, ymarfer(-ion) *f*, ystwythiad(-au) *m*. **~ over** *v.t.* archwilio. **~ up 1.** *v.i.* *(a) (of skirt &c):* codi, mynd yn uwch, torchi; *(b)* **what are you working up to?** at beth yr ydych chi'n dod? at beth yr ydych chi'n anelu? *S.a.* **climax; he was working up to asking for a rise,** 'roedd yn magu plwc i ofyn am godiad cyflog. **2.** *v.t.* *(a)* **to ~ up an article into a book,** ailwampio/paratoi/ addasu/troi erthygl yn llyfr; **to ~ up a dramatic situation,** datblygu sefyllfa; *Phot:* **to ~ up a negative,** gweithio ar negatif; *(b) Com:* **to ~ up a connection,** sefydlu perthynas, ennill cwsmeriaid; *(c)* **to ~ up a subject,** parat|oi pwnc, gweithio ar bwnc; *(d)* **to get worked up,** cynhyrfu, ymgynhyrfu, dechrau gwylltio, dechrau corddi, *N: F:* styrbio; **public opinion is very much worked up,** mae barn y cyhoedd wedi poethi gryn dipyn.

workability *n.* **1.** *(of wood &c):* natur hydrin *&c f*, rhywiogrwydd *m*. **2.** *(of plan &c):* ymarferoldeb *m*.

workable *a.* **1.** *Tchn: (wood &c):* hydrin, hawdd ei drafod, rhywiog; *(cement):* ystwyth. **2.** *(mine):* gweithiadwy. **3.** *(scheme):* dichonadwy, dichonol, ymarferol, posibl.

workableness *n.* = **workability.**

workably *adv.* **1.** yn hydrin *&c*. **2.** yn weithiadwy. **3.** yn ddichonadwy.

workaday *a.* pob dydd, beunyddiol; **~ clothes,** dillad cyffredin/arferol, dillad gwisgo, dillad pob dydd, dillad gwaith; **~ world,** bywyd pob dydd.

workaholic *n.* gweithiwr (gweithwyr) diarbed/diymarbed *m*, gw|eithwraig ddiarbed/ddiymarbed (gweithwragedd diarbed/diymarbed) *f*, slafiwr (slafwyr) *m*, sl|afwraig (slafwragedd) *f*, *N.W: occ:* slanwr [o weithiwr] (slanwyr [o weithwyr]) *m*, sl|anwraig (slanwragedd) *f*; **he's a ~,** mae'n gaeth i waith; all e/o ddim byw heb weithio; *N:* fedr o ddim maddau i waith.

workbag *n.* = **work-bag.**

workbasket *n.* = **work-basket.**

workbench *n.* mainc *(f)* weithio (meinciau gweithio).

workbox *n.* = **work-box.**

worked *a. Needlew:* brodiog, brodiedig, pwythog, pwythedig, gweithiedig; **finely-~,** cywrain. **~-out** *a. Min:* **a ~-out mine,** pwll wedi darfod, pwll wedi ei ddihysbyddu, pwll wedi dod i ben.

worker *n.* **1.** gweithiwr (gweithwyr) *m*, gw|eithwraig (gweithwragedd) *f*; **fellow-~,** cydweithiwr (cydweithwyr) *m*, cydw|eithwraig (cydweithwragedd) *f*; **heavy ~,** llafurwr (llafurwyr) *m*, labrwr (labrwyr) *m*; **hard ~,** gweithiwr diwyd/da/caled, *S: F:* ceffyl(-au) *(m)* siafft, *N.W: occ:* slanwr (slanwyr) *m*; **to be a hard ~,** gweithio'n galed; *F:* **he's a fast ~,** mae'n weithiwr cyflym; nid yw'n un i dorri cnau gweigion; **a gainful ~,**

gweithiwr yn ennill, *occ: Adm:* gweithiwr enillol; **hand ~,** gweithiwr â llaw; **highly skilled ~,** gweithiwr hyfedr, gweithiwr tra medrus; **key ~,** gweithiwr allweddol; **manual ~,** gweithiwr â llaw, gweithiwr llafuriol, llafurwr (llafurwyr) *m*, gweithiwr â'i ddwylo (gweithwyr â'u dwylo), *F:* gweithiwr bôn braich; **non-manual ~,** gweithiwr anllafuriol, *F:* gweithiwr dwylo glân; **semi-skilled ~,** gweithiwr lled-grefftus/lled-fedrus/lled-hyfforddedig; **skilled ~,** gweithiwr â chrefft, gweithiwr medrus/hyfforddedig; **unskilled ~,** gweithiwr di-grefft, gweithiwr anhyfedr; **white collar ~,** gweithiwr swyddfa, gweithiwr coler wen; **Workers' Educational Association,** Cymdeithas (*f*) Addysg y Gweithwyr. **2.** ~ **[bee, ant],** gweithwraig (gweithwragedd) *f*, gwenynen weithgar (gwenyn gweithgar) *f*. **3.** ~ **of miracles,** gwneuthurwr (gwneuthurwyr) (*m*) gwyrthiau. ~ **priest** *n. Ecc:* offeiriad-weithiwr (offeriaid-weithwyr) *m*.

workforce *n.* gweithwyr *pl*, *occ:* gweithlu *m*, llafurlu *m*.

workhouse *n.* **1.** tloty (tlotai) *m*, *F:* wyrcws: wercws *mf*; **union ~,** tloty'r undeb. **2.** *U.S:* = **house of correction.**

working[1] *a.* **1.** *(a)* sy'n gweithio, *occ:* gweithiol; *(= industrial):* gweithfaol, diwydiannol; ~ **man,** ~ **woman,** = **worker** 1; ~ **people,** gweithwyr *pl*; **the only ~ pit in the area,** yr unig bwll yn yr ardal sy'n gweithio; ~ **wife,** gwraig sy'n gweithio, gwraig a swydd ganddi, gwraig mewn gwaith; **the ~ class,** y dosbarth gweithiol *m*; **hard-~,** diwyd, gweithgar; *(b) Pol: Ind:* ~ **party,** gweithgor(-au) *m*. **2.** *(a)* sy'n gweithio, gweithredol, symudol; **the ~ parts of a machine,** rhannau gweithredol peiriant, peirianwaith (*m*) peiriant; ~ **model,** model(-au) gweithredol *m*; *(b)* **not ~,** heb fod yn gweithio; *S.a.* **surface[1]**; *(c)* ~ **agreement,** cytundeb gweithredol *m*, cytundeb i gydweithio, cytundeb i gyd-fyw; ~ **hypothesis,** damcaniaeth weithredol/arbrofol *f*; ~ **majority,** mwyafrif digonol *m*, digon (*m*) o fwyafrif; ~ **drawing,** graddluniad(-au) *m*; ~ **knowledge,** gwybodaeth ddigonol *f* (**of sth,** o rth), *F:* crap *m* (ar rth); **she has a ~ knowledge of it,** fe ŵyr hi ddigon yn ei gylch; mae hanfodion y peth ganddi; mae ganddi ryw grap ar y peth. **~-class** *a.* gwerinol, dosbarth gweithiol; **a ~-class family,** teulu dosbarth gweithiol, teulu o weithwyr, teulu gwerinol.

working[2] *vn.* **1.** gwaith *m*, gweithio; **it's difficult in the ~,** mae'n anodd ei weithio; *Th:* ~ **area,** cwrt (cyrtiau) (*m*) gweithio; ~ **clothes,** dillad (*pl*) gwaith; ~ **conditions,** amodau gwaith; ~ **day,** diwrnod(-iau) (*m*) gwaith; ~ **edge,** *Metalw: &c:* ymyl (*mf*) [g]weithio (ymylon gweithio); ~ **hours,** oriau (*pl*) gwaith; ~ **life,** oes (*f*) waith/weithio; *Th:* ~ **light,** golau (*m*) gwaith; ~ **lunch,** cinio (*m*) busnes; ~ **method,** dull(-iau) (*m*) o weithio; ~ **face,** *(i) Carp:* wyneb(-au) blaen *m*, wyneb gweithio/gweithiol; *(ii) Min: S:* ffas(-ys) *f*, *N:* talcen(-ni) *m*; ~ **capital,** cyfalaf (*m*) ar waith, cyfalaf gweithredol; ~ **expenses,** treuliau gweithio; ~ **gear,** gêr (*m*) gweithio; ~ **load,** llwyth (*m*) gweithio; ~ **partner,** partner(-iaid) gweithredol/gweithiol *m*; *Adm:* ~ **papers,** papurau gwaith; *Th:* ~ **script,** sgript (*f*) waith (sgriptiau gwaith); *Th: Lit:* ~ **title,** teitl(-au) (*m*) dros dro, teitl gwaith; *Cmptr:* ~ **line,** llinell (*f*) waith (llinellau gwaith); ~ **memory,** cof gweithiol/gweithredol *m*. **2.** *(of mechanism):* gweithrediad *m*, **to alter the ~ of the trains,** newid trefn (*f*) trenau; *Mec.E:* ~ **speed,** cyflymder (*m*) gweithio; *Ph:* ~ **substance,** sylwedd(-au) gweithredol *m*; **in ~ order,** yn gweithio, mewn cyflwr gweithiol, mewn cyflwr gweithredol, abl i weithio; **to be in good ~ order,** gweithio'n iawn, gweithio'n effeithiol. **3.** *(a)* **the workings of the mind,** teithi(*pl*)'r meddwl; **the workings of the law,** prosesau(*pl*)'r gyfraith; *(b) (of mouth):* ystum(-iau) *mf*, mingamiad(-au) *m* (*pronounced* ng-g); *(c) Min:* **workings,** lefelydd *pl*. **4.** *Mth:* **~-out** *(of a problem):* datrysiad *m*, datrys *vn*. **~-day** *a.* = **workaday.**

workless *a. & n.* **1.** *a.* di-waith, heb waith, segur. **2.** *n. Coll:* **the ~,** y di-waith, y rhai heb waith.

workman *n.m.* = **worker**; *Prov:* **a bad ~ blames his tools,** saer gwael sy'n gweld bai ar ei arfau.

workmanlike *a.* crefftus, *occ:* crefftwraidd.

workmanship *n. Ind:* crefftwaith *m*, saernïaeth *f*; **sound ~,** gwaith da/crefftus *m*.

workmate *n.* cydweithiwr (cydweithwyr) *m*.

workpeople *n.pl.* gweithwyr.

workroom *n.* ystafell (*f*) waith (ystafelloedd gwaith); *S.a.* **workshop.**

worksheet *n.* taflen (*f*) waith (taflenni gwaith).

workshop *n.* gweithdy (gweithdai) *m*; **sheltered ~,** gweithdy amnodd; ~ **approach,** dull gweithdy.

workshy *a.* = **work-shy.**

worktable *n.* = **work-table.**

workwoman *n.f.* gw|eithwraig (gweithwragedd).

world *n.* **1.** *(a)* byd(-oedd) *m*; **in this ~,** yn y byd hwn, yn hyn o fyd; **the other/next ~, the ~ to come,** y byd nesaf, y byd arall, y byd a ddaw, *Poet:* y tu hwnt i'r llen; *Myth:* **the other ~,** y byd arall, *Lit: occ:* yr arallfyd; *W.Myth:* Annw[f]n *m*; **the whole wide ~,** y byd crwn cyfan, y byd i gyd, y byd mawr crwn; **he's not long for this ~,** ni bydd fyw'n hir; *F:* **he's gone to a better ~,** mae wedi mynd i fyd gwell/amgenach; *F:* **the ~ and his wife,** y byd a'r betws, pawb; **she wants the best of both worlds,** mae hi am gael y gorau o'r ddau fyd; mae hi am gael yr afal a'i fwyta; **the end of the ~,** diwedd y byd; **the ~'s end,** pen draw(*m*)'r byd, pellafoedd (*pl*) byd, eithaf (*m*) y ddaear, eithafoedd (*pl*) y ddaear, eithafoedd byd; ~ **without end, amen,** yn oes oesoedd, amen; *(b)* **the whole ~,** yr holl fyd, y byd i gyd, y byd yn grwn, y byd cyfan, *Lit:* yr hollfyd *m*, y cyfanfyd *m*; **from all over the ~,** o bedwar ban byd; **nothing in the ~,** dim yn y byd, dim ar wyneb y ddaear; **to be alone in the ~,** bod heb neb yn y byd, bod ar eich pen eich hun yn hollol; **(the happiest) man in the ~,** (y dyn hapusaf) yn y byd, ar wyneb y ddaear, ar wyneb daear; **(he lives) in a ~ of his own,** (mae'n byw) mewn byd ar wahân, yn ei fyd bach ei hun; **what in the ~ (is wrong with you)?** beth yn y byd, beth ar wyneb y ddaear (sy'n bod arnoch chi)? **out of this ~,** *(i) (= unearthly):* annaearol, arallfydol, annisgrifiadwy, anhraethol, anhraethadwy; *(ii) F: (= very good):* anhygoel, p|enigamp: penig|amp, bendigedig, di-ail, gogoneddus; **(I wouldn't do it) for [anything in] the ~,** (ni wnawn i mohono) am [bris yn y] byd, am ffortiwn, am bensiwn; **it looked for all the ~ like a cat,** 'roedd yn union fel cath; 'roedd yr un ffunud â chath; 'roedd y peth tebyca'n fyw i gath; **I'd give the ~ (to see her again),** mi rown i unrhyw beth, mi rown i'r byd yn grwn (i'w gweld hi eto, am gael ei gweld hi eto); **to carry the ~ before one,** ysgubo popeth o'ch blaen. **2.** *(= earth):* y byd *m*, y ddaear *f*; **to go round the ~,** mynd o amgylch y byd, mynd rownd y byd; **all over the ~, all the ~ over,** dros y byd i gyd, ym mhedwar ban y byd, ledled y byd, trwy'r byd i gyd, trwy'r holl fyd; **round-the-~ tour,** taith o amgylch y byd; **you have the ~ before you,** mae'r byd yn grwn o'th flaen di (o'ch blaen chi); **he has seen the ~,** mae wedi gweld y byd; mae wedi gweld tipyn ar y byd; *F:* **to knock about the ~,** crwydro'r byd; **the map of the ~,** map y byd; **a map of the ~,** map o'r byd; **to the end of the ~,** *(i) (in space):* hyd eithafoedd y ddaear, hyd bellafoedd y ddaear, i ben draw'r byd, i ben pella'r byd; *(ii) (in time):* hyd ddiwedd y byd, hyd dragwyddoldeb [maith], hyd ddydd barn; **it's a small ~!** on'd yw'r byd yma'n fach! dyna le bach yw'r byd! am fyd bach [yw hi]! dyna gyd-ddigwyddiad! **the Old W~,** yr Hen Fyd; **the New W~,** y Byd Newydd; **the Ancient W~,** yr Henfyd *m*, y Byd Clasurol; **the Roman W~,** byd y Rhufeiniaid, y byd Rhufeinig, byd Rhufain; **the English-speaking ~,** y gwledydd Saesneg [eu hiaith], y byd Saesneg; **the W~ Bank,** Banc (*m*) y Byd; ~ **congress,** cyngres (*f*) fyd-eang; **W~ Council of Churches,** Cyngor Eglwysi'r Byd; *Pol:* ~ **crisis,** argyfwng (*m*) byd-eang; **W~ Federation of Mental Health,** Ffederasiwn y Byd er Iechyd Meddwl; **W~ Health Organization,** Swyddfa (*f*) Iechyd Dynolryw; *Pol:* **Third W~ countries,** gwledydd y Trydydd Byd; *Pol:* ~ **power,** grym rhyngwladol, grym byd-eang, un o'r grymoedd/pwerau mawr; ~ **politics,** gwleidyddiaeth gydwladol/ryngwladol *f*, gwleidyddiaeth y byd, gwleidyddiaeth fyd; ~ **war,** rhyfel(-oedd) (*m*) byd; **the First W~ War,** y Rhyfel Byd cyntaf, y Rhyfel Mawr; **the Second W~ War,** yr Ail Ryfel Byd; ~ **record,** record (*f*) y byd (recordiau'r byd), record fyd (recordiau byd); *Fb:* **W~ Cup,** Cwpan (*mf*) y Byd; **W~ Wildlife Fund,** Cronfa Bywyd Gwyllt y Byd; *Baseball:* **W~ Series,** Pencampwriaeth (*f*) Am|erica; ~ **language,** iaith ryngwladol/gydwladol (ieithoedd rhyngwladol/cydwladol) *f*, iaith fyd (ieithoedd byd); ~ **history,** hanes (*m*) y byd. **3. what is the ~ coming to?** i beth y mae'r byd yn dod? **it's the way of the ~,** dyna ffordd pethau; dyna fel y mae hi; fel'na y gwelwch chi hi; **man of the ~,** dyn(-ion) (*m*) y byd, dyn o'r byd, dyn y byd hwn, dyn bydol-ddoeth, gŵr doeth yn ffordd y byd, dyn sy'n deall ffordd y byd, dyn sy'n deall y byd, dyn sy'n deall pethau, dyn sy'n ei deall hi, dyn sy'n medru trin y byd; *S.a.* **man¹**; **the wise old ~,** doethineb (*m*) y byd, doethineb yr oesoedd; **the ~, the flesh and the devil,** y byd, y cnawd a'r diafol/cythraul; **she's gone up in the ~,** mae hi wedi codi/ymddyrchafu yn y byd; mae hi wedi dod ymlaen yn y byd; **he's come down in the ~,** mae ef wedi gweld gwell dyddiau; mae ef wedi mynd yn ôl yn y byd; *Ecc:* **to live apart from the ~,** ymneilltuo o'r byd, ymneilltuo oddi wrth y byd; **all the ~ knows that...,** fe ŵyr pawb fod...; **what will the ~ say?** beth ddywed y byd? beth ddywed pobl? beth a ddywedan' nhw? *F:* **it's sth out of this ~,** mae'n anhygoel. **4.** *(a)* **the ~ of literature/letters,** byd llên, byd llenyddiaeth, y byd llenyddol; **the theatrical ~,** byd y theatr; **the sporting ~,** byd chwaraeon; **the animal ~,** byd [yr] anifeiliaid; *(b) F:* **that will do you the ~ of good,** fe wnaiff hynny fyd o les ichwi; **to give oneself a ~ of trouble,** peri byd o drafferth i chi'ch hun, tynnu helynt a hanner yn eich pen; **there's a ~ of difference between ...,** mae byd o wahaniaeth rhwng...; **it's a ~ too wide,** mae'n rhy lydan o lawer; **their ideas are worlds apart,** mae byd[-oedd] o wahaniaeth rhwng eu syniadau; **she thinks the ~ of him,** mae hi'n meddwl y byd ohono; mae ganddi feddwl y byd ohono. **~-beater** *n.* **1.** *(pers.):* pencampwr (pencampwyr) (*m*) y byd, penc|ampwraig (pencampwragedd) (*f*) y byd. **2. this car's a ~-beater,** dyma gar diguro; dyma'r car gorau yn y byd. **~-beating** *a.* diguro, gorau yn y byd, di-ail. **~ community** *n. Pol:* cymuned (*f*) fyd-eang (cymunedau byd-eang). **~-famous** *a.* byd-enwog, enwog ar draws y byd. **~-line** *n. Ph:* byd-linell(-au) *f.* **~-shaking** *a.* daeargrynfaol. **~ state** *n. Pol:* gwladwriaeth (*f*) fyd[-eang] (gwladwriaethau byd[-eang]). **~-view** *n.* byd-olwg (~-olygon) *mf,* golwg (*mf*) ar y byd. **~-wearily** *adv.* yn ddiflasedig. **~-weariness** *n.* diflastod (*m*) ar y byd, byd-ludded *m.* **~-weary** *a.* diflasedig [ar y byd], byd-luddedig, wedi diflasu ar y byd. **~-wide 1.** *a.* byd-eang. **2.** *adv.* trwy'r byd i gyd, ledled y byd, dros y byd i gyd.

worldliness *n.* bydolrwydd *m,* bydgarwch *m,* bydoldeb *m,* bydolddoethineb *m.*

worldling *n.* bydolddyn(-ion) *m,* dyn(-ion) bydol *m,* bydolddoethyn (bydolddoethion) *m.*

worldly *a.* bydol; *Lit:* **W~ Wiseman,** Bydolddoethyn *m*; **~ wisdom,** bydolddoethineb *m,* doethineb (*m*) bydol, doethineb y byd hwn; **with all my ~ goods I thee endow,** â'm holl olud bydol y'th gynysgaeddaf. **~-minded** *a.* bydolfrydig. **~-wise** *a.* bydolddoeth.

Worlton *W.Pl.n.* Dyffryn (*m*) Golych, Tref (*f*) Golych.

worm¹ *n.* **1.** *(a) Z: (= earthworm): N:* pryf(-ed) (*m*) genwair, *S:* abwydyn (abwyd) *m,* mwydyn (mwyd[i]on, mwydod) *m*; *N.W: occ:* llyng[h]yren (*f*) ddaear (llyngyr daear); *S.a.* **blindworm, slow-worm** *&c*; *Prov:* **even a ~ will turn,** gall y gwannaf wingo; **~'s-eye view,** golwg oddi isod; **a can of worms,** tuniaid (*m*) o gynrhon; *U.S: F:* **that's opening another can of worms,** dyna dynnu rhagor o helyntion yn ein pennau; *(b) Ent:* = **caterpillar, grub¹ 1, maggot; meal-~,** gwiddonyn (gwiddon) *m,* cynrhonyn (cynrhon) (*m*) y blawd; *Coll:* euod *pl*; *(c) Med: Vet: (intestinal):* llyng[h]yren (llyngyr) *f*; *(d) F: (= contemptible pers.):* llipryn(-nod) *m.* **2.** *(a) (of screw):* edau (edeifion) *f*; *(b)* **~[-screw],** sgriw ddiderfyn (sgriwiau diderfyn) *f,* sgriw droell (sgriwiau troell). **~-bit** *n. Tls:* ebill(-ion) troellog *m.* **~-cast** *n.* baw (*m*) pryfed genwair, baw mwyd[i]on/mwydod, pridd (*m*) pryfed genwair, pridd mwyd[i]on/mwydod, *N.W: occ:* pibast *f.* **~-drive** *n. Mec:* troellyriant *m.* **~-fence** *n.* = **snake-fence. ~-fishing** *vn.* genweirio, *N.W: occ:* moerio. **~-gear** *n. Mec:* troellyriant *m.* **~-hole** *n.* twll (*m*) pryf (tyllau pryfed). **~-infested** *a.* llawn llyngyr, llyng[h]yrog. **~-lizard** *n. Rept:* amwibon(-iaid) *f.* **~-powder** *n.* powdwr (powdrau) (*m*) [rhag] llyngyr, powdwr gwrthlyng[h]yrol. **~-snake** *n. Rept:* neidr (*f*) bridd (nadroedd pridd). **~-wheel** *n. Mec:* troellolwyn(-ion) *f,* olwyn (*f*) droell (olwynion troell).

worm² *v.t.* **1. to ~ one's way, to ~ oneself (through a tunnel),** ymgripio, cropian, sleifio, ymwthio (trwy dwnel); **to ~ one's way out of a garment,** ymryddh|au o ddilledyn; **to ~ one's way out of doing sth,** ymesgusodi rhag gwneud rhth, sleifio allan o wneud rhth; **to ~ one's way into s.o.'s favour,** ennill ffafr rhn, mynd i lawes rhn. **2.** *(a)* **to ~ a secret out of s.o.,** cael cyfrinach o groen rhn; **I'll ~ it out of him,** fe gaf y gwir ganddo rywsut; *(b)* **to ~ a dog,** *(i)* rhoi powdwr rhag llyngyr i gi, cael gwared â llyngyr gan gi, dilyngyru ci; *(ii) (= cut under tongue):* torri llinyn tafod ci. **3.** *Nau:* **to ~ a rope,** nyddu am raff, llyfnu rhaff.

Worm³ *Pr.n. Eng.Geog:* **the [river] ~,** [afon] Gwrfwy *f.*

wormeaten *a.* yn dyllau pryfed, a thwll pryf ynddo, a thyllau pryfed ynddo, a phryf wedi mynd iddo, yn dyllau pryfed [i gyd], yn fyw o dyllau pryfed.

wormery *n.* abwydfa (abwydf|eydd) *f.*

wormlike *a.* fel abwydyn, fel pryf genwair, fel llyng[h]yren, llyng[h]yraidd.

wormseed *n. Bot:* had (*pl*) llyngyr.

wormwood *n. Bot: (Artemisia absinthium):* wermod lwyd *f, occ:* chw|erwlys *m,* chwerwyn *m,* chw|erwddwr *m,* meddygon (*pl*) menyw; **alpine ~,** *(A. atrata):* wermod yr Alpau; **arctic ~,** *(A. borealis):* wermod y gogledd; **digitate-leaved ~,** *(A. petrosa):* wermod y creigiau; **field ~,** *(A. campestris):* wermod yr ŷd, wermod y maes, llysiau(*pl*)'r corff; **glacier ~,** *(A. glacialis):* wermod y rhew, wermod yr iâ; **narrow-leaved ~,** *(A. nitida):* wermod gulddail; **Norwegian ~,** = **Scottish ~; Pyrenean ~,** *(A. herba alpa):* wermod y Pyreneau; **Roman ~,** *(A. pontica):* wermod dramor; **Scottish ~,** *(A. norvegica):* wermod yr Alban; **sea ~,** *(A. maritima):* wermod y môr, chwerwlys y môr, wermod y môr ogwyddflodeuog, chwerwlys y môr gogwyddflodeuog; *Lit:* **life to him was gall and ~,** bustl a wermod oedd bywyd iddo ef. **W~ Scrubs** *Pr.n.* Llwyni(*pl*)'r Wermod.

wormy *a.* **1.** = **worm-infested, wormeaten. 2.** = **grovelling.**

worn *a.* **~[-out],** *(a) (thing, machine):* treuliedig, wedi treulio, ac ôl traul arno; **~ threadbare,** wedi'i wisgo at yr edau, wedi'i dreulio, *occ:* yn dangos ei ddannedd; *(b) (pers.):* = **exhausted.**

worried *a.* pryderus, gofidus, anesmwyth, poenus; **I'm very ~ about this,** 'rwy'n poeni'n fawr am hyn; mae hyn yn boen fawr i mi.

worriedly *adv.* yn bryderus *&c.*

worrier *n.* **1.** poenwr (poenwyr) *m,* p|oenwraig *f,* gofidiwr (gofidwyr) *m,* gof|idwraig *f*; **she's a ~,** mae hi'n un am boeni; **he's a great ~,** mae'n boenwr heb ei ail. **2.** *(of sheep &c):* poenwr, tarfwr (tarfwyr) *m,* aflonyddwr (aflonyddwyr) *m,* poenydiwr (poenydwyr) *m.*

worriment *n.* = **worry¹**

worrisome *a.* = **worrying¹.**

worry¹ *n.* pryder(-on) *m,* gofid(-iau) *m,* anesmwythyd *m,* poen(-au) *mf,* poendod(-au); **a financial ~,** trafferth(-ion) ariannol *f,* helynt(-ion) ariannol *f, F:* trybini ariannol *m*; **it's causing me a lot of ~,** mae'n peri cryn bryder i mi; mae'n boen enaid/meddwl i mi; **that's the least of my worries,** dyna fy mhoen leiaf; dyna'r leiaf o'm problemau; **she's always been a ~ to me,** poendod a fu hi erioed i mi; poen meddwl a fu hi erioed i mi; **he's a ~,** mae'n boendod; *F:* **what's your ~?** beth yw dy boen di ('ch poen chi)? beth sy'n bod arnat ti (arnoch chi)? beth sy'n dy flino di (eich blino chi)? beth sy o'i le arnat ti (arnoch chi)? **~ beads** *n.pl.* (*)mwclis gofidiau. **~-guts, ~-wart** *n. F:* = **worrier.**

worry² *v.t.&i.* **1.** *v.t.* *(a) (of dog):* **to ~ sheep,** poeni defaid, aflonyddu/tarfu ar ddefaid, *N.W:* helcyd defaid, hambygio defaid, *S.E:* tryddal defaid; *(b)* **to ~ out a problem,** datrys anhawster yn llafurus; **a dog worrying a rat,** ci'n ysgwyd/ysgytio llygoden fawr, ci'n rhoi sgwd i lygoden fawr; *(c) (= cause anxiety):* poenydio (rhn), peri gofid/pryder (i rn), blino (rhn), *S: occ:* heglan (rhn); **don't ~ him,** gadewch lonydd iddo; **to ~ oneself (sick),** ymboeni, eich poeni'ch hun (nes mynd yn sâl/dost); **I was worried sick,** 'roeddwn yn swp sâl gan ofid; 'roeddwn yn swp sâl gan boen meddwl; **sth is worrying him,** mae rhth yn ei boeni; *occ:* mae rhth yn ei gnoi; **it worries me (that...),** mae'n boendod imi, mae'n boen meddwl i mi, 'rwy'n poeni (fod ...); **he worries me to death,** mae o'n boen enaid arnaf/imi. **2.** *v.i.* poeni, ymboeni, gofidio, pryderu, *N: occ:* poen[h]ydio, *S: F:* becso, *S.W: occ:* pendroni; **he keeps worrying about that,** mae'n dal i boeni ynghylch y peth/mater; mae'r peth/mater yn dal yn boen enaid iddo; mae'r peth/mater yn dal i'w boeni; **don't [you] ~!** *F:* **not to ~!** paid (peidiwch) â phoeni! popeth yn iawn! *S.W:* paid (peidiwch) [â] becso! *Lit:* na phoener! **it's nothing to ~ about,** nid yw'n werth poeni yn ei gylch; **we'll ~ along/through somehow,** fe ddown ni drwyddi rywsut; **what's the use of worrying?** pa werth poeni? beth a dâl poeni? 'daiff poeni ddim â chi i unman; *F:* **I should ~!** paham y dylwn i boeni? pa ots i mi? nid yw'n boen yn y byd i mi!

worrying¹ *a.* **1.** *(pers.):* pryderus, gofidus, *occ:* poenus. **2.** *(thg):* sy'n peri poen meddwl, sy'n peri gofid; **it's ~ that . . .,** mae'n peri gofid fod . . .; mae'n fater gofid fod . . ..

worrying² *vn.* = **worry¹,²**.

worse *a., n. & adv.* **1.** *a.* gwaeth, gwaelach, salach *(these can precede or follow a noun)*; *(of two things):* gwaethaf; **to get ~,** gwaethygu, mynd yn waeth; **I'm a ~ player than he [is],** 'rwy'n waeth/salach chwaraewr nag ef; **in ~ condition,** mewn gwaeth cyflwr, mewn cyflwr gwaeth/salach; **(this is getting) ~ and ~,** (mae hyn yn mynd) o ddrwg i waeth, yn waeth ac yn waeth, [yn] waethwaeth; **you're only making things ~,** nid ydych chi ond yn gwneud pethau'n waeth; **to make matters ~,** a gwneud pethau'n waeth [byth] . . .; *(ironically):* yn goron ar y cyfan . . .; **it could/might have been ~,** gallasai [pethau] fod yn waeth; **he escaped with nothing ~ than a fright,** dihangodd heb fawr gwaeth na dychryn; **what is ~ . . .,** yn waeth na hynny . . ., yn waeth byth . . ., peth sy'n waeth . . .; **he is in a ~ way than you,** mae ef mewn gwaeth cyflwr na thi; **~ luck,** gwaetha'r modd, *Lit:* ysywaeth; **so much the ~ for him,** gwaetha'n y byd iddo fe/fo; **I am none the ~ for it,** nid wyf ddim [blewyn/tamaid] gwaeth o'r herwydd; **(he escaped) none the ~,** (dihangodd) yn ddianaf, heb fod damaid gwaeth, yn groeniach, yn iach ei groen; **to think ~ of s.o. for doing sth,** meddwl [yn] llai o rn am iddo wneud rhth; **I think none the ~ of him because he accepted,** nid wyf yn meddwl dim llai ohono am iddo dderbyn; *Log:* **~ relation,** perthynas ddirywiol; *S.a.* **drink¹ 3, luck 1, wear¹ 1. 2.** *n. (a)* gwaeth *m*; **there was ~ to come/follow,** 'roedd gwaeth ar y ffordd; 'roedd gwaeth i ddod; 'roedd y gwaethaf eto i ddod; **I've seen ~; I've been through ~,** 'rwyf wedi ei chael hi'n waeth; 'rwyf wedi gweld gwaeth; fe fu hi'n waeth arnaf; gwelais waeth byd ar fy mhen; gwelais ei gwaeth hi; *(b)* **to change for the ~,** newid er gwaeth, mynd ar eich gwaeth, gwaethygu, dirywio; **he has taken a turn for the ~,** mae wedi gwaethygu/gwaelu. **3.** *adv.* yn waeth; **he has been taken ~,** mae wedi gwaelu/gwaethygu; mae wedi mynd ar i waered; **~ still,** yn waeth byth/eto/wedyn, hyd yn oed yn waeth; **you might do ~ than accept,** ni waeth ichwi dderbyn ddim; **he is ~ off than before,** mae'n waeth arno na chynt; mae hi'n waeth arno nag oedd hi cynt; mae'n waeth ei fyd nag o'r blaen.

worsen *v.t.&i.* **1.** *v.t.* gwaethygu (rhth), gwn|eud (rhth) yn waeth. **2.** *v.i.* gwaethygu, mynd yn waeth, dirywio, *occ:* mynd ar waeth, mynd waethwaeth, *S.W: occ:* shifo; *(also, of health):* gwaelu; *(of climate, weather):* gwaethygu, dirywio, *S.W: occ:* garwino, diraenu, *N.W: occ:* dyhiro.

worsening *a.* sy'n gwaethygu, dirywiol, mwyfwy difrifol.

worship¹ *n.* **1.** addoliad *m*, addoli *vn*; **joint ~, corporate act of ~,** cydaddoliad *m*, cydaddoli *vn*; **divine ~,** addoliad sanctaidd; **freedom of ~,** rhyddid *(m)* i addoli, rhyddid addoliad; **form of ~,** ffurfwasanaeth(-au) *m*; **place of ~,** addoldy (addoldai) *m*, *occ:* lle(-oedd) *(m)* [o] addoliad; **to be an object of ~,** cael eich addoli. **2.** *(title):* teilyngdod *m*; **his W~ the Mayor,** ei Deilyngdod y Maer; **your Worships,** eich Teilyngdod; **their Worships,** eu Teilyngdod; **yes, your W~,** ie, f'Arglwydd.

worship² *v.t.&i.* addoli.

worshipable *a.* addoladwy.

worshipful *a.* **1.** *(in titles):* anrhydeddus, hybarch. **2.** *(= filled with veneration):* addolgar, defosiynol.

worshipfully *adv.* **1.** yn anrhydeddus. **2.** yn addolgar *&c.*

worshipfulness *n.* addolgarwch *m*, defosiwn *m*.

worshipper *n.* addolwr (addolwyr) *m*, add|olwraig (addolwragedd) *f*.

worst¹ *a., n. & adv.* **1.** *a.* gwaethaf; **that was his ~ mistake,** dyna oedd ei gamgymeriad mwyaf/gwaethaf; **his ~ enemy,** ei elyn pennaf, ei brif elyn, *occ:* ei las elyn; **he's his own ~ enemy,** ef ei hun yw ei elyn pennaf. **2.** *n.* y gwaethaf *m*, y peth gwaethaf *m*; **the ~ that could happen,** y [peth] gwaethaf a allai ddigwydd; **the ~ of it is . . .,** y peth gwaethaf yw . . ., y drwg mwyaf/pennaf yw . . .; **that's the ~ of cheap shoes,** dyna ddrwg esgidiau rhad; dyna waethaf esgidiau rhad; **when things are at their/the ~,** pan fo pethau waethaf, pan fo pethau ar eu gwaethaf, pan fo hi waethaf; **to get the ~ of it,** cael y gwaethaf ohoni, cael curfa, *S:* cael crasfa, *N:* cael cweir; **he's prepared for the ~,** mae'n barod am y gwaethaf; mae'n barod amdani; **if the ~ comes to the ~, at the ~, if it comes to the ~,** os daw/aiff hi i'r pen, os daw'r gwaethaf, ar y gwaethaf, os daw hi i'r gwaethaf, os daw pethau i'r pen; **the ~ is yet to come,** mae'r gwaethaf eto i ddod; **do your ~!** gwnewch fel y mynnoch! mi'ch heriaf chi! gwnewch eich gwaethaf! gwnewch y gwaethaf a alloch! *N: F:* mi'ch dyffeia' i chi! **the ~ is over,** mae'r gwaethaf drosodd; **the ~ will soon be over,** ni phery'r drwg yn hir; **the ~ has happened,** fe ddaeth hi i'r pen arnom; **and that's not the ~ of it!** ac nid dyna'r gwaethaf! **3.** *adv.* **that frightened me ~,** dyna a'm dychrynodd waethaf/fwyaf; **the ~ educated,** y rhai a gafodd yr addysg waelaf/waethaf.

worst² *v.t.* curo, trechu, gorchfygu (rhn); cael y llaw uchaf (ar rn); **to be worsted,** cael eich trechu, cael y gwaethaf.

worsted *n. & attrib.* **1.** *n. Tex:* wstid *m*, edau *(f)* wlân. **2.** *attrib.* wstid, gwlanog.

wort *n.* **1.** *Bot: See* **St. John's ~, liverwort, woundwort** *&c.* **2.** *Brew:* breci (brecïau) *m*; **sweet ~,** breci melys.

worth¹ *pred.a. & n.* **1.** *pred.a.* gwerth; *(a)* **to be ~ so much,** bod yn werth hyn a hyn; **to be ~ nothing,** bod yn ddiwerth/ddi-werth, bod yn werth dim; **that is ~ sth,** mae hwnna'n werth rhywfaint/rhywbeth; mae gwerth i/yn hwnna; **what is the dollar ~?** beth yw gwerth y ddoler? **two cars ~ 3000 pounds each,** dau gar gwerth 3000 punt yr un; **it's not ~ much,** nid yw'n werth llawer; nid yw ddim gwerth llawer; nid yw fawr o werth; **whatever it may be ~,** faint bynnag fo'i werth; **for what it's ~,** pa beth bynnag fo gwerth hynny, am ei werth; **(I tell you this) for what it's ~,** (mi ddyweda' i hyn wrthyt ti) os yw o ryw werth, am ei werth; **it would be more than my life's ~,** byddwn yn rhoi fy mhen i'w dorri; fe gostiai f'einioes i mi; byddai fy nghroen i ar y pared; byddai'n berygl bywyd i mi ei wneud; byddwn mewn perygl am f'einioes; **it's more than my job's ~,** fe gostiai fy lle i mi; *(b)* **it's not ~ the trouble; it's not ~ it,** nid yw'n werth y drafferth; mae'n ormod o drafferth; **is it ~ while? is it ~ it?** a ydyw hi'n werth y drafferth? *F:* ydi hi'n werth chweil? **it's well ~ doing,** mae'n sicr yn werth ei wneud; **this novel isn't ~ reading,** 'dyw'r nofel hon ddim yn werth ei darllen; **to be ~ one's salt,** bod yn werth eich halen; **sth ~ having,** caffaeliad *m*, rhth gwerth ei gael, rhth gwerthfawr; **life wouldn't be ~ living,** byddai bywyd yn annioddefol; ni fyddai bywyd yn werth ei fyw; **it's not ~ your asking,** ni thâl hi ddim ichi ofyn; nid yw'n werth ichi ofyn; ni waeth ichi heb â/na gofyn; **it's ~ considering,** mae'n haeddu ystyriaeth; mae'n werth ei ystyried; fe dâl ei ystyried; **it's ~ knowing,** mae'n werth ei wybod; mae'n wybodaeth werthfawr; **the castle is ~ a visit,** mae'n werth ymweld â'r castell; mae'r castell yn haeddu/werth ymweliad; *(c)* **he's ~ money,** mae'n werth arian; mae'n gefnog; **he's ~ thousands,** mae'n werth miloedd; mae'n werth ei filoedd; **that's all I'm ~,** dyna'r cyfan sydd gennyf [ar f'elw]; dyna fy holl eiddo; **(he was pulling) for all he was ~,** ('roedd yn tynnu) am ei fywyd, â'i holl egni. **2.** *n.* gwerth(-oedd) *m*; **of great ~,** gwerthfawr; **of little ~,** diwerth, di-werth, heb werth; **of equal ~,** cyfwerth; **people of [sterling] ~,** pobl werthfawr, pobl sy'n werth eu pwysau mewn aur, pobl sy'n werth eu halen; **give me five pounds' ~ of petrol,** rhowch imi werth pumpunt o betrol; **to get one's money's ~,** cael gwerth eich arian.

worth² *v.t. A:* **woe ~ that day!** melltith *(f)* ar y dydd hwnnw!

Worthenbury *W.Pl.n.* Wrddymbre *f*, Y Gwyrddymp *m*.

worthily *adv.* yn deilwng *&c.*

worthiness *n.* teilyngdod *m*, haeddiant *m*.

worthless *a.* diwerth, di-werth, *F:* da i ddim, *S: occ:* ffrit; *(pers.):* diwerth, da i ddim, diffaith; **a ~ person,** pwdryn (pwdrod) *m*, pwdren (pwdrod) *f*.

worthlessly *adv.* yn ddi-werth, yn dda i ddim.

worthlessness *n.* diffyg *(m)* gwerth; *(of pers.):* diffeithdra *m*; **(I'm convinced) of this medicine's ~,** ('rwy'n argyhoeddedig) fod y ffisig hwn yn ddiwerth, nad yw'r ffisig hwn yn dda i ddim; **she suffered because of her husband's ~,** fe ddioddefodd hi oherwydd fod ei gŵr yn un mor ddiffaith.

worthwhile *a.* gwerthfawr, buddiol, gwerth yr ymdrech, *F:* gwerth chweil.

worthy *a. & n.* **1.** *a. (a)* **a ~ man,** gŵr teilwng/parchus/clodwiw; **~ people,** parchusion; **a ~ life,** bywyd bucheddol/clodwiw/gwiw/anrhydeddus/parchus; *O:* **our ~ friend,** ein cyfaill gwiw; *(b)* **to be ~ of sth,** bod yn deilwng o rth; **to be ~ to do sth,** bod yn deilwng i wneud rhth, teilyngu gwneud rhth; **to be ~ of death,** haeddu/teilyngu angau; **~ of remembrance,** cofiadwy, coffadwy, teilwng o goffâd. **~ of respect,** teilwng o barch, parchus; ~ **of note,** nodedig; **it is ~ of note that . . .,** mae'n werth nodi fod . . .; **(the town has no museum) ~ of the name,** (nid oes gan y dref amgueddfa) werth yr enw, deilwng o'r enw. **2.** *n. O:* gwron(-iaid) *m*; **the village worthies,** parchusion/pwysigion/gwroniaid/urddasolion y pentref, hoelion wyth y pentref, colofnau'r achos yn y pentref; *Lit:* **the Nine Worthies,** y Naw Gwron.

Worthybrook *W.Pl.n.* Gwerthefyriwg *f.*

wot *v.i. See* **wit**^{3}.

watcher *int. P:* sut mae hi? *N: F:* s'mâi? *S: F:* shw'mâi?

would *v. See* **will**^{3}.

would-be *a.* wrth eich ewyllys, yn ôl eich bwriad, mewn bwriad; **a ~-~ gentleman,** bonheddwr yn ôl ei ddymuniad, coegfonheddwr (coegfonheddwyr) *m*, un a hoffai/fynnai fod yn fonheddwr; **her ~-~ husband,** yr un a fynnai fod yn ŵr iddi; **the ~-~ presidents,** yr ymgeiswyr am y llywyddiaeth.

wound^1 *n. (a)* clwyf(-au) *m*, briw(-iau) *m*, anaf(-au) *m*, anafiad(-au) *m*, *Lit: occ:* archoll(-ion) *f*; **a ~ in the arm,** braich glwyfedig; **he received head wounds,** cafodd ei glwyfo yn ei ben; **to inflict a ~ on s.o.,** clwyfo/anafu rhn; **bullet ~,** briw bwled; *Med:* **incised ~,** clwyf agennog; **penetrating ~,** clwyf treiddiol; **punctured ~,** clwyf brath; **stab ~,** clwyf gwân; *(b)* **to reopen an old ~,** codi hen grachen, ailagor hen glwyf; *F:* **to rub salt in the ~,** rhoi halen ar/yn y briw.

wound^2 *v.t.* clwyfo, anafu, briwio, *Lit:* archolli, *S: F:* brŵa, 'nafu, *N:* brifo, *N: F: occ:* bnafyd; **to ~ s.o.'s pride,** clwyfo/brifo balchder rhn; **to ~ s.o.'s feelings,** clwyfo/brifo teimladau rhn; *S.a.* **hurt**^{2}.

wound^3 *v. See* **wind**^{2,3}.

woundable *a.* clwyfadwy, anafadwy, *Lit:* archolladwy.

wounded *a. & n.pl.* **1.** *a.* clwyfedig, anafus, *occ:* dan eich clwyfau, wedi'ch clwyfo/anafu/brifo, *Lit:* clwyfus, archolledig; **the ~ man,** y clwyfedig. **2.** *n.pl.* clwyfedigion.

wounder *n.* clwyfwr (clwyfwyr) *m*, anafwr (anafwyr) *m*, *Lit:* archollwr (archollwyr) *m*.

wounding^1 *a.* clwyfol, sy'n clwyfo, niweidiol; **a ~ remark,** sylw deifiol/miniog/brathog; **he found it ~ to his pride,** fe'i teimlai'n ergyd i'w falchder.

wounding^2 *vn.* = **wound**^{2}; *Jur:* **malicious ~,** clwyfo maleisus; **~ with intent,** clwyfo'n fwriadol.

woundless *a.* dianaf, heb glwyf, di-glwyf, croeniach.

woundwort *n. Bot: (Stachys):* briwlys *m*; **Alpine ~,** *(S. alpina):* briwlys yr Alpau, briwlys y calchfaen; **annual ~,** *(S. annua):* briwlys unflwydd; **ambiguous ~,** *(S. ambigua):* briwlys amh|eus; **downy ~,** *(S. germanica):* briwlys tewbannog; **field ~,** *(S. arvensis):* briwlys yr âr, briwlys yr ŷd; **hedge ~,** *(S. sylvatica):* briwlys y goedwig; **limestone ~,** = **woundwort (Alpine). marsh ~,** *(S. palustris):* briwlys y gors, briwlys y taeog, yr holliach *m*; **pale annual ~,** *(S. annua):* briwlys blynyddol; **yellow ~,** *(S, recta):* briwlys melyn, briwlys y goedwig.

wove *a.* plaen; *Lib:* **~-paper,** pleth-bapur *m*.

woven *a.* **1.** *Tex:* gweëdig, gweuedig, wedi ei wehyddu; **loosely ~,** o wead llac, â gwead llac, llac ei wead, wedi ei wehyddu'n llac. **2.** *(straw, osiers &c):* plethedig.

wow^1 *int. & n. F:* **1.** *int.* ew! diawcs! diawch! 'rargian! 'rargol! 'rachlod! iesgwn! dew! de! *&c.* **2.** *n.* **she's a ~!** mae hi'n ysgubol!

wow^2 *v.t.* synnu, syfrdanu, ysgubo.

wow^3 *n. (in sound recording):* waw *mf.*

wow-wow *n. Mus:* **~-~ [mute],** mudydd(-ion) waw-waw *m*.

Wrac *n.f. Mil:* Wr|ac (Wraciaid).

wrack^1 *n. Alg:* gwymon *m*, *Lit: occ:* gwŷg *(m)* y môr, *N.W: F:* brŵal *m*; **bladder-~,** *(Fucus vesiculosus):* gwymon codog mân, morwyal codennog; **channel/channelled ~,** *(Pelvetia canaliculata):* morwyal rhychog; **egg-~, knotted ~,** *(Ascophyllum nodosum):* gwymon codog bras, morwyal cnotiog; **flat ~,** *(F. spiralis):* gwymon troellog, gwymon jeli; **knotched ~, saw ~, serrated ~,** *(F. serratus):* gwymon danheddog, morwyal bylchog; *S.a.* **grass-wrack, hornwrack.**

wrack^2 *n.* = **wreck**^{1}**, wreckage, rack**^{2}.

wraith *n.* drychiolaeth(-au) *f.*

wrangle^1 *n.* = **dispute**^{1}**, quarrel**^{1}.

wrangle^2 *v.i.* **1.** = **dispute**^{2}**, quarrel**^{2}. **2.** *U.S:* = **herd**^{2}.

wrangler *n.* **1.** dadleuwr (dadleuwyr) *m*. **2.** *Sch: (at Cambridge University):* (*)goreugwr (goreugwyr) *m*; **senior ~,** prif oreugwr. **3.** *U.S:* cowboi(-s) *m*.

wrangleship *n. Sch:* *goreugwriaeth(-au) *f.*

wrangling^1 *a.* = **quarrelling**^{1}.

wrangling^2 *vn.* = **wrangle**^{1,2}.

wrap^1 *n.* **1.** *(a) (usu.pl.)* **wraps;** = **cloak**^{2}**, rug, shawl;** *(b)* **evening ~,** côt (cotiau) *(f)* nos. **2.** *Fig:* **(to keep sth) under wraps,** (cadw rhth) ynghudd, dan len[-ni]; **to take the wraps off sth,** tynnu'r llenni oddi ar rth, datguddio/datgelu rhth, dod â rhth i'r golwg/golau, dangos rhth yn gyhoeddus.

wrap^2 *v.t.&i.* I. *v.t.* **1.** *(a)* lapio, *occ:* amlapio; *P:* **~ up! = shut up!** *(b)* **to ~ oneself up,** *abs.* **to ~ up,** lapio amdanoch; **~ up warmly!** lapia amdanat (lapiwch amdanoch) [yn gynnes/dwym/dyn[n]]; *(c)* **to ~ up one's meaning in obscure language,** cuddio'ch meddwl mewn niwl, cuddio'ch meddwl mewn iaith niwl[i]og. **2. to ~ sth round sth,** lapio rhth am rth; *F:* **he wrapped his car round a tree,** fe lapiodd ei gar am goeden. **3.** *F:* **to ~ up a deal,** taro bargen; **it's time for us to ~ it up,** mae'n bryd inni gau pen y mwdwl; **it's all wrapped up,** mae popeth wedi'i drefnu; **that just about wraps up the programme,** dyna ddiwedd y rhaglen i bob pwrpas; dyna ben ar y rhaglen fwy neu lai; **a country's prosperity is wrapped up in its trade,** mae cyfoeth gwlad ynghlwm wrth ei masnach. II. *v.i. (of garment):* **to ~ over,** lapio drosodd. **~-around**^{1} *v.t. Cost: Cmptr:* amlapio. **~-around**^{2} *n. Cost: Cmptr:* amlap(-iau) *m*; **~-around carry,** carhif(-au) *(m)* amlap; **automatic ~-around,** amlap awtomatig. **~-round** *a. Aut:* **~-round rear window,** ffenestr banoramig (ffenestri panoramig) *f.*

wraparound, wrapover *n. Cost:* **~ [skirt],** sgert(-i) *(f)* lapio, sgyrt(-iau) *(f)* lapio.

wrappage *n.* = **wrapping.**

wrapped *a.* **1.** *(a)* lapiedig, wedi ei lapio, a lapiwyd; **sth ~ in paper,** rhth a phapur amdano, rhth mewn papur, rhth a lapiwyd mewn papur, rhth wedi ei lapio mewn papur; **gift-~,** lapiedig, wedi'i lapio; *(b) (pers.):* **~ up,** wedi lapio amdanoch, clyd, wedi gwisgo amdanoch yn gynnes, *N.W: occ:* cobog; *(c)* **an affair ~ in mystery,** achos dan orchudd o ddirgelwch; **land ~ in darkness,** gwlad dan lenni'r nos; **a mountain ~ in mist,** mynydd dan orchudd o niwl. **2.** *(a)* **~ in thought,** mewn myfyrdod dwys, mewn dwfn fyfyrdod, myfyriol, synfyfyriol; *(b)* **to be ~ up in sth,** ymgolli yn rhth.

wrapper *n.* **1.** *(of parcel, newspaper &c):* papur(-au) *(m)* lapio; **cigar ~,** gorchudd *(m)* sigâr (gorchuddion sigârs); **sweet wrappers,** papurau melysion/fferins/losin, papurau pethau da, papurau da-da. **2.** *(a) (of dossier):* clawr (cloriau) *m*; *(b) (of book):* clawr papur, siaced *(f)* lwch (siacedi llwch), *occ:* amlen(-ni) *f.* **3.** *Tchn: (of joint):* lapiad(-au) *m*. **4.** *Cost:* gŵn (gynau) *(m)* llofft.

wrapping *vn. & n.* **1.** *vn.* = **wrap**^{2} **1. 2.** *n.usu.pl. (a)* **~[-paper],** papur(-au) *(m)* lapio; *Com:* **gift ~,** papur lapio anrhegion; **sweet wrappings,** papurau melysion *&c*; *(b) (of mummy):* rhwymynnau *pl*, lapiadau *pl.*

wrasse *n. Ich: (Labrus maculatus):* gwrachen (gwrachod) *(f)* y môr; **Baillon's ~,** *(Crenilabrus bailloni):* eurben(-nau) *m*, merfog(-iaid) eurben *m*, gwrachen Baillon; **ballan ~, spotted ~,** *(L. berggylta):* gwrachen fraith (gwrachod brithion), cleiriach(-od) *(m)* gwymon; **black ~,** *(L. merula):* gwrachen ddu (gwrachod duon); **black-banded ~,** *(Coris flavorittatus):* gwrachen resog ddu (gwrachod rhesog duon); **cleaner ~,** *(Labroides dimidiatus):* gwrachen symudliw; **gold-sinn[e]y ~,** = **yellow wrasse; green ~,** *(L. viridis):* gwrachen werdd (gwrachod gwyrddion); **cuckoo ~, striped ~,** *(L. mixtus):* gwrachen resog (gwrachod rhesog); **Mediterranean ~,** *(C. mediterraneus):* gwrachen y Canolfor; **ocellated ~,** *(C. ocellatus):* gwrachen fannog (gwrachod mannog); **olive club-nosed ~,** *(Gomphosus varius):* gwrachen drwynfain (gwrachod trwynfain); **peacock ~,** *(C. pavo):* gwrachen resog las (gwrachod rhesog gleision); **rainbow ~,** *(Coris julis):* gwrachen seithliw; **red ~,** *(L. ossiphagus):* gwrachen goch (gwrachod cochion); **saddle ~,** *(Thalassoma duperreyi):* gwrachen gyfrwyog (gwrachod cyfrwyog); **scale rayed ~,** *(Acantholabrus palloni):* gwrachen gennog (gwrachod cennog); **yellow ~,** *(C. rupestris):* gwrachen Fair (gwrachod Mair).

wrath *n. Lit:* dig *m*, dicter *m*, digofaint *m*, dicllonedd *m*, llid *m*, soriant *m*; **day of ~,** dydd digofaint; **the ~ of God,** digofaint

Duw; **vessels/children of ~,** plant digofaint; *B:* **the grapes of ~,** grawnwin digofaint; **slow to ~,** araf i lid.
wrathful *a. Lit:* dicllon, dig, digofus, llidiog.
wrathfully *adv. Lit:* yn ddig *&c.*
wrathfulness *n.* = **wrath.**
wrathily *adv.* = **wrathfully.**
wrathiness *n.* = **wrath.**
wrathless *a.* diddigofaint, di-lid.
wrathy *n.* = **wrathful.**
wreak *v.t.* **to ~ one's anger on sth,** bwrw'ch llid ar rn; **to ~ [one's] vengeance on/upon s.o.,** dial ar rn, cael eich dial ar rn; **I shall ~ vengeance for this,** mi gaf ddial am hyn; mi gaf fy nial am hyn; **to ~ destruction on sth,** difrodi rhth, gwn|eud difrod i rth; **to ~ havoc on sth,** gwneud difrod ar rth, gwneud llanast o rth.
wreath *n.* **1.** *(of flowers):* torch(-au) *f, occ:* blodeudorch(-au) *f*, coronbleth(-au,-i) *f.* **2.** *(of smoke):* torch.
wreathe *v.t.&i.* **1.** *v.t.* *(a)* **to ~ s.o.'s head with flowers,** coroni rhn â blodau, rhoi torch o flodau am ben rhn, amdorchi pen rhn â blodau; *(b)* **to ~ sth with flowers,** plethu/torchi blodau am rth *or* o gwmpas rhth; *(c)* **to ~ sth around sth,** lapio/troelli/torchi rhth am rth *or* o gwmpas rhth; **the snake wreathed itself around the tree,** ymdorchodd y neidr am y goeden. **2.** *v.i.* *(of smoke &c):* ymdorchi, ymdroelli.
wreathed *a.* *(with flowers):* torchedig, â thorch, amdorchedig, ymdorchedig; **a mountain ~ in mist,** mynydd dan orchudd o niwl; **a face ~ in smiles,** wyneb yn wên o glust i glust.
wreathless *a.* di-dorch.
wreathlike *a.* fel torch.
wreck[1] *n.* **1.** *(a) Jur:* **~ of the sea,** broc *(m)* môr; *Hist:* hawl *(f)* broc [môr]; *(b) (ship):* llong ddrylliedig (llongau drylliedig) *f*, dryll *(m)* llong (drylliau llongau), ysgerbwd *(m)* llong (ysgerbydau llongau); *Ins:* **total ~,** *(ship):* llong wedi ei dryllio'n llwyr; **my car's a total ~,** mae fy nghar wedi'i falu'n llwyr; *F:* mae'n nghar i'n llanast/racs; **the storm caused many wrecks,** drylliodd y storm lawer o longau; *(c)* **the ~ of my hopes,** chwalfa *(f)* fy ngobeithion, chwalu *(vn)* fy ngobeithion yn ulw/chwilfriw. **the building is a mere ~,** nid yw'r adeilad ond adfail/murddun; **he is a perfect ~,** mae o'n llanastr llwyr; **human wrecks,** pobl ddrylliedig/ysig, gwehilion dynol; **nervous ~,** llanastr o nerfau; **he is a physical ~,** mae'n dra ysig o gorff; mae'n llanastr corfforol. **2.** *(a)* *(action):* *(of ship):* llongddrylliad(-au) *m*; *(of sailor):* **to suffer ~,** cael llongddrylliad; *Fig:* *(of fortunes &c):* dinistr *m*, colled lwyr *f*; **to be saved from ~,** osg|oi dinistr; *(b) attrib. U.S: Rail:* **~ train,** trên *(m)* damweiniau. **3.** *Cmptr:* drylliad(-au) *m.*
wreck[2] *v.t.* *(a) (ship, car):* dryllio/malu (rhth) yn dipiau/yfflon/racs *&c*; *(a car):* malurio, dryllio; *(b) (a building):* dinistrio, chwalu, malurio, dymchwel; *(digestion, health):* difetha, niweidio, andwyo; *(c) (enterprise):* difetha, dryllio; *(hopes):* difetha, dinistrio, chwalu, chwilfriwio, distrywio; *(plans):* drysu, difetha, distrywio.
wreckage *n.* malurion *pl*, drylliau *pl*, drylliach *m*, darnau *pl*, ysgyrion *pl*, llanastr *m.*
wrecked *a.* *(car, ship):* drylliedig; *(sailor):* llongddrylliedig; *(building):* maluriedig, adfeiliedig, dinistriedig, dymchweledig; *(life):* drylliedig, distrywiedig, ysig; *(health):* toredig, ysig; *(hopes):* siomedig, drylliedig, chwilfriw, drysedig.
wrecker *n.* **1.** *(a) (in most senses):* chwalwr (chwalwyr) *m*, chw|alwraig *f*, drylliwr (dryllwyr) *m*, dr|yllwraig *f*, malwr (malwyr) *m*, m|alwraig *f*, dinistriwr (dinistrwyr) *m*, distrywiwr (distr|yw- wyr) *m*, distr|yw-wraig *f*; *(b) (= shipwrecker):* llongddrylliwr (llongddryllwyr) *m*, llongddr|yllwraig *f.* **2.** *U.S:* *(a) Aut: (pers.):* cliriwr (clirwyr) *(m)* damweiniau; *(b) Veh:* cerbyd(-au) *(m)* damweiniau; *(c)* = **demolitioner.** **~'s ball** *n.* pêl (peli) *(f)* chwalu.
wreckfish *n. Ich: (Polyprion americanus):* pysgodyn (pysgod) *(m)* broc môr.
wrecking *vn.* = **wreck**[2], chwalfa (chwalf|eydd) *f.* **~ bar** *n.* trosol(-ion) *m.* **~ crew** *n.* criw(-iau) *(m)* damweiniau. **~ tactics** *n.pl.* tacteg *(f)* chwalu, castiau *(pl)* dinistriol. **~ train** *n.* trên (trenau) *(m)* damweiniau.
Wrekin (the) *Eng.Pl.n.* Dinlle *(m)* Gwrygon, Dinlle Wrygion.
wren[1] *n. Orn:* dryw(-od) *mf*, dryw bach *m*, *S.W: occ:* pompen *f*; **gold-crested ~,** dryw penfelyn/benfelen (drywod penfelyn), dryw ben aur (drywod pen aur), dryw melyn cribog, dryw eurben; **firecrest ~,** dryw rhuddgribog, dryw ben tân (drywod pen tân); *S.a.* **jenny 2.** *(a)*; **willow-~,** = **willow-warbler**; **wood-~,** = **warbler (wood).**
Wren[2] *n.f. Mil:* Wr|en (Wreniaid).
wrench[1] *n.* **1.** *(a) (= violent twist):* tro(-eon) *m*, ysigiad(-au) *m*, *Lit: occ:* dirdro(-eon) *m*, tyndroad(-au) *m*; *(of ankle &c): N: occ:* streifiad(-au) *m*; **to give sth a ~,** rhoi tro i rth *or* yn rhth, tynnu yn rhth; **he gave his shoulder a ~,** tynnodd/trodd/ysigodd ei ysgwydd; *N: occ:* streifiodd ei ysgwydd; *(b) Fig:* **the separation was a terrible ~,** 'roedd yr ymwahanu yn ergyd *(f)*/ ysgytwad *(m)*/rhwyg *(fm)* ofnadwy; **it will be a ~ (to leave them),** bydd yn chwith, bydd yn rhwyg, bydd yn loes calon (eu gadael). **2.** *Tls:* tyndro(-eon) *m*, *N: occ:* agoriad(-au) *m*; **adjustable ~,** tyndro cymwysadwy; **chain ~,** tyndro cadwyn; **hand ~,** tyndro llaw; **pipe ~,** tyndro plygu peipiau; **self-grip ~,** tyndro hunanafael; **tap ~,** tyndro tap; **torque ~,** tyndro trorym.
wrench[2] *v.t.* **1.** *(a)* **to ~ sth off sth,** tynnu/rhwygo rhth oddi ar rth; **to ~ open a lid,** tynnu caead; *(b)* **to ~ sth from s.o.,** rhwygo rhth o afael rhn, cipio rhth oddi ar rn; **she wrenched herself free from him,** fe'i tynnodd ei hun yn rhydd o'i afael; fe'i rhwygodd ei hun o'i afael; *(c)* **to ~ one's shoulder,** troi'ch/ysigo'ch ysgwydd, *N: occ:* streifio'ch ysgwydd. **2.** **to ~ the sense of sth,** gwyrdr|oi, ystumio ystyr rhth. **3.** *Carp: &c:* tyndr|oi.
wrest[1] *n. Mus: A:* cyweirgorn (cyweirgyrn) *m*, allwedd(-i) *(f)* ebillion. **~-block, ~-board** *n. Mus:* bwrdd (byrddau) *(m)* ebillion. **~-pin** *n.* ebill(-ion) *m.*
wrest[2] *v.t.* **1.** **to ~ sth from s.o.,** tynnu rhth o afael rhn, tynnu rhth oddi ar rn; **to ~ a confession from s.o.,** gorfodi rhn i gyffesu, cael/gorfodi cyffes o groen rhn. **2.** *Fig:* **to ~ the facts,** ystumio'r/ gwyrdr|oi'r ffeithiau.
wrestle[1] *n.* ymgodymu *vn*, ymgodymiad(-au) *m*; **to have a ~ (with s.o.),** ymaflyd codwm, taflu codwm, ymgodymu (â rhn).
wrestle[2] *v.i.&t.* **1.** *v.i.* *(a)* ymgodymu, ymaflyd codwm, *occ:* taflu codwm, *F:* reslo, *S. W:* cwdwmo; **to ~ together,** ymaflyd; *F:* **to ~ (with one's umbrella),** ymladd, ymaflyd, *N: F:* straffaglu: stryffaglu: stryffaglio (gyda'ch ambarél); *(b) Fig:* **to ~ with difficulties,** ymgodymu/ymladd ag anawsterau, mynd i'r afael ag anawsterau; **to ~ with temptation,** ymladd temtasiwn. **2.** *v.t.* **to ~ one's opponent to the ground,** llorio'ch gwrthwynebydd, rhoi codwm i'ch gwrthwynebydd, taflu'ch gwrthwynebydd i'r llawr; **to ~ a fall with s.o.,** ymaflyd/taflu codwm â rhn.
wrestler *n.* ymgodymwr (ymgodymwyr) *m*, ymgod|ymwraig (ymgodymwragedd) *f*, ymaflwr (ymaflwyr) *(m)* codwm, taflwr (taflwyr) *(m)* codwm, *F:* reslwr(-s, reslwyr) *m.*
wrestling *vn.* = **wrestle**[2]; **all-in ~, freestyle ~,** ymaflyd rhydd, rhydd-ymaflyd, **tag ~,** ymaflyd tag. **~-match** *n.* gornest(-au) *(f)* ymgodymu/reslo.
wretch *n.* **1.** truan (trueiniaid) *m*, *occ:* truanes(-au) *f*; **poor ~!** druan ag ef! druan â hi! druan ohono/ohoni! druan bach! yr hen druan! *N: F:* y creadur! y greadures! **2.** *Pej:* cnaf(-on) *m*; **you little ~!** y gwalch [bach]! *N:* y gelach! y mawrddrwg (*usu. pronounced* mwrddrwg)! yr cllyll bach! *S.a.* **rascal.**
wretched *a.* **1.** *(= unhappy):* truenus, truan, digalon; **~ poverty,** dygn dlodi *m.* **2.** *(a) (= of poor quality):* truenus, gwael, echrydus, tila, gresynus, alaethus, *F:* sobor, *N: F:* trybeilig, symol; **this coffee is ~,** mae'r coffi 'ma'n echrydus/sobor; **what ~ weather!** am dywydd sobor/melltigedig! am sobor o dywydd! *(b)* **a ~ hovel,** hofel druenus *f*; **~ lodgings,** llety gwael *m*; *(c) (as vague intensive):* **I can't see that ~ book,** alla' i ddim gweld y llyfr felltith/gythraul 'na; **what's that ~ boy doing?** beth goblyn/ gebyst/gythgam *or V:* beth gythraul/ddiawl mae'r bachgen yna'n ei wneud?
wretchedly *adv.* yn druenus *&c*; **to be ~ poor,** bod yn druenus o dlawd, byw mewn dygn dlodi; **to be ~ ill,** bod yn druenus o wael.
wretchedness *n.* **1.** *(= unhappiness):* anhapusrwydd *m*, digalondid *m.* **2.** *(of accommodation, performance &c):* truenusrwydd *m*, sobrwydd *m.*
Wrexham *W.Pl.n.* Wrecsam *f.*
wrick[1] *n.* = **sprain**[1].
wrick[2] *v.t.* = **sprain**[2].
wriggle[1] *n.* gwingiad(-au) *m.*
wriggle[2] *v.i.&t.* **1.** *v.i.* *(a) (of worm &c):* sleifio, *occ:* ymnyddu, gwingo, ymdorchi, ymdroelli; **to ~ (with impatience),**

aflonyddu, *F:* gogrwn, cynrhoni (yn ddiamynedd); **to ~ with discomfort,** gwingo, cynrhoni, *N.W: F:* cnoni; **to ~ through a hedge,** sleifio trwy wrych; *(b)* **to ~ out of a difficulty,** dianc/ ymryddh|au/sleifio o anhawster; **to try to ~ out of it,** ceisio sleifio allan ohoni; **to ~ out of a garment,** ymddihatru/ ymryddh|au o ddilledyn; *(c) Fig: (= tergiversate):* gwamalu, anwadalu, troi yn y gwynt, troi fel cwpan mewn dŵr. **2.** *v.t. (a)* = **wiggle**[1]; *(b)* **to ~ one's way into sth,** sleifio i mewn i rth.

wriggler *n.* **1.** *(a) (= maggot):* cynrhonyn (cynrhon) *m*; *(b) (child):* gwingwr (gwingwyr) *m*, plentyn (plant) aflonydd *m*, plentyn gwingl[l]yd. **2.** *Fig: (= tergiversator):* gwamalwr (gwamalwyr) *m*, anwadalwr (anwadalwyr) *m*.

wriggling, wriggly *a.* aflonydd, gwingl[l]yd, cynrhonllyd; *S.a.* **wiggly.**

wright *n.* saer (seiri) *m*; *S.a.* **playwright, shipwright, wheelwright** *&c.*

wring[1] *n.* gwasgiad(-au) *m*; **to give clothes a ~,** gwasgu dillad; **he gave my hand a ~,** gwasgodd fy llaw yn dyn[n].

wring[2] *v.t.* **1.** gwasgu, *Lit: occ:* trowasgu, trywasgu; **to ~ out wet clothes,** gwasgu dillad yn sych; **to ~ water out of a sheet,** gwasgu dŵr o gynfas; **to ~ s.o.'s hand,** gwasgu llaw rhn; **to ~ one's hands in despair,** gwasgu'ch dwylo mewn anobaith; **to ~ a bird's neck,** rhoi tro yng ngwddf aderyn, rhoi tro yng nghorn gwddw aderyn, *N: occ:* rhoi tro ar gorn aderyn, *S.W:* sgrego aderyn, rhoi nec i aderyn, *M.W:* necio aderyn; **to ~ a secret out of s.o.,** gwasgu cyfrinach [allan] o rn, gorfodi rhn i ddatgelu cyfrinach; **it wrings my heart to ...,** mae'n boen calon imi ...; **to ~ tears from s.o.,** tynnu dagrau o lygaid rhn, gwn|eud i rn wylo; **to ~ money from s.o.,** cael arian o groen rhn. **2.** *(a)* = **warp**[2]; *(b) Lit:* **to ~ s.o.'s words into an admission of guilt,** ystumio/ gwyrdr|oi geiriau rhn yn addefiad o euogrwydd.

wringer *n. Dom.Ec:* = **mangle**[1].

wringing 1. *a.* **~ [wet],** gwlyb diferol/diferu/diferyd/sopen/socian/ stecs, gwlyb domen [dail]; *S.a.* **soaking, sopping. 2.** *Danc:* ymdorchi.

wrinkle[1] **1.** *(a) (on face):* rhych(-au) *mf*, crych(-ion) *m*; *(b) (on water):* crych; *(c) (in garment):* crych, crychiad(-au) *m*, crychni *m*, plygiad(-au) *m*; **(a dress that fits) without a ~,** (ffrog sy'n mynd amdanoch) heb grych, heb grychu dim. **2.** *F: (= useful tip):* awgrym(-iadau) *m*.

wrinkle[2] *v.t.&i.* **1.** *v.t.* crychu, *occ:* rhychu, rhychio; **to ~ one's forehead,** crychu'ch talcen. **2.** *v.i.* **to ~ [up],** crychu, crebachu, mynd i'w gilydd; *(of fruit):* gwystno, *N: F:* gwsno; *(of face): S.E: occ:* pleto.

wrinkled, wrinkly *a.* crych, crychlyd, crebachlyd, wedi crebachu, crychog, crychiog, rhychog; *(fruit):* gwystnog, wedi gwystno.

Wrinstone *W.Pl.n.* Wrinstwn *m*.

wrist *n.* **1.** *(a) Anat:* arddwrn (arddyrnau) *m*, *often, less correctly:* garddwrn (garddyrnau) *m*; *(b) Cost:* = **wristband 1. 2.** = **wrist-pin. ~-bone** *n. Anat:* asgwrn (*m*) arddwrn (esgyrn arddyrnau). **~-drop** *n. Med:* arddwrn llipa. **~-pin** *n. Mch:* pin (*mf*) cysylltu/gysylltu (pinnau cysylltu). **~-shot** *n. Golf:* trawiad(-au) (*m*) o'r arddwrn. **~-watch** *n.* watsh(-is) (*f*) arddwrn. **~-work** *n.* troi(*vn*)'r arddwrn.

wristband *n.* **1.** *Cost:* band (*m*) llawes (bandiau llewys), *N:* sband(- iau) *m*. **2.** *Gym:* arddyrnrwym(-au) *m*, strap(-iau) (*mf*) arddwrn.

wristlet *n.* arddyrndlws (arddyrndlysau) *m*, breichled(-au,-i) *f*; **~-watch** *n.* = **wrist-watch.**

wristlock *n. Wr:* gafael(-ion) (*f*) ar arddwrn.

wristy *a.* ystwyth.

writ *n.* **1. Holy/Sacred W~,** [yr] Ysgrythur Lân *f*. **2.** *Jur:* gwr|it (gwritiau) *f*; **~ of annuity,** gwrit blwydd-dâl; *U.S: Hist:* **~ of assistance,** gwrit cymorth; **~ of conspiracy,** gwrit cynllwynio; **~ of consultation,** gwrit ymgynghori; **~ of covenant,** gwrit cyfamod; **~ of debt,** gwrit dyled; **~ of detinue,** gwrit caethiwo; **~ of entry,** gwrit mynediad; **~ of error,** gwrit camgymeriad; **~ of escheat,** gwrit siedu; **~ of execution,** gwrit gweithredu; **~ of false judgement,** gwrit camddyfarniad; **~ of intrusion,** gwrit ymwthiad; **~ of mesne,** gwrit mên; **~ of possession,** gwrit meddiant; **~ of prohibition,** gwrit gwaharddiad; **~ of redisseisin,** gwrit ailddadfeddiannu; **~ of right,** gwrit hawlio; **~ of sequestration,** gwrit gorfodogaeth/gorfodogi; **~ of summons,** gwrit gwysiad, gwrit gwysio; **generally-indorsed ~,** gwrit cefnodiad cyffredinol; **specially-indorsed ~,** gwrit cefnodiad arbennig; **originating ~,** gwrit gychwynnol; **to return a ~,** dychwelyd gwrit; **to serve a ~ on s.o.,** cyflwyno gwrit i rn; **a ~ is out for his arrest,** cyhoeddwyd gwrit i'w arestio; *Fig:* **his ~ does not run there,** nid yw ei air yn ddeddf yno.

writable *a.* ysgrifenadwy, y gellir ei ysgrifennu.

write *v.t.* **1.** *(a)* ysgrifennu, *N: F:* sgwennu; *Sch:* **to ~ a hundred lines,** ysgrifennu/gwn|eud cant o linellau; **to ~ one's name,** torri'ch enw; **that was not written by me,** nid fi a ysgrifennodd hwnna; **how is it written?** sut mae ei ysgrifennu/sillafu? **he writes a good hand,** mae ganddo ysgrifen dda/lân; *N.W: occ:* mae ganddo arddwrn da; *B:* **it is written that ...,** mae'n ysgrifenedig fod ...; **the paper is written all over,** mae'r papur yn ysgrifen drosto; **his guilt was written on his face,** 'roedd golwg euog ar ei wyneb; 'roedd euogrwydd i'w weld ar ei wyneb; **there's policeman written all over him,** mae'n blismon o'i gorun i'w sawdl; mae golwg plismon arno; mae'n amlwg mai plismon ydyw; **writ large,** mewn llythrennau breision; *Fig:* ar raddfa eang, ar raddfa ehangach, ar ffurf fwy; *(b) M.Ins:* = **underwrite** *(b)*. **2. he writes,** mae'n awdur; mae'n llenydda; awdur yw ef; **to ~ letters to s.o.,** ysgrifennu llythyrau at rn (*not* i rn), gohebu/ llythyru â rhn; **to ~ literature,** *abs.* **to ~,** llenydda; **to ~ for a paper,** ysgrifennu ar gyfer papur newydd, cyfrannu i bapur newydd; **she writes on gardening,** mae hi'n ysgrifennu llyfrau/erthyglau ar arddio; **they ~ home every Sunday,** maen' nhw'n anfon llythyr adref bob dydd Sul; *F:* **it's nothing to ~ home about,** nid yw'n werth sôn amdano; 'does dim byd arbennig/neilltuol ynddo; nid yw'n fawr o beth; **remember to ~!** cofia anfon gair/llythyr! **he hasn't written for weeks,** ni chefais lythyr[-au] ganddo ers wythnosau; **he wrote to me;** *F:* **he wrote me,** ysgrifennodd ataf (*not* i mi); cefais lythyr ganddo; **I wrote to [ask] him to come,** ysgrifennais ato i ofyn iddo ddod; **to ~ off for sth,** anfon llythyr i gael rhth, anfon am rth; **~ for our catalogue,** anfonwch am ein catalog; *N:* gyrrwch am ein catalog. **~ back** *v.i.* anfon [llythyr] yn ôl, ateb trwy lythyr. **~ down**[1] *v.t.* **1.** rhoi (rhth) ar glawr; nodi, cofnodi (rhth); rhoi/ dodi (rhth) ar ddu a gwyn; rhoi/taro (rhth) ar bapur; **to ~ down one's expenses,** nodi'ch treuliau. **2.** = **decry. 3.** *Fin:* **to ~ down capital,** gostwng gwerth cyfalaf, dibrisio cyfalaf. **4. to ~ down to one's readers,** nawddogi'ch darllenwyr; ysgrifennu'n ffug-syml ar gyfer eich darllenwyr. **~-down**[2] *n. Fin:* dibrisiant *m*, dibrisio *vn.* **~ head** *n. Cmptr:* pen(-nau) (*m*) ysgrifennu. **~ in** *v.t.* **to ~ in a correction,** ychwanegu cywiriad; **to ~ in for a catalogue,** anfon/ gyrru am gatalog. *U.S:* **to ~ in a complaint,** lleisio cwyn; **don't forget to ~ in,** cofiwch anfon gair. **~ inhibit ring** *n. Cmptr:* cylch(-oedd) (*m*) gwahardd ysgrifennu. **~ off**[1] *v.t.* **1. to ~ off an article,** taro ysgrif ar bapur, ysgrifennu ysgrif mewn chwinciad; **to ~ off for sth,** anfon/gyrru [i ffwrdd] am rth. **2.** *(a) Fin:* **to ~ off capital,** lleih|au/dibrisio cyfalaf; *(b) Com:* **to ~ off a bad debt,** dil|eu dyled; **to ~ off so much for damage,** dileu rhywfaint ar gyfer difrod; *F:* **my car can be written off,** 'dyw fy nghar i'n werth dim; *F:* **my car has been written off,** mae fy nghar i wedi'i falu'n racs; mae fy nghar i tu hwnt i'w drwsio; *S:* mae fy nghar i'n jibidêrs; *F:* **to ~ s.o. off as a failure,** cyfrif rhn yn fethiant, troi rhn heibio fel methiant, canu cnul rhn; **don't ~ her off yet,** peidiwch â chanu'i chnul hi eto; peidiwch â'i chladdu hi eto; **we may as well ~ that off,** cystal inni anghofio am hynna. **~-off**[2] *n.* **1.** *Book-k:* dilead(-au) *m*, colled lwyr (colledion llwyr) *f*. **2.** *F:* **my car was a complete ~-off,** 'roedd fy nghar i'n ysgyrion/dipiau/racs/jibidêrs; 'roedd fy nghar i'n golled lwyr. **~ out** *v.t.* ysgrifennu (rhth) [allan/mas]. **~ permit ring** *n. Cmptr:* cylch(-oedd) (*m*) caniatáu ysgrifennu. **~ protect** *v.t. Cmptr:* diogelu rhag ysgrifennu. **~ time** *n. Cmptr:* amser(-au) (*m*) ysgrifennu. **~ up**[1] *v.t.* **1.** *Journ:* *(a)* parat|oi (rhth) ar gyfer y wasg; *(b) (= praise):* canmol (rhth) i'r cymylau, canu clodydd (rhth); *(c) Fin:* **to ~ up the value of sth,** cynyddu/ uwchbrisio gwerth rhth. **2. to ~ up a diary,** llenwi dyddiadur. **3. to ~ a subject up,** ysgrifennu llythyr/papur/erthygl/ysgrif ar rth; *Sch:* **to ~ up your notes,** copïo'ch/ailgopïo'ch/ailgodi'ch nodiadau. **~-up**[2] *n.* **1.** *Journ:* erthygl(-au) *f*, adolygiad(-au) *m*; **a good ~-up,** erthygl ganmoliaethus *f*, adolygiad da *m* **(of sth,** ar rth); canmoliaeth *f*, geirda *m* (i rth). **2.** *Book-k: (of stock):* uwchbrisiant *m*.

writer *n.* **1.** *(of document, manuscript):* ysgrifennwr (ysgrifenwyr) *m*, ysgrif|enwraig (ysgrifenwragedd) *f*, copïwr (copïwyr) *m*, copïwraig *f*; **she's a good ~,** mae ganddi ysgrifen dda; mae'n ysgrifennu'n dda/ddestlus. **2. the present ~, the ~ of this letter,** awdur (*m*) y llythyr hwn, awdur hyn o lith. **3.** *(a) (of novel):* awdur(-on) *m*, awdures(-au) *f*; *(b) (= man of letters):* llenor(-ion) *m*, ysgrifennwr, awdur, gŵr (gwŷr) (*m*) llên; **woman ~,** llenores(-au) *f*, awdures; **Writers' Union of Wales,** Undeb Awduron Cymru. **4.** *Scot.Jur:* **W~ to the Signet,** Cyfreithiwr (Cyfreithwyr) *m*. **~'s cramp** *n.* cramp (*m*) ysgrifennwr.

writhe *v.i.* *(a)* gwingo, ymwingo, cordeddu, ymgordeddu, ymnyddu, troi a throsi, *S.W: occ:* ymgrinad; *(b)* **he writhed under the insult,** gwingodd dan y sarhad; 'roedd y sarhad yn dân ar ei groen.

writhing[1] *a.* gwinglyd, aflonydd.

writhing[2] *vn.* gwingiad(-au) *m*, gwingo.

writing *vn.* **1.** *(a)* ysgrifennu *vn*, ysgrifen *f*; **the art of ~,** celfyddyd (*f*) ysgrifennu; *(literary):* crefft (*f*) y llenor; **at the time of ~,** pan wyf yn ysgrifennu, wrth imi ysgrifennu, ar adeg ysgrifennu hwn/hyn, a minnau'n ysgrifennu, ar hyn o bryd; *(b)* **his ~ is bad,** mae ei ysgrifen yn aflêr; *S.a.* **handwriting; connected ~,** ysgrifen redeg, ysgrifen gysylltiedig, *F:* sgwennu sownd; **the ~ is on the wall,** mae'r ysgrifen ar y mur; mae'r rhybudd yn glir; **in ~,** ar bapur, mewn ysgrifen, yn ysgrifenedig; **(to put sth) in ~,** (rhoi rhth) ar glawr, ar ddu a gwyn, mewn du a gwyn; **(to reply) in ~,** (ateb) trwy lythyr, mewn llythyr; *Jur:* **evidence in ~,** tystiolaeth ysgrifenedig *f*; **agreement in ~,** cytundeb ysgrifenedig *m*; **to commit the facts to ~,** cofnodi'r ffeithiau, rhoi'r ffeithiau ar glawr. **2.** *(a) (literary):* llenydda *vn*; **the ~ profession,** galwedigaeth (*f*) y llenor; *(b) (= a literary work):* gwaith (gweithiau) llenyddol *m*; **the writings of an author,** gweithiau awdur. **3.** *(a)* **~ down,** *(of one's name):* torri *vn*; *(b)* **~ in,** *(of word):* ychwanegu; *(c) Fin: Com:* **~ off,** *(for wear and tear):* gostyngiad(-au) *m*; *(of bad debt):* dilead *m*; *(of capital):* lleihad *m*. **~-case** *n.* cas(-ys) (*m*) ysgrifennu. **~-desk** *n.* desg(-iau) (*f*) ysgrifennu. **~-ink** *n.* inc (*m*) ysgrifennu. **~-pad** *n.* pad(-iau) (*m*) ysgrifennu. **~-paper** *n.* papur(-au) (*m*) ysgrifennu. **~-table** *n.* *N:* bwrdd (byrddau) (*m*) ysgrifennu, *S:* bord(-ydd) (*f*) ysgrifennu.

written *a.* ysgrifenedig, a ysgrifennwyd, mewn ysgrifen, ar ddu a gwyn, mewn du a gwyn.

wrong[1] *a., n. & adv.* I. *a.* **1.** *(= morally bad):* drwg, *occ:* drygionus, *Lit: occ:* anfad; **it is ~ to steal; stealing is ~,** peth drwg yw dwyn; pechod yw dwyn; mae dwyn yn beth drwg; **what's ~ with telling white lies?** beth sydd o'i le ar ddweud celwydd golau? **that was very ~ of you!** 'roeddet ti ('roeddech chi) ar fai! dyna beth drwg i'w wneud! 'roeddet ti'n ('roeddech chi'n) ddrwg iawn yn gwneud hynny! *F:* **a ~ 'un,** *(i)* un (rhai) drwg *m*; *(ii) Cr:* = **googly. 2.** *(a) (= incorrect):* anghywir; *(= mistaken): occ:* cyfeiliornus, amryfus; **my watch is ~,** 'dyw fy watsh i ddim ar amser; mae fy watsh i allan ohoni; **a ~ calculation,** camgyfrif *m*; **~ use of a word,** camddefnydd (*m*) o/ar air; **his ideas are all ~,** mae ei syniadau'n hollol gyfeiliornus/anghywir; mae ei syniadau allan ohoni'n lân; mae ei syniadau ymh|ell ohoni; *(b) (of pers.):* **to be ~,** *(morally):* bod ar fai, cyfeiliorni; *(= mistaken):* camgymryd, bod yn anghywir, *occ:* camsynio, camsynied; **that's just where your are ~,** dyna'n union lle 'rydych chi'n [ei] methu [hi]; **you were ~ to contradict him,** 'roeddech ar fai yn ei wrthddweud. **3.** *(a)* **to be in the ~ place,** bod yn y lle anghywir, bod ymhell o'ch lle; **to be in the ~ box,** bod mewn lle cas; **a picture in the ~ light,** darlun mewn goleuni anaddas; **to drive on the ~ side of the road,** gyrru ar yr ochr anghywir i'r ffordd; **to get out of bed on the ~ side,** codi'r ochr chwith i'r gwely; **the ~ side of the material,** y tu chwith i'r defnydd, ochr anghywir y defnydd; **your sock is ~ side out,** mae dy hosan di y tu chwith/chwithig/chwyneb allan; **it's the ~ side up,** mae â'i ben i lawr; mae â'i ben ucha'n isa'; mae â'i ben i waered; mae â'i draed i fyny; **to be on the ~ side of forty,** bod dros eich deugain oed; **the ~ way round,** o chwith, y tu ôl ymlaen; **to stroke a cat the ~ way,** mwytho cath o chwith, codi gwrychyn cath; **you're setting about it in the ~ way,** 'rydych chi'n mynd ati o chwith; **to take sth the ~ way,** cymryd rhth o chwith, cymryd rhth yn groes, camgymryd/camddeall rhth; **it went down the ~ way,** fe aeth i lawr y ffordd groes; fe aeth y ffordd arall; fe aeth i'r camdwll; *(b) (mistaken):* **to take the ~ train,** mynd ar y trên anghywir, camgymryd y trên, cymysgu trenau; **to back the ~ horse,** rhoi'ch arian ar y ceffyl anghywir; **that is the ~ book,** nid hwnna mo'r llyfr; *Typ:* **~ fount,** wyneb (-au) anghywir *m*; **to take the ~ road,** colli'r ffordd, mynd ar goll/gyfeiliorn, mynd ar hyd y ffordd anghywir; **to put/send s.o. on the ~ track,** camgyfeirio rhn, gyrru rhn ar gyfeiliorn; **to bark up the ~ tree,** dilyn y trywydd anghywir, mynd ar y trywydd anghywir, palu yn y cae anghywir, mynd ar ôl ysgyfarnog; **to get hold of the ~ end of the stick,** deall rhth o chwith, camddeall rhth; **you've got the ~ end of the stick,** *N: F:* 'rwyt ti yn y cae tatws a minnau yn y cae maip; **to dial the ~ number,** camddeialu rhif, deialu'r rhif anghywir; *Tp:* **~ number,** rhif(-au) anghywir *m*; *Mus:* **~ note,** nodyn (nodau) anghywir *m*. **4.** *(= amiss):* **what's ~ with you?** beth sy'n bod arnoch chi? beth sydd arnoch chi? beth sydd o'i le arnoch chi? **there's sth ~ (somewhere),** mae rhth yn bod, mae rhth o'i le, mae rhyw ddrwg yn y caws (yn rhywle); **I hope there's nothing ~,** gobeithio nad oes dim o'i le; gobeithio nad oes dim [byd] yn bod; gobeithio bod popeth yn iawn; **what do you find ~ with this book?** beth a welwch chi o'i le ar y llyfr hwn? *F:* **what's ~ with that?** beth sy'n bod ar hynny? **things are all ~,** mae pob dim o'i le. II. *n.* **1.** drwg (drygau) *m*, drygioni *m*; **right and ~,** y da a'r drwg, *occ:* iawn ac aniawn; **to know right from ~,** gwahaniaethu rhwng drwg a da, gwybod y gwahaniaeth rhwng drwg a da, gwybod rhagor rhwng drwg a da; **two wrongs do not make a right,** deuddrwg ni wnânt ddaioni; nid yw dau ddrwg yn gwneud [un] da; **I don't know the rights and wrongs of the dispute,** ni wn i ddim beth/pwy sy'n iawn yn y ddadl; ni wn i ddim pa ochr sy'n iawn yn y ddadl. **2.** *(a) (= unjust action):* cam *m*, camwedd(-au) *m*, anghyfiawnder(-au) *m*, camwri *m*, annhegwch *m*, bai (beiau) *m*; **right and ~,** cyfiawnder ac anghyfiawnder, iawn a cham; **to be done a ~,** cael cam; **the child can do no ~,** ni all y plentyn wneud unrhyw ddrwg; **to acknowledge one's wrongs,** syrthio ar eich bai; **to do ~,** gwneud cam, pechu, tramgwyddo, camweddu; **to do s.o. ~, to do ~ to s.o.,** gwneud cam â rhn; **to right a ~,** gwneud iawn am gam/gamwedd, unioni cam, dil|eu camwri; **to labour under a sense of ~,** teimlo i chwi gael cam; *(b) Jur:* camwri, trosedd(-au) *m*; **civil ~,** camwri sifil; **public ~,** camwri cyhoeddus. **3. to be in the ~,** bod ar fai; **to put s.o. in the ~,** rhoi rhn ar ei fai, rhoi'r bai ar rn. III. *adv.* **1.** yn anghywir *&c.* **1.** *(a)* **to guess ~,** camddyfalu; **to answer ~,** ateb yn anghywir; **you have spelt my name ~,** yr ydych wedi camsillafu f'enw; **you told me ~,** cefais fy nghamarwain gennych; fe ddywedsoch yn anghywir wrthyf; *(b)* ar fai; **you did ~,** 'roeddech ar fai; *F:* **you've got me ~,** 'rydych yn fy nghamddeall; *U.S:* **to get in ~ with s.o.,** cythruddo rhn, codi gwrychyn rhn, mynd dan groen rhn. **2. to go ~,** *(a) (of pers):* *(i) (on journey):* mynd ar gyfeiliorn, colli'r ffordd, dilyn y ffordd anghywir; *(ii) (= be mistaken):* camgymryd, ei methu hi; *(iii) (= go to the bad):* mynd ar gyfeiliorn, cyfeiliorni, *N.W: F: occ:* mynd i'r ddrâg; *(b) (of mechanism):* torri; **sth went ~ with the lights,** aeth rhth o'i le ar y golcuadau; **the plan went ~,** methodd y cynllun; aeth y cynllun i'r gwellt; aeth y cynllun o chwith; aeth rhth o'i le ar y cynllun; **things have gone ~,** mae pethau wedi mynd o chwith; *F:* **you can't go ~!** allwch/fedrwch chi ddim methu! allwch/fedrwch chi mo'i methu hi! **~-foot** *v.t.* *Sp:* camdroedio. **~-headed** *a.* pengam (pengeimion) (*pronounced* ng-g); *S.a.* **perverse, obstinate. ~-headedly** *adv.* = **perversely, obstinately. ~-headedness** *n.* pengamrwydd *m*, pengemi *m* (*both pronounced* ng-g); *S.a.* **perverseness, obstinacy.**

wrong[2] *v.t.* gwneud cam (â rhn), trin (rhn) yn anghyfiawn, *occ:* drygu (rhn).

wrongdoer *n.* drwgweithredwr (drwgweithredwyr) *m*, drwgweithr|edwraig; *Jur:* troseddwr (troseddwyr) *m*, tros|eddwraig *f*.

wrongdoing *vn.* drygioni *m*, drygau *pl*, gwn|eud drygioni, gwneud drygau.

wrongfooted *a.* **to be caught ~,** cael eich dal ar y troed anghywir.

wrongful *a.* **1.** *(= unjust):* anghyfiawn; *Jur:* **~ dismissal,** diswyddiad(-au) anghyfiawn *m*, camddiswyddiad(-au) *m*, diswyddo (*vn*) ar gam; **~ arrest,** cam[a]restiad(-au) *m*, [a]restiad(-au) (*m*) ar gam, [a]restio (*vn*) ar gam. **2.** *(= illegal):* anghyfreithlon.

wrongfully *adv.* **1.** ar gam, yn anghyfiawn. **2.** *(= illegally):* yn anghyfreithlon.

wrongfulness *n.* anghyfiawnder *m*.

wrongly *adv.* **1.** ar gam, yn anghyfiawn; **I've been ~ accused,** cefais fy nghyhuddo/meio ar gam; cefais fy nghyhuddo/meio heb achos; *F:* mi gefais fai ar gam; **rightly or ~,** yn gam neu'n gywir, yn gam neu'n gymwys. **2.** yn anghywir; **to choose ~,** camddewis, dewis yn anghywir; **to use sth ~,** camddefnyddio rhth; **to judge sth ~,** camfarnu rhth; *W.Gram:* **to mutate a word ~,** camdreiglo gair; **to behave ~,** camymddwyn; **~ so called,** a gamenwir felly.

wrongness *n.* **1.** *(= incorrectness):* anghywirdeb *m.* **2.** *(of accusation &c):* anghyfiawnder *m.*

Wronskian *n. Mth:* Wronskian(-au) *m.*

Wropton *W.Pl.n.* Nant (*f*) Criba.

wrote *v. See* **write.**

wroth *pred.a. Lit:* = **angry; to wax ~,** digio, gwylltio.

wrought *p.p. & a.* **1.** *p.p. See* **wreak. 2.** *a. (a)* gweithiedig; **well-~, finely-~** lluniaidd, cywrain, crefftus, o wneuthuriad da, cain ei wneuthuriad; **badly-~,** afluniaidd, anghelfydd, o wneuthuriad gwael; *(b)* **~ iron,** haearn (*m*) gyrru, haearn gyr, haearn gwaith. **~ up** *a. Lit:* cynhyrfus, cynyrfedig, wedi cynhyrfu.

wrung *p.p. See* **wring**[2].

wry *a.* **1.** *(smile, expression):* cam, mingam (*pronounced* ng-g); **to pull a ~ face,** mingamu; **he gave a ~ smile,** gwenodd yn gam. **2.** *Fig: (humour &c):* coeglyd, eironig, ysmala. **~-mouthed** *a.* mingam. **~ neck** *n. Med:* pengamedd *m* (*pronounced* ng-g). **~-necked** *a.* gyddfgam, gyddfdro, pengam (*pronounced* ng-g).

wrybill *n. Orn:* gylfingam(-iaid,-od) *m* (*pronounced* ng-g).

wryly *adv.* **1.** yn gam, yn fingam (*pronounced* ng-g). **2.** *Fig:* yn eironig.

wryneck *n. Orn:* aderyn (adar) gyddfgam *m*, aderyn gyddfdro, delor(-ion) llwydwyn *m.*

wrynecked *a.* gyddfgam, pengam (*pronounced* ng-g).

wryness *n.* **1.** *(of smile):* camder *m*, camdra *m.* **2.** *(of humour &c):* coegni *m*, |eironi *m.*

wulfenite *n. Miner:* plwm melyn *m.*

wunderkind *n.* plentyn (plant) athrylithgar *m*, athrylith (*f*) o blentyn.

wyandotte *n. U.S:* iâr (ieir) (*f*) Wyandotte.

wych-alder *n. Bot:* corwernen (corwern) *f.*

wych-elm *n. Bot:* llwyfen lydanddail (llwyfain llydanddail) *f.*

wych-hazel *n. Bot:* **1.** *(Hamamelis):* collen (cyll) ystwyth. **2.** *Pharm:* eli rhisgl *m.* **3.** = **wych-elm.**

Wycliffite *n. & attrib.* **1.** *n.* Wycliffiad (Wycliffiaid) *m&f*, Lolard(-iaid) *m&f. attrib.* Wycliffaidd, Lolardaidd.

wye[1] *n.* [y llythyren] y. **~ level** *n. Surv:* lefel(-au) (*f*) fforch.

Wye[2] *Pr.n. Geog:* [afon] (*f*) Gwy.

wyke *n.* cilfach(-au) (*f*) glan môr.

wyvern *n. Her:* gwifr(-au) *m.*

X

X, x *n.* **1.** *(a)* [y llythyren] X, x f (*pronounced* ecs, *pl.* -ys,-iau); **X marks the spot,** mae croes (*f*) yn dynodi'r fan; *(b) F: U.S:* papur(-au) (*m*) deg doler. **2.** *(a)* **XX,** *F: U.S:* = **double-cross;** *(b)* **treble X, XXX,** cwrw (*m*) cryf iawn, cwrw tair ecs. **x- axis** *n. Mth:* echelin(-au) (*f*) x/ecs. **X certificate** *n.* tystysgrif(-au) (*f*) X/ecs. **x-chromosome** *n. Biol:* cr|omosom (cromosomau) (*m*) x/ecs. **x- coordinate** *n. Mth:* cyfesuryn(-nau) (*m*) x/ecs. **X film** *n.* ffilm(-iau) (*f*) X, llun(- iau) (*m*) X. **x-height** *n. Typ:* uchder (*m*) x/ecs. **x-intercept** *n. Mth:* rhyngdoriad(-au) (*m*) x/ecs. **x-irradiate** *v.t.* ecs-arbelydru. **x-irradiation** *n.* ecs-arbelydriad *m*, ecs-arbelydru *vn.* **x-radiation** *n.* ecsbelydriad *m*, ecsbelydru *vn.* **x-ray**[1] **1.** *n. Ph: usu.pl.* pelydr(-au) (*m*) x/ecs; **deep x- rays,** pelydrau x/ecs treiddgar; **an x-ray [examination],** archwiliad(-au) radiograffig *m*, archwiliad pelydr x/ecs, ecsbelydriad(-au) *m*; **I went for an x-ray,** euthum i gael archwiliad radiograffig; **did you have an x-ray?** a gefaist ti belydr x/ecs? **2.** *attrib.* radiolegol; **x-ray eyes,** llygaid treiddiol, llygaid gweld-trwy-bopeth; **x-ray photograph,** llun(-iau) (*m*) pelydr x/ecs; *S.a.* **radiograph**; **x-ray treatment,** triniaeth (*f*) pelydr x/ecs; *S.a.* **radiotherapy**. **x-ray**[2] *v.t.* rhoi archwiliad pelydr x/ecs (i rn), gwn|cud archwiliad pelydr x/ecs (ar rn), tynnu llun pelydr x/ecs (o rn), tynnu llun radiolegol (o rn), ecsbelydru (rhn); **I was x-rayed,** cefais belydr x/ecs; **my arm was x-rayed,** rhoddwyd pelydr x/ecs ar fy mraich. **x-unit** *n. Meas:* uned(-au) (*f*) x.

xalostockite *n. Miner:* xalostocit *m.*

xanthate *n. Ch.* santhad(-au) *m.*

xanthation *n. Ch:* santhadu *vn.*

xanthein *n. Bot:* santhein *m.*

xanthene *n. Ch:* santhen *m.*

xanthian *a. Archeol:* santhaidd.

xanthic *a.* **1.** *Bot:* melynaidd, melynlliw. **2.** *Ch:* santhig.

xanthin *n. Ch:* santhin(-au) *m.*

xanthine *n. Ch:* santhîn *m.*

xanthochroi *n.pl.* pobl (*f or pl*) bryd golau.

xanthochroic *a.* = **xanthochroid 1.**

xanthochroid *a. & n.* **1.** *a.* pryd golau, croenwyn(-ion). **2.** *n.* rhn pryd golau, rhn croenwyn, dyn(-ion) (*m*) pryd golau, merch (*f*) bryd golau (merched pryd golau), dyn croenwyn, merch groenwyn (merched croenwyn).

xanthochroism *n. Vet:* melyn *m*, clefyd (*m*) melyngroen (*pronounced* ng-g).

xanthoma *n. Path:* santhoma(-ta) *m.*

xanthone *n. Bot:* santhon *m.*

xanthophyll *n. Bot:* s|anthoffyl (*m*).

xanthophyllic, xanthophyllous *a. Bot:* santhoffylig.

xanthoproteic *a. Ch:* santhoprotëig.

xanthosiderite *n. Miner:* santhos|iderit *m.*

xanthous *a.* pryd golau, gwallt golau, penfelyn (*f.* penfelen, *pl.* penfelynion).

xebec *n. Nau:* sebec(-iau) *f.*

xenea *n. Biol:* senea *m.*

xenia *n. Biol:* senia *m.*

xenial *a. Biol:* seniol.

xenic *a.* senig.

xenically *adv.* yn senig.

xenobiotic *a. & n.* **1.** *a.* senobiotig. **2.** *n.* senobiotig(-ion) *m&f.*

xenocryst *n. Geol:* s|enocryst (senocrystau) *m.*

xenodiagnosis *n. Med:* senodiagnosis *m.*

xenodiagnostic *a. Med:* senodiagnostig.

xenogamy *n. Bot:* croesffrwythloni *vn.*

xenogeneic *a. Biol:* senogenëig.

xenogenesis *n. Biol:* senog|enesis *m.*

xenogenetic *a. Biol:* senogenetig.

xenoglossia *n.* senoglosia *m.*

xenograft *n.* seno-impiad(-au) *m.*

xenolith *n. Geol:* s|enolith (senolithau) *m.*

xenolithic *a.* senolithig.

xenomorphic *a. Geol:* senomorffig.

xenon *n. Ch:* senon *m.*

xenophil[e] estrongarwr (estrongarwyr) *m*, estrong|arwraig *f* (*both pronounced* ng-g).

xenophilous *a.* estrongar (*pronounced* ng-g).

xenophobe *n.* estrongasäwr (estrongasawyr) *m*, estrongasawraig *f* (*both pronounced* ng-g).

xenophobia *n.* estrongasedd *m*, estrongasineb *m* (*both pronounced* ng-g), ofn (*m*) estroniaid, cas (*m*) at estroniaid, casineb (*m*) at estroniaid, senoffobia *m.*

xenophobic *a.* estrongasaol (*pronounced* ng-g), senoffobig, drwgdybus o estroniaid.

xeranthemum *n. Bot:* ser|anthemwm (seranthema) *m.*

xerarch *a. Bot: Z:* serarchaidd.

xeric *a. Bot: Z:* serig, sychdrig.

xerically *adv. Bot: Z:* yn serig *&c.*

xerodermia *n. Med:* croensychder *m.*

xerographic *a.* serograffig.

xerographically *adv.* yn serograffig.

xerography *n.* serograffeg *f.*

xeromorph *n.* s|eromorff (seromorffau) *m.*

xeromorphic *a.* seromorffig.

xeromorphy *n.* seromorffedd *m.*

xerophile *n. Bot:* s|eroffil (seroffiliau) *m.*

xerophilous *a. Bot:* seroffilaidd.

xerophily *n. Bot:* seroffiledd *m.*

xerophthalmia *n. Med:* seroffthalmia *m*, sychder (*m*) llygaid, seroma *m.*

xerophthalmic *a. Med:* llygatsych, seroffthalmig.

xerophyte *n. Bot:* s|eroffyt (seroffytau) *m.*

xerophytic *a. Bot:* seroffytig, sychdrig.

xerophytically *adv. Bot:* yn seroffytig *&c.*

xerophytism *n. Bot:* seroffytedd *m.*

xerosere *n. Nat.Hist:* s|eroser (seroserau) *m.*

xerosis *n. Med:* gorsychder *m.*

xerotherm *n.* s|erotherm *m.*

xerothermic *a.* serothermig.

xerotic *a. Med:* rhy sych, serotig.

xerox[1] *n. R.t.m:* serocs(-iau) *m.* ~ **copy** *n.* copi (copïau) (*m*) serocs.

xerox[2] *v.t.* serocsio (rhth), gwn|eud [copi/copïau] serocs (o rth).

xeroxed *a.* ~ **sheets,** dalennau serocs.

Xhosa *n.* **1.** *Ethn:* Xhosad (Xhosaid) *m&f.* **2.** *Ling:* [yr iaith] Xhosa *f, m.*

Xhosan *a.* Xhosaidd.

xi *n. Gr.Alph:* [y llythyren] csi *f.*

xiphias *n. Ich:* cleddbysgodyn (cleddbysgod) *m.*

xiphisternum *n. Anat:* siffisternwm (siffisterna) *m.*

xiphoid *a. Anat:* cleddyfaidd; ~ **process,** y cambwl cleddyfaidd *m.*

xiphosuran *a. & n. Crust:* **1.** *a.* marchgrangol. **2.** *n.* marchgranc(-od, marchgrangod) *m.*

xiphosure *n.* = **xiphosuran 2.**

xiphosurose, xiphosurous *a.* = **xiphosuran 1.**

Xmas *n. F:* = **Christmas.**

xoanon *n. Gr.Ant: Rel:* delw (*f*) bren (delwau pren).

xu *n. Num:* sw(-au) *mf.*

xylan *n. Bot:* sylan *m.*

xylar ray *n.* = **xylem ray.**
xylem *n. Bot:* sylem *m*, pren *m*. ~ **ray** *n.* pelydryn (pelydrau) (*m*) sylem.
xylene *n. Ch:* sylen(-au) *m*.
xylidine *n. Ch:* s|ylidin (sylidinau) *m*.
xylocarp *n.* s|ylocarp (sylocarpau) *m*, ffrwyth caled (ffrwythau celyd) *m*.
xylocarpous *a.* sylocarpaidd, caletffrwyth.
xylograph *n.* engrafiad(-au) (*m*) (*pronounced* ng-g) pren, engrafiad ar bren.
xylographer *n.* engrafiwr (engrafwyr) (*m*) (*pronounced* ng-g) ar bren/goed.
xylographic[al] *a.* coed-engrafiol (*pronounced* ng-g), sylograffig.
xylography *n.* engrafio (*vn*) (*pronounced* ng-g) ar bren/goed.
xylol *n.* = **xylene.**
xylonite *n. R.t.m:* = **celluloid**.
xylophagous *a.* coedysol, prenysol.
xylophone *n. Mus:* s|eiloffon (seiloffonau) *m*.
xylophonist *n. Mus:* seiloffonydd(-ion) *m*, seiloffonyddes(-au) *f*.
xylose *n. Ch:* sylos *m*.
xylotomic[al] *a.* coed-drychol, prendrychol.
xylotomist *n.* trychwr (trychwyr) (*m*) pren/coed.
xylotomous *a.* coed-drychol, prendrychol.
xylotomy *n.* trychu (*vn*) pren/coed.
xylyl *attrib.* sylyl.
xyster *n. Surg: Dent:* crafell(-au,-i) *f*.
xyst, xystus *n.* pendist(-iau) *m*, rhodfa (rhodf|eydd) *f*, rhodle(-oedd) *m*, oriel(-au) *f*.

Y

Y, y [y llythyren] Y, y *f* (*pl.* ŷau); *Tp:* **y for yellow,** y am ysgol. **y-axis** *n. Mth:* echelin(-au) (*f*) y. **y-branch** *a.* cangen (canghennau) fforchog *f.* **y-cartilage** *n. Anat:* c|artilag (cartilagau) fforchog *m.* **y-connection** *n. El.E:* cysylltiad(-au) fforchog *m.* **y-chromosome** *n. Biol:* cr|omosom (cromosomau) (*m*) y. **y-coordinate** *n. Mth:* cyfesuryn(-nau) (*m*) y. **y-cross** *n. Rel:* croes(-au) fforchog *f.* **y-fronts** *n.pl. Cost: N:* trôns (tronsiau) fforchog *m, S:* drafers(-i) fforchog *m.* **y-gun** *n. Nav:* gwn (gynnau) (*m*) deuben. **y-intercept** *n. Mth:* rhyngdoriad(-au) (*m*) y. **y-joint** *n. Tchn:* uniad(-au) fforchog *m.* **y-level** *n. Surv:* lefel(-au) (*f*) ffyrch. **y-ligament** *n. Anat:* l|igament (ligamentau) fforchog *m.* **y-moth** *n. Ent:* gwyfyn(-od) fforchog *m;* **silver y[-moth],** fforch (ffyrch) (*f*) arian, y arian. **y-shaped** *a.* fforchog. **y-track** *n. Rail:* trac(-iau) fforchog *m.*

yabber *n. & v.i.* = **jabber.**

yabbie, yabby *n.* = **crayfish (freshwater).**

yacht[1] *n.* cwch (cychod) (*m*) hwyliau/hwylio, bad(-au) (*m*) hwyliau/hwylio, iot(-iau) *f; occ: (ocean-going):* llong (*f*) bleser (llongau pleser), *Lit:* pleserlong(-au) *f.* **~-club** *n.* clwb (clybiau) (*m*) hwylio.

yacht[2] *v.i.* hwylio, iotio.

yachting *vn.* = **yacht**[2]. **~-cap** *n.* cap(-iau) (*m*) hwylio.

yachtsman *n.m.* hwyliwr (hwylwyr), iotiwr (iotwyr), iotmon (iotmyn).

yachtsmanship *n.* iotmonaeth *f,* llongwriaeth *f,* hwylwriaeth *f,* trin (*vn*) iot.

yachtswoman *n.f.* h|wylwraig (hwylwragedd), i|otwraig (iotwragedd), iotmones(-au).

yack, yackety-yack *n. & v.i.* = **prattle**[1],[2].

yaffle *n. Orn:* = **woodpecker (green).**

yager *n. Mil:* reifflwr (reifflwyr) *m.*

yagi *n. W.Tel:* erial(-au) (*mf*) Iagi.

yah *int.* iâ!

yahoo *n. Lit:* iahŵ(-od) *m; S.a.* **lout, ruffian.**

Yahveh, Yahweh *Pr.n.m. B:* Iafe, Iahwe.

Yahvism, Yahwism *n. Rel:* Iafeaeth *f.*

Yahvist, Yahwist *n. Rel:* Iafëydd (Iafe|yddion) *m.*

Yahvistic, Yahwistic *a.* Iafe|yddol.

yak *n. Z:* iac(-od,-iaid) *m,* ych(-en) (*m*) crwbi.

Yakima *a. & n.* **1.** *a.* I|acimaidd; *(in language):* I|acima. **2.** *n. (a) Ethn:* I|acima(-id) *m&f; (b) Ling:* I|acima *f, m.*

Yakut *a. & n.* **1.** *a.* Iacwtaidd; *(in language):* Iacwteg. **2.** *n. (a) Ethn:* Iacŵt (Iacwtiaid) *m&f; (b) Ling:* Iacwteg *f, m.*

Yale[1] *W.Pl.n.* Iâl *f.* **~ lock** *n. R.t.m:* clo(-eau,-on) (*m*) Yale.

yale[2] *n. Her:* iâl (ialod) *m.*

yam *n. Bot:* **1.** iam(-au) *m.* **2.** *U.S:* = **potato (sweet).**

yammer[1] *n.* = **complaint, whine**[1].

yammer[2] *v.i.* = **complain, whine**[2].

yammerer *n.* = **complainer, whiner.**

yang *n. Chinese Phil:* iang *m.*

yank[1] *n.* plwc (plyciau, plyciadau) *m; S.a.* **jerk**[1], **wrench**[1].

yank[2] *v.t.* plycio, plycian, *occ:* cipio, chwipio, tynnu; **to ~ out a tooth,** plycio dant o ben rhn; **I yanked off the bedclothes,** chwipiais/cipiais y dillad oddi ar y gwely; **you nearly yanked my arm off,** bu bron iti dynnu fy mraich i ffwrdd; **the door-knob had been yanked off,** yr oedd dwrn y drws wedi ei rwygo o'i le; *S.a.* **jerk**[2], **wrench**[2].

Yank[3], **Yankee** *a. & n.* **1.** *a.* Iancïaidd. **2.** *n.* Ianc(-s,-od) *m,* Ianci(-s, Iancïaid) *m.*

Yankeefied *a.* Iancïaidd.

Yankeeism *n. (a) (characteristic):* Iancïaeth *f; (b) (expression):* Iancïeb (-au,-ion) *f.*

yaourt *n.* = **yogurt.**

yap[1] *n.* cipial *m, N.W: occ:* nepian.

yap[2] *v.i.* **1.** *(of dog):* cipial, clepian cyfarth, *N.W: occ:* nepian. **2.** *(= jabber, nag):* hewian, swnian, *N:* cega, rhincian, *S:* conan; **stop yapping,** taw â dy swnian; *S:* gad dy gonan.

yapock *n. Z:* iapoc(-iaid) *m,* oposwm (oposymiaid) (*m*) y dŵr.

yapp *n. Bookb:* ***yapp*** *m.*

yapper *n.* ci (cŵn) swnllyd *m,* hewiwr(-s) *m,* iapiwr(-s) *m, N.W: occ:* nepiwr(-s) *m.*

yapping *a.* **1.** *(dog):* cleplyd, cyfarthlyd, swnllyd. **2.** *(pers.):* swnllyd, rhinclyd, cegog.

yarborough *n. Cards:* ***yarborough(-s)*** *mf.*

yard[1] *n.* **1.** *Meas:* llathen(-ni) *f, occ:* llath(-au) *f,* llathaid (llatheidiau) *f; (after numbers):* llath; **per ~,** wrth y llath, fesul llathen; **square ~,** llathen sgwâr, *N.W: occ:* llathen fflat, llathen ar ei hwyneb; **a ~ square,** llathen bob ffordd; **cubic ~,** llathen giwbig, *N.W: occ:* llathen solet; *F:* **(statistics) by the ~,** (ystadegau) diddiwedd, di-rif, wrth y llath; **a face a ~ long,** wyneb hir fel ffidil; **a ~ of clay,** pibell (*f*) glai (pibellau clai), cetyn (catiau) (*m*) clai. **2.** *Nau:* hwyl-lath(-au) *f,* trawslath(-au) *f;* **to man the yards,** sefyll ar y llathau. **~-arm** *n.* braich (breichiau) (*f*) trawslath; **the ~-arm,** braich y drawslath. **~-measure** *n.* llathen (*f*) fesur (llathenni mesur).

yard[2] *n.* **1.** *(= enclosure):* iard(-iau, ierdydd) *f, occ:* clôs (closydd) *m,* buarth(-au) *m,* cwrt(-iau) *m, N: occ:* cowrt(-iau) *m,* cowt(-ydd) *m;* **a small ~,** *(e.g. in front of pigsty): S:* crit: crut(-iau) *m; S.a.* **forecourt, pen; back-~,** iard gefn (iardiau/ierdydd cefn); **cattle-~,** iard wartheg (iardiau/ierdydd gwartheg); **coal-~,** iard lo (iardiau/ierdydd glo); **goods ~,** iard nwyddau; **inn ~,** buarth tafarn (buarthau tafarnau); **loafing-~,** iard locio (iardiau/ierdydd llocio), lloc(-iau) (*m*) cadw; **school ~,** iard/buarth/cowrt ysgol; **timber ~,** iard goed (iardiau/ierdydd coed); *S.a.* **brickyard, churchyard, courtyard, dockyard, farmyard, graveyard, shipyard, stockyard, vineyard. 2. Scotland Y~,** *F:* **the Y~,** yr Iard *f.* **~-brush** *n.* brwsh(-is) (*m*) llawr bras. **~-dog** *n.* ci (cŵn) (*m*) gwarchod. **~-grass** *n. Bot:* = **wire-grass. ~-master** *n.* iardfeistr(-i) *m.*

yardage[1] *n. (length):* llathenni *pl,* hyd *m.*

yardage[2] *n. Rail: (a) (= use of yard):* llocio *vn; (b) (fee):* tâl (taliadau) (*m*) llocio.

yardbird *n. U.S: Mil: F:* dyn(-ion) (*m*) glanh|au'r iard, dyn iard (dynion iardiau/ierdydd).

yardman, yardsman *n.m.* **1.** *Rail:* iardmon (ierdmyn). **2.** *(in stables):* gwas (gweision) stabl.

yardstick *n.* ffon (*f*) fesur (ffyn mesur), pren(-nau) (*m*) mesur, llathen (*f*) fesur (llathenni mesur).

yarmelke, yarmulke *n. Jew.Cost:* cap(-iau) (*m*) corun.

yarn[1] *n.* **1.** *Tex:* edau (edafedd) *f,* edafedd *pl;* **bouclé ~,** edafedd ***bouclé;*** **bulked ~,** edafedd wedi'i swmpuso, edafedd swmpus; **cable-~,** edafedd rhaffog; **continuous ~,** edafedd di-ddor; **core ~,** edafedd craidd; **filament yarns,** edafedd ffilament; **linen ~,** edau lin (edafedd llin); **rope-~,** edafedd rhaff; **slub ~,** edafedd slŷb; **staple ~,** edafedd toredig/stapl; **textured ~,** edafedd â gwead; **woollen ~,** edau wlân (edafedd gwlân). **2.** *(= story):* stori (storïau, straeon) *f,* chwedl(-au,-euon) *f,* hanes(-ion) *m,* hanesyn (hanesion) *m, S:* wheddel (wheddlau) *f;* **to spin a ~,** gweu stori/chwedl, adrodd stori/chwedl; *S.a.* **yarn**[2]. **~-spinner** *n.* chwedleuwr (chwedleuwyr) *m,* chwedl|euwraig (chwedleuwragedd) *f.* **~-dye** *v.t.* lliwio cyn gweu, lliwio edafedd.

yarn[2] *v.i.* chwedleua, gweu chwedlau, adrodd straeon, adrodd hanesion.

yarrow *n. Bot: (Achilea):* milddail *f,* minfel *m,* llysiau(*pl*)'r

gwaedlyn, llysiau'r gwaed, gwilffrai *f*, *M.W:* llysiau'r gwaedlif, *N.W:* deilen lwyd *f*, *S.E:* gwrysgen lwyd *f*.
yashmak *n. Cost:* iasmac(-iau) *m*.
yataghan *n.* i|atagan (iataganau) *m*.
yaupon *n.* = **yawpon.**
yautia *n. Bot: (Xanthosoma sagittifolia):* coeden (coed) (*f*) iawtia.
Yavering bells *n. Bot: (Orthilia secunda):* coedwyrdd bylchog *m*.
yaw[1] *n. Nau: Av:* gwyriad(-au) *m*, lledwyriad(-au) *m*, gogwydd(-iadau) *m*, gogwyddiad(-au) *m*.
yaw[2] *v.i. Nau: Av:* gwyro, lledwyro, gogwyddo, mynd ar ŵyr, mynd ar ledwyr.
yawl *n. Nau:* iôl (iolau) *mf*.
yawn[1] *n.* dylyfiad(-au) (*m*) gên, agoriad(-au) (*m*) ceg (agoriadau cegau); **with a ~,** gan ddylyfu gên, gan agor ceg; **with many a ~,** gyda mynych agor ceg; **to stifle a ~,** ceisio peidio [ag] agor ceg, cuddio dylyfiad gên, mygu ochenaid o ddiflastod.
yawn[2] *v.i.&t.* **1.** *v.i. (a) (of pers.):* agor ceg, dylyfu gên, *S:* gapo; **"what?" he yawned,** "beth?" meddai gan agor ei geg; "beth?" meddai'n swrth; **he yawned his agreement,** cytunodd yn gysglyd; cytunodd gan ddylyfu gên; cytunodd gan agor ei geg; *(b) (of gulf):* agor, ymagor. **2.** *v.t.* **to ~ one's head off,** agor ceg led y pen, dylyfu gên led y pen.
yawning *a.* **1.** *(pers.):* cysglyd, swrth; *(mouth):* rhwth, cegrwth, safnrhwth. **2.** *(gulf):* llydan, anferth.
yawningly *adv.* **1.** gan ddylyfu gên, gan agor ceg. **2.** yn llydan, yn rhwth, yn safnrhwth.
yawp[1] *n. U.S:* crawc(-iau) *fm*, gwawch(-iau) *f*.
yawp[2] *v.i.* crawcian, gwawchio.
yawper *n. U.S:* crawciwr (crawcwyr) *m*, cr|awcwraig *f*, gwawchiwr *m*, gw|awchwraig *f*.
yawping *vn.* = **yawp**[1].
yawpon *n. Bot: U.S: (Ilex vomitoria):* celynnen (*f*) gyfogi (celyn cyfogi).
yaws *n. Path:* mafonwst *m*, afanwst *m*.
yclept *a. A:* o'r enw, a enwir, a elwir, a enwid, a elwid.
ye[1] *pers.pron.* = **you;** *S.a.* **god 1.**
ye[2] *def.art. Pseudo-A:* = **the.**
yea *adv. & n. A:* **1.** *adv.* ie, yn wir; *S.a.* **yes; ready, ~ eager,** parod, ie awyddus. **2.** *n.* ie *m*; *Parl:* **yeas,** y pleidleisiau cadarnhaol, y pleidleisiau o blaid; **to count the yeas,** cyfri'r rhai o blaid; *B:* **let your ~ be ~,** bydded eich ie chwi yn ie. **~-sayer** *n.* ameniwr (amenwyr) *m*, am|enwraig *f*.
yeah *adv. & int. F:* = **yes.**
yean *v.t.&i.* **1.** *v.t. (of sheep):* bwrw. **2.** *v.i.* bwrw oen/ŵyn, dod ag oen/ŵyn, oena, ŵyna, llydnu.
yeanling *n. A:* oen (ŵyn) (*m*) bwrw, oen newydd ei eni, oenig *m*; *S.a.* **lamb, lambkin, kid.**
year *n.* **1.** blwyddyn (blynyddoedd, *occ:* blynyddau) *f*, *occ:* blwydd(-i) *f*; **the ~ 1901,** y flwyddyn 1901; **this ~,** eleni, y flwyddyn hon; **that ~,** y flwyddyn honno; **this ~ of grace,** y flwyddyn hon o ras; **the ~ of our Lord,** blwyddyn [o oed] ein Harglwydd; **last ~,** y llynedd *f*, y flwyddyn ddiwethaf; **a ~ last August,** blwyddyn i fis Awst diwethaf; **the beginning of a ~,** dechrau (*m*) blwyddyn, *occ:* wyneb (*m*) blwyddyn; **the end of the ~,** diwedd (*m*) blwyddyn, pen (*m*) blwyddyn, *occ:* cefn (*m*) blwyddyn; **from ~'s end to ~'s end,** o'r naill ben i'r flwyddyn i'r llall; **a happy new ~,** blwyddyn newydd dda; **New Y~'s Day,** Dydd(-iau) (*m*) Calan; **New Y~'s Eve,** Nos (*f*) Galan (Nosau Calan); **it is just a ~ since then,** blwyddyn sydd oddi ar hynny; **a whole ~,** blwyddyn gron gyfan; **a ~ and a day,** undydd a blwyddyn; **a ~'s grace, a ~'s respite,** gosteg (*f*) blwyddyn; **all the ~ round,** [trwy] gydol y flwyddyn, trwy'r flwyddyn gron gyfan; **years and years,** blynyddoedd ar flynyddoedd; **a thousand years,** mil o flynyddoedd; **~ after ~, ~ in ~ out,** flwyddyn ar ôl blwyddyn, y naill flwyddyn ar ôl y llall, o'r naill flwyddyn i'r llall; **years ago,** flynyddoedd yn ôl; **he'll be there for years,** fe fydd yno am flynyddoedd; **I haven't seen him for years,** nid wyf wedi ei weld ers blynyddoedd; mae blynyddoedd er pan welais i ef; **by the ~,** wrth y flwyddyn, fesul blwyddyn, yn ôl y flwyddyn, yn flynyddol; **donkey's years,** oes (*f*) mul, oes Adda, cantoedd *pl*; **(I haven't seen her) for donkey's years,** (ni welais mohoni) ers oes [mul], ers allan o hydion, ers allanodion, ers oesoedd, ers cantoedd, *S: S.W:* ers ache; **five thousand a ~,** pum mil y flwyddyn; **after years,** *(a) (in the future):* y blynyddoedd i ddod; *(b) (in the past):* y blynyddoedd dilynol; **in after years,** yn ddiweddarach; **bygone years,** y blynyddoedd a fu; **since the ~ dot,** ers cyn cof, ers talwm iawn, ers llawer dydd; **(that was) in the ~ dot,** ers talwm iawn, yn oes yr arth a'r blaidd ('roedd hynny); **from the ~ dot,** ers cyn cof, ers oesoedd, ers wn i ddim pa hyd; **barmaid of the ~,** barforwyn y flwyddyn; **calendar ~,** blwyddyn galendr; **the Christian/Church ~, the ecclesiastical ~,** y Flwyddyn Eglwysig; **the Great/Platonic/Perfect Y~,** y Flwyddyn Fawr; **intercalary ~,** blwyddyn orymddwyn; **fiscal ~,** blwyddyn ariannol; **Julian ~,** blwyddyn Iŵl; **leap ~, bissextile ~,** blwyddyn naid; **light-~,** blwyddyn oleuni (blynyddoedd goleuni); **two years,** dwy flynedd; **two years ago,** ddwy flynedd yn ôl; **a three-year course,** cwrs tair blynedd; **in four years' time,** ymh|en pedair blynedd; **five years,** pum mlynedd; **six years,** chwe blynedd; **seven years,** saith mlynedd; **eight years,** wyth mlynedd; **nine years,** naw mlynedd; **ten years' imprisonment,** deng mlynedd o garchar; **eleven years,** un mlynedd ar ddeg; **twelve years,** deuddeng mlynedd; **fifteen years,** pymtheng mlynedd; **eighteen years,** deunaw mlynedd; **fifty years,** hanner can mlynedd; **sixty years,** trigain mlynedd; **eighty years,** pedwar ugain mlynedd; **a hundred years,** can mlynedd, *occ:* canmlwydd *m or pl*; *S.a.* **century**; *N.B:* blwyddyn *following a cardinal may on occasion be correct, e.g.* **1951 and 1963 were two good years,** dwy flwyddyn dda oedd 1951 a 1963; *this is usually so when the years are not consecutive; but it may apply when they are consecutive if they are regarded as separate and distinct; thus* dwy flwyddyn dda oedd 1951 a 1952 *may be acceptable.* **2.** *(after numerals, indicating age):* blwydd *f*; *the pl. forms* blwyddi, blwyddau *are seldom used*; **a ~ old,** blwydd oed, un mlwydd oed; **half a ~ old,** hanner blwydd oed; **a ~-old baby,** babi blwydd [oed]; **2 - 12 years old,** dwyflwydd, *N:* dyflwydd; teirblwydd; pedair blwydd, pedeirblwydd; pum mlwydd, pumlwydd; chwe blwydd, chwemlwydd; saith mlwydd, seithmlwydd; wyth mlwydd, wythmlwydd; naw mlwydd, nawmlwydd; deng mlwydd, dengmlwydd; un mlwydd ar ddeg; deuddeng mlwydd, deuddengmlwydd; **15 years,** pymtheng mlwydd, pymthengmlwydd; **18 years,** deunaw mlwydd, deunawmlwydd; *N.B: expressions of the form* dwy oed, tair oed, pedair oed, ugain oed, hanner cant oed, cant oed, dau gant oed *&c are common, but* un oed *is not regarded as correct*; **fifty years old,** hanner canmlwydd oed, hanner cant oed; **twenty years old,** ugain [mlwydd] oed, ugeinmlwydd oed; **forty years old,** deugain [mlwydd] oed, deugeinmlwydd oed; **sixty years old,** trigain [mlwydd] oed, trigeinmlwydd oed; **a hundred years old,** canmlwydd oed, cant oed; **two hundred years old,** dau canmlwydd oed, dau gant oed; **three hundred years old,** trichanmlwydd oed, tri chant oed; **a hundred and one years old,** cant ac un mlwydd oed, canmlwydd ac un oed; **a two-~-old [child],** plentyn dwyflwydd [oed]; **a two-~-old,** *(horse):* ceffyl dwyflwydd; **a six-~-old [child],** plentyn chwech oed, plentyn chwe blwydd [oed]; **a ten-~-old boy,** bachgen deg oed, bachgen dengmlwydd [oed]; **a twelve-~-old girl,** geneth ddeuddeg oed, geneth ddeuddengmlwydd [oed]. **3. years** *pl. Fig: (= age):* oed *m*, oedran *m*; **a man old for his ~,** gŵr hen o'i oed; **a woman old for her ~,** gwraig hen o'i hoed; **advanced in ~, getting on in ~,** mewn oed, yn tynnu 'mlaen [mewn oedran], yn heneiddio, mewn gwth o oedran, *S.W:* yn bwrw 'mlân; **disparity in ~,** gwahaniaeth (*m*) oedran. **~-book** *n.* blwyddlyfr(-au) *m*, blwyddiadur(-on) *m*. **~-end** *n. & attrib.* pen (*m*) blwyddyn (pennau blynyddoedd). **~-long** *a.* hyd blwyddyn, hyd blwyddyn gyfan. **~-old 1.** *a.* blwydd [oed]. **2.** *n. (baby):* baban(-od) (*m*) blwydd [oed]; *(horse):* blwyddiad (blwyddiaid) *m*. **~-round** *a.* [trwy] gydol y flwyddyn, trwy'r flwyddyn.
yearling *a. & n.* **1.** *a.* blwydd oed. **2.** *n.* blwyddiad (blwyddiaid) *m&f*, anifail (anifeiliaid) (*m*) blwydd [oed], llwdn (llydnod) (*m*) blwydd [oed]; **a ~ sheep,** hesbin(-od) *f*, hesbwrn (hesbyrniaid) *f*; **~ sheep** *pl.* defaid blwyddiaid; **~ calf,** llo(-i,-eau) (*m*) blwydd [oed], eidion(-au) (*m*) blwydd [oed]; **~ calves,** *S:* da blwyddi; **~ colt,** ebol(-ion) (*m*) blwydd [oed], eboles (*f*) flwydd [oed] (ebolesau blwydd [oed]).
yearly *a. & adv.* **1.** *a.* blynyddol, bob blwyddyn; **~ letting,** gosod am [y] flwyddyn. **2.** *adv.* yn flynyddol, bob blwyddyn.
yearn *v.i.* **to ~ (for sth),** dyh|eu, hiraethu (am rth).

yearner *n.* hiraethwr (hiraethwyr) *m*, hir|aethwraig *f.*
yearning *a.* & *n.* **1.** *a.* hiraethus, hiraethlon, llawn dyhead, awyddus (**for/after sth**, am rth). **2.** *n.* dyhead(-au) *m*, hiraeth *m* (am rth); awydd *m* (rhth, am rth).
yearningly *adv.* â dyhead, yn ddyh|eus, yn awyddus, mewn hiraeth, yn hiraethus, yn hiraethlon.
yeast[1] *n.* burum(-au) *m*, *occ:* eples(-au) *m*, lefain *m*, surdoes *m*, *S:* berem(-au) *m*, berman(-au) *m*; **baker's ~, German ~,** burum sych; **brewer's ~,** burum gwlyb, burum tafarn, burum diod, *S.W:* berem macsu; **liquid ~,** burum total, burum cartref, burum gwlyb, *S.E:* berman; **temperance ~,** *F:* burum dirwest, burum titotal, *S:* berem total. **~-cake** *n. Cu:* teisen (*f*) furum (teisennau burum), teisen ferem (teisennau berem).
yeast[2] *v.i.* = **ferment.**
yeasted *a.* burumog, eplesog; *S.a.* **pancake**[1].
yeastily *adv.* **1.** yn furumaidd &c. **2.** *Fig:* yn ewynnol, yn ysgafn.
yeastiness *n.* **1.** natur furumaidd/eplesol *f*, burum|eidd-dra *m.* **2.** *Fig:* ysgafnder *m*, natur ewynnol *f.*
yeasty *a.* **1.** burumaidd, eplesog, *S:* bermanaidd. **2.** *Fig:* ewynnol, ysgafn.
yegg, yeggman *n. U.S: P:* = **burglar.**
yell[1] *n.* **1.** bloedd(-iadau,-iau) *f*, gwaedd(-iadau) *f*, *Lit:* llef(-au) *f*, banllef: bonllef(-au) *f*, crochlef(-au) *f*; **to give a ~,** rhoi bloedd, bloeddio.
yell[2] **1.** *v.i.* gweiddi, bloeddio, *Lit:* crochlefain, *occ:* bonllefain; **to ~ with laughter,** bloeddio chwerthin; **to ~ one's head off,** gweiddi nerth esgyrn eich pen; **(to ~) with pain,** (gweiddi) mewn poen, gan boen. **2.** *v.t.* **he yelled out my name,** bloeddiodd fy enw.
yeller *n.* bloeddiwr (bloeddwyr) *m*, bl|oeddwraig (bloeddwragedd) *f.*
yelling *a.* & *vn.* **1.** *a.* udol, bloeddgar, bloeddfawr, stwrllyd, cegog, croch; **a ~ crowd,** tyrfa stwrllyd/groch. **2.** *vn.* = **yell**[2]; bloeddiadau *pl.*
yellow[1] *a.* & *n.* **1.** *a.* *(a)* melyn (*f.* melen, *pl.* melynion), *Lit: occ:* melynlliw; **pale ~,** melynwyn (*f.* melynwen, *pl.* melynwynion), melyn golau; **reddish ~,** melyngoch(-ion) (*pronounced* ng-g), cochfelyn (*f.* cochfelen, *pl.* cochfelynion); **to turn/go ~,** melynu; *F:* **(~ as) a guinea,** (cyn felyned) â'r aur, â'r banadl; *N.W: occ:* (melyn) fel goldyn, fel sofren; **~ hair,** gwallt melyn; *(b) F:* = **cowardly, envious, jealous, suspicious. 2.** *n.* *(a)* melyn(-au,-ion) *m*; *Ent:* **clouded ~,** iâr fach felen (ieir bach melyn) *m*, melyn(-ion) (*m*) y meillion; *(b) Snooker:* y [bêl] felen *f*; *(c) pl.* **yellows,** *Vet:* y melyni *m*, y melynglwyf *m* (*pronounced* ng-g). **~ archangel** *n. Bot: (Galeobdolon luteum):* eurddanhadlen (eurddanadl) *f*, marddanhadlen felen (marddanadl melynion) *f.* **~-backed** *a.* cefnfelyn (*f.* cefnfelen, *pl.* cefnfelynion). **~-bellied** *a.* **1.** torfelyn (*f.* torfelen, *pl.* torfelynion). **2.** *U.S:* = **cowardly. ~-belly** *n.* **1.** *U.S: F:* llwfrgi (llwfrgwn) *m.* **2.** *Ich:* torfelyn(-ion) *m.* **~-billed** *a.* pigfelyn (*f.* pigfelen, *pl.* pigfelynion). **~ birch** *n. Bot: (Betula lutea):* bedwen felen (bedw melyn) *f.* **~-bird** *n. U.S: Orn:* **1.** = **goldfinch. 2.** = **warbler. ~ bunting** *n. Orn:* melyn (*m*) yr eithin, bras (*m*) melyn yr eithin, melynog(-iaid) *m*, y penfelyn *m*, y benfelen *f*, llinos benfelen (llinosod penfelyn) *f*, llinos felen (llinosod melyn). **~ cartilage** *n. Anat:* c|artilag (cartilagau) melyn *m.* **~ cedar** *n. Bot:* cedrwydden felen (cedrwydd melyn) *f.* **~ centaury** *n. Bot: (Cicendia filiformis):* canrhi melyn *m*, y ganrhi felen *f.* **~ cress** *n. Bot: (Rorippa):* berwr melyn (*m*) y dŵr. **~-crested** *a.* melyngopog, cribfelyn (*f.* cribfelen, *pl.* cribfelynion). **~ dog**[1] *n. U.S:* mwngrel(-iaid) *m* (*pronounced* ng-g). **~-dog**[2] *attrib. U.S: Ind:* gwrthundebol, bradwrus. **~-dwarf** *n. Bot:* y gawod felen *f.* **~ fever** *n. Path:* y dwymyn felen *f.* **~-fin tuna** *n. Ich:* tiwna(-od) (*m*) asgellfelen. **~-flag** *n. Bot: (Iris pseudacorus):* gellesgen felen (gellesg melyn) *f.* **~-green alga** *n.* alga(-e, algâu) melynwyrdd *m.* **~-gum** *n. Bot:* gymwydden felen (gymwydd melyn) *f.* **~-haired, ~-headed** *a.* penfelyn (*f.* penfelen, *pl.* penfelynion), pryd golau, melynwallt, [â] gwallt melyn. **~ Jack** *n.* **1.** = **yellow fever. 2.** *Nau:* fflag felen (fflagiau melyn) *f.* **3.** *Ich:* jac(-s) melyn *m.* **~-jacket** *n. Ent:* cacynen felen (cacwn melyn) *f.* **~ jaundice** *n. Path:* y clwyf melyn *m*, y clefyd melyn *m.* **~ jessamine** *n. Bot: (Gelsemium sempervirens):* jasmin melyn *m.* **~-leaved** *a.* melynddail. **~ metal** *n.* pres *m.* **~ ochre** *n. Art:* ocr melyn *m.* **~ pages** *n.pl.* tudalennau melyn. **~ perch** *n. Ich: U.S:* draenog(-iaid) melyn *m.* **~ peril (the)** *n.* y perygl melyn *m.* **~ pimpernel** *n. Bot: (Lysimachia nemorum):* gwlydd melyn (*m*) Mair, trewynyn (*m*) y goedwig. **~ pine** *n. Bot:* pinwydden felen (pinwydd melyn) *f.* **~ poplar** *n. Bot:* poplysen felen (poplys melyn) *f.* **~ press (the)** *n.* y wasg felen *f.* **~ rattle** *n. Bot: (Rhinanthus minor):* clych (*pl*) y meirch, arian (*m*) cor, arian Gwion, arian y gwair, hopsyn (*m*) y gwair. **~ rocket** *n. Bot (Barbarea vulgaris):* berwr (*m*) y gaeaf, berwr Caersalem. **~ sedge** *n. Bot: (Carex flava):* hesgen felen *f.* **~-shafted flicker** *n. Orn:* cnocell(-au,-od) eurfrith *f*, cnocell eurog. **~-skinned** *a.* croenfelyn (*f.* croenfelen, *pl.* croenfelynion). **~ soap** *n.* sebon (*m*) golchi. **~ spot** *n. Physiol:* man (*m*) melyn, smotyn (*m*) melyn. **~ star of Bethlehem** *n. Bot: (Gagea lutea):* seren (*f*) Fethlehem felen. **~ underwing** *n. Ent:* isadain felen (isadenydd melyn) *f.* **~-weed** *n. Bot:* = **ragwort, golden rod. ~-wood** *n.* **1.** *Bot:* melynwydden (melynwydd) *f.* **2.** *Carp:* pren melyn *m*, coedyn melyn *m.* **~-wort** *n. Bot:* = **~ centaury.**
yellow[2] *v.t.&i.* melynu.
yellowhammer *n.* = **yellow bunting.**
yellowish *a.* melynaidd, melynllyd, lledfelyn (*f.* lledfelen, *pl.* lledfelynion). **~ brown, ~ grey,** melynllwyd (*f.* melenllwyd, *pl.* melynllwydion); **~ green,** melynwyrdd (*f.* melynwerdd, *pl.* melynwyrddion); **~ red,** melyngoch (*f.* melengoch, *pl.* melyngochion) (*pronounced* ng-g); **~ white,** melynwyn (*f.* melynwen, *pl.* melynwynion).
yellowness *n.* melynder *m*, melyndra *m*, melynwch *m*, lliw melyn *m.*
yellows *n.pl.* = **yellow**[1] **2.** *(c).*
yellowtail *n. Ich:* pysgodyn (pysgod) melyngwt *m* (*pronounced* ng-g).
yellowthroat *n. Orn:* gwddf (gyddfau) melyn *m.*
yellowy *a.* = **yellowish.**
yelp[1] *n.* iapiad(-au) *m*, iepiad(-au) *m*, hewiad(-au) *m*, nepiad(-au) *m*; *vn.* = **yelp**[2].
yelp[2] *v.i.* swnian, iepian, ielpan, iapian, hewian, *S.W:* cipial, cipian, *N.W: occ:* nepian.
yelper *n.* **1.** *(dog):* ci (cŵn) (*m*) swnllyd, ci ieplyd, iapiwr (iapwyr) *m.* **2.** *Ven:* chwiban (*mf*) hela.
yelping *a.* & *vn.* **1.** *a.* iaplyd, swnllyd. **2.** *vn.* = **yelp.**
yen[1] *v.i. U.S: F:* = **yearn.**
yen[2] *n. U.S: F:* awch *m*, blys *m*, chwant *m*, ffansi *f*; **to have a ~ for sth,** ffansïo rhth.
yen[3] *n. Num:* ien(-iau) *f.*
yeoman *n.* **1.** *Hist: (farmer):* iwmon (iwmyn) *m*, rhydd-ddeiliad (~-ddeiliaid) *m*; **to do ~ service,** rhoi gwasanaeth gwiw. **2.** *Mil:* **Yeomen of the Guard,** Iwmyn y Gard, *occ:* Gwŷr y Gard; **a Y~ of the Guard,** un o Iwmyn/Wŷr y Gard. **3.** *Navy:* **~ of signals,** iwmon yr arwyddion. **4.** *Parl:* **Y~ Usher,** Dirprwy(*m*)'r Wialen Ddu (Dirprwyaid y Wialen Ddu), Iwmon-ystlyswr (Iwmyn-ystlyswyr) *m.*
yeomanly *a.* & *adv.* **1.** *a.* gwiw, gwerthfawr. **2.** *adv.* yn wiw, yn werthfawr.
yeomanry *n.* **1.** iwmoniaeth *f.* **2.** *Coll:* iwmyn *pl.*
yep *adv.* & *n. F: U.S:* = **yes.**
yerba mate *n. Bot:* mate *m.*
yes[1] *adv.* **1.** *Accompanying a question or statement where the stress is on the verb,* **yes** *is conveyed by repeating the verb of the question or statement (or in future time only by substituting* gwn|eud*); (but for exceptions See 3 below):* **(am I right?) - ~ [I am],** (a wyf i'n iawn?) - ydwyf, *F:* ydw, *S:* odw, wdw, otw; **are you** *(sing.)* **coming? - ~ [I am],** a wyt ti'n dod? - ydwyf &c; **will you** *(sing.)* **come? - ~ [I will],** a ddoi di? - dof; **(is she married?) - ~ [she is],** (a yw hi'n briod?) - ydyw, *N:* ydi, *S:* odi, oti; **are you** *(pl.)* **all right? - ~ [we are],** ydych chi'n iawn? - ydym; **are we all here? - ~ [we are],** a ydym ni i gyd yma? - ydym; **don't they live there? - ~ [they do],** onid ydynt hwy'n byw yno? - ydynt; **were you** *(sing.)* **ill? - ~ [I was],** a oeddet ti'n wael? - oeddwn; **would you** *(sing.)* **be willing? - ~ [I would],** a fyddet ti'n fodlon? - byddwn; **may I? - ~ [you may],** a gaf i? - cei; **can they? - ~ [they can],** a allant hwy? - gallant; **do you** *(sing.)* **hear that? - ~ [I do],** a glywi di hynna? - clywaf; **do you** *(sing.)* **see the tree? - ~ [I do],** a weli di'r goeden? - gwelaf; *in future time, the appropriate form of the verb is repeated or it may be replaced by the appropriate form of* gwn|eud: **will he come? - ~ [he will],** a ddaw ef? - daw; **will you** *(pl.)* **promise? - ~ [we will],** a wnewch chi addo? - gwnawn [fe addawn ni]; **will you do this? - ~ [I will],** a wnei di

hyn? - gwnaf [mi wnaf]; **will you** *(pl.)* **give? - ~ [we will],** (a rowch chi?) - rhown [fe rown]; gwnawn [fe wnawn]; **shall we pay? - ~ [we shall],** a dalwn ni? - gwnawn [fe dalwn]; **won't the books be sold? - ~ [they will],** oni werthir y llyfrau? - gwneir [fe'u gwerthir]; **I shall come here myself, ~ [I will],** mi ddof yma fy hun, dof [mi ddof]; **I shall say it again, ~ [I will],** fe'i dywedaf eto, gwnaf; **~, I can,** medraf, mi fedraf; **~, you will,** gwnei, fe wnei. **2.** *Accompanying a question or statement where the stress is on the verb, and the verb is in the past tense,* **yes** *is usually* do: *this may also occur in N. dialects when the verb is in the perfect tense:* **did you ever go a-sailing? - well ~, in a frying-pan,** a fuoch chi 'rioed yn morio? - wel do, mewn padell ffrio; **did I have a dog? - ~ [I did],** a fu gennyf gi? - do; **did she go away? - ~,** a aeth hi ymaith? - do; **weren't you** *(pl.)* **paid? - ~,** chawsoch chi mo'ch talu? - do; **did he buy a house? - ~, he did,** a brynodd ef dŷ? - do, fe wnaeth; **didn't you** *(sing.)* **hear me? - ~, ~,** chlywaist ti mohonof i? - do, do; **wasn't the work finished? - ~,** oni orffennwyd y gwaith? - do; **has she been (to London)? - ~,** ydi hi wedi bod, a fu hi (yn Llundain)? - do; **was he seen? - ~,** a welwyd ef? - do; **~, I did my best,** do, mi wnes i fy ngorau; **~, ~, they went out,** do, do fe aethant allan; **have you finished? - ~,** a wyt ti wedi gorffen? - do/ydw. **3.** *Accompanying a question or statement where the stress is on the verb, and the verb is the 3rd person present or imperfect of* bod **(to be), yes** *is either* ydi, ydyw, ydynt, oedd, oeddent/oeddynt *or* oes, oedd *(sing. & pl.) according to whether the subject is definite or indefinite: (a) when the subject is definite, i.e. when* yes *means* **he/she/it is, they are, he/she/it was, they were:** **is John in the house? - ~ [he is],** a ydyw John yn y tŷ? - ydyw [y mae]; **is your mother in? - ~, [she is];** ydi dy fam yn y tŷ? - ydi [mae hi]; **is paint expensive? - ~ [it is],** a yw paent yn ddrud? - ydyw [y mae]; **~, it is true,** ydyw, mae'n wir; **~, they are correct,** ydyn', maen' nhw'n iawn; **are the papers ready? - ~,** a yw'r papurau'n barod? - ydynt; **were the apples in the box? - ~,** a oedd yr afalau yn y bocs? - oeddynt; **was the play good? - ~ [it was],** a oedd y ddrama'n dda? - oedd [yr oedd hi]; **were men more honest in the old days? - ~ [they were],** a oedd dynion yn onestach ers talwm? - oeddynt [yr oeddynt]; *(b) when the subject is indefinite, i.e. when* **yes** *means* **there is, there are, there was, there were:** **is there anyone in? - ~ [there is],** a oes rhywun gartre? - oes [mae]; **was there a car for sale? - ~ [there was],** a oedd yna gar ar werth? - oedd [yr oedd]; **is there any paint? - ~ [there is],** a oes yna baent? - oes [mae 'na (baent/ beth)]; **~, there are some apples,** oes, mae yna afalau; **were there any problems? - ~ [there were],** a oedd unrhyw broblemau? - oedd [yr oedd]; **~, there were men on the ship,** oedd, yr oedd dynion ar y llong; **questions? - ~ [there are],** cwestiynau? - oes [mae 'na]. **4.** *Accompanying a question or statement in which an element other than the verb is stressed,* **yes** *is* ie, *N:* ia: **is it you? - ~,** [ai] ti sydd yna? - ie; **~, it is a strange thing,** ie, peth rhyfedd ydyw; **is this John? - ~,** ai John yw hwn? - ie; **isn't this the house? - ~,** onid hwn yw'r tŷ? - ie; **~, that's her,** ie, dyna hi; **wasn't his name Tom? - ~,** onid Tom oedd ei enw? - ie; **is that Jane's coat? - ~,** ai côt Jên yw honna? - ie; **was it to Cardiff you were going? - ~,** ai i Gaerdydd yr oeddech chi'n mynd? - ie; **is it through Bangor we go? - ~,** ai trwy Fangor yr ydym ni'n mynd? - ie; **~? what is it?** ie? beth sydd? **to answer ~ or no,** ateb ie neu nage, ateb do neu naddo.

yes[2] *n.* ateb(-ion) cadarnhaol *m*; **to say ~ to sth,** dweud ie wrth rth, cytuno/cydsynio â rhth, derbyn rhth. **~-man** *n.m.* ameniwr (amenwyr), cynffonnwr (cynffonwyr), gwas (gweision) bach, ci (cŵn) bach; **to be a ~-man,** amenio popeth.

yeshira[h] *n. Jew.Rel:* ysgol grefyddol (ysgolion crefyddol) *f.*

yesterday *adv. & n.* ddoe *m, Lit:* doe(-au) *m, S. W:* dwe *m*; **he went there ~,** fe aeth yno ddoe; **~ was Monday,** dydd Llun oedd hi ddoe; **that was ~,** ddoe oedd hynny; **~ morning,** bore ddoe; **~ afternoon,** prynhawn ddoe; **~ evening, ~ night,** neithiwr; **the day before ~,** echdoe *m, S. W:* echdwe; **the evening of the day before ~,** echnos *f*; **the morning of the day before ~,** bore echdoe; **~ week,** wythnos i ddoe; **~'s newspaper,** papur ddoe; **~'s men,** dynion d[d]oe; **all our yesterdays,** pob doe a fu inni; *F:* **I wasn't born ~,** nid ddoe y ganwyd fi.

yesternight *adv. & n.* neithiwr *f.*

yester-year *n.* y llynedd *f*; **the snows of ~-~,** eira llynedd; **where are the snows of ~-~?** lle heno eira llynedd?

yet *adv.* **1.** *(= still):* eto, byth, o hyd; **it lies there ~,** mae'n gorwedd yno o hyd; mae'n dal i orwedd yno; **there is ~ time,** mae eto amser; **much ~ remains,** mae llawer eto'n aros; **while it was ~ morning,** a hithau eto'n fore; **it is ~ alive,** mae eto'n fyw; mae'n fyw o hyd; mae'n dal yn fyw; **I see him ~,** fe'i gwelaf eto; 'rwy'n dal i'w weld; **my ~ unfinished work,** fy ngwaith sy'n dal heb ei orffen; fy ngwaith sydd eto heb ei orffen; **we have ~ to hear,** yr ydym yn dal i ddisgwyl clywed; yr ydym yn dal heb glywed; yr ydym eto heb glywed. **2.** *(= hitherto, already):* eto; *(in negative questions):* byth; **he is not here ~,** nid yw ef yma eto; **aren't you in bed ~?** 'dwyt ti ddim yn dy wely eto? 'dest ti byth i dy wely? 'dwyt ti byth wedi mynd i dy wely? **the best ~,** yr orau eto; **haven't you learnt ~?** 'dwyt ti byth wedi dysgu? **have you learnt it ~?** a wyt ti wedi ei ddysgu eto? **nothing ~?** dim byd byth? **at that time he was not ~ a member,** yr adeg honno nid oedd eto'n aelod; **as ~,** hyd yma, hyd yn hyn; **(need you go) ~?** (a oes raid ichi fynd) eisoes, yn barod? **it won't happen just ~,** ni ddaw hi ddim i hynny eto; **not ~,** ddim eto; **not just ~,** ddim ar unwaith, ddim eto, ddim ar hyn o bryd; **have you finished ~?** a wyt ti wedi gorffen eto? **haven't you finished ~?** 'dwyt ti byth wedi gorffen? **3.** *(= nonetheless, after all):* eto, eto i gyd, serch hynny, er hynny, yr un fath, er gwaethaf popeth; **we may win ~,** gallwn ennill eto; **and ~ I like her,** ac eto 'rwy'n ei hoffi hi; **a rough character, ~ kind and generous,** cymeriad garw, eto caredig a hael; **(it is strange) ~ it is true,** (mae'n rhyfedd) ond eto mae'n wir, ond mae'n wir serch hynny. **4.** *(= again):* eto, wedyn, drach|efn, fyth; **another and ~ another,** un arall ac un arall eto; **mightier ~,** grymusach fyth; **~ more important,** pwysicach fyth; **~ again, ~ once more,** unwaith eto, unwaith yn rhagor; **~ awhile,** am dipyn eto, am ychydig yn rhagor; **there was another flash and ~ another,** dyna fflach arall ac un arall wedyn. **5.** *(= either):* chwaith, ychw|aith, *S: F: (not regarded as correct):* hefyd; **nor ~ to her,** nac iddi hithau ychwaith; **nor ~ next year,** na'r flwyddyn nesaf ychwaith.

yeti *n.* ieti (ietïaid, ietïod) *m*; *S.a.* **abominable, snowman**; *W.Myth:* y gŵr *(m)* blew.

yew *n.* **1.** *Bot:* ywen (yw) *f.* **2.** *Carp:* yw *m.*

Ygraine *Pr.n.f.* Eigr.

Yid *n. Pej:* Iddew(-on) *m,* Iddewes(-au) *f.*

Yiddish *a. & n.* **1.** *a.* Iddew-Almaenig; *(in language)* Iddew-Almaeneg. **2.** *n.* Iddew-Almaeneg *f, m,* Iddeweg *f, m.*

Yiddisher *n.* Iddew-Almaenegwr (~-Almaenegwyr) *m,* Iddew-Almaenes(-au) *f,* Iddewegwr (Iddewegwyr), Iddew|egwraig *f.*

yield[1] *n.* **1.** *(general sense):* cynnyrch *m*; *(of tree &c):* ffrwyth *m*; *(of field):* cnwd (cnydau) *m,* cynhaeaf (cynaeafau) *m*; *(of investment):* elw(-au) *m,* llog(-au) *m*; **a good ~ of wheat,** cnwd da o wenith; **~ per acre,** cynnyrch yn ôl yr acer. **2.** *Ph: (= give under stress):* plygiant (plygiannau) *m,* [g]ildiad(-au) *m.*

yield[2] *v.t.&i.* **1.** *v.t. (a) (= give, produce):* rhoi, cynhyrchu, cnydio, dwyn, *occ:* [g]ildio; **trees that ~ fruit,** coed sy'n dwyn ffrwyth; **investments yielding 8 per cent,** buddsoddion yn cynhyrchu/dwyn/[g]ildio 8 y cant; *(b) (= surrender):* ildio, *F:* gildio; **we had to ~ the fort,** bu raid inni ildio'r gaer; **to ~ a point,** ildio pwynt, caniatáu pwynt; **~ up the ghost,** ymado â'r ysbryd, ymado â'r fuchedd hon; **to ~ ground,** ildio tir; **to ~ right of way,** ildio'r ffordd. **2.** *v.i. (a)* [g]ildio, ymostwng; **to ~ to temptation,** ildio i demtasiwn; **I ~ to none in my admiration for you,** nid wyf yn ail i neb yn f'edmygedd ohonoch; *(of ship):* **to ~ to the helm,** ufuddh|au i'r llyw; *(b) (of plank &c):* plygu, ysigo, rhoi.

yielder *n.* **1.** *(pers.):* [g]ildiwr ([g]ildwyr) *m,* un (rhai) am ildio. **2.** *(cereal):* cnydiwr (cnydwyr) *m*; *(tree):* cn|ydwraig *f*; *(cow):* ll|aethwraig (llaethwragedd) *f.*

yielding[1] *a.* **1.** *(pers.):* parod i ildio, ildiol, ymostyngol, gwasaidd; **a ~ moment,** ennyd o wendid, ennyd wan; **in a ~ moment,** ar awr wan. **2.** *(ground):* meddal, ansad; *(wood):* meddal, a thipyn o roi ynddo.

yielding[2] *vn.* **1.** *(= surrender):* [g]ildiad *m,* [g]ildio. **2.** *(of ground):* ansadrwydd *m,* rhoi; *(of plank):* plygu, rhoi.

yieldingly *adv.* yn ymostyngol *&c.*

yin *n. Chinese Phil:* iïn *m.*

yip *v.i. & n. U.S:* = **yap[1],[2].**

yippee *int.* iïpi!

yippie, yippy *n.* iïpi(-s) *m&f.*

ylang-ylang *n. Bot:* [coeden (coed)] ilang-ilang *f.*

ylem *n. Ph:* ilem *m.*

yob *n.* llabwst (llabystiaid) *m,* iob(-iaid) *m, occ:* crymffast(-iau,-

iaid) *m*, lleban(-od) *m*, h|wligan (hwliganiaid) *m*, *N.W:* llabi (llabïod) *m*, llarbad(-iaid) *m*, llaprwth (llaprythod) *m*, *S.W:* llabwrth *m*; *S.a.* **hooligan, lout, riff-raff.**
yobbish *a.* llabystaidd, iobaidd, ioblyd, hwliganaidd.
yobbo *n.* = **yob.**
yod *n. Ling:* [y llythyren] iod *f*, i (*f*) gytsain.
yodel[1] *n.* iodl(-au) *f.*
yodel[2] *v.t.&i.* iodlo, iodlan.
yodeller *n.* iodlwr (iodlwyr) *m*, i|odlwraig *f.*
yoga *n.* ioga *mf.*
yogh *n. Ling:* [y llythyren] ioch *f*, ech *f.*
yoghurt *n.* iogwrt (iogyrtiau) *m*, iogyrt(-iau) *m.*
yogi, yogin *n.* iogi (iogïaid) *m&f.*
yogic *a.* iogig.
yogism *n.* iogïaeth *f.*
yogurt *n.* = **yoghurt.**
yohimbine *n. Pharm:* iohimbin *m.*
yo-ho *int. & v.i.* **1.** *int.* io-ho! **2.** *v.i.* gweiddi io-ho.
yoick *v.t.&i. Ven:* gweiddi hwi!
yoicks *int. Ven:* hwi!
yoke[1] *n.* **1.** iau (ieuau, ieuoedd) *mf*, *occ:* gwarrog (gwarogau) *f*, *S.E: occ:* iwc (iycau) *m*; *(for sheep):* iocyn *m*, iôc: ioc (iociau) *m*; **a pig's ~,** iwc mochyn; **to come under the ~,** dyfod dan yr iau; **to throw off the ~ of servitude,** bwrw/taflu ymaith iau caethiwed; *B:* **for my ~ is easy,** canys fy iau sydd esmwyth. **2.** *(= pair of oxen):* iau, gwedd(-oedd) *f*, pâr (parau) *m*, cwpl (cyplau) *m*, *S.W:* gwe (gwëydd, gwefydd) *f.* **3.** *Dressm:* gwar(-rau) *mf*, iau; **lined ~,** iau â leinin; **saddle ~,** iau cyfrwy; **to set a ~,** gosod iau. **4.** *El: (of magnet):* croesfar(-rau) *m.* **5.** *Mech:* = **cross-head;** *Nau:* = **crossbar. ~-elm** *n. Bot:* = **hornbeam. ~-fellow** *n.* cymar (cymheiriaid) *m&f*, cydwedd(-iaid) *m&f*, cydweddog(-ion) *m&f*, cydymaith (cymdeithion) *m*; *S.a.* **spouse. ~- line** *n. Nau:* rhaff (*f*) lywio (rhaffau llywio), llywraff(-au) *f.*
yoke[2] *v.t.* ieuo (rhth), gosod (rhth) dan yr iau.
yoked *a.* ieuog, dan iau, gweddog.
yokel *n.* gwladwr (gwladwyr) *m*, *A: or Lit:* lleban(-od) *m*, taeog(-ion) *m*; **he was a real ~,** creadur gwladaidd iawn ydoedd; *N: F:* dyn yn syth o din y fuwch oedd o; **these men were not yokels,** nid rhyw dacogion gwladaidd oedd y gwŷr hyn.
yolk *n.* melynwy *m*, melyn (*m*) ŵy; **the ~ of an egg,** melynwy ŵy. **~-bag, ~-sac** *n.* cwd (cydau) (*m*) melynwy. **~ gland** *n.* chwarren (*f*) felynwy (chwarennau melynwy). **~-stalk** *n.* llinyn(-nau) (*m*) melynwy.
yolked, yolky *a.* **a ~ egg,** ŵy a melynwy ynddo.
Yom Kippur *n. Jew.Rel:* Dydd (*m*) y Cymod.
yomp *v.i.* helcyd, trampio, bustachu, stryffaglio, stryffaglu.
yon, yonder *a. & adv.* acw, draw, draw acw, acw draw, draw [yn y] fan acw, *F:* fan'cw, *S:* man'co; **~ tree,** y goeden acw; **do you see yonder mountain?** weli di'r mynydd draw?
yoni *n. Hindu Rel: Art:* ioni (ionïau) *f.*
yoo-hoo *int. & n.* iw-hw *mf.*
yore *n.* **of ~,** ers talwm, gynt, 'slawer dydd; **days of ~,** y dyddiau gynt, y dyddiau [a] fu, yr hen ddyddiau, yr hen oes, 'slawer dydd, yr hen amser gynt.
York[1] *Pr.n.* **1.** *Eng.Pl.n.* Caerefrog *f*, *occ:* Efrog *f*; **New ~,** Efrog Newydd. **2.** *Hist:* **the house of ~,** tŷ Iorc.
york[2] *v.t. Cr:* taflu iorcer, taflu pêl dan fat.
yorker *n. Cr:* iorcer(-s) *f*, pêl (peli) (*f*) dan fat.
Yorkist *a. & n.* **1.** *a.* Iorcaidd. **2.** *n. Hist:* Iorciad (Iorciaid) *m&f*, Iorcydd (Iorcwyr) *m.*
Yorkshire *Pr.n.* *(a) Geog:* Sir/Swydd (*f*) Gaerefrog, Sir/Swydd Efrog; *(b) Ling: F:* iaith (*f*) Sir Efrog, Saesneg (*f, m*) Sir Efrog; **I told him in plain ~,** mi ddywedais wrtho'n blwmp ac yn blaen; mi ddywedais wrtho heb flewyn ar dafod. **~ boarding** *n.* estyll (*pl*) Swydd Efrog. **~ flannel** *n.* gwlanen grai *f.* **~ fog** *n. Bot: (Holcus lanatus):* cawnen benwen *f*; *S.a.* **fog**[1]. **~ grit** *n. Miner:* grutfaen (*m*) Efrog. **~ pudding** *n. Cu:* pwdin (*m*) [Sir] Efrog, pwdin cytew. **~ stone** *n. Const:* carreg (cerrig) (*f*) Efrog. **~ terrier** *n.* daeargi (daeargwn) (*m*) Efrog.
Yorkshireman *n.m.* Efrogiad (Efrogiaid), Efrogwr (Efrogwyr).
Yorkshirewoman *n.f.* Efrogiad (Efrogiaid), Efroges(-au,-i).
Yoruba *n.* **1.** *Ethn:* I|orwba (Iorwb|aid) *m&f.* **2.** *Ling:* [yr iaith] Iorwba *f, m.*
Yoruban *a. Ethn:* Iorwbaidd.

you *pers.pron.* I. *(simple forms): sing.* ti, *N: occ:* chdi; *pl.* chi, *Lit:* chwi. *In Welsh, distinction is made between singular and plural, and also between familiar and polite, in the range of second person pronouns and verb endings. The singular forms are used to address God, Christ, a relative, a close friend, a child, a younger person, an animal and an inanimate object. For a full entry relating to these forms See* **thou, thee,** *and S.a.* **thy, thine.** *The plural pronouns are used to address more than one person, and also as a polite form to address a single person.* **1.** *(a) In literary Welsh, and (in the spoken language) in single word answers to questions,* **you** *is expressed by the 2nd sing. or pl. ending of the verb:* **~ are,** *sing.* wyt, *pl.* ydych, *occ:* ych, *S:* odych; **~ may,** *sing.* cei, *pl.* cewch; **~ can,** *sing.* gelli, *pl.* gellwch; *(b) otherwise in the Biblical and older literary language the verb is preceded by sing.* ti a + *soft mut., pl.* chwi a + *soft mut.; the* a *is often omitted:* **~ know,** ti [a] wyddost (chwi [a] wyddoch); *(c) when* ~ *is heavily emphasized, the construction is: sing.* ti a + *soft mut. + 3rd pers. sing.; pl.* chwi a + *soft mut. + 3rd pers. sing.; or* ti/ch[w]i + sydd + yn + *vn.* **~ know; it's ~ who know[s],** ti (ch[w]i) a ŵyr; ti (ch[w]i) sy'n gwybod; *(d) in spoken Welsh and often in the modern literary language, the verb is preceded by* fe + *soft mut. (in the S.) or by* mi + *soft mut. (in the N.), and followed by* ti/di *in the sing., by* chi *in the pl.;* ti *follows endings in* -t, di *follows endings in* -i: **~ see,** fe/mi weli di (fe/mi welwch chi); **~ saw,** fe/mi welaist ti (fe/mi welsoch chi); *(e)* wyt, ydych *may be preceded by* yr, 'r *often reinforced by* mi, *in spoken Welsh:* **~ are,** yr wyt ti (yr ydych chi), mi 'rwyt ti (mi 'rydych chi); *(f) the object forms are* di, ch[w]i, *following the verb:* **I love ~,** 'rwy'n dy garu di (eich caru ch[w]i); *(g) questions are introduced by the particle* a + *soft mut. before the verb form, without a preceding pronoun but with a pronoun following a verb; the negative particle is* oni, *(* onid *before a vowel):* **did ~ know?** [a] wyddet ti ([a] wyddech ch[w]i)? **didn't ~ go?** onid aethost ti (onid aethoch ch[w]i)? *F:* est ti ddim (aethoch chi ddim)? *(h) emphatic questions are introduced by* ai *(usually omitted in speech)* + ti/ ch[w]i + *soft mut. + 3rd pers. sing., or* sydd + *vn; the negative particle is* onid, *F:* nid, *S: F:* nage: **was it ~ that saw the ghost?** ai ti (ch[w]i) a welodd yr ysbryd? **isn't it ~ that's lying?** onid ti (ch[w]i) sy'n dweud celwydd? **wasn't it ~ calling,** *F:* nid ti (ch[w]i) oedd yn galw? *(i) the prepositions* ar, at, dan, tan, o dan, am, o, er, heb, rhag, trwy, drwy, dros, tros, rhwng, yn, gan, wrth, *have inflected 2nd pers. forms: See a grammar;* **on ~,** arnat ti (arnoch ch[w]i); **towards ~,** atat ti (atoch ch[w]i); **beneath ~,** danat ti (danoch ch[w]i), oddi tanot ti (oddi tanoch ch[w]i); **about ~,** amdanat ti (amdanoch ch[w]i); **of/from ~,** ohonot ti (ohonoch ch[w]i); **despite/for ~,** erot ti (eroch ch[w]i); **without ~,** hebot ti (heboch ch[w]i); **from/before ~,** rhagot ti (rhagoch ch[w]i); **through ~,** trwot ti (trwoch ch[w]i); drwot ti (drwoch ch[w]i); **for/over ~,** trosot ti (trosoch ch[w]i), drosot ti (drosoch ch[w]i); **between ~,** rhyngot ti (rhyngoch ch[w]i); **in ~,** ynot ti (ynoch ch[w]i); **to ~,** wrthyt ti (wrthych ch[w]i); **with ~,** gennyt ti (gennych ch[w]i); **with ~,** â thi (â ch[w]i), gyda thi (gyda ch[w]i); *N.B:* **to ~,** *(sing.)* i ti *(not* i di); **I'll tell ~ this,** mi ddywedaf hyn wrthyt (wrthych); **I give ~ this,** rhoddaf hwn i ti (ch[w]i); rhoddaf hwn iti (ich[w]i); **after ~,** ar d'ôl di (ar eich ôl ch[w]i, ar eich olau ch[w]i); *(j) in commands no pre-verbal particles are used; the post-verbal pronouns* di/chi *are optional:* **sit ~ down, ~ sit down,** eistedd [di] (eisteddwch [chi]); **~ go, do ~ go;** dos [di] (ewch [chi]); *(k) further examples:* **here ~ are,** dyma [i] ti (ch[w]i); **~ take this,** cymer(-wch) hwn; hwde (hwdiwch) hwn; **if I were ~,** petawn i'n ti (ch[w]i), petawn i yn dy le di (eich lle ch[w]i); **~ [the] Welsh,** chwi Gymry; **~ two,** ch[w]i'ch dau/ dwy; **~ or I,** ti/ch[w]i neu fi; **it simply isn't ~,** nid ti (ch[w]i) yw e; nid ti ydi o; nid dyna dy steil di (nid dyna'ch steil chi); **~ rogue,** *F:* y cnaf iti; **~ rogues,** y cnafon ichi; **~ darling,** yr hen gariad iti; **good on ~!** *F:* da iawn ti (chi)! **there ~ go!** *F:* dyna ti (chi) eto! **how do ~ do?** *(formal style):* sut 'rwyt ti (sut 'rydych chi)? *(informal style):* sut mae hi? s'mâi? *S:* shw ma' 'i? II. *(emphatic reduplicated forms): sing.* tydi, *N: occ:* y chdi, *pl. Lit:* chwychwi, *F:* y chi; *constructed when subject with* a *(often omitted in speech) + soft mut. + 3rd pers. sing. or (in present tense)* sydd yn + *vn:* **[it was] ~ who failed,** tydi (chwychwi) a fethodd; *F:* ti (chi) fethodd; *(as object):* **it's ~ whom I've chosen,** tydi (chwychwi) a ddewisais i; dewisais dydi (chwychwi); **(who did this?) ~?** (pwy a wnaeth hyn?) *Lit:* tydi (chwychwi)? *F:* ti (chi)? **is that ~ there?** *F: (i)* ti (y chi) sy' 'na? *(ii) (e.g. in picture):* ti yw hwnna (chi yw'r rheina)? **who, except ~?** pwy ond tydi (chwychwi)? *F:* pwy ond ti (y chi)? III. *conjunctive forms, translating* **and ~, ~ also, ~ too,** *or to contrast with an unemphatic pronoun: (sing.):* tithau, *F:* titha, tithe, *N: F:* chditha; *(pl.):* chwithau, *F:* chitha, chithe; **for me and for ~,** i mi ac i tithau (ch[w]ithau); **I'll take the blue, and ~ take the red,** mi gymeraf i'r un glas, cymer dithau'r (cymerwch ch[w]ithau'r) un coch; **if I fail, you'll fail too,** os methaf i, fe fethi dithau (fe fethwch ch[w]ithau). IV. *as direct object of verb noun, or of finite verb, (sing.):* dy + *soft mut.* (d' *before vowel*); *(pl.):* eich ('ch *after vowel*) (*always correctly pronounced as if* ych); *the verb may be followed by a reinforcing subject pronoun and a reinforcing object pronoun, usually so in spoken Welsh:* **I love ~,** 'rwy'n dy garu di (eich caru chi); **I hope to see ~,** 'rwy'n gobeithio dy weld di ('ch gweld chi); **meeting ~ has been a pleasure,** bu'n bleser dy gyfarfod di (eich cyfarfod chi); **I'll believe ~,** mi dy goelia' i di (mi'ch coelia' i chi); **they'll follow ~,** fe'th ddilynan' nhw di (fe'ch dilynan' nhw chi); **seeing ~ is a pleasure,** pleser yw dy weld di ('ch gweld chi); mae'n bleser dy weld di (mae'n bleser eich gweld chi). V. *infixed pronouns; (sing.):* 'th + *soft mut., (pl.):* 'ch *translating* **you** *as direct object of verb noun or infinitive after the conjunctions* a *(= and)*, na *(= nor)*; *the particles* fe, mi; *the negative particle* ni *(= not)*; *the relative pronouns* a, y *(= which, that, who)*, na *(= that ... not, which ... not, who ... not)*; *the prepositions* a, gyda *(= with)*, i *(= to)*, o *(= of, from)*, mo *(post-verbal negative particle)*: **to see and hear ~,** dy weld a'th glywed di (eich gweld a'ch clywed ch[w]i); **she doesn't know or remember ~,** nid yw'n d'adnabod di na'th gofio (nid yw'n eich adnabod ch[w]i na'ch cofio); **she neither knows nor remembers ~,** nid yw'n d'adnabod nac yn dy gofio di (nid yw'n eich adnabod nac yn eich cofio ch[w]i); **we'll see ~ again,** fe'th welwn ni di eto (fe'ch gwelwn ni ch[w]i eto); **I shall miss ~,** mi'th golla' i di (mi'ch colla' i chi); **that's the man who hit ~,** dyna'r dyn a'th drawodd di (a'ch trawodd chi); **I'm sorry I didn't hear ~,** mae'n ddrwg gen i na'th glywais i di (na'ch clywais i chi); *F:* mae'n ddrwg gen i na chlywais i mohonot ti (mohonoch chi); **that's where ~ were rescued,** dyna'r lle y'th achubwyd di (y'ch achubwyd chi); **we can't help ~,** ni allwn ni mo'th helpu di (mo'ch helpu chi); **he's coming to see ~,** mae e'n dod i'th weld di (i'ch gweld chi); **she remembered meeting ~,** 'roedd hi'n cofio'th gyfarfod di ('ch cyfarfod chi). VI. *indef.pron.* **= one** IV. *(a)*. **~-all** *pl.pron. U.S:* ch[w]i *&c.* **~-know-what** *n.* wyddost-ti-be' (wyddoch-chi-be') *m.* **~-know-who** *n.* wyddost-ti-bwy (wyddoch-chi-bwy) *m.*

young¹ *a. & n.* **1.** *a.* ifanc (ifainc, *occ:* ifync), *Lit:* ieuanc (ieuainc); *comp.forms:* **as ~,** ieuenged, *occ:* ifenged, ienged, *F:* 'fenged, *S:* ifanced; **younger,** iau, ieuangach, ifengach, *F:* 'fengach, *occ:* iengach, *S:* ifancach; **youngest,** ieuaf, ieuangaf, ifengaf, *F:* 'fengaf, *S:* ifancaf; **~ man,** gŵr ifanc (gŵyr ifainc) *m*, dyn ifanc (dynion ifainc) *m*, llanc(-iau) *m*, llanc ifanc (llanciau ifainc), llafn(-au) *m*, *Lit:* gwas (gweision) *m*; *S.a.* **youth²**; *(in greeting):* 'ngwas i, wàs, wasi, *occ:* ŵr ifanc; **~ woman,** merch ifanc (merched ifainc) *f*, geneth ifanc (genethod ifainc) *f*, gwr|aig ifanc (gwragedd ifainc) *f*, llances(-i) *f*, llafnes(-i) *f*, lodes(-i) *f*; **~ children,** plant bychain, *occ:* plant mân; **~ people,** pobl ifanc/ifainc *f or pl*, *occ:* ieuenctid *m*; **~ black people,** pobl dduon ifainc; **when I was very ~,** pan oeddwn i'n ddim o beth; **~ blood,** gwaed ifanc; **we are only ~ once,** dim ond unwaith yr ydym ni'n ifanc; **he's not so ~ as he was,** nid yw mor ifanc ag y bu; mae'n dechrau mynd i oed; **he's not getting any younger,** nid yw hi'n mynd ddim iau; **~ John,** *F:* John bach; **John Jones the younger,** John Jones y mab, John Jones yr ieuaf, *F:* John Jones bach; **~ Lochinvar,** Lochinvar ifanc, y llanc Lochinvar; **the Y~ Pretender,** yr Hawlwr Ifanc *m*; *Pol: Hist:* **Y~ Turk,** Twrc Ifanc (Tyrciaid Ifainc) *m*; *Pol: W.Hist:* **Y~ Wales,** Cymru Fydd *f*; *(the movement):* Cymru Fydd *m*; **old and ~,** hen ac ieuanc; **you ~ rascal,** y mwrddrwg bach iti, y cenau bach iti; **~ days,** ieuenctid *m*, dyddiau cynnar *pl*, bore *(m)* oes; *S.a.* **youth 1**; **to grow ~,** mynd yn iau, *occ:* iengeiddio; **the ~ generation,** y genhedlaeth ifanc *f*, y to ifanc *m*, y to sy'n codi; **the night is still ~,** mae hi'n gynnar eto; nid yw ond cynnar eto; nid yw'r noswaith ond ifanc; **years younger,** flynyddoedd yn iau; *F:* **a lake like a ~ sea,** llyn fel môr bychan. **2.** *n. (a) Coll. (= young people):* pobl ifainc *f or pl*, yr ifainc *pl*; *(= children):* plant *pl*; *(b) (of animals):* epil *m*, cywion *pl*, cenawon *pl*, llydnod *pl*; **with ~,** beichiog; *(mare):* cyfeb; *(cow):* cyflo; *(sheep):* cyfoen, llawn.

youngberry *n. Bot: U.S:* mwyaren (mwyar) *(f)* Young.

youngish *a.* go ifanc, gweddol ifanc, lled ifanc, eithaf ifanc, braidd yn ifanc, *occ:* ieuangaidd, ieuengaidd.

youngling *n. U.S:* **1. = boy, girl. 2.** *(animal):* un bychan (rhai bychain) *m*, un fechan (rhai bychain) *f*, cyw(-ion) *m*, llwdn (llydnod) *m*.

youngster *n.* rhn ifanc, plentyn (plant) *m*, *F:* peth ifanc (pethau ifainc) *m*; *S.a.* **child, boy, girl, youth.**

younker *n.* **= child, youngster.**

your *poss.a.* **1.** *(prefixed form): (sing. & familiar):* dy + *soft mut., occ: before vowel* d'; *(pl. & polite):* eich (*usu.pronounced* ych); *See* **you 4, thy, thine; where's ~ father?** ble mae dy dad ('ch tad)? **do ~ best,** gwna d'orau (gwnewch eich gorau); **Welshmen, insist on ~ rights,** Gymry, mynnwch eich hawliau; **put ~** *(sing.)* **coat on,** dyro dy gôt [amdanat]; **take ~** *(sing.)* **hands out of ~ pockets,** tyn dy ddwylo o dy bocedi; *(sing.)* **you and ~ nonsense,** ti a dy lol; ti a'th lol; **Y~ Majesty,** Eich Mawrhydi; **Y~ Majesties,** Eich Mawrhydi; **Y~ Honour,** Eich Anrhydedd; **Y~ Lordship,** f'Arglwydd, Eich Arglwyddiaeth; **Y~ Lordships,** f'Arglwyddi, barchus Arglwyddi, Eich Arglwyddiaeth; **Y~ Worship,** Eich Teilyngdod; **Y~ Worships,** Eich Teilyngdod; **where did you** *(sing.)* **leave ~ car?** ble y gadewaist ti dy gar? **on ~ left,** ar y chwith iti (ich[w]i); **~** *(sing.)* **coat and cap,** dy gôt a dy gap, *Lit:* dy gôt a'th gap (*not* dy gôt a chap); **on ~ own,** ar dy ben dy hun (ar eich pennau eich hunain). **2.** *(conjunctive forms): (following noun): (sing.):* dithau; *(pl.):* chwithau; **mine and ~ father,** fy nhad i a'th dad dithau (a'ch tad chwithau); **here's my hat and ~** *(sing.)* **umbrella,** dyma fy het i a'th ambarél dithau; **you take my bag and I'll take ~** *(sing.)* **basket,** cymer di fy mag i ac mi gymeraf i dy fasged dithau; **I haven't seen ~** *(pl.)* **picture either,** ni welais i mo'ch llun chwithau ychwaith. **3.** *(infixed forms): (sing.):* 'th; *(pl.):* 'ch, *used after conjunctions* a, na; *after prepositions* a, efo, gyda, i, mo, o, oni, tua; *and after vowels;* **remembering ~** *(sing.)* **family,** gan gofio'th deulu; **you and ~** *(sing.)* **mother,** ti a'th fam; **neither you nor ~** *(pl.)* **friends,** na chi na'ch ffrindiau; **with ~** *(sing.)* **hammer,** â'th forthwyl; **to ~** *(pl.)* **house,** i'ch tŷ; **from ~** *(pl.)* **home,** o'ch cartref; **towards ~** *(pl.)* **country,** tua'ch gwlad; **to cut ~** *(pl.)* **hair,** torri'ch gwallt; **to wash ~** *(pl.)* **clothes,** golchi'ch dillad; **the days of ~** *(pl.)* **youth,** dyddiau'ch mebyd. **4.** *(affixed forms): added in written Welsh for emphasis or clarity; used freely in spoken Welsh, and for emphasis only where the antecedent is the subject of the sentence; thus* a gaf i fenthyg eich côt? *is standard written Welsh for* **may I borrow your coat?** *the standard spoken form would be* gaf i fenthyg eich côt chi? **put your coat on** *would be* rhowch eich côt amdanoch *in both written and spoken Welsh; but* rhowch eich côt chi o dan f'un i **(put your coat under mine)** *would be correct; (sing.):* di, *A: & Poet:* tau; *(pl.):* chi, *Lit:* chwi; **~ turn,** *(sing.):* dy dro di, *(pl.):* eich tro chwi; **is this ~** *(sing.)* **car?** ai dy gar di yw hwn? **that's ~** *(sing.)* **story,** dy stori di yw honna; **may I clean ~** *(pl.)* **shoes?** a gaf i lanhau'ch esgidiau chi? **let me wear ~** *(sing.)* **hat,** gad i mi wisgo dy het di; **~ [father]** *(sing.)* **and my father,** dy dad di a'm tad innau; **I liked ~** *(pl.)* **house,** 'roeddwn i'n hoffi'ch tŷ chi. **5.** *(indefinite = one's):* eich; **you can't alter ~ nature,** ni ellwch newid eich natur; ni all dyn newid ei natur.

yours *poss.pron. (sing.):* dy un di (dy rai di), dy un dithau (dy rai dithau), *Lit:* eiddot, yr eiddot ti, yr eiddot tithau, *A: & Poet:* tau, y tau; *(pl.):* eich un ch[w]i (eich rhai ch[w]i), eich un chwithau (eich rhai chwithau), *Lit:* eiddoch; **this is ~,** *(sing.)* ti piau hwn; dy un di yw hwn; **this is mine and this is ~** *(sing.)*, dyma f'un i a dyma d'un dithau; **(my house is smaller than) ~** *(pl.)*, (mae fy nhŷ i'n llai) na'ch tŷ ch[w]i, na'ch un chi; **I should like to read sth of ~** *(pl.)*, mi hoffwn i ddarllen rhth o'ch gwaith (ch[w]i); **(I've no sugar) - may I have some of ~** *(sing.)*? ('does gen i ddim siwgwr) - a gaf i beth o dy beth di? a gaf i beth gen ti? **(I've no nails) - may I have some of ~** *(pl.)*? ('does gen i ddim hoelion) - a gaf i rai o'ch rhai ch[w]i? a gaf i rai gennych ch[w]i? **may I borrow one of ~** *(sing.)*? a gaf i fenthyg un o dy rai di? **my picture is a good one but ~** *(sing.)* **is better,** mae fy llun i'n un da, ond mae d'un di'n well; **~** *(pl.)* **is a good one too,** mae'ch un ch[w]ithau'n un da hefyd; **a friend of ~** *(sing.)*, ffrind i ti, un o dy ffrindiau di; **some friends of ~** *(pl.)*, rhai o'ch ffrindiau ch[w]i; **I'm no friend of ~** *(sing.)*, 'dydw i ddim yn ffrind i ti; 'dydw i ddim yn un o'th ffrindiau di; **I like ~** *(pl.)*, 'rwy'n hoffi'ch rhai ch[w]i; **(~)** *(sing.)* **is the only answer,** (dy ateb di) yw'r unig un, yw'r unig ateb; **the choice is ~** *(pl.)*, ch[w]i biau'r dewis; **the reward is ~** *(pl.)* **if you succeed,** fe gewch ch[w]i'r wobr os llwyddwch chi; **that son of ~** *(sing.)*, y mab yna sydd gen ti; **you and ~** *(pl.)*, ch[w]i a'r eiddoch, ch[w]i a'ch pobl ch[w]i, ch[w]i a'ch teulu, ch[w]i a'ch ceraint; **~** *(pl.)* **to command,** at eich gwasanaeth; **what's ~?** *(i.e. what will you drink?)*: beth gymeri di (gymerwch chi)? **my name is John, what's ~** *(pl.)***?** John yw f'enw i, beth yw'ch enw chi? **the job is ~** *(sing.)* **for the asking,** fe gei di'r swydd os gofynni amdani; fe gei di'r swydd dim ond iti ofyn amdani; **it's ~ to decide,** ti/ch[w]i piau'r penderfynu; ti/ch[w]i sydd i benderfynu; ti/ch[w]i a ddylai benderfynu; **it's ~ for the taking,** mae'n aros iti/ich[w]i ei gymryd; ti a'i piau os cymeri di ef (ch[w]i a'i piau os cymerwch ch[w]i ef); **make this book ~ (for only five pounds),** prynwch y llyfr hwn, byddwch yn berchen y llyfr hwn (am bumpunt yn unig); **(Father said) the house would be ~,** (fe ddywedodd Tada) y caet ti (caech ch[w]i)'r tŷ, mai ti (ch[w]i) a gâi'r tŷ; **you have made the town ~,** 'rwyt ti ('rydych chi) wedi meddiannu'r dref; **~ for a pound,** ar gael am bunt; *(with ref. to sing. n.)*: fe'i cewch am bunt; *(with ref. to plural n.)* fe'u cewch am bunt; **~ truly,** *(a) (at end of letter)*: [yr eiddot (eiddoch)] yn gywir, *occ:* [yr eiddot (eiddoch)] yn bur/ffyddlon; *(b) Joc:* fi fy hun; **~ truly will not be there,** fyddaf i ddim yno; **it's a picture of John, Tom and ~ truly,** llun ydyw o John, Tom a minnau.

yourself *pers.pron. (sing. & familiar)*: ti dy hun, *S: & Lit:* ti dy hunan; *(polite)*: ch[w]i eich hun, ch[w]i eich hunan, ch[w]i'ch hun/hunan; **yourselves,** *pl.* ch[w]i eich hunain; **you ~** *F:* ti dy hun, tydi dy hun; *(polite)*: ch[w]i eich hunan (ch[w]i eich hunain); **such as ~,** *F:* fel ti dy hun; *(polite)*: fel ch[w]i eich hunan (fel ch[w]i eich hunain); **by ~,** *(i) (= unaided)*: *F:* dy hun; *(polite)*: eich hunan; *(ii) (= alone)*: *F:* ar dy ben dy hun; *(polite)*: ar eich pen eich hun (ar eich pennau eich hunain); **all by ~,** *F:* ar dy ben dy hun bach; **how's ~?** *F:* a sut 'rwyt tithau ('rydych ch[w]ithau)? **sit ~** *(F.)* **down,** eistedd(-wch); **why don't you buy ~** *(polite)* **a car?** pam na phrynwch chi gar i chi'ch hun? **why don't you get ~** *(F.)* **a husband?** pam na chwili di am ŵr i ti dy hun? **please ~,** gwna fel y mynni di; gwna fel y mynnot ti; gwnewch fel y mynnoch chi; **you ~** *(polite)* **(said so),** (fe ddywedsoch chi hynny) eich hun, eich hunan (hunain); chi'ch hun ddywedodd; **help ~,** estyn(-nwch) ato, estyn(-nwch) amdano; **did you** *(polite)* **hurt ~?** a wnaethoch chi frifo? a gawsoch chi anaf? **don't get ~** *(F.)* **killed,** paid â chael dy ladd; **you'll get ~** *(F.)* **covered in paint,** fe fyddi di'n baent i gyd; **~ excepted** *(polite)*, gan eich eithrio chi; **speak for ~,** *(F.)* siarad di drosot ti dy hun; **you'll have to pull ~** *(F.)* **together,** bydd raid iti afael ynddi; **you are not ~** *(F.)* **today,** nid ti dy hun wyt ti heddiw; 'dwyt ti ddim fel ti dy hun heddiw; **do-it-~,** *See* **do**[1]; **(can you do it) by yourselves?** (a allwch chi ei wneud e) eich hunain, ar eich pennau'ch hunain? **ask yourselves,** gofynnwch i chi'ch hunain; **don't blame yourselves,** peidiwch â'ch beio'ch hunain; *note: the sense of yourself, yourselves is frequently conveyed in Welsh by means of a reflexive verb, i.e. a verb with the prefix* ym-, *e.g.* **to prepare ~,** ymbarat|oi; **to keep yourself,** ymgadw; **to exalt yourself,** ymddyrchafu; **to cross yourself,** ymgroesi *&c.*

yourselfer *n. See* **do**[1].

yourt *n.* pabell (*f*) groen (pebyll crwyn).

youth *n.* **1.** *(= adolescence)*: ieuenctid *m*, llencyndod *m*, bore (*m*) oes, *Lit:* glasoed *m*, mebyd *m*, maboed *m*, ieuengoed *m*, glaslencyndod *m*; **the friends of one's ~,** cyfeillion bore oes; **an appearance of extreme ~**, golwg (*f*) ifanc iawn; **to keep one's ~,** cadw'n ifanc, aros yn ifanc; **the ~ of the world,** bore'r byd, bore oes y byd; **from ~ onwards/upwards,** er yn llanc, ers llencyndod, oddi ar lencyndod; *Myth:* **the fountain of ~,** ffynnon (*f*) ieuenctid. **2.** *(= young man)*: gŵr ifanc (gŵyr ifainc) *m*, dyn ifanc (dynion ifainc) *m*, llanc(-iau) *m*, llencyn (llanciau) *m*, glaslanc(-iau) *m*, llafn(-au) *m*, *N: occ:* hoglanc(-iau) *m*, hogyn (hogiau) *m*; **a gang of youths,** criw o lafnau. **3.** *(collectively)*: pobl ifa[i]nc *f or pl*, yr ifanc *pl*, ieuenctid *m*, y to (*m*) sy'n codi, y to ifanc; **the Welsh League of Y~,** Urdd (*f*) Gobaith Cymru; **the Hitler ~,** Urdd (*f*) Ieuenctid Hitler; **a Hitler Y~,** un o Ieuenctid Hitler, Urddwr (Urddwyr) (*m*) Hitler, |Urddwraig (Urddwragedd) (*f*) Hitler. **Y~ Opportunities Programme** *n.* Rhaglen (*f*) Cyfleoedd Ieuenctid. **Y~ Training Scheme** *n.* Cynllun(-iau) (*m*) Hyfforddi Ieuenctid. **~ centre** *n.* canolfan(-nau) (*mf*) ieuenctid. **~ club** *n.* clwb (clybiau) (*m*) ieuenctid, clwb pobl ifainc. **~ employment officer** *n.* swyddog(-ion) (*m*) cyflogi ieuenctid. **~ hostel** *n.* hostel(-au,-i) (*mf*) ieuenctid; **the Y~ Hostels Association,** Cymdeithas yr Hostelau Ieuenctid. **~ hosteller** *n.* hostelwr (hostelwyr) *m*, host|elwraig (hostelwragedd) *f*. **~ hostelling** *vn.* crwydro hosteli, hostela.

youthful *a.* ieuanc (ieuainc), ifanc (ifainc), *occ:* ieuangaidd, ieuengaidd; *(for comparative forms, See* **young**); **~ enthusiasm,** brwdfrydedd ieuenctid; **she had a ~ complexion,** 'roedd ganddi groen merch ifanc.

youthfully *adv.* yn ifanc, yn ieuengaidd.

youthfulness *n.* ieuengrwydd *m*; golwg ifanc (*f*) (ar rn).

yowl[1] *n. (of cat, dog)*: oernad(-au) *f*, nâd (nadau) *f*, oerlais (oerleisiau) *m*, oergri *mf*; *(of dog)*: udiad(-au) *m*.

yowl[2] *v.i. (of cat, dog)*: oernadu, nadu; *(of dog)*: ubain, udo.

yowling[1] *a.* oernadus.

yowling[2] *vn.* = **yowl**[1,2].

yo-yo[1] *n.* io-io(-s) *m*.

yo-yo[2] *v.i.* mynd fel io-io, *S:* siglo lan a lawr, *N: occ:* mynd fel pipi-down.

yperite *n. Mil: Ch:* nwy (*m*) mwstard.

Yseult *Pr.n.f. Lit:* Esyllt.

ytterbic *a. Ch:* ytterbig.

ytterbite *n. Ch:* gadolinit *m*, ytterbit *m*.

ytterbium *n. Ch:* ytterbiwm *m*.

ytterbous *a. Ch:* ytterbaidd.

yttria *n. Ch:* yttria *m*.

yttric *a. Ch:* yttrig.

yttriferous *a. Miner:* yttriddwyn.

yttrious *a. Ch:* yttrig.

yttrium *n. Ch:* yttriwm *m*.

yttrocerite *n. Miner:* yttr|oserit *m*.

yttrotantalite *n. Miner:* yttrot|antalit *m*.

yuan *n. Num:* iwan(-au) *f*, doler(-i) *f*.

Yucatec *n.* **1.** *Ethn:* Iwcatec(-iaid) *m&f*. **2.** *Ling:* [yr iaith] Iwcatec *f*, *m*, Iwcateceg *f*, *m*.

Yucatecan *a. & n. Ethn:* **1.** *a.* Iwcatecaidd. **2.** *n.* Iwcatec(-iaid) *m&f*.

yucca *n. Bot:* iwca (iwcâu) *m*.

Yugoslav *a. & n.* **1.** *a.* Iwgoslafaidd; **the ~ government,** llywodraeth Iwgoslafia. **2.** *n.* Iwgoslafiad (Iwgoslafiaid) *m&f*.

Yugoslavia *Pr.n. Geog:* Iwgoslafia *f*.

Yugoslavian *a. & n.* = **Yugoslav**.

yuk *int.* ỳch! ỳch a fi!

yukky *a.* ych a fi, ffiaidd.

yulan *n. Bot:* iwlan(-au) *m*.

Yule *n.* [y] Nadolig *m*. **~ log** *n.* boncyff(-ion) (*m*) Nadolig, cyff(-ion) (*m*) Nadolig. **~-tide** *n.* adeg (*f*) y Nadolig, tymor (*m*) y Nadolig, y Gwyliau *pl*.

yummy *a.* blasus, neis.

yum-yum *int.* miam-miam!

yup *int. U.S:* = **yes.**

yuppy *n.* iypi(-s, iypïaid) *m&f*. **~ flu** *n.* ffliw (*m*) iypis.

yuppyish *a.* iypïaidd.

yuppyishness *n.* iypieiddiwch *m*.

yurt *n.* = **yourt**.

Z

Z *n.* [y llythyren] Z, z *f* (*pronounced* sed: zed, *pl.* - iau). **z-axis** *n. Mth:* echelin(-au) (*f*) z. **z-chart** *n.* siart(-iau) (*mf*) z. **z-coordinate** *n. Mth:* cyfesuryn(-nau) (*m*) z. **z-line** *n. Physiol:* llinell(-au) (*f*) z.
zabaglione *n. Cu:* sabalione *m.*
Zacharias *Pr.n. B:* Sacharias *m.*
zaffre *n. Ch:* saffr *m.*
zag *n. & v.i.* **1.** *n.* ogamiad(-au) *m.* **2.** *v.i.* ogamu.
Zaire[1] *Pr.n. Geog:* Saïr *f*, Zaire *f.*
zaire[2] *n. Num:* saïr(-iau) *mf.*
Zairean *a. & n.* **1.** *a.* Saïraidd; **the ~ government,** llywodraeth Saïr/Zaire; **he's ~,** Saïriad ydyw, un o Saïr/Zaire ydyw. **2.** *n.* Saïriad (Saïriaid) *m&f.*
Zambia *Pr.n. Geog:* Sambia *f.*
Zambian *a. & n.* **1.** *a.* Sambiaidd; **the ~ parliament,** senedd Sambia; **he's ~,** Sambiad ydyw; un o Sambia ydyw. **2.** *n.* Sambiad (Sambiaid) *m&f.*
Zambo *n. Ethn: U.S:* = **Sambo.**
zamia *n. Bot:* samia (samiâu) *f.*
zamindar *n. Indian Hist:* samindariad (samindariaid) *m.*
zamindary *n. Indian Hist:* samindariaeth(-au) *f.*
zander *n. Ich:* draenog(-iaid) cernog *m*, sandr(-od) *m.*
zanily *adv.* = **crazily.**
zaniness *n.* = **craziness.**
zanthoxylum *n. Bot:* melynwydden (melynwydd) *f.*
zany *a. & n.* **1.** *a.* = **crazy. 2.** *n. A: Th: (a) (= second clown):* ail glown(-iaid) *m; (b) (= any clown):* clown(-iaid,-s) *m*, ffŵl (ffyliaid) *m, A: or Lit:* croesan(-iaid) *m*, digrifwas (digrifweision) *m.*
zanza *n. Mus:* sansa (sansâu) *m.*
Zanzibar *Pr.n. Geog:* S|ansibar *f.*
Zanzibari *a. & n.* **1.** *a.* Sansibaraidd; **he's ~,** Sansibariad ydyw; un o S|ansibar ydyw; **the ~ government,** llywodraeth Sansibar. **2.** *n.* Sansibariad (Sansibariaid) *m&f.*
zap *v.t. F:* = **hit[2], kill[2].**
zapateado, zapateo *n. Danc:* sapateado(-s) *f.*
zapper *n.* **1.** *(pers.):* saethwr (saethwyr) *m*, lladdwr (lladdwyr) *m.* **2.** = **gun**; *e.g.* **ghost-~,** gwn saethu bwganod.
Zapotec[an] *a. & n.* **1.** *a.* Sapotecaidd; *(in language):* Sapoteceg. **2.** *n. (a) Ethn:* S|apotec (Sapoteciaid) *m&f; (b) Ling:* Sapoteceg *f, m.*
Zarathustrian *a. & n.* = **Zoroastrian.**
zaratite *n. Miner:* z|aratit *m.*
zareba, zariba *n.* corlan(-nau) *f.*
zarzuela *n. Mus: Th:* sarswela (sarswelâu) *f.*
zayin *n. Hebrew Alph:* [y llythyren] säin *f.*
zeal *n.* brwdfrydedd *m*, sêl *f*, selogrwydd *m*. eiddgarwch *m, Lit:* aidd *m*, awyddfryd *m*, eiddigedd *m*, dihewyd *m*; **excessive ~,** gormod sêl, gorselogrwydd *m*, gor-sêl *f.*
Zealand *Pr.n. Geog:* Seland *f*; **New ~,** Seland Newydd *f.*
Zealander *Pr.n.* **New ~,** Selandwr (Selandwyr) Newydd *m*, Sel|andwraig Newydd, un o Seland Newydd; **the New Zealanders,** pobl (*f or pl*) Seland Newydd.
zealot *n.* **1.** selogyn (selogion) *m*, penboethyn (penboethiaid) *m*, penboethen (penboethiaid) *f*, eithafwr (eithafwyr) *m*, eith|afwraig (eithafwragedd) *f.* **2.** *B:* selot(-iaid) *m*; **Simon the S~,** Simon Selotes, Simon y Selot.
zealotry *n.* penboethni *m.*
zealous *a.* selog, brwd, brwdfrydig, taer, penboeth, tanbaid, eiddgar, eiddigus, llawn sêl, gwresog, twym (**for sth,** tros rth).
zealously *adv.* yn frwd *&c*; â sêl, *Lit:* ag/gydag aidd.
zealousness *n.* = **zeal.**
zeatin *n.* seatin *m.*

Zebedee *Pr.n. B:* Sebed|eus *m.*
zebra *n. Z:* sebra(-s,-od) *m.* **~ crossing** *n.* croesfan(-nau) (*mf*) sebra, croesfan r[h]esog (croesfannau rhesog). **~ finch** *n. Orn:* gwehydd(-ion) rhesog *m.* **~ fish** *n. Ich:* pysgodyn (pysgod) rhesog *m.* **~-like** *a.* fel sebra, sebraidd. **~ wolf** *n. Z:* blaidd (bleiddiaid) rhesog *m*, blaidd Tasmania.
zebrawood *n.* **1.** *Bot:* coeden resog (coed rhesog) *f.* **2.** *Carp:* pren rhesog *m*, coed rhesog *m.*
zebrine, zebroid *a.* sebraidd.
zebu *n. Z:* ych(-en) (*m*) yr India, sebw(-aid,-od) *m.*
zecchino *n. Num:* = **sequin.**
Zechariah *Pr.n. B:* Sechareia *m.*
zechin *n. Num:* = **sequin.**
zed *n.* sed(-iau) *f*, zed(-iau) *f.*
Zedekiah *Pr.n. B:* Sedeceia *m.*
zedoary *n. Pharm: Dy:* s|edoari *m.*
zee *n. U.S:* = **zed.**
zein *n. Bio-Ch:* sëin *m.*
zeitgeist *n.* ysbryd (*m*) oes, ***zeitgeist*** *m*; **the ~,** ysbryd yr oes.
zelkova *n. Bot:* s|elcofa (selcofâu) *f.*
zemindar *n.* = **zamindar.**
zemindary *n.* = **zamindary.**
zemstvo *n. Pol.Hist:* cyngor (cynghorau) *m*, semstfo(-au) *m.*
Zen *n.* Zen *f*; *S.a.* **Buddhism, Buddhist.**
zenana *n.* **1.** *(India):* gwrag|edd-dy (~-dai) *m*, gwreicty (gwreictai) *m.* **2.** *Tex:* **~ cloth,** senana *m.*
Zend-Avesta *Pr.n. Rel:* Send-Afesta *m.*
Zend-Avestaic *a. Rel:* Send-Afestaidd.
Zendic *a.* Sendaidd.
Zener diode *n.* deuod(-au) (*m*) Zener.
Zenic *a.* Zenaidd.
Zenist *n.* Zenydd(-ion) *m*, Zenyddes(-au) *f.*
zenith *n.* **1.** *Astr:* anterth(-au) *m*, uchafbwynt(-iau) *m*, entrych(-ion) *m*; **~ distance,** pellter (*m*) anterth. **2.** *F:* eithaf(-oedd,-ion) *m*, anterth, brig *m*, uchafbwynt; **at the ~ of his fame,** yn anterth ei fri, ar uchaf ei fri.
zenithal *a.* anterthol, entrychol.
zeolite *n. Miner:* sëolit (seolitau) *m.*
zeolitic *a.* seolitig.
Zephaniah *Pr.n. B:* Seffaneia *m.*
zephyr *n.* **1.** *a. (= breeze)* awel(-on) *f*; *(= west wind):* seffyr(-au) *m*, gorllewinwynt(-oedd) *m.* **2.** *Tex:* **~ [wool],** wstid ysgafn *m.*
Zeppelin *n. Aer: Hist:* awyrlong(-au) *f*, S|epelin (Sepelinau) *f*; *S.a.* **airship.**
zero[1] *n.* **1.** *Mth:* sero(-au) *m*, dim *m*; **absolute ~,** sero eithaf; **below ~,** islaw sero, is na sero, o dan sero. **2.** *F:* dim *m*, dim byd. **3.** *attrib.* absennol, diffygiol, sero. **~-based** *a.* ar sail cost, ar sail angen. **~ growth** *n.* dim twf, diffyg (*m*) twf. **~ hour** *n.* amser (*m*) cychwyn, yr awr gyntaf *f*, yr awr ddewisedig, yr awr i daro; **~ option** *n.* dewis (*m*) sero. **~ point energy** *n.* egni (*m*) tymheredd sero. **~-sum** *attrib.* sero-swm. **~ tension** *n.* dim tyndra, diffyg tyndra. **~ tillage** *n. Husb:* dim aredig. **~- vector** *n. Mth:* fector(-au) (*m*) sero. **~-zero** *a.* sero-sero.
zero[2] *v.i.* **to ~ in on sth,** *(a) Mil:* anelu am rth, cael rhth o fewn annel, mesur annel ar rth; *(b) F:* anelu am rth, canolbwyntio ar rth, unioni am rth; **to ~ in on an opportunity,** dal ar gyfle, gwn|eud yn fawr o gyfle.
zeroize *v.t.* seroeiddio (rhth), gosod (rhth) ar sero.
zeroth *num.a. Mth:* serofed.
Zerubbabel *Pr.n. B:* Sorobabel *m.*
zest *n.* **1.** afiaith *m*, arddeliad *m*, blas *m*, awch *m*, egni *m*, ynni *m*, eiddgarwch *m*, mynd *m*, bywyd *m*, brwdfrydedd *m, Lit:* aidd *m*; **to work with ~,** gweithio ag arddeliad; **to enter into it with ~,**

bwrw iddi ag afiaith; **put some ~ into it,** dyro dipyn o fywyd/dân ynddi; **to eat with ~,** bwyta'n awchus, ysglaffio bwyta, bwyta'i hochr hi, *F: occ:* claddu gydag awch, claddu dan yr hen drefn. **2.** *Cu: (of orange, lemon): croen m; Fig:* **to add ~ to sth,** rhoi blas/awch ar rth.
zester *n.* **[lemon] ~,** peth(-au) (*m*) tynnu croen lemon.
zestful *a.* awchus, eiddgar, egnïol, brwd, brwdfrydig, afieithus.
zestfully *adv.* yn awchus *&c*; gydag awch/arddeliad/afiaith.
zestfulness *n.* **= zest.**
zesty *a.* **= zestful.**
zeta *n. Gr.Alph:* [y llythyren] seta (setâu) *f*, zeta (zetâu) *f.*
zetetic *a.* ymholiadol.
zeugma *n. Rh:* ieuad(-au) *m.*
zeugmatic *a. Rh:* ieuadol.
Zeus *Pr.n. Gr.Myth:* Sews *m*, Zews *m.*
zibeline, zibellene *n.* **= sable[1].**
zibet, zibetin *n. Z:* sibet(-iaid) *m.*
ziggurat *n. Archeol:* s|igwrat (sigwratau) *m.*
zigzag[1] *n., attrib. & adv.* igam-ogam *m*, *N:* igamoga, migamoga, *S.E:* wicam-wocam, *S.W:* migi-moga, mingam-mongam, mingi-mongam, fingim- fongam, wingi-wonga (*all pronounced* ng-g), gimwch-gamwch, cimach-gamach; **a ~ edge,** *N: occ:* pigau moga *pl.*
zigzag[2] *v.i.* igam-ogamu, igamogi, mynd igam-ogam, mynd o un ochr i'r llall; **he zigzagged down the road,** i ffwrdd ag ef igam-ogam i lawr y ffordd; **the road zigzagged up the hill,** dringai'r ffordd igam-ogam i fyny'r bryn.
zilch *n. U.S: F:* dim *m.*
zillion *n. U.S:* myrdd(-oedd) *m*, myrddiwn (myrddiynau) *m.*
zillionth *a. & n. U.S:* **1.** *a.* myrddiynfed. **2.** *n.* myrddiynfed(-au) *fm.*
Zimbabwe *Pr.n. Geog:* Simbabwe *f.*
Zimbabwean *a. & n.* **1.** *a.* Simbabweaidd; **the ~ Parliament,** senedd Simbabwe; **he's ~,** Simbabwead ydyw; un o Simbabwe ydyw. **2.** *n.* Simbabwead (Simbabweaid) *m&f.*
zimbalom *n. Mus:* s|imbalom (simbalomau) *m.*
zinc[1] *n.* sinc *m*, zinc *m*; **flowers of ~,** powdwr (*m*) sinc, fflŵr (*m*) sinc; **a ~ roof,** to sinc. **~-bearing** *a.* sincddwyn. **~-blende** *n.* sincblend *m*. **~ block** *n.* **= zincograph. ~ ointment** *n.* eli (*m*) sinc, *N: occ:* eli'r India. **~-plate** *n. Com:* sincblat *m*. **~-plating** *vn.* sincblatio. **~ white** *n.* gwyn (*m*) sinc. **~-works** *n.* gwaith (gweithf|eydd) (*m*) sinc. **~ yellow** *n.* melyn (*m*) sinc.
zinc[2] *v.t.* sincio (rhth), gorchuddio (rhth) â sinc.
zincate *n. Ch:* sincad(-au) *m.*
zincic *a.* sincig, sincaidd.
zincite *n.* sincit *m.*
zinckenite *n.* s|incenit *m.*
zincky *a.* fel sinc, zincaidd.
zinco, zincograph *n. Phot.Engr:* s|incograff (sincograffau) *m.*
zincographer *n. Phot.Engr:* sincograffwr: sincograffydd (sincograffwyr) *m.*
zincographic *a. Phot.Engr:* sincograffig.
zincography *n. Phot.Engr:* sincograffeg *f.*
zincotype *n.* **= zincograph.**
zincous *a.* sincaidd.
zincy *a.* **= zincky.**
zinfandel *n. Wine-m:* s|inffandel *m.*
zing[1] *n.* **1.** *(sound):* si *m*. **2.** *U.S: F:* mynd *m*, asbri *m*, hoen *f*; *S.a.* **zest 3.**
zing[2] *v.i.* sïo.
Zingaro *n.* **= gipsy.**
zingy *a.* llawn mynd, hoenus, afieithus.
zinjanthropine *a. & n.* **1.** *a.* zinjanthropaidd. **2.** *n.* zinjanthropiad (zinjanthropiaid) *m&f.*
zinjanthropus *n.* zinj|anthropws (zinj|anthropi) *m.*
zinky *a.* **= zincky.**
zinnia *n. Bot:* zinnia(-s) *m.*
Zinzendorfian *a. & n. Rel.Hist:* **1.** *a.* Zinzendorffaidd. **2.** *n.* Zinzedorffiad (Zinzendorffiaid) *m&f.*
Zion *Pr.n. & n.* **1.** *Pr.n. B:* Seion *f*. **2.** *n. F: (= chapel):* seion(-au) *m.*
Zionism *n.* Seioniaeth *f.*
Zionist *n. & attrib.* **1.** *n.* Seioniad (Seioniaid) *m&f*, Seionydd (Seioniaid) *m*, Seionyddes(- au) *f*. **2.** *attrib.* Seionaidd.
Zionistic *a.* Seionaidd.
zip[1] *n.* **1.** *(of bullet):* si (sïon) *m*. **2.** *F: (= energy):* egni *m*, ynni *m*, mynd *m*, hoen *f*, bywyd *m*, afiaith *f*; **put a ~ into it!** rho dipyn o dân ynddi! *N.W:* tân arni! bîff ynddo/ynddi! ceirch iddo/iddi! **3. ~[-fastener],** sip: zip(-iau,-s) *m*; **to do up a ~,** cau sip.
zip[2] *v.i.&t.* **1.** *v.i. (of bullet):* sïo, chwibanu; *(of car):* **to ~ along,** chwipio mynd, chwyrlïo, gwibio, mynd ar ras wyllt, mynd ar wib, mynd fel mellten, gwanu, mynd fel ruban, mynd fel ffluwch, mynd ar sgri wyllt, mynd fel cysgod, mynd ar sgrîn. **2.** *v.t.* **to ~ sth up,** sipio rhth, cau sip rhth; **he zipped up his coat,** caeodd sip ei gôt; **he zipped the bag open,** agorodd sip y bag; *abs.* **this tent zips up,** mae'r babell hon yn cau â sip. **~-up** *attrib.* **a ~-up coat,** côt [â] sip, côt sipio.
zip[3] *n. U.S: Post:* **~ code,** rhif (*m*) ardal (rhifau ardaloedd).
zipper *n. F:* **= zip[1][-fastener].**
zippered *a.* â sip.
zippy *a.* llawn mynd; *(car):* cyflym, chwim, sionc, bachog, a thraed ganddo, yn mynd fel ruban.
ziram *n. Ch:* siram *m.*
zircon *n. Miner:* sircon *m.*
zirconia *n. Ch:* sirconia *m.*
zirconic *a. Ch:* sirconig.
zirconium *n. Ch:* sirconiwm *m.*
zither *n. Mus:* sither(-au) *m.*
zitherist *n. Mus:* sitherydd(-ion) *m*, sitheryddes(-au) *f.*
zizith *n.pl. Jew.Cost:* eddi.
zizz *n. F:* cyntun *m.*
zloty *n. Num:* sloti: zloti(-s) *m.*
zoantharian *a. & n. Z:* **1.** *a.* soantharaidd. **2.** *n.* soanthariad (soanthariaid) *m&f.*
Zoar *Pl.n. B:* Soar *m.*
zoarial *a. Z:* soaraidd.
zoarium *n. Z:* soariwm (soaria) *m.*
zodiac *n.* sidydd *m*; **the signs of the ~,** y sygnau, arwyddion y sidydd, *Lit: occ:* sygnau'r sidydd.
zodiacal *a.* sidyddol.
zoea *n. Crust:* soea (soeâu) *m.*
zoeal *a. Crust:* soeol, soeaidd.
zoetrope *n.* söetrop (soetropau) *m.*
zoic *a. Geol:* söig.
zoisite *n. Miner:* söisit *m.*
Zolaesque *a. Lit:* Zolaésg.
zombie *n.* **1.** sombi (sombïaid, sombïod) *m*. **2.** *F:* **I've been like a ~ all day,** 'rydw i wedi bod fel breuddwyd/brechdan drwy'r dydd.
zombielike *a.* sombïaidd, fel sombi.
zombiism *n.* sombïaeth *f.*
zonal *a.* cylchfaol.
zonally *adv.* yn gylchfaol, fesul cylchfa, o ran cylchfa.
zonary *a.* **= zonal.**
zonate, zonated *a.* cylchog, cylchfaog.
zonation *n.* dosbarthu (*vn*) (rhth) yn gylchfaoedd.
zonda *n. Meteor:* sonda (sondâu) *m.*
zone[1] *n.* **1.** *Cost: A: Lit:* gwregys(-au) *m*, cylch(-oedd) *m*. **2.** *(a) Geom:* cylch, cylchfa(-oedd, cylchfâu, cylchf|eydd) *f*; *(b) Geog:* rhanbarth(-au) *m*, parth(-au) *m*, ardal(-oedd) *f*; **~ of influence,** cylch dylanwad; **buffer ~,** cylchfa ragod (cylchfaoedd *&c* rhagod), ardal ragod (ardaloedd rhagod); **danger ~,** ardal beryglus (ardaloedd peryglus); **enterprise ~,** ardal fenter (ardaloedd menter); **evacuation ~,** ardal wacáu (ardaloedd gwacáu); *Geog:* **arid ~,** tir cras *m*; **frigid ~,** cylchfa rew (cylchfaoedd rhew); **frontier ~,** goror(-au) *mf*, gororau *pl*, tir goror, tir terfyn, cyffindir(-oedd) *m*; *Pol:* **neutral ~,** ardal niwtral; *Mil:* **occupied ~,** ardal oresgynedig (ardaloedd goresgynedig), sector(-au) goresgynedig *m*; **parking ~,** rhanbarth parcio, ardal barcio (ardaloedd parcio); *Aut: Adm:* **no parking ~,** ardal gwahardd parcio; **no passing ~,** ardal gwahardd pasio; *U.S:* **postal delivery ~,** ardal danfon llythyrau; *W.Tel:* **silent ~, skip ~** cylch distaw, ardal ddistaw (ardaloedd distaw); *U.S:* **slow-drive ~,** ardal gyrru araf; **smokeless ~,** rhanbarth di-fwg, ardal ddi-fwg (ardaloedd di-fwg); *Geog:* **Temperate Z~,** Cylchfa Dymherus (Cylchfaoedd *&c* Tymherus); **Cool Temperate Z~,** Cylchfa Glaear-Dymherus (Cylchfaoedd *&c* Claear-Dymherus); **Warm Temperate ~,** Cylchfa Gynnes-Dymherus (Cylchfaoedd *&c* Cynnes-Dymherus); *Geog:* **The [Panama] Canal Z~,** Ardal y

Gamlas; **war ~, army ~,** ardal frwydro (ardaloedd brwydro); *Geog:* **~ in transition,** cylchfa ryngbarthol (cylchfaoedd *&c* rhyngbarthol), cylchfa sy'n trawsnewid; **~ of advance and assimilation,** cylchfa cynnydd a chymathu. **~-melting** *vn. Cryst:* *parthdoddi. **~-refine** *v.t. Cryst:* *parthgoethi.
zone[2] *v.t.* **1.** *(= divide into zones):* cylchfaeo (rhth); rhannu (rhth) yn gylchfâu/ardaloedd. **2. the city centre has been zoned off,** mae canol y ddinas wedi ei gau.
Zonian *n. U.S:* Camlesiad (Camlesiaid) *m&f.*
zoning *vn.* = **zone[2] 1.**
zonk *v.t.&i. U.S:* **1.** *v.t.* = **stun, stupefy. 2.** *v.i.* **~ out,** llewygu.
zonked-out *a. U.S: F:* penfeddw.
Zontian *n. U.S:* Zontïad (Zontïaid) *m&f.*
zoo *n.* sŵ(-au) *mf.* **~-keeper** *n.* gofalwr (*m*) sŵ (gofalwyr sŵ/ sŵau).
zoobiology *n.* söobioleg *f.*
zoochemistry *n.* söocemeg *f.*
zoochore *n. Bot:* söocor(-au) *m.*
zoogenic, zoogenous *a.* söogenig.
zoogeographer *n.* söoddaearyddwr (söoddaearyddwyr) *m*, söoddaear|yddwraig *f.*
zoogeographic[al] *a.* söoddaearyddol.
zoogeographically *adv.* yn söoddaearyddol.
zoogeography *n.* söoddaearyddiaeth *f.*
zooglea *n. Bac:* söoglea (söogleâu) *m.*
zoogleal *a. Bac:* söogleol.
zooid *n. Z:* söoid(-au) *m.*
zooidal *a. Z:* söoidaidd.
zooks *int. A:* = **gadzooks.**
zoolatry *n. Rel:* addoli (*vn*) anifeiliaid.
zoolite *n. Palaeont:* milfaen (milfeini) *m.*
zoologic[al] *a.* söolegol, *less correctly:* sŵolegol; **~ garden,** sŵ(-au) *mf.*
zoologically *adv.* yn söolegol.
zoologist *n.* söolegwr: söolegydd (söolegwyr) *m*; *less correctly:* sŵolegwr *&c.*
zoology *n.* söoleg *f*, *less correctly:* sŵoleg *f.*
zoom[1] *n.* **1.** *(= swift movement, as of aeroplane):* gwib *f*, rhuthr *m.* **2.** *(noise):* su *m.* **3.** *Tel: Cin:* closiad *m*, closio *vn.* **~ lens** *n.* lens (*f*) glosio (lensys closio).
zoom[2] *v.i.* **1.** *Av: (= climb, descend or travel at high speed):* saethu, ymsaethu, ysgubo. **2. prices zoomed,** saethodd prisiau i fyny. **3.** *Tel: Cin:* closio, nesáu; **to ~ in (on sth),** closio, nesáu (at rth).
zooming *a. (aeroplane &c):* ymsaethol; *(prices):* cynyddol, sy'n codi'n gyflym.
zoomorphic *a.* milffurf, söomorffig.
zoomorphism *n.* söomorffedd *m*, milffurfedd *m.*
zoonosis *n.* milhaint (milheintiau) *mf.*
zoonotic *a.* milheintiol.
zooparasite *n.* söop|arasit (söoparasitiaid) *m.*
zooparasitic *a.* söoparasitig.
zoophagous *a.* milysol.
zoophilic, zoophilous *a.* sööffilig.
zoophyte *n. Z:* llysfil(-od) *m.*
zoophytic *a.* llysfilaidd.
zooplankter *n.* söoplancter(-au) *m.*
zooplankton *n.* söoplancton *m.*
zooplanktonic *a.* söoplanctonaidd.
zoosporal *a.* söosboraidd.
zoosporangium *n.* söosborangiwm (söosborangia) *m.*
zoospore *n. Biol:* söosbor(-au) *m.*
zoosterol *n. Bio-Ch:* söosterol(-au) *m.*
zootechnical *a.* söotechnegol.
zootechnics *n.pl.* söotechneg *f.*
zoot-suit *n. Cost: F:* sŵt-siwt(-iau) *f.*
zoot-suiter *n.* sŵt-siwtiwr (~-siwtwyr) *m.*
zori *n. Cost:* sandal(-au) *f.*
zoril *n. Z:* soril(-iaid,-od) *m.*
Zorn's lemma *n. Mth:* lema (*m*) Zorn.
Zoroastrian *a. & n. Rel:* **1.** *a.* Zoroastriaidd. **2.** *n.* Zoroastriad (Zoroastriaid) *m&f.*
Zoroastrianism *n.* Zoroastriaeth *f.*
zoster *n. Med: N:* yr eryr *m*, yr eryri *m*, *S:* yr eryrod *m*, yr erod *m.*
zostera *n. Bot:* = **eel-grass.**
zouave *n. Mil:* swâf (swafiaid) *m.*
zounds *int. A:* myn clwyfau Duw! myn yr archollion! myn y Duw byw! gwaed dyn! gwaed dyn byw!
zoysia *n. Bot:* zoisia *m.*
zucchetto *n. Ecc: Cost:* cap(-iau) (*m*) corun.
zucchini *n. Cu:* = **courgette.**
zugzwang *n. Chess:* symudiad(-au) gorfodol *m.*
Zulu *a. & n.* **1.** *a.* Zwlw, Zwlŵaidd. **2.** *n. (a) Ethn:* Zwlw (Zwlŵaid) *m&f*; *(b) Ling:* [yr iaith] Zwlw, Zwlŵeg *f, m.*
Zululand *Pr.n. Geog:* Gwlad (*f*) y Zwlw.
Zuni, Zunian *a. & n.* **1.** *a.* Zwni, Zwnïaidd. **2.** *n. (a) Ethn:* Zwni (Zwnïaid) *m&f*; *(b) Ling:* Zwnïeg *f, m.*
zwieback *n. Cu:* bara deugras *m.*
Zwinglian *a. & n. Rel.Hist:* **1.** *a.* Zwinglïaidd (*pronounced* ng- g). **2.** *n.* Zwinglïad (Zwinglïaid) *m&f.*
Zwinglianism *n. Rel.Hist:* Zwinglïaeth *f* (*pronounced* ng-g).
zwitterion *n. Ph:* switerion(-au) *m.*
zwitterionic *a. Ph:* switerionig.
zygal *a. Anat:* ieuffurf.
zygapophyseal, zygapophysial *a.* sygapoffysiol.
zygapophysis *n. Anat:* ieugambwl (ieugambylau) *m*, sygapoffysis(- au) *m.*
zygodactyl *a. & n. Orn:* **1.** *a.* cydfysog. **2.** *n.* cydfysog(-ion) *m&f*, aderyn (adar) cydfysog *m.*
zygodactylous *a. Orn:* cydfysog.
zygoma *n. Anat:* asgwrn (*m*) cern (esgyrn cernau), asgwrn boch (esgyrn bochau), sygoma(-ta) *m.*
zygomatic *a. Anat:* sygomatig, cernol; **~ arch,** bwa(*m*)'r cernau/ bochau; **~ bone,** asgwrn (*m*) boch (esgyrn bochau); **~ process,** cambwl (*m*) sygomatig, cambwl yr arlais (cambylau'r arleisiau).
zygomorphic *a.* sygomorffig.
zygomorphism, zygomorphy *n.* sygomorffedd *m.*
zygopteran *a. & n.* **1.** *a.* sygopteraidd. **2.** *n.* sygopteriad (sygopteriaid) *m&f.*
zygose *a.* cyfieuol.
zygosis *n. Bot:* cyfieuad(-au) *m.*
zygosity *n. Bot:* cyfieuedd *m.*
zygospore *n. Bot:* s|ygosbor (sygosborau) *m.*
zygosporic *a. Bot:* sygosborig.
zygote *n. Biol:* sygot(-au) *m.*
zygotene *n.* s|ygoten *m.*
zygotic *a.* sygotig.
zygotically *adv.* yn sygotig.
zymase *n. Ch:* symas *m.*
zymogen *n. Biol:* s|ymogen (symogenau) *m.*
zymogenesis *n.* symog|enesis *m.*
zymogenic *a.* symogenig.
zymoitic *a.* eplesol.
zymological *a.* eplesegol.
zymologist *n.* eplesegwr: eplesegydd (eplesegwyr) *m.*
zymology *n.* epleseg *f.*
zymolysis *n.* eplesiad(-au) *m*, eplesu *vn.*
zymometer *n.* symomedr (symomedrau) *m.*
zymosis *n. Med:* haint (heintiau) *mf.*
zymotic *a.* **1.** eplesol. **2.** *Med:* heintus.
zymotically *adv.* **1.** yn eplesol. **2.** *Med:* yn heintus.
zymurgy *n. Ch:* eplesgemeg *f.*
Zyrian *a. & n.* **1.** *a.* Zyriaidd; *(in language):* Zyrieg. **2.** *n. (a) Ethn:* Zyriad (Zyriaid) *m&f*; *(a) Ling:* Zyrieg *f, m.*

APPENDIX

EMENDATIONS AND ADDITIONS TO THE FIRST EDITION

2 **Aber** Before 'Abergwyngregyn' add: *(i) (nr. Bangor):* After 'Celyn' add: *(ii) (nr. Brecon):* Aberclydach *f.*

2 **Aberdare** Add: **~ Mountain** *W.Pl.n.* Mynydd *(m)* Aberdâr.

17 **Adam** After **~ and Eve** *n.* add: **1.** After Efa. add: **2.** *W.Pl.n. (two boulders on Tryfan):* Siôn a Siân, y bugail a'i wraig.

22 Add: **adversarial** *a.* gwrthwynebol, gwrthdrawiadol. **adversarially** *adv.* yn wrthwynebol *&c.*

27 **age** After **A~ Concern Wales,** insert: A~ Concern Cymru, *also registered as the* **Wales Council for the Elderly**, Cyngor Henoed Cymru.

29 **agonist** Add: **3.** *Pharm:* agonydd(-ion) *m.*

31 **ailing 2.** Add: egwan.

31 **aimless** After 'dibwrpas' add: diberwyl,

31 Add: **aider** *n.* cynorthwywr (cynorthwywyr) *m*, cynorthwy-ydd(-ion) *m*, helpwr (helpwyr) *m*, cynorthwywraig (cynorthwywragedd) *f*, h|elpwraig (helpwragedd) *f*; *S.a.* **first-aider.**

36 **all 1.** *a. (a)* For 'mae holl fywyd dyn yno' read: 'mae holl fywyd dynol yno'. *(c)* Add: **~ you English,** chi('r) Saeson oll, chi('r) Saeson i gyd, pob un ohonoch chi('r) Saeson; **~ we Welsh,** ni Gymry oll, ni'r Cymry i gyd, pob un ohonom ni Gymry. **2.** *pron. (a) (bottom line of second column)* after 'efo'n gilydd' add: pawb gyda'i gilydd!

37 **all 2.** *(b)* In column1, l.10 after 'yn y pen draw,' add: wedi dweud y cyfan/cwbl, wedi dweud popeth; and add: **is that ~ there is**? dyna'r cyfan/cwbl sy 'na? hynna bach sy 'na? *S:* 'na i gyd sy' 'na?

41 **alphabet** Add: **~ soup**, cawl *(m)* llythrennau.

43 **ambergris** For '|ambergris *m.*' read: ambrgris *m.*

43 **amble**[1] After 'ling-di-long' add: /linc-di-lonc.

43 **amble**[2] After 'linc-di-lonc' add: /ling-di-long.

46 **amphiploidy** For 'amffiploidedd' read: amffiploidedd.

48 Add: **anchorwoman** *n.f.* cysylltwraig (cysylltwragedd).

49 Add: **andropause** *n. Physiol:* |andropos (androposau) *m*, newid *(m)* oes dyn.

50 Add: **Angelton** *W.Pl.n:* Trerannell *f.*

52 **ankle** Add: *S.a.* **boot**[1].

62 **applaud** Add: **this is to be applauded,** dylid cymeradwyo hyn.

65 Add: **approximant** *a. & n. Phon:* **1.** *a.* cyfagos. **2.** *n.* cytsain gyfagos (cytseiniaid cyfagos) *f.*

65 **Arab** Add: the **~-Israeli war,** rhyfel yr Arabiaid ac Israel.

66 Add: **arachnophobe** *n.* ar|achnoffobiad (arachnoffobiaid) *m&f.*

66 Add: **arachnophobia** *n.* arachnoffobia *m*, ofn *(m)* pryfed cop, ofn corynnod.

66 Add: **arachnophobic** *a.* arachnoffobig, arachnoffobaidd, ag ofn pryfed cop *&c.*

66 **arbour** Add: herber(-au) *fm.*

72 Add: **Arrowrey** *W.Pl.n.* yr Erwau *pl.*

72 **Arthurian** Add: **non- ~,** an-Arthuraidd.

75 **ash**[2] For **ash-blond** read: **ash-blond(e)** *a.& n.* (un (rhai)) â gwallt melynwyn/llwydfelyn/melynllwyd.

75 For **asinity** read: **asininity**.

77 **assembly 2.** Add: **the National A~ for Wales,** Cynulliad Cenedlaethol Cymru; **the Welsh A~ Government,** Llywodraeth Cynulliad Cymru.

77 **asset** Add: **~-stripper** *n.* diasedwr (diasedwyr) *m*; **~-stripping** *vn.* diasedu.

81 **at 2.** Add: **~ all times**, bob amser, [yn] wastad, bob tro; **~ the first**, ar y cychwyn, yn y dechreuad, ar y dechrau. **3.** Add: **~ all costs**, costied a gostio. **6.** Add: **to be annoyed ~ sth** For 'gwylltio/digio wrth rn.' read: wrth rth.

81 Add: **aten** *n. Astr:* aten(-au) *mf.*

84 **attributive 2.** *n.* Add: enw (-au) ansoddeiriol *m.*

85 **audience** Add: **~ chamber**, ystafell *(f)* wrandawiad (ystafelloedd gwrandawiad), siambr *(f)* wrandawiad (siambrau gwrandawiad).

85 Add: **audiometrist** n. awdiometrydd(-ion) *m.*

89 **avoid** After 'osgoi sylw' add: **to ~ taxes**, arbed talu trethi.

89 Add: **avoidability** *n.* gocheladwyedd *m*, hawster *(m)* osg|oi, natur *(f)* osgoadwy, osgoadwyedd *m*, natur ocheladwy/osgoadwy *f*; **I could see its ~,** gwelwn fod modd ei osgoi; **its ~ was obvious**, yr oedd yn amlwg bod modd ei osgoi.

89 **avoirdupois** Delete plurals.

89 **awakening**[2] For '*S.a.* **rude**' read: **~ awakening,** deffroad annymunol *m*, siomedigaeth egr *f.*

90 **away** Add: **~ day** n. diwrnod(-(i)au) *(m)* cwrdd i ffwrdd.

90 **awfulness 2.** Add: affwysoldeb *m*, ofnadwyedd *m.*

90 **awning:** *add:* adlen(-ni) *f.*

90 Add: **AWOL** *acronym (= absent without leave)*, absennol heb ganiatâd; **he went AWOL,** fe'i bachodd hi, fe gymerodd y goes.

91 Add: **Azerbaijan** *Pr n. Geog:* Aserbaij|an *f.*

91 Add: **Azerbaijani, Azeri** *a. & n.* **1.** *a.* Aserïaidd, (o) Aserbaij|an. **2.** *n. (i) Ethn:* Aseri (Aserïaid) *m&f*; *(ii) Ling:* Aserïeg *f, m.*

95 **bad** l.8 After 'trueni' add: **it's too ~ she can't go,** mae'n drueni/bechod na all hi fynd, mae'n hen dro na all hi fynd.

100 **baluster** Delete: b|alwstrad (balwstradau) *m.*

100 Add: **balustrade** *n.* b|alwstrad (balwstradau) *m.*

100 **band**[1] In the bottom line after 'amleddau' add: *(e)* **salary band**, graddfa *(f)* gyflogau (graddf|eydd cyflogau).

102 **banner** Add: **~ cloud** *n. Meteor:* pluen *(f)* het (plu hetiau).

104 **Bardsey** Add: **~ apple** *n. Hort:* afal *(m)* Enlli.

104 **barefaced** Add: **~ liar**, celwyddgi digywilydd.

107 At the end of **basic**[1] add: **basics** *n.pl.* hanfodion; **back to basics,** yn ôl at yr hanfodion.

108 **bastard** For 'gorddech' read: gordderch.

108 **baste**[1] *v.t.* **1.** Delete '**1.**'.

109 **Bath**[3] Before **~ stone**: add **~ Rock** *W.Pl.n.* y Garreg Fer *f.*

109 **batman**[1] Add: milwrwas (milwrweision).

110 **batty**[2] Insert: *a. F:*

112 **be** l.10 After **three and two are five,** insert: mae. In column 2, l.11, after 'sydd' insert: *(c)*.

114 **bear**[2] *v.i.&t.* Sections **1.** *(d)* and *(e)* should be **2.** *v.i. (a)* and *(b)* and section **1.** *(c)* should be part of *(a)*. Under **it will ~ examination** For 'fel ddeil' read: fe ddeil.

114 **bearer** Before **~ cheque** add: **~ bond** *n.* bond(-iau) *(m)* cludydd.

115 **bearleader** Add: tywysydd(-ion) *m.*

115 **beat**[1] For **~ up** read: **up ~**.

115 **beat**[1] *n.* **2.** For *Ph:* read: *Physiol:*

115 **beaten 2.** For 'morthwyledig' read: morthwyliedig.

115 **beating**[2] Delete '**it takes some ~** . . . gyrru' and insert: *(b) Tchn:* curo, morthwylio, dyrnu, gyrru; *(c)* **it takes some ~,** mae'n anodd ei guro; ni chewch mo'i well; mae yna waith curo arno; mae hi'n gamp ei guro.

116 **beauty ~-parlour** After '(parlyrau)' insert: *m.*

116 **Beaveley** For 'Abercynfor' read: Abercyfor.

118 **bee**[1]: **~-line** After **to make a ~-line for sth,** add: unioni am rth.

119 **before 2.** *prep. (b)* After **~ long** add: cyn pen dim. **3.** *conj (a)* Add: **~ the week was out**, cyn pen yr wythnos;

119 **beg** In l.17 after 'rhagdybio'r casgliad/ateb' add: *(in illiterate usage = to raise the question)*.

121 **being^{2}** For 'bodlaeth' read: bodolaeth.
122 For ***belles-letters*** read: ***belles-lettres***.
127 **better-known** Add: enwocach.
128 Add: **bewitching** *a.* hudol, hudolus, swynol, cyfareddol, swyngyfareddol (*pronounced* ng-g).
129 Add: **Biblically** *adv.* yn feiblaidd, yn y Beibl, yn ôl y Beibl.
130 **big 1.** After **the bigger of the two** for 'y mwyaf o'r ddau/ddwy' read: y mwyaf o'r ddau, y fwyaf o'r ddwy.
130 Add: **bilby** *n. Z:* bilbi (bilbïaid, bilbïod) *m.*
130 **bilge^{1}** For 'pwll (pyllau)' read: twll (tyllau).
130 **bilious** Add: **~ attack**, pwl (pyliau) (*m*) o'r bustl.
131 For **billing** *vn.* read: **billing^{1}** *vn.*
131 Add: **billing^{2}** *vn.* **~ and cooing,** cusanu a chŵan.
131 **Bimarensian** *a. & n.* **1.** *a.* o Fiwmares. **2.** *n.* un (rhai) o Fiwmares, brodor(-ion) (*m*) o Fiwmares.
131 For **bin** read: **bin^{1}** and add: **~ end** *n.* gweddill (*m*) gwinoedd.
131 Add: **bin^{2}** *v.t.* taflu (rhth) i'r bin, binio.
132 Add: **binman** *n.* **= dustman**.
132 **biochemical** Delete *& n.*
132 Add: **biodiverse** *a.* bioamrywiol.
132 Add: **biodiversely** *adv.* yn fioamrywiol.
132 Add: **biodiversity** *n.* bioamrywioldeb *m*, bioamrywiaeth *f.*
132 Add: **biosynthesize** *v.t.* biosynthesu.
133 **bird** After **birds of a feather** add: **they're birds of a feather,** *S.W:* tato o'r un rhych ydyn' nhw.
134 **bishop** Before **~'s weed** add: **B~'s Town** *W.Pl.n.* Tre(*f*)'r Esgob.
138 Add: **Blairism** *n. Pol:* Blairiaeth *f.*
138 Add: **Blairite** *a. & n. Pol:* 1. *a.* Blairaidd. **2.** *n.* Blairiad (Blairiaid) *m&f.*
141 Add: **blender** *n.* cyfunwr (cyfunwyr) *m*; (*appliance*): blendiwr (blendwyr) *m.*
141 **blimey** For ''ragorol' read: 'rargol!
142 Add: **blinkered** *a.* unllygeidiog, cibddall, cul, di-weld.
142 **blitz^{1}** For 'blits(-iaid)' read: blits(-iau).
143 Add: **blog** *n.F.* **= weblog**.
143 Add: **blogger** *n.F.* **= weblogger**.
143 Add: **blogging** *vn.F.* **= weblogging**.
145 **blow^{2}** II. **1.** After **to ~ someone a kiss** delete '/chwifio/taflu'.
147 **blue** Add: **B~ Lake (the)** *W.Pl.n.* y Llyn Glas *m.*
147 **bluebell** After 'hosanau'r gwcw' add: traed y brain.
147 **bluebottle 1.** For *cornflour* read: *cornflower*.
147 **bluff^{2}** *n.* Insert: *(a)*
150 **bode** *n.* Delete '*n*'.
150 **bog^{1}** Add: **~-standard** *a.* o safon gyffredin, rhad, tsiep.
152 Add: **bomblet** *n.* bom bychan (bomiau bychain) *m.*
152 **bond^{1}** Under **premium ~** for 'premiwn' read: premiwm.
153 Add: **bonobo** *n. Z:* bonobo(-s, -aid) *m.*
153 Add: **bontebok** *n. Z:* bonteboc(-s, -iaid) *m.*
153 **boob^{3}** Add: **~-tube** *n. Cost:* *brondiwb(-iau) *m.*
153 For **booing** *vn.* read: **booing^{1}** *vn.*
153 Add: **booing^{2}** *a.* hwtlyd.
155 **boondoggle^{2}** Add: chwalu mwg â ffon.
155 Add: **bootflare** *n. Cost:* godre llydan (godreon llydain) *m.*
155 **boot^{1}** For 'migwrm' read: migwrn.
157 For **botanical** read: **botanic[al]**.
157 **bother^{2} 1** Add: **may I ~ you for some change?** ga'i eich poeni chi i gael newid? **2.** Add: **I can't be bothered to go,** mae'n ormod o drafferth imi/gennyf fynd.
157 Add: **botox** *n. Path:* botocs *m*; **~ injection** *n.* pigiad(-au) (*m*) botocs.
158 For **bottomost** read: **bottommost**.
158 **bouncy** Add: **~ castle**, castell (*m*) gwynt (cestyll gwynt), castell neidio.
159 Add: **bovver boots** *n.pl.* esgidiau llabwst, esgidiau cicio, esgidiau codi twrw.
159 Add: **Bowdler's Chair** *Eng.Pl.n.* Cerrig (*pl.*) y Gaer.
160 Add: **boxcar** *n. Rail: U.S:* wagen gaeëdig (wagenni caeëdig) *f.*
161 **brace^{2} 1.** For 'creffynnu (rth)' read: creffynnu (rhth). **2.** After **to ~ oneself** add: *S.W:* casglu/tynnu eich cyrrau ynghyd.
162 **braided** Add: cyfrodedd.
163 **brassy** After 'coegeuraidd' add: coegwych(-ion).
163 **brattice** Delete *S.W:*
166 **breakneck** After 'taranu mynd' add: mynd ar frys gwyllt, mynd ar garlam.
167 **breathe 1.** Add: **as I live and ~,** *see* **live^{2} 1.**
167 At the end of **breather** add: **3.** *(pers. &c):* anadlwr (anadlwyr) *m;* **a heavy ~,** anadlwr trwm.
167 **breed^{2}** After 'cynhyrchu' add: cenhedlu.
167 **breeding** Before 'magu' add: meithrin.
168 **brew^{2}** Add: **there's trouble brewing,** fe fydd 'na helynt.
169 Add: **Briery Hill** *W.Pl.n.* Twyn Drysïog *m.*
169 Add: **brilliantly** *adv.* yn ddisglair *&c.*
171 **Britain** Add: **North ~,** Gogledd (*m*) Prydain; *W.Hist. & Lit:* yr Hen Ogledd *m.*
172 Add: **broadband** *n.* band llydan *m.*
174 Add: **brotherly** *a.* brawdol.
176 **buckle^{2} 1.** Delete *(a).*
176 **buckthorn** After 'draenen Crist' add: breuwydden (breuwydd) *f.*
176 **bud^{1}** After **to nip sth in the ~** add: lladd rhth yn ei dwf.
176 Between **buff^{2}** and **buff^{4}** add: **buff^{3}** *n.* **= enthusiast**.
177 Add: **Buganda** *Pr n. Geog:* Bwganda *f.*
177 Add: **Bugandan** *a. & n.* **1.** *a.* Bwgandaidd, o Fwganda. **2.** *n.* Bwgandiad (Bwgandiaid) *m&f.*
177 **build^{2}** After **~-up** for **broder** read: **border**.
178 **bulb scale mite** For **large ~ mite** read: **large ~ scale mite**
178 **bulk^{1} 3.** Add: cyfangorff *m* (*pron ng-g*).
178 **bull1** Add: **~ pout** *n. Ich:* (**= father-lasher,** *Myoxocephalus scorpius*)*:* llyffant(-od) (*m*) môr.
179 **bullhead** Revise entry to read: *n.* **1.** *Ich: (Cottus gobio):* (**= miller's thumb**) penlletwad (pennau lletwad) *m*, bawd (*fm*) (y) melinydd (bodiau'r) melinydd). **2. = father-lasher, sea-scorpion; Norway ~,** sgorpion(-au) (*m*) môr Norwy. **3. armed ~,** *(Agonus cataphractus)* **= pogge**. **4.** *U.S: (Ictalurus):* (**= American catfish**) pen (*m*) tarw (pennau teirw). **5.** *Dial:* **= tadpole.**
179 **bump^{2}** Before **~ up** add: **~-start** *v.t.&i.* gwth-gychwyn.
180 **bumper: ~ bar** For 'ffender: ffendar' read: ffender(-s, -i) *f,* ffendar(-s) *f.*
180 **bumptious** For 'gwraidd' read: gŵraidd.
181 **bur** For 'cacimwnci' read: cacimwci.
181 **burdock** For 'bawmwci' read: baw mwci.
181 **burglar** Add: byrglar(-iaid).
182 **burning^{1}** After 'llosg' add: yngh|ynn.
183 **burst 1.** *(d)* For **the horses ~ into gallop** read: **the horses ~ into a gallop.**
183 Add: **Burundi** *Pr.n. Pol*: Bwrwndi *f.*
183 Add: **Burundian** a. & n. **1.** *a.* Bwrwndaidd, o Fwrwndi. **2.** *n.* Bwrwndiad (Bwrwndiaid) *m&f.*
184 Under **business** add: **will they do the ~?,** a wnân nhw'r hyn sy'n rhaid? **will the ointment do the business?** a wnaiff yr eli'r gwaith? Also add: **~ park** *n.* parc(-iau) (*m*) busnes. **~ studies** *n.* astudiaethau (*pl.*) busnes. Delete the entry '**4. = busyness** . . . (gwragedd busnes)' and replace by: **4. = busyness. ~-girl** *n.* merch(-ed) (*f*) siop. **~ manager** *n.* rheolwr (rheolwyr) (*m*) busnes, rhe|olwraig (*f*) fusnes.
184 Add: **businesslike** *a.* **1.** *(pers.):* pwrpasol, effeithiol, trefnus, di-lol, diffwdan, dethau, dechau, o gwmpas eich pethau. **2.** *(transaction):* o ddifrif, trefnus.
184 Add: **businessman** *n.* dyn(-ion) (*m*) busnes.
184 Add: **businesswoman** *n.f.* merch fusnes (merched busnes), gwr|aig fusnes (gwragedd busnes).
184 Add: **bustier** *n. Cost:* bodis(-iau) *m.*
184 **bustle^{1}** Add: bwrlwm *m.*
184 **bustling** Add: byrlymus.
184 **busy** Add: **we're very ~,** 'rydym ni'n brysur iawn, mae hi'n brysur iawn arnom ni.

184 **busybody** For 'ym mrwes pawb' read: ym mrywes pawb.
185 **Butetown** *W.Pl.n.* Add: *(near Rumney, not in Cardiff):*
185 **butter**[1] **1.** At l.4 add: (ni) before 'lyncai' and before 'thoddai'.
186 **buzz** Add: **~-word** *n.* bri-air (~-eiriau) *m.*
187 **by** I. **3.** *(b)* At the foot of column 1, the lines '**(to travel) ~ rail** . . . ar gefn camel' belong in section **2.** above.
187 **by 10.** For 'mynd diawch' read: myn diawch.
188 **by-election** For 'isetholiad(-au) *mf*' read: isetholiad(-au) *m.*
188 Delete entry on **byssinosis,** and insert: **byssinosis** *n. Med.* bysinosis *m.*
188 Add: **byssus** *n. Tex:* bliant *m.*
190 **cacodemon** Add: ellyll(-on) *m.*
190 **caddy** For 'cistannau' read: cistanau.
190 Add: **Cadifor Lodge** *W.Pl.n.* Plas *(m)* Llwyni.
191 Add: **Cairene** *a. & n.* 1. *a.* Cairoaidd, o Gairo. **2.** *n.* Cairoad (Cairoaid) *m&f.*
191 Add: **Cairo** *Pr.n. Geog:* Cairo *f.*
192 **calendar**[1] Add: **~ of events,** digwyddiadur(-on) *m.*
193 **calking** After 'calciad' add: (-au).
193 **call**[1] Add: **~ centre** *n.*; canolfan *(mf)* (g)alw (canolfannau galw), canolfan (g)alwadau (canolfannau galwadau).
194 Add: **Callow** *Eng.Pl.n.* Llan Colcuch *f.*
195 **Cambrian** Add: **the Royal C~ Academy,** Academi Frenhinol Cymru.
196 **cancel**[2] **2.** *Post:* For 'diddymu' read: dil|eu.
196 **cancellation 2.** *Post:* For 'diddymiad' read: dilead(-au) *m.*
196 **cancelled** *Post:* For 'diddymedig' read: dileëdig.
197 **canister** For 'cistiau te' read: cistanau te.
198 **canter**[1] For 'carlam(-iadau) bach' read: carlam(-au) bach *m.*
199 Add: **canyoning** *vn.* dringo ceunentydd, *ceunanta.
199 **canzona** For *m* read: *f.*
199 **capacitate** For 'cynhwyso' read: cymhwyso.
200 Add: **caprice** *n.* mympwy(-on) *m*, chwiw(-iau) *f.*
204 **carer** Delete entry and insert: **carer** *n.* gofalydd(-ion) *m.*
204 Add: **carjacker** *n.* lleidr (lladron) *(m)* ceir, cipiwr (cipwyr) *(m)* ceir.
204 Add: **carjacking** *vn.* lladrata/cipio ceir.
204 Add: **Carnetown** *W.Pl.n.* Parcnewydd *m.*
207 **cartwheel** Add: llam *(m)* [yr] olwyn (llamau['r] olwyn).
207 **cascade** Add: **C~** *W.Pl.n.* Penpedairheol *m.*
210 **castle**[1] Delete *f* after 'breuddwyd'.
211 **cat**[1]: **~'s cradle** Add: cwlwm (cylymau) *(m)* cathod; and add: **~'s head** *n. Hort: (apple):* trwyn *(m)* mochyn
216 Add: **cellulite** *n. Anat:* s|eliwlit *m*, bloneg *(m)* dan y croen.
219 **certainly** Add: **she is almost ~ dead,** mae hi bron yn sicr ei bod hi'n farw; **it is almost ~ the same one,** mae hi bron yn sicr mai'r un (un) ydyw.
220 **Chain Pool** *W.Pl.n.* Llyn *(m)* Llamdda.
221 **chalybeate** After 'haearnol' add: durllyd.
222 **chance**[1] **2.** Add: **are you by any ~ related to her?** a ydych yn digwydd bod yn perthyn iddi? **is this by any ~ the book you want?** (a) oes bosib' *or* a yw'n bosib' mai dyma'r llyfr a ddymunwch?
223 **channel**[1] **5.** Add: ceuffos(-ydd) *f.*
223 **chanticleer** *n.* For 'Sianticlir' read: Sianticlîr.
223 **chapel** Add: **~-going** *a. & vn.* 1. *a.* capelgar. **2.** *vn.* capela, mynychu capel, mynychu tŷ cwrdd. Under **~-house** add: capeldy (capeldai) *m.*
223 **chapelry** After 'capelyddiaeth' add: (-au).
225 **charlotte** After 'afalau' add: pwdin mam-gu.
226 **chat**[3] Add: **~-thrush** *n.* = **robin redbreast.**
226 Add: **chasteberry** *n.* = **chaste-tree.**
227 Add: **Chechen 1.** *a.* Tsietsienaidd; *(in language):* Tsietsieneg. **2.** *n. (a) Ethn:* Tsietsien(-iaid) *m&f*; *(b) Ling:* Tsietsieneg *f, m.*
227 Add: **Chechenia, Chechnya** *Pr.n. Pol:* Tsietsienia *f.*
227 **checkerbloom:** For '~-hocsys' read: ~-hocys.
228 **cheese-paring 2.** For 'Siôn *(m)* lygad y geiniog' read: Siôn *(m)* [l]lygad y geiniog.
230 **Cheshire** For 'Swydd *(f)* Gaerlleon, Sir *(f)* Gaerlleon' read: Swydd *(f)* Gaerlleon/Gaerllion, Sir *(f)* Gaerlleon/Gaerllion.
230 **Chester** For 'Caerllion [Fawr] *f, F:* Caer *f.*' read: Caerllion/Caerlleon [Fawr] *f, F:* Caer *f.*
230 **chestnut 1.** For 'pibgenuen' read: pibgneuen.
230 **chew**[2] After 'cnoi' add: *occ:* sigl-gnoi.
234 **chive** Add: *S.W.* cenhinen dragwyddol (cennin tragwyddol) *f*, cenhinen (cennin) syfi.
238 **chuck**[6] **2.** After '(ysbodau)' add: *f.*
238 **chunky** For *n.* read: *a.*
239 **church**[1] After **C~ Island** replace entry with: *W.Pl.n. (a) (near Menai Bridge):* Ynys *(f)* Llandysilio; *(b) (near Aberffraw):* Ynys Llangwyfan.
239 **churchyard** For **bettle** read: **beetle.**
240 **cigarette** After '(-s, sigareti)' add: *f.*
240 For **chipher**[2] read: **cipher**[2].
241 **circumnavigation** After 'cylchfordwyad(-au)' for '*f*' read: *m.*
243 **citizen** After **Citizens' Advice Bureau** add: **(CAB)**; and after 'Cynghori)' add: *now renamed* **Citizens' Advice,** Cyngor ar Bopeth (CAB).
250 **clinch**[1] After 'ymgofleidio' add: ymwasgu.
250 **clint** Delete 'agen(-nau) i, hollt(-au) *f*'; and for '*Geog*' read: *Geol.*
250 Add: **clip**[2] *n. (for hair, paper &c.):* clip(-iau) *m.*
251 Add **cloner** *n.* clonwr (clonwyr) *m.*
252 **closing**[2] Add: **~ date** dyddiad(-au) *(m)* cau.
253 **clothes-hanger** Add: *S.E.* sgemren *(f)* ddillad
253 Add: **cloudrunner** *n. Z:* *brigredwr (brigredwyr) *m.*
254 **clove**[1] **2.** After 'ewin(-edd)' for '*m*' read: *f.*
254 **cloze** Add: *(attrib.)* **~ test,** prawf *(m)* llenwi'r bwlch, prawf y gair coll.
255 **Clun** Add: *(town)* Tref Golunwy *f.*
258 **cock**[1] **1.** Under **~ and hen** add: *Const:* dafad ac oen.
258 **cockleshell 2.** For 'bad bach/bychain' read: bad bach/bychan.
259 **cockscomb** For 'crib(-au) *m* ceiliog' read: crib *(mf)* ceiliog (cribau ceiliogod).
260 **coffee: ~ room** For 'lle(-oedd, -fydd)' read: lle(-oedd).
262 Add: **Colhugh** *W.Pl.n.* Col-huw *mf.*
265 **colour**[1] **1.** *(a)* Add: **let's see the colour of your money,** dewch inni weld (lliw) eich arian; dangoswch eich arian.
266 **colour**[1]: **~ circuit** For 'amdaith *(f)* lliwiau' read: amdaith *(f)* liwiau.
267 **Colwyn: Old ~** After 'Eirias' read: *mf.*
267 **combat**[1] After 'brwydr(-au) *f*' add: ymladd *vn.* Insert: *Lit:* before 'cyfranc (cyfrangau)', which should follow '(ymladdfeydd) *f*'.
268 **come** l.8 After 'a wneler' add: pa beth bynnag a ddaw/ddelo/ddigwyddo.
271 **commander** After 'pennaeth' add: (penaethiaid) *m.*
272 **commissioned** For 'comisynedig' read: comisiynedig.
272 **committal 2.** *(a)* Add: *occ:* traddodiant *m.*
273 **commonwealth**: **C~ Party** After 'Plaid' insert: *(f).*
275 **commutativity** After 'gymudol' add: *f.*
275 **compact**[2] Add: **~ disc,** cryno-ddisg(-iau) *m.*
275 **company 1.** Insert: *(= companionship):* and delete the plurals: (cwmnïau, cwmnïoedd).
275 **company 2.** *(a)* After 'cwmni' insert: (cwmnïau, cwmnïoedd), and add: *(of pilgrims, gipsies, refugees &c):* mintai (minteioedd) *f*, bagad(-au) *m.*
276 **competence** For 'cymhwysedd(-au) *m*' read: cymhwysedd (cymwyseddau) *m.*
277 **complaisance** After 'goddefgarwch' add: *m.*

277 **complementary** Delete '*& n.*'
279 **comprehensively**: the sentence '**I was impressed by the ~** . . . y drafodaeth' belongs under **comprehensiveness.**
280 **concentrate 2.** For 'canolbwytio' read: canolbwyntio.
281 **concentration 1.** *(b)* For '*Cu:*' read: *Ch:*
282 **conclude 2**: **To be concluded in the next issue** belongs under **1.** *v.t.*
283 **concurrent** For 'cyfodol' read: cydfodol.
283 **condense 2.** Delete *v.i.* and read: *Ph: Ch: (liquid, gas):* tewychu, dwysáu, cyddwyso; *v.i. (of water vapour):* troi'n ddŵr, *Ph:* cyddwyso.
284 **condition**[2] For **3. weather conditions** read: **5. weather conditions**; for **4.** *(= ailment)* read: **6.** *(= ailment)*.
284 **conduct**[1] **2.** Before *behaviour* insert: = .
285 Add: **confervite** *n. Geol:* maen *(m)* llinwydd.
294 **consultation** For 'ymgynghoriad(-au)' read: ymgynghoriad (ymgyngoriadau) *m.*
294 Add: **consultee** *n.* ymgyngoredig (-ion) *m&f.* **there were no objections from the statutory ~s,** ni fu gwrthwynebiadau fel canlyniad i'r ymgyngoriadau statudol.
295 **consumer** Add: **~ society**, cymdeithas brynwrol *f.*
303 **coot** Add: *N.W. occ*: bolcwt *f.*
316 **course**[1]: **to hesitate between two courses** For 'clofffi' read: cloffi
319 **coxa** For ***clun allgam f*** read: clun allgam *f.*
320 **crack**[3] Under **~ up 1.** for 'y mae bod cymaint' read: pam y mae cymaint *or* sut y mae hi, bod cymaint.
321 **cranberry** Add: *N.W. occ*: coch *(m)* yr aeron.
326 Delete entry on **crest**[1] and insert:
crest[1] *n.* **1.** *(of bird):* crib(-au) *fm, occ:* cribell(-au) *f; (of animal):* mwng (myngau) *m.* **2.** *(of feathers, on helm):* crib, tusw(-au) *m,* siobyn(-nau) *m.* **3.** *(of hill):* copa(-on, copâu) *fm,* ael(-iau) *f,* brig(-au) *m,* trum(-iau) *mf; (of wave):* crib, brig(-au) *m;* **on the ~ of the wave,** ar frig/grib y don; *Fig:* ar y brig, ar eich anterth, ar eich uchafbwynt. **4.** *Arch:* crib, trum. **5.** *Her:* crest(-iau) *m.* **6.** *Anat:* gwr|ym (gwrymiau) *m;* **frontal ~,** gwrym y talcen; **occipital ~,** gwrym y gwegil. **~-tile** *n.* teilsen *(f)* grib (teils crib), *Lit:* cefnbeithynen (cefnbeithynau) *f,* trumbeithynen (trumbeithynau) *f.*
327 Add: **criminalize** *v.t.* troseddoli, gwneud (rhth) yn drosedd.
327 **criminally** Add: **~ insane,** troseddol wallgof; **the criminally insane,** y troseddol wallgof *pl.*
327 Add: **Crickheath** *Eng.Pl. n.* Crug Caith *m.*
327 **cripple**[2] **1.** Add: ysigo; **2.** add: ysigo.
327 **crippled** Add: **ship crippled by gunfire,** llong ysig gan danio gynnau, llong wedi ei hysigo gan danio gynnau.
330 **cross**[3] Add: **~-border** *attrib.* o bobtu'r fin, oddeutu'r ffin, ar draws y ffin.
330 Under **cross**[3], before **~-hatch** add: **C~ Hands** *W.Pl.n.* Pentwyn *m.* For **~-hatch** read: **~-hatch**[1] and insert: **~-hatch**[2] *n. Typ:* rhifnod(-au) *m.*
331 Under **cross**[3] add: **~-passage** *n. Const: (in traditional Welsh house):* penllawr (penlloriau) *m,* bing (-oedd) *m.*
336 **cubeb** Insert: *Bot:*
338 **cup**: **~-marked** For 'cefn-nod' read: cafn-nod.
339 **curlew** Add: *N.E:* gwyllt *(m)* y mynydd.
340 **curlicue**[1] Add: **The C~** *W.Pl.n:* Moel *(f)* y Waun.
342 **customarily** Add: yn ôl yr arfer, fel rheol.
342 **customer 1.** Add: prynwr (prynwyr) *m,* prynwraig (prynwragedd) *f.* **2.** Revise entry to read: *F:* **a queer ~,** aderyn (adar) *(m)* y nos, aderyn (adar) brith, creadur(-iaid) *(m)* od/rhyfedd; **an awkward ~,** un anodd ei drin/thrin (rhai anodd eu trin); **a rough/ugly ~,** *N.W. occ:* hen jero(-s) *(m)* (hyll/garw), hen gono(-s) *(m)* hyll/garw, *S:* r(h)epsyn (rheps) *m,* hen gorgi (hen gorgwn) *m;* **a sly/shifty ~,** hen gadno/lwynog *(m)* o ddyn.
342 **cut**[2] Add: **to ~ and shut a car,** torri ac asio car.
344 Add: **cybercafe** *n.* gwe-gaffi(-s) *m.*
345 Add: **Cynon Valley** *W.Pl.n.* Cwm Cynon *m.*
345 Add: **Cyntwell** *W.Pl.n.* Y Seintwal *mf.*
345 **cywydd** Add: **to write a ~,** cywyddu; **to write cywyddau,** cywydda.
345 **Czech** Add: **the ~ Republic,** y Weriniaeth Tsiecaidd.
351 **dashing** For 'asbrol' read: asbrïol.
354 **dead** II. *n.* **1.** Add: **loud enough to awaken the ~,** digon swnllyd fel y clywai'r meirw yn y ddaear; **2.** After 'canol y nos' add: *S.W. occ:* hwyrddüwch *(m)* y nos.
355 **deal**[2] **2.** Add: **a done ~,** bargen gymell *f;* **it's a done ~,** 'does dim dewis arall, mae'r fargen wedi ei tharo'n barod.
356 Add: **deary** *int.* = dearie.
357 For *dêbâcle* read: *débâcle.* For *dêbâcles* read: *débâcles.*
357 **debouchment** For 'genau *pl.*' read: genau (geneuau) *m.*
357 **debud** After 'diflaguro' add: dadflaguro, tynnu blagur.
360 **decommission** Add: datgomisiynu.
361 Add: **decriminalize** *v.t.* dad-droseddoli; **to ~ sth,** deddfu nad yw rhth yn drosedd.
363 **default**[1] Add: **~ mode** *n. Cmptr:* modd *(m)* diofyn/atgwymp/atgwympo.
365 Add: **degu** *n. Z:* degw (degŵod, degŵaid) *m.*
365 **dehydrated** Add: dysychedig.
365 **dehydrogenase** For 'didhydr|ogenas' read: dihydr|ogenas.
366 Add: **Deira** *Eng.Pl.n. Hist:* Deifr *f.*
366 Add: **deletion** *n.* dilead(-au) *m,* dil|eu *vn.*
367 **delicatessen** Add: danteithfa (-oedd, danteithf|eydd) *f.*
368 **deluge** Add: cenllif *m.*
368 Add: **demerge** *v.t & i.* daduno.
368 Add: **demerger** *n.* daduniad(-au) *m,* daduno *vn.*
369 **demonize** Add: gwneud bwgan (o rn).
369 **demoralized** Add: penisel.
370 Add: **demure** *a.* swil, gwylaidd, llednais.
370 Add: **demurely** *adv.* yn swil, yn wylaidd &c.
370 Add: **demureness** *n.* swilder *m,* gwyleidd-dra *m,* gwylder *m,* lledneisrwydd *m.*
371 For **dapalatalization** read: **depalatalization.**
373 **depressurize** For 'dirwasgu' read: diwasgu; after 'gwynt' add: /aer.
373 **depressurized** For 'dirwasgedig' read: diwasgedig; after 'gwynt' add: /aer.
373 For ***dracin*** read: ***déraciné*** (in entry and in running head).
375 Add: **desertification** *n.* anialeiddio, anialu.
375 ***déshabillé*** For 'desabl' read: desabîl.
378 Add: **determinism** *n.* penderfyniaeth *f,* rheidiolaeth *f.*
378 Add: **determinist** *n.* penderfyniaethwr (penderfyniaethwyr) *m,* rheidiolaethwr (rheidiolaethwyr) *m,* penderfyn|iaethwraig *f,* rheidiol|aethwraig *f.*
381 **devil** Add: **D~'s Staircase** *W.Pl.n.* Penrhuddfa *m.*
382 Add: **Dewsall** *Eng.Pl. n.* Ffynnon *(f)* Dewi.
382 **Dewsbury:** *for Eng.Pl. n. read W.Pl. n.*
383 **diarrhoea 1.** *(a)* Add: *Lit. occ.:* pipre *f;* **he has ~,** *S:* mae'r dolur rhydd arno, *N:* mae'r bib arno, mae'n pibo, mae'n biblyd.
387 Add: **digibox** *n.* d|igiflwch (digiflychau) *m.*
391 **directorate** Add: cyfarwyddiaeth(-au) *f.*
402 **disqualify 1.** Add: datgymhwyso, *F:* torri allan.
404 **distemper**[1] *(b)* Add: pawen galed *f.*
407 **diversification** Add: *Agr:* arallgyfeirio *vn.*
407 **diversify** *v.t&i. Agr:* arallgyfeirio.
409 **do**[1] I. **5.** After **that will ~,** *(i)* add: bydd hynny'n ddigon da fyth.
409 **do**[1] II. **2.** Add: **oh no you don't!** o na, (ni) chei di ddim! o na, (ni) chewch chi ddim!
411 **doddle** Add: chwarae plant ydyw.
412 **dog**[1] **2.** After *creatures* add: *e.g. the fox.*
412 **dog-eared** Add: wedi'i fodio (wedi'u bodio).
413 Add: **dogtoothing** *vn. Arch:* danheddu, danheddiad (daneddiadau) *m,* danheddwaith *m.*
414 **doltish** Add: llebanaidd.
414 **doltishness** Add: llebaneiddiwch *m.*
415 **done** Add: **a ~deal,** bargen gymell *f;* **it's a ~deal,** 'does dim dewis arall, mae'r fargen wedi ei tharo; **it's all ~ and dusted,** mae popeth wedi ei ddarfod/gwpla; **when all's said and ~,** *see* **all 2.** *(b).*

418 **doubt**[1] Add: **she must have forgotten – no doubt!** rhaid ei bod hi wedi anghofio – mae'n rhaid! mae'n siŵr!

420 **downsize** *v.t.&i.* 1. *v.i.* mynd yn is, mynd i lawr, ymleihau, mynd yn llai, byw'n symlach. **2.** v.t. lleihau; *(= downgrade):* israddio.

423 **draw**[2] I. **2.** *(a)* For **breadth** read: **breath.**

424 **draw**[2] Under **~ down** add: *Fin:* didynnu., and **~-down** *n. Fin:* didyniad(-au) *m.*

424 **drawl**[2] **1.** After '/ddioglyd' add: /llaes. **2.** After '/ddidaro' add: /llaes.

425 Add: **dreadlocks** *n.pl. Hairdr:* crychgudynnau.

425 **dredge**[1] **2.** Add: cribin (*f*) ddŵr (cribiniau dŵr)

425 **dredge**[2] **2.** Add: cribinio.

425 **dredger**[1] **2.** Add: cribin (*f*) ddŵr (cribiniau dŵr).

428 **drinking** Add: **~ makes you thirsty,** wedi yfed syched sydd.

430 **drop**[2]: **~ in** Add: **do ~ in!** galw(-ch) draw/acw! paid (peidiwch) â bod yn ddieithr!

433 **duct**[1] Add: **~ tape** *n.* tâp (*m*) selio.

435 For **dumb** read: **dumb**[1]; and in **3.** add: di-glem.

435 Add: **dumb**[2] *v.t.* to **~-sth down,** gwneud (rhth) yn dwpach, twpsyneiddio (rhth).

435 Add: **dumbed** *a.* **~-down,** twpach, twpsynnaidd, wedi ei dwpsyneiddio; **a ~-down version of *Hamlet*,** *Hamlet* i'r twps.

435 **Dundreary** Add: (locsiau clustiau).

436 Add: **dunnart** *n. Z:* dynart(-iaid) *m.*

437 **dust**[1]: **~-devil** Add: awel (*f*) dro (awelon tro).

438 Add: **Dyer's Valley** *W.Pl.n.* Pant (*m*) y Lliwydd.

439 Add: **dyspraxic** *a.* dyspracsaidd, dyspracsig.

440 **E, e** Add: **e-mail**[1] *n.* e-bost *m, occ:* ehebiaeth *f*; **by ~,** trwy'r e-bost.

440 Add: **e-mail**[2] *v.t.* e-bostio. **to e-mail s.o.,** anfon e-bost at rn.

444 **ebb**[1] Add: **without ~,** di-drai, *adv.* yn ddi-drai.

452 **elder**[1] **2.** Add: **elders' seat,** y sêt fawr *f.*

452 **elderly** Add: **Wales Council for the E~ (= Age Concern Wales**), Cyngor Henoed Cymru.

453 **electric** Add: **E ~ Mountain** W.Pl.n. Mynydd (*m*) Gwefru.

453 **electronic** Under **~ mail** and after 'electronig' add: e-bost *m.*

455 **elide** Add: *v.i.* diflannu, colli.

455 **elm** Add: **~-lichen** *n. Fung:* cen (*m*) llwyfain.

456 Add: **Elvis Rock** *W.Pl. n.* Carreg (*f*) Eilfyw.

459 **emphasis** For '(pwysleisiadau)' read: (pwysleisiau).

466 **Englander** After 'Lloegriad' add: (Lloegriaid), and after 'Newydd' add *m&f.*

467 **enough 2.** *(a)* Add: **it's quite clean ~,** mae'n hen ddigon glân; **it's good ~,** mae'n (hen) ddigon da, fe wnaiff y tro;

467 **enough 2.** *(b)* After 'dan sylw' add: fe wyddoch o'r gorau beth sydd gennyf dan sylw.

469 **enthusiast** For '*pl.* selogion' read: selogyn (selogion) *m.*

477 ***espalier*** Add: coeden freichiau/freichiog (coed breichiau/breichiog) *f.*

478 **estate** For 'ystâd(-au)' read: ystâd (ystadau).

479 Add: **Estonia** *Pr.n. Geog:* Estonia *f.*

479 Add: **ethnocide** *n.* **1.** *(crime):* cenedl-laddiad *m*, lladd (*vn*) cenedl. **2.** *(criminal)* cenedl-leiddiad (~-leiddiaid) *m.*

481 For **curo** read: **euro**[1] and add: **euro**[2] *n. Num:* ewro(-s, -au) *m.*

481 Add: **Euroland** *n.* yr |Ewrodir *m.*

481 Add: **Europhile** *a. & n.* **1.** *a.* ewrogarol. **2.** *n.* ewrogarwr (ewrogarwyr) *m.*

481 Add: **Europhobe** *a. & n.* **1.** *a.* ewrogasaol. **2.** *n.* ewrogasäwr (ewrogasawyr) *m.*

481 For **Europocentric** read **Eurocentric** *a.* ewroganolog, ewrosentrig.

481 For **Europocentrism** read **Eurocentrism** *n.* ewrosentrigrwydd *m.*

481 Add: **Eurosceptic** *n.* ewroamheuwr (ewroamheuwyr) *m*, ewrosgeptig(-iaid) *m&f.*

481 Add: **Eurosceptical** *n.* ewroamheuol, ewrosgeptig, ewrosgeptigaidd.

481 Add: **Euroscepticism** *n.* ewroamheuaeth *f*, ewrosgeptigiaeth *f.*

481 Add: **Eurozone** *n.* yr |Ewrodir *m.*

482 **Eve** Add: **~'s pudding** *n. Cu.*: pwdin (*m*) afal/afalau.

482 **evening** Add: **2.** *attrib.* nosweithiol, hwyrnosol, noswyliol, beunosol.

483 **ever** Add: **~-flowing** *a.* llifeiriol, di-drai, dihysbydd.

483 **evermore** After 'angof' add: *B:* y mae eu henw yn byw byth.

483 **eversible** Add: allweiniadwy.

486 **exceedingly 2.** Add: **~ good,** rhagorol.

488 **exclusion 3.** Add: **social ~,** eithrio (*vn*) cymdeithasol.

489 **exemplary** Add: **3.** *(= by way of example):* enghreifftiol.

494 **exposure** Add: *(to radiation, danger &c):* dinoethiad(-au) *m*, agoriad(-au) *m.*

500 For **face** read: **face**[1]. After **to make/pull faces** add: **(at s.o.,** ar rn). After 'tynnu gwep[-e]' add: gwneuthur gweflau (ar rn).

501 **faced 2.** Add: **sour-~,** gwepsur.

503 **faggot**[1] **2.** Add: *N.W. occ:* peni-dyc(-s) *m.*

505 **fall**[1] **3.** *(b)* Add: cwympad(-au) *m.*

506 **fall**[1]: **~ back 1.** Add: atgwympo.

507 **false 1.** Add: **one ~ move and you're dead,** y symudiad lleiaf ac fe fyddi'n farw; gofala di neu fe fyddi'n farw.

508 **famously** After *adv.* add: **1.**; after 'orau' add: **2.** *(= as is well known):* **as he ~ said,** fel mae'n hysbys iddo ddweud, fel y dywedodd yn (fyth)gofiadwy, fel y cofir iddo ddweud, yn ei eiriau anfarwol.

510 **far**[2]: **~-out** For 'pell, pellennnig' read: pell, pellennig.

517 **fee**[2] Add: ffïo.

523 **few** Add: *Hist:* **the F~,** yr Ychydig (rai); *Lit:* **we happy ~,** ni ychydig ddedwydd rai.

524 **fichu**: Delete: *f.*

531 **fine**[3] III *n.* Insert **1.** before *(=fine weather)*; and after **2.** add: *Const:* gronynnau mân *pl.*, mân lwch *m.*

533 **finishing touch** Add: **to put the ~ touch to sth,** mireinio/caboli rhth.

533 **fire**[1] **3.** Under **friendly ~** for 'bwledi'ch ochr' read: tanio'ch ochr eich hun, tanio'ch cydfilwyr.

534 Add: **firewall** *n.* llen (*f*) dân (llenni tân), mur(-iau) (*m*) gwarchod.

535 **first** Before **~-born**, add: **~-aider** *n.* ymgeleddwr (ymgeleddwyr) *m*, ymgel|eddwraig (ymgeleddwragedd) *f*, cymhorthwr (cymhorthwyr) cyntaf *m*, cymhorthwraig gyntaf (cymorthwragedd cyntaf) *f.*

535 **first II. 1.** Add: **that's the ~ I've heard of it,** dyna newydd i mi; dyna'r tro cyntaf i mi glywed sôn amdano.

536 Add: **fishfinder** *n.* lleolwr (lleolwyr) (*m*) pysgod.

539 **flag**[1] After '(carreg llorio)' add: llechen (*f*) lorio (llechi llorio).

539 **flagon** Add: fflagon(-au) *f.*

541 **flare**[1] **2.** Revise entry to read: ymlediad(-au) *m*, *F:* fflêr(-s) *mf*; *(of trouser-leg, skirt)* godre llydan (godreon llydain) *m.*

543 **flecked** Add: **(with sth,** o rth).

544 **fleshings** For 'trysanau' read: trywsanau.

544 **flickering** After *light* add: *image.*

544 **flight**[1] **1.** *(a)* In ll.2 & 3 for 'wrtn' read: wrth.

546 **float**[1] Add: **6.** *(= petty cash):* newid (*m*) mewn llaw *or* wrth gefn.

546 **flood1 2.** After 'ffrydlif(-au) *mf*' add: cenllif *m*; and add: **a ~ of invective,** llif/ffrwd o regfeydd.

547 **flora 1.** In l.2 for 'flora' read: fflora.

550 **fly**[1] Delete *(a)* and for *(b)* read: **2.** and add: **to tie a ~,** cawio pluen. Add: **~-tier** *n. Fish:* cawiwr (caw-wyr) *m.*

551 **fly**[2] Add: **~-poster** *n.* gwibdaflennwr (gwibdaflenwyr) *m*, gwib-bosterwr (~-bosterwyr) *m*; and add: **~-tipper** *n.* gwibdaflwr (gwibdaflwyr) *(m)* sbwriel; **~-tipping** *vn.* gwibdaflu sbwriel.

551 At the end of **flyer** add: **3.** *(= handbill):* taflen(-ni) *f.*
553 **folder 2.** Add: llyfnwr (llyfnwyr) *m.*
553 **folkish** Add: gwerinol.
555 **foot-and-mouth disease** Add: *NE occ*: clwyf *(m)* cloffni a slefri.
557 **for**[1] I. At top of column 2, before **II.** add: 11. **he's getting too big ~ his boots,** mae'n mynd yn fwy na llond ei esgidiau; **it's too silly ~ words,** mae'n rhy wirion i sôn amdano; **it's too late ~ regrets,** mae'n rhy hwyr i edifarhau *or* i fod yn edifar.
560 **foreshore** Add: glastraeth(-au) *m.*
560 **Forge**[4] After *W.Pl.n.* Add: *(nr Machynlleth).*
564 For **fossa** read: **fossa**[1].
564 Add: **fossa**[2] *n. Z:* ffosa (-od, ffos|aid) *m.*
570 **free**[1]: **~-standing stone,** add: carreg sy'n sefyll ar ei phen ei hun/hunan (cerrig sy'n sefyll ar eu pennau eu hunain); **~-stone 1.** add: naddfaen (naddfeini) *m.*
571 **freebie** For 'rhodd(-ion) *f* read: peth(-au) *(m)* am ddim.
571 **freemartin** Delete entry and substitute: *n.* ffrimartin(-s) *f.*
572 **freshwater: F~ Bay** Add: Ceg *(f)* yr Afon.
575 **frog**[1] **1.** Add: **pool ~** *(R. lessonae):* llyffant y dŵr, broga'r dŵr; S.a. **bullfrog**.
575 **frogged** Revise entry to read: *a.* **1.** *Cost:* dolennog. **2.** *(brick)* pantiog.
575 **from 1.** *(a)* On l.7 for 'o un droed i'r llall' read: o'r naill droed i'r llall; add: **he went ~ one guest to another,** aeth o'r naill westai at y llall; **I received it ~ her hands,** fe'i cefais o'i dwylo hi; **~ hand to hand,** o law i law.
576 **Frome** For *Pr.n. Eng.Geog:* read: *Eng.Pl.n.*
581 **fully 1.** Add: **~ aware,** hollol ymwybodol.
581 **fun** Add: **~ centre,** hwylfan(-nau) *mf.*
583 Add: **furfur** *n. Anat:* cen *m,* m|ar(w)don *m,* cresten(-nau) *f.*
584 **furred 2.** Add: **~ tongue,** tafod gwyn; **~ arteries,** rhedwelïau crestennog.
584 Add: **furrily** *adv.* yn flewog *&c.*
584 Add: **furriness** *n.* blewogrwydd *m*; *(of tongue)* lliw gwyn *m.*
584 **furtiveness** For 'lladradeiddich' read: lladradeiddiwch.
586 **gaffer** Add: **3.** *Cin: T.V.:* prif drydanwr (~ drydanwyr) *m*; and add: **~ tape** *n.* tâp *(m)* selio.
587 **gaillardea** After '*gaillardea*' add: (*-s*).
587 Add: **Galfridian** *a. Lit:* Sieffreaidd.
590 Add: **gangmaster** *n.* criwfeistr(-i) *m.*
590 **Gaonism** For 'Rabbiniaeth' read: Rabiniaeth.
590 **gap** Add: *Husb:* **the hungry ~,** yr hirlwm *m.*
590 **gaper 3.** Revise entry to read: *Moll:* **old maid ~,** *(Mya arenaria)* cragen *(f)* blacen (cregyn blacs); **blunt ~** *(M.truncata)* clust *(f)* |eliffant (clustiau |eliffant).
592 Add: **gasholder** *n.* tanc(-iau) *(m)* nwy.
594 **gender 2.** Add: rhywiolaeth *f*; **~ reassignment,** newid *(m)* rhywiolaeth.
595 Under **genetic** add: **genetic modification,** addasiad genetaidd *m*; *(process):* addasu *(vn)* genetaidd.
595 Under **genetically** add: **~ modified,** genetaidd addasedig, a addaswyd yn enetaidd.
596 **genocide** Add: cenedl-laddiad *m.*
596 **gens** For *Art:* read: *Ant:*
598 **Gestalt** After 'gyfanweithiol' add: *f.*
601 **get**[1]: **~ off** I. Add: **3. to ~ off on a drug,** cael gwefr *(f)* o gyffur; **she gets off on gossiping,** hel clecs yw ei phleser pennaf, mae hel clecs yn fêl ar ei bysedd, mae hi wrth ei bodd yn hel clecs.
603 **gherkin** For 'pil' read: picl.
604 **gig**[3] Add: gig(-s, -iau) *mf.*
604 Add: **gig**[4] *v.i.* gigio, cynnal gig/noson.
605 **gingerbread** Add: bara *(m)* sinsir, bisgeden (bisgedi) *(f)* sinsir, bisgïen (bisgis) *(f)* sinsir.
605 **gismo** Add: *S*: bechingalw *m.*
609 Add: **glitch** *n. F:* anghaffael(-ion) *m,* nam(-au) *m,* rhywbeth *(m)* o'i le **(in sth,** ar rth).
609 **global 1.** Add: cyfanfydol.
609 Add: **globalize:** *v.t.* byd-ehangu, lledaenu (rhth) trwy'r holl fyd; **to become globalized,** ymledu/ ymehangu trwy'r byd.
609 Add: **globalized** *a.* byd-eang, cyfanfydol, dros y cyfanfyd, ledled y byd.
609 **globe 2.** *(a)* Add: y cyfanfyd *m.*
610 **globigerina** Insert: *Z:*
611 **glue**[1] Add: **~ ear** *n. Med:* clust ludiog (clustiau gludiog) *f.*
616 **goby** Revise entry to read: **goby** *n. Ich:* common ~ *(Pomatoschistus microps):* gobi (gobïod) *m,* gwyniad (gwyniaid) pendew *m*; **black ~** *(Gobius niger):* gobi du (gobïod duon); **Couch's ~** *(G. couchi):* gobi Couch; **crystal ~** *(Crystallogobius linaris):* gobi gwydraidd; **diminutive ~** *(Lebetus scorpioides):* gobi bach; **Forster's ~** *(G. forsteri):* gobi Forster; **Fries's ~** *(Lesuerigobius friesii):* gobi Fries; **giant ~** *(G. cobitis):* gobi mawr; **Guillet's ~** *(L. guilleti):* gobi Guillet; **Jeffreys's ~** *(Buena jeffreysii):* gobi Jeffreys; **leopard-spotted ~** *(Thorogobius ephippiatus):* gobi mannog; **Norway ~** *(P. norvegicus):* gobi Norwy; **painted ~** *(P. pictus):* gobi lliwgar; **redmouth ~** *(G. cruentatus):* gobi mingoch *(pron ng-g)*; **rock ~** *(G. paganellus):* bili bigog (bilis pigog) *m*; **sand ~** *(P. minutus):* gobi'r tywod; **sleeper ~**, gobi llonydd; **transparent ~** *(Aphia minuta):* gobi tryloyw; **two-spotted ~** *(Gobiusculus flavescens):* gobi brych, gwyniad brych.
616 **god** For 'yn mynwes' read: ym mynwes.
618 Add: **gongoozle** *v.i.* llygadrythu **(at sth,** ar rth)
618 Add: **gongoozler** *n. F:* llygadrythwr (llygadrythwyr) *m.*
618 **good**[1] **1.** *(a)* On l.20 for 'ddigon dda' read: ddigon da (fyth); after 'fe wna'r tro' add: fe wnaiff y tro'n iawn; and add: **it's ~enough for you,** mae'n ddifai iti.
619 **good**[1] **1.** *(a)* In column 1, l.7 for 'yn ei bryd', read: popeth yn ei bryd; add: *int:* amynedd! **2.** *(a)* On l.14 up from bottom of column 1 after **a ~ man,** add: dyn bucheddol. **3.** *(a) (in middle of column 2)* Add: **a ~ few years ago,** sawl blwyddyn yn ôl.
620 Add: **google** *v.i. Cmptr:* gwglo
620 Add: **googler** *n. Cmptr:* gwglwr (gwglwyr) *m,* g|wglwraig (gwglwragedd) *f.*
620 Add: **googling** *vn. Cmptr:* gwglo.
622 **gospel** Add: **G~ Pass** *W.Pl.n.* Bwlch *(m)* yr Efengyl.
622 **governmental** Add: llywodraethol; **non-~,** anllywodraethol.
624 **grain**[1] **1.** *(a)* Add: llwchyn, llychyn *m.*
628 **grayling** Add: *S.W: occ:* molfrith(-od) *m.*
629 **greatly** Add: **we ~ hope**, mawr obeithiwn, 'rydym yn mawr obeithio.
629 **green**[1] In second column add: **G~ Scar** *W.Pl.n.* Y Sger Las *f.*
630 Add: **greenspace** *n.* gwyrddfan(-nau) *mf.*
631 Add: **Gribin Facet** *W.Pl.n.* Clogwyn *(m)* y Tarw.
631 **grike** After 'greic' add: (-iau).
631 **grimace**[2] Add: *S.* gwneuthur gweflau.
632 **grist**[1] After 'yd mâl' add: siliaid *m.*
634 **ground ivy** Add: *S.W.:* troed *(m)* y gath.
637 **guelder rose** Add: *S.E.:* pren *(m)* y gŵr drwg.
637 **Guernsey: ~ orchis** After 'tegeirian' add: (-au).
637 **Guianese** For '(Gïanaid)' read: (Gianaid).
639 **gunge, gunk** For 'frwcsach' read: ffrwcsach.
639 **gurnard** Add: **long-finned ~** *(Aspitrigla obscura):* chwyrnwr asgell hir.
640 **gut**[1] **2.** For 'casau lliw perfedd rhn' read: casáu lliw perfedd rhn.
640 Add: **gutted** *a.* 1. *(fish &c):* diberfedd, wedi'i d[d]iberfeddu. **2.** *F:* **we were ~ to hear,** 'roeddem ni'n swp sâl o glywed.
643 **ha-ha** Add: moelglawdd (moelgloddiau) *m.*
642 Add: **Hackerford** *W.Pl.n.* Rhyd *(f)* y Bilwg.
644 **Hainault** For *m* read: *f.*
646 Add: **Halfway** *W.Pl.n.* Tir *(m)* Ymryson. **~ Bridge** *W.Pl.n. (near Bethesda):* Pont *(f)* y Pandy.

647 **hammer**[1] Under **~-toe** for 'bawd cam (bodiau ceimion) *m*' read: bawd gam (bodiau ceimion) *f.*
648 **hand**[1] **1.** On l.1 of first column read: **a crooked ~, a deformed ~,** llaw gam, *F: occ:* llaw fach *f*; on l.27 of first column after **many hands make light work** add: llaw lliaws am waith; add: **the ~ that rocks the cradle rules the world,** y dyner law sy'n siglo'r crud yw'r llaw sy'n llywodraethu'r byd.
649 For **handbag** read: **handbag**[1] and add: **handbag**[2] *v.t. Joc:* taro/bwrw (rhn) â bag llaw, *llawfagio (rhn).
650 Add: **hands-on** *a. Cmptr:* (a wneir) â'r dwylo; *(= active):* gweithredol.
650 **hang**[1] **1.** *(c)* Add: **you'll soon get the ~ of it,** buan y deui di (y dewch chi) iddi.
652 **happy 1.** *(b)* Add: **oh! ~ day!** o! ddedwydd ddydd!.
652 **happy**: **~-go-lucky fashion** After 'ffwrdd-â-hi' add: *or* unrhyw sut; **H~ Valley 2.** for 'Maethon' read: Maethlon.
652 **harbour**[1] Add: **H~ Village** *W.Pl.n.* Pen-cw *m.*
652 **hard**[1] I. **1.** On l.2 after 'caletaf)' add: *occ:* durol.
653 **hard**[1] II. **1.** *(b)* After: **to be ~ pressed (to do sth),** add: bod yn eich gwaith yn gwneud rhth.
653 **hard**[1]: **~-hitting** In second column after 'didrugaredd' add: grymus *occ:* pwyol.
653 **hard**[2] **1.** Add: *(ground)* llawr (lloriau) caled *m*; **green ~,** llain werdd galed (lleiniau gwyrdd caled) *f.*
654 **hare**[1]: **~-lip** Add: gwefl adwyog *f.*
654 **harewood** Add: *Carp:*
656 **harvestman** Revise entry to read: *n. Arach:* carw *(m)*'r gwellt (ceirw'r gwellt), carw (ceirw)'r brwyn, medelwr (medelwyr) *m*, teiliwr (teilwriaid) *m.*
656 **hash**[4] For 'stwnshio' read: stwnsio.
657 Add: **hatched**[1] *a. (egg):* wedi deor; **newly ~,** newydd ddeor; **~ brood,** deoraid (deoreidiau) *m.*
657 Add: **hatched**[2] *a. (map):* mân-linellog
657 For **hatching** read: **hatching1** and revise entry to read: *vn. (of egg):* deor *vn*, deoriad(-au) *m.*
657 Add: **hatching**[2] *vn. (on map):* mân linellau *pl.* mân-linelliad(-au) *m.*
657 Add: **hatted** *a.* â het/hat am eich pen (*not* ar eich pen), yn gwisgo het/hat.
659 **haven** *(b)* Add: **a ~ of repose,** lle i enaid gael llonydd.
660 **hawkweed** Add: **Welsh ~,** heboglys Cymr|eig
663 **head**[1]: **~-up** Add: **~-up display**, arddangosiad *(m)* cyferbyn â'r llygaid.
666 **heat**[1] **3.** *(b)* On ll.2 & 3 of second column, for **an ewe in ~,** read: **a ewe in ~,** and for 'myharenna' read: maharenna; for 'myharen' read: maharen.
667 **heather** after **bell~** add: clychau*(pl.)*'r grug.
669 Add: **heft**[3] *v.t. Husb:* cynefino, *S: occ:* arosfeio.
669 Add: **hefted** *a. Husb:* cynefin, wedi cynefino.
670 **hell** In l.5 of second column, after **come ~ or high water,** add: doed a ddelo, deued dilyw, deued tân; and in l.3 after **Neigwl** insert **2.**
673 **Heptarchy** Add: *f.*
673 **Heraclitean** For 'Heracliteaidd' read: Heraclitaidd.
677 Add: **Hiberno-English** *a & n. Ling:* **1.** *a.* Eingl-Wyddeleg. **2.** *n.* Eingl-Wyddeleg *f, m.*
679 **highlight**[2] Add: *Cmptr:* amlygu.
679 Add: **Highlight** *W.Pl.n.* Uchelolau *m.*
681 Add: **hirundin** *n. Bio.-Ch.:* hirwndin *m.*
682 Add: **hissy fit** *n. F:* **to throw a ~ fit,** cael sterics, strancio.
684 For **hoi poloi** read: **hoi polloi**; and add: *F:* y werin *(f)* gaws.
684 Add: **holandric** *a. Bio.Ch.:* holandrig.
685 **hold**[1] Add: **3. to put sth. on ~,** gohirio rhth.
686 **Holland** For 'Holand *m*' read: Holand *f.*
688 **homicide**[1] Revise entry to read: *n. Jur: (criminal):* **1.** *(in British law):* lleiddiad (lleiddiaid) *m.* **2.** *U.S:* = **murderer.**
688 **homicide**[2] Revise entry to read: *n. Jur: (crime)*: **1.** *(in British law):* lladdiad(-au) *m*, lladd *vn.*; **culpable ~,** lladdiad/lladd beius; **justifiable ~,** lladdiad/lladd cyfiawnadwy. **2** *U.S:* = **murder.**
688 **homeostasis** For 'homeostatis' read: 'homeostasis'.
688 **homo**[2] For 'mihifi-myhafan(-od) *m*' read: mihifir-mihafar(-s) *m*, and add: cadi-ffanni(-s) *mf*, cadi-martha(-s) *mf.*
688 Add: **homoerotic** *a.* homo-erotig, homo-erotaidd.
688 Add: **homoerotocism** *n.* homo-erotiaeth *f.*
688 **homonym** For 'h|omonyn' read: h|omonym.
688 Add: **homophile** *a. & n.* **1.** homoffilaidd. **2.** *n.* homoffiliad (homoffiliaid) *m&f.*
688 Add: **homophobe** *n.* homoffobiad (homoffobiaid) *m.*
688 Add: **homophobia** *n.* homoffobia *m.*
688 Add: **homophobic** *a.* homoffobaidd, homoffobig.
688 **homosexuality** Delete *S.a.* **gay**[2].
691 **hope**[2] Add: **I greatly ~, I ~ very much,** mawr obeithiaf, 'rwy'n mawr obeithio, gobeithio'n fawr; **we ~ to go,** gobeithiwn fynd (*not* i fynd).
692 **horse**[1] **1.** Add: **it's a case of horses for courses,** mae'n fater o ffitio'r bluen i'r dŵr.
693 **horseshoe** Add: **H~ Falls** *W.Pl.n.* Rhaeadr *(f)* Llantysilio, Rhaeadr y Bedol.
695 **house**[1] **1.** Add: **in our~,** yn ein tŷ ni, *F:* acw.
696 **housing**[1] **2.** Add: amglawr (amgloriau) *m.*
696 **how**[1] After '*Cr:* **~'s that!** beth amdani!' add: **and ~!** *S:* os do fe!
697 **hue**[2] Under **~ and cry** add: helfa *(f)* ddolef.
698 **humble**[1] Delete **1.** and add: **the ~ earthworm,** y mwydyn dinod, y pryf genwair dinod; **welcome to my ~ abode,** croeso i'm cartref dinod.
699 **hunch**[1] **2.** *F:* Add: amheuaeth *f*, amheuon *pl.*
700 **hundred**[2] Add: **H~ House** *W.Pl.n.* yr Hwndrwd *m.*
700 **hundredth** Add: **two ~,** deuganfed; **three ~,** trichanfed.
700 **hunger**[1] **2.** Add: **to have a ~ for sth,** newynu am rth, bod â newyn arnoch am rth.
700 **hungry** Add: *Husb*: **the ~ gap,** yr hirlwm *m.*
700 **hunks** For 'gingro' read: gingron.
701 **Hussite 2.** Add: Hwsaidd.
701 **hutch**[1] Add: cwb(-au, cybiau) *m*, cwtsh(-is) *m.*
702 **Hyades** Add: *f.*
702 **hydra** dyfrneidr, dyfrsarff belong under **2.**
703 **hymn**[1] Add: **~-sheet** *n.* taflen(-ni) *(f)* emynau; **to sing from the same ~-sheet**, canu'r un dôn â'ch gilydd.
704 Add: **hyperlink** *n. Cmptr:* goruwchgyswllt (goruwchgysylltau) *m*, hypergyswllt (hypergysylltau) *m.*
704 **hypha** For '(edau)' read: (edeifion, edefynnau).
706 **ice**[1] Add: **~ maiden** *n.* rhiain (rhianedd) *(f)* y rhew.
709 Add: **Idwal Slabs** *W.Pl.n.* Rhiwiau *(pl.)* Caws.
709 **if**: *A:* Add: **~ not,** os amgen, onid e; *(e)* add: **it'll teach her not to meddle, ~ nothing else,** bydd yn wers iddi beidio â busnesu o leiaf *or* pe na bai'n gwneud dim arall.
709 **if**: *B:* Add: **~ not**, pe[d] amgen, onid e; in col.2, l.28 for petae read: petai.
719 **improve 2.** Add: **you'll ~**, *F:* fe ddeui/ddoi di (fe ddewch/ddowch chi).
723 **income**: **~ support** Replace entry by: cymhorthdal (cymorthdaliadau) *(m)* incwm.
729 **indubitable** Add: di-os.
731 **inexhaustible** Add: di-ball, di-drai.
731 **infant** Add: **the ~ Jesus,** y baban Iesu.
733 **infinity** After 'rhesymau di-rif' add: di-rifedi; after 'anfeidredd' : **~ pool** *n.* pwll (pyllau) diderfyn *m.*
733 **inform 1.** Add: *(b) (=instruct):* hyddysgu, hyfforddi.
735 **ingrained 2.** After 'cynhwynol' add: annileadwy.
749 Add: **intranet** *n. Cmptr:* mewnrwyd(-au) *f.*
751 **investigate** Add: **hearing a noise, she went to ~,** o glywed sŵn, aeth i weld (pa) beth oedd.
752 **inveterate** *(b)* Add: anedifeiriol. Add: **~ liar,** celwyddgi diedifar/rhonc.
753 **Iranian** For 'Persiaidd' read: Persaidd.
756 **Islamist 1.** Delete entry and insert: *Pol.* Islamydd(-ion) *m.*
756 Add: **Island Green** *W.Pl.n.* Y Werddon *f.*
761 **Jack**[1] I. After **~ of all trades** add: Twm pob tamaid.

762 Add: **jackstick** *n.* = **quillstick**.
764 **jerbil** Add: llygoden (*f*) dywod (llygod tywod).
766 **Joan: ~ of Arc** For **d'Arc** read: Darc.
766 **job** Add: **~ directory**, swyddiadur(-on) *m.*
766 **jobber 1.** Add: stocwas (stocweision) *m.*
767 Add: **jobcentre** *n.* canolfan (*mf*) (g)waith (canolfannau gwaith).
767 Add: **jobclub** *n.* clwb (clybiau) (*m*) gwaith.
767 Add: **jobfinder** *n.* **~('s) grant** *n.* grant(-iau) (*m*) canfod gwaith; **~ pack** *n.*, pecyn(-nau) *(m)* canfod gwaith; **~ (scheme)** *n.* cynllun (*m*) canfod gwaith.
767 Add: **Jobsearch Plus** *n.* Gweithdy (*m*) Ceisio Gwaith.
767 Add: **jobseeker** *n.* ceisiwr (ceiswyr) (*m*) gwaith; **~-centred** *a.* seiliedig ar ofynion ceisiwr gwaith; **~ direction** *n.* cyfeiriad(-au) (*m*) ceisiwr gwaith; **~'s agreement** *n.* cytundeb(-au) (*m*) ceisiwr gwaith; **~'s allowance** *n.* lwfans(-au) (*m*) ceisio gwaith; **~'s charter** *n.* siarter (*m*) ceisiwr gwaith.
767 Add: **jobsfair** *n.*ffair (*f*) waith (ffeiriau gwaith).
767 Add: **jobsworth** *n. F:* Siôn (*m*) mewn swydd.
767 **John**[1]**: ~ Bull** Add: Jac Sais *m*; after **~-o'-Groat's to Land's End** add: o'r naill ben i'r ynys i'r llall.
771 Add: **juicer** *n.* gwasgwr (gwasgwyr) (*m*) ffrwythau.
772–3 **just** II. **1.** *(b)* Add: **~ as good,** llawn cystal; **~ as bad,** llawn cynddrwg: **~ as dangerous,** yr un mor beryglus, llawn mor beryglus; **3.** After 'fy nghinio' add: (fwy neu lai); **4. she only ~ arrived in time,** prin gyrraedd mewn pryd a wnaeth hi, prin y cyrhaeddodd mewn pryd; **5.** add: **J~ William,** neb ond Wiliam, dim ond Wiliam; in last but one line of entry, for ''dawn' read: 'tawn.
774 **Kashmir** After 'Cashmir' for *m* read: *f*.
774 Add **Kazakh** *a. & n. Ethn:* **1.** *a.* Casachaidd. **2.** *n. (a) Ethn:* Casach(-iaid) *m&f*; *(b) Ling:* Casacheg *f*, *m*.
774 Add: **Kazakhstan** *Pr.n. Geog:* Casachst|an *f*.
777 Add: **Kells** *Irish Pl.n.* Calys *mf*.
777 **kennel**[1] Add: **~ cough** *n. Vet:* peswch (*m*) y cŵn.
778 For **Ketch**[1] read: **ketch**[1]; and for ***ketch(-es)*** read: cetsh(-is). For **ketch**[2] read **Ketch**[2].
778 Add: **Kevlar** *n. R.T.M.* ***Kevlar*** m.
778 **khurchatovium** For 'kurchatofiwm' read: cwrsiatofiwm.
779 **kick**[1] **1.** After 'cael yr hwi' add: cael blaen troed.
779 **kid**[4] On last line for 'fod' read: bod.
779 **Killarney** Add: **~ fern** *n. (Trichomanes speciosum): N.W. occ:* llugwe fawr *f*.
779 **Kidwelly** Delete: *m*.
779 **Kildare** Add: *f*.
779 **Killarney** Add: *f*.
780 Add: **kiloparsec** *n. Astron:* ciloparsec(-(i)au) *m*.
781 Add **Kingsland** *W.Pl.n. (Holyhead):* Penllechnêst *f*.
783 **knee**[1]**: ~-jerk** Add: **~-jerk reaction,** adwaith (adweithiau) (*m*) greddfol/awtomatig.
783 **knickerbocker**: **K~ glory** Add: *Joc.* gogoniant (*m*) mewn gwydryn.
785 **knoll** Add: **The Knoll** W.Pl.n. Y Gnol *f*.
786 **know**[2] **2.** Add: **before you ~ it, before you ~ where you are,** cyn ichi droi rownd.
787 **known** Add: **it has been ~ for doctors to make mistakes,** fe wyddys y gall meddygon gamgymryd; **could he have been attacked by a wolf? – it's been ~,** oes bosib' mai blaidd a fu'n ymosod arno? – digon posib'.
787 **koromiko** Add: coromico *m*.
787 Add: **Kosovan** *a. & n.* 1. *a.* Cosofaidd. **2.** *n.* Cosofiad (Cosofiaid) *m&f*.
787 Add: **Kosovo** *Pr.n. Pol:* C|osofo *f*.
790 **Labrador** After 'Cerrynt' insert: (*m*).
792 **lager**: **~ lout** Add: *N.W: occ:* lembo(-s) (*m*) lỳsh.
792 **Lakeside**[2] For 'Glan (*m*) y Llyn' read: Glan (*f*) y Llyn.
797 **laptop** *n. Cmptr:* cyfrifiadur(-on) *(m)* ar lin.
797 **large** I. l.15 After 'yn (reit) iach' add: yn llond ei groen.
799 **late** II. **2.** Add: **later on**, yn hwyrach, yn nes ymlaen.
800 **lattice** Add: **~ tart**, teisen(-nau, -ni) (*f*) ffenest[r] *(also = Battenberg cake)*, teisen rwyllog (teisennau rhwyllog).
802 Add: **lave net** n. *Fish: S:* rhwyd(-i) (*f*) lampo.
805 **Leadbrook** For 'Lleprog *m*' read: Lleprog *f*.
807 **least 2.** Add: **he's not in the ~ like his sister,** nid yw'n debyg o gwbl i'w chwaer; **to say the ~**, a dweud y lleiaf; **the ~ you can do**, y (peth) lleiaf y gelli di ei wneud. **3.** Add: **it's too early to set off, not ~ because it may rain,** mae'n rhy gynnar i gychwyn, yn anad dim oherwydd y gall hi lawio; **we were all glad to arrive, not ~ Gwyn,** 'roeddem i gyd yn falch o gyrraedd, yn enwedig Gwyn *or* a Gwyn yn anad neb; **when I ~ expected it,** pan nad oeddwn i prin yn ei ddisgwyl, pan oeddwn i'n ei ddisgwyl leia'n y byd; **no-one must know, ~ of all our neighbours,** ni ddylai neb gael gwybod, a'n cymdogion yn anad neb.
807 **leather**[1]**: ~-back** Revise entry to read: **~-back (turtle)** *n. Rept:* crwban(-od) (*m*) môr cefn lledr.
808 **ledger: ~-line** Add: gorlinell(-au) *f*.
810 Add: **Leintwardine** *Eng.Pl.n.* Brewyn *m*.
812 **leopard**: **~'s bane** Add: llaith (*m*) y llewpard.
816 Add: **Liberia** *Pr.n. Pol:* Liberia *f*.
816 Add: **Liberian** *a. & n.* 1. *a.* Liberaidd, o Liberia. **2.** *n.* Liberiad (Liberiaid) *m&f*.
818 **lie**[2] For 'celwydau' read: celwyddau.
821 Add: **Lighthouse Cove** *W.Pl.n.* Porth (*f*) y Trwyn Du.
821 **like**[1] I. **1.** l.6 For 'ei bydd' read: y bydd.
822 **like**[1] IV. Add: **the likes of X, Y, Z,** pobl debyg i X, Y, Z, pobl megis/fel X, Y, Z a'u tebyg.
826 **line**[1] Add: **~-dancer** *n.* dawnsiwr (dawnswyr) (*m*) mewn rhes, dawnswraig (dawnswragedd) (*f*) mewn rhes; **~- dancing** *vn.* dawnsio mewn rhes.
826 **ling**[1] For: 'brenhinbysg(-od)' read: brenhinbysg (breninbysgod) *m*.
828 **lip**[1] Before **~-sync[h]** add: **~-speaker** *n.* gwefuseiriwr (gwefuseirwyr) *m*.
828 Add: **liposuction** *n. Med:* *liposugno *vn.*, *liposugnad(-au) *m*.
829 Add: **Lisworney** *W.Pl.n.* Llyswyrny *fm*.
830 **live**[2] **1.** *(a)* Add: **as I ~ and breathe!** 'tawn i'n marw!, 'tawn i byth o'r fan!, ar f'enaid i!
832 **Llanmerewig** For 'Llanfair (*f*) yr Ewig' read: Llamyrewig *m*.
832 Add: **Llantysilio Green** *W.Pl.n.* Coed (*m*) Hyrddyn.
834 **locale** Add: oedfan(-nau) *mf*, lleoliad(-au) *m*, mangre(-oedd) *fm*.
834 Add: **Lock's Common** *W.Pl.n.* Comin (*m*) Lock.
835 **lodge**[1] **1.** For *(of porter, gamekeeer &c)* read: *(of porter, gamekeeper &c)*.
835 **log**[2] **1.** Add: *Cmptr:* **to ~ on**, logio, arlogio; **to ~ off**, dadlogio.
836 **loggerhead**: **~ turtle**: Revise entry to read: **~ turtle** *n. Rept:* crwban(-od) (*m*) môr pendew; **Kemp's ~ turtle**, crwban môr pendew Kemp.
836 **Loggerheads** *W.Pl.n.* Delete whole entry.
837 **long**[1] II. **2.** In column 2, l.9 after **before/ere ~** add: yn fuan, cyn pen dim, cyn pen fawr o dro. III. **1.** *(a)* **so ~** add: *(more correctly)* da bo iti (ichi)!
841 **lord**[1] **L~ Lieutenant** For 'Arlgwydd' read: Arglwydd.
844 **minnow** Revise entry to read: *n. Ich: (Phoxinus phoxinus):* pilcodyn (pilcod) *m*, *occ:* sildyn(-nod, sildod) *m*, silgotsyn (silgots) *m*, crothell (crethyll) (*f*) y dom; **to fish for minnows**, pilcota, silgotsa.
852 Add: **Madley** *Eng.Pl.n.* Llanefrddil *f*.
852 Add: **Madrilene** *a. & n.* **1.** *a.* o Fadrid. **2.** *n.* brodor(-ion) (*m*) o Fadrid, brodores(-au) (*f*) o Fadrid.
855 **major**[2] **1.** Add: blaenaf, helaeth; and add: *P.N.:* **~ road works**, gwaith ffordd pwysig.
855 Add: **makable** *a.* gwneuthuradwy.
856 Add: **makeover** *n.* gweddnewidiad(-au) *m*.
858 **Malmesbury** For 'Mambri *m*' read: Mambri *mf*.
860 **managing** Under **~ director** add: cyfarwyddwr rheoli.

861 **mangel(-wurzel)** Add: *F:* mangsen (mangs) *f.*
863 **many 1.** In l.4 add: **~'s the time.**
865 **marginal: ~ land** Add: *occ*: godir(-oedd) *m.*
867 **marshwort** Add: *SW:* gwl|ydd *m.*
869 **mass² 1.** *(a)* Add: cyfangorff *m. (pron. ng-g)*, cyfan *m.*
872 Add: **Mawfield** *Eng.Pl.n.* Maes *(m)* Mael Lychau, Ynys *(f)* Efrddil.
872 **may¹ 1.** Add: **she ~ well be right**, dichon ei bod hi'n gywir.
873 **may¹ 2.** Add: *in purpose clauses, the present tense of the subjunctive is in literary use:* **so that I ~see her,** fel y gwelwyf hi *or* fel y gallwyf ei gweld; **so that we ~ succeed,** fel y gallom lwyddo. **4.** Add: *in wishes, curses and injunctions, the imperative and jussive forms of the verb are used:* **~ you be happy!** bydd(-wch) yn hapus! **~ it never be forgotten,** nac aed/eled byth o gof! nac anghofier ef! **~ it be so!** bid /boed felly! **~ the light shine on you!** llewyrched y goleuni arnat (arnoch)! **~ they rot in hell!** yn boeth y bôn nhw! i gythraul â nhw!
873 **McCarthyite** Revise entry to read: *a. & n. U.S. Pol:* 1. *a.* McCarthyaidd. **2.** *n.* McCarthyad (McCarthyaid) *m&f.*
874 **mean³ 2.** Add: cas, *S: F:* mên.
878 **megajoule** For *f* read *m.*
879 **melodious** Add: perorol.
879 **melodiousness** Add: peroriaeth *f.*
879 Add: **meme** *n. Phil:* mêm (memau) *m.*
881 **mentor** Read: **mentor¹**.
881 Add: **mentor²** *v.t.* addysgu, hyfforddi, mentora, *F:* rhoi/dodi/gosod (rhn) ar ben y ffordd.
882 **mere²** Add: **for a ~ pound, it's worth buying,** o a wnelo punt, mae'n werth ei brynu.
882 Add: **Mersey** *Pr.n. Geog:* Mersi *f, Lit: occ:* Merswy *f.*
882 Add: **Merseyside** *Pr.n. Geog:* Glannau *(pl.)* Mersi/ Merswy.
882 Add: **Merseysider** *n.* rhn (rhai) *(mf)* o Lannau Mersi/ Merswy.
882 ***merveille du jour*** In the Welsh entry, for *merveilles du jour* read: *merveille (f) du jour*.
883 **message¹** Add: **off ~,** heb roi'r neges gywir, heb fod yn rhoi'r neges gywir.
886 Add: **microbicide** *n.* microbleiddiad (microbleiddiaid) *m.*
887 Add: **micromanage** *v.t.* manwlreoli.
887 Add: **micromanagement** *n.* manwlreolaeth *f*, manwlreoli *vn.*
887 Add: **micromanager** *n.* manwlreolwr (manwlreolwyr) *m.*
Add: **microrobot** *n.* microrobot(-au) *m.*
888 **Middletown** Add: **~ Hill** *W.Pl.n.* Cefn *(m)* y Cestyll.
889 Add: **migraineur** *n.* meigrynwr (meigrynwyr) *m.*
889 **mikado** After 'micado' add: (-s, -aid) *m.*
891 **milky** Under **M~ Way** add: Llwybr y Mab Afradlon, y Llwybr Fforchog, Llwybr y Llanc, Llwybr Caer Gwydion, Llwybrau *(pl.)* Gwydion.
891 **mill¹** Under **M~ Bay** add: Porth *(f)* y Felin.
893 **mind² 4.** Add: gochel *S: F:* gwachel. Under **~ what you're doing** add: *S:* gwachel (gwachlwch) be' 'dych chi'n ei wneud.
894 **miner** Add: **Miners' Bridge** *W. Pl.n.* Pont *(f)* y Mwynwyr; **Miners' Track** *W.Pl.n.* Llwybr *(m)* y Mwynwyr.
894 Add: **minibreak** *n.* saib bychan/byr (seibiau bychain/ byrion) *m.*
894 Add: **minidish** *n. T.V:* miniddysgl(-au) *f.*
899 **mission** Add: **~ statement,** datganiad(-au) *(m)* cenhadaeth.
899 **mistake¹** Under **to make a ~** add: methu.
899 **mistaken** Under **to be ~** add: methu; **if I am not ~** add: onid wyf yn methu.
899 **mister** For 'Br.' read: Br
901 **mobile¹ 1.** *(a)* Add: **~ phone,** ffôn (ffonau) symudol *m, F:* ffôn poced, ffôn ar y lôn.
901 **mock³ 1.** Add: *B*: **God is not mocked,** ni watwerir Duw, ni chaiff Duw mo'i watwar.
902 **Mohockism** Add: *Hist:*
904 Add: **Monaughty** *W.Pl.n.* Mynachdy *(m)* Bleddfa.
905 **monitor²** For 'monitorio' read: m|onitro.
905 **monitored** For 'arolygaeth' read: arolygiaeth; for monitoredig' read: monitredig.
905 Add: **monjon** *n. Z:* monjon(-iaid) *m.*
905 **monkeypox** *n. Path:* brech *(f)* mwnci.
912 Add: **motherboard** *n. Cmptr*: mamfwrdd (mamfyrddau) *m*, mamford(-ydd) *f.*
913 **motor¹ 1.** *a.* Add:**~ region,** rhanbarth(-au) *(m)* gyriant.
915 Add **mousepox** *n. Path*: brech *(f)* y llygod.
918 **mug⁴** Add: ysbeilio (rhn).
918 **mugger¹** Add: ysbeiliwr (ysbeilwyr) *m*, lleidr (lladron) *(m)* pen ffordd.
918 **mull¹** Add: sgrim *m.*
921 **musical 1.** *(b)* Add: perorol.
922 **must³ 1.** *(b)* After 'colli'r trên' add: **yes, he ~ have,** do mae'n rhaid.
926 **naiad** Add **3.** *Bot:* = **stag's horn weed**, *See* **stag¹**.
926 **namby-pamby** After 'gwlanen' add: *f*; after 'brechdan' add: *f.*
927 **nameless** Add: **the N~ Cwm** *W.Pl.n.* Cwm *(m)* Cneifion; **the N~ Peak** *W.Pl.n.* Mynydd *(m)* y Gaseg.
927 **name²** For 'rhoddwyd Bedr yn enw arno' read: rhoddwyd Pedr yn enw arno.
927 Add: **nanobot** *n.* n|anobot (nanobotau) *m.*
927 Add: **nanotechnology** *n.* nanotechnoleg *f.*
928 **Nash** Add: **~ Manor** *W.Pl.n.* Plas *(m)* yr As.
928 **natterjack** Add: llyffant y twyni.
929 **nauseous** Add: *(sick)* sâl, cyfoglyd.
929 **nauseousness** Add: *(sick feeling)* saldra *m*, cyfog *m.*
930 **nearly 2.** *(a)* Add: **we were very ~ killed,** bu ond y dim inni gael ein lladd.
931 **necklace** Add: **~ shell** *n. Moll:* malwen/malwoden *(f)* dorch (malwod torch).
932 **ne'er-do-well** Add: oferwr (oferwyr) *m*, oferddyn(-ion) *m.*
932 **négligé, négligée** Delete whole entry and add: **négligé** *n.* gwisg ddiofal *f.* ***négligée*** *n. Cost:* ***négligée(-s)*** *f*, gŵn main (gynau meinion) *m.*
933 Add: **neinei** *n. Bot: (Dracophyllum):* neinei *m.*
934 **nerd** For 'gwlanen *m*' read: gwlanen*(*-ni, -nau*) f*; add: **computer ~**, gwlanen gyfrifiadurol.
936 **newt** Add: **great crested ~** *(Triturus cristatus):* madfall ddŵr gribog (madfallod dŵr cribog); **smooth ~** *(T. vulgaris):* madfall ddŵr gyffredin (madfallod dŵr cyffredin); **palmate ~** *(T. helveticus):* madfall ddŵr balfog (madfallod dŵr palfog).
937Add: **NHS** *acronym (National Health Service)*, GIG (Gwasanaeth Iechyd Gwladol) *m.*
938 **night 2.** After 'nosweithiau' add: *f*; and add: **to retire for the ~**, noswylio, mynd i'r gwely; **to have a ~ off**, cael noson rydd, *occ:* cael noswyl; **three (consecutive) nights,** teirnos *f*; **the first ~**, y noson gyntaf; **the last ~ of the concerts,** noson olaf y cyngherddau. **3.** Delete from '*(of play &c)*' to 'o garu'.
938 **nightly 1.** *(a)* Add: noswyliol.
939 **nine 1.** Add: **the N~ Worthies,** y Nawnyn Union, y Nawyr Teilwng; **a cat has ~ lives** *S.E: occ:* mae naw chwythod *(m)* mewn cath.
941 **no¹** Add: **~-fly zone,** rhanbarth(-au) *(m)* gwahardd hedfan.
945 **Northop**: **~ Hall** For 'Pentre Catheral' read: Pentre Moch *m.*
947 **not 2.** In column 1, l.21 after **~ to worry!** add: **worry ~!**; and in l.22 after 'na phoener' add: **fear ~!** nac ofna (ofnwch)! nac ofner! In l.42 after 'ddim oll' add: ni chefais i'r un dim.
948 **nothing** I. *(e)* **~ else** Add: **if ~ else, (it'll teach me to be more careful),** o leiaf *or* pe na bai'n gwneud dim arall, (fe fydd yn wers imi fod yn fwy gofalus); III. add: **she is ~ like her sister**, nid yw'n debyg o gwbl i'w chwaer.
948 Add: **~-nourished** *a.* **ill-~**, llwglyd; **well-~**, porthiannus.

949 For **nuance** read **nuance**[1].
949 Add: **nuance**[2] *v.t.* arlliwio, amodi, goleddfu.
949 Add: **nuanced** *a.* arlliwiedig, amodedig, goleddfedig.
949 **nudge**[1] Add: penelin(i)ad(-au) *m.*
950 **number**[1] Add: **~ sign** *n. Typ:* rhifnod(-au) *m.*
951 **nutrition 1.** Add: porthi *vn*, porthiant *m.*
952 **oak** Delete: derwen ddail digoes (derw dail digoes); add: **scrub ~**, cegindderwen (cegindderw) *f.*
957 Add: **octothorpe** *n. Typ:* rhifnod(-au) *m.*
961 **offices 4.** *(b) (of stately home):* swydd-dai *pl*, gwasanaethdai *pl.*
962 **often** Add: droeon, sawl gwaith, sawl tro.
963 **oleaster 2.** For *m.* read *f.*
967 **only 1.** Add: **for ~ a pound, it's a bargain,** am bunt yn unig *or* am ddim ond punt *or* o a wnelo punt, mae'n fargen.
964 Add: **Oman** *Pr.n. Pol:* Om|an *f.*
971 Add: **optronics** *n.pl.* optroneg *f.*
972 **orchestrated 2.** Add: cyd-drefnedig, cyd-drefnus.
973 **order**[1] **7.** Add: **~ of burial of the dead,** trefn claddedigaeth y meirw.
974 **ordinary** I. *(a)* Add: gwerin *(f)* gwlad.
974 **originative, originatively** Both should appear after **origination** on p.975.
975 **ornateness** Add: addurnogrwydd *m.*
976 Add: **orthosis** *n. Med:* orthosis(-au) *m.*
976 Add: **orthotic** *a. Med:* orthotig.
976 Add: **orthotist** *n. Med:* orthotydd(-ion) *m.*
977 **other 1.** Add: **none ~ than,** neb llai/amgen na[g]; **nothing ~ than,** dim [byd] amgen/llai na[g].
977 **otherwise 1.** Under **'if ~'** add: os amgen, pe[d] amgen, onid e.
980 Add: **outperform** *v.t.* rhagori (ar rth/rn); gwneud/ perfformio'n well (na rhth/rhn).
981 **outside 4.** After 'o'r golwg' add: llynca (llyncwch) hwn'na!
983 **overarching** Revise entry to read: *a. Arch:* trosfwaol, *Fig:* hollgynhwysol, rhychwantol, hollgwmpasol.
986 Add: **overlocker** *n.* trosglymwr (trosglymwyr) *m.*
988 Add **overstitcher** *n. Leath:* trosbwythwr (trosbwythwyr) *m.*
990 **Oxbridge** Add: Caerychen *f.*
990 Add: **ozonator** *n.* osonadur(-on) *m.*
991 **pa** For 'dad' read: dàd.
992 Add: **pager** *n.* galwr (galwyr) *m*, gwysiwr (gwyswyr) *m.*
997 Add: **Pantaquista** *W.Pl.n.* Pant y gwestai *m.*
998 Add: **parainfluenza** *n.* parainffIwensa *m.*
998 Add: **paralegal** *a. & n.* **1.** paragyfreithiol. **2.** paragyfreithiwr (paragyfreithwyr) *m.*
999 Add: **parapox virus** *n. Vet:* firws *(m)* parapocs.
1002 **part**[1] I. **1.** After **the greater ~ of the inhabitants** add: *occ:* crynswth *(m)* y trigolion.
1003 **parting**[1] On l.6 for 'farwél' read: ffarwél.
1004 Add: **pashmina** *n. Cost:* pashmina(-s) *m.*
1006 **pat**[3] **1.** After 'yn syth' add: chwap, ar ei ben.
1006 **Patagonian 2.** For 'gwladfawyr' read: Gwladfawyr.
1007 **patience 1.** After **have ~!** add: *occ:* caffed amynedd ei pherffaith waith!; and after **God give me ~,** add: mae eisiau amynedd Job! mae eisiau gras!
1010 Add: **peacenik** *n.* = **pacifist**.
1011 **pecten 2.** Add: clust *(f)* y gath.
1014 Add: **Pencisely** *W.Pl.n.* Pensisli *m.*
1015 **pending 2.** For 'tra'n aros/disgwyl rhth' read: tra (byddys) yn aros/disgwyl rhth.
1015 Add: **pendular** *a.* pendiliol.
1016 Add: **Penrikyber** *W.Pl.n.* Penrhiw-ceibr *m.*
1016 Add: **Pentrebane** *W.Pl.n.* Pentre-baen *m, formerly* Cefn tre-baen *m.*
1020 **perk**[3] For = **percolate** read: ffrwtian; *S.a.* **percolate**.
1022 **person** After *n.* add: **1.**
1023 **Peterborough** For 'Trebedr' read: Tre-bedr.
1026 Add: **phlegmy** *a.* fflemllyd.
1027 **photo** Under **~ finish** for 'clos' read: clòs.
1027 **photocopier** Add: ffotocopïwr (ffotocopiwyr) *m.*
1027 **photocopy**[1] Add: ffotocopi (ffotocopïau) *m.*
1032 Add: **piermaster** *n.* pierfeistr(-i) *m.*
1032 **pig**[1] **1:** Add: **to be the ~ in the middle,** bod rhwng y diawl a'i gynffon.
1033 **pika** Add: *Orn:*
1035 **pine**[1] Under **~-kernel** delete = **pine-cone** and insert: cneuen *(f)* binwydd (cnau pinwydd).
1035 **pink**[1] **1.** *(a)* Add: *S.E: occ:* persawr *(m)* y fynwent.
1036 Add: **pinworm** *n.* = **threadworm**.
1037 **pirate**[1] **3.** Add: ysbeiliwr *(m)* y gofod.
1037 **pistol** Before 'llawddryll' add: *Lit:*
1037 **pit**[1] After **~-saw** read: llif *(f)* bwll (llifiau pwll).
1037 **pit**[2] **1.** *(b)* After 'pencampwr' add: mae'n herio'r pencampwr.
1037 **pit**[3] Add: deincodyn (deincod) *m.*
1038 Delete entry on **Pitcairnese** and insert: **Pitcairnese** *a. & n.* 1. *a.* o Ynys Pitcairn. **2.** *n. (i) Ling:* tafodiaith *(f)* Ynys Pitcairn, Saesneg *(f, m)* Ynys Pitcairn; *(ii) Ethn:* Pitcairniad (Pitcairniaid) *m & f*, un (rhai) o Ynys Pitcairn; *pl.* pobl *(f or pl.)* Ynys Pitcairn.
1038 **pitcher**[2] **2.** For *(of flagstone)* read: *(= flagstone)*.
1038 **pitfall 1.** Add: bratbwll (bratbyllau) *m.*
1038 Add: **Pitt's Head Rock** *W.Pl.n.* (Carreg) *(f)* Pen Pitt.
1039 Add: **pixel** *n. El.E:* picsel(-au, -i) *m.*
1039 Add: **pixellate** *v.t. El.E:* picselu.
1040 Add: **plains wanderer** *n. Orn:* crwydryn (crwydriaid) *(m)* y paith.
1040 **plaintiff** Add: pleintydd(-ion) *m.*
1041 **plank**[1] Add: **to walk the ~,** cerdded yr estyllen, cerdded y planc.
1041 **plant**[1] Add: **~-cutter** *n. Orn:* brathwr (brathwyr) *(m)* blagur.
1041 **plantain**[1] Add: **~ shoreweed** *n. Bot:* beistonnell *f.*
1041 **plantation** For 'planhigfeydd' read: planigfeydd.
1041 Add: **plantbug** *n. Ent:* *llystrogen (llystrogod) *f.*
1041 **plasmatic** Add: plasmaidd.
1041 Add: **Plassey** *W.Pl.n.* y Plasau *pl.*
1043 **play**[2]: **~-off** Add: gêm ail gyfle.
1043 **playstow** *n. Hist:* gweirglodd(-iau) *(f)* chwarae, chwaraeafan(-nau) *mf*, chwaraeafa (chwaraeafâu) *f*, maes (meysydd) *(m)* chwarae, twmpath(-au) *(m)* chwarae.
1043 **plea** Add: **~-bargain** *n. Jur:* bargen *(f)* bledio (bargeinion pledio); **~-bargaining** *vn. Jur:* bargeinio ynghylch ple, ple-fargeinio.
1044 **pleasure**[1] Add: *Prov:* **there's no ~ without some pain,** ni all bendith heb felltith fod; ni bu ddigrifwch heb ddagrau hefyd.
1046 **plough**[1] Add: **ridging-~,** mochyn (moch) *(m)* turio.
1048 **poacher** Before 'potsiwr' insert: **1.**; and after '(herwhelwyr) *m.*' add: **2.** *Ich:* **Atlantic ~,** penbwl (penbyliaid) *(m)* Môr Iwerydd.
1050 **point**[1] **3.** *(b)* Add: **more to the ~, can we afford it,** yn bwysicach, a allwn ni ei fforddio?
1052 **polish**[1] **3.** Add: **to give sth. a final ~,** caboli rhth, *occ:* rhoi caboliad *(m)* i rth, mireinio rhth.
1052 **polish**[2] **2.** Add: mireinio.
1052 **political** Add: **~ correctness,** cywirdeb gwleidyddol *m.*
1052 **politically** Add: **~ correct,** gwleidyddol gywir.
1054 Add: **polytunnel** *n. Hort:* twnnel (twneli) *(m)* polythen, polydwnnel (polydwneli) *m.*
1055 **pond**[1] Add: **~ snail** *n.* malwen: malwoden (malwod) *(f)* y dŵr.
1055 Add: **Ponkey** *W.Pl.n.* y Ponciau *pl.*
1055 Add: **Pont Llewitha** *W.Pl.n.* Pont *(f)* Lliw Eithaf
1056 Add: **pootle** *v.i. F:* prysuro, mynd.
1057 **porpoise** For 'llamhidydd(-ion)' read: llamhidydd (llamidyddion) *m.*
1058 Add: **Portway (the)** *W.Pl.n.* Y Bwrtwe *f.*
1059 Add: **Portmadoc** *W.Pl.n.* Porthmadog *f, F:* y Port *m.*
1059 **post-date** For 'ôl-ddyddio' read: hwyrddyddio.
1059 **post-dated** For 'ôl-ddyddiedig' read: hwyrddyddiedig.
1061 **potoroo** In the *pl.* add: -aid.

1061 For **pousette**[1] read: **poussette**[1]; for '*pousette(-s) mf*' read: *poussette(s) f.* For **pousette**[2] read: **poussette**[2]. Here and in the headword for **pousette** read: **poussette**.
1062 **power**[1] **6.** *(a)* After **the powers that be,** add: yr awdurdodau goruchel.
1063 **praise**[2] **2. to ~ (God)** For 'moliannnu' read: moliannu.
1071 Add: **preprocessor** *n. Cmptr:* rhagbrosesydd(-ion, rhagbroseswyr) *m.*
1072 **president** For 'llywydd *m, f. occ:* llywyddes(-au) *f*' read: llywydd *m*; *(woman):* llywyddes(-au) *f.* Before **~ elect** add: *(woman):* arlywyddes(-au) *f.*
1078 Add: **prion** *n.* **1.** *Bio-Ch:* prion(-au) *m.* **2.** *Orn:* prion(-iaid) *m.*
1079 Add: **proaction** *n.* achub (*vn*) y blaen, mentro'n gyntaf, blaenfentro, amweithredu.
1079 Add: **proactive** *a.* blaenachubol, blaenfentrus, amweithredol.
1079 Add: **proactively** *adv.* yn flaenachubol *&c.*
1079 Add: **proactivity** *n.* blaenachubolrwydd *m*, blaenfentrusrwydd *m*, amweithrediad *m.*
1079 Add: **probiotic** *a.* probiotig.
1082 **prog**[1] For *Sch: n.* read: *n. Sch:*
1082 **prog**[3] For *F: n.* read: *n. F:*
1083 **progress**[1] **3.** Add: **queen's ~,** rhieingylch (-au, -oedd) *m.*
1083 **progressive 1.** *(b)* For *process* read: *progress.*
1086 **proper** For *a. & adv.* read: *a., adv. & n.*
1087 **proper** Add: **7.** *n. R.C.Ch:* **the ~ of the Mass**, priodol rannau'r Offeren.
1090 Add: **proteom** *n. Biol:* proteom(-au) *m.*
1090 Add: **proteomics** n.pl. *Biol:* proteomeg *f.*
1090 **protevangelium** For *Theol:* read: *B.Hist:*
1101 **purposeless** Add: diberwyl.
1105 Add: **PyG** *acronym* (= Penygwryd) **the ~ Track** *W.Pl.n.* Llwybr (*m*) Penygwryd.
1109 **quantity** Under **~ surveyor** add: meintfesurydd(-ion) *m.*
1113 Add: **quillstick** *n. Mill:* ffon (*f*) bluen (ffyn plu).
1115 Add: **quoll** *n. Z:* cwol(-iaid) *m.*
1120 **rain**[2]: **tears rained down her cheeks** For ''roeddd dagrau'n powlio/llifo . . .' read: 'roedd dagrau'n powlio/llifo . . .
1121 **ram**[2] **1.** *(b)* Add: **to ~ sth over the edge of a precipice,** hyrddio rhth dros ben dibyn. **2.** Add: hyrddio. Also add: **~-raid**[1] *n.* *hyrddladrad(-au) *m.* **~-raid**[2] *v.t.* *hyrddladrata. **~-raider** *n.* *hyrddleidr (hyrddladron) *m.* **~-raiding** *vn.* *hyrddladrata.
1122 Add: **ramshorn snail** *n. Z:* malwen: malwoden (malwod) (*f*) y cyrn, malwen hyrddgorn.
1127 Add: **Ravenhill** *W.Pl.n.* Penlle'r brain *m.*
1128 **reactive** *a.* Add: adweithredol.
1131 Add: **reband** *v.t.* ailfandio.
1132 After **receiver** add: **1.** and after 'radio-dderbynnydd' add: **2.** *Jur*: derbynnydd, *Lit. occ:* rhysyfwr (rhysyfwyr) *m.* **R~ of Wrecks**, Derbynnydd Drylliadau
1136 **red** Add: **R~ Jacket Canal** *W.Pl.n.* Camlas (*f*) y Siaced Goch.
1140 **referral** For 'yngyngoriadau' read: ymgyngoriadau.
1141 **reform**[1] Under **~ Judaism** for 'Iddewiaeth ddiwygiedig' read: Iddewiaeth ddiwygiol.
1142 Add: **Regan** *Pr.n.f. W.Lit*: Rhagaw.
1144 Add: **regulatorily** *adv.* yn rheoliadol *&c.*
1144 Add: **regulatory** *a.* rheoliadol, rheolyddol.
1145 **reiterate** For 'drosodd a throsoddd' read: drosodd a throsodd
1146 **relaxation 2.** After **to take some ~,** add: dadflino, bwrw'ch blinder/lludded, hamddena.
1148 **remedy**[1] Add: **legal ~,** rhwymedi (rhwymedïau) cyfreithiol *m.*
1152 **repetitive** Add: *(action):* ailddigwyddol, ailddychwelol, ailweithredol.
1157 **resistance**[2] *(c)* After 'ymwrthedd' add: *m.*
1157 **resoak** Add: aildrwytho, ailfwydo.
1161 Add: **resveratrol** *n. Bio.-Ch:* resferatrol *m.*
1163 Add: **retroconversion** *n.* ôl-drosiad(-au) *m.*
1163 Add: **retroconvert** *v.t.* ôl-drosi.
1168 **Rhondda** For '**East ~,** Y Rhondda Fawr; **West ~,** Y Rhondda Fach': read **East ~,** Y Rhondda Fach; **West ~,** Y Rhondda Fawr.
1168 Add: **Rhos-on-Sea** *W.Pl.n.* Llandrillo (*f*) yn Rhos.
1171 Add: **ridging plough** *n. Agr:* mochyn (moch) (*m*) turio.
1174 **ring** For **~-fence** read: **~-fence**[1]; and add: **~-fence**[2], clustnodi, gwarchod.
1177 **Riston** After Gwyrllo add: *f.*
1178 **road**[1] Add: **~ show** *n.* sioe deithiol (sioeau teithiol) *f.*
1182 **roll**[3] Insert: **~-on ~-off** *attrib.* gyrru i mewn – gyrru allan. **~-on ~-off ship**, llong (*f*) lorïau (llongau lorïau).
1182–3 At the end of **Roman** add: **~ Bridge** *W.Pl.n.* Pont (*f*) Sarn Ddu. **~ Steps** *W.Pl.n.* Grisiau (*pl.*) Bwlch Tyddiad.
1183 For **Romany**[1] read: **Romany**.
1184 **rookery 2.** For 'pengwyniaid' read: pengwiniaid.
1185 **rose 1.** Add: **monthly ~,** rhosyn bob mis.
1186 Add: **Rosebush** *W.Pl.n.* Llwyn (y) Rhosyn *m.*
1187 **rotten 1.** For 'wŷ' read: wy. **3.** Add: **you are ~!** on'd wyt ti'n un gwael! (on'd ydych chi'n rhai gwael)! *S:* paid (peidiwch) â bod mor fên! **you ~ swine!** *S:* y pwdryn (y) diawl, y pwdryn uffern, y corgi brwnt, *N:* y ci/cythraul/diawl budr, *V:* y cachwr!
1187 **rough**[1] III. **3.** Add: ni all bendith heb felltith fod.
1192 **ruck**[1] Add: *(= loose scrum):* sgrym rydd (sgrymiau rhyddion) *f.*
1194 **rumble**[1] Add: **~ strip**, stribyn(-nau) swnllyd *m.*
1194 **ruminate** For 'pensynnnu' read: pensynnu.
1197 **rune-staff** Add: peithynen *f.*
1198 **ruptured**: **a pig with a ~** belongs under **rupture**[1].
1202 **saddlebill** For *f* read: *mf.*
1204 **said** Add: **when all's ~ and done,** wedi dweud y cyfan/cwbl, yn y pen draw, wedi'r cyfan/cwbl.
1204 **saint** After **St Ann's (Chapel)** add: *(near Bangor)*. Also add: **St Ann's** *W.Pl.n. (Pembs.)* Capel (*m*) Ann. **St Bride's Bay** *W.Pl.n.* Bae (*m*) San Ffrêd. **St Govan's Head** *W.Pl.n.* Pentir (*m*) Gofan. **St Katherine's Island** *W.Pl.n.* Ynys (*f*) Gatrin.
1205 For **sake**[1] read **sake.** In l.6 for 'drugaredd' read: trugaredd.
1205 For **saké**[2] read: **saké**.
1206 **salt**[1]: **~-cat** Add: *occ:* cath (*f*) halen.
1207 **salt**[1] Add: **~ pig** *n.* llestr(-i) (*m*) halen, salter(-i,-au) (*mf*) halen.
1208 **same 1.** In l.5, after **it is one and the ~ thing,** add: yr un a'r unrhyw beth ydyw; and after **it is all the ~ to me,** for 'gen fi' read: gen i.
1212 Add: **satay** *n. Cu*: sate *m.*
1212 **satisfied 1.** In l.1 add: *S:* boddlon.
1213 **saucepan** In pl. add: *S:* sosbanau.
1213 **saunter**[2] In l.3 add: *or* yn hamddenol.
1214 **saw**[1]: **pit-~** For 'llif pwll' read: llif bwll; and add: llif bwll llif.
1214 **sawbones** For 'lifwyr' read: llifwyr.
1214 **saxifrage** In l.2 add: llyffannog *m.*
1216 **scaldfish** Revise entry to read: **scaldfish** *n. Ich: (Arnoglossus laterna):* lleden chwith fach (lledod chwith bach) *f*; **imperial ~,** *(A. imperialis):* lleden gribog (lledod cribog); **Thor's ~** *(A. thori):* lleden Thor.
1217 **scallop**[1] **1.** *(a)* Add: clust (*f*) y gath (clustiau cathod).
1217 Add: **scam** n. F: sgêm (sgemau) *f.*
1218 **scampish** Add: mawrddrwg.
1219 Add: **Scargillite** *a. & n. Pol.Hist:* **1.** *a.* Scargilaidd. **2.** *n.* Scargiliad (Scargiliaid) *m & f.*
1219 Add: **Scarweather Sands** *W.Pl.n.* Cefn (*m*) y Sger.
1222 **schwa** After 'shwa' *m* add *f.*
1223 **scold**[1] Add: *S.a.* **scolder**.
1223 Add: **scorchingly** *adv.* yn ddeifiol &c.
1225 **Scottie 2.** For **= Scotch terrrier** read: **= Scotch terrier**
1226 **scratch**[1] Before **~-dial** add: **~ card** *n.* cerdyn (cardiau) (*m*) crafu.

1229 **scrub**: **~-oak** Add: cegindderwen (cegindderw) *f.*

1229 **scrutiny** Add: **~ committee** *n.* pwyllgor(-au) *(m)* craffu.

1230 **Scythian** For 'Scytheg' read: Sgytheg.

1231 **sea** Add: **S~-Beggars** *n.pl. Hist:* Cardotiaid y Môr.

1232 Add: **sealant** *n.* seliwr (selwyr) *m.*

1233 **search**[2] Add: **~ engine** *n. Cmptr:* chwilotwr (chwilotwyr) *m*, chwiliadur(-on) *m.*

1238 **sedge** For **escaurine** read: **estuarine.**

1243 **self** Under **~-catering** add: hunanddarpar.

1250 **sense**[1] **3.** Under **~ of humour** for 'synnwr' read: synnwyr.

1250 **sentence**[1] **1.** In l.2 for 'carhar' read: carchar.

1258 **set**[3] **2.** *(a)* Add: **it's not ~ in stone,** nid yw'n ddigyfnewid.

1259 **seven** Add: **~ sisters rose,** *(Rosa multiflora grevillea):* rhosyn *(m)* saith clwm.

1261 **sexuality** Add: rhywiolaeth *f.*

1265 **shape**[1] Add: **~-shifter** *n.* gweddnewidiwr (gweddnewidwyr) *m*, gweddnewidwraig *f*; **~-shifting** *a.* & *vn.* **1.** *a.* gweddnewidiol. **2.** *vn.* gweddnewid, newid gwedd.

1268 Add: **shedload** *n. F:* llond *(m)* gwlad, peth *(m)* wmbredd.

1268 **sheep 1.** After: **there's a black ~ in every flock,** add: mae 'na adar duon ym mhob tylwyth.

1269 **shell**[1]: **S~ Island** Revise entry to read: *W.Pl.n. (i) (near Harlech)* Mochras *f. (ii) (near Llanfairfechan):* Y Draethell *f.*

1271 **shiksa** Insert: *Pej:*

1273 **shit**[1] For 'llong' read: llond.

1276 **short**[1] III. **2.** *(adv.)* Add: **it falls ~ of perfection,** mae'n brin o fod yn berffaith; **she stopped ~ of calling him a liar,** nid aeth hi mor bell â'i alw'n gelwyddog.

1284 **sign**[1] Under **many signs and wonders done by the apostles** for 'o wnaethpwyd' read: a wnaethpwyd.

1285 Add: **signage** *n.* arwyddion *pl.*

1288 **sin**[1] Add: **~-bin** *n. Sp:* mainc *(f)* gosbi (meinciau cosbi); *Sch:* siambr *(f)* gosbi (siambrau cosbi).

1290 **sink**[1] Add: **~ estate,** ystâd (ystadau) *(f)* dan domen.

1292 **situs** Add: mangre(-oedd) *f (pron. ng-g).*

1294 **Sker** Add: **~ Point** *W.Pl. n.* Trwyn *(m)* y Sger.

1297 Add: **Skyborry** *Eng.Pl. n.* Ysguboriau *pl.*

1299 Add: **sleaze** *n.* llygredd *m.*

1299 **sleep**[1] Add: **feigned ~,** cwsg llwynog, *F:* cwsg ci bwtsiwr.

1305 **slow**[1] II. **he's ~ on the uptake** For 'mae'n yn araf yn ei deall hi' read: 'mae'n un araf yn ei deall hi'.

1306 **slurry** Add: *S:* gofer *(m)* y domen.

1306 **smack**[1] Add: *N.W:* chwenc *m.*

1310 Add: **smoother** *n. Tls:* llyfnwr (llyfnwyr) *m.*

1310 **smoothie** Insert: **1.** before *F:*; add **2.** *Comest*: diod lefn (diodydd llyfn) *f.*

1310 **snail** Add: **~-mail** *n. Joc:* post *(m)* malwen/malwoden.

1314 Add: **snowboard** *n.* eirfordyn (eirfordiau) *m*, eirfwrdd (eirfyrddau) *m.*

1314 Add: **snowboarder** *n.* eirfordiwr (eirfordwyr) *m*, eirfyrddwr (eirfyrddwyr) *m.*

1314 Add: **snowboarding** *vn.* eirfordio, eirfyrddio.

1314 **Snowdon** Add: **the ~ Horseshoe,** Llwybr *(m)* Crib Goch a Lliwedd.

1314 **snuffer** Add: gwellaif *(m)* cannwyll (gwelleifiau canhwyllau).

1316 **soaked** For 'gwlyb' read: gwl|yb; for 'gwleb' read: gwl|eb; in l.2 after 'corslyd' add: /corsiog; after 'gorslyd' add: /gorsiog.

1317 **sociometrist** Add: sosiometrydd(-ion) *m.*

1318 **soggy** For 'dyrfllyd' read: dyfrllyd.

1319 **soldier**[1] Add: **Soldier's Point** *W.Pl.n.* Trwyn *(m)* y Milwr.

1322 **sometimes** Add: ar adegau.

1323 Add: **Sontley** *W.Pl.n.* Sonlli *f.*

1325 **sostenuto 2.** *n.* For 'darn(-au) estynedig *m*, *sostenuto(-s)*' read: darn(-au) estynedig/***sostenuto*** m.

1326 **sound**[1] Before **~-bow** add: **~-bite** *n.* sylw(-adau) bachog *m*, seindalp(-iau) *m.*

1327 For **source** read: **source**[1].

1327 Add: **source**[2] *v.t. (=obtain):* caffael, cael, tarddu; **to be sourced from sth,** tarddu o rth, dod o rth.

1329 **space**[1] Add: **~-hopper** *n.* pêl/pelen gorniog (peli/pelenni corniog) *f.*

1329 Add: **spammer** *n. Cmptr:* sbamiwr (sbamwyr) *m*, sb|amwraig (sbamwragedd) *f.*

1331 **spartein** In the Welsh entry for 'spartein' read: sbartein.

1331 **spasm 2.** After 'pang' insert: *(m).*

1332 **spatter**[1] **2.** Add: titrwm tatrwm *m.*

1338 **spin**[1]: **~-doctor** Add: dewin(-iaid) *(m)* delwedd.

1338 **spill**[1] *n.* Insert **1.** before *(= fall)*; and add: **2.** *(thing spilt):* (dŵr, llaeth, inc, gwaed &c) a gollwyd; **wipe up any spills,** sychwch unrhyw beth a gollwyd (ar lawr &c).

1338 **spillage** Add*: occ:* goferiad(-au) *m*, gofer(-oedd, -ydd) *m*; **oil ~,** olew a gollwyd, olew colledig, colled/goferiad olew.

1340 **spirit**[1] **6.** Add: **spirits of nitre,** sbirit neitr.

1340 **spit**[3] **1.** Add: **~ and sawdust,** poer a blawd llif; *Fig:* **it was a ~ and sawdust sort of pub,** rhyw dafarn milgi a mwffler oedd hi/e'.

1341 **splay**[1] Add: **visibility ~,** llain *(f)* (g)weledEdd.

1342 Add: **Splott** *W.Pl.n.* Sblot *mf.*

1342 **spoken 2.** After **~ like a man** add: clywch! clywch!

1343 Add: **sponsoring** *a.* noddol.

1348 **spy**[1] Add: **S~ Wednesday** *n. Ecc:* Dydd Mercher *(m)* y Brad.

1350 Add: **Squilver** *Eng.Pl.n.* Disgwylfa *f.*

1354 **stakeholder** After **stakeholder** *n.* add: **1.** *(in gambling)*; after 'betiau.' add: **2.** *Pol:* budd-ddeiliad (~-ddeiliaid) *m.*

1354 **stalk**[2] **2.** *(b)* Add: *Jur:* llechddilyn.

1354 **stalker** Insert: **1.** before *Ven:* and add: **2.** *(= prowler):* llechddilynwr (llechddilynwyr) *m.*

1357 Add: **standardness** *n.* safonoldeb *m.*

1358 **star-jelly** After *S. W:* add: godro *(m)*'r sêr.

1361 **state**[1] **1.** In column 1, l.2 after 'wael/fain' add: ddrwg/enbyd.

1361 Add: **statin** *n. Pharm:* statin(-au) *m.*

1363 **steak** For 'ar y asgwrn' read: ar yr asgwrn.

1369 **stickleback** Revise entry to read: *n. Ich:* crothell (crethyll) *f*; *occ:* brithyll(-od, -iaid) *(m)* y dom; *N.W. occ: (male):* doctor coch *m*, *(female):* nyrs wen *f*; **three-spined ~** (= **tittlebat**, *Gasterosteus aculeatus*), crothell dri phigyn (crethyll tri phigyn); **nine/ten-spined ~** (= **tinker**, *Pungitius pungitius*), crothell naw/ddeg pigyn; **fifteen- spined ~** *(Spinachia spinachia)*, crothell bymtheg pigyn (crethyll pymtheg pigyn).

1374 Add: **stockbroking** *vn.* **~ company,** cwmni delio mewn stoc.

1376 **stone**[1] **6.** Add: *A:* maen (meini) *m.*

1376 Add: **~-(coloured)** *a.* lliw carreg, llwydfelyn (*f.* llwydfelen, *pl.* llwydfelynion).

1376 **stonecrop** Add: *S.W:* suddig *(m)* y cerrig.

1390 Add: **Strumble Head** *W.Pl.n.* Pen *(m)* Caer.

1390 Add: **Stryveland** *W.Pl.n.* Maenor *(f)* Betws.

1391 **stubborn 1.** For 'fel sten' read: fel stên.

1391 **student** Add: **~ midwife** *n.* bydwraig (bydwragedd) *(f)* dan hyfforddiant, darpar-fydwraig (~-fydwragedd) *f.*

1393 **stutterer** Add: dydiwr (dydwyr) *m*, c|ecwraig (cecwragedd) *f*, d|ydwraig (dydwragedd) *f.*

1406 **Sunday** Add: **S~ diary** *n. Ecc.* suliadur(-on) *m*; after **~ school** for *m* read: *f.*

1407 **superannuation 2.** Add: blwydd-dâl *(m)* ymddeol (blwydd-daliadau ymddeol).

1409 **superior 1.** *(a)* Revise entry to read: *(in higher position, of higher rank):* uwchradd, uwchraddol; *(in comparisons)* uwch; *(morally):* uwch, rhagorach, gwell, amgen, amgenach *&c.*

1412 **suppose** *(c)* In column 1, l.3 up from the bottom for 'ellli' read: elli; in column 2, l.1 after 'siwr o fod' add: mae rhaid; in last 2 lines of entry before 'ddylwn, ddylet' insert: (ni).

1413 **sure 1.** In l.6 before 'wn i ddim' insert: (ni); in l.4 up from the bottom after well, to be ~, for ''dawn' read: 'tawn, and add: *Lit:* bid siŵr!
1414 **sure 2.** *(b)* In l.14 after 'digon gwir' add: siŵr i ti (i chi)! **~-footedly** Add: yn wisgi.
1414 **surf**[2] Add: *F:* syrffio; **to ~ the Internet,** crwydro'r Rhwyd.
1415 **surgery 2.** Add: **dentist's ~,** deintyddfa(-oedd, deintyddf|eydd) *f*; **Member of Parliament's ~,** cymhorthfa (cymorthfaoedd, cymorthf|eydd) *f*; **veterinary ~,** milfeddygfa (-oedd, milfeddygf|eydd) *f*.
1416 Add: **surtitle**[1] *n.* uwchdeitl(-au) *m*.
1416 Add: **surtitle**[2] *v.t.* uwchdeitlo.
1418 Add: **sustainability** *n.* cynal(i)adwyedd *m*.
1418 **sustained** Add: di-dor, di-ball, di-freg.
1419 Add: **swapmart** *n.* ffair (ffeiriau) *(f)* sborion.
1423 **sweetsop** After '(coed) *(f)*' insert: afalau.
1423 Add: **Swellies, (the)** *W.Pl.n.* = **Swillies.**
1423 **swift 3.** *(c)* After '*Tex:*' add: *(= wool-winder):*
1424 Add **Swillies, (the)** *W.Pl.n.* Pwll *(m)* Ceris.
1425 Add: **swingometer** *n.* gogwyddiadur(-on) *m*.
1425 **swipe**[2] Add: **~ card** *n.* cerdyn (cardiau) *(m)* allwedd.
1426 **swivel**[1] **1.** Add: tröwr (trowyr) *m*.
1434 **take**[1] Add: **6.** *(= version):* fersiwn (fersiynau) *mf*, dehongliad(-au) *m*; **her ~ on the subject,** ei dull *(m)* hi o weld y pwnc, ei golwg *(m)* hi ar y pwnc.
1439 Add: **tammar** *n. Z:* tamar(-iaid) *m*.
1439 **tang**[1] **2.** Add. *N.W: occ.* chwenc *m*.
1440 Add: **tankini** *n. Cost.* tancini(-s) *m*.
1442 **target**[1] **2.** Add: **we're on target to achieve our aims,** byddwn yn cyrraedd ein nod yn brydlon.
1442 Add: **tarsonemid mite** *n. Arach:* gwiddonyn (gwiddon) *(m)* y mefus/syfi.
1445 **teach** Before **~-in** insert: *M.W:* dysgu mamdda i fwyta uwd.
1446 **technicality** Delete 'nid wy'n deall technegolaethau'r peth' and insert: nid wy'n deall manion technegol y peth.
1449 **tell**[2]: **~-tale 2.** In column 2, l.5 add: **glass ~-tale,** dangosydd gwydr.
1450 Add: **Temeside** *Eng.Pl.n.* Glannau *(pl.)* Tefeidiad.
1450 **temple**[1] Before **~-like** add: **T~ Druid** *W.Pl.n.* Bwlch *(m)* y Clawdd.
1454 **tepee** Add: **T~ Valley** *W.Pl.n.* Cwmdu *m*.
1459 For **text** read **text**[1].
1459 Add: text2 *v.t.* testuno, tecstio.
1459 Add: **textphone** *n.* ffôn (ffonau) *(m)* testun.
1463 **the**[1] **6.** *(b)* For '*and before the vowels of female saints*' read *and before the names of female saints*.
1466 Add: **thermobaric** *a. Ph:* thermobarig.
1471 **thinkable** For 'credu fod' read: credu bod.
1471 **third 2.** *(d)* Add: **in ~ (gear),** yn y drydedd.
1472 **third** In ll.5 & 6 for 'rhai trydydd gradd' read: rhai trydedd radd.
1472 **thirty**: **~ days hath September, &c.** Add: Ebrill, Mehefin, Medi, Tachwedd,/ Deg ar hugain yw eu diwedd;/ Yn y gweddill un yn rhagor/ Ac wyth ar hugain ym mis Chwefror;/ Ond naw ar hugain sydd yn rhaid/ Pan ddigwyddo blwyddyn naid.
1477 **thousandth** Add: **two ~,** dwy filfed; **three ~,** tair milfed.
1478 **three** In column 1, l.13 after 'trichan' add: **open 365 days a year,** agored bob dydd o'r flwyddyn.
1478 Add: **Three Streams** *(nr. Llanfairfechan) W.Pl.n.* y Teiryd *f*.
1488 **time**[1] **2.** After **in a month's ~,** add: cyn pen mis; after **in no ~ at all,** add: cyn pen dim; and add: **at no ~ did I see her,** ni welais i mohoni ar unrhyw adeg; **before that ~,** gynt, cyn hynny; **from this ~ hence,** o hyn ymlaen; **from that ~ on,** ers hynny, o hynny ymlaen, wedi hynny/hyn, wedyn.
1489 **time**[1] **6.** Add: **by that ~,** erbyn hynny, bellach; **by this ~,** erbyn hyn, bellach; **this is a ~ for rejoicing,** dyma'r adeg i orfoleddu, mae hi'n bryd gorfoleddu, daeth yr awr i orfoleddu. **7.** *(b)* After **what is the right ~?** insert: (pa) before 'faint' and add: pa awr (o'r dydd) yw hi'n union?
1490 **time**[1] **7.** (e) In column 1, l.3 add: **her ~ had come,** daethai ei hoes i ben; daethai diwedd ei hoes; **her ~ is near,** *(of pregnant woman):* mae ei hamser hi'n agos; mae hi ar fin esgor; **not before ~,** nid cyn pryd; **at her ~ of life,** yn ei hoed hi; **~, gentlemen, please!** amser cau, os gwelwch yn dda! **10.** After '**the first ~,** y tro cyntaf' add: *occ:* y waith gyntaf; after **a few times,** add: ambell dro/ waith; after **many a ~,** add: sawl tro, aml dro, aml waith, yn aml, yn fynych; and add: **a little at a ~,** ychydig ar y tro; **one thing at a ~,** un peth ar y tro; **most times,** gan amlaf, fynychaf, yn fwy na heb, yn amlach na pheidio; **how many times?** sawl tro/gwaith? pa mor aml/ fynych?; **the only three times I ever saw her,** yr unig dri thro imi ei gweld hi; **one of the few times she had been there,** un o'r ychydig droeon iddi fod yno.
1491 **tinker**[1] After **2.** insert *(a)* and after 'tincer(iaid) *m*.' add *(b)* = **stickleback (ten-spined).**
1492 **tipper 3.** For 'am [roi] cildwrn' read: am roi cildwrn.
1493 **tirade** Under **a ~ of invective,** for 'llif *(f)*' read: llif *(m)*.
1494 After **tittlebat** *n.* = **stickleback** add: **(three-spined).**
1497 **token 1.** Add: *Myth:* argoel(-ion) *f*; **arbitrary ~,** argoel cyfyngder; **chastity/fidelity/faith ~,** argoel anffyddlondeb; **life ~,** *(=external soul):* enaid allanol *m*; **recognition ~,** argoel adnabod.
1499 **tongue**[1] **1.** *(b)* Add: **tongues will wag about them,** byddant yn destun siarad, bydd sôn amdanynt.
1503 Add: **topslice** *v.t.* brigdafellu.
1505 **touch**[1] **4.** After **to add/put the final/finishing touch[es] to sth,** add: mireinio rhth.
1509 **tracker** Add: **~ fund** *n. Fin:* cronfa (cronf|eydd) *(f)* olrhain.
1512 **trammel** Add: **~ stick** *n. Mill:* = **quillstick.**
1523 **trick**[1] **1.** Add: **it's a ~ of the light,** mae'r goleuni/ golau'n chwarae tric.
1520 Add: **Tregibbon** *W.Pl.n.* Tregibwn *f*.
1528 **triumph**[1] For 'gorydaith' read: gorymdaith.
1532 **truly 2.** Add: **they were well and ~ beaten,** curwyd hwy'n llwyr. *S.a.* **well**[3] I.
1535 **tub**[1] Add: **6.** *Bookb: (of plough):* gwŷdd (gwyddion) *m*.
1538 **tunnel**[1] For 'twnnel(-au,-i)' read: twn[n]el (twnelau, twneli) *m*, tyn[n]el (tynelau, tyneli) *m*.
1538 **tuppence** Add: **I wouldn't give ~ for it,** ni fyddwn i ddim balchach ohono/ohoni, ni roddwn i'r un ddimai amdano/amdani; **I wouldn't give ~ for their chances,** *N:* 'does ganddyn nhw ddim gobaith mul (yn y *Grand National*), *S:* 'does gyda nhw ddim hôps caneri; **she can't sing for ~,** ni all hi ddim canu dros ei chrogi.
1543 **turtle**[1] In l.5 after 'lledraidd' add: /cefn lledr;
1544 **tweak**[2] Add: *(= fine-tune):* tiwnio, mân-diwnio.
1544 **twenty**: **~-four 1.** In column 2, last line add: **open 24 hours,** agored ddydd a nos.
1545 **twenty**: **~-one** After **~-one years old**, for 'un [flwydd]' read: un [mlwydd].
1547 **twitch**[1] **4.** Vet: Add: *S.W: occ:* gwemagl(-au) *f*.
1548 **Tylorstown** Add: *or* Pont *(f)* y Gwaith.
1548 Add: **Tyntetown** *W.Pl.n.* Ynysboeth Uchaf *f*.
1549 **typically** Add: *(= as a rule, most often):* gan amlaf, fel rheol, fel arfer, fynychaf, yn amlach na pheidio, fwy na heb.
1549 **tyrannicide 1.** After 'teyrnladdiad' add: (-au).
1557 **unbleached** Add: **~ calico,** calico melyn.
1563 Add: **undented** *a.* di-dolc.
1577 Add: **unifying** *a. & vn.* 1. *a.* unol, cyfunol, cyfannol. **2.** *vn.* = **unification**.
1580 **unlikely 1.** *(a)* Add: **in the ~ event of our arriving late,** os digwydd inni gyrraedd yn hwyr, sy'n annhebygol.
1587 **unreliable** Add: 'does dim saf ynddo.
1587 **unreliability** Add: ansicrwydd *m*, natur annibynadwy *f*; *F:* diffyg *(m)* saf.
1587 **unrelieved 1.** *(b)* Add: diarbed, diollyngdod.
1588 **unrepeatable 2. an ~ offer** Add: y cynnig/cyfle olaf o'i fath, ni wneir/chewch mo'r cynnig hwn eto

1589 **unschooled** Add: digoleg, na chafodd goleg/addysg, anhyddysg.
1598 **up**[1] I. **1.** *(a)* Add: **to look s.o. ~ and down,** edrych rhn o'i gorun i'w draed.
1599 **up**[1] II. *prep.* Add: **~ and down a street**, i fyny ac i lawr stryd, yn ôl a blaen ar hyd stryd; **~ and down the country**, ledled y wlad.
1600 Add: **uplink** *n. W.Tel:* uwchgyswllt (uwchgysylltau) *m.*
1603 **urgent** Add: **this case is more ~ than the other,** mae mwy o frys ar yr achos hwn nag ar y llall.
1614 **vein**[1] **2.** After 'tew' add: (-iau).
1614 Add: **velociraptor** *n.* *chwimgipiwr (chwimgipwyr) *m.*
1615 **vengeance** Add*: B:* **~ is mine,** i mi y mae dial; i mi y perthyn dial; myfi biau dial.
1615 **venogram** Add: f|enogram (fenogramau) *m.*
1616 **venue 2.** Add: oedfan(-nau) *mf*, mangre(-oedd) *fm.*
1622 **video** Add: **~-conference** *n.* fideogynhadledd (fideogynadleddau) *f*; **~- conferencing** *vn.* fideogynadledda.
1622 **vie** Add: cydymgeisio.
1623 **vigia** Add: also = **shoal**[1]
1631 Add: **Vowchurch** *Eng.Pl.n.* Mafwrn *f.*
1632 Add: **vraicing** *vn.* gwymona.
1634 **wait**[2] **1.** Add: **will you have a cuppa while you ~?** gymerwch chi 'baned/ddysgled yn eich llaw? **hair cut while you ~,** cewch dorri'ch gwallt tra boch yn aros.
1637 Add: **waller** *n. Const:* codwr (codwyr) *(m)* cloddiau; **dry-stone ~,** saer maen sych (seiri meini sychion) *m.*
1638 Add: **wannabee** *n. F:* 'dwisio bod(-au) *mf.*
1643 Add: **wastage** Add: difethdod *m.*
1643 Add: **Wat's Dyke** *W.Pl.n.* Clawdd *(m)* Wad.
1646 add: **Watford** *W.Pl.n.* Y Fotffordd *f.*
1647 **wave**[1]: **-moth** Add: **silky ~- moth,** gwyfyn tonnog sidanaidd.
1650 Add: **waypoint** *n. Nav:* hyntnod(-au) *m.*
1652 **weather**[1] In l.8, delete *occ:*; in l.12 after **~ permitting** add: os ceir hindda.
1652 Add: **weatherboard** *n.* estyllen *(f)* dywydd (estyllod tywydd).
1652 **weave**[2] **1.** *(e)* Add: **to ~ one's way,** gwau'ch ffordd, igam-ogamu.
1652 Add: **weblog** *n. Cmptr:* gwe-log(-iau) *mf.*
1652 **weblogger** *n. Cmptr:* gwe-logiwr (gwe-logwyr) *m.*
1652 **weblogging** *vn. Cmptr:* gwe-logio.
1652 **wed**[2] **2.** For 'y ddeuddyn ddedwydd *f*' read: y ddeuddyn dedwydd *m.*
1652 **web**[1] Before **~-fingered** add: **6.** *Cmptr:* **the W~**, y We.
1652 Add: **website** *n. Cmptr:* safle(-oedd) *(m)* gwe, safle ar y We, gwefan(-nau) *f.*
1653 **Wednesday** Add*: Ecc:* **Spy ~**, Dydd Mercher y Brad.
1654 **weever** Add: pigyn(-nau) astrus *m.*
1655 **well**[3] I. **1.** *(a)* Add: **you've done ~!** cefaist (cawsoch) hwyl (dda) arni!
1656 **well** II. **2.** *(c)* Add: **all being ~, we'll be there,** os aiff popeth *or* pob dim yn iawn, *or* os byw ac iach, byddwn yno; **all being ~, the scheme will soon be completed**, os aiff popeth *or* pob dim yn iawn, *or* gydag unrhyw lwc, caiff y cynllun ei gwblhau'n fuan.
1657 **well**[3] Add: **~-nourished** *a.* porthiannus; after **~ meant** add: difeddwl-ddrwg, difalais; under **~-off 2.** after **'we're ~-off for tea**, mae digon/digonedd o de gennym' add: mae hi'n dda/iawn arnom ni am de; under **~-paid 2.** add: ar gyflog da.
1658 Add: **welling**[1] *a.* ffrydiol, pistyll(i)og.
1658 For **welling** read: **welling**[2].
1658 **Welshified** For 'Cymreigedig' read: Cymreigiedig.
1658 Add: **Welshily** *adv. Pej:* yn Gymreiglyd *&c.*
1658 Add: **Welshiness** *n. Pej:* natur Gymreiglyd *f*; *(=Welsh accent):* llediaith Gymreiglyd *f.*
1658 **Welshness** *n.* Cymreictod *m*, Cymreigrwydd *m.*
1658 Add: **Welshy** *a. & n. Pej:* 1. *a.* Cymreiglyd. **2.** *n.* **= Welshman, Welshwoman**.
1659 **west** Add: **W~ Shore** *W.Pl n. (in Llandudno):* Penmorfa *m.*
1663 **when** II. **1.** Before (he will speak) insert: *N.B. in a clause referring to future time, the future perfect tense must be used after* pan, *thus:*
1666 **whirl**[1] *(c)* Add: ei thrio hi, ei mentro hi.
1670 **whodun[n]it 2.** Add: stori pwy wnaeth/ddaru.
1670 **whole** II. Add: cyfangorff *m (pron. ng-g)*.
1674 **wiggling, wiggly** After 'tonnog' add: igam-ogam.
1674 **wild** Under **~-goose chase** for '(siwneiau)' read: (siwrneiau).
1675 **willies** For 'drwydda'i' read: drwof fi.
1676 For **willy-nilly**[1] read: **willy-nilly**.
1676 For **willy-nilly**[2] read: **willy-willy**.
1676 **wimp**[1] Add: *m.*
1676 Add: **wimp**[3] *v.i. F:* **to ~ out,** troi'n llwfr, llwfrhau.
1677 **wind**[3]: **~ up**[1] **2.** *(a)* After 'cwpla' add: dibennu; and add: **to ~ up for the Opposition,** cloi'r ddadl dros yr Wrthblaid.
1682 **witches' butter** Add: *S. W:* ymenyn y felltith.
1684 **~-witted** Add*: S.a.* **half-witted.**
1684 **wobbly** Add: simsan.
1684 **woe** After **~ is me!** add: och fi!
1685 **Wolfpits** For Pwll-y-Baidd read: Pwll-y-Blaidd.
1686 **wonderland** Add: gwlad *(f)* y rhyfeddodau, gwlad ryfeddol.
1687 **woodland** Add: **Woodlands for All,** Cydcoed *m.* **W~ Trust** *n.* Coed Cadw *m.*
1687 Add: **woodlot** *n.* coedlan(-nau) *f.*
1688 **wool** Add **~-winder** *n.* cengliadur(-on) *m*, ystyllen *(f)* ddirwyn (ystyllod dirwyn).
1688 **word**[1] After **too beautiful for words**, add: anhraethol brydferth.
1689 **work**[1] Add*: P.N:* **Danger! Men at ~!** Perygl! Dynion yn gweithio!
1692 **world** Under **~-wide** add: *Cmptr:* the **W~-wide Web**, y We Fyd-eang.
1692 Add: **Worm's Head** *W.Pl.n.* Ynysweryn *f.*
1694 **wow**[1] **1.** Add: waw!
1694 For **wrangleship** read: **wranglership**.
1702 **year**: **~-long** Add: am flwyddyn o ben bwygilydd, am flwyddyn gron.
1702 **yearling** Before **~ calves** add: dyniawed (dyniewaid) *mf.*
1703 **yellow**: **~ bunting** Add: llafnes felen (llafnesau melynion) *f.*
1703 Add: **Yerbeston Moors** *W.Pl.n.* Rhosydd *(pl)* Yerbeston.
1704 Add: **yo-ball** *n.* io-bêl (io-beli) *f.*
1708 **zap** Add*: T.V:* newid (sianel, rhaglen), *F:* sapio.
1708 **zapper** Add: **3.** *T.V:* newidiwr (newidwyr) *(m)* sianel/rhaglen, *F:* sapiwr (sapwyr) *m.*
1709 **Zinzendorfian** For 'Zinzedorffiad' read: Zinzendorffiad.